MW00716517

《古代汉语词典》编写组编

古代汉语词典

商 务 印 书 馆

2009年·北京

图书在版编目(CIP)数据

古代汉语词典/《古代汉语词典》编写组编. -北京：商务印书馆，1998
ISBN 978-7-100-01549-3

Ⅰ.古… Ⅱ.古… Ⅲ.汉语-古代-词典 Ⅳ.H131-61

中国版本图书馆 CIP 数据核字(98) 第 33990 号

所有权利保留。
未经许可，不得以任何方式使用。

GŬDÀI HÀNYŬ CÍDIĂN
古代汉语词典
《古代汉语词典》编写组编

商务印书馆出版
(北京王府井大街 36 号 邮政编码 100710)
商务印书馆发行
河北新华印刷一厂印刷
ISBN 978-7-100-01549-3

1998 年 12 月第 1 版
2009 年 11 月北京第 23 次印刷
印数 50 000 册
开本 880 × 1230 1/32
印张 67 1/4 插页 1

定价：108.00 元

前　言

这部《古代汉语词典》是供中等以上文化程度的读者学习古代汉语和阅读古籍使用的中型语文工具书。

本词典由中国人民大学中文系古汉语教研室全体教师和商务印书馆汉语工具书编辑室几位同志集体编写，开始于1985年。为了掌握第一手材料，我们花了将近两年的时间先做卡片，对古代以正统书面语写作的有代表性的典籍，诸如《论语》、《孟子》、《国语》、《战国策》、《荀子》、《老子》、《庄子》、《孙子》、《吕氏春秋》、《论衡》、《史记》、《汉书》、《后汉书》、《三国志》、《唐宋文举要》等等，都做成了卡片。确定收词的范围和原则，主要是根据本词典的性质和读者对象，从实际需要出发。收单字10 000余个，除常用的单字外，还兼收一些难字和常用的异体字。收复音词24 000余条，在以语词为主的原则下，又兼收了少量的百科性条目。对于义项的确立，我们力图突破先入为主的框框，从语言的实际材料出发，进行客观的归纳。在释义方面，尽可能做到准确、简练，一般不采取两说并存或模棱两可的说法。

限于我们的业务水平，词典中的缺点和错误一定不少。恳切地希望各位专家和广大读者批评指正。

周祖谟教授为本词典题写了书名，谨致谢意。

《古代汉语词典》编写组

1991年11月10日

主　　编　陈复华

副 主 编　楚永安

（以下按姓氏音序排列）

编　　写　陈复华　楚永安

郭成韬　金天相

李　林　王笑湘

殷国光　张万起

张世华　张华杰

赵克勤　周生亚

索引编制　何宛屏　于立滨

资料核查　珠峰旗云

王　玉　张　雁

特约审读　王瑞祥　冯瑞生

目　　录

凡　例

一、本词典收词的范围，是古代以正统书面语言写作的有代表性的古籍，其中又以先秦两汉的古籍为主。唐、宋以后古白话作品中的词语、佛经中的特殊用语、诗词曲中特有意义的词语一般不收。

二、本词典收单字约 10 000 个，除常用的单字外，还兼收了一些难字，包括用于人名地名的难字。常见的异体字也予以收录，但原则上不单立字头，而是附于正体字之后。生僻字（包括罕见的异体字）一般不收。

三、本词典收复音词约 24 000 余条。复音词以语词为主，同时兼收了少量的百科性条目。总的原则是，从一般读者阅读古书的实际需要出发，选录古籍中常见的而又需要解释的条目。

四、本词典按音序排列。一个字头有几个音项的，在正文排列的音序中，除在第一个音项的读音下出字头外，其他音项假如是声母或韵母与第一个音项不同的，也在另一读音下重出字头，如“调”字头收在 tiáo 音下，但在 diào 音下重出字头，标明“见 tiáo”。声调不同不重出字头，如“共”字，由于声调的关系，区分为 gòng、gōng、gǒng 三个读音，只在 gòng 音下出字头，gōng 和 gǒng 下不出字头。

五、单字头有两个以上音项的，按 1、2、3……序号标音，一般以常用的读音放在首位。假如这个字头有两个常用的读音，则以能体现本义的读音放在首位。例如：

朝　1. zhāo（释义，例证）
　　2. cháo（释义，例证）

六、读音相同的单音词以笔画多少为序，笔画相同的，以起笔笔形

(点、横、竖、撇、折)为序。单音词后面所带的复音词,按两个音节、三个音节、四个音节……的顺序排列。同为两个音节、三个音节或四个音节的复音词,按下一个字的音序排列。读音不同、意义不同的同形复音词,另立词条。

七、本词典的词条立目用字以简化字为主条,繁体字作附条,简体字头后用圆括号夹注与之相应的繁体字。所用简化字以 1964 年公布、1986 年重新发表的《简化字总表》为据。有的偏旁加以类推。

八、正体字和异体字兼收的词条,以正体字为主条,异体字用圆括号夹注在相应的正体字字头后面。假如这个正体字已简化,那么在该字头后面圆括号内先注繁体字,后列异体字。简化字、繁体字、异体字都可以在检字表中查到。

九、汉字简化前是几个不同的字,现在简化为同一形体的字的,分列字头,并在各字头的右上角标 1、2、3……加以区别。例如:

干[1] gān

干[2](乾) gān

干[3](幹) gàn

干[4](榦) gàn

十、释义和例证用字,除个别容易引起歧解者保留繁体字外,其余的行文和例证一律用简化字。

十一、本词典一律用汉语拼音字母标音,不注直音。单音词和复音词一律标注读音。复音词中的连读变调、轻声等不予标注。

十二、有的古书上注明为“破读”的音,现在一般字典辞书不作区别的,本词典也根据习惯读“本音”,但为了体现古代汉语词典的性质,让广大读者了解“破读”字在古书中的作用,在该词条注音之后或某一义项释义之前用括号注明“旧读某”。例如:

[长物] chángwù (旧读 zhàngwù)……。

衣 yī ❶上衣。……。❺(旧读 yì)穿衣服。……。

十三、通假字原则上都按本字注音。有少数通假字,已经知道它表示的本字,但习惯上仍按假借字读音,不读本音的,本词典对这类字的读音也从习俗。另有一些通假字按本字注音没有历史根据的，不另立音项，但为了区别起见，在“通某”之前用括号注上本音。

十四、本词典确立义项力求准确。确立一个义项原则上都有例证，某些词的本义虽无例证，但明显看出其他义项是由此本义引申来的，则此本义列为义项，释义之后，引旧辞书或韵书的解释为例。

十五、为了防止义项分得过于琐碎，防止随文释义，某些意义相同或相近，只是用法上有细微差别的，一般不分义项。有些意义相近，合并又失之模糊笼统，分之又嫌零碎繁琐的，则在大的义项之内设㊀、㊁处理。

十六、义项的排列力求按本义(或较早的意义)、引申义和假借义的顺序。一些兼有实词义和虚词义的词条，一般把实词义排在前头，虚词义排在后头。

十七、一部分例证后面用圆括号加的注，有的是解释该例证中难懂的词语的，有的则是引用古代注释家的解释来证明释义的根据的。

汉语拼音音节索引

1. 每一音节后举一例字，可按例字读音去查同音的字。
2. 数字指本词典正文页码。

部首检字表

1. 本词典采用的部首以一般字典用的部首为基础，略有增删。共立 194 部。部首次序按部首笔画数目多少排列，同画数的，按起笔一(横)丨(竖)丿(撇)丶(点)乙(折)的顺序排列。同一部的字按除去部首笔画以外的画数排列，同画数的，按起笔一丨丿丶乙的顺序排列。笔画新旧字形不同的，按新字形。

2. 考虑到“言、金、糸、食”作左偏旁时简化，而在字的下部或其他部位不简化(个别在中间的字例外)，所以也将这四部分立：

言—讠(訁)、 金—钅(釒)、

糸—纟(糹)、食—饣(飠)

3. 一些不容易确定部首的字，分两种方法处理：

(1)分收在几个部首内。

(2)按起笔分别收在一丨丿丶乙五个部首中。

(一) 部 首 目 录

(部首右边的号码指检字表的页码)

(二)检 字 表

1. 字右边的号码指词典正文的页码。

2. 带圆括弧的字是繁体字或异体字,其中偏旁可类推简化的字,其繁体紧接在简化字后,不另行。

子(孑)部

纟(糹)部

马(馬)部

七 画

八 画

九 画

十 画

十一画

十二画

十三画

十四画

十五画以上

犬　部

歹　部

二至四画

五至六画

七至九画

十画以上

车(車)部

一至四画

五画

膨 1150
(臈) 925
腻 1938
(臕) 1973
(膴) 599
膮 263
膙 844
膲 770
膰 383
膧 1565
(膱) 2021
膳 1366
膦 1530
滕 1532

十 三 画

朦 1051
臄 852
(膿) 1125
臊 1353
臅 225
(臉) 972
(膾) 900
(膽) 285
膻 1363
膺 1876
臆 1862
臃 1885
(膹) 1401
(臈) 1531
臀 1582
臂 84

十四画以上

臑 1107
臕 1791
(臍) 1193
臄 1533
(臏) 98
(臢) 337
臛 46
(臇) 1150
(臙) 1163
(臘) 925
(臙) 1804
臞 611
(臚) 1008
(朧) 1003
(騰) 1532
臜 627
臟 1218
(臟) 1533
臛 1289

欠 部

欠 1225

二至七画

次 246
欢 626
欤 1912
欧 1132
软 1335
欣 1739
炊 232
钦 1764
欲 556
欬 862
(軟) 1335
欷 1668
欲 1933
(欵) 901
欸 6

八画以上

款 901
欺 1185
欹 1186
欿 864
欻 1766
歇 1729
(歃) 229
歆 1359
歈 1920
歆 1740
歌 459
(歍) 1642
歉 1227
(歎) 193
歊 1722
(歎) 1521
(歐) 1132
歔 1768
(歑) 598
(歙) 1871
(歕) 1147
歙 1673
(歘) 1766
歜 225
(歟) 1912
(歛) 973
(歗) 1728
歠 242
(歡) 626
歛 232

风(風)部

风(風) 408

三至九画

(颩) 92
飏 1822
枫 1621
飐(颭) 1683
飑(颮) 1994
飑(颮) 1143
飒(颯) 1341
(颱) 1341
飕(颼) 1905
飖 861
飓(颶) 840
飔(颸) 1335
飍(飍) 1760
(颺) 1822
飏(颺) 1477
飕(颼) 1489
飗(飀) 1920
飘(飄) 17
(颾) 1489
(颻) 1621
(飃) 1621

十画以上

(飄) 861
飘(飄) 1830
(颻) 1830
飙(飆) 590
飘(飄) 1162
(飃) 1162
飔(飂) 999
飚(飈) 93
(飆) 93
(飇) 93
飗(飗) 1938

殳 部

殳 1449

四至九画

殴 1132
殁 1085
段 342
投 2051
殳 27
(殸) 1238
殸 1301
殷 1866
般 38
(殺) 1357
殺 442
羖 487
(殼) 1238
殸 334
(毀) 518
(殼) 1238
殽 1723
(發) 374
殻 611
毂 490
殽 481
骰 1568
毁 658
毂 696
殿 317

十画以上

(鼓) 848
毂 490
(轂) 696
敲 1304
彀 486
(穀) 486
毂 892
(毆) 1132
毅 1861
(轂) 490
殻 605
縠 605
毈 659
貑 343
縠 611
縠 605
觳 1304
(毉) 892

文 部

文 1631
刘 996
齐 1187
吝 989
忞 1068
斋 1991
斎 720
紊 1634
斑 38
(斌) 96
斐 398
斒 39
斖 697
斓 933
(斕) 933

方 部

方 388
於 1812
邡 391
放 393
瓬 393
於 1912
斻 545
房 392
斿 1899
旃 1914
(旆) 1146
施 1408
旆 1146
(旂) 393
旄 1037
旂 1193
旅 1015
旃 1993
旁 1141
(旉) 418
旌 812
族 2078
旍 812
旎 1113
旋 1781
旝 900
旒 2003
旓 1376
旒 999
旗 1196
旖 1850
(旞) 1503
(旛) 379
旞 1503
(旟) 1914
(旝) 900

火 部

火 677

一至三画

灭 1066
灰 648
灯 299
灶 1984
灿 134
灸 825
灼 2062
炉 907
灾 1979
灵 990
灺 1733
炀 1822
(災) 1979

四 画

炜 1621
炬 1132
炬 838
炖 1582
炅 821
炘 1738
炊 232
炙 2028
炆 1633
炕 868
炎 1808
炉 1008

五 画

荧 1876
炳 100
炼 974
炽 202
炭 1521
炯 821
(炑) 1273
(炧) 1733
烁 1473
炮 1143
炷 2051
炫 1785
烂 934
炤 2003
烽 1856
炱 1512

六 画

(烖) 1979
耿 466
烘 581
烜 1785
烦 381
烧 1374
烛 2046
烟 1804
(烠) 415
(烎) 415
(焚) 1719

龙(龍)部

业 部

目 部

八　画

九至十画

十一画以上

白　部

一至八画

九画以上

瓜　部

鸟(鳥)部

一至四画

五　画

六至七画

八　画

九　画

十　画

十一画以上

言　部

辛　部

青　部

其　部

雨(⻗)部

三至七画

八至十二画

十三画以上

齿(齒)部

一至六画

七画以上

黾(黽)部

隹　部

二至六画

八画以上

金　部

鱼(魚)部

A

a

阿 1. ā ❶词头。加在亲属称呼或小名的前面。古诗《为焦仲卿妻作》:"～兄得闻之,怅然心中烦。"《颜氏家训·风操》:"梁武小名～练,子孙皆呼练为绢。"

2. ē ❷大土山。《诗经·大雅·皇矣》:"无矢我陵,我陵我～。"(矢:陈列。)王勃《滕王阁序》:"访风景于崇～。"[又]山的弯曲处。《诗经·卫风·考槃》:"考槃在～,硕人之莪。"(莪:空阔、宽大。)《汉书·刘向传》:"秦始皇帝葬于骊山之～。"[又]山坡,水边。《穆天子传》卷一:"天子猎于钘山之西～。"《左传·襄公二十八年》:"济泽之～。"❸宫室宗庙四角翘起来的屋檐。《周礼·考工记·匠人》:"四～重屋。"这种建筑上的形式也有用在墓穴中的椁上的。《左传·成公二年》:"椁有四～,棺有翰桧。"(翰桧:棺材上的装饰。)[又]屋栋,屋脊。《周礼·考工记·匠人》:"王宫门～之制,五雉。"《仪礼·士昏礼》:"宾升西阶,当～。"(当:对着。)❹迎合,曲从。《国语·周语上》:"大臣享其禄,弗谏而～之。"《吕氏春秋·长见》:"申侯伯如郑,～郑君之心,先为其所欲。"《淮南子·时则训》:"断罚刑,杀当罪,～上乱法者诛。"❺偏袒。《荀子·成相》:"外不避仇,内不～亲,贤者予。"(予:给与。)《吕氏春秋·高义》:"～有罪,废国法,不可。"《史记·三王世家》:"古者诛罚不～亲戚,故天下治。"[引]亲附,亲近。《左传·昭公二十年》:"寡君命下臣于朝曰:'～下执事。'臣不敢贰。"(执事:指卫国国君。贰:违命。)《后汉书·刘梁传》:"苟失其道,则兄弟不～。"❻轻细的丝织物。《楚辞·招魂》:"蒻～拂壁,罗帱张些。"见"阿緆"。❼迟缓傲慢的应答声。《老子·二十章》:"唯之与～,相去几何?"(唯:迅速谦恭的应答声。)❽通"婀"。柔软而美丽的样子。《诗经·小雅·隰桑》:"隰桑有～,其叶有难。"(难:茂盛的样子。)❾姓。

3. hē ❿通"呵"、"诃"。见"阿街"。

【阿伯】 ābó ❶称父亲。梁章钜《称谓录》卷一《方言称父》:"吴俗称父为～～。"❷妇人称夫之兄。陶岳《五代史补·世宗问相于张昭远》:"[李涛弟]澣娶礼部尚书窦宁固之女,年甲稍高,成婚之夕,窦氏出参,涛辄望尘下拜。澣惊曰:'大哥风狂耶?新妇参～～,岂有答礼仪?'"

【阿鼻】 ābí 阿鼻地狱的省称。《梁书·范缜传》:"又惑以茫昧之言,惧以～～之苦,诱以虚诞之辞,欣以兜率之乐,故舍逢掖,袭横衣,废俎豆,列缾钵,家家弃其亲爱,人人绝其嗣续。"参见"阿鼻地狱"。

【阿爹】 ādiē ❶称父亲。戴良《失父零丁》诗:"今月七日失～～,念此酷毒可痛伤。"韩愈《祭女挐女文》:"～～阿八,使汝妳以清酒时果庶羞之奠,祭于第四小娘子挐子之灵。"❷对长者的敬称。《旧唐书·回纥传》:"儿愚幼无知,今幸得立,惟仰食于～～。"王明清《摭青杂说》:"女常呼项[四郎]为～～,因谓项曰:'儿受～～厚恩,死无以报。'"

【阿斗】 ādǒu 三国蜀后主刘禅的小名。刘禅为人庸碌无能,虽有诸葛亮等人全力扶助,也不能振兴蜀汉。后因称懦弱无能、不思振作的人为"阿斗"。

【阿段】 āduàn 獠族对男子的称谓。獠族是古代南方少数民族中的别部,散居山谷,无氏族之别,又无名字,所生男女,以长幼次第呼之。其丈夫称阿謩、阿段,妇人称阿夷、阿等之类,皆次第之义。杜甫有《示獠奴阿段》诗。李孝先《湖山八景·竹引流泉》诗:"汝家～～太怜君,斩竹来从虎豹群。"

【阿父】 āfù ❶指父亲。《南史·谢晦传》:"[晦女]被发徒跣与晦诀曰:'～～!大丈夫当横尸战场,奈何狼藉都市?'"❷指伯、叔。或伯叔自称。《宋书·王球传》:"及[刘]湛诛之夕,[兄子]履徒跣告球……球徐曰:'～～在,汝亦何忧!'命左右扶郎还斋,上以球故,履得免死。"

【阿负】 āfù 老年妇人。负,通"妇"。《汉书·高帝纪上》"常以王媪、武负贳酒"颜师古注引如淳曰:"武,姓也,俗谓老大母为~~。"

【阿干】 āgān 鲜卑语,对兄长或尊贵者的称呼。《魏书·吐谷浑传》:"若洛廆追思吐谷浑,作《阿干歌》,徒河以兄为~~也。"又《常山王遵传》:"长子可悉陵,年十七,从世祖猎,遇一猛虎,陵遂空手搏之以献……即拜内行~~。"

【阿哥】 āgē ❶对兄或平辈男子表示亲热的称呼。《清平山堂话本·戒指儿记》:"张远看着阮三……道:'~~,数日不见,如隔三秋。'"陈景钟《缫丝曲》诗:"嫂云小姑尔未知,~~正苦卖丝迟。"❷清代皇子的通称。清代不立太子,皇子生后,只按排行称阿哥,如大阿哥、二阿哥。至成丁,才授以爵号。❸满俗,父母或称儿子为阿哥。文康《儿女英雄传》十二回:"老爷听了这话,把脸一沉,问道:'~~! 你在那里弄得许多银子?'"

【阿公】 āgōng ❶妻子称丈夫的父亲。赵璘《因话录》卷四《谐戏》:"有妇人姓翁,陈牒论田产,称~~阿翁在日。"❷对父亲的俗称。《南史·颜延之传》:"尝与何偃同从上南郊,偃于路中遥呼延之曰:'颜公!'延之以其轻脱,怪之,答曰:'身非三公之公,又非田舍之公,又非君家~~,何以见呼为公?'偃羞而退。"今方言中也有称祖父为阿公的。❸对老年男子的尊称。《水浒传》二十一回:"~~休怪。不是我说谎,只道金子在招文袋里,不想出来得忙,忘了在家,我去取来与你。"

【阿家】 āgū ❶妇称夫之母。《宋书·范晔传》:"[晔]所生母泣曰:'主人念汝无极,汝曾不能感恩,又不念我老,今日奈何!'……妻云:'罪人,~~莫念。'"《北齐书·崔暹传》:"天保时,显祖尝问乐安公主:'达拏于汝何似?'答曰:'甚相敬重,唯~~憎儿。'显祖召达拏母入内,杀之,投尸漳水。"(达拏:暹子。)❷(-jiā)指公主、郡主、县主。李匡乂《资暇集·阿茶》:"公、郡、县主,宫禁呼为宅家子。盖以至尊以天下为宅,四海为家,不敢斥呼,故曰宅家,亦犹陛下之义。至公主已下,则加'子'字,亦犹帝子也。又为阿宅家子。阿,助词也,急语乃以宅家子为茶子,既而亦云阿茶(家)子,或削其子,遂曰~~。"

【阿侯】 āhóu 古诗中人名。或传为古代美女莫愁之子。梁武帝《河中之水歌》:"河中之水向东流,洛阳女儿名莫愁。莫愁十三能织绮,十四采桑南陌头,十五嫁为卢郎妇,十六生儿似(字)~~。"唐人诗中泛指少年。李贺《绿水词》:"今宵好风月,~~在何处?"李商隐《拟意》诗:"怅望逢张女,迟迴送~~。"

【阿老】 ālǎo 老妻对丈夫的昵称。《警世通言·宋小官团圆破毡笠》:"刘妪道:'~~见得是,只怕女儿不肯,须是缓缓的偎他。'"

【阿连】 ālián 南朝宋谢灵运族弟惠连有才悟,工诗,为灵运所爱,常称之为阿连。见《宋书·谢灵运传》。后因称弟为"阿连"。白居易《和敏中洛下即事》诗:"昨日池塘春草生,~~新有好诗成。"王安石《寄四侄旊》诗之一:"春草已生无好句,~~空复梦中来。"

【阿妈】 āmā 女真称呼父亲为阿妈。佚名《货郎旦》三折:"~~有甚话,对你孩儿说呵,怕做甚么!"

【阿瞒】 āmán ❶曹操小字阿瞒。《三国志·魏书·武帝纪》"太祖武皇帝"注:"太祖一名吉利,小字~~。"❷唐玄宗李隆基自称。南卓《羯鼓录》:"上笑曰:'大哥不必过虑,~~自是相师。'"

【阿㜷】 āmí 称母亲。李商隐《李贺小传》:"~~老且病,贺不愿去。"柳贯《祭孙秬文》:"阿翁与汝阿爹、~~,以家馔祭于中殇童子阿秬之魂。"

【阿母】 āmǔ ❶称呼母亲。古诗《为焦仲卿妻作》:"~~谓阿女,汝可去应之。"❷称呼乳母。《史记·扁鹊仓公列传》:"故济北王~~自言足热而懑。"《后汉书·杨震传》:"安帝乳母王圣,因保养之勤,缘恩放恣;圣子女伯荣出入宫掖,传通奸赂。震上疏曰:'……宜速出~~,令居外舍。'"

【阿侬】 ānóng ❶自称之词。犹言我。杨衒之《洛阳伽蓝记·景宁寺》:"吴人之鬼,住居建康,小作冠帽,短制衣裳,自呼~~,语则阿傍。"❷称对方。《南史·茹法珍传》:"何世天子无要人,但~~货主恶耳。"

【阿奶】 ānǎi ❶称祖母。《通俗编·称谓》:"今吴俗称祖母曰~~。"❷称母亲。袁枚《祭妹文》:"~~问,望兄归否?"亦作"阿㜷"。见该条。❸称乳母。赵翼《陔馀丛考》卷三十八:"俗称乳母为~~,亦曰奶婆。"

【阿奴】 ānú 尊长称卑幼之词。1)兄称弟。《世说新语·雅量》:"周仲智饮酒醉,瞋目还面,谓伯仁曰:'君才不如弟而横得重名。'须臾,举蜡烛火掷伯仁,伯仁笑曰:'~~火攻,固出下策耳!'"2)祖称孙。齐武帝萧赜,因太子已死,以皇孙昭业为储君,"临崩,执帝手曰:'~~,若忆翁,当好作!'"见《南史·齐本纪下》。3)帝称后。《南史·郁林王何妃传》:"帝谓皇后为~~,曰:'~~暂去。'"

【阿婆】 āpó ❶称祖母。《乐府诗集·横吹曲辞·折杨柳枝歌》:"~~不嫁女,那得孙儿抱?"揭傒斯《梦两雏》诗:"雨声断道风惊屋,~~独抱诸孙哭。"❷对老年妇女的敬称。《南史·齐本纪》:"帝谓豫章王妃庾氏曰:'~~,佛法言有福生帝王家。'"(庾氏:即帝的叔祖母。)

【阿鹊】 āquè 嚏喷声。洪咨夔《南乡子·德清舟中和老人韵》词:"~~数归程,人倚低窗小画屏。"辛弃疾《谒金门·和陈提干》词:"因甚无箇~~地,没工夫说里。"(里:哩。)

【阿戎】 āróng 称呼堂弟。《南齐书·王思远传》:"[王晏]谓思远兄思微曰:'隆昌之末,~~劝吾自裁,若从其语,岂有今日?'"(思远:王晏堂弟。)杜甫《杜位宅守岁》诗:"守岁~~家,椒盘已颂花。"

【阿翁】 āwēng ❶称祖父。《世说新语·排调》:"张苍梧是张凭之祖,尝语凭父曰:'我不如汝。'凭父未解所以。苍梧曰:'汝有佳儿。'凭时年数岁,敛手曰:'~~讵宜以子戏父?'"❷称父,或以自称。方以智《通雅》卷十九《称谓》:"方言秦晋陇谓父为翁;今人作书与子,亦自称~~;称人之父亦曰乃翁。"❸妇称夫之父。赵璘《因话录》卷一:"谚云:不痴不聋,不作阿家~~。"

【阿咸】 āxián 对侄儿的代称。魏晋时,阮籍的侄子阮咸颇有才华,为"竹林七贤"之一,阮籍常叫他"阿咸"。后人因而把侄儿也称作"阿咸"。苏轼《和子由除夜元日省宿致斋》诗:"朝回两袖天香满,头上银幡笑~~。"

【阿香】 āxiāng 传说中推雷车女神。《初学记》卷一《雷》引《续搜神记》:"义兴人姓周,永和中出都。日暮,道边有一新草小屋,一女子出门望见周。周曰:'日暮求寄宿。'向一更中,闻外有小儿唤~~:'官唤汝推雷车。'女乃辞去。"苏轼《无锡道中赋水车》诗:"天公不见老翁泣,唤取~~推雷车。"范成大《夜泊湾舟、大风雨、未至衡州一百二十里》诗:"~~搅客眠,夜半驱疾雷。"

【阿姨】 āyí ❶称母的姐妹。白居易《琵琶行》:"弟走从军~~死,暮去朝来颜色故。"元好问《姨母陇西君讳日作》诗:"竹马青衫小小郎,~~怀袖阿孃香。"❷称妻的姐妹。乐史《杨太真外传》卷上:"上(唐玄宗)戏曰:'阿瞒乐籍,今日幸得供养夫人,请一缠头。'秦国[夫人]曰:'岂有大唐天子~~无钱用耶!'遂出三百万为一局焉。"❸称庶母。《南史·齐晋安王子懋传》:"[庶]母阮淑媛尝病危笃,请僧行道。有献莲华供佛者,众僧以铜罂盛水渍其茎,欲华不萎。子懋流涕礼佛曰:'若使~~因此和胜,愿诸佛令华竟斋不萎。'"

【阿子】 āzǐ ❶对儿子的称呼。《晋书·五行志中》:"无几而帝崩,太后哭之曰:'~~汝闻不?'"❷乐曲名。《乐府诗集》卷四十五有《阿子歌》。

【阿姊】 āzǐ 称姐姐。《木兰诗》:"~~闻妹来,当户理红妆。"李商隐《骄儿》诗:"阶前逢~~,六甲颇输失。"

【阿匼】 ē'ǎn 曲意迎合,不拿主意。《新唐书·杨再思传》:"居宰相十馀年,~~取容,无所荐达。"又《萧复传》:"杞对上或谄谀~~。"

【阿保】 ēbǎo ❶古时担负教育抚养贵族子弟的妇女,类似于后世的保姆。《后汉书·崔寔传》:"灵帝时开鸿都门,榜卖官爵……或因常侍、~~别自通达。"潘岳《寡妇赋》:"命~~而就列兮,览巾箑以舒悲。"(箑:扇子。)❷泛指保护养育。《汉书·宣帝纪》:"故人下至郡邸狱复作尝有~~之功,皆受官禄田宅财物,各以恩深浅报之。"❸君王左右的近臣。《史记·范睢蔡泽列传》:"足下上畏太后之严,下惑于奸臣之态,居深宫之中,不离~~之手,终身迷惑,无与昭奸。"

【阿比】 ēbǐ 亲附。《晋书·嵇绍传》:"侍中贾谧以外戚之宠,年少居位……及谧诛,绍时在省,以不~~凶族,封弋阳子。"

【阿党】 ēdǎng 徇私偏袒。《管子·重令》:"如此,则巧佞之人,将以此成私为交;比周之人,将以此~~;取与贪利之人,将以此收货聚财。"《后汉书·安思阎皇后纪》:"更相~~,互作威福。"

【阿堵】 ēdǔ 这,这个。《世说新语·巧艺》:"顾长康画人,或数年不点目精。人问其故,顾曰:'……传神写照,正在~~中。'"又《规箴》:"王夷甫雅尚玄远,常嫉其妇贪浊,口未尝言钱字。妇欲试之,令婢以钱绕床,不得行。夷甫晨起,见钱阂行,呼婢曰:'举却~~物。'"(阂:阻碍,阻隔。)

【阿阿】 ē'ē ❶长而美。《诗经·小雅·隰桑》:"隰桑有阿,其叶有难。"郑玄笺:"隰中之桑,枝条~~然长美。"❷叹息声。张邦基《墨庄漫录》卷六:"世俗以'~~'、'则则'为叹息之声。李端叔(之仪)云:楚令尹子西将死,家老则立子玉为之后。子玉直‘则则’,于是遂定。昭奚恤过宋,人有馈彘肩者,昭奚恤‘～～’以谢。尔后‘～～’、‘则则’更为叹息声,常疑其自得于此。”

【阿法】 ēfǎ 枉法,执法者歪曲或破坏法律。《史记·蒙恬列传》:“[赵]高有大罪,秦王令蒙毅法治之。毅不敢～～,当高罪死,除其宦籍。”

【阿房】 ēfáng(旧读 ēpáng)秦宫殿名。故址在今陕西省长安县西。《史记·秦始皇本纪》:“乃营作朝宫渭南上林苑中。先作前殿～～,东西五百步,南北五十丈,上可以坐万人,下可以建五丈旗。”《三辅黄图》卷一《宫》:“～～宫,亦曰阿城。惠文王造宫未成而亡。始皇广其宫规,恢三百馀里。离宫别馆,弥山跨谷,辇道相属,阁道通骊山八十馀里。”

【阿附】 ēfù 迎合附和。《三国志·魏书·武帝纪》:“长吏多～～贵戚,赃污狼藉。”

【阿缟】 ēgǎo 古代齐地所出的轻细的丝织物。《史记·李斯列传》:“～～之衣,锦绣之饰。”

【阿阁】 ēgé 四面有檐的阁楼。《古诗十九首》之五:“交疏结绮窗,～～三重阶。”谢朓《和江丞北戍琅邪城》诗:“春城丽白日,～～跨曾楼。”

【阿衡】 ēhéng ❶指商代宰相伊尹。《诗经·商颂·长发》:“实维～～,实左右商王。”《史记·魏世家》:“天方令秦平海内,其业未成,魏虽得～～之佐,曷益乎?”❷泛指宰相之类的要职。《后汉书·张纲传》:“以刍荛之资,居～～之任。”又《郑太传》:“明公以亲德之重,据～～之权。”❸用作动词,有“执掌”之意。《世说新语·黜免》:“殷仲文既素有名望,自谓必当～～朝政,忽作东阳太守,意甚不平。”

【阿那】 ēnuó 同“婀娜”。❶柔美的样子。张衡《南都赋》:“～～蓊茸,风靡云披。”陆机《拟青青河畔草》诗:“皎皎彼姝女,～～当轩织。”❷茂盛的样子。王延寿《鲁灵光殿赋》:“朱桂黝儵于南北,兰芝～～于东西。”

【阿丘】 ēqiū 山丘。《诗经·鄘风·载驰》:“陟彼～～,言采其蝱。”

【阿谁】 ēshuí 犹言谁,何人。古诗《十五从军征》:“道逢乡里人:‘家中有～～?’”《三国志·蜀书·庞统传》:“向者之论,～～为失?”

【阿私】 ēsī 偏袒,庇护。《庄子·天地》:“必服恭俭,拔出公忠之属而无～～,民孰敢不辑!”

【阿枉】 ēwǎng 阿谀曲从。《后汉书·光武帝纪下》:“又考实二千石长吏～～不平者。”又《郭太传》:“‘墙高基下,虽得必失。’后果以论议～～败名云。”

【阿緆】 ēxī 精细的丝麻织品。司马相如《子虚赋》(据《文选》):“殚睹众物之变态,于是郑女曼姬,被～～,揄纻缟。”(殚:尽。揄:拉,引。)也作“阿锡”。《列子·周穆王》:“靡曼者,施芳泽,正蛾眉,设笄珥,衣～～。”《汉书·礼乐志》:“被华文,厕雾縠,曳～～,佩珠玉。”(厕:夹杂。雾縠:像薄雾一样的轻纱。)

【阿锡】 ēxī 见“阿緆”。

【阿邑】 ēyì 阿谀逢迎。《汉书·酷吏传赞》:“张汤以知～～人主,与俱上下。”

【阿意】 ēyì 曲从,迎合。《史记·蒙恬列传论》:“恬为名将,不以此时强谏,振百姓之急,养老存孤,务修众庶之和,而～～兴功,此其兄弟遇诛,不亦宜乎!”《汉书·贡禹传》:“～～顺指,随君上下。”

【阿谀】 ēyú 迎合别人的心意,说奉承话。《史记·封禅书》:“然则怪迂～～苟合之徒自此兴,不可胜数也。”《汉书·淮南王刘长传》:“游士妄作妖言～～王,王喜,多赐予之。”《后汉书·杨震传》:“其～～取容者,则因公褒举,以报私惠。”

【阿纵】 ēzòng 曲法纵容。《三国志·魏书·贾逵传》:“考竟其二千石以下～～不如法者,皆举奏免之。”韩愈《唐正议大夫尚书左丞孔公墓志铭》:“京兆尹～～罪人,诏夺京兆尹三月之俸。”

【阿街】 hējiē 犹言喝道。《水经注·淯水》:“[孔]嵩字仲山,宛人……贫无养亲,赁为～～卒。”

【阿芙蓉】 āfúróng 即鸦片。龚自珍《己亥杂诗》之八十五:“不枉人呼莲幕客,碧纱橱护～～～。”

【阿罗汉】 āluóhàn 梵语音译,为小乘佛教修证的最高果位。也作“罗汉”。《大智度论》卷三:“阿罗名贼,汉名破,一切烦恼贼破,是名～～～。复次:～～～一切漏尽,故应得一切世间诸天人供养。复次:阿名不,罗汉名生,后世中更不生,是名～～～。”

【阿堵物】 ēdǔwù 《世说新语·规箴》:“王夷甫(衍)雅尚玄远,常嫉其妇贪浊,口未尝言钱字。妇欲试之,令婢以钱绕床不得行。夷甫晨起,见钱阂行,呼婢曰:‘举却阿堵物。’”(阿堵犹言这个。)后人遂亦称钱为阿堵物。张耒《和无咎》诗之二:“爱酒苦无～～～,寻春奈有主人家。”

【阿鼻地狱】 ābídìyù 佛教八热地狱之一。阿鼻，梵语译音，意为“无有间断”。无间有二：身无间，苦无间。《续高僧传》卷八《释慧远》：“远抗声曰：‘陛下今恃王力自在，破灭三宝，见邪见人，～～～～，不拣贵贱，陛下安得不怖！’”

【阿弥陀佛】 ēmítuófó 阿弥陀，梵语译音，意为“无量”。阿弥陀佛，也译作无量清净佛，无量寿佛或无量光佛。佛家净土宗以阿弥陀佛为西方“极乐世界”的教主。凡愿往生彼土者，一心不乱，长念其名号，临终时佛即出现，前来接引，往生阿弥陀佛极乐国土。见《佛说阿弥陀经》。

呵 ā 见 hē。

腌 ā 见 yān。

嗄 á 见 shà。

ai

哀 āi ❶悲伤，悲痛。《左传·襄公二十三年》：“臧孙入哭，甚～多涕。”《穀梁传·成公三年》：“三日哭，～也。”《汉书·文三王传》：“及闻孝王死，窦太后泣极～，不食，曰：‘帝果杀吾子！’”㊀应悲伤的时候。《左传·隐公元年》：“赠死不及尸，弔生不及～。”㊀悲愤，沉痛。《老子·六十九章》：“故抗兵相加，～者胜矣。”（抗：举。加：当。）❷怜悯，同情。《战国策·齐策四》：“叶阳子无恙乎？是其为人，～鳏寡，邺孤独。”㊀爱。《管子·侈靡》：“国虽弱，令必敬以～。”《淮南子·说林训》：“鸟飞反乡，兔走归窟，狐死首邱，寒将翔水，各～其所生。”❸凄清的声响。见“哀玉”。❹丧事。《宋书·张敷传》：“居～毁灭，孝道淳至。”❺姓。

【哀哀】 āi'āi 悲痛不已。《诗经·小雅·蓼莪》：“～～父母，生我劳瘁。”潘岳《马汧督诔》：“～～建威，身伏斧质。”

【哀鸿】 āihóng ❶哀鸣的大雁。《诗经·小雅·鸿雁》：“鸿雁于飞，哀鸣嗷嗷。”（嗷嗷：哀鸣声。）谢惠连《泛湖归出楼中玩月》诗：“～～鸣沙渚，悲猿响山椒。”（椒：山顶。）❷比喻无家可归、呻吟呼号的灾民。洪昇《长生殿·收京》：“堪惜，征调千家，流离百室，～～满地悲戚。”张集馨《道咸宦海见闻录·道光戊申》：“本年江湖泛涨……～～遍野，百姓其鱼。”

【哀矜】 āijīn 怜悯。《论语·子张》：“如得其情，则～～而勿喜。”《汉书·高帝纪下》：“沛父兄皆顿首曰：‘沛幸得复，丰未得，唯陛下～～。’”《三国志·魏书·三少帝纪》：“虽存大义，犹垂～～。”

【哀艳】 āiyàn 形容文辞凄切而华丽。柳冕《与徐给事论文书》：“自屈宋以降，为文者本于～～，务于恢诞，亡于比兴，失古义矣。”

【哀玉】 āiyù 玉石相碰撞发出的凄清声。王安石《次韵张子野竹林寺》：“风泉隔屋撞～～，竹月缘阶贴碎金。”也用以比喻文章的清润高妙。杜甫《奉酬薛十二丈判官见赠》诗：“清文动～～，见道发新硎。”

【哀感顽艳】 āigǎnwányàn 形容文章凄恻动人，能使愚昧和聪明的人都为之感动。繁钦《与魏文帝笺》：“咏北狄之遐征，奏胡马之长思，凄入肝脾，～～～～。”后也用以形容某些专写艳情的作品。

【哀毁骨立】 āihuǐgǔlì 父母死后，由于过分悲伤，身体消瘦得像皮包骨。《后汉书·韦彪传》：“彪孝行纯至，父母卒，哀毁三年，不出庐寝，服竟，羸瘠骨立异形，医疗数年乃起。”《世说新语·德行》：“和峤虽备礼，神气不损；王戎虽不备礼，而～～～～。”

埃 āi 尘土，灰尘。《后汉书·郑玄传》：“自秦焚六经，圣文～灭。”白居易《长恨歌》：“黄～散漫风萧索，云栈萦纡登剑阁。”柳宗元《贺进士王参元失火书》：“乃今幸为天火之所涤荡，凡众之疑虑，举为灰～。”

挨 1. āi ❶挨次，顺着次序。曾巩《分宁县云峰院记》：“长少～坐里闾。”《清会典事例·汉员升补》：“仍照考取注册名次～补。”李斗《扬州画舫录·虹桥录下》：“家人～排于船首，以多为胜。”❷靠近，紧挨着。王安石《和王微之登高斋》诗之一：“衡门兼旬限泥潦，卧听窾木鸣相～。”《红楼梦》六十七回：“宝玉忙走到床前，～着黛玉坐下。”㊁依靠。佚名《争报恩》二折：“倚仗着你那有官有势，忒欺负我无靠无～。”❸蹭，摩擦。单宇《菊坡丛话·戏谑类》：“宋公见野牛就木～痒。”㊁挤。《水浒传》三回：“鲁达看见众人看榜，～满在十字路口。”又三十六回：“宋江分开人丛，～入去看时，却原来是一个使枪棒卖膏药的。”

2. ái ❹忍受。张国宾《合汗衫》三折：“我如今无铺无盖，教我冷难～。”关汉卿《窦娥冤》二折：“这无情棍棒，教我～不的。”㊁困难地度过。文天祥《满江红·和王昭仪》词：“燕子楼中，又～过，几番秋色。”㊁勉强支持。《儒林外史》十六回：“一步一～，～到庵门口。”❺拖延。《朱子语类·论治道》：“～得过时且过。”

3. ǎi ❻推击。《列子·黄帝》："挠挖～抌，亡所不为。"

【挨拶】 āizá 拥挤。葛长庚《海琼集·鹤林问道篇》："昔者天子登封泰山，其时士庶～～。"也作"挨匝"。曾瑞《留鞋记》三折："这绣鞋儿只为人～～，知他是失落谁家。"

唉 āi ❶答应声。《庄子·知北遊》："知以之言也问乎狂屈。狂屈曰：'～，予知之，将语若。'"❷叹息声。《史记·项羽本纪》："亚父受玉斗，置之地，拔剑撞而破之曰：'～！竖子不足与谋。'"❸表惊问。《管子·桓公问》："舜有告善之旌而主不蔽也。禹立建鼓于朝而备讯～！？"

欸 1. āi ❶叹息声。《楚辞·九章·涉江》："乘鄂渚而反顾兮，～秋冬之绪风。"扬雄《法言·渊骞》："始皇方猎六国，而[王]翦牙～。"❷表同意的应答声。《方言》卷十："欸、譻，然也。南楚凡言然者，曰～或曰譻。"

2. ǎi ❸象声词。见"欸乃"。

【欸乃】 ǎinǎi 摇橹声。柳宗元《渔翁》诗："烟销日出不见人，～～一声山水绿。"

钒 ái 见 jī。

骇（騃） 1. ái ❶痴呆，愚蠢。《汉书·息夫躬传》："外有直项之名，内实～不晓政事。"《后汉书·独行传》："薛安庸～，忸行无义。"柳宗元《复杜温夫书》："吾性～滞，多所未甚谕，安敢悬断是且非耶？"

2. sì ❷急走的样子。张衡《西京赋》："众鸟翩翻，群兽駓～。"杜甫《有事于南郊赋》："雷公河伯，咸駓～以修耸。"

捱 1. ái ❶忍受，遭受。秦简夫《东堂老》四折："那赵国器～着病，将我来跪一跪。"《西游记》二十一回："只怕你～不起这一棒。"㊈熬，耐苦支持。罗大经《鹤林玉露》卷一："幸而～得他死尔。"陈铎《江儿水·闺怨》套曲："～过了炎蒸天气，新凉人绣帏。"㊈勉强应付。王实甫《西厢记》四本一折："想着这异乡身强把茶汤～。"曾瑞《蝶恋花·闺怨》套曲："添盐添醋人擀断，刚～了少半碗。"❷拖延。唐顺之《公移·牌》："此不过将官共作～延之计而已。"《醒世姻缘传》四十二回："若抵拒延～，打了你自己，还拿你家属送监。"

2. āi ❸靠近，依靠。谷子敬《醉花阴·豪侠》套曲："摇纨扇玉体相～。"董解元《西厢记诸宫调》卷六："小生客寄，没个人～靠。"㊈挤。《平妖传》十一回："亦有～挤不下，只有两旁站立的。"《京本通俗小说·错斩崔宁》："～将进去，只见门也不关。"❹挨次，顺着次序。毛奇龄《萧山县志刊误》三："～年纂辑，名曰《长编》。"《平妖传》四回："半仙～次流水般看去，一面口中说方，一面家僮取药。"

皑（皚） ái 白。卓文君《白头吟》："～如山上雪，皎若云间月。"

【皑皑】 ái'ái 洁白的样子。杜甫《晚晴》诗："崖沉谷没白～～，江石缺裂青枫摧。"岑参《望秦岭微雨作贻友人》诗："崖口悬瀑流，半空白～～。"也作"硙硙"。枚乘《七发》："白刃～～，矛戟交错。"

毐 ǎi 品行不端的人。《说文·毋部》："～，士之无行者。"战国末期，秦相吕不韦的舍人名叫"嫪毐"。

蔼（藹） ǎi ❶树木茂密的样子。《汉书·扬雄传上》："郁萧条其幽～兮，滃泛沛以丰隆。"裴铏《题文翁石室》诗："古柏尚留今日翠，高岷犹～旧时青。"㊈盛多的样子。陆机《文赋》："虽纷～于此世，嗟不盈于予掬。"杜甫《雨》诗："行云递崇高，飞雨～而至。"❷和蔼，善美。江淹《萧重让扬州表》："丹青所以传其～，磬琯所以扬其音也。"韩愈《答李翊书》："仁义之人，其言～如也。"❸笼罩，遮蔽。颜延之《直东宫答郑尚书》诗："流云～青阙，皓月鉴丹宫。"朱淑真《弔林和靖》诗："不识酌泉拈菊意，一庭寒翠～空祠。"❹通"霭"。云气。陆机《挽歌诗》之三："悲风徽行轨，倾云结流～。"江淹《秋夕纳凉奉和刑狱舅》诗："虚堂起青～，崦嵫生暮霞。"㊈云集的样子。《管子·侈靡》："～然若夏之静云。"

【蔼蔼】 ǎi'ǎi ❶众多的样子。左思《咏史》："峨峨高门内，～～皆王侯。"又《吴都赋》："～～翠幄，嫋嫋素女。"（嫋嫋：体态柔美的样子。）❷茂盛的样子。束皙《补亡》诗："瞻彼崇丘，其林～～。"❸月光微暗的样子。司马相如《长门赋》："望中庭之～～兮，若季秋之降霜。"

濭 ǎi 同"霭"。云气。《汉书·礼乐志》："赤蛟绥，黄华盖，露夜零，昼晻～。"

霭（靄、藹） ǎi ❶云雾。谢惠连《雪赋》："连氛累～，掩日韬霞。"王维《终南山》诗："白云迴望合，青～入看无。"朱孟震《西南夷风土记》："其地蚤暮，雾～薰蒸，烟霞掩映。"㊈气味。沈宇《代闺人》诗："杨柳青青鸟乱吟，春风香～洞房深。"王实甫《西厢记》一本三折："夜深香～散空庭。"❷弥漫，笼罩。韦应物《东郊》诗："微雨～荒原，春鸠鸣何处？"陈标《秦王卷衣》诗："秦王宫阙～春烟，珠树琼枝近碧天。"

【霭霭】 ǎi'ǎi ❶云雾密集的样子。陶渊明《停云》诗："停云～～，时雨濛濛。"❷月光昏暗的样子。陆龟蒙《江城夜泊》诗："月挂虚弓～～明。"

厄 ài 见è。

艾 1. ài ❶多年生草本植物，叶加工为绒，称"艾绒"，可作为针灸用的燃料。《楚辞·离骚》："户服～以盈要兮，谓幽兰其不可佩。"《庄子·让王》："越人薰之以～。"❷灰白色。元稹《郡斋感怀见寄》诗："椒花丽句闲重检，～发衰容惜寸辉。"汪中《自序》："余玄发未～，野性难纯。"㊀对老年人的称呼。《礼记·曲礼上》："五十曰～，服官政。"（孔颖达疏："发苍白色如艾也。"）《荀子·致士》："耆～而信，可以为师。"❸止息，断绝。《左传·襄公九年》："大劳未～。"王安石《与王子醇书》："武人多欲以讨杀取功为事，诚如此而不禁，则一方忧未～也。"❹美好，漂亮。《孟子·万章上》："人少则慕父母，知好色则慕少～。"（少艾：年轻美貌的人。）《战国策·赵策三》："而王不以予工，乃与幼～。"孔尚任《桃花扇·逃难》："积得些金帛，娶了些娇～。"❺养，养育。《诗经·小雅·南山有台》："保～尔后。"❻姓。

2. yì ❼通"刈"。割。《汉书·朱买臣传》："常～薪樵，卖以给食。"又《贾谊传》："其视杀人若～草菅然。"㊀收割，收获，收成。《荀子·王制》："岁虽凶败水旱，使民有所耘～。"《穀梁传·庄公二十八年》："一年不～，而百姓饥。"《左传·哀公十六年》："国人望君如望岁焉，日日以几，若见君面，是得～也。"（岁：指一年的收成。几：通"冀"。希望，盼望。）㊁报，报答。《国语·周语上》："树于有礼，～人必丰。"又《晋语四》："树于有礼，必有～。"❽铲除，杀害。《左传·襄公三十年》："绝民之主，去身之偏，～王之体，以祸其国。"又《哀公元年》："亦不～杀其民。"❾通"乂"。治理，安定。《史记·越王句践世家论》："禹之功大矣，渐九川，定九州，至于今诸夏～安。"《汉书·郊祀志上》："汉兴已六十馀岁矣，天下～安，缙绅之属，皆望天子封禅改正度也。"

【艾艾】 ài'ài 口吃的人，说话时吐词重复、蹇涩。《世说新语·言语》："邓艾口吃，语称～～。"

【艾服】 àifú ❶五十岁的代称。王褒《太保吴武公尉迟纲碑铭》："及年逾～～，任隆台衮。"❷服役，从政。《晋书·郑冲传》："～～王事，六十馀载。"

【艾豭】 àijiā 老公猪。一说漂亮的公猪。《左传·定公十四年》："既定尔娄猪，盍归吾～～。"（娄猪：母猪。）

【艾绶】 àishòu 艾绿色的印绶。《后汉书·董宣传》："以宣尝为二千石，赐～～，葬以大夫礼。"

【艾毕】 yìbì 见"艾韠"。

【艾韠】 yìbì 古代一种象征性的刑罚。即割去犯人护膝的围裙，以示宫刑。任昉《为梁公请刊改律令表》："臣闻淳源既远，天讨是因，画衣象服，以致刑厝，草缨～～，民不能犯。"（草缨：用草绳当作帽带子系在犯人的颈上，以示劓刑。）也作"艾毕"。《荀子·正论》："治古无肉刑，而有象刑。墨黥，慅婴，共～～。"（墨黥：古代刑罚之一。即在犯人脸上或额上刺刻花纹，并涂上黑墨。慅婴：即"草缨"。）

【艾服】 yìfú 古代一种象征性的刑罚。即割去犯人衣服上的蔽膝部分，以示宫刑。任昉《为王金紫谢齐武帝示皇太子律序启》："～～惩刑。"参见"艾韠"。

爱（愛） ài ❶喜爱，宠爱。《左传·隐公元年》："～共叔段，欲立之。"《汉书·文三王传》："梁怀王揖，文帝少子也。好《诗》、《书》，帝～之，异于他子。"㊁敬爱，热爱。《国语·晋语一》："虽欲～君，惑不释也。"又《晋语四》："～亲明贤，政之干也。"㊁友爱。《左传·隐公三年》："父慈子孝，兄～弟敬。"㊁爱慕，敬重。《后汉书·隗嚣传》："嚣素谦恭～士，倾身引接为布衣交。"❷特指男女间相互爱慕亲热的行为。《战国策·齐策三》："孟尝君舍人有与君之夫人相～者。"苏武《诗四首》之二："结发为夫妻，恩～两不疑。"❸惠爱，仁爱。《左传·昭公二十年》："仲尼闻之，出涕曰：'古之遗～也。'"《汉书·叙传》："没世遗～，民有馀思。"《韩非子·内储说上》："～多者则法不立，威寡者则下侵上。"㊁爱护。《论语·学而》："节用而～人。"《商君书·更法》："法者所以～民也。"㊁同情，怜悯。《左传·僖公二十二年》："若～重伤，则如勿伤，～其二毛，则如服焉。"❹爱惜。《管子·大匡》："若夫死者，吾安用而～之。"《吕氏春秋·有度》："夏不衣裘，非～裘也，暖有馀也。"㊀吝惜，吝啬。《国语·鲁语上》："子为鲁上卿，相二君矣，妾不衣帛，马不食粟，人其以子为～，且不华国乎！"《后汉书·朱晖传》："今而相送，明吾非有～也。"㊁贪，贪图。《韩非子·十过》："～小利而不利其害。"《宋史·岳飞传》："文臣不～钱，武臣不惜死，天下太平矣。"❺护，保卫。《法言·吾子》："剑可以～身。"《论衡·吉验》："夫后稷不当弃，故牛马不践，鸟以羽翼覆～其身。"❻通"薆"。隐蔽，隐藏。《诗经·邶风·静女》:"～而不见,搔首踟蹰。"《礼记·礼运》:"故天不～其道,地不～其宝,人不～其情。"❼姓。

【爱日】 àirì ❶爱惜时光。《大戴礼·曾子立事》:"君子～～以学,及时以行。"❷指子女爱惜奉养父母之日。《法言·孝至》:"不可得而久者,事亲之谓也,孝子～～。"❸指太阳。李商隐《江村题壁》诗:"倾壶真得地,～～静霜砧。"

【爱莫能助】 àimònéngzhù 虽然心里怜悯、同情,却没有力量帮助。《诗经·大雅·烝民》:"维仲山甫举之,爱莫助之。"《警世通言·王安石三难苏学士》:"荆公开言道:'子瞻左迁黄州,乃圣上主意,老夫～～～～。'"

【爱屋及乌】 àiwūjíwū 比喻喜欢一个人而连带地喜欢与他有关的人或物。《尚书大传·大战》:"爱人者,兼其屋上之乌。"《韩诗外传》卷三:"爱其人及屋上乌,恶其人者憎其胥。"《孔丛子·连丛子下》:"此乃陛下～～～～,惠下之道。"

砹 ài 同"碍"。阻碍,阻挡。《列子·黄帝》:"云雾不～其视,雷霆不乱其听。"《后汉书·方术传序》:"夫物之所偏,未能无蔽,虽云大道,其～或同。"

硙 ài 见 wèi。

堨 ài 见 è。

僾(僾) ài ❶所见不明晰。《礼记·祭义》:"祭之日,入室,～然必有见乎其位。"贺知章《顺和》诗:"黄祇～如在,泰折俟咸亨。"❷呼吸不舒畅。《诗经·大雅·桑柔》:"如彼遡风,亦孔之～。"《荀子·礼论》:"悍诡悒～,而不能无时至焉。"(悍诡:变异感动的样子。)

餲(餲) ài 食物变质有馊臭味。《论语·乡党》:"食饐而～,鱼馁而肉败,不食。"(饐:食物腐败变味。馁:腐臭。)《论衡·商虫》:"谷干燥者,虫不生;温湿饐～,虫生不禁。"㊀变臭。方以智《物理小识·器用类》:"所忌者天阴,阴则墨～矣。"

隘 1. ài ❶狭窄。《左传·襄公十八年》:"卫杀马于～以塞道。"《史记·乐书》:"舜之道何弘也?纣之道何～也?"《论衡·吉验》:"怪而弃之～巷,牛马不敢践之。"㊀指人气量狭小。《孟子·公孙丑上》:"孟子曰:'伯夷～,柳下惠不恭。'"韩愈《后十九日复上宰相书》:"情～辞蹙,不知所裁。"❷险要的地方。《左传·襄公十四年》:"吴人自皋舟之～要而击之。"张衡《东京赋》:"不恃～害。"

2. è 通"阸"。❸阻挡,阻止。《战国策·楚策二》:"楚襄王为太子之时,质于齐。怀王薨,太子辞于齐王而归,齐王～之。"㊀阻塞,阻隔。《战国策·中山策》:"寡人所以闭关不通使者,为中山之独与燕、赵为王,而寡人不与闻焉,是以～之。"❹穷困,窘迫。《战国策·齐策三》:"善说者,陈其势,言其方,人之急也,若自在～窘之中,岂用强力哉!"《新序·杂事四》:"常思困～之时,必不骄矣。"㊀疲弱,萎顿。《左传·襄公二十五年》:"～乃禽也。"(禽:通"擒"。)

【隘慑】 àishè 极度悲伤。《荀子·礼论》:"其立哭泣哀戚也,不至于～～伤生。"

薆(薆) ài ❶草木茂盛的样子。《汉书·司马相如传下》:"观众树之蓊～兮,览竹林之榛榛。"曹植《临观赋》:"丘陵崛兮松柏青,南园～兮果载荣。"❷隐蔽,遮掩。《楚辞·离骚》:"何琼佩之偃蹇兮,众～然而蔽之。"《晋书·乐志上》:"祇之出,～若有。"❸通"馤"。香,香气。司马相如《上林赋》:"晻～咇茀,肸蚃布写。"江淹《萧道成诔》:"誉馥区中,道～岷外。"

【薆薆】 ài'ài 昏暗不明的样子。《史记·司马相如列传》:"时若～～将混浊兮,召屏翳诛风伯而刑雨师。"《汉书》作"暧暧"。

碍(礙、导) ài ❶阻碍,阻挡。《论衡·说日》:"今天运转,其北际不着地者,触～,何以能行?"《列子·力命》:"独往独来,独出独入,谁能～之。"㊀限制。《法言·问道》:"圣人之治天下也,～诸以礼乐。"苏辙《岳下》诗:"山林无不容,疲苶坐自～。"❷遮蔽。杜甫《见王监兵马使说近山有白黑二鹰》诗:"鹏～九天须却避,兔藏三窟莫深忧。"辛弃疾《满江红·敲碎离愁》词:"芳草不迷行客路,垂杨只～离人目。"

嗌 ài 见 yì。

叆(靉) 1. ài ❶浓云密布的样子。《集韵·海韵》:"～,云盛貌。"欧阳修《和徐生假山》:"～若气融结,突如鬼镌鑱。"㊀指云。王夫之《九昭·汩征》:"骇哀吟之宵鼯兮,郁薄霄乎夕～。"❷香烟缭绕。苏轼《满庭芳》词:"香～雕盘,寒生冰筋。"汤显祖《紫箫记·纳聘》:"银花锦烛香云～。"

2. yǐ ❸见"叆叇"。

【叆叆】 ài'ài 浓重、茂密的样子。袁士元《游东湖醉中歌》:"兴尽归来月犹在,盘礴解装春～～。"

【叆叇】 àidài ❶云多的样子。潘尼《逸民吟》："朝云～～，行露未晞。"黄庭坚《醉蓬莱》词："对朝云～～，暮雨霏微，乱峰相依。"❷不晴朗或不明晰的样子。崔泰之《同光禄弟冬日述怀》诗："穷阴方～～，杀气正苍茫。"陆棻《游白云山记》："望城中越秀山，林木～～。"❸眼镜的别称。赵希鹄《洞天清禄集》："～～，老人不辨细书，以此掩目则明。"徐珂《清稗类钞·讥讽类》："座客戴～～者十八人。"

【叆霼】 àifèi 昏暗的样子。木华《海赋》："气似天霄，～～云布。"

【叆气】 yǐxì 依稀，仿佛，模模糊糊的样子。木华《海赋》："且希世之所闻，恶审其名，故可仿像其色，～～其形。"（仿像：模糊不清的样子。）

暧（曖） ài ❶昏暗。谢庄《宋孝武宣贵妃诔》："庭树惊兮中帷响，金釭～兮玉座寒。"（金釭：指灯。）谢瞻《王抚军庾西阳集别》诗："颓阳照通津，夕阴～平陆。"❷隐蔽。谢灵运《会吟行》："滮池溉粳稻，轻云～松杞。"陶渊明《时运》诗："山涤馀霭，宇～微霄。"❸滋润、温和的样子。《韩非子·主道》："是故明君之行赏也，～乎如时雨，百姓利其泽。"唐太宗《元日》诗："高轩～春色，邃阁媚朝光。"

【暧暧】 ài'ài ❶昏暗不明的样子。潘岳《寡妇赋》："时～～而向昏兮，日杳杳而西匿。"何景明《述归赋》："尘～～以蔽空兮，风发发而扬衢。"❷隐隐约约的样子。陶渊明《归园田居》诗之一："～～远人村，依依墟里烟。"江淹《水上神女赋》："～～也，非云非雾，如烟如霞。"❸茂密的样子。陶渊明《祭从弟敬远文》："淙淙悬溜，～～荒林。"唐孙华《同年沈昭嗣明府谈杭州西溪之胜》诗："～～桑麻区，生事有馀饶。"

【暧叇】 àidài 昏暗不明的样子。《楚辞·远遊》："时～～其曭莽兮，召玄武而奔属。"冉琇《遗台》诗："游目遗台上，烟色秋～～。"

【暧昧】 àimèi ❶幽暗，不光明。何晏《景福殿赋》："其奥秘，则蘙蔽～～。"《后汉书·蔡邕传》："睹～～之利，而忘昭晢之害。"司马光《涑水纪闻》卷三："不可以闺房～～之事，轻加污蔑。"❷模糊，不清晰。曾巩《南齐书目录序》："数世之史既然，故其事迹～～。"

谶（譺） ài（又读 nì 或 yí） 虔诚的样子。《史记·龟策列传》："求之于白蛇蟠杅林中者，斋戒以待，～然。"（白蛇蟠杅：林名。）

壒（𡒄） ài 尘埃。韩愈等《秋雨联句》："白日悬大野，幽泥化轻～。"《新唐书·回鹘传下》："适会勍兵至，行～属天。"田雯《病愈早起成诗》："披衣趁朝曦，新晴涤埃～。"

嗳 ài 见 yī。

懝 ài 恐惧。扬雄《太玄经·文》："高明足以覆照，制刻足以竦～。"（制刻：指法制或命令的严酷。）

馤 ài 香。韩愈等《秋雨联句》："园菊茂新芳，径兰销晚～。"

an

安 ān ❶安稳，稳定。《老子·六十四章》："其～易持。"焦延寿《易林·坤之中孚》："～如泰山，福喜屡臻。"（臻：到。）㊀安定，平静。《荀子·议兵》："礼修而士服，政平而民～。"《墨子·公孟》："是以政治而国～也。"《后汉书·冯衍传》："攘其蝥贼，～其疆宇。"㊀安全。《周易·系辞下》："是故君子～而不忘危，存而不忘亡，治而不忘乱，是以身～而国家可保也。"《荀子·荣辱》："将以为～邪？则危莫大焉。"扬雄《长杨赋》："故平不肆险，～不忘危。"❷安于，习惯于。《左传·僖公二十三年》："及齐，齐桓公妻之，有马二十乘。公子～之。"《后汉书·南蛮西南夷传》："外痴内黠，～土重旧。"㊂安心。《汉书·食货志》："百姓～土，岁数丰穰。"《三国志·魏书·司马朗传》："郊境之内，民不～业。"❸安适，安逸。《左传·僖公四年》："君非姬氏，居不～。"《孟子·告子下》："然后知生于忧患，而死于～乐也。"❹止息，停止。《左传·襄公七年》："吾子其少～。"《战国策·秦策五》："姚贾对曰：'贾愿出使四国，必绝其谋，而～其兵。'"㊂徐缓，从容。《史记·淮阴侯列传》："骐骥之跼躅，不如驽马之～步。"（跼躅：徘徊不前。）《论衡·幸偶》："鲁人为父报仇，～行不走，追者舍之。"《汉书·隽不疑传》："京兆尹不疑后到，叱从吏收缚。或曰：'是非未可知，且～之。'"❺安放，安置。诸葛亮《与兄瑾言赵云烧赤崖阁书》："今水大而急，不得～柱。"杜甫《绝句四首》之二："青溪先有蛟龙窟，竹石如山不敢～。"❻疑问副词。哪里，怎么。《史记·陈涉世家》："嗟乎，燕雀～知鸿鹄之志哉！"（鸿鹄：天鹅。）李白《梦游天姥吟留别》："～能摧眉折腰事权贵，使我不得开心颜！"❼疑问代词。哪里，哪儿。《史记·项羽本纪》："项王曰：'沛公～在？'"《汉书·黥布传》："女～从知之？"㊂什么。《礼记·檀弓上》:"泰山其颓,则吾将～仰?"㉆谁,什么人。《国语·晋语一》:"骊姬曰:'吾欲为难,～始而可?'优施曰:'必于申生。'"❽连词。乃,于是。《老子·三十五章》:"执大象,天下往。往而不害,～平太。"《战国策·魏策一》:"因久坐,～从容谈三国之相怨。"❾姓。

【安安】 ān'ān ❶温和的样子。虞世基《讲武赋》:"既搜扬于帝难,又文思之～～。"❷从容、舒缓的样子。《诗经·大雅·皇矣》:"执讯连连,攸馘～～。"❸习惯于某种环境。《隋书·高祖纪上》:"～～以迁,勿怀胥怨。"韩愈《与卫中行书》:"不当～～而居,迟迟而来。"❹平正,安稳。范仲淹《祭谢宾客文》:"君子之器兮,～～而弗攲。"(攲:倾斜。)唐甄《潜书·格君》:"乔岳～～,静之体也。"

【安车】 ānchē 古代一种与立乘有别的坐乘小车。一般用一匹马拉,多为贵妇人或年老大臣所用。《礼记·曲礼上》:"大夫七十而致仕,若不得谢,则必赐之几杖,行役以妇人,适四方,乘～～。"(孔颖达疏:"古者乘四马之车,立乘。此臣既老,故乘一马小车,坐乘也。")汉代以后,高官告老或帝王征召有威望的大臣,往往赐乘安车,并用四马。《史记·儒林列传》:"于是天子使使束帛加璧～～驷马迎申公。"《汉书·杜周传》:"赐～～驷马,罢就第。"

【安厝】 āncuò ❶安葬。《三国志·蜀书·先主甘皇后传》:"园陵将成,～～有期。"吴少微《为任虚白陈情表》:"两柩双魂,未遑～～。"❷安放待葬的灵柩。《红楼梦》一百十二回:"且说贾政等送殡到了寺内,～～毕,亲友散去。"

【安堵】 āndǔ 安定,安居。《史记·田单列传》:"田单又收民金,得千溢,令即墨富豪遗燕将曰:'即墨即降,愿无虏掠吾族家妻妾,令～～。'"《三国志·魏书·钟会传》:"百姓士民,～～旧业。"也作"案堵"、"按堵"。《史记·高祖本纪》:"诸吏人皆～～如故。"《汉书·高帝纪上》:"吏民皆～～如故。"《旧唐书·代宗纪》:"民庶～～,秋毫不犯。"

【安集】 ānjí 安定。《汉书·曹参传》:"其治要用黄、老术,故相齐九年,齐国～～,大称贤相。"《后汉书·南蛮西南夷传》:"今但选明能牧守,自然～～,不烦征伐也。"叶适《舒彦升墓志铭》:"奉上指尽力～～,岁馀方少定。"

【安辑】 ānjí ❶安定,安宁。《汉书·段会宗传》:"是时,小昆弥季父卑爰疐拥众欲害昆弥,汉复遣会宗使～～,与都护孙建并力。"曾巩《瀛州兴造记》:"初变作,公命授兵警备,讫于既息,人无争偷,里巷～～。"❷使安定。《汉书·王莽传上》:"所以统立天功,兴崇帝道,成就法度,～～海内也。"《后汉书·安帝纪》:"～～黎元。"❸安抚。《汉书·西域传上》:"可～～,～～之;可击,击之。"王若虚《千户侯父墓志铭》:"侯以完复～～之功,为众所推。"

【安利】 ānlì ❶[获得]安乐和利益。《列子·黄帝》:"天下丈夫女子,莫不延颈举踵而愿～～之。"《韩非子·有度》:"故忠臣危死于非罪,奸邪之臣～～于无功。"❷指安定、舒适的环境。《史记·匈奴列传》:"元元万民,下及鱼鳖,上及飞鸟,跂行喙息,蠕动之类,莫不就～～而辟危殆。"(元元:善良的样子。跂行喙息:泛指人和动物。跂行,有脚能行走的。喙息,有口能呼吸的。)❸使安定和得到好处。王安石《本朝百年无事札子》:"其于出政发令之间,一以～～元元为事。"(元元:指老百姓。)

【安谧】 ānmì 安静。《后汉书·桓帝纪》:"四方盗窃,颇有未静,故假延临政,以须～～。"《东周列国志》七十回:"平王即位,四境～～。"

【安宁】 ānníng ❶安定,宁静。《管子·四称》:"国家～～,不用兵革。"《吕氏春秋·大乐》:"天下太平,万物～～。"❷指冬季。李峤《神龙历序》:"序临～～,岁次强圉。"(序:时序,季节。岁次:每年岁星所值的星次及其干支。强圉:天干中"丁"的别称。)❸县名。

【安扰】 ānrǎo 安定。《周礼·地官·大司徒》:"以佐王～～邦国。"谢庄《为北中郎新安王拜司徒章》:"辨其动植,布其～～。"

【安人】 ānrén ❶整治家风,安定九族的人。《论语·宪问》:"子路问君子。……[子]曰:'修己以～～。'曰:'如斯而已乎?'曰:'修己以安百姓。'"❷使人民安宁。《后汉书·左雄传》:"～～则惠,黎民怀之。"《北史·元晖传》:"～～宁边,观时而动。"❸宋徽宗时给妇人封赠的称号。自朝奉郎以上至朝散大夫之母、妻并封为安人。明清时,六品官之妻也封为安人。《宣和遗事》后集:"其侍妾甚多,有封号者:为令人者八,为～～者十。"归有光《顾夫人八十寿序》:"初公为谕德,有～～之诰。"

【安忍】 ānrěn 安于做残忍的事。《左传·隐公元年》:"夫州吁,阻兵而～～。"《魏书·酷吏传》:"贪暴～～,民庶患之。"

【安身】 ānshēn ❶安静身体。指入睡休息。《左传·昭公元年》:"君子有四时:朝以听政,昼以访问,夕以修令,夜以～～。"《后汉书·礼仪志》："君子～～静体。"❷保全自身。《韩非子·饰邪》："污行从欲，～～利家，人臣之私心也。"❸犹言身安，身体平安。《三国志·蜀书·秦宓传》："～～为乐，无忧为福。"❹平安的人。《吕氏春秋·谕大》："天下大乱，无有安国；一国尽乱，无有安家；一家皆乱，无有～～。"❺立身，树立自身。《孔子家语·致思》："曾子曰：'入是国也，言信于群臣而留可也……。'孔子曰：'参之言此可谓善～～矣。'"潘尼《安身论》："盖崇德莫大乎～～。"❻容身，立足。《梁书·沈约传》："敖传嗣于垅壤，何～～于穷地。"《三国演义》二十八回："有此一城，便是我等～～之处，未可轻弃。"

【安肆】 ānsì 自由自在，无拘束。肆：恣肆，放纵。《礼记·表记》："君子庄敬日强，～～日偷。"（偷：苟且。）《汉书·吴王刘濞传》："吴与膠西，知名诸侯也，一时见察，不得～～矣。"《宋史·张浚传》："僻在一隅，易于～～。"

【安帖】 āntiē ❶安宁，安定。焦延寿《易林·离之无妄》："～～之家，虎狼为忧。"也作"安怗"、"安贴"。《南齐书·刘系宗传》："百姓～～。"王溥《唐会要·石国》："讨得大食诸国自然～～。"❷妥适，确切。《颜氏家训·风操》："吾见名士，亦有呼其亡兄弟为兄子弟子门中者，亦未为～～也。"

【安危】 ānwēi ❶平安与危难。《庄子·则阳》："～～相易，祸福相生。"干宝《晋纪总论》："盖民情风教，国家～～之本也。"❷扶助危难。《管子·形势》："持满者与天，～～者与人。"

【安席】 ānxí ❶睡眠安稳、踏实。《史记·司马穰苴列传》："君寝不～～，食不甘味。"（席：席子，这里指床铺。）李白《出自蓟北门行》："明主不～～，按剑心飞扬。"❷安然而坐。《南史·刘瓛传》："晔与僚佐饮，自割鹅炙。瓛曰：'应刃落俎，是膳夫之事。殿下亲执鸾刀，下官未敢～～。'"（席：席位，座位。）

【安心】 ānxīn ❶心情安定。《管子·心术下》："岂无居处哉？我无～～，心之中又有心。"许大《西山吟》："不是藏名混时俗，卖药沽酒要～～。"❷专心一意。张华《励志诗》："～～恬荡，栖志浮云。"（恬荡：安静闲适，不慕荣利。）

【安燕】 ānyàn ❶安逸，安闲。《荀子·修身》："君子贫穷而志广，富贵而体恭，～～而血气不惰，劳勧而容貌不枯。"（燕：通"晏"。安逸。）❷宴乐。《礼记·乡饮酒义》："知其能～～而不乱也。"（燕：通"宴"。宴饮。）《荀子·君道》："与之～～，而观其能无流慆也。"

【安乂】 ānyì 安定。《北史·齐文宣帝纪》："始则存心政事，风化肃然，数年之间，朝野～～。"梅曾亮《耻躬堂文集序》："及海宇～～，稍可休息。"

【安虞】 ānyú 安乐，愉快。虞：通"娱"。快乐。《汉书·魏相传》："臣闻明主在上，贤辅在下，则君～～而民和睦。"

【安宅】 ānzhái 安居。《孟子·离娄上》："仁，人之～～也；义，人之正路也。旷～～而弗居，舍正路而不由，哀哉！"杜甫《送李校书二十六韵》："乾元元年春，万姓始～～。"

【安置】 ānzhì ❶安顿，安放。杜甫《简吴郎司法》诗："有客乘舸自忠州，遣骑～～瀼西头。"韩愈《石鼓歌》："～～妥帖平不颇。"❷就寝。张鷟《游仙窟》："庶张郎共娘子～～。"罗大经《鹤林玉露》卷五："[陆象山]每晨兴，家长率众子弟致恭于祖祢祠堂，聚揖于厅，妇女道万福于堂；暮～～，亦如之。"❸宋代把被贬谪的大臣送居远方叫"安置"。张端义《贵耳集》卷上："[端平]三年，明堂雷，应诏上第三书，得旨韶州～～。"周辉《清波杂志》卷七："[张耒]乃遭论列，责受房州别驾、黄州～～。"

【安重】 ānzhòng ❶安闲舒适。《荀子·王霸》："形体好佚而～～闲静莫愉焉，心好利而榖禄莫厚焉。"❷庄重，稳重。《后汉书·祭遵传论》："祭肜武节刚方，动用～～，虽条侯穰苴之伦，不能过也。"高启《跋眉庵记后》："～～而为国之望者则以为无用。"

【安贫乐道】 ānpínlèdào 安于清贫生活，对自己的信仰或从事的事业很感兴趣。《后汉书·韦彪传》："～～～～，恬于进趣，三辅诸儒莫不慕仰之。"樊鹏《何大复先生行状》："～～～～不念家产。"

【安土重迁】 āntǔzhòngqiān 习惯于本乡本土，不愿轻易迁移。《汉书·元帝纪》："～～～～，黎民之性；骨肉相附，人情所愿也。"玄奘《大唐西域记·序论》："～～～～，务资有类。"

谙（諳） ān ❶熟悉，了解。杜甫《将赴成都草堂途中有作先寄严郑公五首》之一："五马旧曾～小径，几回书札待潜夫。"王建《新嫁娘》诗："未～姑食性，先遣小姑尝。"㉠熟记，记得很清楚。《后汉书·应奉传》："及长，凡所经履，莫不～记。"《南史·陆澄传》："虽复一览便～，然见卷轴未必多仆。"❷尝，经历，经受。范仲淹《御街行·秋日怀旧》词："残灯明灭枕头攲，～尽孤眠滋味。"佚名《张资鸳鸯灯》："吃了万千控持，～了无限磨难。”

【谙练】 ānliàn 熟悉，有经验。《晋书·刁协传》：“久在中朝，～～旧事。”韦绚《刘宾客嘉话录》：“和戎之使且须～～朝廷事。”

【谙事】 ānshì 熟悉事理。《晋书·刑法志》：“故～～识体者，善权轻重，不以小害大，不以近妨远。”

庵(菴) ān ❶草屋。《南齐书·竟陵文宣王子良传》：“编草结～，不违凉暑。”贺铸《野步》诗：“黄草～中疏雨漏，白头翁妪坐看瓜。”❷特指僧尼奉佛的小庙。苏轼《怡然以垂云新茶见饷》诗：“晓日云～暖，春风浴殿寒。”《儒林外史》二回：“这～是十方的香火，只得一个和尚住。”❸旧时文人对自己的书斋的称呼。如陆游的“老学庵”，冒襄的“影梅庵”。他们的著作，也各自取名为《老学庵笔记》、《影梅庵忆语》。

【庵蔼】 ān'ǎi 也作“晻蔼”、“暗蔼”、“闇蔼”。❶茂盛、众多的样子。扬雄《甘泉赋》：“傧～～兮降清坛，瑞穰穰兮委如山。”曹植《王仲宣诔》：“荣耀当世，芳风～～。”左思《魏都赋》：“权假日以馀荣，比朝华而～～。”又《羽猎赋》：“车骑云会，登降～～。”❷荫蔽、不明的样子。宋玉《高唐赋》：“徙靡澹淡，随波～～。”张衡《思玄赋》：“据开阳而頫眡兮，临旧乡之～～。”谢灵运《撰征赋》：“冒沉云之～～。”《晋书·凉武昭王传》：“荫朝云之～～，仰朗日之照昫。”

【庵庐】 ānlú ❶草屋。范成大《花山村舍》诗：“～～少来往，门巷湿苍苔。”❷军中的营帐。《后汉书·皇甫规传》：“规亲入～～，巡视将士，三军感悦。”王世贞《闻岛寇警有感因呈兵宪王使君》诗：“天横须虑合，月上～～寒。”

【庵闾】 ānlǘ 多年生草本植物名。即青蒿，子实可治病。《北史·魏文成文明皇后传》：“太后常以体不安，服～～子。”也作“菴闾”。《汉书·司马相如传上》：“莲藕觚卢，～～轩芋。”别名“覆闾”。《本草纲目·菴闾》：“菴，草屋也；闾，里门也。此草乃蒿属，老茎可以盖覆菴闾，故以名之。”

菴 1. ān ❶同“庵”。见“庵”。
2. àn ❷见“菴菴”。
3. yǎn ❸通“奄”。覆盖，遮蔽。《论衡·超奇》：“桃李梅杏，～丘蔽野，根茎众多，则华叶繁茂。”

【菴菴】 àn'àn 昏暗不明的样子。古诗《为焦仲卿妻作》：“～～黄昏后，寂寂人定初。”

媕 1. ān ❶见“媕娿”。
2. yǎn ❷眉目传情的样子。《说文·女部》：“～，女有心媕媕也。”

【媕娿】 ān'ē 随和他人，无主见。韩愈《石鼓歌》：“中朝大官老于事，讵肯感激徒～～。”洪迈《容斋四笔》卷四：“～～当位，左掣右壅。”

裺 ān 见 yǎn。

鹌(鵪、鶕) ān 鸟名。苏轼《凤翔八观·东湖》诗：“彩羽无复见，上有鹯搏～。”潘荣陛《帝京岁时纪胜》：“膏粱子弟好斗～鹑。”沈岸登《过竹垞曝书亭》诗：“堆盘忽忆青门市，黄芽市价敌鱼～。”

鞌 ān ❶古地名。一为齐地，在今山东济南市西南；一为宋地，在今山东定陶县南。《春秋经·成公二年》：“帅师会晋郤克、卫孙良夫、曹公子首及齐侯战于～，齐师败绩。”《左传·哀公十四年》：“宋桓魋之宠害于公，公使夫人骤请享焉，而将讨之。未及，魋先谋公，请以～易薄。”❷马鞍子。《公羊传·昭公二十五年》：“以幦为席，以～为几。”(幦：古代车轼上的覆盖物。)

鞍 ān 鞍子，放在骡马背上供人乘坐的器具。《管子·山国轨》：“被～之马千乘。”《汉书·李广传》：“今解～以示不去，用坚其意。”杜甫《飞仙阁》诗：“歇～在地底，始觉所历高。”

盦 ān ❶古器皿的盖子。《说文·皿部》：“～，覆盖也。”(段玉裁注：“此谓器之盖也。”)王夫之《张子正蒙注·太和篇》：“若～盖严密，则郁而不散。”❷古时盛食物的器具。《宣和博物图》中绘有周代的“交虬～”。陶宗仪《辍耕录》卷十七：“古器之名，则有……壶、～、瓿。”❸通“庵”。多用于旧时文人的书斋名或人名。

韽 ān ❶声音低沉，不能远扬。《说文·音部》：“韽，下彻声。”刘因《静修集·南溪行》：“先生静默如土钟，扣之愈大声愈～。”厉鹗《焦山古鼎》诗：“腹深八寸唇尺四，叩之清越微声～。”❷声音微小，听觉难以辨别。《周礼·春官·典同》：“微声～，回声衍。”(郑玄注：“韽，声小不成也。”)刘基《大热遣怀》诗：“树木首咸俯，鸟兽声尽～。”

【韽韽】 ān'ān 指声音微弱。苏轼《凤翔八观·东湖》诗：“暮归还倒载，钟鼓已～～。”

唵 1. án ❶见“唵呓”。
2. ān ❷见“唵默”。

【唵呓】 ányì 说梦话。《列子·周穆王》：“眠中～～呻呼，彻旦息焉。”段成式《酉阳杂俎·梦》：“～～而觉，脑臂犹痛。”袁宏道《郧郡梦中》诗：“携梦入征涂，马上犹～～。”

【唵默】 ānmò 缄默，闭口不说话。《新唐书·杨玚传》："公卿～～唯唯，独玚抗议。"

儑 1. án ❶糊涂，丧失理智。《荀子·不苟》："通则骄而偏，穷则弃而～。"

2. àn ❷见"儑侶"。

【儑侶】 àndá 糊涂，不懂事。皮日休《二游诗·任诗》："尝闻佐浩穰，散性多～～。"

匼 ǎn 见 kē。

俺 ǎn 见 yàn。

犴(豻) àn ❶古时北方一种形似狐狸的黑嘴野狗。《周礼·春官·巾车》："漆车、藩蔽、～禊、雀饰。"（禊：同"幦"。车上的覆盖物。）《淮南子·道应训》："玄豹、黄罴、青～、白虎。"杨慎《古今谚·古谚古语》："逋关不可复，亡～不可再。"❷古代乡亭一级基层单位监禁囚犯的地方。《后汉书·崔骃传》："所至之县，狱～填满。"沈鲸《双珠记·遇赦调边》："极知幽～无留系。"㊀诉讼，狱讼。《汉书·刑法志》："原狱刑所以蕃若此者，礼教不立，刑法不明……狱～不平之所致也。"《新唐书·蒋俨传》："诉～积年不平，前刺史踵以罪去。"❸姓。

【犴侯】 ànhóu 两边用犴皮装饰的箭靶。《周礼·夏官·射人》："士以三耦，射～～。"

【犴狱】 ànyù 牢狱。柳宗元《吊屈原文》："～～之不知避兮，宫庭之不处。"也作"岸狱"。杨万里《与张严州敬夫书》："某初至，见～～充盈，而府库虚耗自若也。"

按 àn ❶用手往下摁或压。《说文·手部》："～，下也。"（段玉裁注："以手抑之使下也。"）㊀用手压住不动。《史记·绛侯周勃世家》："于是天子乃～辔徐行。"（辔：马缰绳。）㊀用手握住。杜甫《适江陵漂泊有诗凡四十韵》："朝士兼戎服，君王～湛卢。"（湛卢：宝剑名。）㊀用手弹奏或击。《楚辞·招魂》："陈钟～鼓。"白居易《后宫词》："夜深前殿～歌声。"孟元老《东京梦华录序》："～管调弦于茶坊酒肆。"（肆：店铺。）❷抑制，遏制。《管子·霸言》："～强助弱，圉暴止贪。"（圉：阻止。）㊀止住，停止。《吕氏春秋·召类》："赵简子～兵而不动。"《汉书·韩信传》："当今之计，不如～甲休兵。"❸考察。《汉书·贾谊传》："稽之天地，验之往古，～之当今之务。"❹追究，查办。《汉书·赵广汉传》："广汉使长安丞～贤，尉史禹故劾贤为骑士屯霸上。"苏轼《志林·赵高李斯》："赵高有罪，蒙毅～之，当死，始皇赦而用之。"曾巩《国体辨》："人之不善，～而诛之欤，安而弗顾欤？"❺巡行，巡视。《史记·卫将军骠骑列传》："遂西定河南地，～榆溪旧塞。"杜甫《奉酬寇十侍御锡见寄四韵复寄寇》诗："南瞻～百越，黄帽待君偏。"❻按照，依照。《楚辞·九章·惜往日》："弗省察而～实兮，听谗人之虚辞。"《韩非子·备内》："～法以治众。"❼就，然后。《战国策·赵策四》："天下争秦，秦～为义，存亡继绝，固危扶弱……必起中山与胜焉。"《荀子·富国》："人皆失丧之，我～起而治之。"❽通"安"。安定，安抚。《史记·白起王翦列传》："赵军长平，以～据上党民。"（据：救援。）

【按兵】 ànbīng 止住军队。《战国策·赵策四》："魏王大恐，跣行～～于国，而东次于齐，然后天下乃舍之。"《资治通鉴·汉献帝建安十三年》："何不～～束甲，北面而事之。"也作"案兵"。《史记·周本纪》："王～～毋出，可以德东周，而西周之宝必可以尽矣。"《三国志·吴书·诸葛恪传》："宜且～～养锐，观衅而动。"

【按牍】 àndú 见"案牍"。

【按堵】 àndǔ 见"安堵"。

【按覆】 ànfù 见"案覆"。

【按行】 ànháng 按次序排成行列。司马相如《子虚赋》："车～～，骑就队。"（按：《史记·司马相如列传》引作"案"。）

【按甲】 ànjiǎ 犹言"按兵"。屯兵不动。《汉书·韩信传》："当今之计，不如～～休兵。"（甲：披甲的士兵。）《后汉书·朱儁传》："既到州界，～～不前。"也作"案甲"。《三国志·吴书·滕胤传》："不如～～息师，观隙而动。"《晋书·桓彝传》："其长史裨惠以郡兵寡弱，山人易扰，可～～以须后举。"

【按节】 ànjié ❶摁住缰绳，停挥马鞭。《汉书·五行志下之下》："至天市而～～徐行。"《文心雕龙·通变》："长辔远驭，从容～～。"❷击节，打拍子。沈德符《野获编·女神名号》："～～而歌。"

【按问】 ànwèn 见"案问"。

【按行】 ànxíng 见"案行"。

【按验】 ànyàn 见"案验"。

【按部就班】 ànbùjiùbān 原指按照文章的体裁布局，选择适当的内容，组织安排词句。陆机《文赋》："然后选义按部，考辞就班。"后引申为按照一定的条理和程序办事。《歧路灯》九十九回："我一发劳动小相公大笔，写个书名签儿，～～～～，以便观书者指名以求，售书者认签而给。"

【按图索骥】 àntúsuǒjì 也作"按图索骏"。按照图像寻求骏马。比喻办事拘泥成规，不灵活变通。语出《汉书·梅福传》。明代杨慎《艺林伐山》卷七也记载说：春秋时秦国的伯乐善于相马，他的儿子按照《相马经》里描写的马的形状（"隆颡蚨日，蹄如累麹"）去寻找好马，结果找到一只大癞蛤蟆。"伯乐知其子之愚，但转怒为笑曰：'此马好跳，不堪御也。'所谓按图索骏也。"袁桷《示从子瑛》诗："隔竹引龟心有想，～～～～术难灵。"赵汸《葬书问对》："以管窥豹者，每见一班；～～～～者，多失于骊黄牝牡。苟非其人神定识超，未必能造其微也。"又用来比喻按照线索去寻找。周密《癸辛杂识后集·向氏书画》："遂按图索骏，凡百馀品，皆六朝神品。"

岸 àn ❶江、河、湖、海等水边高起的地方。《诗经·卫风·氓》："淇则有～，隰则有泮。"王湾《次北固山下》诗："潮平两～阔，风正一帆悬。"㊀边际。苏轼《灵上访道人不遇》诗："花光红满栏，草色绿无～。"❷山崖。《荀子·宥坐》："三尺之～，而虚车不能登也。"《吕氏春秋·悔过》："女死，不于南方之～，必于北方之～。"❸高大，雄伟。《汉书·江充传》："充为人魁～，容貌甚壮。"㊀高傲，严正不阿。《文心雕龙·序志》："傲～泉石，咀嚼文义。"李白《流夜郎赠辛判官》诗："气～遥凌豪士前，风流肯落他人后？"❹比喻高位。《诗经·大雅·皇矣》："诞先登于～。"❺头饰掀起，露出前额。形容豪放洒脱。杜甫《北邻》诗："青钱买野竹，白帻～江皋。"黄庭坚《玉楼春》诗："坐中还有赏音人，能～乌纱倾大白。"（大白：大酒杯。）❻殿阶。张衡《西京赋》："襄～夷涂，修路峻险。"❼通"犴"。古代乡亭一级基层政府监禁囚犯的牢狱。《诗经·小雅·小宛》："哀我填寡，宜～宜狱。"

【岸巾】 ànjīn 见"岸帻"。

【岸狱】 ànyù 见"犴狱"。

【岸帻】 ànzé 把头巾掀起，露出前额。形容豪放洒脱，无拘束。《晋书·谢奕传》："～～笑咏，无异常日。"李白《醉后》诗："日暮～～归，传呼隘阡陌。"也作"岸巾"。刘肃《大唐新语·极谏》："中宗愈怒，不及整衣履，～～出侧门。"李清照《金石录后序》："葛衣～～，精神如虎，目光烂烂射人，望舟中告别。"

案（桉） àn ❶古时一种盛食物的短腿木托盘。《史记·万石张叔列传》："子孙有过失，不谯让，为便坐，对～不食。"《后汉书·梁鸿传》："每归，妻为具食，不敢于鸿前仰视，举～齐眉。"又《王涣传》："涣丧西归，道经弘农，民庶皆设槃～于路。"❷古人休息用的窄而低的床。《周礼·天官·掌次》："王大旅上帝，则张毡～。"❸几案，矮小的长方桌。《三国志·吴书·周瑜传》注引《江表传》："权拔刀斫前奏～曰：'诸将吏敢复有言当迎操者，与此～同！'"㊀泛指长方形的桌子。李白《下途归石门旧屋》诗："羡君素书常满～，含丹照白霞色烂。"杜甫《题郑十八著作丈故居》诗："穷巷悄然车马绝，～头干死读书萤。"❹办理公务的文书、案卷。《北史·裴政传》："簿～盈几，剖决如流。"《隋书·刘炫传》："古人委任责成，岁终考其殿最，～不重校，文不繁悉。"㊀科举考试颁发的榜文。《儒林外史》三回："约了一班同～的朋友彼此来往。"❺用手往下压或摁。《汉书·灌夫传》："藉福起为谢，～夫项令谢。"㊀拿着，握住。《庄子·盗跖》："～剑瞋目，声如乳虎。"苏洵《心术》："袒裼而～剑，则乌获不敢逼。"❻抑制，遏制。《战国策·秦策四》："赵强何若？举左～齐，举右～魏。"㊀止住，停止。《战国策·魏策三》："魏王曰：'善。'乃～其行。"《三国志·吴书·滕胤传》："不如～甲息师，观隙而动。"❼考查。《吕氏春秋·仲秋纪》："视全具，～刍豢，瞻肥瘠，察物色。"《史记·孝武本纪》："上有故铜器，问少君。少君曰：'此器齐桓公十年陈于柏寝。'已而～其刻，果齐桓公器。"❽追究，查办。《史记·魏其武安侯列传》："遂～其前事，遣吏分曹逐捕灌氏支属，皆得弃市罪。"《后汉书·光武帝纪下》："其令中都官、三辅、郡、国出系囚，罪非犯殊死一切勿～。"❾按照，依据。《战国策·赵策四》："中山～此言于齐曰，四国将假道于卫，以过章子之路。"《论衡·程材》："如自能～方和药，入室求祟，则医不售而巫不进矣。"❿于是，就。《荀子·非十二子》："～饰其辞而祗敬之曰：'此真先君子之言也。'"《战国策·赵策一》："秦与梁为上交，秦祸～攘于赵矣。"⓫通"安"。安抚，安定。贾谊《过秦论下》："～土息民，以待其弊。"⓬通"畔"。界限。《国语·齐语》："参国起～，以为三官。"

【案比】 ànbǐ 清查户口时挨个儿审视年龄相貌。《后汉书·安帝纪》："方今～～之时，郡县多不奉行。"《后汉书·江革传》："每至岁时，县当～～。"

【案牍】 àndú 公事文书。《新唐书·李巽传》："天资长于吏事，至治家，亦勾检，～～簿书如公府。"刘禹锡《陋室铭》："无丝竹之乱耳，无～～之劳形。"也作"按牍"。白居易《征秋税毕题郡南亭》诗："～～既简少，池馆亦清闲。"

【案覆】 ànfù 检验，核实。《后汉书·来歙传》："歙为人有信义，言行不违，及往来游说，皆可～～。"也作"按覆"。柳宗元《唐故万年令裴府君墓碣》："后参京兆军事，～～校巡。"欧阳修《大理寺丞狄公墓志铭》："虽～～，率不能夺君所为。"

【案甲】 ànjiǎ 见"按甲"。

【案节】 ànjié 摁住缰绳，调节车马行进的步伐。司马相如《子虚赋》："～～未舒，即陵狡兽。"颜延之《郊祀歌》之二："月御～～，星驱扶轮。"

【案事】 ànshì ❶考问案情。《汉书·张敞传》："吾为是公尽力多矣，今五日京兆耳，安能复～～？"又："～～吏昼夜验治舜，竟致其死事。"《后汉书·苏章传》："今夕苏孺文与故人饮者，私恩也；明日冀州刺史～～者，公法也。"❷办事，办理公务。《后汉书·左雄传》："或官寺空旷，无人～～。"

【案问】 ànwèn 查问，审讯。《史记·秦始皇本纪》："始皇帝幸梁山宫，从山上见丞相车骑众，弗善也。中人或告丞相，丞相后损车骑。始皇怒曰：'此中人泄吾语。'～～莫服。"《三国志·魏书·国渊传》："收摄～～，具得情理。"也作"按问"。《宋史·王钦若传》："就第～～，钦若惶恐伏罪。"《明史·戚继光传》："方～～，旋以平汪直功复官。"

【案行】 ànxíng 巡行，巡视。《后汉书·耿秉传》："肃宗即位，拜秉征西将军，遣～～凉州边境。"《三国志·吴书·周瑜传》："瑜乃自兴，～～军营，激扬吏士，[曹]仁由是遂退。"也作"按行"。《世说新语·赏誉下》："丞相治扬州廨舍，～～而言曰：'我正为次道治此尔。'"苏辙《论黄河东流札子》："臣虽未尝阅视形势，然而朝廷大臣亦未尝～～其地。"

【案衍】 ànyǎn ❶地势低洼的样子。司马相如《子虚赋》："其南则有平原广泽，登降陁靡，～～坛曼，缘以大江，限以巫山。"（陁靡：地势由高而低、连绵延长的样子。坛曼：平坦而宽广。）❷形容曲调不平的样子。司马相如《上林赋》："荆吴郑卫之声，韶濩武象之乐，阴淫～～之音。"嵇康《琴赋》："清和条昶，～～陆离。"❸形容音调低沉而馀音拖长的样子。潘岳《笙赋》："或～～夷靡，或竦踊剽急。"

【案验】 ànyàn 查询验证。《汉书·广川惠王刘越传》："[缪王齐]告中尉蔡彭祖捕子明，骂曰：'吾尽汝种矣！'有司～～，不如王言，劾齐诬罔，大不敬，请系治。"《后汉书·贾彪传》："驱车北行，～～其罪。"也作"按验"。《汉书·江充传》："使吏逐捕齐，不得，收系其父兄，～～，皆弃市。"李绰《尚书故实》："公因遣吏～～，即冢果有开处。"

闇（闇） 1. àn ❶闭门。《说文·门部》："～，闭门也。"❷蒙蔽，遮盖。《韩非子·说疑》："进则掩蔽贤良以阴～其主，退则挠乱百官而为祸难。"《水经注·江水》："渊上橘柚蔽野，桑麻～日。"㊀埋没，不行于时。《后汉书·班彪传》："由是《乘》、《梼杌》之事遂～，而《左氏》、《国语》独章。"❸愚昧，糊涂。《韩非子·难四》："君明而严，则群臣忠；君懦而～，则群臣诈。"《后汉书·赵咨传》："况我鄙～，不德不敏。"㊀不知晓，不懂得。《墨子·修身》："举物而～，无务博闻。"嵇康《与山巨源绝交书》："不识人情，～于机宜。"❹通"暗"。1)昏暗。《后汉书·马融传》："黄尘勃滃，～若雾昏。"徐文靖《管城硕记》卷十五："日照处则明，不照处则～。"㊀黄昏，傍晚。《礼记·礼器下》："季氏祭，逮～而祭，日不足，继之以烛。"又《祭义》："夏后氏祭其～，殷人祭其阳。"㊀比喻政治黑暗或社会动乱。《商君书·说民》："治明则同，治～则异。"杜甫《哭王彭州抡》诗："兵戈～两观，宠辱事三朝。"2)夜，黑夜。《吕氏春秋·具备》："使民～行若有严刑于旁。"㊀黑暗之中。《礼记·曲礼上》："孝子不服～，不登危，惧辱亲也。"（服闇：暗中行事。）❺通"黯"。深黑色。《齐民要术·杂说》："凡潢纸减白便是，不宜太深，深则年久色～也。"

2. yǎn ❻通"奄"。忽然。傅毅《舞赋》："翼尔悠往，～复辍已。"（辍已：停止。）

3. ān ❼见"谅闇"。❽通"谙"。熟悉。王谠《唐语林·政事下》："军镇道里与骑卒之数，皆能～计之。"

4. yīn ❾通"瘖"。闭口不说话。《穀梁传·文公六年》："上泄则下～，下～则上聋。"

【闇蔼】 àn'ǎi 见"暗蔼②"。

【闇昧】 ànmèi ❶昏暗。王逸《九思·守志》："彼日月兮～～。"❷比喻世道溷浊，社会不安定。《后汉书·马融传》："～～不睹日月之光，聋昏不闻雷霆之震，于今十二年，为日久矣。"❸隐秘的，不公开的。《汉书·赵充国传》："欲捐罕、开～～之过，隐而勿章。"《三国志·吴书·陆瑁传》："颇扬人～～之失，以显其谪。"❹愚昧。《魏书·崔浩传》："无以～～之说致损圣思。"

【闇莫】 ànmù 昏暗。枚乘《七发》："榛林深泽，烟云～～。"也作"暗漠"。宋玉《九辩》："卒壅蔽浮云兮，下～～而无光。"

【闇弱】 ànruò 见"暗弱"。

晻 1. àn 同"暗"。❶昏暗不明。《汉书·五行志下之下》："大风起，天无云，日光

～。"《资治通鉴·汉元帝永光二年》:"阳蔽则明者～。"㉡比喻世道黑暗。《荀子·不苟》:"是奸人将以盗名于～世者也,危莫大焉。"❷糊涂,不清醒。《荀子·君道》:"孤独而～谓之危。"《汉书·元帝纪》:"今朕～于王道,夙夜忧劳,不通其理。"

2. ǎn ❸见"晻蔼"、"晻霭"等。

3. yǎn ❹见"晻晻"。❺阴云兴起的样子。一说阴雨。《吕氏春秋·务本》:"《诗》云:'有～凄凄,兴云祁祁。'"(晻:今本《诗经·小雅·大田》作"渰"。)

【晻䔖】 ànbèi 昏暗的样子。左思《吴都赋》:"宵露霮䨴,旭日～～。"(霮䨴:云密聚的样子。)郑世元《观音岩》诗:"～～山精藏,灵秀真滓洩。"

【晻昧】 ànmèi ❶昏暗,暗淡。《汉书·元帝纪》:"然而阴阳未调,三光～～。"又《李寻传》:"君不修道,则日失其度,～～亡光。"❷埋没,显示不出来。《汉书·艺文志》:"汉兴有仓公,今其术～～,故论其书,以序方技为四种。"❸不光明正大。《汉书·杨恽传》:"恽,宰相子,少显朝廷,一朝[以]～～语言见废,内怀不服。"❹愚昧。司马相如《封禅文》:"首恶郁没,～～昭晰。"

【晻然】 ànrán 阴暗不明的样子。《汉书·杜邺传》:"当拜之日,～～日食。"

【晻蔼】 ǎn'ǎi ❶昏暗不明的样子。王粲《鹦鹉赋》:"日～～以西迈,忽逍遥而既冥。"也作"黯蔼"。李颙《涉湖》诗:"～～天时阴。"❷繁盛的样子。潘岳《籍田赋》:"琼钑入蕊,云罕～～。"(云罕:古代一种长条形的旌旗名。)王安石《寄曾子固》诗:"峰峦碧参差,木树青～～。"

【晻霭】 ǎn'ǎi ❶荫蔽、阴暗的样子。徐陵《与李那书》:"山泽～～,松竹参差。"钱谦益《聊且园记》:"老树攫拏,茂林～～。"也作"晻濭"。《汉书·礼乐志》:"露夜零,昼～～。"❷密集而昏暗的云雾。王安石《定林示道原》诗:"迢迢～～中,疑有白玉台。"范成大《立春日陪魏丞相登三江亭》诗:"佳节登临始此回,聊从～～望蓬莱。"

【晻濭】 ǎn'ǎi 见"晻霭①"。

【晻暧】 ǎn'ài ❶昏暗的样子。《后汉书·卢植传》:"[日]既食之后,云雾～～。"王延寿《鲁灵光殿赋》:"宵蔼蔼而～～。"也作"暗暧"。张衡《思玄赋》:"缤连翩兮纷～～,倏眩眩兮反常闾。"❷浓重的样子。梁武帝《朝云曲》:"张乐阳台歌上谒,如寝如兴芳～～。"苏辙《次韵和人咏酴醾》:"已怜正发香～～,犹爱未开光的皪。"

【晻然】 yǎnrán 相同的样子。《荀子·儒效》:"张法而度之,则～～若合符节。"

【晻晻】 yǎnyǎn ❶昏暗不明的样子。《汉书·五行志下之下》:"厥食日失位,光～～,月形见。"班彪《北征赋》:"日～～其将暮兮,睹牛羊之下来。"储光羲《晚次东亭献郑州宋使君文》诗:"霏霏渠门色,～～制岩光。"❷迅疾的样子。《楚辞·九辩》"岁忽忽而遒尽兮"王逸注:"时去～～,若鹜驰也。"❸抑郁的样子。刘向《九叹·逢纷》:"心怊怅以永思兮,意～～而自颓。"(怊怅:失意。)

暗 àn ❶昏暗,光线不足。《韩非子·解老》:"以为～乎,其光昭昭;以为明乎,其物冥冥。"杜甫《湖城东遇孟云卿复归刘颢宅宿宴饮散因为醉歌》:"疾风吹尘～河县,行子隔手不相见。"㉠荫,荫蔽。指枝叶茂密,阳光照射不到。宋之问《春日郑协律山亭陪宴饯郑卿同用楼字》诗:"～竹侵山径,垂柳拂妓楼。"王维《早朝》诗之二:"柳～百花明,春深五凤城。"欧阳修《重赠刘原父》诗:"新年花发见回雁,归路柳～藏娇雅。"㉠黑暗,没有亮光。《吕氏春秋·精谕》:"桓公虽不言,若～夜而烛燎也。"封演《封氏闻见记·窃虫》:"床壁窗户之间,～黑之处多有之。"㉡比喻政治黑暗,社会动荡不安。杜甫《愁》诗:"十年戎马～万国,异城宾客老孤城。"洪秀全《原道醒世训》:"然则乱极则治,～极则光,天之道也。"❷暗淡,没有光泽,不鲜艳。杜甫《瘦马行》:"皮干剥落杂泥滓,毛～萧条连雪霜。"苏轼《咏橘》诗:"菊～枯荷一夜霜,新苞绿叶照林光。"㉡指颜色深沉,幽深。温庭筠《寒食日作》诗:"红深绿～径相交,抱暖含芳被紫袍。"❸夜,天黑。元稹《闻乐天授江州司马》诗:"垂死病中惊坐起,～风吹雨入寒窗。"姜夔《齐天乐》词:"西窗又吹～雨。"❹昏昧,糊涂,不明事理。《潜夫论·明暗》:"君之所以明者,兼听也;其所以～者,偏信也。"❺隐秘,不显露。陆游《入蜀记》卷六:"龙门水尤湍急,多～石。"《三国演义》九十六回:"臣已算定今番诸葛亮必效韩信～度陈仓之计。"㉡默默地,不出声地。《后汉书·应奉传》:"凡所经履,莫不～记。"韩偓《无题》诗之二:"明言终未实,～祝始应真。"刘悚《隋唐嘉话》卷中:"未及求本,乃～书之,一字无失。"

【暗蔼】 àn'ǎi ❶遥远的样子。张衡《思玄赋》:"据开阳而頫眡兮,临旧乡之～～。"❷众多的样子。扬雄《甘泉赋》:"侲～～兮降清坛,瑞穰穰兮委如山。"也作"闇蔼"。宋玉《高唐赋》:"徙靡澹淡,随波～～。"扬雄《羽猎赋》:"车骑云会,登降～～。"

【暗暧】　àn'ài　见"晻暧"。

【暗暗】　àn'àn　❶光线很弱的样子。杜牧《罢锺陵幕吏十三年来泊溢浦感旧为诗》:"摇摇远堤柳,～～十程烟。"❷幽深隐约的样子。扬雄《甘泉赋》:"帷弸環其拂汨兮,稍～～而靓深。"❸幽雅寂静的样子。吴融《还俗尼》诗:"空门付与悠悠梦,宝帐迎回～～春。"❹暗中,私下里。《水浒传》四十七回:"石秀看了,只～～地叫苦。"

【暗昧】　ànmèi　❶暧昧,含糊、不鲜明。《论衡·雷虚》:"杀人当彰其恶,以惩其后,明著其文字,不当～～。"❷隐秘不正的私情。《汉书·王商传》:"[王凤]使人上书言商闺门内事。天子以为～～之过,不足以伤大臣。"❸迷信指属于阴间的阴事。《论衡·雷虚》:"鬼神治阴,王者治阳。阴过～～,人不能觉,故使鬼神主之。"❹愚昧。陈子昂《谏用刑书》:"愚臣～～,窃有大惑。"❺真假难明。《论衡·谢短》:"上古久远,其事～～,故经不载而师不说也。"

【暗漠】　ànmò　见"闇莫"。

【暗弱】　ànruò　愚昧懦弱。《三国志·蜀书·后主传》:"否德～～,窃贪遗绪。"也作"闇弱"。《后汉书·董卓传》:"皇帝～～,不可以奉宗庙,为天下主。"

黤(黬)　àn　见"黤黮"。

【黤黮】　ànyú　飓风。沈佺期《夜泊越州逢北使》诗:"～～萦海若,霹雳耿天吴。"顾炎武《吕兆熊总督漕运兼巡捕题名记》:"导流培岸,功易易耳,际之～～霹雳之白教,与人畜蹄踵之道敝,劳逸难易省费为何如?"

黯　àn　❶深黑色。《论衡·无形》:"人少则肤白,老则肤黑,黑久则～,若有垢矣。"蔡邕《述行赋》:"玄云～以凝结兮,集零雨之溱溱。"❷昏暗,暗淡无光。杜甫《奉送郭中丞兼太仆卿充陇右节度使三十韵》:"中原何惨～,馀孽何纵横。"李华《吊古战场文》:"～兮惨悴,风悲日曛。"❸心情沮丧。柳永《玉蝴蝶》词:"～相望,断鸿声里,立尽斜阳。"苏轼《答宝月大师二首》之一:"愈远乡里,曷胜依～。"

【黯蔼】　àn'ǎi　见"晻蔼①"。

【黯黯】　àn'àn　❶黑暗沉沉的样子。陆游《登赏心亭》诗:"～～江云瓜步雨,萧萧木叶石城秋。"❷昏暗不明的样子。梁元帝《荡妇秋思赋》:"日～～而将暮,风骚骚而渡河。"陆倕《思田赋》:"风溜溜以吹隙,灯～～而无光。"❸情绪低沉的样子。韦应物《寄李儋元锡》诗:"世事茫茫难自料,春愁～～独成眠。"

【黯然】　ànrán　❶黑色的样子。《史记·孔子世家》:"[孔子]曰:'丘得其为人,～～而黑,几然而长,眼如望羊,如王四国,非文王其谁能为此也!'"❷暗淡无光的样子。刘禹锡《西塞山怀古》诗:"王濬楼船下益州,金陵王气～～收。"成语有"～～失色"。❸神情沮丧的样子。骆宾王《饯宋三之丰城序》:"～～销魂者,岂非生离之恨与?"(销魂:形容极度悲伤忧愁。)❹和谐顺利的样子。《论衡·初禀》:"吉人举事,无不利者;人徒不召而至,瑞物不招而来,～～谐合,若或使之。"

【黯黮】　àntàn　❶昏暗不明的样子。宋玉《九辩》:"彼日月之照明兮,尚～～而有瑕。"也作"黤黮"、"黯黮"。刘伶《北芒客舍》诗:"泱漭望舒隐,～～玄夜阴。"张说《喜雨赋》:"气滃霭以～～,声飒洒以萧条。"❷凄惨的样子。宋玉《笛赋》:"声淫淫以～～。"

ang

姎　āng(又读 yāng)　妇女自称。《说文·女部》:"～,女人自称,我也。"

【姎徒】　āngtú　犹"吾徒"。男子相互称呼。《后汉书·南蛮西南夷传》:"名渠帅曰精夫,相呼为～～。今长沙武陵蛮是也。"王煦《说文五翼》:"～～犹吾徒耳,是又不独妇人自称矣。"

骯　āng　见 kǎng。

卬　1. áng　❶第一人称代词。我。《尚书·大诰》:"越予冲人,不～自恤。"《诗经·邶风·匏有苦叶》:"人涉～否,～须我友。"❷通"昂"。抬起,扬起。柳宗元《蝜蝂传》:"行遇物,辄持取,～其首负之。"㊀高,与"低"相对。《汉书·沟洫志》:"奏请穿凿六辅渠,以益溉郑国傍高～之田。"《新唐书·安金藏传》:"地本～燥,泉忽涌流庐之侧。"㊀上升,升高。《汉书·杨恽传》:"奋袖低～,顿足起舞。"(《文选》作"昂")又《食货志下》:"万物～贵。"㊁激励,振奋。司马相如《长门赋》:"贯历览其中操兮,意慷慨而自～。"《汉书·扬雄传下》:"范睢,魏之亡命也……激～万乘之主。"

2. yǎng　❸"仰"的古字。脸面向上,与"俯"相对。《吕氏春秋·审时》:"后时者,纤茎而不滋,厚糠多秕,庞辟米,不得恃定熟,～天而死。"《史记·殷本纪》:"为革囊,盛血,～而射之,命曰'射天'。"❹仰慕,敬慕。《荀子·议兵》："上足～则下可用也。"《汉书·刑法志》："夫仁人在上，为下所～，犹子弟之卫父兄，若手足之扞头目。"㉤仰望，期望。《国语·晋语四》："重耳之～君子也，若黍苗之～阴雨也。"㉤仰仗，依赖。《汉书·沟洫志》："今据坚地作石堤，势必完安。冀州渠首尽当～此水门。"《资治通鉴·汉武帝建元三年》："其山出……良材，百工所取给，万民所～足也。"

【卬卬】 áng'áng 器宇轩昂的样子。《诗经·大雅·卷阿》："颙颙～～，如圭如璋。"《荀子·赋》："～～兮天下之咸蹇也。"也作"昂昂"。《楚辞·卜居》："宁～～若千里之驹乎？将氾氾若水中之凫乎？与波上下，偷以全吾躯乎？"卢照邻《益州至真观主黎君碑》："～～不杂，如独鹤之映群鸡；矫矫无双，状真龙之对刍狗。"

昂 áng ❶抬起，扬起。庞元英《谈薮》："黍熟头低，麦熟头～。"苏轼《和子由次王巩韵》："简书见迫身今老，樽酒闻呼首一～。"㉤高，与"低"相对。《礼记·曲礼上》"奉席如桥衡"郑玄注："横奉之，令左～右低，如有首尾然。"张籍《祭退之》诗："呜呼吏部公，其道诚巍～。"㉤上升，升高。《论衡·变动》："故谷价低～，一贵一贱矣。"杜甫《陪王侍御同登东山最高顶宴姚通泉晚携酒泛江》诗："灯前往往大鱼出，听曲低～如有求。"❷激励，振奋。杜甫《奉观严郑公厅事岷山沲江画图十韵》："绘事功殊绝，幽襟兴激～。"

【昂昂】 áng'áng 见"卬卬"。

【昂藏】 ángcáng ❶气度非凡的样子。李白《赠潘侍御论钱少阳》诗："绣衣柱史何～～，铁冠白笔横秋霜。"王安石《戏赠湛源》诗："可惜～～一丈夫，生来不读半行书。"❷高耸挺拔的样子。《水经注·淇水》："石壁崇高，～～隐天。"杜甫《四松》诗："幽色幸秀发，疏柯亦～～。"

枊 àng ❶拴马的柱子。《三国志·蜀书·先主传》："解绶系其颈，著马～。"周济《晋略·桓玄传》："[刘]裕负刁逵搏进，不时输，逵缚之马～。"❷斗拱。《资治通鉴·唐高宗总章二年》："其门墙阶级，窗櫺楣柱，～粢枅栱，皆法天地阴阳律历之数。"

盎 àng ❶一种口小腹大的容器。《论衡·论死》："取水实于大～中，～破水流地，地水能异于～中之水乎？"《农政全书·开垦上》："江南园地最贵，民间莳葱薤于盆～之中。"❷丰厚洋溢的样子。陈亮《朱晦庵画像赞》："睟面～背，吾不知其何乐？"《徐霞客游记·游白岳山日记》："溪环石映，佳趣～溢。"

【盎盎】 àng'àng ❶盈溢的样子。苏轼《新酿桂酒》诗："捣香筛辣入瓶盆，～～春溪带雨浑。"❷和盛的样子。《韩诗外传》九："从前视之，～～乎似有王者。"杜牧《李长吉歌诗叙》："春之～～，不足为其和也。"

【盎齐】 àngzī 白酒。五齐之一。《周礼·天官·酒正》："辨五齐之名：一曰泛齐，二曰醴齐，三曰～～，四曰缇齐，五曰沈齐。"

醠 àng 清酒。《淮南子·说林训》："清～之美，始于耒耜。"一说"浊酒"。《说文·酉部》："～，浊酒也。从酉，盎声。"（段玉裁注："醠，《周礼》作'盎'，古文假借也。……盎，清于醴，而浊于缇、沈。"）

ao

凹 āo 周围高，中间洼下，与"凸"相对。《神异经·北方荒经》："其湖无～凸。"陆游《书室明暖终日婆娑其间倦则扶杖至小园戏作长句二首》之二："重帘不卷留香久，古砚微～聚墨多。"

坳（𡋶） 1. āo （又读 ào）❶洼下的地方。韩愈《咏雪赠张籍》："～中初盖底，垤处遂成堆。"柳宗元《零陵三亭记》："万石如林，积～为池。"❷山、水弯曲的地方。王士禛《见梅寄萧亭山中二首》诗："老人峰下北山～，几点梅花映断桥。"㉤转角的地方。《新唐书·百官志二》："和墨濡笔，皆即～处。"

2. yǒu ❸同"黝"。黑色。《南史·邓琬传》："刘胡，南阳涅阳人也，本以面～黑似胡，故名～胡。"

【坳泓】 āohóng ❶水的最深处。韩愈等《城南联句》："掘云破嶒崚，采月漉～～。"（嶒崚：山的高峻处。）❷深广。比喻容积的大小。白居易《双石》诗："～～容一斗。"❸低凹地的积水。梅尧臣《王德言夏日西湖晚步十韵次而和之》："倦禽依卧柳，聚蚓猬～～。"

【坳堂】 āotáng 堂上低洼的地方。《庄子·逍遥遊》："覆杯水于～～之上，则芥为之舟。"杨炯《浮沤赋》："况曲涧兮增波，复～～兮涨水。"

𪘲（𪙂） āo ❶眼睛陷进去的样子。刘思真《丑妇赋》："折颏靥楼鼻，两眼～如臼。"《明史·李自成传》："自成为人高颧深～。"❷凹，洼下。陆游《闲咏二首》之二："纸裁微放矮，砚斲正须～。"

爊（爈） āo ❶把食物放在带微火的灰里煨。《齐民要术·脯腊》："其鱼草裹泥封，塘灰中～之。"㉠烧烤。《汉书·杨恽传》"烹羊炰羔"颜师古注："炰，毛炙肉也，即今所谓～也。"❷通"熬"。用微火慢慢地煮。《大唐传载》："有一士人，平生好食～牛头。"

敖 1. áo ❶遨游，游逛。《战国策·韩策三》："中国白头游～之士，皆积智欲离秦韩之交。"《孟子·公孙丑上》："今国家闲暇，及是时，般乐怠～，是自求祸也。"《后汉书·张衡传》："愁蔚蔚以慕远兮，越卬州而愉～。"㉠游戏，玩耍。《汉书·广川惠王刘越传》："请闭诸姬舍门，无令出～。"又《丙吉传》："不得令晨夜去皇孙～荡。"❷通"熬"。煎熬。《战国策·魏策二》："齐桓公夜半不嗛，易牙乃煎～燔炙，和调五味而进之。"（嗛：快意，快适。）《史记·淮南衡山列传》："政苛刑峻，天下～然若焦，民皆引领而望，倾耳而听，悲号仰天，叩心而怨上。"❸通"嗷"。声音嘈杂，喧闹。《荀子·强国》："无爱人之心，无利人之事，而日为乱人之道，百姓讙～，则从而执缚之。"（讙：喧哗。）❹通"翱"。翱翔。《后汉书·仲长统传》："元气为舟，微风为柂。～翔太清，纵意容冶。"❺通"廒"。储存粮食的仓库。《新唐书·李密传》："～庾之藏，有时而儩。"（庾：谷仓。儩：尽，完。）❻春秋时代，楚国君王中没有谥号的，往往以葬地冠上"敖"字。《左传·昭公十三年》："葬子干于訾，实訾～。"《史记·楚世家》中有"若～"、"庄～"、"郏～"等。❼地名。《诗经·小雅·车攻》："建旐设旄，搏兽于～。"《左传·哀公十九年》："秋，楚沈诸梁伐东夷，三夷男女及楚师盟于～。"❽姓。

2. ào ❾通"傲"。傲慢。《荀子·强国》："百姓劫则致畏，嬴则～上。"《论衡·累害》："奋志～党，立卓异于俗。"《汉书·礼乐志》："刚而无虐，简而无～。"❿调笑，戏弄。《管子·四称》："诛其良臣，～其妇女。"《汉书·东方朔传》："自公卿在位，朔皆～弄，无所为屈。"

【敖敖】 áo'áo ❶身体魁梧的样子。《诗经·卫风·硕人》："硕人～～，说于农郊。"❷声音嘈杂。《潜夫论·贤难》："无罪无辜，谗口～～。"

【敖民】 áomín 游民。《汉书·食货志上》："朝亡废官，邑亡～～，地亡旷土。"魏源《圣武记叙》："无一材堪充军吏，则～～狂。"

【敖倪】 àoní 轻慢，轻蔑。《庄子·天下》："独与天地精神往来，而不～～于万物。"也作"傲倪"、"傲睨"。嵇康《卜疑》："将～～滑稽，挟智任术为智囊乎？"黄庭坚《跋俞秀老清老诗颂》："清老往与余共学于涟水，其～～万物，滑稽以玩世，白首不衰。"

【敖弄】 àonòng 见"傲弄"。

遨 áo 遨游，游逛。《后汉书·刘盆子传》："犹从牧儿～。"欧阳修《洛阳牡丹记》："花开时，士庶竞为游～。"

【遨戏】 áoxì 游戏，玩耍。《论衡·自纪》："为小儿，与侪伦～～，不好狎侮。"《后汉书·孝安帝纪》"罢鱼龙曼延百戏"李贤注："出水～～于庭，炫耀日光。"也作"敖戏"。《汉书·霍光传》："昌邑从官、驺宰、官奴二百馀人，常与居禁闼内～～。"

【遨游】 áoyóu ❶游玩，游乐。杜甫《遣兴五首》之五："送客东郊道，～～宿南山。"也作"敖游"、"翱游"。《庄子·列御寇》："无能者无所求，饱食而～～。"谢惠连《鸂鶒赋》："命俦侣以～～，憩川湄而偃息。"❷往返周旋。《后汉书·马援传》："卿～～二帝间。"

嶅（嶅、嶅） áo ❶山多小石。木华《海赋》："或屑没于鼋鼍之穴，或挂罥于岑～之峰。"（罥：牵挂，挂碍。）❷地名。《晋书·慕容儁载记》："部将国超进据嶹～。"❸山名。《读史方舆纪要》中所说的"嶅山"，一在山东省新泰市东南，一在广东省龙川县北。

嗷（嗸） áo 见"嗷嗷"、"嗷嘈"。

【嗷嗷】 áo'áo ❶哀鸣声。《诗经·小雅·鸿雁》："鸿雁于飞，哀鸣～～。"杜甫《朱凤行》："君不见潇湘之山衡山高，山巅朱凤声～～。"❷哀怨或愁叹声。《三国志·魏书·董卓传》："百姓～～，道路以目。"杜甫《送韦讽上阆州录事参军》诗："万方哀～～，十载供军食。"陈子昂《谏用刑书》："顷来亢阳愆候，密云而不雨，农夫释耒，瞻望～～。"❸嘈杂声。曹植《美女篇》："众人徒～～，安知彼所欢。"柳宗元《与萧翰林俛书》："谤语转移，嚣嚣～～。"

【嗷嘈】 áocáo 声音嘈杂，喧嚣。杜甫《荆南兵马使太常卿赵公大食刀歌》："太常楼船声～～，问兵刮寇趋下牢。"也作"嗷曹"。陈其元《庸闲斋笔记·聘盟日记》："各铺闭户，鼓乐～～。"

摮 áo 旁击。《公羊传·宣公六年》："公怒，以斗～而杀之。"《聊斋志异·云翠仙》："遽出刀～而杀之。"

熬 áo ❶放在火上烤干。《礼记·内则》："为～，捶之，去其皽。"（郑玄注："熬，于火上为之也，今之火脯似矣。"皽：皮肉上的薄膜。）㉠用微火干炒。《礼记·丧服大记》："～，君四种八筐。"（正义曰："熬者，谓火熬其谷使香。”四种：指黍、稷、稻、粱。)㉤烧焦，烤煳。《荀子·议兵》：“有遇之者，若以焦～投石焉。”《后汉书·边让传》：“多汁则淡而不可食，少汁则～而不可熟。”❷痛苦，折磨。王逸《九思·怨上》：“我心兮煎～，惟是兮用忧。”杜甫《述古三首》之二：“市人日中集，于利竞锥刀，置膏烈火上，哀哀自煎～。”(锥刀：微薄。)❸用微火长时间煮。《新唐书·摩揭陀传》：“太宗遣使取～糖法。”㉦忍受，忍耐。石君宝《秋胡戏妻》四折：“我捱尽凄凉，～尽情肠。”❹通“嗷”。见“熬熬②”。

【熬熬】 áo'áo ❶赤日炎炎的样子。张籍《山头鹿》诗：“早日～～蒸野冈，禾黍不收无狱粮。”❷叫苦的哀怨声。《汉书·陈汤传》：“国家罢敝，府臧空虚，下至众庶，～～苦之。”

【熬波】 áobō 取海水熬盐。张融《海赋》：“～～出素。”欧阳修《运盐》诗：“～～销海水。”

獒 áo 一种凶猛的狗。《左传·宣公二年》：“晋侯饮赵盾酒，伏甲将攻之……公嗾夫～焉。明搏而杀之。盾曰：‘弃人用犬，虽猛何为！’”舒元舆《坊州按狱》诗：“攫搏如猛虎，吞噬若狂～。”

璈 áo 一种古乐器。《汉武帝内传》：“王母乃命侍女王子登弹八琅之～，又命侍女董双成吹云和之笙。”顾云《华清词》：“隔烟遥望见云水，弹～吹凤清珑珑。”

磝 1. áo ❶山多小石。见“磝磝①”。

2. qiāo ❷同“硗”。坚硬的石头。李攀龙《太华山记》：“南一里得崖，又尽～，不可以穿繘自级也。”

【磝磝】 áo'áo ❶山石很多的样子。韩愈《别知赋》：“山～～其相轧，树蓊蓊其相摎。”❷土地贫瘠板结的样子。焦延寿《易林·巽之蹇》：“～～秃白，不生黍稷。”

聱 áo ❶听不进别人的意见。《新唐书·元结传》：“彼诮以～者，为其不相从听。”元明善《武昌路学记》：“～焉无所入也。”❷文词念着不顺口。《朱子语类》卷七十八：“某尝患《尚书》难读，后来先将文义分明者读之，～讹者且未读。”

【聱牙】 áoyá ❶文词艰涩，读不顺口。韩愈《进学解》：“周诰殷盘，佶屈～～。”(周诰殷盘：指《尚书》中的《大诰》、《康诰》、《酒诰》和《盘庚》等篇。)❷违背，抵触，不和谐。苏轼《上皇帝书》：“其间一事～～，常至终身沦弃。”❸树枝长短不齐，错纵突起的样子。朱熹《枯木》诗：“百年蟠木老～～，偃蹇春风不肯花。”

【聱岈】 áoyá 形容山势突兀的样子。柳宗元《晋问》：“其高壮则腾突撑拒，～～郁怒。”

【聱耴】 áoyì 众声齐鸣。左思《吴都赋》：“鱼鸟～～，万物蠢生。”陆龟蒙《初入太湖》诗：“山川互蔽亏，鱼鸟空～～。”也作“聱取”。刘禹锡《楚望赋》：“涵泳之族，～～𠴱呀。”

螯 áo 螃蟹等节肢动物长在前面的第一对像钳子一样的脚，能开合，用来取食或自卫。《荀子·劝学》：“蟹六跪而二～，非蛇蟺之穴无可寄托者，用心躁也。”《晋书·毕卓传》：“右手持酒杯，左手持蟹～。”㉤螃蟹。苏轼《和穆父新凉》诗：“紫～应已肥，白酒谁能劝？”杨万里《和李天麟》诗：“可口端何似？霜～略带糟。”

謷 1. áo ❶毁谤，诬蔑。《吕氏春秋·怀宠》：“辟远圣制，～丑先王，排訾旧典。”韩愈《蓝田县丞厅壁记》：“谚数慢，必曰丞，至以相訾～。”❷高大的样子。《庄子·德充符》：“～乎大哉，独成其天。”㉤志向远大，与众不同的样子。《庄子·大宗师》：“～乎其未可制也。”

2. ào ❸通“傲”。傲慢，骄傲。《庄子·天地》：“虽以天下誉之，得其所谓，～然不顾。”《新唐书·周墀传》：“宿将暴～不循令者，墀命鞭其背。”又《李载义传》：“虏忸习，益～悍。”

【謷謷】 áo'áo ❶哀怨或愁叹声。《汉书·食货志上》：“吏缘为奸，天下～～然，陷刑者众。”❷幼鸟待母哺食的鸣叫声。《汉书·东方朔传》：“声～～者，鸟哺鷇也。”(鷇：需母鸟哺育的雏鸟。)❸信口开河的样子。王逸《九思·怨上》：“令尹兮～～，群司兮譨譨。”(譨譨：多言的样子。)

翱(翶) áo 鸟在天空扇动翅膀飞，飞翔。《竹书纪年》卷下：“凤凰～兮于紫庭，余何德兮以感灵。”《汉书·王褒传》：“恩从祥风～，德与和气游。”鲍照《舞鹤赋》：“逸翮后尘，～翥先路。”

【翱翔】 áoxiáng ❶展开翅膀在空中回旋地飞。《汉书·宣帝纪》：“今春，五色鸟以万数飞过属县，～～而舞，欲集未下。”❷逍遥自得。《汉书·司马相如传上》：“于是楚王乃弭节徘徊，～～容与。”❸倾仰，起伏。《淮南子·原道训》：“平虚下流，与化～～。”《后汉书·冯衍传》：“风兴云蒸，一龙一蛇，与道～～，与时变化。”

【翱游】 áoyóu 见“遨游①”。

鏖 áo ❶激战，苦战。《汉书·霍去病传》：“合短兵，～皋兰下。”李觏《袁州州学记》：“秦以山西～六国，欲帝万世。”❷喧扰。黄庭坚《仁亭》诗：“市声～午枕，常以此心观。”❸通“熬”。久煮。苏轼《老饕赋》：“久蒸暴而日燥，百上下而汤～。”

【鏖糟】 áozāo ❶拼死杀敌。《汉书·霍去病传》“鏖皋兰下”颜师古注引晋灼注：“世俗谓尽死杀人为～～。”❷固执任性，不听从别人的意见。《吴下方言考·二萧》：“苏东坡与程伊川议事不合，讥之曰：‘颐可谓～～鄙俚叔孙通矣。’按～～，执拗而使人心不适也。”❸肮脏，不干净。《朱子语类·论语》：“缘是他气禀中自元有许多～～恶浊底物，所以才见那物，事便出来应他。”

【鏖战】 áozhàn 激烈地战斗。陆游《朝奉大夫直秘阁张公墓志铭》：“屡与金虏～～，走其名王大酋，策功进官。”《明史·李如松传》：“如松督部下～～。”

鳌（鰲、鼇） áo 传说中的大海龟或大鳖。《列子·汤问》：“乃命禺强使巨～十五举首而戴之。”杜甫《送重表侄王殊评事使南海》：“安能陷粪土，有志乘鲸～。”陈允平《云岩师书镫夕命赋》：“六～初驾，缥缈蓬阆，移来洲岛。”

【鳌抃】 áobiàn “鳌戴山抃”的简称。原指神话传说中的大龟背负大山而欢乐起舞。《楚辞·天问》“鳌戴山抃”注：“《列仙传》曰：‘有巨灵之鳌，背负蓬莱之山而抃舞。’”后用“鳌抃”泛指欢欣跳跃。陆游《瑞庆节贺表》：“虹流电绕，适当圣作之辰；～～嵩呼，共效寿祺之祝。”

【鳌戴】 áodài 《列子·汤问》里记载的古代神话故事说：在渤海东面几亿万里的范围内，有一个无底的深谷，四面八方的水流入里面，也不见增减。其中有五座大山，每座山的高下周旋有三万里，山顶的平地也有九千里，山与山的间隔有七万里。而这五座山的底部彼此不相连接，常常随波上下漂流，无法固定。于是天帝就命禺强使巨鳌十五轮番举首而戴之，五山才兀峙不动。《楚辞·天问》：“鳌戴山抃，何以安之？”后把“鳌戴”用作感恩戴德的词。庾信《谢赵王赉犀带等启》：“花开四照，惟见其荣；～～三山，深知其重。”

【鳌头】 áotóu 巨鳌的头。唐、宋时代，皇帝殿前的台阶上刻有一只大鳌，翰林学士、承旨等官朝见皇帝时，要立在台阶的正中，所以称入翰院为“上鳌头”。江休复《江邻几杂志》：“蟠桃三窃成何事，上尽～～迹转孤。”文莹《玉壶清话》卷二：“座主登庸归凤阁，门生批诏立～～。”后也称在科举考试中状元及第者为“独占鳌头”。无名氏《陈州粜米》楔子：“～～～～第一名。”

【鳌足】 áozú 巨鳌的脚。古代神话中有女娲氏用巨鳌的脚作为天柱的传说。《淮南子·览冥训》：“女娲炼五色石以补苍天，断～～以立四极。”成公绥《天地赋》：“断～～而续毁，炼玉石而补缺。”

嚣 áo 见 xiāo。

夭 ǎo 见 yāo。

拗（抝） 1. ǎo ❶折，折断。《尉缭子·制谈》：“～矢折矛。”温庭筠《达摩支曲》：“～莲作寸丝难绝。”陈与郊《义犬》一出：“翰林院～断南狐笔。”

2. ào ❷不顺，不顺从。元稹《哭小女樊》诗：“和蛮歌字～，学妓舞腰轻。”《红楼梦》七十回：“众人怎敢违～。”

3. niù ❸固执任性，听不进别人的意见。朱熹《三朝名臣言行录》卷七：“人言安石奸邪，则毁之太过，但不晓事，又执～耳。”《警世通言·拗相公饮恨半山堂》：“因他性子执～，主意一定，佛菩萨也劝他不转。”❹弯曲，扭曲。纪昀《阅微草堂笔记·如是我闻一》：“～捩敧斜，不成点画。”何绍基《滩行》诗：“山转滩正～，滩吼风又作。”

4. yù ❺抑制，压抑。见“拗怒”。

【拗怒】 yùnù 抑制怒火。班固《西都赋》：“蹂躏其十二三，乃～～而少息。”李复言《续玄怪录·李卫公靖》：“愤气勃然，～～而立。”

袄（襖） ǎo 衬有里子的上衣。韩愈《酬崔十六少府》诗：“蔬飧要同吃，破～请来绽。”徐积《寄范掾诗》：“昨日沽酒典布～，今朝所典未可保。”

跃 ǎo（又读 ào） 见“跃蔓”、“跃䠞”。

【跃蔓】 ǎomàn 草木盛长的样子。左思《吴都赋》：“尔乃地势坱圠，卉木～～。”

【跃䠞】 ǎonǎo 长，成长的样子。《文子·上仁》：“先王之法，不掩群而取～～，不涸泽而渔，不焚林而猎。”

媪 ǎo ❶对老年妇女的尊称。《战国策·赵策四》：“老臣窃以为～之爱燕后，贤于长安君。”《汉书·高帝纪上》：“母～尝息大泽之陂，梦与神遇。”《北史·邢邵传》：“父老及～妪皆远相攀追。”㉦母亲。《韩非子·外储说右上》：“卫君之晋，谓薄疑曰：‘吾欲与子皆行。’薄疑曰：‘～也在中，请归与～计之。’……薄疑归言之～也，曰：‘卫君之爱疑奚与～？’～曰：‘不如吾爱子也。’”❷老少妇女的通称。《史记·卫将军骠骑列传》：“其父郑季，为吏，给事平阳侯家，与侯妾卫～通。”❸地神。《汉书·礼乐志》：“海内安宁，兴文匽武；后土富～，昭明三光。”

浇 ào 见 jiāo。

谢(譑) ào 戏谑。《荀子·礼论》："歌谣～笑，哭泣啼号。"

奡 ào ❶上古人名。传说中的大力士。《论语·宪问》："羿善射，～荡舟。"《关尹子·五鉴》："善舟者，师舟不师～。"《论衡·效力》："～、育，古之多力者。"❷矫健，刚劲有力（多指文章的风格）。韩愈《荐士》诗："横空盘硬语，妥贴力排～。"吴景旭《历代诗话·明诗·咏蚊》："观其质力苍～，纯似初汉人笔。"❸通"傲"。骄傲，傲慢。《续资治通鉴·宋宁宗嘉定七年》："［李］全与仲兄福尤桀～。"❹(xiāo)通"嚣"。呼唤，叫嚣。《汉书·司马相如传下》："纠蓼叫～。"

【奡兀】 àowù 高耸、特出的样子。形容文词超脱不凡。黄宗羲《陆钞俟诗序》："文虎之诗，～～耸荡，时见斧凿。"

傲(慠) ào ❶骄傲，傲慢。《左传·文公九年》："冬，楚子越椒来聘，执币～。"《国语·晋语二》："小国～，大国袭焉曰诛。"《后汉书·崔骃传》："生而富者骄，生而贵者～。"[引]轻视，蔑视。《晏子春秋·内篇问上》："～民举事，虽成不荣。"《韩非子·六反》："民慕其利而～其罪，故奸不止也。"《吕氏春秋·士容》："～小物而志属于大，似无勇而未可恐狼，执固横敢而不可辱害。"❷急躁。《荀子·劝学》："未可与言而言谓之～。"《管子·乘马》："是故事成者生于虑，成于务，失于～。"❸通"熬"。忍受，度过（艰难岁月）。白居易《食饱》诗："浅酌一杯酒，缓弹数弄琴。既可畅情性，亦足～光阴。"

【傲很】 àohěn ❶轻视，藐视。《左传·文公十八年》："～～明德，以乱天常，天下之民，谓之梼杌。"❷倨傲凶狠。《后汉书·公沙穆传》："缯侯刘敞，东海恭王之后也，所为多不法，废嫡立庶，～～放恣。"也作"慠佷"。《三国志·魏书·乐陵王茂传》："茂性～～，少无宠于太祖。"

【傲倪】 àoní 见"敖倪"。

【傲睨】 àonì 见"敖倪"。

【傲弄】 àonòng 轻侮戏弄。《三国志·蜀书·杨戏传》："戏素心不服维，酒后言笑，每有～～之辞。"也作"敖弄"。《汉书·东方朔传》："自公卿在位，朔皆～～，无所为屈。"

【傲世】 àoshì 藐视当世。《淮南子·齐俗训》："～～轻物，不污于俗。"成公绥《啸赋》："～～亡荣，绝弃人事。"

【傲物】 àowù 轻视他人。《南史·萧子显传》："恃才～～，宜谥曰骄。"陆云《四言失题》诗之五："幽居～～，顾影怡颜。"

奥 1. ào ❶室内的西南角。古人设神主或尊长居坐的地方。《仪礼·士丧礼》："乃奠烛，升自阼阶，祝执巾席从，设于～，东面。"《韩非子·说林下》："卫将军文子见曾子，曾子不起，而延于坐席，正身见于～。"《后汉书·周磐传》："吾日者梦见先师东里先生，与我讲于阴堂之～。"[引]泛指室内深处。《淮南子·时则训》："凉风始至，蟋蟀居～。"《后汉书·梁冀传》："堂寝皆有阴阳～室，连房洞户。"欧阳修《画舫斋记》："其温室之～，则穴其上以为明。"[又]幽深隐秘或机要的地方。扬雄《太玄经·文》："酋考其亲，冥反其～。"张协《七命》："绝景乎大荒之遐阻，吞响乎幽山之穷～。"《三国志·魏书·董昭传》："出入往来禁～。"❷深。蔡邕《郭有道碑》："浩浩焉，汪汪焉，～乎不可测已。"陆机《塘上行》："沾润既已渥，结根～且坚。"《明史·广西土司传》："其中多冥岩～谷。"❸深奥。柳宗元《与杨诲之疏解车义第二书》："足下所为书，言文章极正，其辞～雅。"王安石《诗义序》："微言～义，既自得之。"刘基《司马季主论卜》："仆未究其～也，愿先生卒教之。"❹主。《老子·六十二章》："道者，万物之～，善人之宝，不善人之所保。"[引]主事人。《礼记·礼运》："人情以为田，故人以为～也。"[引]显要的职位。谢朓《忝役湘州与宣城吏民别》诗："弱龄倦簪履，薄晚忝华～。"❺灶王神。《礼记·礼器》："燔柴于～，夫～者，老妇之祭也。"❻猪圈。《庄子·徐无鬼》："吾未尝为牧，而牂生于～。"（牂：母羊。）

2. yù ❼通"澳"。1）水边弯曲的地方。《诗经·卫风·淇奥》："瞻彼淇～，绿竹猗猗。"2）浑浊。《后汉书·班固传》："太极之原，两仪始分，烟烟煴煴，有沉而～，有浮而清。"❽通"燠"。热，温暖。《诗经·小雅·小明》："日月方～。"《汉书·五行志》："雨旱寒～，亦以风为本。"❾可居住的地方。后作"墺"。《汉书·地理志上》："九州逌同，四～既宅。"❿腌，用盐浸渍。后作"腴"。《荀子·大略》："泔之伤人，不若～之。"（泔：用泔水泡浸。）

【奥草】 àocǎo 长得很深的丛生杂草。《国语·周语中》："民无悬耜，野无～～。"柳宗元《永州韦使君新堂记》："有石焉，翳于～～。"

【奥区】 àoqū 奥深的区域。犹言"腹地"、"深处"。张衡《西京赋》："尔乃广衍沃野，厥田上上，实惟地之～～神皋。"杜甫《桥陵诗三十韵因呈县内诸官》："永与～～固，川原纷眇冥。"

【奥援】 àoyuán 得力的靠山。蔡絛《铁围山丛谈》卷三："黼恃～～，父事宦者梁师成，盖已不能遏。"《新唐书·李逢吉传》："结[王]守澄为～～，自是肆志无所惮。"

【奥赜】 àozé 奥秘，深奥。指精深微妙的义蕴。《陈书·袁宪传》："二贤虽穷～～，得无惮此后生耶！"许敬宗《劝封禅表》："参三才之～～，验百神之感通。"

【奥主】 àozhǔ 深秘不易窥见的君主。《左传·昭公十三年》："国有～～。"陆机《五等诸侯论》："上非～～，下皆市人。"

【奥渫】 yùxiè 污浊。《汉书·王褒传》："去卑辱～～而升本朝。"吴垌《五总志》："近有曹孝忠者，本卑贱～～之人。"

骜(驁) ào ❶骏马。《吕氏春秋·察今》："良马期乎千里，不期乎骥～。"[引]马放纵狂奔。《史记·司马相如列传》："低卬夭蟜，据以骄～兮。"[又]才能出众。韩愈《荐士》诗："有穷者孟郊，受材实雄～。"❷通"傲"。骄傲，傲慢。《庄子·庚桑楚》："蹍市人之足，则辞以放～。"《汉书·王吉传》："率多骄～，不通古今。"柳宗元《驳复仇议》："仇天子之法，而戕奉法之吏，是悖～而凌上也。"[引]轻视，蔑视。《吕氏春秋·下贤》："士～禄爵者，固轻其主。"❸通"謷"。诽谤，诋毁。《商君书·更法》："且夫有高人之行者，固见负于世；有独知之虑者，必见～于民。"

隩 1. ào ❶水涯深曲的地方。郭璞《江赋》："荫潭～，被长江。"谢灵运《从斤竹涧越岭溪行》："逶迤傍隈～。"王维《桃源行》："山口潜行始隈～。"❷通"墺"。可居住的地方。《尚书·禹贡》："九州攸同，四～既宅。"(四隩：四方可居住的地方。)张衡《东京赋》："掩观九～，靡地不营。"❸通"奥"。1)室内的西南角。《孔子家语·问玉》："室而无～阼，则乱于堂室也。"刘峻《广绝交论》："入其～隅，谓登龙门之阪。"2)深。《国语·郑语》："其～爱太子亦必可知也。"《庄子·天下》："其涂～矣。"

2. yù ❹通"燠"。温暖，热。《尚书·尧典》："厥民～，鸟兽氄毛。"

澳 1. ào ❶江海边弯曲可以停船的地方。范成大《吴船录》卷下："郡议欲开～以归宿客舟，未决。"《宋史·河渠志六》："镇江府傍临大江，无港～以容舟楫。"❷幽深。何逊《七召》："至深潭之～溟，有洞室之穹崇。"沈遘《代人祭吴春卿文》："渊泉～清。"❸擦，洗刷。《世说新语·汰侈》："王君夫以粭糒～釜，石季伦用蜡烛作炊。"(粭糒：糕饼。粭，同"饴"。用麦芽或谷芽制成的糖浆。糒，干饭。)

2. yù ❹水边弯曲的地方。《礼记·大学》："《诗》云：'瞻彼淇～，菉竹猗猗。'"(按：今本《诗经·卫风·淇奥》作"奥"。)谢朓《和王著作融八公山》诗："二别阻汉坻，双崤望河～。"

懊 1. ào ❶烦恼，悔恨。《南史·顾觊之传》："～叹弥日。"韩愈《荐士》诗："后时徒悔～。"刘禹锡《竹枝词九首》之六："～恼人心不如石。"

2. yù ❷见"懊咿"。

【懊侬】 àonāo 懊恼，烦闷。《脉经·辨太阳病脉证并治》："心中～～。"《素问·六元正纪大论》："瞀闷～～。"

【懊咿】 yùyī 内心悲伤的样子。嵇康《琴赋》："含哀～～，不能自禁。"

墺 ào ❶可居住的地方。《汉书·地理志上》"四奥既宅"颜师古注："奥，读曰～，谓土之可居者也。"❷水边。《字汇·土部》："～，地近水涯者。"

B

ba

八 bā 数词。《左传·襄公三十一年》："且年未盈五十，而谆谆焉如～九十者，弗能久矣。"(谆谆：说话啰啰唆唆的样子。)

【八病】 bābìng 指古诗歌声律上八种应该禁忌的病犯。魏晋以后，文学的形式大有发展，在文学中五言古诗已经成熟，七言诗也开始出现。"赋"到这个时代已发展到俳赋,出现了骈体文。这些都要求在写作上注重形式、讲究词藻、要求声律。《南史·陆厥传》说:"时盛为文章,吴兴沈约、陈郡谢朓、琅邪王融以气类相推毂。汝南周颙善识声韵,约等文皆用宫商,以平、上、去、入四声。以此制韵,有平头、上尾、蜂腰、鹤膝。五字之中音韵悉异,两句之内,角徵不同,不可增减,世呼为'永明体'。"根据传统的说法,沈约等人提倡的所谓"永明体",除要求写作诗文时,在语音形式上要严格区分平、上、去、入四声外,还提出了八种应该禁忌的病犯。这就是上面所引的平头、上尾、蜂腰、鹤膝四种,再加上所谓大韵、小韵、旁纽、正纽四种。宋王应麟《困学纪闻》引李淑《诗苑类格》载沈约的话说:"诗病有八:平头(指五言诗中,出句和对句的首二字都是平声。)、上尾(出句和对句的最后一个字都是上声。)、蜂腰(出句和对句的第三个字都是去声。)、鹤膝(出句和对句的第四个字都是入声。)、大韵(九个字以内有与韵脚字同韵的字。)、小韵(五个字以内有与韵脚字同韵的字。)、旁纽(同句中有同声母字。)、正纽(一句中有同音字。)。惟上尾、鹤膝最忌,馀病可通。"

【八方】 bāfāng 四方(东、南、西、北)与四维(东南、西南、东北、西北)的合称。《云笈七籤》卷一:"登丘陵而盼~~,览参辰而见日月。"

【八风】 bāfēng ❶八方之风。《左传·隐公五年》:"夫舞所以节八音而行~~。"《汉书·礼乐志》:"空桑琴瑟结信成,四兴递代~~生。"关于八风的名称,说法颇不一致。《吕氏春秋·有始》:"何谓~~?东北曰炎风,东方曰滔风,东南曰熏风,南方曰巨风,西南曰凄风,西方曰飂风,西北曰厉风,北方曰寒风。"《淮南子·地形训》:"何谓~~?东北曰炎风,东方曰条风,东南曰景风,南方曰巨风,西南曰凉风,西方曰飂风,西北曰丽风,北方曰寒风。"《说文·风部》:"风,~~也。东方曰明庶风,东南曰清明风,南方曰景风,西南曰凉风,西方曰阊阖风,西北曰不周风,北方曰广莫风,东北曰融风。"❷指八音。王引之《经义述闻·春秋左传中》:"古者八音谓之~~。襄二十九传:'五声和,~~平。'谓八音克谐也。"❸佛教用语。指利、衰、毁、誉、称、讥、苦、乐八件煽动人心的事。王维《能禅师碑》:"不着三界,徒劳~~。"范成大《偶箴》诗:"情知万法本来空,犹复将心奉~~。"

【八纮】 bāhóng 八方极远的地方。《后汉书·冯衍传》:"上陇阪,陟高冈,游精宇宙,流目~~。"

【八荒】 bāhuāng 八方荒远的地方。贾谊《过秦论》:"有席卷天下,包举宇内,囊括四海之意,并吞~~之心。"杜甫《虎牙行》:"犬戎锁甲闻丹极,~~千里防盗贼。"

【八极】 bājí 八方最边远的地方。《三国志·吴书·贺邵传》:"古之圣王,所以潜处重闱之内而知万里之情,垂拱衽席之上,明照~~之际者,任贤之功也。"

【八维】 bāwéi 四方和四隅的合称。犹言"八方"。《三国志·魏书·武帝纪》:"君龙骧虎视,旁眺~~,掩讨逆节,折冲四海。"沈约《光宅寺刹下铭》:"~~悠阔,九服荒茫。"

【八埏】 bāyán 八方边远的地方。李善《上文选注表》:"臣善言:窃以道光九野,缛景纬以照临;德载~~,丽山川以错峙。"范成大《桂林中秋赋》:"矧吾生之飘泊兮,寄蘧庐于~~。"

【八佾】 bāyì 古代天子专用的乐舞。佾是乐舞的行列,一行八人叫一佾,共六十四人组成。在奴隶制社会,舞蹈用人的多少,表示奴隶主贵族之间的等级差别。《穀梁传·隐公五年》:"穀梁子曰:'舞夏,天子~~,诸公六佾,诸侯四佾。"《论语·八佾》:"孔子谓季氏,~~舞于庭,是可忍也,孰不可忍也。"也作"八溢"。《汉书·礼乐志》:"千童罗舞成~~,合好效欢虞泰一。"

【八溢】 bāyì 见"八佾"。

【八音】 bāyīn ❶古代乐器的总称。即金(钟)、石(磬)、丝(琴瑟)、竹(箫管)、匏(笙竽)、土(埙)、革(鼓)、木(柷敔)八种不同音质的乐器。《史记·五帝本纪》:"诗言意,歌长言,声依永,律和声,~~能谐,毋相夺伦,神人以和。"《汉书·礼乐志》:"国子者,卿大夫之子弟也,皆学歌九德,诵六诗,习六舞、五声、~~之和。"❷泛指音乐。《吕氏春秋·孝行》:"正六律,龢五声,杂~~,养耳之道也。"《抱朴子·博喻》:"不能辩~~之雅俗。"

【八政】 bāzhèng 古代国家施政的八个方面。据《尚书·洪范》,八政是指食、货、祀、司空、司徒、司寇、宾、师。《汉书·王莽传中》:"民以食为命,以货为资,是以~~以食为首。"陶渊明《劝农》诗:"远若周典,~~始食。"

【八子】 bāzǐ 秦汉宫内姬妾官名。《汉书·景十三王传》:"宫人姬~~有过者,辄令裸立击鼓,或置树上,久者三十日乃得衣。"又《外戚传序》:"~~视千石,比中更。"

【八座】 bāzuò 封建时代八种高级官吏的总称。具体所指,各个朝代略有不同。东汉指六曹尚书和令、仆二职；魏晋南朝指五曹尚书和二仆射、一令；隋唐则指六尚书和左右二仆射。后来，"八座"一词，一般用作尚书或高级官员的代称。杜甫《奉送蜀州柏二别驾将中丞命赴江陵起居卫尚书太夫人因示从弟行军司马位》诗："迁转五州防御使，起居～～太夫人。"佚名《渔樵记》二折："但有日官居～～，位列三台。"

巴 bā ❶传说中的大蛇。罗愿《尔雅翼·释鱼》："～者，食象之蛇。"参见"巴蛇"。❷古国名、郡名。《左传·桓公九年》："夏，楚使斗廉帅师及～师围鄾。"常璩《华阳国志》卷一："秦惠王遣张仪、司马错救苴、～，遂伐蜀，灭之。仪贪～、苴之富，因取～，执王以归，置～、蜀及汉中郡。"❸晒干或粘结的东西。洪迈《夷坚志》卷四："无处容他，只好炎天晾作～。"《西游记》五十七回："将些剩饭锅～，满满的与了一钵。"❹贴近，靠近。《水浒传》二回："前不～村，后不～店。"❺盼望。杨万里《过沙头》诗："暗潮～到无人会，只有篙师识水痕。"❻博取，营求。石君宝《曲江池》四折："为～钱毒计多，被天公生折磨。"

【巴巴】 bābā ❶急切的样子。陆游《大慧禅师真赞》："平生嫌遮老子，说法口～～地。"《琵琶记·南浦嘱别》："眼～～望看关山远。"❷特地。《红楼梦》二十二回："我～～的唱戏、摆酒，为他们不成？"

【巴火】 bāhuǒ 汉人栾巴喷酒灭火传说的简缩。据《后汉书·栾巴传》李贤注引《神仙传》说："巴为尚书，正朝大会，巴独后到，又饮酒西南噀之。有司奏巴不敬。有诏问巴，巴顿首谢曰：'臣本县成都市失火，臣故因酒为雨以灭火。臣不敢不敬。'诏即以驿书问成都，成都答言：'正旦大失火，食时有雨从东北来，火乃息，雨皆酒臭。'后忽一旦大风，天雾晦暝，对坐皆不相见，失巴所在。寻问之，云其日还成都，与亲故别也。"后来诗人把"巴火"作为火的代称。杜甫《秋日荆南述怀三十韵》："九钻巴噀火，三蛰楚祠雷。"（噀：喷。）范成大《清明日试新火作牡丹会》诗："再钻～～尚浮家，去国多年客路赊。"

【巴人】 bārén ❶巴国人。《左传·庄公十八年》："～～叛楚而伐那处，取之，遂门于楚。"（巴国：春秋时小国，大约在今湖北襄阳附近。）❷ 巴州（属今四川省）人。刘禹锡《松滋渡望峡中》诗："～～泪应猿声落，蜀客船从鸟道回。"❸鄙俗之人。陈琳《答东阿王笺》："然后东野～～，蚩鄙益著。"❹古歌曲名。宋玉《对楚王问》："客有歌于郢中者，其始曰《下里》、《巴人》，国中属而和者数千人。其为《阳阿》、《薤露》，国中属而和者数百人。其为《阳春》、《白雪》，国中属而和者数十人。"张协《杂诗》之五："《阳春》无和者，《巴人》皆下节。"

【巴蛇】 bāshé 古代传说中的大蛇。《山海经·海内南经》："～～食象，三岁而出其骨。"左思《吴都赋》："屠～～，出象骼。"

芭 bā ❶一种香草。《楚辞·九歌·礼魂》："传～兮代舞。"❷芭蕉。张希复《赠诗上人联句》："乘兴书～叶，闲来入豆房。"❸（pā）通"葩"。花。《大戴礼·夏小正》："桐～始生，貌拂拂然也。"

钯 bā 见 pá。

羓 bā 干肉，腊肉。《水浒传》十一回："将精肉片为～子，肥肉煎油点灯。"厉鹗《辽史拾遗》卷二十四："亦密赐羊～十枚。"㊀泛指干食品。杨万里《初食太原生蒲萄时十二月二日》诗："淮北葡萄十月熟，纵可作～也无肉。"

蚆 bā（又读 pā）贝。《尔雅·释鱼》："～博而頯。"（郝懿行义疏："蚆者，云南人呼贝为海肥。肥贝声转也……则与肥皆蚆之别体矣。"）

捌 bā ❶用手分开。《淮南子·说林训》："晋阳处父伐楚以救江，故解捽者不在于～格，在于批抗。"崔寔《政论》："摧拉～裂。"❷一种农具。《急就篇》卷三："捃穫秉把插～杷。"（颜师古注："无齿为捌，有齿为杷，皆所以推引聚禾谷也。"）《广韵·辖韵》："～，《方言》云：无齿杷。"❸数词"八"字的大写。

豝 bā ❶母猪。《诗经·小雅·吉日》："发彼小～，殪此大兕。"❷两岁的猪。《广雅·释兽》："兽二岁为～。"《周礼·夏官·大司马》"大兽公之，小禽私之"郑玄注："一岁为豵，二岁为～。"❸大猪。何承天《纂文》："渔阳以大猪为～。"❹通"羓"。干肉。《新五代史·四夷附录一》：耶律德光卒，"契丹破其腹，去其肠胃，实之以盐，载之北走，晋人谓之'帝～'焉。"魏源《题东丹王射鹿图》诗："宁作东丹李赞华，肯似盐车载帝～。"

坺（墢） bá ❶耕地时翻起的土块。《国语·周语上》："王耕一～，班三之，庶民终于千亩。"陆龟蒙《耒耜经》："耕之土曰～。～，犹块也。"❷尘土。《博物志》："吴人谓尘土为～块。"

拔 bá ❶拔除，铲除。《诗经·大雅·皇矣》："柞棫斯～，松柏斯兑。"（兑：直。）又《緜》："柞棫～矣，行道兑矣。"（兑：通达。）《左传·昭公九年》："我在伯父，犹衣服之有冠冕，木水之有本原，民人之有谋主也。伯父若裂冠毁冕，～本塞原，专弃谋主，虽戎狄，其何有余一人？”㉛解除，解救。《史记·孟尝君列传》：“始孟尝君列此二人于宾客，宾客尽羞之，及孟尝君有秦难，卒此二人～之。”曾巩《刘伯声墓志铭》：“与人游，见其一善，若恐不能及；见其一失，若恐不能～。”❷拔出，拔起。《左传·隐公十一年》：“公孙阏与颍考叔争车，颍考叔挟辀以走，子都～棘以逐之。”《韩非子·说林上》：“然使十人树之而一人～之，则毋生杨矣。”杜甫《天边行》：“洪涛滔天风～木，前飞秃鹙后鸿鹄。”㉛提拔，选拔。《论衡·书虚》：“桓公尊九九之人，～宁戚于车下。”任昉《为范尚书让吏部封侯第一表》：“～十得五，尚曰比肩。”（比肩：相等。）杜甫《送高司直寻封阆州》诗：“～为天军佐，崇大王法度。”㉜提出，发表。《世说新语·文学》：“支道林～新领异，胸怀所及乃自佳。”（拔新领异：发表富有新意的独特见解。）❸突出，超出。《三国志·吴书·程黄韩蒋周陈董甘凌徐潘丁传评》：“比翼齐衡，～萃出类，不亦美乎！”《宋史·沈辽传》：“幼挺～不群，长而好学尚友，傲睨一世。”❹迅疾，突然。《史记·黥布列传》：“何其～兴之暴也。”《后汉书·窦融传》：“窦融始以豪侠为名，～起风尘之中。”❺攻克，攻取。《战国策·东周策》：“秦～宜阳，景翠果进兵。”《史记·周本纪》：“楚围雍氏，期三月也，今五月不能～。”《汉书·高帝纪上》：“二月，攻砀，三日～之。”㉛得到，获得。《战国策·秦策二》：“于是出私金以益公赏。明日鼓之，宜阳～。”《汉书·窦婴传》：“今将军傅太子，太子废，争不能～，又不能死，自引谢病。”（争不能拔：《史记·魏其武安侯列传》作“争不能得”。）❻变易，动摇。《韩非子·解老》：“今也玩好变之，外物引之；引之而往，故曰‘～’。至圣人不然：一建其趋舍，虽见所好之物，不能引，不能引之谓‘不～’。”苏轼《晁错论》：“亦必有坚忍不～之志。”㉛移动，掉头。杜甫《江涨》诗：“渔人萦小楫，容易～船头。”❼箭末扣弦的地方。《诗经·秦风·驷驖》：“公曰左之，舍～则获。”❽(bó)通“钹”。一种圆形乐器，中心鼓起，两片相击作声。《北齐书·神武帝纪上》：“铜～打铁～，元家世将末。”

【拔出】 báchū ❶提拔，提升。《庄子·天地》：“～～公忠之属而无阿私。”❷超群出众。《后汉书·荀彧传》：“况君奇谟～～，兴亡所系。”❸逃脱，摆脱。《后汉书·应劭传》：“～～险难，其命惟新。”

【拔萃】 bácuì ❶才德高于一般，超群出众。《三国志·蜀书·蒋琬传》：“琬出类～～，处群僚之右。”韩愈《与崔群书》：“诚知足下出群～～。”❷唐代的一种选官制度。选官有一定的年限，期限未满，试判三条，合格授官的叫“拔萃”。《新唐书·选举志下》：“选未满而试文三篇，谓之宏辞，试判三条，谓之～～，中者即授官。”韩愈《李公墓志铭》：“其后比以书判～～，选为万年尉。”

【拔扈】 báhù 见“跋扈”。

【拔剌】 bálà 象声词。分别形容开弓发射声、不正的琴弦声、鱼的跳跃声和鸟的飞翔声等。也作“拨剌”、“跋剌”、“泼剌”。张衡《思玄赋》：“弯威弧之～～兮，射嶓冢之封狼。”《淮南子·修务训》：“琴或～～枉桡，阔解漏越。”杜甫《漫成》诗：“沙头宿鹭联拳静，船尾跳鱼～～鸣。”沈与求《舟过北塘》诗：“过雁参差影，跳鱼～～声。”岑参《至大梁却寄匡城主人》诗：“仲秋萧条景，～～飞鹅鸧。”

【拔舍】 báshè ❶在草野中宿营。见“茇舍”。❷拔起帐篷。《左传·僖公十五年》：“秦获晋侯以归。晋大夫反首～～从之。”（反首：披头散发。拔舍：姚范《援鹑堂笔记》解作“拔起所舍止”。）

【拔涉】 báshè 见“跋涉”。

【拔俗】 bású ❶超脱世俗人间。孔稚珪《北山移文》：“夫以耿介～～之标，潇洒出尘之想，度白雪以方洁，干青云而直上。”成语有“超尘拔俗”。❷形容品德、风度超过一般人。陈子昂《堂弟孜墓志铭》：“每一见尔，慰吾家道，实谓君有逸群之骨，～～之标，超山越壑可以骏迈也。”

【拔薤】 báxiè 比喻铲除豪强暴族。故事出自东汉后期的庞参。据《后汉书·庞参传》记载：“参为汉阳太守。郡人任棠者，有奇节，隐居教授。参到，先候之。棠不与言，但以薤一大本，水一盂，置户屏前，自抱孙儿伏于户下。主簿白以为倨。参思其微意，良久曰：‘棠是欲晓太守也。水者，欲吾清也；拔大本薤者，欲吾击强宗也；抱儿当户，欲吾开门恤孤也。’于是叹息而还。参在职，果能抑强助弱，以惠政得民。”后来诗人往往运用这个典故来歌颂那些能除暴安良的官吏。吴融《和峡州冯使君题所居》诗：“三年～～成仁政，一日诛茅葺所居。”苏轼《和方南圭寄迓周文之》诗之三：“～～已观贤守政，摘蔬聊慰故人心。”

【拔擢】 bázhuó 选拔，提拔。《论衡·自纪》：“为上所知，～～越次，不慕高官；不为上所知，贬黜抑屈，不恚下位。”《汉书·李寻传》：“宜急博求幽隐，～～天士，任以大职。"《后汉书·岑彭传》:"彭往者得执鞭侍从,蒙荐举～～,常思有以报恩。"

【拔葵去织】 bákuíqùzhī 这是一个说居官者不与民争利的典故。《汉书·董仲舒传》:"故公仪子相鲁,之其家见织帛,怒而出其妻,食于舍而茹葵,愠而拔其葵,曰:'吾已食禄,又夺园夫红女利虖!'"《宋书·谢庄传》:"臣愚谓大臣在禄位者,尤不宜与民争利,不审可得在此诏不? ～～～～,实宜深弘。"《新唐书·苏良嗣传》:"公仪休一诸侯相,～～～～,未闻天子卖果蔬与人争利。"也简称"拔葵"。《南史·范泰传》:"食禄之家不与百姓争利,故～～所以明政。"苏轼《次韵阳行先》:"～～终相鲁,辟谷会封留。"

茇 1. bá ❶草根。《淮南子·地形训》:"萍生萍藻,萍藻生浮草。凡浮生不根～者生于萍藻。"沈括《梦溪笔谈·杂志二》:"大蓟～如车盖。"❷在草野间住宿。《左传·定公九年》:"《诗》云:'蔽芾甘棠,勿翦勿伐,召伯所～。'"曾巩《尹公亭记》:"尝于其居之北阜,竹柏之间,结茅为亭,以～而嬉,岁馀乃去。"❸通"拔"。拔除。《齐民要术·种谷》:"区中草生,～之;区间草,以利刬之。"❹通"跋"。翻山越岭。《资治通鉴·后周世宗显德四年》:"士卒乘胜气～涉争进,皆忘其劳。"

2. pèi(又读 bèi) ❺见"茇茇"。

【茇舍】 báshè 在草野中宿营。《周礼·夏官·大司马》:"中夏教～～,如振旅之阵。"也作"拔舍"。《汉书·刑法志》:"春振旅以搜,夏～～以苗。"

【茇涉】 báshè 见"跋涉"。

【茇茇】 pèipèi 翩翩翻飞的样子。《楚辞·九辩》:"左朱雀之～～兮,右苍龙之躣躣。"(躣躣:快走的样子。)

㧋 bá 见 bū。

軷(𨏕) bá ❶古代出行前祭祀路神。祭后用车轮辗过牲口的身体,以求行道不要遇到艰险。《诗经·大雅·生民》:"取萧祭脂,取羝以～。"梁简文帝《和武帝宴》诗之二:"犒兵随后拒,～祭逐前师。"❷通"跋"。翻山越岭。段玉裁《说文解字注·车部》:"山行之神主曰～,因之山行曰～。"

胈 bá 人体皮肤表面上的细毛。《韩非子·五蠹》:"禹之王天下也,身执耒臿以为民先,股无～,胫不生毛,虽臣虏之劳,不苦于此矣。"《汉书·司马相如传下》:"心烦于虑,而身亲其劳,躬傶骿胝无～,肤不生毛。"

癹 bá ❶用脚踢草。《说文·癶部》:"～,以足蹋夷草。《春秋传》曰:'～夷蕴崇之。'"(按:今本《左传·隐公六年》"癹"作"芟"。)❷见"癹骫"。

【癹骫】 báwěi 纡回屈曲。《汉书·司马相如传上》:"崔错～～,坑衡阿砢。"(崔错:交杂。阿砢:互相扶持。)

犮 bá 矮人行走的样子。《西游记》三十七回:"三藏扯开匣盖儿,那行者跳将出来,～呀～的,两边乱走。"

湃 bá 见 pài。

跋 bá ❶ 踩,踏。《诗经·豳风·狼跋》:"狼～其胡,载疐其尾。"(胡:脖子下垂着的肉。疐:同"踬"。绊倒。)杜甫《大历三年春白帝城放船出瞿塘峡久居夔府将适江陵漂泊有诗凡四十韵》:"鹿角真走险,狼头如～胡。"(鹿角、狼头:二险滩名。跋胡:比喻进退两难。)马中锡《中山狼传》:"前虞～胡,后恐疐尾。"❷翻山越岭。《左传·成公十三年》:"文公躬擐甲胄,～履山川,逾越险阻,征东之诸侯。"另见"跋涉"。❸"题跋"的"跋",属文体的一种。写在书籍或文章的后面,多用来评价内容或说明写作经过。李清照《金石录后序》:"每日晚吏散,辄校勘二卷,～题一卷。"❹拨,拨动,掀起。杜甫《短歌行》:"豫章翻风白日动,鲸鱼～浪沧溟开。"(沧溟:大海。)[又] 拨转,掉转。《资治通鉴·唐高祖武德九年》:"建成、元吉至临湖殿,觉变,即～马东归宫府。"[又] 扭转,拖转。《汉书·扬雄传上》:"拖苍豨,～犀犛,蹶浮麋。"❺暴戾。见"跋扈"。❻火炬或蜡烛燃尽后残留下的尾部。《礼记·曲礼上》:"烛不见～。"黄景仁《秋夜》诗:"烛～烧残拥薄衾,绕庐策策响疏林。"[引] 插蜡烛的烛台。王仁裕《开元天宝遗事·烛奴》:"以龙檀木雕成烛～童子,衣以绿衣袍,系之束带,使执画烛,列立于宴席之侧,目为烛奴。"

【跋扈】 báhù 蛮横强暴。《后汉书·袁绍传》:"而遂乘资～～,肆行酷烈,割剥元元,残贤害善。"(元元:平民百姓。)杜甫《暮秋枉裴道州手札率尔遣兴寄递呈苏涣侍御》诗:"黎元愁痛会苏息,夷狄～～徒逡巡。"罗大经《鹤林玉露》卷五:"桧乘间密奏,以为诸军但知有将军,不知有天子,～～有萌,不可不虑。"也作"拔扈"。张衡《西京赋》:"缇衣韎韐,睢盱～～。"(韎韐:赤黄色的蔽膝。)

【跋剌】 bálà 象声词。见"拨刺"。

【跋涉】 báshè 爬山蹚水。形容旅途艰辛。《史记·楚世家》:"昔我先王熊绎辟在荆山,茀露蓝蒌，以处草莽，～～山林以事天子，唯是桃弧棘矢以共王事。”杜甫《送重表侄王砅评事使南海》诗：“我欲就丹砂，～～觉身劳。”也作“拔涉”、“茇涉”。《武都太守耿勳碑》：“经营～～，草止露宿。”《资治通鉴·唐肃宗至德元年》：“～～至此，劳苦至矣。”

【跋前踬后】 báqiánzhìhòu 比喻进退两难。韩愈《进学解》：“～～～～，动辄得咎。”

弊 bá 见bì。

魃 bá 神话传说中指能造成旱灾的鬼怪。《诗经·大雅·云汉》：“旱～为虐，如惔如焚。”杜甫《七月三日亭午已后校热退晚加小凉稳睡有诗因论壮年乐事戏呈元二十一曹长》：“退藏恨雨师，健步闻旱～。”苏辙《冬至雪》诗：“旱久～不死，连阴未成雪。”

把 1. bǎ ❶握，持。《墨子·非攻下》：“禹亲～天之瑞令以征有苗。”《史记·殷本纪》：“汤乃兴师率诸侯，伊尹从汤，汤自～钺以伐昆吾，遂代桀。”《论衡·儒增》：“腹实出辄死，则手不能复～矣。”㊀执掌，掌握。《晏子春秋·谏下》：“公曰：‘然则后世孰将～齐国？’对曰：‘……欲知～齐国者，则其利之者邪！’”《汉书·张敞传》：“敞皆召见责问，因贯其罪，～其宿负，令致诸偷以自赎。”（贯：赦，宽免。宿负：旧债。这里指过去所犯的罪恶。）又《王温舒传》：“择郡中豪敢往吏十馀人为爪牙，皆～其阴重罪，而纵使督盗贼。”❷一手所能握住的。《庄子·人间世》：“宋有荆氏者，宜楸柏桑，其拱～而上者，求狙猴之杙者斩之。”《韩诗外传》卷五：“盈～之木，无合拱之枝。”杜甫《暮秋枉裴道州手札率尔遣兴寄递呈苏涣侍御》诗：“盈～那须沧海珠，入怀本倚昆山玉。”❸捆在一起的长条物。《论衡·感虚》：“使在地之火，附一～炬，人从旁射之，虽中，安能灭之？”叶適《送吕子阳自永康携所解老子访余留未久急归》诗：“火～起夜色，丁鞋明齿痕。”杨万里《南雄邑外寄堂》诗：“二月山城无菜～。”㊀结成一伙。《北齐书·高阿那肱传》：“一～子贼，马上刺取，掷著汾河中。”《南史·陈武帝纪》：“一～子人，何足可打。”❹把守，看守。汪元量《越州歌》：“官司～断西兴渡，要夺渔船作战船。”杨万里《松关》诗：“竹林行尽到松关，分付双松为～门。”❺介词。将。杜甫《九日蓝田崔氏庄》诗：“明年此会知谁健，醉～茱萸子细看。”（健：一本作“在”。醉：一本作“再”。）苏轼《饮湖上初晴后雨》诗：“欲～西湖比西子，淡粧浓抹总相宜。”

2. bà ❻器具上便于用手拿的部分。潘岳《射雉赋》：“戾翳旋～，萦随所历。”（把：李善注“翳内所执处也”。）

3. pá ❼通“杷”。用手扒。《后汉书·戴就传》：“以大针刺指爪中，使以～土。”陈鸿祖《东城老父传》：“～土拥根。”❽通“爬”。抓，搔。嵇康《与山巨源绝交书》：“性复多虱，～搔无已。”

【把臂】 bǎbì ❶握住对方的手臂，表示亲密。杜甫《相从歌》：“～～开樽饮我酒，酒酣击剑蛟龙吼。”又《奉酬寇十侍御锡见寄四韵复寄寇》：“诗忆伤心处，春深～～前。”钱起《过沈氏山居》诗：“贫交喜相见，～～欢不足。”❷指按脉、诊脉。陆龟蒙《自怜赋·序》：“医甚庸而气益盛，药非良而价倍高，每一～～，一下杵，未尝不解衣辍食而后致也。”❸凭据，凭证。柯丹邱《荆钗记·哭鞋》：“今早起来没寻处，使我无～～。”《醒世恒言·乔太守乱点鸳鸯谱》：“万一有些山高水低，有甚～～。”

【把持】 bǎchí ❶拿住，掌握住，控制住。《论衡·效力》：“诸有锋刃之器，所以能斩断割削者，手能～～之也，力能推引之也。”《新五代史·宦者传论》：“待其已信，然后惧以祸福而～～之。”❷手持之物。《论衡·艺增》：“竹木之杖，皆能扶病；竹杖之力，弱劣不及木。或操竹杖，皆谓不劲，莫谓手空无～～。”❸专断独揽，不让别人参与。班固《白虎通·号》：“迫胁诸侯，～～王政。”

【把酒】 bǎjiǔ 端起酒杯。杜甫《重过何氏五首》之五：“斯游恐不遂，～～意茫然。”苏轼《水调歌头》词：“明月几时有，～～问青天。”

【把袂】 bǎmèi 握住衣袖，犹言握手。有期待会晤或表示亲昵之意。梁元帝《与萧挹书》：“何时～～，共披心腹。”何逊《赠江长史别》诗：“饯道出郊垧，～～临洲渚。”刘长卿《送贾三北游》诗：“～～相看衣共缁，穷愁只是惜良时。”

【把玩】 bǎwán 拿着玩赏。陈琳《为曹洪与魏文帝书》：“得九月二十日书，读之喜笑，～～无厌。”李清照《金石录后序》：“偶病中～～，搬在卧内者，岿然独存。”柳宗元《与李翰林建书》：“前过三十七年，与瞬息无异。复所得者，其不足～～，亦已审矣。”

【把握】 bǎwò ❶一握，一把。形容短小、狭小。《国语·楚语下》：“王曰：‘其大小何如？’对曰：‘郊禘不过茧栗，烝尝不过～～。’”（烝尝：古祭名。冬祭叫“烝”，秋祭叫“尝”。不过把握：指祭祀时用的牛，其角不超过一把之长。）王褒《四子讲德论》：“今子执分寸而罔亿度，处～～而却寥廓。”❷抓住，拿住。《淮南子·原道训》：“行而不可得穷极也，微而不可得～～也。”❸犹言“握手”。《子华子·神气》：“今世之人，其平居～～，附耳呫呫，相为然约而自保，其固曾胶漆之不如也。”

靶 1. bǎ ❶练习射箭或射击的靶子。

2. bà ❷缰绳。《汉书·王褒传》：“王良执～，韩哀附舆，纵驰骋骛，忽如景靡。”❸刀剑等物体上便于手拿的部分。《北齐书·徐之才传》：“又有以骨为刀子～者。”王度《古镜记》：“友人薛侠者，获一铜剑，长四尺，剑连于～，～盘龙凤之状。”

坝（壩） bà ❶挡水的堤坝。《徐霞客游记·粤西游日记一》：“～堰水甚巨。”❷保护堤防的建筑物。王士禛《光禄大总督河道靳公墓志铭》：“又疏请河之岸设减两水～，使暴涨随减，不至伤堤。”❸坝子，平地。曾畹《鸡头关》诗：“烧荒熊出～，树密虎窥人。”

伯 bà 见 bó。

弝 bà 弓背中央手拿着的部位。焦延寿《易林·乾》：“弓矢俱张，～弹折弦。”元稹《酬乐天东南行》：“背～射桑弧。”㊀泛指刀剑等物体上便于手拿的部分。李贺《申胡子觱篥歌》：“朔客骑白马，剑～悬兰缨。”

杷 bà 见 pá。

罢（罷） 1. bà ❶释放遣行有罪的人。《史记·齐悼惠王世家》：“灌婴在荥阳，闻魏勃本教齐王反，既诛吕氏，罢齐兵，使使召责问魏勃。勃……股战而栗，恐不能言者，终无他语。灌将军熟视笑曰：‘人谓魏勃勇，妄庸人耳，何能为乎！’乃～魏勃。”㊀遣归，遣回。《韩非子·外储说左上》：“遂自驱车往，犯风而～虞人。”《新唐书·张说传》：“边镇兵赢六十万，说以时平无所事，请～二十万还农。”㊁归，返回。《国语·吴语》：“夫吴之边鄙远者，～而未至。”《韩非子·说林上》：“乐羊～中山，文侯赏其功而疑其心。”❷解除，免去。《吕氏春秋·仲冬纪》：“是月也，可以～官之无事者，去器之无用者。”《后汉书·马成传》：“明年，大司空李通～，以成行大司空事。”杜甫《重赠郑鍊》诗：“郑子将行～使臣，囊无一物献尊亲。”㊀取消，废除。《盐铁论·本议》：“边用度不足，故兴盐铁，设酒榷，置均输，蕃货长财，以佐助边费。今议者欲～之。”陆游《对云堂记》：“巫故郡，自秦以来见于史，其后～郡，犹为壮县。”㊀停止。《战国策·东周策》：“齐王大悦，发师五万人，使陈臣思将以救周，而秦兵～。”《吕氏春秋·权勋》：“战既～，龚王欲复战而谋。”㊀结束，完毕。《汉书·沟洫志》：“异时关东漕粟从渭上，度六月～，而渭水道九百馀里，时有难处。”杜甫《解闷》诗之七：“陶冶性灵存底物，新诗改～自长吟。”❸（旧读 bǐ）散，散去。《左传·襄公三十年》：“朝者曰：‘公焉在？’其人曰：‘吾公在壑谷。’皆自朝布路而～。”（布路：分路。）《韩非子·难势》：“慎子曰：‘飞龙乘云，腾蛇游雾，云～雾霁，而龙蛇与螾蚁同矣，则失其所乘也。’”杜甫《乘雨入行军六弟宅》诗：“曙角凌云～，春城带雨长。”

2. pí ❹通“疲”。疲乏，疲劳。《国语·吴语》：“今吴民既～，而大荒荐饥，市无赤米。”《韩非子·存韩》：“则陷锐之卒勤于野战，负任之旅～于内攻。”《汉书·高帝纪上》：“丁壮苦军旅，老弱～转饷。”㊀疲沓，软弱无能。《荀子·非相》：“故君子贤而能容～，知而能容愚，博而能容浅，粹而能容杂。”㊁败，失败。《商君书·画策》：“名卑地削，以至于亡者，何故？战～者也。”

3. bǎi ❺见“郎罢”。

【罢省】 bàshěng 免除减省。《汉书·翼奉传》：“～～不急之用，振救困贫。”《三国志·魏书·高堂隆传》：“宜简择留其淑懿，如周之制，～～其馀。”

【罢亚】 bàyà 见“䆉稏”。

【罢敝】 píbì 疲劳困乏。《左传·昭公三年》：“庶民～～，而宫室滋侈。”《史记·吴太伯世家》：“国亡太子，内空，王居外久，士皆～～，于是乃使厚币以与越平。”也作“罢弊”。《吕氏春秋·悔过》：“惟恐士卒～～与糗粮匮乏。”又作“疲敝”、“疲弊”。《后汉书·袁绍传》：“师出历年，百姓～～。”诸葛亮《出师表》：“今天下三分，益州～～。”

【罢羸】 píléi 疲软。《论衡·效力》：“荐致之者，～～无力。”柳宗元《唐故衡州刺史东平吕君诔》：“兼并既息，～～乃逸。”

【罢癃】 pílóng ❶弓腰驼背。《史记·平原君虞卿列传》：“臣不幸有～～之病，而君之后宫临而笑臣，臣愿得笑臣者头。”❷久治不愈的顽疾。《汉书·陈汤传》：“将相九卿皆贤材通明，小臣～～，不足以策大事。”❸年老多病者。《汉书·食货志上》：“常有更赋，～～咸出。”

【罢露】 pílù ❶疲乏羸弱。《战国策·秦策三》：“诸侯见齐之～～，君臣之不亲，兴兵而伐之。”《韩非子·亡徵》：“好宫室台榭陂池，事车服器玩，好～～百姓，煎靡货财者，可亡也。”也作“罢潞”。《吕氏春秋·不屈》：“士民～～，国家空虚，天下之兵四至。”❷羸弱困顿的人。《管子·五辅》：“修饥馑，救灾害，振～～，则国家定。”

【罢民】 pímín ❶品行恶劣危害百姓的人。

《周礼·秋官·司圜》："掌收教～～。"（掌：主管。）❷疲惫的百姓。《管子·兵法》："数战则士罢，数胜则君骄。夫以骄君使～～，则国安得无危。"❸使百姓疲惫。《左传·昭公十六年》："取陵于大国，～～而无功，罪及而弗知，侨之耻也。"《穀梁传·庄公三十一年》："一年～～三时。"

【罢软】　píruǎn　软弱无能。《汉书·贾谊传》："坐～～不胜任者，不谓～～，曰下官不职。"

【罢士】　píshì　❶行为不轨的人。《管子·小匡》："～～无伍，罢女无家。士三出妻，逐于境外；女三嫁，入于舂谷。"❷软弱无能的人。《荀子·王霸》："无国而不有贤士，无国而不有～～。"

【罢池】　pítuó　倾斜而下的样子。司马相如《子虚赋》："～～陂陁，下属江河。"

【罢于奔命】　píyúbēnmìng　指不断受到命令或逼迫而往来奔走，搞得疲惫不堪。《左传·成公七年》："尔以谗慝贪惏事君，而多杀不辜。余必使尔～～～～以死。"也作"疲于奔命"。《后汉书·袁绍传》："救右则击其左，救左则击其右，使敌～～～～，人不得安业。"

䆉（穲、耙）

bà　见"䆉稏"。

【䆉稏】　bàyà　也作"耙稏"、"罢亚"。❶稻子的别名。黄庭坚《送舅氏野夫之宣城二首》之二："～～丰圩户，桁杨卧讼庭。"辛弃疾《鹧鸪天》词："千章云木钩辀叫，十里溪风～～香。"❷稻子摆动的样子。裘万顷《雨后》诗："新香浮～～，馀润溢潺湲。"❸稻子众多的样子。杜牧《郡斋独酌》诗："～～百顷稻，西风吹半黄。"

矲（矲）

bà　见"矲矮"。

【矲矮】　bà'ǎi　低矮，短小。陆游《藏丹洞记》："室之前，地中获瓦缶～～，贮丹砂云母奇石，或烂然类黄金。"

【矲娅】　bàyà　短矮。和邦额《夜谭随录·伊五》："兵丁伊五者，身～～而貌幺麽。"

霸（覇）

1. bà　❶春秋时诸侯联盟的首领。《左传·成公八年》："～主将德是以，而二三之，其何以长有诸侯乎？"《韩非子·难二》："凡五～所以能成功名于天下者，必君臣俱有力焉。"❷做诸侯的盟主。《孟子·告子下》："虞不用百里奚而亡，秦缪公用之而～。"《吕氏春秋·当染》："此五君者，所染当，故～诸侯，功名传于后世。"[引]称霸，称雄。曹植《七启》："世有圣宰，翼帝～世。"《晋书·熊远传》："恢～业于来今。"[引]超人，胜过一般人。《文心雕龙·事类》："文采必～。"❸依仗权势横行的人。《水浒传》三十七回："这人是此间揭阳镇上一～，谁敢不听他说？"❹通"灞"。河流名，在陕西省中部。《史记·高祖本纪》："汉元年十月，沛公兵遂先诸侯至～上。"（霸上：古地名。因地处灞水之上而得名。）

2. pò　❺夏历每月初始见的月亮。也作"魄"。《汉书·律历志下》："惟四月哉生～。"

【霸王】　bàwáng　❶霸与王的合称。指诸侯联盟的首领和拥有天下的帝王。《吕氏春秋·知度》："～～者托于贤。伊尹、吕尚、管夷吾、百里奚，此～～者之船骥也。"❷创建霸王之业，做诸侯的盟主。《管子·大匡》："公问曰：'社稷可定乎？'管仲对曰：'君～～，社稷定；君不～～，社稷不定。'"❸对称霸者的尊称。《史记·越王句践世家》："越兵横行于江淮东，诸侯毕贺，号称～～。"

灞

bà　水名。在陕西省中部。杜甫《柳边》诗："汉南应老尽，～上远愁人。"

bai

白

bái　❶白颜色。《墨子·天志下》："此岂有异蕡～黑、甘苦之别者哉。"（蕡：通"棼"。纷乱。）《汉书·高帝纪上》："秦王子婴素车～马，系颈以组。"[引]白净，洁白。比喻人长得漂亮。杜甫《壮游》诗："越女天下～，鉴湖五月凉。"[引]纯真，廉洁贞清。《庄子·寓言》："大～若辱，盛德若不足。"《韩非子·说疑》："此十五人者为其臣也，皆夙兴夜寐，卑身贱体，竦心～意。"《后汉书·第五伦传》："性质慤，少文采，在位以贞～称，时人方之前朝贡禹。"[又]指狐狸腋下的纯白皮毛。《墨子·亲士》："千镒之裘，非一狐之～也。"❷亮，明亮。杜甫《东屯月夜》诗："日转东方～，风来北斗昏。"李贺《致酒行》："雄鸡一声天下～。"[引]清楚，明白。《战国策·燕策二》："臣恐侍御者之不察先王之所以畜幸臣之理，而又不～于臣之所以事先王之心。"曾巩《与孙司封书》："使其事～，固有补于天下，不独一时为宗旦发也。"[引]辩白，洗刷清楚。《吕氏春秋·士节》："今晏子见疑，吾将以身死～之。"[又]昭著，显赫。《荀子·尧问》："是其所以名声不～，徒与不众，光辉不博也。"《论衡·自纪》："忧德之不丰，不患爵之不尊；耻名之不～，不恶位之不迁。"❸表白，陈述。《楚辞·九章·惜诵》："情沉抑而不达兮，又蔽而莫之～也。"《汉书·吴王刘濞传》："常患见疑，无以自～。"

[引]禀告，报告。《汉书·苏武传》："律知武终不可胁，～单于。"又《隽不疑传》："吏～胜之。胜之开阁延请。"[引]书信中对平辈、晚辈的谦词。韩愈《答李翊书》："问于愈者多矣，念生之言不志乎利，聊相为言之。愈～。"[又]控告，告发。《三国志·吴书·陆逊传》："会稽太守淳于式表逊枉取民人，愁扰所在。逊后诣都，言次，称式佳吏，权曰：'式～君而君荐之，何也？'"❹徒然，白白地。李白《越女词五首》之四："相看月未堕，～地断肝肠。"[引]无代价地。欧阳修《乞放行牛皮胶鳔》："更不支得价钱，令人户～纳。"❺葱蒜之类的根须。《世说新语·俭啬》："陶性俭吝，及食，啖薤，庾因留～。陶问：'用此何为？'庾云：'故可种。'"❻古时罚酒用的酒杯。刘向《说苑·善说》："魏文侯与大夫饮酒，使公乘不仁为觞政，曰：'饮不釂者，浮以大～。'"（釂：喝干杯中的酒。浮：罚。）[引]泛指酒杯。张潮《虞初新志·黄周星〈补张灵崔莹合传〉》："一日，灵独坐读《刘伶传》，命童子进酒，屡读屡叫绝，辄打案浮一大～。"（浮一大白：满饮一大杯。）❼白银。《汉书·淮南王刘安传》："言神仙黄～之术。"（黄：黄金。）❽通"帛"。《诗经·小雅·六月》："织文鸟章，～旆央央。"

【白藏】báicáng ❶秋季。《尔雅·释天》："秋为～～。"李商隐《为张周封上杨相公启》："今则节迈～～，候临玄律。燕虽恋主，马亦嘶风。"❷仓库名。左思《魏都赋》："～～之藏，富有无堤，同赈大内，控引世资。"

【白丁】báidīng ❶没有功名、没有官职的平民。《隋书·李敏传》："［隋文帝］谓公主曰：'李敏何官？'对曰：'一～～耳。'"刘禹锡《陋室铭》："谈笑有鸿儒，往来无～～。"❷隶属军队指挥而没有军籍的民间壮丁。《宋书·沈攸之传》："发三吴民丁，攸之亦被发，既至京都，诣领军将军刘遵考，求补～～队主。"《新唐书·兵志》："（开元）十一年，取京兆、蒲、同、岐、华府兵及～～，而益以潞州长从兵，共十二万，号长从宿卫。"

【白汗】báihàn 由于恐惧、惊骇等原因而出的汗。《战国策·楚策四》："蹄申膝折，尾湛胕溃，漉汁洒地，～～交流。"《晋书·夏统传》："闻君之谈，不觉寒毛尽戴，～～四匝。"

【白间】báijiān ❶白色中间。杜甫《苏大侍御涣……赋八韵记异亦记老夫倾倒于苏至矣》诗："余发喜却变，～～生黑丝。"❷窗户。何晏《景福殿赋》："皎皎～～，离离列钱，晨光内照，流景外烻。"杜甫《往在》诗："当宁陷玉座，～～剥画虫。"❸弓弩名。《后汉书·班固传》："招～～，下双鹄，揄文竿，出比目。"

【白金】báijīn ❶银子。《史记·平准书》："金有三等，黄金为上，～～为中，赤金为下。"❷银锡杂铸物。《史记·孝武本纪》："其后，天子苑有白鹿，以其皮为币，以发瑞应，造～～焉。"

【白鸟】báiniǎo ❶白羽毛的鸟。《诗经·大雅·灵台》："麀鹿濯濯，～～翯翯。"杜甫《曲江对酒》诗："桃花细逐梨花落，黄鸟时兼～～飞。"❷蚊子。《大戴礼·夏小正》："丹鸟羞～～。"（丹鸟：萤火虫。羞：以……为食物。）杜甫《寄刘峡州伯华使君四十韵》："江湖多～～，天地有青蝇。"

【白刃】báirèn 利刃，锋利的刀剑。《吕氏春秋·节丧》："民之于利也，犯流矢，蹈～～，涉血盭肝以求之。"《论衡·命义》："晏子所遭，可谓大矣，直兵指胸，～～加颈，蹈死亡之地。"

【白首】báishǒu 白头。年老的代称。《论衡·状留》："吕望之徒，～～乃显；百里奚之知，明于黄发。"《汉书·艺文志》："故幼童而守一艺，～～然后能言。"王勃《滕王阁序》："老当益壮，宁知～～之心；穷且益坚，不坠青云之志。"

【白水】báishuǐ ❶河水。《左传·僖公二十四年》："公子曰：'所不与舅氏同心者，有如～～！'投其璧于河。"（有如白水：有河水为证。有如："有……为证"，是先秦发誓赌咒时的惯用语。）❷清澈的流水。潘岳《在怀县作二首》之二："～～过庭激，绿槐夹门植。"李白《送友人》诗："青山横北郭，～～绕东城。"杜甫《舟月对驿近寺》诗："金刹青枫外，朱楼～～边。"❸水名。《楚辞·离骚》："朝吾将济于～～兮。"❹县名。杜甫《白水县崔少府十九翁高斋三十韵》："～～见舅氏，诸公乃仙伯。"

【白徒】báitú 没有受过军事训练的人。《管子·七法》："是故以众击寡，以治击乱，以富击贫，以能击不能，以教卒、练士击驱众～～，故十战十胜，百战百胜。"《吕氏春秋·决胜》："善用兵者，诸边之内，莫不与斗，虽厮舆、～～，方数百里，皆来会战。"《汉书·邹阳传》："今吴楚之王练诸侯之兵，驱～～之众，西与天子争衡。"

【白屋】báiwū ❶用茅草覆盖的房屋。指贫苦平民的住所。杜甫《元都坛歌寄元逸人》："故人今居子午谷，独在阴崖结～～。"又《后苦寒行》之二："晚来江门失大木，猛风中夜吹～～。"❷平民，多指没有做官的读书人。《论衡·语增》："时或待士卑恭，不骄～～。"《后汉书·高彪传》："昔周公旦父文兄武，九命作伯，以尹华夏，犹挥沐吐餐，垂接～～，故周道以隆，天下归德。"

【白眼】 báiyǎn ❶人在急躁或发怒时，眼球上现出的白眼珠。《周易·说卦》："其于人也，为寡发，为广颡，为多～～。"❷眼睛朝上或向旁边看，现出白眼珠。表示厌恶或鄙薄。杜甫《饮中八仙歌》："宗之萧洒美少年，举觞～～望青天。"王维《与卢员外象过崔处士兴宗林亭》诗："科头箕踞长松下，～～看他世上人。"

【白衣】 báiyī ❶白色的衣。《礼记·月令》："孟秋之月，天子衣～～，服白玉。"杜甫《可叹》诗："天上浮云如～～，斯须改变如苍狗。"❷古代无功名的人的代称。犹言"平民"、"老百姓"。《史记·儒林列传》："及窦太后崩，武安侯田蚡为丞相，绌黄老、刑名百家之言，延文学儒者数百人，而公孙弘以《春秋》～～为天子三公，封以平津侯。"《后汉书·崔骃传》："居无几何，帝幸宪第，时骃适在宪所，帝闻而欲召见之。宪谏，以为不宜与～～会。"❸古代替官府办事的小官吏。《汉书·龚胜传》："先是，常又为胜道高陵有子杀母者。胜白之尚书，问：'谁受？'对曰：'受夏侯常。'尚书使胜问常，常连恨胜，即应曰：'闻之～～，戒君勿言也。奏事不详，妄作触罪。'"

【白羽】 báiyǔ ❶白色的羽毛。谢惠连《雪赋》："～～虽白，质以轻兮，白玉虽白，空守贞兮。"❷用白色羽毛装饰的旗帜。《吕氏春秋·不苟》："武王左释～～，右释黄钺，勉而自为系。"❸扇。杜甫《棕拂子》诗："不堪代～～，有足除苍蝇。"又《前苦寒行》之一："元冥祝融气或交，手持～～未敢释。"❹箭。鲍照《拟古三首》："留我一～～，将以分虎竹。"杜甫《王兵马使二角鹰》诗："～～曾肉三狻猊，敢决岂不与之齐。"❺古地名。在今河南省西峡县西关外。《左传·昭公十八年》："楚子使王子胜迁许于析，实～～。"

【白著】 báizhù ❶显明，昭著。《汉书·冯奉世传》："威功～～，为世使表。"❷税收外的横取。曾国藩《求阙斋读书录》："上元官吏务剥削，江淮之人多～～。"

【白虹贯日】 báihóngguànrì 一道白色长虹穿日而过。这是一种大气光学现象，即日光通过云层时因折射作用而在太阳周围形成的光圈。古人牵强附会，把这种天象变化，归之于是人的精诚感动了天地或人世间出现了不平凡的事情。邹阳《狱中上梁王书》："昔荆轲慕燕丹之义，～～～～，太子畏之。"《论衡·变动》："荆轲刺秦王，～～～～。"

【白驹过隙】 báijūguòxì 时间过得很快，犹如一匹白色的骏马在缝隙前飞快地跃过。《史记·留侯世家》："人生一世间，如～～～～。"

【白头如新】 báitóurúxīn 比喻交友情意不投，时间虽长，仍和新相识一样。邹阳《狱中上梁王书》："语曰：'～～～～，倾盖如故。'何则？知与不知也。"（白头：白发，指年老，这里比喻时间长。倾盖：指初次见面。）

百 1. bǎi ❶数词。十个十。《韩非子·解老》："人之身三～六十节，四肢、九窍，其大具也。"杜甫《忆昔二首》之二："～馀年间未灾变，叔孙礼乐萧何律。"❷众多，多次。《左传·宣公十二年》："纣之～克而卒无后。"《史记·律书》："～战克胜，诸侯慑服。"㉠一切，所有的。《左传·成公九年》："凡～君子，莫不代匮。"《淮南子·氾论训》："～川异源，而皆归于海。"㉡各种。《大戴礼记·诰志》："于时冰泮，发蛰，～草权舆。"（权舆：草木萌芽的状态。）张衡《西京赋》："雨雪飘飘，冰霜惨烈，～卉具零，刚虫搏挚。"❸百倍。《礼记·中庸》："人一能之，己～之。"《战国策·赵策二》："故利不～者不变俗，功不什者不易器。"

2. mò ❹通"陌"。指［跳跃的］长度和高度。《左传·僖公二十八年》："魏犨伤于胸。公欲杀之，而爱其材。使问，且视之。病，将杀之。魏犨束胸见使者，曰：'以君之灵，不有宁也！'距跃三～，曲踊三～。"（距跃：向上跳。曲踊：向前跳。）

【百辟】 bǎibì ❶百君，指诸侯。《诗经·小雅·桑扈》："之屏之翰，～～为宪。"《礼记·月令》："乃命百县雩祀～～卿士有益于民者，以祈谷实。"❷泛指朝廷大官。白居易《骠国乐》诗："须臾～～诣阁门，俯伏拜表贺至尊。"

【百昌】 bǎichāng 各种生物。《庄子·在宥》："今夫～～，皆生于土而反于土。"钱惟演《春雪赋》："春阳已中，～～俱作。"

【百二】 bǎi'èr ❶百分之二。《汉书·高帝纪下》："秦，形胜之国也，带河阻山，县(悬)隔千里，持戟百万，秦得～～焉。"（百二：指秦地险固，二万人可当诸侯百万人。）张载《剑阁铭》："秦得～～，并吞诸侯。"❷指险固之地。《后汉书·隗嚣传》："陇坻虽隘，非有～～之埶。"王维《游悟真寺》诗："山河穷～～，世界满三千。"

【百工】 bǎigōng ❶各种官吏，犹言百官。《尚书·尧典》："允厘～～，庶绩成熙。"《国语·鲁语下》："诸侯朝修天子之业命，昼考其国职，夕省其典刑，夜儆～～，使无慆淫，而后即安。"❷周代主管营建制造业的官。

《周礼·考工记序》:"国有六职,~~与居一焉。"❸从事各种工艺生产的人。《孟子·滕文公上》:"何为纷纷然与~~交易?"《左传·襄公十四年》:"~~献艺。"

【百刻】 bǎikè 古代计时,用铜壶滴漏法,受水壶里有一支立箭,箭上画分一百刻。一昼夜为一百刻。白居易《花前有感为呈崔相公刘郎中》诗:"四时轮转春常少,~~支分夜苦长。"

【百揆】 bǎikuí ❶唐虞时掌管国政、总领百官的首长,犹周代的冢宰。《尚书·周官》:"唐虞稽古,建官惟百,内有~~四岳,外有州牧侯伯。"❷指百官。《晋书·殷浩传》:"使作令仆,足以仪刑~~。"❸百事,百政。《三国志·魏书·三少帝纪》:"晋太子炎绍封袭位,总摄~~,备物典册,一皆如前。"

【百牢】 bǎiláo ❶用作祭品的牛一、羊一、猪一为一牢。百牢,牢具一百,即牛、羊、猪各一百。《史记·鲁周公世家》:"[哀公]七年,吴王夫差彊,伐齐,至缯,征~~于鲁。"❷古关名,在今陕西省勉县西南。杜甫《夔州歌十绝句》:"白帝高为三峡镇,夔州险过~~关。"

【百里】 bǎilǐ ❶百里之地,指土地面积的大小。《战国策·楚策四》:"今楚国虽小,绝长续短,犹以数千里,岂特~~哉?"《孟子·告子下》:"诸侯之地方~~,不~~不足以守宗庙之典籍。"❷诸侯国的代称。《论语·泰伯》:"可以托六尺之孤,可以寄~~之命,临大节而不可夺也。"(命:指国君的政令。)❸县邑或县令的代称。《后汉书·仇览传》:"枳棘非鸾凤所栖,~~岂大贤之路?"《三国志·蜀书·庞统传》:"吴将鲁肃遗先主书曰:'庞士元非~~才也,使处治中、别驾之任,始当展其骥足耳。'"李阳冰《庾贲德政碑》:"庾公今之贤~~也,龚丘颂之。"❹复姓。《左传·僖公三十三年》:"夏四月辛巳,败秦师于殽,获~~孟明视、西乞术、白乙丙以归。"❺春秋时秦国大夫百里奚的简称。《左传·僖公十三年》:"冬,晋荐饥,使乞籴于秦……[秦伯]谓~~:'与诸乎?'对曰:'天灾流行,国家代有。救灾、恤邻,道也。行道,有福。'"《荀子·成相》:"子胥见杀~~徙。"《楚辞·惜往日》:"闻~~之为虏。"《鹖冠子·子备知》:"秦用~~。"❻人名。《左传·隐公十一年》:"郑伯使许大夫~~奉许叔以居许东偏。"

【百朋】 bǎipéng 上古以贝壳为货币,五贝为一串,两串为一朋。百朋,形容货币很多。《诗经·小雅·菁菁者莪》:"既见君子,锡我~~。"

【百全】 bǎiquán 非常周密,没有任何漏洞。《史记·黥布列传》:"汉王曰:'孰能为我使淮南,令之发兵倍楚,留项王于齐数月,我之取天下可以~~。'"《汉书·晁错传》:"上曰:'吴王即山铸钱,煮海为盐,诱天下豪杰,白头举事,此其计不~~,岂发乎?'"

【百仞】 bǎirèn 形容极高或极深。《战国策·楚策四》:"不知夫射者,方将修其碆卢,治其缯缴,将加己乎~~之上。"(仞:周尺八尺,一说七尺。)《荀子·劝学》:"西方有木焉,名曰射干,茎长四寸,生于高山之上,而临~~之渊。"《列子·汤问》:"引盈车之鱼于~~之渊。"

【百日】 bǎirì ❶长时间。韩愈《双鸟》诗:"两鸟忽相逢,~~鸣不休。"❷满一百天。旧时风俗,人死后的第一百天,丧家多延僧诵经拜忏。《北史·胡国珍传》:"~~设万人斋,二七人出家。"

【百舌】 bǎishé 鸟名,也叫"反舌"。因鸣叫时能反复其舌以随百鸟之音,故称"百舌"。杜甫《寄柏学士林居》诗:"赤叶枫林~~鸣,黄泥野岸天鸡舞。"又《暮春题瀼西新赁草屋五首》之一:"~~欲无语,繁花能几时。"

【百舍】 bǎishè 多次止宿。形容路程遥远,中途需多次住宿,方可到达。一说百里一舍。《战国策·宋卫策》:"公输般为楚设机,将以攻宋,墨子闻之,~~重茧,往见公输般。"《庄子·天道》:"吾固不辞远道而来愿见,~~重趼而不敢息。"《淮南子·脩务训》:"跋涉山川,冒蒙荆棘,~~重趼,不敢休息。"王维《送张舍人佐江州同薛璩十韵》:"逆旅到三湘,长途应~~。"

【百氏】 bǎishì 指诸子百家。《颜氏家训·归心》:"万行归空,千门入善,辩才智惠,岂徒《七经》、~~之博哉?"孔稚珪《北山移文》:"傲~~,蔑王侯。"

【百司】 bǎisī 王侯、公卿以下的百官。《尚书·立政》:"~~庶府。"魏徵《谏太宗十思疏》:"文武并用,垂拱而治,何必劳神苦思,代~~之职役哉?"

【百王】 bǎiwáng 历代帝王。《荀子·不苟》:"君子审后王之道,而论于~~之前,若端拜而议。"《汉书·董仲舒传》:"盖闻五帝三王之道,改制作乐而天下洽和,~~同之。"

【百县】 bǎixiàn 天子领地内的百县大夫。《礼记·月令》:"乃命~~雩祀百辟卿士有益于民者,以祈谷实。"

【百行】 bǎixíng 各种道德品行。《世说新语·贤媛》:"许允妇是阮卫尉女,德如妹,奇丑……许因谓曰:'妇有四德,卿有其几。'妇曰:'新妇所乏唯容耳,然士有～～,君有几?'"《旧唐书·刘君良传》:"士有～～,孝敬为先。"

【百姓】 bǎixìng ❶百官族姓。《诗经·小雅·天保》:"群黎～～,遍为尔德。"《国语·周语上》:"～～携贰,明神不蠲,而民有远志。"《史记·五帝本纪》:"九族既睦,便章～～。"❷庶民,平民。《老子·四十九章》:"圣人无常心,以～～心为心。"《韩非子·外储说右下》:"简主喜而府库虚,～～饿而奸吏富也。"《后汉书·郎顗传》:"陛下不早攘之,将负臣言,遗患～～。"

【百一】 bǎiyī ❶一百个中得到一个。形容非常难得。韩愈《别知赋》:"惟知心之难得,斯～～而为收。"❷百里挑一。极言挑选之精。如宋代王璆把自己的选著取名为《是斋百一选方》。❸阳数的极点。古代讲灾变运数的人,用阴阳来代表两种对立的势力,阴为六,阳为一。此长则彼消,彼长则此消。阴数的极点叫百六,阳数的极点叫百一。曹唐《小游仙》诗:"未知～～穷阳数,略请先生止的看。"

【百用】 bǎiyòng 各种开支。《管子·乘马》:"黄金者,用之量也。辨于黄金之理,则知侈俭。知侈俭,则～～节矣。"

【百丈】 bǎizhàng ❶一千尺,形容高或长。庾信《春赋》:"～～山头日欲斜,三晡未醉莫还家。"韩愈《次同冠峡》诗:"落英千尺堕,游丝～～飘。"❷拉船用的篾缆。《南史·朱超石传》:"时军人缘河南岸牵～～。"杜甫《送十五弟侍御使蜀》诗:"数杯巫峡酒,～～内江船。"又《祠南夕望》诗:"～～牵江色,孤舟泛日斜。"

伯 bǎi 见 bó。

佰 1. bǎi ❶数词"百"的大写。❷(旧读 bó)古代军制的千人单位。《史记·陈涉世家》:"蹑足行伍之间,俯仰仟～之中。"

2. mò ❸通"陌"。田间小路。《汉书·匡衡传》:"南以闽～为界。"

陌 bǎi 见 mò。

柏(栢) 1. bǎi(旧读 bó) ❶柏树,常绿乔木。《荀子·大略》:"岁不寒无以知松～;事不难无以知君子。"《韩非子·外储说左上》:"以松～之心为博。"《后汉书·王符传》:"中世以后,转用楸梓槐～柂樗之属。"

2. bó ❷古国名。在今河南省西平县。《左传·僖公五年》:"于是江、黄、道、～方睦于齐。"❸通"伯"。大。《周礼·考工记·车人》:"～车毂长一柯。"❹通"伯"。古官名。《晏子春秋·内篇谏上》:"公命～遽巡国,致能歌者。"(遽:传驿。)❺姓。

3. pò ❻通"迫"。逼近。《周礼·春官·司几筵》:"其～席用萑黼纯。"

【柏椁】 bǎiguǒ 用柏木做的外棺。《礼记·檀弓上》:"～～以端长六尺。"《左传·定公元年》:"范献子去其～～,以其未复命而田也。"

【柏台】 bǎitái 御史衙门的别称。《汉书·朱博传》记载:"是时御史府吏舍百馀区井水皆竭,又其府中列柏树,常有野乌数千栖宿其上。"后世因称御史台为柏台。元稹《狂醉》诗:"一自～～为御史,二年辜负两京春。"苏轼《予以事系御史台狱二首》之二:"～～霜气夜凄凄,风动琅珰月向低。"也作"柏府"、"柏署"。陈琏《骢马赋》:"～～深严,兰台清闷。"皎然《酬崔侍御见赠》诗:"五湖游不厌,～～迹如遗。"

罢 bǎi 见 bà。

捭 1. bǎi ❶两手横击。庾信《竹杖赋》:"拉虎～熊,予犹稚童。"❷通"摆"。摆弄。卢仝《月蚀》诗:"角插戟,尾～风。"

2. bò ❸通"擘"。分开,撕裂。《礼记·礼运》:"其燔黍～豚。"㊶排去。《淮南子·要略训》:"外天地,～山川。"

【捭阖】 bǎihé 或开或合。原指战国时策士到各国进行游说所采用的一种分化、拉拢的方法。晁公武《郡斋读书志·纵横家类》:"《叙》谓此书(指《鬼谷子》)即授秦、仪者,～～之术十三章。"李文叔《书战国策后》:"《战国策》所载,大抵皆纵横～～谲诳相轻倾夺之说也。"

摆(擺) bǎi ❶安放,陈列。《后汉书·马融传》:"然后～牲班禽,淤赐犒功。"❷拨开,排除。《世说新语·政事》:"望卿～拨常务,应对玄言。"❸摆动,摇晃。杜牧《叹花》诗:"如今风～花狼籍,绿叶成阴子满枝。"道原《景德传灯录·太原孚上座》:"和尚摇头,某甲～尾。"㊶震荡。杜甫《次晚洲》诗:"～浪散帙妨,危沙折花当。"韩愈《调张籍》诗:"乾坤～雷硠。"❹摆布,摆弄。孟汉卿《魔合罗》题目:"李文道毒药～哥哥,萧令史暗里得钱多。"❺包,裹。《警世通言·玉堂春落难逢夫》:"皮氏就将三尺白布～头,扯了玉姐往知县处叫喊。"❻通"捭"。击打。韩愈《贞女峡》诗:"漂船～石万瓦裂,咫尺性命轻鸿毛。"

【摆布】 bǎibù ❶安排,布置。《朱子全书·论解经》:"其～～得来,直恁么细密。"《三国演义》十三回:"连夜～～军士。"❷处置,发落。王世贞《鸣凤记·陆姑救易》："若不早除了他，如虎生翼，我子孙难保不受其害，孩儿可有～～他的计策么？"

【摆落】 bǎiluò 摆脱，撇开。杜甫《八哀诗·赠秘书监江夏李公邕》："众归赒给美，～～多藏秽。"又《咏怀》之二："未辞炎瘴毒，～～跋涉惧。"李商隐《道士胡君新井碣铭》："既还闺紫府，纳陛丹台；遂～～家声，而削除世系。"

【摆站】 bǎizhàn 古代的一种流刑，把罪犯发往驿站服苦差。《西游记》三十三回："就是从轻，土地也问个～～，山神也问个充军。"

败(敗) bài ❶毁坏，败坏。《诗经·召南·甘棠》："蔽芾甘棠，勿翦勿～。"《庄子·渔父》："称誉诈伪以～恶人谓之慝。"《史记·田单列传》："齐人走，争涂，以轊折车～，为燕所虏。"㉀食物腐败，变味变质。《吕氏春秋·贵生》："嗜酒者，非～酒之谓也。"《后汉书·仲长统传》："三牲之肉，臭而不可食；清醇之酎，～而不可饮。"韩偓《闲步》诗："傍山疏雨湿秋花，僻路浅泉浮～果。"㉀破，破烂。《论衡·论死》："如囊穿米出，橐～粟弃，则囊橐委辟。"刘基《卖柑者言》："又何往而不金玉其外，～絮其中也哉！"❷败废，荒废。《左传·宣公十二年》："商、农、工、贾不～其业。"《金史·阇母传》："～其生业。"❸害，危害。《吕氏春秋·孟夏纪》："行春令，则虫蝗为～，暴风来格，秀草不实。"曾巩《本朝政要策·黄河》："至周定王之时，禹迹遂改，故河之为～自此始。"㉀灾，祸灾。《礼记·经解》："诸侯之行恶，而倍畔侵陵之～起矣。"又《孔子闲居》："四方有～，必先知之。"❹凋残，衰落。李商隐《夜冷》诗："西亭翠被馀香薄，一夜将愁向～荷。"韩偓《再思》诗："流金砾石玉长润，～柳凋花松不知。"❺输，打败仗。《孙子·势》："三军之众，可使必受敌而无～者，奇正是也。"㉂把对方打败。《汉书·高帝纪上》："沛公与项羽西略地雍丘，与秦军战，大～之。"㉂失败，不成功。《韩非子·解老》："今众人之所以欲成功而反为～者，生于不知道理而不肯问知而听能。"

【败北】 bàiběi ❶军队打败仗背向敌人逃跑。《史记·刺客列传》："曹沫为鲁将，与齐战，三～～。"❷泛指竞赛中失败。柳宗元《上大理崔大卿应制举启》："秉翰执简，～～而归。"

【败德】 bàidé 恶劣的作风与言行。《左传·僖公十五年》："先君之～～，及可数乎？"

【败绩】 bàijì ❶[军队]溃败。《国语·周语上》："战于千亩，王师～～于姜氏之戎。"《论衡·命义》："春秋之时，～～之军，死者蔽草，尸且万数。"❷兵车颠覆。比喻事业败坏。张说《齐黄门侍郎卢思道碑》："及皇舆～～于外，而百寮荡析于内，公节义独存，侍从趣邺，告至行赏，授仪同三司。"

【败类】 bàilèi ❶摧残同类。《诗经·大雅·桑柔》："大风有隧，贪人～～。"❷品行恶劣的人。华镇《题桃园图》诗："翦除～～毓良淑。"

【败群】 bàiqún 害群，危害集体。《汉书·卜式传》："恶者辄去，毋令～～。"

拜(捧) bài ❶古代一种表示敬意的礼节。行礼时两膝跪地，两手抱拳作拱状，低头至手。《国语·周语上》："襄王使邵公过及内使过赐晋惠公命，吕甥、郤芮相晋侯不敬，晋侯执玉卑，～不稽首。"《荀子·大略》："平衡曰～，下衡曰稽首，至地曰稽颡。"《史记·高祖本纪》："郦生不～，长揖，曰：'足下必欲诛无道秦，不宜踞见长者。'"㉀拜见，拜会。《汉书·王商传》："单于来朝，引见白虎殿。丞相商坐未央廷中，单于前，～谒商。"杜甫《新婚别》诗："妾身未分明，何以～姑嫜。"㉀拜谢。《左传·文公元年》："王使毛伯卫来赐公命，叔孙得臣如周～。"《孟子·滕文公下》："阳货瞰孔子之亡也，而馈孔子蒸豚；孔子亦瞰其亡也，而往～之。"《吕氏春秋·察微》："子路拯溺者，其人～之以牛。"㉀拜受。《左传·成公十六年》："不敢～命。"《国语·鲁语下》："敢不～教。"㉀拜服，使之拜服。《左传·昭公十五年》："晋居深山，戎狄之与邻，而远于王室，王灵不及，～戎不暇，其何以献器？"❷授予官职。《战国策·秦策三》："秦昭王召见[蔡泽]，与语，大说之，～为客卿。"《史记·高祖本纪》："于是～沛侯刘濞为吴王。"《后汉书·西羌传》："～马贤为征西将军。"❸上，呈。李密《陈情表》："谨～表以闻。"《南史·萧子云传》："自制～章，便有文采。"❹掰，擘。《诗经·召南·甘棠》："蔽芾甘棠，勿翦勿～。"

【拜除】 bàichú 任命官职。《后汉书·第五伦传》："其刺史、太守以下，～～京师及道出洛阳者，宜皆召见，可因博问四方，兼以观察其人。"

【拜嘉】 bàijiā 拜谢嘉奖。《左传·襄公四年》："《鹿鸣》，君所以嘉寡君也，敢不～～！"《鹿鸣》是《诗经·小雅》中的第一篇，晋国在宴请鲁国使臣穆叔时，歌唱了这首诗，其中有"我有嘉宾"、"示我周行"等赞美宾客的诗句。穆叔出于外交上的需要，把它归之于是晋君在嘉好鲁君，所以拜谢晋君对鲁君的嘉奖。后来把"拜嘉"用作拜领厚赐、馈赠之词。

【拜命】 bàimìng ❶拜谢……的命令，犹言“感谢……的关注”或“承蒙关注”。《左传·昭公二十二年》：“孤不佞，不能媚于父兄，以为君忧，～～之辱。”又《哀公二十年》：“寡人不佞，不能事越，以为大夫忧，～～之辱。”❷受命。岑参《送颜平原》诗：“吾兄镇河朔，～～宣皇猷。”

【拜手】 bàishǒu 古代跪拜礼的一种。行拜礼时，两手抱拳作拱状，低头至手而不至地。《汉书·郊祀志下》：“尸臣～～稽首，曰：‘敢对扬天子丕显休命。’”杜甫《寄岳州贾司马六丈巴州严八使君两阁老五十韵》：“恩荣同～～，出入最随肩。”

排 bài 见 pái。

鞴(韛) bài 鼓风吹火的皮囊。《周书·韦孝宽传》：“敌人有伏地道内者，便下柴火，以皮～吹之。”

稗 bài ❶一种形状像稻的田间杂草。《孟子·告子上》：“五谷者，种之美者也，苟为不熟，不如荑～。”杜甫《秋行官张望督促东渚耗稻向毕清晨遣女奴阿稽竖子阿段往问》诗：“上天无偏颇，蒲～各自长。”❷微小的，非正式的。见“稗贩”、“稗官”、“稗史”。❸通“粺”。精米。曹植《七启》：“芳菰精～。”

【稗贩】 bàifàn 贩卖货物的行商或小贩。《宋史·高若讷传》：“王蒙正知蔡州，若讷言：‘蒙正起～～，因缘戚里得官。’”也作“裨(pí)贩”。张衡《西京赋》：“尔乃商贾百族，～～夫妇。”

【稗官】 bàiguān ❶小官。《汉书·艺文志》：“小说家者流，盖出于～～，街谈巷语，道听涂说者之所造也。”❷野史小说的代称。徐显《稗史集传序》：“及耳目所闻见者，叙而录之，自比于～～小说。”

【稗史】 bàishǐ 记载轶闻琐事的书。魏源《寰海后十首》之九：“梦中疏草苍生泪，诗里莺花～～情。”

粺 bài ❶一石糙米舂成九斗的精米。《诗经·大雅·召旻》：“彼疏斯～，胡不自替。”❷通“稗”。稗子。《孔子家语·相鲁》：“是用秕～。”

鞴 bài 见 bèi。

ban

扳 1. bān ❶拉，牵引。《公羊传·宣公三年》：“帝牲不吉，则～稷牲而卜之。”㉡扳倒，扳断。佚名《题公馆壁》诗：“猛风～大树，其树根已露。”❷挽回，扭转。《新唐书·则天武皇后传》：“帝谓能奉己，故～公议立之。”

2. pān ❸同“攀”。攀引，攀援。王安石《同学一首别子固》：“子固作《怀友》一首遗余，其大略欲相～，以至乎中庸而后已。”❹同“攀”。攀折。高明《琵琶记·牛氏规奴》：“香径里～残草色，雕阑畔折损花容。”

【扳缠】 pānchán 缠绕，纠缠。谢灵运《还旧园作见颜范二中书》诗：“质弱易～～。”

【扳连】 pānlián 牵制。诸葛亮《与兄瑾书》：“足以～～贼势，使不得分兵东行者也。”

【扳联】 pānlián 攀附，依附。韩愈《释言》：“愈之族亲鲜少，无～～之势于今。”

【扳援】 pānyuán ❶抓着东西往上爬。《庄子·马蹄》：“乌鹊之巢可～～而窥。”❷援引，引用。韩愈《答崔立之书》：“～～古昔，辞义高远。”

肦 bān ❶颁赐，赐予。《礼记·王制》：“凡九十三国，名山大泽不以～，其馀以禄士，以为间田。”❷颁布，发布。朱彝尊《日下旧闻》卷四十一引《广川书跋》：“合诸侯而～大命。”

攽 bān ❶分。《说文·攴部》：“攽，分也。从攴，分声。《周书》曰：‘乃惟孺子，～。’”❷颁布，颁发。王明清《挥麈前录》卷二：“命～而孝闻死矣。”

鳻 bān 见 fén。

班 bān ❶分发。《国语·周语中》：“又不佞以勤叔父，而～先王之大物以赏私德。”《史记·五帝本纪》：“揖五瑞，择吉月日，见四岳诸牧，～瑞。”㉡分给，赏赐。《公羊传·僖公三十一年》：“晋侯执曹伯，～其所取侵地于诸侯也。”《晋书·郑袤妻曹氏传》：“袤等所获禄秩，曹氏必～散亲姻，务令周给，家无馀资。”❷别，分开。《左传·襄公二十五年》：“齐人以庄公说，使隰鉏请成，庆封如师。男女以～。赂晋侯以宗器、乐器。”㉡铺开，摊开。《左传·襄公二十六年》：“伍举奔郑，将遂奔晋。声子将如晋，遇之于郑郊，～荆相与食，而言复故。”成语有“班荆道故”。《后汉书·陈留老父传》：“道逢友人，共～草而言。”❸颁布。《吕氏春秋·仲夏纪》：“游牝别其群，则絷腾驹，～马正。”(正：通“政”，政令。)《后汉书·明帝纪》：“帝览章，深自引咎，乃以所上～示百官。”❹排列。《左传·庄公二十三年》：“朝以正～爵之义，帅长幼之序。”《后汉书·来歙传》：“于是置酒高会，劳赐歙，～坐绝席，在诸将之右。”㉡次序，位次。《左传·昭公十三年》："昔天子～贡，轻重以列。"《史记·晋世家》："赵盾曰：'辰嬴贱，～在九人下，其子何震之有！'"㉒依次。《国语·周语上》："王耕一坺，～三之，庶民终于千亩。"❺同等，并列。《孟子·公孙丑上》："伯夷、伊尹于孔子，若是～乎？"陆游《云门寿圣院记》："一山凡四寺，寿圣最小，不得与三寺～，然山尤胜绝。"❻遍及，普遍。《国语·晋语四》："车～外内。"陈琳《为袁绍檄豫州文》："广宣恩信，～扬符赏，布告天下。"《后汉书·顺帝纪》："分行州郡，～宣风化，举实臧否。"❼通"般"。盘旋，徘徊不进。《周易·屯》："乘马～如。"㉛返回，调回。《左传·哀公二十四年》："役将～矣。"《三国志·魏书·明帝纪》："大雨，伊、洛、河、汉水溢，诏真等～师。"《世说新语·德行》："～军而还。"❽通"斑"。见"班白"。❾通"辨"。治理。《荀子·君道》："善生养人者，人亲之；善～治人者，人安之；善显设人者，人乐之；善藩饰人者，人荣之。"

【班白】 bānbái 见"斑白"。

【班班】 bānbān ❶明显，明白。苏舜钦《答韩持国书》："是持国知其一，未知其他，予不得不为持国～～而言也。"陆九渊《送宜黄何尉序》："爵、刑舛施，德、业倒植，若此者～～见于书传。"❷显著，显赫。《后汉书·方术传序》："中世张衡为阴阳之宗，郎𫖮咎徵最密，馀亦～～名家焉。"❸车轮嘈杂声。《后汉书·五行志一》："车～～，入河间。"杜甫《忆昔》诗之二："齐纨鲁缟车～～，男耕女桑不相失。"

【班驳】 bānbó 见"斑驳"。

【班赐】 bāncì 颁发赏赐。《汉书·武帝纪》："因以～～诸侯王。"《三国志·魏书·曹真传》："真每征行，与将士同劳苦，军赏不足，辄以家财～～，士卒皆愿为用。"

【班贡】 bāngòng ❶确定进贡物品的次序。《左传·昭公十三年》："昔天子～～，轻重以列。"❷进贡物品。《国语·周语中》："其适来～～，不俟馨香嘉味，故坐诸门外，而使舌人体委与之。"

【班行】 bānháng ❶按位次排列的班次行列。韩愈《示爽》诗："强颜～～内，何实非罪愆。"元稹《寄隐客》诗："贤俊若布棋，～～次第立。"❷同列。欧阳修《与高司谏书》："作待制日，日备顾问，今～～中无与比者。"李贽《藏书》卷三十九："柳宗元文章识见议论，不与唐人～～者，《封建论》卓且绝矣。"

【班剑】 bānjiàn 见"斑剑"。

【班爵】 bānjué 排列爵位。犹言"职务级别"。《国语·晋语八》："子朱怒曰：'皆君之臣也，～～同，何以黜朱也？'抚剑就之。"苏轼《上皇帝书》："昔先主以黄忠为后将军，而诸葛亮忧其不可，以为忠之名望，素非关、张之伦，若～～遽同，则必不悦。"

【班兰】 bānlán 见"斑斓"。

【班劳】 bānláo(旧读 lào) 全面慰劳。《后汉书·光武帝纪下》："于是大飨将士，～～策勋。"

【班列】 bānliè 位次。《三国志·蜀书·费诗传》："昔萧、曹与高祖少小亲旧，而陈、韩亡命后至，论其～～，韩最居上，未闻萧、曹以此为怨。"

【班师】 bānshī 还师，调回出征的军队或出征的军队胜利归来。《三国志·魏书·明帝纪》："大雨，伊、洛、河、汉水溢，诏真等～～。"乔吉《两世姻缘》三折："你奉圣旨破吐蕃，定西夏，～～回朝，便当请功受赏。"也作"般师"。《汉书·赵充国传》："而明主～～罢兵，万人留田，顺天时，因地利，以待可胜之虏，虽未即伏辜，兵决可期月而望。"

【班位】 bānwèi ❶位次，职务级别。《左传·襄公三十一年》："而辨于其大夫之族姓、～～、贵贱、能否。"❷并列，同等级。《韩非子·存韩》："韩居中国，地不能满千里，而所以得与诸侯～～于天下，君臣相保者，以世世相教事秦之力也。"

【班下】 bānxià 颁布，颁发。《后汉书·桓谭传》："今可令通义理明习法律者，校定科比，一其法度，～～郡国，蠲除故条。"《三国志·魏书·高柔传》："诏书复盈母子为平民。～～天下，以礼为戒。"

【班行】 bānxíng 颁布施行。《汉书·诸侯王表》："诈谋既成，遂据南面之尊，分遣五威之吏，驰传天下，～～符命。"《后汉书·岑彭传》："初，彭与交阯牧邓让厚善，与让书陈国家威德，又遣偏将军屈充移檄江南，～～诏命。"

【班序】 bānxù 班列次序。《国语·齐语》："～～颠毛，以为民纪统。"杜甫《奉赠张卿垍二十韵》："弼谐方一展，～～更何跻。"《旧唐书·经籍志》："以纪～～品秩。"也作"班叙"。《三国志·魏书·武帝纪》："君有定天下之功，重之以明德，～～海内，宣美风俗，旁施勤教，恤慎刑狱，吏无苛政，民无怀慝。"

【班宣】 bānxuān 普遍宣扬。《三国志·魏书·明帝纪》："至于郊祀、迎气、礿祠、蒸尝、巡狩、搜田、分至启闭、～～时令、中气早晚、敬授民事，皆以正岁斗建为历数之序。"

般 1. bān ❶还,回。《汉书·赵充国传》:“而明主～师罢兵,万人留田,顺天时,因地利,以待可胜之虏,虽未即伏辜,兵决可期月而望。”❷移动,搬运。《旧唐书·裴延龄传》:“若市送百万围草,即一府百姓,自冬历夏,～载不了。”❸相连。《汉书·礼乐志》:“神之行,旌容容,骑沓沓,～纵纵。”❹样,种类。王建《宫词》之三五:“云驳花骢各试行,一～毛色一～缨。”李煜《乌夜啼》词:“别是一～滋味在心头。”《水浒传》二回:“史进十八～武艺,矛、锤、弓、弩、铳、鞭、锏、剑、链、挝、斧、钺并戈、戟、牌、棒与枪、杈,一一学得精熟。”❺通“班”。1)分给,赏赐。《墨子·尚贤中》:“～爵以贵之,裂地以封之。”2)散开,分布。《汉书·礼乐志》:“灵之来,神哉沛,先以雨,～裔裔。”❻通“斑”。1)杂乱。《汉书·贾谊传》:“～纷纷其离此邮兮,亦夫子之故也。”2)斑纹。《史记·司马相如列传》:“～～之兽,乐我君囿。”

2. pán ❼盘旋,旋转。《礼记·投壶》:“宾再拜,受,主人～还曰辟。”❽通“忭(昪)”。快乐,高兴。《荀子·赋》:“忠臣危殆,谗人～矣。”❾通“泮”。水边高处。《史记·封禅书》:“鸿渐于～。”❿通“鞶”。古时用来盛佩巾等的小囊。《穀梁传·桓公三年》:“诸母～,申之曰:‘谨慎从尔父母之言。’”

3. bō ⓫见“般若”。

【般般】 bānbān ❶形容斑纹很多。司马相如《封禅文》:“～～之兽,乐我君囿。”❷同样,一样。方干《海石榴》诗:“亭际夭妍日日看,每朝颜色一～～。”

【般师】 bānshī 见“班师”。

【般首】 bānshǒu 猛虎的头。扬雄《羽猎赋》:“屦～～,带修蛇,钩赤豹,摼象犀。”

【般辟】 pánbì 盘旋进退。形容古人行礼时的一种姿态。《晋书·潘尼传》:“铿锵阛阓,～～俯仰。”(阛阓:鼓声。)也作“槃辟”、“蹁躚”。《汉书·何武传》:“坐举方正所举者召见～～雅拜,有司以为诡众虚伪。”潘岳《射雉赋》:“周环回复,缭绕～～。”《南齐书·王融传》:“婆娑～～,困而不能前已。”

【般礴】 pánbó 一种不拘礼节的坐法。即席地而坐,随意伸开两腿。《庄子·田子方》:“公使人觇之,则解衣～～,赢。”

【般乐】 pánlè 作乐,玩乐。《孟子·公孙丑上》:“今国家闲暇,及是时,～～怠敖,是自求祸也。”《后汉书·钟离意传》:“常当车陈谏～～游田之事。”

【般若】 bōrě 梵语。犹言智慧,或曰脱离妄想,归于清静。为六波罗蜜之一。

颁(頒) 1. bān ❶分取。《尚书·洛诰》:“乃惟孺子～,朕不暇。”㊀分赐,赏赐。《吕氏春秋·制乐》:“～其爵列等级田畴,以赏群臣。”王维《送秘书晁监还日本国序》:“动干戚之舞,兴斧钺之诛,乃贡九牧之金,始～五瑞之玉。”❷颁布,公布。张衡《东京赋》:“乃营三宫,布教～常。”《宋史·律历志》:“诏太史局更造新历～之。”❸通“斑”。见“颁白”。

2. fén ❹头大的样子。《诗经·小雅·鱼藻》:“鱼在在藻,有～其首。”

【颁白】 bānbái 见“斑白”。

【颁斌】 bānbīn 相杂的样子。潘岳《籍田赋》:“长幼杂遝以交集,士女～～而咸戾。”(杂遝:众多的样子。戾:来到。)

【颁冰】 bānbīng 赐冰。古代朝廷于夏日以冰赐群臣消暑。《周礼·天官·凌人》:“夏～～,掌事。”韦应物《冰赋》:“睹～～之适至,喜烦暑之暂清。”

【颁历】 bānlì 颁布来年新历。每年的冬季天子将第二年的历书颁发给诸侯,也叫“颁朔”。陆游《斋中杂兴十首》之七:“去国已酉冬,忽见十～～。”(十颁历:颁历在十月。)

彬 bān 见 bīn。

斑 bān ❶杂色的花纹或斑点。《论衡·书解》:“大人德扩,其文炳;小人德炽,其文～。”陆游《江亭》诗:“濠上观鱼非至乐,管中窥豹岂全～。”㊀灿烂多彩。王安石《答子固南丰道中所寄》诗:“四盼浩无主,日暮烟霞～。”❷头发花白。杜甫《涪江泛舟送韦班归京》诗:“天涯故人少,更益鬓毛～。”

【斑白】 bānbái 头发花白。多喻老人。陶渊明《桃花源诗》:“童孺纵行歌,～～欢游诣。”杜甫《后出塞》诗之一:“～～居上列,酒酣进庶羞。”也作“班白”、“颁白”。《孟子·梁惠王上》:“谨庠序之教,申之以孝悌之义,～～者不负戴于道路矣。”《论衡·是应》:“耕者让畔,行者让路,～～不提挈,关梁不闭。”

【斑斑】 bānbān 斑点众多的样子。李白《闺情》诗:“织锦心草草,挑灯泪～～。”刘希夷《捣衣篇》:“莫嫌衣上有～～,只为思君泪相续。”

【斑驳】 bānbó 不同的颜色夹杂在一起。《聊斋志异·古瓶》:“其旁有磁瓶二,铜器一。器大可合抱,重数十斤,侧有双环,不知何用，～～陆离。”也作“班驳”。刘向《九叹·忧苦》：“杂～～与阘茸。”

【斑剑】 bānjiàn 用虎皮或花纹装饰的剑。任昉《王文宪集序》：“增～～为六十人。”也作“班剑”。《宋书·袁粲传》：“太宗临崩，粲与褚渊、刘勔并受顾命，加～～二十人，给鼓吹一部。”

【斑兰】 bānlán 见“斑斓”。

【斑斓】 bānlán 灿烂多彩。《拾遗记·岱舆山》：“玉梁之侧，有～～自然云霞龙凤之状。”也作“斑兰”、“班兰”、“斒斓”。《太平御览·人事》：“老莱子者，楚人，行年七十，……常著～～之衣，为亲取饮。”《后汉书·南蛮西南夷传序》：“衣裳～～，语言侏离。”刘禹锡《白鹰》诗：“毛羽～～白纻裁，马前擎出不惊猜。”

斒 bān 灿烂多彩。刘公子《虞美人》词：“～衣红袖齐歌舞。”

【斒斓】 bānlán 见“斑斓”。

瘢 bān ❶创伤后留下的疤痕。《后汉书·马援传》：“吴王好剑客，百姓多创～。”卢汝弼《和李秀才边庭四时怨》诗：“朔风吹雪透刀～，饮马长城窟更寒。”[引]泛指痕迹。谭用之《塞上》诗：“碛暗更无岩树影，地平时有野烧～。”❷皮肤上的斑点。《汉书·王莽传》：“诚见君面有～，美玉可以灭～。”[引]比喻缺点或过失。《后汉书·赵壹传》：“所好则钻皮出其毛羽，所恶则洗垢求其～痕。”成语有“洗垢求瘢”、“洗垢索瘢”。

豳 bān 见 bīn。

鬅 bān 头发斑白。柳宗元《酬韶州裴使君寄道州吕八大使二十韵》：“贾傅辞宁切，虞童发未～。”

反 bǎn 见 fǎn。

阪(岅、坂) bǎn 山坡，斜坡。《诗经·郑风·东门之墠》：“东门之墠，茹藘在～。”《战国策·楚策四》：“夫骥之齿至矣，服盐车而上大行，蹄申膝折，尾湛胕溃，漉汁洒地，白汗交流，中～迁延，负辕不能上。”《宋书·毛脩之传》：“始登一～，～甚高峻。”元稹《当来日大难行》：“当来日，大难行，前有～，后有坑。”

【阪田】 bǎntián 斜坡上土质坚硬瘠薄的田。《诗经·小雅·正月》：“瞻彼～～，有菀其特。”

【阪尹】 bǎnyǐn 主管险阻之地的长官。《尚书·立政》：“三亳～～。”

【阪阻】 bǎnzǔ 崎岖险阻。《韩非子·奸劫弑臣》：“托于犀车良马之上，则可以陆犯～～之患。”

【阪上走丸】 bǎnshàngzǒuwán 斜坡上滚弹丸。比喻轻而易举。《汉书·蒯通传》：“必相率而降，犹如～～～～。”

板 bǎn ❶木板。《后汉书·向栩传》：“常于灶北坐～床上，如是积久，～乃有膝踝足指之处。”杜甫《阻雨不得归瀼西甘林》诗：“坏舟百～坼，峻岸复万寻。”[引]泛指板状物体。皮日休《寒日书斋即事》诗：“盆池有鹭窥蘋沫，石～无人扫桂花。”❷筑城筑墙时所用的夹墙板。《左传·宣公十一年》：“平～干，称畚筑。”柳宗元《终南山祠堂碑》：“斩～干，砻柱础，陶瓴甓，筑垣墉。”[又]表示墙的高度或长度。一般认为高二尺、长八尺为板。《战国策·赵策一》：“知伯从韩、魏兵以攻赵，围晋阳而水之，城下不沉者三～。”《公羊传·定公十二年》：“五～而堵。”❸古代刻在板上的诏书、官府文件、簿籍。《后汉书·杨赐传》：“宜绝慢傲之戏，念官人之重，割用～之恩，慎贯鱼之次，无令丑女有四殆之叹，遐迩有愤怨之声。”《南史·谢灵运传》：“发兵自防，露～上言。”《南齐书·虞玩之传》：“今户口多少，不减元嘉，而～籍顿阙，弊亦有以。”[引]板授，以板刻的形式委任下属官员。《南齐书·褚炫传》：“～炫补五官。”《北史·秦族传》：“大统中，～鞴鄜城郡守。”❹朝笏，古代官吏上朝时所持的手板。韦应物《发广陵留上家兄兼寄上长沙》诗：“执～身有属，淹时心恐惶。”杜甫《西阁三度期大昌严明府同宿不到》诗：“匣琴虚夜夜，手～自朝朝。”❺一种打击乐器，即打节拍用的拍板。杜牧《自宣州赴官入宫路逢裴坦判官归宣州因题赠》诗：“画堂檀～秋拍碎，一引有时联十觥。”郎瑛《七修类稿》：“乐官七人，则举筝、纂、箫、～、琵琶、箜篌、凤笙也。”❻印板，印刷用的木刻底板。沈括《梦溪笔谈·技艺》：“～印书籍，唐人尚未盛为之，自冯瀛王始印五经，以后典籍皆为～本。”

【板板】 bǎnbǎn ❶邪僻，反常。《诗经·大雅·板》：“上帝～～，下民卒瘅。”❷呆板，固执，不灵活。范寅《越谚·数目之谚》：“～～六十四，铸钱定例也，喻不活。”

【板荡】 bǎndàng 《诗经·大雅》中有《板》、《荡》二篇，内容都是咏周厉王暴虐无道的。后用来指社会动荡不安，政局不稳定。李峤《神龙历序》：“既而王风～～，战国纵横。”曾巩《移沧州过阙上殿劄子》：“盖自天宝之末，宇内～～。”也作“版荡”。《晋书·惠帝纪论》：“生灵～～，社稷丘墟。”

【板筑】 bǎnzhù 见“版筑”。

昄 bǎn 大。《诗经·大雅·卷阿》:“尔土宇～章,亦孔之厚矣。”

版 bǎn ❶木板。《战国策·齐策三》:“[孟尝君]因书门～曰:‘有能扬文之名,止文之过,私得宝于外者,疾入谏。”左思《三都赋序》:“见在其～屋,则知秦野西戎之宅。”㊀泛指板状物体。《韩非子·喻老》:“周有玉～,纣令胶鬲索之,文王不予。”❷筑土墙用的夹墙板。《左传·襄公二十三年》:“陈人城,～队而杀人。”(队:同“坠”。落下。)《汉书·黥布传》:“项王伐齐,身负～筑,以为士卒先。”㊀筑城墙。《左传·僖公三十年》:“朝济而夕设～焉。”㊁表示墙的高度和长度。一般认为高二尺,长八尺为一版。《韩非子·外储说左上》:“筑十～之墙,凿八尺之牖。”《史记·赵世家》:“三国攻晋阳,岁馀,引汾水灌其城,城不浸者三～。”❸古时书写用的木片。《管子·宙合》:“故退身不舍端,修业不息～,以待清明。”刘禹锡《国学新修五经壁本记》:“其制如～牍而高广。”❹户籍和名册。《事物纪原·治理政体部》:“周礼司民,掌登万民之数,自生齿已上,皆书于～。”㊁国家的图籍。《论语·乡党》:“凶服者式之,式负～者。”❺朝笏,古时大臣上朝时拿着的手板。《后汉书·范滂传》:“时陈蕃为光禄勋,滂执公仪诣蕃,蕃不止之,滂怀恨,投～弃官而去。”❻授与官职。《晋书·皇甫重传》:“元康中,华～为秦州刺史。”❼印版。冯宿《禁版印时宪书奏》:“准敕禁断印历日～。”《宋史·陈良祐传》:“收铜～勿造。”

【版插】 bǎnchā 挡板和铁锹。战争中用来防御箭石与毁坏城堡。《史记·田单列传》:“田单知士卒之可用,乃身操～～,与士卒分功,妻妾编于行伍之间,尽散饮食飨士。”

【版荡】 bǎndàng 见“板荡”。

【版籍】 bǎnjí ❶户口册。王安石《上五事劄子》:“然而九州之民,贫富不均,风俗不齐,～～之高下不足据。”❷疆域,领土。《辽史·太祖纪》:“东际海,南暨白檀,西逾松漠,北抵潢水,凡五部咸入～～。”

【版图】 bǎntú ❶户籍和地图。《周礼·天官·小宰》:“听闾里以～～。”(听:判决。)❷国家的领土。岳飞《五岳祠盟记》:“迎二圣归京阙,取故地上～～,朝廷无虞,主上奠枕,余之愿也。”

【版尹】 bǎnyǐn 掌管户籍的官。柳宗元《终南山祠堂碑》:“黄发耇艾,野夫～～。”

【版筑】 bǎnzhù ❶筑土墙用的夹板和木杵。《孟子·告子下》:“傅说举于～～之间。”《汉书·黥布传》:“项王伐齐,身负～～,以为士卒先。”❷版筑工作。杜甫《泥功山》诗:“朝行青泥上,暮在青泥中,泥泞非一时,～～劳人功。”

饼(餅) bǎn 屑米饼,大米磨成粉做成的饼。《南史·齐衡阳王钧传》:“[钧]所生区贵人病,便加惨悴,左右依常以五色～饴之,不肯食。”

钣(鈑) bǎn 饼金,古代饼状的金属货币。也作“版”。《尔雅·释器》:“饼金谓之～。”郭璞注:“《周礼》曰‘祭五帝即供金～’是也。”

覂 bǎn 见 fěng。

闆 bǎn 见 pàn。

蝂 bǎn 见“蝜蝂”。

办(辦) bàn ❶办理,处理,料理。《左传·哀公三年》:“无备而官～者,犹拾沈也。”《汉书·项籍传》:“某时某丧,使公主某事,不能～,以故不任公。”《后汉书·王丹传》:“其有遭丧忧者,辄待丹为～,乡邻以为常。”㊀惩办,处罚。《三国志·蜀书·费祎传》:“君信可人,必能～贼者也。”❷备办,置办。《汉书·龚胜传》:“先赐六月禄直以～装。”《后汉书·陈纪传》:“纪见祸乱方作,不复～严,即时之郡。”(严:本作“装”,避汉明帝刘庄讳,故改为“严”。)杜甫《拨闷》诗:“已～青钱防雇直,当令美味入吾唇。”❸成,做成。《后汉书·耿弇传》:“又铜马、赤眉之属数十辈,辈数十百万,圣公不能～也。”《晋书·石崇传》:“崇为客作豆粥,咄嗟便～。”

半 1. bàn ❶二分之一。《战国策·秦策四》:“今大国之地～天下,有二垂,此从生民以来,万乘之地未尝有也。”《汉书·枚乘传》:“今大王还兵疾归,尚得十～。”《后汉书·和熹邓皇后纪》:“及郡国所贡,皆减其过～。”❷中。《管子·宙合》:“日有朝暮,夜有昏晨,～星辰序,各有其司。”《汉书·李陵传》:“上壮而许之,因诏强弩都尉路博德将兵～道迎陵军。”❸不完全。杜甫《又观打鱼》诗:“小鱼脱漏不可记,～死～生犹戢戢。”《沧浪诗话·诗辨》:“有透彻之悟,有但得一知～解之悟。”《朱子语类·论知行》:“今既要理会,也须理会取透,莫要～青～黄,下梢都不济事。”㊀部分。杜甫《赠花卿》诗:“锦城丝管日纷纷,～入江风～入云。”㊁形容短促或很少。陆游《岁暮出游》诗:“残历消磨无～纸。”

2. pàn ❹大块，大片。《汉书·李陵传》："令军人持二升糒，一～冰。"

【半壁】 bànbì 半边。刘沧《雨后游南门寺》诗："～～楼台秋月过，一川烟水夕阳平。"蒋士铨《冬青树》："～～江山，比五季朝廷尤小。"

【半面】 bànmiàn 据《后汉书·应奉传》及其注记载：东汉人应奉，小时候就很聪明，从做小孩到长大，凡是他所经历过的事情，没有不暗暗牢记的。二十岁的那年，应奉到彭城去看望袁贺，碰巧袁贺闭门外出，有一造车匠在屋内开门露出半面瞧了他一眼。几十年后，在路上见到车匠，应奉还认识并与他打招呼。后因用"半面"一词表示匆匆地见过一次面的意思。白居易《与元九书》："初应进士时，中朝无缌麻之亲，达官无～～之旧。"《醒世恒言·十五贯戏言成巧祸》："小人自姓崔名宁，与那小娘子无～～之识。"

扮 bàn 见 fěn。

伴 1. bàn ❶伴侣，伙伴。《三国志·蜀书·李严传》："吾与孔明，俱受寄托，忧深责重，思得良～。"杜甫《瘦马行》："天寒远放雁为～，日暮不收乌啄疮。"㉛陪伴，陪同。白居易《母别子》诗："不如林中乌与鹊，母不失雏雄～雌。"王建《宫词》："密奏君王知入月，唤人相～洗裙裾。"

2. pàn ❷见"伴奂"。❸通"畔"。边。杜甫《行官张望补稻畦水归》诗："主守问家臣，分明见溪～。"

【伴食】 bànshí 陪着吃饭。对任职不管事或能力低下的高官的讽刺。《旧唐书·卢怀慎传》："怀慎自以为吏道不及崇，每事皆推让之。时人谓之～～宰相。"胡铨《戊午上高宗封事》："近～～中书。"（近：人名，即孙近。中书：官署名。）

【伴奂】 pànhuàn 广大而有文采。一说纵弛，闲暇。《诗经·大雅·卷阿》："～～尔游矣，优游尔休矣。"

拌 bàn 见 pàn。

姅 bàn 指妇女的月经以及因分娩或小产出血。《聊斋志异·庚娘》："女托体～。"

绊（絆） bàn ❶用绳索拴住马足。《淮南子·俶真训》："身蹈于浊世之中，而责道之不行也，是犹两～骐骥而求致千里也。"《后汉书·冯衍传》："韩卢抑而不纵兮，骐骥～而不试。"㉛牵制，约束。杜甫《曲江二首》之一："细推物理须行乐，何用浮名～此身。"萧颖士《赠韦司业书》："越～拘之常礼，顿风流之雅躅。"❷拴鸟兽用的绳索。傅玄《鹰赋》："饰五采之华～，结璇玑之金环。"❸挡住或缠住。杜甫《瘦马行》："东郊瘦马使我伤，骨骼硉兀如堵墙；～之欲动转欹侧，此岂有意仍腾骧。"

靽 bàn 驾车时套在牲口尾部的皮带。一说拴马用的绳索。《左传·僖公二十八年》："晋车七百乘，韅、靷、鞅、～。"

辨 bàn 见 biàn。

瓣 bàn ❶瓜类植物的子。谢惠连《祭古冢文》："水中有甘蔗节及梅李核瓜～，皆浮出，不甚烂坏。"❷水果或球茎中可以依自然纹理分开的片状物。《仙传拾遗》："罗公远取柑嗅之后，明皇取食千馀枚，皆缺一～。"❸组成花冠的各片或草木的叶子。杨维桢《修月匠歌》："羿家奔娥太轻脱，须臾踏破莲花～。"

bang

邦 bāng ❶古代诸侯的封国。《尚书·尧典》："百姓昭明，协和万～。"《诗经·大雅·烝民》："～国若否，仲山甫明之。"㉛封，分封。柳宗元《封建论》："周有天下，裂土田而瓜分之，设五等，～群后，布履星罗，四周于天下。"❷国，国家。《老子·五十四章》："修之于～，其德乃丰。"《韩非子·五蠹》："此五者，～之蠹也。"杜甫《咏怀二首》之二："～危坏法则，圣远益愁慕。"❸姓。

【邦畿】 bāngjī 直属天子管辖的京都附近的土地。《诗经·商颂·玄鸟》："～～千里，维民所止。"《后汉书·班固传》："朝夕坰牧，日月～～。"

【邦家】 bāngjiā 国家。《诗经·小雅·南山有台》："乐只君子，～～之基。"《汉书·董仲舒传》："书～～之过，兼灾异之变，以此见人之所为，其美恶之极，乃与天地流通而往来相应。"杜甫《送殿中杨监赴蜀见相公》诗："豪俊贵勋业，～～频出师。"

【邦内】 bāngnèi ❶靠近国都由天子直辖的广大地区。《国语·周语上》："夫先王之制，～～甸服，邦外侯服。"❷国内。《史记·司马穰苴列传》："今敌国深侵，～～骚动，士卒暴露于境，君寝不安席，食不甘味，百姓之命皆悬于君，何谓相送乎！"

帮（幫、幇、幚） bāng ❶鞋旁边的部分。乔吉《赏花时·睡鞋儿》曲："用纤指将绣～儿弹。"㉛物体两旁或周围立起的部分。《明史·河渠志二》："乃铜～铁底故道也。"❷帮助。《水浒传》七十四回："我好意来～你，你倒翻成恶意。"㊀从旁架住或拦住。《水浒传》十七回："曹正、杨志紧紧地～着鲁智深到阶下。"又十九回："阮小二便去～住杜迁。"❸靠，依傍。《醒世恒言·吴衙内邻舟赴约》："～在这只船上，到也安稳。"❹古声母的代表字。《三十六字母》："～、滂、並、明。"

浜 bāng 小河沟。朱长文《吴郡图经续记·城邑》："小～别派，旁夹路衢。"

彭 bāng 见 péng。

纺 bǎng 见 fǎng。

搒 bǎng 见 péng。

榜 1. bǎng ❶木板，木片。《宋书·邓琬传》："材板不周，计无所出，会琬送五千片～供胡军用。"㊀木牌，匾额。杜甫《宣政殿退朝晚出左掖》诗："天门日射黄金～，春殿晴曛赤羽旗。"❷官府的告示。《后汉书·崔寔传》："灵帝时，开鸿都门～卖官爵，公卿州郡下至黄绶各有差。"《宋史·李庭芝传》："持招降～入扬州。"㊀公布张贴的名单。杜牧《及第后寄长安故人》诗："东都放～未花开，三十三人走马回。"

2. bàng ❸打人用的板子或刑杖。《汉书·司马迁传》："今交手足，受木索，暴肌肤，受～箠。"《梁书·沈瑀传》："足有蹉跌，辄加～棰。"㊀捶击，鞭打。《汉书·衡山王刘赐传》："谒者卫庆有方术，欲上书事天子，王怒，故劾庆死罪，强～服之。"《后汉书·陈宠传》："断狱者急于～格酷烈之痛，执宪者烦于诋欺放滥之文。"❹船桨。《楚辞·九章·涉江》："齐吴～以击汰。"㊀摇桨，划船。苏舜钦《上集贤文相书》："昨因宴会，遂被废逐，即日～舟东走，潜伏于江湖之上。"㊁借指船。郭璞《江赋》："舟子于是搦棹，涉人于是杙～。"（杙：止。）

3. bēng ❺矫正弓弩的工具。《韩非子·外储说右下》："～檠者，所以矫不直也。"

【榜掠】 bànglüè 用鞭子或板子拷打。《汉书·孙宝传》："下狱覆治，～～将死，卒无一辞。"

【榜人】 bàngrén 划桨、摇橹的船工。谢瞻《王抚军庾西阳集别》诗："～～理行舻，輶轩命归仆。"张协《七命》："渊客唱淮南之曲，～～奏采菱之歌。"

膀 bǎng 见 páng。

牓 1. bǎng ❶牌匾，匾额。杜甫《岳麓山道林二寺行》："莲花交响共命鸟，金～双回三足乌。"白居易《两朱阁》诗："寺门敕～金字书，尼院佛庭宽有馀。"❷告示，文告。《北齐书·马嗣明传》："数处见～，云有人家女病。"《三国志·魏书·董卓传》裴松之注引《傅子》："灵帝时～门卖官，崔烈入钱五百万，取司徒。"㊀悬挂。任昉《述异记》："其家斩犬～首路侧。"（见《太平御览》卷八百八十五引。）㊁公布张贴的名单。封演《封氏闻见记·制科》："陈章甫制策登科，吏部～放。"❸题写。刘挚《临湘县阅武亭记》："据以大亭，～曰'阅武'，以时临视其艺。"

2. fáng ❹通"妨"。妨碍。《论衡·自纪》："母骊犊骍，无害牺牲；祖浊裔清，不～奇人。"

并 bàng 见 bìng。

玤 bàng ❶比玉次的石。《说文·玉部》："～，石之次玉者，以为系璧。"（系璧：悬挂帨帨等物的璧。）❷古地名。在今河南省渑池县境。《左传·庄公二十一年》："王巡虢守，虢公为王宫于～，王与之酒泉。"

旁 bàng 见 páng。

蚌（蜯、蚄） bàng 一种软体动物，两片黑褐色的椭圆形介壳可以开闭。《韩非子·外储说右上》："泽之鱼盐龟鳖蠃～，不加贵于海。"《淮南子·说林训》："～象之病，人之宝也。"

【蚌盘】 bàngpán 一种用蚌壳镶嵌在漆器表面、做成有天然花纹和图形的手工艺品。《陈书·高祖纪下》："私飨曲宴，皆瓦器～～。"

【蚌胎】 bàngtāi 指珍珠。据说珍珠生长在蚌壳内，好像妇女怀胎一样，与月盈亏，故称蚌胎。李群玉《中秋越台看月》诗："皓曜迷鲸目，晶莹失～～。"

蚄 bàng 见 fāng。

谤（謗） bàng ❶公开批评、指责别人的过失。《吕氏春秋·达郁》："周厉王虐民，国人皆～。"《史记·孙子吴起列传》："乡党笑之，吴起杀其～己者三十馀人，而东出卫郭门。"《汉书·贾山传》："古者圣王之制，史在前书过失，工诵箴谏，瞽诵诗谏，公卿比谏，士传言谏，庶人～于道，商旅议于市，然后君得闻其过失也。"❷毁谤，恶意地攻击别人。《史记·屈原贾生列传》："信而见疑，忠而被～，能无怨乎？"杜甫《赠裴南部》诗："独醒时所嫉，群小～能深。"韩愈《原毁》:"是故事修而～兴,德高而毁来。"

【谤讟】　bàngdú　诽谤,怨言。《三国志·蜀书·许慈传》:"值庶事草创,动多疑议,慈、潜更相克伐,～～忿争,形于声色。"陆贽《奉天请罢琼林大盈二库状》:"或忿形～～,或丑肆讴谣,颇含思乱之情,亦有悔忠之意。"杜甫《火》诗:"尔宁要～～,凭此近荧侮。"

【谤木】　bàngmù　议论是非、指责过失的木牌。相传尧舜时在朝廷或交通要道竖立木牌,让人们在上面书写批评意见。《后汉书·杨震传》:"臣闻尧舜之世,谏鼓～～,立之于朝。"

【谤诮】　bàngqiào　诽谤与谴责。《三国志·魏书·曹真传》注引《魏书》:"上昭陛下进贤之明,中显懿身文武之实,下使愚臣免于～～。"

【谤讪】　bàngshàn　诽谤,诋毁。《汉书·淮阳宪王刘钦传》:"有司奏王,王舅张博数遗王书,非毁政治,～～天子。"

【谤书】　bàngshū　❶恶意攻击别人的书札。《战国策·秦策二》:"魏文侯令乐羊将,攻中山,三年而拔之,乐羊反而语功,文侯示之～～一箧,乐羊再拜稽首曰:'此非臣之功,主君之力也。'"❷指《史记》。《后汉书·蔡邕传论》:"执政乃追怨子长～～流后,放此为戮,未或闻之典刑。"

【谤议】　bàngyì　议论过失,非议。《战国策·齐策一》:"[威王]乃下令:'群臣吏民,能面刺寡人之过者,受上赏;上书谏寡人者,受中赏;能～～于市朝,闻寡人之耳者,受下赏。'"《汉书·异姓诸侯王表》:"適戍强于五伯,闾阎偪于戎狄,响应瘉于～～,奋臂威于甲兵。"

棒　bàng　棍棒。《魏书·尔朱荣传》:"人马逼战,刀不如～。"(引)用棍子打。《北齐书·琅邪王俨传》:"则赤棒～之。"

棓　1. bàng　❶一种打谷的农具,即连枷。《方言》卷五"佥……自关而西谓之棓"郭璞注:"～,今连枷,所以打谷者。"❷同"棒"。棍子。《战国策·秦策三》:"大夫种为越王垦草创邑,辟地殖谷,率四方士上下之力,以禽劲吴,成霸功,勾践终～而杀之。"《明史·孙传庭传》:"手白～遮击,中者首兜鍪俱碎。"❸星宿名。《史记·天官书》:"其失次舍以下,进而东北,三月生天～,长四丈,末兑。"

2. pǒu　❹铺在高低不平处的跳板。《公羊传·成公二年》:"踊于～而窥客。"

3. bēi　❺同"杯"。古代盛羹或注酒的器皿。《逸周书·器服》:"四～禁,丰一觞。"

4. péi　❻姓。《汉书·爰盎传》:"盎心不乐,家多怪,乃之～生所问占。"

傍　1. bàng　❶靠近,临近。《管子·兵法》:"一气专定,则～通而不疑;厉士利械,则涉难而不匮。"(傍通:靠近四方通达之地。)《三国志·魏书·武帝纪》:"秋七月,大水,～海道不通,田畴请为乡导,公从之。"杜甫《剑门》诗:"一夫怒临关,百万未可～。"(引)依靠,凭借。韩愈《黄家贼事宜状》:"其贼并是夷獠,亦无城郭可居,依山～险,自称洞主。"梅尧臣《汝坟贫女》诗:"殷勤嘱四邻,幸愿相依～。"(又)沿着,顺着。《后汉书·西域传》:"～南山北,陂河西行至莎车,为南道……自车师前王庭随北山,陂河西行至疏勒,为北道。"(又)伴随,陪伴。《新书·胎教》:"成王生,仁者养之,孝者襁之,四贤～之。"

2. páng　❷旁边,侧边。《汉书·鲍宣传》:"罢退外家及～侧素餐之人。"杜甫《新婚别》诗:"嫁女与征夫,不如弃路～。"(引)偏,非正的。《颜氏家训·风操》:"偏～之书,死有归杀。"(又)其他的,别的。《后汉书·隗嚣传》:"自今以后,手书相闻,勿用～人解构之言。"杜甫《九日蓝田崔氏庄》诗:"羞将短发还吹帽,笑倩～人为正冠。"❸广,博。《后汉书·明德马皇后纪》:"奉承阴后,～接同列,礼则修备,上下安之。"《北史·苏绰传》:"公其允文允武,克明克乂,迪七德,敷九功,龛暴除乱,下绥我苍生,～施于九正。"❹通"访"。访求。《墨子·尚同中》:"上之所是,亦必是之;上之所非,亦必非之。已有善,～荐之。"❺通"方"。逆,背,倒转。《淮南子·泰族训》:"倒矢而射,～戟而战。"

3. bēng　❻见"傍傍"。

【傍午】　bàngwǔ　临近正午。张宪《端午词》:"五色灵钱～～烧,彩胜金花贴鼓腰。"

【傍薄】　pángbó　见"磅礴"。

【傍徨】　pánghuáng　见"仿徨"。

【傍囊】　pángnáng　见"鞶囊"。

【傍妻】　pángqī　非正房的妻子,即小老婆。《汉书·元后传》:"好酒色,多取～～。"也作"旁妻"。《宋史·刘昌言传》:"别娶～～。"

【傍通】　pángtōng　❶四通八达,畅通无阻。郭璞《江赋》:"爰有包山洞庭,巴陵地道,潜逵～～,幽岫窈窕。"❷指学问广博,无不贯通。嵇康《与山巨源绝交书》:"足下～～,多可而少怪。"

【傍午】　pángwǔ　纵横交错。蔡絛《铁围山丛谈》卷四:"积尸～～,向暮尽死。"

【傍傍】 bēngbēng 繁忙、紧急的样子。《诗经·小雅·北山》:“四牡彭彭,王事～～。”顾炎武《恭谒天寿山十三陵》诗:“维时将作臣,奉旨趋～～。”

【傍花随柳】 bànghuāsuíliǔ 依倚着花儿伴随着柳。形容春游的快乐。程颢《春日偶成》诗:“云淡风轻近午天,～～～～过前川。”

【傍人篱壁】 bàngrénlíbì 倚靠在别人的篱笆或墙壁上。比喻依赖他人,不能自立。严羽《答出继叔临安吴景仙书》:“仆之《诗辨》……是自家实证实悟者,是自家闭门凿破此片田地,即非～～～～,拾人涕唾得来者。”

【傍人门户】 bàngrénménhù 比喻依赖别人,不能自立。苏轼《东坡志林》卷十二:“桃符仰视艾人而骂曰:‘汝何等草芥,辄居我上!’艾人俯而应曰:‘汝已半截入土,犹争高下乎?’桃符怒,往复纷然不已。门神解之曰:‘吾辈不肖,方～～～～,何暇争闲气耶!’”

bao

包 1. bāo ❶裹,裹扎。《诗经·召南·野有死麕》:“野有死麕,白茅～之。”李白《发白马》诗:“一扫清大漠,～虎戢金戈。”司马光《辞免馆伴劄子》:“况圣朝～戈,专以文德怀抚北夷。”㉿裹扎好的物体。梅尧臣《答建州沈屯田寄新茶》诗:“价与黄金齐,～开青篛整。”汤显祖《牡丹亭·旅寄》:“香山嶴里打～来,三水船儿到岸开。”㊀包围,围绕。《汉书·匈奴传上》:“故其战,人人自为趋利,善为诱兵以～敌。”《水经注·河水》:“河水分流,～山而过。”梅曾亮《游小盘谷记》:“其西北～卢龙山而止。”❷包含,包容。《墨子·辞过》:“凡回于天地之间,～于四海之内,地壤之情,阴阳之和,莫不有也。”《庄子·天下》:“天能覆之而不能载之,地能载之而不能覆之,大道能～之而不能辨之。”㉿包括,总括。《穀梁传·桓公五年》:“陈侯以甲戌之日出,己丑之日得,不知死之日,故举二日以～也。”㊀掩盖,隐藏。《汉书·孝武李夫人传》:“既激感而心逐兮,～红颜而弗明。”《南史·萧正德传》:“岂谓汝狼心不改,～藏祸胎。”❸包取,据有。《战国策·燕策一》:“今夫齐王……北与燕战,覆三军,获二将。而又以其馀兵南面而举五千乘之劲宋,而～十二诸侯。”《汉书·叙传下》:“猗与元勋,～汉举信。”❹量词。《后汉书·杨由传》:“由对曰:‘方当有荐木实者,其色黄赤。’顷之,五官掾献橘数～。”❺通“苞”。茂盛,丛生。《尚书·禹贡》:“厥土赤埴坟,草木渐～。”❻通“苞”。花苞。梅尧臣《和韩子华寄东华市玉版鲊》诗:“荷香开新～。”❼姓。

2. páo ❽通“庖”。厨房。《周易·姤》:“～有鱼。”❾通“匏”。匏瓜,瓢葫芦。《周易·姤》:“以杞～瓜。”

【包匦】 bāoguǐ ❶裹扎贡品并用箱子装上。《汉书·地理志上》:“～～菁茅。”(颜师古注:“匦,柙也。菁,菜也,可以为菹。茅可以缩酒。苞其茅匦其菁而献之。”)❷贡品的代称。左思《吴都赋》:“职贡纳其～～。”归有光《送郡太守历下金侯考绩序》:“～～筐篚之贡。”

【包裹】 bāoguǒ ❶包含,容纳。《文子·符言》:“～～天地而无表里。”韩愈《元和圣德》诗:“载妻与妾,～～稚乳。”也作“苞裹”。《庄子·天运》:“充满天地,～～六极。”❷包围,裹住。《论衡·四讳》:“人之有胞,犹木实之有扶也,～～儿身,因与俱出。”❸包扎。郑廷玉《金凤钗》四折:“大人与了十只金钗,我～～了无处放。”❹包扎成件的包儿。《水浒传》八回:“三个人奔到里面,解下行李～～,都搬在树根头。”

【包荒】 bāohuāng ❶包纳荒秽。指度量宽大,能容人。《周易·泰》:“～～,用冯河。”❷包涵,谅解,宽容。柯丹邱《荆钗记·合卺》:“诸事不曾完备,望亲家～～。”魏禧《寄儿子世侃书》:“夫吾何德何能于姻族,而姻族乃折节～～若此!”❸掩饰,遮盖。邵璨《香囊记·治吏》:“我一力～～,没事没事。”也作“包慌”。《醒世恒言·陈多寿生死夫妻》:“这句话王三老却也闻知一二,口中祇得～～。”

【包苴】 bāojū 见“苞苴”。

【包举】 bāojǔ ❶全部占有。贾谊《过秦论》:“有席卷天下,～～宇内,囊括四海之意,并吞八荒之心。”《三国志·魏书·三少帝纪》:“今国威远震,抚怀六合,方～～殊裔,混一四表。”❷总括,概括。准良《请修铁路疏》:“均能胪陈确实,～～无遗。”

【包茅】 bāomáo ❶古代祭祀所用裹束好的菁茅。《史记·齐太公世家》:“楚贡～～不入,王祭不具,是以来责。”❷泛指进献贡品。杜甫《承闻河北诸道节度入朝欢喜口号绝句十二首》之八:“～～重入归关内,王祭还供尽海头。”

【包蒙】 bāoméng ❶包容愚昧的人。《周易·蒙》:“～～,吉。”❷指愚昧。杜甫《夜听许十一诵诗爱而有作》诗:“离索晚相逢,～～欣有击。”

【包桑】　bāosāng　见"苞桑"。

【包羞】　bāoxiū　忍受羞辱。陆龟蒙《寒泉子对秦惠王》："大王出则夺气，入则～～。"

【包藏祸心】　bāocánghuòxīn　心里隐藏着祸害人的心思。《左传·昭公元年》："小国无罪，恃实其罪，将恃大国之安靖己，而无乃～～～～以图之。"骆宾王《为李敬业传檄天下文》："犹复～～～～，窥窃神器。"

苞　1. bāo　❶草名，即可制席子和草鞋的席草。《礼记·曲礼下》："～屦、扱衽、厌冠，不入公门。"《汉书·司马相如传上》："其高燥则生葴蔪～荔，薛莎青薠。"❷草木的根和茎。《诗经·商颂·长发》："～有三蘖，莫遂莫达。"（蘖：草木旁生的萌蘖。）❸草木丛生，茂盛。《诗经·曹风·下泉》："冽彼下泉，浸彼～稂。"又《大雅·行苇》："方～方体，维叶泥泥。"❹花苞。王恽《赋秋日红梨花》："纤～淡贮幽香。"㊄草木长出的嫩芽。毛滂《踏莎行·早春即事》词："柳～黄遍。"❺通"包"。1)包裹。《战国策·秦策三》："楚～九夷，又方千里。"2)包容。《论衡·累害》："公侯已下，玉石杂糅，贤士之行，善恶相～。"3)围绕。《三国志·魏书·文帝纪》："～原隰险阻而为军者为敌所禽。"❻通"俘"。擒获，俘获。《穀梁传·隐公五年》："～人民，驱牛马曰侵。"❼通"莩（piǎo）"。饿死，饿死的人。《管子·八观》："粟行于五百里，则众有饥色……小凶三年而大凶，大凶，则众有大遗～矣。"（遗苞：洪颐煊注："'遗苞'当读'遗莩'。"）

2. páo　❽通"匏"。瓢葫芦。《论衡·无形》："试令人损益～瓜之汁，令其形如故，耐为之乎？"

【苞裹】　bāoguǒ　见"包裹①"。

【苞苴】　bāojū　也作"包苴"。❶古代用芦苇或茅草编束而成的裹鱼肉的包。《礼记·少仪》："笏、书、脩、～～、弓、茵、席、枕、几、颖、杖、琴、瑟、戈有刃者椟、策、籥，其执之皆尚左手。"❷馈赠的礼物。《庄子·列御寇》："小夫之知，不离～～、竿牍。"汪中《自序》："～～礼绝，问讯不通。"❸贿赂。《论衡·遭虎》："居功曹之官，皆有奸心，私旧故可以幸，～～赂遗，大小皆有。"《后汉书·第五伦传》："在乡曲无～～之嫌，步朝堂无择言之阙。"《新唐书·裴宽传》："宽义不以～～污家，适有人以鹿为饷，致而去，不敢自欺，故瘗之。"

【苞桑】　bāosāng　也作"包桑"。❶丛生的桑树。《周易·否》："其亡其亡，系于～～。"《诗经·唐风·鸨羽》："肃肃鸨行，集于～～。"❷比喻根基稳固。《后汉书·吴盖陈臧传论》："光武审《黄石》，存～～，闭玉门以谢西域之质，卑词币以礼匈奴之使。"王夫之《读通鉴论·唐高祖》："故能折棰以御枭尤，而系国于～～之固。"❸比喻不牢固，岌岌可危。庾信《代人乞致仕表》："臣弥当顿顿，病不俟年，盈量穷涯，满而招损，逾时每乖于勿药，永日犹系于～～。"陆贽《收河中后请罢兵状》："邦国之杌陧艰屯，绵绵联联，若～～缀旒，幸而不殊者屡矣。"

炮　bāo　见páo。

胞　1. bāo　❶包裹胎儿的膜质囊。《论衡·四讳》："人之有～，犹木实之有扶也，包裹儿身，因与俱出。"何坦《西畴老人常言·应世》："儿脱～而乳已生。"❷同一父母所生的。《汉书·东方朔传》："同～之徒，无所容居。"❸（又读pào）恶疮。《战国策·楚策四》："夫疠虽痈肿～疾。"

2. pāo　❹通"脬"。膀胱。嵇康《与山巨源绝交书》："每常小便，而忍不起，令～中略转乃起耳。"

3. páo　❺通"庖"。1)庖厨，厨房。《庄子·庚桑楚》："是故汤以～人笼伊尹。"2)古代主管宰割牲畜的小官。《礼记·祭统》："～者，肉吏之贱者也。"

【胞人】　páorén　❶厨师。《汉书·东方朔传》："馆陶公主～～臣偃昧死再拜谒。"❷主管宰割牲畜的小官。《汉书·百官公卿表上》："又～～、都水、均官三长丞。"

剥　bāo　见bō。

裒　bāo　见póu。

褒（襃）　bāo　❶衣襟宽大。《汉书·朱博传》："官属多～衣大绍，不中节度，自今掾史衣皆令去地三寸。"李白《嘲鲁儒》诗："秦家丞相府，不重～衣人。"㊁大，广大。《淮南子·主术训》："一人被之而不～，万人蒙之而不褊。"《论衡·恢国》："二王，帝族也，位为王侯，与管、蔡同；管、蔡灭嗣，二王立后，恩已～矣。"❷赞扬，夸奖。《汉书·汲黯传》："黯质责汤于上前，曰：'公为正卿，上不能～先帝之功业，下不能化天下之邪心，安国富民，使囹圄空虚，何空取高皇帝约束纷更之为？'"《后汉书·董扶传》："董扶～秋毫之善，贬纤介之恶。"柳宗元《驳〈复仇议〉》："盖圣人之制，穷理以定赏罚，本情以正～贬，统于一而已矣。"❸古国名，也叫"有褒"，在今陕西勉县东南。《国语·晋语一》："周幽王伐有～，～人以褒姒女焉。"❹山谷名，在今陕西省西南，南谷名褒，北谷名斜，首尾七百里。班固《西都赋》："右界～斜陇首之险。"杜甫《送李校书二十六韵》："长云湿～斜，汉水饶巨石。"

【褒表】 bāobiǎo 嘉奖表扬。《汉书·诸侯王表》："所以亲亲贤贤，～～功德，关诸盛衰，深根固本，为不可拔者也。"《后汉书·和帝纪》："故太尉邓彪，元功之族，三让弥高，海内归仁，为群贤首，先帝～～，欲以崇化。"

【褒宠】 bāochǒng 褒赏宠爱。《汉书·张敞传》："朝臣宜有明言，曰陛下～～故大将军以报功德足矣。"《三国志·魏书·三少帝纪》："夫追加～～，所以表扬忠义。"

【褒衣】 bāoyī ❶赏赐的礼服。《礼记·杂记上》："内子以鞠衣、～～、素沙。"❷宽大之衣。梅尧臣《送杨辩青州司理》诗："儒者服～～，气志轻王公。"

【褒衣博带】 bāoyībódài 宽袍大带。形容古代儒生的装束。《论衡·别通》："汉氏廓土，牧万里之外，要荒之地，～～～～。"《后汉书·郭太传》："身长八尺，容貌魁伟，～～～～，周游郡国。"

彴 báo 见 zhuó。

雹 báo 冰雹，空中水蒸气遇冷结成的冰粒或冰块。《左传·僖公二十九年》："秋，大雨～，为灾也。"《后汉书·桓帝纪》："五月己丑，京师雨～。"王夫之《后剿蕨行》："～如弹丸雨如簇，荷锄空望青山哭。"

【雹凸】 báotū 棱角外突的样子。刘禹锡《牛相公见示新什》诗："玉柱琤玐韵，金觥～～棱。"

【雹霰】 báoxiàn 下冰雹时夹杂着雪珠和雨点。《吕氏春秋·仲夏纪》："仲夏行冬令，则～～伤谷。"刘歆《遂初赋》："扬～～之复陆兮，慨原泉之凌阴。"

瀑 báo 皮肤因受冻而裂开凸起。《山海经·西山经》："有鸟焉，其名曰鸲渠，其状如山鸡，黑身赤足，可以已～。"

宝(寶、寶、珤) bǎo ❶珍宝，宝物。《左传·僖公二年》："晋荀息请以屈产之乘与垂棘之璧假道于虞以伐虢。公曰：'是吾～也。'对曰：'若得道于虞，犹外府也。'"《国语·鲁语上》："莒太子仆弑纪公，以其～来奔。"《战国策·东周策》："夫存危国，美名也；得九鼎，厚～也。"[引]泛指一切珍贵的东西(包括高尚的情操和优良的品德)。《论语·阳货》："怀其～而迷其邦，可谓仁乎？"《韩非子·喻老》："尔以玉为宝，我以不受子玉为～。"《后汉书·李固传》："养身者以练神为～。"[又]珍贵，宝贵。《春秋经·定公八年》："盗窃～玉、大弓。"《论衡·恢国》："周时戎狄攻王，至汉内属，献其～地。"《后汉书·冯衍传》："德与道其孰～兮，名与身其孰亲？"[又]比喻重要的措施或方法。《左传·隐公六年》："亲仁善邻，国之～也。"《老子·六十七章》："我有三～，持而保之。"❷珍爱，珍视，珍惜，珍重。《韩非子·解老》："智士俭用其财则家富，圣人爱～其神则精盛，人君重战其卒则民众。"《淮南子·说山训》："故和氏之璧，随侯之珠，出于山渊之精……侯王～之，为天下正。"《后汉书·东平宪王苍传》："愿王～精神，加供养。"❸珍藏。《礼记·礼器》："家不～龟，不藏圭。"蔡絛《铁围山丛谈》卷四："王晋卿家旧～徐处士碧槛《蜀葵图》。"❹封建皇帝的印信符玺。《新唐书·车服志》："至武后改诸玺皆为～。"宋敏求《春明退朝录》卷下："至尊之位，亦不合言印，当云某宫之～。"❺金属货币。《旧唐书·食货志》："武德四年七月十日，废五铢钱，行开元通～钱。"《元史·杨湜传》："上钞法便宜事，谓平准行用库白金出入，有偷滥之弊，请以五十两铸为锭，文以'元～'，用之便。"❻敬词。用于对封建帝王、佛教、道教以及他人等有关事物的敬称。韩愈《皇帝即位贺诸道状》："伏见敕命，皇帝以闰正月三日嗣临～位。"白居易《菩提寺上方晚望香山寺寄舒员外》诗："晚登西～刹，晴望东精舍。"张君房《云笈七籤》卷四："上皇～经，皆玄古之道，自然之章。"阳枋《与赵侍讲劄子》："～眷想随轩在京，或只在于潜耶？"❼姓。

【宝符】 bǎofú ❶古代所谓代表天意的符节。《史记·赵世家》："简子乃告诸子曰：'吾藏～～于常山上，先得者赏。'"《宋史·乐志九》："天锡～～，俾炽而昌。"❷赞美赵国得人才及其决策得当之词。李白《赠宣城赵太守悦》诗："赵得～～盛，山河功业存。"李德裕《赠故蕃维州城副使悉怛谋制》："昔常山临代，为全赵之～～。"❸皇帝的印玺。《新唐书·肃宗纪》："上皇天帝御宣政殿，授皇帝传国、受命～～。"

【宝货】 bǎohuò ❶古货币名。《汉书·食货志下》："[王]莽即真，以为书'刘'字有金刀，乃罢错刀、契刀及五铢钱，而更作金、银、龟、贝、钱、布之品，名曰～～。"《金史·食货志三》："遂改铸银名'承安～～'。"❷贵重的物品。《论衡·状留》："大器晚成，～～难售。"《后汉书·刘盆子传》："发掘诸陵，取其～～。"

【宝勒】 bǎolè ❶装饰华贵的马笼头。《新唐书·郭英乂传》："又教女伎乘驴击球，钿鞍～～及它服用，日无虑数万费。"❷指装饰豪华的马。何景明《元夕怀都下之游》诗之二："龙岫层城接御沟，香车～～夜深游。"

【宝唾】 bǎotuò 称赞他人谈吐或文词的优美。吴莱《王溥南太山石屋》诗："青云飞遐心，白羽洒～～。"张缍《香奁》诗："锦鳞青羽书难觅，～～珠啼迹未干。"

饱(飽) bǎo 吃足。《诗经·小雅·苕之华》："人可以食，鲜可以～。"《孟子·梁惠王上》："乐岁终身～，凶年免于死亡。"《战国策·赵策一》："攻燕，食未～而祸已及矣。"㉠满足。《诗经·大雅·既醉》："既醉以酒，既～以德。"杜甫《观打鱼歌》："鲂鱼肥美知第一，既～欢娱亦萧瑟。"㉡足，充分。《文心雕龙·事类》："有～学而才馁，有才富而学贫。"韩愈《与李拾遗书》："勤俭之声，宽大之政，幽闺妇女，草野小人，皆～闻而厌道之。"杜甫《怀锦水居止二首》之二："层轩皆面水，老树～经霜。"㉡饱满，充足。《左传·僖公二十八年》："背惠食言，以亢其仇，我曲楚直，其众素～，不可谓老。"

【饱参】 bǎocān 领悟甚多。陈师道《答颜生》诗："世间公器毋多取，句里宗风却～～。"

【饱德】 bǎodé 备受恩德。《隋书·音乐志下》："饮和～～，恩风长扇。"

保 bǎo ❶抚养，养育。《国语·周语上》："慈～庶民，亲也。"《荀子·王霸》："上之于下，如～赤子。"《汉书·郊祀志下》："劳所～之民，行危险之地。"㉠抚养人的人，保姆。《礼记·内则》："国君生世子……～受乃负之。"又："异为孺子室于宫中，择于诸母与可者……使为子师，其次为慈母，其次为～母，皆居子室。"《慎子·君人》："爱赤子不慢其～，绝险者不慢其御。"㉡古代掌管宫廷教育的官员，即太保，三公之一，负责辅导太子等贵族子弟及未成年帝王。《礼记·文王世子》："入则有～，出则有师……～也者，慎其身以辅翼之而归诸道者也。"《汉书·贾谊传》："昔者成王幼在缊抱之中，召公为太～，周公为太傅，太公为太师。～，保其身体；傅，傅之德义；师，道之教训：此三公之职也。"❷安，安定，安抚。《孟子·梁惠王上》："故推恩足以～四海，不推恩无以～妻子。"《盐铁论·地广》："以宽徭役，～士民。"《后汉书·班固传》："巡靖黎蒸，怀～鳏寡之惠浃。"❸保护，保全。《左传·僖公二十一年》："崇明祀，～小寡，周礼也。"《庄子·养生主》："可以～身，可以全生。"㉡保卫，守住。《墨子·亲士》："分议者延延，而支苟者谘谘，焉可以长生～国。"《老子·十五章》："～此道者不欲盈。"《汉书·高帝纪上》："[赵王]歇～钜鹿城，秦将王离围之。"㉡保持。《老子·六十二章》："道者，万物之奥，善人之宝，不善人之所～。"《三国志·吴书·贺邵传》："自是之后，海内悼心，朝臣失图，仕者以退为幸，居者以出为福，诚非所以～光洪绪，熙隆道化也。"❹占有，拥有。《诗经·唐风·山有枢》："子有钟鼓，弗鼓弗考。宛其死矣，他人是～。"❺担保，保证。《周礼·地官·大司徒》："令五家为比，使之相～。"王安石《九井》诗："谁能～此千秋后，天柱不折泉常倾？"㉡保举，保荐。《后汉书·赵憙传》："卿非但为英雄所～也，妇人亦怀卿之恩。"❻依靠，依附，倚仗。《左传·僖公二十三年》："～君父之命而享其生禄。"《战国策·韩策二》："伯婴恐，必～于公。"《汉书·广陵厉王刘胥传》："大江之南，五湖之间，其人轻心。扬州～强，三代要服，不及以正。"❼仆役，佣工。《后汉书·杜根传》："因得逃窜，为宜城山中酒家～。"❽旧时户口的一种编制。曾巩《申明保甲巡警盗贼劄子》："今保甲之制，自五家为～。"❾"堡"的古字。小城。《吕氏春秋·孟夏纪》："孟夏行秋令，则苦雨数来，五谷不滋，四鄙入～。"《后汉书·张宗传》："又转攻诸营～，为流矢所激，皆几至于死。"苏轼《上皇帝书》："逃亡之馀，则均之邻～。"❿"褓"的古字。婴儿的被子。《后汉书·桓郁传》："昔成王幼小，越在襁～。"⓫通"宝"。《史记·周本纪》："命南宫括、史佚展九鼎～玉。"⓬姓。

【保艾】 bǎo'ài 护养，保养。《诗经·小雅·南山有台》："乐只君子，～～尔后。"

【保抱】 bǎobào ❶怀抱，抱在怀里。《尚书·召诰》："夫知～～携持厥妇子，以哀吁天。"❷抚养。戴名世《徐节妇传》："诸孤携持～～，及长教之，从师受学皆有成，为县诸生。"

【保傅】 bǎofù 古代负责辅导太子等贵族子弟及未成年帝王的官员。《汉书·贾谊传》："及太子既冠成人，免于～～之严，则有记过之史，彻膳之宰，进善之旌，诽谤之木，敢谏之鼓。"

【保固】 bǎogù ❶安定而巩固。《荀子·富国》："境内之聚也～～。"《后汉书·侯霸传》："及王莽之败，霸～～自守，卒全一郡。"❷凭险固守。《六韬·犬韬》："敌人无险阻～～，深入长驱，绝其粮路，敌人必饥。"

【保介】 bǎojiè 田官，保护田界的人。《诗经·周颂·臣工》："嗟嗟～～，维莫之春，亦又何求。"《吕氏春秋·孟春纪》："乃择元辰，天子亲载耒耜，措之参于～～之御间，率三公九卿诸侯大夫躬耕帝籍田。"

【保聚】 bǎojù ❶保城聚众。《左传·僖公二十六年》:"我敝邑用不敢～～。"《史记·黥布列传》:"项梁败死定陶,怀王徙都彭城,诸将英布亦皆～～彭城。"❷聚集,集中。《后汉书·西羌传》:"又于扶风、汉阳、陇道作坞壁三百所,置屯兵,以～～百姓。"《宋史·度宗纪》:"峡州、宜都而下联置堡砦,以～～流民,且守且耕。"

【保纳】 bǎonà 收留保护。《后汉书·孔融传》:"融曰:'～～舍藏者,融也,当坐之。'"吴武陵《遗吴元济书》:"上以覆载之仁,必～～足下,涤垢洗瑕,以倡四海,将校官属,不失宠且贵。"

【保任】 bǎorèn ❶保持,保守。《左传·襄公二十一年》:"昔陪臣书,能输力于王室,王施惠焉。其子黡不能～～其父之劳。"《国语·周语上》:"夫晋侯非嗣也,而得其位,亹亹怵惕,～～戒惧,犹曰未也。"❷保证,担保。王安石《上仁宗皇帝言事书》:"其次则恩泽子弟,庠序不教之以道艺,官司不考问其才能,父兄不～～其行义,而朝廷辄以官予之,而任之以事。"

【保塞】 bǎosài 居边守塞。《后汉书·窦融传》:"其后匈奴惩乂,稀复侵寇,而～～羌胡皆震服亲附。"又《耿秉传》:"遣案行凉州边境,劳赐～～羌胡,进屯酒泉,救戊己校尉。"

【保乂】 bǎoyì 治理使安定。《晏子春秋·内篇问上》:"昔吾先君桓公有管仲夷吾～～齐国,能遂武功而立文德。"潘岳《杨仲武诔》:"其母郑氏,光禄勋密陵成侯之元女,操行甚高,恤养幼孤,以～～夫家,而免诸艰难。"陈子昂《谏用刑书》:"臣伏睹陛下圣德聪明,游心太古,将制静宇宙,～～黎人。"

【保庸】 bǎoyōng ❶安抚、奖赏有功的人。《周礼·天官·大宰》:"以八统诏王驭万民……五曰～～。"❷佣工,仆役。《史记·司马相如列传》:"与～～杂作,涤器于市中。"

【保障】 bǎozhàng 起保护作用的屏障。《左传·定公十二年》:"且成,孟氏之～～也。"也作"保鄣"。《国语·晋语九》:"赵简子使尹铎为晋阳,请曰:'以为茧丝乎?抑为～～乎?'"

【保残守缺】 bǎocánshǒuquē 见"抱残守缺"。

鸨(鴇) bǎo ❶比雁略大的一种鸟,背上有斑纹,不善于飞,而善于奔跑。《诗经·唐风·鸨羽》:"肃肃～行,集于苞桑。"杜甫《枯柏渡》诗:"急流～鹢散,绝岸鼋鼍骄。"❷旧社会对妓女或妓女养母的称呼。朱权《丹丘先生曲论》:"妓女之老者曰～。"孔尚任《桃花扇·媚座》:"莫管他～子肯不肯,竟将香君拉上轿子。"❸通"䮍"。黑白杂毛的马。《诗经·郑风·大叔于田》:"叔于田,乘乘～。"

堡 1. bǎo ❶小城,堡垒。《晋书·苻登载记》:"各聚众五千,据险筑～以自固。"欧阳修《程公琳神道碑铭》:"公诫诸～塞无得数出兵。"

2. bǔ ❷有围墙的集镇。范仲淹《奏陕西河北划一利害事》:"各筑～子居住。"《西游记》二十七回:"可怜西方甚是寂寞,更无庄～人家。"

【堡聚】 bǎojù 聚众防守的战略据点。《宋书·张畅传》:"一入～～,饿死立至。"又:"移民～～。"

【堡坞】 bǎowù 碉堡,防守用的建筑物。柳宗元《小石城山记》:"其上为睥睨梁欐之形,其旁出～～。"

【堡砦】 bǎozhài 围有土墙木栅的防御据点。《宋史·度宗纪》:"峡州、宜都而下联置～～,以保聚流民,且守且耕。"《明史·陶成传》:"乃筑～～,缮甲兵,练技勇,以孤城捍贼冲。"

【堡障】 bǎozhàng ❶有战略意义的小土城。司空图《解县新城碑》:"彼或蔽捍边荒,缮修～～。"《新唐书·裴识传》:"治～～,整戎器。"❷起保护作用的屏障。元稹《加陈楚检校左仆射制》:"自非国之干城,总之利器,安能为我～～。"

葆 bǎo ❶草木繁盛。《汉书·燕刺王刘旦传》:"樊、郦、曹、灌,携剑推锋,从高皇帝垦菑除害,耘锄海内,当此之时,头如蓬～,勤苦至矣,然其赏不过封侯。"❷把羽毛挂在竿头制成的仪仗,常用在车上。张衡《西京赋》:"垂翟～,建羽旗。"《汉书·韩延寿传》:"延寿衣黄纨方领,驾四马,傅总,建幢棨,植羽～,鼓车歌车。"㊀犹"保斗",车盖正中的帽顶。《论衡·说日》:"极星在上之北,若盖之～矣;其下之南,有若盖之茎者,正何所乎?"❸通"保"。1)保护,保全。《墨子·号令》:"论小城不自守通者,尽～其老弱粟米畜产。"《战国策·秦策四》:"齐魏得地～利,而详事下吏。"2)保姆。《管子·入国》:"有三幼者无妇征,四幼者尽家无征,五幼又予之～。"3)安适,平衡。《吕氏春秋·尽数》:"凡食之道,无饥无饱,是之谓五藏之～。"4)官名,犹"太保"。《吕氏春秋·直谏》:"～申曰:'先王卜以臣为～,吉。'"❹通"褓"。小儿的被子。《史记·赵世家》:"乃二人谋取他人婴儿负之,衣以文

～，匿山中。”❺通“堡”。小城，土堡。《墨子·迎敌祠》：“凡守城之法，县师受事，出～，循沟防，筑荐通涂。”《吕氏春秋·疑似》：“与诸侯约：为高～祷于王路，置鼓其上，远近相闻。”❻通“宝”。珍贵。《论衡·纪妖》：“从高祖过济北界，得谷城山下黄石，取而～祠之。”❼通“包”。包裹。《墨子·公孟》：“教人学而执有命，是犹命人～而去其冠也。”❽通“褒”。大，高。《礼记·礼器》：“不乐～大。”

【葆宫】 bǎogōng 古代关押人质的地方。《墨子·杂守》：“父母昆弟妻子有在～～中者，乃得为侍吏。诸吏必有质乃得任事。”

【葆光】 bǎoguāng 隐蔽其光。《庄子·齐物论》：“注焉而不满，酌焉而不竭，而不知其所由来，此之谓～～。”

褓(緥) bǎo 包裹婴儿的被子。《吕氏春秋·明理》：“民多疾疠，道多～缀。”刘绩《征夫词》：“但视～中儿。”

报(報) 1. bào ❶断狱，判决罪人。《韩非子·五蠹》：“楚之有直躬，其父窃羊而谒之吏，令尹曰：‘杀之。’以为直于君而曲于父，～而罪之。”《汉书·食货志下》：“因欲禁其厚利微奸，虽黥罪日～，其势不止。”《后汉书·陈宠传》：“汉旧事断狱～重，常尽三冬之月，是时帝始改用冬初十月而已。”❷报答，酬谢。《国语·晋语二》：“吾闻之，惠难遍也，施难～也。”《汉书·韩信传》：“信谓漂母曰：‘吾必重～母。’”《后汉书·孔融传》：“睚眦之怨必仇，一餐之惠必～。”[引]报复，复仇。《左传·隐公五年》：“郑人侵卫牧，以～东门之役。”《战国策·燕策一》：“我有深怨积怒于齐，而欲～之二年矣。”《吕氏春秋·知化》：“居数年，越～吴，残其国，绝其世，灭其社稷，夷其宗庙。”[引]报应，即迷信的人所谓的因果报应。《荀子·正论》：“凡爵列官职赏庆刑罚皆～也，以类相从者也。”《论衡·福虚》：“阳恩，人君赏其行；阴惠，天地～其德。”❸报告，告知。《战国策·秦策三》：“今太后擅行不顾，穰侯出使不～。”《史记·吕太后本纪》：“还，驰入北军，～太尉。”《汉书·高帝纪上》：“行前者还～曰：‘前有大蛇当径，愿还。’”❹答复，给回信。司马迁《报任少卿书》：“阙然久不～，幸勿为过。”王安石《答司马谏议书》：“故略上～，不复一一自辨。”高攀龙《与叶适同书》：“朋友相与，须尽力砭其失，方有进处。弟施矣，足下不可不～。”[引]特指皇帝对臣下奏章的批复。《汉书·李广传》：“广请霸陵尉与俱，至军而斩之，上书自陈谢罪。上～曰：‘将军者，国之爪牙也。’”《东观汉记·丁鸿传》：“鸿当袭封，上书让国于盛。书不～。”《后汉书·马援传》：“书奏，～，归田里。”[又]返回，往复。《韩非子·内储说上》：“韩昭侯使骑于县。使者～，昭侯问曰：‘何见也？’对曰：‘无所见也。’”《穆天子传》卷六：“～哭于大次。”❺合，符合。《礼记·丧服小记》：“本诎而反以～之。”《韩非子·八经》：“言必有～，说必责用也，故朋党之言不上闻。”❻祭祀。《国语·鲁语上》：“幕，能帅颛顼者也，有虞氏～焉。”曾巩《本朝政要策·禘祭》：“故田猎取禽以～百神，享宗庙，旁及五祀，以致孝尽虔。”❼旧时指淫乱行为。《左传·宣公三年》：“文公～郑子之妃曰陈妫，生子华、子臧。”《后汉书·仲长统传》：“鱼肉百姓，以盈其欲，～蒸骨血，以快其情。”

2. fù ❽急速。《礼记·丧服小记》：“～葬者～虞，三月而后卒哭。”又《少仪》：“毋拔来，毋～往。”

【报罢】 bàobà ❶批复吏民所奏之事作罢，即言事不予采纳。《汉书·梅福传》：“数因县道上言变事，求假轺传，诣行在所，条对急政，辄～～。”《新唐书·杨朝晟传》：“前请～～，张公已舍邠矣。”茅坤《青霞先生文集序》：“又未几，故宰执之仇君者亦～～。”❷指科举考试落第。赵翼《瓯北诗话·杜少陵诗》：“～～之后，则日益饥窘。”

【报称】 bàochèn 相称地报答他人所施的恩惠。《汉书·孔光传》：“诚恐一旦颠仆，无以～～。”岳飞《奏乞出师劄子》：“以图～～。”

【报复】 bàofù ❶酬报或复仇。《三国志·蜀书·法正传》：“一餐之德，睚眦之怨，无不～～。”❷答复，回信。《北史·萧宝夤传》：“门庭宾客若市，而书记相寻，宝夤接对～～，不失其理。”❸报应。《北齐书·孝昭帝纪论》：“岂幽显之间，实有～～。”❹通报，报知。佚名《鸳鸯被》楔子：“不必～～，我自过去。”❺往复。徐陵《武皇帝作相时与岭南酋豪书》：“若日月之回环，犹阴阳之～～。”

【报更】 bàogēng 报偿，报应。《吕氏春秋·先识》：“周鼎著饕餮，有首无身，食人未咽，害及其身，以言～～也。”

【报功】 bàogōng 酬报、奖赏有功的人。《尚书·武成》：“崇德～～。”《礼记·大传》：“圣人南面而听天下，所且先者五，民不与焉：一曰治亲，二曰～～，三曰举贤……。”

【报命】 bàomìng ❶奉命执行任务后回来报告。《史记·太史公自序》：“于是迁仕为郎中，奉使西征巴、蜀以南，南略邛、笮、昆明，还～～。”《老残游记》十八回：“白公道：'差你往齐东村明查暗访……限一个月～～。'"❷派遣使臣回访。《后汉书·光武帝纪下》："匈奴遣使来献，使中郎将～～。"《周书·萧詧传》："太祖又令荣权～～。"

【报聘】 bàopìn 为答谢邻国的聘问而派使者回访。《左传·宣公十年》："国武子来～～。"苏轼《富郑公神道碑》："命宰相择～～者，时虏情不可测，群臣皆莫敢行。"

【报囚】 bàoqiú 判决囚犯。《汉书·严延年传》："初，延年母从东海来，欲从延年腊，到雒阳，适见～～。母大惊，便止都亭，不肯入府。"《后汉书·章帝纪》："朕咨访儒雅，稽之典籍，以为王者生杀，宜顺时气。其定律，无以十一月、十二月～～。"

【报嫂】 bàosǎo 弟娶寡嫂。《晋书·石勒载记下》："又下书禁国人不听～～及在丧婚娶。"也作"报娅"。袁宏《后汉纪·明帝纪上》："妻后母，～～。"

【报施】 bàoshī ❶报答别人的恩惠。《左传·僖公二十七年》："先轸曰：'～～、救患，取威、定霸，于是乎在矣。'"又《僖公二十八年》："令无入僖负羁之宫，而免其族，～～也。"❷酬报，赏赐。《史记·伯夷列传》："且七十子之徒，仲尼独荐颜渊为好学。然回也屡空，糟糠不厌，而卒蚤夭。天之～～善人，其何如哉？"刘孝标《辩命论》："天之～～，何其寡与？"

【报闻】 bàowén ❶批复所报告的事已经知道。《汉书·哀帝纪》："书奏，天子～～。"❷报告，上闻。陈琳《为袁绍檄豫州》："擅收立杀，不俟～～。"

【报章】 bàozhāng ❶织而成章，谓杼柚往来反复，织成纺织品的经纬纹理。《诗经·小雅·大东》："虽则七襄，不成～～。"谢灵运《七夕咏牛女》："纨绮无～～，河汉有骏轭。"❷酬答别人诗文。谢朓《酬德赋序》："沈侯之丽藻天逸，固难以～～。"苏轼《张作诗送砚反剑乃和其诗卒以剑归之》："～～苦恨无好语，试向君砚求馀波。"❸复信。白居易《与济法师书》："敬伫～～，以开未悟。"

【报政】 bàozhèng ❶述职，向主管者陈报政绩。《史记·鲁周公世家》："鲁公伯禽之初受封之鲁，三年而后～～周公。"❷担任地方官职。方文《送姜如农明府擢仪部》诗："～～逾十年，令闻昭四方。"

抱 bào ❶抱着，用手臂围住。《诗经·大雅·抑》："借曰未知，亦既～子。"《左传·文公七年》："穆嬴日～大子以啼于朝。"杜甫《雨》诗："恨无～瓮力，庶减临江费。"㊁向内弯曲。柳宗元《牛赋》："牛之为物，魁形巨首，垂耳～角，毛革疏厚。"㊂环绕。李白《自梁园至敬亭山见会公谈陵阳山水》诗："冰谷明且秀，陵峦～江城。"独孤及《题思禅寺上方》诗："郁律众山～，空濛花雨零。"符载《襄阳张端公西园记》："岘山汉水，环～里闬。"❷两臂围拢所抱的大小粗细。《老子·六十四章》："合～之木，生于毫末。"《西京杂记》卷三："五柞宫有五柞树，皆连三～，上枝荫覆数十亩。"❸扶持，辅佐。《公羊传·成公十五年》："叔仲惠伯傅子赤者也。文公死，子幼，公子遂谓叔仲惠伯曰：'君幼，如之何？愿与子虑之。'叔仲惠伯曰：'吾子相之，老夫～之，何幼君之有！'"《吕氏春秋·下贤》："文公造之而未遂，武王遂之而未成，周公旦～少主而成之。"❹胸怀。《仪礼·士相见礼》："凡与大人言，始视面，中视～。"杜甫《乾元中寓居同谷县作》诗之七："山中儒生旧相识，但话宿昔伤怀～。"❺怀藏，怀有。刘昼《新论·崇学》："山～玉而草木润焉。"王安石《上皇帝万言书》："常～边疆之忧。"❻持，拿着。《诗经·卫风·氓》："氓之蚩蚩，～布贸丝。"《公羊传·僖公二年》："虞公～宝牵马而至。"《战国策·齐策三》："薛公曰：'我留太子，郢中立王，然则是我～空质而行不义于天下也。'"❼守持，保持。《老子·十章》："载营魄～一，能无离？"❽依存。《论衡·无形》："体气与形骸相～，生死与期节相须。"❾通"菢"。禽鸟伏卵。《格物粗谈·禽类》："母鸡生子，与青麻子吃，则长生不～。"㊁孵化虫卵。吕渭老《谒金门》词："花尽叶长蚕又～。"❿（又读pāo）通"抛"。抛弃。《史记·三代世表》："～之山中，山者养之。"⓫姓。

【抱负】 bàofù ❶手抱肩负，携带。《后汉书·儒林传序》："先是四方学士多怀协图书，遁逃林薮；自是莫不～～坟策，云会京师。"（坟策：指典籍。）❷扶持，辅佐。《汉书·孝成赵皇后传》："女主骄盛则耆欲无极，少主幼弱则大臣不使，世无周公～～之辅，恐危社稷，倾乱天下。"❸远大的志向。雅琥《上执政四十韵》："稻粱犹不足，～～岂能伸？"

【抱曆】 bàolì 抱持名籍，清点执绋的人数。《周礼·地官·遂师》："道野役及窆，～～。"（曆：通"历"。古代送葬时记执绋人姓名的名籍。）

【抱璞】 bàopú ❶抱持蕴藏有玉的石头。《韩非子·和氏》："楚人和氏得玉璞楚山中，奉而献之厉王。厉王使玉人相之。玉人曰：'石也。'王以和为诳，而刖其左足……和乃抱其璞而哭于楚山之下，三日三夜，泪尽而继之以血。”❷比喻怀有真才实学。元好问《怀益之兄》诗：“～～休奇售，临觞得缓斟。”❸保持本色。《后汉书·蔡邕传》：“仆不能参迹于若人，故～～而优游。”

【抱朴】　bàopǔ　保持本真，不为利欲所惑。《老子·十九章》：“见素～～，少私寡欲。”《后汉书·谢该传》：“猥使良才～～而逃，逾越山河，沉沦荆楚，所谓往而不反者也。”王勃《秋晚入洛于毕公宅别道王宴序》：“安贞～～，已甘心于下走；全忠履道，是所望于群公。”

【抱椠】　bàoqiàn　拿着书写文字的板片。指著述，写作。梅尧臣《正仲见赠依韵和答》：“生平好书诗，一意在～～。”刘克庄《送居厚弟》诗：“吾灾因～～，子咎在埋轮。”（埋轮：指不畏权贵，直言正谏。）

【抱衅】　bàoxìn　负罪，带罪。《三国志·魏书·陈思王植传》：“臣自～～归藩，刻肌刻骨，追思罪戾，昼分而食，夜分而寝。”（衅：《文选》曹植《上责躬应诏诗表》作“舋”。）

【抱柱】　bàozhù　比喻坚守信约。《庄子·盗跖》：“尾生与女子期于梁下，女子不来，水至不去，抱梁柱而死。”《玉台新咏·古诗八首之八》：“安得～～信，皎日以为期。”李白《长干行》：“常存～～信，岂上望夫台？”

【抱罪】　bàozuì　心中有所负疚。《后汉书·蔡邕传》：“或有～～怀瑕，与下同疾，纲网弛纵，莫相举察。”

【抱残守缺】　bàocánshǒuquē　守着残缺的东西不放。形容泥古守旧，不求改进。江藩《汉学师承记·顾炎武》：“岂若～～～～之俗儒，寻章摘句之世士也哉！”也作“保残守缺”。《汉书·楚元王传》：“犹欲～～～～，挟恐见破之私意，而无从善服义之公心。”

【抱关击柝】　bàoguānjītuò　指职位低下的小官吏。《荀子·荣辱》：“或监门御旅，～～～～，而不自以为寡。”韩愈《争臣论》：“宜乎辞尊而居卑，辞富而居贫，若～～～～者可也。”（抱关：守关的人。击柝：敲梆巡夜的更夫。）

【抱薪救火】　bàoxīnjiùhuǒ　抱着柴草去灭火。比喻本想消除灾害，反而助长了灾害的扩大。《史记·魏世家》：“且夫以地事秦，譬犹～～～～，薪不尽，火不灭。”《汉书·董仲舒传》：“法出而奸生，令下而诈起，如以汤止沸，～～～～，愈甚亡益也。”

趵　bào　见 bō。

豹　bào　一种像虎而比虎小的野兽。刘安《招隐士》：“虎～斗兮熊罴咆，禽兽骇兮亡其曹。”杜甫《奉送郭中丞兼太仆卿充陇右节度使三十韵》：“废邑狐狸语，空村虎～争。”

【豹变】　bàobiàn　❶像豹子的花纹那样变化。比喻润饰事业、文字或迁善去恶。《周易·革》：“上六，君子～～，小人革面。”《三国志·蜀书·后主刘禅传》：“降心回虑，应机～～。”《晋书·应贞传》：“位以龙飞，文以～～。”❷比喻地位高升而显贵。刘孝标《辨命论》：“视彭、韩之～～，谓鸷猛致人爵。”

【豹略】　bàolüè　❶指用兵的战略。庾信《从驾观讲武》诗：“～～推全胜，龙图揖所长。”❷统兵者的名号。《新唐书·朱滔传》：“左右将军曰虎牙、～～，军使曰鹰扬、龙骧。”

【豹韬】　bàotāo　❶古代兵书《六韬》篇名之一，相传是周代姜太公“阴谋图王”之作，经后人研究可能是战国时代的作品。其中包括《林战》、《突战》、《敌强》、《敌武》、《鸟云山兵》、《鸟云泽兵》、《少众》、《分险》八篇。《淮南子·精神训》：“故通许由之意，《金縢》、《豹韬》废矣。”（《金縢》：《尚书》篇名。）❷指用兵的韬略。杜甫《喜闻官军已临贼境二十韵》：“元帅归龙种，司空握～～。”

【豹隐】　bàoyǐn　《列女传·陶答子妻》：“妾闻南山有玄豹，雾雨七日而不下食者，何也？欲以泽其毛而成文章也，故藏而远害。”后以“豹隐”比喻伏处隐居，自洁其身。骆宾王《秋日别侯四》诗：“我留安～～，君去学鹏抟。”（抟：盘旋。）

菢　bào　孵，禽鸟伏卵。韩愈《荐士》诗：“鹤翎不天生，变化在啄～。”《农政全书·牧养》：“母鸡下卵时，日逐食内夹以麻子喂之，则常生卵不～。”

鲍（鮑）　bào　❶用盐腌制的咸鱼。《史记·秦始皇本纪》：“乃诏从官令车载一石～鱼，以乱其臭。”《论衡·四讳》：“～鱼之肉，可谓腐矣。”《抱朴子·良规》：“俗儒沉沦～肆，困于诡辩。”（肆：店铺。）❷鳆鱼的俗名。《后汉书·伏隆传》“献鳆鱼”李贤注：“鳆音步角反（折合今音为bào）。”❸通“鞄”。古代制革工之一。《周礼·考工记序》：“攻皮之工：函、～、韗、韦、裘。”❹姓。

【鲍子】　bàozǐ　指鲍焦，周时隐士，相传因不满当时政治，抱木饿死。《庄子·盗跖》：“比干剖心，子胥抉眼，忠之祸也；直躬证父，尾生溺死，信之患也；～～立干，申子不自理，廉之害也。”

鞄 bào 古代制皮革的工人。《说文·革部》："～，柔革工也。"见"鲍"。

骲 bào 骨镞，用骨制成的箭头。《资治通鉴·宋顺帝昇明元年》："帝乃更以～箭射，正中其齐(脐)。"

暴 1. bào ❶急骤，猛烈。《礼记·月令》："孟冬行夏令，则国多～风。"《韩非子·用人》："夫人主不塞隙穴而劳力于赭垩，～雨疾风必坏。"《新唐书·李建传》："时久雨，洛～涨。"㊀迅疾，突然。《论衡·逢遇》："文与言，尚可～习；行与能，不可卒成。"《后汉书·耿纯传》："宠禄～兴，此智者之所忌也。"《通俗编·境遇》："重荣起于军卒，～至富贵。"㊁暴躁，急躁。古诗《为焦仲卿妻作》："我有亲父兄，性行～如雷。"皮日休《周昌相赵论》："苟刚～则胜柔，柔久则胜刚。"《儒林外史》五十四回："急的～跳如雷。"❷凶恶，残暴。《左传·昭公十四年》："平丘之会，数其贿也，以宽卫国，晋不为～。"《论衡·逢遇》："武王诛残，太公讨～。"❸残害，糟蹋。《淮南子·泰族训》："逆天～物，则日月薄蚀，五星失行，四时干乖，昼冥宵光，山崩川涸，冬雷夏霜。"《隋书·赵轨传》："在道夜行，其左右马逸入田中，～人禾。"《二程遗书·伊川语录》："所以不移者，只有两般，为自～自弃不肯学也。"㊀侵害，欺凌。《吕氏春秋·侈乐》："故强者劫弱，众者～寡，勇者凌怯，壮者傲幼，从此生矣。"《汉书·文帝纪》："间者累年，匈奴并～边境，多杀吏民。"❹轻慢，傲慢。《左传·襄公二十年》："庆氏无道，求专陈国，～蔑其君，而去其亲，五年不灭，是无天也。"《吕氏春秋·至忠》："何其～而不敬也？"❺徒手搏击。《论衡·儒增》："以勇夫空拳而～虎者，卒然见寝石，以手椎之，能令石有迹乎？"《后汉书·马融传》："～斥虎，搏狂兕。"❻古代行政单位或居民点的名称。《管子·乘马》："方六里命之曰～，五～命之曰部，五部命之曰聚。"又："五家而伍，十家而连，五连而～，五～而长，命之曰某乡。"一说"暴"是"箄"字之误。张佩伦云："'暴'当作'箄'，字之误也。《说文》：'箄，藩落也。'六里作一藩落，犹今之村落。"❼古地名。本为周室暴辛公的采地，后归入郑，在今河南省原阳县西旧原武县境。《春秋经·文公八年》："乙酉，公子遂会雒戎，盟于～。"也作"暴隧"。《左传·成公十五年》："楚子侵郑，及～～。"❽姓。

2. pù ❾晒。后作"曝"。《墨子·备蛾傅》："数～干。"《孟子·告子上》："一日～之，十日寒之。"《战国策·秦策四》："解冻而耕，～背而耨。"❿暴露，显露。《国语·齐语》："霑体涂足，～其发肤。"《战国策·楚策一》："于是赢粮潜行，上峥山，逾深溪，跖穿膝～，七日而薄秦之朝。"陆游《镇江府城隍忠佑庙记》："某惟纪侯忠奋于一时，而～名于万世。"

3. bó ⓫鼓起，突起。《周礼·考工记·旊人》："凡陶旊之事，髻垦薜～不入市。"(薜：破裂。)

【暴暴】 bàobào 突起的样子。《荀子·富国》："汸汸如河海，～～如丘山。"

【暴兵】 bàobīng 暴虐的军队。指不义的战争。《吴子·图国》："其名又有五：一曰义兵，二曰强兵，三曰刚兵，四曰～～，五曰逆兵。"

【暴桀】 bàojié 凶暴强悍。《新唐书·李勉传》："勉居镇且八年，以旧德方重，不威而治，东诸帅～～者皆尊惮之。"

【暴客】 bàokè 指盗贼。《周易·系辞下》："重门击柝，以待～～。"

【暴戾】 bàolì 残暴凶狠。《吕氏春秋·慎大》："桀为无道，～～顽贪，天下颤恐而患之。"《史记·六国年表》："今秦杂戎翟之俗，先～～，后仁义，位在藩臣而胪于郊祀，君子惧焉。"柳宗元《沛国汉原庙铭》："周道削灭，秦德～～。"成语有"暴戾恣睢"。(恣睢：放纵，横行霸道。)

【暴慢】 bàomàn 粗暴和怠惰。《吕氏春秋·诬徒》："然则王者有嗜乎理义也，亡者亦有嗜乎～～也。"《史记·乐书论》："故君子不可须臾离礼，须臾离礼则～～之行穷外。"《三国志·魏书·三少帝纪》："是故或舞干戚以训不庭，或陈师旅以威～～。"也作"暴嫚"。《汉书·礼乐志》："治身者斯须忘礼，则～～入之矣。"

【暴虐】 bàonüè ❶凶狠残酷。《国语·周语上》："国之将亡，其君贪冒、辟邪、淫佚、荒怠、粗秽、～～。"《汉书·贾山传》："秦王贪狼～～，残贼天下，穷困万民，以适其欲也。"李峤《神龙历序》："亡甲丧子，岂惟商辛～～？"❷残害，侵侮。《史记·五帝本纪》："诸侯相侵伐，～～百姓，而神农氏弗能征。"又《刺客列传》："市行者诸众人皆曰：'此人～～吾国相，王县购其名姓千金，夫人不闻与？'"《汉书·匈奴传》："戎狄交侵，～～中国。"

【暴行】 bàoxíng ❶残暴的行为。《孟子·滕文公下》："世衰道微，邪说～～有作。"❷猝行，猝然，出乎意外。《淮南子·俶真训》："～～越智于天下，以招号名声于世。"

【暴兵】 pùbīng 见"暴师"。

【暴骨】 pùgǔ 暴露尸骨。指死在野外。《左传·宣公十二年》:"今我使二国～～,暴矣。"《国语·晋语八》:"不集,三军之士～～。"《战国策·秦策四》:"首身分离,～～草泽。"《汉书·沟洫志》:"如此,关东长无水灾,北边不忧匈奴,可以省堤防备塞,士卒转输,胡寇侵盗,覆军杀将,～～原野之患。"也作"暴骸"。《史记·三王世家》:"宜专边塞之思虑,～～中野无以报。"

【暴骸】 pùhái 见"暴骨"。

【暴露】 pùlù ❶日晒夜露。《左传·襄公三十一年》:"不敢输币,亦不敢～～。"(输:送。币:指礼物。)《荀子·王制》:"兵革器械者,彼将日日～～毁折之中原。"杜甫《寄柏学士林居》诗:"叹彼幽栖载典籍,萧然～～依山阿。"❷指在野外蒙受日晒雨淋的辛苦。《国语·鲁语上》:"寡君不佞,不能事疆埸之司,使君盛怒,以～～于弊邑之野,敢犒舆师。"《战国策·燕策二》:"寡人之使骑劫代将军者,为将军久～～于外,故召将军且休计事。"《汉书·宣帝纪》:"军旅～～,转输烦劳。"❸显露,揭露。《汉书·孝成赵皇后传》:"～～私燕,诬汙先帝倾惑之过。"

【暴师】 pùshī 指军队在外餐风宿露。《史记·蒙恬列传》:"～～于外十馀年,居上郡。"《汉书·樊哙传》:"且沛公先入定咸阳,～～霸上,以待大王。"也作"暴兵"。《汉书·主父偃传》:"～～露师十有馀年,死者不可胜数,终不能逾河而北。"《后汉书·冯衍传》:"远征万里,～～累年。"

【暴室】 pùshì 汉代皇宫中的官署名,掌织作染练之事,取曝晒为名,故称"暴室"。因为"暴室"往往用作审理罪人,皇后贵人有罪又打入此室,所以历史上又有"暴室狱"之称。《汉书·鲍宣传》:"并合三第尚以为小,复坏～～。"《后汉书·桓帝邓皇后纪》:"八年,诏废后,送～～,以忧死。"又《献帝伏皇后纪》:"遂将后下～～,以幽崩。"

【暴行】 pùxíng 在太阳光下行走。《淮南子·说山训》:"足蹍地而为迹,～～而为影。"

【暴扬】 pùyáng 暴露,宣扬。《汉书·杜钦传》:"假令章内有所犯,虽陷正法,事不～～,自京师不晓,况于远方。"

【暴章】 pùzhāng 暴露于表章。即用奏章予以揭露。《汉书·薛宣传》:"冯翊敬重令,又念十金法重,不忍相～～。故密以手书相晓,欲君自图进退,可复伸眉于后。"

【暴炙】 pùzhì 烈日曝晒如火烤。《荀子·富国》:"名声足以～～之,威强足以捶笞之。"《汉书·王吉传》:"夏则为大暑之所～～,冬则为风寒之所匽薄。"

【暴著】 pùzhù 明显,昭著。《汉书·原涉传》:"涉治冢舍,奢僭逾制,罪恶～～,主上知之。"《后汉书·窦融传》:"皆近事～～,智者所共见也。"

【暴虎冯河】 bàohǔpínghé 赤手空拳打虎,徒步蹚水过河。比喻有勇无谋,冒险行事。《论语·述而》:"～～～～,死而无悔者,吾不与也。"《三国志·蜀书·诸葛亮传》裴松之注:"凡为刺客,皆～～～～,死而无悔者也。"

【暴殄天物】 bàotiǎntiānwù ❶残害灭绝天生的自然资源。《尚书·武成》:"今商王受无道,～～～～,害虐烝民。"杜甫《又观打鱼》诗:"吾徒胡为纵此乐,～～～～圣所哀。"❷泛指任意糟蹋财物。《红楼梦》五十六回:"既有许多值钱的东西,任人作践了,也似乎～～～～。"

虣 bào 同"暴"。❶突然,迅猛。《后汉书·五行志二》:"众鸟之性,见非常班驳,好聚观之,至于小爵希见枭者,～见犹聚。"又《五行志三》:"安帝永初元年冬十月辛酉,河南新城山水～出,突坏民田,坏处泉水出,深三丈。"❷凶恶残酷。《周礼·地官·大司徒》:"以形教中,则民不～。"《后汉书·五行志三》:"窦太后摄政,其兄窦宪干事,及宪诸弟皆贵显,并作威～虐。"

瀑 1. bào ❶水飞溅。郭璞《江赋》:"挥弄洒珠,拊拂～沫。"《水经注·谷水》:"大水迸～。"㊀水波翻涌。左思《蜀都赋》:"龙池濡～渍其限。"郭璞《江赋》:"漩澴荥瀯,渨㶕渍～。"

2. pù ❷瀑布。杜甫《陪郑广文游何将军山林十首》之六:"风磴吹阴雪,云门吼～泉。"袁宏道《饮渭南郭外水亭》诗:"清响落银塘,崖高～自长。"

爆 1. bào ❶火迸散,爆裂。宗懔《荆楚岁时记》:"先于庭前～竹,以辟山臊恶鬼。"杜甫《火》诗:"～嵌魑魅泣,崩冻岚阴昈。"㊀烧起火焰。范成大《苦雨五首》之四:"润础才晴又汗,湿薪未～先烟。"㊁火烧物声。韩愈《答柳柳州食虾蟆》诗:"叵堪朋类多,沸耳作惊～。"❷一种烹调法。周密《武林旧事·圣节》:"供进杂～。"

2. bó ❸见"爆烁"。

【爆烁】 bóluò 犹"剥落"。叶稀疏的样子。《诗经·大雅·桑柔》"捋采其刘"毛传:"刘,～～而希也。"

bei

陂 1. bēi ❶山坡,斜坡。杜甫《渼陂行》:"半～已南纯浸山,动影袅窕冲融间。"

岑参《首春渭西郊行》:"秦女峰头雪未尽,胡公～上日初低。"苏轼《放鹤亭记》:"或立于～田,或翔于云表。"❷水边,水边障水的堤岸。《诗经·陈风·泽陂》:"彼泽之～,有蒲有荷。"《国语·越语下》:"范蠡曰:'王孙子,昔吾先君,固周室之不成子也,故滨于东海之～,鼋、龟、鱼、鳖之与处。'"《史记·高祖本纪》:"其先刘媪尝息大泽之～,梦与神遇。"㊀障遏,筑堤防水。《国语·周语中》:"泽不～,川不梁。"《史记·夏本纪》:"九山刊旅,九川涤原,九泽既～,四海会同。"《汉书·沟洫志》:"通九道,～九泽,度九山。"㊁壅塞。《国语·吴语》:"乃筑台于章华之上,阙为石郭～汉,以象帝舜。"❸积蓄水的池塘。《管子·五辅》:"导水潦,利～沟。"《吕氏春秋·仲春纪》:"是月也,无竭川泽,无漉～池,无焚山林。"苏轼《上皇帝书》:"万顷之稻,必用千顷之～。"❹傍,靠近。《后汉书·冯衍传》:"～山谷而闲处兮,守寂寞而存神。"㊀顺着,沿着。《后汉书·西域传》:"傍南山北,～河西行,至莎车,为南道。"㊁旁边,侧边。《汉书·礼乐志》:"腾雨师,洒路～。"

2. bì ❺倾斜。《周易·泰》:"无平不～。"《礼记·乐记》:"商乱则～,其官坏。"㊀邪恶,不正。《尚书·洪范》"无偏无陂"孔颖达疏:"为人君者,当无偏私无～曲。"《吕氏春秋·君守》:"此则奸邪之情得,而险～、谗慝、谄谀、巧佞之人无由入。"

3. pō ❻见"陂陀"。

【陂泽】 bēizé 蓄水的池塘。《盐铁论·贫富》:"夫寻常之污,不能溉～～。"《汉书·沟洫志》:"故为通沟渎,畜～～,所以备旱也。"

【陂障】 bēizhàng 筑堤障水。《国语·周语中》:"泽不～～,川无舟梁。"《汉书·沟洫志》:"大川无防,小水得入,～～卑下,以为污泽。"也作"陂鄣"。《国语·周语下》:"封崇九山,决汩九川,～～九泽,丰殖九薮,汩越九原,宅居九隩。"

【陂陁】 pōtuó 倾斜不平的样子。司马相如《哀秦二世赋》:"登～～之长阪兮,坌入曾宫之嵯峨。"也作"陂陀"、"陂陁"。司马相如《子虚赋》:"罢池～～,下属江河。"《汉书·司马相如传下》:"登～～之长阪兮。"

波 bēi 见 bō。

杯(桮、盃) bēi ❶盛羹、水、饮料等的器皿。《庄子·田子方》:"列御寇为伯昏无人射,引之盈贯,措～水其肘上,发之,适矢复沓。"《晏子春秋·内篇杂上》:"晏子奉～血。"杜甫《九日五首》诗之一:"重阳独酌～中酒,抱病起登江上台。"❷借指舟船。据《高僧传》记载:晋代有一僧人常乘木杯渡水,人们称之为"杯渡和尚"。李白《赠僧崖公》诗:"何日更携手,乘～向蓬瀛。"杜甫《题元武禅师屋壁》诗:"锡飞常近鹤,～渡不惊鸥。"夏完淳《寒泛赋》:"江汉何深,亦浮～而可渡。"❸通"秠"。谷物的外皮。《墨子·备城门》:"二舍共一井爨,灰、康、粃、～、马矢,皆谨收藏之。"

【杯珓】 bēijiào 旧时迷信占卜吉凶的器具。用玉、蚌壳或竹木制成,分作两片,抛掷于地,视其俯仰,以定吉凶。韩愈《谒衡岳庙遂宿岳寺题门楼》诗:"手持～～导我掷,云此最吉馀难同。"也作"杯筊"。叶梦得《石林燕语》卷一:"太祖皇帝微时,尝被酒入南京高辛庙,香案有竹～～,因取以占己之名位。"《清平山堂话本·杨温拦路虎传》:"草参亭上,炉内焚百和名香,祝献台前,案上放灵神～～。"

【杯圈】 bēiquān 不加雕饰的木制饮器。《礼记·玉藻》:"母没而～～不能饮焉,口泽之气存焉尔。"(孔颖达疏:"杯圈是妇人所用,故母言杯圈也。")表示思念亡母的成语有"杯圈之思"。也作"杯棬"。《孟子·告子上》:"告子曰:'性,犹杞柳也;义,犹～～也。以人性为仁义,犹以杞柳为～～。'"

【杯杓】 bēisháo 饮酒用的器皿。也借指饮酒。《史记·项羽本纪》:"张良入谢,曰:'沛公不胜～～,不能辞。谨使臣良奉白璧一双,再拜献大王足下……。'"《汉书·息夫躬传》:"霍显之谋将行于～～,荆轲之变必起于帷幄。"皮日休《二游诗·任诗》:"～～悉杉瘤,盘筵尽荷叶。"

【杯弓蛇影】 bēigōngshéyǐng 把照入酒杯中的弓影当成了蛇。形容因疑神疑鬼而自相惊扰。故事出自《风俗通·怪神》和《晋书·乐广传》。黄遵宪《感事》诗:"金玦厖凉含隐痛,～～～～负奇冤。"

卑 1. bēi ❶低贱,卑微。《墨子·非儒下》:"亲亲有术,尊贤有等,言亲疏尊～之异也。"《孟子·万章下》:"位～而言高,罪也。"《战国策·秦策三》:"军吏虽贱,不～于守闾妪。"㊀贬低,降低。《庄子·外物》:"夫尊古而～今,学者之流也。"《韩非子·有度》:"～主之名以显其身,毁国之厚以利其家,臣不谓智。"㊀轻视,鄙薄。《左传·僖公二十三年》:"秦、晋,匹也,何以～我?"《国语·齐语》:"昔吾先君襄公筑台以为高位,田、狩、罼、弋,不听国政,～圣侮士,而唯女是崇。"㊁谦卑,不自高自大。《周易·谦》:"谦谦君子,～以自牧也。"《论衡·语增》:

"时或待士～恭，不骄白屋。"❷低，与"高"相反。《左传·定公十五年》："邾子执玉高，其容仰；公受玉～，其容俯。"《墨子·备城门》："审知～城浅池而错守焉。"《庄子·则阳》："是故丘山积～而为高，江河合小而为大。"㉠低劣，简陋。《论语·泰伯》："～宫室而尽力乎沟洫。"《论衡·累害》："是故湿堂不洒尘，～屋不蔽风。"《后汉书·王符传》："文帝葬芷阳，明帝葬洛南，皆不臧珠宝，不起山陵，墓虽～而德最高。"❸卑鄙，品质卑劣。《史记·五宗世家》："彭祖为人巧佞～谄。"《晋书·石崇传》："广城君每出，崇降车路左，望尘而拜，其～佞如此。"❹衰弱，衰微。《左传·隐公十一年》："王室而既～矣，周之子孙日失其序。"《汉书·刘向传》："是后尹氏世卿而专恣，诸侯背畔而不朝，周室～微。"❺姓。

2. bǐ ❻通"俾"。使。《荀子·宥坐》："秉国之均，四方是维，天子是庳，～民不迷。"

【卑卑】 bēibēi 自我勉励的意思。《史记·老子韩非列传赞》："申子～～，施之于名实。"

【卑庳】 bēibēi 低下，矮小。《左传·襄公三十一年》："宫室～～，无观台榭。"

【卑鄙】 bēibǐ ❶卑贱鄙陋。诸葛亮《出师表》："先帝不以臣～～，猥自枉屈，三顾臣于草庐之中。"❷指语言、行为恶劣。《官场现形记》二十七回："到京之后，又复花天酒地，任意招摇，并串通市侩黄某，到处钻营，～～无耻。"

【卑辞】 bēicí 谦恭的话语。《史记·留侯世家》："今公诚能无爱金玉璧帛，令太子为书，～～安车，因使辩士固请，宜来。"邹阳《狱中上梁王书》："是以圣王制世御俗，独化于陶钧之上，而不牵乎～～之语，不夺乎众多之口。"

【卑湿】 bēishī ❶低洼潮湿的土地。《史记·夏本纪》："令益予众庶稻，可种～～。"《汉书·地理志下》："江南～～，丈夫多夭。"《后汉书·千乘贞王伉传》："国土～～，租委鲜薄。"❷志意卑下。《荀子·修身》："狭隘褊小，则廓之以广大；～～重迟贪利，则抗之以高志。"

【卑下】 bēixià ❶身分地位低贱。《吕氏春秋·审分》："誉以高贤，而充以～～。"《淮南子·人间训》："使人～～诽谤己者，心之罪也。"❷地势低下。《论衡·是应》："王者之堂，墨子称尧、舜[堂]高三尺，儒家以为～～。"《汉书·沟洫志》："大川无防，小水得入，陂障～～，以为污泽。"❸轻蔑，蔑视。《汉书·盖宽饶传》："坐者皆属目，～～之。"《晋书·刑法志》："选用者之所～～。"❹(待人)谦恭自下。《史记·魏其武安侯列传》："武安侯新欲用事为相，～～宾客，进名士家居者贵之。"《汉书·高帝纪下》："魏相国建成侯彭越勤劳魏民，～～士卒。"

【卑陬】 bēizōu 惭愧的样子。《庄子·天地》："子贡～～失色，顼顼然不自得，行三十里而后愈。"柳宗元《骂尸虫文》："～～拳缩兮，宅体险微。"

杯 1. bēi ❶同"杯"。盛饮料的器皿。《汉书·灌夫传》："非有大恶，争～酒，不足引它过以诛也。"《乐府诗集·舞曲歌辞·晋杯槃舞歌》："舞～槃，何翩翩。"

2. pēi ❷见"杯治"。

【杯治】 pēiyí 不舒心，郁郁不乐。《淮南子·道应训》："卢敖仰而视之，弗见，乃止驾，止～～，悖若有丧也。"(俞樾平议："杯治，即不怡也……因声误为杯治。")

庳 1. bēi ❶低，低下。《国语·周语下》："昔共工弃此道也，虞于湛乐，淫失其身，欲壅防百川，堕高堙～，以害天下。"杜甫《荆南兵马使太常卿赵公大食刀歌》："用之不高亦不～，不似长剑须天倚。"❷矮，短。《周礼·地官·大司徒》："其民丰肉而～。"《吕氏春秋·明理》："草木～小不滋，五谷萎败不成。"

2. bì ❸古地名有"有庳"，在今湖南道县北。《孟子·万章上》："象至不仁，封之有～。"

3. pí ❹通"毗"。辅佐。《荀子·宥坐》："天子是～，卑民不迷。"

萆 bēi 见 pì。

埤 bēi 见 pí。

悲 bēi ❶悲痛，悲哀。《老子·三十一章》："杀人之众，以哀～泣之。"《战国策·楚策四》："飞徐者，故疮痛也；鸣～者，久失群也。"《后汉书·灵帝何皇后纪》："太后鲠涕，群臣含～。"❷怜悯。《史记·扁鹊仓公列传》："书闻，上～其意，此岁中亦除肉刑法。"王维《燕子龛禅师》诗："救世多慈～，即心无行作。"❸思念，怀念。《汉书·高帝纪下》："谓沛父兄曰：'游子～故乡。吾虽都关中，万岁之后吾魂魄犹思沛。'"

【悲歌】 bēigē ❶悲壮地歌唱。韩愈《送董邵南序》："燕赵古称多感慨～～之士。"杜甫《湖中送敬十使君适广陵》诗："几年一会面，今日复～～。"❷悲哀的歌。谢灵运《拟魏太子邺中集诗八首》之四："行觞奏～～，永夜系白日。"

【悲笳】 bēijiā 悲壮的胡笳声。杜甫《夏夜吹》："北城～～发，鹳鹤号且翔。"（笳：即胡笳。我国古代北方民族的一种吹奏乐器，类似笛子。）王维《双黄鹄歌送别》："～～嘹唳垂舞衣，宾欲散兮复相依。"

【悲秋】 bēiqiū 受到秋天景色的触动而产生伤感。熟语有"羁人悲秋"。杜甫《九日蓝田崔氏庄》诗："老去～～强自宽，兴来今日尽君欢。"又《登高》诗："万里～～长作客，百年多病独登台。"

【悲泉】 bēiquán ❶传说中的泉名。《淮南子·天文训》："至于～～，爰止其女，爰息其马，是谓县车。"❷流泉的水声好似悲泣。杜甫《北征》诗："恸哭松声回，～～共幽咽。"

【悲惋】 bēiwǎn 悲痛怅恨。《韩非子·亡徵》："婢妾之言听，爱玩之智用，外内～～，而数行不法者，可亡也。"《晋书·羊祜传》："李氏～～，时人异之。"

椑 bēi 见pí。

棓 bēi 见bàng。

痺 bēi 见bì。

碑 bēi ❶古代用作测日影、拴牲畜或系绳引棺入墓的竖石。《仪礼·聘礼》："东面北上，上当～南陈。"《礼记·祭义》："祭之日，君牵牲……既入庙门，丽于～。"（丽：系，拴。）又《丧服大记》："君葬用輴，四綍二～。"（輴：载棺柩的车子。綍：引棺柩的大绳。）❷刻上文字纪念、歌颂某种业绩或作为标记的石碑。杜甫《李潮八分小篆歌》："峄山之～野火焚，枣木传刻肥失真。"徐夤《经故翰林杨左丞池亭》诗："平生德义人间诵，身后何劳更立～。"❸碑文，文体的一种。陆机《文赋》："～披文以相质，诔缠绵而凄怆。"❹通"崥"。山脚。《论衡·道虚》："顾见卢敖，樊然下其臂，遁逃乎～下。"

【碑碣】 bēijié 纪念或歌颂某人事迹的刻石的总称。长方形的叫"碑"，圆顶形的叫"碣"。在唐代，"碑"和"碣"的用法是有区别的，五品以上的用碑，五品以下的用碣，到后世往往混用。《文心雕龙·诔碑》："自后汉以来，～～云起。"杜甫《赠蜀僧闾丘师兄》诗："青荧雪岭东，～～旧制存。"白居易《立碑》诗："无人立～～，唯有邑人知。"

箄 1. bēi ❶捕鱼用的竹制器具。乐史《太平寰宇记·江南东道五·富阳县》："桑无所好，惟好张～捕鱼。"

2. pái ❷同"箪"、"簰"、"簲"、"棑"。用竹子或木材平摆着编扎成的大筏子。《后汉书·岑彭传》："乘枋～下江关。"

3. bì ❸同"箅"。放在蒸锅或甑底能起间隔作用的片状器物。《世说新语·夙惠》："炊忘著～，饭落釜中。"

北 1. běi ❶跟"南"相对的方向。《诗经·小雅·何人斯》："胡不自南？胡不自～？"《左传·僖公四年》："南至于穆陵，～至于无棣。"《战国策·秦策一》："～有胡貉、代马之用，南有巫山、黔中之限。"㊇向北，往北。《左传·成公十五年》："楚将～师，子囊曰：'新与晋盟而背之，无乃不可乎？'"《史记·高祖本纪》："汉王乃引诸侯兵～。"杜甫《北征》诗："杜子将～征，苍茫问家室。"❷败走，败逃。《国语·吴语》："越王乃令其中军衔枚潜涉，不鼓不噪以袭攻之，吴师大～。"《吕氏春秋·决胜》："勇则战，怯则～。"《论衡·纪妖》："燕军信其有神，又见牛若五采之文，遂信畏惧，军破兵～。"㊀打了败仗往回逃跑的军队。《商君书·战法》："大战胜，逐～无过十里。"《后汉书·臧宫传》："自是乘胜追～，降者以十万数。"

2. bèi ❸"背"的古字。相背，背离。《战国策·齐策六》："食人炊骨，士无反～之心。"

【北辰】 běichén 指北极星。《论语·为政》："为政以德，譬如～～，居其所，而众星共之。"（共：通"拱"。环绕。）《史记·孝景本纪》："荧惑逆行，守～～。"杜甫《追酬故高蜀州人日见寄》诗："犹拱～～缠寇盗，欲倾东海洗乾坤。"

【北面】 běimiàn ❶面北，面向北。指臣服于人。古代君主面南而坐，臣子朝见君主时是面向北的。《史记·高祖本纪》："发使者告诸侯曰：'天下共立义帝，～～事之。今项羽放杀义帝于江南，大逆无道。'"《三国志·魏书·董二袁刘传》："若乃～～于曹氏，所弗能为也。"❷尊人为师的意思。《汉书·于定国传》："定国乃迎师学《春秋》，身执经，～～备弟子礼。"《南史·沈峻传》："并执经下坐，～～受业。"

【北阙】 běiquè ❶宫殿北面的门楼。古时以北阙为正门，因而臣子朝见或上书奏事都在此等候。《史记·高祖本纪》："萧丞相营作未央宫，立东阙、～～、前殿、武库、太仓。"《汉书·苏武传》："宛王杀汉使者，头县～～。"❷朝廷或宫禁的别称。《汉书·枚皋传》："皋亡至长安。会赦，上书～～，自陈枚乘之子。"杜甫《九日五首》之二："～～心长恋，西江首独回。"

贝（貝） bèi ❶水中介虫。即水产上指有介壳的软体动物。《汉书·司马相如传上》："罔毒冒，钓紫～。"（毒冒：即瑇瑁,一种跟龟相似的爬行动物。)❷贝壳。《礼记·杂记下》:"天子饭九~,诸侯七,大夫五,士三。"《周书·异域传》:"妇人则多贯蜃~以为耳及颈饰。"❸古代用贝壳做的货币。《礼记·少仪》:"君将适他,臣如致金玉货~于君,则曰致马资有司。"《汉书·食货志下》:"莽即真,以为书'刘'字有金刀,乃罢错刀、契刀及五铢钱,而更作金、银、龟、~、钱、布之品,名曰'宝货'。"❹用海螺介壳做的号角。《长阿含经·弊宿经》:"时有一人,善能吹~。"❺姓。

【贝多】 bèiduō ❶树名。音译自梵文 pattra。也作"柂多"、"贝多罗"。其叶可以当纸,古时印度人往往用来写佛经。《酉阳杂俎·木篇》:"~~出摩伽陀国,长六七丈,经冬不凋。此树有三种……西域经书,用此三种皮叶。"❷指佛经。李商隐《题僧壁》诗:"若信~~真实语,三生同听一楼钟。"

【贝锦】 bèijǐn ❶有贝形花纹的丝织品。《诗经·小雅·巷伯》:"萋兮斐兮,成是~~。"左思《蜀都赋》:"~~斐成,濯色江波。"❷比喻罗织罪名,毁谤诬陷别人的谗言。杜甫《寄岳州贾司马六丈巴州严八使君两阁老五十韵》:"~~无停织,朱丝有断弦。"

【贝阙】 bèiquè 用贝壳装饰的宫殿。汪莘《月赋》:"衬珠阁而泫露,镇~~而含风。"

【贝书】 bèishū 见"贝叶②"。

【贝叶】 bèiyè ❶贝多树的叶子。古时印度人多用它代替纸写佛经。李适《奉和九日登慈恩寺浮图应制》:"天文~~写,圣泽菊花浮。"也作"贝多叶"。《旧唐书·堕婆登国传》:"亦有文字,书之于~~~。"❷指佛经。郑刚中《山斋赋》:"问迷途于~~,穷奥义于羲经。"也作"贝叶书"、"贝叶经"、"贝叶偈"、"贝书"。柳宗元《晨诣超师院读禅经》诗:"闲持~~~,步出东斋读。"李商隐《安国大师》诗:"忆奉莲花座,兼闻~~~。"姚合《送清敬阇梨归浙西》诗:"自翻~~~,人施福田衣。"(偈:佛经中的唱词。)黎民表《同公载公实思伯登白云最高顶》诗:"金锡乍飞游鹤去,~~初诵毒龙听。"

【贝多叶】 bèiduōyè 见"贝叶①"。

【贝叶偈】 bèiyèjì 见"贝叶②"。

【贝叶经】 bèiyèjīng 见"贝叶②"。

【贝叶书】 bèiyèshū 见"贝叶②"。

孛 bèi ❶草木茂盛的样子。曹丕《柳赋》:"上扶疏而~散兮,下交错而龙鳞。"❷彗星或彗星出现时光芒四射的样子。《公羊传·昭公十七年》:"~者何?彗星也。"《后汉书·天文志上》:"王莽地皇三年十一月,有星~于张,东南行五日不见。"

邶 bèi ❶周代诸侯国名。周武王所封。在今河南汤阴县南。❷指《邶风》。《诗经·国风》之一。《左传·襄公二十九年》:"吴公子札来聘……为之歌《邶》、《鄘》、《卫》,曰:'美哉渊乎!忧而不困者也。'"

狈(狽) bèi 传说中跟狼同类的一种野兽。《酉阳杂俎·毛篇》:"~前足绝短,每行常驾两狼,失狼则不能动。"

佛 bèi 见 fú。

柂(梖) bèi 见"贝多"。

备(備、偹、俻) bèi ❶完备,齐备。《诗经·小雅·大田》:"既种既戒,既~乃事。"《庄子·天地》:"机心存于胸中,则纯白不~。"《管子·牧民》:"使民各为其所长,则用~。"㊀完全,尽。《楚辞·离骚》:"百神翳其~降兮,九疑缤其并迎。"《吕氏春秋·长攻》:"不~遵理,然而后世称之,有功故也。"韩愈《顺宗实录一》:"上常亲执弓矢,率军后先导卫,~尝辛苦。"❷预备,准备。《尚书·说命中》:"惟事事,乃其有~,有~无患。"杜甫《石壕吏》诗:"急应河阳役,犹得~晨炊。"㊂防备,戒备。《国语·周语上》:"行善而~败,其所以阜财用衣食者也。"《管子·牧民》:"城郭沟渠不足以固守,兵甲强力不足以应敌,博地多财不足以有众,唯有道者能~患于未形也,故祸不萌。"《汉书·高帝纪上》:"因说汉王烧绝栈道,以~诸侯盗兵,亦视项羽无东意。"❸设备,装备。《国语·周语上》:"于是乎有刑罚之辟,有攻伐之兵,有征讨之~,有威让之令,有文告之辞。"《战国策·韩策一》:"或谓魏王:'王儆四疆之内,其从于王者,十日之内,~不具者死。'"杜甫《彭衙行》:"既无御雨~,径滑衣又寒。"㊁条件。《韩非子·难四》:"群臣之未起难也,其~未具也。"❹满足,丰足。《国语·周语中》:"昔我先王之有天下也,规方千里,以为甸服,以供上帝山川百神之祀,以~百姓兆民之用,以待不庭不虞之患,其馀以均分公侯伯子男。"《荀子·礼论》:"故虽~家,必逾日然后能殡,三日而成服。"❺充数,充任。《左传·昭公三年》:"不腆先君之适,以~内官。"《汉书·杨敞传》:"幸赖先人馀业,得~宿卫。"《后汉书·杨震传》:"臣蒙恩~台辅,不能奉宣政化,调和阴阳。"❻慎重,检点。《汉书·史丹传》:"丹为人足知,恺弟爱人,貌若傥荡不

～,然心甚谨密,故尤得信于上。"❼后墙。《淮南子·齐俗训》:"必有穿窬拊揵抽箕逾～之奸。"❽通"服"。1)实施,实行。《吕氏春秋·先己》:"乐～君道,而百官已治矣,万民已利矣。"2)衣服,服装。马王堆汉墓帛书《经法·君正》:"衣～不相緰,贵贱等也。"❾通"赔"。赔偿。《魏书·刑罚志》:"盗官物,一～五,私则～十。"

【备官】 bèiguān 充任官职。《管子·牧民》:"审于时而察于用,而能～～者,可奉以为君也。"曾巩《洪州谢到任表》:"窃食累朝,～～儒馆。"

【备具】 bèijù 齐全,完备。《管子·立政》:"六畜不育于家,瓜瓠荤菜百果不～～,国之贫也。"《论衡·书虚》:"前后～～,取金于路,非季子之操也。"

【备能】 bèinéng 使能者为官。《管子·幼官》:"明法审数,立常～～则治。"

【备数】 bèishù 充数。《论衡·程材》:"其置文吏也,～～满员。"马融《长笛赋序》:"追慕王子渊、枚乘、刘伯康、傅武仲等箫琴笙颂,唯笛独无,故聊复～～,作《长笛赋》。"陈鹄《耆旧续闻》卷五:"自此禁苑阙人,上谓少年轻薄,不足为馆阁重,时宰探上意,乃引彭乘～～。"

【备体】 bèitǐ 齐备,完整。《管子·君臣下》:"上尊而民顺,财厚而养足,四者～～,则胥时而王,不难矣。"《宋书·礼志三》:"夫《礼记》残缺之书,本无～～,折简败字,多所阙略。"

【备位】 bèiwèi 在官位上充数。多用作任职的自谦之词。《汉书·王嘉传》:"臣嘉幸得～～,穷内悲伤不能通愚忠之信。"《后汉书·耿纯传》:"～～列将,爵为通侯。"《三国志·魏书·三少帝纪》:"臣等～～,不能匡救祸乱,式遏奸逆,奉令震悚,肝心悼栗。"

【备物】 bèiwù ❶备办各种物品。《周易·系辞上》:"～～致用。"《国语·楚语下》:"夫神以精明临民者也,故求～～,不求丰大。"《礼记·祭义》:"尊仁安义,可谓用劳矣;博施～～,可谓不匮矣。"❷服用器物。既指生与死所服所佩的器物,也指所用的礼仪。《左传·定公四年》:"分之土田陪敦、祝、宗、卜、史,～～、典策,官司、彝器。"《国语·周语中》:"缩取～～,以镇抚百姓。"

【备用】 bèiyòng 器用,用具。《荀子·儒效》:"设规矩,陈绳墨,便～～,君子不如工人。"《管子·问》:"问男女有巧伎能利～～者几何人?"

【备御】 bèiyù ❶防备,准备抵御。《左传·昭公三十年》:"以敝邑居大国之间,共其职贡,与其～～不虞之患。"《后汉书·史弼传》:"臣职典禁兵,～～非常,而妄知藩国,干犯至戚,罪不容诛。"❷充当裁决者。《楚辞·九章·惜诵》:"俾山川以～～兮,命咎繇使听直。"

【备豫】 bèiyù 防备,准备。《左传·文公六年》:"～～不虞,古之善教也。"《礼记·儒行》:"儒有居处齐难,其坐起恭敬,言必先信,行必中正……爱其死以有待也,养其身以有为也,其～～有如此者。"

【备员】 bèiyuán 充数,凑数。指处在官位而不起作用。也用作任职、任事的谦词。《汉书·申屠嘉传》:"自嘉死后,开封侯陶青……皆以列侯继踵,踧踧廉谨,为丞相～～而已,无所能发明功名著于世者。"《列女传·赵津女娟》:"妾居河齐之间,世习舟檝之事,愿～～持檝。"杜甫《秋日夔州咏怀寄郑监李宾客一百韵》:"幕府初交辟,郎官幸～～。"

背 1. bèi ❶脊背。《左传·庄公八年》:"袒而示之～。"《庄子·则阳》:"忌也出走,然后抉其～,折其脊。"《汉书·文三王传》:"北猎梁山,有献牛,足上出～上,孝王恶之。"杜甫《阻雨不得归瀼西甘林》诗:"令儿快搔～,脱我头上簪。"㉡物体的后面、反面或上面。范成大《桂海虞衡志·志岩洞》:"叠彩岩在八桂堂后,支径登山,大半有洞,曲转穿出山～。"王安石《元丰行示德逢》诗:"四山翛翛映赤日,田～坼如龟兆出。"《宋史·任福传》:"俄伏发,自山～下击,士卒多坠崖堑,相覆压,怿肃战死。"❷堂屋的北面。《诗经·卫风·伯兮》:"焉得谖草,言树之～。"❸背对着,背靠着。《左传·僖公二十八年》:"楚师～酅而舍,晋侯患之。"《后汉书·铫期传》:"期乃更～水而战,所杀伤甚多。"《三国志·蜀书·后主刘禅传》注引《汉晋春秋》:"若理穷力屈,祸败必及,便当父子君臣～城一战,同死社稷,以见先帝可也。"㊁转过身,掉转头,背过脸。《荀子·解蔽》:"俯见其影,以为伏鬼也;卬视其发,以为立魅也,～而走,比至其家,失气而死。"《吕氏春秋·介立》:"遂～而行,终身不见。"杜甫《莫相疑行》:"晚将末契托年少,当面输心～面笑。"❹违背,违反。《晏子春秋·内篇·谏下》:"及夏之衰也,其王桀～弃德行,为璿室玉门。"《汉书·高帝纪上》:"汉王怨羽之～约,欲攻之。"枚乘《上书谏吴王》:"弃义～理,不知其恶。"㉡背叛。《国语·齐语》:"故天下小国诸侯既许桓公,莫之敢～。"《韩非子·难二》:"夫不夺子而行天下者,必不～死君而事其仇。"《汉书·贾谊传》:"刑罚积而民怨～,礼义积而民和亲。"

⑫背离，背弃。《国语·周语下》："为晋休戚，不～本也。"《吕氏春秋·上农》："是谓～本反则，失毁其国。"王安石《春日》诗："莺犹求旧友，燕不～贫家。"❺背向，离开。曹植《洛神赋》："余从京域，言归东藩，～伊阙，越轘辕，经通谷，陵景山。"戴善夫《风光好》四折："我为你离乡～井，抛家失业，来觅男儿。"⑬去世，离开人世。李密《陈情表》："生孩六月，慈父见～。"《醒世恒言·三孝廉让产立高名》："先父母早～，域兆未修。"❻背诵，凭记忆诵读。《三国志·魏书·王粲传》："粲与人共行，读道边碑，人问曰：'卿能闇诵乎？'曰：'能。'因使～而诵之，不失一字。"❼不顺。李白《赠从弟宣州长史昭》诗："才将圣不偶，命与时俱～。"❽日光通过云层因折射作用而在太阳周围形成的光圈的外围。《汉书·天文志》："晕适～穴，抱珥蝱蜺。"《元史·天文志一》："日有～气，重晕三珥。"❾同"褙"。裱褙。张怀瓘《二王等书录》："晋代装书，真草浑杂，～纸皱起。"

2. bēi ❿负荷，用背驮东西。李商隐《李贺小传》："～一古破锦囊。"秦韬玉《钓翁》诗："朝携轻棹穿云去，暮～寒塘戴月回。"

【背驰】 bèichí 朝相反的方向跑。比喻意见相左或方向相反。曹摅《感旧》诗："今我唯困蒙，郡士所～～。"柳宗元《杨评事文集后序》："相与～～于道者，其去弥远。"

【背诞】 bèidàn 违背命令，放诞妄为。《左传·昭公元年》："子姑忧子皙之欲～～也。"潘勖《册魏公九锡文》："刘表～～，不供贡职。"

【背嵬】 bèiwéi ❶古时大将的亲兵称号。《宋史·岳飞传》："以～～骑五百奋击，大破之。"也作"背嵬"。赵彦卫《云麓漫钞》卷七："凡有坚敌，遣～～军，无有不破者。"❷盾牌的一种。程大昌《演繁露·背嵬》引章氏《槁简赘笔》："～～即圆牌也，以皮为之，朱漆金花，焕耀炳日。"

【背乡】 bèixiàng 指反对和拥护或方向相对。《韩非子·饰邪》："左右～～，不足以专战。"《汉书·艺文志》："离合～～，变化无常。"

【背城借一】 bèichéngjièyī 背靠自己的城池决一死战。《左传·成公二年》："请收合馀烬，～～～～。"也作"背城一战"。《三国志·蜀书·后主刘禅传》注引《汉晋春秋》："若理穷力屈，祸败必及，便当父子君臣～～～，同死社稷，以见先帝可也！"

被 1. bèi ❶被子，睡觉时盖在身上的东西。《后汉书·王良传》："在位恭俭，妻子不入官舍，布～瓦器。"《南史·虞龢传》："少好学，居贫屋漏，恐湿坟典，乃舒～覆书，书获全而～大湿。"杜甫《寄岳州贾司马六丈巴州严八使君两阁老五十韵》："晚著华堂醉，寒重绣～眠。"⑪表，表面。《仪礼·士昏礼》："笲，缁～纁里，加于桥。"（笲：盛物的竹器。缁：黑色。纁：浅红色。）⑫覆盖。张衡《东京赋》："芙蓉覆水，秋兰～涯。"《后汉书·鲁恭传》："祥风时雨，覆～远方。"曾巩《越州赵公救灾记》："为书问属县，灾所～者几乡？"❷及，遍及。《尚书·禹贡》："东渐于海，西～于流沙。"《吕氏春秋·审分》："全乎万物而不宰，泽～天下而莫知其所自始。"《汉书·董仲舒传》："虐政用于下，而欲德教之～四海，故难成也。"❸加，加上。《楚辞·九章·哀郢》："众谗人之嫉妒兮，～以不慈之伪名。"《荀子·不苟》："国乱而治之者，非案乱而治之之谓也，去乱而～之以治。"⑫蒙受，遭受。《孟子·离娄上》："今有仁心仁闻，而民不～其泽，不可法于后世者，不行先王之道也。"《老子·五十章》："盖闻善摄生者，陆行不遇兕虎，入军不～甲兵。"《史记·平准书》："其明年，山东～水菑。"❹介词。表被动。《史记·屈原贾生列传》："信而见疑，忠而～谤，能无怨乎？"蔡邕《被收时表》："今月十三日，臣～尚书召问。"

2. pī ❺披肩，斗篷。《左传·昭公十二年》："王见之，去冠、～。"❻披在身上或穿在身上。《楚辞·九歌·山鬼》："若有人兮山之阿，～薜荔兮带女萝。"《吕氏春秋·用众》："是～褐而出，衣锦而入。"《史记·绛侯周勃世家》："军士吏～甲。"❼披散，散开。《史记·屈原贾生列传》："屈原至于江滨，～发行吟泽畔。"苏轼《潮州韩文公庙碑》："公不少留我涕滂，翩然～发下大荒。"❽量词。表示某些护身物的计量。《论衡·骨相》："其子为亚夫买工官尚方甲盾五百～可以为葬者。"

3. bì ❾通"髲"。古代妇女的发饰，用假发梳成高髻。《诗经·召南·采蘩》："～之僮僮，夙夜在公。"《仪礼·少牢馈食礼》："主妇～锡衣移袂。"（锡：通"鬄"。剃去头发。）

【被服】 bèifú ❶指衾被与衣服之类。《史记·货殖列传》："谣俗～～饮食奉生送死之具也。"❷穿戴，服饰。《吕氏春秋·士容》："客有见田骈者，～～中法，进退中度，趋翔闲雅，辞令逊敏。"《后汉书·明德马皇后纪》："于是内外从化，～～如一。"❸比喻蒙受某种风化或教益。《史记·礼书》："而况中庸以下，渐渍于失教，～～于成俗乎？"

《汉书·礼乐志》:"是以海内遍知上德,~~其风,光辉日新,化上迁善。"《论衡·率性》:"孔门弟子七十之徒,皆任卿相之用,~~圣教,文才雕琢,知能十倍,教训之功而渐渍之力也。"

【被酒】 bèijiǔ 中酒,即喝醉了。《论衡·纪妖》:"~~,夜经泽中,令一人居前。"《后汉书·刘宽传》:"宽尝于坐~~睡伏。"

【被离】 pīlí ❶纷乱的样子。《楚辞·九章·哀郢》:"忠湛湛而愿进兮,妒~~而鄣之。"❷分散的样子。扬雄《反离骚》:"亡春风之~~兮,孰知龙之所处?"

【被丽】 pīlì 分散的样子。扬雄《甘泉赋》:"攒并闾与茇葀兮,纷~~其亡鄂。"

【被练】 pīliàn 身着用熟丝连缀的铠甲。比喻步兵。《左传·襄公三年》:"使邓廖帅组甲三百,~~三千。"左思《魏都赋》:"齐~~而铦戈,袭偏裻以谠列。"

【被发入山】 pīfàrùshān 披散头发,隐居山林。形容不过问世事。《三国志·蜀书·先主传》注引《献帝春秋》:"[刘]备不听,军过,谓瑜曰:'汝欲取蜀,吾当~~~~,不失信于天下也。'"

【被发文身】 pīfàwénshēn ❶披散着头发,身上刺着花纹。古代东方某些少数民族的风俗。《礼记·王制》:"东方曰夷,~~~~。"❷古代吴越一带人,为了适应环境,剪断其发,身上刺画鱼龙。《淮南子·原道训》:"九疑之南,陆事寡而水事众,于是民人~~~~,以像鳞虫。"(高诱注:"被:翦也。")也作"断发文身"。《左传·哀公七年》:"仲雍嗣之,~~~~,赢以为饰。"

【被发缨冠】 pīfàyīngguān 指事情紧急,来不及束发簪冠,只用帽带子把帽子系在头上。《孟子·离娄下》:"今有同室之人斗者,救之,虽~~~~而救之,可也;乡邻有斗者,~~~~而往救之,则惑也,虽闭户可也。"(披发:披散头发,指未把头发束好。缨冠:用帽带子把帽子系住。按常规,古人戴帽子要先束发,然后用簪子把帽子固定在束好的头发上。)

【被发左衽】 pīfàzuǒrèn 披散着头发,大襟开在左边。古代指夷狄的装束。《论语·宪问》:"微管仲,吾其~~~~矣。"

【被褐怀玉】 pīhèhuáiyù 身上披的是粗布衣服,胸前却揣着宝玉。比喻怀抱美才而深藏不露或出身贫寒而怀有真才实学。《老子·七十章》:"知我者希,则我者贵,是以圣人~~~~。"(则:效法。)《三国志·魏书·武帝纪》:"今天下得无有~~~~而钓于渭滨者乎?又得无盗嫂受金而未遇无知者乎?"

【被坚执锐】 pījiānzhíruì 身穿铠甲,手拿锋利的武器。形容投身战斗。《战国策·楚策一》:"吾~~~~,赴强敌而死,此犹一卒也,不若奔诸侯。"《汉书·高帝纪下》:"朕亲~~~~,自帅士卒,犯危难,平暴乱,立诸侯。"

悖(誖) 1. bèi ❶违背,违反,相抵触。《战国策·齐策六》:"曹子以一剑之任,劫桓公于坛位之上,颜色不变,而辞气不~。"《吕氏春秋·诬徒》:"问事则前后相~,以章则有异心。"《汉书·艺文志》:"及鄙者为之,以为无所事圣王,欲使君臣并耕,~上下之序。"㉛背叛,叛乱。《史记·秦始皇本纪》:"殄熄暴~,乱贼灭亡。"《论衡·恢国》:"管、蔡~乱,周公东征。"❷谬误,荒谬。《吕氏春秋·察今》:"[以]此任物,亦必~矣。"《淮南子·修务训》:"禹之为水,以身解于阳盱之河;汤旱,以身祷于桑山之林,圣人忧民如此其明也,而称以无为,岂不~哉!"❸昏乱,糊涂。《战国策·楚策四》:"襄王曰:'先生老~乎?将以为楚国妖祥乎?'"《史记·商君列传》:"惠王既去,而谓左右曰:'公叔病甚,悲乎,欲令寡人以国听公孙鞅也,岂不~哉!'"❹遮蔽,掩藏。《庄子·天运》:"上~日月之明,下睽山川之精,中堕四时之施。"

2. bó ❺通"勃"。1)旺盛的样子。《左传·庄公十一年》:"其兴也~焉。"2)猝然,突然。《论衡·道虚》:"若士者~然而笑曰……。"

【悖傲】 bèi'ào 狂悖傲慢。《三国志·魏书·钟会传》注引《世语》:"会善效人书,于剑阁要艾章表白事,皆易其言,令辞指~~,多自矜伐。"也作"悖慠"、"悖骜"。《三国志·魏书·三少帝纪》:"恭孝日亏,~~滋甚,不可以承天绪,奉宗庙。"柳宗元《驳复仇议》:"是~~而凌上也。"

【悖暴】 bèibào 昏庸残暴。《汉书·文三王传》:"王背策戒,~~妄行,连犯大辟,毒流吏民。"《三国志·魏书·袁绍传》注引谢承《后汉书》:"而足下独囚仆于狱,欲以衅鼓,此~~无道之甚者也。"

【悖乱】 bèiluàn 迷惑昏乱。《史记·白起王翦列传》:"老臣罢病~~,唯大王更择贤将。"《论衡·本性》:"放纵~~,不善日以生矣。"

【悖慢】 bèimàn 悖逆骄纵。《三国志·魏书·三少帝纪》注引《魏氏春秋》:"成济兄弟不即伏罪,袒而升屋,丑言~~,自下射之,乃殪。"也作"悖谩"。《汉书·孝成许皇后传》:"[定陵侯淳于]长书有~~,发觉。"

【悖缪】 bèimiù 荒谬，不合道理。《韩非子·五蠹》："毁誉、赏罚之所加者，相与～～也，故法禁坏而民愈乱。"也作"悖谬"。《三国志·魏书·满宠传》："初，宠与凌共事不平，凌支党毁宠疲老～～，故明帝召之。"

【悖逆】 bèinì 背叛，叛逆。指违反正道，犯上作乱。《吕氏春秋·正名》："夫贤不肖，善邪辟，可～～，国不乱，身不危，奚待也？"《史记·乐书》："于是有～～诈伪之心，有淫佚作乱之事。"《汉书·贡禹传》："欺谩而善书者尊于朝，～～而勇猛者贵于官。"

【悖忒】 bèitè 背理邪恶。《三国志·魏书·楚王彪传》注引孔衍《汉魏春秋》："有～～之心，无忠孝之义。"

倍 1. bèi ❶原数基础上增加的相等数。《老子·十九章》："绝圣弃智，民利百～。"《战国策·秦策五》："'珠玉之赢几～？'曰：'百～。'"《汉书·高帝纪上》："高祖每酤留饮，酒雠数～。"[引]加倍，增加。《国语·楚语上》："子为我召之，吾～其室。"《墨子·节用上》："其～之，非外取地也，因其国家，去其无用之费，足以～之。"[又]倍加，更加。《北齐书·神武帝纪上》："于是士众感悦，～愿附从。"徐祯卿《济上作》诗："忽见黄花～惆怅，故园明日又重阳。"严有禧《漱华随笔·先文靖》："先文靖归里后，周恤姻族～至。"❷通"背"。1)背向着，背对着。《管子·七法》："不明于心术，而欲行令于人，犹～招而必射之。"（招：箭靶子。）《战国策·齐策一》："今秦攻齐则不然，～韩、魏之地……。"《史记·留侯世家》："雒阳东有成皋，西有殽、黾，～河，向伊、雒，其固亦足恃。"[引]背离，离开。《吕氏春秋·观表》："[郈成子]～卫三十里，闻宁喜之难作，右宰谷臣死之，还车而临，三举而归。"2)违背，违反。《庄子·养生主》："是遁天～情，忘其所受。"《史记·赵世家》："简子谓邯郸大夫午曰：'归我卫士五百家，吾将置之晋阳。'午许诺。归而其父兄不听，～言。"王禹偁《官醞》："古今事相～，帝皇道难复。"3)背叛，反叛。《孟子·滕文公上》："子之兄弟事之数十年，师死而遂～之。"《韩非子·难三》："且民有～心者，君上之明有所不及也。"4)背诵。韩愈《韩滂墓志铭》："读书～文，功力兼人。"刘大櫆《郑氏节母传》："牧六岁，则使就从兄受书，夜归，复亲督之～讽。"❸通"悖"。悖逆乖戾。《管子·五辅》："上下无义则乱，贵贱无分则争，长幼无等则～，贫富无度则失。"

2. péi ❹陪伴，伴随。《穆天子传》卷六："丧主即位，周室父兄子孙～之。"

【倍差】 bèichā 一倍以外再加差数。比如以一百为原数，加一倍等于二百，在二百中减去三分之一等于差数。"倍差"即在原数基础上增加一又三分之二倍。《尚书·吕刑》："墨辟疑赦，其罚百锾，阅实其罪；劓辟疑赦，其罚惟倍，阅实其罪；剕辟疑赦，其罚～～，阅实其罪。"

【倍差】 bèichà 差别很大。叶適《瑞安县重建厅事记》："嘉兴许君兴裔知县事，而大厅、琴堂始克并立，上极旁挟，比旧～～，厚基博础，楹桷丰硕。"

【倍称】 bèichēng 偿还与本金加倍的利息，即借一还二。苏轼《上神宗皇帝书》："多方相济，委曲相通，～～之息，由此而得。"（称：称贷，举债。）《聊斋志异·大王》："昔日富豪以～～之息，折夺良家子女。"

【倍道】 bèidào ❶兼程，一天走两天的路。《后汉书·岑彭传》："因晨夜～～兼行二千馀里。"《资治通鉴·晋安帝义熙七年》："宜～～旋师，早度险阨。"❷背离正道。《管子·君臣下》："为人君者，～～弃法而好行私，谓之乱。"

【倍地】 bèidì 扩大一倍土地。《孟子·梁惠王下》："天下固畏齐之强也，今又～～而不行仁政，是动天下之兵也。"

【倍多】 bèiduō 成倍增加。《后汉书·鲍昱传》："昱乃上作方梁石洫，水常饶足，溉田～～，人以殷富。"韩愈《论淮西事宜状》："道路辽远，劳费～～。"

【倍谲】 bèijué ❶比喻各持一见，更相立异。《庄子·天下》："相里勤之弟子，五侯之徒，南方之墨者苦获、已齿、邓陵子之属，俱诵《墨经》，而～～不同，相谓别墨。"归有光《乞致仕疏》："今之论学者，所以～～不相入为此也。"❷同"倍僪"。

【倍日】 bèirì 兼程，一天走两天的路。《淮南子·泰族训》："骐骥～～而驰，草木为之靡，县熢未转。"

【倍世】 bèishì 背离社会，隔绝人世。《淮南子·人间训》："单豹～～离俗，岩居谷饮，不衣丝麻，不食五谷。"

【倍蓰】 bèixǐ 一倍、五倍。概指数倍。《孟子·滕文公上》："夫物之不齐，物之情也。或相～～，或相什百，或相千万。"（蓰：五倍。）《聊斋志异·齐天大圣》："后辇货而归，其利～～。"

【倍羡】 bèixiàn 高额的利润。贾谊《新书·铜布》："以调盈虚，以收～～，则官必富而末民困矣。"

【倍僪】 bèiyù 太阳周围的光气。《吕氏春秋·明理》："其日有斗蚀，有～～，有晕珥。"

也作"倍谲"、"背谲"。《文子·精诚》:"君臣乖心,～～见乎天。"《淮南子·览冥训》:"君臣乖心,则～～见于天。"

偝 bèi ❶背向着,背对着。《荀子·非相》:"乡则不若,～则谩之。"❷违背,背弃。《礼记·坊记》:"利禄先死者而后生者,则民不～。"

焙 bèi 用微火烘烤。皮日休《寄怀南阳润卿》诗:"醉来浑忘移花处,病起空闻～药香。"

琲 bèi 成串的珠子。左思《吴都赋》:"金镒磊砢,珠～阑干。"朱琦《感事》诗:"珊瑚斗七尺,明珠炫百～。"

辈(輩、軰) bèi ❶等,类。表示人或物的多数或者同属一类。《论衡·率性》:"棠谿、鱼肠之属,龙泉、太阿之～,其本铤,山中之恒铁也。"《后汉书·桓谭传》:"党～连结,岁月不解。"《三国志·魏书·华佗传》:"天下当无此鼠～耶?"《晋书·苻坚传》:"尔～群奴,正可牧牛羊,何为送死?"❷辈分,世系次第的分别。孔融《论盛孝章书》:"今之少年,喜谤前～。"杜甫《赠比部萧郎中十兄》诗:"词华倾后～,风雅蔼孤骞。"王安石《曾公夫人万年太君黄氏墓志铭》:"尊者皆爱,～者皆附,卑者皆慕之。"❸比。《后汉书·循吏传序》:"边凤、延笃先后为京兆尹,时人以～前世赵、张。"《新唐书·魏徵传》:"陛下居常论议,远～尧、舜。"❹放在数字后面,表示同类的人或物的多数。根据不同的语言环境,可以译成各种相应的词。《史记·秦始皇本纪》:"高使人请子婴数～,子婴不行。"《汉书·张骞传》:"而天子好宛马,使者相望于道,一～大者数百,少者百馀人。"《后汉书·冯异传》:"更始诸将攻父城者前后十馀～,异坚守不下。"《北史·崔逞传》:"至陈留,闻逞被杀,分为二～,一奔长安,一奔广固。"陈亮《与王季海丞相淮》:"一～无赖,不得群起而误国。"

【辈出】 bèichū 一批一批地相继而出。《后汉书·蔡邕传》:"于是名臣～～,文武并兴。"

【辈行】 bèiháng ❶辈分或排行的次序。韩愈《太原王公神道碑铭》:"读书著文,其誉蔼郁,当时名公皆折官位～～愿为交。"《新唐书·陆贽传》:"天子常以～～呼而不名。"❷同辈的人。文天祥《山中漫成柬刘方斋》诗:"二三～～惟须醉,多少公卿未得归。"

【辈流】 bèiliú 同辈的人。韩愈《八月十五夜赠张功曹》诗:"同时～～多上道,天路幽险难追攀。"

【辈起】 bèiqǐ 成群而起。蔡邕《幽冀二州刺史久缺疏》:"百姓元元,流离沟壑,寇贼～～,莫能禁讨。"

【辈作】 bèizuò 成群而起。马融《广成颂》:"游雉群惊,晨凫～～。"鲍照《河清颂》:"瑞木朋生,祥禽～～。"

惫(憊) bèi 极度疲乏,困顿。《公羊传·宣公十五年》:"司马子反曰:'子之国何如?'华元曰:'～矣!'曰:'何如?'曰:'易子而食之,析骸而炊之。'司马子反曰:'嘻!甚矣～。'"《庄子·田子方》:"入乎渊泉而不濡,处卑细而不～。"《列子·天瑞》:"知老之～,未知老之佚。"[引]衰惫,憔悴。指人的脸色或草木的颜色不好看。《庄子·让王》:"七日不火食,藜羹不糁,颜色甚～。"元稹《献荥阳公》诗:"～色秋来草,哀吟雨后蝉。"

蓓 bèi 见"蓓蕾"。

【蓓蕾】 bèilěi 没开的花,花骨朵儿。徐夤《追和白舍人咏白牡丹》:"～～抽开素练囊,琼葩薰出白龙香。"

犕 bèi 木名。《山海经·中山经》:"又西五十里曰橐山,其木多樗,多～木。"

鞁 bèi 古代马车上驾马用的各种马具的总称。有时也专指套在马颈上引车前进的革带。《国语·晋语九》:"吾两～将绝,吾能止之。"(《左传·哀公二年》作"靷"。)

糒 bèi 干饭。《后汉书·隗嚣传》:"嚣病且饿,出城餐糗～,恚愤而死。"陆机《吊魏武帝文》:"朝晡上脯～之属。"《晋书·王祥传》:"～脯各一盘,玄酒一杯,为朝夕奠。"

鞴 1. bèi ❶把鞍辔等套在马身上。王昌龄《塞上曲》:"遥见胡地猎,～马宿严霜。"

2. bù ❷见"鞴靫"。

3. bài ❸鼓风吹火的用具,俗称风箱。《梦溪笔谈》卷二十:"使人隔墙鼓～。"

【鞴靫】 bùchā 盛箭的器具。张翥《前出军》诗:"后军细铠甲,白羽攒～～。"

鐾 bèi 在布、皮、石头上反复磨擦刀。冯梦龙《笑府·刺俗》:"急趋入取厨下刀,于石上一再～。"

ben

奔(犇、逩) 1. bēn ❶急走,跑。《左传·宣公十二年》:"遂疾进师,车驰卒～,乘晋军。"《墨子·非攻中》:"奉甲执兵,～三百里而舍焉。"《管子·法法》:"故赦者,～马之委辔。"[引]急速,迅速。《水经注·漓水》:"山有涌泉,～流冲激。"《北史·拓跋顺传》:"愤气～涌,长叹而不言。"袁宗道《江上游记》:"蜀江数千里～泻至吾邑,汹涌澎湃。"⊗战败逃跑。《左传·隐公九年》:"戎人之前遇覆者～。"《穀梁传·隐公五年》:"伐不逾时,战不逐～。"杨万里《论兵》:"以农为兵,非其习也,守则溃,战则～。"❷逃亡,出走,流亡。《管子·大匡》:"鲍叔牙奉公子小白～莒,管夷吾、召忽奉公子纠～鲁。"《韩非子·难言》:"公叔痤言国器,反为悖,公孙鞅～秦。"《史记·齐太公世家》:"武公九年,周厉王出～,居彘。"❸追逐,追求。《后汉书·仲长统传》:"乃～其私嗜,骋其邪欲,君臣宣淫,上下同恶。"干宝《晋纪总论》:"悠悠风尘,皆～竞之士。"❹旧时指女子不经媒人说合而私自投奔所爱的人。《国语·周语上》:"恭王游于泾上,密康公从,有三女～之。"《荀子·非相》:"妇人莫不愿得以为夫,处女莫不愿得以为士,弃其亲家而欲～之者,比肩并起。"(士:古指未婚的青年男子。)《汉书·司马相如传上》:"文君夜亡～相如,相如与驰归成都。"❺崩陷,崩落。杜甫《次空灵岸》诗:"空灵霞石峻,枫栝隐～峭。"《通志·地理略·河水》:"平田虚壤,故多～决。"黄景仁《夜过黑山宿涧溪》诗:"扑额崖～崩,仇足石碎琐。"❻(fèn)通"贲"、"偾"。覆败。《韩非子·安危》:"～车之上无仲尼,覆舟之下无伯夷。"❼姓。

2. bèn ❽投奔,走向。《汉书·卫青传》:"[赵]信故胡人,降为翕侯,见急,匈奴诱之,遂将其馀骑可八百～降单于。"《红楼梦》四回:"咱们这会子反一窝一拖的～了去,岂不没眼色呢?"⊗将近,接近。《红楼梦》七十六回:"也～四十岁的人了。"

【奔北】 bēnběi 败逃。《后汉书·袁绍传》:"冀州失策,自取～～。"《三国志·魏书·胡质传》:"古人之交也,取多知其不贪,～～知其不怯,闻流言而不信,故可终也。"又《袁绍传》注引《先贤行状》:"绍军之败也,土崩～～,徒众略尽。"

【奔迸】 bēnbèng ❶逃散。《三国志·魏书·武帝纪》:"海盗～～,黑山顺轨。"《宋书·张畅传》:"魏国君臣～～,仅得免脱。"❷奔涌。康有为《大同书》甲部二章:"山水～～,交集于河。"

【奔凑】 bēncòu 会合,会聚,聚集。《后汉书·马防传》:"宾客～～,四方毕至。"刘商《金井歌》:"闾阎少长竞～～,黄金满袖家富有。"

【奔放】 bēnfàng ❶疾驰,快跑。《后汉书·祢衡传》:"绝足～～。"❷形容文章、河流等的气势雄伟,不受拘束。陆机《文赋》:"或～～以谐合,务嘈囋而妖冶。"苏辙《黄州快哉亭记》:"江出西陵,始得平地,其流～～肆大,南合沅湘,北合汉沔,其势益张。"

【奔蜂】 bēnfēng 小蜂。也叫土蜂。黄宗羲《苏州三峰汉月藏禅师塔铭》:"～～而化藿蠋,越鸡而伏鹄卵。"(藿蠋:豆中大青虫。)

【奔命】 bēnmìng ❶受命奔走,奔走应命。《左传·昭公四年》:"楚沈尹射～～于夏汭。"《荀子·议兵》:"服者不禽,格者不舍,～～者不获。"柳宗元《封建论》:"数年之间,～～扶伤之不暇。"❷指逃命。《旧唐书·黄巢传》:"诸王官属相次～～。"《水浒传》四十一回:"那一伙马军,吃了一惊,各自～～。"❸快速应战的军队。《汉书·丙吉传》:"此驭吏边郡人,习知边塞发～～警备事,尝出,适见驿骑持赤白囊,边郡发～～书驰来至。"《后汉书·宋均传》:"诏使均乘传发江夏～～三千人往救之。"

【奔突】 bēntū 奔跑冲撞。班固《西都赋》:"穷虎～～,狂兕触蹷。"《后汉书·杨琁传》:"马惊,～～贼阵。"杜甫《沙苑行》:"累累塠阜藏～～,往往坡陁纵超越。"

【奔逸】 bēnyì ❶跑得飞快,迅速前进。《庄子·田子方》:"夫子～～绝尘,而回瞠若乎后矣。"(绝尘:脚不沾尘土。)也作"奔轶"。柳宗元《曹溪大鉴禅师碑》:"荒流～～,乃万其趣。"❷纵逸奔放。李贽《答周友山》:"而神思～～,不可得而制也。"

【奔属】 bēnzhǔ 紧跟,追随。《楚辞·远遊》:"时暧曃其曭莽兮,召玄武而～～。"

【奔注】 bēnzhù 奔流灌注。杜甫《送高司直寻封阆州》诗:"良会苦短促,溪行水～～。"柳宗元《钴鉧潭记》:"钴鉧潭在西山西,其始盖冉水自南～～,抵山石,屈折东流。"

【奔走】 bēnzǒu ❶急走,为某事奔忙。《诗经·周颂·清庙》:"对越在天,骏～～在庙。"(骏:迅速。)《左传·昭公三十一年》:"若艰难其身,以险危大人,而有名章彻,攻难之士将～～之。"杜甫《将赴成都草堂途中有作先寄严郑公》诗之四:"三年～～空皮骨,信有人间行路难。"❷逃走。《后汉书·光武帝纪上》:"严尤说王邑曰:'昆阳城小而坚,今假号者在宛,亟进大兵,彼必～～;宛败,昆阳自服。'"《三国志·吴书·吴主传》:"刘备～～,仅以身免。"《北史·叔孙建传》:"斩首万馀级,馀众～～。"❸驱使,役使。《国语·鲁语下》:"士有陪乘,告～～也。"叶適

《湖南运判到任谢表》："臣子供～～之职，何敢屡违。"

【奔奏】　bēnzòu　奔走传喻、宣扬。《诗经·大雅·绵》："予曰有～～，予曰有御侮。"

【奔走之友】　bēnzǒuzhīyǒu　相互帮助的挚友。《北齐书·神武帝纪上》："与怀朔省事云中司马子如及秀容人刘贵、中山人贾显智为～～～～。"牛僧孺《玄怪录·来君绰》："因与秀才罗巡、罗逖、李万进结为～～～～。"

贲(賁)　1. bēn　❶跑，奔走。《大戴礼记·夏正月》："十有二月，玄驹～。"《汉书·百官公卿表上》："平帝元始元年更名虎～郎，置中郎将，秩比二千石。"又："属官有公车司马、卫士、旅～三令丞。"❷膈膜，胸腔和腹腔之间的肌肉膜。《灵枢经·本藏》："肺下则居～迫肺，善胁下痛。"

2. bì　❸文饰，装饰华美。《诗经·小雅·白驹》："皎皎白驹，～然来思。"郝经《丰县汉祖庙碑》："有所废缺，辄为增～，故常焕若一新。"❹六十四卦之一，卦形为离下艮上。《周易·贲》："象曰：'山下有火，～。'"《文心雕龙·情采》："～象穷白，贵乎反本。"

3. fén　❺大。《诗经·大雅·灵台》："虡业维枞，～鼓维镛。"陆机《演连珠》："～鼓密而含响，朗笛疏而吐音。"❻三足龟。《论衡·是应》："鳖三足曰'能'，龟三足曰'～'。"

4. fèn　❼通"坟"。突起像坟堆。《穀梁传·僖公十年》："覆酒于地而地～。"❽通"忿"。愤怒。《礼记·乐记》："广～之音作，而民刚毅。"❾通"偾"。覆败。《礼记·射义》："～军之将，亡国之大夫。"❿通"奋"。抒发，表达。《荀子·尧问》："忠诚盛于内，～于外，形于四海。"

【贲贲】　bēnbēn　❶形容二十八宿中柳宿的形状。《左传·僖公五年》："鹑之～～，天策焞焞。"❷鸟类雌雄相随而飞的样子。《礼记·表记》："鹊之姜姜，鹑之～～。"

【贲石】　bēnshí　指孟贲和石蕃二勇士。张协《七命》："飞黄奋锐，～～逞伎。"

【贲育】　bēnyù　指战国时期的勇士孟贲和夏育。《韩非子·观行》："故虽有尧之智而无众人之助，大功不立；有乌获之劲而不得人助，不能自举；有～～之强而无法术，不得长胜。"《史记·汲郑列传》："虽自谓～～亦不能夺之矣。"司马相如《谏猎书》："故力称乌获，捷言庆忌，勇期～～。"

【贲诸】　bēnzhū　指古代的勇士孟贲与专诸。《韩非子·内储说上七术》："厚赏之使人为～～也，妇人之拾蚕，渔者之握鳣，是以效之。"

【贲临】　bìlín　光临。封演《封氏闻见记·烧尾》："上与侍臣亲～～焉。"李昌祺《剪灯馀话·洞天花烛记》："今文士～～，群仙光降。"

本　běn　❶草木的根。《吕氏春秋·先己》："是故百仞之松，～伤于下，而末槁于上。"《论衡·吉验》："是岁，有禾生景天中，三～一茎九穗，长禾一二尺，盖嘉禾也。"㊀人或动物器官的根基部位。《齐民要术·养牛马驴骡》："尾～欲大而强。"《清史稿·食货志五》："夫吾国茶质本胜诸国，往往涩味中含有香气，使舌～回甘。"㊁某些杆状或条状物体的根端或用手把握的一头。《墨子·经说下》："相衡则～短标长。"赵翼《陔馀丛考》卷二十七："笞者箠长五尺，用竹，其～大一寸，末薄半寸。"❷草木的茎、干。《史记·魏其武安侯列传》："此所谓'枝大于～，胫大于股，不折必披'。"赵翼《陔馀丛考》卷三十："其时棉花未入中土，不知其为木～草～。"❸根源，来源，根本原因。《左传·襄公十七年》："宋国区区，而有诅有祝，祸之～也。"《韩非子·内储说上》："兵弱于外，政乱于内，此亡国之～也。"《吕氏春秋·无义》："故义者百事之始也，万利之～也。"《颜氏家训·诫兵》："此皆陷身灭族之～也，诫之哉！诫之哉！"❹根本，主要的、基础的东西。《老子·三十九章》："贵以贱为～，高以下为基。"《孟子·离娄上》："天下之～在国，国之～在家，家之～在身。"杜甫《送顾八分文学适洪吉州》诗："邦以民为～，鱼饥费香饵。"㊁特指农业。《战国策·中山策》："举士，则民务名不存～；朝贤，则耕者惰而战士懦。"《汉书·董仲舒传》："章洪业，皆在力～任贤。"❺原来的，固有的。杜预《春秋左氏传序》："此制作之～意也。"《文心雕龙·通变》："夫青生于蓝，绛生于茜，虽逾～色，不能复化。"㊁本来，原来。《汉书·李陵传》："卫律者，父～长水胡人。"《后汉书·卢芳传》："匈奴～与汉约为兄弟。"杜甫《闻斛斯六官未归》诗："～卖文为活，翻令室倒悬。"㊁推原，探究。《管子·正世》："～治乱之所生，知得失之所在，然后从事。"《文心雕龙·议对》："～阴阳之化，究列代之变。"❻本钱，本金。《新唐书·柳宗元传》："过期不赎，子～均，则没为奴婢。"❼本着，按照，根据。《论衡·累害》："夫不～累害所从生起，而徒归责于被累害者，智不明，暗塞于理者也。"《后汉书·西域新传》："汉～其故号，言大月氏云。"《新五代史·伶官传序》："岂得之难而失之易欤？抑

～其成败之迹而皆自于人欤?”⑦把握,执掌。《汉书·爰盎传》:“是时绛侯为太尉,～兵柄,弗能正。”苏轼《安焘乞外郡不许批答》:“卿以应务之才,居～兵之地,绥靖中外,人无间言。”❽自己方面的,现今的。《管子·明法解》:“守～任,治分职。”《汉书·诸侯王表》:“～朝短世,国统三绝。”杜甫《相从歌》:“梓州豪俊大者谁,～州从事知名久。”❾底本,版本。《南史·萧琛传》:“三辅旧书,相传以为班固真～。”朱熹《大学章句》:“旧～颇有错简。”《宋史·崔颐正传》:“又有学究刘可名言诸经版～多舛误。”⑩封建时代臣子上呈君主的奏本。《汉书·文三王传》:“今梁王年少,颇有狂病,始以恶言按验,既亡事实,而发闺门之私,非～章所指。”韩愈《刘公墓志铭》:“环封奏其～,德宗称焉。”❿量词。指草木的株、棵、丛、撮或书籍的册、部。《论衡·验符》:“土中忽生芝草五～。”《后汉书·庞参传》:“但以薤一大～,水一盂,置户屏前。”欧阳修《伐树记》:“为蔬圃十数畦,又植花果桐竹凡百～。”郝懿行《晒书堂笔录》卷三:“余以乾隆嘉庆间入都,见人家案头必有一～《红楼梦》。”

【本剽】 běnbiāo 始末。剽:末梢。《庄子·庚桑楚》:“有长而无～～者,宙也。”也作“本蔈”。《鹖冠子·道端》:“高而不坠,安而不亡,此万物之～～。”

【本分】 běnfèn ❶根据一定的名分。《荀子·非相》:“小辩不如见端,见端不如见～～。”(本分:《荀子集解》引王引之说:“‘本分’上本无‘见’字,此涉上两‘见端’而衍。本分者,本其一定之分也。”)❷本人的身份地位。徐陵《答诸求官人书》:“所见诸君,多逾～～。”❸自己分内的。王谠《唐语林·政事上》:“诸公各自了～～公事。”❹安分守己。王明清《摭青杂说·盐商厚德》:“宁陪些少结束,嫁一～～人。”

【本根】 běngēn ❶草木的根、干。《左传·隐公六年》:“绝其～～,勿使能殖。”(殖:繁殖,生长。)《国语·晋语八》:“～～犹树,枝叶益长。”❷根本,至关重要的方面。《庄子·知北遊》:“万物畜而不知,此之谓～～。”司马光《赠邵兴宗》诗:“君子固无愧,立身明～～。”❸根基,根底,基础。《晋书·刘颂传》:“而树国～～不深,无干辅之固。”杜甫《石笋行》:“安得壮士掷天外,使人不疑见～～。”陆游《山南行》:“会看金鼓从天下,却用关中作～～。”❹根源,本原。韩愈《论淮西事宜状》:“原其～～,皆是国家百姓。”范仲淹《润州谢上表》:“议治乱之～～。”❺比喻家族、宗室。《汉书·诸侯王表》:“内无骨肉～～之辅,外亡尺土藩翼之卫。”❻比喻家乡、故土。刘基《解题于伯机杜工部诗后》诗:“我今亦飘泊,不得归～～。”

【本纪】 běnjì ❶根本纲纪。《管子·问》:“凡立朝廷,问有～～。”❷原委始末。《三国志·蜀书·秦宓传》:“民请为明府陈其～～。”❸纪传体史书中帝王的传记。《文心雕龙·史传》:“故～～以述皇王,列传以总侯伯。”

【本末】 běnmò ❶树木的根部与梢部。白居易《寓意诗》之一:“挺高二百尺,～～皆十围。”❷原委,始末。《左传·昭公五年》:“礼之～～将于此乎在,而屑屑焉习仪以亟。”《论衡·正说》:“前儒不见～～,空生虚说。”《三国志·魏书·武帝纪》:“养子嵩嗣,官至太尉,莫能审其生出～～。”❸主次,轻重,先后。《战国策·西周策》:“夫～～更盛,虚实有时,窃为君危之。”《荀子·富国》:“是无它故焉,知～～源流之谓也。”无名氏《绥德州新学记》:“然非知治之审,则亦未尝不～～倒置。”❹指农业和工商业。《后汉书·王符传》:“～～不足相供,则民安得不饥寒!”

【本谋】 běnmóu ❶主谋,主谋者。《史记·陈丞相世家》:“卒诛诸吕,立孝文皇帝,陈平～～也。”《汉书·叙传上》:“具言～～亡匿处。”❷原来的计划。《后汉书·张奂传》:“以奂新征,不知～～。”

【本事】 běnshì ❶原本事物。《管子·海王》:“而官出之以百,我未与其～～也。”《汉书·艺文志》:“丘明恐弟子各安其意,以失其真,故论～～而作传,明夫子不以空言说经也。”❷指农业。《荀子·王制》:“务～～,积财物。”《管子·权修》:“有地不务～～,君国不能一民,而求宗庙社稷之无危,不可得也。”❸文学作品主题所根据的故事情节。胡应麟《少室山房笔丛·艺林学山》:“近世论乐府,必欲求合～～。”❹本领,能力。罗烨《醉翁谈录·序平康巷陌诸曲》:“暇日群聚金莲棚中,各呈～～。”《西游记》三十一回:“大圣神通大,妖魔～～高。”

【本统】 běntǒng ❶指以仁义为本的传统。《荀子·议兵》:“此所谓末世之兵,未有～～也。”❷正统。柳宗元《岳州圣安寺无姓和尚碑》:“和尚绍承～～,以顺中道。”

【本望】 běnwàng ❶本来的愿望。《三国志·蜀书·彭羕传》:“[马]超问羕曰:‘卿才具秀拔,主公相待至重,谓卿当与孔明、孝直诸人齐足并驱,宁当外授小郡,失人～～乎?”❷指名门望族的籍贯。《隋书·经籍志二》："又以关内诸州为其～～。"

【本务】 běnwù ❶指农事。《荀子·王制》："好用其籍敛矣，而忘其～～。"曾巩《上欧阳舍人书》："则末利可弛，～～可兴。"❷根本大事。《吕氏春秋·孝行》："夫孝，三皇五帝之～～，而万事之大纪也。"《汉书·王吉传》："臣伏而思之，可谓至恩，未可谓～～也。"❸分内的事情。《韩非子·诡使》："仓廪之所以实者，耕农之～～也。"苏轼《答张嘉父》："示谕治《春秋》学，此学者～～，又何疑焉。"

【本心】 běnxīn ❶指先天具有的判断是非善恶的良心。《孟子·告子上》："此之谓失其～～。"❷本意。《后汉书·袁绍传》："若使得申明～～，不愧先帝，则伏首欧刀，褰衣就镬，臣之愿也。"❸树木的主干和根株。《汉书·萧望之传》："附枝大者贼～～，私家盛者公室危。"

【本原】 běnyuán ❶根源，根由。《左传·昭公九年》："我在伯父，犹衣服之有冠冕，木水之有～～，民人之有谋主也。"苏辙《御试制策》："臣请为陛下推其～～，而极言其故。"也作"本源"。《文心雕龙·序志》："君臣所以炳焕，军国所以昭明，详其～～，莫非经典。"❷根本，至关重要的方面。《汉书·董仲舒传》："太学者，贤士之所关也，教化之～～也。"也作"本源"。杜甫《信行远修水筒》诗："秉心识～～，于事少凝滞。"❸根基，基础。《庄子·天地》："立之～～，而知通于神，故其德广。"王守仁《传习录》卷上："为学须有～～，须从～～上用力，渐渐盈科而进。"❹推究，追根。《墨子·兼爱下》："今吾～～兼之所生，天下之大利者也。"

【本秩】 běnzhì 指官吏原来的品级第次。《后汉书·刘焉传》："出焉为监军使者，领益州牧，太仆黄琬为豫州牧，宗正刘虞为幽州牧，皆以～～居职。"

苯 běn 见"苯蓴"。

【苯蓴】 běnzǔn 草丛生的样子。张衡《西京赋》："～～蓬茸，弥皋被冈。"《晋书·卫瓘传》："禾卉～～以垂颖，山岳峨嵯而连冈。"

畚 běn 用蒲草编织的盛物器具。《公羊传·宣公六年》："有人荷～自门而出者。"《吕氏春秋·不屈》："今之城者，或者操大筑乎城上，或负～而赴乎城下，或操表掇以善睎望。"㉤用畚箕装运。王安石《慎县修路者》："～筑今三岁，康庄始一修。"《宋史·苏云卿传》："披荆～砾为圃。"

【畚梮】 běnjū 盛土和抬土的工具。《国语·周语中》："收而场功，偫而～～。"胡敬《林少穆中丞治苏新政》："一朝具～～，河已浏其清。"也作"畚挶"。《左传·襄公九年》："陈～～，具绠缶。"（陈：摆列。绠：汲水的绳索。）

夯 bèn 见 hāng。

坌 bèn ❶尘土，灰尘。《续资治通鉴·宋神宗元丰四年》："尘～四起，居人骇散。"元好问《戊戌十月山阳雨夜二首》之二："霏霏散浮烟，霭霭集微～。"谢肇淛《五杂俎·天部一》："一日，天大风，晦冥良久，既霁，于尘～中得一好女子。"❷尘土飞扬。《新唐书·郭子仪传》："尘且～，飞矢射贼。"俞正燮《癸巳类稿·驻札大臣原始》："马蹄驼迹所过，尘埃～起涨天。"㉤飞扬的尘土或细末洒在物体上面。《四十二章经》："逆风扬尘，尘不至彼，还～己身。"《齐民要术·作菹藏生菜法》："布菜一行，以䴷末薄～之。"❸聚，积聚。郭若虚《图画见闻志·石桥图》："幅裂污～，触而尘起。"陆游《监丞周公墓志铭》："当是时，自郡至属县，流民～集。"❹涌出的样子。康骈《剧谈录·说方士》："银液～然而涌。"苏洵《上张侍郎第一书》："引笔书纸，日数千言，～然溢出，若有所相。"❺并，一齐。刘禹锡《楚望赋》："四垂无蔽，万景～入。"《明史·王竑传》："至是，山东、河南饥民就食者～至，廪不能给。"❻通"笨"。不灵活。杨文奎《儿女团圆》二折："则他生的短矮也，那蠢～身材。"王仲元《普天乐·春日多雨》曲："樽前扮蠢，花间塑～，席上妆憨。"㉤粗劣。佚名《村乐堂》一折："我无福穿轻罗衣锦，有分着～绢粗绸。"

倴 bèn ❶愚笨，不聪明，不灵活。李开先《宝剑记》三出："这灶下～汉生活，何难之有！"冯惟敏《南吕一枝花·日食救护》曲："站的站天生的心～。"❷奔向，走向。《刘知远诸宫调·知远别三娘太原投事》："陌然地见他豪杰跳过颓垣，怎恁地健捷，欲～草房去。"❸地名。河北省滦南县有"倴城"。

軬(轓) bèn(又读 fàn) 车篷。《三国志·魏书·裴潜传》注引《魏略》："又以父在京师，出入薄～车。"《新唐书·车服志》："胥吏、商贾之妻，老者乘苇～车。"

beng

怦 bēng ❶使，令。《尚书·立政》："乃～我有夏。"王安石《谢东府赐御筵表》："～视魏阙之下。"❷使者。陆游《出都》诗：

"～来喜对草堂图。"《聊斋志异·萧七》:"叟即遣～告其亲族。"

【伻头】 bēngtóu 仆人。沈复《浮生六记·浪游记快》:"遂有～～移烛相引,由舱后梯而登。"

【伻图】 bēngtú ❶遣人绘图。张士逊《忆越州》诗之一:"霜缣若得一千幅,～～何必乘兰舠。"❷规划,设计。周辉《清波杂志》卷三:"建康创建府治,石林委府僚～～再三,不叶意。"

祊(鬃) bēng ❶庙门。《左传·襄公二十四年》:"若夫保姓受氏,以守宗～。"《国语·周语中》:"今将大泯其宗～。"❷宗庙门内设祭的地方。《诗经·小雅·楚茨》:"祝祭于～,祀事孔明。"《宋史·乐志九》:"神登于俎,祝导于～。"㉧祭名。《礼记·礼器》:"设祭于堂,为～乎外。"❸古邑名。在今山东省费县东南。《左传·桓公元年》:"郑人请复祀周公,卒易～田。"

抨 bēng 见 pēng。

絣(絣) 1. bēng ❶古代氐族的一种织品。《说文·糸部》:"～,氐人殊缕布也。"(殊缕布:段玉裁注为"盖殊其缕色而相间织之也"。)㉧编织。佚名《壶中天》词:"懒向窗前～绣。"袁宏道《舒大家志石铭》:"朝～暮织。"❷穿甲的绳。《战国策·燕策一》:"妻自组甲～。"㉧用绳索捆绑、束缚。韩愈等《城南联句》:"鞁妖藤索～。"《古今小说·史弘肇龙虎君臣会》:"罪人入狱,教狱子～在廊上。"❸续,继续。《后汉书·班固传》:"将～万嗣。"❹通"绷"。张紧。《元史·礼乐志五》:"以皮为面,四弦,皮～同一孤柱。"

2. bīng ❺杂,错杂。《汉书·扬雄传下》:"～之以象类,播之以人事。"《敦煌变文·佛说阿弥陀经讲经文》:"黑绳十字纵横杠,如似棋盘十字～。"

3. pēng ❻没有花纹的丝织品。韦庄《汧阳间》诗:"汧水悠悠去似～。"

崩 bēng ❶山倒塌。《左传·成公五年》:"山有朽壤而～。"《汉书·元帝纪》:"山～地裂,水泉涌出。"㉧泛指崩塌,倒塌。《国语·鲁语下》:"夫栋折而榱～,吾惧压焉。"(榱:椽子。)《后汉书·王符传》:"冢高四尺,遇雨而～。"杜甫《寄刘峡州伯华使君四十韵》:"但求椿寿永,莫虑杞天～。"❷崩溃,溃散。《战国策·魏策一》:"夫使士卒不～,直而不倚,挠拣而不辟者,此吴起馀教也。"《吕氏春秋·贵因》:"贤者出走,命曰～。"《水经注·大辽水》:"纵兵击之,虏众大～。"㉧崩裂,破开。苏轼《念奴娇·赤壁怀古》词:"乱石～云,惊涛裂岸。"❸败坏,毁坏。韩愈《与孟尚书书》:"礼乐～而夷狄横。"元明善《权槎亭记》:"舻舳～倾,樯折柁败。"❹古代称帝王或王后的死叫"崩"。《史记·高祖本纪》:"四月甲辰,高祖～长乐宫。"《后汉书·孝仁董皇后纪》:"及窦太后～,始与朝政。"❺一种妇科病。中医叫"崩症"或"血崩"。《素问·阴阳别论篇》:"阴虚阳搏谓之～。"❻姓。

【崩波】 bēngbō ❶奔腾的波浪。杜甫《别唐十五诫因寄礼部贾侍郎》诗:"飘飘适东周,来往若～～。"也作"崩浪"。《水经注·溱水》:"悬湍回注,～～震天。"❷比喻急遽变化的社会潮流。王定保《唐摭言·以其人不称才试而后惊》:"务乎矫俗,以遏～～。"

【崩剥】 bēngbō ❶剥乱,纷乱。《后汉书·董卓传论》:"因遭～～之势,故得蹈藉彝伦,毁裂畿服。"❷剥落,倒塌。杨衒之《洛阳伽蓝记·正始寺》:"纤列之状如一古,～～之势似千年。"陈维崧《倾杯乐·善权寺火》词:"雨淋浪,藓～～坏,梁雷篆。"

【崩殂】 bēngcú 指帝王的死。《三国志·蜀书·诸葛亮传》:"先帝创业未半,而中道～～。"

【崩动】 bēngdòng 鼓动,扇惑。《宋书·刘道济传》:"元嘉九年,闻道济绥抚失和,[司马飞龙]遂自仇池入绵竹,～～群小,得千馀人,破巴兴县,杀令王贞之。"

【崩沮】 bēngjǔ 崩溃,涣散。《三国志·魏书·武帝纪》:"得尚印绶节钺,使尚降人示其家,城中～～。"《新唐书·承天皇帝倓传》:"兵仗盬恶,士气～～。"

【崩溃】 bēngkuì ❶倒塌,坍下来。《宋书·刘怀肃传》:"灾水之初,馀杭高堤～～。"苏辙《过韩许州石淙庄》诗:"倾流势摧毁,泥土久～～。"❷溃散,瓦解。《新唐书·黄巢传》:"呼声动天,贼～～。"叶子奇《草木子·克谨》:"台兵北行,处处皆望风～～。"❸破裂,碎裂。徐陵《为贞阳侯与太尉王僧辩书》:"奉闻惊号,肝胆～～。"

【崩沦】 bēnglún ❶塌毁,沉没。《后汉书·五行志四》:"畔震起,山～～。"❷衰落。李白《古风》之三十五:"《大雅》思文王,颂声久～～。"

【崩迫】 bēngpò 急促,迫切。任昉《启萧太傅固辞夺礼一首》:"不任～～之情,谨奉启事陈闻。"杜甫《早行》诗:"干戈未揖让,～～开其情。"方文《述哀》诗:"愿母神灵安,九原勿～～。"

【崩腾】 bēngténg ❶奔腾。杜甫《送顾八分文学适洪吉州》诗:“～～戎马际,往往杀长吏。”王勃《益州绵竹县武都山净惠寺碑》:“山川络绎,～～宇宙之心;原隰纵横,隐轸亭皋之势。”苏辙《江涨》诗:“～～没州渚,淫溢侵蓬蒿。”❷奔走,奔波。《抱朴子·刺骄》:“何有便当～～竞逐其阘茸之徒,以取容于若曹邪?”高適《送蔡山人》诗:“我今蹭蹬无所似,看尔～～何若为。”❸动荡,纷乱。徐陵《武皇帝作相时与岭南酋豪书》:“东夏～～,西京荡覆。”李白《赠张相镐》诗之二:“想像晋末时,～～胡尘起。”

绷(繃) bēng ❶束缚,捆绑。《说文·糸部》:“绷,束也。《墨子》曰:‘禹葬会稽,桐棺三寸,葛以～之。’”(按:今本《墨子·节葬》作“葛以缄之”。)❷婴儿的包被。韩愈等《城南联句》:“簪笏自怀～,乳下秀嶷嶷。”❸张紧。《徐霞客游记·滇游日记》:“其岩忽～云罨幙。”

傍 bēng 见 bàng。

傰 bēng 见 péng。

榜 bēng 见 bǎng。

菶 běng 见“菶菶”。

【菶菶】 běngběng ❶茂盛的样子。《诗经·大雅·卷阿》:“～～萋萋,雝雝喈喈。”❷散乱的样子。张元一《又嘲》诗:“裹头极草草,掠须不～～。”

唪 1. běng ❶大笑。《说文·口部》:“唪,大笑也。”吕天成《齐东绝倒》一出:“温恭允塞言非讽,海晏河清欢～。”

2. fěng ❷高声念诵。褚人获《坚瓠八集·十空曲》:“梵策无须～,公案何劳颂。”富察敦崇《燕京岁时记·盂兰会》:“中元日各寺院设盂兰会,燃灯～经。”采蘅子《虫鸣漫录》卷一:“手摇铃铎,～诵不辍。”

【唪唪】 běngběng 茂盛的样子,果实累累的样子。《诗经·大雅·生民》:“麻麦幪幪,瓜瓞～～。”

琫(鞛) běng 古代佩刀刀把或鞘口部位的装饰。《诗经·大雅·公刘》:“维玉及瑶,鞞～容刀。”《汉书·王莽传上》:“受绿韨衮冕衣裳,玚～玚珌。”

迸 bèng ❶奔散,走散。《三国志·魏书·钟会传》:“会所向摧弊,前无强敌,缄制众城,罔罗～逸。”《晋书·江统传》:“禽离兽～,不能相一。”❷涌出,喷射。郦道元《水经注·谷水》:“大水～瀑。”杜甫《杜鹃》诗:“身病不能拜,泪下如～泉。”又《白帝城最高楼》诗:“杖藜叹世者谁子,泣血～空回白头。”白居易《琵琶行》:“银瓶乍破水浆～,铁骑突出刀枪鸣。”㊀迸发,由内向外地突然发出。岑参《范公丛竹歌》:“为君成阴将蔽日,～笋穿阶踏还来。”王禹偁《茶园十二韵》:“牙新撑老叶,土软～深根。”㊁迸裂,破碎。《世说新语·方正》:“桓大司马诣刘尹,卧不起。桓弯弹弹刘枕,丸～碎床褥间。”❸(bǐng)通“屏”。斥逐,排除。《礼记·大学》:“～诸四夷,不与同中国。”

堋 1. bèng ❶下葬,把灵柩埋入土里。韩菼《明守备王君墓表》:“启怀宗故妃田氏之墓以葬,既～,复痛哭。”也作“塴”。《左传·昭公十二年》:“司墓之室有当道者,毁之,则朝而～;弗毁,则日中而～。”

2. péng ❷古时用来张设箭靶的矮墙。庾信《北园射堂新成》诗:“转箭初调筈,横弓先望～。”(筈:箭尾,箭末扣弦的部分。)《新唐书·兵志》:“诸军皆近营为～,士有便习者,教试之。”❸分水的堤坝。《水经注·江水》:“壅江作～,～有左右口,谓之湔～。”❹通“朋”。群集,群聚。《说文·土部》:“堋,《虞书》曰:‘～淫于家。’”(按:今本《尚书·益稷》作“朋淫于家”。)

3. pīng ❺见“堋堋”。

【堋的】 péngdì 箭靶。《南史·齐宜都王铿传》:“[萧铿]弥善射,常以～～太阔。”曾慥《类说》引《真诰》:“为道当如射箭,直往不顾,乃能得造～～。”

【堋堋】 pīngpīng 象声词。沈亚之《文祝延二阕》之一:“闿山之杭杭兮水～～,吞荒抱大兮香叠层。”

埲 bèng 见“埲塕”。

【埲塕】 bèngwěng 尘土飞扬的样子。曹寅《答顾培山见嘲》诗:“黄尘～～马蹄剫,五月谁披白苎衫。”

塴 bèng 见“堋①”。

bi

偪 1. bī ❶迫近,接近。《左传·襄公三十年》:“国小而～,族大宠多,不可为也。”《管子·任法》:“近者以～近亲爱,有求其主。”魏源《筹海篇》:“～壤印度者,曰俄罗斯与廓尔喀。”❷逼迫,威胁。《国语·周语下》:“今君～于晋而邻于齐,齐、晋有祸,可以取伯,无德之患,何忧于晋!”《孟子·滕文公上》:“五谷不登,禽兽～人。”《汉书·贾谊传》:“亲者或亡分地以安天下,疏者或制大权以～天子。”❸狭窄,狭小。《荀子·赋》:“充盈大宇而不窕,入郄穴而不～者与?”

《水经注·榖水》："昔周迁殷民于洛邑，城隍～狭。"张居正《京师重建贡院记》："而贡院～隘如故，又杂居民舍间。"❹绑腿，裹腿的布带。《礼记·内则》："～屦著綦。"（郑玄注："偪，行縢。"）《字汇·人部》："邪幅谓之～。"（邪幅：也叫"行縢"，即"绑腿"。）

2. fù ❺见"偪阳"。

【偪介】 bījiè 迫近，接近。《左传·昭公二十年》："县鄙之人，入从其政；～～之关，暴征其私。"方苞《读邶鄘魏桧四国风》："晋自桓叔以后，阴谋布德，以收晋民。而魏～～焉，所任非人，贤者思隐，吏竞于贪。"

【偪仄】 bīzè 也作"偪侧"、"逼侧"。❶迫近，急促。司马相如《上林赋》："泮弗宓汩，～～泌滞。"范成大《望海亭赋》："快宇宙之清宽，怅百年之～～。"唐顺之《游盘山赋》："岂淹留之无心，畏简书之～～。"❷狭窄，拥挤，稠密。《后汉书·廉范传》："成都民物丰盛，邑宇～～。"杜甫《偪仄行》："～～何～～，我居巷南君巷北。"方文《初度书怀》诗之四："～～不得施，中年尽消沮。"❸艰难，窘迫。王安石《开元行》："茫茫孤行西万里，～～归来竟忧死。"

【偪侧】 bīzè 见"偪仄"。

【偪真】 bīzhēn 见"逼真"。

【偪阳】 fùyáng 春秋时国名，后为晋所灭，地归宋。在今山东枣庄南五十里。《左传·襄公十年》："五月庚寅，荀偃、士匄帅卒攻～～。"（按：《榖梁传》作"傅阳"。）

逼 bī ❶迫近，接近。《后汉书·伏湛传》："且渔阳之地，～接北狄。"苏舜钦《并州新修永济桥记》："太原地括众川而汾为大，控城扼关，与官亭民居相～切。"❷逼迫，胁迫。《孟子·万章上》："而居尧之宫，～尧之子，是篡也，非天与也。"《徐霞客游记·粤西游日记》："是日暗丽殊甚，而暑气～人。"㊇急迫，紧迫。梁武帝《赐左丞范缜玺书》："势危事～，自相吞噬。"❸狭窄。曹植《七启》："人稠网密，地～势胁。"杜甫《舟前小鹅儿》诗："引颈嗔船～，无行乱眼多。"

【逼侧】 bīzè 见"偪仄"。

【逼真】 bīzhēn 极为相似，像真的一样。郦道元《水经注·沔水》："山石似马，望之～～。"也作"偪真"。魏秀仁《花月痕》九回："～～铁崖乐府，又是一枝好手笔，足与韩荷生旗鼓相当。"

鎞（鎞） bī ❶钗，妇女别在发髻上的一种首饰。陶宗仪《辍耕录》卷十一："妻以小金～刺脔肉，将入口，门外有客至。"❷古代医生用以治疗眼病的器械。《北史·张元传》："其夜梦见一老翁，以金～疗其祖目。"范景文《饬属疏》："如抉盲者必用～。"❸通"篦"。篦子。皮日休《鸳鸯》诗之二："钿～雕镂费深功，舞妓衣边绣莫穷。"

螕 1. bī ❶寄生在牲畜身上的一种吸血虫。《一切经音义》卷十七："今牛马鸡狗皆有～也。"

2. pí ❷见"螕蠹"。

【螕蠹】 pífú 也作"蚍蜉"。大蚂蚁。《汉书·五行志中之下》："蝝，～～之有翼者，食谷为灾。"

佖 bí（又读 bì） ❶轻慢，无威仪。《说文·人部》："～，威仪也。从人，必声。《诗》曰：'威仪～～。'"（按：今本《诗经·小雅·宾之初筵》作"威仪怭怭"。《正字通·人部》："～，无威仪也……～训'威仪'，与《诗》义反，此《说文》之误。"）❷布满。扬雄《羽猎赋》："鲜扁陆离，骈衍～路。"陈傅良《历代兵制》："路～营巡，棋罗星布。"

鼻 bí ❶鼻子，人与动物辨别气味和呼吸空气的器官。《荀子·正名》："甘苦咸淡辛酸奇味以口异，香臭芬郁腥臊洒酸奇臭以～异。"杜甫《赠别贺兰铦》诗："生离与死别，自古～酸辛。"❷器物上突出如鼻状的部分。《隋书·礼仪志》："三命以上，铜印铜～。"《抱朴子·外篇·博喻》："壶耳不能理音，屩～不能识气。"《洞天清录·印章》："古之居官者，必佩印，以带穿之，故印～上有穴。"❸器物上引线的孔。庾信《七夕赋》："缕条紧而贯矩，针～细而穿空。"❹开始，最初。《方言》卷十三："～，始也。兽之初生谓之～，人之初生谓之首。"《汉书·扬雄传上》："有周氏之蝉嫣兮，或～祖于汾隅。"

匕 bǐ ❶古代一种形似汤勺的取食器具。《诗经·小雅·大东》："有饛簋飧，有捄棘～。"《三国志·魏书·董卓传》："会者皆战栗亡失～箸，而卓饮食自若。"冯梦龙《智囊补·察智·欧阳晔》："吾观食者皆以右手持～，而汝独以左。"❷箭头。《左传·昭公二十六年》："射子，中楯瓦，繇朐汰辀，～入者三寸。"❸匕首，短剑。马中锡《中山狼传》："丈人目先生，使引～刺狼。"

【匕鬯】 bǐchàng 指宗庙祭祀。鬯，祭祀用的香酒。陈子昂《大周受命颂》："臣闻天无二日，土无二王，皇帝嗣武，以主～～，岂不宜乎！"

【匕鬯不惊】 bǐchàngbùjīng 形容法纪严明，无所惊扰。语本《周易·震》。杨炯《益州温江县令任君神道碑》："束发登朝，～～～～于百里。"

不 bǐ 见 bù。

比 1. bǐ ❶比较,较量。《左传·桓公十五年》:"[雍姬]谓其母曰:'父与夫孰亲?'其母曰:'人尽夫也,父一而已,胡可～也?'"《孟子·告子下》:"取食之重者,与礼之轻者而～之,奚翅食重?"《史记·游侠列传》:"诚使乡曲之侠,予季次、原宪～权量力,效功于当世,不同日而论矣。"㉠考校,核查。《汉书·石奋传》:"是以切～闾里,知吏奸邪。"《后汉书·礼仪志中》:"仲秋之月,县道皆案户～民。"㉡比拟,看成和……一样。《诗经·邶风·谷风》:"既生既育,～予于毒。"《左传·襄公五年》:"言～诸鲁大夫也。"《后汉书·光武帝纪上》:"[光武]性勤于稼穑,而兄伯升好侠养士,常非笑光武事田业,～之高祖兄仲。"㉡类似,相像。《史记·天官书》:"太白白,～狼;赤,～心。"《论衡·讲瑞》:"孝宣～尧舜,天下太平,万里慕化。"㉡比方,比喻。《礼记·学记》:"古之学者,～物丑类。"《论衡·物势》:"夫～不应事,未可谓喻;文不称实,未可谓是也。"❷类,辈。《三国志·吴书·鲁肃传》:"瑜因荐肃才宜佐时,当广求其～,以成功业。"《续资治通鉴·宋太宗太平兴国二年》:"闻中朝有党进者,真骁将,如进之～凡几人?"❸比照,与……相当。《韩非子·内储说上》:"人之救火者,死,～死敌之赏……不救火者,～降北之罪。"《战国策·齐策四》:"孟尝君曰:'食之,～门下之客。'"《史记·齐太公世家》:"三十二年,釐公同母弟夷仲年死,其子曰公孙无知,釐公爱之,令其秩服奉养～太子。"❹例,可以仿效或依据的事情。《韩非子·有度》:"必以先王之法为～。"余继登《典故纪闻》卷十四:"欲令官民子弟出钱谷以赈饥民,补太学生,古无此～。"❺诗歌的一种艺术表现手法。即六义之一。《诗经·大序》:"故《诗》有六义焉:一曰风,二曰赋,三曰～,四曰兴,五曰雅,六曰颂。"《文心雕龙·比兴》:"夫～之为义,取类不常:或喻于声,或方于貌,或拟于心,或譬于事。"(以下义项旧读 bì)❻亲,亲近。《尚书·伊训》:"远耆德,～顽童。"(远:疏远。)《史记·司马穰苴列传》:"悉取将军之资粮享士卒,身与士卒平分粮食,最～其羸弱者。"刘大櫆《乞同里捐输以待周急引》:"夫同居同游,朝夕～近,而灾福欢戚,漠然不关于心,其在疏远者尚何望乎?"㉡接近,靠近,挨着。《战国策·魏策四》:"夫国之所以不可恃者多……或化于利,～于患。"《后汉书·梁冀传》:"宣家在延熹里,与中常侍袁赦相～。"陆九渊《贵溪重修县学记》:"福唐陈君显公之为贵溪,视前政则优焉,视～县则优焉。"❼并列,并排。《鬼谷子·中经》:"虽有美行盛誉,不可～目、合翼相须也。"《史记·苏秦列传》:"车不得方轨,骑不得～行。"冯贽《云仙杂记·烟姿玉骨》:"可与～驱争先。"㉡齐等,同样。《孟子·滕文公上》:"子～而同之,是乱天下也。"《管子·大匡》:"夷吾与召忽也,寡人之贼也,今在鲁,寡人愿生得之;若不得也,是君与寡人贼～也。"㉡协调,配合一致。《诗经·小雅·六月》:"～物四骊,闲之维则。"《孟子·滕文公下》:"御者且羞与射者～;～而得禽兽,虽若丘陵,弗为也。"❽勾结。《左传·昭公十四年》:"与养氏～,而求无厌。"《荀子·不苟》:"君子……交亲而不～,言辩而不辞。"《管子·重令》:"毋上拂之事,毋下～之说。"㉡阿私,偏袒。《左传·襄公三年》:"称其雠,不为谄;立其子,不为～。"❾合,适合。《庄子·逍遥游》:"故夫知效一官,行～一乡……其自视也亦若此矣。"《管子·五辅》:"中正～宜,以行礼节。"㉡和谐,和睦。《战国策·魏策一》:"魏文侯与田子方饮酒而称乐。文侯曰:'钟声不～乎,左高。'"《吕氏春秋·应同》:"气同则合,声～则应。"《汉书·晁错传》:"～善戮力,以翼天子。"❿辅助,佐助。《国语·齐语》:"訾相其质,足以～成事。"陆机《文赋》:"或辞害而理～,或言顺而义妨。"⓫密,密集。《诗经·周颂·良耜》:"其崇如墉,其～如栉。"《吕氏春秋·达郁》:"肌肤欲其～也,血脉欲其通也。"⓬连,连续,接连。《汉书·公孙贺传》:"丞相李蔡、严青翟、赵周三人～坐事死。"《论衡·遭虎》:"然而二岁～食二人,林中兽不应善也。"苏轼《超然台记》:"始至之日,岁～不登。"㉡皆,都,到处。《战国策·秦策一》:"闻战……断死于前者,～是也。"《论衡·超奇》:"夫通览者,世间～有;著文者,历世希然。"《三国志·吴书·步骘传》:"当世君子能不然者,亦～有之,岂独古人乎?"⓭近来。《后汉书·光武帝纪下》:"～阴阳错谬,日月薄食。"《资治通鉴·唐宪宗元和十二年》:"臣～观吴元济表,势实窘蹙。"⓮及,等到。《晏子春秋·内篇谏下》:"晏子使于鲁,～其返也,景公使国人起大台之役。"《史记·高祖本纪》:"自度～至皆亡之。"《三国志·魏书·邓艾传》:"宜权停留,须来年秋冬,～尔,吴亦足平。"⓯为,替。《孟子·梁惠王上》:"寡人耻之,愿～死者壹洒之,如之何则可?"又《公孙丑下》:"且～化者无使土亲肤,于人心独无恔乎?"⓰六十四卦之一。卦形为坤下坎上。《周易·比》:"象曰:地上有水,～。"

2. pí ⓱见"皋比"。

3. pǐ ⓲通"庀"。治理。《庄子·徐无鬼》："农夫无草莱之事则不～，商贾无市井之事则不～。"

【比方】 bǐfāng ❶比较，对比。《论衡·恢国》："[汉代]～～五代，孰者为优？"《后汉书·梁统传》："宜～～今事，验之往古，聿遵前典，事无难改。"《三国志·魏书·国渊传》："吏因请使作笺，～～其书，与投书人同手。"❷比拟。《荀子·强国》："今君人者，辟称～～则欲自并乎汤武。"又《正名》："故～～之疑似而通。"张鷟《游仙窟》："千娇百媚，造次无可～～。"❸顺乎自然规律。《墨子·明鬼下》："百兽贞虫，允及飞鸟，莫不～～。"《庄子·田子方》："日出东方，而入于西极，万物莫不～～。"

【比迹】 bǐjì 并驾，齐步，跟……相当。《后汉书·和熹邓皇后纪》："齐踪虞妃，～～任姒。"刘知几《史通·疑古》："盖欲～～尧舜，袭其高明者乎？"

【比肩】 bǐjiān ❶并肩，并排。《淮南子·说山训》："三人～～，不能外出户。"白居易《长相思》诗："愿作远方兽，步步～～行。"❷一个挨一个。形容众多。《战国策·齐策三》："千里而一士，是～～而立；百世而一圣，若随踵而至也。"《汉书·路温舒传》："是以死人之血流离于市，被刑之徒～～而立，大辟之计岁以万数。"《论衡·效力》："殷周之世，乱迹相属，亡祸～～。"❸并列，地位同等。杜甫《赠李十五丈别》诗："孤陋忝末亲，等级敢～～。"苏轼《范增论》："增与羽～～而事义帝，君臣之分未定也。"辛文房《唐才子传·沈佺期》："苏、李居前，沈、宋～～。"❹指披肩。《元史·舆服志一》："其上并加银鼠～～。"

【比来】 bǐlái ❶近来。《三国志·魏书·徐邈传》："～～天下奢靡，转相仿效。"张居正《答湖广巡抚赵汝泉书》："～～楚土彫瘵，视昔更甚。"❷原先，从前。《北齐书·段荣传》："若使～～用其谋，亦可无今日之劳矣。"杜甫《季夏送乡弟韶陪黄门从叔朝谒》诗："～～相国兼安蜀，归赴朝廷已入秦。"

【比类】 bǐlèi ❶比照已有的事例类推。《礼记·月令》："视全具，案刍豢，瞻肥瘠，察物色，必～～。"《汉书·文帝纪》："它不在令中者，皆以此令～～从事。"❷依顺，仿效。《国语·周语下》："象物天地，～～百则。"《礼记·乐记》："是故君子反情以和其志，～～以成其行。"❸类似，相似。《论衡·讲瑞》："龙与凤凰为～～。"《三国志·蜀书·关羽传》："羽闻马超来降，旧非故人，羽书与诸葛亮，问超人才可谁～～。"❹比较，比拟。方干《送道人归旧岩》诗："若把古今相～～，姓丁仙鹤亦如斯。"❺比喻，比方。《文心雕龙·颂赞》："～～寓意，又覃及细物矣。"王世贞《何大复先生集·序》："触物～～，靡所不遂。"

【比闾】 bǐlǘ ❶比和闾原为古代户籍编制的基本单位，五家为比，五比为闾。后用"比闾"泛指乡里。苏洵《议法》："～～小吏奉之以公，则老奸大滑束手请死。"王安石《上仁宗皇帝言事书》："其次则～～族党之师，亦皆卒两师旅之帅也。"❷木名。即棕榈。《逸周书·王会》："～～者华若羽，伐其本为车，终行不败。"

【比年】 bǐnián ❶每年，连年。《礼记·王制》："～～一小聘，三年一大聘。"《汉书·刑法志》："连帅～～简车，卒正三年简徒。"《三国志·魏书·张绣传》："太祖～～攻之，不克。"❷近年。《后汉书·刘陶传》："窃见～～已来，良苗尽于蝗螟之口，杼柚空于公私之求。"《三国志·魏书·锺会传》："～～以来，曾无宁岁，征夫勤瘁，难以当子来之民。"

【比事】 bǐshì ❶排列史实。《礼记·经解》："属辞～～，《春秋》教也。"❷比拟事类。《文心雕龙·章表》："引义～～，必得其偶。"

【比数】 bǐshù 相与并列，相提并论。司马迁《报任少卿书》："刑馀之人，无所～～，非一世也，所从来远矣。"杜甫《秋雨叹》之三："长安布衣谁～～，反锁衡门守环堵。"苏轼《与蔡景繁书》："又念以重罪废斥，不敢复自～～于士友间。"

【比岁】 bǐsuì ❶连年，每年。《管子·枢言》："一日不食，～～歉。"《汉书·食货志》："此后四年，卫青～～十馀万众击胡。"苏轼《祭常山神文》："而我州之民，～～饥殍凋残之馀，不复堪命。"❷近年。叶梦得《石林燕语》卷八："京师～～印板殆不减杭州，但纸不佳。"

【比屋】 bǐwū ❶屋舍相邻近。《三国志·魏书·杜畿传》注引傅玄《傅子》："尚书令荀彧与[耿]纪～～。"纪昀《阅微草堂笔记·滦阳消夏录五》："罗与贾～～而居。"❷家家户户。形容普遍。《论衡·率性》："尧舜之民，可～～而封；桀纣之民，可～～而诛。"司马光《乞罢陕西义勇劄子》："陕西之民，～～凋残。"

【比周】 bǐzhōu ❶结党营私。《楚辞·哀时命》："众～～以肩迫兮，贤者远而隐藏。"《管子·法法》："群臣～～，则蔽美扬恶。"《战国策·楚策一》："下～～，则上危；下分争，则上安。"❷集结，聚合。《韩非子·初见秦》："天下又～～而军华下，大王以诏破之，兵至梁郭下。"

【比踪】 bǐzōng 同"比迹"。曹植《责躬》诗:"超商越周,与唐~~。"桑世昌《兰亭博议·临摹》:"独学书之法寂寞不振,未能~~唐室。"

朼 bǐ 古代祭祀用的一种取食器具,形状像大木匙。《仪礼·士丧礼》:"乃~载,载两髀于两端。"

疕 bǐ 秃疮,头癣。《周礼·天官·医师》:"凡邦之有疾病者,~疡者造焉。"《韩非子·奸劫弑臣》:"故厉虽痈肿~疡……未至饿死擢筋也。"

妣 bǐ ❶母亲。《尚书·尧典》:"百姓如丧考~。"王安石《本朝百年无事劄子》:"升遐之日,天下号恸,如丧考~。"㊂死去的母亲。《礼记·曲礼下》:"生曰父曰母曰妻,死曰考曰~曰嫔。"归有光《先妣事略》:"先~周孺人,弘治元年二月十一日生。"❷祖母和祖母辈以上的女性祖先。《诗经·小雅·斯干》:"似续~祖,筑室百堵。"《左传·昭公十年》:"邑姜,晋[平公]之~也。"

佊 bǐ 邪,不正当。《广雅·释诂二》:"佊,衺也。"(衺:同"邪"。)章炳麟《新方言·释言》:"今人呼邪人为~子,俗误书痞。"

纰 bǐ 见 pī。

枇 bǐ 见 pí。

彼 bǐ ❶那,与"此"相对。《老子·七十二章》:"是以圣人自知不自见,自爱不自贵,故去~取此。"《文心雕龙·程器》:"~扬马之徒,有文无质,所以终乎下位也。"韩愈《与孟东野书》:"自~至此,虽远,要皆舟行可至。"❷他,他们。《左传·隐公九年》:"~徒我车,惧其侵轶我也。"《史记·孙子吴起列传》:"孙子曰:'今以君之下驷与~上驷,取君上驷与~中驷,取君中驷与~下驷。'"㊂别人,对方。《孙子·谋攻》:"知~知己,百战不殆。"《论衡·自纪》:"于~为荣,于我为累。"❸通"匪"。非,不。《诗经·小雅·桑扈》:"~交匪敖,万福来求。"《墨子·修身》:"故~智无察。"

卑 bǐ 见 bēi。

秕(粃) bǐ ❶空壳无实或子实不饱满的谷粒。《尚书·仲虺之诰》:"若苗之有莠,若粟之有~。"《吕氏春秋·辩土》:"不知稼者,其耨也,去其兄而养其弟,不收其粟而收其~。"❷坏,不好。《后汉书·黄琼传》:"至于哀、平,而帝道不纲,~政日乱。"又《儒林传论》:"自桓、灵之间,君道~僻。"㊂败坏。曾巩《辞中书舍人状》:"自斯已后,岂独彝伦~斁。"

笔(筆) bǐ ❶书写的工具。《庄子·田子方》:"舐~和墨,在外者半。"《后汉书·班超传》:"尝辍业投~叹曰:'大丈夫无他志略,犹当效傅介子、张骞立功异域,以取封侯。'"杜甫《同元使君春陵行》诗:"呼儿具纸~,隐几临轩楹。"㊂书写,记载。《汉书·礼乐志》:"削则削,~则~,救时务也。"韩愈《原道》:"不惟举之于其口,而又~之于其书。"杨炯《中书令汾阴公薛振行状》:"其年修晋史,~削之美,为当时最。"❷笔迹,书画墨迹。《新唐书·李白传》:"观公~奇妙,欲以藏家尔。"沈括《梦溪笔谈·书画》:"相国寺旧画壁,乃高益之~。"❸写作。《晋书·乐广传》:"广善清言而不长于~。"《文心雕龙·时序》:"庾以~才逾亲,温以文思益厚。"㊂文笔,写文章的技巧。《论衡·自纪》:"口辩者其言深,~敏者其文沉。"李白《与韩荆州书》:"~参造化,学究天人。"❹指散文。《文心雕龙·总术》:"今之常言,有文有~,以为无韵者~也,有韵者文也。"赵璘《因话录·商部下》:"韩公[愈]文至高,孟[郊]长于五言,时号孟诗韩~。"

【笔舌】 bǐshé 由文字与语言所表达的意图。《法言·问道》:"孰有书不由笔,言不由舌,吾见天常为帝王之~~也。"柳宗元《送徐从事北游序》:"思不负孔子之~~,能如是,然后可以为儒。"

【笔势】 bǐshì ❶写字、画画运笔的风格。《晋书·王羲之传》:"论者称其~~,以为飘若游云,矫若惊龙。"《南史·王籍传》:"籍又甚工草书,~~遒放。"❷指文章的气势。范晔《狱中与诸甥侄书》:"至于循吏以下及六夷诸序论,~~纵放,实天下之奇作。"杜甫《醉歌行》:"诗家~~君不嫌,词翰升堂为君扫。"

【笔砚】 bǐyàn 毛笔与砚台。借指书写、著述之类的事。《颜氏家训·杂艺》:"崎岖碑碣之间,辛苦~~之役。"窦群《初入谏司喜家室至》诗:"不知~~缘封事,犹问佣书日几行。"也作"笔研"。《后汉书·班超传》:"大丈夫无他志略,犹当效傅介子、张骞立功异域,以取封侯,安能久事~~间乎?"苏舜钦《上三司副使段公书》:"窃自念幼喜读书,弄~~,稍长则以无闻为耻。"

【笔研】 bǐyàn 见"笔砚"。

【笔札】 bǐzhá ❶犹纸笔。札,古代书写用的薄木片。《史记·司马相如列传》:"上许,令尚书给~~。"《汉书·朱博传》:"与~~,使自记。"《后汉书·曹褒传》:"寝则怀抱~~,行则诵习文书。"❷指文章。如公文、书信之类。《论衡·自纪》:"~~之思,历年寝废。"《文心雕龙·书记》："汉来～～，辞气纷纭。"任昉《王文宪集序》："昉尝以～～见知，思以薄技效德。"

俾　1. bǐ　❶使。《后汉书·高彪传》："文武将坠，乃～俊臣。"《三国志·魏书·武帝纪》："～我国家拯于危坠，此又君之功也。"柳开《应责》："不得其位，则以书于后，传授其人，～知圣人之道易行。"❷通"比"。从。《礼记·乐记》："王此大邦，克顺克～。"

2. bì　❸同"裨"。裨益，益处。王维《送高判官从军赴河西序》："谋夫起予，哲士～我。"

【俾倪】　bìnì　❶城上齿状的矮墙。《墨子·备城门》："～～广三尺，高二尺五寸。"❷眼睛斜着看。《史记·魏公子列传》："侯生下见其客朱亥，～～故久立，与其客语。"

崥　bǐ　见pí。

鄙　bǐ　❶边疆，边远的地方。《战国策·秦策三》："范睢曰：'臣，东～之野人也，开罪于楚、魏，遁逃来奔。'"《后汉书·陈龟传》："今西州边～，土地塉埆。"苏舜钦《谘目七》："况西～之事，阁下所尽知。"⊗郊野。《管子·小匡》："参其国而伍其～。"韩愈《次邓州界》诗："商颜暮雪逢人少，邓～春泥见驿赊。"王安石《新田》诗："僦船与车，四～出谷。"❷质朴。《庄子·胠箧》："焚符破玺，而民朴～。"《史记·绛侯周勃世家》："绛侯周勃始为布衣时，～朴人也，才能不过凡庸。"《汉书·地理志下》："夏人上忠，其敝～朴。"❸恶，粗野。《庄子·人间世》："始乎谅，常卒乎～。"《史记·仲尼弟子列传》："子路性～，好勇力，志伉直，冠雄鸡，佩豭豚，陵暴孔子。"❹庸俗，浅陋。《左传·庄公十年》："肉食者～，未能远谋。"《楚辞·九章·怀沙》："夫惟党人～固兮，羌不知余之所臧。"❺轻视，看不起。《左传·昭公十六年》："我皆有礼，夫犹～我。"《楚辞·九章·怀沙》："易初本迪兮，君子所～。"柳开《应责》："众人所～贱之，子独贵尚之。"❻周代地方行政组织名。《周礼·地官·遂人》："五家为邻，五邻为里，四里为酂，五酂为～。"《战国策·齐策四》："今夫士之高者，乃称匹夫，徒步而处农亩，下则～野、监门、闾里，士之贱也，亦甚矣。"

【鄙暗】　bǐ'àn　鄙陋昏弱。《三国志·蜀书·董和传》："虽姿性～～，不能悉纳，然与此四子终始好合，亦足以明其不疑于直言也。"苏洵《辨奸论》："非德宗之～～，亦何从而用之？"也作"鄙闇"。《后汉书·赵咨传》："况我～～，不德不敏。"

【鄙闇】　bǐ'àn　见"鄙暗"。

【鄙夫】　bǐfū　❶鄙陋浅薄的人。《论语·阳货》："～～可与事君哉？"《论衡·率性》："闻柳下惠之风者，薄夫敦而～～宽。"❷自称的谦词。张衡《东京赋》："～～寡识。"杜甫《写怀二首》之一："～～到巫峡，三岁如转烛。"

【鄙人】　bǐrén　❶鄙野之人。《左传·哀公七年》："曹～～公孙强好弋，获白雁，献之。"《史记·刺客列传》："荆轲顾笑舞阳，前谢曰：'北蕃蛮夷之～～，未尝见天子，故振慴。'"❷鄙陋无知的人。《吕氏春秋·异宝》："以和氏之璧与百金以示～～，～～必取百金矣。"《后汉书·冯衍传》："况今位尊身危，财多命殆，～～知之，何疑君子？"❸自称的谦词。《战国策·燕策一》："[苏代]曰：'……～～不敏，窃释钼耨而干大王。'"杜甫《早发射洪县南途中作》诗："～～寡道气，在困无独立。"马中锡《中山狼传》："且～～虽愚，独不知狼乎？"

【鄙夷】　bǐyí　鄙薄，轻视。韩愈《柳州罗池庙碑》："柳侯为州，不～～其民，动以礼法。"宋濂《燕书》："先生不～～敝邑，不远千里，将康我楚邦。"

貏　bǐ　见"貏豸"。

【貏豸】　bǐzhì　山势渐平的样子。司马相如《上林赋》："陂池～～，允溶淫鬻。"萧子云《玄圃园讲赋》："其山则崱崹～～，硱礭崛诡。"

币（幣）　bì　❶古人用作馈赠或祭祀的丝织品。《孟子·梁惠王下》："昔者大王居邠，狄人侵之。事之以皮～，不得免焉。"《吕氏春秋·贵生》："鲁君闻颜阖得道之人也，使人以～先焉。"《史记·孝文本纪》："春，上曰：'朕获执牺牲珪～以事上帝宗庙。'"⊗泛指用作礼物的车、马、皮、帛、玉器等。《周礼·夏官·小行人》："合六～：圭以马，璋以皮，璧以帛，琮以锦，琥以绣，璜以黼，此六物者，以和诸侯之好故。"《左传·庄公二十四年》："秋，哀姜至，公使宗妇觌，用～，非礼也。"❷财物，货币。《管子·国蓄》："以珠玉为上～，以黄金为中～，以刀布为下～。"《战国策·秦策五》："令库具车，厩具马，府具～。"《汉书·食货志下》："于是乎量资～，权轻重，以救民。"❸馈赠，赠送。《庄子·说剑》："闻夫子明圣，谨奉千金以～从者。"《史记·赵世家》："今以城市邑十七～吾国，此大利也。"❹通"敝"。馀，多馀。《国语·鲁语上》："不腆先君之～器，敢告滞积，以纾执事。"⊗坏，破旧。《管子·轻重乙》："草木以时生，器以时靡～。"

【币帛】　bìbó　❶古代用作礼物的丝织品。

《战国策·秦策一》："赵固负其众，故先使苏秦以～～约乎诸侯。"曾巩《福州上执政书》："将其厚意，则有～～箱篚之赠。"❷指财物。《礼记·月令》："开府库，出～～。"《抱朴子·弭讼》："而倍还酒礼归其～～。"

必 bì ❶肯定，确定。《左传·闵公二年》："今乱本成矣，立可～乎？"《韩非子·显学》："无参验而～之者，愚也；弗能～而据之者，诬也。"《战国策·魏策四》："[昭忌]曰：'天下之合，以王之不～也；其离也，以王之～也。'"⊗坚决，坚定。《庄子·盗跖》："正其言，～其行。"《韩非子·饰邪》："罚～，则邪臣止。"《汉书·宣帝纪赞》："信赏～罚。"⊗固执，坚持己见。《论语·子罕》："毋意，毋～，毋固，毋我。"❷保，担保，确保。《荀子·议兵》："杀戮无时，臣下懔然莫～其命。"《汉书·匈奴传下》："能～其众不犯约哉！"❸信赖，依仗。《吕氏春秋·必己》："成则毁，大则衰……多智则谋，不肖则欺，胡可得而～？"《汉书·韩信传》："且汉王不可～，身居项王掌握中数矣，然得脱，背约，复击项王，其不可亲信如此。"《后汉书·法雄传》："勇不可恃，胜不可～。"❹一定，必定。《左传·僖公三十二年》："～死是间，余收尔骨焉。"《韩非子·显学》："宰相～起于州部，猛将～发于卒伍。"⊗必须，一定要。《墨子·尚贤》："王公大人有一罢马不能治，～索良医；有一危弓不能张，～索良工。"《史记·商君列传》："～杀之，无令出境。"❺果真，假使。《史记·郑世家》："郑人欲立灵公弟去疾，去疾让曰：'～以贤，则去疾不肖；～以顺，则公子坚长。'"杜荀鹤《题会上人院》诗："～能行大道，何用在深山。"❻姓。

闭(閉) bì ❶关门。《孟子·万章下》："欲见贤人而不以其道，犹欲其入而～之门也。"《老子·五十二章》："塞其兑，～其门，终身不勤。"《后汉书·顺帝纪》："乃～宫门，屯兵自守。"⑤泛指闭上、合上。《论衡·自纪》："～明塞聪，爱精自保。"《盐铁论·刺复》："是以曹丞相日饮醇酒，倪大夫～口不言。"❷插门闩的孔。《吕氏春秋·孟冬》："坿城郭，戒门闾，修楗～，慎关籥。"又《异用》："跖与企足得饴，以开～取楗也。"⊗连环，一个套着一个而不易解开的串环。《吕氏春秋·君守》："鲁鄙人遗宋元王～，元王号令于国，有巧者皆来解～。"❸闭塞，堵塞。《孟子·离娄上》："责难于君谓之恭，陈善～邪谓之敬。"《荀子·不苟》："见由则恭而止，见～则敬而齐。"《韩非子·心度》："故立国用民之道也，能～外塞私而上自恃者，王可致也。"⊗禁止，封锁。《左传·僖公十五年》："晋饥，秦输之粟；秦饥，晋～之粜。"又《哀公六年》："潜师～涂。"❹遮蔽，隐藏。杜甫《西山三首》之二："烟尘侵火井，雨雪～松州。"王实甫《西厢记》一本四折："则为你～月羞花相貌，少不得剪草除根大小。"❺古代指立秋、立冬。《左传·僖公五年》："凡分、至、启、～，必书云物。"❻通"柲"。保护或矫正弓身的器具。《诗经·秦风·小戎》："交韔二弓，竹～绲縢。"

【闭藏】 bìcáng 收藏，隐藏。《左传·襄公十年》："闭府库，慎～～。"《管子·四时》："秋聚收，冬～～。"杜甫《万丈潭》诗："～～修鳞蛰，出入巨石碍。"

【闭口】 bìkǒu ❶紧闭嘴巴。形容沉默、不说话。《史记·张仪列传》："楚王曰：'愿陈子～～毋复言，以待寡人得地。'"普济《五灯会元》卷四十三："～～深藏舌。"❷灭口。《汉书·淮南王刘长传》："事觉，长安尉奇等往捕开章，长匿不予，与故中尉蕑忌谋，杀以～～。"

【闭心】 bìxīn 抛弃私欲。《楚辞·九章·橘颂》："～～自慎，终不失过兮。"刘向《说苑·政理》："吾已～～矣，何闭于门哉？"

【闭门却扫】 bìménquèsǎo 关上屋门，不再打扫庭径。比喻谢绝宾客，不与外界往来。应劭《风俗通义》卷五："蜀郡太守颍川刘胜季陵去官在家，～～～～。"也作"闭关却扫"、"杜门却扫"。江淹《恨赋》："罢归田里，～～～～，塞门不仕。"《魏书·李谧传》："～～～～，弃产营书。"

毕(畢) bì ❶古人打猎时用来捕捉禽兽的长柄网。《墨子·非命下》："外之驱骋田猎～弋。"《庄子·则阳》："田猎～弋，不应诸侯之际。"⊗用网捕取。《诗经·小雅·鸳鸯》："鸳鸯于飞，～之罗之。"❷星名。二十八宿之一。《吕氏春秋·孟夏》："孟夏之月，日在～，昏翼中，旦婺女中，其日丙丁。"《史记·天官书》："昴、～间为天街。"❸古代祭祀时扎取牲体所用的一种形如叉子的器具。《仪礼·特牲馈食礼》："宗人执～先入。"《礼记·杂记上》："～用桑，长三尺，刊其柄与末。"❹竹简。《礼记·学记》："今之教者，呻其占～。"⊗泛指书籍。范成大《藻侄比课五言诗》："学业荒呻～，欢悰隔笑言。"❺轻快，灵敏。《墨子·兼爱下》："是以股肱～强，相为动宰乎。"（孙诒让按："宰"疑当作"举"。）《汉书·晁错传》："趋利弗及，避难不～。"❻完成，结束。《荀子·议兵》："以守则固，以征则强，令行禁止，王者之事～矣。"《后汉书·郭太传》：

"三年业～,博通坟籍。"❼全都,全部。《战国策·秦策二》:"群臣闻见者～贺,陈轸后见,独不贺。"《后汉书·吕布传》:"不过旬月,军粮～尽,击之可破也。"❽古代国名。旧址在今陕西咸阳市北。《左传·昭公九年》:"我自夏以后稷,魏、骀、芮、岐、～,吾西土也。"❾姓。

【毕逋】 bìbū ❶乌鸦的别名。顾况《乌夜啼》诗:"～～发刺月衔城,八九雏飞其母惊。"何梦桂《春日过湖》诗:"归来第五桥边路,半树斜阳噪～～。"❷乌尾摆动的样子。《后汉书·五行志一》:"城上乌,尾～～。"吴均《城上乌》诗:"焉焉城上乌,翩翩尾～～。"

【毕竟】 bìjìng ❶了结。《论衡·量知》:"此有似于贫人负官重责,贫无以偿,则身为官作,责乃～～。"❷终归。李商隐《早起》诗:"莺花啼又笑,～～是谁亲。"

【毕力】 bìlì 竭力,尽力。《吕氏春秋·知度》:"襄子何为任人,则贤者～～。"《汉书·谷永传》:"臣永幸得免于言责之辜,有官守之任,当～～遵职,养绥百姓而已,不宜复关得失之辞。"《后汉书·张宗传》:"愚闻一卒～～,百人不当。"

【毕命】 bìmìng ❶结束生命。曹植《七启》:"故田光伏剑于北燕,公叔～～于西秦。"❷竭力效命。《三国志·魏书·陈思王植传》:"夫论德而授官者,成功之君也;量能而受爵者,～～之臣也。"

【毕志】 bìzhì 竭尽心意。曹冏《六代论》:"使夫廉高之士,～～于衡轭之内。"《三国志·魏书·三少帝纪》:"临难不顾,～～传命。"

诐(詖) bì ❶偏颇,邪僻。《孟子·公孙丑上》:"～辞知其所蔽,淫辞知其所陷。"《吕氏春秋·审分》:"谄谀～贼巧佞之人无所窜其奸矣。"陆九渊《与张辅之》:"古之所谓曲学～行者,不必淫邪放僻,显显狼狈,如流俗人不肖子者也。"❷巧言谄媚。《汉书·礼乐志》:"民渐渍恶俗,贪饕险～,不闲义理。"《后汉书·第五伦传》:"～险趋势之徒,诚不可亲近。"

庇 bì ❶遮蔽,掩蔽。《左传·文公七年》:"公族,公室之枝叶也,若去之,则本根无所～荫也。"《战国策·赵策四》:"昔者尧见舜于草茅之中,席陇亩而荫～桑,阴移而授天下传。"苏舜钦《东京宝相禅院新建大悲殿记》:"京城之西南,有佛庙曰宝相院,中有层阁,杰然以～大像。"(杰然:高耸雄壮的样子。)❷庇护,保护。《国语·周语中》:"今夫二子者俭,其能足用矣,用足则族可以～。"李公佐《南柯太守传》:"周生,贵人也,职为司隶,权势甚盛,吾数蒙～护。"方孝孺《家兄寄中秋会饮诗因分韵述怀以答》:"庶免倾压虞,百口蒙～庥。"❷依托,寄托。《吕氏春秋·怀宠》:"故兵入于敌之境,则民知所～矣,黔首知不死矣。"《旧唐书·张说传》:"风雨暴至,不知～托。"欧阳修《泷冈阡表》:"无一瓦之覆、一垄之植以～而为生。"❸通"裨"。弥补,补助。《国语·鲁语下》:"周恭王能～昭、穆之阙而为'恭',楚恭王能知其过而为'恭'。"

【庇托】 bìtuō 指托身。《旧唐书·张说传》:"风雨暴至,不知～～。"

邲 bì 古地名。春秋时属郑国的领土,在今河南郑州市东。《左传·成公二年》:"郑人惧于～之役,而欲求媚于晋。"

芘 bì 见pí。

佛 bì 见fó。

坒(毕) bì 比次相连。扬雄《太玄经·玄首》:"阴阳～参。"左思《吴都赋》:"士女伫眙,商贾骈～。"

陂 bì 见bēi。

闷(閟) bì ❶闭门。《左传·庄公三十二年》:"[庄公]见孟任,从之,～。"王鏊《亲政篇》:"三殿高～,鲜或窥焉。"❷闭,堵塞,不通达。《左传·闵公二年》:"今命以时卒,～其事也。"(时卒:四时之卒。指十二月。)又:"服以远之,时以～之。"刘基《郁离子·天道》:"～极则达,热极则风。"❷掩蔽,隐藏。《汉书·卢绾传》:"上使使召绾,绾称病。又使……往迎绾,因验问其左右。绾愈恐,～匿。"杜甫《陪章留后惠义寺饯嘉州崔都督赴州》诗:"出尘～轨躅,毕景遗炎蒸。"❸止,停止。《诗经·鄘风·载驰》:"视尔不臧,我思不～。"杜甫《斗鸡》诗:"仙游终一～,女乐久无香。"❹深闭,幽静。杜甫《题衡山县文宣王庙新学堂呈陆宰》诗:"因见县尹心,根源旧宫～。"曹勋《蓦山溪》词:"松露～,紫烟深。"❺谨慎,慎重。《尚书·大诰》:"天～毖我成功所,予不敢不极卒宁王图事。"❻神。见"闷宫"。

【闷宫】 bìgōng ❶神宫,庙宇。《诗经·鲁颂·闷宫》:"～～有侐,实实枚枚。"(郑笺:"闷,神也。姜嫄神所依,故庙曰神宫。")杜甫《古柏行》:"忆昨路绕锦亭东,先主武侯同～～。"❷《诗经·鲁颂》的篇名。是歌颂鲁僖公能恢复疆土,修建宫室的诗。

怭 bì 见"怭怭"。

【怭怭】 bìbì 轻薄或轻慢的样子。《诗经·小雅·宾之初筵》:"曰既醉止,威仪~~。"

波 bì 见 bō。

苾 bì 芳香。《荀子·礼论》:"椒兰芬~,所以养鼻也。"刘孝绰《谢晋安王饷米酒等启》:"气~新城,味芳云杜。"

【苾芬】 bìfēn ❶芬芳。形容祭品的香美。《诗经·小雅·楚茨》:"~~孝祀,神嗜饮食。"❷指祭品。《后汉书·乐成靖王党传》:"乃敢擅损牺牲,不备~~。"

披 bì 见 pī。

枇 bì 见 pí。

拂 bì 见 fú。

畀 bì 予,给与。《诗经·鄘风·干旄》:"彼姝者子,何以~之?"《汉书·食货志》:"有能告者,以其半~之。"《三国志·吴书·孙权传》:"是以春秋晋侯伐卫,先分其田以~宋人,斯其义也。"㉠委,委任。《左传·隐公三年》:"周人将~虢公政。"《新唐书·王世充传》:"以重官~李密,使讨贼。"

咇 bì ❶见"咇茀"。❷话说不明白。《集韵·质韵》:"~,言不明。"

【咇茀】 bìbó 香气很盛。司马相如《上林赋》:"肸蚃布写,晻薆~~。"也作"苾勃"。

【咇嘲】 bìjié 声音繁碎的样子。王褒《洞箫赋》:"啾~~而将吟兮,行锴铌以龢啰。"

馝(馝) bì 食物的香气。《诗经·周颂·载芟》:"有~其香,邦家之光。"㉠指芳香的食物。廖行之《鹧鸪天·寿外姑》词:"慈祥自是长生乐,不用春醪~与椒。"

肸 bì 见 xī。

服 bì 见 fú。

駜(駜) bì 马肥壮有力的样子。《诗经·鲁颂·有駜》:"有~有~,~彼乘黄。"刘基《郁离子·梦骑》:"马见青而风,嘶而驰,~然而骧,蹶然而若凫。"

滭(滭) bì 泉水涌出的样子。《史记·司马相如列传》:"~浡滵汩,湢测泌潪。"《玉篇·水部》:"~,泉水出貌。"

柲 bì ❶古代兵器的柄。《周礼·考工记·庐人》:"戈~六尺有六寸。"苏轼《洗玉池铭》:"剑璏鏚~,错落其室。"❷弓檠,保护弓的一种器具。《仪礼·既夕礼》:"弓矢之新沽功……有~。"(郑玄注:"柲,弓檠,弛则缚之于弓里,备损伤,以竹为之。")

鞃(韠) bì 古时用竹木制成的护弓器。缚在弓里或系在弓背,以防损伤。《周礼·考工记·弓人》"辟如终绁"郑玄注:"绁,弓~……弓有~者,为发弦时备频伤。"也作"柲"。参见"柲②"。

珌 bì 刀鞘末端的装饰。《诗经·小雅·瞻彼洛矣》:"君子至止,鞞琫有~。"《汉书·王莽传上》:"于是莽稽首再拜,受绿韨衮冕衣裳,玚琫玚~。"

贲 bì 见 bēn。

毖 bì ❶谨慎,小心。《诗经·大雅·桑柔》:"为谋为~,乱况斯削。"又《周颂·小毖》:"予其惩而~后患。"魏大中《遵谕祈圣断疏》:"而复申此,后之边臣知警而加~。"㉠告诫,教导。《尚书·酒诰》:"厥诰~庶邦。"周亮工《黄母周宜人七秩序》:"胸有成略,足以应当世之所求,似无烦宜人之~敕者。"方苞《书高密单生追述考妣遗事》:"念幼随先君子播迁隐闵,先兄~余曰……。"❷勤劳,操劳。《尚书·大诰》:"无~于恤。"归有光《季母陶硕人墓志铭》:"家常乏,以女工佐其费,至于充裕,母勤~不休。"❸犒劳,慰劳。《尚书·洛诰》:"伻来~殷,乃命宁予以秬鬯二卣。"❹通"泌"。泉水涌出的样子。左思《魏都赋》:"温泉~涌而自浪。"

【毖祀】 bìsì 慎重祭祀。《文心雕龙·祝盟》:"~~钦明,祝史惟谈。"欧阳修《翠旌》诗:"竹宫歌~~,雅曲播遗声。"

弼(彈) bì 射。《楚辞·天问》:"羿焉~日?乌焉解羽?"

縪(縪) bì ❶约束。《集韵·质韵》:"~,约束。"《说文通训定声·履部》:"~,按以组约圭中,以素纨车下皆曰~。"❷缝,用针线连缀。《仪礼·既夕礼》:"冠六升,外~。"(郑玄注:"縪,谓缝著于武也。")

陛 bì 阶梯。《墨子·备穴》:"勿为~与石,以县~上下、出入。"《论衡·道虚》:"从地自奋,升楼台之~。"《后汉书·祭祀志上》:"为圆坛八~,中又为重坛。"又《孔融传》:"~级县远,禄位限绝。"㉠特指帝王宫殿的台阶。《战国策·燕策三》:"秦武阳奉地图匣,以次进至~。"《汉书·贾谊传》:"人主之尊譬如堂,群臣如~,众庶如地。"王安石《寄赠胡先生》诗:"群臣面向帝深拱,仰戴堂～方崔嵬。”

【陛辞】 bìcí 指臣下临行前向君王告别。苏轼《张文定公墓志铭》：“公因～～，极论其害。”龚自珍《送钦差大臣侯官林公序》：“钦差大臣、兵部尚书、都察院右都御史林公既～～。”

【陛下】 bìxià ❶宫殿的台阶下。《吕氏春秋·制乐》：“臣请伏于～～以伺候之。”《后汉书·刘盆子传》：“诸三老、从事皆大会～～。”❷对帝王的尊称。《史记·律书》：“今～～仁惠抚百姓，恩泽加海内。”《论衡·命禄》：“韩信与帝论兵，谓高祖曰：‘～～所谓天授，非智力所得。’”

费 bì 见fèi。

被 bì 见bèi。

韠（鞸） bì 蔽膝，古代遮蔽在衣裳前面的一种皮制服饰。《仪礼·士冠礼》：“缁带素～。”梅尧臣《和淮阳燕秀才》诗：“乃信读书荣，况即服缊～。”

狴 bì ❶兽名。《玉篇·犬部》：“～，兽名。”❷监狱。《孔子家语·始诛》：“有父子讼者，夫子同～执之。”扬雄《太玄经·穷》：“蹛于～狱，三岁见录。”《旧唐书·刘瞻传》：“两家宗族，枝蔓尽捕三百馀人，～牢皆满。”欧阳修《尚书职方郎中分司南京欧阳公墓志铭》：“其视入～牢就桎梏，犹冠带偃箦，恬如也。”

【狴犴】 bì'àn ❶传说中的兽名。杨慎《龙生九子》：“……四曰～～，形似虎，有威力，故立于狱门。”❷指监狱。《法言·吾子》：“～～使人多礼乎？”杜牧《上李太尉论江贼书》：“乡闾安堵，～～空虚。”❸指凶猛的狗。柳宗元《乞巧文》：“王侯之门，狂吠～～。”

饳 bì 见pí。

毙（斃、獘） bì ❶仆倒，跌倒。《左传·哀公二年》：“郑人击简子中肩，～于车中，获其蜂旗。”㉢败亡，失败。《国语·楚语下》：“子修德以待吴，吴将～矣。”《汉书·异姓诸侯王表》：“乡秦之禁，适所以资豪桀而速自～也。”辛弃疾《审势》：“不知而一之，则沮于形，眩于势，而胜不可图，且坐受其～矣。”❷死。《左传·僖公四年》：“与犬，犬～；与小臣，小臣亦～。”苏轼《与朱鄂州书》：“去岁夏中，其妻一产四子，楚毒不可堪忍，母子皆～。”㉢击毙，打死。《礼记·檀弓下》：“射之，～一人。”杜甫《冬狩行》：“禽兽已～十七八，杀声落日回苍穹。”

敝 bì ❶破旧，破烂。《墨子·公输》：“子墨子曰：‘荆之地方五千里，宋之地方五百里，此犹文轩之与～舆也。’”《史记·田敬仲完世家》：“狐裘虽～，不可补以黄狗之皮。”《汉书·贾谊传》：“履虽鲜不加于枕，冠虽～不以苴履。”㉢衰败，衰退。《左传·襄公二十一年》：“女，～族也。”《史记·乐书》：“土～则草木不长，水烦则鱼鳖不大。”❷疲惫，困乏。《左传·襄公十一年》：“诸侯道～而无成，能无贰乎？”《史记·仲尼弟子列传》：“国家～以数战，士卒弗忍。”《后汉书·庞萌传》：“知五校乏食当退，敕各坚壁以待其～。”❸败坏，损伤。《尚书·毕命》：“～化奢丽，万世同流。”《左传·僖公三十年》：“因人之力而～之，不仁。”吴曾《能改斋漫录·类对》：“[齿]虽坚固足以相靡，舌柔顺终以不～。”㉢战败，失败。《左传·僖公十年》：“帝许我罚有罪矣，～于韩。”❹尽，达到顶点。《汉书·枚乘传》：“今欲极天命之寿，～无穷之乐，究万乘之势，不出反掌之易，以居泰山之安。”《素问·上古天真论》：“故能寿～天地，无有终时。”李东阳《进〈历代通鉴纂要〉表》：“不求～力于难知，务期开卷而有益。”㉢终，后果。《左传·昭公四年》：“君子作法于凉，其～犹贪；作法于贪，～将若之何？”❺弃，抛弃。《左传·昭公九年》：“岂如弁髦，而因以～之。”《礼记·郊特牲》：“冠而～之可也。”❻对自己或自己一方的谦称。《战国策·楚策一》：“故～邑秦王，使使臣献书大王之从车下风，须以决事。”《醒世恒言·张廷秀逃生救父》：“安顿了～房，明日蚤来。”❼通“弊”。弊病，害处。《后汉书·杜林传》：“至于法不能禁，令不能止，上下相遁，为～弥深。”《新唐书·杜佑传》：“佑以为救～莫若省用。”❽通“蔽”。遮住，遮挡。《墨子·经说下》：“足～下光，故成景于上；首～上光，故成景于下。”㉢蒙蔽，欺骗。《马王堆汉墓帛书·经法》：“不敢～其主。”《隋书·李密传》：“因伪与和，以～其众。”❾(biē)通“憋”。恶，坏。《后汉书·度尚传》：“生为恶吏，死为～鬼。”又《董卓传》：“羌胡～肠狗态，臣不能禁止。”❿姓。

【敝敝】 bìbì 见“弊弊”。

【敝赋】 bìfù 谦称自己方面的军队。赋，指兵卒和车辆。《左传·襄公八年》：“悉索～～，以讨于蔡。”《国语·鲁语下》：“使叔孙豹悉帅～～，踦跂毕行。”也作“弊赋”。孙光宪《北梦琐言》卷十七：“～～已及于此，期于无舍。”

【敝幽】 bìyōu 见“弊幽”。

庳 bì 见bēi。

梐 bì 见"梐枑"、"梐梱"。

【梐枑】 bìhù 古代官署门前为阻挡通行而设制的一种用木条交叉做成的栅栏。元稹《梦游春七十韵》:"石压破栏干,门摧旧～～。"佚名《六州》词:"帷宫宿设,～～相差。"苏舜钦《论五事》:"故国门九阖,～～百重,刑人以守阍,下士以拂阑。"

【梐梱】 bìkǔn 指管辖的范围或包围圈。赵晔《吴越春秋·勾践入臣外传》:"今越王放于南山之中,游于不可存之地,幸来涉我壤土,入吾～～,此乃厨宰之成事食也,岂可失之乎!"

埤 bì 见pí。

萆 bì 见pì。

罼(畢) bì ❶古代捕捉禽兽用的长柄网。《管子·小匡》:"昔先君襄公,高台广池,湛乐饮酒,田猎～弋,不听国政。"《韩非子·说疑》:"内不堙污池台榭,外不～弋田猎。"《后汉书·赵壹传》:"～网加上,机阱在下。"❷指旌旗之类的仪仗。《晋书·礼志下》:"旄头～罕并出即用。"《乐府诗集·凯容宣烈乐》:"翠盖耀澄,～帟凝晨。"

髀 bì 同"髀"。大腿。杜牧《郡斋独酌》诗:"白羽八扎弓,～压绿檀枪。"《新唐书·李甘传》:"且乡人能啮疽刳～,急亲之病。"

婢 bì 旧社会受主人压迫、剥削、役使的女子。《汉书·文三王传》:"立少失父母,孤弱处深宫中,独与宦者～妾居,渐渍小国之俗。"杜甫《水阁朝霁奉简严云安》诗:"呼～取酒壶,续儿诵文选。"范成大《清远店》诗:"屠～杀奴官不问,大书黥面罚犹轻。"

【婢子】 bìzǐ ❶古代妇女自称的谦词。《史记·晋世家》:"秦使～～侍,以固子之心。"《列女传·阿谷处女》:"欲饮则饮,何问乎～～?"❷指妾。《礼记·檀弓下》:"如我死,则必大为我棺,使吾二～～夹我。"❸婢女,女奴。《世说新语·汰侈》:"～～百馀人。"韩愈《送殷员外序》:"丁宁顾～～。"❹婢女生的子女。《礼记·内则》:"父母有～～,若庶子庶孙,甚爱之。"《魏书·杨大眼传》:"开国当我儿袭之,汝等～～勿有所望!"

綼(綼) bì 古代衣裳的边饰。《仪礼·既夕礼》:"缥～緆。"

湢 bì ❶浴室。陆游《灵秘院营造记》:"下至庖厨～浴,无一不备。"曾巩《繁昌县兴造记》:"廊之两旁为群吏之舍,视事之厅,便坐之斋,寝庐庖～,各以序为。"❷整齐严肃的样子。贾谊《新书·容经》:"军旅之容,～然肃然固以猛。"

【湢测】 bìcè 水流激涌相迫的样子。《史记·司马相如列传》:"～～泌㴸,横流逆折。"也作"湢汖"。贡师泰《过仙霞岭》诗:"涓流乍透迤,悬溜竟～～。"

愊 bì ❶至诚,诚恳。《汉书·楚元王传》:"发愤悃～,信有忧国之心。"《新唐书·刘瑑传》:"谏罢武宗方士,言多恳～。"❷见"愊忆"。

【愊忆】 bìyì 郁结在心头的愤懑和悲哀。《后汉书·冯衍传》:"讲圣哲之通论兮,心～～而纷纭。"左思《悼离赠妹二首》之二:"～～呜咽。"也作"愊亿"、"愊抑"、"腷臆"。《汉书·陈汤传》:"策虑～～,义勇奋发。"潘岳《夏侯常侍诔》:"～～失声,迸涕交挥。"李华《吊古战场文》:"寄身锋刃,～～谁诉。"

愎 bì 固执,任性。《左传·襄公二十八年》:"夫子～,莫之止。"《论衡·死伪》:"郑伯有贪～而多欲,子皙好人上,二子不相得。"《后汉书·袁绍传》:"而性矜～自高。"

【愎过】 bìguò 坚持错误。《吕氏春秋·诬徒》:"失之在己,不肯自非,～～自用,不可证移。"又《似顺》:"世主之患,耻不知而矜自用,好～～而恶听谏。"

【愎谏】 bìjiàn 不听劝谏。《左传·昭公四年》:"汏而～～,不过十年。"《韩非子·亡征》:"很刚而不和,～～而好胜,不顾社稷而轻为自信者,可亡也。"

皕 bì 二百。杜文澜《憩园词话》卷三:"聚禊帖至二百馀种,故又名～禊室。"清代陆心源把藏有二百种宋版书的地方叫"皕宋楼"。

椑 bì 见pí。

贔(贔) bì ❶咆哮、怒吼的样子。郦道元《水经注·河水四》:"其水尚崩浪万寻,悬流千丈,浑洪～怒,鼓若山腾。"左思《魏都赋》:"汉网绝维,奸回内～。"⊗巨大的样子。郦道元《水经注·渐江水》:"～响外发,未至桥数里,便闻其声。"张读《宣室志》卷八:"有大鹿兴于前,～然其躯。"❷见"贔屃"。

【贔屃】 bìxì ❶用力的样子。张衡《西京赋》:"巨灵～～,高掌远跖,以流河曲,厥迹犹存。"左思《吴都赋》:"巨鳌～～,首冠灵山。"❷指蠵龟,海产的一种大龟。杨慎《龙生九子》:"一曰～～,形似龟,好负重,今石碑下龟趺是也。"

跐 bì 见"跐踱"。

【跐踱】 bìbá 马快跑时蹄子击地的声音。《乐府诗集·横吹曲辞·折杨柳歌辞》:"~~黄尘下,然后别雄雌。"

幅 bì 见 fú。

踱 bì 见 bǒ。

筚(篳) bì 用荆条或竹子编成的遮拦物。《三国志·魏书·管宁传》:"环堵~门,偃息穷巷。"陶渊明《止酒》诗:"坐止高荫下,步止~门里。"杜甫《柴门》诗:"老于干戈际,宅幸蓬~遮。"

【筚篥】 bìlì 见"觱篥"。

【筚路蓝缕】 bìlùlánlǚ 驾着柴车,穿着破旧的衣服。形容创业的艰苦。筚路,指用荆笆做车帮的车。蓝缕,同"褴褛",衣服破烂的样子。《左传·宣公十二年》:"~~~~,以启山林。"也作"筚露蓝蒌"。《史记·楚世家》:"昔我先王熊绎辟在荆山,~~~~以处草莽,跋涉山林以事天子,唯是桃弧棘矢以共王事。"

弼(弻) bì ❶矫正弓弩的工具。《荀子·臣道》"谓之拂"杨倞注:"拂,读为~,~,所以辅正弓弩者也。"㈢辅正,纠正。《尚书·益稷》:"予违汝~,汝无面从。"《抱朴子·疾谬》:"攻过~违,讲道精义。"白居易《除武元衡门下侍郎平章事制》:"~违救失,不以尤悔为虑;进善惩恶,不以亲雠自嫌。"❷辅佐,辅助。《三国志·吴书·陆逊传》:"莹父综纳言先帝,傅~文皇。"王禹偁《单州成武县主簿厅记》:"用是道~谐帝皇,则尧舜雍熙之化可致也。"㈡辅佐别人的人。《新唐书·房玄龄传》:"一日去良~,如亡左右手。"❸违背。《汉书·韦贤传》:"其梦如何?梦争王室。其争如何?梦王我~。"

【弼亮】 bìliàng ❶辅佐,辅助。司马光《除文彦博制》:"~~三朝,周旋二纪。"陆游《静镇堂记》:"而公方~~神武,绍开中兴。"❷指相位。楼钥《送张定叟尚书镇襄阳》诗:"功高归未晚,会见登~~。"

【弼疑】 bìyí 指在君王左右担当辅佐的重任。语出《尚书大传》卷二。《汉书·杜邺传》:"分职于陕,并为~~。"《三国志·蜀书·秦宓传》注引《益部耆旧传》:"州牧刘焉表荐[任]安味精道度,厉节高邈,揆其器量,国之元宝,宜处~~之辅,以消非常之咎。"

痹 bì 指肢体疼痛或麻木为症状的一种疾病,多由受了风、寒、湿等所引起。《素问·痹论》:"风、寒、湿三气杂至,合而为~也。"《晋书·皇甫谧传》:"得风~疾。"㈢麻木。柳宗元《断刑论》:"痒不得搔,~不得摇,痛不得摩。"欧阳修《憎苍蝇赋》:"臂已~而犹攘。"㈡气郁闷。《金匮要略·胸痹心痛短气病脉证并治》:"胸~,心中痞气,气结在胸,胸满,胁下逆抢心,枳实薤白桂枝汤主之,人参汤亦主之。"

痺 1. bì ❶同"痹"。指一种肢体疼痛或麻木症状的疾病。《淮南子·地形训》:"谷气多~,丘气多狂。"杜甫《遣闷奉呈严公二十韵》:"老妻忧坐~,幼女问头风。"㈡炎症,发炎。《金史·守纯传》:"宣宗病喉~,危笃。"《本草纲目·咽喉》:"喉~是相火,有嗌疽,俗名走马喉~,杀人最急。"

2. bēi ❷通"卑"。低,低下。《淮南子·时则训》:"营丘垄之小大高~。"朱彝尊《日下旧闻·边障上》:"旧城~薄而隘。"

裨 bì 见 pí。

跸(蹕、趩) bì ❶帝王出行时开路清道,不准行人过往。《史记·张释之冯唐列传》:"县人来,闻~,匿桥下。"《汉书·文三王传》:"得赐天子旌旗,从千乘万骑,出称警,入言~,儗于天子。"《后汉书·杨震传》:"警~而行,静室而止。"㈡泛指帝王出行的车驾行列。左思《吴都赋》:"于是弭节顿辔,齐镳驻~。"杜甫《赠李八秘书别三十韵》:"往时中补右,扈~上元初。"宋之问《龙门应制》诗:"羽从琳琅拥轩盖,云~才临御水桥。"❷倾斜,重心偏向一方。《列女传·周室三母》:"古者妇女妊子,寝不侧,坐不边,立不~。"

腷 bì 郁结,梗塞。苏舜钦《苏州洞庭山水月禅院记》:"自尔平居,纡然思于一到,惑于险说,卒未果行,则常若有物~塞于胸中。"

【腷臆】 bìyì 见"愊忆"。

辟 1. bì ❶法,法度,法律。《诗经·小雅·雨无正》:"~言不信,如彼行迈,则靡所臻。"《左传·昭公六年》:"今吾子相郑国,作封洫,立谤政,制参~,铸刑书,将以靖民,不亦难乎?"(参:同"三"。)《后汉书·张衡传》:"览蒸民之多僻兮,畏立~以危身。"❷君主,国君。《吕氏春秋·仲夏》:"乃命百县,雩祭祀百~卿士有益于民者,以祈谷实。"《汉书·司马相如传下》:"历选列~,以迄乎秦。"《后汉书·张衡传》:"仲尼不遇,故论《六经》以俟来~。"㈡泛指官吏。张衡《西京赋》:"正殿路寝,用朝群~。"沈德符《万历野获编·貂帽腰舆》:"宰相为百~之师表。”❸召，征召。《后汉书·马援传》：“乃～援及同县原涉为掾。”阮籍《诣蒋公》：“～书始下，下走为首。”秦系《山中枉皇甫温大夫见招书》诗：“三～草堂仍被褐，数行书札忽临门。”❹罪，罪名。《礼记·王制》：“司寇正刑明～，以听狱讼，必三刺。”《汉书·扬雄传下》：“言奇者见疑，行殊者得～。”㊄刑罚，惩办。《左传·襄公二十五年》：“唯罪所在，各致其～。”范仲淹《宋故同州观察使李公神道碑铭》：“盖杀人者一，馀四人，掩其骸尔，安可尽～乎?”❺治，清理。《左传·文公六年》：“制事典，正法罪，～狱刑。”（狱刑：指诉讼之类的积案。）❻明，彰明。《诗经·大雅·抑》：“～尔为德，俾臧俾嘉。”《礼记·祭统》：“对扬以～之。”❼绩麻，把麻搓捻成线或绳。《孟子·滕文公下》：“彼身织屦，妻～纑。”（纑：指练过的麻线。）高启《张节妇词》：“儿读书，妾～纑，空房夜夜闻啼乌。”❽捕鸟兽的工具。《楚辞·九章·惜诵》：“设张～以娱君兮，愿侧身而无所。”《盐铁论·刑德》：“罻罗张而悬其谷，～陷设而当其蹊。”张居正《答松谷陈相公》：“机～盈野，风翔九霄。”❾通“避”。避开，躲开，回避。《吕氏春秋·重己》：“其为宫室台榭也，足以～燥湿而已矣。”《史记·田敬仲完世家》：“湣王出亡，之卫。卫君～宫舍之，称臣而共具。”《汉书·董仲舒传》：“舜知不可～，乃即天子之位。”❿通“嬖”。宠爱，宠幸。《管子·立政》：“三本者不审，则邪臣上通，而便～制威。”《战国策·齐策四》：“今王治齐，非左右便～无使也。”⓫通“躄”。跛足，瘸腿。《荀子·正论》：“王梁、造父者，天下之善驭者也，不能以～马毁舆致远。”⓬通“璧”。扁平圆形中间有孔的玉。《论衡·说日》：“其合相当如袭～者，日既是也。”（袭辟：两璧重叠。袭，重叠。）⓭通“壁”。1)墙，墙壁。《逸周书·时训》：“蟋蟀居～。”2)星名，二十八宿之一。《礼记·月令》：“仲冬之月，日在斗，昏，东～中。”

2. pì ⓮开，打开。《墨子·非攻中》：“～门除道，奉甲兴士。”《国语·晋语五》：“灵公虐，赵宣子骤谏，公患之，使鉏麑贼之。晨往，则寝门～矣。”㊄开拓，开垦。《孟子·梁惠王上》：“欲～土地，朝秦楚，莅中国，而抚四夷也。”《韩非子·外储说左下》：“垦草仞邑，～地生粟。”王安石《风俗》：“田亩～，则民无饥矣。”⓯清除，排除。《楚辞·远遊》：“风伯为余先驱兮，氛埃～而清凉。”《庄子·庚桑楚》：“至仁无亲，至信～金。”《后汉书·灵思何皇后纪》：“服此药，可以～恶。”㊄批驳，驳斥。王安石《答司马谏议书》：“～邪说，难壬人，不为拒谏。”（壬人：花言巧语不行正道的人。）⓰幽僻，偏僻。《楚辞·离骚》：“扈江离与～芷兮，纫秋兰以为佩。”《战国策·秦策一》：“今夫蜀，西～之国，而戎狄之长也。”㊄邪僻，不正派。《管子·法禁》：“行～而坚，言诡而辩。”《汉书·马宫传》：“诡经～说，以惑误上。”㊄侧，偏斜。《礼记·少仪》：“有问焉，则～咡而对。”曹操《军令》：“～矛戟，结幡旗。”⓱鄙陋，浅陋。《左传·哀公七年》：“～君之执事，以陵我小国。”《汉书·艺文志》：“是以《五经》乖析，儒学寖衰，此～儒之患。”⓲通“譬”。比如，比方。《孟子·尽心上》：“～若掘井。”《荀子·议兵》：“以诈遇齐，～之犹以锥刀堕太山也。”⓳通“椑”。内棺，紧挨着尸体的棺材。《左传·哀公二年》：“若其有罪，绞缢以戮，桐棺三寸，不设属～。”（陆德明《经典释文》：“属，次大棺也；辟，亲身棺也。”）⓴通“擗”。捶胸。《楚辞·九怀·思忠》：“寤～摽兮永思，心怫郁兮内伤。”㉑通“劈”。对半破开。《礼记·丧服大记》：“绞一幅为三，不～。”㉒通“甓”。砖。《汉书·尹赏传》：“赏至，修治长安狱，穿地方深各数丈，致令～为郭。”

【辟公】 bìgōng 君王，诸侯。《诗经·周颂·载见》：“烈文～～，绥以多福。”《荀子·王制》：“国家失俗，则～～之过也。”

【辟谷】 bìgǔ 古代一种养生之术。不食五谷，专靠服气长生。《史记·留侯世家》：“乃学～～，道引轻身。”曹植《辩道论》：“俭善～～，悉号三百岁人。”（据张华《博物志》引。）

【辟舍】 bìshè 避开正寝，移居他室。《战国策·魏策四》：“信陵君闻缩高死，素服缟素～～。”《史记·鲁仲连邹阳列传》：“天子巡狩，诸侯～～。”

【辟世】 bìshì 见“避世”。

【辟王】 bìwáng 君王。《诗经·大雅·棫朴》：“济济～～，左右趣之。”又《周颂·载见》：“载见～～，曰求厥章。”

【辟席】 bìxí 见“避席”。

【辟邪】 bìxié ❶传说中一种能避妖邪的神兽。《急就篇》卷三：“射魃、～～除群凶。”❷驱除邪恶。李石《续博物志》卷七：“学道之士居山，宜养白犬、白鸡，可以～～。”❸三国时魏国宫中使者的称号。《三国志·魏书·明帝纪》注引《魏略》：“顾呼宫中常所给使者曰：‘～～来，汝持我此诏授太尉也。’～～驰去。”

【辟易】 bìyì 因畏惧而退缩。《史记·项羽本纪》：“项王瞋目而叱之，赤泉侯人马俱惊，～～数里。”杜甫《王兵马使二角鹰》诗：

"杉鸡竹兔不自惜,溪虎野羊俱~~。"

【辟雍】 bìyōng ❶太学名。本是周天子为贵族子弟所设。东汉以后,历代都有。校址圆形,四面环水如璧,前门外有通行的桥。《礼记·王制》:"大学在郊,天子曰~~,诸侯曰頖宫。"《汉书·礼乐志》:"刘向因是说上:'宜兴~~,设庠序,陈礼乐,隆雅颂之声,盛揖攘之容,以风化天下。'"《三国志·魏书·三少帝纪》:"帝初通《论语》,使太常以太牢祭孔子于~~。"也作"辟廱"、"璧廱"。《汉书·礼乐志》:"及王莽为宰衡,欲耀众庶,遂兴~~。"《三辅黄图》卷五:"周文王辟雍,在长安西北四十里,亦曰~~,如璧之圆,雍之以水,象教化流行也。"❷乐名。《庄子·天下》:"文王有~~之乐。"

【辟廱】 bìyōng 见"辟雍①"。

【辟除】 pìchú 扫除,排除。《荀子·成相》:"~~民害逐共工。"《管子·心术上》:"故馆不~~,则贵人不舍焉。"《论衡·儒增》:"安能入山泽不逢恶物,~~神奸乎?"又:"男子服玉,女子服珠,珠玉于人,无能~~。"

【辟睨】 pìnì 斜视,窥伺。《汉书·灌夫传》:"腹诽而心谤,卬视天,俯画地,~~两宫间,幸天下有变。"也作"辟倪"、"睥睨"、"睤睨"。《史记·魏其武安侯列传》:"~~两宫间。"《魏书·尒朱荣传论》:"而始则希觊非望,~~宸极。"《宋书·刘湛传》:"险谋潜计,~~两宫。"

【辟人】 pìrén 赶开行人,使之回避。《孟子·离娄下》:"君子平其政,行~~可也,焉得人人而济之?"

【辟王】 pìwáng 邪恶的君主。《左传·成公八年》:"三代之令王皆数百年保天之禄。夫岂无~~?赖前哲以免也。"

【辟违】 pìwéi 邪僻背理。《左传·昭公二十年》:"动作~~,从欲厌私。"(从:放纵。)《荀子·修身》:"~~而不悫。"

【辟邪】 pìxié 邪僻,不正派。《左传·昭公十六年》:"~~之人。"《国语·周语上》:"国之将亡,其君贪冒、~~、淫佚、荒怠、粗秽、暴虐。"

【辟易】 pìyì 整治。《吕氏春秋·上农》:"地未~~,不操麻,不出粪。"

弊(獘) 1. bì ❶破旧,破烂。《国语·晋语六》:"今吾司寇之刀锯日~,而斧钺不行。"《战国策·秦策一》:"黄貂之裘~。"陆游《秋思》诗:"遗簪见取终安用,~帚虽微亦自珍。"㊀坏,低劣。《周礼·夏官·司弓矢》:"句者谓之~弓。"《吕氏春秋·音初》:"土~则草木不长。"㊁败,衰败,破败。《楚辞·天问》:"胡终~于有扈。"《国语·郑语》:"周其~乎?"《战国策·西周策》:"是公以~高都得完周也。"❷弊病,害处。《汉书·董仲舒传》:"兴滞补~。"韩愈《论变盐法事宜状》:"所利至少,为~则多。"张居正《论时政疏》:"而积~除矣。"㊀不良的,有害的。《汉书·公孙弘传》:"夫使邪吏行~政。"刘肃《大唐新语·极谏》:"此乃前朝之~风。"❸困乏,疲敝。《战国策·西周策》:"兵~于周,而合天下于齐,则秦孤而不王矣。"《史记·田敬仲完世家》:"故不如南攻襄陵以~魏,邯郸拔而乘魏之~。"❹竭,尽。《管子·侈靡》:"泽不~而养足。"韩愈《祭张员外文》:"岁~寒凶,雪虐风饕。"❺断决,裁决。《管子·戒》:"参宥而后~。"㊀定罪,断罪。《汉书·刑法志》:"王之同族拲,有爵者桎,以待~。"❻对自己或自己一方的谦称。《战国策·楚策一》:"故~邑赵王,使臣效愚计,奉明约。"段成式《酉阳杂俎·冥迹》:"某~止从此数里。"❼通"蔽"。蒙蔽,遮蔽。《韩非子·奸劫弑臣》:"为奸利以~人主。"《淮南子·俶真训》:"~其元光,而求知之于耳目。"❽通"币"。古代用作礼物的丝织品。《战国策·赵策四》:"秦王乃喜,受其~而厚遇之。"❾通"毙"。倒下。《周礼·夏官·大司马》:"质明,~旗。"《抱朴子·务正》:"故繁足者死而不~。"❿姓。

2. bá ⓫见"弊摋"。

【弊弊】 bìbì 辛苦经营或疲惫不堪的样子。《庄子·逍遥游》:"孰~~焉以天下为事。"宋濂《跋清源国师所书栖霞碑》:"览者毋徒~~焉索之于形迹之间。"也作"敝敝"。黄宗羲《明夷待访录·田制一》:"井田不复,仁政不行,天下之民始~~矣。"

【弊赋】 bìfù 见"敝赋"。

【弊劬】 bìguì 极度疲劳。《三国志·魏书·蒋济传》:"~~之民,傥有水旱,百万之众,不为国用。"

【弊幽】 bìyōu 指生计艰难窘迫、隐居未仕(的人)。《战国策·秦策五》:"管仲,其鄙人之贾人也,南阳之~~,鲁之免囚,桓公用之而伯。"也作"敝幽"。唐甄《潜书·恒悦》:"管仲~~于南阳,百里奚饭牛于秦市,时忧也。"

【弊狱】 bìyù 判罪,定罪。《孔子家语·正论》:"叔鱼~~邢侯。"沈约《立左降诏》:"~~之书,亟劳于晏寝。"也作"蔽狱"。《管子·立政》:"疏远无~~,孤寡无隐治。"

【弊摋】 báshā 杂糅,混杂。《淮南子·俶真训》:"独浮游无方之外,不与物相~~。"(高诱注:"弊摋,犹杂糅也。弊音跋涉之跋,摋读楚人言杀。")

碧 bì 青绿色的玉石。司马相如《子虚赋》:"锡～金银,众色炫耀,照烂龙鳞。"杜甫《奉送魏六丈佑少府之交广》诗:"两情顾盼合,珠～赠于斯。"㊀青绿色。杜甫《绝句二首》之二:"江～鸟逾白,山青花欲然。"范仲淹《岳阳楼记》:"上下天光,一～万顷。"

【碧汉】 bìhàn 青天,天空。汉,指银河。徐夤《鹊》诗:"香闺报喜行人至,～～填河织女回。"

【碧落】 bìluò 天空。许浑《送张厚浙东修谒》诗:"青山有雪松当涧,～～无云鹤生龙。"白居易《长恨歌》:"上穷～～下黄泉,两处茫茫皆不见。"

【碧树】 bìshù ❶青绿色的树。《列子·汤问》:"～～而冬生,实丹而味酸。"杜甫《锦树行》诗:"霜凋～～作锦树,万壑东逝无停留。"❷玉树。班固《西都赋》:"珊瑚～～,周阿而生。"

蔽 1. bì ❶遮挡,遮蔽。《左传·昭公元年》:"人之有墙,以～恶也。"(恶:指盗贼之类的坏人。)《汉书·元帝纪》:"秋八月,有白蛾群飞～日。"《后汉书·光武帝纪上》:"旗帜～野,埃尘连天。"㊀掩盖,隐藏。《管子·法法》:"群臣比周,则～美扬恶。"《史记·酷吏列传》:"扬人之善～人之过如此。"柳宗元《三戒·黔之驴》:"～林间窥之。"❷蒙蔽,受蒙蔽。《国语·齐语》:"有而不以告,谓之～明,其罪五。"《荀子·解蔽》:"纣～于妲己飞廉而不知微子启。"《韩非子·二柄》:"群臣见素,则大君不～矣。"❸车两旁挡风用的帘子。《周礼·春官·巾车》:"木车蒲～。"《韩非子·内储说上》:"布帛尽则无以为～。"㊀屏障。《史记·苏秦列传》:"夫燕之所以不犯寇被甲兵者,以赵之为～其南也。"《后汉书·冯衍传》:"东带三关,西为国～。"㊀战时防护人马的一种装备。《管子·乘马》:"一乘,其甲二十有八,其～二十。"《吕氏春秋·贵直》:"及战,且远立,又居于犀～屏橹之下。"❹概括。《论语·为政》:"《诗》三百,一言以～之。"❺古代的一种棋戏用具。《楚辞·招魂》:"菎～象棋,有六簙些。"❻决断,断定。《左传·哀公十八年》:"官占唯能～志。"《国语·晋语一》:"兆有之,臣不敢～。"㊀指判决案件。《左传·昭公十四年》:"叔鱼～罪邢侯。"《三国志·魏书·明帝纪》:"郡国～狱,一岁之中,尚过数百。"

2. fú ❼通"拂"。拂拭。《史记·刺客列传》:"太子逢迎,却行为导,跪而～席。"

【蔽芾】 bìfèi 幼小的样子。一说茂盛的样子。《诗经·召南·甘棠》:"～～甘棠,勿翦勿伐。"又《小雅·我行其野》:"我行其野,～～其樗。"

【蔽扞】 bìhàn ❶屏障。《盐铁论·地广》:"故边民百战,而中国恬卧者,以边郡为～～也。"《后汉书·西域传》:"帝以车师六国接近北虏,为西域～～。"❷保卫。《三国志·吴书·程普传》:"[孙]策尝攻祖郎,大为所围,普与一骑共～～策,驱马疾呼,以矛突贼,贼披,策因随出。"

【蔽狱】 bìyù 见"弊狱"。

箅 bì 甑之底部能起间隔作用的一种有空隙的器具。《说文·竹部》:"～,蔽也。所以蔽甑底。"《玉篇·竹部》:"～,甑～也。"

箄 bì 见 bēi。

髲 bì 假发。《世说新语·贤媛》:"头发委地,下为二～,卖得数斛米。"唐孙华《夏重谈金陵旧事》诗:"复有故宫妃,飞蓬乱双～。"

踾 bì 见 fú。

觱 bì 见"觱发"、"觱沸"、"觱篥"。

【觱发】 bìbō 风寒。一说大风触物声。《诗经·豳风·七月》:"一之日～～,二之日栗烈。"(《说文·仌部》"滭,寒风也"段玉裁注:"《豳风·七月》:'一之日觱发。'传曰:'觱发,风寒也。'按:'觱发'皆叚借字,'滭泼'乃本字。")

【觱沸】 bìfèi 泉水涌出的样子。《诗经·大雅·瞻卬》:"～～槛泉,维其深矣。"梁元帝《玄览赋》:"井～～而盌蟺,势崎岖而低昂。"

【觱篥】 bìlì 古代一种管乐器。李颀《听安万善吹觱篥歌》:"南山截竹为～～,此乐本是龟兹出。"也作"筚篥"。《北史·高丽传》:"乐有五弦、琴、筝、～～、横吹、箫、鼓之属。"

薜 1. bì ❶见"薜荔"。

2. bó ❷破裂。《周礼·考工记·瓬人》:"凡陶瓬之事,髻垦～暴不入市。"

3. pì ❸通"僻"。偏僻。《汉书·扬雄传上》:"陋三王之阸～,峤高举而大兴。"

【薜荔】 bìlì 一种蔓生的木本植物,又名木莲、木馒头。《楚辞·九歌·山鬼》:"若有人兮山之阿,被～～兮带女萝。"杜甫《观李固请司马弟山水图三首》之三:"红浸珊瑚短,青悬～～长。"

【薜萝】 bìluó 薜荔与女萝两种植物的简称。杜甫《峡中览物》诗:"舟中得病移衾枕,洞口经春长～～。"诗文中往往用"薜萝”借指隐士的服装或住处。谢灵运《从斤竹涧越岭溪行》诗：“想见山阿人，～～若在眼。”刘长卿《使回次杨柳过元八所居》诗：“～～诚可恋，婚嫁复如何。”

鷩（鷩） bì ❶锦鸡的别名。属雉的一种，尾巴长，羽毛很美丽。《汉书·王莽传中》：“五威将乘乾文车，驾坤六马，背负～鸟之毛，服饰甚伟。”❷古代一种绣有鷩形花纹的礼服。《周礼·春官·司服》：“享先公飨射，则～冕。”《隋书·礼仪志六》：“衮、山、～三冕，皆裳重黼黻。”

篦 1. bì ❶篦子，一种齿很密的梳头用具。杜甫《水宿遣兴奉呈群公》诗：“耳聋须画字，发短不胜～。”刘恂《岭表录异》卷下：“取其甲黄明无日脚者……以为梳～杯器之属。”❷(bī)通“锟”。古代医生用以治疗眼病的器械。杜甫《谒文公上方》诗：“金～刮眼膜，价重百车渠。”苏舜钦《奉酬公素学士见招之作》诗：“病膜谁将宝～刮？痒背恰得仙人抓。”

2. pí ❸筐篓等竹器。《明史·食货志四》：“巡茶御史王汝舟酌为中制，每千斤为三百三十～。”❹一种打人的刑具。《水浒传》四回：“但凡和尚破戒吃酒，决打四十竹～。”

壁 bì ❶墙，墙壁。《韩非子·难一》：“［师旷］援琴撞之，公披衽而避，琴坏于～。”《后汉书·献帝伏皇后纪》：“闭户藏～中，歆就牵后出。”杜甫《百忧集行》：“入门依旧四～空，老妻睹我颜色同。”㉠陡峭如墙的山崖。郭璞《江赋》：“绝岸万丈，～立霞驳。”谢灵运《登石门最高顶》诗：“晨策寻绝～，夕息在山栖。”杜甫《万丈潭》诗：“山危一径尽，岸绝两～对。”㉡泛指器物上起墙壁作用的部分。《南齐书·鱼复侯子响传》：“既出继，车服异诸王，每入朝，辄忿怒拳打车～。”高启《雨中春望》诗：“郡楼高望见江头，油～行春事已休。”❷古代军营四周的围墙。《六韬·王翼》：“修沟堑，治～垒。”秦观《边防下》：“坚～不战，自养其锋。”《三国志·魏书·武帝纪》：“皆高垒深～，勿与战。”㉠军营，营垒。《战国策·燕策三》：“暮舍，使左右司马各营～地。”《史记·魏其武安侯列传》：“复驰还，走入汉～。”《汉书·高帝纪上》：“攻秦军～，破其二军。”㉡筑营垒驻守。《后汉书·耿弇传》：“～范阳，数日乃振。”尹洙《叙燕》：“～于争地，犄角以疑其兵。”❸边，面。陈著《沁园春·丁未春补游西湖》词：“那～喧嚣，这边清丽。”董解元《西厢记诸宫调》卷一：“向松亭那畔，花溪这～。”❹星名，二十八宿之一。《孙子·火攻》：“日者，月在箕、～、翼、轸也。”❺通“錍”。犁耳，安装在靠犁铧上部的直立铁板。陆龟蒙《耒耜经》：“起其坺者坺也，覆其坺者～也。”（王祯《农书》卷十三引作“錍”。）

【壁立】 bìlì ❶家中只有四壁空立。形容非常贫困。《南史·范述曾传》：“及老，遂～～无资。”孙梅锡《琴心记·家门始终》：“可奈家徒～～，勉当垆涤器营生。”（当垆：指卖酒。）❷形容陡峭的山崖像墙壁一样耸立。张载《剑阁铭》：“～～千仞，穷地之险，极路之峻。”《水经注·巨马水》：“层岩～～，直上干霄。”

【壁人】 bìrén 藏人于夹墙中。《史记·张耳陈馀列传》：“汉八年，上从东垣还，过赵，贯高等乃～～柏人，要之置厕。”

嬖 bì 宠爱。《左传·襄公二十一年》：“生叔虎，美而有勇力，栾怀子～之。”《后汉书·宦者传论》：“三代以～色取祸。”《聊斋志异·黎氏》：“谢得妇，～爱异常。”㉠受宠，被宠幸。《左传·哀公五年》：“诸子鬻姒之子荼～，诸大夫恐其为大子也。”《史记·齐太公世家》：“戎姬～，仲姬生子牙，属之戎姬。”《宋书·袁顗传》：“新安王子鸾以母～有盛宠。”㉡受宠的人。《孔丛子·杂训》：“夺～宠之禄以振困匮。”《新唐书·白居易传》：“于頔入朝，悉以歌舞人内禁中，或言普宁公主取以献，皆頔～爱。”

【嬖孽】 bìniè 受国君宠爱的小人。荀悦《申鉴·杂言上》：“～～不生，兹谓政平。”杜甫《释闷》诗：“但恐诛求不改辙，闻道～～能全生。”张说《开元正历握乾符颂》：“中宗违代，～～窥国。”

【嬖人】 bìrén 指被宠幸的姬妾或侍臣。《左传·昭公七年》：“卫襄公夫人姜氏无子，～～婤姶生孟絷。”《孟子·梁惠王下》：“鲁平公将出，～～臧仓者请曰……。”《史记·封禅书》：“卿因～～奏之。”

【嬖幸】 bìxìng 也作“嬖倖”。❶宠爱，宠幸。《列女传·殷纣妲己》：“妲己者，殷纣之妃也，～～于纣。”《魏书·谷浑传》：“太后～～郑俨。”❷指被宠爱的姬妾或侍臣。《后汉书·杨震传》：“方今九德未事，～～充庭。”《明史·徐文溥传》：“远～～而近儒臣。”

【嬖女】 bìnǚ 受宠爱的姬妾。《战国策·楚策一》：“是以～～不敝席，宠臣不避轩。”《南史·循吏传序》：“～～幸臣，赐倾府藏。”

避 bì ❶回避，躲开。《孟子·万章上》：“舜～尧之子于南河之南。”《吕氏春秋·节丧》：“譬之若瞽师之～柱也。”《后汉书·刘玄传》：“客犯法，圣公～吏于平林。”㉠避免，防止。《汉书·冯野王传》：“越次～嫌不用野王，以昭仪兄故也。”庾信《哀江南赋》：“登阳城而～险，卧砥柱而求安。”杜甫《双燕》诗：“应同～燥湿，且复过炎凉。”❷避让，退让。《汉书·王尊传》：“其不中用，趣自～退，毋久妨贤。”李适之《罢相作》诗：“～贤初罢相，乐圣且衔杯。”(又)逊于，比……差。晁错《论贵粟疏》：“今海内为一，土地人民之众不～汤、禹。”❸离开。见“避席”。❹违，违背。《国语·周语下》：“今吾执政，无乃实有所～。”（韦昭注：“避，违也。”）

【避地】 bìdì 为躲避灾难而移居他乡。《后汉书·东夷传》：“陈涉起兵，天下崩溃，燕人卫满～～朝鲜。”杜甫《发阆中》诗：“别家三月一得书，～～何时免愁苦。”吕本中《连州阳山归路》诗之二：“儿女不知来～～，强言风物胜江南。”也作“辟地”。《论语·宪问》：“贤者辟世，其次～～。”

【避世】 bìshì 避开现实而隐居。《战国策·秦策三》：“范蠡知之，超然～～。”《论衡·定贤》：“是则～～离俗，长沮、桀溺之类也。”杜甫《咏怀二首》之二：“葛洪及许靖，～～常此路。”也作“辟世”。《论语·宪问》：“贤者～～。”《史记·鲁仲连邹阳列传》：“是以箕子详狂，接舆～～，恐遭此患也。”

【避席】 bìxí 离开席位。古人布席于地，各人独占一席而坐，当对人表示尊敬时，则起立离开原位。《战国策·魏策二》：“[梁王]请鲁君举觞，鲁君兴，～～择言。”《吕氏春秋·慎大》：“武王～～再拜之。”《汉书·灌夫传》：“已婴为寿，独故人～～，馀半膝席。”（半膝席：如淳注作“以膝跪席上也”。）也作“辟席”。《史记·孔子世家》：“师襄子～～再拜曰……。”

【避宅】 bìzhái 离开住所，潜匿在外。《汉书·卢绾传》：“高祖为布衣时，有吏事～～，绾常随上下。”

濞 bì 见pì。

髀(⿰骨坒) bì ❶股，大腿。《史记·李斯列传》：“夫击瓮叩缶，弹筝搏～，而歌呼呜呜快耳者，真秦之声也。”姚合《赠卢大夫将军》诗：“上山嫌～重，拔剑叹衣生。”(又)股骨，大腿骨。《汉书·贾谊传》：“至于髋～之所，非斤则斧。”❷古代测日影的仪器。《周髀算经》卷上：“周～长八尺，夏至之日，晷一尺六寸。～者，股也；正晷者，勾也。”

臂 bì ❶胳膊，肩膀以下手腕以上的部分。《老子·六十九章》：“攘无～，执无兵。”《战国策·秦策三》：“臣未尝闻指大于～，～大于股。”《后汉书·灵帝纪》：“洛阳女子生儿，两头四～。”(引)物体横出像臂的部件。《周礼·考工记·弓人》：“于挺～中有柎焉。”《墨子·备城门》：“～长六尺半。”又《备高临》：“弩～前后与筐齐。”❷动物的前肢。《山海经·北山经》：“其中多水马，其状如马，文～牛尾。”李汝珍《镜花缘》十八回：“螳～当车，自不量力。”

【臂鹰】 bìyīng ❶打猎所用的一种凶猛的鸟。臂，放在胳膊上。《新唐书·崔弘礼传》：“[崔弘礼]从刘玄佐猎夷门……玄佐～～与弘礼驰逐，急缓在手，一军惊曰：‘安得此奇客？’”❷指田猎。《后汉书·梁冀传》：“性嗜酒，能挽满、弹棋、格五、六博、蹴鞠、意钱之戏，又好～～走狗，骋马斗鸡。”

奰(⿱罒⿱大⿰大大) bì ❶怒，愤怒。《诗经·大雅·荡》：“内～于中国，覃及鬼方。”（黄焯《诗说》：“内致怨怒于中国，延及鬼方远夷亦怒之。”）元结《至惑》诗：“上下隔塞，人神怨～。”(又)迫，急促。魏源《粤江舟行》诗之五：“到此但知山，尽忘水奔～。”❷壮大。《淮南子·地形训》：“食木者多力而～。”

【奰逆】 bìnì 因不满而作乱。庾信《哀江南赋》：“既奸回之～～，终不悦于仁人。”

⿰钅辟(鐴) bì 犁耳，安装在靠犁铧上部的直立铁板。其作用是使被犁铧耕起的土块翻转而破碎。王祯《农书》卷十三：“起其坺者镵也，覆其坺者～也。”（镵：犁头。）

璧 bì ❶圆形、扁平、正中有孔的玉。古代贵族在朝会或祭祀时用作礼器。也用作装饰品。《诗经·大雅·云汉》：“圭～既卒，宁莫我听。”《后汉书·隗嚣传》：“史奉～而告。”(引)泛指美玉。《孟子·万章上》：“晋人以垂棘之～，与屈产之乘，假道于虞以伐虢。”《史记·廉颇蔺相如列传》：“赵惠文王时，得楚和氏～。”邹阳《狱中上梁王书》：“臣闻明月之珠，夜光之～，以暗投人于道，众莫不按剑相眄者。”❷退还别人赠送的礼物或完好地归还借用的东西。张居正《答周宗侯西亭言春秋辨疑》：“谨领纱镜及佳刻三种，用承远意，馀辄～诸使者。”《儿女英雄传》十三回：“老爷一概～谢不收。”

【璧合】 bìhé 像美玉结合在一起。比喻美好的事物聚集在一起。萧绎《言志赋》：“差立极而补天，验～～而珠连。”参见“珠联璧合”。

【璧廱】 bìyōng 见“辟雍”。

馥 bì 见fù。

襞 bì 折叠衣裙。《论衡·商虫》：“书卷不舒有虫，衣～不悬有虫。”王勃《铜雀妓》诗：“锦衾不复～，罗衣谁再缝。”

【襞积】 bìjī ❶衣裙上的褶子。《史记·司马相如列传》："～～褰绉，纡徐委曲。"(《文选·子虚赋》作"襞積"。)❷聚集。尤袤《寄友人》诗："胸中～～千般事，到得相逢一语无。"杨载《遣兴偶作》诗："用是易吾虑，毋为自～～。"

【襞笺】 bìjiān 折纸题诗或写信。《旧唐书·李虞仲传》："[李]端即～～而献曰：'方塘似镜草芊芊，初月如钩未上弦……。'"陆游《次韵范参政书怀》："筑圃漫为娱老计，～～又赋送春诗。"

躄(躃) bì ❶腿瘸。《吕氏春秋·尽数》："轻水所多秃与瘿人；重水所多尰与～人。"(瘿：颈部生囊状瘤。尰：脚肿病。)柳宗元《起废答》："少而病～，日愈以剧。"❷仆倒。法显《佛国记》："王来见之，迷闷～地，诸臣以水洒面，良久乃苏。"

【躄躄】 bìbì 行进迟缓的样子。李贺《感讽》诗之二："奇俊无少年，日车何～～！"

bian

边(邊) biān ❶物之四周，边缘。《礼记·深衣》："古者深衣……短毋见肤，长毋被土，续衽钩～。"㉠边境，边界。《韩非子·说林上》："戍东～，荆人辍行。"《后汉书·顺帝纪》："鲜卑犯～。"❷近旁，旁侧。《晋书·明帝纪》："不闻人从日～来，居然可知也。"杜甫《叹庭前甘菊花》诗："篱～野外多众芳，采撷细琐升中堂。"㉠靠近，接近。《汉书·高帝纪下》："代地居常山之北，与夷狄～。"❸尽头。《南齐书·高逸传论》："渊源浩博，无始无～，宇宙之所不知，数量之所不尽。"❹姓。

【边鄙】 biānbǐ 靠近边境的地方。《韩非子·存韩》："～～残，国固守。"《国语·晋语一》："以皋落狄之朝夕苛我～～，使无日以牧田野。"

【边城】 biānchéng 边境上的城镇。《战国策·魏策三》："秦十攻魏，五入国中，～～尽拔。"杜甫《送高三十五书记十五韵》："～～有馀力，早寄从军诗。"

【边幅】 biānfú 布帛的边缘，借喻人之仪表，衣着。《后汉书·马援传》："公孙不吐哺走迎国士，与图成败，反修饰～～，如偶人形。"《北齐书·颜之推传》："好饮酒，多任纵，不修～～，时论以此少之。"

【边人】 biānrén 居住边境上的人。《左传·昭公十八年》："～～恐惧，不敢不告。"《国语·鲁语上》："晋人杀厉公，～～以告。"

【边塞】 biānsài 边境之要塞。《汉书·李陵传》："陵败处去塞百馀里，～～以闻。"杜甫《季秋苏五弟缨江楼夜宴崔十三评事韦少府侄三首》之三："悠悠照～～，悄悄忆京华。"

【边隅】 biānyú 边境。《三国志·吴书·周鲂传》："鲂远在～～，江汜分绝，恩泽教化，未蒙抚及。"杜甫《岁暮》诗："岁暮远为客，～～还用兵。"

砭(砭) biān ❶用石针扎刺皮肉以治病。《史记·扁鹊仓公列传》："法不当～灸。"㉠刺。欧阳修《秋声赋》："其气栗冽，～人肌骨。"❷规谏，纠正。王迈《简同年刁时中俊卿》诗："我既规君过，君盍～我失？"❸古代治病用的石针。见"砭石"。❹救治。韩愈《喜侯喜至赠张籍张彻》诗："又如心中疾，箴石非所～。"苏轼《择胜亭铭》："我铭斯亭，以～世肓。"

【砭石】 biānshí ❶用石块磨制成的针或片，古代用以治病。《素问·异法方宜论》："其病皆为痈疡，其治宜～～。"❷比喻治国之法。《盐铁论·大论》："是以～～藏而不施，法令设而不用。"

笾(籩) biān 竹制的器具。古代举行祭祀、宴会时用以盛果脯等食品。《论衡·量知》："有司之陈～豆，不误行伍。"(有司：主管祭祀的官吏。)《汉书·地理志下》："其田民饮食以～豆。"

【笾豆】 biāndòu 笾和豆，古代的礼器。一为竹制，一为木制，笾盛果品，豆盛肉食，借指祭祀时的礼仪等。《论语·泰伯》："～～之事，则有司存。"《后汉书·儒林传序》："～～干戚之容，备之于列。"

【笾人】 biānrén 周代官职名称。《周礼·天官·笾人》："～～掌四笾之实。"

萹 biān 即萹蓄，草本植物，可入药。

【萹薄】 biānbó 成丛的萹蓄。《楚辞·九章·思美人》："解～～与杂菜兮，备以为交佩。"

猵 biān ❶獭的一种。《盐铁论·轻重》："水有～獭而池鱼劳，国有强御而齐民消。"❷(又读 piàn)见"猵狙"。

【猵狙】 biānjū 兽名，猕猴的一种。《庄子·齐物论》："猿、～～以为雌，麋与鹿交，鳅与鱼游。"

编(編) 1. biān ❶古代用来穿联竹简的皮条或绳子。《史记·孔子世家》："读《易》，韦～三绝。"㉠书或书的一部分。韩愈《进学解》："先生口不绝吟于六艺之文，手不停披于百家之～。"王安石《送石赓归宁》诗："开～喜有得，一读瘳沉疴。"㉡量词。《汉书·张良传》："出一～书，曰：'读是则为王者师。'"杨万里《唐李推官披沙集序》："晚识李兼孟达于金陵，出唐人诗一～，乃其八世祖推官公《披沙集》也。”❷按次序排列。《战国策·楚策一》：“臣入则～席，出则陪乘。”❸编联。《汉书·路温舒传》：“温舒取泽中蒲，截以为牒，～用写书。”❹编写。《庄子·大宗师》：“孔子闻之，使子贡往侍事焉。或～曲，或鼓琴，相和而歌。”《韩非子·难三》：“法者，～著之图籍，设之于官府，而布之于百姓者也。”❺编织，编结。《荀子·劝学》：“以羽为巢，而～之以发，系之苇苕。”❻编入户籍。《荀子·儒效》：“不用，则退～百姓而悫。”

2. biàn ❼通“辫”。见“编发”。

【编贝】 biānbèi 排列编串的贝壳，因洁白整齐，借喻牙齿之美。《韩诗外传》卷九：“目如擗杏，齿如～～。”《汉书·东方朔传》：“臣朔年二十二，长九尺三寸，目若悬珠，齿若～～。”

【编次】 biāncì 按次序编排。《颜氏家训·文章》：“有诗赋铭诔书表启疏二十卷，吾兄弟始在草土，并未得～～，便遭火荡尽。”刘禹锡《唐故尚书礼部员外郎柳君集纪》：“执书以泣，遂～～为三十通，行于世。”

【编户】 biānhù 编入户籍的平民。《汉书·梅福传》：“今仲尼之庙不出阙里，孔氏子孙不免～～。”又《食货志下》：“此六者，非～～齐民所能家作，必卬于市，虽贵数倍，不得不买。”

【编氓】 biānméng 也作“编甿”。编入户籍之民，指平民百姓。《旧五代史·唐庄宗纪四》：“拯～～覆溺之艰，救率土倒悬之苦。”《宋史·汪大猷传》：“贷钱射利，隐寄田产，害及～～。”

【编民】 biānmín 同“编氓”，即平民。欧阳修《菱溪石记》：“今刘氏之后散为～～，尚有居溪旁者。”

【编伍】 biānwǔ 同“编民”。张溥《五人墓碑记》：“而五人生于～～之间，素不闻诗书之训，激昂大义，蹈死不顾。”

【编发】 biànfà 把头发编成辫子。古代某些少数民族的发式。《史记·西南夷列传》：“皆～～，随畜迁徙，毋常处。”《论衡·指瑞》：“是若应，殆且有解～～、削左衽、袭冠带而蒙化焉。”

甂 biān 小瓦盆，用以盛食品。《淮南子·说林训》：“狗彘不择～瓯而食，偷肥其体。”《孔子家语·致思》：“子路曰：‘瓦～，陋器也；煮食，薄膳也，夫子何喜之如此乎？’”

蝙 biān 见“蝙蝠”。

【蝙蝠】 biānfú 哺乳动物，俗称檐老鼠。头和躯干似老鼠，四肢和尾部之间有皮质的膜相连，夜间飞翔，捕食蚊、蛾等小昆虫。韩愈《山石》诗：“山石荦确行径微，黄昏到寺～～飞。”

箯 biān ❶见“箯舆”。❷盛饭用的竹器。《急就篇》卷三：“笔篙～筥篼箅篝。”（颜师古注：“竹器之盛饭者，大曰箯，小曰筥。”）

【箯舆】 biānyú 用竹木编制的便轿。《汉书·陈馀传》：“上使泄公持节问之～～前。”（颜师古注：“箯舆者，编竹木以为舆形。”）王安石《雨花台》诗：“～～却走垂杨陌，已载寒云一两星。”

鳊（鯿） biān 鱼名。一种淡水鱼。《后汉书·马融传》：“鲂鲊鲤～。”杜甫《解闷》诗之六：“即今耆旧无新语，漫钓槎头缩颈～。”

鞭 biān ❶打马，驱赶马。《左传·哀公二十七年》：“马不出者，助之～之。”㊀泛指鞭打。《左传·庄公八年》：“～之，见血。”《国语·晋语四》：“野人举块以与之，公子怒，将～之。”❷马鞭。《左传·宣公十五年》：“虽～之长，不及马腹。”❸古刑名。古代官刑之一。《国语·鲁语上》：“薄刑用～扑，以威民也。”《史记·五帝本纪》：“～作官刑，扑作教刑。”❹竹根。张公宾《新竹》诗：“新～暗入庭，初扆两三茎。”苏轼《东坡八首并序》之二：“好竹不难栽，但恐～横逸。”❺古兵器名，有竹制、铁制两种。《韩非子·外储说右上》：“操～使人，则役万夫。”

【鞭笞】 biānchī ❶用鞭子抽打。《韩非子·外储说右下》：“使王良操左革而叱咤之，使造父操右革而～～之，马不能行十里。”❷比喻征伐。《汉书·陆贾传》：“然汉王起巴蜀，～～天下，劫诸侯，遂诛项羽。”

【鞭弭】 biānmǐ 鞭与弓。《国语·晋语四》：“若不获命，其左执～～，右属櫜鞬，以与君周旋。”

【鞭挞】 biāntà 鞭打驱使。《世说新语·政事》：“～～宁越，以立威名，恐非致理之本。”（宁越：人名。）

贬（貶） biǎn ❶减少，减低。《论衡·明雩》：“修成郭，～食省用，务啬劝分。”《后汉书·袁绍传》：“每～节军粮，欲使离散。”❷给予低的评价，跟“褒”相对。《汉书·田蚡传》：“太后好黄老言，而［窦］婴、蚡、赵绾等务隆推儒术，～道家言。”《后汉书·董扶传》：“董扶褒秋毫之善，～纤介之恶。”❸降级。《史记·张仪列传》：“～蜀王更号为侯，而使陈庄相蜀。”《汉书·郑当时传》：“～秩为詹事，迁为大司农。”㊀指降职并外放。韩愈《柳子厚墓志铭》：“遇用事者得罪，例出为刺史，未至，又例～永州司马。"

【贬黜】 biǎnchù 降职或免去官位。《论衡·诘术》:"或安官迁徙,或失位～～何?"《后汉书·冯衍传》:"大者抵死徙,其馀至～～。"

【贬身】 biǎnshēn 屈抑自身。《三国志·魏书·文帝纪》:"欲屈己以存道,～～以救世。"

【贬损】 biǎnsǔn 抑制,压低。《汉书·艺文志》:"《春秋》所～～大人当世君臣,有威权势力,其事实皆形于传,是以隐其书而不宣,所以免时难也。"

【贬削】 biǎnxuē 降职,革职。《三国志·蜀书·来敏传》:"前后数～～,皆以语言不节,举动违常也。"

扁 1. biǎn ❶在门户上题字。《广韵·铣韵》:"～,～署门户。"见"扁表"。❷扁额,题字的长方形牌子。《宋史·吴皇后传》:"梦至一亭,～曰侍康。"❸物体平而薄。《诗经·小雅·白华》:"有～斯石,履之卑兮。"《后汉书·东夷传》:"儿生欲令其头～,皆押之以石。"以上也作"匾"。

2. biàn ❹通"遍"。普遍。《荀子·修身》:"～善之度,以治气养生,则(身)后彭祖。"

3. piān ❺小。见"扁舟"。

【扁表】 biǎnbiǎo 在门户上题字加以表彰。《后汉书·百官志五》:"皆～～其门,以兴善行。"

【扁然】 biànrán 即"遍然",普遍的样子。《庄子·知北遊》:"～～万物,自古以固存。"(成玄英疏:"扁然,遍生之貌也。")

【扁舟】 piānzhōu 小船。《汉书·货殖列传》:"[范蠡]乃乘～～,浮江湖,变姓名。"陆游《谢池春》词:"功名梦断,却泛～～吴楚。"

匾 biǎn 见"扁①②③"。

窆 biǎn ❶下葬,将棺材下于墓穴。《后汉书·范式传》:"既至圹,将～,而柩不肯进。"韩愈《祭十二郎文》:"敛不凭其棺,～不临其穴。"㊀泛指埋葬。《后汉书·赵咨传》:"但以生者之情,不忍见形之毁,乃有掩骼埋～之制。"❷指墓穴,坟地。陆龟蒙《次幽独君韵》:"如何孤～里,犹自读三坟。"(三坟:古代典籍。)《宋史·王珪传》:"诏真、扬二州发卒护其～。"

封 biǎn 见 fēng。

鴘(鶣) biǎn 二岁幼鹰的羽色。《集韵·韵》:"～,鹰隼二岁,色赤。"魏澹《鹰赋》:"二周作～,千日成苍。"

惼 biǎn 通"褊"。心胸狭隘。刘敬叔《异苑》卷四:"义熙中,刘毅镇江州,为卢循所败,～懆逾剧。"

【惼心】 biǎnxīn 同"褊心"。心胸狭小。《庄子·山木》:"方舟而济于河,有虚船来触舟,虽有～～之人,不怒。"

褊 biǎn ❶衣服狭小。《左传·昭公元年》:"召使者,裂裳帛而与之,曰:'带其～矣。'"《论衡·自纪》:"形大,衣不得～。"㊀心胸狭窄,气量小。《后汉书·钟离意传》:"帝性～察,好以耳目隐发为明,故公卿大臣数被诋毁。"《三国志·魏书·吕布传》:"然[董]卓性刚而～,忿不思难,尝小失意,拔手戟掷布。"㊀泛指狭窄,狭小。《吕氏春秋·博志》:"用智～者无遂功,天之数也。"杜甫《负薪行》:"面妆首饰杂啼痕,地～衣寒困石根。"❷通"扁"。物体平而薄。《三国志·魏书·东夷传》:"儿生,便以石压其头,欲其～。"

【褊陋】 biǎnlòu 浅陋,狭隘。《汉书·律历志上》:"臣等闻学～～,不能明。"

【褊浅】 biǎnqiǎn 狭隘浅薄。《楚辞·九辩》:"性愚陋以～～兮,信未达乎从容。"

【褊小】 biǎnxiǎo 狭小。《孟子·滕文公上》:"夫滕,壤地～～,将为君子焉,将为野人焉。"

【褊心】 biǎnxīn 心胸狭小。《诗经·魏风·葛屦》:"维是～～,是以为刺。"《汉书·汲黯传》:"黯～～,不能无少望。"(望:怨。)

卞 biàn ❶法,法度。《尚书·顾命》:"临君周邦,率循大～。"❷急躁。《新唐书·张薦传》:"性躁～,傥荡无检。"❸徒手搏斗。见"卞射"。❹古地名。春秋时鲁地,在今山东省泗水县东。《左传·襄公二十九年》:"武子取～。"❺姓。

【卞急】 biànjí 急躁。《左传·定公三年》:"庄公～～而好洁。"《旧五代史·孙骘传》:"太祖性本～～,因兹大怒,并格杀于前墀。"

【卞射】 biànshè 空手搏斗。《汉书·哀帝纪赞》:"雅性不好声色,时览～～武戏。"

弁 1. biàn ❶一种帽子。古代吉礼之服戴冕,常礼之服戴弁。弁分皮弁(武冠),爵弁(文冠),皮弁用于田猎或征伐,爵弁用于祭祀。《诗经·卫风·淇奥》:"充耳琇莹,会～如星。"《礼记·杂记上》:"大夫冕而祭于公,～而祭于己。"❷古代男子二十岁要举行加冠礼,以示成人,称作弁。《诗经·齐风·甫田》:"未几见兮,突而～兮。"❸称武官为弁。《儒林外史》三十九回:"叫各～在辕门听候。"❹放在前面。龚自珍《送徐铁孙序》："乃书是言，以～君之诗之端。"❺急，快。《礼记·玉藻》："～行，剡剡起屦。"❻惊惧。《汉书·王莽传下》："有烈风雷雨发屋折木之变，予甚～焉，予甚栗焉，予甚恐焉。"❼用手搏斗。《汉书·甘延寿传》："试～，为期门，以材力爱幸。"

2. pán ❽快乐的样子。《诗经·小雅·小弁》："～彼鸒斯，归飞提提。"（鸒：寒鸦。）

【弁绖】 biàndié 古代吊丧时所戴的白布帽，上加麻。《周礼·春官·司服》："凡吊事，～～服。"《礼记·杂记上》："大夫之哭大夫～～，大夫与殡亦～～。"

【弁髦】 biànmáo 缁布之冠（用黑布作的帽子）和童子垂在前额的短发。古代男子成年后，举行冠礼，先用缁布之冠，次加皮弁，后加爵弁，三加之后，即弃缁布之冠不用，并剃去垂发。故用"弁髦"比作无用之物。《左传·昭公九年》："岂如～～，而因以敝之。"（敝：弃。）李渔《奈何天·助边》："为何把皇家功令视若～～？"

汴（汳） biàn ❶古水名，故道在今河南省荥阳至开封一段。郦道元《水经注·河水》："汉平帝之世，河、～决坏。"❷古州名，即今河南省开封市。韩愈《张中丞传后叙》："愈尝从事于～、徐二府，屡道于两府间。"

忭 biàn 高兴，喜欢。薛逢《元日楼前观仗》诗："欲识普恩无远近，万方欢～一声雷。"苏轼《喜雨亭记》："官吏相与庆于庭，商贾相与歌于市，农夫相与～于野。"

抃 biàn ❶拍手，两手相击。《吕氏春秋·古乐》："帝喾乃令人～，或鼓鼙，击钟磬，吹苓展管篪。"《三国志·魏书·陈思王植传》："夫临博而企竦，闻乐而窃～者，或有赏音而识道也。"❷击，搏。见"抃牛"。

【抃牛】 biànniú 用力使两牛相击。比喻勇力超群。《法言·渊骞》："秦悼武、乌获、任鄙，扛鼎～～，非绝力邪？"

【抃舞】 biànwǔ 拍手跳舞，形容欢乐之极。《列子·汤问》："一里老幼喜跃～～，弗能自禁。"《三国志·吴书·虞翻传》注引《翻别传》："奉承策命，臣独～～。"

【抃笑】 biànxiào 拍手而笑。《文心雕龙·谐隐》："岂为童稚之戏谑，搏髀而～～哉！"

变（變） biàn ❶改变，变化。《论语·乡党》："迅雷风烈必～。"《淮南子·原道训》："五音之～，不可胜听也。"《后汉书·卓茂传》："知王莽当篡，乃～名姓，抱经书隐避林薮。"❷动，移动。《国语·楚语上》："大能掉小，故～而不勤。"（韦昭注："掉，作也；变，动也。"）《礼记·檀弓上》："曾元曰：'夫子之病革矣，不可以～，幸而至于旦，请敬易之。'"❸变通。《盐铁论·相刺》："善言而不知～，未可谓能说也。"❹事变，指人为的或自然界的突发事件。《战国策·秦策一》："天下有～，王割汉中以为和楚，楚必畔天下而与王。"《汉书·董仲舒传》："灾异之～，何缘而起？"❺指灾祸。《论衡·命义》："遭者，遭逢非常之～，若成汤囚夏台，文王厄牖里矣。"㊁特指怪异现象。《周易·系辞上》："精气为物，游魂为～，是故知鬼神之情状。"

【变动】 biàndòng ❶移动，变化。《荀子·议兵》："上得天时，下得地利，观敌之～～，后之发，先之至，此用兵之要术也。"韩愈《送高闲上人序》："故[张]旭之书，～～犹鬼神，不可端倪。"❷动心变色。《论衡·雷虚》："惧雷电妄击，故君子～～。"

【变复】 biànfù 使灾异消失而恢复原状。《论衡·感虚》："凡～～之道，所以能相感动者，以物类也。"又："寒温自有时，不合～～之家。"《后汉书·郎颉传》："[黄琼]又果于从政，明达～～。"（李贤注："言明于变异消复之术也。"）

【变告】 biàngào 上书告发谋反作乱之事。《汉书·韩信传》："有～～信欲反，书闻，上患之。"

【变故】 biàngù 意外事故。杨恽《报孙会宗书》："怀禄贪势，不能自退，遂遭～～，横被口语，身幽北阙，妻子满狱。"《汉书·严助传》："臣恐～～之生，奸邪之作，由此始也。"

【变节】 biànjié ❶改变旧习，改过从善。《汉书·朱云传》："少时通轻侠，借客报仇……年四十，乃～～从博士白子友受《易》，又事前将军萧望之受《论语》，皆能传其业。"❷改变原来的节操。《淮南子·主术训》："不为秦楚～～，不为胡越改容。"❸季节的变化。宋之问《宋公宅送宁谏议》诗："露荷秋～～，风柳夕鸣梢。"

【变色】 biànsè ❶面色改变，神色变动。《论语·乡党》："有盛馔，必～～而作。"《左传·僖公三年》："齐侯与蔡姬乘舟于囿，荡公，公惧，～～。"《汉书·汲黯传》："上怒，～～而罢朝。"❷比喻改变志节。庾信《拟咏怀二十七首》之一："风云能～～，松竹且悲吟。"

【变事】 biànshì 突发的非常之事，多指谋反叛乱。《史记·高祖本纪》："人有上～～告楚王信谋反，上问左右，左右争欲击之。"《汉书·楚元王传》："更生惧焉，乃使其外亲上～～。"（更生：人名。）

【变通】 biàntōng ❶事物因变化而通达。

《周易·系辞上》："法象莫大乎天地，～～莫大乎四时。"❷指不拘常规，随机应变。元结《谢上表》："若不清廉以身率下，若不～～以救时须，一州之人不叛则乱将作矣。"

【变异】 biànyì ❶指灾害怪异之事。《汉书·元帝纪》："乃者火灾降于孝武园馆，朕战栗恐惧。不烛～～，咎在朕躬。"（烛：照，明察。）《后汉书·安帝纪》："朕以不德，遵奉大业，而阴阳差越，～～并见。"❷变化不同。《汉书·百官公卿表上》："自周衰，官失而百职乱，战国并争，各～～。"

【变诈】 biànzhà 机变诡诈。《荀子·议兵》："兵之所贵者势利也，所行者～～也。"《汉书·郦食其传》："齐人多～～，足下虽遣数十万师，未可以岁月破也。"

拚 1. biàn ❶拍手，用手拍打。左思《吴都赋》："翘关扛鼎，～射壶博。"（李善注引孟康曰："手搏为拚。"）

2. fèn ❷扫除。《礼记·少仪》："扫席前曰～。"《管子·弟子职》："既～盥漱，执事有恪。"

3. fān ❸通"翻"。上下飞翔。《诗经·周颂·小毖》："肇允彼桃虫，～飞维鸟。"

4. pīn ❹舍弃，不顾惜一切。晏几道《鹧鸪天》词："彩袖殷勤捧玉钟，当年～却醉颜红。"

昪 biàn ❶通"忭"。喜欢。《说文·日部》："～，喜乐貌。"❷光明。《玉篇·日部》："～，明也。"

便 1. biàn ❶有利，适宜。《吕氏春秋·本生》："万物章章，以害一生，生无不伤；以～一生，生无不长。"《史记·匈奴列传》："书至，汉议击与和亲孰～。"《后汉书·许杨传》："百姓得其～，累岁大稔。"❷有利的时机。贾谊《过秦论》上："因利乘～，宰割天下，分裂山河。"李华《吊古战场文》："吾想夫北风振漠，胡兵伺～。"❸简易，非正式的。《汉书·李陵传》："昏后，陵～衣独步出营。"❹熟习，擅长。《后汉书·陈龟传》："家世边将，～习弓马。"❺大小便。《后汉书·张湛传》："湛至朝堂，遗失溲～，因自陈疾笃，不能复任朝事。"❻副词。就，随即。《三国志·蜀书·先主传》："我死之后，卿～摄荆州。"《梁书·范云传》："琰令赋诗，操笔～就，坐者叹焉。"（琰：人名。）❼连词。纵然，即便。杜甫《送郑十八虔贬台州司户》诗："～与先生应永诀，九重泉路尽交期。"❽通"辨"。辨别。《庄子·秋水》："夫精，小之微也；垺，大之殷也，故异～。"

2. pián ❾安，安适。《战国策·秦策三》："食不甘味，卧不～席。"❿善于言辞，花言巧语。见"便佞"。⓫逢迎讨好，玩弄手法。见"便辟"。⓬轻便。见"便体"。

【便道】 biàndào 被封官或受命后，不必入朝谢恩，直接赴任。《汉书·郅都传》："景帝乃使使即拜都为雁门太守，～～之官，得以便宜从事。"（都：人名。）

【便地】 biàndì 有利的地形。《汉书·韩信传》："赵已先据～～壁，且彼未见大将旗鼓，未肯击前行，恐吾阻险而还。"《后汉书·马援传》："羌在山上，援军据～～，夺其水草，不与战。"

【便殿】 biàndiàn 正殿以外的别殿，帝王休憩游宴的地方。《汉书·韦贤传》："又园中各有寝、～～。"苏轼《谏买浙灯状》："右臣向蒙召对～～，亲奉德音。"

【便会】 biànhuì 有利的机会。《三国志·吴书·周鲂传》："若因是际而骚动此民，一旦可得～～，然要恃外援，表里机互，不尔以往，无所成也。"

【便计】 biànjì 有利的计谋。《韩非子·存韩》："斯之来使，以奉秦王之欢心，愿效～～，岂陛下所以逆贱臣者邪？臣斯愿得一见。"（斯：李斯。）《战国策·齐策三》："公子无忌为天下循～～，杀晋鄙，率魏兵以救邯郸之围。"

【便捷】 biànjié 敏捷。《荀子·君道》："其应变故也，齐给～～而不惑。"（齐给：快速。）《淮南子·兵略训》："虎豹～～，熊罴多力。"

【便利】 biànlì ❶敏捷。《荀子·非十二子》："辩说譬谕，齐给～～，而不顺礼义，谓之奸说。"《史记·范睢蔡泽列传》："百体坚强，手足～～。"❷方便，有利。《史记·夏本纪》："禹乃行相地宜所有以贡，及山川之～～。"《汉书·沟洫志》："发卒数万人穿漕渠，三岁而通。以漕，大～～。"❸利益，好处。《论衡·是应》："太平之时，无商人则可，如有，必求～～以为业。"❹大小便。《论衡·订鬼》："夫物有形则能食，能食则～～。"《汉书·韦贤传》："玄成深知其非贤雅意，即阳为病狂，卧～～，妄笑语昏乱。"（玄成：人名。）

【便面】 biànmiàn 古代用以遮面的扇状物，犹今之团扇、折扇。《汉书·张敞传》："时罢朝会，过走马章台街，使御吏驱，自以～～拊马。"杨万里《诚斋荆溪集序》："自此，每过午，吏散庭空，即携一～～，步后园，登古城，采撷杞菊，攀翻花竹。"

【便敏】 biànmǐn 轻便，敏捷。《荀子·性恶》："齐给～～而无类，杂能旁魄而无用。"韩愈《毛颖传》："颖为人强记而～～，自结绳之代以及秦事，无不纂录。"

【便时】 biànshí ❶吉利之时。《后汉书·杨震传》:"及车驾行还,~~太学。"(李贤注:"且于太学待吉时而后入也。")❷方便、适宜之时。《后汉书·鲁丕传》:"赵王商尝欲避疾,~~移住学官,丕止,不听。"(学官:学舍。)

【便水】 biànshuǐ 熟习水性。《隋书·郭荣传》:"孝先于上流纵大筏以击浮桥,护令荣督~~者引取其筏。"

【便宜】 biànyí ❶指利于治国、合乎时宜的办法或建议。《汉书·张释之传》:"释之既朝毕,因前言~~事。"《论衡·对作》:"上书奏记,陈列~~,皆欲辅政。"《后汉书·耿秉传》:"问前后所上~~方略,拜谒者仆射,遂见亲幸。"❷因利乘便,见机行事。《史记·廉颇蔺相如列传》:"[李牧]以~~置吏,市租皆输入莫府,为士卒费。"《三国志·魏书·牵招传》:"帝乃诏招,使从~~讨之。"

【便章】 biànzhāng 见"辩章"。

【便坐】 biànzuò ❶别坐,坐于别室。《史记·万石张叔列传》:"子孙有过失,不谯让,为~~,对案不食。"(司马贞索隐:"盖为之不处正室,别坐他处,故曰便坐。")❷正室以外的别室,厢房。《后汉书·鲁恭传》:"是岁,嘉禾生恭~~廷中。"

【便辟】 piánbì 谄媚奉承、玩弄手腕的人。《论语·季氏》:"友~~,友善柔,友便佞,损矣。"《管子·重令》:"~~伐矜之人,将以此买誉成名。"

【便嬖】 piánbì 近臣,国君左右受宠信的人。《孟子·梁惠王上》:"~~不足使令于前与?"《荀子·富国》:"观其~~,则其信者悫,是明主已。"(悫:诚实。)

【便佞】 piánnìng 花言巧语、阿谀逢迎之人。《论语·季氏》:"友便辟,友善柔,友~~,损矣。"

【便便】 piánpián ❶同"辩辩"。善于言谈的样子。《论语·乡党》:"其在宗庙朝廷,~~言,唯谨尔!"❷形容人腹部肥胖。《后汉书·边韶传》:"边孝先,腹~~,懒读书,但欲眠。"

【便体】 piántǐ 体态轻便。韩愈《送李愿归盘谷序》:"轻声而~~,秀外而惠中。"(惠:通"慧"。聪明。)

偏 biàn 见 piān。

遍(徧) biàn ❶普遍,全面。《国语·周语上》:"稷则~诫百姓,纪农协功。"《史记·周本纪》:"于是武王~告诸侯曰:'殷有重罪,不可以不毕伐。'"❷遍及,遍布。鲍照《代君子有所思》诗:"选色~齐代,徵声匝邛越。"❸量词。《三国志·魏书·贾逵传》注引《魏略》:"[贾逵]最好《春秋左传》,及为牧守,常自课读之,月常一~。"

缏(緶) 1. biàn ❶将麻、草等编成辫子状。《说文·糸部》:"~,交枲也。"(枲:麻。)

2. pián ❷用针缝合,或将两条边对合缝起来。《玉篇·糸部》:"~,缝衣也。"王建《宫词》诗:"~得红罗手帕子,中心细画一双蝉。"

艑 biàn 一种大船。《宋书·吴喜传》:"从西还,大~小艒,爰及草舫,钱米布绢,无船不满。"袁宏道《迎春日舟中宴坐限韵》诗:"面窗理瓶梅,幽香度前~。"

辩(辯) 1. biàn ❶治理。《左传·昭公元年》:"主齐盟者,谁能~焉?"《管子·五辅》:"大夫任官~事,官长任事守职。"❷纠正。《礼记·曾子问》:"康子拜稽颡于位,有司弗~也。"❸聪明。《论衡·命禄》:"~慧如此,何不富?"《史记·李斯列传》:"慈仁笃厚,轻财重士,~于心而诎于口。"❹辩论,辩驳。《孟子·滕文公下》:"外人皆称夫子好~,敢问何也?"《荀子·劝学》:"有争气者,勿与~也。"❺言辞漂亮,巧言。《老子·八十一章》:"善者不~,~者不善。"《荀子·非相》:"凡言不合先王,不顺礼义,谓之奸言,虽~,君子不听。"《后汉书·崔寔传》:"指切时要,言~而确。"❻辩才。《庄子·盗跖》:"强足以距敌,~足以饰非。"邹阳《狱中上梁王书》:"夫以孔墨之~,不能自免于谗谀。"❼通"辨"。分别,分辨。《庄子·逍遥游》:"定乎内外之分,~乎荣辱之境。"《荀子·儒效》:"通财货,相善恶,~贵贱,君子不如贾人。"❽通"变"。变化。《庄子·逍遥游》:"若夫乘天地之正,而御六气之~,以游于无穷者,彼且恶乎待哉?"❾通"遍"。周遍,普遍。《史记·五帝本纪》:"遂类于上帝,禋于六宗,望于山川,~于群神。"

2. pián ❿见"辩辩"。

【辩辞】 biàncí 漂亮动听的言词。《吕氏春秋·论人》:"人同类而智殊,贤不肖异,皆巧言~~,以自防御。"《史记·仲尼弟子列传》:"宰予字子我,利口~~。"

【辩口】 biànkǒu 口善言辞。《论衡·物势》:"亦或~~利舌,辞喻横出为胜。"《后汉书·曹世叔妻传》:"妇言,不必~~利辞也。"

【辩难】 biànnàn 辩证疑难。《后汉书·陈元传》:"书奏,下其议,范升复与元相~~,凡十馀上。"

【辩士】 biànshì 能言善辩的人。《战国策·

齐策三》:"今苏秦天下之～～也,世与少有。"《史记·吕不韦列传》:"是时诸侯多～～,如荀卿之徒,著书布天下。"

【辩章】 biànzhāng　同"辨章"。辨别彰明。《后汉书·刘般传》:"职在～～百姓,宣美风俗。"《晋书·贾充传》:"～～节度,事皆施用。"也作"便章"。《史记·五帝本纪》:"九族既睦,～～百姓。"

【辩辩】 piánpián　善于言辞的样子。《史记·孔子世家》:"其于宗庙朝廷,～～言,唯谨尔。"也作"便便"。《旧唐书·唐次传》:"～～可以动心,捷捷可以乱德。"

辨(辦) 1. biàn　❶判别,区分。《左传·成公十八年》:"周子有兄而无慧,不能～菽麦,故不可立。"《荀子·荣辱》:"目～黑白善恶,耳～音声清浊。"❷明察,明晰。《荀子·正名》:"故王者之制名,名定而实～,道行而志通。"❸通"辩"。1)辩争,辩论。《战国策·赵策三》:"鄂侯争之急,～之疾,故脯鄂侯。"2)言辞漂亮动听。《吕氏春秋·荡兵》:"故说虽强,谈虽～,文学虽博,犹不见听。"❹通"遍"。普遍,遍及。《论衡·诘术》:"火满天下,水～四方。"

2. bàn　❺同"辦"。治,治理。《荀子·议兵》:"城郭不～,沟池不扣。"(扣:掘。)《后汉书·郑兴传》:"促其～装,遂令与妻子俱东。"

3. biǎn　❻通"贬"。《礼记·玉藻》:"标立容～卑。"

【辨告】 biàngào　布告。《汉书·高帝纪下》:"令各归其县,复故爵田宅,吏以文法教训～～,勿笞辱。"

【辨合】 biànhé　凭证相合。《荀子·性恶》:"凡论者,贵者有～～,有符验。"

【辨色】 biànsè　天刚发亮,能辨别物色的时候。《礼记·玉藻》:"朝,～～始入。"

【辨章】 biànzhāng　辨别彰明。《三国志·魏书·三少帝纪》:"至于制书,国之正典,朝廷所以～～公制,宣昭轨仪于天下者也。"

辫(辮) biàn　❶编织,交织。《后汉书·张衡传》:"～贞亮以为鞶兮,杂技艺以为珩。"张说《蒲津桥赞》:"～修笮以维之,系围木以距之。"❷将头发编成辫子。《南史·高昌国传》:"面貌类高丽,～发,垂之于背……女子头发～而不垂。"

biao

杓 biāo　见 sháo。

标(標) biāo　❶树梢。《庄子·天地》:"上如～枝,民如野鹿。"㉠泛指末梢。《管子·霸言》:"大本而小～。"《后汉书·马融传》:"踔攱枝,杪～端。"㉡事物的枝节,表面。与"本"相对。《淮南子·天文训》:"物类相动,本～相应。"❷顶端。见"标颠"。❸始。与"终"相对。《素问·天元纪大论》:"少阴所谓～也,厥阴所谓终也。"❹柱竿之类。《淮南子·本经训》:"～株欂栌,以相支持。"❺标记,标志。《晋书·宣帝纪》:"既入城,立两～以别新旧焉。"《南史·萧宏传》:"宏性爱钱,百万一聚,黄牓～之,千万一库,悬一紫～。"❻格调,风度。孔稚珪《北山移文》:"夫以耿介拔俗之～,潇洒出尘之想,度白雪以方洁,干青云而直上。"❼榜样,模范。《晋书·王桢之传》:"桢之曰:'亡叔一时之～,公是千载之英。'一坐皆悦。"❽题写。孙绰《游天台山赋序》:"故事绝于常篇,名～于奇纪。"李白《泛沔州城南郎官湖并序》:"夫子可为我～之嘉名,以传不朽。"❾显示,表现。任昉《王文宪集序》:"汝郁之幼挺淳至,黄琬之早～聪察,曾何足尚!"

【标榜】 biāobǎng　也作"标牓"、"摽搒"。❶夸耀,宣扬。《后汉书·党锢传序》:"自是正直废放,邪枉炽结,海内希风之流,遂共相～～,指天下名士,为之称号。"袁宏《三国名臣序赞》:"～～风流,远明管乐。"(管:管仲;乐:乐毅。)❷揭示,品评。《世说新语·文学》:"谢镇西少时,闻殷浩能清言,故往造之。殷未过有所通,为谢～～诸义,作数百语。"❸匾额,题有文字的木牌。柳宗元《法华寺石门精舍三十韵》:"萝葛绵层甍,莓苔侵～～。"❹书写张贴榜文。《陈书·宣帝纪》:"违我严规,抑有刑宪。所由具为条格,～～宣示,令喻朕心焉。"

【标的】 biāodì　❶箭靶子。韩愈《国子助教河东薛君墓志铭》:"后九月九日大会射,设～～,高出百数十尺,令曰:'中,酬锦与金若干。'"引申为目标,目的。《宋史·胡安国传》:"安国强学力行,以圣人为～～。"❷标准,准则。高诱《〈吕氏春秋〉序》:"然此书所尚,以道德为～～,以无为为纲纪。"《晋书·王彪之传》:"为政之道,以得贤为急,非谓雍容廊庙,～～而已。"

【标颠】 biāodiān　顶端。《楚辞·九章·悲回风》:"上高岩之峭岸兮,处雌蜺之～～。"

【标格】 biāogé　风范,风度。《旧五代史·李怿传》:"李怿识字有数,顷岁因人偶得及第,敢与后生髦俊为之～～!假令今却称进士,就春官求试,落第必矣。"杜甫《奉赠李八丈曛判官》诗:"早年见～～,秀气冲星斗。"苏轼《荷华媚·荷花》词:"霞苞电荷碧,天然地别是风流～～。"

【标季】 biāojì 末期，末季。《汉书·谷永传》："陛下承八世之功业，当阳数之～～。"（颜师古注："阳九之末季也。"）沈约《郊居赋》："昔西汉之～～，余播迁之云始。"

【标举】 biāojǔ ❶标出，揭示。《淮南子·要略》："钻脉得失之迹，～～始终之坛也。"❷高超，超逸。《宋书·谢灵运传论》："灵运之兴会～～，延年之体裁明密，并方轨前秀，垂范后昆。"

【标秀】 biāoxiù ❶秀美，挺秀。《抱朴子·疾谬》："以倾倚申脚者为妖妍～～，以风格端严者为田舍朴骏。"❷指人才出类拔萃。《晋书·阳裕载记》："此儿非惟吾门之～～，乃佐时之良器也。"

【标置】 biāozhì 标举品第，评定位置。多指自我品评。《晋书·刘惔传》："[桓]温曰：'第一复谁？'惔曰：'故在我辈。'其高自～～如此。"《魏书·卢昶传》："[卢]元明善自～～，不妄交游，饮酒赋诗，遇兴忘返。"

【标致】 biāozhì ❶显示其旨趣。《魏书·文苑传序》："自昔圣达之作，贤哲之书，莫不统理成章，蕴气～～，其流广变。"❷指文采，风度。贯休《山居》诗之六："如斯～～虽清拙，大丈夫儿合自由。"❸指容貌秀丽。《红楼梦》三十九回："原来是一个十七八岁极～～的个小姑娘儿。"

【标准】 biāozhǔn ❶衡量事物的准则。袁宏《三国名臣序赞》："器范自然，～～无假。"❷榜样，规范。杜甫《赠郑十八贲》诗："示我百篇文，诗家一～～。"韩愈《伯夷颂》："夫圣人乃万世之～～也。"

驫(驫) biāo 众马奔跑的样子。左思《吴都赋》："～駥飍矞。"（李善注："众马走貌。"）唐仲冕《登南岳记》："戈鋋矛戟，万马～驰。"

髟 1. biāo ❶长发下垂的样子。潘岳《秋兴赋》："斑鬓～以承弁兮，素发飒以垂领。"

2. piáo ❷长鬣。马融《长笛赋》："寒熊振领，特麚昏～。"

【髟髟】 biāobiāo 眉、发很长的样子。庾信《竹杖赋》："发种种而愈短，眉～～而竞长。"

【髟飍】 biāoyòu 飘摇、飞扬的样子。《后汉书·马融传》："羽毛纷其～～，扬金爕而拖玉瓖。"

票 biāo 见 piāo。

彪(彪、髟) biāo ❶虎皮上的斑纹。《说文·虎部》："～，虎文也。"㊄比喻文采鲜明。《法言·君子》："或问君子言则成文，动则成德，何以也？曰以弸中而～外也。"（弸：满。）❷虎，小虎。庾信《枯树赋》："熊～顾盼，鱼龙起伏。"❸比喻身体魁梧。《北史·斛律光传》："马面～身，神爽雄杰。"❹明悟，使之明白。蔡邕《处士圂叔则铭》："童蒙来求，～之用文。"❺量词。相当于现代汉语的行、队。睢景臣《哨遍·高祖还乡》曲："见一～人马到庄门。"❻姓。

【彪炳】 biāobǐng ❶指斑文粲烂的虎皮。刘禹锡《壮士行》："～～为我席，羶腥充我庖。"❷文采焕发的样子。钟嵘《诗品》卷中："宪章潘岳，文体相辉，～～可玩。"

【彪列】 biāoliè 明列。《汉书·礼乐志》："景星显见，信星～～。"（颜师古注："谓彰著而为行列也。"）

猋 biāo ❶犬奔跑的样子。《说文·犬部》："～，犬走貌。"❷奔跑，急速的样子。《楚辞·九歌·云中君》："灵皇皇兮既降，～远举兮云中。"《后汉书·天文志上》："并力～发，号呼声动天地。"㊅漂浮不定。《楚辞·九辩》："何泛滥之浮云兮，～壅蔽此明月。"❸通"飙"。暴风，旋风。《汉书·刑法志》："～起云合，果共轧之。"（颜师古注："猋，疾风也。"）

【猋风】 biāofēng 旋风，暴风。《论衡·状留》："是故金铁在地，～～不能动。"《汉书·韩安国传》："且匈奴，轻疾悍亟之兵也，至如～～，去如收电。"

剽 biāo 见 piāo。

滮 biāo ❶水流动的样子。李翱《江州南湖堤铭》："漭漭南陂，冬干夏～。"李振裕《祠厥里雅》诗："陟彼泉林，厥流孔～。"❷指蓄水。梅尧臣《五月十三日大水》诗："我家地势高，四顾如湖～。"

【滮池】 biāochí 水名，又名"滤沱"，在今陕西省西安市西北。《诗经·小雅·白华》："～～北流，浸彼稻田。"郦道元《水经注·渭水三》："鄗水又北流，西北注与～～合。"

藨 biāo ❶草名，开黄花的苕。《尔雅·释草》："苕，陵苕。黄华，～；白华，茇。"❷浮萍。《淮南子·地形训》："容华生～，～生萍藻。"（高诱注："藨，流也，无根，水中草。"容华：芙蓉。）❸末尾。焦循《忆书》五："廷琥自城归而病正危，至月～始安。"❹(miǎo)量词。古代重量单位。一粟的十二分之一。顾炎武《日知录》卷十一："十二～而当一粟，十二粟而当一分。"❺(miǎo)

通"秒"。禾穗的芒尖。《淮南子·天文训》："秋分～定，～定而禾熟。"

摽 biāo 见piāo。

骠 biāo 见piào。

熛 biāo ❶火星迸飞，迸飞的火焰。《后汉书·张衡传》："扬芒～而绛天兮，水泫泫而涌涛。"❷燃烧。见"熛炭"。❸闪光。《汉书·扬雄传上》："炎感黄龙兮，～讹硕麟。"《后汉书·班固传》："海内云蒸，雷动电～。"❹迅速，迅猛。见"熛起"。❺赤色。扬雄《甘泉赋》："左欃枪而右玄冥兮，前～阙而后应门。"（欃枪：彗星的别名。应门：正门。）

【熛风】 biāofēng 疾风，迅起之风。《史记·礼书》："宛之钜铁施，钻如蜂虿，轻利剽遬，卒如～～。"（张守节正义："熛风，疾也。"）

【熛起】 biāoqǐ 迅速兴起。《三国志·魏书·明帝纪》注引《献帝传》："于时六合云扰，奸雄～～。"

【熛炭】 biāotàn 燃烧的炭。《后汉书·袁绍传》："若举炎火以焚飞蓬，覆沧海而注～～，有何不消灭者哉？"

麃 biāo 见páo。

膘 biāo 见piǎo。

瘭 biāo 见"瘭疽"。

【瘭疽】 biāojū 一种急性化脓性的疮毒。多用来比喻隐患，祸害。《后汉书·鲜卑传》："夫边垂之患，手足之蚧搔；中国之困，胸背之～～。"

飙（飆、颷、飇） biāo 狂风，旋风。《汉书·扬雄传上》："风发～拂，神腾鬼趡。"（趡：跑。）⊗泛指风。班倢伃《怨歌行》："常恐秋节至，凉～夺炎热。"

【飙车】 biāochē 驾风而行的车。李白《古风》之四："羽驾灭去影，～～绝回轮。"范成大《昼锦行送陈福公判信州》诗："人言公与赤松期，～～羽轮来何时？"

【飙尘】 biāochén 狂风吹起的尘土。比喻行止无常。《古诗十九首·今日良宴会》："人生寄一世，奄忽若～～。"

【飙回】 biāohuí 比喻动乱。《后汉书·光武帝纪赞》："九县～～，三精雾塞。"（九县：九州。）

【飙起】 biāoqǐ 如疾风之起。比喻迅速兴起。《后汉书·臧洪传》："时黄巾群盗处处～～。"刘峻《广绝交论》："逮叔世民讹，狙诈～～。"

穮 1. biāo ❶稻抽穗。《集韵·宵韵》："～，稻苗秀出者。"李实《蜀语》："稻苗秀出曰放～。"

2. miǎo ❷禾穗芒。《宋书·律历志上》："秋分而禾～定，～定而禾孰。"

儦 biāo 见"儦儦"。

【儦儦】 biāobiāo ❶快跑的样子。《诗经·小雅·吉日》："～～俟俟，或群或友。"❷众多的样子。《诗经·齐风·载驱》："汶水滔滔，行人～～。"

瀌 biāo 见"瀌瀌"。

【瀌瀌】 biāobiāo 雨雪很大的样子。《诗经·小雅·角弓》："雨雪～～，见晛曰消。"（晛：日光。）谢惠连《雪赋》："霭霭浮浮，～～弈弈。"《文心雕龙·物色》："杲杲为出日之容，～～拟雨雪之状。"

藨 biāo 耘田除草。《左传·昭公元年》："譬如农夫，是～是蓘。"（蓘：培土。）

镖（鏢） biāo ❶刀剑鞘末端的铜饰物。《说文·金部》："～，刀削末铜也。"❷武器名，投掷的暗器。金属制品，形似矛头，有飞镖、毒药镖。❸旧时从事保护行客或财物安全的武士。也作"镳"。《老残游记》七回："难道这一两个～司务就敌得过他们吗？"

镳（鑣） biāo 刀锋。《后汉书·舆服志下》："佩刀……其将白虎文，皆以白珠鲛为～口之饰。"

镳（鑣） biāo ❶勒马的用具，与衔（马嚼子）合用，衔在马口中，镳是两头露在外的部分。《诗经·秦风·驷驖》："辖车鸾～，载猃歇骄。"《盐铁论·散不足》："革鞍氂成，铁～不饰。"❷指车骑。谢灵运《从游京口北固应诏》诗："昔闻汾水游，今见尘外～。"李峤《侍宴长宁公主东庄应制》诗："承恩咸以醉，恋赏未还～。"❸武器名。同"镖②"。

表 biǎo ❶外衣。《庄子·让王》："子贡乘大马，中绀而～素。"（中绀：里衣为红青色。）⊗加上外衣。《论语·乡党》："当暑，袗絺绤，必～而出之。"❷衣服的外层，与"里"相对。《楚辞·九叹·愍命》："今反～以为里兮，颠裳以为衣。"㊀外，外面。《后汉书·儒林传》："功定天下之半，声驰四海之～。"又《南匈奴传》："想望归魂于沙漠之～。"⊗比喻屏障。《左传·僖公五年》："虢，虞之～

也。”❸表现在外的，外表。《法言·重黎》：“威仪文辞，～也；德行忠信，里也。”《后汉书·李固传》：“固貌状有奇～。”❹作为标记的木柱之物。《战国策·燕策三》：“暮舍，使左右司马各营壁地，已，植～。”《淮南子·说林训》：“值～而望则不惑。”㊁作标记。《吕氏春秋·察今》：“荆人欲袭宋，使人先～澭水。”《汉书·沟洫志》：“令齐人水工徐伯～，发卒数万人穿漕渠，三岁而通。”❺树立木、石作为标志以示表彰。《吕氏春秋·慎大》：“封比干之墓，靖箕子之宫，～商容之闾。”《论衡·非韩》：“魏文敬之，～式其闾，秦军闻之，卒不攻魏。”❻靶子。《论衡·儒增》：“车张十石之弩，射垣木之～，尚不能入尺。”㊁标志，征兆。《吕氏春秋·召类》：“文者爱之征也，武者恶之～也。”《汉书·谷永传》：“白气起东方，贱人将兴之～也。”❼表率，标准。《汉书·文帝纪》：“三老，众民之师也；廉吏，民之～也。”《后汉书·黄琼传》：“政绩为天下～，封关内侯。”❽显示，表彰，表明。《史记·礼书》：“目好五色，为之黼黻文章以～其能。”《汉书·诸侯王表》：“所以亲亲贤贤，褒～功德。”《后汉书·班固传》：“～相祖宗，赞扬迪哲。”又《崔骃传》：“叫呼衒鬻，悬旌自～，非随和之宝也。”❾表述，阐明。《论衡·程材》：“董仲舒～《春秋》之义，稽合于律，无乖异者。”❿日晷，测日影的仪表。《吕氏春秋·功名》：“由其道，功名之不可得逃，犹～之与影。”《史记·司马穰苴列传》：“穰苴先驰至军，立～下漏待[庄]贾。”⓫旗帜。《国语·晋语五》：“车无退～，鼓无退声，军事集焉。”张岱《陶庵梦忆·定海水操》：“以～语目，以鼓语耳。”⓬古代的文体。给皇帝的书信，奏章。李密《陈情表》：“臣具以～闻，辞不就职。”袁宏道《徐文长传》：“会得白鹿，属文长作～。～上，永陵喜。”㊁上表推荐。《汉书·隽不疑传》：“胜之遂～荐不疑，徵诣公车，拜为青州刺史。”《三国志·魏书·武帝纪》：“卓～太祖为骁骑校尉，欲与计事。”⓭墓碑。柳宗元《故弘农令柳府君坟前石表辞》：“既窆，立石～于坟前。”⓮亲属关系，父亲的姊妹、母亲的兄弟姊妹所生的子女之间称为表亲。《晋书·山涛传》：“与宣穆后有中～亲，是以见景帝。”

【表表】 biǎobiǎo 特出，卓然而立的样子。韩愈《祭柳子厚文》：“子之自著，～～愈伟。”陆游《答陆伯政上舍书》：“贤子～～超绝，当为名士，不止取科第而已。”

【表德】 biǎodé 《颜氏家训·风操》：“古者名以正体，字以表德。”后称人的字为表德。苏轼《减字木兰花·赠胜之》词：“说与贤知，～～元来是胜之。”

【表掇】 biǎoduó 原指表示分界的直木。因它是分界的标准，引申有仪范、楷模、标志等意义。《吕氏春秋·不屈》：“今之城者，或者操大筑乎城上，或负畚而赴乎城下，或操～～以善睎望。”（睎望：远望。）《大戴礼记·曾子制言中》：“昔者，伯夷、叔齐死沟浍之间……言为文章，行为～～于天下。”

【表闾】 biǎolǘ 刻石于里门，以表彰其功德善行。《后汉书·淳于恭传》：“病笃，使者数存问，卒于官，诏书褒叹，赐谷千斛，刻石～～。”《三国志·魏书·钟会传》：“周武有散财、发廪、～～之义。”

【表木】 biǎomù 立木作为标记。《史记·夏本纪》：“命诸侯百姓兴人徒以傅土，行山～～，定高山大川。”

【表识】 biǎozhì 标记。《后汉书·桓帝纪》：“若无亲属，可于官壖地葬之，～～姓名，为设祠祭。”也作“表帜”。《三国志·吴书·周鲂传》：“并乞请幢麾数十，以为～～，使山兵吏民，目瞻见之。”

【表著】 biǎozhù ❶古代朝会时按官职大小所排定的位置。《左传·昭公十一年》：“会朝之言必闻于～～之位，所以昭事序也。”❷标柱。叶适《灵岩》诗：“陡起为～～，突兀数寻仞。”

裱 biǎo ❶妇女的领巾。《方言》卷四：“帍～谓之被巾。”（郭璞注：“帍裱，妇女领巾也。”）❷装潢裱褙字画或书籍。《儒林外史》三十三回：“我～了个手卷在此，愿捐的写在上面。”

嶹 biǎo 山顶，山巅。庾阐《采药》诗：“采药灵山～，结驾登九嶷。”郭璞《江赋》：“骊虬摎其址，梢云冠其～。”（摎：绞。）

褾 biǎo ❶袖口。虞龢《上明帝论书表》：“有好事年少，故作精白纱裓著诣子敬（王献之），子敬便取书之，草正诸体悉备，两袖及～略周。”❷衣帽的镶边。《宋书·礼志五》：“近代车驾亲戎中外戒严之服，无定色，冠黑帽，缀紫～，～以缯为之，长四寸，广一寸。”❸书轴、画轴正面两端及两边所裱的丝织品。《资治通鉴·隋炀帝大业十一年》：“其正书皆装剪华净，宝轴锦～。”❹同“裱②”。裱褙字画。陶宗仪《辍耕录》卷二十三：“南唐则～以回鸾墨锦，签以潢纸。”

【褾背】 biǎobèi 用纸、丝织物裱褙字画。苏轼《与子安兄》之一：“近购获先伯父亲写《谢蒋希鲁及第启》一通，躬亲～～题跋，寄与念二，令寄还二哥。”

檦 biǎo ❶标记。《魏书·礼志四》："列步骑，内外为四重，列～建旌，通门四达，五色车骑各处其方。"❷柱类。《淮南子·本经训》："～株欂栌，以相支持。"

俵（裱） biào 分给，分散。苏轼《奏浙西灾伤第一状》："岂复有钱买米，并须～散，有出无收，不如及早宽减上供米斛。"

摽 biào 见 piāo。

bie

蛂 biē 见"蛂蛦"。

【蛂蛦】 biēyí 鸟名。左思《蜀都赋》："～～山栖，鼋龟水处。"

甏 biē(又读 piè) 古代盛茶、酒的陶器。邵雍《小车吟》："大～子中消白日，小车儿上看青天。"《武林旧事·进茶》："禁中大庆贺，则用大镀金～，以五色韵果簇钉龙凤，谓之绣茶。"

鳖（鱉、鼈、鼈） biē ❶甲鱼，又名团鱼。《孟子·梁惠王上》："数罟不入洿池，鱼～不可胜食也。"（数罟：密网。洿池：池塘。）《荀子·修身》："故跬步而不休，跛～千里。"❷蕨（一种野菜）的别名，也作"鼈"。陆玑《毛诗草木鸟兽虫鱼疏》卷上："蕨，～山，山菜也。周秦曰蕨，齐鲁曰～。"❸形体扁如鳖的酒器。林洪《山家清事·酒具》："旧有偏提，犹今酒～，长可尺五而匾。"

别 bié ❶分解，分开。《淮南子·齐俗训》："故圣人财制物也，犹工匠之斲削凿枘也，宰庖之切割分～也。"《史记·周本纪》："始周与秦国合而～，～五百载复合。"❷离别。江淹《别赋》："黯然销魂者，唯～而已矣。"杜甫《石壕吏》诗："天明登前途，独与老翁～。"❸明辨，区分。《韩非子·解老》："耳不能～清浊之声则谓之聋。"《商君书·禁使》："上～飞鸟，下察秋毫。"欧阳修《洛阳牡丹记》："洛人善～花，见其树知为某花。"❹区别，不同。《孟子·滕文公上》："夫妇有～，长幼有叙。"《后汉书·鲁恭传》："蹲夷踞肆，与鸟兽无～。"❺分支。《尚书·禹贡》："岷山导江，东～为沱。"❻另，另外。《史记·高祖本纪》："汉将～击布军洮水南北，皆大破之。"《后汉书·卓茂传》："他日，马主～得亡者，乃诣府送马，叩头谢之。"❼扭，转。杜牧《牧陪昭应卢郎中在江西宣州叙旧成二十二韵》："泥情斜拂印，～脸小低头。"❽副词。表示禁止，"不要"的意思。《红楼梦》四十回："你～埋怨！"

【别白】 biébái 辨别明白。《汉书·董仲舒传》："辞不～～，指不分明，此臣浅陋之罪也。"韩愈《元和圣德诗并序》："皇帝正直，～～善否。"

【别馆】 biéguǎn ❶别墅。《后汉书·和熹邓皇后纪》："离宫～～储峙米糒薪炭，悉令省之。"（储峙：积蓄。）❷正馆以外的馆舍。庾信《哀江南赋序》："三日哭于都亭，三年囚于～～。"

【别驾】 biéjià 官职名，汉置，为州刺史的佐吏。又称别驾从事。《三国志·蜀书·庞统传》："庞士元非百里才也，使处治中、～～之任，始当展其骥足耳。"

【别将】 biéjiàng 在另一地方与主力军配合作战的将领。《史记·高祖本纪》："十二年，十月，高祖已击布军会甀，布走，令～～追之。"又："当是时，赵～～司马卬方欲渡河入关。"

【别墨】 biémò 称非正统的墨家流派。墨家流派很多，各派自称为正宗，称其他流派为别墨。《庄子·天下》："相里勤之弟子，五侯之徒，南方之墨者苦获、已齿、邓陵子之属，俱颂《墨经》，而倍谲不同，相谓～～。"

【别业】 biéyè 即别墅。《宋书·谢灵运传》："遂移籍会稽，修营～～，傍山带江，尽幽居之美。"

【别子】 biézǐ 古代称天子、诸侯嫡长子以外的儿子为别子。曾巩《公族议》："天子之適子继世以为天子，其～～皆为诸侯。诸侯之適子继世以为诸侯，其～～各为其国之卿大夫，皆有采地。"（適：通"嫡"。）

【别字】 biézì ❶即拆字，将一个字分成几个形体。《后汉书·五行志一》："京都童谣曰：'千里草，何青青。十日卜，不得生。'案千里草为董，十日卜为卓。凡～～之体，皆从上起。"❷用音近音同的字代用他字。《后汉书·尹敏传》："谶书非圣人所作，其中多近鄙～～。"（近鄙：俗字。）❸指人的别号。《梁书·武陵王纪传》："世祖又与纪书曰：'甚苦大智……。'大智，纪之～～也。"（纪：人名。）

徶 bié 见"徶循"。

【徶循】 biéxiè 衣服飘动的样子。《史记·司马相如列传》："媥姺～～，与世殊服。"

憋（懒） bié ❶恶，坏。《方言》卷十："～，恶也。"《后汉书·董卓传》："羌胡敝肠狗态，臣不能禁止。"（李贤注："言羌胡心肠敝恶，情态如狗也。"《续汉书》

"敝"作"憋"。)❷急性的样子。《玉篇·心部》:"～,急性也。"关汉卿《金线池》第一折:"母亲,你只管与孩儿～性怎的?"

襒(撇) bié 拂,拂拭。《史记·孟子荀卿列传》:"[驺衍]适赵,平原君侧行～席。"(司马贞《索隐》引:张揖《三苍训诂》云:"襒,拂也。")

蹩(蹩) bié 见"蹩躠"。

【蹩躠】 biéxuè 也作"蹩躃"。❶用心尽力的样子。《庄子·马蹄》:"及至圣人,～～为仁,踶跂为义,而天下始疑矣。"❷盘旋而行的样子。张衡《南都赋》:"翘遥迁延,～～蹁跹。"❸行不正,跛行。《聊斋志异·续黄粱》:"参差～～而行。"

bin

邠 bīn ❶古国名,也作"豳",故地在今陕西省旬邑、彬县一带,为周的先人公刘所建。《孟子·梁惠王下》:"昔者大王居～,狄人侵之。"❷古州县名,唐置邠州,在今陕西省彬县。杜甫《北征》诗:"～郊入地底,泾水中荡潏。"(荡潏:水流涌出的样子。)❸通"彬"。有文彩的样子。扬雄《太玄经·文》:"斐如～如,虎豹文如。"❹姓。

玢 bīn ❶玉名。《玉篇·玉部》:"～,玉名。"姚华《曲海一勺·骈史下》:"选珠而囊～十粒。"❷玉的纹理。见"玢豳"。

【玢豳】 bīnbīn 玉石的纹理。司马相如《上林赋》:"瑉玉旁唐,～～文鳞。"

宾(賓、賔) 1. bīn ❶宾客,客人。《诗经·小雅·鹿鸣》:"我有嘉～,鼓瑟吹笙。"《左传·隐公十一年》:"～有礼,主则择之。"❷以宾客之礼相待。《国语·周语上》:"既毕,～、飨、赠、饯如公命侯伯之礼,而加之以宴好。"《左传·隐公七年》:"初,戎朝于周,发币于公卿,凡伯弗～。"❸服从,归顺。《老子·三十二章》:"侯王若能守之,万物将自～。"《荀子·成相》:"主诚听之,天下为一海内～。"《三国志·魏书·王朗传》:"今远方之寇未～,兵戎之役未息。"❹尊敬,礼敬。《左传·庄公十年》:"止而见之,弗～。息侯闻之,怒。"《墨子·法仪》:"使立为天子,天下诸侯,皆～事之。"❺古代官名,掌管诸侯朝觐之事。《尚书·洪范》:"八政:一曰食,二曰货……七曰～,八曰师。"❻通"傧"。引导、迎接客人。《尚书·舜典》:"～于四门,四门穆穆。"⊗迎接宾客的人。《论衡·知实》:"乃令～延而上之,分级而立。"❼通"滨"。水边。《汉书·王莽传中》:"率土之～,莫非王臣。"

2. bìn ❽通"摈"。排斥,屏弃。《庄子·达生》:"～于乡里,逐于州部。"❾姓。

【宾宾】 bīnbīn 恭敬的样子。《庄子·德充符》:"彼何～～以学子为?"

【宾从】 bīncóng ❶宾客与随从。《左传·襄公三十一年》:"车马有所,～～有代。"(代:客役。)❷服从,归顺。《史记·秦本纪》:"惠王卒,子武王立。韩、魏、齐、楚、越皆～～。"

【宾服】 bīnfú ❶诸侯按时进贡朝见天子。《荀子·正论》:"侯卫～～,蛮夷要服。"❷归顺。《汉书·霍光传》:"百姓充实,四夷～～。"《后汉书·卢芳传》:"陛下圣德高明,躬率众贤,海内～～,惠及殊俗。"

【宾贡】 bīngòng ❶古代地方向朝廷推荐人才,设宴以宾礼对待,贡于京师。《隋书·梁彦光传》:"及大成,当举行～～之礼,又于郊外祖道,并以财物资之。"❷同"宾服①"。韩愈《后二十九日复上宰相书》:"九夷八蛮之在荒服之外者,皆已～～。"

【宾将】 bīnjiāng 服从,归顺。《汉书·礼乐志》:"钟鼓竽笙,云舞翔翔,招摇灵旗,九夷～～。"

【宾旅】 bīnlǚ ❶指异国之臣来本地作官的。《左传·定公九年》:"公赏东郭书,辞,曰:'彼,～～也。'乃赏犁弥。"❷前来寄居之人。《孟子·告子下》:"敬老慈幼,无忘～～。"《荀子·王制》:"使～～安而货财通。"

【宾萌】 bīnméng 客居之民,从外地迁来的人。《吕氏春秋·高义》:"翟度身而衣,量腹而食,比于～～,未敢求仕。"

【宾阼】 bīnzuò 堂前的东西阶,西阶称宾,东阶称阼。《吕氏春秋·安死》:"其设阙庭,为宫室、造～～也若都邑。"

【宾灭】 bìnmiè 即"摈灭"。弃绝消灭。《史记·周本纪》:"维天建殷,其登名民三百六十夫,不显亦不～～,以至今。"

彬(份、斌) 1. bīn ❶见"彬彬"。❷富有文采。《文心雕龙·时序》:"自宋武爱文,文帝～雅。"柳宗元《为李京兆祭杨凝郎中文》:"莹彼灵府,～其英文。"

2. bān ❸文采鲜明。刘禹锡《国学新修五经壁记》:"白黑～斑,瞭然飞动。"欧阳修《送李太傅知冀州》诗:"李侯年尚少,文武学～彪。"

【彬彬】 bīnbīn ❶文采与质地兼备的样子。《论语·雍也》:"文质～～,然后君子。"《汉书·司马迁传》:"则文学～～稍进,《诗》《书》往往间出。"❷丰盛的样子。《后汉书·

冯衍传》："道德～～冯仲文。"柳宗元《答问》："文墨之～～，足以舒吾愁兮。"

【彬蔚】 bīnwèi 富有文采。陆机《文赋》："颂优游以～～，论精微而朗畅。"

傧(儐) 1.bīn(旧读 bìn) ❶接引宾客。《周礼·春官·大宗伯》："王命诸侯，则～。"欧阳修《送陈经秀才序》："幸时一往，则驺奴从骑，吏属遮道，唱呵先后，前～旁扶。"㊀接引宾客的人。《三国志·魏书·三少帝纪》："公下舆将答拜，～者请曰：'仪不拜。'"❷陈列，陈设。《诗经·小雅·常棣》："～尔笾豆，饮酒之饫。"❸遗弃，排斥。《战国策·齐策四》："倍约～秦，勿使争重。"《史记·平准书》："众庶街巷有马，阡陌之间成群，而乘字牝者～而不得聚会。"❹通"宾"。敬。《礼记·礼运》："山川，所以～鬼神也。"

2. pín ❺通"颦"。皱眉。枚乘《菟园赋》："～笑连便。"

【傧从】 bīncóng 侍从。左思《吴都赋》："缔交翩翩，～～弈弈。"

【傧相】 bīnxiàng 古代替主人接引宾客和赞礼的人。苏辙《齐州闵子祠堂记》："笾豆有列，～～有位。"

滨(濱) bīn ❶水边。《孟子·万章下》："当纣之时，居北海之～，以待天下之清也。"《史记·屈原贾生列传》："屈原至于江～，被发行吟泽畔。"❷边，边境。《诗经·小雅·北山》："率土之～，莫非王臣。"《后汉书·袁安传》："降者十馀万人，议者欲置之～塞。"❸靠近，接近。《后汉书·东夷传》："东～大海，南与北沃沮接，不知其北所极。"曾巩《王平甫文集序》："盖自周衰至今千有馀岁，斯文～于磨灭。"

瑸 bīn 见"璘瑸"。

频 bīn 见 pín。

獱(猵) bīn 小獭。《汉书·扬雄传上》："蹈～獭，据鼋鼍，抾灵蠵。"(蠵：大龟。)

缤(繽) bīn ❶盛多。《楚辞·离骚》："百神翳其备降兮，九疑～其并迎。"(九疑：指九疑山之神。)❷纷乱。《集韵·真韵》："～，纷乱也。"

【缤翻】 bīnfān 飞翔的样子。左思《吴都赋》："大鹏～～，翼若垂天。"

【缤纷】 bīnfēn ❶繁盛的样子。《楚辞·离骚》："佩～～其繁饰兮，芳菲菲其弥章。"❷杂乱的样子。《楚辞·离骚》："时～～其变易兮，又何可以淹留。"张衡《思玄赋》："私湛忧而深怀兮，思～～而不理。"

毵(毿) bīn 见"毵毵"。

【毵毵】 bīnfēn 纷纷降落的样子。周邦彦《汴都赋》："飞仙降真之缥缈，翔鸲鹣鹍之～～。"

瑸 bīn 见 pián。

豩 1. bīn ❶两豕。《玉篇·豕部》："～，两豕。"

2. huān ❷顽，顽劣。刘禹锡《答乐天见忆》诗："笔底心犹毒，杯前胆不～。"

镔(鑌) bīn 精炼的铁。洪昇《长生殿·合围》："三尺～刀耀雪光。"

濒(瀕) bīn ❶水边。《汉书·诸侯王表》："北界淮～，略庐、衡，为淮南。"《后汉书·张衡传》："哀二妃之未从兮，翩傧处彼湘～。"❷靠近，迫近。王安石《祭范颖州文》："声之所加，虏不敢～，以其馀威，走敌完邻。"

豳 1. bīn ❶古国名。《诗经·大雅·公刘》："笃公刘，于～斯馆。"❷指《诗经》十五国风中的豳风。《左传·襄公二十九年》："为之歌～，曰：'美哉，荡乎！乐而不淫，其周公之东乎！'"

2. bān ❸通"斑"。斑纹，见"豳文"。❹通"斒"。杂色的花纹。《汉书·司马相如传上》："珉玉旁唐，玢～文磷。"

【豳文】 bānwén 同"斑纹"。带有斑纹的衣服。《史记·司马相如列传》："被～～，跨野马。"

摈(擯) bìn ❶排斥，抛弃。《汉书·食货志》："乘牸牝者～而不得会聚。"《后汉书·赵壹传》："而恃才倨傲，为乡党所～。"❷通"傧"。接引宾客。《论语·乡党》："君召使～，色勃如也。"《礼记·檀弓下》："有若之丧，悼公吊焉，子游～由左。"

【摈斥】 bìnchì 弃而不用，丢弃。刘峻《辩命论》："昔之玉质金相，英髦秀达，皆～～于当年，韫奇才而莫用。"欧阳修《苏氏文集序》："故方其～～摧挫，流离穷厄之时，文章已自行于天下。"

【摈却】 bìnquè 斥退，遗弃。《汉书·景十三王传》："今群臣非有葭莩之亲，鸿毛之重，群居党议，朋友相为，使夫宗室～～，骨肉冰释。"

殡(殯) bìn ❶停柩待葬。《国语·晋语二》："桓公在～，宋人伐之。"《史记·孔子世家》："孔子母死，乃～五父之衢，盖其慎也。"❷埋葬。孔稚珪《北山移文》："道帙长～，法筵久埋。"❸指灵柩。《三国志·吴书·董袭传》："袭死，[孙]权改服临～，供给甚厚。”❹通“宾”。宾客。《礼记·曾子问》：“反葬奠，而后辞于～。”（辞：告。）

【殡敛】 bìnliǎn 即“殡殓”，入殓与停柩。《荀子·礼论》：“然而～～之具，未有求也。”

膑（臏、髕） bìn ❶膝盖骨。《史记·秦本纪》：“王与孟说举鼎，绝～。”❷古代一种酷刑，剔去人的膝盖骨。《史记·鲁仲连邹阳列传》：“昔者司马喜～脚于宋，卒相中山。”（脚：小腿。）

鬓（鬢、髩） bìn 脸两旁靠近耳朵的毛发。《国语·晋语九》：“美～长大则贤。”贺知章《回乡偶书》诗之一：“少小离家老大回，乡音无改～毛衰。”

【鬓丝】 bìnsī 两鬓的白发。白居易《久不见韩侍郎戏题四韵以寄之》诗：“还有愁同处，春风满～～。”

bing

兵 bīng ❶兵器。《荀子·议兵》：“古之～，戈、矛、弓、矢而已矣。”《孟子·梁惠王上》：“填然鼓之，～刃既接，弃甲曳～而走。”㊀用作动词。伤害，杀伤。《吕氏春秋·侈乐》：“其生之与乐也，若冰之于炎日，反以自～。”《史记·伯夷列传》：“左右欲～之。”❷士卒，军队。《管子·权修》：“万乘之国，～不可以无主。”《后汉书·献帝纪》：“州郡各拥强～，而委输不至，群僚饥乏。”❸指军事。《孙子·计》：“～者，国之大事也。”㊀指兵法。《战国策·秦策二》：“公不论～，必大困。”❹战争，战乱。《史记·淮南衡山列传》：“今彗星长竟天，天下～当大起。”

【兵部】 bīngbù 官署名，旧官制的六部之一，主管中央及地方武官的选用、考核及兵籍、军械、军令等。三国魏置五兵尚书，隋改设兵部尚书，后历代沿置。《隋书·百官志下》：“总吏部、礼部、～～、都官、度支、工部等六曹事，是为八座……兵部尚书统～～。”

【兵簿】 bīngbù 记载士卒姓名的账簿。《后汉书·吴汉传》：“及汉至莫府，上～～，诸将人人多请之。”（李贤注：“兵簿：军士之名账。”）

【兵场】 bīngchǎng 战场。《后汉书·西羌传论》：“壮悍则委身于～～，女妇则徽纆而为虏。”

【兵革】 bīnggé ❶兵器，甲胄。也泛指军备、军队。《孟子·公孙丑下》：“城非不高也，池非不深也，～～非不坚利也。”《战国策·秦策一》：“～～大强，诸侯畏惧。”《汉书·吴王刘濞传》：“积金钱，修～～，聚粮食。”❷指战争。《史记·孝文本纪》：“方内安宁，靡有～～。”《汉书·高帝纪下》：“前日天下大乱，～～并起，万民苦殃。”

【兵家】 bīngjiā 对古代军事家的通称，又特指先秦研究军事的学术派别，班固在《汉书·艺文志》中列为诸子之一。《汉书·艺文志》：“～～者，盖出古司马之职，王官之武备也……汉兴，张良、韩信序次～～，凡百八十二家，删取要用，定著三十五家。”

【兵甲】 bīngjiǎ ❶武器，武备。《孟子·离娄上》：“城郭不完，～～不多，非国之灾也。”《后汉书·张步传》：“步拓地寖广，～～日盛。”（寖：同“浸”。渐渐。）❷指战争。《战国策·秦策一》：“明言章理，～～愈起；辩言伟服，战攻不息。”

【兵略】 bīnglüè 用兵之谋略。《淮南子·要略》：“～～者，所以明战胜攻取之数，形机之势。”

【兵权】 bīngquán ❶用兵的权谋、策略。《管子·兵法》：“今代之用兵者，不知～～者也。”《史记·齐太公世家》：“周西伯昌之脱羑里归，与吕尚阴谋修德以倾商政，其事多～～与奇计，故后世之言兵及周之阴权皆宗太公为本谋。”❷掌管和指挥军队的权力。韩愈《次潼关上都统相公》诗：“暂辞堂印执～～，尽管诸军破贼年。”

【兵首】 bīngshǒu ❶军队的前锋。《吕氏春秋·简选》：“齐桓公良车三百乘，教卒万人，以为～～，横行海内，天下莫之能禁。”❷将领，主帅。《汉书·韩安国传赞》：“若王恢为～～而受其咎，岂命也乎！”

【兵要】 bīngyào ❶用兵的要领。《后汉书·南匈奴传》：“窃见度辽将军马续素有谋谟，且典边日久，深晓～～，每得续书，与臣策合。”❷兵权。《三国志·魏书·王凌传》注引《汉晋春秋》：“父子兄弟，并握～～，未易亡也。”

【兵主】 bīngzhǔ 统帅。《管子·七法》：“审御机数，～～之事也。”

冰（氷） 1. bīng ❶水在摄氏零度或零度以下凝结成的固体。《左传·昭公四年》：“古者日在北陆而藏～。”《汉书·李广传》：“令军士人持二升糒，一半～。”（半：片。）㊀结冰。《礼记·月令》：“孟冬之月，水始～。”❷洁白，晶莹。见“冰纨”、“冰心”。❸通“掤”。箭筒盖，可临时用作饮器。《左传·昭公十三年》：“司铎射怀锦，奉壶饮～，以蒲伏焉。”

2. níng ❹同“凝”。凝结。《新唐书·韦思谦传》：“涕泗～须，俯伏号绝。”

【冰壶】 bīnghú 盛冰的玉壶。比喻洁白纯净。骆宾王《上齐州张司马启》：“加以清规日举，湛虚照于～～；玄览露凝，朗机心于水镜。"陆游《月下自三桥泛湖归三山》诗："山横玉海苍茫外，人在～～缥缈中。"

【冰轮】 bīnglún 指明月。苏轼《宿九仙山》诗："夜半老僧呼客起，云峰缺处涌～～。"陆游《月下作》诗："玉钩定谁挂？～～了无辙。"

【冰蘖】 bīngniè 饮冰食蘖(树芽)。比喻生活清苦，处境艰难。白居易《三年为刺史》诗："三年为刺史，饮冰复食蘖。"苏轼《次韵王定国南迁回见寄》："十年～～战膏粱，万里烟波濯纨绮。"

【冰泮】 bīngpàn ❶冰开始融解。《史记·历书》："于时～～发蛰，百草奋兴，秭鴂先滜。"❷比喻瓦解、消失。陈琳《檄吴将校部曲文》："则七国之军，瓦解～～。"温大雅《大唐创业起居注》卷二："四海波振而～～，五岳尘飞而土崩。"❸比喻危险，险境。《后汉书·黄琼传》："创基～～之上，立足枳棘之林。"

【冰炭】 bīngtàn ❶冰与炭，比喻性质相反，互不相容。《楚辞·七谏·自悲》："～～不可以相并兮，吾固知乎命之不长。"《韩非子·显学》："夫～～不同器而久，寒暑不兼时而至。"❷水火相济。《淮南子·说山训》："天下莫相憎于胶漆，而莫相爱于～～；胶漆相贼，～～相息也。"

【冰纨】 bīngwán 细密洁白的丝织品，因色晶莹如冰，故称。《汉书·地理志下》："故其俗弥侈，织作～～绮绣纯丽之物，号为冠带衣履天下。"

【冰心】 bīngxīn 比喻心地洁白如冰。王昌龄《芙蓉楼送辛渐》诗："洛阳亲友如相问，一片～～在玉壶。"

【冰雪】 bīngxuě ❶比喻晶莹洁白。《庄子·逍遥游》："藐姑射之山，有神人居焉。肌肤若～～，淖约若处子。"杜甫《丈人山》诗："扫除白发黄精在，君看他时～～容。"❷比喻纯洁。高適《酬马八效古见赠》诗："奈何～～操，尚与蒿莱群?"❸比喻词意清新。孟郊《送豆卢策归别墅》诗："一卷～～文，避俗常自携。"

【冰月】 bīngyuè 指冬季。《晏子春秋·内篇谏下》："景公为履，黄金之綦，饰以银，连以珠……～～服之以听朝。"

【冰肌玉骨】 bīngjīyùgǔ ❶形容妇女的肌肤晶莹洁白。苏轼《洞仙歌》："～～～～，自清凉无汗，水殿风来暗香满。"❷形容梅花傲霜斗艳。毛滂《蔡天逸以寄梅诗至梅不至》诗："～～～～终安在？赖有清诗为写真。"

【冰清玉洁】 bīngqīngyùjié 比喻人的品格高尚纯洁。《晋书·贺循传》："循～～～～，行为俗表。"

屏 bīng 见 píng。

绊 bīng 见 bēng。

栟 bīng 栟榈。韩愈等《城南联句》："买养驯孔翠，远苞树蕉～。"

【栟榈】 bīnglǘ 果树名。又名棕榈，果可食。张衡《南都赋》："楈枒～～，柍柘檍檀。"

掤 bīng 箭筒盖。《诗经·郑风·大叔于田》："抑释～忌，抑鬯弓忌。"（鬯：通"韔"。装弓的袋子。）

槟(檳) bīng 见"槟榔"。

【槟榔】 bīngláng 树名，棕榈科，常绿乔木，果实可入药。左思《吴都赋》："～～无柯，椰叶无阴。"

丙 bǐng ❶天干的第三位。《尔雅·释天》："太岁……在～曰柔兆。"㊀用作序数第三的代称。见"丙夜"。❷火的代称。古代以天干配五行，丙、丁在五行中属火，故作为火的代称。参见"丙丁"。❸姓。

【丙部】 bǐngbù 指古籍经、史、子、集四部的子部。《旧唐书·经籍志》："四部者，甲乙丙丁也。甲部为经，乙部为史，～～为子，丁部为集。"

【丙丁】 bǐngdīng 火的代称，五行中丙丁属火，故称。《淮南子·天文训》："其日～～。"（高诱注："丙丁，皆火也。"）李光《与胡邦衡书》："近又缘虚惊，取平生朋友书问，悉付～～。"

【丙舍】 bǐngshè ❶王宫中正室两旁的房屋，因次于甲乙，故称丙舍。《后汉书·清河孝王庆传》："后庆以长，别居～～。"也泛指正室旁的别室。袁枚《上尹制府乞病启》："对此日琴堂之官烛，忆当年～～之书灯。"❷停放灵柩的房屋。迺贤《秋夜有怀侄元童》诗："墓田～～知何所，一夜令人白发长。"

【丙夜】 bǐngyè 三更时分。《颜氏家训·书证》："或问：一夜何故五更？更何所训？答曰：汉魏以来，谓为甲夜、乙夜、～～、丁夜、戊夜，……亦云一更、二更、三更、四更、五更，皆以五为节。"

邴 bǐng ❶古地名，故地在今山东省费县东。《穀梁传·隐公八年》："郑伯使宛来归～。"❷喜悦。见"邴邴"。❸姓。也作"丙"。

【邴邴】 bǐngbǐng 喜悦的样子。《庄子·大宗师》："～～乎其似喜乎。"

怲 bǐng 忧愁。《说文·心部》："～，忧也。"见"怲怲"。

【怲怲】 bǐngbǐng 满怀忧愁的样子。《诗经·小雅·頍弁》："未见君子，忧心～～。"

秉 bǐng ❶禾束，成把的禾。《诗经·小雅·大田》："彼有遗～，此有滞穗。"㉑把，束。《左传·昭公二十七年》："或取一编菅焉，或取一～秆焉。"❷持，手拿着。《楚辞·天问》："伯昌号衰，～鞭作牧。"《论衡·程材》："禹决江河，不～镢锸；周公筑雒，不把筑杖。"❸执掌，操持。《诗经·小雅·节南山》："忧心如酲，谁～国成？"《史记·绛侯周勃世家》："吕产以吕王为汉相国，～汉权，欲危刘氏。"❹遵循。《国语·晋语二》："吾～君以杀太子，吾不忍。"❺古代容量单位。十六斛为一秉。《吕氏春秋·观世》："郑子阳令官遗之粟数十～。"❻通"柄"。权柄。《管子·小匡》："治国不失～。"《汉书·周亚夫传》："君后三岁而侯。侯八岁，为将相，持国～。"

【秉德】 bǐngdé 坚持好品德。《楚辞·九章·橘颂》："～～无私，参天地兮。"《史记·孝文本纪》："淮南王，弟也，～～以陪朕。"

【秉权】 bǐngquán 掌握政权。《后汉书·桓荣传》："是时宦官～～，典执政无所回避。"（典：人名。）又《卓茂传》："后王莽～～，休去官归家。"（休：人名。）

【秉心】 bǐngxīn 持心，用心。《诗经·小雅·小弁》："君子～～，维其忍之。"《三国志·魏书·三少帝纪》："故中郎西平郭脩，砥节厉行，～～不回。"梁肃《代太常答苏端驳杨绾谥议》："～～不渝，动必由道。"

【秉彝】 bǐngyí 依照常情、常理。《诗经·大雅·烝民》："民之～～，好是懿德。"（懿：美。）颜延之《陶征士诔》："人之～～，不隘不恭。"

【秉要执本】 bǐngyàozhíběn 把住要害与根本。《汉书·艺文志》："道家者流，盖出于史官，历记成败存亡祸福古今之道，然后知～～～～。"

【秉烛夜游】 bǐngzhúyèyóu 持烛夜游。及时行乐的意思。李白《春夜宴桃花园序》："古人～～～～，良有以也。"

炳（昞、昺） bǐng ❶明亮，显著。《周易·革》："大人虎变，其文～也。"《论衡·书解》："大人德扩，其文～；小人德炽，其文斑。"❷显示。杨衒之《洛阳伽蓝记》卷二："寺门外有金像一躯……常有神验，国之吉凶，先～祥异。"❸明白。白居易《画大罗天尊赞文》："粹容俨若，真相～焉。"参见"炳然"。❹点燃。《说苑·建本》："老而好学，如～烛之明。"

【炳然】 bǐngrán 明明白白的样子。《汉书·楚元王传》："使是非～～可知，则百异消灭，而众祥并至。"《后汉书·袁术传》："袁氏受命当王，符瑞～～。"

【炳耀】 bǐngyào 光采焕发。《后汉书·刘瑜传》："盖诸侯之位，上法四七，垂文～～，关之盛衰者也。"（四七：指二十八宿。）

【炳著】 bǐngzhù 显示，显著。《后汉书·桓荣传》："功虽不遂，忠义～～。"

【炳炳烺烺】 bǐngbǐnglǎnglǎng 形容文章的文辞声韵之美。柳宗元《答韦中立论师道书》："及长，乃知文者以明道，是故不苟为～～～～，务采色，夸声音，而以为能也。"

柄（棅） bǐng ❶器物的把儿。《墨子·备蛾傅》："斧～长六尺。"《世说新语·夙惠》："火在熨斗中而～热。"❷本，根本。《国语·齐语》："治国家不失其～，弗若也。"《后汉书·荀悦传》："赏罚，政之～也。"❸权力，权柄。《吕氏春秋·义赏》："赏罚之～，此上之所以使也。"《后汉书·班彪传》："主有专己之威，臣无百年之～。"❹持，执掌。《战国策·韩策二》："公仲～得秦师，故敢捍楚。"

【柄臣】 bǐngchén 掌握政权的人。《汉书·朱云传》："传曰下轻其上爵，贱人图～～，则国家摇动而民不静矣。"（颜师古注："柄臣：执权之臣。"上爵：大官。）

饼（餅、䴵） bǐng ❶用面粉制成的食品。以制作方法的不同，分汤饼、蒸饼、烧饼等。《后汉书·华陀传》："向来道隅有卖～人，萍齑甚酸，可取三升饮之，病自当去。"《世说新语·容止》："何平叔美姿仪，面至白，魏明帝疑其傅粉。正夏月，与热汤～。"㊁形状扁圆像饼的东西。苏轼《行香子·茶词》："看分香～，黄金缕，密云龙。"❷量词，用于饼状的物品。《后汉书·乐羊子妻传》："羊子尝行路，得遗金一～，还以与妻。"

【饼金】 bǐngjīn 铸成扁平状的金银。韩偓《咏浴》诗："岂知侍女帘帷外，剩取君王几～～？"

屏 bǐng 见 píng。

偋 bǐng 屏弃，排除。《荀子·荣辱》："恭俭者，～五兵也。"

鉼（鉼） 1. bǐng ❶饼状的金属块。《周礼·秋官·职金》郑玄注："～金谓之版。"❷量词。《三国志·魏书·三少帝纪》："子袭爵，加拜奉车都尉，赐银千～，绢千匹。"

2. píng　❸即"瓶"。盛水的容器。苏轼《汲江煎茶》诗:"大瓢贮月归春瓮,小杓分江入夜～。"

禀(稟)　1. bǐng　❶赐人以谷。《汉书·文帝纪》:"今闻吏～当受鬻者,或以陈粟,岂称养老之意哉?"《后汉书·盖勋传》:"时人饥,相渔食,勋调谷～之。"❷授与,赐与。《汉书·礼乐志》:"天～其性而能节也,圣人能为之节而不能绝也。"《论衡·超奇》:"天～元气,人受元精,岂为古今者差杀哉?"❸承受,领受。《论衡·命义》:"故寿命修短皆～于天,骨法善恶皆见于体。"《后汉书·马援传》:"卒当从汝～学,勿畏也。"曾巩《上欧阳学士第二书》:"徒恨身奉甘旨,不得旦夕于几杖之侧,～教诲,侯讲画。"❹下对上的报告。《宋书·刘穆之传》:"宾客辐辏,求诉百端,内外咨～,盈阶满室。"❺动用。《淮南子·俶真训》:"今万物之来擢拔吾性,攓取吾情,有若泉源,虽欲勿～,其可得邪?"(高诱注:"禀,犹动用也。")

2. lǐn　❻同"廪"。粮仓。《新唐书·李密传》:"今～无见粮,难以持久。"

【禀假】　bǐngjiǎ　犹今之预支。《后汉书·张禹传》:"禹上疏求入三岁租税,以助郡国～～。"

【禀命】　bǐngmìng　❶受命。《国语·晋语七》:"抑人之有元君,将～～焉。"《史记·晋世家》:"师在制命而已,～～则不威,专命则不孝,故君之嗣适不可以帅师。"❷指天命。《论衡·气寿》:"凡人～～有二品:一曰所当触值之命,二曰强弱寿夭之命。"

【禀气】　bǐngqì　承受天地自然之气。《论衡·气寿》:"强弱寿夭,谓～～渥薄也。"《宋书·谢灵运传论》:"虽虞夏以前,遗文不睹,～～怀灵,理无或异。"

【禀施】　bǐngshī　授与,给与。《论衡·幸偶》:"非天～～有左右也,人物受性有厚薄也。"

琕　1. bǐng　❶同"鞞"。刀鞘。《诗经·小雅·瞻彼洛矣》:"君子至止,鞞琫有珌。"(陆德明《释文》:"鞞,字又作琕。《说文》云:'刀室也。'")

2. pín　❷同"玭"。珍珠名。《天工开物·珠玉》:"～而碎者曰玑。"

鞞(鞸)　1. bǐng　❶刀鞘(刀剑的套)。《诗经·小雅·瞻彼洛矣》:"君子至止,～琫有珌。"又《大雅·公刘》:"何以舟之?维玉及瑶,～琫容刀。"(琫:刀柄上的装饰物。)

2. pí　❷同"鼙"。鼓的一种。见"鞞鼓"。

【鞞鼓】　pígǔ　❶用于祭神的鼓。《礼记·月令》:"是月也,命乐师修鞀～～。"(郑玄注:"鞞,所以裨助鼓节。"孔颖达疏:"鞞鼓者,则《周礼·鼓人》职掌六鼓,雷鼓鼓神祀之属是也。")❷军中的乐器。张协《杂诗》之七:"出睹军马阵,入闻～～声。"蔡琰《胡笳十八拍》:"～～喧兮从夜达明,胡风浩浩兮暗塞营。"

并[1]　1. bìng　❶兼并,吞并。《荀子·仲尼》:"外事则诈邾袭莒,～国三十五。"《吕氏春秋·慎势》:"势等则不能相～。"《史记·秦始皇本纪》:"招致宾客游士,欲以～天下。"❷合,合并。《汉书·李广传》:"大将军青出塞,捕虏知单于所居,乃自以精兵走之,而令广～于右将军军。"《后汉书·百官志一》:"～官省职,费减亿计。"又《朱儁传》:"不如彻围,～兵入城。"❸同。《荀子·解蔽》:"故德与周公齐,名与三王～。"《后汉书·和熹邓皇后纪》:"华夏乐化,戎狄混～。"❹聚。《后汉书·张衡传》:"鱼矜鳞而～凌兮,鸟登木而失条。"(李贤注:"并犹聚也。")❺副词。一起,一并。《老子·十六章》:"万物～作,吾以观复。"《论衡·逢遇》:"虞舜、许由俱圣人也,～生唐世。"《后汉书·灵帝宋皇后纪》:"宜～改葬,以安冤魂。"❻通"屏"。排除,抛弃。《庄子·天运》:"至贵,国爵～焉;至富,国财～焉。"㊆抑止,屏住。《吕氏春秋·论威》:"～气专精,心无有虑,目无有视,耳无有闻。"

2. bīng　❼古地名。见"并州"。❽姓。

【并兼】　bìngjiān　吞并,兼并。《墨子·非攻下》:"今天下之诸侯将犹多皆免攻伐～～,则是有誉义之名而不察其实也。"(将:殆,大概。免:勉,尽力。)《汉书·贾谊传》:"信～～之法,遂进取之业,天下大败。"

【并命】　bìngmìng　❶效命,拼命。《三国志·吴书·张纮传》注引《吴书》:"合肥城久不拔,纮进计曰:'古之围城,开其一面,以疑众心。今围之甚密,攻之又急,诚惧～～戮力。'"❷同死。《颜氏家训·兄弟》:"江陵王玄绍,弟孝英、子敏,兄弟三人,特相友爱……及西台陷没,玄绍以形体魁梧,为兵所围;二弟争共抱持,各求代死,终不得解,遂～～尔。"

【并时】　bìngshí　同时。《论衡·幸偶》:"～～遭兵,隐者不中;同日被霜,蔽者不伤。"

【并心】　bìngxīn　同心。《后汉书·赵岐传》:"与将军～～同力,共奖王室。"

【并一】　bìngyī　专一。《荀子·儒效》:"～～而不二,所以成积也。"

【并刀】　bīngdāo　并州所产之剪刀,以锋利著名。陆游《对酒》诗之一："闲愁剪不断，剩欲借～～。"周邦彦《少年游》词："～～如水，吴盐胜雪。"

【并州】 bīngzhōu 古地名，相传禹治洪水，分天下为九州，并州为九州之一。之后汉设置并州，故地在今内蒙古、山西大部、河北的一部分。《后汉书·赵岐传》："公卿举岐，擢拜～～刺史。"

并[2]（並、竝） 1. bìng ❶并排，挨着。《诗经·齐风·还》："～驱从两牡兮，揖我谓我好兮。"❷匹敌，相等。《荀子·强国》："今君人者，辟称比方则欲自～乎汤、武。"李商隐《荷花》诗："都无色可～，不奈此香何。"❸副词。1)一起，一齐。《孟子·滕文公上》："贤者与民～耕而食，饔飧而治。"《汉书·高帝纪上》："今父老虽为沛令守，诸侯～起，今屠沛。"2)皆，全。《世说新语·德行》："公于是独往食，辄含饭著两颊边，还吐与二儿，后～得存。"❹连词。并且。《汉书·张汤传》："百姓不安其生，骚动，县官所兴未获其利，奸吏～侵渔，于是痛绳以辠。"（辠：同"罪"。）

2. bàng ❺通"傍"。依傍，靠着。《汉书·武帝纪》："遂北至琅邪，～海，所过礼祠其名山大川。"

【并流】 bìngliú ❶齐流。《淮南子·道应训》："四通～～，无所不极。"又《泰族训》："百川～～，不注海者，不为川谷。"❷一齐流传。沈约《谢齐竟陵王教撰高士传启》："巢由与伊旦～～，三辟与四门共轨。"

【并禽】 bìngqín 鸳鸯。张先《天仙子》词："沙上～～池上暝，云破月来花弄影。"

【并世】 bìngshì 随着时代。《史记·孟子荀卿列传》："先序今以上至黄帝，学者所共术，大～～盛衰。"曾巩《寄欧阳舍人书》："然畜道德而能文章者，虽或～～而有，亦或数十年或一二百年而有之。"

【并载】 bìngzài 同乘一车。《后汉书·蔡邕传》："故当其有事也，则蓑笠～～，擐甲扬锋，不给于务。"曹丕《与朝歌令吴质书》："白日既匿，继以朗月；同乘～～，以游后园。"

【并驾齐驱】 bìngjiàqíqū 几匹马并排拉车一齐奔驰前进。比喻彼此不相上下。《文心雕龙·附会》："是以驷牡异力，而六辔如琴，～～～～，而一毂统辐。"

【并行不悖】 bìngxíngbùbèi 同时行进，互不妨碍。《礼记·中庸》："万物并育而不相害，道并行而不相悖。"《朱子语类》卷四十二："问：二条在学者，则当～～～～否？"

并[3]（併） 1. bìng ❶并列。《礼记·祭义》："行肩而不～。"《汉书·平帝纪》："亲迎立轺～马。"（轺：轻便的小马车。）❷合并，兼并。《史记·秦本纪》："周室微，诸侯力政，争相～。"❸副词。1)一起，一同。《汉书·贾谊传》："天下殽乱，高皇帝与诸公～起。"2)皆，都。庾信《春赋》："河阳一县～是花，金谷从来满园树。"

2. bǐng ❹通"屏"。排除。《荀子·强国》："～已之私欲必以道。"

【并名】 bìngmíng 齐名。《后汉书·郑玄传》："公车再召，比牒～～，早为宰相。"

枋 bìng 见 fāng。

屏 bìng 见 píng。

病 bìng ❶重病。古称轻者为疾，重者为病。《论语·述而》："子疾～，子路请祷。"《汉书·江充传》："后上幸甘泉，疾～。"㊀泛称疾病。《韩非子·十过》："仲父家居有～。"《三国志·魏书·华佗传》："血脉流通，～不得生。"❷有病，患病。《韩非子·说难》："弥子瑕母～。"《战国策·赵策四》："老臣～足，曾不能疾走。"❸疲倦，劳累。《孟子·公孙丑上》："今日～矣，予助苗长矣！"《韩非子·初见秦》："然而兵甲顿，士民～，蓄积索，田畴荒，囷仓虚，四邻诸侯不服，霸王之名不成。"❹苦，困乏。《左传·襄公二十四年》："范宣子为政，诸侯之币重，郑人～之。"《战国策·西周策》："今围雍氏五月不能拔，是楚～也。"《吕氏春秋·行论》："宋公肉袒执牺，委服告～。"❺饥饿。《国语·鲁语上》："铸名器，藏财宝，固民之殄～是待。"（韦昭注："病，饿也。"）㊀因饿而病。《论语·卫灵公》："在陈绝粮，从者～，莫能兴。"❻毛病，缺点。韩愈《原毁》："不如舜，不如周公，吾之～也。"柳宗元《桐叶封弟辨》："设未得其当，虽十易之不为～。"㊀毛病在于。《孟子·告子下》："夫道若大路然，岂难知哉？人～不求耳。"❼害，损害。《战国策·东周策》："君若欲害之，不若一为下水，以～其所种。"《史记·商君列传》："利则西侵秦，～则东收地。"《汉书·沟洫志》："北决～四五郡，南决～十馀郡，然后忧之，晚矣。"❽败，失败。《国语·晋语二》："以韩之～，兵甲尽矣。"（韦昭注："病，败也。"）《汉书·匈奴传上》："匈奴虽～，而汉马亦少，无以复往。"❾忧虑，担心。《论语·卫灵公》："君子～无能焉，不～人之不己知也。"《汉书·公孙弘传》："弘为人谈笑多闻，常称以为人主～不广大，人臣～不俭节。"《后汉书·冯衍传》："～没世之不称兮，愿横逝而无由。"❿难，为难。《国语·鲁语上》："齐孝公来伐鲁，臧文仲欲以辞告，～焉，问于展禽。”《论衡·宣汉》:“孔子曰:‘修己以安百姓,尧舜其犹～诸!’”⑪怨恨。《左传·文公十八年》:“与刖其父而弗能～者何如?”王安石《伯夷》:“夫商衰而纣以不仁残天下,天下孰不～纣?”⑫辱,耻辱。《仪礼·士冠礼》:“宾对曰:‘某不敏,恐不能共事,以～吾子,敢辞。’”(郑玄注:“病犹辱也。”)萧统《陶渊明集序》:“不以躬耕为耻,不以无财为～。”

【病坊】 bìngfāng 收养病人的地方。曾巩《越州赵公救灾记》:“明年春,大疫,为～～,处疾病之无归者。”

【病革】 bìngjí 病情危急,病危。《礼记·檀弓上》:“成子高寝疾,庆遗入,请曰:‘子之～～矣,如至乎大病,则如之何?’”(大病:死。)

【病免】 bìngmiǎn 因病免职。《汉书·司马相如传下》:“相如既～～,家居茂陵。”

摒 bìng 除去,排除。《广雅·释诂三》:“～,除也。”玄应《一切经音义》卷十六引服虔《通俗文》:“除物曰～挡。”

bo

发 bō 见fā。

波 1. bō ❶(江、河、湖、海等)一起一伏的水面。《韩非子·八说》:“先圣有言曰:‘规有摩而水有～,我欲更之,无奈之何。’”曹操《步出夏门行·观沧海》:“秋风萧瑟,洪～涌起。”㊀水波泛起。《楚辞·九歌·湘夫人》:“袅袅兮秋风,洞庭～兮木叶下。”❷水,水流。《尚书·禹贡》:“导弱水至于合黎,馀～入于流沙。”《后汉书·王充王符仲长统传论》:“此其分～而共源,百虑而一致者也。”❸影响,扩散。见“波及”。❹指流转的目光。曹植《洛神赋》:“无良媒以接欢兮,托微～而通辞。”❺跑,逃散。李翊《俗呼小录》:“跑谓之～,立谓之站。”《乐府诗集·企喻歌》:“鹞子经天飞,群雀两向～。”❻书法中的捺称波。《通雅·器用》:“凡言～,今所谓捺。”王羲之《题卫夫人笔阵图后》:“每作一～,常三过折笔。”

2. bēi ❼通“陂”。池塘。《汉书·灌夫传》:“～池田园,宗族宾客为权利,横颍川。”

3. bì ❽沿着(河)走。《汉书·西域传上》:“自玉门、阳关出西域有两道。从鄯善傍南山北,～河西行至莎车,为南道。”又《诸侯王表》:“～汉之阳,亘九嶷,为长沙。”

【波波】 bōbō ❶奔走不止的样子。岑参《阌乡送上官秀才归关西别业》诗:“风尘奈汝何,终日独～～。”❷食品名,即饽饽,今称馒头。佚名《冯玉兰》一折:“妳妳敢肚饥了,且住一住儿,等我买几个～～来吃咱。”

【波臣】 bōchén 水族中的臣子。古人设想水族动物也分君臣,被统辖的水族,称为波臣。《庄子·外物》:“[庄]周顾视车辙,中有鲋鱼焉。周问之曰:‘鲋鱼来,子何为者邪?’对曰:‘我东海之～～也。’”谢朓《拜中军记室辞隋王笺》:“不悟沧溟未运,～～自荡。”

【波及】 bōjí 扩散到,影响到,牵涉到。《魏书·天象志三》:“其馀灾～～晋魏,仍其兵革之祸。”柳宗元《与友人论为文书》:“登文章之箓,～～后代。”《警世通言·桂员外途穷忏悔》:“君今日之祸,～～妻子。”

【波流】 bōliú ❶水流。扬雄《长杨赋》:“猋腾～～,机骇蜂轶。”《说苑·杂言》:“忠信错吾躯于～～,而吾不敢用私,吾所以能入而复出也。”❷随波逐流。比喻随世事变化。《抱朴子·刺骄》:“身寄～～之间,神跻九玄之表。”嵇康《与山巨源绝交书》:“外不殊俗,而内不失正,与一世同其～～,而悔吝不生耳。”

【波路】 bōlù 水路。鲍照《登大雷岸与妹书》:“旅客贫辛,～～壮阔。”

【波扇】 bōshān 鼓动,扇动。《资治通鉴·晋怀帝永嘉五年》:“浮竞驱驰,互相贡荐,言重者先显,言轻者后叙,遂相～～,乃至陵迟。”钱陆灿《周亮工墓志铭》:“互相～～,以口语风闻。”

泼 bō 见pō。

拨(撥) 1. bō ❶治理。《公羊传·哀公十四年》:“～乱世,反诸正。”《论衡·自纪》:“宁危之计黜于闾巷,～世之言訾于品俗。”❷分开,挑动。《礼记·曲礼上》:“将即席,容毋怍,两手抠衣去齐尺,衣毋～,足毋蹶。”谢惠连《祭古冢文》:“以物枨～之,应手灰灭。”❸弹乐器。白居易《琵琶行》:“转轴～弦三两声,未成曲调先有情。”㊀弹弦乐器用的拨子。白居易《琵琶行》:“沉吟放～插弦中,整顿衣裳起敛容。”❹除去,废除。《史记·太史公自序》:“秦～去古文,焚灭《诗》《书》。”陶渊明《还旧居》诗:“～置且莫念,一觞聊可挥。”❺碰撞,摩擦。岑参《走马川行奉送出师西征》诗:“半夜军行戈相～,风头如刀面如割。”❻断,断绝。《诗经·大雅·荡》:“枝叶未有害,本实先～。”❼不正。《战国策·西周策》:“弓～矢钩,一发不中,前功尽矣。”《荀子·正论》:“羿、蠭门者,天下之善驭者也,不能以～

弓曲矢中。”❽绋，牵引灵车的绳子。《礼记·檀弓下》：“孺子䵣之丧，哀公欲设～。”

2. fá ❾通“瞂”。大盾。《史记·孔子世家》：“于是旍旄羽袚矛戟剑～鼓噪而至。”

【拨烦】 bōfán 治理烦杂之事。《汉书·龚胜传》：“上知胜非～～吏，乃复还胜光禄大夫。”

【拨剌】 bōlā ❶象声词。琴弦不正的声音。《淮南子·修务训》：“琴或～～枉桡，阔解漏越，而称以楚庄之琴。”又指鱼跃之声。杜甫《漫成》诗：“沙头宿鹭联拳静，船尾跳鱼～～鸣。”❷张弓的样子。《后汉书·张衡传》：“弯威弧之～～兮，射嶓冢之封狼。”

【拨正】 bōzhèng ❶曲直。《楚辞·九章·怀沙》：“巧倕不斲兮，孰察其～～。”（倕：尧时的巧匠。）❷治理纠正。曾巩《上欧阳学士第一书》：“～～邪僻，掎挈当世。”

【拨乱反正】 bōluànfǎnzhèng 治理乱世，使之恢复正常。《史记·高祖本纪》：“高祖起微细，拨乱世反之正，平定天下。”《汉书·武帝纪》：“汉承百王之弊，高祖～～～～。”

帗 bō 见fú。

袚 1. bō ❶蔽膝，系在衣服前面的布巾。《方言》卷四：“蔽膝，江淮之间谓之袆，或谓之～。”

2. fú ❷同“帗”。用五彩帛制作的舞具。《史记·孔子世家》：“于是旍旄羽～矛戟剑拨鼓噪而至。”（拨：大盾。）

趵 1. bō ❶象声词。见“趵趵”。

2. bào ❷跳跃。《集韵·效韵》：“～，跳跃也。”㊀水向上涌。曾巩《齐州二堂记》：“而有泉涌出，高或至数尺，其旁之人名之曰‘～突之泉’。”

【趵趵】 bōbō 足击声。元稹《田家词》：“牛吒吒，田确确，旱块敲牛蹄～～。”

般 bō 见bān。

剥 1. bō ❶割裂。《左传·昭公十二年》：“君王命～圭以为鏚柲。”（鏚：斧；柲：柄。）❷削，剖开。《诗经·小雅·信南山》：“中田有庐，疆埸有瓜，是～是菹，献之皇祖。”（毛亨传：“剥瓜为菹也。”）❸脱落。《庄子·人间世》：“夫柤梨橘柚果蓏之属，实熟则～，～则辱。”（柤：山楂。）《南史·褚炫传》：“风吹纸～殆尽。”❹侵蚀。郦道元《水经注·穀水》：“墓前有碑，文字～缺，不复可识。”❺掠夺，强制除去。见“剥割”、“剥掠”。❻动乱，扰乱。见“剥乱”。❼六十四卦之一，卦形为坤下艮上。《周易·剥》：“～，不利有攸往。”

2. bó ❽通“驳”。见“剥异”。❾用小船分载转运货物。王辟之《渑水燕谈录·谈谑》：“一日，米纲至八百里村，水浅当～，府檄张往督之。”

3. pū ❿通“扑”。打，击。《诗经·豳风·七月》：“八月～枣，十月获稻。”

4. bāo ⓫去掉物的外皮。《诗经·小雅·楚茨》：“絜尔牛羊，以往烝尝，或～或亨，或肆或将。”（亨：烹。烝、尝：祭祀名。）《周礼·秋官·柞氏》：“冬日至，令～阴木而水之。”

【剥割】 bōgē 掠夺，剥削。《后汉书·宦者传序》：“狗马饰雕文，土木被缇绣，皆～～萌黎，竞恣奢欲。”《魏书·萧衍传》：“～～苍生，肌肉略尽，刳剔黔首，骨髓俱罄。”

【剥庐】 bōlú 穷困的住所。《周易·剥》：“君子得舆，小人～～。”左思《魏都赋》：“虽星有风雨之好，人有异同之性，庶觌蔀家与～～，非苏世而居正。”（觌：见。蔀家：豪富之家。）

【剥乱】 bōluàn 动乱，扰乱。《左传·昭公十九年》：“寡君与其二三老曰：‘抑天实～～是，吾何知焉？’”《后汉书·袁绍传》：“苟图危宗庙，～～国家，亲疏一也。”潘岳《西征赋》：“愍汉氏之～～，朝流亡以离析。”

【剥掠】 bōlüè 强夺，掠取。《世说新语·雅量》：“乱兵相～～，射，误中柂工，应弦而倒。”《隋书·刑法志》：“劫贼亡命，咸于王家自匿，薄暮尘起，则～～行路，谓之打稽。”

【剥落】 bōluò ❶脱落。《汉书·五行志中》：“今十月也，李梅当～～，今反华实。”李白《襄阳歌》：“君不见晋朝羊公一片石，龟头～～生莓苔。”❷流落。韩偓《海山记》：“目断平野，千里无烟，万民～～，莫保朝昏。”

【剥啄】 bōzhuó 敲门声。苏轼《次韵赵令铄惠酒》：“门前听～～，烹鱼得尺素。”也作“剥剥啄啄”。韩愈《剥啄行》：“～～～～，有客至门。”

【剥异】 bóyì 即“驳异”。辩难立异。《后汉书·胡广传》：“若事下之后，议者～～，异之则朝失其便，同之则王言已行。”

钵（鉢、缽、盋） bō ❶器皿名。形似盆而小，多为陶制品。《南齐书·虞愿传》：“帝素能食，尤好逐夷，以银～盛蜜渍之，一食数钵。”（逐夷：鱼名。）㊀特指僧人用的食器。梵语“钵多罗”的省称。形圆稍扁，底平，口略小。范缜《神灭论》：“废俎豆，列缾～，家家弃其亲爱，人人绝其嗣续。”❷指前人传下的思想、学术、技能等。参见“衣钵”。

番 bō 见 fān。

跛（蹳） bō ❶踢，用脚推。《汉书·夏侯婴传》："汉王急，马罢，虏在后，常～两儿弃之，婴常收载行。"（罢：通"疲"。）❷见"跛剌"。

【跛剌】 bōlā 象声词。鱼跃声。也作"拨剌"。李白《酬中都小吏携斗酒双鱼于逆旅见赠》诗："双鳃呀呷鳍鬣张，～～银盘欲飞去。"

碆 bō 系在丝绳上用来射飞鸟的石制箭头。《战国策·楚策四》："不知夫射者，方将修其～卢，治其矰缴，将加己乎百仞之上。"《后汉书·马融传》："矰～飞流，纤罗络縸。"

鲅（鱍） bō 见"鲅鲅"。

【鲅鲅】 bōbō 鱼尾摆动声。杜甫《观打鱼歌》："绵州江水之东津，鲂鱼～～色胜银。"也作"发发"、"泼泼"。《诗经·卫风·硕人》："鳣鲔～～。"范仲淹《临川羡鱼赋》："～～晴波，在彼中河。"

播 1. bō ❶撒种，下种。《诗经·豳风·七月》："亟其乘屋，其始～百谷。"《汉书·艺文志》："～百谷，劝耕桑，以足衣食。"《后汉书·冯衍传》："～兰芷于中廷兮，列杜衡于外术。"❷分布。《尚书·禹贡》："又北，～为九河，同为逆河，入于海。"《论衡·异虚》："河源出于昆仑，其流～于九河。"❸传布，传扬。《后汉书·承宫传》："朝臣惮其节，名～匈奴。"又《袁绍传》："将军弱冠登朝，～名海内。"❹表现。《国语·晋语三》："夫人美于中，必～于外。"❺迁徙，流亡。《后汉书·献帝纪赞》："献生不辰，身～国屯。"又《吕强传》："一身既毙，而妻子远～。"❻背弃，舍弃。《楚辞·九叹·思古》："～规榘以背度兮，错权衡而任意。"《说苑·君道》："公射出质，堂上唱善若出一口，公作色太息，～弓矢。"❼放，放纵。《国语·周语下》："其在有虞，有崇伯鲧，～其淫心，称遂共工之过，尧用殛之于羽山。"

2. bǒ ❽通"簸"。摇，扬。《论语·微子》："～鼗武入于汉。"《庄子·人间世》："鼓筴～精，足以食十人。"

【播荡】 bōdàng 流亡，流离失所。《左传·襄公二十五年》："夏氏之乱，成公～～。"《三国志·魏书·田畴传》："朝廷～～，四海俄然，莫有固志。"

【播骨】 bōgǔ 骨骼散置。《韩非子·诡使》："而断头裂腹、～～乎平原野者，无宅容身，死田夺。"

【播迁】 bōqiān 流离迁徙。庾信《哀江南赋》："彼凌江而建国，始～～于吾祖。"李汉《韩愈文集序》："先生生于大历戊申，幼孤，随兄～～韶岭。"

【播越】 bōyuè 流亡。《左传·昭公二十六年》："兹不穀震荡～～，窜在荆蛮。"《后汉书·袁绍传》："今朝廷～～，宗庙残毁。"

蕃 bō 见 fán。

嶓 bō 见"嶓冢"。

【嶓冢】 bōzhǒng 山名，在今甘肃省天水市和礼县之间。《淮南子·说山训》："汉出～～，分流舛驰。"

磻 1. bō ❶同"碆"。石制的箭头。《战国策·楚策四》："被礛～，引微缴，折清风而抎矣。"张衡《西京赋》："～不特絓，往必加双。"

2. pán ❷见"磻溪"。

【磻溪】 pánxī 溪名，在今陕西省宝鸡市东南，相传是姜太公钓鱼的地方。郦道元《水经注·清水》："城西北有石夹水，飞湍濬急，人亦谓之～～，言太公尝钓于此也。"

伯 1. bó ❶长（zhǎng），兄弟中排行第一的。古代用伯、仲、叔、季排行，伯是老大。《诗经·邶风·泉水》："问我诸姑，遂及～姊。"（伯姊：大姐。）《孟子·告子上》："乡人长于～兄一岁，则谁敬？"（伯兄：大哥。）❷父之兄。《颜氏家训·风操》："古人皆呼伯父、叔父，而今世多单呼～、叔。"㊀周代妇女对丈夫的尊称。《诗经·卫风·伯兮》："～也执殳，为王前驱。"❸古代管理一方的长官。《礼记·王制》："二百一十国为州，州有～。"❹古代五等爵位（公、侯、伯、子、男）的第三位。《孟子·万章下》："天子一位，公一位，侯一位，～一位，子、男同一位，凡五等也。"《礼记·王制》："王者之制禄爵，公侯～子男，凡五等。"❺擅长一技或某一方面出众者称伯。《庄子·人间世》："匠～不顾，遂行不辍。"❻马祖，马神，又指祭祀马神。《诗经·小雅·吉日》："吉日维戊，既～既祷。"《尔雅·释天》："既～既祷，马祭也。"

2. bǎi ❼通"佰"。百。《管子·轻重乙》："物之轻重相什而相～。"❽表示百倍。《老子·八十章》："小国寡民，使有什～之器而不用。"

3. mò ❾通"陌"。田间东西走向的小路。《汉书·地理志下》："孝公用商君，制辕田，开仟～。"

4. bà ❿通"霸"。诸侯的盟主。《汉书·地理志下》："后八世，穆公称～，以河为竟。"

5. pò ⓫通"迫"。逼近。《淮南子·

人间训》:"阳虎将举剑而～颐。"

【伯父】 bófù ❶周代天子对同姓诸侯的称呼。《仪礼·觐礼》:"同姓大国则曰～～,异姓则曰伯舅。"《左传·庄公十四年》:"厉王入,遂杀傅瑕。使谓原繁曰:'……吾愿与～～图之。'"❷父之兄。《释名·释亲属》:"父之兄曰世父……又曰～～。"

【伯舅】 bójiù 周代天子对异姓诸侯的称呼。《仪礼·觐礼》:"同姓大国则曰伯父,异姓则曰～～。"《左传·僖公九年》:"天子有事于文、武,使孔赐～～胙。"(事:祭祀。)

【伯强】 bóqiáng 传说中的疫鬼。《楚辞·天问》:"～～何处?惠气安在?"

【伯氏】 bóshì 指哥哥。《诗经·小雅·何人斯》:"～～吹埙,仲氏吹篪。"(埙:陶制的乐器;篪:竹制的乐器。)

【伯主】 bàzhǔ 即"霸主",古代诸侯联盟的首领。《史记·十二诸侯年表》:"四海迭兴,更为～～。"

【伯仲之间】 bózhòngzhījiān 兄弟之间。比喻不相上下。曹丕《典论·论文》:"傅毅之于班固,～～～～耳。"又简称"伯仲间"。陆游《书愤》诗:"出师一表真名世,千载谁堪～～～。"

佛 bó 见 fó。

驳(駁、駮) bó ❶马的毛色不纯。《诗经·豳风·东山》:"之子于归,皇～其马。"张衡《西京赋》:"天子乃驾彫轸,六骏～。"[引]泛指颜色不纯。《论衡·本性》:"玉生于石,有纯有～。"《汉书·梅福传》:"一色成体谓之醇,白黑杂合谓之～。"❷混杂,杂糅。《荀子·王霸》:"粹而王,～而霸。"《文心雕龙·杂文》:"或理粹而辞～。"[又]不纯正。《论衡·明雩》:"世称圣人纯而贤者～。"❸辩驳,论证是非。《后汉书·应劭传》:"北军中侯邹靖上言……劭～之。"《旧唐书·王世充传》:"或有～难之者,世充利口饰非,辞议锋起,众虽知其不可而莫能屈。"[又]文体名。《文选》卷三十七李善注:"一曰章,谢恩曰章;二曰表,陈事曰表;三曰奏,劾验政事曰奏;四曰～,推覆平论有异事进之曰～。"❹传说中的猛兽名。《管子·小问》:"～食虎豹,故虎疑焉。"

【驳落】 bóluò ❶脱落。白居易《题流沟寺古松》诗:"烟叶葱茏苍尘尾,霜皮～～紫龙鳞。"❷色彩斑驳。白居易《玩半开花赠皇甫郎中》诗:"浅深妆～～,高下火参差。"

【驳马】 bómǎ ❶毛色青白相间的马,又指杂色的马。《庄子·田子方》:"乘～～而偏朱蹄。"《管子·小问》:"意者君乘～～而洀桓,迎日而驰乎?"❷树名,树皮青白相杂。陆玑《毛诗草木鸟兽虫鱼疏》:"～～,梓榆也。"

【驳议】 bóyì ❶文体名,古时臣下对朝廷的决策有异议向朝廷上书叫驳议。蔡邕《独断》卷三:"凡群臣上书于天子者有四名:一曰章,二曰奏,三曰表,四曰～～。"《后汉书·应劭传》:"劭凡为～～三十篇,皆此类也。"❷持不同意见,辩驳纠正他人的议论。《汉书·于定国传》:"后贡禹代为御史大夫,数处～～,定国明习政事,率常丞相议可。"《后汉书·宋均传》:"每有～～,多合上旨。"

【驳杂】 bózá 混杂。张籍《上韩昌黎书》:"比见执事多尚～～无实之说,使人陈之于前以为欢。"

泊 1. bó ❶停船靠岸。《晋书·王濬传》:"风利,不得～也。"《隋书·李安传》:"今陈人依险～船,必轻我而无备。"❷止息,停留。郦道元《水经注·赣水》:"西有鸾冈,洪崖先生乘鸾所憩～也。"陈子昂《古意题徐令壁》诗:"闻君太平世,栖～灵台侧。"[又]使停留。韩愈《柳州罗池庙碑》:"侯之船兮两旗,度中流兮风～之。"❸恬静,淡泊。《老子·二十章》:"我独～兮其未兆,如婴儿之未孩。"《后汉书·蔡邕传》:"明哲～焉,不失所宁。"❹通"薄"。刻薄,淡薄。《论衡·率性》:"禀气有厚～,故性有善恶也。"又《薄葬》:"丧祭礼废,则臣子恩～。"

2. pō ❺湖泊,湖泽。《元史·河渠志》:"黄河退涸之时,旧水～汙池多为势家所据。"

3. pò ❻见"漠泊"。

【泊然】 bórán 静默无为的样子。嵇康《养生论》:"爱憎不栖于情,忧喜不留于意,～～无感,而体气和平。"韩愈《送高闲上人序》:"是其为心,必～～无所起;其于世,必淡然无所嗜。"

【泊如】 bórú 恬淡无欲的样子。叶適《叶君宗儒墓志铭》:"父良臣,有尘外趣,虽在田野,而散朗简远,言不及利,对之～～也。"

【泊柏】 pōbǎi 小水波。木华《海赋》:"泅～～而迤扬,磊匒匌而相豗。"(匒匌:重叠的样子。豗:撞击。)

怕 bó 见 pà。

拍 bó 见 pāi。

苐 bó 见 fú。

帛 bó ❶丝织品的总称。《孟子·梁惠王上》:"五亩之宅,树之以桑,五十者可以衣～矣。"《战国策·赵策三》："前有尺～，且令工以为冠。"❷古代用以书写文字的白绢。《吕氏春秋·情欲》："故使庄王功迹著乎竹～，传乎后世。"《史记·陈涉世家》："乃丹书～曰'陈胜王'，置人所罾鱼腹中。"❸币帛，束帛。用于聘问或祭祀。《论语·阳货》："礼云礼云，玉～云乎哉？"（何晏集解引郑玄曰："帛，束帛之属。"帛五匹为束。）《周礼·春官·大宗伯》："孤执皮～。"（郑玄注："皮帛者，束帛而表以皮为之。"）

【帛书】 bóshū ❶写在白绢上的文字。《史记·孝武本纪》："乃为～～以饭牛，详弗知也，言此牛腹中有奇。"❷用帛写的书信。《汉书·苏武传》："教使者谓单于，言天子射上林中，得雁，足有系～～，言武等在某泽中。"

瓝 bó ❶小瓜。《诗经·大雅·绵》"绵绵瓜瓞"孔颖达疏："舍人曰，瓞名～，小瓜也。"❷草名。《尔雅·释草》："～，九叶。"

勃 bó ❶盛，旺盛。《左传·庄公十一年》："禹、汤罪己，其兴也～焉。"《隋书·薛道衡传》："异丰、沛之～起。"韩愈《荐士》诗："～兴得李杜，万类困陵暴。"❷猝然变色。见"勃如"。❸粉末，花粉。《齐民要术·饼法》："干剂于腕上手挽作，勿著～。"又《种麻》："布叶而锄，～如灰便收。"❹争斗。柳宗元《憎王孙文》："～诤号呶，唶唶强强。"见"勃谿"。❺"马勃"的简称。一种菌类植物，生湿地或腐木上。赵鼎臣《上许冲元启》："笼中丹桂，并溲～以兼收。"❻通"渤"。《汉书·武帝纪》："东临～海。"❼(bèi)通"悖"。乖戾。《淮南子·氾论训》："为论如此，岂不～哉？"

【勃勃】 bóbó 兴盛的样子。《法言·渊骞》："～～乎不可及也。"韩愈《与汝州卢郎中论荐侯喜状》："今胸中之气～～然复有仕进之路矣。"

【勃姑】 bógū 鸟名。即"鹁鸪"。陆游《春社》诗："桑眼初开麦正青，～～声里雨冥冥。"

【勃然】 bórán ❶突然。《庄子·天地》："荡荡乎，忽然出，～～动，而万物从之乎！"❷奋发、兴起的样子。《颜氏家训·勉学》："～～奋厉，不可恐慑也。"《淮南子·兵略训》："圣人～～而起，乃讨强暴。"❸盛怒的样子。《孟子·万章下》："王～～变乎色。"《战国策·赵策三》："威王～～怒曰：'叱嗟！而母婢也。'"

【勃如】 bórú 猝然变色的样子。《论语·乡党》："君召使摈，色～～也，足躩如也。"

【勃谿】 bóxī 争斗，争吵。《庄子·外物》："室无空虚，则妇姑～～；心无天游，则六凿相攘。"谢肇淛《五杂俎·人部四》："富贵之畏妇，惮～～而苟安也。"

【勃屑】 bóxiè 匍匐而行。《楚辞·七谏·怨世》："西施媞媞而不得见兮，嫫母～～而日侍。"（嫫母：丑女。）

柏 bó 见bǎi。

茷 bó 见fá。

浡 bó ❶兴起的样子。见"浡然"。❷水涌出。《淮南子·原道训》："原流泉～，冲而徐盈，混混滑滑，浊而徐清。"

【浡潏】 bójué ❶水沸涌的样子。木华《海赋》："天纲～～，为凋为瘵；洪涛澜汗，万里无际。"❷指动乱。萧昕《洛出书》诗："海内昔凋瘵，天纲斯～～。"

【浡然】 bórán 兴起的样子。《孟子·梁惠王上》："天油然作云，沛然下雨，则苗～～兴之矣。"

悖 bó 见bèi。

亳 bó ❶古地名。商汤时的国都。有三处，一为今河南省商丘市北，称北亳；一为商丘市东南，为南亳；一为河南偃师市西，称西亳。《史记·殷本纪》："汤始居～。"❷古国名。在今安徽省亳州市。《广韵·铎韵》："～，国名，春秋时陈地。"

【亳社】 bóshè 祭祀地神的坛。古代建国必先立社以祀地神，商始都于亳，故称其社为亳社。《左传·襄公三十年》："鸟鸣于～～，如曰'譆譆'。甲午，宋大灾。"又《昭公十年》："献俘，始用人于～～。"

袯(襏) bó 见"袯襫"。

【袯襫】 bóshì 防雨的蓑衣。又比喻粗糙的衣服。《管子·小匡》："首戴苎蒲，身服～～。"曾巩《上欧阳学士第二书》："与此民均被朝廷德泽涵养，而独不识～～锄耒辛苦之事，旦暮有衣食之给。"

瓟 1. bó ❶同"瓝"。小瓜。
2. páo ❷同"瓠"。葫芦的一种。见"瓟瓥"。

【瓟槊】 bóshuò 见"爆槊"。

【瓟瓥】 páolì 瓠勺，舀水的器具。《楚辞·九叹·愍命》："莞芎弃于泽州兮，～～蠹于筐簏。"（簏：圆形的筐。）

钹(鈸) bó 一种打击乐器，又名铜钹，圆形，中部隆起，为半球形，两片相击发声。法显《佛国记》："击大鼓，吹螺，敲铜～。"

驳(駮) bó 见"驳马"。

【驿马】 bómǎ 兽名。《山海经·北山经》："又北三百五十里，曰敦头之山，其上多金玉，无草木……其中多～～，牛尾而白身，一角，其音如呼。"郭璞《江赋》："～～腾波以嘘蹀，水兕雷咆乎阳侯。"

桲 bó 打谷的工具，俗名连枷。《方言》卷五："佥……或谓之～。"（郭璞注："佥，今连枷，所以打谷者。"）

敦 bó ❶拔除，推倒。《淮南子·俶真训》："夫疾风～木而不能拔毛发。"❷兴起，旺盛。《后汉书·党锢传序》："及汉祖杖剑，武夫～兴。"《梁书·锺嵘传》："～尔复兴，踵武前王。"❸猝然，突然。《淮南子·道应训》："～然攘臂拔剑曰……。"柳宗元《覆吴子松说》："～怒冲涌，击石薄木。"❹通"驿"。兽名。张骏《山海经图画赞》："敦山有兽，其名为～，麟形一角。"（引自毕沅《山海经校正》。）❺(bèi)通"悖"。悖逆。《后汉书·史弼传》："昔周襄王恣甘昭公，孝景皇帝骄梁孝王，而二弟阶宠，终用～慢。"

艴 bó(又读 fú) 见"艴然"。

【艴然】 bórán 生气、不高兴的样子。《孟子·公孙丑上》："曾西～～不悦。"《吕氏春秋·重言》："～～充盈、手足矜者，兵革之色也。"

舶 bó 船，大船。《梁书·王僧孺传》："郡常有高凉生口及海～，每岁数至，外国贾人以通货易。"

【舶物】 bówù 由海外运来的货物。《南史·王僧孺传》："外国～～，高凉生口数岁至，皆外国贾人以通货易。"

渤 bó ❶水涌起。见"渤潏"。❷指渤海。鲍照《代陆平原君子有所思行》："筑山拟蓬壶，穿地类溟～。"

【渤潏】 bójué 海水涌起的样子。李白《万愤词投魏郎中》诗："海水～～，人罹鲸鲵。"

【渤澥】 bóxiè 渤海。司马相如《子虚赋》："浮～～，游孟诸。"也作"勃澥"、"勃解"。《史记·司马相如列传》："浮～～，游孟诸。"《汉书·扬雄传上》："譬若江湖之雀，～～之鸟。"

博 bó ❶大。《左传·昭公三年》："仁人之言，其利～哉！晏子一言，而齐侯省刑。"《汉书·叙传下》："恢我疆宇，外～四荒。"❷广阔，宽广。《墨子·非攻中》："土地之～至有数千里也，人徒之众至有数百万人。"《荀子·儒效》："以浅持～，以古持今。"❸宽度。《周礼·考工记·车人》："车人为车，柯长三尺，～三寸，厚一寸有半。"❹广泛，普遍。《孟子·尽心下》："守约而施～者，善道也。"《吕氏春秋·慎人》："故人主之欲求士者，不可不务～也。"❺丰富，多。《韩非子·外储说左上》："其身甚修，其学甚～。"《史记·伯夷列传》："夫学者载籍极～，犹考信于六艺。"㊀使之丰富。《论语·子罕》："～我以文，约我以礼。"❻讨取，换取。白居易《晓寝》诗："鸡鸣一觉睡，不～早朝人。"黄宗羲《明夷待访录·原君》："屠毒天下之肝脑，离散天下之子女，以～我一人之产业。"❼通"簙"。古代一种棋类游戏。《孟子·离娄下》："～弈好饮酒，不顾父母之养。"《史记·魏公子列传》："公子与魏王～，而北境传举烽。"

【博达】 bódá 博学通达。《汉书·陈汤传》："少好书，～～善属文。"《论衡·效力》："故～～疏通，儒生之力也；举重拔坚，壮士之力也。"

【博带】 bódài 宽带，宽大的衣带。《管子·五辅》："是故～～梨，大袂列。"《汉书·隽不疑传》："褒衣～～，盛服至门上谒。"

【博洽】 bóqià ❶广博。多指学识。《后汉书·杜林传》："京师士大夫，咸推其～～。"陆九渊《赠黄舜咨》："余因叹巨公～～，出言有稽据如此。"❷通晓。《元史·梁益传》："～～经史，而工于文辞。"

【博求】 bóqiú 广泛地寻求。《史记·孝文本纪》："今纵不能～～天下贤圣有德之人而禅天下焉，而曰豫建太子，是重吾不德也。"应劭《风俗通·十反》："盖人君者辟门开窗，号咷～～，得贤而赏，闻善若警。"

【博容】 bóróng 度量大。《后汉书·桥玄传》："故太尉桥公，懿德高轨，泛爱～～。"

【博塞】 bósài 博戏，下棋一类的游戏。《庄子·骈拇》："问臧奚事，则挟策读书；问谷奚事，则～～以游。"张籍《上韩昌黎书》："愿执事绝～～之好，弃无实之谈。"也作"博簺"。《新唐书·郁林王恪传》："坐与乳媪子～～。"

【博施】 bóshī 普施，遍施。《荀子·天论》："四时代御，阴阳大化，风雨～～。"《史记·太史公自序》："开通关梁，广恩～～。"

【博士】 bóshì ❶通晓古今、能言善辩之人。《战国策·赵策三》："赵王曰：'子南方之～～也，何以教之？'"❷古代学官名。始于战国，秦汉相承，西汉时为太常属官，汉文帝置一经博士，汉武帝置五经博士，晋置国子博士，唐设太子博士、太常博士、太医博士等，后世沿置。《汉书·百官公卿表上》："～～，秦官，掌通古今，秩比六百石，员多至数十人。"《史记·封禅书》："于是征儒生～～七十人，至乎泰山下。"《论衡·语增》："非～～官所职，天下有敢藏《诗》、

《书》、百家语、诸刑书者，悉诣守尉集烧之。”❸旧时指称从事某些服务行业的人。《水浒传》三回：“茶～～道：‘客官吃甚茶？’”

【博物】 bówù ❶通晓众物，见多识广。《左传·昭公元年》：“晋侯闻子产之言，曰：‘～～君子也。’”《盐铁论·杂论》：“桑大夫据当世，合时变，推道术，尚权利，辟略小辩，虽非正法，然巨儒宿学，恶然大能自解，可谓～～通士矣。”❷万物。苏轼《以石易画晋卿难之复次韵》：“欲观～～妙，故以求马卜。”

【博戏】 bóxì 古代的一种棋戏。《史记·货殖列传》：“～～驰逐，斗鸡走狗，作色相矜，必争胜者，重失负也。”《论衡·刺孟》：“巨人～～，亦画墁之类也。”

【博物洽闻】 bówùqiàwén 知识多，见闻广。《汉书·楚元王传赞》：“此数公者，皆～～～～，通达古今，其言有补于世。”

【博学鸿词】 bóxuéhóngcí 科举的一种名目，唐代吏部考选进士及第者的科目，考中后授予官职。宋绍圣元年置弘词科，绍兴三年改博学弘词科，直到宋末。清康熙、乾隆年间重设。韩愈《柳子厚墓志铭》：“其后，以～～～～，授集贤殿正字、蓝田尉。”

殕 bó 向前倒下，倒毙。王禹偁《对雪示嘉祐》诗：“尔看门外饥饿者，往往殭～填渠沟。”

鹁(鵓) bó 见“鹁鸪”。

【鹁鸪】 bógū 鸟名，又名“鹁鸠”。羽毛黑褐色，天将下雨时鸣声很急。陆游《东园晚兴》诗：“竹鸡群号似知雨，～～相唤还疑晴。”

搏 bó ❶取，捕捉。《左传·庄公十一年》：“乘丘之役，公以金仆姑射南宫长万，公右歂孙生～之。”（仆姑：矢名。）《国语·晋语八》：“平公射鴳，不死，使竖襄～之，失。”❷握住，抓着。《吕氏春秋·首时》：“伍子胥说之半，王子光举帷，～其手而与之坐。”❸拾起，抓取。《论衡·非韩》：“烁金百镒，盗跖不～。”又《吉验》：“使入大麓之野，虎狼不～，蝮蛇不噬。”张衡《西京赋》：“摭紫贝，～耆龟。”❹击，拍。《史记·律书》：“夏桀、殷纣手～豺狼，足追四马，勇非微也。”《汉书·灌夫传》：“夫与长乐卫尉窦甫饮，轻重不得，夫醉，～甫。”❺对打，搏斗。《左传·僖公二十八年》：“晋侯梦与楚子～。”《战国策·楚策一》：“此所谓两虎相～者也。”❻附着，加上。《论衡·累害》：“以涂～泥，以黑点缯，孰有知之？”（涂：稀泥。）❼通“膊”。分裂肢体。《周礼·秋官·掌戮》：“掌戮，掌斩杀贼谍而～之。”

【搏髀】 bóbì 拍击大腿。《史记·李斯列传》：“夫击瓮叩缶弹筝～～，而歌呼呜呜快耳(目)者，真秦之声也。”

【搏拊】 bófǔ ❶拍击，拍打。马融《长笛赋》：“失容坠席，～～雷抃。”（雷抃：声如雷。）❷古代乐器名，似鼓而小。《尚书·益稷》：“戛击鸣球、～～、琴瑟以咏。”（孔颖达疏：“搏拊，形如鼓，以韦为之，实之以糠，击之以节乐。”）

【搏撠】 bójǐ 击刺，以撠刺人。《史记·孙子吴起列传》：“孙子曰：‘夫解杂乱纷纠者不控捲，救斗者不～～。’”

【搏手】 bóshǒu 两手相拍，表示某种感情。《后汉书·庞参传》：“田畴不得垦辟，禾稼不得收入，～～困穷，无望来秋。”（李贤注：“两手相搏，言无计也。”）

【搏膺】 bóyīng 拍胸，表示愤怒。《左传·成公十年》：“晋侯梦大厉，被发及地，～～而踊。”（厉：指恶鬼。）

【搏影】 bóyǐng 拍击人影。比喻无实效。《史记·平津侯主父列传》：“夫匈奴之性，兽聚而鸟散，从之如～～。”

【搏战】 bózhàn 格斗。《汉书·李广传》：“陵～～攻之，千弩俱发，应弦而倒。”《后汉书·庞萌传》：“而帝亲自～～，大破之。”

蒲 bó 见 pú。

馎(餺) bó 见“馎饦”。

【馎饦】 bótuō 即汤饼，一种煮着吃的面食。欧阳修《归田录》卷二：“汤饼，唐人谓之不饦，今俗谓之～～矣。”

猼 bó 见 pó。

魄 bó 见 pò。

僰 bó 古代部落名称。《吕氏春秋·恃君》：“～人、野人……多无君。”

箔 bó ❶帘子；门帘。任昉《奏弹刘整》：“整母子尔时便同出中庭，隔～与范相骂。”李商隐《春雨》诗：“红楼隔雨相望冷，珠～飘灯独自归。”❷养蚕用的竹席之类。《齐民要术·种桑柘》：“常须三～，中～上安蚕，上下空置。”❸金属薄片。《宋史·仁宗纪二》：“八月戊戌，禁以金～饰佛像。”

膊 bó ❶成块的干肉。《淮南子·缪称训》：“故同味而嗜厚～者，必其甘之者也。”❷分裂尸体。《左传·成公二年》：“弗听，杀而～诸城上。”❸肩骨，上肢近肩之处。后作“髆”。《后汉书·光武十王传》：“血从前～上小孔中出。”《魏书·孝文帝纪下》:"年十馀岁,能以指弹碎羊~骨。"❹指胳膊。董解元《西厢记诸宫调》卷二:"六条臂~,于中使铁棒的偏强。"

踣 1. bó ❶向前倒下,向下卧倒。《庄子·外物》:"三年,申狄秋因以~河。"《三国志·吴书·孙坚传》注引《吴书》:"坚所骑骢马驰还营,~地呼鸣,将士随马于草中得坚。"㊀倒毙。《国语·鲁语上》:"纣~于京,厉流于彘。"(韦昭注:"踣,毙也。")❷陈尸。《周礼·秋官·掌戮》:"凡杀人者~诸市,肆之三日。"(郑玄注:"踣,僵尸也。"贾公彦疏:"踣者,陈尸使人见之。")❸倾覆,败亡。《左传·襄公十一年》:"队命亡氏,~其国家。"(队:即"坠"。)《管子·七臣七主》:"故设用无度,国家~。"

2. pòu ❹破碎,毁坏。《吕氏春秋·行论》:"将欲~之,必高举之。"

【踣毙】 bóbì 倒毙。《国语·周语下》:"故亡其氏姓~~不振。"

暴 bó 见bào。

镈(鎛、鑮) bó ❶锄一类的农具。《国语·周语上》:"民用莫不震动,恪恭于农,修其疆畔,日服其~,不解于时。"《管子·小匡》:"时雨既至,挟其枪刈耨~,以旦暮从事于田野。"❷古代的乐器,盛行于东周时代。《周礼·春官·序官》:"~师。"❸一种小钟。《国语·周语下》:"细钧有钟无~,昭其大也。"❹涂饰,铺饰。《淮南子·俶真训》:"华藻~鲜,龙蛇虎豹,曲成文章。"

薄 1. bó ❶草木丛生的地方。《楚辞·九章·涉江》:"露申辛夷,死林~矣。"《战国策·楚策一》:"昔者叶公子高,身获于表~,而财于柱国。"❷厚度小,与"厚"相对。《诗经·小雅·小旻》:"如临深渊,如履~冰。"《战国策·秦策四》:"于是夫积~而为厚,聚少而为多。"贾谊《新书·连语》:"墙~咫亟坏,缯~咫亟裂。"❸少,小。《左传·僖公三十年》:"邻之厚,君之~也。"《国语·周语中》:"鲁叔孙之来也,必有异焉,其享觐之币~而言谄,殆请之也。"《三国志·魏书·武帝纪》:"吾知绍之为人,志大而智小,色厉而胆~。"❹轻,轻微。《后汉书·光武十王传》:"显宗以延罪~于楚王英,故特加恩,徙为阜陵王。"❺弱小,浅薄。《战国策·赵策四》:"臣闻赵王以百里之地请杀座之身。夫杀无罪范座,座~故也。"《论衡·命禄》:"智寡德~,未可信其必贫贱。"《汉书·高帝纪上》:"吾非敢自爱,恐能~,不能完父兄子弟。"❻淡,不浓。《庄子·胠箧》:"鲁酒~而邯郸围。"杜甫《重过何氏五首》诗之二:"云~翠微寺,天清皇子陂。"❼轻薄,不厚道。《论衡·齐世》:"至周之时,人民文~,故孔子作《春秋》。"《汉书·公孙弘传》:"今世之吏邪,故其民~。"❽土地贫瘠。见"薄田"。❾减轻,减少。《孟子·尽心上》:"易其田畴,~其税敛,民可使富也。"《国语·晋语四》:"弃责~敛,施舍分寡。"❿轻视,看不起。《战国策·楚策一》:"是昭雎之言不信也,王必~之。"《汉书·王吉传》:"昔武王伐纣,迁九鼎于雒邑,伯夷、叔齐~之。"⓫迫近,接近。《荀子·天论》:"故水旱未至而饥,寒暑未~而疾。"《汉书·诸侯王表》:"东带江、湖,~会稽,为荆吴。"李密《陈情表》:"但以刘日~西山,气息奄奄。"⓬急迫,紧迫。《战国策·韩策二》:"吾得为役之日浅,事今~,奚敢有请?"《荀子·君道》:"然而应~扞患足以持社稷然后可。"(应薄:应付紧迫。扞:通"捍"。)⓭停止,依附。《楚辞·九章·哀郢》:"凌阳侯之泛滥兮,忽翱翔之焉~。"《战国策·楚策一》:"寡人卧不安席,食不甘味,心摇摇如悬旌,而无所终~。"⓮同"箔"。1)帘子。《国语·晋语四》:"闻其骈胁,欲观其状,止其舍,谍其将浴,设微~而观之。"《论衡·书虚》:"离娄之明,不能察帷~之内。"2)养蚕用的席。见"薄曲"。⓯副词。稍微。《吕氏春秋·权勋》:"献公喜曰:'璧则犹是也,马齿亦~长矣。'"⓰助词,用于动词前。《诗经·周南·葛覃》:"~污我私,~澣我衣。"《汉书·卫青传》:"~伐猃允,至于太原。"⓱通"欂"。柱子上的斗栱。《墨子·备城门》:"门扇~植,皆凿半尺。"⓲通"博"。搏击。《淮南子·兵略训》:"击之若雷,~之若风。"⓳通"亳"。古邑名。《荀子·议兵》:"古者汤以~,武王以滈,皆百里之地也。"

2. bò ⓴见"薄荷"。

【薄薄】 bóbó ❶车马急驰声。《诗经·齐风·载驱》:"载驱~~,簟茀朱鞹。"❷广大的样子。《荀子·荣辱》:"故~~之地,不得履之,非地不安也。"❸酒味不浓。苏轼《薄薄酒二首》诗之一:"~~酒,胜茶汤;粗粗布,胜无裳。"

【薄伐】 bófá 指先世的功绩和官籍。《三国志·魏书·傅嘏传》:"案品状则实才未必当,任~~则德行未为叙,如此则殿最之课,未尽人才。"

【薄夫】 bófū 轻薄之人。《论衡·非韩》:"闻柳下惠风者,~~敦,鄙夫宽。"苏轼《司马温公神道碑》:"异时~~鄙人,皆洗面易德,务为忠厚。"

【薄落】 bóluò ❶篱笆。《三国志·吴书·徐盛传》:"后魏文帝大出,有渡江之志,盛建计从建业筑围，作～～，围上设假楼，江中浮船。”❷津口名。《水经注·浊漳水》：“漳水又历经县故城西，水有故津，谓之～～津。”❸水名。《淮南子·览冥训》：“故峣山崩，～～之水涸。”❹山名。在今甘肃省平凉县。《淮南子·地形训》：“汉出嶓冢，泾出～～之山。”

【薄靡】 bómǐ 轻而飘浮的样子。《淮南子·天文训》：“清阳者，～～而为天。”（高诱注：“薄靡者，若尘埃飞扬之貌。”）

【薄莫】 bómù 见“薄暮”。

【薄暮】 bómù 傍晚，日将落时。《楚辞·天问》：“～～雷电，归何忧？”也作“薄莫”。《汉书·霍去病传》：“～～，单于遂乘六赢，壮骑可数百，直冒汉围西北驰去。”

【薄曲】 bóqū 养蚕的用具，用苇、竹编制，类似席子或筛子。《史记·绛侯周勃世家》：“绛侯周勃者，沛人也……勃以织～～为生，常为人吹箫给丧事。”

【薄然】 bórán 急迫的样子。《大戴礼记·文王官人》：“惧色～～以下，忧悲之色累然而静。”（下：降。）

【薄食】 bóshí ❶即“薄蚀”，指日蚀或月蚀。古人认为由于日月迫近相掩而成为日月蚀，故称薄食。《吕氏春秋·明理》：“其月有～～，有晖珥，有偏盲。”《论衡·治期》：“在天之变，日月～～。”❷粗糙的食品。《后汉书·羊续传》：“时权豪之家多尚奢丽，续深疾之，常敝衣～～，车马羸败。”

【薄田】 bótián 贫瘠的田。《三国志·蜀书·诸葛亮传》：“成都有桑八百株，～～十五顷。”

【薄行】 bóxíng 品行不好。《世说新语·文学》：“郭象者，为人～～，有俊才。”

【薄荷】 bòhe 多年生草本植物。茎、叶有清凉香味，可入药。《本草纲目·草三》：“～～，人多栽莳……入药以苏产为胜。”

【薄物细故】 bówùxìgù 轻微细小的事情。《史记·匈奴列传》：“朕追念前事，～～～～，谋臣计失，皆不足以离兄弟之欢。”

薜 bó 见bì。

馞 bó 香气浓重。《玉篇·香部》：“～，香大盛。”郭璞《尔雅图赞·椒赞》：“薰林烈薄，～其芬辛。”

擈 bó（又读 pò） ❶击，掷击。《晋书·石勒载记下》：“石季龙攻陷徐龛，送之襄国，勒囊盛于百尺楼，自上～杀之。”❷象声词。见“搯擈”。

㬍 bó 象声词。❶见“㬍然”。❷见“㬍㬍”。

【㬍然】 bórán ❶物着地声。《庄子·知北遊》：“神农隐几拥杖而起，～～放杖而笑。”❷迸裂声。《酉阳杂俎·诺皋记上》：“～～分为两扇，空中轮转，声如分蜂。”

【㬍㬍】 bóbó 风吹树叶声。宋齐丘《陪游凤凰台献诗》：“晚风吹梧桐，树头鸣～～。”

簙 bó 古代一种棋戏。二人对局，用六根箸，十二个棋子进行。《楚辞·招魂》：“菎蔽象棋，有六～些。”

爆 bó 见bào。

髆 bó ❶肩，肩膀。巢元方《诸病源候论·咳嗽病诸候》：“其状咳胸满而气逆，～背痛，汗出。”❷指腰部。沈亚之《秦梦记》：“声秦声，舞秦舞，舞者击～拊髀呜呜。”

犦（㹃） bó 见“犦牲”。

【犦牲】 bóshēng 犦牛，又名犎牛，单峰驼。苏轼《潮州韩文公庙碑》：“～～鸡卜羞我觞，于粲荔丹与蕉黄。”

【犦矟】 bóshuò 见“犦槊”。

【犦槊】 bóshuò 古代仪仗用的一种兵器，因槊首刻有犦牛形，故名。程大昌《演繁露》卷二：“今金吾仗以～～为第一队，则是～～云者，刻犎牛于槊首也。”也作“犦矟”、“爮槊”。杨巨源《和田仆射子弟荣拜金吾》诗：“五侯恩泽不同年，叔侄朱门～～连。”《隋书·炀帝纪上》：“三品已上给～～。”

簙 bó ❶养蚕的用具。《新唐书·礼乐志五》：“尚功以桑授蚕母，蚕母切之以授婕妤食蚕，洒一～止。”❷同“簙”。古代一种棋戏。《玉篇·竹部》：“～，簙弈，局戏也，谓行棋也。亦作博。”

簿 bó 见bù。

襮 bó ❶绣有花纹的衣领。《诗经·唐风·扬之水》：“素衣朱～，从子于沃。”❷外表。《汉书·叙传上》：“单［豹］治里而外凋兮，张［毅］修～而内逼。”❸暴露。《新唐书·李晟传》：“将务持重，岂宜自表～为贼饵哉！”

䥬 bó 见“䥬矟”。

【䥬矟】 bóshuò 同“犦矟”。《新唐书·仪卫志上》：“又二人持～～，皆佩横刀，～～以黄金涂末。”

欂 bó 见“欂栌”。

【欂栌】 bólú 斗栱，即柱顶上承托栋梁的方木。韩愈《进学解》：“～～侏儒，根阒店楔，各得其宜。”（侏儒：梁上的短柱。）赵翼

《八月二日天宁寺旁巽宫楼火》诗："十层瓴甓落遍地，万株～～飞满空。"

礴 bó ❶见"磅礴"。❷冲击。《南齐书·张融传》："浪相～而起千状。"

尯 bǒ 同"跛"。见"尯尯"。

【尯尯】 bǒzuǒ 跛行的样子。杨基《赠跛奚》诗："立如鹭联拳，行类鳖～～。"

跛 1. bǒ ❶瘸，因腿脚有毛病，行走不能平衡。《周易·履》："眇能视，～能履。"《论衡·命义》："喑聋～盲，气遭胎伤，故受性狂悖。"

2. bì ❷偏用一脚而立，一只脚站着，身体偏一边。《国语·周语下》："晋孙谈之子周，适周，事单襄公，立无～，视无还，听无耸，言无远。"贾谊《新书·胎教》："立而不～，坐而不差。"（差：即"蹉"。）

【跛倚】 bǒyǐ ❶偏倚，站不正。《礼记·礼器》："有司～～以临祭，其为不敬大矣。"❷偏袒。王安石《上田正言书》之一："介然立朝，无所～～。"

【跛牂】 bǒzāng 瘸腿的母羊。《后汉书·孔融传》："是使～～欲窥高岸，天险不可得而登也。"

【跛鳖千里】 bǒbiēqiānlǐ 跛脚的鳖不停地走也能走千里，比喻只要努力就没有达不到的目的。《淮南子·说林训》："故跬步不休，～～～～。"

簸 1. bǒ ❶用簸箕上下颠动，扬出谷皮及杂物。《诗经·大雅·生民》："或舂或揄，或～或蹂。"❷振荡，摇动。杜甫《复阴》诗："江涛～岸黄沙走，云雪埋山苍兕吼。"

2. bò ❸见"簸箕"。

【簸弄】 bǒnòng 玩弄。韩愈《别赵子》诗："婆娑海水南，～～明月珠。"

【簸扬】 bǒyáng 簸动扬去谷糠及杂物。《诗经·小雅·大东》："维南有箕，不可以～～。"

【簸箕】 bòjī 簸谷物的用具。郑嵎《津阳门》诗："大开内府恣供给，玉缶金筐银～～。"

捭 bò 见bǎi。

擘 bò ❶分裂，分开。《史记·刺客列传》："既至王前，专诸～鱼，因以匕首刺王僚，王僚立死。"李白《西岳云台歌送丹丘子》诗："巨灵咆哮～两山，洪波喷流射东海。"❷大拇指。《孟子·滕文公下》："孟子曰：'于齐国之士，吾必以仲子为巨～焉。'"㊀用拇指拨弦，弹奏。王建《宫词》之三十一："十三初学～箜篌，弟子名中被点留。"

【擘画】 bòhuà 谋划，经营。《淮南子·要略》："财制礼义之宜，～～人事之始终者也。"苏轼《上神宗皇帝书》："凡所～～利害，不问何人，小则随事酬劳，大则量才录用。"也作"擘划"。刘克庄《鹊桥仙·戊戌生朝》词："人间何处有仙方，～～得二三百岁？"

檗（蘗） bò 树名。即黄檗。又名黄柏。落叶乔木，木质坚细，茎、皮可作黄色染料，亦可入药。司马相如《子虚赋》："桂椒木兰，～离朱杨。"曾慥《类说·雌黄》："古人写书皆用黄纸，以～染之。"鲍照《拟行路难十九首》之九："剉～染黄丝，黄丝历乱不可治。"

bu

拺 1. bū ❶散布。《汉书·中山靖王刘胜传》："尘埃～覆，昧不(见)泰山。"

2. bá ❷见"拺扈"。

【拺扈】 báhù 同"跋扈"。专横不讲理。《隶释·汉城阳令唐扶颂》："夷粤～～，忮强难化。"

庯 bū ❶平顶屋。《玉篇·广部》："～，屋上平。"❷石门。李诫《营造法式·门》："荆门谓之荜，石门谓之～。"

【庯峭】 būqiào 见"逋峭"。

逋 bū ❶逃亡。《左传·僖公十五年》："六年其～，逃归其国，而弃其家。"《史记·秦始皇本纪》："三十三年，发诸尝～亡人、赘婿、贾人略取陆梁地，为桂林、象郡、南海，以适遣戍。"㊀指逃亡在外的人。《晋书·赫连勃勃载记》："可以怀远，可以柔～。"❷离开，脱离。《后汉书·刘陶传》："使男不～亩，女不下机。"❸拖欠。《后汉书·光武帝纪下》："其口赋～税而庐宅尤破坏者，勿收责。"（李贤注："逋税，谓欠田租也。"）柳宗元《零陵三亭记》："～租匿役，期月办理。"❹拖延，推迟。《晋书·蔡谟传》："司徒谟顷以常疾，久～王命。"❺散乱。见"逋发"。

【逋窜】 būcuàn 逃窜。《左传·哀公十六年》："蒯聩得罪于君父、君母，～～于晋。"陈琳《檄吴将校部曲文》："张鲁～～，走入巴中。"

【逋发】 būfà 乱发，头发散乱。左克明《乐府·读曲歌》："～～不可料，憔悴为谁睹。"

【逋负】 būfù ❶拖欠赋税。《汉书·郑当时传》："当时为大司农，任人宾客僦，人多～～。"曾巩《先大夫集后序》："在京西，又与三司争论免民租，释～～之在民者。"❷指未偿的宿愿。《后汉书·段颎传》："洗雪百年之～～，以慰忠将之亡魂。"

【逋客】 būkè ❶逃跑的人。孔稚珪《北山移文》："请回俗士驾，为君谢～～。"❷指隐士或失意之人。白居易《读李杜诗集因题卷后》诗："暮年～～恨，浮世谪仙悲。"

【逋慢】 būmàn 怠慢，特指不守法令。李密《陈情表》："诏书切峻，责臣～～。"《晋书·齐献王攸传》："夫先王驭世，明罚敕法，鞭扑作教，以正～～。"

【逋峭】 būqiào 当为"峬峭"。形容人有风姿。《魏书·温子昇传》："子昇前为中书郎，尝诣萧衍客馆受国书，自以不修容止，谓人曰：'诗章易作，～～难为。'"也作"庯峭"。宋祁《宋景文公笔记·释俗》："今造屋势有曲折者谓之庯峻，齐魏间以人有仪矩可喜者谓之～～。"

峬 bū 见"峬峭"。

【峬峭】 būqiào 形容山的形状美。又泛指人的风姿、文笔的优美。恽敬《大云山房杂记》卷一："～～，即'俌俏'，好形貌。魏收'逋峭难为'，当从此，周公谨转为'波峭'，非也。"桂馥《札朴》卷七："宋人小说，魏收有'庯峭难为'之语……言人之仪矩可喜者曰'庯峭'。馥案：此温子昇语也。子昇自以不修容止，谓人曰：'诗章易作，逋峭难为。''庯'、'逋'二字并非此义，当为'～～'。"

餔（餔） bū ❶申时食，晚饭。《说文·食部》："～，日加申时食也。"王褒《僮约》："提壶行沽，汲水作～。"㉢申时，傍晚。《后汉书·王符传》："百姓废农桑而趋府廷者，相续道路，非朝～不得通，非意气不得见。"❷吃。《楚辞·渔父》："众人皆醉，何不～其糟而歠其醨？"苏轼《超然台记》："～糟啜醨，皆可以醉；果蔬草木，皆可以饱。"❸给人吃。《国语·越语上》："国之孺子之游者，无不～也，无不歠也。"《汉书·高帝纪上》："吕后与两子居田中，有一老父过请饮，吕后因～之。"

【餔啜】 būchuò 吃喝。《孟子·离娄上》："子之从于子敖来，徒～～也。我不意子学古之道而以～～也。"

【餔时】 būshí 即"晡时"，申时，午后三时至五时。《淮南子·天文训》："[日]至于悲谷，是谓～～。"《史记·吕太后本纪》："日～～，遂击[吕]产。"

晡 bū ❶申时，午后三时至五时。《汉书·武五子传》："贺发，～时至定陶，行百三十五里。"《后汉书·赵憙传》："诸王并令就邸，唯朝～入临。"❷指夜晚。杜甫《大历三年春白帝城放船四十韵》："绝岛容烟雾，环州纳晓～。"

【晡食】 būshí 吃第二顿饭，相当于今之晚饭。柳宗元《段太尉逸事状》："太尉曰：'吾未～～，请假设草具。'"

【晡夕】 būxī 傍晚时分。宋玉《神女赋序》："～～之后，精神恍忽，若有所喜，纷纷扰扰。"

朴 bú 见 pǔ。

镤（鏷） bú 车伏兔。即车厢底板下扣住横轴的装置，用以支承车轴。又名钩心。《周礼·考工记序》："轵崇三尺有三寸也，加轸与～焉，四尺也。"

醭 bú（旧读 pú） 米酒、醋等因腐败或受潮后表面所产生的白霉。白居易《卧疾来早晚》诗："酒瓮全生～，歌筵半委尘。"㉢泛指东西受潮所生的霉斑。杨万里《风雨》诗："梅天笔墨多生～。"

卜 1. bǔ ❶占卜。古代一种用火灼龟甲，观其裂纹以预测吉凶的迷信行为。《诗经·卫风·氓》："尔～尔筮，体无咎言。"《国语·晋语一》："献公～伐骊戎，史苏占之。"《史记·吕太后本纪》："～之，云赵王如意为祟。"㉢泛指占卜之事。《汉书·艺文志》："及秦燔书，而《易》为筮～之事，传者不绝。"❷主持占卜的官。《左传·定公四年》："分之土田陪敦、祝、宗、～、史。"❸推测，估计。《论衡·吉验》："自～数日当为侯。"《三国志·吴书·孙权传》："以此～君，君果有辞，外引隗嚣遣子不终，内喻窦融守忠而已。"❹选择。《左传·昭公四年》："谚曰：'非宅是～，唯邻是～。'"《后汉书·张晧传》："亲为～居宅，相田畴。"❺赐予。《诗经·小雅·楚茨》："～尔百福，如几如式。"❻验证，证实。《史记·越王句践世家》："越大夫种曰：'臣观吴王政骄矣，请试尝之贷粟，以～其事。'"韩愈《送董邵南序》："然吾尝闻风俗与化移易，吾恶知其今不异于古所云耶？聊以吾子之行～之也。"❼姓。

2. pú ❽通"僕"。见"卜人"。

3. pū ❾象声词。见"卜卜"。

【卜工】 bǔgōng 从事占卜的人。《论衡·吉验》："皇考为济阳令，时夜无火，室内自明，皇考怪之，即召功曹吏充兰，使出问～～。"

【卜居】 bǔjū 以占卜选择建都之处。《史记·周本纪》："成王使召公～～，居九鼎焉。"《汉书·郊祀志上》："秦文公东猎汧、渭之间，～～之而吉。"

【卜年】 bǔnián 用占卜预测统治国家的年数。《左传·宣公三年》："成王定鼎于郏鄏，卜世三十，～～七百，天所命也。"

【卜人】 bǔrén 周代掌管占卜的人。《礼记·玉藻》："～～定龟，史定墨，君定礼。"

【卜世】 bǔshì 用占卜预测传国的世数。《史记·楚世家》："昔成王定鼎于郏鄏，～～

三十,卜年七百,天所命也。"

【卜筮】 bǔshì 预测吉凶,用龟甲称卜,用蓍草称筮,合称卜筮。《荀子·天论》:"天旱而雩,～～然后决大事。《庄子·庚桑楚》:"能无～～而知吉凶乎?"

【卜数】 bǔshù 术数,指占候、卜筮、星象之类。《史记·日者列传》:"今吾已见三公九卿朝士大夫,皆可知矣。试之～～中以观采。"(司马贞索隐:"卜数犹术数也。")《后汉书·桓谭传》:"其事虽有时合,譬犹～～只偶之类。"

【卜尹】 bǔyǐn 协助卜人占卜的官。《左传·昭公十三年》:"王曰:'唯尔所欲。'对曰:'臣之先佐开卜。'乃使为～～。"

【卜正】 bǔzhèng 周代的卜官之长。《左传·隐公十一年》:"滕侯曰:'我,周之～～也。'"

【卜祝】 bǔzhù 掌管占卜和主持祭祀的人。司马迁《报任少卿书》:"仆之先非有剖符丹书之功,文史星历,近乎～～之间,固主上所戏弄,倡优畜之,流俗之所轻也。"

【卜筑】 bǔzhù 择地筑屋,有居住之意。孟浩然《冬至后过吴张二子檀溪别业》诗:"～～依自然,檀溪不更穿。"《明史·唐顺之传》:"[顺之]～～阳羡山中,读书十馀年。"

【卜人】 púrén 即"僕人",侍奉君主以赞助礼仪的人。《礼记·檀弓上》:"～～师扶右,射人师扶左。"

【卜卜】 pūpū 象声词。韩琦《啄木》诗:"剥剥复～～,意若念良木。"

补(補) bǔ ❶补缀、修补衣裳。《后汉书·百官志四》:"裁衣被～浣者皆主之。"㊀泛指修补一切破损的东西。《礼记·月令》:"修宫室,坏垣墙,～城郭。"《淮南子·览冥训》:"于是女娲炼五色石以～苍天。"❷补救,弥补。《诗经·大雅·烝民》:"衮职有阙,唯仲山甫～之。"《后汉书·桓帝纪》:"敕已修政,庶望有～。"又《冯衍传》:"破军残众,无～于主。"㊀补助,补充。《孟子·告子下》:"春省耕而～不足,秋省敛而助不给。"《战国策·赵策四》:"愿令得～黑衣之数,以卫王宫,没死以闻。"❸益处,补益。《战国策·秦策三》:"处必然之势,可以少有～于秦,此臣之所大愿也,臣何患乎?"《论衡·自纪》:"为世用者,百篇无害;不为用者,一章无～。"❹填补空缺。《史记·平准书》:"入物者～官,出货者除罪。"《后汉书·宋均传》:"至二十馀,调～辰阳长。"❺古代官服上的文绣。《续文献通考·王礼考·内服冠服》:"上有蟒～,当膝处横织细云蟒。"❻唐代谏官"补阙"的省称。《旧唐书·温造传》:"遗、～官秩虽卑,陛下侍臣也,中丞虽高,法吏也。"❼姓。

【补病】 bǔbìng 养病。《庄子·外物》:"静然可以～～,眥摵可以休老。"(眥摵:对眼角进行按摩。)

【补察】 bǔchá 弥补过失,察政之得失。《左传·襄公十四年》:"自王以下各有父兄子弟,以～～其政。"《国语·周语上》:"庶人传语,近臣尽规,亲戚～～,瞽、史教诲,耆艾修之。"

【补过】 bǔguò 改正错误,补救过失。《左传·宣公二年》:"君能～～,衮不废矣。"《周易·系辞上》:"无咎者,善～～也。"

【补苴】 bǔjū 弥补(漏缺)。韩愈《进学解》:"～～罅漏,张皇幽眇。"

【补缺】 bǔquē ❶弥补缺额或损失。《史记·萧相国世家》:"汉王数失军遁去,[萧]何常兴关中卒,辄～～。"《汉书·西域传下》:"当今务在禁苛暴,止擅赋,力本农,修马复令,以～～,毋乏武备而已。"❷补救所失。《后汉书·伏湛传》:"柱石之臣,宜居辅弼,出入禁门,～～拾遗。"

【补阙】 bǔquē ❶补救过失。《三国志·魏书·杜畿传》:"古之三公,坐而论道,内职大臣,纳言～～,无善不纪,无过不举。"《晋书·张华传》:"华遂尽忠匡辅,弥缝～～,虽当闇主虐后之朝,而海内晏然。"❷唐代谏官名。掌讽谏,有驳正诏书之权。分左右补阙,左补阙属门下省,右补阙属中书省。

【补缀】 bǔzhuì ❶修补连缀。《礼记·内则》:"衣裳绽裂,纫箴～～。"❷辑集在一起。《后汉书·朱穆传》:"～～漏目,罗取残祸,以塞天意。"《颜氏家训·文章》:"放逸者流宕而忘归,穿凿者～～而不足。"

捕 bǔ 捉拿,捕取。《战国策·齐策一》:"卜者出,因令人～为人卜者,亦验其辞于王前。"《韩非子·外储说左上》:"曾子欲～彘杀之。"《后汉书·刘盆子传》:"掘庭中芦菔根,～池鱼而食之。"

【捕虏】 bǔlǔ ❶俘虏。《汉书·匈奴传上》:"度辽将军出塞千二百馀里,至蒲离候水,斩首～～七百馀级。"❷指敌兵。《后汉书·王霸传》:"[苏]茂兵精锐,其众又多,吾吏士心恐,而～～与吾相恃,两军不一,此败道也。"

【捕影】 bǔyǐng 比喻虚幻,不可得。《汉书·郊祀志下》:"听其言,洋洋满耳,若将可遇;求之,荡荡如系风～～,终不可得。"苏轼《答谢民师书》:"求物之妙,如系风～～,能使是物了然于心者,盖千万人不一遇也。"也作"捕景"。《淮南子·说林训》:"～

～之说，不形于心。"

哺 bǔ ❶咀嚼，吃。刘禹锡《武夫词》："昔为编户人，秉耒甘～糠。"❷鸟喂幼雏。陆游《燕》诗："初见梁间牖户新，衔泥已复～雏频。"㊀泛指喂食。《汉书·贾谊传》："抱～其子，与公并倨。"陈琳《饮马长城窟行》："生男慎莫举，生女～用脯。"❸口中所含的食物。《汉书·高帝纪上》："汉王辍饭吐～。"苏轼《上皇帝书》："及闻留侯之言，吐～而骂之，曰趣销印。"

【哺歠】 bǔchuò 饮食，吃喝。韩愈《唐故河南令张君墓志铭》："共食公堂，抑首促促就～～，揖起趋去，无敢阑语。"（阑语：妄语。）

堡 bǔ 见bǎo。

不 1. bù ❶无，没有。《诗经·邶风·终风》："终风且曀，～日有曀。"❷非，不是。《礼记·中庸》："苟～至德，至道不凝焉。"《后汉书·孔融传》："观君所言，将～早惠乎？"❸否定副词。1)用于动词、形容词等的前面表示否定。《论语·述而》："述而～作。"又《宪问》："仁者～忧，知者～惑，勇者～惧。"（知：即智。）《左传·宣公二年》："晋灵公～君。"《荀子·劝学》："～登高山，～知天之高也。"2)表示禁止，相当于"勿"、"不要"。《孟子·滕文公上》："今吾尚病，病愈，我且往见，夷子～来。"3)表示反问，常与疑问语气词"乎"相呼应。《论语·阳货》："～曰坚乎？磨而不磷；～曰白乎？涅而不缁。"

2. fǒu ❹同"否"。和肯定词对用时，表示否定。《战国策·齐策六》："齐多知，而解此环～？"《论衡·四讳》："意不存以为恶，故不计其可与～也。"

3. fū ❺通"柎"。花萼。《诗经·小雅·常棣》："常棣之华，鄂～铧铧。"

4. pī ❻通"丕"。大。《诗经·周颂·清庙》："～显～承，无射于人斯。"《管子·宙合》："君臣各能其分，则国宁矣，故名之曰～德。"

5. bǐ ❼通"鄙"。鄙视，不敬重。《荀子·赋》："君子所敬而小人所～者与？"

6. fōu ❽姓。

【不拔】 bùbá ❶牢固，不可动摇。《汉书·扬雄传下》："娄敬委辂脱鞔，掉三寸之舌，建～～之策。"《淮南子·精神训》："至人依～～之柱。"❷不可攻克。《战国策·西周策》："楚卒～～雍氏而去。"

【不比】 bùbǐ ❶不偏私。《论语·为政》："君子周而～～，小人比而不周。"❷不协调，不和谐。《战国策·魏策一》："文侯曰：'钟声～～乎？左高。'"❸指语言不连贯。《论衡·物势》："或诎弱缀跆，踦蹇～～者为负。"

【不才】 bùcái ❶没有才能。《左传·文公七年》："曰：'此子也才，吾受子之赐；～～，吾唯子之怨。'"《国语·周语中》："今虽朝也～～，有分族于周，承王命以为过宾于陈，而司事莫至，是蔑先王之官也。"❷不成材。《左传·文公十八年》："昔帝鸿氏有～～子，掩义隐贼，好行凶德，丑类恶物。"《韩非子·五蠹》："今有～～之子，父母怒之弗为改，乡人谯之弗为动，师长教之弗为变。"❸谦称之词。宗臣《报刘一丈书》："至以上下相孚，才德称位语～～，则～～有深感焉。"

【不测】 bùcè ❶难以预计，不可知。《史记·刺客列传》："且提一匕首入～～之彊秦，仆所以留者，待吾客与俱。"《战国策·燕策二》："临～～之罪，以幸为利者，义之所不敢出也。"❷意想不到的事，意外的事故。《新唐书·蒋玄晖传》："帝自出关，畏～～，常默坐流涕。"

【不啻】 bùchì ❶不止，何止。《后汉书·冯衍传上》："死亡之数，～～太半。"李翱《寄从弟正辞书》："如可求也，则～～富且贵矣。"❷只有，不过。《颜氏家训·文章》："且《太玄》今竟何用乎？～～覆酱瓿而已。"❸如同，好像。陈亮《送韩子师侍郎序》："责诮怒骂，～～仇敌。"❹不如，比不上。《聊斋志异·促织》："举家庆贺，虽连城拱璧～～也。"

【不次】 bùcì ❶不按寻常的次序(破格提升)。《汉书·东方朔传》："武帝初即位，征天下举方正贤良文学材力之士，待以～～之位。"《论衡·别通》："不晓古今，以位为贤，与文人异术，安得识别通人，俟以～～乎！"杨炯《大周明威将军梁公神道碑》："曾未期月，政令大行，特简帝心，超居～～。"❷不详说。用于书信的结尾。苏轼《与胡郎仁修书》之一："临书哽噎，谨奉慰疏～～。"

【不逮】 bùdài ❶不及。《楚辞·卜居》："数有所～～，神有所不通。"陈琳《为曹洪与魏文帝书》："由此观之，彼固～～下愚。"❷不足之处。《史记·孝文本纪》："及举贤良方正能直言极谏者，以匡朕之～～。"

【不德】 bùdé ❶无德，不修德行。《左传·庄公八年》："我实～～，齐师何罪？罪我之由。"《史记·孝文本纪》："上曰：'朕既～～，上帝神明未歆享，天下人民未有嗛志。'"（嗛：通"慊"。满足。）❷不显其德，不自以为有德。《老子·三十八章》："上德～～，是以有德。"《周易·系辞上》："劳而不伐，有功而～～。"❸不感恩，不感激。《韩非子·外储说左下》:"以功受赏,臣~~君。"

【不尔】 bùěr 不然,不这样。《管子·海王》:"~~而成事者,天下无有。"《三国志·吴书·周鲂传》:"若因是际而骚动此民,一旦可得便会,然要恃外援,表里机互,~~以往,无所成也。"

【不二】 bùèr ❶专一,不变。《管子·权修》:"人情~~,故民情可得而御也。"《魏书·刘库仁传论》:"刘库仁兄弟,忠以为心,盛衰~~。"❷一样,相同。《韩非子·难三》:"君令~~,除君之恶,惟恐不堪。"

【不贰】 bùèr ❶专一,无二心。《左传·昭公十三年》:"君苟有信,诸侯~~,何患焉?"《国语·晋语四》:"事君~~是谓臣,好恶不易是谓君。"❷无差异。《孟子·滕文公上》:"从许子之道,则市价~~,国中无伪。"

【不法】 bùfǎ ❶不合法度。《左传·庄公二十三年》:"君举必书,书而~~,后嗣何观?"《国语·鲁语上》:"臣不闻诸侯相会祀也,祀又~~。"❷不效法。《韩非子·五蠹》:"是以圣人不期修古,~~常可。"《商君书·开塞》:"圣人~~古,不修今。"

【不辜】 bùgū 无罪。《吕氏春秋·听言》:"诛~~之民以求利。"也指无罪之人。《管子·权修》:"杀~~而赦有罪,贼国不免于贼臣矣。"《吕氏春秋·怀宠》:"罪杀~~,庆赏不当。"

【不穀】 bùgǔ 不善。古代君王自称的谦词。《老子·三十九章》:"是以侯王自谓孤、寡、~~。"《左传·僖公四年》:"岂~~是为,先君之好是继,与~~同好,如何?"

【不轨】 bùguǐ 超越常规,不合法度。《史记·十二诸侯年表》:"政由五伯,诸侯恣行,淫侈~~,贼臣篡子滋起矣。"《论衡·辨祟》:"妄行~~,莫过幽厉。"《汉书·地理志下》:"秦既灭韩,徙天下~~之民于南阳。"

【不讳】 bùhuì ❶不隐讳。《楚辞·卜居》:"宁正言~~以危身乎?将从俗富贵以媮生乎?"《论衡·效力》:"谷子云、唐子高章奏百上,笔有馀力,极言~~。"❷不避尊长的名字。《礼记·曲礼上》:"诗书~~,临文~~,庙中~~。"❸隐指死亡。《汉书·霍光传》:"后元二年春,上游五柞宫,病笃,光涕泣问曰:'如有~~,谁当嗣者?'"《后汉书·桓荣传》:"如有~~,无忧家室也。"(李贤注:"不讳谓死也。死者人之常,故言不讳也。")

【不羁】 bùjī ❶才质高远,不可拘系。司马迁《报任少卿书》:"仆少负~~之才,长无乡曲之誉。"《后汉书·张升传》:"升少好学,多关览,而任情~~。"❷行为不遵循礼法。《汉书·陈汤传》:"雪国家累年之耻,讨绝域~~之君。"

【不几】 bùjì 没有希望。几,通"冀"。《韩非子·五蠹》:"而人主兼举匹夫之行,而求致社稷之福,必~~矣。"《商君书·定分》:"为治而去法令,犹欲无饥而去食也,欲无寒而去衣也,欲东而西行也,其~~亦明矣。"

【不经】 bùjīng ❶不合常法。《汉书·路温舒传》:"《书》曰:'与其杀不辜,宁失~~。'"《三国志·魏书·卫臻传》:"好~~之举,开拔奇之津,将使天下驰骋而起矣。"❷缺乏根据,不合情理。《史记·孝武本纪》:"所忠视其书~~,疑其妄书。"(所忠:人名。)

【不就】 bùjiù ❶不能完成。《史记·礼书》:"今上即位,招致儒术之士,令共定仪,十馀年~~。"❷不就职。《后汉书·仲长统传》:"每州郡命召,辄称疾~~。"

【不刊】 bùkān ❶不容更动,无须修改。古代的文书刻于竹简,有错即削除称为刊。《文心雕龙·宗经》:"经也者,恒久之至道,~~之鸿教也。"欧阳修《石鹢论》:"故杜预以谓经者~~之书,范宁亦云义以必当为理。"❷不可磨灭。曹植《怨歌行》:"周公佐成王,《金縢》功~~。"

【不力】 bùlì 不用力,不尽力。《管子·权修》:"有积多而食寡者,则民~~。"《后汉书·杨终传》:"汉兴,诸侯王~~教诲,多触禁忌,故有亡国之祸,而乏嘉善之称。"

【不令】 bùlìng ❶不用命令。《孔子家语·好生》:"~~而从,不教而听,至矣哉!"❷不听从命令。《韩非子·说疑》:"临难不恐,上虽严刑,无以威之,此之谓~~之民也。"❸不善。《左传·宣公十四年》:"君有~~之臣达,构我敝邑于大国,既伏其罪矣。"《管子·小匡》:"寡君有~~之臣在君之国,愿请之以戮群臣。"

【不禄】 bùlù ❶古称士死为不禄。《礼记·曲礼下》:"大夫曰卒,士曰~~。"陆游《杨夫人墓志铭》:"处士先山堂~~。"❷诸侯、大夫死。讣文上的谦词。《国语·晋语二》:"又重之以寡君之~~,丧乱并臻。"❸指夭折。《礼记·曲礼下》:"寿考曰卒,短折曰~~。"

【不毛】 bùmáo ❶不生长五谷,荒芜贫瘠。《后汉书·杨终传》:"何况去中土之肥饶,寄~~之荒极乎?"《三国志·蜀书·诸葛亮传》:"故五月渡泸,深入~~。"❷不种植。

《周礼·地官·载师》："凡宅～～者，有里布。"（里布：赋税名称。）❸毛色不纯。《公羊传·文公十三年》："周公用白牡，鲁公用骍犅，群公～～。"（骍犅：赤色公牛。）

【不名】 bùmíng 不直呼其名，以示尊重。《汉书·匈奴传》："赞谒称臣而～～。"《后汉书·梁冀传》："于是有司奏冀入朝不趋，剑履上殿，谒赞～～，礼仪比萧何。"

【不佞】 bùnìng ❶无口才，不会巧言善说。《论语·公冶长》："雍也仁而～～。"❷无才。自谦之词。《史记·孝文本纪》："寡人～～，不足以称宗庙。"

【不偶】 bù'ǒu ❶不遇，不合。《论衡·定贤》："荆轲入秦之计，本欲劫秦王生致于燕，邂逅～～，为秦所擒。"又《命义》："以道事君，君善其言，遂用其身，偶也；行与主乖，退而远，～～也。"❷不幸，不好。苏轼《京师哭任遵圣》诗："哀哉命～～，每以才得谤。"

【不平】 bùpíng ❶不均，不公正。《诗经·小雅·节南山》："昊天～～，我王不宁。"《史记·项羽本纪》："项羽为天下宰，～～。"❷不满，愤慨。《后汉书·彭宠传》："宠上谒，自负其功，意望甚高，光武接之不能满，以此怀～～。"❸不适，欠安。《汉书·王嘉传》："今圣体久～～，此臣嘉所内惧也。"❹不和睦。《后汉书·庞参传》："参素与洛阳令祝良～～。"

【不群】 bùqún ❶不平凡，高出同辈。《汉书·景十三王传赞》："夫唯大雅，卓尔～～，河间献王近之矣。"杜甫《春日忆李白》诗："白也诗无敌，飘然思～～。"❷孤高，不合群。《楚辞·离骚》："鸷鸟之～～兮，自前世而固然。"《后汉书·崔骃传》："抱景特立，与士～～。"

【不如】 bùrú 不及，比不上。《左传·僖公三十年》："臣之壮也，犹～～人；今老矣，无能为也已。"《颜氏家训·勉学》："谚曰：'积财千万，～～薄伎在身。'"

【不善】 bùshàn ❶指坏事，作恶（è）。《史记·孝文本纪》："吕产欲为～～，丞相陈平与太尉周勃谋夺吕产等军。"❷缺点。《论语·述而》："闻义不能徙，～～不能改，是吾忧也。"❸不强盛，微弱。《史记·五帝本纪》："帝挚立，～～，而弟放勋立，是为帝尧。"❹不良，不好。《史记·高祖本纪》："天下方扰，诸侯并起，今置将～～，壹败涂地。"

【不时】 bùshí ❶不合时，不适时。《左传·襄公十八年》："南师～～，必无功。"《史记·乐书》："天地之道，寒暑～～则疾，风雨不节则饥。"❷不按时，随时。晁错《论贵粟疏》："急政暴赋，赋敛～～。"韩愈《柳子厚墓志铭》："其俗以男女质钱，约～～赎。"❸不及时，不准时。《后汉书·孔融传》："杨赐遣融奉谒贺[何]进，～～通，融即夺谒还府，投劾而去。"

【不世】 bùshì 非凡，世上罕有。《论衡·讲瑞》："同类而有奇，奇为～～，～～难审，识之如何？"《后汉书·隗嚣传》："足下将建伊、吕之业，弘～～之功。"

【不首】 bùshǒu 不伏罪。《汉书·梁怀王刘揖传》："王阳病抵谰，置辞骄嫚，～～主令，与背畔亡异。"（颜师古注："不首，谓不伏其罪也。"阳：通"佯"。假装。畔：通"叛"。）《南史·范晔传》："诏收综等，并皆款服，唯晔～～。"

【不弟】 bùtì 即"不悌"。对兄长不恭顺。《左传·隐公元年》："段～～，故不言弟。"《三国志·魏书·袁绍传》注引《魏氏春秋》："冀州～～之傲，既已然矣。"（冀州：指袁谭之弟袁尚。）

【不腆】 bùtiǎn ❶不善。《魏书·桓玄传》："竖子桓玄，故大司马～～之息，少怀狡恶，长而不悛。"❷谦词。犹言不丰厚，浅薄。《国语·鲁语上》："～～先君之币器，敢告滞积，以纾执事。"柳宗元《送萧錬登第后南归序》："仆～～，见邀为序。"

【不庭】 bùtíng ❶指不朝于王庭者。《左传·隐公十年》："以王命讨～～。"❷无道，叛逆。《国语·周语中》："以供上帝山川百神之祀，以备百姓兆民之用，以待～～不虞之患。"《三国志·魏书·陈思王植传》："武功烈，则所以征～～，威四夷。"

【不享】 bùxiǎng 诸侯不来朝享。《史记·五帝本纪》："于是轩辕乃习用干戈，以征～～。"

【不肖】 bùxiào ❶子不如其父。《史记·五帝本纪》："尧知子丹朱之～～，不足授天下，于是乃权授舜。"（司马贞索隐引郑玄云："肖，似也。不似，言不如父也。"）❷不才，不贤。《韩非子·功名》："尧为匹夫，不能正三家，非～～也，位卑也。"《战国策·秦策二》："今臣～～，弃逐于秦而出关，愿为足下扫室布席，幸无逐我也。"《汉书·邹阳传》："故女无美恶，入宫见妒；士无贤～～，入朝见嫉。"❸自谦之词。韩愈《上考功崔虞部书》："愈～～，行能诚无可取。"

【不屑】 bùxiè 不值得，表示轻视。《孟子·告子下》："予～～之教诲也者，是亦教诲之而已矣。"

【不幸】 bùxìng ❶不幸运。《汉书·高帝纪上》:"汉王下令:军士～～死者,吏为衣衾棺敛,转送其家。"韩愈《与崔群书》:"仆家～～,诸父诸兄,皆康强早世。"❷特指死。《汉书·昭帝纪》:"有～～者赐衣被一袭,祠以中牢。"又《苏武传》:"来时,大夫人已～～。"

【不逊】 bùxùn ❶傲慢无礼。《论语·述而》:"奢则～～,俭则固。"❷不恭顺。《史记·绛侯周勃世家论赞》:"足已而不学,守节～～,终以穷困。悲夫!"❸谦词。犹言不自量。司马迁《报任少卿书》:"仆窃～～,近自托于无能之辞,网罗天下放失旧闻,略考其行事,综其终始,稽其成败兴坏之纪……凡百三十篇。"

【不意】 bùyì ❶意料之外。《孙子·计》:"攻其不备,出其～～。"❷不以为意。《后汉书·李通传》:"通因具言谶文事,光武初殊～～,未敢当之。"

【不虞】 bùyú ❶意料不到,意外(之事)。《左传·僖公四年》:"～～君之涉吾地也,何故?"《国语·周语中》:"以供上帝山川百神之祀,以备百姓兆民之用,以待不庭～～之患。"《汉书·赵充国传》:"大费既省,徭役豫息,以戒～～。"❷隐指死亡。《后汉书·周举传》:"今诸阎新斩,太后幽在离宫,若悲愁生疾,一旦～～,主上将何以令于天下?"

【不豫】 bùyù ❶不犹豫。《楚辞·九章·惜诵》:"壹心而～～兮,羌不可保也。"❷不悦,不高兴。《孟子·梁惠王下》:"吾王～～,吾何以助?"❸天子有病称不豫。《论衡·福虚》:"然而武王～～,孔子疾病,天之佑人,何不实也。"❹事先不预备。《礼记·中庸》:"凡事豫则立,～～则废。"

【不治】 bùzhì ❶不治理。《管子·国蓄》:"法令之不行,万民之～～,贫富之不齐也。"《史记·孝文本纪》:"人主不德,布政不均,则天示之以菑,以诫～～。"❷不治罪,不追究。《汉书·晁错传》:"非谤～～,铸钱者除。"❸不修整,不整理。《史记·酷吏列传》:"上幸鼎湖,病久,已而卒起幸甘泉,道多～～。"❹不医治。《史记·扁鹊仓公列传》:"君有疾在腠理,～～将深。"也指无法医治。《史记·扁鹊仓公列传》:"故病有六～～:骄恣不论于理,一～～也;轻身重财,二～～也;……"

【不中】 bùzhòng ❶不适当,不恰当。《论语·子路》:"刑罚～～,则民无所措手足。"❷不符合,不相合。《庄子·逍遥遊》:"其大本拥肿而～～绳墨,其小枝卷曲而～～规矩。"❸没有射中目标。《左传·襄公二十三年》:"[栾]乐射之,～～,又注,则乘槐本而覆。"

【不周】 bùzhōu ❶不合。《楚辞·离骚》:"虽～～于今之人兮,愿依彭咸之遗则。"《论语·为政》:"小人比而～～。"❷不完备,不齐全。《三国志·吴书·华覈传》:"布帛之赐,寒暑～～。"❸风名。《淮南子·天文训》:"阊阖风至四十五日,～～风至。"❹山名。《列子·汤问》:"怒而触～～之山。"

【不訾】 bùzī ❶不可估量,不可以数计。《史记·货殖列传》:"其先得丹穴,而擅其利数世,家亦～～。"《三国志·魏书·高柔传》:"群鹿犯暴,残食生苗,处处为害,所伤～～。"❷形容十分贵重。《后汉书·冯勤传》:"人臣放逐受诛,虽復追加赏赐赙祭,不足以偿～～之身。"❸不思,不希求。《礼记·少仪》:"～～重器。"

【不足】 bùzú ❶不充足,不够。《老子·七十七章》:"天之道损有馀而补～～,人之道则不然,损～～以奉有馀。"《左传·襄公二十八年》:"[晏]婴之众～～用也。"❷不值得,不必。《孟子·公孙丑上》:"管仲以其君霸,晏子以其君显,管仲晏子犹～～为与?"《汉书·高帝纪上》:"章邯已破项梁,以为楚地兵～～忧,乃渡河北击赵王歇,大破之。"❸不尽。杜甫《久雨期王将军不至》诗:"锐头将军来何迟,令我心中苦～～。"

【不得已】 bùdéyǐ ❶不得不。《老子·三十一章》:"兵者,不祥之器,非君子之器,～～～而用之。"❷无可奈何。《汉书·景帝纪》:"乃者吴王濞等为逆,起兵相胁,诖误吏民,吏民～～～。"

【不旋日】 bùxuánrì 不超过一天,极言其短。《论衡·死伪》:"高祖爱如意而吕后杀之,高祖魂怒宜如雷霆,吕后之死宜～～～。"

【不旋踵】 bùxuánzhǒng 不转动脚跟。1)比喻不退却逃跑。《战国策·秦策三》:"一心同力,死～～～。"2)比喻时间极短,来不及转身。王安石《和吴冲卿雪》诗:"粉华始满眼,消释～～～。"

【不自意】 bùzìyì 自己没有料到。《史记·项羽本纪》:"臣与将军戮力而攻秦,将军战河北,臣战河南,然～～～能先入关破秦,得复见将军于此。"

【不可名状】 bùkěmíngzhuàng 无法用语言形容。元结《右溪记》:"道州城西百馀步有小溪,南流数十步合营溪,水抵两岸,悉皆怪石,欹嵌盘屈,～～～～。"

【不毛之地】 bùmáozhīdì 不长树木庄稼的地方。《史记·郑世家》:"若君王不忘厉、宣王,桓、武公,哀不忍绝其社稷,锡～～～～,使复得改事君王,孤之愿也,然非所敢望也。"

【不名一钱】 bùmíngyīqián 一文钱也没有。形容极贫困。名，以私人名义占有。《论衡·骨相》："[邓]通有盗铸钱之罪，景帝考验，通亡，寄死人家，～～～～。"

【不求甚解】 bùqiúshènjiě 原意是说读书只求领会要旨，不过于在字句上花功夫。陶渊明《五柳先生传》："好读书，～～～～。"后多用来指对待学习、工作不认真，不求彻底理解。

【不食之地】 bùshízhīdì 不能耕种或不长庄稼的地方。《战国策·秦策四》："此皆广川大水，山林溪谷～～～～，王虽有之，不为得地。"

布 bù ❶麻、棉、苎、葛等织物的通称。《孟子·滕文公下》："则农有馀粟，女有馀～。"《国语·鲁语上》："自是，子服之妾衣不过七升之～，马饩不过稂莠。"❷古代的钱币。《诗经·卫风·氓》："氓之蚩蚩，抱～贸丝。"《史记·平准书论赞》："农工商交易之路通，而龟贝金钱刀～之币兴焉。"Ⓧ又泛指财货。《庄子·山木》："林回弃千金之璧，负赤子而趋。或曰：'为其～与？赤子之～寡矣。'"❸赋税。《孟子·公孙丑上》："廛，无夫里之～，则天下之民皆悦，而愿为之氓矣。"❹公布，宣告。《管子·五辅》："六者既～，则民之所欲，无不得矣。"《史记·商君列传》："令既具，未～，恐民之不信，已乃立三丈之木于国都市南门，募民有能徙置北门者予十金。"❺陈述，表达。《战国策·赵策一》："非所望也，敢～腹心。"《国语·晋语四》："敢私～于吏，唯君图之。"❻陈设，设置。《战国策·秦策二》："愿为足下扫室～席，幸无逐我也。"《国语·周语上》："及期，命于武宫，设桑主，～几筵，太宰莅之，晋侯端委以入。"❼布施，施予。《战国策·齐策六》："振穷补不足，～德于民。"《吕氏春秋·孟春》："命相～德和令，行庆施惠，下及兆民。"❽分布，散布。《韩非子·有度》："兵四～于天下，威行于冠带之国。"《后汉书·西羌传》："时诸降羌～在郡县。"❾姓。

【布币】 bùbì ❶陈列币帛。《国语·吴语》："寡君勾践，使下臣郢，不敢显然～～行礼，敢私告于下执事。"《史记·周本纪》："于是～～而策告之，龙亡而漦在，椟而去之。"❷古代一种货币，分为空首布和平首布两大类。空首布保留着铲的形状，有装柄的空首，流通于春秋初期。平首布布首扁平，流通于战国时期。

【布车】 bùchē 以布为帷帐的车。《汉书·文三王传》："既至关，茅兰说王，使乘～～，从两骑入，匿于长公主园。"

【布奠】 bùdiàn ❶古代大夫家祭时酬答宾客的一种礼节。《礼记·曾子问》："～～于宾，宾奠而不举。"❷摆下祭品。李华《吊古战场文》："～～倾觞，哭望天涯。"

【布告】 bùgào 宣告，公告。《史记·吕太后本纪》："事已～～诸侯，诸侯皆以为宜。"《汉书·高帝纪下》："～～天下，使明知朕意。"

【布濩】 bùhù 散布，遍满。《论衡·验符》："甘露之降，往世一所，今流五县，应土之数，德～～也。"扬雄《剧秦美新》："俾前圣之绪，～～流衍，而不韫韣。"(韫韣：保持不失。)张衡《东京赋》："声教～～，盈溢天区。"也作"布护"。白居易《贺云生不见日蚀表》："和气周流，密云～～。"

【布惠】 bùhuì 布施恩惠。《史记·秦本纪》："孝公于是～～，振孤寡，招战士，明功赏。"

【布裂】 bùliè 分解，割裂。《吕氏春秋·顺民》："孤虽知要领不属，首足异处，四枝～～，为天下戮，孤之志必将出焉。"

【布令】 bùlìng 颁布政令，发布命令。《战国策·魏策四》："[魏王]于是～～于四境之内曰：'有敢言美人者族。'"《荀子·强国》："发诫～～而敌退，是主威也。"

【布露】 bùlù 披露，公布。柳宗元《时令论下》："今子发而扬之，使前人之奥秘～～显明，则后之人而又何惮耶！"陈亮《戊申再上孝宗皇帝书》："而卒不得一望清光，以～～其区区之诚。"

【布缕】 bùlǚ 布与线，泛指织物。《孟子·尽心下》："有～～之征，粟米之征，力役之征。"《晏子春秋·内篇谏上》："晏子乃返，命禀巡氓，家有～～之本而绝食者，使有终月之委。"

【布施】 bùshī ❶施舍，给人以恩惠。《国语·周语上》："则享祀时至而～～优裕也。"《庄子·外物》："生不～～，死何含珠为？"❷广施，普遍施予。《荀子·哀公》："富有天下而无怨财，～～天下而不病贫。"董仲舒《春秋繁露·深察名号》："雨～～而均其德。"❸佛教用语。特指把财物或斋食施舍给别人。是梵文 Dana 的意译词。《北史·元太兴传》："太兴遇患，请诸沙门行道，所有资财，一时～～，乞求病愈，名曰散生斋。"❹颁布，施行。《墨子·非命上》："先王之书所以出国家，～～百姓者，宪也。"

【布宪】 bùxiàn ❶古代官名。掌刑法禁令。《周礼·秋官·布宪》："～～，掌宪邦之刑禁。"❷颁布法令。《管子·立政》："正月之朔，百吏在朝，君乃出令，～～于国。"

【布衣】 bùyī ❶布制的衣服，指衣着俭朴。

《史记·鲁周公世家》:"三十一年,晋欲内昭公,召季平子。平子~~跣行,因六卿谢罪。"《大戴礼记·曾子制言中》:"~~不完,蔬食不饱,蓬户穴牖,日孜孜上仁。"❷借指平民。布衣为古代庶人之服,故称。《荀子·大略》:"古之贤人,贱为~~,贫为匹夫。"《吕氏春秋·不侵》:"孔、墨,~~之士也。"《史记·高祖本纪》:"吾以~~提三尺剑取天下。"

【布政】 bùzhèng 施政,施行政教。《史记·孝文本纪》:"人主不德,~~不均,则天示之以菑,以诫不治。"

【布总】 bùzǒng 用麻布束发。指古人服丧时的一种装束。《吕氏春秋·审应》:"今蔺、离石入秦,而王缟素、~~。"(蔺、离石:两地名。)

【布衣交】 bùyījiāo 指贫贱之交。也指不拘地位高低平等相处的朋友。《战国策·齐策三》:"卫君与文~~~。"(文:即孟尝君。)《后汉书·隗嚣传》:"嚣素谦恭爱士,倾身引接为~~~。"

步 bù ❶走路,特指慢走。《吕氏春秋·达郁》:"列精子高因~而窥于井,粲然恶丈夫之状也。"《后汉书·张湛传》:"后告归平陵,望寺门而~。"㊀脚步。《楚辞·离骚》:"何桀纣之猖披兮,夫唯捷径以窘~。"❷举足两次为步。古时一举足叫跬(半步),再举足为步。《荀子·劝学》:"故不积跬~,无以至千里。"❸步伐。《三国志·蜀书·吕凯传》:"将军若能翻然改图,易迹更~,古人不难追,鄙土何足宰哉!"❹追随,跟随。《国语·周语下》:"目以处义,足以~目。"孟郊《东斋会别》诗:"此地有君子,芳兰~葳蕤。"❺推算。柳宗元《时令论上》:"迎日~气,以追寒暑之序。"❻指步兵。《隋书·李密传》:"密乃自率~骑二万拒之。"❼古代的长度单位。历代不一,周以八尺为步,秦以六尺为步。《礼记·王制》:"古者以周尺八尺为~。"❽通"埠"。停船的码头。柳宗元《永州铁炉步志》:"江之浒,凡舟可縻而上下者曰~,永州北郭有~曰铁炉~。"

【步辇】 bùniǎn 古代一种用人抬类似轿子的代步工具。《晋书·山涛传》:"涛时有疾,诏乘~~从。"也指乘步辇。班固《西都赋》:"乘茵~~,惟所息宴。"曹丕《校猎赋》:"~~西园,还坐玉堂。"

【步仞】 bùrèn 广一步,高一仞,形容低小。《庄子·庚桑楚》:"~~之丘陵,巨兽无所隐其躯。"

【步挽】 bùwǎn 即步挽车。一种供乘坐的人力车。《晋书·吕纂载记》:"吕隆屡劝纂酒,已至昏醉,乘~~车将[吕]超等游于内。"《北齐书·斛律金传》:"又诏金朝见,听~~车至阶。"

【步武】 bùwǔ ❶指距离很近。古以六尺为步,半步为武。《国语·周语下》:"夫目之察度也,不过~~尺寸之间。"《三国志·魏书·臧洪传》:"隔阔相思,发于寤寐,幸相去~~之间耳。"❷脚步。陆游《道室杂咏三首》之一:"岂但烟霄随~~,故应冰雪换形容。"

【步摇】 bùyáo ❶古代妇女附在簪钗上的首饰。《后汉书·和熹邓皇后纪》:"又赐冯贵人王赤绶,以未有头上~~、环珮,加赐各一具。"❷冠名。《晋书·慕容廆载记》:"时燕、代多冠~~冠,莫护跋见而好之。"

【步骤】 bùzhòu ❶慢行与疾走。引申为快慢,缓急。《论衡·实知》:"所道一途,~~相过。"《史记·礼书》:"君子上致其隆,下尽其杀,而中处其中。~~驰骋广骛不外,是以君子之性守宫庭也。"❷脚步,步伐。《文心雕龙·附会》:"去留随心,修短在手,齐其~~,总辔而已。"❸程序。《后汉书·崔寔传》:"故圣人执权,遭时定制,~~之差,各有云设。"❹追随,喻指效法、模仿。《晋书·桓温传论》:"~~前王,宪章虞夏。"

【步足】 bùzú 步行,散步。《吕氏春秋·审己》:"齐湣王亡居于卫,昼日~~。"

附 bù 见 fù。

佈 bù ❶宣布,宣告。《三国志通俗演义·曹操起兵伐董卓》:"操等谨以大义~告天下。"❷散满,散着排列。吴曾《能改斋漫录》卷十八:"遂下道院,取可以~种者,得茴香一掬,命道民种于艮岳之趾。"《红楼梦》九回:"诟谇淫议,~满书房内外。"❸安排,布置。《徐霞客游记·滇游日记十一》:"主人复投辖~枰。"胡应麟《诗薮·古体中》:"纵横~置,靡不合节。"❹通"怖"。惧怕。《聊斋志异·香玉》:"君淘淘似强寇,使人恐~。"

怖(悑) bù ❶恐惧,害怕。《三国志·魏书·武帝纪》:"未至营止,诸将未与太祖相见,皆~。"《后汉书·耿秉传》:"后王安得震~,从数百骑出迎秉。"(安得:人名。)❷恐吓。《宋史·刘锜传》:"夏人儿啼,辄~之曰:'刘都护来!'"

【怖骇】 bùhài 惊骇,惊怕。《汉书·司马相如传下》:"北征匈奴,单于~~。"《三国志·蜀书·后主刘禅传》:"~~王师,神武所次,敢不革面,顺以从命。"

【怖悸】 bùjì 惊恐,害怕。《后汉书·蔡邕传》:"臣征营~~,肝胆涂地,不知死命所在。”

【怖慴】 bùshè 即怖慑。恐惧战栗。《三国志·魏书·田豫传》:“众皆～～不敢动,便以[骨]进弟代进。”

部 1. bù ❶统率。《史记·项羽本纪》:“汉王～五诸侯兵,凡五十六万人,东伐楚。”❷布置,安排。见“部署”。❸治理。《鹖冠子·天则》:“剡地而守之,分民而～之。”❹军队编制单位。《晋书·刘元海载记》:“陛下诚能发匈奴五～之众,假元海一将军之号,鼓行而西,可指期而定。”㊀泛指军队。《汉书·匈奴传上》:“将军王恢～出代击胡辎重。”❺古代行政单位。汉代称州为部。《后汉书·钟离意传》:“时～县亭长有受人酒礼者,府下记案考之。”《后汉书·樊宏传》:“[樊]准到～,开仓廪食。”❻按察区域名。《汉书·尹翁归传》:“河东二十八县,分为两～。”㊀分部监察。《汉书·尹翁归传》:“闳孺～汾北,翁归～汾南。”❼官署名。《后汉书·马融传》:“安帝亲政,召还郎署,复在讲～。”古诗《为焦仲卿妻作》:“还～白府君。”❽门类,类别。《晋书·李充传》:“于时典籍混乱,充删除烦重,以类相从,分作四～,甚有条贯。”

2. pǒu ❾小土丘。《风俗通·山泽》:“～者,阜之类也。今齐、鲁之间,田中少高卬,名之为～矣。”

【部分】 bùfēn ❶部署,约束。《后汉书·冯异传》:“及破邯郸,乃更～～诸将,各有配隶,军士皆言愿属大树将军。”《晋书·陶回传》:“迷失道,逢郡人,执以为乡导。时[苏]峻夜行,甚无～～。”❷所属,部属。指军队。萧颖士《为邵翼作上张兵部书》:“指麾～～,为天子干城。”

【部勒】 bùlè 部署。《史记·项羽本纪》:“每吴中有大繇役及丧,项梁常为主办,阴以兵法～～宾客及子弟,以是知其能。”《后汉书·来歙传》:“嚣起入,～～兵,将杀歙,歙徐杖节就车而去。”陆九渊《与侄孙濬》:“今方丈前又成一阁,～～群山,气象益伟。”

【部民】 bùmín 百姓,所统属的人民。《论衡·顺鼓》:“吏卒～～,堑道作坎,榜驱内于堑坎,杷蝗积聚以千斛数。”《魏书·神元帝纪》:“积十数岁,德纪大洽,诸旧～～,咸来归附。”

【部曲】 bùqū ❶古代军队的编制单位。《汉书·赵充国传》:“～～相保,为堑垒木樵,校联不绝,便兵弩,饬斗具。”❷指军队。《三国志·魏书·董卓传》:“时[何]进弟车骑将军苗为进众所杀,进、苗～～无所属,皆诣卓。”又《邓艾传》:“吴名宗大族,皆有～～,阻兵仗势,足以建命。”

【部署】 bùshǔ ❶布置,安排。《汉书·韩信传》:“遂听计,～～诸将所击。”❷官名。《资治通鉴·后唐庄宗同光二年》:“诏以天平节度使李嗣源为招讨使,武宁节度使李绍荣为～～。”

【部娄】 pǒulóu 小土山。《左传·襄公二十四年》:“～～无松柏。”

埠 bù 见“埠头”。

【埠头】 bùtóu ❶码头,船只停泊的地方。唐寅《松陵晚泊》诗:“晚泊松陵系短篷,～～灯火集船丛。”❷经营船行的人。《儒林外史》二十三回:“米店人说道:‘是做～～的王汉家?’”

菩 bù 见pú。

锫(錇) bù 同“蔀”。见“锫飳”。

【锫飳】 bùtǒu 发面饼一类的食品。贾思勰《齐民要术》卷九:“～～,盘水中浸剂,于漆盘背上水作者,省脂。”也作“锫饪”、“蔀鼓”。束皙《饼赋》:“剑带案盛,～～髓烛。”皇甫枚《三水小牍》卷下:“乃令溲面煎油,作～～者,移时不成。”

瓿(𤮊) bù 瓦器。圆形,深腹,用以盛醋酱等物。《战国策·东周策》:“夫鼎者,非效壶醋酱～耳,可怀挟提挈以至齐者。”

蔀(䴺) bù 同“锫”。见“蔀鼓”。

【蔀鼓】 bùtǒu 见“锫飳”。

篰 bù ❶竹器。竹篓、竹笼之类。朱熹《按唐文仲第三状》:“去年,有客人贩到鲞鲑一舡,凡数百～。”❷量词。陈亮《与陈君举》:“雪梨甜榴各一～,聊以问信。”

韛 bù 见bèi。

簿 1. bù ❶登记帐目、物品的册子。《汉书·路温舒传》:“从行,上登虎圈,问上林尉禽兽～,十馀问,尉视左右,尽不能对。”《后汉书·钟离意传》:“时交阯太守张恢,坐臧千金,征还伏法,以资物～入大司农。”❷登记清查。《魏书·太祖纪》:“自河以南,诸部悉平,～其珍宝畜产。”❸文书,记录审问材料或供状的册子。《汉书·李广传》:“大将军长史急责广之莫府上～。广曰:‘诸校尉亡罪,乃我自失道,吾今自上～。’”(莫:即幕。亡:通“无”。)❹朝笏,手板。《三国志·蜀书·秦宓传》:“宓以～击颊,曰:‘愿明府勿以仲父之言假于小草。’”❺天子外出时的仪仗队。《史记·司马相如列传》:“鼓严～,纵獠者。”❻阅历。《汉书·

翟方进传》:"先是逢信已从高弟郡守历京兆、太仆为卫尉矣,官～皆在方进之右。"(逢信:人名。)

2. bó ❼通"薄"。1)迫近,接触。《荀子·正名》:"五官～之而不知,心征之而无说。"2)厚度小。刘驹驿《上书谏铸钱事》:"[民]所急朝夕之飧,所患靡盬之事,岂谓钱之锲～,铢两轻重哉!"

【簿阀】 bùfá 前代的官籍。沈约《奏弹王源》:"王源见告穷尽,即索璋之～～,见璋之任王国侍郎……源父子因共详议,判与为婚。"也作"簿伐"。《梁书·傅昭传》:"官宦～～,姻通内外。"

【簿书】 bùshū 官府的文书、档案。《汉书·贾谊传》:"而大臣特以～～不报,期会之间,以为大故。"《论衡·程材》:"五曹自有条品,～～自有故事,勤力玩弄,成为巧吏,安足多矣。"

【簿伍】 bùwǔ 仪仗,随从。《魏书·李元护传》:"吾尝以方伯～～至青州,士女属目。"

【簿责】 bùzé 按文书所列一一责问。《史记·绛侯周勃世家》:"书既闻上,上下吏。吏～～条侯,条侯不对。"《汉书·灌夫传》:"于是上使御史～～[窦]婴,所言灌夫颇不雠,劾系都司空。"

C

cai

偲 1. cāi ❶才能很多。《诗经·齐风·卢令》:"卢重镅,其人美且～。"

2. sī ❷见"偲偲"。

【偲偲】 sīsī 互相勉励督促的样子。《论语·子路》:"切切～～,怡怡如也,可谓士矣。"(怡怡:和顺的样子。)白居易《代书一百韵寄微之》:"交贤方汲汲,友直每～～。"

猜 cāi ❶怀疑。《左传·昭公三年》:"君若不有寡君,虽朝夕辱于敝邑,寡君～焉。"《后汉书·曹褒传》:"修补旧文,独何～焉?"❷嫌恶。《后汉书·张衡传》:"于心有～,则簋飧馔铺犹不屑餐,旌昚以之。"(簋:古代盛食物的器具。旌昚:人名。以:用。)㊂嫉恨。潘岳《马汧督诔》:"忘尔大劳,～尔小利。"❸猜测。柳永《少年游》词:"万种千般,把伊情分,颠倒尽～量。"❹看,看待。刘长卿《小鸟篇上裴尹》诗:"少年挟弹遥相～,遂使惊飞往复回。"辛弃疾《念奴娇·将止酒,戒酒杯使勿近》词:"更凭歌舞为媒,算合作人间鸩毒～。"❺语气词。表示感叹,一般用于词曲的句末。董解元《西厢记诸宫调》卷七:"都是俺今年浮灾,烦恼煞人也～!"

【猜贰】 cāi'èr 疑忌。丘迟《与陈伯之书》:"部落携离,酋豪～～。"(携:分离。)《梁书·侯景传》:"臣闻股肱体合,则四海和平;上下～～,则封疆幅裂。"

【猜忌】 cāijì 猜疑妒忌。《三国志·魏书·吕布传》:"布虽骁猛,然无谋而多～～,不能制御其党。"《周书·王褒传》:"褒性谨慎,知元帝多～～,弗敢公言其非。"

【猜警】 cāijǐng 因猜疑而警戒。《资治通鉴·陈宣帝太建十二年》:"吾岂有不善之意邪? 卿何～～如是?"

【猜惧】 cāijù 疑惧。《后汉书·南匈奴传》:"遂内怀～～,庭会稀阔。"《周书·王褒传》:"被围之后,上下～～。"

【猜情】 cāiqíng 猜疑之心。《后汉书·邓禹传论》:"荣悴交而下无二色,进退用而上无～～。"

【猜忍】 cāirěn 多疑而残忍。《史记·孙子吴起列传》:"鲁人或恶吴起曰:'起之为人,～～人也。'"《北齐书·封隆之传》:"～～之人,志欲无限。"

【猜隙】 cāixì 因猜忌而产生裂痕。《宋书·刘湛传》:"及俱被时遇,～～渐生。"(被:遭逢。遇:遇合。)

【猜嫌】 cāixián 猜疑忌妒。《三国志·魏书·贾诩传》:"诩自以非太祖旧臣,而策谋深长,惧见～～,阖门自守,退无私交。"

(阖:闭。)

【猜险】 cāixiǎn 多疑而阴险。《新唐书·刘文静传》:"文静多权诡而性～～。"

【猜虞】 cāiyú 疑虑。《周书·文帝纪上》:"不然,则终致～～,于事无益。"

【猜贼】 cāizéi 多疑而狠毒。《史记·伍子胥列传》:"子胥为人刚暴,少恩,～～,其怨望恐为深祸也。"(望:怨恨。)

【猜鸷】 cāizhì 多疑而阴狠。《新唐书·高祖诸子传》:"[元吉]～～好兵,居边久,益骄侈。"

【猜阻】 cāizǔ 猜疑。《周书·文闵明武宣诸子传》:"史臣曰:'高祖(宇文泰)……惩专朝之为患,忘维城之远图,外崇宠位,内结～～,自是配天之基,潜有朽壤之墟矣。'"陆游《太师魏国史公挽歌词》:"大度宁～～,君言自中伤。"

才[1] 1. cái ❶才能。《论语·泰伯》:"如有周公之～之美,使骄且吝,其馀不足观也已。"《后汉书·刘玄传》:"宜厘改制度,更延英俊,因～授爵,以匡王国。"(厘:整理。延:聘请。)⊗有才能。《左传·僖公二十四年》:"以[赵]盾为～,固请于公,以为嫡子。"⊗人才,有才能的人。《论语·泰伯》:"～难,不其然乎?"《国语·齐语》:"夫管子,天下之～也。"❷通"材"。资质,品质。《孟子·告子上》:"若夫为不善,非～之罪也。"又:"富岁,子弟多赖;凶岁,子弟多暴;非天之降～尔殊也。"⊗材料,原料。《后汉书·马融传》:"五～之用,无或可废。"(五才:指金木水火土。)❸通"裁"。裁夺。《战国策·赵策一》:"今有城市之邑七十,愿拜内之于王,惟王～之。"(内:纳。)⊗裁汰,除去。《盐铁论·诏圣》:"故衣弊而革～,法弊而更制。"❹通"财"。金仁杰《追韩信》三折:"这的是他不得天时,失了地利,恶了秦民,更掳掠民～。"

2. zāi ❺通"哉"。语气词。马王堆汉墓帛书甲本《老子·德经》:"以正之国,以畸用兵,以无事取天下,吾何以知其然也～?"

【才笔】 cáibǐ 文才。《南史·谢朓传》:"会稽孔觊粗有～～,未为时知。"《魏书·裴延儁传》:"涉猎坟史,颇有～～。"

【才辩】 cáibiàn 也作"才辨"。才智机辩。《后汉书·祢衡传》:"少有～～,而尚气刚傲,好矫时慢物。"《三国志·蜀书·伊籍传》:"孙权闻其～～,欲逆折以辞。"

【才地】 cáidì ❶才能与门第。地,通"第"。《晋书·王恭传》:"[恭]少有美誉,清操过人,自负～～高华,恒有宰辅之望。"《晋书·郑默传》:"默谦虚温谨,不以～～矜物。"❷才质。元稹《离思》诗之三:"第一莫嫌～～弱,些些纰缦最宜人。"

【才调】 cáidiào 犹"才气"。多指文才。《晋书·王接传论》:"王接～～秀出,见赏知音,惜其夭枉,未申骥足。"(夭枉:夭折。)李商隐《贾生》诗:"宣室求贤访逐臣,贾生～～更无伦。"

【才伐】 cáifá 才能与门望。《北史·王胄传》:"自恃～～,郁郁于官,每负气陵傲,忽略时人。"

【才格】 cáigé 才思与风格。杜甫《北游》诗:"吾观鸱夷子,～～出寻常。"石介《三豪》诗:"～～自天来,词华非学能。"

【才观】 cáiguān 才华与仪表。《三国志·魏书·刘晔传》:"[孟]达有容止～～,文帝甚器爱之。"

【才杰】 cáijié 杰出的人才。杨炯《王勃集序》:"卢照邻人间～～,览清规而辍九攻。"杜甫《上韦左相》诗:"～～俱登用,愚蒙但隐沦。"

【才具】 cáijù 才识,才干。《三国志·蜀书·彭羕传》:"卿～～秀拔,主公相待至重。"《晋书·张华传》:"钟会～～有限,而太祖夸奖太过。"

【才俊】 cáijùn 才能卓越。《晋书·嵇康传》:"汲郡山中见孙登,[嵇]康遂与之游。……康临去,登曰:'君性烈而～～,其能免乎?'"也指才能卓越的人。《南史·王诞传》:"齐竟陵王子良闻西邸,延～～,以为士林馆。"杜牧《题乌江亭》诗:"江东子弟多～～,卷土重来未可知。"也作"才畯"。韩愈《送李愿归盘谷序》:"～～满前,道古今而誉盛德。"

【才客】 cáikè 有才华的人。卢照邻《秋霖赋》:"别有东国儒生,西都～～,屋满铅椠,家虚儋石。"(椠:书版。儋:通"甔"。瓦器,容积为一石。)

【才力】 cáilì ❶才智与能力。《晋书·长沙王乂传》:"乂身长七尺五寸,开朗果断,～～绝人,虚心下士。"❷财力。鲍照《芜城赋》:"孳货盐田,铲利铜山,～～雄富,士马精妍。"

【才流】 cáiliú ❶才智如流水。比喻才智横溢。《晋书·谢万传》:"谢万～～经通,处廊庙,参讽议,故是后来第一器。"❷犹"才士"。钮琇《觚賸·河东君》:"有名妓徐佛者,能琴,善画兰草,虽僻居湖市,而四方～～履满其室。"

【才略】 cáilüè 才干与谋略。《晋书·明帝纪》:"[司马绍]有文武～～,钦贤爱客,雅好文辞。"也作"材略"。《汉书·杜周传》:"窃见朱博忠信勇猛,～～不世出,诚国家雄俊之宝臣也。"

【才器】 cáiqì 才能,才干。《晋书·华谭传》:"扬州刺史周浚引为从事史,爱其～～。"《魏书·祖莹传》:"此子～～,非诸生所及,终当远至。"

【才情】 cáiqíng 才思,才华。《世说新语·赏誉下》:"许玄度送母始出都,人问刘尹:'玄度定称所闻不?'刘曰:'～～过于所闻。'"司空图《力疾山下吴村看杏花》诗之五:"～～百巧斗风光,却关雕花刻叶忙。"

【才人】 cáirén ❶有才能或才华的人。《论衡·书解》:"故～～能令其行可尊,不能使人必法己。"王融《报范通直》诗:"三楚多秀士,江上复～～。"❷宫中女官名。汉始置,多为妃嫔的称号。《史记·淮南衡山列传》:"令故美人～～得幸者十人从居。"杜甫《哀江头》诗:"辇前～～带弓箭,白马嚼啮黄金勒。"

【才士】 cáishì 德才兼备的人,有才华的人。《庄子·盗跖》:"今先生,世之～～也。"《抱朴子·尚博》:"百家之言,虽有步起,皆出硕儒之思,成～～之手。"

【才数】 cáishù 犹"才略"。《三国志·魏书·钟会传》:"及壮,有～～技艺。"《世说新语·品藻》刘孝标注引《文士传》:"幼有俊朗～～,博学多通。"

【才望】 cáiwàng 才能与声望。《晋书·陆机传》:"机负其～～,而志匡世难。"《晋书·和峤传》:"[弟郁]～～不及峤,而以清干称。"(清干:清廉干练。)也作"材望"。张景毓《大唐朝散大夫行润句容县令岑君德政碑》:"君之兄羲,～～冠时,声名动俗。"

【才性】 cáixìng ❶才能禀赋。《荀子·修身》:"彼人之～～之相县也,岂若跛鳖之与六骥足哉?"(县:悬,悬殊。)也作"材性"。《荀子·荣辱》:"～～知能,君子小人一也。"《新书·连语》:"若～～下主也,邪人必合,贤正必远,坐而须亡耳。"(须:待。)❷资质性情。才,通"材"。《世说新语·赏誉》刘孝标注引《晋诸公赞》:"温几,字元甫,太原人,～～清婉。"

【才彦】 cáiyàn 才德卓越的人。沈约《郡县名》诗:"西都富轩冕,南宫溢～～。"《北史·魏彭城王勰传》:"好儒学,礼致～～。"

【才语】 cáiyǔ 运用词藻典故以显示机巧的言语。《南史·宋彭城王义康传》:"袁淑尝诣义康,义康问其年。答曰:'邓仲华拜衮之岁。'义康曰:'身不识也。'淑又曰:'陆机入洛之年。'义康曰:'身不读书,君无为作～～见向。'"

【才藻】 cáizǎo 才思文采。《三国志·魏书·王粲传》:"[阮]瑀子籍～～艳逸,而倜傥放荡。"杨炯《大周明威将军梁公神道碑》:"扬子云之～～,空疲执戟;马相如之文词,犹劳武骑。"

【才质】 cáizhì 才能品性。《三国志·魏书·三少帝纪》:"[徐]绍本伪南陵督,～～开壮。"《晋书·贾充传》:"[荀]勖因言充女～～令淑,宜配储宫。"

【才子】 cáizǐ 德才兼备的人。《左传·文公十八年》:"昔高阳氏有～～八人……齐圣广渊,明允笃诚,天下之民谓之八恺。"后多指有才华的人。《新唐书·元稹传》:"稹尤长于诗,往往播乐府,宫中呼为'元～～'。"

才[2]**(纔)** cái 副词。❶刚,刚刚。《汉书·晁错传》:"救之,少发则不足;多发,远县～至,则胡又已去。"温庭筠《菩萨蛮》词:"夜来皓月～当午,重门悄悄无人语。"❷仅仅,只。《汉书·贾山传》:"身死～数月耳,天下四面而攻之。"陶渊明《桃花源记》:"初极狭,～通人。"

材 cái ❶木干,木料。《孟子·梁惠王下》:"斧斤以时入山林,～木不可胜用也。"《韩非子·外储说左上》:"～干则直,涂干则轻。"㊀特指棺材。《陈书·周弘正传》:"气绝已后,便买市中见～,～必须小形者。"㊁特指车上细小的横木。《左传·哀公二年》:"驾而乘～,两靷皆绝。"❷原料,材料。凡自然资源,可供制造成品者,均称材。《左传·隐公五年》:"凡物不足以讲大事,其～不足以备器用,则君不举焉。"《管子·枢言》:"天以时使,地以～使,人以德使,鬼神以祥使,禽兽以力使。"❸资质。《礼记·中庸》:"故天之生物,必因其～而笃焉。"《韩非子·难势》:"夫有云雾之势而能乘游之者,龙蛇之～美也。"❹通"才[1]"。才能。《左传·僖公二十八年》:"公欲杀之,而爱其～。"㊀有才能。《左传·庄公三十二年》:"公疾,问后于叔牙。对曰:'庆父～。'"㊁有才能的人。《左传·襄公二十六年》:"子木曰:'夫独无族姻乎?'对曰:'虽有,而用楚～实多。'"❺通"裁"。安排。《荀子·富国》:"治万变,～万物,养万民。"《国语·鲁语下》:"夫苦匏不～于人,共济而已。"❻通"财"。财物。《荀子·君道》:"知务本禁末之为多～也。"❼通"才[2]"。副词。仅,刚。《汉书·杜钦传》:"乃为小冠,高广～二寸。"❽(zāi)通"哉"。语气词。《论语·公冶长》:"由也好勇过我,无所取～。"

【材干】 cáigàn ❶木材。《汉书·货殖传》:"教民种树、畜养、五谷、六畜及至鱼鳖、鸟兽、藿蒲、～～、器械之资,所以养生送终之具,靡不皆育。”(藿:荻。)❷才能。《史记·淮南衡山列传》:“骑上下山若蜚,～～绝人。”

【材官】 cáiguān ❶依照物的不同特性加以利用,使各得其用。《荀子·解蔽》:“经纬天地而～～万物。”❷勇武士卒。《史记·韩长孺列传》:“汉伏兵车骑～～三十馀万,匿马邑旁谷中。”应劭《汉官仪》卷上:“平地用车骑,山阻用～～,水泉用楼船。”(引关:以手张开弩弓。蹶张:以脚踏弩,使其张开。)❸官名。汉置材官将军,掌骑射。《史记·韩长孺列传》:“太中大夫李息为～～将军。”

【材技】 cáijì 卓越的技艺。《司马法·天子之义》:“德义不相逾,～～不相掩。”《荀子·王制》:“案谨募选阅～～之士。”

【材力】 cáilì ❶才智与能力。《汉书·东方朔传》:“征天下举方正贤良文学～～之士,待以不次之位。”(不次:不按寻常的次序。言破格提拔。)❷勇力。《史记·殷本纪》:“[纣]～～过人,手格猛兽。”《列子·汤问》:“负其～～,视来丹犹雏鷇也。”(来丹:人名。鷇:待哺的幼鸟。)

【材吏】 cáilì 有才能的官吏。《新唐书·严挺之传》:“举进士,并擢制科,调义兴尉,号～～。”(制科:唐代科举取士,由皇帝亲自在殿廷诏试的称制科举,简称制科。)

【材略】 cáilüè 见“才略”。

【材器】 cáiqì ❶材木器具。《周礼·夏官·掌固》:“任其万民,用其～～。”❷才能。《汉书·王吉传》:“自吉至[王]崇,世名清廉,然～～名称稍不能及父,而禄位弥隆。”

【材人】 cáirén ❶有才能的人。《左传·文公十六年》:“国之～～,无不事也。”❷量才任人。《荀子·君道》:“～～,愿悫拘录,计数纤啬而无敢遗丧,是官人使吏之材也。”(愿悫:谨慎朴实。拘录:犹勤劳。纤啬:琐屑。)❸宫中女官名。汉置,以歌舞侍后宫。傅毅《舞赋》:“～～之穷观,天下之至妙。”

【材士】 cáishì ❶勇武之士。《史记·秦始皇本纪》:“尽征其～～五万人,为屯卫咸阳。”❷智谋之士。《吕氏春秋·报更》:“魏氏人张仪,～～也。”

【材望】 cáiwàng 见“才望”。

【材武】 cáiwǔ 有才而勇武。《史记·韩信卢绾列传》:“上以韩信～～,所王北近巩洛,南迫宛叶,东有淮阳,皆天下劲兵处。”

【材性】 cáixìng 见“才性”。

【材艺】 cáiyì 才能与技艺。《汉书·楚元王传》:“好书,多～～。”又《史丹传》:“是时,傅昭仪子定陶共王有～～,子母俱爱幸。”

【材质】 cáizhì 才能品性。《汉书·哀帝纪》:“臣幸得继父守藩为诸侯王,～～不足以假充太子之宫。”又指人的素质、智力。《鬼谷子·忤合》:“～～不惠,不能用兵。”(惠:通“慧”。)

财(財) cái ❶金钱财物的总称。《左传·桓公十五年》:“诸侯不贡车服,天子不私求～。”《汉书·高帝纪上》:“沛公居山东时,贪～好色。”㊀资源财富。《荀子·天论》:“天有其时,地有其～,人有其治,夫是之谓能参。”(能参:可与天地相配而为三。)❷通“裁”。1) 制裁,节制。《管子·心术》:“圣人因而～之。”《荀子·非十二子》:“一天下,～万物,长养人民,兼利天下。”2) 酌量。《史记·魏其武安侯列传》:“所赐金,陈之廊庑下,军吏过,辄令～取为用。”3) 特指自杀。《史记·吕太后本纪》:“于嗟不可悔兮宁蚤自～。”(蚤:通“早”。)❸通“才[1]”。1) 才能,才智。《孟子·尽心上》:“有成德者,有达～者。”2) 认为有才。《战国策·楚策一》:“昔者叶公子高,身获于表薄,而～于柱国。”(身获于表薄:指出身微贱。柱国:官名。)❹通“才[2]”。副词。仅仅。《汉书·霍光传》:“[霍]光为人沉静详审,长～七尺三寸。”《汉书·李广利传》:“士～有数千,皆饥罢。”(罢:通“疲”。)❺通“材”。木料,树木。左思《魏都赋》:“～以工化,贿以商通。”贾思勰《齐民要术·序》:“殖～种树。”

【财察】 cáichá 见“裁察”。

【财贿】 cáihuì 财物。《周礼·天官·大宰》:“以九赋敛～～。”《后汉书·段颎传》:“颎少便习弓马,尚游侠,轻～～。”

【财赂】 cáilù 财物。《史记·平准书》:“～～衰耗而不赡。”

【财委】 cáiwěi 钱财与粮草。《管子·中匡》:“计得～～,而不计失百姓。”

【财幸】 cáixìng 量情采纳。财,通“裁”。《汉书·贾谊传》:“臣闻圣主言问其臣而不自造事,故使人臣得毕其愚忠。唯陛下～～。”又《石显传》:“臣愿归枢机职,受后宫扫除之役,死无所恨,唯陛下哀怜～～。”

【财用】 cáiyòng ❶财物,用度。《孟子·尽心下》:“无政事则～～不足。”《韩非子·难二》:“俭于～～,节于衣食。”❷材料和用具。财,通“材”。《左传·宣公十一年》:“令尹𫇭艾猎城沂……量功命日,分～～,平板榦,称畚筑。”(板榦:古代筑墙所用的夹板和支柱。筑:筑墙用的木杵。)

【财择】 cáizé 裁断决定。财,通“裁”。《汉书·晁错传》:“臣错愚陋,昧死上狂言,唯陛下～～。"

裁 cái ❶剪裁，裁制。古诗《为焦仲卿妻作》："十三能织素，十四学～衣。"班婕妤《怨歌行》："新裂齐纨素，皎洁如霜雪。～为合欢扇，团团似明月。"㊀制作，写作。《后汉书·蔡邕传》："知其良木，因请而～为琴，果有善音。"杜甫《江亭》诗："故林归未得，排闷强～诗。"❷删减，削减。刘勰《文心雕龙·镕裁》："规范本体谓之镕，剪截浮词谓之～。"《后汉书·郑玄传》："郑玄括囊大典，网罗众家，删～繁诬，刊改漏失。"《汉书·食货志上》："其后，上郡以西旱，复修卖爵令，而～其贾以招民。"（贾：价。）㊀节制。《国语·吴语》："富者吾安之，贫者吾与之，救其不足，～其有馀，使贫富皆利之。"❸裁断，裁决。《左传·僖公十五年》："若晋君朝以入，则婢子夕以死；夕以入，则朝以死。唯君～之。"《战国策·秦策一》："臣愿悉言所闻，大王～其罪。"㊁主宰。《吕氏春秋·恃君》："然且犹～万物，制禽兽，服狡虫。"㊂杀，自杀称自裁。司马迁《报任少卿书》："及罪至罔加，不能引决自～，在尘埃之中。"❹衡量。《淮南子·主术训》："取民则不～其力。"《后汉书·南匈奴传》："事毕之后，～行客赐，亦足以威示百蛮。"（裁行客赐：以主客之礼酌量赐物。）❺体制，风格。张衡《西京赋》："取殊～于八都。"（八都：八方。）《宋书·谢灵运传》："灵运之兴会摽举，延年之体～明密。"（兴会：情兴所会。摽举：高举，昂扬。明密：明白细密。）❻量词。用于布帛之类。《新唐书·归崇敬传》："学生谒师，贽用服脩一束，酒一壶，衫布一～，色如师所服。"❼通"才²"。副词。仅仅。《战国策·燕策一》："寡人蛮夷辟处，虽大男子，～如婴儿，言不足以求正，谋不足以决事。"《后汉书·董祀妻传》："文姬曰：'昔亡父赐书四千许卷，流离涂炭，罔有存者。今所诵忆，～四百馀篇耳。'"❽通"材"。材器，材质。《管子·形势》："～大者，众之所比也。"

【裁察】 cáichá 明察裁断。《汉书·赵充国传》："以今进兵，诚不见其利，唯陛下～～。"也作"财察"。《史记·酷吏列传》："虽文致法，上～～。"《汉书·晁错传》："愚臣亡识，唯陛下～～。"

【裁成】 cáichéng 裁制而成就之。《汉书·律历志上》："立人之道曰仁，在天成象，在地成形，后以～～天地之道，辅相天地之宜，以左右民。"谢瞻《张子房》诗："神武睦三正，～～被八荒。"

【裁度】 cáiduó 量度而定取舍。《新唐书·李泌传》："泌谓：'废正月晦，以三月朔为中和节，因赐大臣戚里尺，谓之～～。'"

【裁画】 cáihuà 裁断谋画。《新唐书·封伦传》："虞世基得幸炀帝，然不悉吏事，处可失宜。伦阴为～～，内以谄承主意，百官章奏若忤旨，则寝不闻。"

【裁鉴】 cáijiàn 品评鉴赏。郑谷《读前集》诗："殷璠～～《英灵集》，颇觉同才得契深。"又指品评、鉴赏力。《新唐书·高俭传》："雅负～～，又详氏谱，所署用，人地无不当者。"

【裁节】 cáijié 抑制，节制。《后汉书·王充传》："[充]年渐七十，志力衰耗，乃造《养性书》十六篇，～～嗜欲，颐神自守。"苏洵《审势》："～～天下强弱之势。"

【裁可】 cáikě 裁断决定。《新唐书·董晋传》："与窦参得君，～～大事，不关咨晋，晋循谨无所驳异。"

【裁许】 cáixǔ 犹裁可。裁断决定。《汉书·赵充国传》："谨上田处及器用簿，唯陛下～～。"（上：呈上。）

【裁制】 cáizhì ❶规划，安排。《淮南子·齐俗训》："故圣人～～物也，犹工匠之斲削凿枘也，宰庖之切割分别也，曲得其直而不折伤。"《新唐书·王徽传》："兴复殿寝，～～有宜。"❷节止，抑止。《三国志·蜀书·姜维传》："每欲兴军大举，费祎常～～不从，与其兵不过万人。"

采¹ 1. cǎi ❶摘取。后作"採"，又简化为"采"。《诗经·周南·关雎》："参差荇菜，左右～之。"（参差：不齐的样子。荇菜：一种水生植物。）㊀搜集。《汉书·艺文志》："故古有～诗之官，王者所以观风俗，知得失，自考正也。"㊁择取，采纳。《史记·秦始皇本纪》："～上古帝位号，号曰'皇帝'。"《韩非子·问辩》："上必～其言而责其实。"❷有彩色花纹的丝织物。后作"綵"。《汉书·货殖传》："文～千匹。"又《食货志》："衣必文～，食必粱肉。"❸彩色。后作"彩"。《吕氏春秋·季春纪》："命妇官染～。"《论衡·骨相》："传言黄帝龙颜……尧眉八～。"❹文采，辞藻。《楚辞·怀沙》："众不知余之异～。"《文心雕龙·情采》："是以联辞结～，将欲明经。"❺采饰，文过其实。《汉书·严安传》："故养失而泰，乐失而淫，礼失而～，教失而伪。"❻神色。《汉书·王莽传》："莽色厉而言方，欲有所为，微见风～，党与承其指意而显奏之。"❼事。《尚书·尧典》："畴咨，若予～？"（畴：谁。咨：语气词。）㊁官，官职。《史记·司马相如列传》："以展～错事。"❽五服之一。古代以天子所居为中心，每距五百里为一服，共五服。《左传·襄公十五年》："王及公、侯、伯、子、男、甸、

～、卫大夫，各居其列。”❾理会。后作“睬”。杜荀鹤《登灵山水阁贻钓者》诗：“未胜渔父闲垂钓，独背斜阳不～人。”释道原《景德传灯录》卷七：“倾山覆海晏然静，地动安眠岂～伊？”❿柞木。见“采椽”。

2. cài ⓫古代卿大夫的封地。后作“寀”或“埰”。《礼记·礼运》：“大夫有～，以处其子孙。”《风俗通·六国》：“封熊绎于楚，食子男之～。”⓬通“菜”。《周礼·春官·大胥》：“春入学，舍～合舞。”《睡虎地秦墓竹简·秦律·传食律》：“～羹，给之韭葱。”

3. lái ⓭通“莱”。蔓。《后汉书·王符传》：“桐木为棺，葛～为缄。”（缄：捆东西的绳索。）

【采采】 cǎicǎi ❶茂盛的样子。《诗经·秦风·蒹葭》：“蒹葭～～，白露未已。”❷犹事事。《尚书·皋陶谟》：“亦言其人有德，乃言曰载～～。”

【采椽】 cǎichuán 以柞木为椽。形容俭朴。《汉书·艺文志》：“茅屋～～，是以贵俭。”《后汉书·汉阴老父传》：“昔圣王宰世，茅茨～～，而万人以宁。”（茅茨：茅草苫顶。）

【采掇】 cǎiduō 采集，择取。《论衡·幸偶》：“夫百草之类，皆有补益，遭医人～～，成为良药。”又《超奇》：“博览古今者为通人，～～传书以上书奏记者为文人。”

【采服】 cǎifú 相传古代京畿以外地区按远近分为九等，叫九服。采服为九服之一。《周礼·夏官·职方氏》：“乃辨九服之邦国，方千里为王畿，……又其外方五百里曰～～。”

【采获】 cǎihuò 求取并有所得。《汉书·夏侯胜传》：“胜从父子建字长卿，自师事胜及欧阳高，左右～～。”

【采缉】 cǎijī ❶析麻搓接成线。李白《黄葛篇》：“闺人费素手，～～作絺绤。”（絺绤：葛布。细者为絺，粗者为绤。）❷收集。《宋史·杨徽之传》：“会诏李昉等～～前代文字，类为《文苑英华》。”

【采畿】 cǎijī 古九畿之一。《周礼·夏官·大司马》：“方千里曰国畿，其外方五百里曰侯畿……又其外方五百里曰～～。”

【采女】 cǎinǚ ❶后汉初，六宫称号之一。《后汉书·皇后纪序》：“又置美人、宫人、～～三等，并无爵秩，岁时赏赐充给而已。”后用为宫女的通称。《后汉书·荀爽传》：“臣窃闻后宫～～五六千人。”❷仙女名。见葛洪《神仙传·彭祖》。

【采色】 cǎisè ❶彩色。《庄子·天地》：“垂衣裳，设～～，动容貌，以媚一世。”《淮南子·齐俗训》：“听失于诽誉，而目淫于～～。”❷神色。《庄子·人间世》：“～～不定，常人之所不违。”

【采薇】 cǎiwēi ❶采摘野菜。《史记·伯夷列传》：“伯夷、叔齐耻之，义不食周粟，隐于首阳山，～～而食之。”后以比喻隐居不仕。阮籍《咏怀》之九：“下有～～士，上有嘉树林。”王绩《野望》诗：“相顾无相识，长歌怀～～。”❷《诗经·小雅》的篇名。

【采物】 cǎiwù 具有彩色花纹、用以区别尊卑贵贱身份的旌旗、衣服等物。《左传·文公六年》：“分之～～，著之话言。”

【采撷】 cǎixié 摘取。王维《相思》诗：“愿君多～～，此物最相思。”

【采渔】 cǎiyú 搜刮，掠夺。《论衡·程材》：“［文吏］考事则受赂，临民则～～，处左则弄权，幸上则卖将。”又《遭虎》：“功曹为奸，～～于吏，故虎食人，以象其意。”

【采章】 cǎizhāng 有彩色花纹作为装饰的礼品。《左传·宣公十四年》：“朝而献功，于是有容貌～～，嘉淑而有加货。”㉄具有彩色花纹、用以区别尊卑贵贱的旌旗、衣服等物。《国语·周语中》：“亦唯是死生之服物～～，以临长百姓而轻重布之，王何异之有？”（长：治理。轻重布之：指贵贱各有等差。）

【采真】 cǎizhēn 纯任天性，顺应自然。《庄子·天运》：“古之至人，假道于仁，托宿于义，以游逍遥之墟，食于苟简之田，立于不贷之圃。……古者谓之～～之游。”

【采摭】 cǎizhí 搜集拾取。《三国志·吴书·韦曜传》：“囚寻按传记，考合异同，～～耳目所及，以作《洞记》。”曾巩《南齐书目录序》：“然而蔽害天下之圣法，是非颠倒，～～谬乱者，亦岂少哉？”

【采地】 càidì 卿大夫的封地。封地的收入作为卿大夫的俸禄。《论衡·感类》：“礼，诸侯之子称公子，诸侯之孙称公孙，皆食～～，殊之众庶。”曾巩《公族议》：“诸侯之適子继世以为诸侯，其别子各为其国之卿大夫，皆有～～。”（適：通“嫡”。）

【采邑】 càiyì 卿大夫的封邑。《周礼·夏官·司勋》注：“郑司农云：不以美田为～～。”《鬼谷子·内揵》：“或结以财货，或结以～～。”

【采薪之忧】 cǎixīnzhīyōu 疾病的婉辞。《孟子·公孙丑下》：“孟仲子对曰：‘昔者有王命，有～～～～，不能造朝。’”

采[2]**（採）** cǎi ❶采摘。《后汉书·献帝纪》：“群僚饥乏，尚书郎以下自出～稆。”（稆：同“穞”。野生的禾。）又

《崔骃传》:“彼～其华,我收其实。”㊂开采。苏轼《上皇帝书》:“～矿伐炭,多饥寒亡命、强力鸷忍之民也。”❷搜集,选取。《后汉书·班彪传》:“彪乃继～前史遗事,傍贯异闻,作后传数十篇。”《南史·梁武帝纪》:“博～英异。”❸理睬。后作“睬”。《北齐书·后主穆后传》:“后既以陆[大姬]为母,提婆为家,更不～轻霄。”(轻霄:人名。)

【采察】 cǎichá 采纳明察。《三国志·蜀书·张嶷传》:“数年之中,东西并举,实为不晚,愿深～～。”

【采获】 cǎihuò 搜集选取。《后汉书·班彪传》:“若[司马]迁之著作,～～古今,贯穿经传,至广博也。”《新唐书·元行冲传》:“～～刊缀为五十篇。”

【采掠】 cǎilüè 抢劫,掠夺。《晋书·石勒载记上》:“～～无所获,军中大饥。”

彩[1] cǎi ❶色彩,光彩。《隋书·音乐志》:“烟云献～,龟龙表异。”沈约《竟陵王显佛光殿赋》:“日华月～。”㊂色彩艳丽的装饰品。《隋书·音乐志》:“车辂垂～,旒衮腾辉。”❷文采。《宋书·颜延之传》:“延之与陈郡谢灵运俱以词～齐名。”㊂神采,风度。《晋书·王戎传》:“幼而颖悟,神～秀彻。”谢庄《为尚书八座封皇子郡王奏》:“第某皇帝等器～明敏,令识颖悟。”

彩[2]**(綵)** cǎi ❶彩色的丝织物。《老子·五十三章》:“服文～,带利剑,厌饮食,财货有馀。”《后汉书·西羌传》:“引金钱缣～之珍,征粮粟盐铁之积。”❷花纹,色彩。张衡《思玄赋》:“昭～藻与琱琭兮,璜声远而弥长。”(琱:雕饰。琭:玉名。)《后汉书·循吏传序》:“身衣大练,色无重～。”(大练:粗帛。)李白《巫山屏风》诗:“疑似天边十二峰,飞入君家～屏里。”

【彩女】 cǎinǚ 宫女。《后汉书·吕强传》:“臣又闻后宫～～数千馀人,衣食之费,日数百金。”沈佺期《七夕曝衣篇》:“曝衣何许曛半黄,宫中～～提玉箱。”

【彩物】 cǎiwù 泛指钱帛财物。《后汉书·段颎传》:“时窦太后临朝……敕中藏府调金钱～～,增助军费,拜颎破羌将军。”《新唐书·崔玄暐传》:“乃复拜天官侍郎,厚赐～～。”

【彩章】 cǎizhāng 错杂艳丽的色彩。李白《送崔度》诗:“我乃重此鸟,～～五色分。”㊂华丽的衣裳。《晋书·刘颂传》:“车甲器械既具,群臣乃服～～,仓廪已实,乃营宫室。”

睬(倸) cǎi 理会,答理。张氲《醉吟》之二:“下调无人～,高心又被瞋。”《三国演义》四十九回:“时云常在侧,孔明全然不～。”

寀 cài ❶古代卿大夫受封的土地。《尔雅·释诂》“寀、寮,官也”郭璞注:“官地为～。”❷同僚。《晋书·王戎传》:“寻拜司徒,虽位总鼎司,而委事僚～。”(鼎司:指三公的职位。)❸文采。王思任《三春九夏社咏序》:“流芬著～,叶征赓商,亦大似郢下公子。”

埰 cài 古代卿大夫的封地。《集韵·代韵》:“臣食邑谓之～,或省(作采)。”㊂坟墓。《方言》卷十三:“冢,秦晋之间谓之坟……或谓之～。”

菜 cài ❶可作菜食用的草本植物的总称。《国语·楚语下》:“庶人食～,祀以鱼。”《韩非子·外储说右下》:“秦大饥,应侯请曰:‘五苑之草著:蔬～、橡果、枣栗,足以活民,请发之。’”(发:开放。)㊀肴馔。《北史·胡叟传》:“饭～精洁,醯酱调美。”❷通“采”。卿大夫的封地。《后汉书·冯鲂传》:“其先魏之支别,食～冯城,因以氏焉。”(支别:宗族的分支。)❸(cǎi)通“采”。采摘。《隶释·梁相孔耽神祠碑》:“躬～菱藕。”

【菜甲】 càijiǎ 菜初生的叶芽。杜甫《宾至》诗:“自锄稀～～,小摘为情亲。”白居易《二月二日》诗:“二月二日新雨晴,草芽～～一时生。”

蔡 1. cài ❶野草。左思《魏都赋》:“～莽螯刺,昆虫毒噬。”❷占卜用的大龟。《左传·襄公二十三年》:“臧武仲自邾使告臧贾,且致大～焉……[臧贾]再拜受龟。”(致:献上。)《汉书·食货志下》:“元龟为～,非四民所得居,有者,入大卜受直。”(元:大。直:值。指与龟价相当的钱。)❸法,遵行刑法。《尚书·禹贡》:“五百里要服:三百里夷,二百里～。”(要服:古代称离王城一千五百里至二千里的地区。夷:易,言行平易之法。)❹周代诸侯国名,后为楚国所灭。故址在今河南上蔡、新蔡一带。《史记·管蔡世家》:“武王已克殷纣,平天下,封功臣昆弟,于是封叔度于～。”(叔度:武王同母弟。)

2. sà ❺流放。《左传·昭公元年》:“周公杀管叔而～蔡叔。”

can

参(參、叅) 1. cān ❶参与,加入。《荀子·强国》:“与之～国政,正是非。”《汉书·赵充国传》:“朝廷每有大议,常与～兵谋。”❷比,并。《荀子·解蔽》:“明～日月,大满八极,夫是之谓大人。"《后汉书·戴就传》:"幽囚考掠,五毒～至。"❸下级晋见上级。韩愈《寄卢仝》诗:"劝～留守谒大尹,言语才及辄掩耳。"《旧唐书·舆服志》:"国子、太学、四门学生～见则服之。"❹检验,验证。《韩非子·显学》:"无～验而必之者,愚也。"刘敞《先秦古器记》:"以他书～之,乃十得五六。"❺弹劾。《红楼梦》二回:"不到一年,便被上司～了一本。"❻通"骖"。见"参乘"。

2. cēn ❼见"参差"。

3. shēn ❽星名。二十八宿之一。《史记·天官书》:"～为白虎。"❾人参。药名。《急就篇》四章:"远志续断～土瓜。"❿见"参参"。

4. sān ⓫通"三"。配合成三的,三分的。《左传·隐公元年》:"大都不过～国之一。"《商君书·赏刑》:"此臣所谓～教也。"

【参禅】 cānchán 佛教用语。习禅者向禅师参学。白居易《唐江州兴果寺律大德凑公塔碣铭序》:"既出家,具戒于南岳希操大师,～～于锺陵大寂大师。"

【参朝】 cāncháo 上朝参见。《旧唐书·太宗纪上》:"内外文武群官,年高致仕抗表去职者,～～之日,宜在本品见任之上。"

【参贰】 cān'èr ❶相并,相同。《论衡·佚文》:"国业传在千载,主德～～日月。"❷辅佐。范仲淹《邠州建学记》:"予～～国政,亲奉圣谋。"

【参干】 cāngān 干预,过问。《后汉书·孝仁董皇后纪》:"后每欲～～政事,太后辄相禁塞。"

【参合】 cānhé 调和,相称。《韩非子·主道》:"知其言以往,勿变勿更,以～～阅焉。"《新语·道基》:"功德～～,而道术生焉。"

【参候】 cānhòu 验证。《后汉书·郎颉传》:"占知京师当有大火,记识时日,遣人～～,果如其言。"

【参互】 cānhù 相互参杂,相互验证。《周礼·天官·司会》:"以～～考日成。"

【参稽】 cānjī 验证查考。《荀子·解蔽》:"疏观万物而知其情,～～治乱而通其度。"

【参校】 cānjiào 验证审核。《宋史·选举志四》:"削去重复,补其阙漏,～～详议。"

【参列】 cānliè 排列。《战国策·魏策一》:"卒戍四方,守亭障者～～。"

【参乘】 cānshèng 陪乘,陪乘之人。《史记·樊郦滕灌列传》:"项羽目之,问为谁,张良曰:'沛公～～樊哙。'"

【参事】 cānshì ❶共同办事,参与政事。曹操《郭嘉有功早死宜追赠封表》:"立身著行,称成乡邦;与臣～～,尽节为国。"❷官名。

【参寿】 cānshòu 同寿,并存。《楚辞·九叹·远游》:"欲与天地～～兮,与日月而比荣。"

【参谭】 cāntán 连续不断的样子。嵇康《琴赋》:"或～～繁促,复叠攒仄。"

【参听】 cāntīng 共同判断。《礼记·王制》:"大司寇以狱之成告于王,王命三公～～之。"

【参同】 cāntóng ❶共同参与。《三国志·魏书·钟会传》:"会典综军事,～～计策,料敌制胜,有谋谟之勋。"❷合而为一。《韩非子·主道》:"有言者自为名,有事者自为形,形名～～,君乃无事焉。"

【参赞】 cānzàn ❶参谋,协助。《南史·王俭传》:"先是齐高帝为相,欲引时贤～～大业。"❷清代官名。

【参酌】 cānzhuó 参考酌量。《后汉书·曹褒传论》:"汉初天下创定,朝制无文,叔孙通颇采经礼,～～秦法。"

【参综】 cānzōng 参与综括。《晋书·温峤传》:"拜侍中,机密大谋皆所～～。"

【参佐】 cānzuǒ 部下,僚属。《三国志·魏书·王基传》:"基上疏固让,归功～～。"杜甫《送卢十四弟侍御护韦尚书灵榇归上都二十韵》:"～～哭辞毕,门阑谁送归。"

【参差】 cēncī ❶长短、高低不齐的样子。《诗经·周南·关雎》:"～～荇菜,左右流之。"《汉书·扬雄传下》:"仲尼以来,国君将相卿士名臣～～不齐。"❷差不多,相似。白居易《长恨歌》:"中有一人字太真,雪肤花貌～～是。"❸古代乐器。《楚辞·九歌·湘君》:"望夫君兮未来,吹～～兮谁思。"(王逸注:"～～,洞箫也。")

【参错】 cēncuò 参差交错。杜甫《青阳峡》诗:"冈峦相经亘,云水气～～。"归有光《答唐虔伯书》:"所虑狱词～～,虽得逃死,亦恐非的然之见。"

【参辰】 shēnchén 参星和辰星。二星分在东西方,出没不同时。比喻双方远离。《法言·学行》:"吾不睹～～之相比也。"徐干《室思一首》:"故如比目鱼,今隔如～～。"

【参参】 shēnshēn 长长的样子。《后汉书·张衡传》:"修初服之娑娑兮,长余珮之～～。"

【参伍】 sānwǔ ❶错综复杂。《周易·系辞上》:"～～以变,错综其数。"❷比较检验。《荀子·成相》:"～～明谨施赏刑。"

【参夷】 sānyí 灭三族。《汉书·刑法志》："韩任申子，秦用商鞅，连相坐之法，造～～之诛。"

骖(驂) cān ❶三匹马驾一辆车。《诗经·小雅·采菽》："载～载驷，君子所届。"❷驾车时位于两旁的马。《楚辞·惜誓》："苍龙蚴虬于左～兮，白虎骋而为右骓。"《战国策·宋卫策》："新妇谓仆曰：'拊～，无笞服。'"(仆：驾车的人。拊：击，鞭打。服：辕马。)㊂以……为骖。《战国策·赵策三》："且王之先帝，驾犀首而～马服，以与秦角逐。"(犀首、马服：均人名。)

【骖騑】 cānfēi 驾车时位于两旁的马。《墨子·七患》："彻～～，涂不芸，马不食粟，婢妾不衣帛，此告不足之至也。"(芸：通"耘"。除草。)也泛指车马。王勃《滕王阁诗序》："俨～～于上路，访风景于崇阿。"(阿：大山。)

【骖服】 cānfú 驾车的马。居中驾辕者称服，位于两侧者称骖。《盐铁论·结和》："～～以罢，而鞭策愈加。"(以：通"已"。罢：通"疲"。)傅玄《墙上难为趋》诗："门有车马客，～～若腾飞。"

【骖乘】 cānshèng 即陪乘。古代乘车之法，尊者居左，驭者居中，陪乘者居右，负责行车安全。战时称"车右"，平时称"骖乘"。《战国策·秦策四》："智伯出行水，韩康子御，魏桓子～～。"(行水：巡视水势。)《论衡·幸偶》："卫之～～者见御者之过，从后呼车，有救危之意，不被其罪。"也指陪乘的人。《韩非子·难三》："知伯出，魏宣子御，韩康子为～～。"也作"参乘"。《汉书·董贤传》："出则～～，入御左右。"(御：侍。)《吕氏春秋·序意》："青荓为～～。"

餐(湌、飡) cān ❶吃(饭)。《诗经·郑风·狡童》："维子之故，使我不能～兮。"《汉书·文三王传》："太后乃说，为帝壹～。"(说：悦。)㊂饭食。《韩非子·十过》："公子见使者，再拜，受其～而辞其璧。"❷比喻听取。王俭《褚渊碑文》："～舆诵于丘里，瞻雅咏于京国。"(舆：众，众人的。丘里：乡里。)

【餐霞】 cānxiá 服食云霞。道家修炼之术。颜延之《五君咏》："中散不偶世，本是～～人。"(中散：指嵇康。)宋之问《寄天台司马道士》诗："远愧～～子，童颜且自持。"

【餐英】 cānyīng 以花为食。后用以指雅人的高洁。屈原《离骚》："朝饮木兰之坠露兮，夕餐秋菊之落英。"王翰《题菊》诗："归来去南山，～～坐空谷。"

戋 cán 见 jiān。

残(殘) cán ❶杀，伤害。《周礼·夏官·大司马》："放弑其君则～之。"《后汉书·钟离意传》："吾闻无道之君以刃～人，有道之君以义行诛。"又《桓帝纪》："蝗螽孳蔓，～我百谷。"㊀毁坏，毁灭。《庄子·马蹄》："故纯朴不～，孰为牺尊！白玉不毁，孰为珪璋！"(牺尊：祭神用的刻有牛头图形的木制酒器。)《吕氏春秋·顺民》："禽夫差，戮吴相，～吴二年而霸。"(禽：擒。)㊂祸害。《史记·赵世家》："奸臣在朝，国之～也。"《汉书·食货志》："今背本而趋末，食者甚众，是天下之大～也。"❷凶暴。《汉书·隽不疑传》："不疑为吏，严而不～。"㊂凶暴之人。《孟子·滕文公下》："救民于水火之中，取其～而已矣。"《论衡·逢遇》："武王诛～，太公讨暴。"❸残缺，不完整。《汉书·刘歆传》："孝成皇帝闵学～文缺，稍离其真，乃陈发秘臧，校理旧文。"(臧：通"藏"。库藏。)《后汉书·儒林传序》："礼乐分崩，典文～落。"㊂残废。司马迁《报任少卿书》："顾自以为身～处秽，动而见尤。"❹残馀，剩馀。元稹《和乐天早春见寄》诗："湖添水剂消～雪，江送潮头涌漫波。"杜甫《奉赠韦左丞丈二十二韵》："～杯与冷炙，到处潜悲辛。"㊂尽。陆游《冬夜读史有感》诗："短檠膏涸夜将～，感事怀人兴未阑。"❺煮肉的异名。张协《七命》："髦～象白。"(白：煮肉的异名。)

【残丑】 cánchǒu ❶凶残的丑类。《后汉书·桓帝纪》："幸赖股肱御侮之助，～～消荡，民和年稔，普天率土，遐迩洽同。"❷容貌残缺丑陋。《晋书·魏咏之传》："咏之生而兔缺……贫无行装，谓家人曰：'～～如此，用活何为！'"

【残喘】 cánchuǎn ❶垂死时仅存的喘息。马中锡《中山狼传》："今日之事，何不使我得早处囊中以苟延～～乎？"❷指衰病垂绝的生命，馀生。郝经《云梦》诗："何时结茅屋，老吟寄～～。"

【残伐】 cánfá ❶残杀征伐。《史记·秦始皇本纪》："诸侯各守其封域，或朝或否，相侵暴乱，～～不止。"❷剿灭。《国语·吴语》："今君王不察，盛怒属兵，将～～越国。"

【残更】 cángēng 天明前最后的更鼓声。罗隐《岁除夜》诗："厌寒思暖律，畏老惜～～。"

【残红】 cánhóng 落花。王建《宫词》："树头树底觅～～，一片西飞一片东。"陆游《落花》诗："未妨老子凭栏兴，满地～～点绿苔。"

【残晖】 cánhuī 落日的馀晖，夕阳。何逊

《范广州宅联句》:"濛濛夕烟起,奄奄~~灭。"许浑《陪宣城大夫崔公泛后池兼北楼谯》诗之二:"云外轩窗通早景,风前箫鼓送~~。"

【残魂】 cánhún ❶指残生。柳宗元《别舍弟宗一》诗:"零落~~倍黯然,双垂别泪越江边。"❷魂魄。杜牧《杜鹃》诗:"至今衔积魄,终古吊~~。"

【残酷】 cánkù ❶残忍暴虐。《诗经·大雅·民劳》郑玄笺:"王爱此京师之人,则天下邦国之君不为~~。"❷残害。高適《贺安禄山死表》:"逆贼孤负圣朝,造作氛祲,啸聚吠尧之犬,倚赖射天之矢,~~生灵,斯亦至矣。"(孤负:辜负。)❸悲惨不幸。《后汉书·何敞传》:"刘畅宗室肺府,茅土藩臣,来吊大忧,上书须报,亲在武卫,致此~~。"(府:通"腑"。须:等待。)

【残漏】 cánlòu 将尽的漏壶滴水声。指天将明。古时以漏壶滴水计时,故云。戎昱《桂州腊夜》诗:"晓角分~~,孤灯落碎花。"(晓角:清晨的号角声。)

【残戮】 cánlù 杀戮。《后汉书·襄楷传》:"曾无赦宥,而并被~~,天下之人,咸知其冤。"《三国志·魏书·武帝纪》:"太祖击破之,遂攻拔襄贲,所过多所~~。"

【残甿】 cánméng 遗民。《南齐书·王融传》:"北地~~,东都遗老,莫不茹泣吞悲,倾耳戴目,翘心仁政,延首王风。"

【残灭】 cánmiè ❶毁灭。《淮南子·原道训》:"宗族~~,断嗣绝祀。"《汉书·高帝纪上》:"尝攻襄城,襄城无噍类,所过无不~~。"❷残酷暴虐。《后汉书·臧宫传》:"~~之政,虽成必败。"❸残缺磨灭。欧阳修《集古录跋尾》:"右汉北岳碑,文字~~尤甚,莫详其所载何事。"

【残年】 cánnián ❶馀年。《列子·汤问》:"甚矣,汝之不惠! 以~~馀力,曾不能毁山之一毛。"杜甫《曲江》诗:"短衣匹马随李广,看射猛虎终~~。"❷岁终。白居易《冬初酒熟又一首》诗:"~~多少在,尽付此中销。"

【残生】 cánshēng ❶伤害生命。《庄子·骈拇》:"二人者所死不同,其于~~伤性均也。"嵇康《答难养生论》:"今读者不睹至乐之情,甘灭年~~,以从所愿。"❷馀生。杜甫《草堂》诗:"饮啄愧~~,食薇不敢馀。"

【残损】 cánsǔn 伤害。《后汉书·周举传》:"言盛冬去火,~~民命,非贤者之意,以宣示愚民,使还温食。"

【残阳】 cányáng ❶夏末将要衰微的阳气。《汉书·郊祀志上》"作伏祀"颜师古注:"伏者,谓阴气将起,迫于~~而未得升,故为臧伏,因名伏日也。"❷夕阳。许浑《南楼春望》诗:"下岸谁家住? ~~半掩门。"

【残夷】 cányí 杀戮,伤害。《后汉书·仲长统传》:"汉二百年遭王莽之乱,计其~~灭亡之数,又复倍乎秦、项矣。"《后汉书·质帝纪》:"九江、广陵二郡数离寇害,~~最甚。"(离:通"罹"。遭。)

【残贼】 cánzéi ❶残忍狠毒。《汉书·路温舒传》:"是以狱吏专为深刻,~~而亡极。"(亡:无。)也指残忍狠毒之人。《汉书·高帝纪上》:"吾以义兵从诸侯诛~~,使刑馀罪人击公,何苦乃与公挑战!"❷残害,伤害。《荀子·致士》:"朋党比周之誉,君子不听;~~加累之谮,君子不用。"(加累:加罪于人。)《史记·淮南衡山列传》:"往者秦为无道,~~天下。"

【残照】 cánzhào 傍晚的阳光,落日。孟浩然《同独孤使君东斋作》诗:"竹间~~入,池上夕阳浮。"白居易《池上早秋》诗:"早凉生北槛,~~下东篱。"

【残膏剩馥】 cángāoshèngfù 比喻馀泽。膏,脂膏。馥,香气。《新唐书·杜甫传赞》:"它人不足,甫乃厌馀,~~~~,沾丐后人多矣。"(丐:施予。)也省作"残剩"。吕南公《游子篇》:"雄豪弃~~,声色化耳目。"

【残山剩水】 cánshānshèngshuǐ 指国土分裂,山河不全。王璲《题赵仲穆画》诗:"南朝无限伤心事,都在~~~~中。"

蚕(蠶) cán 昆虫名。《韩非子·说林下》:"鳣似蛇,~似蠋。"㊀养蚕。《孟子·尽心上》:"五亩之宅,树墙下以桑,匹妇~之,则老者足以衣帛矣。"《晋书·慕容皝载记》:"其耕而食,~而衣,亦天之道也。"

【蚕食】 cánshí 像蚕食桑叶一样。比喻逐渐侵吞。《战国策·赵策一》:"秦~~韩氏之地。"《汉书·严安传》:"及至秦王,~~天下,并吞战国。"

【蚕室】 cánshì ❶养蚕之室。《晋书·礼志上》:"皇后亲桑东郊苑中,~~祭蚕神。"❷狱名。宫刑者所居之室。《后汉书·光武帝纪下》:"诏死罪系囚皆一切募下~~。"(李贤注:"蚕室,宫刑狱名。宫刑者畏风,须暖,作窨室蓄火如蚕室,因以名焉。")《三国志·魏书·王肃传》:"后遭李陵事,遂下[司马]迁~~。"❸地名。春秋时鲁邑。在今山东滕州东。《左传·哀公八年》:"吴师克东阳而进,舍于五梧,明日舍于~~。"

惭(慙、慚) cán ❶羞愧。《史记·孟尝君列传》:"客~,自到。”《后汉书·邓禹传》：“不能宣赞风美，补助教化，诚～诚惧。”❷耻辱。《左传·昭公三十一年》：“一～之不忍，而终身～乎？”

【惭怖】 cánbù 惭愧恐惧。《后汉书·邓禹传》：“伏闻诏书，惊惶～～。”《晋书·刘琨传》：“徒怀愤踊，力不从愿，～～征营，痛心疾首。”

【惭德】 cándé 内愧于心的品德缺陷。《左传·襄公二十九年》：“圣人之弘也，而犹有～～，圣人之难也。”《后汉书·郭太传》：“吾为碑铭多矣，皆有～～，唯郭有道无愧色耳。”

【惭服】 cánfú 惭愧而心服。《汉书·何武传》：“自是后，[戴]圣～～。”《北史·李贤传》：“或讥其不精，答曰：‘贤岂能领徒授业？至如忠孝之道，实铭于心。’问者～～。”

【惭惶】 cánhuáng 惭愧惶恐。《隋书·炀帝萧皇后传》：“虽沐浴于恩光，内～～而累息。”

【惭恚】 cánhuì 羞愧恼恨。《论衡·累害》：“同时并进，高者得荣，下者～～，毁伤其行。”《周书·王勇传》：“乃于众中折辱之，勇遂～～，因疽发背而卒。”

【惭悸】 cánjì 惭愧害怕。《新唐书·韩愈传》：“加以罪犯至重，所处远恶，忧惶～～，死亡无日。”

【惭惧】 cánjù 羞愧恐惧。《汉书·杜钦传》：“会皇太后女弟司马君力与钦兄子私通，事上闻，钦～～，乞骸骨去。”《后汉书·钟离意传》：“比上天降旱，密云数会，朕戚然～～，思获嘉应。”

【惭愧】 cánkuì ❶羞愧。《论衡·道虚》：“力倦望极，默复归家，～～无言。”❷难得，侥幸。张籍《答书使君寄车前子》诗：“～～使君怜病眼，三千馀里寄闲人。”苏轼《浣溪沙》词：“～～今年二麦丰，千畦翠浪舞晴空。”

【惭赧】 cánnǎn 因羞愧而脸红。《后汉书·延笃传》：“上交不谄，下交不黩，从此而殁，下见先君远祖，可不～～？”

【惭忸】 cánniǔ 羞愧。白居易《春寒》诗：“省躬念前哲，醉饱多～～。”

【惭惕】 cántì 羞愧忧惧。《南史·徐勉传》：“实由才轻务广，思力不周，永言～～，无忘寤寐。”《隋书·杨素传》：“昼夜回徨，寝食～～，常惧朝露奄至，虚负圣慈。”

【惭颜】 cányán 面有愧色。《南齐书·豫章文献王传》：“闻命～～，已不觉汗之沾背也。”李商隐《为季贻孙上李相公启》：“语姬朝之旧族，庄、武～～。”

【惭怍】 cánzuò 惭愧。《汉书·王莽传上》：“蜀郡男子路建等辍讼～～而退。”

惨(憯)

cǎn ❶狠毒。《荀子·议兵》：“楚人鲛革犀兕以为甲，鞈如金石，宛钜铁𫓧，～如蜂虿。”（鞈：坚。宛：地名。𫓧：矛。）《后汉书·周纡传》：“然苛～失中，数为有司所奏。”[又] 厉害。《荀子·天论》：“其说甚尔，其灾甚～。”（尔：近。）❷悲伤，凄惨。《史记·外戚世家》：“汉王心～然，怜薄姬。”《晋书·刑法志》：“有酸～之声。”[引] 丧事。《晋书·王忱传》：“妇父尝有～，忱乘醉吊之。”❸疼痛。《列子·杨朱》：“蜇于口，～于腹。”❹羞惭。白居易《裴常侍以〈题蔷薇架十八韵〉见示》诗：“蕙～偎栏避，莲羞映浦藏。”❺通“黪”。暗淡无光。蒋凝《望思台赋》：“烟昏日～。”❻通“憯”。乃，竟。《左传·昭公二十年》：“～不畏明。”

【惨惨】 cǎncǎn ❶忧愁不安的样子。《诗经·小雅·正月》：“忧心～～，念国之为虐。”《后汉书·章帝纪》：“令予小子，徒～～而已。”❷昏暗的样子。庾信《伤心赋》：“天～～而无色，云苍苍而正寒。”

【惨恻】 cǎncè 悲痛伤感。陆机《愍思赋序》：“衔恤哀伤……故作此赋，以纾～～之感。”又作“憯恻”。《楚辞·九辩》：“中～～之悽怆兮，长太息而增欷。”王粲《登楼赋》：“心凄怆以感发兮，意忉怛而～～。”

【惨怆】 cǎnchuàng 凄楚悲伤。司马迁《报任少卿书》：“见主上～～怛悼，诚欲效其款款之愚。”《后汉书·黄琼传》：“天维陵弛，民鬼～～。”

【惨悴】 cǎncuì ❶凄惨忧愁。李华《吊古战场文》：“黯兮～～，风悲日曛。”❷憔悴。《南史·袁湛传》：“子良世子昭胄时年八岁，见武帝而形容～～。”又作“惨顇”。《世说新语·言语》：“卫洗马初欲渡江，形神～～。”

【惨怛】 cǎndá 忧伤哀痛。《庄子·盗跖》：“～～之疾，恬愉之安，不监于体。”（监：察。）《汉书·元帝纪》：“岁比灾害，民有菜色，～～于心。”又作“憯怛”。《汉书·翼奉传》：“朕甚闵焉，～～于心。”又《武帝纪》：“盖君者心也，民犹支体，支体伤则心～～。”

【惨淡】 cǎndàn 暗淡，凄凉。《春秋繁露·治水五行》：“金用事，其气～～而白。”欧阳修《秋声赋》：“盖夫秋之为状也，其色～～，烟霏云敛。”也作“惨澹”。白居易《渭村退居寄礼部崔侍郎、翰林钱舍人诗一百韵》：“云容阴～～，月色冷悠扬。”

【惨澹】 cǎndàn ❶见"惨淡"。❷思虑至深的样子。杜甫《送从弟亚赴安西判官》诗："踊跃常人情，～～苦士志。"

【惨毒】 cǎndú ❶狠毒，虐害。《汉书·陈汤传》："郅支单于～～行于民，大恶通于天。"也作"憯毒"。《管子·形势》："纣之为主也……～～之使施于天下。"《韩诗外传》卷三："彼顾其上，如～～蜂虿之人。"❷强烈的怨愤。曹植《求通亲亲表》："窃不愿于圣代使有不蒙施之物，必有～～之怀。"

【惨急】 cǎnjí 执法严刻峻急。《史记·平准书》："长吏益～～而法令明察。"《汉书·食货志下》："其明年，淮南、衡山、江都王谋反迹见……坐而死者数万人，吏益～～而法令察。"

【惨悸】 cǎnjì 忧惧。《三国志·蜀书·郤正传》："合不以得，违不以失，得不克诎，失不～～。"《新唐书·刘总传》："晚年益～～，请剔发。"

【惨沮】 cǎnjǔ 凄楚沮丧。石介《过魏东郊》诗："瓦石固无情，为我亦～～。"宋濂《秦士录》："两生相顾～～，不敢再有问。"

【惨刻】 cǎnkè 狠毒苛刻。《后汉书·和帝纪》："今秋稼方穗而旱，云雨不霑，疑吏行～～，不宣恩泽，妄拘无罪，幽闭良善所致。"《新唐书·酷吏传序》："奸臣作威，渠检宿狡，颇用～～。"

【惨慄】 cǎnlì ❶极悲痛。《楚辞·九怀·思忠》："感余志兮～～，心怆怆兮自怜。"❷极寒冷。《古诗十九首》之十七："孟冬寒气至，北风何～～。"《素问·至真要大论》："岁太阳在泉，寒淫所胜，则凝肃～～。"

【惨烈】 cǎnliè ❶苛细繁重。《抱朴子·君道》："瞻藻丽之采粲，则虑赋敛之～～。"❷气候严寒。张衡《西京赋》："雨雪飘飘，冰霜～～。"❸景象凄凉。高適《酬李少府》诗："一登蓟丘上，四顾何～～。"

【惨懔】 cǎnlǐn 阴冷的样子。扬雄《甘泉赋》："下阴潜以～～兮，上洪纷而相错。"柳宗元《与萧翰林俛书》："忽遇北风晨起，薄寒中体，则肌革～～，毛发萧条。"也作"惨凛"。陆游《绍熙辛亥九月四日雨后》诗："发毛～～谁复支，性命幺微不禁吓。"又作"憯懔"。陆机《感时赋》："悲夫冬之为气，亦何～～以萧索。"

【惨凄】 cǎnqī ❶忧伤，悲伤。《史记·张释之冯唐列传》："使慎夫人鼓瑟，上自倚瑟而歌，意～～悲怀。"《楚辞·九辩》："心闵怜之～～兮，愿一见而有明。"❷严急。《楚辞·九辩》："霜露～～而交下兮，心尚幸其弗济。"

【惨戚】 cǎnqī 悲伤。陆云《答车茂安书》："尊堂忧灼，贤姊涕泣，上下愁苦，举家～～。"《三国志·吴书·吕蒙传》："[孙]权为之～～，欲数见其颜色，又恐劳动，常穿壁瞻之。"

【惨伤】 cǎnshāng 伤悲。杜甫《寄韩谏议注》诗："昔随刘氏定长安，帷幄未改神～～。"也作"憯伤"。《论衡·四讳》："见子孙被刑，恻怛～～。"

【惨舒】 cǎnshū 语出张衡《西京赋》："夫人在阳时则舒，在阴时则惨，此牵乎天者也。"本指心情忧悒和舒畅。后多指严峻和宽舒。庾信《奉和永丰殿下言志》之一："未论惊宠辱，安知系～～。"苏舜钦《杜公谢官表》："上则调阴阳之～～，外则镇蛮夷之桀猾。"或指严宽更迭。《文心雕龙·物色》："春秋代序，阴阳～～，物色之动，心亦摇焉。"

【惨淡经营】 cǎndànjīngyíng 本指作画前，先用浅淡颜色勾勒轮廓，苦心构思，经营位置。杜甫《丹青引赠曹将军霸》诗："诏谓将军拂绢素，意匠～～～～中。"后泛指苦心经营。楼钥《它山堰》诗："想得～～～～时，下上山川应饱看。"

憯(懵) cǎn ❶痛，惨痛。《韩非子·解老》："苦痛杂于肠胃之间，则伤人也～。"司马迁《报任少卿书》："故祸莫～于欲利，悲莫痛于伤心。"②狠毒。《汉书·晁错传》："法令烦～，刑罚暴酷。"❷副词。乃，竟。《诗经·小雅·十月之交》："哀今之人，胡～莫惩。"

【憯憯】 cǎncǎn 忧愁不安的样子。《诗经·小雅·雨无正》："曾我暬御，～～日瘁。"

【憯恻】 cǎncè 见"惨恻"。

【憯怛】 cǎndá 见"惨怛"。

【憯毒】 cǎndú 见"惨毒①"。

【憯懔】 cǎnlǐn ❶哀伤畏惧。嵇康《琴赋》："是故怀戚者闻之，莫不～～惨凄，愀怆伤心。"❷见"惨懔"。

【憯伤】 cǎnshāng 见"惨伤"。

瘆 cǎn 痛，惨痛。《汉书·谷永传》："又以掖庭狱大为乱阱，榜箠～于炮格，绝灭人命。"《北史·王孝籍传》："窃以毒螫～肤，则申旦不寐；饥寒切体，亦卒岁无聊。"

黪(黲) cǎn 浅青黑色。《说文·黑部》："～，浅青黑色也。"《梦溪笔谈·故事二》："近岁京师士人朝服乘马，以～衣蒙之。"

【黪黩】 cǎndú 混浊。杜甫《三川观水涨二十韵》："何时通舟车，阴气不～～。"（九家注："阴气开朗而不黪黩为雨也。"）

灿(燦)　càn　鲜明，耀眼。《春秋繁露·王道通三》："文理～然而厚，知广大有而博。"符载《畋获虎颂序》："声轩暴雷，目烁～炬。"

【灿烂】　cànlàn　见"粲烂①"。

【灿然】　cànrán　见"粲然②"。

掺　càn　见 shǎn。

粲　càn　❶上等白米。《诗经·郑风·缁衣》："适子之馆兮，还，予授子之～兮。"❷鲜明，华美。《诗经·唐风·葛生》："角枕～兮，锦衾烂兮。"《史记·太史公自序》："唯建元、元狩之间，文辞～如也。"（建元、元狩：汉武帝的年号。）㉿美丽。《诗经·唐风·绸缪》："今夕何夕，见此～者。"㉿特指美女。陆云《为顾彦先赠妇往返》诗："皎皎彼姝子，灼灼怀春～。"❸众多。《国语·周语上》："夫兽三为群，人三为众，女三为～。"李白《赠刘都使》诗："归家酒债多，门客～成行。"❹开口笑的样子。范成大《蛇倒退》诗："我乃不能答，付以一笑～。"❺(cān)通"餐"。柳宗元《天对》："益革民艰，咸～厥粒。"

【粲粲】　càncàn　鲜明的样子。《诗经·小雅·大东》："西人之子，～～衣服。"陆机《日出东南隅行》："暮春春服成，～～绮与纨。"

【粲烂】　cànlàn　❶光彩鲜明的样子。宋玉《风赋》："眴焕～～，离散转移。"司马相如《上林赋》："皓齿～～。"也作"灿烂"。曹操《观沧海》诗："星汉～～，若出其里。"❷辞藻华丽。张衡《思玄赋》："文章奂以～～兮，美纷纭以从风。"《三国志·蜀书·杜微周群等传评》："文辞～～。"

【粲然】　cànrán　❶精洁的样子。《荀子·荣辱》："俄而～～有秉刍豢稻粱而至者。"❷鲜明、显著的样子。《盐铁论·结和》："功勋～～，著于海内。"《汉书·董仲舒传》："至于宣王，思昔先王之德，兴滞补弊，明文武之功业，周道～～复兴。"❸明白，清楚。《荀子·非相》："欲观圣王之迹，则于其～～者矣。"《论衡·别通》："古贤之遗文，竹帛之所载～～，岂徒墙壁之画哉！"也作"灿然"。王鏊《亲政篇》："陛下虽深居九重，而天下之事～～毕陈于前。"❹开口笑的样子。《穀梁传·昭公四年》："军人～～皆笑。"郭璞《游仙》诗："灵妃顾我笑，～～启玉齿。"（顾：回头看。）

璨　càn　明亮，灿烂。王建《白纻歌》之一："天河漫漫北斗～，宫中乌啼知夜半。"《旧唐书·柳宗元传》："～若珠贝。"

【璨璨】　càncàn　明亮的样子。白居易《黑龙饮渭赋》："尔乃降长川，俯高岸，气黕黕以黯黯，光～～而烂烂。"

cang

仓(倉)　1. cāng　❶贮藏谷物的房屋。《墨子·七患》："故～无备粟，不可以待凶饥。"《老子·五十三章》："朝甚除，田甚芜，～甚虚。"㉿把粮食存入仓中。《诗经·大雅·公刘》："迺积迺～。"❷船舱。后作"舱"。杨万里《初二日苦热》诗："船～周围各五尺，且道此中底宽窄。"❸通"苍"。青色。《仪礼·聘礼》："缫三采六等朱白～。"㉿灰白色。《频婆娑罗王后宫彩女功德意供养塔生天因缘变文》："红颜渐渐鸡皮皱，绿须看看鹤发～。"❹通"沧"。水青绿色。《汉书·扬雄传上》："东烛～海，西燿流沙。"❺通"伧"。粗鄙。卢照邻《与在朝诸贤书》："方回尚在，王羲之就～奴而共谈。"

2. chuàng　❻通"怆"。悲伤。见"仓兄"。

【仓卒】　cāngcù　❶匆忙急迫。《汉书·薛宣传》："会邛成太后崩，丧事～～。"《后汉书·顺帝纪》："而即位～～，典章多缺。"也作"仓猝"。《论衡·逢遇》："～～之业，须臾之名。"❷非常事变，乱难。《汉书·楚元王传》："遭巫蛊～～之难，未及施行。"《后汉书·桓荣传》："荣初遭～～，与族人桓元卿同饥厄，而荣讲诵不息。"

【仓皇】　cānghuáng　匆忙急迫，慌张。《新五代史·伶官传序》："一夫夜呼，乱者四应，～～东出，未见贼而士卒离散。"也作"仓黄"、"苍黄"。韩愈《祭女挐女文》："～～分散，使汝惊忧。"《旧唐书·郑虔传》："有窥其稿者，上书告虔私撰国史，虔～～焚之。"

【仓廪】　cānglǐn　储藏谷米的仓库。《吕氏春秋·怀宠》："分府库之金，散～～之粟，以镇抚其众。"《战国策·西周策》："韩氏罢于兵，～～空，无以守城。"（罢：通"疲"。）

【仓龙】　cānglóng　见"苍龙"。

【仓头】　cāngtóu　见"苍头②"。

【仓箱】　cāngxiāng　《诗经·小雅·甫田》："乃求千斯仓，乃求万斯箱。"言禾谷丰收，求千仓贮存，万车运载。后因以"仓箱"喻丰收。权德舆《中书门下贺雨表》："笞笠就绪，～～可期。"徐渭《贺兵侍江公擢户书启》："边储告匮，久无望于～～。"

【仓庾】　cāngyǔ　储藏粮食的仓库。《史记·孝文本纪》："天下旱，蝗。帝加惠，……发～～以振贫民。"《三国志·魏书·袁绍传》："师出历年，百姓疲弊，～～无积，赋役方殷,此国之深忧也。"

【仓兄】 chuànghuǎng 悲伤失意的样子。《诗经·大雅·桑柔》:"不殄心忧,~~填兮。"(填:长久。)

沧(滄) cāng(又读 chuàng) 寒冷,凉。《荀子·正名》:"疾养~热滑铍轻重,以形体异。"(养:通"痒"。)《汉书·枚乘传》:"欲汤之~,一人炊之,百人扬之,无益也,不如绝薪止火而已。"

伧(傖) cāng(旧读 chéng) ❶粗俗,鄙陋。《初学记》卷十九引王褒《责须髯奴辞》:"汗垢流离,污秽泥土,~嗫穰擩,与尘为侣。"❷魏晋南北朝时,江东人对楚人、北方人的蔑称。《晋书·周玘传》:"吴人谓中州人曰~。"《史通·杂说中》:"南呼北人曰~,西谓东胡曰虏。"

【伧楚】 cāngchǔ ❶魏、晋、南北朝时,吴人以上国自居,视楚人粗鄙,称之为"伧楚"。因用以代称楚人。《宋书·殷孝祖传》:"孝祖忽至,众力不少,并~~壮士,人情于是大安。"也是北方人对南方人的蔑称。《北史·王昕传》:"伪赏宾郎之味,好咏轻薄之篇,自谓模拟~~,曲尽风制。"❷粗鄙。况周颐《蕙风词话》卷三:"曩半塘老人跋《藏春乐府》云:'雄廓而不失之~~,酝藉而不流于侧媚。'"

【伧父】 cāngfǔ 晋、南北朝时,南人讥北人粗鄙,蔑称之为"伧父"。《晋书·左思传》:"初陆机入洛,欲为此赋,闻[左]思作之,抚掌而笑,与弟云书曰:'此间有~~,欲作《三都赋》,须其成,当以覆酒瓮耳。'"《世说新语·雅量》:"昨有一~~来寄亭中,有尊贵客,权移之。"

【伧荒】 cānghuāng 晋、南北朝时,南人讥北地荒远、北人粗鄙,称之为"伧荒"。《宋书·杜骥传》:"晚渡北人,朝廷常以~~遇之。"陆游《跋张监丞云庄诗集》:"虏覆神州七十年,东南士大夫视长淮以北犹~~也。"

【伧佇】 cāngníng 也作"伧狞"。❶杂乱的样子。刘禹锡《〈竹枝词〉序》:"里中儿联歌《竹枝》……卒章激讦如吴声,虽~~不可分,而含思宛转。"❷粗恶的样子。刘禹锡《祭兴元李司空文》:"夷风~~,犷俗悍害。"苏轼《阎立本职贡图》诗:"音容~~服奇庬,横绝岭海逾涛泷。"(庬:杂乱。)

沧(滄) cāng ❶同"沧"。寒冷。《逸周书·周祝》:"天地之间有~热。"一本作"沧"。枚乘《上书谏吴王》:"欲汤之~,一人炊之,百人扬之,无益也。"❷水青绿色。《法言·吾子》:"浮~海而知江河之恶沱也。"杜甫《秋兴八首》之五:"一卧~江惊岁晚,飘回青琐点朝班。"

【沧沧】 cāngcāng ❶寒凉的样子。《列子·汤问》:"日初出,~~凉凉,及其日中,如探汤。"❷高远的样子。王嘉《拾遗记·少昊》:"皇娥倚瑟而清歌曰:'天清地旷浩茫茫,万象回薄化无方,浛天荡荡望~~。'"

【沧浪】 cānglāng ❶水名。即汉水。《尚书·禹贡》:"嶓冢导漾,东流为汉,又东为~~之水。"(漾、汉:古水名。)❷水青绿色。陆机《塘上行》:"发藻玉台下,垂影~~泉。"司空图《杨柳枝》诗之二:"数枝珍重蘸~~,无限尘心暂免忙。"❸洲名。《水经注·沔水》:"[武当]县西北四十里汉水中,有洲名~~洲。"

【沧茫】 cāngmáng 旷远迷茫的样子。方干《题松江驿》诗:"钟声断续在~~。"也作"苍茫"。高適《自蓟北归》诗:"~~远山口,豁达胡天开。"

【沧溟】 cāngmíng ❶幽远的高空。班固《汉武帝内传》:"诸仙玉女聚居~~,其名难测,其实分明。"❷大海。李白《鸣皋歌送岑征君》诗:"霜崖缟皓以合沓兮,若长风扇海涌~~之波涛。"杜甫《赠翰林张四学士》诗:"翰林逼华盖,鲸力破~~。"

【沧桑】 cāngsāng "沧海桑田"的省称。语出葛洪《神仙传·王远》:"麻姑自说云:'接待以来,已见东海三为桑田。'"后以"沧桑"比喻世事变迁很大。汤显祖《牡丹亭·缮备》:"乍想起琼花当年吹暗香,几点新亭,无限~~。"

【沧海横流】 cānghǎihéngliú 海水四处泛流。比喻时世动乱。《抱朴子·正郭》:"虽在原陆,犹恐~~~~,吾其鱼也,况可冒冲风而乘奔波乎?"《晋书·王尼传》:"尼早丧妇,只有一子,无居宅,惟畜露车……常叹曰:'~~~~,处处不安也。'"

苍(蒼) 1. cāng ❶青色(深蓝或暗绿色)。《诗经·秦风·黄鸟》:"彼~者天,歼我良人。"杜甫《九成宫》诗:"~山入百里,崖断如杵臼。"❷灰白色。杜甫《赠卫八处士》诗:"少壮能几时,鬓发各已~。"❸百姓,众民。《后汉书·董祀妻传》:"彼~者何辜,乃遭此厄祸。"❹天,苍天。袁康《越绝书·越绝请籴内传》:"昔者上~以越赐吴,吴不受也。"《广东军务记·三元里抗英》:"幸彼~默佑,未刻迅雷甚雨。"❺通"仓"。见"苍卒"、"苍惶"。

2. cǎng ❻见"苍莽"。

【苍苍】 cāngcāng ❶深青色。《庄子·逍遥遊》:"天之~~,其正色邪?"范仲淹《严先生祠堂记》:"云山~~,江水泱泱。"❷借指天。蔡琰《胡笳十八拍》:"泣血仰头兮诉~

～,生我兮独罹此殃。”❸茂盛的样子。《诗经·秦风·蒹葭》:“蒹葭～～,白露为霜。”❹大的样子。《淮南子·俶真训》:“浑浑～～,纯朴未散。”❺白而泛青的颜色。《史记·天官书》:“正月,[岁星]与斗、牵牛晨出东方,名曰监德。色～～有光。”许浑《洛东兰若夜归》诗:“又归何处去,尘路月～～。”❻形容鬓发斑白。韩愈《祭十二郎文》:“吾年未四十,而视茫茫,而发～～,而齿牙动摇。”许浑《韶州驿楼宴罢》诗:“檐外千帆背夕阳,归心杳杳鬓～～。”

【苍卒】 cāngcù 同“仓卒”。匆忙急迫。《后汉书·冯衍传》:“居～～之间,据位食禄二十馀年。”

【苍昊】 cānghào ❶苍天。《梁书·武帝纪》:“上达～～,下及川泉。”❷天帝,古人想像中的万物主宰者。《梁书·武帝纪》:“迁虞事夏,本因心于百姓;化殷为周,实授命于～～。”

【苍华】 cānghuá ❶道家以人身为小天地,对人体各部皆赋予神名,发神称苍华。《黄庭内景经·至道》:“发神～～,字太元。”白居易《和祝苍华》诗:“～～何用祝,苦辞亦休吐。”❷头发斑白。陆游《西村》诗:“老去郊居多乐事,脱巾未用叹～～。”

【苍黄】 cānghuáng ❶本指青色和黄色。语出《墨子·所染》:“染于苍则苍,染于黄则黄;所入者变,其色亦变。”后因以“苍黄”喻事情变化反复。孔稚珪《北山移文》:“岂期终始参差,～～翻复。”❷见“仓皇”。

【苍极】 cāngjí 苍天。陈子昂《洛城观酺应制》诗:“～～神功被,青云秘箓开。”

【苍浪】 cāngláng ❶斑白。白居易《冬至夜》诗:“老去襟怀常濩落,病来须鬓转～～。”❷水名。即汉水。《史记·夏本纪》:“又东为～～之水,过三澨,入于大别,南入于江。”

【苍筤】 cānglánɡ ❶青色。《周易·震》:“震为雷……为～～竹。”也作“苍狼”。《吕氏春秋·审时》:“后时者弱苗而穗～～。”(毕沅校正:“苍狼,青色也。在竹曰苍筤,在天曰仓浪,在水曰沧浪,字异而义皆同。”)❷借指幼竹。温庭筠《春尽与友人入裴氏林探渔竿》诗:“历寻婵娟节,剪破～～根。”

【苍凉】 cāngliáng 苍茫凄凉。皎然《汤评事衡湖上望微雨》诗:“～～远景中,雨色缘山有。”刘基《感怀》诗之二十:“众鸟各自飞,乔木空～～。”

【苍龙】 cānglóng ❶东方七宿的合称,即角、亢、氐、房、心、尾、箕七宿。《史记·天官书》:“东宫～～,房、心。”也作“仓龙”。《论衡·物势》:“东方,木也,其星,～～也。”❷青色大马。《韩非子·外储说右下》:“延陵卓子乘～～挑文之乘。”(挑文:指毛色鲜艳的马。)也作“仓龙”。《礼记·月令》:“天子居青阳左个,乘鸾路,驾～～。”(青阳左个:东向明堂的北侧室。路:车。又作“辂”。)❸太岁星。袁桷《张虚靖圜庵扁曰归鹤次韵》:“红羊赤马悲沧海,白虎～～俨大庭。”也作“仓龙”。《后汉书·张纯传》:“今摄提之岁,～～甲寅,德在东宫。”(摄提:摄提格的简称,摄提格是寅年的别名。)❹喻苍劲的松柏。李山甫《松》诗:“地耸～～势抱云,天教青共众材分。”

【苍茫】 cāngmáng 见“沧茫”。

【苍民】 cāngmín 百姓。庾肩吾《和太子重云殿受戒》诗:“小乘开治道,大觉拯～～。”

【苍旻】 cāngmín 苍天。孟云卿《行路难》诗:“君不见高山万仞连～～,天长地久成埃尘。”陈子昂《堂弟孜墓志铭》:“吾恸感伤兮号～～。”

【苍黔】 cāngqián 百姓,民众。张九龄《奉和圣制温泉歌》:“吾君利物心,玄泽浸～～。”王安石《送郓州知府宋谏议》诗:“讴谣喧井邑,惠化牧～～。”

【苍穹】 cāngqióng 苍天,天空。李白《门有车马客行》:“大运且如此,～～宁匪仁。”杜甫《冬狩行》:“禽兽已毙十七八,杀声落日迴～～。”

【苍生】 cāngshēng ❶生长草木的地方。《尚书·益稷》:“帝光天之下,至于海隅～～。”❷百姓。萧衍《净业赋序》:“独夫既除,～～甦息。”陈子昂《谏用刑书》:“天下～～,莫不想望圣风,冀见神化。”❸人类。《晋书·顾恺之传》:“尤善丹青,图写特妙,谢安深重之,以为有～～以来未之有也。”李商隐《贾生》诗:“可怜夜半虚前席,不问～～问鬼神。”

【苍唐】 cāngtáng 草木始凋的样子。《楚辞·九思·哀岁》:“北风兮潦烈,草木兮～～。”

【苍天】 cāngtiān ❶天。《诗经·王风·黍离》:“悠悠～～,此何人哉!”❷春天。《尔雅·释天》:“春为～～,夏为昊天,秋为旻天,冬为上天。”(郭璞注:“万物苍苍然生。”邢昺疏引李巡注:“春,万物始生,其色苍苍,故曰苍天。”)❸东方天空。《吕氏春秋·有始》:“何谓九野?中央曰钧天,其星角、亢、氐;东方曰～～,其星房、心、尾。”

【苍头】 cāngtóu ❶戴青色头巾的士卒。《史记·苏秦列传》:“今窃闻大王之卒,武士二十万，～～二十万，奋击二十万，斯徒十万。"又《项羽本纪》："少年欲立婴便为王，异军～～特起。"（婴：人名。）❷奴仆。汉时仆隶以青色头巾包头，故称。《后汉书·刘宽传》："尝坐客，遣～～市酒，迂久，大醉而还。"白居易《盐商妇》诗："前呼～～后呼婢。"也作"仓头"。《汉书·萧望之传》："仲翁出入，从～～、庐儿。"（庐儿：奴仆，侍从。）

【苍玄】 cāngxuán 苍天。《梁书·朱异传》："异探高祖微指，应声答曰：'圣明御宇，上应～～，北土遗黎，谁不慕仰？'"

【苍莽】 cāngmǎng 广阔迷茫的样子。《韩诗外传》卷四："齐桓公问于管仲曰：'王者何贵？'曰：'贵天。'桓公仰而视天。管仲曰：'所谓天，非～～之天也，王者以百姓为天。'"苏辙《黄楼赋》："山川开阖，～～千里。"

鸧(鶬) 1. cāng ❶见"鸧鹒"、"鸧鸹"。2. qiāng ❷形容金饰。《诗经·周颂·载见》："鞗革有～，休有烈光。"（鞗：马笼头上的金属装饰物。）

【鸧鹒】 cānggēng 黄莺。张衡《归田赋》："王雎鼓翼，～～哀鸣。"

【鸧鸹】 cāngguā 灰鹤。班固《西都赋》："～～鸨鹖，凫鹥鸿雁。"

【鸧鸧】 qiāngqiāng 金属撞击声，铃声。《诗经·商颂·烈祖》："八鸾～～，以假以享，我受命溥将。"

臧 cáng 见 zàng。

藏 1. cáng ❶潜匿，隐藏。《礼记·檀弓上》："～也者，欲人之弗得见也。"《后汉书·西域传》："是以单于孤特，鼠窜远～。"❷收藏，储藏。《老子·四十四章》："甚爱必大费，多～必厚亡。"（爱：吝惜，吝啬。）《荀子·王制》："春耕，夏耘，秋收，冬～。"㉢怀，蓄。嵇康《幽愤诗》："大人含弘，～垢怀耻。"❸深。《素问·长刺节论》："头疾痛，为～针之。"

2. zàng ❹储存财物的地方。《国语·晋语四》："文公之出也，竖头须，守～者也，不从。"（头须：人名。）《列子·黄帝》："俄而范氏之～大火。"㉢指储存的财物。《左传·僖公二十四年》："晋侯之竖头须，守藏者也，其出也，窃～以逃。"❺内脏。后作"脏"。《淮南子·原道训》："夫心者，五～之主也。"《论衡·论死》："人死五～腐朽。"❻葬。陆游《跋周侍郎姊妹帖》："养老者，字幼者，～死者。"㉢葬地。《三辅黄图·陵墓》："文帝霸陵，在长安城东七十里，因山为～，不复起坟。"❼佛教、道教经典的总称。如《大藏经》、《道藏》。慧皎《高僧传·安清》："出家修道，博晓经～。"

3. zāng ❽草名。《史记·司马相如列传》："其卑湿则生～、莨、蒹葭。"❾窝主。《国语·鲁语上》："毁则者为贼，掩贼者为～，窃宝者为宄，用宄之财者为奸。"

【藏锋】 cángfēng ❶书法上笔锋隐而不露。徐浩《论书》："用笔之势，特须～～，锋若不藏，字则有病。"❷才华不外露。刘肃《大唐新语·聪敏》："公词翰若此，何忍～～，以成鄙夫之过？"

【藏命】 cángmìng 亡命，不顾性命。《史记·游侠列传》："以躯借交报仇，～～作奸剽攻。"

【藏怒】 cángnù 怀恨于心。《孟子·万章上》："仁人之于弟也，不～～焉，不宿怨焉。"《吕氏春秋·知士》："宣王闻之，～～以待之。"

【藏鸦】 cángyā 比喻枝叶荫蔽。梁简文帝《金乐歌》："槐花欲覆井，杨柳正～～。"罗虬《比红儿》诗："～～门外诸年少，不识红儿未是狂。"

【藏拙】 cángzhuō ❶掩其拙劣，不以示人。刘悚《隋唐嘉话下》："梁常侍徐陵聘于齐，时魏收文学北朝之秀，收录其文集以遗陵，令传之江左。陵还，济江而沈之，从者以问，陵曰：'吾为魏公～～。'"韩愈《和席八十二韵》："倚玉难～～，吹竽久混真。"❷自谦之辞。罗隐《自贻》诗："纵无显效亦～～，若有所成甘守株。"

【藏府】 zàngfǔ ❶府库。《汉书·文三王传》："及死，～～馀黄金尚四十万馀斤。"❷同"脏腑"。《素问·脉解》："阴气下而复上，上则邪客于～～间。"

【藏器待时】 cángqìdàishí 语出《周易·系辞下》："君子藏器于身，待时而动。"比喻怀才以等待施展的时机。李贽《续焚书·与焦弱侯》："李如真四月二十六日到长安，知兄已到家，～～～～，最喜最喜。"又作"藏器俟时"。《抱朴子·时难》："盖往而不反者，所以功在身后，而～～～～者，所以百无一遇。"

cao

操 cāo ❶持，拿着。《吕氏春秋·古乐》："昔葛天氏之乐，三人～牛尾投足以歌八阕。"㉢掌握，驾驭。《韩非子·人主》："所谓贵者，无法而擅行，～国柄而便私者也。"《庄子·达生》："吾尝济乎觞深之渊，津人～舟若神。"（觞深：渊名。）㉢携，带着。《史记·范雎蔡泽列传》:“魏人郑安平闻之,乃遂～范雎亡。”❷担任,从事。《孙子·用间》:“内外骚动,怠于道路,不得～事者七十万家。”《聊斋志异·促织》:“邑有成名者,～童子业。”❸(旧读 cào)操守,品德。《吕氏春秋·任数》:“君臣易～,则上之三官者废矣。”《论衡·逢遇》:“能薄～浊,不可保以必卑贱。”❹(旧读 cào)琴曲名。应劭《风俗通·声音》:“其遇闭塞忧愁而作者,命其曲曰～。”鲍照《芜城赋》:“抽琴命～,为芜城之歌。”㊇弹奏(琴曲)。《左传·成公九年》:“乐～土风,不忘旧也。”(土风:乡土歌谣或乐曲。)枚乘《七发》:“使师堂～《畅》,伯子牙为之歌。”

【操持】 cāochí ❶握着,拿着。《汉书·苏武传》:“杖汉节牧羊,卧起～～,节旄尽落。”❷持,保持。《汉书·王嘉传》:“天子以相等皆见上体不平,外内顾望,～～两心……制诏免相等皆为庶人。”(相:人名。)❸操守。李商隐《漫成五章》诗之二:“李杜～～事略齐,三才万象共端倪。”

【操觚】 cāogū 指作文。觚,古人书写时所用的木简。陆机《文赋》:“或～～以率尔,或含毫而邈然。”宋濂《王冕传》:“当风日佳时,～～赋诗,千百不休。”

【操介】 cāojiè 操守。《宋书·临川王义庆传》:“才学明敏,～～清修,业均井渫,志固冰霜。”

【操履】 cāolǚ 操行,品行。《北史·庾质传》:“～～贞懿,立言忠鲠。”

【操切】 cāoqiè ❶胁迫,胁制。《汉书·贡禹传》:“奸轨不胜,则取勇猛能～～百姓者,以苛暴威服下者,使居大位。”❷办事过于急躁严刻。张居正《陈六事疏》:“然人情习玩已久,骤一振之,必将曰此拂人之情者也;又将曰此务为～～者也。”

【操尚】 cāoshàng 品德理想。《晋书·羊祜传》:“祜执德冲虚,～～清远,德高而体卑,位优而行恭。”

【操行】 cāoxíng ❶操守,品行。《楚辞·七谏·沉江》:“正臣端其～～兮,反离谤而见攘。”(离:通“罹”。遭受。)《史记·伯夷列传》:“若至近世,～～不轨,专犯忌讳,而终身逸乐,富厚累世不绝。”❷特指廉洁正直的品行。《论衡·书虚》:“生能～～,慎道应天。”《后汉书·贾复传》:“少有～～,多智略。”

【操作】 cāozuò 劳动。《后汉书·梁鸿传》:“[孟光]乃更为椎髻,著布衣,～～而前。”李纲《题邵平种瓜图》诗:“儿童玉立形骨清,挈笠携筐助～～。”

【操刀必割】 cāodāobìgē 喻行事当及时,不可失掉时机。《六韬·文韬》:“日中必彗,～～～～,执斧必伐。日中不彗,是谓失时;操刀不割,失利之期;执斧不伐,贼人将来。”(彗:曝晒。)

糙 cāo ❶没有舂过的米。《玉篇·米部》:“～,粗米未舂。”《旧唐书·食货志上》:“仪凤四年四月,令东都出远年～米及粟,就市给粜。”❷粗糙,不光滑。洪昇《长生殿·窥浴》:“春纤十个擂槌,玉体浑身～漆。”

曹 cáo ❶分科办事的官署或部门。《论衡·程材》:“说一经之生,治一～之事,旬月能之。”《后汉书·百官志》:“成帝初置尚书四人,分为四～。”㊇左右曹,一种加官。《汉书·霍光传》:“任光为郎,稍迁诸～侍中。”❷偶,对。宋玉《招魂》:“分～并进,遒相迫些。”㊀相偶,相匹。孟郊《秋怀》诗之十二:“蹇行散余郁,幽坐谁与～?”㊇组,群。《史记·魏其武安侯列传》:“遣吏分～逐捕灌氏支属。”《楚辞·招隐士》:“虎豹斗兮熊罴咆,禽兽骇兮亡其～。”❸辈,等。《汉书·袁盎传》:“臣受梁王金刺君。君,长者,不忍刺君。然后刺者十馀～,备之!”《后汉书·赵熹传》:“尔～若健,远相避也。”❹周代诸侯国,姬姓。故址在今山东曹县定陶一带。《左传·僖公二十七年》:“若伐～、卫,楚必救之。”

【曹辈】 cáobèi 同辈。《史记·袁盎晁错列传》:“梁刺客后～～果遮刺杀盎安陵郭门外。”

【曹党】 cáodǎng 群党,邪恶势力的集团。《管子·法法》:“上妄诛则民轻生,民轻生则暴人兴,～～起而乱贼作矣。”(乱贼:造反者。)

【曹偶】 cáo'ǒu 侪辈,同类。《史记·扁鹊仓公列传》:“往年市之民所,四百七十万,～～四人。”又《黥布列传》:“布皆与其徒长豪桀交通,乃率其～～,亡之江中为群盗。”(《汉书·黥布传》作“曹耦”。)

【曹社】 cáoshè 语出《左传·哀公七年》:“初,曹人或梦众君子立于社宫,而谋亡曹。”后遂以“曹社”作为国家将亡的典故。庾信《哀江南赋》:“鬼同～～之谋,人有秦庭之哭。”

【曹伍】 cáowǔ ❶卒伍。军队的基层组织。《后汉书·马融传》:“～～相保,各有分局。”❷泛指队伍。曾巩《福州上执政书》:“及去秋到职,闽之馀盗,或数十百为～～者,往往蚁聚于山谷。”

漕 cáo ❶水道运粮。《战国策·魏策一》:“粟粮～庾,不下十万。”㊇水运它物。《汉书·赵充国传》:“伐材木大小六万馀枚,皆在水次。……冰解～下。”❷古邑名。故址在今河南滑县东南。《诗经·邶风·击鼓》：“土国城～，我独南行。”

【漕挽】　cáowǎn　运输粮饷。《史记·留侯世家》：“诸侯安定，河、渭～～天下，西给京师。”也作“漕挽”。王安石《与马运判书》：“以谓宜料畿兵之驽怯者，就食诸郡，可以舒～～之急。”

【漕引】　cáoyǐn　水上运输。《新唐书·王播传》：“然浚七里港以便～～，后赖其利。”

嘈　cáo　❶声音相应和。潘岳《笙赋》：“光歧俨其偕列，双凤～以和鸣。”❷喧嚷，声音杂乱。杨修《许昌宫赋》：“钟鼓隐而雷鸣，警跸～而响起。”

【嘈嘈】　cáocáo　形容声音喧闹。王延寿《鲁灵光殿赋》：“耳～～以失聪，目矆矆而丧精。”李白《永王东巡歌》：“雷鼓～～喧武昌，云旗猎猎过寻阳。”

【嘈囋】　cáozá　声音杂乱，喧闹。鲍照《登庐山》诗：“～～晨鹍思，叫啸夜猿清。”陆游《夜归》诗：“浮桥沽酒市～～，江口过埭牛凌兢。”（凌兢：战栗的样子。）

槽　cáo　❶盛牲畜饲料的长条形器具。《晋书·宣帝纪》：“又尝梦三马同食一～。”㊀两边高中间凹的器物，凹的部分叫槽。如酒槽、水槽、茶槽（捣茶用的器具）、弦槽（琵琶一类乐器上架弦的格子）、池槽等。刘伶《酒德颂》：“先生于是方捧罂承～，衔杯漱醪。”李贺《秦王饮酒》诗：“龙头泻酒邀酒星，金～琵琶夜枨枨。”范成大《立春》诗：“彩胜金旛梦里，茶～药杵声中。”《宋史·孟洪传》：“水跨九阜，建通天～八十有三丈，溉田十万顷。”又《兵志》：“传言牌中为池～，藏笔墨纸。”❷柔木。《淮南子·氾论训》：“古之兵弓剑而已矣，～矛无击，修戟无刺。”

【槽枥】　cáolì　马槽。韩愈《杂说》：“故虽有名马，祇辱于奴隶人之手，骈死于～～之间，不以千里称也。”

螬　cáo　蛴螬，金龟子的幼虫，俗称“地蚕”、“土蚕”，生活在土里，食植物的根茎。《孟子·滕文公下》：“井上有李，～食实者过半矣。”

艚　cáo　漕运所用的船。《宋书·恩倖传序》：“南金北毳，来悉方～。”㊁泛指船。柳宗元《游南亭夜还叙志七十韵》：“旷望援深竿，哀歌叩鸣～。”

屮　cǎo　见chè。

草（艸）　cǎo　❶草。《诗经·小雅·谷风》：“无～不死，无木不萎。”㊁割草。《礼记·祭统》：“未发秋政，则民弗敢～也。”❷荒野。《韩非子·外储说左下》：“垦～创邑，辟地生粟，臣不如宁戚，请以为大田。”（大田：官名。）㊀乡野，民间。李白《梁甫吟》：“君不见高阳酒徒起～中，长揖山东隆准公。”❸粗，粗劣。见“草具”。❹汉字字体的一种，即草书。潘岳《杨荆州诔》：“～隶兼善，尺牍必珍。”陆游《作字》诗：“书成半行～，眼倦正昏花。”❺草稿。《后汉书·皇甫嵩传》：“[嵩]前后上表陈谏有补益者五百馀事，皆手书毁～，不宣于外。”㊁起草，草拟。《汉书·艺文志》：“汉兴，萧何～律。”《论衡·讲瑞》：“为此论～于永平之初，时来有瑞。”❻牝，雌。见“草马”。❼微贱。见“草命”。

【草鄙】　cǎobǐ　粗野鄙陋。《国语·吴语》：“今勾践申祸无良，～～之人，敢忘天王之大德，而思边垂之小怨，以重得罪于下执事。”《战国策·赵策三》：“臣南方～～之人也，何足问？”

【草草】　cǎocǎo　❶草木茂盛的样子。苏轼《和子由记园中草木》诗：“君看藜与藿，生意常～～。”❷忧愁的样子。《诗经·小雅·巷伯》：“骄人好好，劳人～～。”❸辛苦的样子。杜甫《园人送瓜》诗：“园人非故侯，种此何～～。”❹匆促，苟简。杜甫《送长孙九侍御赴武威判官》诗：“闻君适万里，取别何～～。”沈括《梦溪笔谈·书画》：“其用笔甚～～，近视之几不类物象。”❺骚动不安。《北齐书·高德政传》：“世宗暴崩，事出仓卒，群情～～。”

【草创】　cǎochuàng　❶开始创立。《汉书·终军传》：“夫天命初定，万事～～。”《三国志·魏书·司马芝传》：“时天下～～，多不奉法。”❷起草稿。司马迁《报任少卿书》：“～～未就，会遭此祸。”

【草次】　cǎocì　❶匆忙急遽。《春秋·隐公四年》“夏，公及宋公遇于清”杜预注：“遇者，～～之期。二国各简其礼，若道路相逢遇也。”（孔颖达疏：“草次，犹造次。”）❷露宿于草野间。张说《谏避暑三阳宫疏》：“排斥居人，蓬宿～～，风雨暴至，不知庇托。”

【草蹙】　cǎocù　仓猝，匆忙。鲍照《登大雷岸与妹书》：“临涂～～，辞意不周。”元稹《〈桐花诗〉序》：“山月晓时，见桐花满地，因有八韵寄白翰林诗，当时～～，未暇纪题。”

【草服】　cǎofú　❶草编的服装。《尚书·禹贡》“岛夷卉服”孔颖达疏：“凡百草一名卉，知卉服是～～。”❷草黄色的冠服。《礼记·郊特牲》：“野夫黄冠。黄冠，～～也。”

【草菅】　cǎojiān　❶草茅，喻轻贱。《汉书·贾谊传》：“其视杀人若艾草菅然。”（艾：

通“刈”。)后称任意残杀人命为“草菅人命”。❷草野,民间。陆游《薏苡》诗:“呜呼奇材从古弃～～,君试求之篱落间。”

【草芥】 cǎojiè 比喻轻微、无价值的东西。《三国志·吴书·华覈传》:“咨覈小臣,～～凡庸。”夏侯湛《东方朔画赞》:“戏万乘若寮友,视俦列如～～。”

【草驹】 cǎojū 幼马。《淮南子·修务训》:“夫马之为～～之时,跳跃扬蹄,翘尾而走,人不能制。”

【草具】 cǎojù ❶粗劣的食物。《战国策·齐策四》:“左右以君贱之也,食以～～。”《史记·陈丞相世家》:“更以恶～～进楚使。”❷草创,创制。《汉书·贾谊传》:“谊以为汉兴二十馀年,天下和洽,宜当改正朔,易服色制度,定官名,兴礼乐。乃～～其仪法,色上黄,数用五,为官名悉更,奏之。”

【草莱】 cǎolái ❶草茅,杂草。《史记·越王句践世家》:“文身断发,披～～而邑焉。”❷荒芜未垦的土地。《管子·七臣七主》:“主好本,则民好垦～～。”❸在野。《汉书·蔡义传》:“臣山东～～之人。”又指在野未出仕的人。李商隐《漫成》诗:“不妨常日饶轻薄,且喜临戎用～～。”

【草滥】 cǎolàn 事情初始。庾信《小园赋》:“昔～～于吹嘘,藉文言之庆馀。”

【草立】 cǎolì 草创。《汉书·任敖传》:“文帝召公孙臣以为博士,～～土德时历制度,更元年。”沈约《上宋书表》:“宋故著作郎何承天始撰宋书,～～纪传。”

【草麻】 cǎomá 起草诏书。唐用黄麻纸写诏,故称草诏为草麻。《旧唐书·韦弘景传》:“普润镇使苏光荣为泾原节度使,弘景～～,漏叙光荣之功,罢学士。”

【草马】 cǎomǎ 母马。《三国志·魏书·杜畿传》:“渐课民畜牸牛、～～,下逮鸡豚犬豕,皆有章程。”(牸:牝,母。)

【草莽】 cǎomǎng ❶丛草,荒野。《左传·昭公元年》:“若野赐之,是委君贶于～～也。”陶渊明《归园田居》诗:“常恐霜霰至,零落同～～。”❷草野,民间。与“朝廷”相对。《孟子·万章下》:“在国曰市井之臣,在野曰～～之臣。”《吕氏春秋·察传》:“乃令重黎举夔于～～之中而进之。”

【草茅】 cǎomáo ❶杂草。《楚辞·卜居》:“宁诛除～～以力耕乎?”❷草野,民间。《后汉书·孙程传》:“臣生自～～,长于宫掖。”苏轼《贾谊论》:“古今称苻坚得王猛于～～之中,一朝尽斥去其旧臣,而与之谋。”又作“屮茅”。《汉书·贡禹传》:“诚非～～愚臣所当蒙也。”❸在野未出仕的人。《汉书·梅福传》:“庙堂之议,非～～所当言也。”《新唐书·马周传赞》:“由一介～～言天下事。”

【草昧】 cǎomèi ❶天地初开时的混沌状态。《周易·屯》:“天造～～。”《后汉书·班固传》:“五德初始,同于～～。”也作“屮昧”。《汉书·叙传上》:“乱曰:天造～～,立性命兮。”(乱:辞赋末尾结束全文之辞。)❷指混乱的时世。杜甫《重经昭陵》诗:“～～英雄起,讴歌历数归。”❸指国家草创、秩序未定之时。《隋书·高祖纪》:“登庸纳揆之时,～～经纶之日。”

【草窃】 cǎoqiè 乘机掠夺。《史记·宋微子世家》:“殷既小大好～～奸宄,卿士师师非度,皆有罪辜。”《三国志·魏书·袁绍传》注引《九州春秋》:“使妇弟领兵在内,至令～～,市井而外,虏掠田野。”《聊斋志异·乔女》:“家人亦各～～以去,惟一妪抱儿哭帷中。”

【草蓐】 cǎorù 指分娩。《旧五代史·梁太祖纪》:“皇后方在～～,未任就路,欲以十月幸洛。”

【草土】 cǎotǔ 居丧。居父母之丧者寝苫枕块,故曰“草土”。《颜氏家训·文章》:“吾兄弟始在～～,并未得编次。”《梁书·袁昂传》:“不图门衰,祸集一旦,～～残息,复罹今酷。”

【草野】 cǎoyě ❶粗野鄙陋。《韩非子·说难》:“虑事广肆,则曰～～而倨侮。”❷荒野。《论衡·奇怪》:“帝王之妃,何为适～～?”❸民间。《论衡·书解》:“知屋漏者在宇下,知政失者在～～。”柳开《应责》:“且吾今栖栖～～,位不及身。”

【草缨】 cǎoyīng 罪人之服,传说有虞氏以代劓刑。任昉《为梁公请刊改律令表》:“画衣象服,以致刑厝,～～艾韠,民不能犯。”

【草泽】 cǎozé ❶荒野。《史记·仲尼弟子列传》:“孔子卒,原宪遂亡在～～中。”左思《咏史》诗:“何世无奇才,遗之在～～。”❷在野未仕的人。孟浩然《与黄侍御北津泛舟》诗:“闻君荐～～,从此泛沧洲。”

【草止】 cǎozhǐ 在草野宿营。《周礼·夏官·大司马》郑玄注:“茇舍,～～之也,军有～～之法。”

【草间求活】 cǎojiānqiúhuó 苟且偷生。《晋书·周𫖮传》:“吾备位大臣,朝廷丧败,宁可复～～～～,外投胡越邪!”

慅 cǎo 见 sāo。

懆 cǎo ❶忧愁不安。《说文·心部》:“～,愁不安也。”又见“懆懆”。❷同“躁”。

暴躁。《敦煌变文集·唐太宗入冥记》："判官～恶，不敢道名字。"

【慅慅】 cǎocǎo 忧愁不安的样子。《诗经·小雅·白华》："念子～～，视我迈迈。"

鬔 cào 见qì。

ce

册（冊、冊） cè ❶古代文字书于简，编连诸简称之"册"。泛指文献、典籍。《尚书·多士》："惟殷先人有～有典。"㊀量词。书一本称一册。《宋史·何涉传》："人间书传中事，必指卷第～叶之所在，验之果然。"❷古代帝王用于册立、封赠的诏书。《新唐书·百官志二》："临轩册命则读～。"（临轩：指皇帝在殿前平台上召见臣属。）㊂册立，册封。《新唐书·百官志二》："～太子则授玺绶。"❸通"策"。策问。《汉书·董仲舒传》："天子览其对而异焉，乃复～之。"㊂计策，计谋。《汉书·诸侯王表》："武帝施主父之～，下推恩之令。"（主父：复姓。）《论衡·骨相》："大梁人尉缭说秦始皇以并天下之计，始皇从其～。"❹竖立。《敦煌变文集·韩擒虎话本》："任蛮奴不分，～起头稍。"（分：忿。）

【册府】 cèfǔ ❶古时帝王藏书之所。《晋书·葛洪传》："紬奇～～，总百代之遗编；纪化仙都，穷九丹之秘术。"也指帝王册书的存放之所。司空图《上考功》："洛下则神仙元礼，威振边陲；江南则谈笑谢公，勋高～～。"❷文坛，翰苑。卢照邻《〈南阳公集〉序》："褚河南风标特峻，早锵声于～～。"

【册功】 cègōng 叙功封赐。韩愈《平淮西碑》："～～，弘加侍中，愬为左仆射。"（弘、愬：人名。）

【册命】 cèmìng 古代帝王封立太子、皇后、王妃或诸王的命令。《尚书·顾命》："太史秉书，由宾阶阶，御王～～。"（阶：登。）《文献通考》引晋穆帝《册皇后文》："皇帝使使持节兼太保侍中太宰武陵王晞～～故散骑侍郎女何氏为皇后。"（晞：人名。）

【册书】 cèshū ❶史册。班彪《王命论》："全宗祀于无穷，垂～～于春秋。"（按：《汉书·叙传上》作"策书"。）❷古代帝王用于册立、封赠的诏书。《新唐书·百官志二》："凡王言之制有七：一曰～～，立皇后、皇太子、封诸王，临轩册命则用之。"也指一般的诏书。《汉书·公孙弘传》："书奏，天子以～～答。"

厕（厠、廁） cè ❶厕所。《战国策·赵策一》："［豫让］乃变姓名，为刑人，入宫涂～，欲以刺襄子。"❷猪圈。《史记·吕太后本纪》："太后遂断戚夫人手足……使居～中，命曰'人彘'。"❸间杂，置身。司马迁《报任少卿书》："向者仆尝～下大夫之列。"王安石《本朝百年无事劄子》："君子非不见贵，而小人亦得～其间。"㊂错杂。《汉书·礼乐志》："被华文，～雾縠，曳阿锡，佩珠玉。"❹通"侧"。倾斜。见"厕足"。㊂边侧。《汉书·张释之传》："从行至霸陵，上居外临～。"㊂隐蔽之处。《史记·张耳陈馀列传》："贯高等乃壁人柏人，要之置～。"（柏人：县名。）

【厕迹】 cèjì 插足，置身。《新唐书·高窦传赞》："高、窦虽缘外戚姻家，然自以才猷结天子，～～名臣，垂荣无穷。"王若虚《赵州齐参谋新修悟真庵记》："虽不足与闻玄理，～～羽流，而杖履往来，陪君为方外之友，庶无愧焉。"

【厕足】 cèzú ❶侧足，置足。《庄子·外物》："夫地非不广且大也，人之所用容足耳，然则～～而垫之致黄泉，人尚有用乎?"（垫：陷，下掘。）❷插足，置身。《魏书·宗钦传》："窃名华省，～～丹墀。"

侧（側） 1. cè ❶旁边。《诗经·小雅·绵蛮》："绵蛮黄鸟，止于丘～。"王安石《游褒禅山记》："其下平旷，有泉～出。"㊂边沿。《史记·平准书》："而公卿请令京师铸钟官赤～。"❷斜，倾斜。《诗经·小雅·宾之初筵》："～弁之俄，屡舞傞傞。"（俄：倾斜。傞傞：醉舞不止的样子。）《史记·张丞相列传》："吕后～耳于东厢听。"㊀偏颇，不正。《尚书·洪范》："无反无～，王道正直。"㊂轻佻，轻浮。见"侧丽"、"侧艳"。❸置，处于。《淮南子·原道训》："处穷僻之乡，～谿谷之间。"杜甫《得舍弟消息二首》诗之一："～身千里道，寄食一家村。"❹不殡于祖庙而瘗埋。《左传·襄公二十五年》："崔氏～庄公于北郭。"❺通"恻"。悲伤。《楚辞·九歌·湘君》："横流涕兮潺湲，隐思君兮陫～。"

2. zè ❻通"仄"。狭窄。杜甫《偪侧行赠毕四曜》："偪～何偪～，我居巷南子巷北。"《敦煌曲子词·菩萨蛮》："宇宙憎嫌～，今作蒙尘客。"❼通"昃"。太阳偏西之时。《仪礼·既夕礼》："宾出，主人送于门外，有司请祖期，曰日～。"《后汉书·光武帝纪下》："每旦视朝，日～乃罢。"

【侧侧】 cècè ❶众多的样子。《逸周书·大聚》："天民～～，予知其极有宜。"❷寒气侵身的样子。韩偓《寒食夜》诗："～～轻寒翦翦风，杏花飘雪小桃红。"❸象声词。叹息声。《乐府诗集·横吹曲辞五·地驱歌乐辞》:"～～力力,念君无极。"

【侧臣】 cèchén 左右近臣。《管子·度地》:"亟为寡君教～～。"

【侧出】 cèchū ❶旁出。《后汉书·马融传》:"神泉～～,丹水涅池。"❷指妾婢所生。《颜氏家训·后娶》:"河北鄙于～～,不预人流。"《新唐书·王铁传》:"王铁,中书舍人瑨～～子也。"

【侧寒】 cèhán 微寒。吕渭老《望海潮》词:"～～斜雨,微灯薄雾,匆匆过了元宵。"

【侧立】 cèlì 傍立。1)表示谦逊,尊敬。《魏书·房法寿传》:"晨昏参省,～～移时。"《北史·杨愔传》:"太皇太后临昭阳殿,太后及帝～～。"2)表示戒惧。龚自珍《己亥杂诗》:"故人横海拜将军,～～南天未蒇勋。"(蒇:完成。)

【侧丽】 cèlì 华美轻艳。《南史·袁象传》:"于时何偭亦称才子,为文惠太子作《杨畔歌》,辞甚～～,太子甚悦。"

【侧陋】 cèlòu ❶狭窄简陋。《晋书·左贵嫔传》:"生蓬户之～～兮,不闲习于文符。"❷微贱的地位。《论衡·吉验》:"舜未逢尧,鳏在～～。"也指处在僻陋之处或微贱地位的贤人。《汉书·元帝纪》:"延登贤俊,招显～～,因览风俗之化。"

【侧媚】 cèmèi 用不正当的手段讨好别人。《尚书·冏命》:"慎简乃僚,无以巧言令色,便辟～～。"《新唐书·张仲方传》:"吉甫虽多才多艺,而～～取容。"

【侧目】 cèmù 斜目而视。1)形容畏惧,不敢正视。《汉书·郅都传》:"是时民朴,畏罪自重,而[郅]都独先严酷,致行法不避贵戚,列侯宗室见都～～而视,号曰'苍鹰'。"2)形容怒恨。《汉书·邹阳传》:"如此,则太后怫郁泣血,无所发怒,切齿～～于贵臣矣。"

【侧匿】 cènì ❶指夏历每月初一早晨,月亮出现于东方的天文现象。古人认为是月亮运行迟缓所致。《尚书大传·洪范》:"朔而月见东方,谓之～～,甚则薄蚀是也。"《后汉书·蔡邕传》:"元首宽则望舒朓,侯王肃则月～～。"(望舒:月亮。朓:指夏历每月最后一天月亮出现在西方的天文现象。肃:急。)也作"仄慝"。《汉书·五行志下》:"～～则侯王其肃,朓则侯王其舒。"❷阴险狡诈。阮籍《元父赋》:"故其人～～颇僻,隐蔽不公。"

【侧身】 cèshēn ❶置身。《楚辞·九章·惜诵》:"设张辟以娱君兮,愿～～而无所。"《后汉书·马援传》:"今者归老,更欲低头与小儿曹共槽枥而食,并肩～～于怨家之朝乎?"❷形容戒慎恐惧,不敢安身。《论衡·顺鼓》:"高宗恐骇,～～行道,思索先王之政。"

【侧室】 cèshì ❶燕寝旁侧的房间。《礼记·内则》:"妻将生子,及月辰,居～～。"(孔颖达疏:"夫正寝之室在前,燕寝在后,侧室又次燕寝,在燕寝之旁,故谓之侧室。")❷支子,庶子。《左传·文公十二年》:"赵有～～曰穿。"《韩非子·亡徵》:"君不肖而～～贤,太子轻而庶子伉。"(伉:强。)❸妾。《洛阳伽蓝记·城南高阳王寺》:"美人徐月华喜弹箜篌……永安中与卫将军原士康为～～。"❹春秋时官名。掌宗族之事,由宗族的旁支充任,故名。《左传·桓公二年》:"故天子建国,诸侯立家,卿置～～。"

【侧听】 cètīng ❶在旁偷听。《礼记·曲礼上》:"毋～～。"《后汉书·马严传》:"时有～～[马]严言者,以告窦宪兄弟,由是失权贵心。"❷侧耳倾听。陆机《赴洛道中作》诗之二:"顿辔倚嵩岩,～～悲风响。"❸从旁听到。戎昱《闺情》诗:"～～宫官说,知君宠尚存。"❹侧身而听,表示谦敬。苏轼《上神宗皇帝书》:"～～逾旬,威命不至。"

【侧微】 cèwēi 微贱。《尚书·舜典》:"虞舜～～。"《史记·太史公自序》:"申、吕肖矣,尚父～～,卒归西伯,文、武是师。"(肖:衰微。)

【侧闻】 cèwén ❶从旁闻知,听说。岑参《热海行送崔侍御还京》诗:"～～阴山胡儿语,西头热海水如煮。"❷用作谦词。司马迁《报任少卿书》:"仆虽罢驽,亦尝～～长者之遗风矣。"韩愈《与于襄阳书》:"～～阁下抱不世之才,特立而独行。"

【侧息】 cèxī ❶休闲之时。《孔丛子·论势》:"今秦有兼吞天下之志,日夜伺间,不忘于～～。"❷斜靠着休息,以示不敢安寝。《晋书·李密传》:"刘氏有疾,则涕泣～～,未尝解衣。"❸侧身呼吸。言不敢大口出气,形容恐惧。《旧唐书·严挺之传》:"挺之所历皆严整,吏不敢犯,及莅大郡,人乃重足～～。"

【侧席】 cèxí ❶单独一席,席上不铺它物,以示忧戚。《国语·吴语》:"乃阖左阖,填之以土,去笄,～～而坐,不扫。"《礼记·曲礼上》:"有忧者～～而坐。"❷不正坐,坐不安稳。形容待贤心切。《后汉书·杨震传》:"俱征不至,诚违～～之望,然逶迤退食,足抑苟进之风。"又《章帝纪》:"朕思迟直士,～～异闻。"❸表示忧惧。袁宏《后汉纪·桓帝纪》:"公卿以下皆畏,莫不～～。"岳珂《桯史·黄潜善》:"宣和六年春,东都地震……驿书闻朝廷,徽祖为～～。"

【侧行】 cèxíng ❶侧身而行，以示恭敬。《史记·孟子荀卿列传》："适赵，平原君～～撇席。"（撇：拂。）❷不正当的行为。曾巩《再乞登对状》："无～～之一迹，得参于御隶之间。"

【侧足】 cèzú ❶置足。曹植《送应氏》诗之一："～～无行径，荒畴不复田。"❷形容因畏惧而不敢正立。《后汉书·杜乔传》："先是李固见废，内外丧气，群臣～～而立。"《南史·郭祖深传》："远近～～，莫敢纵恣。"❸侧置其足。形容众多，十分拥挤。班固《西都赋》："毛群内阗，飞羽上复，接翼～～，集禁林而屯聚。"

测（測） cè ❶测量水的深度。《淮南子·说林训》："以篙～江。"[引]测量，观测。《周礼·地官·大司徒》："以土圭之法～土深，正日景，以求地中。"（土圭：古代用以测日影、正四时和测度土地的器具。）沈括《梦溪笔谈·象数一》："天文家有浑仪，～天之器。"❷推测，估计，预料。《左传·庄公十年》："夫大国，难～也。"《战国策·魏策二》："魏王令惠施之楚，令犀首之齐，钧二子者，乘数钧，将～交也。"❸清。《周礼·考工记·弓人》："漆欲～，丝欲沉。"❹古代刑具名。《南史·何远传》："当时士大夫坐法皆不受～。"

【测候】 cèhòu 观测天文、气象。《隋书·天文志》："古历，五星并顺行。秦历始有金、火之逆……汉初～～，乃知五星皆有逆行。"

【测揆】 cèkuí 测度。《隋书·天文志上》："浑天象者，其制有机而无衡……不如浑仪，别有衡管，～～日月，分步星度者也。"

恻（惻） cè ❶忧伤，悲痛。《周易·井》："井渫不食，为我心～。"《汉书·宣元六王传》："朕～焉不忍闻，为王伤之。"❷诚恳，恳切。《后汉书·蔡邕传》："前后制书，推心恳～。"王安石《上仁宗皇帝言事书》："盖以至诚恳～之心，力行而为之倡。"

【恻恻】 cècè ❶伤痛的样子。陶渊明《悲从弟仲德》诗："迟迟将回步，～～悲襟盈。"杜甫《梦李白》诗："死别已吞声，生别常～～。"❷诚恳的样子。《后汉书·张酺传》："訚訚～～，出于诚心，可谓有史鱼之风矣。"

【恻怆】 cèchuàng 悲伤，伤痛。荀悦《汉纪·文帝纪论》："夫贾谊过湘水，吊屈原，～～恸怀，岂徒忿怨而已哉！"《三国志·魏书·三少帝纪》："然大将军志意恳切，发言～～，故听如所奏。"

【恻怛】 cèdá ❶忧伤。《论衡·四讳》："缘先祖之意，见子孙被刑，～～憯伤，恐其临祀，不忍歆享，故不上墓。"《论衡·顺鼓》："设令人君高枕据卧，以俟其时，无～～忧民之心。"❷同情，哀怜。《汉书·枚乘传》："唯大王少加意念～～之心于臣乘言。"

【恻然】 cèrán ❶哀痛忧伤的样子。《论衡·死伪》："文王见棺和露，～～悲恨。"（和：棺材两头的板。）《后汉书·阜陵质王延传》："朕～～伤心，不忍致王于理。"（理：狱官，法官。）❷同情怜悯的样子。苏轼《刑赏忠厚之至论》："慈爱而能断，～～有哀怜无辜之心。"

【恻隐】 cèyǐn ❶隐痛。《楚辞·九叹·忧苦》："外彷徨而游览兮，内～～而含哀。"❷对别人不幸的同情、怜悯。《史记·乐书》："闻角音，使人～～而爱人。"《论衡·本性》："～～不忍，仁之气也。"

【恻惐】 cèyù 悲伤的样子。王褒《洞箫赋》："悲怆怳以～～兮，时恬淡以绥肆。"也作"恻淢"。潘岳《笙赋》："愀怆～～。"

畟 cè ❶见"畟畟"。❷清晰，整齐。《搜神记》卷二十："风静水清，犹见城郭楼橹～然。"萧统《殿赋》："阑槛参差，栋宇齐～。"

【畟畟】 cècè 耜刃锋利的样子。《诗经·周颂·良耜》："～～良耜，俶载南亩。"

策（筞） cè ❶竹制的马鞭。《吕氏春秋·执一》："今御骊马者，使四人，人操一～，则不可以出于门闾者，不一也。"[引]鞭打，鞭策。《楚辞·九辩》："却骐骥而不乘兮，～驽骀而取路。"《后汉书·第五伦传》："拘迫大义，思自～厉。"❷拐杖。苏辙《武昌九曲亭记》："每风止日出，江水伏息，子瞻杖～载酒，乘渔舟乱流而南。"[又]拄。陶渊明《归去来兮辞》："～扶老以流憩，时矫首而遐观。"❸简牍。《孟子·尽心下》："吾于《武成》，取二三～而已矣。"[又]书册，编串起来的简牍。杜预《春秋经传集解序》："大事书之于～，小事简牍而已。"《后汉书·庞参传》："亚夫赳赳，载于汉～。"[又]写在策上，记载。《左传·桓公二年》："凡公行，告于宗庙。反行饮至、舍爵～勋焉。"（杜预注："既饮置爵，则书勋劳于策，言速记有功也。"）❹量词。书一本称一策。欧阳修《答祖择之书》："秀才人至，蒙示书一通，并诗赋杂文两～。"❺策书。君主封土授爵或免官，用策书为符信。《左传·昭公三年》："晋侯嘉焉，授之以～，曰：'子丰有劳于晋国，余闻而弗忘。赐女州田，以胙乃旧勋。'"（胙：酬报。）《后汉书·鲁恭传》："后坐事～免。"（坐：因犯……罪或错误。）[又]策封。《三国志·蜀书·诸葛亮传》："先主于是即帝位，～亮为丞相。”❻策问。《汉书·文帝纪》：“上亲～之，傅纳以言。”（傅：通“敷”。铺陈。）又《公孙弘传》：“上～诏诸儒。”[引]一种文体。《后汉书·边留传》：“著诗、颂、碑、铭、书、～，凡十五篇。”❼计谋，谋略。《三国志·魏书·荀攸传》：“公达前后凡画奇～十二。”（公达：即荀攸。）[又]谋划。《孙子·虚实》：“故～之而知得失之计。”❽探测，预计。《新唐书·李光颜传》：“光颜～贼必至，密遣田布伏精骑沟下，扼其归。”苏轼《旭湖上寻周李二君不见》诗：“君行逐鸥鹭，出处浩莫～。”❾古时用于计算的小筹。用以占卜，与蓍草作用同。《老子·二十七章》：“善数不用筹～。”《楚辞·卜居》：“詹尹乃端～拂龟曰：‘君将何以教之？’”❿星名。天策星。《左传·僖公五年》：“丙子旦，日在尾，月在～，鹑火中，必是时也。”（鹑火：星宿名。）

【策府】 cèfǔ 同“册府”。古代帝王藏书之所。《穆天子传》卷二：“天子北征东还，乃循黑水。癸巳，至于群玉之山……阿平无险，四彻中绳，先王之所谓～～。”

【策名】 cèmíng ❶在竹简上书写自己的姓名，以示为人之臣。《左传·僖公二十三年》：“～～委质，贰乃辟也。”❷指出仕。《后汉书·蔡邕传》：“吾～～汉室，死归其正。”

【策命】 cèmìng 同“册命”。❶古代帝王封官授爵的命令。《三国志·魏书·三少帝纪》：“～～未至，兴为下人所杀。”❷指以策书命官。《周礼·春官·内史》：“凡命诸侯及孤卿大夫，则～～之。”《左传·僖公二十八年》：“内史叔兴父～～晋侯为侯伯。”

【策士】 cèshì 谋士。初指战国时代游说诸侯的人，后泛指出谋献策的人。柳宗元《沛国汉原庙铭》：“故曲逆起为～～，辅成帝图。”（曲逆：曲逆侯陈平。）

【策试】 cèshì 古试士用对策，故称为策试。《后汉书·徐防传》：“伏见太学试博士弟子……每有～～，辄兴诤讼，论议纷错，互相是非。”

【策书】 cèshū ❶见“册书①”。❷皇帝命令的一种，多用于封土授爵、任免三公。蔡邕《独断》：“汉天子正号曰皇帝……其命令，一曰～～，二曰制书，三曰诏书，四曰戒书。”

【策问】 cèwèn ❶卜筮占问。《越绝书·越绝德序外传记》：“范蠡因心知意，～～其事，卜省其辞，吉耶凶耶？”❷汉以来试士，以政事、经义等设问，写在简策上，使之条对。《后汉书·和帝纪》：“帝乃亲临～～，选补郎吏。”

【策勋】 cèxūn 把功劳记录在简策上。《后汉书·光武帝纪下》：“于是大飨将士，班劳～～。”李华《吊古战场文》：“饮至～～，和乐且闲。”（饮至：古代的一种军礼，还师告至于宗庙，献俘，并在宗庙中饮酒庆贺。）

筴（筞） 1. cè ❶同“策”。占卜用的蓍草。《礼记·曲礼上》：“龟为卜，～为筮。”《史记·五帝本纪》：“获宝鼎，迎日推～。”❷计谋。《史记·张耳陈馀列传》：“怨陈王不用其～。”❸简书。《国语·鲁语上》：“季子之言，不可不法也，使书以为三～。”❹栅栏。《庄子·达生》：“祝宗人玄端以临牢～。”

2. jiā ❺夹东西的用具。陆羽《茶经·器》：“火～，一名箸。”[引]挟制，钳制。韩愈《曹成王碑》：“掇黄冈，～汉阳。”

䇲 1. cè ❶矛类兵器。《说文·矛部》：“～，矛属。”

2. zé ❷以叉矛刺取物。《国语·鲁语上》：“兽虞于是乎禁罝罗，～鱼鳖以为夏犒，助生阜也。”

簎 cè ❶以叉刺取鱼鳖。《周礼·天官·鳖人》：“鳖人掌取互物，以时～鱼鳖龟蜃。”《后汉书·马融传》：“灭短狐，～鲸鲵。”❷捕鱼的竹帘。张岱《陶庵梦忆·品山堂鱼宕》：“季冬观鱼……罱者夹之，罛者扣之，～者罨之。”（罨：掩捕。）

cen

参 cēn 见 cān。

嵾（嵾、嶜） cēn 见“嵾嵾”、“嵾嵯”、“嵾峨”。

【嵾嵾】 cēncēn 高低不齐的样子。《水经注·河水二》：“山峰之上立石数百丈，亭亭桀竖，竞势争高，远望～～，若攒图之托霄上。”

【嵾嵯】 cēncī 也作“嵾差”。同“参差”。参差不齐的样子。《楚辞·九叹·远逝》：“阜隘狭而幽险兮，石～～以翳日。”《史记·司马相如列传》：“深林巨木，崭岩～～。”（按：《汉书》作“参差”。）《汉书·扬雄传上》：“增宫～～，骈嵯峨兮。”

【嵾峨】 cēn'é 高峻的样子。无可《题崔驸马林亭》诗：“更买太湖千片石，叠成云顶绿～～。”

岑 1. cén ❶小而高的山。辛弃疾《水龙吟》词：“遥～远目，献愁供恨，玉簪螺髻。”[引]高，尖锐。《孟子·告子下》：“不揣其本而齐其末，方寸之木可使高于～楼。”《楚辞·九叹·逢纷》：“揄扬涤荡，漂流陨往，触

～石兮。”❷崖岸。《庄子·徐无鬼》：“夜半于无人之时而与舟人斗，未始离于～而足以造于怨也。”

2. yín ❸见“岑岩”、“岑崟”。

【岑岑】 céncén ❶胀痛的样子。《汉书·孝宣许皇后传》：“我头～～也，药中得无有毒？”❷烦闷的样子。黄机《南乡子》词：“花落画屏，檐鸣细雨，～～，滴破相思万里心。”❸高高的样子。白居易《池上作》诗：“华亭双鹤白矫矫，太湖四石青～～。”❹沉沉，深沉。刘基《蝶恋花》词：“春梦～～呼不起，草绿庭空，日抱娇莺睡。”

【岑寂】 cénjì ❶高而静。鲍照《舞鹤赋》：“去帝乡之～～，归人寰之喧卑。”泛指寂静。张碧《山居雨霁即事》诗：“况值雷雨晴，郊原转～～。”❷冷清寂寞。周邦彦《兰陵王·柳》词：“渐别浦萦回，津堠～～。”刘基《别绍兴诸公》诗：“况有良友朋，时来慰～～。”

【岑蔚】 cénwèi 草木深茂。《礼记·大学》“缗蛮黄鸟，止于丘隅”郑玄注：“知鸟择～～安闲而止处之耳。”王安石《游章义寺》诗：“～～鸟绝迹，悲鸣唯一蜩。”

【岑翳】 cényì 形容林木茂密。《新唐书·贾循传》：“林埌～～，寇所蔽伏。”（埌：广。）

【岑岩】 yínyán 山势险峻的样子。《管子·宙合》：“山陵～～，渊泉闳流。”《史记·司马相如列传》：“～～参差，日月蔽亏。”（按《汉书》作“岑崟”。）也作“岑嵓”、“岑嵒”。嵇康《琴赋》：“且其山川形势，则盘纡隐深，磪嵬～～。”

【岑崟】 yínyín ❶山势险峻的样子。《汉书·司马相如传上》：“～～参差，日月蔽亏。”也指险峻的山。张协《杂诗》：“王阳驱九折，周文走～～。”（九折：九折阪，险峻之所。）❷高高的样子。何景明《公无渡河》诗：“夸父渴走成邓林，至今丘冢犹～～。”

涔

cén ❶雨水多，涝。《淮南子·说林训》：“宫池～则溢。”又《主术训》：“时有～旱灾害之患。”㉡积水。陆九渊《杂说》：“至其为水，则蹄～亦水也。”❷泪落不止的样子。江淹《杂体诗·谢法曹赠别》：“芳尘未歇席，～泪犹在袂。”❸久雨。《淮南子·览冥训》：“故山云草莽，水云鱼鳞，旱云烟火，～云波水，各象其形类所以感之。”

【涔涔】 céncén ❶滴落不止的样子。潘尼《苦雨赋》：“瞻中塘之浩汗，听长霤之～～。”李商隐《自桂林奉使江陵途中感怀寄献尚书》诗：“江生魂黯黯，泉客泪～～。”宋濂《秦士录》：“连砍马首堕地，血～～滴。”❷头昏闷胀痛的样子。杜甫《风疾舟中伏枕书怀》诗：“转蓬忧悄悄，行药病～～。”❸天色阴晦的样子。黄庭坚《送杜子春》诗：“雪意～～满面风，杜郎马上若征鸿。”

ceng

层(層)

céng ❶重屋，楼。刘孝绰《栖隐寺碑》：“珠殿连云，金～辉景。”㉡重叠。王勃《滕王阁序》：“～峦耸翠，上出重霄。”㉡累。《说苑·敬慎》：“飞鸟以山为卑，而～巢其巅。”❷量词。用于重叠之物。层次，层级。《老子·六十四章》：“合抱之木，生于毫末；九～之台，起于累土。”王安石《登飞来峰》诗：“不畏浮云遮望眼，自缘身在最高～。”❸高。《晋书·阮籍传》：“翕然～举，背负太清。”《水经注·漯水》：“山甚～峻，未有升其巅者。”

【层阿】 céng'ē 重叠的山。沈约《从军行》：“江飓鸣叠屿，流云照～～。”张九龄《贺给事尝诣蔡起居郊馆有诗因命同作》诗：“记言闻直史，筑室面～～。”

【层穹】 céngqióng 高空。沈约《和刘雍州绘博山香炉》诗：“蛟螭盘其下，骧首盼～～。”（骧：昂。）李白《登广武古战场怀古》诗：“战争有古迹，壁垒颓～～。”

【层台】 céngtái 高台。《论衡·感虚》：“夫天去人，非徒～～之高也，汤虽自责，天安能闻知而与之雨乎？”谢灵运《会吟行》：“～～指中天，高墉积崇雉。”

【层霄】 céngxiāo 天空高远之处。李白《大鹏赋》：“尔乃蹶厚地，揭太清，亘～～，突重溟。”

【层阴】 céngyīn 重叠的阴云。李商隐《写意》诗：“日向花间留返照，云从城上结～～。”也作“曾阴”。江淹《从冠军建平王登庐山香炉峰》诗：“落日长沙渚，～～万里生。”

曾

céng 见zēng。

增

céng 见zēng。

嶒(嶒)

céng 见“嶒峻”、“嶒崚”、“嶒嶷”。

【嶒峻】 céngjùn 高耸，特出。江淹《镜论语》：“意恬怅兮有端，才～～兮可观。”

【嶒崚】 cénglíng 山高峻的样子。张协《七命》：“既乃琼巘～～，金岸崥崹。”（巘：山峰。崥崹：山势渐趋平缓。按：《晋书·张协传》作“层崚”。）

【嶒嶷】 céngnì 高峻。李白《明堂赋》：“峥嵘～～，粲宇宙兮光辉；崔嵬赫奕，张天地之神威。”

缯 céng 见 zēng。

蹭 cèng 见“蹭蹬”。

【蹭蹬】 cèngdèng ❶水势渐次减弱的样子。木华《海赋》：“或乃～～穷波，陆死盐田。”❷比喻失意潦倒。陆游《楼上醉书》诗：“岂知～～不称意，八年梁益凋朱颜。”（梁益：梁州、益州。）陆九渊《陆修职墓表》：“公持论根据经理，耻穿凿之习，虽～～场屋，而人所推尊不在利达者后。”（场屋：科举考试的地方。）❸失道难行。韩愈《南山诗》：“攀缘脱手足，～～抵积甃。”

cha

叉 1. chā ❶交错，交叉。柳宗元《同刘二十八院长述旧言怀感时事……》诗：“入郡腰恒折，逢人手尽～。”❷用于刺取物的分叉的器具。杜甫《又观打鱼》诗：“能者操舟疾若风，撑突波涛挺～入。”㊀刺，刺取。《后汉书·杨政传》：“旄头又以戟～政，伤胸，政犹不退。”高启《江村乐》诗：“荷浦张弓射鸭，柳塘持烛～鱼。”

2. chà ❸分叉，岔。苏轼《儋耳四绝句》：“溪边古路三～口，独立斜阳过数人。”

【叉手】 chāshǒu ❶两手在胸前交叉，表示恭敬。《后汉书·马援传》：“岂有知其无成，而但萎腇咋舌，～～从族乎？”《三国志·魏书·邓艾传》：“使刘禅君臣面缚，～～屈膝。”❷佛教用语。即“合十”，又叫“合掌叉手”。佛教的一种敬礼方式。两掌对合于胸前，交叉手指。《观无量寿经》：“合掌～～，赞叹诸佛。”

【叉牙】 chāyá 歧出不齐的样子。韩愈《落齿》诗：“～～妨食物，颠倒怯漱水。”皮日休《虎丘寺殿前有古杉一本形状丑怪……遂赋三百言以见志》诗：“卓荦掷枪干，～～束戟枝。”

扠 chā ❶用叉刺取。柳宗元《同刘二十八院长述旧言怀感时事……》诗：“野鹜行看弋，江鱼或共～。”㊀鱼叉。《周礼·天官·鳖人》郑玄注：“簎谓以～刺泥中搏取之。”❷夹取。韩愈等《城南联句》：“馋～饱活脔，恶嚼噂腥鲭。”❸树枝。韩偓《咏手》：“后园笑向同行道，摘得蘼芜又一～。”

【扠枒】 chāyá 同“叉牙”、“杈枒”。参差不齐的样子。王延寿《鲁灵光殿赋》：“芝栭攒罗以戢舂，枝牚～～而斜据。”（戢舂：众多的样子。牚：斜柱。）

扱 1. chā ❶插。《礼记·丧大记》：“凡主人之出也，徒跣，～衽，拊心，降自西阶。”❷举，引。《说苑·政理》：“夫～纶错饵、迎而吸之者，阳桥也。”（阳桥：地名。）❸挹取。《仪礼·聘礼》：“祭礼再～，始～一祭，卒再祭。”

2. xī ❹收敛。《礼记·曲礼上》：“其尘不及长者，以箕自乡而～之。”

3. jí ❺及，至。《仪礼·士昏礼》：“妇拜～地。”

【扱免】 chāmiǎn 扱衽免袒。把衣襟插在带上叫扱衽；去掉冠束发叫免；裸露部分身体叫袒。《管子·四时》：“令禁扇去笠，毋～～。”

杈 1. chā ❶旁出的树枝。见“杈枒”。❷叉形的用具。《周礼·天官·鳖人》郑玄注：“簎谓以～刺泥中搏取之。”（按：一本作“扠”。）《农政全书·农器·图谱》：“～，簎禾具也。”

2. chà ❸行马。旧时官府门前用以阻拦人马通行所置的木架。孟元老《东京梦华录·御街》：“各安立黑漆～子，路心又安朱漆～子两行。”

【杈枒】 chāyá 同“叉牙”。参差不齐的样子。杜甫《雕赋》：“虽趾跻千变，林岭万穴，击丛薄之不开，突～～而皆折。”

差 1. chā ❶差别，差等。《荀子·荣辱》：“使有贵贱之等，长幼之～，知贤愚能不能之分。”《史记·刺客列传》：“已而论功，赏群臣及当坐者各有～。”㊀（旧读 cī）分别等次。《韩非子·用人》：“废尺寸而～短长，王尔不能半中。”（王尔：人名。）《汉书·高惠高后文功臣表》：“高后二年，复诏丞相陈平尽～列侯之功，录弟下竟，臧诸宗庙。”㊀相差。《汉书·东方朔传》：“失之毫厘，～以千里。”❷（旧读 cī）限度，界限。《后汉书·明帝纪》：“轻用人力，缮修宫宇，出入无节，喜怒过～。”❸差错，过失。《荀子·天论》：“乱生其～，治尽其详。”《后汉书·祭祀志下》：“功德无殊，而有过～，不应为宗。”❹副词。略微，颇。《论衡·知实》：“今耳目闻见，与人无别；遭事睹物，与人无异，～贤一等尔。”贾思勰《齐民要术·序》：“卷首皆有目录，于文虽烦，寻览～易。”㊀殊，甚。苏轼《答毕仲举书》：“莱羹菽黍，～饥而食，其味与八珍等。”姜夔《永遇乐·次稼轩北固楼词韵》词：“有尊中，酒～可饮，大旗尽绣龙虎。”

2. chà ❺奇异，奇怪。韩愈《泷吏》诗：“飓风有时作，掀簸真～事。”《太平广记》卷四百九十引《东阳夜怪录》：“叟倚篲惊讶曰：‘～极，～极！’”

3. chāi ❻选择。《诗经·小雅·吉日》：“吉日庚午，既～我马。”《汉书·眭弘传》:"汉帝宜谁～天下,求索贤人。"❼派遣。《三国志·吴书·陆逊传》:"前乞精兵三万,而至者循常,未肯～赴。"又《魏书·三少帝纪》:"慰恤其门户,无～赋役一年。"⑫公务,劳役。《后汉书·郑玄传》:"家今～多于昔,勤力务时,无恤饥寒。"

4. chài ❽病愈。后作"瘥"。《后汉书·郭玉传》:"帝乃令贵人羸服变处,一针即～。"《三国志·魏书·武帝纪》"故世人未之奇也"注引《曹瞒传》:"叔父言汝中风,已～乎!"

5. cī ❾见"差池"、"差差"。

6. cuō ❿见"差跌"。

7. jiē ⓫叹词。"嗟"的古字。《马王堆汉墓帛书·五行》:"许～而予之,中心弗迷也。"(许:吁。)

【差池】 chāchí 差错。宋慈《宋提刑洗冤集录·颁降新例》:"获正贼,召到尸亲,至日画字,给付,庶不～～。"

【差舛】 chāchuǎn 差错,错乱。蔡邕《上汉书十志疏》:"请太师田注考校连年,往往颇有～～。"《晋书·杜预传》:"[杜]预以时历～～,不应晷度,奏上《二元乾度历》,行于世。"

【差次】 chācì 等级次序。《汉书·吴王刘濞传》:"其小吏皆以～～受爵金。"也指分别等次,顺序安排。《后汉书·刘般传》:"臣窃～～诸卿,考合众议。"《三国志·魏书·文昭甄皇后传》:"又尝梦见后,于是～～舅氏亲疏高下,叙用各有差,赏赐累钜万。"

【差错】 chācuò ❶交错,杂乱。《史记·司马相如列传》:"纷湛湛其～～兮,杂遝胶葛以方驰。"❷错误。《抱朴子·清鉴》:"奇孟敏于担负,戒元艾之必败,终如其言,一无～～。"(孟敏、元艾:人名。)

【差等】 chāděng 等级,等次。《旧唐书·韦思谦传》:"国家班列,自有～～。"也指分别等次。龚自珍《祀典杂议》:"方今休隆时,正宜～～百王,考镜群籍,召万灵之祐,锡九流之福。"

【差互】 chāhù ❶错乱。王若虚《史记辩惑一》:"在'本纪'则并《无逸》为告殷民,在'世家'则并《多士》为戒成王,混淆～～,一至于此。"❷交错。柳宗元《至小丘西小石潭记》:"其岸势犬牙～～,不可知其源。"

【差可】 chākě 犹"尚可"。《世说新语·品藻》:"人问抚军:'殷浩谈竟何如?'答曰:'不能胜人,～～献酬群心。'"

【差品】 chāpǐn 等级,品级。《汉书·货殖传序》:"昔先王之制,自天子公侯卿大夫士至于皂隶抱关击㮳者,其爵禄奉养宫室车服棺椁祭祀死生之制各有～～。"(㮳:"柝"的本字。)《旧唐书·皇甫无逸传》:"拜淯阳太守,甚有能名,～～为天下第一。"

【差忒】 chātè 差错,差误。《吕氏春秋·季夏》:"是月也,命妇官染采,黼黻文章,必以法故,无或～～。"孔颖达《毛诗正义序》:"准其绳墨,～～未免。"

【差序】 chāxù 等级,次序。《三国志·魏书·东夷传》:"及宗族尊卑,各有～～,足相臣服。"《文心雕龙·书记》:"若夫尊贵～～,则肃以节文。"

【差越】 chāyuè 言越序而错乱。《后汉书·安帝纪》:"朕以不德,遵奉大业,而阴阳～～,变异并见。"《隋书·礼仪志三》:"其丧纪,上自王公,下逮庶人,著令皆为定例,无相～～。"

【差人】 chàrén 特异的人。《梁书·刘显传》:"[沈约]于坐策显经史十事,显对其九……陆倕闻之叹曰:'刘郎可谓～～。'"韩偓《两贤》诗:"而今若有逃名者,应被品流呼～～。"

【差度】 chāiduó 衡量选择。《汉书·王莽传上》:"已使有司征孝宣皇帝玄孙二十三人,～～宜者,以嗣孝平皇帝之后。"

【差论】 chāilún 挑选,选择。《墨子·非攻下》:"今王公大人、天下之诸侯则不然,将必皆～～其爪牙之士,皆列其舟车之卒伍。"又《尚同下》:"故古之圣王治天下也,其所～～,以自左右羽翼者皆良。"

【差遣】 chāiqiǎn ❶派遣。《旧唐书·职官志二》:"凡卫士,各立名簿。其三年已来征防～～,仍定优劣为三第。"❷指官府加派的劳役。陆贽《蝗虫避正殿降免囚徒德音》:"除正税正役外,征科～～,并宜禁绝。"❸宋代官制,凡授正官,皆作计给俸禄的虚衔,实不任事;内外政务于正官外另立名称,以他官主管,称为"差遣"。《宋史·职官志一》:"其官人受授之别,则有官、有职、有～～。官以寓禄秩、叙位著,职以待文学之选,而别为～～,以治内外之事。"

【差择】 chāizé 选择。《淮南子·要略》:"诠言者,所以譬类人事之指,解喻治乱之体也。～～微言之眇,诠以至理之文,而补缝过失之阙者也。"苏轼《上韩丞相论灾伤手实书》:"令民自相～～,以次分占,尽数而已。"

【差愈】 chàiyù 病愈。《太平御览》卷七三九引魏武帝令:"昔吾同县有丁幼阳者,其人衣冠良士,又学问材器,吾爱之。后以忧恚得狂病,即～～,往来故当共宿止。"

【差池】 cīchí 参差不齐的样子。《诗经·邶风·燕燕》:"燕燕于飞,～～其羽。"吕温《张荆州画赞序》:"况乎～～草茅,沉落光耀者,复何言哉?"

【差差】 cīcī 参差不齐的样子。《荀子·正名》:"君子之言,涉然而精,俛然而类,～～然而齐。"温庭筠《东郊行》:"绿诸幽香注白蘋,～～小浪吹鱼鳞。"

【差肩】 cījiān ❶比肩,肩挨肩。《管子·轻重甲》:"管子～～而问曰:'吾不籍吾民,何以奉车革?'"《史通·忤时》:"当今朝号得人,国称多士。蓬山之下,良直～～;芸阁之中,英奇接武。"❷并列。陈亮《新荷叶·荷花》词:"终嫌独好,任毛嫱、西子～～。"耶律楚材《琴道喻五十韵》:"自弹数十弄,以为无～～。"

【差跌】 cuōdiē 失足跌倒。比喻失误、失败。《汉书·陈遵传》:"足下讽诵经书,苦身自约,不敢～～,而我放意自恣,浮湛俗间。"《论衡·说日》:"[日]留则失行度,行度～～,不相应矣。"《晋书·虞预传》:"邪党互瞻,异同蜂至,一旦～～,众鼓交鸣。"也作"蹉跌"。《汉书·朱博传》:"功曹后常战栗,不敢～～,博遂成就之。"

【差强人意】 chāqiángrényì 《后汉书·吴汉传》载:汉光武帝起兵讨伐王莽,一次作战不利,诸将都很恐慌,只有大司马吴汉镇定自若。光武感慨地说:"吴公差强人意,隐若一敌国矣。"意思是还能振奋人们的意志。后用来表示尚能使人满意。《周书·李贤传》:"太祖喜曰:'李万岁所言,～～～～。'"

臿 chā ❶锹。后作"锸"。《管子·度地》:"以冬无事之时,笼、～、板筑各什六。"❷夹杂。司马相如《上林赋》:"赤瑕驳荦,杂～其间。"

插 chā ❶刺入,插入。《吕氏春秋·贵卒》:"[吴起]拔矢而走,伏尸～矢而疾言曰:'群臣乱王。'"陆游《东湖新竹》诗:"～棘编篱谨护持,养成寒碧映沦漪。"㊀栽植。欧阳修《洛阳牡丹记》:"春时,城中无贵贱皆～花,虽负担者亦然。"❷通"锸"。锹。《战国策·齐策六》:"坐而织蒉,立则丈～。"温庭筠《烧歌》:"邻翁能楚言,倚～欲潸然。"

【插手】 chāshǒu 置身其间。《朱子语类》卷三十六:"如鲁有三桓,齐有田氏,晋有六卿,比比皆然,如何容圣人～～?"陈造《再次韵答许节推》:"宦途要处难～～,诗社丛中常引头。"

锸(鍤) chā ❶长针。类似今之行针。做衣服时插在四周,使之平直。《说文·金部》:"～,郭衣针也。"❷锹。《汉书·王莽传上》:"父子兄弟负笼荷～。"王守仁《瘗旅文》:"念其暴骨无主,将二童子持畚～往瘗之。"

苴 chá 见 jū。

秅 chá ❶古时禾稼计数单位。四百束为一秅。《周礼·秋官·掌客》:"车三～。"(郑玄注:"《聘礼》曰:'四秉曰筥,十筥曰稯,十稯曰秅。'"稯:束。)❷古县名。在今山东省。《广韵·暮韵》:"～,县名,在济阴。"

垞 chá ❶土丘。王维《南垞》诗:"轻舟南～去,北～淼难即。"范成大《闰月四日石湖众芳烂熳》诗:"北～南冈总是家,儿童随逐任欢哗。"❷古邑名。故址在今江苏徐州北。《水经注·泗水》:"泗水又径留县而南,径～城东。"

茶(荼) chá ❶茶树。《册府元龟》卷四百九十四:"伏以江南百姓营生,多以种～为业。"㊀茶叶;茶水。王褒《僮约》:"烹～尽具。"《新唐书·陆羽传》:"羽嗜～。"(按:茶,《说文解字》作"荼",即古"荼"字,唐以后省作"茶"。)❷唐时对小女孩的美称。元好问《德华小女五岁能诵余诗数首以此诗为赠》:"牙牙娇语总堪夸,学念新诗似小～。"

【茶课】 chákè 茶税。《宋史·程之邵传》:"元符中复主管茶马,市马至万匹,得～～四百万缗。"

【茶旗】 cháqí 茶树的嫩叶。皮日休《奉和鲁望秋日遣怀次韵》:"～～经雨展,石笋带云尖。"

【茶枪】 cháqiāng 茶树的嫩芽。黄公度《春日怀王庆长》诗:"润畦舒菜甲,暖树拆～～。"

查 1. chá ❶木筏。王嘉《拾遗记·唐尧》:"尧登位三十年,有巨～浮于西海。"㊀浮在水中的木头。汪中《哀盐船文》:"衣缯败絮,墨～炭屑,浮江而下,至于海不绝。"❷同"楂"。树茬。《隋书·杨素传》:"在童儿时,尝登树堕地,为～所伤。"㊀树杈。李白《送祝八之江东赋得浣纱石》诗:"浣纱古石今犹在,桃李新开映古～。"❸考察,检查。《正字通·木部》:"～,俗以查为考察义,官司文移曰查,读若茶。"

2. zhā ❹抓。任昉《奏弹刘整》:"婢采音举手～范臂。"(采音:人名。)❺山楂。也作"樝"、"楂"、"柤"。关汉卿《救风尘》一折:"俺不是卖～梨,他可也逞刀锥。"❻古指放纵不拘礼度的人。封演《封氏闻见记·查谈》:"近代流俗呼丈夫妇人纵放不拘礼度者为～。"

【查牙】 cháyá 同"叉牙"。歧出不齐的样子。李贺《马》诗之六："饥卧骨～～，粗毛刺破花。"孙樵《出蜀赋》："嵌岿岿而～～兮，上攒罗而戛天。"

茬 chá 见 chí。

钽 chá 见 chú。

铊(鉈) chá 见"铊尾"。

【铊尾】 cháwěi 腰带带端垂于下叫铊尾。又名"挞尾"、"鱼尾"。《新唐书·车服志》："腰带者，搢垂头于下，名曰～～，取顺下之义。"

靫 chá 盛箭器。元稹《痁卧闻幕中诸公征乐会饮因有戏呈三十韵》："蛇盅迷弓影，雕翎落箭～。"

槎 chá ❶斜砍。《国语·鲁语上》："且夫山不～蘖，泽不伐夭。"《三国志·蜀书·魏延传》："[杨]仪等～山通道，尽夜兼行。"❷竹、木筏。张华《博物志·杂说下》："年年八月，有浮～去来不失期。"㊂泛指船。白贲《百字折桂令》曲："曲岸西边近水湾，渔网纶竿钓～。"❸树枝，树杈。卢照邻《行路难》诗："君不见长安城北渭桥边，枯木横～卧古田。"《宣和画谱》卷十二："[宋迪]又多喜画松，而枯～老枿，或高或偃，或孤或双。"

【槎枿】 chánie 树木经砍伐后重新生长的枝条。张衡《东京赋》："山无～～，畋不麑胎。"庾信《枯树赋》："森梢百顷，～～千年。"

【槎牙】 cháyá 同"叉牙"。歧出不齐的样子。苏轼《江上看山》诗："前山～～忽变态，后岭杂沓如惊奔。"陆游《邻曲相过》诗："扶行足蹭蹬，半落齿～～。"

【槎桎】 cházhì 拦截野兽的一种木栏。《三国志·魏书·苏则传》："后则从行猎，～～拔，失鹿。"

楂 1. chá ❶水中浮木，木筏。何逊《渡连圻》诗："绝壁无走兽，穷岸有盘～。"贯休《寄李道士》诗："长啸仙钟外，眠～海月边。"❷叉子。杨衒之《洛阳伽蓝记·城北》："王有斗象七百头，一负十人，手持刀～。"❸见"楂枒"。

2. zhā ❹果名。山楂。也作"樝"、"柤"、"查"。苏轼《四月十一日初食荔支》诗："云山得伴松桧老，霜雪自困～梨麄。"

【楂枒】 cháyá 也作"楂丫"。同"叉牙"。歧出不齐的样子。元稹《新竹》诗："～～矛戟合，屹屹龙蛇动。"方岳《雪后梅边》诗之三："半身苍藓雪～～，直到顶头才数花。"

詧 chá 同"察"。明察。《史记·秦本纪》："[缪公]因与由余曲席而坐，传器而食，问其地形与其兵势尽～。"韩愈等《征蜀联句》："戍寒绝朝乘，刁暗歇宵～。"

察 chá ❶细看。《周易·系辞上》："仰以观于天文，俯以～于地理。"曹植《洛神赋》："远而望之，皎若太阳升朝霞；迫而～之，灼若芙蕖出渌波。"㊂看得清。《孟子·梁惠王上》："明足以～秋毫之末，而不见舆薪。"❷知晓，明了。《左传·文公元年》："商臣闻之而未～。"㊂辨别，区分。《新语·道基》："尝百草之实，～酸苦之味。"❸详审，细究。《左传·庄公十年》："小大之狱，虽不能～，必以情。"韩愈《杂说》："善医者，不视人之瘠肥，～其脉之病否而已矣。"㊀考察，审查。《韩非子·外储说左上》："夫信不然之物而诛无罪之臣，不～之患也。"《吕氏春秋·察传》："夫得言不可以不～。"❹察举，考察后予以推荐。《后汉书·班彪传》："后～司徒廉为望都长。"李密《陈情表》："前太守臣逵，～臣孝廉；后刺史臣荣，举臣秀才。"❺清楚，明晰。《韩非子·问辩》："言虽至～，行虽至坚，则妄发之说也。"《说苑·谈丛》："石称丈量，径而寡失；简丝数米，烦而不～。"㊀明。张籍《卧疾》诗："服药～耳目，渐如醉者醒。"❻明智，精明。东方朔《答客难》："水至清则无鱼，人至～则无徒。"❼政治上清明。《楚辞·九叹·怨思》："时混浊犹未清兮，世淆乱犹未～。"

【察辩】 chábiàn 明察善辩。《荀子·劝学》："不隆礼，虽～～，散儒也。"又作"察辨"。《荀子·大略》："疏知而不法，～～而操僻。"

【察察】 cháchá ❶明察的样子。《老子·二十章》："俗人～～，我独闷闷。"《后汉书·章帝纪》："魏文帝称'明帝～～，章帝长者'。"❷苛细的样子。《后汉书·韦彪传》："虽晓习文法，长于应对，然～～小慧，类无大能。"《晋书·皇甫谧传》："欲温温而和畅，不欲～～而明切也。"❸洁白的样子。《楚辞·渔父》："安能以身之～～，受物之汶汶者乎？"

【察断】 cháduàn 明察判断。《荀子·致士》："然后中和～～以辅之，政之隆也。"

【察举】 chájǔ 选拔举用。《汉书·文翁传》："少好学，通《春秋》，以郡县吏～～。"《后汉书·安帝纪》："视事三岁以上，皆得～～。"

【察眉】 cháméi 察看人的面容便知道实情。源出《列子·说符》："晋国苦盗，有郄雍者，能视盗之貌，察其眉睫之间而得其情。"

杜甫《夔府书怀四十韵》："即事须尝胆，苍生可～～。"

【察纳】 chánà 明察采纳。诸葛亮《前出师表》："陛下亦宜自谋，以咨诹善道，～～雅言。"柳宗元《礼部为百官上尊号表》："伏乞俯垂天听，～～微诚。"

【察士】 cháshì 明察事理的人。《庄子·徐无鬼》："知士无思虑之变则不乐，辩士无谈说之序则不乐，～～无凌谇之事则不乐：皆囿于物者也。"《韩非子·八说》："～～然后能知之，不可以为全，夫民不尽察。"

【察微】 cháwēi 洞悉细微。《史记·五帝本纪》："聪以知远，明以～～。"

【察照】 cházhào 明察。《晋书·庾翼传》："值天高听邈，未垂～～，朝议纷纭，遂令微诚不畅。"

【察见渊鱼】 chájiànyuānyú 谓明察至能见到深渊之鱼。用以比喻探知别人的隐私。《列子·说符》："[赵]文子曰：'周谚有言：～～～～者不祥，智料隐匿者有殃。'"

搽 chá 见 qì。

瑳 chá 舛错。《淮南子·原道训》："所谓天者，纯粹朴素，质直皓白，未始有与杂糅者也。所谓人者，偶～智故，曲巧伪诈，所以俯仰于世人，而与俗交者也。"

蔡 chá ❶草名。《玉篇·艸部》："～，蔡草，有毒，用杀鱼。"❷草芥。韩愈等《征蜀联句》："圣灵闵顽嚚，焘养均草～。"

鹺（鹾） chá 坚利。韩愈等《征蜀联句》："竹兵彼皴脆，铁刃我铨～。"

土 chǎ 见 tǔ。

汊 chà 分支的小河。元好问《善应寺》诗："平岗回合尽桑麻，百～清泉两岸花。"

诧（詫） chà ❶夸耀。《宋史·张去华传》："浙人每迓朝使，必列步骑以自夸～。"❷诳，欺骗。《晋书·司马休之传》："甘言～方伯，袭之以轻兵，遂使席上靡款怀之士，阃外无自信诸侯。"《新唐书·史思明传》："[思明]～曰：'朝义怯，不能成我事。'"❸告诉。《庄子·达生》："有孙休者，踵门而～子扁庆子。"❹惊讶，诧异。杨万里《过乌沙望大塘石峰》诗："山神自贺复自～，古来此地无车马。"

侘 chà ❶夸耀。《史记·韩长孺列传》："即欲以～鄙县，驱驰国中，以夸诸侯。"❷见"侘傺"。

【侘傺】 chàchì 失意的样子。《楚辞·九章·哀郢》："惨郁郁而不通兮，蹇～～而含感。"曹丕《弟苍舒诔》："～～失气，永思长怀。"

刹 chà ❶梵语刹多罗（kṣetra）的省称。意为土地或国土、世界。玄应《一切经音义》卷一："～，梵言差多罗，此译云土田。"杜牧《题孙逸人山居》诗："长悬青藤与芳枝，尘～无因免别离。"❷指佛塔顶部的饰物，也称"刹柱"。《洛阳伽蓝记·永宁寺》："中有九层浮图一所，架木为之，举高九十丈；有～复高十丈，合去地一千尺。"❸指佛塔。《南史·虞愿传》："帝欲起十层，不可立，分为两～，各五层。"❹指佛寺。陆游《法云寺观音殿记》："重建三门，翼以两庑，巍然大～矣。"❺梵语刹那（kṣaṇa）的省称。瞬间。沈约《千佛颂》："一～靡停，三念齐往。"

【刹那】 chànà 梵语（kṣaṇa）的音译。一念之间，一瞬间。白居易《和梦游春》诗："愁恨僧祇长，欢荣～～促。"沈括《梦溪笔谈·象数一》："安知一刻、一分、一～～之中无四时邪？"

咤 chà 见 zhà。

姹 chà ❶美丽。柳永《柳初新》词："渐觉绿娇红～，装点层台芳榭。"韩维《和如晦游临溜园示元明》诗："平津开馆大道西，桃夭杏～通园蹊。"❷同"诧"。夸耀。《汉书·司马相如传上》："子虚过～乌有先生。"（按：《史记》作"诧"。）

【姹女】 chànǚ ❶少女。《后汉书·五行志一》："车班班，入河间，河间～～工数钱，以钱为室金为堂。"张九龄《剪彩》诗："～～矜容色，为花不让春。"❷道家炼丹，称水银为姹女。《周易参同契》卷上："河上～～，灵而最神，得火则飞，不见埃尘。"也作"奼女"。陆龟蒙《自遣》诗："～～精神似月孤，敢将容易入洪炉。"

chai

拆 chāi ❶裂开，绽开。《诗经·大雅·生民》："不～不副，无菑无害。"（按：一本作"坼"。）黄公度《春日怀王庆长》诗："润畦舒菜甲，暖树～茶枪。"㊀分析，解剖。《韩非子·八经》："行参必～，揆伍必怒。"❷拆开。韩愈《寄皇甫湜》诗："～书放床头，涕与泪垂四。"㊁拆毁。《元史·彻里贴木儿传》："参政可谓过河～桥者矣。"

钗（釵） chāi 古代妇女别在发髻上的一种首饰，由两股簪子合成。白居易《长恨歌》："惟将旧物表深情，钿合金～寄将去。～留一股合一扇，～擘黄金合分钿。"

差 chāi 见chā。

侪(儕) chái ❶辈,类。《左传·昭公二十四年》:"吾～何知焉,吾子其早图之。"穆修《答乔适书》:"先进则莫有誉之者,同～则莫有附之者。"㉠等同,并列。《左传·昭公元年》:"为晋正卿,以主诸侯,而～于隶人,朝不谋夕,弃神人言。"❷结成配偶。《汉书·扬雄传上》:"承民乎农桑,劝之以弗怠,～男女,使莫违。"❸共同。《列子·汤问》:"人性婉而从物,不竞不争……长幼～居。"

【侪辈】 cháibèi 同辈,朋辈。《三国志·魏书·武帝纪》:"韩遂请与公相见,公与遂父同岁孝廉,又与遂同时～～,于是交与语移时,不及军事。"

【侪流】 cháiliú 同辈,同类的人。韩愈《唐故江南西道观察使王公神道碑铭》:"复拜中书舍人。既至京师,～～无在者。"

【侪伦】 cháilún 同辈,朋辈。《论衡·自纪》:"建武三年[王]充生,为小儿,与～～遨戏,不好狎侮。"

茈 chái 见zǐ。

柴 1. chái ❶枯枝,木柴。《左传·僖公二十八年》:"栾枝使舆曳～而伪遁。"《汉书·沟洫志》:"是时东郡烧草,以故薪～少。"❷烧柴祭天。《尚书·舜典》:"东巡守至于岱宗,～。"《后汉书·章帝纪》:"辛未,幸太山,～告岱宗。"

2. zhài ❸用木围护四周。《淮南子·道应训》:"乃封比干之木,表商容之闾,～箕子之门。"㉧用柴覆盖、堵塞。《论衡·别通》:"亡国之社,屋其上,～其下者,示绝于天地。"《三国志·吴书·吴主传》:"分遣三百人～断险路。"㉠闭。《后汉书·周纡传》:"纡自谓无全,乃～门自守,以待其祸。"㉧防守用的篱笆或栅栏。曹植《鰕䱇篇》诗:"燕雀戏藩～,安识鸿鹄游。"《三国志·吴书·甘宁传》:"[关]羽闻之,住不渡,而结～营。"

3. zì ❹堆积的禽兽。《诗经·小雅·车攻》:"射夫既同,助我举～。"

4. cī ❺见"柴池"、"柴虒"。

【柴荜】 cháibì 柴门荜户。穷人所居。刘昼《刘子·荐贤》:"贤士有胫而不肯至,殆蠹材于幽岫,毁迹于～～者,盖人不能自荐,未有为之举也。"

【柴箅】 cháibì 木杖。《晋书·贺循传》:"常愿弃结驷之轩轨,策～～而造门。"

【柴关】 cháiguān 柴门。戴叔伦《遣兴》诗:"诗名满天下,终日掩～～。"

【柴毁】 cháihuǐ 枯瘦如柴。《晋书·许孜传》:"俄而二亲没,～～骨立,杖而能起,建墓于县之东山。"

【柴棘】 cháijí 荆棘。比喻心胸狭窄,为人忌刻。《世说新语·轻诋》:"深公云:'人谓庾元规名士,胸中～～三斗许。'"

【柴瘠】 cháijí 骨瘦如柴。《新唐书·李暠传》:"居母丧,～～,讫除,家人未尝见言笑。"

【柴荆】 cháijīng ❶用树枝、荆条编扎的简陋之门。白居易《秋游原上》诗:"清晨起巾栉,徐步出～～。"❷指村舍。谢灵运《初去郡》诗:"恭承古人意,促装返～～。"

【柴立】 cháilì 如枯木独立。《庄子·达生》:"无入而藏,无出而阳,～～其中央。"后多用以形容人的清瘦。洪迈《夷坚丙志·吴仲权郎中》:"膳食尽废,清瘦～～。"

【柴燎】 cháiliáo 烧柴祭天。潘岳《闲居赋》:"天子有事于～～,以郊祖而展义。"(祖:祭祀。)《北齐书·文宣帝纪》:"戊午,乃即皇帝位于南郊,升坛～～告天。"

【柴门】 cháimén 用树枝编扎为门,言其简陋。《隋书·地理志》:"汉中之人,性嗜口腹,虽蓬室～～,食必兼肉。"又言其贫寒。刘长卿《酧李穆》诗:"欲拂～～迎远客,青苔黄叶满贫家。"

【柴望】 cháiwàng 烧柴祭天与望祭山川。《尚书·武成》:"庚戌,～～,大告武成。"《后汉书·章帝纪》:"朕巡狩岱宗,～～山川,告祀明堂,以章先勋。"

【柴池】 cīchí 参差不齐的样子。《史记·司马相如列传》:"～～茈虒,旋环后宫。"(《文选》司马相如《上林赋》作"傑池"。)

【柴虒】 cīsī 同"柴池"。参差不齐的样子。《汉书·扬雄传上》:"～～参差,鱼颉而鸟昕。"

祡 chái 同"柴②"。烧柴祭天。《史记·五帝本纪》:"岁二月,东巡狩,至于岱宗,～,望秩于山川。"《汉书·扬雄传上》:"于是钦～宗祈,燎熏皇天,招繇泰壹。"

豺(犲) chái 野兽名。形似犬而残猛如狼。《吕氏春秋·季秋》:"～则祭兽戮禽。"《论衡·命义》:"声似～狼。"《国语·晋语四》:"若无所济,余未知死所,谁能与～狼争食?"

【豺声】 cháishēng 声如豺狼。古代以此为恶人的征兆。《史记·楚世家》:"且商臣蜂目而～～,忍人也,不可立也。"(商臣:人名。)《晋书·王敦传》:"处仲蜂目已露,但～～未振,若不噬人,亦当为人所噬。"(处仲:指王敦。)

【豺狼当道】 cháilángdāngdào 喻残暴之

人当权。《三国志·魏书·杜袭传》："方今～～～～，而狐狸是先，人将谓殿下避强攻弱。"（狐狸：喻奸狡小人。）也作"豺狼横道"、"豺狼当路"。《汉书·孙宝传》："～～～～不宜复问狐狸。"《后汉书·张纲传》："～～～～，安问狐狸。"

茝 1. chǎi ❶香草名。茎叶细嫩时叫蘼芜。《广韵·止韵》："～，香草。《字林》云：'蘼芜别名。'"

2. zhǐ ❷香草。即白芷。《楚辞·九歌·湘夫人》："沅有～兮澧有兰，思公子兮未敢言。"（按：一本作"芷"。）

踳 chǎi （旧读 cè） 磨碎的豆子。《新唐书·张孝忠传》："孝忠与其下同粗淡，日膳裁豆～而已。"

虿（蠆） chài ❶蝎子一类毒虫。《论衡·物势》："则生虎、狼、蝮蛇、～之虫，皆贼害人。"❷形容女子的卷发。黄庭坚《清人怨戏效徐庾慢体》诗："晚风斜～发，逸艳照窗笼。"

瘥 chài 见 cuó。

chan

兔 chān 见 tù。

觇（覘） chān 窥视，察看，察。《国语·晋语六》："郤至聘于周，公使～之，见孙周。"王守仁《瘗旅文》："明早，遣人～之，已行矣。"辛弃疾《审势》："臣抑闻古之善～人国者，如良医之切脉，知其受病之处，而逆其必殒之期，初不为肥瘠而易其智。"

【觇候】chānhòu 暗中察看。《三国志·吴书·吕范传》："徐州牧陶谦谓范为袁氏～～，讽县掠考范。"《旧唐书·职官志》："～～奸谲。"

梴 1. chān ❶木头长的样子。《诗经·商颂·殷武》："松桷有～，旅楹有闲。"王明清《挥麈后录》卷四引王安中诗："霁景留庭砌，雷文绘桷～。"

2. yán ❷通"筵"。竹席。《墨子·节葬下》："诸侯死者虚车府……又必多为屋幕鼎鼓几～壶滥。"

裧 chān ❶车上的帷幕。《仪礼·士昏礼》："妇车亦如之，有～。"❷装饰柩车的裙状物。《礼记·杂记》："其輤有～。"

幨 1. chān ❶车帷。《古今韵会举要·十四盐》："以帷障车旁，如裳，为容饰，其上有盖，四旁垂而下，谓之～。"《新唐书·魏徵传》："乃用素车，白布～帷。"㊀床帐。张敞《东宫旧事》："皇太子纳妃，有绿石，绮绢，里床～二。"

2. chàn ❷衣襟。《管子·揆度》："卿大夫豹饰，列大夫豹～。"

【幨幌】chānhuǎng 帷幔。谢灵运《日出东南隅行》："晨风拂～～，朝日照闺轩。"

襜 1. chān ❶系在衣前的围裙。《诗经·小雅·采绿》："终朝采蓝，不盈一～。"《战国策·齐策五》："攻城之费，百姓理～蔽，举衡橹，家杂总，身窟穴，中罢于刀金。"❷车帷。《后汉书·刘盆子传》："乘轩车大马，赤屏泥，绛～络。"❸衣服整齐的样子。《论语·乡党》："衣前后，～如也。"

2. chàn ❹披在外面的衣服。刘禹锡《和汴州令狐相公》诗："词人羞布鼓，远客献貂～。"

【襜襜】chānchān ❶衣服华丽的样子。《说苑·杂言》："子路盛服而见孔子，孔子曰：'由，是～～者何也？'"❷飘动的样子。《楚辞·九叹·逢纷》："裳～～而含风兮，衣纳纳而掩露。"白居易《奉和汴州令狐相公》诗："碧幢油叶叶，红旆火～～。"

【襜帷】chānwéi ❶车上的帷帐。《后汉书·蔡茂传》："敕行部去～～，使百姓见其容服，以章有德。"❷代指车驾。王勃《滕王阁诗序》："都督阎公之雅望，棨戟遥临；宇文新州之懿范，～～暂住。"

【襜褕】chānyú ❶短衣，非正式朝服。《史记·魏其武安侯列传》："元朔三年，武安侯坐衣～～入宫，不敬。"❷宽大的单衣。《汉书·何並传》："林卿迫窘，乃令奴冠其冠被其～～自代，乘车从童骑，身变服从间径驰去。"

单 chán 见 dān。

渐 chán 见 jiàn。

崭 chán 见 zhǎn。

铤（鋋） chán （又读 yán） ❶铁把短矛。《史记·匈奴列传》："其长兵则弓矢，短兵则刀～。"❷刺杀。《汉书·司马相如传》："格虾蛤，～猛氏。"（格：击。虾蛤、猛氏：皆兽名。）

婵（嬋） chán 见"婵娟"、"婵连"等各条。

【婵娟】chánjuān ❶形态美好的样子。孟郊《婵娟篇》："花～～，泛春泉；竹～～，笼晓烟；妓～～，不长妍；月～～，真可怜。"❷指美女。李亘《飞龙引》："后宫～～多花颜。"❸指月亮。苏轼《水调歌头》词："但愿人长久，千里共～～。"❹情意缠绵的样子。

江淹《去故乡赋》："情～～而未罢，愁烂漫而方滋。"

【婵连】 chánlián 牵连。引申为亲族。《楚辞·九叹·逢纷》："云余肇祖于高阳兮，惟楚怀之～～。"

【婵联】 chánlián 连续不断的样子。李仲璇《修孔子庙碑》："仰圣仪之焕烂，嘉鸿业之～～。"也作"蝉连"、"蝉联"。《世说新语·赏誉》："二人素善，遂十馀日方还。父问[王]恭何故多日，对曰：'与阿大语，～～不得归。'"何延之《兰亭始末记》："右军～～美胄，萧散名贤，雅好山水，尤善草隶。"（右军：指王羲之。）

【婵嫣】 chányān 连绵不绝。柳宗元《祭从兄文》："我姓～～，由古而蕃。"也作"蝉嫣"。《汉书·扬雄传上》："有周氏之～～兮，或鼻祖于汾隅。"

【婵媛】 chányuán ❶牵持不舍的样子。《楚辞·九歌·湘君》："扬灵兮未极，女～～兮为余太息。"（极：至。）又《九章·哀郢》："心～～而伤怀兮，眇不知其所蹠。"（眇：通"渺"。蹠：往。）❷牵连的样子。张衡《南都赋》："结根竦本，垂条～～。"

谗（讒） chán 说别人的坏话。《史记·吕太后本纪》："诸吕女妒，怒去，～之于太后，诬以罪过。"《论衡·累害》："故三监～圣人，周公奔楚。"㊀谗言。《后汉书·五行志三》："安帝信～，无辜死者多。"苏轼《范增论》："人必先疑也，而后～入之。"㊀谗人。《论衡·答佞》："～与佞，俱小人也……～以口害人，佞以事危人。"

【谗间】 chánjiàn 用谗言离间他人。《晋书·刘元海载记》："王浑、李憙以乡曲见知，每相称达，～～因之而进，深非吾愿，适足为害。"《新五代史·王彦章传》："小人赵岩、张汉杰等用事，大臣宿将多被～～。"

【谗箭】 chánjiàn 谗言伤人如箭。陆龟蒙《感事》诗："将军被鲛函，秖畏金矢镞；岂知～～利，一中成赤族。"（赤族：灭族。）

【谗口】 chánkǒu ❶谗人之口。《诗经·小雅·十月之交》："无罪无辜，～～嚣嚣。"❷谗言。《汉书·五行志上》："吕女为赵王后，嫉妒，将为～～以害赵王。"

【谗慝】 chántè ❶邪恶。《左传·桓公六年》："所谓馨香，无～～也。"❷指邪恶之人。《左传·僖公二十八年》："非敢必有功也，愿以间执～～之口。"（间执：这里是塞的意思。）

【谗谀】 chányú ❶毁谤诬陷。《汉书·邹阳传》："夫以孔墨之辩，不能自免于～～，而二国以危。"❷挑拨离间、阿谀奉承的小人。《韩非子·安危》："赏于无功，使～～以诈伪为贵。"《汉书·贾谊传》："阘茸尊显兮，～～得志。"（阘茸：卑贱的小人。）

禅 chán 见 shàn。

馋（饞） chán 贪吃。苏轼《放鱼》诗："吾僚有意为迁居，老守纵～那忍脍！"又《将之湖州戏赠莘老》诗："吴儿脍缕薄欲飞，未去先说～涎垂。"㊀贪婪，贪心。韩愈《酬司门卢四兄云夫院长望秋作》诗："驰坑跨谷终未悔，为利而止真贪～。"

孱 chán ❶懦弱。《史记·张耳陈馀列传》："吾王，～王也。"《晋书·张载传》："～夫与乌获讼力，非龙文赤鼎，无以明之。"㊀弱小，衰弱。吕南公《勿愿寿》诗："儿～妻病盆甑干，静卧藜床冷无席。"陆游《寄别李德远》诗："中原乱后儒风替，党禁兴来士气～。"❷浅陋。宋祁《授龙图阁谢恩表》："伏念臣识局庸浅，术学肤～，入忝玉堂，间陪讲殿。"❸谨小慎微。《大戴礼记·曾子立事》："君子博学而～守之。"

【孱孱】 chánchán 怯懦的样子。《旧唐书·杜审权传》："朕不能～～度日，坐观凌弱。"

【孱弱】 chánruò 衰弱，懦弱。元结《谢上表》："臣实～～，辱陛下符节。"

【孱琐】 chánsuǒ 卑贱。欧阳修《谢进士及第启》："致兹～～，及此抽扬。"

【孱微】 chánwēi 地位卑贱低微。李商隐《为濮阳公陈许谢上表》："咨谋将领之能，必重英豪之选；岂虞拔擢，乃出～～。"

【孱颜】 chányán 同"巉岩"。❶险峻的样子。李华《含元殿赋》："峥嵘～～，下视南山。"❷指险峻的山。苏轼《峡山寺》诗："我行无迟速，摄衣步～～。"

搀（攙） 1. chán ❶刺。苏轼《佛日山荣长老方丈五绝》之二："千株玉槊～云立，一穗珠旒落镜寒。"❷锐利。牛僧孺《题二十韵奉呈梦得、乐天》："～叉锋刃簇，缕络钓丝萦。"❸通"欃"。彗星名。即天搀。见"欃枪"。

2. chān ❹扶，牵挽。方夔《后梁父吟》："片言误相酬，～我手不释。"❺抢。杨万里《春草》诗："今年草芽先得计，～他浓翠夺他黄。"赵鼎臣《客舍喜雪呈郡稽仲再和》诗："天上纷纷地下匀，～先来作塞垣春。"❻杂，混杂。苏轼《答李端叔书》："妄论利害，～说得失。"又《满庭芳·与刘仲达同游南山》词："莫上孤峰尽处，萦望眼云水相～。"㊀伴，随。景覃《凤栖梧》词："归意已～新雁去。"

【搀捔】 chánzhuó 刺取。张衡《西京赋》："叉蔟之所～～，徒搏之所撞柲。"（柲：击刺。）

缠（纏） chán ❶绕，盘绕。《后汉书·董卓传》："卓所得义兵士卒，皆以布～裹，倒立于地，热膏灌杀之。"刘禹锡《葡萄歌》："野田生葡萄，～绕一枝蒿。"㊁绳索。《淮南子·道应训》："臣有所与供儋～采薪者九方堙。"❷牵绊，搅扰。左思《招隐》诗："结绶生～牵，弹冠去尘埃。"杜甫《丹青引》："但看古来盛名下，终日坎壈～其身。"㊂蒙受。卫元嵩《元包经传·仲阴》："敛聂～冤，幂辟婴痏。"❸通"躔"。指日月星辰运行。《汉书·王莽传中》："以始建国八年，岁～星纪。"（岁：岁星，即木星。星纪：十二星次之一。）

【缠绵】 chánmián ❶情意深厚。张籍《节妇吟》："感君～～意，系在红罗襦。"❷心绪郁结。潘岳《寡妇赋》："思～～以瞀乱兮，心摧伤以怆恻。"卢照邻《释疾文》："悲缭绕兮从中来，愁～～兮何时断。"❸纠缠。陶渊明《祭从弟敬远文》："余尝学仕，～～人事，流浪无成，惧负素志。"

蝉（蟬） chán ❶昆虫名。又名"知了"、"蜘蟟"。杜牧《题扬州禅智寺》诗："雨过一～噪，飘萧松桂秋。"❷古代薄绸的一种，以其薄如蝉翼得名。《急就篇》卷二："绨络缣练素帛～。"❸"蝉冠"的省称。陶弘景《周氏冥通记》卷一："著朱衣赤帻，上戴～，垂缨极长。"参见"蝉冠"。❹"蝉鬓"的省称。古代妇女的一种发式，望之缥缈如蝉翼，故称。李贺《夜来乐》诗："续客下马故客去，绿～秀黛重拂梳。"

【蝉腹】 chánfù ❶比喻空腹。陆游《斋居书事》诗："平生风露充～～，到处云山寄鹤躯。"❷比喻为饥饿所逼。《南齐书·王僧虔传》："～～龟肠，为日已久。"（龟肠：喻饥肠。）

【蝉冠】 chánguān 汉代侍从官员之冠以貂尾蝉纹为饰。后因用"蝉冠"作显贵的通称。刘长卿《奉和杜相公新移长兴宅呈元相公》诗："入并～～影，归分骑士喧。"钱起《中书王舍人辋川旧居》诗："一从解蕙带，三入偶～～。"

【蝉蜎】 chánjuān ❶姿态美好。同"婵娟①"。左思《吴都赋》："檀栾～～，玉润碧鲜。"成公绥《啸赋》："藉皋兰之猗靡，荫修竹之～～。"❷飞腾的样子。木华《海赋》："朱燉绿烟，腰眇～～。"

【蝉连】 chánlián 也作"蝉联"。见"婵联"。

【蝉冕】 chánmiǎn 犹"蝉冠"。指侍从贵近之官。张协《咏史》诗："咄此～～客，君绅宜见书。"《梁书·王瞻等传论》："其后～～交映，台衮相袭，勒名帝籍，庆流子孙。"

【蝉蜕】 chántuì ❶蚱蝉脱下的壳。又名"蝉衣"。可入药。❷比喻解脱。《史记·屈原贾生列传》："～～于浊秽，以浮游尘埃之外。"《后汉书·张衡传》："欻神化而～～兮，朋精粹而为徒。"（欻：迅速的样子。）❸比喻去微至贵。《后汉书·窦融传论》："遂～～王侯之尊，终膺卿相之位。"❹旧称有道之人死为尸解登仙，如蝉之脱壳。贯休《经旷禅师院》诗："再来寻师已～～，薝蔔株枯醴泉竭。"

【蝉嫣】 chányān 见"婵嫣"。

【蝉翼】 chányì 比喻极轻极薄。蔡邕《谢高阳侯印绶符策》："臣事轻葭莩，功薄～～。"武元衡《赠歌人》诗："林莺一哢四时春，～～罗衣白玉人。"

【蝉韵】 chányùn 蝉鸣。刘禹锡《始闻蝉有怀白宾客……》诗："～～极清切，始闻何处悲。"沈亚之《村居》诗："月上～～残，梧桐阴绕地。"

僝 chán 见zhuàn。

廛（壥） chán ❶古代平民一户人家所占有的房地。《商君书·君臣》："农不离～者，足以养二亲，治军事。"《孟子·滕文公上》："远方之人闻君行仁政，愿受一～而为氓。"㊁指城邑中百姓的住宅。《荀子·王制》："顺州里，定～宅。"范成大《四时田园杂兴》诗："～居何似山居乐，秋米新来禁入城。"❷特指公家所建供商人存储货物的栈房。《周礼·地官·廛人》："廛人，掌敛……～布，而入于泉府。"（布：钱币。这里指捐税。）㊁货物积存在栈房。《孟子·公孙丑上》："市，～而不征，法而不～，则天下之商皆悦，而愿藏于其市矣。"❸店铺。左思《魏都赋》："廓三市而开～。"（廓：扩大。）❹郊野。韩愈《郓州谿堂诗》："帝奠九～，有叶有年。"

【廛里】 chánlǐ ❶古代城市居民住宅的通称。《周礼·地官·载师》："以～～任国中之地。"❷泛指市肆区域。傅亮《为宋公至洛阳谒五陵表》："～～萧条，鸡犬罕音。"

潺（潹） chán ❶水名。四川省涪江上游支流之一。《水经注·涪水》："自此水上县有～水，出～山。"❷见"潺潺"、"潺湲"。

【潺潺】 chánchán ❶水徐缓流动的样子。曹丕《丹霞蔽日行》："谷水～～，木落翩翩。"白居易《闲题家池寄王屋张道士》诗："有水清～～。"❷象声词。形容雨声或流水声。李煜《浪淘沙》词："帘外雨～～，春意阑珊。"欧阳修《醉翁亭记》："山行六七里，渐闻水声～～。"

【潺湲】 chányuán ❶水流动的样子。《楚辞·九歌·湘夫人》："荒忽兮远望，观流水兮～～。"❷形容流泪的样子。《楚辞·九歌·湘君》："横流涕兮～～，隐思君兮陫侧。"卢照邻《释疾文》："长怀兮故人，涕～～兮霑轼。"❸象声词。流水声。《汉书·沟洫志》："河汤汤兮激～～，北渡回兮迅流难。"

嵃 chán 见"嵃颜"。

【嵃颜】 chányán 险峻的山岩。吕温《成皋铭》："敢迹成败，勒铭～～。"

僝 1. chán ❶见"僝佪"。
2. tǎn ❷见"僝僈"、"僝僝"。
3. shàn ❸通"禅"。禅让，让位。《法言·问明》："允哲尧～舜之重，则不轻于[许]由矣。"

【僝佪】 chánhuí ❶徘徊。《楚辞·九章·涉江》："入溆浦余～～兮，迷不知吾所如。"又《思美人》："吾且～～以娱忧兮，观南人之变态。"❷运转。也作"僝回"。《楚辞·惜誓》："寿冉冉而日衰兮，固～～而不息。"

【僝僈】 tǎnmàn 放纵。贾谊《新书·劝学》："然则舜僶俛而加志，我～～而弗省耳。"

【僝僝】 tǎntǎn 宽舒闲适的样子。《庄子·田子方》："有一史后至者，～～然不趋。"

澶 1. chán ❶古水名。在今河南濮阳县西。《说文·水部》："～，澶渊，水。在宋。"❷见"澶湉"。
2. dàn ❸见"澶漫"。

【澶湉】 chántián 水流平缓的样子。左思《吴都赋》："莫测其深，莫究其广，～～漠而无涯。"

【澶漫】 dànmàn ❶放纵，放荡无羁。《庄子·马蹄》："～～为乐，摘僻为礼。"（摘僻：烦琐。）《抱朴子·诘鲍》："～～于淫荒之域。"❷广远的样子。张衡《西京赋》："于后则高陵平原……～～靡迤。"（靡迤：绵延不断的样子。）杜甫《承闻河北诸道节度入朝欢喜口号绝句十二首》之八："～～山东一百州，削成如案抱青丘。"

缠（纏） 1. chán ❶同"缠"。见"缠缘"。
2. dàn ❷单衣。《方言》卷四："～，袀～谓之禅。"❸束腰大带。《广韵·旱韵》："～，束腰大带。"
3. tán ❹绳索。李梦阳《豆莝行》："纵健征科何自出，大儿牵～陆挽驮。"

【缠缘】 chányuán 缠绕。《史记·扁鹊仓公列传》："夫以阳入阴中，动胃～～，中经维络。"

廛 chán 同"廛"。❶市中存放货物的栈房。《管子·五辅》："市～而不税。"㉑店铺。李白《南都行》："白水真人居，万商罗～闠。"❷古代一户人家的房地。陈旉《农书·居处之宜篇》："制农居五亩，以二亩半在～。"

【廛市】 chánshì 街市的店铺。李肇《国史补上》："柳相初名载，后改名浑。在江西幕中，嗜酒，好入～～，不事拘检。"（幕：幕府。）

毚 chán 贪。《法言·问明》："不慕由即夷矣，何～欲之有？"

【毚兔】 chántù 狡兔。《诗经·小雅·巧言》："跃跃～～，遇犬获之。"鲍照《拟古》诗："伐木清江湄，设罝守～～。"（罝：捕兔的网。）

【毚微】 chánwēi 轻微。《论衡·定贤》："譬犹医之治病也，有方笃剧犹治，无方～～不愈。"

蟾 chán ❶蟾蜍。元好问《蟾池》诗："小～徐行腹如鼓，大～张颐怒于虎。"❷古代神话月中有蟾蜍，故称月为蟾。顾复《浣溪沙》词："露白～明又到秋。"《宋史·乐志》："残霞弄影，孤～浮天。"

【蟾宫】 chángōng ❶月宫。李俊民《中秋》诗："鲛室影寒珠有泪，～～风散桂飘香。"❷比喻科举考试中式。李中《送黄秀才》诗："～～须展志，渔艇莫牵心。"

【蟾桂】 chánguì ❶传说月中的蟾蜍、桂树。李贺《巫山高》诗："古祠近月～～寒，椒花坠红湿云间。"❷借指月亮。罗隐《旅梦》诗："出门聊一望，～～向人斜。"

【蟾窟】 chánkū 指月宫。苏轼《八月十七日天竺山送桂花分赠元素》诗："鹫峰子落惊前夜，～～枝空记昔年。"

【蟾轮】 chánlún 月亮。吴融《和韩致光侍郎无题三首十四韵》之二："戏应过蚌浦，飞合入～～。"

【蟾魄】 chánpò 月亮的别称。莫宣卿《百官乘月早朝听残漏》诗："碧空～～度，清禁漏声残。"陆龟蒙《寄怀华阳道士》诗："～～几应临蕙帐，渔竿犹尚枕枫汀。"

【蟾兔】 chántù 传说月中有蟾兔，借指月亮。《古诗十九首》之十七："三五明月满，四五～～缺。"元好问《留月轩》诗："欢伯属我歌，～～为动色。"

儳 1. chán ❶不整齐。《国语·周语中》："夫戎狄冒没轻～，贪而不让。"㉑指未列阵的军队。《左传·僖公二十二年》："利而用之，阻隘可也；声盛致志，鼓～可也。"（鼓：击鼓进攻。）❷相貌丑恶。刘基《杂诗四十一首》之三："～妇厌贪夫，常怀相弃心。"

2. chān ❸通“搀”。扶。韦庄《下邽感旧》诗：“招他邑客来还醉，～得先生去始休。”

3. chàn ❹轻贱，不庄重。《礼记·表记》：“君子不以一日使其躬～焉，如不终日。”❺不安宁。韩愈《上考功崔虞部书》：“欲事干谒，则患不能小书，困于投刺；欲学为佞，则患言讷词直，卒事不成，徒使其躬～焉而不终日。”❻迅疾，便捷。郑丰《答陆士龙诗·兰林》：“趯趯～兔。”《新唐书·黄巢传》：“～路围福州。”❼随便插话。见“儳和”、“儳言”。

【儳道】 chàndào 近路，捷径。《后汉书·何进传》：“[何]进惊，驰从～～归营。”也指抄近路。《新唐书·萧昕传》：“[哥舒]翰败，～～走蜀。”

【儳和】 chànhè ❶从旁插话。《后汉书·孔僖传》：“邻房生梁郁～～之曰：‘如此，武帝亦是狗耶？’”❷指插言附和。《朝野遗记》：“德谦知有间可乘，又使中贵人～～。”

【儳言】 chànyán ❶别人讲话未完便插话。《礼记·曲礼上》：“长者不及，毋～～。”❷指饶舌。陆游《闻百舌》诗：“春鸟虽～～，春尽能齰舌。”

劖 chán ❶凿，铲。韩愈《酬司门卢四兄云夫院长望秋作》诗：“若使乘酣骋雄怪，造化何以当镌～。”㊀剜。元稹《送崔侍御之岭南》诗：“逸翮怜鸿翥，离心觉刃～。”㊀古代一种铲类工具。徐渭《子侯芳园王瓜骈秀传闻远迩快睹咏歌》：“脱帽当茶灶，持～掘笋鞭。”❷刺。《太平御览》卷八四六引《世说新语》：“又设大针于座端，客有酒则～之，验醉醒也。”㊀讥刺。高濂《玉簪记·追别》：“欲待将言遮掩，怎禁他恶狠狠话儿～。”

瀺 chán ❶灌注。马融《长笛赋》：“颐淡滂流，碓投～穴。”（颐淡：水摇荡的样子。）❷汗液。《史记·扁鹊仓公列传》：“切其脉，气阴；阴气者，病必入中，出及～水也。”

【瀺灂】 chánzhuó ❶小水声。《史记·司马相如列传》：“临坻注壑，～～贯坠。”张衡《南都赋》：“汰～～兮船容裔。”（汰：水波。容裔：船行水上起伏的样子。）❷在水中出没的样子。《抱朴子·知止》：“文鳞～～，朱羽颉颃，飞激堕云，鸿沉纶引。”嵇康《兄秀才公穆入军赠诗》：“鱼龙～～，山鸟群飞。”

嚵 chán ❶尝，吸食。黄香《九宫赋》：“淬五湖而漱华池，粉白沙而～定容。”（定容：湖名。）❷通“馋”。贪吃。黄庭坚《题徐巨鱼》：“徐生作鱼庖中物耳，虽复妙于形似，亦何所赏，但令～獠生涎耳。”㊀贪。司空图《寿星述》：“冀修知难之规，免冒～荣之诮。”

巉 chán ❶险峻陡峭。见“巉巉”、“巉刻”等。❷山石高耸的样子。李白《江上望皖公山》诗：“清宴皖公山，～绝称人意。”袁宏道《游记·齐云》：“五老峰、万人缘石皆好，而微乏秀润，山骨亦不～，以兹不耐久观。”❸尖锐。苏轼《壬寅二月寄子由》诗：“乱峰～似槊，一水淡如油。”

【巉巉】 chánchán ❶峭拔险峻的样子。岑参《入剑门作寄杜杨二郎中……》诗：“凛凛三伏寒，～～五丁迹。”❷指陡峭的山。梅尧臣《寄谢师直》诗：“邀我陟～～，宿雾方冥冥。”❸尖锐锋利的样子。《聊斋志异·画皮》：“齿～～如锯。”

【巉刻】 chánkè ❶险峻陡峭。苏洵《忆山送人》诗：“大抵蜀山峭，～～气不温。”❷比喻言词尖刻。苏洵《上欧阳内翰第一书》：“《孟子》之文，语约而意尽，不为～～斩绝之言，而其锋不可犯。”

【巉峭】 chánqiào 险峻陡峭。符载《梵阁寺常准上人精院记》：“峰峦不～～，无以为泰、华。院宇不严整，无以为梵阁。”《新唐书·西域传下》：“有铁门山，左右～～，石色如铁。”

【巉崄】 chányán 高峻的样子。张衡《西京赋》：“坻崿鳞眴，栈齴～～。”（崿：山崖。鳞眴、栈齴：皆高峻无际的样子。）也作“巉险”。左思《吴都赋》：“陵绝嶛嶕，聿越～～。”

欃 chán ❶檀树的别名。《史记·司马相如列传》：“～檀木兰。”❷见“欃枪”。

【欃枪】 chánchēng 彗星的别名。又名“天欃”、“天枪”。《史记·司马相如列传》：“揽～～以为旌兮，靡屈虹而为绸。”（按：一本作“搀枪”。）陆游《万里桥江上习射》诗：“天上～～端可落，草间狐兔不须惊。”

躔 chán ❶麋鹿的足迹。《尔雅·释兽》：“麋……其迹～。”泛指足迹，行迹。《路史·循蜚纪·钜灵氏》：“或云治蜀，盖以其迹～焉。”❷践，经历。左思《吴都赋》：“习其敝邑而不觌上邦者，未知英雄之所～也。”❸日月五星在天空中运行。《吕氏春秋·圜道》：“月～二十八宿，轸与角属，圜道也。”《汉书·律历志上》：“日月初～，星之纪也。”㊀轨道。曾纪泽《书太史公〈六家要指〉后》诗：“《六家要指》尊黄老，两代文心异轨～。”

【躔次】 cháncì 日月星辰运行的轨迹。王勃《益州绵竹县武都山净慧寺碑》：“况乎山精旧壤，下镇偏隅；天帝遗墟，上干～～。”韩愈《和崔舍人咏月》诗：“赫奕当～～，虚徐度杳冥。”（赫奕：光芒灿烂。）

【躔度】 chándù 古人把周天分为三百六十度，划为若干区域，辨别日月星辰的方位。用以标明日月星辰在天空运行的度数称“躔度”。陆游《老学庵笔记》卷三：“崇宁中，长星出，推步～～，长七十二万里。”《宋史·天文志一》：“惟牛、尾、室、柳四宿与旧法合，其他二十四宿～～或多或寡。”

镵（鑱） chán ❶长针，利锥。《宋书·臧质传》：“［拓跋］焘大怒，乃作铁床，于其上施铁～，云破城得质，当坐之此上。”❷一种铁制掘土工具。杜甫《乾元中寓居同谷县作歌》：“长～长～白木柄，我生托子以为命。”❸刺。韩愈《送区弘南归》诗：“汹汹洞庭莽翠微，九嶷～天荒是非。”《新唐书·薛元赏传》：“都市多侠少年，以黛墨～肤。”❹刻，錾凿。陆龟蒙《两观铭》：“以石～辞，著于阙里。”王安石《度支副使厅壁题名记》：“于是书石而～之东壁。”

【镵石】 chánshí 古时治病用的石针。《史记·扁鹊仓公列传》：“～～挢引，案扤毒熨，一拨见病之应。”（挢引、案扤：皆指按摩治病。）《素问·汤液醪醴论》：“～～针艾治其外。”

产（産） chǎn ❶生，生育。《吕氏春秋·义赏》：“春气至则草木～，秋气至则草木落。”《论衡·气寿》：“始生而死，未～而伤，禀之薄弱也。”㊁出生，出产。《史记·李斯列传》：“此五子者，不～于秦，而缪公用之。”《宋史·占城国传》：“占城地不～茶。”❷物产。晁错《贤良文学对策》：“德上及飞鸟，下至水虫，草木诸～，皆被其泽。”㊁财产，产业。《汉书·韩安国传》：“匈奴虏略千馀人及畜～去。”《后汉书·周党传》：“家～千金。”

【产殖】 chǎnzhí 生产养殖。《三国志·魏书·郑浑传》：“天下未定，民皆剽轻，不念～～。”

刬（剗） 1. chǎn ❶农具名。铲子。《齐民要术·耕田》：“～柄长三尺。”㊁铲平。《齐民要术·耕田》：“～地除草。”㊂灭除，废除。《吕氏春秋·知士》：“静郭君大怒曰：‘～而类，揆吾家，苟可以傔剂貌辨者，吾无辞为也。’”（而：尔。揆：通“睽”。离散。辨：人名。）《后汉书·左雄传》：“宗周既灭，六国并秦，阬儒泯典，～革五等，更立郡县。”❷副词。仅，只。李廓《长安少年行》：“～戴扬州帽，重熏异国香。”㊁却，反而。卓田《眼儿媚·题苏小楼》词：“因何铁石，打肝凿胆，～为花柔。”

2. zhàn ❸通“栈”。《史记·田叔列传》：“谷口，蜀～道，近山。”

【刬刈】 chǎnyì 即“划刈”。斩断。引申为果决。《战国策·燕策二》：“王谓臣曰：‘吾必不听众口与谗言，吾信汝也，犹～～者也。’”

弗 chǎn 烤肉的钎子。韩愈《赠张籍》诗：“试将诗义授，如以肉贯～。”

谄（諂） chǎn 献媚，奉承。《国语·周语中》：“其享覲之币薄而言～，殆请之也。”《吕氏春秋·诬徒》：“驱而教之，阿而～之，若恐弗及。”

【谄骨】 chǎngǔ 指谄媚的人。王建《寄上韩愈侍郎》诗：“碑文合遣贞魂谢，史笔应令～～羞。”

【谄佞】 chǎnnìng 用花言巧语巴结奉承人。《新序·杂事五》：“公玉丹徒隶之中，而道之～～，甚矣。”也作“谫佞”。《汉书·贡禹传》：“开进忠正，致诛奸臣，远放～～。”（此指谄佞之人。）

【谄笑】 chǎnxiào 强装笑脸以讨好人。《孟子·滕文公下》：“胁肩～～，病于夏畦。”

【谄谀】 chǎnyú 谄媚奉承。《荀子·不苟》：“君子崇人之德，扬人之美，非～～也。”《史记·平准书》：“而公卿大夫多～～取容矣。”也作“谫谀”。《汉书·严安传》：“法严令苛，～～者众。”

阐（闡） chǎn ❶开，开辟。《史记·秦始皇本纪》：“～并天下。”又“禅梁父”《集解》服虔曰：“禅，～广土地也。”❷阐发，阐明。《周易·系辞下》：“夫《易》彰往而察来，而微显～幽。”㊂显露在外。《吕氏春秋·决胜》：“隐则胜～矣，微则胜显矣。”❸古邑名。春秋鲁地。《春秋·哀公八年》：“齐人取讙及～。”

【阐弘】 chǎnhóng 阐发弘扬。《后汉书·谢夷吾传》：“～～道奥，同史苏、京房之伦。”《三国志·魏书·刘馥传》：“～～大化，以绥未宾；六合承风，远人来格。”

【阐化】 chǎnhuà 开创教化。潘岳《为贾谧作赠陆机》诗：“粤有生民，伏羲始君，结绳～～，八象成文。”

【阐缓】 chǎnhuǎn 舒缓。马融《长笛赋》：“安翔骀荡，从容～～。”

【阐济】 chǎnjì 开创并完成。《三国志·魏书·三少帝纪》：“其于正典，～～大顺，所不得制。”《晋书·文帝纪》：“惟公严虔王度，～～大猷，敦尚纯朴，省繇节用。”（大猷：大道。）

【阐拓】 chǎntuò 开拓。《三国志·魏书·明帝纪》：“聿修显祖，～～洪基。”

【阐绎】 chǎnyì 阐明陈述。《后汉书·班固传》：“厥有氏号，绍天～～者，莫不开元于大昊皇初之首。"(大昊:太昊,古帝名。)

帡(幝) chǎn 见"帡帡"。

【帡帡】 chǎnchǎn 破旧的样子。《诗经·小雅·杕杜》:"檀车～～,四牡痯痯,征夫不远。"(痯痯:疲病的样子。)

铲(鏟、剷) chǎn ❶铲子。《齐民要术·耕田》:"～,……以划地除草。"㊀削平,铲除。木华《海赋》:"于是乎禹也,乃～临崖之阜陆,决陂潢而相浚。"柳宗元《钴鉧潭西小丘记》:"即更取器用,～刈秽草。"❷搜刮。王安石《乞制置三司条例》:"至遇军国郊祀之大费,则遣使～刷。"

缂(繟) chǎn 舒缓,宽舒。《老子·七十三章》:"天之道,不争而善胜,不言而善应,不召而自来,～然而善谋。"

燀(燀) 1. chǎn ❶炊,烧火煮。《左传·昭公二十年》:"水火醯醢盐梅以烹鱼肉,～之以薪。"张协《七命》:"～以秋橙,酤以春梅。"❷燃烧。《国语·周语下》:"水无沉气,火无灾～。"㊀炽热。何晏《景福殿赋》:"故冬不凄寒,夏无炎～。"㊁光烈,炽盛。《史记·秦始皇本纪》:"威～旁达,莫不宾服。"《汉书·叙传下》:"柔远能迩,～燿威灵。"

2. dǎn ❸厚。《吕氏春秋·重己》:"衣不～热。"

【燀赫】 chǎnhè 声势盛大的样子。李白《古风》之三十三:"凭陵随海运,～～因风起。"

蒇(蕆) chǎn 完成。《左传·文公十七年》:"十四年七月,寡君又朝,以～陈事。"张说《蒲津桥赞》:"于是大匠～事,百工献艺。"严复《原强》:"殚毕生之精力,五十年而著述之事始～。"

谄(讇) chǎn ❶同"谄"。谄媚,奉承。《礼记·少仪》:"颂而无～,谏而无骄。"❷倾身卑恭的样子。《礼记·玉藻》:"立容辨卑,毋～。"(辨:通"贬"。)

冁(囅) chǎn 笑的样子。左思《吴都赋》:"东吴王孙～然而咍。"

忏(懺) chàn 梵语 ksama 的译音。❶忏悔。萧子良《净住子修理六根门》:"前已～其重恶,则三业俱明。"《晋书·佛图澄传》:"[弟子法]佐愕然愧～。"❷僧道为人拜祷忏悔。《梁书·庾诜传》:"宅内立道场,环绕礼～,六时不辍。"㊀指拜忏时所诵经文。如《梁皇忏》、《玉皇忏》。

【忏除】 chànchú 改悔。《华严经·十回向品》:"以～～一切诸业重障。"

【忏礼】 chànlǐ 忏悔礼拜。《南史·郭祖深传》:"比来慕法,普天信向,家家斋戒,人人～～。"

掺(摲) chàn ❶芟除。《礼记·礼器》:"君子之于礼也,有直而行也……有～而播也。"㊀攻取。《汉书·扬雄传下》:"所过麾城～邑,下将降旗,一日之战,不可殚记。"❷削。《淮南子·兵略训》:"剡～筡,奋儋镬,以当修戟强弩。"

羼 chàn 羊杂处在一起。《说文·羊部》:"～,羊相厕也。"㊀搀杂。《颜氏家训·书证》:"典籍错乱……皆由后人所～,非本文也。"《新唐书·李峤传》:"今道人私度者几数十万,其中高户多丁,黠商大贾,诡作台符,～名伪度。"

韂 chàn 垫于鞍下垂于两旁以挡泥土的马具。李贺《马诗》之一:"无人织锦～,谁为铸金鞭。"郑光祖《三战吕布》三折:"夹着无～马,两脚走如飞。"

chang

伥(倀) chāng ❶无所适从的样子。岳珂《桯史·张元吴昊》:"景祐末,有二狂生曰张曰吴……放意诗酒,语皆绝豪崄惊人,而边帅豢安,皆莫之知。～无所适,闻夏酋有意窥中国,遂叛而往。"❷伥鬼。指迷信传说中为虎所食或溺死者的鬼魂。《太平广记》卷四三二引孙光宪《北梦琐言·逸文·周雄毙虎》:"凡死于虎、溺于水之鬼号为～,须得一人代之。"

【伥伥】 chāngchāng 迷茫无所适从的样子。《荀子·成相》:"人主无贤,如瞽无相,何～～!"欧阳修《答吴充秀才书》:"然犹自患～～莫有开之使前者,此好学之谦言也。"

昌 chāng ❶美好、壮盛的样子。《诗经·郑风·丰》:"子之～兮,俟我乎堂兮。"❷兴盛,生长。《管子·宙合》:"国犹是国也,民犹是民也,桀纣以乱亡,汤武以治～。"《史记·礼书》:"江河以流,万物以～,好恶以节,喜怒以当。"㊀指有生之物。《庄子·在宥》:"今夫百～皆生于土而反于土。"❸善,正当。见"昌言"。❹显明。徐渭《燕子矶观音阁》诗:"若无一片镜,妙丽苦不～。"❺菖蒲。《周礼·天官·醢人》:"朝事之豆,其实韭菹、醓醢、～本。"❻通"猖"。见"昌狂"。

【昌炽】 chāngchì 昌盛。《说苑·建本》:"夫谷者,国家所以～～,士女所以姣好,礼义所以行,而人心所以安也。"《论衡·初禀》:"然则文王赤雀及武王白鱼,非天之命,～～佑也。"

【昌辞】 chāngcí 宏丽的文辞。《汉书·扬雄传上》："图累承彼洪族兮，又览累之～～。"（累：无罪而致死。这里指屈原。）

【昌光】 chāngguāng 天空中的赤气。古人以为祥瑞之气。《后汉书·班固传》注引《河图》："～～出轸，五星聚井。"（轸、井：皆星宿名。）《晋书·天文志中》："三曰～～，赤，如龙状；圣人起，帝受终，则见。"

【昌乐】 chānglè ❶兴盛安乐。《史记·匈奴列传》："寝兵休卒养马，世世～～。"❷县名。今属山东省。

【昌言】 chāngyán ❶善言，正言。《尚书·大禹谟》："禹拜～～曰：'俞。'"（俞：表示应允的应答之词。）❷指直言无隐。《史记·夏本纪》："帝舜谓禹曰：'女亦～～。'"《后汉书·马融传》："俾之～～而宏议，轶越三家，驰骋五帝，悉览休祥，总括群瑞。"（三家：指三皇。）❸放言，大言。韩愈《重答张籍书》："今夫二氏之所宗而事之者，下乃公卿辅相，吾岂敢～～排之哉！"欧阳修《上范司谏书》："伏惟执事思天子所以见用之意，惧君子百世之讥，一陈～～，以塞重望。"

倡 1. chāng ❶古代歌舞艺人。《史记·赵世家》："赵王迁，其母～也，嬖于悼襄王。"❷娼妓。后作"娼"。沈括《梦溪笔谈·讥谑》："石曼卿为集贤校理，微行～馆，为不逞者所窘。"❸通"猖"。见"倡狂"。

2. chàng ❹领唱。《诗经·郑风·萚兮》："叔兮伯兮，～予和女。"㊉歌唱。《韩非子·外储说左上》："讴癸～，行者止观，筑者不倦。"（讴癸：歌手名。）㊇诗，歌谣。钟嵘《诗品序》："推其文体，固是炎汉之制，非衰周之～也。"❺率先，首倡，倡导。《礼记·檀弓上》："子思之哭嫂也，为位，妇人～踊。"《汉书·地理志下》："繇文翁～其教，相如为之师。"又《晁错传》："陈胜行戍，至于大泽，为天下先～。"❻昌盛。《大戴礼记·礼三本》："天地以合，四时以洽……江河以流，万物以～。"

3. cháng ❼见"倡佯"。

【倡伎】 chāngjì 古代以歌舞杂戏为业的艺人。《后汉书·梁冀传》："游观第内，多从～～，鸣钟吹管，酣讴竟路。"《旧唐书·天竺国传》："百姓殷乐……家有奇乐～～。"

【倡狂】 chāngkuáng 癫狂，失去理智。《敦煌变文汇录·秋胡变文》："披发～～，佯痴放騃。"

【倡俳】 chāngpái 古代以乐舞杂戏为业的艺人。《汉书·广川惠王刘越传》："令～～裸戏坐中以为乐。"

【倡优】 chāngyōu 古代歌舞杂技艺人。《史记·魏其武安侯列传》："蚡所爱～～巧匠之属。"（蚡：人名。）《汉书·元后传》："罗钟磬，舞郑女，作～～，狗马驰逐。"也作"娼优"。赵令畤《元微之崔莺莺商调蝶恋花词》："至于～～女子，皆能调说大略。"

【倡辩】 chàngbiàn 巧言善辩。《汉书·东方朔传赞》："刘向言少时数问长老贤人通于事及朔时者，皆曰朔口谐～～，不能持论，喜为庸人诵说。"

【倡倡】 chàngchàng 色彩鲜艳的样子。陈陶《蜀葵咏》："绿衣宛地红～～，熏风似舞诸女郎。"

【倡和】 chànghè 也作"唱和"。❶一人首唱，他人相和，互相应答。《荀子·乐论》："～～有应，善恶相象。"后也指以诗词相酬答。张籍《哭元九少府》诗："闲来各数经过地，醉后齐吟～～诗。"❷一人提出主张，他人附合，以相呼应。《后汉书·安思阎皇后纪》："更相阿党，互作威福，探刺禁省，更为～～。"

【倡始】 chàngshǐ 首倡，先导。《汉书·王莽传上》："入钱献田，殚尽旧业，为众～～。"又"宗室所居或远，嘉幸得先闻，不胜愤愤之愿，愿为宗室～～。"

【倡言】 chàngyán ❶首先陈述意见。《三国志·魏书·陈思王植传》："今之否隔，友于同忧，而臣独～～者，窃不愿于圣世使有不蒙施之物。"（友于：兄弟的代称。）❷扬言。《宋史·岳飞传》："俊疑飞漏言，还朝，反～～飞逗遛不进。"

【倡佯】 chángyáng ❶闲游，漫步。郭遐周《赠嵇康》诗之一："归我北山阿，逍遥以～～。"❷自在纵情的样子。张鷟《游仙窟》："生前有日但为乐，死后无春更著人。祇可～～一生意，何须负持百年身？"

阊（閶） 1. chāng ❶见"阊风"、"阊阖"。

2. tāng ❷象声词。鼓声。《周礼·夏官·大司马》"中军以鼙令鼓"郑玄注："《司马法》曰：'鼓声不过～，鼙声不过阘，铎声不过琅。'"（阘、琅：皆象声词。）

【阊风】 chāngfēng 即"阊阖风"。秋风，西风。张衡《东京赋》："俟～～而西遐。"

【阊阖】 chānghé ❶神话中的天门。《汉书·礼乐志》："天马徕，龙之媒，游～～，观玉台。"❷借指皇宫的正门，宫门。《三国志·魏书·王烈传》："望慕～～，徘徊阙庭。"苏颋《太清观钟铭》："西升路接，韵～～之清风。"

【阊阖风】 chānghéfēng 西风。《淮南子·天文训》："凉风至四十五日，～～～至。"

《史记·律书》："～～～居西方。"又作"昌盍风"。班固《白虎通·八风》："～～～至，戒收藏也。"

菖 chāng 水草名。即菖蒲。《吕氏春秋·任地》："冬至后五旬七日，～始生。～者，百草之先生者也。"

猖 chāng 肆意妄为。王安石《开元行》："君不闻开元盛天子，纠合俊杰披奸～。"朱鼎《玉镜台记·石勒报败》："包六合，并遐方，江南馀孽势犹～。"

【猖勃】 chāngbó 恣意妄为。《晋书·刘元海载记》："董卓因之，肆其～～；曹操父子，凶逆相寻。"《魏书·羊深传》："闻弟～～，自劾请罪。"也作"昌悖"。《晋书·苻坚载记下》："奈何因王师小败，便～～若此。"

【猖獗】 chāngjué 也作"猖蹶"。❶狂妄放肆；横行无忌。贾谊《新书·俗激》："其馀～～而趋之者，乃豕羊驱而往。"《旧唐书·李德裕传》："乱臣～～，非可遽数。"❷颠覆，失败。《三国志·蜀书·诸葛亮传》："孤不度德量力，欲信大义于天下。而智术浅短，遂用～～，至于今日。"《晋书·殷浩传》："不虞之变，中路～～，遂令为山之功崩于垂成。"

【猖狂】 chāngkuáng ❶无所束缚，随心所欲。《庄子·在宥》："浮游不知所求，～～不知所往。"又《山木》："～～妄行，乃蹈乎大方。"（大方：大道。）❷狂妄而放肆。《三国志·魏书·董卓传评》注："袁术无毫芒之功、纤介之善，而～～于时，妄自尊立。"

【猖披】 chāngpī 衣不系带、散乱不整的样子。引申为不遵法度，任意妄为。《楚辞·离骚》："何桀、纣之～～兮，夫唯捷径以窘步。"（按：《文选·离骚》作"昌披"。）

娼 chāng 妓女。本作"倡"。卢照邻《长安古意》诗："妖童宝马铁连钱，～妇盘龙金屈膝。"关汉卿《谢天香》二折："怎生勾除籍，不做～，弃贱得为良。"

阊 chāng 见 táng。

鼚（鼞） chāng 击鼓。《尚书大传·虞夏传》："仪伯之乐，舞～哉，其歌声比大谣名曰'南阳'。"又："～乎鼓之，轩乎舞之。"

长（長、镸、兏） 1. cháng ❶长，与"短"相对。《老子·二章》："故有无相生，难易相成，～短相形，高下相倾。"《论衡·无形》："冶者变更成器，须先以火燔烁，乃可大小短～。"㊀长度。《论语·乡党》："必有寝衣，～一身有半。"❷久，久远。《老子·七章》："天～地久。"《左传·宣公十二年》："实其言，必～晋国。"㊀深远，深长。曹希蕴《赠乾明寺绣尼集句》："因过竹院逢僧话，始觉空门气味～。"❸辽远，辽阔。李白《庐山谣寄卢侍御虚舟》诗："鸟飞不到吴天～。"杜牧《登乐游原》诗："～空淡淡孤鸟没。"❹高大。《吕氏春秋·谕大》："井中之无大鱼也，新林之无～木也。"又《音初》："辛余靡～且多力，为王右。"❺擅长。《后汉书·韦彪传》："虽晓习文法，～于应对，然察察小慧，类无大能。"又《南匈奴传》："戎狄之所～，而中国之所短也。"㊀长处。《战国策·齐策三》："请掩足下之短者，诵足下之～。"❻（旧读zhàng）多馀，剩馀。钟嵘《诗品·宋征士陶潜》："文体省净，殆无～语。"❼（旧读zhàng）盛，兴盛。《吕氏春秋·知度》："此神农之所以～，而尧舜之所以章也。"❽副词。经常。张籍《猛虎行》诗："谷中近窟有山村，～向村家取黄犊。"王安石《书湖阴先生壁》诗："茆檐～扫静无苔，花木成畦手自栽。"

2. zhǎng ❾生长，增长。《吕氏春秋·圜道》："物动则萌，萌而生，生而～，～而大，大而成。"贾谊《论积贮疏》："淫侈之俗，日日以～。"㊀抚养，长大。《诗经·小雅·蓼莪》："父兮生我，母兮鞠我，拊我畜我，～我育我。"（鞠：养）。《史记·孔子世家》："孔子贫且贱，及～，尝为季氏史。"㊀生育，出生。《庄子·天道》："天不产而万物化，地不～而万物育。"《盐铁论·和亲》："范蠡出于越，由余～于胡，皆为霸王贤佐。"❿年纪大，辈分或职位高。《论语·先进》："以吾一日～乎尔，毋吾以也。"《韩非子·内储说下》："夷射叱曰：'去！刑馀之人，何事乃敢乞饮～者！'"㊀年长的人。《尚书·伊训》："立爱惟亲，立敬惟～。"《孟子·滕文公下》："在王所者，～幼卑尊皆薛居州也。"⓫列在首位的。《孟子·梁惠王上》："～子死焉。"㊀居首位。《左传·隐公十一年》："滕侯、薛侯来朝，争～。"《韩非子·十过》："昔者齐桓公九合诸侯，一匡天下，为五伯～。"⓬首领。古指天子、诸侯及公卿大夫之尊者。《尚书·益稷》："外薄四海，咸建五～。"《左传·成公十八年》："凡六官之～，皆民誉也。"后泛指地方长官。《史记·项羽本纪》："遂强立婴为～，县中从者得二万人。"㊀为首领，执掌。《战国策·楚策一》："天帝使我～百兽，今子食我，是逆天帝命也。"嵇康《太师箴》："许由鞠躬，辞～九州。"⓭尊敬，崇尚。《礼记·大学》："上老老而民兴孝，上～长而民兴弟。"《汉书·杜周传》："今汉家承周秦之敝，宜抑文尚质，废奢～俭，表实去伪。"⓮升高。后作"涨"。荀悦《汉纪·成帝纪三》："阴气盛溢，水则为之～。"⓯恭谨敦厚。袁宏《三国名臣序赞》:"子瑜都～,体性纯懿。"

【长才】 chángcái 高才,英才。《晋书·刘舆传》:"时称越府有三才:潘滔大才,刘舆～～,裴邈清才。"杜甫《述古》诗:"经纶中兴业,何代无～～。"

【长调】 chángdiào 唐人称七字一句的歌诗为长调,五字一句者为短调。李贺《申胡子觱篥歌序》:"申胡子……自称学～～短调,久未知名。"又词家有小令、中调、长调之说。九十一字以上为长调。

【长短】 chángduǎn ❶是非,得失。《史记·魏其武安侯列传》:"上怒内史曰:'公平生数言魏其、武安～～,今日廷论,局促效辕下驹,吾并斩若属矣!'"《汉书·何並传》:"至奸人妇女,持吏～～,从横郡中。"❷战国时代纵横家的游说之术。《史记·酷吏列传》:"边通,学～～,刚暴强人也。"

【长庚】 chánggēng ❶金星的别名。又名太白、启明。以金星运行轨道所处方位不同而有长庚启明之别。黄昏出现在西方的名长庚,早晨出现在东方的名启明。《诗经·小雅·大东》:"东有启明,西有～～。"❷彗星名。《史记·天官书》:"～～,如一匹布著天。此星见,兵起。"

【长毂】 chánggǔ 兵车。以其毂较长,故名。《穀梁传·文公十四年》:"～～五百乘,绵地千里。"《后汉书·窦宪传》:"元戎轻武,～～四分,云辎蔽路,万有三千馀乘。"

【长跪】 chángguì 直身而跪。古人席地而坐,坐时两膝据地以臀部著足跟。跪则伸直腰股,以示庄重。《史记·留侯世家》:"良业为取履,因～～履之。"《后汉书·李善传》:"有事则～～请白,然后行之。"

【长汉】 chánghàn 天河。虞世南《咏日午奉和》:"高天净秋色,～～转曦车。"(曦车:太阳。)杨炯《盂兰盆赋》:"奋奋粲粲,焕焕烂烂,三光壮观,若合璧连珠,耿耀于～～。"

【长河】 chánghé ❶大河。鲍照《冬至》诗:"～～结兰纡,层冰如玉岸。"❷银河,俗称天河。李商隐《嫦娥》诗:"云母屏风烛影深,～～渐落晓星沉。"

【长恨】 chánghèn 无尽的遗恨。扬雄《剧秦美新》:"所怀不章,～～黄泉。"鲍照《代东门行》:"长歌欲自慰,弥起～～端。"

【长技】 chángjì ❶擅长的技艺。《管子·明法解》:"明主操术任臣下,使群臣效其智能,进其～～。"❷长处,优势所在。《汉书·晁错传》:"以此观之,匈奴之～～三,中国之～～五。"

【长铗】 chángjiá 长剑。《战国策·齐策四》:"[冯谖]倚柱弹其剑,歌曰:'～～归来乎,食无鱼!'"

【长年】 chángnián ❶年龄大。《韩非子·奸劫弑臣》:"人主无法术以御其臣,虽～～而美材,大臣犹将得势擅事主断,而各为其私急。"❷长寿。《管子·中匡》:"道血气以求～～长心长德,此为身也。"(道:导。)

【长钱】 chángqián ❶足百之钱。《抱朴子·微旨》:"取人～～,还人短陌。"(陌:通"百"。)《金史·食货志三》:"时民间以八十为陌,谓之短钱;官用足陌,谓之～～。"❷馀钱。《史记·货殖列传》:"欲～～,取下谷,长石斗,取上种。"段成式《柔卿解籍戏呈飞卿》诗:"未有～～求邺锦,且令裁取一团娇。"

【长驱】 chángqū 驱车不停。多指军队长距离不停顿地快速前进。《战国策·齐策四》:"～～到齐,晨而求见。"又《燕策二》:"轻兵锐卒,～～至国。"

【长日】 chángrì ❶指冬至节。冬至以后,日长一日,故称"长日"。《礼记·郊特牲》:"郊之祭也,迎～～之至也。"❷指夏日昼长。王谠《唐语林·政事下》:"令狐绹进李远为杭州,上曰:'我闻李远诗云:～～惟消一局棋,何以临郡?'对曰:'诗人言不足有实也。'"

【长舌】 chángshé 比喻多言。也指搬弄是非。《诗经·大雅·瞻卬》:"妇有～～,维厉之阶。"刘岩夫《与段校理书》:"又欲掉～～于公卿间,籧篨戚施以媚于人。"(籧篨:巴结逢迎。)李观《晁错论》:"狂夫为计,料胜一举,遂摇～～,交构七国,借诛错为名。"

【长世】 chángshì 绵续久存。《左传·僖公十一年》:"不敬,则礼不行;礼不行,则上下昏,何以～～?"《国语·周语中》:"上作事而彻,下能堪其任,所以为令闻～～也。"

【长物】 chángwù (旧读 zhàngwù)多馀的东西。《晋书·王恭传》:"[王]忱访之,见恭所坐六尺簟。忱谓其有馀,因求之。恭辄以送焉,遂坐荐上。忱闻而大惊。恭曰:'我平生无～～。'"(簟:竹席。)

【长须】 chángxū 指男仆。曾巩《移守江西先寄潘延之节推》诗:"～～幸未阻诲存,下榻应容拜临辱。"李石《王晦叔许惠歙砚作诗迫之》诗:"试遣～～来,拜赐君已许。"

【长揖】 chángyī 见面的礼节。拱手自上而至极下。《汉书·高帝纪上》:"郦生不拜,～～。"李白《与韩荆州书》:"幸愿开张心颜,不以～～见拒。"

【长君】 zhǎngjūn ❶年长之君。《左传·文公六年》："灵公少，晋人以难故，欲立～～。"❷指年长的主人。《后汉书·李善传》："续虽在孩抱，奉之不异～～。"❸称他人的长兄。《汉书·苏武传》："前～～为奉车，从至雍棫阳宫，扶辇下除。"

【长老】 zhǎnglǎo ❶年长之人的通称。《汉书·文帝纪》："今岁首，不时使人存问～～，又无布帛酒肉之赐，将何以佐天下子孙孝养其亲？"❷指年德俱高的僧人。白居易《闲意》诗："北省朋僚音信断，东林～～往来频。"《景德传灯录·禅门规式》："于是创意别立禅居，凡具道眼有可尊之德者，号曰～～。"

【长吏】 zhǎnglì ❶地位、俸禄较高的官员。《汉书·景帝纪》："吏六百石以上，皆～～也。"又《百官公卿表上》："县令、长，……皆有丞尉，秩四百石至二百石，是为～～；百石以下有斗食佐史之秩，是为少吏。"❷泛指上级官长。白居易《赠友》诗之四："～～久于政，然后风教敦。"

【长弟】 zhǎngtì 兄友弟恭。引申为仁爱。《墨子·尚贤中》："是以入则不慈孝父母，出则不～～乡里，居处无节，出入无度，男女无别。"又作"长悌"。《国语·齐语》："于子之乡，有不慈孝于父母、不～～于乡里、骄躁淫暴、不用上令者，有则以告。"

【长者】 zhǎngzhě ❶显贵之人。《史记·陈丞相世家》："负随平至其家，家乃负郭穷巷，以弊席为门，然门外多有～～车辙。"（负、平：皆人名。）❷性情谨厚之人。《史记·项羽本纪》："陈婴者，故东阳令史，居县中，素信谨，称为～～。"❸佛教用语。佛经称具备十德者为长者。

场（場、塲） 1. cháng ❶晒打粮食的平坦空地。《诗经·豳风·七月》："九月筑～圃，十月纳禾稼。"㊀祭坛旁的平地。《孟子·滕文公上》："子贡反，筑室于～，独居三年，然后归。"《后汉书·刘盆子传》："遂于郑北设坛～，祠城阳景王。"❷量词。李白《短歌行》："天公见玉女，大笑亿千～。"《宋史·孝宗纪》："淳熙五年，增铨试为五～，呈试为四～。"

2. chǎng ❸场所，许多人聚集的地方。《后汉书·冯衍传》："斯四战之地，攻守之～也。"㊀领域。扬雄《剧秦美新》："遥集乎文雅之囿，翱翔乎礼乐之～。"谢灵运《游名山志序》："岂以名利之～，贤于清旷之域耶？"❹指科举考试的地方。柳宗元《上大理崔大卿应制不敏启》："登～应对，……，不可以言乎学。"

3. shāng ❺蚂蚁、田鼠、蚯蚓等翻起的松散泥土或堆在穴口的小土堆。潘岳《藉田赋》："坻～染屦，洪縻在手。"

【场功】 chánggōng 指修场、晒打粮食等农事。《国语·周语中》："野有庾积，～～未毕。"梅尧臣《和民乐》诗："岁晚～～毕，野老相经过。"

【场师】 chángshī 管理场圃的人。《孟子·告子上》："今有～～，舍其梧槚，养其樲棘，则为贱～～焉。"

【场屋】 chǎngwū ❶戏场。元稹《连昌宫词》："夜半月高弦索鸣，贺老琵琶定～～。"❷科举考试的地方。也称"科场"。王禹偁《谪居感事》诗："空拳入～～，拭目看京师。"陈亮《甲辰答朱元晦书》："而亮陆沉残破，行不足以自见于乡间，文不足以自奋于～～。"

苌（萇） cháng ❶植物名用字。见"苌楚"。❷姓。为春秋周大夫苌弘之后。见《通志·氏族略四》。

【苌楚】 chángchǔ 植物名。又名羊桃、猕猴桃。《诗经·桧风·隰有苌楚》："隰有～～，猗傩其枝。"

肠（腸） cháng ❶人体消化器官之一。司马迁《报任少卿书》："是以～一日而九回。"❷内心，感情。嵇康《与山巨源绝交书》："刚～疾恶，轻肆直言。"白居易《登西楼忆行简》诗："风波不见三年面，书信难传万里～。"❸指腓肠，即小腿肚子。古诗《孤儿行》："拔断蒺藜～月中，怆欲悲。"（月：古肉字。）

【肠断】 chángduàn 形容悲痛之极。江淹《别赋》："是以行子～～，百感凄恻。"白居易《长恨歌》："行宫见月伤心色，夜雨闻铃～～声。"

尚 cháng 见 shàng。

尝（嘗、嚐、甞） cháng ❶辨别滋味，品尝。《周礼·天官·膳夫》："以乐侑食，膳夫授祭品；～食，王乃食。"《后汉书·冯衍传》："相林麓之所产兮，～水泉之所殖。"㊀吃。《诗经·唐风·鸨羽》："王事靡盬，不能蓺稻粱。父母何～？"㊀滋味。王安石《与微之同赋梅花得香字二首》诗："结子非贪鼎鼐～，偶先红杏占年芳。"❷试，试探。《汉书·张耳陈馀传》："乃使五千人令张黡、陈释先～秦军，至皆没。"❸经历。《左传·僖公二十八年》："晋侯在外十九年矣，险阻艰难，备～之矣。"❹副词。曾经。《汉书·高帝纪上》："母媪，～息大泽之陂。"❺祭祀名。宗庙祭祀，秋祭名"尝"。《后汉书·冯衍传》："遭时之祸，坟墓芜秽，春秋蒸～，昭穆无列。"（蒸：冬祭名。）

【尝敌】 chángdí 试探敌人的强弱。《宋史·苏洵传》："故古之贤将，能以兵～～，而又以敌自尝，故去就可以决。"

【尝寇】 chángkòu 试探敌人的强弱。《左传·隐公九年》："使勇而无刚者，～～，而速去之。"

【尝巧】 chángqiǎo 试其技艺。王起《振木铎赋》："以金为铃，且～～于懿匠；剡木为舌，将托音于下人。"

【尝祀】 chángsì 祭祀。《国语·楚语下》："国于是乎蒸尝，家于是乎～～。"《汉书·文帝纪》："夏四月，上幸雍，始郊见五帝，赦天下，修名山大川～～而绝者，有司以岁时致礼。"（郊：郊祀。）

【尝酎】 chángzhòu 以新酿醇酒尝祭宗庙。《左传·襄公二十二年》："公孙夏从寡君以朝于君，见于～～。"

【尝鼎一脔】 chángdǐngyīluán 尝其一二，可知其馀。语出《吕氏春秋·察今》："尝一脟肉，而知一镬之味，一鼎之调。"（脟：同"脔"。）王安石《回苏子瞻简》："得秦君诗，手不能舍……馀卷正冒眩，尚妨细读，～～～～，旨可知也。"

倘 cháng 见 tǎng。

常 cháng ❶同"裳"。古人穿的下衣。《逸周书·度邑》："叔旦泣涕于～，悲不能对。"❷永恒的，固定不变的。《诗经·大雅·文王》："侯服于周，天命靡～。"《后汉书·边让传》："舞无～态，鼓无定节。"ⓧ永恒之物，规律。《韩非子·解老》："唯夫与天与地之剖判也俱生，至天地之消散也不死不衰者谓～。"《荀子·天论》："天行有～，不为尧存，不为桀亡。"❸常法，常刑，常礼。《左传·昭公二十年》："布～无艺，征敛无度。"（艺：准则。）又《文公十八年》："主藏之名，赖奸之用，为大凶德，有～无赦。"又《庄公二十五年》："秋，大水，鼓，用牲于社、于门，亦非～也。"❹纲常，人伦。《论衡·问孔》："五～之道，仁、义、礼、智、信也。"❺副词。常常，每每。《荀子·荣辱》："乐易者～寿长，忧险者～夭折。"《汉书·代孝王刘参传》："孝王慈孝，每闻太后病，口不能食，～欲留长安侍太后。"❻普通的，凡庸的。《韩非子·十过》："臣观晋公子，非～人也。"《吕氏春秋·明理》："乱国之主，未尝知乐者，是～主也。"ⓧ日常的。《世说新语·政事》："望卿摆拨～务，应对玄言。"❼古代长度单位。八尺为寻，两寻为常。《韩非子·五蠹》："布帛寻～，庸人不释；铄金百溢，盗跖不掇。"（溢：通"镒"。）❽旗帜名。上绘日月图形。《周礼·春官·司常》："日月为～，交龙为旂。"❾树名。常棣。《诗经·小雅·采薇》："彼尔维何，维～之华。"❿同"嫦"。李商隐《常娥》诗："～娥应悔偷灵药，碧海青天夜夜心。"⓫古地名。在今山东滕州东南。《诗经·鲁颂·閟宫》："居～与许，复周公之宇。"⓬通"尝"。曾经。《汉书·高帝纪上》："高祖～繇咸阳，纵观秦皇帝，喟然大息。"⓭通"长"。见"常流①"。⓮（shàng）通"尚"。佑。《墨子·非命下》："上帝不～，九有以亡。"⓯（xiáng）通"祥"。《仪礼·士虞礼》："朞而小祥，曰：荐此～事。又朞而大祥，曰：荐此祥事。"

【常常】 chángcháng ❶连续不断。《孟子·万章上》："欲～～而见之，故源源而来。"后指经常，每每。韩愈《祭十二郎文》："是疾也，江南之人，～～有之。"❷平常的样子。《庄子·山木》："纯纯～～，乃比于狂。"也形容平庸。范仲淹《上执政书》："除录事参军，则县令中昏迈～～之流，可去数百人矣。"

【常棣】 chángdì ❶树名。即郁李。《诗经·小雅·常棣》："～～之华，鄂不韡韡。"❷《诗经·小雅》篇名。相传为周公所作宴饮兄弟的乐歌，后遂以比喻兄。《新唐书·吴兢传》："伏愿陛下全～～之恩，慰罔极之心。"（按：唐以前的人引《毛诗》又作"棠棣"。）

【常度】 chángdù ❶一定的法度。《史记·屈原贾生列传》："刓方以为圜兮，～～未替。"也指固定的度数。《论衡·感虚》："明日月行有～～，不得从星之好恶也。"❷平时的态度。《后汉书·宋弘传》："后大会群臣，帝使谭鼓琴，谭见弘，失其～～。"

【常法】 chángfǎ ❶固定的法制。《韩非子·饰邪》："语曰：'家有常业，虽饥不饿；国有～～，虽危不亡。'"《史记·楚世家》："国有～～，更立则乱，言之则致诛。"❷通常的原则。秦观《郭子仪单骑见虏赋》："岂非事方急则宜有异谋，军既孤则难拘～～。"

【常服】 chángfú ❶古指式样、色彩固定的军服。《左传·闵公二年》："帅师者，受命于庙，受脤于社，有～～矣。"❷日常穿的便衣。与"礼服"相对。苏轼《赠写御容妙善师》诗："幅巾～～俨不动，孤臣入门涕自滂。"

【常节】 chángjié ❶一定的季节。王粲《务本论》："种有常时，耘有～～，收有常期。"❷固定的节度。陆机《演连珠》："臣闻动循定检，天有可察；应无～～，身或难照。"❸固有的节操。《汉书·王莽传上》："赏未足以直功，谦约退让，公之～～，终不可听。”

【常均】 chángjūn ❶庸常之人。《晋书·文苑传论》：“怀天地之寥廓，赋辞人之所遗，特构新情，岂～～之所企。”❷指平常。《宋书·始安王休仁传》：“异礼殊义，望越～～。”❸犹“常法”。任昉《为范始兴作求立太宰碑表》：“道被如仁，功参微管，本宜在～～之外。”（管：管仲。）

【常流】 chángliú ❶长河。常，通“长”。《史记·屈原贾生列传》：“宁赴～～而葬乎江鱼腹中耳。”❷河流的正道。《史记·河渠书》：“延道弛兮离～～，蛟龙骋兮方远游。”❸平庸之辈。《晋书·习凿齿传》：“琐琐～～，碌碌凡士，焉足以感其方寸哉。”《宋史·曹彬传》：“……指谓左右曰：‘此远大器，非～～也。’”

【常伦】 chánglún ❶常理。《史记·宋微子世家》：“天乃锡禹鸿范九等，～～所序。”（锡：通“赐”。）也指一定的规律。孟云卿《伤时》诗之一：“大方载群物，生死有～～。”❷平常之辈。江淹《杂体诗·嵇中散言志》：“远想出宏域，高步超～～。”

【常任】 chángrèn ❶周官名。指分掌国政的六卿。《尚书·立政》：“王左右常伯、～～、准人、缀衣、虎贲。”❷泛称皇帝的近臣。《汉书·王莽传上》：“霍光即席～～之重，乘大胜之威。”❸正常情况下的负荷。《史记·田敬仲完世家》：“大车不较，不能载其～～。”

【常式】 chángshì ❶固定的制度。《管子·君臣下》：“国有～～，故法不隐，则下无怨心。”❷典范，法式，常规。《史记·秦始皇本纪》：“群臣诵功，请刻于石，表垂于～～。”《魏书·孙惠蔚传》：“校练句读，以为定本，次第均写，永为～～。”

【常数】 chángshù ❶规定的数量。《仪礼·聘礼》：“燕与羞，俶献无～～。”（俶：始。）司马光《论财利疏》：“至于颁赐外廷之臣，亦皆逾溢～～，不循旧规。”❷一定的法则。《荀子·天论》：“天有常道矣，地有～～矣，君子有常体矣。”《战国策·秦策三》：“物盛则衰，天之～～也。”❸一定的次序。元稹《酬李相公并启》：“废名位之～～，比朋友以字之。”

【常体】 chángtǐ ❶通常的状态，通例。《荀子·荣辱》：“乐易者常寿长，忧险者常夭折：是安危利害之～～也。”《后汉书·邓彪传论》：“审能而就列者，出身之～～。”❷固定的格式。《南齐书·张融传》：“夫文岂有～～，但以有体为常，政当使常有其体。”❸平素的风格。殷璠《河岳英灵集》卷中：“［崔］颢年少为诗，名陷轻薄，晚节忽变～～，风骨凛然。”

【常性】 chángxìng ❶固定不变的本性。《庄子·马蹄》：“彼民有～～，织而衣，耕而食，是谓同德。”❷正常的生命现象。《论衡·无形》：“时或男化为女，女化为男，由高岸为谷，深谷为陵也。应政为变，为政变，非～～也。”❸一定的规律。《逸周书·常训》：“天有～～，人有常顺。”

【常羊】 chángyáng ❶同“倘佯”、“徜徉”。逍遥。《汉书·礼乐志》：“幡比翅回集，贰双飞～～。”（幡：飞舞的样子。）❷虫名。《诗经·召南·草虫》“喓喓草虫”毛亨传：“草虫，～～也。”❸古代传说中的山名。《山海经·海外西经》：“形天与帝至此争神，帝断其首，葬之～～之山。”

【常住】 chángzhù ❶佛教用语。恒久不变。《法华经·方便品》：“是法住法位，世间相～～。”❷僧、道的寺舍、什物、树木、田园、仆畜、粮食等，统称为常住物，简称常住。李吉甫《杭州经山寺大觉禅师碑铭序》：“远近檀施，或一日累千金，悉命归于～～，为十方之奉。”❸指道观中的主事者。《云笈七签·道教灵验记》：“数岁有白尊师自金华山至，驻留旬日，……～～亦为办斋食供养。”

偿（償） cháng ❶归还，偿还。《后汉书·樊宏传》：“其素所假贷人间数百万，遗令焚削文契。责家闻者皆惭，争往～之，诸子从敕，竟不肯受。”《晋书·王长文传》：“长文居贫，贷多，后无以～。”㊀补偿，抵偿。《史记·楚世家》：“陈轸又曰：‘伐秦非计也。不如因赂之一名都，与之伐齐，是我亡于秦，取～于齐也，吾国尚可全。’”《后汉书·刘盆子传》：“杀人者死，伤人者～创。”❷应对，酬答。《左传·僖公十五年》：“西邻责言，不可～也。”㊀酬报，报复。《史记·范雎蔡泽列传》：“一饭之德必～，睚眦之怨必报。”左思《魏都赋》：“祗祗精卫，衔木～怨。”❸实现，满足。韩愈《新修滕王阁记》：“及其无事且还，傥得一至其处，窃寄目～所愿焉。”张雨《怀茅山》诗：“归来闭户～高卧，莫遣人书白练裙。”

【偿责】 chángzhài ❶还债。责，“债”的古字。《汉书·淮阳宪王刘钦传》：“今遣有司为子高～～二百万。”❷（chángzé）抵当罪责。《新唐书·齐映传》：“马奔踶，不过伤臣；舍之，或犯清跸，臣虽死不足～～。”（舍：指舍辔。清跸：指帝王的车辇。）

徜 cháng 见“徜徉”。

【徜徉】 chángyáng ❶逍遥，安闲自在。韩愈《送李愿归盘谷序》："膏吾车兮秣吾马，从子于盘兮，终吾身以～～。"苏辙《武昌九曲亭记》："闻子瞻至，幅巾迎笑，相携～～而上。"❷徘徊，彷徨。张衡《思玄赋》："会帝轩之未归兮，怅～～而延伫。"

裳 cháng ❶古人穿的下衣，裙。《论衡·佚文》："衣～在身，文着于衣，不在于～，衣法天也。"苏轼《后赤壁赋》："适有孤鹤，横江东来，翅如车轮，玄～缟衣。"㊈穿（裳）。《诗经·郑风·丰》："衣锦褧衣，～锦褧裳。"（褧：用麻布做的单罩衣。）❷衣服。《水经注·江水二》："巴东三峡巫峡长，猿鸣三声泪沾～。"

【裳裳】 chángcháng 鲜明美盛的样子。《诗经·小雅·裳裳者华》："～～者华，其叶湑兮。"（湑：茂盛。）

嫦 cháng 见"嫦娥"。

【嫦娥】 cháng'é 传说中月中仙女。阎选《浣溪沙》词："刘阮信非仙洞客，～～终是月中人。"也作"常娥"。李商隐《常娥》诗："～～应悔偷灵药，碧海青天夜夜心。"

厂（廠） chǎng 露舍，棚屋。贾思勰《齐民要术·养鸡》："别筑墙匡，开小门，作小～，令鸡避雨日。"韩偓《南安寓止》诗："此地三年偶寄家，枳篱茅～共桑麻。"后指制造器物的工场。

昶（昹） chǎng ❶白天长。沈鲸《双珠记·月下相逢》："流离彼此如迷瘴，谁料阳乌仍～。"❷（chàng）通"畅"。舒畅。嵇康《琴赋》："固以和～而足耽矣。"又："若乃闲舒都雅，洪纤有宜，清和条～，案衍陆离。"（案衍：曲折的样子。）

惝 chǎng ❶（又读 tǎng）怅惘，失意。《庄子·则阳》："客出，而君～然若有亡焉。"❷通"敞"。空阔，广大。《淮南子·精神训》："廓～而虚，清靖而无思虑。"《汉书·扬雄传上》："正浏滥以弘～兮，指东西之漫漫。"

【惝恍】 chǎnghuǎng ❶失意的样子。《楚辞·远游》："步徙倚而遥思兮，怊～～而乖怀。"谢朓《郡内登望》诗："怅望心已极，～～魂屡迁。"❷模糊不清的样子。《楚辞·远游》："视儵忽而无见兮，听～～而无闻。"《史记·司马相如列传》："视眩眠而无见兮，听～～而无闻。"（按：《汉书·司马相如传》作"敞怳"。）

敞 chǎng ❶宽阔，宽敞。《史记·淮阴侯列传》："其母死，贫无以葬，然乃行营高～地，令其旁可置万家。"《洛阳伽蓝记·修梵寺》："皆高门华屋，斋馆～丽。"㊈高朗。李峤《和杜学士旅次淮口阻风》诗："日沉丹气敛，天～白云销。"❷敞开。陶渊明《桃花源诗》："奇踪隐五百，一朝～神界。"卢纶《和张仆射塞下曲》："野幕～琼筵，羌戎贺劳旋。"

【敞怳】 chǎnghuǎng ❶见"惝恍②"。❷形容神情捉摸不定。《北史·强练传》："容貌长壮，有异于人，神情～～，莫之能测。"

【敞罔】 chǎngwǎng ❶失意的样子。《汉书·司马相如传下》："～～靡徙，迁延而辞避。"也作"僘惘"。《后汉书·张衡传》："仰矫首以遥望兮，魂～～而无畴。"❷广大的样子。马融《长笛赋》："徬徨纵肆，旷瀁～～，老、庄之概也。"

僘 chǎng 同"惝"。怅惘，失意。《列子·汤问》："[周穆王]既反周室，慕其国，～然自失。"

【僘恍】 chǎnghuǎng 迷惘，恍惚。潘岳《寡妇赋》："怛惊悟兮无闻，超～～兮恸怀。"白居易《和酬郑侍御东阳春闷放怀追越游见寄》诗："流年～～不饶我，美景鲜妍来为谁？"

【僘惘】 chǎngwǎng 失意的样子。见"敞罔①"。

氅 chǎng ❶鹙鸟的羽毛。段成式《酉阳杂俎·肉攫部》："鹘烂堆黄，一变之鸧，色如鹙～。"㊈用鸟羽制成的外衣。《世说新语·企羡》："[孟昶]尝见王恭乘高舆，被鹤～裘。"后用以泛称大衣。❷古仪仗中用鸟羽为饰的旌旗。《新唐书·仪卫志上》："第一行，长戟，六色～，领军卫赤～，威卫青～、黑～。"

怅（悵） chàng 失意，懊恼。《楚辞·九歌·山鬼》："怨公子兮～忘归，君思我兮不得闲。"《汉书·孝武李夫人传》："方时隆盛，年夭伤兮，弟子增欷，洿沫～兮。"（洿沫：形容泪流满面。）《论衡·道虚》："卢敖目仰而视之，不见……～若有丧。"

【怅怅】 chàngchàng 失意、惆怅的样子。潘岳《哀永逝文》："～～兮迟迟，遵吉路兮凶归。"江淹《冬尽难离和丘长史》诗："闲居深～～，飕寒拂中闺。"（飕：风。）

【怅恨】 chànghèn 惆怅恼恨。《史记·陈涉世家》："陈涉少时，尝与人佣耕，辍耕之垄上，～～久之。"《晋书·荀勖传》："及失之，甚罔罔～～。"

【怅恍】 chànghuǎng 恍惚。潘岳《悼亡诗》："～～如或存，周遑忡惊惕。"

【怅惋】 chàngwǎn ❶感叹惋惜。《晋书·许孜传》："明日忽见鹿为猛兽所杀……孜～～不已，乃为作冢，埋于隧侧。"❷感到遗憾。张怀瓘《书断·高正臣》："高尝许人书一屏障，逾时未获。其人出使淮南，临别大～～。"

【怅惘】 chàngwǎng 迷惘的样子。干宝《搜神记》卷十七："家见[张]汉直，谓其鬼也，～～良久。"

【怅望】 chàngwàng 怅然想望。谢朓《新亭渚别范零陵诗》："停骖我～～，辍棹子夷犹。"（夷犹：迟疑不前。）李白《折荷有赠》诗："相思无因见，～～凉风前。"李商隐《为李贻孙上李相公启》："沉吟易失之时，～～难邀之会。"

韔（韔、韔） chàng 弓袋。《论衡·死伪》："杜伯起于道左，执彤弓而射宣王，宣王伏～而死。"[又]把弓装入弓袋。《诗经·小雅·采绿》："之子于狩，言～其弓。"

畅（暢） chàng ❶通，达。《韩非子·说林上》："田成子与登台四望，三面皆～。"《汉书·司马相如传下》："上～九垓，下溯八埏。"（九垓：天空极高远处。八埏：八方的边际。）《后汉书·祭肜传》："肜之威声，～于北方。"[引]通晓。诸葛亮《出师表》："将军向宠，性行淑均，晓～军事。"[又]舒展，表达。宋玉《神女赋》："交希恩疏，不可尽～。"❷舒畅，喜悦。《庄子·则阳》："旧国旧都，望之～然。"《晋书·刘舆传》："皆人人欢～，莫不悦附。"[引]尽情。王羲之《兰亭集序》："～叙幽情。"耶律楚材《和黄华老人》诗："悠然把菊见南山，～饮东篱醉重九。"❸旺盛。《论衡·道虚》："案草木之生，动摇者伤而不～，人之导引动摇形体者，何故寿而不死？"❹长。见"畅毂"。❺草名。畅草，古代多用以祭祀。《论衡·异虚》："衣以入宗庙为朝服，与～无异。"❻琴曲名。枚乘《七发》："使师堂操《～》，伯子牙为之歌。"❼（shāng）通"觞"。进酒劝饮。《史记·刺客列传》："[严仲子]具酒自～聂政母前。"

【畅畅】 chàngchàng 和乐的样子。《晋书·乐志下》："～～飞舞气流芳，追念三五大绮黄。"

【畅毂】 chànggǔ 长毂。指兵车。《诗经·秦风·小戎》："文茵～～，驾我骐异。"王融《三月三日曲水诗序》："～～埋辚辚之辙，绥旍卷悠悠之旆。"

【畅茂】 chàngmào 旺盛。《汉书·武帝纪》："朕闻天地不变，不成施化；阴阳不变，物不～～。"《论衡·效力》："地力盛者，草木～～。"也作"鬯茂"。《汉书·郊祀志上》："夏得木德，青龙止于郊，草木～～。"

【畅洽】 chàngqià 普遍而深邃。《隋书·薛道衡传》："而玄功～～，不局于形器；懿业远大，岂尽于揄扬。"

【畅遂】 chàngsuì 畅茂顺遂。指生物充分发育生长。《律吕相召赋》："草木以之而～～。"也作"鬯遂"。曾巩《移沧州过阙上殿札子》："至于六府顺叙，百嘉～～，凡在天地之内、含气之属，皆裕如也。"

鬯 chàng ❶古时祭祀用的香酒，用郁金草合黑黍酿成。《国语·周语上》："及期，郁人荐～，牺人荐醴。"（郁人、牺人：皆官名。）❷香草名。即郁金草。《周礼·春官·郁人》贾公彦疏引《礼纬》："～草生庭。"❸通"韔"。把弓装入弓袋。《诗经·郑风·大叔于田》："抑～弓忌。"（忌：语气词。）❹通"畅"。通畅。王安石《兵部员外郎马君墓志铭》："论议条～，人反复之而不能穷。"[又]旺盛。见"鬯茂"、"鬯遂"。[又]舒畅。郎瑛《七修类稿》卷三十五引宋戴遗诗："所伤至已乖，何能～吾神。"[又]尽情。徐珂《清稗类钞·婚姻类》："招请阿姨入房定席，相与～饮。"

【鬯圭】 chàngguī 古时祭祀用的玉器。《国语·鲁语上》："文仲以～～与玉磬如齐告籴。"

【鬯茂】 chàngmào 见"畅茂"。

【鬯遂】 chàngsuì 见"畅遂"。

唱 chàng ❶领唱，领奏。又作"倡"。《吕氏春秋·适音》："一～而三叹，有进乎音者矣。"《韩非子·解老》："故竽先则钟瑟皆随，竽～则诸乐皆和。"[引]歌唱，吟咏，演奏。左思《吴都赋》："琴筑并奏，笙竽俱～。"韩翃《送郑员外》诗："孺子亦知名下士，乐人争～卷中诗。"❷首倡，倡导。《荀子·非十二子》："子思～之，孟轲和之。"《后汉书·荀彧传》："将军首～义兵。"❸称道，赞扬。《后汉书·孔僖传》："齐桓公亲扬其先君之恶，以～管仲，然后群臣得尽其心。"柳宗元《答贡士元公瑾论仕进书》："况足下有文行，～之者有其人矣。"❹长声高呼。《南史·檀道济传》："道济夜～筹量沙。"陆游《陈君墓志铭》："吏操牍～姓名，彦声大不乐，即日弃去。"❺扬言，宣扬。《洛阳伽蓝记·宣忠寺》："庄帝谋杀尔朱荣，恐事不果，请计于徽，徽曰：'以生太子为辞，荣必入朝，因以毙之。'……帝纳其谋，遂～生太子。"司空图《唐故太子太师致仕卢公神道碑》："若首～其恶，彼畏彰闻，则怀疑蜂溃矣。"❻古代诗体名。严羽《沧浪诗话·诗体》："曰引，曰咏，曰曲，曰篇，曰～。"

【唱酬】 chàngchóu 以诗词相酬答。苏轼《次韵答邦直子由》五首之二："车马追陪迹未扫，～～往复字应漫。"也作"倡酬"、"唱训”。《宋史·杨蟠传》：“苏轼知杭州，蟠通判州事，与轼～～居多，平生为诗数千篇。”唐寅《送行》诗：“此日伤离别，还家足～～。”

【唱筹】 chàngchóu 高声报时。筹，更筹。何逊《与沈助教同宿溢口夜别》诗：“华烛已消半，更人数～～。”

【唱导】 chàngdǎo ❶前导。《后汉书·荀爽传》：“兽则牡为～～，牝乃相从。”❷带头提倡。《三国志·魏书·刘晔传》：“以晔高族名人，欲强逼晔，使～～此谋。”❸佛教用语。宣唱开导。慧皎《高僧传·唱导论》：“～～者，盖以宣唱法理，开导众心也。”

【唱和】 chànghè 见“倡和”。

【唱言】 chàngyán 扬言。《梦溪笔谈·权智》：“世衡乃～～野利已为白姥潜死。”

chao

诌（謅） 1. chāo ❶矫健，敏捷。《淮南子·修务训》：“越人有重迟者，而人谓之～。”❷狡狯，轻佻。《晋书·赵王伦传》：“荂浅薄鄙陋，馥、虔闇很强戾，诩愚嚚轻～。”（荂、馥、虔、诩：皆人名。）

2. miǎo ❸高。张衡《西京赋》：“通天～以竦峙。”（通天：台名。）

【诌轻】 chāoqīng 狡狯轻薄。《汉书·叙传下》：“江都～～。”（江都：江都易王刘非。）

【诌婧】 miǎojìng 腰细的样子。张衡《思玄赋》：“舒～～之纤腰兮，扬杂错之袿徽。”（袿：衣裾，衣袖。徽：带子。）

抄 chāo ❶叉取。李白《大猎赋》：“～狮猢，揽貊貀。”❷掠夺。《后汉书·郭伋传》：“时匈奴数～郡界，边境苦之。”又《法雄传》：“五年春，乏食，复～东莱间，雄率郡兵击破之，贼逃还辽东。”❸从侧面或近路过去。《后汉书·乌桓鲜卑传》：“出塞～击鲜卑，大斩获而还。”《晋书·庾龢传》：“东西互出，首尾俱进，则廪粮有～截之患。”❹用匙取物。韩愈《赠刘师服》诗：“匙～烂饭稳送之，合口软嚼如牛呞。”❺誊写，抄录。《晋书·纪瞻传》：“好读书，或手自～写。”❻量词。古代十撮为一抄。《孙子算经》：“十撮为一～，十～为一勺，十勺为一合，十合为一升。”后用作不计实数，表示少量的量词。《太平广记》卷四百七十四引《朝野佥载》：“近有鸡食乌百足虫忽死，开腹，中有蚰蜒一～，诸虫并尽，此物不化。”

【抄暴】 chāobào 劫掠滋扰。《后汉书·西羌传》：“强则分种为酋豪，弱则为人附落，更相～～，以力为雄。”《宋书·张进之传》：“时劫掠充斥，每入村～～。”也作“钞暴”、“暴钞”。《后汉书·南匈奴传》：“而匈奴转盛，～～日增。”《新唐书·辛云京传》：“回纥恃旧勋，每入朝，所在～～。”

【抄撮】 chāocuō ❶摘录，摘抄。《三国志·魏书·曹爽传》注引《魏略》：“范尝～～《汉书》中诸杂事，自以意斟酌之，名曰《世要论》。”也作“钞撮”。刘向《别录》：“铎椒作～～八卷，授虞卿；虞卿作～～九卷，授荀卿。”❷超拔。《太平御览》四四七引《郭子》：“答云：‘道季诚～～清悟，嘉宾故自胜。’”（嘉宾、道季：皆人名。《世说新语·品藻》作“钞撮”。）❸微细。《刘子·从化》：“钧石虽平，不能无～～之较。”

【抄掇】 chāoduō 摘录。《南史·陆杲传》：“初，简文在雍州，撰《法宝联璧》，［陆］罩与群贤并～～区分者数岁。”也作“钞掇”。《新唐书·元行冲传》：“魏孙炎始因旧书擿类相比，有如～～，诸儒共非之。”

【抄夺】 chāoduó 抢劫。《后汉书·刘虞传》：“虞所赉赏典当胡夷，瓒数～～之。”（瓒：人名。）又作“抄敚”。敚，古“夺”字。《南齐书·张敬儿传》：“百姓既相～～。”

【抄掠】 chāolüè 抢劫，掠取财物。《后汉书·耿秉传》：“并纵兵～～，斩首数千级，收马牛十馀万头。”也作“抄略”。《魏书·太祖纪》：“～～诸郡。”又作“钞掠”、“钞略”。《后汉书·杨震传》：“重以螟蝗，羌虏～～。”《三国志·魏书·武帝纪》：“观贼众群辈相随，军无辎重，唯以～～为资，今不若畜士众之力，先为固守。”

【抄袭】 chāoxí 绕到敌后或敌侧进行突击。《晋书·阎鼎传》：“流人谓北道近河，惧有～～。”

怊 chāo ❶心无所依，失意。《庄子·天地》：“～乎若婴儿之失其母也，傥乎若行而失其道也。”《新唐书·隐逸传序》：“其于爵禄也，泛然受，悠然辞，使人君常有所慕企，～然如不足，其可贵也。”❷悲伤。《楚辞·九章·哀郢》：“发郢都而去闾兮，～荒忽其焉极。”

【怊怅】 chāochàng 同“惆怅”。失意的样子。《楚辞·九辩》：“心摇悦而日幸兮，然～～而无冀。”东方朔《七谏·谬谏》：“卒抚情以寂寞兮，然～～而自悲。”谢庄《宋孝武宣贵妃诔》：“踌躇冬爱，～～秋晖。”

【怊怊】 chāochāo ❶遥远的样子。《楚辞·九思·守志》：“乌鹊惊兮哑哑，余顾瞻兮～～。”❷怅惘的样子。《魏书·阳尼传》：“心～～而惕惕兮，志悯悯而绵绵。”

弨 chāo ❶放松弓弦。《诗经·小雅·彤弓》:"彤弓～兮,受言藏之。"苏辙《王君贶生日》诗:"骥騁经新卧,弓强发久～。"❷弓。韩愈《雪后寄崔二十六丞公》诗:"脑脂遮眼卧壮士,大～挂壁无由弯。"刘将孙《六州歌头·元夕和宜可》词:"瓶落井,箭离～。"

绍 chāo 见 shào。

钞(鈔) 1. chāo ❶掠夺。《后汉书·应劭传》:"劫居人,～商旅,噉人牛羊,略人兵马。"又《马援传》:"诸种有数万,屯聚寇～。"❷从侧面或近路过去。《后汉书·孔奋传》:"奋乃率厉锺留等令要遮～击,共为表里。"(要遮:拦截。)❸誊写,抄录。《抱朴子·金丹》:"余今略～《金丹》之都,较以示后之同志好之者。"陆游《寒夜读书》诗:"韦编屡绝铁砚穿,口诵手～那计年。"(按:①至③后作"抄"。)❹纸币。《金史·食货志三》:"印一贯、二贯、三贯、五贯、十贯五等谓之大～……与钱并行。"[又] 古时官府征收钱物后所给的单据。范成大《催租行》:"输租得～官更催,踉蹡里正敲门来。"

2. miǎo ❺通"杪"。末尾。《管子·幼官》:"器成于僇,教行于～。"(钞:这里指一年的末尾,即冬季。)❻通"眇"。深远。《管子·幼官》:"听于～,故能闻未极;视于新,故能见未形。"

【钞暴】 chāobào 见"抄暴"。

【钞拨】 chāobō 抄袭骚扰。《三国志·魏书·袁绍传》注引《汉晋春秋》:"遂放兵～～,屠城杀吏,交尸盈原,裸民满野。"

【钞掠】 chāolüè 见"抄掠"。

【钞逻】 chāoluó 巡逻搜查。《三国志·吴书·陆逊传》:"逊遣亲人韩扁赍表奉报,还,遇敌于沔中,～～得扁。"

【钞突】 chāotū 抄袭骚扰。《后汉书·袁绍传》:"至令将军忘孝友之仁,袭阏、沈之迹,放兵～～,屠城杀吏。"

超 chāo ❶一跃而上。《左传·昭公元年》:"子南戎服入,左右射,～乘而出。"[又] 跳过,跃过。《墨子·兼爱下》:"犹挈泰山以～江河也。"《后汉书·班固传》:"遂～大河,跨北岳。"❷超出,胜过。《论衡·超奇》:"故儒生过俗人,通人胜儒生,文人逾通人,鸿儒～文人。"《新唐书·褚遂良传》:"陛下拨乱反正,功～古初。"[引] 超凡。刘长卿《故女道士婉仪太原郭氏挽歌词》:"作范宫闱睦,归真道艺～。"《新唐书·于邵传》:"以书判～绝,补崇文校书郎。"[又] 超脱。见"超然①"。❸遥远。《楚辞·九歌·国殇》:"出不入兮往不反,平原忽兮路～远。"(忽:空旷辽阔的样子。)《后汉书·冯衍传》:"高阳邈其～远兮,世孰可与论兹?"(高阳:帝颛顼之号。)❹通"怊"。惆怅。司马相如《上林赋》:"于是二子愀然改容,～若自失。"曹植《洛神赋》:"～长吟以永慕兮,声哀厉而弥长。"

【超拔】 chāobá 越级升迁。《论衡·偶会》:"圣主龙兴于仓卒,良辅～～于际会。"

【超超】 chāochāo ❶超脱的样子。陶渊明《扇上画赞》:"～～丈人,日夕在耘。"❷卓越的样子。崔融《报三原李少府书》:"～～美论,上陵于八十五篇;婉婉成章,下该于五十六字。"

【超度】 chāodù ❶逾越。《三国志·吴书·吴主传》注引《江表传》:"谷利在马后,使权持鞍缓控,利于后著鞭,以助马势,遂得～～。"❷超过。冯宿《殷公家庙碑》:"猗那先子,～～名辈。"❸宗教用语。佛、道谓使死者灵魂得以脱离地狱诸苦难为超度。张鷟《朝野佥载》:"村人遂于陂中设斋～～。"

【超忽】 chāohū ❶旷远的样子。王中《头陀寺碑文》:"东望平皋,千里～～。"❷迷惘,怅然若失的样子。柳宗元《吊苌弘文》:"欲登山以号辞兮,愈洋洋以～～。"高適《东征赋》:"高子游梁复久,方适楚以～～。"❸旺盛,勃发的样子。皮日休《太湖诗·桃花坞》:"穷深到兹坞,逸兴转～～。"

【超距】 chāojù 跳跃。古代一种游戏,用以习武。《管子·轻重丁》:"男女当壮,扶辇推舆,相睹树下,戏笑～～,终日不归。"《论衡·刺孟》:"投石～～之人,其志有求食者乎?"

【超迁】 chāoqiān 超格升擢。《史记·张释之冯唐列传》:"今陛下以啬夫口辩而～～之,臣恐天下随风靡靡,争为口辩而无其实。"(啬夫:古官名。)《汉书·于定国传》:"宣帝立,大将军光领尚书事,条奏群臣谏昌邑王者皆～～。"

【超然】 chāorán ❶超脱的样子。《楚辞·卜居》:"将从俗富贵以媮生乎?宁～～高举以保真乎?"《战国策·秦策三》:"范蠡知之,～～避世,长为陶朱。"❷惆怅的样子。《庄子·徐无鬼》:"武侯～～不对。"

【超乘】 chāoshèng ❶跳跃上车,以显示勇武。《国语·周语中》:"左右皆免胄而下拜,～～者三百乘。"❷勇猛敏捷。《论衡·无形》:"白发复黑,齿落复生,身气丁强,～～不衰。"❸勇士,武士。沈约《应诏乐游苑饯吕僧珍》诗:"～～尽三属,选士皆百金。"

❹超越。《论衡·超奇》："奇而又奇，才相～～，皆有品差。"

【超世】 chāoshì ❶超出当世。《后汉书·冯衍传上》："显忠贞之节，立～～之功。"《三国志·魏书·武帝纪》："抑可谓非常之人、～～之杰矣。"❷超然世外。朱熹《寄山中旧知》诗："～～慕肥遁，锻形学飞仙。"

【超脱】 chāotuō 高超脱俗。刘克庄《湖南江西道中》诗："从今诗律应～～，新吸潇湘入肺肠。"

【超遥】 chāoyáo 遥远的样子。阮籍《清思赋》："～～茫渺，不能究其所在。"颜延之《秋胡诗》："～～行人远，宛转年运徂。"

【超摇】 chāoyáo 不安的样子。《楚辞·七谏·谬谏》："心悇憛而烦冤兮，蹇～～而无冀。"（悇憛：忧苦悲伤。）

【超轶】 chāoyì ❶超过。白居易《赋赋》："洋洋乎！盈耳之韶頀。信可以凌砾《风》、《骚》，～～今古者也。"（韶頀：商汤之乐。）❷出类拔萃。柳宗元《答吴武陵论非国语书》："足下以～～如此之才，每以师道命仆，仆滋不敢。"

【超越】 chāoyuè ❶跳跃。指习武。《盐铁论·和亲》："丁壮弧弦而出斗，老者～～而入葆。"❷越过。《三国志·魏书·蒋济传》："卿兼资文武，志节慷慨，常有～～江湖吞吴会之志。"❸超出。《三国志·魏书·管宁传》："陛下践祚，纂承洪绪，圣敬日跻，～～周成。"（周成：周成王。）❹轻飘迅疾的样子。谢灵运《游赤石进帆海》诗："溟涨无端倪，虚舟有～～。"

【超卓】 chāozhuō 超出一般，卓越不群。《晋书·殷浩传》："案中军将军浩过蒙朝恩，叨窃非据，宠灵～～，再司京辇，不能恭慎所任，恪居职次。"

【超足】 chāozú 举足（踏弩）。《史记·苏秦列传》："韩卒～～而射，百发不暇止，远者括蔽洞胸，近者镝弇心。"（弇：掩。）

【超轶绝尘】 chāoyìjuéchén 形容骏马飞驰，出群超众，不着尘埃。《庄子·徐无鬼》："天下马有成材，若卹若失，若丧其一，若是者～～～～，不知其所。"（成材：天生的材质。卹：失，不存在。一：指身躯。）后用以比喻出类拔萃。

剿 chāo 见 jiǎo。

罺 chāo 捕鱼小网。陆龟蒙《渔具诗·序》："网罟之流曰罛、曰罾、曰～。"㊀ 用罺捕鱼。左思《吴都赋》："罩两魪，～鰝鰕。"

晁（鼂、鼌） 1. cháo ❶姓。西汉有晁错，见《汉书》。

2. zhāo ❷通"朝"。早晨。《楚辞·九歌·湘君》："～骋骛兮江皋，夕弭节兮北渚。"马融《长笛赋》："山鸡晨群，野雉～雊。"（雊：野鸡叫。）

啁 cháo 见 zhōu。

巢 cháo ❶鸟窝，窠穴。《诗经·召南·鹊巢》："维鹊有～，维鸠居之。"《汉书·五行志中之上》："长安城南有鼠衔黄蒿、柏叶，上民冢柏及榆树上为～。"㊀ 筑巢。《庄子·逍遥遊》："鹪鹩～于深林，不过一枝；偃鼠饮河，不过满腹。"❷简陋的住所。《孟子·滕文公下》："当尧之时，水逆行，泛滥于中国，蛇龙居之，民无所定，下者为～，上者为营窟。"❸敌人或盗贼盘踞的地方。《新唐书·杜牧传》："不数月必覆贼～。"❹古代乐器名。巢笙。《尔雅·释乐》："大笙谓之～。"❺古国名。故址在今安徽巢湖市。《左传·昭公二十四年》："吴灭～。"❻古地名。春秋卫地。在今河南睢县。《左传·哀公十一年》："使处～，死焉。"❼人名。巢父的省称。见"巢许"。❽有巢氏的省称。张九龄《龙池圣德颂》："～、燧之前，寂寥无纪。"

【巢车】 cháochē 古时军中用以探察敌情的瞭望车。《左传·成公十六年》："楚子登～～以望晋军。"

【巢居】 cháojū 栖宿树上。《庄子·盗跖》："且吾闻之，古者禽兽多而人民少，于是民皆～～以避之。"《战国策·赵策一》："围晋阳三年，城中～～而处，悬釜而炊。"

【巢许】 cháoxǔ 巢父和许由。相传为唐尧时隐士。尧欲让位给二人，皆不受。后多用为隐居不仕的典故。杜甫《奉赠萧二十使君》诗："～～山林志。"也作"巢由"。《汉书·鲍宣传》："尧舜在上，下有～～。今明主方隆唐虞之德，小臣欲守箕山之节也。"（箕山：传为许由隐居处。）

朝 cháo 见 zhāo。

潮 cháo ❶海水定时涨落叫潮。枚乘《七发》："江水逆流，海水上～。"㊀ 潮水。王维《送邢桂州》诗："日落江湖白，～来天地青。"❷潮湿。范成大《没冰铺晚晴月出晓复大雨上漏下湿不堪其忧》诗："旅枕梦寒涔屋漏，征衫～润冷炉熏。"

【潮信】 cháoxìn 即潮汐。因其涨落有定时，故称"潮信"。白居易《想东游》诗："逐日移～～，随风变棹讴。"陆龟蒙《别墅怀归》诗："东去沧溟百里馀，沿江～～到吾庐。"

【潮音】 cháoyīn 潮声。后多指僧众诵经之声。范成大《宿长芦寺方丈》诗："夜阑雷破梦，欹枕听～～。”

樔 1. cháo ❶同“巢”。鸟窝。也指未有房屋前人在树上的住处。《论衡·非韩》：“尧不诛许由，唐民不皆～处；武王不诛伯夷，周民不皆隐饿。”班昭《东征赋》：“谅不登～而椓蠡兮，得不陈力而相追。”

2. chāo ❷通“罺”。捕鱼的小网。《诗经·小雅·南有嘉鱼》毛亨传：“汕汕，～也。”

3. jiǎo ❸通“剿”。断绝。《汉书·孝武李夫人传》：“美连娟以修嫮兮，命～绝而不长。”（嫮：美好。）

轈（轈） cháo 古代军中窥望敌军的兵车。《说文·车部》：“～，兵高车，加巢以望敌也。”朱彝尊《曹先生溶挽诗》：“军兴还转饷，战胜屡登～。”

嘲（謿） 1. cháo （旧读 zhāo） ❶讥讽，嘲笑。《汉书·扬雄传下》：“时雄方草《太玄》，有以自守，泊如也。或～雄以玄尚白，而雄解之，号曰《解嘲》。”《三国志·吴书·韦曜传》：“又于酒后使侍臣难折公卿，以～弄侵克，发摘私短以为欢。”❷歌唱，吟咏。韩愈《玩月喜张十八员外以王六秘书至》诗：“惜无酒食乐，但用歌～为。”白居易《与元九书》：“陵夷至于梁、陈间，率不过～风雪，弄花草而已。”

2. zhāo ❸鸟鸣。《禽经》：“林鸟朝～。”

【嘲嘲】 cháocháo 诙谐戏谑。《三国志·蜀书·费祎传》：“孙权性既滑稽，～～无方……祎辞顺义笃，据理以答，终不能屈。”

【嘲啾】 zhāojiū 象声词。繁碎嘈杂的声音。刘克庄《田舍即事》诗之五：“邻壁～～诵《学而》，老人睡少听移时。”晁冲之《田中行》：“晚过柳下门，鸟声上～～。”也作“啁啾”。杜甫《渼陂行》：“凫鹥散乱棹讴发，丝管～～空翠来。”

【嘲哳】 zhāozhā 也作“嘲喈”、“嘲嗻”。象声词。烦杂细碎的声音。白居易《琵琶行》：“岂无山歌与村笛，呕哑～～难为听。”梅尧臣《依韵和禁烟近事之什》：“小苑芳菲花斗蕊，华堂～～燕争窠。”又作“啁哳”。《楚辞·九辩》：“雁廱廱而南游兮，鹍鸡～～而悲鸣。”（廱廱：形容声音和谐。）

【嘲啁】 zhāozhōu ❶象声词。鸟鸣声。欧阳修《葛氏鼎》诗：“剨然岸裂轰云骉，滑人夜惊鸟～～。”❷形容语声细碎难辨。韩愈《赴江陵途中寄赠王二十补阙……》诗：“生狞多忿很，辞舌纷～～。”

麨（麨） chǎo 米麦炒熟后磨成的粉。范成大《刈麦行》：“犁田待雨插晚稻，朝出移秧夜食～。”

che

车（車） chē ❶车。《老子·十一章》：“三十辐共一毂，当其无，有～之用。”《韩非子·外储说右下》：“马惊而不行，其子下～牵马，父子推～。”㊀特指兵车。《左传·隐公元年》：“命子封帅～二百乘以伐京。”❷车士，驾车的人。《左传·哀公十四年》：“叔孙氏之～子鉏商获麟。”《国语·晋语五》：“其主朝升之，而暮戮其～，其谁安之！”❸用轮子转动的机械。《宋史·河渠志五》：“地高则用水～。”㊀转动轮子操作。陆游《入蜀记》卷一：“乡仆来言，乡中闵雨，村落家家～水。”❹牙床骨。《左传·僖公五年》：“辅～相依，唇亡齿寒。”韩愈《与崔群书》：“近者尤衰惫，左～第二牙无故动摇脱去。”

【车辅】 chēfǔ 牙床与面颊。喻互相依赖，关系密切。王粲《赠士孙文始》诗：“在漳之湄，亦剋宴处，和通篪埙，比德～～。”（篪、埙：乐器名。）

【车骑】 chējì ❶车马。《史记·苏秦列传》“北报赵王，乃行过雒阳，～～辎重，诸侯各发使送之甚众，疑于王者。”（疑：通“拟”。）《三国志·魏书·王粲传》：“常～～填巷，宾客盈坐。”❷将军的名号。汉文帝始设，唐以后废。❸星名。《星经·车骑》：“～～三星在骑官南，总领车骑行军之事。”

【车驾】 chējià ❶马车。《汉书·景帝纪》：“夫吏者，民之师也，～～衣服宜称。”❷天子的代称。《后汉书·光武帝纪上》：“五年春正月癸巳，～～还宫。”鲍照《数诗》：“二年从～～，斋祭甘泉宫。”

【车裂】 chēliè 古代一种酷刑，以车马撕裂人的肢体。《战国策·秦策一》：“商君归还，惠王～～之，而秦人不怜。”《论衡·祸虚》：“传书李斯妒同才，幽杀韩非于秦，后被～～之罪。”

【车书】 chēshū ❶《礼记·中庸》：“今天下车同轨，书同文。”后以“车书”泛指国家体制制度。《后汉书·光武帝纪赞》：“神旌乃顾，递行天讨。金汤失险，～～共道。”《魏书·任城王传》：“但江外尚阻，～～未一，季世之民，易以威伏，难以礼治。”❷指推行制度。李杲卿《孟邦雄墓志》：“朝廷得以～～陇右，开拓巴、蜀，皆公之力也。”

【车徒】 chētú ❶兵车及步卒。《左传·襄公二十七年》：“使乌馀具～～以受封。”《汉书·刑法志》：“连帅比年简车，卒正三年简徒，群牧五载大简～～，此先王为国立武足兵之大略也。”（简：检阅。）❷车骑与仆从。

袁淑《效曹子建乐府白马篇》诗："籍籍关外来，～～倾国鄽。"（鄽：市中存放货物的栈房。）

【车右】 chēyòu 古时乘车，在御者右边陪乘的武士。《公羊传·宣公六年》："赵盾之～～祁弥明者，国之力士也。"庾信《樊哙见项王赞》："樊哙将军，汉王～～，不惮锋刃，何辞卮酒。"

【车重】 chēzhòng 辎重，辎重车。《史记·卫将军骠骑列传》："骠骑将军亦将五万骑，～～与大将军军等，而无裨将。"《后汉书·公孙瓒传》："贼弃其～～数万两，奔走度河。"

【车载斗量】 chēzàidǒuliáng 形容数量多。《三国志·吴书·吴主传》注引《吴书》："如臣之比，～～～～，不可胜数。"徐陵《答诸求官人书》："致令员外常侍，路上比肩；谘议参军，市中无数；四军五校，～～～～。"

尺 chě 见 chǐ。

扯（撦） chě ❶展开，裂开。《玉篇·手部》："～，开也。"段成式《光风亭夜宴妓有醉殴者》诗："掷履仙凫起，～衣蝴蝶飘。"❷拉，牵。关汉卿《鲁斋郎》三折："休把我衣服～住，情知咱冰炭不同炉。"《警世通言·王安石三难苏学士》："趁这刻儿风顺，～满了篷。"❸漫无边际的谈话。《醒世姻缘传》二回："你没得～淡！你认得我是谁？"

【扯冶】 chěyě 吐艳。皮日休《桃花赋》："或幽柔而旁午，或～～而倒披。"

屮 1. chè ❶草木初生的样子。《说文·屮部》："屮，草木初生也。象丨出形，有枝茎也。"

2. cǎo ❷"草"的古字。《汉书·晁错传》："兵法曰：丈五之沟，渐车之水，山林积石，经川丘阜，～木所在，此步兵之地也，车骑二不当一。"《汉书·苏建传》："武既至海上，廪食不至，掘野鼠去～实而食之。"（去：通"弆"。藏。）

【屮稾】 cǎogǎo 同"草稿"。《汉书·董仲舒传》："仲舒居家推说其意，～～未上，主父偃候仲舒，私见，嫉之，窃其书而奏焉。"

【屮茅】 cǎomáo 见"草茅②"。

【屮昧】 cǎomèi 见"草昧①"。

彻（徹） chè ❶通，达。《庄子·外物》："目～为明，耳～为聪。"《国语·鲁语上》："既其葬也，焚，烟～于上。"又《晋语六》："顺无不行，果无不～，犯顺不祥，伐果不克。"㉑ 穿透，渗透。《左传·成公十六年》："潘尫之党与养由基蹲甲而射之，～七札焉。"王建《宫词》之八十："舞来汗湿罗衣～，楼上人扶下玉梯。"❷取，剥取。《诗经·豳风·鸱鸮》："～彼桑土，绸缪牖户。"《老子·七十九章》："有德司契，无德司～。"❸治，治理。《诗经·大雅·公刘》："度其原隰，～田为粮。"又《江汉》："式辟四方，～我疆土。"❹遵循常轨。《诗经·小雅·十月之交》："天命不～，我不敢效我友自逸。"❺撤除，撤去。《国语·鲁语下》："祭悼子，康子与焉，酢不受，～俎不宴。"《战国策·齐策四》："～其环瑱，至老不嫁，以养父母。"㉑ 撤退。《后汉书·朱儁传》："不如～兵，并兵入城。"㉑ 拆毁，毁坏。《楚辞·天问》："何令～彼岐社，命有殷国？"《后汉书·西羌传》："遂乃刈其禾稼，发～室屋，夷营壁，破积聚。"❻周代的田税制度。《孟子·滕文公上》："夏后氏五十而贡，殷人七十而助，周人百亩而～，其实皆什一也。"❼尽，完。袁宏《后汉纪·质帝纪》："使其子河南尹～灭友氏家。"杜甫《江畔独步寻花七绝句》之一："江上被花恼不～，无处告诉只颠狂。"❽同"澈"。清澄。王融《四色咏》："赤如城霞起，青如松雾～。"（按：《艺文类聚》卷五十六引作"澈"。）❾车迹。后作"辙"。《老子·二十七章》："善行，无～迹；善言，无瑕谪。"（按：一本作"辙"。）《汉书·文帝纪》："故遣使者冠盖相望，结～于道。"㉑ 两轮间的距离。《周礼·考工记·车人》："～广六尺。"

【彻膳】 chèshàn 古代遇有灾异时，帝王撤减膳食，以示忧戚、自责。《后汉书·伏湛传》："夫一谷不登，国君～～；今民皆饥，奈何独饱？"《梦溪笔谈·艺文二》："有司言日当蚀四月朔。上为～～，避正殿。"

【彻席】 chèxí 人死的婉辞。李绛《兵部尚书王绍神道碑》："在位三岁，享龄七十有二，～～于长安永乐里之私第。"

坼 chè ❶裂开，分开。《战国策·赵策三》："天崩地～，天子下席。"《史记·鲁仲连邹阳列传》："两主二臣，剖心～肝相信，岂移于浮辞哉！"㉑ 裂纹。《周礼·春官·占人》："史占墨，卜人占～。"❷拆开，拆毁。韩愈《寄皇甫湜》诗："～书放床头，涕与泪垂四。"又《御史台上论天旱人饥状》："至闻有弃子逐妻，以求口食，～屋伐树，以纳税钱。"❸闪动。也作"掣"。《晋书·陆机陆云传》："千条析理，则电～霜开；一绪连文，则珠流璧合。"郎瑛《七修类稿·诗文类·唐为晋讳》："中台星～，时以为大异。"

【坼副】 chèfù 割裂。言经剖腹而分娩。《诗经·大雅·生民》"诞弥厥月，先生如达，不坼不副，无灾无害"毛亨传："凡人在母，母则病；生则～～，灾害其母，横逆人道。"

【坼剖】 chèpōu 同"坼副"。《史记·楚世家》："陆终生子六人，～～而产焉。"

呫 chè 见 tiè。

聅 chè 古代军中用箭穿耳的刑罚。《司马法》(《说文·耳部》引)："小罪～，中罪刖，大罪刭。"

揊 chè 摘落。左思《吴都赋》："精曜潜颖，～陊山谷。"(陊：落。)

掣 chè ❶牵引，拽。沈约《披褐守山东》诗："～曳泻流电，奔飞似白虹。"常璩《华阳国志》："还到梓童，见一大蛇入穴中，一人揽其尾～之，不禁。"㊀ 抽。《晋书·王献之传》："七八岁时学书，羲之密从后～其笔不得。"❷闪动，迅疾而过。梁简文帝《金錞赋》："野旷尘昏，星流电～。"袁宏道《雪夜感怀同黄道元作》诗："流火～空飞，错落如星碎。"

【掣电】 chèdiàn ❶形容迅疾如闪电。杜甫《高都护骢马行》："长安壮儿不敢骑，走过～～倾城知。"❷形容短暂如电光一闪。苏轼《寄迟适远三犹子》诗："我为乃翁留十日，～～一欢何足恃。"

【掣顿】 chèdùn 牵曳，拉拖。《史记·滑稽列传》褚少孙补："当此之时，公卿大臣皆敬重乳母。乳母家子孙奴从者横暴长安中，当道～～人车马，夺人衣服。"《后汉书·五行志一》："吏卒～～，折其要脊，令髻倾邪，虽强语笑，无复气味也。"

【掣肘】 chèzhǒu 《吕氏春秋·具备》："宓子贱令吏二人书。吏方将书，宓子贱从旁时掣摇其肘，吏书之不善，则宓子贱为之怒。吏甚患之，辞而请归。"后遂以"掣肘"比喻在他人做事时从旁牵制留难。《旧唐书·陆贽传》："若谓志气足任，方略可施，则当要之于终，不宜～～于其间也。"

澈 chè ❶水清。郦道元《水经注·沅水》："为明月池，白璧湾湾，状半月，清潭镜～。"❷水尽，尽。虞世南《和銮舆顿戏下》诗："雾～轩营近，尘暗苑城遥。"❸同"彻"。穿过，透。柳宗元《至小丘西小石潭记》："日光下～，影布石上，怡然不动。"

撤 chè ❶撤去。《晏子春秋·内篇谏上》："损肉～酒。"㊀ 撤退，撤回。《三国志·吴书·吕蒙传》："[关]羽果信之，稍～兵以赴樊。"❷拆除，拆毁。《商君书·兵守》："发梁～屋。"

【撤瑟】 chèsè 也作"彻瑟"。古代士人，遇父母有疾，撤去琴瑟，以示忧戚。后因以"撤瑟"指死亡，临终。任昉《出郡传舍哭范仆射》诗："宁知安歌日，非君～～晨。"

䑲 chè 革带的钩环。《隋书·礼仪志七》："[天子]革带，玉钩～。"

chen

郴 chēn 地名。在今湖南省。秦观《踏莎行》词："～江幸自绕～山，为谁流下潇湘去？"

綝(𦇀) 1. chēn ❶讫止。《说文·糸部》："～，止也。"

2. shēn ❷见"綝纚"。

【綝纚】 shēnlí ❶服饰毛羽下垂的样子。《楚辞·九怀·通路》："舒佩兮～～，竦余剑兮干将。"❷盛美的样子。张衡《思玄赋》："冠岩岩其映盖兮，珮～～以辉煌。"

琛 chēn 珍宝。《诗经·鲁颂·泮水》："憬彼淮夷，来献其～。"宋濂《阅江楼记》："番舶接迹而来庭，蛮～联肩而入贡。"㊀珍贵。《后汉书·西域传赞》："逷矣西胡，天之外区，土物～丽，人性淫虚。"

嗔 chēn 见 tián。

䐜 chēn 胀起。《素问·风论》："故使肌肉愤～而有疡。"扬雄《太玄经·争》："股脚～如，维身之疾。"

瞋 chēn ❶睁大眼睛。见"瞋目"。❷怒，生气。孔稚珪《北山移文》："于是丛条～胆，叠颖怒魄。"《南史·范晔传》："晔问曰：'汝～我邪？'[子]蔼曰：'今日何缘复～，但父子同死，不能不悲耳。'"

【瞋恚】 chēnhuì 恼怒。《三国志·魏书·华佗传》："[郡]守～～既甚，吐黑血数升而愈。"

【瞋目】 chēnmù ❶睁大眼睛。《庄子·秋水》："鸱鸺夜撮蚤，察毫末；昼出，～～而不见丘山。"❷特指发怒时瞪大眼睛。《史记·项羽本纪》："哙遂入，披帷西向立，～～视项王，头发上指，目眦尽裂。"又《苏秦列传》："于是韩王勃然作色，攘臂～～。"

【瞋目张胆】 chēnmùzhāngdǎn 形容无所畏避。《史记·张耳陈馀列传》："将军～～～～，出万死不顾一生之计，为天下除残也。"

獭 chēn 见"獭猭"。

【獭猭】 chēnchuān 连绵不断的样子。王褒《洞箫赋》："处幽隐而奥屏兮，密漠泊以～～。"(奥：深藏。漠泊：竹林茂密的样子。)

臣 chén ❶男奴隶，战俘。《战国策·韩策三》："越王使大夫种行成于吴，请男为～，女为妾。"《礼记·少仪》："～则左之。"

(郑玄注:"臣谓囚俘。")❷君主时代的官吏。《韩非子·难一》:"夫善赏罚者,百官不敢侵职,群~不敢失礼。"㊀国君所统属的众民。《诗经·小雅·北山》:"率土之滨,莫非王~。"《孟子·万章下》:"在国曰市井之~,在野曰草莽之~,皆谓庶人。"(国:国都。)㊁物的配属。《礼记·乐记》:"宫为君,商为~。"《白虎通·日月》:"日为君,月为~也。"❸称臣,臣服。《吕氏春秋·士节》:"其义不~乎天子,不友乎诸侯。"《盐铁论·本议》:"匈奴背叛不~,数为寇暴于边鄙。"㊀使为臣,役使。《孟子·万章上》:"盛德之士,君不得而~,父不得而子。"《史记·礼书》:"王公由之,所以一天下,~诸侯也。"❹对君父的自称。《战国策·东周策》:"颜率曰:'大王勿忧,~请东借救于齐。'"《史记·高祖本纪》:"始大人常以~无赖。"㊀表示谦卑的自称。《汉书·高帝纪上》:"吕公曰:'~少好相人,相人多矣,无如季相,愿季自爱。'"(季:刘邦的字。)❺认罪。《新唐书·狄仁杰传》:"讯反者一问即~,听减死。"《太平寰宇记·西戎四·何国》:"亦有牢狱,推事之时,以水灌鼻,再灌,不~即放。"

【臣臣】 chénchén 卑屈的样子。扬雄《太玄·盛》:"小盛~~,大人之门。"

【臣服】 chénfú ❶以臣礼事君。《尚书·康王之诰》:"今予一二伯父,尚胥暨顾,绥尔先公之~~于先王。"(伯父:周天子称同姓诸侯。)❷称臣降服。《三国志·蜀书·谯周传》:"自古已来,无寄他国为天子者也,今若入吴,固当~~。"

【臣虏】 chénlǔ ❶奴隶。《史记·李斯列传》:"岂欲苦形劳神,身处逆旅之宿,口食监门之养,手持~~之作哉?"❷奴役。《后汉书·仲长统传》:"夫或曾为我之尊长矣,或曾与我为等侪矣,或曾~~我矣,或曾执囚我矣。"

【臣妾】 chénqiè ❶奴隶。《战国策·秦策四》:"百姓不聊生,族类离散,流亡为~~,满海内矣。"❷使为奴隶。胡铨《戊午上高宗封事》:"今者无故诱致敌使,以诏谕江南为名,是欲~~我也。"

尘(塵、麈) chén ❶飞扬的细土。《诗经·小雅·无将大车》:"无将大车,维~冥冥。"晁错《论贵粟疏》:"春不得避风~,夏不得避暑热。"㊀蒙上灰尘,污染,玷污。《诗经·小雅·无将大车》:"无将大车,祇自~兮。"孔稚珪《北山移文》:"~游躅于蕙路,污渌池以洗耳。"㊀特指敌寇的骚扰或战争。《魏书·沮渠蒙逊传》:"四方渐泰,表里无~。"杜甫《北征》诗:"况我堕胡~,及归尽华发。"❷踪迹,事迹。《后汉书·陈寔传赞》:"二方承则,八慈继~。"(二方:元方、季方。八慈:荀淑八子,皆以"慈"为字。)《宋史·南唐李氏世家》:"思追巢、许之馀~。"❸人间,世俗。孔稚珪《北山移文》:"夫以耿介拔俗之标,萧洒出~之想。"(标:仪表,风度。)王勃《秋晚入洛于毕公宅别道王宴序》:"仰云霞而道意,舍~事而论心。"❹计量单位名。《周髀算经·小数》:"纤,十沙;沙,十~。"❺长久。见"尘邈"。❻道家称一世为"一尘"。沈汾《续仙传》:"丁约谓韦子威曰:'郎君得道尚隔两~。'"

【尘埃】 chén'āi 尘俗,尘世。《史记·屈原贾生列传》:"濯淖污泥之中,蝉蜕于浊秽,以浮游~~之外,不获世之滋垢。"苏轼《放鹤亭记》:"盖其为物清远闲放,超然于~~之外。"

【尘坌】 chénbèn ❶灰尘,尘土。《续资治通鉴·宋神宗元丰四年》:"入塞者三万人,~~四起,居人骇散。"❷尘俗,世俗之人。苏舜钦《和邻几登繇台塔》诗:"迥然~~隔,顿觉襟抱舒。"宋濂《兰隐亭记》:"华卿性清修,不与~~交,并皦皦然屹立物外。"

【尘表】 chénbiǎo ❶世外,世俗之外。《南史·阮孝绪传》:"乃著《高隐传》,上自炎皇,终于天监末,斟酌分为三品……挂冠人世,栖心~~为下篇。"(天监:梁武帝年号。)韦应物《天长寺上方别子西有道》诗:"高旷出~~,逍遥涤心神。"❷指人品超绝世俗。独孤及《三月三日自京到华阴水亭独酌寄裴六薛八》诗:"裴子~~物,薛侯席上珍。"

【尘尘】 chénchén ❶平和的样子。《逸周书·太子晋》:"马亦不刚,辔亦不柔。志气~~,取予不疑,以是御之。"❷佛教用语。指世界。苏轼《迁居》诗:"念念自成劫,~~各有际。"❸指世世,无数。苏轼《梦斋铭》:"梦觉之间,~~相授,数传之后,失其本矣。"龚自珍《己亥杂诗》之八十一:"历劫如何报佛恩,~~文字以为门。"

【尘垢】 chéngòu ❶尘土和污垢。白居易《沐浴》诗:"经年不沐浴,~~满肌肤。"比喻微末之物。《庄子·至乐》:"生者,假借也。假之而生生者,~~也。"❷尘世。《庄子·达生》:"忘其肝胆,遗其耳目,芒然彷徨乎~~之外,逍遥乎无事之业。"❸蒙上尘垢,污损。韦应物《答令狐侍郎》诗:"白玉虽~~,拂拭还光辉。"苏轼《与温公书》:"虽高风伟度,非此细故所能~~,然某思之,不啻芒背尔。"

【尘寰】 chénhuán 人世间。李群玉《送隐者归罗浮》诗:"自此~~音信断,山川风月永相思。"张元幹《永遇乐·宿鸥盟轩》词:"谁人著眼,放神八极,逸想寄~~外。"

【尘秽】 chénhuì ❶尘土和污垢。《后汉书·曹世叔妻传》:"盥洗~~,服饰鲜洁,沐浴以时,身不垢辱,是谓妇容。"❷污染,玷辱。《三国志·魏书·卫臻传》裴松之注:"叙粗有文辞,至于为注,了无所发明,直为~~纸墨,不合传写也。"❸谦词。表示有辱对方。李白《与韩荆州书》:"至于制作,积成卷轴,则欲~~视听,恐雕虫小技,不合大人。"

【尘界】 chénjiè 佛教以色、声、香、味、触、法为六尘。六尘所构成的世界叫尘界。赵彦昭《奉和九月九日登慈恩寺浮屠应制》诗:"皇心满~~,佛迹见虚空。"于颖《丁酉秋客长干访友苍师次壁间韵》:"寥寥~~外,永夜坐闻钟。"

【尘襟】 chénjīn 世俗的杂念。白居易《答元八宗简同游曲江后明日见赠》诗:"赖闻瑶华唱,再得~~清。"黄滔《寄友人山居》诗:"茫茫名利内,何以拂~~。"

【尘境】 chénjìng 佛教以色、声、香、味、触、法为六尘。因称现实世界为"尘境"。《禅源诸诠集都序》:"诸法如梦,诸圣同说,故妄念本寂,~~本空。"韦应物《庄严精舍游集》诗:"即此~~远,忽闻幽鸟殊。"

【尘累】 chénlèi ❶世俗事务的牵累。《梁书·阮孝绪传》:"愿迹松子于瀛海,追许由于穹谷,庶保促生,以免~~。"❷污染。《宋书·庾炳之传》:"如臣所闻天下论议,炳之常~~日月,未见一豪增辉。"❸佛教用语。指烦恼、恶业的种种束缚。《楞严经》卷一:"应身无量,度脱众生;拔济未来,越诸~~。"

【尘露】 chénlù ❶微尘滴露。比喻微末不足道。《晋书·琅邪悼王焕传》:"此刍荛之言有补万一,~~之微有增山海。"❷尘飞露干。比喻短促。阮籍《咏怀诗》之三十二:"人生若~~,天道邈悠悠。"❸风尘雨露。比喻辛劳。《宋书·谢庄传》:"陛下今蒙犯~~,晨往宵归,容恐不逞之徒,妄生矫诈。"

【尘邈】 chénmiǎo 久远。张衡《思玄赋》:"美襞积以酷烈兮,允~~而难亏。"(襞积:衣裙上的褶缝。酷烈:香味浓郁。)

【尘世】 chénshì 指人间。元稹《度门寺》诗:"心源虽了了,~~若憧憧。"杜牧《九日齐安登高》诗:"~~难逢开口笑,菊花须插满头归。"

【尘俗】 chénsú ❶世俗,流俗。任昉《王文宪集序》:"时司徒袁粲有高世之度,脱落~~。"❷人世。《晋书·索袭传》:"宅不弥亩而志忽九州,形居~~而栖心天外。"刘孝仪《和昭明太子钟山解讲》:"虽穷理游盛,终为~~喧。"

【尘忝】 chéntiǎn 玷辱职位。用于自谦。任昉《到大司马记室笺》:"惟此鱼目,唐突玙璠;顾己循涯,寔知~~。"(玙璠:美玉名。寔:实。)白居易《再授宾客分司》诗:"伊予再~~,内愧非才哲。"

【尘外】 chénwài 世外。《晋书·谢安传论》:"文靖始居~~,高谢人间,啸咏山林,游泛江海。"孟浩然《晚泊浔阳望炉峰》诗:"尝读远公传,永怀~~踪。"

【尘网】 chénwǎng 指尘世。古人认为人在世间有种种束缚,如鱼在网,故称"尘网"。江淹《杂体诗·许徵君自序》:"五难既洒落,超迹绝~~。"(五难:指妨害养生的五重困难,即名利不减、喜怒不除、声色不去、滋味不绝、神虑消散。)岑参《潼关使院怀王七季友》诗:"不负林中期,终当出~~。"

【尘想】 chénxiǎng 世俗的杂念。陶渊明《归园田居》诗:"白日掩荆扉,虚室绝~~。"朱松《和人游仙峰庵》诗之二:"掬寒露井销~~,撷翠筠篮当药材。"

【尘嚣】 chénxiāo 世间的纷扰、喧嚣。陶渊明《桃花源记》诗:"借问游方士,焉测~~外。"韩愈《和李相公摄事南郊览物兴怀呈一二知旧》诗:"顾瞻想岩谷,兴叹倦~~。"

【尘鞅】 chényāng 世俗事务的羁绊。鞅,套在马颈上的皮带。白居易《登香炉峰顶》诗:"纷吾何屑屑,未能脱~~。"范成大《送关寿卿校书出守简州》诗:"京洛知心~~里,江吴携手暮帆边。"

【尘缘】 chényuán 佛教称人心与尘世间的"六尘"(色、声、香、味、触、法)有缘分,受其牵累,叫"尘缘"。也泛指世俗的缘分。《圆觉经》:"妄认四大为自身相,六~~影为自心相。"韦应物《春月观省属城始憩东西林精舍》诗:"佳士亦栖息,善身绝~~。"

【尘滓】 chénzǐ ❶比喻世间繁烦的事务。《颜氏家训·勉学》:"其馀桎梏~~之中,颠仆名利之下者,岂可备言乎?"❷比喻微贱的地位。《南史·刘敬宣传论》:"或阶缘恩旧,一其心力;或攀附风云,奋其鳞羽;咸能振拔~~,自致封侯。"❸比喻尘世。白居易《赠别宣上人》诗:"性真悟泡幻,行洁离~~。"

沉(沈) chén ❶没入水中。《韩非子·功名》:"千钧得船则浮,锱铢失船则～。”《国语·晋语四》：“公子曰：‘所不与舅氏同心者，有如河水。’～璧以质。”⊗特指古代祭水神的仪式。《周礼·春官·大宗伯》：“以貍～祭山林川泽。”❷沉溺，迷恋。《吕氏春秋·先识》：“商王大乱，～于酒德。”杨敬之《客思吟》诗：“细腰～赵女，高髻唱蛮姬。”⊗沉沦，沦落。左思《咏史诗八首》之二：“世胄蹑高位，英俊～下僚。”李商隐《戊辰会静中出贻同志二十韵》：“中迷鬼道乐，～为下土民。”❸降落。李商隐《常娥》诗：“云母屏风烛影深，长河渐落晓星～。”陈羽《湘妃怨》：“九山～白日，二女泣沧洲。”❹深，深沉。《战国策·燕策三》：“燕有田光先生者，其智深，其勇～，可与之谋也。”《汉书·赵充国传》：“为人～勇，有大略。”⊗色深而有光泽。《周礼·考工记·弓人》：“漆欲测，丝欲～。”（测：清。）❺阴，暗。王安石《次韵张子野秋中久雨晚晴》：“天～四山黑，池涨百泉黄。”❻潜伏，隐藏。《国语·周语下》：“故天无伏阴，地无散阳，水无～气。”《论衡·祸虚》：“以为有～恶伏过，天地罚之，鬼神报之。”❼中医脉象之一，指脉搏隐伏。《史记·扁鹊仓公列传》：“脉法曰：～之而大坚……病主在肾。”❽低沉，低。骆宾王《在狱咏蝉》：“露重飞难进，风多响易～。”王安石《上蒋侍郎书》：“盖以声迹～下，最处疏贱，旧未为执事之知。”❾灭亡。刘向《新序杂事三》：“然则荆轲之～七族，要离燔妻子，岂足为大王道哉！”韩愈《衢州徐偃王庙碑》：“诸国既皆入秦为臣属……卒偾其国而～其宗。”❿污泥。《庄子·达生》：“～有履，灶有髻。”（履、髻：皆神名。）

【沉沉】 chénchén ❶茂盛的样子。谢朓《始出尚书省》诗：“衰柳尚～～，疑露方泥泥。”（泥泥：濡湿的样子。）❷水深的样子。司马相如《上林赋》：“～～隐隐，砰磅訇礚。”（隐隐：水盛的样子。砰磅訇礚：象声词。水声。）❸深沉的样子。柳永《雨霖铃》词：“念去去千里烟波，暮霭～～楚天阔。”苏轼《春夜》诗：“歌管楼台声细细，秋千院落夜～～。”❹雨不停的样子。张说《会诸友诗序》：“～～春雨，人亦淹留。”❺（又tántán）宫室深邃的样子。《汉书·陈胜传》：“入宫，见殿屋帷帐，客曰：‘夥，涉之为王～～者。’”

【沉顿】 chéndùn 疲惫，精神不振。吴质《在元城与魏太子牋》：“小器易盈，先取～～，醒寤之后，不识所言。”权德舆《卢相公谢赐方药并陈乞表》二：“况～～逾月，冠带未任，风毒所侵，难望速差。”

【沉阏】 chén'è 指阏伯和实沉。《左传·昭公元年》：“高莘氏有二子：伯曰阏伯，季曰实沉。居于旷林，不相能也，日寻干戈以相征讨。”后因以“沉阏”作兄弟相残的典型。《隋书·河间王弘传》：“又王之昏主，心若豺狼，仇忿同胞，有逾～～。”

【沉伏】 chénfú ❶滞郁。《国语·周语下》：“为之六间，以扬～～而黜散越也。”（六间：指六吕。）❷指不显达。《晋书·段灼传》：“臣受恩三世，剖符守境，试用无绩，～～数年。”

【沉浮】 chénfú ❶在水面上出没。何晏《景福殿赋》：“悠悠玄鱼，皠皠白鸟，～～翱翔，乐我皇道。”（皠皠：光泽洁白。）曹松《岳阳晚泊》诗：“白波争起倒，青屿或～～。”❷比喻盛衰、消长等变化。《庄子·知北游》：“天下莫不～～，终身不故。”（故：固。）《淮南子·原道训》：“与道～～俯仰。”❸随俗俯仰。《史记·游侠列传序》：“今拘学或抱咫尺之义，久孤于世，岂若卑论侪俗，与世～～而取荣名哉！”❹众多。扬雄《长杨赋》：“英华～～，洋溢八区，普天所覆，莫不沾濡。”

【沉痼】 chéngù ❶积久难治的病。魏徵《九成宫醴泉碑铭》：“然则神物之来，实扶明圣，既可蠲兹～～，又将延彼遐龄。”❷比喻难改的陋习积弊。《宋史·赵与权传》：“每言端平以来，窜赃吏，禁包苴，戒奔竞，戢横敛，而风俗～～自若。”（端平：年号。）

【沉酣】 chénhān ❶痛饮感到畅快。皮日休《酒城》诗：“万仞峻为城，～～浸其俗。”❷醉心其事。欧阳修《本论上》：“民之～～，入于骨髓，非口舌之可胜。”吕南公《与汪秘校论文书》：“于《列》、《庄》见道之书，于六经见道之训，于百家见道之所以文而文之所以得，于十八史见道之所以变，～～而演绎之。”

【沉厚】 chénhòu ❶深沉稳重。《晋书·陈骞传》：“骞～～有智谋。”❷深沉仁厚。《北史·魏孝武帝纪》：“帝性～～，学涉好武事。”❸深厚。《颜氏家训·归心》：“法应～～，凿土得泉。”

【沉沦】 chénlún ❶沉没，沉溺。《后汉书·寇荣传》：“蹈陆土而有～～之忧，远岩墙而有镇压之患。”《三国志·吴书·贺邵传》：“至于陛下，严刑法以禁直辞，黜善士以逆谏臣，眩耀毁誉之实，～～近习之言。”❷埋没，沦落。《后汉书·谢该传》：“猥使良才抱朴而逃，逾越山河，～～荆楚。”杜甫《赠鲜于京兆二十韵》：“奋飞超等级，容易失～～。”❸死的委婉说法。《三国志·魏书·高堂隆传》：“臣百疾所钟，气力稍微，辄自舆出，归还离舍。若遂～～，魂而有知，结草以报。”

【沉迷】 chénmí　陷溺,迷惑。刘桢《杂诗》:"～～簿领书,回回自昏乱。"丘迟《与陈伯之书》:"～～猖獗,以至于此。"

【沉绵】 chénmián　❶经久不愈的病。杜甫《秋日夔府咏怀奉寄郑监李宾客一百韵》:"雕虫蒙记忆,烹鲤问～～。"❷指久病不愈。杜甫《送高司直寻封阆州》诗:"长卿消渴再,公幹～～屡。"(长卿、公幹:皆人名。)

【沉冥】 chénmíng　❶隐逸,泯然无迹。《法言·问明》:"蜀、庄～～。"谢灵运《登石门最高顶》诗:"～～岂别理,守道自不携。"❷指隐士。《世说新语·栖逸》:"此君近不惊宠辱,虽古之～～,何以过此。"

【沉墨】 chénmò　沉寂幽暗。《淮南子·道应训》:"南游乎罔㝗之野,北息乎～～之乡。"(罔㝗:空虚的样子。)也作"沉䕑"。《论衡·道虚》:"若我,南游乎罔浪之野,北游乎～～之乡。"

【沉潜】 chénqián　❶深沉含蕴。《尚书·洪范》:"～～刚克,高明柔克。"(《左传·文公五年》引《商书》作"沉渐"。)❷隐藏潜伏。韦庄《冬日长安感志》诗:"雾雨十年同隐遁,风雷何日振～～。"❸浸润。扬雄《剧秦美新》:"厥被风濡化者,京师～～。"❹深刻思考。韩愈《上兵部李侍郎书》:"～～乎训义,反覆乎句读,砻磨乎事业而奋发乎太平。"

【沉委】 chénwěi　疲惫,精神不振。《三国志·魏书·管宁传》:"～～笃痾,寝疾弥留,逋违臣隶颠倒之节,夙宵战怖,无地自厝。"(厝:安置。)

【沉抑】 chényì　❶郁结而不顺畅。《楚辞·九章·惜诵》:"情～～而不达兮,又蔽而莫之白。"《后汉书·冯衍传下》:"心怫郁而纡结兮,意～～而内悲。"❷隐退。《管子·宙合》:"知道之不可行,则～～以辟罚,静默以侔免。"❸压制。《资治通鉴·唐肃宗至德二年》:"摈斥外方,～～下僚。"

【沉吟】 chényín　❶深思。曹操《短歌行》:"但为君故,～～至今。"《后汉书·贾复传》:"帝召诸将议兵事,未有言,～～久之。"❷犹豫不决。《后汉书·隗嚣传》:"邯得书,～～十馀日,乃谢士众,归命洛阳。"❸低声吟咏。谢庄《月赋》:"～～齐章,殷勤陈篇。"(齐章、陈篇:指《诗经》中《齐风》、《陈风》中的颂月篇章。)

【沉郁】 chényù　❶积滞而不通畅。韦应物《善福阁对雨寄李儋幼遐》诗:"感此穷秋气,～～命友生。"❷含蕴深刻。任昉《王文宪集序》:"若乃金版玉匮之书,海上名山之旨,～～淡雅之思,离坚合异之谈,莫不揔制清衷,递为心极。"

【沉鸷】 chénzhì　深沉勇猛。杜牧《罪言》:"故其人～～多材力,重许可,能辛苦。"陈亮《上孝宗皇帝第一书》:"常以江淮之师为虏人侵轶之备,而精择一人之～～有谋,开豁无他者,委以荆襄之任。"

【沉滞】 chénzhì　❶积滞而不通畅。《吕氏春秋·情欲》:"筋骨～～,血脉壅塞。"❷仕宦久不得升迁。《北史·王慧龙传》:"去州归京,多年～～。"❸停滞,拖延。《后汉书·尹敏传》:"帝深非之,虽竟不罪,而亦以此～～。"❹隐退。《楚辞·九辩》:"愿～～而不见兮,尚欲布名乎天下。"

【沉膇】 chénzhuì　❶《左传·成公六年》:"于是乎有沉溺重膇之疾。"本指风湿、足肿二种疾病,后引申泛指才力薄弱。《文心雕龙·才略》:"李充赋铭,志慕鸿裁;而才力～～,垂翼不飞。"❷指文辞滞涩,无新意。《文心雕龙·哀吊》:"扬雄吊屈,思积功寡,意深文略,故辞韵～～。"(屈:屈原。)

忱 chén　❶忠诚。《尚书·汤诰》:"尚克时～,乃亦有终。"《后汉书·张衡传》:"彼天监之孔明兮,用棐～而佑仁。"(棐:辅助。)㊀真诚的心意。刘基《癸巳正月在杭州作》诗:"微微蝼蚁～,郁郁不得吐。"❷信任。《诗经·大雅·大明》:"天难～斯,不易维王。"(斯:句末语气词)。

【忱恂】 chénxún　诚信。《尚书·立政》:"迪知～～于九德之行。"(迪:语助词。)

沈 chén　见 shěn。

辰 chén　❶震,振动。曹丕《柳赋》:"彼庶卉之未动兮,固肇萌而先～。"《晋书·乐志上》:"～者,震也,谓时物尽震动而长也。"❷十二地支的第五位。《论衡·言毒》:"～为龙,巳为蛇。"㊀辰时。十二时辰之一,即上午七点至九点。洪迈《容斋续笔·双生子》:"～时为弟,巳时为兄,则弟乃先兄一时矣。"㊀十二地支的通称。从子至亥为十二辰。《左传·成公九年》:"浃～之间,而楚克其三都。"(浃辰:从子日至亥日一周十二天。)❸日子,时光。《左传·昭公九年》:"～在子卯,谓之疾日。"(疾日:忌日。)《后汉书·张衡传》:"尚前良之遗风兮,恫后～而无及。"㊀逢时。《诗经·大雅·桑柔》:"我生不～,逢天僤怒。"❹星。《荀子·乐论》:"竽笙箫筦籥似星～日月。"㊀日、月、星的通称。《左传·桓公二年》:"三～旂旗,昭其明也。"㊀特指心宿。二十八宿之一。苏武《诗四首》:"昔为鸳与鸯,今为参与～。”(参：星宿名。)⑫ 特指北极星。扬雄《太玄经·棿》：“星～不相触。”❺指日月的交会点。即夏历一年十二个月的月朔时，太阳所在的位置。《左传·昭公七年》：“日月之会是谓～。”《国语·周语下》：“～在斗柄，星在天鼋。”(星：辰星。)❻通“晨”。《诗经·齐风·东方未明》：“不能～夜，不夙则莫。”(莫：“暮”的古字。)《新唐书·长孙无忌等传赞》：“反天之刚，挠阳之明，卒使牝味鸣～，胙移后家，可不哀哉！”❼古地名。即辰州。今属湖南省。辛弃疾《论荆襄上流为东南重地》：“自江以南，取～、沅……合鄂州为一路。”

【辰极】 chénjí ❶北极星。李康《运命论》：“天动星回，而～～犹居其所。”❷比喻皇帝。《宋书·毛脩之传》：“今臣庸逾在昔，未蒙宵迈之旗；是以仰～～以希照，眷西土以洒泪也。”

【辰驾】 chénjià 帝王的车驾。颜延之《车驾幸京口三月三日侍游曲阿后湖作》诗：“春方动～～，望幸倾五州。”也作“宸驾”。王勃《秋晚入洛于毕公宅别道王宴序》：“属～～之方旋，值群公之毕从。”

【辰星】 chénxīng ❶房星。《楚辞·远游》：“奇傅说之托～～兮，羡韩众之得一。”(傅说、韩众：皆人名。得一：指得道升仙。)❷水星的别名。《史记·天官书》：“～～之色：春，青黄；夏，赤白；秋，青白，而岁熟；冬，黄而不明。”

陈(陳、敶) 1. chén ❶陈设，陈列。《荀子·儒效》：“设规矩，～绳墨，便备用，君子不如工人。”《史记·孝武本纪》：“少君曰：‘此器齐桓公十年～于柏寝。’”(柏寝：春秋齐台名。)⑫ 行列。《战国策·齐策四》：“狗马实外厩，美人充下～。”❷陈述。《孟子·公孙丑下》：“我非尧舜之道不敢以～于王前。”《战国策·韩策二》：“彼将礼～其辞而缓其言。”❸宣示，张扬。《国语·齐语》：“相语以事，相示以巧，相～以功。”《礼记·表记》：“子曰：事君欲谏不欲～。”❹施，施展。《汉书·楚元王传》：“以北山石为椁……～漆其间。”《新唐书·朱敬则传》：“刻薄可施于进趋，变诈可～于攻战。”❺久，陈旧。《韩非子·外储说右上》：“仓无～粟，府无馀财。”王羲之《兰亭集序》：“向之所欣，俯仰之间，已为～迹。”⑫ 特指陈谷。桓宽《盐铁论·未通》：“温衣饱食，藏新食～。”❻堂下至院门的通道。《诗经·小雅·何人斯》：“彼何人斯，胡逝我～。”❼周代诸侯国。妫姓。故址在今河南东南部和安徽北部。《左传·隐公二年》：“又娶于～。”❽朝代名(公元557—589年)。陈霸先所建，建都建康(今南京)。

2. zhèn ❾军队作战时的战斗队列。后作“阵”。《三国志·魏书·武帝纪》：“青州兵奔，太祖～乱，驰突火出，坠马，烧左手掌。”⑫ 列阵。《史记·吴太伯世家》：“楚亦发兵拒吴，夹水～。”

【陈掾】 chénchuán 犹经营驰逐。《史记·货殖列传》：“杨、平阳～～其间，得所欲。”(杨、平阳：皆地名，此指二地之人。)

【陈力】 chénlì 贡献才力。《汉书·食货志上》：“圣王量能授事，四民～～受职。”班彪《王命论》：“英雄～～，群策毕举。”

【陈情】 chénqíng 陈诉衷情。《楚辞·九章·惜往日》：“愿～～以白行兮，得罪过之不意。”

【陈人】 chénrén 老朽之人。《庄子·寓言》：“人而无以先人，无人道也；人而无人道，是之谓～～。”苏轼《述古以诗见责屡不赴会复次前韵》：“肯对红裙辞白酒，但愁新进笑～～。”

【陈言】 chényán ❶陈述。《后汉书·献帝伏皇后纪》：“议郎赵彦尝为帝～～时策，曹操恶而杀之。”❷陈旧的言词。韩愈《答李翊书》：“当其取于心而注于手也，惟～～之务去，戛戛乎其难哉！”

【陈陈相因】 chénchénxiāngyīn 言陈谷逐年堆积。《史记·平准书》：“太仓之粟，～～～～，充溢露积于外，至腐败不可食。”后用以比喻因袭老一套，没有创新。杨万里《眉山任公小丑集序》：“诗文孤峭而有风棱，雄健而有英骨，忠慨而有毅气……非近世～～～～、累累随行之作也。”

宸 chén ❶屋边，屋檐。《国语·越语上》：“君若不忘周室，而为弊邑～宇，亦寡人之愿也。”何晏《景福殿赋》：“芸若充庭，槐枫被～。”(芸、若：皆香草名。)❷北极星所居，因以借指帝王的宫殿。王勃《九成宫颂》：“～扉既辟，一宇宙而来王。”⑬ 帝位、帝王的代称。谢朓《始出尚书省》诗：“～景厌照临，昏风沦继体。”(厌照临：婉指齐武帝死。)苏味道《初春行宫曲宴应制》诗：“圣酒千钟洽，～章七曜悬。”段文昌《平淮西碑》：“天子渊默以思，霆驰以断，独发～虑，不询众谋。”❸天地相连处。张衡《西京赋》：“消雰埃于中～，集重阳之清澄。”

【宸翰】 chénhàn 帝王的文章或手书。张彦远《历代名画记·叙画之兴废》：“[魏弘简]且骤言于宪宗曰：‘张氏富有书画。’遂降～～，索其所珍。”《宋史·宗室传》：“求得上皇～～。”

【宸极】 chénjí ❶北极星。《晋书·律历志中》："昔者圣人拟～～以运璿玑。"（璿玑：指北斗七星。）❷比喻帝位。刘琨《劝进表》："［陛下］诚宜遗小礼，存大务，援据图录，居正～～。"《魏书·尔朱荣传论》："而始则希觊非望，睥睨～～。"

【宸居】 chénjū 帝王的居处。颜延之《三月三日曲水诗序》："皇上以睿文承历，景属～～。"任昉《王文宪集序》："是以～～膺列宿之表，图纬著王佐之符。"

【宸奎】 chénkuí 帝王的手书。奎，星宿名。古人认为奎宿主文章。周必大《益公题跋·御书白居易诗跋》："臣叨陪近侍，获此～～，敬题卷末，以示来裔。"

【宸枢】 chénshū 帝位。谢朓《侍宴华光殿曲水奉敕为皇太子作》诗："论思帝则，献纳～～。"

【宸扆】 chényì 扆，画有斧纹的屏风。古传帝王背依斧扆南面而立，因借指帝王之位。《北齐书·祖珽传》："臣位非辅弼，疏外之人，竭力尽忠，劝陛下禅位，使陛下尊为太上，子居～～，于己及子，俱保休祚。"

莐 chén 草名用字。见"莐藩"。

【莐藩】 chénfán 药草名。即知母。多年生草本，叶丛生，如韭，根茎入药。《尔雅·释草》："薚，～～。"

谌（諶、訦） chén ❶信，相信。《尚书·咸有一德》："天难～，命靡常。"李升《遗诏》："天不尔～，佑于有德。"㊀诚，真诚。阮籍《东平赋》："谨玄真之～训兮，想至人之有形。"《三国志·吴书·吴主传》："天高听下，灵威棐～。"❷副词。实在，的确。《楚辞·九章·哀郢》："外承欢之汋约兮，～荏弱而难持。"

梣 chén 树名。也叫白蜡树。树皮可入药，称"秦皮"。《淮南子·俶真训》："夫～木色青翳。"

晨 chén ❶清早。《韩非子·难三》："郑子产～出。"❷鸡啼报晓。《尚书·牧誓》："牝鸡无～；牝鸡之～，惟家之索。"（索：衰败。）❸同"辰"。星名。即房星。也作"晨"。《集韵·真韵》："～，《说文》：'房星，为民田时者。'或省。"㊀泛指星宿。《马王堆汉墓帛书·经法·论约》："日月星～有数，天地之纪也。"

【晨昏】 chénhūn 《礼记·曲礼上》："凡为人子之礼，冬温而夏凊，昏定而晨省。"（凊：使凉爽。定：指安其床衽。）后因以"晨昏"指侍奉父母的日常礼节。任昉《启萧太傅固辞夺理》："饥寒无甘旨之资，限役废～～之半。"王勃《滕王阁诗序》："舍簪笏于百龄，奉～～于万里。"

【晨牝】 chénpìn 母鸡司晨。喻后妃干预朝政。陆机《愍怀太子诔》："如何～～，秽我朝听。"

【晨正】 chénzhèng 指立春之日。其时房星早晨出现在南方。《国语·周语上》："农祥～～，日月底于天庙，土乃脉发。"（农祥：房星。）

【晨钟】 chénzhōng 寺院早晨报时的钟声。庾信《陪驾幸终南山和宇文内史》诗："戍楼鸣夕鼓，山寺响～～。"

愖 1. chén ❶迟疑。《后汉书·冯衍传下》："意斟～而不澹兮，俟回风而容与。"

2. dān ❷逸乐。《大戴礼记·少间》："优以继～，政出自家门，此之谓失政也。"

湛 chén 见zhàn。

煁 chén 古代一种可移动的炉灶。《诗经·小雅·白华》："樵彼桑薪，卬烘于～。"（卬：我。）

填 chén 见tián。

鷐（䳟） chén 见"鷐螓"。

【鷐螓】 chénchún 不安定的样子。《庄子·外物》："有甚忧两陷而无所逃，～～不得成，心若县于天地之间。"杨涟《祭赵我白老师文》："道法世法，人生～～。"

墋（墋） chěn ❶沙土。沈约《郊居赋》："宁方割于下垫，廓重氛于上～。"❷混浊。陆机《汉高祖功臣颂》："茫茫宇宙，上～下黩。"

【墋黩】 chěndú 混浊、混乱的样子。庾信《哀江南赋》："溃溃沸腾，茫茫～～，天地离阻，人神惨酷。"唐孙华《闻毁明逆阉魏忠贤墓》诗："乾坤同～～，日月沦精光。"也作"碜黩"。《隋书·许善心传》："属阴戎入颍，羯胡侵洛，沸腾～～，三季所未闻。"

踸 chěn 见"踸踔"。

【踸踔】 chěnchuō 跳跃。《庄子·秋水》："吾以一足～～而行，予无如矣。"

碜（磣） chěn ❶食物中夹杂着沙土。元稹《送岭南崔侍御》诗："桄榔面～槟榔涩，海气常昏海日微。"㊀眼里落入沙子而感到不舒服。梅尧臣《雨中宿谢胥裴三君书堂》诗："夜短竟无寝，困瞳剧尘～。"❷同"墋"。混浊。见"碜黩"。

【碜黩】 chěndú 混浊、混乱的样子。见"墋黩"。

碪（鍖） 1. chěn ❶见"碪饪"。❷不自满。《晏子春秋·问下》："～然不满，退托于族。”

2. zhēn ❸砧板。《汉书·项籍传》“身伏斧质”颜师古注：“质，谓～也。古者斩人，加于～上而斫之也。”

【锯饪】 chěnrěn 舒缓的样子。王褒《洞箫赋》：“啾咇啼而将吟兮，行～～以和啰。”（啾、咇啼：皆象声词。）

踸 chěn ❶迟滞。徐珂《清稗类钞·动物类》：“天厨遗禁脔，蠢蠢～缘苑。”❷失去常态。刘基《郁离子·世事翻覆》：“客～不能立，俯而哕，伏而不敢仰视。”❸奔跃。刘基《愁鬼言》：“其物蜿蜿而前，跬跬而却，睢盱舔睒，载～载跻。”❹见“踸踔”。

【踸踔】 chěnchuō ❶同“趻踔”。跛脚走路的样子。陆游《村兴》：“渔翁足～～，牧竖手丫叉。”❷形容踯躅不进，迟滞。陆机《文赋》：“故～～于短垣，放庸音以足曲。”❸迅速滋长的样子。《楚辞·七谏·怨世》：“蓬艾亲入御于床笫兮，马兰～～而日加。”❹散开的样子。嵇康《琴赋》：“～～磥硌，美声将兴。”（磥硌：响亮的样子。）❺失去常态的样子。《孟子·尽心下》“如琴张、曾皙、牧皮者，孔子之所谓狂矣”赵岐注：“琴张，子张也。子张之为人～～谲诡。”

闯 chèn 见 chuǎng。

衬（襯） chèn ❶内衣。《玉篇·衣部》：“～，近身衣。”㊀贴身。李商隐《燕台诗四首》之一：“夹罗委箧单绡起，香肌冷～琤琤珮。”❷垫，衬垫。李匡乂《资暇集·花托子》：“以茶杯无～，病其熨指，取楪子承之。”㊁衬托，陪衬。庾信《杏花》诗：“好折待宾客，金盘～红琼。”范成大《安肃军》诗：“台家抵死争溏泺，满眼秋芜～夕阳。”❸同“嚫”。布施。吴均《续齐谐记》：“蒋潜以通天犀纛上晋武陵王晞，晞薨，以～众僧。”《洛阳伽蓝记·大统寺》：“常有中黄门一人，监护僧舍，～施供具，诸寺莫及焉。”

疢 chèn ❶热病，病。《左传·襄公二十三年》：“～之美，其毒滋多。”《礼记·乐记》：“疾～不作而无妖祥。”㊀毛病，缺陷。《抱朴子·博喻》：“小疵不足以损大器，短～不足以累长才。”㊁灾患，忧患。《后汉书·南匈奴传论》：“自后经纶失方，畔服不一，其为～毒，胡可单言！”（单：通“殚”。尽。）❷痛苦。《三国志·蜀书·先主传》：“惟忧反侧，～如疾首。”郑思肖《心史总后序》：“我罹大变，心～骨寒。”

疹（瘆） chèn 同“疢”。疾病。曹植《赠白马王彪》诗：“忧思成疾～，无乃儿女仁。”鲍照《谢赐药启》：“～同山岳，蒙灵药之赐。”

疹 chèn 见 zhěn。

龀（齔、齓） chèn 儿童换牙。一般指七、八岁年龄。《汉书·刑法志》：“凡有爵者，与七十者，与未～者，皆不为奴。”《后汉书·边让传》：“髫～夙孤，不尽家训。”

称 chèn 见 chēng。

儭（儭） chèn ❶同“嚫”。佛教用语。施舍财物给僧尼。《南齐书·张融传》：“孝武起新安寺，僚佐多～钱帛。”❷通“衬”。衬托。白居易《见紫薇花忆微之》诗：“一蘂暗淡将何比，浅碧笼裙～紫巾。”邵雍《芳草长吟》诗：“静～花村薄，闲装竹坞清。”

趁（趂） chèn ❶追逐。《后汉书·杜诗传》：“部勒郡兵，将突骑～击，斩异等，贼遂翦灭。”杨万里《过百家渡四绝句》：“也知渔父～鱼急，翻着春衫不裹头。”㊀追求，寻觅。《齐民要术·杂说》：“务遣深细，不得～多。”成彦雄《杨柳枝十首》之一：“欲～寒梅～得么？雪中偷眼望阳和。”❷跟随。白居易《初到洛下闲游》诗：“～伴入朝应老丑，寻春放醉尚粗豪。”❸赶赴。柳宗元《柳州峒氓》诗：“青箬裹盐归峒客，绿荷包饭～虚人。”（虚：墟，集市。）❹乘，利用（时机）。白居易《答韦八》诗：“早知留酒待，悔不～花归。”陆九渊《与庙堂乞筑城札子》：“欲～冬，土坚密，庶几可久。”㊁搭乘。苏轼《至真州再和》诗：“北上难陪骥，东行且～船。”

嚫（嚫、䞋） chèn 佛教用语。施舍财物给僧尼。《法苑珠林》引《梁高僧传》：“昔庐山慧远尝以一袈裟遗[法]进，进即以为～。”《法苑珠林·传记·福》：“[太宗]又为穆太后造弘福寺，寺成之后，帝亲幸焉，自点佛睛，极隆～施。”

榇（櫬） 1. chèn ❶棺。《左传·襄公二年》：“穆姜使择美槚，以自为～与颂琴。”《后汉书·邓骘传》：“大司农朱宠痛骘无罪遇祸，乃肉袒舆～，上疏追讼骘。”❷梧桐。《本草纲目·木部》：“～，时珍曰：梧桐名，义未详。《尔雅》谓之～，因其可为棺。”

2. qìn ❸木槿。《尔雅·释草》：“～，木槿。”

谶（讖） chèn 预决吉凶的隐语、图记。《论衡·实知》：“～书秘文，远见未然，空虚暗昧，豫睹未有，达闻暂见，卓谲怪神，若非庸口所能言。”《汉书·贾谊传》：

"异物来崪，私怪其故，发书占之，～言其度。"（崪：通"萃"。聚集。）《后汉书·桓谭传》："是时帝方信～，多以决定嫌疑。"

【谶纬】 chènwěi 谶书和纬书的合称。纬书附会六经，谶则诡为隐语，预决吉凶。《后汉书·廖扶传》："专精经典，尤明天文、～～、风角、推步之术。"（风角：古占候之术。推步：推算天文历法之学。）《隋书·经籍志一》："至宋大明中，始禁图谶……及高祖受禅，禁之逾切。炀帝即位，乃发使四出，收天下书籍与～～相涉者，皆焚之。"

cheng

枪 chēng 见 qiāng。

柽（檉） chēng ❶树名。即河柳。《诗经·大雅·皇矣》："启之辟之，其～其椐。"❷地名。春秋宋邑。故地在今河南淮阳县西北。《春秋·僖公元年》："八月，公会齐侯、宋公、郑伯、曹伯、邾人于～。"

琤 chēng 玉石的声音。见"琤琤"。

【琤琤】 chēngchēng 形容流水声或玉石撞击声响亮的样子。张缵《南征赋》："风瑟瑟以鸣松，水～～而响谷。"李商隐《燕台·春》诗："夹罗委箧单绡起，香眠冷衬～～珮。"

称（稱、偁） 1. chēng ❶称量轻重。《吕氏春秋·季春》："蚕事既登，分茧～丝效功，以共郊庙之服。"㊀衡量。《韩非子·人主》："明主者，推功而爵禄，～能而官事。"❷举，兴。《史记·周本纪》："～尔戈，比尔干，立尔矛，予其誓。"《吕氏春秋·孟春》："是月也，不可以～兵。"㊁举行。《尚书·洛诰》："王肇～殷礼，祀于新邑。"㊁举荐。《左传·襄公三年》："祁奚请老，晋侯问嗣焉，～解狐。"❸称述，称道。《论语·阳货》："恶～人之恶者。"《孟子·滕文公上》："孟子道性善，言必～尧舜。"㊁颂扬，扬名。《论语·泰伯》："三以天下让，民无得而～焉。"王安石《兵部员外郎马君墓志铭》："始君读书，即以文辞辩丽～天下。"❹称呼，称为。《论语·季氏》："邦君之妻，君～之曰夫人。"㊁呼，呼唤。苏轼《代侯公说项羽辞并叙》："太公、吕后既至，汉王大悦，军皆～万岁。"㊁名号，声誉。赵岐《孟子题辞解》："子者，男子之通～也。"

2. chèng ❺称量轻重的器具。后作"秤"。《淮南子·时则训》："角斗～。"（角：校正。）㊁量词。十五斤为一称。赵令畤《侯鲭录》卷四："作院有炭数万～。"

3. chèn ❻符合，相当。《战国策·齐策六》："寡人忧劳百姓，而[田]单亦忧之，～寡人之意。"《韩非子·安危》："故齐，万乘也，而名实不～。"❼好，美好。《周礼·考工记·轮人》："进而眡之，欲其肉～也。"《论衡·逢遇》："无细简之才、微薄之能，偶以形佳骨娴，皮媚色～。"❽量词。衣服一套为一称。《左传·闵公二年》："归公乘马，祭服五～。"

【称贷】 chēngdài 举债，告贷。《盐铁论·国病》："富者空藏，贫者～～。"陆游《过邻家》诗："年丰～～少，酒贱往来频。"

【称疾】 chēngjí 托言有病。《史记·孝文本纪》："愿大王～～毋往，以观其变。"也作"称病"。《史记·高祖本纪》："上使辟阳侯迎绾，绾～～。"

【称举】 chēngjǔ 拔擢，荐举。《史记·秦始皇本纪》："今高素小贱，陛下幸～～，令在上位，管中事。"《汉书·萧望之传》："恭、显奏望之、堪、更生朋党相～～，数谮诉大臣，毁离亲戚，欲以专擅权势。"

【称乱】 chēngluàn 举兵作乱。《尚书·汤誓》："非台小子，敢行～～，有夏多罪，天命殛之。"（台：我。）

【称庆】 chēngqìng 庆贺。《北史·魏德深传》："贵乡吏人，歌呼满道，互相～～。"

【称首】 chēngshǒu 第一，杰出者。司马相如《封禅文》："前圣所以永保鸿名，而常为～～者，用此。"骆宾王《和闺情诗启》："河朔词人，王、刘为～～；洛阳才子，潘、左为先觉。"

【称寿】 chēngshòu 祝人长寿。吴质《答魏太子笺》："置酒乐饮，赋诗～～。"

【称谓】 chēngwèi ❶称呼，名称。《晋书·孝武文李太后传》："虽幽显同谋，而～～未尽，非所以仰述圣心，允答天人。"❷述说，陈述。《宋书·武帝纪》："事遂永代，功高开辟，理微～～，义感朕心。"苏洵《史论上》："使后人不通经而专史，则～～不知所法，惩劝不知所沮。"

【称引】 chēngyǐn 援引（言语、事例），引证。曹冏《六代论》："其言深切，多所～～。"《三国志·魏书·明帝纪》："哀帝以外藩援立，而董宏等～～亡秦，惑误时朝。"

【称责】 chēngzhài 举债，借贷。《周礼·天官·小宰》："以官府之八成，经邦治：一曰听政役以比居……四曰听～～以傅别。"（傅别：谓券书。）

【称制】 chēngzhì 行使皇帝权力。制，天子诏命。《史记·吕太后本纪》："高帝定天下，王子弟，今太后～～，王昆弟诸吕，无所不可。"《汉书·淮南厉王刘长传》："厉王以此归国益恣,不用汉法,出入警跸,～～,自作法令。"《后汉书·章帝纪》:"帝亲～～临决。"

【称旨】 chènzhǐ 符合皇帝旨意。《汉书·孔光传》:"数使录冤狱,行风俗,振赡流民,奉使～～,由是知名。"《南史·宋文帝纪》:"狱囚辨断～～,武帝甚悦。"

庱 chēng 古地名。又亭名。庱亭,故址在今江苏丹阳市东、武进市西。《三国志·吴书·吴主传》:"权将如吴,亲乘马射虎于～亭。"

蛏(蟶) chēng 软体动物。有介壳两扇,形狭长,淡褐色,穴居于沿海泥沙中,可供食用。王鸣盛《练川杂咏》:"暮汐过时渔火暗,沙边觅得小娘～。"

铛 chēng 见 dāng。

牚(牚) 1. chēng ❶支撑。后作"撑"。《周礼·考工记·弓人》:"维角～之,欲宛而无负弦。"

2. chèng ❷斜柱。王延寿《鲁灵光殿赋》:"枝～杈枒而斜据。"(枝牚:指殿梁上交错的木柱。)

【牚距】 chēngjù ❶见"撑据"。❷指声音相激荡。马融《长笛赋》:"～～劫遌,又足怪也。"

赪(赬、䞓) chēng 红色。谢朓《望三湖》诗:"积水照～霞,高台望归翼。"李贺《春归昌谷》诗:"谁揭～玉盘,东方发红照。"⊗颜色变红。陆游《养疾》诗:"菊颖寒犹小,枫林晓渐～。"

【赪尾】 chēngwěi 也作"窥尾"。❶赤色的鱼尾。《诗经·周南·汝坟》:"鲂鱼～～,王室如燬。"(燬:火。)❷比喻忧劳。韦庄《和郑拾遗秋日感事》诗:"黑头期命爵,～～尚忧鲂。"

窥(竀) chēng ❶正视。《说文·穴部》:"～,正视也,从穴中正见也。"❷通"赪"。赤色。《左传·哀公十七年》:"如鱼～尾,衡流而方羊。"(方羊:徘徊。)

浾(経) chēng 同"赪"。赤色。《仪礼·士丧礼》:"幎目用缁,方尺二寸,～里,著组系。"(组:丝带。)

樘 1. chēng ❶同"牚"。支撑的斜柱。《说文·木部》:"～,衺柱也。"(衺:斜。)

2. táng ❷车樘。《玉篇·木部》:"～,车樘也。"

撑(撐) chēng ❶抵住。陈琳《饮马长城窟行》:"君独不见长城下,死人骸骨相～拄。"陆钦《妙高台》诗:"压崩树交～,坛静花不扫。"❷用篙行船。李白《下泾县陵阳溪至涩滩》诗:"渔子与舟人,～折万张篙。"❸支柱。杜甫《自京赴奉先县咏怀五百字》:"河梁幸未坼,枝～声窸窣。"❹美,漂亮。董解元《西厢记诸宫调》:"便是月殿里姮娥,也没恁地～。"

【撑拒】 chēngjù 也作"牚拒"、"牚距"。❶撑持,抵住。柳宗元《晋问》:"其高壮则腾突～～,聱岈郁怒。"(聱岈:树枝杈枒的样子。)《后汉书·董祀妻传》:"斩截无孑遗,尸骸相～～。"❷争执。《汉书·匈奴传》:"单于舆骄,谓遵、飒曰:'……[王]莽卒以败而汉复兴,亦我力也,当复尊我!'遵与相～～,单于终持此言。"(舆、遵、飒:皆人名。)岳珂《桯史·冰清古琴》:"鬻者～～不肯。"

噌 chēng 见"噌吰"。

【噌吰】 chēnghóng 象声词。多用以形容钟鼓宏大的声音。司马相如《长门赋》:"挤王户以撼金铺兮,声～～而似钟音。"苏轼《石钟山记》:"余方心动欲还,而大声发于水上,～～如钟鼓不绝。"

瞠(瞸、瞠) chēng 瞪着眼睛看。《管子·小问》:"～然视。"《庄子·田子方》:"夫子奔逸绝尘,而回～若乎后矣。"(回:人名。)陆游《醉歌》:"醉倒村路儿扶归,～目不记问是谁。"

铛 chēng 见 qiāng。

成 chéng ❶完成,实现。《荀子·修身》:"事虽小,不为不～。"《汉书·异姓诸侯王表》:"是以汉无尺土之阶,繇一剑之任,五载而～帝业。"⊗成功。《左传·隐公四年》:"卫州吁其～乎?"《管子·幼官》:"四者备,则以治击乱,以～击败。"❷变成,成为。《礼记·学记》:"玉不琢,不～器。"司马迁《报任少卿书》:"亦欲以究天人之际,通古今之变,～一家之言。"❸长成,成熟。《国语·鲁语上》:"鸟兽孕,水虫～,兽虞于是乎禁罝罗,矠鱼鳖以为夏犒,助生阜也。"(矠:刺取。犒:这里指储备。)《论衡·物势》:"及其～与不熟,偶自然也。"⊗成年,已冠。《左传·哀公五年》:"齐燕姬生子,不～而死。"《史记·五帝本纪》:"黄帝者……生而神灵,弱而能言,幼而徇齐,长而敦敏,～而聪明。"❹肥硕。《孟子·滕文公下》:"牺牲不～,粢盛不絜。"❺茂盛。《吕氏春秋·先己》:"松柏～,而涂之人已荫矣。"❻平定,和解。《左传·桓公二年》:"会于稷,以～宋乱。"又《隐公元年》:"公立而求～焉。"⊗裁决。《周礼·秋官·讶士》:"四方有乱狱,则往而～之。"❼定。《左传·哀公六年》:"既～谋矣,盍及其未作也,先诸?"《国语·吴语》:"吴楚争长未～。"⊗既定的,现成的。

《诗经·周颂·昊天有成命》:"昊天有～命,二后受之。"《后汉书·灵思何皇后纪》:"葬弘农王于故中常侍赵忠～圹中。"❽重,层。马融《长笛赋》:"托九～之孤岑兮,临万仞之石磎。"㊀重叠。《史记·李斯列传》:"刑者相半于道,而死人日～积于市。"❾大。《左传·昭公五年》:"韩赋七邑,皆～县也。"褚遂良《请废在官诸司捉钱表》:"～海取乎细流,崇山由乎积壤。"❿计要,统计的文书。《礼记·王制》:"司会以岁之～质于天子。"㊀总计。《新唐书·食货志》:"岁终具民之年与地之阔陿,为乡账。乡～于县,县～于州,州～于户部。"⓫乐曲奏完一节为一成。《尚书·益稷》:"箫韶九～,凤凰来仪。"⓬古时田土区划单位。十里见方为一成。《左传·哀公元年》:"有田一～,有众一旅。"⓭通"诚"。真心,诚心。《论衡·感虚》:"疑世人颂～,闻曾子之孝天下少双,则为空生母扼臂之说也。"(空:凭空。)㊀诚然。《诗经·小雅·我行其野》:"～不以富,亦祇以异。"⓮古邑名。也作"郕"。春秋鲁邑。故址在今山东宁阳县东北。《春秋·桓公六年》:"公会纪侯于～。"

【成德】 chéngdé ❶盛德。《尚书·伊训》:"伊尹乃明言烈祖之～～,以训于王。"❷特指始终如一的品德。《左传·成公十三年》:"不穀恶其无～～,是用宣之,以惩不壹。"(宣:泄漏。)❸成人应有的品德。《仪礼·士冠礼》:"弃尔幼志,顺尔～～。"❹地名。汉置成德县。故址在今安徽寿县东南。

【成积】 chéngjī 旧习。《荀子·解蔽》:"一家得周道,举而用之,不蔽于～～也。"

【成济】 chéngjì 成就,造就。《三国志·魏书·三少帝纪》:"昔援立东海王子髦,以为明帝嗣,见其好书疏文章,冀可～～,而情性暴戾,日月滋甚。"

【成均】 chéngjūn ❶古代大学名。《周礼·春官·大司乐》:"大司乐掌～～之法,以治建国之学政,而合国之子弟焉。"《礼记·文王世子》:"于～～,以及取爵于上尊也。"(郑玄注:"董仲舒曰:五帝名大学曰成均。")❷泛称官设学校。王之道《奉送果上人住开先寺》诗:"我昔游～～,年少心犹童。"

【成阔】 chéngkuò 阔别。《三国志·蜀书·许靖传》:"世路戎夷,祸乱遂合,驽怯偷生,自窜蛮貊,～～十年,吉凶礼废。"

【成劳】 chéngláo 成功。《国语·吴语》:"今天王既封植越国,以明闻于天下,而又刈亡之,是天王之无～～也。"

【成礼】 chénglǐ ❶使礼完备。《左传·庄公二十二年》:"酒以～～,不继以淫,义也。"又指完备的礼仪。《后汉书·侯霸传》:"帝乃追赐钱谷,以～～葬之。"❷行礼完毕。《史记·司马穰苴列传》:"景公与诸大夫郊迎,劳师～～,然后反归寝。"❸完婚。《南齐书·公孙僧远传》:"兄姊未婚嫁,乃自卖为之～～。"

【成立】 chénglì ❶成就。《后汉书·邓禹传》:"四方分崩离析,形埶可见,明公虽建藩辅之功,犹恐无所～～,于今之计,莫如延揽英雄,务悦民心。"《北史·范绍传》:"令汝远就崔生,希有～～。"❷成长自立。李密《陈情表》:"臣少多疾病,九岁不行,零丁孤苦,至于～～。"韩愈《祭十二郎文》:"汝之子始十岁,吾之子始五岁,少而强者不可保,如此孩提者,又可冀其～～邪?"

【成名】 chéngmíng ❶树立名声。《汉书·高帝纪下》:"盖闻王者莫高于周文,伯者莫高于齐桓,皆待贤人而～～。"❷孩子出生三个月,父为之命名。《周礼·地官·媒氏》:"凡男女自～～以上,皆书年月日名焉。"❸定名。《荀子·正名》:"后王之～～,刑名从商,爵名从周,文名从《礼》。"❹犹"盛名"。《荀子·非十二子》:"～～况乎诸侯,莫不愿以为臣。"(况:比。)

【成命】 chéngmìng ❶已定的天命。《尚书·召诰》:"王厥有～～,治民今休。"(今:即。休:美。)❷既定的策略。《左传·宣公十二年》:"郑人劝战,弗敢从也;楚人求成,弗能好也。师无～～,多备何为?"❸已发出的命令。《三国志·魏书·三少帝纪》:"昔解杨执楚,有陨无贰,齐路中大夫以死～～,方之整、像,所不能加。"(解杨、整、像:皆人名。方:相比。)❹命名。《国语·鲁语上》:"黄帝能～～百物,以明民共财。"

【成全】 chéngquán 圆满完成。《史记·范雎蔡泽列传》:"夫人之立功,岂不期于～～耶?"

【成人】 chéngrén 德才兼备的完人。《论语·宪问》:"子路问～～。子曰:'若臧武仲之知,公绰之不欲,卞庄子之勇,冉求之艺,文之以礼乐,亦可以为～～矣。'"《管子·枢言》:"既智且仁,是谓～～。"

【成丧】 chéngsāng ❶成人的丧礼。《礼记·曾子问》:"祭～～者必有尸,尸必以孙。"(尸:古代祭祀时代表死者受祭的人。)❷具备守丧之礼。《礼记·丧大记》:"五十不～～。"❸指成败。《后汉书·隗嚣传论》:"夫功全则誉显,业谢则衅生,回～～而为其议者,或未闻焉。"

【成事】 chéngshì ❶事已成功。《左传·宣公十二年》:"作先君宫,告～～而还。"❷办成事情,成就事业。《史记·平原君虞卿列传》:"公等录录,所谓因人~~者也。"《汉书·高帝纪上》:"刘季固多大言,少~~。"❸已成之事,已往之事。《论语·八佾》:"~~不说,遂事不谏,既往不咎。"《论衡·书虚》:"~~:桀杀关龙逢,纣杀王子比干,无道之君,莫能用贤。"

【成说】 chéngshuō ❶成约,成议。《诗经·邶风·击鼓》:"死生契阔,与子~~。"❷写定的著述。《元史·牟应龙传》:"于诸经皆有~~,惟《五经音考》盛行于世。"

【成算】 chéngsuàn 也作"成筭"。已定的计划。《隋书·柳彧传》:"至于镇抚国家,宿卫为重。俱禀~~,非专己能。"白居易《与希朝诏》:"伐谋而事有~~,剋日而动不愆期。"

【成汤】 chéngtāng 契的后代,子姓,名履,又称天乙。夏桀无道,汤伐之,遂有天下,国号商,都于亳。《诗经·商颂·殷武》:"昔有~~,自彼氐羌,莫敢不来享,莫敢不来王。"

【成童】 chéngtóng 年龄稍大的儿童。一说八岁以上为成童。《穀梁传·昭公十九年》:"羁贯~~,不就师傅,父之罪也。"(范宁注:"成童,八岁以上。")一说十五岁以上为成童。《礼记·内则》:"十有三年,学乐诵诗,舞勺;~~,舞象,学射御;二十而冠。"

【成心】 chéngxīn 成见,偏见。《庄子·齐物论》:"夫随其~~而师之,谁独且无师乎?"(成玄英疏:"夫域情滞著,执一家之偏见者,谓之成心。")今指故意。

【成言】 chéngyán 盟约、协议已定。《左传·襄公二十七年》:"楚公子黑肱先至,~~于晋。"屈原《离骚》:"初既与余~~兮,后悔遁而有他。"

【成人之美】 chéngrénzhīměi 帮助别人成全好事。《论语·颜渊》:"君子~~~~,不成人之恶。"韩愈《张中丞传后叙》:"小人之好议论,不乐~~~~如是哉!"

丞 1. chéng ❶官名。古代辅佐帝王的最高官吏。《尚书大传》卷二:"古者天子必有四邻:前曰疑,后曰~,左曰辅,右曰弼。"㊀各级长官的副职。秦始置。汉以后,中央和地方官吏的副职有大理丞、府丞、县丞等。《史记·酷吏列传》:"其父为长安~。"皮日休《斥胡建》:"正且不可,况又~哉!"❷辅助。《汉书·淮南衡山王传赞》:"不务遵蕃臣职以~辅天子,而刬怀邪辟之计,谋为畔逆。"又《淳于长传》:"晨夜扶~左右,甚有甥舅之恩。"❸通"承"。秉承。《论衡·骨相》:"州郡~旨召请,擢用举在本朝。"《汉书·兒宽传》:"六律五声,幽赞圣意,神乐四合,各有方象,以~嘉祀,为万世则,天下幸甚。"

2. zhěng ❹拯救。后作"拯"。扬雄《羽猎赋》:"~民乎农桑,劝之以弗怠。"

【丞相】 chéngxiàng 官名。古代辅佐君主的最高行政长官。战国秦悼武王二年始置左右丞相。秦以后各朝,时废时设。明洪武十三年革去中书省,权归六部,丞相之制遂废。《史记·陈丞相世家》:"于是孝文帝乃以绛侯勃为右~~,位次第一。"

抢 chéng 见 qiāng。

呈 chéng ❶显露,显现。《晋书·元帝纪》:"星斗~祥,金陵表庆。"朱熹《悬崖水》诗:"秋天林薄疏,翠壁~清晓。"❷恭敬地送上,呈报。刘禹锡《酬国子崔博士立之见寄》诗:"遍看今日乘轩者,多是昔年~卷人。"《晋书·石季龙载记上》:"季龙恚曰:'此小事,何足~也。'"❸通"程"。限额。《史记·秦始皇本纪》:"天下之事无小大皆决于上,上至以衡石量书,日夜有~,不中~,不得休息。"㊀准则,法则。《尹文子·大道上》:"名有三科,法有四~。"

【呈露】 chénglù 显露。曹植《洛神赋》:"延颈秀项,皓质~~。"苏轼《记游定惠院》:"山上多老枳,木性瘦韧,筋脉~~。"

【呈形】 chéngxíng 显露形象。《梁书·王筠传》:"[沈]约于郊居宅造阁斋,筠为草木十咏,书之于壁,皆直写文词,不加篇题。约谓人云:'此诗指物~~,无假题署。"魏收《为侯景叛移梁朝文》:"方足圆首,含气~~。"

盯 chéng(又读 zhěng) 见"盯瞢"。

【盯瞢】 chéngméng 直视。韩愈等《城南联句》:"鼻偷困淑郁,眼瞟强~~。"

诚(誠) chéng ❶真诚,真心。《荀子·乐论》:"著~去伪,礼之经也。"《列子·汤问》:"帝感其~。"《三国志·蜀书·诸葛亮传》:"开~心,布公道。"㊀真实情况。《论衡·非韩》:"不可定~,使吏执而问之。"❷副词。确实,的确。《韩非子·五蠹》:"民者固服于势,势~易以服人,故仲尼反为臣而哀公顾为君。"诸葛亮《出师表》:"今天下三分,益州疲弊,此~危急存亡之秋也。"❸连词。如果,果真。《史记·鲁仲连邹阳列传》:"赵~发使尊秦昭王为帝,秦必喜,罢兵去。"《汉书·高帝纪上》:"高祖乃谢曰:'~如父言,不敢忘德。'"

【诚实】 chéngshí 确实。《后汉书·郭太传》:"贾子厚~~凶德,然洗心向善,仲尼不逆互乡，故吾许其进也。”（互乡：地名。这里指互乡之人。）

【诚壹】 chéngyī 心志专一。《史记·货殖列传》：“田农，掘业，而秦、扬以盖一州。……此皆～～之所致。”

郕 chéng 古诸侯国名。周武王封弟叔武于此。故址在今山东范县。《左传·隐公五年》：“～人侵卫。”

枨（棖） chéng ❶古时竖立在大门两旁的长木。《礼记·玉藻》：“士介拂～。”（介：副手。）韩愈等《城南联句》：“幸得履中气，忝从拂天～。”❷触动。谢惠连《祭古冢文序》：“初开，见悉是人形，以物～拨之，应手灰灭。”❸水果名，即橙。杨万里《芥齑》诗：“～香醋酽作三友，露叶霜芽知几锄。”

【枨枨】 chéngchéng 弦乐声。李贺《秦王饮酒》诗：“龙头泻酒邀酒星，金槽琵琶夜～～。”

【枨触】 chéngchù ❶触动。陆龟蒙《笠泽丛书·蠹化》：“桔之蠹大如小指……人或～～之，辄奋角而怒。”❷感触。李商隐《戏题枢言草阁三十二韵》：“君时卧～～，劝客白玉杯。”

【枨闑】 chéngniè 指家门。闑，竖立在大门中央的短木。权德舆《岐国公淮南遗爱碑铭序》：“视阖境如～～之内，抚编人有父母之爱。”

承 1. chéng ❶奉，捧着。《左传·成公十六年》：“使行人执榼～饮，造于子重。”（榼：酒器。子重：人名。）《汉书·文帝纪》：“太尉[周]勃身率襄平侯通持节～诏入北军。”㊀敬词。白居易《与元九书》：“常欲～答来旨。”❷接受，承受。《孟子·梁惠王上》：“寡人愿安～教。”贾谊《吊屈原赋》：“恭～嘉惠兮，俟罪长沙。”《后汉书·张衡传》：“下有蟾蜍，张口～之。”㊇承载之物。陆羽《茶经·二之具》：“～，一曰台，一曰砧，以石为之。”㊀承担。谢灵运《谢封康乐侯表》：“岂臣尪弱，所当忝～？”（尪：衰弱。）㊇招认，承认。《新唐书·周兴传》：“内之大瓮，炽炭周之，何事不～。”❸继承，接续。《汉书·异姓诸侯王表》：“古世相革，皆～圣王之烈，今汉独收孤秦之弊。”（烈：事业。）张华《杂诗》：“晷度随天运，四时互相～。”㊇后续者。《左传·宣公十二年》：“子击之，郑师为～，楚师必败。”㊇特指（贡赋的）次第。《左传·昭公十三年》：“及盟，子产争～。”❹阻止，抵御。《诗经·鲁颂·閟宫》：“戎狄是膺，荆舒是惩，则莫我敢～。”❺辅佐。韩愈《圬者王承福传》：“而百官者，～君之化者也。”㊇助手。《左传·哀公十八年》：“使帅师而行，请～。”❻通“乘”。趁着，利用。《荀子·王制》：“伺强大之间，～强大之敝。”《史记·吕不韦列传》：“华阳夫人以为然，～太子间，从容言子楚质于赵者绝贤。”

2. zhěng ❼通“拯”。援救。《列子·黄帝》：“使弟子并流而～之。”

【承乏】 chéngfá 在任官吏常用的谦词。言所任职位一时无适当人选，暂由自己充数。潘岳《秋兴赋》：“摄官～～，猥厕朝列。”（厕：置身于。）《晋书·应詹传》：“吾～～幸会，来忝此州。”（忝：谦词。）

【承风】 chéngfēng ❶接受教化。《汉书·王莽传上》：“于是小大乡和，～～从化。”（乡：向。）《三国志·魏书·三少帝纪》：“文告所加，～～向慕，遣使纳献，以明委顺，方宝纤珍，欢以效意。”❷言迎合上官的意图。《后汉书·庞参传》：“参名忠直，数为左右所陷毁，以所举用忤帝旨，司隶～～案之。”《明史·唐文献传》：“第台省～～下石，而公不早讫此狱，何辞以谢天下！”

【承奉】 chéngfèng ❶承命奉行。《后汉书·和帝纪》：“而宣布以来，出入九年，二千石曾不～～，恣心从好。”《晋书·慕容超载记》：“入则尽欢～～，出则倾身下士，于是内外称美焉。”❷官名。隋文帝置，属吏部，为八郎（通议、朝议、朝请、朝散、给事、承奉、儒林、文林）之一。

【承福】 chéngfú ❶蒙受福泽。《汉书·宣帝纪》：“上帝嘉向，海内～～。”（向：通“享”。鬼神享用祭品。）❷日下有黄气的天象，古称“承福”。《晋书·天文志中》：“日下有黄气，三重若抱，名曰～～。”

【承欢】 chénghuān ❶迎合人意以博取欢心。《楚辞·九章·哀郢》：“外～～之汋约兮，谌荏弱而难持。”（汋约：指媚态。谌：诚。）白居易《长恨歌》：“～～侍宴无闲暇，春从春游夜专夜。”❷指侍奉父母。骆宾王《上廉使启》：“冀尘迹丘中，绝汉机于俗网；～～膝下，驭潘舆于家园。”

【承间】 chéngjiàn 趁机会。《史记·留侯世家》：“于是吕泽立夜见吕后，吕后～～为上泣涕而言，如四人意。”《后汉书·王常传》：“往者成、哀衰微无嗣，故王莽得～～篡位。”（成、哀：指汉成帝、汉哀帝。）

【承教】 chéngjiào 受教，接受教令。《孟子·梁惠王上》：“寡人愿安～～。”《战国策·燕策二》：“臣自以为奉令～～，可以幸无罪矣，故受命而不辞。”

【承接】 chéngjiē 应酬，交际。《后汉书·章德窦皇后纪》：“后性敏给，倾心～～，称誉日闻。”《宋书·谢弘微传》：“亲戚中表，素不相识，率意～～，皆合礼衷。”

【承睫】 chéngjié 也作“承睫”。❶形容泪流不止。《史记·扁鹊仓公列传》：“言未卒，因嘘唏服臆，魂精泄横，流涕长潸，忽忽～～，悲不能自止，容貌变更。”也形容含着眼泪。《三国志·蜀书·郤正传》注引桓谭《新论》：“于是孟尝君喟然太息，涕泪～～而未下。”❷看人眼色。形容逢迎。《后汉书·阳球传》：“依凭世戚，附托权豪，俛眉～～，徼进明时。”

【承藉】 chéngjiè ❶凭藉。《隋书·长孙晟传》：“今若得尚公主，～～威灵。”❷继承先人的仕籍。藉，通“籍”。《世说新语·雅量》：“王东亭为桓宣武主簿，既～～，有美誉。”

【承吏】 chénglì 属吏。承，通“丞”。《管子·问》：“官～～之无田饩而徒理事者几何人。”《北史·庾业延传》：“邺旧有园池，时果初熟，～～送之，岳不受。”（岳：业延赐名。）

【承前】 chéngqián ❶继承前者，如前。吴质《在元城与魏太子笺》：“初至～～，未知深浅。”❷以前。《资治通鉴·唐玄宗开元二十九年》：“～～诸州饥馑，皆待奏报。”

【承摄】 chéngshè 担任职务的自谦说法。摄，代理。《三国志·魏书·公孙渊传》注引《魏略》：“臣门户受恩，实深实重，自臣～～即事以来，连被荣宠，殊特无量，分当陨越，竭力致死。”

【承事】 chéngshì ❶奉行职务。《国语·鲁语下》：“大夫有贰车，备～～也。”（贰：副。）《礼记·仲尼燕居》：“诸侯朝，万物服体，而百官莫敢不～～矣。”❷特指吊丧，奉祀。《礼记·檀弓下》：“弔曰：‘寡君～～。’”《汉书·韦玄成传》：“立庙京师之居，躬亲～～，四海之内各以其职来助祭。”

【承顺】 chéngshùn 遵奉顺从。《史记·秦始皇本纪》：“宇县之中，～～圣意。”《三国志·蜀书·刘璋传》：“璋，字季玉，既袭焉位，而张鲁稍骄恣，不～～璋，璋杀鲁母及弟，遂为仇敌。”

【承祀】 chéngsì 承奉祭祀。指继承君位。《诗经·鲁颂·閟宫》：“龙旂～～，六辔耳耳。”《汉书·韦贤传》：“世世～～，传之无穷。”

【承嗣】 chéngsì ❶嫡长子。《大戴礼记·曾子立事》：“使子犹使臣也，使弟犹使～～也。”❷承继。蔡邕《太傅祠堂碑铭》：“子子孙孙，～～无疆。”（彊：疆。）❸即丞司。属官。嗣，通“司”。《墨子·尚贤上》：“故士者所以为辅相～～也。”

【承天】 chéngtiān ❶承奉天道。《汉书·王莽传》：“伏念圣德纯茂，～～当古，制礼以治民，作乐以移风。”《后汉书·郎顗传》：“夫求贤者，上以～～，下以为人。”❷唐代乐舞名。《新唐书·礼乐志十一》：“舞者二十人。分四部：一景云舞，二庆善舞，三破阵舞，四～～舞。”

【承祧】 chéngtiāo 承奉祖庙的祭祀。祧，远祖庙。沈约《立太子诏》：“自昔哲后，降及近代，莫不立储树嫡，守器～～。”《全唐文·顺宗皇帝·册广陵郡王为皇太子文》：“付尔以～～之重，励尔以主鬯之勤。”（主鬯：太子之称。）后称嗣子为承祧子。

【承望】 chéngwàng ❶仰承。《后汉书·桓荣传》：“群臣～～上意，皆言太子舅执金吾原鹿侯阴识可。”（执金吾：官名。阴识：人名。）❷料到。王实甫《西厢记》二本三折：“当日所望无成，谁～～一缄书倒为了媒证。”❸指望。《敦煌变文集·李陵变文》：“结亲本拟防非祸，养子～～奉甘碎。”

【承休】 chéngxiū ❶承受吉庆。《史记·封禅书》：“今鼎至甘泉，光润龙变，～～无疆。”❷汉侯国名。故城在今河南汝州市东北。❸县名。即今河南汝州市。

【承序】 chéngxù ❶依次接受各种事情。《国语·楚语上》：“若子方壮，能经营百事，倚相将奔走～～，于是不给，而何暇得见？”（倚相：人名。）❷顺序继承。《汉书·王子侯表序》：“后嗣～～，以广亲亲。”

【承宣】 chéngxuān ❶继承宣扬。《汉书·匡衡传》：“继体之君，心存于～～先王之德而褒大其功。”❷官名。五代晋改枢密院承旨为承宣。

【承学】 chéngxué 转承师说而学习。自谦之辞。《汉书·董仲舒传》：“今陛下幸加惠，留听于～～之臣。”

【承颜】 chéngyán ❶顺承他人的脸色。多指侍奉尊长。《三国志·吴书·王蕃传》：“蕃体气高亮，不能～～顺指，时或迕意，积以见责。”（指：旨。）《晋书·孝友传序》：“柔色～～，怡怡尽乐。”❷言幸得见面。《汉书·隽不疑传》：“闻暴公子威名旧矣，今乃～～接辞。”（旧：久。）

【承业】 chéngyè ❶遵命从事。《国语·晋语七》：“辱君之允命，敢不～～。”❷继承先人的事业。《盐铁论·忧边》：“为人子者，致孝以～～。”孔戣《为崔大夫贺册皇太子状》：“陛下积德～～，光有天下。”

【承意】 chéngyì ❶秉承意旨。《庄子·外物》：“彼教不学，～～不彼。”❷迎合人意。《史记·汲郑列传》：“天子置公卿辅弼之臣，宁令从谀～～，陷主于不义乎？”❸揣测人意。《史记·孟子荀卿列传》：“淳于髡，齐人也……其谏说，慕晏婴之为人也，然而～～观色为务。”

【承引】 chéngyǐn 承认罪行，招认。《魏书·刑罚志》：“或拷不～～，依证而科；或有私嫌，强逼成罪。”《唐律·断狱一·讯囚察辞理》：“若赃状露验，理不可疑，虽不～～，即据状断之。”

【承运】 chéngyùn 秉承天命。《晋书·律历志中》：“陶唐则分命羲、和，虞舜则因循尧法，及夏殷～～，周氏应期，正朔既殊，创法斯异。”（羲、和：羲氏、和氏。）又《乐志下》：“景皇～～，纂隆洪绪。”（纂：通“缵”，继承。绪：前人留下的事业。）古代帝王自称受命于天，因用为称颂帝王的套语。明清诏书前头均称“奉天～～皇帝诏曰”。

【承泽】 chéngzé ❶蒙受恩泽。《淮南子·修务训》：“绝国殊俗，僻远幽闲之处，不能被德～～，故立诸侯以教诲之。”❷宝扇。缪袭《尤射腆致》：“我报以～～二。”

【承旨】 chéngzhǐ ❶逢迎意旨。《后汉书·窦宪传》：“由是朝臣震慑，望风～～。”也作“承指”。《汉书·楚元王传》：“侍御史以为［霍］光望不受女，～～劾［刘］德诽谤诏狱，免为庶人。”（望：怨恨。）❷接受圣旨。《新唐书·百官志二》：“命起居郎、舍人对仗～～，仗下，与百官皆出。”❸官名。1）属翰林院。唐宪宗元和元年置翰林学士承旨，位在翰林学士上。宋、元因其制，明废。2）属枢密院。五代置枢密院承旨、副承旨，以诸卫将军充任；宋时又增置都承旨、副承旨。

【承制】 chéngzhì ❶秉承皇帝旨意而便宜行事。《后汉书·吴汉传》：“［韩］鸿召见汉，甚悦之，遂～～拜为安乐令。”《晋书·宣帝纪》：“申仪久在魏兴，专威疆埸，辄～～刻印，多所假授。”❷官名。苏舜钦《庆州败》诗：“国家防塞今有谁？官为～～乳臭儿。”

宬 chéng ❶容纳。《说文·宀部》：“～，屋所容受也。”❷藏书室。明清时专指皇宫收藏文书档案的地方。黄宗羲《谈孺木墓表》：“皇～烈焰，国灭而史亦随灭。”

城 chéng ❶都邑四周的墙垣。《诗经·邶风·静女》：“静女其姝，俟我于～隅。”《史记·魏世家》：“秦之破梁，引河沟而灌大梁，三月～坏，王请降，遂灭魏。”㊀筑城墙。《诗经·大雅·烝民》：“王命仲山甫，～彼东方。”《汉书·惠帝纪》：“春正月，复发长安六百里内男女十四万五千人～长城，三十日罢。”❷都邑。《战国策·东周策》：“景翠得～于秦，受宝于韩，而德东周。”㊀守卫都邑。《宋史·李庭芝传》：“应庚发两路兵～南城，大暑中暍死者数万。”

【城池】 chéngchí 城墙和护城河。《战国策·中山策》：“百姓心离，～～不修，既无良臣，又无守备。”后泛指城市，都邑。岑参《过梁州奉赠张尚书大夫公》诗：“人烟绝墟落，鬼火依～～。”

【城旦】 chéngdàn ❶秦、汉时刑名。一种筑城四年的劳役。《汉书·王吉传》：“唯吉与郎中令龚遂以忠直数谏，正得减死，髡为～～。”❷“城旦书”的省称。泛指刑书。苏轼《乔太博见和复次韵答之》：“逝将游无何，岂暇读～～。”❸鸟名。即鹖鴠。又名寒号虫。《方言》卷八：“［鹖鴠］自关而东谓之～～。”

【城府】 chéngfǔ ❶犹官府。《晋书·皇甫谧传》：“避乱荆州，闭户闲居，未尝入～～。”杜甫《别蔡十四著作》诗：“主人薨～～，扶榇归咸秦。”❷比喻心机深隐难测。《宋史·傅尧俞传》：“尧俞厚重寡言，遇人不设～～，人自不忍欺。”

【城郭】 chéngguō 城墙。城，指内城的墙，郭，指外城的墙。泛指城邑。《史记·高祖本纪》：“楚因焚烧其～～，系虏其子女。”《后汉书·董祀妻传》：“～～为山林，庭宇生荆艾。”也作“城廓”。《逸周书·籴匡》：“宫室～～修为备，供有嘉菜，于是日满。”

【城隍】 chénghuáng ❶城墙和护城河。《晋书·石勒载记上》：“时～～未修，乃于襄国筑隔城重栅，设鄣以待之。”有时单指城墙或护城河。班固《两都赋序》：“京师修宫室，浚～～，起苑囿。”《梁书·郑绍叔传》：“［高祖］令植登临～～，周观府署。”❷指城邑。寒山《诗》之一六七：“侬家暂下山，入到～～里。”❸护城之神。《北齐书·慕容俨传》：“城中先有神祠一所，俗号～～神，公私每有祈祷。”

【城阙】 chéngquè ❶城门两旁的楼台。《诗经·郑风·子衿》：“挑兮达兮，在～～兮。”（挑兮达兮：往来轻疾的样子。）《后汉书·苏不韦传》：“～～天阻，宫府幽绝，埃尘所不能过，雾露所不能沾。”❷泛指宫阙，京城。杜甫《自京赴奉先县咏怀五百字》：“鞭挞其夫家，聚敛贡～～。”白居易《长恨歌》：“九重～～烟尘生，千乘万骑西南行。”

【城社】 chéngshè ❶城池和祭地神的土坛。《水经注·渭水》：“太上皇思东归，故象旧里，制兹新邑，立～～，树枌榆。”❷指邦国。《后汉书·曹节传》：“华容侯朱瑀知事觉露，祸及其身，遂兴造逆谋……因共割裂～～，自相封赏。”❸比喻权势、靠山。《后汉书·蔡邕传》：“续以永乐门史霍玉，依阻

～～,又为奸邪。"《旧唐书·薛存诚传》:"倚中人为～～,吏不敢绳。"

【城门失火】 chéngménshīhuǒ 《太平广记》卷四百六十六引《风俗通》:"旧说池仲鱼,人姓字也,居宋城门,城门失火,延及其家,仲鱼烧死。又云:宋城门失火,人汲取池中水,以沃灌之,池中空竭,鱼悉露死。"后以"城门失火"比喻无端受牵连而遭祸害。杜弼《檄梁文》:"但恐楚国亡猿,祸延林木;～～～～,殃及池鱼;横使江淮士子、荆扬人物死亡矢石之下,夭折露雾之中。"

【城下之盟】 chéngxiàzhīméng 敌人逼临城下时被迫签订的屈辱和约。《左传·桓公十二年》:"楚伐绞……大败之,为～～～～而还。"又《宣公十五年》:"敝邑易子而食,析骸以爨,虽然,～～～～,有以国毙,不能从也。"(爨:烧火做饭。)

乘(乗、椉) 1. chéng ❶驾御。《诗经·小雅·采芑》:"方叔率止,～其四骐。"(止:语气词。)《抱朴子·畅玄》:"～流光,策逝景,凌六虚。"㊂乘坐。《左传·僖公三年》:"齐侯与蔡姬～舟于囿。"《老子·八十章》:"虽有舟舆,无所～之。"㊂治理。《法言·寡见》:"～国者,其如乘航乎!"㊂着,穿。王维《春园即事》诗:"宿雨～轻屐,春寒着弊袍。"❷登,升。《吕氏春秋·贵直》:"一鼓而士毕～之。"《后汉书·马援传》:"贼～高守隘,水疾,船不得上。"王安石《送吴显道》诗:"沛然～天游,下视尘土悲人寰。"㊀防守。《汉书·韩安国传》:"又遣子弟～边守塞。"❸趁,顺应。《左传·文公十七年》:"秋,周甘歜败戎于邥垂,～其饮酒也。"《汉书·贾谊传》:"～今之时,因天之助。"㊂凭恃。柳宗元《三戒》:"不知推己之本,而～物以逞。"❹辗压,践踏。《墨子·节葬下》:"满埳无封,已葬而牛马～之。"㊀欺凌,凌驾。《史记·十二诸侯年表》:"是后或力政,强～弱,兴师不请天子。"(政:通"征"。征伐。)《汉书·礼乐志》:"世衰民散,小人～君子。"㊂战胜。《尚书·西伯戡黎序》:"周人～黎。"❺掩袭,追逐。《吕氏春秋·权勋》:"卒北,天下兵～之。"《汉书·陈汤传》:"吏士喜,大呼～之。"❻继承,秉承。《盐铁论·错币》:"汤、文继衰,汉兴～弊。"王禹偁《送孑小何序》:"国家～五代之末,接千岁之统。"❼计算。《周礼·天官·宰夫》:"～其财用之出入。"㊀一种计算方法。即算术中的乘法。苏轼《书吴道子画后》:"各相～除,得自然之数,不差毫末。"❽佛教比喻能运载众生到达解脱彼岸的教法。如:大乘、小乘。

2. shèng ❾车,兵车。包括一车四马。《左传·襄公二十六年》:"简兵蒐～,秣马蓐食。"(蒐:检阅。蓐食:早晨在寝席上进食。)㊂车兵。《左传·宣公十二年》:"而卒～辑睦,事不奸矣。"㊂指驾车的马。《韩非子·外储说右下》:"援其子之～,乃始检辔持策,未之用也。"❿量词。用以计算车、马、舟等。《左传·隐公元年》:"命子封帅车二百～以伐京。"《陈书·高祖纪上》:"舟舰二千～。"㊂古代地积单位,四丘为乘。《礼记·郊特牲》:"唯社丘～共粢盛。"⓫四的代称。《诗经·郑风·大叔于田》:"大叔于田,乘～马。"《孟子·离娄下》:"发～矢而后反。"㊀成双成对。《汉书·扬雄传下》:"～雁集不为之多,双凫飞不为之少。"张华《鹪鹩赋》:"～居匹游,翩翩然有以自乐也。"⓬春秋时晋国史书名。《孟子·离娄下》:"晋之《乘》,楚之《梼杌》、鲁之《春秋》,一也。"

【乘槎】 chéngchá ❶槎:竹、木筏。传说天河与海通,年年八月有浮槎往来,有个居住在海滨的人乘槎浮海而至天河,见到牛郎织女。见张华《博物志》卷十。后因以"乘槎"指登天。苏轼《次韵正辅同游白水山》:"岂知～～天女侧,独倚云机看织纱。"❷比喻入朝做官。杜甫《奉赠萧二十使君》诗:"起草鸣先路,～～动要津。"

【乘除】 chéngchú ❶算术的乘法和除法。《周髀算经》"矩出于九九八十一"赵君卿注:"推圆方之率,通广长之数,当须～～以计之。"❷计算。《宋书·律历志下》:"匪谓测候不精,遂乃～～翻谬。"(测候:观测天文与气象。)❸抵消。韩愈《三星行》:"名声相～～,得少失有馀。"苏轼《迁居临皋亭》诗:"饥贫相～～,未见可吊贺。"❹比喻人事的消长盛衰。陆游《遣兴》诗:"寄语莺花休入梦,世间万事有～～。"

【乘风】 chéngfēng ❶驾着风,凭借风力。曹植《升天行》诗:"～～忽登举,仿佛见众仙。"苏轼《潮州修韩文公庙记》:"天孙为织云锦裳,飘然～～来帝旁。"㊀趁势。《晋书·桓彝传》:"一举～～,扫清氛秽。"❷海鸟名。古时悬钟的架子多作此鸟形,故也借指悬钟的架子。潘岳《西征赋》:"洪钟顿于毁庙,～～废而弗县。"(县:悬挂。)

【乘桴】 chéngfú ❶乘坐竹木小筏。《论语·公冶长》:"子曰:'道不行,～～浮于海。'"❷指避世。王维《济上四贤咏》:"已闻能狎鸟,余欲共～～。"王安石《次韵平甫金山会宿寄亲友》:"飘然欲作～～计,一到扶桑恨未能。"

【乘化】 chénghuà 顺随自然。化,造化。陶渊明《归去来兮辞》:"聊～～以归尽,乐夫天命复奚疑。"陈子昂《感遇》诗:"窅然遗天地,～～入无穷。"

【乘间】 chéngjiàn 趁空,利用机会。《后汉书·苏竟传》:"王氏虽～～偷篡,而终婴大戮。"(婴:触,遭。)《三国志·魏书·三少帝纪》:"往者季汉分崩,九土颠覆,刘备,孙权～～作祸。"

【乘蹻】 chéngjué 道家所谓飞行之术。蹻:方士穿的鞋。曹植《升天行》诗:"～～追术士,远之蓬莱山。"《抱朴子·杂应》:"若能～～者,可以周流天下,不拘山河。"

【乘凌】 chénglíng ❶登临。宋玉《风赋》:"～～高城,入于深宫。"❷侵凌。《论衡·说日》:"人物在世,气力劲强,乃能～～。"

【乘流】 chéngliú ❶顺着水流。枚乘《七发》:"汩～～而下降兮,或不知其所止。"❷指顺应社会潮流。崔曙《送薛据之宋州》诗:"无媒嗟失路,有道亦～～。"❸继承传统。扬雄《长杨赋》:"逮至圣文,随风～～,方垂意于至宁。"❹指乘舟。薛能《送人自苏州之长沙县官》诗:"驱马复～～,何时发虎丘?"❺凭借江河。《三国志·魏书·高堂隆传》:"乃据险～～,跨有士众,僭号称帝,欲与中国争衡。"

【乘龙】 chénglóng ❶比喻乘时而动。《南齐书·芮芮虏传》:"陛下承乾启之机,因～～之运,计应符革祚,久已践极,荒裔倾戴,莫不引领。"(极:帝位。)❷《艺文类聚》卷四十引《楚国先贤传》:"孙儁字文英,与李元礼俱娶太尉桓焉女,时人谓桓叔元两女俱乘龙,言得婿如龙也。"后以"乘龙"喻佳婿。杜甫《李监宅》诗:"门阑多喜色,女婿近～～。"

【乘日】 chéngrì 犹终日。王僧达《答颜延年》诗:"欢此～～暇,忽忘逝景侵。"

【乘危】 chéngwēi ❶登高。《战国策·齐策三》:"猿狝猴错木据木,则不若鱼鳖;历险～～,则骐骥不如狐狸。"(错:通"措"。放弃。)❷踏上危险之地,冒险。《贞观政要·论畋猎》:"圣主不～～,不徼幸。"

【乘隙】 chéngxì ❶趁着空闲。李德林《从驾还京》诗:"玄览时～～,训旅次山川。"❷利用机会。《新唐书·刘黑闼传》:"每～～奋奇兵,出不意,多所摧克。"

【乘虚】 chéngxū ❶凌空。《列子·周穆王》:"～～不坠,触实不硋。"(硋:阻挡。)❷腾空飞行。《后汉书·矫慎传》:"盖闻黄老之言,～～入冥,藏身远遁。"❸趁人空虚无备。《后汉书·荀彧传》:"[吕]布～～寇暴,震动人心。"

【乘轩】 chéngxuān ❶乘坐大夫的车。《左传·闵公二年》:"卫懿公好鹤,鹤有～～者。"❷泛指做官。《说苑·善说》:"前虽有～～之赏,未为之动也。"刘禹锡《酬国子崔博士立之见寄》诗:"遍看今日～～客,多是昔年呈卷人。"

【乘田】 shèngtián ❶春秋时鲁国主管畜牧的小吏。韩愈《争臣论》:"盖孔子尝为委吏矣,尝为～～矣,亦不敢旷其职。"❷泛指小吏。王安石《寄曾子固》诗:"脱身负米将求志,戮力～～岂为名。"

【乘舆】 shèngyú ❶天子、诸侯乘坐的车。《孟子·梁惠王下》:"今～～已驾矣,有司未知所之,敢请。"《史记·吕太后本纪》:"滕公乃召～～,车载少帝出。"❷皇帝用的器物。蔡邕《独断》上:"车马、衣服、器械、百物曰～～。"❸皇帝的代称。《汉书·董贤传》:"其选物上弟尽在董氏,而～～所服乃其副也。"《后汉书·耿弇传》:"十二年,况疾病,～～数自临幸。"❹马车,兵车。王符《潜夫论·赞学》:"是故造父疾趋,百步而废,而托～～,坐致千里。"张华《博物志》卷六:"武王伐殷……～～三百,乘甲三千。"

【乘坚策肥】 chéngjiāncèféi 乘坚车,驱良马。形容生活奢华。《汉书·食货志上》:"～～～～,履丝曳缟。"也作"乘坚驱良"。《后汉书·和熹邓皇后纪》:"今末世贵戚食禄之家,温衣美饭,～～～～……斯故祸败所从来也。"

珵 chéng 美玉。《楚辞·离骚》:"览察草木其犹未得兮,岂～美之能当?"

盛 chéng 见 shèng。

脭 chéng 精美的肉。枚乘《七发》:"饮食则温淳甘膬,～醲肥厚。"(膬:同"脆"。)

裎 1. chéng ❶裸体。《孟子·万章下》:"尔为尔,我为我,虽袒裼裸～于我侧,尔焉能浼我哉!"《战国策·韩策一》:"秦人捐甲徒～以趋敌,左挈人头,右挟生虏。"❷系玉佩的带子。《方言》卷四:"佩约谓之～。"

2. chěng ❸对襟单衣。古代贵族日常所穿。《方言》卷四:"禅衣……无裦者谓之～衣,古谓之深衣。"

程 chéng ❶度量衡的总名。《荀子·致士》:"～者,物之准也。"刘禹锡《平权衡赋》:"惟天垂象,惟圣作～。"㊀指容量。《吕氏春秋·孟冬》:"工师效功,陈祭器,按度～。"❷量词。古代长度单位名。《说文·禾部》:"十发为～,十～为分,十分为寸。"❸规定的数量。《汉书·景十三王传》:"或髡钳,以鈆杵舂,不中～,辄掠。"(鈆:同"铅"。)又《高帝纪下》:"今献未有～,吏或多赋以为献。"㊁期限。温大雅《大唐创业起居注》:"不逢劫掠,依～而至。"❹法式,准则。《汉书·刑法志》:"此为国者之～式也。"又《贾谊传》:"立经陈纪,轻重同得,后可以为万世法～。"㊁效法。《诗经·小雅·小旻》:"哀哉为犹,匪先民是～。"(犹:谋。)❺称量,计量。韩愈《毛颖传》:"上亲决事,以衡石自～,虽宫人不得立左右。"苏轼《国学秋试策问二首》:"文王之日昃,汉宣之厉精,始皇之～书,隋文之传餐,其为勤一也。"㊂衡量。《韩非子·八说》:"计功而行赏,～能而授事,察端而观失。"《论衡·谢短》:"此职业外相～相量也。"❻逞,表现。《后汉书·仲长统传》:"～勇力与我竞雌雄。"陆机《文赋》:"辞～才以效伎。"❼里程,路程。卢纶《晚次鄂州》诗:"云开远见汉阳城,犹是孤帆一日～。"㊂路途。何景明《镇远》诗:"旅箧衣裳少,秋～风雨多。"❽虫名。一说兽名。《庄子·至乐》:"久竹生青宁,青宁生～。"(青宁:虫或兽名。)❾古地名。在今陕西咸阳市东。《竹书纪年》卷上:"三十三年密人降于周师,遂迁于～。"

【程度】 chéngdù ❶道德、文化、技能等方面达到的水平。韩愈《答崔立之书》:"以为所试与得之者,不同其～～,及得观之,余亦无甚愧焉。"❷期限,进度。苏辙《游金山寄扬州鲜于子骏从事邵光》诗:"我行有～～,欲去空自惜。"楼钥《赠银青光禄大夫宇文公墓志铭》:"惟专意于学,自为～～,风雨不渝。"❸格式标准。陈亮《上孝宗皇帝第三书》:"虽蚤夜以求皇帝王伯之略,而科举之文不合于～～不止也。"

【程量】 chéngliáng 衡量。《论衡·量知》:"材尽德成,其比于文吏亦雕琢者,～～多矣。"又《自然》:"～～澍泽,孰与汲井决陂哉?"(澍:及时雨。)

【程试】 chéngshì ❶按规定的程式考试。《后汉书·栾巴传》:"虽干吏卑末,皆课令习读,～～殿最,随能升授。"(殿最:古代考核军功或政绩,以上等为最,下等为殿。)❷指科举考试的试卷。李绰《尚书故实》:"却归铺,于烛笼下取书帖观览,则～～宛在箧中,匆遽惊嗟,计无所出。"

【程书】 chéngshū 指每日必须批阅的公文。范成大《晚步宣华旧苑》诗:"归来更了～～债,目眚昏花烛穗垂。"(眚:眼睛生翳。)

【程限】 chéngxiàn ❶使人依循一定的标准界限。吴融《赠广利大师歌》:"化人之心固甚难,自化之心更不易。化人可以～～之,自化元须有其志。"❷期限。《贞观政要·择官》:"去无～～,来不责迟,一经出手,便涉年载。"

惩(懲) chéng ❶因受创而知戒。《诗经·周颂·小毖》:"予其～而毖后患。"《楚辞·九歌·国殇》:"带长剑兮挟秦弓,首身离兮心不～。"㊂以为鉴戒。嵇康《幽愤诗》:"～难思复,心焉内疚。"王安石《上仁宗皇帝言事书》:"臣愿陛下鉴汉、唐、五代之所以乱亡,～晋武苟且因循之祸。"㊁止,克制。《左传·成公三年》:"各～其忿,以相宥也。"❷处罚,警戒。《荀子·王制》:"勉之以庆赏,～之以刑罚。"《史记·秦始皇本纪》:"犯禁者四百六十馀人皆阬之咸阳,使天下知之,以～后。"❸苦,苦于。《列子·汤问》:"[愚公]～山北之塞、出入之迂也。"《汉书·楚元王传》:"太夫人与窦太后有亲,～山东之寇,求留京师,诏许之。"

【惩创】 chéngchuàng 惩戒,警戒。《尚书·吕刑》"罚惩非死,人极于病"孔颖达疏:"言圣人之制刑罚,所以～～罪过,非要使人死也。"《金史·雷渊传》:"遇不平则疾恶之气见于颜间,或嚼齿大骂不休,虽痛自～～,馀亦不能变也。"

【惩戒】 chéngjiè ❶引以为戒。《汉书·诸侯王表》:"～～亡秦孤立之败,于是剖裂疆土,立二等之爵。"《三国志·吴书·孙奋传》:"上则几危社稷,下则骨肉相残,其后～～,以为大讳。"❷惩治以示警戒。蔡邕《故太尉乔公庙碑》:"禁锢终身,没入财赂非法之物,以充帑藏,～～群下。"

【惩劝】 chéngquàn ❶惩恶劝善。《后汉书·仲长统传》:"信赏罚以验～～,纠游戏以杜奸邪。"❷赏罚。《晋书·应詹传》:"～～必行,故历世长久。"

【惩艾】 chéngyì 惩治,惩戒。《汉书·丙吉传》:"君侯为汉相,奸吏成其私,然无所～～。"也作"惩忞"、"惩乂"。《晋书·地理志上》:"始皇初并天下,～～战国,削罢列侯。"《后汉书·窦融传》:"其后匈奴～～,稀复侵寇。"

【惩忿窒欲】 chéngfènzhìyù 克制愤怒,遏止情欲。《周易·损》:"损,君子以～～～～。"也省作"惩窒"。朱熹《感尚子平事》诗:"我亦近来知损益,只将～～度馀生。"

【惩羹吹齑】 chénggēngchuījī 齑,同"虀"。切成细末的冷食肉菜。也作"韲"。言人曾被热羹烫过,以后吃冷菜也要吹一下。比喻戒惧过甚或矫枉过正。《晋书·汝南王亮等传序》:"于是分王子弟,列建功臣……然而矫枉过直,～～～～,土地分疆,逾越往古。"陆游《秋兴》诗:"～～～～岂其非,亡羊补牢理所宜。"

塍(塖、堘) chéng 田埂，小堤。左思《蜀都赋》："至乎临谷为塞，因山为障，峻岨～埒长城，豁险吞若巨防。"刘禹锡《插田歌》："田～望如线，白水光参差。"[引]田地划分的单位。柳宗元《柳州复大云寺记》："凡树木若干本，竹三万竿，圃百畦，田若干～。"

骒(騬) chéng 骟(马)。《周礼·夏官·校人》郑玄注："攻特谓～之。"[又]被骟的(马)。《资治通鉴·后唐庄宗同光三年》："郭崇韬素疾宦官，尝密谓魏王继岌曰：'大王他日得天下，～马亦不可乘。'"

酲 chéng ❶酒醉后的病态。《后汉书·边让传》："惆焉若～，抚剑而叹。"张衡《南都赋》："其甘不爽，醉而不～。"❷酒醒，清醒。谭嗣同《仁学》："雾豁天～，霾敛气苏。"

澄 1. chéng ❶水静而清。《淮南子·说山训》："人莫鉴于沫雨，而鉴于～水者，以其休止不荡也。"（沫雨：指骤雨造成的、浮泛着水泡的积水。）[引]清澈，明净。常建《张山人弹琴》诗："玄鹤下～空，翩翩舞松林。"[又]比喻政治上的清明安定。《后汉书·光武帝纪下》："三河未～，四关重扰。"❷静，宁静。方孝孺《静斋记》："辟小斋于公署之旁……公退则敛膝～坐以养心，名之曰静斋。"

2. dèng （旧读 chéng） ❸使液体中的杂质沉淀分离。《三国志·吴书·孙静传》："顷连雨水浊，兵饮之多腹痛，令促具罂缶数百口～水。"《世说新语·德行》："叔度汪汪，如万顷之陂，～之不清，扰之不浊。"

【澄辨】 chéngbiàn 明辨。《南齐书·高帝纪上》："公明鉴人伦，～～泾渭。"

【澄廓】 chéngkuò ❶清明辽阔。鲍照《舞鹤赋》："既而氛昏夜歇，景物～～，星翻汉回，晓月将落。"❷廓清，澄清。颜师古《为留守群官谢恩诏表》："干戈日用，丧乱宏多；悠悠千载，莫能～～。"

【澄清】 chéngqīng ❶清澈明净。苏轼《六月二十日夜渡海》诗："云散月明谁点缀，天容海色本～～。"❷比喻廓清世乱。《北齐书·神武帝纪上》："自是乃有～～天下之志。"

【澄心】 chéngxīn ❶使心境清静。《淮南子·泰族训》："～～清意以存之，见其终始，可谓知略矣。"欧阳修《非非堂记》："以其静也，闭目～～，览今照古，思虑无所不至焉。"❷清静之心。陆机《文赋》："罄～～以凝思，眇众虑而为言。"

【澄汰】 dèngtài 清洗，淘汰。苏颋《为宋尚书谢加三品表》："每侍帷幄，未能招宣景化；顷司衡镜，未能～～流品。"《旧五代史·晋书·李彦韬传》："尝谓人曰：'朝廷所设文官将何用也。'且欲～～而除废之，则可知其辅弼之道也。"

澂 chéng "澄"的古字。❶清朗。刘禹锡《客有为余话登天坛遇雨之状因以赋之》诗："山顶自～明，人间已霧霈。"❷使澄清。《后汉书·儒林传赞》："千载不作，渊原谁～？"

橙 chéng ❶果树名。杜甫《遣意》诗之一："衰年催酿黍，细雨更移～。"❷橙树的果实。苏轼《赠刘景文》诗："一年好景君须记，最是～黄橘绿时。"

逞 chěng ❶快意，满足。《国语·晋语五》："夫郤子之怒甚矣，不～于齐，必发诸晋国。"《后汉书·张衡传》："遇九皋之介鸟兮，怨素意之不～。"（介：耿介。）❷放任，放纵。《左传·昭公四年》："民不可～，度不可改。"柳宗元《三戒》："吾恒恶世之人，不知推己之本，而乘物以～。"❸显示，施展。《韩非子·说林下》："势不便，非所以～能也。"曹植《求自试表》："欲～其才力，输能于明君也。"

骋(騁) chěng ❶纵马奔驰。《老子·十二章》："驰～畋猎令人心发狂。"[引]奔驰。刘彻《瓠子歌》："蛟龙～兮放远游。"❷尽量施展，发挥。《荀子·君道》："故由天子至于庶人也，莫不～其能，得其志。"《后汉书·蔡邕传》："于是智者～诈，辩者驰说。"[又]放任。仲长统《昌言·理乱》："乃奔其私嗜，～其邪欲。"

【骋怀】 chěnghuái 开怀。《晋书·王羲之传》："仰观宇宙之大，俯察品类之盛，所以游目～～，足以极视听之娱，信可乐也。"

【骋夸】 chěngkuā 放纵自夸。《吕氏春秋·下贤》："得道之人，贵为天子而不骄倨，富有天下而不～～。"

【骋目】 chěngmù 放眼向远处望。《梁书·沈约传》："临巽维而～～，即堆冢而流眄。"（巽维：东南方。堆冢：地名。）

【骋能】 chěngnéng ❶施展才能。《荀子·天论》："因物而多之，孰与～～而化之。"❷显示才能。《晋书·阮籍传》："吾少无宦情，兼拙于人间，既不能躬耕自活，必有所资，故曲躬二郡，岂以～～，私计故耳。"

【骋望】 chěngwàng ❶驰骋游览。《后汉书·循吏传序》："废～～弋猎之事。"❷极目远望。马融《广成颂》："～～千里，天与地莽。"李白《古风》："铭功会稽岭，～～琅琊台。"

【骋骛】 chěngwù 驰骋，奔走。《汉书·王褒传》："纵驰～～，忽如景靡，过都越国，蹶如历块。"（靡：靡徙，后退的样子。历块：喻疾速。块，土块。）

【骋足】 chěngzú 尽力奔跑。张衡《西京赋》："百马同辔，～～并驰。"《抱朴子·内篇序》："假令奋翅能凌厉玄霄，～～则能追风摄景。"（摄：通"蹑"。景：影。）

秤 1. chèng ❶称量物体重量的器具。《魏书·张普惠传》："令依今官度官～，计其斤两广长，折给请俸之人。"❷量词。《小尔雅·衡》："斤十谓之衡，衡有半谓之～，～二谓之钧。"

2. chēng ❸用秤称重量。《淮南子·泰族训》："～薪而爨，数米而炊，可以治小，而未可以治大也。"㊈权衡。牛僧孺《温佶神道碑》："天将～其德而世其家。"

chi

吃[1] chī （旧读 jí） ❶口吃。《史记·老子韩非列传》："非为人口～，不能道说，而善著书。"曾慥《类说·嘲口吃》："周昌、韩非、扬雄、邓艾皆～也。"❷行动迟缓艰难。孟郊《冬日》诗："冻马四蹄～，陟卓难自收。"

吃[2]（喫） chī ❶吃。韩愈《崔十六少府摄伊阳以诗及书见投因酬三十韵》："蔬飧要同～，破袄请来绽。"㊉饮。杜甫《送李校书二十六韵》："临歧意颇切，对酒不能～。"❷受，经受。《敦煌变文集·伍子胥变文》："昭王被考，～苦不前。"（考：拷。）周紫芝《洞仙歌》词："纵留得、梨花做寒食，怎～他朝来，这般风雨。"❸费。邵雍《天意吟》："未～力时犹有说，到收功处更何言。"❹介词。被，让。《朱子语类》卷八十七："只是扶他以证其邪说，故～人议论。"

离 chī 见 lí。

彨（彲） chī 同"螭"。传说中一种无角的龙。《史记·齐太公世家》："西伯将出猎，卜之，曰：'所获非龙非～，非虎非罴；所获霸王之辅。'"刘基《次韵和谦上人秋兴》："草间狐兔营三窟，天上龙～昧六韬。"

蚩 chī ❶痴呆。《后汉书·刘盆子传》："帝笑曰：'儿大黠，宗室无～者。"❷欺侮。张衡《西京赋》："鬻良杂苦，～眩边鄙。"（鬻：卖。杂：夹杂。苦：粗劣之物。眩：迷惑。）❸通"嗤"。讥笑。《后汉书·梁统列传》："胤一名胡狗，时年十六，容貌甚陋，不胜冠带，道路见者，莫不～笑焉。"❹通"媸"。丑陋。陆机《文赋》："混妍～而成体，累良质而为瑕。"❺传说中的一种海兽。苏鹗《苏氏演义》卷上："～者，海兽也。"

【蚩騃】 chī'ái 呆笨。《三国志·魏书·明悼毛皇后传》："明帝令朝臣会其家饮宴，其容止举动甚～～，语辄自谓'侯身'，时人以为笑。"

【蚩鄙】 chībǐ 粗俗拙陋。陈琳《答东阿王笺》："夫听白雪之音，观绿水之节，然后东野巴人，～～益著。"（白雪：古曲名。高雅之曲。绿水：古诗名。东野巴人：粗俗之曲。）《颜氏家训·文章》："学问有利钝，文章有巧拙。钝学累功，不妨精孰；拙文妍思，终归～～。"

【蚩蚩】 chīchī ❶敦厚的样子。《诗经·卫风·氓》："氓之～～，抱布贸丝。"❷纷扰的样子。《法言·重黎》："六国～～，为嬴弱姬。"刘峻《广绝交论》："天下～～，鸟惊雷骇。"

【蚩尤】 chīyóu 传说中东方九黎族部落首领，勇猛善战。后与黄帝战于涿鹿，兵败被杀。

【蚩拙】 chīzhuó 无知笨拙。《颜氏家训·勉学》："以外率多田里间人，音辞鄙陋，风操～～，相与专固，无所堪能。"

鸱（鴟、雎、鵄、鴡） chī ❶鹞鹰。《庄子·秋水》："～得腐鼠。"❷鸱鸺，猫头鹰的一种。《淮南子·主术训》："～夜撮蚤蚊，察分秋毫，昼日颠越不能见丘山，形性诡也。"❸传说中的怪鸟。《山海经·西山经》："[三危山]有鸟焉，一首而三身，其状如鸦，其名曰～。"❹"鸱夷"的略称。皮革制的口袋。苏轼《和赠羊长史》诗："不特两～酒，肯借一车书。"

【鸱顾】 chīgù 道家养生导引之术。身不动而回顾。《三国志·魏书·华佗传》："是以古之仙者为导引之事，熊颈～～，引輓腰体，动诸关节，以求难老。"

【鸱靡】 chīmí 侈靡。杜弼《为东魏檄梁文》："内恣～～，外逞残贼。"

【鸱视】 chīshì ❶道家养生导引之术。像鸱鸟一样举目而视。《淮南子·精神训》："是故真人之所游，吐故内新，……～～虎顾，是养形之人也。"（内：纳。）❷形容贪婪而凶狠地注视。《晋书·刘聪载记》："石勒～～赵魏，曹嶷狼顾东齐。"

【鸱尾】 chīwěi 古建筑屋脊两端的装饰物。以外形略如鸱尾而称。《北史·高道穆传》："[李世哲]多有非法，逼买人宅，广兴屋宇，皆置～～。"本作"蚩尾"。苏鹗《苏氏演义》卷上："汉武帝作柏梁殿，有上疏者云：'～～，水之精，能辟火灾，可置之堂殿。'今人多作'鸱'字。"

【鸱吻】 chīwěn 古建筑屋脊两端的装饰物。汉人名鸱尾。其初形状如鸱尾；后来式样改变，有折而向上似张口吞脊，因称鸱吻。《旧唐书·玄宗纪上》："开元十四年六月戊午，大风，拔木发屋，毁端门～～。"

【鸱枭】 chīxiāo 也作"鸱鸮"。❶恶鸟名。《史记·封禅书》："而蓬蒿藜莠茂，～～数至。"❷比喻奸邪恶人。《史记·屈原贾生列传》："鸾凤伏窜兮，～～翱翔。"（《汉书·贾谊传》作"鸱鸮"。）

【鸱鸮】 chīxiāo ❶恶鸟名。同"鸱枭"。《诗经·豳风·鸱鸮》："～～～～，既取我子，无毁我室。"❷《诗经·豳风》篇名。《论衡·累害》："后《鸱鸮》作而《黍离》兴，讽咏之者乃悲伤之。"

【鸱夷】 chīyí ❶皮革制的口袋。《吕氏春秋·赞能》："鲁君许诺，乃使吏鞹其拳，胶其目，盛之以～～，置之车中。"（鞹：用皮革套住。）《史记·鲁仲连邹阳列传》："臣闻比干剖心，子胥～～。"也作"鸱鴺"。《国语·吴语》："乃使取申胥之尸，盛以～～，而投之于江。"❷特指皮革制的酒囊。扬雄《酒箴》："～～滑稽，腹大如壶。尽日盛酒，人复借酤。"

【鸱张】 chīzhāng 如鸱张翼。比喻猖狂、嚣张。《三国志·吴书·孙坚传》注引《吴录》："[黄]祖宿狡猾，为[刘]表腹心，出作爪牙，表之～～，以祖气息。"白居易《与师道诏》："枭音不悛，～～益炽。"

【鸱峙】 chīzhì 比喻凶残之人据地以对抗。《晋书·吕光载记》："朕方东清秦赵，勒名会稽，岂令竖子～～洮南。"也作"鸱跱"。《北史·魏本纪论》："于时狼顾～～，犹有窥觎。"

胵 chī 鸟胃。《说文·肉部》："～，鸟胃也，从肉至声。一曰～，五藏总名也。"（藏：脏。）

絺（絺） chī ❶细葛布。《国语·越语上》："臣闻之贾人，夏则资皮，冬则资～，旱则资舟，水则资车，以待乏也。"（资：积蓄。）⊗细葛布衣服。《吕氏春秋·孟夏纪》："是月也，天子始～。"❷古邑名。在今河南沁阳西南。《左传·隐公十一年》："[王]与郑人苏忿生之田：温、原、～。"

【絺索】 chīsuǒ 多而杂乱的样子。扬雄《蜀都赋》："偃衍檄曳，～～恍惚。"（偃衍：繁杂纷乱的样子。）

【絺绣】 chīxiù 绣有彩纹的细葛。《尚书·益稷》："予欲观古人之象：日、月、星、辰、山龙、……～～，以五彩彰施于五色作服。"

【絺句绘章】 chījùhuìzhāng 指雕琢文字章句，增加文采。《新唐书·文艺传序》："高祖、太宗，大难始夷，沿江左馀风，～～～～，揣合低卬，故王[勃]杨[炯]为之伯。"又作"絺章绘句"。真德秀《谢除陈翰林学士表》："变～～～～之息，岂薄技之能堪；以救时行道为贤，尚前猷之可仰。"（猷：道，法则。）

眵 chī ❶眼眶有病。梅尧臣《观杨之美画》诗："日高腹枵眼眥～，邂逅获见何言疲。"❷生眼屎。韩愈《短灯檠歌》："夜书细字缀语言，两目～昏头雪白。"

笞1 chī 用鞭、杖、竹板抽打。《吕氏春秋·荡兵》："家无怒～，则竖子、婴儿之有过也立见。"（怒：斥责。）⊗古代刑罚之一，用竹板或荆条打人脊背或臀部。《新唐书·刑法志》："其用刑有五：一曰～。笞之为言耻也。凡过之小者，捶挞以耻之。汉用竹，后世更以楚。"（楚：荆条。）

【笞掠】 chīlüè 拷打。《淮南子·时则训》："命有司省囹圄，去桎梏，毋～～，止狱讼。"《史记·酷吏列传》："会狱，吏因责如章告劾，不服，以～～定之。"

【笞搒】 chīpéng 犹笞掠。拷打。陆游《农家叹》诗："一身入县庭，日夜穷～～。"

瓻 chī 一种盛酒器，大者一石，小者五斗。古人向人借书，以瓻盛酒为酬。邵博《闻见后录》卷二十七："古语：'借书一～，还书一～。'"

痴（癡） chī ❶呆傻，无知。《韩非子·内储说上》："婴儿、～聋、狂悖之人尝有入此者乎？"《后汉书·南蛮西南夷传》："其后滋蔓，号曰蛮夷。外～内黠，安土重旧。"杜甫《百忧集行》："～儿未知父子礼，叫怒索饭啼门东。"❷爱好而至入迷。《新唐书·窦威传》："贯览群言，家世贵，子弟皆喜武力，独威尚文，诸兄诋为书～。"

【痴骏】 chī'ái 呆傻。《周礼·秋官·司刺》郑玄注："蠢愚，生而～～童昏者。"（童昏：年幼无知。）

【痴狂】 chīkuáng ❶疯癫。《论衡·率性》："有～～之疾，歌啼于路，不晓东西……不知饥饱，性已毁伤，不可如何。"❷无知而任性。元稹《六年春遣怀》诗："童稚～～撩乱走，绣毬花仗满堂前。"

【痴物】 chīwù 蠢东西。骂人的话。《旧五代史·卢程传》："庄宗怒，谓郭崇韬曰：'朕误相此～～，敢辱予九卿！'促令自尽。"

【痴小】 chīxiǎo 年少无知。白居易《井底引银瓶》诗："寄言～～人家女，慎勿将身轻许人。"

摛（攡） chī ❶播扬。梁简文帝《神山寺碑》："此亦仙岫，英名远～。"冯衍《显志赋》："～道德之光耀兮，匡衰世之眇风。"（眇风：衰弊之风。）❷铺陈。王禹偁《谪居感事》诗："赓歌才不称，掌诰笔难～。"（赓：继续。）苏轼《沁园春》词："云山～锦，朝露团团。"㊀舒张，舒展。《太玄·玄摛》："玄者，幽～万类而不见形者也。"许敬宗《尉迟恭碑》："凤羽～姿，龙媒聘逸。"

【摛辞】 chīcí 遣辞作文。孙樵《与王霖秀才书》："储思必深，～～必高，道人之所不道，到人之所不到。"

【摛翰】 chīhàn 舒笔。指作文。郭璞《〈尔雅〉序》："诚九流之津涉，六艺之钤键，学览者之潭奥，～～者之华苑也。"（钤键：关键。潭奥：深奥之处。）《南齐书·丘巨源传》："～～振藻，非为乏人。"

【摛藻】 chīzǎo 铺张辞藻。《汉书·叙传上》："虽驰辩如涛波，～～如春华，犹无益于殿最。"（殿最：古代考核军功或政绩，以上等为最，下等为殿。）

齝（齝） chī 牛反刍。《尔雅·释兽》："牛曰～。"（郭璞注："食之已久，复出嚼之。）

嗤（欰） chī ❶讥笑。王安石《风俗》："故物有未弊而见毁于人，人有循旧而见～于俗。"❷通"蚩"。痴，愚蠢。见"嗤骇"。㊀欺侮。刘禹锡《和州刺史厅壁记》："市无～眩，工无雕彤。"❸通"媸"。丑陋。《抱朴子·汉过》："嘲弄～妍，凌尚侮慢者，谓之萧豁雅韵。"

【嗤骇】 chī'ái 同"蚩骇"。呆笨。《三国志·吴书·孙休传》裴松之注引《吴录》："违明诰于前修，垂～～于后代。"

【嗤鄙】 chībǐ 讥笑轻视。《隋书·王劭传》："或文词鄙野，或不轨不物，骇人视听，大为有识所～～。"《颜氏家训·文章》："齐世有席毗者，清干之士，官至行台尚书，～～文学。"

【嗤嗤】 chīchī ❶讥笑的样子。李白《登广武古战场怀古》诗："抚掌黄河曲，～～阮嗣宗。"也指讥笑。柳宗元《贺进士王参元失火书》："一出口，则～～者以为得重赂。"❷敦厚的样子。刘禹锡《送李策秀才还湖南》诗："一麾出荥阳，惠彼～～氓。"❸喧扰的样子。陈子昂《感遇》诗之二十："玄天幽且默，群议曷～～。"❹惑乱的样子。也指惑乱的观念。柳宗元《贞符》："自司马相如、刘向、扬雄、班彪、彪子固，皆沿袭～～，推古瑞物以配受命。"

【嗤诋】 chīdǐ 讥笑嘲骂。《颜氏家训·勉学》："军国经纶，略无施用，故为武人俗吏所～～。"《新唐书·姚崇传》："比见达宦之裔多贫困，至铢尺是竞，无论曲直，均受～～。"

【嗤点】 chīdiǎn 讥笑指摘。杜甫《戏为六绝句》之一："今人～～流传赋，不觉前贤畏后生。"王图炳《咏史》诗："汝曹不自量，～～何容易。"

媸 chī 丑陋。与"妍"相对。刘知几《史通·惑经》："盖明镜之照物也，妍～必露。"又《言语》："犹鉴者见嫫姆多～，而归罪于明镜也。"

瞝 chī 遍看，环视。《史记·屈原贾生列传》："～九州而相君兮，何必怀此都也。"

螭 chī ❶传说中一种无角的龙。《吕氏春秋·举难》："龙食乎清而游乎清，～食乎清而游乎浊，鱼食乎浊而游乎浊。"古代建筑或工艺品上常雕刻其形作为装饰。封演《封氏闻见记·碑碣》："隋氏制，五品以上立碑，～首龟趺。"（趺：碑座。）《宋史·礼志十八》："设香案殿下～陛间。"（螭陛：皇帝殿前雕有螭形的台阶。）❷通"魑"。见"螭魅"。

【螭魅】 chīmèi 见"魑魅"。

魑 chī 传说中的山神。《论衡·订鬼》："或谓之鬼，或谓之凶，或谓之魅，或谓之～，皆生存实有，非虚无象类之也。"

【魑魅】 chīmèi 传说中山林里能害人的怪物。《论衡·订鬼》："《左氏春秋》曰：'投之四裔，以御～～。'"杜甫《天末怀李白》诗："～～喜人过。"也作"螭魅"。《左传·昭公九年》："先王居梼杌于四裔，以御～～。"（梼杌：尧、舜时四凶之一。）

黐 chī 木胶。韩愈《寄崔二十六立之》诗："敦敦凭书案，譬彼鸟黏～。"

池 1. chí ❶水塘。《孟子·万章上》："昔者有馈生鱼于郑子产，子产使校人畜之～。"（校人：主管池沼的小吏。）❷护城河。《孟子·公孙丑下》："城非不高也，～非不深也，兵革非不坚利也，米粟非不多也，委而去之，是地利不如人和也。"❸承霤，屋檐下承接雨水的天沟。《汉书·宣帝纪》："金芝九茎产于函德殿铜～中。"❹衣被边缘的镶饰。左思《娇女》诗："衣被皆重～，难与沉水碧。"

2. tuó ❺同"沱"。《广韵·歌韵》："～，虖池，水名，在并州界。"按：虖池，即今河北省滹沱河。

【池鱼】 chíyú ❶池中之鱼。比喻受仕宦束缚而丧失自由者。潘岳《秋兴赋》："譬犹

～笼鸟，有江湖山薮之思。”❷比喻无端受牵连而遭祸害者。杜弼《檄梁文》：“但恐楚国亡猿，祸延林木，城门失火，殃及～～。”

【池籞】 chíyù ❶帝王的园林。周围有篱落，禁人往来。《汉书·宣帝纪》：“～～未御幸者，假与贫民。”❷用竹篱圈成的养鱼塘。沈约《天渊水鸟应诏赋》：“飞飞忽云倦，相鸣集～～。”

【池中物】 chízhōngwù 比喻蛰居一隅，没有远大抱负的人。《三国志·吴书·周瑜传》：“刘备以枭雄之姿，而有关羽、张飞熊虎之将，必非久屈为人用者……恐蛟龙得云雨，终非～～～也。”杜甫《戏呈元二十一曹长》诗：“吾子得神仙，本是～～～。”

弛(弛) chí ❶卸下或放松弓弦。《左传·襄公十八年》：“乃～弓而自后缚之。”《吕氏春秋·原乱》：“倒戈～弓，示天下不用兵。”[引]放松，松懈。《管子·五辅》：“薄征敛，轻征赋，～刑罚，赦罪戾，宥小过，此谓宽其政。”《韩非子·饬令》：“物多末众，农～奸胜，则国必削。”（末：指工商业。）❷放，放纵。《管子·轻重甲》：“～牝虎充市，以观其惊骇。”韩愈《送孟东野序》：“其辞淫以哀，其志～以肆。”[又]开放。岳珂《桯史·嘉禾篇》：“其～利源，与民共之。”❸解除，废除。《左传·庄公二十二年》：“免于罪戾，～于负担。”《史记·孝文本纪》：“帝加惠，令诸侯毋入贡，～山泽。”（山泽，指关于山泽的各种禁令。）[又]放弃，丢开。《韩非子·内储说上》：“故公子汜议割河东，而应侯谋～上党。”《礼记·坊记》：“君子～其亲之过而敬其美。”❹延缓。《吕氏春秋·开春》：“雪甚如此而行葬，民必甚疾之，官费又恐不给，请～期更日。”[引]衰退，减弱。《史记·吕不韦列传》：“以色事人者，色衰而爱～。”❺毁坏。《国语·鲁语上》：“文公欲～孟文子之宅。”《汉书·沟洫志》：“正道～兮离常流，蛟龙骋兮放远游。”❻落。《淮南子·说林训》：“枝格之属，有时而～。”❼施，宣扬。《礼记·孔子闲居》：“～其文德，协此四国。”

【弛惰】 chíduò 懈怠。《北史·李孝伯传》：“少长肃然，无敢～～。”也作“弛堕”。《新唐书·韦贯之传》：“比诏下阅月，有司～～不力。”

【弛刑】 chíxíng 不加枷锁的刑徒。《后汉书·马武传》：“复拜武捕虏将军……将乌桓、黎阳营、三辅募士、凉州诸郡羌胡兵及～～，合四万人击之。”

【弛易】 chíyì ❶弛慢。《荀子·君道》：“天下之变，境内之事，有～～齵差者矣，而人主无由知之。”（齵差：参差不齐的样子。）❷改变。《韩非子·内储说上》：“王曰：‘必～～之矣。’”

【弛张】 chízhāng 比喻兴废、宽严、劳逸等。《韩非子·解老》：“万物必有盛衰，万事必有～～，国家必有文武，官治必有赏罚。”《论衡·儒增》：“圣人材优，尚有～～之时；仲舒材力劣于圣，安能用精三年不休？”

【弛纵】 chízòng 放纵。《汉书·五行志下之下》：“肃者，王侯缩朒不任事，臣下～～，故月行迟也。”（肃：急。缩朒：退怯的样子。）《后汉书·蔡邕传》：“或有抱罪怀瑕，与下同疾，纲网～～，莫相举察。”

驰(馳) chí ❶赶着马快跑，驱马追逐。《诗经·鄘风·载驰》：“载～载驱，归唁卫侯。”《左传·成公二年》：“不介马而～之。”（介：披甲。）《汉书·李广传》：“广乃从百骑往～三人。”[引]奔驰。《左传·宣公十二年》：“遂疾进师，车～，卒奔。”❷传播，传扬。《论衡·四讳》：“故[田]婴名暗而不明，[田]文声～而不灭。”《华阳国志·后贤志》：“辞章灿丽，～名当世。”❸向往。《隋书·史祥传》：“身在边隅，情～魏阙。”

【驰辩】 chíbiàn 纵横辩论。班固《答宾戏》：“虽～～如涛波，摛藻如春华，犹无益于殿最也。”（殿最：古代考核军功或政绩，以上等为最，下等为殿。）《晋书·阮籍嵇康等传论》：“庄生放达其旨，而～～无穷。”

【驰骋】 chíchěng ❶纵马疾驰。《吕氏春秋·情欲》：“荆庄王好周游田猎，～～弋射，欢乐无遗。”❷奔走。《晋书·潘尼传》：“然弃本要末之徒，知进忘退之士，莫不饰才锐智，抽锋擢颖，倾侧乎势利之交，～～乎当涂之务。”❸涉猎。《晋书·江逌传》：“偃息毕于仁义，～～极于六艺。”

【驰道】 chídào ❶驰马所行之道。《礼记·曲礼下》：“岁凶，年谷不登……～～不除。”（除：修治。）❷特指天子所行之道。《汉书·周勃传》：“[勃]所将卒当～～为多。赐爵列侯，剖符世世不绝。”

【驰驱】 chíqū ❶策马疾行。《墨子·尚同中》：“古者国君诸侯之闻见善与不善也，皆～～以告天子。”❷放纵。《诗经·大雅·板》：“敬天之渝，无敢～～。”

【驰爽】 chíshuǎng 乖违，不合于常轨。《晋书·舆服志》：“逮礼业彫讹，人情～～，诸侯征伐，宪度沦亡。”

【驰说】 chíshuì 游说。《战国策·秦策三》：“[吴起]北并陈、蔡，破横散从，使～～之士无所开其口。”《三国志·蜀书·郤正传》：“辩者～～，智者应机，谋夫演略，武士奋威。”

【驰骛】 chíwù 奔走，奔竞。《三国志·魏书·夏侯玄传》：“上过其分，则恐所由之不本，而干势～～之路开。”苏辙《黄州快哉亭记》：“至于长州之滨，故城之墟，曹孟德、孙仲谋之所睥睨，周瑜、陆逊之所～～。”

【驰义】 chíyì 仰慕正义。引申为归顺，臣服。《汉书·陈汤传》：“乡风～～，稽首来宾。”（宾：归顺。）《三国志·魏书·陈留王纪》：“［吕］兴首向王化，举众稽服，万里～～。”

【驰驿】 chíyì 古时官员因急事奉召入京或外出，由沿途驿站供给夫马粮食，兼程而进，称驰驿。《宋书·刘勔传》：“勔与常珍奇书，劝令反虏……勔～～以闻，太宗大喜。”

【驰骤】 chízhòu 疾驰。《后汉书·公孙瓒传》：“汝当碎首于张燕，～～以告急。”柳宗元《桐叶封弟辨》：“又不当束缚之，～～之，使若牛马然，急则败矣。”

【驰传】 chízhuàn ❶驾驿站车马急行。《史记·孟尝君列传》：“秦昭王后悔出孟尝君，求之已去，即使人～～逐之。”《汉书·食货志上》：“使者～～督趣，海内扰矣。”（趣：通“促”。）❷古代驿站用四匹中等马拉的车。《汉书·高帝纪下》注：“如淳曰：四马高足为置传，四马中足为～～，四马下足为乘传。”

杝 chí 见yí。

迟（遲、遟） 1. chí ❶缓慢。《左传·昭公二十年》：“清浊、小大、短长、疾徐、哀乐、刚柔、～速、高下、出入、周疏以相济也。”㊀晚。《战国策·楚策四》：“亡羊而补牢，未为～也。”陆机《燕歌行》：“非君之念思为谁，别日何早会何～。”㊁久。杜甫《巳上人茅斋》诗：“枕簟入林僻，茶瓜留客～。”❷迟钝。《汉书·杜周传》：“周少言重～。”《三国志·魏书·武帝纪》：“袁绍虽有大志，而见事～，必不动也。”❸迟疑，犹豫。白居易《琵琶行》：“寻声暗问弹者谁，琵琶声停欲语～。”❹中医脉象之一。指脉搏缓慢。《伤寒论·平脉法》：“［寸口］荣气和，名曰～。”

2. zhì ❺等待。《荀子·修身》：“故学曰：‘～彼止而待我，我行而就之。’”杜之松《答王绩书》：“其丧礼新义，颇有所疑，谨用条问，具如别帖。想荒宴之馀，为诠释也。～更知闻。”㊀等到，比及。《汉书·高祖吕皇后传》：“～帝还，赵王死。”《三国志·魏书·张郃传》：“［文帝］因问郃曰：‘～将军到，［诸葛］亮得无已得陈仓乎？’”❻犹“乃”。《史记·春申君列传》：“壹举事而树怨于楚，～令韩、魏归帝重于齐，是王失计也。”

【迟迟】 chíchí ❶缓慢的样子。《诗经·邶风·谷风》：“行道～～，中心有违。”白居易《长恨歌》：“～～钟鼓初长夜，耿耿星河欲曙天。”❷从容不迫的样子。《礼记·孔子闲居》：“无声之乐，气志不违；无体之礼，威仪～～。”❸迟疑不前的样子。《后汉书·邓彪等传论》：“统之方轨易因，险途难御，故昔人明慎于所受之分，～～于歧路之间也。”（统：总括。方轨：指大路坦途。）

【迟回】 chíhuí 迟疑，徘徊。《后汉书·东海恭王彊传》：“光武不忍，～～者数岁，乃许焉。”李白《相逢行》：“金鞭遥指点，玉勒近～～。”也作“迟徊”。杜甫《垂老别》诗：“忆昔少壮日，～～竟长叹。”

【迟留】 chíliú ❶逗留。韩愈《别知赋》：“倚郭郛而掩涕，空尽日而～～。”（郭郛：外城。）❷迟缓。《论衡·状留》：“神灵之物也，故生～～，历岁长久，故能明审。”《后汉书·李南传》：“南问其～～之状，使者曰：‘向度宛陵浦里𣺌，马踠足，是以不得速。’”

【迟暮】 chímù 也作“迟莫”。❶暮年。比喻衰老。《楚辞·离骚》：“惟草木之零落兮，恐美人之～～。”杜甫《羌村三首》诗之二：“如今足斟酌，且用慰～～。”❷徐缓。鲍照《舞鹤赋》：“飒沓矜顾，迁延～～。”（飒沓：群飞的样子。）

【迟讷】 chínè 不聪慧，言语迟钝。《三国志·吴书·钟离牧传》注引《会稽典录》：“牧童龀时号为～～。”

【迟日】 chírì ❶日子久。《商君书·君臣》：“～～旷久、积劳私门者得。”❷春日。杜甫《绝句二首》之一：“～～江山丽，春风花草香。”

【迟重】 chízhòng 迟疑慎重。《三国志·魏书·荀彧传》：“［袁］绍～～少决，失在后机。”又《蜀书·诸葛亮传》注引《袁子》：“初出～～，屯营重复。”

【迟旦】 zhìdàn 犹“迟明”。黎明。《汉书·南粤王传》：“～～，城军皆降伏波。”（伏波：指伏波将军。）

【迟明】 zhìmíng 犹“侵晨”。黎明。《汉书·高帝纪上》：“于是沛公乃夜引军从他道还，偃旗帜，～～，围宛城三匝。”

泜 1. chí ❶（又读dǐ）古水名。即槐河。源于河北赞皇县西南，东流入滏阳河。《史记·张耳陈馀列传》：“汉三年，韩信已定魏地……斩陈馀～水上。”

2. zhì ❷古水名。即河南叶县东北的滍水，今名沙河。《左传·僖公三十三年》：“晋阳处父侵蔡，楚子上救之，与晋师夹～而军。”

3．zhī　❸水名。今名泜河，在河北临城县境。《山海经·北山经》："敦舆之山……～水出于其阴。"

沱　chí　见tuó。

坻　1．chí　❶水中小洲或高地。《诗经·秦风·蒹葭》："遡游从之，宛在水中～。"陆机《感丘赋》："遵伊、洛之～渚，沿黄河之曲湄。"㊀岸。司马相如《上林赋》："临～注壑，瀺灂霣坠。"㊀山。韦应物《始至郡》诗："旱岁属荒歉，旧逋积如～。"❷宫殿的台基或台阶。何晏《景福殿赋》："罗疏柱之汩越，肃～鄂之锵锵。"❸蚂蚁巢外的松土。也叫"场"（shāng）。潘岳《藉田赋》："～场染履，洪縻在手。"

2．dǐ　❹山坡，斜坡。张衡《南都赋》："坂～巀嶭而成巘，谿壑错缪而盘纡。"（巀嶭：高峻的样子。巘：山峰。错缪：错杂。）

3．zhǐ　❺"坁"的讹字。止。见"坁伏"。

【坻隤】　dǐtuí　山崩，山崩之声。扬雄《解嘲》："功若泰山，响若～～。"（《汉书·扬雄传下》作"哓隤"。）也作"坻颓"。左思《吴都赋》："有殷～～于前，曲度难胜，皆与谣俗叶协，律吕相应。"（有殷：形容声音宏大，如雷震响。叶：和，合。）

【坻伏】　zhǐfú　隐伏，潜藏不出。《左传·昭公二十九年》："官宿其业，其物乃至；若泯弃之，物乃～～，郁湮不育。"（宿：久安。郁湮：忧闷而不舒展的样子。）

驼　chí　见tuó。

茬　1．chí　❶草茂盛的样子。《说文·艸部》："～，草貌。"❷古县名。西汉属泰山郡。治所在今山东长清县东北。《汉书·地理志上》："泰山郡，县二十四……～。"

2．chá　❸古"槎"字。斜砍。《汉书·货殖传序》："既顺时而取物，然犹山不～蘖，泽不伐夭。"（按：《国语·鲁语上》"茬"作"槎"。）

持　chí　❶拿着，握住。《韩非子·说林下》："渔者～鳣，妇人拾蚕。"㉝掌握，主持。《韩非子·扬权》："夫妻～政，子无适从。"㊀执行。曹操《遗令》："吾在军中～法是也。"❷主张。《汉书·霍光传》："群臣议所立，咸～广陵王。"❸制约，挟制。《荀子·正名》："以正道而辨奸，犹引绳以～曲直。"《史记·酷吏列传》："宁成者……为任侠，～吏长短，出从数十骑。"❹治理。《通志·校雠略一》："类书，犹～军也，若有条理，虽多而治。"❺支撑，扶助。《淮南子·主术训》："十围之木，～千钧之屋。"《荀子·仲尼》："是何也？则堕之者众而～之者寡矣。"❻守，保持。《荀子·议兵》："大寇则至，使之～危城则必畔。"《三国志·魏书·王昶传》："未有干名要利，欲而不厌，而能保世～家，永全福禄者也。"❼相持不下，对抗。《左传·昭公元年》："子与子家～之。"《史记·高祖本纪》："楚、汉久相～未决，丁壮苦军旅，老弱罢转饷。"（罢：通"疲"。）㊀对峙。《三国志·魏书·郭嘉传》："太祖与袁绍～于官渡。"❽携带。《史记·滑稽列传》："其人家有好女者，恐大巫祝为河伯取之，以故多～女远逃亡。"❾奉侍。《荀子·正论》："～老养衰，犹有善于是者与不？"又《荣辱》："父子相传，以～王公。"❿依，凭借。《韩非子·奸劫弑臣》："乘舟之安，～楫之利，则可以水绝江河之难。"《淮南子·主术训》："大臣专权，下吏～势，朋党周比，以弄其上。"

【持服】　chífú　穿丧服，守孝。《魏书·石文德传》："真君初，县令黄宣在任丧亡。宣单贫无期亲，文德祖父苗以家财殡葬，～～三年。"（单贫：贫寒。期亲：服丧一年的亲属，即近亲。）

【持衡】　chíhéng　❶拿秤称物。《新唐书·李石传》："天下之势犹～～然，此首重则彼尾轻矣。"❷比喻评量人材。岑参《奉和相公发益昌》诗："暂到蜀城应计日，须知明主待～～。"

【持牢】　chíláo　固守，稳当可靠。《淮南子·泰族训》："故勇者可令进斗，而不可令～～；重者可令埴固，而不可令凌敌。"《后汉书·袁绍传》："监军之计，在于～～，而非见时知几之变也。"

【持论】　chílùn　立论，以自己的见解发表议论。《汉书·孟喜传》："[赵]宾～～巧慧，《易》家不能难。"任昉《王文宪集序》："～～从容，未尝言人所短。"

【持满】　chímǎn　❶拉弓成圆形。《汉书·周亚夫传》："军士吏被甲，锐兵刃，彀弓弩，～～。"（彀：张。指弓弩上弦。）❷犹"持盈"。保守成业。《淮南子·氾论训》："此所以三十六世而不夺也，周公可谓能～～矣。"❸处在盛满的地位。梁简文帝《蒙华林园戒》诗："居高常虑缺，～～每忧盈。"

【持容】　chíróng　矜持。《吕氏春秋·谨听》："少人则说者～～而不极，听者自多而不得。"（少：轻视。）

【持衰】　chíshuāi　不梳洗，不吃肉，不近女色。《后汉书·东夷传》："行来度海，令一人不栉沐，不食肉，不近妇人，名曰'～～'。若在涂吉利，则雇以财物，如病疾遭害，以为～～不谨，便共杀之。"

【持养】 chíyǎng ❶保养，将养。《荀子·劝学》："除其害以～～之。"《文子·守弱》："圣人～～其神，和弱其气，平夷其形，而与道浮沉。"❷奉承，迎合。《吕氏春秋·长见》："申侯伯善～～吾意，吾所欲，则先我为之。"

【持盈】 chíyíng 保守成业。《国语·越语下》："～～者与天，定倾者与人，节事者与地。"（与天：效法天道。）《宋史·苏易简传》："愿陛下～～守成，慎终如始。"

【持正】 chízhèng 主持公道，无所偏倚。《汉书·苏武传》："且单于信女，使决人死生，不平心～～，反欲斗两主，观祸败。"《新唐书·武元衡传》："李吉甫、李绛数争事帝前，不叶，元衡独～～无所违附，帝称其长者。"

【持重】 chízhòng ❶掌握重权。《史记·魏其武安侯列传》："魏其者，沾沾自喜耳，多易。难以为相～～。"（易：轻率。）❷稳重，慎重。《汉书·韦玄成传》："玄成为相七年，守正～～不及父贤，而文采过之。"❸封建宗法制规定，承继主持宗庙祭祀为持重。《仪礼·丧服》："～～于大宗者，降其小宗也。"（大宗：周代宗法以始祖的嫡长子为大宗，其他为小宗。）

【持两端】 chíliǎngduān 动摇不定，怀有二心。《汉书·萧望之传》："乌孙～～～，亡坚约，其效可见。"（亡：无。）也作"持二端"。《战国策·东周策》："不如谓楚、韩曰：'西周之欲入宝，～～～。'"

【持衡拥璇】 chíhéngyōngxuán 比喻掌握国家权柄。衡、璇，北斗七星中二星名。《北齐书·文宣帝纪》："昔放勋驭世，沉璧属子；重华握历，～～～～。"（放勋：尧的号。重华：舜的号。）

【持禄养交】 chílùyǎngjiāo 结交权贵以保持禄位。《管子·明法》："小臣～～～～，不以官为事，故官失其能。"《荀子·臣道》："不恤君之荣辱，不恤国之臧否，偷合苟容，以～～～～而已耳，谓之国贼。"（臧：善。否：恶。）

【持之有故】 chízhīyǒugù 立论有根据。《荀子·非十二子》："然而其～～～～，其言之成理，足以欺惑愚众。"

迻 1. chí ❶舍弃。《庄子·庚桑楚》："介者～画，外非誉也。"（介者：刖者。画：指文饰。）

2. yí ❷加。《广雅·释诂》："～，加也。"王念孙疏证："～之言移也。移，加之也。"

傂 1. chí ❶车轮。扬雄《太玄经·止》："车纍其～，马猎其蹄。"

2. hǔ ❷同"虎"。《墨子·经说上》："民若画～也。"

蚳 chí 蚁卵。元稹《虫豸诗·蚁子》："讵能分牝牡？焉得有蝝～？"（蝝：未生翅的蝗子。）

匙 1. chí ❶古时舀食物的器具。王隐《晋书·瑞异记》："一杯食，有两～；石勒死，人不知。"

2. shì ❷钥匙。《黄庭内景经·玄元》"玉笢金籥常完坚"注："笢，或为～也。"

谞（謘、誃） chí 见"谞谞"。

【谞谞】 chíchí 犹"谆谆"。教诲不倦的样子。《荀子·乐论》："［舞者］尽筋骨之力以要钟鼓俯会之节，而靡有悖逆者，众积意～～乎！"

锟 chí 见dī。

墀（坧） chí 殿前台阶上的空地，台阶。杨衒之《洛阳伽蓝记》卷一："丛竹香草，布护阶～。"白居易《庭槐》诗："我家渭水上，此树荫前～。"

踟 chí 见"踟蹰"。

【踟蹰】 chíchú 也作"踟躇"、"踟跦"。❶走来走去；徘徊。《诗经·邶风·静女》："爱而不见，搔首～～。"《后汉书·苏竟传》："皇天所以眷顾～～，忧汉子孙者也。❷犹豫。白居易《议婚》诗："几回人欲聘，临日又～～。"张养浩《山坡羊·潼关怀古》曲："望西都，意～～。"❸相连的样子。王延寿《鲁灵光殿赋》："西厢～～以闲宴，东序重深而奥秘。"❹古刻漏承水之器。《初学记·漏刻法》："为器三重，圆皆径尺，差立于水舆～～之上，为金龙口吐水，转注入～～经纬之中。"

篪（竾、箎、鷈） chí ❶古代一种竹管乐器。《诗经·小雅·何人斯》："伯氏吹埙，仲氏吹～。"（埙：古代一种陶制吹奏乐器。）⊗泛指吹管乐器。韩愈《陆浑山火和皇甫湜用其韵》："千钟万鼓咽耳喧，攒杂啾嚄沸～埙。"❷竹名。郦道元《水经注·湘水》："山多～竹。"

尺 1. chǐ ❶量词。长度单位。十寸为尺。《韩非子·说难》："然其喉下有逆鳞径～，若人有婴之者，则必杀人。"（婴：通"撄"。触。）❷尺子，量长度的器具。杜甫《秋兴八首》诗之一："寒衣处处催刀～，白帝城高急暮砧。"❸中医切脉部位名称之一。手掌后桡骨高处下为寸，寸下一指处为关，关下一指处为尺。《难经》："脉三部：

寸、关、～。”

2. chě　❹乐谱记音符号之一。《宋史·乐志十七》:“林钟用～字。”

【尺寸】　chǐcùn　❶形容距离短或数量少。《国语·周语下》:“夫目之察度也,不过步武～～之间。”《史记·范睢蔡泽列传》:“齐～～之地无得焉者,岂不欲得地哉?”❷客观标准。《韩非子·安危》:“六曰有～～而无意度,七曰有信而无诈。”(意度:主观猜想。)❸犹“分寸”。刘熙载《艺概·文概》:“叙事要有～～。”

【尺牍】　chǐdú　书简,书信。《汉书·陈遵传》:“性善书,与人～～,主皆藏去以为荣。”(去:收藏。)李商隐《为张周封上杨相公启》:“寓～～而畏达空函,写丹诚而惭非健笔。”

【尺晷】　chǐguǐ　移动一尺的日影。指片刻。《宋史·朱台符传》:“时太宗廷试贡士,多擢敏速者,台符与同辈课试,以～～成一赋。”

【尺籍】　chǐjí　❶汉制,将杀敌立功书写在一尺长的竹板上,称作尺籍。《汉书·冯唐传》:“夫士卒尽家人子,起田中从军,安知～～伍符。”(伍符:古代军中各伍互相作保的符信。)❷军籍。郭若虚《图画见闻志》:“燕贵本隶～～,工画山水。”陈亮《上孝宗皇帝第一书》:“臣恐～～之兵、府库之财不足以支一旦之用也。”又作“赤籍”。《宋史·韩世忠传》:“年十八,以敢勇应募乡州,隶～～,挽强驰射,勇冠三军。”

【尺口】　chǐkǒu　❶指婴孩。《资治通鉴·汉献帝初平元年》:“杀太傅袁隗、太仆袁基,及其家～～以上五十馀人。”❷泛指全家男女老幼。《后汉书·袁绍传》注引《献帝春秋》:“[董]卓使司隶宣璠～～收之,母及姊妹婴孩以上五十馀人下狱死。”

【尺书】　chǐshū　❶信札,书信。古诗《孤儿行》:“愿欲寄～～,将与地下父母。”❷简册,书籍。《论衡·书解》:“秦虽无道,不燔诸子,诸子～～,文篇具在。”

【尺素】　chǐsù　❶古人写文章或书信常用的长一尺左右的绢帛。古诗《饮马长城窟行》:“呼儿烹鲤鱼,中有～～书。”陆机《文赋》:“函绵邈于～～,吐滂沛乎寸心。”❷用作书信的代称。杜甫《聂耒阳以仆阻水书致酒肉疗饥……泊于方田》诗:“耒阳驰～～,见访荒江眇。”秦观《踏莎行》词:“驿寄梅花,鱼传～～。”

【尺一】　chǐyī　❶汉制以长度为尺一的版写诏书,后因用作诏命的代称。苏轼《元祐六年六月自杭州召还……次诸公韵》之三:“～～东来唤我归,衰年已迫故山期。”❷书信的代称。《古今小说·赵伯昇茶肆遇仁宗》:“多谢贵人修～～,西川制置径相投。”

【尺泽】　chǐzé　❶小池。宋玉《对楚王问》:“夫～～之鲵,岂能与之量江海之大哉!”❷人体经络穴位名,即尺脉所在。《素问·至真要大论》:“～～绝,死不治。”

【尺宅】　chǐzhái　又名“云宅”。道家指颜面。《黄庭内景经·脾部》:“辟却虚羸无病伤,外应～～气色芳。”陆游《学道》诗:“精神生～～,虚白集中扃。”(中扃:喻禁欲之心。)

【尺短寸长】　chǐduǎncùncháng　《史记·白起王翦列传》:“鄙语云:‘尺有所短,寸有所长。’……彼各有所短也。”后以“尺短寸长”比喻人或事物各有长处,也各有短处,不能一概而论。卫宗武《李黄山乙稿序》:“然昔之能诗者蕃矣,多莫得全美,何哉? ～～～～,要不容强齐耳。”

扡　1. chǐ　❶顺着木纹劈开。《诗经·小雅·小弁》:“伐木掎矣,析薪～矣。”

2. tuō　❷同“拖”。曳,引。《墨子·非攻上》:“至杀不辜人也,～其衣裘,取戈剑者。”《礼记·少仪》:“仆者右带剑,负良绥,申之面,～诸幦。”(幦:盖在车轼上遮蔽风尘的帷席。)

齿(齒)　chǐ　❶门牙。《韩非子·喻老》:“唇亡而～寒。”㊀牙齿。杜甫《寄赞上人》诗:“当期寒雨干,宿昔～疾瘳。”㊁排列如齿状的东西。林逋《春夕闲咏》诗:“屐～遍庭深,若为拥鼻吟。”(拥鼻吟:指用雅音曼声吟咏。)㊁特指象牙。《国语·晋语四》:“羽旄～革,则君地生焉。”❷岁数,年龄。《后汉书·崔骃传》:“聊优游以永日兮,守性命以尽～。”欧阳修《苏氏文集序》:“子美之～少于予,而予学古文反在其后。”❸次列,并列。《庄子·天下》:“百官以此相～。”韩愈《师说》:“巫医、乐师、百工之人,君子不～。”❹录用。《尚书·蔡仲之命》:“降霍叔于庶人,三年不～。”《三国志·蜀书·诸葛亮传》:“循名责实,虚伪不～。”❺挡,触。枚乘《上书重谏吴王》:“譬犹蝇蚋之附群牛,腐肉之～利剑。”❻骰子。陆游《风雨旬日春后始晴》诗:“诗囊属稿惭新思,博～争豪悔昔狂。”

【齿齿】　chǐchǐ　排列如牙齿的样子。韩愈《柳州罗池庙碑》:“桂树团团兮,白石～～。”梅尧臣《读范桐庐述严先生祠堂碑》诗:“滩上水溅溅,滩下石～～。”

【齿发】　chǐfà　齿与发。借指年龄。杜甫《送李校书二十六韵》:“羡君～～新,行已能夕惕。”白居易《十年三月三十日别微之……为他年会话张本也》诗："～～蹉跎将五十，关河迢递过三千。"（迢递：旷远的样子。）

【齿剑】 chǐjiàn 犹"触刃"。指自刎或被杀。陆机《豪士赋序》："伊生抱明允以婴戮，文子怀忠敬而～～。"（婴：触，遭。）《晋书·列女传论》："比夫悬梁靡顾，～～如归，异日齐风，可以激扬千载矣。"

【齿冷】 chǐlěng 久笑牙齿感到冷。谓贻笑于人而招致讥嘲。《南齐书·乐颐传》："人笑褚公，至今～～。"

【齿列】 chǐliè 叙列，与人同列。《史记·陈杞世家》："滕、薛、驺，夏、殷、周之间封也，小，不足～～，弗论也。"《后汉书·左雄传》："其不从法禁，不式王命，锢之终身，虽会赦令，不得～～。"

【齿录】 chǐlù ❶收录，叙用。《晋书·王濬传》："濬有二孙，过江不见～～。"《魏书·刘文晔传》："以臣年小，不及～～。"❷科举时代，凡同登一榜者，各具姓名年龄籍贯三代，汇刻成帙，称作"齿录"。也称"同年录"。

【齿让】 chǐràng 言以年龄大小相让。《礼记·文王世子》："将君我，而与我～～，何也？"

【齿胄】 chǐzhòu 指太子与公卿之子以年龄大小为序。王融《三月三日曲水诗序》："出龙楼而问竖，入虎闱而～～。"（龙楼：太子所居之宫。虎闱：国子学的别称。）《新唐书·玄宗纪》："十一月乙亥，皇太子入学～～，赐陪位官及学生帛。"

【齿豁头童】 chǐhuōtóutóng 齿脱头秃。形容老态。陈与义《雨中对酒庭下海棠经雨不谢》诗："天翻地覆伤春色，～～～～祝圣时。"陆游《寓叹》诗之一："荷戈常记壮游时，～～～～不自知。"也作"头童齿豁"。韩愈《进学解》："～～～～，竟死何裨？"

【齿牙馀论】 chǐyáyúlùn 指口头随意的褒美之辞。《南史·谢朓传》："士子声名未立，应共奖成，无惜～～～～。"

侈 chǐ ❶超过，多。《庄子·骈拇》："骈拇枝指，出乎性哉，而～于德。"（骈拇：脚的大拇指与第二指相连合为一指。枝指：手的大拇指旁枝生一指。）宋濂《送天台陈庭学序》："其气愈充，其语愈壮，其志意愈高，盖得于山水之助者～矣。❷奢侈，浪费。《国语·周语中》："季文子、孟献子皆俭，叔孙宣子、东门子家皆～。"《韩非子·解老》："多费之谓～。"㊀奢华，浮艳。《文心雕龙·通变》："商、周丽而雅，楚、汉～而艳。"❸骄汰，傲慢自大。《左传·哀公二十七年》："公患三桓之～也，欲以诸侯去之。"又《桓公六年》："少师～，请羸师以张之。"㊁放纵。《孟子·梁惠王上》："苟无恒心，放辟邪～，无不为已。"《荀子·正论》："暴国独～，安能诛之。"（安：于是。能：犹"乃"。）❹大。《汉书·王莽传中》："莽为人～口蹷颐、露眼赤睛。"㊁特指钟口偏宽。《周礼·考工记·凫氏》："钟已厚则石，已薄则播，～则柞，弇则郁。"（已：太。柞：通"咋"。声大而外扬。弇：钟口小。）❺张大，夸大。《诗经·小雅·巷伯》："哆兮～兮，成是南箕。"左思《三都赋序》："～言无验，虽丽非经。"㊁显扬，光大。韩愈《〈郓州溪堂诗〉序》："公亦乐众之和，知人之悦，而～上之赐也。"司空图《将儒》："儒之将道，必欲张其治也。独将之不足～其道，故分己之任以寄于人。"

【侈侈】 chǐchǐ 隆盛的样子。左思《蜀都赋》："～～隆富，卓、郑埒名。"（埒：同等。）

【侈离】 chǐlí 犹叛离。侈，通"誃"。《荀子·王霸》："四方之国，有～～之德则必灭。"

【侈靡】 chǐmí ❶奢侈靡费。《汉书·地理志下》："嫁娶尤崇～～，送死过度。"《后汉书·桓谭传》："是以众人慕效，不耕而食，至乃多通～～，以淫耳目。"❷特指中国古代的一种经济学说。它主张大量消费以促进大量生产，繁荣经济。《管子·侈靡》："兴时化若何？莫善于～～。"

【侈泰】 chǐtài ❶奢侈无度。《管子·八观》："俭财用，禁～～。"《韩非子·六反》："～～则家贫，骄恣则行暴。"❷骄纵。苏舜钦《诣匦疏》："燕乐无节则志荒荡，赐予过度则心～～。"也作"侈忲"。《新唐书·杨凭传》："性简傲，接下脱略，人多怨之。在二镇尤～～。"

恀 chǐ（又读 shì） 依恃。《尔雅·释言》："～、怙，恃也。"《荀子·非十二子》："俭然～然。"

奓 chǐ 见 zhā。

哆 chǐ（又读 chě） ❶张大口，张大。《诗经·小雅·巷伯》："～兮侈兮，成是南箕。"韩愈《病中赠张十八》诗："夜阑纵捭阖，～口疏眉厖。"❷放纵，放荡。《法言·吾子》："述正道而稍邪～者有矣，未有述邪～而稍正也。"

【哆哆】 chǐchǐ 口张大的样子。梅尧臣《会开宝塔院》诗："顺风手沙沙，逆风口～～。"

【哆然】 chǐrán ❶人心不服、离散的样子。《穀梁传·僖公四年》："齐人者，齐侯也。其人之何也？于是～～外齐侯也。"（其人之何也：为什么称齐侯为齐人呢。）❷张口欲噬的样子。陆游《鹅湖夜坐书怀》诗："拔剑切大肉，～～如饿狼。"

胣 chǐ 剖腹刳肠。《庄子·胠箧》："昔者龙逢斩，比干剖，苌弘～，子胥靡。"

姼 1. chǐ ❶见"姼姼"。
2. shí（又读 duō） ❷《方言》卷六："南楚、瀑洭之间……谓妇妣曰母～，称妇考曰父～。"

【姼姼】 chǐchǐ 美好的样子。《汉书·叙传下》："～～公主，乃女乌孙。"（女：嫁。）

耻（恥） chǐ ❶羞愧之心。《左传·僖公八年》："狄无～，从之，必大克。"《荀子·修身》："无廉～而嗜乎饮食，则可谓恶少者矣。"❷耻辱。《孟子·万章下》："立乎人之本朝而道不行，～也。"⊗以为耻，感到耻辱。《后汉书·杜林传》："盖伯夷、叔齐～食周粟。"《三国志·魏书·武帝纪》："今兵以义动，持疑而不进，失天下之望，窃为诸君～之。"❸羞辱，侮辱。《左传·昭公五年》："～匹夫，不可以无备，况～国乎？"《国语·越语上》："昔者夫差～吾君于诸侯之国。"

蚇 chǐ 见"蚇蠖"。

【蚇蠖】 chǐhuò 也作"尺蠖"。虫名。《周易·系辞下》："～～之屈，以求信也。"（信：通"伸"。）又作"斥蠖"。《周礼·考工记·弓人》："麋筋～～灂。"（灂：用生漆涂合。）

廖（庈） chǐ ❶广大。《说文·广部》："～，广也。"❷从两侧攻击。《国语·吴语》："将夹沟而～我，我无生命矣。"《新唐书·王忠嗣传》："贼众嚣相蹂，军～翼掩之，虏大败。"（掩：乘人不备，突然袭击。）

豉（枝） chǐ 豆豉。王羲之《豉酒帖》："小服～酒至佳。"《世说新语·言语》："有千里蓴羹，但未下盐～耳。"

褫 chǐ ❶剥去，夺。《周易·讼》："上九，或锡之鞶带，终朝三～之。"《后汉书·杜林传》："道逢贼数千人，遂掠取财装，～夺衣服。"⑤脱去，解下。谢惠连《雪赋》："愿低帷以昵枕，念解珮而～绅。"（昵：近。）⊗革除。谢庄《上搜才表》："张勃进陈汤而坐以～爵。"（坐：因犯……罪或错误。）❷废弛。《荀子·非相》："文久而息，节族久而绝，守法数之有司极礼而～。"（节族：节奏。）江淹《为萧骠骑上顿表》："虽蚁众鼠窃，势必～散。"

【褫革】 chǐgé 剥去衣冠，革除功名。《聊斋志异·红玉》："生既～～，屡受梏惨，卒无词。"（按：明清时，生员等犯罪，必先由学官褫革功名，然后才能动刑拷问。）

【褫魄】 chǐpò ❶夺去魂魄。形容神思恍惚。张衡《东京赋》："罔然若酲，朝疲夕倦，夺气～～之为者也。"（酲：酒醉后神智不清的状态。）❷形容感受极深，震动神魄。孙樵《与王霖秀才书》："足下《雷赋》……其辞甚奇，如观骇涛于重溟，徒知～～眙目，莫得畔岸。"

【褫气】 chǐqì 丧失胆气。《后汉书·党锢传序》："举中于理，则强梁～～；片言违正，则厮台解情。"（厮台：干杂役的奴仆。）

彳 chì 小步。张衡《舞赋》："蹇兮宕往，～兮中辄。"

【彳亍】 chìchù ❶小步走。潘岳《射雉赋》："～～中辍，馥焉中镝。"❷徘徊，走走停停。柳宗元《答周君巢书》："～～而无所趋，拳拘而不能肆。"（拳拘：局促不得伸展。）李贽《观涨》诗："踟蹰横渡口，～～上滩舟。"❸比喻犹疑不定。袁宏道《初度戏题》诗："欲留色枯槁，欲归心～～。"

叱 chì ❶大声呵斥。《战国策·韩策二》："齐大夫诸子有犬，犬猛不可～，～之必噬人。"《吕氏春秋·至忠》："王～而起，疾乃遂已。"❷大声命令。《汉书·王尊传》："尊～其驭曰：'驱之！'"⊗吆喝。《晋书·赵至传》："闻父耕～牛声。"❸叹词。表示呵斥或呼唤。《庄子·大宗师》："子犁往问之，曰：'～！避！无怛化！'"《汉书·东方朔传》："[上]呼朔曰：'～！～！先生来！来！先生知筐中何等物也？'"

【叱叱】 chìchì ❶呼喝之声。陆游《致仕后述怀》诗之五："～～驱黄犊，行行跨白驴。"❷象声词。蒋防《霍小玉传》："至县旬日，生方与卢氏寝，忽帐外～～作声。"

【叱咄】 chìduō 呼喝，大声斥责。《战国策·燕策一》："若恣睢奋击，呴籍～～，则徒隶之人至矣。"（呴籍：跳跃顿足。）

【叱嗟】 chìjiē ❶怒斥声。《战国策·赵策三》："威王勃然怒曰：'～～，而母婢也！'卒为天下笑。"❷同"叱咤"。大声呼喝。陆游《钟离真人赞》："五季之乱，方酣于兵。～～风云，卓乎人英。"

【叱咤】 chìzhà ❶怒喝。《史记·淮阴侯列传》："项王喑噁～～，千人皆废。"《后汉书·皇甫嵩传》："指㧑足以振风云，～～可以兴雷电。"（㧑：通"挥"。）❷吆喝。《汉书·王吉传》："驰骋不止，口倦乎～～，手苦于箠辔。"

斥 chì ❶排斥，驱逐，屏弃。《战国策·中山策》："谄谀用事，良臣～疏，百姓心离，城池不修。"《史记·天官书》："辅星明近，辅臣亲强，～小，疏弱。"❷推。《素问·

调经论》:"按摩勿释,著针勿~,移气于不足,神气乃得复。"❸指。《诗经·周颂·雝》"假哉皇考"郑玄笺:"嘉哉皇考,~文王也。"《后汉书·孔融传》:"遂乃郊祀天地,拟~乘舆。"(乘舆:皇帝的代称。)❹开拓。《盐铁论·非鞅》:"其后蒙恬征胡,~地千里。"❺指责,斥责。秦观《春日杂兴》诗之十:"儿曹独何事? 诋~几覆酱。"《宋史·余玠传》:"一或即戎,即指之为粗人,~之为哙伍。"❻侦察,探测。《史记·白起王翦列传》:"赵军士卒犯秦~兵。"❼土地含过多盐碱;盐碱地。《尚书·禹贡》:"厥土白坟,海滨广~。"(坟:土质肥沃。)曹植《磐石篇》:"蒹葭弥~土,林木无分重。"❽大。《后汉书·马融传》:"暴~虎,搏狂凶。"⑫多,满。《左传·襄公三十一年》:"敝邑以政刑之不修,寇盗充~。"⑫宽,广。《说苑·奉使》:"赐之~带,则不更其造。"《明史·河渠志一》:"河自雍而豫,出险固而之夷~,水势既肆。"(雍、豫:皆地名。)❾泽崖。张衡《西京赋》:"若夫游鶺高翚,绝阬逾~。"❿(chǐ)虫名用字。斥蠖。见"蚇蠖"。

【斥斥】 chìchì 广大的样子。左思《魏都赋》:"原隰畇畇,坟衍~~。"(畇畇:平坦整齐的样子。坟衍:肥沃平旷的土地。)

【斥候】 chìhòu 侦察,候望。《尚书·禹贡》"五百里侯服"孔安国传:"侯,候也。~~而服事。"(孔颖达疏:"斥候,谓检行险阻,伺候盗贼。")⑫侦察敌情的士兵。《汉书·贾谊传》:"~~望烽燧,不得卧;将吏被介胄而睡。"也作"斥堠"。陈亮《中兴论》:"精间谍,明~~。"

【斥近】 chìjìn 贴近。《世说新语·栖逸》注引邓粲《晋纪》:"[桓冲]因请为长史,固辞。居阳岐,去道~~,人士往来,必投其家。"

【斥卤】 chìlǔ 盐碱地。《史记·夏本纪》:"海滨广潟,厥田~~。"(潟:土地含过多盐碱。)苏轼《钱塘六井记》:"沮洳~~,化为桑麻之区,而久乃为城邑聚落。"(沮洳:水旁低湿的地方。)

【斥卖】 chìmài 卖掉。《后汉书·和熹邓皇后纪》:"悉~~上林鹰犬。"陆游《青阳夫人墓志铭》:"~~簪褥,遣季壬就学,夜课以书,必漏下三十刻乃止。"

【斥逐】 chìzhú 驱逐,斥退。《史记·秦始皇本纪》:"西北~~匈奴。"王褒《圣主得贤臣颂》:"进仕不得施效,~~又非其愆。"

赤 chì ❶比朱红稍浅的颜色。泛指红色。《诗经·邶风·北风》:"莫~匪狐,莫黑匪乌。"杜甫《喜雨》诗:"春旱天地昏,日色~如血。"⑫古人以赤为南方正色。后为南的代称。《宋书·符瑞志》:"有景云之瑞,有~方气与青方气相连。"(青:东的代称。)❷诛灭。扬雄《解嘲》:"客徒欲朱丹吾毂,不知一跌将~吾之族也。"❸空净无物。王安石《河北民》诗:"今年大旱千里~,州县仍催给河役。"⑤光着,裸露。杜甫《早秋苦热堆案相仍》诗:"南望青松架短壑,安得~脚踏层冰。"❹纯真,忠诚。陈琳《为袁绍与公孙瓒书》:"此非孤~情之明验耶?"杜甫《惜别行送向卿进奉端午御衣之上都》诗:"向卿将命寸心~,青山落日江潮白。"❺唐、宋时县的等级名。《通典·职官》:"大唐县有~、畿、望、紧、上、中、下七等之差。"❻通"斥"。斥候。《史记·晋世家》:"[成公]六年,伐秦,虏秦将~。"❼(chǐ)通"尺"。宋玉《钓赋》:"饵若蛆螾,钩如细针,以出三~之鱼于数仞之水中。"应劭《风俗通·正失》:"立石高一丈二~。"

【赤侧】 chìcè ❶汉钱币名。以赤铜为外边,故名。也作"赤仄"。《史记·平准书》:"郡国多奸铸钱,钱多轻,而公卿请令京师铸钟官~~,一当五,赋官用非~~不得行。"❷钱的通称。陆游《老学庵北窗杂书诗》之五:"不恨囊中无~~,且欣案上有《黄庭》。"

【赤地】 chìdì 旱、虫等灾害造成的地面寸草不生。《论衡·感虚》:"晋国大旱,~~三年。"《后汉书·南匈奴传》:"而匈奴中连年旱蝗,~~数千里。"

【赤韨】 chìfú 诸侯的卿大夫所用的蔽膝,以皮韦制成。后泛指大夫之服。《礼记·玉藻》:"再命~~幽衡,三命~~葱衡。"(幽:通"黝"。黑色。)也作"赤绂"。《三国志·魏书·武帝纪》:"天子使魏公位在诸侯王上,改授金玺、~~、远游冠。"又作"赤芾"。《诗经·小雅·采菽》:"~~在股,邪幅在下。"(邪幅:裹腿。)

【赤立】 chìlì 空无所有的样子。《宋史·乔行简传》:"今百姓多垂罄之室,州县多~~之帑。"(帑:收藏钱财的仓库。)元好问《游黄华山》诗:"是时气节已三月,山水~~无春容。"

【赤米】 chìmǐ 粗糙的米。《国语·吴语》:"今吴民既罢,而大荒荐饥,市无~~,而囷鹿空虚。"(罢:通"疲"。荐:一再,接连。囷鹿:粮仓。)

【赤县】 chìxiàn ❶"赤县神州"的简称。指中国。李白《赠宣城赵太守悦》诗:"~~扬雷声,强项闻至尊。"❷唐代称县治设在京都城内的县份。《通典·职官十五》:"京都所治为~~,京之旁邑为畿县。"杜甫《投简成华两县诸子》诗:"~~官曹拥材杰,软裘快马当冰雪。"(按:唐明皇幸蜀号成都为南京，故成华得称“赤县”。）

【赤鸦】 chìyā 太阳的别称。相传日中有三足乌，乌即鸦。聂夷中《住京寄同志》诗：“白兔落天西，～～飞海底。”（白兔：月的别称。）

【赤衣】 chìyī 指罪人穿的衣服或罪人。刘向《新序·善谋》：“～～塞路，群盗满山。”《论衡·寒温》：“蚩尤之民，湎湎纷纷；亡秦之路，～～比肩。”

【赤子】 chìzǐ ❶初生的婴儿。《吕氏春秋·长利》：“民不知怨，不知说，愉愉其如～～。”（说：悦。）❷百姓的代称。苏轼《上皇帝书》：“臣恐陛下～～，自此无宁岁矣。”王安石《子美画像》诗：“宁愿吾庐独破受冻死，不忍四海～～寒飕飕。”

【赤籍】 chìjí 见“尺籍”。

饬（飭） chì ❶整治，整顿。《吕氏春秋·音律》：“夷则之月，修法～刑，选士厉兵，诘诛不义，以怀远方。”《汉书·枚乘传》：“梁王～车骑，习战射，积粟固守。”❷谨慎。《汉书·高惠高后文功臣表序》：“爱敬～尽，命赐备厚。”《宋史·程元凤传论》：“程元凤谨～有馀而乏风节。”（风节：气节。）❸通“敕”。告诫。《汉书·五行志上》：“又～众官，各慎其职。”㊀教导。欧阳修《胡先生墓表》：“随其人贤愚，皆循循雅～。”❹通“饰”。修饰。《吕氏春秋·先己》：“琴瑟不张，钟鼓不修，子女不～。”㊀饰物，佩戴饰物。《吕氏春秋·季秋纪》：“天子乃厉服厉～，执弓操矢以射。”

【饬躬】 chìgōng 同“饬身”。正己。《后汉书·冯衍传下》：“于今遭清明之时，～～力行之秋，而怨仇丛兴，讥议横世。”也作“敕躬”。《汉书·孔光传》：“勤心虚己，延见群臣，思求其故，然后～～自约，总正万事。”

【饬厉】 chìlì 见“敕厉”。

【饬身】 chìshēn 整饬自己，正己。《汉书·谷永传》：“陛下秉至圣之纯德，惧天地之戒异，～～修政，纳问公卿，又下明诏，帅举直言。”也作“敕身”。《汉书·礼乐志》：“～～齐戒，施教申申。”（齐：斋。）《后汉书·安帝纪》：“清白爱利，能～～率下、防奸理烦、有益于人者，无拘官簿。”（爱利：爱人并给人带来利益。无拘官簿：指超格升迁。）

【饬正】 chìzhèng 整饬而使端正。《汉书·谷永传》：“昔舜～～二女，以崇至德。”也作“敕正”。《汉书·翟方进传》：“方进，国之司直，不自～～以先群下。”

抶 chì 用鞭、杖抽打。《左传·文公十八年》：“二人浴于池，[邴]歜以扑～[阎]职，职怒。”（扑：击马用的竹鞭。）《庄子·则阳》：“然后～其背，折其脊。”

伬 chì 小心谨慎，提心吊胆。《国语·吴语》：“夫越王之不忘败吴，于其心也～然，服士以伺吾间。”

炽（熾） chì ❶燃烧。《左传·昭公十年》：“及丧，柳～炭于位。”（柳：人名。）㊀火旺。《北史·齐纪总论》：“火既～矣，更负薪以足之。”❷昌盛；势盛。《诗经·鲁颂·閟宫》：“俾尔～而昌，俾尔寿而臧。”（臧：善。）苏轼《喜雨亭记》：“无麦无禾，岁且荐饥，狱讼繁兴而盗贼滋～。”❸通“饎”。烹煮。《周礼·考工记·钟氏》：“钟氏染羽，以朱湛丹秫，三月而～之。”《论衡·异虚》：“夫畅草可以～酿，芬香畅达者，将祭，灌畅降神。”

【炽结】 chìjié 勾结而势盛。《后汉书·党锢传序》：“自是正直废放，邪枉～～。”《新唐书·刘贞亮传》：“[贞亮]又恶朋党～～，因与中人刘光琦、薛文珍、尚衍、解玉、吕如全等同劝帝立广陵王为太子监国。”

【炽盛】 chìshèng ❶火势猛烈。《韩非子·备内》：“今夫水之胜火亦明矣，然而釜鬵间之，水煎沸竭尽其上，而火得～～焚其下，水失其所以胜者矣。”❷繁盛。《论衡·超奇》：“文章之人，滋茂汉朝者。乃夫汉家～～之瑞也。”《汉书·萬章传》：“长安～～，街间各有豪侠。”

恜 chì 见“恜恜”。

【恜恜】 chìchì 惊恐不安的样子。《颜氏家训·杂艺》：“古者卜以决疑，今人生疑于卜。何者？守道信谋，欲行一事，卜得恶卦，反令～～。”

翅（翄） chì ❶翼，翅膀。《战国策·楚策四》：“俯噣白粒，仰栖茂树，鼓～奋翼。”（噣：通“啄”。）㊀展翅。《韩非子·喻老》：“有鸟止南方，三年不～，不飞，不鸣。”❷通“啻”。止，仅。《孟子·告子下》：“取色之重者与礼之轻者而比之，奚～色重？”苏舜钦《并州新修永济桥记》：“常岁秋冬之交，阳曲诛民钱近三百万，役农人不～数千。”（诛：索取。）

【翅羽】 chìyǔ ❶羽翼。祢衡《鹦鹉赋》：“闭以雕笼，翦其～～。”❷指鸟。元稹《虫豸诗序》：“予所舍又荆州树木洲渚处，昼夜常有～～百族闹。”

勅 chì 见lài。

眙 1. chì ❶直视，注视。《楚辞·九章·思美人》：“思美人兮，揽涕而伫～。”《史记·滑稽列传》：“六博投壶，相引为曹，握手无罚，目～不禁。”❷惊视的样子。《后汉班固传》："虽轻迅与僄狡，犹愕～而不敢阶。"《新唐书·杜伏威传》："伏威突斩破阵，众～骇不及救，复杀数十人，下皆畏服。"（破阵：人名。）

2. yí ❸盱眙，地名。

翄 chì 同"翅"。❶翼，翅膀。《史记·楚世家》："奋翼鼓～，方三千里。"❷见"翄翄"。

【翄翄】 chìchì 飞的样子。左思《魏都赋》："～～精卫，衔木偿怨。"

敕（勅） chì ❶告诫，吩咐。《三国志·魏书·武帝纪》："超等屯潼关，公～诸将：'关西兵精悍，坚壁勿与战。'"古乐府《陇西行》："谈笑未及竟，左顾～中厨。"㊀特指皇帝的命令或诏书。《汉书·平帝纪》："诏曰：其明～百僚。"《宋书·谢弘微传》："书皆是太祖手～。"❷周备，详细。《论衡·问孔》："周公告小才～，大材略。"❸穿。《淮南子·修务训》："淬霜露，～蹻趹，跋涉山川，冒蒙荆棘。"❹通"饬"。整饬，谨饬。《汉书·息夫躬传》："可遣大将军行边兵，～武备。"《论衡·程材》："案世间能建蹇蹇之节，成三谏之议，令将检身自～，不敢邪曲者，率多儒生。"（蹇蹇：忠直的样子。）

【敕备】 chìbèi 严正恭谨。《汉书·冯奉世传》："参，昭仪少弟，行又～～，以严见惮，终不得亲近侍帷幄。"

【敕躬】 chìgōng 见"饬躬"。

【敕戒】 chìjiè 警告，儆戒。《汉书·息夫躬传》："天之见异，所以～～人君，欲令觉悟反正，推诚行善。"也作"勑戒"。《后汉书·阴识传》："帝敬重之，常指[阴]识以～～贵戚，激厉左右焉。"

【敕厉】 chìlì 告戒勉励。《汉书·韩延寿传》："郡中歙然，莫不传相～～，不敢犯。"《后汉书·邓骘传》："常母子兄弟内相～～。"也作"饬厉"。《汉书·文翁传》："乃选郡县小吏开敏有材者张叔等十馀人，亲自～～。"

【敕命】 chìmìng ❶命令。多指天命或帝王的诏令。《释名·释书契》："符，付也。书所～～于上，付使传行之也。"❷皇帝封赠的诏令。明、清五品以上授"诰命"，六品以下授"敕命"。《清会典事例·中书科·建置》："六品以下授以～～。"

【敕身】 chìshēn 见"饬身"。

【敕使】 chìshǐ 传达皇帝诏书的使者。《晋书·何无忌传》："无忌伪著传诏服，称～～，城中无敢动者。"杜甫《巴西闻收京阙送班司马入京》诗二首之一："剑外春天远，巴西～～稀。"

【敕正】 chìzhèng 见"饬正"。

啸 chì 见xiào。

移 chì 见yí。

谾 chì 见"谾潗"。

【谾潗】 chìjí 水涌起的样子。《史记·司马相如列传》："潏潏淈淈，～～鼎沸。"（潏潏淈淈：水涌起细小波纹的样子。）归有光《和俞质甫夏雨效联句体三十韵》："遇夜转连绵，酾流更～～。"

啻 chì 但，止，仅。《尚书·秦誓》："其心好之，不～若自其口出。"陈亮《上孝宗皇帝第三书》："人情相去之远，何～于十百千万也！"

踁 chì 见"踁踱"。

【踁踱】 chìduó 忽进忽退。《史记·司马相如列传》："～～輵辖容以委丽兮，绸缪偃蹇怵臭以梁倚。"（怵臭：奔走。）《聊斋志异·医术》："往复～～，以手搓体。"

傺 chì ❶住，停留。《楚辞·九章·惜诵》："欲儃佪以干～兮，恐重患而离尤。"❷见"侘傺"。

鶒（鷘、鷙、鵣） chì 见"鸂鶒"。

瘈 chì 见zhì。

瘛 chì 病名。筋脉痉挛。《素问·玉机真藏论》："病筋脉相引而急，病名曰～。"

饎（饎、糦、䊢） chì （又读xī）❶酒食。《诗经·小雅·天保》："吉蠲为～，是用孝享。"（蠲：清洁。）㊀特指黍稷。《诗经·商颂·玄鸟》："龙旗十乘，大～是承。"❷烹煮黍稷，做饭。《仪礼·特牲馈食礼》："主妇视～爨于西堂下。"

翨（䍃） chì 鸟翼后缘和尾部的大羽毛。《周礼·秋官·司寇》"翨氏"郑玄注："～，鸟翮也。"㊀代指猛禽。《说文·羽部》："～，鸟之强羽猛者。"

踶 chì 见dì。

chong

充 chōng ❶实，满，充足。《荀子·儒效》："若夫～虚之相施易也。"（施：移。）《吕氏春秋·重已》："味众珍则胃～，胃～则中大鞔。"（鞔：胀闷。）《后汉书·朱浮传》："今军资未～，故须后麦耳。"㊀丰裕，繁盛。《晏子春秋·杂上》："年～众和而伐之，臣恐罢民弊兵，不成君之意。”左思《魏都赋》：“姜芋～茂，桃李荫翳。”㉢洪亮。《淮南子·说山训》：“钟之与磬也，近之则钟音～，远之则磬音章。”❷繁多。《左传·哀公十一年》：“事～政重。”❸肥壮，胖。《仪礼·特牲馈食礼》：“宗人视牲告～。”《后汉书·董卓传》：“卓素～肥。”❹备办，供给。《周礼·夏官·圉师》：“射则～椹质。”《公羊传·桓公四年》：“三曰～君之庖。”❺尽量展开，发挥。《孟子·滕文公下》：“～仲子之操，则蚓而后可者也。”罗大经《鹤林玉露》卷四：“～二子之才识德望，曳丝乘车，食养贤之鼎，其谁曰不宜?”❻补充，凑数。《颜氏家训·治家》：“赢马颓奴，仅～而已。”《魏书·太宗纪》：“今年赀调悬违者，谪出家财～之，不听征发于民。”❼塞，填充。白居易《观刈麦》诗：“家田输税尽，拾此～饥肠。”㉢填充物。《素问·解精微论》：“髓者，骨之～也。”❽充当，担任。欧阳修《胡先生墓表》：“～天章阁侍讲，仍居太学。”㉢当作，抵偿。白居易《新乐府·卖炭翁》：“半匹红纱一丈绫，系向牛头～炭直。”❾冒充。《抱朴子·名实》：“于是……铅锋～太阿之宝，犬羊佻虎狼之资矣。”《晋书·桓玄传》：“玄以历代咸有肥遁之士，而已世独无，乃征皇甫谧六世孙希之为著作，并给其资用，皆令让而不受，号曰高士，时人名为‘～隐’。”❿犹“道”。《管子·内业》：“敬发其～，是谓内得。”

【充备】 chōngbèi ❶充足齐备。《后汉书·周荣传》：“赠送什物，无不～～。”❷充当。元稹《高钛授起居郎》：“非博达精究之才，其可以～～兹选乎?”❸用作谦词。指聊以充数，担任其职。《汉书·王嘉传》：“幸得～～宰相，不能进贤退不肖，以是负国，死有馀责。”

【充充】 chōngchōng ❶悲戚的样子。《礼记·檀弓上》：“始死，～～如有穷。”❷精神饱满的样子。柳宗元《送徐从事北游序》：“读《诗》、《礼》、《春秋》莫能言说，其容貌～～然，而声名不闻传于世。”❸喜悦的样子。沈亚之《与潞鄜州书》：“亚之纳喜于心，～～焉捶马走仆，忘其劳，失其息。”

【充栋】 chōngdòng 满屋。常形容藏书、著述之富。陆游《冬夜读书》诗：“茆屋三四间，～～贮经史。”

【充军】 chōngjūn ❶入伍。《宋史·高丽传》：“民计口授业，十六以上则～～。”❷古代刑罚之一。把罪犯发配往边远驻军服役。《宋史·刑法志三》：“俟其再犯，然后决刺～～。”《明史·刑法志一》：“流有安置，有迁徙，有口外为民，其重者曰～～。”(流：刑名。)

【充闾】 chōnglǘ ❶犹光大门户。《晋书·贾充传》：“[父逵]晚始生充，言后当有～～之庆，故以为名字焉。”❷用为贺人生子之词。苏轼《贺陈述古弟章生子》诗：“郁葱佳气夜～～，始见徐卿第二雏。”

【充满】 chōngmǎn ❶布满，填满。《吕氏春秋·当染》：“弟子弥丰，～～天下。”❷丰满。《吕氏春秋·过理》：“去国居卫，容貌～～，颜色发扬，无重国之意。”(颜色发扬：容光焕发。)❸骄满。刘向《列女传·齐桓卫姬》：“妾闻之，人君有三色……忿然～～，手足矜动者，攻伐之色。”

【充诎】 chōngqū 得意忘形的样子。《三国志·蜀书·郤正传》：“得不～～，失不惨悸。”刘峻《辩命论》：“不～～于富贵，不遑遑于所欲。”也作“充倔”。宋玉《九辩》：“蹇～～而无端兮，泊莽莽而无垠。”(蹇，通“謇”。句首语气词。)

【充仞】 chōngrèn 充满。《汉书·司马相如传上》：“珍怪鸟兽，万端鳞崪，～～其中者，不可胜记。”(崪：通“萃”。聚集。)《后汉书·清河孝王庆传》：“舆马、钱帛、帷帐、珍宝、玩好～～其第。”也作“充牣”。《三国志·魏书·曹爽传》：“爽饮食车服，拟于乘舆；尚方珍玩，～～其家。”(乘舆：皇帝的代称。)

【充塞】 chōngsè ❶阻塞。《孟子·滕文公下》：“杨、墨之道不息，孔子之道不著，是邪说诬民，～～仁义也。”杜甫《三川观水涨二十韵》：“枯查卷拔树，礧磈共～～。”❷充满，充斥。《列子·天瑞》：“地积块耳，～～四虚，亡处亡块。”(块：土块。亡：通“无”。)《汉书·五行志上》：“是时太后三弟相续秉政，举宗居位，～～朝廷。”

【充位】 chōngwèi 犹“备位”。指徒居其位，聊以充数。《汉书·张汤传》：“丞相取～～，天下事皆决汤。”胡铨《戊午上高宗封事》：“呜呼！参赞大政，徒取～～如此。”

【充羡】 chōngxiàn 充足有馀。羡，盈馀。韩愈《柳州罗池庙碑铭》：“秔稌～～兮，蛇蛟结蟠。”(秔稌：粳稻。)《新唐书·陈君宾传》：“四方霜潦，独君宾所治有年，储仓～～。”

【充盈】 chōngyíng ❶充足，充满。《管子·八观》：“国虽～～，金玉虽多，宫室必有度。”《后汉书·王符传》：“牛马车舆，填塞道路；游手为巧，～～都邑。”❷丰满。《礼记·礼运》：“肤革～～，人之肥也。”❸志得意满的样子。《荀子·子道》：“今女衣服既盛，颜色～～，天下且孰肯谏女矣!”(女：汝。)

【充腴】 chōngyú 丰满，肥胖。《南齐书·袁象传》："象形体～～，有异于众。"

【充悦】 chōngyuè ❶志得意满的样子。《太平广记·何婆》引《朝野佥载》："其何婆，士女填门，饷遗满道，颜色～～，心气殊高。"❷精神焕发的样子。牛僧孺《岑顺》："自此～～，宅亦不复凶矣。"

冲[1]（沖） chōng ❶虚。《老子·四十五章》："大盈若～，其用不穷。"《后汉书·蔡邕传》："时行则行，时止则止，消息盈～，取诸天纪。"㊀谦和。《三国志·魏书·荀彧传》："彧及攸并贵重，皆谦～节俭。"㊁淡泊。见"冲虚"、"冲静"、"冲默"。❷直上。《吕氏春秋·重言》："是鸟虽无飞，飞将～天。"柳宗元《钴鉧潭西小丘记》："其～然角列而上者，若熊罴之登于山。"❸幼小。谢朓《齐敬皇后哀策文》："方年～藐，怀袖靡依。"（藐：小。）陆秀夫《拟景炎皇帝遗诏》："朕以～幼之资，当艰危之会。"❹深远。《梁书·孔休源传》："[休源]风业贞正，雅量～邈。"宋之问《自衡阳至韶州谒能禅师》诗："物用益～旷，心源日闲细。"

【冲闇】 chōng'àn 年幼昏昧。《三国志·魏书·袁绍传》注引《献帝春秋》："[董]卓欲废帝，谓绍曰：'皇帝～～，非万乘之主。'"

【冲冲】 chōngchōng ❶凿冰声。《诗经·豳风·七月》："二之日凿冰～～。"（二之日：指夏历十二月。）❷饰物下垂的样子。《诗经·小雅·蓼萧》："鞗革～～。"（一本作"忡忡"。）❸激怒的样子。王实甫《西厢记》二本四折："则见他走将来气～～，怎不教人恨匆匆。"

【冲淡】 chōngdàn 平和淡泊。《晋书·杜夷传》："夷清虚～～，与俗异轨。"也作"冲澹"。《宋史·赵景纬传》："景纬天性孝友，雅志～～。"

【冲和】 chōnghé ❶恬淡平和。《晋书·阮籍传》："神气～～，而不知向人所在。"❷指天地的真气。夏侯湛《东方朔画赞》："嘘吸～～，吐故纳新，蝉蜕龙变，弃俗登仙。"

【冲华】 chōnghuá 极美。谢庄《宋孝武宣贵妃诔》："世覆～～，国虚渊令，呜呼哀哉！"（渊令：极其美好。）

【冲衿】 chōngjīn 淡远的胸襟。《晋书·王湛传》："怀祖鉴局夷远，～～玉粹。"也作"冲襟"。白居易《祭中书韦相公文》："惟公世禄官业，家行士风，茂学清词，～～弘度。"

【冲静】 chōngjìng 淡泊宁静。《宋书·乐志三》："～～得自然，荣华何足为！"

【冲迈】 chōngmài 高远。《新唐书·令狐德棻传》："初帝以武功定天下，晚始向学，多属文赋诗，天格赡丽，意悟～～。"

【冲昧】 chōngmèi 年幼无知。幼年皇帝的谦称。《宋书·武帝纪》："夫翼圣宣绩，辅德弘猷，礼穷元赏，宠章希世，况明保～～，独运陶钧者哉！"

【冲漠】 chōngmò 恬淡虚寂。张协《七命》："～～公子，含华隐曜。"韦应物《登乐游庙作》诗："归当守～～，迹寓心自忘。"

【冲默】 chōngmò 淡泊恬静。陶渊明《晋故征西大将军长史孟府君传》："～～有远量，弱冠俦类咸敬之。"韦应物《沣上精舍答赵氏外生伉》诗："隐拙在～～，经世昧古今。"

【冲人】 chōngrén ❶幼童。《梁书·袁昂传》："孤子夙以不天，幼倾乾荫，资敬未奉，过庭莫承，藐藐～～，未达朱紫。"❷幼年即位的帝王的自称，犹云"小子"。《尚书·金縢》："昔公勤劳王家，惟予～～弗及知。"也作"冲子"。《尚书·洛诰》："公！明保予～～。"（公：指周公。）

【冲融】 chōngróng ❶广布弥漫的样子。杜甫《往在》诗："端拱纳谏诤，和气日～～。"韩愈《游青龙寺赠崔大补阙》诗："魂翻眼倒忘处所，赤气～～无间断。"❷淡泊恬适。杨炯《大周明威将军梁公神道碑》："志惟谨洁，心亦～～。"

【冲弱】 chōngruò 幼弱。梁简文帝《复临丹阳教》："吾～～寡能，未明理道。"

【冲替】 chōngtì 宋代公文用语。指黜降官职。苏辙《论冬温无冰劄子》："开封府推官王韶故入徒罪，虽该德音，法当～～。"

【冲虚】 chōngxū 淡泊虚静。《三国志·魏书·王粲传评》："而粲特处常伯之官，兴一代之制，然其～～德宇，未若徐干之粹也。"王俭《褚渊碑文》："深识臧否，不以毁誉形言；亮采王室，每怀～～之道。"

【冲挹】 chōngyì 谦虚自抑。《晋书·恭帝纪》："大司马明德懋亲……雅尚～～，四门弗辟。"（懋：通"茂"。）

冲[2]（衝、衛） chōng ❶大道交叉路口，要道。《左传·昭公元年》："执戈逐之，及～，击之以戈。"《汉书·郦食其传》："夫陈留，天下之～，四通五达之郊也。"《论衡·道虚》："草木在高山之巅，当疾风之～。"㊀军事或交通上的要地。《后汉书·荀彧传》："天下有变，常为兵～。"❷冲击，冲撞。《后汉书·公孙瓒传》："乃自持两刃矛，驰出～贼。"计有功《唐诗纪事》卷四十："[贾岛]骑驴赋诗……不觉～大尹韩愈。"㊁冲车，古代用以冲撞城墙的战车。《韩非子·八说》："干城距～，不若堙穴伏橐。"（干：捍卫。距：通"拒"。）《抱朴子·明本》："城愈高而～愈巧，池愈深而梯愈妙。"❸向，朝着。《山海经·海外北经》："有一蛇，虎色，首～南方。"⊗冒着，顶着。杜甫《暮秋将归秦留别湖南幕府亲友》诗："北归～雨雪，谁悯敝貂裘。"❹刺。《汉书·贾谊传》："发愤快志，剡手以～仇人之匈。"（匈：胸。）❺古代五行家称相对应、相反为"冲"。《淮南子·天文训》："岁星之所居，五谷丰昌；其对为～，岁乃有殃。"封演《封氏闻见记·北方白虹》："凡虹见皆当日之～，朝见则在西，常与日相近，不差分毫。"❻中医术语。冲脉。《难经·二十七难》："有阳维、有阴维……有～、有督、有任、有带之脉。"❼凸出、突起的样子。张缵《南征赋》："跳巨石以惊湍，批～岩而骇浪。"

【冲波】 chōngbō 巨浪。陆机《演连珠》："臣闻～～安流，则龙舟不能以漂。"《三国志·蜀书·谯周传》："～～截辙，超谷越山。"

【冲冲】 chōngchōng ❶众多。《法言·问明》："君子所贵，亦越用明保慎其身也。如庸行翳路，～～而活，君子不贵也。"❷不安定的样子。扬雄《太玄经·迎》："～～儿遇不受定之谕。"何逊《七召》："神忽忽而若忘，意～～而不定。"

【冲风】 chōngfēng 暴风。《楚辞·九歌·少司命》："与女游兮九河，～～至兮水扬波。"《汉书·韩安国传》："～～之衰，不能起毛羽；强弩之末，力不能入鲁缟。"

【冲口】 chōngkǒu 率意发言。苏轼《重寄》诗："好诗～～谁能择，俗子疑人未遣闻。"朱熹《答吕伯恭》："至于不得已而有言，则～～而出，必至于伤事而后已。"

【冲突】 chōngtū 向前突击。《后汉书·刘虞传》："［公孙］瓒乃简募锐士数百人，因风纵火，直～～之。"《南史·萧摩诃传》："选精骑八千，率先～～。"

【冲要】 chōngyào ❶军事上或交通上的要地。《后汉书·西羌传》："通谷～～三十三所，皆作坞壁，设鸣鼓。"又《南匈奴传》："连年出塞，讨击鲜卑，还复各令屯列～～。"❷重要。刘知几《史通·二体》："至于贤士贞女，高才俊德，事当～～者，必盱衡而备言。"

忡（爞）

chōng 忧虑不安的样子。《诗经·邶风·击鼓》："不我以归，忧心有～。"潘岳《悼亡诗》："怅恍如或存，周遑～惊惕。"

【忡怅】 chōngchàng 忧虑惆怅。《三国志·吴书·华覈传》："臣不胜～～之情，谨拜表以闻。"

【忡忡】 chōngchōng ❶忧虑不安的样子。王禹偁《待漏院记》："忧心～～，待旦而入。"《楚辞·九歌·云中君》："思夫君兮太息，极劳心兮～～。"❷饰物下垂的样子。《诗经·小雅·蓼萧》："既见君子，鞗革～～。"（鞗：马笼头上的金属饰物。）

佣

chōng 见 yōng。

神

chōng 见"神禫"。

【神禫】 chōngdàn 同"冲淡"。形容言语平淡无味。《荀子·非十二子》："弟佗其冠，～～其辞，禹行而舜趋，是子张氏之贱儒也。"

茺

chōng 见"茺蔚"。

【茺蔚】 chōngwèi 草名。《尔雅·释草》"萑蓷"郭璞注："今～～也。叶似荏，方茎，白华生节间。又名益母。"

盅

1. chōng ❶空虚。后作"冲"。《说文·皿部》"盅"引《老子》："道～而用之。"

2. zhōng ❷杯类。如：酒～，茶～。

沖

chōng 见"沖瀜"。

【沖瀜】 chōngróng 水深广的样子。木华《海赋》："～～沆漭，渺弥湠漫。"（沆漭：水深广的样子。渺弥湠漫：旷远的样子。）王禹偁《合崖湫》诗："合崖何嵌崟，湫水何～～。"

桩

chōng 见 zhuāng。

翀

chōng 向上直飞。杜挚《赠毌丘荆州》诗："鹄飞举万里，一飞～昊苍。"王维《恭懿太子挽歌》之一："～天王子去，对日圣君怜。"

祷

chōng 见"祷裾"。

【祷裾】 chōngjué 没有边饰的短衣。《方言》卷四："［襜褕］其短者谓之裋褕，以布而无缘，敝而紩之，谓之褴褛，自关而西谓之～～。"

舂

chōng ❶用杵臼捣去谷类的壳。《国语·楚语下》："天子禘郊之事，必自射其牲，王后必自～其粢。"⊗臼。《世本·作》："雍父作～。"❷撞击，刺。《史记·鲁周公世家》："鲁败翟于咸，获长翟乔如，富父终甥～其喉以戈，杀之。"《魏书·房法寿传》："崇吉设土革方梁，下相～击。"李贺《猛虎行》："长戈莫～，强弩莫抨。"㊀掘。《农政全书·种植·杂种》："～穴下种，或灰或鸡粪盖之。"❸古代刑名。女犯人服舂米劳役。《汉书·惠帝纪》："有罪当刑，及当为城旦、～

者。”(城旦:刑名。)

【舂常】 chōngcháng 古代宫殿厅堂天花板上的彩绘装饰。《逸周书·作雒》:“乃位五宫、大庙、宗宫、考宫、路寝、明堂……设移旅楹,～～画旅。”

【舂容】 chōngróng ❶撞击,激荡。《礼记·学记》“待其从容,然后尽其声”郑玄注:“～～,谓重撞击也。”杜甫《巴西驿亭观江涨呈窦使君二首》之一:“孤亭凌喷薄,万井逼～～。”❷形容雍容畅达。权德舆《赠左散骑常侍王定碑》:“叩难应于～～,技宁投于肯綮。”(肯綮:喻事理的关键或要害。)韩愈《送权秀才序》:“其文辞……寂寥乎短章,～～乎大篇。”❸形容行步悠缓。杜甫《入衡州》诗:“参错走洲渚,～～转林篁。”❹比喻和谐。曹彦约《答都昌程宰贺正旦启》:“固人心之欢洽,知政治之～～。”

剸 chōng 刺。《战国策·楚策四》:“臣请为君～其胸杀之。”刘基《感时述事》诗之四:“岂维昧韬略,且不习击～。”

摏 chōng 刺,撞击。《左传·文公十一年》:“富父终甥～其喉以戈,杀之。”(富父终甥:人名。按:《史记·鲁周公世家》作“舂”。)

憧 chōng ❶蠢笨,愚昧。《史记·三王世家》:“臣青翟、臣汤等宜奉义遵职,愚～而不逮事。”❷通“冲”。直上。《论衡·死伪》:“发棺时,臭～于天。”

【憧憧】 chōngchōng ❶摇曳不定的样子。《盐铁论·刺复》:“心～～若涉大川,遭风而未薄。”《论衡·吉验》:“在旧庐道南,光耀～～上属天,有顷不见。”❷往来不绝的样子。《周易·咸》:“～～往来,朋从尔思。”白居易《望江楼上作》诗:“驿路使～～,关防兵草草。”

潼 chōng 见 tóng。

惷 chōng 愚蠢。《淮南子·道应训》:“～乎若新生之犊,而无求其故。”苏轼《牡丹记叙》:“而余又方～迂阔,举世莫与为比。”

【惷愚】 chōngyú ❶愚蠢。《礼记·哀公问》:“寡人～～冥烦,子志之心也。”❷呆傻。《汉书·刑法志》:“三赦:一曰幼弱,二曰老眊,三曰～～。”

臃 chōng (又读 yōng) 匀直。孟郊《品松》诗:“擘裂风雨狞,抓拏指爪～。”

艟(艟) chōng 攻城陷阵的战车。《诗经·大雅·皇矣》“与尔临冲”《释文》:“冲,冲车也。《说文》作～。～,陷阵车也。”韩愈等《城南联句》:“庆流蠲疾疠,咸畅转～棚。”

橦 chōng 见 tóng。

襩 chōng 见“襩褣”。

【襩褣】 chōngróng 短衣。襜褕的别名。《方言》卷四:“襜褕,江淮、南楚谓之～～。”

艟 chōng 见“艨艟”。

䡴 chōng 见“䡴䡴”。

【䡴䡴】 chōngchōng 往来不定的样子。《素问·阴阳离合论》:“阴阳～～,积传为一。”(一本作“冲冲”。)

虫[1](蟲) chóng 虫子。《荀子·劝学》:“肉腐出～,鱼枯生蠹。”㊀动物的通称。《韩非子·说难》:“夫龙之为～也,柔可狎而骑也。”《论衡·物势》:“含血之～,以四兽为长,四兽含五行之气最较著。”(四兽:指龙、虎、鸟、龟。)㊁特指虫灾。《旧唐书·高宗纪下》:“是岁,天下四十馀州旱及霜～,百姓饥乏。”

【虫虫】 chóngchóng 见“爞爞”。

【虫出】 chóngchū 尸虫流出。语出《韩非子·十过》:“[齐桓公]身死三月不收,虫出于户。”后指死不得葬。《史记·田叔列传》:“先人失国,微陛下,臣等当～～。”

【虫沙】 chóngshā 比喻战死的将士或因战乱而死的人民。罗隐《投湖南于常侍启》:“物汇虽逃于刍狗,孤寒竟陷于～～。”(物汇:物类,指万物。)韩愈《送区弘南归》诗:“穆昔南征军不归,～～猿鹤伏以飞。”(穆:人名。)

【虫书】 chóngshū 秦书八体之一。以字形如虫鸟,故名。《说文·叙》:“自尔秦书有八体:一曰大篆,二曰小篆,三曰刻篆,四曰～～……”

【虫鱼】 chóngyú ❶虫鱼之学。韩愈《读皇甫湜公安园池诗书其后》诗:“《尔雅》注～～,定非磊落人。”陆游《晨起》诗:“旧学～～笺《尔雅》,晚知稼穑讲《豳风》。”(按:《尔雅》有《释虫》、《释鱼》等篇,儒家以其与治世大道无关,因称为虫鱼之学,含有轻视之意。后称繁琐的考订为“虫鱼之学”。)❷比喻卑微。《金史·乐志下》:“威震遐迩,化渐～～。”

【虫豸】 chóngzhì ❶泛指虫类。《汉书·五行志中之上》:“～～谓之孽。”(颜师古注:“有足谓之虫,无足谓之豸。”)❷辱骂之词。1)比喻下贱之人。《新五代史·卢程传》:“视[任]圜骂曰:‘尔何～～,恃妇家力也!'”2)比喻不知礼义之人。《三国志·吴书·薛综传》:“日南郡男女倮体,不以为羞。由此言之,可谓～～,有靦面目耳。”(靦:羞愧。)

【虫篆】 chóngzhuàn ❶比喻微末的技能。《后汉书·杨赐传》:“造作赋说,以～～小技见宠于时。”❷古书体之一,即虫书。《陈书·顾野王传》:“长而遍观经史,精记嘿识,天文地理、蓍龟占候、～～奇字,无所不通。”(嘿:同“默”。)

【虫臂鼠肝】 chóngbìshǔgān 《庄子·大宗师》:“以汝为鼠肝乎?以汝为虫臂乎?”言人死后化为虫臂鼠肝等微小卑贱之物。比喻随缘而化,并无常则。白居易《老病相仍以诗自解》:“～～～～犹不怪,鸡肤鹤发复何伤。”陆游《书病》诗:“昏昏但思向壁卧,～～～～宁暇恤。”也作“鼠肝虫臂”。元好问《食榆荚》诗:“～～～～万化途,神奇腐朽相推迁。”

重 chóng 见 zhòng。

崇(㩼) chóng ❶高。潘岳《西征赋》:“登崤坂之威夷,仰～岭之嵯峨。”(威夷:险阻。)㉑崇高。《史记·屈原贾生列传》:“明道德之广～,治乱之条贯。”❷兴,隆盛。《后汉书·杜笃传》:“故因为述大汉之～,世据廱州之利。”李峤《攀龙台碑》:“谦庄斯～,荒侈则替。”❸尊敬,推重。《左传·僖公二十一年》:“～明祀,保小寡,周礼也。”卢照邻《乐府杂诗序》:“秦皇灭学,星琯千年;汉武～文,市朝八变。”㉑受尊敬的人。《左传·宣公十二年》:“子良,郑之良也;师叔,楚之～也。”❹助长,增长。《左传·成公十八年》:“今将～诸侯之奸,而披其地。”王勃《上刘右相书》:“嵩、衡不拒细壤,故能～其峻。”㉑提高。诸葛亮《弹李平表》:“隆～其遇。”❺聚,积聚。《尚书·酒诰》:“不敢自暇自逸,矧曰其敢～饮。”(矧:何况。)《左传·隐公六年》:“如农夫之务去草焉,芟夷蕴～之,绝其本根,勿使能殖。”❻重叠。《尚书·盘庚中》:“失于政,陈于兹,高后丕乃～降罪疾。”潘勖《册魏公九锡文》:“乌丸三种,～乱二世,袁尚因之,逼据塞北。”❼充满。柳宗元《送薛存义序》:“柳子载肉于俎,～酒于觞。”❽终。《荀子·赋》:“周流四海,曾不～日。”❾古国名。《国语·周语下》:“其在有虞,有～伯鲧。”

【崇崇】 chóngchóng ❶高大的样子。扬雄《甘泉赋》:“～～圜丘,隆隐天兮。”苏洵《张益州画像记》:“禾麻芃芃,仓庾～～。”(芃芃:茂密的样子。)❷连绵广大的样子。梅尧臣《依韵和持国新植西轩》:“开地临广衢,～～十馀亩。”❸尊敬的样子。孟郊《劝善吟》:“我愿拜少年,师之学～～。”❹象声词。形容巨大宏亮的声音。夏侯湛《雷赋》:“掣丹霆之飶飶兮,奋迅雷之～～。”元结《补乐歌·六英》:“我有金石兮,击考～～。”

【崇高】 chónggāo ❶高。《国语·楚语上》:“臣闻国君服宠以为美……不闻其以土木之～～彤镂为美。”《论衡·变虚》:“今天之～～,非直楼台,人体比于天,非若蝼蚁于人也。”❷高贵,高尚。谢灵运《从游京口北固应诏一首》:“玉玺戒诚信,黄屋示～～。”柳宗元《哭张后馀辞》:“子之～～,无愧三事。”(三事:指事父、事师、事君。)❸山名。即嵩山。《后汉书·灵帝纪》:“复～～山名为嵩高山。”

【崇绝】 chóngjué 高远,至高。鲍照《舞鹤赋》:“仰天居之～～,更惆怅以惊思。”江淹《让太傅扬州牧表》:“～～之宠,降自白日;殊甚之礼,坠于青云。”

【崇礼】 chónglǐ ❶尊重礼仪。《礼记·中庸》:“温故而知新,敦厚以～～。”❷尊重而礼遇。《后汉书·江革传》:“再迁司空长史,肃宗甚～～之,迁五官中郎将。”

【崇乱】 chóngluàn 犹言重乱,大乱。《尚书·多方》:“乃大降罚,～～有夏。”司空图《故盐州防御史王纵追述碑》:“上党兴袄,复提王旅;太原～～,兼领郡符。”

【崇期】 chóngqī ❶四通八达的路。《尔雅·释宫》:“八达谓之～～。”❷佳期。李义府《在嶲州遥叙封禅》诗:“天齐标巨镇,日观启～～。”

【崇饰】 chóngshì ❶粉饰。《左传·文公十八年》:“毁信废忠,～～恶言。”❷装饰。《三国志·魏书·高堂隆传》:“～～居室,士民失业。”

【崇替】 chóngtì 兴废。陆机《答贾长渊》诗:“邈矣终古,～～有征。”(征:征候。)《三国志·吴书·步骘传》:“故贤人所在,折冲万里,信国家之利器,～～之所由也。”

【崇信】 chóngxìn ❶尊崇信任。《尚书·泰誓下》:“～～奸回,放黜师保。”《后汉书·阳球传》:“初举孝廉,补尚书侍郎,闲达故事,其章奏处议,常为台阁所～～。”❷崇尚信义。张协《露陌刀铭》:“露陌在服,威灵远振,遵养时晦,曜德～～。”崔鸿《十六国春秋·后赵·石勒》:“孤方～～于天下,宁仇匹夫乎?”

【崇牙】 chóngyá ❶悬挂编钟编磬的木架上端所刻的锯齿。《诗经·周颂·有瞽》:“设业设虡,～～树羽。”(业:悬挂钟磬的架子上面作装饰用的刻有锯齿的大板。虡：悬挂钟磬的木架。）❷旌旗的齿状边饰。《礼记·檀弓上》"设崇，殷也"疏："旌旗之旁，刻缯为～～。殷必以～～为饰者，殷汤以武受命，恒以牙为饰。"

【崇朝】 chóngzhāo 终朝。从天亮到早饭之间。比喻时间短促。《诗经·鄘风·蝃蝀》："朝隮于西，～～其雨。"《论衡·说日》："《春秋传》曰：'触石而出，肤寸而合，不～～而遍雨天下，惟太山也。'"

【崇崒】 chóngzú 高耸的样子。《梁书·沈约传》："其为状也，则巍峨～～，乔枝拂日。"陈子昂《修竹篇》："峰岭上～～，烟雨下微冥。"

爞 chóng 见"爞爞"。

【爞爞】 chóngchóng 热气熏蒸的样子。白居易《贺雨》诗："自冬及春暮，不雨旱～～。"也作"虫虫"。《诗经·大雅·云汉》："旱既大甚，蕴隆～～。"

宠（寵） chǒng ❶尊荣。《国语·楚语下》："～神其祖，以取威于民。"《后汉书·樊宏传》："臣愚以为宜下明诏，博求幽隐，发扬岩穴，～进儒雅。"❷贵宠，荣耀。《国语·晋语六》："夫贤者～至而益戒，不足者为～骄。"又《楚语上》："赫赫楚国，而君临之，抚征南海，训及诸夏，其～大矣。"㊀地位尊贵。《左传·隐公元年》："蔓草犹不可除，况君之～弟乎？"❸宠爱，宠幸。《左传·定公十一年》："秋，乐大心从之，大为宋患，～向魋故也。"（乐大心、向魋：皆人名。）《国语·晋语一》："获骊姬以归，有～，立以为夫人。"㊀宠幸之人。多指宠妾。《左传·襄公二十一年》："国多～而王弱。"又《僖公十七年》："齐侯好内，多～。"❹骄纵。张衡《东京赋》："好殚物以穷～，忽下叛而生忧也。"❺超过。《汉书·匡衡传》："傅昭仪及子定陶王爱幸，～于皇后、太子。"

【宠赐】 chǒngcì 尊贵显荣的赏赐。《三国志·吴书·士燮传》："[孙]权辄为书，厚加～～，以答慰之。"也作"宠锡"。欧阳修《泷冈阡表》："盖自嘉祐以来，逢国大庆，必加～～。"

【宠光】 chǒngguāng 恩宠荣耀。《左传·昭公十二年》："宴语之不怀，～～之不宣，令德之不知，同福之不爱，将何以在？"《韩非子·外储说左下》："～～无节，则臣下侵逼。"

【宠灵】 chǒnglíng ❶宠爱福祐。《左传·昭公七年》："今君若步玉趾，辱见寡君，～～楚国……其先君鬼神，实嘉赖之，岂唯寡君。"❷恩宠荣耀。《后汉书·邓禹传》："既至，大会群臣，赐束帛乘马，～～显赫，光震都鄙。"

【宠命】 chǒngmìng 加恩特赐的任命。对上司任命的敬辞。陆机《汉高祖功臣颂》："侯公伏轼，皇媪来归，是谓平国，～～有辉。"（按：汉使侯公劝说项羽归还高祖之母，号侯公为"平国君"。）李密《陈情表》："过蒙拔擢，～～优渥。"

【宠绥】 chǒngsuí 爱抚而使安定。《尚书·泰誓上》："惟其克相上帝，～～四方。"《旧五代史·唐书·庄宗纪》："朕夙荷丕基，乍平伪室，非不欲～～四海，协和万邦。"

【宠异】 chǒngyì 指帝王给以特殊的尊崇或宠爱。《汉书·王吉传》："上以其言迂阔，不甚～～也。"颜延之《阳给事诔》："皇上嘉悼，思存～～。"

【宠章】 chǒngzhāng 表示高官显爵的章服。《三国志·魏书·武帝纪》："朕闻先王并建明德，胙之以土，分之以民，崇其～～，备其礼物，所以藩卫王室，左右厥世也。"

【宠秩】 chǒngzhì ❶宠爱并授予高官厚禄。《三国志·魏书·杜恕传》："臣前以州郡典兵，则专心军功，不勤民事，宜别置将守，以尽治理之务；而陛下复以冀州～～吕昭。"❷尊贵的官秩。元稹《代李中丞谢官表》："伏奉今月二十九日制，授臣御史中丞。～～踰涯，心魂战越。"

铳（銃） chòng 装火药和铁砂用以发射的旧式火器。戚继光《纪效新书·原授器》："一手托～，一手点火。"李之藻《请取澳商西铳来京疏》："其～大者，长一丈，围三四尺，口径三寸。"

chou

惆（懰、㥮） chōu 固执；刚愎。董解元《西厢记诸宫调》卷三："奈老夫人情性～，非草草。"

抽 chōu ❶引，拔出。《庄子·天地》："凿木为机，后重前轻，挈水若～。"《战国策·楚策一》："王～旃旄而抑兕首。"㊀提拔。韩愈《后十九日复上宰相书》："宰相荐闻，尚有自布衣蒙～擢者。"❷展示，抒发。《楚辞·九章·惜往日》："焉舒情而～信兮，恬死亡而不聊。"韩愈等《远游联句》："良知忽然远，壮志郁无～。"❸铲除，减去。《诗经·小雅·楚茨》："楚楚者茨，言～其棘。"（楚楚：繁盛的样子。）《仪礼·丧服》："缌者十五升，～其半。"㊀毁裂。《左传·昭公六年》："不～屋，不强匄。"❹（草木）发芽，长出。束皙《补亡诗·由庚》："木以秋零，草以春～。"李贺《昌谷北园新笋》诗四首之一："更容一夜～千尺，别却池园数寸泥。"❺抽打。《西厢百咏·小桃红》："雨点似棍～。"

【抽演】 chōuyǎn 抽取而加以引申。《晋书·潘岳传》："～～微言，启发道真。"

【抽簪】 chōuzān 弃官归隐。簪，冠笄，古代仕宦之人把冠别在发上的一种针形首饰。张协《咏史》："～～解朝衣，散发归海隅。"白居易《戊申岁暮咏怀》："万一差池似前事，又应追悔不～～。"

挡(搊) 1. chōu ❶弹拨(乐器)。刘肃《大唐新语·文章》："善～琵琶，尝为《白头咏》。"❷束紧。陆龟蒙《新夏东郊闲泛有怀袭美》诗："经略彴时冠暂亚，佩笭箵后带频～。"❸固执，刚愎。董解元《西厢记诸宫调》卷二："不堤防夫人性情～。"

2. zǒu ❹捉；揪。米芾《天衣怀禅师碑》："显公觉师举止异常，向前～定叫贼。"

妯 1. chōu ❶激动，悲伤。《诗经·小雅·鼓钟》："淮有三洲，忧心且～。"

2. zhóu ❷见"妯娌"。

【妯娌】 zhóuli 兄弟的妻子的合称。《北史·崔逞传》："[崔]休子㥄为长谦求尚之次女，曰：'家道多由妇人，欲令姊妹为～～。'"(㥄、长谦、尚之：皆人名。)

篘(篘) chōu 用竹篾编成的滤酒器具。皮日休《奉和鲁望新夏东郊闲泛》："碧莎裳下携诗草，黄篾楼中挂酒～。"㊁以篘滤酒。朱敦儒《樵歌·浣溪沙》词："银海清泉洗玉杯，恰～白酒冷偏宜。"周邦彦《齐天乐·秋思》词："正玉液新～，蟹螯初荐。"㊂代指酒。张四维《双烈记·代役》："春盘美更精，新～香又清。"

搊 1. chōu ❶同"抽"。引，取出。鲍照《采桑》诗："～琴试伫思，荐珮果成托。"㊁抒发。汪琬《姚氏长短句序》："其寄情也微，其～思也婉而多味。"

2. liù ❷击，筑。《诗经·小雅·斯干》"椓之橐橐"郑玄笺："椓，谓～土也。"

瘳 chōu ❶(伤、病)痊愈。《史记·魏其武安侯列传》："[灌]夫创少～，又复请将军曰：'吾益知吴壁中曲折，请复往。'"《三国志·魏书·管宁传》："今宁旧疾已～，行年八十，老无衰倦。"㊁治，治愈。徐铉《稽神录拾遗·教坊乐人子》："汝病食症耳，吾能～之。"㊂(祸患)消失。嵇康《宅无吉凶摄生论》："祸起于此，为防于彼，则祸无自～。"❷益。《左传·昭公十三年》："若为夷弃之，使事齐、楚，其何～于晋?"《国语·晋语一》："若其有凶，备之为～。"❸减损。李观《上宰相安边书》："虏滋新谋，士失旧封，伊顷迄今，有加无～。"❹(lù)通"戮"。杀，害。《马王堆汉墓帛书·经法·四度》："其主道离人理，处狂惑之立处不吾，身必有～。"(立：位。吾：悟。)

犨(犫) chōu ❶牛喘息声。《说文·牛部》："～，牛息声……一曰牛名。"❷突出。《吕氏春秋·召类》："南家之墙～于前而不直，西家之潦径其宫而不止。"❸水名。在今河南鲁山县境。郦道元《水经注·滍水》："滍水又东，～水注之。"㊁古地名。《史记·高祖本纪》："与南阳守齮战～东，破之。"

仇 1. chóu ❶仇敌。《左传·文公六年》："损怨益～，非知也。"㊁怨恨，仇恨。《穀梁传·襄公二十九年》："阍弑吴子馀祭，～之也。"《史记·留侯世家》："悉以家财求客刺秦王，为韩报～。"

2. qiú ❷同伴，伴侣。《诗经·周南·兔罝》："赳赳武夫，公侯好～。"嵇康《兄秀才公穆入军赠诗》十九首之十一："携我好～，载我轻车。"❸配偶。曹植《浮萍篇》："结发辞严亲，来为君子～。"㊁配，使相配。《春秋繁露·楚庄王》："偶之合之，～之匹之，善矣。"❹对手。王粲《闲邪赋》："横四海而无～，超遐世而秀出。"㊁匹敌。欧阳詹《回鸾赋》："神功莫～，天力谁虞。"❺通"鼽"。鼻塞。《春秋繁露·五行顺逆》："民病喉咳嗽，筋挛，鼻～塞。"❻姓。

【仇雠】 chóuchóu 仇人。《韩非子·八经》："言程，主喜，俱必利；不当，主怒，俱必害；则人不私父兄而进其～～。"刘商《胡笳十八拍·十五拍》："不缘生得天属亲，岂向～～结恩信。"

【仇隙】 chóuxì ❶仇人。《后汉书·质帝纪》："顷者，州郡轻慢宪防，竞逞残暴……恩阿所私，罚枉～～。"❷指仇怨。《西游记》五十九回："两个在翠云山前，不论亲情，却只讲～～。"

【仇方】 qiúfāng 友邦，邻国。《诗经·大雅·皇矣》："询尔～～，同尔兄弟。"(一说指敌国。)

【仇偶】 qiú'ǒu 匹偶，伴侣。王褒《四子讲德论》："鸣声相应，～～相从。人由意合，物以类同。"

【仇匹】 qiúpǐ ❶同伴，朋友。《春秋繁露·楚庄王》："《诗》云'威仪抑抑，德音秩秩；无怨无恶，率由～～'，此之谓也。"❷配偶。《朱子语类》卷八十一："谓如此之淑女，方可为君子之～～。"

【仇仇】 qiúqiú 傲慢的样子。《诗经·小雅·正月》："执我～～，亦不我力。"张说《大周故宣威将军杨君碑》："～～执宪，不我力以。"

诪(詶) chóu ❶应答。《论衡·谢短》："世之论者，而亦不能～之。"陆游《秋晚寓叹》诗："旧事同谁说，新诗或自～。"❷酬报，偿。《后汉书·光武帝纪上》："其显效未～，名籍未立者，大鸿胪趣上，朕将差而录之。"（趣：通"促"。）白居易《买花》诗："贵贱无常价，～直看花数。"❸实现。陆游《岁暮杂感》诗："初志略未～，白发已无那。"

【诪咨】 chóuzī 咨询，顾问。《后汉书·崔骃传》："思辅弼以媮存兮，亦号咷以～～。"也作"诪谘"。《魏书·司马睿传》："谓公宜入辅朝政，得旦夕～～，朝士亦咸以为然。"

怞 1. chóu ❶激动，悲伤。《说文》"怞"引《诗经》："忧心且～。"（按：今《诗经·小雅·鼓钟》作"妯"。）

2. yóu ❷见"怞怞"。

【怞怞】 yóuyóu 忧愁的样子。王褒《九怀·危俊》："卒莫有兮纤介，永余思兮～～。"

紬(紬) 1. chóu ❶粗绸。《急就篇》二章颜师古注："抽引粗茧绪纺而织之曰～。"王禹偁《黑绸》诗："野蚕自成茧，缲密为山～。"

2. chōu ❷引。宋玉《高唐赋》："～大弦而雅声流，冽风过而增悲哀。"❸缀集。《史记·太史公自序》："[父]卒三岁而迁为太史令，～史记石室金匮之书。"

【紬绩】 chōujì 编辑，缀集。《史记·历书》："～～日分，率应水德之胜。"

【紬绎】 chōuyì 理出头绪。《汉书·谷永传》："又下明诏，帅举直言，燕见～～，以求咎愆。"曾巩《自福州召判太常寺上殿劄子》："陈六艺载籍之文而～～其说，博考深思，无有懈倦。"陆九渊《黄公墓志铭》："得诸儒言论，必沉涵～～，颇复论著，订其真伪，然不自以为是也。"

俦(儔) chóu ❶辈，同类。《三国志·魏书·管宁传》："申公、枚乘、周党、樊英之～，测其渊源，览其清浊，未有厉俗独行若[管]宁者也。"❷伴侣，匹偶。《潜夫论·实贡》："夫志道者少友，逐俗者多～。"李白《赠崔郎中宗之》诗："时哉苟不会，草木为我～。"❸匹敌。《史记·陈涉世家》："適戍之众，非～于九国之师也。"孔稚珪《北山移文》："务光何足比，涓子不能～。"❹谁。《法言·修身》："公仪子、董仲舒之才之邵也，使见善不明，用心不刚，～克尔？"

【俦类】 chóulèi 同类，同辈。《晋书·吕光载记》："[光]年十岁，与诸童儿游戏邑里，为战阵之法，～～咸推为主。"也作"畴类"。《管子·枢言》："十日不食，无～～，尽死矣。"潘岳《射雉赋》："何谓翰之乔桀，邈～～而殊才。"

【俦侣】 chóulǚ 朋辈，伴侣。嵇康《兄秀才公穆入军赠诗》之一："徘徊恋～～，慷慨高山陂。"杜甫《宿青溪驿奉怀张员外十五兄之绪》诗："石根青枫林，猿鸟聚～～。"

【俦匹】 chóupǐ ❶同伴，伴侣。古诗《伤歌行》："悲声命～～，哀鸣伤我肠。"何逊《赠族人秣陵兄弟》诗："羁旅无～～，形影自相视。"❷匹敌。李嘉祐《送舍弟》诗："老兄鄙思难～～，令弟清词堪比量。"也指可与相匹敌者。曾巩《祭欧阳少师文》："当代一人，顾无～～。"也作"畴匹"。《后汉书·谢该传》："求之远近，少有～～。"

帱(幬) chóu 见"帱帱"。

【帱帱】 chóuchóu 忧愁沉重的样子。王褒《九怀·危俊》："泱莽莽兮究志，惧吾心兮～～。"

薵(薵) chóu 草名。枚乘《七发》："漃漻～蓼，蔓草芳苓。"

擣 chóu 见 dǎo。

帱(幬) 1. chóu ❶床帐。《楚辞·招魂》："蒻阿拂壁，罗～张些。"（蒻：细而软。阿：细缯。）王安石《即事》诗："明月入枕席，凉风动衾～。"㉠泛指帷幕。韩缜《东山寺》诗："像设严珠殿，经声隐绛～。"❷舟车的帷幔。《史记·礼书》："大路之素～也。"

2. dào ❸覆盖。《左传·襄公二十九年》："如天之无不～也，如地之无不载也。"《后汉书·朱穆传》："故夫天不崇大则覆～不广，地不深厚则载物不博。"

惆 chóu 失意，怅惘。《荀子·礼论》："案屈然已，则其于志意之情者～然不嗛。"㉠悲痛，伤感。陆机《叹逝赋》："虽不寤其可悲，心～焉而自伤。"《宋书·桂阳王休范传》："孤子近遣信申述奸祸，方大～惋。"

【惆怅】 chóuchàng 因失意而伤感。《论衡·累害》："盖孔子所以忧心，孟轲所以～～也。"《后汉书·吕强传》："天下～～，功臣失望。"

梼(檮) 1. chóu ❶乔木名。吴莱《双林寺》诗："青～并耸碧宇上，落叶散到人间村。"❷通"筹"。数码。《马王堆汉墓帛书·老子·甲本·道经》："善数者不以～箖。"（箖：策。）

2. táo ❸见"梼昧"、"梼杌"。

【梼昧】 táomèi 愚昧无知的样子。郭璞《尔雅序》："璞不揆～～，少而习焉。"

【梼杌】 táowù ❶传说中的凶兽名。旧题东方朔《神异经·西荒经》:"西方荒中有兽焉,其状如虎而犬毛,长二尺,人面虎足,猪口牙,尾长一丈八尺,搅乱荒中,名～～,一名傲狠,一名难训。"❷比喻凶人。尧、舜时四凶之一。《左传·文公十八年》:"颛顼氏有不才子,不可教训,不知话言……天下之民谓之～～。"❸古代传说中的神名。《国语·周语上》:"商之兴也,～～次于丕山。"❹楚国史书名。《孟子·离娄下》:"晋之《乘》、楚之《梼杌》、鲁之《春秋》,一也。"

绸(綢) 1. chóu ❶缠绕,缠裹。《楚辞·九歌·湘君》:"薜荔柏兮蕙～,荪桡兮兰旌。"叶梦得《石林燕语》卷六:"旗则～以红缯。"❷密,致密。见"绸直"。❸绸子。《天工开物·乃服·经数》:"绫～经计五千、六千缕。"

2. tāo ❹通"韬"。装弓箭的套子。司马相如《大人赋》:"揽欃枪以为旌兮,靡屈虹而为～。"

【绸缪】 chóumóu ❶缠绕。《诗经·唐风·绸缪》:"～～束薪,三星在天。"孔稚珪《北山移文》:"常～～于结课,每纷纶于折狱。"(结课:考课,考核官吏的成绩。)❷绵密。左思《吴都赋》:"荣色杂糅,～～缛绣。"❸亲密。陆机《汉高祖功臣颂》:"～～睿后,无竞维人。"❹情意殷勤,情意缠绵。吴质《答东阿王书》:"发函伸纸,是何文采之巨丽,而慰喻之～～乎?"卢谌《赠刘琨》诗:"～～之旨,有同骨肉。"❺妇女的带结。《汉书·张敞传》:"进退则鸣玉佩,内饰则结～～。"

【绸直】 chóuzhí 见"稠直"。

畴(疇) chóu ❶已耕作的田地,田亩。《汉书·萧望之传》:"若管、晏而休,则下走将归延陵之皋,修农圃之～。"(下走,自谦之词。)陶渊明《归去来兮辞》:"农人告余以春及,将有事于西～。"㊀特指种麻之田。《国语·齐语》:"陆、阜、陵、墐、井、田、～均,则民不憾。"❷田界。左思《魏都赋》:"均田画～,蕃庐错列。"❸壅土,培植。《淮南子·俶真训》:"今夫树木者,灌以瀿水,～以肥壤。"(瀿:地面积水。)❹同类,辈。这个意义后又写作"俦"。《战国策·齐策》:"夫物各有～,今髡贤者之～也。"《汉书·韩信传》:"坐法当斩,其～十三人皆已斩。"❺齐等,匹敌。《国语·齐语》:"人与人相～,家与家相～,世同居,少同游。"《后汉书·谢该传》:"求之远近,少有～匹。"㊀使相等。《后汉书·祭遵传》:"死则～其爵邑,世无绝嗣。"(功臣死后,子孙袭封爵邑与先人相等。)❻谁。《后汉书·张衡传》:"时亹亹而代序兮,～可与乎比伉?"(亹亹:运行不息的样子。)曾巩《上欧阳学士第一书》:"非命世大贤,以仁义为己任者,～能救而振之乎?"❼通"酬"。酬报。《三国志·魏书·李通传》:"[通]不幸早薨,子基虽已袭爵,未足～其庸勋。"(庸:功。)《梁书·孔休源传》:"褒德～庸,先王令典。"❽周朝诸侯国名。《国语·周语中》:"昔挚、～之国也由大任。"

【畴官】 chóuguān 指世代继承其专业的官职。特指太史之类的历算官职。《史记·龟策列传》:"虽父子～～,世世相传,其精微深妙,多所遗失。"

【畴类】 chóulèi 见"俦类"。

【畴曩】 chóunǎng 往日,过去。卢谌《赠刘琨》诗:"借日如昨,忽为～～。～～伊何?逝者弥疎。"李白《与韩荆州书》:"此～～心迹,安敢不尽于君侯哉?"

【畴匹】 chóupǐ 见"俦匹②"。

【畴人】 chóurén ❶世代相传的专业人员。特指历算学家。《史记·历书》:"陪臣执政,史不记时,君不告朔,故～～子弟分散。"李程《日五色赋》:"～～有秩,天纪无失。"❷同类的人。王粲《七释》:"七盘陈于广庭,～～俨其齐俟。"

【畴昔】 chóuxī 往日,过去。《后汉书·张衡传》:"收～～之逸豫兮,卷淫放之遐心。"欧阳修《祭石曼卿文》:"感念～～,悲凉凄怆,不觉临风而陨涕者,有媿乎太上之忘情。"

【畴咨】 chóuzī 《尚书·尧典》:"帝曰:'畴咨若时登庸。'"(蔡沈集传:"畴,谁;咨,访问也。若,顺;庸,用也。尧言:谁为我访问能顺时为治之人而登用之乎?")后来用作访问、访求之意。《三国志·魏书·邴原传》注引《原别传》:"圣朝劳谦,～～隽乂。"(隽乂:俊杰。)也作"畴谘"。《三国志·魏书·管宁传》:"高祖文皇帝～～群公,思求隽乂。"《晋书·陆机传》:"～～俊茂,好谋善断。"

裯 1. chóu ❶单被或床帐。《诗经·召南·小星》:"肃肃宵征,抱衾与～。"㊀泛指衾被。杨万里《霜夜无睡闻画角孤雁》诗之一:"拥～起坐何人伴,只有残灯半晕青。"

2. dāo ❷短衣。《楚辞·九辩》:"被荷～之晏晏兮,然潢洋而不可带。"

酬(酧、醻) chóu ❶古时酒宴礼节,也叫导饮。后通指劝酒敬酒。《仪礼·乡饮酒礼》:"主人实觯～宾。"杜牧《念昔游》诗:"樽前自献自为～。"㊀主人赠送礼物以助酒。《仪礼·士冠礼》:"主人～宾,束帛俪皮。"(俪:成对。)㊀主人赠送的劝客饮酒的礼物。《吕氏春秋·慎行》:"令尹好甲兵,子出而寘之门,令尹至,必观之已,因以为～。"❷酬报,偿。《后汉书·应劭传》:"若德不副位,能不称官,赏不～功,刑不应罪,不祥莫大焉。"又《西羌传论》:"故得不～失,功不半劳。"㊀偿付,赔偿。《北史·阳休之传》:"官出行不得过百姓饮食,有者,即数钱～之。"《金史·宣宗纪》:"勅扈从军所践禾稼,计直～之。"❸赏赐。祖君彦《为李密檄洛州文》:"既立功勋,须～官爵。"❹报复。辛弃疾《美芹十论》:"虏人凭陵中原,臣子思～国耻。"❺应合。《后汉书·申屠刚传》:"上应天心,下～人望。"㊀应答。《论衡·谢短》:"《论衡》～之,将使憪然各知所乏。"(憪然:因羞愧而脸红的样子。)张耒《屋东》诗:"赖有西邻好诗句,赓～终日自忘饥。"❻实行,实现。曹丕《典论·奸谗》:"其言既～,福亦随之。"李频《春日思归》诗:"壮志未～三尺剑,故乡空隔万重山。"

【酬币】 chóubì 赠送宾客的礼物。《左传·昭公元年》:"自雍及绛,归取～～,终事八反。"《国语·周语中》:"于是乎有折俎加豆,～～宴货,以示容合好。"(折俎:宴礼时,将牲体解节折盛于俎。俎,盛牺牲的礼器。)

【酬唱】 chóuchàng 以诗文相赠答。郑谷《右省补阙张茂枢……因行酬寄》诗:"积雪巷深～～夜,落花墙隔笑言时。"齐己《寄普明大师可准》诗:"相留曾几岁,～～有新文。"

【酬应】 chóuyìng ❶应答。《宋书·刘穆之传》:"[刘穆之]目览辞讼,手答笺书,耳行听受,口并～～,不相参涉,皆悉赡举。"❷应酬。吴师道《目疾谢柳道传张子长惠药》诗:"从来不解饮,杯勺强～～。"

【酬谘】 chóuzī 咨询,顾问。《魏书·高允传》:"于是偃兵息甲,修立文学,登延俊造,～～政事。"又《李彪传》:"举贤才以～～,则多士盈朝矣。"

【酬酢】 chóuzuò ❶宾主互相敬酒。客还敬主人叫做"酢",主人再次敬客叫做"酬"。《淮南子·主术训》:"觞酌俎豆,～～之礼,所以效善也。"也作"雠柞"。《战国策·赵策一》:"著之盘盂,属之～～。"❷应酬。《世说新语·赏誉》:"温元甫、刘王乔、裴叔则俱至,～～终日。"❸应对。《周易·系辞上》:"是故可与～～,可与祐神矣。"❹唱和。韩愈、李正封《晚秋郾城夜会联句》:"道旧生感激,当歌发～～。"

愁 1. chóu ❶忧愁。《战国策·秦策一》:"上下相～,民无所聊。"(聊:赖,依靠。)杜甫《初冬》诗:"日有习池醉,～来梁父吟。"㊀悲哀。陈子昂《宿襄河驿浦》诗:"卧闻寒鸿断,坐听峡猿～。"❷形容景象惨淡。谢惠连《雪赋》:"寒风积,～云繁。"

2. jiū ❸通"揫"。收敛。《管子·宙合》:"故～其治,言含～而藏之也。"

【愁城】 chóuchéng 比喻愁苦的境地。陆游《山园》诗:"狂吟烂醉君无笑,十丈～～要解围。"范成大《次韵代答刘文潜》:"一曲红窗声里怨,如今分作两～～。"

【愁愁】 chóuchóu 忧愁的样子。刘向《九叹·逢纷》:"声哀哀而怀高丘兮,心～～而思旧邦。"

【愁红】 chóuhóng 指经风雨摧残的花。也用来比喻女子的愁容。温庭筠《元处士池上》诗:"～～一片风前落,池上秋波似五湖。"李贺《黄头郎》诗:"南浦芙蓉影,～～独自垂。"

【愁霖】 chóulín 连绵不停的雨。江淹《杂体诗·张黄门协》:"有弇兴春节,～～贯秋序。"

【愁懃】 chóuqín 愁苦。东方朔《七谏·自悲》:"居～～其谁告兮,独永思而忧悲。"

稠 1. chóu ❶多,密。《汉书·楚元王传》:"异有小大希～,占有舒疾缓急,而圣人所以断疑也。"杜甫《涪城县香积寺官阁》诗:"含风翠壁孤云细,背日丹枫万木～。"㊀浓。贾思勰《齐民要术·种谷》:"挠令洞洞如～粥。"(洞洞:浓厚的样子。)

2. tiáo ❷通"调"。调顺。《庄子·天下》:"其于宗也,可谓～适而上遂矣。"

3. tiào ❸见"稠敫"。

【稠叠】 chóudié ❶密而重叠。谢灵运《过始宁墅》诗:"岩峭岭～～,洲萦渚连绵。"❷多而频繁。陆游《梅市暮归》诗:"今兹税驾地,佳事喜～～。"

【稠穊】 chóujì 繁密。《晋书·天文志上》:"[王]蕃以古制局小,星辰～～,[张]衡器伤大,难可转移,更制浑象。"

【稠直】 chóuzhí 密而直。白居易《叹老》诗之二:"我有一握发,梳理何～～。"李商隐《李肱所遗画松诗两纸得四十韵》:"竦削正～～,婀娜旋数峰。"也作"绸直"。《诗经·小雅·都人士》:"彼君子女,～～如发。"

【稠浊】 chóuzhuó 繁多而混乱。《战国策·秦策一》:"科条既备,民多伪态;书策～～,百姓不足。"

【稠敫】 tiào'ào 动摇的样子。《汉书·扬雄传上》:"嘻嘻旭旭,天地～～。"(旭旭:洋洋自得的样子。)

筹(籌) chóu ❶古代投壶游戏所用的矢。《礼记·投壶》:"～,室中五扶,堂上七扶,庭中九扶。"❷计数和计算用的竹码。《汉书·五行志下》:"~,所以纪数。"㊀泛指筹码。白居易《同李十一醉忆元九》诗:"花时同醉破春愁,醉折花枝当酒~。"❸计算,谋划。《史记·留侯世家》:"张良对曰:'臣请藉前箸为大王~之。'"《后汉书·袁绍刘表传论》:"深~高议,则智士倾心。"㊀谋略。《晋书·宣帝纪》:"今天下不耕者盖二十馀万,非经国远~也。"

【筹策】 chóucè ❶古代计算用具。《老子·二十七章》:"善计,不用~~;善闭,无关键不可开。"❷计谋,谋划。《史记·留侯世家》:"高帝曰:'运~~帷帐中,决胜千里外,子房功也。'"又《孙子吴起列传》:"孙子~~庞涓明矣,然不能蚤救患于被刑。"(蚤:通"早"。)

【筹干】 chóugàn 有谋略和才干。《三国志·吴书·陆逊传评》:"[陆]抗贞亮~~,咸有父风,奕世载美,具体而微,可谓克构者哉!"

【筹略】 chóulüè 谋略。《三国志·吴书·吕蒙传》:"又子明少时,孤谓不辞剧易,果敢有胆而已,及身长大,学问开益,~~奇至。"(子明:吕蒙字。)《梁书·太祖五王传》:"[萧]范虽无学术,而以~~自命。"

【筹马】 chóumǎ 古代投壶记胜负的用具。《礼记·少仪》"不擢马"孔颖达疏:"投壶立筹为马,马有威武,射者所尚也。凡投壶每一胜,辄立一马,至三马而成胜。"后来博局计数和计算的用具沿称筹马。袁宏道《步少修韵怀景升》:"歌楼夜雨腊灯红,袖压金卮点~~。"

【筹算】 chóusuàn ❶古时以刻有数字的竹筹计算,称筹算。《汉书·货殖列传》:"运~~,贾滇、蜀民,富至童八百人,田池射猎之乐拟于人君。"❷计谋,谋略。《新唐书·李勣传》:"其用兵多~~,料敌应变,皆契事机。"

踌(躊)

chóu 见"踌躇"、"踌伫"。

【踌躇】 chóuchú ❶徘徊不前的样子;犹豫不决。曹丕《出妇赋》:"马~~而回顾,野鸟翩而高飞。"《后汉书·段颎传》:"今张奂~~久不进者,当虑外离内合,兵往必惊。"❷从容自得的样子。《庄子·养生主》:"提刀而立,为之四顾,为之~~满志。"刘禹锡《砥石》:"切劘上下,真质焯见。~~四顾,逌尔谢客,徵子之贻,几丧吾宝。"

【踌伫】 chóuzhù 犹豫不前。鲍照《代櫂歌行》:"惊波无留连,舟人不~~。"

鯈(鰷)

chóu (又读 tiáo)鱼名。即小白鱼。《庄子·秋水》:"~鱼出游从容,是鱼之乐也。"

醜(魗)

chóu (又读 chǒu)嫌弃,抛弃。《诗经·郑风·遵大路》:"无我~兮,不寁好也。"(寁:召。)

雔

chóu 双鸟。《说文·雔部》:"~,双鸟也。从二隹。"

讎(讐、讐)

1. chóu ❶应答。《诗经·大雅·抑》:"无言不~,无德不报。"㊁以诗文赠答。杨万里《诚斋荆溪集序》:"前者未~,而后者已迫,涣然未觉作诗之难也。"❷应合,符合。《吕氏春秋·义赏》:"奸伪贼乱贪戾之道兴,久兴而不息,民之~之若性。"《史记·魏其武安侯列传》:"于是上使御史簿责魏其,所言灌夫颇不~。"㊀应验。《史记·封禅书》:"五利妄言见其师,其方尽,多不~。"❸匹配。《汉书·地理志下》:"相盗者……虽免为民,俗犹羞之,嫁取无所~,是以其民终不相盗。"㊀同等。《汉书·霍光传》:"男子张章先发觉,以语期门董忠……皆~有功。"❹仇敌。《后汉书·马武传》:"少时避~,客居江夏。"《三国志·魏书·武帝纪》:"故太祖志在复~东伐。"㊀仇恨,怨恨。《吕氏春秋·怀宠》:"若此者,天之所诛也,人之所~也,不当为君。"《三国志·魏书·田畴传》:"既灭无罪之君,又~守义之臣。"❺校对,考订。《新唐书·王珪传》:"召入秘书内省,~定群书。"❻偿付,补偿。《三国志·魏书·卫臻传》注引《郭林宗传》:"子许买物,随价~直。"(子许:人名。)《新唐书·王忠嗣传》:"恐所得不~所失。"❼报复。路粹《为曹公作书与孔融》:"睚眦之怨必~,一餐之惠必报。"

2. shòu ❽通"售"。卖。《汉书·食货志》:"国师公刘歆言周有泉府之官,收不~。"又《宣帝纪》:"每买饼,所从买家辄大~。"

【讎校】 chóujiào 校对文字。《后汉书·和熹邓皇后纪》:"太后自入宫掖……乃博选诸儒刘珍等及博士、议郎、四府掾史五十馀人,诣东观~~传记。"

【讎问】 chóuwèn 问难。《后汉书·郭太传》:"[庾乘]后能讲论,自以卑第,每处下坐,诸生博士皆就~~。"

【讎隙】 chóuxì 仇恨。《后汉书·南匈奴传》:"往者,匈奴数有乖乱,呼韩邪、郅支自相~~。"《三国志·魏书·刘表传》:"初表及妻爱少子琮……乃遂出长子琦为江夏太守,众遂奉琮为嗣,琦与琮还为~~。"

【讎衅】 chóuxìn ❶仇恨与裂痕。《后汉书·南匈奴传论》:"~~既深,互伺便隙。"❷敌人的破绽。潘岳《杨荆州诔》:"将乘~~,

席卷南极。”

【雠夷】 chóuyí 直视不言的样子。《淮南子·道应训》：“啮缺继以～～，被衣行歌而去。”

【雠柞】 chóuzuò 见“酬酢”。

丑[1] chǒu ❶地支的第二位。古代同星（岁星）岁（太岁）纪年法相配，用以纪年。《淮南子·天文训》：“太阴在～，岁名曰赤奋若。”㊀用以纪月。《说文·丑部》：“～，十二月，万物动，用事。”㊁与天干相配，用以纪年、纪日。《左传·隐公元年》：“五月辛～，大叔出奔共。”❷十二时辰之一。指凌晨一时至三时。古称鸡鸣时。白居易《醉歌》：“黄鸡催晓～时鸣，白日催年酉时没。”❸十二生肖之一，丑属牛。《本草纲目·牛黄》：“牛属～，故隐其名。”❹古代阴阳五行家将地支与四方相配，丑指东北偏北方向。见“丑地”。❺丑角，传统戏曲里的滑稽角色。李斗《扬州画舫录》卷五：“～以科浑见长。”

【丑地】 chǒudì 指东北偏北方位。郦道元《水经注·洧水》：“沼在～～，皆蟾蠩吐水，石隍承溜。”庄季裕《鸡肋编》卷上：“季冬之月，立土牛六头于国都郡县城外～～，以送大寒。”

丑[2]（醜） chǒu ❶相貌难看。《后汉书·承宫传》：“臣状～，不可以示远，宜选有威容者。”又《梁鸿传》：“同县孟氏有女，状肥～而黑。”❷丑恶，不好。《诗经·鄘风·墙有茨》：“所可道也，言之～也。”《战国策·魏策二》：“齐魏之交已～，又且收齐以更索于王。”㊀厌恶。《左传·昭公二十八年》：“恶直～正，实蕃有徒。”韩愈《送孟东野序》：“将天～其德莫之顾邪？”㊁以为羞耻，羞愧。《吕氏春秋·用众》：“无～不能，无恶不知。”《汉书·蒯通传》：“及田荣败，二人～之，相与入深山隐居。”❸侮辱。《吕氏春秋·不侵》：“秦昭王闻之，而欲～之以辞。”❹愤怒。《淮南子·说林训》：“谓许由无德，乌获无力，莫不～于色。”❺众。《诗经·小雅·吉日》：“升彼大阜，从其群～。”㊀丑类。对敌众的恶称。《后汉书·桓帝纪》：“幸赖股肱御侮之助，残～消荡，民和年稔。”❻类，种类。《尔雅·释鸟》：“凫，雁～。”《后汉书·张衡传》：“今也，皇泽宣洽，海外混同，万方亿～，并质共剂。”㊀类似。《孟子·公孙丑下》：“今天下地～德齐，莫能相尚。”❼指动物肛门处。《礼记·内则》：“鱼去乙，鳖去～。”

【丑侪】 chǒuchái 同类，侪辈。《晏子春秋·内篇问下》：“内不恤其家，外不顾其游，夸言愧行，自勤于饥寒，不及～～，命之曰狂僻之民。”

【丑诋】 chǒudǐ 毁谤，诬蔑。《汉书·楚元王传》：“是以群小窥见间隙，缘饰文字，巧言～～，流言飞文，哗于民间。”

【丑地】 chǒudì 贫瘠的土地。《史记·项羽本纪》：“项羽为天下宰，不平。今尽王故王于～～，而王其群臣诸将善地。”《新唐书·李朝隐传》：“忤旨，贬岭南～～。”

【丑类】 chǒulèi ❶指恶人。《左传·文公十八年》：“～～恶物，顽嚚不友。”㊀指敌众。曹植《求自试表》：“庶将虏其雄率，歼其～～。”❷指众低贱之人。《左传·定公四年》：“使帅其宗氏，辑其分族，将其～～，以法则周公。”❸等类，同类。《后汉书·南匈奴传》：“况种类繁炽，不可单尽……宜令[马]续深沟高壁，以恩招降，宣示购赏，明其期约。如此，则～～可服，国家无事矣。”❹言以同类事物相比况。《礼记·学记》：“古之学者，比物～～。”

【丑虏】 chǒulǔ 众虏。《诗经·大雅·常武》：“铺敦淮溃，仍执～～。”（敦：通“屯”，驻扎。溃：岸边。）陆机《辩亡论》：“威稜则夷羿震荡，兵交则～～授馘。”

【丑末】 chǒumò 言鄙陋微贱，自谦之词。《南史·王藻传》：“自惟门庆，属降公主，天恩所覃，庸及～～。”（覃：延及。）

【丑裔】 chǒuyì 指蛮夷。刘琨《劝进表》：“宸极失御，登遐～～，国家之危，有若缀旒。”（宸极：喻帝位。登遐：死的讳称。）

偢 chǒu 理睬。后多作“瞅”。王实甫《西厢记》一本三折：“今夜凄凉有四星，他不～人待怎生！”

【偢采】 chǒucǎi 理睬。张镃《眼儿媚·初秋》词：“起来没个人～～，枕上越思量。”孔尚任《桃花扇·闲话》：“丢在路旁，竟没人～～。”

媿 chǒu 见kuì。

瞅（矁） chǒu 看。《杀狗劝夫》二折：“他那里，不转睛，～了我一会。”

臭 chòu 见xiù。

棢 chòu 树名。《山海经·中山经》：“丑阳之山，其上多～椐。”（椐：树名。）

殠 chòu 腐臭之气。《汉书·杨王孙传》：“昔帝尧之葬也……其穿下不乱泉，上不泄～。”

簉 chòu （又读 zào） ❶副。张衡《西京赋》：“属车之～，载猃猲獢。”（猃：长嘴猎狗。猲獢：短嘴狗。）㊀偏房，妾。《左传·昭公十一年》：“僖子使助薳氏之～。”❷荟萃，充满。江淹《颜特进侍宴》诗："中坐溢朱组，步榈～琼弁。"（朱组、琼弁：衣冠之饰。步榈：长廊。）又《为萧让剑履殊礼表》："虽英衮～朝，贤武满世，蒙此典者，乃旷古时降耳。"❸杂，杂厕。柳宗元《上权德舆补阙温卷决进退启》："～俊造之末迹，厕牒计之下列。"❹齐，并排。《新唐书·上官仪传》："御史供奉赤墀下，接武夔龙，～羽鹓鹭，岂雍州判佐比乎？"❺量词。黄金百饼。《南史·梁武陵王纪传》："黄金一斤为饼，百饼为～。"

chu

出[1] chū ❶由内到外。与"入"相对。《孟子·万章上》："使浚井，～，从而揜之。"《楚辞·九歌·国殇》："～不入兮往不反，平原忽兮路超远。"㊀在外，对外。《孟子·告子下》："入则无法家拂士，～则无敌国外患者，国恒亡。"㊀特指出仕，出任。《周易·系辞上》："君子之道，或～或处，或默或语。"《宋书·颜延之传》："～为始安太守。"❷驱逐，放逐。《左传·文公十八年》："遂～武穆之族，使公孙师为司城。"㊀遗弃（妻子）。《战国策·秦策四》："薛公入魏而～齐女。"《后汉书·杨政传》："范升尝为～妇所告，坐系狱。"㊀释放。《汉书·常山宪王刘舜传》："吏求捕，[刘]勃使人致击笞掠，擅～汉所疑囚。"❸拿出。韩愈《论捕贼行赏表》："昔汉高祖～黄金四万斤与陈平，恣其所为。"㊀支出。《盐铁论·贫富》："量入为～，节俭以居之。"㊀交纳。曹操《抑兼并令》："户～绢二匹、绵二斤而已。"❹发出，发布。《商君书·更法》："于是遂～垦草令。"《论语·季氏》："天下有道，则礼乐征伐自天子～。"❺超出，高出。《论语·乡党》："祭肉不～三日。"韩愈《师说》："古之圣人，其～人也远矣。"❻出现，显露。《周易·系辞上》："河～图，洛～书，圣人则之。"苏轼《后赤壁赋》："山高月小，水落石～。"❼生产，制作，出产。《盐铁论·本议》："故工不～则农用乏。"《淮南子·修务训》："邯郸师有～新曲者，托之李奇，诸人皆争学之。"《后汉书·东夷传》："～赤玉、好貂。"㊁产生。《荀子·劝学》："肉腐～虫，鱼枯生蠹。"㊀出生，生育。《荀子·礼论》："无先祖，恶～？"㊀出身。《新唐书·刘栖楚传》："刘栖楚，其～寒鄙。"❽物体向外突出的部分。如花瓣、谷穗等。任昉《述异记》："东海郡尉于台有杏一株，花杂五色，六～。"王士祯《五羊观》："《南海古迹记》云：……人持谷穗，一茎六～。"❾量词。1)次，回。《史记·扁鹊仓公列传》："淳于司马曰：'我之王家食马肝，食饱甚，见酒米，即走去，驱疾至舍，即泄数十～。'"2)一个段落。《景德传灯录·云岩昙晟禅师》："药山又问：'闻汝解弄师子，是否？'师曰：'是。'曰：'弄得几～？'师曰：'弄得六～。'"（师子：狮子。）

【出尘】chūchén ❶超出尘俗。孔稚珪《北山移文》："耿介拔俗之标，潇洒～～之想。"苏轼《上韩魏公乞葬董传书》："其文字萧然有～～之姿。"❷佛教用语。脱离烦恼的尘垢。《四十二章经》二三："故曰凡夫透得此门，～～罗汉。"

【出处】chūchǔ 犹进退，去就，行止。《潜夫论·实贡》："～～语默，勿强相兼。"《三国志·魏书·王昶传》："吾与时人从事，虽～～不同，然各有所取。"梅尧臣《翠羽辞》："郎家主妇爱且怜，系向裙腰同～～。"

【出次】chūcì ❶避开正寝，出郊外暂住以示忧戚。《左传·成公五年》："故山崩川竭，君为之不举、降服、乘缦、彻乐、～～、祝币，史辞以礼焉。"（不举：指食不杀牲，菜肴不丰盛，不用音乐助食。）❷出军驻扎。《宋书·索虏传》："～～徐方，为众军节度。"

【出阁】chūgé ❶皇子出就封国。《南齐书·江谧传》："诸皇子～～用文武主帅，皆以委谧。"❷指阁臣出任外职。《梁书·江蒨传》："初，王泰～～。"❸公主出嫁。元稹《七女封公主制》："虽秾华可尚，～～未期，而汤沐先施，分封有据。"后用为女子出嫁的通称。

【出降】chūjiàng ❶公主下嫁。李肇《唐国史补》卷中："太和公主～～回鹘，上御通化门送之。"《旧唐书·王珪传》："礼有妇见舅姑之仪，自近代公主～～，此礼皆废。"（舅姑：公公、婆婆。）❷指宫女出嫁。吴兢《乐府古题要解》卷下："魏武帝宫人有卢女者……至魏明帝崩，～～为尹更生妻。"

【出没】chūmò ❶隐现。《晋书·天文志上》："张衡又制浑象……以漏水转之于殿上室内，星中～～，与天相应。"韩愈《八月十五夜赠张功曹》诗："洞庭连天九疑高，蛟龙～～猩鼯号。"（九疑：山名。）❷出入，不一致，不相符。《南齐书·袁彖孔稚珪刘绘传论》："辞有～～，义有增损。"刘知几《史通·浮词》："心挟爱憎，词多～～。"

【出沐】chūmù 犹"休沐"。官吏例行休假。《汉书·霍光传》："于是盖主、上官桀、安及弘羊皆与燕王旦通谋，……候司光～～日奏之。"杨亿《受诏修书述怀感事三十韵》："弥旬容～～，终日喜群居。"

【出纳】 chūnà 也作“出内”。❶传达帝王命令,反映下面意见。《后汉书·陈蕃传》:“辅弼先帝,～～累年。”也指掌管出纳王命的官。《后汉书·刘茂传》:“茂,字叔盛,亦好礼让,历位～～。”❷财物的支出和收入。秦观《安都》:“大贾之室,敛散金钱以逐什一之利,～～百货以收倍称之息。”有时单指支出。叶適《除太府卿淮东总领谢表》:“必吝～～,是为有司之常。”❸出入。班固《白虎通·情性》:“鼻能～～气。”梅尧臣《和张簿宁国山门六题·山门》:“飞云～～不计限,双峙平削无刀痕。”

【出妻】 chūqī 遗弃妻子。《荀子·解蔽》:“孟子恶败而～～,可谓能自强矣。”也指被遗弃的妻子。《仪礼·丧服》:“～～之子为母期。”(期:期服,服一年丧。)

【出入】 chūrù ❶进出。《汉书·梁孝王刘武传》:“梁之侍中、郎、谒者,著引籍～～天子殿门。”❷支出与收入。《荀子·富国》:“利足以生民,皆使衣食百用～～相揜。”❸上报下达。《史记·五帝本纪》:“命汝为纳言,夙夜～～朕命,惟信。”❹犹“上下”,表示约数。《论衡·气寿》:“武王崩,周公居摄七年,复政退老,～～百岁矣。”《后汉书·冯异传》:“怀来百姓,申理枉结,～～三岁,上林成都。”(成都:形容百姓归附之多。)❺有异有同。《论衡·本性》:“密子贱、漆雕开、公孙尼子之徒,亦论情性,与世子相～～,皆言性有善有恶。”❻犹“往来”。《左传·成公十三年》:“余虽与晋～～,余唯利是视。”❼或出或入。比喻变化无定。陈善《扪虱新话·王荆公新法新经》:“荆公尝曰:‘吾行新法终始以为不可者,司马光也;终始以为可者,曾布也;其馀皆～～之徒也。’”❽特指呼吸。《素问·六微旨大论》:“～～废,则神机化灭。”

【出身】 chūshēn ❶献身。《吕氏春秋·诚廉》:“伯夷、叔齐此二士者,皆～～弃生以立其意,轻重先定也。”钱起《送郑书记》诗:“～～唯殉死,报国且能兵。”❷委身事君。指作官。《汉书·郅都传》:“已背亲而～～,固当奉职,死节官下,终不顾妻子矣。”《三国志·魏书·杜畿传》注引《兖州记》:“[杜柯]时幼小,不能让。及长悔恨,遂幅巾而居,后虽～～,未尝释也。”❸科举时代为考中录选者所规定的身份、资格。如,唐代举子中礼部试的称及第,中吏部试的称出身。宋代中殿试的称及第出身。明、清两代经科举考试选录的,称正途出身。

【出首】 chūshǒu ❶自首。《晋书·华轶传》:“寻而轶败,[高]悝藏匿轶二子及妻,崎岖经年,既而遇赦,悝携之～～。”❷检举,告发。王实甫《西厢记》三本二折:“我将这简帖儿去夫人行～～去来。”

【出位】 chūwèi 越位,超越本分。柳宗元《上裴晋公度献唐雅诗启》:“～～僭言,惶战交积。”朱熹《答汪尚书书》:“使小臣～～犯分,颠沛至此,已非圣朝之美事。”

【出孝】 chūxiào 葬后除丧,邻伍会集酣饮。《新唐书·韦挺传》:“今衣冠士族,……既葬,邻伍会集,相与酣醉,名曰～～。”

【出宰】 chūzǎi 京官外放出任地方官。《后汉书·明帝纪》:“郎官上应列宿,～～百里,有非其人,则民受其殃。”韩愈《县斋读书》诗:“～～山水县,读书松桂林。”

【出尔反尔】 chū'ěrfǎn'ěr 《孟子·梁惠王下》:“曾子曰:‘戒之戒之! 出乎尔者,反乎尔者也。’”原指你怎样对待别人,人家也怎样对待你。后指人言行前后矛盾,反复无信。

出²(齣)

chū 戏曲术语。传奇剧本结构上的一个段落。纪昀《阅微草堂笔记》卷十五:“传奇以一折为一～。”

初

chū ❶开始。《周易·既济》:“～吉终乱。”《春秋经·隐公五年》:“～献六羽。”柳宗元《封建论》:“天地果无～乎?”❷从前,当初。《左传·隐公元年》:“～,郑武公娶于申。”《后汉书·南匈奴传》:“于是赦之,遇待如～。”❸副词。刚刚,才。《史记·秦始皇本纪》:“天下～定,又复立国,是树兵也。”杜甫《野望》诗:“叶稀风更落,山迥日～沉。”㊁原本。杨万里《憩怀古堂》诗:“此堂～无情,此池讵何知。”

【初度】 chūdù 初生的年月时日。《楚辞·离骚》:“皇览揆余～～兮,肇锡余以嘉名。”(皇:皇考。肇:始。)后称生日为“初度”。刘仙伦《贺新郎·寿王侍郎简卿》词:“小队停钲鼓,向沙边柳下维舟,庆公～～。”

【初服】 chūfú ❶新即位的帝王开始执政。《尚书·召诰》:“王乃～～。”❷指做官之前穿的衣服。《楚辞·离骚》:“退将复修吾～～。”后称辞官为“反(返)初服”。曹植《七启》:“愿反～～,从子而归。”潘岳《西征赋》:“甄大义以明责,反～～于私门。”

【初吉】 chūjí ❶朔日,即阴历初一。《诗经·小雅·小明》:“二月～～,载离寒暑。”❷特指二月初一。《国语·周语上》:“自今至于～～,阳气俱蒸,土膏其动。”❸古人分一月之日为四分,自朔日至上弦(初七、八日)为“初吉”。

【初无】 chūwú 从来没有,并没有。《后汉书·吴汉传》:“每当出师,朝受诏,夕即引道，～～办严之日。"（引道：出发。办严：整装。）又《盖勋传》："群臣～～是言也。"

【初心】　chūxīn　❶本意，本愿。韩愈《五箴序》："聪明不及于前时，道德日负于～～。"❷佛教用语。指初发心愿学佛，功行还没有达到高深阶段的人。《景德传灯录》卷十九："～～后学，近入丛林。"

【初筵】　chūyán　古代大射礼，宾客初进门，登堂入席，叫"初筵"。《诗经·小雅·宾之初筵》："宾之～～，左右秩秩。"（秩秩：恭敬而有次序的样子。）后泛指宴饮。杜甫《湘江宴饯裴二端公赴道州》诗："群公饯南伯，肃肃秩～～。"

【初阳】　chūyáng　❶指冬至以后立春以前的一段时间。其时阳气初动，故称"初阳"。古诗《为焦仲卿妻作》："往昔～～岁，谢家来贵门。"❷晨曦，朝晖。唐太宗《正日临朝》诗："条风开献节，灰律动～～。"温庭筠《正见寺晓别生公》诗："～～到古寺，宿鸟起寒林。"

【初夜】　chūyè　❶一夜分五更，初更称甲夜，也称初夜。《后汉书·班超传》："～～，遂将吏士往奔虏营。"❷结婚的第一夜。和凝《江城子》词："～～含娇入洞房。"

【初元】　chūyuán　皇帝登位之初，例须改元纪年，元年称"初元"。苏辙《郊祀庆成》诗："盛礼弥三纪，～～正七年。"宋祁《贺南郊大赦表》："改颁大号，崇冠～～。"

貙（貙）　chū　猛兽名。又名"貙虎"。柳宗元《罴说》："鹿畏～，～畏虎，虎畏罴。"

【貙膢】　chūlóu　立秋祭名。古代常以立秋日祭兽；王者亦以此日出猎，还，以祭宗庙，故称"貙膢"之祭。《后汉书·刘玄传》："张卬、廖湛、胡殷、申屠建等与御史大夫隗嚣合谋，欲以立秋日～～时共劫更始。"（更始：更始帝刘玄。）也作"貙刘"。《后汉书·百官志三》："每立秋～～之日，辄暂置水衡都尉，事讫乃罢之。"

摴　chū　见"摴蒱"。

【摴蒱】　chūpú　也作"摴蒲"。❶古代博戏名。类似后代的掷色子。《世说新语·方正》："王子敬数岁时，尝看诸门生～～，见有胜负，因曰：'南风不竞。'"后泛指赌博。李焘《续资治通鉴长编·宋太宗淳化二年》："京城无赖辈相聚～～。"也指色子。姚鼐《登泰山记》："稍见云中白若～～数十立者，山也。"❷古锦名。❸海产名。即海蛇，又名水母、石镜。

樗　chū　树名。即臭椿。《后汉书·王符传》："中世以后，转用楸、梓、槐、柏、杶、～之属。"

【樗栎】　chūlì　樗树和栎树，庄子认为它们是无用之材，后因以比喻才能低下。《隋书·李士谦传》："岂有松柏后身化为～～，仆以为然。"也用为自谦之词。苏颋《为卢监谢御衣物状》："加臣匪服，遂增辉于～～。"苏轼《和穆父新凉》诗："常恐～～身，坐缠冠盖蔓。"

【樗散】　chūsǎn　语意出《庄子》，本指像樗木那样被散置的无用之材。比喻不合世用。多用为自谦之词。杜甫《送郑十八虔贬台州司户》诗："郑公～～发如丝，酒后常称老画师。"杜牧《郑瓘协律》诗："广文遗韵留～～，鸡犬图书共一船。"参见"樗栎"。

刍（芻、蒭）　chú　❶割草。《吕氏春秋·处方》："有～水旁者，告齐侯者曰：'水浅深易知。'"ⓧ割草的人，草野之人。见"刍荛"、"刍言"、"刍议"。❷喂牲口的草。《吕氏春秋·首时》："饥马盈厩，嗼然，未见～也。"ⓧ用草料喂牲口。《周礼·地官·充人》："～之三月。"ⓧ吃草的牲畜。见"刍豢"、"刍牺"。

【刍狗】　chúgǒu　❶古代束草为狗，供祭祀之用，祭后弃之。《庄子·天运》："夫～～之未陈也，盛以箧衍，巾以文绣，尸祝齐戒以将之。"《三国志·魏书·华佗传》："～～者，祭神之物。"❷比喻轻贱无用的东西。《老子·五章》："圣人不仁，以百姓为～～。"刘琨《答卢谌》诗："如彼龟玉，韫椟毁诸，～～之谈，其最得乎？"

【刍豢】　chúhuàn　泛指牛羊犬豕之类的家畜。《庄子·齐物论》："民食～～，麋鹿食荐。"（荐：草。）也指供祭祀用的牺牲。《吕氏春秋·季冬》："乃命同姓之国，供寝庙之～～。"

【刍荛】　chúnáo　❶割草打柴的人，草野之人。《诗经·大雅·板》："先民有言，询于～～。"苏舜钦《乞纳谏书》："伏望陛下霈发德音，追寝前诏，憩于采纳，下及～～。"❷谦词。李白《与韩荆州书》："若赐观～～，请给纸笔，兼之书人，然后退扫闲轩，缮写呈上。"

【刍言】　chúyán　草野之人的言谈。常用作谦词。《陈书·周弘正传》："如使～～野说，少陈于听览，纵复委身烹鼎之下，绝命肺石之上，虽死之日，犹生之年。"《旧唐书·李绛传》："陛下不废～～，则端士贤臣必当自效。"

【刍议】　chúyì　犹"刍言"。草野之人的言论。常用作谦词。王勃《上绛州上官司马书》:"霸略近发于舆歌,皇图不隔于~~。"张说《谏避暑三阳宫疏》:"臣自度~~,十不一从。"

助 chú 见 zhù。

媰(㛯) chú 怀孕。《说文·女部》:"~,妇人妊身也。……《周书》曰:'至于~妇。'"

除 1. chú ❶台阶。曹植《赠丁仪》诗:"凝霜依玉~,清风飘飞阁。"杜甫《送孔巢父谢病归游江东兼呈李白》诗:"蔡侯静者意有馀,清夜置酒临前~。"㊀门与屏风之间的通道。《汉书·苏武传》:"扶辇下~,触柱折辕。"❷去掉,清除。《汉书·高帝纪上》:"凡吾所以来,为父兄~害,非有所侵暴,毋恐。"杜甫《述古三首》诗之二:"农人望岁稔,相率~蓬蒿。"㊀减免(惩处、税租、劳役)。《墨子·号令》:"归敌者父母妻子同产,皆车裂。先觉之,~。"㊀医病使愈。《韩非子·八说》:"夫沐者有弃发,~者伤血肉。"❸(旧读 zhù) 流逝,过去。《诗经·唐风·蟋蟀》:"今我不乐,日月其~。"王安石《元日》诗:"爆竹声中一岁~,春风送暖入屠苏。"❹修治,修整。《周易·萃》:"君子以~戎器,戒不虞。"《战国策·秦策一》:"父母闻之,清宫~道,张乐设饮,郊迎三十里。"㊀除地为坛。古时用作盟会的场所。《左传·昭公十四年》:"令诸侯日中造于~。"❺任命,授职。《三国志·魏书·武帝纪》:"年二十,举孝廉为郎,~洛阳北部尉。"文天祥《指南录后序》:"德祐二年正月十九日,予~右丞相、兼枢密使,都督诸路军马。"❻算法的一种。除法。苏轼《书吴道子画后》:"道子画人物,如以灯取影,逆来顺往,旁见侧出,横斜平直,各相乘~,得自然之数,不差毫末。"

2. zhù ❼给予,赐予。《诗经·小雅·天保》:"俾尔单厚,何福不~。"

【除拜】 chúbài 授官。《后汉书·杨秉传》:"[桓帝]七年南巡园陵,特诏秉从……及行至南阳,左右并通奸利,诏书多所~~。"

【除服】 chúfú 守孝期满,除去丧服。《战国策·韩策二》:"聂政母死,既葬,~~。"《三国志·魏书·武帝纪》:"天下尚未安定,未得遵古也。葬毕,皆~~。"

【除宫】 chúgōng ❶清除宫殿。《史记·吕太后本纪》:"东牟侯兴居曰:'诛吕氏吾无功,请得~~。'"❷比喻宫廷易主。《后汉书·天文志上》:"彗星入营室,犯离宫……是时郭皇后已疏,至十七年十月,遂废为中山太后,立阴贵人为皇后,~~之象也。"

【除籍】 chújí 除去名籍,犹言除名。《新唐书·高力士传》:"为李辅国所诬,~~,长流巫州。"《宋史·黄夷简传》:"夷简被病,告满二百日,御史台言当~~。"

【除目】 chúmù 犹任免名单。姚合《武功县中作》诗之八:"一日看~~,终年损道心。"《新五代史·刘延朗传》:"乃令文遇手书~~,夜半下学士院草制。明日宣制,文武两班皆失色。"

【除丧】 chúsāng 同"除服"。《礼记·丧服小记》:"故期而祭,礼也;期而~~,道也。"《史记·吴太伯世家》:"王诸樊元年,诸樊已~~,让位季札。"

【除身】 chúshēn 授官的文凭,犹委任状。《宋书·颜延之传》:"晋恭思皇后葬,应须百官,湛之取义熙元年~~,以延之兼侍中。"(湛之:人名。义熙,年号。)

【除书】 chúshū 授官的诏令,犹委任状。《汉书·王莽传中》:"是时争为符命封侯,其不者相戏曰:'独无天帝~~乎?'"韦应物《始除尚书郎别善福精舍》诗:"~~忽到门,冠带始拘束。"白居易《刘十九同宿》诗:"红旗破贼非吾事,黄纸~~无我名。"

涂 chú 见 tú。

钼(鉏) 1. chú ❶同"锄"。《汉书·贾谊传》:"借父耰~,虑有德色;母取箕箒,立而谇语。"又《齐悼惠王传》:"非其种者,~而去之。"㊀灭除。陆机《辩亡论》:"将北伐诸华,诛~干纪。"❷古地名。故址在今河南滑县东。《左传·襄公四年》:"昔有夏之方衰也,后羿自~迁于穷石。"

2. jǔ ❸见"钼铻"。

3. chá ❹见"钼牙"。

【钼耘】 chúyún 治田除草。引申为诛除。《汉书·王尊传》:"拊循贫弱,~~豪强。"

【钼铻】 jǔyǔ ❶同"龃龉"。不相吻合。宋玉《九辩》:"圜凿而方枘兮,吾固知其~~而难入。"(枘:榫。)❷梆齿状物。《吕氏春秋·仲夏》"饬钟磬柷敔"高诱注:"敔,木虎,脊上有~~,以杖栎之以止乐。"

【钼牙】 cháyá 器物旁出的牙状物。《周礼·考工记·玉人》"牙璋中璋七寸"郑玄注:"二璋皆有~~之饰于琰侧。"

粗 chú 见 qū。

滁 chú ❶水名。滁河。在安徽省东部。《说文新附·水部》:"~,水名。"❷古州名。在今安徽省境内。欧阳修《醉翁亭记》:"环~皆山也。"

蒢 chú ❶草名。《说文·艸部》："～、黄蒢，职也。"❷见"蘧蒢"。

厨(廚、厨) chú ❶厨房。杜甫《题新津北桥楼》诗："池水观为政，～烟觉远庖。"㊈厨师。杜甫《丽人行》："黄门飞鞚不动尘，御～丝络送八珍。"㊀肴馔。《汉武帝内传》："夫人设～，～亦精珍，与王母所设者相似。"❷柜子。后作"橱"。《晋书·顾恺之传》："恺之尝以一～画，糊题其前，寄桓玄。"㊀形状像橱柜的帐子。李清照《醉花阴》词："玉枕纱～，半夜凉初透。"

【厨传】 chúzhuàn 供应过客食宿、车马的驿站。《汉书·王莽传中》："不持[布钱]者，～～勿舍，关津苛留。"苏轼《上皇帝书》："若凋弊太甚，～～萧然，则似危邦之陋风，恐非太平之盛观。"

【厨养臣】 chúyǎngchén 职掌御膳的臣仆。《说苑·臣术》："晏子侍于景公。朝寒，请进热食。对曰：'婴非君之～～～也，敢辞。'"(婴：晏子名。)

锄(鉏) chú 农具名。锄头。杜甫《无家别》诗："方春独荷～，日暮还灌畦。"㊈用锄除草。杜甫《秋野五首》诗之一："枣熟从人打，葵荒欲自～。"㊀铲除，灭除。《汉书·异姓诸侯王表》："于是削去五等，堕城销刃，箝语烧书，内～雄俊，外攘胡、粤。"《后汉书·赵憙传》："于是擢举义行，诛～奸恶。"

趎 chú 古人名用字。南荣趎，庚桑的弟子。见《庄子·庚桑楚》。

蜍 chú 蟾蜍的省称。真德秀《皇后阁端午帖子》："欲知天锡无疆寿，认取仙～颔下书。"

耡 chú ❶同"锄"。锄头。陈宪章《冬夜》诗："学业坐妨夺，田芜废～耰。"㊀铲除。《清史稿·李炳涛传》："～强梗，抚良懦。"❷佐助。《周礼·地官·遂人》："教甿稼穑以兴～，利甿以时器。"(甿：民。)❸古代里宰治事之处。《周礼·地官·里宰》："以岁时合耦于～。"

雏(雛、鶵) chú ❶小鸡。《吕氏春秋·仲夏》："是月也，天子以～尝黍。"《易林·蒙之解》："望鸡得～，求马获驹。"㊈泛指幼禽，幼兽。杜甫《病柏》诗："丹凤领九～，哀鸣翔其外。"李商隐《骄儿》诗："儿当速成大，探～入虎穴。"㊈比喻幼儿。杜甫《徐卿二子歌》："丈夫生儿有如此二～者，名位岂肯卑微休。"❷初生的，幼小的。《抱朴子·逸民》："夫锐志于～鼠者，不识驺虞之用心。"张耒《秋蔬》诗："藏鞭～笋纤玉露，映叶乳茄浓黛抹。"

【雏凤】 chúfèng 幼凤。喻有才华的子弟。李商隐《韩冬郎即席为诗相送……因成二绝寄酬兼呈畏之员外》："桐花万里丹山路，～～清于老凤声。"(按：韩偓字冬郎，十岁能诗。父韩瞻，字畏之。诗中"老凤"、"雏凤"即指韩氏父子。)

幮 chú 橱形的帐子。陆游《入蜀记》卷一："自到京口无蚊，是夜蚊多，始复设～。"

篨 chú 见"籧篨"。

躇 1. chú ❶踏。《列子·天瑞》："若～步跐蹈，终日在地上行止，奈何忧其坏？"❷踌躇，徘徊。《楚辞·九思·逢尤》："世既卓兮远渺渺，握佩玖兮中路～。"

2. chuò ❸跨越。《公羊传·宣公六年》："赵盾知之，～阶而走。"

【躇踌】 chúchóu 同"踌躇"。徘徊不前。古诗《艳歌何尝行》："～～顾群侣，泪下不自知。"

【躇跱】 chúzhì 停住不前。嵇康《琴赋》："宽明弘润，优游～～。"

蹰 chú 见"踟蹰"。

【蹰躇】 chúchú 徘徊。《后汉书·仲长统传》："～～畦苑，游戏平林。"

处(處、処、䖏) 1. chǔ ❶居住，栖息。《周易·系辞下》："上古穴居而野～。"《淮南子·氾论训》："燕雀～帷幄而兵不休息。"㊀安顿。《史记·孔子世家》："昭公师败，奔于齐，齐～昭公乾侯。"(乾侯：地名。)㊈在，立身。《淮南子·道应训》："身～江海之上，心在魏阙之下。"《汉书·扬雄传下》："今子幸得遭明盛之世，～不讳之朝。"㊈退隐。《周易·系辞上》："君子之道，或出或～，或默或语。"❷担任，委任。《荀子·尧问》："～官久者士妒之，禄厚者民怨之。"《宋史·李全传》："安儿见而说之，～以军职。"(安儿：人名。)❸止，休息。《孙子·军争》："是故卷甲而趋，日夜不～。"《墨子·贵义》："一人耕而九人～，则耕者不可以不益急矣。"㊈留，留下。《礼记·射义》："盖去者半，～者半。"❹治，施行。《老子·二章》："是以圣人～无为之世，行不言之教。"㊀处理，处治。《三国志·蜀书·诸葛亮传》："将军量力而～之。"《晋书·食货志》："人间巧伪渐多……虽～以严刑而不能禁也。"㊈对待。王安石《与孙莘老书》："如某之不肖，虽不为有道，计足下犹当以善言～我。"❺审度，判断。《论衡·本性》："不～人情性有善有恶，未也。"又《异虚》："故野鸟来巢，师已～之，祸竟如占。”(师已:人名。)㊂决定,决断。《国语·晋语一》:“早～之,使知其极。”《汉书·谷永传》:“臣愚不能～也。”❻分别。《太平经·分别贫富法》:“子尚自言不及,俗人安知贫富之～也哉?”邵雍《伊川击壤集序》:“二者之间,必有～焉。”❼定准,常。《吕氏春秋·诬徒》:“不能教者,志气不和,取舍数变,固无恒心,若晏阴喜怒无～。”

2. chù ❽处所。《后汉书·乌桓传》:“随水草放牧,居无常～。”㊂地位,位置。贾谊《陈政事疏》:“假设陛下居齐桓之～,将不合诸侯而匡天下乎?”❾时刻。岳飞《满江红》词:“怒发冲冠,凭栏～,潇潇雨歇。”

【处当】 chǔdàng 处理。《晋书·食货志》:“今年霖雨过差,又有虫灾……主者何以为百姓计,促～～之。”

【处分】 chǔfèn ❶处理,处置。古诗《为焦仲卿妻作》:“～～适兄意,那得自任专。”《晋书·杜预传》:“预～～既定,乃启请伐吴之期。”❷处罚。《唐会要·左降官及流人》:“流人押领,纲典画时,递相分付,如更因循,当有～～。”❸吩咐,嘱咐。王绩《答刺史杜之松书》:“月日,博士陈龛至,奉～～借《家礼》,并帙封送,至请领也。”杨万里《晚兴》诗:“～～新霜且留菊,辟差寒日早开梅。”

【处士】 chǔshì ❶有德才而隐居不愿作官的人。《荀子·非十二子》:“古之所谓～～者,德盛者也,能静者也。”《汉书·张释之传》:“王生者,善为黄、老言,～～。”❷未做官的士人。《孟子·滕文公下》:“圣王不作,诸侯放恣,～～横议,杨朱、墨翟之言盈天下。”❸星名,即少微。《晋书·天文志上》:“少微四星在太微西,士大夫之位也。一名～～。”

【处势】 chǔshì 所居之地,所处的地位。《韩非子·孤愤》:“～～卑贱,无党孤特。”《汉书·陈汤传》:“故陵因天性,据真土,～～高敞。”

【处约】 chǔyuē 处于困穷的境地。《论语·里仁》:“不仁者,不可以久～～,不可以长处乐。”《世说新语·德行》注引《续汉书》:“泰少孤,年二十……衣不盖形,而～～味道,不改其乐。”

【处子】 chǔzǐ ❶处女。《后汉书·张衡传》:“鸣鹤交颈,雎鸠相和。～～怀春,精魂回移。”❷处士。《后汉书·逸民传序》:“自后帝德稍衰,邪孽当朝,～～耿介,羞与卿相等列。”束皙《补亡诗》:“堂堂～～,无营无欲。”

杵 chǔ ❶舂米、捶衣、筑土等捣物用的棒槌或木棒。《周易·系辞下》:“断木为～,掘地为臼。”㊂用杵舂捣。《汉书·江都易王刘非传》:“宫人姬八子有过者……或髡钳以铅～舂,不中程,辄掠。”(八子:姬妾官名。)陆游《捣药鸟》诗:“幽禽似欲嘲衰病,故学禅房～药声。”❷兵器名。形如杵。《宋史·呼延赞传》:“及作破阵刀、降魔～,铁折上巾,两旁有刃,皆重十数斤。”❸通“橹”。大盾。《论衡·语增》:“牧野之战,血流浮～,赤地千里。”

础(礎) chǔ 柱下石礅。《淮南子·说林训》:“山云蒸,柱～润。”杜甫《朝》诗之二:“～润休全湿,云晴欲半回。”

楮 chǔ ❶树名。树皮可造纸。《山海经·西山经》:“[鸟危之山]其阴多檀～。”㊀纸的代称。刘知几《史通·暗惑》:“无礼如彼,至性如此,猖狂生态,正复跃见～墨间。”袁中道《李温陵传》:“亦善作书,每研墨伸～,则解衣大叫,作兔起鹘落之状。”❷纸币。《宋史·常楙传》:“值水灾,捐万～以振之。”戴埴《鼠璞》:“今日病在～多,不在钱少。”㊂旧俗祭祀时焚化的纸钱。李昌祺《剪灯馀话·两川都辖院志》:“牲牢酒～,祭日无虚。”❸山名。《山海经·中山经》:“～山多寓木。”

【楮叶】 chǔyè 《韩非子·喻老》:“宋人有为其君以象为楮叶者,三年而成;丰杀茎柯,毫芒繁泽,乱之楮叶之中而不可别也。”(象:象牙。)后因以比喻模仿乱真。米芾《砚史·用品》:“～～虽工,而无补于宋人之用。”

储(儲) chǔ ❶储存,蓄积。《韩非子·十过》:“仓无积粟,府无～钱,库无甲兵,邑无守具。”㊂指储存的粮食或物资。《后汉书·桓帝纪》:“蝗灾为害,水变仍至,五谷不登,人无宿～。”❷置备,聚集。《汉书·何並传》:“林卿素骄,惭于宾客,並度其为变,～兵马以待之。”❸副,辅佐。见“储君”、“储佐”。㊂储君,太子。《汉书·疏广传》:“太子,国～副君,师友必于天下英俊,不宜独亲外家许氏。”《宋史·英宗纪》:“嘉祐中,宰相韩琦等请建～。”❹等待。《文子·上义》:“百姓开户而内之,渍米而～之,唯恐其不来也。”张衡《东京赋》:“并夹既设,～乎广庭。”

【储贰】 chǔ'èr 储副,太子。《晋书·礼志下》:“皇太子虽国之～～,犹在臣位。”苏舜钦《诣目一》:“方今～～未立,国本不建,此近臣所当念及也。”也作“储二”。唐顺之《请皇太子受朝疏》:“深惟宗社根本之重,早正东宫～～之位,以系宇内之心者,贰载于兹矣。"

【储副】 chǔfù 国之副君。指太子。袁宏《后汉纪·顺帝纪》:"太子,国之～～。"《三国志·魏书·贾逵传》:"逵正色曰:'太子在邺,国有～～。先王玺绶,非君侯所宜问也。'"

【储宫】 chǔgōng ❶太子居住的宫室。《后汉书·郎颉传》:"臣窃见皇子未立,～～无主。"❷借指太子。潘尼《赠陆机出为吴王郎中令》诗:"乃渐上京,乃仪～～。"❸指太子之位。谢灵运《王子晋赞》:"～～非不贵,岂若登云天。"

【储后】 chǔhòu 太子。后,君。《隋书·房陵王勇传》:"汝当～～,若不上称天心,下合人意,何以承宗庙之重,居兆民之上?"

【储精】 chǔjīng ❶蓄养精神。扬雄《甘泉赋》:"惟夫所以澄心清魂,～～垂恩,感动天地,逆釐三神。"(逆:迎。釐:福。)也指蓄积精灵之气。《朱子语类》卷三十:"问:'天地～～,如何是～～?'"❷怀念,怀恋。江淹《待罪江南思北归赋》:"夫以雄才不世之主,犹～～于沛乡。"

【储君】 chǔjūn 副君,已确定为继承皇位的人。班固《白虎通·京师》:"～～,嗣主也。"《后汉书·郑众传》:"太子～～,无外交之义。"

【储两】 chǔliǎng 即"储贰"。太子。《魏书·肃宗纪》:"自潘充华有孕椒宫,冀诞～～,而熊罴无兆,维虺遂彰。"沈遘《贺即位表》:"皇帝陛下受昊穹之命,承三后之休,继体先皇,正位～～。"

【储明】 chǔmíng ❶蕴聚光明。梁简文帝《南郊颂并序》:"九垓同轨,四海无波。～～变照,仪天作两。"(九垓:九州。仪天:与天相比配。)❷指太子。褚亮《奉和禁苑饯别应令》诗:"微臣夙多幸,薄宦奉～～。"

【储思】 chǔsī ❶集中心思,专心致志。刘禹锡《机汲记》:"工也～～环视,相面势而经营之。"宋濂《调息解》:"越西有仙华生,遁迹林坰,槁木其形,～～于玄玄之域,游神乎太清之庭。"❷指一心一意地寻求。张君房《长恨歌传》:"在位岁久,倦乎旰食……端拱深居,～～国色。"

【储闱】 chǔwéi ❶太子居住的宫闱。沈约《奏弹王源》:"父璿,升采～～,亦居清显。"❷借指太子。《新唐书·房琯传》:"有朋党不公之名,违臣子奉上之礼,何以仪刑王国,训导～～?"

【储位】 chǔwèi ❶太子之位。《南史·梁愍怀太子方矩传》:"承圣元年十一月丙子,立为皇太子。及升～～,昵狎群下,好著微服。"❷指册立太子。李贽《史纲评要·宋纪·太祖》:"～～、迁都二大事,俱失之,可恨也。"

【储与】 chǔyǔ ❶不舒展的样子。严忌《哀时命》:"衣摄叶以～～兮,左袪挂于榑桑。"❷徜徉。《汉书·扬雄传上》:"～～虖大溥,聊浪虖宇内。"(聊浪:游荡。)❸广大的样子。《淮南子·俶真训》:"～～扈冶,浩浩翰翰,不可隐仪。"(扈冶:广大的样子。)

【储偫】 chǔzhì 储备,存储物资以备需用。《三国志·魏书·张既传》:"[马]腾已许之而更犹豫,既恐为变,乃移诸县促～～,二千石郊迎。"曾巩《救灾议》:"足以赈其艰乏,而终无损于～～之实。"也作"储跱"。《后汉书·陈忠传》:"多设～～,征役无度。"又作"储峙"。《后汉书·和熹邓皇后纪》:"离宫别馆～～米精薪炭,悉令省之。"

【储佐】 chǔzuǒ 指辅佐之臣。蔡邕《太尉杨赐碑》:"公体资明哲,长于知见,凡所辟选升储帝朝者,莫非瑰才逸秀,并参～～。"(按:储,一本作"诸"。)

褚 chǔ 见 zhǔ。

楚(𣏾) chǔ ❶一种丛生落叶灌木,又名"荆"。《吕氏春秋·应同》:"师之所处,必生棘～。"㊀泛指丛莽。谢朓《宣城郡内登望》诗:"寒城一以眺,平～正苍然。"❷古时的刑杖,或扑责学生的小杖。《礼记·学记》:"夏～二物,收其威也。"(夏:榎木,常用作体罚学生的工具。)《三国志·魏书·孙礼传》:"讼者据墟墓为验,听者以先老为正,而老者不可加以榎～。"㊁打。《北史·刘昶传》:"昶天性褊躁,喜怒不恒,每至威忿,～扑特苦。"❸痛苦。陆机《于承明作与士龙》诗:"俯仰悲林薄,慷慨含辛～。"李白《望木瓜山》诗:"客心自酸～,况对木瓜山。"❹整齐,鲜明。《诗经·小雅·宾之初筵》:"笾豆有～,殽核维旅。"沈约《少年新婚为之咏》:"腰肢既软弱,衣服亦华～。"❺粗俗。陆云《与兄平原书》:"张公语云云,兄文故自～。"《宋书·长沙景王道怜传》:"道怜素无才能,言音甚～,举止施为,多诸鄙拙。"❻古国名。周代诸侯国。芈姓,立国于荆山一带,后建都于郢,战国时为七雄之一。公元前223年为秦所灭。

【楚恻】 chǔcè 悲伤。潘岳《哭弟文》:"终皓首兮何时忘,情～～兮常若辛。"

【楚楚】 chǔchǔ ❶植物丛生的样子。《诗经·小雅·楚茨》:"～～者茨,言抽其棘。"❷鲜明整洁的样子。陆九渊《送毛元善序》:"视其衣裳冠履,则皆～～鲜明。"❸形容才能出众,显露头角。《北史·祖莹传》:

"京师～～袁与祖，洛中翩翩祖与袁。"❹凄苦。元稹《听庾及之弹乌夜啼引》诗："后人写出《乌啼引》，吴调哀弦声～～。"

【楚辞】 chǔcí ❶公元前四世纪到前三世纪之间，由楚国屈原等人在民间歌谣的基础上进行加工、创造而成的一种新的诗歌形式。它"书楚语，作楚声，纪楚地，名楚物"，具有浓厚的地方色彩，故汉代人把这种别具风格的文体称之为"楚辞"，因代表作品《离骚》而又称为"骚体"。❷骚体类文章的总集。西汉刘向辑。收有战国楚人屈原、宋玉、景差等的赋体作品，同时也附有汉人以屈赋形式写的某些作品，计十六篇。因都具有楚地的文学样式、方言声韵、风土色彩，故书名定为《楚辞》。

【楚毒】 chǔdú ❶苦刑。《三国志·魏书·司马芝传》："今囚有数十，既巧诈难符，且已倦～～，其情易见。"又《吴书·陆胤传》："胤坐收下狱，～～备至，终无他辞。"❷痛苦。苏轼《与朱鄂州书》："去岁夏中，其妻一产四子，～～不可堪忍，母子皆毙。"

【楚氛】 chǔfēn 《左传·襄公二十七年》："伯夙谓赵孟曰：'～～甚恶，惧难。'"本指楚国军营上空的云气。后用以比喻俗恶之气。黄庭坚《以古铜壶送王观复》诗："酌酒时在傍，可用弭～～。"

【楚凤】 chǔfèng 传说楚人有以山雉为凤凰者，将以献楚王，经宿而鸟死，而国人传之，都以为是真凤凰。（见《尹文子·大道上》）后因称赝品、伪品为"楚凤"。张彦远《法书要录·李嗣真书品后》："虽古迹昭然，永不觉悟，而执燕石以为宝，玩～～而称珍，不亦谬哉！"

【楚掠】 chǔlüè 拷打。《北史·魏赵郡王幹传》："数日间［拓跋］谧召近州人夫，闭四门，内外严固，搜掩城人，～～备至。"

【楚切】 chǔqiè 凄苦。傅咸《斑鸠赋》："慨感物而哀鸣，声～～以怀伤。"

【楚囚】 chǔqiú 《左传·成公九年》："晋侯观于军府，见钟仪，问之曰：'南冠而絷者，谁也？'有司对曰：'郑人所献～～也。'"本指被俘的楚国人，后用以借指处境窘迫的人。《晋书·王导传》："当共戮力王室，克复神州，何至作～～相对泣邪！"李商隐《与同年李定年曲水闲话戏作》诗："相携花下非秦赘，对泣春天类～～。"

【楚声】 chǔshēng 楚地的曲调。《汉书·礼乐志》："高祖乐～～，故'房中乐'～～也。"

【楚些】 chǔsuò 《楚辞·招魂》句尾都有"些"字，"些"为楚人习用的语气词。后因以泛指《楚辞》或楚调。苏轼《次韵杭人裴维甫》："凄凉～～缘吾发，邂逅秦淮为子留。"元好问《李长源》诗："方为骚人笺～～，更禁书客堕秦坑。"

【楚挞】 chǔtà 用棍杖殴打。《后汉书·曹世叔妻传》："夫为夫妇者，义以和亲，恩以好合，～～既行，何义之存？"《三国志·蜀书·许慈传》："书籍有无，不相通借，时寻～～，以相震撼。"

【楚腰】 chǔyāo 《韩非子·二柄》："楚灵王好细腰，而国中多饿人。"后泛称女子的细腰为"楚腰"。杨炎《赠薛瑶英》诗："玉山翘翠步无尘，～～如柳不胜春。"

【楚材晋用】 chǔcáijìnyòng 《左传·襄公二十六年》："如杞、梓、皮革，自楚往也。虽楚有材，晋实用之。"后指引用他国的人材。《周书·沈重传》："建德末，重自以入朝既久，且年过时制，表请还梁。高祖优诏答之曰：'……不忘恋本，深足嘉尚，而～～～～，岂无先哲。'"（建德：年号。）

【楚尾吴头】 chǔwěiwútóu 指地当吴、楚之间（今江西省北部）。朱熹《铅山立春》诗："雪拥山腰洞口，春回～～～～。"也作"吴头楚尾"。黄庭坚《谒金门·戏赠知命》词："山又水，行尽～～～～。"

濋 chǔ 水名。济水的支流。《尔雅·释水》："水自河出为灉，济为～。"

齼（齭、齗） chǔ 牙齿接触酸味时的感觉。曾几《曾宏甫分饷洞庭柑》诗："莫向君家樊素口，瓠犀微～远山颦。"

亍 chù 小步而行。左思《魏都赋》："喬云翔龙，泽马～阜。"㊀步。颜延之《赭白马赋》："纤骊接趾，秀骐齐～。"

诎 chù 见 qū。

绌（絀） chù ❶缝。《史记·赵世家》："黑齿雕题，郤冠秫～，大吴之国也。"（题：额。秫：通"鉥"。长针。）❷不足。《吕氏春秋·执一》："故凡能全国完身者，其唯知长短赢～之化邪。"《鹖冠子·世兵》："蚤晚～赢，反相殖生。"❸通"黜"。贬退，罢免或降职。《史记·屈原贾生列传》："屈平既～，其后秦欲伐齐，齐与楚从亲，惠王患之。"曾巩《先大夫集后序》："公益诤，以谓天命不可专任，宜～奸臣，修人事。"❹（qū）通"诎"。屈服。王安石《赠司空兼侍中文元贾魏公神道碑》："责以信义，告之利害，客～服不能发口。"

怵 1. chù ❶恐惧，害怕。陆机《文赋》："虽杼轴于予怀，～他人之我先。"（杼轴：喻诗文的组织、构思。）《后汉书·章帝纪》："念其痛毒，～然动心。"㊀警惕。

《庄子·养生主》："吾见其难为，～然为戒。"❷悲伤。《礼记·祭统》："心～而奉之以礼。"

2. xù ❸引诱，诱惑。《汉书·食货志》："善人～而为奸邪，愿民陷而之刑戮。"

【怵臭】 chùchuò 奔走。《史记·司马相如列传》："绸缪偃蹇，～～以梁倚。"（偃蹇：屈曲的样子。）

【怵惕】 chùtì 惊骇，戒惧。《孟子·公孙丑上》："今人乍见孺子将入于井，皆有～～恻隐之心。"《国语·周语上》："夫王人者，将导利而布之上下者也，使神人百物无不得其极，犹日～～，惧怨之来也。"也作"怵愁"。《汉书·王商传》："于是退[周]勃使就国，卒无～～忧。"

【怵迫】 xùpò 为利所诱、为贫所迫。贾谊《鹏鸟赋》："～～之徒兮，或趋西东。"《后汉书·李固传》："天地之心，福谦忌盛，是以贤达功遂身退，全名养寿，无有～～之忧。"

【怵心刿目】 chùxīnguìmù 惊心动目。刿，刺。葛立方《韵语阳秋》卷一："陶潜、谢朓诗皆平淡有思致，非后来诗人～～～～雕琢者所为也。"

闳(閦) chù ❶众。《玉篇·门部》："～，众也。"❷佛名用字。《法华经》中有佛阿闳，住东方妙喜世界。

畜 1. chù ❶人饲养的禽兽。《管子·牧民》："藏于不竭之府者，养桑麻育六～也。"（六畜：马、牛、羊、鸡、狗、猪。）

2. xù ❷饲养。《周易·离》："亨，～牝牛吉。"柳宗元《三戒·永某氏之鼠》："因爱鼠，不～猫犬。"㊀养育。《诗经·小雅·我行其野》："尔不我～，覆我邦家。"㊁培养。《周易·大畜》："君子以多识前言往行，以～其德。"❸容纳，收容。《左传·襄公二十六年》："获罪于两君，天下谁～之。"《礼记·儒行》："非时不见，不亦难得乎？非义不合，不亦难～乎？"❹喜爱。《孟子·梁惠王下》："其诗曰：'～君何尤？'～君者，好君也。"❺积聚，储藏。又写作"蓄"。《三国志·魏书·高柔传》："夫农广则谷积，用俭则财～。"㊀蕴蓄。白居易《与元九书》："心所～者，便欲快言。"

【畜积】 xùjī 积聚，积蓄。《吕氏春秋·古乐》："昔古朱襄氏之治天下也，多风而阳气～～，万物散解，果实不成。"晁错《论贵粟疏》："薄赋敛，广～～。"

【畜畜】 xùxù 恤爱勤劳的样子。《庄子·徐无鬼》："夫尧～～然仁，吾恐其为天下笑。"

諔(諔) chù 见"諔诡"。

【諔诡】 chùguǐ 同"俶诡"。奇异。《庄子·德充符》："彼且蕲以～～幻怪之名闻，不知至人之以是为己桎梏耶？"

俶 1. chù ❶善，美好。《诗经·大雅·既醉》："令终有～，公尸嘉告。"杨慎《伊兰赋》："开以景风之～辰兮，贯乎星回之火节。"❷始，开始。《北史·李崇传》："嵩都创构，洛邑～营，虽年跨十稔，根基未就。"姜夔《圣宋铙歌吹曲·上帝命》："～作宋祚，五王不纲。"❸作，筑。《诗经·大雅·崧高》："召伯是营，有～其城。"（有：助词。）❹厚。《公羊传·隐公九年》："庚辰，大雨雪。何以书？记异也。何异尔？～甚也。"❺整，束。见"俶装"。

2. tì ❻见"俶傥"。

【俶尔】 chù'ěr 犹"倏尔"。忽然。柳宗元《至小丘西小石潭记》："日光下澈，影布石上，佁然不动，～～远逝，往来翕忽，似与游者相乐。"

【俶诡】 chùguǐ 奇异。《吕氏春秋·侈乐》："大鼓钟磬管箫之音，以巨为美，以众为观，～～殊瑰，耳所未尝闻，目所未尝见。"

【俶落】 chùluò 始，开始。崔明允《庆唐观金箓斋颂》："惟初授命，载告休征，权舆灵迹，～～祠宇，昭彰于国史。"（权舆：起始。）

【俶扰】 chùrǎo ❶开始扰乱。《尚书·胤征》："畔官离次，～～天纪。"❷骚扰。颜真卿《祭伯父豪州刺史文》："日者，羯胡禄山～～河洛，生灵涂炭。"也指动乱。独孤及《奉和李大夫同吕评事太行苦热行兼寄院中诸公》诗："赵、魏方～～，安危俟明哲。"

【俶装】 chùzhuāng 整理行装。《陈书·虞荔传》："必愿便尔～～，且为出都之计。"王明清《挥麈三录》卷三："廷～～西上，道中小缓而进。"

【俶傥】 tìtǎng ❶卓异不凡。《后汉书·冯衍传》："顾尝好～～之策，时莫能听用其谋。"王安石《读进士试卷》诗："故令～～士，往往弃堙郁。"❷豪爽洒脱。《魏书·阳尼传》："性～～，不拘小节。"

鄐 chù 古地名。春秋晋邑。在今河南温县附近。《左传·襄公二十六年》："雍子奔晋，晋人与之～。"

絮 chù 见 xù。

滀 chù ❶水停聚。《盐铁论·授时》："通～水，出轻系。"（轻系：指罪轻的囚犯。）㊀郁结。《庄子·达生》："夫忿～之气，散而不反。"❷湍急。《后汉书·公孙瓒传》："鸟厄归人，～水陵高。"（厄：受困。）

搐 chù 牵动，抽搐。贾谊《新书·大都》："一二指～，身固无聊也。"

埱 chù 八寸的璋。《尔雅·释器》:“璋大八寸谓之～。”

跦 chù ❶兽迹。《玉篇·足部》:“～,兽迹。”❷见“跦踢”。

【跦踢】 chùtī 传说中的兽名。《山海经·大荒南经》:“南海之外,赤水之西,流沙之东,有兽,左右有首,名曰～～。”

触(觸、𧤏) chù ❶用角顶撞。《论衡·物势》:“鹿之角足以～犬。”㉃碰,撞。《吕氏春秋·节丧》:“譬之若瞽师之避柱也,避柱而疾～杙也。”❷接触,遇。《庄子·养生主》:“手之所～,肩之所倚。”韩愈《崔十六少府摄伊阳以诗及书见投因酬三十韵》:“我时亦新居,～事苦难办。”㉃遭受。《论衡·吉验》:“穿井旁出,不～土害。”❸触犯。《汉书·元帝纪》:“去礼义,～刑法,岂不哀哉!”《三国志·魏书·卫觊传》:“谁能犯颜色,～忌讳,建一言,开一说哉?”㉂触动,引发。《周易·系辞上》:“～类而长之,天下之能事毕矣。”林正大《括满江红》词:“怕明朝,酒醒落纷纷,那忍～。”❹污,浊。江淹《为建平王让镇南徐州刺史启》:“燋鲠在躬,辄复尘～。”义净《南海寄归内法传》:“凡水分净～。瓶有二枚,净者咸用瓦瓷,～者任兼铜铁。”❺距离。刘禹锡《山南西道新修驿路记》:“我之提封居右扶风,～剑阁千一百里。”

【触处】 chùchù 随处,到处。白居易《春尽日宴罢感事独吟》:“闲听莺语移时立,思逐杨花～～飞。”许浑《及第后春情》诗:“世间得意是春风,散诞经过～～通。”

【触藩】 chùfān 用角抵撞篱笆。《周易·大壮》:“羝羊～～,羸其角。”后以喻碰壁,进退两难。韦应物《示从子河南尉班》诗:“立政思悬棒,谋身类～～。”

【触谏】 chùjiàn 犯颜强谏。《楚辞·九叹·怨思》:“犯颜色而～～兮,反蒙辜而被疑。”

【触冒】 chùmào 冒犯。《后汉书·隗嚣传》:“[王]莽明知之,而冥昧～～,不顾大忌,诡乱天术,援引史传。”羊祜《让开府表》:“臣不胜忧惧,谨～～拜表。”

【触目】 chùmù 目光所及。《世说新语·容止》:“今日之行,～～见琳琅珠玉。”任昉《为褚谘议蓁让代兄袭封表》:“永惟情事,～～崩殒。”

【触突】 chùtū ❶突击,奔窜冲突。《后汉书·西羌传》:“其兵长在山谷,短于平地,不能持久,而果于～～。”曹植《七启》:“哮阚之兽,张牙奋鬣,志在～～,猛气不慑。”❷冒犯,触犯。《后汉书·寇荣传》:“是以不敢～～天威。”《三国志·魏书·曹洪传》注引《魏略》:“老惛倍贪,～～国网。”

【触网】 chùwǎng 犯法。《南史·蔡兴宗传》:“州别驾范义与兴宗素善,在城内同诛。兴宗至,躬自收殡……上闻谓曰:‘卿何敢故尔～～?’”

【触忤】 chùwǔ 冒犯。杜甫《送路六侍御入朝》诗:“剑南春色还无赖,～～愁人到酒边。”也作“触迕”。《晋书·唐彬传》:“顺从者谓为见事,直言者谓之～～。”

【触兴】 chùxìng 犹“即兴”,随感起兴。《文心雕龙·诠赋》:“至于草区禽族,庶品杂类,则～～致情,因变取会。”

黜 chù ❶废,贬退。《国语·晋语一》:“公将～太子申生,而立奚齐。”《后汉书·西域传》:“国中灾异及风雨不时,辄废而更立,受放者甘～不怨。”㉃贬低。吴之振《宋诗钞序》:“自嘉隆以还,言诗尊唐而～宋。”❷摈弃,消除。魏徵《谏太宗十思疏》:“惧谗邪,则思正身以～恶。”韩愈《读荀子》:“孔子删《诗》、《书》,笔削《春秋》,合于道者著之,离于道者～去之。”❸减少。《左传·襄公十年》:“子驷与尉止有争,将御诸侯之师而～其车。”

【黜辱】 chùrǔ 贬黜受辱。《后汉书·班昭传》:“战战兢兢,常惧～～,以增父母之羞,以益中外之累。”

【黜陟】 chùzhì 指官吏降免或升迁。《论衡·治期》:“上古之～～幽明,考功,据有功而加赏,案无功而施罚。”(幽明:指善恶、智愚。)《汉书·诸侯王表》:“武帝施主父之册,下推恩之令,使诸侯王得分邑以封子弟,不行～～,而藩国自析。”也作“绌陟”。《史记·五帝本纪》:“三岁一考功,三考～～,远近众功咸兴。”

歜 chù ❶盛怒。吴潜《贺新郎·和赵丞相见寿》词:“虚舟飘瓦何烦～。”❷切断的昌蒲根,可佐食,也可入药。《左传·僖公三十年》:“冬,王使周公阅来聘,飨有昌～。”

鄐 chù 同“歜”。人名用字。《战国策·齐策四》有“颜鄐”。《汉书》作“颜歜”。

臅 chù 胸腔内的脂膏。《礼记·内则》:“小切狼～膏,以与稻米为酏。”(狼臅膏:狼胸腔内的脂肪。)

矗 chù ❶直通。谢灵运《山居赋》:“曲术周乎前后,直陌～其东西。”❷直率。卫元嵩《元包经》:“语其义则～然而不诬。”❸直立,高耸。王安石《桂枝香·金陵怀古》词:“背西风,酒旗斜～。”㉂耸立的样子。杜牧《阿房宫赋》:“蜂房水涡,～不知乎几千万落。”❹齐,齐平。鲍照《芜城赋》:“崪若断岸,～似长云。”舒元舆《唐鄂州永兴县重岩寺碑铭》:“释宫斯阐,上～星斗。”

【矗矗】 chùchù 高峻的样子。《汉书·司马相如传上》："于是乎崇山～～，龙嵸崔巍。"(龙嵸：山势险峻的样子。)洪炎《四月二十三日晚同太冲表之公实野步》诗："四山～～野田田，近是人烟远是村。"

chuai

揣 1. chuǎi ❶测量。《左传·昭公三十二年》："士弥牟营成周，计丈数，～高卑。"㊀忖度，揣测。《孟子·告子下》："不～其本，而齐其末，方寸之木，可使高于岑楼。"陈亮《薛公》："敌人远在数千里，而欲察其情，～其计之所出，此非智者不能为也。"㊁揣摩。《论衡·逢遇》："如准推主调说，以取尊贵，是名为'～'，不名曰'遇'。"❷持，抓。《汉书·贾谊传》："忽然为人，何足控～。"郭璞《山海经图赞·海外西经·乘黄》："～角轻腾，忽若龙矫。"

2. zhuī ❸捶击，击。《老子·九章》："～而锐之，不可长保。"《后汉书·皇甫嵩传》："利剑已～其喉，方发悔毒之叹者，机失而谋乖也。"

3. chuāi ❹怀藏。《西游记》十一回："怀～一本生死簿，注定存亡。"❺怀(胎)。关汉卿《救风尘》四折："马～驹了。"

4. tuán ❻通"团"。积聚的样子。马融《长笛赋》："秋潦漱其下趾兮，冬雪～封乎其枝。"

【揣摩】 chuǎimó ❶悉心探求真意，以期比合。《战国策·秦策一》："苏秦得太公《阴符》之谋，伏而诵之，简练以为～～。"《论衡·答佞》："仪、秦，排难之人也，处扰攘之世，行～～之术。"❷忖度，估量。黄宗羲《移史馆熊公雨殷行状》："当时号为能谏者，亦必～～宛转以纳其说。"

【揣情】 chuǎiqíng ❶忖度情理。《史记·平原君虞卿列传论》："虞卿料事～～，为赵画策，何其工也！"❷悉心探求真意，以相比合。《鬼谷子·揣》："～～者，必以其甚喜之时往，而极其欲也。"

【揣挫】 zhuīcuò 打击摧折。《后汉书·酷吏传序》："若其～～强執，摧勒公卿，碎裂头脑而不顾，亦为壮也。"

【揣丸】 tuánwán 和调。《淮南子·俶真训》："其袭微重妙，挺挏万物，～～变化，天地之间，何足以论之。"

嘬 chuài ❶叮，咬。《孟子·滕文公上》："狐狸食之，蝇蚋姑～之。"《韩非子·说林下》："[虱]于是乃相与聚～其身而食之。"❷吞食。《礼记·曲礼上》："濡肉齿决，干肉不齿决，毋～炙。"欧阳修《水谷夜行寄子美圣俞》诗："近诗尤古硬，咀嚼苦难～。"㊀贪吃，贪。见"嘬兵"。

【嘬兵】 chuàibīng 兴兵以满足贪欲。罗泌《路史前纪·蜀山氏》："汉之武帝好大而喜功，使者张骞乃反夸以西域之富，于是～～以争之。"

【嘬嘬】 chuàichuài 吃得很快的样子。扬雄《太玄经·翕》："次三，翕食～～。"

【嘬嚃】 chuàità 大口吞食。陆游《黄牛峡庙》诗："纷然馂神馀，饕禽争～～。"

踹 chuài 见 shuàn。

chuan

川(巛) chuān ❶河流。《吕氏春秋·有始》："何谓六～？河水、赤水、辽水、黑水、江水、淮水。"杜甫《龙门》诗："往还时屡改，～水日悠哉。"❷低而平坦之地。《新五代史·周德威传》："平～广野，骑兵之所长也。"王安石《出郊》诗："～原一片绿交加，深树冥冥不见花。"

【川川】 chuānchuān 缓慢沉重的样子。扬雄《太玄经·难》："大车～～，上轸于山，下触于川。"(轸：困。)

【川流】 chuānliú ❶比喻往来不息，盛行不衰。《后汉书·崔骃传》："方斯之际，处士山积，学者～～。"柳宗元《邠宁进奏院记》："～～环运，以达教令。"❷比喻浸润，滋长。《礼记·中庸》："小德～～，大德敦化，此天地之所以为大也。"

穿 chuān ❶穿透。《诗经·召南·行露》："谁谓雀无角，何以～我屋。"《三国志·蜀书·诸葛亮传》："强弩之末，势不能～鲁缟。"㊁凿通，挖掘。《汉书·地理志下》："始皇之初，郑国～渠，引泾水溉田。"《论衡·齐世》："后世～地为井，耕土种谷。"㊂通过。庾信《对烛赋》："灯前桁衣疑不亮，月下～针觉最难。"❷洞，孔。《宋书·刘秀之传》："汝等试以栗遥掷此柱，若能入～，后出必得此郡。"㊁破损成洞。《庄子·山木》："衣弊履～，贫也。"陶渊明《五柳先生传》："短褐～结，箪瓢屡空，晏如也。"❸圹穴。《汉书·定陶丁姬传》："时有群燕数千衔土投丁姬～中。"❹串，贯通。古诗《孔雀东南飞》："赍钱三百万，皆用青丝～。"白居易《与元九书》："至于贯～今古，覼缕格律，尽工尽善，[杜]又过于李。"(覼缕：委曲陈述。杜：杜甫。李：李白。)❺穿戴。《世说新语·雅量》："庾[子嵩]时颓然已醉，帻坠几上，以头就～取。"《天朝田亩制度》："有衣同～，有钱同使。"

【穿败】 chuānbài 破损，破坏。《论衡·齐世》："譬犹衣食之于人也，初成鲜完，始熟香洁，少久～～，连日臭茹矣。"《晋书·陈頵传》："故百寻之屋，突直而燎焚；千里之隄，蚁蛭而～～。"

【穿鼻】 chuānbí 如牛鼻穿绳，比喻听命于人，任人摆布。《梁书·武帝纪上》："徐孝嗣才非柱石，听人～～。"罗隐《薛阳陶觱篥歌》："扫除桀黠似提箒，制压权豪若～～。"

【穿穴】 chuānxué ❶洞穴。杜甫《病柏》诗："鸱鸮志意满，养子～～内。"❷强求其通。朱熹《答吕子约书》："缘文生义，附会～～，只好做时文，不是讲学也。"

【穿杨】 chuānyáng ❶言射者善射，能穿杨柳之叶。李涉《看射柳枝》诗："万人齐看翻金勒，百步～～逐箭空。"❷比喻文章技艺必然得以施展。唐彦谦《送樊琯司业还朝》诗："惬心频拾芥，应手屡～～。"

【穿逾】 chuānyú 穿壁翻墙。指盗窃行为。《孟子·尽心下》："人能充无～～之心，而义不可胜用也。"也作"穿窬"。《三国志·魏书·陈群传》："若用古刑，使刑者下蚕室，盗者刖其足，则永无淫放～～之奸矣。"苏轼《王元之画像赞序》："则公之所为，必将惊世绝俗，使斗筲～～之流心破胆裂。"

【穿凿】 chuānzáo ❶凿通。《论衡·答佞》："～～垣墙，狸步鼠窃，莫知谓谁。"焦延寿《易林·井·归妹》："～～道路，为君除舍。"❷犹牵强附会。任意牵合意义、强求其通。《论衡·奇怪》："儒生～～，因造禹、契逆生之说。"曾巩《筠州学记》："惟知经者为善矣，又争为章句训诂之学，以其私见，妄～～为说。"

貒 1. chuān ❶兽奔跑。张衡《西京赋》："若夫游鹔高翚，绝阮逾斥；毚兔联～，陵峦超壑。"（翚：迅猛地飞。斥：泽。）《后汉书·马融传》："兽不得～，禽不得瞥。"

2. shān ❷兽名。《集韵·仙韵》："～，兽名，似兔。"

传(傳) 1. chuán ❶传授，转授。《论语·子张》："君子之道，孰先～焉？"《孟子·万章上》："人有言至于禹而德衰，不～于贤而～于子，有诸？"㊀所传授的东西。《论语·学而》："～不习乎？"❷延续，继承。颜延之《阳给事诔》："旧勋虽废，邑氏遂～。"韩愈《唐故监察御史卫府君墓志铭》："家世习儒，学词章，昆弟三人，俱～父祖业。"㊀传统。李贽《藏书·德业儒臣前论》："惟此言出，而后宋人直以濂、洛、关、闽接孟氏之～。"❸传送，转达。《孟子·公孙丑上》："德之流行，速于置邮而～命。"岑参《逢入京使》诗："马上相逢无纸笔，凭君～语报平安。"㊀传达，流露。《世说新语·巧艺》："～神写照，尽在阿堵中。"（阿堵：犹这个。这里指眼珠。）❹传扬，流传。《盐铁论·非鞅》："功如丘山，名～后世。"㊀传说，传闻。《荀子·非相》："其所见焉，犹可欺也，而况于千世之～也。"《后汉书·东夷传》："或～其国有神井，阙之辄生子云。"❺传讯，逮捕。《汉书·刘屈氂传》："又诈为诏书，以奸～朱安世。"《后汉书·王允传》："灵帝责怒[张]让……让怀协忿怨，以事中允，明年，遂～下狱。"（中：中伤。允：人名。）❻移动。《礼记·内则》："父母舅姑之衣、衾、箪、席、枕、几，不～，杖屦祗敬之，勿敢近。"

2. zhuàn ❼书传，文字记载。《孟子·梁惠王下》："齐宣王问曰：'文王之囿方七十里，有诸？'孟子对曰：'于～有之。'"㊀记载。韩愈《送杨少尹序》："汉史既～其事，而后世工画者又图其迹。"㊁传记。一种文体。刘知几《史通·列传》："～之为体，大抵相同，而述者多方，有时而异。"❽注释或阐述经义的文字。刘知几《史通·疑古》："及左氏之为～也，虽义释本经，而语杂他事。"戴埴《鼠璞·传注》："自马融注《周礼》，省学士之两读，以～连经。"❾古代过关津的符信。《史记·孝景本纪》："复置津关，用～出入。"㊀任官的符信。《汉书·王莽传上》："自三辅、三公有事府第，皆用～。"❿驿站的车马，驿站。《后汉书·冯异传》："遣异与姚期乘～抚循属县。"又《陈忠传》："发人修道，缮理亭～。"⓫次序。《史记·秦始皇本纪》："始皇推终始五德之～，以为周得火德，秦代周德，从所不胜。"

3. zhuān ⓬通"专"。专一。马王堆汉墓帛书《战国纵横家书》二六："无自恃计，～恃楚之救，则梁必危矣。"

【传道】 chuándào ❶转述，传说。《楚辞·天问》："遂古之初，谁～～之。"杜甫《秦州杂诗》之十三："～～东柯谷，淡藏数十家。"又指传说之事。《周礼·夏官·训方氏》："诵四方之～～。"❷传授儒家圣贤之道。韩愈《师说》："师者，所以～～受业解惑也。"后也指宗教宣传教旨。

【传灯】 chuándēng ❶佛家指传法。佛法可以破除迷暗，犹如明灯，故称。崔颢《赠怀一上人》诗："～～遍都邑，杖锡游王公。"李中《贻毘陵正勤禅院奉长老》诗："愿作～～者，忘言学净名。"❷指佛像前或人将死时置于脚后的长明灯。杜甫《望牛头寺》诗："～～无白日，布地有黄金。"

【传点】 chuándiǎn ❶古朝房、官署按时敲击云板，以召集司事人员。点，云板。《新唐书·仪卫志上》："平明～～毕，内门开，监察御史领百官入。"❷报时。点，更点。司空图《庚子腊月五日》诗："禁漏虚～～，妖星不振辰。"

【传漏】　chuánlòu　报时。古以壶漏计时，故称。《汉书·董贤传》："贤～～在殿下，为人美丽自喜。"陆倕《新漏刻铭》："属～～之音，听鸡人之响。"

【传尸】　chuánshī　❶犹转尸。言死无葬身之所。《逸周书·大聚》："揖其民力，相更为师；因其土宜，以为民资。则生无乏用，死无～～。"❷中医称肺结核症。张鷟《朝野佥载》卷二："女患～～瘦病，恐妾厌祷之。"

【传食】　chuánshí　辗转受人供养。《孟子·滕文公下》："后车数十乘，从者数百人，以～～于诸侯，不以泰乎？"（一说"传"读zhuàn，为客舍之意；传食，言止息于诸侯客馆而受其饮食。参阅焦循《孟子正义》。）《西京杂记》卷二："娄护、丰辩～～五侯间，各得其欢心，竞致奇膳。"

【传衣】　chuányī　传授师法，继承师业。李商隐《谢书》诗："自蒙半夜～～后，不羡王祥得佩刀。"黄庭坚《题山谷石牛洞》诗："司命无心播物，祖师有记～～。"

【传真】　chuánzhēn　❶画家摹写人物形貌。杜荀鹤《八骏图》诗："丹雘～～未得真，那知筋骨与精神。"（雘：颜料。赤色。）❷传授仙道。屠隆《綵毫记·团圆受诏》："闻命沾恩，暂去依光日月，～～授诀，终当棲志烟霞。"

【传重】　chuánzhòng　指把丧祭及宗庙的重责传给嫡孙。古代宗法对嫡、庶区分得很严格，如嫡子残废死亡，或因子庶而孙嫡，就以孙继祖。这种继承，由祖而言，叫"传重"；由孙而言，叫"承重"。《仪礼·丧服》："传曰何以三年也？正体于上，又乃将所～～也。"应劭《风俗通·愆礼》："契阔中馈，经理蚕织，垂统～～，其为恩笃勤至矣。"

【传车】　zhuànchē　驿车。《淮南子·道应训》："［秦始皇］具～～，置边吏。"文天祥《正气歌》："楚囚缨其冠，～～送穷北。"

【传舍】　zhuànshè　古时供行人休息住宿的处所。《三国志·魏书·陈群传》："昔刘备自成都至白水，多作～～，兴费人役。"萨都剌《金陵道中题沈氏壁》诗："万里关河成～～，五更风雨忆吾庐。"

【传乘】　zhuànshèng　❶古代兵车。《晋书·舆服志》："追锋车，去小平盖，加通幰，如轺车，驾二。追锋之名，盖取其迅速也，施于戎阵之间，是为～～。"❷驿站的车马。唐甄《潜书·省刑》："关市、桥梁、～～、宾旅，未尝不治也，四境之内未尝不安也。"

【传注】　zhuànzhù　阐释经义的文字。《文心雕龙·论说》："释经则与～～参体……传者转师，注者主解。"韩愈《与李祕书论小功不税书》："无乃别有所指，而～～者失其宗乎？"也作"传注"。李渔《闲情偶寄·词曲》："曲之有白，就文字论之，则犹经文之于～～。"

船（舩）　chuán　船。《史记·夏本纪》："陆行乘车，水行乘～。"㊂船载。韩愈《平淮西碑》："蔡人告饥，～粟往哺。"㊕船形的酒杯。陆游《梅花》诗："劝君莫作儿女态，但向花前倾玉～。"

【船骥】　chuánjì　船与良马。比喻治国贤能之臣。《吕氏春秋·知度》："伊尹、吕尚、管夷吾、百里奚，此霸王之～～也。"周昙《百里奚》诗："～～由来是股肱，在虞虞灭在秦兴。"

【船脚】　chuánjiǎo　❶驾船的人。杜宝《大业杂记》："其架船人名为～～。"❷船的吃水部分。白居易《和微之诗·和三月三十日四十韵》："坐并～～欹，行多马蹄跙。"（欹：斜。）❸船运费。《宋史·食货志下四》："内除～～钱二百文。"

【船乘】　chuánshèng　船与车马。用以喻治国贤能之臣。《说苑·尊贤》："是故游江海者托于船，致远道者托于乘，欲霸王者托于贤。伊尹、吕尚、管夷吾、百里奚，此霸王之～～也。"

圌　1. chuán　❶同"篅"。贮藏谷物的圆囤。刘熙《释名·释宫室》："～，以草作之，团团然也。"《抱朴子·外篇·守堉》："稗粝旷于～廪，薪爨废于庖厨。"

2. tuán　❷通"团"。《论衡·变动》："夫以果蓏之细，员～易转。"

3. chuí　❸山名。在江苏镇江东。魏源《秦淮灯船引》："～山已失京口破。"

遄　chuán　疾速。《三国志·魏书·陈思王植传》："窃感《相鼠》之篇，无礼～死之义，形影相吊，五情愧赧。"傅亮《为宋公至洛阳谒五陵表》："河流～疾，道阻且长。"

【遄飞】　chuánfēi　疾速飞扬。王勃《滕王阁序》："遥吟俯畅，逸兴～～。"

辁（輲）　chuán　❶同"辁"。古代一种木制车轮，小而无辐。《墨子·经说下》："两轮高，两轮为～，车梯也。"❷载柩车。见"辁车"。

【辁车】　chuánchē　运送灵柩的车。《礼记·杂记上》："载以～～。"（孔颖达疏："凡在路载柩，天子以下至士皆用蜃车，与辁车同。）

椽　chuán　❶椽子，放在檩子上架屋瓦的木条。《汉书·艺文志》："茅屋采～，是以贵俭。"（采：栎木。）杜牧《阿房宫赋》："架梁之～，多于机上之工女。"❷量词。间，房屋的最小单位。杨泽民《满庭芳》词："良田二顷，茅舍三～。"王安石《游土山示蔡天启秘校》诗："数～危败屋，为我炊陈浥。"

篅 chuán 贮藏谷物的圆囤。贾思勰《齐民要术·水稻》："经三宿，漉出，内草～中裛之。"

舛 chuǎn ❶相违背。《汉书·贾谊传》："本末～逆，首尾横决，国制抢攘，非甚有纪，胡可谓治！"㊀不顺。王勃《滕王阁序》："时运不齐，命途多～。"❷差异，不同。班固《幽通赋》："三仁殊而一致兮，夷、惠～而齐声。"（三仁：殷微子、箕子、比干。夷：伯夷。惠：柳下惠。）《后汉书·张衡传》："世易俗异，事势～殊。"❸交互，交错。马融《广成颂》："骚扰聿皇，往来交～。"郭璞《山海经图赞·焦侥》："群籁～吹，气有万殊。"❹错乱，差错。《梁书·陶弘景传》："心如明镜，遇物便了；言无烦～，有亦辄觉。"《宋史·张璺传》："闭户读书四十年，手校数万卷，无一字～。"

【舛驳】 chuǎnbó 乖谬驳杂，庞杂。《庄子·天下》："惠施多方，其书五车，其道～～，其言也不中。"司马光《进士策问》之十："后之学者皆祖其言，乃以《书》为～～，非若他经之纯美也。"

【舛驰】 chuǎnchí ❶背道而驰。《淮南子·说山训》："分流～～，注于东海，所行则异，所归则一。"《汉书·扬雄传下》："雄见诸子各以其知～～，大氐诋訾圣人。"❷交互。《淮南子·俶真训》："二者代谢～～，各乐其成形。"

【舛错】 chuǎncuò ❶错乱，差错。《楚辞·九叹·惜贤》："心忙恨以冤结兮，情～～以曼忧。"（忙恨：失意怅惘。）司马贞《〈史记索隐〉序》："初欲改更～～，裨补疏遗。"❷交错，错杂。左思《蜀都赋》："都人士女，袨服靓妆；贾贸墆鬻，～～纵横。"张华《鹪鹩赋》："巨细～～，种繁类殊。"

【舛互】 chuǎnhù ❶互相抵触。裴松之《上三国志注表》："注记纷错，每多～～。"《旧唐书·礼仪志二》："诸儒持论，异端蜂起，是非～～，靡所适从。"❷交错。左思《吴都赋》："长干延属，飞甍～～。"

【舛谬】 chuǎnmiù ❶差错。《梁书·萧子云传》："郊庙歌辞，应须典诰大语，不得杂用子史文章浅言，而沈约所撰，亦多～～。"❷悖谬，错乱。赵与时《宾退录》卷五："惟东西二周一节极其～～，深误学者。"吴兢《贞观政要·论灾祥》："皇天降灾，将由视听弗明，刑罚失度，遂使阴阳～～。"

【舛午】 chuǎnwǔ 也作"舛忤"、"舛迕"、"舛怍"。❶相违背，相抵触。《汉书·楚元王传》："朝臣～～，胶戾乖剌，更相谗诉，转相是非。"《抱朴子·塞难》："真伪有质矣，而趋舍～～，故两心不相为谋焉。"❷差错。李衎《〈宋景文笔记〉跋》："右笔记三弓，以数本参订，粗少～～。"

【舛误】 chuǎnwù 差错，谬误。《隋书·王劭传》："劭具论所出，取书验之，一无～～。"

荈 chuǎn 茶的老叶。泛指茶。《三国志·吴书·韦曜传》："或密赐茶～以当酒。"（按：一说晚采的茶为荈。）

喘（歂） chuǎn ❶呼吸急促，气喘。《史记·扁鹊仓公列传》："令人～，逆气，不能食。"㊀急促。《论衡·论死》："忿怒之人，呴呼于人之旁，口气～射人之面，虽勇如贲、育，气不害人。"❷轻声说话。《荀子·臣道》："～而言，臑而动。"❸气息。苏轼《乞数珠赠南禅湜老》诗："我老安能为，万劫付一～。"

端 chuǎn 见 duān。

僢 chuǎn 同"舛"。❶相背。《玉篇·人部》"僢"字下引《淮南子》："分流～驰。"（今本《淮南子·说山训》作"舛"。）❷足相向。《礼记·王制》"南方曰蛮，雕题交趾"郑玄注："交趾，足相乡然，浴则同川，卧则～。"

蝡 chuǎn 虫名用字。蜷蝡，蚯蚓的别名。

串 1. chuàn ❶连贯，贯穿。梁简文帝《妾薄命》诗："玉貌歇红脸，长颦～翠眉。"㊁指连贯起来成串的东西。王安石《送张宣义之官越幕》诗："土润箭萌美，水甘茶～香。"❷串通。《新唐书·郑珣瑜传》："［郑］覃清正退约，与人未尝～狎。"

2. guàn ❸习惯。《荀子·大略》："国法禁拾遗，恶民之～以无分得也。"❹亲近，亲狎。《新唐书·刘文静裴寂传赞》："文静数履军陷阵，以才自进，而寂专用～昵显。"㊁指亲狎的人。谢惠连《秋怀》诗："因歌遂成赋，聊用布亲～。"

钏（釧） chuàn 腕环。俗称镯。古男女同用，后唯女饰用。庾信《竹杖赋》："玉关寄书，章台留～。"《南史·王玄象传》："女臂有玉～。"

chuang

刅 chuāng ❶"创"的古字。伤。《说文·刃部》："～，伤也。"❷两刃刀。陆游《予年十六始识叶晦叔于西湖上……乃赋此诗》:“曹霸挥毫空万马,庖丁投~能千牛。”

创(創、刱、剏) 1. chuāng ❶创伤。《史记·魏其武安侯列传》:“[灌]夫身中大~十馀,适有万金良药,故得无死。”《后汉书·刘盆子传》:“杀人者死,伤人者偿~。”㊀伤害。《汉书·薛宣传》:“[薛况]赇客杨明,欲令~咸面目,使不居住。”(咸:人名。)❷疮。《论衡·书虚》:“管仲告诸侯,吾君背有疽~,不得妇人,疮不衰愈。”《宋书·索虏传》:“将士眼皆生~,死者太半。”

2. chuàng ❸始造,开创。《汉书·叙传下》:“叔孙奉常,与时抑扬,税介免胄,礼义是~。”(税:通“脱”。)诸葛亮《出师表》:“先帝~业未半而中道崩殂。”㊀初始。郦道元《水经注·谷水》:“皇居~徙,宫极未就,止跸于此。”㊀撰写,创作。孙光宪《北梦琐言》卷一:“子可为我草表,能立就?或归以~之?”❹惩治,警戒。《汉书·晁错传》:“陛下绝匈奴不与和亲,臣窃意其冬来南也,壹大治则终身~矣。”苏轼《刑赏忠厚之至论》:“有一不善,从而罚之,又从而哀矜惩~之,所以弃其旧而开其新。”

【创痏】 chuāngwěi ❶创伤,疮伤。左思《吴都赋》:“所以挂扢而为~~,冲踤而断筋骨。”张师中《括异志·张郎中》:“[张郎中]奉朝请于京师,忽疡生于手,痛不可忍。特有御医仇鼎者,专治~~,呼视之。”❷比喻民生疾苦,祸害。《旧唐书·昭宗纪》:“四海之内,~~犹殷;九贡之邦,纲条未理。”

【创痍】 chuāngyí 也作“创夷”。❶创伤。《汉书·淮南厉王刘长传》:“高帝蒙霜露,沫风雨,赴矢石,野战攻城,身被~~。”也指受伤的人。《后汉书·袁谭传》:“放兵钞突,屠城杀吏,冤魂痛于幽冥,~~被于草棘。”❷比喻人民遭受的战祸、疾苦。《史记·季布栾布列传》:“于今~~未瘳,[樊]哙又面谀,欲摇动天下。”

【创定】 chuàngdìng ❶初定。《后汉书·曹褒传论》:“汉初天下~~,朝制无文。”❷制定,制作。蔡邕《宗庙迭毁议》:“不知国家旧有宗仪,圣主贤臣所共~~。”刘勰《文心雕龙·乐府》:“逮于晋世,则傅玄晓音,~~雅歌,以咏祖宗。”

【创艾】 chuàngyì 也作“创刈”。❶惩治,因受惩治而畏惧。《汉书·匈奴传下》:“今既发兵,宜纵先至者,令臣尤等深入霆击,且以~~胡虏。”《后汉书·南匈奴传》:“北单于~~南兵,又畏丁令、鲜卑,遁逃远去。”❷以为鉴戒。《晋书·地理志》:“汉兴,~~亡秦孤立而败,于是割裂封疆,立爵二等,功臣侯者百有馀邑。”

【创制】 chuàngzhì ❶创建,建立。韩愈《潮州刺史谢上表》:“高祖~~天下,其功大矣,而治未太平也。”❷建立制度。《南史·何尚之传》:“凡~~改法,宜顺人情,未有违众矫物而可久也。”

【创业垂统】 chuàngyèchuítǒng 创建功业,传之子孙。《抱朴子·逸民》:“吕尚~~~~以示后人,而张苛酷之端,开残贼之轨。”司马光《萧何营未央宫》:“~~~~之君,致其恭俭以训子孙,子孙犹淫靡而不可禁,况示之以骄侈乎!”

摐(摐) chuāng ❶撞击。《史记·司马相如列传》:“~金鼓,吹鸣籁。”高適《燕歌行》:“~金伐鼓下榆关,旌旗逶迤碣石间。”❷高耸。扬雄《太玄经·逃》:“乔木维~,飞鸟过之或降。”❸纷错。元稹《泛江翫月》诗:“饮荒情烂漫,风棹药峥~。”

囱 1. chuāng ❶“窗”的古字。苏轼《柳子玉亦见和因以送之兼寄其兄子璋道人》诗:“晴~咽日肝肠暖,古殿朝真屦袖香。”

2. cōng ❷烟囱。《玉篇·囱部》:“~,通孔也,灶突也。”❸同“匆”。见“囱囱”。

【囱囱】 cōngcōng 急急忙忙的样子。陆游《读胡基仲旧诗有感》诗:“~~去日多于发,不独悲君亦自悲。”

戗(戧) 1. chuāng ❶“创”的古字。《玉篇·戈部》:“~,古创字。”

2. qiāng ❷逆,方向相反。郁永河《海上纪略》:“随风顺行,可以脱祸,若仍行~风,鲜不败者。”❸(言语)冲突。《儒林外史》四十三回:“几句就同雷太守说~了。”

3. qiàng ❹撑,支撑。《水浒传》五十六回:“侧首却是一根~柱。”❺在正堤外面加帮的小堤,起加固和保护作用。《农政全书·水利》:“盖大围如城垣,小~如院落。”❻在器物图案上镶嵌金银作为装饰。无名氏《碧桃花》三折:“这一个~金铠身上穿,那一个蘸钢鞭腕上悬。”

疮(瘡) chuāng ❶皮肤病名。疮疖。《后汉书·济北惠王寿传》:“体生~肿。”❷伤口。也作“创”。《战国策·楚策四》:“其飞徐而鸣悲。飞徐者,故~痛也;鸣悲者,久失群也。”

【疮痏】 chuāngwěi 同“创痏”。创伤。比喻民生疾苦。元稹《连昌宫词》:“庙谋颠倒四海摇,五十年来作~~。”

【疮痍】 chuāngyí 也作“创痍”。创伤。比喻民生疾苦。《汉书·季布传》:“今~~未瘳,[樊]哙又面谀,欲摇动天下。”(按:《史记》作“创痍”。)杜甫《雷》诗:“故老仰面啼,~~向谁诉。”

【疮疣】 chuāngyóu 喻疾苦。韩愈《赴江陵途中寄题王二十补阙……》诗："酸寒何足道，随事生～～。"

窗(窓、窗、牕、牎、牕、窻)

1. chuāng ❶天窗。《说文·穴部》："在墙曰牖，在屋曰～。"《论衡·别通》："开户内日之光，日光不能照幽；凿～启牖，以助户明也。"㉒窗子。杜甫《进艇》诗："南京久客耕南亩，北望伤神卧北～。"

2. cōng ❷烟囱。《广雅·释宫》："其～谓之堗(突)。"崔涯《嘲李端端》诗："黄昏不语不知行，鼻似烟～耳似铛。"

葱 chuāng 见cōng。

床(牀) chuáng ❶供人坐卧的器具。《史记·高祖本纪》："沛公方踞～，使两女子洗足。"《后汉书·彭宠传》："苍头子密等三人因宠卧寐，共缚著～。"㉑安放器物的座架。徐陵《玉台新咏序》："翡翠笔～，无时离手。"❷井上围栏。《宋书·乐志四》："后园凿井银作～，金瓶素绠汲寒浆。"李贺《后园凿井歌》："井上辘轳～上转，水声繁，弦声浅。"❸量词。用于大器物的计件，相当于"具"。《北史·源贺传》："二镇之间筑城，城置万人，给强弩十二～，武卫三百乘。"

【床笫】 chuángzǐ ❶床席。《后汉书·安帝纪》："帝自在邸第，数有神光照室，又有赤蛇盘于～～之间。"❷特指闺房之内或夫妇之间的私生活。《左传·襄公二十七年》："～～之言不踰阈。"《宋书·戴法兴等传论》："况世祖之泥滞鄙近，太宗之拘挛爱习，欲不纷惑～～，岂可得哉！"

噇 chuáng ❶吃，喝。多带贬义。张鷟《朝野佥载》卷五："将一楪䭔饼与之曰：'～却！作个饱死鬼去。'"康进之《李逵负荆》二折："你看这厮，到山下去～了多少酒！"❷胡诌。罗烨《醉翁谈录·小说开辟》："～发迹话，使寒门发愤；讲负心底，令奸汉包羞。"

幢 1. chuáng ❶古代作仪仗用的一种旗帜。《汉书·韩延寿传》："建～棨，植羽葆。"又《王莽传中》："帅持～，称五帝之使。"❷佛教的经幢，刻有佛经的石柱。叶名沣《陶然亭题壁》诗："残～何代埋斜照，败壁寻诗拂旧苔。"❸军队编制名。百人为幢。《资治通鉴·宋文帝元嘉七年》："赐[豆]代田爵井陉侯……领内都～将。"

2. zhuàng ❹张挂在舟车上的帷幔。《后汉书·班固传上》："抚鸿～，御矰缴，方舟并骛。"《隋书·礼仪志五》："衣书车十二乘，驾牛，汉皂盖朱里，过江加绿油～。"

【幢幢】 chuángchuáng ❶羽饰繁盛的样子。张衡《东京赋》："鼖鼓路鼗，树羽～～。"(鼖：大鼓。鼗：小鼓。)❷回旋的样子，摇曳的样子。《三国志·魏书·管辂传》："有飘风高三尺馀，从申上来，在庭中～～回转，息以复起，良久乃止。"元稹《闻乐天授江州司马》诗："残灯无焰影～～，此夕闻君谪九江。"❸往复不绝的样子。辛文房《唐才子传·陈上美》："设有白璧，入地不满尺，出土无肤寸，虽下和～～往来其间，不失者亦鲜矣。"

【幢节】 chuángjié ❶旗帜仪仗。齐己《寄金陵幕中李郎中》诗："久待尊罍临铁瓮，又从～～镇金陵。"(铁瓮：地名。)❷旌旗符节。《新唐书·郑馀庆传》："自至德后，方镇除拜，必遣内使持～～就第。"(至德：肃宗年号。方镇：掌握一方兵权的军事长官。)

【幢主】 chuángzhǔ 南北朝时统领禁军的武官。《南齐书·陈显达传》："宋孝武世，[显达]为张永前军～～。"(孝武：孝武帝。)

橦 chuáng 见tóng。

闯(闖) 1. chuǎng ❶无所顾忌，突然而前。沈德符《万历野获编》卷十八："乙卯四月，张差～宫事起。"㉑奔走，闯荡。如：走南～北，～江湖。

2. chèn ❷头露出来。《公羊传·哀公六年》："开之，则～然公子阳生也。"韩愈《南山诗》："喁喁鱼～萍，落落月经宿。"

磢 chuǎng 山相连接的样子。杜甫《封西岳赋》："群山为之相～，万穴为之倒流。"

磢 chuǎng 磨擦。《山海经·西山经》"其下多洗石"郭璞注："澡洗可以～体去垢圿。"木华《海赋》："飞涝相～，激势相沏。"㉑磨炼。刘侗、于奕正《帝京景物略·方逢年〈太学石鼓〉》："撇淬铲～，忠良辈出。"

【磢错】 chuǎngcuò 犹"磨擦"。郭璞《江赋》："潜演之所汩淈，奔溜之所～～。"(演：水流。)

仓 chuàng 见cāng。

怆(愴) 1. chuàng ❶悲伤。《后汉书·灵思何皇后纪》："帝闻感～，乃下诏迎姬。"王守仁《瘗旅文》："乃使吾有无穷之～也。"

2. chuǎng ❷见"怆恍"。

【怆恻】 chuàngcè 悲痛。潘岳《寡妇赋》："思缠绵以瞀乱兮，心摧伤以～～。"

【怆怆】 chuàngchuàng 悲痛忧伤的样子。《楚辞·九怀·思忠》："感余志兮惨慄，心～～兮自怜。"柳宗元《与李翰林建书》："仆士人，颇识古今理道，独～～如此。”

【怆悢】 chuàngliàng 悲哀。班彪《北征赋》：“游子悲其故乡兮，心～～以伤怀。”《三国志·魏书·臧洪传》：“而以趣舍异规，不得相见，其为～～，可为心哉！”

【怆怳】 chuǎnghuǎng 失意的样子。《楚辞·九辩》：“～～圹悢兮，去故而就新。”（圹悢：失意怅惘。）王褒《洞箫赋》：“悲～～以恻惐兮，时恬淡以绥肆。”（绥肆：迟缓。）

刱 chuàng “创”的古字。始造，创立。《战国策·秦策三》：“大夫种为越王垦草～邑，辟地殖谷。”《宋史·舆服志一》：“陶谷为礼仪使，～意造为大辇。”

chui

吹 chuī ❶合拢嘴唇用力吐气。《老子·二十九章》：“物或行或随，或歔或～。”㉄吹气演奏。《韩非子·内储说上七术》：“南郭处士请为王～竽。”㉄空气流动触拂物体。白居易《赋得古原草送别》诗：“野火烧不尽，春风～又生。”❷（旧读 chuì）管乐之声。韩愈《幽怀》诗：“凝妆耀洲渚，繁～荡人心。”㉄管乐的吹奏。《汉书·礼乐志》：“至孝惠时，以沛宫为原庙，皆令歌儿习～以相和。”❸（旧读 chuì）指风。李峤《阻风》诗：“夕～生寒浦，清淮上暝潮。”乔知之《从军行》：“玉霜冻珠履，金～薄罗衣。”❹传播，散发。庾信《哀江南赋》：“豺牙密厉，虺毒潜～。”王安石《金陵即事》诗之一：“背人照影无穷柳，隔屋～香并是梅。”❺通“炊”。《颜氏家训·书证》：“百里奚，五羊皮，忆别时，烹伏雌，～扊扅。”（扊扅：门栓。）

【吹唇】 chuīchún 吹口哨。《南齐书·魏虏传》：“并有鼙角，～～沸地。”《南史·侯景传》：“还将登太极殿，丑徒数万，同共～～唱吼而上。”

【吹拂】 chuīfú ❶微风触拂物体。王安石《晨兴望南山》诗：“天风一～～，的皪成玙璠。”❷比喻揄扬或汲引。《宋书·王微传》：“江[湛]不过强～～吾，云是岩穴人。”

【吹毛】 chuīmáo ❶比喻极其容易。《韩非子·内储说下》：“梨且谓景公曰：‘去仲尼犹～～耳。’”❷形容刀剑锋利，吹毛可断。杜甫《喜闻官军已临贼境二十韵》：“锋先衣染血，骑突剑～～。”韩愈《题炭谷湫祠堂》诗：“吁无～～刃，血此牛蹄殷。”❸“吹毛求疵”的省略。比喻刻意挑剔过失或缺点。张说《狱箴》：“吏苟～～，人安措足！”《资治通鉴·齐高帝建元元年》：“候官千数，重罪受赇不列，轻罪～～发举，宜悉罢之。”

【吹万】 chuīwàn ❶言风吹万窍，发出各种声响。《庄子·齐物论》：“夫～～不同，而使其自已也。”苏轼《飓风赋》：“～～不同，果足怖耶？”❷比喻恩泽广被天下。谢灵运《九日从宋公戏马台集送孔令》诗：“在宥天下理，～～群方悦。”

【吹嘘】 chuīxū ❶呼气。左思《娇女》诗：“心为茶荈剧，～～对鼎䥶。”比喻用力极小。徐陵《檄周文》：“叱咤而平宿豫，～～而定寿阳。”❷吹气使冷，嘘气使暖。比喻寒暖变化。卢照邻《双槿树赋序》：“故知柔条巧干，～～变其死生；落叶凋花，剪拂成其光价。”❸吹拂，飘动。李咸用《春风》诗：“青帝使和气，～～万国中。”❹比喻奖掖、汲引。杜甫《赠献纳使起居田舍人澄》诗：“扬雄更有《河东赋》，唯待～～送上天。”李商隐《为张周封上杨相公启》：“蜀郡登文翁之堂，上国醉曹参之酒。～～尽力，抚爱形颜。”也指吹捧。《颜氏家训·名实》：“有一士族，读书不过二三百卷，天才钝拙……多以酒犊珍玩，交诸名士，甘其饵者，递共～～。”❺道家语。导引吐纳。元稹《叙诗寄乐天书》：“仆少时授～～之术于郑先生，病懒不就。”

【吹剑首】 chuījiànshǒu 《庄子·则阳》：“吹剑首者，吷而已矣。”剑首，剑环头上的小孔，吹时发微响。后用以比喻渺小，不足道。杨万里《秋怀》诗：“盖世功名～～～，平生忧患淅矛头。”

炊 chuī 烧火做饭，烧火。《战国策·秦策一》：“[苏秦]归至家，妻不下纴，嫂不为～，父母不与言。”《汉书·枚乘传》：“欲汤之沧，一人～之，百人扬之，无益也。”（沧：冷。）

【炊桂】 chuīguì 烧桂做饭。言薪贵如桂。比喻生活困难。《战国策·楚策三》：“楚国之食贵于玉，薪贵于桂，谒者难得见如鬼，王难得见如天帝。今令臣食玉～～，因鬼见帝。”应璩《与尚书诸郎书》：“中馈告乏，役者莫兴，饭玉～～，犹尚优泰。”

【炊火】 chuīhuǒ 烧饭的烟火。比喻人烟或子嗣后代。《汉书·武五子传》：“昔秦据南面之位……其后尉佗入南夷，陈涉呼楚泽，近狎作乱，内外俱发，赵氏无～～焉。”（按：周缪王时，造父封赵城，为赵氏，乃秦之先人。故云秦亡而赵氏绝祀。）

龡 chuī “吹”的古字。《周礼·春官·籥师》：“籥师掌教国子舞羽～籥。”

垂（埀） chuí ❶边疆。后作“陲”。《荀子·臣道》：“边境之臣处，则疆～不丧。”《汉书·谷永传》：“方今四夷宾服，皆为臣妾……三～晏然，靡有兵革之警。”㉄旁边。王粲《咏史》诗：“妻子当门泣，兄弟哭路～。”⑳特指堂边檐下靠阶的地方。《尚书·顾命》：“一人冕，执戣，立于东～。”（戣：戟类兵器）。❷悬挂，下垂。《史记·李斯列传》：“今陛下致昆仑之玉，有随、和之宝，～明月之珠。”《汉书·贾谊传》：“骥～两耳，服盐车兮。”㉛覆盖，笼罩。韩愈《贺雨表》：“中使才出于九门，阴云已～于四野。”❸敬词。犹言“俯”。用于尊称别人的动作。萧颖士《赠韦司业书》：“足下本以道～访，小人亦以道自谋。”❹上施于下，赐予。《后汉书·献帝伏皇后纪》：“君若能相辅，则厚；不尔，幸～恩相舍。”《抱朴子·行品》：“～恻隐于有生，恒恕己以接物者，仁人也。”❺流传，留传。《荀子·王霸》：“济之日，不隐乎天下，名～乎后世。”《汉书·礼乐志》：“初，叔孙通将制定礼仪，见非于齐鲁之士，然卒为汉儒宗，业～后嗣。”❻将近，将及。《后汉书·张纯传》：“阳气～尽，岁月迫促。”《三国志·魏书·文帝纪》：“初，帝好文学，以著述为务，自所勒成～百篇。”❼通“甀”。小口大腹的盛水容器。《墨子·备城门》：“城门上所凿以救门火者，各一～水，容三石以上。”❽传说中的古代巧匠名。《墨子·非儒下》：“巧～作舟。”❾春秋地名。1）卫地。在今山东定陶县附近。《春秋·隐公八年》：“春，宋公、卫侯遇于～。”2）齐地。在今山东平阴县境。《春秋·宣公八年》：“仲遂卒于～。”

【垂白】 chuíbái 白发下垂，形容衰老。《汉书·杜周传》：“诚哀老姊～～，随无状子出关。”杜甫《垂白》诗：“～～冯唐老，清秋宋玉悲。”也指老年人。苏轼《送欧阳主簿赴官韦城》诗之四：“道傍～～定沾巾，正似当年绿发新。”

【垂成】 chuíchéng ❶接近完成。《三国志·吴书·薛综传》：“实欲使卒～～之功，编于前史之末。”王勃《三国论》：“惜其功～～而智不济，岂伊时丧，抑亦人亡。”❷特指庄稼将近成熟。苏轼《祈晴吴山祝文》：“岁既大熟，惟神之赐；害于～～，匪神之意。”

【垂垂】 chuíchuí ❶渐渐。杜甫《和裴迪登蜀州东亭送客逢早梅相忆见寄》诗：“江边一树～～发，朝夕催人自白头。”苏轼《陌上花》诗之一：“遗民几度～～老，游女长歌缓缓归。”❷下落的样子。范成大《秋日田园杂兴》诗：“秋来只怕雨～～，甲子无云万事宜。”❸低垂的样子。薛能《盩厔官舍新竹》诗：“心觉清凉体似吹，满风轻撼叶～～。”❹延伸的样子。王韦《阁试春阴诗》：“野色～～十馀里，草绿柔茵低迤逦。”

【垂发】 chuífà 古时儿童不束发，头发下垂，因以“垂发”指儿童或童年。《后汉书·邓禹传》：“父老童穉，～～戴白，满其车下。”（戴白：指老人。）又《吕强传》：“～～服戎，功成皓首。”

【垂櫜】 chuígāo 倒垂空的弓箭袋。表示无用武之意。《左传·昭公元年》：“伍举知其有备也，请～～而入。”泛指垂着空袋子。《国语·齐语》：“诸侯之使～～而入，稛载而归。”（稛载：指满载。）后多作“垂橐”，言无所获，空无所有。韩愈《答窦秀才书》：“文章不足以发足下之事业，稛载而往，～～而归，足下亮之而已。”陈师道《简李伯益》诗：“齑盐度岁每无馀，～～东归口未糊。”

【垂拱】 chuígǒng ❶垂衣拱手。言不亲理事务。魏徵《谏太宗十思疏》：“文武并用，～～而治。”后多用以颂扬帝王无为而治。吴兢《贞观政要·君道》：“鸣琴～～，不言而化。”也形容无事可做。贾谊《旱云赋》：“农夫～～而无聊兮，释其锄耨而下泪。”又形容不费气力。《战国策·赵策二》：“今大王～～而两有之，是臣之所以为大王愿也。”❷犹“袖手”。形容置身事外。《史记·黥布列传》：“大王抚万人之众，无一人渡淮者，～～而观其孰胜。”❸两手重合而下垂。表示恭敬。《礼记·玉藻》：“凡侍于君，绅垂，足如履齐，颐霤，～～，视下而听上。”

【垂老】 chuílǎo 已近老年。杜甫《苏端薛复筵简薛华醉歌》：“～～恶闻战鼓悲，急觞为缓忧心捣。”李贽《续焚书·咏古》：“断臂燃身未足夸，何当～～问年华。”

【垂纶】 chuílún ❶垂丝钓鱼。《南史·王彧传》：“文帝尝与群臣临天泉池，帝～～良久不获。”❷指隐居。庾信《拟咏怀》之二：“赭衣居傅岩，～～在渭川。”也指隐者。杜甫《奉寄章十侍御》诗：“朝觐从容问幽仄，勿云江汉有～～。”

【垂没】 chuímò ❶也作“垂殁”。垂死。《后汉书·杨赐传》：“岂敢爱惜～～之年，而不尽其慺慺之心哉！”《三国志·魏书·管宁传》：“～～之命，获九棘之位。”（九棘：九卿的代称。）❷淹没，沉没。《水经注·赣水》：“而今此冢～～于水，所谓筮短龟长也。”

【垂荣】 chuíróng 焕发光彩。《汉书·扬雄传上》：“玄鸾孔雀，翡翠～～。”王勃《秋日楚州郝司户宅饯崔使君序》：“朱草～～，杂芝兰而涵晚液。”

【垂示】 chuíshì ❶留给后人示范。《后汉书·顺烈梁皇后纪》：“无以述遵先世，～～后世也。”❷上以示下，赐示。骆宾王《和

〈闺情诗〉启》:"学士袁庆隆奉宣教旨,~~《闺情诗》并序。"

【垂四】 chuísì 言涕泪交流。两眼垂泪,两鼻孔垂涕,故称。韩愈《寄皇甫湜》诗:"拆书放床头,涕与泪~~。"

【垂堂】 chuítáng ❶堂屋檐下。檐瓦落下可能伤人,因以比喻危险的境地。《汉书·司马相如传下》:"家累千金,坐不~~。"孙绰《游天台山赋》:"虽一冒于~~,乃永存乎长生。"❷"坐不垂堂"的省略。《三国志·吴书·陆逊传》:"今不忍小忿,而发雷霆之怒,违~~之戒,轻万乘之重,此臣之所以惑也。"杜甫《早发》诗:"昔人戒~~,今则奚奔命。"

【垂髫】 chuítiáo 即"垂发"。髫,儿童垂下的头发。陶渊明《桃花源记》:"黄发~~,并怡然自乐。"孙因《蝗虫辞》:"然自~~至带白,未识其形色也。"也作"垂齠"。《三国志·魏书·毛玠传》:"臣~~执简,累勤取官。"

【垂听】 chuítīng 俯听,倾听。《汉书·董仲舒传》:"子大夫其精心致思,朕~~而问焉。"

【垂统】 chuítǒng 把基业传给后世子孙。多指皇位的承袭。《孟子·梁惠王下》:"君子创业~~,为可继也。"《史记·三王世家》:"而家皇子为列侯,则尊卑相逾,列位失序,不可以~~于万世。"

【垂文】 chuíwén ❶留下文章。《楚辞·九叹·逢纷》:"遭纷逢凶蹇离尤兮,~~扬采遗将来兮。"也指垂训后世的文章。《论衡·对作》:"上自孔、墨之党,下至荀、孟之徒,教训必作~~。"❷焕发文采。曹植《七启》:"九旒之冕,散耀~~。"也指饰以文采。嵇康《琴赋》:"华绘彫琢,布藻~~。"

【垂象】 chuíxiàng 垂示征兆。古人把某些自然现象附会人事,认为是预示人间祸福吉凶的征兆。《周易·系辞上》:"天~~,见吉凶,圣人象之。"《后汉书·丁鸿传》:"~~见戒,以告人君。"

【垂曜】 chuíyào 光辉下照。王勃《九成宫颂》:"在天~~,璿宫列乾象之墟。"也作"垂耀"。《论衡·说日》:"数星之质百里,体大光盛,故能~~。"又作"垂燿"。《后汉书·天文志上》:"故曰天者北辰星,合元~~建帝形。"

【垂意】 chuíyì 注意,关怀。多用于上对下。《越绝书·越绝外传纪策考》:"寡人~~听子之言。"《后汉书·清河孝王庆传》:"庆多被病,或时不安,帝朝夕问讯,进膳药,所以~~甚备。"

倕 chuí 古代传说中的巧匠名。《楚辞·九章·怀沙》:"巧~不斲兮,孰察其拨正?"

陲 chuí ❶边境,边疆。《盐铁论·备胡》:"今三~已平,唯北边未定。"[引]边缘。王维《从军行》:"日暮沙漠~,战声烟尘里。"韩愈《寄崔二十六立之》诗:"安有巢中縠,插翅飞天~。"❷通"垂"。流传。李斯《泰山刻石》:"大义箸明,~于后嗣。"

捶(搥) chuí ❶棒打,拳击。《论衡·变动》:"张仪游于楚,楚相掠之,被~流血。"[引]舂,捣。《礼记·内则》:"欲干肉,则~而食之。"❷同"垂"。低,低下。《墨子·经说下》:"衡,加重于其一旁,必~。"❸通"箠"(棰)。鞭子,木棍。《庄子·天下》:"一尺之~,日取其半,万世不竭。"《韩非子·奸劫弑臣》:"无~策之威,衔橛之备,虽造父不能以服马。"❹通"锤"。锤子。《庄子·大宗师》:"夫无庄之失其美,据梁之失其力,黄帝之亡其知,皆在炉~之间耳。"[又]锻,锤炼。《庄子·知北游》:"臣之年二十而好~钩。"刘知幾《史通·叙事》:"其为文也,大抵编字不只,~句皆双,修短取均,奇偶相配。"

【捶表】 chuíbiǎo 即"邮表"。缀有标志的木制物。立于边界,其处盖有房舍,供传递文书的人居住。《墨子·杂守》:"守表者三人,更立~~而望。"

【捶楚】 chuíchǔ 同"棰楚"。古代的杖刑用具,因以称杖刑。《晋书·刘隗传》:"~~之下,无求不得。"

【捶陒】 chuí'è 据险攻击。《汉书·王莽传中》:"命尉睦侯王嘉曰:'羊头之陒,北当燕赵。女作五威后关将军,壶口~~,尉睦于后。'"(羊头、壶口:皆地名。)

【捶扑】 chuípū 杖击,鞭打。《后汉书·申屠刚传》:"尚书近臣,至乃~~牵曳于前,群臣莫敢正言。"又《左雄传》:"是时大司农刘据以职事被谴,召诣尚书,传呼促步,又加以~~。"

【捶挞】 chuítà 用棍子、鞭子痛打。《颜氏家训·教子》:"骄慢已习,方复制之,~~致死而无威,忿怒日隆而增怨。"

菙(䍁) chuí 树名。荆类灌木。古人占卜时,用以烧炙龟壳。《集韵·纸韵》:"~,木名。《周礼》有菙氏,共荆~以灼龟。或作䍁。"

棰 chuí 鞭子,木棍。《汉书·王莽传中》:"士以马~击亭长。"苏洵《心术》:"尺~当猛虎,奋呼而操击。"[又]用鞭子、棍子打,打击。《荀子·儒效》:"笞~暴国,齐一天下。"皇甫谧《高士传·老莱子》:"妻曰:'妾闻之,可食以酒肉者,可随而鞭~。'"

【棰楚】 chuíchǔ 木棒和荆杖。古代杖刑用具，因以称杖刑。《汉书·路温舒传》："夫人情安则乐生，痛则思死，～～之下，何求而不得？"

椎 1. chuí ❶槌，锤。《吕氏春秋·当务》："故死而操金～以葬，曰：'下见六王、五伯，将敲其头矣！'"（敲，击。）❷捶击，杀。《史记·张释之冯唐列传》："五日一～牛，飨宾客军吏舍人。"《三国志·魏书·武帝纪》："初讨谭时，民亡～冰，令不得降。"❸质朴，朴实。《史记·绛侯周勃世家》："勃不好文学，每召诸生说士，东乡坐而责之：'趣为我语。'其～少文如此。"（趣：通"促"。赶快。）㊀迟钝。方孝孺《与采苓先生书》："某质性～钝，学不笃专，行能无所可取。"

2. zhuī ❹脊椎骨。《素问·刺热论》："三～下间主胸中热。"

【椎髻】 chuíjì 如椎形的发髻。《论衡·谴告》："苏武入匈奴，终不左衽；赵他入南越，箕踞～～。"也作"椎结"。《汉书·李陵传》："两人皆胡服～～。"又作"魋结"。《汉书·陆贾传》："高祖使贾赐佗印，为南越王。贾至，尉佗～～箕踞见贾。"

【椎鲁】 chuílǔ 愚钝。苏轼《六国论》："其力耕以奉上，皆～～无能为者，虽欲怨叛，而莫为之先，此其所以少安而不即亡也。"

【椎轮】 chuílún 无辐无辋的原始车轮。萧统《文选序》："若夫～～为大辂之始，大辂宁有～～之质？"后因以喻事物的草创。白居易《白蘋洲五亭记》："盖是境也，实柳守滥觞之，颜公～～之，杨君缋素之，三贤始终，能事毕矣。"

【椎埋】 chuímái ❶杀人埋尸。《汉书·赵敬肃王刘彭祖传》："江充告丹淫乱，又使人～～攻剽，为奸甚众。"沈约《齐故安陆昭王碑文》："烽鼓相望，岁时不息，～～穿掘之党，阡陌成群。"❷盗墓。《南史·萧颖达传》："梁州有古墓名曰'尖冢'，或云张骞坟，欲有发者，辄闻鼓角与外相拒，～～者惧而退。"

【椎剽】 chuípiāo 杀人劫财。《汉书·地理志下》："丈夫相聚游戏，悲歌忼慨，起则～～掘冢，作奸巧，多弄物，为倡优。"苏轼《上文侍中论榷盐书》："平居～～之奸，常甲于他路。"

【椎心泣血】 chuíxīnqìxiě 形容极度悲痛。李商隐《祭裴氏姨文》："～～～～，孰知所诉。"

圌 chuí 见 chuán。

甀 chuí ❶小口大腹的盛水容器。《战国策·东周策》："夫鼎者，非效醯壶酱～耳，可怀挟提挈以至齐者。"❷古乡名。故地在今安徽宿州市境内。《史记·黥布列传》："[黥布]遂西，与上兵遇蕲西，会～。"

槌 chuí ❶搁架蚕箔的木柱。《方言》卷五："～，宋、魏、陈、楚、江、淮之间谓之植，自关而西谓之～。"❷捶击的器具。《论衡·效力》："凿所以入木者，～叩之也。"❸捶，敲击。江淹《诣建平王上书》："此少卿所以仰天～心，泣尽而继之以血也。"杜牧《大雨行》："奔觥～鼓助声势，眼底不顾纤腰娘。"

【槌轮】 chuílún 栈车，竹木制成的货车。庾信《蒲州刺史中山公许乞酒一车未送》诗："莹角非难驭，～～稍可催。"

锤（錘） chuí ❶古代重量单位。八铢为锤。《说文·金部》："～，八铢也。"一说十二两为锤。《淮南子·诠言训》"虽割国之锱～以事人"高诱注："六两曰锱，倍锱曰～。"❷秤砣。无名氏《东南纪闻》卷三："铺家用一秤～，如冶铁，如土硃石。"❸锤子。《论衡·辨祟》："不动钁～，不更居处。"㊁锤击；锤打。虞汝明《古琴疏》："[楚庄王]以铁如意～琴而破之。"赵翼《瓯北诗话》卷一："诗家好作奇句警语，必千～百炼而后能成。"❹通"垂"。垂挂。扬雄《太玄经·周》："～以玉环。"

箠 chuí ❶马鞭，鞭子。《列子·杨朱》："百羊而群，使五尺童子荷～而随之。"㊁鞭打，打。罗大经《鹤林玉露》卷三："或拈竹篦痛～之。"❷刑杖，杖刑。《汉书·刑法志》："笞者，～长五尺，其本大一寸，其竹也，末薄半寸，皆平其节。"又《景帝纪》："又惟酷吏奉宪失中，乃诏有司减笞法，定～令。"❸竹名。张衡《南都赋》："其竹则……篠簳箛～。"

【箠楚】 chuíchǔ 同"棰楚"。古代杖刑用具，因以称杖刑。《汉书·韩延寿传》："吏无追捕之苦，民无～～之忧。"

颌（頜） chuí ❶突出的额角。《说文·页部》："～，出额也。"❷脊椎骨。《灵枢经·经别》："足少阴之正，至腘中，别走太阳而合上至肾，当十四～，出属带脉。"

鎚（鎚） chuí ❶锤子。《抱朴子·仙药》："以铁～锻其头数千下乃死。"㊁锤击。《宋书·朱超石传》："以鎚～之。"❷古兵器，柄端有一金属圆球。骆宾王《咏怀》诗："宝剑思存楚，金～许报韩。"❸权，秤砣。寒山《诗》之一百三十五："秤～落东海，到底始知休。"

魋 chuí 见 tuí。

chun

芚 chūn 见 tún。

杶（櫄、橁） chūn 树名。似樗。《左传·襄公十八年》："孟庄子斩其～，以为公琴。"《山海经·中山经》："[成侯之山]其上多～木。"《后汉书·王符传》："中世以后，转用楸梓槐柏～樗之属。"

春（旾、萅） 1. chūn ❶春季。四季之首。《荀子·王制》："～耕、夏耘、秋收、冬藏，四者不失时，故五谷不绝。"㊂泛指年。杜甫《别蔡十四著作》诗："忆念凤翔都，聚散俄十～。"❷比喻生机勃发，生长。独孤及《奉送元城主簿兄赴任序》："岁物已～，泰山日绿。"王士禛《马嵬怀古》诗："巴山夜雨却归秦，金粟堆边草不～。"❸喜色。王安石《送潮州吕使君》诗："吕使揭阳去，笑谈面生～。"❹指男女情欲。《诗经·召南·野有死麕》："有女怀～，吉士诱之。"㊂怀春。《淮南子·缪称训》："～女思，秋士悲，而知物化矣。"❺指东方。张衡《东京赋》："飞云龙于～路，屯神虎于秋方。"（秋方：西方。）❻指酒。唐人多称酒为春。司空图《诗品·典雅》："玉壶买～，赏雨茅屋。"杜甫《拨闷》诗："闻道云安麹米～，才倾一盏即醺人。"

2. chǔn ❼通"蠢"。振作。《周礼·考工记·梓人》："张皮侯而栖鹄，则～以功。"

【春坊】 chūnfǎng ❶魏晋以来，太子宫称"春坊"。《晋书·愍怀太子传论》："及于继明宸极，守器～～。"❷魏晋以来，太子属官之称。唐置太子参事府以统众务，左右二春坊以领诸局。历代相承，清末始废。

【春宫】 chūngōng ❶古代传说中东方青帝居住的地方。《楚辞·离骚》："溘吾游此～～兮，折琼枝以继佩。"❷东宫。太子所居。王褒《皇太子箴》："秋坊通梦，～～养德。"❸代指太子。王建《送振武张尚书》诗："回天转地是将军，扶册～～上五云。"

【春官】 chūnguān 古代常以春夏秋冬四季名设官。《周礼》以宗伯为春官，掌邦礼。唐光宅年间，曾一度改礼部为春官，春官遂为礼部的别称。刘禹锡《宣上人远寄贺礼部王侍郎放牓后诗因而继和》诗："一日声名遍天下，满城桃李属～～。"

【春晖】 chūnhuī ❶春阳，春光。李白《惜馀春赋》："见游丝之横路，网～～以留人。"苏轼《寒芦港》诗："溶溶晴港漾～～，芦笋生时柳絮飞。"❷孟郊《游子吟》："慈母手中线，游子身上衣……谁言寸草心，报得三～～。"后因以"春晖"比喻母爱。

【春牛】 chūnniú 象征农事的土牛。旧时风俗，立春前一日有迎春的仪式，由人扮"勾芒神"，鞭土牛，由地方官行香主礼，叫作"打春"，以表示劝农和春耕的开始。卢肇《谪连州书春牛榜子》诗："不得职田饥欲死，儿侬何事打～～。"

【春秋】 chūnqiū ❶四季的代称；一年。《诗经·鲁颂·閟宫》："～～匪解，享祀不忒。"《庄子·逍遥遊》："朝菌不知晦朔，蟪蛄不知～～。"❷指人的年岁。《汉书·郊祀志》："昭帝即位，富于～～。"欧阳修《明宗纪论》："其即位时，～～已高，不迩声色，不乐游畋。"❸古代编年体史书的通称。《墨子·明鬼》篇引有周之《春秋》、燕之《春秋》、宋之《春秋》、齐之《春秋》等。《史记·游侠列传》："至如以术取宰相卿大夫，辅翼其世主，功名俱著于～～。"❹特指东周时代鲁国的一部编年史，相传孔子据鲁史修订而成。韩愈《原道》："孔子之作《春秋》也，诸侯用夷礼，则夷之；进于中国，则中国之。"❺时代名。鲁《春秋》记事，始于隐公元年（公元前722年），终于哀公十四年（公元前481年），共二百四十二年，称为春秋时代。今以周平王东迁（公元前770年）至韩、赵、魏三家分晋（公元前476年）共二百九十五年，为春秋时代。《论衡·命义》："～～之时，败绩之军，死者蔽草，尸且万数。"

【春荣】 chūnróng 春花。曹植《与吴季重书》："得所来讯，文采委曲，晔若～～，浏若清风。"（晔：盛美的样子。浏：轻轻吹拂的样子。）也用以比喻少年。潘岳《金谷集作》诗："～～谁不慕，岁寒良独希。"

【春社】 chūnshè 祭名。祭祀土地，以祈丰收。周代用甲日，后多于立春后第五个戊日举行。《礼记·明堂位》："是故夏礿、秋尝、冬烝、～～、秋省，而遂大蜡，天子之祭也。"（夏礿、秋尝、冬烝、秋省、大蜡，皆祭名。）王驾《社日》诗："桑柘影斜～～散，家家扶得醉人归。"

【春事】 chūnshì ❶春季耕种之事，农事。《管子·幼官》："地气发，戒～～。"李白《寄东鲁二稚子》诗："～～已不及，江行复茫然。"❷春日娱乐之事。范成大《泊衡州》诗："空江十日无～～，船到衡阳柳色深。"

【春台】 chūntái ❶指登眺游玩的胜处。《老子·二十章》："众人熙熙，如享太牢，如登～～。"（熙熙：温和欢乐的样子。）潘岳《秋兴赋》："登～～之熙熙兮，珥金貂之炯炯。"（炯炯：光亮的样子。）❷旧称礼部为

"春台"。

【春闱】 chūnwéi ❶唐、宋礼部试士及明、清会试，均在春季举行，称"春闱"。闱，考场。姚合《别胡逸》诗："记得～～同席试，逡巡何啻十年馀。"❷犹"春宫"。太子所居，也代指太子。陆贽《李勉太子太师制》："辅翼～～，是资教谕。"

【春禊】 chūnxì 古代习俗，于阴历三月上旬的巳日（魏以后始固定为三月三日），在水边举行祭礼，以消除不祥，叫做"春禊"。江总《三日侍宴宣猷堂曲水》诗："上巳娱～～，芳辰喜月离。"王维《奉和圣制与太子诸王三月三日龙池春禊应制》诗："故事修～～，新宫展豫游。"

椿 chūn 古代传说中的树名。《列子·汤问》："上古有大～者，以八千岁为春，八千岁为秋。"㊀形容高龄。庾阐《采药诗》："～寿自有极，槿花何用疑。"孟郊《井上枸杞架》诗："花杯承此饮，～岁小无穷。"

【椿龄】 chūnlíng 犹春年，祝人长寿之辞。吴筠《步虚词》之七："緜緜庆不极，谁谓～～多。"范仲淹《老人星赋》："会兹鼎盛，荐乃～～。"

【椿年】 chūnnián 《庄子·逍遥遊》："上古有大椿者，以八千岁为春，八千岁为秋。"后因以"椿年"为祝寿之辞。钱起《柏崖老人……》诗："帝力言何有，～～喜渐长。"牟融《赠浙西李相公》诗："月里昔曾分兔药，人间今喜得～～。"

【椿庭】 chūntíng 《庄子·逍遥遊》载上古有大椿长寿，《论语·季氏》有孔鲤趋庭接受父训，后因以"椿庭"为父亲的代称。朱权《荆钗记》传奇二："不幸～～殒丧，深赖萱堂训诲成人。"

【椿萱】 chūnxuān 古称父为"椿庭"，母为"萱堂"，因以"椿萱"为父母的代称。牟融《送徐浩》诗："知君此去情偏切，堂上～～雪满头。"丁鹤年《送奉祠王良佐奔讣还鄮城》诗："霜风一夜吹庭闱，～～并瘁色养迟。"

輴（輴） chūn ❶载柩的灵车。《吕氏春秋·节丧》："世俗之行丧，载之以大～。"王安石《永寿县太君周氏挽辞二首》之二："灵～悲吉路，象服俨虚容。"❷古代用于泥泞路上的交通工具。又叫"橇"。《尚书·益稷》"予乘四载"孔传："所载者四，谓水乘舟，陆乘车，泥乘～，山乘樏。"

楯 chūn 见 shǔn。

鶞（鶞） chūn 鸟名用字。见"鳻鶞"。

纯（純） 1. chún ❶丝。《论语·子罕》："子曰：'麻冕，礼也；今也～，俭，吾从众。'"❷同一颜色的丝织品。《左传·闵公二年》："服其身，则衣之～。"㊀不含杂质，纯净。《论衡·本性》："玉生于石，有～有驳。"贾思勰《齐民要术·种红蓝花栀子》："绞取～汁。"㊁纯正。《吕氏春秋·贵当》："观布衣也，其友皆孝悌～谨畏令，如此者，其家必日益。"诸葛亮《出师表》："此皆良实，志虑忠～。"❸质朴。《新五代史·唐明宗纪》："明宗虽出夷狄，而为人～质。"❹善，美。《吕氏春秋·士容》："故君子之容，～乎其若钟山之玉。"《汉书·地理志下》："织作冰纨绮绣～丽之物。"❺大。见"纯嘏"、"纯懿"。❻副词。表示范围，相当于"皆"。《周礼·考工记·玉人》："诸侯～九，大夫～五，夫人以劳诸侯。"❼古代长度单位。一丈五尺为一纯。《淮南子·地形训》："里间九～，～丈五尺。"❽通"焞"。光明，照耀。《汉书·扬雄传上》："皇车幽輵，光～天地。"

2. zhǔn ❾衣服、鞋、帽的镶边。《仪礼·士冠礼》："黑屦，青絇、繶、～。～博寸。"㊀镶边。《汉书·刑法志》："世俗之为说者，以为治古者无肉刑，有象刑、墨黥之属，菲履赭衣而不～，是不然矣。"㊁边缘。《公羊传·定公八年》："龟青～。"

3. zhūn ❿见"纯纯"。

4. tún ⓫捆，包。《诗经·召南·野有死麕》："野有死麕，白茅～束。"⓬量词。匹。《史记·苏秦列传》："乃饰车百乘，黄金千溢，白璧百双，锦绣千～，以约诸侯。"

5. quán ⓭双，对。《仪礼·乡射礼》："二筭为～……一筭为奇。"又《少牢馈食礼》："鱼十有五而鼎，腊一～而鼎。"

6. dūn ⓮见"纯庬"。

【纯臣】 chúnchén 忠心事主、纯一不贰的臣子。《左传·隐公四年》："君子曰：'石碏，～～也……大义灭亲，其是之谓乎？'"

【纯粹】 chúncuì ❶纯一不杂。《庄子·刻意》："～～而不杂，静一而不变。"❷指德行完美无缺。《后汉书·冯衍传》："昔三后之～～兮，每季世而穷祸。"❸单纯朴实。《韩非子·六反》："嘉厚～～，整谷之民也，而世少之曰'愚戆之民'也。"（整谷：正直善良。）

【纯和】 chúnhé 犹调和。《论衡·齐世》："元气～～，古今不异。"

【纯嘏】 chúnjiǎ 大福。《诗经·鲁颂·閟宫》："天锡公～～，眉寿保鲁。"《逸周书·宝典》："乐获～～。"

【纯蒙】 chúnméng 纯朴敦厚。《论衡·自然》："道家德厚，下当其上，上安其下，～～无为，何复谴告？"

【纯朴】 chúnpǔ ❶未经斫雕的原木。《庄子·马蹄》："故～～不残，孰为牺樽？白玉不毁，孰为珪璋？"❷单纯质朴。《论衡·艺增》："使夫～～之事，十剖百判。"《抱朴子·明本》："曩古～～，巧伪未萌。"

【纯儒】 chúnrú 学识精纯的儒者。《后汉书·郑玄传》："玄质于辞训，通人颇讥其繁，至于经传洽孰，称为～～，齐鲁间宗之。"

【纯渥】 chúnwò 纯厚。《论衡·齐世》："上世和气～～，婚姻以时，人民禀善气而生……故长大老寿，状貌美好。"

【纯一】 chúnyī 也作"纯壹"。❶完全一样。《论衡·物势》："是喻人禀气不能～～，若烁铜之下形，燔器之得火也。"（形：通"型"。）❷纯朴。《论衡·本性》："初禀天然之姿，受～～之质，故生而兆见，善恶可察。"

【纯懿】 chúnyì ❶高尚完美。纯，大。袁宏《三国名臣序赞》："子瑜都长，体性～～。"❷指高尚完美的德行。张衡《东京赋》："今舍～～而论爽德，以春秋所讳而为美谈。"

【纯纯】 zhūnzhūn ❶纯一朴素的样子。《庄子·山木》："～～常常，乃比于狂；削迹捐势，不为功名。"❷专一的样子。《楚辞·九辩》："纷～～之愿忠兮，妒被离而障之。"（一本作"忳忳"。）

【纯厖】 dūnpáng 纯朴敦厚。《楚辞·九章·惜往日》："心～～而不泄兮，遭谗人而嫉之。"

肫 chún 见 zhūn。

脣 chún 见 zhuǎn。

唇（脣） chún ❶嘴唇。《庄子·盗跖》："～如激丹，齿如齐贝。"❷边缘。杜甫《丽人行》："头上何所有，翠微㔩叶垂鬓～。"（㔩叶：妇女髻上戴的花叶饰物。）沈括《梦溪笔谈·技艺》："用胶泥刻字，薄如钱～。"

【唇齿】 chúnchǐ 比喻彼此相依，关系密切。《三国志·蜀书·邓芝传》："蜀有重险之固，吴有三江之阻，会此二长，共为～～，进可并兼天下，退可鼎足而立。"

【唇舌】 chúnshé 比喻言辞、口才。《汉书·楼护传》："与谷永俱为五侯上客，长安号曰：'谷子云笔札，楼君卿～～。'"又《陈汤传》："犹复制于～～，为嫉妒之臣所系虏耳。"

【唇吻】 chúnwěn ❶嘴唇。《论衡·率性》："扬～～之音，聒贤圣之耳。"❷比喻言辞。曹冏《六代论》："奸情散于胸怀，逆谋消于～～。"

淳（湻） 1. chún ❶质朴，敦厚。《淮南子·齐俗训》："衰世之俗……浇天下之～，析天下之朴。"（浇：使轻薄。）苏轼《超然亭记》："予既乐其风俗之～，而其吏民亦安予之拙也。"❷成对的。《左传·襄公十一年》："郑人赂晋侯以广车、軘车，～十五乘。"❸咸，含盐多。见"淳卤"。❹通"焞"。光明，美好。《国语·郑语》："夫黎为高辛氏火正，以～耀敦大，天明地德，光照四海，故命之曰祝融。"《汉书·叙传上》："黎～耀于高辛兮，芈强大于南汜。"❺通"醇"。（味道）浓厚。《论衡·自然》："～酒味甘，饮之者醉不相知。"陆羽《茶经·四之器》："脐长则沸中，沸中则末易扬，末易扬则其味～也。"❻通"纯"。纯净，清。沈括《梦溪笔谈·杂志一》："土人以雉尾裛之，乃采入缶中，颇似～漆，然之如麻，但烟甚浓。"（裛：沾。）

2. zhūn ❼浇灌。《国语·周语上》："王乃～濯飨醴。"

【淳淳】 chúnchún ❶朴实敦厚的样子。《老子·五十八章》："其政闷闷，其民～～。"❷流动不定的样子。《庄子·则阳》："时有始终，世有变化，祸福～～。"

【淳粹】 chúncuì 质朴纯一。张衡《思玄赋》："何道真之～～兮，去秽累而飘轻。"《宋书·乐志二》："将远不仁，训以～～。"

【淳和】 chúnhé 敦厚温和，仁厚平和。《后汉书·种岱传》："伏见故处士种岱，～～达理，耽悦诗书。"孔颖达《毛诗正义序》："若政遇～～，则欢娱被于朝野；时当惨黩，亦怨刺形于咏歌。"也作"醇和"。嵇康《琴赋》："含天地之～～兮，吸日月之休光。"

【淳化】 chúnhuà ❶敦厚的教化。张衡《东京赋》："清风协于玄德，～～通于自然。"也指施行敦厚的教化。《史记·五帝本纪》："时播百谷草木，～～鸟兽虫蛾。"❷县名。属陕西省。

【淳良】 chúnliáng 敦厚善良。《宋史·赵必愿传》："端平元年，以直秘阁知婺州……立～～、顽慢二籍，劝惩人户。"

【淳卤】 chúnlǔ 指盐碱地。淳，咸。《左传·襄公二十五年》："辨京陵，表～～。"（表：立木标记。）《汉书·食货志上》："山林薮泽原陵～～之地。"

【淳朴】 chúnpǔ 敦厚质朴。魏徵《十渐不克终疏》："故其垂拱严廊，布政天下，其语道也，必先～～而抑浮华。"杜甫《五盘》诗："喜见～～俗，坦然心神舒。"

鹑(鶉、雜、鷻)　1. chún　❶鸟名。鹌鹑。《宋史·王安石传》:"有少年日斗～,其侪求之,不与。"❷星宿名。《国语·周语下》:"自～及驷七列也。"(驷:天驷,星名。)

2. tuán　❸猛禽名。雕。《诗经·小雅·四月》:"匪～匪鸢,翰飞戾天。"

【鹑火】　chúnhuǒ　星次名。指柳、星、张三个星宿。《国语·周语下》:"昔武王伐殷,岁在～～,月在天驷。"阮籍《咏怀》之十六:"是时～～中,日月正相望。"

【鹑居】　chúnjū　形容居无定所。一说野处。《庄子·天地》:"夫圣人～～而鷇食,鸟行而无彰。"李峤《大周降禅碑》:"闾阎无犬吠之惊,风俗有～～之暇。"

【鹑衣】　chúnyī　鹑鸟尾秃,像补绽百结,故形容破烂褴褛的衣服为"鹑衣"。杜甫《风疾舟中伏枕书怀三十六韵奉呈湖南亲友》诗:"乌几重重缚,～～寸寸针。"赵蕃《大雪》诗:"～～百结不蔽膝,恋恋谁怜范叔贫。"

镎(錞)　1. chún　❶古代军乐器。青铜制,形如圆筒,常用来跟鼓配合,在战争中指挥进退。也称"镎于"。《淮南子·兵略训》:"两军相当,鼓～相望。"庾信《三月三日华林园马射赋》:"玉律调钟,金～节鼓。"❷依附,靠近。《山海经·西山经》:"又西二百五十里曰騩山,是～于西海。"

2. duì　❸矛、戟柄末端的平底金属套。《淮南子·说林训》:"～之与刃,孰先弊也?"❹古祭器。器盖相合如球状,俗称"西瓜鼎"。《陈侯因資镎》铭:"荐吉金,用乍孝武超公祭器～。"(乍:作。)

漘(滣)　chún　❶水边。《诗经·王风·葛藟》:"绵绵葛藟,在河之～。"《后汉书·班固传》:"西荡河源,东澹海～。"❷临水的山崖。《尔雅·释丘》:"夷上洒下,不～。"(不:句中助词。无实义。)

蒓(莼)　1. chún　❶植物名。莼菜。一名水葵,又名凫葵。可作羹。《世说新语·言语》:"有千里～羹,但未下盐豉耳。"苏轼《扬州以土物寄少游》诗:"后春～茁活如酥,先社姜芽肥胜肉。"

2. tuán　❷蒲丛。《广雅·释草》"蒲穗谓之～"王念孙疏证:"蒲草丛生于水则谓之～。"

【蒓客】　chúnkè　客居在外、怀乡思归的人。董嗣杲《舟归富池纪怀》诗:"到岸茶商期又失,怀家～～眼添昏。"

【蒓羹鲈脍】　chúngēnglúkuài　《晋书·张翰传》:"齐王冏辟为大司马东曹掾……因见秋风起,乃思吴中菰菜、蒓羹、鲈鱼脍,曰:'人生贵得适志,何能羁宦数千里以要名爵乎!'遂命驾而归。"后人遂以"蒓羹鲈脍"为辞官归乡的典故。辛弃疾《沁园春·带湖新居将成》词:"意倦须还,身闲贵早,岂为～～～～哉。"省作"蒓鲈"。苏舜钦《答韩持国书》:"渚茶野酿,足以销忧;～～稻蟹,足以适口。"

醇(醕)　chún　❶酒味浓厚。《后汉书·仲长统传》:"清～之酎,败而不可饮。"❷通"淳"。淳朴,质朴。《淮南子·氾论训》:"古者人～工庞,商朴女重。"《汉书·景帝纪》:"五六十载之间,至于移风易俗,黎民～厚。"㊁使淳朴。《盐铁论·本议》:"高帝禁商贾不得仕宦,所以遏贪鄙之俗而～至诚之风也。"❸通"纯"。纯一不杂,精粹。《汉书·食货志上》:"天下既定,民亡盖臧,自天子不能具～驷,而将相或乘牛车。"(醇驷:四马毛色一样。)王安石《西垣当直》诗:"讨论润色今为美,学问文章老更～。"

【醇备】　chúnbèi　敦厚完美。《汉书·王莽传下》:"[唐林、纪逡]孝弟忠恕,敬上爱下,博通旧闻,德行～～。"

【醇粹】　chúncuì　精纯不杂。《楚辞·远游》:"玉色頩以脕颜兮,精～～而始壮。"(頩:美好的样子。脕:光泽,美艳。)

【醇和】　chúnhé　同"淳和"。敦厚温和。嵇康《琴赋》:"含天地之～～兮,吸日月之休光。"

【醇化】　chúnhuà　同"淳化"。敦厚的教化,施行敦厚的教化。《鹖冠子·泰鸿》:"～～四时,陶埏无形。"《晋书·乐志上》:"～～既穆,王道协隆。"

【醇醲】　chúnnóng　味道浓厚的酒。引申指民俗或文义的淳朴。左思《魏都赋》:"不鬻邪而豫贾,著驯致之～～。"(豫:欺骗。)文同《读渊明集》:"文章简要惟华衮,滋味～～是太羹。"

【醇朴】　chúnpǔ　同"淳朴"。敦厚质朴。《后汉书·天文志上》:"三皇迈化,协神～～。"

【醇儒】　chúnrú　同"纯儒"。学识精纯的儒者。《汉书·贾山传》:"所言涉猎书记,不能为～～。"

偆　chǔn　❶欣喜的样子。见"偆偆"。❷通"蠢"。动。班固《白虎通·五行》:"春之为言～。～,动也。"刘孝绰《昭明太子集·序》:"去圣滋远,愈生穿凿,枝分叶散,殊路～驰。"

【偆偆】　chǔnchǔn　欣喜的样子。董仲舒

《春秋繁露·阳尊阴卑》："阴始于秋，阳始于春。春之为言犹～～也，秋之为言犹湫湫也。～～者，喜乐之貌也；湫湫者，忧悲之状也。"

踳 chǔn 相背，乖谬。《淮南子·泰族训》："趋行～驰不归善者，不为君子。"王夫之《清诗话·拜经楼诗话序》："故其为书也，芜而杂，～而鄙，去古人风雅之道或远矣。"

【踳驳】 chǔnbó 舛谬杂乱。《文心雕龙·诸子》："其纯粹者入矩，～～者出规。"曾巩《上欧阳学士第一书》："无半言片辞～～于其间，真六经之羽翼，道义之师祖也。"

【踳落】 chǔnluò 犹"踳驳"。错谬杂乱。《文心雕龙·史传》："尔其实录无隐之旨，博雅弘辨之才，爱奇反经之尤，条例～～之失，叔皮论之详矣。"

蠢(惷) chǔn ❶虫蠕动。《说文·蚰部》："～，虫动也。"见"蠢动"。㊀骚动。《诗经·小雅·采芑》："～尔蛮荆，大邦为雠。"❷愚笨。《战国策·魏策一》："寡人～愚，前计失之。"《淮南子·氾论训》："存亡之迹若此其易知也，愚夫～妇皆能论之。"

【蠢蠢】 chǔnchǔn ❶蠕动的样子。刘敬叔《异苑·句容水脉》："掘得一黑物，无有首尾，形如数百斛舡，长数十丈，～～而动。"❷骚动的样子。沈约《齐故安陆昭王碑文》："群夷～～，岩别嶂分。"韩愈《平淮西碑》："常兵时曲，军士～～。"❸众多而杂乱的样子。束皙《补亡诗》之四："～～庶类，王亦柔之。"潘岳《马汧督诔》："～～犬羊，阻众陵寡。"

【蠢动】 chǔndòng ❶虫蠕动。傅玄《阳春赋》："幽蛰～～，万物乐生。"❷骚动。《后汉书·李膺传》："今三垂～～，王旅未振。"《三国志·蜀书·张翼传》："吾以蛮夷～～，不称职故还耳。"

chuo

逴 chuō ❶远，远走。《晋书·曹毗传》："游不践绰约之室，～不希騄駬之踪。"❷疾行。《太平广记》卷四百五十五引《三水小牍》："[王]知古偃僵，～于庭中，四顾逊谢。"❸跳，腾跃。左思《吴都赋》："狖鼯猓然，腾～飞超。"《南齐书·张融传》："雕隼飞而未半，鲲龙～而不逮。"❹特出，高超。许有壬《文丞相传序》："丞相文公，少年～厉，有经济之志。"

踔 1. chuō ❶跳、腾跃。《史记·司马相如列传》："捷垂条，～稀间。"《后汉书·马融传》："～㨖枝，杪标端。"（㨖：长。）❷踰越。《后汉书·蔡邕传》："～宇宙而遗俗兮，眇翩翩而独征。"苏舜钦《歙州黟县令朱君墓志铭》："日夜～数舍，冒没于凶党中。"❸卓然特立。见"踔绝"。

2. diào ❹路远。见"踔远"。

【踔绝】 chuōjué 卓越、高超之极。《汉书·孔光传》："尚书以久次转迁，非有～～之能，不相踰越。"

【踔厉】 chuōlì 腾跃的样子。形容人精神振奋、见识高远。韩愈《柳子厚墓志铭》："议论证据今古，出入经史百子，～～风发，率常屈其座人。"

【踔远】 diàoyuǎn 辽远。《史记·货殖列传》："上谷至辽东，地～～，人民希，数被寇。"

擉 chuō 刺。韩愈《祭鳄鱼文》："昔先王既有天下，列山泽，网绳～刃，以除虫蛇恶物为民害者。"欧阳修《送陈经秀才序》："钓鲂～鳖，可供膳羞。"

戳 chuō 用尖端触击，刺。《宋史·刑法志三》："苏州民张朝之从兄，以枪～死朝父，逃去。"

汋 chuò 见 zhuó。

辵 chuò ❶乍行乍止。《说文·辵部》："～，乍行乍止也。"❷跨越台阶而下。《仪礼·公食大夫礼》"宾栗阶升，不拜"郑玄注："不拾级而下曰～。"

婥 chuò ❶谨慎的样子。见"婥婥"。❷整，整理。辛弃疾《鹧鸪天·有客慨然谈功名因追念少年时事戏作》词："燕兵夜～银胡䩮，汉箭朝飞金仆姑。"（胡䩮：藏矢的器具。）❸整齐的样子。梅尧臣《寄题知仪州太保蒲中书》诗："老系战马向庭下，厨架整～齐签牙。"❹同"捉"。杨万里《跋丘宗卿侍郎见赠使北诗五七言一轴》诗："手持汉节～秋月，弓挂天山鸣积雪。"

【婥婥】 chuòchuò 矜持拘谨的样子。《史记·张丞相列传》："～～廉谨，为丞相备员而已。"（《汉书》作"踖踖"。）

惙 chuò ❶忧愁。见"惙惙"、"惙怛"。❷疲乏。王献之《阿姑帖》："献之遂不堪暑，气力恒～。"《魏书·任城王澄传》："疾患淹年，气力～敝。"㊁弱，气短。陆龟蒙《奉酬袭美先辈吴中苦雨》诗："其时心力愦，益使气息～。"❸通"辍"。停止。《庄子·秋水》："孔子游于匡，宋人围之数匝，而弦歌不～。"

【惙惙】 chuòchuò 忧愁的样子。《诗经·召南·草虫》："未见君子，忧心～～。"《淮南子·原道训》："故其为欢不欣欣，其为悲不

～～。”

【惙怛】 chuòdá 忧伤。《后汉书·梁鸿传》：“心～～兮伤悴，志菲菲兮升降。”

淖 chuò 见nào。

啜(嚽) chuò ❶食，饮。《荀子·天论》：“君子～菽饮水，非愚也。”苏轼《超然台记》：“馎糟～醨，皆可以醉。”⊗指羹汤等可饮之物。《史记·张仪列传》：“即酒酣乐，进热～，反斗以击之。”❷哭泣抽咽的样子。《诗经·王风·中谷有蓷》：“有女仳离，～其泣矣。”(仳离：夫妻离散。)江淹《齐太祖高皇帝诔》：“睇千乘之共～，盼万骑之相泫。”

【啜汁】 chuòzhī 吮食残汤。比喻乘机邀功取利。《史记·魏世家》：“彼劝太子战攻，欲～～者众。”陆龟蒙《杂讽》诗之二：“得非佐饔者，齿齿待～～。”

逴 chuò ❶远。《史记·卫将军骠骑列传》：“取食于敌，～行殊远而粮不绝。”《新唐书·窦威传》：“炀帝遣[窦]抗出灵武，～护长城。”❷超越。梅尧臣《时鱼》诗：“四月时鱼～浪花，渔舟出没浪为家。”❸巡行。伏知道《从军五更转五首》之一：“一更刁斗鸣，校尉～连城。”❹惊动。沈亚之《柘枝舞赋》：“欻然～姹，翔然嫣偃。”

【逴逴】 chuòchuò 悠远的样子。《楚辞·九辩》：“春秋～～而日高兮，然惆怅而自悲。”

【逴跞】 chuòluò 也作“逴荦”。超越。班固《西都赋》：“封畿之内，厥土千里，～～诸夏，兼其所有。”

徫 chuò ❶同“趠”。超。《集韵·效韵》：“趠，超也。或从彳。”❷见“徫菜”。

【徫菜】 chuòcài 菜名。又作“绰菜”。生于南方池沼间，叶类茨菰，根如藕。

绰(綽、繛) chuò ❶宽，缓。《诗经·卫风·淇奥》：“宽兮～兮，倚重较兮。”《汉书·礼乐志》：“慈惠所爱，美若休德，杳杳冥冥，克～永福。”❷柔美。曹植《洛神赋》：“柔情～态，媚于语言。”

【绰绰】 chuòchuò 宽裕的样子。《诗经·小雅·角弓》：“此令兄弟，～～有裕。”刘禹锡《彭阳侯令狐氏先庙碑》：“季子前所谓监察御史，今主柱下方书，温敏而有文，～～然真令兄弟。”

【绰异】 chuòyì 卓异。《三国志·吴书·王蕃传》：“薛莹称王蕃器量～～，弘博多通。”

【绰约】 chuòyuē ❶柔美的样子。《史记·司马相如列传》：“靓庄刻饬，便嬛～～。”崔融《嵩山启母庙碑》：“洛妃～～，江妃縣眇。”❷柔弱的样子。《庄子·在宥》：“～～柔乎刚强。”《荀子·宥坐》：“夫水……～～微达，似察。”

婥 chuò 见“婥约”。

【婥约】 chuòyuē 同“绰约”。柔美的样子。《广雅·释诂一》：“～～，好也。”

娕 1. chuò ❶不顺从。《说文·女部》：“～，不顺也。”❷人名用字。春秋鲁大夫有叔孙娕。见《左传·昭公七年》。

2. ruò ❸汉代西域国名。即“娕羌”。故址在今新疆若羌县境。《汉书·赵充国传》：“长水校尉富、酒泉侯奉世将～、月氏兵四千人，亡虑万二千人。”

缀 chuò 见zhuì。

辍(輟) chuò 停止，中止。《吕氏春秋·圜道》：“云气西行，云云然，冬夏不～。”《汉书·高帝纪上》：“汉王～饭吐哺。”㊀废去，舍弃。《荀子·天论》：“天不为人之恶寒也～冬，地不为人之恶辽远也～广。”韩愈《祭十二郎文》：“诚知其如此，虽万乘之公相，吾不以一日～汝而就也。”

【辍朝】 chuòcháo 中止朝见。《礼记·曲礼下》：“～～而顾，不有异事，必有异虑。”特指停止视朝以志哀。庾信《郑伟墓志铭》：“天子～～，弥深大臣之议；群公会葬，咸得同盟之礼。”

【辍斤】 chuòjīn 停止使用斧头。言无知己，不愿轻试其技。《汉书·扬雄传下》：“獿人亡，则匠石～～而不敢妄斲。”(獿人：善于涂抹墙壁的人。)引申为失去知己。卢照邻《南阳公集序》：“～～之恸，何独庄周？闻笛而悲，宁惟向秀？”

腏 chuò(又读zhuì) ❶挑取骨间肉。《说文·肉部》：“～，挑取骨间肉也。”❷连续而祭。《汉书·郊祀志上》：“其下四方地，为～，食群神从者及北斗云。”宋祁《明堂颂》：“～报百神，咸秩并修。”

龟(㲋、龟) chuò 兽名。传说似兔而鹿脚，青色。《山海经·中山经》：“其兽多闾、麈、麢、～。”

蔟 chuò 见cù。

龊(齪、躖) chuò 见“龊龊”。

【龊龊】 chuòchuò 拘谨注意小节的样子。《史记·货殖列传》：“而邹鲁滨洙泗，犹有周公遗风，俗好儒，备于礼，故其民～～。”韩愈《与于襄阳书》：“世之～～者既不足以语之，磊落奇伟之人又不能听焉，则信乎命之穷也。”

齱 chuò 见 zōu。

躇 chuò 见 chú。

歠 chuò 饮，吃。《国语·越语上》："国之孺子之游者，无不铺也，无不～也。"《三国志·魏书·典韦传》："每赐食于前，大饮长～，左右相属，数人益乃供，太祖壮之。"㊀羹汤等可饮之物。《战国策·燕策一》："即酒酣乐，进热～，即因反斗击之。"

蓋 chuò（又读 hē） 毒虫刺（或咬）其他动物。《山海经·西山经》："[昆仑之丘]有鸟焉，其状如蜂……～鸟兽则死，～木则枯。"《汉书·田儋传》："蝮～手则斩手，～足则斩足。"㊀虫毒。《汉书·严助传》："南方暑湿，近夏瘴热，暴露水居，蝮蛇～生。"㊁酷刑。《汉书·刑法志》："当孝惠、高后时，百姓新免毒～，人欲长幼养老。"

ci

差 cī 见 chā。

柴 cī 见 chái。

疵 cī ❶毛病。《后汉书·杜林传》："吹毛索～，诋欺无限。"㊀过失，缺点。《战国策·齐策一》："齐貌辨之为人也多～，门人弗说。"（说：悦。）王安石《祭范颍州文》："由初迄终，名节无～。"㊀特指黑斑，痣。《淮南子·氾论训》："故目中有～，不害于视，不可灼也。"《晋书·惠贾皇后传》："眉后有～。"❷挑剔，指责。《吕氏春秋·精谕》："不言之谋，不闻之事，殷虽恶周，不能～矣。"㊀毁谤。《盐铁论·非鞅》："功如丘山，名传后世，世人不能为，是以相与嫉其能而～其功也。"❸忧虑。张九龄《在郡秋怀二首》之一："五十而无闻，古人深所～。"

【疵病】 cībìng 缺点，毛病。《尔雅·释水》"枪，无疵"疏："枪，美木也，无～～，因名之。"苏轼《东坡志林·记六一语》："～～不必待人指擿，多作自能见之。"

【疵毁】 cīhuǐ 指责缺点，加以诋毁。《三国志·蜀书·廖立传》："诽谤先帝，～～众臣。"《北史·李业兴传》："有乖忤，便即～～，乃至声色，加以谤骂。"

【疵瘕】 cījiǎ ❶腹病。《淮南子·精神训》："病～～者，捧心抑腹，膝上叩头，踡跼而谛，通夕不寐。"（谛：啼号。）❷指责。苏轼《辨道歌》："何须横议相～～，众口并发鸣群鸦。"

【疵疠】 cīlì 灾害疫病。《庄子·逍遥遊》："其神凝，使物不～～而年谷熟。"也作"疵厉"。《列子·黄帝》："人无夭恶，物无～～。"范宁《〈穀梁传〉序》："川岳为之崩竭，鬼神为之～～"。

【疵吝】 cīlìn 毛病，缺点。郦道元《水经注·汝水》："然士君子见之者，靡不服深远、去～～。"《文心雕龙·程器》："古之将相，～～实多。"也作"玼吝"。《后汉书·黄宪传论》："黄宪言论风旨无所传闻，然士君子见之者，靡不服深远，去～～。"

【疵瑕】 cīxiá ❶毛病，过失。王粲《仿连珠》："臣闻观于明镜，则～～不滞于躯。"❷指责。《左传·僖公七年》："唯我知女，女专利而不厌，予取予求，不女～～也。"

【疵衅】 cīxìn 过失。嵇康《与山巨源绝交书》："久与事接，～～日兴，虽欲无患，其可得乎？"《三国志·魏书·何夔传》注引孙盛曰："苟有～～，刑黜可也。"

嵯 cī 见 cuó。

傑 cī 见"傑池"。

【傑池】 cīchí 参差不齐的样子。司马相如《上林赋》："～～茈虒，旋还乎后宫。"（茈虒：不齐的样子。）也作"傑傂"。扬雄《甘泉赋》："～～参差，鱼颉而鸟昕。"（颉：向上游。昕：向下飞。）

訾 cī 见 zǐ。

篸 1. cī ❶篸篸。古乐器名。
2. cuō ❷竹笼。孟元老《东京梦华录·般载杂卖》："又有驼骡驴驮子，或皮或竹为之，如方匾竹～两搭背上。"

骴（髊） cī 肉未烂尽的骸骨。《吕氏春秋·孟春》："无聚大众，无置城郭，掩骼霾～。"（霾：通"埋"。）韩愈《寄崔二十六立之》诗："过半黑头死，阴虫食枯～。"

螆（蠀） cī ❶昆虫名。《广韵·脂韵》："～，蝎化也。"❷见"螆蛦"。

【螆蛦】 cīyí 动物名。龟类。李商隐《碧瓦》诗："吴市～～甲，巴賨翡翠翘。"（巴賨：指巴蜀之地。）

词（詞、䛐） cí ❶言辞，文辞。《楚辞·九章·抽思》："结微情以陈～兮，矫以遗夫美人。"刘知幾《史通·疑古》："加以古文载事，其～简约，推者难详。"㊀特指讼词。《淮南子·时则训》："审决狱，平～讼。"❷一种韵文文体。始于唐，盛行于宋，因句子长短不一，又叫长短句。朱彝尊《解佩令》词："老去填～，一半是空中传恨。"㊀古代乐府诗体的一种。严羽《沧浪诗话·诗体》："曰～，《选》有汉武

《秋风词》,《乐府》有《木兰词》。"❸通"辞"。告别。《敦煌曲子词·捣练子》:"堂前立,拜～娘,不觉眼中泪千行。"[又]推辞,拒绝。苏轼《赐正议大夫同知枢密院事安焘乞退不允诏》:"卿才当其位,义不～劳。"

【词伯】 cíbó 称誉擅长文词的人。杜甫《怀旧》诗:"自从失～～,不复更论文。"宋之问《伤王七祕书监……》诗:"书乃墨场绝,文称～～雄。"

【词场】 cíchǎng ❶比喻文坛。王勃《益州夫子庙碑》:"践～～之阃阈,观质文之否泰。"(阃阈:范围,境界。)杜甫《奉寄河南韦尹丈人》诗:"鼎食为门户,～～继国风。"❷文词科场。白居易《喜敏中及第偶示所怀》诗:"自知群从为儒少,岂料～～中第频。"

【词臣】 cíchén 文学侍从之臣,如学士、翰林之类。刘禹锡《江令宅》诗:"南朝～～北朝客,归来唯见秦淮碧。"洪迈《容斋随笔》卷三:"蔡君谟一帖云,曩昔之为谏臣,与今之为～～,一也。"

【词锋】 cífēng 文章、言论犀利,如有锋芒。庾信《周上柱国齐王宪神道碑铭》:"水涌～～,风飞文雅。"徐陵《与杨仆射书》:"足下素挺～～,兼长理窟。"

【词翰】 cíhàn ❶词章。《魏书·儒林传序》:"其馀涉猎典章,阅历～～,莫不縻以好爵。"《辽史·刘伸传》:"伸少颖悟,长以～～闻。"❷文章与书翰。杜甫《奉贺阳城郡王太夫人恩命加邓国太夫人》诗:"义方兼有训,～～两如神。"

【词客】 cíkè 擅长文词的人。李白《草书歌行》:"八月九日天气凉,酒徒～～满高堂。"杜甫《咏怀古迹五首》之一:"羯胡事主终无赖,～～哀时且未还。"

【词林】 cílín ❶指汇集在一处的文词。萧统《答晋安王书》:"殽核坟史,渔猎～～。"❷指文人之群。杜甫《八哀诗·赠秘书监江夏李公邕》:"忆昔李公存,～～有根柢。"❸翰林院的别称。明洪武时建翰林院,匾额曰"词林",故名。

【词气】 cíqì 言辞气度。杜甫《同元使君舂陵行》诗:"道州忧黎庶,～～浩纵横。"(道州:人名。)

【词人】 círén 擅长文词的人。《梁书·沈约传》:"又撰《四声谱》,以为在昔～～,累千载而不寤,而独得胸衿,穷其妙旨,自谓入神之作。"杜甫《送陵州路使君赴任》诗:"幽燕通使者,岳牧用～～。"

【词头】 cítóu 唐、宋代朝廷命官任职的谕旨。白居易《中书寓直》诗:"病对～～惭彩笔,老看镜面愧华簪。"王禹偁《舍人院竹》诗:"封了～～绕砌行,此君相伴最多情。"

【词源】 cíyuán 见"辞源"。

【词指】 cízhǐ 见"辞旨"。

【词致】 cízhì 见"辞致"。

【词宗】 cízōng 见"辞宗"。

祠 cí ❶祭名。春祭。《诗经·小雅·天保》:"禴～烝尝,于公先王。"(禴:夏祭。烝:冬祭。尝:秋祭。)[引]祭祀。《汉书·郊祀志上》:"于是始皇遂东游海上,行礼～名山川及八神。"❷供奉鬼神、祖先或先贤的庙堂。《史记·封禅书》:"乃立黑帝～,命曰北畤。"《汉书·陈胜传》:"又间令广之次所旁丛～中,夜构火。"

【祠兵】 cíbīng 古代兵将出战前的一种礼仪。《公羊传·庄公八年》:"出曰～～,入曰振旅,其礼一也。"(疏云:"祠兵有二义,一则祠其兵器,二则杀牲以享士卒,故曰祠兵矣。")

【祠宇】 cíyǔ 祠堂。夏侯湛《东方朔画赞》:"徘徊路寝,见先生之遗像;逍遥城郭,观先生之～～。"

垐 cí 用土铺垫道路。《说文·土部》:"～,以土增大道上。"

兹 cí 见zī。

茨 cí ❶用芦苇、茅草盖的屋顶。《诗经·小雅·甫田》:"曾孙之稼,如～如梁。"《史记·太史公自序》:"堂高三尺,土阶三等,茅～不翦,采椽不刮。"[又]铺盖屋顶。《庄子·让王》:"原宪居鲁,环堵之室,～以生草。"❷草名。蒺藜。《诗经·小雅·楚茨》:"楚楚者～,言抽其棘。"陆游《闵雨》诗:"穷民守稼泣,便恐化棘～。"❸积土填塞。《淮南子·泰族训》:"掘其所流而深之,～其所决而高之。"[引]积聚。佚名《水调歌头·寿徐枢》词:"与寿星争耀,～福正绵绵。"

荠(薺) 1. cí ❶草名。蒺藜。孟浩然《秋登兰山寄张五》诗:"天边树若～,江畔舟如月。"❷(jī)通"齑"。细切的咸菜。韩愈《送穷文》:"太学四年,朝～暮盐。"

2. jì ❸菜名,荠菜。《诗经·邶风·谷风》:"谁谓荼苦,其甘如～。"《宋书·顾觊之传》:"松柳异质,～荼殊性。"

呲 cí 见zǐ。

瓷(甆、瓷、瓻) cí 瓷器。潘岳《笙赋》:"倾缥～以酌醽。"李善注:"邹阳《酒赋》曰:'醪醴既成,绿～既启。'"

慈 cí ❶爱。《孟子·告子下》:"敬老～幼,无忘宾旅。"《论衡·率性》:"仁泊则戾而少～,勇渥则猛而无义。"❷指孝敬、奉养父母。《礼记·内则》:"父子皆异宫,昧爽而朝,～以旨甘。"《汉书·代孝王刘参传》:"孝王～孝,每闻太后病,口不能食,常欲留长安侍太后。"❸慈母的省称。见"慈训"、"慈颜"。

【慈航】 cíháng 佛教称佛以慈悲之心救度众生,使脱离苦海,有如航船济众。萧统《开善寺法会》诗:"法轮明暗室,慧海度～～。"杜甫《上兜率寺》诗:"白牛车远近,且欲上～～。"

【慈和】 cíhé ❶慈爱和顺。《左传·襄公二十七年》:"凡诸侯小国,晋、楚所以兵威之,畏而后上下～～,～～而后能安靖其国家。"陆机《辨亡论》:"～～以结士民之爱。"❷指慈母的容颜。元好问《祖堂臣母挽章》:"白发承平一梦过,怡然冠帔见～～。"

【慈闱】 cíwéi 母亲的代称。梁椿《立皇后孟氏制》:"明扬德阀之懿,简在～～之公。"(按:古称皇后为天下之母,故亦以"慈闱"称皇后。)

【慈训】 cíxùn 慈母的教训。谢朓《齐敬皇后哀策文》:"闵予不祐,～～早违。"

【慈颜】 cíyán 慈母的容颜。潘岳《闲居赋》:"寿觞举,～～和。"㊁指慈母。杜甫《晚秋长沙蔡五侍御饮筵送殷六参军归澧州觐省》诗:"佳士欣相识,～～望远游。"

鹚(鷀、鶿) cí 鸬鹚。鸟名。

磁(礠) cí 见"磁石"。

【磁石】 císhí 天然吸铁石。《论衡·乱龙》:"顿牟掇芥,～～引针。"(顿牟:琥珀。)

薋(薺) cí 草多的样子。《说文·艸部》:"～,艸多皃。"㊁堆积。《楚辞·离骚》:"～菉葹以盈室兮,判独离而不服。"(一说薋为草名,即蒺藜。)

辞(辭、辤、辞) cí ❶讼词,口供。《周礼·秋官·乡士》:"听其狱讼,察其～。"《后汉书·和熹邓皇后纪》:"御者共枉吉成以巫蛊事,遂下掖庭考讯,～证明白。"❷言辞,文辞。《论语·卫灵公》:"子曰:'～达而已矣。'"《国语·周语上》:"于是有刑罚之辟,有攻伐之兵,有征讨之备,有威让之令,有文告之～。"㊁借口,理由。《三国志·吴书·周瑜传》:"挟天子以征四方,动以朝廷为～。"刘知几《史通·惑经》:"赵孟以无～伐国,贬号为人。"❸告诉,解说。《礼记·檀弓上》:"使人～于狐突。"柳宗元《段太尉逸事状》:"无伤也,请～于军。"㊁责备。《左传·昭公九年》:"王使詹桓伯～于晋。"❹推辞,不接受。《孟子·万章下》:"柳下惠不羞汙君,不～小官。"《吕氏春秋·异宝》:"孙叔敖死,王果以美地封其子,而子～。"㊁遣去。《左传·襄公二十二年》:"～八人者,而后王安之。"❺告别。《楚辞·九歌·少司命》:"入不言兮出不～,乘回风兮载云旗。"杜甫《遣遇》诗:"磬折～主人,开帆驾洪涛。"(磬折:言身弯曲如磬,以示恭敬。)❻古代的一种文体。《史记·司马相如列传》:"会景帝不好～赋。"

【辞案】 cí'àn 案牍,公文。《后汉书·周纡传》:"专任刑法,而善为～～条教,为州内所则。"

【辞辩】 cíbiàn 言辞辩说。《史记·五宗世家》:"季年好音,不喜～～。"王融《永明十一年策秀才文》:"无待干戈,聊用～～。"

【辞费】 cífèi 言而不行。《礼记·曲礼上》:"礼不妄说人,不～～。"㊁话多而空洞。颜延之《重释何衡阳达性论》:"故两解此意,冀以取了,反致～～。"《世说新语·品藻》注引《江左名士传》:"承言理辩物,但明其旨要,不为～～,有识伏其约而能通。"(承:人名。)

【辞服】 cífú 认罪屈服。《汉书·楚元王传》:"事下有司,考验～～,延寿自杀。"韩愈《张中丞传后叙》:"以为巡死而远就虏,疑畏死而～～于贼。"

【辞观】 cíguān 谈吐仪表。《三国志·吴书·胡综传》:"青州人隐蕃归吴……[孙]权即召入,蕃谢答问,及陈时务,甚有～～。"

【辞令】 cílìng 应对的言辞。《左传·襄公三十一年》:"公孙挥能知四国之为……而又善为～～。"《吕氏春秋·士容》:"趋翔闲雅,～～逊敏。"

【辞命】 címìng 古代列国之间使节往来聘问的应对之辞。《周礼·秋官·大行人》:"属象胥,谕言语,协～～。"(象胥:古代译官。)《孟子·公孙丑上》:"我于～～,则不能也。"

【辞气】 cíqì 言词声调。《荀子·大略》:"故其行效,其立效,其坐效,其置颜色出～～效。"《史记·鲁仲连邹阳列传》:"桓公朝天下,会诸侯,曹子以一剑之任,枝桓公之心于坛坫之上,颜色不变,～～不悖。"

【辞色】 císè 言语和神态。《晋书·祖逖传》:"渡江中流,击楫而誓曰:'祖逖不能清中原而复济者,有如大江!'～～壮烈,众皆慨叹。"《颜氏家训·风操》:"其门生僮仆,接于他人,折旋俯仰,～～应对,莫不肃敬。"

【辞世】 císhì ❶隐居避世。陆机《汉高祖功臣颂》："托迹黄、老，～～却粒。"❷犹"去世"、"逝世"。韩愈《祭虞部张员外文》："倏忽逮今，二十馀载，存皆衰白，半亦～～。"

【辞讼】 císòng 争讼，诉讼。《周礼·地官·小司徒》："听其～～，施其赏罚，诛其犯命者。"《三国志·魏书·杜畿传》："民尝～～，有相告者，畿亲见为陈大义，遣令归谛思之。"也作"词讼"。《淮南子·时则训》："孟秋之月……命有司，修法制，缮囹圄，禁奸塞邪，审决狱，平～～。"

【辞源】 cíyuán 以水源比喻层出不穷的文思、词藻。杜甫《赠虞十五司马》诗："凄凉怜笔势，浩荡问～～。"也作"词源"。杜甫《醉歌行》："～～倒流三峡水，笔阵独扫千人军。"

【辞章】 cízhāng 诗文的总称。《后汉书·蔡邕传》："好～～、数术、天文，妙操音律。"《文心雕龙·通变》："晋之～～，瞻望魏采。"也作"词章"。韩愈《柳子厚墓志铭》："居闲益自刻苦，务记览，为～～。"

【辞旨】 cízhǐ 言辞的意旨、情调。《后汉书·郅恽传》："遂因朝会讥刺宪等，厉声正色，～～甚切。"也作"辞指"、"词旨"。《汉书·元后传》："其～～甚哀，太后闻之为垂涕。"《三国志·魏书·三少帝纪》："临危不顾，～～正烈。"

【辞致】 cízhì 文辞的意趣、情调。《北史·颜之仪传》："尝献梁元帝《荆州颂》，～～雅赡。"也作"词致"。《隋书·苏威传》："少聪敏，有口辩……十四诣学，与诸儒论议，～～可观，见者莫不称善。"

【辞宗】 cízōng 擅长辞赋诗文的大师。《梁书·王筠传》："尚书令沈约当世～～，每见筠文，咨嗟吟咏，以为不逮也。"也作"词宗"。王勃《滕王阁序》："腾蛟起凤，孟学士之～～。"

雌 cí ❶母鸟。《诗经·小雅·小弁》："雉之朝雊，尚求其～。"⊗泛指雌性的，与"雄"相对。《左传·昭公二十九年》："龙一～死，潜醢以食夏后。"《庄子·天运》："虫，雄鸣于上风，～应于下风而化。"⊗特指女性。《管子·霸形》："楚人攻宋、郑……令其人有丧～雄。"❷柔弱，柔细。《老子·二十八章》："知其雄，守其～，为天下谿。"韩愈《病中赠张十八》诗："～声吐款要，酒壶缀羊腔。"

【雌风】 cífēng 指卑恶之风。宋玉《风赋》："故其风中人，状直憞溷郁邑，殴温致湿，中心惨怛……此所谓庶人之～～也。"（憞溷：烦乱的样子。）

【雌伏】 cífú ❶屈居人下。《后汉书·赵典传》："初为京兆郡丞，叹曰：'大丈夫当雄飞，安能～～！'遂弃官去。"❷比喻退藏、无所作为。温庭筠《病中书怀呈友人》诗："鹿鸣皆缀士，～～竟非夫。"

【雌黄】 cíhuáng ❶矿物名。晶体，橙黄色。可制颜料。《汉书·司马相如传上》："其土则丹青赭垩，～～白坿。"❷古人以黄纸书字，有误，则以雌黄涂之，因称改易文字为"雌黄"。《颜氏家训·勉学》："校定书籍，亦何容易，自扬雄、刘向方称此职尔。观天下书未遍，不得妄下～～。"刘峻《广绝交论》"雌黄出其唇吻"注引《晋阳秋》："王衍字夷甫，能言，于意有不安者，辄更易之，时号口中～～。"❸评论。叶梦得《蒙斋笔谈》卷下："贺铸最有口才，好～～人物。"⊗随便乱说。王夫之《宋论·真宗》："使支离之异学，～～之游士，荧天下之耳目而荡其心。"

【雌劣】 cíliè 懦弱卑劣。《旧五代史·李建及传》："又累立战功，雄勇冠绝，～～者忌谗之。"

【雌雄】 cíxióng ❶雌性与雄性。《诗经·小雅·正月》："谁知乌之～～。"❷指成对的（器物）。杜甫《冬晚送长孙渐舍人归州》诗："匣里～～剑，吹毛任选将。"❸比喻胜负、高下。《后汉书·窦融传》："今豪杰竞逐，～～未决。"

餈（糍） cí 糯米蒸饼。《周礼·天官·笾人》："羞笾之实，糗饵粉～。"干宝《搜神记》卷十九："闻～香气，先啗食之。"

訾 cí 嫌恶。《管子·形势》："～食者不肥体。"（尹知章注："訾，恶也。恶食之人，忧嫌致瘠，故不能肥体。"）

此 cǐ ❶代词。这，与"彼"相对。《后汉书·南蛮西南夷传》："～武王伐纣之歌也。"⊗这样；这般。庾信《哀江南赋》："天何为而～醉？"⊗这里。《诗经·小雅·大田》："彼有遗秉，～有滞穗。"❷副词。犹"乃"、"则"。《礼记·大学》："有德～有人，有人～有土。"《后汉书·黄琼传》："必待尧舜之君，～为志士终无时矣。"

【此家】 cǐjiā 犹"此人"。汉魏时口语。《后汉书·王常传》："后帝于大会中指常谓群臣曰：'～～率下江诸将辅翼汉室，心如金石，真忠臣也。'"

【此豸】 cǐzhì 也作"玼豸"。姿态妖媚的样子。张衡《西京赋》："嚼清商而却转，增婵娟以～～。"

佌（傰） cǐ 少，卑微。《管子·轻重乙》："～诸侯度百里。"

【佌佌】 cǐcǐ 渺小的样子。《诗经·小雅·正月》："～～彼有屋，蔌蔌方有谷。"（蔌蔌：鄙陋的样子。）董解元《西厢记诸宫调》卷三："祖宗非～～，也非是庶民白屋。"

泚 cǐ ❶清澈。《南史·羊玄保传》："金沟清～。"⊗清澈的水。杜甫《狄明府》："虎之饥，下巉岩；蛟之横，出清～。"❷鲜明的样子。《诗经·邶风·新台》："新台有～，河水瀰瀰。"赵汝谈《翠蛟亭和巩栗斋韵》："术假金洞光，景逾瑶台～。"❸汗出的样子。《孟子·滕文公上》："他日过之，狐狸食之，蝇蚋姑嘬之。其颡有～，睨而不视。"⊗冒汗。苏轼《自仙游回至黑水见居民姚氏山亭高绝可爱复憩其上》诗："国恩久未报，念此惭且～。"⊗指汗。苏轼《次韵王定国谢韩子华过饮》："亲嫌妨鹗荐，相对发微～。"

玼 1. cǐ ❶鲜明的样子。《诗经·鄘风·君子偕老》："～兮～兮，其之翟也。"（翟：女衣，上绣或绘有长尾野鸡的花纹。）

2. cī ❷玉的瑕斑。《盐铁论·晁错》："夫以玙璠之～而弃其璞，以一人之罪而弃其众，则天下无美宝信士也。"(引)缺点，毛病。《后汉书·吕强传》："愿陛下详思臣言，不以记过见～为责。"

【玼颣】 cīlèi 比喻过失、错误。颣，丝的疙瘩。《资治通鉴·唐昭宗景福二年》："懿行实才，人未之信，小有～～，众皆指之。"

【玼吝】 cīlìn 见"疵吝"。

跐 cǐ 踏，践踏。《庄子·秋水》："且彼方～黄泉而登大皇，无南无北，奭然四解。"（大皇：天。）左思《吴都赋》："虽有雄虺之九首，将抗足而～之。"

次 1. cì ❶次序，等次。《楚辞·九叹·思古》："念余邦之横陷兮，宗鬼神之无～。"贾谊《新书·六术》："六亲有～，不可相逾。"(引)行列，队列。《国语·晋语三》："失～犯令，死。"⊗位，职位。桓温《上疏废殷浩》："不能恭慎所任，恪居职～。"❷依次。《史记·陈涉世家》："陈胜、吴广皆～当行。"⊗依次排列，编次。《国语·鲁语上》："夫宗庙之有昭穆也，以～世之长幼，而等胄之亲疏也。"《史记·三代世家》："孔子因史文～《春秋》，纪元年。"❸次一等。《荀子·君道》："上贤使之为三公，～贤使之为诸侯。"陆羽《茶经·一之源》："笋者上，牙者～。"❹止，停留。《楚辞·九歌·湘君》："鸟～兮屋上，水周兮堂下。"《后汉书·班固传》："兹事体大而允，寤寐～于圣心。"⊗特指行军途中，在一地停留超过二宿。《左传·庄公三年》："凡师一宿为舍，再宿为信，过信为～。"⊗途中止宿的处所。《左传·襄公二十六年》："师陈焚～。"⊗更衣、歇息的处所。柳宗元《岭南节度飨军堂纪》："其外更衣之～，膳食之宇。"❺居丧时丧主的临时住所。《左传·僖公九年》："冬，十月，里克杀奚齐于～。"《仪礼·既夕礼》："众主人出门哭止，阖门，主人揖众主人，乃就～。"❻太阳、星辰所在之所。《左传·襄公二十八年》："岁弃其～，而旅于明年之～。"《礼记·月令》："是月也，日穷于～，月穷于纪，星回于天，数将几终。"❼中，间。《汉书·黥布传》："姬侍王，从容语～，誉赫长者也。"孔稚珪《北山移文》："尔乃眉轩席～，袂耸筵上。"❽量词。次数，回数。张籍《祭退之》诗："三～论诤退，其志亦刚强。"❾近，接连。杜甫《宿江边阁》诗："暝色延山径，高斋～水门。"刘禹锡《贾客词》："大艑浮通川，高楼～旗亭。"❿至，及。见"次骨"。

2. zī ⓫见"次且"。

【次比】 cìbǐ ❶并列，同等看待。司马迁《报任少卿书》："而世俗又不能与死节者～～。"❷次序。《后汉书·尹敏传》："帝以敏博通经记，令校图谶，使蠲去崔发所为王莽著录～～。"欧阳修《诗谱补亡后序》："其正变之风，十有四国，而其～～，莫详其义。"

【次第】 cìdì ❶次序。《战国策·韩策一》："子尝教寡人，循功劳，视～～。"钱公辅《义田记》："又爱晏子之仁有等级，而言有～～也。"❷依次。杜甫《哭李常侍峄二首》之二："～～寻书札，呼儿检赠诗。"陈亮《上孝宗皇帝第一书》："艺祖皇帝一兴，而四方～～平定。"❸状态，规模。刘桢《赠徐幹》诗："起坐失～～，一日三四迁。"杨万里《题严州新堂》诗："新堂略有～～否？忙里从公一来觑。"❹转眼，顷刻，迅急。韩愈《落齿》诗："馀存二十馀，～～知落矣。"白居易《观幻》诗："～～花生眼，须臾烛遇风。"徐集孙《湖上》诗："数日不来湖上看，西风～～水苍茫。"❺光景，情形。卢祖皋《宴清都》词："江城～～，笙歌翠合，绮罗香暖。"

【次骨】 cìgǔ 犹"入骨"。❶形容程度极深。《史记·酷吏列传》："外宽，内深～～。"❷比喻用心深刻。《文心雕龙·奏启》："世人为文，竞于诋诃，吹毛求瑕，～～为戾。"

【次行】 cìháng 次序，等级。《史记·秦始皇本纪》："尊卑贵贱，不踰～～。"

【次舍】 cìshè ❶官吏值宿退息的处所及其所居官署。《周礼·天官·宫正》："以时比宫中之官府、～～之众寡。"❷行军中的止息营地。《淮南子·兵略训》："相地形，处～～，治壁垒，审烟斥，居高陵，舍出处，此善为地形者也。"

【次行】 cìxíng 行止，进退。《史记·循吏列传》："市乱，民莫安其处，～～不定。"

【次序】　cìxù　❶先后顺序,次第。《汉书·外戚恩泽侯表》:"及其行赏而授位也,爵以功为先后,官用能为～～。"《后汉书·质帝纪》:"先后相逾,失其～～。"❷调节。《史记·乐书》:"令侍中李延年～～其声。"

【次韵】　cìyùn　和人的诗并依照原诗用韵的次序,叫"次韵"。始于唐元稹、白居易。《宋史·毕士安传》:"上元夕,与使者宴东阙下,作诗诵圣德,神宗～～赐焉,当时以为宠。"

【次且】　zījū　同"趑趄"。欲进不前。《周易·夬》:"臀无肤,其行～～。"(《文心雕龙·附会》引作"次雎"。)

朿　cì　木芒。后作"刺"。《说文·朿部》:"～,木芒也。"

刺(刾)　cì　❶用尖锐的东西向前直戳。《战国策·秦策一》:"[苏秦]读书欲睡,引锥自～其股,血流至足。"㊀刺杀,杀死。《国语·晋语四》:"戊申,～怀公于高梁。"❷兵器的锋刃。《淮南子·氾论训》:"古之兵,弓剑而已矣,槽矛无击,修戟无～。"㊀泛指尖锐如针之物。杜甫《园官送菜》诗:"苦苣～如针,马齿叶亦繁。"❸铲除。《仪礼·士相见礼》:"凡自称于君……庶人则曰～草之臣。"《荀子·富国》:"～草殖谷,多粪肥田,是农夫众庶之事也。"❹指责,讽刺。《战国策·齐策一》:"群臣吏民,能面～寡人之过者,受上赏。"《史记·十二诸侯年表》:"仁义陵迟,《鹿鸣》～焉。"❺刺探,探询。《战国策·赵策三》:"令之内治国事,外～诸侯。"《晋书·宣帝纪》:"[司马懿]不欲屈节曹氏,辞以风痹,不能起居。魏武使人夜往密～之。帝坚卧不动。"❻探取,采录。《荀子·正论》:"圣王之生民也,皆使当厚优犹不知足,而不得以有馀过度,故盗不窃,贼不～。"《史记·封禅书》:"[文帝]使博士诸生～六经中作《王制》,谋议巡狩封禅事。"❼用篙撑。《吕氏春秋·异宝》:"见一丈人,～小船,方将渔。"杨万里《十五日明发石口遇顺风》诗:"泝流浅水～楼舩,百棹千篙秪不前。"❽书写。叶適《梁父吟》:"集后土之雍容兮,～百圣之礼文。㊀名帖,名片。《后汉书·井丹传》:"性清高,未尝脩～候人。"宗臣《报刘一丈书》:"即门者持～入,而主人又不即出见,立厩中仆马之间。"❾担任州刺史或郡守。《汉书·田叔传》:"后使～三河,还,奏事称意,拜为京辅都尉。"韩愈《柳子厚墓志铭》:"遇有以梦得事白上者,梦得于是改～连州。"

【刺刺】　cìcì　❶多言的样子。《管子·白心》:"愕愕者不以天下为忧,～～者不以万物为笑。"韩愈《送殷员外序》:"丁宁顾婢子,语～～不能休。"❷象声词,形容风声。梅尧臣《送曹测崇班驻泊相州》诗:"寒风吹枯草,草短声～～。"

【刺促】　cìcù　也作"刺蹙"。❶忙碌急迫。《晋书·潘岳传》:"和峤～～不得休。"李白《古风》之四十:"焉能与群鸡,～～争一餐。"❷惶恐不安。权德舆《数名诗》:"《九歌》伤泽畔,怨思徒～～。"司马光《投梅圣俞》诗:"旅拒不肯前,一步九～～。"(旅拒:不服从的样子。)

【刺剟】　cìduō　❶古代的一种酷刑,以铁器刺人身体。《史记·张耳陈馀列传》:"吏治榜笞数千,～～,身无可击者,终不复言。"❷批评。陈亮《甲辰答朱元晦书》:"狂瞽辄发,要得心胆尽露,可以～～而补正之耳。"

【刺闺】　cìguī　夜有急报,投刺于宫门以告警。闺,宫中小门。皎然《同薛员外谊久旱感怀兼呈上杨使君》诗:"戎寇夜～～,民荒岁伤国。"钱谦益《五芳井歌》:"丙子之秋虏再入,旁午军画～～急。"

【刺候】　cìhòu　探询,刺探。《汉书·陈万年传》:"时槐里令朱云残酷杀不辜,有司举奏,未下。[陈]咸素善云,云从～～,教令上书自讼。"《续资治通鉴·宋仁宗庆历五年》:"雄州新开便门,乃欲诱纳北人以～～疆事乎?"

【刺虎】　cìhǔ　杀虎。战国时陈轸说秦惠王,引卞庄子刺虎为喻,主张先待齐楚交战,乘其两败俱伤时进兵。见《战国策·秦策二》、《史记·张仪列传》。后因以"刺虎"喻一举两得。徐陵《为护军长史王质移文》:"～～之势,时期下生。"庄季裕《鸡肋编》卷中:"吕既出而欲为～～之术,竟不能就而反被逐。"

【刺举】　cìjǔ　❶探察举发。《史记·田叔列传》:"天下郡太守多为奸利,三河尤甚,臣请先～～三河。"《汉书·诸葛丰传》:"夫司隶者～～不法,善善恶恶,非得颛之也。"(颛:通"专"。)❷检举奸恶,举荐有功。《魏书·张渊传》:"执法～～于南端,五侯议疑于水衡。"

【刺口】　cìkǒu　犹"饶舌"。多言多语。韩愈《寄卢仝》诗:"彼皆～～论世事,有力未免遭驱使。"梅尧臣《依韵和晏相公》:"苦辞未圆熟,～～剧菱芡。"

【刺取】　cìqǔ　❶刺探。《汉书·丙吉传》:"驭吏因随驿骑至公车～～,知虏入云中、代郡。"❷采取,选用。王士禛《池北偶谈·谈异七》:"出一小箧,随所问～～诸家之书,为蔡指示。"❸犹"掘取"。苏辙《息壤》诗:"窃持大畚负长锸,～～不已帝使流。"

佽 cì ❶帮助。《诗经·唐风·杕杜》："人无兄弟，胡不～焉。"钱谦益《泽州王氏节孝阡表》："府君以孤僮，上事大父母，中事母，下～长兄，以掖诸兄弟。"❷排列有序。《诗经·小雅·车攻》："决拾既～，弓矢既调。"（决：通"抉"。扳指。拾：射箭时套在左臂上的皮制套袖。）

庛 cì 耒木下端穿插铁耜的部分。《周礼·考工记·车人》："车人为耒，～长尺有一寸。"

絘（絘） cì ❶绩麻成线。《说文·糸部》："～，绩所缉也。"❷见"絘布"。

【絘布】 cìbù 古代市肆交纳的一种税款。《周礼·地官·廛人》："廛人掌敛市，～～、总布、质布、罚布、廛布而入于泉府。"

㭰 cì ❶门窗上下框的横木。《字汇·木部》："～，楣～。"❷疔疖之类。洪迈《容斋四笔》卷三："脚生肉～。"

蛓（蚝） cì 毛虫。《楚辞·九思·怨上》："～缘兮我裳，蠋入兮我怀。"韩愈等《城南联句》："痒肌遭～刺，啾耳闻鸡生。"

赐（賜） cì ❶赏给。《韩非子·内储说上》："鲁君～之玉环。"⊗赐予的恩惠或财物。《史记·刺客列传》："不敢当仲子之～。"《三国志·吴书·吕蒙传》："蒙未死时，所得金宝诸～尽付府藏。"❷尽。潘岳《西征赋》："超长怀以遐念，若循环之无～。"梁简文帝《枣下何纂纂序》引《古咄唶歌》："枣适今日～，谁当仰视之。"

【赐复】 cìfù 以特恩免除赋役。《后汉书·光武帝纪下》："秋九月，南巡狩……赐吏人，复南顿田租岁。父老前叩头言：'皇考居此日久，陛下识知寺舍，每来辄加厚恩，愿～～十年。'"

【赐告】 cìgào 官吏休假称"告"。赐假归家养息称"赐告"。《汉书·冯奉世传》："于是野王惧不自安，遂病，满三月～～，与妻子归杜陵就医药。"杨万里《诚斋荆溪集序》："戊戌三朝，时节～～，少公事，是日即作诗。"

【赐环】 cìhuán 《荀子·大略》"绝人以玦，反绝以环"杨倞注："古者臣有罪，待放于境，三年不敢去，与之环则还，与之玦则绝，皆所以见意也。"后因称被放逐的臣子赦罪召还为"赐环"。张说《让右丞相表第二表》："伤矢之禽，闻弦虚坠；～～之客，听歌先泣。"又《出湖寄赵冬曦》诗之二："湘浦未～～，荆门犹主诺。"

【赐爵】 cìjué ❶祭祀时，赐予助祭者酒爵。《礼记·祭统》："凡～～，昭为一，穆为一。"❷赐予爵位。《汉书·高帝纪下》："军吏卒会赦，其亡罪而亡爵及不满大夫者，皆～～为大夫。"

【赐履】 cìlǚ ❶《左传·僖公四年》："赐我先君履，东至于海，西至于河，南至于穆陵，北至于无棣。"赐履，君主所赐的封地，后指受命任官的地域。高启《送郑都司赴大将军行营》诗："～～已分无棣远，舞戈还见有苗来。"❷神话传说。据应劭《风俗通·叶令祠》记载，东汉叶令王乔朔望自县诣朝，每临至，不见车骑，常有双凫从南飞来。明帝命太史候凫至，张罗网之，仅得四年中尚方署所赐尚书官属之履。后用作京官的典故。杜甫《长沙送李十一衔》诗："远媿尚方曾～～，竟非吾土倦登楼。"（按：杜甫曾为右拾遗，故称。）

【赐酺】 cìpú 朝廷有庆祝之事，特许臣民会聚欢饮。《新唐书·太宗纪》："九月壬子，以有年，～～三日。"

cong

匆（怱、悤、忩） cōng ❶急遽。见"匆匆"。❷通"聪"。见"匆明"。

【匆匆】 cōngcōng 急遽的样子；匆忙的样子。《晋书·王廙传》："无故～～，先自猖獗。"杜甫《酬孟云卿》诗："相逢难衮衮，告别莫～～。"（衮衮：相继不绝的样子。）

【匆遽】 cōngjù 仓猝。《南齐书·东昏侯纪》："比起就会，～～而罢。"《后汉书·崔骃传》"宪屣履迎门"李贤注："屣履谓纳履曳之而行，言～～也。"

【匆明】 cōngmíng 同"聪明"。聪慧明审。《汉书·郊祀志下》："陛下圣德，～～上通。"

囱 cōng 见 chuāng。

苁 1. cōng ❶药草名用字。药草有苁蓉，为肉苁蓉、草苁蓉的统称。

2. sǒng ❷见"茏苁"。

玐（瑽） cōng 见"玐瑢"、"玐琤"。

【玐瑢】 cōngróng 玉佩相击声。陈师道《观兖文忠公家六一堂图书》诗："缅怀弁服士，酬献鸣～～。"

【玐琤】 cōngzhēng 玉佩相击声。袁褧《枫窗小牍》："剑珮～～，交映左右。"

枞（樅） 1. cōng ❶树名。《尔雅·释木》："～，松叶柏身。"《尸子·绰子》："松柏之鼠，不知堂密之有美～。"❷古时悬挂钟磬的木架上所刻的锯齿，也叫"崇牙"。《诗经·大雅·灵台》："虡业维～，贲鼓维镛。"(虡:悬挂编钟编磬的木架。)❸(chuāng)通"摐"。撞击。梁武帝《移檄京邑》:"～金沸地,鸣鞞聒天。"

2. zōng ❹地名用字,古县有枞阳。今属安徽省。

鏦(鏦) cōng ❶矛。《淮南子·兵略训》:"修铩短～,齐为前行。"㊀用矛戟撞刺。《史记·吴王濞列传》:"吴王出劳军,即使人～杀吴王。"《后汉书·马融传》:"绢猑蹶,～特肩。"(绢:通"罥",用绳索或网罗捕兽。特肩:三岁的兽。)❷(chuāng)通"摐"。撞击。唐太宗《伐龟兹诏》:"～金悬米之源,掩河津而电击。"

【鏦鏦】 cōngcōng 金属撞击声。欧阳修《秋声赋》:"其触物也,～～铮铮,金铁皆鸣。"

窗 cōng 见 chuāng。

葱(蔥) 1. cōng ❶蔬菜名。潘岳《闲居赋》:"菜则～韭蒜芋,青笋紫姜。"❷青绿色。《诗经·小雅·采芑》:"朱芾斯皇,有玱～珩。"《礼记·玉藻》:"三命赤韨～衡。"

2. chuāng ❸见"葱灵"。

【葱葱】 cōngcōng 茂盛的样子。常用以形容草木苍翠茂密或气象旺盛美好。《论衡·吉验》:"城郭郁郁～～。"庾信《黄帝云门舞》诗:"神光乃超忽,嘉气恒～～。"

【葱茏】 cōnglóng 青翠茂盛的样子。欧阳修《秋声赋》:"丰草绿缛而争茂,佳木～～而可悦。"也作"葱珑"。朱熹《白鹿洞赋》:"山～～而绕舍,水汩濊而循除。"(汩濊:流水声。)

【葱昽】 cōnglóng 明丽的样子。杜甫《往在》诗:"镜奁换粉黛,翠羽犹～～。"苏轼《寓居合江楼》诗:"海山～～气佳哉,二江合处朱楼开。"

【葱仟】 cōngqiān 也作"葱芊"。青郁茂盛的样子。颜延之《应诏观北湖田收》诗:"攒素既森蔼,积翠亦～～。"

【葱蒨】 cōngqiàn ❶草木青翠茂盛的样子。江淹《杂体诗》之二十四:"青林结冥濛,丹巘被～～。"也作"葱倩"。《宋书·谢灵运传》:"当严劲而～～,承和煦而芬腴。"❷比喻才华横溢。汤显祖《龙沙宴作赠王翼清大宪》诗:"四明山海姿,公才发～～。"

【葱青】 cōngqīng ❶淡青色。指植物的幼芽。《后汉书·丁鸿传》:"夫坏崖破岩之水,源自涓涓;干云蔽日之木,起于～～。"❷青翠茂盛的样子。江淹《从冠军建平王登庐山香炉峰》诗:"瑶草正翕艳,玉树信～～。"

【葱灵】 chuānglíng 有窗的载衣物车。葱,通"囱(后作"窗")"。《左传·定公九年》:"载～～,寝于其中而逃。"

锪(鍯) cōng ❶铃锪。钟声。《说文·金部》:"～,铃锪也。"❷凿孔。马融《长笛赋》:"～硐颓坠,程表朱里。"

骢(驄) cōng 毛色青白相杂的马。杜甫《丹青引》诗:"先帝天马玉花～,画工如山貌不同。"㊀泛指马。杜甫《渝州候严六侍御不到先下峡》诗:"闻道乘～发,沙边待至今。"

璁(瑽) cōng 似玉的石头。《说文·玉部》:"～,石之似玉者。"

【璁珑】 cōnglóng 明洁的样子。贯休《马上作》诗:"柳岸花堤夕照红,风清襟袖辔～～。"苏轼《予昔作壶中九华诗其后八年复过湖口……乃和前韵以自解云》诗:"赖有铜盆修石供,仇池玉色自～～。"

聪(聰、聦) cōng ❶听觉灵敏。《吕氏春秋·本生》:"天全则神和矣,目明矣,耳～矣。"《史记·淮南衡山列传》:"臣闻～者听于无声,明者见于未形。"㊀听力,听觉。《荀子·性恶》:"可以见之明不离目,可以听之～不离耳。"㊀听清楚,听而明审。《管子·宙合》:"耳司听,听必须闻,闻审谓之～。"《荀子·君道》:"故天子不视而见,不听而～,不虑而知。"❷一种耳病。《晋书·殷仲堪传》:"仲堪父尝患耳～,闻床下蚁动,谓之牛斗。"❸聪明,有才智。《国语·齐语》:"于子之乡,有居处好学、慈孝于父母、～慧质仁、发闻于乡里者,有则以告。"《论衡·别通》:"圣贤言行,竹帛所传,练人之心,～人之知。"

【聪了】 cōngliǎo 聪明懂事。《后汉书·孔融传》:"夫人小而～～,大未必奇。"

【聪明】 cōngmíng ❶听觉、视觉灵敏。《战国策·秦策三》:"夫人生手足坚强,耳目～～圣知,岂非士之所愿与?"王安石《上仁宗皇帝言事书》:"所谓察之者,非专用耳目之～～,而听私于一人之口也。"❷聪慧明审。《荀子·非十二子》:"高尚尊贵不以骄人,～～圣智不以穷人。"《汉书·楚元王传》:"陛下慈仁笃美甚厚,～～疏达盖世。"

【聪睿】 cōngruì 聪明睿智。《后汉书·桓荣传》:"今皇太子以～～之姿,通明经义,观览古今。"《三国志·蜀书·吕凯传》:"先帝龙兴,海内望风,宰臣～～,自天降康。"

【聪哲】 cōngzhé 聪明多知。《三国志·魏书·崔琰传》:"子之弟,～～明允,刚断英跱,殆非子之所及也。"陆机《辩亡论》上:"彼二君子皆弘敏而多奇,雅达而～～。"

聦 cōng 见“聦胧”。

【聦胧】 cōnglóng 明亮。柴宿《初日照华清宫》诗：“璇题生炯晃，珠缀引～～。”（炯晃：光明。）

瞛 cōng 眼睛明亮的样子。张协《七命》：“有圆文之犴，班题之豵，鼓鬣风生，怒目电～。”

蟌（螅） cōng 虫名。蜻蜓。《淮南子·说林训》：“水虿为～，孑孓为蟁。”（蟁：蚊。）

从（從） 1. cóng ❶跟随。《孟子·万章上》：“禹避舜之子于阳城，天下之民～之。”也指随行的人。《诗经·齐风·敝笱》：“齐子归止，其～如云。”㊀使跟随。《史记·项羽本纪》：“沛公旦日～百馀骑来见项王。”也指先导，引导的人。刘向《列女传·齐管妾婧》：“宁戚欲见桓公，道无～。乃为人仆，将车宿齐东门之外。”㊀随着，接着。皮日休《补周礼九夏系文》：“乐崩，亦～而亡。”❷追赶。《孙子·军争》：“佯北勿～。”（北：败逃。）❸从死，殉葬。《诗经·秦风·黄鸟》：“谁～穆公，子车仲行。”❹听从，顺从。《国语·周语上》：“昔吾骤谏王，王不～，是以及此难。”《荀子·子道》：“～道不～君，～义不～父，人之大行也。”㊀言辞顺畅。《后汉书·李云传》：“贵在于意达言～，理归乎正。”❺和顺，安顺。《宋书·符瑞志中》：“[神鸟]喜则鸣舞，乐则幽隐。风俗～则至。”㊀和顺之道，正常秩序。《左传·昭公五年》：“竖牛祸叔孙氏，使乱大～。”❻从事，参与。《汉书·高帝纪上》：“关中卒～军者，复家一岁。”白居易《与元九书》：“家贫多故，二十七方～乡试。”❼（旧读 zòng）堂房亲属。《国语·鲁语下》：“公父文伯之母，季康子之～祖叔母也。”《三国志·蜀书·许靖传》：“少与～弟劭俱知名。”❽（旧读 zòng）副。古代官品有正有从。《魏书·官氏志》：“前世职次皆无～品，魏氏始置之，亦一代之别制也。”❾介词。1）表示起点，相当于“自”、“由”。《汉书·高帝纪上》：“二月，沛公～砀北攻昌邑。”2）表示对象，相当于“向”。《后汉书·鲁恭传》：“亭长～人借牛而不肯还之，牛主讼于恭。”3）表示原因、途径，相当于“因”、“由”。白居易《长恨歌》：“春宵苦短日高起，～此君王不早朝。”❿加，重（chóng）。《诗经·小雅·信南山》：“祭以清酒，～以骍牡。”杜甫《题桃树》诗：“小径升堂旧不斜，五株桃树亦～遮。”

2. zòng 后作“纵”。⓫（旧读 zōng）南北方向。《诗经·齐风·南山》：“艺麻如之何，衡～其亩。”（艺：种植。）㊀特指合纵。战国时六国联合反对秦国的联盟。《论衡·答佞》：“六国约～，则秦畏而六国强；三秦称横，则秦强而天下弱。”⓬直，竖。《楚辞·招魂》：“豺狼～目。”苏轼《法惠寺横翠阁》诗：“朝见吴山横，暮见吴山～。”⓭放纵，纵容。《礼记·曲礼上》：“敖不可长，欲不可～。”晁错《贤良文学对策》：“其行罚也，非以忿怒妄诛而～暴心也。”⓮连词。纵然，尽管。《左传·宣公二年》：“～其有皮，丹漆若何？”陆畅《疾愈步庭花》诗：“～困不扶灵寿杖，恐惊花里早莺飞。”

3. zōng ⓯踪迹。后作“蹤”。《史记·刺客列传》：“士固为知己者死，今乃以妾尚在之故，重自刑以绝～。”《汉书·张汤传》：“变事～迹安起？”

4. sǒng ⓰见“从容”。

【从风】 cóngfēng ❶比喻迅速附从或响应。《战国策·秦策一》：“山东之国，～～而服。”《汉书·徐乐传》：“[陈涉]偏袒大呼，天下～～。”❷顺风，随风。张衡《南都赋》：“芙蓉含华，～～发荣。”张鼎《江南遇雨》诗：“出户愁为听，～～洒客衣。”

【从服】 cóngfú ❶归附，顺服。《荀子·非十二子》：“通达之属，莫不～～。”❷为姻亲或君上的亲属服丧。《宋书·礼志二》：“御服大功九月，设位太极东宫堂殿。中监、黄门侍郎、仆射并～～。～～者，御服衰乃～～，他日则否。”

【从父】 cóngfù 伯父或叔父。《北史·长孙道生传》：“与～～嵩，俱为三公。”

【从吉】 cóngjí 脱去丧服，穿上吉服。《晋书·孟陋传》：“丧母，毁瘠殆于灭性，不饮酒食肉十有馀年。亲族迭谓之曰：‘……若使毁性无嗣，更为不孝也。’陋感此言，然后～～。”《尚书·顾命》“麻冕蚁裳”孔疏：“太保、太史有所主者，则纯如祭服，暂～～也。”旧时居丧期内参与别人的庆贺之礼，多在简帖上写“从吉”二字。

【从良】 cóngliáng ❶封建社会奴婢皆有籍，被释或赎身为平民叫“从良”。张鷟《朝野佥载三·韦桃符》：“隋开皇中，京兆韦衮有奴曰桃符……衮至左卫中郎，以桃符久从驱使，乃放～～。”❷旧指妓女脱离乐籍而嫁人。王闢之《渑水燕谈录》卷十：“新太守至，营妓陈状，以年老乞出籍～～。”

【从容】 cóngróng ❶不慌不忙，悠闲舒缓。《庄子·秋水》：“鯈鱼出游～～，是鱼之乐也。”杜甫《宣政殿退朝晚出左掖》诗：“侍臣缓步归青琐，退食～～出每迟。”（青琐：宫门名。）❷随口。《史记·魏其武安侯列传》：“是时上未立太子，酒酣，～～言曰：‘千秋之后传梁王。'"《汉书·韩信传》:"上尝～～与信言诸将能各有差。"也指闲谈。王谠《唐语林·补遗三》:"[宣宗]每上殿与学士～～,未尝不论儒学。"❸举动。《楚辞·九章·怀沙》:"重华不可谔兮,孰知余之～～。"(重华:舜。)《汉书·董仲舒传》:"动作应礼,～～中道。"❹斡旋,周旋。《汉书·郦陆朱刘叔孙传赞》:"[陆贾]～～[陈]平、[周]勃之间,附会将相以强社稷。"

【从绳】 cóngshéng ❶依照绳墨取直。《尚书·说命上》:"惟木～～则正,后从谏则圣。"❷按照一定的准则办事。朱湾《咏拍板》:"赴节心长在,～～道可观。"

【从事】 cóngshì ❶行事。《老子·六十四章》:"民之～～,常于几成而败之。"班彪《北征赋》:"达人～～,有仪则兮。"❷处置,处理。《左传·哀公十一年》:"[子胥]谏曰:'越在我,心腹之疾也,壤地同,而有欲于我。夫其柔服,求济其欲也,不如早～～焉。'"《汉书·文帝纪》:"它不在令中者,皆以此令比类～～。"❸追随,奉事。牛僧孺《玄怪录·张佐》:"向慕先生高躅,愿～～左右耳。"❹周旋。韩愈《祭鳄鱼文》:"刺史则选材技吏民,操强弓毒矢,以与鳄鱼～～,必尽杀乃止。"❺官名。汉以后三公及州郡长官皆自辟僚属,多以"从事"为称。苏轼《凌虚台记》:"公曰:'是宜名凌虚。'以告其～～苏轼,而求文以为记。"也指充任僚属。韩愈《张中丞传后叙》:"愈常～～于汴徐二府,屡道于两府间。"

【从祀】 cóngsì ❶附祭,配享。《新唐书·礼乐志五》:"永徽中,复以周公为先圣,孔子为先师,颜回、左丘明以降,皆～～。"❷陪祭。陈寿《益都耆旧传》:"汉武帝时,蜀张宽为侍中,～～甘泉。"

【从物】 cóngwù ❶顺从自然。《管子·内业》:"是故圣人与时变而不化,～～而不移。"《列子·汤问》:"人性婉而～～,不竞不争。"❷追逐荣利等身外之物。常指做官。《后汉书·周磐传》:"公府三辟……磐语友人曰:'昔方回、支父啬神养和,不以荣利滑其生术。吾亲以没矣,～～何为?'遂不应。"(辟:征召。啬:爱惜。滑:乱。)

【从心】 cóngxīn ❶随心。《论语·为政》:"七十而～～所欲,不踰矩。"❷七十岁的代称。苏舜钦《杜公求退第一表》:"实以年近～～,体素多病,自忝魁任,于今累年。"

【从政】 cóngzhèng ❶参与政事。《论语·微子》:"已而已而,今之～～者殆而!"《史记·孔子世家》:"高皇帝过鲁,以太牢祠焉,诸侯卿相至,常先谒然后～～。"❷指服官役。《礼记·杂记下》:"三年之丧,祥而～～。"(郑玄注:"从政,从为政者教令,谓给徭役。")

【从子】 cóngzǐ 侄儿。《后汉书·谢弼传》:"中常侍曹节～～绍为东郡太守。"《三国志·蜀书·庞统传》注引《襄阳记》:"统,德公～～也。"

【从坐】 cóngzuò 因参与或牵连而处罪。《隋书·郎方贵传》:"[县官]案问其状,以方贵为首,当死;双贵～～,当流。"又《赵绰传》:"故陈将萧摩诃,其子世略在江南作乱,摩诃当～～。"

【从横】 zònghéng 也作"从衡"、"纵横"。❶纵向和横向。《墨子·备城门》:"以柴抟～～施之。"❷横直交叉,交错杂陈。《楚辞·天问》:"天式～～,阳离爰死?"杜甫《释闷》诗:"豺狼塞路人断绝,烽火照夜尸～～。"❸合纵连横。《韩非子·忠孝》:"故世人多不言国法而言～～。"《史记·六国年表序》:"谋诈用,而～～短长之说起。"❹驰骋,横行天下。曹丕《又报孙权书》:"君生于扰攘之际,本有～～之志。"❺恣行无忌,横暴。《汉书·何並传》:"至奸人妇女,持吏长短,～～郡中。"杜甫《久客》诗:"狐狸何足道,豺虎正～～。"❻扰攘,纷乱。王闿运《愁霖赋》:"方今八州～～,一隅宴清。"❼奔逸豪放。杜甫《同元使君舂陵行》诗:"道州忧黎庶,词气浩～～。"(道州:元结。)又《送窦九归成都》诗:"文章亦不尽,窦子才～～。"

【从亲】 zòngqīn 合纵相亲。《战国策·楚策一》:"故为王至计,莫若～～以孤秦。"《史记·苏秦列传》:"六国～～以宾秦,则秦甲必不敢出于函谷以害山东矣。"(宾:摈弃,排斥。)

【从人】 zòngrén 主张合纵的人。《史记·张仪列传》:"夫～～饰辩虚辞,高主之节,言其利不言其害,卒有秦祸。"《汉书·叙传上》:"及至～～合之,衡人散之,亡命漂说,羁旅骋辞。"

【从生】 zòngshēng 指人。人直立而行,故称。《逸周书·文传》:"故诸横生尽以养～～,～～尽以养一丈夫。"(横生:指万物。一丈夫:指天子。)

【从容】 sǒngyǒng 同"怂恿"。鼓动。《史记·淮南衡山列传》:"日夜～～王密谋反事。"《汉书·吴王刘濞传》:"晁错为太子家令,得幸皇太子,数～～,言吴过可削。"

【从谀】 sǒngyú 也作"从臾"、"从恿"。奉承,怂恿。《史记·汲郑列传》:"天子置公卿辅弼之臣,宁令～～承意,陷主于不义乎?"《晋书·陆机传》:"心玩居常之安,耳饱～～

之说。”

【从一而终】 cóngyī'érzhōng 《周易·恒》："妇人贞吉，～～～～也。"本指用情始终如一。后指一女不事二夫，夫死不得再嫁。

丛(叢、藂、蕞) cóng ❶聚集，丛生。《尚书·无逸》："乱罚无罪，杀无辜，怨有同，是～于厥身。"《抱朴子·自叙》："荆棘～于庭宇，蓬莠塞乎阶霤。"ⓧ丛生的草木。刘孝标《广绝交论》："叙温郁则寒谷成暄，论严苦则春～零叶。"毛文锡《赞成功》词："蜂来蝶去，任绕芳～。"ⓧ泛指聚在一起的人或物。杜甫《往在》诗："是时妃嫔戮，连为粪土～。"❷众多，繁杂。《汉书·酷吏传赞》："张汤死后，罔密事～。"(罔：网。)孙樵《孙氏西斋录》："掷其～冗秃屑不足以警训者，自为十八通书，号《孙氏西斋录》。"❸量词。簇。庾信《春赋》："一～香草足碍人，数尺游丝即横路。"陶弘景《真诰·运象篇四》："桥之北小道直入其间，有六～杉树。"

【丛薄】 cóngbó 丛生的草木。《淮南子·俶真训》："夫鸟飞千仞之上，兽走～～之中，祸犹及之。"耿沣《旅次汉故畤》诗："广川桑遍绿，～～雉连鸣。"

【丛残】 cóngcán 琐碎残缺。牟融《理惑论》："众道～～，凡有九十六种。"又指残缺零碎的断篇文字。桓谭《新论》："通才著书以百数，唯太史公为广大，馀皆～～小论，不能比之。"

【丛祠】 cóngcí 丛林中的祠庙。柳宗元《韦使君见召》诗："谷口寒流净，～～古木疏。"《旧唐书·僖宗纪》："顷者妖兴雾市，啸聚～～，而岳牧藩侯，备盗不谨。"

【丛丛】 cóngcóng 众多的样子，茂密的样子。贾谊《新书·修政语下》："天下圹圹，一人有之；万民～～，一人理之。"齐己《闻落叶》诗："来年未离此，还见碧～～。"

【丛顇】 cóngcuì 也作"丛悴"。众多杂乱的样子。张衡《思玄赋》："偃蹇夭矫娩以连卷兮，杂沓～～飒以方骧。"张彦远《法书要录·袁昂〈古今书评〉》："阮研书如贵胄失品次，～～不复排突英贤。"

【丛脞】 cóngcuǒ ❶细碎，杂乱。陆龟蒙《丛书序》："丛书者，～～之书也。～～，犹细碎也。"《旧唐书·李密传》："弟聪令如此，当以才学取官，三卫～～，非养贤之所。"❷渊博。辛文房《唐才子传·贯休》："休一条直气，海内无双，意度高疎，学问～～。"

【丛棘】 cóngjí ❶古时囚禁犯人的地方。四周用荆棘堵塞，以防犯人逃脱，故称。陈子昂《祭韦府君文》："昔君梦奠之时，值余寘在～～，狱户咫尺，邈若山河。"❷丛生的荆棘。《汉书·息夫躬传》："～～栈栈，曷可栖兮！"(栈栈：茂盛的样子。)

【丛兰】 cónglán 丛生的兰草。比喻美好的人、物。《文子·上德》："～～欲脩，秋风败之；人性欲平，嗜欲害之。"刘孝标《辩命论》："颜回败其～～，冉耕歌其芣苢。"

【丛林】 cónglín ❶茂密的树林。班固《西都赋》："松柏仆，～～摧。"❷众僧聚居念佛修道的处所。后泛称寺院为"丛林"。王安石《次韵张子野竹林寺》之一："涧水横斜石路深，水源穷处有～～。"纪昀《阅微草堂笔记·滦阳消夏录三》："其父姑令借榻～～，冀鬼不敢入佛地。"

【丛巧】 cóngqiǎo 指诈伪小术。《后汉书·冯衍传下》："恶～～之乱世兮，毒从横之败俗。"

【丛沓】 cóngtà 繁多，杂乱。柳宗元《唐故朝散大夫永州刺史崔公墓志》："政令烦拏，责举～～。"陆粲《庚巳编》卷九："王令吏检看，乃启一橱，橱中文书～～。"

【丛委】 cóngwěi 繁多，堆积。范仲淹《举欧阳修充经略掌书记状》："而或奏议上闻，军书～～，情须可达，辞贵得宜。"《宋史·朱貔孙传》："时大礼成，封命～～。"

【丛杂】 cóngzá ❶攒聚。马融《长笛赋》："详观夫曲胤之繁会～～，何其富也。"《文心雕龙·总术》："数逢其极，机入其巧，则义味腾跃而生，辞气～～而至。"❷杂乱，混杂。韩愈《进撰平淮西碑文表》："至于臣者，自知最为浅陋，顾贪恩待，趋以就事，～～乖戾，律吕失次。"吕本中《紫微杂说》："后世儒者注解纷然，同异～～。"

匼 1. cóng ❶盛米器。《集韵·东韵》："～，盛米器。"

2. xuán(又读 quán) ❷漉米箕。《急就篇》"笸篅篧笘篹箅篝"颜师古注："篹，炊之漉米箕也。或谓之缩，或谓之薁，或谓之～。"

淙 cóng ❶水流声。见"淙潺"、"淙琤"、"淙淙"。❷瀑布。沈约《八咏诗·被褐守山东》："万仞倒危石，百丈注悬～。"欧阳修《庐山高赠同年刘凝之归南康》诗："千岩万壑响松桧，悬崖巨石飞流～。"❸流注，灌注。郭璞《江赋》："出信阳而长迈，～大壑与沃焦。"(沃焦：传说中山名。)

【淙潺】 cóngchán 象声词。流水声。苏轼《洞庭春色赋》："卧松风之瑟缩，揭春溜之～～。"陆游《游圆觉乾明祥符三院至暮》诗："褰裳危磴穷荦确，洗耳古涧听～～。"(荦确：石多的样子。)

【淙琤】　cóngchēng　象声词。流水声。韩愈等《城南联句》："竹影金琐碎，泉音玉～～。"朱熹《山北纪行》诗："悬泉忽～～，杂树纷青红。"

【淙淙】　cóngcóng　象声词。❶流水声。高適《赋得还山吟送沈四山人》："石泉～～若风雨，桂花松子常满地。"❷乐声。元结《补乐歌·六英》："我有金石兮，击拊～～。"

悰　cóng　❶欢乐，乐趣。《汉书·广陵厉王刘胥传》："何用为乐心所喜，出入无～为乐亟。"谢朓《游东田》诗："戚戚若无～，携手共行乐。"❷心情，思绪。陆游《无题》诗："画阁无人昼漏稀，离～病思两依依。"董解元《西厢记诸宫调》卷四："述壮节，写幽～，闲愁万斛，离情千种。"吴文英《水龙吟·癸丑元夕》词："陈迹青衫，老容华镜，欢～都尽。"

賨(賨)　cóng　古代四川、湖南等地的少数民族赋税名。以布充赋称"賨布"，以钱交税称"賨钱"。程苞《征讨板楯蛮方略对》："但出～钱，口岁四十。"㊁用以称四川、湖南等地的一种少数民族。《晋书·李特载记》："巴人呼赋为賨，因谓之～人焉。"

【賨布】　cóngbù　秦汉时賨人作为赋税交纳的布匹。《后汉书·南蛮西南夷传》："岁令大人输布一匹，小口二丈，是谓～～。"

琮　cóng　古代一种玉质礼器名。方柱形，中有圆孔。《仪礼·聘礼》："圭璋璧～凡四器者，唯其所宝以聘可也。"段成式《酉阳杂俎·礼异》："大丧用～。"

【琮琤】　cóngchēng　象声词。玉石相击声或水石相击声。潘存实《赋得玉声如乐》诗："后夔如为听，从此振～～。"王履《水帘洞》诗："飞溅随风远，～～上谷迟。"

潨　1. cóng　❶见"潨潨"。
2. sǒng　❷见"潨潨"。

【潨潨】　cóngcóng　象声词。流水声。杜甫《朝献太清宫赋》："中～～以回复，外萧萧而未已。"

【潨潨】　sǒngsǒng　迅疾的样子。扬雄《甘泉赋》："风～～而扶辖兮，鸾凤纷其衔蕤。"(据《文选》)

潀(潨)　cóng　❶(又读 zhōng)水流交会处。《诗经·大雅·凫鹥》："凫鹥在～，公尸来燕来宗。"(尸：古代祭祀时代替祖先受祭的活人。)❷急流。李白《送王屋山人魏万还王屋》诗："鬼谷上窈窕，龙潭下奔～。"❸象声词。水流声。柳宗元《钴鉧潭记》："行其泉，于高者而坠之潭，有声～然。"

灇　cóng　❶象声词。水声。谢灵运《于南山往北山经湖中瞻眺》诗："俯视乔木杪，仰聆大壑～。"❷流注，灌注。鲍照《日落望江赠荀丞》诗："延颈望江阴，乱流～大壑。"❸瀑布。沈约《被褐守山东》诗："万仞倒危石，百丈注悬～。"

谬(謥、譀)　còng　见"谬詷"。

【谬詷】　còngdòng　虚夸不实。《后汉书·和熹邓皇后纪》："每览前代外戚宾客，假借威权，轻薄～～。"《三国志·魏书·程昱传》："其选官属，以谨慎为粗疏，以～～为贤能。"

憁(㥖)　còng　见"憁恫"。

【憁恫】　còngdòng　❶卤莽无知的样子。《文心雕龙·程器》："仲宣轻脆以躁竞，孔璋～～以粗疎。"(轻脆：轻浮脆弱。)《晋书·齐王冏传》："张伟～～，拥停诏可；葛旟小竖，维持国命。"❷奔走；钻营。《抱朴子·自叙》："～～官府之间，以窥掊尅之益。"(掊尅：以苛税搜刮民财。)

cou

奏　còu　见 zòu。

凑(湊)　còu　❶会合，聚集。郭璞《江赋》："川流之所归～，云雾之所蒸液。"刘禹锡《砥石赋》："高帝得之，杰材以～。"㊁交会处。《汉书·薛宣传》："又频阳县北当上郡、西河，为数郡～，多盗贼。"《论衡·儒增》："五脏，气之主也，犹头，脉之～也。"❷趋，奔向。《战国策·燕策一》："乐毅自魏往，邹衍自齐往，剧辛自赵往，士争～燕。"《公羊传·昭公三十一年》："贼至，～公寝而弑之。"㊂挨近，靠拢。岑参《寻少室张山人闻与偃师周明府同入都》诗："春云～深水，秋雨悬空山。"❸拼凑。陈亮《与章德茂侍郎书》之二："岁食米四百石，只得二百石，尚欠其半，逐渐～，不胜其苦。"❹通"腠"。见"凑理"。

【凑会】　còuhuì　聚合，会合。《盐铁论·力耕》："虽有～～之要，陶、宛之术，无所施其巧。"(要：冲要之地。)马融《长笛赋》："薄～～而凌节兮，驰趣期而赴踬。"(凌节：越出音乐的节律。趣：向。期：会合。)

【凑理】　còulǐ　见"腠理"。

【凑懑】　còumèn　积闷不舒。《论衡·言毒》："草木之中，有巴豆、野葛，食之～～，颇多杀人。"

族　còu　见 zú。

揍 còu ❶通“腠”。腠理。《淮南子·兵略训》：“发必中铨，言必合数，动必顺时，解必中～。”❷通“凑”。聚集；补足。朱熹《奏救荒事宜画一状》：“奏为本路灾伤，已蒙圣慈支降钱三十万贯，更乞～作二百万贯。”

楱 còu 果名。橘类。司马相如《上林赋》：“于是乎卢橘夏熟，黄甘橙～。”《晋书·张协传》：“商山之果，汉皋之～。”

辏（輳） còu 车轮上的辐条内端集于毂上。《周髀算经》：“如辐～毂。”㊀聚，聚集。郑处诲《明皇杂录》：“甑生善～石累卵。”关汉卿《四春园》三折：“端的是～集人烟，骈阗市井。”

腠（㖪） còu 皮肤的纹理和皮下肌肉间的空隙。《盐铁论·轻重》：“夫拙医不知脉理之～，血气之分。”《素问·生气通天论》：“清静则肉～闭拒，虽有大风苛毒弗之能害。”

【腠理】 còulǐ 中医指皮下肌肉间的空隙和皮肤的纹理。《史记·扁鹊仓公列传》：“君有疾在～～，不治将深。”《后汉书·郭玉传》：“～～至微，随气用巧，针石之间，毫芒即乖。”也作“凑理”。《盐铁论·大论》：“扁鹊攻于～～，绝邪气，故痈疽不得成形。”

蔟 còu 见cù。

簇 còu 见cù。

cu

怚 cū 见jǔ。

粗（麤、麄、麁、觕、麤） cū ❶粗粮，粗米。《左传·哀公十三年》：“粱则无矣，～则有之。”《诗经·大雅·召旻》“彼疏斯粺”郑玄笺：“疏，～也，谓粝米也。”㊀粗疏，粗糙。《荀子·正名》：“故愚者之言，芴然而～。”（芴然：没有根据的样子。）司空图《题柳柳州集后》：“金之精～，考其声音皆可辨也。”㊁粗略，大致。《后汉书·袁绍传》：“且今州城～定，兵强士附。”刘知几《史通·疑古》：“唯博物君子或～知其一隅。”❷粗大。《吕氏春秋·孟夏》：“其器高以～。”㊁（声音）大而低。《礼记·乐记》：“其怒心感者，其声～以厉。”㊁壮。顾况《从军行》：“少年胆气～，好勇万人敌。”❸粗暴，粗鲁。《韩非子·十过》：“知伯之为人也，～中而少亲。”《后汉书·董卓传》：“性～猛有谋。”

【粗粗】 cūcū 粗略，粗糙。《论衡·正说》：“略正题目～～之说，以照篇中微妙之文。”《汉书·艺文志》：“史官之废久矣，其书既不能具，虽有其书而无其人……汉有唐都，庶得～～。”也作“粗苴”。《晏子春秋·问上》：“缦密不能，～～不学者诎。”《论衡·量知》：“夫竹木，～～之物也，雕琢刻削，乃成为器用。”

【粗豪】 cūháo 粗野放纵，不拘小节。《三国志·吴书·孙皎传》：“此人虽～～，有不如人意时，然其较略大丈夫也。”杜甫《青丝》诗：“青丝白马谁家子，～～且逐风尘起。”

【粗厉】 cūlì 振奋激厉。《汉书·礼乐志》：“～～猛奋之音作，而民刚毅。”

【粗粝】 cūlì 糙米。《后汉书·伏湛传》：“乃共食～～，悉分奉禄以赈乡里。”

【粗率】 cūshuài ❶粗心草率。《朱子全书·论语》：“也只缘他好勇，故凡事～～。”❷粗糙简陋。《南史·孔觊传》：“先是庾徽之为御史中丞，性豪丽，服玩甚华；觊代之，衣冠器用，莫不～～。”

且 cú 见qiě。

沮 cú 见jǔ。

徂 cú ❶往。《诗经·小雅·小明》：“我征～西，至于艽野。”㊁及。《诗经·周颂·丝衣》：“自堂～基，自羊～牛，鼐鼎及鼒。”❷消逝。《文心雕龙·征圣》：“百龄影～，千载心在。”㊁已往的，过去的。《后汉书·马援传》：“～年已流，壮情方勇。”❸开始。张籍《夏日可畏》诗：“赫赫温风扇，炎炎夏日～。”❹通“殂”。死亡。《史记·伯夷列传》：“于嗟～兮，命之衰矣。”王安石《虞部郎中晁君墓志铭》：“方冬告役，君夏而～，寿五十五，识者叹吁。”

【徂川】 cúchuān 流逝的河水。也比喻逝去的岁月。李白《月夜江行寄崔员外宗之》诗：“归路方浩浩，～～去悠悠。”朱熹《复用前韵敬别机仲》：“终怜贤屈惜往日，亦念圣孔悲～～。”（屈：指屈原。孔：指孔子。）

【徂落】 cúluò ❶死亡。徂，通“殂”。《孟子·万章上》：“《尧典》曰：二十有八载，放勋乃～～，百姓如丧考妣。”（放勋：尧的称号。）❷衰败，凋零。陈子昂《感遇》诗之十三：“青春始萌达，朱火已满盈。～～方自此，感叹何时平。”

【徂迁】 cúqiān ❶迁移，变化。陆机《饮马长城窟行》：“戎车无停轨，旌旆屡～～。”江总《劳酒赋》：“顾曲私之亭育，递寒暑而～～。”❷消逝，流逝。刘希夷《巫山怀古》诗：“摇落殊未已，荣华倏～～。”也指死亡。刘大槐《祭族长嗣宗先生文》："呜呼！江西之刘，巷有朱轮，既其～～，无复显人。"

【徂暑】 cúshǔ 《诗经·小雅·四月》："四月维夏，六月徂暑。"言六月开始盛暑。后因称盛暑为"徂暑"。杜甫《七月三日亭午已后较热退……戏呈元二十一曹长》诗："密云虽聚散，～～经衰歇。"白居易《庐山草堂记》："洞北户，来阴风，防～～也。"

【徂谢】 cúxiè ❶死亡。徂，通"殂"。谢灵运《庐陵王墓下作》诗："～～易永久，松柏森已行。"尤侗《楝亭赋序》："我公即世，典型～～。"❷消逝，流逝。韦应物《西郊燕集》诗："盛时易～～，浩思坐飘飚。"程钜夫《和陶诗》："年运倏～～，春秋焉能托。"

殂 cú 死亡。《三国志·魏书·武帝纪》："乘辕将返，张杨～毙。"又《蜀书·诸葛亮传》："先帝创业未半而中道崩～。"

【殂落】 cúluò 死亡。《论衡·气寿》："尧退而老，八岁而终，至～～九十八岁。"刘峻《辨命论》："［刘］瓛、［刘］琎相次～～，宗祀无飨。"

【殂谢】 cúxiè 死亡。陈亮《中兴论》："又况南渡已久，中原父老日以～～。"瞿佑《剪灯新话·滕穆醉游聚景园记》："～～之人，久为尘土。"

酟 cú 见"酟醭"。

【酟醭】 cúmó 一种精美的饮料。王褒《僮约》："沃不酪，住～～。"

卒 cù 见zú。

取 cù 见qǔ。

促 cù ❶靠近，迫近。《史记·滑稽列传》："日暮酒阑，合尊～坐，男女同席，履舄交错。"《抱朴子·疾谬》："～膝之狭坐，交杯觞于咫尺。"❷短，短促。《后汉书·郦炎传》："大道夷且长，窘路狭且～。"司马彪《赠山涛》诗："感彼孔圣叹，哀此年命～。"⊗狭小。《世说新语·言语》："江左地～，不如中国。"❸缩减。《抱朴子·广譬》："大川不能～其涯以适速济之情，五岳不能削其峻以副陟者之欲。"谢偃《述圣赋》："～苑囿，散积聚，改制度，易规矩。"❹紧迫。柳宗元《与萧俛书》："长来觉日月益～。"⊗急，急促。《三国志·魏书·曹休传》："宜及其未集，～击［吴］兰，兰破则［张］飞自走矣。"陈纪《贺新郎》词："趁拍哀弦～，听泠泠弦间细语。"⊗急躁。《南史·谢裕传》："玄性～，俄顷闻骑诏续至。"❺窘迫。《盐铁论·国疾》："是以民年急而岁～。"❻推动，催促。《晋书·宣帝纪》："亮欲～其事，乃遣郭模诈降。"梅尧臣《田家语》诗："里胥叩我门，日夕苦煎～。"

【促促】 cùcù ❶短短的。曹操《苍舒诔》："～～百年，亹亹行暮。"（亹亹：行进不息的样子。）张籍《山头鹿》诗："山头鹿，双角芰芰，尾～～。"❷匆匆。刘禹锡《途中早发》诗："中庭望启明，～～事晨征。"❸拘谨小心的样子。韩愈《进学解》："踵常途之～～，窥陈编以盗窃。"❹劳苦不安的样子。李益《促促曲》："～～何～～，黄河九回曲。嫁与棹船郎，空床将影宿。"❺象声词。形容虫鸣声或机杼声。李咸用《山中夜坐寄故里友生》诗："虫声～～催乡梦，桂影高高挂旅情。"梅尧臣《促织》诗："札札草间鸣，～～机上声。"

【促管】 cùguǎn 笛的别名。因笛声急促，故称。谢灵运《道路忆山中》诗："殷勤诉危柱，慷慨命～～。"元万顷《奉和春日》诗之二："中堂～～淹春望，后殿清歌开夜扉。"

【促急】 cùjí ❶严酷，不宽容。《新语·辅政》："近温厚者行宽舒，怀～～者必有所亏。"《后汉书·周泽传》："后复仕为左冯翊，坐遇下～～，司隶校尉举奏免官。"❷急躁。《论衡·率性》："齐舒缓，秦慢易，楚～～，燕戆投。"《宋书·谢景仁传》："玄性～～，俄顷之间，骑诏续至。"

【促节】 cùjié ❶急促的节奏。陆机《拟东城一何高》诗："长歌赴～～，哀响逐高徽。"《文心雕龙·哀吊》："结言摹《诗》，～～四言，鲜有缓句，故能义直而文婉，体旧而趣新。"❷加快速度。应玚《慜骥赋》："瞻前轨而～～兮，顾后乘而踟蹰。"陆机《瓜赋》："感嘉时而～～，蒙惠露而增鲜。"（按：此言瓜提早成熟。）

【促迫】 cùpò ❶狭隘。《隶释·汉西狭颂》："阨苲～～，财容车骑。"（财：通"才"。）❷严急，不宽容。《汉书·五行志中之下》："盛冬日短，寒以杀人，政～～，故其罚常寒也。"❸紧迫。沈俶《谐史》："国家用法，敛及下户，期会～～，刑法惨酷。"❹催逼。罗大经《鹤林玉露》卷九："盖一经兵乱，不肖之人，妄相～～，草芥其民。"

【促席】 cùxí 坐席互相靠近。形容亲密。左思《蜀都赋》："合樽～～，引满相罚。"韩愈《送浮屠令纵西游序》："～～接膝，讥评文章。"

【促狭】 cùxiá ❶狭窄，窄小。《三国志·魏书·文帝纪》注引《献帝传》："营中～～，可于平敞之处设坛场，奉答休命。"❷指气量狭小。《三国志·魏书·袁绍传》："良性～～，虽骁勇不可独任。"

【促中】 cùzhōng 气量狭窄。嵇康《与山巨源绝交书》："以～～小心之性，统此九患，不有外难，当有内病，宁可久处人间邪？"

【促装】 cùzhuāng 急忙整理行装。谢灵运《初去郡》诗："恭承古人意，～～反柴荆。"张居正《奉谕还朝疏》："勑到，即～～就道。"

倅 cù 见 cuì。

戚 cù 见 qī。

猝 cù ❶出乎意外，仓猝。苏轼《留侯论》："～然相遇草野之间。"《资治通鉴·齐明帝永泰元年》："询称'县丁～不可集'。"❷副词。突然。戴表元《碧桃花赋》："见此粲者，矫焉若凌虚～坠，翕然若离群独至。"

【猝故】 cùgù 突然的变故。《新唐书·兵志》："今外有不廷之虏，内有梗命之臣，而禁兵不精，其数削少，后有～～，何以待之？"

【猝嗟】 cùjiē 犹叱咤。怒叱声。《汉书·韩信传》："项王意乌～～，千人皆废。"（意乌：怒吼声。）

趋 cù 见 qū。

酢 cù 见 zuò。

数 cù 见 shù。

奄(鼀) cù 蟾蜍。《说文·黽部》："～，詹诸也。其鸣詹诸，其皮鼀鼀，其行圥圥。"（圥圥：举足不能前行的样子。）

起 cù 见"趑起"。

蔟 1. cù ❶蚕蔟。以草、竹扎成，蚕藉以作茧。扬雄《元后诔》："帅导群妾，咸循蚕～。"❷巢。《楚辞·九思·遭厄》："鸱雕游兮华屋，鵔鸃栖兮柴～。"❸丛聚。《史记·律书》："正月也，律中泰蔟。泰蔟者，言万物～生也。"白居易《游悟真寺》诗："野绿～草树，眼界吞秦原。"

2. còu ❹见"太簇"。

3. chuò ❺叉取。张衡《东京赋》："翡翠不裂，瑇瑁不～。"

【蔟蔟】 cùcù 见"簇簇"。

䁖 cù 见"䁖咨"。

【䁖咨】 cùzī 惭愧、局促不安的样子。《方言》卷十："忸怩，惭涩也。楚郢、江、湘之间，谓之忸怩，或谓之～～。"

憱 cù 变色改容，不安。《吕氏春秋·慎人》："孔子～然推琴，喟然而叹。"《战国策·楚策四》："汗明～焉，曰：'明愿有问君而恐固，不审君之圣孰与尧也？'"

醋 1. cù ❶一种调味用的液体。古字作"酢"。贾思勰《齐民要术·作酢法》："酢，今～也。"㊀味酸。白居易《东院》诗："老去齿衰嫌橘～，病来肺渴觉茶香。"

2. zuò ❷客以酒回敬主人。后作"酢"。《仪礼·士虞礼》："祝酌授尸，尸以～主人。"（尸：古代祭祀时代表死者受祭的活人。）

趣 cù 见 qū。

噈 cù ❶接吻。见"呜噈"。❷通"蹙"。皱额。见"嚬噈"。

踧 cù 见 dí。

瘯 cù 癣疥类皮肤病。《左传·桓公六年》："'博硕肥腯'……谓其畜之硕大蕃滋也，谓其不疾～蠡也。"（蠡：疥癣类皮肤病。）皮日休《吴中苦雨因书一百韵寄鲁望》："手指既已胼，肌肤亦将～。"

顣(顣) cù 皱额。见"频顣"。

簇 1. cù ❶丛聚，聚集。沈炯《为百官劝进陈武帝表》："丰露呈甘，卿云舒～。"袁桷《皇城曲》："蚩氓聚观汗挥雨，士女～坐唇摇风。"㊁簇拥。陆游《西村》诗："高柳～桥初转马，数家临水自成村。"❷量词。丛。范成大《鲁家洑入沌》诗："可怜行路难如此，一～寒芦尚税场。"❸蚕蔟。以草、竹扎成，蚕藉以作茧。贾思勰《齐民要术·种桑柘》："收取种蚕，必取居～中者。"

2. còu ❹同"蔟"。见"太簇"。

【簇簇】 cùcù 丛列、丛聚的样子。韩愈《祖席》诗："野晴山～～，霜晓菊鲜鲜。"韦庄《登汉高庙闲眺》诗："天畔晚峰青～～，槛前春树碧团团。"也作"蔟蔟"。白居易《开元寺东池早春》诗："～～青泥中，新蒲叶如剑。"

蹙(蹴) cù ❶紧迫，急促。《诗经·小雅·小明》："曷云其还？政事愈～。"杜甫《雕赋》："～奔蹄而俯临，飞迅翼以遐寓。"㊁窘迫。《后汉书·光武帝纪上》："盗贼日多，群生危～。"❷减缩，收缩。《诗经·大雅·召旻》："昔先王受命，有如召公，日辟国百里。今也，日～国百里。"《后汉书·西域传》："～国减土，经有明诫。"㊁聚拢，皱。秦观《和子瞻双石》诗："双峰照清涟，春眉镜中～。"❸狭小。李白《饯李副使藏用移军广陵序》："势盘地～，不可图也。"❹逼近，迫近。《三国志·吴书·陆逊传》："逊督促诸军，四面～之。"李华《吊古战场文》："白刃交兮宝刀折，两军～兮生死决。"❺局促不安。《庄子·德充符》："子产～然改容更貌。"《孟子·万章上》："舜见瞽瞍，其容有～。"❻通"蹴"。踢，踏。王定保《唐摭言》卷三："新进士集于月灯阁为～鞠之会。"苏轼《申王画马图》诗："扬鞭一～破霜蹄，万骑如风不能及。"

【蹙蹙】 cùcù 局促不得舒展的样子。《诗经·小雅·节南山》："我瞻四方，～～靡所骋。"

【蹙頞】 cù'è 皱着鼻梁，皱眉。忧愁的样子。《孟子·梁惠王下》："百姓闻王钟鼓之声，管籥之音，举疾首～～而相告。"傅玄《猿猴赋》："扬眉～～，若愁若嗔。"

【蹙蹐】 cùjí 小步行走。鲍照《尺蠖赋》："冰炭弗触，锋刃历迮，逢崄～～，值夷舒步。"

【蹙金】 cùjīn 用金线刺绣成绉纹状的织品。杜甫《丽人行》："绣罗衣裳照暮春，～～孔雀银麒麟。"

【蹙绳】 cùshéng 秋千游戏。韩愈等《城南联句》："～～觐娥婺，斗草撷玑珵。"（娥婺：美女。玑珵：美玉。）

【蹙竦】 cùsǒng 恐惧不安的样子。扬雄《羽猎赋》："徒角枪题注，～～詟怖，魂亡魄失。"

【蹙踧】 cùsù 退缩不前。韩愈《与鄂州柳中丞书又一首》："握兵之将，熊罴貙虎之士，畏耎～～，莫肯杖戈为士卒前行者。"

【蹙沓】 cùtà 密集迫近的样子。李白《春日行》诗："因出天池泛蓬瀛，楼船～～波浪惊。"

蹴（蹵） cù ❶踩，踏。《战国策·韩策三》："许异～哀侯而殪之。"杜甫《高都护骢马行》诗："腕促蹄高如踣铁，交河几～曾冰裂。"㊀踢。《晋书·祖逖传》："中夜闻荒鸡鸣，～琨觉。"（琨：人名。）白居易《洛桥寒食日作》诗："～球尘不起，泼火雨新晴。"❷不安。见"蹴蹴"、"蹴然"。

【蹴蹴】 cùcù 惊悚不安的样子。《庄子·天运》："子贡～～然立不安。"

【蹴鞠】 cùjū 也作"蹴踘"、"蹵鞠"、"蹋鞠"、"蹹鞠"。踢球。古代军中习武之戏。《后汉书·梁冀传》："性嗜酒，能挽满、弹棋、格五、六博、～～、意钱之戏。"

【蹴然】 cùrán 局促不安的样子。《庄子·寓言》："阳子～～变容曰：'敬闻命矣。'"《礼记·哀公问》："孔子～～避席而对。"

cuan

撺（攛） cuān（旧读 cuàn） ❶掷，扔。《三国演义》四回："儒大怒，双手扯住太后，直～下楼。"❷跳，跃。《西游记》三十八回："～出水面。"❸加。洪昇《长生殿·驿备》："恰好驿中佥报女工，要去～上一名。"❹怂恿。张居正《乞鉴别忠邪以定国是疏》："又从而鼓煽其间，相与怂恿～嗾。"

菆 cuán 见 zōu。

攒（攢） 1. cuán ❶聚，丛聚。《后汉书·冯衍传》："～射干杂蘼芜兮，构木兰与新夷。"孔稚珪《北山移文》："列壑争讥，～峰竦诮。"❷停放棺柩，暂时不葬。《宋史·哲宗孟皇后传》："遗命择地～殡，俟军事宁，归葬园陵。"㊀指待葬的棺柩。《太平广记》卷四五九引范质《玉堂闲话》："启～之际，觉其秘器摇动。"

2. zuān ❸通"钻"。《礼记·内则》："柤梨曰～之。"（孔颖达疏："恐有虫，一一攒看其虫孔也。"）

3. zǎn ❹积蓄。《西游记》七十六回："我前日曾闻得沙僧说，他～了些私房，不知可有否？"❺通"趱"。赶作。《儒林外史》六回："你们各人管的田房、利息帐目，都连夜～造清完。"

【攒蹙】 cuáncù 密集。柳宗元《始得西山宴游记》："尺寸千里，～～累积，莫得遁隐。"

【攒宫】 cuángōng 帝王的殡宫。《宋史·高宗纪》："九月乙未，以孟忠厚为枢密使，充～～总护使。"也作"欑宫"。《宋史·礼志》："不得以进奉～～为名，有所贡献。"

【攒眉】 cuánméi 紧蹙双眉。不愉快的神态。蔡琰《胡笳十八拍》之五："～～向月兮抚雅琴，五拍泠泠兮意弥深。"周续之《庐山记》："远师勉令陶潜入莲社，渊明～～而去。"

【攒蹄】 cuántí 马疾驰时，四蹄并集的样子。韩愈《汴泗交流赠张仆射》诗："分曹决胜约前定，百马～～近相映。"

【攒仄】 cuánzè 形容声音繁急重叠。马融《长笛赋》："繁手累发，密栉叠重，踾踧～～，蜂聚蚁同。"嵇康《琴赋》："或参谭繁促，复叠～～。"（参谭：连续不断的样子。）

巑（巑） cuán ❶高耸。李仁平《桂殿秋·题洞霄》词："～兽石，错虬松。"❷见"巑岏"。

【巑岏】 cuánwán ❶山又高又尖的样子。

宋玉《高唐赋》:"盘岸～～,裖陈磑磑。"❷耸立的样子。李东阳《送张修撰养正北巡》诗:"南则龙楼凤阁高～～,北则诸州列镇相钩环。"❸峻峭的山峰。《楚辞·九叹·忧苦》:"登～～以长企兮,望南郢而窥之。"

欑(欑) cuán ❶丛聚,密集。王延寿《鲁灵光殿赋》:"芝栭～罗以戢香,枝牚杈枒而斜据。"(芝栭:梁上绘芝草图案的短柱。戢香:众多的样子。)《后汉书·岑彭传》:"横江水起浮桥、斗楼,立～柱绝水道,结营山上,以拒汉兵。"❷器物把柄的入孔处。《周礼·考工记序》"秦无庐"郑玄注:"庐读为纑,谓矛戟柄,竹～柲。"(柲:柄。)❸停放棺柩暂时不葬。徐梦莘《三朝北盟会编》卷四十九:"因患身故,州司以京于崇教寺之侧掬～。"

【欑宫】 cuángōng 帝王的殡宫。《宋史·礼志二十五》:"灵驾既还,当崇奉陵寝,或称～～。"

窜(竄、竄) cuàn ❶隐藏,逃匿。《左传·襄公二十一年》:"罪重于郊甸,无所伏～。"《后汉书·西域传》:"是以单于孤特,鼠～远藏。"王勃《滕王阁序》:"屈贾谊于长沙,非无圣主,～梁鸿于海曲,岂乏明时?"㉿散失。胡应麟《少室山房笔丛·经籍会通二》:"盖自七雄而后,一烬于秦火……五佚于[黄]巢,六～于宣和。"❷放逐。《尚书·舜典》:"流共工于幽州,放驩兜于崇山,～三苗于三危,殛鲧于羽山,四罪而天下咸服。"韩愈《进学解》:"暂为御史,遂～南夷。"❸改易文字。韩愈《答张彻》诗:"渍墨～旧史,磨丹注前经。"李商隐《韩碑》诗:"点～《尧典》《舜典》字,涂改《清庙》《生民》诗。"❹放置,安放。《荀子·大略》:"民不困财,贫窭者有所～其手。"《新唐书·陆龟蒙传》:"文成,～稿箧中,或历年不省,为好事者盗去。"❺用药熏。《史记·扁鹊仓公列传》:"即～以药,旋下,病已。"

【窜定】 cuàndìng 删正改定。元稹《独孤朗授尚书都官员外郎制》:"～～阙文,裁成义类。"《新唐书·杨师道传》:"师道再拜,少选辄成,无所～～,一坐嗟伏。"

【窜谋】 cuànmóu 谋划微妙。《国语·晋语二》:"絷敏且知礼,敬以知微。敏能～～,知礼可使;敬不坠命,微知可否。"

【窜逐】 cuànzhú 放逐。李白《赠别郑判官》诗:"～～勿复哀,惭君问寒灰。"欧阳修《资政殿学士户部侍郎文正范公神道碑铭》:"凡直公者,皆指为党,或坐～～。"

【窜端匿迹】 cuànduānnìjì 指掩饰事由真相。《淮南子·人间训》:"夫事之所以难知者,以其～～～～,立私于公,倚邪于正而以胜惑人之心者也。"

篡(簒) cuàn ❶用不正当的手段夺取,劫夺。《孟子·万章上》:"而居尧之宫,逼尧之子,是～也,非天与也。"《汉书·梁孝王刘武传》:"谋～死罪囚。"㊀特指臣子夺取君位。《汉书·百官公卿表》:"王莽～位……亦多虐政,遂以乱亡。"权德舆《两汉辨亡论》:"予以为莽、卓～逆,汙神器以乱齐民,自贾夷灭。"❷中医学上的人体部位名,与"会阴穴"部位相当。《素问·骨空论》:"[督脉]其络循阴器合～间,绕～后。"

【篡弑】 cuànshì 杀君夺位。《史记·秦本纪》:"上下交争怨而相～～,至于灭宗。"《后汉书·桓谭传》:"当王莽居摄～～之际,天下之士,莫不竞褒称德美。"

爨 cuàn ❶灶。《诗经·小雅·楚茨》:"执～踖踖,为俎孔硕。"(踖踖:恭敬谨慎的样子。)范成大《栾城》诗:"颓垣破屋古城边,客传萧寒～不烟。"❷烹煮,烧火煮饭。《论衡·道虚》:"果以鼎生烹文挚。～之三日三夜,颜色不变。"《三国志·魏书·王肃传》:"千里馈粮,士有饥色;樵苏后～,师不宿饱。"

cui

衰 cuī 见shuāi。

崔 cuī ❶高峻。《汉书·礼乐志》:"大山～,百卉殖。"❷运动的样子。《庄子·大宗师》:"～乎其不得已乎,滀乎进我色也。"❸见"崔错"。❹见"崔隤"。❺古地名。春秋齐地。在今山东章丘市西北。《左传·襄公二十七年》:"[崔]成请老于～。"

【崔崔】 cuīcuī 高大的样子。《诗经·齐风·南山》:"南山～～,雄狐绥绥。"沈辽《金鹅方丈》诗:"金鹅山势高～～,乘兴已泛沧洲回。"

【崔错】 cuīcuò 交错。司马相如《上林赋》:"长千仞,大连抱……～～登骫,坑衡閜砢。"(登骫:盘旋屈曲。坑衡閜砢:形容树木枝条重叠倾斜。)

【崔隤】 cuītuí 犹蹉跎。《汉书·广川惠王刘越传》:"上不见天,生何益!日～～,时不再,愿弃躯,死无悔!"

【崔巍】 cuīwēi 高峻的样子。《楚辞·七谏·初放》:"高山～～兮,水流汤汤。"司马相如《上林赋》:"崇山矗矗,宠嵸～～。"(宠嵸:山势险峻的样子。)

【崔嵬】 cuīwéi ❶有石的土山。《诗经·周南·卷耳》:“陟彼～～,我马虺隤。”(虺隤:疲劳腿软。)也泛指高山。辛弃疾《沁园春·有美人兮》词:“觉来西望～～,更上有青枫下有溪。”❷高耸的样子。李白《蜀道难》诗:“剑阁峥嵘而～～。”杜甫《幽人》诗:“～～扶桑日,照曜珊瑚枝。”也形容显赫。梅尧臣《答仲雅上人遗草书并诗》:“智永与怀素,其名久～～。”❸犹“块垒”。喻胸中郁结。黄庭坚《次韵子瞻武昌西山》:“平生四海苏太史,酒浇不下胸～～。”

【崔崒】 cuīzú 高峻的样子。张衡《西京赋》:“于前则终南、太一,隆崛～～。”陈子昂《度峡口山赠乔补阙知之王二无竞》诗:“～～半孤断,逶迤屡回直。”

漼 cuī 见“漼溰”。

【漼溰】 cuī'ái 也作“漼溰”。霜雪积聚的样子。《楚辞·九思·悯上》:“霜雪兮～～,冰冻兮洛泽。”(洛泽:冰冻的样子。)

催 cuī ❶催促,促使。陶渊明《杂诗》之七:“日月不肯迟,四时相～迫。”刘过《临江仙》词:“严风～酒醒,微雨替梅愁。”❷通“摧”。摧折。杜甫《送舍弟颖赴齐州三首》之二:“兄弟分离苦,形容老病～。”汤显祖《紫箫记·送别》:“别鸳闺～残雁柱,临鸟道绣出螯弧。”

缞(縗、衰) cuī 古代丧服,用麻布制成,披在胸前。《左传·襄公十七年》:“齐晏桓子卒,晏婴粗～斩。”(斩:丧服不缝下边。)《三国志·魏书·王肃传》:“甘露元年薨,门生～绖者以百数。”

榱 cuī ❶椽子。夏侯湛《东方朔画赞》:“庭序荒芜,～栋倾落,草莱弗除。”❷通“衰”。等差,等级。沈括《梦溪笔谈·技艺》:“楹若干尺,则配堂基若干尺,以为～等。”

【榱桷】 cuījué 椽子。常比喻担负重任的人物。《世说新语·伤逝》:“孝武山陵夕,王孝伯入临,告其诸弟曰:‘虽～～惟新,便自有黍离之哀!’”(黍离:语出《诗经·王风》,后代常用作感慨亡国的典故。)

【榱题】 cuītí 屋椽的前端,俗称“出檐”。《韩诗外传》卷七:“堂高九仞,～～三围。”《后汉书·五行志二》:“案云台之灾自上起,～～数百,同时并然。”(然:燃。)

摧 1. cuī ❶推挤,推。《史记·季布栾布列传》:“当是时,诸公皆多季布能～刚为柔。”吕温《送段秀才归澧州》诗:“～贤路已隔,赈乏力不任。”❷折断。《荀子·议兵》:“圜居而方止,则若盘石然,触之者角～。”《楚辞·九叹·离世》:“执组者不能制兮,必折轭而～辕。”㉑毁灭,崩塌。《诗经·大雅·云汉》:“胡不相畏,先祖于～。”李贺《雁门太守行》:“黑云压城城欲～,甲光向日金鳞开。”㉒坠落。张说《送岳州李十从军桂州》诗:“剑拔蛟随断,弓张鸟自～。”❸挫损,挫折。《后汉书·邓禹传》:“军师韩歆及诸将见兵執已～,皆劝禹夜去,禹不听。”欧阳修《送徐无党南归序》:“予欲～其盛气而勉其思也,故于其归,告以是言。”❹讥刺,打击。《诗经·邶风·北门》:“我入自外,室人交遍～我。”❺忧愁,悲伤。苏武《诗四首》之二:“长歌正激烈,中心怆以～。”李白《丁都护歌》:“一唱都护歌,心～泪如雨。”❻催促。庾信《和灵法师游昆明池》诗:“落花～十酒,栖鸟送一弦。”

2. cuò ❼通“莝”。铡草。《诗经·小雅·鸳鸯》:“乘马在厩,～之秣之。”

【摧败】 cuībài ❶挫败。《汉书·司马迁传》:“其所～～,功亦足以暴于天下。”❷毁伤。《后汉书·董祀妻传》:“念我出腹子,匈臆为～～。”

【摧藏】 cuīcáng ❶摧伤,挫伤。王嫱《昭君怨》:“离宫绝旷,身体～～。”左思《吴都赋》:“莫不衄锐挫芒,拉捭～～。”(衄:挫。)❷形容极度悲哀。古诗《为焦仲卿妻作》:“未至二三里,～～马悲哀。”成公绥《啸赋》:“和乐怡怿,悲伤～～。”

【摧方】 cuīfāng 削去棱角。比喻改变方正的操守。《三国志·吴书·贺邵传》:“是以正士～～,而庸臣苟媚,先意承旨,各希时趣。”

【摧屈】 cuīqū 受挫而屈服、收敛。赵至《与嵇茂齐书》:“锋巨靡加,翅翮～～,自非知命,谁能不愤悒者哉!”《旧唐书·李昭德传》:“是时,来俊臣、侯思止等枉挠刑法,诬陷忠良,人皆慑惧,昭德每廷奏其状,由是俊臣党与少自～～。”

【摧辱】 cuīrǔ 挫辱,折辱。《汉书·鲍宣传》:“丞相孔光四时行园陵,官属以令行驰道中,宣出逢之,使吏钩止丞相掾史,没入其车马,～～宰相。”《宋史·苏轼传》:“巡铺内侍每～～举子。”

【摧颓】 cuītuí ❶蹉跎,失意。曹植《浮萍篇》:“何意今～～,旷若商与参。”《北史·荀济传》:“自伤年几～～,恐功名不立。”也作“摧隤”。焦延寿《易林·泰之咸》:“老杨日衰,条多枯枝。爵级不进,日下～～。”❷衰败,毁废。应玚《侍五官中郎将建章台集诗》:“远行蒙霜雪,毛羽日～～。”苏轼《龟山》诗:“元嘉旧事无人记,故垒～～今在不?”❸转动倾侧的样子。杜甫《秋日荆南述怀三十韵》:“琴鸟曲怨愤,庭鹤舞～～。”

【摧陷】 cuīxiàn 挫折,摧毁。《后汉书·冯衍传上》："初，衍为狼孟长，以罪～～大姓令狐略。"《南史·宋武帝纪》："军中多万钧神弩，所至莫不～～。"

【摧折】 cuīzhé ❶折断。焦延寿《易林·坤之屯》："苍龙单独，与石相触，～～两角。"杜甫《木皮岭》诗："高有废阁道，～～如短辕。"❷挫折，打击。《史记·淮南衡山列传》："且淮南王为人刚，今暴～～之，臣恐卒逢雾露病死，陛下为有杀弟之名。"《后汉书·朱晖传》："若修正守阳，～～恶类，则福从之矣。"

【摧枯折腐】 cuīkūzhéfǔ 摧折枯枝朽木。比喻极容易做到。《后汉书·耿弇传》："归发突骑，以辚乌合之众，如～～～～。"

【摧陷廓清】 cuīxiànkuòqīng 摧毁肃清。李汉《昌黎集序》："先生于文，～～～～之功比于武事，可谓雄伟不常者矣。"（按：指破除肃清陈言的积弊。）

磪 cuī ❶高峻的样子。见"磪𡼏"。❷通"摧"。伤痛。《费凤别碑序》："肝～意悲，感切伤心。"

【磪𡼏】 cuīwéi 高峻的样子。曹操《气出唱》诗之三："游君山，甚为真；～～砟硌，尔自为神。"也作"磪嵬"。李翕《西狭颂》："刻臽～～，减高就埤。"

镩（鑹） cuī 见"镩错"。

【镩错】 cuīcuò 同"崔错"。交错。郭璞《江赋》："鳞甲～～，焕烂锦斑。"

洒 cuǐ 见sǎ。

漼 1. cuǐ ❶水深的样子。《诗经·小雅·小弁》："有～者渊，萑苇淠淠。"（淠淠：茂盛的样子。）❷垂泪的样子。陆机《吊魏武帝文》："执姬女以嚬瘁，指季豹而～焉。"（嚬瘁：形容忧伤。）

2. cuī ❸通"摧"。毁坏。《后汉书·崔骃传》："六柄制于家门兮，王纲～以陵迟。"潘岳《西征赋》："寮位儡其隆替，名节～以隳落。"（儡：败坏。）

【漼漼】 cuǐcuǐ ❶凝聚的样子。何瑾《悲秋夜赋》："霜凝条兮～～，露畱叶兮泠泠。"白居易《庭松》诗："春深微雨夕，满叶珠～～。"❷泪流不止的样子。韩愈《忆昨行和张十一》诗："危辞苦语感我耳，泪落不揜何～～。"❸鲜明的样子。李孝光《九月一日载酒西湖……分韵得乐字》诗："菱荷纷菲菲，葭苇青～～。"

趡 cuǐ ❶跑，奔腾。司马相如《大人赋》："蔑蒙踊跃，腾而狂～。"（蔑蒙：飞扬的样子。）扬雄《河东赋》："风发飙拂，神腾鬼～。"❷古地名。春秋鲁地。在今山东泗水县、邹城市间。《左传·桓公十七年》："二月丙午，公会邾仪父，盟于～。"

璀 cuǐ ❶玉名。《广韵·贿韵》："～，玉名。"❷见"璀璨"、"璀璀"、"璀错"。

【璀璨】 cuǐcàn 也作"璀粲"。❶玉石光泽。引申为色彩鲜明。孙绰《游天台山赋》："建木灭景于千寻，琪树～～而垂珠。"（建木：神话中树名。树高百仞无枝，日中无影，众天神由此上下。）刘胜《文木赋》："制为枕案，文章～～。"（文章：花纹。）❷众多的样子。陆机《为周夫人赠车骑》诗："京城华丽地，～～多异人。"❸华丽的样子。曹植《洛神赋》："披罗衣之～～兮，珥瑶碧之华琚。"

【璀璀】 cuǐcuǐ 鲜明的样子。独孤及《和题藤架》诗："蕣蕣叶成幄，～～花落架。"苏轼《高邮陈直躬处士画雁》诗："北风振枯苇，微雪落～～。"

【璀错】 cuǐcuò 繁盛，盛美。张载《叙行赋》："舍予车以步趾，玩卉木之～～。"李白《拟古》诗之七："人非崑山玉，安得长～～。"

皠 cuǐ 洁白。韩愈等《斗鸡联句》："腷膊战声喧，缤翻落羽～。"（腷膊：象声词。鸡声。）

【皠皠】 cuǐcuǐ 洁白的样子。苏舜钦《祭舅氏文》："执夲西送，长江之限，丹旐的的，素帆～～，死生隔绝，今又独回。"（的的：鲜明的样子。）

卒 cuì 见zú。

倅 1. cuì ❶副。《周礼·夏官·戎仆》："戎仆掌驭戎车，掌王～车之政。"《逸周书·籴匡》："君亲巡方，卿参告籴，余子～运。"[引]辅佐。白居易《李彤授检校工部郎中……各兼侍御史赐绯紫制》："一可以～戎事，一可以佐韬车。"❷州郡长官的副职。周密《蹇材望》："蹇材望，蜀人，为湖州～。"[又]充任州郡副职。苏轼《密州通判厅题名记》："未一年而君来～是邦。"❸通"萃"。居，止息。《孙膑兵法·威王问》："～险增垒，诤戒毋动。"❹通"粹"。纯，不杂。《墨子·明鬼下》："必择六畜之腯肥～毛，以为牺牲。"

2. zú ❺古代军队编制单位。百人为倅。《隋书·礼仪志七》："左右武伯，掌内外卫之禁令，兼六率之士……副率通服金甲兽文袍。各有～长、帅长，相次陪列。"[又]士卒。《太平广记》卷三百六十四引薛用弱《集异记》："适有泾～十馀，各执长短兵援蕃。"

3. cù ❻通"猝"。见"倅然"。

【倅贰】 cuì'èr 辅佐主司的官员。《宋史·刑法志二》:"每岁冬夏,诏提刑行郡决囚,提刑惮行,悉委～～,～～不行,复委幕属。"也指充任辅佐主司的官员。刘元卿《贤奕编·家闲》:"汝食朝廷厚禄,～～一府,事无巨细,皆当究心。"

【倅介】 cuìjiè 辅佐主司的官员。秦观《财用下》:"州置劝农一司,以守将为长,听于～～之中自择一人为副。"

【倅然】 cùrán 猝然,一下子。《墨子·鲁问》:"今有刀于此,试之人头,～～断之,可谓利乎?"

脆(脃) cuì ❶易断易碎。《老子·六十四章》:"其～易破,其微易散。"《周礼·考工记·弓人》:"夫角之末,远于𦚔而不休于气,是故～。～故欲其柔也。"(𦚔:同"脑"。)㉤脆弱,软弱。《汉书·刑法志》:"事小敌～,则媮可用也。"(媮:通"偷"。苟且。)柳宗元《答严厚舆论为师道书》:"仆～怯,尤不足当也。"㉤松脆的食物。《战国策·韩策二》:"可旦夕得甘～以养亲。"❷音响清越。顾云《池阳醉歌》:"弦索紧快管声～,急曲碎拍声相连。"柳永《木兰花慢》词:"风暖繁弦～管,万家竞奏新声。"❸轻浮。见"脆薄"。❹爽快。员兴宗《绍兴采石大战始末》:"金主曰……今日饶我也得由你辈,杀我也得由你辈,不若早早快～。"

【脆薄】 cuìbó 犹"轻薄"。轻浮刻薄。《后汉书·许荆传》:"郡滨南州,风俗～～。"

淬 cuì ❶淬火。铸造刀剑时,把烧红了的刀剑浸入水或其它液体中急速冷却,使之坚硬。王褒《圣主得贤臣颂》:"清水～其锋。"(据《文选》)㉤比喻磨炼,勉励。见"淬砺"、"淬勉"。❷冒,犯。《淮南子·修务训》:"身～霜露,敇蹻趹,跋涉山川,冒蒙荆棘。"

【淬砺】 cuìlì 也作"淬厉"、"淬励"。❶淬火磨砺。刘昼《新论·崇学》:"越剑性利,非～～而不铦。"❷比喻刻苦进修锻炼。常璩《华阳国志·先贤士女总赞》:"[李宏]少读五经,不为章句,处陋巷,～～金石之志。"苏轼《策略》四:"虽不肖者,亦自～～,而不至于怠废。"

【淬勉】 cuìmiǎn 刻励奋勉。《新唐书·许王素节传》:"师事徐齐聃,～～自强。"

悴 cuì ❶忧伤。王逸《楚辞·天问·序》:"屈原放逐,忧心愁～。"郑珍《江边老叟》诗:"细雨苍茫生远悲,廿载欢～同一时。"❷憔悴。《南史·臧焘传》:"父卒,居丧五年,不出庐户,形骸枯～。"苏轼《与元志侄孙》:"近来多病,瘦～不复往日。"㉤枯萎。曹植《朔风诗》:"繁华将茂,秋霜～之。"柳宗元《寿州安丰县孝门铭》:"草木～死,鸟兽踟蹰。"㉤衰败。韩愈《圬者王承福传》:"抑丰～有时、一去一来而不可常者邪?"

【悴薄】 cuìbó 犹"衰薄"。颓败微薄。沈约《少年新婚为之咏》:"自顾虽～～,冠盖曜城隅。"

【悴贱】 cuìjiàn 衰弱微贱。鲍照《谢随恩被原表》:"由臣～～,可悔可诬。"

萃 cuì ❶栖止,停止。《楚辞·九歌·湘夫人》:"鸟何～兮蘋中,罾何为兮木上?"又《天问》:"北至回水,～何喜?"❷聚集。《后汉书·孔僖传》:"其为不善,则天下之恶亦～焉。"司马光《谏院题名记》:"得失利病,～于一官使言之。其为任亦重矣。"㉤聚在一起的人或物。《孟子·公孙丑上》:"出于其类,拔乎其～。"陆机《谢平原内史表》:"擢自群～,累蒙荣进。"❸六十四卦之一。卦形为坤下兑上。《周易·萃·象传》:"泽上于地,～。"❹通"悴"。憔悴,困苦。《荀子·礼论》:"忧戚～恶,是吉凶忧愉之情发于颜色者也。"曹操《表论田畴功》:"幽州始扰,胡汉交～。"❺通"倅"。副职。《周礼·春官·典路》:"车仆掌戎路之～。"

【萃蔡】 cuìcài 同"綷縩"。象声词。形容摩擦声。《史记·司马相如列传》:"扶与猗靡,噏呷～～。"

啐 cuì 尝,饮。《礼记·杂记下》:"众宾兄弟,则皆～之。"《仪礼·士冠礼》:"以柶祭醴三,兴,筵末坐～醴。"(柶:古礼器,状如匙。)

【啐酒】 cuìjiǔ 祭毕饮福酒。《礼记·乡饮酒义》:"～～,成礼也。"《元史·祭祀志三》:"礼仪使奏请执爵,三祭酒;又奏请～～,～～讫,以爵授侍中。"

崒 cuì 见zú。

綷(綷) cuì 彩色相杂。《史记·司马相如列传》:"屯余车其万乘兮,～云盖而树华旗。"左思《吴都赋》:"鹇鹄南翥而中留,孔雀～羽以翱翔。"

【綷縩】 cuìcàn 象声词。衣服摩擦声。陆机《百年歌》五:"罗衣～～金翠华,言笑雅舞相经过。"也作"綷䌨"、"綷縩"。《汉书·孝成班倢伃传》:"感帷裳兮发红罗,纷～～兮纨素声。"潘岳《籍田赋》:"冲牙铮铯,绡纨～～。"又作"翠粲"。嵇康《琴赋》:"新衣～～,缨徽流芳。"

【綷疏】 cuìshū 画槛。何晏《景福殿赋》:"缭以藻井,编以～～。"(藻井:绘有文采、状如井字形的天花板。)

焠 cuì ❶烧，灼。《荀子·解蔽》："有子恶卧而～掌，可谓能自忍矣。"❷同"淬①"。淬火。《汉书·王褒传》："乃至巧冶铸干将之朴，清水～其锋。"❸浸染。《史记·刺客列传》："得赵人徐夫人匕首，取之百金，使工以药～之。"

琗 cuì 珠玉光采相杂。郭璞《江赋》："金精玉英瑱其里，瑶珠怪石～其表。"

毳 1. cuì ❶鸟兽的细毛。刘向《新序·杂事一》："今夫鸿鹄高飞冲天，然其所恃者六翮耳，夫腹下之～，背上之毛，增去一把，飞不为高下。"杜甫《陪李金吾花下饮》诗："见轻吹鸟～，随意数花须。"㊀毛织物。《汉书·王褒传》："夫荷旃被～者，难与道纯绵之丽密。"❷通"脆"。松脆。《汉书·丙吉传》："数奏甘～食物。"㊁脆弱。《荀子·议兵》："是事小敌～，则偷可用也；事大敌坚，则涣然离耳。"

2. qiāo ❸同"橇"。古代一种泥路交通工具。《汉书·沟洫志》："陆行载车，水行乘舟，泥行乘～。"

【毳幕】 cuìmù 毡帐。李陵《答苏武书》："韦韝～～，以御风雨。"岑参《首秋轮台》诗："雨拂毡墙湿，风摇～～羶。"

【毳衣】 cuìyī ❶一种礼服。上衣下裳，以五彩绘绣虎蜼、藻、粉米、黼黻之类的花纹，天子、大夫均可服用。《诗经·王风·大车》："大车槛槛，～～如菼。"（菼：嫩绿色。）❷毛皮的衣服。刘昼《新论·适才》："紫貂白狐，制以为裘，郁若庆云，皎如荆玉，此～～之美也。"❸一种僧服。以鸟毛织成。见《法苑珠林·头陀》。

瘁 cuì ❶困病，劳苦。《诗经·小雅·雨无正》："曾我暬御，憯憯日～。"（暬御：左右近臣。）又《小雅·蓼莪》："哀哀父母，生我劳～。"㊀憔悴。《魏书·高肇传》："朝夕悲泣，至于羸～。"❷忧伤。宋玉《高唐赋》："愁思无已，叹息垂泪，登高远望，使人心～。"李华《唐丞相太尉房公德铭》："[房公]薨殂阆中，国～人哀。"❸毁坏。陆机《叹逝赋》："悼堂构之隤～，愍城阙之丘荒。"《辽史·萧合卓传》："臣无状，猥蒙重任。今形容毁～，恐陛下见而动心。"

【瘁摄】 cuìshè 失意屈辱。《吕氏春秋·下贤》："得道之人，贵为天子而不骄倨，富有天下而不骋夸，卑为布衣而不～～。"

【瘁音】 cuìyīn 令人哀苦憔悴之音；也指不刚健、不健康的言辞。陆机《文赋》："或寄辞于～～，徒靡言而弗华。"

稡 cuì 同"萃②"。聚集。郭璞《〈尔雅〉序》："缀集异闻，会～旧说。"《新唐书·儒学传序》："与诸儒～章句为义疏，俾久具传。"

粹 1. cuì ❶纯，不杂。《吕氏春秋·用众》："天下无～白之狐，而有～白之裘，取之众白也。"《淮南子·说山训》："貂裘而杂，不若狐裘而～。"㊀纯正，美好。《金史·钦怀皇后传》："后性淑明，风仪～穆。"㊁精华。白行简《石韫玉赋》："孕明含～，养素挺英。"王安石《读史》诗："糟粕所传非～美，丹青难写是精神。"❷精通。《新唐书·尚宫宋若昭传》："以若宪善属辞，～论议，尤礼之。"❸通"萃"。聚集。《荀子·正名》："凡人之取也，所欲未尝～而来也；其去也，所恶未尝～而往也。"贾谊《治安策》："群下至众，而主上至少也，所托财器职业者～于群下也。"

2. suì ❹通"碎"。破碎。《荀子·儒效》："故能小而事大，辟之是犹力之少而任重也，舍～折无适也。"（辟：譬。）龚自珍《己亥杂诗》："季方玉～元方死，握手城东问蠹鱼。"

【粹器】 cuìqì 指纯正的人才。沈珣《授韦悫鄂岳节度使制文》："绅冕令才，人伦～～。"

颥（顇） cuì 通"悴"、"瘁"。劳累，困病。《荀子·王霸》："大有天下，小有一国，必自为之然后可，则劳苦耗～莫甚焉。"《汉书·王莽传上》："人之云亡，邦国殄～。"

翠 cuì ❶翠鸟。左思《蜀都赋》："孔～群翔，犀象竞驰。"㊁指翠鸟的羽毛。纪少瑜《游建兴苑》诗："踟蹰怜拾～，顾步惜遗簪。"❷青绿色。杜甫《湖中送敬十使君适广陵》诗："秋晚岳增～，风高湖涌波。"㊁翡翠。曹植《洛神赋》："戴金～之首饰，缀明珠以耀躯。"❸鸟尾肉。《吕氏春秋·本味》："肉之美者，猩猩之唇，貛貛之炙，隽觾之～。"

【翠被】 cuìbèi 饰以翠羽的大氅。《左传·昭公十二年》："雨雪，王皮冠，秦复陶，～～，豹舄，执鞭以出。"（复陶：以毛羽织成、御雨雪的披风。）《汉书·西域传下》："天子负黼依，袭～～，冯玉几，而处其中。"（依：通"扆"。屏风。）

【翠粲】 cuìcàn ❶象声词。1）衣服摩擦声。见"綷粲"。2）枝叶摇动声。应玚《竦迷迭赋》："振纤枝之～～，动彩叶之莓莓。"❷鲜明的样子。江淹《空青赋》："～～轩室，葱郁台殿。"

【翠黛】 cuìdài 古时女子用螺黛（一种青黑色矿物染料）画眉，故称美人之眉为"翠黛"。杜甫《陪诸贵公子丈八沟携妓纳凉晚际遇雨》诗之二："越女红裙湿，燕姬～～愁。"

【翠蛾】 cuì'é 美人之眉。蛾，蛾眉。谢偃《听歌赋》："低～～而敛色，睇横波而流光。"元稹《何满子歌》："～～转盼摇雀钗，碧袖歌垂翻鹤卵。"

【翠盖】 cuìgài ❶翠羽装饰的华盖。《淮南子·原道训》："驰要褭，建～～。"（要褭：骏马名。）杜甫《幽人》诗："风帆倚～～，暮把东皇衣。"❷形容枝叶状如华盖。元好问《后湾别业》诗："童童～～桑初合，滟滟苍波麦已匀。"

【翠翰】 cuìhàn 翠羽。沈约《登高望春》诗："齐童蹑朱履，赵女扬～～。"陆机《日出东南隅行》："美目扬玉泽，蛾眉象～～。"

【翠华】 cuìhuá ❶皇帝仪仗中一种旗竿顶上饰有翠鸟羽毛的旗。《汉书·司马相如传上》："建～～之旗，树灵鼍之鼓。"❷指皇帝。白居易《骊宫高》诗："～～不来岁月久，墙有衣兮宫有松。"邓肃《具瞻堂记》："不数月间，～～有维扬之幸。"

【翠辇】 cuìniǎn 帝王的车驾。《北史·突厥传》："帝大悦，赋诗曰：'鹿塞鸿旗驻，龙庭～～回。'"唐太宗《过旧宅》诗："新丰停～～，谯邑驻鸣笳。"

【翠翘】 cuìqiào ❶翠鸟尾上的长羽。《楚辞·招魂》："砥室～～，挂曲琼些。"❷妇女头饰，状如翠鸟尾上的长羽。韦应物《长安道》诗："丽人绮阁情飘飖，头上鸳钗双～～。"

【翠微】 cuìwēi ❶青绿色的山气。何逊《仰赠从兄兴宁寘南》诗："远江飘素沫，高山郁～～。"陈子昂《薛大夫山亭宴序》："披～～而列坐，左对青山；俯盘石而开襟，右临澄水。"❷山气青翠的样子。左思《蜀都赋》："郁葐蒀以～～，巍巍以峨峨。"（葐蒀：浓重的样子。）❸指山腰青翠幽深处。泛指青山。庾信《和宇文内史春日游山》诗："游客值春辉，金鞍上～～。"宋之问《龙门应制》诗："塔影遥遥绿波上，星龛奕奕～～边。"

【翠羽】 cuìyǔ ❶翠鸟的羽毛。宋玉《登徒子好色赋》："眉如～～，肌如白雪。"《后汉书·贾琮传》："旧交阯土多珍产，明玑、～～、犀、象、瑇瑁、异香、美木之属，莫不自出。"❷翠色的树叶。李贺《春归昌谷》诗："龙皮相排戛，～～更荡棹。"

踤 cuì 见 zú。

臎 cuì ❶同"脆"。脆弱。《管子·霸言》："释实而攻虚，释坚而攻～。"㊀松脆。《新唐书·韦彤传》："可嗜之馔，美～甘旨。"❷通"毳"。鸟兽的细毛。何逊《七召》："文皮坐裂，～尾生抽。"

竁 cuì ❶挖地造墓穴。《周礼·春官·冢人》："大丧既有日，请度甫～。"㊀墓穴。郦道元《水经注·济水》："时有群燕数千，衔土投于丁姬～中。"❷洞窟。颜延之《宋郊祀歌》之一："月～来宾，日际奉土。"

褃 1. cuì ❶衣褶。王筠《行路难》诗："裲裆双心共一袜，袙复两边作八～。"

2. cuō ❷黑色布帽。《广韵·末韵》："～，缁布冠。"

cun

村（邨） cūn ❶村庄。杜甫《兵车行》："君不闻汉家山东二百州，千～万落生荆杞。"❷鄙俗，粗俗。白居易《渭村酬李二十见寄》诗："莫叹学官贫冷落，犹胜～客病支离。"戴复古《望江南》词："贾岛形模元自瘦，杜陵言语不妨～，谁解学西昆？"㊀劣，坏。苏轼《戏王巩自谓恶客》诗："连车载酒来，不饮外酒嫌其～。"❸朴实。张昱《古村为曹迪赋》："魏国南来有子孙，至今人物古而～。"❹急忙。杨万里《赠阁皂山懒云道士》诗："问渠真个如云懒，为许随风处处～。"吴西逸《寿阳曲·四时》："折梅花不传心上人，～煞我陇头春信。"

【村坞】 cūnwù 村庄。坞，地势周围高而中央凹的地方。杜甫《发阆中》诗："前有毒蛇后猛虎，溪行尽日无～～。"

【村墟】 cūnxū 村落。王维《山中与裴秀才迪书》："～～夜舂，复与疏钟相间。"杜甫《溪涨》诗："我游都市间，晚憩必～～。"

皴 cūn ❶皮肤受冻而裂开。杜甫《乾元中寓居同谷县作七首》诗之一："中原无书归不得，手脚冻～皮肉死。"㊀皴裂。岳珂《桯史·冰清古琴》："断纹鳞～，制作奇崛，识与不识，皆谓数百年物。"❷物体表面粗糙，有皱褶。白居易《与沈杨二舍人阁老同食敕赐樱桃翫物感恩因成十四韵》："肉嫌卢橘厚，皮笑荔枝～。"袁枚《游丹霞记》："山皆突起平地，有横～，无直理。"❸皱缩。盛均《真龙对》："客～眉而俯，不复抽言。"张炎《采桑子》词："雨过花～，近觉江南无好春。"❹中国画的一种技法。用侧笔染擦，以表现山石等的脉络纹理及凹凸向背。王士祯《香祖笔记》卷六："余尝观荆浩论山水而悟诗家三昧，曰：'远人无目，远水无波，远山无～。'"

【皴皵】 cūnqì（又读 què） 形容树皮粗厚坼裂。卢炳《减字木兰花·咏梅呈万教》词："孤芳好处，消得骚人题妙句。～～寒枝，未必生绡画得宜。"

墫 cūn 舞蹈的样子。《说文·土部》:"～,舞貌。从土尊声。《诗》曰:'～～舞我。'"(按:今本《诗经·小雅·伐木》作"蹲蹲"。)

存 cún ❶生存,存在。《左传·宣公二年》:"宦三年矣,未知母之～否。"《荀子·天论》:"天行有常,不为尧～,不为桀亡。"㊀抚养,保存。《吕氏春秋·仲春》:"是月也,安萌牙,养幼少,～诸孤。"《战国策·东周策》:"夫～危国,美名也。"㊁怀有。《后汉书·虞诩传》:"案法平允,务～宽恕。"❷思念。《诗经·郑风·出其东门》:"出其东门,有女如云。虽则如云,匪我思～。"㊀问候,省视。《史记·魏公子列传》:"臣乃市井鼓刀屠者,而公子亲数～之。"《后汉书·马援传》:"援间至河内,过～伯春。"❸止息。《汉书·扬雄传下》:"矫翼厉翮,恣意所～。"《后汉书·崔骃传》:"夫广厦成而茂木畅,远求～而良马絷。"

【存存】 cúncún 存在。《周易·系辞上》:"成性～～,道义之门。"

【存抚】 cúnfǔ 存恤抚养。《汉书·司马相如传下》:"陛下即位,～～天下,集安中国,然后兴师出兵。"(集:通"辑"。和协。)《后汉书·冯衍传》:"统三军之政,～～并州之人。"

【存候】 cúnhòu 问候,慰问。《新唐书·裴度传》:"及病创一再旬,分卫兵护第,～～踵路。"

【存济】 cúnjì 安顿,措置。欧阳修《论澧州瑞木乞不宣示外庭劄子》:"州县皇皇,何以～～?以臣视之,乃是四海骚然,万物失所,实未见太平之象。"

【存录】 cúnlù ❶关怀录用。《后汉书·李燮传》:"史官上言宜有赦令,又当～～大臣冤死者子孙。"《三国志·蜀书·刘璋传》:"璋遣别驾张松诣曹公,曹公时已定荆州,走先主,不复～～松,松以此怨。"❷收录。《礼记·檀弓下》"爱之斯录之矣"孔颖达疏:"谓孝子思念其亲,追爱之道。斯,此也。故于此为重,以～～其神也。"(重:祭木。古人迷信,于人初死时,设木于中庭,称作"重",以收录死者灵魂,使其有所依托。)

【存润】 cúnrùn 关怀接济。《魏书·抱嶷传》:"天性酷薄,虽弟侄甥婿,略无～～。"

【存慰】 cúnwèi 关怀慰藉。应玚《侍五官中郎将建章台集诗》:"赠诗见～～,小子非所宜。"《宋书·王微传》:"微既为始兴王濬府吏,濬数相～～。"

【存问】 cúnwèn 慰问,问候。《汉书·吴王刘濞传》:"岁时～～茂材,赏赐闾里。"《后汉书·淳于恭传》:"五年,病笃,使者数～～。"

【存想】 cúnxiǎng ❶想象,想入非非。《论衡·订鬼》:"凡天地之间有鬼,非人死精神为之也,皆人思念～～之所致也。"又:"故得病寝衽,畏惧鬼至,畏惧则～～,～～则目虚见。"❷道家修炼之法。凝心反省,称为"存想"。见司马承祯《天隐子·渐门》。

【存心】 cúnxīn ❶保存本心。《孟子·离娄下》:"君子以仁～～,以礼～～。"❷用心,专心。苏轼《次韵张甥棠美述志》:"知甥诗意慕两君,读书要在～～久。"

【存恤】 cúnxù 慰问抚恤。《后汉书·西羌传》:"遣侍御史督录征西营兵,～～死伤。"《三国志·魏书·武帝纪》:"其令死者家无基业不能自存者,县官勿绝廪,长吏～～抚循,以称吾意。"

【存养】 cúnyǎng ❶"存心养性"的省略。保存本心,培养善性。儒家的一种修养方法。朱熹《答何叔京书》:"二先生拈出敬之一字,真圣学之纲领,～～之要法。"陆游《存养堂为汪叔潜作》诗:"三旌五鼎俱妄想,致一工夫在～～。"❷抚养。《六韬·盈虚》:"～～天下鳏寡孤独,振赡祸亡之家。"

【存肄】 cúnyì 学习,练习。《汉书·礼乐志》:"[河间献王]因献所集雅乐。天子下大乐官,常～～之,岁时以备数,然不常御。"

【存亡继绝】 cúnwángjìjué 使灭亡之国复存,断绝之嗣得续。《吕氏春秋·审应》:"夫郑乃韩氏亡之也,愿君之封其后也,此所谓～～～～之义。"《汉书·邹阳传》:"又有～～～～之功,德布天下,名施无穷,愿长君深自计之。"

郁 cún 地名用字。见"郁鄢"。

【郁鄢】 cúnmǎ 古县名。汉置。在今四川宜宾。《汉书·地理志上》:"～～,莽曰孱鄢。"

侟 1. cún ❶存。扬雄《太玄·数》"侟志"范望注:"～,存也。志者,所以为益也。"

2. jiàn ❷同"荐"。《正字通·人部》:"～、薦、荐并同。"

3. jìn ❸通"搢"。见"侟绅"。

【侟绅】 jìnshēn 搢绅。古代称官宦或士大夫。罗泌《路史·前纪八·禅通纪二》:"予悲夫求仙者之丧其欲也,故～～之学者毋谓太谩,将有嘿而识之者。"(嘿:默。)

浚 cún 见 jùn。

踆 1. cún ❶踢。《公羊传·宣公六年》:"獒亦躇阶而从之,祁弥明逆而～之。"

❷蹲。《庄子·外物》："纪他闻之，帅弟子而～于窾水。"《山海经·大荒东经》："有一大人～其上。"

2. qūn ❸止，退伏。也作"逡"、"竣"。张衡《东京赋》："千品万官，已事而～。"（已：毕。）❹运行。梅尧臣《冯子都诗》："用财粪土掷，吐气日月～。"

【踆乌】 cúnwū 传说中太阳里的三足乌鸦。《淮南子·精神训》："日中有～～，而月中有蟾蜍。"因以称日。何逊《七召·神仙》："～～始照，宫槐遽而欲舒；顾兔才满，庭英纷而就落。"

【踆踆】 qūnqūn 行走的样子。张衡《西京赋》："怪兽陆梁，大雀～～。"（陆梁：跳跃的样子。）杜甫《奉赠韦左丞丈二十二韵》："焉能心怏怏，祇是走～～。"

刌 cǔn 切，割。《汉书·元帝纪赞》："自度曲，被歌声，分～节度，穷极幼眇。"韩愈《元和圣德诗》："挥刀纷纭，争～脍脯。"㉑断送。汤显祖《邯郸记·织恨》："大冤亲，把锦片似前程～。"

忖 cǔn ❶思量，揣度。《三国志·蜀书·诸葛亮传》："昔萧何荐韩信，管仲举王子城父，皆～己之长未能兼有故也。"苏舜钦《复辨》："予～其意而窃惑焉。"❷除。《汉书·律历志上》："故以成之数～该之积，如法为一寸，则黄钟之长也。"❸通"刌"。切。《礼记·玉藻》"瓜祭上环"郑玄注："上环头，～也。"（忖，一本作"刌"。）

【忖度】 cǔnduó 揣测，估量。《孟子·梁惠王上》："《诗》云：'他人有心，予～～之。'夫子之谓也。"韩愈《柳州罗池庙碑》："凡有所为于其乡闾及于其家，皆曰：'吾侯闻之，得无不可于意否？'莫不～～而后从事。"

【忖量】 cǔnliáng 揣度，思量。杜牧《投知己书》："自十年来，行不益进，业不益修，中夜～～，自愧于心。"

寸 cùn ❶长度单位。1）一指宽为寸。《大戴礼记·主言》："布指知～，布手知尺。"2）十分为寸。《韩非子·用人》："使中主守法术，拙匠守规矩尺～，则万不失矣。"㉑比喻微少，微小。《淮南子·原道训》："故圣人不贵尺之璧而重～之阴，时难得而易失也。"杜甫《洗兵马》诗："～地尺天皆入贡，奇祥异瑞争来送。"❷中医切脉部位名称之一。王叔和《脉经·分别三关境界脉候所主》："～后尺前名曰关；阳出阴入，以关为界。"

【寸肠】 cùncháng ❶指内心。韩偓《感旧》诗："省趋弘阁侍貂珰，指座深恩刻～～。"❷指心事。柳永《轮台子》词："但黯黯魂消，～～凭谁表？"

【寸晷】 cùnguǐ 日影移动一寸的时间。形容短暂的时光。晷，日影。潘尼《赠陆机出为吴王郎中令》诗："～～惟宝，岂无玙璠。"钱起《送张少府》诗："～～如三岁，离心在万里。"

【寸田】 cùntián 道家称心为心田，心位于胸中方寸之地，故称"寸田"。苏轼《和陶诗·和饮酒诗》之一："～～无荆棘，佳处正在兹。"

【寸心】 cùnxīn ❶犹"心"。心位于胸中方寸之地，故称。陆机《文赋》："函绵邈于尺素，吐滂沛乎～～。"何逊《夜梦故人》诗："相思不可寄，直在～～中。"❷指心事，心愿。钱起《逢侠者》诗："～～言不尽，前路日将斜。"

【寸旬】 cùnxún 短暂的时间。左思《魏都赋》："量～～，涓吉日；陟中坛，即帝位。"

【寸阴】 cùnyīn 犹"寸晷"。短暂的光阴。向秀《思旧赋》："托运遇于领会兮，寄馀命于～～。"《晋书·陶侃传》："大禹圣者，乃惜～～；至于众人，当惜分阴。"

cuo

差 cuō 见 chā。

搓 cuō 用手掌来回揉。乐雷发《常宁道中怀许介之》诗："野巫竖石为神像，稚子～泥作药丸。"㉑泛指揉搓。韩偓《大庆堂赐宴元珰而有诗呈吴越王》："绿～杨柳绵初软，红晕樱桃粉未干。"戴叔伦《赋得长亭柳》诗："雨～金缕细，烟袅翠丝柔。"

瑳 cuō ❶像玉似的鲜明洁白。《诗经·鄘风·君子偕老》："～兮～兮，其之展也。"❷笑而见齿的样子。《诗经·卫风·竹竿》："巧笑之～，佩玉之傩。"陆游《航海》诗："作诗配《齐谐》，发子笑齿～。"❸通"磋"。琢磨加工。《论衡·量知》："骨曰切，象曰～，玉曰琢，石曰磨，切～琢磨，乃成宝器。"

【瑳瑳】 cuōcuō ❶色泽洁白光润的样子。《宋史·乐志十四》："琱珉～～，篆金煌煌。"❷笑而露齿的样子。梅尧臣《金明池游》诗："苑花光粲粲，女齿笑～～。"

磋 cuō 磨制。特指为象牙加工。《诗经·卫风·淇奥》："如切如～，如琢如磨。"㉑比喻研讨。《管子·弟子职》："相切相～，各长其仪。"

撮 1. cuō ❶用指爪抓取。《庄子·秋水》："鸱鸺夜～蚤，察毫末。"㉑摘取。《史记·太史公自序》："采儒、墨之善，～名、法之要。"《汉书·艺文志》："每一书已，[刘]向辄条其篇目，～其指意，录而奏之。"❷量词。1）以三指一次抓取的量。《礼记·中庸》："今夫地，一～土之多。"后泛指小量。2）容量单位。六粟为一圭，十圭为一撮。《汉书·律历志》："量多少者不失圭～。"❸聚集，聚合。《后汉书·袁绍传》："拥一郡之卒，～冀州之众。"《孔子家语·始诛》："其居处足以～徒成党。"❹束发小帽。《诗经·小雅·都人士》："彼都人士，台笠缁～。"㉢束，结。赵汝适《诸蕃志·蒲甘国》："甘国官民皆～髻于额，以色帛系之。"

2. zuān ❺一种乘载工具。《尸子》卷下："行涂以楯，行险以～，行沙以轨。"

【撮壤】 cuōrǎng 一撮之土。形容极其微少。《抱朴子·疾谬》："其犹烈猛火于云梦，开积水乎万仞，其可扑以箒篲，遏以～～哉？"

【撮要】 cuōyào 摘其大要。荀悦《汉纪·高祖皇帝纪》："～～举凡，存其大体。"

篕 cuō 见cī。

醝 cuō ❶白酒。张华《轻薄篇》："苍梧竹叶青，宜城九酝～。"《本草纲目·谷部四》："酒，红曰醍，绿曰醽，白曰～。"❷(cuó)通"鹾"。盐。陆羽《茶经·九之略》："瓢盌筴札，热盂～簋。"冯梦龙《古今谭概·贩盐》："满船都载相公～，虽然要做调羹用。"

蹉 cuō ❶跌，倾倒。王褒《僮约》："归都担枲，转出旁～。"韩愈《读东方朔杂事》诗："簸顿五山踣，流漂八维～。"❷差误。扬雄《并州牧箴》："宗幽罔识，日月爽～。"❸过。张华《轻薄篇》："孟公结重关，宾客不得～。"❹踏，以脚蹂搓。马融《长笛赋》："构云梯，抗浮柱，～纤根，跋篾缕。"❺交错。贾思勰《齐民要术·养牛马驴骡》："齿：左右～，不相当，难御。"㉢错位。《晋书·五行志下》："大风，江海涌溢……石碑～动，吴城两门飞落。"

【蹉跌】 cuōdiē 失足跌倒，失坠。《论衡·吉验》："[钩]既微小难中，又滑泽铦靡，锋刃中钩者，莫不～～。"(滑泽铦靡：形容非常光滑。)㊎失误。《后汉书·李固传》："本朝号令，岂可～～？"《三国志·魏书·管辂传》："[钟]毓使筮其生日月，如言无～～。"也作"差跌"。《汉书·陈遵传》："足下讽诵经书，苦身自约，不敢～～。"

【蹉对】 cuōduì 诗歌对仗中对应词位置不同，参差为对。也称"交股对"。胡仔《苕溪渔隐丛话》后集引《艺苑雌黄》："僧惠洪《冷斋夜话》载介甫诗云：'春残叶密花枝少，睡起茶多酒盏疏。'……此一联以'密'字对'疏'字，以'多'字对'少'字，正交股用之，所谓～～法也。"(按：《冷斋夜话》引作王元之诗。)

【蹉跎】 cuōtuó 也作"蹉跑"。❶失足，颠蹶。《楚辞·九怀·株昭》："骥垂两耳兮，中坂～～。"❷比喻失意，经历坎坷。白居易《答故人》诗："见我昔荣遇，念我今～～。"❸失时，光阴虚度。《晋书·周处传》："欲自修而年已～～。"杜甫《春日江村五首》之二："迢递来三蜀，～～又六年。"❹山势险峻，难以攀登。杨衒之《洛阳伽蓝记·城东》："若乃绝岭悬坡，蹭蹬～～。"

褡 cuō 见cuì。

痤 cuó 疖子。《素问·生气通天论》："汗出见湿，乃生～痱。"㉢痈。《韩非子·解老》："夫内无～疽瘅痔之害，而外无刑罚法诛之祸者，其轻恬鬼也甚。"

嵯(嵳) 1. cuó ❶见"嵯峨"。2. cī ❷见"嵾嵯"。

【嵯峨】 cuó'é ❶高峻的样子。《汉书·扬雄传上》："增宫嵾差，骈～～兮。"(增：通"层"。重叠。)《后汉书·冯衍传》："瞰太行之～～兮，观壶口之峥嵘。"❷指高峻的山峰。陆游《老学庵笔记》卷七："欧阳公谪夷陵时，诗云：江上孤峰蔽绿萝，县楼终日对～～。"❸盛多的样子。陆机《前缓声歌》："长风万里举，庆云郁～～。"韦应物《送苏评事》诗："～～夏云起，迢递山川永。"

矬 cuó 矮小。《抱朴子·行品》："士有貌望朴悴，容观～陋。"皮日休等《报恩寺南池联句》："跁踦松形矫，般跚桧樾～。"

遳 cuó ❶脆弱。见"遳脆"。❷矮小。《新唐书·王伾传》："伾本阘茸，皃～陋。"(阘茸：卑贱。)

【遳脆】 cuócuì 脆弱，软弱。左思《魏都赋》："汉罪流御，秦馀徙帑，宵貌蕞陋，禀质～～。"(汉罪流御，秦馀徙帑：言秦、汉流放者的遗裔。)

殅 cuó 同"瘥"。病。柳宗元《同刘二十八院长述旧言怀感时书事奉寄澧州张员外使君……》诗："渚行狐作孽，林宿鸟为～。"

酇 cuó 县名。汉萧何封邑，属沛郡。故地在今河南永城市西。《汉书·地理志上》"沛郡酇"注："此县本为～……中古以来，借酇字为之耳。"

瘥 1. cuó ❶疫病。柳宗元《种术》诗："爨竹茹芳叶，宁虑瘵与～。"㉢灾难。《诗经·小雅·节南山》："天方荐～，丧乱弘多。"㉢劳累。韩愈《祭河南张员外文》："用迁澧浦，为人受～。"

2. chài ❷病愈。《聊斋志异·邵女》：

"食后果病,其痛倍切。女至刺之,随手而～。"㊂治愈。郦道元《水经注·沔水》:"泉源沸涌,冬夏汤汤,望之则白气浩然,言能～百病云。"

蔖 cuó 草名。《尔雅·释草》"蔄蔖"疏:"蔄,《说文》云蔄,草也,可以束。一名～,即蒯类也。"

艖(𪉕) cuó 盐。《礼记·曲礼下》:"盐曰咸～。"

脞 cuǒ 琐细,琐碎。《宋史·王信传》:"论除官～冗之敝,乞精选监司而择籍名。"杨弘道《狮子石》诗:"百步走魑魅,～说多不经。"

昔 cuò 见xī。

剉 cuò ❶折损,摧折。《吕氏春秋·必己》:"成则毁,大则衰,廉则～。"(廉:锋利。)《淮南子·诠言训》:"行未固于无非而急求名者,必～也。"《三国志·魏书·陈矫传》:"矫说太祖曰:'鄙郡虽小,形便之国也,若蒙救援,便为外藩,则吴人～谋,徐方永安。'"❷磋磨。贾思勰《齐民要术·种谷》:"～马骨、牛、羊、猪、麋、鹿骨一斗,以雪汁三斗,煮之三沸。"❸铡,切,砍。《世说新语·贤媛》:"[侃母湛氏]～诸荐以为马草。"《魏书·秦王孤传》:"皆夷五族,以大刃～杀之。"㊂饲草。《吴越春秋·勾践入臣外传》:"夫斫～养马,妻给水除粪。"

【剉碓】 cuòduì 斩断肢体的刑具。《隋书·刑法志》:"帝遂以功业自矜,恣行酷暴……为大镬、长锯、～～之属,并陈于庭。"

挫 cuò ❶折,折损。《周礼·考工记·轮人》:"凡揉牙,外不廉而内不～。"《淮南子·时则训》:"锐而不～。"㊀损伤,摧折。《荀子·解蔽》:"耳目之欲接,则败其思;蚊虻之声闻,则～其精。"《后汉书·庞萌传》:"乃休士养锐,以～其锋。"苏洵《心术》:"小胜益急,小～益厉,所以养其气。"❷压制。《三国志·魏书·仓慈传》:"慈到,抑～权右,抚恤贫羸。"❸屈辱。《汉书·盖宽饶传》:"以言事不当意而为文吏所诋～。"❹(旧读zuò)捏持。《庄子·人间世》:"～针治繲,足以餬口。"(繲:旧衣。)㊂提取,取出。《楚辞·招魂》:"～糟冻饮,酎清凉些。"

【挫顿】 cuòdùn 伤损困顿。《荀子·王制》:"材技股肱健勇爪牙之士,彼将日日～～竭之于仇敌。"

【挫衄】 cuònǜ 挫折,失败。《吴越春秋·夫差内传》:"欲以妖孽～～吾师,赖天降哀,齐师受服。"《南史·羊侃传》:"今击之,出人若少,不足破贼;若多,则一旦失利,门隘桥小,必大致～～。"

【挫辱】 cuòrǔ 折辱,凌辱。《韩非子·亡征》:"～～大臣而狎其身,刑戮小民而逆其使。"《吕氏春秋·离俗》:"吾少好勇,年六十而无所～～。"

【挫伤】 cuòshāng 伤折,失败。《淮南子·原道训》:"秋风下霜,倒生～～。"《后汉书·皇甫规传》:"故每有征战,鲜不～～,官民并竭,上下穷虚。"

莝 cuò 铡碎的草。《史记·范睢蔡泽列传》:"范睢大供具,尽请诸侯使,与坐堂上,食饮甚设,而坐须贾于堂下,置～豆其前,令两黥徒夹而马食之。"㊂铡草。《汉书·尹翁归传》:"豪强有论罪,输掌畜官,使斫～,责以员程,不得取代。"

剒 cuò ❶斩,割。《后汉书·董卓传论》:"刳肝～趾。"《北史·齐纪总论》:"卖官鬻狱,乱政淫刑,刳～被于忠良,禄位加于犬马。"❷打磨,雕刻。周邦彦《汴都赋》:"鹄象觜角,～犀劘玉,锲刻雕镂,其妙无伦。"(鹄、觜:打磨、雕刻象牙、兽角。)

厝 cuò ❶放置,安放。《后汉书·梁统传》:"孔子曰:'刑罚不衷,则人无所～手足。'"《列子·汤问》:"命夸娥氏二子负二山,一～朔东,一～雍南。"㊀安排。《后汉书·李云传》:"举～至重,不可不慎。班功行赏,宜应其实。"❷停柩待葬。《三国志·蜀书·先主甘皇后传》:"园陵将成,安～有期。"欧阳修《与丁学士书》:"今秋欲扶护归乡,恐趁葬期不及,则且权～乡寺,俟它年耳。"❸磨刀石。《说文·厂部》:"～,厉石也。《诗》曰:'他山之石,可以为～。'"(按:今《诗经·小雅·鹤鸣》作"错"。)❹"错"的古字。交错。《汉书·地理志下》:"是故五方杂～,风俗不纯。"

【厝身】 cuòshēn 见"措身"。

【厝手】 cuòshǒu 见"措手"。

【厝意】 cuòyì 见"措意"。

【厝置】 cuòzhì 见"措置"。

【厝火积薪】 cuòhuǒjīxīn 《汉书·贾谊传》:"夫抱火厝之积薪之下,而寝其上;火未及燃,因谓之安。方今之势,何以异此?"言置火于积薪之下,比喻隐伏着危机。刘若愚《酌中志·忧危竑议后纪》:"今之事势,正贾生所谓～～～～之时也。"简缩为"厝火"。沈钦圻《咏史》:"但识凭江险,而忘～～危。"

措 1. cuò ❶置,安放。《老子·五十章》:"兕无所投其角,虎无所～其爪。"柳宗元《永州韦使君新堂记》:"宗元请志诸石,～诸壁,编以为二千石楷法。"㊀处置,安排。《荀子·王制》:"举～应变而不穷。"❷

施行。王安石《本朝百年无事劄子》:"与学士大夫讨论先王之法以～之天下也。"❸弃置,废弃。《淮南子·说山训》:"物莫～其所修,而用其短也。"曾巩《唐论》:"人人自厚,几至刑～。"❹通"错"。交错,间杂。《史记·燕召公世家》:"燕(北)[外]迫蛮貉,内～齐晋,崎岖强国之间,最为弱小。"

2. zé ❺挤压,夹。《史记·梁孝王世家》:"李太后与争门,～指。"[又]迫,追捕。《汉书·王莽传上》:"迫～青、徐盗贼。"

【措大】 cuòdà 旧称贫寒失意的读书人。张鷟《朝野佥载》:"江陵号衣冠薮泽,人言琵琶多于饭甑,～～多于鲫鱼。"

【措身】 cuòshēn 安身,置身。《逸周书·官人》:"事变而能治,效穷而能达,～～立方而能遂,曰有知者也。"也作"厝身"。《后汉书·郎𫖮传》:"人贱言废,当受诛罚,征营惶怖,靡知～～。"

【措手】 cuòshǒu 着手处理,插手。韩愈《进撰平淮西碑文表》:"使臣撰平淮西碑文者,闻命震骇,心识颠倒,非其所任,为愧为恐,经涉旬月,不敢～～。"也作"厝手"。《晋书·刘弘传》:"今公私并兼,百姓无复～～地。"

【措意】 cuòyì 注意,着意,留意。《论衡·调时》:"用心～～,何其不平也?"也作"厝意"。《晋书·刘伶传》:"未尝～～文翰,惟著《酒德颂》一篇。"又作"错意"。《战国策·魏策四》:"秦王谓唐且曰:'……且秦灭韩亡魏,而君以五十里之地存者,以君为长者,故不～～也。'"

【措置】 cuòzhì 安放,处理。《后汉书·东平宪王苍传》:"每会见,踧踖无所～～,此非所以章示群下、安臣子也。"《宋史·徽宗纪》:"令工部侍郎孟揆亲往～～。"也作"厝置"。曾巩《救灾议》:"至于给授之际,有淹速,有均否,有真伪,有会集之扰,有辨察之烦,～～一差,皆足致弊。"又作"错置"。《三国志·魏书·袁绍传》:"常侍、黄门闻之,皆诣[何]进谢,唯所～～。"

锉(銼) cuò ❶小锅。杜甫《闻斛斯六官未归》诗:"荆扉深蔓草,土～冷疎烟。"❷通"挫"。摧折,挫败。《马王堆汉墓帛书·老子乙本》:"～其兑,解其芬。"(兑:锐。芬:通"纷"。)《史记·楚世家》:"且王欺于张仪,亡地汉中,兵～蓝田。"

莝 cuò ❶蹲。《礼记·曲礼上》:"介者不拜,为其拜而～拜。"(介者:甲胄在身的人。)❷挫,折损。徐光启《农政全书·水利·泰西水法上》:"枝节一～,全车悉败焉。"

错(錯) cuò ❶涂饰。《战国策·赵策二》:"被发文身,～臂左衽,瓯越之民也。"[又]镶嵌。《汉书·食货志下》:"错刀,以黄金～其文,曰'一刀直五千'。"❷琢玉用的粗磨石。《诗经·小雅·鹤鸣》:"它山之石,可以为～。"[引]磨,琢磨。《潜夫论·赞学》:"虽有玉璞……不琢不～,不离砾石。"[又]砥砺。戴良《爱菊说》:"若相磋以道,相～以德。"❸锉刀。《古列女传·仁智·鲁臧孙母》:"～者所以治锯,锯者所以治木也。"❹交错,错杂。《楚辞·九歌·国殇》:"操吴戈兮被犀甲,车～毂兮短兵接。"《后汉书·西羌传》:"与汉人～居。"[又]更迭。《礼记·中庸》:"辟如四时之～行,如日月之代明。"❺不合,乖舛。《汉书·五行志上》:"刘向治《穀梁春秋》,数其祸福,传以《洪范》,与仲舒～。"《后汉书·襄楷传》:"三光不明,五纬～戾。"[引]误,错误。《抱朴子·弹祢》:"或有录所作之本也,以比校之,无一字～。"❻小鼎。《淮南子·说山训》:"鼎～日用而不足贵。"❼通"措"。置,安放。《汉书·张释之传》:"廷尉,天下之平也,壹倾,天下用法皆为之轻重,民安所～其手足?"《三国志·魏书·钟会传》:"投迹微子之踪,～身陈平之轨。"❽通"措"。弃,废弃。《荀子·天论》:"故～人而思天,则失万物之情。"《论衡·儒增》:"又言文武之隆,遗在成康,刑～不用四十馀年。"❾通"措"。施行。《商君书·错法》:"臣闻古之明君,～法而民无邪。"《礼记·仲尼燕居》:"君子明于礼乐,举而～之而已。"

【错崔】 cuòcuī 参差高峻的样子。《后汉书·马融传》:"隆穹槃回,嵎峗～～。"

【错刀】 cuòdāo ❶古钱名。王莽时所铸。《汉书·食货志下》:"～～,以黄金错其文,曰'一刀直五千'。"❷泛指钱。韩愈《潭舟泊船呈诸公》诗:"闻道松醪贱,何须吝～～。"(吝:吝惜。)

【错愕】 cuò'è 仓卒惊遽。《后汉书·寒朗传》:"朗心伤其冤,试以建等物色独问忠、平,而二人～～不能对。"韩愈《曹成王碑》:"良不得已,～～迎拜,尽降其军。"

【错落】 cuòluò ❶参差错杂,交错缤纷。《后汉书·班固传上》:"随侯明月,～～其间。"李白《赠宣城赵太守悦》诗:"～～千丈松,虬龙盘古根。"李商隐《富平少侯》诗:"彩树转灯珠～～,绣檀迴枕玉雕锼。"❷酒器。韦庄《病中闻相府夜宴戏赠集贤卢学士》诗:"花里乱飞金～～,月中争认绣连乾。"也作"凿落"。白居易《送春》诗:"银花～～从君劝,金屑琵琶为我弹。"

【错缪】 cuòmiù ❶差失,错乱。《汉书·元后传》:"是以阴阳～～,日月无光。"也作"错谬"。《汉书·孔光传》:"阴阳～～,岁比不登，天下空虚，百姓饥馑。”❷错杂，杂乱。《淮南子·原道训》：“淖溺流遁，～～相纷而不可靡散。”张衡《南都赋》：“坂坻巀嶭而成巘，谿壑～～而盘纡。”（巀嶭：高峻的样子。）

【错莫】 cuòmò 犹“落莫”。寂寞冷落。杜甫《瘦马行》：“见人惨澹若哀诉，失主～～无晶光。”韦应物《出还》诗：“咨嗟日复老，～～身如寄。”

【错迕】 cuòwǔ ❶交杂，杂错。宋玉《风赋》：“眩眩雷声，迴穴～～，蹷石伐木，梢杀林莽。”❷乖迕不顺。杜甫《新婚别》诗：“人事多～～，与君永相望。”

【错置】 cuòzhì ❶安放，处理。见“措置”。❷参差错落。柳宗元《愚溪诗序》：“嘉木异石～～，皆山水之奇者。”

【错综】 cuòzōng 交错综合。《三国志·魏书·刘劭传》：“凡所～～，源流弘远，是以群才大小，咸取所同而斟酌焉。”郭璞《江赋》：“经纪天地，～～人术。”

摧 cuò 见cuī。

鲭（鰌） cuò 鱼名。皮粗厚可制刀剑鞘。李白《醉后赠从甥高镇》诗：“匣中盘剑装～鱼，闲在腰间未用渠。”

D

da

奁 dā ❶大耳朵。《玉篇·耳部》：“～，大耳也。”❷人名用字。明末有画家朱奁。

搭（搭） 1. dā ❶击，打。《北齐书·神武帝纪上》：“访之，则以力闻，常于并州市～杀人者。”《北史·李彪传》：“～奴肋折。”❷加上。王安石《拟寒山拾得诗》：“作马便～鞍，作牛便推磨。”㉿加物于支架之上，挂着。白居易《石楠树》诗：“伞盖低垂金翡翠，熏笼乱～绣衣裳。”❸架设。李光《论移跸措置事宜劄子》：“仍令本府量度人数，先次～盖席屋。”❹附乘。苏轼《论高丽进奉状》：“仍与限日，却差船送至明州，令～附因便海舶归国。”❺配搭。《宋史·食货志下》：“收易旧会，品～入输。”❻短衣。林逋《深居杂兴》诗之一：“中有病夫披白～，瘦行清坐咏遗篇。”❼块。卢仝《月蚀诗》：“摧环破璧眼看尽，当天一～如煤炱。”（炱：黑。）

2. tà ❽通“拓”。摹写。皮日休《奉和鲁望寄南阳广文次韵》：“八会旧文多～写，七真遗语剩思量。”❾通“踏”。《西游记》四十三回：“大～步行将进去。”

【搭护】 dāhù 翻毛羊皮大袄。郑思肖《绝句》诗之八：“鬃笠毡靴～～衣，金牌骏马走如飞。”（自注：“搭护，胡衣也。”）

【搭面】 dāmiàn 女子出嫁时的盖头巾。《聊斋志异·莲香》：“莲香扶新妇入青庐，～～既揭，欢若生平。”

【搭讪】 dāshàn 亦作“搭赸”。随口应付。《官场现形记》五十八回：“后见话不投机，只好～～着出去。”《红楼梦》三十回：“宝玉听说，自己由不得脸上没意思，只得又～～笑道：‘怪不得他们拿姐姐比杨贵妃，原来也体胖怯热。’”

塌 dā 见tā。

达[1]（達） 1. dá ❶通。《孟子·公孙丑上》：“若火之始然，泉之始～。”（然：“燃”的古字。）《荀子·君道》：“公道～而私门塞矣。”㊀舒畅。《楚辞·九章·惜诵》：“情沈抑而不～兮，又蔽而莫之白。”㉿豁达，心胸开阔。《汉书·高帝纪下》：“高祖不修文学，而性明～。”❷通晓。《左传·襄公十四年》：“我诸戎饮食衣服不与华同，贽币不通，言语不～。”《后汉书·循吏传序》：“初，光武长于民间，颇～情伪。”㉿通晓事理。《论语·雍也》：“赐也～，于从政乎何有？”❸至，达到。《孟子·公孙丑上》：“鸡鸣狗吠相闻，而～乎四境。”《荀子·修身》：“虽～四方，人莫不贱。”❹得志，显贵。《孟子·尽心上》：“穷则独善其身，～则兼善天下。"《论衡·命禄》："故命贵，从贱地自～；命贱，从富位自危。"㊋使显贵，荐举。《论语·雍也》："夫仁者，己欲立而立人，己欲达而～人。"《后汉书·马援传》："[马]严数荐～贤能，申解冤结。"❺通行不变。《孟子·公孙丑下》："天下有～尊三：爵一，齿一，德一。"《礼记·中庸》："知、仁、勇三者，天下之～德也。"❻普遍。见"达观"。㊋皆，都。《礼记·礼器》："天时雨泽，君子～亹亹焉。"（亹亹：勤勉不倦。）❼致，以物相送。《周礼·夏官·怀方氏》："掌来远方之民，致方贡，致远物，而送逆之，～之以节。"《国语·吴语》："寡人其～王于甬句东。"（韦昭注："达，致也。"）❽表达。《史记·滑稽列传》："书以道事，诗以～意。"❾幼苗出土。《礼记·乐记》："然后草木茂，区萌～。"❿夹室。《礼记·内则》："天子之阁，左～五，右～五。"

2. tà ⓫通"羍"。小羊。《诗经·大雅·生民》："诞弥厥月，先生如～。"（先生：初生。）⓬见"挑达"。

【达才】 dácái 通达事理的人。《史记·田敬仲完世家论》："《易》之为术，幽明远矣，非通人～～孰能注意焉。"

【达道】 dádào ❶通行不变之道。《礼记·中庸》："君臣也，父子也，夫妇也，昆弟也，朋友之交也，五者，天下之～～也。"又："和也者，天下之～～也。"❷通晓其道。杜甫《遣兴》诗之三："陶潜避俗翁，未必能～～。"

【达观】 dáguān ❶遍观。《尚书·召诰》："周公朝至于洛，则～～于新邑营。"❷通达的见解，遇事看得开。李白《莹禅师房观山海图》诗："真僧闭精宇，灭迹含～～。"

【达官】 dáguān 显贵的官吏。《礼记·檀弓下》："公之丧，诸～～之长杖。"杜甫《岁晏行》："高马～～厌酒肉，此辈杼柚茅茨空。"

【达练】 dáliàn 通达熟练。《后汉书·黄琼传》："及其居职，～～官曹。"又《胡广传》："性温柔谨素，常逊言恭色。～～事体，明解朝章。"

【达人】 dárén ❶显贵之人。《左传·昭公七年》："圣人有明德者，若不当世，其后必有～～。"❷豁达知命之人。《汉书·贾谊传》："小智自私，贱彼贵我；～～大观，物亡不可。"王勃《滕王阁序》："所赖君子见机，～～知命。"

【达生】 dáshēng 通达生命的本义，不受世俗牵累。是道家的一种处世态度。《庄子·达生》："～～之情者，不务生之所无以为。"（通晓生命的真情的，就不去追求生命所无法实现的东西。）《颜氏家训·勉学》："素怯懦者，欲其观古人之～～委命，彊毅正直。"谢灵运《斋中读书》诗："万事难并欢，～～幸可托。"

【达士】 dáshì 通达事理的明智之士。《吕氏春秋·知分》："～～者，达乎死生之分。"《汉书·萧望之传》："朝无争臣则不知过，国无～～则不闻善。"（颜师古注："达士，谓达于政事也。"）《后汉书·仲长统传》："至人能变，～～拔俗。"

【达通】 dátōng 得志，显贵。《论衡·祸虚》："古人君臣困穷，后得～～，未必初有恶，天祸其前，卒有善，神祐其后也。"

【达尊】 dázūn 公认的尊贵的事物。《孟子·公孙丑下》："天下有～～三：爵一，齿一，德一。"（齿：年龄。）

【达视洞听】 dáshìdòngtīng 无所不视，无所不听，明察一切。《论衡·实知》："先知之见，方来之事，无～～～～之聪明，皆案兆察迹，推原事类。"

怛（**悬**） dá ❶悲痛，悲伤。《诗经·桧风·匪风》："顾瞻周道，中心～兮。"（周道：大道。中心：心中。）司马迁《报任少卿书》："仆窃不自料其卑贱，见主上惨怆～悼，诚欲效其款款之愚。"❷惊恐，畏惧。左思《魏都赋》："顾非累卵于叠棋，焉至观形而怀～。"独孤及《代书寄上李广州》诗："推诚鱼鳖信，持正魑魅～。"❸恐吓。柳宗元《三戒·临江之麋》："群犬垂涎，扬尾皆来。其人怒，～之。"

【怛怛】 dádá 忧伤不安的样子。《诗经·齐风·甫田》："无思远人，劳心～～。"杜甫《秋日夔府咏怀奉寄郑监李宾客》："别离忧～～，伏腊涕涟涟。"

【怛化】 dáhuà ❶惊吓垂死的人。《庄子·大宗师》："俄而子来有病，喘喘然将死，其妻子环而泣之。子犁往问之，曰：'叱！避，无～～。'"❷死亡。骆宾王《与博昌父老书》："秦佚三号，讵忘情于～～？"

【怛然】 dárán 吃惊的样子。《列子·黄帝》："～～内热，惕然震悸矣。"《汉书·杜邺传》："大风暴过，成王～～。"

【怛伤】 dáshāng 悲伤。《楚辞·九章·抽思》："悲夷犹而冀进兮，心～～之憺憺。"（夷犹：迟疑不前。憺憺：安静。）

【怛惕】 dátì 惊恐。《史记·孝文本纪》："今朕夙兴夜寐，勤劳天下，忧苦万民，为之～～不安。"

【怛咤】 dázhà 惊痛的样子。《后汉书·董祀妻传》："出门无人声，豺狼号且吠。茕茕对孤景，～～糜肝肺。"

呾 dá 呵责。韩愈《故幽州节度判官赠给事中清河张君墓志铭》："我铭以贞之，不肖者之～也。"

沓 dá 见 tà。

妲 1. dá ❶见"妲己"。
2. dàn ❷通"诞"。荒诞。《宋书·颜延之传》："窃议以迷寡闻，～语以敌要说。"

【妲己】 dájǐ 殷纣王的宠妃。姓己，名妲。《国语·晋语一》："殷辛伐有苏，有苏氏以～～女焉。～～有宠，于是乎与胶鬲比而亡殷。"(韦昭注："有苏，己姓之国。妲己，其女也。")

荅 1. dá ❶小豆。《说文·艸部》："～，小尗也。"《晋书·律历志》："菽～麻麦一斛。"❷量器名，容一斗六升。《史记·货殖列传》："漆千斗，糵麹盐豉千～。"❸粗厚。见"荅布"。❹同"答"。见该条。
2. tà ❺通"嗒"。见"荅焉"。

【荅布】 dábù 粗厚之布。《汉书·货殖传》："文采千匹，～～皮革千石。"

【荅焉】 tàyān 自失的样子。《庄子·齐物论》："南郭子綦隐机而坐，仰天而嘘，～～似丧其耦。"

憚 dá 见 dàn。

匒 dá 见"匒匌"。

【匒匌】 dákē 重叠的样子。木华《海赋》："泅泊柏而迆飏，磊～～而相豗。"(豗：撞击。)

笪 dá ❶笞，击。《说文·竹部》："～，笞也。"古诗《妇病行》："莫我儿饥且寒，有过慎莫～笞。"❷粗竹席。沈括《梦溪笔谈·杂志一》："赵韩王治第，……盖屋皆以板为～。"❸拉船的竹索。周密《齐东野语·舟人称谓有据》："百丈者，牵船篾，内地谓之～。"

答(荅) dá ❶对，对应。《汉书·郊祀志上》："今上帝朕亲郊，而后土无祀，则礼不～也。"(颜师古注："答，对也。郊天而不祀地，失对偶之义。")❷回答。《尚书·顾命》："王再拜，兴，～曰：'眇眇予末小子，其能而乱四方，以敬忌天威？'"《论语·宪问》："夫子不～。"⊗答复。《孟子·告子上》："公都子不能～，以告孟子。"❸报答。《后汉书·杨震传》："虽受茅土，未～厥勋。"《晋书·石勒载记》："死事之孤，赏加一等，庶足以慰～存亡。"❹当，符合。《汉书·郊祀志下》："不～不飨，何以甚此！"(颜师古注："不答，不当天意。")

【答拜】 dábài 回拜。《尚书·顾命》："授宗人同，拜，王～～。"《礼记·曲礼下》："君于士，不～～也。非其臣，则～～之。"

【答贶】 dákuàng 对地位低的人的回答。谦辞。吴质《答东阿王书》："质，小人也，无以承命。又所～～，辞丑义陋，申之再三，赧然汗下。"

【答飒】 dásà 不振作的样子。《南史·郑鲜之传》："范泰尝众中让诮鲜之曰：'卿与傅[亮]、谢[晦]俱从圣主有功关、洛，卿乃居僚首，今日～～，去人辽远，何不肖之甚！'鲜之熟视不对。"

【答扬】 dáyáng 对扬，发扬。《尚书·顾命》："燮和天下，用～～文武之光训。"

靼 dá 柔软的皮革。《说文·革部》："～，柔革也。"《淮南子·氾论训》："乃为～蹻而超千里。"

鞑(韃) dá 民族名。鞑靼的简称。赵珙《蒙鞑备录·立国》："～主忒没真，其身魁伟而广颡长髯。"详"鞑靼"。

【鞑靼】 dádá 民族名。始见于唐代记载，为突厥统治下的一个部落，后为蒙古的别称。元亡后，明代又把东部蒙古成吉思汗后裔各部称为鞑靼。清末旧民主主义者又用以指称满族统治者。

打 dǎ ❶击。《魏书·张彝传》："以瓦石击～公门。"❷攻打。《梁书·侯景传》："我在北～贺拔胜，破葛荣。"❸泛指某些动作。欧阳修《归田录》卷二："至于造舟车者曰～船～车，网鱼曰～鱼，汲水曰～水。"

【打本】 dǎběn 拓本，摹印金石的墨本。龚自珍《说卫公虎大敦》："道光辛巳，龚子在京师，过初彭龄尚书之故居，始得读大敦之～～。"

【打当】 dǎdàng ❶犹"打叠"。安排，准备。纪君祥《赵氏孤儿》五折："我可也不索慌，不索忙，早把手脚儿十分～～，看那厮怎做堤防！"❷犹"打点"。送人财物以求方便。《宋史·高昌国传》："凡二日，至都啰啰族，汉使过者，遗以财货，谓之～～。"

【打点】 dǎdiǎn ❶收拾，安排。《清平山堂话本·快嘴李翠莲记》："我儿可收拾早睡休，明日须半夜起来～～。"❷行贿。郑廷玉《看钱奴》四折："若告我，我拼的把这金银官府上下～～使用，我也不见的便输与他。"

【打叠】 dǎdié 安排，料理。苏轼《与滕达道书》之十二："晚景若不～～此事，则大错。"陈亮《甲辰答朱元晦书》："遇事虽～～得下，胸次尚欠恢廓，手段尚欠跌荡。"亦作"打迭"。关汉卿《鲁斋郎》三折："怕不待～～起千忧百虑，怎支吾这短叹长吁。"

【打躬】 dǎgōng 躬身作揖行礼。李素甫

《元宵闹》三折："主帅在忠义堂，不免上前～～。"亦作"打恭"。李贽《焚书·杂述·因记往事》："平居无事，只解～～作揖，终日匡坐，同于泥塑。"

【打诨】 dǎhùn 以诙谐幽默的语言逗趣。《辽史·伶官传》："～～底不是黄幡绰。"曾慥《类说·王直方诗话》："山谷作诗云，如作杂剧，初时布置，临了须～～，方是出场。"

大 1. dà ❶与小相对。《论语·子路》："见小利则～事不成。"《孟子·滕文公上》："屦～小同则贾相若。"（贾："价"的古字。）㊁大于，超过。《战国策·秦策二》："弊邑之王所说甚者，无～大王。"㊂以……为大，尊崇。《荀子·天论》："～天而思之，孰与物畜而制之？"❷多。《后汉书·酷吏传序》："且宰守旷远，户口殷～。"❸粗，厚。《庄子·山木》："庄子衣～布而补之。"❹年长。《汉书·淮南厉王刘长传》："从上入苑猎，与上同辇，常谓上～兄。"❺敬词。如"大人"、"大王"等。❻副词。表程度高或范围广。《孟子·滕文公上》："陈相见许行而～悦。"《后汉书·南匈奴传》："单于见诸军并进，～恐怖。"《汉书·梁孝王刘武传》："～治宫室。"

2. tài ❼通"太"。最。《左传·襄公二十四年》："～上有立德，其次有立功，其次有立言。"㊁过分。《诗经·小雅·巷伯》："彼谮人者，亦已～甚。"❽通"泰"。安定。《荀子·富国》："故儒术诚行，则天下～而富。"

【大本】 dàběn 事物的根本。《荀子·王制》："与天地同理，与万世同久，夫是之谓～～。"《汉书·董仲舒传》："是故王者上谨于承天意，以顺命也；下务明教化民，以成性也；正法度之宜，别上下之序，以防欲也；脩此三者，而～～举矣。"

【大辟】 dàbì 死刑。《汉书·陈汤传》："今汤坐言事非是，幽囚久系，历时不决，执宪之吏欲致之～～。"《论衡·偶会》："杀人者罪至～～。"

【大车】 dàchē ❶牛车。《周易·大有》："～～以载。"《孙子·作战》："破车、罢马、甲胄矢弩、戟盾蔽橹、丘车～～，十去其六。"❷大夫乘的车。《诗经·王风·大车》："～～槛槛，毳衣如菼。"

【大成】 dàchéng ❶太平，和平。《诗经·小雅·车攻》："允矣君子，展也～～。"（郑玄笺："大成，谓致太平也。"）《左传·僖公十五年》："归之而质其大子，必得～～。"❷大有成就。《老子·四十五章》："～～若缺，其用不敝。"《礼记·学记》："七年视论学取友，谓之小成；九年知类通达，强立而不反，谓之～～。"❸乐曲奏完一节谓一成，九成而乐毕，谓之大成。用以比喻学术上形成完整的体系。《孟子·万章下》："孔子，圣之时者也。孔子之谓集～～。集～～也者，金声而玉振之也。"

【大道】 dàdào ❶大路。《列子·说符》："～～以多歧亡羊。"❷大道理，正理。《史记·滑稽列传》："优旃者，秦倡侏儒也，善为笑言，然合于～～。"❸理想的治国之道。《礼记·礼运》："～～之行也，天下为公。"

【大抵】 dàdǐ 大都，大致。《史记·礼书》："至于高祖，光有四海，叔孙通颇有所增益减损，～～皆袭秦故。"《论衡·感虚》："世称太子丹之令天雨粟，马生角，～～皆虚言也。"亦作"大氐"。《史记·秦始皇本纪》："自关以东，～～尽畔秦吏应诸侯。"

【大典】 dàdiǎn ❶重要的著作。《后汉书·郑玄传论》："郑玄括囊～～，网罗众家，删裁繁诬，刊改漏失，自是学者略知所归。"❷重要的法令制度。任昉《王文宪集序》："至于军国远图，刑政～～，既道在廊庙，则理擅民宗。"

【大都】 dàdū ❶大的都邑。《左传·隐公元年》："先王之制，～～不过参国之一。"（参国之一：国都的三分之一。）❷大致，大概。韩愈《画记》："今虽遇之，力不能为已。且命工人存其～～焉。"白居易《简简吟》："～～好物不坚牢，彩云易散琉璃脆。"❸元朝首都，旧址在今北京市内。

【大度】 dàdù ❶度量宏大。《史记·高祖本纪》："常有～～，不事家人生产作业。"《后汉书·马援传》："今见陛下，恢廓～～，同符高祖，乃知帝王自有真也。"❷大致之数。《史记·天官书》："百年之中，五星无出而不反逆行，反逆行，尝盛大而变色；日月薄蚀，行南北有时，此其～～也。"

【大憝】 dàduì 大恶人。《后汉书·宦者传序》："故郑众得专谋禁中，终除～～。"《三国志·吴书·孙权传》注引《江表传》："元恶～～，作害于民。"

【大凡】 dàfán ❶总共。《史记·吴太伯世家》："～～从太伯至寿梦十九世。"❷大略，大致。《荀子·大略》："礼之～～：事生，饰欢也；送死，饰哀也；军旅，饰威也。"柳宗元《封建论》："～～乱国多，理国寡。"

【大方】 dàfāng ❶大道理。《庄子·秋水》："吾长见笑于～～之家。"后又称博学的人为"大方"或"方家"。❷大地。《淮南子·俶真训》："是故能戴大员者履～～。"（大员：指天。员，圆。）❸大法则。陆机《五等诸侯论》："又有以见绥世之长御，识人情之～～。"

【大房】 dàfáng ❶祭祀时用以盛牛羊的礼器。《诗经·鲁颂·閟宫》:"毛炰胾羹,笾豆～～。"❷众人聚居的地方。《宋史·王岩叟传》:"都城群偷所聚,谓之～～,每区容数十百人。"

【大分】 dàfèn ❶大要,纲领。《荀子·劝学》:"礼者,法之～～,类之纲纪也。"《汉书·百官公卿表上》:"故略表举～～,以通古今,备温故知新之义云。"❷年寿之限。《后汉书·和熹邓皇后纪》:"顷以废病沈滞,久不得侍祠,自力上原陵,加欬逆唾血,遂至不解。存亡～～,无可奈何。"㊂年寿。陶潜《与子俨等疏》:"病患以来,渐就衰损。亲旧不遗,每以药石见救,自恐～～将有限也。"❸友谊。卢谌《答魏子悌》诗:"倾盖虽终朝,～～迈畴昔。"

【大风】 dàfēng ❶强劲的风。《史记·高祖本纪》:"～～起兮云飞扬。"❷指西风。《诗经·大雅·桑柔》:"～～有隧,有空大谷。"(大:旧读 tài。)❸宏伟的气派。用于对音乐的赞美。《左传·襄公二十九年》:"为之歌《齐》,曰:'美哉,泱泱乎!～～也哉!'"❹痳风。《素问·长刺节论》:"骨节重,须眉堕,名曰～～。"❺神话中的鸷鸟。《淮南子·本经训》:"尧乃使羿诛凿齿于畴华之野,杀九婴于凶水之上,缴～～于青邱之泽。"

【大夫】 dàfū ❶职官等级名。三代时,官分卿、大夫、士三级;大夫之中又分上、中、下三等。❷官名。周朝有乡大夫、遂大夫、朝大夫、冢大夫等。秦汉有御史大夫、谏大夫、光禄大夫、太中大夫等。唐宋有御史大夫、谏议大夫等。❸爵位名。秦汉爵位分二十级,大夫居第五级。❹对有官位者的通称。《汉书·高帝纪上》:"萧何为主吏,主进,令诸～～曰:'进不满千钱,坐之堂下。'"❺宋朝医官另设官阶,有大夫、郎、医效等。后遂称医生为大夫(今读 dàifū)。

【大父】 dàfù ❶祖父。《韩非子·五蠹》:"今人有五子不为多,子又有五子,～～未死而有二十五孙。"《汉书·贾谊传》:"白公胜所为父报仇者,～～与伯父、叔父也。"❷外祖父。《汉书·娄敬传》:"冒顿在,固为子婿;死,外孙为单于。岂曾闻孙敢与～～亢礼哉?"

【大功】 dàgōng 丧服名,五服之一,服丧期九个月。功,指织布的工作。大功的丧服是用熟麻布做的,较齐衰为细,较小功为粗。男子为出嫁的姊妹和姑母,为堂兄弟和未嫁的堂姊妹都服大功;女子为丈夫的祖父母、伯叔父母,为自己的兄弟也服大功。

【大观】 dàguān ❶从全局观察事物,目光远大。《汉书·贾谊传》:"小智自私,贱彼贵我;达人～～,物亡不可。"❷壮观景象。范仲淹《岳阳楼记》:"予观夫巴陵胜状,在洞庭一湖。衔远山,吞长江,浩浩汤汤,横无际涯,朝晖夕阴,气象万千,此则岳阳楼之～～也。"

【大户】 dàhù ❶大查户口。《左传·成公二年》:"乃～～,已责,逮鳏,救乏,赦罪。"❷酒量大的人。范成大《云露》诗:"饮少常遭～～嗤,病中全是独醒时。"

【大猾】 dàhuá 非常奸诈的人。《史记·魏其武安侯列传》:"诸所与交通,无非豪桀～～。"《汉书·叔孙通传》:"弟子皆曰:'事先生数年,幸得从降汉,今不进臣等,剸言～～,何也?'"(剸:通"专"。)

【大化】 dàhuà ❶深广的道德教化。《吕氏春秋·大乐》:"能以一治其国者,奸邪去,贤者至,成～～。"(一:太一,指万物的本原。)《三国志·魏书·夏侯玄传》:"～～宣流,民物获宁。"❷大的变化。《荀子·天论》:"四时代御,阴阳～～。"《列子·天瑞》:"人自生至终,～～有四:婴孩也,少壮也,老耄也,死亡也。"

【大荒】 dàhuāng ❶大灾之年。《国语·吴语》:"今吴民既罢,而～～荐饥,市无赤米,而囷鹿空虚。"❷事事荒废。《荀子·强国》:"故善日者王,善时者霸,补漏者危,～～者亡。"❸荒远之地。《抱朴子·博喻》:"逸麟逍遥～～之表,故无机穽之祸。"又指虚空之地。苏轼《潮州韩文公庙碑》:"公不少留我涕滂,翩然被发下～～。"

【大昏】 dàhūn ❶重大的婚礼。《礼记·哀公问》:"～～既至,冕而亲迎。"❷极其昏暗。柳宗元《永州龙兴寺西轩记》:"孰能为余凿～～之墉,辟灵照之户,广应物之轩者,吾将与为徒。"

【大火】 dàhuǒ 星名。即荧惑星,心宿中央的大星。《左传·襄公九年》:"心为～～,陶唐氏之火正阏伯,居商丘,祀～～,而火纪时焉。"

【大计】 dàjì ❶每三年对官吏政绩的考察。《周礼·天官·大宰》:"三岁,则～～群吏之治而诛赏之。"❷重大的谋划。《史记·陈涉世家》:"陈胜、吴广乃谋曰:'今亡亦死,举～～亦死,死国可乎?'"

【大家】 dàjiā ❶卿大夫之家。《尚书·梓材》:"封以厥庶民暨厥臣,达～～。"《左传·昭公五年》:"箕襄、邢带、叔禽、叔椒、子羽,皆～～也。"《国语·晋语一》:"～～、邻国将师保之,多而骤立,不其集亡。"❷豪富之家。《后汉书·梁鸿传》:"遂至吴,依～～皋伯通，居庑下，为人赁舂。”❸对皇帝的称呼。蔡邕《独断》：“亲近侍从官称［天子］曰～～。”《旧唐书·吐蕃传》：“区区褊心，唯愿～～万岁。”❹大姑。对妇女的尊称。《后汉书·虞美人纪》：“顺帝既未加美人爵号，而冲帝早夭，大将军梁冀秉政，忌恶佗族，故虞氏抑而不登，但称～～而已。”（家：通“姑”。）❺大众。杜荀鹤《途中有作》诗：“百岁此中如且健，～～闲作卧云翁。”

【大驾】 dàjià ❶帝王出行的车驾。《后汉书·舆服志上》：“乘舆～～，公卿奉引，太仆御，大将军参乘。属车八十一乘，备千乘万骑。”❷指帝王。《三国志·魏书·袁绍传》：“迎～～于西京，复宗庙于洛邑。”《晋书·嵇绍传》：“～～亲征，以正伐逆。”

【大渐】 dàjiàn 病危。《尚书·顾命》：“呜呼！疾～～，惟几。”王俭《褚渊碑文》：“景命不永，～～弥留。”

【大匠】 dàjiàng ❶技艺高超的木工。《老子·七十四章》：“夫代～～斲，希有不伤其手。”《孟子·告子上》：“～～诲人必以规矩。”❷官名。汉代称掌修建宫室之官为将作大匠。南齐以将作大匠、大鸿胪为三卿，故又称大匠卿。

【大较】 dàjiào ❶大致，大概。《后汉书·刘陶传》：“其八事，～～言天下大乱，皆由宦官。”又《东夷传》：“其他～～在会稽东冶之东，与朱崖、儋耳相近。”❷大法。《三国志·魏书·刘劭传》：“百官考课，王政之～～。然而历代弗务，是以治典阙而未补，能否混而相蒙。”

【大节】 dàjié ❶要务，关键之事。《国语·鲁语上》：“男女之别，国之～～也，不可无也。”《荀子·王制》：“故君人者，欲安则莫若平政爱民矣，欲荣则莫若隆礼敬士矣，欲立功名则莫若尚贤使能矣。是君人之～～也。”❷危难之际的节操。《论语·泰伯》：“临～～而不可夺也。”

【大浸】 dàjìn 洪水。《庄子·逍遥游》：“之人也，物莫之伤，～～稽天而不溺。”

【大经】 dàjīng ❶大法，常规。《左传·昭公十五年》：“礼，王之～～也。”《论衡·本性》：“天之～～，一阴一阳；人之～～，一情一性。”❷唐宋时用以教授与科举考试的经书分为大、中、小三经。《新唐书·选举志上》：“凡《礼记》、《春秋左氏传》为～～，《诗》、《周礼》、《仪礼》为中经，《易》、《尚书》、《春秋公羊传》、《穀梁传》为小经。”《宋史·选举志一》：“［元祐四年］以《诗》、《礼记》、《周礼》、《左氏春秋》为～～，《书》、《易》、《公羊》、《穀梁》、《仪礼》为中经。”❸宋徽宗信奉道教，以《黄帝内经》、《道德经》、《周易》为大经，以《庄子》、《列子》、《孟子》为小经。

【大具】 dàjù ❶大器，比喻国家。《荀子·正论》：“天下者，～～也，不可以小人有也，不可以小道得也，不可以小力持也。”❷比喻重要的治国手段。《三国志·魏书·武帝纪》注引《九州春秋》：“参军傅幹谏曰：‘治天下之～～有二，文与武也；用武则先威，用文则先德，威德足以相济，而后王道备矣。’”

【大块】 dàkuài 大自然。《庄子·齐物论》：“夫～～噫气，其名为风。”《淮南子·俶真训》：“夫～～载我以形，劳我以生。”骆宾王《萤火赋》：“～～是劳生之机，小智非周身之物。”

【大魁】 dàkuí ❶大首领。韩愈《祭马仆射》：“歼彼～～，厥勋孰似！”❷科举考试殿试第一名，即状元。陆游《老学庵笔记》卷九：“四方举人集京师，当入见，而宋公姓名偶为众人之首，……然其后卒为～～。”

【大理】 dàlǐ ❶大道理。《庄子·秋水》：“今尔出于崖涘，观于大海，乃知尔丑，尔将可与语～～矣。”❷官名，掌刑法。《吕氏春秋·勿躬》：“决狱折中，不杀无辜，不诬无罪，臣不若弦章，请置以为～～。”秦改为廷尉，汉因之。汉景帝中元六年，更名为大理，汉武帝建元四年又改为廷尉。隋置大理寺卿、少卿，北齐置大理寺，历代相沿。❸星名。《星经》卷上：“～～二星，在宫门内，主刑狱事也。”

【大厉】 dàlì ❶大祸乱。《诗经·大雅·瞻卬》：“孔填不宁，降此～～。”❷恶鬼。《左传·成公十年》：“晋侯梦～～，被发及地。”

【大令】 dàlìng ❶重要的法令。《国语·晋语八》：“国有～～，何故犯之？”❷对县令的尊称。苏舜钦《江宁府溧阳令苏府君墓志铭》：“季父讳叟，字蟠叟，先～～之少子。”

【大录】 dàlù 总领，总管。《汉书·于定国传》：“君相朕躬，不敢怠息，万方之事，～～于君。”

【大辂】 dàlù 大车，天子之车。《左传·僖公二十八年》：“王命尹氏及王子虎、内史叔兴父策命晋侯为侯伯，赐之～～之服。”

【大路】 dàlù ❶大车，天子之车。路，通“辂”。《左传·桓公二年》：“是以清庙茅屋，～～越席。”《汉书·郊祀志下》：“是故每举其礼，助者欢说，～～所历，黎元不知。”❷大道。《孟子·告子下》：“夫道若～～然，岂难知哉？”

【大戮】 dàlù ❶大的惩罚；杀。《左传·宣公十二年》：“古者明王伐不敬，取其鲸鲵而封之，以为～～。”（鲸鲵：比喻元凶首恶。封：坟，指杀而葬之。）《汉书·晁错传》：“计画始行，卒受～～。”《后汉书·杜林传》：“果桃菜茹之馈，集以成臧，小事无妨于义，以为～～。”（臧：同“赃”。）❷大的耻辱。戮，通“僇”。《荀子·王霸》：“而身死国亡，为天下～～，后世言恶，则必稽焉。”

【大麓】 dàlù ❶山脚。《史记·五帝本纪》：“舜入于～～，烈风雷雨不迷，尧乃知舜之足授天下。”❷总录政事。麓，通“录”。《后汉书·和熹邓皇后纪》：“览总～～，经营天物。”又指三公之位。《汉书·王莽传中》：“予前在～～，至于摄假。”（颜师古注：“大麓者，谓为大司马、宰衡时。”按：“大麓”一词，源于《尚书·舜典》：“纳于大麓。”因后人的理解不同而意义分化。）

【大吕】 dàlǚ ❶乐律名。古乐分十二律，阴阳各六，阴称六吕，其四为大吕。《汉书·律历志上》：“吕以旅阳宣气，一曰林钟，二曰南吕，三曰应钟，四曰～～，五曰夹钟，六曰中吕。”《楚辞·招魂》：“吴歈蔡讴，奏～～些。”❷古人把十二律同十二月相配，大吕代表农历十二月。《国语·周语下》：“元间～～，助宣物也。”❸钟名，音协大吕之律。《吕氏春秋·侈乐》：“齐之衰也，作为～～。”《史记·平原君虞卿列传》：“毛先生一至楚，而使赵重于九鼎～～。”

【大略】 dàlüè ❶远大的谋略。《后汉书·耿恭传》：“慷慨多～～，有将帅才。”❷大要，大概。《孟子·滕文公上》：“此其～～也；若夫润泽之，则在君与子矣。”

【大伦】 dàlún ❶重要的人伦关系。《论语·微子》：“长幼之节，不可废也，君臣之义，如之何其废之？欲洁其身而乱～～！”《孟子·公孙丑下》：“内则父子，外则君臣，人之～～也。”❷大理，重要原则。《礼记·学记》：“大学始教，皮弁祭菜示敬道也，……此七者，教之～～也。”

【大明】 dàmíng ❶指日或月，亦兼指日月。《礼记·礼器》：“～～生于东，月生于西。”木华《海赋》：“若乃～～摭辔于金枢之穴，翔阳逸骇于扶桑之津。”《管子·内业》：“鉴于大清，视于～～。”（尹知章注：“日月也。”）❷异常光明。《庄子·在宥》：“我为女遂于～～之上矣，至彼至阳之原也。”

【大命】 dàmìng ❶天命。多指上天赋予君主的权力和使命。《诗经·大雅·荡》：“曾是莫听，～～以倾。《三国志·魏书·三少帝纪》：“皇太后深惟社稷之重，延纳宰辅之谋，用替厥位，集～～于余一人。”❷指自然界中的大道理。《庄子·列御寇》：“达～～者随，达小命者遭。”《韩非子·扬权》：“天有～～。”❸君王之命。《后汉书·王常传》：“臣蒙～～，得以鞭策，托身陛下。”❹命脉，关键。《汉书·食货志上》：“夫积贮者，天下之～～也。”❺寿命。《韩非子·难一》：“管仲有病，桓公往问之，曰：‘仲父病，不幸卒于～～，将奚以告寡人？’”

【大母】 dàmǔ ❶祖母。《史记·梁孝王世家》：“李太后，亲平王之～～也。”❷宋代称太后为大母。周密《齐东野语》卷十一：“穆陵初年，尝于上元日清燕殿排当，恭请恭圣太后，……有所谓地老鼠者，径至～～圣座下。”

【大内】 dànèi ❶京城府藏。亦指掌京城府藏之官。《史记·孝景本纪》：“以～～为二千石，置左右内官，属～～。”《汉书·严助传》：“越人名为藩臣，贡酎之奉，不输～～。”❷皇宫之内。《旧唐书·德宗纪》：“天宝元年四月癸巳，生于长安～～之东宫。”

【大逆】 dànì 罪恶深重，多指犯上作乱之事。《汉书·文帝纪》：“间者诸吕用事擅权，谋为～～。”《后汉书·光武帝纪上》：“吏人敢有贼害者，罪同～～。”

【大农】 dànóng ❶古官名，掌农事。《史记·三代世表》：“文王之先为后稷，……尧知其贤才，立以为～～。”❷汉官府名，其长亦称大农。《史记·平准书》：“卜式贬秩为太子太傅，而桑弘羊为治粟都尉，领～～。”《史记·孝景本纪》：“[更命]治粟内史为～～。”又《河渠书》：“是时郑当时为～～。”

【大酺】 dàpú 表示欢庆的盛大宴饮。《史记·秦始皇本纪》：“[二十五年]五月，天下～～。”（张守节正义：“天下欢乐大饮酒也。秦既平韩、赵、魏、燕、楚五国，故天下大酺也。”）《后汉书·明帝纪》：“令天下～～五日。”

【大期】 dàqī ❶超过产期。《史记·吕不韦列传》：“姬自匿有身，至～～时，生子政。”❷大致相同。陆机《豪士赋序》：“好荣恶辱，有生之所～～。”

【大器】 dàqì ❶重器，宝物。《左传·文公十二年》：“君不忘先君之好，照临鲁国，镇抚其社稷，重之以～～。”《荀子·王霸》：“国者，天下之～～也，重任也。”❷贤才。《管子·小匡》：“管仲者，天下之贤人也，～～也。”

【大侵】 dàqīn 亦作“大祲”。重灾之年。《穀梁传·襄公二十四年》：“五谷不升，谓之～～。”

【大酋】 dàqiú ❶主酒官。《吕氏春秋·仲冬纪》：“乃命～～，秫稻必齐。”曹丕《善哉行》："～～奉甘醪，狩人献嘉禽。"❷部落酋长。《宋史·林广传》："广发伏击之，蛮奔溃，斩阿汝及～～二十八人。"

【大趣】 dàqù 大旨，主要方面。《三国志·吴书·陆凯传》："而陛下爱其细介，不访～～，荣以尊辅，越尚旧臣。"

【大人】 dàrén ❶圣人，德才超群的人。《荀子·解蔽》："明参日月，大满八极，夫是之谓～～。"《论衡·谴告》："天人同道，～～与天合德。"❷地位尊贵的人。《孟子·尽心下》："说～～，则藐之，勿视其巍巍然。"《吕氏春秋·劝学》："理胜义立则位尊矣，王公～～弗敢骄也。"❸对长辈的尊称。《汉书·高帝纪下》："始～～常以臣亡赖，不能治产业，不如仲力。"《后汉书·吴祐传》："今～～踰越五领，远在海滨。"二例中"大人"指父亲。有时又指母亲、叔父，或泛指长辈。❹部落酋长。《后汉书·东夷传》："挹娄，古肃慎之国也，……无君长，其邑落各有～～。"又《乌桓传》："有勇健能理决斗讼者，推为～～。"❺卜官。《诗经·小雅·斯干》："～～占之，维熊维罴。"

【大师】 dàshī ❶重兵，大部队。《左传·定公四年》："先伐之，其卒必奔，而后～～继之，必克。"❷对学者的尊称。《汉书·伏生传》："山东～～亡不涉《尚书》以教。"❸大众。《诗经·大雅·板》："价人维藩，～～维垣。"❹对僧徒的尊称。《晋书·鸠摩罗什传》："～～聪明超悟，天下莫二。"

【大使】 dàshǐ ❶君王特派的使者。《战国策·魏策四》："信陵君大怒，遣～～之安陵。"《后汉书·冯衍传》："今大将军以明淑之德，秉～～之权，统三军之政，存抚并州之人。"❷唐代节度使分节度大使、副大使等。参见"节度使"。

【大市】 dàshì 周代集市有朝市、大市、夕市。大市午后举行，交易者最多。古代行刑常在大市上。《荀子·非相》："俄则束乎有司而戮乎～～。"

【大事】 dàshì ❶大的事情或事件，指祭祀、战争、盟会、丧亡、徭役等。《左传·成公十三年》："国之～～，在祀与戎。"（此指祭祀与战争。）又《哀公十三年》："～～未成，二臣之罪也。"（此指盟会。）《礼记·檀弓上》："夏后氏尚黑，～～敛用昏。"（此指丧事。）又《月令》："毋举～～以摇养气。"（此指徭役。）❷大的事业。《战国策·齐策一》："吾三战而三胜，声威天下，欲为～～。"

【大受】 dàshòu 承担重任。《论语·卫灵公》："君子不可小知，而可～～也。"

【大数】 dàshù ❶天道，自然规律。《礼记·月令》："凡举大事，毋逆～～，必顺其时，慎因其类。"❷数目的极限。《左传·哀公七年》："制礼，上物不过十二，以为天之～～也。"❸大计。《史记·淮阴侯列传》："审毫釐之小计，遗天下之～～，智诚知之，决弗敢行者，百事之祸也。"

【大率】 dàshuài 大致，大都。《史记·平准书》："于是商贾中家以上～～破。"《汉书·百官公卿表上》："～～十里一亭，亭有长。"

【大顺】 dàshùn ❶达到治平的原则。《礼记·礼运》："天子以德为车，以乐为御，诸侯以礼相与，大夫以法相序，士以信相考，百姓以睦相守，天下之肥也，是谓～～。"《汉书·文帝纪》："孝悌，天下之～～也。"《三国志·魏书·武帝纪》："夫以公之神武明哲，而辅以～～，何向而不济？"❷自然之理。《老子·六十五章》："玄德深矣远矣，与物反矣，乃至～～。"《汉书·司马迁传》："四时之～～，不可失也。"

【大蒐】 dàsōu 大规模的军事检阅。《左传·僖公二十七年》："于是乎～～以示之礼，作执秩以正其官。"《国语·晋语四》："民未知礼，盍～～，备师尚礼以示之。"

【大体】 dàtǐ ❶重要的原则。《荀子·天论》："不知贯不知应变，贯之～～未尝亡也。"《史记·孝文本纪》："楚王，季父也，春秋高，阅天下之义理多矣，明于国家之～～。"陈亮《中兴五论序》："臣闻治国有～～，谋敌有大略。"❷大致，大概。《史记·货殖列传》："山东食海盐，山西食盐卤，领南、沙北固往往出盐，～～如此矣。"❸身体的重要部分，指心。《孟子·告子上》："从其～～为大人，从其小体为小人。"

【大田】 dàtián ❶古官名，掌农事。《吕氏春秋·勿躬》："垦田大邑，辟土艺粟，尽地力之利，臣不若宁遬，请置以为～～。"❷肥沃的土地。《诗经·小雅·大田》："～～多稼，既种既戒。"❸畋猎练兵活动。古军礼之一。《周礼·春官·大宗伯》："～～之礼，简众也。"

【大佃】 dàtián 大规模耕种。《三国志·魏书·傅嘏传》："而议者或欲泛舟径济，横行江表；或欲四道并进，攻其城垒；或欲～～疆埸，观衅而动。"

【大同】 dàtóng ❶古人理想中的太平盛世。《礼记·礼运》："大道之行也，天下为公，选贤与能，讲信修睦，故人不独亲其亲，不独子其子，使老有所终，壮有所用，幼有所长，矜寡孤独废疾者皆有所养，男有分，女有归。货恶其弃于地也，不必藏于己；力恶其不出于身也，不必为己，……是谓～

～。”❷道家所说的人与万物混然一体。《庄子·在宥》：“堕尔形体，吐尔聪明，伦与物忘，～～于涬溟。”(涬溟：混沌的状态。)《列子·黄帝》：“和者～～于物，物无得伤阂者，游金石，蹈水火，皆可也。”

【大统】 dàtǒng ❶统一天下之大业。《尚书·武成》：“惟九年，～～未集，予小子其承厥志。”❷帝位。《史记·伯夷列传》：“王者～～，传天下若斯之难也。”《后汉书·光武帝纪下》：“东海王阳，皇后之子，宜承～～。”❸军队的统领。《宋书·沈攸之传》：“时王玄谟为～～，未发。”

【大飨】 dàxiǎng ❶古祭礼，合祭先王。《荀子·礼论》：“～～，尚玄尊，俎生鱼，先大羹。”❷设酒食相待。《后汉书·光武帝纪下》：“大司马吴汉自蜀还京师，于是～～将士，班劳策勋。”

【大象】 dàxiàng ❶《周易》中说明卦象之辞，是“传”的组成部分。大象说明一卦，以别于说明各爻的小象。《周易·乾》：“象曰：天行健，君子以自强不息。”孔颖达疏：“此～～也，十翼之中，第三翼总象一卦，故谓之～～。”❷道家所说的宇宙本原，大道。《老子·三十五章》：“执～～，天下往。”❸天象。陶渊明《咏二疏》：“～～转四时，功成者自去。”

【大行】 dàxíng ❶指皇帝刚死。取义于一去不返。《史记·魏其武安侯列传》：“书奏上，而案尚书，～～无遗诏。”《汉书·酷吏传》：“昭帝～～时，方上事暴起，用度未办。”皇帝死后停棺待葬称“大行皇帝”，亦称“大行”。《后汉书·安帝纪》：“～～皇帝不永天年。”又《光武十王传》：“光武崩，～～在前殿，荆哭不哀。”❷远行。《左传·哀公二十五年》：“臣是以不获从君，克免于～～。”❸普遍推行。《孟子·公孙丑上》：“且以文王之德，百年而后崩，犹未洽于天下；武王、周公继之，然后～～。”❹重大的行动。《史记·项羽本纪》：“～～不顾细谨，大礼不辞小让。”❺高尚的品行。《荀子·子道》：“从道不从君，从义不从父，人之～～也。”❻官名，掌接待宾客。《吕氏春秋·勿躬》：“登降辞让，进退闲习，臣不若隰朋，请置以为～～。”

【大雅】 dàyǎ ❶《诗经》的组成部分，共三十一篇，全是贵族的作品，多作于西周初年。古以大雅为正声。李白《古风》之一：“～～久不作，吾衰竟谁陈？”❷雅正，才德高尚。多表示对人的赞誉。《汉书·景十三王传赞》：“夫唯～～，卓尔不群，河间献王近之矣。”《后汉书·郑玄传》：“惟彼数公，懿德～～，克堪王臣。”

【大言】 dàyán ❶正大之言。《庄子·齐物论》：“～～炎炎，小言詹詹。”❷夸大之言，大话。《史记·高祖本纪》：“刘季固多～～，少成事。”❸大声说。《后汉书·董卓传》：“[伍]孚～～曰：‘恨不得磔裂奸贼于都市，以谢天地！’”

【大衍】 dàyǎn ❶大泽。《管子·七臣七主》：“春无杀伐，无割大陵，裸～～，伐大木，斩木山，行大火。”❷指用大数来演卦。《周易·系辞上》：“～～之数五十。”后称五十为“大衍之数”。❸历法名。唐玄宗时僧一行所造。

【大要】 dàyào ❶概要，主旨。《汉书·陈万年传》：“[陈]咸叩头谢曰：‘具晓所言，～～教咸谄(谄)也。’”❷要领，关键。《晋书·宣帝纪》：“军事～～有五，能战当战，不能战当守，不能守当走，馀二事惟有降与死耳。”李靖《唐太宗李卫公问对》：“是以知彼知己，兵家～～。”

【大夜】 dàyè ❶长夜。指人死后长眠地下。王僧孺《从子永宁令谦诔》：“昭途长已，～～斯安。”❷佛教称僧人死后火葬的前夜为大夜。

【大仪】 dàyí ❶太极，即万物的本源。张华《励志诗》：“～～斡运，天迴地游。”❷法则。《鬼谷子·内揵》：“环转因化，莫之所为，退为～～。”

【大义】 dàyì ❶正道，重要的原则。《左传·僖公二十五年》：“狐偃言于晋侯曰：‘求诸侯莫如勤王，诸侯信之，且～～也。’”《史记·鲁仲连邹阳列传论》：“鲁连其指意虽不合～～，然余多其在布衣之位，荡然肆志，不诎于诸侯，谈说于当世，折卿相之权。”❷重要的旨义。《后汉书·光武帝纪上》：“王莽天凤中，乃之长安，受《尚书》，略通～～。”

【大疫】 dàyì 瘟疫流行。《史记·赵世家》：“二十二年，～～。”《后汉书·光武帝纪下》：“是岁，会稽～～。”

【大猷】 dàyóu 大道。《诗经·小雅·巧言》：“秩秩～～，圣人莫之。”《三国志·魏书·高柔传》：“陛下临政，允迪叡哲，敷弘～～，光继先轨。”

【大繇】 dàyóu 大道。繇，通“猷”。《汉书·叙传上》：“谟先圣之～～兮。”《三国志·吴书·胡综传》：“恢弘～～，整理天纲。”

【大遇】 dàyù 隆重的礼遇。孔融《论盛孝章书》：“昭王筑台以尊郭隗，隗虽小才而逢～～。”

【大圆】 dàyuán 指天。古人认为天圆地方，故称天为“大圆”。《管子·心术下》：“能戴～～者体乎大方。"又作"大员"。《淮南子·俶真训》:"是故能戴～～者履大方。"亦作"大圜"。《吕氏春秋·序意》:"爰有～～在上,大矩在下。"

【大阅】 dàyuè 检阅军队。《左传·桓公六年》:"秋,～～,简车马也。"《汉书·刑法志》:"秋治兵以狝,冬～～以狩。"

【大运】 dàyùn 天运,天命。《后汉书·明帝纪》:"朕承～～,继体守文。"

【大造】 dàzào 大功。《左传·成公十三年》:"秦师克还无害,则是我有～～于西也。"

【大宅】 dàzhái ❶大的住所。《史记·荆燕世家》:"田生如长安,不见泽,而假～～。"❷指天地之间。《后汉书·冯衍传》:"游精神于～～兮,抗玄妙之常操。"❸人的脸面。枚乘《七发》:"然阳气见于眉宇之间,侵淫而上,几满～～。"

【大指】 dàzhǐ 要旨,大意。《汉书·汲黯传》:"治官民好清静,择丞史任之,责～～而已,不细苛。"

【大治】 dàzhì ❶政治修明,治理得好。《礼记·礼器》:"圣人南面而立,而天下～～。"《史记·商君列传》:"行之十年,秦民大说。道不拾遗,山无盗贼,家给人足,……乡邑～～。"❷大的案件。《周礼·地官·司市》:"市师涖焉,而听～～大讼。"

【大质】 dàzhì 身体。司马迁《报任少卿书》:"若仆～～已亏缺矣,虽才怀随和,行若由夷,终不可以为荣,适足以见笑而自点耳。"

【大致】 dàzhì ❶大概,大体上。《后汉书·袁安传论》:"终陈掌不侯,而郦昌绍国,虽有不类,未可致诘,其～～归然矣。"❷大节。《晋书·刘卞传》:"与刺史笺,久不成,卞教之数语,卓荦有～～。"

【大主】 dàzhǔ ❶指施恩者。《左传·僖公十年》:"晋侯背～～而忌小怨,民弗与也。"❷大长公主的省称。皇帝的姑姑。《史记·封禅书》:"自～～将相以下,皆置酒其家,献遗之。"

【大篆】 dàzhuàn 汉字的一种字体,对小篆而言。广义指甲骨文、金文、籀文和六国古文。狭义专指籀文,即战国时期通行于秦国的文字。《说文·叙》:"及宣王太史籀,著～～十五篇。"

【大宗】 dàzōng ❶古代宗法制,天子之位由嫡长子世袭,这是天下的大宗;馀子分封为诸侯,便是小宗。诸侯的君位由嫡长子世袭,这是本国的大宗;馀子分封为卿大夫,便是小宗。卿大夫、士、庶人的关系也是这样。《仪礼·丧服》:"～～者,尊之统也。"❷大本。《淮南子·原道训》:"夫无形者,物之大祖也;无音者,声之～～也。"

【大作】 dàzuò ❶大事。《礼记·缁衣》:"毋以小谋败～～。"❷大兴土木。《后汉书·钟离意传》:"窃见北宫～～,人失农时,此所谓宫室荣也。"

【大卜】 tàibǔ 官名。殷代为主神之官;周代为卜筮官之长,又称"卜正"。《周礼·春官·序官》:"～～,下大夫二人。"

【大羹】 tàigēng 用以祭祀的不和五味的肉汁。《左传·桓公二年》:"～～不致。"(杜预注:"大羹,肉汁,不致五味。")《荀子·礼论》:"大飨,尚玄尊,俎生鱼,先～～。"

【大师】 tàishī ❶古乐官名。《周礼·春官·大师》:"～～掌六律六同,以合阴阳之声。"《左传·襄公十四年》:"使～～歌《巧言》之卒章,～～辞。"❷古三公之一。《诗经·小雅·节南山》:"尹氏～～,维周之氐。"参见"太师"。

【大王】 tàiwáng 指古公亶父,周文王的祖父。《诗经·鲁颂·閟宫》:"后稷之孙,实维～～。"《左传·僖公五年》:"大伯虞仲,～～之昭也。"

【大息】 tàixī 长叹。与"太息"同。《荀子·法行》:"事已败矣,乃重～～。"《汉书·高帝纪上》:"高祖常繇咸阳,纵观秦皇帝,喟然～～曰:'嗟乎!大丈夫当如此矣。'"参见"太息"。

【大一】 tàiyī 古人认为的天地未分之前混沌状态的元气。《礼记·礼运》:"是故失礼,必本于～～,分而为天地,转而为阴阳,变而为四时。"又指太古时代。《荀子·礼论》:"贵本之谓文,亲用之谓理,两者合而成文,以归～～,夫是之谓大隆。"参见"太一"。

【大不敬】 dàbùjìng 对皇帝不敬的罪名。《汉书·申屠嘉传》:"[邓]通小臣,戏殿上,～～～,当斩。"

【大戴礼】 dàdàilǐ 书名,又称《大戴礼记》、《大戴记》。西汉戴德选编。现存三十九篇,是研究上古社会情况和儒家思想的重要资料。

【大理寺】 dàlǐsì 官署名,掌刑狱。隋置大理寺卿、少卿。北齐置大理寺,后历代相沿。

【大手笔】 dàshǒubǐ 指为朝廷草拟的文书。《晋书·王珣传》:"珣梦人以大笔如椽与之。既觉,语人云:'此当有～～～事。'俄而帝崩,哀册谥议,皆珣所草。"《陈书·徐陵传》:"世祖高宗之世,国家有～～～,皆陵草之。"后也用以指称著名的作家作品。

《新唐书·苏颋传》:“自景龙后,与张说以文章显,称望略等,故时号燕、许～～～。”(燕:燕国公,苏颋的封号。许,许国公,张说的封号。)

【大有年】 dàyǒunián 大丰收。《穀梁传·宣公十六年》:“五谷大熟,为～～～。”

【大而无当】 dà'érwúdàng 广大而无边际。当,底。《庄子·逍遥遊》:“肩吾问于连叔曰:‘吾闻言于接舆,～～～～,往而不返。吾惊怖其言犹河汉而无极也。’”后用以表示大而不切实际的意思。

【大放厥辞】 dàfàngjuécí 大发议论,写出优美的文章。韩愈《祭柳子厚文》:“玉佩琼琚,～～～～,富贵无能,磨灭谁记?”现用于贬义,指大发谬论。

【大逆无道】 dànìwúdào 罪大恶极,多指谋反篡权而言。《史记·高祖本纪》:“今项羽放杀义帝于江南,～～～～。”《汉书·景帝纪》:“襄平侯嘉子恢说不孝,谋反,欲以杀嘉,～～～～。”亦作“大逆不道”。《汉书·杨恽传》:“不竭忠爱,尽臣子义,而妄怨望称引,为訞恶言,～～～～,请逮捕治。”

【大器晚成】 dàqìwǎnchéng 大器经久才能完成。后用以比喻大才晚有成就。《老子·四十一章》:“～～～～,大音希声。”《三国志·魏书·崔琰传》:“琰从弟林,少无名望,虽姻族犹多轻之,而琰常曰:‘此所谓～～～～者也,终必远至。’”

【大巧若拙】 dàqiǎoruòzhuō 真正灵巧的人,表面上好像笨拙。《老子·四十五章》:“大直若屈,～～～～。”《庄子·胠箧》:“毁绝钩绳而弃规矩,攦工垂之指,而天下始人有其巧矣,故曰～～～～。”

dai

代 dài ❶代替。《国语·晋语三》:“吾将以公子重耳～之。”《孟子·万章下》:“禄足以～其耕也。”[引] 接替。《左传·庄公八年》:“齐侯使连称、管至父戍葵丘,瓜时而往,曰:‘及瓜而～。’”[又] 替。《左传·昭公元年》:“齐国子曰:‘吾～二子愍矣。’”❷交替,轮换。《楚辞·招魂》:“十日～出,流金铄石些。”《汉书·刑法志》:“当此之时,合从连衡,转相攻伐,～为雌雄。”[又] 变化。《庄子·齐物论》:“奚必知～而心自取者有之?愚者与有焉!”❸朝代。《孟子·离娄上》:“三～之得天下也以仁,其失天下也以不仁。”(三代:指夏、商、周。)❹世代。父子相继为一个世代。这个意义唐以前写作“世”,唐人为避唐太宗李世民之讳,改为“代”。后一直沿用下来。柳宗元《封建论》:“困平城,病流矢,陵迟不救者三～。”(陵迟:逐渐衰落。)❺古诸侯国名。战国时为赵襄子所灭,其地在今河北蔚县一带。

【代耕】 dàigēng 官吏以俸禄代替耕作,因称为官受禄为“代耕”。潘岳《籍田赋》:“野有菜蔬之色,朝靡～～之秩。”陶渊明《杂诗》之八:“～～本非望,所业在田桑。”

【代匮】 dàikuì 平时积蓄,匮乏时取以为代。《左传·成公九年》:“虽有丝麻,无弃菅蒯;虽有姬姜,无弃蕉萃;凡百君子,莫不～～。”《后汉书·应劭传》:“左氏实云虽有姬姜丝麻,不弃憔悴菅蒯,盖所以～～也。”

【代面】 dàimiàn 以文字代替面谈。白居易《醉封诗筒寄微之》诗:“展眉只仰三杯后,～～惟凭五字中。”(凭:凭。)

【代谢】 dàixiè 变化交替。《淮南子·兵略训》:“象日月之运行,若春秋有～～。”骆宾王《与博昌父老书》:“嗟呼!仙鹤来归,辽东之城郭犹是;灵乌～～,汉南之陵谷已非。”

【代兴】 dàixīng 更迭兴起。《荀子·不苟》:“变化～～,谓之天德。”《吕氏春秋·大乐》:“四时～～,或暑或寒,或短或长。”

【代序】 dàixù 更换时序。《楚辞·离骚》:“日月忽其不淹兮,春与秋其～～。”潘岳《思玄赋》:“时亹亹而～～兮,畴可与乎比伉。”

【代御】 dàiyù 递代相御,交替。《荀子·天论》:“四时～～,阴阳大化。”陶渊明《闲情赋》:“愿在莞而为席,安弱体于三秋;悲文茵之～～,方经年而见求。”

【代作】 dàizuò 更迭而兴,不断出现。《孟子·滕文公下》:“尧舜既没,圣人之道衰,暴君～～。”

诒 dài 见 yí。

轪(軑) dài ❶车毂端的冒盖。《楚辞·离骚》:“屯余车其千乘兮,齐玉～而并驰。”❷车轮。《方言》卷九:“轮,韩楚之间谓之～。”❸汉代县名。属江夏郡。故址在今湖北浠水县一带。

钛(鈦) dài ❶古代刑具。用以钳足,类似脚镣。《管子·幼官》:“旗物尚青,兵尚矛,刑则交寒害～。”又用作动词。钳。《史记·平准书》:“敢私铸铁器煮盐者,～左趾,没入其器物。”❷通“轪”。车毂端的冒盖。《汉书·扬雄传上》:“陈众车于东阬兮,肆玉钛而下驰。”

岱 dài 泰山的别名。《管子·小匡》:“地南至于～阴,西至于济。”

【岱宗】　dàizōng　对泰山的尊称。旧谓泰山为四岳所宗，故名。《尚书·舜典》："岁二月，东巡守，至于～～。"杜甫《望岳》诗："～～夫如何？齐鲁青未了。"

【岱岳】　dàiyuè　泰山的别名。《淮南子·地形训》："中央之美者，有～～，以生五谷桑麻，鱼盐出焉。"

绐(紿)　dài　❶欺骗。《史记·淮阴侯列传》："相国～信曰：'虽疾，彊入贺。'"王世贞《蔺相如完璧归赵论》："大王弗予城，而～赵璧，以一璧之故，而失信于天下。"❷通"殆"。危，败。《战国策·齐策六》："田单以即墨之城，破亡馀卒，破燕兵，～骑劫，遂以复齐。"

迨　dài　❶及，趁着。《诗经·豳风·鸱鸮》："～天之未阴雨，彻彼桑土，绸缪牖户。"(彻：取。桑土：桑树皮。)《公羊传·僖公二十二年》："请～其未毕陈而击之。"(未毕陈：没有完全摆好阵势。)❷至，到。白居易《读张籍古乐府》诗："始从青衿岁，～此白发新。"苏舜钦《上范希文书》："故某自少小，～于作官，所为不敢妄。"㊂等到。归有光《项脊轩志》："～诸父异爨，内外多置小门，墙往往而是。"❸通"殆"。近。《荀子·解蔽》："妬缪于道，而人诱其所～也。"(杨倞注："迨，近也；近谓所好也。")

骀　dài　见 tái。

殆　dài　❶危险。《孟子·万章上》："于斯时也，天下～哉！"《荀子·儒效》："此强大之～时也。"《后汉书·窦融传》："后有危～，虽悔无及。"㊀危害。《淮南子·说山训》："德不报而身见～。"㊂怕。《诗经·豳风·七月》："女心伤悲，～及公子同归。"❷疑惑。《论语·为政》："多见阙～，慎行其馀，则寡悔。"《史记·扁鹊仓公列传》："良工取之，拙者疑～。"❸近，接近。《管子·小匡》："管夷吾亲射寡人中钩，～于死，今乃用之，可乎？"《后汉书·南匈奴传》："斩首及自投河死者～尽。"❹大概，恐怕。《史记·张仪列传》："苏秦已而告其舍人曰：'张仪，天下贤士，吾～弗如也。'"《论衡·书虚》："世以为然，～虚言也。"❺必，一定。《商君书·更法》："君亟定变法之虑，～无顾天下之议之也。"《吕氏春秋·自知》："臣闻忠臣毕其忠，而不敢远其死。[任]座～尚在于门。"(高诱注："殆犹必也。")❻通"怠"。懈怠。《老子·二十五章》："独立而不改，周行而不～。"《后汉书·崔骃传》："矜矜业业，无～无荒。"

玳(瑇)　dài　玳瑁。详"玳瑁"。

【玳梁】　dàiliáng　即玳瑁梁，饰以玳瑁花纹的屋梁。宋之问《宴安乐公主宅》诗："～～翻贺燕，金埒倚晴虹。"(埒：矮墙。)

【玳瑁】　dàimào　海中动物，形似龟，甲壳光滑，有褐色和淡黄色相间的花纹。其甲壳可作装饰品，亦可入药。《淮南子·泰族训》："瑶碧玉珠，翡翠～～，文彩明朗，润泽若濡。"《史记·春申君列传》："赵使欲夸楚，为～～簪，刀剑室以珠玉饰之。"

带(帶)　dài　❶束衣之带。《诗经·卫风·有狐》："心之忧矣，之子无～。"(之子：这个人。)《后汉书·王符传》："昔孝文皇帝躬衣弋绨，革舄韦～。"(弋绨：黑色的绸子。舄：鞋。)㊀带子，似带之物。《左传·襄公二十三年》："范鞅逆魏舒，……持～，遂超乘。"《汉书·爰盎传》："方吕后时，诸吕用事，擅相王，刘氏不绝如～。"㊂以……为带，环绕。《汉书·高帝纪下》："～河阻山，县隔千里。"《后汉书·窦融传》："河西殷富，～河为固。"❷佩带。《老子·五十三章》："服文采，～利剑。"❸带着，含着。孔稚珪《北山移文》："风云凄其～愤，石泉咽而下怆。"❹领，兼任。庾信《步陆逞神道碑》："出入匡赞，常～数职。"❺小蛇。《庄子·齐物论》："蝍蛆甘～，鸱鸦耆鼠。"(蝍蛆：蜈蚣。甘：可口，喜欢吃。)

【带甲】　dàijiǎ　披甲的将士。《史记·苏秦列传》："地方二千里，～～数十万。"苏轼《表忠观碑》："而吴越地方千里，～～十万，铸山煮海，象犀珠玉之富，甲于天下。"

【带厉】　dàilì　比喻功臣封爵永存。语出《史记·高祖功臣侯者年表》："封爵之誓曰：'使河如带，泰山若厉，国以永宁，爰及苗裔。'"(带：衣带。厉：同"砺"，磨刀石。意谓即使黄河如带，泰山如砺，而封国是永存的，并传之后代。)亦作"带砺"。《晋书·汝南王亮等传序》："锡之山川，誓以～～。"

【带胁】　dàixié　附着。《汉书·严安传》："今外郡之地或几千里，列城数十，形束壤制，～～诸侯，非宗室之利也。"

毒　dài　见 dú。

贷(貸)　1. dài　❶施，给予。《老子·四十一章》："夫唯道善～且善成。"《后汉书·卢芳传》："不敢遗馀力，负恩～。"❷借出。《左传·昭公三年》："以家量～而以公量收之。"《潜夫论·忠贵》："宁积粟腐仓而不忍～人一斗。"❸求取，借入。《战国策·齐策五》："小国道此，则不祠而福矣，不～而见足矣。"(道：行。)《孟子·滕文公上》："为民父母，使民盻盻然，将终岁勤动,不得以养其父母,又称～而益之。"❹宽恕。《后汉书·顺帝纪》:"惟阎显、江京近亲当伏辜诛,其馀务崇宽～。"曾巩《进太祖皇帝总序》:"患吏或受赇,或不奉法也,故罪至死徙,一无所～。"

2. tè ❺通"忒"。失误。《礼记·月令》:"毋有差～。"

【贷假】 dàijiǎ 借贷。《史记·平准书》:"犹不足,又募豪富人相～～。"

待 dài ❶等待。《孟子·万章下》:"当纣之时,居北海之滨,以～天下之清也。"《汉书·高帝纪上》:"诸城未下者,闻声争开门而～足下,足下通行无所累。"㊀依靠,凭借。《荀子·富国》:"离居不相～则穷,群而无分则争。"㊁须要。《荀子·王制》:"贤能不～次而举。"(次:官的等次。)《史记·天官书》:"至天道命,不传;传其人,不～告。"❷对待,接待。《荀子·王制》:"以善至者～之以礼,以不善至者～之以刑。"《战国策·赵策三》:"齐闵王将之鲁,夷维子执策而从,谓鲁人曰:'子将何以～吾君?'"❸对付,抵御。《韩非子·外储说左上》:"今城郭不完,兵甲不备,不可以～不虞。"(不虞:指意外之事。)《管子·大匡》:"鲍叔因此以作难,君必不能～也。"❹将,打算。辛弃疾《最高楼》词:"～不饮,奈何君有恨;～痛饮,奈何吾又病。"❺通"持"。扶持。《韩非子·内储说下》:"白圭谓暴谴曰:'子以韩辅我于魏,我以魏～子于韩。'"

【待漏】 dàilòu 百官清晨等待入朝。漏,古代的计时器。唐设待漏院,为群臣等待宫门开启之所。王禹偁《待漏院记》:"～～之际,相君其有思乎?"

【待年】 dàinián ❶等待年长。《三国志·魏书·武帝纪》:"天子聘公三女为贵人,少者～～于国。"❷指女子待嫁。颜延之《宋文皇帝元皇后哀策文》:"爰自～～,金声夙振。"

【待遇】 dàiyù 对待,接待。《史记·大宛列传》:"汉军取其善马数十匹,中马以下牡牝三千馀匹,而立宛贵人之故～～汉使善者名昧蔡以为宛王。"

【待制】 dàizhì ❶等待诏令。制,诏令。《后汉书·蔡邕传》:"侍中祭酒乐松、贾护多引无行趋势之徒,并～～鸿都门下。"❷官名。唐太宗时,命京官五品以上轮值中书、门下两省,以备咨询。永徽中,命弘文馆学士一人,日待制于武德殿西门。宋时,各殿皆置待制之官。元明因之,清废。

【待罪】 dàizuì ❶做官。谦词。司马迁《报任少卿书》:"仆赖先人绪业,得～～辇毂下,二十馀年矣。"(辇毂下:指京城。)《汉书·吴王刘濞传》:"臣以无能,不得～～行间。"(行间:行伍之中。)❷等待治罪。《汉书·匡衡传》:"事发觉,衡免冠徒跣～～。"

怠 1. dài ❶懈怠,懒惰。《史记·孔子世家》:"灵公老,～于政,不用孔子。"《后汉书·冯衍传》:"且衍闻之,得时无～。"㊁怠慢,不敬。《宋史·杨愿传》:"守卒皆～[王]炎。"❷疲倦。《汉书·司马相如传上》:"～而后游于清池。"王安石《游褒禅山记》:"有～而欲出者,曰:'不出,火且尽。'"

2. yí ❸通"怡"。愉悦。《周易·杂卦》:"'谦'轻,而'豫'～也。"(谦、豫:卦名。)《论衡·道虚》:"卢敖目仰而视之,不见,乃止驾,心不～,怅若有失。"

【怠傲】 dài'ào 傲慢。《荀子·儒效》:"以是尊贤畏法而不敢～～,是雅儒者也。"《韩非子·备内》:"故为人臣者窥觇其君心也无须臾之休,而人主～～处其上,此世所以有劫君弑主也。"又作"怠骜"。《汉书·田蚡传》:"诸公稍自引而～～。"

【怠惰】 dàiduò 懒惰,松懈。《荀子·礼论》:"苟～～偷懦之为安,若者必危。"《汉书·韩信传》:"众庶莫不辍作～～,靡衣媮食,倾耳以待命者。"又《疏广传》:"今复增益之以为赢馀,但教子孙～～耳。"

【怠放】 dàifàng 懒惰放纵。《后汉书·和帝纪》:"有司不举,～～日甚。"

【怠倦】 dàijuàn 怠惰疲沓。《后汉书·郑玄传》:"玄日夜寻诵,未尝～～。"韩愈《原道》:"为之政以率其～～,为之刑以锄其强梗。"

【怠慢】 dàimàn ❶怠惰荒疏。《荀子·议兵》:"彼可诈者,～～者也。"❷轻慢无礼。《汉书·申屠嘉传》:"是时嘉入朝,而[邓]通居上旁,有～～之礼。"亦作"怠嫚"。《汉书·郊祀志上》:"由是观之,始未尝不肃祇,后稍～～也。"

【怠弃】 dàiqì 荒废。《史记·夏本纪》:"有扈氏威侮五行,～～三正,天用剿绝其命。"

【怠息】 dàixī 松懈休息。《汉书·于定国传》:"君相朕躬,不敢～～,万方之事,大录于君。"

【怠懈】 dàixiè 懈怠,松懈。《汉书·高帝纪上》:"不如因其～～击之。"《后汉书·和熹邓皇后纪》:"咎在执法～～,不辄行其罚故也。"亦作"怠解"。《汉书·王莽传下》:"以州牧位三公,刺举～～,更置牧监副。"

逮 dài 见dì。

埭 dài 堵水的土堤。古人于河流中水浅之处,筑一土堤拦水,中留航道,以利行船。《晋书·谢安传》:"及至新城,筑～于城北。"庾信《明月山铭》:"船横～下,树夹津门。"

逮 1. dài ❶及,达到。《荀子·尧问》:"魏武侯谋事而当,群臣莫能～。"《楚辞·卜居》:"物有所不足,智有所不明,数有所不～,神有所不通。"(数:术数。)[引]涉及。《汉书·董仲舒传》:"以古准今,壹何不相～之远也!"❷逮捕。《汉书·常山宪王刘舜传》:"天子遣大行[张]骞验问,～诸证者,王又匿之。"《后汉书·陈寔传》:"及后～捕党人,事亦连寔。"❸介词。至。李密《陈情表》:"～奉圣朝,沐浴清化。"[又]趁着。《史记·穰侯列传》:"愿君～楚赵之兵未至于梁,亟以少割收魏。"

2. dì ❹见"逮逮"。

【逮录】 dàilù 逮捕。《三国志·吴书·陆逊传》:"诚望陛下赦召[楼]玄出,而顷闻薛莹卒见～～。"

【逮至】 dàizhì 及至,到了。《墨子·尚同中》:"昔者圣王制为五刑,以治天下;～～有苗之制五刑,以乱天下。"

【逮逮】 dìdì 同"棣棣"。雍容娴雅的样子。《礼记·孔子闲居》:"威仪～～,不可选也。"

廗(廗) dài 屋檐旁斜搭的帐席。《盐铁论·论功》:"织柳为室,旃～为盖。"

叇(靆) dài 见"叆叇"。

蝳 dài 见dú。

蹛(蹛) 1. dài ❶环绕。《汉书·匈奴传上》:"秋,马肥,大会～林,课校人畜计。"(颜师古注:"蹛者,绕林木而祭也。鲜卑之俗,自古相传,秋天之祭,无林木者尚竖柳枝,众骑驰绕三周乃止。")

2. zhì ❷通"滞"。停滞,居积。《史记·平准书》:"日者,大将军攻匈奴,斩首虏万九千级,留～无所食。"又:"于是县官大空,而富商大贾或～财役贫,转毂百数。"

戴 dài ❶头上戴着。《国语·齐语》:"脱衣就功,头～茅蒲。"(功:指农事。茅蒲:指斗笠。)《荀子·正名》:"乘轩～絻。"(絻,同"冕"。)[引]用头顶着。《孟子·梁惠王上》:"谨庠序之教,申之以孝悌之义,颁白者不负～于道路矣。"(颁白者:头发花白的老人。)❷尊奉,拥戴。《国语·周语上》:"庶民不忍,欣～武王,以致戎于商牧。"《战国策·齐策二》:"子哙与子之国,百姓不～,诸侯弗与。"[引]感激。《史记·五帝本纪》:"四海之内,咸～帝舜之功。"❸周代诸侯国名,故地在今河南兰考县一带。

【戴白】 dàibái 满头白发,形容老人。《后汉书·邓禹传》:"父老童稚,垂发～～,满其车下,莫不感悦。"又借指老人。陆游《新凉书怀》诗之三:"邻曲今年又有年,垂髫～～各欣然。"

【戴奉】 dàifèng 尊奉。《三国志·蜀书·法正传》:"正既还,为称说先主有雄略,密谋协规,愿共～～,而未有缘。"

【戴目】 dàimù 翻目上视。《汉书·贾山传》:"贵为天子,富有天下,赋敛重数,百姓任罢,赭衣半道,群盗满山,使天之人～～而视,倾耳而听。"

【戴翼】 dàiyì 辅助。《汉书·董仲舒传》:"夫五百年之间,守文之君,当涂之士,欲则先王之法以～～其世者甚众。"

黛 dài ❶青黑色的颜料。古代女子用以画眉。《后汉书·陈蕃传》:"采女数千,食肉衣绮,脂油粉～,不可赀计。"王粲《神女赋》:"质素纯皓,粉～不加。"[引]女子的眉毛。韦庄《悼亡姬》诗:"几为妬来频敛～,每思闲事不梳头。"❷青黑色。王维《崔濮阳兄季重前山兴》诗:"千里横～色,数峰出云间。"

【黛螺】 dàiluó ❶青黑色的颜料,可用以画眉,亦可用以绘画。虞集《赠写真佟士明》诗:"赠君千～～,翠色秋可扫。"❷女子的眉毛。李煜《长相思》词:"澹澹衫儿薄薄罗,轻颦双～～。"

襶 dài 见"褦襶"。

dan

丹 dān ❶丹砂,朱砂。一种朱红色的矿物。《尚书·禹贡》:"砺砥砮～。"《盐铁论·本议》:"陇蜀之～漆羽旄。"❷朱红色。《后汉书·东夷传》:"其山有～土。"谢灵运《晚出西射堂》诗:"晓霜枫叶～,夕曛岚气阴。"[又]漆红,染红。《国语·鲁语上》:"庄公～桓公楹,而刻其桷。"《后汉书·公孙瓒传》:"流血～水。"❸赤诚。阮籍《咏怀》诗之五十一:"～心失恩泽,重德丧所宜。"❹道教方士用丹砂等炼制的药物。《晋书·葛洪传》:"以其炼～秘术授弟子。"江淹《别赋》:"守～灶而不顾。"后又泛指依方制成的颗粒状或粉末状的中药。

【丹诚】 dānchéng 赤诚之心。《三国志·魏书·陈思王植传》:"承答圣问,拾遗左右,乃臣～～之至愿,不离于梦想者也。"刘长卿《送马秀才移家京洛》诗:"剑共～～在,书随白发归。"

【丹垩】 dān'è 涂红刷白。也泛指油漆粉刷。苏辙《杭州龙井院讷斋记》:"台观飞涌,～～炳焕。"《聊斋志异·天宫》:"入洞,见～～精工。"

【丹府】 dānfǔ 诚心。陆机《辩亡论》下:"接士尽盛德之容,亲仁罄～～之爱。"

【丹干】 dāngān 朱砂。《荀子·王制》:"南海则有羽翮、齿革、曾青、～～焉。"亦作"丹矸"。《荀子·正论》:"加之以～～,重之以曾青。"

【丹桂】 dānguì ❶桂树的一种。嵇含《南方草木状·木类》:"桂有三种。叶如柏叶皮赤者为～～。"又指木犀的一种。《本草纲目·木部一》:"[岩桂]俗呼为木犀。其花有白者名银桂,黄者名金桂,红者名～～。"❷比喻登科及第的人。冯道《赠窦十》诗:"灵椿一株老,～～五枝芳。"(窦十有五子,俱中举。)❸指月亮。葛胜仲《虞美人》词:"一轮～～窅窊树,光景疑非暮。"

【丹铅】 dānqiān 丹砂和铅粉,古人用以校勘文字。韩愈《秋怀》诗之七:"不如觑文字,～～事点勘。"又称校勘性的文字为"丹铅",如杨慎的《丹铅录》。

【丹青】 dānqīng ❶丹砂和青雘,两种可作颜料的矿物。《管子·小称》:"～～在山,民知而取之。"《史记·李斯列传》:"江南金锡不为用,西蜀～～不为采。"❷绘画用的颜色。《汉书·苏武传》:"今足下还归,扬名于匈奴,功显于汉室,虽古竹帛所载,～～所画,何以过子卿!"又指绘画。《晋书·顾恺之传》:"尤善～～,图写特妙。"❸比喻光明显著。《法言·君子》:"或问圣人之言,炳若～～,有诸?"《后汉书·来歙传》:"今陛下圣德隆兴,臣愿得奉威命,开以～～之信,嚣必束手自归。"❹丹册与青史,泛指史籍。《论衡·书虚》:"～～之文,圣贤惑焉。"文天祥《正气歌》:"时穷节乃见,一一垂～～。"

【丹沙】 dānshā 朱砂。《史记·孝武本纪》:"致物而～～可化为黄金。"亦作"丹砂"。韩愈《进学解》:"玉札～～,赤箭青芝……俱收并蓄,待用无遗者,医师之良也。"

【丹书】 dānshū ❶以丹笔书写的罪状记录。《左传·襄公二十三年》:"斐豹,隶也,著于～～。"❷传说中的所谓"天书",是迷信的产物。《大戴礼记·武王践阼》:"然后召师尚父问焉,曰:'黄帝、颛顼之道存乎,意亦忽不可得见与?'师尚父曰:'在～～。'"《淮南子·俶真训》:"河出～～。"❸皇帝的诏书。武元衡《奉酬淮南中书相公见寄》诗:"金玉裁王度,～～奉帝俞。"❹皇帝赐给功臣的一种证件。《汉书·高惠高后文功臣表》:"于是申以～～之信,重以白马之盟。"详"丹书铁契"。

【丹素】 dānsù ❶指士大夫所穿的衣服。鲍照《拟古》诗之一:"鲁客事楚王,怀金袭～～。"❷诚心。李白《赠溧阳宋少府陟》诗:"人生感分义,贵欲呈～～。"

【丹穴】 dānxué ❶产朱砂的矿。《史记·货殖列传》:"巴蜀寡妇清,其先得～～,而擅其利数世。"❷地名。《尔雅·释地》:"岠齐州以南,戴日为～～。"杨炎《大唐燕支山神宁济公祠堂碑》:"于是左～～,右崆峒,古所未宾,咸顿首于路门之外。"

【丹书铁契】 dānshūtiěqì 皇帝赐给功臣世代享有免罪等特权的证件。以铁制成,用丹笔书写。《汉书·高帝纪下》:"又与功臣剖符作誓,～～～～,金匮玉室,藏之宗庙。"也作"丹书铁券"。《后汉书·祭遵传》:"～～～～,传于无穷。"

冉

dān 见 rǎn。

单(單)

1. dān ❶单一,单独。《史记·魏公子列传》:"今～车来代之,何如哉!"《汉书·枚乘传》:"泰山之霤穿石,～极之绠断干。"(极:指井梁。绠:井绳。)❷单薄,薄弱。《后汉书·耿恭传》:"耿恭以～兵固守孤城。"白居易《卖炭翁》诗:"可怜身上衣正～,心忧炭贱愿天寒。"❸贫寒。《后汉书·高彪传》:"家本～寒,至彪为诸生,游太学。"赵壹《刺世疾邪赋》:"故法禁屈挠于势族,恩泽不逮于～门。"❹单子,记载事物的纸条。胡太初《昼帘绪论·听讼》:"切不要案吏具～。"❺禅堂的坐床。方岳《古岩》诗:"廿年前此借僧～,留得松声入梦寒。"❻通"殚"。尽。《汉书·王嘉传》:"～货财以富之,损至尊以宠之。"《后汉书·南匈奴传论》:"自后经纶失方,畔服不一,其为疢毒,胡可～言!"

2. dǎn ❼忠厚。《诗经·周颂·昊天有成命》:"于缉熙,～厥心,肆其靖之。"(毛传:"单,厚。"《国语·周语下》引作"亶"。)又《小雅·天保》:"俾尔～厚,何福不除?"

3. shàn ❽通"禅"。轮换。《诗经·大雅·公刘》:"其军三～。"(三单:分成三班,轮换服役。)❾姓。

4. chán ❿见"单于"、"单阏"。

【单辞】 dāncí 单方无对证之辞。《后汉书·明帝纪》:"详刑慎罚,明察～～。"又《循吏传序》:"然建武、永平之间,吏事深刻,亟以谣言～～,转易守长。"

【单丁】 dāndīng 独子。《南齐书·武帝纪》:"凡～～之身,及茕独而秩养养孤者,并蠲今年田租。”

【单覂】 dānfěng 匮乏。《新唐书·李晟传》：“时敖庾～～。”（敖庾：粮仓。）

【单竭】 dānjié 匮乏，穷尽。《后汉书·臧洪传》：“遂使粮储～～，兵众乖散。”

【单尽】 dānjìn 穷尽。《后汉书·南匈奴传》：“穷鸟困兽，皆知救死，况种类繁炽，不可～～。”韩愈《南海神庙碑》：“治人以明，事神以诚，内外～～，不为表襮。”

【单特】 dāntè 孤身一人。《后汉书·苏章传》：“岂如苏子～～孑立，靡因靡资。”《三国志·魏书·高柔传》：“夫少～～，养一老妪为母，事甚恭谨。”

【单外】 dānwài 无蔽障而暴露在外。《后汉书·西羌传》：“今三郡未复，园陵～～，而公卿选懦，容头过身，张解设难。”

【单行】 dānxíng 单独出行。《后汉书·李郃传》：“和帝即位，分遣使者，皆微服～～，各至州县，观采风谣。”

【单衣】 dānyī ❶单层的薄衣。《管子·山国轨》：“春缣衣，夏～～。”❷见尊长的盛服。《资治通鉴·晋简文帝咸安元年》：“王于朝堂变服，著平巾帻、～～，东向流涕，拜受玺绶。”

【单阏】 chányān 卯年的别称。《尔雅·释天》：“[太岁]在卯曰～～。”贾谊《鹏鸟赋》：“～～之岁兮，四月孟夏。”

【单于】 chányú ❶匈奴最高首领的称号。《史记·廉颇蔺相如列传》：“～～闻之，大率众来入。”❷曲调名。又叫小单于。

担[2]（擔） 1. dān ❶肩挑，扛。《战国策·秦策一》：“负书～橐，形容枯槁。”刘向《新序·杂事一》：“赵简子上羊肠之坂，群臣皆偏袒推车，而虎会独～戟行歌不推车。”❷举。《史记·平原君虞卿列传》：“[虞卿]蹑跻～簦，说赵孝成王。”（簦：一种有柄的笠，类似伞。）❸通“儋”。量名。两石为一担。见“担石”。

2. dàn ❹担子。欧阳修《归田录·卖油翁》：“有卖油翁释～而立。”❺扁担。张籍《樵客吟》：“日西待伴同下山，竹～弯弯向身曲。”

【担当】 dāndāng 承担。朱熹《答陈同父书》：“然使熹不自料度，冒昧直前，亦只是诵说章句，以应文备数而已，如何便～～许大事。”

【担石】 dānshí 两石与一石。指数量少。《后汉书·宣秉传》：“其孤弱者，分与田地，自无～～之储。”

眈 dān 见“眈眈”。

【眈眈】 dāndān ❶瞪目逼视的样子。《周易·颐》：“虎视～～，其欲逐逐。”❷威武庄重的样子。班固《十八侯铭·酂侯萧何》：“～～相国，弘策不追。”❸深邃的样子。左思《魏都赋》：“翼翼京室，～～帝宇。”

郸（鄲） dān 见“邯郸”。

耽（躭） dān ❶耳大下垂。《淮南子·地形训》：“夸父～耳，在其北方。”❷乐，沉溺于欢乐。《诗经·卫风·氓》：“于嗟女兮，无与士～。”《后汉书·冯衍传下》：“忽道德之珍丽兮，务富贵之乐～。”❸爱，喜欢。《后汉书·刘表传》：“表宠～后妻，每信受焉。”李清照《打马图序》：“予性喜博，凡所谓博者皆～之，昼夜每忘寝食。”❹延搁。《金史·五行志》：“先是，有童谣云：‘青山转，转青山，～误尽，少年人。’”❺通“眈”。见“耽耽”。

【耽耽】 dāndān ❶威严注视的样子。《汉书·叙传下》：“六世～～，其欲浟浟。”❷深邃的样子。张衡《西京赋》：“大厦～～，九户开辟。”

【耽怀】 dānhuái 潜心。《三国志·魏书·王烈传》：“太中大夫管宁，～～道德，服膺六艺。”

【耽乐】 dānlè ❶沉溺于欢乐。《尚书·无逸》：“不知稼穑之艰难，不闻小人之劳，惟～～之从。”❷喜爱。《后汉书·孟尝传》：“尝安仁弘义，～～道德。”《三国志·魏书·高堂隆传》：“时文帝为太子，～～田猎，晨出夜还。”

【耽湎】 dānmiǎn 沉湎。多指乐酒无厌。《晋书·孔愉传》：“性嗜酒……尝与亲友书云：‘今年田得七百石秫米，不足了麹糵事。’其～～如此。”

【耽思】 dānsī 深思。陆机《文赋》：“其始也，皆收视反听，～～傍讯，精骛八极，心游万仞。”

【耽玩】 dānwán 潜心研究。玩，玩味，研究。《三国志·吴书·士燮传》：“～～《春秋》，为之注解。”《晋书·皇甫谧传》：“～～典籍，忘寝与食。”

【耽意】 dānyì 刻意，注重。《三国志·蜀书·郤正传》：“性澹于荣利，而尤～～文章。”

【耽淫】 dānyín 指沉溺于女色。《三国志·魏书·齐王芳传》：“皇帝芳春秋已长，不亲万机，～～内宠，沉漫女德。”

【耽悦】 dānyuè 喜好。《后汉书·种暠传》：“淳和达理，～～诗书。”

聃（耼） dān ❶耳长而大。《说文·耳部》："～，耳曼也。"苏轼《补禅月罗汉赞》之二："～耳属肩，绮眉覆颧。"❷周代诸侯国名，后为郑国所灭。❸古代哲学家老子的名字。《庄子·养生主》："老～死，秦失吊之，三号而出。"

酖 dān 见 zhèn。

愖 dān 见 chén。

殚（殫、勯） dān ❶尽，竭尽。《史记·孔子世家》："累世不能～其学，当年不能究其礼。"柳宗元《捕蛇者说》："～其地之出，竭其庐之入。"❷副词。全，都。《汉书·诸侯王表》："是故王莽知汉中外～微，本末俱弱。"

【殚残】 dāncán 完全毁弃。《庄子·胠箧》："～～天下之圣法，而民始可与论议。"

【殚闷】 dānmèn 昏厥气绝。《战国策·楚策一》："七日不得告，水浆无入口，瘨而～～，旄不知人。"（旄：通"眊"。昏愦。）

【殚洽】 dānqià "殚见洽闻"的省称。见闻广博。叶適《题张淏云谷杂记后》："出入群书，援据～～。"

禅（襌） dān 没有里的单层衣服。《释名·释衣服》："有里曰复，无里曰～。"《汉书·盖宽饶传》："宽饶初拜为司马，未出殿门，断其～衣，令短离地。"

箪（簞） dān ❶盛饭的容器，多用竹制成。《国语·吴语》："在孤之侧者，觞酒、豆肉、～食，未尝敢不分也。"《孟子·告子上》："一～食，一豆羹，得之则生，弗得则死。"❷竹名。嵇含《南方草木状》卷下："～竹，叶疏而大，一节相去六七尺，出九真。"

【箪瓢】 dānpiáo 即"一箪食，一瓢饮"。比喻生活简朴。《汉书·叙传上》："惠降志于辱仕，颜耽乐于～～。"（惠：柳下惠。颜：颜回。）

【箪食壶浆】 dānsìhújiāng 用箪盛饭，用壶盛饮料。多用为劳军之辞。《孟子·梁惠王下》："以万乘之国伐万乘之国，～～～～以迎王师，岂有他哉？"

儋 dān ❶肩挑。《国语·齐语》："负任～何，服牛轺马，以周四方。"㉑承受。扬雄《解嘲》："析人之珪，～人之爵。"❷通"甔"。陶制的容器，似坛子。《方言》卷五："甇……齐之东北海岱之间谓之～。"《汉书·货殖传》："浆千～。"❸量名。两石为一儋。见"儋石"。❹姓。

【儋石】 dānshí 两石与一石，指数量少。《汉书·扬雄传上》："家产不过十金，乏无～～之储。"《三国志·蜀书·董和传》："自和居官食禄……二十馀年，死之日家无～～之财。"

甔 dān 陶制的容器，似坛子。《史记·货殖列传》："酱千～。"陆游《上巳》诗："名花红满舫，美酝绿盈～。"

【甔甀】 dānchuí 瓦坛子。《列子·汤问》："当国之中有山，山名壶领，状若～～。"

紞（紞） dǎn ❶冠冕上用以系瑱的带子。《左传·桓公二年》："衡、～、纮、綖，昭其度也。"❷缝缀在被端以区别上下的丝带。《仪礼·士丧礼》："缁衾，赪里，无～。"❸击鼓声。《晋书·邓攸传》："～如打五鼓，鸡鸣天欲曙。"

担 dǎn 见 jiē。

胆（膽） dǎn ❶胆囊。《史记·越王句践世家》："越王句践反国，乃苦身焦思，置～于坐，坐卧即仰～，饮食亦尝～也。"❷胆量。《史记·张耳陈馀列传》："将军瞋目张～。"《旧唐书·孙思邈传》："～欲大而心欲小，智欲圆而行欲方。"❸通"撣"。擦拭。《礼记·内则》："桃曰～之。"❹通"澹"。平静。《淮南子·原道训》："～兮其若深渊。"

【胆策】 dǎncè 胆略。《三国志·魏书·吕虔传》："太祖在兖州，闻虔有～～，以为从事，将家兵守湖陆。"

【胆干】 dǎngàn 胆识才干。《三国志·吴书·虞翻传》注引《晋阳秋》："［虞］谭清贞有检操，外如退弱，内坚正有～～。"

【胆决】 dǎnjué 勇敢果断。《三国志·吴书·孙峻传》："少便弓马，精果～～。"

【胆落】 dǎnluò 极端恐惧。《旧唐书·温造传》："［李］祐私谓人曰：'吾夜踰蔡州城擒吴元济，未尝心动，今日～～于温御史。吁，可畏哉！'"

【胆瓶】 dǎnpíng 长颈大腹之瓶，因形如悬胆而名。徐渭《十四夜》诗："旧栽菱叶侵河路，新折莲房插～～。"

【胆破】 dǎnpò 极端恐惧。《三国志·魏书·明帝纪》注引《魏略》："王师方振，～～气夺。"

疸 dǎn 病名，即"黄疸"。孙思邈《千金方·论证》："～有五种，有黄汗、黄～、谷～、酒～、女劳～。"

撣（撢） 1. dǎn ❶提持。《说文·手部》："～，提持也。"❷拂拭。《红楼梦》五十回："众丫鬟上来接了蓑笠～雪。"

2. tán ❸触。扬雄《太玄经·数》："遭逢并合，～系其名。”❹通“弹”。《水浒传》二十三回：“一顿拳脚，打得那大虫动～不得。”

3. shàn(旧读 dān) ❺古国名，在今缅甸东北部。《后汉书·西南夷传》：“～国西南通大秦。”

【撣撣】 dǎndǎn 恭敬的样子。扬雄《太玄经·盛》：“何福满肩，提祸～～。”

燀 dǎn 见 chǎn。

嘾 dǎn 见“嘾嘾”。

【嘾嘾】 dǎndǎn 丰厚的样子。《汉书·礼乐志》：“众庶熙熙，施及夭胎，群生～～，惟春之祺。”

亶 1. dǎn ❶诚信，诚意。《诗经·大雅·板》：“靡圣管管，不实于～。”(靡圣：无智。管管：随心所欲。不实于亶：没有充分的诚意。)㉠诚然。《荀子·强国》：“相国之于胜人之势，～有之矣。”

2. dàn ❷通“但”。仅，只。《汉书·贾谊传》：“非～倒县而已，又类辟，且病痱。”(辟：通“躄”。跛足。)❸通“瘅”。疲惫。《荀子·议兵》：“彼可诈者，怠慢者也，路～者也。”

3. dān ❹通“殚”。尽。《淮南子·道应训》：“厚葬久丧，以～其家。”

4. tǎn ❺通“坦”。见“亶亶”。

【亶亶】 tǎntǎn 平坦的样子。贾谊《新书·君道》：“大道～～，其去身不远。”

黕 dǎn ❶污垢。《说文·黑部》：“～，滓垢也。”《楚辞·九辩》：“窃不自聊而愿忠兮，或～点而汙之。”❷黑。潘岳《籍田赋》：“青坛蔚其岳立兮，翠幕～以云布。”

黮 1. dǎn ❶黑。《淮南子·主术训》：“问瞽师曰：‘白素何如？’曰：‘缟然。’曰：‘黑何若？’曰：‘～然。’”❷暗，不明。柳宗元《吊苌弘文》：“版上帝以飞精兮，～寥廓而殄绝。”

2. shèn ❸通“葚”。桑葚。《诗经·鲁颂·泮水》：“食我桑～，怀我好音。”

【黮闇】 dǎn'àn 昏暗，不明。《庄子·齐物论》：“我与若不能相知也，则人固受其～～，吾谁使正之？”陆游《入蜀记》卷六：“后门自山后出，但～～，水流其中，鲜能入者。”

【黮黮】 dǎndǎn ❶黑黑的样子。束皙《补亡诗》之三：“～～重云，辑辑和风。”❷昏暗。《春秋繁露·深察名号》：“故凡百讥有～～者，各反其真，则～～者还昭昭耳。”

【黮䨴】 dǎnduì 深黑的样子。左思《魏都赋》：“榱题～～，阶陥嶙峋。”

黵 dǎn ❶黑污。《说文·黑部》：“～，大汙也。”❷苍黑。李德裕《剑门铭》：“翠岭中横，～然黛色。”

【黵改】 dǎngǎi 涂改。黄伯思《东观馀论·跋昌谷别集后》：“某尽记[李]贺篇咏，然～～处多，愿得公所辑视之，当为是正。”

【黵面】 dǎnmiàn 在脸上刺字涂墨。《宋史·兵志七》：“唐末士卒疲于征役，多亡命者，梁祖令诸军悉～～为字，以识军号。”《通典·刑典·刑制中》：“梁武帝制刑，……遇赦，降死，～～为‘劫’字。”

旦 dàn ❶日出，天明。《诗经·邶风·匏有苦叶》：“雝雝鸣雁，旭日始～。”《史记·魏其武安侯列传》：“魏其与其夫人益市牛酒，夜洒扫，早帐具至～。”㉠早晨。《史记·吕太后本纪》：“八月庚申～，平阳侯窋行御史大夫事，见相国产计事。”《后汉书·王符传》：“～脱重梏，夕还囹圄。”㉡明亮。《尚书大传·虞夏传》：“日月光华，～复～兮。”❷日，天。《国语·晋语六》：“一～而尸三卿，不可益也。”㉡指初一。楼钥《北行日录》：“言倡优尚有五百馀，亦有～、望接送礼数。”(望：指十五日。)❸传统戏曲中扮演女子的角色。女主角称正旦，又有副旦、贴旦、外旦、小旦、大旦、老旦、花旦等名目。

【旦旦】 dàndàn ❶天天。《孟子·告子上》：“～～而伐之，可为美乎？”❷明亮。《隋书·音乐志中》：“离光～～，载焕载融。”❸诚恳的样子。《诗经·卫风·氓》：“言笑晏晏，信誓～～。”

【旦暮】 dànmù ❶从早到晚，经常。《国语·齐语》：“～～从事，施于四方。”❷指时间短。《史记·刺客列传》：“秦兵～～渡易水，则虽欲长侍足下，岂可得哉？”又《晋世家》：“且君老矣，～～之人，曾不能待而欲弑之！”

【旦日】 dànrì ❶明天。《史记·项羽本纪》：“项羽大怒，曰：‘～～飨士卒，为击破沛公军！’”《汉书·彭越传》：“与期～～日出时，后会者斩。”❷白天。李商隐《李贺小传》：“每～～出与诸公游，未尝得题然后为诗。”

【旦夕】 dànxī ❶早晚，经常。《后汉书·彭宠传》：“王莽为宰衡时，甄丰～～入谋议。”❷指时间短。古诗《为焦仲卿妻作》：“蒲苇一时纫，便作～～间。”

【旦昔】 dànxī 旦夕。昔，通“夕”。《管子·小匡》：“～～从事于此，以教其子弟。”

【旦昼】 dànzhòu 白天。《孟子·告子上》：“则其～～之所为，有梏亡之矣。”

坛 dàn 见 tán。

但 1. dàn ❶空，白白。《史记·李斯列传》：“天子所以贵者，～以闻声。”《汉书·食货志下》：“民欲祭祀丧纪而无用者，钱府以所入工商之贡～赊之。"❷仅，只是。《史记·刘敬叔孙通列传》："匈奴匿其壮士肥牛马，～见老弱及羸畜。"曹丕《与吴质书》："公干有逸气，～未遒耳。"

2. dán ❸姓。

【但可】 dànkě 只须。《三国志·魏书·钟会传》："钟会所统，五六倍于邓艾，～～敕会取艾，不足自行。"

诞(誕) dàn ❶大。《尚书·汤诰》："王归自克夏，至于亳，～告万方。"《后汉书·光武帝纪赞》："光武～命，灵贶自甄。"㊀延长。《诗经·邶风·旄丘》："旄丘之葛兮，何～之节兮。"❷大言，虚妄。《荀子·修身》："窃货曰盗，匿行曰诈，易言曰～。"《汉书·郊祀志上》："言神事，如迂～，积以岁，乃可致。"❸欺诈。《吕氏春秋·应言》："秦王立帝，宜阳令许绾～魏王。"《汉书·艺文志》："然而或者专以为务，则～欺怪迂之文弥以益多，非圣王之所以教也。"❹出生。《后汉书·梁竦传》："皇天授命，～生圣明。"《三国志·魏书·武帝纪》："乃诱天衷，～育丞相。"❺句首语气词。《诗经·大雅·皇矣》："～先登于岸。"

【诞谩】 dànmàn ❶荒诞。苏洵《管仲论》："而又逆知其将死，则其书～～不足信也。"亦作"诞漫"。柳宗元《贺进士王参元失火书》："斯道辽阔～～，虽圣人不能以是必信。"❷放纵。《淮南子·修务训》："彼并身而立节，我～～而悠忽。"

【诞膺】 dànyīng 大受。《三国志·吴书·陆逊传》："陛下以神武之姿，～～期运，破操乌林，败备西陵，禽羽荆州。"又《蜀书·刘禅传》注引《诸葛亮集》："～～皇纲，不坠于地。"

【诞姿】 dànzī 魁伟的姿容。《三国志·蜀书·刘备传》："伏惟陛下～～圣德，统理万邦，而遭厄运不造之艰。"

妲 dàn 见dá。

鸱(鴠) dàn 鹖鸱。鸟名。

倬(僤) dàn 厚，盛。《诗经·大雅·桑柔》："我生不辰，逢天～怒。"

倓 dàn 见tán。

惮(憚、𢢲) 1. dàn ❶畏难，害怕。《楚辞·离骚》："岂余身之～殃兮，恐皇舆之败绩。"《史记·项羽本纪》："籍长八尺馀，力能扛鼎，才气过人，虽吴中子弟皆已～籍矣。"❷敬，敬畏。《荀子·致士》："尊严而～，可以为师。"《汉书·东方朔传》："昔伯姬燔而诸侯～。"(应劭曰："惮，敬也。敬其节直也。")❸通"瘅"。劳苦。《诗经·小雅·小明》："心之忧矣，～我不暇。"《明史·李信圭传》："乞申明前令，哀此～人。"

2. dá ❹通"怛"。惊惧。《周礼·考工记·矢人》："则虽有疾风，亦弗之能～矣。"

【惮惮】 dàndàn 忧惧。《大戴礼记·曾子立事》："君子终身，守此～～。"

【惮烦】 dànfán 怕麻烦。《孟子·滕文公上》："何为纷纷然与百工交易？何许子之不～～？"

【惮赫】 dànhè 声势很大的样子。《庄子·外物》："已而大鱼食之，牵巨钩，錎没而下，骛扬而奋鬐，白波若山，海水震荡，声侔鬼神，～～千里。"

淡 1. dàn ❶清淡，味道不浓。《荀子·正名》："甘苦、咸～、辛酸、奇味以口异。"《老子·三十五章》："～乎其无味。"❷浅淡，色彩不浓。苏轼《饮湖上初晴后雨》诗："欲把西湖比西子，～粧浓抹总相宜。"❸淡薄，恬静。《老子·三十一章》："兵者，不祥之器，非君子之器，不得已而用之，恬～为上。"韩愈《送高闲上人序》："是其为心，必泊然无所起；其于世，必～然无所嗜。"❹无聊，没有意思。苏轼《游庐山次韵章传道》："莫笑吟诗～生活，当令阿买为君书。"

2. tán ❺通"痰"。王羲之《杂帖五》："匈中～闷，干呕转剧。"

3. yǎn ❻见"淡淡"。

【淡泊】 dànbó 清静寡欲。《抱朴子·广譬》："短唱不足以致弘丽之和，势利不足以移～～之心。"陈亮《钱叔因墓碣铭》："其于世故～～，孝友慈爱，出于天资。"

【淡荡】 dàndàng 和舒荡漾。陈子昂《与东方左史虬修竹篇》："春风正～～，白露已清泠。"

【淡沲】 dànduò 明静荡漾。杜甫《醉歌行》："春光～～秦东亭，渚蒲牙白水荇青。"

【淡漠】 dànmò 恬静淡泊。《文子·上仁》："非～～无以明德，非宁静无以致远。"

【淡淡】 yǎnyǎn ❶平满的样子。宋玉《高唐赋》："濞汹汹其无声兮，溃～～而并入。"❷隐隐约约。《列子·汤问》："～～焉若有物存，莫识其状。"

惔 dàn 见tán。

萏 dàn 见"菡萏"。

啖(啗、噉、嚪) dàn ❶吃。《吕氏春秋·当务》："因抽刀而相～，至死而止。"《史记·项羽本纪》:“樊哙覆其盾于地,加彘肩上,拔剑切而～之。”❷给……吃。《韩非子·说难》:“[弥子瑕]食桃而甘,不尽,以其半～君。”《论衡·超奇》:“口所不甘味,手不举以～人。”❸利诱。《史记·穰侯列传》:“秦割齐以～晋、楚,晋、楚案之以兵,秦反受敌。”《汉书·吴王刘濞传》:“汉使人以利～东越。”❹通“淡”。《史记·刘敬叔孙通列传》:“吕后与陛下攻苦食～。”

【啖啖】 dàndàn 贪吃的样子。《荀子·王霸》:“不好修正其所以有,～～常欲人之有,是伤国。”(杨倞注:“啖啖,并吞之貌。”)

【啖食】 dànshí 吞食。《三国志·魏书·董卓传》:“时三辅民尚数十万户,傕等放兵劫略,攻剽城邑,人民饥困,二年间相～～略尽。”

饏 dàn 见 tán。

弹(彈) 1. dàn ❶弹弓。《战国策·楚策四》:“不知夫公子王孙,左挟～,右摄丸,将加己乎十仞之上。”《说苑·善说》:“～之状如弓,而以竹为弦。”❷弹丸。徐陵《紫骝马》诗:“角弓连两兔,珠～落双鸿。”

2. tán ❸用弹弓射击。《左传·宣公二年》:“从台上～人,而观其辟丸也。”❹弹击,拍打。《战国策·齐策四》:“居有顷,倚柱～其剑,歌曰:‘长铗归来乎,食无鱼!’”《荀子·不苟》:“故新浴者振其衣,新沐者～其冠。”⑻弹奏乐器。《荀子·富国》:“击鸣鼓,吹笙竽,～琴瑟。”❺批评。曹植《与杨德祖书》:“仆常好人讥～其文,有不善者,应时改定。”❻弹劾,检举官吏的错误或罪行。《汉书·翟方进传》:“据法以～[陈]咸等,皆罢退之。”❼以针砭治病。《韩非子·六反》:“夫～痤者痛,饮药者苦。”

【弹丸】 dànwán ❶弹子。《韩诗外传》卷十:“黄雀方欲食螳螂,不知童子挟～～在下。”❷比喻狭小。《战国策·赵策三》:“此～～之地,犹不予也。”

【弹冠】 tánguān ❶拂去帽子上的灰尘。《楚辞·渔父》:“新沐者必～～,新浴者必振衣。”苏舜钦《上集贤文相书》:“闻之不觉废纸而起,～～摄衣。”❷指将出来作官。《汉书·王吉传》:“吉与贡为友,世称‘王阳在位,贡公～～’。”又指作官。《三国志·魏书·杨俊传》:“自初～～,所历垂化,再守南阳,恩德流著。”

【弹劾】 tánhé 检举官吏的过失或罪行。《北齐书·魏收传》:“南台将加～～,赖尚书辛雄为言于中尉綦儁,乃解。”

【弹铗】 tánjiá 弹击剑柄。战国时冯谖为孟尝君门客,曾三次弹铗而歌,要求改善其生活待遇。后因以“弹铗”表示求助于人。陶弘景《答赵英才书》:“不肯扫门觅仕,复懒～～求通。”

【弹纠】 tánjiū 检举官吏的过失或罪行,义同“弹劾”。《后汉书·史弼传》:“州司不敢～～,傅相不能匡辅。”

【弹射】 tánshè 用言语指责人。《三国志·蜀书·孟光传》:“吾好直言,无所回避,每～～利病,为世人所讥嫌。”又《吴书·张温传》:“～～百僚,核选三署,率皆贬高就下,降损数等。”

【弹事】 tánshì 弹劾官吏的奏章。《文心雕龙·奏启》:“后之～～,迭相斟酌。”

【弹压】 tányā 镇压,制服。《淮南子·本经训》:“牢笼天地,～～山川。”《旧唐书·柳公绰传》:“辇毂之下,～～为先;郡邑之治,惠养为本。”

【弹指】 tánzhǐ 比喻时间暂短。司空图《偶书》诗之四:“平生多少事,～～一时休。”

【弹治】 tánzhì 用弹压的手段治理。《汉书·张敞传》:“驭黠马者利其衔策,梁国大都,吏民凋敝,且当以柱后惠文～～之耳。”(柱后惠文:法吏所戴的帽子,借指严刑峻法。)

【弹冠相庆】 tánguānxiāngqìng 拂去帽子上的灰尘,互相贺喜。刘敞《率太学诸生上书》:“朝廷进一君子,台谏发一公论,则～～～～,喜溢肺膺。”又指即将作官而互相庆贺。多用于贬义。苏洵《管仲论》:“一日无仲,则三子者可以～～～～矣。”(三子:指竖刁、易牙、开方。)

窞 dàn 坎中小坎,深坑。《说文·穴部》:“～,坎中小坎也。”《周易·坎》:“入于坎～。”《徐霞客游记·粤西游日记三》:“后有～深陷,炬烛之,沉黑。”⑻泛指洞穴。《韩非子·诡使》:“而士有心私学,岩居～处。”

瘅(癉) 1. dàn ❶因劳致病。《诗经·大雅·板》:“上帝板板,下民卒～。”(板板:乖戾。)❷厚,盛。《国语·周语上》:“古者太史顺时覛土,阳～愤盈,土气震发。”(覛:察看。愤:积。盈:满。)❸憎恨。陈亮《酌古论·诸葛孔明》:“偃武修文,彰善～恶,崇教化,移风俗。”❹通“疸”。黄疸病。《山海经·西山经》:“翼望之山有兽焉,……服之已～。”

2. dān ❺热症。《素问·奇病论》:“此五气之溢也,名曰脾～。”《论衡·顺鼓》:“其有旱也,何以知不如人有～疾也。”

【瘅疽】 dànjū 恶疮。《论衡·死伪》:“晋荀偃伐齐,……～～生,疡于头。”

【瘅热】 dànrè ❶盛热，特别热。《汉书·严助传》："南方暑湿，近夏～～。"❷黄疸病。《论衡·感虚》："人形长七尺，形中有五常，有～～之病，深自克责，犹不能愈。"

【瘅暑】 dànshǔ 盛暑，酷热。范成大《次韵温伯雨凉感怀》诗："穷山更～～，惫卧不举头。"

谌（黮） dàn 阴暗的样子。《后汉书·张衡传》："云师～以交集兮，冻雨沛其洒涂。"

髧 dàn 头发下垂的样子。《诗经·鄘风·柏舟》："～彼两髦，实维我仪。"

澹 1. dàn ❶安，静。《楚辞·惜誓》："～然而自乐兮，吸众气而翱翔。"《汉书·司马相如传下》："决江疏河，漉沈～灾，东归之于海。"（漉沈：分散深水。澹灾：消除其灾害。）❷淡，淡薄。《吕氏春秋·本味》："辛而不烈，～而不薄。"《三国志·蜀书·郤正传》："性～于荣利，而尤耽意文章。"❸动荡。《汉书·礼乐志》："灵之至，庆阴阴，相放悲，震～心。"（放悲：仿佛。）《后汉书·班固传》："西荡河源，东～海漘。"

2. shàn ❹通"赡"。足，满足。《荀子·王制》："执位齐，而欲恶同，物不能～则必争。"《汉书·食货志上》："限民名田，以～不足。"

3. tán ❺见"澹台"。

【澹泊】 dànbó 清静寡欲。《汉书·叙传上》："清虚 ～～，归之自然。"《三国志·魏书·管宁传》："玄虚～～，与道逍遥。"

【澹淡】 dàndàn 动荡，飘动。宋玉《高唐赋》："徙靡～～，随波闇蔼。"司马相如《上林赋》："汎淫泛滥，随风～～。"

【澹澹】 dàndàn ❶静止。刘向《九叹·愍命》："心容容其不可量兮，情～～其若渊。"❷动荡不定。宋玉《高唐赋》："水～～而盘纡兮，洪波淫淫之容裔。"李白《梦游天姥吟留别》："云青青兮欲雨，水 ～～兮生烟。"

【澹荡】 dàndàng ❶荡漾，飘动。鲍照《代白纻曲》之二："春风～～侠思多，天色净绿气妍和。"❷淡泊闲适。李白《古风》之九："吾亦～～人，拂衣可同调。"

【澹澉】 dàngǎn 洗涤。枚乘《七发》："～～手足。"又作"淡澉"。韩愈等《纳凉联句》："青荧文簟施，～～甘瓜濯。"

【澹台】 tántái 复姓。春秋时鲁国有澹台灭明，孔子的弟子。

憺 dàn ❶安。《楚辞·九歌·云中君》："謇将～兮寿宫，与日月兮齐光。"❷忧。《楚辞·九辩》："蓄怨兮积思，心烦～兮忘食事。"❸通"惮"。畏惧。《汉书·李广传》："是以名声暴于夷貉，威棱～乎邻国。"

禫 dàn 除丧服时举行的祭礼。《仪礼·士虞礼》："期而小祥，曰荐此常事；又期而大祥，曰荐此祥事；中月而～。"（郑玄注："中，犹间也。禫，祭名也，与大祥间一月。自丧至此，凡二十七月。"）《宋书·王准之传》："晋初用王肃议，祥～共月，故二十五月而除，遂以为制。"

澶 dàn 见 chán。

赕（賧） dàn ❶购物预付钱。《玉篇·贝部》："～，预入钱也。"❷书画或书册卷头上贴绫的地方叫"赕"，也叫"玉池"。米芾《书史》："隋唐藏书，皆金题锦～。"

缠 dàn 见 chán。

檐 dàn 见 yán。

赡 dàn 见 shàn。

膻 dàn 见 shān。

癉 dàn（又读 dǎn） ❶因劳致病。《礼记·缁衣》："《诗》云：'上帝板板，下民卒～。'"（今《诗经·大雅·板》作"瘅"。）❷憎恨。《礼记·缁衣》："有国者章善～恶。"

霮 dàn 见"霮䨴"。

【霮䨴】 dànduì ❶云密集的样子。王延寿《鲁灵光殿赋》："云覆～～，洞杳冥兮。"❷露多的样子。左思《吴都赋》："宵露～～，旭日晻时。"（晻时：昏暗的样子。晻，同"暗"。）

dang

当（當） 1. dāng ❶适应，与之相称。《荀子·儒效》："言必～理，事必～务。"《后汉书·邓禹传》："禹每有所举者，皆～其才。"㊀顺应。《战国策·赵策二》："～世辅俗，古之道也。"❷掌管，担当。《国语·越语上》："～室者死，三年释其政。"（当室者：主管家事的人，指嫡子。）《史记·周本纪》："周公恐诸侯畔天下，公乃摄行政～国。"㊁承担。《后汉书·梁统传》："今统内有尊亲，又德薄能寡，诚不足以～之。"❸抵挡，挡住。《孟子·梁惠王下》："彼恶敢～我哉！"《汉书·高帝纪上》："行前者还报曰：'前有大蛇～径，愿还。'"❹相抵，相当。《左传·成公三年》："次国之上卿～大国之中。"《汉书·晁错传》："此车骑之地，步兵十不～一。"❺面对，向。《左传·哀公元年》：

"逢滑～公而进。"《论衡·命义》:"蹈死亡之地,～剑戟之锋。"❻应该。《汉书·高帝纪上》:"高祖常繇咸阳,纵观秦皇帝,喟然大息,曰:'嗟乎,大丈夫～如此矣!'"❼在(某处、某时)。《老子·十一章》:"三十辐共一毂,～其无有车之用。"《韩非子·五蠹》:"～舜之时,有苗不服。"❽判罪。《后汉书·鲍永传》:"系者千馀人,恐未能尽～其罪。"❾将。《后汉书·卓茂传》:"知王莽～篡,乃变名姓,抱经书隐蔽林薮。"

2. dàng ❿适合,恰当。《荀子·修身》:"故非我而～者,吾师也。"《史记·孝文本纪》:"朕闻法正则民悫,罪～则民从。"⓫当做。《战国策·齐策四》:"晚食以～肉,安步以～车。"《后汉书·仲长统传》:"沆瀣～餐,九阳代烛。"(沆瀣:夜间水气。)⓬抵押。《左传·哀公八年》:"以王子姑曹～之,而后止。"⓭底。《韩非子·外储说右上》:"今有千金之玉卮而无～,可以盛水乎?"⓮(tǎng)通"倘"。如果。《荀子·君子》:"先祖～贤,后子孙必显。"《论衡·讲瑞》:"～唐虞之时凤悫愿,宣帝之时佼黠乎?"⓯(cháng)通"尝"。曾经。《吕氏春秋·疑似》:"戎寇～至,幽王击鼓,诸侯之兵皆至。"

【当道】 dāngdào ❶合于正道。《孟子·告子下》:"君子之事君也,务引其君以～～。"❷挡道,拦路。《国语·晋语五》:"梁山崩,以传召宗伯,遇大车～～而覆。"又指当权。《后汉书·张晧传》:"豺狼～～,安问狐狸?"

【当关】 dāngguān ❶守门人。嵇康《与山巨源绝交书》:"卧喜晚起,而～～呼之不置。"❷把守关口。李白《蜀道难》诗:"一夫～～,万夫莫开。"

【当卢】 dānglú 坐在垆前卖酒。卢,通"垆",放置酒坛的土台。《汉书·司马相如传上》:"尽卖车骑,买酒舍,乃令文君～～。"卢,亦作"铲"、"垆"。

【当路】 dānglù ❶当权。《孟子·公孙丑上》:"夫子～～于齐,管仲、晏子之功,可复许乎?"《史记·樗里子甘茂列传》:"今臣困而君方使秦而～～矣。"❷拦路。《汉书·沟洫志》:"大禹治水,山陵～～者毁之。"

【当日】 dāngrì ❶值日,值日的人。《国语·晋语九》:"主将适蝼而麓不闻,臣敢烦～～。"(蝼:晋君的园囿。麓:管理园囿的官。)❷往日。陆游《古筑城曲》:"惟有筑城词,哀怨如～～。"

【当世】 dāngshì ❶当代。司马迁《报任少卿书》:"不亦轻朝廷,羞～～之士邪?"❷当权,为君。《史记·孔子世家》:"吾闻圣人之后,虽不～～,必有达者。"

【当事】 dāngshì ❶临事。《国语·鲁语上》:"居官者,～～不避难。"❷当权的人。史可法《致副总马元度》:"又虞～～夙倚,以此开嫌,几欲别有借重,而踌躇未果。"

【当涂】 dāngtú 当权。《韩非子·孤愤》:"～～之人擅事要,则外内为之用矣。"《汉书·扬雄传下》:"～～者入青云,失路者委沟渠。"又作"当途"。《韩非子·人主》:"其～～之臣,得势擅事,以环其私。"

【当夕】 dāngxī ❶指妻妾侍寝。《魏书·孝文幽皇后传》:"专寝～～,宫人稀复进见。"❷今夕。张华《杂诗》:"繁霜降～～,悲风中夜兴。"

【当下】 dāngxià 立即。《三国志·吴书·陆凯传》:"及被召,～～径赴都。"

【当心】 dāngxīn ❶捧物与心齐,表示恭谨。《礼记·曲礼下》:"凡奉者～～,提者当带。"后引申有小心谨慎的意思。❷正中。白居易《琵琶行》:"曲终收拨～～画,四弦一声如裂帛。"

【当阳】 dāngyáng 南面听政。《左传·文公四年》:"则天子～～,诸侯用命也。"

【当御】 dāngyù ❶值班。《左传·襄公二十六年》:"行人子朱曰:'朱也～～。'"张衡《西京赋》:"内有常侍谒者,奉命～～。"❷阻挡。《后汉书·虞诩传》:"如使豪雄相聚,席卷而东,虽贲、育为卒,太公为将,犹恐不足～～。"

【当仁不让】 dāngrénbùràng 语出《论语·卫灵公》:"当仁不让于师。"意谓当行仁之事,不谦让于师。后泛指应该做的事情就主动去做,不谦让。《后汉书·曹褒传》:"～～～～,吾何辞哉?"

珰(璫) dāng ❶妇女的耳饰。古诗《为焦仲卿妻作》:"腰若流纨素,耳着明月～。"❷汉代宦者作武官的冠饰。《后汉书·舆服志下》:"武冠,一曰武弁大冠,诸武官冠之。侍中、中常侍加黄金～,附蝉为文,貂尾为饰。"又《宦者传序》:"皆银～左貂,给事殿省。"⊗宦官的代称。夏允彝《幸存录·门户大略》:"东林初负气节,每与内～为难。"❸屋椽头的装饰。《史记·司马相如列传》:"华榱璧～,辇道𫄨属。"

铛(鐺) 1. dāng ❶见"铛铛"。
2. tāng ❷见"铛鞳"。
3. chēng ❸平底铁锅。《世说新语·德行》:"吴郡陈遗家至孝,母好食～底焦饭。"❹温器。《梁书·何点传》:"[萧]子良欣悦无已,遗点嵇叔夜酒杯,徐景山酒～。"

【铛铛】 dāngdāng 象声词。徐陵《与杨仆射书》:"至于～～晓漏,的的宵烽。"

【铛鞳】 tāngtà 鼓声。《史记·司马相如列传》："族举递奏，金鼓迭起，铿锵～～，洞心骇耳。"

筜(簹) dāng 见"筼筜"。

党1 dǎng ❶见"党项"。❷姓。

【党项】 民族名。古代羌族的一支。《集韵·荡韵》："党，～～，虏名。"

党2(黨) 1. dǎng ❶古代地方组织单位，五百家为党。《汉书·食货志上》："五家为邻，五邻为里，四里为族，五族为～。"[引]乡里。《论语·子路》："吾～有直躬者。"❷亲族。《礼记·坊记》："睦于父母之～，可谓孝矣。"《三国志·魏书·常林传》："有父～造门。"❸同伙的人，党徒。《国语·周语中》："初，惠后欲立王子带，故以其～启狄人。"《史记·周本纪》："景王爱子朝，会崩，子丏之～与争立。"[又]类，同类。左思《吴都赋》："乌菟之族，犀兕之～。"❹亲近。《荀子·非相》："法先王，顺礼义，～学者。"[又]勾结。《国语·晋语五》："吾闻事君者比而不～。"《汉书·樊哙传》："是时高帝病甚，人有恶哙～于吕氏。"(恶：毁谤。)❺偏私。《尚书·洪范》："无偏无～，王道荡荡。"《史记·晋世家》："祁奚可谓不～矣！外举不隐仇，内举不隐子。"❻所，处所。《史记·齐太公世家》："景公死乎弗与埋，三军事乎弗与谋，师乎师乎，胡～之乎？"(师：众。之：至。)❼通"谠"。正直。《荀子·非相》："文而致实，博而～正，是士君子之辩者也。"

2. tǎng ❽通"倘"。偶或，倘使。《荀子·天论》："夫日月之有蚀，风雨之不时，怪星之～见，是无世而不常有之。"《后汉书·张奂传》："～同文、昭之德，岂不大哉！"(文：周文王。昭：燕昭王。)

3. zhǎng ❾姓。

【党锢】 dǎnggù 指东汉桓帝时的党锢之祸。当时宦官擅权，李膺等力加抨击，遭到诬告。桓帝乃指称李膺等为党人，连及二百馀人，下狱治罪。后赦归田里，禁锢终身。灵帝时，李膺等复被起用，与大将军窦武谋诛宦官。事败，李膺等百馀人被杀，辞连废禁者六七百人。《后汉书》有《党锢传》。

【党类】 dǎnglèi 同党之人，朋党。《论衡·顺鼓》："母之～～为害，可攻母以救之乎？"《后汉书·宦者传序》："搆害明贤，专树～～。"

【党人】 dǎngrén ❶政治上结为朋党的人。《楚辞·离骚》："惟夫～～之偷乐兮，路幽昧以险隘。"欧阳修《朋党论》："后汉献帝时，尽取天下名士囚禁之，目为～～。"❷同乡之人。《庄子·外物》："演门有亲死者，以善毁爵为官师，其～～毁而死者半。"

【党与】 dǎngyǔ 同伙，同党的人。《汉书·武帝纪》："十一月，淮南王安、衡山王赐谋反，诛。～～死者数万人。"《后汉书·马成传》："追击其～～，尽平江淮地。"

【党援】 dǎngyuán 同党助己的人。《后汉书·袁术传》："乃各外交～～，以相图谋。"《三国志·魏书·董昭传》："昭以[杨]奉兵马最强而少～～，作太祖书与奉。"

【党同伐异】 dǎngtóngfáyì 与同己者结党而攻击异己者。《后汉书·党锢传序》："自武帝以后，崇尚儒学，怀经协术，所在雾会，至有石渠分争之论，～～～～之说，守文之徒，盛于时矣。"

谠(讜) dǎng 正直。《三国志·魏书·武帝纪》注引《魏书》："朝乏～臣，议出密近，故计行如转圜，事成如摧朽。"欧阳修《论杜衍范仲淹等罢政事状》："昔年仲淹初以忠言～论，闻于中外，天下贤士，争相称慕。"

【谠言】 dǎngyán 正直的言论。《后汉书·班固传》："因相与嗟叹玄德，～～弘说。"《三国志·魏书·三少帝纪》："群公卿士～～嘉谋，各悉乃心。"

【谠议】 dǎngyì 公正的议论。《晋书·羊祜传》："势利之术，无所关与，其嘉谋～～，皆焚其草，故世莫闻。"温庭筠《上学士舍人启》之一："而暗达明心，潜申～～。"

澫(灢) dǎng ❶水名。源出陕西省洋县北，合洛谷水，流入汉江。❷见"澫漭"。

【澫漭】 dǎngmǎng 水广大的样子。庾阐《海赋》："～～潺湲，浮天沃日。"

欓(欓) dǎng ❶果木名，即茱萸。《广雅·释木》："～……，茱萸也。"❷木桶。《类篇》："～，木桶也。"《水经注·榖水》引张璠《汉纪》："始以榆～盛经，白马负图。"

惕(愓) 1. dàng ❶放荡。《荀子·荣辱》："～悍骄暴，以偷生反侧于乱世之间，是奸人之所以取危辱死刑也。"《管子·大匡》："臣闻齐君～而亟骄。"

2. shāng ❷见"惕惕"。

【惕惕】 shāngshāng 快步直身而行的样子。《礼记·玉藻》："凡行容～～。"

逿(逿) dàng ❶跌倒。《汉书·王式传》："式耻之，阳醉～墜。"(墜：同"地"。)❷通"荡"。摇荡。《史记·扁鹊仓公列传》："周身热，脉盛者，为重阳；重阳者，～心主。"

崵 dàng 见yáng。

宕 dàng ❶通"荡"。流动。曹植《七哀诗》:"借问叹者谁,言是～子妻。"皇甫谧《三都赋序》:"雷同影附,流～忘反,非一时也。"❷通"荡"。放纵。《后汉书·孔融传》:"故发辞偏～,多致乖忤。"又《光武十王传赞》:"济南阴谋,琅邪骄～。"❸拖延。《二十年目睹之怪现状》五十二回:"这一百吊暂时～一～,我再想法子报销。"

【宕冥】 dàngmíng ❶昏暗。王褒《洞箫赋》:"于是乃使夫性昧之～～,生不睹天地之体势,闇于白黑之貌形。"❷指幽深的天空。张衡《思玄赋》:"蹁瘫鸿于～～兮,贯倒景而高厉。"

砀(碭) dàng ❶有花纹的石头。《说文·石部》:"～,文石也。"何晏《景福殿赋》:"墉垣～基,其光昭昭。"❷大,广大。《淮南子·本经训》:"当此之时,玄元至～而运照。"(玄元:指天。)❸通"荡"。游荡。《庄子·庚桑楚》:"吞舟之鱼,～而失水,则蚁能苦之。"(《文选·吴都赋》注引作"荡"。)❹古地名,即今安徽省砀山。

【砀骇】 dànghài 突起。马融《长笛赋》:"震郁怫以凭怒兮,耾～～以奋肆。"(耾:声。)

【砀突】 dàngtū 即"唐突"。冲击。马融《长笛赋》:"奔遯～～,摇演其山。"

玚 dàng 见yáng。

荡(蕩、盪) 1. dàng ❶动,摇动。《左传·庄公四年》:"[楚武王]入告夫人邓曼曰:'余心～。'"《吕氏春秋·音初》:"凡音者,产乎人心者也。感于心则～乎音,音成于外而化乎内。"韩愈《送孟东野序》:"水之无声,风～之鸣。"❷放纵,放荡。《论语·阳货》:"好知不好学,其蔽也～。"又:"古之狂也肆,今之狂也～。"❸洗涤,消除。《汉书·元后传》:"而妄称引羌胡杀子～肠。"《后汉书·桓帝纪》:"幸赖股肱御侮之助,残丑消～,民和年稔。"❹毁坏。《庄子·人间世》:"德～乎名,知出乎争。"《后汉书·杨震传》:"宫室焚～,民庶涂炭。"❺广,大。《诗经·齐风·南山》:"鲁道有～,齐子由归。"(齐子:齐国的女子。归:出嫁。)《左传·襄公二十九年》:"为之歌《豳》,曰:'美哉,～乎!乐而不淫,其周公之东乎!'"❻流通。《周礼·地官·稻人》:"以防止水,以沟～水。"(防:堤坝。)

2. tāng ❼古水名,即今汤水,源出河南汤阴县北。

【荡骀】 dàngdài ❶悠闲自得。《晋书·夏侯湛传》:"而独雍容艺文,～～儒林,志不辍著述之业,口不释雅颂之音。"❷舒展。《乐府诗集·子夜四时歌·春歌》:"妖冶颜～～,景色复多媚。"

【荡荡】 dàngdàng ❶广大。《尚书·洪范》:"无偏无党,王道～～。"《后汉书·和熹邓皇后纪》:"巍巍之业,可闻而不可及,～～之勋,可诵而不可名。"又指胸怀宽广。《论语·述而》:"君子坦～～,小人长戚戚。"❷动荡不定的样子。《庄子·天运》:"帝张咸池之乐于洞庭之野,吾始闻之惧,复闻之怠,卒闻之而惑,～～默默,乃不自得。"❸法度废坏的样子。《诗经·大雅·荡》:"～～上帝,下民之辟。"(辟:君。)❹空旷的样子。《汉书·郊祀志下》:"听其言,洋洋满耳,若将可遇;求之,～～如系风捕影,终不可得。"

【荡涤】 dàngdí 洗涤。《汉书·谷永传》:"深惧危亡之征兆,～～邪辟之恶志。"王勃《益州绵竹县武都山净惠寺碑》:"飞泉瀑溜,～～峰崖。"

【荡覆】 dàngfù 倾覆。《左传·襄公二十三年》:"欲废国常,～～公室。"

【荡恐】 dàngkǒng 震惊恐惧。《史记·龟策列传》:"百僚～～,皆曰龟策能言。"

【荡析】 dàngxī 动荡分散,分崩离析。《尚书·盘庚下》:"今我民用～～离居,罔有定极。"《三国志·魏书·公孙渊传》注引《吴书》:"季末凶荒,乾坤否塞,兵革未戢,人民～～。"张说《齐黄门侍郎卢思道碑》:"及皇舆败绩于外,而百寮～～于内,公节义独存,侍从趣邺,告至行赏,授仪同三司。"

【荡佚】 dàngyì 放荡纵逸,不拘世俗。《后汉书·冯衍传下》:"常务道德之实,而不求当世之名;阔略杪小之礼,～～人间之事。"又《班超传》:"今君性严急,水清无大鱼,察政不得下和。宜～～简易,宽小过,总大纲而已。"

【荡潏】 dàngyù 动荡涌起。杜甫《北征》诗:"邠郊入地底,泾水中～～。"苏舜钦《苏州洞庭山水月禅院记》:"浮轻舟,出横金口,观其洪川～～,万顷一色。"

【荡志】 dàngzhì 荡涤心怀。《楚辞·九章·思美人》:"吾将～～而愉乐兮,遵江夏以娱忧。"

【荡子】 dàngzǐ 游荡在外的男子。《古诗十九首》之二:"～～行不归,空床难独守。"江淹《征怨》诗:"～～从征久,凤楼箫管闲。"后又指放荡不务正业的男子。《聊斋志异·章阿端》:"妾章氏,小字阿端,误适～～。"

档(檔) dàng ❶框档,即器物上用以分格或支撑的横木条。《类篇》："～，横木框档也。"❷存放公文案卷的橱架。

【档案】 dàng'àn 记录板。杨宾《柳边纪略》卷三："边外文字，多书于木，往来传递者曰牌子，以削木片若牌故也；存贮年久者曰～～，曰档子，以积累多，贯皮条挂壁若档故也。然今文字之书于纸者，亦呼为牌子、档子。"后归档保存的文件沿用此名。

踢（踼） dàng 跌倒。左思《吴都赋》："魂褫气慑而自～跌者，应弦饮羽。"

瑒（璗） dàng 黄金。《尔雅·释器》："黄金谓之瑒。"《说文·玉部》："瑒，金之美者，与玉同色。"参见"玚②"。

菪 dàng 草名。如"莨菪"。

瓽 dàng ❶大盆。《说文·瓦部》："～，大盆也。"❷砖砌的井壁。《汉书·陈遵传》："一旦叀碍，为～所镭。"（叀：悬。镭：碰击。）

簜（簜） dàng ❶大竹。《尚书·禹贡》："篆～既敷。"❷指笙箫之类的竹制乐器。《仪礼·大射礼》："～在建鼓之间。"

嵣 dàng 见"嵣崆"。

【嵣崆】 dàngmǎng 山石广大的样子。张衡《南都赋》："其山则崆岘嵑嵑，～～嶚剌。"

潒 dàng 荡漾。张衡《西京赋》："前开唐中，弥望广～。"（唐中：池塘名。）

dao

刀 1. dāo ❶兵器，又泛指砍削切割的工具。《左传·襄公二十九年》："吴子馀祭观舟，阍以～弑之。"（阍：守门人。）《庄子·养生主》："良庖岁更～，割也。"❷古钱币名。形状似刀。《汉书·食货志下》："错～，以黄金错其文，曰'一～直五千'。"参见"刀布"。❸通"舠"。小船。《诗经·卫风·河广》："谁谓河广，曾不容～。"

2. diāo ❹同"刁"。《史记·李将军列传》："不击～斗以自卫。"参见"刁斗"。

【刀笔】 dāobǐ ❶刀和笔。古代的书写工具。古人记事用竹木简牍，以笔书写，如有讹误，则以刀削除，故刀笔合称。《史记·酷吏列传》："临江王欲得～～为书谢上。"《汉书·贾谊传》："俗吏之所务，在于～～筐箧，而不知大体。"❷指文书。《淮南子·泰族训》："然商鞅之法亡秦，察于～～之迹，而不知治乱之本也。"王安石《上仁宗皇帝言事书》："今朝廷悉心于一切之利害，有司法令于～～之间，非一日也。"❸主办文书的官吏。又称刀笔吏。《战国策·秦策五》："臣少为秦～～。"《史记·萧相国世家论》："萧相国何于秦时为～～吏，录录未有奇节。"又特指主管诉讼的官吏。《汉书·汲黯传》："而～～之吏专深文巧诋，陷人于罔，以自为功。"

【刀布】 dāobù 古钱币名。《荀子·荣辱》："馀～～，有囷窌，然而衣不敢有丝帛。"（窌：同"窖"。）《史记·平准书》："农工商交易之路通，而龟贝金钱～～之币兴焉。"

【刀圭】 dāoguī 古量取药物的用具。庾信《至老子庙应诏》诗："盛丹须竹节，量药用～～。"又借指药物。韩愈《寄随州周员外》诗："金丹别后知传得，乞取～～救病身。"

【刀环】 dāohuán 刀头的环。"环"与"还"同音，故隐含还归之意。《汉书·李陵传》："立政等见陵，未得私语，即目视陵，而数数自循其～～，握其足，阴谕之，言可还归汉也。"杜颀《从军行》："夜闻汉使归，独向～～泣。"

【刀锯】 dāojù 古刑具名。刀用于割刑，锯用于刖刑。《国语·鲁语上》："中刑用～～。"又《晋语六》："今吾司寇之～～日弊，而斧钺不行。"司马迁《报任少卿书》："奈何令～～之馀，荐天下之豪俊哉！"（刀锯之馀：指受过宫刑的人。）

【刀墨】 dāomò 指黥刑，以刀刻面而涂以墨。《国语·周语上》："于是乎有蛮、夷之国，有斧钺、～～之民。"

【刀锥】 dāozhuī 刀和锥，比喻微小之利。陈子昂《感遇》诗之十："务光让天下，商贾竞～～。"

【刀俎】 dāozǔ 切肉的用具。俎，切肉的案板。《史记·项羽本纪》："如今人方为～～，我为鱼肉，何辞为？"

叨 dāo 见 tāo。

忉 dāo 忧心。见"忉怛"、"忉忉"。

【忉怛】 dāodá 忧伤，悲哀。王粲《登楼赋》："心凄怆以感发兮，意～～而憯恻。"李陵《答苏武书》："异方之乐，只令人悲，增～～耳！"

【忉忉】 dāodāo ❶忧虑的样子。《诗经·齐风·甫田》："无思远人，劳心～～。"《后汉书·章帝纪》："朕之不德，上累三光，震慄～～，痛心疾首。"❷唠叨。欧阳修《与王懿敏公书》："客多，偷隙作此简，鄙怀欲述者多，不觉～～。"

舠 dāo 小船。《文心雕龙·夸饰》："是以言峻则嵩高极天，论狭则河不容～。"李白《下泾县陵阳溪至涩滩》诗："白波若卷雪，侧石不容～。"

裯 dāo 见 chóu。

鸟 dǎo 见 niǎo。

导(導) dǎo ❶引导。《孟子·离娄下》："有故而去，则君使人～之出疆。"《史记·晋世家》："夫～我以仁义，防我以德惠，此受上赏。"㉠引向。《庄子·养生主》："依乎天理，批大郤，～大窾，因其固然。"❷向导。《史记·大宛列传》："乌孙发～译送骞还。"（译：翻译。）❸教导，开导。《孟子·尽心上》："所谓西伯善养老者，制其田里，教之树畜，～其妻子，使养老者。"《后汉书·章帝纪》："盖三代～人，教学为本。"❹疏通。《国语·周语上》："是故为川者决之使～，为民者宣之使言。"（为：治。）❺经由。《晏子春秋·内篇谏上》："楚巫微～裔款以见景公。"❻首饰名。栉的一种，用以引发至冠帻之中。《晋书·桓玄传》："玄拔头上玉～与之。"苏轼《椰子冠》诗："规模简古人争看，簪～轻安发不知。"❼通"禫"。选择。《后汉书·光武帝纪下》："非徒有豫养～择之劳，至乃烦扰道上，疲费过所。"

【导言】 dǎoyán 传言。《楚辞·离骚》："理弱而媒拙兮，恐～～之不固。"

【导扬】 dǎoyáng 显扬，弘扬。《汉书·叙传下》："拥毓孝昭，末命～～。"《三国志·魏书·武帝纪》："今君称丕显德，明保朕躬，奉答天命，～～弘烈，绥爰九域，莫不率俾。"

【导引】 dǎoyǐn ❶古代的一种养生术。指呼吸吐纳，屈伸俯仰，活动关节，促进身体健康。《论衡·道虚》："人之～～动摇形体者，何故寿而不死？"《后汉书·华佗传》："是以古之仙者为～～之事，熊经鸱顾，引挽腰体，动诸关节，以求难老。"（熊经：像熊那样攀枝自悬。鸱顾：指身体不动而回顾。）又作"道引"。《庄子·刻意》："此～～之士，养形之人，彭祖寿考者之所好也。"❷在前引路。《楚辞·九怀·尊嘉》："蛟龙兮～～，文鱼兮上濑。"

【导谀】 dǎoyú 阿谀，曲意奉迎。《史记·越世家》："句践召范蠡曰：'吴已杀子胥，～～者众，可乎？'"《三国志·魏书·明帝纪》："敢为佞邪～～时君，妄建非正之号以干正统，谓考为皇，称妣为后，则股肱大臣，诛之无赦。"

捣(擣、搗) 1. dǎo ❶舂，用木棒的一端撞击。《诗经·小雅·小弁》："我心忧伤，怒焉如～。"（怒：忧。）《楚辞·九章·惜诵》："～木兰以矫蕙兮，糳申椒以为粮。"（糳：舂米。）❷击，攻打。《后汉书·盖延传》："可直往～郯，则兰陵必自解。"陆九渊《葛致政墓志铭》："公直前以长戈～之，应手堕马，贼众惊溃。"

2. chóu ❸通"稠"。聚。《史记·龟策列传》："上有～蓍，下有神龟。"（捣蓍：丛生的蓍草。）

【捣虚】 dǎoxū 乘虚而击。《史记·孙子吴起列传》："夫解杂乱纷纠者不控卷，救斗者不搏撠，批亢～～，形格势禁，则自为解耳。"

倒 1. dǎo ❶仆倒，倒下。司马相如《上林赋》："弓不虚发，应声而～。"《汉书·李广传》："其射，见敌，非在数十步之内，度不中不发，发即应弦而～。"㉠使倒下。封演《封氏闻见记·绎山》："始皇刻石纪功，其文字李斯小篆。后魏太武帝登山，使人排～之。"❷移动，更换。王晔《桃花女》三折："你只管把这两领席，～来～去，是什么主意？"㉠转让，作价倒出。《儒林外史》五十二回："我东头街上谈家当铺折了本，要～与人。"❸通"捣"。汤显祖《紫钗记·剑合钗圆》："都是太尉～鬼。"

2. dào ❹颠倒。《诗经·齐风·东方未明》："～之颠之，自公令之。"《汉书·贾谊传》："贤圣逆曳兮，方正～植。"❺违逆，违反。《韩非子·难四》："今未有其所以得，而行其所以处，是～义而逆德也。"《吕氏春秋·至忠》："至忠逆于耳，～于心，非贤主其孰能听之？"❻倾倒出来。《世说新语·贤媛》："王家见二谢，倾筐～庋(guǐ)。"（庋：放东西的木架。）韩愈《岳阳楼别窦司直》诗："开筵交履舄，烂漫～家酿。"❼副词。反倒，反而。《朱子语类·论语二十一》："如今人恁地文理细密，～未必好。"《儒林外史》一回："票子传着～要去，帖子请着～不去。"

【倒戈】 dǎogē 掉转兵器向己方攻击。指投降敌方。《尚书·武成》："前徒～～，攻于后以北。"（北：败。）《旧唐书·李密传》："因其～～之心，乘我破竹之势。"

【倒屣】 dàoxǐ 急于迎客，把鞋穿倒。《三国志·魏书·王粲传》："时[蔡]邕才学显著，贵重朝廷，常车骑填巷，宾客盈坐。闻粲在门，～～迎之。"王维《辋川别业》诗："披衣～～且相见，相欢语笑衡门前。"又作"倒履"。朱弁《曲洧旧闻》卷二："叔弼既到门，尧夫～～出迎之，甚喜。"

【倒悬】 dàoxuán 人头脚倒置地挂着。比喻处境的困苦或危急。《孟子·公孙丑上》：“当今之时，万乘之国行仁政，民之悦之，犹解～～也。”又作“倒县”。《三国志·魏书·臧洪传》：“北鄙将告～～之急。”

【倒言】 dàoyán 反话。《韩非子·内储说上》：“～～反事以尝所疑，则奸情得。”又《八经》：“诡使以绝黩泄，～～以尝所疑。”

【倒景】 dàoyǐng 景，同“影”。❶指天上的最高处。《汉书·郊祀志下》：“登遐～～，览观县圃，浮游蓬莱。”苏轼《潮州修韩文公庙记》：“灭没～～不可望，作书诋佛讥君王。”❷水中的影子。孙绰《游天台山赋》：“或～～于重溟，或匿峰于千岭。”柳永《早梅芳》词：“芰荷浦溆，杨柳汀洲，映虹桥～～。”

【倒卓】 dàozhuō 倒立。王禹偁《酬安秘丞歌诗集》诗：“又似赤晴干撒一阵雹，打折琼林枝～～。”《宋史·苏绅传》：“绅与梁适同在两禁，人以为险诐，故语曰‘草头木脚，陷人～～’。”（草头：指苏绅。木脚：指梁适。）

【倒持泰阿】 dàochítài'ē 倒拿着宝剑，将剑柄与人。比喻授权与人，反受其害。泰阿，宝剑名。《汉书·梅福传》：“至秦则不然，张诽谤之罔，以为汉敺除，～～～～，授楚其柄。”又作“倒持太阿”。《旧唐书·陈夷行传》：“自三数年来，奸臣窃权，陛下不可～～～～，授人镈柄。”

【倒行逆施】 dàoxíngnìshī 指做事违背常理。语出《史记·伍子胥列传》：“伍子胥曰：‘为我谢申包胥曰，吾日莫途远，吾故倒行而逆施之。’”叶廷琯《鸥陂渔话·马士英有才艺》：“[马士英]乘时窃柄，～～～～，为后世唾骂不惜。”

【倒载干戈】 dàozàigāngē 倒着收藏兵器，表示不再打仗。《礼记·乐记》：“～～～～，包之以虎皮，将帅之士，使为诸侯。”又作“倒置干戈”、“倒戢干戈”。《史记·留侯世家》：“～～～～，覆以虎皮，以示天下不复用兵。”《晋书·华谭传》：“～～～～，苞以兽皮。”

祷（禱） dǎo ❶祈祷，向神求福。《吕氏春秋·顺民》：“天大旱，五年不收，汤乃以身～于桑林。”《后汉书·顺帝纪》：“庚申，敕郡国二千石各～名山岳渎。”❷祝颂。《周礼·春官·大祝》：“作六辞以通上下亲疏远近：一曰祠，二曰命，三曰诰，四曰会，五曰～，六曰诔。”

【祷祈】 dǎoqí 祷告祈求。《论衡·感虚》：“尧不自责以身～～，必舜、禹治之，知水变必须治也。”《后汉书·郎𫖮传》：“朝廷劳心，广为～～。”

【祷祀】 dǎosì 为祈祷而祭祀。《史记·韩世家》：“秦韩并兵而伐楚，此秦所～～而求也。”颜延之《陶徵士诔》：“药剂弗尝，～～非恤。”

蹈 dǎo ❶顿足。《史记·乐书》：“嗟叹之不足，故不知手之舞之，足之～之。”[引]踏入，奔向。《汉书·邹阳传》：“是以申徒狄～雍之河，徐衍负石入海。”❷遵循，履行。《论衡·状留》：“遵礼～绳，修身守节。”（绳：指法度。）《后汉书·班固传》：“陛下仰监唐典，中述祖则，俯～宗轨。”❸动，变动不定。《诗经·小雅·菀柳》：“上帝甚～，无自暱焉。”（一说通“悼”。忧伤。见郑笺。）❹践，踏。《论衡·幸偶》：“足所履，蝼蚁笮死；足所不～，全活不伤。”❺通“搯”。叩，击。《汉书·苏武传》：“凿地为坎，置煴火，覆武其上，～其背以出血。”

【蹈藉】 dǎojiè 践踏。《三国志·吴书·孙坚传》：“向坚所以不即起者，恐兵相～～，诸军不得入耳。”又作“蹈籍”、“蹈躤”。《史记·司马相如列传》：“乘骑之所蹂若，人民之所～～。”《后汉书·冯绲传》：“各焚都城，～～官人。”

【蹈履】 dǎolǚ 踏，踩。《论衡·雷虚》：“今钟鼓无所悬着，雷公之足无所～～，安得而为雷？”

【蹈袭】 dǎoxí 沿袭。潘耒《潜书序》：“独抒己见，无所～～。”

到 dào ❶至，到达。《诗经·大雅·韩奕》：“蹶父孔武，靡国不～。”《汉书·高帝纪上》：“[高祖]～丰西泽中亭，止饮。”❷周到。陆九渊《送杨通老》：“长溪杨楫通老，忠实恳～，有志于学。”❸通“倒”。颠倒。《庄子·外物》：“草木之～植者过半。”《吕氏春秋·爱类》：“公之学去尊，今又王齐王，何其～也？”

悼 dào ❶恐惧，担心。《国语·晋语二》：“使寡君之绍续昆裔，隐～播越，托在草莽，未有所依。”（绍续昆裔：指后裔。播越：流落远方。）《汉书·董仲舒传》：“乃其不正不直，不忠不极，枉于执事，书之不泄，兴于朕躬，毋～后害。”《后汉书·冯衍传》：“年衰岁暮，～无成功。”[引]战慄。《三国志·魏书·文帝纪》注引《魏王令》：“心慄手～，书不成字。”❷悲伤。《诗经·卫风·氓》：“静言思之，躬自～矣。”《汉书·贾谊传》：“谊自伤～，以为寿不得长，乃为赋以自广。”❸悼念，追念死者。《汉书·孝成许皇后传》：“元帝～伤母恭哀后居位日浅而遭霍氏之辜。”元稹《遣悲怀》诗之三：“邓攸无子寻知命，潘岳～亡犹费辞。”

【悼慄】 dàolì 恐惧战慄。《三国志·魏书·三少帝纪》:"臣等备位,不能匡救祸乱,式遏奸逆,奉命震悚,肝心～～。"又作"悼栗"。宋濂《送天台陈庭学序》:"临上而俯视,绝壑万仞,杳莫测其所穷,肝胆为之～～。"

【悼心】 dàoxīn 伤心。《三国志·魏书·高贵乡公髦纪》:"吾深痛愍,为之～～。"司马炎《伐吴诏》:"死亡流离,伤害和气,朕每恻然～～。"

【悼心失图】 dàoxīnshītú 因伤心而失其图谋。《左传·昭公七年》:"嘉惠未至,唯襄公之辱临我丧,孤与其二三臣～～～～。"《三国志·魏书·管宁传》:"光宠并臻,优命屡至,怔营竦息,～～～～。"

帱 dào 见 chóu。

陶 dào 见 táo。

盗(盜) dào ❶偷窃。《孟子·万章下》:"夫谓非其有而取之者,～也。"《荀子·修身》:"窃货曰～,匿行曰诈。"㉿劫掠。《汉书·高帝纪上》:"杀人者死,伤人及～抵罪。"㊀以不正当的手段经营或谋取。《汉书·食货志下》:"令禁铸钱,则钱必重;重则其利深,～铸如云而起。"❷偷东西的人。《荀子·儒效》:"故人无师无法而知,则必为～。"㊀强盗。《史记·项羽本纪》:"故遣将守关者,备他～出入与非常也。"㊀指反抗统治者的人。《通鉴纪事本末》卷三十七:"巢善骑射,喜任侠,粗涉诗书,屡举进士不第,遂为～。"❸谗佞小人。《诗经·小雅·巧言》:"君子信～,乱是用暴。"

【盗窃】 dàoqiè 偷盗,私取。《汉书·卫青传》:"匈奴逆天理,乱人伦,暴长虐老,以～～为务。"韩愈《进学解》:"踵长途之役役,窥陈编以～～。"(役役:或以为当作"促促"。)

【盗泉】 dàoquán 古泉名。故址在山东泗水县。《后汉书·钟离意传》:"孔子忍渴于～～之水,曾参回车于胜母之闾。"陆机《猛虎行》:"渴不饮～～水,热不息恶木荫。"

【盗嫂】 dàosǎo 与嫂私通。《汉书·陈平传》:"闻平居家时盗其嫂。"《三国志·魏书·武帝纪》:"昔直不疑无兄,世人谓之～～。"

【盗竽】 dàoyú 盗首。竽为五音之长,故称。《韩非子·解老》:"竽也者,五声之长者也,故竽先则钟瑟皆随,竽唱则诸乐皆和。今大奸作,则俗之民唱,俗之民唱,则小盗必和。故服文采,带利剑,厌饮食,而货资有馀者,是之谓～～矣。"(《老子·五十三章》作"盗夸"。"竽"、"夸"古通用。)

【盗贼】 dàozéi 抢劫、杀人的人。《老子·五十七章》:"法令滋章,～～多有。"《左传·文公十八年》:"其人,则～～也。"《后汉书·郑兴传》:"臣恐百姓离心,～～复起矣。"

【盗跖】 dàozhí 又作"盗蹠"。相传为春秋时人,古籍中用作大盗的代表。《庄子·骈拇》:"伯夷死名于首阳之下,～～死利于东陵之上。"《荀子·不苟》:"～～吟口,名声若日月,与舜禹俱传而不息。"

【盗憎主人】 dàozēngzhǔrén 盗贼憎恨被他偷抢的人。比喻坏人怨恨正直的人。《左传·成公十五年》:"初,宗伯每朝,其妻必戒之曰:'～～～～,民恶其上,子好直言,必及于难!'"《后汉书·马援传》:"而[隗]嚣自挟奸心,～～～～,怨毒之情遂归于臣。"

道 1. dào ❶路,道路。《诗经·小雅·何草不黄》:"有栈之车,行彼周～。"(周道:大路。)《吕氏春秋·悔过》:"郑人弦高、奚施将西市于周,～遇秦师。"㉿路程。《荀子·修身》:"～虽迩,不行不至。"(迩:近。)《孙子·军争》:"日夜不处,倍～兼行。"❷途径,方法。《孟子·离娄上》:"得天下有～,得其民,斯得天下矣。"《荀子·荣辱》:"好荣恶辱,好利恶害,是君子、小人之所同也,若其所以求之之～则异矣。"❸规律,道理。《庄子·养生主》:"臣之所好者,～也。"《荀子·天论》:"倍～而妄行,则天不能使之吉。"❹学说,主张。《论语·里仁》:"吾～一以贯之。"《孟子·滕文公上》:"陈良,楚产也,悦周公、仲尼之～,北学于中国。"㊀技艺。《论语·子张》:"虽小～,必有可观者焉。"❺道义,正道。《战国策·东周策》:"夫秦之为无～也,欲兴兵临周而求九鼎。"《史记·礼书》:"圣人者,～之极也。"❻道家所说的万物之源。《老子·四十二章》:"～生一,一生二,二生三,三生万物。"《庄子·天地》:"夫～,覆载万物者也,洋洋乎大哉!"❼说,谈论。《荀子·非相》:"相人,古之人无有也,学者不～也。"司马迁《报任少卿书》:"然此可为智者～,难为俗人言也。"❽取道,行。《战国策·齐策五》:"小国～此,则不祠而福矣。"《荀子·议兵》:"遇敌决战,必～吾所明,无～吾所疑。"❾从,由。《史记·高祖本纪》:"太尉周勃～太原入,定代地。"❿祭祀路神。《礼记·曾子问》:"～而出,告者五日而遍。"(孙希旦集解:"道,祭行道之神于国城之外也。")⓫古代行政区划名。汉代在少数民族聚居的郡下设道。《汉书·司马相如传下》:"檄到,亟下县～,咸喻陛下意,毋忽!"后来唐代曾分全国为十五道,清代在省与州府之间设道。⓬指道家或道教。《汉书·艺文志》:"～家者流,盖出于史官。"《三国志·魏书·张鲁传》:"造作～书,以惑百姓。"

2. dǎo 后作"导"。⑬引导。《论语·为政》:"～之以德,齐之以礼。"《战国策·燕策三》:"太子跪而逢迎,却行为～。"⑭疏通。《尚书·禹贡》:"九河既～。"《左传·襄公三十一年》:"不如小决使～。"

【道本】 dàoběn 道的根本。《周礼·地官·师氏》:"一曰至德,以为～～。"《汉书·艺文志》:"而辟者又随时抑扬,违离～～。"

【道德】 dàodé ❶一种社会意识形态,多指人的品学修养,其标准因阶级、时代而异。《战国策·秦策一》:"～～不厚者,不可以使民。"《礼记·曲礼上》:"～～仁义,非礼不成。"《论衡·本性》:"孔子,～～之祖,诸子之中最卓者也。"❷特指老子所说的道与德。《史记·老庄申韩列传》:"于是老子乃著书上下篇,言～～之意。"《老子》一书分《道经》与《德经》两篇,因又称《道德经》。

【道地】 dàodì 代人疏通,以留馀地。《史记·田延年传》:"霍将军召问延年,欲为～～。"陆游《上殿劄子》:"凡嫁娲平人诿罪僮奴者,皆有司为之～～也。"

【道观】 dàoguàn 道教的寺庙。白居易《首夏同诸校正游开元观因宿翫月》诗:"沉沉～～中,心赏期在兹。"

【道化】 dàohuà 道德教化。《论衡·讲瑞》:"方今圣世,尧舜之主,流布～～,仁圣之物,何为不生?"《后汉书·章帝纪》:"朕～～不德,吏政失和,元元未谕,抵罪于下。"

【道家】 dàojiā ❶学派名,以老子、庄子学说为代表。《史记·太史公自序》:"～～无为,又曰无不为,其实易行,其辞难知。其术以虚无为本,以因循为用。"《汉书·田蚡传》:"太后好黄老言,而婴、蚡、赵绾等务隆推儒术,贬～～言。"❷有道之家。《后汉书·耿弇传》:"三世为将,～～所忌。"

【道人】 dàorén ❶有道术的人。《汉书·京房传》:"～～始去,寒,涌水为灾。"❷佛教僧人。《世说新语·言语》:"高坐～～不作汉语。"(高坐:原名尸黎密,西域人。)又指道教徒。《宋史·吴元扆传》:"乃集～～设坛,洁斋三日,百拜祈祷。"

【道山】 dàoshān ❶借指文人聚集之地,等于说"儒林"、"文苑"。语出《后汉书·窦章传》:"是时学者东观为老氏臧室,道家蓬莱山。"陈师道《送赵承义》诗:"颍水向来须好句,～～今日有宗英。"❷传说中的仙山。旧称人死为"归道山"。惠洪《冷斋夜话》卷七:"东坡至南昌,太守云:'世传端明已归～～,今尚尔游戏人间耶?'"

【道士】 dàoshì ❶有道之士。刘向《新序·节士》:"君子之道,谒而得位,～～不居也。"❷有道术的人,方士。《汉书·王莽传下》:"卫将军王涉素养～～西门君惠。君惠好天文谶记。"❸佛教僧人。宗密《盂兰盆经疏下》:"佛教初传此方,呼僧为～～。"❹道教徒。《南史·沈约传》:"乃呼～～奏赤章于天,称禅代之事,不由己出。"

【道术】 dàoshù ❶方术。《论衡·道虚》:"武帝之时,道人文成,五利之辈,入海求仙人,索不死之药,有～～之验,故为上所信。"《晋书·戴洋传》:"为人短陋,无风望,然好～～,妙解占候卜数。"❷道德学术。《吕氏春秋·任数》:"桓公得管子,事犹大易,又况于得～～乎?"《汉书·地理志下》:"初太公治齐,修～～,尊贤智,赏有功。"

【道统】 dàotǒng 圣道的传统。一般指儒家的思想传统。陈亮《钱叔因墓碣铭》:"又以为洪荒之初,圣贤继作,～～日以修明。"

【道学】 dàoxué ❶道家的学说。《隋书·经籍志三》:"汉时,曹参始荐盖公能言黄老,文帝宗之。自是相传,～～众矣。"❷指理学,即以周敦颐、程颢、程颐、朱熹为代表的以儒家为主体的思想体系。朱熹《中庸章句序》:"《中庸》何为而作也?子思子忧～～之失其传而作也。"

【道藏】 dàozàng ❶藏书之所。《论衡·别通》:"令史虽微,典国～～,通人所由进,犹博士之官,儒生所由兴也。"❷道家典籍的总称。《宋史·王钦若传》:"明年,为景灵使,阅～～,得赵氏神仙事迹四十人,绘于廊庑。"

【道不拾遗】 dàobùshíyí 路上有失物,无人拾取。用以说明社会安定。《史记·田敬仲完世家》:"吾臣有种首者,使备盗贼,则～～～～。"《汉书·黄霸传》:"有耕者让畔,男女异路,～～～～。"

【道殣相望】 dàojìnxiāngwàng 饿死的人很多,相望于道。《左传·昭公三年》:"庶民罢敝而宫室滋侈,～～～～而女富溢尤。"《国语·楚语下》:"四境盈垒,～～～～,盗贼司目,民无所放。"

【道路以目】 dàolùyǐmù 人们在路上相遇,不敢交谈,只以目示意。形容对暴政恐惧。《国语·周语上》:"厉王虐,……国人莫敢言,～～～～。"《三国志·魏书·董卓传》:"百姓嗷嗷,～～～～。"

翿(翢) dào 用羽毛做成的一种舞具。《诗经·王风·君子阳阳》:"君子陶陶,左执～,右招我由敖。"②送葬时用以导引灵柩的旗帜。《周礼·地官·乡师》郑玄注："匠人执～以御柩。"

稻 dào　稻子。五谷之一。《诗经·豳风·七月》："八月剥枣，十月获～。"《国语·越语上》："句践载～与脂于舟以行，国之孺子之游者，无不铺也，无不歠也。"

【稻粱谋】 dàoliángmóu　❶指鸟觅食。杜甫《同诸公登慈恩寺塔》诗："君看随阳雁，各有～～～。"❷指人谋求衣食。龚自珍《咏史》："避席畏闻文字狱，著书都为～～～。"

稾 dào　择米。《史记·司马相如列传》："～一茎六穗于庖。"

纛 dào　❶帝王车上的装饰物，用牦牛尾或雉尾制成。《汉书·高帝纪上》："纪信乃乘王车，黄屋左～。"❷军队或仪仗队的大旗。《周书·刘亮传》："亮乃将二十骑，先竖～于近城高岭。"苏洵《张益州画象记》："公来自东，旗～舒舒。"❸通"翿"。用羽毛做的舞具。《尔雅·释言》："～，翳也。"(郭璞注："舞者所以自蔽翳。")㊀送葬时用以导引灵柩的旗帜。《周礼·地官·乡师》："及葬，执～以与匠师御柩而治役。"

de

得 dé　❶得到，获得。《国语·周语上》："王怒，～卫巫，使监谤者。"《战国策·东周策》："夫存危国，美名也；～九鼎，厚宝也。"㊀俘获。《史记·高祖本纪》："高祖自将击之，～燕王臧荼。"《汉书·苏武传》："缑王等皆死，虞常生～。"㊀贪得。《论语·季氏》："及其老也，血气既衰，戒之在～。"《国语·晋语七》："戎狄无亲而好～，不若伐之。"❷成，成功。《礼记·乐记》："阴阳和而万物～。"《后汉书·杨秉传》："白马令李云以谏受罪，秉争之不能～。"❸得当，合适。《荀子·强国》："刑范正，金锡美，工冶巧，火齐～。"《后汉书·律历志中》："间者以来，政治不～，阴阳不和。"㊀契合，投合。《史记·魏其武安侯列传》："相～欢甚。"❹得意，满足。《史记·管晏列传》："意气扬扬，甚自～也。"❺能，可能。《孟子·滕文公上》："当是时也，禹八年于外，三过其门而不入，虽欲耕，～乎？"《史记·孔子世家》："孔子使从者为宁武子臣于卫，然后～去。"❻通"德"。德行。《荀子·成相》："尚～推贤不失序。"㊀感激。《孟子·告子上》："为宫室之美，妻妾之奉，所识穷乏者～我与？"

【得非】 défēi　同"得无"。莫不是。柳宗元《封建论》："余以为周之丧久矣，徒建空名于公侯之上耳。～～诸侯之盛强，末大不掉之咎欤？"

【得间】 déjiàn　得到可乘之机。《管子·幼官》："障塞不审，不过八日，而外贼～～。"《史记·吕太后本纪》："太后欲杀之，不～～。"

【得失】 déshī　❶成败，利害，优劣。《史记·老庄申韩列传》："悲廉直不容于邪枉之臣，观往者～～之变。"《后汉书·明帝纪》："于是在位者皆上封事，各言～～。"杜甫《偶题》诗："文章千古事，～～寸心知。"❷偏指"失"，差错。《史记·刺客列传》："今杀人之相，相又国君之亲，此其势不可以多人，多人不能无生～～，生～～则语泄。"

【得所】 désuǒ　得到适当的处所或安排。《国语·晋语四》："离违而～～，久约而无衅。"《三国志·蜀书·诸葛亮传》："必能使行陈和睦，优劣～～。"

【得微】 déwēi　同"得无"。莫不是。《庄子·盗跖》："今日阙然数日不见，车马有行色，～～往见跖邪？"

【得无】 déwú　❶莫不是，该不会。《战国策·赵策四》："日食饮～～衰乎？"《后汉书·庞萌传》："吾常以庞萌社稷之臣，将军～～笑其言乎？"亦作"得毋"、"得亡"。《史记·梁孝王世家》："我所谓袁将军者也，公～～误乎？"《汉书·赵充国传》："今兵不出，～～变生，与先零为一？"❷能无，能不。《论语·颜渊》："为之难，言之～～讱乎？"张九龄《感遇》诗："侧见双翠鸟，巢在三珠树。矫矫珍木巅，～～金丸惧？"

【得意】 déyì　❶得行其意，达到目的。《韩非子·饰邪》："赵代先～～于燕，后～～于齐。"《史记·六国年表》："秦既～～，烧天下《诗》《书》，诸侯史记尤甚，为其有所刺讥也。"❷称心如意，满意。韩偓《香奁集序》："所著歌诗，不啻千首。其间以绮丽～～者，亦数百篇。"孟郊《登科后》诗："春风～～马蹄疾，一日看尽长安花。"

【得志】 dézhì　得行其志，如愿以偿。《孟子·尽心上》："古之人，～～，泽加于民；不～～，修身见于世。"《国语·晋语七》："子教寡人和诸戎狄而正诸华，于今八年，七合诸侯，寡人无不～～，请与子共乐之。"

【得罪】 dézuì　❶获罪。《国语·晋语一》："骊姬既远太子，乃生之言，太子由是～～。"❷冒犯。《史记·孔子世家》："孔子年三十五，而季平子与郈昭伯以斗鸡故～～鲁昭公。"

【得意忘言】 déyìwàngyán　既得其意，则不烦言词。《庄子·外物》："筌者所以在鱼，得鱼而忘筌；蹄者所以在兔，得兔而忘蹄；言者所以在意，得意而忘言。”（筌：捕鱼的竹器。蹄：捕兔用的绳网。）《晋书·傅咸传》：“～～～～，言未易尽，苟明公有以察其悾款，言岂在多？”

德（悳） dé ❶道德，品行。《孟子·梁惠王上》：“～何如则可以王矣？”《后汉书·鲁恭传》：“夫以～胜人者昌，以力胜人者亡。”❷恩惠，恩德。《诗经·大雅·抑》：“无言不雠，无～不报。”《汉书·高帝纪上》：“高祖乃谢曰：‘诚如父言，不敢忘～。’”㊂福。《礼记·哀公问》：“君之及此言也，百姓之～也。”❸报德，感激。《诗经·魏风·硕鼠》：“三岁贯女，莫我肯～。”《国语·晋语三》：“杀其弟而立其兄，兄～我而忘其亲，不可谓仁。”❹心，心意。《诗经·卫风·氓》：“士也罔极，二三其～。”《管子·兵法》：“气不可极，～不可测。”❺通“得”。《荀子·解蔽》：“～道之人，乱国之君非之上，乱家之人非之下，岂不哀哉？”

【德化】 déhuà 道德教化，道德影响。《韩非子·难一》：“贤舜，则去尧之明察；圣尧，则去舜之～～。”《汉书·礼乐志》：“然～～未流洽者，礼乐未具，群下无所诵说，而庠序尚未设之故也。”

【德惠】 déhuì 恩惠。《史记·秦始皇本纪》：“平一宇内，～～修长。”又《孝文本纪》：“汉兴，除秦苛政，约法令，施～～，人人自安。”

【德施】 déshī 恩德的布施，恩泽。《荀子·成相》：“尧让贤，以为民，泛利兼爱～～均。”《史记·田敬仲完世家》：“～～，人之所欲，君其行之。”

【德望】 déwàng 道德声望。《晋书·桓冲传》：“又以将相异宜，自以～～不逮谢安。”《宋史·王旦传》：“[钱]若水言旦有～～，堪任大事。”

【德行】 déxíng（旧读 xìng） 道德品行。《荀子·荣辱》：“志意致修，～～致厚，智虑致明，是天子之所以取天下也。”《吕氏春秋·劝学》：“若此则名号显矣，～～彰矣。”

【德业】 déyè 道德和事业。《后汉书·杨震传》：“自震至彪，四世太尉，～～相继。”又《宋均传》：“陛下～～隆盛，当为万世典法。”

【德义】 déyì 道德义理。《左传·僖公二十四年》：“心不则～～之经为顽，口不道忠信之言为嚚。”《国语·晋语一》：“～～不行，礼义不则。”

【德音】 déyīn ❶善言，有德者之言。《诗经·邶风·谷风》：“～～莫违，及尔同死。”魏徵《十渐不克终疏》：“一言兴邦，斯之谓也。～～在耳，敢忘之乎？”❷道德声誉。《诗经·邶风·日月》：“乃如之人兮，～～无良。”《荀子·君道》：“其～～足以填抚百姓，其知虑足以应待万变，然后可。”（填：通“镇”。）❸唐、宋时的一种恩诏。如唐建元二年颁发的《原免囚徒德音》。赵昇《朝野类要》卷四：“～～，泛降而宽恕也。”❹指歌功颂德的音乐。《礼记·乐记》：“天下大定，然后正六律，和五声，弦歌诗颂，此之谓～～。”

【德宇】 déyǔ 度量。《国语·晋语四》：“今君之～～，何不宽裕也。”李商隐《上河东公启》：“所赖因依～～，驰骤府庭；方思效命旌旄，不敢载怀乡土。”

【德泽】 dézé 恩泽。《淮南子·主术训》：“～～兼覆而不偏，群臣劝务而不怠。”《汉书·贾谊传》：“汤、武置天下于仁义礼乐，而～～洽，禽兽草木广裕。”

【德政】 dézhèng 儒家所倡导的一种以德治国的政治。也泛指好的政令或政绩。《左传·隐公十一年》：“政以治民，刑以正邪，既无～～，又无威刑，是以及邪。”《后汉书·桓帝纪》：“先皇～～，可不务乎！”

deng

灯（燈） dēng ❶照明的器具。嵇康《杂诗》：“光～吐辉，华幔长舒。”白居易《长恨歌》：“夕殿萤飞思悄然，孤～挑尽未成眠。”❷佛家用以比喻佛法，意谓佛法之传承如灯火之传照。刘禹锡《送僧元暠南游》诗：“传～已悟无为理，濡露犹怀罔极情。”（传灯：传法。）

【灯花】 dēnghuā 灯心馀烬结成的花形。旧以为吉兆。杜甫《独酌成诗》：“～～何太喜，酒绿正相亲。”

【灯檠】 dēngqíng 灯台，灯架。庾信《对烛赋》：“刺取灯花持桂烛，还却～～下烛盘。”

【灯市】 dēngshì 上元节前后放灯和售物的地方。范成大《上元纪吴中节物》诗：“酒垆先叠鼓，～～早投琼。”

【灯夕】 dēngxī 指元宵节。阴历正月十五为元宵节，晚上放灯，故云。《宋史·吕蒙正传》：“尝～～设宴，蒙正侍。”

登 dēng ❶升，上。《孟子·尽心上》：“孔子～东山而小鲁，～泰山而小天下。”《汉书·礼乐志》：“畏敬之意难见，则著之于享献辞受，～降跪拜。”㊀置于其上，加。《左传·隐公五年》：“鸟兽之肉不～于俎。”又《昭公三年》：“陈氏三量皆～一焉，钟乃矣。”❷进用,提升。《左传·文公八年》:“晋侯将～箕郑父、先都,而使士縠、梁益耳将中军。”《三国志·魏书·高贵乡公纪》:“当尧之时,洪水为害,四凶在朝,宜速～贤圣济斯民之时也。”❸登记。《周礼·秋官·司民》:“掌～万民之数,自生齿以上皆书于版。”❹高。《国语·晋语九》:“[君子]哀名之不令,不哀年之不～。”扬雄《羽猎赋》:“涉三皇之～闳。”❺成。《吕氏春秋·季春纪》:“蚕事既～,分茧称丝效功,以共郊庙之服。”《史记·乐书》:“男女无别则乱～。”⊗特指五谷成熟。《孟子·滕文公上》:“五谷不～,禽兽偪人。”《史记·封禅书》:“间者河溢,岁数不～。”❻立即。《三国志·吴书·钟离牧传》注引《会稽典录》:“牧遣使慰譬,～皆首服。”《梁书·王僧辩传》:“～即赦为内城都督。”❼食器,礼器。《诗经·大雅·生民》:“卬盛于豆,于豆于～。”

【登崇】 dēngchóng 提拔尊崇。韩愈《进学解》:“拔去凶邪,～～俊良。”

【登登】 dēngdēng 象声词。《诗经·大雅·绵》:“度之薨薨,筑之～～。”此指筑墙声。李贺《感讽》诗之一:“县官踏餐去,簿吏复～～。”此指脚步声。

【登第】 dēngdì 应试得中。科举考试分等第,故云。《新唐书·选举志上》:“通四经,业成,上于尚书。吏部试之,～～者加一级放选,其不第则习业如初。”

【登耗】 dēnghào 增减。曾巩《说官》:“天下钱谷,每岁～～可责度支乎?”

【登极】 dēngjí ❶登上高处。《庄子·则阳》:“其邻有夫妻臣妾～～者。”❷指皇帝登位。钱起《归义寺题震上人壁》诗:“尧皇未～～,此地曾隐雾。”

【登假】 dēngjiǎ(又读 gé) ❶登上,达到。假,通“格”,至。《庄子·大宗师》:“是知之能～～于道者也若此。”《淮南子·精神训》:“此精神之所以能～～于道也。”❷同“登遐”。对帝王死的讳称。《礼记·曲礼下》:“告丧,曰天王～～。”《列子·黄帝》:“天下大治,几若华胥氏之国,而帝～～。”

【登降】 dēngjiàng ❶增减。《左传·桓公二年》:“夫德俭而有度,～～有数。”❷上下,尊卑。《墨子·非儒下》:“孔某盛容修饰以蛊世,弦歌鼓舞以聚徒,繁～～之礼以示仪。”

【登科】 dēngkē 唐制,考中进士称及第,经吏部复试,取中后授予官职,方称登科。后代凡应试得中统称登科。张说《送严少府赴万安诗序》:“敷陈青简,茂三道而～～;名闻赤墀,拜一命而干吏。”

【登临】 dēnglín 登山临水,登高望远。《史记·卫将军骠骑列传》:“禅于姑衍,～～翰海。”杜甫《登楼》诗:“花近高楼伤客心,万方多难此～～。”

【登时】 dēngshí 立即。《三国志·吴书·孙策传》注引《吴录》:“[高岱]才辞敏捷,好自陈谢,[许]贡～～出其母。”任昉《奏弹刘整》:“苟奴～～欲捉取。”

【登仕】 dēngshì 作官。《梁书·武帝纪》:“且闻中间立格,甲族以二十～～。”

【登堂】 dēngtáng 比喻学业深得师传,造诣很高。《汉书·艺文志》:“如孔氏之门人用赋也,则贾谊～～,相如入室矣。”

【登遐】 dēngxiá 等于说仙逝,人死的一种委婉说法。《墨子·节葬下》:“秦之西,有仪渠之国者,其亲戚死,聚柴薪而焚之,熏上,谓之～～。”(熏上:烟火上升。)陆云《登遐颂》:“夫死生存亡,二理之已然者也。而世有神仙～～之言,千岁不死之寿,其详固难得而精矣。”又用作帝王死亡的讳称。《后汉书·礼仪志下》:“～～,皇后诏三公典丧事。”

【登仙】 dēngxiān ❶成仙。《楚辞·远遊》:“贵真人之休德兮,美往世之～～。”苏轼《前赤壁赋》:“飘飘乎如遗世独立,羽化而～～。”(羽化:指身生羽翼,变化飞行。)❷比喻升迁。《新唐书·倪若水传》:“班公是行若～～,吾恨不得为驺仆。”

【登延】 dēngyán 举用,选拔引进。《魏书·高允传》:“于是偃兵息甲,修立文学,～～儁造,酬咨政事。”(儁造:造诣杰出的人。)

【登衍】 dēngyǎn 丰收。《后汉书·明帝纪》:“昔岁五谷～～,今兹蚕麦善收。”

【登庸】 dēngyōng ❶举用。《尚书·尧典》:“帝曰:‘畴咨若时～～。’”(孔安国传:“畴,谁。庸,用也。谁能咸熙庶绩顺是事者,将登用之。”)❷指皇帝登位。《北史·高隆之传》:“又帝未～～日,隆之意常侮帝。”

【登用】 dēngyòng 举用。《史记·夏本纪》:“舜～～,摄行天子之政。”《汉书·儒林传序》:“孝惠、高后时,公卿皆武力功臣。孝文时颇～～,然孝文本好刑名之言。”

【登阼】 dēngzuò 帝王即位。《世说新语·方正》:“元皇帝既～～,以郑后之宠,欲舍明帝而立简文。”亦作“登祚”。《宋书·谢灵运传》:“太祖～～,诛徐羡之等,欲征为秘书监,再召不起。”

【登龙门】 dēnglóngmén ❶比喻得到有名望、有权势者的援引而身价大增。《后汉书·李膺传》:“膺独持风裁,以声名自高,士有被其容接者,名为～～～。"(李贤注:"以鱼为喻也。龙门,河水所下之口,在今绛州龙门县。辛氏《三秦记》曰:'河津一名龙门,水险不通,鱼鳖之属莫能上,江海大鱼薄集龙门下数千,不得上,上则为龙也。'")李白《与韩荆州书》:"一～～～,则声誉十倍。"❷指科举时代会试得中。封演《封氏闻见记·贡举》:"故当代以进士登科为～～～。"

【登徒子】 dēngtúzǐ 文学作品中的人物。"登徒"是姓,"子"是男子的通称。宋玉作《登徒子好色赋》,言登徒子好色,其妻丑陋不堪,而登徒子却很喜欢她。后因用作好色之徒的代称。

甃 dēng 古食器。似豆而浅。此字后亦作"登"。韩愈《陆浑山火和皇甫湜用其韵》:"豆～五山瀛四鳟,熙熙釂酬笑语言。"(豆甃五山:以五山为豆甃。)

毾(㲪) dēng 见"毾毾"。

镫(鐙) 1. dēng ❶古代食器。字亦作"甃"。《仪礼·公食大夫礼》:"大羹湆不和,实于～。"(湆:羹汁。)㊀指豆足。《礼记·祭统》:"夫人荐豆执校,执醴授之执～。"❷通"灯"。照明器具。《楚辞·招魂》:"兰膏明烛,华～错些。"

2. dèng ❸马鞍两旁的金属脚踏。周昂《利涉道中寄子端》诗:"遗鞭脱～初不知,指僵欲堕骨欲折。"

簦 dēng 古代一种有柄的笠,类似现在的伞。《国语·吴语》:"遵汶伐博,～笠相望于艾陵。"《史记·平原君虞卿列传》:"虞卿者,游说之士也。蹑跻檐～,说赵孝成王。"(蹑跻:穿着草鞋。跻,亦作"屩"。檐:通"担"。举。)

等 děng ❶齐,同样。《吕氏春秋·慎势》:"权钧则不能相使,势～则不能相并。"《史记·孟尝君列传》:"食客数千人,无贵贱一与文～。"㊀属,类。《论衡·气寿》:"百岁之命也,以其形体小大长短同一～也。"㊀与……相等。王勃《滕王阁序》:"无路请缨,～终军之弱冠。"❷台阶的层级。《吕氏春秋·召类》:"故明堂茅茨蒿柱,土阶三～,以见节俭。"《礼记·曾子问》:"升自西阶,尽～。"❸等级,上下次序。《荀子·富国》:"礼者,贵贱有～,长幼有差,贫富轻重皆有称者也。"《史记·平准书》:"金有三～:黄金为上,白金为中,赤金为下。"㊀区别等级。《荀子·君子》:"～贵贱,分亲疏,序长幼。"㊀衡量。《史记·夏本纪》:"～之,未有贤于鲧者。"❹辈,表示人的多数或列举未尽。《史记·高祖本纪》:"公～皆去,吾亦从此逝矣。"《后汉书·刘玄传》:"更始托病不出,召张卬～。"❺等待。范成大《州桥》诗:"州桥南北是天街,父老年年～驾回。"

【等辈】 děngbèi 同辈之人。《后汉书·第五伦传》:"～～笑之曰:'尔说将尚不下,安能动万乘乎?'"

【等比】 děngbǐ 同辈。《汉书·张敞传》:"公卿奏[杨]恽党友,不宜处位,～～皆免,而敞奏独寝不下。"《后汉书·贾复传》:"王莽末,为县掾,迎盐河东,会遇盗贼,～～十馀人皆放散其盐,复独完以还县。"

【等差】 děngchā 等级次第。《汉书·游侠传序》:"自卿大夫以至于庶人各有～～。"《颜氏家训·归心》:"又星与日月,形色同尔,但以大小为其～～。"

【等侪】 děngchái 同辈之人。《后汉书·仲长统传》:"夫或曾为我之尊长矣,或曾与我为～～矣。"

【等衰】 děngcuī 等级差别。《左传·桓公二年》:"故天子建国,诸侯立家,卿置侧室,大夫有贰宗,士有隶子弟,庶人工商各有分亲,皆有～～。"

【等第】 děngdì ❶唐代进士经京兆府考试后,择优送礼部应试的,叫"等第"。王定保《唐摭言·京兆府解送》:"神州解送,自开元、天宝之际,率以在上十人,谓之～～。"❷等级次第。《宋史·唐恪传》:"～～振贷,以宽被水之民。"

【等类】 děnglèi 同类。《论衡·商虫》:"或时希出而暂为害,或常有而为灾,～～众多,应何官吏?"《后汉书·陈寔传》:"自为儿童,虽在戏弄,为～～所归。"

【等列】 děngliè ❶等级地位。《左传·隐公五年》:"昭文章,明贵贱,辨～～,顺少长。"❷并列。《史记·淮阴侯列传》:"[韩]信由是日夜怨望,居常鞅鞅,羞与绛、灌～～。"(鞅鞅:通"怏怏"。不快的样子。绛:绛侯周勃。灌:灌婴。)

【等伦】 děnglún 同辈之人。《三国志·魏书·臧洪传》:"主人相接,过绝～～。"杜甫《别蔡十四著作》诗:"安知蔡夫子,高义迈～～。"

【等契】 děngqì 相等相合。《三国志·吴书·张温传》:"今陛下以聪明之姿,～～往古,总百揆于良佐,参列精之炳耀,遐迩望风,莫不欣赖。"

【等威】 děngwēi 不同等级的不同威仪。《左传·文公十五年》:"诸侯用币于社,伐鼓于朝,以昭事神、训民、事君,示有～～,古之道也。"《后汉书·东平宪王苍传》:"臣闻贵有常尊,贱有～～,卑高列序,上下以理。”

【等闲】　děngxián　❶平常，随便。张谓《湖上对酒行》：“眼前一尊又长满，心中万事如～～。”白居易《新昌新居书事》诗：“～～栽树木，随分占风烟。”❷无端，平白地。毛熙震《菩萨蛮》词：“光影暗相催，～～秋又来。”岳飞《满江红》词：“莫～～，白了少年头，空悲切。”

【等夷】　děngyí　同辈之人。《汉书·张良传》：“今诸将皆陛下故～～，乃令太子将此属，莫肯为用。”

【等宜】　děngyí　相宜的等级。《荀子·王制》：“衣服有制，宫室有度，人徒有数，丧祭械用，皆有～～。”

【等韵】　děngyùn　音韵学术语。指分析汉字字音结构的一种方法。它以主要元音的洪细、介音的有无等把韵母分等，故称“等韵”。广义上又指以“等呼”来分析韵母的结构，以“七音”来分析声母的发音部位，以“清浊”来分析声母的发音方法，以“字母”来表示汉语的声母系统；又以声韵调的配合表，表示对音韵的分析结果。重要的等韵著作有佚名《韵镜》、郑樵《七音略》、旧题司马光《切韵指掌图》、刘鉴《切韵指南》。

澄　dèng　见 chéng。

嶝　dèng　登山的小道。沈约《从军行》：“云萦九折～，风卷万里波。”孟浩然《题云门寺》诗：“台岭践～石，耶溪泝林湍。”

磴(墱、隥)　dèng　❶石级。《水经注·汾水》：“羊肠坂在晋阳西北，石～萦委，若羊肠焉。”朱熹《百丈山记》：“叠石为～十馀级乃得度。”❷石桥。孙绰《游天台山赋》：“跨穹隆之悬～，临万丈之绝冥。”

【磴道】　dèngdào　登山的石径。岑参《与高适薛据同登慈恩寺浮图》诗：“登临出世界，～～盘虚空。”又作“墱道”、“隥道”。张衡《西京赋》：“既乃珍台蹇产以极壮，～～逦倚以正东。”班固《西都赋》：“陵～～而超西墉，混建章而连外属。”

蹬　1. dèng　❶见“蹭蹬”。❷石级，梯道。《龙龛手鉴·足部》：“～，阶级也，道也。”《徐霞客游记·粤西游日记三》：“～倚绝壁，壁石皆崆峒，木根穿隙缘窍。”

2. dēng　❸同“登”。登上。《隶释·稾长蔡湛颂》：“三载勋最，功～王府。”❹脚向下用力踏。《西游记》七回：“唿喇的一声～倒八卦炉。”[又]穿。《京本通俗小说·错斩崔宁》：“脚下～一双乌皮皂靴。”

di

低　dī　❶低下。与“高”相对。庾信《同颜大夫初晴》诗：“湿花飞未远，阴云敛向～。”白居易《东坡种花》诗之一：“天时有早晚，地方无高～。”❷下垂。《汉书·邹阳传》：“功义如此，尚见疑于上，胁肩～首，累足抚衿，使有自悔不前之心，非社稷之利也。”谢朓《咏风》：“垂杨～复举，新萍合且离。”

【低昂】　dī'áng　起伏，升降。《楚辞·远遊》：“服偃蹇以～～兮，骖连蜷以骄骜。”（服：服马。）《论衡·变动》：“故谷价～～，一贵一贱矣。”又作“低卬”。《汉书·杨恽传》：“是日也，拂衣而喜，奋褎～～，顿足起舞。”（褎：同“袖”。）[又]指高低。《宋书·谢灵运传论》：“欲使宫羽相变，～～互节。”

【低摧】　dīcuī　低首摧眉，憔悴的样子。柳宗元《闵生赋》：“心沉抑以不舒兮，形～～而自愍。”苏辙《次韵吕君见赠》：“老病～～方伏枥，壮心坚锐正当年。”

【低回】　dīhuí　❶徘徊，流连。《史记·孔子世家》：“余～～留之不能去云。”又作“低佪”。《楚辞·九歌·东君》：“长太息兮将上，心～～兮顾怀。”鲍照《松柏篇》：“扶舆出殡宫，～～恋庭室。”❷纡回曲折。《汉书·扬雄传下》：“大语叫叫，大道～～。”（叫叫：声音传得很远。）❸迁就。《新唐书·吴武陵传》：“～～姑息，不可谓明。”

【低眉】　dīméi　❶低头。白居易《琵琶行》：“～～信手续续弹，说尽心中无限事。”❷卑下顺从的样子。《抱朴子·刺骄》：“～～屈膝，奉附权豪。”

【低迷】　dīmí　昏沉，迷离。嵇康《养生论》：“夜分而坐，则～～思寝；内怀殷忧，则达旦不瞑。”李煜《临江仙》词：“别巷寂寥人散后，望残烟草～～。”

羝　dī　公羊。《诗经·大雅·生民》：“取萧祭脂，取～以軷。”（軷：祭路神。）《后汉书·左慈传》：“忽有一老～屈前两膝。”

【羝乳】　dīrǔ　公羊生子。比喻不可能。《汉书·苏武传》：“[匈奴]乃徙武北海上无人处，使牧羝，～～乃得归。”袁桷《题郝伯常雁足》诗：“不须～～终回汉，肯学鸡鸣诈度关。”

堤(隄)　dī　❶防水的建筑。堤坝，堤岸。《左传·襄公二十六年》：“宋芮司徒生女子，赤而毛，弃诸～下。”《韩非子·喻老》：“千丈之～，以蝼蚁之穴溃。”❷瓶类的底座。《淮南子·诠言训》：“瓶瓯有～。”

【堤防】　dīfáng　❶防水的堤坝。《管子·四时》："治～～，耕耘树艺。"《吕氏春秋·孟秋》："完～～，谨壅塞，以备水潦。"❷防备。关汉卿《窦娥冤》三折："没来由犯王法，不～～遭刑宪。"

【堤封】　dīfēng　总共。《广雅·释训》："～～……都凡也。"又作"提封"、"隄封"。《汉书·食货志上》："李悝为魏文侯作尽地力之教，以为地方百里，～～九万顷。"《后汉书·班固传》："衣食之源，～～五万。"（五万：指亩数。）

碑（磾）　dī　染缯用的黑石。《广韵·齐韵》："～，《说文》云：'染缯黑石，出琅邪山。'"（按：今本《说文》无此字。）

滴　dī　❶一滴一滴落下。杜甫《发同谷县》诗："临歧别数子，握手泪再～。"❷水点。贾岛《感秋》诗："朝云藏奇峰，暮雨洒疏～。"❸色泽润美的样子。苏舜钦《金山寺》诗："宝象浮海来，珠缨冷光～。"❹量词。苏轼《赠龙光长老》诗："竹中一～曹溪水，涨起西江十八滩。"

【滴滴】　dīdī　❶水连续下滴。李商隐《祈祷得雨》诗："甘膏～～是精诚，昼夜如丝一尺盈。"❷盈盈欲滴的样子。形容娇美。张志和《渔父》诗："秋山入帘翠～～。"

【滴沥】　dīlì　水稀疏地向下滴。郦道元《水经注·涢水》："穴中多钟乳，凝膏下垂，望齐冰雪，微津细液，～～不断。"沈约《檐前竹》诗："风动露～～，月照影参差。"

锃（鍉）　1. dī　❶匙。用以歃血。《后汉书·隗嚣传》："有司穿坎于庭，牵马操刀，奉盘错～，遂割牲而盟。"（李贤注："奉盘错匙而歃也。"）

2. dí　❷通"镝"。箭头。贾谊《过秦论》："收天下之兵，聚之咸阳，销锋～，铸以为金人十二。"

3. chí　❸钥匙。用以开锁。《正字通·金部》："钥以闭户，～以启钥。"

鞮　dī　❶皮鞋。《说文·革部》："～，革履也。"❷翻译。《陈书·高祖纪》："光景所照，～象必通。"参见"狄鞮"。

【鞮鍪】　dīmóu　兜鍪。古代的一种头盔。《战国策·韩策一》："甲、盾、～～……无不毕具。"《汉书·扬雄传下》："～～生虮虱，介胄被霑汗。"又作"鞮鞪"、"鞮瞀"。《汉书·韩延寿传》："令骑士兵车四面营阵，被甲～～居马上。"《墨子·备水》："人擅有方剑甲～～。"

【鞮译】　dīyì　翻译。《新唐书·李蔚传赞》："～～差殊，不可究诘。"

狄　1. dí　❶对居住在北方的部族的泛称。《左传·闵公元年》："～人伐邢。"《礼记·王制》："北方曰～。"❷低级官吏。《尚书·顾命》："～设黼扆缀衣。"（孔安国传："狄，下士。"）❸通"翟"。用翟尾羽制成的舞具。《礼记·乐记下》："然后钟磬竽瑟以和之，干戚旄～以舞之。"❹"荻"的古字。《战国策·赵策一》："公宫之垣，皆以～蒿苫楚廧之。"（苫：当作"苦"。）

2. tì　❺通"逖"。远。《荀子·赋》："修洁之为亲而杂污之为～者邪？"

【狄鞮】　dídī　❶主管翻译的官。《吕氏春秋·慎势》："凡冠带之国，舟车之所通，不用象译～～，方三千里。"《礼记·王制》："五方之民，言语不通，嗜欲不同；达其志，通其欲，东方曰寄，南方曰象，西方曰～～，北方曰译。"❷古地名。《史记·司马相如列传》："俳优、侏儒、～～之倡，所以娱耳目而乐心意者。"（裴骃集解引徐广曰："狄鞮，地名，在河内，出善唱者。"河内：指今河南省内黄河以北地区。）

【狄狄】　tìtì　跳跃的样子。狄，通"趯"。《荀子·非十二子》："填填然，～～然。"

条　dí　见 tiáo。

迪　dí　❶道路。《楚辞·九章·怀沙》："易初本～兮，君子所鄙。"（易：改变。）[引]道理。《尚书·大禹谟》："惠～吉，从逆凶。"（惠：遵循。）❷引导。《尚书·太甲上》："旁求俊彦，启～后人。"曾巩《洪范传》："先王之养民而～之以教化，如此其详且尽矣。"❸进，进用。《诗经·大雅·桑柔》："维此良人，弗求弗～。"《汉书·礼乐志》："登成甫田，百鬼～尝。"（颜师古注："甫田，大田也。百鬼，百神也。迪，进也。尝，谓歆飨之也。"）❹行，遵循。《尚书·皋陶谟》："允～厥德。"《法言·先知》："为国不～其法而望其效，譬诸算乎！"❺继承。《汉书·叙传下》："汉～于秦，有革有因。"❻语气助词。《尚书·君奭》："～惟前人光，施于我冲子。"又《酒诰》："又惟殷之～诸臣惟工，乃湎于酒，勿庸杀之。"

【迪哲】　dízhé　行为明智。《尚书·无逸》："自殷王中宗及高宗及祖甲及我周文王，兹四人～～。"《后汉书·和帝纪》："岂非祖宗～～重光之鸿烈欤？"（重光：比喻后王发扬前王的功德。鸿烈：大业。）

籴（糴）　dí　买进粮食。《吕氏春秋·长攻》："王若重币卑辞以请～于吴，则食可得也。"《汉书·食货志上》："故虽遇饥馑水旱，～不贵而民不散，取有馀以补不足也。"

适　dí　见 shì。

涤(滌) dí ❶清洗。《韩非子·说林下》:"宫有垩,器有～,则洁矣。"(垩:粉刷。)《汉书·司马相如传上》:"相如身自著犊鼻裈,与庸保杂作,～器于市中。"❷清除。《汉书·艺文志》:"九川～原。"(颜师古注:"九州泉源皆已清涤无壅塞。")又《路温舒传》:"～烦文,除民疾。"❸饲养祭祀用的牲畜的房子。《礼记·郊特牲》:"帝牛必在～三月。"

【涤除】 díchú 洗刷,清除。《老子·十章》:"～～玄览,能无疵乎?"(玄览:指人的内心。览,当作"监"。)《汉书·武帝纪》:"日者淮南、衡山修文学,流货赂,两国接壤,怵于邪说而造篡弑,此朕之不德,……已赦天下,～～与之更始。"

【涤荡】 dídàng ❶清除。陶弘景《授陆敬游十赉文》:"～～纷秽,表面雪霜。"❷清净。成公绥《啸赋》:"心～～而无累,志离俗而飘然。"❸荡平。柳宗元《贺进士王参元失火书》:"乃今幸为天火之所～～,凡众之疑虑,举为灰埃。"❹摇动。《礼记·郊特牲》:"殷人尚声,臭味未成,～～其声,乐三阕,然后出迎牲。"

【涤涤】 dídí 无草木光秃的样子。《诗经·大雅·云汉》:"旱既太甚,～～山川。"

【涤瑕荡秽】 díxiádànghuì 清除污垢,去掉恶习。班固《东都赋》:"于是百姓～～～～,而镜至清。"亦作"涤秽荡瑕"。《宋书·礼志一》:"礼乐征伐,翼成中兴,将～～～～,拨乱反正。"

滌 dí 见 yóu。

荻 dí ❶植物名。多年生,草本,形似芦苇,生于水边,秋天开花。《南史·陶弘景传》:"恒以～为笔,画灰中学书。"白居易《琵琶行》:"浔阳江头夜送客,枫叶～花秋瑟瑟。"❷姓。

蓧 dí 见 diào。

敌(敵) dí ❶仇敌,敌人。《左传·僖公三十三年》:"一日纵～,数世之患也。"《史记·商君列传》:"匿奸者与降～同罚。"❷对等,相当。《孙子·谋攻》:"～则能战之,少则能逃之。"《南史·刘穆之传》:"力～势均,终相吞咀。"❸抵挡,对抗。《孟子·梁惠王上》:"仁者无～。"《三国志·魏书·武帝纪》:"今贼众百万,百姓皆震恐,士卒无斗志,不可～也。"❹正。《左传·桓公八年》:"不当王,非～也。"

【敌对】 díduì 敌人,对手。应玚《弈势》:"挑诱既战,见欺～～。"

【敌国】 díguó ❶敌对之国。《韩非子·内储说下》:"狡兔尽则良犬烹,～～灭则谋臣亡。"《管子·七法》:"不能彊其兵,而能必胜～～者,未之有也。"❷势力地位相等的国家。《左传·桓公三年》:"凡公女,嫁于～～,姊妹,则上卿送之。"《孟子·尽心下》:"征者,上伐下也,～～不相征也。"

【敌楼】 dílóu 城楼,筑于城上可以望敌。曾巩《瀛州兴造记》:"迺筑新城,方十五里,高广坚壮,率加于旧。其上为～～、战屋凡四千六百间。"

【敌手】 díshǒu 对手,才艺相当的人。《晋书·谢安传》:"安常棋劣于玄,是日玄惧,便为～～而又不胜。"辛弃疾《南乡子·登京口北固亭有怀》词:"天下英雄谁～～? 曹、刘,生子当如孙仲谋。"

笛 dí ❶笛子。向秀《思旧赋》:"听鸣～之慷慨兮,妙声绝而复寻。"李白《春夜洛城闻笛》诗:"谁家玉～暗飞声,散入春风满洛城。"❷竹名。白居易《寄蕲州簟与元九因题六韵》:"～竹出蕲春,霜刀劈翠筠。"

靮 dí 马缰绳。《礼记·少仪》:"牛则执纼,马则执～。"(纼:引车的皮带。)

觌(覿) dí ❶见,相见。《荀子·大略》:"私～,私见也。"陆游《云门寿圣院记》:"游观者累日乃遍,往往迷不得出,虽寺中人或旬月不相～也。"❷显示。《国语·周语中》:"武不可～,文不可匿,～武无烈,匿文不昭。"❸访问,探视。《淮南子·主术训》:"简子欲伐卫,使史黯往～焉。"王维《蓝田山石门精舍》诗:"笑谢桃源人,花红复来～。"

嫡 dí ❶正妻。《后汉书·郎𫖮传》:"礼,天子一娶九女,～媵毕具。"又《献帝纪》:"又恭怀、敬隐、恭愍三皇后并非正～,不合称后,皆请除尊号。"❷正妻所生的儿子。《左传·闵公二年》:"嬖子配～,大都耦国,乱之本也。"(嬖子:指庶子。配:匹敌。耦国:与国都相抗衡。)《论衡·书虚》:"世闻内嬖六,～庶无别,则言乱于姑姊妹七人矣。"❸关系最亲的,正统的。戴复古《谢东倅包宏父》诗:"君家名父子,为晦翁～传。"(晦翁:朱熹。)

【嫡舅】 díjiù 母亲的亲兄弟。《后汉书·百官志一》:"自安帝政治衰缺,始以～～耿宝为大将军,常在京都。"

【嫡母】 dímǔ 妾的子女对正妻的称呼。《后汉书·清河孝王庆传》:"留庆长子祐与～～耿姬居清河邸。"

【嫡女】 dínǚ 正妻所生的女儿。《国语·吴语》:"一介～～,执箕箒,以晐姓于王宫。"(晐:备。姓:庶姓。)

【嫡室】 díshì ❶正妻。《三国志·蜀书·先主甘后传》："先主数丧～～，常摄内事。"❷正寝之室。或作"適室"。《后汉书·鲁恭传》："诸侯薨于路寝，大夫卒于～～。"

【嫡子】 dízǐ ❶正妻所生的儿子。《韩非子·爱臣》："主妾无等，必危～～。"❷专指嫡长子。《左传·僖公二十四年》："以[赵]盾为才，固请于公，以为～～，而使其三子下之。"

翟 1. dí ❶长尾的野鸡。《山海经·西山经》："女床之山有鸟焉，其状如～。"《后汉书·舆服志下》："后世圣人易之以丝麻，观翚～之文，荣花之色，乃染帛以效之，始作五采，成以为服。"❷用翟尾制作的舞具。《诗经·邶风·简兮》："左手执籥，右手秉～。"㉑教羽舞的小吏。《礼记·祭统》："～者，乐吏之贱者也。"❸古代的一种女衣，上面装饰或绘制翟羽。《诗经·鄘风·君子偕老》："玼兮玼兮，其之～兮。"❹通"狄"。对居住在北方的部族的泛称。《史记·鲁周公世家》："获长～侨如。"

2. zhái ❺姓。

【翟茀】 dífú 古代贵族妇女所乘的车子，以翟羽装饰其屏障。《诗经·卫风·硕人》："四牡有骄，朱幩镳镳，～～以朝。"（幩：拴在马口铁两侧的绸巾。）

樀 dí 屋檐。《尔雅·释宫》："檐谓之～。"（邢昺疏："屋檐一名樀，一名屋梠，又名宇，皆屋之四垂也。"）

镝（鏑） dí ❶箭头。《史记·秦楚之际月表》："堕坏名城，销锋～。"白居易《射中正鹄赋》："银～忽飞，不夜而流星熠熠。"❷箭。丘迟《与陈伯之书》："闻鸣～而股战，对穹庐以屈膝。"

【镝衔】 díxián 马嚼子。《淮南子·氾论训》："欲以朴重之法，治既弊之民，是犹无～～橛策錣而御馯马也。"

藋 dí 见 diào。

蹢 dí 见 zhí。

氐 1. dǐ ❶根本。"柢"的古字。《诗经·小雅·节南山》："尹氏大师，维周之～。"❷通"抵"。《史记·秦始皇本纪》："自关以东，大～皆畔秦吏，应诸侯。"（大氐：大都。）

2. dī ❸古民族名，又称西戎，分布在今青海、甘肃、四川等地。《诗经·商颂·殷武》："自彼～羌，莫敢不来享，莫敢不来王。"❹星名，二十八宿之一。《史记·天官书》："～为天根，主疫。"❺通"低"。《汉书·食货志下》："封君皆～首仰给焉。"

诋（詆） dǐ ❶指责。《说文·言部》："～，诃也。"《新唐书·黄巢传》："露表告将入关，因～宦竖柄朝，垢蠹纪纲。"❷毁谤，诬蔑。《汉书·息夫躬传》："躬上书历～公卿大臣。"苏轼《上皇帝书》："臣非敢历～新政，苟为异论。"❸通"柢"。根本。《淮南子·兵略训》："兵有三～：'治国家、理境内；行仁义、布德惠；立正法、塞邪隧。'"❹通"抵"。见"诋谰"。

【诋挫】 dǐcuò 诋毁屈辱。《汉书·盖宽饶传》："宽饶忠直忧国，以言事不当意而为文吏所～～。"《后汉书·贾逵传》："恃其义长，～～诸儒。"

【诋呵】 dǐhē 斥责。《三国志·魏书·陈思王植传》注引《典略》："刘季绪才不逮于作者，而好～～文章，掎摭利病。"又作"诋诃"。刘知幾《史通·自叙》："家有～～，人相掎摭。"

【诋谰】 dǐlán 抵赖。诋，通"抵"。《资治通鉴·隋文帝开皇十八年》："上责万岁，万岁～～。"参见"抵谰"。

【诋娸】 dǐqī 毁谤。《汉书·枚皋传》："故其赋有～～东方朔。"

【诋欺】 dǐqī 诋毁。《汉书·刑法志》："～～文致微细之法，悉蠲除。"《后汉书·杜林传》："吹毛索疵，～～无限。"

【诋訾】 dǐzǐ 毁谤。《史记·老庄申韩列传》："作《渔父》《盗跖》《胠箧》，以～～孔子之徒，以明老子之术。"又作"诋呰"。《论衡·程材》："则～～儒生以为浅短，称誉文吏谓之深长。"

邸 dǐ ❶诸侯王、郡守等为朝见天子而在京城所设的住所。《史记·吕太后本纪》："迺置酒齐～，乐饮，罢，归齐王。"这种住所亦可建于外地。《汉书·郊祀志上》："古者天子五载一巡狩，用事泰山，诸侯有朝宿地。其令诸侯各治～泰山下。"㉑泛指王侯的住宅。李商隐《过伊仆射旧宅》诗："朱～方酬力战功，华筵俄叹逝波穷。"㉑借指王侯。元稹《授薛昌朝绛王傅制》："择才以佐诸～。"❷客馆、酒肆。《宋史·黄榦传》："时大雪，既至而[朱]熹它出，榦因留客～。"《梁书·武帝纪》："淫酗萅肆，酣歌垆～。"❸仓库。王融《三月三日曲水诗序》："盈衍储～，充仞郊虞。"❹量词。处，所。李格非《书洛阳名园记后》："公卿贵戚开馆列第于东都者，号千有馀～。"❺通"抵"。至。《汉书·沟洫志》："令凿泾水，自中山西～瓠口为渠。"❻通"抵"。归，依附。《汉书·张耳传》："外黄富人女甚美，庸奴其夫，亡～父客。"❼通"抵"。触动。宋玉《风赋》："乘凌高城，入于深宫，～华叶而振气。"

【邸报】 dǐbào 汉唐时的地方长官，皆在京师设邸，邸中传抄诏令奏章之属，以通报诸侯、藩镇，称做邸报。后世又称朝廷的官报为邸报。邸报又称邸钞。《宋史·曹辅传》："自政和后，帝多微行，……始，民间犹未知。及蔡京谢表有'轻车小辇，七赐临幸'，自是～～闻四方。"

【邸第】 dǐdì 王侯贵族的住宅。《史记·荆燕世家》："臣观诸侯王～～百馀，皆高祖一切功臣。"《后汉书·和熹邓皇后纪》："又邓氏近亲子孙三十馀人，并为开～～，教学经书，躬自监试。"

【邸阁】 dǐgé 储存物资粮食的地方，仓库。《三国志·蜀书·后主传》："亮使诸军运米，集于斜谷口，治斜谷～～。"

【邸舍】 dǐshè ❶王公贵族的住宅。《宋书·蔡廓传》："王公妃主，～～相望。"❷旅馆，客店。曾巩《刑部郎中致仕王公墓志铭》："府史冯士元家富，善阴谋，广市～～女妓，以啗诸贵人。"《宋史·黄庠传》："比引试崇政殿，以疾不时入，天子遣内侍郎～～抚问，赐以药剂。"

阺 dǐ ❶山坡。宋玉《高唐赋》："登巉岩而下望兮，临大～之稸水。"《后汉书·寇恂传》："峻亡归故营，复助嚣拒陇～。"❷通"坻"。山上突出欲坠的崖石。《汉书·扬雄传下》："功若泰山，响若～隤。"（响：指声誉。隤：崩塌。阺：《文选》作"坻"。）

底 1. dǐ ❶底部，最下面。宋玉《高唐赋》："不见其～，虚闻松声。"《后汉书·马援传》："子阳井～蛙耳，而妄自尊大。"㊀尽头，终极。《后汉书·仲长统传》："荒废庶政，弃亡人物，澶漫弥流，无所～极。"❷里面。杜甫《昼梦》诗："故乡巷门荆棘～，中原君臣豺虎边。"❸止，停滞。《国语·晋语四》："今戾久矣，戾久将～。"（戾：安定。）❹至，到。《楚辞·天问》："昭后成游，南土爰～。"王守仁《象祠记》："不～于奸，则必入于善。"❺何，什么。杜荀鹤《钓叟》诗："渠将～物为诱饵，一度抬竿一箇鱼。"❻这，这样。杨万里《游浦涧晚归》诗："烟钟能～急，催我入城闉。"（闉：瓮城。）❼通"砥"。质地细软的磨刀石。引申为磨，磨练。《战国策·齐策五》："魏王身被甲～剑，挑赵索战。"《汉书·邹阳传》："济北独～节坚守不下。"

2. zhǐ ❽致，达到。古籍中通作"厎"。杨恽《报孙会宗书》："恽才朽行秽，文质无所～。"

【底里】 dǐlǐ ❶底细，内情。《后汉书·窦融传》："自以～～上露，长无纤介。"❷里面。杨万里《题荐福寺》诗："千山～～着楼台，半夜松风万壑哀。"

【底厉】 dǐlì 同"砥砺"。磨练。《汉书·枚乘传》："磨砻～～，不见其损，有时而尽。"又《晁错传》："和辑士卒，～～其节。"

【底事】 dǐshì 何事，为什么。杜荀鹤《蚕妇》诗："年年道我蚕辛苦，～～浑身著纻麻？"辛弃疾《南歌子·山中夜坐》词："试问清溪，～～未能平？"

【底死】 dǐsǐ ❶拼命，竭力。石孝友《清平乐》词："～～留春春不住，那更送春归去。"❷终究。柳永《满江红》词："不会得都来些子事，甚恁～～难拚弃！"参见"抵死"。

【底蕴】 dǐyùn 内含，内情。《新唐书·魏徵传》："徵亦自以不世遇，乃展尽～～无所隐。"《宋史·范祖禹传》："其开陈治道，区别邪正，辨释事宜，平易明白，洞见～～。"

【底滞】 dǐzhì ❶稽留。韩愈《送穷文》："子无～～之尤，我有资送之恩。"❷停滞。陆机《文赋》："及其六情～～，志往神留，兀若枯木，豁若涸流。"❸困厄。王粲《初征赋》："逢屯否而～～兮，忽长幼以羁旅。"（屯、否：《周易》中的两个卦名，比喻时世艰难。）

【底定】 zhǐdìng 达到平定。《尚书·禹贡》："三江既入，震泽～～。"《南史·齐高帝纪》："信宿之间，宣阳～～。"

【底豫】 zhǐyù 致乐，由不乐而至于乐。《孟子·离娄上》："舜尽事亲之道，而瞽瞍～～。"张载《西铭》："不弛劳而～～，舜其功也。"（弛：通"施"。）

抵[1] 1. dǐ ❶推，排挤。《汉书·扬雄传下》："［范雎］激卬万乘之主，界泾阳～穰侯而代之，当也。"（激卬：激怒。界：离间。泾阳：指泾阳君。）《后汉书·桓谭传》："喜非毁俗儒，由是多见排～。"❷至，到达。《史记·孟尝君列传》："孟尝君使人～昭王幸姬求解。"《汉书·礼乐志》："中木零落，～冬降霜。"❸触，触犯。《汉书·扬雄传上》："亶观夫票禽之绁隃，犀兕之～触。"（亶：但。票禽：轻疾之禽。绁隃：飞越。）李白《与韩荆州书》："三十成文章，历～卿相。"❹投靠，依附。《吕氏春秋·无义》："续经与之俱如卫，～公孙与。"《史记·张耳陈馀列传》："外黄富人女甚美，嫁庸奴，亡其夫，去～父客。"《后汉书·彭宠传》："即与乡人吴汉亡至渔阳，～父时吏。"❺抵赖，否认。《汉书·田延年传》："延年～曰：'本出将军之门，蒙此爵位，无有是事。'"❻抵偿。《史记·高祖本纪》："杀人者死，伤人及盗～

罪。"苏轼《上皇帝书》:"或以代还东军,或欲～换弓手。"❼掷,扔。《后汉书·献穆曹皇后纪》:"魏受禅,遣使求玺绶,后怒不与,……以玺～轩下。"魏徵《十渐不克终疏》:"捐金～璧,反朴还淳。"❽犹"底"。何,怎么。贺铸《提壶引》词:"金龟宝貂家所无,持～可过黄公垆?"方岳《送胡兄归岳》诗:"场屋～须新议论?书堂更做好规模。"

2. zhǐ ❾本作"扺"。击。见"抵陒"、"抵掌"。

【抵法】 dǐfǎ 伏法。南卓《羯鼓录》:"此人大逆戕忍,不日间兼即～～。"欧阳修《尚书职方郎中分司南京欧阳公墓志铭》:"盗有杀其民董氏于市,三年捕不获,府君至,则得之以～～。"

【抵谰】 dǐlán 抵赖,否认。《汉书·文三王传》:"王阳病～～,置辞骄嫚。"(阳:通"佯"。假装。)

【抵冒】 dǐmào 冒犯。《汉书·礼乐志》:"习俗薄恶,民人～～。"王谏《为郭令公上表》:"是以甘再三～～,昧死上陈。"

【抵死】 dǐsǐ ❶冒死,触犯死罪。《汉书·文帝纪》:"此细民之愚,无知～～,朕甚不取。"❷拼命,竭力。杨万里《食老菱有感》诗:"何须～～露头角,荇叶荷花老此身。"赵长卿《谒金门》词:"把酒东皋日暮,～～留春春去。"❸分外。杨万里《宿城外张氏庄早起入城》诗:"幸蒙晓月多情白,又遣东风～～寒。"❹始终,总是。柳永《倾杯乐》词:"追旧事一饷凭阑久,如何媚容艳态,～～孤欢偶。"晏殊《蝶恋花》词:"百尺朱楼闲倚遍,薄雨浓云,～～遮人面。"

【抵突】 dǐtū 触犯。《后汉书·臧宫传》:"缘边被其毒痛,中国忧其～～。"《三国志·吴书·诸葛恪传》:"俗好武习战,高尚气力,其升山赴险,～～丛棘,若鱼之走渊,猨狖之腾木也。"

【抵梧】 dǐwǔ 抵触,矛盾。《汉书·司马迁传赞》:"至于采经摭传,分散数家之事,甚多疏略,或有～～。"(《汉纪·孝武纪》引作"抵忤",裴骃《史记集解序》引作"抵捂"。)

【抵掷】 dǐzhì 投掷。《三国志·魏书·董卓传》注引《魏书》:"诸将专权,或擅笞杀尚书。司隶校尉出入,民兵～～之。"

【抵罪】 dǐzuì ❶抵偿其罪。《韩非子·外储说右上》:"居期年,犀首～～于梁王。"❷犯罪。《后汉书·杨震传》:"蔡邕坐直对～～,徙朔方。"(坐:因。直对:直率对答。)柳宗元《驳复仇议》:"非谓～～触法,陷于大戮。"

【抵陒】 zhǐguǐ 乘人之危而进行攻击。《汉书·杜周传》:"[杜]业因势而～～,称朱博,毁师丹,爱憎之议可不畏哉!"

【抵掌】 zhǐzhǎng 击掌。表示谈话时气氛融洽。《战国策·秦策一》:"[苏秦]见说赵王于华屋之下,～～而谈。"李商隐《上尚书范阳公启》:"惟交～～之谈,遂辱知心之契。"参见"扺掌"。

坻 dǐ 见 chí。

弤 dǐ 雕弓。相传为舜所用。《孟子·万章上》:"牛羊父母,仓廪父母;干戈朕,琴朕,～朕。"(朕:我。)

柢 dǐ ❶树根。《老子·五十九章》:"是谓深根固～,长生久视之道。"❷柄。《论衡·是应》:"司南之杓,投之于地,其～指南。"

牴(觝) dǐ 用角顶,触。《论衡·异虚》:"汉孝武皇帝之时,获白麟,戴两角而共～。"韩愈《祭河南张员外文》:"守隶防夫,～顶交跖。"(抵顶:以顶相触。)

【牴排】 dǐpái 排斥。韩愈《进学解》:"～～异端,攘斥佛老。"

【牴牾】 dǐwǔ 抵触,矛盾。刘知幾《史通·自叙》:"而流俗鄙夫,贵远贱近,传兹～～,自相欺惑。"陆九渊《赠曾友文》:"生占辞论理,称道经史,未见～～,乃独业相人之艺。"

砥 dǐ ❶质地细的磨刀石。《诗经·小雅·大东》:"周道如～,其直如矢。"(砥比喻平。)《淮南子·说山训》:"厉利剑者,必以柔～。"(厉:磨。)㉛磨,磨练。《淮南子·修务训》:"剑待～而后能利。"《论衡·命禄》:"勉力勤事以致富,～才明操以取贵。"❷平,平均。《国语·鲁语下》:"先王制土,籍田以力,而～其远迩。"(韦昭注:"砥,平也,平远迩所差也。")《史记·五帝本纪》:"动静之物,大小之神,日月所照,莫不～属。"

【砥墆】 dǐdié 滞塞,不流通。砥,通"底"。《管子·法法》:"民无游日,财无～～。"

【砥厄】 dǐ'è 宝玉名。《战国策·秦策三》:"臣闻周有～～,宋有结绿,梁有悬黎,楚有和璞,此四宝者,工之有失也,而为天下名器。"(《史记·范雎蔡泽列传》作"砥砨"。)

【砥砺】 dǐlì ❶磨刀石。细者为砥,粗者为砺。《山海经·西山经》:"崦嵫之山,苕水出焉,其中多～～。"❷磨砺,磨练。《荀子·王制》:"案平政教,审节奏,～～百姓。"

魏徵《十渐不克终疏》："陛下贞观之初，～～名节，不私于物，唯善是与。"又作"砥厉"。《史记·鲁仲连邹阳列传》："臣闻盛饰入朝者不以利污义，～～名号者不以欲伤行。"

【砥平】 dǐpíng ❶如砥之平，平坦。左思《魏都赋》："长庭～～，钟虡夹陈。"❷太平。苏轼《三槐堂铭》："既相真宗，四方～～。"

【砥矢】 dǐshǐ 磨刀石和箭。比喻平直。语出《诗经·小雅·大东》："周道如砥，其直如矢。"蔡邕《朱公叔谥议》："正身危行，言如～～。"

【砥柱】 dǐzhù 山名。原山在今山西平陆县东黄河之中。《史记·夏本纪》："南至华阴，东至～～。"㊂用以比喻坚定不移。刘禹锡《咏史》之一："世道剧颓波，我心如～～。"

提 dǐ 见tí。

地 dì ❶大地。与"天"相对。《荀子·劝学》："不临深谿，不知～之厚也。"《韩非子·大体》："故大人寄形于天～而万物备。"㊀土地，田地。《管子·形势解》："～生养万物。"❷地域，领土。《孟子·公孙丑上》："夏后殷周之盛，～未有过千里者也，而齐有其～矣。"《后汉书·西羌传》："武帝征伐四夷，开～广境，北却匈奴，西逐诸羌。"❸地点，处所。《孙子·虚实》："先处战～而待敌者佚。"《后汉书·冯衍传》："斯四战之～，攻守之场也。"㊀地位。《孟子·离娄下》："禹、稷、颜子，易～则皆然。"骆宾王《为徐敬业讨武曌檄》："伪临朝武氏者，性非和顺，～实寒微。"㊂处境，环境。《孟子·梁惠王上》："王若隐其无罪而就死～，则牛羊何择焉。"《管子·八观》："使民毋由接于淫非之～。"❹质地，底子。《三国志·魏书·东夷传》："今以绛～交龙锦五匹，……答汝所献贡直。"李白《白鼻騧》诗："银鞍白鼻騧，绿～障泥锦。"❺助词。用于形容词或副词后。李白《越女词》："相看月未堕，白～断肝肠。"❻通"第"。副词。但。《汉书·丙吉传》："西曹～忍之，此不过污丞相车茵耳。"

【地德】 dìdé ❶地的品格。古人认为地能生产百物，养育人民，这就是地之德。《国语·鲁语下》："是故天子大采朝日，与三公九卿祖识～～。"（大采：五采礼服。朝日：朝拜日神。祖识：熟识。）❷指五谷。《淮南子·俶真训》："含哺而游，鼓腹而熙，交彼天和，食于～～。"

【地官】 dìguān ❶古代六官之一，掌邦教。《周礼·地官·序官》："乃立～～司徒，使帅其属而掌邦教，以佐王安扰邦国。"（扰：辑睦。）❷道家所奉的三官（天官、地官、水官）之一。

【地分】 dìfēn ❶土地分割。《战国策·赵策一》："知伯身死，国亡～～，为天下笑。"❷分封之地。《汉书·高帝纪下》："～～已定，而位号比儗，亡上下之分。"❸地区，地段。《元史·河渠志》："沧州～～，水面高于平地，全藉堤堰防护。"

【地纪】 dìjì 维系大地的绳子。亦称"地维"。古人认为大地是方的，四角有大绳维系，使有定位。《庄子·说剑》："上决浮云，下绝～～。"诸葛亮《梁父吟》："力能排南山，文能绝～～。"参见"地维"。

【地角】 dìjiǎo 地的尽头。指僻远的地方。萧统《谢敕赉地图启》："域中天外，指掌可求；～～河源，户庭不出。"徐陵《为陈武帝作相时与岭南酋豪书》："天涯藐藐，～～悠悠。"

【地籁】 dìlài 地的孔穴发出的声音。《庄子·齐物论》："～～则众窍是已。"苏轼《九成台铭》："世无南郭子綦，则耳未尝闻～～也，而况得闻天籁？"

【地利】 dìlì ❶地理上的有利形势。《孟子·公孙丑下》："天时不如～～，～～不如人和。"《汉书·枚乘传》："然秦卒禽六国，灭其社稷，而并天下，是何也？则～～不同，而民轻重不等也。"❷土地的生产。《管子·牧民》："不务天时则财不生，不务～～则仓廪不盈。"《汉书·文帝纪》："乃天道有不顺，～～或不得。"

【地脉】 dìmài ❶地的脉络。《史记·蒙恬列传》："起临洮，属之辽东，城堑万馀里，此其中不能无绝～～哉。"❷指地下水。朱德润《题周中杰古泉》诗："凿池疏～～，叠石种云根。"

【地祇】 dìqí 地神。《史记·天官书》："夏日至，祭～～。"亦作"地示"。《周礼·春官·大宗伯》："大宗伯之职，掌建邦之天神、人鬼、～～之礼。"

【地势】 dìshì ❶地理形势。《汉书·高帝纪下》："［秦］～～便利，其以下兵于诸侯，譬犹居高屋之上建瓴水也。"❷社会地位。《后汉书·尹勋传》："伯父睦为司徒，兄颂为太尉，宗族多居贵位者，而勋独持清操，不以～～尚人。"左思《咏史》之二："世胄蹑高位，英俊沈下僚。～～使之然，由来非一朝。"

【地望】 dìwàng ❶地位与声望。李商隐《五言述德抒情诗一首四十韵献上杜七兄仆射相公》："耿贾官勋大，荀陈～～清。"❷指地方的声望。陆游《宣城李虞部诗序》："宣之为郡，自晋唐至本朝，～～常重。"

【地维】　dìwéi　维系大地的绳子。《列子·汤问》："折天柱，绝～～。"文天祥《正气歌》："～～赖以立，天柱赖以尊。"亦称"地纪"。参见"地纪"。

【地文】　dìwén　山川丘陵平原的形状。《庄子·应帝王》："乡吾示之以～～，萌乎不震不正。"

【地衣】　dìyī　❶铺在地上的织物，类似今之地毯。白居易《红线毯》诗："地不知寒人要暖，少夺人衣作～～。"❷植物名，指苔藓。又为车前子的别名，见《本草纲目·草五·车前》。

【地舆】　dìyú　大地。舆，车。地载万物，故以车作比。熊曜《埌琊台观日赋》："倾～～而通水府，吸天盖而骇长鲸。"

【地支】　dìzhī　又称十二支，指子、丑、寅、卯、辰、巳、午、未、申、酉、戌、亥。古代以天干、地支相配，组成六十甲子，用以纪日，后又用以纪年。参见"天干"。

【地重】　dìzhòng　地利厚重，即土地肥沃。《管子·侈靡》："～～人载，毁敝而养不足，事末作而民兴之，是以下名而上实也。"《史记·货殖列传》："关中自汧雍以东至河华，膏壤沃野千里……[民]好稼穑，殖五谷，～～，重为邪。"(重为邪：很难去做邪恶的事情。)

【地主】　dìzhǔ　❶盟会所在地的主人。《左传·哀公十二年》："夫诸侯之会，事既毕矣，侯伯致礼，～～归饩，以相辞也。"(归饩：赠送生食，如牛、羊、豕等。归：通"馈"。)❷当地的主人。韩翃《送王少府归杭州》诗："吴郡陆机称～～，钱塘苏小是乡亲。"❸神名。《国语·越语下》："皇天后土，四乡～～正之。"《汉书·郊祀志上》："天子至梁父，礼祠～～。"

【地著】　dìzhù　安居一地。《汉书·食货志上》："理民之道，～～为本。"晁错《论贵粟疏》："贫生于不足，不足生于不农，不农则不～～，不～～则离乡轻家。"

【地久天长】　dìjiǔtiāncháng　如地之久在，如天之长存。极言时间之悠久。卢照邻《释疾文》："岁去忧来兮东流水，～～～～兮人共死。"

吊

dì　见diào。

弟

1. dì　❶次第，次序。后作"第"。《说文·弟部》："～，韦束之次弟也。"《吕氏春秋·原乱》："乱必有～。"❷弟弟。《诗经·邶风·谷风》："宴尔新婚，如兄如～。"㊀指妹妹。《汉书·樊哙传》："哙以吕后～吕须为妇，生子伉。"❸后。《国语·吴语》："孤敢不顺从君命，长～许诺。"(韦昭注："长，先也；弟，后也。")❹副词。但，只是，只管。《史记·五帝本纪》："予观《春秋》、《国语》，其发明五帝德、帝系姓，章矣，顾～弗深考。"《汉书·陈平传》："南方有云梦，陛下～出伪游云梦，会诸侯于陈。"

2. tì　❺"悌"的古字。顺敬兄长。《孟子·告子下》："徐行后长者，谓之～。"《荀子·子道》："入孝出～，人之小行也。"

3. tuí　❻见"弟靡"。

【弟令】　dìlìng　连词。即使，假令。《史记·吴王濞列传》："今大王与吴西乡，～～事成，两主分争，患乃始结。"

【弟子】　dìzǐ　❶弟与子，对父兄而言。《论语·学而》："～～入则孝，出则弟。"❷泛指少年。《仪礼·乡射礼》："司射降自西阶阶前西面，命～～纳射器。"(郑玄注："弟子，宾党之年少者也。")❸门人，学生。《史记·孔子世家》："故孔子不仕，退而修诗书礼乐，～～弥众，至自远方，莫不受业焉。"

【弟靡】　tuímǐ　颓唐。《庄子·应帝王》："因以为～～，因以为波流，故逃也。"

玓

dì　见"玓瓅"。

【玓瓅】　dìlì　发光的样子。《史记·司马相如列传》："明月珠子，～～江靡。"(玓瓅：《文选》作"的皪"。)

杕

1. dì　❶树木挺立的样子。《诗经·唐风·杕杜》："有～之杜，其叶湑湑。"(杜：树名。湑湑：茂盛的样子。)

2. duò　❷同"柁"。船尾正船的梢木。《淮南子·说林训》："心所说，毁舟为～；心所欲，毁钟为铎。"

的(旳)

1. dì　❶明，鲜明。《礼记·中庸》："小人之道，～然而日亡。"宋玉《神女赋》："眉联娟以蛾扬兮，朱唇～其若丹。"❷白色。《周易·说卦》："其于马也，……为～颡。"❸箭靶的中心。《荀子·劝学》："是故质～张而弓矢至焉。"《论衡·超奇》："论之应理，犹矢之中～。"㊀标准。《文心雕龙·定势》："章表奏议，则准～乎典雅。"❹古代妇女点在面部的一种装饰性的色点。傅咸《镜赋》："珥明珰之迢迢，点双～以发姿。"❺莲子。《尔雅·释草》："荷……其实莲，其根藕，其中～。"

2. dí　❻确实，的确。《三国志·魏书·崔林传》："馀国各遣子来朝，闲使连属，林恐所遣或非真～。"柳宗元《送薛存义序》：

"其为不虚取直也～矣。"

【的的】 dìdì 明亮，清楚。《淮南子·说林训》："～～者获，提提者射。"（高诱注："的的，明也。为众所见，故获。提提，安也。若鸟不飞，兽不走，提提安时，故为人所射。"）《宋史·欧阳修传》："好古嗜学，凡周、汉以降金石遗文、断编残简，一切掇拾，研稽异同，立说于左，～～可表证，谓之《集古录》。"

【的砾】 dìlì 明亮，鲜明。《后汉书·张衡传》："离朱唇而微笑兮，颜～～以遗光。"又作"的历"、"的皪"。司马相如《上林赋》："明月珠子，～～江靡。"虞世南《咏萤》："～～流光小，飘飖弱翅轻。"

【的当】 dídàng ❶的确。秦观《秋兴拟白乐天》诗："不因霜叶辞林去，～～山翁未觉秋。"❷恰当。苏洵《上欧阳内翰第一书》："陆贽之文，遣言措意，切近～～，有执事之实。"

【的的】 dídí 的确，实在。王僧孺《为人述梦》诗："工知想成梦，未信梦如此，皎皎无片非，～～一皆是。"晏殊《蝶恋花》词："人面荷花，～～遥相似。"

帝 dì ❶天帝，最高的天神。《诗经·大雅·皇矣》："既受～祉，施于孙子。"（祉：福。）《列子·汤问》："操蛇之神闻之，告之于～。"[引]泛指神灵。《荀子·王霸》："是故百姓贵之如～，亲之如父母。"《史记·高祖本纪》："吾子，白～子也，化为蛇，当道，今为赤～子斩之。"❷君主，皇帝。《楚辞·离骚》："～高阳之苗裔兮，朕皇考曰伯庸。"《后汉书·李固传》："父不肯立～，子不肯立王。"[又]称帝。柳宗元《封建论》："继汉而～者，虽百代可知也。"

【帝典】 dìdiǎn ❶《尚书》中《尧典》的别称。《后汉书·章帝纪》："'五教在宽'，～～所美。"❷帝王的法制。扬雄《剧秦美新》："是以～～阙而不补，王纲弛而未张。"

【帝宫】 dìgōng ❶天帝之宫。《史记·司马相如列传》："排阊阖而入～～兮，载玉女而与之归。"❷帝王的宫室。《史记·苏秦列传》："今乃有意西面而事秦，称东藩，筑～～，受冠带，祠春秋，臣窃为大王耻之。"

【帝阍】 dìhūn ❶天帝的看门人。《楚辞·离骚》："吾令～～开关兮，倚阊阖而望予。"❷君门，宫门。王勃《滕王阁序》："怀～～而不见，奉宣室以何年？"

【帝藉】 dìjí 帝王亲自耕作的藉田，其收获供宗庙祭祀之用。《礼记·月令》："帅三公、九卿、诸侯大夫，躬耕～～。"亦作"帝籍"。参见该条。

【帝籍】 dìjí ❶皇室的图书。白居易《病中辱张常侍题集贤院诗因以继和》："图书皆～～，寮友尽仙才。"❷同"帝藉"。《吕氏春秋·季秋》："藏～～之收于神仓。"

【帝室】 dìshì 帝王的宗族。《三国志·蜀书·诸葛亮传》："将军既～～之胄，信义著于四海。"（胄：后裔。）

【帝统】 dìtǒng 帝王的世系。《论衡·本性》："然而丹朱傲，商均虐，并失～～，历世为戒。"

【帝乡】 dìxiāng ❶天帝居住的地方。《庄子·天地》："千岁厌世，去而上仙，乘彼白云，至于～～。"❷皇帝的故乡。《后汉书·刘隆传》："河南帝城多近臣，南阳～～多近亲。"❸指京城。王勃《秋晚入洛于毕公宅别道王宴序》："青溪数曲，幽人长往；白云万里，～～难见。"

【帝业】 dìyè 帝王之业，即建立王朝之业。《史记·李斯列传》："强公室，杜私门，蚕食诸侯，使秦成～～。"《汉书·异姓诸侯王表》："是以汉亡尺土之阶，繇一剑之任，五载而成～～。"（繇：由。）

【帝子】 dìzǐ 帝王的儿女。《楚辞·九歌·湘夫人》："～～降兮北渚，目眇眇兮愁予。"（此指尧的女儿娥皇、女英。）王勃《滕王阁诗》："阁中～～今何在？槛外长江空自流。"（此指唐高祖李渊之子李元婴。）

递（遞） 1. dì ❶交替，更迭。《荀子·天论》："列星旋转，日月～炤。"（炤：同"照"。）《三国志·魏书·于禁传》："是时，禁与张辽、乐进、张郃、徐晃俱为名将，太祖每征伐，咸～行为军锋。"❷驿车。驿站的交通工具。白居易《缚戎人》诗："黄衣小使录姓名，领出长安乘～行。"❸传递，传送。杜牧《阿房宫赋》："秦复爱六国之人，则～三世，可至万世而为君。"《元史·崔彧传》："官括商船载～诸物。"❹依次，顺序。《宋史·真宗纪》："诏西京死罪以下～减一等。"

2. dài ❺围绕。《汉书·王莽传上》："夫绛侯即因汉藩之固，杖朱虚之鲠，依诸将之～，据相扶之势，其事虽丑，要不能遂。"（丑：众。）

【递代】 dìdài 更迭。《楚辞·招魂》："二八侍宿，射～～些。"（二八：指十六个美女。射：当作"夕"。）《汉书·礼乐志》："空桑琴瑟结信成，四兴～～八风生。"

【递铺】 dìpù 驿站。《元史·兵志》："设急～～，以达四方文书之往来。"

【递钟】 dìzhōng 琴名。《汉书·王褒传》："虽伯牙操～～，逢门子弯乌号，犹未足以喻其意也。"

娣 dì ❶同嫁一夫的妹妹。《说文·女部》："～，同夫之女弟也。"《国语·晋语一》："[晋献公]获骊姬以归，立以为夫人，生奚齐。其～生卓子。"❷妾。《诗经·大雅·韩奕》："诸～从之，祁祁如云。"

【娣姒】 dìsì ❶众妾互称之词，年长者为姒，年幼者为娣。《尔雅·释亲》："女子同出，谓先生为姒，后生为娣。"(同出：谓同嫁事一夫。)❷妯娌。兄妻为姒，弟妻为娣。《颜氏家训·兄弟》："～～之比兄弟，则疏薄矣。"参见"姒娣"。

【娣侄】 dìzhí 从嫁的妹妹和侄女。《汉书·杜周传》："～～虽缺不复补。"(颜师古注："媵女之内兄弟之女则谓之侄，已之女弟则谓之娣。")

谛(諦) 1. dì ❶审，细察，深思。《论衡·问孔》："天神论议，误不～也。"《说苑·权谋》："圣王之举事，必先～之于谋虑。"[引]明了。刘昼《新论·专学》："若心不在学而强讽诵，虽入于耳，而不～于心。"❷佛教用语。真谛，真理。《大毗婆沙论》卷七十七："真义、如义、不颠倒义、无虚诳义是～义。"苏轼《送小本禅师赴法云》诗："圣～第一义，对面谁不识?"

2. tí ❸通"啼"。哭。《荀子·礼论》："歌谣謸笑，哭泣～号，是吉凶忧愉之情发于声音者也。"

菂 dì 莲子。王延寿《鲁灵光殿赋》："发秀吐荣，菡萏披敷。绿房子～，窋吒垂珠。"(窋吒：物在穴中突出的样子。)

第 dì ❶次第，次序。《国语·周语下》："夫宫，声之主也，～以及羽。"(宫：五音之一。羽：亦五音之一。)曾巩《鲍溶诗集目录序》："欧阳氏书无卷～，才百馀篇。"[引]等次，等级。《史记·平津侯主父列传》："太常令所征儒士各对策，百馀人，[公孙]弘～居下。"《论衡·祸虚》："曾子、子夏未离于俗，故孔子门叙行未在上～也。"[又]确定等次。《汉书·王褒传》："所幸宫馆，辄为歌颂，～其高下，以差赐帛。"❷贵族的住宅。这种住宅有等级之分，故称。《史记·魏其武安侯列传》："武安由此滋骄，治宅甲诸～。"《三国志·魏书·后妃传》："又特为起大～，车驾亲临之。"❸科第。科举考试及格的等级。韩愈《柳子厚墓志铭》："能取进士～，崭然见头角。"欧阳修《送徐无党南归序》："既去，而与群士试于礼部，得高～，由是知名。"[又]考中称"及第"，没考中称"落第"、"下第"。❹用于数词之前表序数。《史记·萧相国世家》："平阳侯曹参，身被七十创，攻城略地，功最多，宜～一。"❺副词。但，只是，只管。《后汉书·贾复传》："大司马刘公在河北，必能相施，～持我书往。"王禹偁《黄冈竹楼记》："江山之外，～见风帆、沙鸟、烟云、竹树而已。"

【第家】 dìjiā 世家。《汉书·王莽传上》："今安汉公起于～～，辅翼陛下，四年于兹，功德烂然。"

【第室】 dìshì 贵族的住宅。《汉书·高帝纪下》："为列侯食邑者，皆佩之印，赐大～～。"

【第下】 dìxià 敬称。犹言阁下。《晋书·司马道子传》："然桓氏世在西藩，人或为用，而～～之所控引，止三吴耳。"

蒂(蔕) dì 花或瓜果与枝茎相连的部分。《后汉书·蔡邕传》："夫华离～而萎，条去干而枯。"(华：花。)欧阳修《洛阳牡丹记》："以蜡封花～，乃数日不落。"[引]本原。《聊斋志异·莲香》："幸病～犹浅，十日恙当已。"

【蒂芥】 dìjiè 梗塞。《史记·司马相如列传》："吞若云梦者八九于其胸中，曾不～～。"[又]比喻内心郁结。贾谊《鹏鸟赋》："细故～～兮，何足以疑!"

揥 dì 见 tì。

棣 1. dì ❶树木名。即山樱桃，又名常棣、唐棣。《诗经·秦风·晨风》："山有苞～，隰有树檖。"(苞：丛生。)

2. tì ❷通达。《汉书·律历志上》："万物～通。"苏舜钦《上孔待制书》："山泽～达而不童涸。"(童：秃。)

【棣棣】 dìdì 雍容娴雅的样子。《诗经·邶风·柏舟》："威仪～～，不可选也。"李华《吊古战场文》："穆穆～～，君臣之间。"(穆穆：和敬的样子。)

【棣萼】 dì'è 比喻兄弟。语出《诗经·小雅·常棣》："常棣之华，鄂不韡韡；凡今之人，莫如兄弟。"杜甫《至后》诗："梅花欲开不自觉，～～一别永相望。"

【棣华】 dìhuā 比喻兄弟。《晋书·张载传》："载、协飞芳，～～增映。"(协：张载之弟。)参见"棣萼"。

【棣友】 dìyǒu 指兄弟友爱。陶穀《清异录·君子》："吾与汝等离兄弟之拘牵，真～～也。"

埭 dì 见 dié。

睇 dì 斜视。《楚辞·九歌·山鬼》："既含～兮又宜笑，子慕予兮善窈窕。"《史记·

屈原贾生列传》："离娄微～兮，瞽以为无明。"

【睇眄】 dìmiǎn 流观，环视。王勃《滕王阁序》："穷～～于中天，极娱游于暇日。"

崹 dì 见 dié。

缔(締) dì 固结不解。《说文·糸部》："～，结不解也。"《楚辞·九章·悲回风》："心鞿羁而不开兮，气缭转而自～。"

【缔交】 dìjiāo 结盟。《汉书·项籍传》："合从～～，相与为一。"柳宗元《封建论》："～～合从之谋周于同列。"

禘 dì ❶大祭名。古代帝王祭祀先祖的一种典礼。《左传·僖公八年》："秋七月，～于大庙。"《国语·鲁语上》："故有虞氏～黄帝而祖颛顼。"❷时祭名。夏季在宗庙中举行的一种祭祀。《礼记·王制》："天子诸侯宗庙之祭，春曰礿，夏曰～，秋曰尝，冬曰烝。"

【禘郊】 dìjiāo 帝王的祭祀。郊，祭天。《国语·楚语下》："天子～～之事，必自射其牲，王后必自舂其粢。"张衡《东京赋》："供～～之粢盛，必致思乎勤己。"

【禘祫】 dìxiá 合祭先祖。《后汉书·张纯传》："今～～高庙，陈序昭穆。"

髢 dì(又读 tì) 假发。《左传·哀公十七年》："公自城上见己氏之妻发美，使髡之，以为吕姜～。"(髡：剃。)《庄子·天地》："有虞氏之药疡也，秃而施～，病而求医。"

蝃 dì 见"蝃蝀"。

【蝃蝀】 dìdōng 虹。《诗经·鄘风·蝃蝀》："～～在东，莫之敢指。"

甋 dì 瓴甋。砖、甓。

疐 dì 见 zhì。

题 dì 见 tí。

踧 1. dì ❶平坦。见"踧踧"。

2. cù ❷惊诧。《法言·学行》："或人～尔曰：旨哉！问铸金，得铸人。"❸通"蹙"。困迫。钟会《檄蜀文》："[孙]壹等穷～归命，犹加上宠，况巴蜀贤智，见机而作者哉！"《三国志·魏书·董卓传》注引华峤《后汉书》："设令关东豪强敢有动者，以我强兵～之，可使诣沧海。"❹通"蹴"。踢。《后汉书·陈蕃传》："遂执蕃送黄门北寺狱，黄门从官驺蹋～蕃。"

【踧踧】 dìdì 平坦的样子。《诗经·小雅·小弁》："～～周道，鞫为茂草。"(鞫：尽。)

【踧踖】 cùjí ❶恭敬的样子。《论语·乡党》："君在，～～如也。"《盐铁论·利议》："鞠躬～～，窃仲尼之容。"❷局促不安的样子。《抱朴子·交际》："余代其～～，耻与共世。"《三国志·魏书·常林传》："言者～～而退。"

【踧蹜】 cùsù 退缩不进。《宋史·陈恕传》："恕敛板～～，退至殿壁负立，若无所容。"

踶 1. dì ❶踢。《庄子·马蹄》："喜则交颈相靡，怒则分背相～。"

2. zhì ❷见"踶跂"。

3. chì ❸通"驰"。《汉书·武帝纪》："故马或奔～而致千里，士或负俗之累而立功名。"

【踶跂】 zhìqǐ 用心用力的样子。《庄子·马蹄》："及至圣人，蹩躠为仁，～～为义，而天下始疑矣。"(蹩躠：费力的样子。)

蹄 dì 见 tí。

dian

拈 diān 见 niān。

傎(傎) diān 颠倒，错乱。《穀梁传·僖公二十八年》："以为晋文公之行事，为已～矣。"

滇 1. diān ❶古国名。其地在今云南省滇池附近。《史记·西南夷列传》："其西靡莫之属以什数，～最大。"后用作云南省的代称。

2. tián ❷见"滇滇"。

【滇滇】 tiántián 盛大的样子。《汉书·礼乐志》："泛泛～～从高斿，殷勤此路胪所求。"(斿：通"游"。胪：陈列。)

瘨 diān ❶病，困苦。《诗经·大雅·云汉》："胡宁～我以旱，憯不知其故。"又《召旻》："～我饥馑，民卒流亡。"❷晕倒。《战国策·楚策一》："七日不得告，水浆无入口，～而殚闷，旄不知人。"(旄：通"眊"。昏。)❸通"癫"。狂癫。《素问·腹中论》："石药发～，芳草发狂。"

颠(顛) 1. diān ❶头额。《诗经·秦风·车邻》："有车邻邻，有马白～。"(邻邻：众车之声。)㊀顶部，高处。《史记·孝武本纪》："而上又上泰山，有秘祠其～。"《论衡·累害》："处～者危，势丰者亏。"❷本，始。陆机《文赋》："如失机而后会，恒操末以续～。"刘克庄《重修太平坡》："既庵以祠公，复属笔于予，俾记～末。"❸自高处坠落，跌倒。《左传·隐公十一年》："颍考叔取郑伯之旗蝥弧以先登，子都自下射之，

～。"韩愈《祭河南张员外文》:"～于马下。"❹颠倒,上下倒置。《诗经·齐风·东方未明》:"～之倒之,自公召之。"《楚辞·九叹·愍命》:"今反表以为里兮,～裳以为衣。"❺颠狂,精神失常。后作"癫"。张籍《罗道士》诗:"持花歌咏似狂～。"

2. tián ❻通"填"。填塞。《礼记·玉藻》:"盛气～实扬休。"❼见"颠颠"。

【颠倒】 diāndǎo ❶倒置,错乱。《荀子·大略》:"诸侯召其臣,臣不俟驾,～～衣裳而走,礼也。"《后汉书·仲长统传》:"～～贤愚,贸易选举。"❷倾覆。《荀子·仲尼》:"乡方略,审劳佚,畜积修斗,而能～～其敌者也。"❸反复。《三国志·蜀书·李严传》:"然谓平情在于荣利而已,不意平心～～乃尔。"(平:指李严。)

【颠颠】 diāndiān ❶专一的样子。《庄子·马蹄》:"故至德之世,其行填填,其视～～。"❷痴颠。《北史·齐文宣帝纪》:"～～痴痴,何成天子?"

【颠顿】 diāndùn 颠沛困顿。韩愈《答崔立之书》:"～～狼狈,失其所操持。"柳宗元《答问》:"～～披靡,固其所也。"

【颠覆】 diānfù ❶倾覆,败坏。《诗经·大雅·抑》:"～～厥德,荒湛于酒。"《孟子·万章上》:"太甲～～汤之典刑,伊尹放之于桐。"❷灭亡。《汉书·王莽传赞》:"～～之势,险于桀纣。"❸颠倒。《墨子·非儒下》:"～～上下,悖逆父母。"

【颠跻】 diānjī 坠落。《史记·宋微子世家》:"今女无故告予,～～,如之何其?"韩愈《题炭谷湫祠堂》诗:"石级皆险滑,～～莫牵攀。"又作"颠隮"。陆游《尚书王公墓志铭》:"如燥湿之不可移,终有不能自抑者,徒速～～而已。"

【颠蹶】 diānjué 跌倒。《荀子·大略》:"礼者,人之所履也,失所履,必～～陷溺。"《吕氏春秋·报更》:"～～之请,坐拜之谒,虽得则薄矣。"(颠蹶之请:指请求之急,不顾颠蹶。)

【颠连】 diānlián 困苦。张载《西铭》:"凡天下疲癃残疾,惸独鳏寡,皆吾兄弟之～～而无告者也。"(惸:同"茕"。无弟兄的人。)朱之瑜《阳九述略》:"豪右之侵渔不闻,百姓之～～无告。"

【颠沛】 diānpèi ❶颠仆,倒下。《诗经·大雅·荡》:"～～之揭,枝叶未有害,本实先拨。"(颠沛之揭:言树仆倒连根拔起。)韩愈《五箴·好恶箴》:"不义不祥,维恶之大。几如是为,而不～～?"❷困苦。《论衡·吉验》:"由微贱起于～～若高祖、光武者,曷尝无天人神怪光显之验乎!"《后汉书·伏湛传》:"湛虽在仓卒,造次必于文德,以为礼乐政化之首,～～犹不可违。"❸衰乱。《论衡·定贤》:"鸿卓之义,发于～～之朝;清高之行,显于衰乱之世。"《后汉书·安帝纪》:"岂意卒然～～,天年不遂,悲痛断心。"

【颠眴】 diānxuàn 即癫痫病,通称"羊痫风"或"羊角风"。扬雄《剧秦美新》:"臣常有～～病。"陆游《曾文清公墓志铭》:"及遭内艰,则既祥犹蔬食,凡十有四年,至得疾～～乃已。"

【颠越】 diānyuè 跌倒,衰落。《楚辞·九章·惜诵》:"行不群以～～兮,又众兆之所咍也。"(咍:笑。)《史记·楚世家》:"且魏断二臂,～～矣。"

【颠陨】 diānyǔn 坠落,衰败。《楚辞·离骚》:"日康娱而自忘兮,厥首用夫～～。"《后汉书·冯衍传》:"今三王背畔,赤眉危国,天下蚁动,社稷～～。"

【颠踬】 diānzhì 跌倒,困顿。曾巩《王仲达墓志》:"君在撼顿～～之中,志气弥厉。"

【颠颠】 tiántián 忧思的样子。《礼记·玉藻》:"丧容累累,色容～～。"

蹎 diān 跌倒。《荀子·正论》:"～跌碎折,不待顷矣。"

【蹎蹎】 diāndiān 安详稳重的样子。《淮南子·览冥训》:"其行～～,其视瞑瞑。"

【蹎仆】 diānpū 跌倒。《汉书·贡禹传》:"诚恐一旦～～气竭,不复自还。"

巅(巔) diān 山顶。《诗经·唐风·采苓》:"采苓采苓,首阳之～。"㊀头顶。《素问·方盛衰论》:"头痛～疾。"

癫(癲) diān ❶精神失常的病。《难经·五十九难》:"～疾始发,意不乐,直视僵仆,其脉三部俱盛,是也。"❷癫狂,发狂。杜甫《从人觅小胡孙许寄》诗:"许求聪慧者,童稚捧应～。"

典 diǎn ❶典籍,文献。《战国策·楚策一》:"蒙谷献～,五官得法,而百姓大治。"《后汉书·蔡邕传》:"伯喈旷世逸才,多识汉事,当续成后史,为一代大～。"❷法则,制度。《吕氏春秋·孟春》:"迺命太史,守～奉法。"《汉书·礼乐志》:"汉～寝而不著,民莫有言者。"❸前代的典章、事迹等。《左传·昭公十五年》:"数～而忘其祖。"《后汉书·冯异传》:"夫仁不遗亲,义不忘劳,兴灭继绝,善及子孙,古之～也。"❹典雅。萧统《答玄圃园讲颂启令》:"辞～文艳。"《颜氏家训·文章》:"吾家世文章,甚为～正。"❺典礼,仪式。《宋书·蔡廓传》:"朝廷仪～,皆取定于[傅]亮。"❻掌管。《史记·太史公自序》:"司马氏世～周史。"《后汉书·郭丹传》:"丹出～州郡,入为三公,而家无遗产,子孙困匮。"❼典当,抵押。《金史·百官志》:"民间质～,利息重者五、七分。"白居易《自劝》诗:"忆昔羁贫应举年,脱衣～酒曲江边。"

【典册】 diǎncè ❶典籍,文献。《三国志·魏书·三少帝纪》:"壬辰,晋太子炎绍封袭位,总摄百揆,备物～～,一皆如前。"又作"典策"。《左传·定公四年》:"备物～～,官司彝器。"❷帝王的策命。任昉《到大司马记室笺》:"伏承以今月令辰,肃膺～～。"

【典常】 diǎncháng 常法,常道。《周易·系辞下》:"初率其辞而揆其方,既有～～。"《史记·礼书》:"乃以太初之元改正朔,易服色,封太山,定宗庙百官之仪,以为～～,垂之于后云。"

【典城】 diǎnchéng ❶主管一城的官员。《后汉书·章帝纪》:"郎中宽博有谋,任～～者,以补长、相。"(任:堪使。长:指县长。相:指侯相。)《论衡·对作》:"至或南面称师,赋奸伪之说;～～佩紫,读虚妄之书。"(佩紫:指显官。汉丞相、太尉等皆佩紫绶。)❷主管刑政。《论衡·非韩》:"不任～～之吏,察参伍之正,不明度量,待尽聪明、劳知虑而以知奸,不亦无术乎!"(《韩非子·难三》作"典成"。成:平定。)

【典法】 diǎnfǎ 典章法度。《史记·礼书》:"汉亦一家之事,～～不传,谓子孙何?"《后汉书·西域传》:"慕乐中国,亦复参其～～。"

【典坟】 diǎnfén "三坟五典"的省称。泛指各种古籍。陆机《文赋》:"伫中区以玄览,颐情志于～～。"参见"三坟"、"五典"。

【典故】 diǎngù ❶旧的典制,先例。《后汉书·东平宪王苍传》:"陛下至德广施,……每赐谯见,辄兴席改容,中宫亲拜,事过～～。"李峤《神龙历序》:"万官咸事,百度已康。犹且存省阙遗,征求～～。"❷诗文中引用的故事或有来历的词语。

【典护】 diǎnhù 监领,督办。《后汉书·孝崇匽皇后纪》:"中谒者仆射～～丧事。"《三国志·魏书·明帝纪》:"山阳公薨,帝素服发哀,遣使持节～～丧事。"

【典籍】 diǎnjí ❶重要的文献。《左传·昭公十五年》:"且昔而高祖孙伯黡司晋之～～,以为大政。"《孟子·告子下》:"诸侯之地方百里,不百里,不足以守宗庙之～～。"❷官名,掌官府的图籍。元代设翰林院典籍。明沿置,并增设国子监典籍。清代在内阁、国子监也设有此官。

【典客】 diǎnkè 官名,掌接待少数民族和诸侯来朝等事务。秦始置,汉景帝中元六年改名大行令,武帝太初元年更名大鸿胪。《史记·吕太后本纪》:"太尉复令郦寄与～～刘揭先说吕禄。"

【典礼】 diǎnlǐ ❶典制礼仪。《国语·周语中》:"女今我王室之一二兄弟,以时相见,将和协～～,以示民训则。"苏轼《上皇帝书》:"及至英庙之初,始建称亲之议,本非人主大过,亦无～～明文。"❷掌典礼之官。《礼记·王制》:"命～～考时月,定日,同律、礼、乐、制度、衣服,正之。"

【典谟】 diǎnmó 指《尚书》中的《尧典》《舜典》《大禹谟》《皋陶谟》,也泛指古代的经典。《汉书·扬雄传下》:"～～之篇,雅颂之声。"《后汉书·周磐传》:"好礼有行,非～～不言,诸儒宗之。"《三国志·魏书·明帝纪》:"兵乱以来,经学废绝,后生进趣,不由～～。"

【典式】 diǎnshì 典范。《颜氏家训·风操》:"今日天下大同,须为百代～～。"

【典祀】 diǎnsì ❶按常规举行的祭祀。《尚书·高宗肜日》:"～～无丰于昵。"(昵:指近庙。)《国语·鲁语上》:"凡禘、郊、祖、宗、报,此五者,国之～～也。"❷官名。《周礼·春官·典祀》:"～～,掌外祀之兆,守皆有域,掌其政令。"

【典贴】 diǎntiē 以身作抵押,充当奴仆。韩愈《应所在典贴良人男女等状》:"或因水旱不熟,或因公私债负,遂相～～。"

【典刑】 diǎnxíng ❶常法。《孟子·万章上》:"太甲颠覆汤之～～,伊尹放之于桐。"❷旧法。《诗经·大雅·荡》:"虽无老成人,尚有～～。"❸典范。文天祥《正气歌》:"哲人日已远,～～在宿昔。"❹主管刑法。《汉书·叙传下》:"[张]释之～～,国宪以平。"

【典学】 diǎnxué 谓常念于学问。《尚书·说命下》:"念终始典于学。"(孔颖达疏:"念终念始,常在于学。")相传这是傅说勉励殷高宗的话。后因称皇帝之子勤学为"典学"。杨万里《贺太子生辰》诗:"～～光阴璧不如,简编灯火卷还舒。"

【典雅】 diǎnyǎ ❶指文章有典据而雅正。曹丕《与吴质书》:"[徐干]著《中论》二十篇,成一家之言,辞义～～,足传于后。"《文心雕龙·颂赞》:"原夫颂惟～～,辞必清铄,敷写似赋,而不入华侈之区。"❷古书有《三坟》、《五典》,诗有《大雅》、《小雅》,因以"典雅"作为古籍通称。马融《长笛赋》:"融既博览～～,精核术数。"

【典要】 diǎnyào ❶不变的法则。《周易·

系辞下》："《易》之为书也不可远，为道也屡迁，变动不居，周流六虚，上下无常，刚柔相易，不可为～～，唯变所适。"❷典雅简要。《三国志·魏书·荀彧传》注引张璠《汉纪》："[荀彧]作《汉纪》三十篇，因事以明臧否，致有～～，其书大行于世。"

【典彝】 diǎnyí 常典。卢照邻《乐府杂诗序》："是以叔誉闻诗，验同盟之成败；延陵听乐，知列国之～～。"

【典章】 diǎnzhāng 国家的制度法令等。《后汉书·顺帝纪》："而即位仓卒，～～多缺，请条案礼仪，分别具奏。"《隋书·牛弘传》："采百王之损益，成一代之～～。"

【典制】 diǎnzhì ❶典章制度。《荀子·礼论》："其理诚大矣，擅作～～辟陋之说，入焉而丧。"《三国志·吴书·孙权传》："虽有～～，苟无其人，所不得行。"❷掌管。《礼记·曲礼下》："天子之六工，曰土工、金工、石工、木工、兽工、草工，～～六材。"

【典综】 diǎnzōng 统理。《三国志·魏书·夏侯玄传》："[李]丰等各受殊宠，～～机密。"又《钟会传》："会～～军事，参同计策。"

点(點) diǎn ❶小黑点。《说文·黑部》："～，小黑也。"《晋书·袁宏传》："如彼白圭，质无尘～。"❷玷污。司马迁《报任少卿书》："适足以见笑而自～耳。"《后汉书·杨震传》："损辱清朝，尘～日月。"㉑污点，缺点。章炳麟《秦政记》："秦皇微～，独在起阿房及以童男女三千人资徐福。"❸用笔所作的点；用笔作点。王羲之《题卫夫人笔阵图后》："每作一～，常隐锋而为之。"《晋书·顾恺之传》："恺之每画人成，或数年不～目睛。"㉑删改文字。《世说新语·文学》："书札为之，无所～定。"❹点缀。杜甫《绝句漫兴》之七："糁径杨花铺白毡，～溪荷叶叠青钱。"❺击中。潘岳《射雉赋》："俽余志之精锐，拟青颅而～项。"(俽：同"欣"。)❻一触即起。杜甫《曲江》诗之二："穿花蛱蝶深深见，～水蜻蜓款款飞。"❼指示。杜甫《咏怀古迹》之二："最是楚宫俱泯灭，舟人指～到今疑。"❽查点，点派。欧阳修《准诏言事上书》："数年以来，～兵不绝，诸路之民半为兵矣。"❾滴。杜牧《夜雨》诗："～滴侵寒梦，萧骚著淡愁。"❿计时的更点。古代以铜壶滴漏计时，一夜分为五更，一更分为五点。韩愈《东方半明》诗："鸡三号，更五～。"⓫点燃。皮日休《钓侣》诗："烟浪溅篷寒不睡，更将枯蚌～渔灯。"

【点窜】 diǎncuàn 删改文字。《三国志·魏书·武帝纪》："公又与[韩]遂书，多所～～。"

【点点】 diǎndiǎn 形容细小而多。庾信《晚秋》诗："可怜数行雁，～～远空排。"李清照《声声慢》词："梧桐更兼细雨，到黄昏～～滴滴。"

【点额】 diǎn'é 比喻科举考试落第。语出郦道元《水经注·河水四》："鳣，鲔也，出巩穴，三月则上渡龙门，得渡为龙矣，否则～～而还。"白居易《醉别程秀才》诗："五度龙门～～迴，却缘多艺复多才。"

【点化】 diǎnhuà ❶指点感化。多指道家以语言诱人入道。王君玉《国老谈苑》卷二："景德中，真宗朝陵，因仿异人，左右以归真闻。乃召对，问曰：'知卿有～～之术，可以言之。'"方夔《送客出城》诗："我行在处成诗话，～～成凡即是仙。"❷点染美化。周必大《己未二月十七日会同甲次旧韵》："红紫丁宁容老圃，丹青～～属诗仙。"❸改造前人的诗句而化出新意。葛立方《韵语阳秋》卷二："诗家有换骨法，谓用古人意而～～之使加工也。"

【点检】 diǎnjiǎn ❶检查。韩愈《赠别刘师服》诗："丈夫命存百无害，谁能～～形骸外?"❷点派。《旧唐书·懿宗纪》："魏博、何弘敬奏当道～～兵马一万三千赴行营。"❸官名，即都点检。五代有殿前都检点、副都检点，位在都指挥使之上。宋初废。金亦置之，掌亲军。

【点卯】 diǎnmǎo 旧时官署中的吏役于卯时到职，长官按名册点名叫"点卯"。贺仲轼《两宫鼎建记》卷下："于是每日五鼓～～，夫匠各带三十斤一石，不数日而成山矣。"

【点染】 diǎnrǎn ❶点笔染翰，作画。《颜氏家训·杂艺》："武烈太子偏能写真，座上宾客随宜～～，即成数人，以问童孺，皆知姓名矣。"❷玷污。杜甫《八哀诗·郑公虔》："反复归圣朝，～～无涤荡。"(郑虔曾仕安禄山，故言其"点染"。)

【点缀】 diǎnzhuì 装点，修饰。钟嵘《诗品》卷中："丘[迟]诗～～映媚，似落花依草。"骆宾王《萤火赋》："～～悬珠之网，隐映落星之楼。"

【点灼】 diǎnzhuó 被人诬蔑。东方朔《七谏·怨世》："高阳无故而委尘兮，唐虞～～而毁议。"

电(電) diàn ❶闪电。《礼记·月令》："雷而发声，始～。"王无竞《巫山》诗："～影江前落，雷声峡外长。"❷比喻快速。《晋书·谯王逊传》："足下若能卷甲～赴，犹或有济。若其狐疑，求我枯鱼之肆矣。"陈亮《戊申再上孝宗皇帝书》："长江大河，一泻千里，苟得非常之人以共之，则～扫六合，非难致之事也。”

甸 1. diàn ❶王城周围五百里以内之地。见“甸服”。❷城郊以外的地方。古称郭外为郊，郊外为甸。《左传·襄公二十一年》：“天子陪臣[栾]盈，得罪于王之守臣，将逃罪。罪重于郊～，无所窜伏。”（罪重于郊甸：谓将再次得罪于郊甸之守臣。）谢朓《晚登三山还望京邑》诗：“喧鸟覆春洲，杂英满芳～。”❸田野的出产物。《礼记·少仪》：“纳货贝于君，则曰纳～于有司。”❹治理。《诗经·小雅·信南山》：“信彼南山，维禹～之。”❺官名。即“甸人”。《左传·襄公三十一年》：“～设庭燎。”

2. tián ❻通“畋”。打猎。《周礼·春官·小宗伯》：“若大～，则帅有司而馌兽于郊。”❼见“甸甸”。

3. shèng ❽划分田里的单位。《周礼·地官·小司徒》：“九夫为井，四井为邑，四邑为丘，四丘为～。”

【甸服】 diànfú 王城周围五百里以内之地。古代以五百里为一区划，按距离王城的远近分为侯服、甸服、绥服、要服、荒服。甸服即五服之一。《国语·周语上》：“邦内～～，邦外侯服，侯卫宾服，夷蛮要服，戎狄荒服。”《史记·夏本纪》：“令天子之国以外五百里～～。”

【甸侯】 diànhóu 甸服内的诸侯。《左传·桓公二年》：“今晋，～～也，而建国，本既弱矣，其能久乎？”

【甸人】 diànrén 官名。掌田事职贡。《左传·成公十年》：“晋侯欲麦，使～～献麦。”

【甸师】 diànshī 官名。掌田事职贡。《周礼·天官·甸师》：“掌帅其属而耕耨王藉，以时入之，以共齍盛。”（王藉：王田。齍：通“粢”。）

【甸甸】 tiántián 车马声。古诗《孔雀东南飞》：“府吏马在前，新妇车在后，隐隐何～～，俱会大道口。”

佃 diàn 见 tián。

阽 diàn ❶危险，临近危险。《楚辞·离骚》：“～余身而危死兮，览余初其犹未悔。”《后汉书·张衡传》：“～身以徼幸，固贪夫之所为。”❷临近。《后汉书·张衡传》：“执雕虎而试象兮，～焦原而跟止。”

【阽危】 diànwēi 危险，面临险境。《汉书·食货志上》：“安有为天下～～者若是而上不惊者！”《三国志·魏书·和洽传》：“昏世之主，不可黩近，久而～～，必有谗慝间其中者。”

店 diàn ❶商店，铺子。《南齐书·刘休传》：“[明帝]令休于宅后开小～，使王氏亲卖扫箒、皂荚以辱之。”范成大《四时田园杂兴》诗之十二：“溪头洗择～头卖，日暮裹盐沽酒归。”❷客店。陆游《双流旅舍》诗：“孤市人稀冷欲冰，昏昏一盏～家灯。”

坫 diàn ❶室内置放食物的土台。《礼记·内则》：“大夫于阁三，士于～一。”❷筑于堂中两楹间的土台，诸侯相会时用以置放空杯或玉圭等物。《论语·八佾》：“邦君为两君之好，有反～。”《史记·管晏列传》：“管仲富拟于公室，有三归，反～，齐人不以为侈。”❸界限，边际。《淮南子·俶真训》：“道出一原，通九门，散六衢，设于无垓～之宇。”

扂 diàn 门闩。《集韵·忝韵》：“～，户牡。”韩愈《进学解》：“欂栌侏儒，根阒～楔，各得其宜。”（欂栌：斗栱。侏儒：指梁上的短柱。椳：门枢臼。阒：门中央所立的短木。楔：门两旁所立之木。）

玷 diàn ❶玉上的斑点。《诗经·大雅·抑》：“白圭之～，尚可磨也；斯言之～，不可为也。”㊀缺点，过失。《后汉书·陈蕃传》：“正身无～，死心社稷。”㊁《李王邓来传赞》：“款款君叔，斯言无～。”❷玷污。沈约《奏弹王源》：“～辱流辈，莫斯为甚。”㊁谦词。辱，忝列。杜甫《春日江村》诗：“岂知牙齿落，名～荐贤中。”

【玷污】 diànwū 沾污，使受到污损。《论衡·累害》：“以～～言之，清受尘而白取垢。”《新唐书·杜甫传》：“[房]琯爱惜人情，一至～～。”

垫（墊） diàn ❶沉溺，因地面下陷而沉没。《尚书·益稷》：“洪水滔天，浩浩怀山襄陵，下民昏～。”（怀：环绕。襄：上升。）㊀困苦。《后汉书·明帝纪》：“水旱不节，稼穑不成，人无宿储，下生愁～。”❷陷下。《汉书·王莽传下》：“武功中水乡民三舍～为池。”《后汉书·郭太传》：“尝于陈、梁间行，遇雨，巾一角～。”㊁使陷下，挖掘。《庄子·外物》：“夫地非不广且大也，人之所用容足耳，然则厕足而～之致黄泉，人尚有用乎？”❸湿病。《山海经·中山经》：“[首山]其阴有谷，曰机谷，多䲃鸟，其状如枭而三目，有耳，其音如录，食之已～。”❹铺垫，用东西托在下面。《西游记》二十四回：“打下来却将盘儿用丝帕衬～方可。”

【垫隘】 diàn'è 困苦。《左传·襄公九年》：“夫妇辛苦～～，无所底告。”

埝 diàn 见 niàn。

奠 diàn ❶设酒食而祭。《诗经·召南·采蘋》："于以～之？宗室牖下。"（于以：在哪里。）《楚辞·九歌·东皇太一》："蕙肴蒸兮兰藉，～桂酒兮椒浆。"（肴蒸：祭肉。兰藉：以兰草垫底。）㉑祭品。李华《吊古战场文》："布～倾觞，哭望天涯。"❷献。《礼记·玉藻》："唯世妇命于～茧。"《仪礼·士昏礼》："宾升，北面，～雁。"❸置，安放。《国语·晋语二》："优施出，里克辟～，不飧而寝。"（奠：指放置的酒食。）《礼记·内则》："～之，而后取之。"❹定，奠定。《尚书·禹贡》："禹敷土，随山刊木，～高山大川。"

【奠枕】 diànzhěn 安枕，安定。《法言·寡见》："昔在姬公，用于周而四海皇皇，～～于京。"岳飞《五岳祠盟记》："迎二圣归京阙，取故地上版图，朝廷无虞，主上～～，余之愿也。"

【奠醊】 diànzhuì 以酒洒地而祭。《后汉书·王涣传》："元兴元年，病卒。百姓市道莫不咨嗟，男女老壮皆相与赋敛，致～～以千数。"

填 diàn 见 tián。

殿 diàn ❶高大房屋的通称。《战国策·魏策四》："要离之刺庆忌也，仓鹰击于～上。"《后汉书·蔡茂传》："茂初在广汉，梦坐大～，极上有三穗禾。"（极：屋脊最高处的中檩。）㉒指帝王的宫殿或供奉神佛的大殿。《史记·秦始皇本纪》："乃营作朝宫渭南上林苑中。先作前～阿房，东西五百步，南北五十丈。"《汉书·霍光传》："鸮数鸣～前树上。"❷军队行进时处在最后，殿后。《论语·雍也》："孟之反不伐，奔而～，将入门，策其马，曰：'非敢后也，马不进也。'"《后汉书·马武传》："世祖击尤来、五幡等，败于慎水，武独～。"㉑最后。《左传·襄公二十六年》："晋人寘诸戎车之～，以为谋主。"❸镇守。《诗经·小雅·采菽》："乐只君子，～天子之邦。"《左传·成公二年》："此车一人～之，可以集事。"

【殿阁】 diàngé ❶宫殿楼阁。《汉书·王莽传下》："夏，蝗从东方来，蜚蔽天，至长安，入未央宫，缘～～。"❷唐宋时大学士皆带殿阁衔，明清时以大学士当宰相之任，亦皆加殿阁名，后因称宰相为殿阁。

【殿举】 diànjǔ 即殿罚，又称罚科，指考试成绩低劣，被罚停止应考。《宋史·选举志一》："～～之数，朱书于试卷，送中书门下。"

【殿军】 diànjūn 军队行进时居于最后。《晋书·王坦之传》："故大禹，咎繇称功言惠而成名于彼，孟反、范燮～～后入而全身于此。"后称考试或比赛名列最后或入选的末名为殿军。

【殿屎】 diànxī 呻吟之声。亦作"殿吚"。《诗经·大雅·板》："民之方～～，则莫我敢葵。"（葵：通"揆"，度量。）

【殿下】 diànxià ❶殿阶之下。《庄子·说剑》："得五六人，使奉剑于～～。"《史记·刺客列传》："诸郎中执兵皆陈～～，非有诏召不得上。"❷对诸侯或皇太子等的尊称。《旧唐书·隐太子建成传》："王珪、魏徵谓建成曰：'～～但以地居嫡长，爰践元良。'"❸下等。《论衡·定贤》："如以阴阳和而效贤不肖，则尧以洪水得黜，汤以大旱为～～矣。"

【殿最】 diànzuì 考核官吏，上等为最，下等为殿。亦泛指高下、优劣。《后汉书·栾巴传》："程试～～，随能升授。"陆游《朝议大夫张公墓志铭》："岁大疫，公为之营医药，以全否为医～～。"

驔（驔） diàn 黄脊毛的黑马。一说脚胫有白色长毫的马。《说文·马部》："～，骊马黄脊。"《诗经·鲁颂·駉》："有～有鱼，以车祛祛。"（鱼：双目洁白。祛祛：疾驱的样子。）

磹 diàn 石楔，砌墙时垫在空隙中的石块。沈括《梦溪补笔谈·象数》："闰生不得已，犹构舍之用～楔也。"

簟 diàn ❶竹席。《诗经·小雅·斯干》："下莞上～，乃安斯寝。"（莞：蒲草。）冯延巳《鹊踏枝》词："枕～微凉，展转浑无寐。"❷竹名。沈怀远《博罗县簟竹铭》："～竹既大，薄且空中，节长一丈，其直如松。"

【簟茀】 diànfú 车上用竹席做的篷。《诗经·齐风·载驱》："载驱薄薄，～～朱鞹。"（薄薄：车马急驰声。）

【簟席】 diànxí 竹席。《荀子·王霸》："垂衣裳不下～～之上，而海内之人莫不愿得以为帝王。"曾巩《道山亭记》："其山川之胜，城邑之大，宫室之荣，不下～～而尽于四瞩。"

diao

刁 diāo ❶狡猾，狡诈。关汉卿《鲁斋郎》三折："谁敢向他行挟细拿粗？逞～顽全不想他妻我妇。"李斗《扬州画舫录》卷五："丑以科诨见长，所扮备极商贾～赖。"❷诱骗。黄元吉《流星马》四折："颇奈黄廷道无礼。他背着我私奔逃走，又将我茶茶小姐～拐将去了。"❸姓。

【刁蹬】 diāodèng 为难，刁难。无名氏《陈州粜米》一折："他若将咱～～，休道我不敢掀腾。"又作"刁鞳"。董解元《西厢记诸宫调》卷三："～～得人来成病体，争如合下休相识？"

【刁刁】 diāodiāo 动摇的样子。《庄子·齐物论》："厉风济，则众窍为虚，而独不见之调调之～～乎？"（而：你。调调：动摇的样子。）

【刁斗】 diāodǒu 古代行军用具，白天用以烧饭，夜间击以报时警备。一说指小铃。李颀《古从军行》："行人～～风沙暗，公主琵琶幽怨多。"

【刁骚】 diāosāo 头发少而乱。欧阳修《斋宫尚有残雪因而有感》诗："休把青铜照双鬓，君谟今已白～～。"（君谟：蔡襄字。）

刀 diāo 见 dāo。

凋 diāo 草木衰落，凋落。《论语·子罕》："岁寒，然后知松柏之后～也。"（依皇侃本。一作"彫"。）张衡《思玄赋》："桑末寄夫根生兮，卉既～而已育。"㉑ 衰败。《国语·周语下》："民力～尽，田畴荒芜，资用乏匮。"㉒ 损害。《论衡·寒温》："故寒温渥盛，～物伤人。"

【凋敝】 diāobì 衰败。《史记·酷吏列传》："上以为能，迁为中尉，吏民益～～。"又作"凋弊"。《三国志·魏书·卫觊传》："当今千里无烟，遗民困苦，陛下不善留意，将遂～～不可复振。"

【凋兵】 diāobīng 破旧的兵器。《史记·张仪列传》："今秦有敝甲～～，军于渑池。"㉒ 指疲敝的军队。刘向《新序·善谋》："砥砺～～。"

【凋残】 diāocán 草木花叶凋落、衰败。杜甫《废畦》诗："秋蔬拥霜露，岂敢惜～～？"㉒ 衰落。《周书·晋荡公护传》："遂使户口～～，征赋劳剧，家无日给，民不聊生。"

【凋匮】 diāokuì 衰败匮乏。《三国志·魏书·卫觊传》："时百姓～～而役务方殷。"

【凋沦】 diāolún 凋零，衰落。王勃《益州绵竹县武都山净惠寺碑》："禅宇由其覆没，法众是以～～。"

【凋落】 diāoluò 凋谢零落。可指草木，亦可指人事。何劭《游仙诗》："青青陵上松，亭亭高山柏。光色冬夏茂，根柢无～～。"李白《寄远》诗之三："朱颜～～尽，白发一何新。"

【凋年】 diāonián 暮年。鲍照《舞鹤赋》："于是穷阴杀节，急景～～。"杨万里《再辞免劄子》："伏念某才疏用世，景迫～～。"

【凋瘵】 diāozhài 衰败。杜甫《壮游》诗："大军载草草，～～满膏肓。"刘禹锡《同州刺史谢上表》："闾阎～～，远近共知。"陆游《朝议大夫张公墓志铭》："今两淮～～如此，诸郡赖以给用度者，不过酒税。"

蛁 diāo 蝉的一种。扬雄《太玄经·饰》："～鸣喁喁，血出其口。"

敦 diāo 见 dūn。

琱 diāo 刻画，装饰。《汉书·东方朔传》："巧言利口以进其身，阴奉～瑑刻镂之好以纳其心。"又《贡禹传》："墙涂而不～，木摩而不刻。"

貂（鼦） diāo 一种哺乳动物，体细长，皮毛轻暖，是珍贵的衣料。《战国策·秦策一》："书十上而说不行，黑～之裘弊，黄金百斤尽。"《后汉书·东夷传》："有五谷、麻布，出赤玉、好～。"

【貂蝉】 diāochán ❶貂尾蝉羽，古代皇帝侍从官员帽上的装饰物，也借指达官贵人。《汉书·刘向传》："今王氏一姓，乘朱轮华毂者二十三人，青紫～～，充盈幄内，鱼鳞左右。"白居易《新乐府·涧底松》："～～与牛衣，高下虽有殊，高者未必贤，下者未必愚。"❷传说东汉王允有歌姬名貂蝉，初许嫁吕布，后又献董卓，以离间两人之交。布因此而杀董卓，复娶貂蝉。

【貂珰】 diāodāng 本为汉代中常侍帽上的饰物，后借指宦官。《后汉书·朱穆传》："案汉故事，中常侍参选士人。建武以后，乃悉用宦者。自延平以来，浸益贵盛，假～～之饰，处常伯之任。"（常伯：侍中。）梅尧臣《和谢希深会圣宫》："龟组恭来诣，～～肃奉承。"

【貂寺】 diāosì 饰貂珰的寺人，即宦官。《宋史·赵景纬传》："弄权之～～素为天下之所共恶者，屏之绝之。"

碉 diāo ❶石室，用以防守或瞭望的军事建筑。李新《答李丞用其韵》："顽云垂翼山～暗，乔麦饶花雪岭开。"❷碉堡。《清史稿·阿桂传》："［阿桂］进逼僧格宗，突入毁其～。"

锎（鍋） diāo 雕刻。《荀子·富国》："必将～琢刻镂，黼黻文章，以塞其目。"

雕[1] diāo ❶一种猛禽。《史记·李将军列传》："是必射～者也。"刘禹锡《始闻秋风》诗："马思边草拳毛动，～眄青云睡眼开。"㉑ 凶猛。《史记·货殖列传》："［燕］大与赵、代俗相类，而民～捍少虑。"❷通"彫"。刻画，装饰。《论语·公冶长》："朽木不可～也，粪土之墙不可杇也。"《吕氏春秋·知度》："行其情，不～其素；蒙厚纯朴，以事其上。”（蒙：通“厖”，厚。）❸通“凋”。衰败。曹操《为徐宣议陈矫下令》：“丧乱已来，风教～薄。”

【雕虫】 diāochóng 指文人雕辞琢句，用于贬义或自谦。虫，指秦书八体中的“虫书”。《文心雕龙·诠赋》：“此扬子所以追悔～～，贻诮于雾縠者也。”李白《与韩荆州书》：“至于制作，积成卷轴，则欲尘秽视听，恐～～小技，不合大人。”

【雕雕】 diāodiāo 彰明的样子。《荀子·议兵》：“～～焉县贵爵重赏于其前，县明刑大辱于其后，虽欲无化，能乎哉？”又《法行》：“故虽有珉之～～，不若玉之章章。”

【雕龙】 diāolóng 雕画龙文。比喻善于文辞。《史记·孟子荀卿列传》：“驺衍之术，迂大而闳辩；[驺]奭也文具难施，……故齐颂曰：‘谈天衍，～～奭。’”王世贞《弇州山人四部稿·桑民怿》：“桑民怿才名噪一时，几有～～绣虎之称。”

【雕篆】 diāozhuàn “雕虫篆刻”的省称。指文人雕辞琢句。《文心雕龙·时序》：“集～～之轶材，发绮縠之高喻。”

【雕琢】 diāozhuó ❶治玉成器。《荀子·富国》：“～～其章，金玉其相。”（相：质。）❷修饰。《韩非子·主道》：“君见其所欲，臣自将～～。”《论衡·问孔》：“如性情怠，不可～～，何以致此？”❸指罗织罪名。《后汉书·蔡邕传》：“不宜听纳小吏，～～大臣也。”

【雕虫篆刻】 diāochóngzhuànkè 指文人雕辞琢句。虫、刻，指秦书八体中的“虫书”、“刻符”。《法言·吾子》：“或问：‘吾子少而好赋？’曰：‘然，童子～～～～。’俄而曰：‘壮夫不为也。’”

雕[2]（彫） diāo ❶刻画，装饰。《左传·宣公二年》：“晋灵公不君，厚敛以～墙。”《汉书·董仲舒传》：“孔子曰：‘腐朽之木不可～也，粪土之墙不可圬也。’”❷通“凋”。草木衰落；衰败。《论语·子罕》：“岁寒，然后知松柏之后～也。”（彫：一作“凋”。）《左传·昭公八年》：“今宫室崇侈，民力～尽。”

【雕敝】 diāobì 衰败。《史记·礼书》：“故大路越席，皮弁布裳，朱弦洞越，大羹玄酒，所以防其淫侈，救其～～。”《后汉书·刘陶传》：“使群丑刑隶，芟刈小民，～～诸夏。”亦作“雕弊”。《三国志·魏书·明帝纪》：“于时百姓～～，四海分崩。”

【雕薄】 diāobó 习俗衰颓而不淳厚。《后汉书·李固传》：“是以淳厚之风不宣，～～之俗未革。”《三国志·魏书·陈矫传》注引《魏氏春秋》：“丧乱已来，风教～～，谤议之言，难用褒贬。”

【雕残】 diāocán 凋敝，衰落。《后汉书·樊宏传》：“伏见被灾之郡，百姓～～。”刘琨《答卢谌诗并书》：“国破家亡，亲友～～。”

【雕萃】 diāocuì 衰败憔悴。萃，通“悴”。《荀子·子道》：“故劳苦～～而能无失其敬，灾祸患难而能无失其义。”亦作“雕瘁”。《三国志·蜀书·谯周传》：“于时军旅数出，百姓～～。”

【雕胡】 diāohú 菰米。《广雅·释草》：“菰，蒋也，其米谓之～～。”宋玉《讽赋》：“为臣炊～～之饭，烹露葵之羹，来劝臣食。”

【雕丽】 diāolì 装饰华丽。《后汉书·桓帝懿献梁皇后纪》：“宫幄～～，服御珍华，巧饰制度，兼倍前世。”

【雕励】 diāolì 修饰，修身自励。《三国志·魏书·陈思王植传》：“而植任性而行，不自～～，饮酒不节。”

【雕落】 diāoluò ❶凋敝零落。《三国志·魏书·夏侯尚传》：“今承衰弊，民人～～，贤才鲜少，任事者寡。”❷使凋落，废退。《汉书·叙传下》：“～～洪支，底剧鼎臣。”（洪支：指王氏。剧：杀。）

【雕饰】 diāoshì 装饰。《三国志·魏书·高堂隆传》：“帝愈增崇宫殿，～～观阁。”又指人的修养。江淹《杂体诗·刘文学感遇》：“谬蒙圣主私，托身文墨职。丹采既已过，敢不自～～。”

【雕文】 diāowén 刻画文饰。《说苑·反质》：“～～刻镂，害农事者也。”《后汉书·祭祀志论》：“至于三王，俗化～～，诈伪渐兴。”

【雕啄】 diāozhuó 鸟吃东西的样子。左思《吴都赋》：“～～蔓藻，刷荡漪澜。”

【雕琢】 diāozhuó 雕刻琢磨。本指治玉，亦可用于人事方面。《孟子·梁惠王下》：“今有璞玉于此，虽万镒，必使玉人～～之。”《论衡·量知》：“夫儒生之所以过文吏者，学问日多，简练其性，～～其材也。”亦作“彫瑑”。《汉书·扬雄传下》：“御翡翠之饰，除～～之巧。”

雕[3]（鵰） diāo 一种猛禽。杜甫《寄董卿嘉荣十韵》：“落日思轻骑，高天忆射～。”

鸟 diǎo 见 niǎo。

佻 diǎo 见 tiāo。

吊（弔） 1. diào ❶悼念死者。《庄子·养生主》：“老聃死，秦失～之，三号而出。”《战国策·赵策三》：“周烈王崩，诸侯皆～。”[引]凭吊古人或感慨往事。《史记·屈原贾生列传》：“及渡湘水，为赋以～屈原。”陆游《谢池春》词：“漫悲歌，伤怀～古。”❷慰问。《左传·庄公十一年》：“宋大水，公使～焉。”《孟子·梁惠王下》：“诛其君而～其民，若时雨降，民大悦。”❸忧伤。《诗经·桧风·匪风》：“顾瞻周道，中心～兮。”苏轼《超然台记》：“思淮阴之功，而～其不终。”（淮阴：指淮阴侯韩信。）❹忧虑。《国语·鲁语下》：“夫义人者，固庆其喜而～其忧。”《史记·魏其武安侯列传》：“籍福贺魏其侯，因～曰：‘君侯资性喜善疾恶。’”❺悬挂。汤显祖《牡丹亭·御淮》：“风喇喇，阵旗飘，叫开城，下～桥。”❻取。《论衡·自纪》：“不鬻智以干禄，不辞爵以～名。”

2. dì ❼至，到。《诗经·小雅·天保》：“神之～矣，诒尔多福。”❽善，好。《诗经·小雅·节南山》：“不～昊天，不宜空我师。”（空：穷。师：众。）《左传·襄公十三年》：“君子以吴为不～。”

【吊祠】 diàocí 吊祭。《史记·秦本纪》：“韩王衰绖入～～，诸侯皆使其将相来～～，视丧事。”又《楚世家》：“秦昭王卒，楚王使春申君～～于秦。”

【吊客】 diàokè 吊丧的宾客。《三国志·吴书·虞翻传》注引《虞翻别传》：“生无可与语，死以青蝇为～～，使天下一人知己者，足以不恨。”

【吊影】 diàoyǐng 对影自伤，形容孤独。江淹《恨赋》：“拔剑击柱，～～惭魂。”陆游《邻山县道上作》诗：“客路一身真～～，故园万里欲招魂。”

【吊诡】 diàoguǐ 怪异。《庄子·齐物论》：“丘也与女皆梦也，予谓女梦，亦梦也。是其言也，其名为～～。”

【吊民伐罪】 diàomínfázuì 抚慰百姓，讨伐有罪。《宋书·索虏传》：“～～～～，积后己之情。”又省作“吊伐”。陆游《代乞分兵取山东劄子》：“若审如此说，则～～之兵，本不在众，偏师出境，百城自下。”

诓
diào 见 tiǎo。

钓（釣）
diào ❶钓鱼。《战国策·秦策三》：“臣闻始时吕尚之遇文王也，身为渔父而～于渭阳之滨耳。”《后汉书·严光传》：“有一男子，披羊裘～泽中。”[又]钓钩。《淮南子·说山训》：“操～入山，揭斧入渊。”❷谋取，诱取。《韩非子·存韩》：“辩说属辞，饰非诈谋，以～利于秦。”《淮南子·主术训》：“虞君好宝，而晋献以璧马～之。”❸姓。

【钓国】 diàoguó 求用于国。骆宾王《应诰》：“夫垂钓而为事者，太公之遗术也。形生磻溪之石，兆应滋水之璜。夫如是者，将以钓川耶？将以～～耶？”

【钓名】 diàomíng 以不正当的手段猎取声誉。《管子·法法》：“～～之人，无贤士焉。”《韩非子·说林下》：“孔子谓弟子曰：‘孰能导子西之～～也？’”

【钓奇】 diàoqí 居奇货而取大利。《史记·吕不韦列传》：“吕不韦取邯郸诸姬绝好善舞者与居，知有身，……欲以～～，乃遂献其姬。”

赵
diào 见 zhào。

窎（窵）
diào 深远。黄六鸿《福惠全书·莅任部·详文赘说》：“见在人户，住居～远。”

调
diào 见 tiáo。

蓧（蓧）
1. diào ❶古代的除草用具。《论语·微子》：“子路从而后，遇丈人，以杖荷～。”李商隐《赠田叟》诗：“荷～衰翁似有情，相逢携手绕村行。”

2. dí ❷盛谷种之器。《广韵·锡韵》：“～，盛种器也。”《集韵·锡韵》：“盛种于器谓之～。”王祯《农书·农器图谱》：“[蓧]即今盛谷种器。”

3. tiáo ❸草名，即羊蹄草。《三国志·吴书·诸葛恪传》：“藜～稂莠，化为善草。”

掉
diào ❶摇动。《左传·昭公十一年》：“末大必折，尾大不～。”《汉书·扬雄传下》：“娄敬委辂脱輓，～三寸之舌，建不拔之策。”❷掉换，交替。《三国志·魏书·典韦传》：“太祖夜袭，比明破之，未及还，会[吕]布救兵至，三面～战。”❸抛落。黄庭坚《赠别刘翁颂》诗之二：“艰难常向途中觅，～却甜桃摘醋梨。”❹回转。杜甫《送孔巢父谢病归游江东兼呈李白》诗：“巢父～头不肯往，东将入海随烟雾。”

【掉臂】 diàobì ❶甩动手臂走路，表示不顾而去。《史记·孟尝君列传》：“日暮之后，过市朝者～～而不顾。”❷奋起的样子。司空图《力疾山下吴村看杏花》诗：“～～只将诗酒敌，不劳金鼓助横行。”❸自由自在的样子。朱骏声《说文通训定声·自叙》：“治经义者讨叶沿根，有～～游行之乐。”

【掉栗】 diàolì 战抖。刘向《新序·杂事二》：“而襄王大惧，形体～～。”亦作“悼栗”。又《杂事五》：“及其在枳棘之中也，恐惧而～～，危视而迹行。”

【掉舌】 diàoshé 摇唇鼓舌，指游说。《新唐书·柏耆传》：“且言愿得天子一节，驰入镇，可～～下之。"

【掉鞅】 diàoyāng 整理马脖上的皮带，表示闲暇从容。《左传·宣公十二年》："吾闻致师者，左射以菆，代御执辔，御下两马，～～而还。"（致师：挑战。菆：好箭。）后用以表示从容执笔。柳宗元《送苑论登第后归觐诗序》："观其～～于术艺之场，游刃乎文翰之林，风雨生于笔札，云霞发于简牍，左右圜视，朋侪拱手，甚可壮也。"

【掉羽】 diàoyǔ 羽舞。《淮南子·原道训》："目观～～武象之乐，耳听滔朗奇丽激抮之音。"

【掉书袋】 diàoshūdài 喜欢引用古书，炫耀渊博。马令《南唐书·彭利用传》："对家人稚子，下逮奴隶，言必据书史，断章破句，以代常谈，俗谓之～～～。"刘克庄《跋刘叔安感秋八词》："近岁放翁、稼轩一扫纤艳，不事斧凿，高则高矣，但时时～～～，要是一癖。"

铫 diào 见 yáo。

蜩 diào 见 tiáo。

踔 diào 见 chuō。

藋 1. diào ❶草名，即蒴藋，又名灰藋，与藜相似。《庄子·徐无鬼》："藜～柱乎鼪鼬之径。"

2. dí ❷即高粱。《广雅·释草》："～粱，木稷也。"（木稷即高粱的别名。）

die

荎 diē（又读 chí） ❶树木名，即枢，又叫刺榆。《诗经·唐风·山有枢》毛传："枢，～也。"❷草名。《说文·艸部》："～，荎藸，草也。"见"荎藸"。

【荎藸】diēzhū 草名，即五味子。《尔雅·释草》郭璞注："～～，五味也，蔓生，子丛在茎头。"

爹 diē（又读 duǒ） 父亲。《梁书·始兴王憺传》："民为之歌曰：'始兴王，人之～，赴人急，如水火，何时复来哺乳我？'"韩愈《祭女挐女文》："维年月日，阿～阿八使汝奶以清酒时果庶羞之奠，祭于第四小娘子挐子之灵。"

跌 diē ❶跌倒，失足倒下。《汉书·晁错传》："夫以人之死争胜，～而不振，则悔之亡及也。"❷失误，差错。《荀子·王霸》："此夫过举跬步而觉～千里者夫！"《后汉书·李固传》："政教一～，百岁不复。"❸脚掌。傅毅《舞赋》："浮腾累跪，跗蹋摩～。"（摩跌：以脚掌摩地。）❹放纵。《公羊传·庄公二十二年》："肆者何？～也。"

【跌宕】 diēdàng 放纵不拘。《三国志·蜀书·简雍传》："性简傲～～，在先主坐席，犹箕踞倾倚，威仪不肃，自纵适。"陆游《跋花间集》："会有倚声作词者，本欲酒间易晓，颇摆落故态，适与六朝～～意气差近。"

【跌荡】 diēdàng ❶同"跌宕"。放纵不拘。《后汉书·孔融传》："又前与白衣祢衡～～放言，云：'父之与子，当有何亲？'"陈亮《甲辰秋答朱元晦书》："遇事虽打叠得下，胸次尚欠恢廓，手段尚欠～～。"❷失去常态。《世说新语·雅量》："夏侯太初尝倚柱作书。时大雨，霹雳破所倚柱，衣服焦然，神色无变，书亦如故。宾客左右，皆～～不得住。"

【跌踢】 diēdàng ❶同"跌宕"。放纵不拘。徐锴《说文系传》："跌，～～，迈越不拘也。"❷抑扬顿挫。韩愈《岳阳楼别窦司直》诗："鬼神非人世，节奏颇～～。"

【跌蹏】 diētí 急行。《淮南子·修务训》："夫墨子～～而趁千里，以存楚、宋。"

【跌误】 diēwù 失误。《论衡·儒增》："～～中石，不能内锋，箭摧折矣。"

瞠 diē 见"瞠眭"。

【瞠眭】 diēxuè 难看的样子。吴处厚《青箱杂记》卷四："盱睢～～者，恶性人也。"（盱睢：仰视的样子。）

诶（詄） dié 忘。《说文·言部》："～，忘也。"

【诶荡荡】 diédàngdàng 开阔清明的样子。《汉书·礼乐志》："天门开，～～～，穆并骋，以临飨。"杜甫《乐游园歌》："阊阖晴开～～～，曲江翠幕排银牓。"

佚 dié 见 yì。

迭 1. dié ❶交替，轮换。《战国策·燕策一》："且夫三王代兴，五霸～盛，皆不自覆也。"《汉书·郊祀志上》："自五帝以至秦，～兴～衰。"❷及。马致远《寿阳曲》："金莲肯分～半折，瘦厌厌柳腰一捻。"（肯分：恰恰。半折：半握，形容其小。）董解元《西厢记诸宫调》卷一："一个走不～和尚，被小校活拿。"❸助词。相当于"的"。关汉卿《拜月亭》三折："我又不风欠，不痴呆，要则甚～！"（则甚：做甚。）

2. yì ❹通"轶"。侵犯，突袭。《左传·成公十三年》："～我殽地，奸绝我好。"（奸绝：断绝。）❺通"逸"。奔跑。《孔子家语·颜回》："其马将必～。"

【迭代】 diédài 更替。《后汉书·仲长统传》："存亡以之～～，政乱从此周复，天道常然之大数也。"张衡《东京赋》："于是春秋改节，四时～～。"

【迭逿】 diédàng 同"跌宕"。放纵不拘。张衡《思玄赋》："烂熳丽靡，藐以～～。"

【迭配】 diépèi ❶更相搭配。元稹《旱灾自咎贻七县宰》诗："官分市井户，～～水陆珍。"❷递配，发配。张国宾《合汗衫》一折："多亏了那六案孔目，救了我的性命，改做误伤人命，脊杖了六十，～～沙门岛去。"

【迭日】 diérì 更日。《晋书·石季龙载记上》："以石韬为太尉，与太子宣～～省可尚书奏事。"

垤 dié ❶蚂蚁洞口的小土堆，又叫"蚁冢"或"蚁封"。《诗经·豳风·东山》："鹳鸣于～，妇叹于室。"❷土堆，小丘。《孟子·公孙丑上》："太山之于丘～，河海之于行潦，类也。"柳宗元《始得西山宴游记》："其高下之势，岈然洼然，若～若穴。"

【垤块】 diékuài 小土堆。白居易《庐山草堂记》："堂北五步，据层崖积石，嵌空～～，杂木异草盖覆其上。"

轶 dié 见yì。

峌 dié 见"峌崅"。

【峌崅】 diéniè 高峻的样子。木华《海赋》："则有崇岛巨鳌，～～孤亭。"

昳 1. dié ❶日昃，太阳偏西。《汉书·原涉传》："诸客奔走而市买，至日～皆会。"《三国志·魏书·典韦传》："时吕布身自搏战，自旦至日～数十合，相持急。"

2. yì ❷见"昳丽"。

【昳丽】 yìlì 光艳美丽。《战国策·齐策一》："邹忌修八尺有馀，而形貌～～。"

咥 dié 见xì。

胅 dié ❶骨节隆起。《说文·肉部》："～，骨差也。"（段玉裁注："谓骨节差忒不相值，故胅出也。"）❷隆起，突出。《淮南子·精神训》："一月而膏，二月而～，三月而胎。"（"胅"指胎渐大而隆起。）

绖（絰） dié 丧服中的麻带，系在腰间或头上。《史记·孔子世家》："孔子要～，季氏飨士，孔子与往。"（要：同"腰"。）《后汉书·郭丹传》："为更始发丧，衰～尽哀。"（衰：同"缞"。用麻布做的丧服。）

【绖皇】 diéhuáng 墓中殿前之庭。《左传·庄公十九年》："［楚文王］卒，鬻拳葬诸夕室，亦自杀也，而葬于～～。"

涉 dié 见shè。

瓞 dié 小瓜。《诗经·大雅·绵》："绵绵瓜～。"又《大雅·生民》："麻麦幪幪，瓜～唪唪。"（幪幪：茂盛的样子。唪唪：果实累累的样子。）

谍（諜） dié ❶刺探，侦察。《左传·桓公十二年》："罗人欲伐之，使伯嘉～之。"《国语·晋语四》："闻其骿胁，欲观其状，止其舍，～其将浴，设微薄而观之。"（薄：帘子。）㊀间谍，刺探消息的人。《左传·宣公八年》："晋人获秦～。"《国语·晋语四》："～出曰：'原不过一二日矣。'"❷通"牒"。书籍，簿册。《史记·三代世表》："余读～记，黄帝以来皆有年数。"《后汉书·张衡传》："故一介之策，各有攸建，子长～之，烂然有第。"（子长：司马迁。谍：用作动词，指作传。）❸通"喋"。见"谍谍"。

【谍报】 diébào 秘密报告。《宋史·理宗纪》："淮安主簿周子镕，久俘于北，数遣蜡书～～边事。"

【谍谍】 diédié 说话多而不止的样子。谍，通"喋"。《史记·张释之冯唐列传》："夫绛侯、东阳侯称为长者，此两人言事曾不能出口，岂敩此啬夫～～利口捷给哉！"

㡇 1. dié（又读zhé） ❶通"牒"。切成薄片的肉。孟元老《东京梦华录》卷二："施煎羊白肠……姜豉、～子。"

2. zhá ❷铡草刀。《玉篇·刀部》："～，㡇草刀。"

啑 dié 见shà。

惵 dié 恐惧。《逸周书·官人》："导之以利而心迁移，临慑以威而气～惧。"《后汉书·班固传下》："西都宾矍然失容，逡巡降阶，～然意下，捧手欲辞。"

【惵惵】 diédié 恐惧的样子。《后汉书·第五钟离宋寒传赞》："～～楚黎，寒君为命。"

【惵息】 diéxī 因恐惧而屏住呼吸。《后汉书·章德窦皇后纪》："［梁］竦坐诛，贵人姊妹以忧卒。自是宫房～～，后爱日隆。"

渫 dié 见xiè。

堞 dié 城上如齿状的矮墙，又称"女墙"。《墨子·备梯》："行城之法，高城三十尺，上加～，广十尺。"《战国策·齐策五》："秦王恐之，寝不安席，食不甘味，令于境内，尽～中为战具，竟为守备。"㊁加筑宫墙。《左传·襄公二十七年》："使卢蒲嫳帅甲以攻崔氏，崔氏～其宫而守之。"

耋 dié 年老，多指七八十岁。《诗经·秦风·车邻》："今者不乐，逝者其～。"刘禹锡《和牛相公题太湖石》诗："采取询乡～，搜求按旧经。"

【耋期】 diéqī 年寿高。期，百岁。苏轼《乞加张方平恩礼劄子》："臣窃以为国之元老，历事四朝，～～称道，为天下所服者，独文彦博与方平、范镇三人而已。"

墆(墆) 1. dié ❶滞止，囤积。《管子·五辅》："发伏利，输～积。"《汉书·食货志下》："而富商贾或～财役贫，转毂百数。"

2. dì ❷底。《论衡·超奇》："如与俗人相料，太山之巅～，长狄之项跖，不足以喻。"

【墆霓】 dìní 高峻的样子。张衡《西京赋》："托乔基于山冈，直～～以高居。"

【墆翳】 dìyì 隐蔽的样子。《楚辞·九叹·远逝》："举霓旌之～～兮，建黄纁之总旄。"

揲(揲) dié(又读 dì) 掠取。张衡《西京赋》："超殊榛，～飞鼯。"

戜 1. dié ❶通"耋"。年老。《汉书·孔光传》："臣光智谋浅短，犬马齿～，诚恐一旦颠仆，无以报称。"

2. tiě ❷通"驖"。赤黑色的马。《汉书·地理志下》："及《车辚》、《四戜》、《小戎》之篇，皆言车马田狩之事。"

3. zhì ❸见"戜国"。

【戜国】 zhìguó 神话中的国名。《山海经·海外南经》："～～在其东，其为人黄，能操弓射蛇。"

喋 1. dié ❶话多。见"喋喋"。❷通"蹀"。见"喋血"。

2. zhá ❸见"喋呷"、"喋盟"。

【喋喋】 diédié 说话很多而无休止。《汉书·张释之传》："夫绛侯、东阳侯称为长者，此两人言事曾不能出口，岂效此啬夫～～利口捷给哉？"

【喋血】 diéxuè 踏血而行。形容激战杀人很多，血流满地。喋，通"蹀"。《史记·淮阴侯列传》："虏魏王，禽夏说，新～～阏与。"《汉书·杜周传》："新～～京师，威权可畏。"

【喋盟】 zháméng 歃血以盟。刘向《说苑·权谋》："赵简子使成何涉佗与卫灵公盟于刬泽，灵公未～～。"

【喋呷】 zháxiā 水鸟聚食的样子。刘基《为丘彦良题牧溪和尚千雁图》诗："眠沙卧草鸣且翱，～～藻荇乱蓬蒿。"

跕 dié 见 tiē。

嵽(嵽) 1. dié ❶见"嵽嵲"。
2. dì ❷见"岧嵽"。

【嵽嵲】 diéniè ❶山势高峻。杜甫《自京赴奉先县咏怀五百字》："凌晨过骊山，御榻在～～。"❷小而不安的样子。《玉篇·山部》："嵽，～～，小而不安皃。"

殜 dié 病。见"殗殜"。

楪 dié 见 yè。

牒 dié ❶简札。古人用以书写的竹片木片等。《论衡·量知》："截竹为筒，破以为～，加笔墨之迹，乃成文字。"《汉书·路温舒传》："温舒取泽中蒲，截以为～，编用写书。"(写书：抄写。)❷文书。《后汉书·马援传》："及援还，从公府求得前奏，难十馀条，乃随～解释，更具表言。"欧阳修《准诏言事上书》："符～纵横，上下莫能遵守。"❸书籍，簿册。《论衡·自纪》："是故罕发之迹，记于～籍。"《后汉书·质帝纪》："其高第者上名～，当以次赏进。"(名牒：名册。)❹床板。《方言》卷五："其上板，卫之北郊，赵、魏之间谓之～。"(其：指床。)❺通"叠"。累积。《淮南子·本经训》："积～旋石，以纯修碕(qí)。"

【牒牍】 diédú 书籍。《论衡·超奇》："岂徒用其才力，游文于～～哉？"又："[周]长生之才，非徒锐于～～也。"

【牒诉】 diésù 讼辞，诉讼文书。孔稚珪《北山移文》："敲扑諠嚣犯其虑，～～倥偬装其怀。"(倥偬：繁忙的样子。)

叠(疊、疉、曡) dié ❶累积，重叠。班固《西都赋》："矢无单发，中必～双。"郦道元《水经注·江水二》："重岩～嶂，隐天蔽日。"㊀折叠。王建《宫词》之八："内人对御～花笺，绣坐移来玉案边。"❷乐曲重复演奏或演唱。《梦溪笔谈·书画》："《霓裳曲》凡十三～。"白居易《何满子》诗："一曲四调歌八～。"❸恐惧。《诗经·周颂·时迈》："薄言震之，莫不震～。"❹碟子。《北史·祖珽传》："曾至胶州刺史司马世云家饮酒，遂藏铜～二面。"

【叠鼓】 diégǔ 轻轻击鼓。谢朓《鼓吹曲》："凝笳翼高盖，～～送华辀。"岑参《献封大夫破播仙凯歌》之三："鸣笳～～拥回军，破国平蕃昔未闻。"

【叠韵】 diéyùn ❶两个字的韵相同，如"窈窕"、"汪洋"。《文心雕龙·声律》："凡声有飞沈，响有双叠，双声隔字而每舛，～～杂句而必睽。"(睽：乖违。)❷写诗重用前韵。亦称"次韵"、"和韵"。

褋 dié 单衣。《说文·衣部》："南楚谓禅衣曰～。"《楚辞·九歌·湘夫人》："捐余袂兮江中，遗余～兮澧浦。"

碟 dié 碟子，盛食品的小盘。曾慥《高斋漫录》："乃设饭一盂，萝菔一～，白汤一盏而已。”

蝶(蜨) dié 蝴蝶。刘禹锡《秋日送客至潜水驿》诗："鹊噪晚禾地，～飞秋草畦。”王驾《雨晴》诗："蜂～飞来过墙去，却疑春色在邻家。”

【蝶化】 diéhuà 用庄子梦为蝴蝶的故事，比喻人在梦境之中。周密《悼杨明之》诗："帐中～～真成梦，镜里鸾孤枉断肠。”谢宗可《睡燕》诗："金屋昼长随～～，雕梁春尽怕莺啼。”

【蝶梦】 diémèng 指梦境。语出《庄子·齐物论》："昔者庄周梦为胡蝶，栩栩然胡蝶也。”李咸用《早行》诗："困才成～～，行不待鸡鸣。”周必大《忆去年上元》诗："春至鸿声北，人遥～～东。”

艓 dié 小船。《宋书·沈攸之传》："轻～一万，截其津要。”杜甫《最能行》："富豪有钱驾大舸，贫穷取给行～子。”

褶 1. dié ❶夹(衣)。《礼记·玉藻》："禅为䌹，帛为～。”又《丧大记》："君～衣～衾。”

2. xí ❷骑服。《三国志·魏书·崔琰传》："唯世子燔翳捐～，以塞众望，不令老臣获罪于天。”

3. zhě ❸衣裙上的褶子。张祜《观杭州柘枝》诗："看著遍头香袖～，粉屏香帕又重隈。”

【褶子】 xízǐ 传统戏装中的一种便服外衣。男女皆有之。男角所服又叫海青，式如道袍，大领大襟，有水袖，花色有种种不同。女角所服，青衣小领小襟，老旦大领大襟。孔尚任《桃花扇·传歌》："净扁巾、～～，扮苏昆生上。”

蹀 dié 踏，顿。《淮南子·俶真训》："耳分八风之调，足～阳阿之舞。”《吕氏春秋·顺说》："惠盎见宋康王。康王～足謦欬。”(謦欬：咳嗽。)

【蹀蹀】 diédié ❶小步行走。范成大《三月十五日华容湖尾看月出》诗："徘徊忽腾上，～～恐颠坠。”❷散乱的样子。鲍照《过铜山掘黄精》诗："～～寒叶离，灇灇秋水积。”

【蹀躞】 diéxiè ❶小步行走。鲍照《拟行路难》诗之六："丈夫生死会几时，安能～～垂羽翼？”温庭筠《春洲曲》："紫骝～～金衔嘶，岸上扬鞭烟草迷。”❷佩带上的饰物。《辽史·西夏纪》："金涂银带，佩～～、解锥、短刀、弓矢。”❸同“蹀亵”。轻薄。《聊斋志异·胡四相公》："若个～～语，不宜贵人出得。”

【蹀血】 diéxuè 踏血而行。形容激战杀人很多，血流满地。欧阳修《贾谊不至公卿论》："南北兴两军之诛，京师新～～之变。”杨万里《论兵》："李陵与奇材剑客～～虏庭，非楚人耶？”

螲 1. dié ❶见“螲蛸”。

2. zhì ❷蝼蛄。《方言》卷十一："蝼～谓之蝼蛄。”

【螲蛸】 diédāng 虫名。形似蜘蛛，赤色。《鬼谷子·内揵》"若蚨母之从其子也"高诱注："蚨母，～～也，似蜘蛛，在穴中，有盖。”

㲲(氎) dié 细棉衣。《新唐书·南蛮传》："古贝，草也。缉其花为布，粗曰贝，精曰～。”杜甫《大云寺赞公房》诗之四："细软青丝履，光明白～巾。”

ding

丁 1. dīng ❶天干中的第四位。亦可代表序数中的第四。❷“钉”的古字。钉子。《晋书·陶侃传》："及桓温伐蜀，又以侃所贮竹头作～装船。”(《世说新语·政事》作“钉”。)沈括《梦溪笔谈·辩论二》："以桂为～，以钉木中，其木即死。”❸强壮。班固《白虎通·五行》："～者，强也。”《潜夫论·实边》："譬犹家人遇寇贼者，必使老小羸软居其中央，～强武猛卫其外。”❹成年人。《隋书·食货志》："[男女]十八已上为～。”苏轼《上皇帝书》："女户单～，盖天民之穷者也。”㊂泛指家口，人口。《南史·何承天传》："计～课仗。”❺指从事某种职业的人。《庄子·养生主》："庖～为文惠君解牛。”范成大《咏怀自嘲》："园～应窃笑，犹自说心灰。”❻当，逢。《后汉书·蔡邕传》："若乃～千载之运，应神灵之符。”欧阳修《明正统论》："然则不幸而～其时，则正统有时而绝也。”❼通“疔”。《素问·生气通天论》："高梁之变，足生大～，受如持虚。”

2. zhēng ❽见“丁丁”。❾通“征”。征信，证明。罗泌《路史·循蜚记》："予观于经，而信二书之足～也。”

【丁部】 dīngbù 我国古代图书分经、史、子、集四大部类，丁部即集部。《旧唐书·经籍志》："四部者，甲乙丙丁也。甲部为经，乙部为史，丙部为子，～～为集。”

【丁丁】 dīngdīng ❶雄健的样子。白居易《画鹛赞》诗："鸷鸟之英，黑雕～～。”❷漫长的样子。卢照邻《释疾文》："时眇眇兮岁冥冥，昼杳杳兮夜～～。”

【丁艰】 dīngjiān 即“丁忧”，遭父母之丧。《晋书·周光传》："陶侃微时，～～，将葬，家中忽失牛而不知所在。”参见“丁忧”。

【丁口】 dīngkǒu 人口。《北齐书·文宣帝纪》："～～减于畴日，守令倍于昔辰。”苏轼

《国学秋试策问》:"自汉以来,～～之蕃息,与仓廪之盛,莫如隋。"

【丁灵】 dīnglíng 古民族名。又称"丁令"、"丁零"。汉时为匈奴属国,游牧于我国北部与西北部。《汉书·李陵传》:"卫律为～～王。"

【丁男】 dīngnán 成年男子。《汉书·严安传》:"～～被甲,丁女转输。"

【丁年】 dīngnián 壮年。李陵《答苏武书》:"～～奉使,皓首而归。"元好问《灯下梅影》诗:"～～夜坐眼如鱼,老矣而今不读书。"

【丁宁】 dīngníng ❶钲,古代行军时用的一种乐器。《国语·晋语五》:"战以錞于、～～,儆其民也。"❷叮嘱,告诫。《后汉书·郎𫖮传》:"惟陛下～～再三,留神于此。"又《杨震传》:"是以灾异屡见,前后～～。"❸恳切的样子。张籍《卧疾》诗:"见我形颤顇,劝药语～～。"

【丁钱】 dīngqián 人口税。《旧唐书·懿宗纪》:"安南管内被蛮贼驱劫处,本户两税,～～等量放二年。"又作"丁口钱"。《资治通鉴·后梁末帝贞明四年》:"先是,吴有～～。"

【丁强】 dīngqiáng 强壮。《论衡·无形》:"白发复黑,齿落复生,身气～～,超乘不衰,乃可贵也。"㊁指强壮的人。《三国志·魏书·梁习传》:"豪右已尽,乃次发诸～～以为义从。"

【丁税】 dīngshuì 人口税。《宋史·尤袤传》:"袤得台州,州五县。有丁无产者输二年～～,凡万有三千家。"

【丁夜】 dīngyè 四更时,即深夜一时至三时。《新唐书·天文志》:"[太和]九年六月丁酉,自昏至～～,流星二十馀纵横出没。"

【丁忧】 dīngyōu 遭父母之丧。《晋书·袁悦之传》:"始为谢玄参军,为玄所遇,～～去职。"欧阳修《归田录》卷二:"无见任宰相～～例。"

【丁壮】 dīngzhuàng 少壮的人。《史记·循吏列传》:"～～号哭,老人儿啼。"《汉书·于定国传》:"姑谓邻人曰:'孝妇事我勤苦,哀其亡子守寡,我老,久累～～,奈何?'"

【丁子】 dīngzǐ ❶虾蟆。楚地方言。《庄子·天下》:"～～有尾。"❷儿子。苏辙《次韵子瞻特来高安相别》:"忽吟春草思惠连,因之亦梦添～～。"

【丁丁】 zhēngzhēng 象声词。伐木声。《诗经·小雅·伐木》:"伐木～～,鸟鸣嘤嘤。"后又用以形容棋声、漏声、琴声等。王禹偁《黄冈竹楼记》:"宜围棋,子声～～然。"方干《陪李郎中夜宴》诗:"间世星郎夜宴时,～～寒漏滴声稀。"

仃 dīng 见"伶仃"。

玎 dīng 玉声。《说文·玉部》:"～,玉声也。"

【玎玲】 dīnglíng 象声词。形容玉声。元好问《赤石谷》诗:"林罅阴崖雾杳冥,石根寒溜玉～～。"

钉(釘) 1. dīng ❶钉子。《后汉书·张奂传》:"但地底冥冥,长无晓期,而复缠以纩绵,牢以～密,为不喜耳。"《三国志·魏书·王凌传》注引《魏略》:"凌自知罪重,试索棺～,以观太傅意,太傅给之。"

2. dìng ❷以钉钉物。《世说新语·巧艺》注引卫恒《四体书势》:"明帝立陵霄观,误先～榜。"

【钉灵】 dīnglíng 古民族名。《山海经·海内经》:"有～～之国,其民从膝已下有毛,马蹄善走。"参见"丁灵"。

【钉铃】 dīnglíng 象声词。李贺《沙路曲》:"柳脸半眠丞相树,珮马～～踏沙路。"

【钉诠】 dìngquán 考订平议。《论衡·自纪》:"夫圣贤殁而大义分,蹉跎殊趋,各自开门;通人观览,不能～～。"

耵 dīng 见"耵聍"。

【耵聍】 dīngníng 耳垢。韩愈《山南郑相公樊员外酬答为诗其末咸有见及语樊封以示愈依赋十四韵以献》:"如新去～～,雷霆逼飓飓。"(飓:大风。)

艼 dīng 见 tīng。

顶(頂) dǐng ❶头顶。《孟子·尽心上》:"墨子兼爱,摩～放踵利天下,为之。"《荀子·儒效》:"身不肖而诬贤,是犹伛身而好升高也,指其～者愈众。"㊀物体的最上部。杜甫《望岳》诗:"会当凌绝～,一览众山小。"❷以头承戴,顶着。周邦彦《汴都赋》:"其败也抉目而折骨,其成也～冕而垂裳。"纪君祥《赵氏孤儿》一折:"但我韩厥是一个～天立地的男儿,怎肯做这般勾当?"❸承担。《红楼梦》七十五回:"我昨日把王善保的老婆打了,我还～着徒罪呢。"❹顶替。刘克庄《进故事辛酉三月十八日》:"臣愚见,谓一军之中某为立功人,某为～冒人,惟主帅尤知其详。"❺副词。最。李诩《戒庵老人漫笔·头通称》:"今人以物之极大者为～。"

【顶拜】 dǐngbài 顶礼膜拜。梁简文帝《大法颂序》:"～～金山,归依月面。"

【顶戴】 dǐngdài ❶敬礼。梁武帝《金刚般若忏文》："～～奉持，终不舍离。"❷清代用以区别官员等级的帽饰。

【顶缸】 dǐnggāng 代人受过。佚名《陈州粜米》四折："州官云：'好，打这厮！你不识字，可怎么做外郎那？'外郎云：'你不知道，我是雇将来的～～外郎。'"

【顶礼】 dǐnglǐ 佛教的最高敬礼。跪地以头顶着尊者的脚。沈约《南齐皇太子礼佛愿疏》："伏膺下拜伽蓝精舍，绕足～～。"后用作敬礼的意思。佚名《陈州粜米》三折："如今百姓每听的包待制大人到陈州粜米去，那个不～～？"

【顶踵】 dǐngzhǒng 从头至脚，指全身。李商隐《为东川崔从事福谢辟并聘钱启》："卵翼不自他门，～～实非己物。"

酊 dǐng 见"酩酊"。

鼎 dǐng ❶古代的一种烹饪器。又用为礼器。多以青铜铸成，三足(或四足)两耳。《左传·宣公四年》："子公怒，染指于～，尝之而出。"《战国策·东周策》："秦兴师临周而求九～。"(九鼎：相传夏禹收九州之金铸成，遂为传国之重器。)❷鼎为传国之重器，因用以比喻王位、帝业。《宋书·武帝纪中》："十世未改，～祚再隆。"ⓧ比喻重臣之位。《后汉书·陈球传》："公出自宗室，位登台～。"❸显赫，大。左思《吴都赋》："其居则高门～贵，魁岸豪杰。"❹六十四卦之一，卦形为巽下离上。《周易·杂卦》："～，取新也。"❺方，正要。《汉书·匡衡传》："无说《诗》，匡～来。"又《贾捐之传》："[石]显～贵，上信用之。"

【鼎鼎】 dǐngdǐng ❶懈怠，懒散。《礼记·檀弓上》："故骚骚尔则野，～～尔则小人。"❷蹉跎。陶渊明《饮酒》诗之三："～～百年内，持此欲何成？"❸盛大。陆游《岁晚书怀》诗："残岁堂堂去，新春～～来。"成语有"鼎鼎大名"。

【鼎沸】 dǐngfèi 鼎水沸腾。用以比喻人心浮动或形势动荡。《汉书·霍光传》："今群下～～，社稷将倾。"卢照邻《益州至真观主黎君碑》："尧、禹生而天下火驰，姬、孔出而群方～～。"

【鼎辅】 dǐngfǔ 三公宰辅，朝中重臣。《后汉书·朱浮传》："即位以来，不用旧典，信刺举之官，黜～～之臣。"《宋书·五行志四》："是时贾后陷害～～，宠树私戚。"

【鼎革】 dǐnggé 取义于鼎、革二卦名。《周易·杂卦》："革，去故也；鼎，取新也。"后用以指改朝换代等重大政治变革。徐浩《谒禹庙》诗："～～固天启，运兴匪人谋。"黄宗羲《淇仙毛君墓志铭》："～～以后，绝意进取。"

【鼎镬】 dǐnghuò ❶烹饪器具。镬，一种大锅，似鼎而无足。《周礼·天官·亨人》："亨人掌共～～，以给水火之齐(jì)。"(共：同"供"。齐：多少之量。)❷烹人的刑具。古代用鼎镬煮人，是一种酷刑。《汉书·郦食其传》："郦生自匿监门，待主然后出，犹不免～～。"

【鼎甲】 dǐngjiǎ ❶豪门望族。李肇《唐国史补》卷上："四姓惟郑氏不离荥阳，有冈头卢，泽底李，土门崔，家为～～。"❷科举考试名列一甲的三人，即状元、榜眼、探花。苏轼《与李方叔书》之二："秋试时，不审从吉未？若可下文字，须望～～之捷也。"

【鼎力】 dǐnglì ❶角力。《盐铁论·刺权》："临渊钓鱼，放犬走兔，隆豺～～，蹋鞠斗鸡。"❷大力。颜光敏《颜氏家藏尺牍·黄敬玑》："儿辈落卷，借仗～～查寄。"

【鼎立】 dǐnglì 鼎足而立。指三方并峙。《三国志·吴书·陆凯传》："近者汉之衰末，三家～～。"

【鼎铭】 dǐngmíng 鼎上的铭文。《史记·孔子世家》："及正考父佐戴、武、宣公，三命兹益恭，故～～云：'一命而偻，再命而伛，三命而俯，循墙而走，亦莫敢余侮。'"

【鼎命】 dǐngmìng 指帝王之位。《周书·皇后传序》："若娉纳以德，防闲以礼，大义正于宫闱，王化行于邦国，则坤仪式固，而～～惟永矣。"《宋书·长沙景王道怜传》："时齐王辅政，四海属心，[刘]秉知～～有在，密怀异图。"

【鼎鼐】 dǐngnài ❶烹饪器具。鼐，大鼎。《战国策·楚策四》："故昼游乎江河，夕调乎～～。"❷比喻宰辅之权位。王君玉《国老谈苑》卷二："寇准出入宰相三十年，不营私第。处士魏野赠诗曰：'有官居～～，无地起楼台。'"

【鼎盛】 dǐngshèng 正当兴盛的时候。《汉书·贾谊传》："天子春秋～～，行义未过，德泽有加焉。"苏舜钦《谘目一》："今若以主上春秋～～，大臣未敢言，则请于皇族中择亲贤而长十数人，使于内殿，日侍讲席。"

【鼎食】 dǐngshí 列鼎而食。指奢豪的生活。《汉书·货殖传》："张氏以卖酱而隃侈，质氏以洒削而～～。"(洒削：清洗刀剑的鞘。)王勃《滕王阁序》："闾阎扑地，钟鸣～～之家。"

【鼎士】 dǐngshì 举鼎之士。指勇力之士。《汉书·邹阳传》："夫全赵之时，武力～～袨服丛台之下者一旦成市，而不能止幽王之湛患。”

【鼎司】 dǐngsī 指三公之位。《后汉书·谢夷吾传》：“宜当拔擢，使登～～。”刘琨《劝进表》：“况臣等荷宠三世，位厕～～。”

【鼎新】 dǐngxīn 更新。曾巩《请改官制前预选官习行逐司事务劄子》：“一日之间，官号法制，～～于上。”陆游《入蜀记》：“方且言具主～～文物，教被华夷。”

【鼎运】 dǐngyùn 国运。《宋书·武帝纪下》：“～～虽改，而民未忘汉。”

【鼎峙】 dǐngzhì 指形势如鼎足三方并峙。《三国志·吴书·孙权传》：“故能自擅江表，成～～之业。”王十朋《蓬莱阁赋》：“三峰～～，列障屏布。”

【鼎足】 dǐngzú ❶鼎一般是三足，故以之比喻三者并立。《史记·淮阴侯列传》：“参分天下，～～而居。”又《天官书》：“其两旁各有三星，～～句之，曰摄提。”❷指三公之位。《汉书·师丹传》：“先帝不量臣愚，以为太傅，陛下以臣托师傅，故亡功德而备～～，封大国，加赐黄金，位为三公，职在左右。”《后汉书·郑兴传》：“居则为专命之使，入必为～～之臣。”

【鼎俎】 dǐngzǔ 鼎和俎（砧板），亦泛指烹割的用具。《史记·殷本纪》：“阿衡欲奸汤而无由，乃为有莘氏媵臣，负～～，以滋味说汤，致于王道。”《淮南子·说山训》：“鸡知将旦，鹤知夜半，而不免于～～。”

【鼎祚】 dǐngzuò 国祚，国家的命运。《周书·晋荡公护传》：“臣所以勤勤恳恳，干触天威者，但不负太祖之顾托，保安国家之～～耳。”《宋书·谢灵运传》：“至如昏祲蔽景，～～倾基，黍离有叹，鸿雁无期。”

订（訂） dìng ❶评议，议定。《论衡·龙虚》：“以《山海经》言之，……以箕子之泣～之，以蔡墨之对论之，知龙不能神，不能升天。”又《案书》：“两刃相割，利钝乃知；二论相～，是非乃见。”[引]约定。《聊斋志异·素秋》：“公子闻与同姓，益亲洽，因～为昆仲。”❷改定。《晋书·荀崧传》：“其书文清义约，诸所发明，或是《左氏》、《公羊》所不载，亦足有所～正。”❸效法。《新唐书·黎干传》：“我以神尧为始祖，～夏法汉。”

汀 dìng 见tīng。

饤（飣） dìng 陈设食品。韩愈《赠刘师服》诗：“妻儿恐我生怅望，盘中不～栗与梨。”

【饤饾】 dìngdòu ❶席间盘中堆叠的食品，供陈设而不食用。韩愈《喜侯喜至赠张籍张彻》诗：“呼奴具盘飧，～～鱼菜赡。”❷堆砌。魏源《默觚集·治篇一》：“彼钱谷簿书，不可言学问矣。浮藻～～，可为圣学乎？”参见“饾饤”。

【饤坐】 dìngzuò 陈设果品于席间，而不食用。杨万里《摘金橘》诗：“手挠风枝拣霜颗，争献满盘来～～。”又作“饤座”。《新唐书·崔远传》：“有文而风致整峻，世慕其为，目曰～～梨，言座所珍也。”（饤座梨：席间陈设之梨，这里比喻珍贵。）

定 dìng ❶安定。《老子·三十七章》：“无欲以静，天下将自～。”《孟子·滕文公下》：“当尧之时，水逆行，泛滥于中国，蛇龙居之，民无所～。”❷平定。《荀子·非相》：“叶公子高入据楚，诛白公，～楚国，如反乎尔。”《史记·高祖本纪》：“闻沛公已～关中，大怒，使黥布等攻破函谷关。”❸止，停。《诗经·小雅·节南山》：“不吊昊天，乱靡有～。”《荀子·儒效》：“故无首虏之获，无蹈难之赏，反而～三革，偃五兵。”（三革：指犀、兕、牛三种动物的皮所制造的铠甲。五兵：指刀、剑、矛、戟、矢。）❹确定，决定。《战国策·东周策》：“颜率曰：‘不敢欺大国。疾～所从出，弊邑迁鼎以待命。’”《后汉书·西域传》：“大事已～，何为复疑？”[又]固定。《后汉书·应劭传》：“此百王之～制，有法之成科。”❺必定，一定。《论衡·率性》：“论人之性，～有善有恶。”李商隐《西南行却寄相送者》诗：“明朝惊破还乡梦，～是陈仓碧野鸡。”❻究竟，到底。陶渊明《拟古》诗之三：“我心固匪石，君情～何如？”李白《新林浦阻风寄友人》诗：“岁物忽如此，我来～几时？”[又]还是。杨万里《夏夜玩月》诗：“不知我与影，为一～为二？”❼星名。即营室。《诗经·鄘风·定之方中》：“～之方中，作于楚宫。”❽通“颠”。额。《诗经·周南·麟趾》：“麟之～，振振公姓。”

【定策】 dìngcè ❶大臣主谋拥立皇帝。策，简册。书其事于简册上以告宗庙。《汉书·张汤传》：“［张安世］与大将军～～，天下受其福。”又作“定册”。《旧唐书·韦嗣立传》：“以～～尊立睿宗之功，赐实封一百户。”❷决定策略。陆机《汉高祖功臣颂》：“运筹固陵，～～东袭。”

【定鼎】 dìngdǐng ❶定都，建都。九鼎为古代传国的重器，置于国都，因称定都为定鼎。《左传·宣公三年》：“成王～～于郏鄏。”宋濂《阅江楼记》：“逮我皇帝，～～于兹。”❷建立王朝。颜延之《三月三日曲水诗序》：“高祖以圣武～～，规同造物。”

【定端】 dìngduān 定准。《三国志·魏书·公孙瓒传》注引《汉晋春秋》：“行无～～，言无质要，为壮士者固若此乎？”李白《古风》之三十九：“白日掩徂晖，浮云无～～。”

【定夺】 dìngduó 决定事情的可否去取。欧阳修《论陈留桥事乞黜御史王砺劄子》：“陛下欲尽至公，特差台官～～。”

【定分】 dìngfèn ❶确定名分。《吕氏春秋·处方》：“凡为治必先～～。”❷一定的原则。《三国志·蜀书·郤正传》：“忠无～～，义无常经。”❸一定的气数。《南史·颜觊之传》：“觊之常执命有～～，……乃以其意，命弟子愿作《定命论》。”

【定倾】 dìngqīng 使倾危者得到安定。《史记·越世家》：“持满者与天，～～者与人，节事者以地。”《盐铁论·备胡》：“古者明王讨暴卫弱，～～扶危，则小国之君悦。”

【定数】 dìngshù ❶一定的气数，命定。刘峻《辩命论》：“宁前愚而后智，先非而终是，将荣悴有～～，天命有至极，而谬生妍蚩。”❷计定数量。《荀子·正名》：“此事之所以稽实～～也。”

【定省】 dìngxǐng 昏定晨省。本指晚间为父母安定床衽，晨起省问安否，后亦泛指向亲长问安。《汉书·杜钦传》：“亲二宫之饔膳，致昏晨之～～。”黄庭坚《送李德素归舒城》诗：“青衿废诗书，白发违～～。”

碇（矴、椗） dìng 船停泊时沉在水中以固定船身的石墩，其作用如后来的锚。李商隐《赠刘司户》诗：“江风扬浪动云根，重～危樯白日昏。”贡师泰《海歌》：“～手在船功最多，一人唱歌百人和。”

锭（錠） dìng ❶食器。《说文·金部》：“～，镫也。”（段玉裁注：“《广韵》曰：‘豆有足曰锭，无足曰镫。’”）❷铸成块状的金银，轻重有定，如十两五两之类。《聊斋志异·云翠仙》：“乃于衣底出黄金二～置几上。”

dong

东（東） dōng ❶东方，东边。《诗经·召南·小星》：“嘒彼小星，三五在～。”（嘒：明亮。）《世说新语·雅量》：“戴公从～出，谢太傅往看之。”❷向东，往东。《战国策·东周策》：“大王勿忧，臣请～借救于齐。”《汉书·高帝纪上》：“即汉王欲挑战，慎勿与战，勿令得～而已。”❸主人。马致远《荐福碑》一折：“多谢哥哥，赐我这三封书，我辞别～家，便索长行也。”《红楼梦》三十七回：“况且你都拿出来作这个～也不够。”

【东壁】 dōngbì 星名，即壁宿，玄武七宿之一。《吕氏春秋·仲冬》：“仲冬之月：日在斗，昏～～中，旦轸中。”《晋书·天文志上》：“～～二星，主文章，天下图书之秘府也。”（二星：壁宿由两颗星组成。）后因以东壁称藏书之所。张说《恩制赐食于丽正殿书院宴》诗：“～～图书府，西园翰墨林。”

【东朝】 dōngcháo ❶汉代长乐宫，太后所居，称东朝。《史记·魏其武安侯列传》：“～～廷辩之。”❷太子所居之宫称东宫，也称东朝，因以借指太子。陆机《答贾长渊》诗：“～～既建，淑问峨峨。”❸唐大明宫称东内，也称东朝。崔日用《正月七日宴大明殿》诗：“新年宴乐坐～～，钟鼓铿锽大乐调。”

【东第】 dōngdì 王公贵族所居的府第。《汉书·司马相如传下》：“故有剖符之封，析圭而爵，位为通侯，居列～～。”杜牧《长安杂题长句六首》之二：“烟生窈窕深～～，轮撼流苏下北宫。”

【东藩】 dōngfān 东方的藩属之国。《战国策·赵策三》：“～～之臣田婴齐后至，则斮之。”（斮：杀。）《史记·苏秦列传》：“今乃有意西面而事秦，称～～，筑帝宫，受冠带，祠春秋，臣窃为大王耻之。”

【东宫】 dōnggōng ❶太子所居之宫。又借指太子。《吕氏春秋·审应》：“寡人之在～～之时，闻先生议曰‘为圣易’，有诸乎？”陈亮《戊申再上孝宗皇帝书》：“～～居曰监国，行曰抚军。”❷汉代长乐宫称东朝，亦称东宫，太后所居，因以借指太后。《汉书·楚元王传》：“依～～之尊，假甥舅之亲，以为威重。”

【东后】 dōnghòu ❶东方的诸侯。后，国君。《汉书·郊祀志上》：“柴，望秩于山川，遂见～～。”❷司春之神。庾信《青帝云门舞》：“礼～～，奠苍灵。”

【东极】 dōngjí 东方极远之处。《史记·秦始皇本纪》：“亲巡远方黎民，登兹泰山，周览～～。”

【东井】 dōngjǐng 星名，即井宿，朱雀七宿之一。《吕氏春秋·仲夏》：“仲夏之月：日在～～，昏亢中，旦危中。”《史记·天官书》：“～～为水事。”

【东君】 dōngjūn ❶日神。《楚辞·九歌》中有《东君》一篇，即祭日神之歌。《史记·封禅书》：“晋巫，祠五帝、～～、云中、司命、巫社、巫祠、族人、先炊之属。”❷春神。成彦雄《柳枝词》之三：“～～爱惜与先春，草泽无人处也新。”❸东王公。曹操《陌上桑》：“济天汉，至昆仑，见西王母谒～～。”

【东内】 dōngnèi 唐代大明宫，因位于西内东北，故名。后泛指皇宫内东面的宫殿。花蕊夫人《宫词》："～～斜将紫禁通，龙池凤苑夹城中。"

【东市】　dōngshì　❶东方市肆。《史记·日者列传》："司马季主者，楚人也。卜于长安～～。"❷汉代在长安东市处决犯人，后因以东市指刑场。《汉书·晁错传》："错衣朝衣斩～～。"《世说新语·雅量》："嵇中散临刑～～，神气不变。"

【东序】　dōngxù　❶学校。《礼记·文王世子》："春夏学干戈，秋冬学羽籥，皆于～～。"《三国志·魏书·管宁传》："诚宜束帛加璧，备礼征聘，仍授几杖，延登～～，敷陈坟素，坐而论道。"（坟素：典籍。）❷东厢房。班彪《览海赋》："松乔坐于～～，王母处于西箱。"（箱：通"厢"。）

【东夷】　dōngyí　指东方的少数民族。《管子·小匡》："故～～西戎南蛮北狄中诸侯国，莫不宾服。"《史记·五帝本纪》："殛鲧于羽山，以变～～。"

【东隅】　dōngyú　东方日出之处，指早晨。《后汉书·冯异传》："可谓失之～～，收之桑榆。"王勃《滕王阁序》："～～已逝，桑榆非晚。"亦指东方。《隋书·许善心传》："李虔僻处西土，陆机少长～～。"

【东周】　dōngzhōu　❶朝代名。自周平王东迁，至周赧王之世，建都于洛邑（今河南洛阳市），史称东周。❷诸侯国名。周显王二世，西周惠公封其子于巩（今河南巩义），号东周。

【东作】　dōngzuò　春耕生产。《史记·五帝本纪》："敬道日出，便程～～。"《后汉书·章帝纪》："方春～～，恐人稍受禀，往来烦剧，或妨耕农。"

【东道主】　dōngdàozhǔ　本指东方道上的主人，后泛指主人。《左传·僖公三十年》："若舍郑以为～～～，行李之往来，共其乏困，君亦无所害。"（此为郑国烛之武对秦穆公所说的一段话。郑在秦东，故云东道主。）李白《望九华山赠青阳韦仲堪》诗："君为～～～，于此卧青云。"又省作"东道"。马致远《荐福碑》一折："兄弟，请你那～～出来，我和他厮见。"

冬　dōng　冬天，冬季。《老子·十五章》："豫兮若～涉川。"韩愈《进学解》："～暖而儿号寒，年丰而妻啼饥。"

【冬爱】　dōng'ài　"冬日可爱"的省称，比喻和蔼可亲。语出《左传·文公七年》："酆舒问于贾季曰：'赵衰、赵盾孰贤？'对曰：'赵衰，冬日之日也。赵盾，夏日之日也。'"杜预注："冬日可爱，夏日可畏。"谢庄《宋孝武宣贵妃诔》："踌躇～～，怊怅秋晖。"

【冬冬】　dōngdōng　象声词。白居易《初与元九别后忽梦见之及寤而书适至因以此寄》诗："觉来未及说，叩门声～～。"

【冬官】　dōngguān　据《周礼》，周代设六官，以天地、四季命名，司空称冬官，掌工程制作。后代以冬官为工部的通称。

【冬烘】　dōnghōng　糊涂，迂腐。周密《癸辛杂识续集下·道学》："其后至淳祐间，每见所谓达官朝士者，必愦愦～～，弊衣菲食，高巾破履，人望之知为道学君子也。"

【冬节】　dōngjié　❶即冬至节，二十四节气之一。《后汉书·马融传》："方涉～～，农事闲隙。"《南齐书·武陵昭王晔传》："～～问讯，诸王皆出，晔独后来。"❷泛指冬季。曹操《却东西门行》："～～食南稻，春日复北翔。"

【冬珑】　dōnglóng　象声词。范成大《次韵陈仲思经属西峰观雪》："宾友来邹枚，寒辔摇～～。"

涷（涷）　dōng　暴雨。《尔雅·释天》："暴雨谓之～。"

【涷雨】　dōngyǔ　暴雨。《楚辞·九歌·大司命》："令飘风兮先驱，使～～兮洒尘。"

蝀（蝀）　dōng　见"螮蝀"。

鼕　dōng　鼓声。杜牧《闺情代作》诗："遥望戍楼天欲晓，满城～鼓白云飞。"

【鼕鼕】　dōngdōng　象声词。击鼓声。白居易《答元八宗简同游曲江后明日见赠》诗："坐愁红尘里，夕鼓～～声。"

董　dǒng　❶督察。《三国志·魏书·夏侯玄传》："惧宰官之不修，立监牧以～之。"魏徵《谏太宗十思疏》："虽～之以严刑，振之以威怒，终苟免而不仁，貌恭而不心服。"❷正，端正。《楚辞·九章·涉江》："余将～道而不豫兮，固将重昏而终身。"（董道：正其道。豫：犹豫。）《后汉书·高彪传》："整我皇纲，～此不虔。"（虔：敬。）❸深藏。《史记·扁鹊仓公列传》："年六十已上，气当大～。"

【董督】　dǒngdū　督察。《三国志·蜀书·刘备传》："臣以具臣之才，荷上将之任，～～三军，奉辞于外。"又《吴书·孙皎传》："二者尚不能知，安可～～在远，御寇济难乎？"

【董摄】　dǒngshè　督察整顿。《三国志·魏书·程昱传》："内有侍中尚书综理万机，司隶校尉督察京辇，御史中丞～～宫殿，皆高选贤才以充其职，申明科诏以督其违。"

【董正】　dǒngzhèng　纠正。《后汉书·岑晊传》："虽在闾里，慨然有～～天下之志。"

动(動) dòng ❶活动，举动，与"静"相对。《论语·雍也》："知者～，仁者静。"《后汉书·张湛传》："矜严好礼，～止有则。"㊀摇动，振动。《诗经·豳风·七月》："五月斯螽～股。"❷行动。《国语·周语上》："夫兵戢而时～，～则威。"《三国志·魏书·武帝纪》："今兵以义～，持疑而不进，失天下之望，窃为诸君耻之！"❸震动，感动。《孟子·告子下》："所以～心忍性，曾益其所不能。"(曾：同"增"。)《汉书·艺文志》："～之以仁义，行之以礼让。"❹动物。陶渊明《饮酒》诗之七："日入群～息，归鸟趋林鸣。"❺动辄，常常。《老子·五十章》："人之生生，～皆之死地。"(生生：养生。)《后汉书·陈忠传》："老弱相随，～有万计。"❻不觉。杜甫《燕子来舟中作》诗："湖南为客～经春，燕子衔泥两度春。"

【动静】 dòngjìng ❶行动与静止。《史记·乐书》："乐必发诸声音，形于～～，人道也。"《淮南子·泰族训》："车有劳逸～～，而后能致远。"❷情况，消息。《汉书·西域传上》："都护督察乌孙、康居诸外国，～～有变，以闻。"《三国志·吴书·孙韶传》："常以警疆埸远斥候为务，先知～～而为之备，故鲜有负败。"

【动容】 dòngróng ❶动作容仪。《孟子·尽心下》："～～周旋中礼者，盛德之至也。"颜延之《宋文皇帝元皇后哀策文》："发音在咏，～～成纪。"❷心有所动而改变容态。《列子·仲尼》："孔子～～有间。"《三国志·吴书·吴主传》："心用慨然，悽怆～～。"❸摇动。《楚辞·九章·抽思》："悲秋风之～～兮，何回极之浮浮！"又作"动溶"。《淮南子·原道训》："～～无形之域，而翱翔忽区之上。"

【动摇】 dòngyáo ❶摇动，使不稳定。《论衡·道虚》："[道家]以为血脉在形体之中，不～～屈伸，则闭塞不通。"《汉书·文帝纪》："汉兴，除秦烦苛，约法令，施德惠，人人自安，难～～，三矣。"❷不稳定。《汉书·元帝纪》："使天下咸安土乐业，亡有～～之心。"又《食货志下》："民心～～，弃本逐末。"❸行动。《史记·张仪列传》："守四封之内，愁居慑处，不敢～～，唯大王有意督过之也。"《汉书·田儋传》："纵彼畏天子之诏，不敢～～，我独不愧于心乎？"

【动辄】 dòngzhé 每每，常常。《后汉书·吕布传》："忽有得失，～～言误。"韩愈《进学解》："跋前踬后，～～得咎。"

【动止】 dòngzhǐ ❶动作与静止。《庄子·天地》："其～～也，其死生也，其废起也，此又非其所以也。"❷行动，措施。《宋书·王弘传》："凡～～施为及书翰仪体，后人皆依倣之。"❸起居。多用于书信中表问候。韩愈《与华州李尚书书》："比来不审尊体～～何似。"

冻(凍) dòng ❶冻结，水遇冷而凝结。《礼记·月令》："水始冰，地始～。"岑参《白雪歌送武判官归京》："纷纷暮雪下辕门，风掣红旗～不翻。"❷冷，受冷。《孟子·梁惠王上》："父母～饿，兄弟妻子离散。"《后汉书·刘盆子传》："逢大雪，坑谷皆满，士多～死。"

【冻醪】 dòngláo 即春酒，冬天酿造，春天饮用。杜牧《寄内兄和州崔员外十二韵》："雨侵寒牖梦，梅引～～倾。"

【冻馁】 dòngněi 受冻挨饿。《国语·齐语》："君加惠于臣，使不～～，则是君之赐也。"《孟子·尽心上》："不暖不饱，谓之～～。"

【冻石】 dòngshí 晶莹之石。可作印章或工艺品。文彭《印章集说·石印》："石有数种，灯光～～为最。"

【冻饮】 dòngyǐn 冰冷的饮料。《楚辞·招魂》："挫糟～～，酎清凉些。"(挫糟：去其渣滓。些：语气词。)

【冻云】 dòngyún 冬天的阴云。方干《冬日》诗："～～愁暮色，寒日淡斜晖。"

侗 dòng 见 tōng。

洞 1. dòng ❶疾流。《说文·水部》："～，疾流也。"班固《西都赋》："东郊则有通沟大漕，溃渭～河。"❷贯穿。《史记·苏秦列传》："韩卒超足而射，百发不暇止，远者括蔽～胸，近者镝弇心。"《汉书·司马相如传上》："弓不虚发，中必决眦，～胸达掖。"❸通，开通。《后汉书·梁冀传》："堂寝皆有阴阳奥室，连房～户。"白居易《庐山草堂记》："～北户，来阴风。"❹深透，明澈。《魏书·李顺传》："卿往复积岁，～鉴废兴。"归有光《项脊轩志》："日影反照，室始～然。"❺洞穴。张衡《西京赋》："赴～穴，探封狐。"王安石《游褒禅山记》："距～百馀步，有碑仆道。"㊀打洞。《聊斋志异·狼》："转视积薪后，一狼～其中。"❻恭敬。《荀子·非十二子》："酳然，～然，……是子弟之容也。"❼拟声词。柳宗元《小石城山记》："投以小石，～然有水声，其响之激越，良久乃已。"

2. tóng ❽见"鸿洞"、"澒洞"。

【洞彻】 dòngchè ❶清澈。刘长卿《旧井》诗："旧井依旧城，寒水深～～。"亦作"洞澈"。沈约《新安江水至清浅深见底贻京邑游好一首》诗："～～随深浅，皎镜无冬春。"❷通达事理。杜甫《送韦讽上阆州录事参军》诗："韦生富春秋，～～有清识。"

【洞达】 dòngdá ❶通达。班固《西都赋》："内则街衢～～，闾阎且千。"杜甫《昔游》诗："是时仓廪实，～～寰区间。"❷畅通明达。《论衡·知实》："孔子见窍睹微，思虑～～。"

【洞洞】 dòngdòng ❶恭敬诚恳的样子。《礼记·礼器》："～～乎其敬也。"《韩诗外传》卷七："昔者周公事文王，……有奉持于前，～～焉若将失之。"❷无形的样子。《淮南子·天文训》："天地未形，冯冯翼翼，～～灟灟，故曰太昭。"

【洞房】 dòngfáng ❶深邃的内室。《楚辞·招魂》："姱容修态，絙～～些。"❷新婚夫妇的卧室。朱庆馀《闺意上张水部》诗："～～昨夜停红烛，待晓堂前拜舅姑。"

【洞府】 dòngfǔ 犹"洞天"，道教谓神仙所居之地。钱起《夕游覆釜山道士观因登玄元庙》诗："冥搜过物表，～～次溪傍。"

【洞贯】 dòngguàn ❶穿透。《新唐书·薛仁贵传》："仁贵一发～～，帝大惊。"❷融会贯通。《朱子全书·学六》："看来看去，直待无可看，方换一段；如此看久，自然～～。"

【洞门】 dòngmén ❶重门，门门相对。《汉书·董贤传》："重殿～～，木土之工，穷极技巧。"又《元后传》："～～高廊阁道，连属弥望。"❷洞口。刘禹锡《桃源行》："～～苍黑烟雾生，暗行数步逢虚明。"

【洞冥】 dòngmíng 通达幽冥。陆机《汉高祖功臣颂》："文成（张良）作师，通幽～～。"《晋书·艺术传论》："什既兆见星象，澄乃驱役鬼神，并通幽～～，垂文阐教。"（什：鸠摩罗什。澄：佛图澄。）

【洞天】 dòngtiān 道教所说的神仙所居之处。李白《梦游天姥吟留别》："～～石扇，訇然中开。"

【洞晓】 dòngxiǎo 透彻了解，精通。杨炯《大周明威将军梁公神道碑》："公～～戎章，妙详兵律。"《宋史·丁谓传》："至于图画、博奕、音律，无不～～。"

【洞疑】 dòngyí 惶恐不定。洞，通"恫"。《史记·太史公自序》："［吕后］杀隐幽友，大臣～～。"《后汉书·冯衍传下》："并日夜而幽思兮，终悇憛而～～。"

迵 dòng 通达。《史记·扁鹊仓公列传》："阳虚侯相赵章病，召臣意。众医皆以为寒中，臣意诊其脉曰：'～风。'"（迵风：风疾洞彻五脏。）

【迵迵】 dòngdòng 通达。扬雄《太玄经·达》："中冥独达，～～不屈。"

恫 dòng 见tōng。

栋（棟） dòng ❶房屋的正梁。《荀子·哀公》："登自胙阶，仰视榱～，俯见几筵。"《后汉书·仲长统传》："豪人之室，连～数百。"❷指承担重任的人。《国语·晋语一》："太子，国之～也。"

【栋干】 dònggàn 栋梁之才，堪当重任的人。《汉书·佞幸传赞》："主疾无嗣，弄臣为辅，鼎足不强，～～微挠。"《宋书·刘延孙传》："器允～～，勋实佐时。"

【栋梁】 dòngliáng 房屋的大梁。又借喻承当大任的人才。《庄子·人间世》："仰而视其细枝，则拳曲而不可以为～～。"《后汉书·陈球传》："公为～～，倾危不持，焉用彼相矣？"

【栋甍】 dòngméng 指承当大任的人。《后汉书·谢夷吾传》："诚社稷之元龟，大汉之～～。"

【栋挠】 dòngnáo 屋梁摧折。比喻形势危急。《战国策·魏策一》："夫使士卒不崩，直而不倚，～～而不避者，此吴起馀教也。"《宋书·龚颖传》："时属～～，则独立之操彰。"

【栋宇】 dòngyǔ 泛指房屋。宇，屋檐。向秀《思旧赋》："～～存而弗毁兮，形神逝其焉如？"左思《蜀都赋》："～～相望，桑梓接连。"

峒 dòng 见tóng。

桐 dòng 见tóng。

戙 dòng 驾船用具。王周《志峡船具诗序》："岸石壁立，湍之忽作，篙力难制，以其木之坚韧竿直，戟其首以竹纳护之者谓之～。……～与篙，状殊而用一也。"

胴 dòng 大肠。《玉篇·肉部》："～，大肠也。"《抱朴子·仙药》："饵服之法……或以元～肠裹蒸之于赤土下。"

湩 dòng（又读zhòng） ❶乳汁。《穆天子传》卷四："巨蒐之人具牛羊之～，以洗天子之足。"《后汉书·李善传》："亲自哺养，乳为生～。"❷象声词。形容鼓声。《管子·轻重甲》："～然击鼓，士忿怒。"

衕 dòng 见tóng。

dou

都 dōu 见dū。

哣 dōu 怒斥声。王世贞《鸣凤记·驿里相逢》:"～!你小人势利,但知锦上添花。"

兜 dōu ❶头盔。《说文·兜部》:"～,兜鍪,首铠也。"参见"兜鍪"。㊀便帽。瞿佑《归田诗话·宋故宫》:"西僧皆戴红～帽也。"❷惑,受蒙蔽。《国语·晋语六》:"于是乎使工诵谏于朝,在列者献诗,使勿～。"❸一种软轿。《宋史·占城国传》:"国人皆乘象,或软布～。"❹以口袋形承接东西。《西游记》二十四回:"他却串枝分叶,敲了三个果,～在襟中。"❺修补。汤显祖《牡丹亭·腐叹》:"咱头巾破了修,靴头绽了～。"❻通"陡"。突然。纪君祥《赵氏孤儿》一折:"可怎生到门前～的又回身?"

【兜搭】 dōudā 曲折。马致远《黄粱梦》四折:"路～～,人寂寞,山势险恶峻嵯峨。"㊀麻烦,难对付。秦简夫《东堂老》一折:"这老儿可有些～～难说话。"

【兜离】 dōulí ❶我国古代西部少数民族的音乐名。班固《东都赋》:"四夷间奏,德广所及,僸、佅、～～,罔不具集。"❷言语不分明的样子。《后汉书·董祀妻传》:"言～～兮状窈停。"参见"侏离"。

【兜鍪】 dōumóu 头盔。《后汉书·袁绍传》:"绍脱～～抵地。"亦作"兜牟"。《新五代史·李金全传》:"都遣善射者登城射晏球,中～～。"(都:王都。人名。)㊀借指战士。辛弃疾《南乡子·登京口北固亭有怀》词:"年少万～～,坐断东南战未休。"

篼 dōu 饲马器。《说文·竹部》:"～,食马器也。"慧皎《高僧传·释道安》:"前行得人家,门里有二马榍,榍间悬一马～,可容一斛。"

【篼笼】 dōulóng 竹制的便轿。《唐会要·内外官章服杂录》:"胥吏及商贾妻,并不得乘奚车及儋子,听乘苇轝及～～,儋不得过二人。"

斗[1] dǒu ❶盛酒器。也叫羹斗,有柄。《诗经·大雅·行苇》:"酌以大～,以祈黄耇。"(黄耇:长寿。)《史记·项羽本纪》:"玉～一双,再拜奉大将军足下。"❷量器。《庄子·胠箧》:"为之～斛以量之,则并与～斛而窃之。"㊀容量单位,十升为一斗。《汉书·律历志上》:"十升为～,十～为斛。"❸星宿名,二十八宿之一。相对于北天之北斗而言,故亦称南斗。《吕氏春秋·孟秋》:"孟秋之月:日在翼,昏在～,旦毕中。"苏轼《赤壁赋》:"月出于东山之上,徘徊于～牛之间。"❹北斗星。《论衡·说日》:"日中见～,幽不明也。"《淮南子·齐俗训》:"夫乘舟而惑者,不知东西,见～极则寤矣。"(极:北极星。)❺通"陡"。陡峭,险峻。《汉书·郊祀志上》:"盛山～入海,最居齐东北阳,以迎日出云。"(盛山:即成山。)都穆《游华山记》:"～崖百尺,名希夷峡。"❻通"陡"。突然。韩愈《答张十一功曹》诗:"吟君诗罢看双鬓,～觉霜毛一半加。"辛弃疾《永遇乐》词:"又何事催诗雨急,片云～暗?"

【斗杓】 dǒubiāo 即斗柄。北斗七星,四星像斗,三星像杓。刘禹锡《七夕》诗:"初喜渡河汉,频惊转～～。"

【斗柄】 dǒubǐng 即斗杓。《楚辞·远遊》:"擥彗星以为旍兮,举～～以为麾。"《鹖冠子·环流》:"～～东指,天下皆春;～～南指,天下皆夏。"

【斗胆】 dǒudǎn 胆如斗大。大胆。语出《三国志·蜀书·姜维传》注引《世语》:"维死时见剖,胆如斗大。"梁简文帝《七励》:"至如牵钩壮气,～～豪心。"

【斗绝】 dǒujué ❶陡起孤绝,孤悬。《后汉书·窦融传》:"河西～～,在羌胡中,不同心勠力,则不能自守。"❷险峻。《三国志·蜀书·谯周传》:"或以为南中七郡,阻险～～,易以自守,宜可奔南。"

【斗南】 dǒunán ❶相星在北斗星之南,因以"斗南"为宰相之代称。《晋书·天文志》:"相一星,在北斗南。相者,总领百司,而掌邦教,以佐帝王安邦国,集众事也。"❷北斗星以南之地。犹言中国、天下。《新唐书·狄仁杰传》:"狄公之贤,北斗以南一人而已。"迺贤《赠赵祭酒》诗:"辇下忌辞郎署久,～～争望使星移。"

【斗牛】 dǒuniú 二十八宿中的斗宿和牛宿。庾信《哀江南赋》:"路已分于湘汉,星犹看于～～。"亦作"牛斗"。王勃《滕王阁序》:"龙光射～～之墟。"

【斗筲】 dǒushāo ❶斗与筲都是容量不大的量器,因用以比喻才识器量小。《论语·子路》:"～～之人,何足算也!"《汉书·谷永传》:"永～～之材,质薄学朽。"❷指地位低贱。《后汉书·郭泰传》:"大丈夫焉能处～～之役乎?"苏轼《王元之画象赞序》:"则公之所为,必将惊世绝俗,使～～穿窬之流,心破胆裂,岂特如此而已乎?"

【斗食】 dǒushí 指俸禄较少的官吏。《史记·秦始皇本纪》:"蒯将十八日,军归～～以下,什推二人从军。"《汉书·百官公卿表上》:"百石以下,有～～,佐史之秩,是为少吏。"

【斗室】 dǒushì 狭小的房子。黄庭坚《蚊》诗:"～～何来豹脚蚊,殷如雷鼓聚如云。"

《聊斋志异·口技》："晚洁～～，闭置其中。"

【斗薮】 dǒusǒu ❶振动。孟郊《夏日谒智远禅师》诗："～～尘埃衣，谒师见真宗。"又作"斗擞"。梅尧臣《送黄殿丞通判润州》诗："衣上京尘莫厌多，～～中流云在望。"❷摆脱。白居易《赠邻里往还》诗："但能～～人间事，便是逍遥地上仙。"又作"斗擞"。王维《胡居士卧病遗米因赠》诗："居士素通达，随意善～～。"

【斗甬】 dǒutǒng 两种量器。甬，即斛，十斗为斛。《礼记·月令》："角～～，正权概。"又作"斗桶"。《吕氏春秋·仲春》："日夜分，则同度量，钧衡石，角～～，正权概。"

抖 dǒu 振动，提起来抖动。张宪《读战国策》诗："～尽祖龙囊底智，咸阳回首亦成尘。"

【抖抖】 dǒudǒu 哆嗦。《水浒传》四十一回："艄公战～～的道：'小人去说。'"

【抖擞】 dǒusǒu ❶振动。白居易《游悟真寺》诗："～～尘埃衣，礼拜冰雪颜。"❷振作。龚自珍《己亥杂诗》之一百二十五："我劝天公重～～，不拘一格降人才。"

蚪 dǒu 见"蝌蚪"。

陡(阧) dǒu ❶山势峻峭。李昌祺《剪灯馀话·青城舞剑录》："～壁穹崖，殊无有路。"❷突然。汪莘《忆秦娥》词："村南北，夜来～觉霜风急。"

㪷 dǒu 同"斗"。量器。又指容量单位。《汉书·平帝纪》："民捕蝗诣吏，以石～受钱。"《管子·乘马》："则所布之地六步一～，命之曰中岁。"

斗[2](鬭、鬥、鬪、鬦) dòu ❶争斗，打架。《荀子·荣辱》："～者，忘其身者也，忘其亲者也，忘其君者也。"《史记·商君列传》："民勇于公战，怯于私～。"㊀竞争，比赛。《史记·项羽本纪》："汉王笑谢曰：'吾宁～智，不能～力。'"❷战斗。《战国策·秦策三》："攻人主之所爱，与乐死者～，故十攻而弗能胜也。"㊁使战斗。《汉书·项籍传》："外连衡而～诸侯。"❸会合，拼合。《国语·周语下》："穀、洛～，将毁王宫。"(穀、洛：两水名。)李贺《梁台古意》诗："台前～玉作蛟龙，绿粉扫土愁露温。"❹凑。《金瓶梅词话》一回："都～了分子来，与武松人情，武大又安排了回席。"❺纷乱。蒋捷《贺新郎》词："八柱蛟龙缠尾，～吐出寒烟寒雨。"❻喜。牛僧孺《席上赠刘梦得》诗："休论世上升沉事，且～樽前见在身。"❼通"逗"。逗引。王实甫《西厢记》二本四折："不争惹恨牵情～引，少不得废寝忘餐病症。"❽通"陡"。突然。晏几道《菩萨蛮》词："莺啼似作留春语，花飞～学回风舞。"

【斗臣】 dòuchén 斗士，勇士。《国语·晋语九》："赵简子曰：'鲁孟献子有～～五人，我无一，何也？'"

【斗饤】 dòudìng 同"饾饤"。❶盘碟中堆垒的食品。陆游《岁未尽前数日偶题长句》："～～春盘儿女喜，捣篵腊药婢奴忙。"❷比喻堆砌文辞。陈亮《又乙巳春书》之一："此论正在于毫厘分寸处较得失，而心之本体实非～～辏合以成。"

【斗阋】 dòuxì 争执。《三国志·魏书·管宁传》注引皇甫谧《高士传》："宁所居屯落，会井汲者，或男女杂错，或争井～～。"《隋书·宇文化及传》："兄弟数相～～，言无长幼，醒而复饮，以此为恒。"

【斗鸡走狗】 dòujīzǒugǒu 游手好闲的人所作的游戏。《汉书·爰盎传》："盎病免家居，与闾里浮湛，相随行～～～～。"

豆 dòu ❶古代食器，形似高脚盘。《孟子·告子上》："一箪食，一～羹，得之则生，弗得则死。"《汉书·地理志下》："其田民饮食以笾～。"❷容量单位，四升为豆。《左传·昭公三年》："齐旧四量：～、区、釜、钟。四升为～，各自其四，以登于釜。"《仪礼·士丧礼》："稻米一～实于筐。"㊁重量单位。《说苑·辨物》："十六黍为一～，六～为一铢。"❸豆类植物。《战国策·韩策一》："韩地险恶山居，五谷所生，非麦而～。"《论衡·别通》："眸子如～，为身光明。"

【豆蔻】 dòukòu 多年生常绿草本植物，又名草果，可入药。诗人常用以比喻处女。杜牧《赠别》诗："娉娉袅袅十三馀，～～梢头二月初。"

【豆肉】 dòuròu 一盘肉。《国语·吴语》："在孤之侧者，觞酒、～～、箪食未尝敢不分也。"《礼记·坊记》："觞酒～～，让而受恶，民犹犯齿。"

逗(逗) dòu 见"逗遛"。

【逗遛】 dòunòu 言语迟钝的样子。《广韵·侯韵》："～～，不能言也。"韩愈《南山诗》："先强势已出，后钝嗔～～。"

郖 dòu 见"郖津"。

【郖津】 dòujīn 古黄河渡口名。在今河南灵宝市西北。《三国志·魏书·杜畿传》："遂诡道从～～度。"也作"洭津"。

洭 dòu 水名。源出于中条山麓，南流入黄河，在山西省。《穆天子传》卷五："天子自寘轸乃次于～水之阳。"

【洰津】 dòujīn 古黄河渡口名，在今河南灵宝市西北。参见"邳津"。

读 dòu 见dú。

荳 dòu ❶同"豆"。《正字通·艸部》："～，俗豆字。"❷见"荳蔻"。

【荳蔻】 dòukòu 即"豆蔻"。多年生常绿草本植物。又名草果，可入药。《玉篇·艸部》："荳，～～。"

逗 dòu ❶止，停留。《后汉书·张衡传》："乱弱水之潺湲兮，～华阴之湍渚。"刘孝绰《夕逗繁昌浦》诗："疑是辰阳宿，于此～孤舟。"❷句中的停顿，句读。《宋书·乐志一》："虽诗章词异，兴废随时，至其韵～曲折，皆系于旧。"❸招引，逗引。杜甫《怀锦水居止》诗："朝朝巫峡水，远～锦江波。"王安石《秋夜》诗："幔～长风细，窗留半月斜。"❹临，到。辛弃疾《临江仙》词："～晓莺啼声昵昵，掩关高树冥冥。"沈会宗《玉人引》词："～归去重来，又却是几时来得。"❺趁，赶。陆龟蒙《晚渡》诗："各样莲船～村去，笠簷蓑袂有残声。"杨万里《进贤初食白菜》诗："江西菜甲要霜栽，～到炎天总不佳。"

【逗桡】 dòunáo 曲行避敌以观望。军事用语。《汉书·韩安国传》："于是下[王]恢廷尉，廷尉当恢～～，当斩。"亦作"逗挠"。曾巩《军赏罚》："太祖之为将也，每有临阵～～不用命者，必斫其皮笠以志之，明日悉斩以徇。"

【逗药】 dòuyào 投药。梁简文帝《又请御讲启》："随机～～，不以人废言。"

饾(餖) dòu 见"饾饤"。

【饾饤】 dòudìng ❶盘碟中堆垒的食品。田汝成《西湖游览志馀》卷三："进杂煎品味，如春盘～～，羊羔儿酒。"❷比喻文辞堆砌。孔尚任《桃花扇·凡例》："词中所用典故，信手拈来，不露～～堆砌之痕。"

渎 dòu 见dú。

梪 dòu ❶同"豆"。古代的食器。《说文·木部》："木豆谓之～。"❷量器。又为容量单位。《广雅·释器》："合十曰升，升四曰～。"

酘 dòu ❶重酿之酒。《抱朴子·金丹》："犹一～之酒，不可以方九酝之醇耳。"❷以酒解酒病。佚名《朱砂担》一折："前面有一个小酒务儿，再买几碗～他一～。"

脰 dòu ❶颈，脖子。《史记·田单列传》："遂经其颈于树枝，自奋绝～而死。"《三国志·魏书·庞悳传》："昔先轸丧元，王蠋绝～，陨身徇节，前代美之。"❷头。张溥《五人墓碑记》："有贤士大夫发五十金，买五人之～而函之，卒与尸合。"

窦(竇) dòu ❶孔穴，洞。《左传·哀公元年》："后缗方娠，逃出自～，归于有仍，生少康焉。"《礼记·礼运》："故礼义也者，……所以达天道、顺人情之大～也。"❷地窖。《吕氏春秋·仲秋》："是月也，可以筑城郭，建都邑，穿～窌，修囷仓。"❸沟渠。《左传·襄公二十六年》："有大雨，自其～入。"《韩非子·五蠹》："泽居苦水者，买庸而决～。"❹溃决。《国语·周语下》："晋闻古之长民者，不堕山，不崇薮，不防川，不～泽。"

豵 dòu 星宿名。《国语·楚语下》："日月会于龙～。"

du

厾 dū ❶画家画花卉时随笔点染，以成花叶，叫点厾。❷语气词。《荆钗记·说亲》："你～两个老人家受用弗尽～哩。"

肚 dū 见"肚胍"。

【肚胍】 dūgū 大腹。《玉篇·肉部》："肚，～～，大腹也。"参见"胍肚"。

都 1. dū ❶大邑，城市。《左传·庄公八年》："凡邑有宗庙先君之主曰～。"《论衡·别通》："人之游也，必欲入～，～多奇观也。"❷国都，首都。《尚书·说命中》："明王奉若天道，建邦设～。"《后汉书·赵典传》："献帝迁～长安。"❸建都，定都。《史记·高祖本纪》："天下大定，高祖～雒阳。"《三国志·魏书·武帝纪》："二月，卓闻兵起，乃徙天子～长安。"❹居，处在。《汉书·东方朔传》："苏秦、张仪一当万乘之主，而～卿相之位，泽及后世。"钱公辅《义田记》："世之～三公之位，享万钟禄，……止乎一己而已。"❺美，漂亮。《史记·司马相如列传》："相如之临邛，从车骑，雍容闲雅甚～。"龚自珍《行路易》诗："中妇岂不姝，座客岂不～？"❻大。《后汉书·张衡传》："中有～柱，傍行八道。"❼聚，汇集。《管子·水地》："卑也者，道之室，王者之器也，而水以为～居。"曹丕《与吴质书》："顷撰其遗文，～为一集。"❽叹词。《尚书·皋陶谟》："皋陶曰：'～！在知人，在安民。'"

2. dōu(旧读dū) ❾皆，全。《三国志·蜀书·赵云传》注引《云别传》："子龙一身～是胆。"杜甫《喜雨》诗："农事～已休，兵戎况骚屑。"

【都鄙】 dūbǐ ❶指距王城四百里至五百里

之边邑，作为王之子弟及公卿大夫的封地。《周礼·天官·大宰》："以八则治～～。"❷京城和边邑，城乡。《史记·平准书》："汉兴七十馀年之间，国家无事，非遇水旱之灾，民则人给家足，～～廪庾皆满，而府库馀货财。"潘岳《藉田赋》："居靡～～，民无华裔。"❸美好与丑陋。马融《长笛赋》："尊卑～～，贤愚勇惧。"

【都布】 dūbù 一种麻制的粗布。又称答布。《后汉书·礼仪志下》："醉大红，服小红，十一升～～练冠。"又《马援传》："更为援制～～单衣、交让冠。"

【都督】 dūdū ❶统领。《三国志·吴书·鲁肃传》："后[刘]备诣京见权，求～～荆州，惟肃劝权借之，共拒曹公。"❷官名。魏文帝始置，后世因之。

【都房】 dūfáng 大花房。《楚辞·九辩》："窃悲夫蕙华之曾敷兮，纷旖旎乎～～。"

【都讲】 dūjiǎng ❶主持讲学的人。《后汉书·侯霸传》："笃志好学，师事九江太守房元，治《穀梁春秋》，为元～～。"❷魏晋以后佛家讲经时，一人唱经，一人解释。唱经者叫做都讲，解释者叫做法师。《世说新语·文学》："支道林、许掾诸人共在会稽王斋头。支为法师，许为～～。"❸讲武，军事演习。《晋书·礼志下》："古四时讲武，皆于农隙。汉西京承秦制，三时不讲，惟十月～～。"

【都君】 dūjūn 对舜的称呼。《孟子·万章上》："谟盖～～，咸我绩。"

【都来】 dūlái ❶统统。罗隐《晚眺》诗："天如镜面～～净，地似人心总不平。"❷算来。叶绍翁《谒半山祠》诗："～～二百年间事，燕麦戎葵几度风？"

【都卢】 dūlú ❶杂技名。《汉书·西域传赞》："设酒池肉林以飨四夷之客，作巴俞～～、海中砀极、漫衍鱼龙、角抵之戏以观视之。"❷统统。白居易《赠邻里往还》诗："骨肉～～无十口，粮储依约有三年。"

【都内】 dūnèi 都城的内库。《史记·平准书》："乃募豪民田南夷，入粟县官，而内受钱于～～。"《汉书·外戚恩泽侯表》："二年，坐为大司农盗～～钱三千万，自杀。"

【都辇】 dūniǎn 京都。《三国志·吴书·胡综传》："综对曰：'未可以治民，且试以～～小职。'"

【都契】 dūqì 要义。《云笈七籤·杂修摄·自慎》："夫养性者，当少思、少念、少欲、少事、少语、少笑、少愁、少乐、少喜、少怒、少好、少恶，行此十二少，乃养生之～～也。"

【都亭】 dūtíng 城中之亭。《史记·司马相如列传》："于是相如往，舍～～。"《后汉书·张纲传》："馀人受命之部，而纲独埋其车轮于洛阳～～，曰：'豺狼当路，安问狐狸！'"

【都下】 dūxià 京都之下，京城。《三国志·吴书·吕范传》："又遣从兄宪以～～兵逆据于江都。"《世说新语·言语》："～～诸人，送至濑乡。"

【都雅】 dūyǎ 闲雅。《三国志·吴书·孙韶传》："身长八尺，仪貌～～。"《北史·韦冲传》："容貌～～，宽厚得众心。"

【都养】 dūyǎng 指烧火做饭，做厨工。《汉书·兒宽传》："以郡国选诣博士，受业孔安国。贫无资用，尝为弟子～～。"（颜师古注："都，凡众也。养，主给烹炊者也。"）

【都俞】 dūyú 本为感叹之辞，后用以表示君臣谈论融洽的样子。语出《尚书·益稷》："禹曰：'都，帝，慎乃在位。'帝曰：'俞。'"欧阳修《仁宗御集序》："在昔君臣圣贤，自相戒敕，～～吁叹于朝廷上，而天下治者，二帝之言语也。"陆游《读书》诗："尧庭君相～～盛，阙里师生博约深。"

【都蔗】 dūzhè 甘蔗。刘向《杖铭》："～～虽甘，殆不可杖；佞人悦己，亦不可相。"

阇（闍） 1. dū ❶城门上的台。《诗经·郑风·出其东门》："出其闉～，有女如荼。"

2. shé ❷见"阇梨"、"阇维"。

【阇梨】 shélí 梵语。高僧。亦泛指和尚。王播《题木兰院》诗之二："上堂已了各西东，惭愧～～饭后钟。"

【阇维】 shéwéi 梵语。火化，火葬。徐陵《东阳双林寺傅大士碑》："用震旦之常仪，乘～～之旧法。"

督 dū ❶察，视察。《吕氏春秋·知度》："不伐之言，不夺之事，～名审实，官使自司。"《汉书·赵敬肃王刘彭祖传》："彭祖不好治宫室机祥，好为吏。上书愿～国中盗贼。"❷责备。《论衡·寒温》："父子相怒，夫妻相～。"❸督促。《后汉书·张纯传》："～委输，监诸将营。"❹指大将。《后汉书·郭躬传》："军征，校尉一统于～。"诸葛亮《出师表》："是以众议举宠以为～。"❺中，中间。《庄子·养生主》："缘～以为经，可以保身，可以全生，可以养亲，可以尽年。"❻通"笃"。厚。《左传·僖公十二年》："应乃懿德，谓～不忘。"

【督趣】 dūcù 催促。趣，通"促"。《汉书·成帝纪》："遣丞相长史、御史中丞持节～～逐捕。"又《食货志上》："使者驰传～～。"

【督课】 dūkè 督察考核。《汉书·隽不疑传》："逐捕盗贼，～～郡国。"《三国志·吴书·孙权传》："兵久不辍，民困于役，岁或不登。其宽诸逋，勿复～～。"

裻 dū 衣背缝。《国语·晋语一》："是故使申生伐东山，衣之偏～之衣，佩之以金玦。"

毒 1. dú ❶毒物，有毒的。《左传·僖公二十二年》："蜂虿有～。"《老子·五十五章》："～虫不螫，猛兽不据。"㉖施放毒物。《左传·襄公十四年》："秦人～泾上流，师人多死。"❷毒害，加害。《国语·鲁语下》："夫失其政者，必～于人。"《管子·宙合》："～而无怒，怨而无言，欲而无得。"❸祸患。《汉书·贾谊传》："王背策戒，悖暴妄行，连犯大辟，～流吏民。"《后汉书·宋均传》："而巧黠刻削，～加百姓。"❹凶狠，毒辣。《韩非子·用人》："如此则上无私威之～，而下无愚拙之诛。"王安石《上皇帝万言书》："在位贪～祸败，皆非其人。"❺怨恨，痛恨。《战国策·赵策一》："今足下功力，非数痛加于秦国，而怨～积恶，非曾深凌于韩也。"《后汉书·袁绍传》："每念灵帝，令人愤～。"❻役使。《周易·师》："刚中而应，行险而顺，以此～天下，而民从之。"❼通"笃"。大。《尚书·微子》："天～降灾荒殷邦。"

2. dài ❽毒冒，即玳瑁，一种甲壳类动物。

【毒疠】 dúlì 指瘴气。柳宗元《捕蛇者说》："触风雨，犯寒暑，呼嘘～～，往往而死者相藉也。"

【毒螫】 dúshì 毒害。《史记·律书》："喜则爱心生，怒则～～加，性情之理也。"《论衡·言毒》："含血之虫，有蝮蛇、蜂、虿，咸怀～～。"

【毒手】 dúshǒu ❶狠打。《晋书·石勒载记下》："孤往日厌卿老拳，卿亦饱孤～～。"《新五代史·李袭吉传》："～～尊拳，交相于暮夜。"❷暗算。《西游记》六十五回："我们到那厢，决不可擅入，恐遭～～。"

【毒暑】 dúshǔ 酷暑。白居易《赠韦处士六年夏大热旱》诗："骄阳连～～，动植皆枯槁。"

顿（頓） dú 见"顿颅"。

【顿颅】 dúlú 死人的头骨。《广雅·释亲》："～～谓之髑髅。"

独（獨） dú ❶单独，孤独。《诗经·小雅·正月》："念我～兮，忧心慇慇。"《礼记·中庸》："故君子必慎其～也。"㉖独特。《庄子·人间世》："回闻卫君其年壮，其行～，轻用其国而不见其过。"❷老而无子的人。《孟子·梁惠王下》："老而无子曰～。"《战国策·齐策四》："是其为人，哀鳏寡，邮孤～，振困穷，补不足。"❸独自。《孟子·梁惠王上》："民欲与之皆亡，虽有台池鸟兽，岂能～乐哉？"《史记·吕太后本纪》："太后闻其～居，使人持酖饮之。"❹唯独，只有。《史记·孝文本纪》："方今高帝子～淮南王与大王。"《后汉书·刘玄传》："今～有长安，见灭不久。"㉖偏偏。《孟子·梁惠王上》："今恩足以及禽兽，而功不至于百姓者，～何与？"❺岂，难道。《战国策·楚策四》："王～不见夫蜻蛉乎？"《史记·廉颇蔺相如列传》："相如虽驽，～畏廉将军哉？"❻兽名。似猿而大。《本草纲目·兽四》："～，似猿而大，其性独，一鸣即止，能食猿猴。"❼姓。

【独步】 dúbù 指超群出众，无与伦比。曹植《与杨德祖书》："昔仲宣～～于汉南，孔璋鹰扬于河朔。"魏徵《唐故邢国公李密墓志铭》："深谋远鉴，～～当时。"

【独夫】 dúfū ❶独身男人。《管子·问》："问～～、寡妇、孤寡、病疾者几何人也。"❷残暴无道、众叛亲离的统治者。杜牧《阿房宫赋》："～～之心，日益骄固。"

【独狢】 dúyù 兽名。《山海经·北山经》："[北嚣之山]有兽焉，其状如虎而白身、犬首、马尾、彘鬣，名曰～～。"

【独立】 dúlì ❶自立，不依靠外力而自行其事。《周易·大过》："君子以～～不惧。"《荀子·君道》："故法不能～～，类不能自行。"❷超群出众。《汉书·孝武李夫人传》："北方有佳人，绝世而～～。"❸孤立。《战国策·秦策三》："臣今见王～～于庙朝矣，且臣将恐后世之有秦国者，非王之子孙也。"李密《陈情表》："茕茕～～，形影相吊。"

读（讀） 1. dú ❶诵读，阅读。《荀子·劝学》："其数则始乎诵经，终乎～礼。"《后汉书·和熹邓皇后纪》："昼省王政，夜则诵～。"❷宣露，说出。《诗经·鄘风·墙有茨》："中冓之言，不可～也。"（中冓之言：室内淫僻的话。）

2. dòu ❸句读。文章句中读起来要停顿的地方。《汉书·艺文志》："《苍颉》多古字，俗师失其～。"《论衡·超奇》："通书千篇以上，万卷以下，弘畅雅闲，审定文～，而以教授为人师者，通人也。"

渎（瀆） 1. dú ❶沟渠。《荀子·修身》："厌其源，开其～，江河可竭。"《吕氏春秋·季春》："修利堤防，导达沟～，开通道路，无有障塞。"❷大河，大川。《尔雅·释水》："江、淮、河、济为四～。"《论衡·超奇》："四方多川，而江、河为～者，华、岱高而江、河大也。"❸轻慢，亵渎。《国语·晋语五》："若内外类，而言反之，～其信也。"《管子·大匡》："女有家，男有室，无相～也，谓之有礼。”❹通“黩”。贪污。《左传·昭公十三年》：“晋有羊舌鲋者，～货无厌。”（渎货：贪财。）

2. dòu ❺通“窦”。洞穴。《左传·襄公三十年》：“自墓门之～入。”（墓门：郑国城门名。）

【渎犯】 dúfàn 冒犯。苏轼《上神宗皇帝书》：“自知～～天威，罪在不赦。”

【渎冒】 dúmào 冒犯。韩愈《后二十九日复上宰相书》：“～～威尊，惶恐无已。”

顿 dú 见 dùn。

嫔（嬻） dú 亵渎，污辱。《国语·周语中》：“今陈侯不念胤续之常，弃其伉俪妃嫔，而帅其卿佐以淫于夏氏，不亦～姓矣乎？”

椟（櫝、匵） dú ❶木匣子，匣子。《论语·季氏》：“虎兕出于柙，龟玉毁于～中，是谁之过与？”苏洵《权书·项籍》：“有小丈夫者，得一金～而藏诸家，拒户而守之。”㊀藏在椟中，藏。《史记·周本纪》：“龙亡而漦在，～而去之。”独孤郁《上礼部权侍郎书》：“有照乘之珍而密～之。”❷棺木。《左传·昭公二十九年》：“堑而死，公将为之～。”《汉书·成帝纪》：“令郡国给椁～葬埋。”

殬（殰、膭、䪅） dú 动物胎未出生而死。《史记·乐书》：“胎生者不～，而卵生者不殈。”（殈：未孵成而开裂。）《管子·五行》：“毛胎者不～。”《淮南子·原道训》：“兽胎不～。”

牍（牘） dú ❶书版，书写用的狭长木片。《战国策·齐策五》：“及君王后病且卒，诫建曰：‘群臣之可用者某。’建曰：‘请书之。’君王后曰：‘善。’取笔～受言。”《后汉书·刘隆传》：“帝见陈留吏～上有书，视之。”（书：字。）㊀书籍，文书。《后汉书·荀悦传》：“所见篇～，一览多能诵记。”曾巩《繁昌县兴造记》：“凡案～簿书，室而藏之。”❷竹制乐器，舂地而发出声音。《周礼·春官·笙师》：“舂～，应雅以教祴乐。”

犊（犢） dú 小牛。《后汉书·杨彪传》：“愧无日磾先见之明，犹怀老牛舐～之爱。”㊁指牛。《三国志·吴书·鲁肃传》：“乘～车，从吏卒，交游士林。”

【犊鼻裈】 dúbíkūn 短裤。《史记·司马相如列传》：“相如身自著～～～，与保庸杂作，涤器于市中。”

鼣 dú 鼠名。《山海经·中山经》：“［甘枣之山］有兽焉，其状如～鼠而文题。”

碡 dú 见“碌碡”。

蝳 1. dú ❶见“蝳蜍”。
2. dài ❷见“蝳蝐”。

【蝳蜍】 dúyú 蜘蛛的别名。《方言》卷十一：“蜘蛛，北燕、朝鲜、洌水之间谓之～～。”《玉篇·虫部》：“蝳，～～，肥大蜘蛛。”

【蝳蝐】 dàimào 即“玳瑁”。一种爬行动物，形似龟。甲壳可做装饰品。元稹《月三十韵》：“西园筵～～，东壁射蛜蝛。”

讟（讟） dú 诽谤，怨言。《楚辞·九章·惜往日》：“何贞臣之无罪兮，被～谤而见尤！”《后汉书·张衡传》：“故怨～溢乎四海，神明降其祸辟也。”

韣（韣、韇） dú 弓套，弓袋。《吕氏春秋·仲春》：“后妃率九嫔御，乃礼天子所御，带以弓～，授以弓矢于高禖之前。”《仪礼·觐礼》：“载龙旗、弧～乃朝。”

韇（韇、韥） dú ❶古人占卜用的签筒。《仪礼·士冠礼》：“筮人执筴抽上～。”❷装弓箭的器具。亦称“韇丸”。《后汉书·南匈奴传》：“今赍杂缯五百匹，弓鞬～丸一，矢四发，遣遗单于。”

襡 dú 见 shǔ。

黩（黷） dú ❶污浊。《后汉书·陈元传》：“皆断截小文，媟～微辞。”（媟：狎。）孔稚珪《北山移文》：“乍回迹以心染，或先贞而后～。”㊀黑。左思《吴都赋》：“碕岸为之不枯，林木为之润～。”❷轻慢，亵渎。《国语·晋语四》：“同志虽远，男女不相及，畏～敬也。”㊀过滥。《后汉书·陈蕃传》：“且祭不欲数，以其易～故也。”❸贪污。《南史·萧思话传》：“历十二州，所至虽无皎皎清节，亦无秽～之累。”

【黩货】 dúhuò 贪财。柳宗元《封建论》：“列侯骄盈，～～事戎。”陆游《书郭崇韬传后》：“刘氏既立，～～蠹政，残害忠良，天下遂大乱。”

【黩近】 dújìn 亲近。《三国志·魏书·和洽传》：“昏世之主，不可～～，久而阽危，必有谗慝间其中者。”

【黩武】 dúwǔ 滥用武力，好战。《三国志·蜀书·张翼传》：“［姜］维议复出军，唯翼庭争，以为国小不宜～～。”又《吴书·陆抗传》：“穷兵～～，动费万计。”

【黩刑】 dúxíng 滥用刑罚。柳宗元《驳复仇议》：“诛其可旌兹谓滥，～～甚矣。”

髑 dú 见“髑髅”。

【髑髅】 dúlóu 死人的骨头。《庄子·至乐》:"庄子之楚,见空～～。"

竺 dǔ 见 zhú。

笃(篤) dǔ ❶厚,深厚。《左传·成公十三年》:"勤礼莫如致敬,尽力莫如敦～。"《后汉书·班彪传》:"论议浅而不～。"❷淳厚,诚信。《荀子·子道》:"上顺下～,人之中行也。"《吕氏春秋·务本》:"苟事亲未孝,交友未～,是所未得,恶能善之矣?"《后汉书·王丹传》:"行之十馀年,其化大洽,风俗以～。"❸重视,专注。《后汉书·祭遵传》:"显章国家～古之制,为后嗣法。"苏轼《潮州韩文公庙碑》:"潮之士皆～于文行,延及齐民。"❹坚定。《老子·十六章》:"致虚极,守静～。"《史记·楚世家》:"亡十九年,守志弥～。"❺重,病重。《后汉书·宋均传》:"天罚有罪,所苦浸～。"李密《陈情表》:"臣欲奉诏奔驰,则刘病日～。"❻固,局限。《庄子·秋水》:"夏虫不可以语于冰者,～于时也。"❼甚。《汉书·疏广传》:"上疏乞骸骨,上以其年～老,皆许之。"

【笃诚】 dǔchéng 笃厚诚信。《三国志·魏书·武帝纪》:"君以温恭为基,孝友为德,明允～～,感于朕思。"又《蜀书·诸葛亮传》:"惟君体资文武,明叡～～,受遗托孤,匡辅朕躬。"

【笃剧】 dǔjù 病危。《论衡·恢国》:"是故微病恒医皆巧,～～扁鹊乃良。"又《定贤》:"譬犹医之治病也,有方,～～犹治;无方,才微不愈。"

【笃癃】 dǔlóng 病重的人。《后汉书·光武帝纪下》:"其命郡国有谷者,给禀高年、鳏、寡、孤、独及～～、无家属贫不能自存者,如律。"《三国志·魏书·文帝纪》:"赐天下男子爵人二级;鳏、寡、～～及贫不能自存者赐谷。"

【笃论】 dǔlùn 定论,确当的评论。《汉书·董仲舒传赞》:"至[刘]向曾孙龚,～～君子也。"《文心雕龙·才略》:"但俗情抑扬,雷同一响,遂令文帝以位尊减才,思王以势窘益价,未为～～也。"

【笃行】 dǔxíng 力行其事。《礼记·中庸》:"博学之,审问之,慎思之,明辨之,～～之。"《汉书·韩安国传》:"其人深中～～君子。"

【笃学】 dǔxué 好学。《史记·伯夷列传》:"颜渊虽～～,附骥尾而行益显。"《后汉书·史弼传》:"弼少～～,聚徒数百。"

【笃志】 dǔzhì 专心一意,立志不变。《荀子·修身》:"～～而体,君子也。"《后汉书·曹褒传》:"褒少～～,有大度。"

堵 1. dǔ ❶古代筑墙单位。多以长高各一丈为一堵。《诗经·小雅·鸿雁》:"之子于垣,百～皆作。"㊁量词。面,用于墙壁。《颜氏家训·终制》:"当筑一～墙于左右前后。"❷墙,墙壁。陶渊明《五柳先生传》:"环～萧然,不蔽风日。"柳宗元《梓人传》:"画宫于～,盈尺而曲尽其制。"❸堵塞。孔尚任《桃花扇·移师》:"移镇上江,～截左兵。"❹悬挂钟磬的单位,十六枚为一堵。《周礼·春官·小胥》:"凡县钟磬,半为～,全为肆。"

2. zhě ❺古县名。《广韵·马韵》:"～,县名。"❻水名。一在湖北省西北部,汉水支流。一在河南省方城县。汉置堵阳县,即以此得名。

【堵波】 dǔbō 梵语"窣堵波"的省称。塔。李绅《修龙宫寺碑》:"～～已倾,法轮莫转。"宋祁《叶道卿监太平州》诗:"～～题墨素尘昏。"

帾 dǔ ❶幡,标记。《广雅·释器》:"～,幡也。"王念孙疏证:"～之言题署也。《广韵》:'～,标记物之处也。'"❷通"褚"。盖棺的红布。《荀子·礼论》:"无～、丝歶、缕翣,其貆以象菲帷帱尉也。"

赌(賭) dǔ ❶赌博。《三国志·吴书·韦曜传》:"今世之人不务经术,好翫博弈,……至或～及衣物。"《水浒传》三十八回:"如今得他这十两银子,且将去～一～。"❷比赛,争高下。《魏书·杨播传》:"上已设宴……～射。"白居易《刘十九同宿》诗:"唯共嵩阳刘处士,围棋～酒到天明。"

【赌赛】 dǔsài 比赛,争胜负。《魏书·任城王云传》:"特令[元]澄为七言连韵,与高祖往复～～。"

睹(覩) dǔ ❶见,看见。《庄子·秋水》:"今我～子之难穷也,吾非至于子之门,则殆矣。"《汉书·爰盎晁错传赞》:"晁错锐于为国远虑,而不见身害。其父～之,经于沟渎,亡益救败。"❷察看。《吕氏春秋·召类》:"赵简子将袭卫,使史默往～之。"《论衡·骨相》:"是故知命之人,见富贵于贫贱,～贫贱于富贵。"

土 dù 见 tǔ。

杜 dù ❶树木名,又叫棠梨、甘棠。《诗经·唐风·杕杜》:"有杕之～,其叶菁菁。"(杕:孤立的样子。)❷堵塞。《史记·李斯列传》:"强公室,～私门。"《汉书·晁错传》:"内～忠臣之口,外为诸侯报仇。"㊂拒绝。《战国策·赵策四》:"今得强赵之兵,以～燕将。"孔稚珪《北山移文》:"截来辕于谷口，～妄辔于郊端。"

【杜蔽】　dùbì　蒙蔽。《后汉书·崔琦传》："不能结纳贞良，以救祸败，反复欲钳塞士口，～～主听。"

【杜绝】　dùjué　堵塞断绝。《后汉书·窦融传》："一旦缓急，～～河津，足以自守。"又《和熹邓皇后纪》："～～奢盈之源，防抑逸欲之兆。"

【杜口】　dùkǒu　闭口不言。《汉书·诸葛丰传》："忠臣沮心，智士～～。"《后汉书·张皓传》："如当诛戮，天下～～。"

【杜门】　dùmén　闭门。《国语·楚语上》："遂趋而退，归，～～不出。"《后汉书·卓茂传》："遂欧血托病，～～自绝。"

【杜撰】　dùzhuàn　没有根据的臆造。《续传灯录·宗杲禅师》："我也不曾看那郭象解并诸家注解，只据我～～，说破尔这默然。"陆九渊《与曾宅之》："'存诚'字于古有考，'持敬'字乃后来～～。"

肚　1. dù　❶腹部。苏轼《石鼓歌》："细观初以指画～，欲读嗟如箝在口。"
　2. dǔ　❷胃。《广雅·释亲》："胃谓之～。"

妒（妬）　dù　❶嫉妒，忌恨人。《汉书·邹阳传》："故女无美恶，入宫见～；士无贤不肖，入朝见嫉。"《后汉书·冯衍传》："董仲舒言道德，见～于公孙弘。"❷乳痈。《释名·释疾病》："乳痈曰～。"

【妒忌】　dùjì　嫉妒忌恨。《汉书·礼乐志》："人性有男女之情，～～之别，为制婚姻之礼。"《后汉书·安思阎皇后纪》："后专房～～，帝幸宫人李氏，生皇子保，遂鸩杀李氏。"

【妒娼】　dùmào　嫉妒。《史记·黥布列传论》："祸之兴自爱姬殖，～～生患，竟以灭国。"《汉书·五行志中》："刘向以为时夫人有淫齐之行，而桓有～～之心。"

【妒贤嫉能】　dùxiánjínéng　嫉妒贤能的人。《史记·高祖本纪》："项羽～～～～，有功者害之，贤者疑之，战胜不予人功，得地不予人利，此所以失天下也。"

度　1. dù　❶计量长短的标准或工具。《史记·五帝本纪》："遂见东方君长，合时月正日，同律～量衡。"《后汉书·律历志上》："故体有长短，检以～。"⊗按一定标准划分的计量单位。《史记·天官书》："岁星出，东行十二～，百日而止。"❷标准，限度。《国语·周语下》："用物过～妨于财。"贾谊《论积贮疏》："生之有时，而用之无～，则物力必屈。"❸制度，法度。《荀子·王制》："衣服有制，宫室有～。"《史记·孝文本纪》："六年，有司言淮南王长废先帝法，不听天子诏，居处毋～，出入拟于天子。"❹常态，容度。《史记·刺客列传》："群臣皆愕，卒起不意，尽失其～。"❺度量，胸襟。《后汉书·献帝伏皇后纪》："父完，沈深有大～。"❻渡过。《论衡·气寿》："物或逾秋不死，亦如人年多～百至于三百也。"《后汉书·献帝伏皇后纪》："帝乃潜夜～河走。"❼使人出家为僧道。《新唐书·食货志一》："又于关辅诸州，纳钱～道士僧尼万人。"❽量词。次，回。杜甫《天边行》："九～附书问洛阳，十年骨肉无消息。"❾通"镀"。《南齐书·高帝纪上》："马乘具不得金银～。"
　2. duó　❿衡量。《孟子·梁惠王上》："权，然后知轻重；～，然后知长短。"《荀子·非相》："故以人～人，以情～情，以类～类，以说～功，以道观尽，古今一也。"⓫揣测，估量。《史记·陈涉世家》："会天大雨，道不通，～已失期。"《后汉书·马武传》："诸卿不遭际会，自～爵禄何所至乎？"

【度程】　dùchéng　标准。苏轼《韩幹画马赞》："以为野马也，则隅目耸耳，丰臆细尾，皆中～～。"

【度纪】　dùjì　延年益寿。《后汉书·崔寔传》："呼吸吐纳，虽～～之道，非续骨之膏。"

【度矩】　dùjǔ　规矩，法则。《三国志·魏书·钟繇传》："靖恭夙夜，匪遑安处。百寮师师，楷兹～～。"

【度量】　dùliàng　❶计量长短的标准或工具。《战国策·秦策三》："夫商君为孝公平权衡，正～～，调轻重，决裂阡陌，教民耕战。"《吕氏春秋·仲春》："日夜分，则同～～，钧衡石，角斗桶，正权概。"❷标准，限度。《荀子·礼论》："求而无～～分界，则不能不争。"❸法度，制度。《荀子·儒效》："法则、～～正乎官。"《韩非子·难言》："故～～虽正，未必听也。"❹气量，胸襟。《三国志·蜀书·马忠传》："忠为人宽济有～～。"柳宗元《柳常侍行状》："惟公质貌魁杰，～～宏大。"

【度世】　dùshì　出世成仙。《楚辞·远遊》："欲～～以忘归兮，意恣睢以担矫。"《论衡·无形》："称赤松、王乔好道为仙，～～不死，是又虚也。"

【度外】　dùwài　❶谋虑之外。《后汉书·隗嚣传》："且当置两子于～～耳。"《颜氏家训·勉学》："周、孔之业，弃之～～。"❷法度之外，不拘法度。任昉《齐竟陵文宣王行状》："赠以古人之服，弘以～～之礼。"《三国志·魏书·杨阜传》："[曹公]能用～～之人，所任各尽其力，必能济大事者也。"

【度越】 dùyuè 超越，超过。《汉书·扬雄传赞》："若使遭遇时君，更阅贤知，为所称善，则必～～诸子矣。"陈亮《上孝宗皇帝第三书》："非陛下聪明～～百代，决不能一二以听之。"

【度曲】 duóqǔ ❶作曲。《汉书·元帝纪赞》："元帝多材艺，善史书，鼓琴瑟，吹洞箫，自～～，被歌声，分刌节度，穷极幼眇。"❷按曲谱歌唱。张衡《西京赋》："～～未终，云起雪飞，初若飘飘，后遂霏霏。"

【度长絜大】 duóchángxiédà 比较长短大小。《汉书·项籍传赞》："试使山东之国与陈涉～～～～，比权量力，不可同年而语矣。"

斁 dù 见yì。

秺 dù 汉代侯国名。在今山东成武县西北。字亦作"秺"。《集韵·莫韵》："～，汉侯国名。在成武。通作秺。"

秺 dù ❶禾束。《玉篇·禾部》："～，禾束。"❷汉侯国名。在今山东成武县西北。《集韵·莫韵》："秺，汉侯国名。在成武。通作～。"《汉书·景武昭宣元成功臣表》："～侯商丘成。"

渡 dù ❶渡过江河。《汉书·高帝纪上》："三月，汉王自临晋～河，魏王豹降，将兵从。"《后汉书·齐武王縯传》："引精兵十万南～黄淳水。"㉦泛指由此至彼。《史记·高祖本纪》："淮阴已受命东，未～平原。"❷渡口。韦应物《滁州西涧》诗："春潮带雨晚来急，野～无人舟自横。"

瓄(瓄) dù 玉名。《晋书·舆服志》："银印青绶，佩采～玉。"

敷 dù 闭，塞。后作"杜"。《说文·攴部》："～，闭也。"陆游《陆郎中墓志铭》："于是公～门绝交游，诵佛书，以夜继日。"

镀(鍍) dù 以金涂饰于别种物体上。白居易《西凉伎》诗："刻木为头丝作尾，金～眼睛银帖齿。"王定保《唐摭言·矛盾》："假金方用真金～，若是真金不～金。"

蠹(螙、蝨) dù ❶蛀虫。《商君书·修权》："～众而木折，隙大而墙坏。"《韩非子·亡徵》："木之折也必通～，墙之坏也必通隙。"㉧比喻为害的人或事。《韩非子·五蠹》："此五者，邦之～也。"《史记·赵世家》："奸臣在朝，国之残也；谗臣在中，主之～也。"❷蛀蚀，损害。《战国策·秦策一》："荆、魏不能独立，则是一举而坏韩，～魏，挟荆，以东弱齐、燕。"《后汉书·宦者传序》："败国～政之事，不可单书。"❸晒去书中的蠹虫。《穆天子传》卷五："～书于羽陵。"

【蠹鱼】 dùyú 一种蛀蚀衣物、书籍的小虫。白居易《伤唐衢》诗之二："今日开箧看，～～损文字。"黄庭坚《次韵元翁从王夔玉借书》："何时管钥入吾手，为理签题扑～～。"

duan

剬 1. duān ❶切断。《说文·刀部》："～，断齐也。"

2. tuán ❷同"剸"。细割。《广韵·狝韵》："剸，细割。～，上同。"

3. zhì ❸制作。《史记·五帝本纪》："[颛顼]依鬼神以～义。"❹制约。《战国策·齐策三》："夫～楚者王也，以空名市者太子也。"《韩非子·诡使》："赏利一从上出，所以擅～下也。"❺判。《论衡·辨祟》："使杀人者求吉日出诣吏，～罪者推善时入狱系，宁能令事解、赦令至哉？"

端 1. duān ❶开头，发端。《孟子·公孙丑上》："恻隐之心，仁之～也。"《荀子·王制》："始则终，终则始，若环之无～也。"㉦征兆，迹象。《汉书·黥布传》："言布谋反有～，可先未发诛也。"陆机《君子行》："福锺恒有兆，祸集非无～。"㉧边际，末端。《庄子·秋水》："东面而视，不见水～。"《后汉书·南匈奴传》："千里之差，兴自毫～。"❷方面。《汉书·艺文志》："是以九家之说，蠭出并作，各引一～，崇其所善。"《后汉书·庞参传》："涂路倾阻，难劳百～。"❸本。《礼记·礼器》："二者居天下之大～矣。"《史记·乐书》："德者，性之～也。"❹正，端正。《荀子·成相》："水至平，～不倾。"《后汉书·韦彪传》："然～心向公，奉职周密。"❺玄端。古代礼服名。《论语·先进》："宗庙之事，如会同，～章甫，愿为小相焉。"《国语·晋语九》："及臣之长也，～委韠带以随宰人。"❻古代布帛长度单位。二丈(或六丈)为一端。《抱朴子·黄白》："请致两～缣。"❼故意。《吕氏春秋·疑似》："明日～复饮于市，欲遇而刺杀之。"❽正巧。《汉书·孝成许皇后传》："妾薄命，～遇竟宁前。"❾究竟。鲍照《行药至城东桥》诗："容华坐销歇，～为谁苦辛？"❿应当。陆游《小雨泛镜湖》诗："～办一船多贮酒，敢辞送老向南湖。"

2. chuǎn ⓫通"喘"。《荀子·劝学》："～而言，蝡而动，一可以为法则。"

【端诚】 duānchéng 端正诚实。《荀子·非相》："～～以处之，坚强以持之。"

【端的】 duāndì ❶果然，真的。杨万里《雪霁晚登金山》诗："大江～～替人羞，金山～～替人愁。"《水浒传》二十三回："武松读了印信榜文,方知～～有虎。”❷究竟,细情。柳永《征部乐》词:“凭谁去,花衢觅,细说此中～～。”蒋捷《瑞鹤仙》词:“谩将身化鹤归来,忘却旧游～～。”

【端方】 duānfāng 端正,正直。《宋书·王敬弘传》:“敬弘形状短小,而坐起～～。”柳宗元《故叔父殿中侍御史府君墓版文》:“持议～～,直而不苛。”

【端拱】 duāngǒng ❶端坐拱手。《庄子·山木》:“颜回～～还目而窥之。”❷指君王无为而治。陈亮《论执要之道》:“～～于上而天下自治,用此道也。”

【端居】 duānjū 平居,闲居。《梁书·傅昭传》:“终日～～,以书记为乐。”孟浩然《临洞庭》诗:“欲济无舟楫,～～耻圣明。”

【端门】 duānmén 宫殿的正门。《史记·吕后本纪》:“有谒者十人持戟卫～～。”《汉书·五行志下》:“燕有黄鼠衔其尾舞王宫～～中。”

【端倪】 duānní ❶头绪。《庄子·大宗师》:“反复终始,不知～～。”李商隐《上河东公启》:“自安衰薄,微得～～。”❷推测原委。韩愈《送高闲上人序》:“故[张]旭之书变动犹鬼神,不可～～。”❸边际。谢灵运《游赤石进帆海》诗:“溟涨无～～,虚舟有超越。”

【端凝】 duānníng 端庄凝重,庄重。《旧唐书·冯定传》:“文宗以其～～若植,问其姓氏,翰林学士李珏对曰:‘此冯定也。’”《宋史·李沆传》:“李沆风度～～,真贵人也。”

【端悫】 duānquè 正直诚实。《荀子·修身》:“愚款～～,则合之以礼乐,通之以思索。”《后汉书·邓骘传》:“冀以～～畏慎,一心奉戴,上全天恩,下完性命。”

【端士】 duānshì 正直之士。《汉书·贾谊传》:“于是皆选天下之～～孝悌博闻有道术者以卫翼之,使与太子居处出入。”

【端委】 duānwěi 礼服,指穿着礼服。《左传·昭公元年》:“吾与子弁冕～～,以治民临诸侯,禹之力也。”《后汉书·蔡邕传》:“济济多士,～～缙綖。”一说指玄端(礼服)与委貌(礼帽)。《国语·周语上》:“晋侯～～以入。”(韦昭注:“衣玄端,冠委貌,诸侯祭服也。”)

【端午】 duānwǔ ❶阴历五月初五。民间节日。又称“端五”、“重五”、“端阳”。❷泛指阴历初五。洪迈《容斋随笔·八月端午》:“唐玄宗以八月五日生,以其日为千秋节……宋璟《请以八月五日为千秋节表》云:‘月惟仲秋,日在端午。’然则凡月之五日,皆可称～～也。”

【端详】 duānxiáng ❶端庄安详。《北史·寇儁传》:“儁身长八尺,须鬓皓然,容止～～,音韵清朗。”❷细看。白居易《和梦游春诗一百韵》:“～～筮仕蓍,磨拭穿杨镞。”

【端相】 duānxiàng 细看。周邦彦《意难忘》词:“夜渐深,笼灯就月,仔细～～。”

【端绪】 duānxù 头绪,条理。《淮南子·兵略训》:“一晦一明,孰知其～～?”又作“端序”。韩愈《贞曜先生墓志铭》:“先生生六七年,～～则见,长而愈骞。”

【端直】 duānzhí 正直。又指正直的人。《楚辞·九章·涉江》:“苟余心其～～兮,虽僻远之何伤?”《吕氏春秋·情欲》:“巧佞之近,～～之远,国家大危。”

短 duǎn ❶短,与“长”相对,包括长度、高度、距离、时间等。《孟子·梁惠王上》:“权,然后知轻重;度,然后知长～。”《荀子·非相》:“盖帝尧长,帝舜～。”《国语·吴语》:“今王无以取之,而天禄亟至,是吴命之～也。”❷不足,缺乏。《后汉书·南匈奴传》:“戎狄之所长,而中国之所～也。”《晋书·刘琨传》:“琨善于怀抚而～于控御。”❸缺点,短处。《史记·绛侯周勃世家》:“而梁孝王每朝,常与太后言条侯之～。”《论衡·问孔》:“因其问则并以对之,兼以攻上之～,不犯其罚。”❹指出别人的短处,说人的坏话。《史记·屈原贾生列传》:“令尹子兰闻之大怒,卒使上官大夫～屈原于顷襄王。”《汉书·贾捐之传》:“时中书令石显用事,捐之数～显,以故不得官。”

【短兵】 duǎnbīng 短的兵器,如刀剑等。《楚辞·九歌·国殇》:“操吴戈兮被犀甲,车错毂兮～～接。”《汉书·项籍传》:“乃令骑皆去马,步持～～接战。”㊀指持短兵的士兵。《商君书·境内》:“千石之令,～～百人。”

【短长】 duǎncháng ❶短和长,包括长度、高度、时间等。《论衡·无形》:“冶者变更成器,须先以火燔烁,乃可大小～～。”苏轼《孙莘老求墨妙亭》诗:“～～肥瘦各有志,玉环飞燕谁敢憎?”❷是非,优劣。《后汉书·马武传》:“时醉在御前,面折同列,言其～～,无所避忌。”元好问《论诗三十首》:“老来留得诗千首,却被何人较～～?”❸短长术,指战国时期策士之说。《汉书·张汤传》:“边通学～～,刚暴人也,官至济南相。”

【短褐】 duǎnhè 贫苦人穿的粗布衣服。《战国策·宋卫策》:“舍其锦绣,邻有～～而欲窃之。”(短,一作“裋”,两字古通用。)《史记·孟尝君列传》:“今君后宫蹈绮縠,而士不得～～。”

【短见】 duǎnjiàn ❶浅薄的见识。韦庄《又玄集序》："非独资于～～，亦可贻于后昆。"❷指自杀。《红楼梦》六十六回："人家并没威逼他，是他自寻～～。"

【短世】 duǎnshì 短命。《汉书·诸侯王表序》："而本朝～～，国统三绝。"又《叙传下》："孝惠～～，高后称制。"

【短书】 duǎnshū ❶杂记之书，与儒家经典相对。《论衡·骨相》："在经传者，较著可信；若夫～～俗记，竹帛胤文，非儒者所见，众多非一。"❷指短小的书札。江淹《杂体诗·李都尉从军》："袖中有～～，愿寄双飞燕。"赵彦卫《云麓漫钞》卷七："～～出晋、宋兵革之际，时国禁书疏，非吊丧问疾不得行尺牍，……启事论兵皆短而缄之。"

【短亭】 duǎntíng 旧时在城外五里处设短亭，十里处设长亭，供行人休息。庾信《哀江南赋》："十里五里，长亭～～。"李白《菩萨蛮》词："何处是归程？长亭连～～。"

【短小】 duǎnxiǎo 指身材矮小。《史记·游侠列传》："[郭]解为人～～精悍，不饮酒。"《汉书·蔡义传》："义为丞相，时年八十馀，～～无须眉。"

【短羽】 duǎnyǔ 指小鸟。张协《七命》："愁洽百年，苦溢千岁，何异促鳞之游汀泞，～～之栖翳荟。"

段 duàn ❶锤打。《说文·殳部》："～，椎物也。"《十洲记》："以铁椎～其头数十下乃死。"❷节，分段。《晋书·邓遐传》："遐挥剑截蛟数～而出。"《南史·严植之传》："讲说有区～次第，析理分明。"❸丝织品的一种，缎子。张衡《四愁诗》之四："美人赠我锦绣～，何以报之青玉案。"李贺《荣华乐》诗："绣～千寻贻皂隶，黄金百镒贶家臣。"❹通"碫"。卵孵不成鸟。《管子·五行》："然则羽卵者不～。"❺通"腶"。见"段脩"。

【段氏】 duànshì 铸工。《周礼·考工记·辀人》："～～为镈器。"（镈器：农具。）

【段脩】 duànxiū 捶捣而加姜桂的干肉。《礼记·昏义》："妇执笲，枣栗～～以见。"参见"腶脩"。

断（斷） duàn ❶截断，断绝。《左传·襄公十八年》："大子抽剑～鞅。"（鞅：套在马颈上的皮带。）《后汉书·西羌传论》："塞湟中，～陇道。"㊀指所断之物，断片。《左传·襄公十年》："[秦堇父]带其～以徇于军三日。"《庄子·天地》："比牺尊于沟中之～，则美恶有间矣。"❷禁绝。《三国志·魏书·武帝纪》："禁～淫祀，奸宄逃窜，郡界肃然。"《梁书·刘杳传》："自居母忧，便长～腥羶，持斋疏食。"❸判断，决断。《荀子·王霸》："而又好以权谋倾覆之人～事其外。"《后汉书·隗嚣传》："宜～之心胸，参之有识。"❹判决。《国语·鲁语上》："余听狱虽不能察，必以情～之。"《后汉书·张皓传》："皓虽非法家，而留心刑～。"❺决然，绝对。柳宗元《封建论》："周之事迹，～可见矣。"

【断岸】 duàn'àn 陡峭的崖岸。鲍照《芜城赋》："崪若～～，矗似长云。"苏轼《后赤壁赋》："江流有声，～～千尺。"

【断表】 duànbiǎo 帝王拒绝接受臣下所上表章。《晋书·朱序传》："序以老病，累表解职，不许，诏～～。"

【断断】 duànduàn ❶专一。《汉书·孔光传》："放远违说之党，援纳～～之介。"《后汉书·酷吏传论》："与夫～～守道之吏，何工否之殊乎！"❷决然，绝对。苏轼《凫绎先生诗集序》："凿凿乎如五谷必可以疗饥，～～乎如药石必可以伐病。"李贽《答焦漪园》："但以其是非堪为前人出气而已，～～然不宜使俗士见之。"

【断发】 duànfà 不留头发。《庄子·逍遥遊》："宋人资章甫而适诸越，越人～～文身，无所用之。"《史记·越世家》："文身～～，披草莱而邑焉。"

【断魂】 duànhún 销魂。形容情深或哀伤。宋之问《江亭晚望》诗："望水知柔性，看山欲～～。"韦庄《春愁》诗："自有春愁正～～，不堪芳草思王孙。"

【断金】 duànjīn ❶指同心协力，坚强无比。语出《周易·系辞上》："二人同心，其利断金。"《后汉书·冯异传》："今[李]轶守洛阳，将军镇孟津，俱据机轴，千载一会，思成～～。"❷比喻友谊深厚。《后汉书·王常传》："始遇宜秋，后会昆阳，幸赖灵武，辄成～～。"

【断识】 duànshí 见识果断。《三国志·魏书·明帝纪》："明帝沉毅～～，任心而行，盖有君人之至概焉。"

【断送】 duànsòng ❶葬送，消磨。韩愈《遣兴》诗："～～一生惟有酒，寻思百计不如闲。"张惠言《水调歌头·春日》词："是他酿就春色，又～～流年。"❷送，打发。惠洪《秋千》诗："飘扬血色裙拖地，～～玉容人上天。"关汉卿《窦娥冤》三折："要什么素车白马，～～出古陌荒阡？"❸赔送，赠品。无名氏《举案齐眉》二折："父亲，多共少也与您孩儿些奁房～～波。"❹作弄，引逗。王实甫《西厢记》一本二折："迤逗得肠荒，～～得眼乱，引惹得心忙。"

【断亡】 duànwáng 决死。《荀子·富国》："故为之出死～～以覆救之。"又作"断死"。

《韩非子·初见秦》:“闻战,顿足徒裼,犯白刃,蹈炉炭,～～于前者皆是也。”

【断刑】 duànxíng 判刑。《论衡·雷虚》:“且王～～以秋,天之杀用夏,此王者用刑违天时。”《后汉书·章帝纪》:“有顺阳助生之文,而无鞫狱～～之政。”

【断狱】 duànyù 判决案件。《国语·晋语九》:“及～～之日,叔鱼抑邢侯,邢侯杀叔鱼与雍子于朝。”《汉书·何武传》:“往者诸侯王～～治政,内史典狱事。”

【断织】 duànzhī 相传孟轲少时,学无长进,其母抽刀割断织布机上的线,告诫他说:“子之废学,若吾断斯织也。”孟轲因勤学不息,遂为名儒。事见《列女传·邹孟轲母》。后汉乐羊子妻也以断织劝其夫勤学。事见《后汉书·乐羊子妻传》。后以“断织”作为颂扬妇德的典故。

【断制】 duànzhì 决断。《庄子·徐无鬼》:“是以一人之～～利天下,譬之犹一觋也。”

【断肠花】 duànchánghuā ❶指引人思念感伤之花。李白《古风》之十八:“天津三月时,千门桃与李,朝为～～～,暮逐东流水。”❷秋海棠的别名。见伊世珍《嫏嬛记》卷中引《采兰杂志》。

【断章取义】 duànzhāngqǔyì 截取诗文中一章一句为己所用,而不顾及全文本义如何。《文心雕龙·章句》:“寻诗人拟喻,虽～～～～,然章句在篇,如茧之抽绪,原始要终,体必鳞次。”

缎(緞) duàn ❶同“毈”。加在鞋跟上的皮革。《急就篇》卷二:“履舄鞜䩞绒～紃。”(颜师古注:“缎,履跟之帖也。”)❷丝织品的一种,厚而有光泽。古字作“段”。宋应星《天工开物·乃服》:“凡倭～……经面织过数寸,即刮成黑光。”

椴 duàn ❶椴树。《尔雅·释木》:“～,柂。”(郭璞注:“白椴也,树似白杨。”)❷木槿。《尔雅·释草》:“～,木槿。”

腶 duàn 见“腶脯”、“腶脩”。

【腶脯】 duànfǔ 捶捣而加姜桂的干肉。《左传·哀公十一年》:“[辕颇]道渴,其族辕咺进稻醴、粱糗、～～焉。”

【腶脩】 duànxiū 捶捣而加姜桂的干肉。《仪礼·有司彻》:“入于房,取糗与～～,执以出。”

碫 duàn 打铁的砧石。《孙子·势》:“兵之所加,如以～投卵者,虚实是也。”

锻(鍛、煅) duàn ❶打铁。《尚书·费誓》:“～乃戈矛,砺乃锋刃。”《晋书·嵇康传》:“初康居贫,尝与向秀共～于大树之下,以自赡给。”㉢锤击。《庄子·列御寇》:“其子没于渊得千金之珠。其父谓其子曰:‘取石来～之。’”❷打铁的砧石。《诗经·大雅·公刘》:“涉渭为乱,取厉取～。”❸通“腶”。见“锻脩”。

【锻炼】 duànliàn ❶冶炼金属。《论衡·率性》:“试取东下直一金之剑,更熟～～,足其火,齐其銛,犹千金之剑也。”苏轼《宝绘堂记》:“嵇康之达也,而好～～。”❷罗织罪名,陷害人。《后汉书·韦彪传》:“忠孝之人,持心近厚;～～之吏,持心近薄。”又作“锻练”。《汉书·路温舒传》:“上奏畏郤,则～～而周内之。”❸锤炼文句。刘克庄《跋李贾县尉诗卷》:“友山诗攻苦～～而成,思深而语清。”

【锻脩】 duànxiū 捶捣而加姜桂的干肉。《穀梁传·庄公二十四年》:“妇人之贽,枣栗～～。”

毈 duàn 卵孵不成鸟。《淮南子·天文训》:“胎夭卵～,鸟虫多伤。”

簖(籪) duàn 渔具名。以竹(或苇)编成栅,置于河流中拦捕鱼蟹。洪亮吉《与孙季逑书》:“鱼田半顷,围此蟹～。”魏源《三湘棹歌·资湘》:“滩声渐急篙渐警,知有截溪渔～近。”

dui

追 duī 见 zhuī。

堆 duī ❶土堆,沙丘。《楚辞·九叹·远逝》:“陵魁～以蔽视兮,云冥冥而暗前。”《史记·司马相如列传》:“触穹石,激～埼。”㉢聚集的礁石。李康《运命论》:“～出于岸,流必湍之。”❷堆积。嵇康《与山巨源绝交书》:“素不便书,又不喜作书,而人间事多,～案盈机。”白居易《西楼喜雪命宴》诗:“散面遮槐市,～花压柳桥。”❸量词。用于计算成堆的东西。韩愈《广宣上人频见过》诗:“天寒古寺游人少,红叶窗前有几～?”

【堆堆】 duīduī ❶堆积物众多的样子。韩愈《路傍堠》诗:“～～路傍堠,一双复一只。”❷比喻久坐不动的样子。王建《新嫁娘》词:“邻家人不识,床上坐～～。”

【堆垛】 duīduò 堆积,堆砌。何薳《春渚纪闻》卷二:“明旦视之,则屋间之钱已复～～盈满。”江少虞《皇朝类苑》卷三十九:“鲁直(黄庭坚)善用事,若正尔填塞故实,旧谓之点鬼簿,今谓之～～死尸。”

【堆豗】 duīhuī 颓丧。张养浩《上都察院》诗:“柏台人散坐～～,默记滦江四往回。”

敦 duī 见dūn。

塠 duī ❶小丘。《论衡·效力》："是故～重，一人之迹，不能蹈也。"《三国志·魏书·武帝纪》："[袁]绍连营稍前，依沙～为屯。"❷堆积。《敦煌变文集·伍子胥变文》："饮食～如山岳，列在路边。"

饳（饳） duī 蒸饼。《北齐书·陆法和传》："于是设供养，具大～、薄饼。"《玉篇·食部》："蜀呼蒸饼为～。"

磓 duī 撞击。木华《海赋》："岑岭飞腾而反覆，五岳鼓舞而相～。"

队（隊） 1. duì ❶队列，部。《左传·襄公二十三年》："齐侯遂伐晋，取朝歌。为二～，入孟门，登大行。"《汉书·李陵传》："愿得自当一～，到兰干山南以分单于兵。"❷军队的编制单位。古以一百人(或二百人)为一队。《史记·孙子吴起列传》："孙子分为二～，以王之宠姬二人各为一队长。"《淮南子·道应训》："知伯围襄子于晋阳，襄子疏～而击之。"

2. zhuì ❸"坠"的古字。坠落。《荀子·天论》："星～木鸣，国人皆恐。"《后汉书·朱穆传》："锐意讲诵，或时思至，不自知亡失衣冠，颠～阬岸。"㊀丧失。《后汉书·徐璆传》："昔苏武困于匈奴，不～七尺之节。"

3. suì ❹通"隧"。隧道。《穆天子传》卷一："癸未雨雪，天子猎于钘山之西阿，于是得绝钘山之～。"

【队队】 duìduì 小虫名。状如虱，出必雌雄相随。旧时人们盛以银匣，置于枕中，认为可使夫妻和好。见赵学敏《本草纲目拾遗》卷十。

【队率】 duìshuài 军中的小官。《史记·张丞相列传》："从高帝击项籍，迁为～～。"又作"队帅"。《汉书·爰盎传》："君乃为材官蹶张，迁为～～，积功为淮阳守。"

对（對） duì ❶答，回答。《国语·鲁语下》："季康子欲以田赋，使冉有访诸仲尼，仲尼不～。"《史记·高祖本纪》："高起、王陵～曰：'陛下慢而侮人，项羽仁而爱人。'"㊀酬答。陈琳《为袁绍王乌丸版文》："今遣行谒者杨林赍单于玺绶车服，以～尔劳。"㊁应对，会见。《吕氏春秋·贵生》："鲁君之使者至，颜阖自～之。"❷臣下奉诏陈述政见，对策。《史记·屈原贾生列传》："每诏令议下，诸老先生不能言，贾生尽为之～。"又《平津侯主父列传》："策奏，天子擢[公孙]弘～为第一。"❸面对，向着。《史记·万石张叔列传》："子孙有过失，不醮让，为便坐，～案不食。"《后汉书·南匈奴传》："单于脱帽徒跣，～庞雄等拜陈，道死罪。"❹匹配。《诗经·大雅·皇矣》："帝作邦作～，自大伯王季。"《管子·宙合》："故圣人博闻多见，畜道以待物。物至而～形，曲均存矣。"㊀配偶。《后汉书·梁鸿传》："[孟光]择～不嫁，至年三十。"❺对付。《韩非子·初见秦》："夫一人奋死可以～十，十可以～百。"㊀敌对，对手。《三国志·蜀书·诸葛亮传》："而所与～敌，或值人杰。"又《吴书·陆逊传》："刘备天下知名，曹操所惮，今在境界，此强～也。"❻逢，遇。《后汉书·周黄徐姜申屠传赞》："琛宝可怀，贞期难～。"❼相对，并峙。杜甫《万丈潭》诗："山危一径尽，崖绝两壁～。"❽量词。双。皮日休《重元寺双矮桧》诗："应知天竺难陀寺，一～狻猊相枕眠。"

【对簿】 duìbù 根据文书当面核对事实。指受审讯或受质询。簿，起诉的文书。《史记·李将军列传》："大将军使长史急责广之幕府～～。"

【对策】 duìcè 汉代试士，将设问写在简策上，应试者因其所问而作答，称为"对策"。后代也有以此取士。《史记·平津侯主父列传》："太常令所征儒士各～～，百馀人，[公孙]弘第居下。"《论衡·佚文》："孝武之时，诏百官～～，董仲舒策文最善。"《文心雕龙·议对》："又～～者，应诏而陈政也。"又作"对册"。《汉书·董仲舒传》："及仲舒～～，推明孔氏，抑黜百家。"

【对垒】 duìlěi 两军相持。垒，营垒。《晋书·宣帝纪》："[诸葛]亮数挑战，帝不出，……与之～～百馀日。"

【对偶】 duì'ǒu 诗文中平行的两个句子相对，称为对偶。对偶的基本要求是句子结构相对，另外还有事类对、颜色对、数目对、正对、反对等许多讲究。魏泰《临汉隐居诗话》："前辈诗多用故事，其引用比拟，～～亲切，亦甚有可观者。"

【对手】 duìshǒu ❶指比赛技艺。孙光宪《北梦琐言》卷一："唐宣宗朝，日本国王子入贡，善围棋，帝令待诏顾师言与之～～。"❷敌手，本领相当的人。《三国演义》九十四回："[孟]达非司马懿～～，必被所擒。"

【对蔚】 duìwèi 林木茂盛的样子。对，通"薱"。《后汉书·马融传》："丰彤～～，崟领㠑爽。"

【对向】 duìxiàng 对答。《论衡·程材》："亦时或精阁不及，意疏不密，临事不识，～～谬误。"又《别通》："圣贤言行，竹帛所传，练人之心,聪人之知,非徒县邑之吏～～之语也。"又作"对乡"。《论衡·答佞》:"小佞材下,～～失漏,际会不密,人君警悟,得知其故。"

【对扬】 duìyáng ❶显扬,宣扬。《诗经·大雅·江汉》:"虎拜稽首,～～王休。"《三国志·魏书·武帝纪》:"简恤尔众,时亮庶功,用终尔显德,～～我高祖之休命。"❷指臣下向君上进言。《文心雕龙·章表》:"原夫表章之为用也,所以～～王庭,昭明心曲。"陆九渊《与朱元晦》:"闻已赴阙奏事,何日～～!"

【对仗】 duìzhàng 诗文中的对偶。仗,仪仗。古代仪仗两两相对而立。沈德潜《说诗晬语》卷下:"～～固须工整,而亦有一联中本句自为对偶者。"

【对状】 duìzhuàng 受审时陈述情状。《汉书·爰盎传》:"人有告盎,盎恐,夜见窦婴,为言吴所以反,愿至前,口～～。"

兑 1. duì ❶直。《诗经·大雅·皇矣》:"柞棫斯拔,松柏斯～。"❷通达。《诗经·大雅·绵》:"柞棫拔矣,行道～矣。"❸孔穴。《老子·五十二章》:"塞其～,闭其门,终身不勤。"❹《周易》八卦之一,卦形为☱,象沼泽。《周易·说卦》:"～为泽。"❺兑换。丁仙芝《馀杭醉歌赠吴山人》:"十千～得馀杭酒,二月春城长命杯。"苏轼《上皇帝书》:"且东南买绢,本用见钱;陕西粮草,不许折～。"

2. ruì ❻通"锐"。尖锐。《荀子·议兵》:"～则若莫邪之利锋,当之者溃。"

3. yuè ❼通"悦"。高兴。《荀子·不苟》:"见由则～而倨,见闭则怨而险。"

祋 duì 古代兵器,即殳。《诗经·曹风·候人》:"彼候人兮,何戈与～。"《后汉书·马融传》:"～殳狂击,头陷颅碎。"

薱(薱) duì 草木茂盛的样子。张衡《西京赋》:"郁蓊薆～,橚爽櫹槮。"

嵟(嶵) duì 高峻的样子。左思《魏都赋》:"～若崇山崛起以崔嵬,髧若玄云舒蜺以高垂。"

轛(轛) duì 车轼下面横直交叉的栏木。《周礼·考工记·舆人》:"参分轼围,去一以为～围。"

䨴(䨴) duì 茂盛的样子。宋玉《高唐赋》:"王曰:'朝云始出,状若何也?'玉对曰:'其始出也,～兮若松榯。'"

憝(憝) duì ❶怨恨。《孟子·万章上》:"如告,则废人之大伦,以～父母。"《后汉书·杨震传》:"自赵腾死后,深用怨～。"❷狠戾,违逆。《国语·周语上》:"今杀王子,王其以我为～而怒乎!"

【憝怨】 duìyuàn 怨恨。《管子·宙合》:"厚藉敛于百姓,则万民～～。"

【憝险】 duìxiǎn 违逆险恶。《三国志·蜀书·杨戏传》:"然而奸凶～～,天征未加,犹孟津之翔师,复须战于鸣条也。"

锐 duì 见 ruì。

霟(霟) duì ❶云飘动的样子。郭璞《江赋》:"～如晨霞孤征,眇若云翼绝岭。"❷云密聚的样子。姚燮《双鸩篇》:"～无光彩生愁霿。"(霿:云遮日。)

碓 duì ❶舂米谷的器具。桓谭《新论·离事》:"宓牺之制杵舂,万民以济,及后人加巧,因延力借身重以践～,而利十倍。"陆游《六月十四日宿东林寺》诗:"虚窗熟睡谁惊觉,野～无人夜自舂。"❷捣。董说《西游补》九回:"行者叫白面鬼把秦桧～成细粉。"

【碓投】 duìtóu 如碓舂下投。形容水流冲击的样子。马融《长笛赋》:"颐淡滂流,～～瀺穴。"

錞 duì 见 chún。

憞 duì 怨恨,憎恶。《法言·重黎》:"汉屈群策,群策屈群力,楚～群策而自屈其力。"

【憞溷】 duìhùn 烦乱的样子。宋玉《风赋》:"故其风中人,状直～～郁邑,殴温致湿。"

濻 duì 见 wěi。

瀩(瀩) duì 水沙搅和的样子。夏侯湛《寒苦谣》:"霜皑皑以被庭,冰溏～于井干。"

憝(譈) duì ❶怨恨,憎恶。《尚书·康诰》:"杀越人于货,暋不畏死,罔弗～。"❷恶,恶人。《后汉书·杨震传》:"元恶大～,终为国害。"又《宦者传序》:"故郑众得专谋禁中,终除大～。"

【憝獠】 duìliǎo 骂人的词语,犹言蠢才。《新五代史·南汉世家》:"陈道庠惧,不自安,其友邓伸以荀悦《汉纪》遗之,道庠莫能晓,伸骂曰:'～～!韩信诛而彭越醢,皆在此书矣!'"

镦(鐓) 1. duì ❶矛柄下端的平底铜套。《礼记·曲礼上》:"进矛戟者,前其～。"

2. dūn ❷通"墩"。厚大的块状物。郦道元《水经注·渭水下》:"秦始皇造桥,铁～重不胜,故刻石作力士孟贲等像以祭之,～乃可移动也。"

䨴 duì 见"䨴䨴"。

dun

纯 dūn 见 chún。

惇(惽) dūn ❶厚,敦厚。《国语·晋语四》:"郤縠可,行年五十矣,守学弥～。"《汉书·公孙弘传》:"唯[石]庆以～谨,复终相位。"❷重视,崇尚。《汉书·成帝纪》:"～任仁人,退远残贼。"❸劝勉,勤勉。班固《西都赋》:"命夫～诲故老,名儒师傅,讲论乎六艺,稽合乎同异。"《汉书·翼奉传》:"奉～学不仕,好律历阴阳之占。"

【惇惇】 dūndūn 纯厚的样子。《后汉书·第五伦传》:"省其奏议,～～归诸宽厚。"

【惇惠】 dūnhuì 敦厚仁惠。《国语·晋语七》:"荀家～～,荀会文敏,黡也果敢,无忌镇静。"

【惇慎】 dūnshèn 敦厚诚信。《荀子·君子》:"忠者～～此者也。"《汉书·叙传下》:"博山～～,受莽之疢。"

【惇史】 dūnshǐ 惇厚之史,惇厚之德的记录。《礼记·内则》:"凡养老,五帝宪,三王有乞言。五帝宪,养气体而不乞言,有善则记之为～～。"《三国志·魏书·三少帝纪》:"乞言纳诲,著在～～。"

豚 dūn 见 tún。

敦(敨) 1. dūn ❶惇厚,淳厚。《孟子·万章下》:"故闻柳下惠之风者,鄙夫宽,薄夫～。"《后汉书·张纯传》:"纯以～谨守约,保全前封。"㊿盛多。《荀子·儒效》:"知之而不行,虽～必困。"《战国策·齐策一》:"家～而富,志高而扬。"❷重视。《左传·僖公二十七年》:"说礼乐而～诗书。"《后汉书·王涣传》:"晚而改节,～儒学,习《尚书》。"❸督促,勉励。《孟子·公孙丑下》:"充虞请曰:'前日不知虞之不肖,使虞～匠事。'"陆九渊《本斋记》:"各共其职,各～其功,以成雍熙之治。"

2. duī ❹治理。《诗经·鲁颂·閟宫》:"～商之旅,克咸厥功。"❺堆,加。《诗经·邶风·北门》:"王事～我,政事一埤遗我。"(一说,迫促;又一说,投掷。)❻缩成一团的样子。《诗经·豳风·东山》:"～彼独宿,亦在车下。"

3. duì ❼盛黍稷之器,圆形,有足,有盖。《荀子·君道》:"斗斛～槩者,所以为啧也。"《礼记·明堂位》:"有虞氏之两～。"❽通"憝"。怒,怨。《荀子·议兵》:"有离俗不顺其上,则百姓莫不～恶。"

4. diāo ❾通"雕"。彩画,刻画。《诗经·大雅·行苇》:"～弓既坚,四鍭既钧。"(鍭:箭。)

5. tún ❿通"屯"。驻扎,屯聚。《汉书·礼乐志》:"神之斿,过天门,车千乘,～昆仑。"《后汉书·马融传》:"山～云移,群鸣胶胶。"

6. tuán ⓫团,圆。《诗经·豳风·东山》:"有～瓜苦,烝在栗薪。"⓬聚拢的样子。《诗经·大雅·行苇》:"～彼行苇,牛羊勿践履。"

【敦本】 dūnběn 注重根本。本,指农事。谢朓《赋贫民田》诗:"～～抑工商,均业省兼并。"

【敦崇】 dūnchóng 尊崇,崇尚。《三国志·魏书·武帝纪》:"～～帝族,表继绝世,旧德前功,罔不咸秩。"又《刘劭传》:"～～教化,百姓称之。"

【敦笃】 dūndǔ 敦厚诚实。《左传·成公十三年》:"勤礼莫如致敬,尽力莫如～～。"《国语·周语上》:"朝夕恪勤,守以～～,奉以忠信。"

【敦固】 dūngù 厚实坚固。《荀子·成相》:"处之～～,有深藏之能远思。"《三国志·魏书·陈思王植传》:"诚骨肉之恩爽而不离,亲亲之义实在～～。"

【敦厚】 dūnhòu 宽厚,淳厚。《汉书·文帝纪》:"子启最长,～～慈仁,请建以为太子。"《后汉书·桓荣传》:"～～笃学,传父业。"

【敦洁】 dūnjié 敦厚廉洁。欧阳修《送田画秀才宁亲万州序》:"文初辞业通敏,为人～～可喜。"

【敦敬】 dūnjìng 敦厚恭敬。《荀子·强国》:"及都邑官府,其百吏肃然,莫不恭俭～～忠信而不楛,古之吏也。"《管子·版法》:"庆勉～～以显之,禄富有功以劝之,爵贵有名以休之。"

【敦勉】 dūnmiǎn ❶勤勉。《史记·秦始皇本纪》:"皆遵度轨,和安～～,莫不顺令。"❷勉励。《晋书·魏舒传》:"帝手诏～～,而舒执意弥固。"

【敦敏】 dūnmǐn 敦厚敏捷。《史记·五帝本纪》:"[黄帝]生而神灵,弱而能言,幼而徇齐,长而～～,成而聪明。"

【敦睦】 dūnmù 亲厚和睦。《后汉书·孔融传》:"圣恩～～,感时增思。"曹植《汉二祖优劣论》:"～～九族,有唐虞之称。"

【敦慕】 dūnmù 勤勉。《荀子·儒效》:"彼学者,行之,曰士也;～～焉,君子也。"

【敦庞】　dūnpáng　❶富足。《左传·成公十六年》:“时无灾害,民生～～,和同以听。”《国语·周语上》:“～～纯固于是乎成。”❷敦厚,淳朴。《论衡·自纪》:“没华虚之文,存～～之朴,拨流失之风,反宓戏之俗。”《后汉书·酷吏传论》:“古者～～,善恶易分。”

【敦朴】　dūnpǔ　敦厚朴实,淳朴。《史记·孝文本纪》:“上常衣绨衣,所幸慎夫人,令衣不得曳地,帏帐不得文绣,以示～～,为天下先。”苏轼《上梅直讲书》:“其文章宽厚～～而无怨言。”

【敦尚】　dūnshàng　崇尚。《后汉书·桓郁传》:“昔五更桓荣,亲为帝师,子郁,结发～～,继传父业。”《三国志·魏书·武帝纪》:“君～～谦让,俾民兴行,少长有礼,上下咸和。”

【敦序】　dūnxù　分其次序而亲重之。《史记·夏本纪》:“～～九族,众明高翼。”《三国志·蜀书·刘备传》:“昔在《虞书》,～～九族。”

【敦悦】　dūnyuè　重视,喜好。《后汉书·郑兴传》:“执义坚固,～～《诗》《书》。”《晋书·皇甫谧传论》:“留情笔削,～～坟丘。”又作“敦阅”。《晋书·潘岳传》:“留情儒术,～～古训。”

【敦至】　dūnzhì　周到。《后汉书·郑均传》:“均好义笃实,养寡嫂孤儿,恩礼～～。”

【敦比】　duībǐ　治,办理。《荀子·荣辱》:“孝弟原悫,軥录疾力,以～～其事业。”又《强国》:“如是则常不胜夫～～于小事者矣。”

【敦琢】　diāozhuó　同“雕琢”。指选择。《诗经·周颂·有客》:“有萋有且,～～其旅。”(孔颖达疏:“敦琢,治玉之名,人而言敦琢,故为选择。”)

墩(墪)　dūn　❶土堆。李白《登金陵冶城西北谢安墩》诗:“冶城访古迹,犹有谢安～。”崔国辅《漂母岸》诗:“茫茫水中渚,上有一孤～。”❷指墩状物。高適《同李员外贺哥舒破九曲》诗:“唯有关河渺,苍茫空树～。”

镦　dūn　见duì。

蹲　dūn　❶蹲着,似坐而臀不着地。《庄子·外物》:“～乎会稽,投竿东海。”❷叠累。《左传·成公十六年》:“潘尪之党与养由基～甲而射之,彻七札焉。”

【蹲鸱】　dūnchī　大芋。《史记·货殖列传》:“吾闻汶山之下,沃野,下有～～,至死不饥。”

【蹲蹲】　dūndūn　❶起舞的样子。《诗经·小雅·伐木》:“坎坎鼓我,～～舞我。”❷行有节度的样子。《汉书·扬雄传上》:“穆穆肃肃,～～如也。”

【蹲循】　dūnxún　犹逡巡,迟疑退却的样子。《庄子·至乐》:“忠谏不听,～～勿争。”晁补之《谒岱祠》诗:“不觉下马拜,僮奴亦～～。”

【蹲夷】　dūnyí　蹲坐。《后汉书·鲁恭传》:“～～踞肆,与鸟兽无别。”又作“蹲踱”。王延寿《鲁灵光殿赋》:“玄熊蚺蛟以龂龂,却负载而～～。”

盹　dǔn　很短时间的睡眠。马致远《汉宫秋》四折:“恰才我打了个～,王昭君就偷走回去了。”

趸(躉)　dǔn　整数。曹寅《奏押运赈米到淮情形摺》:“漕臣桑格严行戒谕,载米到彼,止许升斗零星粜与贫民,不许求速～售。”

【趸船】　dǔnchuán　停在岸边的备行旅上下及囤积货物的大船。梁廷枏《夷氛纪闻》卷一:“每千六百八十觔为一趸,约三百趸为一船,故名～～。”

伅　dùn　见“倱伅”。

沌　1. dùn　❶见“沌沌”。
2. zhuàn　❷水名。郦道元《水经注·沔水》:“沔水又东迳～水口,水南通县之太白湖,湖水东南通江,又谓～口。”

【沌沌】　dùndùn　❶混沌不明的样子。《老子·二十章》:“我愚人之心也哉,～～兮!”❷波浪滚滚的样子。枚乘《七发》:“～～浑浑,状如奔马。”㊀指车马奔驰的样子。《孙子·势》:“浑浑～～,形圆不可败也。”❸圆转的样子。《管子·枢言》:“～～乎博而圜,豚豚乎莫得其门。”(博:当作“抟”。)

忳　dùn　见tún。

囤(笆)　1. dùn　❶储存粮食的器物。《魏书·孝文帝纪上》:“诸仓～谷麦充积者出赐贫民。”贯休《山居》诗之十七:“且为小～盛红粟,别有珍禽胜白鸥。”
2. tún　❷储存。如:囤积居奇。《释名·释宫室》:“～,屯也,屯聚之也。”《儒林外史》二十一回:“牛老把～下来的几石粮食变卖了。”

炖　dùn　见tún。

盾　dùn　❶盾牌。古代用以护身的兵器。《史记·项羽本纪》:“[樊]哙即带剑拥～入军门。”《汉书·李陵传》:“陵引士出营为陈,前行持戟～,后行持弓弩。”❷星名。《史记·天官书》:“杓端有两星,一内为矛,招摇;一外为～,天锋。”

【盾鼻】　dùnbí　盾牌上的把手。《资治通鉴·梁武帝太清元年》："[荀济]与上有布衣之旧，知上有大志，然负气不服，常谓人曰：'会于～～上磨墨檄之。'"（檄之：作檄文以声讨其罪。）韩翃《寄哥舒仆射》诗："郡公～～好磨墨，走马为君飞羽书。"

钝（鈍）　dùn　❶不锋利。《荀子·性恶》："～金必将待砻厉然后利。"（砻厉：磨砺。）《汉书·贾谊传》："莫邪为～兮，铅刀为铦。"㊀不顺利。诸葛亮《后出师表》："至于成败利～，非臣之明所能逆睹也。"❷迟钝。《汉书·鲍宣传》："臣宣呐～于辞，不胜惓惓，尽死节而已。"《三国志·魏书·臧洪传》："既学薄才～，不足塞诘。"

【钝弊】　dùnbì　破旧而不锋利。《国语·吴语》："使吾甲兵～～，民人离落，而日以憔悴。"《盐铁论·水旱》："县官鼓铸铁器，大抵多为大器，务应员程，不给民用。民用～～，割草不痛。"

顿（頓）　1. dùn　❶以头叩地。庾信《哀江南赋序》："申包胥之～地，碎之以首。"参见"顿首"、"顿颡"。㊁指以脚跺地。见"顿足"。❷抖动。《荀子·劝学》："若挈裘领，诎五指而～之，顺者不可胜数也。"王安石《材论》："及其引重车，取夷路，不屡策，不烦御，一～其辔而千里已至矣。"❸停止，驻扎。《后汉书·刘翊传》："遇寒冰车毁，～滞道路。"尹洙《叙燕》："设兵为三：壁于争地，掎角以疑其兵，～坚城之下，乘间夹击，无不胜矣。"㊁指止宿之地。《隋书·炀帝纪》："每之一所，辄数道置～。"❹疲敝，挫伤。《孙子·谋攻》："必以全争于天下，故兵不～，而利可全。"《战国策·齐策三》："令齐、魏久相持，以～其兵，弊其众，臣恐强秦大楚承其后，有田父之功。"❺倒，废。《论衡·幸偶》："鲁城门久朽欲～，孔子过之，趋而疾行。"《后汉书·刘赵淳于江刘周赵传序》："田庐取其荒～者。"❻顿时，立刻。《后汉书·戴封传》："督邮其日即去，蝗亦～除。"陆游《春日》诗："鸟声频唤五更梦，花气～醒三日酲。"❼量词。表次数。《世说新语·任诞》："闻卿祠，欲乞一～食耳。"❽通"钝"。不锋利。《论衡·物势》："至于相啖食者，自以齿牙～利，筋力优劣，动作巧便，气势勇桀。"《汉书·贾谊传》："屠牛坦一朝解十二牛，而芒刃不～者，所排击剥割，皆众理解也。"

2. zhūn　❾见"顿顿"。

3. dú　❿见"冒顿"。

【顿兵】　dùnbīng　❶驻军。《三国志·魏书·曹仁传》："今～～坚城之下，以攻必死之虏，非良计也。"陈亮《戊申再上孝宗皇帝书》："韩世忠～～八万于山阴，如老罴之当道，而淮东赖以安寝。"❷使军队受挫。《论衡·福虚》："使宋楚之君合战～～，流血僵尸，战夫禽获，死亡不还。"

【顿踣】　dùnbó　颠仆，仆倒。《后汉书·陈忠传》："～～呼嗟，莫不叩心。"柳宗元《捕蛇者说》："号呼而转徙，饥渴而～～。"

【顿萃】　dùncuì　困顿憔悴。《荀子·富国》："劳苦～～而愈无功。"又作"顿卒"、"顿悴"、"顿顇"。《管子·版法》："～～怠倦以辱之。"潘岳《寡妇赋》："容貌儡以～～兮。"王褒《洞箫赋》："桀跖鬻博，儡以～～。"

【顿挫】　dùncuò　❶抑扬。指音调或感情上的起伏变化。《后汉书·郑孔荀传赞》："北海天逸，音情～～。"苏舜钦《答马永书》："又观其感二鸟赋，悲激～～，有骚人之思。"❷指舞蹈或书法上的回转曲折。《太平御览》卷五七四引郑处诲《明皇杂录》："开元中，有公孙大娘善舞剑气（器），僧怀素见之，草书遂长，盖壮其～～势也。"❸指人事上的挫折。司空图《擢英集述》："各擅英灵，宁甘～～。"刘克庄《道中读孚若题壁有感用其韵》："自古英才多～～，只今世运尚艰难。"

【顿废】　dùnfèi　荒废。《论衡·治期》："人君不肖则道德～～，～～则功败治乱。"《后汉书·仲长统传》："夫如是，然后可以用天性，究人理，兴～～，属断绝。"

【顿仆】　dùnpū　仆倒。《汉书·陈遵传》："遵起舞跳梁，～～坐上。"《三国志·吴书·诸葛恪传》："士卒伤病，流曳道路，或～～坑壑，或见略获。"

【顿颡】　dùnsǎng　叩头。屈膝下拜，以额触地。多于请罪时行之。《国语·吴语》："句践用帅二三之老，亲委重罪，～～于边。"《三国志·吴书·诸葛恪传》："及于难至，然后～～，虽有智者，又不能图。"

【顿舍】　dùnshè　停止，屯戍。《史记·白起王翦列传》："荆人因随之，三日三夜不～～，大破李信军。"《汉书·李广传》："及出击胡，而广行无部曲行陈，就善水草～～，人人自便。"

【顿首】　dùnshǒu　❶叩头，头叩地而拜。古九拜之一。《战国策·燕策三》："太子前～～，固请勿让。"《史记·赵世家》："太子母日夜啼泣，～～谓赵盾曰：'先君何罪？释其適子而更求君！'"❷用于书信、表奏的首尾，表示恭敬。丘迟《与陈伯之书》："迟～～。陈将军足下无恙，……丘迟～～。"柳宗元《献平淮夷雅表》："臣宗元诚恐诚惧，～～、～～，谨言。"

【顿愚】 dùnyú 迟顿昏愚。《论衡·商虫》："强大食细弱，知慧反～～。"

【顿踬】 dùnzhì ❶颠蹶，失足。《后汉书·马融传》："或夷由未殊，颠狈～～。"❷困窘，处境困难。《三国志·魏书·裴潜传》注引《魏略》："虽无他材力，而终仕进不～～。"

【顿足】 dùnzú 跺脚。常用以形容着急的样子。《战国策·秦策一》："出其父母怀衽之中，生未尝见寇也，闻战～～徒裼，犯白刃，蹈煨炭，断死于前者，比是也。"《后汉书·南匈奴传》："其猛夫扞将，莫不～～攘手。"

【顿顿】 zhūnzhūn 诚恳的样子。《荀子·王制》："我今将～～焉，日日相亲爱也。"

遁(遯) 1. dùn ❶逃。《国语·楚语上》："及城濮之役，晋将～矣。"《三国志·魏书·武帝纪》："从弟洪以马与太祖，得夜～去。"[引]回避。《后汉书·杜林传》："至于法不能禁，令不能止，上下相～，为敝弥深。"❷隐匿。《楚辞·离骚》："初既与余成言兮，后悔～而有他。"陆机《汉高祖功臣颂》："鬼无隐谋，物无～形。"❸欺瞒。《管子·法禁》："～上而～民者，圣王之禁也。"❹失去。《吕氏春秋·报更》："士其难知，唯博之为可，博则无所～矣。"《后汉书·刘赵淳于江刘周赵传序》："存器而忘本，乐之～也；调器以和声，乐之成也。"

2. xún ❺通"循"。顺从。《吕氏春秋·本生》："世之富贵者，其于声色滋味也，多惑者，日夜求，幸而得之则～焉。～焉，性恶得不伤？"

3. qūn ❻通"逡"。见"遁巡"。

【遁辞】 dùncí 隐遁之辞。指理屈辞穷或为了隐瞒实情用以支吾搪塞的言辞。《孟子·公孙丑上》："邪辞知其所离，～～知其所穷。"亦作"遯辞"。《后汉书·戴良传》："再辟司空府，弥年不到，州郡迫之，乃～～诣府，悉将妻子，既行在道，因逃入江夏山中。"

【遁逃】 dùntáo 逃走，躲避。《战国策·赵策一》："豫让～～山中。"《史记·陈涉世家》："秦人开关而延敌，九国之师～～而不敢进。"

【遁天】 dùntiān 违背自然规律。《庄子·养生主》："是～～倍情，忘其所受，古者谓之～～之刑。"

【遁巡】 qūnxún 欲行又止、迟疑不决的样子。《汉书·陈胜项籍传赞》："九国之师，～～而不敢进。"参见"逡巡"。

楯 dùn 见 shǔn。

遯 dùn "遁"的本字。❶逃，逃避。《礼记·缁衣》："教之以政，齐之以刑，则民有～心。"（遯心：逃避之心。）《汉书·王贡两龚鲍传赞》："郭钦、蒋诩好～不污，绝纪、唐矣！"（颜师古注："遯逃浊乱，不污其节。"）❷隐匿。《尚书·说命下》："台小子旧学于甘盘，既乃～于荒野。"《后汉书·矫慎传》："少好黄老，隐～山谷。"❸欺瞒。《淮南子·修务训》："审于形者，不可～以状。"❹六十四卦之一，卦形为艮下乾上。

【遯世】 dùnshì 避世。《周易·乾·文言》："不成乎名，～～无闷。"陆机《演连珠》："臣闻～～之士，非受匏瓜之性。"

【遯隐】 dùnyǐn 隐匿。柳宗元《始得西山宴游记》："其高下之势，岈然洼然，若至若穴，尺寸千里，攒蹙累积，莫得～～。"

duo

多 duō ❶数量多。与"少"相对。《战国策·东周策》："西周者，故天子之国也，～名器重宝。"贾谊《论积贮疏》："苟粟～而财有馀，何为而不成？"[引]增多。《荀子·天论》："因物而～之，孰与骋能而化之？"❷重要，重视。《老子·四十四章》："名与身孰亲？身与货孰～？"刘禹锡《唐故尚书礼部员外郎柳君集纪》："吾尝评其文，雄深雅健似司马子长，崔、蔡不足～也。"❸赞美。《赵国策·赵策二》："然则反古未可非，而循礼未足～也。"《史记·魏其武安侯列传》："稠人广众，荐宠下辈，士亦以此～之。"❹副词。多数，大都。《史记·高祖本纪》："高祖以亭长为县送徒郦山，徒～道亡。"《后汉书·顺帝纪》："而即位仓卒，典章～缺。"❺副词。适足，只。《论语·子张》："人虽欲自绝，其何伤于日月乎？～见其不知量也。"《左传·襄公十四年》："吾令实过，悔之何及，～遗秦禽。"

【多方】 duōfāng ❶指四方之国。《尚书·泰誓下》："维我有周，诞受～～。"❷多方面，多途径。《列子·说符》："大道以多歧亡羊，学者以～～丧生。"《墨子·公孟》："人之所得于病者～～，有得之寒暑，有得之劳苦。"❸指学识渊博。方，方术，学问。《庄子·天下》："惠施～～，其书五车。"

【多事】 duōshì ❶多变故。《史记·秦始皇本纪》："天下～～，吏弗能纪。"❷多管闲事，好事。《庄子·渔父》："今子既上无君侯有司之势，而下无大臣职事之官，而擅饰礼乐，选人伦，以化齐民，不泰～～乎？"（泰：同"太"。）

【多岁】 duōsuì 指丰年。《商君书·垦令》：

"商不得籴，则～～不加乐。"

【多闻】 duōwén 见闻广博，博学。《论语·为政》："～～阙疑，慎言其馀，则寡尤。"《汉书·公孙弘传》："弘为人谈笑～～，常称人主病不广大，人臣病不俭节。"

【多谢】 duōxiè ❶厚谢。辛延年《羽林郎》诗："～～金吾子，私爱徒区区。"❷多告，嘱咐。古诗《为焦仲卿妻作》："～～后世人，戒之慎勿忘。"

【多心】 duōxīn ❶多怀异心，有贰心。《汉书·陈平传》："汉王召平而问曰：'吾闻先生事魏不遂，事楚而去，今又从吾游，信者固～～乎？'"❷疑心。《红楼梦》八回："你是个～～的，有这些想头，我就没有这些心。"

【多多益善】 duōduōyìshàn 越多越好。《史记·淮阴侯列传》："上问曰：'如我能将几何？'信曰：'陛下不过能将十万。'上曰：'于君何如？'曰：'臣多多而益善耳。'上笑曰：'～～～～，何为为我禽？'"

咄 duō 叹词。表示呵叱。《汉书·东方朔传》："朔笑之曰：'～！口无毛，声謷謷，尻益高。'"㊁表示慨叹。《汉书·李陵传》："立政曰：'～，少卿良苦！霍子孟、上官少叔谢女。'"

【咄叱】 duōchì 叱责。《论衡·论死》："病困之时，仇在其旁，不能～～。"

【咄咄】 duōduō 叹词。表示感慨。《后汉书·严光传》："～～子陵，不可相助为理邪？"元好问《杂著》诗："～～俗中恶，人道每如此。"

【咄唶】 duōjiè ❶叹息。《三国志·吴书·吕蒙传》："见小能下食则喜，顾左右言笑，不然则～～，夜不能寐。"❷叹息之间。指时间短。曹植《赠白马王彪》诗："自顾非金石，～～令心悲。"

【咄嗟】 duōjuē ❶叹息。李白《金陵歌送别范宣》："扣剑悲吟空～～，梁陈白骨乱如麻。"❷叹息之间，指时间短。《晋书·石崇传》："为客作豆粥，～～便办。"

【咄咄逼人】 duōduōbīrén 形容气势逼人，使人惊惧。《世说新语·排调》："[桓玄与殷仲堪]作危语，……殷有一参军在座云：'盲人骑瞎马，夜半临深池。'殷曰：'～～～～。'仲堪眇目故也。"卫铄《与释某书》："卫有一弟子王逸少，甚能学卫真书，～～～～。"

剟 duō ❶削除，删改。《商君书·定分》："有敢～定法令，损益一字以上，罪死不赦。"❷刺。《史记·张耳陈馀列传》："吏治，榜笞数千，刺～，身无可击者，终不复言。"❸割取。《汉书·贾谊传》："盗者～寝户之帘，搴两庙之器。"

掇 1. duō ❶拾取。《诗经·周南·芣苢》："采采芣苢，薄言～之。"《论衡·效力》："众将拾金，[萧]何独～书，坐知秦之形势，是以能图其利害。"㊀选取。《汉书·贾谊传》："凡所著述五十八篇，～其切于世事者著于传云。"欧阳修《梅圣俞诗集序》："并旧所藏，～其尤者，六百七十七篇。"❷掠夺。《史记·张仪列传》："中国无事，秦得烧～焚杅君之国。"❸端，搬。杨万里《火阁午睡起负暄》诗之一："觉来一阵寒无奈，自～胡床负太阳。"《儒林外史》四回："严家家人～了一个食盒来，又提了一瓶酒。"❹通"剟"。削，削去。《汉书·王嘉传》："上于是定躬、宠告东平本章，～去宋弘，更言因董贤以闻。"

2. chuò ❺通"辍"。止。左思《魏都赋》："剞劂罔～，匠斲积习。"

【掇录】 duōlù 录取。《三国志·魏书·高堂隆传》："民咏德政，则延期过历，下有怨叹，～～授能。"

【掇皮】 duōpí 剥去其皮而现其真情。《世说新语·排调》："范启与郗嘉宾书曰：'子敬举体无饶，纵～～无馀润。'"楼钥《真率会次适斋韵》："闲暇止应开口笑，诙谐尤称～～真。"

【掇拾】 duōshí 拾取，摘取。韩愈《郓州溪堂诗序》："而公承死亡之后，～～之馀，剥肤椎髓，公私扫地赤立，新旧不相保持，万目睽睽，公于此时，能安以治之，其功为大。"《宋史·欧阳修传》："凡周汉以降金石遗文，断编残简，一切～～，研稽异同，立说于左，的的可表证，谓之《集古录》。"

【掇送】 duōsòng ❶怂恿。张镃《昭君怨·园池夜泛》词："云被歌声摇动，酒被诗情～～。"❷发付，打发。李弥逊《声声慢·木犀》词："更被秋光～～，微放些月照，着阵阵风吹。"❸催送。姜夔《点绛唇》词："日落潮生，～～刘郎老。"邵亨贞《点绛唇》词："万里风埃，～～流年度。"

毲 duō 一种毛织品。《后汉书·西南夷传》："罽～帛叠，兰干细布。"《集韵·末韵》："～，蛮夷织毛罽也。"

敠 duō 见"拈敠"。

裰 duō 补缀。《广韵·末韵》："～，补缀破衣也。"又见"直裰"。

夺(奪) duó ❶强取。《老子·三十六章》："将欲～之，必固予之。"《史记·周本纪》："及惠王即位，～其大臣园以为囿。"㊀剥夺，削去权力。《史记·高祖本纪》："还至定陶，驰入齐王壁，～其军。"

❷使之改变。《孟子·告子上》："先立乎其大者，则其小者不能～也。"《后汉书·伏湛传》："秉节持重，有不可～之志。"❸失，耽误。《国语·周语中》："不～民时，不蔑民功。"《孟子·梁惠王上》："百亩之田，勿～其时，数口之家可以无饥矣。"❹文字脱漏。如"夺文"、"夺讹"。❺狭路。《礼记·檀弓下》："齐庄公袭莒于～。"

【夺嫡】 duódí 不立嫡而以庶子继位。《晋书·王导传》："初，帝爱琅邪王裒，将有～～之议。"又作"夺適"。《汉书·梅福传》："诸侯夺宗，圣庶～～。"

【夺伦】 duólún 失去伦次。《史记·五帝本纪》："诗言意，歌长言，声依永，律和声，八音能谐，毋相～～，神人以和。"

【夺目】 duómù 光彩耀眼。《北史·窦泰传》："电光～～，驶雨沾洒。"闻人蒨《春日》诗："林有惊心鸟，园多～～花。"

【夺魄】 duópò ❶夺其魂魄。指死。《左传·宣公十五年》："不及十年，原叔必有大咎。天～之～矣。"❷犹惊心动魄。宋之问《嵩山天门歌》："试一望兮～～，况众妙之无穷。"

【夺气】 duóqì 因恐惧而丧失胆气。《梁书·曹景宗传》："景宗等器甲精新，军仪甚盛，魏人望之～～。"

【夺情】 duóqíng 古代官员丧服未满而朝廷强令出仕，叫"夺情"。《北史·李德林传》："寻丁母艰，以至孝闻，朝廷嘉之，裁百日，～～起复，固辞不起。"（裁：通"才"。仅。）

【夺朱】 duózhū 比喻以邪乱正。朱，正色。《论语·阳货》："恶紫之～～也，恶郑声之乱雅乐也。"柳宗元《与友人论为文书》："虽终沦弃，而其～～乱雅，为害已甚。"

泽（澤） duó 冰。《玉篇·冫部》："～，冰也。"

度 duó 见 dù。

铎（鐸） duó ❶古乐器名。形如大铃，振舌发声。铁舌叫金铎，传达军令时用之；木舌叫木铎，宣布政令时用之。《战国策·赵策三》："秦攻赵，鼓～之音闻于北堂。"《周礼·地官·乡师》："凡四时之征令有常者，以木～徇于市朝。"❷风铃。晁补之《新城游北山记》："既坐，山风飒然而至，堂殿铃～皆鸣。"

敓 duó "夺"的本字。强取。《说文·攴部》："～，强取也。《周书》曰：'～攘矫虔。'"（攘：取。矫虔：掠夺。）陆九渊《宜章县学记》："异时斗争～攘、惰力侈费之习，廓然为变。"

剫 duó 砍木。《尔雅·释器》："木谓之～。"郭璞注引《左传》："山有木，工则～之。"（今本《左传·隐公十一年》"剫"作"度"。）⊗指治玉。周邦彦《汴都赋》："剒犀～玉。"（剒：雕刻。）

喥 duó 出言无度。《广韵·铎韵》："～，口喥喥无度。"翟灏《通俗编·笑言》："世俗有所云～头者，正谓出言无度人也。"

踱 duó 慢步行走。《水浒传》四回："[鲁智深]信步～出山门外，立地看着五台山，喝采一番。"

朵（朶） duǒ ❶花朵。庾信《春赋》："钗～多而讶重，髻鬟高而畏风。"（讶：奇异。）白居易《新春江次》诗："粉片妆梅～，金丝刷柳条。"❷量词。用于花朵或成朵状串状的东西。杜甫《江畔独步寻花七绝句》之六："黄四娘家花满蹊，千～万～压枝低。"嵇含《南方草木状》卷下："[龙眼]肉白而带浆，其甘如蜜，一～五六十颗。"❸动。见"朵颐"。

【朵颐】 duǒyí 鼓动腮颊，指咀嚼。《周易·颐》："观我～～，凶。"陈子昂《感遇》诗之十："深居观元化，悱然争～～。"

【朵云】 duǒyún 对人书信的敬称。语出《新唐书·韦陟传》："常以五采笺为书记，使侍妾主之，以裁答，受意而已，皆有楷法。陟唯署名，自谓所书'陟'字若五朵云。"王洋《回谢王参政启》："尚稽尺牍之驰，先拜～～之赐。"

垛（垜） 1. duǒ ❶建筑物上的突出部分。《说文·土部》："～，门堂孰也。"（段玉裁注："谓之'孰'者，《白虎通》云：'所以必有塾何？欲以饰门，因取其名，明臣下当见于君，必孰思其事。'是知其字古作孰而已，后乃加之土也。谓之'垛'者何也？朵者，木下垂，门堂伸出于门之前后，略取其意。后代有垛殿，今俗谓门两边伸出小墙曰垛头，其遗语也。"）❷土筑的箭靶。元稹《江边四十韵》："罗灰修药灶，筑～阅弓弰。"

2. duò ❸堆积。温庭筠《干𦠆子》："拆其瓦木，各～一处。"⊗指成堆的东西。《聊斋志异·莜中怪》："麦既登仓，禾藍杂遝，翁命收积为～。"

埵 1. duǒ ❶防水的土坝。《淮南子·齐俗训》："狟狢得～防，弗去而缘。"又《说林训》："窟穴者托～防，便也。"（窟穴者：指钻洞的鼠类。）❷熔炉的吹风铁管。《淮南子·本经训》："鼓橐吹～，以销铜铁。"

2. duò ❸通"垛"。见"埵块"。

【埵堁】 duòkè 小土堆。《淮南子·说山训》:"泰山之容,巍巍然高,去之千里,不见～～,远之故也。"

【埵块】 duǒkuài 小土堆。《论衡·说日》:"太山之高,参天入云,去之百里,不见～～。"

椭 duǒ 见 tuǒ。

躲(躱) duǒ 躲避。陆游《沁园春》词之三:"～尽危机,消残壮志。"关汉卿《单刀会》四折:"便有那张仪口、蒯通舌,休那里～闪藏遮。"

亸(嚲、軃) duǒ ❶垂,下垂。岑参《送魏升卿擢第归东都》诗:"将军金印～紫绶,御史铁冠重绣衣。"❷躲避。《五代史平话·梁上》:"正行间,撞着虎与牛斗,霍存、白守信唬得走上树～了。"

鬌 duǒ ❶古代小儿剪发时留下的头发。《礼记·内则》:"三月之末,择日翦发为～。"❷毛发脱落。《说文·髟部》:"～,发堕也。"

【鬌翦】 duǒjiǎn 小儿剪发。《梁书·武帝纪》:"挺虐于～～之年,植险于髫丱之日。"(髫丱:幼童。)

驮 duò 见 tuó。

杕 duò 见 dì。

杝 duò 见 yí。

陀 duò 见 tuó。

沲 duò 见"淡沲"。

饳(飿) duò 见"馉饳"。

剁(刴) duò 砍。杜甫《阌乡姜七少府设鲙戏赠长歌》:"无声细下飞碎雪,有骨已～觜春葱。"(觜:通"嘴"。)刘子翚《夜过王勉仲家》诗:"花瓷汤水欲生香,竹外庖厨闻～肉。"

陏 duò 草本植物的果实,瓜类。《史记·货殖列传》:"果～蠃蛤,不待贾而足。"

陊 duò ❶塌,破败。张衡《西京赋》:"北阙甲第,当道直启,程巧致功,期不阤～。"(启:开,展开。程:通"呈"。阤:塌。)元好问《二十五日鹤》诗:"可怜～殿荒墟里,无复当年丁令威。"❷落入。《宋书·朱龄石传》:"如此必以重兵守涪城,以备内道,若向黄虎,正～其计。"

柮 duò 木头。见"榾柮"。

柂 duò 见 yí。

沲 duò 水的样子。《集韵·哿韵》:"沱,水皃。或从～。"

舵 duò 船上用以控制航行的装置。《玉篇·舟部》:"～,正船木也。"佚名《冯玉兰》三折:"梢公云:'后面把～的仔细。'"

堕(墮、憜) 1. duò ❶落,掉。《史记·屈原贾生列传》:"居数年,怀王骑,～马而死,无后。"《汉书·高帝纪上》:"楚骑追汉王,汉王急,推～二子。"❷通"惰"。懒惰,懈怠。《荀子·宥坐》:"今之世则不然,乱其政,繁其刑,其民迷而～焉。"《韩非子·显学》:"今上征敛于富人以布施于贫家,是夺力俭而与侈～也。"

2. huī ❸通"隳"。毁坏。《荀子·仲尼》:"是何也?则～之者众而持之者寡矣。"《史记·陈涉世家》:"～名城,杀豪俊。"❹输送。《左传·昭公四年》:"王使往曰:'属有宗祧之事于武城,寡君将～币焉。'"

3. tuǒ ❺椭圆。贾思勰《齐民要术·种谷》:"～曰窦,方曰窖。"

【堕颠】 duòdiān 秃顶。刘向《新序·杂事五》:"夫士亦华发～～而后可用耳。"

【堕落】 duòluò ❶坠落,脱落。《汉书·宣帝纪》:"朕惟耆老之人,发齿～～,血气衰微。"❷衰败。《荀子·富国》:"徙坏～～,必反无功。"❸佛教指失去道心而陷入恶事。《法华经·譬如品》:"或当～～,为火所烧。"

【堕倪】 duònì 怠惰轻慢。《管子·正世》:"财竭则不能毋侵夺,力罢则不能毋～～。"

【堕斁】 huīdù 毁坏。《汉书·薛宣传》:"不得其人则大职～～,王功不兴。"

【堕坏】 huīhuài 毁坏。《史记·秦始皇本纪》:"初一泰平,～～城郭。"《盐铁论·相刺》:"且夫帝王之道多～～而不修。"

【堕突】 huītū 毁坏冲击。《三国志·魏书·袁绍传》注引《魏氏春秋》:"又署发丘中郎将、摸金校尉,所过～～,无骸不露。"

隋(隓) duò 狭长的小山。《诗经·周颂·般》:"～山乔岳,允犹翕河。"(乔:高。允犹:两水名。翕河:汇于黄河。)

惰(㥩、媠、嫷) duò ❶懒惰,懈怠。《荀子·修身》:"君子贫穷而志广,富贵而体恭,安燕而血气不～,劳勧而容貌不枯。"《韩非子·

外储说左上》:“农夫～于田者,则国贫也。”❷不敬。《左传·襄公三十一年》:“滕成公来会葬,～而多涕。”《国语·鲁语上》:“在上不恤下,居官而～,非事君也。”❸通“堕”。堕落。《墨子·修身》:“雄而不修者,其后必～。”

【惰慢】 duòmàn 懈怠轻慢。《荀子·礼论》:“其立声乐恬愉也,不至于流淫～～。”《史记·乐书》:“～～邪辟之气不设于身体。”

【惰偷】 duòtōu 懒惰。陆游《道官谢雨疏》:“由官吏之～～,致政刑之疵疠。”

【惰窳】 duòyǔ 懒惰。《论衡·祸虚》:“～～之人,不力农勉商以积谷货,遭岁饥馑,腹饿不饱,椎人若畜。”贾思勰《齐民要术·序》:“盖以庸人之性,率之则自力,纵之则～～耳。”又作“堕窳”。枚乘《七发》:“血脉淫濯,手足～～。”

隋 duò 见 tuǒ。

嫷 duò 见 tuǒ。

酡 duò 见 tuó。

跺(跢) duò 以足顿地。《红楼梦》二十四回:“贾芸进入院内,把脚一～。”

E

e

阿 ē 见ā。

妸 ē(又读 ě) ❶见“妸娜”。❷姓。

【妸娜】 ēnuó 随风摇曳的样子。亦作“婀娜”。王子敬《桃叶歌》:“桃叶映红花,无风自～～。”韩愈《元和圣德诗》:“天兵四罗,旂常～～。”

娿 1. ē ❶媕娿,犹豫不决。《说文·女部》:“～,媕娿也。”《广韵·覃韵》:“媕,媕娿,不决。”韩愈《石鼓歌》:“中朝大官老于事,讵肯感激徒媕～。”

2. ě(又读 ē) ❷通“婀”。见“婀娜”。

婀 ē(又读 ě) 通“妸”、“娿”。见“婀娜”。

【婀娜】 ēnuó ❶柔美的样子。曹植《洛神赋》:“华容～～,令我忘餐。”苏轼《和子由论书》:“端庄杂流丽,刚健含～～。”❷随风摇曳的样子。古诗《为焦仲卿妻作》:“四角龙子幡,～～随风转。”《抱朴子·君道》:“甘露淋漉以霄坠,嘉穗～～而盈箱。”

屙 ē 排泄大小便。普济《五灯会元·净居尼妙道禅师》:“未～已前,堕坑落堑。”

猗 ē 见 yī。

痾 ē(又读 kē) ❶病。《说文·疒部》作“疴”。《后汉书·窦融传》:“是使积～不得遂瘳,幼孤将复流离。”《晋书·乐广传》:“客豁然意解,沉～顿愈。”❷宿怨,旧仇。《后汉书·袁绍传》:“愿捐弃百～,追摄旧义,复为母子昆弟如初。”❸同“屙”。排泄大小便。苏轼《醉僧图颂》:“今年且～东禅屎,明年去拽西林磨。”《儒林外史》二十三回:“肚里响了一阵,～出一抛大屎,登时就好了。”

讹(訛、譌) é ❶错误。韩愈《石鼓歌》:“公从何处得纸本,毫发尽备无差～。”袁袠《题〈书学纂要〉后》:“致使学者～以承～,谬以袭谬。”❷怪诞的邪说,蛊惑人心的话。《论衡·累害》:“夫如是,市虎之～,投杼之误不足怪,则玉变为石、珠化为砾不足诡也。”参见“讹言”。❸改变,变化。《诗经·小雅·节南山》:“式～尔心,以畜万邦。”《宋书·恩幸传论》:“岁月迁～。”❹借端敲诈。《红楼梦》四十八回:“～他拖欠官银,拿他到了衙门里去。”❺通“吪”。行动,移动。《诗经·小雅·无羊》:“或降于阿,或饮于池,或寝或～。”参见“吪”。❻野火烧。李白《明堂赋》:“絫炳焕以照烂,倏山～而晷换。”

【讹夺】 éduó 文字错误和脱漏。俞樾《札迻序》："其精熟训诂，通达假借，援据古籍，以补正～～。"(见《春在堂全书·杂文六编》)

【讹头】 étóu 讹诈的由头。《红楼梦》九十三回："都是那些混账东西在外头撒野挤～～。"

【讹言】 éyán ❶谣言。《诗经·小雅·沔水》："民之～～，宁莫之惩。"❷说蛊惑人心的话，造谣。苏轼《教战守策》："卒有盗贼之警，则相与恐惧～～，不战而走。"曾巩《瀛州兴造记》："是日再震，民～～大水且至，惊欲出走。"

【讹诈】 ézhà 诈骗。《红楼梦》四十四回："只管让他告去，他告不成，我还问他个以尸～～呢。"

吪 é ❶行动。《诗经·王风·兔爰》："我生之后，逢此百罹，尚寐无～！"《聊斋志异·巧娘》："乃挑灯遍翻箱簏，得黑丸，授生，令即吞下，秘嘱勿～，乃出。"❷感化，教化。《诗经·豳风·破斧》："周公东征，四国是～。"

囮 é(又读 yóu) ❶鸟媒。用经过训练的活鸟引诱其他鸟前来，伺机捕捉。杨维桢《雉子斑》诗："网罗一相失，误为～所危。"㊀媒介。《资治通鉴·隋文帝仁寿三年》："闻谤而怒者，谗之～也；见誉而喜者，佞之媒也。"❷通"讹"。诈人财物。《儒林外史》五十四回："虔婆听见他～着呆子，要了花钱。"❸化。见"囮育"。

【囮头】 étóu 讹诈的对象。《儒林外史》四十一回："地方上几个喇子想来拿～～，却无实迹，倒被他骂了一场。"

【囮育】 éyù 化生。卫元嵩《元包经·太阴》："群类～～，庶物甡植。"

俄 é ❶倾斜，歪的样子。《诗经·小雅·宾之初筵》："侧弁之～，屡舞傞傞。"张华《鹪鹩赋》："鹰鹯过犹～翼兮，尚何惧于罿罻。"❷高昂。扬雄《羽猎赋》："～轩冕，杂衣裳。"❸不久，一会儿。陆龟蒙《奉和袭美太湖诗·初入太湖》："才迎沙屿好，指顾～已失。"苏舜钦《上集贤文相书》："～又闻甘陵卒叛，结坞自守，环师十万，踰月未诛。"

【俄尔】 é'ěr 忽然，顷刻。薛用弱《集异记·李汾》："夜阑就寝，备尽缱绻，～～晨鸡报曙，女起告辞。"

【俄而】 é'ér 不久，一会儿。《荀子·强国》："～～天下倜然举去桀纣而奔汤武。"《晏子春秋·内篇杂上》："晏子为庄公臣，言大用，每朝，赐爵益邑；～～不用，每朝，致邑与爵。"

【俄刻】 ékè 不久，一会儿。《南齐书·竟陵文宣王子良传》："其次绛标寸纸，一日数至；征村切里，～～十催。"

【俄且】 éqiě 即将。《荀子·荣辱》："告之示之……则夫塞者～～通也，陋者～～僩也，愚者～～知也。"

【俄顷】 éqǐng 一会儿，顷刻。杜甫《茅屋为秋风所破歌》："～～风定云墨色，秋天漠漠向昏黑。"《聊斋志异·劳山道士》："～～，月明辉室，光鉴毫毛。"

【俄然】 érán 突然。《三国志·魏书·田畴传》："贼臣作乱，朝廷播荡，四海～～，莫有固志。"

【俄旋】 éxuán 片刻，一会儿。汤显祖《还魂记·幽媾》："怕桃源路径行来诧，再得～～试认他。"

【俄则】 ézé 不久，一会儿。《荀子·非相》："～～束乎有司而戮乎大市，莫不呼天啼哭，苦伤至今，而后悔其始。"

涐 é 见"涐水"。

【涐水】 éshuǐ 水名，即大渡河。上源为大金川，南流含小金川，流经四川乐山，会青衣江流入岷江。郦道元《水经注·江水一》："东南流与～～合，水出徼外，……南至南安入大渡水。"

莪 é 草名，又名萝、萝蒿、莪蒿、廪蒿。多生在水边，嫩叶可食。《诗经·小雅·菁菁者莪》："菁菁者～，在彼中沚。"又《蓼莪》："蓼蓼者～，匪～伊蒿；哀哀父母，生我劬劳。"

哦 1. é ❶吟唱，念诵。韩愈《蓝田县丞厅壁记》："斯立痛扫溉，对树二松，日～其间。"梅尧臣《招隐堂寄题乐郎中》诗："日～招隐诗，日诵归田赋。"

2. ó ❷叹词。表示领会，醒悟。一说表示惊讶。《儒林外史》三十回："～！你就是来霞士！"《老残游记》十二回："老残道：'～！是了，是了。我的记性真坏！我常到你们公馆里去，怎么就不认得你了呢！'"

【哦松】 ésōng 唐博陵崔斯立为蓝田县丞，官署内庭中有松、竹、老槐，斯立常在二松间吟哦诗文。见韩愈《蓝田县丞厅壁记》。后常以"哦松"指县丞。黄公望《王叔明为陈惟允天香书屋图》诗："宁知采菊时，已解～～意。"

峨(峩) é ❶高山峻岭。谢灵运《山居赋》："庚宅矗以葆和，與陟～而善狂。"㊀特立突出。《世说新语·赏誉》注引《晋诸公赞》："峤常慕其舅夏侯玄为人，故于朝士中～然不群，时类惮其风节。"㊁高，矗起。陆龟蒙《记梦游甘露寺》诗：

"～天一峰立，栏楯横半壁。"刘基《卖柑者言》："～大冠，拖长绅者，昂昂乎庙堂之器也。"❷峨眉的简称。《新唐书·卢藏用传》："登衡、庐，彷洋岷、～。"陆游《秋夜独醉戏题》诗："莫恨久为～下客，江湖归去得雄夸。"

【峨弁】 ébiàn 武官戴的高帽。赵翼《阳朔山》诗："或如靓女拥高髻，或如武夫戴～～。"

【峨峨】 é'é ❶高峻的样子。《后汉书·冯衍传》："山～～而造天兮，林冥冥而畅茂。"❷严肃，端庄。宋玉《神女赋》："其状～～，何可极言！"

【峨冠】 éguān 高冠。陆游《登灌口庙东大楼观岷江雪山》诗："我生不识柏梁建章之宫殿，安得～～侍游宴。"

【峨髻】 éjì 高耸的发髻。李贺《河南府试十二月乐辞·二月》："金翘～～愁暮云，沓飒起舞真珠裙。"

【峨嵋】 éméi 山名，也作峨眉。在四川峨眉山市西南。山势雄伟，有山峰相对为峨眉，故名。郭璞《江赋》："～～为泉阳之揭，玉垒作东别之标。"

【峨冕】 émiǎn 高冠。古代大夫以上所服。亦指戴高冠，受封赏。杜甫《往在》诗："登阶捧玉册，～～聆金钟。"又《秋日荆南送石首薛明府三十韵》："赏从频～～，殊恩再直庐。"

【峨巍】 éwēi 高大的样子。王安石《忆昨诗示诸外弟》："淮沂无山四封庳，独有庙塔尤～～。"

【峨冠博带】 éguānbódài 高帽和阔衣带。指儒生的装束。《三国演义》三十七回："忽人报：'门外有一先生，～～～～，道貌非常，特来相探。'"

娥 é ❶传说中尧女舜妻的字。杜甫《祠南夕望》诗："山鬼迷春竹，湘～倚暮花。"❷美好。《方言》卷一："～，嬿，好也。秦曰～，宋魏之间谓之嬿。"又卷二："秦晋之间美貌谓之～。"见"娥娥"、"娥媌"。❸美女。陆机《拟古》诗之二："齐僮《梁甫吟》，秦～张女弹。"梅尧臣《牡丹》诗："及来江南花亦好，绛紫浅红如舞～。"❹嫦娥的简称。鲍照《白云》诗："命～双月际，要媛两星间。"韩愈《咏雪赠张籍》："～嬉华荡漭，胥怒浪崔嵬。"❺眉。苏轼《申王画马图》诗："青骡蜀栈西趋忽，高准浓～散荆棘。"

【娥娥】 é'é 美好的样子。张说《祭和静县主女》："～～女师，如月斯望。"

【娥皇】 éhuáng 传说为尧女舜妻。《汉书·古今人表》："～～，舜妃。"

【娥轮】 élún 月亮的别称。许敬宗《奉和七夕应制》诗："婺闺期今夕，～～泛浅潢。"参见"娥月"。

【娥媌】 émiáo 妖冶艳丽。《列子·周穆王》："简郑卫之处子～～靡曼者，施芳泽，正蛾眉，设笄珥。"

【娥眉】 éméi 女子的秀眉。借为美女的代称。枚乘《七发》："皓齿～～。"《后汉书·张衡传》："咸姣丽以蛊媚兮，增嫮眼而～～。"

【娥影】 éyǐng 月光。鲍溶《上阳宫月》诗："学织机边～～静，拜新衣上露华沾。"

【娥月】 éyuè 月亮的别称。神话传说月中有仙女嫦娥，故名。王僧达《祭颜光禄文》："凉荫掩轩，～～寝耀。"

硪 é 石崖。《说文·石部》："～，石岩也。"（段玉裁注："岩，厓也；石岩，石厓也。"）

睋 é ❶视，望。班固《西都赋》："于是睎秦岭，～北阜。"❷通"俄"。不久，一会儿。《公羊传·定公八年》："孟氏与叔孙氏迭而食之，～而锓其板。"

鹅（鵞、䳘、鵝） é 一种家禽。《战国策·齐策四》："士三食不得厌，而君～鹜有馀食。"韩愈《石鼓歌》："羲之俗书趁姿媚，数纸尚可博白～。"

【鹅鹳】 éguàn ❶战阵名。《左传·昭公二十一年》："郑翩愿为鹳，其御愿为鹅。"（杜预注："鹳、鹅皆陈名。"）张衡《东京赋》："火列具举，武士星敷；～～鱼丽，箕张翼舒。"❷指作书时字的间距。陈造《吴节推赵杨子曹器远赵子野携具用韵谢之》："谭麈冰霜厉，笔陈～～劲。"

【鹅黄】 éhuáng ❶像小鹅绒毛那样的淡黄色。李涉《黄葵花》："此花莫遣俗人看，新染～～色未干。"《红楼梦》三十四回："～～笺上写着'木樨清露'，那一个写着'玫瑰清露'。"❷比喻娇嫩淡黄之物。苏轼《次荆公韵》之一："深红浅紫从争发，雪白～～也斗开。"此指花。杨维桢《杨柳词》："杨柳董家桥，～～万万条。"此指新柳。❸酒名。杜甫《舟前小鹅儿》诗："鹅儿黄似酒，对酒爱新鹅。"因以鹅黄名酒。苏轼《追和子由诗暴雨初晴楼上晚景》："应倾半熟～～酒，照见新晴水碧天。"

【鹅毛】 émáo 鹅的羽毛。常用以比喻色白而轻之物，或比喻轻微的礼物。白居易《酬令公雪中见赠讶不与梦得同相访》诗："雪似～～飞散乱，人披鹤氅立徘徊。"苏轼《扬州以土物寄少游》诗："且同千里寄～～，何用孜孜饫麋鹿？"

【鹅眼】　éyǎn　指劣钱。《新唐书·食货志四》："两京钱有～～、古文、线环之别，每贯重不过三四斤，至翦铁而缗之。"

頟(頟)　é　❶前额，脑门。"额"的古字。《汉书·孝成赵皇后传》："～上有壮发，类孝元皇帝。"❷见"頟頟"。

【頟頟】　é'é　❶不休息的样子。《尚书·益稷》："傲虐是作，罔昼夜～～。"❷大，高而坚固的样子。韩愈《平淮西碑》："～～蔡城，其壃千里。"柳宗元《平淮夷雅表》："公曰徐之，无恃～～。"

蛾　1. é　❶昆虫。与蝶类并称，种类甚多，如天蛾、蚕蛾、菜蛾、螟蛾等。《荀子·赋》："蛹以为母，～以为父。"韩愈《雨中寄张博士籍侯主簿喜》诗："见墙生菌遍，忧麦作～飞。"❷"蛾眉"的省称。李白《邯郸才人嫁为厮养卒归》诗："妾本从台女，扬～入丹阙。"杜甫《城西陂泛舟》诗："青～皓齿在楼船，横笛短箫悲远天。"❸通"俄"。不久。《汉书·孝成班倢伃传》："帝初即位，选入后宫，始为少使，～而大幸，为倢伃。"❹某些寄生植物。如木蛾(木耳)、桑蛾(桑耳)等。《本草纲目·菜部》："木耳生于朽木之上……曰耳曰～，象形也。"

2. yǐ　❺同"蚁"。《史记·五帝本纪》："时播百谷草木，淳化鸟兽虫～。"见"蛾术"。❻姓。

【蛾翠】　écuì　❶妇女画眉用的青绿色颜料。指美好的眉毛。李贺《恼公》诗："含水弯～～，登楼潠马鬃。"❷指景色青翠。温庭筠《春洲曲》："韶光染色如～～，绿湿红鲜水容媚。"

【蛾蛾】　é'é　巨大。一说纷纭。扬雄《太玄经·断》："上九，斧刃～～，利匠人之贞。"又《众》："次七，旌旗绖罗，干戈～～。"

【蛾绿】　élǜ　❶妇女画眉用的青黑颜料。即螺子黛，又叫螺黛。颜师古《隋遗录》："[殿脚女]吴绛仙善画长蛾眉，司宫吏日给螺子黛五斛，号为～～。"❷借指女子的眉。姜夔《疏影》词："犹记深宫旧事，那人正睡里，飞近～～。"❸指青翠的山。苏轼《仆所藏仇池石希世之宝也王晋卿以小诗借观意在于夺仆不敢不借然以此诗先之》诗："海石来珠宫，秀色如～～。"

【蛾眉】　éméi　❶同"娥眉"。女子长而美的眉毛。《诗经·卫风·硕人》："齿如瓠犀，螓首～～，巧笑倩兮，美目盼兮。"❷比喻姿色美好。辛弃疾《摸鱼儿》词："～～曾有人妒。千金纵买相如赋，脉脉此情谁诉？"❸借为美人的代称。骆宾王《为李敬业传檄天下文》："入门见嫉，～～不肯让人。"白居易《长恨歌》："六军不发无奈何，宛转～～马前死。"

【蛾扬】　éyáng　眉扬。形容美人笑的样子。宋玉《神女赋》："眉联娟似～～兮，朱唇的其若丹。"谢朓《七夕赋》："临瑶席而宴语，绵含睇而～～。"

【蛾伏】　yǐfú　如蚁之蛰伏，表示顺从。扬雄《长杨赋》："皆稽颡树颔，扶服～～，二十馀年矣。"

【蛾傅】　yǐfù　即蚁附。如蚁的趋附。魏源《圣武记》卷十："贼噪乱，遂～～乘之，贼夺隘奔溃。"

【蛾术】　yǐshù　亦作"蚁术"。术，通"述"，学习。言蚁虽为小虫，然时时习衔土之事，积渐而成大垤，以喻学问须经长期积累乃有成就。清王鸣盛著有《蛾术编》一书。

额(額)　é　❶眉上发下的部分，即脑门。《史记·滑稽列传》："欲复使廷掾与豪长者一人入趣之。皆叩头，叩头且破，～血流地。"李白《长干行》："妾发初覆～，折花门前剧。"❷悬挂于门屏之上的牌匾。羊欣《笔阵图》："前汉萧何善篆籀，为前殿成，覃思三月，以题其～。"王世贞《经功德废寺》诗："赐～苔全卧，残碑雨自磨。"❸规定的数目。《旧唐书·崔衍传》："衍又上陈人困曰：'……旧～赋租，特望蠲减。'"

【额黄】　éhuáng　六朝时妇女涂饰在额上的黄色颜料。唐代仍有。皮日休《白莲》诗："半垂金粉知何似，静婉临溪照～～。"

【额山】　éshān　额头。温庭筠《照影曲》："黄印～～轻为尘，翠鳞红稚俱含嚬。"

【额手】　éshǒu　把手放在额上，表示庆幸。胡元桀《大有年》诗："童叟相观皆～～，从兹深愿屡丰年。"《红楼梦》九十九回："正申燕贺，先蒙翰教，边帐光生，武夫～～。"

【额子】　ézǐ　无顶头巾。米芾《画史》："又其后方见用紫罗为无顶头巾，谓之～～。"《红楼梦》三十一回："[史湘云]把宝兄弟的袍子穿上，靴子也穿上，～～也勒上，猛一瞧到像是宝兄弟。"

骇(駴)　ě　❶骇骇。1)马头摇动的样子。杜甫《扬旗》诗："庭空六马入，骇～扬旗旌。"2)山高峻的样子。扬雄《甘泉赋》："崇丘陵之骇～兮，深沟嵚而为谷。"❷骇鹿。马名。《广雅·释兽》："～鹿，马属。"也作"娥鹿"。郄昂《八马坊碑颂序》："其名则蒲梢、启服、野麋、～～。"

猗　ě　见yī。

厄[1](戹)　è　❶困苦，灾难。司马迁《报任少卿书》："仲尼～而作

《春秋》。"《三国志·魏书·华佗传》:"将军当寿八十,至四十时当有小～,愿谨护之。"⊗受困。《荀子·宥坐》:"孔子南适楚,～于陈、蔡之间。"❷为难,迫害。《史记·季布栾布列传》:"两贤岂相～哉!"❸指两边高峻的狭窄的地形,或指险要的地方。《孙子·地形》:"料敌制胜,计险～远近,上将之道也。"《孙膑兵法·八阵》:"易则多其车,险则多其骑,～则多其弩。"❹通"轭"。在辕前端驾在马颈上的横木。《诗经·大雅·韩奕》:"鞹鞃浅幭,鞗革金～。"《韩非子·外储说左上》:"郑县人得车～也。"

【厄会】 èhuì 艰难时刻。《后汉书·窦融传》:"亲遇～～之际,国家不利之时。"《三国志·吴书·诸葛恪传》:"当今伐之,是其～～。"

【厄劫】 èjié 灾难。《聊斋志异·荷花三娘子》:"女曰:'自遭～～,顿悟大道。即奈何以衾裯之爱,取人仇怨?'"

【厄穷】 èqióng 困穷。《孟子·公孙丑上》:"遗佚而不怨,～～而不悯。"《聊斋志异·锦瑟》:"吾家娘子悯君～～,使妾送君入安乐窝,从此无灾矣。"

【厄闰】 èrùn 旧说黄杨遇闰年不长,因以"厄闰"喻指境遇艰难,命运不好。苏轼《监洞霄宫俞康直郎中所居退圃》诗:"园中草木春无数,只有黄杨～～年。"

【厄运】 èyùn 艰难困苦的遭遇。《后汉书·和熹邓皇后纪》:"延平之际,海内无主,元元～～,危于累卵。"

厄[2](阨、阸) 1. è ❶险要之地。贾谊《过秦论》:"闭关据～,荷戟而守之。"《后汉书·隗嚣传》:"而孺卿以奔离之卒,拒要～,当军冲,视其形势何如哉?"❷穷困,灾难。《吕氏春秋·观世》:"今晏子功免人于～矣,而反屈下之,其去俗亦远矣。"《史记·平津侯主父列传》:"臣结发游学四十馀年,身不得遂,亲不以为子,昆弟不收,宾客弃我,我～日久矣。"

2. ài ❸通"隘"。狭隘,狭窄。《左传·昭公元年》:"彼徒我车,所遇又～。"《汉书·赵充国传》:"道～狭,充国徐行驱之。"

【厄困】 èkùn 困窘,困穷。《史记·游侠列传》:"不爱其躯,赴士之～～。"

【厄塞】 èsài 险要之地。《后汉书·杜笃传》:"既有蓄积,～～四临。"

【厄僻】 àipì 仄陋,狭小。成公绥《啸赋》:"狭世路之～～,仰天衢而高蹈。"

【厄巷】 àixiàng 小巷。《竹书纪年·周武王纪》:"姜嫄助祭郊禖,见大人迹,履之遂有身而生男,以为不祥,弃之～～。"

扼(搤) è ❶用力抓住或掐住。见"扼虎"。❷据守,控制。《新唐书·李光颜传》:"密遣田布伏精骑沟下,～其归。"《宋史·冯拯传》:"备边之要,不～险以制敌之冲,未易胜也。"❸堵住,阻塞。《管子·度地》:"此五水者,因其利而往之可也,因而～之可也。"《续资治通鉴·元顺帝至正十一年》:"抑河之暴,因而～之,谓之塞。"❹量词。用于成束的物体,相当于"把"。贾思勰《齐民要术·种紫草》:"一～随以茅结之,四～为一头。"❺欹器,倾斜易覆之器。《法言·重黎》:"或问持满?曰:'～。'"❻通"轭"。驾在牛马颈项上的木头。《庄子·马蹄》:"夫加之以衡～,齐之以月题,而马知介倪闉～鸷曼,诡衔窃辔。"❼通"厄"。灾难,祸害。《论衡·状留》:"沉滞在能自济,故有不拔之～。"

【扼吭】 èháng ❶气逆于喉。陆游《南唐书·刘仁赡传》:"朱元、朱仁裕、孙璘皆降周,仁赡闻之,～～愤难。"❷犹扼要。指控制要害之处。叶宪祖《鸾锟记·合谮》:"怪得鲰生多倒颠,须知～～制人先。"

【扼虎】 èhǔ 掐死老虎。《汉书·李陵传》:"臣所将屯边者,皆荆楚勇士奇材剑客也。力～～,射命中。"《宋书·乐志四》:"顿熊～～,蹴豹搏貙。"

【扼襟】 èjīn 控制要害。周邦彦《汴都赋》:"～～控咽,屏藩表里。名城池为金汤,役诸侯为奴隶。"

【扼昧】 èmèi 暗害。《韩非子·备内》:"唯母为后而子为主,则令无不行,禁无不止,男女之乐不减于先君,而擅万乘不疑,此鸩毒～～之所以用也。"

【扼腕】 èwàn 用手握腕。表示情绪的激动、振奋或惋惜。《三国志·魏书·董二袁刘传》裴松之评:"袁术无毫芒之功,纤介之善,而猖狂于时,妄自尊立,固义夫之所～～,人鬼之所同疾。"张溥《五人墓碑记》:"安能屈豪杰之流,～～墓道,发其志士之悲哉?"

【扼要】 èyào 控制要冲。沈亚之《京兆府试进士策问》之一:"逦迤数千里之间,壁冲～～之戍,百有馀城。"

呃 è 喉间气逆作声。朱震亨《丹溪心法》附《证治要诀》六:"咳逆为病,古谓之哕,近谓之～。"

【呃逆】 ènì 喉间气逆作声。王肯堂《证治准绳》:"～～,即内经所谓哕也。"

【呃喔】 èwò 禽鸟鸣叫声。潘岳《射雉赋》:"良游～～,引之规里。"指雉鸣。温庭筠《常林欢歌》:"锦荐金炉梦正长,东家～

～鸡鸣早。”指鸡鸣。

轭(軛、軶) è 车上部件。驾车时驾在牲口颈上的曲木。《楚辞·九叹·离世》:“执组者不能制兮,必折～而摧辕。”《后汉书·皇甫规妻传》:“[董]卓乃引车庭中,以其头悬～,鞭扑交下。”

砐 è 见“砐硪”。

【砐硪】 è'é 高耸的样子。一说摇动的样子。郭璞《江赋》:“阳侯～～以岸起,洪澜涴演而云回。”

垩(堊) è ❶白土。《庄子·徐无鬼》:“匠石运斤成风,听而斲之,尽～而鼻不伤。”《汉书·司马相如传上》:“其土则丹青赭～,雌黄白坿,锡碧金银,众色炫耀,照烂龙鳞。”泛指可用来涂饰的有色土。《吕氏春秋·察微》:“使治乱存亡若高山之与深谿,若白～之与黑漆,则无所用智,虽愚犹可矣。”《山海经·中山经》:“又东三十五里,曰葱聋之山,其中多大谷,是多白～,黑、青、黄～。”❷用白土涂刷。《韩非子·说林下》:“宫有～,器有涤,则洁矣。”《后汉书·吕强传》:“楼阁连接,丹青素～。”

【垩慢】 èmàn 用白泥涂抹。慢,通“墁”。《庄子·徐无鬼》:“郢人～～其鼻端,若蝇翼。”

【垩室】 èshì 古时有丧事的人住的地方。在墙壁上涂垩,故称垩室。一说,垒墼作成,不涂顶壁。《三国志·魏书·袁绍传》注引《汉晋春秋》:“且先公即世之日,我将军斩衰居庐,而将军斋于～～,出入之分,于斯益明。”

哑 è 见yǎ。

咢 è ❶徒手敲击。《诗经·大雅·行苇》:“嘉殽脾臄,或歌或～。”❷没有伴奏的歌吟。韩愈等《晚秋郾城夜会联句》:“尔牛时寝讹,我仆或歌～。”❸屋檐的棱。《晋书·赫连勃勃载记》:“飞檐舒～,似翔鹏之矫翼。”❹通“锷”。刀锋。《汉书·王褒传》:“清水淬其锋,越砥敛其～。”

【咢咢】 è'è ❶直言争辩的样子。《汉书·韦贤传》:“睮睮谄夫,～～黄发。”(《文选》韦孟《讽谏》诗作“谔谔”。)❷高高的样子。《后汉书·张衡传》:“冠～～其映盖兮,佩綝缅以辉煌。”

曷 è 见hé。

恶(惡) 1. è ❶罪过,罪恶。与“善”相对。《周易·大有》:“君子以遏～扬善,顺天休命。”《三国志·蜀书·诸葛亮传》:“无～不惩,无善不显。”㊀坏,不好。《吕氏春秋·简选》:“今有利剑于此,以刺则不中,以击则不及,与～剑无择。”又《顺说》:“田赞衣补衣而见荆王。荆王曰:‘先生之衣,何其～也?’”㊁恶人,坏人。《后汉书·赵熹传》:“于是擢举义行,诛锄奸～。”《晋书·傅咸传》:“疾～如仇。”❷害。《淮南子·说林训》:“病热而强之餐,救暍而饮之寒,救经而引其索,拯溺而授之石,欲救之,反为～。”❸凶暴,凶险。《墨子·七患》:“故时年岁善,则民仁且良;时年岁凶,则民吝且～。”《史记·扁鹊仓公列传》:“君之病～。”㊀汹涌,猛烈。《史记·秦始皇本纪》:“临浙江,水波～,乃西百二十里从狭中渡。”❹丑。与“美”相对。《战国策·赵策三》:“鬼侯有子而好,故入之于纣,纣以为～。”《荀子·君道》:“好女之色,～者之孽也。”❺指收成不好。《汉书·薛广德传》:“后月馀,以岁～民流,与丞相定国、大司马车骑将军史高俱乞骸骨。”章孝标《织绫词》:“去年蚕～绫帛贵,官急无丝织红泪。”❻疾病。《左传·成公六年》:“郇瑕氏土薄水浅,其～易觏。”《世说新语·术解》:“郗愔信道,甚精勤,常患腹内～,诸医不可疗。”㊀不舒服,不愉快。《晋书·王羲之传》:“中年以来,伤于哀乐,与亲友别,辄作数日～。”❼污秽。《左传·成公六年》:“土厚水深,居之不疾,有汾、浍以流其～。”㊀特指粪便。《吴越春秋·勾践入臣外传》:“大宰嚭奉溲～以出。”《汉书·武五子传》:“陛下左侧谗人众多,如是青蝇～矣。”❽甚,很。常用于诗词之中。杨万里《见周子充舍人叙怀》诗:“公今贫贱庸非福,我更清愁～似公。”辛弃疾《临江仙》词:“小靥人怜都～瘦,曲眉天与长颦。”

2. wù ❾憎恨,讨厌。与“好(hào)”相对。《论语·里仁》:“唯仁者,能好人,能～人。”《史记·陈杞世家》:“三十七年,齐桓公伐蔡,蔡败;南侵楚,至召陵,还过陈。陈大夫辕涛涂～其过陈,诈齐令出东道。”❿羞耻。《孟子·公孙丑上》:“无羞～之心,非人也。”《史记·平原君虞卿列传》:“此百世之怨而赵之所羞,而王弗知～焉。”⓫忌讳。《汉书·夏侯胜传》:“～察察言,故云臣下有谋。”⓬诽谤,诋毁。《战国策·燕策一》:“人有～苏秦于燕王者,曰:‘武安君,天下不信人也。’”(武安君:苏秦封号。)《汉书·樊哙传》:“是时高帝病甚,人有～哙党于吕氏。”

3. wū ⓭疑问代词。怎么,如何,何。《史记·滑稽列传》:“先生饮一斗而醉,～能饮一石哉?”柳宗元《愚溪对》:“然以吾之愚而独好汝,汝～得避是名耶?”⓮叹词。《孟子·公孙丑上》:“～!是何言也!”

4. hū ⑮见“恶池”。

【恶报】 èbào 佛教用语。作坏事而自食其果。萧衍《断酒肉文》:“行十恶者,受于～～;行十善者,受于善报。”

【恶德】 èdé 品德不良,或品德不良的人。《尚书·说命中》:“爵罔及～～,惟其贤。”

【恶发】 èfā 发怒。陆游《老学庵笔记》卷八:“白席者又曰:‘资政～～也,请众客放下荔枝。’”《西游记》五十八回:“当面说出,恐妖精～～。”

【恶笄】 èjī 古代女子服丧时所用的榛木笄。也称栉笄。《礼记·丧服小记》:“齐衰,～～以终丧。”

【恶疾】 èjí 指痛苦难治的残疾。《汉书·楚孝王刘嚣传》:“今乃遭命,离于～～。”李昌龄《乐善录·刘贡父》:“晚年得～～,须眉堕落,鼻梁断坏,苦不可言。”

【恶金】 èjīn 指铁。在发明炼钢之前,古人以铁不能制上等兵器,故称之为恶金,称青铜为美金。《国语·齐语》:“～～以铸钼、夷、斤、斸,试诸壤土。”

【恶剧】 èjù 开玩笑。苏轼《白水山佛迹岩》诗:“山灵莫～～,微命安足赌。”参见“恶作剧”。

【恶客】 èkè ❶不贪酒的客人。元结《将船何处去》诗之二:“有时逢～～,还家亦少酣。”(自注:“非酒徒即有恶客。”)后转称酗酒者为恶客。张可久《水仙子·湖上晚归》曲之二:“佳人微醉脱金钗,～～佯狂饮绣鞋。”❷不怀好意的客人。陆游《春寒》诗:“高楼坠绿珠,～～碎珊瑚。”

【恶口】 èkǒu ❶恶毒的言语。《汉书·王尊传》:“[杨辅]素行阴贼,～～不信,好以刀笔陷人于法。”❷佛教以恶口为十恶之一。《法苑珠林·两舌》:“～～而两舌,好出他人过。”

【恶戾】 èlì 凶横。《史记·齐悼惠王世家》:“齐王母家驷钧,～～,虎而冠者也。”(驷钧,齐王舅父。)

【恶魔】 èmó 佛家指外道的恶煞凶神。《圆觉经》:“无令～～及诸外道恼其身心。”《西游记》五十二回:“遇着一个～～头,名唤兕大王,神通广大。”

【恶逆】 ènì ❶古代刑律十恶大罪之一。指殴打及谋杀祖父母、父母,杀死伯叔父母、姑、兄、姊、外祖父母、夫、夫之祖父母、父母的人。见《唐律疏议·名例》。❷指罪大恶极。《后汉书·陈球传》:“曹节、王甫复争,以为梁后家犯～～,别葬懿陵。”

【恶钱】 èqián 古代私铸的钱,质料薄劣者称恶钱。《隋书·赵绰传》:“时上禁行～～,有二人在市以～～易好者,武候执以闻,上令悉斩之。”

【恶趣】 èqù 佛教用语。也称恶道。指地狱、饿鬼、畜生三道。《诸经要集》卷二引《涅槃经》:“若有众生一经耳者,却后七劫,不堕～～。”白居易《画弥勒上生帧记》:“遍念一切～～众生,愿同我身离苦得乐。”

【恶人】 èrén ❶坏人。《孟子·公孙丑上》:“不立于～～之朝,不与～～言;立于～～之朝,与～～言,如以朝衣朝冠坐于涂炭。”❷形貌丑陋的人。《庄子·德充符》:“卫有～～焉,曰哀骀它。”

【恶肉】 èròu 腐肉。《三国志·魏书·华佗传》注引《佗别传》:“破腹就视,脾果半腐坏,以刀断之,刮去～～。”

【恶色】 èsè ❶指不好的形象。《孟子·万章下》:“伯夷目不视～～,耳不听恶声。”❷指长得丑陋。《论衡·逢遇》:“或以丑面～～称媚于上。”

【恶少】 èshào 品行恶劣的少年。韩愈《寄卢仝》诗:“昨晚长须来下状,隔墙～～恶难似。”又称“恶少年”。杜甫《驱竖子摘苍耳》诗:“寄语～～～,黄金且休掷。”

【恶声】 èshēng ❶邪恶之声,不祥之声。《孟子·万章下》:“伯夷目不视恶色,耳不听～～。”《晋书·祖逖传》:“与司空刘琨,俱为司州主簿,情好绸缪,共被同寝,中夜闻荒鸡鸣,蹴琨觉曰:‘此非～～也。’因起舞。”❷辱骂之声。《庄子·山木》:“一呼而不闻,再呼而不闻,于是三呼邪,则必以～～随之。”❸恶名,坏名声。《韩非子·说林上》:“汤杀君而欲传～～于子,故让天下于子。”(子,指务光。)

【恶诗】 èshī 拙劣的诗,也用以谦称自己的诗作。苏轼《庐山瀑布》诗:“飞流溅沫知多少,不为徐凝洗～～。”又《与钱志仲书》之三:“乌丝当用写道书一篇,非久纳上,～～不足录也。”

【恶岁】 èsuì 荒年。《盐铁论·力耕》:“凶年～～,则行币物,流有馀而调不足也。”柳宗元《兴州江运记》:“属当～～,府庾甚虚,器备甚殚。”

【恶徒】 ètú 坏人,歹徒。刘知幾《史通·申左》:“是违夫子之教,失圣人之旨,奖进～～,贻误后学。”

【恶限】 èxiàn 犹言厄运。困苦的遭遇。《水浒传》六十一回:“吴用道:‘员外贵造一向都行好运,独今年时犯岁君,正交～～。’”

【恶心】 èxīn ❶坏念头。《韩非子·外储说左下》:“夔者忿戾～～,人多不说喜也。”❷

指怨恨之心。《国语·晋语四》:“公惧,遽出见之,曰:‘岂不如女言,然是吾～～也。’”❸恶劣的心境。王实甫《西厢记》三本二折:“分明是你过犯,没来由把我摧残,使别人颠倒～～烦。”

【恶言】 èyán 无礼、中伤一类的话。《左传·哀公二十五年》:“～～多矣,君请尽之。”

【恶业】 èyè ❶佛教用语。指出于身、口、意三者的坏事、坏话、坏心等。关汉卿《绯衣梦》三折:“第一来～～,第二来神天报应。”❷不正当的职业。《史记·货殖列传》:“博戏,～～也,而桓发用之富。”(桓发:人名。)

【恶月】 èyuè 古代迷信称五月为恶月。宗懔《荆楚岁时记》:“五月,俗称～～,多禁。忌曝床荐席及忌盖屋。”

【恶躁】 èzào 可憎。马致远《黄粱梦》三折:“天噪,这雪住一住可也好,越下的～～了。”《西游记》三十六回:“这个和尚,比那个和尚不同:生得～～,没脊骨。”

【恶札】 èzhá 拙劣的书简。多指书法不善。也用为自谦之词。米芾《海岳名言》:“柳公权师欧,不及远甚,而为丑怪～～之祖。”楼钥《跋所书卞公祠堂记》:“兹乃幸得以～～托名于不朽,故谨书之。”

【恶终】 èzhōng 犹言不得好死;遭横祸而死。《魏书·韦隽传》:“吾一生为善,未蒙善报;常不为恶,今为～～。悠悠苍天,抱直无诉!”

【恶子】 èzǐ 无赖子弟,行为不轨的少年。犹言恶少。《汉书·尹赏传》:“杂举长安中轻薄少年～～,……悉籍记之。”

【恶阻】 èzǔ 肠胃消化不良,不思饮食。陈郁《话腴》:“朝来不喜餐,必～～也。”

【恶寒】 wùhán ❶畏寒。《荀子·天论》:“天不为人之～～也辍冬,地不为人之恶辽远也辍广。”陆机《君子行》:“近火固宜热,履冰岂～～。”❷中医称人体发热前作剧冷为恶寒。张仲景《伤寒论·辨脉法》:“病有洒淅,～～而复发热者,何?”

【恶嫌】 wùxián 讨厌。周邦彦《木兰花令》词:“～～春梦不分明,忘了与伊相见处。”

【恶许】 wūxǔ 同“何许”。何处。《墨子·非乐上》:“古者圣王,亦尝厚措敛乎万民,以为舟车。既已成矣,曰:‘吾将～～用之?’”

【恶池】 hūtuó 水名。即滹沱河。《礼记·礼器》:“晋人将有事于河,必先有事于～～。”

【恶草具】 ècǎojù 粗劣的饮食。《史记·陈丞相世家》:“[汉王]为太牢具,举进。见楚使,即详惊曰:‘吾以为亚父使,乃项王使。’复持去,更以～～～进楚使。”

【恶精神】 èjīngshén 精神饱满。陈瓘《鹧鸪天》词:“宜笑宜颦掌上身,能歌能舞～～～。”佚名《小尉迟》四折:“斗起我,美良川,狠气势,榆科园,～～～。”

【恶作剧】 èzuòjù 令人难堪的戏弄。杨万里《宿潭石步》诗:“天公吓客～～～,不相关白出不测。”《聊斋志异·婴宁》:“观其孜孜憨笑,似全无心肝者;而墙下～～～,其黠孰甚焉!”

鬲 è 见lì。

饿(餓) è 严重的饥饿。《孟子·梁惠王上》:“彼夺其民时,使不得耕耨以养其父母。父母冻～,兄弟妻子离散。”《后汉书·隗嚣传》:“嚣病且～,出城餐糗糒,恚愤而死。”

【饿鬼】 èguǐ 佛教指饿鬼道,与天道、人道、阿修罗道、畜生道、地狱道合称六道。佛经说人生前做了坏事,死后要堕入饿鬼道,受饥渴之苦。《敦煌变文集·大目乾连冥间救母变文》:“唯有目连阿孃为～～。”

【饿隶】 èlì 饥饿之徒。《汉书·叙传下》:“[韩]信惟～～,[黥]布实黥徒。”又借以形容枯瘦之状。《晋书·王献之传》:“观其字势疏瘦,如隆冬之枯树;览其笔踪拘束,若严家之～～。”

【饿莩】 èpiǎo 饿死的人。《孟子·梁惠王上》:“狗彘食人食,而不知检;涂有～～而不知发。”也作“饿殍”。白居易《辨水旱之灾》:“故丰稔之岁,则贵籴以利农人;凶歉之年,则贱粜以活～～。”

阏(閼) 1. è ❶阻塞,堵塞。《吕氏春秋·古乐》:“民气郁～而滞者,筋骨瑟缩不达,故作为舞以宣导之。”《论衡·非韩》:“不塞沟渠而缮船楫者,知水之性不可～,其势必溺人也。”㊂阻止,阻拦。《史记·樗里子甘茂列传》:“韩亡,公仲且躬率其私徒以～于秦。”❷闸板,水闸。《汉书·召信臣传》:“行视郡中水泉,开通沟渎,起水门提～凡数十处,以广溉灌。”

2. yān ❸见“阏氏”。

3. yù ❹见“阏与”。

【阏塞】 èsè 壅塞,堵塞。《吴越春秋·越王无馀外传》:“帝尧之时,遭洪水滔滔,天下沉渍,九州～～,四渎壅闭。”

【阏逢】 yānpéng 也作“阏蓬”、“焉逢”。天干中甲的别称,用以纪年。《尔雅·释天》:

"太岁在甲曰～～。"

【阏氏】　yānzhī　汉时匈奴王妻妾的称号。称母为母阏氏。《史记·匈奴列传》:"遂取所爱～～予东胡。"《汉书·苏武传》:"及卫律所将降者,阴相与谋劫单于母～～归汉。"

【阏与】　yùyǔ　舒缓的样子。《汉书·扬雄传上》:"三军芒然,穷尤～～。"

谔(諤、詻)　è　直言,说话正直。《列子·力命》:"在朝～然,有敖朕之色。"《后汉书·戴凭传》:"臣无謇～之节,而有狂瞽之言,不能以尸伏谏,偷生苟活,诚惭圣朝。"

【谔谔】　è'è　直言争辩的样子。《墨子·亲士》:"君必有弗弗之臣,上必有～～之下,分议者延延,而支苟者～～,焉可以长生保国?"《史记·商君列传》:"千羊之皮,不如一狐之掖;千人之诺诺,不如一士之～～。"

鄂　è　❶殷代国名。《战国策·赵策三》:"昔者鬼侯、～侯、文王,纣之三公也。"《史记·殷本纪》:"以西伯昌、九侯、～侯为三公。"在今河南沁阳市西北邘台镇。❷边际,界限。扬雄《甘泉赋》:"攒并闾与茇苦兮,纷被丽其亡～。"❸捕兽器。《国语·鲁语上》:"水虞于是禁罝罜麗,设阱～。"❹通"萼"。花托。《诗经·小雅·常棣》:"常棣之华,～不韡韡。"❺通"愕"。惊讶。《史记·留侯世家》:"良～然,欲殴之。"《汉书·霍光传》:"群臣皆惊～失色,莫敢发言,但唯唯而已。"❻通"谔"。直言的样子。马融《长笛赋》:"蒯聩能退敌,不占成节～。"❼姓。汉有鄂千秋。

【鄂鄂】　è'è　❶同"谔谔"。直言争辩的样子。《大戴礼记·曾子立事》:"是故君子出言以～～,行事以战战。"《史记·赵世家》:"诸大夫朝,徒闻唯唯,不闻周舍之～～。"❷不休息。王符《潜夫论·断讼》:"昼夜～～,慢游是好。"

【鄂不】　èfū　花萼与花蒂。"鄂"通"萼","不"通"柎"。《诗经·小雅·常棣》:"常棣之华,～～韡韡。"

饿(餓)　è　噎,打嗝。见"饿饿"。

【饿饿】　è'è　打嗝声。元稹《寄吴士矩端公五十韵》:"醉眼渐纷纷,酒声频～～。"

颚(顎)　è　鼻梁。《战国策·中山策》:"若乃其眉目准～权衡,犀角偃月,彼乃帝王之后,非诸侯之姬也。"《后汉书·周燮传》:"燮生而钦颐折～,丑状骇人。"

愕　è　❶惊讶。《史记·刺客列传》:"群臣皆～,卒起不意,尽失其度。"韩愈《送高闲上人序》:"天地事物之变,可喜可～,一寓于书。"❷通"谔"。直言。袁宏《三国名臣序赞》:"神情所涉,岂徒謇～而已哉。"《后汉书·陈蕃传》:"謇～之操,华首弥固。"

【愕愕】　è'è　同"谔谔"。直言争辩的样子。《管子·白心》:"～～者不以天下为忧。"

【愕然】　èrán　惊讶的样子。《汉书·黥布传》:"随何直入曰:'九江王已归汉,楚何以得发兵!'布～～。"《三国志·吴书·鲁肃传》:"众闻之,无不～～。"

【愕眙】　èyí　惊视。王勃《益州绵竹县武都山净慧寺碑》:"丰隆晓震,次复雷而凄皇;列缺晨奔,望崇轩而～～。"

堮　è　地面凸起成界划的部分,边际。《淮南子·俶真训》:"萌兆牙蘖,未有形埒垠～。"

堨　1. è　❶拦水的土堰。《三国志·魏书·刘馥传》:"兴治芍陂及茹陂七门吴塘诸～,以溉稻田。"郦道元《水经注·济水》:"大河冲塞,侵啮金堤,以竹笼石葺土而为～。"

2. ài　❷尘土,尘埃。《淮南子·兵略训》:"曳梢肆柴,扬尘起～。"班固《西都赋》:"轶埃～之混浊,鲜颢气之清英。"

萼(蕚、蘁)　è　环列花朵外部的叶状薄片,一般呈绿色,在花芽期起保护作用。欧阳修《洛阳牡丹记》:"凡花近～色深,至其末渐浅。"

【萼跗】　èfū　花萼与子房。比喻兄弟。张愿《秀士张点墓志》:"痛～～之不禄,悲涕泗之无从。"

遌　è　❶抵触。马融《长笛赋》:"簉距劫～,又足怪也。"(李善注:"言声之相逆遌也。")❷相遇。《楚辞·九章·怀沙》:"重华不可～兮,孰知余之从容?"(重华:舜)。张衡《思玄赋》:"幸二人之～虞兮,嘉傅说之生殷。"

遏　è　❶阻拦,阻止。《国语·周语下》:"民有怨乱,犹不可～,而况神乎?"《三国志·魏书·武帝纪》:"虏～吾归师,而与吾死地战,吾是以知胜矣。"㊀禁闭。《楚辞·天问》:"永～在羽山,夫何三年不施?"❷通"害"。伤害。《诗经·大雅·文王》:"命之不易,无～尔躬。"

【遏籴】　èdí　禁止购买谷米。《孟子·告子下》:"[齐桓公]五命曰,无曲防,无～～,无有封而不告。"

【遏绝】　èjué　断绝,禁绝。《后汉书·西羌传》:"隔塞羌胡交关之路,～～狂狡窥欲之源。"《三国志·蜀书·刘备传》:"人神无主,～～王命,厌昧皇极,欲盗神器。"

【遏刘】 èliú 阻止杀伐。《诗经·周颂·武》："嗣武受之，胜殷～～，耆定尔功。"

【遏密】 èmì ❶禁绝。指皇帝死后停止举乐。《尚书·舜典》："帝乃殂落，百姓如丧考妣；三载，四海～～八音。"王安石《知人》："晋王广求为冢嗣，管弦～～，尘埃被之。"❷指皇帝死。《宋书·明帝纪》："子业凶嚚自天，忍悖成性……再罹～～，而无一日之哀；齐斩在躬，方深北里之乐。"（子业，前废帝。）

【遏云】 èyún 《列子·汤问》："薛谭学讴于秦青，未穷青之技，自谓尽之，遂辞归。秦青弗止，饯于郊衢，抚节悲歌，声振林木，响遏行云。薛谭乃谢求反，终身不敢言归。"后因以"遏云"形容嘹亮优美的歌声。许浑《陪王尚书泛舟莲池》诗："舞疑回雪态，歌转～～声。"高启《听教坊旧妓郭芳卿弟子陈氏歌》诗："～～妙响发朱唇，不数开元许永新。"

崿（咢、碍） è ❶山崖，山边。张衡《西京赋》："坻～鳞眴，栈齴巉险。"谢灵运《晚出西射堂》诗："连障叠巘～，青翠杳深沉。"❷高峻。夏侯湛《山路吟》："旷野躯兮辽落，崇岳兮嵬～。"㊂险峻的山峰。王维《燕子龛禅师》诗："裂地竞盘屈，插天多峭～。"

歞 è 见"歞叶"。

【歞叶】 èyè 妇女髻上戴的花叶饰物。杜甫《丽人行》："头上何所有？翠微～～垂鬓唇。"

隘 è 见 ài。

搤 è ❶掐住，捉住。《汉书·扬雄传下》："～熊罴，拖豪猪。"《后汉书·马援传》："不如进壶头，～其喉咽。"❷握持。《史记·周本纪》："养由基怒，释弓～剑，曰：'客安能教我射乎？'"❸据守。《新唐书·黄巢传》："即发兵三万～蓝田道。"

【搤杀】 èshā 捉住杀掉。《后汉书·李云传》："今以罪行诛，犹召家臣～～耳。"《晋书·王澄传》："令力士路戎～～之。"

【搤腕】 èwàn 同"扼腕"。形容情绪激奋。《史记·封禅书》："[栾]大见数月，佩六印，贵震天下，而海上燕、齐之间，莫不～～而自言有禁方，能神仙矣。"《三国志·魏书·杜畿传》："然搢绅之儒，横加荣慕，～～抗论。"苏轼《私试策问七首》："士大夫相与～～而游谈者，以为天子一日诛宦官而解党锢，则天下犹可以无事。"

搕 1. è ❶用于覆盖。《广韵·合韵》："～，以手盍也。"❷见"搕𢶍"。

2. kè ❸取。《集韵·盍韵》："～，取也。"❹打，击。《字汇·手部》："～，击也。"

【搕𢶍】 èsà 粪便，垃圾。《景德传灯录·英州大容諲禅师》："大海不容尘，小豁多～～。"

搹 è 同"扼"。把，握。《仪礼·丧服》："直绖大～。"郑玄注："盈手曰搹。搹，扼也。"

腭（齶） è 口腔的上壁。前面为硬腭，后面为软腭。宋慈《洗冤录·踢伤致死》："女子之伤，则又现于上～。"

鹗（鶚） è 鸟名。雕属。又叫鱼鹰。性凶猛，常栖水边，捕鱼为食。《汉书·邹阳传》："臣闻鸷鸟累百，不如一～。"

【鹗表】 èbiǎo 推荐书。张方平《谢范天章荐应制科》诗："千古声名传～～，四方豪俊望龙门。"

【鹗眙】 èchì 惊视的样子。窦臮《述书赋》上："如发硎刃，虎骇～～，儒夫丧精，剑客得志。"

【鹗顾】 ègù 瞋目四顾，如鹗之觅食。《聊斋志异·画壁》："使者反身～～，似将搜匿。"

【鹗荐】 èjiàn 《后汉书·祢衡传》："鸷鸟累百，不如一鹗。使衡立朝，必有可观。"后因称举荐有才能的人为"鹗荐"。苏轼《次韵王定国谢韩子华过饮》："亲嫌妨～～，相对发微泚。"

【鹗立】 èlì 像鹗那样立着。比喻卓然超群。黄滔《狎鸥赋》："岂鹰扬于霄汉之外，乃～～于烟涛之曲。"

【鹗视】 èshì ❶目光锐利，如鹗瞻视。左思《吴都赋》："鹰瞵～～。"❷借指勇士。《梁书·武帝纪》："～～争先，龙骧并驱。"

【鹗书】 èshū 同"鹗表"。推荐书。陈造《饯寄定海交代》诗："诸公蜚～～，犯严尚遗力。"

锷（鍔） è ❶刀剑的刃。《庄子·说剑》："天子之剑，以燕谿石城为锋，齐岱为～。"《后汉书·窦宪传》："斩温禺以衅鼓，血尸逐以染～。"❷圻锷，器物上的凹处叫圻，凸处叫锷。《说文·谆韵》："圻，器之圻锷。"❸同"堮"。崖岸，边际。张衡《西京赋》："在彼灵囿之中，前后无有垠～。"

【锷锷】 è'è 高的样子。张衡《西京赋》："增桴重棼，～～列列。"

颚（顎） è 同"咢"。《集韵·陌韵》："咢，山高大貌。或从额。"李尤《平乐观赋》："郁崔嵬以离娄，赫岩岩其崟

～。"木华《海赋》:"启龙门之岝～,轚陵峦而崭凿。"

噩 è ❶惊恐,惊愕。见"噩耗"、"噩梦"。❷严正、严肃的样子。《新书·劝学》:"既遇老聃,～若慈父。"参见"噩噩"。

【噩噩】 è'è ❶严正,严肃。扬雄《法言·问神》:"虞夏之书浑浑尔,《商书》灏灏尔,《周书》～～尔。"❷犹谔谔。正言谏诤的样子。范仲淹《移苏州谢两府》:"此盖相公仁钧大播,量泽兼包,示～～之公朝,存坦坦之言路。"

【噩耗】 èhào 凶信,使人惊愕的消息。多指人死而言。赵翼《扬州哭溦堑编修》诗:"才是春筵累治庖,忽传～～到江郊。"

【噩梦】 èmèng 凶恶可怖的不祥之梦。范成大《江州庾楼夜宴》诗:"客从三峡来,～～随奔泷。"

【噩迕】 èwǔ 惊遇。贾谊《新书·匈奴》:"其众之见将吏,犹～～仇雠也;南乡而欲走汉,犹水流下也。"

崿 è ❶巀崿,山名。又名嵯峨山,慈娥山,在今陕西省泾阳、三原、淳化三县界。❷山高峻的样子。司马相如《上林赋》:"九嵕巀～,南山峩峩。"

鳄(鰐、鱷) è 一种鳄目的爬行动物。通称鳄鱼。韩愈《鳄鱼文》:"以羊一猪一投恶谿之潭水,以与～鱼食。"

齃 è 同"频"。鼻梁。《史记·范雎蔡泽列传》:"唐举孰视而笑曰:'先生曷鼻、巨肩、魋颜,蹙～,膝挛,吾闻圣人不相,殆先生乎?'"

en

恩 ēn ❶德惠。《孟子·梁惠王上》:"今～足以及禽兽,而功不至于百姓者,独何与?"《后汉书·南匈奴传》:"我老矣,受汉家～,宁死不能相随。"㊉施恩惠,厚待。《战国策·秦策三》:"臣愿请药赐死,而～以相葬臣。"《汉书·孝成赵皇后传》:"傅太后～赵太后,赵太后亦归心。"❷宠爱,情爱。《诗经·豳风·鸱鸮》:"～斯勤斯,鬻子之闵斯。"《后汉书·章德窦皇后纪》:"～不忍离,义不忍亏。"㊉有情谊,情谊深厚。柳宗元《种树郭橐驼传》:"苟有能反是者,则又爱之太～,忧之太勤,旦视而暮抚,已去而复顾。"❸姓。后燕有恩茂。

【恩波】 ēnbō 指帝王的恩泽。丘迟《侍宴乐游苑送张徐州应诏》诗:"参差别念举,肃穆～～被。"杜甫《江陵望幸》诗:"早发云台仗,～～起涸鳞。"

【恩宠】 ēnchǒng 帝王对臣下的优遇和宠爱。《后汉书·召驯传》:"帝嘉其义学,～～甚崇。"

【恩除】 ēnchú 指朝廷任命官员。除,授予官位。李洞《送卢少府之任巩洛》诗:"从知东甸尉,铨注似～～。"

【恩赐】 ēncì 帝王对臣下的恩遇、赏赐。《新唐书·李晟传》:"[晟]与马燧皆在朝,每宴乐～～,使者相衔于道。"

【恩典】 ēndiǎn 原指帝王对臣民的恩惠。欧阳修《论举馆阁之职劄子》:"臣窃见近年外任发运转运使大藩知州等,多以馆职授之,不择人材,不由文学,但依例以为～～。"后泛指恩惠。《红楼梦》四十五回:"若不是主子们的～～,我们这喜从何来?"

【恩贡】 ēngòng 旧时科举制度,贡入国子监的生员之一。明清两代,凡是遇皇帝登极或其他庆典颁布为"恩诏"之年,除岁贡之外,加选一次,称为恩贡。

【恩光】 ēnguāng ❶恩赐给人的温暖阳光,特指春光。春光能化育万物,故称恩光。杜甫《寒雨朝行视园树》诗:"爱日～～蒙借贷,清霜杀气得忧虞。"钱起《和王员外雪晴早朝》:"紫微晴雪带～～,绕仗偏随鸳鹭行。"❷恩宠的光辉,指皇帝对臣下的恩惠。江淹《杂体诗·鲍参军》:"豪士枉尺璧,宵人重～～。"柳宗元《为武中丞谢赐樱桃表》:"盈眥而外被～～,适口而中含渥泽。"

【恩化】 ēnhuà 恩惠,教化。《后汉书·宋均传》:"客授颍川,而东海吏民思均～～,为之作歌。"

【恩纪】 ēnjì 恩情。曹植《种葛篇》:"～～旷不接,我情遂抑沉。"《三国志·蜀书·刘备传》:"先主至京见[孙]权,绸缪～～。"

【恩寄】 ēnjì 指交谊深厚足以托付。徐陵《梁贞阳侯重与王太尉书》:"僶俛～～,号覜惟深。"也指恩赐的职务。白居易《苏州刺史谢上表》:"今奉～～,又分郡符。"

【恩监】 ēnjiàn 旧时科举制度监生名目之一。清代由皇帝特许给予国子监监生资格的人,称为恩监。

【恩旧】 ēnjiù 故交世好。《后汉书·孔融传》:"融欲观其人,故造[李]膺门。语门者曰:'我是李君通家子弟。'门者言之。膺请融,问曰:'高明祖父尝与仆有～～乎?'"《后汉书·二十八将传论》:"直绳则亏丧～～,挠情则违废禁典。"

【恩眷】 ēnjuàn 受皇帝恩遇、宠爱。《魏书·李彪传》:"案臣彪昔于凡品,特以才拔,等望清华,司文东观,绸缪～～,绳直宪台。"

【恩科】 ēnkē 宋代科举承袭五代后晋的制度,凡是士子乡试合格后,礼部试或廷试多次不采取的,遇皇帝亲试士时,特别立名册以奏,经过特许附试,称为特奏名。凡是特奏名的士人,一般都能考中,因此称为恩科。清代在正常科举外,遇皇帝即位或朝廷庆典,特地开科考试,也称为恩科。如果正科与恩科合并举行,则称为恩正并科,按两科名额取中。

【恩礼】 ēnlǐ 指帝王厚待臣下。《后汉书·鲁恭传》:"迁侍中,数召谦见,问以得失,赏赐～～宠异焉。"《宋书·江智渊传》:"世宗深相知待,～～冠朝。"

【恩纶】 ēnlún 犹恩诏。皇帝降恩的诏书。苏轼《被命南迁途中寄定武同僚》诗:"适见～～临定武,忽遭分职赴英州。"

【恩门】 ēnmén 旧时科举应试者登第称主考官。赵嘏《送同年郑祥先辈归汉南》诗:"家去～～四千里,只应从此梦旌旗。"

【恩勤】 ēnqín 《诗经·豳风·鸱鸮》:"恩斯勤斯,鬻子之闵斯。"朱熹集传:"恩,情爱也;勤,笃厚也;鬻,养;闵,忧也。"后因以指父母抚育子女的慈爱与辛劳。归有光《招张贞女辞》:"父母～～,养我身兮;修容姱质,徒悲辛兮。"

【恩荣】 ēnróng 恩惠光宠。特指受皇帝恩宠的光荣。李白《鼓吹入朝曲》:"济济双阙下,欢娱乐～～。"

【恩私】 ēnsī ❶指皇帝宠信的人。《后汉书·桓帝纪》:"旧故～～,多受封爵。"❷恩惠,恩宠。杜甫《对雨》诗:"西戎甥舅礼,未敢背～～。"

【恩田】 ēntián 佛教三福田之一,称父母为恩田。《俱舍论》卷十八:"谓害父母是弃～～。如何有恩?身生本故。"

【恩信】 ēnxìn ❶恩德,信义。《三国志·魏书·公孙瓒传》:"～～流著,戎狄附之。"❷犹言宠信。《南史·萧惠基传》:"袁粲、刘彦节起兵之夕,高帝以彦节是惠基妹夫,惠基时直在省,遣王敬则观其指趣,见惠基安静,不与彦节相知,由是益加～～。"

【恩幸】 ēnxìng 指君主宠幸的近臣。《汉书》有《外戚恩泽表》,又有《佞幸传》,沈约《宋书》始有《恩幸传》,《南史》、《北史》等也仿照之。以上都是专门记载被宠幸近臣的事。

【恩义】 ēnyì 恩情道义。《潜夫论·交际》:"～～不相答,礼敬不相报。"《后汉书·臧洪传》:"[袁]绍兴兵围之,历年不下,使洪邑人陈琳以书譬洪,示其祸福,责以～～。"

【恩意】 ēnyì 恩爱的情意。《后汉书·卓茂传》:"人尝有言部亭长受其米肉遗者。茂辟左右问之曰:'亭长为从汝求乎?为汝有事嘱之而受乎?将平居自以～～遗之乎?'"《新唐书·李靖传》:"即率兵南巡,所过问疾苦,延见长老,宣布天子～～,远近欢服。"

【恩遇】 ēnyù 受人恩惠知遇。刘峻《广绝交论》:"衔～～,进款诚,授青松以示心,指白水而旌信,是曰贿交。"高適《燕歌行》:"身当～～常轻敌,力尽关山未解围。"

【恩泽】 ēnzé 恩惠。比喻恩惠像雨露滋润草木。曹植《上责躬应诏诗表》:"是以愚臣徘徊于～～,而不敢自弃者也。"任昉《为范尚书让吏部封侯第一表》:"五侯外戚,且非旧章,而臣之所附,惟在～～。"

【恩诏】 ēnzhào 指帝王降恩的诏书。羊祜《让开府表》:"伏闻～～,拔臣使同台司。"岑参《送李宾客荆南迎亲》诗:"迎亲辞望苑,～～下储闱。"

岷 ěn 见"岷崿"。

【岷崿】 ěn'è 山的棱角。钱惟演《春雪赋》:"七盘顿失乎巇崄,二室仅有乎～～。"

er

儿(兒) ér ❶孩子。《战国策·秦策一》:"今秦妇人婴～皆言商君之法,莫言大王之法。"柳宗元《童区寄传》:"童寄者,柳州荛牧～也。"❷青年男子。《史记·高祖本纪》:"高祖还归,过沛,留。置酒沛宫,悉召故人父老子弟纵酒,发沛中～得百二十人,教之歌。"❸对人的蔑称。《后汉书·袁绍传》:"中常侍赵忠言于内省曰:'袁本初坐作声价,好养死士,不知此～终欲何作。'"《三国志·魏书·吕布传》:"布因指[刘]备曰:'是～最叵信者!'"(叵:不可。)❹儿子。《木兰辞》:"阿爷无大～,木兰无长兄。"韩愈《进学解》:"冬暖而～号寒,年丰而妻啼饥。"❺子女对父母的自称。古诗《为焦仲卿妻作》:"府吏得闻之,堂上启阿母:～已薄禄相,幸复得此妇。"又:"兰芝惭阿母:'～实无罪过。'"❻名词、形容词词尾。杜甫《水槛遣心》诗之一:"细雨鱼～出,微风燕子斜。"邵雍《首尾吟》之二十四:"天听虽高只些子,人情想去没多～。"

【儿拜】 érbài 孩子对大人的拜礼。《飞燕外传》:"合德尤幸,号为赵婕妤。婕妤事后,常为～～。"(合德:飞燕妹。)

【儿曹】 ércáo 孩子们。《史记·外戚世家》:"是非～～愚人所知也。"辛弃疾《贺新郎》词:"～～不料扬雄赋。怪当年、《甘泉》误说,青葱玉树。"

【儿夫】 érfū 妻子称自己的丈夫。王实甫《破窑记》三折:"我道是谁家箇奸汉,却原来是应举的～～。"《红楼梦》二十八回:"女儿,～～染病在垂危。"

【儿妇】 érfù 子之妻,媳妇。《世说新语·伤逝》:"庾亮儿遭苏峻难,遇害。诸葛道明女为庾～～,既寡,将改适。"《红楼梦》十回:"先生何必过谦,就请先生进去看看～～,仰仗高明,以释下怀。"

【儿客】 érkè 幼奴。《后汉书·公沙穆传》:"乃上没[刘]敞所侵官民田地,废其庶子,还立嫡嗣。其苍头～～犯法,皆收考之。"

【儿郎】 érláng ❶儿子。杜甫《奉先刘少府新画山水障歌》:"自有两～～,挥洒亦莫比。"❷青壮年男子。范成大《夔州竹枝歌》之四:"行人莫笑女粗丑,～～自与买银钗。"

【儿女】 érnǚ ❶子女。《后汉书·冯衍传》:"～～常自操井臼。"杜甫《赠卫八处士》诗:"问答乃未已,～～罗酒浆。"❷指青年男女。王勃《送杜少府之任蜀州》诗:"无为在歧路,～～共沾巾。"杜甫《谒先主庙》诗:"间阎～～换,歌舞岁时新。"

【儿妾】 érqiè 对儿童和妇女的蔑称。《后汉书·崔瑗传》:"此譬犹～～屏语耳,愿使君勿复出口。"

【儿息】 érxī 儿子。李密《陈情表》:"门衰祚薄,晚有～～。"谢庄《与江夏王义恭笺》:"家素贫弊,宅舍未立,～～不免粗粝。"

而 1. ér ❶颊毛。凡鳞毛之下垂者也称而。《说文·而部》:"～,颊毛也。"《周礼·考工记·梓人》:"凡攫閷援簭之类,必深其爪,出其目,作其鳞之～。"❷如,像,似。《诗经·小雅·都人士》:"彼都人士,垂带～厉。"刘向《新序·杂事三》:"白头～新,倾盖～故。何则?知与不知也。"❸代词。你(们),你(们)的。《史记·高祖本纪》:"吕后复问其次,上曰:'此后亦非～所知也。'"韩愈《原道》:"必弃～君臣,去～父子,禁～相生相养之道。"㊁此,这样。《战国策·赵策一》:"豫让拔剑三跃,呼天击之曰:'～可以报知伯矣。'"古诗《为焦仲卿妻作》:"新妇谓府吏:'何意出此言!同是被逼迫,君～妾亦然。'"❹连词。1)表示并列,相当于"和"、"与"。《左传·昭公二十五年》:"哀乐～乐哀,皆丧心也。"2)表示顺承,相当于"就"、"才"。《周易·系辞下》:"君子见几～作,不俟终日。"《战国策·楚策四》:"见兔～顾犬,未为晚也;亡羊～补牢,未为迟也。"3)表示假设,相当于"如果"。《论语·为政》:"人～无信,不知其可也。"《史记·魏世家》:"夫诸侯～骄人则失其国,大夫～骄人则失其家。"4)表示转折,相当于"却"、"但是"。《论语·先进》:"季氏富于周公,～求也为之聚敛而附益之。"《荀子·劝学》:"青取之于蓝～青于蓝。"5)表示因果,相当于"因而"、"所以"。《左传·成公二年》:"逢丑父与公易位。将及华泉,骖挂于木～止。"《荀子·劝学》:"玉在山～草木润,渊生珠～崖不枯。"6)表示方式或状态。《孟子·告子上》:"嘑尔～与之,行道之人弗受;蹴尔～与之,乞人不屑也。"《史记·汲黯列传》:"令天下重足～立,侧目～视矣。"❺助词。1)相当于"之"。《论语·宪问》:"君子耻其言～过其行。"《淮南子·人间训》:"虞之于虢,相恃～势。"2)表示语气,相当于"啊"或"吧"。《论语·子罕》:"唐棣之花,偏其反～!"《左传·宣公四年》:"若敖氏之鬼,不其馁～!"

2. néng ❻通"能"。1)能够。《楚辞·九章·惜往日》:"不逢汤、武与桓、缪兮,世孰云～知之?"《淮南子·原道训》:"行柔～刚,用弱～强。"2)才能。《庄子·逍遥遊》:"故夫知效一官,行比一乡,德合一君,～征一国者,其自视亦若此矣。"

【而公】 érgōng 傲慢自称之词,如今自称"老子"。《史记·留侯世家》:"汉王辍食吐哺,骂曰:'竖儒,几败～～事!'"又《郦生陆贾列传》:"举大事不细谨,盛德不辞让。～～不为若更言!"

【而况】 érkuàng 何况。《庄子·齐物论》:"昔者十日并出,万物皆照,～～德之进乎日者?"《韩非子·六反》:"故父母之于子也,犹用计算之心以相待也,～～无父子之泽乎?"

【而立】 érlì 《论语·为政》:"子曰:吾十有五而志于学,三十而立。"后因称三十岁为"而立"之年。赵令畤《侯鲭录》卷三引苏轼诗:"令阎方当～～岁,贤夫已近古稀年。"《聊斋志异·长清僧》:"友人或至其乡,敬造之,见其人默然诚笃,年仅～～。"

【而已】 éryǐ 语气助词,犹言"罢了"。《孟子·梁惠王上》:"古之人所以大过人者,无他焉,善推其所为～～矣。"《列子·汤问》:"纪昌既尽卫之术,计天下之敌己者,一人～～,乃谋杀飞卫。"

陑 ér 山名。在今山西永济县境。《尚书·汤誓》:"伊尹相汤伐桀,升自～。"

洏 ér ❶流泪的样子。陶渊明《形赠影》诗:"但馀平生物,举目情凄～。"❷

煮熟。《说文·水部》："～，……一曰煮熟也。"

耏 1. ér ❶颊须。《后汉书·章帝纪》："沙漠之北，葱领之西，冒～之类，跋涉悬度。"《新唐书·波斯传》："以麝揉苏，泽～颜鼻耳。"❷水名。在山东淄博市西北。《左传·襄公三年》："齐侯……乃盟于～外。"❸姓。春秋时宋有耏班，汉有芒侯耏跖。

2. nài ❹剃除颊须。古代的一种轻刑。《汉书·高惠高后文功臣表》："孝文十四年，侯当嗣，三十九年，元朔二年，坐教人上书枉法，～为鬼薪。"《新唐书·波斯传》："刑有髡、钳、刖、劓，小罪～。"

栭 ér ❶柱顶上承托栋梁的方木，即栌，又称斗栱。张衡《西京赋》："雕楹玉碣，绣～云楣。"《晋书·四夷传》："屋宇皆以珊瑚为棁～。"❷枯木上长的菌类植物。同"栮"。即木耳。《礼记·内则》："芝，～，蔆，椇。"❸木名。见"栭栗"。

【栭桷】 érjué 承托栋梁的方形椽子。王嘉《拾遗记》卷三："大干为桁栋，小枝为～～。"

【栭栗】 érlì 木名。即茅栗。《尔雅·释木》："栵，栭。"郭璞注："树似槲樕而庳小，子如细栗可食。今江东亦呼为～～。"《本草纲目·果部》："栗之大者为板栗……小如指顶者为茅栗，即《尔雅》所谓～～也。"

輀(輀) ér 丧车。《汉书·王莽传下》："百官窃言，此似～车，非仙物也。"白居易《祭李侍郎文》："旌竿举兮～轮动，遂不得少留乎京师。"

胹 ér 煮。《左传·宣公二年》："宰夫～熊蹯不熟，杀之。"《楚辞·招魂》："～鳖炮羔，有柘浆些。"

鸸(鴯) ér 鹋鸸，即燕子。《庄子·秋水》："鸟莫知于鹋～。"

咡 1. ér ❶嚅咡，强笑曲从的样子。《集韵·支韵》："嚅咡，强笑。"

2. wā ❷见"咡呕"、"咡齵"。

【咡呕】 wā'ōu 作小儿语声以示慈爱。引申为耐心抚慰。《荀子·富国》："垂事养民，拊循之，～～之。"陈著《踏莎行》词："佳占端的在孙枝，明年寿席～～笑。"

【咡齵】 wā'óu 参差交错。《淮南子·要略》："《氾论》者，所以箴缕缭缴之间，攕揳～～之郄也。"

聏(聏) ér 调和。《庄子·天下》："语心之容，命之曰心之行，以～合欢，以调海内。"王安石《虞部郎中晁君墓志铭》："从容调～，吏莫玩法。"

鲕(鮞) ér ❶未长成的鱼，鱼苗。《国语·鲁语》："且夫山不槎蘖，泽不伐夭，鱼禁鲲～。"❷鱼名。《吕氏春秋·本味》："鱼之美者，洞庭之鳙，东海之～。"

濡 ér 见 rú。

臑 ér 见 nào。

尔(爾、尒) ěr ❶你(们)，你(们)的。《左传·宣公十五年》："我无～诈，～无我虞。"白居易《重赋》诗："夺我身上暖，买～眼前恩。"❷通"荼"。花繁盛的样子。《诗经·小雅·采薇》："彼～为何？维常之华。"❸通"迩"。近，接近。《诗经·大雅·行苇》："戚戚兄弟，莫远具～。"《荀子·哀公》："譬之其豺狼也，不可以身～也。"⊗浅近。《荀子·天论》："妖是生于乱；三者错，无安国。其说甚～，其灾甚惨。勉力不时，则牛马相生，六畜作妖，可怪也，而不可畏也。"❹如此，这样。《孟子·告子上》："富岁，子弟多赖；凶岁，子弟多暴，非天之降才～殊也，其所以陷溺其心者然也。"陶渊明《饮酒》诗之五："问君何能～，心远地自偏。"❺这，那。《世说新语·赏誉》："许掾尝诣简文，～夜风恬月朗，乃共作曲室中语。"韩愈《送侯参谋赴河中幕》诗："～时心气壮，百事谓己能。"❻应答之辞，犹言"是"。《南史·蔡撙传》："帝尝设大臣饼，撙在坐。帝频呼姓名，撙竟不答，食耕如故。帝觉其负气，乃改唤蔡尚书，撙始放箸执笏曰：'～。'"❼语气词。1)表限止，相当"罢了"。刘禹锡《祭柳员外文》："意君所死，乃形质～。"欧阳修《归田录》卷一："无他，但手熟～。"2)表示陈述。《诗经·周颂·噫嘻》："噫嘻成王，既昭假～。"《公羊传·僖公二年》："君若用臣之谋，则今日取郭，而明日取虞～。"3)表示肯定。《公羊传·宣公十五年》："尽此不胜，将去而归～。"柳宗元《捕蛇者说》："今其室十无四五焉，非死则徙～。"4)表示疑问，相当于"呢"。《公羊传·僖公二年》："远国至矣，则中国曷为独言齐、宋至～？"❽词尾。《论语·先进》："子路率～而对。"又《阳货》："夫子莞～而笑。"

【尔曹】 ěrcáo 你们。鲍照《卖玉器者》诗："宁能与～～，瑜瑕稍辨论。"杜甫《戏为六绝句》："～～身与名俱灭，不废江河万古流。"

【尔尔】 ěr'ěr ❶应答之辞。犹言"是是"。古诗《为焦仲卿妻作》："媒人下床去，诺诺复～～。"❷如此。朱熹《舫斋》诗："筑室水中聊～～，何须极浦望朱宫。"

【尔来】 ěrlái 自那时以来；近来。《三国志·蜀书·诸葛亮传》："受任于败军之际，奉命于危难之间，～～二十有一年矣。”苏轼《和陶杂诗》之七：“～～宁复见，鸟道度太白。”

【尔日】 ěrrì 当天，那一天。《世说新语·豪爽》：“桓［宣武］既素有雄情爽气，加～～音调英发，叙古今成败由人，存亡系才。”《南齐书·萧宝寅传》：“宝寅涕泣称：‘～～不知何人逼使上车。’”

【尔汝】 ěrrǔ ❶古代尊长对卑幼者以尔汝相称。引申为轻贱之称。《孟子·尽心下》：“人能充无欲害人之心，而仁不可胜用也……人能充无受～～之实，无所往而不为义也。”《魏书·陈奇传》：“尝众辱奇，或～～之，或指为小人。”❷彼此以尔汝相称，表示亲昵。杜甫《赠郑虔醉时歌》：“忘形到～～，痛饮真吾师。”叶適《建康府教授惠君墓志铭》：“毗陵惠端方为永嘉丞，与民～～，求事情实而审寘其便处，不以妄与夺取快也。”

【尔时】 ěrshí 犹言其时或彼时。《世说新语·言语》：“谢仁祖年八岁，谢豫章将送客，～～语已神悟，自参上流。”

【尔为】 ěrwéi 犹言如此。《后汉书·臧洪传》：“时［陈］容在坐，见洪当死，起谓［袁］绍曰：‘……臧洪发举为郡将，奈何杀之？’绍惭，使人牵出，谓曰：‘汝非臧洪畴，空复～～。’”

【尔夕】 ěrxī 当晚。《南史·齐豫章王子恪传》：“～～三更，子恪徒跣奔至建阳门。”

【尔馨】 ěrxīn 如此，这样。魏晋方言。《世说新语·文学》：“殷中军尝至刘尹所清言，良久，殷理小屈，游辞不已，刘亦不复答。殷去后，乃云：‘田舍儿强学人作～～语。’”

【尔许】 ěrxǔ 犹言如许，如此。《三国志·吴书·吴主传》注引《魏略》：“［孙］权前对浩周，自陈不敢自远，乐委质长为外臣，又前后辞旨，头尾击地，此鼠子自知不能保～～地也。”

【尔雅】 ěryǎ ❶古代训诂书。撰者不详。相传为周公所撰，或谓孔子门徒解释六艺之作。盖系秦汉间经师缀辑周秦诸书旧文，递相增益而成，不出一时一人之手。今本十九篇。此书实为我国第一部词典，对后世影响很大。❷谓近于雅正。《史记·三王世家》：“公户满意习于经术，最后见王，称引古今通义，国家大礼，文章～～。”《汉书·儒林传序》：“文章～～，训辞深厚。”

【尔朱】 ěrzhū 复姓。其先为契胡部落酋长，世居尔朱川，因以为氏。后魏有尔朱羽健、尔朱荣。

耳 ěr ❶耳朵。人体五官之一，主听。《老子·十二章》：“五色令人目盲，五音令人～聋。”《荀子·劝学》：“目不能两视而明，～不能两听而聪。”❷附在物体两旁便于提举的结构。《周易·鼎》：“鼎，黄～金铉。”《史记·封禅书》：“有雉登鼎～雊。”❸形状像耳之物。如木耳、银耳、虎耳草。❹听，听说。《韩非子·外储说左上》：“君其～而未之目邪？”欧阳修《赠潘景温叟》诗：“通宵～高论，饮恨知何涯。”❺连词。相当于“而”。贾谊《治安策》：“故化成俗定，则为人臣者，主～忘身，国～忘家，公～忘私。”❻语气词。1)相当于“而已”、“罢了”。《论语·阳货》：“子曰：‘二三子！偃之言是也。前言戏之～。’”柳宗元《三戒·黔之驴》：“虎因喜，计之曰：‘技止此～。’”2)表示肯定。《史记·陈涉世家》：“且壮士不死则已，死即举大名～。”《资治通鉴·汉献帝建安十三年》：“今［鲁］肃可迎［曹］操～，如将军不可也。”❼姓。明洪熙中有耳元明。

【耳卜】 ěrbǔ 旧俗于正月十五(一说除夕)夜出门，听人偶然发言，来占卜来年命运祸福的一种迷信术。亦称镜听。李渔《蜃中楼·耳卜》：“生(柳毅)曰：世上人有心事不明，往往于除夕之夜，静听人言以占休咎，谓之～～；我与伯腾姻缘未偶，曾约他今晚去听卜。”

【耳耳】 ěr'ěr ❶盛美的样子。《诗经·鲁颂·閟宫》：“龙旂承祀，六辔～～。”❷叹词。犹言“罢了罢了”，表示有所不足或不满。苏轼《叶涛致远见和二诗复次其韵》：“平生无一女，谁复叹～～。”❸挺拔的样子。梅尧臣《得馀干李尉书录示唐人于越亭诗因以寄题》诗：“南斗戛湖波不起，长刀剡峰碧～～。”

【耳根】 ěrgēn ❶佛教用语。耳为听根。六根之一。《楞严经》卷三：“～～劳，故头中作声。”参见“六根”。❷耳边。陆游《秋思》诗：“便拟挂冠君会否？～～不复耐喧哗。”

【耳鉴】 ěrjiàn 鉴赏事物，以耳代目。沈括《梦溪笔谈·书画》：“藏书画者多取空名，偶传为钟、王、顾、陆之笔，见者争售。此所谓～～。”

【耳界】 ěrjiè 耳所能听及的范围。白居易《重题香炉峰下新卜山居草堂初成》诗之一：“从兹～～应清净，免见啾啾毁誉声。”

【耳冷】 ěrlěng 听觉不灵敏。张鷟《朝野佥载》：“孟弘微对宣宗曰：‘陛下何以不知有臣，不以文字召用？’帝怒曰：‘朕～～不知有卿。'翊日，谕辅臣曰：'此臣躁妄，欲求内相。'乃黜之。"白居易《城盐州》诗："东西亘绝数千里，～～不闻胡马声。"

【耳轮】 ěrlún 即耳壳。王建《晚秋病中》诗："万事风吹过～～，贫儿活计亦曾闻。"马致远《寿阳曲》："逢一个见一个因话说，不信你～～儿不热。"

【耳门】 ěrmén ❶人体经穴名。杨继洲《针灸大成·穴法》："～～，在耳前起肉当耳缺陷中。"❷正院或正房的侧门。《红楼梦》三回："仪门内大院落，上面五间大正房，两边厢房鹿顶，～～钻山，四通八达。"

【耳目】 ěrmù ❶视听。《国语·晋语五》："若先，则恐国人之属～～于我也，故不敢。"又指审察，了解。《汉书·楚元王传》："愿长～～，毋后人有天下。"《晋书·凉武昭王传》："赏勿漏疏，罚勿容亲，～～人间，知外患苦。"❷比喻辅佐的人，也指亲近信任的人。《史记·夏本纪》："帝曰：'吁，臣哉，臣哉！臣作朕股肱～～。"又《魏其武安侯列传》："武安吏皆为～～，诸灌氏皆亡匿，[灌]夫系，遂不得告言武安阴事。"❸刺探消息的人。《史记·张耳陈馀列传》："赵人多为张耳、陈馀～～者，以故得脱出。"

【耳剽】 ěrpiāo 只凭耳闻所得。犹耳学。《汉书·朱博传》："廷尉本起于武吏，不通法律，幸有众贤，亦何忧！然廷尉治郡断狱以来且二十年，亦独～～日久，三尺律令，人事出其中。"刘禹锡《楚望赋》："非～～以臆说兮，固幽永而纵观。"

【耳食】 ěrshí 比喻不加思索，轻信所闻。《史记·六国年表序》："学者牵于所闻，见秦在帝位日浅，不察其终始，因举而笑之，不敢道，此与以～～无异。"(司马贞索隐："言俗学浅识，举而笑秦，此犹耳食不能知味也。")

【耳视】 ěrshì 以耳视物。这是古代道家的唯心主义观点。《列子·仲尼》："老聃之弟子有亢仓子者，得聃之道，能以～～而目听。"后指只凭耳闻而不实地观察为耳视。司马光《迂书·官失》："衣冠所以为客观也，称体斯美矣。世人舍其所称，闻人所尚而慕之，岂非以～～者乎?"

【耳顺】 ěrshùn 《论语·为政》："六十而耳顺。"后遂以耳顺为六十岁的代称。庾信《伯母李氏墓志铭》："夫人年逾～～，视听不衰。"陈子昂《梓州射洪县武东山故居士陈君碑》："君时年已～～，素无经世之情。"

【耳诵】 ěrsòng 《晋书·苻融载记》："[融]耳闻则诵，过目不忘，时人拟之王粲。"后因称人聪敏，听过即能背诵为耳诵。梁绍壬《两般秋雨盦随笔·耳诵》："凡读书聪敏者曰'过目成诵'。宋若昭《牛应贞传》云：'少而聪颖，经耳必诵。'～～甚新，可与耳学作证。"

【耳孙】 ěrsūn 远代孙。《汉书·惠帝纪》："上造以上及内外公孙～～有罪当刑及当为城旦舂者，皆耐为鬼薪白粲。"元好问《古桧》诗："濑乡留～～，阙里传鼻祖。"

【耳学】 ěrxué 《文子·道德》："故上学以神听，中学以心听，下学以耳听。以耳听者学在皮肤，以心听者学在肌肉，以神听者学在骨髓。故听之不深，即知之不明。"后因称只凭听闻所得而不加钻研思考为耳学。朱熹《答陈肤仲书》之一："今人～～，都不将心究索，难与论是非也。"

【耳衣】 ěryī 耳套。也叫暖耳。李廓《送振武将军》诗："金装腰带重，铁缝～～寒。"

【耳属】 ěrzhǔ 倾听，窃听。《诗经·小雅·小弁》："君子无易由言，～～于垣。"《晋书·苻坚载记上》："坚惊谓[苻]融、[王]猛曰：'禁中无～～之理，事何从泄也?'"

【耳濡目染】 ěrrúmùrǎn 经常听到看到，无形中受到影响。朱熹《与汪尚书书》："～～～～，以陷溺其良心而不自知。"也作"目擩耳染"。韩愈《清河郡公房公墓碣铭》："公胚胎前光，生长食息，不离典训之内。～～～～，不学以能。"

【耳提面命】 ěrtímiànmìng 《诗经·大雅·抑》："匪面命之，言提其耳。"形容教诲殷勤恳切。李渔《笠翁剧论·结构》："尝怪天地间有一种文字，即有一种文字之法脉准绳，载之于书者，不异～～～～，独于填词制曲之事，非但略而未详，亦且置之不道。"

迩(邇) ěr ❶近。《孟子·离娄上》："道在～而求诸远，事在易而求诸难。"❷接近。《尚书·仲虺之诰》："惟王不～声色，不殖货利。"

【迩言】 ěryán 浅近或左右亲近的话。《诗经·小雅·小旻》："维～～是听，维～～是争。"《礼记·中庸》："舜好问，而好察～～。"

洱 ěr 湖名。见"洱海"。

【洱海】 ěrhǎi 湖名。古名叶榆泽。在云南大理市东。因湖形如耳得名。湖汇西洱河及点苍山麓诸水后，经漾濞江入澜沧江。

饵(餌) ěr ❶糕饼。《礼记·内则》："糁，……稻米二，肉一，合以为～煎之。"《后汉书·樊晔传》："晔为市吏，馈～一笥。"❷钓饵，诱鱼上钩的食物。杜荀鹤《钓叟》诗："渠将底物为香～？一度抬竿一个鱼。"㊀用以引诱的食物。陈亮《酌古论·李愬》："盖其力足以制之，而又能去其爪牙，啖以肉～，使之甘心焉。"㊁用以引诱的东西。《战国策·赵策一》："［秦］欲亡韩吞两周之地，故以韩为～。"《后汉书·郑兴传》："是以亲为～。"❸引诱，利诱。《战国策·秦策二》："甘茂曰：'我羁旅而得相秦者，我以宜阳～王。'"《三国志·魏书·武帝纪》："校尉丁斐因放牛马以～贼，贼乱取牛马，公乃得渡，循河为甬道而南。"❹吃。《后汉书·马援传》："初，援在交阯，常～薏苡实。"㊁给……吃掉。《汉书·贾谊传》："而淮阳之比大诸侯，廑如黑子之著面，适足以～大国耳。"李白《古风》之三十四："困兽当猛虎，穷鱼～奔鲸。"❺药物。柳宗元《捕蛇者说》："然得而腊之以为～，可以已大风、挛踠、瘘、疠，去死肌，杀三虫。"❻牲兽的筋腱。《礼记·内则》："每物与牛若一，捶反侧之，去其～。"

【饵敌】 ěrdí 设谋诱敌中计。《三国志·魏书·武帝纪》："诸将以为敌骑多，不如还保营。荀攸曰：'此所以～～，如何去之？'"《三国演义》二十六回："此正可以～～，何故反退？"

骃（騳） ěr 千里马。《韩非子·难势》："且夫治千而乱一，与治一而乱千也，是犹乘骥～而分驰也，相去亦远矣。"

珥 ěr ❶古代的珠玉耳饰。《史记·滑稽列传》："前有堕～，后有遗簪，髡窃乐此，饮可八斗而醉二参。"《后汉书·和熹邓皇后纪》："每有谶会，诸姬贵人竞自修整，簪～光采，袿裳鲜明。"❷贯耳。《山海经·大荒东经》："东海之渚中，有神，人面鸟身，～两黄蛇，践两黄蛇，名曰禺猇。"❸日月两旁的光晕。《吕氏春秋·明理》："其日有斗蚀，有倍、僪，有晕、～。"《汉书·李寻传》："间者日光不精，光明侵夺失色，邪气～蜺数作。"❹剑鼻。剑柄与剑身相接处两旁的突出部分，即镡。《楚辞·九歌·东皇太一》："抚长剑兮玉～，璆锵鸣兮琳琅。"❺插。曹植《求通亲亲表》："安宅京室，执鞭～笔。"《新唐书·东夷传》："大臣青罗冠，次绛罗，～两鸟羽。"❻通"刵"。割耳。古代大猎时割取所获野兽的左耳以计算成绩。《周礼·地官·山虞》："若大田猎，则莱山田之野，及弊田，植虞旗于中，致禽而～焉。"❼通"衈"。古代祭祀时用鸡血涂在器物上。《周礼·夏官·小子》："掌～于社稷，祈于五祀。"❽通"咡"。吐。《淮南子·天文训》："鲸鱼死而彗星出，蚕～丝而商弦绝。"（《览冥训》作"咡"。）

【珥笔】 ěrbǐ ❶指侍从之臣在冠侧插笔以备记事。《三国志·魏书·陈思王植传》："执鞭～～，出从华盖，入侍辇毂。"❷指诉讼。黄庭坚《江西道院赋》："江西之俗，士大夫多秀而文，其细民险而健，以终讼为能。由是玉石俱焚，名曰～～之民。"

【珥珰】 ěrdāng 冠两旁的垂珠。又称明珰。《新唐书·骠国传》："冠金冠，左右～～，絛贯花鬘。"

【珥貂】 ěrdiāo 指插貂尾。汉侍中、中常侍之冠插貂尾等为装饰。曹植《王仲宣诔》："戴蝉～～，朱衣皓带。"后泛指贵近之臣。韩愈《陪杜侍御游湘西两寺独宿有题一首因献杨常侍》诗："～～藩维重，政化类分陕。"

毦 ěr 用羽毛作的装饰物。《后汉书·单超传》："［左悺、具瑗等］皆竞起第宅，楼观壮丽，穷极伎巧，金银罽～，施于犬马。"

栮 ěr 木耳。枯木上寄生的蕈类。形状像耳，故称木耳。陆游《思蜀》诗："～美倾筠笼，茶香出土铛。"

衈 ěr 古代祭祀杀牲取血以供衅礼之用。《穀梁传·僖公十九年》："邾人执缯子用之……用之者，叩其鼻以～社也。"（范宁集解："衈者衅也，取鼻血以衅祭社器。"）

二 èr ❶数词。二。《周易·系辞上》："分而为～以象两。"杜甫《石壕吏》诗："听妇前致词：三男邺城戍。一男附书至，～男新战死。"㊁表序数第二。《左传·僖公二年》："～年春，诸侯城楚丘而封卫焉。"《孙子·计》："故经之以五事……一曰道，～曰天，三曰地，四曰将，五曰法。"❷二成，十分之二。《论语·颜渊》："～，吾犹不足，如之何其彻也？"❸同"贰"。副，与"正"相对。《礼记·坊记》："故君子有君不谋仕，唯卜之日称～君。"（二君：指太子。）❹次，与"主"相对。《韩诗外传》卷四："夫上堂之礼，君行一，臣行～。"❺两样，有区别。杜甫《送顾八分文学适洪吉州》诗："三人并入直，恩泽各不～。"张世南《游宦纪闻》卷三："每先期输直，不～价，而人无异辞。"㊀相比，并列。《史记·淮阴侯列传》："此所谓功无～于天下，而略不世出者也。"《宋史·杨存中传》："杨存中唯命东西，忠无与～，朕之郭子仪也。"❻再次，两次。《南齐书·礼志上》："醴则唯一而已，故醴辞无～。"《宋史·吴璘传》："此孙膑三驷之法，一败而～胜也。"❼不专一，不忠诚。《左传·僖公十五年》："必极德，有死无～。"陈子昂《上军国机要事》："若纵怀～，奸乱必渐。"❽怀疑，不明确。《吕氏春秋·应言》："视印如身，是重臣也；令～，轻臣也。"《后汉书·齐武王縯传》:"将军张印拔剑击地曰:'疑事无功。今日之议,不得有~。'"❾哲学用语。我国古代思想家用以指阴阳或天地等范畴。《老子·四十二章》:"道生一,一生~,~生三,三生万物。"河上公注:"一生阴与阳也。"❿重文符号。《后汉书·邓骘传》:"时遭元~之灾。"(李贤注:"即元元也。"按:古籍重文下多记=,后讹作"二"字。)

【二八】 èrbā 即十六。1)十六人。古代歌舞分为两列,每列八人。《左传·襄公十一年》:"凡兵车百乘,歌钟二肆,及其镈磬,女乐~~。"龚自珍《霓裳中序》词:"惊鸿起,素衣~~,舞罢老蟾泣。"2)农历每月十六日。苏轼《木兰花令·次欧公西湖韵》词:"草头秋露流珠滑,三五盈盈还~~。"3)十六岁。指正当青春年少,多言女子。徐陵《杂曲》:"~~年时不忧度,房边得宠谁相妒。"

【二伯】 èrbà 春秋时的齐桓公、晋文公。《穀梁传·隐公八年》:"诰誓不及五帝,盟诅不及三王,交质子不及~~。"刘琨《重赠卢谌》诗:"苟能隆~~,安问党与仇?"

【二柄】 èrbǐng ❶赏与罚。《韩非子·二柄》:"~~者,刑德也……杀戮之谓刑,庆赏之谓德。"❷文与武。柳宗元《为韦京兆祭杜河中文》:"自古谋帅,恒在诸儒……爰及近代,~~殊途,授钺之臣,率由武夫。"《宋史·职官志二》:"宋初,循唐五代之制,置枢密院,与中书对持文武~~。"❸指进退两途。杜甫《早发》诗:"贱子欲适从,疑误此~~。"

【二伯】 èrbó 周代主持国政的东西二伯。指周公和召公。《礼记·王制》:"八伯(方伯)各以其属,属于天子之老(上公)二人,分天下以为左右,曰~~。"王安石《对难》:"成王之王天下也,尊~~,诛二叔。"

【二乘】 èrchéng 指佛教的大乘和小乘。《景德传灯录》卷五:"若以智慧照烦恼者,此是~~小儿,羊鹿等机。上智大根,悉不如是。"

【二离】 èrchī 比喻同时代两个有才华的人。离,通"螭"。传说中没有角的龙。一说为长离,传说中的凤鸟。王融《永明乐》诗:"~~金玉相,三衮兰蕙芳。"

【二垂】 èrchuí ❶天与地的交接处。指极远地区。《淮南子·要略》:"文王四世累善,修德行义,处岐周之间,地方不过百里,天下~~归之。"《史记·春申君列传》:"今大国之地,遍天下有其~~,此从生民已来,万乘之地未尝有也。"❷指西方与北方边界。《后汉书·杜诗传》:"唯匈奴未譬圣德,威侮~~,陵虐中国,边民虚耗,不能自守。"

【二德】 èrdé ❶指仁与信。《左传·哀公七年》:"民保于城,城保于德。失~~者危,将焉保?"❷指阴阳二气。《宋书·颜延之传》:"人者兆气~~,禀体五常。~~有奇偶,五常有胜杀,及其为人,宁无叶沴。"

【二谛】 èrdì 佛教用语。指真谛和俗谛。谛意即实理。世俗的道理叫俗谛,佛家的道理叫真谛。萧统《令旨解二谛义》:"~~者,一是真谛,一名俗谛。真谛亦名第一义谛,俗谛亦名世谛。江总《建初寺琼法师碑》:"老惊灵籥,孔惜逝川。三空莫辨,~~何诠!"

【二典】 èrdiǎn 《尚书》中《尧典》、《舜典》的合称。《宋史·太祖纪三》:"晚好读书,尝读'~~',叹曰:'尧、舜之罪四凶,止从投窜,何近代法网之密乎!'"陆游《杂感》诗:"士生诵'~~',恍若生唐虞。"

【二端】 èrduān ❶两种主意。《战国策·东周策》:"西周之欲入宝,持~~。"❷两个方面。董仲舒《春秋繁露·二端》:"《春秋》至意有~~,不本~~之所从起,亦未可与论灾异也。"❸两个或两种人物。庾信《哀江南赋》:"未深思于五难,先自擅于~~。"

【二房】 èrfáng ❶家族中排行第二的一支。《儒林外史》四十四回:"都是太夫人的地,葬的不好,只发大房,不发~~。"❷妾,小老婆。《红楼梦》六十四回:"叔叔既这样爱他,我给叔叔作媒,说了作~~,如何?"

【二妃】 èrfēi ❶次妃。《左传·昭公八年》:"~~生公子留,下妃生公子胜。"❷传说指尧的两女娥皇和女英,是舜的妻子。死后成为湘水之神。曹植《洛神赋》:"从南湘之~~,携汉滨之游女。"

【二分】 èrfēn ❶春分和秋分。《左传·昭公二十一年》:"二至~~,日有食之,不为灾。"左思《魏都赋》:"阐钩绳之筌绪,承~~之正要。"❷十分之二,二成。苏轼《拟进士对御试策》:"今青苗有~~之息,而不谓之放债取利,可乎?"

【二傅】 èrfù 太傅、少傅,都是辅导太子的官。《南史·王俭传》:"又领太子少傅。旧太子敬~~同,至是朝议接少傅以宾友之礼。"

【二哥】 èrgē 宋元时称店主为大哥,店小二为二哥。董解元《西厢记诸宫调》卷一:"清河君瑞,邸店权时住,又没个亲知为伴侣,欲待散心没处去,正疑惑之际,~~推户。"

【二后】 èrhòu 指周文王、周武王。司马相如《封禅文》:"是以业隆于襁褓,而崇冠于～～。"

【二皇】 èrhuáng 古代传说中的伏羲和神农。《淮南子·原道训》:"泰古～～,得道之柄,立于中央。"曹植《惟汉行》:"～～称主化,盛哉唐虞庭。"

【二极】 èrjí ❶南极、北极。《尚书·洪范》"日月之行"孔颖达疏:"南北～～,中等之处,谓之赤道。"❷指天子与父母。任昉《齐竟陵文宣王行状》:"公～～一致,爱敬同归。"

【二纪】 èrjì ❶日、月。张衡《思玄赋》:"倚招摇摄提以低回刘流兮,察～～五纬之绸缪遹皇。"(招摇、摄提,星名。五纬:五大行星。)❷二十四年。谢灵运《永初三年七月十六日之郡初发都》诗:"从来渐～～,始得傍归路。"

【二季】 èrjì ❶指夏殷两代的末世。《晋书·秦秀传》:"周公吊～～之陵迟,哀大教之不行,于是作谥以纪其终。"❷指兄弟。李白《夏日诸从弟登汝州龙兴阁序》:"起予者谁,得我～～。"

【二京】 èrjīng ❶汉代的东京(洛阳)、西京(长安)。《晋书·左思传》:"班固《两都》,理胜其辞;张衡《二京》,文过其意。"唐玄宗《潼关口号》诗:"河曲回千里,关门限～～。"❷两座京观。京观,集中埋葬敌军尸体的大坟。《吕氏春秋·不广》:"齐将死,得车二千,得尸三万,以为～～。"

【二立】 èrlì 指立功和立德。《后汉书·张衡传》:"仆进不能参名于～～,退又不能群彼数子。"

【二丽】 èrlì 指日月。王逢《葛稚川移居图为友生朱禹方仲矩题》诗:"云霞轮浆石供髓,～～精华晨夜委。"

【二龙】 èrlóng 称誉同时著名的两个人。一般多指兄弟。历史上记载的很多。如东汉许虔、许劭(见《后汉书·许劭传》),三国吴刘岱、刘繇(见《三国志·吴书·刘繇传》),南朝梁刘孝仪、刘孝胜(见简文帝《饯临海太守刘孝仪蜀郡太守刘孝胜》诗),唐乌承恩、乌承玼(见《新唐书·乌承玼传》)。

【二毛】 èrmáo 头发斑白。也指头发斑白的老人。《左传·僖公二十二年》:"君子不重伤,不禽～～。"《三国志·魏书·王朗传》:"～～不戎,则老者无顿伏之患。"

【二溟】 èrmíng 南海、北海。溟,海。袁宏《三国名臣序赞》:"洪飙扇海,～～扬波。"《宋书·武帝纪上》:"故顺声一喝,～～卷波,英风振路,宸居清翳。"

【二南】 èrnán ❶指《诗经》的《周南》和《召南》。《晋书·乐志上》:"周始～～,风兼六代。"《文心雕龙·明诗》:"兴发皇世,风流～～。"❷指周公、召公及其管辖的地区。潘岳《西征赋》:"兹土之旧也,固乃周、邵之所分,～～之所交。"任昉《齐竟陵文宣王行状》:"谅以齐徽～～,同规往哲。"

【二难】 èrnán ❶指贤主嘉宾。因二者难以并得,故称。王勃《滕王阁诗序》:"四美具,～～并。"王世贞《鸣凤记·花楼春宴》:"四美～～真际会,九棘三槐尽我侍。"❷指难分高低的兄弟。包何《和苗员外寓直中书》:"朝列称多士,君家有～～。"《红楼梦》七十五回:"妙在古人中有～～,你两个也可以称～～了。"

【二朋】 èrpéng 两行,两列。《新唐书·西域传下》:"每元日,王及首领判～～,朋出一人被甲斗,众以瓦石相之,有死者止,以卜岁善恶。"亦指两人。朋,辈。蒲绍简《登瀛洲赋》:"少云台之十将,多元恺之～～。"

【二气】 èrqì ❶指阴、阳。《周易·咸》:"柔上而刚下,～～感应以相与。"❷二节气。《宋书·律历志下》:"寻冬至去南极,日晷最长,～～去至,日数既同,则中影应等,而前长后短,顿差四寸,此历景冬至后天之验也。"

【二乔】 èrqiáo 三国时乔公的两个女儿大乔和小乔。乔,一作"桥"。杜牧《赤壁》诗:"东风不与周郎便,铜雀春深锁～～。"赵长卿《虞美人·双莲》词:"～～姊妹新妆了,照水盈盈笑。"

【二三】 èrsān ❶时二时三,指不专一,反复无定。《尚书·咸有一德》:"德唯一,动罔不吉;德～～,动罔不凶。"《诗经·卫风·氓》:"士也罔极,～～其德。"《左传·成公六年》:"七年之中一与一夺,～～孰甚也。"❷约数。范成大《晓自银林至东灞登舟》诗:"怀我～～友,高堂晨欲兴。"《水浒传》五十七回:"呼延灼吃了一惊,便叫酒保引路,就田塍上赶了～～里。"❸即六。何晏《景福殿赋》:"故载祀～～,而国富刑清。"(张铣注:"二三,谓明帝六年也。")

【二色】 èrsè ❶两种颜色。犹言斑白。《三国志·吴书·吴主传》:"与诸君从事,自少至长,发有～～。"❷旧指对妻子爱情不专一。《聊斋志异·聂小倩》:"[宁采臣]每对人言:'生平无～～。'"

【二乘】 èrshèng 即贰乘。副车。《列子·周穆王》:"巨蒐氏乃献白鹄之血以饮王,具牛马之湩以洗王之足,及～～之人。"

【二氏】 èrshì 指佛、道两家。韩愈《重答张籍书》:“今夫~~之所宗而事之者,下乃公卿辅相,吾岂敢昌言排之哉?”

【二世】 èrshì ❶两代。《汉书·贾谊传》:“陛下高枕,终亡山东之忧矣,此~~之利也。”《宋书·礼志三》:“大业之隆,重光四叶,不羁之寇,~~而平。”也指第二代。温庭筠《春江花月夜》词:“杨家~~安九重,不御华芝嫌六龙。”❷指秦二世皇帝胡亥。秦制,皇帝以世次称。秦始皇既死,赵高和丞相李斯合谋立始皇少子胡亥作皇帝,称二世。《盐铁论·非鞅》:“及~~之时,邪臣擅断,公道不行,诸侯叛弛,宗庙隳亡。”

【二手】 èrshǒu ❶非一人手笔。夏文彦《图绘宝鉴》卷五:“[倪瓒]晚年,率略酬应,似出~~。”❷副手,下手。《二十年目睹之怪现状》九十回:“幸得带来的家人曾贵,和一个钦差大臣带来的~~厨子认得。”

【二竖】 èrshù ❶病魔。《左传·成公十年》:“公梦疾为二竖子,曰:‘彼良医也,惧伤我,焉逃之?’其一曰:‘居肓之上,膏之下,若我何?’医至,曰:‘疾不可为也,在肓之上,膏之下,攻之不可,达之不及,药不至焉,不可为也。’”后因称人所患的疾病为二竖,病至不可救药为病入膏肓。《抱朴子·贵贤》:“~~之疾既据而募良医,栋桡之祸已集而思谋夫,何异乎火起乃穿井,觉饥而占田哉!”杜甫《八哀诗·赠左仆射郑国公严公武》:“炯炯一心在,沉沉~~婴。”❷指危害国运的奸佞小人。张说《赠户部尚书河东公杨君神道碑》:“协心五朝,勘剿~~,奋飞比落,推戴中宗。”

【二天】 èrtiān ❶东汉冀州刺史苏章巡视部属时,特别宴请清河太守,太守高兴地说:“人皆有一天,我独有二天。”(见《后汉书·苏章传》)后来诗文中常用“二天”为感恩之词。杜甫《江亭王阆州筵饯萧遂州》诗:“~~开宠饯,五马烂生光。”王十朋《送吴宪知叔》诗:“郡不留三宿,人皆仰~~。”❷指女子改嫁。《聊斋志异·白于玉》:“远近无不知儿身许吴郎矣,今改之是~~也。”

【二王】 èrwáng ❶《诗经·周颂·振鹭序》:“《振鹭》,二王之后来助祭也。”古代新王朝建立后,封前两朝的王族后裔为诸侯国君,称二王。如周封禹后裔于杞,封汤后裔于宋。❷晋王羲之、献之父子善书法,后人称为二王。《颜氏家训·杂艺》:“梁氏秘阁散逸以来,吾见~~真草多矣。”罗隐《寄酬邺王罗令公》诗之一:“书札~~争巧拙,篇章七子避风流。”

【二象】 èrxiàng 指乾坤,天地。《晋书·王坦之传》:“~~显于万物,两德彰于群生。”杨炯《遂州长江县先圣孔子庙堂碑》:“配乎~~,不能迁必至之期;参乎两曜,不能稽有常之动。”

【二心】 èrxīn 有异心,不忠实。《左传·庄公十四年》:“纳我而无~~者,吾皆许之。”《汉书·韩王信传》:“汉发兵救之,疑信数间使,有~~。”

【二耀】 èryào 指日月。《南齐书·王融传》:“偶化两仪,均明~~。”亦作“二曜”。《隋书·律历志中》:“悬象著明,莫大于~~;气序环复,无信于四时。”

【二仪】 èryí ❶天地。曹植《惟汉行》诗:“太极定~~,清浊始以形。”张华《女史箴》:“茫茫造化,~~既分。”❷日月。沈炯《陈武帝哀策文》:“~~协序,五纬同符。”

【二志】 èrzhì 犹二心。心志不专一,异心。《后汉书·臧洪传》:“凡我同盟,齐心一力,……必无~~。”《新五代史·吕琦传》:“是时,晋高祖镇河东,有~~,废帝患之。”

【二致】 èrzhì ❶指仁与孝。《后汉书·延笃传》:“夫人~~同源,总率百行,非复铢两轻重,必定前后之数也。”❷不一致。指两种意见、主张。《宋史·周尧卿传》:“其学《春秋》,由左氏记之详,得经之所以书者,至三《传》之异同,均有所不取。曰:‘圣人之意,岂~~耶?’”

【二周】 èrzhōu ❶西周与东周。《战国策·西周策》:“尽包于~~,多于二县,九鼎存焉。”贾谊《过秦论》:“振长策而御宇内,吞~~而亡诸侯。”❷两年。潘岳《为贾谧作赠陆机》诗:“自我离群,~~于今。”

【二篆】 èrzhuàn 大篆、小篆。《晋书·卫瓘传》:“秦时李斯,号为~~,诸山及铜人铭,皆斯书也。”杜甫《李潮八分小篆歌》:“陈仓石鼓又已讹,大小~~生八分。”

【二千石】 èrqiānshí 汉代官员的俸禄等级。分三等:中二千石,月得百八十斛;二千石,月得百二十斛;比二千石,月得百斛。东汉二千石称真二千石。后因称郎将、郡守和知府为二千石,本此。《汉书·循吏传序》:“庶民所以安其田里而亡叹息愁恨之心者,政平讼理也。与我共此者,其唯良~~~乎!”杜甫《寄裴施州》诗:“尧有四岳明至理,汉~~~真分忧。”

【二三子】 èrsānzǐ 诸位,几个人。《孟子·梁惠王下》:“吾闻之也,君子不以其所以养人者害人。~~~何患乎无君?我将去之。”曹植《赠丁翼》诗:“吾与~~~,曲宴此城隅。”参见“二三君子”。

【二三君子】 èrsānjūnzǐ 诸君,诸位。省称

“二三子”。《左传·昭公十六年》：“～～～～请皆赋，起（韩宣子）亦以知郑志。”刘歆《移书让太常博士》：“党同门，妬道真，违明诏，失圣意，以陷于文吏之议，甚为～～～～不取也。”

【二十八宿】 èrshíbāxiù 古代天文学家把黄道（太阳和月亮所经天区）的恒星分成二十八个星座，称为二十八宿，四方各有七宿。《淮南子·天文训》：“五星、八风、～～～～。”高诱注：“二十八宿，东方：角、亢、氐、房、心、尾、箕；北方：斗、牛、女、虚、危、室、壁；西方：奎、娄、胃、昴、毕、觜、参；南方：井、鬼、柳、星、张、翼、轸。”

【二十四气】 èrshísìqì 我国古代历法，根据太阳在黄道上的位置，把一年划分为二十四个节气，叫二十四气。其名称如下：立春、雨水、惊蛰、春分、清明、谷雨、立夏、小满、芒种、夏至、小暑、大暑、立秋、处暑、白露、秋分、寒露、霜降、立冬、小雪、大雪、冬至、小寒、大寒。二十四节气表明气候变化和农事季节，是我国农历的特点。

【二十四时】 èrshísìshí ❶即二十四节气。《淮南子·天文训》：“十五日为一节，以生～～～～之变。”见“二十四气”。❷指一日的时数。旧时把一日分为子、丑、寅、卯、辰、巳、午、未、申、酉、戌、亥十二时；每时又分初、正（如子初、子正），共二十四时。参阅钱大昕《十驾斋养新录》卷十七。

【二十四史】 èrshísìshǐ 指二十四部纪传体史书。自唐有三史，宋有十七史，明有二十一史之目，清乾隆四年又增《明史》、《旧唐书》、《旧五代史》，合为二十四史。其书名如下：《史记》、《汉书》、《后汉书》、《三国志》、《晋书》、《宋书》、《南齐书》、《梁书》、《陈书》、《魏书》、《北齐书》、《周书》、《隋书》、《南史》、《北史》、《旧唐书》、《新唐书》、《旧五代史》、《新五代史》（《五代史记》）、《宋史》、《辽史》、《金史》、《元史》、《明史》。

刵 èr 古代割去耳朵的刑罚。《尚书·吕刑》：“杀戮无辜，爰始淫为劓、～、椓、黥。”《新唐书·楚王灵龟妃上官传》：“将自劓～，众遂不敢强。”

佴 1. èr ❶随后，居次。司马迁《报任少卿书》：“李陵既生降，隤其家声；而仆又～之蚕室，重为天下观笑。”颜真卿《右武卫将军臧公神道碑铭》：“～为节度相国萧嵩所赏，后充河源军使兼陇右节度副大使关西兵马使拜右武卫将军。”❷贰，副。《尔雅·释言》：“～，贰也。”郭璞注：“～，次。为副贰。”

2. mài （又读 mǐ） ❸姓。汉有佴毋伤，晋有佴湛，明有佴缙。

貳（貳） 1. èr ❶副手，副职。《周礼·天官·大宰》：“乃施法于官府，而建其正，立其～。”《国语·晋语一》：“夫太子，君之～也。”㊀指副本。《周礼·秋官·大司寇》：“皆受其～而藏之。”❷协助。《尚书·周官》：“少师、少傅、少保曰三孤，～公弘化。”马中锡《中山狼传》：“老农卖一刀以易我，使我～群牛，事南亩。”❸再，重复。《论语·颜渊》：“有颜回者好学，不迁怒，不～过。”《吕氏春秋·先己》：“于是乎处不重席，食不～味。”㊀增益，增加。《荀子·赋》：“无私罪人，憼革～兵。”❹有二心，不专一。《诗经·大雅·大明》：“上帝临女，无～尔心。”《荀子·天论》：“脩道而不～，则天不能祸。”㊁从属二主。《左传·隐公元年》：“既而大叔命西鄙北鄙～于己。”又《僖公三年》：“以其无礼于晋，且～于楚也。”㊁离心，背叛。《左传·襄公二十四年》：“夫诸侯之贿，聚于公室，则诸侯～。”《国语·晋语四》：“得晋国而讨无礼，曹其首诛也。子盍蚤自～焉。”（蚤，通“早”。）❺怀疑，不信任。《尚书·大禹谟》：“任贤勿～，去邪勿疑。”《国语·晋语四》：“子必从之，不可以～，～无成命。”㊀动摇，迷惑。《韩非子·五蠹》：“以疑当世之法而～人主之心。”王安石《上皇帝万言书》：“而不～于谗邪倾巧之臣。”❻两样，不一致。《孟子·滕文公上》：“从许子之道，则市贾不～。”❼不按规则，变易无常。《诗经·小雅·都人士序》：“古者长民，衣服不～。”❽数字“二”的大写。白居易《论行营状》：“况其军一月之费，计实钱～拾漆捌万贯。”（漆，通“柒”。）❾姓。后魏有貳尘。

2. tè ❿通“忒”。差错。《诗经·卫风·氓》：“女也不爽，士～其行。”（王引之认为貳为“貣”之讹。见《经义述闻》卷五《士貳其行》。）

【貳车】 èrchē 副车。《礼记·少仪》：“乘～～则式，佐车则否。～～者，诸侯七乘，上大夫五乘，下大夫三乘。”

【貳臣】 èrchén 前朝大臣在新朝作官的叫貳臣。清弘历（高宗）乾隆四十一年下诏在国史中增列《貳臣传》，记载明臣在清朝做大官的事迹。

【貳广】 èrguǎng 诸侯的副车。《左传·襄公二十三年》：“～～，上之登御，邢公、卢蒲癸为右。”

【貳令】 èrlìng ❶副本。《周礼·天官·职内》：“凡受财者受其～～而书之。”❷副职。韩愈《蓝田县丞厅壁记》：“丞之职，所以～～，于一邑无所不当问。”

【贰卿】 èrqīng 侍郎的别称。尚书为卿，故侍郎为贰卿。苏轼《与范纯父侍郎书》：“中间辱书及承拜命～～，亦深庆慰。”

【贰室】 èrshì 天子的副宫。《孟子·万章下》：“舜尚见帝，帝馆甥于～～。”

【贰言】 èryán 异议。《国语·越语下》：“越王勾践即位三年而欲伐吴，范蠡进谏……王曰：‘无是～～也，吾已断之矣。’”

【贰宗】 èrzōng 大夫的次子。《左传·桓公二年》：“卿置侧室，大夫有～～。”

咡 èr ❶口旁，口耳之间。《礼记·曲礼上》：“负剑辟～诏之。”（郑玄注：“谓倾头与语。”）《管子·弟子职》：“既食乃饱，循～覆手，振衽扫席。”❷通“饵”。《管子·侈靡》：“鱼鳖之不食～者，不出其渊。”

【咡丝】 èrsī 蚕老作丝。《淮南子·览冥训》：“东风至而酒湛溢，蚕～～而商弦绝。”高诱注：“老蚕上下丝于口，故曰咡丝。”

铒（鉺） èr 钩。左思《吴都赋》：“钩～纵横，网罟接绪。”

樲（樲） èr 酸枣的别名。《尔雅·释木》：“～，酸枣。”参见“樲棘”。

【樲棘】 èrjí 果木名。即酸枣。《孟子·告子上》：“今有场师，舍其梧槚，养其～～，则为贱场师焉。”

F

fa

发[1]（發） 1. fā ❶发射。《孟子·公孙丑上》：“射者正己而后～，～而不中，不怨胜己者。”《战国策·西周策》：“楚有养由基者，善射，去柳叶者百步而射之，百～百中。”❷出发，启行。《楚辞·九章·涉江》：“朝～枉陼兮，夕宿辰阳。”李白《为宋中丞请都金陵表》：“朝～白帝，暮宿江陵。”❸派遣，派出。《战国策·楚策四》：“于是使人～驺征庄幸于赵。”又《东周策》：“齐王大悦，～师五万人，使陈臣思将以救周，而秦兵罢。”《后汉书·顺帝纪》：“～诸郡兵救之，乌桓退走。”❹送出。《史记·廉颇蔺相如列传》：“大王欲得璧，使人～书至赵王。”⊗送给。《吕氏春秋·报更》：“晋灵公欲杀宣孟，伏士于房中以待之，因～酒于宣孟。”❺生，出。《诗经·大雅·生民》：“实～实秀，实坚实好。”《论衡·幸偶》：“由是以论，痈疽之～，亦一实也。”《后汉书·华佗传》：“此病后三期当～，遇良医可救 。”❻行，举动。《吕氏春秋·重言》：“齐桓公与管仲谋伐莒，谋未～而闻于国。”《史记·吕太后本纪》：“诸吕用事擅权，欲为乱，畏高帝故大臣绛、灌等，未敢～。”❼启封，打开，开。《战国策·齐策四》：“书未～，威后问使者。”《史记·田敬仲完世家》：“～橐，出阳生，曰：‘此乃齐君矣。’”又《张仪列传》：“[陈]轸可～口言乎？”《论衡·死伪》：“～棺时，臭憧于天。”⊗特指开仓赈民。《孟子·梁惠王上》：“涂有饿莩而不知～。”❽征召，征集。《史记·高祖本纪》：“置酒沛宫，悉召故人父老子弟纵酒，～沛中儿得百二十人，教之歌。”《汉书·韩安国传》：“若是，则～月氏可得而臣也。”❾启发，阐明。《论语·述而》：“不愤不启，不悱不～。”又《为政》：“退而省其私，亦足以～，回也不愚。”（回：颜回。）❿发布，公布。《孟子·梁惠王上》：“今王～政施仁，使天下仕者皆欲立于王之朝。”⓫散发。《吕氏春秋·慎大》：“～巨桥之粟，赋鹿台之钱，以示民无私。”李白《咏邻女东窗海石榴》：“清香随风～，落日好鸟归。”⓬兴起，起于……。《孟子·告子下》：“舜～于畎亩之中。”《韩非子·显学》：“猛将必～于卒伍。”⓭揭露，披露。《韩非子·制分》：“～奸之密、告过者，免罪受赏。”《后汉书·马援传》：“明赏罚，～奸慝。”⓮毁坏。《汉书·高帝纪上》：“大风从西北起，折木～屋，扬砂石。”《后汉书·来歙传》：“矢尽，乃～屋断木以为兵。”⓯量词。1)表示次数。《后汉书·鲜卑传》：“鲜卑寇边，自春以来，三十馀～。”曾巩《叙盗》：“盗三十人，凡十五～。”2)相当于“支”、“颗”。《汉书·匈奴传下》:"弓一张,矢四～。"⑯通"伐"。功绩。《管子·四时》:"求有功～劳力者而举之。"⑰(fèi)通"废"。倒塌。《老子·三十九章》:"天无以宁将恐裂,地无以宁将恐～。"

2. bō ⑱见"发发"。

【发币】 fābì 送礼物。《左传·隐公七年》:"初,戎朝于周,～～于公卿。"《国语·周语中》:"定王八年,使刘康公聘于鲁,～～于大夫。"

【发愤】 fāfèn ❶因愤激而决心努力。《论语·述而》:"～～忘食,乐以忘忧。"《后汉书·光武帝纪上》:"王莽篡位,秀～～兴兵。"❷发泄愤懑。《楚辞·九章·惜诵》:"惜诵以致愍兮,～～以抒情。"《后汉书·章帝纪》:"其先至者,各以～～吐懑,略闻子大夫之志矣。"《后汉书·冯衍传》:"聊～～而扬情兮,将以荡夫忧心。"

【发机】 fājī ❶拨动弩的机关使之发射。曹植《七启》:"乃使任子垂钓,魏氏～～。"❷比喻迅速。《三国志·魏书·三少帝纪》:"前者变故卒至,祸同～～。"韩愈《送区弘南归》:"子去矣时若～～。"

【发迹】 fājì 有功而扬名或突然显达兴起。司马相如《封禅文》:"后稷创业于唐尧,公刘～～于西戎。"《后汉书·耿弇传》:"昔韩信破历下以开基,今将军攻祝阿以～～。"

【发敛】 fāliǎn 春夏秋冬四季日行的盈缩。《周髀算经》卷上:"冬至夏至者,日道～～之所生也。"《汉书·律历志上》:"盖闻古者黄帝合而不死,名察～～,定清浊,起五部,建气物分数。"(五部:金、木、水、火、土。)

【发梁】 fāliáng ❶摧毁或撤去桥梁。《左传·襄公二十八年》:"陈无宇济水,而戕舟～～。"❷取下屋梁。《商君书·兵守》:"～～撤屋。"❸歌声绕梁。《汉书·礼乐志》:"～～扬羽申以商,造兹新音永久长。"(颜师古注:"发梁,歌声绕梁也。")

【发蒙】 fāméng ❶启发蒙昧。《周易·蒙》:"初六,～～,利用刑人。"扬雄《长杨赋》:"乃今日～～,廓然已昭矣。"❷揭去蒙在物上的东西。比喻轻而易举。《史记·淮南衡山列传》:"一日发兵,使人即刺杀大将军[卫]青,而说丞相下之,如～～耳。"❸揭去蒙眼的东西。比喻开阔视野。《后汉书·窦融传》:"忠臣则酸鼻流涕,义士则旷若～～。"(旷:明。)

【发名】 fāmíng 扬名,有名声。《三国志·吴书·张昭传》:"博览众书,与琅邪赵昱、东海王朗俱～～友善。"

【发明】 fāmíng ❶启迪,开导。宋玉《风赋》:"愈病析酲,～～耳目。"柳宗元《贺进士王参元失火书》:"自以幸为天子近臣,得奋其后,是以～～足下之郁塞。"❷陈述,表达。《史记·儒林列传》:"宽为人温良,有廉智,自持,而善著书、书奏,敏于文,口不能～～也。"❸发挥,有所创见。《汉书·楚元王传》:"及[刘]歆治《左氏》,引传文以解经,转相～～,由是章句义理备焉。"欧阳修《江邻几文集序》:"其学问通博,文辞雅正深粹,而论议多所～～,诗尤清淡闲肆可喜。"

【发难】 fānàn ❶首先起事,首先发动。《史记·项羽本纪》:"天下初～～时,假立诸侯后以伐秦。"❷发问,问难。王季友《酬李十六岐》诗:"千宾揖对若流水,五经～～如叩钟。"

【发轫】 fārèn 拿掉支住车轮的木头,使车启行。借指出发。轫,刹车木。《楚辞·远遊》:"朝～～于太仪兮,夕始临乎于微闾。"《后汉书·冯衍传》:"～～新丰兮,裴回镐京。"

【发丧】 fāsāng 宣告某人死去。《史记·高祖本纪》:"四月甲辰,高祖崩长乐宫。四日不～～。"《汉书·高帝纪上》:"于是汉王为义帝～～,袒而大哭,哀临三日。"

【发生】 fāshēng 滋生,生长。《尔雅·释天》:"春为～～,夏为长嬴,秋为收成,冬为安宁。"杜甫《春夜喜雨》诗:"好雨知时节,当春乃～～。"

【发舒】 fāshū 放纵。《史记·陈涉世家》:"客出入愈益～～,言陈王故情。"

【发擿】 fātì ❶揭发,揭露。《三国志·吴书·韦曜传》:"以嘲弄侵克,～～私短以为欢。"《后汉书·王涣传》:"又能以谲数～～奸伏,京师称叹。"❷解说疑难。《梁书·诸葛璩传》:"荣绪著《晋书》,称璩有～～之功。"

【发扬】 fāyáng ❶焕发,光彩外现。《吕氏春秋·过理》:"去国居卫,容貌充满,颜色～～,无重国之意。"❷宣扬,公布。《汉书·王嘉传》:"司隶、部刺史察过悉劾,～～阴私。"❸发现,起用。《后汉书·樊准传》:"臣愚以为宜下明昭,博求幽隐,～～岩穴,宠推雅儒。"

【发越】 fāyuè ❶疾速的样子。《汉书·李寻传》:"太白～～犯库,兵寇之应也。"(颜师古注:"发越,疾貌。"太白:即金星,传说主杀伐。库:天库星。)❷昂扬。嵇康《琴赋》:"英声～～,采采粲粲。"骆宾王《和道士闺情诗启》:"班婕好霜雪之句,～～清迥。"❸散发,发出。司马相如《上林赋》:"郁郁菲菲,众香～～。"

【发发】 bōbō 象声词。风急吹或鱼跳跃的声音。《诗经·小雅·蓼莪》："南山烈烈，飘风～～。"《汉书·王吉传》："是非古之风也，～～者；是非古之车也，揭揭者。"杜甫《题张氏隐居》诗之二："霁潭鳣～～，春草鹿呦呦。" fā

乏 fá ❶缺少，匮乏。《战国策·齐策四》："孟尝君使人给其食用，无使～。"《国语·晋语四》："救～振滞，匡困资无。"《汉书·爰盎传》："今汉虽～人，陛下独奈何与刀锯之人共载！"❷指官位空缺。《左传·成公二年》："敢告不敏，摄官承～。"❸疲乏，疲倦。《新五代史·周德威传》："因其劳～而乘之，可以胜也。"❹废，荒废。《庄子·天地》："子往矣，无～吾事。"《战国策·燕策三》："田光曰：'虽然，光不敢以～国事也。'"❺古代行射礼时用以避箭的器具。用皮革制成，形状似小屏风。《周礼·春官·车仆》："大射共三～。"张衡《东京赋》："设三～，厞司旌。"

【乏绝】 fájué 犹乏困。《战国策·秦策一》："[苏秦]资用～～，去秦而归。"《吕氏春秋·季春》："命有司，发仓窌，赐贫穷，振～～。"（窌：窖。）

【乏困】 fákùn 外出缺少资用叫乏，家居缺少食物叫困。指食用等供应不上。《左传·僖公三十年》："若舍郑以为东道主，行李之往来，共其～～。"

伐(傠) fá ❶击刺，砍杀。《尚书·牧誓》："不愆于四～五～六～七～，乃止齐焉。"❷砍，砍伐。《诗经·魏风·伐檀》："坎坎～檀兮，寘之河之干兮。"《史记·孝景本纪》："后九月，～驰道树，殖兰池。"❸击，敲。见"伐鼓"。❹进攻，征伐。《左传·隐公四年》："秋，诸侯复～郑。"《国语·周语上》："三十二年春，宣王～鲁。"❺败坏，损害。见"伐德"。❻除去。苏轼《儒者可与守成论》："譬之药石，可以～病而不可以养生。"❼功绩，战功。《史记·魏公子列传》："北救赵而西却秦，此五霸之～也。"❽夸耀。《管子·宙合》："功大而不～。"《史记·游侠列传》："而不矜其能，羞～其德。"❾星名。参宿中的三颗小星。《论衡·遭虎》："参、～以冬出，心、尾以夏见。"❿畎上高土。《周礼·考工记·匠人》："耜广五寸，二耜为耦，一耦之～，广尺深尺谓之畎。"（贾公彦疏："畎上高土谓之伐。"）⓫通"瞂"。盾牌。《诗经·秦风·小戎》："蒙～有苑，虎韔镂膺。"

【伐德】 fádé ❶损害道德。《诗经·小雅·宾之初筵》："醉而不出，是谓～～。"❷夸耀自己的德行。《荀子·仲尼》："功虽甚大，无～～之色。"

【伐鼓】 fágǔ 击鼓，古时作战以击鼓为进攻的信号。《诗经·小雅·采芑》："钲人～～，陈师鞠旅。"《论衡·顺鼓》："必以～～为攻此社，此则钟声鼓鸣攻击上也。"（社：土地神。）曾巩《广德军重修鼓角楼记》："至于～～鸣角，以警昏昕，下漏数刻，以节昼夜，则又新是四器，列而栖之。"

【伐矜】 fájīn 自我夸耀。《管子·重令》："便辟～～之人，将以此买誉成名。"

【伐木】 fámù ❶砍伐树木。《国语·晋语一》："～～不自其本，必复生。"❷《诗经》的篇名。此诗为贵族宴请亲朋故友的乐歌，后用以表示朋友之间的情意深厚。骆宾王《初秋于窦六郎宅宴得风字并序》："诸君情谐～～，仰登龙以缔欢。"

【伐阅】 fáyuè 也作"阀阅"。❶功绩和经历。《汉书·田千秋传》："千秋无他材能术学，又无～～功劳。"（颜师古注："伐，积功也；阅，经历也。"）❷记功的簿册。《汉书·朱博传》："博复移书曰：'王卿忧公甚效，檄到，赍～～诣府。'"（赍：送。）❸给有功之臣记功。《论衡·谢短》："吏上功曰～～，名籍墨状。"

【伐冰之家】 fábīngzhījiā 指贵族豪门之家。古代只有卿大夫以上的贵族丧祭时才能用冰，伐冰即凿冰窖取冰。《后汉书·冯衍传》："夫～～～～，不利鸡豚之息。"简称"伐冰"。柳宗元《故殿中侍御史柳公墓表》："公堂无事，朝端延首，方待以位，既而禄不及～～。"

【伐性之斧】 fáxìngzhīfǔ 砍伐生命的利斧。比喻损害身心的事情。《吕氏春秋·本生》："靡曼皓齿，郑、卫之音，务以自乐，命之曰～～～～。"《韩诗外传》卷九："徼幸者，～～～～也；嗜欲者，逐祸之马也。"也作"伐性刀"。白居易《寄卢少卿》诗："艳声与丽色，真为～～～。"

拨 fá 见bō。

阀(閥) fá ❶功劳等级。张孝祥《清平乐》词："勋～诸郎俱第一，风流前辈敌。"❷古代官宦门外树立在左边的柱子，用以自序功状。文天祥《通董提举楷启》："～冠云霄，楼高湖海。"❸指门第。韩愈《送文畅师北游》诗："荐绅秉笔徒，声誉耀前～。"

【阀阅】 fáyuè ❶功劳等级。《后汉书·韦彪传》："士宜以才行为先，不可纯以～～。"（李贤注："《史记》曰：'明其等曰阀，积功曰阅。'"）❷古代官宦人家门外左右树立的石柱，用以自序功状。《玉篇·门部》："在左曰阀，在右曰阅。"陆九渊《赠汪坚老》："又或寿老死篑，立～～，蒙爵谥，以厚累世。"

疺 fá ❶疲倦。金幼孜《北征录》："天气清爽，人马不渴，若暄热，人皆～矣。"❷瘦。《玉篇·疒部》："～，瘦也。"

茷 1. fá ❶草叶盛多。柳宗元《始得西山宴游记》："缘染溪，斫榛莽，焚茅～，穷山之高而止。"

2. pèi ❷通"旆"。旗边下垂的装饰物。《左传·定公四年》："分康叔以大路、少帛、綪～、大吕。"（大路、少帛：旗名。綪：赤色。大吕：钟名。）❸见"茷茷"。

3. bó ❹见"茷骫"。

【茷茷】 pèipèi 旗帜飘动的样子。《诗经·鲁颂·泮水》："其旂～～，鸾声哕哕。"（旂：一种画有蛟龙的旗。鸾：通"銮"。车铃。）

【茷骫】 bówěi 树木枝条弯曲的样子。《楚辞·招隐士》："树轮相纠兮，林木～～。"

罚（罸、罰） fá ❶惩罚，处分。《战国策·东周策》："～不讳强大，赏不私亲近。"《荀子·王制》："无功不赏，无罪不～。"❷出钱赎罪。《尚书·吕刑》："墨辟疑赦，其～百锾。"（墨辟：黥罪。锾：六两。）❸星名。同"伐⑨"。《后汉书·郎顗传》："～者白虎，其宿主兵。"又火星称罚星、荧惑星。《广雅·释天》："营惑谓之～。"（营：同"荧"。）

【罚首】 fáshǒu 惩罚的开端。《三国志·魏书·文德郭皇后传》："今世妇女少，当配将士，不得因缘取以为妾也。宜各自慎，无为～～。"

【罚作】 fázuò 汉代对轻罪者罚作苦工叫罚作。《史记·张释之冯唐列传》："陛下下之吏，削其爵，～～之。"

垡（坺、垓、墢） fá ❶耕翻土地。韩愈《送文畅师北游》诗："余期报恩后，谢病老耕～。"❷翻耕过的土块。《齐民要术·大豆》："若泽多者，先深耕讫，逆～掷豆，然后劳之。"

筏（栰） fá 用竹木编成的渡水工具。《新五代史·周德威传》："使梁得舟～渡河，吾无类矣。"

瞂（吠、戚） fá 古兵器，即盾牌。《史记·苏秦列传》："坚甲铁幕，革抉～芮，无不毕具。"（芮：系盾的带子。）

法（灋、浤） fǎ ❶法律，刑法。《韩非子·五蠹》："儒以文乱～，侠以武犯禁。"司马迁《报任少卿书》："假令仆伏～受诛，若九牛亡一毛，与蝼蚁何以异？"❷法则，制度。《孟子·尽心下》："君子行～以俟命而已矣。"《吕氏春秋·孟春》："乃命太史，守典奉～。"《礼记·曲礼下》："谨修其～而审行之。"注："其法谓其先祖之制度，若夏、殷。"❸规范，准则。《管子·七法》："尺寸也，绳墨也，规矩也；衡石也，斗斛也，角量也；谓之～。"《盐铁论·相刺》："故居则为人师，用则为世～。"❹方法，作法。《论衡·问孔》："凡学问之～，不为无才。"❺效法，取法。《楚辞·离骚》："謇吾～夫前修兮，非世俗之所服。"《吕氏春秋·察今》："上胡不～先王之法，非不贤也，为其不可得而～。"❻合乎法度，有法则。《荀子·荣辱》："政令～，举措时，听断公。"韩愈《进学解》："《易》奇而～，《诗》正而葩。"❼战国时期学派名称。《汉书·艺文志》："杂家者流，盖出于议官。兼儒、墨，合名、～。"参见"法家①"。

【法程】 fǎchéng 法则，法式。《吕氏春秋·慎行》："为义者则不然，始而相与，久而相信，卒而相亲，后世以为～～。"《汉书·贾谊传》："立经陈纪，轻重同得，后可以为万世～～。"

【法度】 fǎdù ❶法令制度。《荀子·性恶》："礼义生而制～～。"贾谊《过秦论》上："当是时也，商君佐之，内立～～，务耕织，修守战之备。"❷指度量衡制度。《汉书·律历志上》："孔子陈后王之法，曰：'谨权量，审～～，修废官，举逸民，四方之政行焉。'"❸规则，规范。韩愈《柳子厚墓志铭》："其经承子厚口讲指画为文词者，悉有～～可观。"

【法服】 fǎfú ❶古代按礼法规定的服饰。《汉书·贾山传》："故古之君人者于其臣也，可谓尽礼矣；服～～，端容貌，正颜色，然后见之。"❷天子的服饰。《后汉书·杨秉传》："况以先王～～而私出槃游，降乱尊卑，等威无序。"❸佛教徒的法衣，即袈裟之类。《颜氏家训·归心》："一披～～，已堕僧数。"

【法冠】 fǎguān 执法者所戴的帽子。秦御史、汉使节均戴此冠。《史记·秦始皇本纪》："数以六为纪，符、～～皆六寸，而舆六人。"《后汉书·舆服志下》："～～，一曰柱后。高五寸……执法者服之。……或谓之獬豸冠。"

【法宫】 fǎgōng 正殿，帝王处理政务的宫殿。陈亮《论执要之道》："臣窃惟陛下自践祚以来，亲事～～之中，明见万里之外。"

【法家】 fǎjiā ❶战国时代一个重要的学派。主张以法治国，反对儒家以礼治国，代表人物有李悝、商鞅、韩非等。《史记·太史公自序》："～～不别亲疏，不殊贵贱，一断于法，则亲亲尊尊之恩绝矣。"《汉书·艺文志》："～～者流，盖出于理官，信赏必罚，以辅礼制。"《后汉书·张晧传》："晧虽非～～，而留心刑断。"❷守法度的世臣。《孟子·告子下》："入则无～～拂士，出则无敌国外患者，国恒亡。"也指精通法令的人。《论衡·程材》："文吏治事，必问～～。"

【法驾】 fǎjià 天子的车马。也借指天子。《史记·吕太后本纪》："乃奉天子～～，迎代王于邸。"宋濂《阅江楼记》："～～幸临，升其崇椒，凭阑遥瞩，必悠然而动遐思。"

【法禁】 fǎjìn 法令与禁令。《韩非子·饰邪》："此皆不明其～～以治其国，恃外以灭其社稷者也。"

【法令】 fǎlìng 法律，命令。《老子·五十七章》："～～滋章，盗贼多有。"《战国策·秦策一》："商君治秦，～～至行，公平无私。"《汉书·苏武传》："陛下春秋高，～～亡常。"（亡：通"无"。）

【法律】 fǎlǜ 古代的刑法及律令。《吕氏春秋·离谓》："是非乃定，～～乃行。"《汉书·赵敬肃王刘彭祖传》："彭祖为人巧佞，卑谄足共，而心刻深，好～～，持诡辩以中人。"（中人：伤人。）

【法辟】 fǎpì 刑法。《韩非子·忠孝》："所谓贤臣者，能明～～、治官职以戴其君者也。"《三国志·魏书·曹爽传》注引《汉晋春秋》："故尚书王经，虽身陷～～，然守志可嘉。"

【法士】 fǎshì 尊崇礼仪法则的士人。《荀子·劝学》："故隆礼，虽未明，～～也。"《列子·说符》："稽之虞、夏、商、周之书，度诸～～贤人之言，所以存亡废兴而非由此道者，未之有也。"

【法式】 fǎshì 法则，法度。《荀子·尧问》："今之学者，得孙卿之遗言馀教，足以为天下～～表仪。"《吕氏春秋·先识》："妲己为政，赏罚无方，不用～～。"《汉书·艺文志》："古之王者世有史官，君举必书，所以慎言行，昭～～也。"

【法室】 fǎshì 刑室，监狱。《吕氏春秋·精谕》："此白公之所以死于～～。"

【法术】 fǎshù ❶指法家的学说。法家的早期人物商鞅、申不害讲法术，后以法术作为法家的学说。《史记·老子韩非列传》："韩非者，韩之诸公子也。喜刑名～～之学，而其归本于黄老。"❷治国的方法，手段。《战国策·楚策四》："夫人主年少而矜材，无～～以知奸。"《韩非子·奸劫弑臣》："人主无～～以御其臣。"❸古代求雨祭祀等迷信做法。《论衡·明雩》："变复之家，不推类验之，空张～～，惑人君。"

【法数】 fǎshù 法则，法度。《韩非子·有度》："先王以三者为不足，故舍己能而因～～，审赏罚。"

【法象】 fǎxiàng ❶指自然界的现象。《周易·系辞上》："是故～～莫大乎天地，变通莫大乎四时。"❷效法，取法。《论衡·雷虚》："奉天而行，其诛杀也，宜～～上天。"

【法语】 fǎyǔ 合乎礼义原则的话。《论语·子罕》："～～之言，能无从乎？"

【法则】 fǎzé ❶法度，规则。《荀子·儒效》："～～，度量正乎官，忠、信、爱、利形乎下。"《周礼·天官·大宰》："一曰祭祀以驭其神，二曰～～以驭其官。"❷准则，表率。《荀子·非相》："度已以绳，故足以为天下～～矣。"《三国志·魏书·杨阜传》："陛下当以尧、舜、禹、汤、文、武为～～，夏桀、殷纣、楚灵、秦皇为深诫。"❸效法。《左传·定公四年》："将其丑类，以～～周公。"《史记·周本纪》："及为成人，遂好耕农，相地之宜，宜谷者稼穑焉，民皆～～之。"

【法志】 fǎzhì 法籍，法典。《国语·晋语四》："夫先王之～～，德义之府也。"

【法不阿贵】 fǎbù'ēguì 法令不宽容尊贵的人。《韩非子·有度》："～～～～，绳不挠曲。"

发[2]**（髮）** fà ❶头发。《诗经·小雅·采绿》："予～曲局，薄言归沐。"《韩非子·说林上》："缟为冠之也，而越人被～。"❷毛，比喻草木。《庄子·逍遥遊》："穷～之北，有冥海者，天池也。"

【发指】 fàzhǐ 头发直竖。形容愤怒到极点。《史记·项羽本纪》："[樊哙]瞋目视项王，头发上指，目眦尽裂。"洪昇《长生殿·侦报》："外有逆藩，内有奸相，好叫人～～也。"

fan

帆（帆、颿） 1. fān ❶张挂在船桅上利用风力使船前进的布篷。《晋书·王濬传》："及濬将到秣陵，王浑遣信要令暂过论事，濬举～直指，报曰：'风利，不得泊也。'"杜甫《舍弟观归蓝田迎新妇送示》诗之二："满峡重江水，开～八月舟。"㊀指船。刘禹锡《酬乐天扬州初逢席上见赠》诗："沉舟侧畔千～过，病树前头万木春。"

2. fàn ❷张帆航行。韩愈《除官赴阙至江州寄鄂岳李大夫》诗："不枉故人书，无因～江水。"

【帆樯】 fānqiáng ❶船上的桅杆。《晋书·陶称传》："乃反缚悬头于～～，仰而弹之。"白居易《夜闻歌者》诗："独依～～立，娉婷十七八。"❷借指帆船。李郢《江亭春霁》

诗："蜀客～～背归燕，楚山花木怨啼鹃。"

【帆影】　fānyǐng　船帆之影，指帆船。杜甫《夏夜李尚书筵送宇文石首赴县联句》："酒香倾坐侧，～～驻江边。"

拚　fān　见biàn。

番　1. fān　❶轮流更替。苏舜钦《论五事》："臣欲乞今后内城诸门，应分～宿直。"❷量词。1)次；回。庾信《咏画屏风》之二十四："行云数～过，白鹤一双来。"辛弃疾《贺新郎·老大那堪说》词："问渠浓：神州毕竟，几～离合？"2)张。韩愈《答孟尚书书》："过吉州，得吾兄二十四日手书数～。"3)片。辛弃疾《水调歌头·送杨民瞻》词："黄鸡白酒，君去村社一～秋。"❸古代对边境少数民族的称呼。见"番家"。❹通"藩"。篱笆。《荀子·礼论》："抗折，其貌以象槾茨～阏(è)也。"(抗折：葬具。槾茨：粉刷掩盖。阏：挡风门。)❺姓。

2. fán　❻兽足。《玉篇·采部》："～，兽足也。或作蹯。"

3. bō　❼见"番番"。

4. pó　❽通"鄱"。地名。《史记·伍子胥列传》："阖庐使太子夫差将兵伐楚，取～。"❾通"皤"。见"番番"。

5. pān　❿见"番禺"。

【番舶】　fānbó　来自外国的商船。宋濂《阅江楼记》："～～接迹而来庭，蛮琛联肩而入贡。"

【番代】　fāndài　轮流代替。《北齐书·唐邕传》："凡是九州军士、四方勇募，强弱多少，～～往还。"方苞《左忠毅公逸事》："漏鼓移则～～。"(漏：古时滴水计时的仪器。鼓：打更的鼓。)

【番家】　fānjiā　古代对西方边境各少数民族的称呼。陆游《军中杂歌》之七："如今便死知无恨，不属～～属汉家。"

【番休】　fānxiū　轮流休息。《三国志·魏书·陈思王植传》："惠洽椒房，恩昭九族，群后百僚，～～递上。"

【番番】　bōbō　勇武的样子。《诗经·大雅·崧高》："申伯～～，既入于谢。"

【番番】　pópó　通"皤皤"。头发白的样子。《史记·秦本纪》："古之人谋黄发～～，则无所过。"(张守节正义："皤，白头貌。言发白而更黄，故云黄发番番。")

【番禺】　pānyú　地名。秦代属南海郡，即今广东省的番禺市。《史记·南越列传》："且～～负山险，阻南海。"杜甫《送重表侄王殊评事使南海》诗："～～亲贤领，筹运神功操。"

潘　fān　见pān。

幡(旛)　fān　❶长形的旗子。《汉书·郊祀志上》："其秋，为伐南越，告祷泰一，以牡荆画～日月北斗登龙。"㊂泛指旗子。《后汉书·刘盆子传》："[李]宝从后悉拔赤眉旌帜，更立己～旗。"❷帽子上的巾饰。《后汉书·舆服志下》："宫殿门吏仆射冠之。负赤～，青翅燕尾。"❸通"翻"。变动。见"幡然"。

【幡幡】　fānfān　❶翻动的样子。《诗经·小雅·瓠叶》："～～瓠叶，采之亨之。"❷轻率不庄重的样子。《诗经·小雅·宾之初筵》："既曰醉止，威仪～～。"

【幡然】　fānrán　迅速变动的样子。《孟子·万章上》："既而～～改曰：'与我处畎亩之中，由是以乐尧舜之道。'"陈子昂《谏用刑书》："赖武帝得壶关三老上书，～～感悟。"

【幡胜】　fānshèng　一种用金银箔、纸、绢剪裁制作的装饰物，有的形似幡旗，故名幡胜。立春日戴在头上或系在花下。范成大《鞭春微雨》诗："～～丝丝雨，笙歌步步尘。"

【幡信】　fānxìn　用以传递命令的幡。作用同"符节"。《汉书·艺文志》："六体者，古文、奇字、篆书、隶书、缪篆、虫书，皆所以通古今文字，摹印章，书～～也。"

轓(轓)　fān　❶车身两边翻出如耳的遮蔽物。《后汉书·礼仪志下》："车皆去辅～，疏布恶轮。"❷车。谢朓《三日侍宴曲水代人应诏》诗："华～徒驾，长缨未饰。"

藩　fān　❶篱笆。《国语·晋语八》："是行也，以～为军，攀辇即利而舍。"(韦昭注："藩，篱落也。")《后汉书·杨震传》："而青蝇点素，同兹在～。"㊂比喻屏障。《诗经·大雅·板》："价人维～，大师维垣。"(价人：大德之人。)❷用篱笆围起来。《左传·哀公十二年》："今吴不行礼于卫，而～其君舍以难之。"❸保障，保卫。《左传·昭公元年》："货以～身，子何爱焉？"左思《咏史》之三："吾希段干木，偃息～魏君。"(希：仰慕。)❹藩国，封建王朝分封的诸侯国，作为王室的屏藩。《战国策·赵策二》："天崩地坼，天子下席，东～之臣田婴齐后至，则斮之！"《汉书·哀帝纪》："臣幸得继父守～为诸侯王，材质不足以假充太子之宫。"❺有帷帐的车子。《左传·襄公二十三年》："晋将嫁女于吴，齐侯使析归父媵之，以～载栾盈及其士。"

【藩臣】　fānchén　捍卫王室之臣。《史记·南越列传》："两越俱为～～，毋得擅兴兵相攻击。”《汉书·邹阳传》：“臣恐～～守职者疑之。”

【藩服】 fānfú 古代京城以外之地分九服，最远的地区叫藩服。《周礼·夏官·职方氏》：“乃辨九服之邦国，……又其外方五百里为甸服，又其外方五百里曰～～。”（贾公彦疏：“言藩者，以其最在外为藩篱，故以藩为称。”）曾巩《请西北择将东南益兵札子》：“太祖外削～～，而归之轨道。”

【藩国】 fānguó 即诸侯国，封建王朝将诸侯国视为国家的屏障，故称藩国。《史记·三王世家》：“封建使守～～，帝王所以扶德施化。”《后汉书·赵熹传》：“时～～官属出入宫省，与百僚无别。”

【藩翰】 fānhàn 《诗经·大雅·板》：“价人维藩，大师维垣，大邦维屏，大宗维翰。”（藩：屏障。翰：通“干”。栋梁。）后以“藩翰”比喻保卫国家的重臣。《晋书·宗室八王传》：“遵周旧典，并建宗室，以为～～。”

【藩篱】 fānlí ❶用竹木编成的篱笆，作为房舍的围墙。杜甫《四松》诗：“所插小～～，本亦有隄防。”❷比喻国家的屏障，外围。《史记·陈涉世家》：“乃使蒙恬北筑长城而守～～。”陆机《辩亡论上》：“城池无～～之固，山川无沟阜之势。”

【藩屏】 fānpíng ❶屏障。《晋书·汝南王亮传》：“自古帝王之临天下也，皆欲广树～～，崇固维城。”❷守卫，保卫。《后汉书·光武帝纪下》：“古者封建诸侯，以～～京师。”《三国志·魏书·明帝纪》：“古之帝王，封建诸侯，所以～～王室也。”

【藩饰】 fānshì 遮盖，遮掩。《荀子·荣辱》：“今以夫先王之道，仁义之统，以相群居，以相持养，以相～～，以相安固耶？”又《富国》：“故为之雕琢刻镂黼黻文章，以～～之。”

【藩卫】 fānwèi ❶守卫。《三国志·魏书·武帝纪》：“朕闻先王并建明德，胙之以土，分之以民，崇其宠章，备其礼物，所以～～王室，左右厥世也。”❷屏障。《后汉书·傅燮传》：“今凉州天下要冲，国家～～。”

【藩镇】 fānzhèn ❶指边境地区方面的长官。《三国志·蜀书·许靖传》：“又张子云昔在京师，志匡王室，今虽临荒域，不得参与本朝，亦国家之～～，足下之外援也。”❷唐代在边境及重地所设置的节度使，掌管当地军政大权，称为藩镇。安史之乱后，内地也遍设节度使，总揽军政大权，成为对抗中央的军事力量。李尤《函谷关赋》：“～～造而惕息，侯伯过而震惶。”

翻（飜、繙） fān ❶鸟飞。王维《辋川闲居》诗：“青菰临水映，白鸟向山～。”杜甫《送率府程录事还乡》诗：“莫作～云鹘，闻呼向禽急。”❷翻动，翻卷。岑参《白雪歌送武判官归京》：“纷纷暮雪下辕门，风掣红旗冻不～。”杜甫《解闷》诗之一：“草阁柴扉星散居，浪～江黑雨飞初。”❸翻倒。《后汉书·刘宽传》：“使侍婢奉肉羹，～污朝衣。”❹演绎。《庄子·天道》：“[孔子]往见老聃，而老聃不许，于是～十二经以说。”❺翻译。法云《翻译名义集序》：“夫翻译者，谓～梵天之语，转成汉地之言。”❻摹写。白居易《琵琶行》：“莫辞更坐弹一曲，为君～作琵琶行。”王建《霓裳曲》：“旋～新谱声初起，除却梨园未教人。”❼演唱，演奏。白居易《代琵琶弟子谢女师曹供奉寄新调弄谱》诗：“一纸展看非旧谱，四弦～出是新声。”辛弃疾《破阵子·醉里挑灯看剑》词：“八百里分麾下炙，五十弦～塞外声。”❽副词。反而，反倒。《后汉书·袁绍传》：“尽忠为国，～成重愆。”杜甫《送赵十七明府之县》诗：“论交～恨晚，卧病却愁春。”权德舆《薄命篇》：“宁知燕赵娉婷子，～嫁幽并游侠儿。”

【翻车】 fānchē ❶水车。《后汉书·张让传》：“又作～～渴乌，施于桥西。”（注：“翻车，设机车以引水。渴乌，为曲筒，以气引水上也。”）❷捕鸟用的网。《尔雅·释器》“罦，覆车也”郭璞注：“今之～～也。”

【翻翻】 fānfān ❶上下飞动的样子。《楚辞·九章·悲回风》：“漂～～其上下兮，翼遥遥其左右。”刘桢《赠徐幹》诗：“轻叶随风转，飞鸟何～～。”❷翻上翻下的样子。范成大《次韵耿时举、王直之夜坐》：“庭叶～～闹，灯花粟粟稀。”

【翻覆】 fānfù ❶反覆，变化。《后汉书·吕布传》：“[袁]术既叨贪，[吕]布亦～～。”刘孝标《广绝交论》：“循环～～，迅若波澜。”❷翻来覆去，不止一次。《聊斋志异·邵九娘》：“我家小孽冤，～～遴选，十无一当。”

【翻盆】 fānpén 覆盆，形容雨雪之大。杜甫《白帝》诗：“白帝城中云出门，白帝城下雨～～。”苏辙《和子瞻雪浪斋》：“激泉飞水行亦冻，穷边腊雪如～～。”

【翻然】 fānrán ❶迅速改变的样子。韩愈《给陈给事书》：“今则释然悟，～～悔。”苏轼《上皇帝书》：“而陛下～～改命，曾不移刻。”❷反而，反倒。杜甫《诸将》诗：“岂意尽烦回纥马，～～远救朔方兵。”李颀《缓歌行》：“一沉一浮会有时，弃我～～如脱屣。”

蹯（蹞） fān 兽足。《战国策·赵策三》：“虎怒，决～而去。”《史记·晋世家》：“宰夫胹熊～不熟，灵公怒，杀宰夫。”

籓 fān ❶簸箕。《说文·竹部》:“～,大箕也。”❷通“藩”。见“籓落”。

【籓落】 fānluò 篱笆。《汉书·宣帝纪》“又诏:‘池籞未御幸者,假与贫民。’”颜师古注:“籞者,所以养鸟也。设为～～,周覆其土,令鸟不得出。”

凡(凣) fán ❶概要,纲要。《荀子·议兵》:“是强弱之～也。”《汉书·扬雄传下》:“仆尝倦谈,不能一二其详,请略举～,而客自览其切焉。”❷平常,平庸。《后汉书·崔骃传》:“盖高树靡阴,独木不林,随时之宜,道贵从～。”《南史·齐高帝诸子传下》:“人才甚～。”❸尘世,世俗。司空图《携仙箓》:“仙～路阻两难留。”❹一切,所有。《诗经·邶风·谷风》:“～民有丧,匍匐救之。”《后汉书·郎颛传》:“～诸考案,并须立秋。”❺总共,共。《孟子·万章下》:“天子一位、公一位、侯一位、伯一位、子男同一位,～五等也。”《汉书·文三王传》:“～杀三人,伤一人。”❻副词。大凡,大概。《汉书·路温舒传》:“太平之未洽,～以此也。”《战国策·东周策》:“昔周之伐殷,得九鼎,～一鼎而九万人挽之。”❼春秋时国名。《庄子·田子方》:“楚王与～君坐。”

【凡目】 fánmù ❶《周礼·天官·宰夫》:“二曰师,掌官成以治凡;三曰司,掌官法以治目。”后以“凡目”指事情的大纲与细目。章炳麟《訄书·序种姓上》:“余于顾君,未能执鞭也,亦欲因其～～,次第种别。”❷世俗的看法。苏轼《次韵陈四雪中赏梅》:“独秀惊～～,遗英卧逸民。”

【凡鸟】 fánniǎo ❶家禽,比喻普通平常。杜甫《催宗文树鸡栅》诗:“其流则～～,其气心匪石。”曾巩《鸿雁》诗:“性殊～～自知时,飞不乱行聊渐陆。”❷“鳳”字的分写。隐指庸才。《世说新语·简傲》:“嵇康与吕安善,每一相思,千里命驾。安后来,值康不在,喜出户延之,不入。题门上作‘鳳’字而去。……‘鳳’字,～～也。”(喜:嵇喜,嵇康兄。此为吕安对喜的讽刺。)

【凡器】 fánqì 平庸之才。《晋书·陶侃传》:“此人非～～也。”

【凡人】 fánrén ❶寻常、平庸之人。《汉书·贾谊传》:“～～之智,能见已然,不能见将然。”《后汉书·梁鸿传》:“彼佣能使其妻敬之如此,非～～也。”❷尘世之人。与“仙人”相对。尚仲贤《柳毅传书》三折:“小生～～,得遇天仙,岂无眷恋之意!”

【凡庸】 fányōng 平庸,平常。《史记·绛侯周勃世家》:“绛侯周勃始为布衣时,鄙朴人也,才能不过～～。”《晋书·羊聃传》:“聃字彭祖,少不经学,时论皆鄙其～～。”

【凡众】 fánzhòng 大众,一般的民众。《论衡·率性》:“是故王法不废学校之官,不除狱理之吏,欲令～～见礼义之教。”

伙 fán 轻。《方言》卷十:“～、僄,轻也。”

【伙剽】 fánpiāo 轻浮。左思《魏都赋》:“过以～～之单慧,历执古之醇听。”

汎 fán 见 féng。

矾(礬) fán 俗称矾石,有白、青、黄、黑、绛色五种,白色的俗称明矾。一种化学原料,可入药。《集韵·元韵》:“～,药石也。”

【矾山】 fánshān 用明矾堆成的山形,用以象征冰。宋代士大夫暑天宴请客人时,置于桌案上。陆游《入蜀记》卷一:“乾道五年闰五月二十五叶梦锡侍郎招饮,案间设～～数盆,望之如雪。”

袢 fán ❶白色细葛的内衣。《诗经·鄘风·君子偕老》:“蒙彼绉絺,是绁～也。”❷闷热。见“袢暑”。

【袢暑】 fánshǔ 闷热。范成大《夔门即事》诗:“峡行风物不堪论,～～骄阳杂瘴氛。”

烦(煩) fán ❶热头痛。《说文·页部》:“～,热头痛也。”㊀烦躁,烦闷。《素问·生气通天论》:“～则喘喝。”应璩《与广川长岑文瑜书》:“处凉台而有郁蒸之～,浴寒水而有灼烂之惨。”❷烦劳,麻烦。《左传·僖公三十年》:“若亡郑而有益于君,敢以～执事。”《孟子·滕文公上》:“何为纷纷然与百工交易? 何许子之不惮～?”❸繁多,烦琐。《管子·禁藏》:“其刑～而奸多。”《论衡·程材》:“夫文吏能破坚理～,不能守身,则亦不能辅将。”❹扰乱,打扰。《国语·楚语上》:“若民～,可教训。”《史记·孝文本纪》:“不治坟,欲为者,毋～民。”《汉书·韩安国传》:“以为远方绝地不牧之民,不足～中国。”❺搅动。《吕氏春秋·音初》:“水～则鱼鳖不大。”❻动心。韩愈《送李愿归盘谷序》:“道古今而誉盛德,入耳而不～。”

【烦重】 fánchóng 烦琐重复。《史记·十二诸侯年表》:“约其辞文,去其～～,以制义法。”

【烦毒】 fándú 烦闷,忧闷。《楚辞·哀时命》:“独便悁而～～兮,焉发愤而抒情。”《汉书·王吉传》:“数以软脆之玉体犯勤劳之～～,非所以全寿命之宗也。”

【烦费】 fánfèi 烦扰,耗费。《汉书·沟洫志》:“漕从山东西,岁百馀万石,更底柱之艰,败亡甚多而～～。”

【烦剧】 fánjù 繁重,繁多。《汉书·食货志下》："民摇手触禁，不得耕桑，徭役～～。"《后汉书·南匈奴传》："而耿夔征发～～，新降者皆悉恨谋畔。"（耿夔：人名。）

【烦乱】 fánluàn 混乱。《韩非子·外储说右上》："若君欲夺之，则近贤而远不肖，治其～～，缓其刑罚，振贫穷而恤孤寡，行恩惠而给不足，民将归君。"《吕氏春秋·审分》："故名不正，则人主忧劳勤苦，而官职～～悖逆矣。"

【烦苛】 fánkē 繁法苛政。《汉书·刑法志》："汉兴，高祖初入关，……蠲削～～，兆民大说。"（蠲：除去。说：悦。）《后汉书·刘宠传》："宠简除～～，禁察非法，郡中大化。"

【烦懑】 fánmèn ❶胸中郁结气闷。《史记·扁鹊仓公列传》："病使人～～，食不下。"《后汉书·华陀传》："广陵太守陈登忽患胸中～～。"❷忧愤。《楚辞·哀时命》："幽独转而不寐兮，惟～～而盈匈。"（匈：胸。）

【烦挐】 fánrú 纷乱。《楚辞·九辩》："叶菸邑而无色兮，枝～～而交横。"（菸邑：枯萎的样子。）

【烦手】 fánshǒu 变化复杂的弹奏手法。也作"繁手"。《左传·昭公元年》："于是有～～淫声，慆堙心耳，乃忘平和，君子弗听也。"《后汉书·边让传》："美～～之轻妙兮，嘉新声之弥隆。"

【烦数】 fánshuò 频繁。也作"繁数"。《后汉书·顺烈梁皇后纪》："赋敛～～，官民困竭。"又《庞参传》："徭役～～，休而息之。"

【烦文】 fánwén ❶多馀的文字。孔安国《尚书序》："先君孔子生于周末，睹史籍之～～，惧览之者不一，遂乃定礼乐，明旧章。"❷烦杂的礼仪规则。《汉书·路温舒传》："陛下初登至尊，与天合符，宜改前世之失，正始受之统，涤～～，除民疾，存亡继绝，以应天意。"

【烦言】 fányán ❶气愤不满的话。《韩非子·大体》："故至安之世，法如朝露，纯朴不散，心无结怨，口无～～。"❷繁琐的言辞。《商君书·农战》："说者为伍，～～饰辞，而无实用。"

【烦蒸】 fánzhēng 闷热。范成大《早晴发广安军，晚宿萍池村庄》诗："夜雨洗～～，晓风荐清穆。"

笲 fán 一种盛物的竹器。《玉篇·竹部》："～，竹器也。"《仪礼·士昏礼》："妇执～枣、栗，自门入，升，自西阶进。"

蘩（蘋） fán 草名，也叫青蘩。《楚辞·招隐士》："青莎杂树兮，～草靃（suǐ）靡。"（靃靡：随风披拂的样子。）

蕃 1. fán ❶茂盛。《周易·坤》："天地变化，草木～。"❷繁殖，生长。《汉书·公孙弘传》："阴阳和，五谷登，六畜～。"❸众多。《汉书·礼乐志》："乡饮之礼废，则长幼之序乱，而争斗之狱～。"周敦颐《爱莲说》："水陆草木之花，可爱者甚～。"❹通"蘩"。草名。《山海经·西山经》："阴山，上多谷无石，其草多茆～。"

2. fān ❺通"藩"。屏障。《诗经·大雅·崧高》："四国于～，四方于宣。"㊀藩国。《战国策·赵策二》："今楚与秦为昆弟之国，而韩魏称为东～之臣。"❻通"番"。古代指边境一带的少数民族。张籍《没蕃故人》诗："～汉断消息，死生长别离。"

3. bō ❼见"吐蕃"。

4. pí ❽姓。

【蕃昌】 fánchāng 繁衍昌盛。《左传·闵公元年》："吉孰大焉，其必～～。"韩愈《毛颖传》："独中山之族，不知其本所出，子孙最为～～。"

【蕃熟】 fánshú 丰盛成熟。《史记·滑稽列传》："五谷～～，穰穰满家。"

【蕃庑】 fánwú 茂盛。《尚书·洪范》："庶草～～。"《国语·晋语四》："谚曰：黍稷无成，不能为荣；黍不为黍，不能～～。"

【蕃息】 fánxī 繁殖生长。《吕氏春秋·适威》："若五种之于地也，必应其类，而～～于百倍。"韩愈《柳州罗池庙碑》："猪牛鸭鸡，肥大～～。"

【蕃衍】 fányǎn 繁盛众多。《诗经·唐风·椒聊》："椒聊之实，～～盈升。"

【蕃殖】 fánzhí 繁殖。繁衍生殖。《管子·四称》："五谷～～，外内均和。诸侯臣伏，国家安宁。"《淮南子·俶真训》："是故仁义不布，而万物～～。"

【蕃表】 fānbiǎo 边界上的屏障。《三国志·吴书·陆逊传》："西陵、建平，国之～～。"

【蕃臣】 fānchén 同"藩臣"。《史记·楚世家》："楚王至，则闭武关，遂与西至咸阳，朝章台，如～～，不与亢礼。"又《酷吏列传》："别疏骨肉，使～～不自安。"

【蕃辅】 fānfǔ 藩国，藩辅。《后汉书·吕强传》："又并及家人，重金兼紫，相继为～～。"

【蕃国】 fānguó ❶古代边境少数民族所居住的地区。《周礼·秋官·大行人》："九州之外，谓之～～。"❷诸侯国，同"藩国"。《后汉书·顺帝纪》："陛下正统，当奉宗庙，而奸臣交搆，遂令陛下龙潜～～。"（注："从太子废为王，故曰龙潜蕃国。"）❸泛指外国。

《宋史·食货志下》:"商人出海外~~贩易者,令并诣两浙市舶司请给官券,违者没入其宝货。"

墦 fán 坟墓。《孟子·离娄下》:"卒之东郭~间之祭者,乞其馀;不足,又顾而之他。"

樊 1. fán ❶马负重,止而不前。阮瑀《驾出北郭门行》:"驾出北郭门,马~不肯驰。"❷关鸟兽的笼子。《庄子·养生主》:"泽雉十步一啄,百步一饮,不蕲畜乎~中。"(泽雉:野鸭。)❸编篱笆围住。《诗经·齐风·东方未明》:"折柳~圃,狂夫瞿瞿。"❹同"藩"。篱笆。《诗经·小雅·青蝇》:"营营青蝇,止于~。"⑤某一范围之内。《庄子·山木》:"庄周遊于雕陵之~,睹一异鹊自南方飞来者。"(雕陵:栗园名。)❺边沿,边旁。《庄子·则阳》:"冬则擉鳖于江,夏则休乎山~。"❻古地名。又名阳樊,在今河南省济源市东南。《左传·隐公十一年》:"而与郑人苏忿生之田:温、原、絺、~、隰郕……。"❼纷杂。见"樊然"。

2. pán ❽通"鞶"。马腹革带。见"樊缨"。

【樊笼】 fánlóng 鸟笼,比喻受拘束或处于不自由的境地。杜甫《苦雨奉寄陇西公兼呈王征士》诗:"奋飞既胡越,局促伤~~。"

【樊然】 fánrán ❶纷杂的样子。《庄子·齐物论》:"仁义之端,是非之涂,~~淆乱,吾恶能知其辩!"(涂:通"途"。)❷忙乱的样子。《论衡·道虚》:"顾见卢敖,~~下其臂,遁逃乎碑下。"(卢敖:人名。)

【樊缨】 pányīng 古代天子、诸侯辂马的带饰。樊通"鞶",为马腹带;缨为马颈革带。也作"繁缨"。《周礼·春官·巾车》:"~~一就。"(就:匝,圈。)

燔 fán ❶焚烧。《史记·越王句践世家》:"句践欲杀妻子,~宝器,触战以死。"《后汉书·冯衍传》:"~其室屋,略其财产。"❷把肉放在火上烤。《诗经·小雅·瓠叶》:"有兔斯首,~之炙之。"❸通"膰"。祭肉。《左传·襄公二十二年》:"公孙夏从寡君以朝于君,见于尝酎,与执~焉。"(酎:醇酒。)

【燔柴】 fánchái 祭天的仪式。《尔雅·释天》:"祭天曰~~。"(郭璞注:"既祭,积薪烧之。"邢昺疏:"祭天之礼,积柴以实牲体、玉帛而燔之,使烟气之臭上达于天,因名祭天曰燔柴也。")《后汉书·礼仪志上》:"宰祝举火~~,火然,天子再拜。"(然:燃。)

【燔燎】 fánliáo 祭天的仪式。同"燔柴"。《后汉书·光武帝纪上》:"六月己未,即皇帝位。~~告天,禋于六宗。"

【燔肉】 fánròu 祭肉(燔通"膰")。《孟子·告子下》:"孔子为鲁司寇,不用,从而祭,~~不至,不税冕而行。"(税:通"脱"。)

【燔炙】 fánzhì 烤肉。《诗经·大雅·凫鹥》:"旨酒欣欣,~~芬芬。"《战国策·魏策二》:"齐桓公夜半不嗛,易牙乃煎敖~~,和调五味而进之。"

【燔灼】 fánzhuó 烧烤。《论衡·雷虚》:"人为雷所杀,询其身体,若~~之状也。"

【燔书坑儒】 fánshūkēngrú 烧毁经书,活埋儒生。《汉书·艺文志》:"昭王曾孙政并六国,称皇帝,负力怙威,~~~~,自任私智。"

璠 fán 美玉。陆云《答顾秀才》诗之五:"有斐君子,如珪如~。"

膰 1. fán ❶古代宗庙祭祀用的熟肉。《左传·成公十三年》:"祀有执~。"❷致送祭肉。《左传·僖公二十四年》:"夫子有事,~焉。"《后汉书·刘长卿妻传》:"县邑有祀必~焉。"

2. pán ❸大腹。《集韵·桓韵》:"~,大腹。"

繁(緐) 1. fán ❶众多。《左传·成公十七年》:"今众~而从余三年矣,无伤也。"《荀子·富国》:"故不教而诛,则刑~而邪不胜。"❷盛,茂盛。《论衡·本性》:"~如荣华。"严仁《玉楼春》词:"荠菜花~胡蝶乱。"❸杂,繁冗。《文心雕龙·镕裁》:"精论要语,极略之体;游心窜句,极~之体。谓~与略,随分所好。"❹繁殖,繁衍。《管子·八观》:"荐草多衍,则六畜易~也。"

2. pán ❺通"鞶"。见"繁缨"。

3. pó ❻白色。《晏子春秋·外篇》:"景公游于菑,闻晏子死,公乘侈舆,服~驵驱之。"❼姓。

【繁动】 fándòng 萌动,萌发。《吕氏春秋·孟春》:"天气下降,地气上腾,天地和同,草木~~。"

【繁华】 fánhuā ❶花盛开,比喻年龄与容貌之盛时。阮籍《咏怀》:"昔日~~子,安陵与龙阳。"骆宾王《上吏部侍郎帝京篇》:"莫矜一旦擅~~,自言千载长骄奢。"❷繁盛,兴旺。应劭《风俗通义》卷六:"八音之变,不可胜听也,由经五艺六而其枝别叶布~~无已也。"❸奢侈豪华的生活。白居易《游平泉宴浥涧宿香山石楼赠座客》诗:"金谷太~~,兰亭阙丝竹。"杜牧《金谷园》诗:"~~事散逐香尘,流水无情草自春。"

【繁会】 fánhuì 繁多,相互交织在一起。《楚辞·九歌·东皇太一》:"芳菲菲兮满堂,五音纷兮~~。"

【繁夥】 fánhuǒ 众多。《论衡·恢国》:"德惠盛炽,故瑞～～也。"陆楫《古今说海·青溪寇规》:"民物～～,有漆、楮、松、杉之饶。"

【繁缛】　fánrù　❶众多,繁茂。曹植《七启》:"步光之剑,华藻～～。"《晋书·文苑传序》:"并综采～～,杼轴清英。"❷(声音)细密。嵇康《琴赋》:"沛腾遌而竞趣,翕韡晔而～～。"(李善注:"繁缛,声之细也。")

【繁弱】　fánruò　良弓名。也作"蕃弱"。《荀子·性恶》:"～～、巨黍,古之良弓也。"

【繁手】　fánshǒu　同"烦手"。变化复杂的弹奏手法。马融《长笛赋》:"～～累发,密栉叠重。"

【繁数】　fánshuò　同"烦数"。频繁。《后汉书·吕强传》:"比谷虽贱,而户有饥色。案法当贵而今更贱者,由赋发～～。"

【繁文】　fánwén　❶辞藻繁丽。沈约《谢灵运传论》:"缛旨星稠,～～绮合。"❷繁琐的礼仪。《淮南子·道应训》:"～～滋礼以弇其质,厚葬久丧以亶其家。"

【繁缨】　pányīng　见"樊缨"。

蟠　1. fán　❶虫名。《尔雅·释虫》:"～,鼠负。"(注:"瓮器底虫。")

2. pán　❷伏,盘伏。《法言·问神》:"龙～于泥,蚖其肆矣。"(蚖:毒蛇。)❸盘曲,弯曲。见"蟠木"。❹充满,遍及。《管子·内业》:"上察于天,下极于地,～满九州。"

【蟠螭】　pánchī　盘曲的龙。王延寿《鲁灵光殿赋》:"白鹿孑蜺于欂栌,～～宛转而承楣。"(孑蜺:伸头的样子。欂栌:柱子承接梁的方形短木。楣:屋上的横梁。)

【蟠木】　pánmù　弯曲的树。邹阳《狱中上梁王书》:"～～根柢,轮囷离奇,而为万乘器者,何则?"李白《咏山樽二首》之一:"～～不凋饰,且将斤斧疏。"(凋:通"雕"。)

瀿(𤅊)　fán 水暴溢。《集韵·元韵》:"～,楚人谓水暴溢为瀿。"郭璞《江赋》:"磴之以～瀷,渫之以尾闾。"

蘩　fán　白蒿,菊科多年生草本植物。《诗经·召南·采蘩》:"于以采～,于沼于沚。"《左传·隐公三年》:"蘋、～、薀藻之菜。"左思《蜀都赋》:"杂以薀藻,糅以蘋～。"

反　1. fǎn　❶翻转过来。《孟子·公孙丑上》:"以齐王,由～手也。"(由:通"犹"。)枚乘《上书谏吴王》:"变所欲为,易于～掌,安于泰山。"❷颠倒,与"正"相对。《论语·颜渊》:"君子成人之美,不成人之恶,小人～是。"《荀子·不苟》:"君子,小人之～也。"❸违反,违背。《左传·宣公十五年》:"天～时为灾,地～物为妖,民～德为乱。"《国语·周语下》:"足高日弃其德,言爽日～其信。"❹反叛;造反。《史记·高祖本纪》:"十月,燕王臧荼～,攻下代地。"《汉书·贾谊传》:"其春,吴、楚、齐、赵七国～。"❺返回,回到,后写作"返"。《左传·宣公二年》:"亡不越竟,～不讨贼。"《国语·齐语》:"桓公自莒～于齐。"《论衡·本性》:"若～经合道,则可以为教。"㉧往返,来回。《战国策·齐策四》:"梁使三～,孟尝君固辞不往也。"《史记·吕太后本纪》:"使者三～。"㉧送还,归还。《左传·僖公二十三年》:"公子受飧～璧。"《国语·齐语》:"审吾疆埸,而～其侵地。"❻重复。《论语·述而》:"子与人歌而善,必使～之,而后和之。"❼类推。《论语·述而》:"举一隅不以三隅～,则不复也。"❽反思,反省。《淮南子·氾论训》:"纣居于宣室而不～其过。"❾报复。《左传·昭公二十年》:"是宗为戮,而欲～其雠,不可从也。"《孟子·公孙丑上》:"无严诸侯,恶声至,必～之。"❿反切。古代一种注音方法。《颜氏家训·音辞》:"《字林》音'看'为口甘～。"参见"反切"。⓫副词。反而,反倒。《后汉书·光武帝纪上》:"今不同心胆共举功名,～欲守妻子财物邪?"又《和熹邓皇后纪》:"人皆以数入为荣,贵人～以为忧。"

2. fān　⓬通"翻"。翻开。应劭《风俗通义》卷九:"请～其书。"⓭纠正错案。《汉书·隽不疑传》:"每行县录囚徒还,其母辄问不疑:'有所平～,活几何人?'"⓮倾倒。《汉书·张汤传》:"何以其不～水浆邪?"

3. fàn　⓯通"贩"。买进卖出。《荀子·儒效》:"积～货而为商贾。"

4. bǎn　⓰通"昄"。见"反反"。

5. pàn　⓱见"反衍"。

【反侧】　fǎncè　❶翻过来侧过去。《诗经·周南·关雎》:"悠哉悠哉,辗转～～。"❷变化无常。《楚辞·天问》:"天命～～,何罚何佑?"❸不循正道,不安分。《荀子·王制》:"故奸言、奸说、奸事、奸能、遁逃～～之民,职而教之,须而待之。"

【反唇】　fǎnchún　❶翻动嘴唇,表示心中不服或鄙视。《汉书·食货志下》:"[颜]异与客语,客语初令下有不便者,异不应,微～～。"❷顶嘴。《汉书·贾谊传》:"妇姑不相说,则～～而相稽。"(说:悦。稽:计较。)

【反坫】　fǎndiàn　放置酒杯的土台。周代诸侯宴饮时,设一置酒杯的土台,敬酒后,将酒杯置于土台上,为当时的诸侯宴请之礼。《论语·八佾》:"邦君为两君之好,有～～,管氏亦有～～。"《论衡·感类》:"夫管仲为～～,有三归,孔子讥之,以为不贤。"

【反覆】　fǎnfù　❶变化无常。《战国策·楚策一》："夫以一诈伪～～之苏秦，而欲经营天下，混一诸侯，其不可成也亦明矣。"《汉书·韩信传》："齐夸诈多变，～～之国。"❷一次又一次，翻来覆去。《汉书·息夫躬传》："唯陛下观览古戒，～～参考，无以先入之语为主。"《后汉书·明德马皇后纪》："吾～～念之，思令两善。"❸颠覆，倾覆。《战国策·秦策一》："苏秦欺寡人，欲以一人之智，～～东山之君，从以欺秦。"班固《西都赋》："草木涂地，山渊～～，蹂蹦其十二三。"❹往返。《韩非子·说林下》："吴～～六十里，其君子必休，小人必食。我行三十里击之，必可败也。"

【反间】 fǎnjiàn 派间谍去离间分化敌人，使其为我方所用。《孙子·用间》："～～者，因其敌间而用之。"《战国策·赵策二》："王翦恶之，乃多与赵王宠臣郭开等金，使为～～。"《汉书·高帝纪上》："陈平～～既行，羽果疑亚父。"

【反接】 fǎnjiē 反绑两手。《汉书·陈平传》："[樊]哙受诏，即～～，载槛车诣长安。"

【反哭】 fǎnkū 古代丧礼之一。死者安葬后，丧主捧神主归而哭。《左传·隐公三年》："不赴于诸侯，不～～于寝。"（寝：祖庙。）

【反璞】 fǎnpú 回到原始淳朴的状态。也作"反朴"。《战国策·齐策四》："斶知足矣，归真～～，则终身不辱也。"杜甫《风疾舟中伏枕书怀三十六韵奉呈湖南亲友》："～～时难遇，忘机陆易沉。"

【反切】 fǎnqiè 汉语一种传统的注音方法，即用两个汉字拼合成另一个汉字的音。第一个字，称反切上字，它的声母与所注之汉字的声母相同；第二个字，称为反切下字，它的韵母、声调与所注之汉字的韵母、声调相同。如："同，徒红切。"徒(tú)取其声母[t]，红(hóng)取其韵母[ong]、声调[ˊ]，拼成同(tóng)的读音。所说的声、韵、调，均指古音，与现代汉语不尽相同。反切又称"反语"、"反音"，或简称"某某反"、"某某切"。潘耒《类音》卷一："古无韵书，某字某音，莫得而考。自周颙、沈约著为韵谱，系之～～，而后字有定音，音有定韵。"

【反情】 fǎnqíng ❶违反人之常情。《楚辞·九叹·怨思》："若青蝇之伪质兮，晋骊姬之～～。"❷内省，省察自己。《吕氏春秋·务本》："古之事君者，必先服能，然后任；必～～，然后受。"（服：用。受：接受俸禄。）❸恢复人之本性。《史记·乐书》："是故君子～～以和其志，广乐以成其教。"

【反舌】 fǎnshé ❶指语音与华夏不同的少数民族。《吕氏春秋·功名》："善为君者，蛮夷～～殊俗异习皆服之，德厚也。"❷鸟名。《礼记·月令》："小暑至，螳螂生，鵙始鸣，～～无声。"

【反身】 fǎnshēn 要求自己，检查自己。也作"反躬"。《周易·蹇》："君子以～～修德。"《孟子·尽心上》："万物皆备于我矣，～～而诚，乐莫大焉。"

【反噬】 fǎnshì 反咬一口。比喻受人恩惠反加害于人。也作"返噬"。《晋书·张祚传》："言[桓]温善用兵，势在难测。祚既震惧，又虑[王]擢～～。"《南齐书·江谧传》："犯上之迹既彰，～～之情已著。"

【反首】 fǎnshǒu 乱发下垂。《左传·僖公十五年》："秦获晋侯以归，晋大夫～～拔舍从之。"

【反训】 fǎnxùn 训诂学术语，即用反义词解释词义。如《尔雅·释诂》："故，今也。"（郭璞注："今亦为故，故亦为今，此义相反而相通。"）用"今"解释"故"，即为反训。

【反眼】 fǎnyǎn 翻脸。韩愈《柳子厚墓志铭》："一旦临小利害，仅如毛发比，～～若不相识。"

【反易】 fǎnyì 颠倒。《左传·哀公二年》："范氏、中行氏～～天明，斩艾百姓，欲擅晋国而灭其君。"（明：通"命"。）《荀子·成相》："是非～～，比周欺上恶正直。"

【反宇】 fǎnyǔ ❶屋檐上仰起的瓦头。也作"反羽"。班固《西都赋》："上～～以盖戴，激日景而纳光。"（景：影。）❷形容人头顶四周高，中间凹。《论衡·骨相》："传言……周公背偻，皋陶马口，孔子～～。"

【反语】 fǎnyǔ ❶同"反切"。《颜氏家训·音辞》："孙叔言创《尔雅音义》，是汉末人犹知～～。"❷一种隐语，即两个字先正切得一音，再颠倒相切得另一音。如"索郎"两字相切得音为"桑"，"郎索"相切得音为"落"。"桑落"即"索郎"的隐语。实为一种文字游戏。《南史·刘悛传》："悛名本忱，宋明帝多忌，～～'刘忱'为'临雠'，改名悛。"

【反仄】 fǎnzè ❶辗转不安。《三国志·魏书·陈思王植传》："僻处西馆，未奉阙廷，踊跃之怀，瞻望～～。"张衡《思玄赋》："夫吉凶之相仍兮，恒～～而靡所。"❷动荡，不安定。《资治通鉴·唐明宗天成二年》："朝廷虽知房知温首乱，欲安～～，癸巳，加知温兼侍中。"

【反正】 fǎnzhèng ❶反归正道，使之正常。《汉书·游侠传序》："非明王在上，视之以好恶，齐之以礼法，民曷由知禁而～～乎！"杜甫《送从弟亚赴河西判官》诗："安边敌何有？～～计始遂。"❷帝王复位。《晋书·王敦传》："惠帝～～，敦迁散骑常侍、左卫将军。"

【反然】 fānrán 迅速改变的样子。《荀子·强国》："俄而天下倜然举去桀、纣而奔汤、武，～～举恶桀、纣而贵汤、武，是何也？"

【反反】 bǎnbǎn 通"昄昄"。慎重和善的样子。《诗经·小雅·宾之初筵》："其未醉止，威仪～～。"

【反衍】 pànyǎn 漫衍，变化。也作"畔衍"、"叛衍"。《庄子·秋水》："以道观之，何贵何贱？是谓～～。"王安石《如归亭顺风》诗："人生万事～～多，道路后先能几何？"

【反侧子】 fǎncèzǐ 怀有二心的人。《后汉书·光武帝纪上》："五月甲辰，拔其城，诛王郎。收文书，得吏人与郎交关谤毁者数千章。光武不省，会诸将军烧之，曰：'令～～～自安。'"

【反裘负刍】 fǎnqiúfùchú 反穿着皮衣（古人穿皮衣毛朝外）背着柴草，怕磨掉毛，形容人贫穷劳苦。《晏子春秋·内篇杂上》："晏子之晋，至中牟，睹弊冠～～～～，息于涂侧者。"也作"反裘负薪"。比喻愚昧，分不清本末。《盐铁论·非鞅》："无异于愚人反裘而负薪，爱其毛，不知其皮尽也。"

【反水不收】 fǎnshuǐbùshōu 泼出去的水不能再收回来。比喻事已成定局，不可改变。也作"覆水不收"。《后汉书·光武帝纪上》："～～～～，后悔无及。大王虽执谦退，奈宗庙社稷何？"

返 fǎn ❶还，回归。《韩非子·喻老》："及公子～晋，举兵伐郑。"㉻使之回。《战国策·齐策三》："公孙戍趋而去，未出，至中闺，君召而～之。"㉻送还。干宝《搜神记》卷四："侯汝至石头城，～汝簪。"❷折回。王维《鹿柴》诗："～景入深林，复照青苔上。"❸更换。《吕氏春秋·慎人》："孔子烈然～瑟而弦，子路抗然执干而舞。"

【返哺】 fǎnbǔ 幼乌长大后，衔食喂母乌，比喻人养亲报恩。也作"反哺"。骆宾王《灵泉颂》："俯就微班之列，将申～～之情。"梅尧臣《思归赋》："嗷嗷晨乌，其子～～。"

【返书】 fǎnshū 回信。《世说新语·贤媛》："陶公少时，作鱼梁吏，尝以坩鲊饷母。母封鲊付使，～～责侃。"（坩：瓦锅。鲊：腌鱼。）

钣（鈑） fǎn 同"辐"。参见"辐"。

钒（釩） fǎn 拂。《玉篇·金部》："～，拂也。"

犯 fàn ❶侵犯。《国语·晋语八》："忠不可暴，信不可～。"《后汉书·卓茂传》："～而不校邻于恕。"（邻：近。）❷袭击。《后汉书·顺帝纪》："鲜卑～边。"《三国志·魏书·武帝纪》："布出兵战，先以骑～青州兵。"❸毁坏，损害。《国语·楚语下》："夫民心之愠也，若防大川焉，溃而所～必大矣。"《礼记·檀弓下》："季子皋葬其妻，～人之禾。"❹触犯，冒犯。《左传·襄公十年》："众怒难～，专欲难成。"《国语·周语上》："～王命必诛。"❺违反，违背。《孟子·告子上》："今之诸侯，皆～此五禁。"《韩非子·十过》："今子～寡人之令。"❻遭遇。《淮南子·主术训》："临死亡之地，～患难之危。"❼制服，战胜。《韩非子·解老》："人无毛羽，不衣则不～寒。"❽使用。《孙子·九地》："～三军之众，若使一人。"梅尧臣《送万州武宁段尉》诗："捕多勿夸能，能在不～兵。"❾冒着。沈约《泛永康江》诗："山光浮水至，春色～寒来。"

【犯跸】 fànbì 冒犯了皇帝的车驾。《汉书·张释之传》："释之奏当：'此人～～，当罚金。'"

【犯干】 fàngān 触犯，违犯。《韩非子·内储说上》："天失道，草木犹～～之，而况于人君乎？"《论衡·量知》："～～将相指，逆取间郤。"（指：旨意。郤：通"隙"。间郤：疏远。）

【犯陵】 fànlíng 侵犯，侵入。《论衡·订鬼》："及病，精气衰劣也，则来～～之矣。"

【犯阙】 fànquè 以兵侵犯朝廷。《新五代史·周太祖家人传》："契丹～～，[刘]进超殁于虏中，妃嫠居洛阳。"

【犯色】 fànsè 冒犯主子的尊颜。《汉书·外戚恩泽侯表序》："高后欲王诸吕，王陵廷争；孝景将侯王氏，脩侯～～。卒用废黜。"

【犯上】 fànshàng 冒犯尊长。《论语·学而》："其为人也孝悌，而好～～者鲜矣。"

【犯颜】 fànyán 冒犯主上的尊严。同"犯色"。《韩非子·外储说左下》："～～极谏，臣不如东郭牙，请立以为谏臣。"《后汉书·铫期传》："及在朝廷，忧国爱主，其有不得于心，必～～谏争。"

【犯夜】 fànyè 违犯夜间的禁令。《世说新语·政事》："王安期作东海郡，吏录一～～人来。"《晋书·王承传》："有～～者，为吏所拘，承问其故。"

氾 1. fàn ❶通"泛"。漂浮。《汉书·贾谊传》："～虖若不系之舟。"❷通"泛"。

水向四处溢。《汉书·武帝纪》："河水决濮阳，～郡十六。"❸通"泛"。广泛。《庄子·天下》："～爱万物，天地一体也。"

2. fán ❹水名。故道在今河南省襄城县南。《左传·僖公二十四年》："王出适郑，处于～。"❺姓。

泛（汎） 1. fàn ❶浮，浮行。《诗经·鄘风·柏舟》："～彼柏舟，在彼中河。"❷水向四处溢。见"泛滥"。❸广泛，普遍。《荀子·成相》："～利兼爱德施均。"参见"泛观"。❹露出，透出。江淹《赤亭渚》诗："吴江～丘墟，饶桂复多枫。"

2. fěng ❺通"覂"。覆，翻倒。《汉书·食货志上》："残贼公行，莫之或止，大命将～，莫之振救。"

【泛爱】 fàn'ài 博爱。《后汉书·李通传》："南阳宗室，独刘伯升兄弟～～容众，可与谋大事。"

【泛泛】 fànfàn ❶漂浮不定的样子。《诗经·邶风·二子乘舟》："二子乘舟，～～其景。"《楚辞·卜居》："将～～若水中之凫，与波上下，偷以全吾躯乎？"❷广大无边的样子。《庄子·秋水》："～～乎其若四方之无穷。"

【泛溉】 fàngài 灌溉。《后汉书·赵典传》："鸿池～～，已且百顷。"

【泛观】 fànguān 广泛地、普遍地浏览。司马相如《上林赋》："于是乎周览～～，缜纷轧芴，芒芒恍忽，视之无端，察之无涯。"（缜纷：众多。轧芴：致密。）

【泛祭】 fànjì 古代饮食之礼，饮食之前先祭祀。《左传·襄公二十八年》："叔孙穆子食庆封，庆封～～。"

【泛滥】 fànlàn ❶水漫溢。《孟子·滕文公上》："洪水横流，～～于天下。"《汉书·沟洫志》："皇谓河公兮何不仁，～～不止兮愁吾人。"❷形容文章气势浑厚。韩愈《柳子厚墓志铭》："为词章，～～停蓄，为深博无涯涘。"❸漂浮。《战国策·赵策一》："汝逢疾风淋雨，漂入漳、河，东流至海，～～无所止。"

饭（飯、飰） fàn ❶吃。《孟子·尽心下》："舜之～糗茹草也，若将终身焉。"（糗：干粮。茹：吃。）《论衡·量知》："～黍粱者餍，餐糟糠者饱。"❷给……饭吃。《史记·外戚世家》："姊去我西时，与我决于传舍中，丐沐沐我，请食～我，乃去。"《汉书·韩信传》："有一漂母哀之，～信。"❸喂养（牲畜）。见"饭牛"。❹米饭。《礼记·曲礼上》："毋抟～，毋放～。"

【饭含】 fànhán 将米饭、珠玉之类的物品放在死人的口中。也作"饭唅"。《荀子·礼论》："始卒，沐浴鬠体～～，象生执也。"（鬠：束发。体：指剪指甲等。）《后汉书·梁商传》："衣衾～～玉匣珠贝之属，何益朽骨。"

【饭牛】 fànniú 喂牛。《吕氏春秋·贵生》："颜阖守闾，鹿布之衣，而自～～。"《史记·鲁仲连邹阳列传》："宁戚～～车下，而桓公任之以国。"

【饭筒】 fàntǒng 古代的粽子。苏轼《和黄鲁直食笋次韵》："尚可饷三闾，～～缠五采。"

【饭囊酒瓮】 fànnángjiǔwèng 盛饭的袋子装酒的瓮，比喻庸碌无能之辈。《颜氏家训·诫兵》："今世士大夫，但不读书，即称武夫儿，乃～～～～也。"

范[1] fàn ❶铸造器物用的模子。《荀子·强国》："刑～正，金锡美。"❷规范，法则。扬雄《太玄·文》："鸿文无～。"❸蜂。《礼记·檀弓下》："～则冠而蝉有緌。"又《内则》："爵、鷃、蜩、～。"❹邑县名。在今河南省东北部，邻接山东省。《孟子·尽心上》："孟子自～之齐。"❺姓。

范[2]（範、笵） fàn ❶铸造器物用的模子。沈括《梦溪笔谈·技艺》："欲印则以一铁～置铁板上，乃密布字印，满铁～为一板。"宋应星《天工开物·陶埏·白瓷》："即千万如出一～。"㊀用模子浇铸。《孔子家语·问礼》："～金合土，以为台榭宫室户牖。"苏舜钦《东京宝相禅院新建大悲殿记》："以铁～象。"❷典范，楷模。《后汉书·杨震传》："师～之功，昭于内外。"沈约《谢灵运传论》："并方轨前秀，垂～后昆。"❸约束。《汉书·严安传》："伪、采、淫、泰，非所以～民之道也。"❹称赞别人的仪表风度。《晋书·袁宏传》："宇量高雅，器～自然。"

【范式】 fànshì 楷模。《文心雕龙·事类》："至于崔班张蔡，遂捃摭经史，华实布濩，因书立功，皆后人之～～也。"

【范围】 fànwéi 规范。《周易·系辞上》："～～天地之化而不过，曲成万物而不遗。"

贩（販） fàn ❶贩卖货物的人。《管子·八观》："悦商～而不务本货，则民偷处而不事积聚。"❷买货出卖。《史记·平准书》："～物求利。"❸卖出。《荀子·王霸》："农分田而耕，贾分货而～。"❹买进。《史记·吕不韦列传》："往来～贱卖贵，家累千金。"

梵 fàn　❶梵语音译词“梵摩”、“梵览磨”的略音，意为清净，寂静。熊忠《古今韵会举要·陷韵》：“～，西域种号，出浮图书，皆云清净，正言寂静。”白居易《和梦游春诗一百韵并序》：“况与足下外服儒风，内宗～行者有日矣。”❷梵语为古印度书面语，故以“梵”表示印度的事物，以示与中华有别。沈约《均圣论》：“虽叶书横字，华～不同。”❸与佛教有关的事物，因佛经原用梵文写成，故称。杜甫《大云寺赞公房》诗之三：“～放时出寺，钟残仍殷床。”（殷：震。）❹姓。

【梵呗】 fànbài　佛教作法事时的赞颂歌咏之声。也指佛教或佛经。陆游《上天竺复庵记》：“又以为传授讲习～～之勤，宜有游息之地。”

【梵家】 fànjiā　佛寺，寺院。白居易《紫阳花》诗：“何年植向仙坛上，早晚移栽到～～。”

【梵声】 fànshēng　念诵佛经的声音。王维《登辨觉寺》诗：“软草承趺坐，长松响～～。”

【梵宇】 fànyǔ　佛寺。江总《摄山栖霞寺山房夜坐》诗：“～～调心易，禅庭数息难。”

fang

方 1. fāng　❶相并的两船。《说文·方部》：“～，并船也。”[又]两舟平行。《诗经·周南·汉广》：“江之永矣，不可～思。”[引]并，并排。《庄子·山木》：“～舟而济于河。”《战国策·楚策一》：“秦西有巴蜀，～船积粟，起于汶山，循江而下，至郢三千里。”❷相等，相当。《后汉书·耿弇传》：“昔韩信破历下而开基，今将军攻祝阿以发迹，此皆齐之西界，功足相～。”❸比拟，比方。《后汉书·第五伦传》：“在位以贞白称，时人～之前朝贡禹。”又《仲长统传》：“暴风疾霆，不足以～其怒。”魏徵《十渐不克终疏》：“论功则汤武不足～，语德则尧舜未为远。”❹方形，跟“圆”相对。《孟子·离娄上》：“不以规矩，不能成～圆。”《韩非子·喻老》：“有形，则有短长；有短长，则有小大；有小大，则有～圆。”[引]正直，方正。《老子·五十八章》：“是以圣人～而不割。”《吕氏春秋·圜道》：“先王之立高官也，必使之～。”❺指大地。《淮南子·本经训》：“戴圆履～。”（圆：指天。）❻方圆，周围。《孟子·万章下》：“天子之制，地～千里，公侯皆～百里。”《战国策·秦策一》：“今秦地断长续短，～数千里。”❼地域，区域。《论语·子路》：“使于四～，不辱使命。”《国语·晋语一》：“今晋国之～，偏侯也。”❽一边，一面。《诗经·秦风·蒹葭》：“所谓伊人，在水一～。”❾古代用来书写的木板。《仪礼·聘礼》：“百名以上书于策，不及百名书于～。”❿处方，药方。《论衡·定贤》：“譬犹医之治病也，有～，笃剧犹治；无～，才微不愈。”《后汉书·王符传》：“凡疗病者，必知脉之虚实，气之所结，然后为之～。”⓫方向，方位。《诗经·邶风·日月》：“日居月诸，出自东～。”⓬常规，常法。《孟子·离娄下》：“汤执中，立贤无～。”《后汉书·袁绍传》：“且操善用兵，变化无～。”⓭法度，准则。《荀子·礼论》：“……使夫邪污之气无由得接焉，是先王立乐之～也。”《后汉书·桓谭传》：“如此天下知～，而狱无怨滥矣。”又《班彪传下》：“行不踰～，言不失正。”⓮道义，道理。《论语·先进》：“比及三年，可使有勇，且知～也。”《荀子·君道》：“尚贤使能则民知～。”⓯方法，办法。《史记·周本纪》：“褒姒不好笑，幽王欲其笑万～，故不笑。”《后汉书·班固传》：“绥御之～，其涂不一。”又《明德马皇后纪》：“圣人设教，各有其～，知人情性莫能齐也。”⓰指医卜星相等方术。《庄子·天下》：“惠施多～，其书五车。”《史记·孝武本纪》：“其游以～遍诸侯。”⓱占有。《诗经·召南·鹊巢》：“维鹊有巢，维鸠～之。”《左传·哀公十六年》：“复尔禄次。敬之哉！～天之休。”（休：赐。）⓲违。见“方命”。⓳介词。当，正当。《楚辞·九章·哀郢》：“民离散而相失兮，～仲春而东迁。”《韩非子·难一》：“～此时也，尧安在？”⓴副词。1）正，正在。《战国策·燕策二》：“蚌～出曝，鹬啄其肉。”《汉书·高帝纪上》：“天下～挠，诸侯并起，置将不善，一败涂地。”2）将，将要。《史记·高祖本纪》：“当是时，赵别将司马卬～欲渡河入关，沛公乃北攻平阴，绝河津。”《后汉书·岑彭传》：“闻秦丰被困，惧大兵～至，欲降。”3）方才，刚刚。《后汉书·南匈奴传》：“光武初，～平诸夏，未遑外事。”㉑通“谤”。议论批评。《论语·宪问》：“子贡～人。”

2. páng　㉒通“旁”。广，遍。《淮南子·主术训》：“常一而不邪，～行而不流。”

3. wǎng　㉓见“方良”。

【方比】 fāngbǐ　比拟，比方。《论衡·薄葬》：“唯圣心贤意，～～物类，为能实之。”《后汉书·孔僖传》：“臣恐有司卒然见构，衔恨蒙枉，不得自叙，使后世论者，擅以陛下有所～～。”

【方表】 fāngbiǎo　四方之外，即边远地区。《后汉书·和帝纪》：“文加殊俗，武畅～～，界惟人面，无思不服。”

【方伯】 fāngbó ❶殷周时的诸侯之长。《史记·周本纪》：“平王之时，周室衰微，诸侯疆并弱，齐、楚、秦、晋始大，政由～～。”《论衡·变虚》：“天之有荧惑也，犹王者之有～～也。”❷泛指地方长官。韩愈《送许郢州序》：“于公身居～～之尊，蓄不世之材。”（于公：即于頔。）

【方策】 fāngcè 典册，典籍。也作“方册”。《后汉书·马融传》：“然犹咏歌于伶萧，载陈于～～。”《三国志·魏书·王凌传》：“齐崔杼、郑归生皆加追戮，陈尸斲棺，载在～～。”

【方车】 fāngchē ❶两车并排。《吕氏春秋·权勋》：“智伯欲攻之而无道也，为铸大钟，～～二轨以遗之。”❷出车。《淮南子·说山训》：“～～而蹠越，乘桴而入胡。”（高诱注：“方，出。蹠，至。”）

【方寸】 fāngcùn ❶一寸见方。《汉书·食货志下》：“黄金～～，而重一斤。”又极言其小。《淮南子·说山训》：“视～～于牛，不知其大于羊。”❷指心。白居易《与元微之书》：“仆自到九江，已涉三年，形骸且健，～～甚安，下至家人，幸皆无恙。”陆九渊《与刘深父》：“苦思则～～自乱，自蹶其本，失己滞物，终不明白。”

【方底】 fāngdǐ 盛书的袋子。《后汉书·光武十王传》：“荆哭不哀，而作飞书，封以～～。”

【方格】 fānggé 方正，正直。《后汉书·傅燮传》：“由是朝廷重其～～，每公卿有缺，为众议所归。”

【方国】 fāngguó ❶四方诸侯国。《诗经·大雅·大明》：“厥德不回，以受～～。”《后汉书·循吏传序》：“其以手迹赐～～者，皆一札十行，细书成文。”❷指四方州郡。苏轼《赐新除翰林学士许将赴阙诏》：“出殿～～，则脩儒术以饰吏事。”

【方轨】 fāngguǐ ❶两车并行。《史记·苏秦列传》：“车不得～～，骑不得比行。”❷比喻并驾齐驱，不相上下。沈约《谢灵运传论》：“颜谢腾声，灵运之兴会摽举，延年之体裁明密，并～～前秀，垂范后昆。”（颜：颜延年。谢：谢灵运。）

【方贿】 fānghuì 四方进贡的财物。《国语·晋语六》：“夫王者成其德，而远人以其～～归之，故无忧。”《史记·孔子世家》：“昔武王克商，通道九夷百蛮，使各以其～～来贡，使无忘职业。”

【方技】 fāngjì ❶古代指医病、占卜、星相之类的技艺，也作“方伎”。《汉书·广川惠王刘越传》：“去即缪王齐太子也，师受《易》、《论语》、《孝经》皆通，好文辞、～～、博弈、倡优。”❷指医药之书。《汉书·艺文志》：“侍医李柱国校～～。”（颜师古注：“医药之书。”）

【方驾】 fāngjià ❶两车并行。《后汉书·马援传》：“临洮道险，车骑不得～～。”又指两马并行。王安石《材论》：“当是之时，使驽马并驱～～，则虽倾轮绝勒，败筋伤骨，不舍昼夜而追之，辽乎其不可以及也。”❷比喻不相上下。杜甫《戏为六绝句》之五：“窃攀屈宋宜～～，恐与齐梁作后尘。”

【方将】 fāngjiāng 副词。正在，正要。《战国策·楚策四》：“自以为无患，与人无争也；不知夫五尺童子，～～调饴胶丝，加己乎四仞之上，而下为蝼蚁食也。”《吕氏春秋·具备》：“吏～～书，宓子贱从旁时掣摇其肘，吏书之不善。”《后汉书·鲁恭传》：“亲曰：‘儿何不捕之？’儿言：‘雉～～雏。’”

【方今】 fāngjīn 副词。当今。《战国策·赵策三》：“～～唯秦雄天下。”《后汉书·刘玄传》：“～～贼寇始诛，王化未行，百官有司宜慎其任。”《三国志·魏书·武帝纪》：“～～收英雄时也，杀一人而失天下之心，不可。”

【方来】 fānglái 将来，未来。《论衡·实知》：“妇人之知，尚能类推以见～～，况圣人君子，才高智明者乎？”《后汉书·皇后纪序》：“向使因设外戚之禁，编著《甲令》，改正后妃之制，贻厥～～，岂不休哉！”（甲令：前帝之第一令。）

【方略】 fānglüè 策略，方法。《汉书·张汤传》：“问千秋战斗～～，山川形势，千秋口对兵事，画地成图，无所忘失。”《后汉书·臧宫传》：“帝召公卿诸侯王问～～。”

【方面】 fāngmiàn ❶某一个方面。《后汉书·耿纯传》：“时李轶兄弟用事，专制～～，宾客游说者甚众。”❷指一方之职务。《后汉书·冯异传》：“臣本诸生，遭遇受命之会，……受任～～，以立微功。”（李贤注：“谓西方一面专以委之。”）❸方向。《后汉书·张衡传》：“虽一龙发机，而七首不动，寻其～～，乃知震之所在。”❹四面，四方。陆倕《石阙铭》：“区宇乂安，～～静息。”（李善注：“方面，四方面也。”乂：安定。）《盐铁论·诏圣》：“当此之时，天下期俱起，～～而攻秦。”

【方命】 fāngmìng ❶遍告。《诗经·商颂·玄鸟》：“～～厥后，奄有九有。”（郑玄笺：“方命其君，谓遍告诸侯也。”九有：九州。）❷违命，抗命。《孟子·梁惠王下》：“～～虐民，饮食若流。”苏轼《省试刑赏忠厚之至论》："四岳曰'鲧可用'，尧曰'不可，鲧～～圮族'，既而曰'试之'。"

【方内】 fāngnèi ❶四境之内。《史记·封禅书》："赖宗庙之灵，社稷之福，～～艾安，民人靡疾。"《汉书·文帝纪》："～～安宁，靡有兵革。"❷方形的榫。同"方枘"。见"方枘圆凿"。刘向《新序·杂事二》："～～而员釭，如何？"（员：通"圆"。釭：车毂口穿轴的地方。）

【方且】 fāngqiě 副词。正要。《史记·张仪列传》："赖子得显，～～报德，何故去也？"《汉书·魏相传》："朝廷已深知弱翁治行，～～大用矣。愿少慎事自重，臧器于身。"

【方丘】 fāngqiū 古代夏至日祭地之坛。《汉书·礼乐志》："祭后土于汾阴，泽中～～也。"（注："汾水之旁，土特堆起，是泽中方丘也。"）

【方上】 fāngshàng 墓穴。《汉书·赵广汉传》："会昭帝崩，而新丰杜建为京兆掾，护作平陵～～。"又《田延年传》："昭帝大行时，～～事暴起，用度未办。"（颜师古注："方上谓圹中也。"）

【方士】 fāngshì ❶周代官名。掌管王公子弟及公卿大夫采地的狱讼。《周礼·秋官·方士》："～～掌都家，听其狱讼之辞，辨其死刑之罪而要之，三月而上狱讼于国。"❷方术之士，古代自称能求仙炼丹使人长生不老的人。《史记·孝武本纪》："于是天子始亲祠灶，而遣～～入海求蓬莱安期生之属，而事化丹沙诸药齐为黄金矣。"（齐：即剂。）《后汉书·桓谭传》："臣谭伏闻陛下穷折～～黄白之术，甚为明矣。"后亦泛指医卜星相之类的人。

【方书】 fāngshū ❶记载药方和处方的书籍。《史记·扁鹊仓公列传》："我家给富，心爱公，欲尽以我禁～～悉教公。"❷官府四方之文书。《汉书·张苍传》："秦时为御史，主柱下～～。"（柱下：秦时官名。）

【方疏】 fāngshū 方形的窗子。张协《七命》："～～含秀，圆井吐葩。"

【方术】 fāngshù ❶一方之术，或指某一方面的主张或学说。《庄子·天下》："天下之治～～者多矣，皆以其有为不可加矣。"《荀子·尧问》："德若尧禹，世少知之；～～不用，为人所疑。"《吕氏春秋·赞能》："说义以听，～～信行，能令人主上至于王，下至于霸。"❷指医卜星相之术。《论衡·道虚》："世见黄帝好～～，～～，仙者之业。"

【方外】 fāngwài ❶世俗之外。《淮南子·俶真训》："若夫真人，……驰于～～，休乎宇内。"杜甫《偪侧行赠毕四曜》："街头酒价常苦贵，～～酒徒稀醉眠。"❷国境之外，也指边缘地区。《史记·三王世家》："泽及～～。"《汉书·文帝纪》："朕既不明，不能远德，使～～之国或不宁息。"又《陈汤传》："汉元以来，征伐～～之将，未尝有也。"

【方物】 fāngwù ❶土产。《左传·僖公七年》："齐侯修礼于诸侯，诸侯官受～～。"王维《送秘书晁监还日本诗序》："历岁方达，继旧好于行人；滔天无涯，贡～～于天子。"❷识别名物。《国语·楚语下》："及少皞之衰也，杂黎乱德，民神杂糅，不可～～。"（韦昭注："方犹别也，物，名也。"）

【方丈】 fāngzhàng ❶一丈见方的地方。《孟子·尽心下》："食前～～，侍妾数百人，我得志，弗为也。"（孙奭疏："食之前有方丈之广，以极五味之馔而列之。"）《汉书·严安传》："重五味～～于前。"❷传说中的仙山。《史记·秦始皇本纪》："齐人徐市等上书，言海中有三神山，名曰蓬莱、～～、瀛洲，仙人居之。"❸道教观主及其住室。王安石《寄福公道人》诗："曾同～～宿，灯火夜沉沉。"❹佛寺的住持亦称方丈。

【方正】 fāngzhèng ❶正直，端正不偏。《史记·乐书》："闻商音，使人～～而好义。"《汉书·晁错传》："自行若此，可谓～～之士矣。"❷汉代的选举科目。《汉书·文帝纪》："及举贤良～～能直言极谏者，以匡朕之不逮。"又《黄琼传》："汉初诏举贤良、～～，州郡察孝廉、秀才，斯亦贡士之方也。"

【方中】 fāngzhōng ❶正中。《诗经·鄘风·定之方中》："定之～～，作于楚宫。"（定：星名，又名营室。黄昏时在天正中，古人在定星正中时建造房屋。）❷指墓穴。汉代天子即位，即预先修筑陵墓，称作方中。《史记·酷吏列传》："[张]汤给事内史，为宁成掾，以汤为无害，言大府，调为茂陵尉，治～～。"

【方皇】 pánghuáng 同"仿偟"。徘徊。《荀子·礼论》："～～周浃，曲得其次序，是圣人也。"

【方羊】 pángyáng 也作"方洋"。❶游荡。《左传·哀公十七年》："如鱼窥尾，衡流而～～。"（窥：通"赪"。红色。）❷遨游，驰骋。《汉书·吴王刘濞传》："吴王内以朝错为诛，外从大王后车，～～天下，所向者降，所指者下，莫敢不服。"

【方良】 wǎngliáng 传说中的山水木石神怪名，同"罔两"、"魍魉"。张衡《东京赋》："斩蝼蛇，脑～～。"（李善注："方良，草泽之神也。"）

【方山巾】 fāngshānjīn 古代儒生戴的帽

子。李白《嘲鲁儒》诗："足著远游履，首戴～～～。"

【方枘圆凿】 fāngruìyuánzáo 方形的榫头、圆形的榫眼。比喻两者格格不入，彼此不相容。《淮南子·氾论训》："世之法籍与时变，礼义与俗易；为学者循先袭业，据籍守旧教，以为非此不治，是犹持方枘而周圆凿也。"也作"方凿圆枘"。孔颖达《春秋正义序》："此乃以冠双屦，将丝综麻，～～～～，其可入乎？"

【方外司马】 fāngwàisīmǎ 即不受礼仪约束的官员。《晋书·谢奕传》："［奕］与桓温善，温辟为安西司马，犹推布衣好。在温坐，岸帻笑咏，无异常日。桓温曰：'我～～～～。'奕每因酒，无复朝廷礼。"

邡 1. fāng ❶地名，即什邡，今属四川省德阳市。《广韵·阳韵》："～，什邡县，在汉州。"

2. fǎng ❷通"访"。谋划。《穀梁传·昭公二十五年》："宋公佐卒于曲棘，～公也。"（范宁注："邡当为访。访，谋也。"）

汸 fāng 见 pāng。

坊 1. fāng ❶城镇中街巷的通称。《唐六典》卷三："两京及州县之郭内分为～，郊外为村。"❷店铺。灌圃耐得翁《古杭梦游录》："大茶～张挂名人书画，在京师只熟食店挂画，所以消遣久坐也。"❸牌坊。用石建成，上刻字。如贞节坊、百岁坊等。《徐霞客游记·滇游日记十二》："山门内有古～曰云隐寺。"❹别屋。何晏《景福殿赋》："屯～列署，三十有二。"❺制造器皿的模型。《淮南子·齐俗训》："炉、橐、埵、～、设，非巧冶不能以冶金。"（高诱注："炉、橐、埵皆冶具。坊，土型也。"）

2. fáng ❻作坊。小手工业的工作场所。《新五代史·史弘肇传》："夜闻作～锻甲声，以为兵至，达旦不寐。"❼通"防"。1)堤防。《礼记·郊特牲》："祭～与水庸。"（水庸：水沟。）2)防止。《礼记·坊记》："刑以～淫。"

【坊场】 fāngchǎng 官府开设的市场。苏轼《上皇帝书》："又欲官卖所在～～，以充衙前雇直。"

芳 fāng ❶草香，花草的香气。张衡《南都赋》："含芬吐～。"江淹《别赋》："君结绶兮千里，惜瑶草之徒～。"❷香草，泛指花卉。《楚辞·离骚》："～与泽其杂糅兮，唯昭质其犹未亏。"杜甫《叹庭前甘菊花》诗："篱边野外多众～，采撷细琐升中堂。"欧阳修《醉翁亭记》："野～发而幽香，佳木秀而繁阴。"❸比喻贤才。《楚辞·离骚》："昔三后之纯粹兮，固众～之所在。"❹指美好的名声。《晋书·桓温传》："既不能流～后世，不足复遗臭万载邪！"❺姓。

【芳草】 fāngcǎo ❶香草。《后汉书·班固传》："竹林果园，～～甘木。"❷比喻有美德的人。《楚辞·离骚》："何所独无～～兮，尔何怀乎故宇？"杜甫《苏端薛复筵简薛华醉歌》："爱客满堂尽豪杰，开筵上日思～～。"

【芳甸】 fāngdiàn 长满花草的郊野。杜甫《水阁朝霁奉简严云安》诗："崔嵬晨雪白，朝旭射～～。"

【芳烈】 fāngliè ❶美好的业绩。班固《典引》："扇遗风，播～～，久而愈新，用而不竭。"《晋书·温峤传》："俾～～奋乎百世，休风流乎万祀。"❷香气浓烈。曹植《七启》："遗～～而靖步，抗皓手而清歌。"（抗：举。）

【芳颜】 fāngyán 尊颜，对人的敬称。陶渊明《诸人共游周家墓柏下》诗："清歌散新声，绿酒开～～。"

【芳泽】 fāngzé 古代妇女用以润发的香油，也作"香泽"。《释名·释首饰》："～～者，人发恒枯悴，以此濡泽之也。"《楚辞·大招》："粉白黛黑，施～～只。"

枋 1. fāng ❶树名，即檀树。《庄子·逍遥遊》："我决起而飞，抢榆～，时则不至，而控于地而已矣。"

2. fǎng ❷通"舫"。木筏。见"枋箄"。

3. bǐng ❸通"柄"。权柄。《周礼·春官·内史》："内史掌王之八～之法。"

【枋箄】 fǎngpái 木筏。《后汉书·岑彭传》："公孙述遣其将任满、田戎、程汎，将数万人乘～～下江关，击破冯骏及田鸿、李玄等。"

澇 fāng 水名，也作"汸"。《山海经·南山经》："又东三百五十里，曰箕尾之山：……～水出焉，而南流注于淯。"

蚄 1. fāng ❶虸蚄。虫名。

2. bàng ❷同"蚌"。《论衡·顺鼓》："月中之兽，兔、蟾蜍也。其类在地，螺与～也。"

防 fáng ❶河堤，堤坝。《管子·乘马》："凡立国都，非于大山之下，必于广川之上，……下毋近水，而沟～省。"《吕氏春秋·慎小》："巨～容蝼，而漂邑杀人。"《论衡·非韩》："故以旧～为无益而去之，必有水灾。"❷堵塞。《左传·襄公三十一年》："然犹～川，大决所犯，伤人必多。"《国语·周语上》："～民之口，甚于～川。"❸防范，防备。《汉书·武帝纪》："夫刑罚所以～奸也。"《后汉书·西羌传》："～其大故，忍其小过。"❹遮蔽。见“防露①”。❺比，相当。《诗经·秦风·黄鸟》：“维此仲行，百夫之～。”❻古地名。原为宋地，后归鲁。《左传·襄公十三年》：“冬，城～。”❼姓。

【防表】 fángbiǎo 标准。防为堤防，表为标志。《荀子·儒效》：“君子言有坛宇，行有～～。”（坛宇：界限。）又《富国》：“其政令一，其～～明。”

【防遏】 fáng'è 阻止，阻挡。《后汉书·寇恂传》：“给足军粮，率厉士马，～～它兵，勿令北度而已。”《魏书·广阳王深传》：“拥麾作镇，配以高门子弟，以死～～。”

【防辅】 fángfǔ 官名，监视诸侯王的官。《资治通鉴·魏文帝黄初三年》：“为设～～监国之官，以伺察之。”

【防露】 fánglù ❶遮挡露水。《楚辞·七谏·初放》：“上葳蕤而～～兮，下泠泠而来风。”❷传说为古曲名。也作“房露”。谢庄《月赋》：“徘徊～～，惆怅阳阿。”（李善注：“防露，盖古曲也。”）

【防萌】 fángméng 防止于萌生之初，不使其发展。《三国志·蜀书·秦宓传》：“杜渐～～，预有所抑，是以老氏绝祸于未萌，岂不信邪！”

【防闲】 fángxián 防范。防为堤坝，闲为兽栏。《后汉书·皇后纪序》：“虽御己有度，而～～未笃，故孝章以下，渐用色授。”苏舜钦《答范资政书》：“况某性疏且拙，疏则多触时忌，不能～～小人。”

【防微杜渐】 fángwēidùjiàn 在不良的迹象刚萌芽时，就加以防止，不让其发展。《元史·张桢传》：“亦宜～～～～而禁于未然。”（微：指事物的苗头。渐，指事物的发展。）

妨 fáng ❶害，损害。《左传·襄公十七年》：“宋皇国父为大宰，为平公筑台，～于农收。”《荀子·正论》：“葬田不～田，故不掘也。”《论衡·偶会》：“贼父之子，～兄之弟，与此同召。”❷阻碍，妨碍。《吕氏春秋·季夏》：“无发令而干时，以～神农之事。”韩愈《落齿》诗：“叉牙～食物，颠倒怯漱水。”

【妨害】 fánghài 损伤，损害。《荀子·仲尼》：“援贤博施，除怨而无～～人。”《韩非子·饰邪》：“若使小忠主法，则必将赦罪以相爱，是与下安矣，然而～～于治民者也。”

【妨义】 fángyì 害义。《韩非子·外储说左下》：“夫美下而耗上，～～之本也。”

【妨功害能】 fánggōnghàinéng 压抑损害有功劳和有才能的人。李陵《答苏武书》：“闻子之归，赐不过二百万，位不过典属国，无尺土之封，加子之勤；而～～～～之臣，尽为万户侯。”

房 1. fáng ❶正室两旁的屋，即今之厢房。《尚书·顾命》：“胤之舞衣、大贝、鼖鼓，在西～，兑之戈、和之弓、垂之竹矢，在东～。”《战国策·赵策三》：“公甫文伯官于鲁，病死。妇人为之自杀于～中者二八。”❷泛指住房。杜甫《病后遇王倚饮赠歌》：“遣人向市赊香粳，唤妇出～亲自馔。”❸物体分成间隔状的各个部分。左思《蜀都赋》：“丹沙赩炽出其坂，蜜～郁毓被其阜。”❹盛祭品的器皿。《诗经·鲁颂·閟宫》：“毛炰胾羹，笾豆大～。”❺家族的分支。见“房分”。❻妻室。见“房累”。❼星宿名。二十八宿之一。《吕氏春秋·季秋》：“季秋之月，日在～，昏虚中，旦柳中。”《论衡·变虚》：“昔吾见钩星在～、心之间，地其动乎？”❽姓。

2. páng ❾见“房皇”。

【房分】 fángfēn 旧时大家族中的分支。《魏书·广阳王深传》：“然其往世～～留居京者，得上品通官，在镇者便为清途所隔。”

【房户】 fánghù 门户。《史记·吕太后本纪》：“故惠帝垂拱，高后女主称制，政不出～～，天下晏然。”

【房累】 fánglěi 妻室，眷属。《南史·萧正德传》：“今当宥汝以远，无令～～自随。”

【房栊】 fánglóng ❶窗棂，窗子。《后汉书·孝成班倢伃传》：“广室阴兮帷幄暗，～～虚兮风泠泠。”❷指房屋。张华《杂诗》：“～～无行迹，庭草萋以绿。”

【房露】 fánglù 见“防露②”。

【房帷】 fángwéi 门帘，借指宫内。《后汉书·安帝纪论》：“然令自～～，威不逮远，始失根统，归成陵敝。”

【房烝】 fángzhēng 祭祀时，将祭祀的牲畜半解其体置于房（祭器）中。《国语·周语中》：“禘郊之事，则有全烝；王公立饫，则有～～。”

【房皇】 pánghuáng 同“仿偟”。徘徊。《史记·礼书》：“～～周浃，曲（直）得其次序，圣人也。”（司马贞《索隐》：“房皇犹徘徊也。”浃：遍。）

肪 fáng 脂肪，特指动物腰部肥厚的油。《玉篇·肉部》：“～，脂肪。”曹丕《与钟大理书》：“窃见玉书，称美玉白如截～。”

鲂（魴） fáng 鱼名，今名武昌鱼。《诗经·小雅·采绿》：“其钓维何？维～及鱮。”（陆玑疏：“鲂，今伊洛济颍鲂鱼也。广而薄，肥恬而少力，细鳞，鱼之美者。”）

膀 fáng 见 bǎng。

访(訪) 1. fǎng ❶咨询,征求意见。《左传·僖公三十二年》:"穆公～诸蹇叔。"《国语·鲁语下》:"季康子欲以田赋,使冉有～诸仲尼。"《后汉书·张纯传》:"每有疑议,辄以～纯。"❷寻求。《后汉书·郭丹传》:"帝乃下南阳～求其嗣。"《晋书·儒林传序》:"于是傍求蠹简,博～遗书,创甲乙之科。"❸拜访,探望。孟浩然《访袁拾遗不遇》诗:"洛阳～才子,江岭作流人。"《新五代史·刘玘传》:"尔居晋阳之南鄙久矣,不早相闻,今日见～,不其晚邪?"㊂特指寻求名胜古迹。王勃《滕王阁序》:"俨骖騑于上路,～风景于崇阿。"❹谋议。《国语·楚语上》:"教之令,使～物官。"(韦昭注:"访,议也。")❺查访,侦察。方苞《狱中杂记》:"又九门提督所～缉纠诘,皆归刑部。"

2. fāng ❻通"方"。始。《汉书·燕灵王刘建传》:"～以吕氏故,几乱天下。"

【访问】 fǎngwèn 询问。《后汉书·宋均传》:"其后每有四方异议,数～～焉。"曾巩《中书舍人除翰林学士制》:"左右侍从之官,皆朕所～～,以献纳为职者也。"

仿(彷、倣、髣) 1. fǎng ❶见"仿佛"。❷仿造。见"仿效"。

2. páng ❸见"仿偟"。

【仿佛】 fǎngfú 也作"彷彿"、"髣髴"。❶好像,看不真切的样子。《楚辞·九章·悲回风》:"存～～而不见兮,心踊跃而若汤。"❷相似,相仿。《汉书·司马相如传上》:"眇眇忽忽,若神之～～。"苏轼《凌虚台记》:"数世之后,欲求其～～,而破瓦颓垣无复存者。"❸想像。欧阳修《祭石曼卿文》:"吾不见子久矣,犹能～～子之平生。"

【仿效】 fǎngxiào 模仿,照着样子做。《论衡·調时》:"设祭祀以除其凶,或空亡徙以辟其殃。连相～～,皆谓之然。"韩愈《论佛骨表》:"焚顶烧指,百十为群,解衣散钱,自朝至暮,转相～～,惟恐后时。"

【仿偟】 pánghuáng 也作"彷徨"、"旁皇"。徘徊。《国语·吴语》:"王亲独行,屏营～～于山林之中。"

【仿佯】 pángyáng 游荡不定。《楚辞·远游》:"聊～～而逍遥兮,永历年而无成。"

纺(紡) 1. fǎng ❶绸,一种丝织品。《仪礼·聘礼》:"迎大夫賄用束～。"❷把丝、麻、毛等纤维制成纱。《左传·昭公十九年》:"初,莒有妇人,莒子杀其夫,已为嫠妇。及老,托于纪障,～焉以度而去之。及师至,则投诸外。"(度:量城之高。去:藏。)《汉书·苏武传》:"武能网～缴,檠弓弩,於靬王爱之。"

2. bǎng ❸通"绑"。《国语·晋语九》:"献子执而～于庭之槐。"

【纺绩】 fǎngjì 纺丝与绩麻。《史记·平准书论》:"海内之士力耕不足粮饷,女子～～不足衣服。"《汉书·张安世传》:"安世尊为公侯,食邑万户,然身衣弋绨,夫人自～～。"

【纺缁】 fǎngzī 黑色有夹里的衣服。《吕氏春秋·淫辞》:"昔者吾所亡者,～～也,今子之衣,禅缁也。"(禅:单层的衣服。)

瓬(瓬) fǎng ❶制瓦器的工匠。《周礼·考工记序》:"抟埴之工:陶,～。"❷捏粘土成为瓦器。刘禹锡《连州刺史厅壁记》:"林富桂桧,土宜陶～。"

【瓬人】 fǎngrén 古代制作瓦器(即祭器)的工人。《周礼·考工记·瓬人》:"～～为簋,实一觳。"

昉 fǎng 天刚亮。《正字通·日部》:"～,日初明也。"㊀始。《公羊传·隐公二年》:"始不亲迎,～于此乎?"

舫 fǎng ❶并舟,两船相并。《战国策·楚策一》:"～船载卒,一～载五十人,与三月之粮,下水而浮,一日行三百馀里。"❷泛指船。《世说新语·德行》:"时夏月,暴雨卒至,～至狭小,殆无复坐处。"杜甫《送李八秘书赴杜相公幕》诗:"青帘白～益州来,巫峡秋涛天地回。"❸划船。桓谭《新论》:"水戏则～龙舟,建羽旗,鼓钓于不测之渊。"

【舫屋】 fǎngwū 船屋。《晋书·戴若思传》:"[陆]机察见之,知非常人,在～～上遥谓之曰:'卿才器如此,乃复作劫邪?'"

放 1. fàng ❶驱逐,流放。《孟子·梁惠王下》:"齐宣王问曰:'汤～桀,武王伐纣,有诸?'"《战国策·齐策四》:"齐～其大臣孟尝君于诸侯,诸侯先迎之者,富而兵强。"❷放纵,放任。《吕氏春秋·审分》:"听其言而察其类,无使～悖。"《汉书·严延年传》:"宾客～为盗贼,发,辄入高氏,吏不敢追。"❸散失,走失。《孟子·告子上》:"～其心而不知求,哀哉!人有鸡犬～,则知求之。"❹舍弃,废置。《论语·卫灵公》:"～郑声,远佞人。"《汉书·哀帝纪》:"郑声淫而乱乐,圣王所～,其罢乐府。"曾巩《战国策目录序》:"邪说之害正也,宜～而绝之。"❺免去,罢免。《后汉书·西域传》:"国中灾异及风雨不时,辄废而更立,受～者甘黜不怨。"❻散放,放出。《尚书·武成》:"～牛于桃林之野。"《韩非子·说林上》:"乃～老马而随之,遂得道。"❼释放。白居易《七德舞》:"怨女三千～出宫,死囚四百来归狱。"❽发放款货给人,定期取利息。《后汉书·桓谭传》:"今富商大贾,多～钱货,中家子弟,为之保役。"（中家：中等。保役：保信。）苏轼《上皇帝书》："青苗～钱，自昔有禁。"

2. fǎng ❾依循，依据。《论语·里仁》："～于利而行，多怨。"《国语·周语下》："宾之礼事，～上而动，咨也。"❿至。《孟子·梁惠王下》："吾欲观于转附、朝舞，遵海而南，～于琅邪；吾何修而可以比于先王观也？"《盐铁论·申韩》："蜂虿螫人～死，不能息其毒也。"⓫通"仿"。模仿。《汉书·陈万年传》："其治～严延年，其廉不如。"《后汉书·班固传》："答三灵之蕃祉，展～唐之明文。"（唐：唐尧。）

3. fāng ⓬通"方"。并。《荀子·子道》："不～舟，不避风，则不可涉也。"

【放骜】 fàng'ào 放纵妄动，不谨慎。《庄子·庚桑楚》："蹍市人之足，则辞以～～，兄则以妪，大亲则已矣。"（大亲：指父母。妪：用作象声词。表示怜爱之意。）

【放荡】 fàngdàng ❶不受拘束，恣意放任。《汉书·东方朔传》："指意～～，颇复诙谐。"《三国志·魏书·阮瑀传》："瑀子籍，才藻艳逸，而倜傥～～。"❷豪放。权德舆《吴尊师传》："每制一篇，人皆传写；虽李白之～～，杜甫之壮丽，能兼之者，其惟筠乎？"

【放纷】 fàngfēn 放纵纷乱。《左传·昭公十六年》："狱之～～，会朝之不敬，使命之不听，……侨之耻也。"《国语·周语下》："出令不信，刑政～～，动不顺时，民无据依。"

【放歌】 fànggē 放声歌唱。杜甫《自京赴奉先县咏怀五百字》："沉饮聊自适，～～破愁绝。"杜牧《润州》诗之一："向吴亭东千里秋，～～曾作昔年游。"

【放流】 fàngliú ❶放逐。《史记·屈原贾生列传》："屈平既嫉之，虽～～，睠顾楚国，系心怀王。"《论衡·书虚》："伯奇～～，首发早白。"❷泛滥。《论衡·对作》："故虚妄之语不黜，则华文不见息；华文～～，则实事不见用。"

【放杀】 fàngshā 放逐并杀之。《战国策·赵策二》："封侯贵戚，汤、武之所以～～而争也。"《汉书·司马相如传下》："内之则犯义侵礼于边境，外之则邪行横作，～～其上。"

【放手】 fàngshǒu ❶放纵为非。《后汉书·明帝纪》："权门请托，残吏～～，百姓愁苦，情无告诉。"❷松开手。杜甫《示从孙济》诗："刈葵莫～～，～～伤葵根。"

【放率】 fàngshuài 放纵轻率。《三国志·魏书·高柔传》"改封浑昌陆子"注引《晋诸公赞》："［高］诞～～不伦，而决烈过人。"

【放佚】 fàngyì ❶放恣，放纵。《论衡·程材》："阿意苟取容幸，将欲～～，低嘿不言者，率多文吏。"（嘿：沉默。）《新语·怀虑》："苏秦、张仪……身死于凡人之手，为天下所笑者，乃由辞语不一，而情欲～～故也。"❷放失，走失。《礼记·月令》："仲冬之月，……马牛畜兽有～～者，取之不诘。"

【放逐】 fàngzhú 流放驱逐。《汉书·贾谊传》："屈原，楚贤臣也，被谗～～。"《后汉书·冯勤传》："人臣～～受诛，虽复追加赏赐赙祭，不足以偿不訾之身。"

【放佛】 fǎngfú 同"仿佛"。好像。《汉书·礼乐志》："灵之至，庆阴阴，相～～，震澹心。"

【放效】 fǎngxiào 模仿，效法。《汉书·地理志下》："民去本就末，列侯贵人车服僭上，众庶～～，羞不相及。"《后汉书·灵帝纪》："又驾四驴，帝躬自操辔，驱驰周旋，京师转相～～。"

【放饭流歠】 fàngfànliúchuò 大口吃饭，大口喝汤，并从嘴角流出。形容一种不礼貌的行为。《孟子·尽心上》："～～～～，而问无齿决，是之谓不知务。"（歠：饮。）

fei

飞（飛） fēi ❶鸟类虫类鼓动翅膀在空中活动。《诗经·邶风·雄雉》："雄雉于～，泄泄其羽。"《庄子·逍遥遊》："怒而～，其翼若垂天之云。"㊀泛指物体在空中飘动。杜甫《宴胡侍御书堂》诗："阑阑书籍满，轻轻花絮～。"❷飘落，散落。杜甫《阌乡姜七少府设鲙戏赠长歌》："无声细下～碎雪，有骨已剁觜春葱。"❸比喻快、急。陆机《赠顾交阯公真》诗："惆怅瞻～驾，引领望归旆。"孟郊《春日同韦郎中使君送邹儒立少府扶侍赴云阳》诗："独惭病鹤羽，～送力难崇。"❹指快马。《汉书·爰盎传》："今陛下骋六～，驰不测山，有如马惊车败，陛下纵自轻，奈高庙、太后何？"❺比喻高。见"飞楼"。❻没有根据的。见"飞语"。❼突如其来的，意外的。《后汉书·周荣传》："若卒遇～祸，无得殡敛。"

【飞变】 fēibiàn 告发紧急事变的文书。《汉书·张汤传》："河东人李文，故尝与汤有隙。……汤有所爱史鲁谒居，知汤弗平，使人上～～告文奸事。"

【飞阁】 fēigé ❶凌空建起的阁道。《三辅黄图·汉宫》："乃于宫西跨城池作～～，通建章宫，构辇道以上下。"《洛阳伽蓝记》卷一："并～～相通，凌山跨谷。"❷高阁。《洛阳伽蓝记》卷一："又作重楼～～，遍城上下，从地望之，有如云也。"

【飞翰】 fēihàn ❶急速传送书信。《三国志·魏书·陈思王植传》注引《典略》:"然此数子,犹不能～～绝迹,一举千里也。"❷挥笔疾书。陆倕《感知己赋》:"既耳闻而存口,又目见而登心;似临淄之借书,类东武之～～。"❸高飞的鸟。陆机《拟西北有高楼》诗:"思驾归鸿羽,比翼双～～。"

【飞将】 fēijiàng 指汉代将军李广。《汉书·李广传》:"广在郡,匈奴号曰'汉飞将军'。"后人称为飞将。王昌龄《出塞》诗:"但使龙城～～在,不教胡马度阴山。"杜甫《秦州杂诗》之十九:"故老思～～,何时议筑坛。"

【飞镜】 fēijìng 比喻月亮。李白《把酒问月》诗:"皎如～～临丹阙,绿烟灭尽清辉发。"

【飞廉】 fēilián 也作"蜚廉"。❶人名,纣王的臣。《荀子·儒效》:"刳比干而囚箕子,～～、恶来知政,夫又恶有不可焉?"(知政:当权。)❷风神。《楚辞·远遊》:"历太皓以右转兮,前～～以启路。"❸传说中的神兽。《淮南子·俶真训》:"骑～～而从敦圄,驰于方外,休乎内宇。"(高诱注:"飞廉,兽名,长毛有翼。"敦圄:神兽名。)

【飞梁】 fēiliáng 凌空架设的桥。《后汉书·梁冀传》:"台阁周通,更相临望;～～石蹬,陵跨水道。"

【飞楼】 fēilóu ❶古代战争中攻城的器械。《宋书·武帝纪上》:"张纲治攻具成,设诸奇巧,～～木幔之属,莫不毕备。"❷凌空的高楼。杜甫《晓望白帝城盐山》诗:"翠深开断壁,红远结～～。"

【飞蓬】 fēipéng ❶一种多年生的草本植物,花似柳絮,聚而飞,故名。杜甫《复阴》诗:"万里～～映天过,孤城树羽扬风直。"❷比喻散乱。《诗经·卫风·伯兮》:"自伯之东,首如～～。"

【飞书】 fēishū ❶迅速传递的书信。《三国志·魏书·赵俨传》:"诸将皆喜,便作地道,箭～～与[曹]仁。"❷匿名信。《后汉书·五行志一》:"光武崩,山阳王荆哭不哀,作～～与东海王,劝使作乱。"

【飞扬】 fēiyáng ❶飘扬。《汉书·高帝纪下》:"大风起兮云～～,威加海内兮归故乡,安得猛士兮守四方。"❷指意志高昂。《楚辞·九歌·河伯》:"登昆仑兮四望,心～～兮浩荡。"❸指动荡不安。杜甫《壮游》诗:"备员窃补衮,忧愤心～～。"❹放纵,任性。《淮南子·精神训》:"趣舍滑心,使行～～。"(高诱注:"飞扬,不从轨度也。"滑:乱。)

【飞语】 fēiyǔ 无根据的话,同"流言"。《汉书·灌夫传》:"乃有～～为恶言闻上,故以十二月晦论弃市渭城。"《后汉书·五行志四》:"后中常侍张逵、蘧政与大将军梁商争权,为商作～～,欲陷之。"

【飞章】 fēizhāng 紧急上报的奏章。《后汉书·李固传》:"而阿母宦官疾固言直,因诈～～以陷其罪。"又《寇荣传》:"于是遂作～～以被于臣,欲使坠万仞之阬,践必死之地。"

妃 1. fēi ❶配偶,妻子。《礼记·曲礼下》:"天子之～曰后。"注:"妃,配也。"(孔颖达疏:"皆云某妃配某氏,尊卑通称也。")《左传·文公二年》:"凡君继位,……娶元～以奉粢盛,孝也。"《史记·吕太后本纪》:"吕太后者,高祖微时～也。"❷专指皇帝的妾,太子、王侯的妻。《史记·外戚世家》:"景帝为太子时,薄太后以薄氏女为～。"《后汉书·灵思何皇后纪》:"卿王者～,势不复为吏民妻。"❸古代对女神的尊称。《楚辞·离骚》:"吾令丰隆乘云兮,求宓～之所在。"(宓:神话中的人物。)

2. pèi ❹通"配"。1)婚配。《左传·文公十四年》:"子叔姬～齐昭公,生舍。"2)配合得合适。《左传·昭公九年》:"～以五成,故曰五年。"

【妃耦】 pèi'ǒu 即配偶。《左传·成公八年》:"士之二三,犹丧～～,而况霸主?"

非 1. fēi ❶违背。《论语·颜渊》:"～礼勿视,～礼勿听,～礼勿言,～礼勿动。"《韩非子·功名》:"～天时,虽十尧不能冬生一穗。"❷错误,邪恶。《孟子·公孙丑下》:"前日之不受是,则今日之受～也。"《荀子·荣辱》:"凡斗者,必自以为是而以人为～也。"《战国策·楚策四》:"以是为～,以吉为凶。"❸不真实,伪。白居易《与杨虞卿书》:"其不与者,或诬以伪言,或构以～语。"❹反对,责怪。《庄子·逍遥遊》:"举世而～之而不加沮。"《战国策·赵策二》:"然则反古未可～,而循礼未足多也。"❺诋毁,讥议。《孟子·梁惠王下》:"人不得,则～其上矣。"《后汉书·桓谭传》:"桓谭～圣无法,将下斩之。"❻讥刺,讥笑。见"非笑"。❼无,没有。《左传·僖公四年》:"君～姬氏,居不安。"《史记·孔子世家》:"夫子则～罪。"❽副词。不,不是。《左传·隐公元年》:"今京不度,～制也。"《韩非子·五蠹》:"所利～所用,所用～所利。"

2. fěi ❾通"诽"。诽谤。《史记·李斯列传》:"入则心～,出则巷议。"

【非常】 fēicháng ❶不同寻常,不同一般。《汉书·翼奉传》:"必有～～之主,然后能立～～之功。"司马迁《报任少卿书》:"唯倜傥

～～之人称焉。”❷不合常规。《韩非子·备内》：“是故明王不举不参之事，不食～～之食。”❸意外的或突如其来的。《汉书·隽不疑传》：“右将军勒兵阙下，以备～～。”《论衡·命义》：“遭者，遭逢～～之变。”

【非独】 fēidú 不仅。《战国策·魏策四》：“～～此五国为然而已也，天下之亡国皆然矣。”李密《陈情表》：“臣之辛苦，～～蜀之人士及二州牧伯所见明知，皇天后土，实所共鉴。”

【非辜】 fēigū 无罪。《论衡·齐世》：“郡将挝杀～～，事至复考，[孟]英引罪自予，卒代将死。”(挝：拷打。)

【非徒】 fēitú 不仅。《庄子·至乐》：“察其始而本无生，～～无生也，而本无形；～～无形也，而本无气。”

【非望】 fēiwàng ❶非分的想法。《汉书·息夫躬传》：“东平王云以故与其后日夜祠祭祝诅上，欲求～～。”(注：“言求帝位也。”)❷意外。《论衡·感虚》：“[邹]衍兴怨痛，使天下霜，使衍蒙～～之赏，仰天而笑，能以冬时使天热乎?”(兴：发出。)❸非所希望。陶渊明《杂诗》之八：“代耕本～～，所业在田桑。”(代耕：指作官。)

【非唯】 fēiwéi 不仅。《世说新语·贤媛》：“汝为吏，以官物见饷，～～不益，乃增吾忧也。”

【非笑】 fēixiào 讥笑。《汉书·息夫躬传》：“人有上书言躬怀怨恨，～～朝廷所进。”《后汉书·光武帝纪上》：“[帝]性勤于稼穑，而兄伯升好侠养士，常～～光武事田业。”

【非毁】 fěihuǐ 诽谤，诋毁。《汉书·淮阳宪王刘钦传》：“有司奏王，王舅张博数遗王书，～～政治，谤讪天子。”《后汉书·桓谭传》：“性嗜倡乐，简易不修威仪，而憙～～儒，由是多见排抵。”

斐 fēi ❶见“斐斐”。❷通“妃”。对女神的尊称。左思《蜀都赋》：“娉江～，与神游。”

【斐斐】 fēifēi 往来不停的样子。《汉书·扬雄传上》：“昔仲尼之去鲁兮，～～迟迟而周迈。”

骓(騑) fēi ❶驾在车辕两旁的马，又名骖。《楚辞·惜誓》：“苍龙蚴虬于左骖兮，白虎骋而为右～。”王勃《滕王阁序》：“俨骖～于上路，访风景于崇阿。”❷指马。班彪《北征赋》：“纷吾去此旧都兮，～迟迟以历兹。”

【骓骓】 fēifēi 马行走不停的样子。《诗经·小雅·四牡》：“四牡～～，周道倭迟。”

绯(緋) fēi 红色。《魏书·蠕蠕传》：“诏赐……内者～纳袄一领，～袍二十领并帽。”欧阳修《洛阳牡丹记》：“本是紫花，忽于丛中特出～者，不过一二朵。”

【绯桃】 fēitáo 红色的桃花。陆游《绯桃开小酌》诗：“今朝～～开，欢喜洗酒盏。”

【绯衣】 fēiyī 红色的衣服。曾巩《刑部郎中致仕王公墓志铭》：“入为开封府推官，赐～～银鱼。”

扉 fēi ❶门，门扇。《后汉书·阴瑜妻传》：“以粉书～上。”苏轼《放鹤亭记》：“云龙山人张君天骥之草堂，水及半～。”❷指屋舍。马戴《灞上秋居》诗：“寄卧郊～久，何门致此身?”

裶 fēi 见“裶裶”。

【裶裶】 fēifēi 衣长的样子。司马相如《子虚赋》：“粉粉～～，扬袘戌削。”(袘：袖。戌削：裁制合体。)

霏(靅) fēi ❶雨雪很大的样子。同“霏霏”。《诗经·邶风·北风》：“北风其喈，雨雪其～。”❷飞散。欧阳修《秋声赋》：“其色惨淡，烟～云敛。”❸云雾之气。欧阳修《醉翁亭记》：“若夫日出而林～开，云归而岩穴暝。”

【霏霏】 fēifēi ❶雪大的样子。《诗经·小雅·采薇》：“今我来思，雨雪～～。”崔融《嵩山启母庙碑》：“雰雰～～，神姬下霜雪。”❷云气很盛的样子。《楚辞·九章·涉江》：“霰雪纷其无垠兮，云～～而承宇。”❸雨飘落的样子。范仲淹《岳阳楼记》：“若夫霪雨～～，连月不开，阴风怒号，浊浪排空。”

馡 fēi 见“馡馡”。

【馡馡】 fēifēi 也作“菲菲”。香气很盛。陆游《独坐》诗：“博山香雾散～～，袖手何妨静掩扉。”

肥 féi ❶脂肪多，肥胖。《史记·张丞相列传》：“苍坐法当斩，解衣伏质，身长大，～白如瓠。”《汉书·李广传》：“方秋匈奴马～，未可与战。”㊀硕大，茁壮。范成大《四时田园杂兴》之二十五：“梅子金黄杏子～，麦花雪白菜花稀。”❷肥厚，富足。《礼记·礼运》：“父子笃，兄弟睦，夫妇和，家之～也。”㊁使之富足。《战国策·秦策二》：“今破齐以～赵，赵，秦之深雠，不利于秦。”刘禹锡《彭阳侯令狐氏先庙碑》：“恺悌以～家，信谊以急人。”❸土地肥沃。《国语·晋语九》：“松柏之地，其土不～。”❹古国名。在今山西省昔阳县境内。《左传·昭公十二年》：“晋伐鲜虞，因～之役也。”❺姓。

【肥遁】 féidùn 避世隐居。《三国志·蜀书·谯周传》注引《晋阳秋》：“窃闻巴西谯秀，植操贞固，抱德～～，扬清渭波。"

【肥硗】 féiqiāo 肥沃与贫瘠。《孟子·告子上》："则地有～～，雨露之养，人事之不齐也。"《管子·立政》："相高下，视～～，观地宜。"

【肥腯】 féitú 牲畜膘肥肉厚。《左传·桓公六年》："吾牲牷～～，粢盛丰备。"

【肥衍】 féiyǎn 土地肥美而平坦。韩愈《欧阳生哀辞》："闽越地～～，有山泉禽鱼之乐。"

【肥泽】 féizé 肥壮丰润。《论衡·语增》："夫言圣人忧世念人，身体羸恶，不能身体～～。"刘向《新序·杂事一》："子为我祝，牺牲不～～耶？"

厞 féi 屋角隐蔽之处。《仪礼·士虞礼》："彻设于西北隅，如其设也，几在南，～用席。"（郑玄注："厞，隐也。"）张衡《东京赋》："设三乏，～司旌。"

淝 féi 见"淝水"。

【淝水】 féishuǐ 河流名。又名"肥水"。在今安徽省。《晋书·谢玄传》："［苻］坚进屯寿阳，列阵临～～，玄军不得渡。"

腓 féi ❶人的小腿肌，俗称腿肚子。《韩非子·外储说左上》："公～痛足痹，转筋而不能坏坐。"（坏坐：斜坐。）❷庇护，隐蔽。《诗经·小雅·采薇》："君子所依，小人所～。"❸通"痱"。病，枯萎。《论衡·订鬼》："中人微者即为～，病者不即时死。"《诗经·小雅·四月》："秋日凄凄，百卉具～。"杨炯《大周明威将军梁公神道碑》："秋草将～，胡笳动吹。"

痱（疿） 1. féi ❶病名，风疾。《汉书·田蚡传》："［窦］婴良久乃闻有劾，即阳病～，不食欲死。"（阳：通"佯"。）

2. fèi ❷痱子。《正字通·疒部》："～，夏月烦闷所发。"

蜚 féi 俗名臭虫。《聊斋志异·小猎犬》："室中～虫蚊蚤甚多，竟夜不成寝。"

朏 fěi ❶月刚发出亮光。《说文·月部》："朏，月未盛之明。"《尚书·召诰》："越若来三月，惟丙午～。"（孔安国传："朏，明也。月三日明生之名。"越若：语气词。丙午：三月三日。）❷指阴历每月初三日。《汉书·律历志下》："古文《月采》篇曰：'三日曰～。'"❸天将明。见"朏明"。

【朏朏】 fěifěi ❶天刚发亮的样子。也作"昢昢"。《楚辞·九思·疾世》："时～～兮旦旦，尘莫莫兮未晞。"❷尘埃聚集的样子。《西京杂记》卷六："床上石枕一枚，尘埃～～甚高，似是衣服。"❸兽名。《山海经·中山经》："有兽焉，其状如貍，而白尾有鬣，名曰～～，养之可以已忧。"

【朏明】 fěimíng 天将明。《淮南子·天文训》："登于扶桑，爰始将行，是谓～～。"

【朏朒】 fěinǜ 月亮的圆缺。苏轼《赠眼医王彦若》诗："空花谁开落，明月自～～。"

诽（誹） fěi ❶从旁指责过失。《荀子·非十二子》："是以不诱誉，不恐于～。"《史记·魏其武安侯列传》："腹～而心谤。"❷毁谤。《庄子·刻意》："刻意尚行，离世异俗，高论怨～，为高亢而已矣。"《吕氏春秋·决胜》："孤独则父兄怨，贤者～，乱内作。"《淮南子·缪称训》："圣人不求誉，不避～。"

【诽书】 fěishū 指责过失的文字。《后汉书·曹节传》："［刘］猛以～～言直，不肯急捕，月馀，主名不立。"

【诽议】 fěiyì 指责，议论。《管子·法法》："故法之所立，令之所行者多，而所废者寡，则民不～～；民不～～，则听从矣。"

匪 1. fěi ❶同"篚"。筐类竹器。《说文·匚部》："～，器。似竹筐。"❷通"非"。不，不是。《诗经·卫风·氓》："～来贸丝，来即我谋。"《左传·僖公十五年》："下民之孽，～降自天。"❸通"彼"。那。《诗经·桧风·匪风》："～风发兮，～车偈兮。"（偈：疾驰。）《左传·襄公八年》："如～行迈谋，是用不得于道。"❹指行为不正。见"匪人②"。

2. fēi ❺见"匪匪"。

【匪躬】 fěigōng 尽心力而不顾自身。《三国志·魏书·华歆传》注引孙盛曰："歆既无夷、皓韬邈之风，又失王臣～～之操。"韩愈《争臣论》："王臣蹇蹇，～～之故。"

【匪人】 fěirén ❶指不亲近的人。《周易·比》："象曰：'比之～～，不亦伤乎？'"❷指行为不正的人。李朝威《柳毅传》："不幸见辱于～～。"

【匪匪】 fēifēi 车马美盛的样子。《礼记·少仪》："车马之美，～～翼翼。"

陫 fěi 见"陫侧"。

【陫侧】 fěicè 内心悲伤。《楚辞·九歌·湘君》："横流涕兮潺湲，隐思君兮～～。"（王逸章句："陫，陋也。言己虽见放弃隐伏山野，犹从侧陋之中思念君也。"）

悱 fěi 想说而说不出。《论语·述而》："不愤不启，不～不发。"

菲 1. fěi ❶蔬菜名。《诗经·邶风·谷风》："采葑采～，无以下体。"❷微薄。《后汉书·郑玄传》："～饮食，薄衣服。"

2. fēi ❸见"菲菲"。

3. fèi　❹通“屝”。草鞋。《乐府诗集·孤儿行》：“手为错，足下无～。”

【菲薄】　fěibó　❶微薄，浅薄。《史记·孝武本纪》：“维德～～，不明于礼乐。”《后汉书·和熹邓皇后纪》：“～～衣食，躬率群下。”❷浅陋，浅见。《后汉书·杨终传》：“躬自～～，广访失得。”李清照《金石录后序》：“或者天意以余～～，不足以享此尤物耶！”

【菲菲】　fēifēi　❶香气很浓。同“馡馡”。《楚辞·离骚》：“佩缤纷其繁饰兮，芳～～其弥章。”司马相如《上林赋》：“吐芳扬烈，郁郁～～。”❷花美的样子。左思《吴都赋》：“郁兮茷茂，晔兮～～。”（李善注：“菲菲：花美貌。”）❸上下不定的样子。《后汉书·梁鸿传》：“心惙怛兮伤悴，志～～兮升降。”

【菲履】　fèilǚ　草鞋。《汉书·刑法志》：“世俗之为说者，以为治古者无肉刑，有象刑墨黥之属，～～赭衣而不纯。”

斐　1. fěi　❶错杂的色采，文采。《诗经·小雅·巷伯》：“萋兮～兮，成是贝锦。”❷轻淡的样子。见“斐斐”。

2. fēi　❸姓。

【斐斐】　fěifěi　❶有文采的样子。《三国志·蜀书·杨戏传》：“藻丽辞理，～～有光。”❷轻淡的样子。谢惠连《泛湖归出楼中翫月》诗：“～～气幕岫，泫泫露盈条。”

【斐然】　fěirán　有文采的样子。《论语·公冶长》：“吾党之小子狂简，～～成章，不知所以裁之。”《论衡·超奇》：“诏书～～，郁郁好文之明验也。”

棐　fěi　❶辅，辅助。《说文·木部》：“棐，辅也。”《三国志·吴书·孙綝传》：“臣闻天命～忱，必就有德。”❷通“菲”。微薄。《汉书·燕刺王刘旦传》：“悉尔心，毋作怨，毋作～德。”❸通“榧”。树名。见“棐几”。❹通“篚”。竹器。《汉书·地理志上》：“厥贡漆丝，厥～织文。”❺古地名。春秋时郑地。《左传·文公十三年》：“公还自晋，郑伯会公于～。”

【棐几】　fěijī　用榧木作的几案。《晋书·王羲之传》：“尝诣门生家，见～～滑净，因书之，真草相半。”

榧　fěi　树名，一种常绿乔木，俗称野杉。也作“棐”。《广韵·尾韵》：“～，木名。子可食，疗白虫。”

翡　fěi　鸟名。见“翡翠”。

【翡翠】　fěicuì　❶鸟名。又名翠雀、赤羽雀。《后汉书·西南夷传》：“[哀牢]出……孔雀、～～、犀、象、猩猩、貊兽。”❷指翡翠鸟的羽毛。有蓝、绿、赤、青等色，常用作装饰品。《汉书·贾山传》：“被以珠玉，饰以～～。”❸一种碧绿而透明的玉。徐陵《玉台新咏序》：“琉璃砚匣，终日随身；～～笔床，无时离手。”

【翡帷】　fěiwéi　用翡翠羽毛装饰的帷帐。《楚辞·招魂》：“～～翠帐，饰高堂些。”

蜚（蜰）　1. fěi　❶一种吃稻花的害虫。《正字通·虫部》：“～，轻小似蚊，生草中，善飞，旦集稻上，食稻花。”❷古代传说中的怪兽。《山海经·东山经》：“有兽焉，其状如牛而白首，一目而蛇尾，其名曰～。”

2. fēi　❸通“飞”。《史记·滑稽列传》：“国中有大鸟，止王之庭，三年不～又不鸣，王知此鸟何也？”《论衡·幸偶》：“蜘蛛结网，～虫过之，或脱或获。”

【蜚鸿】　fēihóng　❶一种小飞虫。《史记·周本纪》：“麋鹿在牧，～～满野。”（司马贞《索隐》：“按高诱曰：‘蜚鸿，蠛蠓也。’”蠛蠓：小飞虫。）❷良马名。东方朔《答骠骑难》：“骐骥、绿耳、～～、骅骝，天下良马也。”

【蜚语】　fēiyǔ　同“飞语”。《史记·魏其武安侯列传》：“乃有～～，为恶言闻上。”

【蜚色】　fēisè　面部突然出现的气色。《论衡·自然》：“且吉凶～～见于面，人不能为，色自发也。”

篚　fěi　一种圆形竹器，用以盛物。《仪礼·士虞礼》：“从者奉～，哭如初。”曾巩《福州上执政书》：“将其厚意，则有币帛箱～之赠；要其大旨，则未尝不在于得其欢心。”

芾　fèi　见 fú。

吠　fèi　❶狗叫。《孟子·公孙丑上》：“鸡鸣狗～相闻，而达乎四境，而齐有其民矣。”《楚辞·九章·怀沙》：“邑犬之群～兮，～所怪也。”❷泛指一般鸟叫蛙鸣。《广雅·释诂》：“～，鸣也。”林逢子《镜香亭》诗：“绿杨深处两三家，几度凭阑听～蛙。”

【吠尧】　fèiyáo　❶盗跖之犬吠尧，比喻各为其主。《史记·淮阴侯列传》：“蹠之狗～～，尧非不仁，狗固吠非其主。”（蹠：同“跖”。）❷比喻坏人攻击好人。岳珂《桯史·楚齐僭册》：“余尝得其二册文，乃删其～～者而剟录之。”

沸（灊）　1. fèi　❶泉水涌出。《玉篇·水部》：“～，泉涌出貌。”庾信《哀江南赋》：“冤霜夏零，愤泉秋～。”❷水波翻涌。见“沸腾”。❸沸水，滚开的水。《诗经·大雅·荡》：“如蜩如螗，如～如羹。”《荀子·议兵》：“以桀诈尧，譬之若以卵投石，以指挠～。”❹形容喧闹或嘈杂之声。见“沸声”。❺烫伤。《后汉书·耿恭传》:“虏中矢者,视创见～,遂大惊。”

2. fú ❻洒。李白《望庐山瀑布》诗:“飞珠散轻霞,流沫～穹石。”❼象声词。水声。司马相如《上林赋》:“触穹石,激堆埼,～乎暴怒,汹涌澎湃。”

【沸波】 fèibō 鱼鹰的别名。《淮南子·说林训》:“鸟有～～者,河伯为之不潮,畏其诚也。”

【沸泉】 fèiquán 喷泉。《南齐书·祥瑞志》:“有司奏:‘……庙祝列云旧井北忽闻金石声,即掘,深三尺,得～～。’”

【沸扰】 fèirǎo 纷扰,动乱。《三国志·魏书·陶谦传》注引《吴书》:“华夏～～,于今未弭,包茅不入,职贡多阙,寤寐忧叹,无日敢宁。”

【沸声】 fèishēng 喧闹嘈杂之声。《战国策·秦策三》:“白起率数万之师以与楚战,……流血成川,～～若雷。”

【沸腾】 fèiténg ❶水波翻涌。《汉书·楚元王传》:“水泉～～,山谷易处。”左思《吴都赋》:“濆薄～～,寂寥长迈。”❷比喻议论纷纷。嵇康《幽愤》诗:“欲寡其过,谤议～～。”

废(廢) fèi ❶倒塌。《淮南子·览冥训》:“往古之时,四极～,九州裂。”❷废弃,废除。《论语·微子》:“长幼之节,不可～也。”《荀子·儒效》:“有益于理者,立之;无益于理者,～之。”❸破灭,覆灭。与“兴”相对。《老子·三十六章》:“将欲～之,必固兴之。”《孟子·离娄上》:“国之所以～兴存亡者亦然。”❹坠落,跌下。《左传·定公三年》:“自投于床,～于炉炭,烂,遂卒。”❺废黜,放逐。《史记·吕太后本纪》:“及留侯策,太子得毋～。”《世说新语·文学》:“殷中军被～,徙东阳。”❻停止,中止。《论语·雍也》:“力不足者,中道而～。”《淮南子·原道训》:“天运地滞,轮转而无～。”(高诱注:“废,休也。”)❼慑伏,偃伏。《史记·刺客列传》:“荆轲～,乃引其匕首以擿秦王。”又《淮阴侯列传》:“项王喑噁叱咤,千人皆～。”❽设置,放置。《庄子·徐无鬼》:“于是为之调瑟,～一于堂,～一于室。”《列子·黄帝》:“先生即来,曾不～药乎?”(张湛注:“废,置也。”)❾贻误,耽误。《墨子·非攻中》:“春则～民耕稼树艺,秋则～民获敛。”❿无足的(器物)。见“废爵”。⓫通“瘘”。长期不愈的病。《礼记·礼运》:“矜寡孤独～疾者,皆有所养。”

【废弛】 fèichí 败坏,松弛。《汉书·王莽传上》:“朝政崩坏,纲纪～～。”张籍《上韩昌黎书》:“顷承论于执事,尝以为世俗陵靡,不及古昔。盖圣人之道～～之所为也。”

【废格】 fèigé 诏令搁置不执行。汉代有废格罪。《汉书·义纵传》:“天子闻,使杜式治,以为～～沮事,弃纵市。”《盐铁论·刺复》:“故憯急之臣,进而见知,～～之法起。”

【废锢】 fèigù 罢官并终身不得任职。《汉书·石显传》:“后皆害焉,望之自杀,堪、更生～～,不得复进用。”《后汉书·李固传》:“[甄]邵遂～～终身。”

【废官】 fèiguān 官职空缺或官员不称其职。《汉书·律历志上》:“孔子陈后王之法,曰:‘谨权量,审法度,修～～,举逸民,四方之政行矣。’”

【废居】 fèijū 买贱卖贵。废,卖出;居,囤积。《汉书·食货志下》:“而富商贾或墆财役贫,转毂百数,～～居邑,封君皆氐首仰给焉。”(墆:停。毂:车。氐首:俯首。)

【废举】 fèijǔ 同“废居”。也作“废著”。《史记·仲尼弟子列传》:“子贡好～～,与时转货赀。”又《货殖列传》:“子干即学于仲尼,退而仕于卫,～～鬻财于曹、鲁之间。”

【废爵】 fèijué 无足的酒器。《仪礼·士虞礼》:“主人洗～～,酌酒酳尸。”(酳:献酒。)

【废滞】 fèizhì ❶被废黜的人。《左传·成公十八年》:“逮鳏寡,振～～,匡乏困,救灾患。”(逮:施恩惠。匡:救济。)❷被搁置的事。《晋书·礼志上》:“良由顷国家多难,日不暇给,草建～～,事有未遑。”

【废书而叹】 fèishū'értàn 放下书本叹息,表示有所感。《史记·儒林列传》:“余读功令,至于广厉学官之路,未尝不～～～～也。”潘岳《闲居赋》:“岳尝读《汲黯传》,至司马安四至九卿,而良史书之,题以巧宦之目,未尝不慨然～～～～。”也作“废卷而叹”。苏轼《王定国诗集序》:“定国且不我怨,而肯怨天乎?余然后～～～～自恨其人之浅也。”

怫 fèi 见 fú。

柿(柹) fèi 削下的碎木片。《晋书·王濬传》:“濬造船于蜀,其木～蔽江而下。吴建平太守吾彦取流～以呈孙皓。”

狒(𥝠) fèi 见“狒狒”。

【狒狒】 fèifèi 兽名,属猿类。也作“费费”。左思《吴都赋》:“猩猩啼而就禽,～～笑而被格。”(禽:即“擒”。)

肺(胇) 1. fèi ❶人和动物的呼吸器官。《素问·五藏生成》:“诸气者，皆属于～。"《诗经·大雅·桑柔》："自有～肠，俾民卒狂。"

2. pèi ❷见"肺肺"。

【肺腑】 fèifǔ ❶指内心。白居易《代书诗一百韵寄微之》："～～都无隔，形骸两不羁。"《三国演义》八回："容妾伸～～之言。"❷心腹。比喻皇帝的亲属或亲信。《后汉书·刘般传》："故多以宗室～～居之。"卢照邻《益州至真观主黎君碑》："前长史谯国公，两朝～～，威动百城。"

【肺石】 fèishí 古时设于朝廷门外的石头，百姓可击石鸣冤，因色赤形似肺，故名肺石。《周礼·秋官·大司寇》："以～～达穷民，凡远近惸独老幼之欲有复于上而其长弗达者，立于～～三日，士听其辞，以告于上，而罪其长。"（惸：同"茕"。没有兄弟的人。）《后汉书·寇荣传》："臣思入国门，坐于～～之上，使三槐九棘平臣之罪。"

【肺肺】 pèipèi 茂盛的样子。《诗经·陈风·东门之杨》："东门之杨，其叶～～。"

祓 fèi 见 fú。

昲 fèi ❶晒干。《列子·周穆王》："视其前，则酒未清，肴未～。"❷日光。《广韵·未韵》："～，日光。"

费（費） 1. fèi ❶多用钱物。《论语·尧曰》："君子惠而不～。"㊀耗费，损耗。《左传·僖公三十三年》："老师～财，亦无益也。"（老：疲惫。）《老子·四十四章》："甚爱必大～，多藏必厚亡。"❷财用，费用。《吕氏春秋·安死》："是故先王以俭节葬死也，非爱其～也，非恶其劳也，以为死者虑也。"《后汉书·张晧传》："惜～重人，则家给人足。"又《百官志一》："并官省职，～减亿计。"❸（言词）烦琐。《礼记·曲礼上》："礼不妄说人，不辞～。"（说：悦。）❹姓。

2. bì ❺古地名，即今山东省费县。《论语·季氏》："今夫颛臾，固而近于～。"

3. fú ❻通"拂"。违背。《礼记·中庸》："君子之道，～而隐。"

【费句】 fèijù 多馀的文词。《隋书·刑法志》："若游辞～～，无取于实录者，宜悉除之。"

【费留】 fèiliú 有功不及时奖赏。《孙子·火攻》："夫战胜攻取，而不修其功者凶，命曰～～。"左思《魏都赋》："朝无刓印，国无～～。"

【费民】 fèimín 扰民，劳民。《汉书·高帝纪上》："仓粟多，不欲～～。"

【费散】 fèisàn 消耗散失。《魏书·李平传》："擅开仓赈恤，有司绳以～～之条，免其官爵。"

【费务】 fèiwù 费用与劳力。何晏《景福殿赋》："审量日力，详度～～。"

剕（跸） fèi 断足。古代五刑之一。《尚书·吕刑》："～罚之属五百。"

俷 fèi 背弃，败坏。《史记·三王世家》："悉尔心，毋作怨，毋～德，毋乃废备。"

萉 1. fèi ❶麻子，可食。《说文·艸部》："～，枲实也。"❷指麻。《吕氏春秋·士节》："齐有北郭骚者，结罘罔，捆蒲苇，织～屦，以养其母。"（罔：网。）

2. féi ❸躲避。《汉书·叙传上》："安慆慆而不～兮，卒陨身乎世祸。"

屝 fèi 用草麻等做的鞋。《左传·僖公四年》："若出于陈、郑之间，共其资粮～屦。"（杜预注："屝，草屦。"孔颖达疏："麻作之谓屝。"）

濆（濆） 1. fèi ❶泉水涌出的样子，同"沸"。《玉篇·水部》："～，泉涌出貌。"

2. pài ❷通"湃"。澎湃。《史记·司马相如列传》："汹涌滂～。"

攢（攢） fèi ❶击，搏击。《晋书·张协传》："蹴封狶，～冯豕。"（蹴：即蹵，通"蹴"。踩。）❷搔。《淮南子·俶真训》："且人之情，耳目应感动，心志知忧乐，手足之～疾蛘，避寒暑，所以与物接也。"（蛘：同"痒"。）

曊（曊） fèi 照，晒，同"昲①"。《淮南子·地形训》："扶木在阳州，日之所～。"

癈（癈） fèi 长期不愈的病。《周礼·地官·族师》："辨其贵贱老幼～疾可任者。"

fen

分 1. fēn ❶分开。《论语·泰伯》："三～天下有其二。"《汉书·高帝纪上》："蛇～为两，道开。"❷分配，分给。《左传·庄公十年》："衣食所安，弗敢专也，必以～人。"《国语·鲁语上》："晋文公解曹地以～诸侯。"❸分辨，区别。《论语·微子》："四体不勤，五谷不～。"《孟子·告子上》："人性之无～于善不善也，犹水之无～于东西也。"❹区别，不同之处。《孟子·尽心上》："欲知舜与跖之～，无他，利与善之间也。"《荀子·天论》："故明于天人之～，则可谓至人矣。"❺分明，清楚。《后汉书·淳于恭传》："时方淆乱，死生未～，何空自苦为？"❻分担。

《左传·僖公元年》:"凡侯伯,救患、～灾、讨罪,礼也。"《史记·孙子吴起列传》:"[起]与士卒～劳苦。"❼一半,半。《荀子·仲尼》:"闺门之内,般乐奢汰,以齐之～奉之而不足。"《吕氏春秋·贵生》:"所谓亏生者,六欲～得其宜也。"《后汉书·清河孝王庆传》:"每朝谒陵庙,常夜～严装,衣冠待明。"❽要领,总纲。《荀子·劝学》:"礼者,法之大～,类之纲纪也。"又《王制》:"听政之大～,以善至者待之以礼,以不善至者待之以刑。"❾节气名称,即春分,秋分。《左传·僖公五年》:"凡～、至、启、闭,必书云物。"《论衡·说日》:"故冬、夏节极,皆谓之至;春秋未至,故谓之～。"❿量词。表示长度,十分为一寸;表示面积,十分为一亩;表示重量,十分为一钱。

2. fèn ⓫等级,名分。《荀子·非相》:"辨莫大于～,～莫大于礼,礼莫大于圣王。"⓬职分。《礼记·礼运》:"男有～,女有归。"《后汉书·杨震传》:"死者士之常～。"⓭料,料想。《汉书·苏武传》:"武曰:'自～已死久矣。'"⓮甘心,甘愿。《后汉书·温序传》:"受国重任,～当效死。"

【分别】 fēnbié ❶分析。《荀子·非相》:"譬称以喻之,～～以明之。"《淮南子·齐俗训》:"故圣人裁制物也……犹宰庖之切割～～也。"《后汉书·顺帝纪》:"请条案礼仪,～～具奏。"❷差别。《世说新语·容止》:"王夷甫容貌整丽,妙于谈玄,恒捉白玉柄麈尾,与手都无～～。"❸离别。魏文帝《与朝歌令吴质书》:"今果～～,各在一方。"

【分部】 fēnbù ❶分派部署。《史记·吕太后本纪》:"夜,有司～～诛灭梁、淮阳、常山王及少帝于邸。"《汉书·黄霸传》:"太守霸为选择良吏,～～宣布诏令。"❷划分区域。《论衡·书虚》:"尧传于舜,舜受为帝,与禹～～,行治鸿水。"(鸿:通"洪"。)

【分寸】 fēncùn ❶一分一寸。比喻微小。《战国策·齐策三》:"我无～～之功而得此,然吾毁之以为之也。"❷比喻时间短暂。《北史·高允传》:"～～之间,恐为崔门万世之祸,吾徒无类矣。"❸说话办事适当,有限度。王实甫《西厢记》五本三折:"横死眼,不识好人,招祸口,不知～～。"

【分地】 fēndì ❶分封土地。《礼记·祭法》:"天下有王,～～建国,置都立邑。"❷封地,所分封的土地。《史记·吴王濞列传》:"高帝王子弟各有～～,今贼臣晁错擅適过诸侯,削夺之地。"(適:通"谪"。)❸随地,遍地。陶弘景《水仙赋》:"中天起浪,～～泻波。"

【分画】 fēnhuà 也作"分划"。❶划分,区分。《管子·明法解》:"其～～之不同也,如白之与黑也。"❷部署,调配。《三国志·魏书·武帝纪》:"吾知绍之为人,志大而智小,色厉而胆薄,忌克而少威,兵多而～～不明。"

【分民】 fēnmín ❶封地之内的人民。《后汉书·窦融传》:"王者有分土,无～～,自适己事而已。"❷将国家之所需寄付于民。《管子·乘马》:"圣人之所以为圣人者,善～～也。圣人不能～～,犹百姓也。"

【分首】 fēnshǒu 分离,离别。杜甫《又送》诗:"直到绵州始～～,江边树里共谁来。"

【分土】 fēntǔ ❶分封土地。《尚书·武成》:"列爵惟五,～～惟三。"(注:"列地封国,公侯方百里,伯七十里,子男五十里,为三品。")❷分割疆土。《三国志·吴书·孙权传》:"汉之与吴,虽信由中,然～～裂境,宜有盟约。"❸指所分得的土地。《三国志·吴书·孙权传》:"各守～～,无相侵犯。"王安石《上仁宗皇帝言事书》:"于是诸侯王之子弟,各有～～,而势强地大者,卒以分析弱小。"

【分物】 fēnwù ❶天子分赐的物品。《左传·定公四年》:"三者皆叔也,而有令德,故昭之以～～。"❷指不同的事物。《淮南子·诠言训》:"同出于一,所为各异,有鸟有鱼有兽,谓之～～。"

【分析】 fēnxī ❶分开,区分。《后汉书·徐防传》:"臣闻《诗》、《书》、《礼》、《乐》,定自孔子;发明章句,始于子夏。其后诸家～～,各有异说。"❷分割,离析。《汉书·中山靖王刘胜传》:"汉有厚恩,而诸侯地稍自～～弱小云。"王安石《上仁宗皇帝言事书》:"于是诸侯王之子弟,各有分土,而势强地大者,卒以～～弱小。"❸分解辨析。《隋书·杨伯醜传》:"永乐为卦有不能决者,伯醜辄为～～爻象,寻幽入微。"❹离别。刘琨《答卢谌诗并书》:"但～～之日,不能不怅恨耳。"

【分野】 fēnyě 与星次相对应的地域。古天文学家将天上星宿分为十二星次,并与地上州国所在地域相对应,天上的星空区域叫分星,与之相对应的地域叫分野,并以天上星宿的变化,预兆地上的吉凶。《国语·周语下》:"岁之所在,则我有周之～～也。"《吕氏春秋·制乐》:"心者,宋之～～也,祸当于君。"《史记·齐太公世家》:"景公曰:'彗星出东北,当齐～～,寡人以为忧。'"

【分异】 fēnyì ❶别异,不同寻常。《荀子·

非十二子》："荀以～～人为高，不足以合大众，明大分(fèn)。"(分：名分。)❷分居。《史记·商君列传》："民有二男以上不～～者，倍其赋。"《后汉书·李充传》："妻窃谓充曰：'今贫居如此，难以久安，妾有私财，愿思～～。'"

【分直】 fēnzhí 界限，分际。《三国志·魏书·管辂传》："弟辰谓辂曰：'大将军待君意厚，冀当富贵乎？'辂长叹曰：'吾自知有～～耳，然天与我才明，不与我年寿。'"

【分职】 fēnzhí 分管其职。《管子·明法解》："明主之治也，明于～～，而督其成事。"《荀子·君道》："然后明～～，序事业，材技官能，莫不治理。"《汉书·公孙弘传》："是故因能任官，则～～治。"

【分至】 fēnzhì 指春分、秋分、夏至、冬至。《汉书·艺文志》："历谱者，序四时之位，正～～之节，会日月五星之辰。"《三国志·魏书·明帝纪》："～～启闭，班宣时令，中气早晚，敬授民事，皆以正岁斗建为历数之序。"

【分庭抗礼】 fēntíngkànglǐ 也作"分庭伉礼"。分别站在庭院的东边(主人)和西边(宾位)相对行礼。意思是以平等的礼节相见。《汉书·货殖传》："子赣结驷连骑，束帛之币聘享诸侯，所至，国君无不分庭与之抗礼。"《庄子·渔父》："万乘之主，千乘之军，见夫子未尝不～～～～。"

【分香卖履】 fēnxiāngmàilǚ 分香与人，卖履为生。此本为曹操临终时的遗令，后用来比喻人死之时不忘其妻儿。陆机《吊魏武帝文并序》："馀香可分与诸夫人，诸舍中无所为，学作履组卖也。"(诸舍中：指众妾。)李清照《金石录后序》："取笔作诗，绝笔而终，殊无～～～～之意。"

份 fēn 见"份然"。

【份然】 fēnrán 纷乱的样子。《列子·黄帝》："雕琢复朴，块然独以其形立，～～而封戎，壹以是终。"

芬 1. fēn ❶香气。《楚辞·离骚》："芳菲菲而难亏兮，～至今犹未沫。"❷比喻美名盛德。《晋书·桓彝传论》："扬～千载之上，沦骨九泉之下。"骆宾王《与博昌父老书》："昔吾先君，出宰斯邑，清～虽远，遗爱犹存。"❸通"纷"。盛，多。《汉书·礼乐志》："～树羽林，云景杳冥。"

2. fén ❹通"坟"。隆起。见"芬然"。

【芬芳】 fēnfāng ❶香味，香气。《荀子·荣辱》："口辨酸咸甘苦，鼻辨～～腥臊。"《汉书·司马相如传上》："橘柚～～。"❷比喻祭品。《史记·孝武本纪》："其明年，有司言雍五畤无牢熟具，～～不备。"❸比喻美好的事物。杜甫《观公孙大娘弟子舞剑器行》："绛唇珠袖两寂寞，晚有弟子传～～。"

【芬华】 fēnhuá ❶繁华茂盛。白居易《种桃》诗："忆昨五六岁，灼灼盛～～。"❷荣耀，光采。《史记·商君列传》："有功者显荣，无功者虽富无所～～。"

【芬茝】 fēnzhǐ 香气。《史记·礼书》："椒兰～～，所以养鼻也。"

【芬然】 fénrán 隆起的样子。《管子·地员》："青怵以肥，～～若灰。"(尹知章注："芬然，壤起貌。")

纷(紛) fēn ❶旗子上的飘带。扬雄《羽猎赋》："青云为～，红蜺为缳。"(李善注引韦昭曰："纷，旗旒也。")❷乱，扰乱。《战国策·燕策二》："今臣逃而～齐、赵，始可著于春秋。"《汉书·叙传下》："三季之后，厥事放～。"(注："纷，乱也。")❸杂乱，混杂。见"纷乱①"。❹灾难。《汉书·扬雄传上》："惟天轨之不辟兮，何纯洁而离～。"(离：通"罹"。遭。)❺纠纷，争执。《史记·滑稽列传》："谈言微中，亦可以解～。"《晋书·袁宏传》："谋解时～，功济宇内。"❻盛多的样子。《楚辞·离骚》："～吾既有此内美兮，又重之以修能。"❼多。范成大《冬春行》："官租私债～如麻，有米冬春能几家。"

【纷纷】 fēnfēn ❶混乱错杂的样子。《管子·枢言》："～～乎若乱丝，遗遗乎若有所从治。"《汉书·陈平传》："汉王谓平曰：'天下～～，何时定乎？'"❷众多的样子。班固《西都赋》："飑飑～～，矰缴相缠。"(李善注："纷纷，众多之貌也。")

【纷敷】 fēnfū 纷纭茂盛的样子。《楚辞·九思·守志》："桂树列兮～～，吐紫华兮布条。"

【纷回】 fēnhuí 纷乱。《后汉书·班固传》："而廷争连日，异同～～。"

【纷乱】 fēnluàn ❶纠纷，错乱。《战国策·赵策三》："所贵于天下之士者，为人排患、释难、解～～而无所取也。"《汉书·叙传下》："群言～～，诸子相腾。"❷扰乱，搅乱。《汉书·贾谊传》："洛阳之人年少初学，专欲擅权，～～诸事。"

【纷纶】 fēnlún ❶杂乱，繁乱。《论衡·书虚》："太山之上，封可见者七十又二，～～湮灭者不可胜数。"《后汉书·冯衍传》："～～流于权利兮，亲雷同而妒异。"❷浩繁，渊博。《后汉书·井丹传》："《五经》～～井大春。"❸忙乱。孔稚珪《北山移文》："常绸缪于结课，每～～于折狱。"（折狱：判案。）

【纷纭】 fēnyún 也作"纷云"、"纷员"。❶乱。《楚辞·九叹·远逝》："肠～～以缭转兮，涕渐渐其若屑。"《后汉书·冯衍传》："讲圣哲之通论兮，心愊忆而～～。"❷兴盛，众多。《汉书·礼乐志》："赤雁集，六～～，殊翁杂，五采文。"（颜师古注："纷员，多貌也。"）又《司马相如传下》："汉兴七十有八载，德茂存乎六世，威武～～，湛恩汪涉。"

【纷緼】 fēnyùn 盛多的样子。《楚辞·九章·橘颂》："～～宜修，姱而不丑兮。"

【纷红骇绿】 fēnhónghàilǜ 红花绿叶纷披散乱。形容花叶随风摆动。柳宗元《袁家渴记》："每风自四山而下，振动大木，掩苒众草，～～～～。"（骇：散落。）

昐 fēn 日光。《玉篇·日部》："～，日光。"

氛（雰） fēn ❶寒气。《礼记·月令》："（仲冬之月）……～雾冥冥。"❷古代谓预兆吉凶的云气。《左传·襄公二十七年》："楚～甚恶，惧难。"《国语·晋语一》："献公田，见翟柤之～，归寝不寐。"（田：打猎。翟柤：国名。）❸飞散的尘雾。杜甫《入衡州》诗："～埃期必扫，蚊蚋焉能当。"

【氛氛】 fēnfēn 霜、雪很盛的样子。《楚辞·九章·悲回风》："吸湛露之浮源兮，漱凝霜之～～。"崔融《嵩山启母庙碑》："～～霏霏，神姬下霜雪。"

【氛祲】 fēnjìn 妖气，不吉祥的征兆。《晋书·阮孚传》："皇泽遐被，贼寇敛迹，～～既澄，日月自朗。"陆游《德勋庙碑》："～～内侵，戎马豕灾，公则奋却敌御侮之奇略。"

【氛沴】 fēnlì 凶气。韩云卿《平蛮颂》："变～～为阳煦，化险阻为夷途。"

【氛气】 fēnqì 凶气，恶气。《汉书·董仲舒传》："今阴阳错缪，～～充塞。"

【氛祥】 fēnxiáng 吉凶的预兆，凶曰氛，吉曰祥。《国语·楚语上》："榭不过讲军实，台不过望～～。"（讲：习。实：戎事。）

【氛氲】 fēnyūn 旺盛繁多。白居易《朱陈村》诗："去县百馀里，桑麻青～～。"崔融《嵩山启母庙碑》："紫云合沓于溪涧，白雾～～于岩岭。"

衯 fēn 见"衯衯"。

【衯衯】 fēnfēn 衣服长长的样子。司马相如《子虚赋》："～～裶裶，扬袘戌削。"（袘：衣袖。戌削：形容衣服裁制合身。）

蚡（鼢） 1. fēn ❶同"纷"。如"蚡蛇"。
2. fén ❷鼠名，田鼠。同"鼢"。《周礼·地官·草人》"凡粪种，骍刚用牛"郑玄注引郑司农云："用牛，以牛骨汁渍其种也，谓之粪种，坟壤多～鼠也。"

3. fèn ❸通"愤"。满。《吕氏春秋·知分》："天固有衰嗛废伏，有盛盈～息。"

翂 fēn 见"翂翂"。

【翂翂】 fēnfēn 迟缓低飞的样子。《庄子·山木》："其为鸟也，～～翐翐，而似无能，引援而飞，迫胁而栖。"（翐翐：同"翂翂"。）

棻（棼） fēn ❶香木。《说文·木部》："～，香木也。"❷通"纷"。繁盛。《后汉书·班固传》："五谷垂颖，桑麻敷～。"

馩（餴、饙） fēn 蒸饭。韩愈《南山诗》："或如火熺焰，或若气～馏。"徐元杰《送欧阳奇文序》："譬之炊焉，淘淅烝～，必有熟也。"

葐 fēn 见 pén。

汾 fén ❶水名。源出山西省宁武县管涔山。《左传·昭公元年》："宣～、洮，障大泽。"❷古地名。在今河南省许昌市西南。春秋时属楚国。《左传·襄公十八年》："子庚帅师治兵于～。"（帅：通"率"。）

【汾沄】 fényún 众多的样子。同"纷纭"。扬雄《长杨赋》："于是圣武勃怒，爰整其旅，乃命骠卫，～～沸渭，云合电发。"

坟（墳、隫） 1. fén ❶垒土隆起的墓。后泛指坟墓。《后汉书·王符传》："古者墓而不～，中世～而不崇。"又《赵咨传》："棺归即葬，平地无～。"❷堤岸，高地。《诗经·周南·汝坟》："遵彼汝～，伐其条枚。"《楚辞·九章·哀郢》："登大～以远望兮，聊以舒吾忧心。"❸大。见"坟仓"。❹分。《楚辞·天问》："地方九则，何以～之。"❺古代典籍名称。《左传·昭公十二年》："是良史也，子善视之。是能读《三坟》、《五典》、《八索》、《九丘》。"参见"三坟"。

2. fèn ❻地隆起。《国语·晋语二》："公祭之地，地～。"❼土地肥沃。《史记·夏本纪》："其土黑～，草繇木条。"（繇：茂盛。）

【坟仓】 féncāng 大粮仓。《韩非子·八奸》："其于德施也，纵禁财，发～～，利于民者，必出于君，不使人臣私其德。"

【坟策】 féncè 古代典籍。《后汉书·儒林传序》："自是莫不抱负～～，云会京师。"

【坟典】　féndiǎn　《三坟》《五典》的简称，泛指古籍。曹丕《答北海王诏》："王研精～～。"《三国志·魏书·钟繇传》："先帝圣德，固天所纵，～～之业，一以贯之。"

【坟籍】　fénjí　同"坟策"。《后汉书·李固传》："遂究览～～，结交英贤。"《三国志·蜀书·郤正传》："少以父死母嫁，单茕只立，而安贫好学，博览～～。"

【坟墓】　fénmù　❶古代埋葬死人后堆土成丘叫坟，平者为墓，对称有别，合称相通。后指埋葬死人的地方。《汉书·晁错传》："男女有昏，生死相恤，～～相从。"（昏：婚。）❷古星宿名称。《隋书·天文志中》："～～四星，属危之下，主死丧哭泣，为～～也。星不明，天下旱。"

妢　fén　见"妢胡"。

【妢胡】　fénhú　古国名。在今安徽阜阳一带。《周礼·考工记序》："～～之笴，吴粤之金锡，此材之美者也。"（笴：箭杆。）

枌　fén　❶树名，白榆树。《诗经·陈风·东门之枌》："东门之～，宛丘之栩。"❷通"棼"。阁、楼的栋梁。张协《七命》："赪素炳焕，～栱嵯峨。"（赪：红色。素：白色。）

【枌榆】　fényú　地名。汉高祖的故乡，初起兵时祷于枌榆社。后作为故乡的代称。《南齐书·沈文季传》："文季曰：'惟桑与梓，必恭敬止。岂如明府亡国失土，不识～～。'"

贲　fén　见 bēn。

鳻（鳻）　1. fén　❶见"鳻鷐"。
2. bān　❷见"鳻鸠"。

【鳻鷐】　fénchūn　候鸟春扈的别名。《尔雅·释鸟》："春扈，～～。"

【鳻鸠】　bānjiū　一种大鸠。《方言》卷八："鸠，自关而西，秦汉之间谓之鵴鸠，其大者谓之～～。"

羒　fén　白色的公羊。《尔雅·释畜》："羊，牡，～；牝，牂。"

颁　fén　见 bān。

濆（濆）　1. fén　❶水边、河旁高地。《诗经·大雅·常武》："铺敦淮～，仍执丑虏。"（敦：通"屯"。驻扎。）韩愈《应科目时与人书》："天池之滨，大江之～，曰有怪物焉。"❷古水名，汝水的支流。《尔雅·释水》："河有澭，汝有～。"

2. pēn　❸泉水自地下涌出。见"濆泉"。❹水波涌起。左思《蜀都赋》："龙池滈瀑～其限，漏江伏流溃其阿。"（滈瀑：水沸涌的样子。）

3. fèn　❺通"奋"。动乱。《管子·势》："其所处者，柔安静乐，行德而不争，以待天下之～作也。"（尹知章注："濆，动乱也。"）

【濆泉】　pēnquán　泉水自地下喷出。同"喷泉"。《公羊传·昭公五年》："～～者何？直泉也。直泉者何？涌泉也。"

【濆涌】　pēnyǒng　泉水涌出，形容心潮澎湃。《论衡·对作》："心～～，笔手扰，安能不论？"

焚（燌）　1. fén　❶烧。《孟子·滕文公上》："舜使益掌火，益烈山泽而～之。"《国语·晋语四》："将以己丑～公宫，公出救火而遂杀之。"❷古刑罚名。《周礼·秋官·掌戮》："凡杀其亲者～之。"

2. fèn　❸通"偾"。毙。《左传·襄公二十四年》："象有齿以～其身，贿也。"（杜预注："焚，毙也。"）

【焚溺】　fénnì　水火。比喻苦难。曾巩《进太祖皇帝总序》："原其意，盖以谓遭世大衰，不如是，更不知禁，不能救民于～～之中也。"

【焚如】　fénrú　❶火焰炽盛。《周易·离》："突如其来如，～～，死如，弃如。"陶渊明《怨诗楚调示庞主簿邓治中》："炎火屡～～，螟蜮恣中田。"❷古代酷刑。将活人烧死。《汉书·匈奴传》："[王]莽作～～之刑，烧杀陈良等。"

【焚杅】　fénwū　焚烧蹂躏从而牵制。《史记·张仪列传》："中国无事，秦得烧掇～～君之国；有事，秦将轻使重币事君之国。"

【焚膏继晷】　féngāojìguǐ　夜以继日之意。焚膏，点灯，指夜晚；晷，日影，指白天。韩愈《进学解》："焚膏油以继晷，恒兀兀以穷年。"

棼　1. fén　❶栋，阁楼的栋。《三国志·吴书·太史慈传》："贼于屯里缘楼上行詈，以手持楼～，慈引弓射之，矢贯手著～，围外万人莫不称善。"❷阁楼。《晋书·伏滔传》："于是筑长围，起～橹，高壁连堑，负戈击柝以守之。"（橹：望楼。）❸麻布。《周礼·春官·巾车》："素车～蔽。"❹纷乱。《左传·隐公四年》："以乱，犹治丝而～之也。"

2. fēn　❺见"棼棼"。

【棼棼】　fēnfēn　纷乱的样子。《尚书·吕刑》："民兴胥渐，泯泯～～。"

蒷（蕡）　1. fén　❶杂草的香气。《说文·艸部》："～，杂香草。"（段玉裁注："当作杂草香。"）❷草木果实累累的样子。《诗经·周南·桃夭》："桃之夭夭，有～其实。"❸通"棼"。乱。《墨子·天志下》：

"是～我者，则岂有以异是～黑白、甘苦之辩者哉！"（我：当为义。辩：通"辨"。）

2. fèn ❹麻子，大麻的种子。《礼记·内则》："菽、麦、～、稻、黍、粱。"又指麻。《周礼·地官·草人》："强檃用～，轻㶇用犬。"（郑玄注："蕡，麻也。"檃：同"壏"。坚土。）

帻（幩） fén 系在马嚼子两边的绸条。用作装饰，也用以扇去马汗。《诗经·卫风·硕人》："四牡有骄，朱～镳镳。"（镳镳：美的样子。）

辕（轒） fén 见"辕辒"。

【辕辒】 fényūn 兵车，古代用来攻城的四轮车。《孙子·谋攻》："攻城之法，为不得已。修橹～～，具器械，三月而后成。"（橹：大盾。）

豮（羵） fén 见"豮羊"。

【豮羊】 fényáng ❶古代传说中的土神。《广雅·释天》："土神谓之～～。"❷土中之怪物。《国语·鲁语下》："土之怪曰～～。"《说苑·辨物》："季桓子穿井得土缶，中有羊。以问孔子，言得狗。孔子曰：'以吾所闻，非狗，乃羊也。……土之怪～～也。'"

豮（豶） fén 阉割过的猪。《周易·大畜》："～豕之牙，吉。"

鼖（鞼） fén 古代军中用的大鼓。《周礼·考工记·韗人》："鼓长八尺，鼓四尺，中围加三之一谓之～鼓。"（鼓四尺：即广四尺。）《南齐书·高帝纪上》："～鼓宵闻，元戎旦警。"

黂（黂、蕡） fén ❶大麻的果实。《尔雅·释草》："～，枲实。"（邢昺疏："黂者，即麻子名也。"）❷苧麻，麻之有实者。《淮南子·说林训》："～不类布，而可以为布。"又《说山训》："见～而求成布。"（高诱注："黂，麻之有实者，可以为布。"）

【黂烛】 fénzhú 用麻秸制成的烛。《淮南子·说林训》："铜英青，金英黄，玉英白，～～掩，膏烛泽也。"（掩：暗。）

扮 1. fěn ❶握，持。《战国策·魏策二》："又身自丑于秦，～之请焚天下之秦符者，臣也。"❷合并。扬雄《太玄经·数》："天以三分，终于六成，……地则虚三，以～天之十八也。"

2. bàn ❸打扮，装束穿戴。《红楼梦》二十二回："这个孩子～上活像一个人，你们再瞧不出来。"❹扮演。孔尚任《桃花扇·逃难》："小生～弘光帝，便服骑马。"

坋 fěn 山丘突起的样子。《集韵·文韵》："～，丘高起貌。"《庄子·知北遊》："知北遊于玄水之上，登隐～之丘，而适遭无为谓焉。"（无为谓：假设的人名。）

粉 fěn ❶细末儿。食用或女子化妆用。《周礼·天官·笾人》："羞笾之实，糗饵～餈。"《后汉书·东夷传》："［女人］并以丹朱坋身，如中国之用～也。"❷使之成为粉末，碾碎。《南齐书·王僧虔传》："一门二世，～骨卫主。"❸表面带有粉状物的。王建《晚蝶》诗："～翅嫩如水，绕砌乍依风。"❹白色。杜牧《丹水》诗："沈定蓝光彻，喧盘～浪开。"❺绘画用的颜料。杜牧《赠张祜》诗："～毫唯画月，琼尺只裁云。"

【粉黛】 fěndài ❶搽脸的白粉与描眉的黛墨。古代女子的化妆用品。《韩非子·显学》："故善毛啬、西施之美，无益吾面；用脂泽～～，则倍其初。"❷比喻美人。白居易《长恨歌》："回眸一笑百媚生，六宫～～无颜色。"

【粉堞】 fěndié 白粉所涂的女墙（城上如锯齿形的矮墙）。杜甫《峡口二首》诗之一："城敧连～～，岸断更青山。"

【粉饰】 fěnshì ❶打扮，装饰。《史记·滑稽列传》："共～～之，如嫁女床席，令女居其上，浮之河中。"❷称誉。《三国志·吴书·周瑜传》："故将军周瑜子胤，昔蒙～～，受封为将。"❸涂饰，掩盖真相。苏轼《再上皇帝书》："岂有别生义理，曲加～～，而能欺天下哉！"

坋 fèn ❶尘埃。《说文·土部》："～，尘也。"❷以粉状物涂洒在他物上。《后汉书·东夷传》："女人被发屈髻，……并以丹朱～身，如中国之用粉也。"

【坋埃】 fèn'āi 粉尘，尘埃。归有光《李南楼行状》："衣裳整洁，皎然不染～～。"

奋（奮） fèn ❶鸟展开翅膀。《诗经·邶风·柏舟》："静言思之，不能～飞。"《战国策·楚策四》："鼓翅～翼。"❷举起，扬起。《汉书·诸侯王表》："陈、吴～其白挺，刘、项随而毙之。"参见"奋臂"。❸挥动，摇动。《吕氏春秋·仲春》："先雷三日，～铎以令于兆民。"《论衡·率性》："［子路］闻诵读之声，摇鸡～豚，扬唇吻之音，聒圣贤之耳，恶至甚矣。"❹猛然用力。《论衡·道虚》："为道学仙之人，能先生数寸之毛羽，从地自～，升楼台之陛，乃可谓升天。"❺震动。《周易·豫》："雷出地～。"❻振作，振奋。《孟子·尽心下》："～乎百世之上，百世之下，闻者莫不兴起矣。"《史记·陈涉世家》："及至始皇，～六世之馀烈，振长策而御宇内。"❼竭力，尽力。《吕氏春秋·去宥》："其为人甚险，将～于说，以取少主也。"❽愤激。《汉书·灌夫传》："夫不肯随丧归，～曰：'愿取吴王若将军头以报父仇。'"❾骄矜，自负。《吕氏春秋·任数》："人主以好暴示能，以好唱自～。"❿姓。

【奋笔】 fènbǐ ❶秉笔直书。谓直言不讳。《国语·鲁语上》："臣以死～～，奚啻其闻之也。"（啻：只。）❷挥笔疾书。谓一气呵成。韩愈《故中散大夫河南尹杜君墓志铭》："纂辞～～，涣若不思。"

【奋臂】 fènbì 振臂而起。《战国策·齐策六》："闻若言，莫不挥泣～～而欲战。"《汉书·异姓诸侯王表》："响应瘺于谤议，～～威于甲兵。"（瘺：惨痛。）

【奋辞】 fèncí ❶高调，大话。《史记·张仪列传》："且夫从人多～～而少可信，说一诸侯而成封侯。"❷慷慨陈辞。嵇康《明胆论》："陈义～～，胆气凌云。"

【奋矜】 fènjīn 骄矜自大。《荀子·正名》："有兼听之明，而无～～之容。"

【奋袂】 fènmèi 挥动衣袖。刘伶《酒德颂》："乃～～攘襟，怒目切齿。"苏轼《书蒲永升画后》："～～如风，须臾而成。"

【奋武】 fènwǔ 振扬武力，用武。《史记·夏本纪》："侯服外五百里绥服，三百里揆文教，二百里～～卫。"曹丕《述征赋》："命元司以简旅，予愿～～乎南邺。"

【奋迅】 fènxùn ❶鸟兽飞奔而有气势。《搜神记》卷三："马即能起，～～嘶鸣，饮食如常。"苏轼《次韵子由书李伯时所藏韩幹马》："龙膺豹股头八尺，～～不受人间羁。"引申为快、迅速。苏轼《凌虚台记》："人之至于其上者，怳然不知台之高，以为山之踊跃～～而出也。"❷形容人精神振奋，行动快。《三国志·魏书·公孙瓒传》注引《汉晋春秋》："又乌丸、涉貊，皆足下同州，仆与之殊俗，各～～激怒，争为锋锐。"王维《老将行》："汉兵～～如霹雳，虏骑崩腾畏蒺藜。"❸振起。《晋书·谢玄传》："冀日月渐瘳，缮甲俟会，思更～～。"

【奋衣】 fènyī ❶振衣去尘。《礼记·曲礼上》："～～由右上，取贰绥，跪乘。"❷拂袖，表示气愤。《世说新语·规箴》："陈元方遭父丧，哭泣哀恸，躯体骨立。其母愍之，窃以锦被蒙上。郭林宗吊而见之，谓曰：'……如何当丧，锦被蒙上，……吾不取也！'～～而去。"

拚 fèn 见biàn。

忿 fèn 怒，怨恨。《论语·颜渊》："一朝之～，忘其身，以及其亲，非惑与！"《国语·周语中》："今以小～弃之，是以小怨置大德也。"《论衡·累害》："欢则相亲，～则疏远。"

【忿恚】 fènhuì 忿恨。《三国志·魏书·三少帝纪》："吾数呵责，遂更～～，造作丑逆不道之言以诬谤吾，遂隔绝两宫。"《后汉书·孝仁董皇后纪》："后～～詈言曰：'汝今辀张，怙汝兄耶？'"

【忿戾】 fènlì 恼怒，不讲理。《论语·阳货》："古之矜也廉，今之矜也～～。"《三国志·魏书·三少帝纪》："而此儿～～，所行益甚，举弩遥射吾宫。"

【忿然】 fènrán 生气的样子。《战国策·秦策一》："寡人～～，含怒日久。"《史记·魏世家》："翟璜～～作色曰：'以耳目之所睹记，臣何负于魏成子！'"

【忿鸷】 fènzhì 凶狠。《三国志·魏书·王粲传》："孔璋实自粗疏，文蔚性颇～～。"

偾(僨) fèn ❶僵仆，倒下。《左传·昭公十三年》："牛虽瘠，～于豚上，其畏不死？"《吕氏春秋·召类》："贤主之举也，岂必旗～将毙而乃知胜败哉？"❷覆败，灭亡。《吕氏春秋·顺民》："孤与吴王接颈交臂而～，此孤之大愿也。"韩愈《衢州徐偃王庙碑》："诸国既皆入秦为臣属，秦无所取利，上下相贼害，卒～其国而沉其宗。"❸毁坏。傅玄《傅子·镜总叙附录》："蚁孔～河，溜沈瀐山。"❹动，亢奋。《左传·僖公十五年》："张脉～兴，外强中干，进退不可，周旋不能。"《庄子·在宥》："～骄而不可系者，其唯人心乎！"

【偾仆】 fènpū 倒下。比喻失败。贾谊《新书·春秋》："今倍其所主而弃其所仗，其～～也。不亦宜乎！"（倍：通"背"。）

【偾事】 fènshì 败事。《礼记·大学》："一人贪戾，一国作乱，其机如此，此谓一言～～，一人定国。"

粪(糞) 1. fèn ❶扫除，清除。《荀子·强国》："堂上不～，则郊草不瞻旷芸。"陆游《智者寺兴起记》："地茀不～。"（茀：草多。）❷粪便。《正字通·米部》："～者，屎之别名。"❸施肥，使之肥沃。《荀子·致士》："水深而回，树落则～本。"《汉书·西域传》："种五谷，蒲陶诸果，～治园田。"

2. fēn ❹通"分"。区别，等级。《孟子·万章下》："耕者之所获，一夫百亩。百亩之～，上农夫食九人；上次，食八人；中，食七人；中次，食六人；下，食五人。"

【粪除】 fènchú 扫除，弃除。《左传·昭公三十一年》："君惠顾先君之好，施及亡人，将使归～～宗祧以事君。"（祧：祖庙。）《后汉书·第五伦传》："载盐往来太原、上党，所过辄为～～而去。"也比喻自我修整。《国语·晋语六》："人之有冠，犹宫室之有墙屋也，～～而已，又何加焉？"（韦昭注："粪除犹自修洁。"）

愤（憤） fèn ❶郁结于心。《论语·述而》："不～不启。"《楚辞·九章·惜诵》："惜诵以致愍兮，发～而抒情。"《后汉书·王符传》："志意蕴～，乃隐居著书三十馀篇，以讥当时失得。"❷怨，忿恨。孔稚珪《北山移文》："风云凄而带～，石泉咽而下怆。"❸发。《淮南子·修务训》："～于中则应于外。"

【愤毒】 fèndú 愤恨。《三国志·魏书·袁绍传》注引《献帝春秋》："人有少智，大或痴，亦知复何如，为当且尔；卿不见灵帝乎？念此令人～～。"

【愤发】 fènfā ❶奋发，振奋精神。阮瑀《为曹公作书与孙权》："大丈夫雄心，能无～～。"❷激愤而发。《汉书·汲黯传》："黯时与[张]汤论议，汤辩常在文深小苛，黯～～，骂曰：'天下谓刀笔吏不可为公卿，果然。'"

【愤愤】 fènfèn 愤恨不平的样子。《后汉书·王符传》："羸弱疾病之家，怀忧～～，易为恐惧。"《宋书·谢灵运传》："自谓才能宜参政要，既不见知，常怀～～。"魏徵《唐故邢国公李密墓志铭》："怀渔阳之～～，耻从吴耿后列。"

【愤懑】 fènmèn 愤闷，愤恨不平。司马迁《报任少卿书》："是仆终已不得舒～～以晓左右，则是长逝者魂魄私恨无穷。"《汉书·终军传》："臣年少材下，孤于外官，不足以亢一方之任，窃不胜～～。"

【愤盈】 fènyíng ❶积满，充满。《国语·周语上》："阳瘅～～，土气震发。"（瘅：热气盛。）❷愤恨。《后汉书·张奂传论》："四海之内，莫不切齿～～，愿投兵于其族。"

【愤踊】 fènyǒng ❶激动而踊跃。《三国志·魏书·陈群传》："狄道城中将士见救者至，皆～～。"❷愤慨而欲动。《后汉书·度尚传》："众闻咸～～，尚敕令秣马蓐食，明旦，径赴贼屯。"

膹（膹） fèn ❶肉羹。《盐铁论·散不足》："臑羔豆赐，鷇～雁羹。"❷切成块的肉。贾谊《新书·匈奴》："以匈奴之饥，饭羹啗～炙。"❸通"愤"。愤闷。见"膹郁"。

【膹郁】 fènyù 即"愤郁"。愤闷郁积。《素问·至真要大论》："诸气～～，皆属于肺。"

瀵（瀵） fèn ❶水自地下喷涌而出。《尔雅·释水》："～，大出尾下。"（邢昺疏："尾犹底也。言源深大出于底下者名瀵。"）郭璞《江赋》："翘茎～蕊，濯颖散裹。"❷从地下涌出的水。《列子·汤问》："有水涌出，名曰神～。"❸水名。见"瀵水"。

【瀵水】 fènshuǐ 河流名。1）出于陕西省合阳县西北，流注于黄河。《水经注·河水四》："[郃阳]城北有～～。"2）在山西省临猗县西。《隋书·杨尚希传》："尚希在州令，甚有惠政，复引～～，立隄坊，开稻田数千顷。"

feng

丰[1] fēng ❶草木茂盛。《说文·生部》："～，艸盛丰丰也。"司马相如《长门赋》："罗～茸之游树兮，离楼梧而相撑。"❷容貌丰满。《诗经·郑风·丰》："子之～兮，俟我于巷兮。"

【丰采】 fēngcǎi 风度，神采。《聊斋志异·娇娜》："一少年出，～～甚都。"（都：美好。）

丰[2]（豐） fēng ❶豆器（古代器皿）所盛之物丰满。《说文·豆部》："～，豆之丰满者。"《左传·桓公六年》："絜粢～盛。"[引]满。《论衡·自纪》："故时进意不为～，时退志不为亏。"❷大。《老子·五十四章》："修之于邦，其德乃～。"《国语·楚语上》："彼若谋楚，其亦必有～败也哉！"（韦昭注："丰犹大也。"）[又]扩大，增大。《国语·周语中》："奉义顺则谓之礼，畜义～功谓之仁。"张协《七命》："南箕之风，不能畅其化；离毕之云，无以～其泽。"❸厚，丰厚。《国语·周语上》："树于有礼，艾人必～。"（韦昭注："丰，厚也。"）[又]使丰厚。《战国策·楚策一》："有崇其爵，～其禄，以忧社稷者。"❹丰满。《楚辞·大招》："～肉微骨，调以娱只。"韩愈《送李愿归盘谷序》："曲眉～颊，清声而便体。"❺多，富，丰富。《诗经·小雅·无羊》："众维鱼矣，实维～年。"《左传·桓公六年》："谓其三时不害而民和年～也。"《后汉书·刘盆子传》："母家素～，赀财数百万。"❻富饶。张衡《西京赋》："徒以地沃野～，百物殷阜。"❼茂盛，茂密。《诗经·小雅·湛露》："湛湛露斯，在彼～草。"[又]使茂盛。班固《东京赋》："～圃草以毓兽。"❽昌盛，兴盛。《吕氏春秋·当染》："从属弥众，弟子弥～，充满天下。"《论衡·累害》："处颠者危，势～者亏。"❾古代放酒器的托盘。《仪礼·公食大夫礼》："饮酒食于觯，加于～。"❿古地名。1）周文王旧都，在今陕西省长安县丰水西。《诗经·大雅·文王有声》："既伐于崇，作邑于～。"2）秦时沛县之丰邑。《史记·韩信卢绾列传》:"卢绾者,~人也,与高祖同里。"⓫六十四卦之一。卦形为离下震上。

【丰隆】 fēnglóng ❶传说中的云师。《尔雅·释天》:"云师谓之~~。"一说是雷师。《后汉书·张衡传》:"~~軯其震霆兮,列缺晔其照夜。"(軯:象声词。震霆:霹雳。列缺:闪电。)❷宏大,重大。《三国志·魏书·公孙瓒传》注引《典略》:"[袁]绍实微贱,不可以为人后,以义不宜,乃据~~之重任,忝污王爵,损辱袁宗。"

【丰穰】 fēngráng 庄稼丰收。《论衡·明雩》:"冀复灾变之亏,获~~之报。"

【丰杀】 fēngshài 增减。《论衡·命禄》:"禄有贫富,知不能~~;命有贵贱,才不能进退。"《晋书·礼志中》:"臣闻礼典轨度,~~随时。"

【丰庑】 fēngwú 丰足,富足。《史记·孝武本纪》:"今年~~,未有报,鼎曷为出哉?"

【丰下】 fēngxià 面颊肌肉丰满。《左传·文公元年》:"谷也~~,必有后于鲁国。"(谷:人名。)《后汉书·明帝纪》:"帝生而~~,十岁能通《春秋》,光武奇之。"

【丰衣】 fēngyī ❶宽大的衣服。《淮南子·氾论训》:"当此之时,~~博带而道儒墨者,以为不肖。"《后汉书·樊准传》:"或~~博带,从见宗庙。"❷衣服丰足。李翱《幽怀赋》:"躬不田而饱食兮,妻不织而~~。"

【丰雍】 fēngyōng 隆盛。《论衡·验符》:"天下并闻,吏民欢喜,咸知汉德~~,瑞应出也。"

【丰约】 fēngyuē 盛衰,多少。《国语·楚语下》:"夫事君者,不为外内行,不为~~举。"(韦昭注:"丰,盛也;约,衰也。")《三国志·吴书·陆瑁传》:"就瑁游处,瑁割少分甘,与同~~。"

【丰年玉】 fēngniányù 比喻太平盛世之人材。《世说新语·赏誉》:"世称庾文康为~~~,稚恭为荒年谷。"

风(風) 1. fēng ❶流动着的空气。《诗经·郑风·风雨》:"~雨潇潇,鸡鸣胶胶。"《韩非子·大体》:"云布~动。"❷吹风,受风。《论语·先进》:"浴乎沂,~乎舞雩。"《孟子·公孙丑上》:"有寒疾,不可以~。"❸流传于世的社会风尚、习俗、道德等。《孟子·公孙丑上》:"其故家遗俗,流~善政,犹有存者。"《后汉书·马援传》:"夫改政移~,必有其本。"❹指人的节操、品质、作风。《孟子·万章下》:"故闻伯夷之~者,顽夫廉,懦夫有立志。"范仲淹《严先生祠堂记》:"先生之~,山高水长。"❺风俗,民情。《左传·昭公二十一年》:"天子省~以作乐(yuè)。"(杜预注:"省风俗,作乐以移之。")❻声势,气势。《三国志·吴书·孙权传》:"是时曹公新得[刘]表众,形势甚盛,诸议者皆望~畏惧。"《晋书·刘毅传》:"好臧否人物,王公贵人望~惮之。"❼教化,影响。《史记·平准书》:"是时富豪皆争匿财,唯[卜]式尤欲输之助费。天子于是以式终长者,故尊显以~百姓。"《汉书·武帝纪》:"盖闻导民以礼,~之以乐(yuè)。"❽指地方歌曲。《左传·成公九年》:"乐操土~,不忘旧也。"❾《诗》六义之一,指《诗经》中三种诗歌类型中的国风。见"风雅"。❿放,走失。《左传·僖公四年》:"唯是~马牛不相及也。"《史记·鲁周公世家》:"马牛其~,臣妾逋逃。"⓫采,收集。《国语·晋语六》:"~听胪言于市,辨祆祥于谣,考百事于朝。"(胪:传。)⓬病名。《后汉书·华佗传》:"太祖苦头~,每发,心乱目眩。"⓭通"疯"。如"风病"。

2. fěng ⓮通"讽"。用委婉的言词暗示或劝告。《史记·吕太后本纪》:"太后~大臣,大臣请立郦侯吕台为吕王,太后许之。"《汉书·田蚡传》:"蚡乃微言太后~上,于是乃以婴为丞相,蚡为太尉。"

【风采】 fēngcǎi ❶风度文采。《汉书·霍光传》:"初辅幼主,政自己出,天下想闻其~~。"《三国志·吴书·诸葛瑾传》:"与[孙]权谈说谏喻,未尝切愕,微见~~。"❷表情。《汉书·王莽传上》:"莽色厉而言方,欲有所为,微见~~,党与承其指意而显奏之。"❸风俗。左思《魏都赋》:"壹八方而混同,极~~之异观。"

【风尘】 fēngchén ❶风吹尘起。陆机《为顾彦先赠妇》诗之一:"京洛多~~,素衣化为缁。"❷比喻世俗纷扰、污浊。刘峻《辨命论》:"[刘]琎则志烈秋霜,心贞昆玉,亭亭高竦,不杂~~。"❸比喻战乱。杜甫《蕃剑》诗:"~~苦未息,持汝奉明王。"❹指谗言、流言蜚语。《魏书·王慧龙传》:"[刘]义隆畏将军如虎,欲相中害,朕自知之,~~之言,想不足介意也。"《晋书·桓温传》:"获抚军大将军、会稽王昱书,说~~纷纭,妄生疑惑,辞旨危急,忧及社稷。"❺比喻仕途。《晋书·虞喜传》:"处静味道无~~之志,高枕柴门,怡然自足。"❻指娼妓。《聊斋志异·鸦头》:"妾委~~,实非所愿。"

【风范】 fēngfàn ❶风度,规范。《魏书·李孝伯传赞》:"燕赵信多奇士。李孝伯~~鉴略,盖亦过人远甚。"《南齐书·庾杲之传》:"杲之~~和润,善音吐。"❷风俗习惯。楼钥《北行日录三则》："此间只是旧时～～，但改变衣装耳。"

【风观】 fēngguān 风度仪表。《三国志·蜀书·杨戏传》："张表有威仪～～，始名位与戏齐，后至尚书。"

【风化】 fēnghuà ❶风尚教化。《三国志·吴书·顾雍传》："举善以教，～～大行。"《晋书·王导传》："夫～～之本在于正人伦。"❷教育，影响。《汉书·礼乐志》："设庠序，陈礼乐，隆雅颂之声，盛揖攘之容，以～～天下。"

【风角】 fēngjiǎo ❶用观察风向判断吉凶的占卜术。《后汉书·吕强传》："又小黄门甘陵吴伉，善为～～，博达有奉公称。"❷角笛。贾岛《行次汉上》诗："汉主庙前湘水碧，一声～～夕阳低。"

【风景】 fēngjǐng ❶风光，景色。《晋书·王导传》："～～不殊，举目有江河之异。"杜牧《瑶瑟》诗："～～人间不如此，动摇湘水彻明寒。"❷风采，风度。《晋书·刘毅传》："正身率道，崇公忘私，行高义明，……故能令义士宗其～～，州闾归其清流。"

【风烈】 fēngliè ❶烈风，大风。《论语·乡党》："迅雷～～必变。"❷遗风，功业。《三国志·魏书·苏则传评》："苏则威以平乱，既政事之良，又矫矫刚直，～～足称。"欧阳修《唐田布碑》："布之～～，非得左丘明、司马迁笔，不能书也。"

【风流】 fēngliú ❶教化流行。《汉书·叙传下》："厥后崩坏，郑卫荒淫，～～民化，湎湎纷纷。"《晋书·王导传》："～～百代，于是乎在。"❷风俗教化。《汉书·刑法志》："～～笃厚，禁罔疏阔。"《后汉书·王龚传》："士女沾教化，黔首仰～～。"❸遗风。《新唐书·杜甫传赞》："唐兴，诗人承陈隋～～，浮靡相矜。"❹风度。《三国志·蜀书·刘琰传》："有～～，善谈论。"❺气质，气派。《晋书·王献之传》："虽闲居终日，容止不怠，～～为一时之冠。"❻英俊，有才华。《晋书·王珣传》："珣神情朗悟，经史明彻，～～之美，公私所寄。"庾信《枯树赋》："殷仲文～～儒雅，海内知名。"

【风靡】 fēngmǐ 闻风而从。《后汉书·冯异传》："方今英俊云集，百姓～～，虽邠岐慕周，不足以喻。"《晋书·王导传》："二人皆应命而至，由是吴会～～，百姓归心焉。"

【风气】 fēngqì ❶风。《淮南子·氾论训》："夫户牖者，～～之所从往来，而～～者，阴阳相捔者也。"❷风土，气候。《汉书·地理志下》："凡民函五常之性，而其刚柔缓急，音声不同，系水土之～～。"❸习俗，风尚。《魏书·李琰之传》："而每与人言，吾家世将种，自云犹有关西～～。"❹气质，风度。《世说新语·赏誉》："王平子与人书，称其儿'～～日上，足散人怀'。"《魏书·邢峦传》："子逊，字子言。貌虽陋短，颇有～～。"❺病名。高適《途中酬李少府》诗："日来知自强，～～殊未痊。"

【风骚】 fēngsāo ❶指《诗经》和《离骚》。《宋书·谢灵运传》："源其飙流所始，莫不同祖～～。"❷泛指诗文。高適《同崔员外綦毋拾遗九日宴京兆府李士曹》诗："晚晴催翰墨，秋兴引～～。"❸俊俏，俏丽。《红楼梦》三回："身量苗条，体格～～。"

【风声】 fēngshēng ❶好的风气，风尚。《尚书·毕命》："彰善瘅恶，树之～～。"(瘅：憎恨。)❷名声。《后汉书·隗嚣传》："光武素闻其～～。"《三国志·吴书·顾雍传》："或言议而去，或结厚而别，～～流闻，远近称之。"❸传闻。《三国志·蜀书·许靖传》注引《魏略》："而相去数千里，加有邅蹇之隔，时闻消息于～～，托旧情于思想。"

【风威】 fēngwēi ❶风教，教化。《后汉书·杨琁传》："安顺以后，～～稍薄。"又《王涣传》："在温三年，迁兖州刺史，绳正部郡，～～大行。"❷风的威力。杜甫《夜》诗："绝岸～～动，寒房烛影微。"

【风物】 fēngwù 风光景物。刘知幾《史通·言语》："而于其间，则有妄益文采，虚加～～，援引《诗》、《书》，宪章《史》、《汉》。"杜甫《和裴迪登新津寺寄王侍郎》："～～悲游子，登临忆侍郎。"

【风雅】 fēngyǎ ❶指《诗经》中的国风和小雅、大雅。曹植《求通亲亲表》："如此则古人之所叹，～～之所咏，复存于圣世矣。"《文心雕龙·情采》："盖～～之兴，志思蓄愤，而吟咏情性，以讽其上。"❷泛指诗文。杜甫《赠比部萧郎中十兄》诗："词华倾后辈，～～霭孤骞。"❸指风流儒雅。李白《赠常侍御》诗："大贤有卷舒，季叶轻～～。"

【风猷】 fēngyóu ❶指风教。《晋书·傅祗传》："傅祗名父之子，早树～～，崎岖危乱之朝，匡救君臣之际，卒能保全禄位，可谓有道存焉。"❷品格，道德。王勃《益州绵竹县武都山净慧寺碑》："仁徽可被，合境仰其～～；威德所加，百城叠其霜彩。"

【风指】 fēngzhǐ 即风旨，神色意旨。《汉书·何武传》："时大司空甄丰承[王]莽～～，遣使者乘传案治党与。"

【风谏】 fěngjiàn 用婉转的言词规劝，同"讽谏"。《汉书·司马相如传上》："其卒章归之于节俭，因以～～。"

【风谕】 fěngyù 规劝，告知。《史记·刘敬叔孙通列传》："因使辩士～～以礼节。"《汉书·赵广汉传》："其或负者，辄先闻知，～～不改，乃收捕之。"

【风起云蒸】 fēngqǐyúnzhēng 风刮起来云就如潮一样地升起。比喻相继而起，发展迅速。《史记·太史公自序》："秦失其政，而陈涉发迹，诸侯作难，～～～～，卒亡秦族。"今作"风起云涌"。

【风声鹤唳】 fēngshēnghèlì 形容极其惊慌疑惧。《晋书·谢玄传》："[苻]坚众奔溃，自相蹈藉投水死者不胜计，肥水为之不流。馀众弃甲宵遁，闻～～～～，皆以为王师已至。"（唳：鹤叫。）

夆 1. fēng ❶通"丰[2]"。大。《马王堆汉墓帛书·老子乙本·德经》："修之乡，其德乃长。修之国，其德乃～。"❷通"锋"。段玉裁《说文解字注·夂部》："～，古亦借为鏠（锋）、峯字。"

2. féng ❸牾，逆。《说文·夂部》："～，牾也。"

3. páng ❹姓。

枫(楓) fēng 树名。叶子秋天变红。张衡《西京赋》："梓棫楩～。"杜牧《山行》诗："停车坐爱～林晚，霜叶红于二月花。"

封 1. fēng ❶聚土植树为界。《周礼·地官·大司徒》："制其畿疆而沟～之。"（郑玄注："封，起土界也。"）《管子·大匡》："桓公筑缘陵以～之。"㊀田界。《管子·乘马》："三岁修～，五岁修界。"《吕氏春秋·乐成》："子产始治郑，使田有～洫，都鄙有服。"❷疆界，边界。《左传·僖公三十年》："又欲肆其西～。"欧阳修《书梅圣俞稿后》："然县越其～，郡逾其境。"❸帝王以土地、爵位、名号赐人。《孟子·告子下》："周公之～于鲁，为方百里也。"《汉书·高帝纪上》："以沛公为砀郡长，～武安侯，将砀郡兵。"《后汉书·光武帝纪上》："～功臣皆为列侯。"❹建立。《汉书·诸侯王表》："昔周监于二代，三圣制法，立爵五等，～国八百。"❺聚土为坟。《吕氏春秋·慎大》："～比干之墓。"《后汉书·王符传》："葬之中野，不～不树。"㊂埋葬，填埋墓穴。《史记·秦本纪》："～殽中尸，为发丧，哭之三日。"（杜预注："封，埋葬也。"）❻形状像坟的堆积物，土堆。《管子·形势解》："所谓平原者，下泽也。虽有小～，不得为高。"《列子·杨朱》："[公孙]朝之室也，聚酒千钟，积麴成～。"㊂隆起的物体。见"封牛"。❼古代帝王筑坛祭天的一种盛典。《史记·太史公自序》："今天子接千岁之统，～泰山，而余不得从行。"《论衡·书虚》："百王太平，升～太山。"❽帝王封禅时所建的祭坛和刻石。《风俗通义·正失》："～者，立石高一丈二赤，刻之曰：'事天以礼，立身以义。'"又："孝武皇帝～，广丈二尺，高九尺，其下有玉牒书、秘书。"❾密封，加盖印章封藏。《史记·魏其武安侯列传》："诏书独藏魏其家，家丞～。"《汉书·高帝纪上》："～皇帝玺符节，降枳道旁。"❿查封。《史记·秦始皇本纪》："沛公遂入咸阳，～宫室府库，还军灞上。"⓫大。见"封狐"。⓬丰厚。《国语·晋语一》："今君起百姓以自～也。"（韦昭注："封，厚也。"）

2. biǎn ⓭通"窆"。棺木下葬。《礼记·王制》："庶人县～，葬不为雨止。"（郑玄注："县封当为县窆，县窆者，至卑不得引绋下棺。"）

【封拜】 fēngbài 封爵授官。《论衡·初禀》："及其将王，天复命之，犹公卿以下，诏书～～，乃敢即位。"《后汉书·邓禹传》："光武见之甚欢，谓曰：'我得专～～，生远来，宁欲仕乎？'"（生：指邓禹。）

【封狐】 fēnghú 大狐狸。《楚辞·离骚》："羿淫游以佚畋兮，又好射夫～～。"又《招魂》："蝮蛇蓁蓁，～～千里些。"

【封畿】 fēngjī 指京都及其四周的土地。《史记·孝文本纪》："夫四荒之外，不安其生；～～之内，勤劳不处。"《汉书·地理志下》："初雒邑与宗周通～～，东西长而南北短。"

【封建】 fēngjiàn 帝王分封土地给诸侯，使其建立邦国。《吕氏春秋·慎势》："王者之～～也，弥近弥大，弥远弥小，海上有十里之诸侯。"《三国志·魏书·明帝纪》："古之帝王，～～诸侯，所以藩屏王室也。"

【封君】 fēngjūn ❶有封邑的贵族。《史记·平准书》："自天子以至于～～汤沐邑，皆各为私奉养焉，不领于天下之经费。"《汉书·食货志下》："～～皆氐首仰给焉。"（氐首：俯首。）❷妇女以恩泽而受封者。《通典·职官·内官》："至秦汉，妇人始有～～之号。"❸因子孙显贵父祖受封者称"封君"或"封翁"。

【封内】 fēngnèi ❶受封的领地之内。《荀子·强国》："土地之大，～～千里。"《管子·幼官》："九会诸侯，令曰：'以尔～～之财物，国之所有为币。'"❷王畿之内，即距王城四面五百里之内。《荀子·正论》："～～甸服，封外侯服。"

【封牛】 fēngniú 也作"犎牛"。一种脊背隆起的大牛。《后汉书·顺帝纪》："疏勒国献师子、～～。"（李贤注："封牛，其领上肉隆起若封然，因以名之，即今之峯牛。”）

【封人】 fēngrén 官名，管理疆界的官。《论语·八佾》：“仪～～请见。”（仪：地名。）《吕氏春秋·开春》：“～～子高可谓善说矣。”

【封禅】 fēngshàn 古代帝王祭祀天地的典礼。在泰山上筑坛祭天叫封，在泰山南梁父山上辟场祭地叫禅。《史记·封禅书》：“自古受命帝王，曷尝不～～？”《汉书·郊祀志上》：“[秦]穆公立九年，齐桓公既霸，会诸侯于蔡丘，而欲～～。”（颜师古注：“封禅者，封土于山而禅祭于地也。”）又《沟洫志》：“上既～～，巡祭山川。”

【封豕】 fēngshǐ ❶大猪，比喻暴虐之人。《国语·周语中》：“狄，～～豺狼也。”又用作动词，暴虐。《后汉书·左雄传》：“县设令长，郡置守尉，什伍相司，～～其民。”❷星宿名，奎宿的别名。《史记·天官书》：“奎曰～～，为沟渎。”

【封事】 fēngshì 古代臣下奏事，用袋封缄以防泄漏，称封事。《汉书·杜周传》：“京兆尹王章上～～求见，果言凤专权蔽主之过。”《后汉书·明帝纪》：“于是在位者皆上～～，各言得失。”

【封树】 fēngshù 古代士以上的葬礼，聚土为坟叫封，植树为志叫树。《后汉书·马援传》：“援夫人卒，乃更修～～，起祠堂。”《三国志·魏书·文帝纪》：“寿陵因山为体，无为～～，无立寝殿，造园邑，通神道。”

【封外】 fēngwài 指京城四周五百里以外。《荀子·正论》：“封内甸服，～～侯服。”

【封章】 fēngzhāng 密封的奏章。苏轼《上神宗皇帝书》：“臣近者不度愚贱，辄上～～，言买灯事。”

【封殖】 fēngzhí 培植，栽培。给花木根部培土叫封。也作“封植”。《左传·昭公二年》：“宿敢不～～此树，以无忘《角弓》。”（宿：人名。）《国语·吴语》：“今天王既～～越国，以明闻天下。”（韦昭注：“壅本曰封。植，立也。”）

【封传】 fēngzhuàn 古代官府所发的出入国境或投宿驿站的凭证。《史记·孟尝君列传》：“孟尝君得出，即驰去，更～～，变名姓以出关。”

峰（峯）

fēng ❶山顶，高而尖的山头。吴均《与朱元思书》：“争高直指，千百成～。”杜甫《泛溪》诗：“练练～上雪，纤纤云表霓。”❷成峰形的。杜甫《丽人行》：“紫驼之～出翠釜，水精之盘行素鳞。”❸比喻学问技艺达到很高的境地。《世说新语·文学》：“简文云：‘不知便可登～造极不？然陶练之功，尚不可诬。’”

【峰嶂】 fēngzhàng 高峻的山峰如同屏障。陆游《智者寺兴造记》：“盖寺在金华山之麓，～～屹立，林岫间出。”

烽（熢、湰）

fēng ❶古代边境用以报警的烟火。《史记·魏公子列传》：“公子与魏王博，而北境传举～，言‘赵寇至，且入界’。”庾信《移齐河阳执事文》：“自疆埸卧鼓，边鄙收～，义让之行，未能期月。”❷举火。《汉书·五行志上》：“后[许]章坐走马上林下～驰逐，免官。”（颜师古注：“夜于上林苑下举火驰射也。”）

【烽火】 fēnghuǒ ❶古代边境报警的信号。《史记·廉颇蔺相如列传》：“日击数牛飨士，习射骑，谨～～，多间谍，厚遇战士。”范仲淹《东染院使种君墓志铭》：“君戒诸族各置～～，夏戎时来抄掠，则举烽相告。”❷指战乱。杜甫《春望》诗：“～～连三月，家书抵万金。”

【烽燧】 fēngsuì 同“烽火①”。白天放烟报警叫烽，夜间举火报警叫燧。《史记·周本纪》：“幽王为～～大鼓，有寇至则举烽火。”《汉书·韩安国传》：“匈奴不敢饮马于河，置～～然后敢牧马。”

【烽子】 fēngzǐ 守卫烽火台的士卒。戎昱《塞上曲》：“山头～～声声叫，知是将军夜猎还。”

犇（麷）

fēng ❶炒麦。《周礼·天官·笾人》：“朝事之笾，其实～、蕡、白、黑、形盐、膴、鲍鱼、鱐。”❷蒲草。《荀子·富国》：“午其军，取其将，若拨～。”（午：触。）

葑

1. fēng ❶蔬菜名，俗名蔓菁。《诗经·邶风·谷风》：“采～采菲，无以下体。”

2. fèng ❷菰（茭白）根。《晋书·毛璩传》：“海陵县界地名青蒲，四面湖泽，皆是菰～，逃亡所聚，威令不能及。”

锋（鋒）

fēng ❶刀剑等兵器的尖端。《论衡·命义》：“蹈死亡之地，当剑戟之～。”《汉书·萧望之传》：“底厉～锷，奉万分之一。”㉧泛指器物的尖端。李商隐《题僧壁》诗：“大去便应欺粟颗，小来兼可隐针～。”❷指兵器。《后汉书·南匈奴传》：“良骑野合，交～接矢。”❸指先头部队，军队的前锋。《后汉书·马武传》：“武常为军～，力战无前。”又《南蛮西南夷传》：“天性劲勇，初为汉前～。”❹势，锐气。《史记·淮阴侯列传》：“其～不可当。”庾信《送灵法师葬》诗：“玉匣摧谈柄，悬河落辩～。”❺古代一种农具。《论衡·幸偶》：“等之金也，或为剑戟，或为～铦。”

【锋出】 fēngchū 同时并出。《汉书·艺文志》："是以九家之说，～～并作。"《论衡·答佞》："知深有术，权变～～，故身尊崇荣显，为世雄杰。"

【锋镝】 fēngdí ❶锋为兵刃，镝为箭头。泛指兵器。《史记·陈涉世家》："收天下之兵聚于咸阳，销～～，铸以为金人十二。"❷比喻战乱。杜甫《白水崔少府十九翁高斋三十韵》："兵气涨山峦，川光杂～～。"

【锋芒毛发】 fēngmángmáofà 比喻极细小极细微。《论衡·超奇》："上自黄帝，下至汉朝，～～～～之事，莫不记载。"

犎 fēng 见"犎牛"。

【犎牛】 fēngniú 见"封牛"。

蜂（蠭、逢、𧒂） fēng 昆虫名，会飞，多有毒刺，能蜇人，种类很多。《国语·晋语九》："蚋、蚁、～、虿，皆能害人。"㊀比喻众多。《汉书·景十三王传》："今臣雍阏不得闻，谗言之徒～生。"

【蜂虿】 fēngchài 蜂与蝎。泛指毒虫。比喻锐利。《荀子·议兵》："宛钜铁釶，惨如～～。"（宛：地名。釶：矛。）《史记·礼书》："宛之钜铁施，钻如～～。"

【蜂目】 fēngmù 眼珠突出，如蜂之眼。《史记·楚世家》："且商臣～～而豺声，忍人也，不可立也。"

【蜂起】 fēngqǐ 群蜂纷纷而起。形容成群地起来。《后汉书·冯衍传》："庐落丘墟，田畴芜秽，疾疫大兴，灾异～～。"苏轼《表忠观碑》："天下大乱，豪杰～～。"

【蜂午】 fēngwǔ 纵横交错如蜂阵，比喻众多纷杂。《史记·项羽本纪》："今君起江东，楚～～之将，皆争附君者，以君世世楚将，为能复立楚之后也。"

【蜂准】 fēngzhǔn 高鼻子。《史记·秦始皇本纪》："秦王为人，～～，长目，挚鸟膺，豺声，少恩而虎狼心。"

酆 fēng ❶古地名。在今陕西户县东。《汉书·郊祀志下》："文、武兴于～、鄗。"❷古国名。在今陕西省户县东。《左传·僖公二十四年》："毕、原、～、郇，文之昭也。"❸丰富，丰盛。《论衡·明雩》："德～政得，灾犹至者，无妄也。"

冯 féng 见 píng。

沨（渢） 1. féng ❶见"沨沨"。 2. fán ❷见"沨沨"。

【沨沨】 féngféng 象声词。❶形容声音宏大。石介《庆历圣德》诗："大声～～，震摇六合，如乾之动，如雷之发。"❷水声。《玉篇·水部》："沨，水声。"《徐霞客游记·游九鲤湖日记》："俯挹平湖，神情俱朗，静中～～，时触雷漈声。"

【沨沨】 fánfán 象声词。形容婉转悠扬的乐歌。《汉书·地理志下》："吴札闻魏之歌，曰：'美哉！～～乎！以德辅成，则明主也。'"

逢 1. féng ❶遇到，碰到。《楚辞·离骚》："夏桀之常违兮，乃遂焉而～殃。"《汉书·高帝纪上》："汉王道～孝惠、鲁元，载行。"《后汉书·刘盆子传》："～大雪，坑谷皆满，士多冻死。"❷迎。《国语·周语上》："道而得神，是谓～福；淫而得神，是谓贪祸。"（韦昭注："逢，迎也。"）❸迎合。《孟子·告子下》："长君之恶其罪小，～君之恶其罪大。"❹大，宽大。《荀子·非十二子》："士君子之容，其冠进，其衣～，其容良。"（杨倞注："逢，大也。"）

2. fēng ❺通"烽"。烽火。《汉书·司马相如传下》："大汉之德，～涌原泉。"（颜师古注："逢读曰烽，言如烽火之升。"）

3. péng ❻见"逢逢"。

4. páng ❼姓。

【逢衣】 féngyī 宽大的衣服。古代儒者的衣服。《荀子·儒效》："～～浅带，解果其冠。"（解果：中间高两边低。）

【逢迎】 féngyíng ❶迎接。《战国策·燕策三》："太子跪而～～，却行为道，跪而拂席。"王勃《滕王阁序》："千里～～，高朋满座。"❷冲击。《史记·项羽本纪》："於是大风从西北而起，折木发屋，扬沙石，窈冥昼晦，～～楚军。"❸迎合。王夫之《宋论·仁宗》："不能～～揣摩，以利其诡遇。"

【逢逢】 péngpéng ❶象声词，鼓声。《诗经·大雅·灵台》："鼍鼓～～，矇瞍奏公。"李贺《上之回》诗："蚩尤死，鼓～～。"❷云气盛的样子。《墨子·耕柱》："～～白云，一南一北，一西一东。"

漨 féng 水名。见"漨水"。

【漨水】 féngshuǐ 河名。《山海经·北山经》："单狐之山，多机木，其上多华草，～～出焉。"

摓 1. féng ❶同"缝"。用针线连缀。《集韵·钟韵》："缝，《说文》：'以针紩衣也。'亦作～。"❷通"逢"。大。《庄子·盗跖》："～衣浅带，矫言伪行。"

2. pěng ❸捧，两手托物。《史记·龟策列传》："夫～策定数，灼龟观兆，变化无穷。"

缝（縫） 1. féng ❶用针线连缀。《后汉书·彭宠传》："使妻～而缣囊。"又《华佗传》："既而～合，傅以神膏。"❷补合。《广雅·释诂二》："～，合也。"

2. fèng ❸缝合的地方。《礼记·檀弓上》："古者冠缩～，今也横～。"（缩：直。）❹缝隙。郑巢《题室》诗："桂阴生野菌，石～结寒澌。"

【缝掖】 féngyè 即"缝腋"。衣袖宽大，古代儒者之服。也作"逢掖"。《盐铁论·散不足》："大夫士，狐貉～～。"又作为儒者的代称。《后汉书·王符传》："徒见二千石，不如一～～。"

讽（諷） fěng ❶背诵，朗读。《汉书·艺文志》："太史试学童，能～书九千字以上，乃得为史。"《论衡·书虚》："故信而是之，～而读之。"❷以委婉的言词暗示、劝告。《后汉书·南匈奴传》："［杜］崇～西河太守令断单于章，无由自闻。"苏轼《上皇帝书》："及卢杞为相，～上以刑名整齐天下。"㈢讥讽，讥刺。苏轼《送李公恕》诗："酒酣箕坐语惊众，杂以嘲～穷诗骚。"刘基《卖柑者言》："岂有愤世嫉邪者邪？而托于柑以～耶？"

【讽谏】 fěngjiàn 用委婉的言词进谏。《史记·滑稽列传》："［优孟］常以谈笑～～。"《汉书·陈遵传》："先是黄门郎扬雄作《酒箴》以～～成帝。"

【讽诵】 fěngsòng 背诵朗读。《汉书·陈遵传》："足下～～经书，苦身自约，不敢差跌。"《后汉书·张霸传》："恒～～经籍，作《尚书注》。"

【讽咏】 fěngyǒng 歌唱朗诵。《论衡·累害》："后《鸱鸮》作而《黍离》兴，～～之者，乃悲伤之。"刘知幾《史通·言语》："寻夫战国已前，其言皆可～～，非但笔削所致，良由体质素美。"

【讽谕】 fěngyù 也作"讽喻"。用委婉的言词劝说，使其领悟知晓。班固《两都赋序》："或以抒下情而通～～，或以宣上德而尽忠孝。"应劭《风俗通·过誉》："造次颠沛，不及～～。"

泛 fěng 见 fàn。

覂 1. fěng ❶翻覆。《说文·襾部》："～，反覆也。"❷乏，匮乏。《新唐书·敬晦传》："官用告～，晦处身俭勤，赀力遂充。"

2. bǎn ❸舍弃。《广雅·释诂一》："～，弃也。"

【覂驾】 fěngjià 覆车，翻车。喻不受驾驭控制。孔颖达《礼记正义序》："襄陵之浸，修隄防以制之；～～之马，设衔策以驱之。"

唪 fěng 见 běng。

凤（鳳） fèng ❶古代传说中的神鸟。宋玉《对楚王问》："是其曲弥高，其和弥寡，故鸟有～而鱼有鲲。"《论衡·问孔》："～鸟河图，明王之瑞也。"❷比喻有圣德的人。《论语·微子》："～兮～兮，何德之衰。"（何晏注引孔安国曰："比孔子于凤鸟。"邢昺疏："知孔子有圣德，故比孔子于凤。"）❸比喻帝王。见"凤诏"。❹喻婚姻关系中的男方。文天祥《六歌》之一："乱离中道逢虎狼，～飞翩翩失其凰。"❺姓。

【凤城】 fèngchéng 帝都，京城。又称丹凤城。李商隐《为有》诗："为有云屏无限娇，～～寒尽怕春宵。"杜甫《夜》诗："步蟾倚仗看牛斗，银汉遥应接～～。"（赵次公注："秦穆公女吹箫，凤降其城，因号丹凤城，其后，言京城曰凤城。"）

【凤吹】 fèngchuī 指笙箫等细乐。孔稚珪《北山移文》："闻～～于洛浦，值薪歌于延濑。"李白《宫中行乐词》之八："莺歌闻太液，～～绕瀛洲。"（吕延济注："凤吹，笙也，笙体凤故也。"）

【凤凰】 fènghuáng 也作"凤皇"。❶传说中的鸟名。雄为凤，雌为凰。《管子·封禅》："今～～麒麟不来，嘉谷不生。"《后汉书·杨终传》："帝东巡狩，～～黄龙并集。"❷宫殿名。汉代有凤凰宫。张衡《西京赋》："兰林披香，～～鸳鸾。"（李善注："汉宫阙名有凤凰殿。"）❸装饰有凤凰的车子，天子所乘之车。扬雄《甘泉赋》："于是乘舆乃登夫～～兮，而翳华芝。"

【凤穴】 fèngxué 比喻人才荟萃之处。庾信《谢滕王集序启》："殿下雄才盖代，……～～歌声，鸾林舞曲。"杜甫《奉赠鲜于京兆二十韵》："～～雏皆好，龙门客又新。"

【凤诏】 fèngzhào 皇帝颁发的文告。李商隐《梦令狐学士》诗："右银台路雪三尺，～～裁成当直归。"

【凤姿】 fèngzī 比喻高雅的姿态。《晋书·嵇康传》："土木形骸，不自藻饰，人以为龙章～～，天质自然。"

【凤凰池】 fènghuángchí 宫苑中的池沼，后为中书省的别称。魏晋时，中书省设在宫中，又接近皇帝，权力在尚书之上，故称。《晋书·荀勖传》："勖久在中书，专管机事。及失之，甚罔罔怅恨。或有贺之者，勖曰：'夺我～～～，诸君贺我邪？'"又简称"凤池"。谢朓《直中书省》诗："兹言翔～～，鸣珮多清响。"

奉 fèng ❶承受，接受。《左传·成公十六年》："子叔婴齐～君命无私。"《后汉书·

王梁传》："帝以其不～诏勅，令止在所县，而梁复以便宜进军。"❷恭敬地捧着。《左传·成公二年》："再拜稽首，～觞加璧以进。"《史记·高祖本纪》："高祖～玉卮，起为太上皇寿。"《仪礼·士昏礼》："宾右取脯，左～之，乃归执以反命。"❸进献，献上。《左传·桓公六年》："～牲以告。"《后汉书·岑彭传》："所过，百姓皆～牛酒迎劳。"㊂指进献的物品。《后汉书·张纯传》："常分损租～，赡恤宗亲。"❹送，给与。《左传·僖公三十三年》："秦违蹇叔，而以贪勤民，天～我也。"（杜预注："奉，与也。"）《吕氏春秋·怀宠》："不焚室屋，不取六畜，得民虏～而题归字。"❺拥戴，拥立。《左传·隐公元年》："是以隐公立而～之。"《管子·牧民》："审于时而察于用，而能备官者，可～以为君也。"❻信奉，遵循。《韩非子·有度》："～法者强，则国强。"《后汉书·赵熹传》："吏～法，律不可枉也。"❼祭祀，供奉。《左传·昭公三十二年》："社稷无常～，君臣无常位，自古以然。"（以：通"已"。）《汉书·高帝纪下》："故粤王亡诸世～粤祀，秦侵夺其地，使其社稷不得血食。"《后汉书·顺帝纪》："陛下正统，当～宗庙。"❽供给，养活。《老子·七十七章》："天之道损有馀而补不足，人之道则不然，损不足以～有馀。"《潜夫论·浮侈》："是则一夫耕，百人食之；一妇桑，百人衣之。以一～百，孰能供之？"❾给养，费用。《孙子·用间》："凡兴师十万，出征千里，百姓之费，公家之～，日费千金。"《三国志·魏书·武帝纪》："［袁绍］土地虽广，粮食虽丰，适足以为吾～也。"❿事奉，待遇。《孟子·告子上》："乡为身死而不受，今为妻妾之～而为之。"《史记·孔子世家》："异日，景公止孔子曰：'～子以季氏，吾不能。'"⓫敬词。孔尚任《桃花扇·修札》："老汉无事，便好～陪。"⓬通"俸"。俸禄。《战国策·赵策四》："人主之子也，骨肉之亲也，犹不能恃无功之尊，无劳之～，而守金玉之重也，而况人臣乎？"《后汉书·桓帝纪》："减公卿以下～，贷王侯半租。"⓭姓。

【奉承】 fèngchéng ❶接受，承受。《战国策·燕策二》："臣不佞，不能～～先王之教，以顺左右之心。"《后汉书·明帝纪》："予末小子，～～圣业，夙夜震畏，不敢荒宁。"❷侍奉。《后汉书·鲍宣妻传》："既～～君子，唯命是从。"

【奉祠】 fèngcí ❶祭祀。《后汉书·隗嚣传》："宜急立高庙，称臣～～，所谓'神道设教'，求助人神者也。"❷宋代五品以上的官员，不能任职或因年老退休后，任以宫观使、提举宫观、提点宫观等职，不到职，可领俸禄，称为奉祠。陆游《上书乞祠》诗："上书又乞～～归，梦到湖边自叩扉。"

【奉公】 fènggōng 承受公命。《左传·定公十三年》："荀跞、韩不信、魏曼多～～以伐范氏、中行氏，弗克。"《汉书·张汤传》："［赵］禹志在～～孤立，而汤舞知以御人。"（知：即"智"。）

【奉养】 fèngyǎng ❶俸禄。《列子·杨朱》："～～之馀，先散之宗族；宗族之馀，次散之邑里。"《汉书·文帝纪》："何以致此？将百官之～～或费，无用之事或多与？何其民食之寡乏也！"❷侍奉，供养。《汉书·宣帝纪》："～～甚谨，以私钱供给教书。"

【奉邑】 fèngyì 封邑，诸侯所分封的领地。《史记·吴太伯世家》："吴予庆封朱方之县，以为～～。"《汉书·沟洫志》："是时武安侯田蚡为丞相，其～～食鄃。"

【奉诏】 fèngzhào 接受天子的诏书。《史记·吕太后本纪》："王且亦病，不能～～。"又："群臣顿首～～。"

【奉朝请】 fèngcháoqǐng 古代春季朝见天子为朝，秋季朝见为请。汉代退休大臣、将军以及皇室外戚等人，多以奉朝请的名义得以参见朝会。晋代以皇帝的侍从、驸马都尉为奉朝请。六朝时为安置闲置人员，多至六百多人。《后汉书·臧宫传》："十五年，征还京师，以列侯～～～，定封朗陵侯。"

【奉辞伐罪】 fèngcífázuì 持正义之辞以讨伐有罪之人。《汉书·地理志下》："君以成周之众，～～～～，亡不克矣。"（亡：无。）《三国志·魏书·刘放传》："惟曹公能拔拯危乱，翼戴天子，～～～～，所向必克。"

俸 fèng ❶俸禄，古代官吏所得的薪金。《战国策·中山策》："今寡人息民以养士，蓄积粮食，三军之～有倍于前。"❷姓。

【俸秩】 fèngzhì 俸金。《晋书·山涛传》："禄赐～～，散之亲故。"

赗（賵） fèng ❶送给丧者助葬的车马束帛等物。《荀子·大略》："货物曰赙，舆马曰～。"《后汉书·刘般传》："般妻卒，厚加～赠。"❷古代以车马等物助丧家送葬。《金史·宗宪传》："及葬，复亲临之，～以所御马。"

【赗赙】 fèngfù 送给丧者用以办丧事的财物车马等。也作"赙赗"。《后汉书·马廖传》："和帝以廖先帝之舅，厚加～～。"

fo

佛 1. fó ❶"佛陀（梵文 buddha）"的简称。指佛教创始人释迦牟尼。《后汉书·西域传》："西方有神，名曰～。"《魏书·释老志》："所谓～者，本号释迦文者。"❷佛教徒称修行圆满的人。苏轼《赠杜介》诗："何人识此志，～眼自照瞭。"❸指佛教。《魏书·释老志》："司徒崔浩，博学多闻，……尤不信～，与帝言，数加非毁，常谓虚诞，为世费害。"❹指佛像。《洛阳伽蓝记》卷一："寺有一～二菩萨，塑工精绝，京师所无也。"

2. fú　❺通"拂"。逆，违背。东方朔《非有先生论》："夫谈者有悖于目而～于耳。"❻见"仿佛"。

3. bì　❼通"弼"。辅助。《诗经·周颂·敬之》："～时仔肩，示我显德行。"（仔肩：负担。）

4. bó　❽通"勃"。见"佛然"。

【佛骨】　fógǔ　相传为释迦牟尼的一节指骨，藏于唐凤翔（今陕西凤翔县）法门寺一佛塔内。韩愈《论佛骨表》："今闻陛下令群僧迎～～于凤翔，御楼以观，舁入大内，又令诸寺递迎供养。"

【佛老】　fólǎo　佛教与道教的统称。韩愈《进学解》："牴排异端，攘斥～～。"

【佛事】　fóshì　❶指佛像。杨衒之《洛阳伽蓝记》卷一："庄严～～，悉用金玉，作工之异，难可具陈。"❷泛指佛教的各项活动，如诵经、祈祷等。《新五代史·石昂传》："禁其家不可以～～污吾先人。"

【佛图】　fótú　❶指佛塔。《魏书·释老志》："凡宫塔制度，犹以天竺旧状而重构之，从一级至三、五、七、九。世人相承，谓之'浮图'，或云'佛图'。晋世，洛中～～有四十二所矣。"❷佛堂或佛寺。《世说新语·言语》："庾公曾入～～，见卧佛，曰：'此子疲于津梁。'"

【佛然】　bórán　兴起的样子。《荀子·非十二子》："～～平世之俗起焉。"

fou

不　fōu　见 bù。

纾（紑）　fóu　❶衣服鲜明整洁。《诗经·周颂·丝衣》："丝衣其～，载弁俅俅。"❷丝织品色泽鲜明。《集韵·虞韵》："～，缯色鲜。"

不　fǒu　见 bù。

缶（缻）　fǒu　❶瓦器。大腹小口，有盖，两边有环，用来盛酒，亦可用来汲水。《国语·鲁语下》："季桓子穿井，获如土～。"《吕氏春秋·功名》："～醯黄，蚋聚之。"《左传·襄公九年》："具绠～，备水器。"（杜预注："缶，汲器。"）❷瓦制的打击乐器。《史记·廉颇蔺相如列传》："蔺相如前曰：'赵王窃闻秦王善为秦声，请奏盆～秦王，以相娱乐。'"杨恽《报孙会宗书》："奴婢歌者数人，酒后耳热，仰天抚～而呼呜呜。"陆游《长短句序》："及变而为燕之筑，秦之～，胡部之琵琶箜篌，则又郑、卫之变矣。"❸古代容量单位，十六斗为一缶。《国语·鲁语下》："其岁，收田一井，出稯禾、秉刍、～米，不是过也。"（稯、秉：均计量单位。）

否　1. fǒu　❶副词。1)不，不是。用于应对，表示否定的回答。《孟子·滕文公上》："许子必织布然后衣乎？曰，～，许子衣褐。"《战国策·魏策四》："～，非若是也。"2)和肯定词对用时，表示否定的一面。《左传·宣公二年》："宦三年矣，未知母之存～。"《韩非子·难二》："今晏子不察其当～，而以太多为说，不亦妄乎？"3)用于疑问句末，构成是非问句。辛弃疾《永遇乐·京口北固亭怀古》词："凭谁问：廉颇老矣，尚能饭～？"

2. pǐ　❷阻隔不通，闭塞。《后汉书·蔡邕传》："是故天地～闭，圣哲潜形。"《水经注·泗水》："穴有通～，水有盈漏。"❸困穷，不顺。《墨子·非儒下》："穷达赏罚幸～有极，人之知力不能为焉。"参见"否极泰来"。❹恶。《左传·隐公十一年》："师出臧～，亦如之。"《后汉书·仲长统传》："善者早登，～者早去。"❺六十四卦之一。卦形为坤下乾上。见"否泰"。❻鄙陋无知。见"否妇"。

【否妇】　pǐfù　无知的妇女。《盐铁论·复古》："穷夫～～，不知国家之虑。"

【否隔】　pǐgé　也作"否鬲"。隔绝不通。《汉书·薛宣传》："夫人道不通，则阴阳～～。"

【否塞】　pǐsè　❶闭塞。《后汉书·周举传》："夫阴阳闭隔，则二气～～；二气～～，则人物不昌。"❷困厄。曾巩《寄欧阳舍人书》："先祖之屯蹶～～以死，而先生显之。"

【否泰】　pǐtài　《周易》中的卦名，天地不交，闭塞谓之否，天地相交，亨通谓之泰。后用以指世道的盛衰，命运的顺逆。潘岳《西征赋》："岂地势之安危，信人事之～～。"刘知幾《史通·载文》："夫国有～～，世有污隆。"

【否极泰来】　pǐjítàilái　意思是厄运到了尽头，好运就来了。也作"否极泰回"。《水浒传》二十六回："常言道：乐极生悲，～～～～。"

炰（烰、炻）　fǒu　蒸煮。《玉篇·火部》："～，火熟也。"《集韵·有韵》："～，火熟之也。"

【炰粥】　fǒuzhōu　菜和米共煮的粥。陆游

《寺居睡觉》诗："披衣起坐清羸甚，想像云堂～～香。"

罘 1. fǒu ❶蚍罘。植物名。即荆葵。

2. pēi ❷赤黑色的瘀血。《说文·血部》："～，凝血也。"《素问·五藏生成论》："赤如～血者死。"

fu

夫 1. fū ❶成年男子的统称。《诗经·秦风·黄鸟》："维此奄息，百～之特。"（特：匹敌。）《战国策·秦策三》："三人成虎，十～楺椎。"（楺：通"揉"。使弯曲。）㊀特指成年劳动力。贾谊《论积贮疏》："一～不耕，或受之饥。"《列子·汤问》："遂率子孙荷担者三～，叩石垦壤，箕畚运于渤海之尾。"㊀指士兵。《战国策·楚策一》："昔者吴与楚战于柏举，两御之间～卒交。"《论衡·寒温》："国有相攻之怒，将有相胜之志，～有相杀之气。"❷大丈夫，对男子的美称。《左传·宣公十二年》："且成师以出，闻敌强而退，非～也。"❸女子的配偶。《孟子·梁惠王下》："老而无～曰寡。"《后汉书·灵帝纪》："河内人妇食～，河南人～食妇。"❹古代井田制百亩为一夫。《周礼·地官·小司徒》："乃经土地而井牧其田野，九～为井，四井为邑。"

2. fú ❺指示代词，表示近指，相当于这、这个。《论语·先进》："子曰：'～人不言，言必有中。'"表示远指，相当于那、那个、那些。《左传·僖公三十年》："微～人之力不及此。"《战国策·楚策四》："子独不见～蜻蛉乎？"❻语气词。1）用于句首，以提示下文或表示对某事进行判断。《左传·庄公十年》："～战，勇气也。"《庄子·秋水》："～千里之远，不足以举其大；千仞之高，不足以极其深。"《汉书·霍光传》："～褒有德，赏元功，古今通谊也。"（谊：通"义"。）2）用于句中，起一种缓冲语气的作用。《楚辞·离骚》："乘骐骥以驰骋兮，来吾道～先路。"3）用于句尾，表示感叹。《论语·宪问》："莫我知也～！"司马迁《报任少卿书》："悲～！悲～！事未易一二为俗人言也。"

【夫君】 fūjūn ❶对男子的尊称。《楚辞·九歌·湘君》："望～～兮未来，吹参差兮谁思？"（参差：古乐器名。）❷称呼朋友。孟浩然《游精思观回王白云在后》诗："衡门犹未掩，伫立待～～。"❸妻子称丈夫。高骈《闺怨》诗："人世悲欢不可知，～～初破黑山归。"

【夫人】 fūrén ❶诸侯之妻。《论语·季氏》："邦君之妻，君称之曰～～，～～自称曰小童。"《礼记·曲礼下》："天子之妃曰后，诸侯曰～～。"《战国策·齐策三》："齐王～～死，有七孺子皆近。"❷天子之妾，汉代皆称夫人。《三国志·魏书·后妃传序》："太祖建国，始命王后，其下五等：有～～，有昭仪，有倢伃，有容华，有美人。"❸对妇女的尊称。《史记·高祖本纪》："老父相吕后曰：'～～天下贵人。'"❹指妻子。《汉书·灌夫传》："婴与～～益市牛酒，夜洒扫张具至旦。"

【夫子】 fūzǐ ❶古代对男子的尊称。《孟子·梁惠王上》："愿～～辅吾志，明以教我。吾虽不敏，请尝试之。"《战国策·齐策三》："（孟尝君）谓淳于髡曰：'荆人攻薛，～～弗忧，文无以复待矣。'"（文：孟尝君的名。）❷孔子的弟子尊称孔子为夫子。《论语·公冶长》："～～之文章，可得而闻也；～～之言性与天道，不可得而闻也。"❸丈夫。《孟子·滕文公下》："往之女家，必敬必戒，无违～～。"《后汉书·梁鸿传》："窃闻～～高义，简斥数妇，妾亦偃蹇数夫矣。"❹旧时称从事劳役的人，如挑夫、轿夫等。《水浒传》十六回："你们不替洒家打这～～，却在背后也慢慢地挨。"

【夫人】 fúrén 众人，人人。《左传·襄公八年》："～～愁痛，不知所庇。"《周礼·考工记序》："粤之无镈也，非无镈也，～～而能为镈也。"（镈：锄头。）

【夫里之布】 fūlǐzhībù 夫布与里布的简称。古代一种税收制度，夫布即力役税，里布即住宅税。《孟子·公孙丑上》："廛，无～～～～，则天下之民皆悦，而愿为之氓矣。"

不 fū 见 bù。

苤 fū 见 qiū。

泭 fū 竹筏，木筏。用以渡水的工具。《楚辞·九章·惜往日》："乘氾～以下流兮，无舟楫而自备。"《国语·齐语》："方舟设～，乘桴济河。"

玞 fū 见"珷玞"。

肤（膚） fū ❶人体表面的皮。《诗经·卫风·硕人》："手如柔荑，～如凝脂。"《孟子·告子上》："兼所爱，则兼所养也。无尺寸之～不爱焉，则无尺寸之～不养也。"《韩非子·喻老》："君之病在肌～，不治将益深。"㊀指树皮。《后汉书·蔡伦传》："伦乃造意，用树～、麻头及敝布、鱼网以为纸。"❷禽兽的肉。《广雅·释器》："～，肉也。"《周易·夬》："臀无～，其行次且。"又指猪肉。《仪礼·聘礼》："～、鲜鱼、鲜腊，设扃鼏。"（贾公彦疏："肤，豕肉也。"）❸切细的肉。《礼记·内则》："麋～，鱼醢。"❹浮浅，浅薄。《南齐书·陆澄传》："澄谀闻～见，贻挠后昆，上掩皇明，下笼朝识。"❺大。《诗经·小雅·六月》："薄伐猃狁，以奏～公。"（猃狁：古代少数民族。公：通"功"。）❻美。《诗经·豳风·狼跋》："公孙硕～，德音不瑕。"❼古代计量单位。见"肤寸"。

【肤寸】 fūcùn 古代长度单位，一指宽为一寸，四寸为一肤，比喻短小。《战国策·秦策三》："～～之地无得者，岂齐不欲地哉！形弗能有也。"

【肤敏】 fūmǐn 品德美，动作快。《诗经·大雅·文王》："殷士～～，祼将于京。"（祼：一种祭祀仪式。）《三国志·蜀书·霍王向张杨费传评》："向朗好学不倦，张裔～～应机。"

【肤受】 fūshòu ❶肌肤所受，意谓浮泛不实。《论语·颜渊》："浸润不谮，～～之愬，不行也，可谓明也已矣。"《汉书·谷永传》："不听浸润之谮，不食～～之愬。"❷谗言，不实之辞。《后汉书·戴凭传》："陛下纳～～之诉，遂致禁锢，世以是为严。"《晋书·刘毅传论》："刘毅一遇宽容，任和两遭～～，详观馀烈，亦各其心焉。"❸浅尝，见识浅薄。张衡《东京赋》："若客所谓末学～～，贵耳而贱目者也。"

袂 fū 见"袂袯"。

【袂袯】 fūráo 剑套。也作"夫袯"。《广雅·释器》："～～，剑衣也。"

柎 1. fū ❶钟鼓架的足，泛指一般器物的足。《急就篇》"锻铸铅锡镫锭锥"颜师古注："有～者曰镫，无～者曰锭。～，谓下施足也。"❷花萼，花托。《山海经·西山经》："有木焉，员叶而白～，赤花而黑理。"❸古建筑斗上的横木。王延寿《鲁灵光殿赋》："狡兔跧伏于～侧，猨狖攀椽而相追。"（李周翰注："柎，斗上横木。"）❹通"泭"。竹筏。《管子·小匡》："遂至于西河，方舟投～，乘桴济河。"

2. fǔ ❺通"弣"。弓把中部。《仪礼·乡射礼》："有司左执～，右执弦而授弓。"又指弓把两侧的骨片。《周礼·考工记·弓人》："于挺臂中有～焉，故剽。"（郑玄注："柎，侧骨。"贾公彦疏："谓角弓于把处两畔有侧骨。"剽：快。）❻通"拊"。倚抚。《管子·轻重戊》："父老～枝而论，终日不归。"❼通"坿"。涂注。《仪礼·士冠礼》："素积白屦，以魁～之。"（魁：蛤粉。）

砆 fū 一种似玉的石头。《山海经·南山经》："会稽之山，四方，其上多金玉，其下多～石。"

铁(鈇) fū ❶切草的工具，铡刀。又为斩人的刑具。《汉书·诸侯王表》："有逃责之台，被窃～之言。"（责：债。）❷通"斧"。斧子。《列子·说符》："人有亡～者，意其邻人之子。"（亡：丢失。意：猜测。）

【铁质】 fūzhì 即"铁锧"，古代斩人的刑具。质即铁砧，杀人时垫在底下。《论衡·骨相》："及韩信为滕公所鉴，免于～～，亦以面状有异。"

胕 1. fū ❶通"肤"。皮肤。《战国策·楚策四》："夫骥之齿至矣，服盐车而上太行。蹄申膝折，尾湛～溃。"

2. fú ❷皮肉浮肿。《山海经·西山经》："有草焉，……其叶如麻，白华而赤实，其状如赭，浴之已疥，又可以已～。"

荴 fū 分布，散布。《汉书·孝武李夫人传》："函荽～以俟风兮，芳杂袭以弥章。"（荽：花蕊。）

【荴露】 fūlù 表露。《论衡·自纪》："吾文未集于简札之上，藏于胸臆之中，犹玉隐珠匿也。及出～～，犹玉剖珠出乎！"

麸(麩、粰、麱、稃) fū ❶麸子，小麦磨面后剩下的麦皮。《晋书·五行志中》："昔年食白饭，今年食麦～。"❷碎薄如麸子的片状物。《新唐书·南蛮传》："丽水多金～。"

【麸炭】 fūtàn 一种质轻而易燃烧的木炭。白居易《和自劝》诗："日暮半炉～～火，夜深一盏纱笼灯。"

趺 fū ❶同"跗"。脚背。欧阳修《送方希则序》："余虽后进晚出，而掎裳、摩～、攘臂以游其间，交者固已多矣。"㊀指脚。《集韵·虞韵》："跗，足也。或作～。"苏轼《菩萨蛮·咏足》词："偷穿宫样稳，并立双～困。"❷花萼。束皙《补亡六首》诗之二："白华绛～，在陵之陬。"（陬：山脚。）❸碑下的石座。刘禹锡《奚公神道碑》："螭首龟～，德辉是纪。"欧阳修《唐吕諲表》："见此碑立庑下，碑无～石，埋地中。"❹双脚交叠而坐。苏轼《将往终南和子由见寄》："终朝危坐学僧～，闭门不出闲履凫。"❺足迹，脚印。《宋史·张九成传》："在南安十四年，每执书就明，倚立庭砖，岁久，双～隐然。"

【趺坐】 fūzuò 佛教徒盘腿打坐。王维《登辨觉寺》诗："软草承～～，长松响梵声。"

跗 fū ❶脚背。《庄子·秋水》："赴水则接腋持颐，蹶泥则没足灭～。"（灭：埋。）❷足。傅毅《舞赋》："浮腾累跪，～蹋摩跌。"❸花萼的最底部。沈约《郊居赋》："抽红英于紫蒂，衔素蕊于青～。"❹指物体的最底部。《后汉书·祭祀志上》："距石下皆有石～，入地四尺。"

【跗注】 fūzhù 古代的军服,类似今之裤子,长至脚背。《国语·晋语六》:“鄢之战,郤至以韎韦之～～,三逐楚平王卒。”(韎韦:赤黄色的牛皮。)

稃 fū 谷子的外壳,粗糠。也作“孚”。范成大《上元纪吴中节物俳谐体三十二韵》:“捻粉团栾意,熬～膈膊声。”(团栾:团子。膈膊:象声词。)㊀泛指草本植物子实外面的硬壳。《齐民要术·种紫草》:“九月中子熟,刈之。候～燥载聚,打取子。”

鄜 fū 古地名,鄜州,即今陕西省富县。杜甫《月夜》诗:“今夜～州月,闺中只独看。”

溥 fū 见pǔ。

敷(尃、旉) fū ❶铺展,铺开。《楚辞·离骚》:“跪～衽以陈辞兮,耿吾既得此中正。”❷传布,施行。《诗经·小雅·小旻》:“旻天疾威,～于下土。”《尚书·尧典》:“汝作司徒,敬～五教,在宽。”❸宣布,公布。《晋书·刘曜载记》:“可～告天下,使知区区之朝思闻过也。”❹铺叙,陈述。《后汉书·章帝纪》:“～奏以言,则文章可采;明试以功,则政有异迹。”《文心雕龙·情采》:“若乃综述性灵,～写器象,镂心鸟迹之中,织辞鱼网之上,其为彪炳缛采名矣。”❺遍,遍布。《尚书·皋陶谟》:“～纳以言,明庶以功。”陆世仪《乙酉元夕》诗:“～天犹有泪,薄海但闻歌。”❻分别,分布。《汉书·地理志上》:“禹～土,随山刊木,奠高山大川。”(颜师古注:“敷,分也,谓分别治之。”)柳宗元《永州韦使君新堂记》:“视其植,则清秀～舒。”(植:树木。)❼开放。《楚辞·九辩》:“窃悲夫蕙华之曾～兮,纷旖旎乎都房。”(旖旎:茂美的样子。都房:大花房。)陆游《东篱记》:“凡一甲坼,一～荣,童子必来报惟谨。”❽涂,搽。《聊斋志异·侠女》:“为之洗创～药。”

【敷烈】 fūliè 铺陈,铺叙。《论衡·书解》:“出口为言,集札为文,文辞施设,实情～～。”

【敷衍】 fūyǎn ❶散布,蔓延。张衡《西京赋》:“篠簜～～,编町成篁。”❷铺叙引申。《宋史·范冲传》:“上雅好左氏《春秋》,命冲与朱震专讲,冲～～经旨,因以规讽,上未尝不称善。”

【敷演】 fūyǎn 陈说并加以引申。《三国志·吴书·胡综传》:“神武之姿,受之自然,～～皇极,流化万里。”

【敷与】 fūyú 舒展。《汉书·礼乐志》:“朱明盛长,～～万物。”(颜师古注:“敷与,言开舒也。”)

【敷愉】 fūyú 喜悦的样子。也作“敷腴”。古乐府《陇西行》:“好妇出迎客,颜色正～～。”杜甫《遣怀》诗:“两公壮藻思,得我色～～。”

弗 fú ❶副词。不。《老子·二章》:“万物作焉而不辞,生而不有,为而不恃,功成而～居。”《战国策·秦策三》:“～知而言为不智,知而不言为不忠。”《史记·魏其武安侯列传》:“后家居长安,长安中诸公莫～称之。”❷通“祓”。去灾求福的祭祀。《诗经·大雅·生民》:“克禋克祀,以～无子。”❸通“绋”。送葬时引棺木的大绳。《论衡·薄葬》:“苏秦为燕,使齐国之民高大丘冢,多藏财物,苏秦身～以劝勉之。”❹通“佛”。忧闷。见“弗郁”。

【弗弗】 fúfú 风急速的样子。《诗经·小雅·蓼莪》:“南山律律,飘风～～。”(律律:山高峻的样子。)

【弗郁】 fúyù 忧而不乐的样子。《汉书·沟洫志》:“吾山平兮钜野溢,鱼～～兮柏冬日。”(柏:通“迫”。)

伏 1. fú ❶趴着,面部向下,体前屈。《诗经·陈风·泽陂》:“寤寐无为,辗转～枕。”《史记·外戚世家》:“侍御左右皆～地泣,助皇后悲哀。”❷身体向前倾靠在物体上。《庄子·渔父》:“孔子～轼而叹。”❸隐匿,隐蔽。《老子·五十八章》:“祸兮,福之所倚;福兮,祸之所～。”《汉书·隽不疑传》:“窃～海濒。”❹埋伏,伏兵。《左传·庄公十年》:“夫大国难测也,惧有～焉。”《史记·匈奴列传》:“御史大夫韩安国为护军,护四将军以～单于。”❺屈服,顺从。《左传·隐公十一年》:“许既～其罪矣,虽君有命,寡人弗敢与闻。”《国语·晋语二》:“吾将～以俟命。”㊀佩服,信服。《晋书·束皙传》:“时人～其博识。”白居易《琵琶行》:“曲罢曾教善才～,妆成每被秋娘妒。”❻居处,居住。《左传·定公四年》:“寡君越在草莽,未获所～,下臣何敢即安。”❼敬词,表示对君王的敬畏。《史记·孝文本纪》:“群臣皆～固请。”又《田敬仲完世家》:“大夫皆～谒。”❽伏天。《汉书·东方朔传》:“～日,诏赐从官肉。”(颜师古注:“三伏之日也。”)㊀伏日的祭祀,夏祭。见“伏腊”。❾车轼,车前的横木。《史记·酷吏列传》:“俱在二千石列,同车未尝敢均茵～。”(茵:车垫。)

2. fù ❿孵卵。《庄子·庚桑楚》:“越鸡不能～鹄卵。”⓫通“负”。背。《汉书·文三王传》:“于是燕王～斧质,之阙下谢罪。”

【伏窜】 fúcuàn 隐匿逃避。《史记·屈原贾生列传》:“鸾凤～～兮,鸱枭翱翔。”

【伏辜】 fúgū 服罪。《史记·太史公自序》："吴首为乱，京师行诛，七国～～，天下翕然。"《三国志·吴书·孙亮传》："将军孙仪、张怡、林恂等谋杀峻，发觉，仪自杀，恂等～～。"

【伏过】 fúguò 掩藏未暴露的过错。《论衡·祸虚》："以为有沉恶～～，天地罚之，鬼神报之。"

【伏甲】 fújiǎ 暗藏的武士。《左传·宣公二年》："秋九月，晋侯饮赵盾酒，～～将攻之。"《史记·刺客列传》："公子光出其～～以攻王僚之徒，尽灭之。"

【伏剑】 fújiàn 用剑自杀。《国语·晋语七》："言终，魏绛至，授仆人书而～～。"《吕氏春秋·忠廉》："吴王不能止，果～～而死。"

【伏腊】 fúlà 伏日与腊日，夏祭曰伏，冬祭曰腊，同时也是两个佳节。杨恽《报孙会宗书》："岁时～～，烹牛炰羔，斗酒自劳。"宗臣《报刘一丈书》："前所谓权门者，自岁时～～一刺之外，即经年不往也。"（一刺：一张名片。）

【伏灵】 fúlíng 即茯苓。一种菌类，可入药。

【伏匿】 fúnì ❶隐藏。《楚辞·九辩》："骐骥～～而不见兮，凤凰高飞而不下。"《论衡·龙虚》："世无其官，……故潜藏～～，出见希疏。"❷指隐藏的物品。《三国志·吴书·陆逊传》："逊开仓谷以振贫民，劝督农桑，百姓蒙赖。时吴、会稽、丹杨多有～～，逊陈便宜，乞与募焉。"

【伏弩】 fúnǔ 带有弓箭的伏兵。《史记·高祖本纪》："项羽大怒。～～射中汉王。"

【伏尸】 fúshī ❶尸体伏地，指死人。《战国策·魏策四》："天子之怒，～～百万，流血千里。"❷趴在尸体上。《战国策·燕策三》："太子闻之，驰往，～～而哭，极哀。"《后汉书·李固传》："语未绝而崩，固～～号哭。"

【伏膺】 fúyīng 牢记在心。同"服膺"。骆宾王《和闺情诗启》："跪发珠韬，～～玉札。"

【伏质】 fúzhì 接受死刑。古时斩人，被斩者要趴在砧板上，故称伏质。质，锧。砧板。《汉书·梅福传》："越职触罪，危言世患，虽～～横分，臣之愿也。"

【伏诛】 fúzhū 服罪处死。《史记·淮南衡山列传》："淮南王安甚大逆无道，谋反明白，当～～。"《三国志·魏书·武帝纪》："董承等谋泄，皆～～。"

【伏罪】 fúzuì ❶认罪。《史记·赵世家》："夫二子已～～而安于独在。"（安于：人名。）《汉书·晁错传》："如此，民虽～～至死而不怨者，知罪罚之至，自取之也。"❷隐匿未发之前罪。《汉书·元后传》："是岁，新都侯莽告[淳于]长～～与红阳侯立相连，长下狱死。"（颜师古注："伏罪，谓旧罪阴伏未发者也。"）

凫(鳧)

fú 野鸭。《楚辞·卜居》："宁昂昂若千里之驹乎，将氾氾若水中之～乎？"《荀子·富国》："然后飞鸟、～雁若烟海，然后昆虫万物生其间。"

【凫茈】 fúcí 即荸荠。《尔雅·释草》："芍，～～。"《后汉书·刘玄传》："南方饥馑，人庶群入野泽，掘～～而食之。"

【凫飞】 fúfēi 比喻县令离职去任。刘克庄《送薛明府》诗："只恐～～后，民间事事新。"

【凫氏】 fúshì 古代官名，掌管造钟之事。《周礼·考工记·凫氏》："～～为钟，两栾谓之铣。"（栾：钟口的两角。）

【凫舄】 fúxì 借指县令。据《后汉书·王乔传》记载：王乔有神术，在任县令时，到京城朝见，将鞋子变为双凫乘之。后用作指称县令或地方官。杜甫《九日杨奉先会白水崔明府》诗："晚酣留客舞，～～共差池。"

【凫乙】 fúyǐ 野鸭与燕子。比喻各持己见。《南齐书·顾欢传》："昔有鸿飞天首，积远难亮。越人以为凫，楚人以为乙，人自楚越，鸿常一耳。"（乙：燕子。）张融《答周颙书》："夜战一鸿，妄申～～。"（战：争论。）

【凫藻】 fúzǎo 比喻欢快的情景如同凫游戏于水藻之中。也作"䫌噪"、"拊噪"。《后汉书·杜诗传》："将帅和睦，士卒～～。"

扶

1. fú ❶搀扶，搀着。《论语·季氏》："危而不持，颠而不～，则将焉用彼相矣。"《汉书·灌夫传》："[窦]婴乃～夫去，谢[田]蚡。"❷扶植，扶持。《荀子·劝学》："蓬生麻中，不～而直。"《后汉书·隗嚣传》："但驽马铅刀，不可强～。"（李贤注："贾谊云：'言驽马铅刀，不可强扶持而用也。'"）❸辅佐，帮助。《战国策·宋卫策》："若～梁伐赵，以害赵国，则寡人不忍也。"《三国志·蜀书·许靖传》："今日足下～危持倾，为国柱石。"❹治理。《淮南子·本经训》："～拨以为正。"（高诱注："扶，治也。"）苏轼《夷陵县欧阳永叔至喜堂》诗："人去年年改，堂倾岁岁～。"❺支撑（病体）。《论衡·艺增》："竹木之杖，皆能～病。"杜甫《赠韦赞善别》诗："～病送君发，自怜犹不归。"㊂以物支撑身体。《史记·匈奴列传》："战而～舆死者，尽得死者家财。"贾山《至言》："臣闻山东吏布诏令，民虽老羸癃疾，～杖而往听之。"❻古代计量长度的单位。见"扶寸"。❼沿，循。曹植《仙人篇》诗："玉树～道生，白虎夹门枢。”陶渊明《桃花源记》：“既出，得其船，便～向路，处处志之。”

2. fū ❽通“肤”。见“扶寸”。

3. pú ❾见“扶服”。

【扶持】 fúchí ❶搀扶。《史记·外戚世家》：“家人惊恐，女亡匿内中床下，～～出门。”《三国志·魏书·管宁传》：“宁常著皂帽，布襦裤，……出入闺庭，能自任杖，不须～～。”❷辅助。《后汉书·李固传》：“固受国厚恩，是以竭其股肱，不顾死亡，志欲～～王室。”

【扶将】 fújiāng 搀扶，扶持。《汉书·孝景王皇后传》：“家人惊恐，女逃匿，～～出拜。”《三国志·魏书·华佗传》：“[严]昕卒头眩堕车，人～～还，中宿死。”

【扶老】 fúlǎo 手杖。陶渊明《归去来兮辞》：“策～～以流憩，时矫首而遐观。”

【扶桑】 fúsāng ❶神树名。传说中东方日出处的大树。《楚辞·九歌·东君》：“暾将出兮东方，照吾槛兮～～。”《论衡·说日》：“儒者论日旦出～～，暮入细柳。～～，东方地；细柳，西方野也。”❷植物名。又名朱槿。《梁书·扶桑国传》：“～～叶似桐，而初生如笋，国人食之。”❸国名，指日本。《梁书·扶桑国传》：“～～国者，齐永元元年，其国有沙门慧深来到荆州。”

【扶疏】 fúshū ❶也作“枎疏”。大树的枝、干四处延伸的样子。《吕氏春秋·辩土》：“树肥无使～～。”《后汉书·卢植传》：“枝叶～～，荣华纷缛。”❷舞姿婆娑。《淮南子·修务训》：“龙夭矫，燕枝拘，援丰条，舞～～。”（援：持。丰：大。）

【扶摇】 fúyáo ❶盘旋上升的旋风。《庄子·逍遥遊》：“鹏之徙于南冥也，水击三千里，抟～～而上者九万里，去以六月息者也。”王勃《滕王阁序》：“北海虽赊，～～可接。”（赊：远。）❷神树名。《庄子·在宥》：“云将东游，过～～之枝而适遭鸿蒙。”

【扶义】 fúyì 仗义，依恃正义。《汉书·高帝纪上》：“不如更遣长者～～而西，告谕父兄。”《三国志·魏书·荀彧传》：“夫以四胜辅天子，～～征伐，谁敢不从。”

【扶翼】 fúyì ❶辅佐。《后汉书·顺帝纪》：“近臣建策，左右～～。”❷搀扶。《晋书·佛图澄传》：“朝会之日，引之升殿，常侍以下悉助举舆，太子诸公～～而上。”

【扶寸】 fūcùn 同“肤寸”。比喻很小。《韩非子·扬权》：“故上失～～，下得寻常。”（寻常：比喻多。一寻八尺，倍寻为常。）

【扶服】 púfú 同“匍匐”。爬行。《论衡·刺孟》：“井上有李，螬食实者过半，～～往，将食之。”

芙

fú 见“芙蓉”。

【芙蕖】 fúqú 荷花的别名。何晏《景福殿赋》：“茄蔤倒植，吐彼～～。”（茄：茎。蔤：水下茎。）

【芙蓉】 fúróng ❶荷花。《楚辞·招魂》：“～～始发，杂芰荷些。”《古诗十九首》之六：“涉江采～～，兰泽多芳草。”❷树名，即木芙蓉，又名木莲，属落叶灌木，观赏植物。王安石《木芙蓉》诗：“水边无数木～～，露染胭脂色未浓。”

【芙蓉府】 fúróngfǔ 官员的幕府。也叫“芙蓉幕”、“莲幕”。刘禹锡《送陆侍御归淮南使府五韵》：“归路～～～，离堂玳瑁筵。”

【芙蓉帐】 fúróngzhàng 用芙蓉花染的丝织品制成的帐子。白居易《长恨歌》：“云鬓花颜金步摇，～～～暖度春宵。”

【芙蓉出水】 fúróngchūshuǐ 比喻清秀。皎然《诗式》：“论文章宗旨，惠休所评，谢诗如～～～～，斯言颇近矣。”（谢：谢灵运。）

芣

fú ❶见“芣苢”。❷山名，在今河南省巩义市北。《国语·郑语》：“若前华后河，右洛左济，主～、騩而食溱、洧，修典刑以守之，是可以少固。”

【芣苡】 fúyǐ 同“芣苢”。

【芣苢】 fúyǐ 草名，俗名车前子，可食。《诗经·周南·芣苢》：“采采～～，薄言采之。”

芾

1. fú ❶草木茂盛。《广韵·物韵》：“～，草木盛也。”❷通“韨”。古代礼服上的蔽膝。《诗经·曹风·候人》：“彼其之子，三百赤～。”

2. fèi ❸见“蔽芾”。

佛

fú 见 fó。

孚

fú ❶孵化，孵卵。《韩诗外传》卷五：“卵之性为雏，不得良鸡覆伏～育，积日累久，则不成为雏。”❷通“稃”。小麦及谷物种子的外壳。见“孚甲”。❸信用，诚实。《国语·周语上》：“昭明物则以训之，制义庶～以行之。”《后汉书·酷吏传论》：“仁信道～，故感被之情著。”❹信服，信任。王安石《上仁宗皇帝言事书》：“而仁民爱物之意，～于天下。”宗臣《报刘一丈书》：“此世所谓‘上下相～’也，长者谓仆能之乎？”❺玉的光彩。见“孚尹”。

【孚甲】 fújiǎ 草木及谷物种子的外壳。《礼记·月令》“其日甲乙”郑玄注：“时万物皆解～～，自抽轧而出。”

【孚尹】 fúyǔn 玉色透明，不隐翳。《礼记·聘义》：“～～旁达，信也。”（郑玄注：“孚读为浮，尹读如竹箭之筠。浮筠谓玉采色也。采色旁达，不有隐翳，似信也。”尹：通筠。）

刜 fú ❶砍，击。《左传·昭公二十六年》：“苑，子～林雍，断其足。”《国语·齐语》：“遂北伐山戎，～令支，斩孤竹而南归。”（韦昭注：“刜，击也。”）❷铲除。《楚辞·九叹·愍命》：“～谗贼于中廇兮，选吕、管于榛薄。”

宓 fú 见mì。

佛（悲） 1. fú ❶心情不舒畅。《玉篇·心部》：“～，意不舒治也。”参见“佛郁”。❷滞留，郁结。《素问·六元正纪大论》：“其病气～于上。”❸愤怒的样子。见“佛然”。

2. fèi ❹心情郁积不安的样子。《集韵·未韵》：“～，佛情，心不安。”参见“佛情”。

3. bèi ❺通“悖”。悖逆，违反。韩愈《送齐皞下第序》：“于是乎有违心之行，有～志之言，有内媿之名。”

【佛然】 fúrán 愤怒、不高兴的样子。《战国策·楚策二》：“王～～作色曰：‘何谓也？’”柳宗元《答韦中立论师道书》：“京兆尹郑叔则，～～曳笏却立，曰：‘何预我邪？’”

【佛郁】 fúyù 心情不舒畅的样子。《后汉书·马援传》：“大众～～行死，诚可痛惜。”又《冯衍传》：“心～～而纡结兮，意沈抑而内悲。”

【佛情】 fèiwèi ❶踊跃的样子。班固《车骑将军窦北征颂》：“师横骛而庶御，士～～以争先。”❷郁积不畅的样子。嵇康《琴赋》：“～～烦冤，纡馀婆娑。”

沸 fú 见fèi。

拂 1. fú ❶掸，掸去灰尘。《楚辞·卜居》：“詹尹乃端策～龟。”（策、龟：占卜用具。）《战国策·魏策四》：“今以臣凶恶，而得为王～枕席。”⊗掸去灰尘的用具，俗名拂子。杜甫《棕拂子》诗：“棕～且薄陋，岂知身效能。”❷轻轻掠过。《楚辞·大招》：“长袂～面，善留客只。”李白《白纻辞》之一：“且吟《白纻》停《绿水》，长袖～面为君起。”❸掠击。《北史·斛律金传》：“神武据鞍未动，金以鞭～马，神武乃还。”❹振，振动。见“拂衣”。❺甩，挥。见“拂手”。❻遮蔽，挡住。《楚辞·招魂》：“蒻阿～壁，罗帱张些。”（蒻阿：细软的丝织品。）又《离骚》：“折若木以～日兮，聊逍遥以相羊。”❼违逆，不顺。《韩非子·南面》：“故虽～于民，必立其治。”《汉书·于定国传》：“时陈万年为御史大夫，与定国并位八年，论议无所～。”❽拔出。李白《赠何七判官昌浩》诗：“不然～剑起，沙漠收奇勋。”❾农具名，即连枷。《汉书·王莽传中》：“予之北巡，必躬载～。”（颜师古注：“拂，所以击治禾者也。”）❿通“刜”。砍，击。《史记·楚世家》：“若夫泗上十二诸侯，左萦而右～之，不一旦而尽也。”《说苑·杂言》：“干将镆铘，～钟不铮。”

2. bì ⓫通“弼”。1）矫正，匡正。《荀子·臣道》：“故谏、诤、辅、～之人，社稷之臣也。”2）辅助，帮助。见“拂士”。

【拂耳】 fú'ěr 逆耳。《韩非子·安危》：“圣人之救危国也，以忠～～。”

【拂拂】 fúfú 风轻轻吹动的样子。李贺《河南府试十二月乐词·七月》诗：“晓风何～～，北斗光阑干。”

【拂诡】 fúguǐ 违背。《论衡·自然》：“不驱鱼令上陵，不逐兽令入渊渚，何哉？～～其性，失其所宜也。”

【拂拭】 fúshì ❶掸去灰尘。杜甫《戏为韦偃双松图歌》：“我有一匹好东绢，重之不减锦绣段，已令～～光凌乱，请公放笔为直干。”（直干：指松树。）❷表示器重。韩愈《毛颖传》：“后因进见，上将有任使，～～之，因免冠谢。”

【拂手】 fúshǒu 甩手，表示轻蔑。《论衡·书虚》：“薪者投镰于地，瞋目～～而言。”

【拂衣】 fúyī ❶振衣，表示一种感情。杨恽《报孙会宗书》：“是日也，～～而喜，奋袖低昂，顿足起舞。”❷指归隐。《晋书·郄超传》：“性好闻人栖遁，有能辞荣～～者，超为之起屋宇，作器服，畜仆竖，费百金而不吝。”

【拂士】 bìshì 能匡正过失的臣子。《孟子·告子下》：“入则无法家～～，出则无敌国外患者，国恒亡。”

坲 fú 尘埃飞扬。《玉篇·土部》：“～，尘起貌。”参见“坲坲”。

【坲坲】 fúfú 尘土飞扬的样子。《楚辞·九叹·远逝》：“飘风蓬龙，埃～～兮；草木摇落，时槁悴兮。”

枎 1. fú ❶树名。《管子·地员》：“五沃之土，……宜彼群木，桐、柞、～、櫄。”❷见“枎疏”。

2. fū ❸同“柎”。《集韵·虞韵》：“柎，草木房为柎。一曰华下萼。或作～。”

【枎疏】 fúshū 见“扶疏①”。

苻 fú ❶草名，又名鬼目草。《尔雅·释草》：“～，鬼目。”❷通“莩”。芦苇内的薄膜。《淮南子·俶真训》：“若夫无秋毫之微，芦～之厚，四达无境，通于无圻。”❸姓。

茀 1. fú ❶草多。《国语·周语中》:"道～不可行。"欧阳修《伐树记》:"署之东园,久～不治。"❷拔草,清除。《诗经·大雅·生民》:"～厥丰草,种之黄茂。"❸古代车箱上的遮蔽物。《诗经·齐风·载驱》:"载驱薄薄,簟～朱鞹。"(朱:红色。鞹:去了毛的熟皮。)❹古代妇女的首饰。《周易·既济》:"妇丧其～,勿逐,七日得。"❺通"绋"。牵引棺柩的绳子。《左传·宣公八年》:"冬,葬敬嬴,旱,无麻,始用葛～。"❻通"福"。福气。《诗经·大雅·卷阿》:"尔受命长矣,～禄尔康矣。"❼通"佛"。见"茀郁"。

2. bó ❽通"勃"。见"茀然"。

【茀地】 fúdì 多草之地。曾巩《南轩记》:"得邻之～～蓄之,树竹木灌疏于其间。"

【茀茀】 fúfú 强盛的样子。《诗经·大雅·皇矣》:"临冲～～,崇墉仡仡。"(毛亨传:"茀茀,强盛也。"临、冲:攻城的车子。崇:国名。墉:城墙。仡仡:同屹屹,高耸的样子。)

【茀郁】 fúyù 忧闷。《汉书·景十三王传》:"内～～,忧哀积。上不见天,生何益!"

【茀然】 bórán 气急促的样子。《庄子·人间世》:"兽死不择音,气息～～。"

帗 1. fú ❶舞蹈用具,用五色帛制成。《隋书·音乐志下》:"又文舞六十四人,……十六人执～,十六人执旄。"❷通"韨"。蔽膝。《穆天子传》卷一:"天子大服,冕祎,～带。"

2. bō ❸一幅宽的头巾。《说文·巾部》:"～,一幅巾也。"

岪(岪) fú ❶兴起。见"岪岪"。❷半山腰的路。《说文·山部》:"～,山胁道也。"❸山曲折的样子。《楚辞·招隐士》:"坱兮轧,山曲～。"

【岪岪】 fúfú 兴起的样子。《管子·白心》:"孰能法无法乎?始无始乎?终无终乎?弱无弱乎?故曰:'美哉～～!'"

【岪郁】 fúyù 山势曲折高险的样子。《汉书·司马相如传上》:"其山则盘纡～～,隆崇律崒。"司马光《太行》诗:"～～天关近,峥嵘地轴回。"

咈 fú 违背,违逆。陆贽《奉天请罢琼林大盈二库状》:"夫国家作事,以公共为心者,人必乐而从之;以私奉为心者,人必～而叛之。"柳宗元《答韦中立论师道书》:"岂可使呶呶者早暮～吾耳,骚吾心?"(呶呶:指喧闹不休。)

咐 1. fú ❶嘘。《字汇补·口部》:"～,嘘也。"

2. fù ❷见"吩咐"。

服 1. fú ❶用,使用。《管子·牧民》:"君好之则臣～之。"《国语·周语上》:"民用莫不震动,恪恭于农,修其疆畔,日～其镈,不解于时。"《后汉书·梁竦传》:"竦悉分与亲族,自无所～。"㊁任用,被任用。《荀子·赋》:"忠臣危殆,谗人～矣。"《吕氏春秋·务本》:"古之事君者,必先～能,然后任;必反情,然后受。"❷职事,职位。《诗经·大雅·荡》:"曾是在位,曾是在～。"《荀子·儒效》:"工匠之子莫不继事,而都国之民安习其～。"❸行,从事。《楚辞·离骚》:"夫孰非义而可用兮,孰非善而可～。"《论语·为政》:"有事,弟子～其劳。"《战国策·燕策一》:"此古～道致士之法也。"❹衣服,服饰。《论语·先进》:"莫春者,春～既成。"(莫:即暮。)《孟子·告子下》:"子服尧之～,诵尧之言,行尧之行。"《国语·鲁语下》:"今大夫而设诸侯之～,有其心矣。"❺特指丧服。《战国策·韩策二》:"聂政母死,即葬,除～。"《汉书·灌夫传》:"夫尝有～,过丞相蚡。"㊁服心丧。古代弟子为老师服心丧,不穿丧服。《史记·孔子世家》:"孔子葬鲁城北泗上,弟子皆～三年。三年心丧毕,相诀而去。"❻穿戴。《老子·五十三章》:"～文采,带利剑。"《后汉书·舆服志上》:"非其人不得～其服,所以顺礼也。"又《王良传论》:"公孙弘身～布被,汲黯讥其多诈。"❼佩带。《荀子·劝学》:"兰槐之根是为芷,其渐之滫,君子不近,庶人不～。"《吕氏春秋·孟春》:"衣青衣,～青玉。"《史记·李斯列传》:"垂明月之珠,～太阿之剑。"❽吞服。《论衡·儒增》:"食白雉,～鬯草,不能除凶。"《后汉书·灵思何皇后纪》:"～此药,可以避恶。"❾顺从,服从。《楚辞·天问》:"舜～厥弟,终然为害。"《国语·周语上》:"是以近无不听,远无不～。"《史记·礼书》:"故刑一人而天下～。"❿制服,使服从。《孟子·梁惠王上》:"以一～八,何以异于邹敌楚哉?"《后汉书·张晧传》:"今主上仁圣,欲以文德～叛。"⓫思念。《诗经·周南·关雎》:"求之不得,寤寐思～。"《论衡·自然》:"孔子谓颜渊曰:'吾～汝,忘也;汝之～于我,亦忘也。'"⓬指驾在车中间的马。古代一车四马,中间两匹叫服。《诗经·郑风·大叔于田》:"两～齐首,两骖如手。"《荀子·哀公》:"两骖列,两～入厩。"《战国策·韩策三》:"马,千里之马也;～,千里之～也。"⓭用牛、马驾车。《战国策·楚策四》:"夫骥之齿至矣,～盐车而上太行。"《史记·屈原贾生列传》:"骥垂两耳兮～盐车。"⓮古代王畿之外,每五百里为一服。《周礼·秋官·大行人》:"邦畿方千里,其外方五百里谓之侯

～，……又其外方五百里谓之甸～，……又其外方五百里谓之男～。”⓯通“箙”。盛刀、剑、箭的袋子。《荀子·议兵》：“操十二石之弩，负～矢五十个。”《国语·齐语》：“弢无弓，～无矢。”⓰通“鵩”。鵩鸟，又名猫头鹰。《汉书·贾谊传》：“谊为长沙傅三年，有～飞入谊舍。”⓱姓。

2. fù ⓲通“负”。载负。《论衡·别通》：“是称牛之～重，不誉马速也。”⓳量词。中药一剂或煎服一次谓一服。庾信《燕歌行》：“定取金丹作几～，能令华表得千年。”

3. bì ⓴见“服臆”。

【服更】 fúgēng 接受。《论衡·祸虚》：“白起知己前罪，～～后罚也。”

【服贾】 fúgǔ 从事商贾之业，经商。元好问《雁门道中书所见》诗：“倾身营一饱，岂乐远～～？”

【服剑】 fújiàn 佩带的剑。《战国策·齐策四》：“齐王闻之，君臣恐惧，遣太傅赍黄金千斤，文车二驷，～～一，封书谢孟尝君。”

【服匿】 fúnì 古代匈奴人用以盛酒、酪的瓦器。又名“服席”。《汉书·苏武传》：“三岁馀，王病，赐武马畜、～～、穹庐。”

【服牛】 fúniú ❶以牛载物。《管子·乘马》：“天下～～乘马，而任之轻重有制。”《国语·齐语》：“负、任、担、荷，～～、轺马，以周四方。”❷载物之牛。《战国策·魏策一》：“季子谓梁王曰：‘王独不见夫～～骖骥乎？不可以行百步。’”

【服气】 fúqì 道家的修养之术。《隋书·经籍志四》：“后魏之世，嵩山道士寇谦之，自云尝遇真人成公兴，后遇太上老君，……使玉女授其～～导引之法，遂得辟谷，气盛体轻，颜色鲜丽。”

【服阕】 fúquè 古代服丧三年后除去丧服，谓之服阕。《后汉书·虞诩传》：“后祖母终，～～，辟太尉李修府。”《三国志·魏书·曹爽传》注引皇甫谧《列女传》：“文叔早死，～～，自以年少无子，恐家必嫁己，乃断发以为信。”

【服色】 fúsè 古代新王朝重新制定车骑、服饰、祭器等物品的颜色统称服色，以区别于旧王朝。《汉书·文帝纪》：“公孙臣明～～，新垣平设五庙。”《论衡·宣汉》：“贾谊创议，以为天下洽和，当改正朔、～～、制度，定官名，兴礼乐。”

【服舍】 fúshè 守丧时的住处。《汉书·吴王刘濞传》：“三年冬，楚王来朝，错因言楚王戊往年为薄太后服，私奸～～，请诛之。”（颜师古注：“服舍：居丧之次，垩室之属也。”错：晁错。）

【服食】 fúshí ❶衣服饮食。《尚书·旅獒》：“无有远迩，毕献方物，惟～～器用。”❷道家的养生之法，即服食丹药。嵇康《养生论》：“又呼吸吐纳，～～养身，使形神相亲，表里俱济也。”《南齐书·顾欢传》：“欢晚节～～，不与人通。”

【服事】 fúshì ❶诸侯按时朝贡服役于天子。《论语·泰伯》：“三分天下有其二，以～～殷。”❷侍奉。《左传·昭公十二年》：“今周与四国～～君王，将唯命是从。”《国语·周语上》：“昔我先王世后稷，以～～虞夏。”❸从事公职。《周礼·地官·大司徒》：“颁职事十有二于邦国都鄙，使以登万民，一曰稼穑，二曰树艺，……十有一曰世事，十有二曰～～。”（郑玄注：“服事谓为公家服事者。”）

【服位】 fúwèi 服饰及官位。《管子·立政》：“生则有轩冕、～～、谷禄、田宅之分。”《晏子春秋·内篇谏上》：“夫～～有等，故贱不陵贵。”

【服膺】 fúyīng 牢记在心中。《汉书·东方朔传》：“讽诵《诗》、《书》百家之言，不可胜数，著于竹帛，唇腐齿落，～～而释。”《后汉书·班固传》：“博贯庶事，～～六艺。”

【服御】 fúyù ❶天子所用衣服车骑之物。《史记·孝文本纪》：“孝文帝从代来，即位二十三年，宫室、苑囿、狗马、～～无所增益。”《三国志·魏书·三少帝纪》：“减乘舆～～，后宫用度，及罢尚方御府百工技巧靡丽无益之物。”❷驾驭。颜延之《赭白马赋》：“～～顺志，驰骤合度。”❸使用。嵇康《琴赋》：“永～～而不厌，信古今之所贵。”

【服臆】 bìyì ❶悲伤而气郁结的样子。《史记·扁鹊仓公列传》：“言未卒，因嘘唏～～，魂精泄横，流涕长潸，忽忽承睫，悲不能自止。”❷存在胸中，牢记在心的意思。《论衡·别通》：“父兄在千里之外，且死，遗教戒之书。子弟贤者，求索观读，～～不舍，重先敬长，谨慎之也。”

绂（紱） fú ❶系官印的丝带子。《汉书·匈奴传下》：“译前，欲解取故印～，单于举掖授之。”曹植《求自试表》：“是以上惭玄冕，俯愧朱～。”❷通“韨”。礼服之一，为祭服的服饰。《周易·困》：“困于酒食，朱～方来。”

【绂冕】 fúmiǎn ❶古代卿大夫的礼服礼帽。班固《答宾戏》：“今吾子幸游帝王之世，躬带～～之服，浮英华，湛道德。”❷比喻官位。《后汉书·郑玄传》：“吾虽无～～之绪，颇有让爵之高。”

绋(紼) fú ❶大绳。《诗经·小雅·采菽》:"泛泛扬舟,～缅维之。"❷下葬时牵引棺柩入墓穴的绳子,古时送葬者要执绋。《吕氏春秋·节丧》:"引～者左右万人以行之。"(高诱注:"绋,引棺索也。《礼》送葬皆执绋。")《礼记·曲礼上》:"临丧则必有哀色,执～不笑。"❸通"绂"。系官印的丝带。《汉书·丙吉传》:"临当封,吉疾病,上将使人加～而封之。"

【绋冕】 fúmiǎn 同"绂冕"。比喻官位。苏舜钦《浩然堂记》:"曾君将之杭官,旅于苏,尝登于沧浪之亭,览景四顾,慨然有弃～～相从之意。"

祓 1. fú ❶古代一种除灾求福的祭祀。《韩非子·说林下》:"故谚曰:'巫咸虽善祝,不能自～也。'"《吕氏春秋·本味》:"汤得伊尹,～之于庙。"《史记·封禅书》:"天子～,然后入。"❷消除,清除。《国语·周语上》:"先王知大事必以众济也,是故～除其心,以和惠民。"《后汉书·礼仪志上》:"是月上巳,官民皆絜于东流水,曰洗濯～除去宿垢疢为大絜。"❸洗濯,使清洁。《新唐书·萧德言传》:"德言晚节学愈苦,每开经,辄～濯束带危坐。"

2. fèi ❹古国名,在今山东省胶州市东南。《汉书·地理志上》:"琅邪郡,～,侯国。"

【祓斋】 fúzhāi 求福去灾、去污以洁身的祭祀仪式。《史记·周本纪》:"天下未集,群公惧,穆卜,周公乃～～,自为质,欲代武王,武王有瘳。"

洑(澓) fú ❶漩涡。《水经注·沔水》:"又东为净滩,夏水急盛,川多湍～,行旅苦之。"❷水潜流地下。杜甫《崔驸马山亭宴集》诗:"～流何处入,乱石闭门高。"

垘 fú 填塞,壅塞不通。《史记·天官书》:"山崩及徙,川塞溪～。"

茯 fú 见"茯苓"。

【茯苓】 fúlíng 菌科植物,寄生在赤松或马尾松根上,形状像甘薯,大小不等,可入药,也作伏灵。《史记·龟策列传》:"～～者,千岁松根也,食之不死。"杜甫《路逢襄阳少府入城戏呈杨员外绾》诗:"寄语杨员外,山寒少～～。"

韨(韍) fú ❶古代朝觐或祭祀时遮蔽在衣服前的一种服饰。用熟皮制作,形似围裙,系于下衣的外面,用以蔽膝。形制、图纹、颜色按不同等级有所区别。《礼记·明堂位》:"有虞氏服～。"❷系玉玺的丝带。《汉书·王莽传上》:"赐公太夫人号曰功显君,食邑二千户,黄金印赤～。"又:"太后诏曰:'～如相国,朕亲临授焉。'"

罘(罦) fú ❶捕兔的网。泛指捕鸟兽的网。张衡《东京赋》:"成礼三殴,解～放麟。"(殴:驱。)❷一种附设机关的捕鸟兽的网。《汉书·司马相如传上》:"列卒满泽,～罔弥山。"《后汉书·班固传》:"～罔连纮,笼山络野。"

【罘罝】 fújū 兔网,比喻法网。《后汉书·寇荣传》:"举趾触～～,动行絓罗网。"(絓:通挂。)

【罘罳】 fúsī ❶宫门外的屏风,上刻云气、虫兽,镂空可透视,也作"浮思"、"桴思"、"罦思"。《释名·释宫室》:"～～在门外。罘,复也;罳,思也。臣将入请事,于此复重思之。"《三国志·魏书·明帝纪》"大治洛阳宫"注引《魏略》:"岁首建巨兽,鱼龙曼延,弄马倒骑,备如汉西京之制,筑阊阖诸门阙外～～。"❷设在屋檐或窗户上的网,用以防鸟雀。《后汉书·灵帝纪》:"南宫内殿～～自坏。"

俘 fú ❶(战争中)擒获,缴获。《左传·宣公二年》:"～二百五十人,馘百。"《史记·殷本纪》:"汤遂伐三㚇,～厥宝玉,义伯、仲伯作《典宝》。"(三㚇:古国名。)❷战争中擒获的敌人。《左传·庄公三十一年》:"诸侯不相遗～。"《史记·晋世家》:"五月丁未,献楚～于周,驷介百乘,徒兵千。"

【俘馘】 fúguó 泛指被歼灭之敌。俘指俘获之敌,馘指从敌人尸体上割下的左耳。《吕氏春秋·古乐》:"以锐兵克之于牧野,归,乃荐～～于京太室。"《晋书·刘琨传》:"王旅大捷,～～千计。"

绂(紱、韍) fú 古代覆盖在车轼上的饰物。《释名·释车》:"～,伏也。在前,人所伏也。"

驸(駙) fú 马名。颜延之《赭白马赋》:"骥不称力,马以龙名,岂不以国尚威容,军～趫迅而已。"

费 fú 见fèi。

浮 fú ❶漂在水面上,漂浮。《诗经·小雅·菁菁者莪》:"泛泛杨舟,载沉载～。"《韩非子·功名》:"千钧得船则～,锱铢失船则沉。"❷泛舟。《国语·越语下》:"遂乘轻舟以～于五湖,莫知其所终极。"《战国策·楚策一》:"一舫载五十人,与三月之粮,下水而～,一日行三百馀里。"❸渡水,游水。李白《梁园吟》:"我～黄河去京关,挂席欲进波连山。"陆游《牧牛儿》诗:"溪深不须忧,吴牛能自～。"❹飘在空中。韩愈《别知赋》:"雨浪浪其不上,云浩浩其常~。"王安石《别皖口》诗:"~烟漠漠细沙平,飞雨溅溅嫩水生。"❺流动,不固定。《汉书·地理志下》:"又郡国辐凑,~食者多,民去本就末。"《资治通鉴·唐武宗会昌四年》:"民竭~财及粮粮输之,不能充,皆恼恼不安。"❻轻薄,轻佻。《国语·楚语上》:"教之乐,以疏其秽而镇其~。"❼超过。《论衡·书虚》:"桓公妻姑姊妹七人,恶~于桀纣,而过重于秦、莽。"(秦:秦二世胡亥;莽:王莽。)❽空虚,虚浮无根据。《汉书·邹阳传》:"两主二臣,剖心析肝相信,岂移于~辞哉!"孔安国《古文尚书序》:"芟夷烦乱,剪裁~辞。"杜甫《曲江》诗之一:"细推物理须行乐,何用~名绊此身。"❾用满杯酒罚人。《淮南子·道应训》:"蹇重举白而进之,曰:'请~君。'"(高诱注:"浮,犹罚也。")苏轼《赠莘老七绝》诗:"若对青山谈世事,当须举白便~君。"❿通"瓠"。葫芦。《淮南子·说山训》:"百人抗~,不若一人挈而趋。"(抗:举。)

【浮沉】 fúchén ❶在水中时上时下,比喻随波逐流、消极处世的态度。司马迁《报任少卿书》:"故且从俗~~,与时俯仰。"❷祭祀河流,即将物品投入河中,或浮或沉,谓之浮沉。《尔雅·释天》:"祭川曰~~。"❸指书信没有送到。《世说新语·任诞》:"殷洪乔作豫章郡,临去,都下人因附百许函书。既至石头,悉掷水中,因祝曰:'沉者自沉,浮者自浮,殷洪乔不能作致书邮。'"后以书信未到为付诸浮沉。朱熹《答何叔京书》:"《西山集》即便恐有~~,不敢附,今付来人。"

【浮浮】 fúfú ❶盛大的样子。《诗经·小雅·角弓》:"雨雪~~,见晛曰流。"❷动荡的样子。《楚辞·九章·抽思》:"悲秋风之动容兮,何回极之~~?"❸热气腾腾的样子。《诗经·大雅·生民》:"释之叟叟,烝之~~。"(释:淘米。烝:蒸。)

【浮夸】 fúkuā ❶虚浮不切实际。《晋书·刘琨传》:"琨少负志气,有纵横之才,善交胜己,而颇~~。"❷指文笔夸张。韩愈《进学解》:"《春秋》谨严,《左氏》~~。"

【浮生】 fúshēng 人生,古代老庄学派认为人生在世虚浮无定,故称人生为浮生。骆宾王《与博昌父老书》:"追维逝者,~~几何?"杜甫《戏作俳谐体遣闷》之二:"是非何处定,高枕笑~~。"

【浮说】 fúshuō 空谈,荒诞不实的言谈。《韩非子·五蠹》:"故破国亡主,以所言谈者之~~,此其何故也?"《史记·商君列传》:"商君,其天资刻薄人也。迹其欲干孝公以帝王术,挟持~~,非其质矣。"

【浮思】 fúsī ❶立于宫门外的屏风。同"罘罳①"。《礼记·明堂位》"……疏屏,天子之庙饰也"注:"屏谓之树,今~~也。刻之云气虫兽,如今阙上为之矣。"❷城上瞭望的小楼。《周礼·考工记·匠人》"宫隅之制七雉,城隅之制九雉"郑玄注:"宫隅、城隅,角~~也。"又:"~~者,小楼也。"

【浮图】 fútú 也作"浮屠"。❶佛教,简称佛。《后汉书·光武十王传》:"晚节更喜黄老,学为~~斋戒祭祀。"范缜《神灭论》:"~~害政,桑门蠹俗。"(桑门:僧尼。)❷指佛塔。《洛阳伽蓝记》卷一:"中有三层~~一所,金盘灵刹,曜诸城内。"❸指和尚,出家人。欧阳修《宦者传论》:"宦者亡窜山谷,多削发为~~。"王安石《游褒禅山记》:"唐~~慧褒,始舍于其址,而卒葬之。"

【浮蚁】 fúyǐ 酒酿熟后,浮在酒面上的泡沫,似蚂蚁,谓之浮蚁。陶渊明《拟挽歌辞》之二:"春醪生~~,何时更能尝。"(醪:酒。)又指酒。杜甫《对雪》诗:"银壶酒易赊,无人竭~~。"

【浮淫】 fúyín ❶游水取鱼为乐。《韩非子·说疑》:"赵之先君敬侯,不修德行,……冬日罼弋,夏~~,为长夜,数日不废御觞。"❷轻浮淫佚。《史记·老子韩非列传》:"富国强兵而以求人任贤,反举~~之蠹而加之于功实之上。"《汉书·食货志下》:"于是天子与公卿议,更造钱币以澹用,而摧~~并兼之徒。"

【浮游】 fúyóu ❶游荡。《楚辞·离骚》:"和调度以自娱兮,聊~~而求女。"《三国志·魏书·管辂传》:"昼则~~,夜来病人,故使惊恐也。"❷游手好闲。《汉书·食货志下》:"民~~无事,出夫布一匹。"❸同"浮蝣"。《淮南子·诠言训》:"龟三千岁,~~不过三日。"

【浮蝣】 fúyóu 即"蜉蝣"。一种生存期很短的昆虫,也作"浮游"。《荀子·大略》:"饮而不食者,蝉也;不饮不食者,~~也。"比喻时间极短,犹如昙花一现。《论衡·订鬼》:"阴阳~~之类,若云烟之气,不能为也。"

【浮云】 fúyún ❶漂浮在天空中的云彩。《汉书·贾山传》:"臣闻交龙襄首奋翼,则~~出流,雾雨咸集。"(襄:举。)杜甫《佐还山后寄》诗之一:"山晚~~合,归时恐路迷。"❷用以比喻。1)比喻与己无关。左思《咏史》之三:"连玺耀前庭,比之犹~~。"杜甫

《丹青引》："丹青不知老将至，富贵于我如～～。"2)比喻小人。李白《登金陵凤凰台》诗："总为～～能蔽日，长安不见使人愁。"3)比喻人生之短促。《周书·萧大圜传》："人生若～～朝露，宁俟长绳系景，实不愿之。"

祓　fú　见 bō。

莩　1. fú　❶芦苇秆中的薄膜。可用作笛膜。又比喻薄。《汉书·景十三王传》："今群臣非有葭～之亲，鸿毛之重。"❷种子的外皮。李商隐《百果嘲樱桃》诗："朱实虽先熟，琼～纵早开。"

2. piǎo　❸通"殍"。饿死。《孟子·梁惠王上》："涂有饿～而不知发。"(涂：通"途"。发：指开仓济民。)

【莩甲】　fújiǎ　草木的种子外皮裂开发芽。《后汉书·章帝纪》："方春生养，万物～～，宜助萌阳，以育时物。"

垺　fú　见 póu。

蚨　fú　水虫名。《说文·虫部》："～，青蚨，水虫，可还钱。"参见"青蚨"。

郛　fú　❶外城，城圈外围的大城。《公羊传·文公十五年》："齐侯侵我西鄙，遂伐曹，入其～。"《后汉书·班固传》："壑无完柩，～罔遗室。"❷不切实。毛奇龄《山阴陈母马太君八十寿序》："故长久之道，唯在积之者不～，而后传之者有永。"

绋(紼)　fú　❶大绳索。《礼记·缁衣》："子曰：'王言如丝，其出如纶；王言如纶，其出如～。'"(注："言出弥大也。")㊀指皇帝的诏书。刘禹锡《谢贷钱物表》："特遂诚请，远承如～之旨。"❷牵引棺柩的绳子，同"绋"。《周礼·地官·遂人》："及葬，帅而属六～而窆。"(窆：下棺埋葬。)《礼记·杂记下》："四十者执～。"

钳(鉗)　fú　见"钳钮"。

【钳钮】　fú'ōu　镜匣上的装饰。也作"锫钮"。《玉篇·金部》："～～，奁饰也。"(奁：镜匣。)

涪　fú　❶水名。在四川省中部，源出松潘县，东南流至合川县入嘉陵江。《说文·水部》："～，水。出广汉刚邑道徼外，南入汉。"❷郡名。在今重庆涪陵。《水经注·渭水中》："女子前诉曰：'妾夫为～令之官，过宿此亭，为亭长所杀。'"杜甫《长江》诗之一："众水会～万，瞿塘争一门。"

烰　fú　❶见"烰烰"。❷通"庖"。厨子。见"烰人"。

【烰烰】　fúfú　蒸气或火气上升的样子。《尔雅·释训》："～～，烝也。"(郭璞注："气出盛。"烝：即蒸。)《玉篇·火部》："烰，～～，火气盛也。"

【烰人】　fúrén　厨师。《吕氏春秋·本味》："有侁氏女子采桑，得婴儿于空桑之中，献之其君。其君令～～养之，察其所以然。"

琈　fú　❶玉名，瑀琈。《山海经·西山经》："又西百二十里，曰刚山，多漆木，多瑀～之玉。"❷玉的色彩。《玉篇·玉部》："～，琈笋，玉采色。"

桴　fú　❶小竹筏。大的叫筏，小的叫桴。《论语·公冶长》："道不行，乘～浮于海。"❷房屋的二梁，泛指屋梁。班固《西都赋》："列棼橑以布翼，荷栋～而高骧。"❸通"枹"。鼓槌。《管子·小匡》："介胄执～，立于军门。"《吕氏春秋·贵直》："简子投～而叹。"❹通"罘"。见"桴思"。

【桴革】　fúgé　鼓槌与铠甲，比喻战斗。《后汉书·西羌传论》："～～暂动，则属鞬以鸟惊。"

【桴鼓】　fúgǔ　鼓槌与鼓。古时作战，击鼓进攻，故比喻战争。《史记·司马穰苴列传》："临军约束则忘其亲，援～～之急则忘其身。"曾巩《救灾议》："不幸或连一二城之地，有～～之警，国家胡能晏然而已乎？"

【桴思】　fúsī　同"罘罳"。见"罘罳"。

菔　fú　❶芦菔。萝卜。❷兵器袋。《集韵·屋韵》："～，刀剑衣。"

虙　fú　通"伏"。藏。《素问·气厥》："小肠移热于大肠，为～瘕。"《颜氏家训·书证》："孔子弟子～子贱为单父宰，即～牺之后，俗字亦为宓。……济南伏生，即子贱之后，是知～之与伏，古来通字。"

符　fú　❶古代朝廷封官、传命和调遣兵将的凭证，用铜、玉、竹、木等制作，上刻文字，分为两半，各执其一，合二为一方有效。《史记·魏公子列传》："公子遂行，至邺，矫魏王令代晋鄙。晋鄙合～，疑之。"又《楚世家》："齐王大怒，折楚～而合于秦。"王安石《送王詹叔利州路运判》诗："王孙旧读五车书，手把山阳太守～。"❷出入门关的凭证。《墨子·号令》："诸城门若亭，谨候视往来行者～。"《后汉书·郭丹传》："后从师长安，买～入函谷关。"❸契约，凭证。《荀子·君道》："合～节，别契券者，所以为信也。"《汉书·董仲舒传》："三代受命，其～安在？"韩愈《原道》："相欺也，为之～玺斗斛权衡以信之。"❹瑞征，吉祥的征兆。《汉书·扬雄传下》："方将俟元～，以禅梁甫之吉，增泰山之高。"(颜师古注："符，瑞也。")《论衡·吉验》："弃疾后立，竞续楚祀，如其神～。"❺旧时道士用以驱鬼召神、治病延年的秘密文书。《后汉书·皇甫嵩传》:"巨鹿张角自称大贤良师,奉事黄老道,畜养弟子,跪拜首过,~水呪说以疗病。"《隋书·经籍志四》:"于代都东南起坛宇,给道士百二十馀人,……太武亲备法驾,而受~箓焉。"❻道,规律。《吕氏春秋·精谕》:"故未见其人而知其志,见其人而心与志皆见,天~同也。"(高诱注:"符,道也。")陆机《辨亡论》:"战守之道,抑有前~。"❼相合,相当。《韩非子·用人》:"发矢中的,赏罚当~。"李白《虞城县令李公去思颂碑》:"既苦且清,足以~吾志也。"杜甫《送窦九归成都》诗:"非尔更苦节,何人~大名。"❽通"孚"。见"符甲"。❾通"柎"。花萼足。《山海经·西山经》:"其上多丹木,其叶如榖,其实大如瓜,赤~而黑理。"

【符甲】 fújiǎ 同"孚甲"。草木种子的外壳。《史记·律书》:"甲者,言万物剖~~而出也。"

【符命】 fúmìng ❶古代指天赐吉祥给人君的凭证。《汉书·诸侯王表》:"诈谋既成,遂据南面之尊,分遣五威之吏,驰传天下,班行~~。"《魏书·临淮王传》:"汉高不因瓜瓞之绪,光武又无世及之德,皆身受~~,不由父祖。"❷文体名,称述帝王受天之符瑞及歌颂功德的文章。曹冏《六代论》:"汉宗室王侯,解印释绶,贡奉社稷,犹惧不得为臣妾,或乃为之~~,颂莽恩德,岂不哀哉!"(莽:王莽。)

【符玺】 fúxǐ 泛指皇帝的印章。《史记·秦始皇本纪》:"上病益甚,乃为玺书赐公子扶苏曰:'与丧会咸阳而葬。'书已封,在中车府令赵高行~~事所,未授使者。"

【符要】 fúyāo 信约,契约。《后汉书·窦融传》:"羌胡犯塞,融辄自将与诸郡相救,皆如~~,每辄破之。"

匐 fú 见"匍匐"。

菖 fú 草名,根可食。古称"恶菜"。《诗经·小雅·我行其野》:"我行其野,言采其~。"

幅 1. fú ❶布帛的宽度。《汉书·食货志下》:"布帛广二尺二寸为~,长四丈为匹。"❷布帛的边。《仪礼·丧服》:"凡衰(cuī)外削~,裳内削~。"(贾公彦疏:"云衰外削幅者,谓缝之边幅向外,裳内削幅者,亦谓缝之边幅向内。")❸约束使有限度。《左传·襄公二十八年》:"夫民,生厚而用利,于是乎正德以~之。"❹量词。用于布帛、纸张、书画等。杜荀鹤《送青阳李明府》诗:"惟将六~绢,写得九华山。"韩愈《桃源图》诗:"流水盘回山百转,生绡数~垂中堂。"

2. bì ❺绑腿布,用布缠足背,上至膝。《左传·桓公二年》:"带、裳、~、舄、衡、紞、纮、綖,昭其度也。"(舄:双层底的鞋。衡紞纮綖:皆冠冕上的饰物。)

【幅巾】 fújīn 束发用的丝巾。古代男子不戴帽子时,用一幅绢束发。《后汉书·周磐传》:"敛形悬封,濯衣~~。"苏辙《武昌九曲亭记》:"闻子瞻至,~~迎笑,相携徜徉而上。"

【幅裂】 fúliè 分裂,如布帛之撕裂。《后汉书·南匈奴传》:"后王莽陵篡,扰动戎夷,续以更始之乱,方夏~~。"《三国志·吴书·孙权传》:"至今九州~~,普天无统,民神痛怨。"

【幅员】 fúyuán 疆域方圆的面积。幅指宽度,员指周长。柳宗元《石渠记》:"北堕小潭,潭~~减百尺,清深多鯈鱼。"王安石《上五事劄子》:"今青唐、洮河,~~三千馀里。"

罦 fú ❶古代装有机关的捕鸟兽的网,即覆车网。《诗经·王风·兔爰》:"有兔爰爰,雉离于~。"(离:通"罹"。落入。)《后汉书·马融传》:"~罝罗䍡,弥纶阬泽。"❷覆盖。《太玄·迎》:"湿迎床足,~于墙屋。"

【罦罳】 fúsī 同"罘罳"。《广雅·释宫》:"~~谓之屏。"

福 1. fú ❶福气,与"祸"相对。《老子·五十八章》:"祸兮,~之所倚;~兮,祸之所伏。"《战国策·秦策三》:"主圣臣贤,天下之~也。"❷造福,保祐。《诗经·鲁颂·閟宫》:"周公皇祖,亦其~女。"《国语·晋语四》:"亲有天,用前训,礼兄弟,资穷困,天所~也。"❸祭祀用的酒肉。《国语·晋语二》:"今夕君梦齐姜,必速祠而归~。"❹行赏,奖赏。即给人以福。《尚书·洪范》:"惟辟作~,惟辟作威。"(辟:君王。)❺旧时妇女行礼,敛衽致敬曰福,亦称万福。《官场现形记》四十回:"马老爷才赶过来作揖,瞿太太也只得~了一~。"❻姓。

2. fù ❼藏。《集韵·宥韵》:"~,藏也。"《史记·龟策列传》:"邦~重宝,闻于傍乡。"❽通"副"。相称,相同。张衡《西京赋》:"仰~帝居,阳曜阴藏。"(李善注引薛综曰:"福,犹同也。")

【福履】 fúlǚ 即"福禄",福气与禄位。《诗经·周南·樛木》:"乐只君子,~~将之。"(将:养。)《说苑·贵德》:"则太平之风,可兴于世,~~和乐,与天地无极。"

【福祐】 fúyòu 赐福保祐。《论衡·祸虚》:"世谓受~~者,既以为行善所致;又谓被祸害者,为恶所得。"《三国志·蜀书·谯周传》："且承事宗庙者，非徒求～～，所以率民尊上也。"

【福胙】 fúzuò 祭祀用的肉。《论衡·语增》："使文王、孔子因祭用酒乎？则受～～不能厌饱。"

滏 fú 水名。即今河北省之滏阳河，源出河北省磁县西北的石鼓山，古称滏水。《山海经·北山经》："又北三百里，曰神囷之山，……～水出焉，而东流注于欧水。"

楅 fú ❶见"楅衡"。❷插箭的器具。两边龙头，中间蛇身，用熟牛皮制成。射箭时，将箭插在其中。《仪礼·乡射礼》："乃设～于中庭，南当洗东肆。"《新唐书·礼乐志六》："若特射无侍射之人，则不设～，不陈赏罚。"

【楅衡】 fúhéng 控制牛的用具，即在牛角上加一横木，以防抵人。《周礼·地官·封人》："凡祭祀，饰其牛牲，设其～～。"（郑玄注："杜子春云：'楅衡，所持牛令不得抵触人。'"）苏洵《衡论·御将》："蹄者可驭以羁绁，触者可拘以～～。"

辐(輻) fú 车轮的辐条。《老子·十一章》："三十～共一毂，当其无，有车之用。"《汉书·李广传》："士尚三千馀人，徒斩车～而持之，军吏持尺刀，抵山入陿谷。"

【辐凑】 fúcòu 车的辐条集凑于车轴心，比喻人或物聚集在一起。《战国策·韩策三》："～～以事其上，则群臣之贤不肖，可得而知也。"《汉书·地理志下》："又郡国～～，浮食者多，民去本就末。"

蜉 fú 见"蜉蝣"。

【蜉蝣】 fúyóu 一种生存期很短的昆虫。也作"浮蝣"、"蜉蝤"、"浮游"。《诗经·曹风·蜉蝣》："～～之羽，衣裳楚楚。"又比喻生命之短促。苏轼《前赤壁赋》："寄～～于天地，渺沧海之一粟。"

鵩(鵩) fú 鸟名，又名山鸮，因夜鸣声恶，古称之不祥之鸟。《汉书·贾谊传》："谊为长沙傅三年，有～飞入谊舍，止于坐隅。～似鸮，不祥鸟也。"陆游《独坐》诗："蛙鸣乃是怒，～啸固非妖。"

菔 fú 见 bì。

箙 fú ❶盛箭的器具，用兽皮或竹木制成。《周礼·夏官·司弓矢》："中秋献矢～。"李贺《黄家洞》诗："黑幡三点铜鼓鸣，高作猿啼摇箭～。"❷用具的外套。《后汉书·舆服志上》："耕车，其饰皆如之。有三盖。一曰芝车，置䎱耒耜～，上亲耕所乘也。"

蝠 fú ❶见"蝙蝠"。❷通"蝮"。毒蛇。《后汉书·崔琦传》："～蛇其心，纵毒不辜。"

鲋(鮄) fú 见"鲋鲱"。

【鲋鲱】 fúpèi 江豚的别称。《太平御览·鳞介部十一》引曹操《四时食制》："～～鱼黑色，大如百斤猪，黄肥不可食，数枚相随，一浮一沉，……出淮及五湖。"

踾 1. fú ❶见"踾踧"。
2. bì ❷踏地声。《玉篇·足部》："～，踏地声。"

【踾踧】 fúcù 紧迫的样子。马融《长笛赋》："～～攒仄，蜂聚蚁同。"

黻(黻) fú ❶古代礼服上绣的青与黑色相间的亞形花纹。《周礼·考工记·画缋》："白与黑谓之黼，黑与青谓之～。"❷通"韍"。古代祭祀时所穿的蔽膝。《左传·桓公二年》："衮、冕、～、珽，带、裳、幅、舄，……昭其度也。"❸通"绂"。系印章的丝带。江淹《谢光禄郊游》诗："云装信解～，烟驾可辞金。"（驾：车。金：金印。）

【黻冕】 fúmiǎn 古代卿大夫的礼服与礼帽。《左传·宣公十六年》："晋侯请于王，戊申，以～～命士会将中军。"（士会：人名。）

【黻衣】 fúyī 古代的礼服。用青黑两色绣上亞字形花纹。《诗经·秦风·终南》："君子至止，～～绣裳。"张衡《思玄赋》："袭温恭之～～兮，被礼义之绣裳。"

鼓 1. fú ❶鼓声。《集韵·虞韵》："～，鼓声也。"❷军鼓喧哗声。《集韵·嗔韵》："～，军鼓声喧也。"
2. fǔ ❸拍手，同"拊"。《尚书大传》卷三："惟丙午，王逮师，前师乃鼓，～噪，师乃慆，前歌后舞。"

甫 1. fǔ ❶古代对男子的美称。《仪礼·士冠礼》："曰伯某～，仲、叔、季，唯其所当。"（郑玄注："甫，是丈夫之美称。孔子为尼甫，周大夫有嘉甫，宋大夫有孔甫，是其类。"）❷大，广大。《诗经·齐风·甫田》："无田～田，维莠骄骄。"《汉书·礼乐志》："登成～田，百鬼迪尝。"❸始，才。《后汉书·傅燮传》："诚使张角枭夷，黄巾变服，臣之所忧，～益深耳。"《宋书·谢灵运传论》："至于建安，曹氏基命，三祖陈王，咸蓄盛藻。～乃以情纬文，以文被质。"欧阳修《原弊》："甚者，场功～毕，簸糠麸而食秕稗。"❹古国名，故城在今河南南阳一带。《诗经·王风·扬之水》："彼其之子，不与我戍～。"
2. pǔ ❺通"圃"。古地名，在今河南省中牟县境内。《诗经·小雅·车攻》："东有～草，驾言行狩。"（郑玄笺："甫草者，甫田之草也,郑有甫田。")

【甫甫】 fǔfǔ 大而多的样子。《诗经·大雅·韩奕》:"鲂鲔~~,麀鹿噳噳。"(鲂鲔:鱼名。麀:雌鹿。噳噳:鹿相聚一起。)

【甫能】 fǔnéng 方才。也作"副能"、"付能"。辛弃疾《杏花天》词:"~~得见茶瓯面,却早安排肠断。"石孝友《茶瓶儿》词:"~~见也还抛弃,负了万红千翠。"

抚(撫) fǔ ❶抚摩。《楚辞·九歌·少司命》:"~余马兮安驱?夜皎皎兮既明。"《国语·晋语八》:"叔向见司马侯之子,~而泣之。"❷用手按着。《孟子·梁惠王下》:"夫~剑疾视曰:'彼恶敢当我哉!'"《礼记·曲礼上》:"客跪~席而辞。"❸握持,握着。《论衡·语增》:"~梁易柱,言其多力也。"❹拍,轻击。《列子·汤问》:"师襄乃~心高蹈曰:'微矣,子之弹也。'"《三国志·吴书·鲁肃传》:"[孙]权~掌欢笑。"❺拨弄,弹奏。《韩非子·十过》:"[师涓]因静坐~琴而写之。"庾信《春赋》:"玉管初调,鸣弦暂~。"❻占有,据有。《左传·昭公三年》:"若惠顾敝邑,~有晋国,赐之内主,岂唯寡君,举群臣实受其贶。"《国语·晋语七》:"公说,故使魏绛~诸戎,于是乎遂伯。"(伯:即霸。)❼凭借,依靠。《楚辞·离骚》:"不~壮而弃秽兮,何不改乎此度?"《礼记·曲礼上》:"国君~式,大夫下之。大夫~式,士下之。"(式:即轼。)张衡《东京赋》:"天子乃~玉辂,时乘六龙。"❽顺应,依循。《楚辞·九章·怀沙》:"~情效志兮,冤屈而自抑。"《孙膑兵法·月战》:"故~时而战,不复使其众。"❾安抚,抚慰。《孟子·梁惠王上》:"欲辟土地,朝秦楚,莅中国,而~四夷也。"《史记·律书》:"今陛下仁惠~百姓,恩泽加海内。"❿理,治理。王安石《寄吴冲卿》诗:"读书谓已多,~事知不足。"⓫明、清时代巡抚的省称。《儒林外史》三十四回:"就是浙~徐穆轩先生,今升少宗伯。"

【抚安】 fǔ'ān 安抚。《三国志·吴书·鲁肃传》:"若[刘]备与彼协心,上下齐同,则宜~~。"

【抚存】 fǔcún 抚恤救济。《后汉书·张纯传》:"修复祖宗,~~万姓。"曾巩《存恤外国人请著为令劄子》:"中国礼义所出,宜厚加~~,令不失所。"

【抚军】 fǔjūn ❶太子随国君出境。《左传·闵公二年》:"君行则守,有守则从。从曰~~,守曰监国,古之制也。"《国语·晋语一》:"君行,太子从,以~~也。"❷将军的称号。《晋书·职官志》:"骠骑、车骑、卫将军、伏波、~~,都护、镇军……等大将军。"❸明、清时代巡抚的别称。

【抚临】 fǔlín 安抚统治。《史记·孝文本纪》:"以不敏不明而久~~天下,朕甚自愧。"《三国志·魏书·三少帝纪》:"陛下稽德期运,~~万国,绍大宗之重,隆三祖之基。"

【抚世】 fǔshì ❶安抚天下。《庄子·天道》:"以此进而为~~,则功大名显而天下一也。"(一:统一。)❷盖世。《荀子·宥坐》:"勇力~~,守之以怯。"

【抚循】 fǔxún 抚恤,安抚。《三国志·魏书·郭淮传》:"淮以威恩~~羌、胡。"曾巩《福州上执政书》:"《诗》存先王养士之法,所以~~待遇之者,恩意可谓备矣。"

【抚膺】 fǔyīng 叩胸,表示某种感情。《列子·说符》:"有齐子亦欲学其道,闻言者之死,乃~~而恨。"

【抚字】 fǔzì 抚育爱护。《北齐书·封隆之传》:"隆之素得乡里人情,频为本州,留心~~,吏民追思,立碑颂德。"韩愈《顺宗实录》卷四:"上考功第,城自署第曰:'~~心劳,征科政拙,考下下。'"(城:人名。)

吰 fǔ 见"吰咀"。

【吰咀】 fǔjǔ ❶将药物用口咬碎,如豆粒大,以便煎服。《灵枢经·寿夭刚柔》:"凡四种,皆~~,渍酒中。"❷咀嚼。《抱朴子·登涉》:"可以此药涂疮,亦愈。~~赤苋汁饮之,涂之亦愈。"

呒(嘸) fǔ 惊讶。见"呒然"。

【呒然】 fǔrán 惊讶的样子。《汉书·韩信传》:"令其裨将传餐,曰:'今日破赵会食。'诸将皆~~,阳应曰:'诺。'"

免 fǔ 见 miǎn。

府 fǔ ❶收藏财物或文书的地方。《韩非子·十过》:"仓无积粟,~无储钱。"《战国策·秦策五》:"君之~藏珍珠宝玉。"《汉书·郊祀志上》:"史书而藏之~。"❷掌管财物文书的官。《周礼·天官·宰夫》:"五曰~,掌官契以治藏。"❸指聚集之处。《左传·僖公二十七年》:"《诗》、《书》,义之~也。"又《昭公十二年》:"吾不为怨~。"❹官府的统称。《管子·权修》:"~不积货,藏于民也。"(尹知章注:"府,官府。")《后汉书·胡广传》:"值王莽居摄,[胡]刚解其衣冠,县~门而去。"(县:即悬。)诸葛亮《出师表》:"宫中~中俱为一体。"❺行政区域的名称,一般在县以上。《新唐书·地理志一》:"京兆府京兆郡,本雍州,开元元年为

～。”顾炎武《日知录·政事·府》：“汉曰郡，唐曰州，州即郡也。惟建都之地乃曰～，至宋而大郡多升为～。”❻达官贵人的住宅。杨炯《夜送赵纵》诗：“送君还归～，明月满前川。”《红楼梦》三回：“一时黛玉进入荣～。”❼通“腑”。人体内脏器官。《吕氏春秋·达郁》：“凡人三百六十节，九窍，五脏，六～。”❽通“俯”。见“府然”。❾姓。

【府公】 fǔgōng ❶六朝时臣僚称其主为府公。《晋书·贾充传》：“果见充行至一府舍，侍卫甚盛，～～南面坐，声色甚厉。”❷唐代称节度使、观察使为府公。刘禹锡《送王司马之陕州》诗：“～～既有朝中旧，司马应容酒后狂。”

【府官】 fǔguān 官署与官职。《管子·幼官》：“定～～，明名分，而审责于群臣有司，则下不乘上，贱不乘贵。”

【府君】 fǔjūn ❶汉代称太守为府君。《后汉书·华佗传》：“～～胃中有虫，欲成内疽，腥物所为也。”又《西南夷传》：“郎君仪貌类我～～。”❷称太守或尊称其他官吏。《世说新语·言语》：“文举至门，谓吏曰：‘我是李～～亲。’”❸对神的敬称。《魏书·段承根传》：“吾太山～～子，奉敕游学，今将欲归。”

【府库】 fǔkù 收藏钱财与兵器的地方。《孟子·告子下》：“今之事君者皆曰，我能为君辟土地，充～～。”《战国策·秦策一》：“今天下之～～不盈，囷仓空虚。”

【府然】 fǔrán 同“俯然”。低身就物的样子。《荀子·非相》：“与时迁徙，与世偃仰，缓急嬴绌，～～若渠匽、檃括之于己也。”（渠匽：即渠堰。堤坝。檃括：矫正弯木的工具。）

【府寺】 fǔsì 汉代郡的官署。《后汉书·刘般传》：“时五校官显职闲，而～～宽敞，舆服光丽。”

【府帖】 fǔtiě 官府征兵的文书。杜甫《新安吏》诗：“～～昨夜下，次选中男行。”

【府藏】 fǔzàng ❶国家储藏财物的仓库。《汉书·翼奉传》：“已诏吏虚仓廪，开～～，振救贫民。”❷同“腑脏”。《列子·汤问》：“汝曩之所疾，自外而干～～者，固药石之所已。”

拊 fǔ ❶拍打，轻击。《尚书·舜典》：“予击石～石，百兽率舞。”《楚辞·九歌·东皇太一》：“扬枹兮～鼓，疏缓节兮安歌，陈竽瑟兮浩倡。”（枹：鼓槌。）《战国策·宋卫策》：“新妇谓仆曰：‘～骖，无笞服。’”（服：驾在中间的马。）❷抚摩。《晋书·贾充传》：“黎民年三岁，乳母抱之当阁，黎民见充入，喜笑，充就而～之。”（黎民：贾充之子。）❸安抚。《左传·宣公十二年》：“王巡三军，～而勉之。”❹抚育，抚养。《诗经·小雅·蓼莪》：“～我畜我，长我育我。”❺柄。《礼记·少仪》：“削授～。”（孔颖达疏：“削谓曲刀。拊谓削把，言以削授人，则以把授之。”）❻通“弣”。弓中间把手的地方。《礼记·少仪》：“弓则以左手屈韣执～。”（韣：盛弓的袋子。）❼一种打击乐器。形似鼓。《周礼·春官·大师》：“令奏击～。”❽附着。《史记·扁鹊仓公列传》：“臣［淳于］意即以寒水～其头。”

【拊髀】 fǔbì 手拍大腿，表示兴奋激动。《汉书·冯唐传》：“上既闻廉颇、李牧为人，良说，乃～～曰：‘嗟乎，吾独不得廉颇、李牧为将，岂忧匈奴哉！’”《后汉书·阳球传》：“［阳］球尝～～发愤曰：‘若阳球作司隶，此曹子安得容乎？’”

【拊手】 fǔshǒu 拍手，鼓掌。表示赞赏、高兴。《史记·赵世家》：“已而笑，～～且歌。”《三国志·魏书·武帝纪》：“但说京都旧故，～～欢笑。”

【拊循】 fǔxún 也作“拊巡”、“揗循”。❶抚慰，安抚。《史记·越王句践世家》：“句践自会稽归七年，～～其士民，欲用以报吴。”《汉书·吴王刘濞传》：“郡国诸侯各务自～～其民。”❷爱护。《荀子·王制》：“兵革器械者，彼将日月暴露毁折之中原，我今将修饰之，～～之，掩盖之于府库。”❸训练。《汉书·韩信传》：“且信非得素～～士大夫，经所谓‘驱市人而战之’也。”

【拊噪】 fǔzào 拍手欢笑。马融《长笛赋》：“～～踊跃。”

斧 fǔ ❶砍木的工具，柄榫是椭圆形的。《诗经·陈风·墓门》：“墓门有棘，～以斯之。”（斯：劈。）《荀子·劝学》：“林木茂而～斤至焉。”❷古代的一种兵器，也作为杀人的刑具。《战国策·秦策三》：“今臣之胸不足以当椹质，要不足以待～钺。”（椹：砧板。要：即腰。）《吕氏春秋·高义》：“乃为之桐棺三寸，加～质其上。”❸用斧砍。曹操《苦寒行》：“担囊行取薪，～冰持作糜。”❹白与黑相间的斧形图案。见“斧依”。

【斧柯】 fǔkē ❶斧子柄。《战国策·魏策一》：“周书曰：‘绵绵不绝，缦缦奈何；毫毛不拔，将成～～。’”《说苑·敬慎》：“青青不伐，将寻～～。”❷比喻权力。蔡邕《龟山操》：“予欲望鲁兮，龟山蔽之，手无～～，奈龟山何？”

【斧依】 fǔyī 置于户牖之间绣以斧形的屏风。也作“斧扆”。《礼记·明堂位》：“昔者周公朝诸侯于明堂之位,天子负～～,南乡而立。"(乡:向。)

【斧藻】 fǔzǎo 修饰。王融《三月三日曲水诗序》:"～～至德,琢磨今范。"韩愈《和席八十二韵》:"芳菲含～～,光景畅形神。"

【斧正】 fǔzhèng 请人修改文章时的谦词。陈衍《与邓彰甫书》:"小赋不知堪入巨目否?万祈～～。"

弣 fǔ 弓把的中间部分。《礼记·曲礼上》:"凡遗人弓者,张弓尚筋,弛弓尚角,右手执箫,左手执～。"(箫:弓的头。)

俛 fǔ 见miǎn。

莆 1. fǔ ❶莆莆。见"莆"。
2. pú ❷通"蒲"。一种水草。《楚辞·天问》:"咸播秬(jù)黍,～雚(huán)是营。"(雚:芦一类的植物。)

俯 fǔ ❶屈身,低头。与"仰"相对。《孟子·尽心上》:"仰不愧于天,～不怍于地,二乐也。"《荀子·哀公》:"乌鹊之巢不可～而窥也。"《国语·晋语四》:"蘧蒢(qúchú)不可使～,戚施不可使仰。"(蘧蒢:身残不能屈身的人。)㊀屈服。《战国策·韩策三》:"诸侯恶魏必事韩,是我～于一人之下,而信于万人之上也。"❷对下。《孟子·梁惠王上》:"是故明君制民之产,必使仰足以事父母,～足以畜妻子。"《战国策·楚策四》:"王独不见夫蜻蛉乎?……～啄蚊虻而食之,仰承甘露而饮之。"❸蛰伏。《吕氏春秋·季秋》:"蛰虫咸～在穴,皆墐其户。"

【俯偻】 fǔlǚ 弯腰。《汉书·蔡义传》:"义为丞相时年八十馀,短小无须眉,貌似老妪,行步～～,常两吏扶夹乃能行。"

【俯首】 fǔshǒu 低头。《列子·汤问》:"師俞师旷方夜擿耳～～而听之,弗闻其声。"(擿:挑。)《战国策·赵策四》:"冯忌请见赵王,行人见之。冯忌接手～～,欲言而不敢。"(接手:两手交叉。)

【俯仰】 fǔyǎng 也作"俯卬"。❶上下。《墨子·鲁问》:"大王～～而思之。"《荀子·乐论》:"执其干戚,习其～～屈伸,而容貌得庄焉。"(干戚:舞具。)❷应付,周旋。王安石《泰州海陵县主簿许君墓志铭》:"若夫智谋功名之士,窥日～～,以赴势利之会,而辄不遇者,乃亦不可胜数。"❸表示时间短暂。《汉书·晁错传》:"兵,凶器;战,危事也。以大为小,以强为弱,在～～之间耳。"

【俯拾即是】 fǔshíjíshì 俯身随手即可拿来。形容多而且易得。司空图《诗品·自然》:"～～～～,不取诸邻。"

【俯首帖耳】 fǔshǒutiē'ěr 低着头耷拉着耳朵。形容顺从听命。韩愈《应科目时与人书》:"若～～～～,摇尾而乞怜者,非我之志也。"

釜(鬴) fǔ ❶古代的炊具,类似锅。《吕氏春秋·介立》:"或遇之山中,负～盖簦。"《史记·赵世家》:"城中悬～而炊,易子而食。"❷古代的容量单位。六斗四升为一釜。《左传·昭公三年》:"齐旧四量:豆、区(ōu)、～、钟。四升为豆,各自其四,以登于～,～十则钟。"❸水名。《淮南子·墬形训》:"～出景。"(高诱注:"景山在邯郸西南,釜水所出。")

辅(輔、俌) fǔ ❶加在车轮外的两根直木,以加强车辐的承受力。《诗经·小雅·正月》:"其车既载,乃弃尔～。"㊀从旁帮助,辅助。《国语·晋语二》:"不如立其弟而～之。"《后汉书·和熹邓皇后纪》:"公卿百官,其勉尽忠恪,以～朝廷。"❷指辅佐之臣。《战国策·秦策三》:"古之善为政也,其威内扶,其～外布。"(鲍彪注:"辅为股肱之臣。")《论衡·逢遇》:"许由,皇者之～也。"❸颊骨,面颊。《吕氏春秋·权勋》:"虞之与虢也,若车之有～也,车依～,～亦依车。"❹官职名称。《礼记·文王世子》:"虞、夏、商、周有师保,有疑丞,设四～及三公,不必备。"❺京城附近的地区。《晋书·江统传》:"汉兴而都长安,关中之郡号曰三～。"❻姓。

【辅弼】 fǔbì 辅佐,多指辅政的大臣。《吕氏春秋·自知》:"故天子立～～,设师保,所以举过也。"《史记·李斯列传》:"臣无～～,何以相救哉!"《后汉书·伏湛传》:"柱石之臣,宜居～～。"

【辅郡】 fǔjùn 在京城附近设置的郡县,作为京城的屏障。杨万里《与张严州敬夫书》:"方众贤聚于本朝,而直阁犹在～～,何也?"

【辅相】 fǔxiàng ❶辅佐政事。《国语·楚语上》:"且夫咏诗以～～之,威仪以先后之,礼貌以左右之。"❷指宰相。韩愈《后二十九日复上宰相书》:"今阁下为～～亦近耳,天下之贤才岂尽举用?"

【辅行】 fǔxíng 副使。《孟子·公孙丑下》:"孟子为卿于齐,出吊于滕,王使盖大夫王驩为～～。"《战国策·秦策二》:"甘茂对曰:'请之魏约伐韩。'王令向寿～～。"(向寿:人名。)

【辅翼】 fǔyì 辅佐,辅助。《史记·鲁周公世家》:"及武王即位,旦常～～武王,用事具多。”《后汉书·王常传》：“此家率下江诸将～～汉室，心如金石，真忠臣也。”

【辅佐】 fǔzuǒ ❶辅助。《左传·襄公十四年》：“士有朋友，庶人、工、商、皁、隶、牧、圉皆有亲暱，以相～～也。”李华《质文论》：“《左氏》《国语》《尔雅》《荀》《孟》等家，～～五经者也。”❷指辅政之大臣。《淮南子·览冥训》：“法令明而不暗，～～公而不阿。”

【辅车相依】 fǔchēxiāngyī 面颊与牙床骨相连。比喻互相依存，不可分离。《左传·僖公五年》：“谚所谓‘～～～～，唇亡齿寒’者，其虞虢之谓也。”

脯 fǔ ❶干肉。《国语·楚语下》：“成王闻子文之朝不及夕也，于是乎每朝设～一束，糗一筐，以羞子文。”（糗：炒熟的米麦。羞：进献。）《后汉书·费长房传》：“因往再拜奉酒～。”❷使之成为干肉。《吕氏春秋·行论》：“杀鬼侯而～之。”《史记·鲁仲连邹阳列传》：“鄂侯争之强，辩之疾，故～鄂侯。”

【脯醢】 fǔhǎi ❶晒成干肉，剁成肉酱。意谓被人宰割。《战国策·赵策三》：“曷为与人俱称帝王，卒就～～之地也。”❷指酒肴。白居易《二年三月五日，斋毕开素，当食偶吟，赠妻弘农郡君》：“佐以～～味，间之椒薤芳。”

腑 fǔ 见“腑脏”。

【腑脏】 fǔzàng 中医对人体内部器官的总称。胃、胆、大肠、小肠、膀胱等叫腑，心、肝、脾、肺、肾叫脏。《抱朴子·至理》：“破积聚于～～，退二竖于膏肓。”

頫（頫） 1. fǔ ❶同“俯”。低头。贾谊《过秦论》：“百粤之君～首系颈，委命下吏。”

2. tiào ❷视，望。张衡《思玄赋》：“流目～夫衡阿兮，睹有黎之圮坟。”（衡：山名。）

腐 fǔ ❶烂，朽烂。《荀子·劝学》：“肉～出虫，鱼枯生蠹。”《后汉书·翟酺传》：“至仓谷～而不可食，钱贯朽而不可校。”❷臭。《楚辞·九叹·怨思》：“淹芳芷于～井兮，弃鸡骇于筐簏。”（簏：竹箱。）《吕氏春秋·数尽》：“流水不～，户枢不蝼，动也。”❸陈腐，迂腐。《后汉书·仲长统传》：“贵清静者，以席上为～议；束名实者，以柱下为诞辞。”参见“腐儒”。❹指腐烂腐臭的东西。《吕氏春秋·劝学》：“是怀～而欲香也，是入水而恶濡也。”《晋书·阮籍等传论》：“舐痔兼车，鸣鸢吞～。”❺宫刑。《汉书·景帝纪》：“秋，赦徒作阳陵者死罪，欲～者，许之。”❻通“拊”。击，拍。《史记·刺客列传》：“樊於期偏袒搤腕而进曰：‘此臣之日夜切齿～心也，乃今得闻教。’”

【腐儒】 fǔrú 迂腐无用的儒生。《史记·黥布列传》：“上折随何之功，谓何为～～，为天下安用～～？”（折：辱。）

【腐刑】 fǔxíng 宫刑，一种阉割男子生殖器的酷刑。《汉书·李广传》：“上以迁诬罔，欲沮贰师，为陵游说，下迁～～。”（迁：司马迁。）

【腐馀】 fǔyú 腐烂肮脏的东西。宋玉《风赋》：“动沙堁，吹死灰，骇溷浊，扬～～。”

【腐罪】 fǔzuì 同“腐刑”。《史记·吕不韦列传》：“吕不韦乃进嫪毐，诈令人以～～告之。”

簠 fǔ 古代盛食品的器具，也用作祭器。长方形，有四足。《礼记·乐记》：“～、簋、俎、豆，制度文章，礼之器也。”（簋：圆形的器具。）皮日休《忧赋》：“我～不粢，我黍阻饥。”

黼（黼） fǔ ❶古代礼服、礼器上绘、绣的黑白色相间的斧形花纹。《周礼·考工记·画缋》：“白与黑谓之～。”❷绣有黑白相间、斧形花纹的礼服。柳宗元《吊屈原文》：“陷涂藉秽兮，荣若绣～。”（涂：泥。荣：形容美。）

【黼黻】 fǔfú ❶古代绘、绣的黑白相间的亚形或斧形的礼服。《史记·秦本纪》：“二十一年，与晋战于石门，斩首六万，天子贺以～～。”《后汉书·蔡茂传》：“赐以三公之服，～～冕旒。”❷比喻艳丽的文采。《荀子·非相》：“观人以言，美于～～文章。”（观：示。）《史记·礼书》：“目好五色，为之～～文章，以表其能。”❸比喻华丽的词藻。《北齐书·文苑传序》：“然文之所起，情发于中，……摛～～于生知，问珪璋于先觉，譬雕云之自成五色，犹仪凤之冥会八音，斯固感英灵以特达，非劳心所能致也。”

【黼依】 fǔyī 绘或绣有斧形花纹的屏风，也作“黼扆”、“斧扆”、“斧依”。《汉书·西域传》：“天子负～～，袭翠被，冯玉几，而处其中。”（冯：即凭。）

讣（訃） fù ❶报丧。《论衡·书虚》：“齐乱，公薨三月乃～。”❷指讣告，报丧的文字。柳宗元《虞鸣鹤诔》：“捧～号呼，匍匐增悲。”

父 1. fù ❶父亲。《韩非子·十过》：“知臣莫若君，知子莫若～。”❷对男性长辈的通称。《左传·昭公十二年》：“昔我皇祖伯～昆吾，旧许是宅。”《战国策·韩策二》：“臣之仇，韩相傀，傀又韩君之季～也。”❸古代天子对同姓诸侯、诸侯对同姓亲族的称呼。《诗经·小雅·伐木》：“既有肥羜，以速诸

～。"(毛亨传:"天子谓同姓诸侯,诸侯谓同姓大夫,皆曰父。")❹禽兽中的雄性。左思《吴都赋》:"其上则猿～哀吟,狎子长啸。"

2. fǔ ❺对老年男子的尊称。《汉书·高帝纪上》:"吕后与两子居田中,有一老～过请饮。"又《张良传》:"五日平明,良往,～已先在。"❻古代对男子的美称。王粲《登楼赋》:"昔尼～之在陈兮,有'归与'之叹音。"王安石《游褒禅山记》:"四人者,庐陵萧君圭君玉,长乐王回深～,余弟安国平～、安上纯～。"❼称呼从事某种行业的人。《楚辞·渔父》:"渔～见而问之曰:'子非三闾大夫与?'"杜甫《寒食》诗:"田～要皆去,邻家问不违。"❽通"甫"。始,开始。《老子·四十二章》:"强梁者不得其死,吾将以为教～。"❾姓。

【父老】 fùlǎo ❶古代乡里管理公共事务的人,多为年老有德望的人。《公羊传·宣公十五年》何休注:"选其耆老有高德者,名曰～～。"❷对老年人的尊称。《汉书·司马相如传下》:"相如……乃著书,藉蜀～～为辞,而已诘难之,以风天子。"又《高帝纪上》:"高祖乃书帛射城上,与沛～～曰:'天下同苦秦久矣。'"

【父母】 fùmǔ ❶父亲与母亲。《孟子·梁惠王上》:"是故明君制民之产,必使仰足以事～～,俯足以畜妻子。"❷古代称统治者、君王为父母。《孟子·梁惠王上》:"为民～～,行政,不免于率兽而食人,恶在其为民～～也?"

【父师】 fùshī ❶太师,三公之一。《尚书·微子》:"～～、少师。"《论衡·命禄》:"案古人君希有不学于人臣,知博希有不为～～。"❷太子的师傅。《礼记·文王世子》:"乐正司业,～～司成。"(孔颖达疏:"父师,主太子成就其德行也。")❸大夫年老辞官回乡称父师。《仪礼·乡饮酒礼》郑玄注:"古者年七十而致仕,老于乡里,大夫名曰～～,士曰少师。"❹指尊敬的长辈。《汉书·叙传上》:"伯曰:'是所望于～～矣。'"(颜师古注:"齿为诸父,尊之如师,故曰父师。")❺父亲与老师。朱熹《中庸章句序》:"质以平日所闻～～之言。"

【父执】 fùzhí 父亲的朋友。执,指志同道合的人。《礼记·曲礼上》:"见父之执,不谓之进不敢进,不谓之退不敢退。"杜甫《赠卫八处士》诗:"怡然敬～～,问我来何方。"

【父任】 fǔrèn 借父辈的官位、功勋而任官。《史记·汲黯列传》:"黯以～～,孝景时为太子洗马。"杜甫《八哀诗·赠左仆射郑国公严公武》:"历职匪～～,嫉邪尝力争。"

【父母之邦】 fùmǔzhībāng 指自己出生的国家。《论语·微子》:"枉道而事人,何必去～～～～。"

付 fù ❶给予,交付。诸葛亮《出师表》:"若有作奸犯科及为忠善者,宜～有司。"杜甫《相从歌》:"万事尽～形骸外,百年未见欢娱毕。"❷托付,寄托。《后汉书·袁绍传》:"孤以首领相～矣。"曹冏《六代论》:"至身死之日,无所寄～。"❸通"祔"。祭名,新死者附祭于先祖。《周礼·春官·大祝》:"言甸人读祷,～练祥,掌国事。"(郑玄注:"付当为祔。祭于先王以祔后死者。")

【付丙】 fùbǐng 烧毁。也作"付丙丁"。古代将天干与五行(金、木、水、火、土)相配,丙、丁属火,后世称火为丙丁,或丙。《负曝闲谈》二十五回:"阅后～～。"

【付梓】 fùzǐ 交予刻版印刷,即付印。袁枚《祭妹文》:"汝之诗,吾已～～。"

负(負) fù ❶用背载物。《楚辞·天问》:"焉有虬龙,～熊以游。"《孟子·滕文公上》:"陈良之徒陈相,与其弟辛,～耒耜而自宋之滕。"㊂载。《庄子·逍遥遊》:"且夫水之积也不厚,则其～大舟也无力。"❷负担,所承担的。《穀梁传·昭公二十九年》:"昭公出奔,民如释重～。"❸依,依靠,靠近。《礼记·孔子闲居》:"子夏蹶然而起,～墙而立。"《史记·越王句践世家》:"至楚,庄生家～郭,披藜藋到门。"《商君书·兵守》:"～海之国贵攻城。"❹依恃,凭仗。《战国策·秦策一》:"赵固～其众,故先使苏秦以币帛约乎诸侯。"《史记·赵世家》:"先时中山～齐之彊兵,侵暴吾地。"❺背(bèi),背对着,与"向"相对。《老子·四十二章》:"万物～阴而抱阳。"❻承担,承受。《战国策·燕策一》:"夫民劳而实费,又无尺寸之功,破宋肥雠,而世～其祸矣。"《北史·魏收传》:"能刚能柔,重可～也。"❼加,加上。《国语·吴语》:"譬如群兽然,一个～矢,将百群皆奔。"《管子·法禁》:"废上之法制者,必～以耻。"(尹知章注:"负,独被也。废法制者必被之以耻辱也。")《汉书·黥布传》:"夫楚兵虽强,天下～之以不义之名,以其背明约而杀义帝也。"㊂蒙受。陈亮《又乙巳春书之一》:"～一世之谤,颓然未尝自辩。"❽背弃,违背。《史记·高祖本纪》:"～约,更立沛公为汉王。"《论衡·书虚》:"廉让之心,耻～其前志也。"《后汉书·袁敞传》:"臣孤恩～义,自陷重刑。"❾辜负。《战国策·齐策四》:"客果有能也,吾～之。"《后汉书·杨震传》:"上～先帝,下悔靡及。"❿愧。《论衡·道虚》:"惭于乡里,～于论议。"⓫败,战败。《韩非子·

喻老》:"两者战于胸中,未知胜~,故惧。"⑫亏,欠。《后汉书·左雄传》:"宽其~筭,增其秩禄。"《晋书·袁耽传》:"桓温少时,游于博徒,资产俱尽,尚有~。"⑬赔偿。《韩非子·说林下》:"宋之富贾有监止子者,与人争买百金之璞玉,因佯失而毁之,~其百金。"⑭忧虑。《后汉书·章帝纪》:"自牛疫以来,谷食连少,良由吏教未至,刺史、二千石不以为~。"又《度尚传》:"尚见胡兰馀党南走苍梧,惧为己~。"⑮罪。《史记·孟尝君列传》:"下则有离上抵~之名。"陈子昂《麈尾赋》:"此先都之灵兽,固何~而罹殃。"⑯孵育。《诗经·小雅·小宛》:"螟蛉有子,蜾蠃~之。"⑰通"妇"。老妇人。《论衡·吉验》:"尝从王媪、武~贳酒,饮醉,止卧。"

【负败】 fùbài 失败。《三国志·魏书·三少帝纪》:"洮西之战,至取~~,将士死亡,计以千数。"《隋书·樊子盖传》:"子盖无他权略,在军持重,未尝~~。"

【负担】 fùdān ❶肩挑背驮。《史记·平准书》:"汉通西南夷道,作者数万人,千里~~馈粮。"❷奔波,奔走之劳。应璩《与从弟君苗君胄书》:"幸赖先君之灵,免~~之勤,追踪丈人,畜鸡种黍。"❸责任,包袱。《左传·庄公二十二年》:"及于宽政,赦其不闲于教训,而免于罪戾,弛于~~,君之惠也。"(闲:习。)

【负笈】 fùjí 背着书箱求学。《晋书·王裒传》:"北海郡邴春少立志操,寒苦自居,~~游学。"王维《送秘书晁监还日本诗序》:"晁司马结发游圣,~~辞亲。"

【负荆】 fùjīng 身背荆杖(刑具),表示认错,并甘愿受罚。《史记·廉颇蔺相如列传》:"廉颇闻之,肉袒~~,因宾客至蔺相如门谢罪。"

【负力】 fùlì 依仗权力。《汉书·地理志下》:"昭王曾孙政并六国,称皇帝,~~怙威,燔书阬儒。"《后汉书·王昌传》:"强者~~,弱者惶惑。"

【负命】 fùmìng 违命。《史记·五帝本纪》:"尧曰:'鲧~~毁族,不可。'"

【负下】 fùxià 负罪之下,即受刑之人。司马迁《报任少卿书》:"且~~未易居,下流多谤议。"

【负薪】 fùxīn ❶背柴。《史记·河渠书》:"令群臣从官自将军已下皆~~置决河。"《旧五代史·敬翔传》:"昨闻攻杨刘,率先~~渡水,一鼓登城。"❷比喻微贱。《后汉书·光武十王传》:"举~~之才,升君子之器。"又《袁绍传》:"臣以~~之资,拔于陪隶之中。"❸自称有病。《礼记·曲礼下》:"君使臣射,不能,则辞以疾。言曰:'某有~~之忧。'"(忧:劳累。)《汉书·公孙弘传》:"弘行能不足以称,加有~~之疾,恐先狗马填沟壑,终无以报德塞责。"

【负养】 fùyǎng 为公家负担给养的人。《史记·张仪列传》:"料大王之率,悉之不过三十万,而厮徒~~在其中矣。"

【负要】 fùyāo 即负约,违背约定。《三国志·魏书·贾逵传》:"绛吏民闻将杀[贾]逵,皆乘城呼曰:'~~杀我贤君,宁俱死耳!'"

【负扆】 fùyǐ 同"斧依"。户牖间画有斧形的屏风。《荀子·儒效》:"履天子之籍,~~而坐。"参见"斧依"。

【负石赴河】 fùshífùhé 背着石头投河。表示必死的决心。《荀子·不苟》:"故怀负石而赴河,是行之难为者也。"也作"负石入海"。邹阳《狱中上梁王书》:"徐衍~~~~,不容于世。"

妇(婦)

fù ❶已嫁女子的通称。《诗经·大雅·瞻卬》:"~有长舌,维厉之阶。"欧阳修《泷冈阡表》:"自吾为汝家~,不及事吾姑,然知汝父之能养也。"❷妻子。《左传·昭公二十五年》:"夫~外内,以经二物。"《后汉书·灵帝纪》:"河内人~食夫,河南人夫食~。"❸儿媳。《左传·昭公二十六年》:"姑慈而从,~听而婉,礼之善物也。"❹柔美娴雅如同妇女。《荀子·乐论》:"乱世之征,其服组,其容~。"

【妇公】 fùgōng 妻之父,岳父。《后汉书·第五伦传》:"帝戏谓伦曰:'闻卿为吏篣~~,不过从兄饭,宁有之邪?'"(篣:用竹板打人。)

【妇人】 fùrén ❶称士的妻子。《礼记·曲礼下》:"天子之妃曰后,诸侯曰夫人,大夫曰孺人,士曰~~,庶人曰妻。"❷已婚女子的通称。《左传·僖公二十二年》:"~~送迎不出门,见兄弟不逾阈。"《荀子·非相》:"~~莫不愿得以为夫,处女莫不愿得以为士。"

【妇寺】 fùshì 即妇侍,妇女与近侍。《诗经·大雅·瞻卬》:"匪教匪诲,时维~~。"(匪:通"非"。)柳宗元《桐叶封弟辩》:"设有不幸,王以桐叶戏~~,亦将举而从之乎?"

报

fù 见 bào。

附

1. fù ❶依傍。《吕氏春秋·贵直》:"赵简子攻卫~郭,自将兵。"(郭:外城。)❷附着。《诗经·小雅·角弓》:"毋教猱升木,如涂涂~。"(毛亨传:"涂涂,泥;附,着也。")《周礼·考工记·轮人》:"杼以行泽,则是刀以割涂涂也,是故涂涂而不~。"❸附合。韩愈《原道》："入者～之，出者污之。"❹附属，从属。《孟子·万章下》："不能五十里，不达于天子，～于诸侯，曰附庸。"（能：足。）《史记·孔子世家》："鲁小弱，～于楚则晋怒，～于晋则楚来伐。"❺归附，归顺。《史记·晋世家》："桓叔是年五十八岁，好德，晋国之众皆～焉。"《后汉书·彭宠传》："王莽居摄，诛不～己者。"❻增益。《论语·先进》："季氏富于周公，而求也为之聚敛而～益之。"《文心雕龙·正纬》："于是伎数之士，～以诡术。"❼靠近，近。《孙子·行军》："欲战者，无～于水而迎客。"韩愈《画记》："寒～火者一人。"❽符合。《史记·张仪列传》："是我一举而名实～也。"杜甫《柴门》诗："万物～本性，约身不愿奢。"❾寄。王维《伊州歌》："征人去日殷勤嘱，归雁来时数～书。"杜甫《石壕吏》诗："一男～书至，二男新战死。"❿通"祔"。1）祔祭。《礼记·杂记上》："大夫～于士，士不～于大夫。"（孔颖达疏："大夫附于士者，谓祖为士，孙为大夫，若死，可以祔祭于祖之为士者也。"）2）合葬。《汉书·哀帝纪》："～葬之礼，自周兴焉。"

2. fǔ ⓫通"腑"。内脏器官。《汉书·刘向传》："臣幸得托肺～。"⓬通"拊"。见"附爱"。

3. bù ⓭见"附娄"。

【附从】 fùcóng 随从。《论衡·书虚》："公子与君，出有前后，车有～～，不能空行于涂，明矣。"

【附耳】 fù'ěr ❶贴近耳朵，即低声耳语。《淮南子·说林训》："～～之言，闻于千里。"马中锡《中山狼传》："丈人～～谓先生曰……。"❷星名。《史记·天官书》："其大星旁小星为～～。～～摇动，有谗乱臣在侧。"

【附会】 fùhuì 也作"傅会"。❶把不相关连的事勉强凑合到一起。《汉书·爰盎传赞》："爰盎虽不好学，亦善～～，仁心为质，引义慷慨。"❷协合，调合。《汉书·郦食其陆贾传赞》："陆贾位止大夫，致仕诸吕，不受忧责，从容[陈]平、[周]勃之间，～～将相以强社稷，身名俱荣，其最优乎！"❸依附。《汉书·谷永杜邺传赞》："及[杜]钦欲挹损[王]凤权，而[杜]邺～～[王]音、商。"❹勉强凑合。卢藏用《陈子昂别传》："闻其家有财，乃～～文法，将欲害之。"

【附离】 fùlí 附着，依附。也作"附丽"。《汉书·五行志下》："星辰～～于天，犹庶民～～王者也。"又《扬雄传下》："哀帝时，丁、傅、董贤用事，诸～～之者或起家二千石。"《旧五代史·敬翔传》："权贵皆相～～。"

【附落】 fùluò 部落。《后汉书·西羌传》："于是集会～～及杂种，乃从大榆入，掩击先零、卑湳，大破之。"

【附益】 fùyì 汉代法律名称。《汉书·诸侯王表》："武[帝]有衡山、淮南之谋，作左官之律，设～～之法。"

【附爱】 fǔ'ài 抚育爱护。《史记·齐太公世家》："昭公之弟商人以桓公死争立而不得，阴交贤士，～～百姓，百姓说。"（商人：人名。说：悦。）

【附娄】 bùlóu 小土丘。也作"部娄"。《说文·自部》："～～，小土山也。……《春秋传》曰：'～～无松柏。'"《左传·襄公二十四年》："～～无松柏。"

【附赘悬疣】 fùzhuìxuányóu 附赘，长在皮肤上的小疙瘩；悬疣，长在身上的小瘤子。比喻多馀之物。《庄子·骈拇》："～～～～，出乎形哉，而侈于性。"《文心雕龙·镕裁》："骈拇枝指，由侈于性；～～～～，实侈于形。"

坿 1. fù ❶通"附"。增加，增补。《吕氏春秋·孟秋》："修宫室，～墙垣，补城郭。"

2. fú ❷白石英，又称白坿。《史记·司马相如列传》："其土则丹青赭垩，雌黄白～，锡碧金银。"

偩（偩） fù ❶依照。《礼记·乐记》："礼乐～天地之情，达神明之德。"❷通"负"。依恃。《淮南子·诠言训》："好勇则轻敌而简备，自～而辞助。"（高诱注："自偩，自恃也。辞助，不受旁人之助。"）

阜（𠂤） fù ❶土山。《吕氏春秋·重言》："有鸟止于南方之～，三年不动不飞不鸣。"《史记·周本纪》："武王征九牧之君，登豳之～，以望商邑。"㊀泛指山。《荀子·赋》："生于山～，处于室堂。"❷大。《国语·周语上》："先王之于民也，懋正其德而厚其性，～其财求而利其器用。"（韦昭注："阜，大也。"）《汉书·礼乐志》："敷华就实，既～既昌。"（颜师古注："阜，大也。"）❸肥壮，强壮。《诗经·秦风·驷驖》："驷驖孔～，六辔在手。"❹兴盛，旺盛。《诗经·郑风·大叔于田》："叔在薮，火烈具～。"《国语·鲁语上》："兽虞于是乎禁罝罗，矠鱼鳖，以为夏槁，助生～也。"（兽虞：掌鸟兽之禁令。矠：以叉矛刺取鱼鳖。）❺多，丰盛。《诗经·小雅·頍弁》："尔酒既旨，尔肴既～。"张衡《东京赋》："内～川禽，外～葭菼。"《后汉书·刘陶传》："夫欲民殷财～，要在止役禁夺。"❻指众人，百姓。《国语·晋语六》："考讯其～以出，则怨靖。"（韦昭注："阜，众也，……乃考问百姓，知其虚实，然后出军用师，则怨恶自安息也。"）❼厚，丰厚。《国语·周语中》："不义则利不～。"

【阜昌】 fùchāng 丰盛，昌盛。《楚辞·大招》："田邑千畛，人～～只。"（只：语气词。）

【阜螽】 fùzhōng 小蝗虫，小蚱蜢。《诗经·召南·草虫》："喓喓草虫，趯趯～～。"（喓喓：虫叫声。趯趯：跳跃的样子。）

驸（駙） fù ❶驾在辕外的马或驾副车的马。《韩非子·外储说右下》："造父为齐王～驾。"《后汉书·鲁恭传》："赐～马从驾。"❷通"辅"。加在车轮外的直木。《史记·司马穰苴列传》："乃斩其仆，车之左～，马之左骖，以循三军。"

【驸马】 fùmǎ 官名。汉代置驸马都尉，掌管副车之马。魏晋以后，皇帝的女婿加此称号，简称驸马，后专用来称帝婿。《汉书·百官公卿表》："～～都尉掌副马，皆武帝初置，秩比二千石。"《元史·策丹传》："时有以～～为江浙行省丞相者。"

祔 fù ❶祭祀名，新死者在安葬前祭于祖庙。《左传·僖公三十三年》："凡君薨，卒哭而～。"《后汉书·礼仪志下》："虞礼毕，～于庙，如礼。"（虞：祭名。）❷合葬。《晋书·皇甫谧传》："若亡有前后，不得移～，～葬自周公来，非古制也。"韩愈《唐故监察御史卫府君墓志铭》："归葬河南某县某乡某村，～先茔。"

赴 fù ❶奔向，前往。《孟子·梁惠王上》："天下之欲疾其君者，皆欲～愬于王。"《史记·滑稽列传》："欲～佗国奔亡，痛吾两主使不通。"❷到，到……去。《水经注·清水》："雷～之声，震动山谷。"古诗《为焦仲卿妻作》："且暂还家去，吾今且～府。"❸投入，跳进。《楚辞·九叹·忧苦》："伤明珠之～泥兮，鱼眼玑之坚藏。"《吕氏春秋·知分》："于是～江刺蛟。"❹为某事奔走而出力。《论衡·答佞》："上世列传，弃宗养身，违利～名。"《晋书·滕修传》："王师伐吴，修率众～难。"❺奔走报丧。后作"讣"。《左传·文公十四年》："凡崩、薨，不～则不书。"《史记·鲁仲连邹阳列传》："周烈王崩，齐后往，周怒，～于齐曰：'天崩地坼，天子下席，东藩之臣因齐后至，则斮之。'"

【赴告】 fùgào 春秋时各诸侯国将天子及诸侯王的丧事、祸福告于人叫赴告。《史记·周本纪》："昭王南巡狩不返，卒于江上。其卒不～～，讳之也。"

【赴汤趋锋】 fùtāngqūfēng 投入滚开的水中，扑向锐利的刀锋。比喻不怕艰险，奋不顾身。《论衡·齐世》："语称上世之人，重义轻身，遭忠义之事，……则必～～～～，死不顾恨。"

鞥 fù 见 rǒng。

复[1]（復） fù ❶返回，还。《左传·宣公二年》："宣子未出山而～。"《韩非子·初见秦》："军乃引而～。"❷反覆。《诗经·小雅·蓼莪》："顾我～我，出入腹我。"（毛亨传："复，反覆也。"）❸恢复。《吕氏春秋·慎大》："武王于是～盘庚之政，发巨桥之粟。"《史记·平原君虞卿列传》："三去相，三～位。"❹恢复元气，复原。《后汉书·李固传》："政教一跌，百年不～。"又《庞参传》："水潦不休，地力不～。"❺报复。《左传·定公四年》："[伍员]谓申包胥曰：'我必～楚国。'"《汉书·江充传》："充逋逃小臣，苟为奸讹，激怒圣朝，欲取必于万乘以～私怨。"❻报答，回报。《汉书·匈奴传下》："以～天子厚恩。"《论衡·量知》："贫人富人并为宾客，受赐于主人，富人不惭而贫人常愧者，富人有以效，贫人无以～也。"❼告诉，上报。《孟子·梁惠王上》："有～于王者曰：'吾力足以举百钧，而不足以举一羽。'"《管子·立政》："三月一～，六月一计，十二月一著。"❽答复。《史记·司马相如列传》："是以王辞而不～。"❾免除（兵役或徭赋）。《荀子·议兵》："中试则～其户，利其田宅。"《汉书·儒林传序》："元帝好儒，能通一经者皆～。"《后汉书·光武帝纪上》："诏～济阳二年徭役。"❿宽待，宽宥。《吕氏春秋·当赏》："献公以为然，故～右主然之罪。"⓫补偿。《汉书·陈汤传》："贰师将军李广利捐五万之师，靡亿万之费，经四年之劳，而廑获骏马三十匹，虽斩宛王毋鼓之首，犹不足以～费。"⓬履行，实践。《左传·哀公十六年》："吾闻胜也好～言，而求死士，殆有私乎？"《国语·楚语下》："～言而不谋身，展也。"（展：诚实。）⓭六十四卦之一，卦形为震下坤上。《周易·复》："雷在地中，～。"⓮副词。相当于"再"。《战国策·东周策》："下水，东周必～种稻，种稻而～夺之。"《汉书·沟洫志》："后二岁，河～决平原。"⓯连词，表示并列关系，相当于"与"、"又"。王维《雪中忆李楫》诗："长安千门～万户，何处躞蹀黄金羁。"⓰助词。表示反问语气。《世说新语·政事》："文王之囿，与众共之，池鱼～何足惜？"李白《九日登高》诗："古来登高人，今～几人在？"⓱通"複"。重复。《汉书·艺文志》："武帝时司马相如作《凡将篇》，无～字。"（颜师古注："复，重也。"）

【复次】 fùcì 再次，又。《后汉书·徐登传》："登乃禁溪水，水为不流，[赵]炳～～禁枯树，树即生荑。二人相视而笑，共行其道焉。"

【复路】 fùlù 原路。《后汉书·臧宫传》:"宫不从,～～而归。"

【复命】 fùmìng ❶回报执行使命的情况。《论语·乡党》:"宾退,必～～曰:'宾不顾矣。'"《国语·鲁语上》:"明日,有司～～,公诘之,仆人以里革对。"❷恢复本性。《老子·十六章》:"夫物云云,各归其根。归根曰静,静曰～～。"

【复事】 fùshì 回报政事,听其考评。《国语·齐语》:"正月之朝,乡长～～。"(乡长:乡大夫。)又:"正月之朝,五属大夫～～。"

【复卒】 fùzú 免除兵役。晁错《论贵粟疏》:"今令民有车骑马一匹者,～～三人。车骑者,天下武备也,故为～～。"

【复作】 fùzuò 汉代刑律名,也指按照刑律在官府服劳役的女徒。《汉书·丙吉传》:"是时治狱使者丙吉见皇曾孙遭离无辜,……选择～～胡组养视皇孙。"

复[2](複) fù ❶夹衣。《释名·释衣服》:"有里曰～,无里曰禅。"《三国志·魏书·管宁传》:"宁常著皁帽,布襦裤、布裙,随时单～,出入闺庭。"❷重叠,复杂。张衡《东京赋》:"～庙重屋八达九房。"陆游《游山西村》诗:"山重水～疑无路,柳暗花明又一村。"❸夹层,双重的。见"复壁"。❹双手使弄的兵器。曹丕《典论·自叙》:"余少晓持～,自谓无对;俗名双戟为坐铁室,镶楯为蔽木户;后从陈国袁敏学以单攻～,每为若神,对家不知所出。"

【复壁】 fùbì 两层的墙壁,中间空可藏物。《后汉书·赵岐传》:"藏岐～～中数年,岐作《厄屯歌》二十三章。"

【复道】 fùdào 楼阁之间架设在空中的上下两层通道。《史记·秦始皇本纪》:"乃令咸阳之旁二百里内宫观二百七十～～甬道相连,帷帐钟鼓美人充之。"《汉书·文三王传》:"于是孝王……大治宫室,为～～,自宫连属于平台三十馀里。"杨衒之《洛阳伽蓝记》卷二:"平台～～,独显当世。"

【复裈】 fùkūn 夹裤。有表、里,中间可套棉絮。《世说新语·夙惠》:"儿云:'已足,不须～～也。'"

【复衣】 fùyī 夹衣,表里两层的衣服。《世说新语·夙惠》:"晋孝武年十二,时冬天,昼日不著～～,但著单练衫五六重,夜则累茵褥。"

【复意】 fùyì 言外之意,字面之外的含意。《文心雕龙·隐秀》:"隐以～～为工,秀以卓绝为巧。"

副 1. fù ❶居第二位的,与"正"相对。《汉书·苏武传》:"[卫]律谓武曰:'～有罪,当相坐。'"《后汉书·西羌传》:"拜马贤为征西将军,以骑都尉耿叔为～。"❷文献、图书的副本。《汉书·魏相传》:"又故事诸上书皆为二封,署其一曰～。"《后汉书·李云传》:"乃露布上书,移～三府。"(李贤注:"露布谓不封之也,并以副本上三公府也。")㊀指备用的。《论衡·纪妖》:"帝甚喜,赐我二笥,皆有～。"❸辅助,陪伴。《论衡·薄葬》:"闵死独葬,魂孤无～。"《汉书·枚乘传》:"深壁高垒,～以关城,不如江淮之险。"❹相称。符合。《论衡·问孔》:"圣人之言与文相～,言出于口,文立于策,俱发于心,其实一也。"《汉书·龚遂传》:"宣帝望见,不～所闻,心内轻焉。"《后汉书·黄琼传》:"盛名之下,其实难～。"❺古代贵族妇女的一种头饰,用假发编成的髻,上缀以玉。《诗经·鄘风·君子偕老》:"君子偕老,～笄六珈。"(珈:枝。)❻量词。1)双。曹植《冬至献袜颂表》:"袜若干～。"2)套。《唐会要》卷十:"南郊太庙祭器,令所司造两～供用。"

2. pì ❼剖开,破开。《诗经·大雅·生民》:"不坼不～,无菑无害。"《吕氏春秋·行论》:"舜于是殛之于羽山,～之以吴刀。"

【副车】 fùchē 皇帝的侍从车辆。《史记·外戚世家》:"诏～～载之,迴车驰还,而直入长乐宫。"

【副贰】 fù'èr ❶副职,辅助的职务。《后汉书·景丹传》:"丹以言语为固德侯相,有干事称,迁朔调连率～～。"(朔调:地名。)❷太子。《三国志·蜀书·后主太子璿传》:"在昔帝王,继体主嗣,～～国统,古今常道。"❸副本。《魏书·李彪传》:"正本蕴之麟阁,～～藏之名山。"

【副封】 fùfēng 副本。《汉书·魏相传》:"领尚书者先发～～,所言不善,屏去不奏。"

【副君】 fùjūn 太子的别称。《汉书·疏广传》:"太子国储～～,师友必于天下英俊,不宜独亲外家许氏。"

蚹(蝮) fù 蛇腹下的横鳞,可代足行走。《庄子·齐物论》:"吾待蛇～蜩翼邪?"

偪 fù 见bī。

富 fù ❶完备,多而全。《周易·系辞上》:"～有之谓大业。"(韩康伯注:"广大悉备,故曰富有。")《庄子·天地》:"有万不同之谓～。"❷财富,财物。《礼记·大学》:"～

润屋，德润身。"《汉书·文三王传》："梁国之～，足以厚聘美女，招致妖丽。"❸财物多，与"贫"相对。《论语·述而》："不义而～且贵，于我如浮云。"㉒使富足，富裕。《论语·子路》："'既庶矣，又何加焉？'曰：'～之。'"《史记·孟子荀卿列传》："秦用商君，～国强兵。"❹多，特指年岁小。《史记·吕太后本纪》："今高后崩，而帝春秋～，未能治天下，固恃大臣诸侯。"枚乘《七发》："太子方～于年。"

【富贵】 fùguì 财多位尊。财多为富，禄位高为贵。《老子·九章》："～～而骄，自遗其咎。"《孟子·滕文公下》："～～不能淫，贫贱不能移，威武不能屈，此之谓大丈夫。"

【富室】 fùshì 富家。《汉书·诸侯王表》："至于哀、平之际，皆继体苗裔，亲属疏远，生于帷墙之中，不为士民所尊，势与～～亡异。"(亡：通"无"。)《后汉书·李固传》："或～～财赂，或子婿婚属，其列在官牒者凡四十九人。"

【富岁】 fùsuì 丰年。《孟子·告子上》："～～子弟多赖，凶岁子弟多暴。"

【富羡】 fùxiàn 富馀。《汉书·食货志下》："浮食奇民欲擅斡山海之货，以致～～。"

【富逸】 fùyì 富足安逸。《后汉书·李通传》："且居家～～，为闾里雄，以此不乐为吏，乃自免归。"也指文辞丰富。《北史·魏收传》："收词藻～～。"

葍(蕧) fù ❶金沸草，又名旋覆花。多年生草本，花状如金钱菊，又称金钱花，全草及花均可入药。《尔雅·释草》："～，盗庚。"❷覆盆子，蔷薇科，落叶灌木。《广韵·屋韵》："～，葍盆草。"❸竹开花。段成式《酉阳杂俎·木篇》："竹花曰～。"

蝜(蝜) fù 见"蝜蝂"。

【蝜蝂】 fùbǎn 虫名。也作"负版"。柳宗元《蝜蝂传》："～～者，善负小虫也，行遇物辄持取，卬其首负之。"

赋(賦) fù ❶征收，征取。《战国策·魏策三》："使道已通，因而关之，出入者～之。"(鲍彪注："赋，征取。")柳宗元《捕蛇者说》："其始，太医以王命聚之，岁～其二。"❷税。《吕氏春秋·孟冬》："是月也，乃命水虞渔师收水泉池泽之～。"《史记·商君列传》："民有二男以上不分异者，倍其～。"❸兵役，徭役。荀悦《汉纪·景帝纪》："令天下男子年二十始～。"❹兵，军队。《论语·公冶长》："由也，千乘之国，可使治其～也。"《国语·鲁语下》："自伯、子、男，有大夫无卿，帅～以从诸侯。"(韦昭注："赋，国中出兵车甲士，以从大国诸侯也。")❺授予。《国语·晋语四》："公属百官，～职任功。"(韦昭注："赋，授也。授职事，任有功。")❻给予，布施。《韩非子·外储说右上》："于是反国，发廪粟以～众贫。"《汉书·贾山传》："省厩马以～县传，去诸苑以～农夫。"❼秉性，天赋。见"赋分"。❽诗歌的表现手法之一。钟嵘《诗品·序》："直书其事，寓言写物，～也。"《文心雕龙·诠赋》："～者，铺也，铺采摛文，体物写志也。"❾古代一种文体。《史记·屈原贾生列传》："及渡湘水，为～以吊屈原。"《汉书·艺文志》："诏光禄大夫刘向校经传诸子诗～。"❿吟咏，诵读。《左传·隐公元年》："公入而～：'大隧之中，其乐也融融。'"《国语·晋语四》："明日宴，秦伯～《采菽》，子馀使公子降拜。"⓫写作。《论衡·书虚》："广陵曲江有涛，文人～之。"陶渊明《归去来兮辞》："登东皋以舒啸，临清流而～诗。"⓬通"敷"。颁布，陈述。《诗经·大雅·烝民》："天子是若，明命使～。"《后汉书·李固传》："尚书出纳王命，～政四海。"

【赋分】 fùfèn 天赋，秉性。元好问《麦叹》："正以～～薄，所向困拙谋。"

【赋敛】 fùliǎn 税收，赋税。《吕氏春秋·似顺》："夫陈，小国也，而蓄积多，～～重也。"《论衡·解除》："夫船车饰则～～厚，～～厚则民谤诅。"

【赋事】 fùshì 受事。《国语·周语上》："～～行刑，必问于遗训而咨于故实。"

【赋粟】 fùsù 征收的谷物。曾巩《洪州东门记》："其田宜秔稌，其～～输于京师，为天下最。"

【赋舆】 fùyú 兵车。《左传·成公二年》："群臣帅～～，以为鲁、卫请。"(帅：通"率"。)

傅 1. fù ❶辅助，辅佐。《左传·僖公二十八年》："郑伯～王，用平礼也。"《吕氏春秋·不广》："故令鲍叔～公子小白。"❷教导，教育。《孟子·滕文公下》："有楚大夫于此，欲其子之齐语也，则使齐人～诸？使楚人～诸？"《汉书·贾谊传》："保，保其身体；傅，～之德义；师，道之教训。"❸师傅，教师，特指帝王及诸侯之子的老师。《战国策·楚策二》："太子曰：'臣有～，请追而问～。'"《论衡·命义》："及长，置以贤师良～，教君臣父子之道。"❹通"附"。1)近，迫近。《左传·隐公十一年》："郑伯伐许，庚辰，～于许。"《史记·苏秦列传》："秦之攻韩魏也，无有名山大川之限，稍蚕食之，～国都而止。"《汉书·高帝纪下》："从陈以东～海与齐王信。"2)依附。《左传·僖公十四年》："皮之不存，毛将安～？"《淮南子·兵略训》："草不设渠堑，～堞而守。"3)附着，加上。

《韩非子·难势》:"毋为虎～翼,将飞入邑,择人而食之。"《汉书·董仲舒传》:"夫天亦有所分予,予之齿者去其角,～其翼者两其足。"4)附带,捎带。《后汉书·耿纯传》:"选敢死二千人,俱持强弩,各～三矢。"❺通"付"。给予。《吕氏春秋·情欲》:"荆庄王好周游田猎,驰骋弋射,欢乐无遗,尽～其境内之劳与诸侯之忧于孙叔敖。"

2. fū ❻通"敷"。1)分布。《史记·夏本纪》:"命诸侯百姓兴人徒以～土,行山表木,定高山大川。"2)陈述。《汉书·文帝纪》:"上亲策之,～纳其言。"3)搽抹,涂。《后汉书·华陀传》:"既以缝合,～以神膏。"《颜氏家训·勉学》:"无不熏衣剃面,～粉施朱,驾长檐车,跟高齿屐。"

【傅婢】 fùbì 亲近的侍女。《汉书·王吉传》:"岁馀,为～～所毒,薨,国除。"(颜师古注:"凡言傅婢者,谓傅相其衣服衽席之事。")《颜氏家训·序致》:"则师友之诫,不如～～之指挥。"

【傅会】 fùhuì 同"附会"。❶随机应变。《史记·袁盎晁错列传》:"太史公曰:'袁盎虽不好学,亦善～～,仁心为质,引义忼慨。'"❷指组织文句。《后汉书·张衡传》:"精思～～,十年乃成。"❸随声附和。胡铨《戊午上高宗封事》:"顷者孙近～～桧议,遂得参知政事。"(桧:即秦桧。)

【傅母】 fùmǔ 保育、教管贵族子弟的老年妇女。《汉书·张敞传》:"礼,君母出门则乘辎軿,下堂则从～～。"

【傅致】 fùzhì ❶使之附着。《新语·道基》:"则加雕文深镂,～～胶漆、丹青、玄黄琦玮之色,以穷耳目之好。"❷附会并强加之。《汉书·文三王传》:"王辞又不服,猥强劾立,～～难明之事,独以偏辞成罪断狱,亡益于治道。"(立:人名。亡:通"无"。)《后汉书·章帝八王传》:"皆承讽旨～～其事,乃载送暴室。"

輹(輹) fù ❶捆绑车伏兔与车轴的绳子。《说文·车部》:"～,车轴缚也。"《左传·僖公十五年》:"车说其～,火焚其旗。"(孔颖达疏:"以绳缚于轴,因名缚也。"说:通"脱"。)❷车伏兔,同"轐"。《广韵·屋韵》:"～,车輹兔。"

腹 fù ❶肚子。《老子·三章》:"是以圣人之治,虚其心,实其～,弱其志,强其骨。"《韩非子·诡使》:"而断头裂～,播骨乎平原野者,无宅容身。"❷厚。《礼记·月令》:"冰方盛,水泽～坚,命取冰。"(郑玄注:"腹,厚也。")❸内心。《史记·魏其武安侯列传》:"不如魏其、灌夫日夜招聚天下豪杰壮士与论议,～诽而心谤。"❹比喻中心部位。《盐铁论·刺复》:"方今为天下～居,郡诸侯并臻。"杜甫《南池》诗:"呀然阆城南,枕带巴江～。"❺前面,与"背"相对。《晋书·慕容超传》:"别敕段晖率兖州之军,缘山东下,～背击之,上策也。"❻怀抱。《诗经·小雅·蓼莪》:"顾我复我,出入～我。"(郑玄笺:"腹,怀抱也。")❼容纳。孟郊《赵纪室俶在职无事》诗:"大道母群物,达人～众才。"

【腹尺】 fùchǐ 腹中宽容尺,形容胸怀开阔,度量大。《三国志·魏书·荀彧传》注引《平原祢衡传》:"衡称曹公不甚多,又见荀[令君]有仪容,赵[荡寇]有～～。"

【腹实】 fùshí 指腹中之物,即五脏。《论衡·儒增》:"引刀自刳其腹,尽出其～～。"

【腹心】 fùxīn ❶左右亲近的人,亲信。《左传·昭公十三年》:"有先大夫子馀,子犯以为～～。"(子馀、子犯:人名。)《后汉书·寇恂传》:"皇甫文,峻之～～,其所取计者也。"❷衷心,内心。《战国策·赵策一》:"豫让曰:'……非所望也,敢布～～。'"《后汉书·寇恂传》:"故冒死欲诣阙,披肝胆,布～～。"

【腹心之疾】 fùxīnzhījí 腹中之病,比喻祸患很深。《史记·越王句践世家》:"吴有越,～～～～。"也作"腹心疾"。《战国策·魏策三》:"所以为～～～者,赵也。"

鲋(鮒) fù ❶鱼名,即鲫鱼。《庄子·外物》:"周顾视车辙,中有～鱼焉。"《吕氏春秋·贵直》:"有人自南方来,～入而鲵居。"❷虾蟆。《周易·井》:"井谷射～。"

缚(縛) fù ❶捆,捆绑。《左传·襄公十八年》:"乃弛弓而自后～之。"《汉书·匈奴传》:"收乌桓酋豪,～到悬之。"(到:倒。)❷限制,束缚。《韩非子·备内》:"人臣之于其君,非有骨肉之亲也,～于势而不得不事也。"❸捆绑东西的绳子。《左传·僖公六年》:"武王亲释其～,受其璧而祓之。"柳宗元《童区寄传》:"童自转,以～即炉火烧绝之。"

寰(寰) fù ❶土室。《说文·穴部》:"～,地室也。"❷洞穴。马融《长笛赋》:"巇壑浍峣,峆窞岩～。"

赙(賻) fù ❶以财物助人办理丧事。《论衡·问孔》:"孔[子]出,使子贡脱骖而～之。"《后汉书·王丹传》:"其友人丧亲,遵为护丧事,～助甚丰。"(遵:人名。)❷送给丧家的布帛、钱财等。《左传·隐公三年》:"武氏子来求～,王未葬也。"《荀子·大略》:"货财曰～,舆马曰赗。"

【赙襚】 fùsuì 给丧家送衣服财货。《史记·鲁仲连邹阳列传》:“邹、鲁之臣,生则不得事养,死则不得～～,然且欲行天子之礼于邹、鲁,邹、鲁之臣不果纳。”(张守节正义:“衣服曰襚,货财曰赙,皆助生送死之礼。”)

镀(鍑) fù 大口的锅。《汉书·匈奴传下》:“胡地秋冬甚寒,春夏甚风,多赍釜～薪炭,重不可胜。”(颜师古注:“釜之大口者也。”)

蝮 fù ❶古称“土虺”的蝮蛇。《尔雅·释鱼》:“～、虺,博三寸,首大如擘。”《史记·田儋列传》:“～螫手则斩手,螫足则斩足。”(裴骃集解引应劭曰:“蝮一名虺。螫人手足,则割去其肉,不然则致死。”)❷蝮蛇,一种毒蛇。《楚辞·招魂》:“～蛇蓁蓁,封狐千里些。”《汉书·严助传》:“林中多～蛇猛兽。”

【蝮鸷】 fùzhì 毒蛇与鸷鸟(凶鸟)。比喻残酷凶狠。《史记·酷吏列传论》:“至若蜀守冯当暴挫,……河东褚广妄杀,京兆无忌、冯翊殷周～～,……何足数哉!”

鳆(鰒) fù ❶鲍鱼,又名石决明。生于海中的软体动物,无鳞有壳,附于石上,海味珍品。《后汉书·伏隆传》:“张步遣使随隆,诣阙上书,献～鱼。”❷古代对鲨鱼的别称。《本草纲目·鳞部》:“鲛鱼,(亦名)沙鱼、鳍鱼、～鱼。”

覆 fù ❶反,翻转。《国语·晋语四》:“沐则心～,心～则图反。”(韦昭注:“覆,反也。沐低头,故心反也。”)《荀子·王制》:“水则载舟,水则～舟。”[引]倒,倒出。《论语·子罕》:“譬如平地,虽～一篑,进,吾往也。”(篑:竹筐。)《庄子·逍遥遊》:“～杯水于坳堂之上,则芥为之舟。”❷颠覆,灭亡。《论语·阳货》:“恶郑声之乱雅乐也,恶利口之～邦家者。”《后汉书·冯衍传》:“何与军～于中原,身膏于草野,功败名丧,耻及先祖哉!”❸覆盖,掩蔽。《吕氏春秋·本生》:“精通乎天地,神～乎宇宙。”《论衡·吉验》:“置之冰上,鸟以翼～之。”❹伏兵,埋伏。《左传·隐公九年》:“君为三～以待之,……进而遇～,必速奔。”《魏书·李洪之传》:“乃夜密遣骑分部～诸要路,有犯禁者,辄捉送州,宣告斩决。”❺审察。《尔雅·释诂下》:“～,审也。”《韩非子·内储说下》:“韩昭侯之时,黍种尝贵甚,昭侯令人～廪,吏果窃粟种而粜之甚多。”《后汉书·张衡传》:“神逵昧而难～兮,畴克谟而从诸?”(谟:谋。)[又]审问。《汉书·江都易王刘非传》:“汉廷使者即来～我,我决不独死。”❻回,回复。《汉书·冯唐传》:“李牧之为赵将居边,军市之租皆自用飨士,赏赐决于外,不从中～也。”(颜师古注:“覆,谓覆白之也。”)❼反,反而。《诗经·小雅·节南山》:“不惩其心,～怨其正。”

【覆按】 fù'àn 反覆察验。也作“覆案”。《史记·酷吏列传》:“见文法辄取,亦不～～,求官属阴罪。”《汉书·文三王传》:“于是天子意梁,逐贼,果梁使之。遣使冠盖相望于道,～～梁事。”(意:疑。)

【覆被】 fùbèi 遮盖。比喻恩泽荫庇。《后汉书·鲁恭传》:“祥风时雨,～～远方。”

【覆车】 fùchē ❶翻车。《周礼·考工记·辀人》:“今夫大车之辕挚,其登又难,既克其登,其～～也必易。”❷捕兽的工具。《尔雅·释器》:“罦,～～也。”(郭璞注:“今之翻车也,有两辕,中施罥以捕鸟。”邢昺疏:“翻车,小网捕鸟者。”罥:用绳系取鸟兽。)❸比喻失败。《三国志·魏书·王昶传》:“而循～～滋众,逐末弥甚,皆由惑当时之誉,昧目前之利故也。”《晋书·段灼传》:“臣闻与～～同轨者,未尝安也;与死人同病者,未尝生也。”

【覆焘】 fùdào 覆盖。也作“覆帱”。《后汉书·朱穆传》:“故夫天不崇大则～～不广,地不深厚则载物不博。”《三国志·魏书·高堂隆传》:“天生蒸民而树之君,所以～～群生,熙育兆庶。”

【覆露】 fùlù 荫庇,庇护。《国语·晋语六》:“智子之道善矣,是先主～～子也。”《汉书·晁错传》:“今陛下配天象地,～～万民,绝秦之迹,除其乱法。”

【覆冒】 fùmào ❶笼罩,掩盖。《汉书·谷永传》:“元年正月,白气较然起乎东方,至其四月,黄浊四塞,～～京师。”《后汉书·陈元传》:“《左氏》孤学少与,遂为异家所～～。”❷诬陷。《潜夫论·述赦》:“淑人君子,为谗佞利口所加诬～～。”

【覆没】 fùmò ❶沉没。《三国志·魏书·杜畿传》:“故尚书仆射杜畿,于孟津试船,遂至～～。”王勃《益州绵竹县武都山净惠寺碑》:“禅宇由其～～,法众是以凋沦。”❷覆灭,溃败。《后汉书·皇甫规传》:“臣虽污秽,廉絜无闻,今见～～,耻痛实深。”又《西羌传》:“闵无威略,羌遂陆梁,～～营坞,寇患转盛,中郎将皇甫规击破之。”(闵:人名。)

【覆逆】 fùnì 预料,测度。《战国策·秦策三》:“计听知～～者,唯王可也。”

【覆盆】 fùpén ❶将盆子翻过来。《论衡·说日》:“然而日出上、日入下者,随天转运,视天若～～之状。”❷比喻沉冤难诉。李白

《赠宣城赵太守悦》诗："愿借羲和景，为人照～～。"（羲和：神话中太阳的御者。景：影。）

【覆手】　fùshǒu　❶手掌心向下。《仪礼·乡射礼》："下射进坐，横弓～～，自弓上取一个。"❷古礼，饭后将手心向下拭口。《管子·弟子职》："既食乃饱，循咡～～。"（尹知章注："覆手而循之，所以拭其不洁也。"咡：口旁。）❸反掌，比喻事情极容易。《后汉书·皇甫规传》："今兴改善政，易于～～，而群臣杜口，鉴畏前害，互相瞻顾，莫肯正言。"

【覆餗】　fùsù　鼎中食物倾出外面，比喻不胜其任而败其事。《三国志·魏书·何夔传》注引孙盛曰："得其人则论道之任隆，非其才则～～之患至。"

【覆载】　fùzài　❶天覆地载。《三国志·魏书·三少帝纪》："其所言道，不可忍听，非天地所～～。"❷指天地。《晋书·成公绥传》："～～无方，流形品物。"

馥　1. fù　❶香气浓郁。《玉篇·香部》："～，香盛。"参见"馥馥"。❷香，香气。杨衒之《洛阳伽蓝记》卷三："松竹兰芷，垂列墀墀，含风团露，流香吐～。"

2. bì　❸象声词，箭射入鸟兽身上的声音。潘岳《射雉赋》："彳亍中辍，～焉中镝。（注："馥，中镞声也。"彳亍：小步走。）

【馥馥】　fùfù　香气很浓。何晏《景福殿赋》："蔼蔼萋萋，～～芳芳。"陆机《文赋》："播芳蕤之～～，发青条之森森。"

【馥郁】　fùyù　香气浓烈。陈樵《雨香亭》诗："氛氲入几席，～～侵衣裳。"

G

ga

嘎　gā　象声词。鸟鸣声。李山甫《方干隐居》诗："咬咬～～水禽声，露洗松阴满院清。"《红楼梦》三十五回："不防廊下的鹦哥见黛玉来了，～的一声扑了下来。"

尬　gà　见"尴尬"。

gai

该（該）　gāi　❶具备，包括。《论衡·自纪》："幼老生死古今，罔不详～。"《后汉书·班固传》："仁圣之事既～，帝王之道备矣。"㊀尽，皆。《三国志·魏书·臧洪传》："且以子之才，穷～典籍，岂将暗于大道，不达馀趣哉！"卢藏用《陈子昂别传》："数年之间，经史百家，罔不～览。"❷当，应该。白居易《洛下卜居》诗："～知是劳费，其奈心爱惜。"《西游记》二十一回："如来照见了他，不～死罪。"❸欠。《红楼梦》一〇〇回："人家～咱们的，咱们～人家的……算一算，看看还有几个钱没有。"❹那，这。指上文提过的人或事。多用于公文。《红楼梦》九十九回："应令～节度审明实情，妥拟具题。"

【该备】　gāibèi　齐备，完备。《楚辞·招魂》："招具～～，永啸呼些。"（招具：招魂的用具。）

【该博】　gāibó　博学多闻。《晋书·索靖传》："唯靖～～经史，兼通内纬。"李德裕《柳氏旧闻序》："愧史迁之～～，唯次旧闻。"

【该富】　gāifù　完备丰富。《文心雕龙·史传》："及班固述汉，因循前业，观司马迁之辞，思实过半。其十志～～，赞序弘丽，儒雅彬彬，信有遗味。"

【该洽】　gāiqià　详备，广博。《周书·薛寘传》："又撰《西京记》三卷，引据～～，世称其博闻焉。"欧阳修《代曾参答弟子书》："三皇经始之，五帝缵明之，禹汤文武～～之，周公祖述之。"

侅　gāi　噎，咽喉堵住。《庄子·盗跖》："～溺于冯气，若负重行而上阪，可谓苦矣。"（冯气：气涨。阪：山坡。）

陔　gāi　❶阶次，层。《说文·𨸏部》："～，阶次也。"《汉书·郊祀志上》："令祠官宽舒等具泰一祠坛，祠坛放亳忌泰一坛，三

～。”❷田埂。束晳《补亡诗·南陔》：“循彼南～，言采其兰。”❸“陔夏”的省称。古乐章名。《仪礼·乡饮酒礼》：“宾出奏～。”罗愿《水调歌头·中秋和施司谏》词：“一曲庾江上，千古继韶～。”❹通“垓”。一万万为垓。应璩《报东海相梁季然书》：“量之吕谿谷，数之吕～兆。”

阂 gāi　见 hé。

垓 gāi　❶极远之地。《史记·司马相如列传》：“上畅九～，下泝八埏。”（埏：边际。）[引]分界。扬雄《卫尉箴》：“重垠累～，以难不律。”❷阶次，层。《史记·封禅书》：“令祠官宽舒等具太一祠坛，祠坛放薄忌太一坛，坛三～。”❸数词。一万万为垓。《太平御览》卷七五〇引应劭《风俗通》：“十万谓之亿，十亿谓之兆，十兆谓之经，十经谓之～。”❹通“荄”。根。《论衡·自然》：“霈然而雨，物之茎叶根～莫不洽濡。”《说苑·建本》：“树木浅，根～不深，未必橛也。”

【垓坫】　gāidiàn　边际。《淮南子·俶真训》：“道出一原，通九门，散六衢，设于无～～之宇。”

【垓下】　gāixià　地名。在今安徽灵璧县东南。《史记·项羽本纪》：“汉王围项羽～～。”

【垓心】　gāixīn　重围的中心。《三国演义》九十五回：“忽然一声炮响，火光冲天，鼓声震地，魏兵齐出，把魏延、高翔围在～～。”

荄 gāi　草根，木根。《汉书·礼乐志》：“青阳开动，根～以遂。”（青阳：指春天。遂：生成。）《后汉书·荀淑传》：“远取诸物，则木实属天，根～属地。”

峐 gāi　无草木的山。《尔雅·释山》：“无草木，～。”

姟 gāi　通“垓”。数词。一万万为垓。《国语·郑语》：“出千品，具万方，计亿事，材兆物，收经入，行～极。”

绫（絯） 1. gāi　❶束缚。《庄子·天地》：“方且为物～，方且四顾而物应。”（为物绫：为外物所束缚。）

2. hài　❷通“骇”。惊骇。《庄子·外物》：“阴阳错行则天地大～。”

刻 gāi　见“刻改”。

【刻改】　gāigǎi　古人佩在身上用以避邪的饰物，以金玉或桃木制成。又名“刚卯”。改，同“改”。《说文·殳部》：“～～，大刚卯也。”参见“刚卯”。

核 gāi　见 hé。

晐 gāi　备，具备。《国语·吴语》：“句践请盟，一介嫡女，执箕帚，以～姓于王宫。”（韦昭注：“晐，备也；姓，庶姓。《曲礼》曰：‘纳女于天子曰备百姓。’”）

胲 1. gāi　❶牲蹄。《庄子·庚桑楚》：“腊者之有膍～，可散而不可散也。”（腊：腊祭。膍：牲胃。）

2. gǎi　❷颊肉。《汉书·东方朔传》：“树颊～，吐唇吻。”

赅（賅） gāi　完备，具备。《庄子·齐物论》：“百骸、九窍、六藏，～而存焉。”（藏：脏。）宋应星《天工开物·乃服》：“人为万物之灵，五官百体～而存焉。”

畡 gāi　极远之地。《国语·郑语》：“故王者居九～之田，收经入以食兆民。”（九畡：八极合中央而言。《说文》引作“九垓”。）

改 gǎi　❶改变。《国语·晋语三》：“乃～馆晋君，馈七牢焉。”《后汉书·冯衍传》：“内自省而不惭兮，遂定志而弗～。”[又]改正。《孟子·告子下》：“人恒过，然后能～。”《韩非子·五蠹》：“今有不才之子，父母怒之，弗为～。”❷更，再。《孟子·公孙丑上》：“地不～辟矣，民不～聚矣，行仁政而王，莫之能御也。”

【改窜】　gǎicuàn　修改文字。《晋书·阮籍传》：“使者以告，籍便书案，使写之，无所～～，辞甚清壮。”

【改观】　gǎiguān　❶改变原来的看法。《后汉书·黄香传》：“顾谓诸王曰：‘此天下无双江夏黄童者也。’左右莫不～～。”❷改变旧面貌。《二十年目睹之怪现状》四十三回：“真是点铁成金，会者不难，只改得二三十个字，便通篇～～了。”

【改火】　gǎihuǒ　古时钻木取火，四季所用之木不同，因时改变，叫做“改火”。《论语·阳货》：“旧谷既没，新谷既升，钻燧～～，期可已矣。”改火一年一个轮回，后因用以指一年。符载《钟陵东湖亭记》：“於戏！牧钟陵之民五～～矣。”

【改醮】　gǎijiào　改嫁。《晋书·李密传》：“父早亡，母何氏～～。”

【改年】　gǎinián　❶更改正朔。《史记·秦始皇本纪》：“方今水德之始，～～始，朝贺皆自十月朔。”（张守节正义：“周以建子之月为正，秦以建亥之月为正，故其年始用十月而朝贺。”）❷改换年号。《汉书·陈汤传》：“先帝嘉之，仍下明诏，宣著其功，～～垂历，传之无穷。”又《王莽传下》：“共立圣公为帝，～～为更始元年。”（圣公：指刘玄。）

【改容】　gǎiróng　改变容态。《汉书·贾谊传》：“今自王侯三公之贵，皆天子之所～～

而礼之也。"《三国志·魏书·文昭甄皇后传》:"明帝为之～～,以太牢告庙。"

【改元】 gǎiyuán 古代新君即位的第二年,改用新的年号,称为改元。也有一君在位而多次改用新年号,亦称改元。《史记·历书》:"乃～～,更官号,封泰山。"

【改造】 gǎizào ❶重新制作。《诗经·郑风·缁衣》:"缁衣之好兮,敝,予又～～兮。"(缁:黑。敝:破。)又指重新制定。《宋史·律历志四》:"是以久则差,差则敝而不可用,历之所以数～～也。"❷重新选择。《荀子·议兵》:"中试则复其户,利其田宅,是数年而衰,而未可夺也,～～则不易周也。"(改造:指重新选择士卒。周:完备。)

【改辙】 gǎizhé ❶改变行车的道路。曹植《赠白马王彪》诗:"中逵绝无轨,～～登高冈。"❷改变做法。《隋书·礼仪志一》:"殷周所以异轨,秦汉于焉～～。"

【改过自新】 gǎiguòzìxīn 改正过错,重新做人。《史记·孝文本纪》:"虽复欲～～～～,其道无由也。"又《吴王濞列传》:"不～～～～,乃益骄恣。"

【改弦更张】 gǎixiángēngzhāng 调整琴弦,使声音和谐。比喻改变措施。《宋书·乐志四》:"琴瑟时未调,改弦当更张。矧乃治天下,此要安可忘?"亦作"改弦易张"。《三国志·吴书·三嗣主传评》:"不能拔进良才,～～～～,虽志善好学,何益救乱乎?"又省作"改张"。《晋书·陈頵传》:"今宜～～,明赏信罚。"

丐(匄、匃) gài ❶乞求。《史记·外戚世家》:"姊去我西时,与我决于传舍中,～沐沐我,请食饭我,乃去。"苏轼《思治论》:"此犹适千里不赍粮,而假～于涂人。"(赍:携带。)㊂乞丐。柳宗元《寄许京兆孟容书》:"皂隶佣～,皆得上父母丘墓。"❷赐予,给予。《汉书·景十三王传》:"昭信复谮望卿曰:'与我无礼,衣服常鲜于我,尽取善缯～诸宫人。'"韩愈《南海神庙碑》:"赋金之州,耗金一岁八百,困不能偿,皆以～之。"

盖(葢、蓋) 1. gài ❶苫,用芦苇或茅草编成的覆盖物,用以遮身或盖房。《左传·襄公十四年》:"乃祖吾离,被苫～,蒙荆棘,以来归我先君。"(乃:你。被:通"披"。)《荀子·哀公》:"亡国之虚则必有数～焉。"(虚:同"墟"。)❷车盖,车上用以遮阳避雨的伞形篷子。《史记·鲁仲连邹阳列传》:"有白头如新,倾～如故。"王禹偁《待漏院记》:"撤～下车,于焉以息。"㊂指伞。《史记·商君列传》:"劳不坐乘,暑不张～。"❸器物上的盖子。《周书·薛憕传》:"魏文帝又造二欹器,一为二仙人共持一钵,同处一盘,钵～有山,山有香气。"❹覆盖,遮盖。《老子·五十一章》:"～之覆之。"《汉书·邹阳传》:"吾先日欲献愚计,以为众不可～,窃自薄陋不敢道也。"㊂掩盖。《楚辞·九章·悲回风》:"万变其情,岂可～兮!"❺压倒,胜过。《战国策·秦策三》:"威～海内,功章万里之外。"(章:同"彰"。)《史记·秦始皇本纪》:"功～五帝,泽及牛马。"❻崇尚,重视。《国语·吴语》:"夫固知君王之～威以好胜也,故婉约其辞,以纵逸王志。"❼副词。大概,一般。《史记·平原君虞卿列传》:"诸子中[赵]胜最贤,喜宾客;宾客～至者数千人。"《后汉书·灵思何皇后纪》:"三岁之戚,～不言吉,且须其后。"❽连词。大概因为。说明原因,并带有测度的意味。《左传·襄公十四年》:"今诸侯之事我寡君不如昔者,～言语漏泄。"《史记·屈原贾生列传》:"屈平之作《离骚》,～自怨生也。"❾句首语气词。表示要发议论。《史记·孝文本纪》:"～天下万物之萌生,靡不有死。"王安石《答司马谏议书》:"～儒者所争,尤在于名实。"

2. hé ❿通"盍"。何不。《诗经·小雅·黍苗》:"我行既济,～云归哉!"《礼记·檀弓上》:"子～言子之志于公乎!"⓫通"盍"。何。《庄子·养生主》:"譆,善哉! 技～至此乎!"《楚辞·九章·抽思》:"与余言而不信兮,～为余而造怒?"⓬户扇。《荀子·宥坐》:"九～皆继。"

3. gě ⓭地名。战国时齐国有盖邑,汉置盖县,后废。故址在今山东沂水县西北。《孟子·滕文公下》:"兄戴,～禄万钟。"⓮姓。

【盖藏】 gàicáng 储藏。《吕氏春秋·仲冬纪》:"土事无作,无发～～,无启大众。"《礼记·月令》:"命百官,谨～～。"

【盖代】 gàidài 压倒当代。庾信《谢滕王集序启》:"雄才～～,逸气横云。"张彦远《法书要录》卷四:"逸少笔迹遒润,独擅一家之美,天质自然,风神～～。"(逸少:王羲之。)

【盖阙】 gàiquē 存疑。语出《论语·子路》:"君子于其所不知,盖阙如也。"盖,副词,一般。阙,通"缺"。后人截取两字以为一词。《文心雕龙·铭箴》:"然矢言之道～～,庸器之制久沦。"

【盖人】 gàirén 掩盖他人之功。《国语·周语中》:"君子不自称也,非以让也,恶其～～也。"

【盖世】 gàishì 压倒当世,超出世人。《史记·项羽本纪》:"力拔山兮气～～。"《汉书·

楚元王传》："陛下慈仁笃美甚厚，聪明疏达～～。"

戛 gài 见 jiá。

溉 gài ❶洗涤。《诗经·桧风·匪风》："谁能亨鱼？～之釜鬵。"（亨："烹"的古字。鬵：大锅。）《论衡·幸偶》："皆之水也，或～鼎釜，或澡腐臭。"❷灌注，灌溉。《战国策·齐策六》："太子乃解衣免服，逃太史之家为～园。"《汉书·地理志下》："始皇之初，郑国穿渠，引泾水～田。"❸通"概"。盛酒的漆器。《诗经·大雅·泂酌》："挹彼注兹，可以濯～。"（挹：舀水。）

【溉汲】 gàijí 汲水，打水。《吕氏春秋·察传》："宋之丁氏，家无井，而出～～，常一人居外。"

【溉济】 gàijì 灌通调剂。《春秋繁露·阴阳终始》："以出入相损益，以多少相～～也。"

摡 gài 洗涤。《周礼·天官·世妇》："帅女宫而濯～。"严忌《哀时命》："～尘垢之枉攘兮，除秽累而反真。"（枉攘：纷乱。）㊁擦拭。《仪礼·少牢馈食礼》："雍人～鼎匕俎于雍爨。"

概（槩） gài ❶量粮食时用以刮平斗斛的器具。《荀子·君道》："斗斛敦～者，所以为啧也。"（啧：实际。）《韩非子·外储说左下》："～者，平量者也。"㊀刮平，削平。《荀子·宥坐》："[水]盈不求～，似正。"《管子·枢言》："釜鼓满，则人～之。"㊁齐，平。张协《玄武馆赋》："飞甍四注，上～浮云。"❷限量。《礼记·曲礼上》："食飨不为～。"《韩非子·说难》："彼自多其力，则毋以其难～之也。"❸节操，气概。杨恽《报孙会宗书》："凛然皆有节～，知去就之分。"江淹《杂体诗·卢中郎感交》："常慕先达～，观古论得失。"❹景象，状况。王禹偁《黄冈竹楼记》："待其酒力醒，茶烟歇，送夕阳，迎素月，亦谪居之胜～也。"❺梗概，大略。萧统《文选序》："～见坟籍，旁出子史。"（坟籍：指典籍。）尹洙《叙燕》："大～论其强弱，燕不能加赵。"❻概括。萧统《答湘东王求文集书》："至于此书，弥见其美，远兼邃古，傍～典坟。"❼合，称心。《后汉书·冯衍传》："三公之贵，千金之富，不得其愿，不～于怀。"柳宗元《辩列子》："虽不～于孔子道，然其虚泊寥阔，居乱世远于利，祸不得逮乎身，而其心不穷。"❽盛酒的漆器。《周礼·春官·鬯人》："凡祼事用～。"（祼：灌祭，把酒浇在地上祭奠。）❾通"慨"。感慨。《庄子·至乐》："我独何能无～然！"❿通"溉"。洗涤。枚乘《七发》："澡～胸中，洒练五藏。"

戤 gài ❶抵押。《初刻拍案惊奇》卷三十一："后面园子既卖与贾家，不若将前面房子再去～典他几两银子来殡葬大郎，他必不推辞。"❷倚靠。《二刻拍案惊奇》卷一："相传此经值价不少。徒然守着他，救不得饥饿，真是～米囤饿杀了。"❸指工商业者冒牌图利。

gan

干[1] gān ❶盾。古代用以护身的兵器。《诗经·大雅·公刘》："弓矢斯张，～戈戚扬。"《吕氏春秋·慎人》："子路抗然执～而舞。"❷触犯，冒犯。《国语·周语上》："不～所问，不犯所咨。"《后汉书·胡广传》："敢以瞽言，冒～天禁。"㊀影响。《国语·周语上》："是时也，王事唯农是务，无有求利其官，以～农功。"㊁冲。孔稚珪《北山移文》："度白雪以方洁，～青云而直上。"❸干预，干涉。《后汉书·孝仁董皇后纪》："后每欲参～政事，太后辄相禁塞。"又《蔡邕传》："今灾眚之发……皆妇人～政之所致也。"❹关，关涉。欧阳修《太常博士尹君墓志铭》："其视世事，若不～其意。"李清照《凤凰台上忆吹箫》词："非～病酒，不是悲秋。"❺求。《战国策·赵策四》："伊尹负鼎俎而～汤，姓名未著而受三公。"韩愈《与于襄阳书》："未尝～之，不可谓上无其人；未尝求之，不可谓下无其人。"❻岸。《诗经·魏风·伐檀》："坎坎伐檀兮，寘之河之～兮。"❼天干。详"干支"。❽通"竿"。《诗经·鄘风·干旄》："孑孑～旄，在浚之郊。"（孑孑：突出的样子。）❾古诸侯国名，故地在今江苏一带，后为吴国所灭。《荀子·劝学》："～、越、夷、貉之子，生而同声，长而异俗，教使之然也。"

【干暴】 gānbào 凌犯。《后汉书·赵咨传》："盗皆惭叹，跪而辞曰：'所犯无状，～～贤者。'"

【干城】 gānchéng 盾牌与城郭。比喻捍卫者或御敌的将士。《诗经·周南·兔罝》："赳赳武夫，公侯～～。"《左传·成公十二年》："天下有道，则公侯能为民～～。"

【干黩】 gāndú 冒犯。韩愈《上宰相书》："～～尊严，伏地待罪。"又作"干渎"。《红楼梦》三回："只怕晚生草率，不敢骤然入都～～。"

【干犯】 gānfàn 触犯。《后汉书·吴良传》："信阳侯[阴]就倚恃外戚，～～乘舆，无人臣礼，为大不敬。"《三国志·魏书·苏则传》："乃明为禁令，有～～者辄戮。"

【干戈】 gāngē ❶泛指兵器。《礼记·檀弓下》:"能执～～以卫社稷。"❷指战争。《史记·平准书》:"天下苦其劳,而～～日滋。"欧阳修《丰乐亭记》:"滁于五代～～之际,用武之地也。"❸武舞。《礼记·文王世子》:"春夏学～～,秋冬学羽籥。"

【干惑】 gānhuò 干扰惑乱。张籍《上韩昌黎书》:"宣尼没后,杨朱、墨翟恢诡异说,～～人听,孟轲作书而正之,圣人之道,复存于世。"

【干纪】 gānjì 触犯法纪。《三国志·魏书·武帝纪》:"君纠虔天刑,章厥有罪,犯关～～,莫不诛殛。"徐陵《陈公九锡文》:"象恭无赦,～～必诛。"

【干将】 gānjiāng 古代宝剑名。相传春秋吴人干将与其妻莫邪善铸剑,铸成雌雄二剑,一曰干将,一曰莫邪,献给吴王阖闾。事见《吴越春秋·阖闾内传》、《吴地记》等。后以"干将"指宝剑。《战国策·齐策五》:"今虽～～莫邪,非得人力,则不能割刿矣。"

【干进】 gānjìn 谋求仕进。《楚辞·离骚》:"既～～而务入兮,又何芳之能祗。"

【干禄】 gānlù ❶求福。《诗经·大雅·旱麓》:"岂弟君子,～～岂弟。"(岂弟:同"恺悌",平易近人。)❷求官。《论语·为政》:"子张学～～。"《论衡·自纪》:"不鬻智以～～,不辞爵以吊名。"

【干戚】 gānqī 盾牌与大斧。武舞所执的器具,又指武舞。《韩非子·五蠹》:"乃修教三年,执～～舞,有苗乃服。"《史记·乐书》:"比音而乐之,及～～羽旄,谓之乐也。"(羽旄:翟羽和旄牛尾,文舞所执。)

【干时】 gānshí ❶求合于时。《管子·小匡》:"寡人欲修政,以～～于天下。"❷违背时势。《三国志·魏书·张范传》:"若苟僭拟,～～而动,众之所弃,谁能兴之?"

【干世】 gānshì 求为世用。《拾遗记·秦始皇》:"[张仪、苏秦]尝息大树之下,假息而寐……[鬼谷]教以～～出俗之辩。"

【干突】 gāntū 冒犯。《后汉书·吴良传》:"永平中,车驾近出,而信阳侯阴就～～禁卫。"《三国志·吴书·孙权传》:"知有科禁,公敢～～。"

【干忤】 gānwǔ 冒犯违背。《三国志·魏书·武帝纪》注引《魏书》:"太祖不能违道取容,数数～～,恐为家祸,遂乞留宿卫。"又作"干迕"。《三国志·魏书·杜畿传》:"人臣虽愚,未有不乐此而喜～～者也。"

【干谒】 gānyè 有所求而请见。《北史·郦道元传》:"性多造请,好以荣利～～,乞丐不已,多为人所笑弄。"杜甫《自京赴奉先县咏怀五百字》:"以兹误生理,独耻事～～。"

【干预】 gānyù ❶干涉。《三国志·魏书·杨俊传》注引《魏略》:"有诏,百官不得～～郡县。"《晋书·刘琨传》:"[徐]润恃宠骄恣,～～琨政。"❷关涉。《朱子全书·学一》:"大抵为己之学,于他人无一豪～～。"

【干欲】 gānyù 谋求。《后汉书·窦武传》:"自是肃然,莫敢妄有～～,[胡]腾以此显名。"

【干泽】 gānzé 犹干禄。泽,恩泽,指禄位。《孟子·公孙丑下》:"孟子去齐,尹士语人曰:'不识王之不可以为汤武,则是不明也;识其不可,然且至,则是～～也。'"

【干证】 gānzhèng 诉讼的有关证人。《宋史·刑法志二》:"诸鞫狱追到～～人,无罪遣还者,每程给米一升半,钱十五文。"

【干支】 gānzhī 天干地支。天干指甲乙丙丁戊己庚辛壬癸;地支指子丑寅卯辰巳午未申酉戌亥。干支相配,组成六十花甲子。本用以纪日,后又用以纪年纪月。

【干掫】 gānzōu 巡夜。《左传·襄公二十五年》:"陪臣～～有淫者,不知二命。"

【干禄字书】 gānlùzìshū 文字学著作。唐颜元孙著。此书以四声隶字,每字分俗、通、正三体,考辨颇详。此书为书写公文时辨别字体而作,故曰"干禄"。

干²(乾、乹、亁)

gān ❶干燥。《左传·襄公九年》:"与大国盟,口血未～而背之,可乎?"(口血:歃血,盟誓时以嘴吸一点牲血表示诚意。)《吕氏春秋·应同》:"～泽涸渔,则龟龙不往。"❷枯竭。《左传·僖公十五年》:"外强中～。"杜甫《垂老别》诗:"幸有牙齿存,所悲骨髓～。"❸空,白白地。韩愈《感春》诗之四:"～愁漫解坐自累,与众异趣谁相亲。"❹旧时拜认的有名无实的亲属关系。如"干娘"、"干儿"。杨继盛《请诛贼臣严嵩疏》:"[严]世蕃却又约诸～儿子赵文华等,群会票拟,结成奸党。"❺形容声音清脆响亮。岑参《虢州西亭陪端公宴集》诗:"开瓶酒色嫩,踏地叶声～。"

【干豆】 gāndòu 祭品。置干肉于豆中以祭。扬雄《长杨赋》:"外之则以为娱乐之游,内之则不以为～～之事。"《汉书·礼乐志》:"～～上,奏登歌。"

【干餱】 gānhóu 干粮,指普通食品。《诗经·小雅·伐木》:"民之失德,～～以愆。"(干餱以愆:指因饮食小事而失和。)

【干净】 gānjìng 干脆。沈端节《喜迁莺》词:"闷酒孤斟,半醺还醒,～～不如不醉。"

【干没】 gānmò ❶侥幸取利。《汉书·张汤传》:"[汤]始为小吏,～～,与长安富贾田甲、鱼翁叔之属交私。"也指侥幸之利。袁宏《后汉纪·灵帝纪》:"[夏]育欲以齐民易丑虏,射～～以要功。"❷冒险,侥幸。《晋书·张骏传》:"霸王不以喜怒兴师,不以～～取胜,必须天时人事,然后起也。"❸贪求,贪得。《晋书·潘岳传》:"岳性轻躁,趋世利……其母数诮之曰:'尔当知足而～～不已乎?'"又指侵吞公家或别人的财物。《新唐书·权德舆传》:"[董]溪等方山东用兵,～～库财,死不偿责。"

【干鹊】 gānquè 喜鹊。《西京杂记》卷三:"～～噪而行人至。"又作"干鹄"。《淮南子·氾论训》:"～～知来而不知往。"参见"鳱鹊"。

【干隐】 gānyǐn 侵吞。《新唐书·李尚隐传》:"时司农卿陈思问引属史多小人,～～钱谷。"也指侵吞的财物。《新唐书·裴延龄传》:"延龄尝奏句获～～二千万缗,请舍别库为羡馀。"

【干浴】 gānyù 指按摩。《云笈七籤·杂修摄导引按摩》:"摩手令热,摩身体从上至下,名曰～～。"苏轼《次韵子由浴罢》:"闭息万窍空,雾散名～～。"

甘 gān ❶甜。与"苦"相对。《诗经·邶风·谷风》:"谁谓荼苦,其～如荠。"《荀子·荣辱》:"口辨酸咸～苦,鼻辨芬芳腥臊。"❷美味。《战国策·秦策二》:"虚者戾虫,人者～饵。"《后汉书·明德马皇后纪》:"食不求～。"⊗以为甜美。《孟子·尽心上》:"饥者～食,渴者～饮。"《史记·晋世家》:"寝不安,食不～。"❸美好。《左传·僖公十一年》:"币重而言～,诱我也。"⊗以为美好,喜欢。《论衡·逢遇》:"故至言弃捐,圣贤距逆,非憎圣贤,不～至言也。"❹甘心,情愿。《诗经·齐风·鸡鸣》:"虫飞薨薨,～与子同梦。"《后汉书·西域传》:"受放者～黜不怨。"❺通"柑"。干宝《搜神记》卷十八:"～子正熟。"

【甘脆】 gāncuì 美味食品。《战国策·韩策二》:"仲子固进,而聂政谢曰:'臣有老母,家贫,客游以为狗屠,可旦夕得～～以养亲。'"《吕氏春秋·遇合》:"若人之于滋味,无不说～～。"也作"甘毳"。《史记·刺客列传》:"可以旦夕得～～以养亲。"

【甘露】 gānlù ❶甜美的雨露。《老子·三十二章》:"天地相合,以降～～,民莫之令而自均。"《吕氏春秋·贵公》:"～～时雨,不私一物。"❷甘蔗的别名。吴其濬《植物名实图考》卷十四:"甘蕉,生岭北者开花,花苞有露,极甘,通呼～～。"(甘蕉:香蕉的一种。)

【甘寝】 gānqǐn 安睡。《庄子·徐无鬼》:"孙叔敖～～秉羽,而郢人投兵。"

【甘棠】 gāntáng ❶树名。也叫白棠、棠梨、杜梨。果实似梨而小,味酸甜。《诗经·召南·甘棠》:"蔽芾～～,易翦易伐。"(蔽芾:茂盛的样子。)❷《诗经·召南》篇名。这首诗是赞美召伯的。旧说以为召伯曾在此甘棠树下休息。后人追思其德,保护此树以资纪念,因作此诗。后以"甘棠"来称颂官吏的政绩。杜牧《奉和门下相公送西川相公兼领相印出镇全蜀诗十八韵》:"丹心悬魏阙,往事怆～～。"

【甘心】 gānxīn ❶自愿,情愿。《诗经·卫风·伯兮》:"愿言思伯,～～疾首。"王勃《秋晚入洛于毕公宅别道王宴序》:"安贞抱朴,已～～于下走;全忠履道,是所望于群公。"❷称心,满足于某种愿望。《史记·齐世家》:"乃详为召管仲欲～～,实欲用之。"(详:通"佯"。)又《屈原贾生列传》:"楚王曰:'不愿得地,愿得张仪而～～焉。'"❸贪求,属意。《汉书·郊祀志上》:"世主莫不～～焉。"(颜师古注:"甘心,言贪嗜之心不能已也。")《后汉书·张晧传》:"～～好货,纵恣无底。"

【甘言】 gānyán 动听的话。《国语·晋语一》:"又有～～焉。"又指阿谀奉承的话。《史记·商君列传》:"商君曰:'语有之矣,貌言华也,至言实也,苦言药也,～～疾也。'"

【甘旨】 gānzhǐ 美好的食物。《汉书·食货志上》:"饥之于食,不待～～。"后又特指奉养父母的食品。白居易《奏陈情状》:"臣母多病,臣家素贫,～～或亏,无以为养。"

忓 gān 通"干"。触犯,干扰。《国语·鲁语下》:"以歜之家而主犹绩,恐～季孙之怒也。"(忓,一本作"干"。)白居易《秦中吟伤宅》:"洞房温且清,寒暑不能～。"

玕 gān 见"琅玕"。

肝 gān ❶肝脏。《庄子·说剑》:"上斩颈领,下决～肺。"《韩非子·内储说下》:"宰人上食而羹中有生～焉。"❷血性,胆气。杜甫《义鹘行》:"聊为义鹘行,永激壮士～。"

【肝胆】 gāndǎn ❶肝和胆。《汉书·邹阳传》:"披心腹,见情素,堕～～,施厚德。"❷比喻关系密切。《庄子·德充符》:"自其异者视之,～～楚越也;自其同者视之,万物皆一也。"❸指真心诚意。《后汉书·窦融传》:"书不足以深达至诚,故遣刘钧口陈～～。"

【肝膈】 gāngé 比喻内心坦诚之意。《三国志·吴书·周鲂传》："敢缘故人，因知所归，拳拳输情，陈露～～。"也作"肝鬲"。《三国志·魏书·武帝纪》注引《魏武故事》："孤此言皆～～之要也。"

【肝脑涂地】 gānnǎotúdì ❶形容战乱中死亡的惨状。《史记·刘敬叔孙通列传》："大战七十，小战四十，使天下之民～～～～，父子暴骨中野。"又作"肝胆涂地"。《史记·淮阴侯列传》："今楚汉分争，使天下无罪之人～～～～。"❷表示竭忠尽力，不惜牺牲。《汉书·苏武传》："武父子亡功德，皆为陛下所成就，位列将，爵通侯，兄弟亲近，常愿～～～～。"

瓬 gān 大瓮。韩愈《泷吏》诗："～大瓶罂小，所任自有宜。"

泔 1. gān ❶淘米水。苏轼《东湖》诗："有水浊如～。"王衮《博济方·秘金散》："用米～煮熟，淡吃，每个作三服。"⊗用淘米水浸渍。《荀子·大略》："曾子食鱼有馀，曰：'～之。'"

2. hàn ❷见"泔淡"。

【泔淡】 hàndàn 盈满的样子。扬雄《甘泉赋》："秬鬯～～。"（秬鬯：香酒。）

坩 gān 盛物的陶器，缸罐之类。《世说新语·贤媛》："陶公少时作鱼梁吏，尝以～鲊饷母。"（鲊：同"鲊"，腌制的鱼。）⊗泛指盛器。《南史·扶南国传》："磉下有石函，函内有铁壶，以盛银～，～内有金镂罂，盛三舍利。"

玵（䳺） 1. gān ❶见"玵鹊"。

2. hàn ❷见"玵鸣"。

【玵鹊】 gānquè 喜鹊。《论衡·实知》："狌狌知往，～～知来，禀天之性，自然者也。"也作"雗鹊"，见《广雅·释鸟》。又作"干鹊"，见《淮南子·氾论训》。

【玵鸣】 hàndàn 山鸟名。《淮南子·时则训》："仲冬之月……～～不鸣。"枚乘《七发》："朝则鹂黄～～鸣焉。"也作"鹖鸣"，见《吕氏春秋·仲冬》。又作"鹖旦"。见《礼记·月令》。

柑 1. gān ❶柑子树。柳宗元《柳州城西北隅种柑树》诗："手种黄～二百株，春来新叶遍城隅。"⊗指柑果。龚自珍《己亥杂诗》之三〇六："家园黄熟半林～，抛向筠笼载两三。"

2. qián ❷使马口衔木。《穀梁传·宣公十五年》："围者～马而秣之。"

【柑口】 qiánkǒu 闭口不言。《汉书·五行志中之上》："君炕阳而暴虐，臣畏刑而～～。"

虷 gān 见 hán。

竿 1. gān ❶竹子的主干，竹竿。《墨子·旗帜》："亭尉各为帜，～长二丈五。"贾谊《过秦论》："斩木为兵，揭～为旗。"⊗特指钓竿。《庄子·秋水》："庄子持～不顾。"❷量词。竹一棵为一竿。庾信《小园赋》："一寸二寸之鱼，三～两～之竹。"杜甫《将赴成都草堂途中有作先寄严郑公》诗："新松恨不高千尺，恶竹应须斩万～。"❸通"甘"。《三国志·魏书·文帝纪评》注引《典论》："时酒酣耳热，方食～蔗，便以为杖，下殿数交，三中其臂。"

2. gàn ❹衣架。《尔雅·释器》："～谓之椸。"（椸：用竹竿做的衣架。）

【竿牍】 gāndú 即简牍，指书信。《庄子·列御寇》："小夫之知，不离苞苴～～，敝精神乎蹇浅。"（苞苴：指赠礼。蹇浅：浅陋。）

疳 gān ❶病名。钱乙《小儿直诀·诸疳》："～皆脾胃病，亡津液之所作也。"❷疮名。花柳病的一种。

【疳积】 gānjī 婴幼儿的一种营养障碍症。因营养、消化不良或因寄生虫而引起。王肯堂《证治准绳·幼科八》："～～，其候面青黄色，身瘦，肚膨胀，头发立，身热，肚中微痛，此因疳盛而传为此候。"

尴（尷、尲） gān 见"尴尬"。

【尴尬】 gāngà ❶行为不正。《京本通俗小说·西山一窟鬼》："这个开酒店的汉子又～～，也是鬼了！"❷处境困难，不好办。王伯成《哨遍·赠长春宫雪庵学士》曲："家私分外，活计～～。"

秆（稈） gǎn 禾类植物的茎。《左传·昭公二十七年》："或取一秉～焉。"《孙子·作战》："故智将务食于敌，食敌一钟，当吾二十钟；萁～一石，当吾二十石。"（萁：同"萁"，豆秸。）

奸 gǎn 面色枯焦黝黑。《列子·黄帝》："燋然肌色～黣，昏然五情爽惑。"（黣：面色晦黑。）

赶（趕） 1. gǎn ❶追赶。张镃《五家林》诗："多多益办真难事，半里撑船～不归。"《三国演义》一〇四回："司马懿奔走了五十馀里，背后两员魏将～上。"❷快走。《水浒传》十六回："杨志喝着军汉道：'快走！～过前面冈子去，却再理会。'"❸驱逐。刘崇远《金华子》卷下："厨人馈食于堂，手中盘馔，皆被众禽搏撮，莫可驱～。"❹趁。王实甫《西厢记》四本四折："店里宿一宵，明日～早行。"❺围棋术语。指连续切断对方棋子的连络。徐铉《围棋义例·诠释》："打，击也。谓击其节曰打，连打数子曰~。"

2. qián ❻兽类翘尾奔跑。《说文·走部》:"~,举尾走也。"

杆^2(桿) gǎn 器物上像棍子的细长部分。又指棍。戴善夫《风光好》一折:"怎发付这一千斤铁磨~。"马致远《荐福碑》三折:"遮莫是箭~雨,过云雨,可更淋漓辰霤。"

敢 gǎn ❶有勇气,敢于。《荀子·性恶》:"天下有中,~直其身;先王有道,~行其意。"《汉书·高帝纪上》:"高祖乃谢曰:'诚如父言,不~忘德。'"❷怎敢。以反问的形式表示不敢。《左传·宣公十二年》:"~不唯命是听?"《后汉书·北海靖王兴传》:"臣虽蝼蚁,~不以实?"❸谦词。冒昧。《左传·僖公三十年》:"若亡郑而有益于君,~以烦执事。"《庄子·在宥》:"闻吾子达于至道,~问治身奈何而可以长久?"❹莫非,恐怕。关汉卿《窦娥冤》一折:"你~是不肯,故意将钱钞哄我?"❺可。皮日休《泰伯庙》诗:"当时尽解称高义,谁~教他莽卓闻。"

【敢死】 gǎnsǐ 勇于拼死的人。《后汉书·耿纯传》:"选~~二千人,俱持强弩,各傅三矢,使衔枚间行。"《三国志·吴书·董袭传》:"袭与凌统俱为前部,各将~~百人。"

【敢言】 gǎnyán ❶勇于直言。《后汉书·马武传》:"武为人嗜酒,阔达~~。"《新唐书·郝处俊传》:"处俊资约素,土木形骸,然临事~~。"❷冒昧陈言。《战国策·秦策一》:"臣~~往昔。"

感 1. gǎn ❶感应,感受。《荀子·性恶》:"~而自然,不待事而后生之者也。"《吕氏春秋·圜道》:"人之有形体四枝,其能使之也,为其~而必知也。"❷感动。《吕氏春秋·音初》:"凡音者,产乎人心者也。~于心则荡乎音,音成乎外而化乎内。"《论衡·累害》:"德不能~天,诚不能动变。"❸感情。江淹《别赋》:"是以行子断肠,百~凄恻。"王守仁《尊经阁记》:"其应乎~也,则为恻隐,为羞耻,为辞让,为是非。"⊗感慨,感伤。杜甫《春望》诗:"~时花溅泪,恨别鸟惊心。"范仲淹《岳阳楼记》:"登斯楼也,则有去国怀乡,忧谗畏讥,满目萧然,~极而悲者矣。"❹感谢,感激。张华《答何劭》诗:"是用~嘉贶,写出心中诚。"(贶:赐。)

2. hàn ❺通"撼"。动。《诗经·召南·野有死麕》:"舒而脱脱兮,无~我帨兮。"(帨:系在腰间的佩巾。)枚乘《七发》:"夏则雷霆霹雳之所~也。"❻通"憾"。恨,不满。《左传·宣公二年》:"以其私~,败国殄民。"

【感怆】 gǎnchuàng 感动伤心。《后汉书·灵思何皇后纪》:"帝闻~~,乃下诏迎姬,置园中。"《三国志·蜀书·刘禅传》注引《汉晋春秋》:"司马文王与禅宴,为之作故蜀技,旁人皆为之~~,而禅喜笑自若。"

【感动】 gǎndòng ❶触动情感,打动。《史记·淮阴侯列传》:"齐人蒯通知天下权在韩信,欲为奇策而~~之。"《汉书·五行志中》:"天尚不能~~陛下,臣子何望?"❷触动。《汉书·张汤传》:"[张]放行轻薄,连犯大恶,有~~阴阳之咎。"《论衡·奇怪》:"言其不~~母体,可也;言其闿母背而出,妄也。"(闿:开。)

【感荷】 gǎnhè 感谢。韩愈《赠张籍》诗:"~~君子德,恍若乘朽栈。"苏辙《为兄轼下狱上书》:"轼~~恩贷,自此深自悔咎,不敢复有所为。"

【感怀】 gǎnhuái 有感于心怀。《三国志·魏书·王朗传》注引孔融《与朗书》:"世路隔塞,情问断绝,~~增思。"杜牧《感怀诗》:"聊书~~韵,焚之遗贾生。"古代诗人抒写心怀,常以此为诗题。

【感激】 gǎnjī ❶感动奋发。《后汉书·蔡邕传》:"臣以愚赣,~~忘身。"诸葛亮《出师表》:"由是~~,遂许先帝以驱驰。"❷激发。《汉书·淮南王刘安传》:"其群臣宾客,江淮间多轻薄,以厉王迁死~~安。"❸感谢。《红楼梦》四十二回:"刘老老越发~~不尽。"

【感慨】 gǎnkǎi ❶有所感而激愤。《史记·季布栾布列传》:"夫婢妾贱人~~而自杀者,其计画无复之耳。"韩愈《送董邵南序》:"燕赵古称多~~悲歌之士。"又作"感槩"。《汉书·郭解传》:"少时阴贼~~,不快意,所杀甚众。"❷有所感而慨叹。刘桢《赠五官中郎将》诗:"秋日多悲怀,~~以长叹。"也作"感概"。韩愈《送陆畅归江南序》:"~~都门别,丈夫酒方醒。"又作"感忾"。江淹《杂体诗·陆平原机》:"游子易~~,踯躅还自怜。"

【感通】 gǎntōng 有感于此而通于彼。《潜夫论·本训》:"大道曰施,地道曰化,人道曰为。为者,盖所谓~~阴阳而致珍异也。"《三国志·魏书·陈思王植传》:"王援古喻义,备悉矣,何言精诚不足以~~哉?"

【感恸】 gǎntòng 感伤悲痛。《论衡·感虚》:"盖哭之精诚,故对向之者凄怆~~也。"《汉书·王允传》:"天子~~,百姓丧气。"

【感悟】 gǎnwù 有所感而觉悟。《汉书·楚元王传》:"上~~,下诏赐[萧]望之爵关内侯，奉朝请。”《后汉书·明德马皇后纪》：“帝～～之，夜起彷徨，为思所纳，卒多有降宥。”也作“感瘖”。《史记·管晏列传》：“夫子既已～～而赎我，是知己。”

【感遇】 gǎnyù ❶感激知遇。《晋书·庾亮传》：“既今恩重命轻，遂～～忘身。”江淹《杂体诗·卢中郎感交》：“羁旅去旧乡，～～喻琴瑟。”❷感慨遭遇。古代诗人常以“感遇”命题，多感慨仕途坎坷，命运不好。

【感忽】 hànhū 恍忽。《荀子·解蔽》：“凡人之有鬼也，必以其～～之间疑玄之时正之。”又《议兵》：“善用兵者，～～悠暗，莫知其所从出。”

澉 gǎn 见“澹澉”。

橄 gǎn 见“橄榄”。

【橄榄】 gǎnlǎn 果木名。又名青果。常绿乔木。果实呈长圆形，可食，亦可入药。嵇含《南方草木状》卷下：“～～树，身耸，枝皆高数丈，其子深秋方熟，味虽苦涩，咀之芳馥，胜含鸡骨香。”

黚 gǎn ❶黑。《玉篇·黑部》：“～，黑也。”❷脸上的黑斑。孙思邈《千金要方·谷米》：“去黑痣面～，润泽皮毛。”

擀 gǎn 用木棒来回碾压。《太平广记》卷二三四引《北梦琐言》：“有能造大饼，每三四斗面～一枚，大于数间屋。”

礛 gǎn 古代封禅用的石匣。《新唐书·礼乐志四》：“高宗乾封元年，封泰山……石～以方石再累，皆方五尺，厚一尺，刻方其中以容玉匮。”

簳 gǎn ❶小竹，可以做箭杆。张衡《南都赋》：“其竹……则篆～箛箠。”王安石《材论》：“夫南越之修～，镞以百炼之精金，羽以秋鹗之劲翮。”❷箭杆。亦指箭。《山海经·中山经》：“[休与之山]有草焉……名曰夙条，可以为～。”《列子·汤问》：“乃以燕角之弧，朔蓬之～射之。”

鳡（鱤） gǎn 鱼名。一名黄颊。《山海经·东山经》：“[番条之山]减水出焉，北流注入海，其中多～鱼。”

干[3]（幹） 1. gàn ❶草木的主干。《后汉书·公孙述传》：“名材竹～，器械之饶，不可胜用。”陶渊明《读山海经》诗之七：“亭亭凌风桂，八～共成林。”❷身躯。《楚辞·招魂》：“去君之恒～，何为四方些。”（去：指魂魄离开。）《晋书·刘曜载记》：“陇上壮士有陈安，躯～虽小腹中宽。”❸胁，肋骨。《论衡·变动》：“范睢为须贾所谗，魏齐僇之，折～摺胁。”❹泛指主干、根本。《国语·晋语四》：“爱亲明贤，政之～也。”《后汉书·贾逵传》：“今左氏崇君父，卑臣子，强～弱枝。”❺才干，有才干。《后汉书·陈球传》：“累经州郡，以廉～知名。”又《孟尝传》：“清行出俗，能～绝群。”❻办理，主管。《后汉书·五行志三》：“是时和帝幼，窦太后摄政，其兄窦宪～事。”《三国志·蜀书·诸葛亮传》：“方今天下骚扰，元恶未枭，君受大任，～国之重。”❼事。朱熹《答刘平甫》：“大抵家务冗～既多，此不可已者。”

2. hàn ❽井上的木栏。《庄子·秋水》：“出跳梁乎井～之上，入休乎缺甃之崖。”《汉书·枚乘传》：“泰山之霤穿石，单极之绠断～。”

【干蛊】 gàngǔ 《周易·蛊》：“干父之蛊。”意谓正父之过而处事有能，后因以“干蛊”指主事或才干。《颜氏家训·治家》：“国不可使预政，家不可使～～。”白居易《唐扬州仓曹参军王府君墓志铭》：“行己以清廉闻，莅事以～～闻。”

【干翮】 gànhé 主管重大之事。翮，羽茎，比喻重大之事。《三国志·蜀书·麋竺传》：“竺雍容敦雅，而～～非所长，是以待之以上宾之礼，未尝有所统御。”

【干济】 gànjì 干练成事。《梁书·刘坦传》：“为南郡王国常侍，迁南中郎录事参军，所居以～～称。”《北齐书·唐邕传》：“邕善书计，强记默识，以～～见知。”

【干局】 gànjú 才干和气度。《三国志·蜀书·刘彭廖李刘魏杨传评》：“彭羕、廖立以才拔进，李严以～～达。”

【干吏】 gànlì 州郡官府中的办事人员。《论衡·程材》：“朝庭之人也，幼为～～，以朝庭为田亩，以刀笔为耒耜。”《后汉书·栾巴传》：“虽～～卑末，皆课令习读。”

【干略】 gànlüè 才干和谋略。《三国志·蜀书·刘备传评》：“机权～～，不逮魏武，是以基宇亦狭。”

【干器】 gànqì 才干和器量。常璩《华阳国志·后贤志》：“[柳]伸子纯，字伟淑，有名德～～，举秀才。”

【干事】 gànshì 胜任其事。《后汉书·景丹传》：“丹以言语为固德侯相，有～～称，迁朔调连率副贰。”又《臧洪传》：“父旻，有～～才。”

【干肃】 gànsù 做事谨慎。《三国志·蜀书·董允传》：“～～有章，和义利物，庶绩允明。”

【干佐】 gànzuǒ 主管事务的辅佐官员。《三国志·魏书·邓艾传》：“为都尉学士，以口吃，不得作～～。”

干[4]（榦） gàn ❶筑土墙时树立在两头的支柱。《说文·木部》：

"～，筑墙耑木也。"《左传·宣公十一年》："平板～，称畚筑。"（板：筑土墙用的夹板。）❷树干，主干。《淮南子·主术训》："故枝不得大于～，末不得大于本。"《后汉书·光武帝纪上》："强～弱枝，所以为治也。"

【干桢】　gànzhēn　本指筑土墙用的支柱，又用以比喻事情的基础。《法言·五百》："经营，然后知～～之克立也。"

讲（詌）　gàn　以势压人。《荀子·哀公》："鲁哀公问于孔子曰：'请问取人？'孔子对曰：'无取健，无取～，无取口哼。'"

杆[1]　1. gàn　❶树名。檀树。《玉篇·木部》："～，檀木也。"一说柘树，见《类篇》及王念孙《广雅疏证·释木》。

2. gān　❷木棍。《论衡·变动》："旌旗垂旒，旒缀于～。"

旰　1. gàn　❶晚。《汉书·张汤传》："汤每朝奏事，语国家用，日～，天子忘食。"《后汉书·尹敏传》："每相遇，辄日～忘食，夜分不寝。"

2. hàn　❷见"旰旰"。

【旰食】　gànshí　❶晚食，指政务繁忙而不能按时吃饭。《左传·昭公二十年》："奢闻员不来，曰：'楚君大夫其～～乎！'"❷指勤于政事。《三国志·吴书·鲁肃传》注引《江表传》"方今曹公在北，疆埸未静，刘备寄寓，有似养虎，天下之事，未知终始，此朝士～～之秋，至尊垂虑之日也。"

【旰昃】　gànzè　❶天晚。昃，日偏西。苏舜钦《诣匭疏》："臣窃观国史，见祖宗逐日视朝，～～方罢。"❷指勤于政事。《南齐书·明帝纪》："永言古昔，无忘～～。"

【旰旰】　hànhàn　盛大的样子。何晏《景福殿赋》："皓皓～～，丹彩煌煌。"梁简文帝《大法颂序》："锵锵～～，瓌谲杂错，邈乎其不可名。"

矸　1. gàn　❶白净的样子。《史记·鲁仲连邹阳列传》裴骃集解引宁戚《饭牛歌》："南山～，白石烂。"

2. gān　❷丹矸。即朱砂。见"丹干"。

绀（紺）　gàn　天青色，青中透红的颜色。《论语·乡党》："君子不以～緅饰。"（緅：深青透红的颜色。）祢衡《鹦鹉赋》："～趾丹觜，绿衣翠衿。"

【绀宇】　gànyǔ　佛寺的别名。又称绀园。王勃《益州德阳县善寂寺碑》："朱轩夕朗，似游明月之宫；～～晨融，若对流霞之阙。"

【绀珠】　gànzhū　相传唐开元间宰相张说有绀色珠一颗，名曰记事珠。如有遗忘之事，以手弄此珠，便觉心神开悟，事无巨细，涣然明晓，一无所忘。见王仁裕《开元天宝遗事·记事珠》。后以此比喻广闻博记。

淦　gàn　❶水入船中。《说文·水部》："～，水入船中也。一曰泥也。"❷河流名。在江西省。

骭　gàn　❶胫，小腿。《淮南子·俶真训》："虽以天下之大，易～之一毛，无所概于志也。"刘克庄《题李伯时画十国图》："其王或蓬首席地，或戎服踞坐，或剪发露～。"❷胁，肋骨。刘昼《新论·命相》："帝喾戴肩，颛顼骿～。"

gang

亢　gāng　见 kàng。

冈（岡、崗、堽）　gāng　山脊。《诗经·周南·卷耳》："陟彼高～，我马玄黄。"（陟：登。玄黄：病。）《后汉书·周燮传》："有先人草庐结于～畔。"

【冈㝗】　gāngláng　空虚的样子。《淮南子·道应训》："若我南游乎～～之野，北息乎沉墨之乡，西穷窅冥之党，东开鸿濛之先，此其下无地而上无天，听焉无闻，视焉无瞩。"

扛　gāng　❶手举。《论衡·效力》："力能～鸿鼎，揭华旗。"《后汉书·虞延传》："要带十围，力能～鼎。"❷抬。《后汉书·费长房传》："又今十人～之，犹不举。"

刚（剛）　gāng　❶坚硬。《吕氏春秋·贵信》："冬之德寒，寒不信，其地不～。"《论衡·儒增》："是荆轲之力劲于十石之弩，铜柱之坚不若木表之～也。"㈠刚强。《国语·周语中》："四军之帅，旅力方～。"（旅力：体力。旅，通"膂"。）苏轼《留侯论》："且夫有报人之志而不能下人者，是匹夫之～也。"㈡刚直。《汉书·隽不疑传》："凡为吏，太～则折，太柔则废。"《后汉书·彭宠传》："而其妻素～，不堪抑屈。"❷副词。刚才。苏轼《花影》诗："～被太阳收拾去，却教明月送将来。"❸副词。偏偏。白居易《惜花》诗："可怜夭艳正当时，～被狂风一夜吹。"❹通"㭎"。公牛。《诗经·鲁颂·閟宫》："白牡骍～。"（白牡：白色的公牛。骍：赤色。）

【刚愎】　gāngbì　倔强固执。《韩非子·十过》："鲍叔牙为人，～～而悍。"《三国志·魏书·钟繇传》："且[郭]援～～好胜，必易吾军。"（易：看轻。）

【刚风】　gāngfēng　❶高空的强风。苏轼《紫团参寄王定国》诗："～～披草木，真气入苕颖。"参见"罡风"。❷西风。《灵枢经·九宫八风》:"风从西方来,名曰～～。"

【刚简】 gāngjiǎn 刚强质朴。《三国志·魏书·崔琰传》:"孙[礼]疏亮亢烈,～～能断。"又《蜀书·邓芝传》:"性～～,不饰意气,不得士类之和。"

【刚狷】 gāngjuàn 刚强而不宽容。白居易《自题写真》诗:"况多～～性,难与世同尘。"苏舜钦《杜宜孝子传》:"其父～～,独不良于谊。"

【刚克】 gāngkè 以刚制胜。《尚书·洪范》:"三德:一曰正直,二曰～～,三曰柔克。"《北史·常爽传》:"文翁柔胜,先生～～,立教虽殊,成人一也。"

【刚戾】 gānglì 倔强乖戾。《史记·秦始皇本纪》:"始皇为人,天性～～自用,起诸侯,并天下,意得欲从,以为自古莫及己。"又《伍子胥列传》:"[伍]员为人～～忍诟,能成大事。"

【刚鬣】 gāngliè 祭祀用的猪。《礼记·曲礼下》:"凡祭宗庙之礼,牛曰一元大武,豕曰～～。"

【刚日】 gāngrì 奇日,单日。古人认为十日有五刚五柔,以甲、丙、戊、庚、壬为刚日,以乙、丁、己、辛、癸为柔日。《礼记·曲礼上》:"外事用～～,内事用柔日。"

茵(蔄) gāng 草名。《山海经·中山经》:"[少陉之山]有草焉,名曰～草,叶状如葵而赤茎白华,实如蘡薁,食之不愚。"

杠 gāng ❶床前横木。《说文·木部》:"～,床前横木也。"《方言》卷五:"床……其～,北燕、朝鲜之间谓之树,自关而西秦晋之间谓之～。"❷杆,旗杆。《仪礼·士丧礼》:"竹～长三尺,置于宇西阶上。"《晋书·石季龙载记》:"左校令成公段造庭燎于崇～之末,高十馀丈。"(庭燎:照明的火炬。崇:高。)❸独木桥,小桥。《孟子·离娄下》:"岁十一月,徒～成。"苏舜钦《沧浪亭记》:"三向皆水边,～之南,其地益阔,旁无民居。"❹通"扛"。抬。康有为《东事战败》诗:"～棺摩拳,击鼓三挝。"

㧉(㨔) gāng ❶举,抬。潘岳《闲居赋》李善注引周迁《舆服杂事记》:"步舆,方四尺,素木为之,以皮为襻～之。"(襻:带子。)❷顶。《西游记》五十六回:"呆子慌了,往山坡下筑了有三尺深,下面都是石脚石根,～住耙齿。"

【㧉鼓】 gānggǔ 乐器名。长三尺,秦乐时先敲击以引大鼓。隋大驾鼓吹有之。见《文献通考·乐考九》。参见"㧉鼓"。

坑 gāng 见 kēng。

肛 gāng 肛门。《集韵·东韵》:"～,肛门,肠耑。"朱震亨《丹溪先生心法·脱肛》:"脱～属气热、气虚、血虚、血热。"

纲(綱) gāng ❶网上的大绳。《尚书·盘庚》:"若网在～,有条而不紊。"《吕氏春秋·用民》:"壹引其～,万目皆张。"(目:网孔。)㉛事物的关键部分,主体。《韩非子·外储说右下》:"故吏者,民之本～者也。"《北史·源贺传》:"为政贵当举～。"❷法纪,秩序。扬雄《解嘲》:"吾闻上世之士,人～人纪,生必上尊人君,下荣父母。"❸唐宋时成批运送货物的组织。沈括《梦溪笔谈·谬误》:"自国门挽船而入,称进奉茶～,有司不敢问。"

【纲常】 gāngcháng 三纲五常的简称。君为臣纲、父为子纲、夫为妻纲为三纲,仁、义、礼、智、信为五常。《宋史·叶味道传》:"正～～以励所学,用忠言以充所学。"

【纲纪】 gāngjì ❶纲要。《荀子·劝学》:"礼者,法之大分,类之～～也。"❷法度。《论衡·非韩》:"使礼义废,～～败。"苏舜钦《诣匦疏》:"今臣窃见～～隳败,政化阙失,其事甚众,不可概举。"❸治理,管理。《诗经·大雅·棫朴》:"勉勉我王,～～四方。"❹官名。公府及州郡主簿。《晋书·徐邈传》:"足下选～～必得国士,足以摄诸曹。"

【纲领】 gānglǐng 网纲和衣领,比喻事物的关键部分。《三国志·魏书·陈矫传》:"所在操～～,举大体,能使群下自尽。"《文心雕龙·镕裁》:"裁则芜秽不生,镕则～～昭畅。"(昭畅:明白畅通。)

【纲目】 gāngmù ❶指事情的大纲与细目。《南史·钟嵘传》:"时齐明帝躬亲细务,～～亦密。"亦指前列大纲后列细目的著作,如李时珍《本草纲目》。❷犹言法网。《世说新语·言语》:"刘公干以失敬罹罪。文帝问曰:'卿何以不谨于文宪?'桢答曰:'臣诚庸短,亦由陛下～～不疏。'"

【纲维】 gāngwéi ❶法纪。司马迁《报任少卿书》:"不以此时引～～,尽思虑。"《三国志·魏书·蒋济传》:"夫为国法度,惟命世大才乃能张其～～以垂于后。"❷维护。《三国志·魏书·刘放传》:"宜速召太尉司马宣王,以～～王室。"❸寺庙中管理事务的僧人。段成式《酉阳杂俎续集·支植下》:"北都惟童子寺有竹一窠,才长数尺,相传其寺～～每日报竹平安。"

【纲要】 gāngyào 大纲要则。《隋书·律历志下》:"疏而不漏,～～克举。"

疘 gāng(又读 gōng) 病名。《广韵·东韵》:"《文字集略》云:脱～,下部病也。"(脱疘:即脱肛。)

㭎(棡) gāng ❶横墙木。《集韵·唐韵》:"～,横墙木。"❷举,抬。玄应《一切经音义·阿含经》十五"㭎舆"引阮孝绪《文字集略》:"相对举物曰～也。"

【㭎鼓】 gānggǔ 乐器名。又曲名。《乐府诗集·横吹曲辞》:"一曰～～部,其乐器有～～、金钲、大鼓、小鼓、长鸣角、次鸣角、大角七种。～～金钲一曲,夜警用之。"参见"㧏鼓"。

矼 1. gāng ❶石桥,小桥。《玉篇·石部》:"～,石桥也。"皮日休《忆洞庭观步十韵》:"登村度石～。"

2. qiāng ❷坚实。《庄子·人间世》:"且德厚信～,未达人气。"

犅(㹃) gāng 公牛。《公羊传·文公十三年》:"周公用白牡,鲁公用骍～。"

釭(釭) gāng(又读 gōng) ❶车毂中穿轴的圆孔,以金属镶里。刘向《新序·杂事二》:"方内而员～,如何?"❷宫室壁带上的环状金属饰物。《汉书·孝成赵皇后传》:"壁带往往为黄金～,函蓝田璧、明珠、翠羽饰之。"(壁带:墙上露出来的形状如带的横木。)❸灯。江淹《别赋》:"夏簟清兮昼不暮,冬～凝兮夜何长!"李商隐《夜思》诗:"银箭耿寒漏,金～凝夜光。"

钢(鋼) 1. gāng ❶钢。铁和炭的合金。《列子·汤问》:"其剑长尺有咫,练～赤刃,用之切玉如切泥焉。"沈括《梦溪笔谈·辩证一》:"余出使至磁州坊,观炼铁,方识真～。"

2. gàng ❷坚。《集韵·宕韵》:"～,坚也。"

缸(瓨) gāng ❶瓦制的长颈容器,受十升。《说文》作"瓨"。李商隐《因书》诗:"海石分棋子,郫筒当酒～。"❷通"釭"。灯。白居易《不睡》诗:"焰短寒～尽,声长晓漏迟。"

罡 gāng ❶星名,即天罡,北斗星的斗柄。《抱朴子·杂应》:"又思作七星北斗,以魁覆其头,以～指前。"《水浒传》六十三回:"～星煞曜降凡世,天蓬丁甲离青穹。"❷通"冈"。山冈。《水经注·泿水》:"城北有尉佗墓,墓后有大～,谓之马鞍～。"

【罡风】 gāngfēng 高空的强风。范成大《古风上知府秘书》之二:"身轻亦仙去,～～与之俱。"

笐 1. gāng ❶竹的行列。《说文·竹部》:"～,竹列也。"

2. hàng ❷衣架。《广韵·宕韵》:"～,衣架。"⊗农具名。晾晒稻麦的架子。《农政全书·农器·图谱二》:"～,架也……今湖、湘间收禾并用笐架悬之,以竹木构如屋状。"

魧(魧) gāng(又读 háng) ❶大贝。《尔雅·释鱼》:"贝……大者～,小者鲼。"《经典释文》:"《字林》作'蚢',云:大贝也。"❷白鱼子。崔豹《古今注·鱼虫》:"～子,一名鱼子,好群浮水上,曰白萍。"

堽 gāng 山冈。陆云《答车茂安书》:"因民所欲,顺时游猎,结罝绕～,密网弥山。"

港 1. gǎng ❶江河的支流。韩愈《送王秀才序》:"道于杨墨老庄佛之学,而欲之圣人之道,犹航断～绝潢,以望至于海也。"《宋史·河渠志七》:"沿河下岸,泾～极多。"❷停船的港湾。杨万里《舟中买双鳜鱼》诗:"小～阻风泊乌舫,舫前渔艇晨收网。"

2. hòng ❸见"港洞"。

【港洞】 hòngtóng 相通。马融《长笛赋》:"庨窌巧老,～～坑谷。"

gao

咎 gāo 见 jiù。

羔 gāo 小羊。《诗经·豳风·七月》:"朋酒斯飨,曰杀～羊。"《礼记·礼器》:"～豚而祭,百官皆足。"

【羔雁】 gāoyàn 小羊和雁。本指卿大夫相见时所带的礼物,后用作征聘贤士的礼品。《后汉书·陈纪传》:"父子并著高名,时号三君。每宰府辟召,常同时旌名,～～成群。"亦用作订婚的礼物。傅玄《艳歌行有女篇》:"媒氏陈束帛,～～鸣前堂。"

高 gāo ❶高。与"低"相对。《诗经·大雅·卷阿》:"凤凰鸣矣,于彼～冈。"《老子·二章》:"长短相形,～下相倾。"⊗使之高,加高。《左传·襄公三十一年》:"～其闬闳,厚其墙垣。"(闬闳:里巷之门。)《汉书·高帝纪上》:"～垒深堑易战。"❷大。《战国策·齐策一》:"家敦而富,志～而扬。"《史记·项羽本纪》:"劳苦而功～如此。"⊗指年纪大。《史记·吕太后本纪》:"孝惠崩,高后用事,春秋～。"《后汉书·和熹邓皇后纪》:"夫人年～目冥,误伤后额,忍痛不言。"⊗指声音大。白居易《纳粟》诗:"有吏夜扣门,～声催纳粟。"❸高贵,高尚。《孟子·万章下》:"位卑而言～,罪也。"《后汉书·王符传》:"墓虽卑而德最～。"❹尊重,重视。

《汉书·朱云传》:"好倜傥大节,当世以是~之。"又《地理志下》:"贵财贱义,~富下贫。"❺价高。韩愈《寄卢仝》诗:"少室山人索价~,两以谏官征不起。"

【高春】 gāochōng 傍晚时分。《淮南子·天文训》:"[日]至于渊虞,是谓~~;至于连石,是谓下春。"苏舜钦《答韩持国书》:"三商而眠,~~而起。"

【高蹈】 gāodǎo ❶远行。《左传·哀公二十一年》:"鲁人之皋,数年不觉,使我~~。"❷指隐居。颜延之《陶征士诔》:"赋诗归来,~~独善。"❸登上更高的境界,突出。韩愈《荐士》诗:"国朝盛文章,子昂始~~。"

【高弟】 gāodì 见"高第"。

【高第】 gāodì ❶考试及考核官吏成绩优等。第,等级。《汉书·盖宽饶传》:"举方正,对策~~,迁谏大夫,行郎中户将事。"《后汉书·邓晨传》:"由是复拜为中山太守,吏民称之,常为冀州~~。"也作"高弟"。《汉书·陈万年传》:"为郡吏,察举,至县令,迁广陵太守,以~~入为右扶风,迁太仆。"❷指品学优秀。赵岐《孟子题辞》:"于是退而论集所与~~弟子公孙丑、万章之徒难疑答问。"也作"高弟"。《史记·礼书》:"自子夏,门人之~~也。"

【高风】 gāofēng ❶高尚的风范。《后汉书·冯衍传》:"沮先圣之成论兮,懇名贤之~~。"(懇:陵越。)夏侯湛《东方朔画赞序》:"睹先生之县邑,想先生之~~。"❷高处之风。又指秋风。《楚辞·九叹·远遊》:"溯~~以低佪兮,览周流于朔方。"《旧唐书·玄宗纪》:"~~顺时,厉肃杀于秋序。"

【高拱】 gāogǒng 高拱两手,指安坐无事。《史记·苏秦列传》:"今君~~而两有之,此臣所以为君愿也。"《汉书·贾谊传》:"今陛下力制天下,颐指如意,~~以成六国之祸,难以言智。"

【高会】 gāohuì 大会,大宴宾客。《史记·项羽本纪》:"汉皆已入彭城,收其货宝美人,日置酒~~。"《后汉书·来歙传》:"于是置酒~~,劳赐歙。"

【高节】 gāojié 高尚的节操。《庄子·让王》:"~~戾行,独乐其志,不事于世。"《史记·鲁仲连邹阳列传》:"鲁仲连者,齐人也。好奇伟俶傥之画策,而不肯仕宦任职,好持~~。"

【高举】 gāojǔ ❶高飞。《楚辞·九辩》:"凫雁皆唼夫梁藻兮,凤愈飘翔而~~。"❷指隐居。陶渊明《桃花源诗》:"愿言蹑轻风,~~寻吾契。"

【高抗】 gāokàng 刚强。《后汉书·梁鸿传》:"[高]恢亦~~,终身不仕。"亦作"高亢"。曾巩《洪范传》:"人之为德~~明爽者,本于刚,而柔有不足也。"

【高朗】 gāolǎng 高明。《诗经·大雅·既醉》:"昭明有融,~~令终。"(融:长远。令终:好的结果。)《三国志·蜀书·郤正传》:"吾子以~~之才,珪璋之质,兼资博窥,留心道术,无远不致,无幽不悉。"

【高迈】 gāomài 超迈不凡。《晋书·王献之传》:"少有盛名,而~~不羁,虽闲居终日,容止不怠。"

【高禖】 gāoméi 媒神,帝王祭祀以求子。《吕氏春秋·仲春纪》:"是月也,玄鸟至。至之日,以太牢祀于~~。天子亲往,后妃率九嫔御。"又指祭祀媒神。《三国志·魏书·王朗传》注引《魏名臣奏》:"~~所以祈休祥,又所以察时务,扬教化。"

【高门】 gāomén ❶高大的门。《史记·孟子荀卿列传》:"自如淳于髡以下,皆命曰列大夫,为开第康庄之衢,~~大屋,尊宠之。"❷显贵之家。《三国志·魏书·贾诩传》:"男女嫁娶,不结~~。"沈约《恩幸传论》:"刘毅所云下品无~~,上品无贱族者也。"

【高明】 gāomíng ❶高超明达。指见解、学问、修养等。《国语·郑语》:"今王弃~~昭显,而好谗慝暗昧。"《汉书·董仲舒传》:"尊其所闻,则~~矣;行其所知,则光大矣。"❷富贵的人。《尚书·洪范》:"无虐茕独而畏~~。"扬雄《解嘲》:"~~之家,鬼瞰其室。"❸高而敞亮的地方。《礼记·月令》:"[仲夏之月]可以居~~,可以远眺望。"张说《梁国公姚文贞公神道碑》:"八柱承天,~~之位定。"❹对人的尊称。《后汉书·孔融传》:"[李]膺请融,问曰:'~~祖父尝与仆有恩旧乎?'"

【高士】 gāoshì 高尚出俗之士。《战国策·赵策三》:"吾闻鲁连先生,齐国之~~也。"《后汉书·徐稺传》:"此必南州~~徐孺子也。"

【高世】 gāoshì 高出世人,超乎世俗。《战国策·赵策二》:"功业~~者,人主不再行也。"《史记·赵世家》:"夫有~~之名,必有遗俗之累。"

【高视】 gāoshì 傲视,居高视下。《三国志·魏书·陈思王植传》注引《典略》:"德琏发迹于大魏,足下~~于上京。"杨炯《大周明威将军梁公神道碑》:"~~翰墨之英,独布爪牙之旅。"

【高爽】 gāoshuǎng 高洁豪爽。《三国志·

魏书·陈登传》注引《先贤行状》："[陈]登忠亮～～，沈深有大略，少有扶世济民之志。"《晋书·阮咸传》："太原郭奕～～有识量，知名于时。"

【高堂】 gāotáng ❶高大的庭堂。《楚辞·招魂》："～～邃宇，槛层轩些。"又指正堂。《后汉书·马融传》："常坐～～，施绛纱帐，前授生徒，后列女乐。"❷指父母。李白《送张秀才从军》诗："抱剑辞～～，将投霍冠军。"吕温《药师如来绣像赞》："贞元二十年，余奉德宗皇帝之命西使吐蕃。辞～～而出万死，介单车而驰不测。"

【高卧】 gāowò ❶即高枕而卧，指安闲无事。《晋书·陶潜传》："尝言夏月虚闲，～～北窗之下。"陆游《桥南书院记》："载叔～～其中，裾不曳，刺不书，客之来者日益众。"❷指隐居。《世说新语·排调》："卿屡违朝旨，～～东山。"

【高行】 gāoxíng 高尚的德行。《论衡·累害》："君子也，以忠信招患，以～～招耻，何世不然？"《淮南子·氾论训》："言而必信，期而必当，天下之～～也。"

【高牙】 gāoyá 牙旗。因其高，故名。潘岳《关中》诗："桓桓梁征，～～乃建。"欧阳修《相州昼锦堂记》："然则～～大纛，不足为公荣。"（这里"高牙大纛"指仪仗。）

【高义】 gāoyì 崇高的道义。《战国策·齐策二》："夫救赵，～～也；却秦兵，显名也。"《史记·廉颇蔺相如列传》："臣所以去亲戚而事君者，徒慕君之～～也。"

【高韵】 gāoyùn ❶指高雅的诗文。《宋书·谢灵运传论》："缀平台之逸响，采南皮之～～。"（李善注："高韵，谓应[玚]、徐[幹]之文也。"）❷高雅的气韵。《三国志·魏书·陈思王植传》注引荀绰《冀州记》："[裴]頠性弘方，爱[杨]峤有～～。"

【高枕】 gāozhěn "高枕而卧"的省略，指无忧无虑，安闲无事。《战国策·齐策四》："三窟已就，君姑～～为乐矣。"《史记·吕太后本纪》："齐兵必罢，大臣得安，足下～～而王千里，此乃世之利也。"参见"高枕而卧"。

【高訾】 gāozī 资财多。訾，通"资"。《汉书·地理志下》："后世世徙吏二千石、～～富人及豪桀并兼之家于诸陵。"又《货殖传》："长安丹王君房、豉樊少翁、王孙大卿，为天下～～。"

【高足】 gāozú ❶骏马。《古诗十九首》之四："何不策～～，先据要路津？"❷高才。又指高才弟子。《世说新语·文学》："郑玄在马融门下，三年不得相见，～～弟子传授而已。"张彦远《法书要录》卷一："高阳许静民，镇军参军，善隶书，羲之～～。"

【高屋建瓴】 gāowūjiànlíng 高屋之上倾倒瓶水。比喻居高临下，势不可挡。《史记·高祖本纪》："地埶便利，其以下兵于诸侯，譬犹居高屋之上建瓴水也。"（建：通"瀽"，倒水。瓴：盛水的陶瓶。一说指瓦沟。）

【高枕而卧】 gāozhěn'érwò 垫高枕头安卧，形容无忧无虑，安闲无事。《战国策·魏策一》："无楚、韩之患，则大王～～～～，国必无忧矣。"《史记·留侯世家》："君常为上谋臣，今上欲易太子，君安得～～～～乎？"

皋（皐、臯） 1. gāo ❶沼泽。《诗经·小雅·鹤鸣》："鹤鸣于九～，声闻于天。"㊀指水田。潘岳《秋兴赋》："耕东～之沃壤兮，输黍稷之馀税。"❷岸，水边高地。《楚辞·九歌·湘君》："鼂骋骛兮江～，夕弭节兮北渚。"《汉书·贾山传》："江～河濒，虽有恶种，无不猥大。"❸阴历五月的别名。《尔雅·释天》："五月为～。"❹高。《荀子·大略》："望其圹，～如也。"

2. háo ❺通"嗥"。号呼声。《礼记·礼运》："及其死也，升屋而号，告曰：'～！某复。'"

【皋皋】 gāogāo 同"谔谔"。互相欺骗。《诗经·大雅·召旻》："～～訿訿，曾不知玷。"（訿訿：诽谤。）

【皋牢】 gāoláo 牢笼。《后汉书·马融传》："罦罝罗羉，弥纶阬泽，～～陵山。"

【皋门】 gāomén 王宫或王都的外门。《诗经·大雅·绵》："乃立～～，～～有伉。"（伉：高大的样子。）

【皋比】 gāopí 虎皮。《左传·庄公十年》："[公子偃]自雩门窃出，蒙～～而先犯之。"刘基《卖柑者言》："今夫佩虎符、坐～～者，洸洸乎干城之具也。"

【皋禽】 gāoqín 鹤。谢庄《月赋》："聆～～之夕闻，听朔管之秋引。"

【皋陶】 gāoyáo ❶相传是舜的臣，掌刑法。亦作"咎繇"。《孟子·滕文公上》："尧以不得舜为己忧，舜以不得禹、～～为己忧。"❷鼓木。《周礼·考工记·韗人》："韗人为～～，长六尺有六寸，左右端广六寸，中尺厚三寸。"

菒 gāo 草名。《山海经·南山经》："[仑者之山]有木焉，其状如榖而赤理，其汗如漆，其味如饴，食者不饥，可以释劳，其名曰白～。"

藁 gāo 草名。《广雅·释草》："～苏，白菒。"参见"菒"。

罜 gāo 见yì。

膏 1. gāo ❶脂肪，油脂。《诗经·桧风·羔裘》：“羔裘如～，日出有曜。”《后汉书·东夷传》：“冬以豕～涂身，厚数分，以御风寒。”㊀指药膏。《后汉书·华佗传》：“既而缝合，傅以神～。”㊀肥肉。《周易·屯》：“屯其～，小贞吉。”❷肥美。《国语·晋语一》：“嗛嗛之食，不足狃也，不能为～，而祇罹咎也。”（嗛嗛：小。狃：贪。）《论衡·祀义》：“何而粢盛之不～也？何而刍牲之不肥硕也？”㊀肥沃。《史记·货殖列传》：“关中自汧澧以东至河华，～壤沃野千里。”❸古代医学指心尖脂肪。《左传·成公十年》：“医至，曰：‘疾不可为也，在肓之上，～之下，攻之不可，达之不及，药不至焉，不可为也。’”（肓：心脏与膈膜之间。）

2. gào ❹滋润。《诗经·曹风·下泉》：“芃芃黍苗，阴雨～之。”《汉书·苏武传》：“空以身～草野，谁复知之！”（以身膏草野：指弃尸草野之中。）❺用油脂涂抹。韩愈《送李愿归盘谷序》：“～吾车兮秣吾马，从子于盘兮，终吾身以徜徉。”

【膏肓】 gāohuāng 膏肓是药力达不到的地方，因用以指极其严重难以医治的疾病。《世说新语·俭啬》注引王隐《晋书》：“［王］戎性至俭，不能自奉养，财不出外，天下人谓为～～之疾。”苏轼《乞校正陆贽奏议进御劄子》：“可谓进苦口之药石，针害身之～～。”

【膏火】 gāohuǒ ❶灯火。《庄子·人间世》：“山木自寇也，～～自煎也。”苏轼《上元夜》诗：“亦复举～～，松间见层层。”❷古代书院供给学生的津贴。吴荣光《吾学录·学校门》：“诸生贫乏无力者，酌给薪水，各省由府州县董理酌给～～。”

【膏粱】 gāoliáng ❶肥肉和上等的粟，精美的食品。《孟子·告子上》：“《诗》云‘既醉以酒，既饱以德’，言饱乎仁义也，所以不愿人之～～之味也。”《汉书·王褒传》：“离疏释蹻而享～～。”（疏：疏食，粗粮。蹻：用绳子编的鞋。）❷指富贵者，富贵之家。《国语·晋语七》：“夫～～之性难正也，故使惇惠者教之，使文敏者导之。”《宋书·荀伯子传》：“天下～～，唯使君与下官耳。”

【膏露】 gāolù 滋润万物的甘露。《汉书·晁错传》：“然后阴阳调，四时节，日月光，风雨时，～～降，五谷熟。”

【膏沐】 gāomù 妇女用的润发油。《诗经·卫风·伯兮》：“自伯之东，首如飞蓬。岂无～～，谁适为容？”《三国志·魏书·陈思王植传》：“妃妾之家，～～之遗，岁得再通，齐义于贵宗，等惠于百司。”

【膏润】 gāorùn 滋润。《汉书·礼乐志》：“～～并爱，跂行毕逮。”柳宗元《代韦中丞贺元和大赦表》：“太阳既升，煦育资始；霈泽斯降，～～无遗。”

【膏血】 gāoxuè 民膏民血，指老百姓用血汗换来的财物。《新唐书·陆贽传》：“农桑废于追呼，～～竭于笞捶。”胡铨《戊午上高宗封事》：“竭民～～而不恤，忘国大仇而不报。”

【膏腴】 gāoyú ❶土地肥沃。《后汉书·公孙述传》：“蜀地沃野千里，土壤～～。”又指肥沃之地。《汉书·地理志下》：“［秦地］有鄠、杜竹林，南山檀柘，号称陆海，为九州～～。”❷指文辞华美。《论衡·超奇》：“衍传书之意，出～～之辞，非倜傥之才不能任也。”《文心雕龙·诠赋》：“遂使繁华捐枝，～～害骨。”❸指富贵。《晋书·王国宝传》：“国宝以中兴～～之族，惟作吏部，不为馀曹郎，甚怨望。”钟嵘《诗品序》：“至使～～子弟耻文不逮，终朝点缀，分夜呻吟。”

【膏雨】 gāoyǔ 滋润农作物的及时雨。《左传·襄公十九年》：“如百谷之仰～～焉。”《汉书·贾山传》：“是以元年～～降，五谷登，此天之所以相陛下也。”

【膏泽】 gāozé ❶犹膏雨。曹植《赠徐幹》诗：“良田无晚岁，～～多丰年。”《抱朴子·博喻》：“甘雨～～，嘉生所以繁荣也，而枯木得之以速朽。”❷恩泽。《孟子·离娄下》：“谏行言听，～～下于民。”王安石《上仁宗皇帝言事书》：“朝廷每一令下，其意虽善，在位者犹不能推行，使～～加于民。”❸犹膏血。《国语·晋语九》：“浚民之～～以实之，又因而杀之，其谁与我？”

【膏烛】 gāozhú 灯火。《淮南子·缪称训》：“铎以声自毁，～～以明自铄。”《三国志·魏书·管辂传》注引《辂别传》：“可谓枯龟之馀智，～～之末景，岂不哀哉！”

槔（橰） gāo 汲水器，又叫桔槔。《庄子·天地》：“凿木为机，后重前轻，挈水若抽，数如泆汤，其名为～。”参见“桔槔”。

睾（睪） gāo ❶睾丸，男子及雄性动物生殖器官的一部分。《灵枢经·邪气藏腑病形篇》：“小肠病者，小腹痛，腰脊控～而痛。”❷通“皋”。高。《列子·天瑞》：“望其圹，～如也。”

【睾牢】 gāoláo 牢笼。《荀子·王霸》：“～～天下而制之若制子孙，人苟不狂惑戆陋者，其谁能睹是而不乐也哉！”

糕（餻） gāo 用米粉麦面制成的一种食品。《北史·綦连猛传》：“七月刈禾太早，九月啖～未好。”孟元老《东京梦华录·重阳》：“都人多出郊外登高……前一二日各以粉面蒸～遗送。"

篙 gāo 撑船的竹竿。《淮南子·说林训》："以～测江，～终而以水为测，惑矣。"李贺《南园》诗之九："泉沙耎卧鸳鸯暖，曲岸回～舴艋迟。"（耎：同"软"。舴艋：一种小船。）

【篙工】 gāogōng 船夫。杜甫《覆舟》诗："～～幸不溺，俄倾逐轻鸥。"

【篙梢】 gāoshāo 驾船的人。篙，撑篙者。梢，掌舵者。《资治通鉴·隋炀帝大业九年》："玄感选运夫少壮者得五千馀人，丹阳、宣城～～三千馀人。"

櫜（韟） gāo ❶盛弓箭或铠甲的口袋。《左传·昭公元年》："伍举知其有备也，请垂～而入。"（垂櫜：表示内无兵器。）《国语·齐语》："诸侯之使垂～而入，稛载而归。"❷收藏。《史记·周本纪》："载戢干戈，载～弓矢。"《后汉书·隗嚣传》："然后还师振旅，～弓卧鼓。"

【櫜鞬】 gāojiān 装弓箭的器具。《国语·晋语四》："若不获命，其左执鞭弭，右属～～，以与君周旋。"

鼛 gāo 一种大鼓。《诗经·小雅·鼓钟》："鼓钟伐～，淮有三洲，忧心且妯。"又《大雅·绵》："百堵皆兴，～鼓弗胜。"

杲 gǎo 明亮。《管子·内业》："～乎如登天，杳乎如入渊。"梁简文帝《南郊颂》："如海之深，如日之～。"

【杲杲】 gǎogǎo 明亮的样子。《诗经·卫风·伯兮》："其雨其雨，～～出日。"

菒 gǎo 枯草。《国语·齐语》："及寒，击～除田，以待时耕。"

缟（縞） gǎo ❶白色的绢。《诗经·郑风·出其东门》："～衣綦巾，聊乐我员。"《楚辞·招魂》："纂组绮～，结琦璜些。"❷白色。谢惠连《雪赋》："眄隰则万顷同～，瞻山则千岩俱白。"谢庄《月赋》："连观霜～，周除冰净。"㊂使之白。苏轼《和刘景文见赠》诗："西来为我风黧面，独卧无人雪～庐。"

【缟素】 gǎosù ❶白色的丧服。《楚辞·九章·惜往日》："思久故之亲兮，因～～而哭之。"《汉书·高帝纪上》："寡人亲为发丧，兵皆～～。"❷洁白。《盐铁论·非鞅》："～～不能自分于缁墨，贤圣不能自理于乱世。"❸质朴。《汉书·张良传》："为天下除残去贼，宜～～为资。"

【缟纻】 gǎozhù ❶白绢和细麻所制的衣服。《战国策·齐策四》："后宫十妃，皆衣～～，食粱肉。"❷缟带和纻衣。《左传·襄公二十九年》："［吴公子札］聘于晋，见子产，如旧相识，与之缟带，子产献纻衣焉。"后因以比喻友谊深厚。宇文逌《庾信集序》："情均～～，契比金兰。"

槁（槀） 1. gǎo ❶干枯。《孟子·梁惠王上》："七八月之间旱，则苗～矣。"《吕氏春秋·先己》："是故百仞之松，本伤于下，而末～于上。"㊀枯木。《荀子·王霸》："及以燕赵起而攻之，若振～然。"❷竿。马融《长笛赋》："特箭～而茎立兮，独聆风于极危。"❸通"稿"。见"槁葬"。

2. kào ❹犒劳。《周礼·秋官·小行人》："若国师役，则令～禬之。"

3. kǎo ❺通"考"。敲。潘岳《河阳县作》诗："颎如～石火，瞥若截道飙。"（颎：明亮。瞥：闪现。）

4. gāo ❻通"篙"。撑船的竹竿。左思《吴都赋》："～工楫师，选自番禺。"

【槁壤】 gǎorǎng 干土。《孟子·滕文公下》："夫蚓，上食～～，下饮黄泉。"

【槁梧】 gǎowú 琴。一说矮几。《庄子·德充符》："今子外乎子之神，劳乎子之精，倚树而吟，据～～而瞑。"

【槁葬】 gǎozàng 草草埋葬。《后汉书·马援传》："援妻孥惶惧，不敢以丧还旧茔，裁买城西数亩地～～而已。"宋无《己亥秋淮南饥》诗："哭丧多～～，征旅少赢粮。"

【槁项黄馘】 gǎoxiànghuángxù 脖子干瘦，脸色蜡黄。形容人因生活贫困而饿得面黄肌瘦的样子。《庄子·列御寇》："夫处穷闾阨巷，困窘织屦，～～～～者，商之所短也。"苏轼《志林·战国任侠》："不知其能～～～～以老死于布褐乎？抑将辍耕太息以俟时也？"

暠 gǎo 明，白。潘岳《怀旧赋》："晨风凄以激冷，夕雪～以掩路。"

【暠暠】 gǎogǎo 明亮的样子。江淹《待罪江南思北归赋》："上～～以临月，下淫淫而愁雨。"

稿（稾、藁） gǎo ❶禾秆。《史记·萧相国世家》："上林中多空地，弃，愿令民得入田，毋收～为禽兽食。"《汉书·贡禹传》："已奉谷租，又出～税。"❷诗文的草稿。《史记·屈原贾生列传》："怀王使屈原造为宪令，屈平属草～未定，上官大夫见而欲夺之，屈平不与。"《后汉书·南匈奴传》："报答之辞，令必有适。今立～草并上。"❸模样。《红楼梦》二十九回："我看见哥儿的这个形容身段，言谈举动，怎么就和当日国公爷一个～子。"❹通"槁"。干枯。《说苑·建本》："弃其本者，荣华～矣。"❺县名。今河北的藁城市，即古代的稾城。作为地名专用字，不能写作"稿"。《新唐书·郭子仪传》："破贼史思明众数万,平稾城。"

【稿本】 gǎoběn 香草名。《楚辞·九思·悯上》:"～～兮萎落。"《史记·司马相如列传》:"揭车衡兰,～～射干。"

【稿街】 gǎojiē 也作"稾街"、"藁街"。汉代长安街名,少数民族聚居的地方。《汉书·陈汤传》:"斩郅支首及名王以下,宜县头～～蛮邸间。"

【稿砧】 gǎozhēn "丈夫"的隐语。周祈《名义考》卷五:"古有罪者,席稿伏于椹(砧)上,以铁斩之。言稿椹则兼言铁矣。铁与夫同音,故隐语稿椹为夫也。"《玉台新咏·古绝句之一》:"～～今何在? 山上复有山。何当大刀头,破境飞上天。"

牿(犒) gǎo 干肉。《淮南子·泰族训》:"汤之初作囿也,以奉宗庙鲜～之具,简士卒习射御以戒不虞。"(鲜:生肉。)

告 1. gào ❶上报,报告。《孟子·万章上》:"舜不～而娶,何也?"《列子·汤问》:"操蛇之神闻之,惧其不已也,～之于帝。"❷告诉。《孟子·告子下》:"夫苟好善,则四海之内皆将轻千里而来,～之以善。"《庄子·盗跖》:"为我～之。"㊁告诫。《论语·颜渊》:"忠～而善道之。"(道:引导。)❸告发,检举。《史记·商君列传》:"不～奸者腰斩,～奸者与斩敌首同赏。"《后汉书·南匈奴传》:"时单于与中郎将杜崇不相平,乃上书～崇。"❹求,请求。《国语·鲁语上》:"国有饥馑,卿出～籴,古之制也。"《仪礼·乡饮酒礼》:"征唯所欲,以～于先生君子,可也。"❺休假。《史记·汲郑列传》:"黯多病,病且满三月,上常赐～者数。"㊁请假。《宋史·黄夷简传》:"夷简被病,～满二百日,御史台言当除籍。"(除籍:除名。)

2. gù ❻见"告朔"。

3. jú ❼通"鞫"。审问。《礼记·文王世子》:"其刑罪则纤钊,亦～于甸人。"

【告成】 gàochéng 告其成功。《诗经·大雅·江汉》:"经营四方,～～于王。"后凡事已经完成都称为告成。

【告存】 gàocún 问候。《礼记·王制》:"七十不俟朝,八十月～～。"(孔颖达疏:"告,谓问也。君每月使人致膳,告问存否。")

【告导】 gàodǎo 教导。《荀子·非十二子》:"遇贱而少者则修～～宽容之义。"

【告归】 gàoguī 请归乡里,请假回家。《战国策·秦策一》:"孝公已死,惠王代后,莅政有顷,商君～～。"《史记·高祖本纪》:"高祖为亭长时,常～～之田。"

【告急】 gàojí 因危急而向人求救。《国语·晋语四》:"宋人～～,舍之则宋绝。"《汉书·武帝纪》:"闽越围东瓯,东瓯～～。"

【告讦】 gàojié 告发他人的阴私。《汉书·贾谊传》:"其俗固非贵辞让也,所上者～～也。"曾巩《分宁县云峰院记》:"意向小戾,则相～～,结党诈张,事关节以动视听。"

【告老】 gàolǎo 官员年老辞职。《左传·襄公七年》:"冬十月,晋韩献子～～。"蔡邕《陈太丘碑文》:"时年已七十,遂隐丘山,悬车～～。"

【告庙】 gàomiào 帝王诸侯遇有大事,祭告祖庙。《新五代史·伶官传序》:"庄宗受而藏之于庙,其后用兵,则遣从事以一少牢～～,请其矢,盛以锦囊,负而前驱。"

【告身】 gàoshēn 委任官职的凭证,类似后代的委任状。《北齐书·傅伏传》:"授上大将军武乡郡开国公,即给～～。"

【告示】 gàoshì ❶告知,晓示。《荀子·荣辱》:"故曰仁者好～～人。"《后汉书·隗嚣传》:"因数腾书陇、蜀,～～祸福。"❷官府所发的布告。戚继光《练兵实纪·杂集·储练通论》:"故今之官府,～～张挂通衢,可谓信令矣,而举目一看者谁?"

【告诉】 gàosù 申诉,诉说。《汉书·贾山传》:"劳罢者不得休息,饥寒者不得衣食,亡罪而死刑者无所～～。"李密《陈情表》:"欲苟顺私情,则～～不许。"司马迁《报任少卿书》:"身非木石,独与法吏为伍,深幽囹圄之中,谁可～～者!"

【告言】 gàoyán 告发,检举。《史记·魏其武安侯列传》:"武安吏皆为耳目,诸灌氏皆亡匿,夫系,遂不得～～武安阴事。"《后汉书·梁冀传》:"尝有西域贾胡,不知禁忌,误杀一兔,转相～～,坐死者十馀人。"

【告谕】 gàoyù 晓喻,宣布说明。《史记·朝鲜列传》:"左将军使右渠子长降、相路人之子最～～其民。"《汉书·高帝纪上》:"不如更遣长者扶义而西,～～秦父兄。"

【告状】 gàozhuàng ❶诉说情状。《魏书·秦王翰传》:"[穆崇子]闻召恐发,窬墙～～。"❷起诉,提出控告。《北史·许宗之传》:"宗之怒,殴杀超。超家人～～,宗之上超谤讪朝政。"

【告罪】 gàozuì ❶宣布罪状。《新唐书·百官志三》:"徒以上囚,则呼与家属～～,问其服否。"❷谦词。犹言请罪。《二刻拍案惊奇》卷十四:"官人慢坐,奴家家无夫主,不便久陪,～～则个。"

【告朔】 gùshuò ❶天子每年十二月将次年的历书颁给诸侯,诸侯受而藏之于祖庙,于月初祭庙接受。《穀梁传·文公十六年》："天子～～于诸侯。"《周礼·春官·太史》："颁～～于邦国。"❷诸侯于朔日（阴历初一）告祭祖庙。《左传·文公六年》："闰月不～～，非礼也。"《论语·八佾》："子贡欲去～～之饩羊。"

诰（誥） gào　❶告，专用于上告下。《说文通训定声》："～者，上告下也。"《周易·姤》："后以施命～四方。"❷告戒，警戒。《国语·楚语上》："近臣谏，远臣谤，舆人诵，以自～也。"❸告诫之文。《论衡·自然》："～誓不及五帝，要盟不及三王，交质子不及五伯，德弥薄者信弥衰。"㊀文体名。训诫或任命封赠的文告。如《尚书》中有《康诰》《酒诰》等。隋唐以后帝王授官、封赠、贬谪亦用"诰"。

【诰命】 gàomìng　❶朝廷颁布的命令。《后汉书·窦宪传》："宪以侍中，内干机密，出宣～～。"又指帝王授官赐爵的诏令。明清一品至五品的官以诰命授予。❷特指受封的贵妇。《红楼梦》十三回："惟恐各～～来往，亏了礼数，怕人笑话。"

郜 gào　❶周诸侯国名。在今山东成武县东南。后为宋所灭，成为宋邑名。❷春秋时晋邑名。在今山西浮山县境。《左传·成公十三年》："焚我箕～。"

祰 gào　❶告祭祖先。《说文·示部》："～，告祭也。"古籍中写作"造"、"告"。《说文通训定声》："《周礼·大祝》'二曰造'，以'造'为之。《礼记·曾子问》：'诸侯适天子，必告于祖'，以'告'为之。"❷祈祷。《玉篇·示部》："～，祷也。"

ge

戈 gē　❶古代兵器。长柄横刃，可横击钩杀。《诗经·秦风·无衣》："王于兴师，修我～矛。"《史记·礼书》："古者之兵，～矛弓矢而已。"㊀指战争。《左传·宣公十二年》："夫文，止～为武。"《后汉书·公孙述传》："偃武息～，卑辞事汉。"❷古国名。《左传·襄公四年》："处殪于～。"（杜预注："戈在郑、宋之间。"）

仡 gē　见 yì。

圪 gē　见 gǔ。

犵 gē　见"犵狫"。

【犵狫】 gēlǎo　我国西南地区少数民族名。古称"僚（lǎo）"、"仡僚"、"葛僚"等，现称"仡佬族"。

肐 gē　腋窝。今作"胳"。李文蔚《燕青博鱼》三折："我是个拳头上站的人，～膊上走的马，不带头巾的男子汉，丁丁当当响的老婆。"

牁 gē　见"牂牁"。

哥 gē　❶兄。白居易《祭浮梁大兄文》："再拜跪尊大～于座前，伏惟～孝友慈惠，和易谦恭。"邵定翁《插田》诗："邱嫂拔秧～去耕。"㊀对年长男子的敬称。《新五代史·伶官传》："孔谦兄事之，呼为八～。"唐时偶或称父为哥。《旧唐书·王琚传》："玄宗泣曰：'四～仁孝，同气唯有太平。'"（四哥：指唐玄宗的父亲睿宗。）❷"歌"的古字。《史记·燕召公世家》："召公卒，而民人思召公之政，怀棠树不敢伐，～咏之，作《甘棠》之诗。"

【哥舒】 gēshū　西突厥部落名。后以部落名为姓氏，唐有哥舒翰。

胳 1. gē　❶腋，胳肢窝。《广雅·释亲》："～谓之腋。"

2. gé　❷牲畜的后胫骨。《仪礼·乡饮酒礼》："介俎：脊、胁、肫、～、肺。"（郑玄注："凡牲，前胫骨三：肩、臂、臑也；后胫骨二：膊、胳也。"）

袼 gē　衣袖的腋下部分，俗称挂肩。《礼记·深衣》："～之高下，可以运肘。"

铪 gē　见 kē。

割 gē　❶用刀割断。《左传·襄公三十一年》："犹未能操刀而使～也。"《论衡·累害》："卒然牛马践根，刀镰～茎，生者不育，至秧不成。"㊀宰杀。《论语·阳货》："～鸡焉用牛刀？"❷断绝。《论衡·本性》："长大之后，禁情～欲，勉厉为善矣。"《后汉书·刘玄传》："惟～既往谬妄之失，思隆周文济济之美。"❸割让。《史记·苏秦列传》："夫为人臣，～其主之地以求外交，偷取一时之功而不顾其后。"㊀割取。《战国策·齐策二》："为社稷计者，东方有大变，然后王可以多～地。"❹划分。《汉书·高帝纪上》："汉王请和，～荥阳以西者为汉。"《三国志·吴书·鲁肃传》："备遂～湘水为界。"❺分析，分辨。《韩非子·说难》："深计而不疑，引争而不罪，则明～利害以致其功。"韩愈《故幽州节度判官赠给事中清河张君墓志铭》："噎喑以为生，子独～也。"❻为害，灾害。《尚书·尧典》："汤汤洪水方～。"又《大诰》："天降～于我家不少。"

【割哀】 gē'āi　割舍哀情，节哀。《三国志·魏书·陈矫传》："王薨于外，天下惶惧。太子宜～～即位，以系远近之望。"

【割剥】 gēbō 损害，掠夺。《后汉书·张让传》："为民父母，而反～～百姓，以称时求，吾不忍也。"《三国志·蜀书·刘焉传》："刺史、太守，货赂为官，～～百姓，以致叛离。"

【割股】 gēgǔ 割下自身的股肉来治疗父母的病。封建社会所认为的孝行。《宋史·选举志一》："上以孝取人，则勇者～～，怯者庐墓。"

【割烹】 gēpēng 切肉烹煮。《孟子·万章上》："人有言伊尹以～～要汤，有诸？"又作"割亨"。亨，"烹"的古字。《周礼·天官·内饔》："内饔掌王及后世子膳羞之～～煎和之事。"

【割情】 gēqíng 割舍私情。《后汉书·宋均传》："宜～～不忍，以义断恩。"《三国志·魏书·高堂隆传》："情苟无极，则人不堪其劳，物不充其求。劳求并至，将起祸乱。故不～～，无以相供。"

【割席】 gēxí 分席而坐。《世说新语·德行》："[管宁、华歆]尝同席读书，有乘轩冕过门者，宁读如故，歆废书出看。宁～～分坐，曰：'子非吾友也。'"后称朋友绝交为"割席"。杨万里《斋房戏题》诗："欲从举者便弹冠，回顾石交难～～。"

【割政】 gēzhèng 割剥之政，虐政。《史记·殷本纪》："我君不恤我众，舍我啬事而～～。"也作"割正"。正，通"政"。《尚书·汤誓》："我后不恤我众，舍我穑事而～～夏。"

搁（擱） gē 放，放置。毕仲游《回范十七承奉书》："旧诗数百首悉焚去，～笔不复论诗。"[引] 搁置。《红楼梦》七十回："李纨、探春料理家务，不得闲暇，接着过年过节，许多杂事，竟将诗社～起。"

渮 gē 多汁。《说文·水部》："～，多汁也。"《淮南子·原道训》："甚淖而～，甚纤而微。"

歌（謌） gē ❶歌唱。《诗经·魏风·园有桃》："心之忧矣，我～且谣。"（谣：无乐曲伴奏的歌唱。）《史记·吕太后本纪》："王乃为歌诗四章，令乐人～之。"❷歌咏，歌颂。《汉书·韩安国传》："平城之饥，七日不食，天下～之。"《后汉书·赵憙传》："岁屡有年，百姓～之。"❸歌曲，能唱的诗。《诗经·小雅·四牡》："是用作～，将母来谂。"（谂：思念。）《后汉书·南蛮西南夷传》："此武王伐纣之～也。"❹作歌，作诗。《诗经·陈风·墓门》："夫也不良，～以讯之。"

【歌吹】 gēchuī 歌唱奏乐。《汉书·霍光传》："大行在前殿，发乐府乐器，引内昌邑乐人，击鼓～～作俳倡。"（大行：指汉昭帝的灵柩。作俳倡：演戏。）鲍照《芜城赋》："廛闬扑地，～～沸天。"（扑地：遍地。）

【歌儿】 gē'ér 歌童。《史记·高祖本纪》："高祖所教～～百二十人，皆令为吹乐。"《汉书·礼乐志》："至孝惠时，以沛宫为原庙，皆令～～习吹以相和，常以百二十人为员。"又指歌女。庾信《北园新斋成应赵王教》诗："文弦入舞曲，月扇掩～～。"

【歌呼】 gēhū 歌唱呼号。李斯《谏逐客书》："夫击瓮叩缶，弹筝搏髀，而～～呜呜快耳者，真秦之声也。"《史记·曹相国世家》："相舍后园近吏舍，吏舍日饮～～。"

【歌女】 gēnǚ ❶以歌唱为生的女子。孟郊《晚雪吟》："甘为酒伶摈，坐耻～～娇。"❷蚯蚓的别名。崔豹《古今注·鱼虫》："蚯蚓，一名蜿蟺，一名曲蟺，善长吟于地中，江东谓之～～。"

【歌讴】 gē'ōu ❶歌唱。《汉书·高帝纪上》："诸将及士卒皆～～思东归。"❷歌颂。《荀子·儒效》："故近者～～而乐之，远者竭蹶而趋之。"

【歌谣】 gēyáo 分言之，有乐曲伴奏的为歌，无乐曲伴奏的为谣；统言之，则指歌唱、歌咏。《荀子·礼论》："～～謷笑，哭泣谛号，是吉凶忧愉之情发于声音者也。"《汉书·五行志中》："君炕阳而暴虐，臣畏刑而柑口，则怨谤之气发于～～。"

【歌钟】 gēzhōng 打击乐器名，即编钟。《国语·晋语七》："郑伯嘉来纳女、工、妾三十人，女乐二八，～～二肆。"鲍照《数诗》："七盘起长袖，庭下列～～。"

阁（閣） gé ❶顶门的木橛。门敞开后用之，以防止门扇移动。《尔雅·释宫》："所以止扉谓之～。"❷搁置食物等的橱柜。《礼记·内则》："大夫七十而有～。"❸楼阁。供游息、藏书等用。《淮南子·主术训》："高台层榭，接屋连～。"王勃《滕王阁》诗："滕王高～临江渚，佩玉鸣鸾罢歌舞。"❹指少女的卧房。《木兰辞》："开我东～门，坐我西～床。"❺阁道，栈道。悬崖间或楼阁间架起的通道。《战国策·齐策六》："故为栈道木～，而迎王与后于城阳山中。"《三辅黄图》："于宫西跨城池作飞～，通建章宫。"❻搁置。《三国志·魏书·王粲传》注引《典略》："钟繇、王朗等虽各为魏卿相，至于朝廷奏议，皆～笔不能措手。"欧阳修《渔家傲》词："惊起望，船头～在沙滩上。"❼内阁的简称。

【阁道】 gédào ❶山崖间或高楼间架起的通道。《史记·秦始皇本纪》："周驰为～～，自殿下直抵南山。"《三国志·蜀书·魏延传》："率所领径先南归，所过烧绝～～。"

❷星名。属奎宿。《史记·天官书》:"[紫宫]后六星绝汉抵营室曰~~。"(张守节正义:"阁道六星在王良北。")

【阁阁】 gégé ❶坚固分明的样子。《诗经·小雅·斯干》:"约之~~,椓之橐橐。"❷蛙鸣声。韩维《奉和象之夜饮之什》诗:"嗷嗷鹤群游,~~蛙乱鸣。"

【阁老】 gélǎo 唐代以中书舍人年资久者为阁老,中书省、门下省属官亦可互称阁老。明代称大学士及翰林学士入阁办事者为阁老。参阅《新唐书·百官志二》、李肇《唐国史补》卷下、赵翼《陔馀丛考》卷二十六"阁老"。

【阁下】 géxià 对人的尊称。《汉书·高帝纪下》"大王陛下"颜师古注引应劭曰:"群臣与至尊言,不敢指斥,故呼在陛下者而告之,因卑以达尊之意也。若今称殿下、~~、侍者、执事,皆此类也。"韩愈《与于襄阳书》:"侧闻~~抱不世之才,特立而独行。"

閤(閤) 1. gé ❶侧门。《汉书·公孙弘传》:"数年至宰相封侯,于是起客馆,开东~,以延贤人。"❷内室。《汉书·汲黯传》:"黯多病,卧~内不出。"❸官署的门。也指官署。卫宏《汉旧仪》卷上:"以方尺板叩~。"《南齐书·王思远传》:"初举秀才,历宦府~。"

2. hé ❹全。孔尚任《桃花扇·闲话》:"或一身殉难,或~门死节。"

【閤閤】 gégé 蛙鸣声。韩愈《杂诗》之四:"蛙黾鸣无谓,~~祇乱人。"

【閤下】 géxià 同"阁下"。对人的尊称。韩愈《上宰相书》:"再拜献书相公~~。"

革 1. gé ❶去毛的兽皮。《国语·晋语四》:"羽旄齿~,则君地生焉。"《后汉书·郎顗传》:"故孝文皇帝绨袍~舄,木器无文。"(舄:鞋。)㉠指皮肤。《礼记·礼运》:"四体既正,肤~充盈。"❷革制的甲胄,甲。《礼记·中庸》:"衽金~,死而不厌,北方之强也。"(衽:以……为席。)欧阳修《释秘演诗集序》:"然犹以谓国家臣一四海,休兵~,养息天下以无事者四十年。"㉠指士兵。《三国志·蜀书·彭羕传》:"老~荒悖,可复道邪!"❸八音之一,指鼓类乐器。《周礼·春官·大师》:"皆播之以八音,金、石、土、~、丝、木、匏、竹。"《吕氏春秋·侈乐》:"为木~之声则若雷,为金石之声则若霆。"❹改变,变更。《史记·秦始皇本纪》:"大义休明,垂于后世,顺承勿~。"《汉书·异姓诸侯王表序》:"古世相~,皆承圣王之烈,今汉独收孤秦之弊。"❺六十四卦之一,卦形为离下兑上。❻诫,告诫。袁宏《三国名臣序赞》:"风美所扇,训~千载。"❼翅膀。《诗经·小雅·斯干》:"如鸟斯~,如翚斯飞。"毛传:"革,翼也。"❽勒,马笼头。《诗经·小雅·蓼萧》:"既见君子,鞗~冲冲。"(鞗:金属装饰物。冲冲:下垂的样子。)

2. jí ❾通"亟"。指病重。《礼记·檀弓上》:"夫子之病~矣,不可以变。"刘禹锡《唐故尚书礼部员外郎柳君集纪》:"病且~,留书抵其友中山刘禹锡曰:'我不幸卒以谪死,以遗草累故人。'"

【革车】 géchē 兵车。《孟子·尽心下》:"武王之伐殷也,~~三百两,虎贲三千人。"《史记·滑稽列传》:"赵王与之精兵十万,~~千乘。"

【革面】 gémiàn 《周易·革》:"君子豹变,小人革面。"(注:"小人乐成,则变面以顺上也。")后以"革面"指改正过错。《三国志·魏书·武帝纪》:"君翼宣风化,爰发四方,远人~~,华夏充实,是用锡君朱户以居。"又《蜀书·刘禅传》:"敢不~~,顺以从命。"

【革命】 gémìng 古代认为帝王受命于天,改朝换代是天命变更的结果,因而称之为"革命"。《周易·革》:"汤、武~~,顺乎天而应乎人,革之时,大矣哉!"今指社会的大变革为"革命"。

【革故鼎新】 gégùdǐngxīn 革除旧的,建立新的。《周易·杂卦》:"革,去故也;鼎,取新也。"张说《梁国公姚文贞公神道碑》:"夫以~~~~,大来小往,得丧而不形于色,进退而不失其正者,鲜矣。"洪仁玕《天历序》:"凡一切制度考文,无不~~~~。"

挌 1. gé ❶通"格"。击。荀悦《汉纪·武帝纪》:"主人~斗死。"

2. hé ❷通"垎"。坚硬。《管子·地员》:"五粟之土,干而不~。"

格 1. gé ❶来,至。《诗经·小雅·楚茨》:"神保是~,报以介福。"《吕氏春秋·孟夏纪》:"行春令,则虫蝗为败,暴风来~,秀草不实。"㉡感通。《论衡·感类》:"周公曰:伊尹~于皇天。"陈亮《与章德茂侍郎》:"主上焦劳忧畏,仰~天心,使旱不为天灾。"❷正,纠正。《孟子·离娄上》:"唯大人为能~君心之非。"《后汉书·范滂传》:"若范孟博者,岂宜以公礼~之?"❸抗拒,阻止。《荀子·议兵》:"服者不禽,~者不舍。"《史记·孙子吴起列传》:"批亢捣虚,形~势禁,则自为解耳。"㉠搁置。《汉书·淮南王刘安传》:"淮南王安雍阏求奋击匈奴者雷被等,~明诏,当弃市。"❹击,格斗。《史记·殷本纪》:"帝纣资辨捷疾,闻见甚敏,材力过人,手~猛兽。"《后汉书·祭遵传》:"舍中儿犯法,遵~杀之。"❺拘执。《后汉书·钟离意传》:"乃解衣就～。"又《宋均传》:"帝以为有奸,大怒,收郎缚～之。"❻法则,标准。《礼记·缁衣》:"言有物而行有～也。"《后汉书·傅燮传》:"由是朝廷重其方～。"㊀特指法律条文。《旧唐书·刑法志》:"武德二年,颁新～五十三条。"❼风格。杜甫《壮游》诗:"吾观鸱夷子,才～异寻常。"苏轼《书蒲永升画后》:"然其品～,特与印板水纸争工拙于毫厘间耳。"❽长树枝。庾信《小园赋》:"草树混淆,枝～相交。"❾架子。《庄子·胠箧》:"削～罗落罝罘之知多,则兽乱于泽矣。"(削格:张网的木架。)李吉甫《九日小园》诗:"舞丛新菊编,绕～古藤垂。"❿古代的一种刑具。《吕氏春秋·过理》:"糟丘酒池,肉圃为～。"(高诱注:"格,以铜为之,布火其下,以人置上,人烂堕火而死。")

2. gē ⓫见"格格"。

【格的】 gédì 箭靶。《淮南子·兵略训》:"夫射,仪度不得,则～～不中。"

【格调】 gédiào 风格,风度。韦庄《送李秀才归荆溪》诗:"人言～～胜玄度,我爱篇章敌浪仙。"秦韬玉《贫女》诗:"谁爱风流高～～,共怜时势俭梳妆。"

【格斗】 gédòu 搏斗。陈琳《饮马长城窟行》:"男儿宁当～～死,何能怫郁筑长城!"杜甫《阆山歌》:"中原～～且未归,应结茅斋看青壁。"

【格度】 gédù 风格气度。《三国志·魏书·满宠传》:"[满宠]子伟嗣。伟以～～知名,官至卫尉。"

【格律】 gélǜ ❶指诗词的平仄、押韵、对仗、字数、句数等方面的格式和规律。近体诗特别讲究格律,故又称格律诗。白居易《编集拙诗成一十五卷因题卷末戏赠元九李二十》诗:"每被老元偷～～,苦教短李伏歌行。"❷格局法度。陈亮《戊申再上孝宗皇帝书》:"本朝以儒道治天下,以～～守天下。"

【格杀】 géshā 击杀。《史记·荆燕世家》:"定国使谒者以他法劾捕～～郢人以灭口。"《后汉书·刘盆子传》:"卫尉诸葛稚闻之,勒兵入,～～百馀人,乃定。"

【格物】 géwù ❶穷究事物的原理。《礼记·大学》:"致知在～～,物格而后知至。"❷正定事物。《三国志·魏书·和洽传》:"俭素过中,自以处身则可,以此节～～,所失或多。"

【格言】 géyán 可作为行动准则的话。李商隐《为张周封上杨相公启》:"某闻不祥之金,大冶所恶;自衒之士,明时不容。斯实～～,足为垂训。"苏舜钦《论五事》:"臣闻矜孤养老,邦家之大政;恤贫宽疾,册书之～～。"

【格致】 gézhì ❶"格物致知"的省称,谓穷究事物的原理而获得知识。清末统称声光化电等自然科学为"格致"。❷风格情致,气韵。欧阳修《归田录》卷二:"[赵]昌花写生逼真,而笔法软俗,殊无古人～～。"

【格格】 gēgē 象声词。鸟鸣声。《荆楚岁时记》:"有鸟如乌,先鸡而鸣,架架～～。"温庭筠《晚归曲》:"～～水禽飞带波,孤光斜起夕阳多。"

【格磔】 gēzhé 鸟鸣声。辛弃疾《行香子·云岩道中》词:"听小绵蛮,新～～,旧呢喃。"《聊斋志异·婴宁》:"野鸟～～其中。"

鬲 gé 见lì。

鴿(鵅) 1. gé ❶鸟名。猫头鹰类。《尔雅·释鸟》:"～,鵋鶀。"(郭璞注:"今江东呼鸺鶹为鵋鶀,亦谓之鸲鵅。")

2. luò ❷水鸟名。《尔雅·释鸟》:"～乌鵫。"郭璞注:"似鶂而短颈,腹翅紫白,背上绿色,江东呼乌鵫。"

假 gé 见jiǎ。

裓 1. gé ❶衣裾,衣的前襟。柳宗元《送文畅上文序》:"然后蔑衣～之赠,委财施之会不顾矣。"苏轼《过广爱寺见三学演师观杨惠之塑宝山朱瑶画文殊普贤》诗之一:"败蒲翻覆卧,破～再三连。"

2. jiē ❷砖铺的路。《周礼·考工记·匠人》"堂涂十有二分"郑玄注:"谓阶前,若今令甓～也。"(令甓:砖。)

愅 gé 变。《荀子·礼论》:"祭者,志意思慕之情也。～诡唈僾而不能无时至焉。"(杨倞注:"愅,变也。诡,异也。皆谓变异感动之貌。)

挌 gé 更改。扬雄《太玄经·太玄数》:"逢遭并合,～击其名而极命焉。"

葛 1. gé ❶多年生草本植物,茎蔓生,其纤维可以织布。《诗经·周南·葛覃》:"～之覃兮,施于中谷。"《后汉书·王符传》:"桐木为棺,～采为缄。"㊀葛布,葛布衣服。《史记·太史公自序》:"夏日～衣,冬日鹿裘。"韩愈《原道》:"夏～而冬裘,渴饮而饥食。"❷古诸侯国名。在今河南睢县北。《孟子·梁惠王下》:"汤一征,自～始。"❸通"褐"。粗毛布。《穀梁传·昭公八年》:"以～覆质以为槷。"

2. gě ❹姓。

【葛巾】 géjīn 葛布制成的头巾。《宋书·陶潜传》:"郡将候潜,值其酒热,取头上～～

漉酒，毕，还复著之。”苏轼《犍为王氏书楼》诗：“书生古亦有战阵，～～羽扇挥三军。”

【葛越】 géyuè 葛布。《尚书·禹贡》“岛夷卉服”孔安国传：“南海岛夷，草服～～。”《三国志·魏书·刘晔传》：“[刘]勋信之，又得[孙]策珠宝、～～，喜悦。”

蛤 1. gé ❶蛤蜊。一种有壳的软体动物。《国语·晋语九》：“雀入于海为～，雉入于淮为蜃。”《韩非子·五蠹》：“民食果蓏蚌～。”

2. há ❷虾蟆。高启《闻蛙》诗：“何处多啼～，荒园暑潦天。”

【蛤蚧】 géjiè 蜥蜴，一种大壁虎。刘恂《岭表录异》卷下：“～～，首如蝦蟇，背有细鳞如蚕子，土黄色，身短尾长，多巢于树中。”

【蛤鱼】 háyú 即虾蟆。《南齐书·卞彬传》：“纡青拖紫，名为～～。”

隔 gé ❶阻隔。《史记·秦始皇本纪》：“防～内外，禁止淫泆。”《后汉书·西羌传》：“～塞羌胡交关之路，遏绝狂狡窥欲之源。”㉑郁结不通。《后汉书·袁绍传》：“使太夫人忧哀愤～，我州君臣监寐悲叹。”《南史·张充传》：“实由气岸疏凝，情涂狷～。”❷离。《后汉书·郡国志赞》：“称号迁～，封割纠纷。”李白《赠宣城宇文太守》诗：“何言一水浅，似～九重天。”❸格子。周邦彦《六丑·蔷薇谢后作》词：“多情是谁追惜，但蜂媒蝶使，时扣窗～。”❹击。扬雄《长杨赋》：“拮～鸣球，掉八列之舞。”❺通“膈”。膈膜。体腔中分隔胸腔和腹腔的肌肉膜。《管子·水地》：“脾生～，肺生骨。”

【隔并】 gébìng 阴阳失调，水旱不节。《后汉书·顺帝纪》：“政失其和，阴阳～～，冬鲜宿雪，春无澍雨。”又《陈忠传》：“故天心未得，～～屡臻。”

【隔阔】 gékuò 离别。《三国志·魏书·臧洪传》：“～～相思，发于寤寐。幸相去步武之间耳，而以趣舍异规，不得相见。”

【隔生】 géshēng 隔世。元稹《悼僧如展》诗：“重吟前日他生句，岂料逾旬便～～。”范成大《续长恨歌》：“莫道故情无觅处，领中犹有～～香。”

【隔是】 géshì 已是。元稹《古决绝词》：“天公～～妒相怜，何不便教相决绝？”又《日高睡》诗：“～～身如梦，频来不为名。”

【隔越】 géyuè ❶隔绝。蔡琰《胡笳十八拍》之十五：“同天～～兮如商参，生死不相知兮何处寻。”❷超越。《魏书·任城王云传》：“九曰三长禁奸，不得～～相领，户不满者，随近并合。”

滆 gé 湖名。一名西滆湖，俗称沙子湖。在江苏武进市西南。郦道元《水经注·沔水》：“五湖谓长荡湖、太湖、射湖、贵湖、～湖也。”

塥 gé 土地坚硬贫瘠。《管子·地员》：“五位之状，不～不灰。”

辐（輵、轕） gé 见“轇辐”。

嗝 gé ❶禽兽鸣声。《玉篇·口部》：“～，雉鸣也。”黄钺《游黄山记》：“归宿于山阁，闻果子狸鸣～～，如呼人声。”❷气噎作声。如：打饱嗝。

觡 gé 骨角。《礼记·乐记》：“羽翼奋，角～生。”《淮南子·主术训》：“桀之力别～伸钩。”

槅 1. gé ❶车轭，架在牲口脖上的曲木。张衡《西京赋》：“商旅联～，隐隐展展。”

2. hé ❷通“核”。有核的果实。左思《蜀都赋》：“金罍中坐，肴～四陈。”（李善注：“槅与核义同。”）

膈 gé ❶膈膜。腹腔和胸腔之间的肌肉膜。《释名·释形体》：“～，塞也，隔塞上下，使气与谷不相乱也。”《灵枢经·经脈》：“其支者复从肝，别贯～，上注肺。”❷古代悬钟的木格。《史记·礼书》：“县一钟，尚拊～。”

鮯（䱜） gé 鱼名。《广雅·释地》：“东方有鱼焉，如鲤，六足，鸟尾，其名曰～。”

澫 gé 见“滒澫”。

鞈 1. gé （又读 jiá） ❶护胸的革甲。《管子·小匡》：“轻罪入兰盾、～革、二戟。”❷坚固。《荀子·议兵》：“楚人鲛革犀兕以为甲，～如金石。”

2. tà ❸鼓声。《淮南子·兵略训》：“善用兵若声之与响，若镗之与～。”司马相如《上林赋》：“金鼓迭起，铿铃阘～，洞心骇耳。”

骼 gé ❶枯骨。《吕氏春秋·孟春纪》：“无聚大众，无置城郭，揜～霾髊。”（揜：同“掩”。霾：同“埋”。髊：同“胔”，肉未烂尽的尸骨。）《后汉书·质帝纪》：“方春戒节，赈济乏厄，掩～埋胔。”❷羊腋下肉。《仪礼·有司彻》：“司士设俎于豆北，羊～一。”

獦 gé 兽名。《玉篇·犬部》：“～，獦狚，兽名。”《山海经·东山经》：“[北号之山]有兽焉，其状如狼，赤首鼠目，其音如豚，名曰獦狚。”（郝懿行笺疏：“獦狚，当为獦狚。”）

【獦𢴱】 gélǐ 不齐的样子。潘岳《笙赋》：“骈田～～，鉀鏶参差。”

合 gě 见 hé。

哿 1. gě ❶快乐，欢乐。《诗经·小雅·正月》："～矣富人，哀此惸独。"（惸独：孤独无助的人。）又《雨无正》："～矣能言，巧言如流。"
2. jiā ❷通"珈"。妇女发笄上的玉饰。扬雄《太玄经·瞢》："男子折笄，妇人易～。"

盖 gě 见gài。

舸 gě 船。《三国志·吴书·周瑜传》："又豫备走～，各系大船后。"龚贤《与费密游》诗之三："江天忽无际，一～在中流。"

【舸舰】 gějiàn 大战船。亦泛指大船。《南史·梁武帝纪上》："是日建牙，出檀溪竹木装～～，旬日大办。"王勃《滕王阁序》："～～迷津，青雀黄龙之舳。"

笴 gě 箭杆。《周礼·考工记序》："妢胡之～，吴、粤之金锡。"

个(個、箇) gè ❶量词，个。《国语·吴语》："譬如群兽焉，一～负矢，将百群皆奔。"鲍照《拟行路难》之十八："但愿樽中九酝酒，莫惜床头百～钱。"❷厢房，正房两边的侧室。《吕氏春秋·孟春纪》："天子居青阳左～。"（高诱注："青阳者，明堂也，中方外圜，通达四出，各有左右房谓之个。"）❸此，这。李白《秋浦歌》之十五："白发三千丈，缘愁似～长。"范成大《咏河市歌者》："岂是从容唱渭城，～中当有不平鸣。"❹助词。韩愈《盆池》诗："老翁真～似童儿，汲水埋盆作小池。"

各 gè ❶每个，各个。《史记·大宛列传》："令外国客遍观～仓库府藏之积。"《后汉书·百官志二》："先帝陵，每陵园令～一人。"❷各自。《尚书·汤诰》："～守尔典。"《楚辞·离骚》："民生～有所乐兮，余独好修以为常。"

【各各】 gègè 每个都。《后汉书·刘陶传》："自此以来，～～改悔。"《三国志·吴书·甘宁传》注引《吴书》："时诸英豪～～起兵。"

【各落】 gèluò 高而不稳的样子。何晏《景福殿赋》："欃栌～～以相承，栾拱夭蟜而交结。"（欃：飞檐。栌：柱头斗拱。）

【各自】 gèzì 每个人自己。《史记·酷吏列传》："其时两弟及两婚家亦～～坐他罪而族。"《后汉书·王常传》："大丈夫既起，当～～为主，何故受人制乎？"

【各得其所】 gèdéqísuǒ ❶各如其愿，各自得到所需要的东西。《周易·系辞下》："交易而退，～～～～。"❷各自得到适当的安置。《汉书·宣帝纪》："盖闻上古之治，君臣同心，举措曲直，～～～～。"

虼 gè 见"虼蚤"。

【虼蚤】 gèzǎo 跳蚤。王晔《桃花女》一折："你这阴阳，是哈叭儿咬～～，也有咬着时，也有咬不着时。"

咯 gè 见luò。

硌 gè 见luò。

铬 gè 见luò。

gen

根 gēn ❶植物的根。《国语·晋语八》："枝叶益长，本～益茂。"《后汉书·刘盆子传》："掘庭中芦菔～，捕池鱼而食之。"[引]物体的下基。庾信《明月山铭》："风生石洞，云出山～。"白居易《早春》诗："满庭田地湿，荠叶生墙～。"❷根基，根源。《老子·十六章》："夫物芸芸，各归其～。"《后汉书·华佗传》："君病～深，应当剖破腹。"❸植根，生根。《孟子·尽心上》："君子所性，仁义礼智～于心。"《淮南子·原道训》："树木～于土。"❹根除，杜绝。《后汉书·西羌传论》："若攻之不～，是养疾疴于心腹也。"[又]彻底。苏轼《乞将章疏降付有司劄子》："令尽理～治，依法施行。"❺量词。《魏书·王崇传》："于其室前生草木一～，茎叶甚茂。"《南齐书·祥瑞志》："泉中得一～木筒。"❻男性生殖器。《太平广记》卷九十四引牛肃《纪闻》："遂断其～，弃于地。"

【根本】 gēnběn 植物的根。多比喻事物的根基、本源。《汉书·高惠高后文功臣表序》："始未尝不欲固～～，而枝叶稍落也。"韩愈《论佛骨表》："乞以此骨付之有司，投诸水火，永绝～～，断天下之疑，绝后代之惑。"

【根柢】 gēndǐ ❶植物的根。柢，根。《汉书·邹阳传》："蟠木～～，轮囷离奇，而为万乘器者，以左右先为之容也。"（轮囷、离奇：盘绕曲折的样子。容：雕饰。）❷指事物的根基。《后汉书·仲长统传论》："百家之言政者尚矣，大略归乎宁固～～，革易时敝也。"

【根荄】 gēngāi 植物的根。荄，草根。《汉书·礼乐志》："青阳开动，～～以遂。"亦作"根垓"。刘向《说苑·建本》："树本浅，～～不深，未必橛也。"

【根核】 gēnhé ❶植物的根。核，通"荄"。

《汉书·五行志中之上》："入地则孕毓～～，保藏蛰虫。"（毓：同"育"。）❷指事物的根本。《论衡·正说》："汲汲竞进，不暇留精用心，考实～～，故虚说传而不绝，实事没而不见。"

【根据】 gēnjù ❶盘据。《汉书·霍光传》："党亲连体，～～于朝廷。"《三国志·魏书·曹爽传》："～～槃互，纵恣日甚。"❷依据。虞集《牟伯成墓碑》："援引～～，不见涯涘。"

跟 gēn ❶脚后跟。《后汉书·张衡传》："执雕虎而试象兮，阽焦原而～止。"❷跟随。吴自牧《梦粱录·顾觅人力》："如有逃舍，将带东西，有元地脚保识人前去～寻。"

亘（亙） gèn（旧读 gèng） ❶延续，连接。班固《西都赋》："北弥明光，而～长乐。"柳宗元《石涧记》："～石为底，达于两涯。"❷贯通。《后汉书·梁冀传》："又起菟苑于河南城西，经～数十里，发属县卒徒，缮修楼观，数年乃成。"王守仁《尊经阁记》："通人物，达四海，塞天地，～古今。"❸竟，终。《汉书·诸侯王表序》："波汉之阳，～九嶷，为长沙。"《后汉书·窦宪传》："敻其邈兮～地界，封神丘兮建隆嵑。"㊂穷究。《后汉书·班固传》："汪汪乎丕天之大律，其畴能～之哉？"（畴：谁。）

【亘古】 gèngǔ 终古，自古以来。鲍照《河清颂》："～～通今，明鲜晦多。"

艮 gèn ❶《周易》八卦之一，卦形为☶，象征山。又为六十四卦之一，卦形为艮下艮上。❷方位词，指东北。《周易·说卦》："～，东北之卦也。"王恽《东征》诗："东藩擅～隅，地旷物满盈。"❸坚固。《广雅·释诂》："～，坚也。"（王念孙疏证："说卦传云：艮为山，为小石，皆坚之义也。今俗语犹谓物坚不可拔曰艮。"）❹时间词，指早晨两点至四点。《旧唐书·吕才传》："若依葬书，多用乾、～二时，并是近半夜。"

组 gèn 见 gēng。

geng

更 1. gēng ❶改变，更换。《国语·周语中》："叔父若能光裕大德，～姓改物，以创制天下，自显庸也。"《管子·形势》："天不变其常，地不易其则，春秋冬夏不～其节，古今一也。"㊂更正。《荀子·成相》："前车已覆，后未知～何觉时。"❷交替，轮换。《论衡·命义》："譬犹水火相～也，水盛胜火，火盛胜水。"《汉书·杜周传》："奏事中意，任用，与减宣～为中丞者十馀岁。"❸经历。《史记·晋世家》："楚远，～数国乃至晋。"《汉书·艺文志》："人～三圣，世历三古。"❹抵偿。《史记·平准书》："悉巴蜀租赋不足以～之，乃募豪民田南夷，入粟县官。"《汉书·地理志下》："豫章出黄金，然堇堇物之所有，取之不足以～费。"❺古代夜间的计时单位。一夜分为五更，每更约两小时。李商隐《无题》诗之一："来是空言去绝踪，月斜楼上五～钟。"

2. gèng ❻复，再。《汉书·高帝纪上》："不如～遣长者扶义而西，告谕秦父兄。"《后汉书·李通传》："今四方扰乱，新室且亡，汉当～兴。"❼又，另。《史记·夏本纪》："于是帝尧乃求人，～得舜。"《后汉书·班超传》："何故不遣而～选乎？"❽反。《战国策·赵策二》："前吏命胡服，施及贱臣，臣以失令过期，～不用侵辱教，王之惠也。"《史记·游侠列传》："及[郭]解年长，～折节为俭，以德报怨，厚施而薄望。"❾更加。王安石《孤桐》诗："岁老根弥壮，阳骄叶～荫。"

【更筹】 gēngchóu 古代夜间报更用的计时竹签。《新唐书·百官志一》："凡奏事，遣官送之，昼题时刻，夜题～～。"欧阳澈《小重山》词："无眠久，通夕数～～。"又借指时间。李福业《岭外守岁》诗："冬去～～尽，春随斗柄回。"

【更次】 gēngcì ❶轮番。《管子·度地》："常以冬少事之时，令甲士以～～益薪积之水旁。"❷改换住处。《国语·周语上》："今命臣～～于外，为有司之以班命事也，无乃违乎！"❸夜间的一个更时。《水浒传》八十六回："没一个～～，煮的肉来。"

【更代】 gēngdài 更换替代，替换。《史记·项羽本纪》："[赵高]亦恐二世诛之，故欲以法诛将军以塞责，使人～～将军以脱其祸。"崔令钦《教坊记》："于是内妓与两院歌人～～上舞台唱歌。"

【更赋】 gēngfù 秦汉时一种以钱代役的赋税。男子按规定轮换戍边服役称"更"；不能服役可出钱入官，雇人相代，称"更赋"。《后汉书·明帝纪》："又所发天水三千人，亦复是岁～～。"

【更阑】 gēnglán 更深夜残。方干《元日》诗："晨鸡两遍报～～，刁斗无声晓露干。"刘克庄《军中乐》诗："～～酒醒山月落，彩缣百段支女乐。"

【更老】 gēnglǎo 三老五更的省称。潘岳《闲居赋》："祗圣敬以明顺，养～～以崇年。"陈子龙《封给谏姚公八十寿序》："新天子中兴江左，敷求耆硕，以备～～。"

【更漏】 gēnglòu ❶古代的计时器。以滴漏计时，凭漏刻传更，故名。曾瑞《折桂令·闺怨》曲："～～永声来绣枕，篆烟消寒透罗衾。"❷指夜晚的时间。戎昱《长安秋夕》诗："八月～～长，愁人起常早。"

【更涉】 gēngshè 经历。曾巩《李白诗集后序》："其始终所～～如此。此白之诗书所自叙可考者也。"

【更生】 gēngshēng ❶再生。《史记·平津侯主父列传》："元元黎民得免于战国，逢明天子，人人自以为～～。"《汉书·王吉传》："诏书每下，民欣欣然若～～。"❷菊花的别名。《抱朴子·仙药》："仙方所谓日精、～～、周盈，皆一菊，而根茎花实异名。"

【更始】 gēngshǐ 重新开始，除旧布新。《汉书·宣帝纪》："与士大夫厉精～～。"《三国志·魏书·武帝纪》："其与袁氏同恶者，与之～～。"

【更事】 gēngshì ❶阅历世事。《论衡·程材》："谓文吏～～，儒生不习，可也；谓文吏深长，儒生浅短，知妄矣。"《三国志·魏书·武帝纪》："吾预知当尔，非圣也，但～～多耳。"❷交替发生的事情，常事。《史记·秦本纪》："晋旱，来请粟。丕豹说缪公勿与，因其饥而伐之。缪公问公孙支，支曰：'饥穰，～～耳，不可不与。'"

【更相】 gēngxiāng 交相，互相。《汉书·文三王传》："谗臣在其间，左右弄口，积使上下不和，～～眄伺。"《后汉书·安思阎皇后纪》："～～阿党，互作威福。"

【更衣】 gēngyī ❶换衣服。《史记·外戚世家》："是日，武帝起～～，子夫侍尚衣轩中，得幸。"《后汉书·董卓传》："卓朝服升车，既而马惊，堕泥，还入～～。"❷换衣休息之处。《汉书·东方朔传》："后乃私置～～。"又《杨敞传》："延年起至～～。"㊂指帝王陵寝的便殿。《后汉书·祭祀志下》："明帝临终遗诏，遵俭无起寝庙，藏主于世祖庙～～。"❸上厕所。《史记·魏其武安侯列传》："坐乃起～～，稍稍去。"《论衡·四讳》："夫～～之室，可谓臭矣。"

【更元】 gēngyuán 即改元，更改年号。《史记·历书》："至孝文时，鲁人公孙臣以终始五德上书，言汉得土德，宜～～，改正朔，易服色。"

【更张】 gēngzhāng ❶重新安上弓弦。《汉书·董仲舒传》："窃譬之琴瑟不调，甚者必解而～～之，乃可鼓也。"❷比喻变革。王安石《上五事书》："今陛下即位五年，～～改造者数千百事。"

【更卒】 gēngzú 轮番服役的兵卒。《汉书·食货志上》："[秦]又加月为～～，已，复为正一岁，屯戍一岁，力役三十倍于古。"元稹《西凉伎》诗："乡人不识离别苦，～～多为沈滞遊。"

庚 gēng ❶天干的第七位。❷年龄。朱熹《元范别后寄惠佳篇》诗："岁月幸同～，诗书复同道。"❸赔偿。《礼记·檀弓下》："季子皋葬其妻，犯人之禾，申祥以告，曰：'请～之。'"❹继续。《列子·黄帝》："五年之后，心～念是非，口～言利害。"王安石《周礼义序》："盖其因习以崇之，～续以终之。"❺道路。《小尔雅·广言》："～，道也。"《左传·成公十八年》："今将崇诸侯之奸而披其地，以塞夷～。"（夷：平。）

【庚伏】 gēngfú 三伏。三伏在夏至后第三个庚日开始，故名。朱熹《次韵秀野署中》："病随～～尽，尊向晚凉开。"

【庚庚】 gēnggēng 坚强的样子。《史记·孝文本纪》："卜之龟，卦兆得大横，占曰：'大横～～，余为天王，夏启以光。'"

【庚癸】 gēngguǐ 下等货。《左传·哀公十三年》："吴申叔仪乞粮于公孙有山氏……对曰：'粱则无矣，粗则有之。若登首山以呼曰"～～乎"，则诺。'"后称向人告贷为"庚癸之呼"。柳宗元《安南都护张公墓志铭》："储偫委积，师旅无～～之呼。"

【庚甲】 gēngjiǎ 年岁。洪迈《容斋随笔·实年官年》："至公卿任子，欲其早列仕籍，或正在童孺，故率增抬～～有至数岁者。"

【庚帖】 gēngtiě 古代订婚时男女双方互换的帖子，上写姓名、生辰八字等。庚，年庚。高明《琵琶记·丞相教女》："只怕假做～～被人告，喫拷。"

絙（縆、緪、縆、緪） 1. gēng ❶粗绳。《三国志·魏书·王昶传》："昶诣江陵，两岸引竹～为桥，渡水击之。"《水经注·河水》："行者骑步相持，～桥相引，二十许里方到。"❷急，紧。《楚辞·九歌·东君》："～瑟兮交鼓，箫钟兮瑶簴。"《淮南子·缪称训》："治国譬若张瑟，大弦～则小弦绝矣。"

2. gèn（旧读 gèng） ❸通"亘"。贯通。《楚辞·招魂》："姱容修态，～洞房些。"《后汉书·蔡邕传》："隆隐天之高，拆～地之基。"

浭 gēng 水名。浭水，一名还乡河，在今河北省蓟运河上流。《汉书·地理志下》："～水西至澭奴入海。"

耕 gēng 耕地，翻土以待播种。《国语·齐语》："深～而疾耰之，以待时雨。"刘禹锡《贾客词》："农夫何为者？辛苦事寒～。"㉑指进行其他劳动。任昉《为萧扬州荐士表》："既笔～为养，亦佣书成学。"

【耕籍】 gēngjí 籍，籍田，帝王在京城附近所占有的土地。每年春天，帝王到籍田中带头耕作，以示重农，称为耕籍。《吕氏春秋·孟春纪》："天子亲载耒耜，措之参于保介之御间，率三公九卿诸侯大夫躬耕帝籍田，天子三推，三公五推，卿诸侯大夫九推。"亦作"耕藉"。《史记·乐书》："～～，然后诸侯知所以敬。"

【耕佣】 gēngyōng 佣工，作佣工。《后汉书·章帝纪》："到所在，赐给公田，为雇～～，赁种饷，贳与田器。"又《孟尝传》："隐处穷泽，身自～～。"

【耕耘】 gēngyún 翻土锄草，泛指农事劳动。《汉书·元帝纪》："元元之民，劳于～～，又亡成功，困于饥馑，亡以相救。"《后汉书·冯衍传》："率妻子而～～兮，委厥美而不伐。"又借指其他劳动。蒲松龄《聊斋自志》："门庭之栖止，则冷淡如僧；笔墨之～～，则萧条似笨。"

【耕战】 gēngzhàn 耕地和作战。《战国策·秦策三》："夫商君为孝公平权衡，正度量，调轻重，决裂阡陌，教民～～。"《韩非子·亡徵》："公家虚而大臣实，正户贫而寄寓富，～～之士困、末作之民利者，可亡也。"

赓(賡) gēng ❶继续。《尚书·益稷》："乃～载歌曰：元首明哉，股肱良哉，庶事康哉。"❷抵偿。《管子·国蓄》："智者有十倍人之功，愚者有不～本之事。"

【赓酬】 gēngchóu 以诗歌相赠答。张耒《屋东》诗："赖有西邻好诗句，～～终日自忘饥。"

【赓歌】 gēnggē 作歌相唱和。李商隐《寄令狐学士》诗："～～太液翻黄鹄，从猎陈仓获碧鸡。"陆九渊《删定官轮对劄子》："臣闻人主不亲细事，故皋陶～～，致丛脞之戒。"

【赓和】 gēnghè 唱和。杨万里《洮湖和梅诗序》："吟咏之不足，则尽取古今诗人赋梅之作而～～之，寄一编而遗予。"《聊斋志异·香玉》："遂相谈宴～～至中夜。"

鹒(鶊) gēng 见"鸧鹒"。

羹 1. gēng ❶用肉或菜调制的带汁食物。《左传·隐公元年》："小人有母，皆尝小人之食矣，未尝君之～。"《孟子·告子上》："一箪食，一豆～，得之则生，弗得则死。"《韩非子·五蠹》："粝粢之食，藜藿之～。"

2. láng ❷地名用字。不羹，古城名，在今河南省。

邢 gěng 见 xíng。

郠 gěng 古邑名。在今山东沂水县。《左传·昭公十年》："季平伐莒，取～。"

耿 gěng ❶明，光明。《楚辞·离骚》："跪敷衽以陈辞兮，～吾既得此中正。"陆云《九愍》："仰勋华之～晖，咏三辟之遐音。"㊀照。《国语·晋语三》："若入，必伯诸侯以见天子，其光～于民矣。"❷正直。韩愈《南山诗》："参差相叠重，刚～凌宇宙。"❸古邑名，又名"邢"。商代祖乙至阳甲曾建都于此。故址在今河南温县东。❹古国名。春秋时为晋所灭。故地在今山西河津市。

【耿耿】 gěnggěng ❶忧虑不安的样子。《诗经·邶风·柏舟》："～～不寐，如有隐忧。"❷明亮的样子。韩愈《利剑》诗："利剑光～～，佩之使我无邪心。"❸忠直的样子。黄宗羲《感旧》诗："寒江才把一书开，～～此心不易灰。"

【耿光】 gěngguāng 光辉。《尚书·立政》："以觐文王之～～，以扬武王之大烈。"韩愈《祭田横墓文》："自古死者非一，夫子至今有～～。"

【耿介】 gěngjiè ❶光明正大。《楚辞·离骚》："彼尧舜之～～兮，既遵道而得路。"❷正直。《韩非子·五蠹》："人主不除此五蠹之民，而养～～之士，则海内虽有破亡之国，削灭之朝，亦勿怪矣。"❸孤高，不趋时。《后汉书·冯衍传》："独～～而慕古兮，岂时人之所憙。"孔稚珪《北山移文》："夫以～～拔俗之标，萧洒出尘之想，度白雪以方洁，干青云而直上。"

【耿著】 gěngzhù 明白。《楚辞·九章·抽思》："初吾所陈之～～兮，岂至今其庸亡？"

埂 gěng ❶坑。《说文·土部》："秦谓阬为～。"《玉篇·土部》引《苍颉篇》："～，小坑也。"❷田塍，土埂。方回《岁除夜过白土市田家地卧》诗："～塍或断缺，下有不测淤。"❸堤坝。林则徐《筹办通漕要道摺》："筹办闸坝堤～，以资收蓄。"

哽 gěng ❶食物堵塞不能下咽。《韩非子·内储说下》："女欲寡人之～邪？奚为以发绕炙？"《后汉书·明帝纪》："祝～在前，祝噎在后。"❷因哀痛而语塞。《南史·宋晋熙王昶传》："把姬手南望恸哭，左右莫不哀～。"❸阻塞。《庄子·外物》："凡道不欲壅，壅则～。"

【哽结】 gěngjié 感情郁结于心。《三国志·吴书·孙登传》："生无益于国，死贻陛下重戚，以此为～～耳。"陆机《谢平原内史表》："喜惧参并，悲惭～～。"

【哽恧】 gěngnǜ 悲惭。《梁书·元帝纪》："瞻言前典，再怀～～。"

【哽噎】 gěngyē ❶食物堵塞不能下咽。刘向《说苑·敬慎》:"一食之上,岂不美哉？尚有～～。"❷因哀痛而语塞。陈亮《祭妻叔母喻氏文》:"望新灵而～～,话往事以酸辛。"

【哽咽】 gěngyè ❶食物堵塞不能下咽。《论衡·效力》:"渊中之鱼,递相吞食,度口所能容,然后咽之;口不能受,～～不能下。"❷因哀痛而语塞。刘琨《扶风歌》:"挥手长相谢,～～不能言。"辛弃疾《祝英台近·晚春》词:"罗帐灯昏,～～梦中语。"

绠(綆、絙) gěng 汲水器上的绳子。《荀子·荣辱》:"短～不可以汲深井之泉。"王禹偁《唐河店妪传》:"妪持～缶趋井,悬而复止。"

【绠短汲深】 gěngduǎnjíshēn 短绳系器而汲深井之水。比喻力不胜任或力小任重。《庄子·至乐》:"褚小者不可以怀大,绠短者不可以汲深。"(褚:囊。)颜元孙《干禄字书序》:"～～～～,诚未达于涯涘,歧路多惑,庶有归于适从。"

梗 gěng ❶有刺的树木。张衡《西京赋》:"～林为之靡拉,朴丛为之摧残。"❷草木的直茎。《战国策·齐策三》:"今者臣来,过于淄上,有土偶人与桃～相与语。"❸挺直,强硬。《楚辞·九章·橘颂》:"淑离不淫,～其有理兮。"(淑:善。离:通"丽"。理:文理。)韩愈《原道》:"为之刑而锄其强～。"❹抗御,阻塞。《周礼·天官·女祝》:"掌以时招～禬禳之事,以除疾殃。"韩愈《送孟东野序》:"其跃也,或激之,或趋之,或～之。"❺害,灾祸。《诗经·大雅·桑柔》:"谁生厉阶？至今为～。"(厉阶:祸端。)

【梗概】 gěnggài 大略。张衡《东京赋》:"不能究其精详,故粗为宾言其～～如此。"左思《吴都赋》:"略举其～～,而未得其要妙也。"

【梗梗】 gěnggěng 刚强正直的样子。《三国志·吴书·潘濬陆凯传评》:"潘濬公清割断,陆凯忠壮质直,皆节概～～,有大丈夫格业。"《孔丛子·执节》:"马回之为人,虽少才文,～～亮直,有大丈夫之节。"

【梗涩】 gěngsè 阻塞不通。《晋书·王承传》:"是时道路～～,人怀危惧,承每遇艰险,处之夷然。"

【梗直】 gěngzhí 正直。《北史·魏汝阴王天锡传》:"[修义]子文都,性～～,仕周,为右侍上士。"

鲠(鯁、骾) gěng ❶鱼骨。《说文·鱼部》:"～,鱼骨也。"杜牧《感怀诗》:"茹～喉尚隘,负重力未壮。"❷鱼骨卡在喉咙里,哽塞。《礼记·内则》"鱼去乙"郑玄注:"鱼有骨名乙……食之～人。"《后汉书·灵思何皇后纪》:"太后～涕,群臣含悲,莫敢言。"❸直,梗直。《后汉书·任隗传》:"～言直议,无所回隐。"❹祸患。《国语·晋语六》:"除～而避强,不可谓刑。"《后汉书·段颎传》:"始服终叛,至今为～。"

【鲠辅】 gěngfǔ 正直辅佐之臣。《三国志·魏书·高堂隆传》:"若见丰省而不敢以告,从命奔走,惟恐不胜,是则具臣,非～～也。"

【鲠亮】 gěngliàng 正直诚信。吕温《张荆州画赞序》:"中书令始兴文献公,有唐之～～臣也。"罗大经《鹤林玉露·无官御史》:"古语云'有发头陀寺,无官御史台',言其清苦而～～也。"

【鲠噎】 gěngyē 哽咽。气结喉塞,说不出话来。《晋书·庾亮传》:"帝幸温峤舟,亮得进见,稽颡～～。"

【鲠直】 gěngzhí 正直。《后汉书·黄琬传》:"在朝有～～节,出为鲁、东海二郡相。"苏舜钦《乞纳谏书》:"盖陛下即位以来,屡治群下,以求～～,故百寮皆得转对。"

恒 gèng 见 héng。

堩 gèng 道,道路。《仪礼·既夕礼》:"唯君命止柩于～,其馀则否。"

縆(縆) gèng 见"縆鳢"。

【縆鳢】 gèngmèng 鱼名,即鲟鱼。《史记·司马相如列传》:"～～蜥离。"(裴骃集解:"縆鳢,鲔也。")

gong

工 gōng ❶工匠,从事手工技艺劳动的人。《战国策·赵策三》:"前有尺帛,且令～以为冠。"《管子·重令》:"菽粟不足,末生不禁,民必有饥饿之色,而～以雕文刻镂相稚也,谓之逆。"(稚:骄。)㊀手工劳动。《史记·秦始皇本纪》:"今天下已定,法令出一,百姓当家,则力农～。"❷乐工,乐人。《左传·襄公四年》:"～歌《文王》之三,又不拜。"(文王之三:指《诗经·大雅》中的《文王》、《大明》、《绵》。)《吕氏春秋·长见》:"晋平公铸为大钟,使～听之,皆以为调矣。"❸官。《诗经·周颂·臣工》:"嗟嗟臣～,敬尔在公。"《汉书·谷永传》:"比周邪伪之徒不得即～。"❹工巧,精巧。《吕氏春秋·知接》:"无由相得,说者虽～,不能喻矣。"欧阳修《梅圣俞诗集序》:"然则非诗之能穷人,殆穷者而后～也。"❺擅长,善于。《论衡·书解》:"人有所～,固有所拙。"骆宾王

《为徐敬业讨武曌檄》:“掩袖～谗,狐媚偏能惑主。”❻通“功”。事,功效。《尚书·皋陶谟》:“无旷庶官,天～人其代之。”《韩非子·五蠹》:“此言多资之易为～也。”

【工倕】 gōngchuí 相传是尧时的巧匠。《庄子·胠箧》:“毁绝钩绳,而弃规矩,攦～～之指,而天下始人有其巧矣。”

【工夫】 gōngfū ❶役徒,劳力。《晋书·范宁传》:“而宁自置家庙……皆资人力,又夺人居宅,～～万计。”❷工力,素养。韩偓《商山道中》诗:“却忆往年看粉本,始知名画有～～。”❸空闲时间。辛弃疾《西江月·遣兴》词:“醉里且贪欢笑,要愁那得～～。”

【工技】 gōngjì 工艺技术。《庄子·渔父》:“国家昏乱,～～不巧,贡职不美……诸侯之忧也。”《管子·七臣七主》:“～～力于无用,而欲土地之毛,仓库满实,不可得也。”又作“工伎”。《论衡·讥日》:“～～之书,起宅盖屋必择日。”

【工匠】 gōngjiàng ❶有某种工艺专长的手工业劳动者。《荀子·荣辱》:“可以为～～,可以为农贾。”❷指工巧。《后汉书·窦宪传》:“四家竞修第宅,穷极～～。”

【工力】 gōnglì ❶工作所需要的人力。《北史·冯亮传》:“宣武给其～～,令与沙门统僧暹、河南尹甄琛等,同视嵩山形胜之处,遂造闲居佛寺。”❷功夫学力。《唐诗纪事·上官昭容》:“二诗～～悉敌。”(敌:匹敌。)宋曹《书法约言·总论》:“书法之要,妙在能合,神在能离;所谓离者,务须倍加～～,自然妙生。”

【工女】 gōngnǚ 从事蚕桑、纺织的女工。《史记·郦生陆贾列传》:“农夫释耒,～～下机。”鲍照《咏采桑》:“季春梅始落,～～事蚕作。”

【工巧】 gōngqiǎo ❶技艺精巧,精致巧妙。《战国策·秦策五》:“曾参孝其亲,天下愿以为子;子胥忠于君,天下愿以为臣;贞女～～,天下愿以为妃。”《大唐西域记·摩腊婆国》:“居宫之侧,建立精舍,穷诸～～,备尽庄严。”❷技艺精巧的人。《韩诗外传》卷三:“贤人易为民,～～易为材。”❸善于取巧。《楚辞·离骚》:“固时俗之～～兮,偭规矩而改错。”陈子昂《感遇》诗:“骄荣贵～～,势利迭相干。”

【工师】 gōngshī 主管百工之官。《孟子·梁惠王下》:“为巨室,则必使～～求大木。”《吕氏春秋·季春纪》:“是月也,命～～,令百工,审五库之量。”

【工事】 gōngshì ❶指营造制作之事。《管子·立政》:“五曰～～竞于刻镂,女事繁于文章,国之贫也。”❷指蚕桑织绣之事。《管子·问》:“处女操～～者几何人?”

【工正】 gōngzhèng 官名。主管百工。《左传·宣公四年》:“芀贾为～～,谮子扬而杀之,己为司马。”《史记·田敬仲完世家》:“桓公使为～～。”

【工致】 gōngzhì 精巧细致。李格非《洛阳名园记·刘氏园》:“西南有台一区,尤～～。”

【工祝】 gōngzhù 祝官,主持祭祀司仪的人。《诗经·小雅·楚茨》:“～～致告,徂赉孝孙。”(赉:赐予。)《楚辞·招魂》:“～～招君,背行先些。”

【工作】 gōngzuò ❶指土木建筑之事。《后汉书·和熹邓皇后纪》:“以连遭大忧,百姓苦役,殇帝康陵方中祕藏,及诸～～,事事减约,十分居一。”《宋史·孙祖德传》:“方冬寒苦,诏罢内外～～。”❷巧妙的制作。李邕《春赋》:“惊洪铸之神用,伟元化之～～。”❸操作,做事。段成式《剑侠传·京西店老人》:“店有老人,方～～。”

弓 gōng ❶射箭或发弹的器械。《诗经·大雅·公刘》:“～矢斯张,干戈戚扬。”《荀子·议兵》:“～矢不调,则羿不能以中微。”㊂指制弓的人。《礼记·学记》:“良～之子,必学为箕。”❷车盖上的弓形木架。《周礼·考工记·轮人》:“～长六尺谓之庇轵。”❸弯曲。段成式《酉阳杂俎·诺皋记上》:“舞袖～腰浑忘却,蛾眉空带九秋霜。”❹丈量土地的器具和计算单位。一弓等于六尺(一说八尺)。洪迈《稼轩记》:“乃荒左偏以立圃,稻田泱泱,居然衍十～。”

【弓旌】 gōngjīng 古代征聘之礼,以弓招士,以旌招大夫。后因以“弓旌”表示征聘人才。任昉《为宣德皇后敦劝梁王令》:“爰在弱冠,首应～～。”

【弓裘】 gōngqiú 义同“弓冶”。指世传之业。白居易《除薛平郑滑节度判》:“秉吏道之刀尺,袭将门之～～,可以为三军之帅,可以理千乘之赋。”

【弓蛇】 gōngshé 怀疑弓影为蛇。比喻错觉。谢应芳《顾仲瑛临濠惠书词甚慷慨诗以代简》:“酒杯已辨～～误,药杵无劳玉兔将。”

【弓手】 gōngshǒu ❶习射的兵卒。又称弓箭手。宋、元官府设有弓手,主要负责缉捕之事。梅尧臣《汝坟贫女诗序》:“时再点～～,老幼俱集。”《宋史·高祖纪一》:“增置广西～～以备边。”❷持弓丈量土地的人。黄六鸿《福惠全书·清丈部·责经手》:“丈地弓制不真,责之～～。”

【弓冶】 gōngyě 指世传之业。语出《礼记·学记》："良冶之子，必学为裘；良弓之子，必学为箕。"（良冶：善于冶铸的人。良弓：善于制弓的人。）张九龄《大唐故光禄大夫徐文公神道碑并序》："家有荣业，绍其～～。"白居易《阿崔》诗："～～将传汝，琴书勿坠吾。"

【弓影】 gōngyǐng 怀疑弓影为蛇。比喻疑惧。刘炳《鄱城归舟》诗："～～浮杯疑老病，鸡声牵梦动离愁。"

【弓缴】 gōngzhuó 等于说弓箭。缴，系在箭上的生丝线，可用以将射出的箭收回。《孟子·告子上》："一人虽听之，一心以为有鸿鹄将至，思援～～而射之。"

公 gōng ❶公家。与"私"相对。《诗经·豳风·七月》："言私其豵，献豜于～。"《后汉书·韦彪传》："然端心向～，奉职周密。"㊀办理公务的地方。《诗经·召南·羔羊》："退食自～，委蛇委蛇。"（委蛇：通"逶迤"。走路弯曲摇摆的样子。）❷公正，公平。《荀子·不苟》："～生明，偏生暗。"韩愈《进学解》："行患不能成，无患有司之不～。"❸共同。《韩非子·孤愤》："此人主之所～患也。"陈亮《上孝宗皇帝第三书》："二圣北狩之痛，盖国家之大耻而天下之～愤也。"❹公开，公然。《汉书·吴王刘濞传》："～即山铸钱，煮海为盐。"《后汉书·袁安传》："～于京师使客遮道夺人财物。"❺爵位名。《孟子·万章下》："天子一位，～一位，侯一位，伯一位，子男同一位，凡五等也。"《礼记·王制》："王者之制禄爵，～、侯、伯、子、男，凡五等。"❻先秦时期诸侯的通称。《战国策·赵策三》："昔者，鬼侯、鄂侯、文王，纣之三～也。"柳宗元《封建论》："余以为周之丧久矣，徒建空名于～侯之上耳。"❼官阶最高的官。如太师、太傅、太保合称"三公"。❽对人的敬称。《史记·高祖本纪》："高祖曰：'～知其一，未知其二。'"《汉书·高帝纪上》："沛公不先破关中兵，～巨能入乎？"（巨：岂。）❾祖父。《吕氏春秋·异用》："孔子之弟子从远方来者，孔子荷杖而问之曰：'子之～不有恙乎？'"❿父亲。《汉书·景十三王传》："建为太子时，邯郸人梁蚡持女欲献之易王，建闻其美，私呼之，因留不出。蚡宣言曰：'子乃与其～争妻！'"⓫公公，丈夫的父亲。《汉书·贾谊传》："抱哺其子，与公并居。"⓬丈夫。古诗《琅琊王歌辞》："～死姥更嫁，孤儿甚可怜。"⓭通"工"。《诗经·大雅·瞻卬》："妇无～事，休其蚕织。"⓮通"功"。功劳。《诗经·小雅·六月》："薄伐猃狁，以奏肤～。"（肤：大。）

【公案】 gōng'àn ❶官府的案卷。苏轼《辨黄庆基弹劾劄子》："今来～～，见在户部，可以取索案验。"亦指待决的事情、案件。《京本通俗小说·错斩崔宁》："府尹也巴不得了结这段～～。"❷官府审案所用的桌子。无名氏《陈州粜米》四折："快把～～打扫的干净，大人敢待来也。"❸话本小说的分类之一。后演变为"公案小说"。

【公车】 gōngchē ❶兵车。《诗经·鲁颂·閟宫》："～～千乘，朱英绿縢，二矛重弓。"❷官车。《周礼·春官·巾车》："掌～～之政令。"❸汉代官署名。设公车令，掌管司马门的警卫和臣民上书、征召等。《汉书·东方朔传》："朔初入长安，至～～上书，凡用三千奏牍。"《后汉书·郑玄传》："～～再召，比牒并名，早为宰相。"

【公道】 gōngdào ❶公正之道。《荀子·君道》："则～～达而私门塞矣。"《汉书·萧望之传》："～～立，奸邪塞。"❷公共的道路。《韩非子·七术》："弃灰于～～者，断其手。"❸公平。杜牧《送隐者一绝》："～～世间唯白发，贵人头上不曾饶。"

【公法】 gōngfǎ 国法。《韩非子·有度》："古者世治之民，奉～～，废私术，专意一行，具以待任。"《管子·五辅》："故善为政者，田畴垦而国邑实，朝廷闲而官府治，～～行而私曲止。"

【公辅】 gōngfǔ 三公和辅相。《汉书·孔光传》："光凡为御史大夫丞相各再，壹为大司徒、大傅、大师，历三世居～～位，前后十七年。"苏轼《乐全先生文集叙》："公为布衣，则欣然已有～～之望。"

【公干】 gōnggàn 公事，公务。高文秀《渑池会》楔子："兀那使命，你此一来，有何～～？"李渔《奈何天·筹饷》："奉的什么公差，去做甚么～～？"又指办理公事。《水浒传》十四回："都头官身，不敢久留，若再到敝村～～，千万来走一遭。"

【公馆】 gōngguǎn 国君的宫室或离宫别馆。《左传·昭公二十五年》："子家子命适～～者执之。"《礼记·杂记上》："大夫次于～～以终丧。"后指贵族的住宅。

【公行】 gōngháng 春秋时官名。掌管国君兵车及从行。《诗经·魏风·汾沮洳》："美如英，殊异乎～～。"《左传·宣公二年》："又宦其馀子亦为馀子；其庶子为～～。"

【公家】 gōngjiā 公室，国家。《左传·僖公九年》："～～之利，知无不为，忠也。"《后汉书·明帝纪》："～～息雍塞之费，百姓无陷溺之患。"

【公恪】 gōngkè 公正谨慎。《三国志·魏书·袁涣传》:"初,涣从弟霸,~~有功干,魏初为大司农。"

【公廉】 gōnglián 公正廉洁。《史记·酷吏列传》:"[郅]都为人勇,有气力,~~,不发私书,问遗无所受,请寄无所听 。"《后汉书·应奉传》:"~~约已,明达政事。"

【公亮】 gōngliàng 公正诚信。《三国志·魏书·崔琰传》:"太祖贵其~~,喟然叹息,迁中尉。"

【公门】 gōngmén ❶君门。《左传·襄公二十三年》:"范氏之徒在台后,栾氏乘~~。"(乘:登。)《论语·乡党》:"入~~,鞠躬如也。"❷官府,衙门。柳宗元《田家》诗之二:"~~少推恕,鞭扑恣狼藉。"

【公卿】 gōngqīng 三公九卿。泛指朝廷中的高级官员。《史记·孝武本纪》:"而上乡儒术,招贤良,赵绾、王臧等以文学为~~,欲议古立明堂城南,以朝诸侯。"《后汉书·顺帝纪》:"乃召~~百僚,使虎贲、羽林士屯南、北宫诸门。"

【公上】 gōngshàng 官府。《汉书·杨敞传》:"是故身率妻子,戮力耕桑,灌园治产,以给~~。"

【公社】 gōngshè 古代祭祀天地鬼神的地方。《礼记·月令》:"[孟冬之月]天子乃祈来年于天宗,大割祠于~~及门闾。"《史记·封禅书》:"因令县为~~。"

【公士】 gōngshì ❶公正之士。《荀子·不苟》:"不下比以暗上,不上同以疾下,分争于中,不以私害之,若是则可谓~~矣。"❷秦汉时奖励军功,公士是最低的一级爵位,仅高于士卒。《汉书·百官公卿表上》:"爵一级曰~~。"

【公室】 gōngshì 春秋战国时期诸侯的政权。《左传·宣公十八年》:"欲去三桓,以张~~。"《史记·孔子世家》:"季氏亦僭于~~,陪臣执国政。"后指中央政权。《汉书·楚元王传》:"方今同姓疏远,母党专政,禄去~~,权在外家。"

【公孙】 gōngsūn ❶诸侯之孙。《左传·昭公十年》:"凡公子、~~之无禄者,私分之邑。"《论衡·感类》:"礼,诸侯之子称公子,诸侯之孙称~~,皆食采地,殊之众庶。"❷复姓。

【公听】 gōngtīng 以公正的态度听取意见。《汉书·邹阳传》:"~~并观,垂明当世。"《三国志·魏书·蒋济传》:"臣窃亮陛下潜神默思,~~并观,若事有未尽于理而物有未周于用,将改曲易调。"

【公行】 gōngxíng ❶公开横行。《汉书·石奋传》:"委任有司,然则官旷民愁,盗贼~~。"《后汉书·祭肜传》:"时天下郡国尚未悉平,襄贲盗贼白日~~。"❷公正之行。《论衡·程材》:"夫事可学而知,礼可习而善,忠节~~不可立也。"

【公主】 gōngzhǔ ❶战国时诸侯之女称公主。《史记·孙子吴起列传》:"公叔为相,尚魏~~。"(尚:攀亲。)❷汉代皇帝之女称公主,帝之姊妹称长公主,帝姑称大长公主。历代相沿。《史记·魏其武安侯列传》:"时诸外家为列侯,列侯多尚~~,皆不欲就国。"《汉书·文三王传》:"梁王恐,乃使韩安国因长~~谢罪太后,然后得释。"

【公子】 gōngzǐ ❶诸侯之子,除太子外,皆称公子。《诗经·周南·麟之趾》:"麟之趾,振振~~。"《论衡·感类》:"礼,诸侯之子称~~,诸侯之孙称公孙,皆食采地,殊之众庶。"又指诸侯之女。《左传·桓公三年》:"凡公女嫁于敌国,姊妹,则上卿送之,以礼于先君;~~,则下卿送之。"❷泛指贵族子弟。《战国策·楚策四》:"不知夫~~王孙,左挟弹,右摄丸,将加己乎十仞之上。"

【公族】 gōngzú 君王的同宗子弟。《诗经·周南·麟之趾》:"麟之角,振振~~。"《汉书·文三王传》:"以内乱之恶披布宣扬于天下,非所以为~~隐讳,增朝廷之荣华,昭圣德之风化也。"

【公羊传】 gōngyángzhuàn 书名。又称《春秋公羊传》、《公羊春秋》。相传为战国时齐人公羊高所著。专门解释《春秋》,发明其微言大义。与《穀梁传》、《左传》合称"春秋三传"。汉何休注,唐徐彦疏。

功 gōng ❶事情,工作。《诗经·豳风·七月》:"我稼既同,上入执宫~。"《国语·周语上》:"其后稷省~,太史监之。"❷事业,功业。《老子·九章》:"~遂身退,天之道。"(遂:成。)《孟子·公孙丑上》:"夫子当路于齐,管仲、晏子之~,可复许乎?"㊂功德。《孟子·梁惠王上》:"今恩足以及禽兽,而~不至于百姓者,独何与?"❸功效,成效。《荀子·非十二子》:"辩而无用,多事而寡~。"《汉书·韩安国传》:"今将卷甲轻举,深入长驱,难以为~。"❹功绩,功劳。《汉书·高帝纪上》:"且人有大~,击之不祥,不如因善之。"《后汉书·冯衍传》:"~与日月齐光兮,名与三王争流。"㊂以为功,居功。《史记·魏公子列传》:"公子乃自骄而~之,窃为公子不取也。"❺精良。《吕氏春秋·诬徒》:"不能学者,从师苦而欲学之~也,从师浅而欲学之深也。"(苦:粗。)《管子·七法》:"官无常,下怨上,则器械不~。"❻丧服名。分大功、小功。大功服丧期为九个月,小功五个月。李密《陈情表》:"外无期

～强近之亲，内无应门五尺之童。”

【功布】 gōngbù ❶丧礼引柩所用的布。以三尺长的白布悬于竿头，似旗幡。《礼记·丧大礼》：“御棺用～～。”❷接神所用的布。《仪礼·既夕礼》：“商祝免袒，执～～，入，升自西阶。”

【功德】 gōngdé ❶功业和德行。《汉书·景帝纪》：“然后祖宗之～～，施于万世，永永无穷，朕甚嘉之。”又《礼乐志》：“有～～者，靡不褒扬。”❷佛教用语。指诵经念佛布施等事。《南史·虞愿传》：“陛下起此寺，皆是百姓卖儿贴妇钱，佛若有知，当悲哭哀愍。罪高佛图，有何～～！”

【功伐】 gōngfá 功绩，功劳。《吕氏春秋·务本》：“故荣富非自至也，缘～～也。”《史记·高祖本纪》：“怀王者，吾家项梁所立耳，非有～～，何以得主约？”

【功费】 gōngfèi 工程的费用。《汉书·沟洫志》：“惟延世长于计策，～～约省，用力日寡，朕甚嘉之。”又《楚元王传》：“营起邑居，期日迫卒，～～大万百馀。”

【功夫】 gōngfū ❶工程夫役。《三国志·魏书·三少帝纪》：“吾乃当以十九日亲祠，而昨出已见治道，得雨当复更治，徒弃～～。”❷造诣。《南齐书·王僧虔传》：“天然胜羊欣，～～少于欣。”❸指时间。元稹《琵琶》诗：“使君自恨常多事，不得～～夜夜听。”

【功干】 gōnggàn 才干。《三国志·魏书·袁涣传》：“涣从弟霸，公恪有～～，魏初为大司农。”又《蜀书·杨洪传》：“洪迎门下书佐何祗，有才策～～，举郡吏。”

【功课】 gōngkè ❶对官吏政绩的考核。《汉书·薛宣传》：“宣考绩～～，简在两府。”《后汉书·百官志一》：“[太尉]掌四方兵事～～，岁尽即奏其殿最而行赏罚。”❷学习的课业。孙诒让《周礼政要·教胄》：“今宜于京师设官学堂，使宗室八旗王公大臣子弟一体入学，其～～亦由普通蒙学以升于师范专门。”

【功苦】 gōngkǔ ❶精美和粗劣。《国语·齐语》：“审其四时，辨其～～。”《荀子·王制》：“辨～～，尚完利，便备用。”❷劳苦。《诗经·小雅·四牡序》郑玄笺：“使臣以王事往来于其职，于其来也，陈其～～，以歌乐之。”

【功劳】 gōngláo 功勋劳绩。《荀子·王制》：“度其～～，论其庆赏。”《汉书·高帝纪下》：“且法以有～～行田宅。”

【功力】 gōnglì ❶功绩。《史记·留侯世家》：“高祖离困者数矣，而留侯常有～～焉。”（离：遭遇。）❷功效。《论衡·效力》：“案诸为人用之物，须人用之，～～乃立。”

【功利】 gōnglì ❶功名利益。《荀子·富国》：“事业所恶也，～～所好也。”《韩非子·难三》：“民知诛赏之皆起于身也，故疾～～于业，而不受赐于君。”❷功效收益。《汉书·沟洫志》：“是时方事匈奴，兴～～，言便宜者甚众。”何晏《景福殿赋》：“故当时享其～～，后世赖其英声。”

【功烈】 gōngliè 功业。《论衡·祭意》：“凡此～～，施布于民，民赖其力，故祭报之。”《后汉书·冯衍传》：“则福禄流于无穷，～～著于不灭。”

【功令】 gōnglìng 国家考核和录用学者的法令章程。《史记·儒林列传序》：“余读～～，至于广厉学官之路，未尝不废书而叹也。”《汉书·儒林传序》：“文学掌故，补郡属备员，请著～～。”

【功名】 gōngmíng ❶功业和名声。《荀子·王制》：“欲立～～，则莫若尚贤使能矣。”《吕氏春秋·当染》：“此五君者所染当，故霸诸侯，～～传于后世。”❷科举时代称科第为功名。《儒林外史》二回：“况且～～大事，总以文章为主，那里有什么鬼神！”

【功实】 gōngshí 功业实绩。《史记·六国年表序》：“夫作事者必于东南，收～～者常于西北。”又《老子韩非列传》：“富国强兵而以求人任贤，反举浮淫之蠹而加之于～～之上。”

【功绪】 gōngxù 犹功业。《周礼·天官·宫正》：“稽其～～。”皇甫湜《韩文公墓志铭》：“明年正月，其孤昶使奉～～之录继仆以至。”

【功庸】 gōngyōng 功劳，功绩。《国语·晋语七》：“无～～者，不敢居高位。”《后汉书·窦宪传》：“列其～～，兼茂于前多矣。”

【功用】 gōngyòng 成效。《韩非子·外储说左上》：“人主之听言也，不以～～为的，则说者多‘棘刺’、‘白马’之说。”（棘刺、白马：指巧辩无用。）《汉书·沟洫志》：“事下丞相、御史，白博士许商治《尚书》，善为算，能度～～。”

讼

gōng 见sòng。

红

gōng 见hóng。

攻

gōng ❶攻打，进攻。《国语·齐语》：“狄人～邢，桓公筑夷仪以封之。”《汉书·高帝纪上》：“秦二年十月，沛公～胡陵、方与，还守丰。”❷指责，抨击。《论语·先进》：“非吾徒也，小子鸣鼓而～之可也。”陈亮《上孝宗皇帝第一书》：“狂妄之辞不～而自息。”❸治，从事某项工作。《吕氏春秋·

上农》："农～粟，工～器，贾～货。"《管子·宙合》："是故辨于一言，察于一治，～于一事者，可以曲说，而不可以广举。"㊂制造，加工。《诗经·大雅·灵台》："庶民～之，不日成之。"又《小雅·鹤鸣》："它山之石，可以～玉。"㊂学习，研究。韩愈《师说》："闻道有先后，术业有专～。"❹治疗。《周礼·天官·疡医》："凡疗疡，以五毒～之。"《韩非子·喻老》："故良医之治病也，～之于腠理。"❺坚固，精良。《荀子·议兵》："械用兵革～完便利者强。"《后汉书·马融传》："车～马同，教达戒通。"❻通"工"。擅长，善于。《战国策·西周策》："败韩、魏，杀犀武，攻赵，取蔺、离石、祁者，皆白起。是～用兵，又有天命也。"❼通"共"。供给。《韩非子·存韩》："则陷锐之卒勲于野战，负任之旅罢于内～。"

【攻错】 gōngcuò 比喻借他人之长正己之过。语出《诗经·小雅·鹤鸣》："它山之石，可以为错……它山之石，可以攻玉。"（错：琢玉之石。）符载《上襄阳樊大夫书》："此乃小子夙夜孜孜不怠也，～～未半，归宁蜀道。"

【攻坚】 gōngjiān 攻击强敌或坚城。《管子·制分》："凡用兵者，～～则轫，乘瑕则神。"《三国志·魏书·贾诩传》注引《九州春秋》："～～易于折枯，摧敌甚于汤雪。"

【攻具】 gōngjù 攻战用的器械。《后汉书·来歙传》："歙乃大修～～，率盖延、刘尚及太中大夫马援等进击羌于金城，大破之。"《三国志·魏书·武帝纪》："太祖乃自力劳军，令军中促为～～，进复攻之。"

【攻苦】 gōngkǔ 做艰苦之事，刻苦努力。《史记·刘敬叔孙通列传》："吕后与陛下～～食啖，其可背哉！"（啖：通"淡"。清淡无味。）韩偓《即日》诗："～～惯来无不可，寸心如水但澄鲜。"

【攻剽】 gōngpiāo 抢劫，掠夺。《史记·酷吏列传》："[义纵]为少年时，尝与张次公俱～～为群盗。"《三国志·魏书·董卓传》："[李]傕等放兵劫略，～～城邑，人民饥困，二年间相啖食略尽。"

肱（厷） gōng 胳膊从肘到肩的部分。《说文·又部》："厷，臂上也。"（厷：肱的古字。）《汉书·艺文志》："使其人遭明王圣主，得其所折中，皆股～之材已。"（股肱：比喻得力的辅佐之臣。股，大腿。）㊂泛指胳膊。《诗经·小雅·无羊》："麾之以～，毕来既升。"《左传·成公二年》："丑父寝于轏中，蛇出于其下，以～击之。"

供 1. gōng ❶供给，供应。《孟子·梁惠王上》："王之诸臣，皆足以～之，而王岂为是哉？"《韩非子·解老》："凡马之所以大用者，外～甲兵，而内给淫奢也。"❷通"恭"。《孔子家语·入官》："故南面临官，贵而不骄，富而能～。"

2. gòng ❸供奉，奉献。《吕氏春秋·季冬纪》："乃命太史，次诸侯之列，赋之牺牲，以～皇天上帝社稷之享。"《后汉书·和熹邓皇后纪》："凡～荐新味，多非其节。"㊂指奉献之物。王安石《乞置三司条例》："诸路上～，岁有定额。"❹受审者对案情的陈述。陈襄《州县提纲·面审所供》："吏辈责～，多不足凭。"《儒林外史》五十一回："凤四爹只是笑，并无一句口～。"

【供给】 gōngjǐ 供应给与。《史记·封禅书》："使者存问～～，相属于道。"亦作"共给"。《左传·僖公四年》："贡之不入，寡君之罪也，敢不～～？"

【供亿】 gōngyì 供给，供应。刘禹锡《谢贷钱物表》："经费所资，数盈钜万；馈饷时久，～～力殚。"冯宿《兰溪县灵隐寺东峰新序记》："时方军兴，贼寇压境，～～仓卒，赋平人和，王实赖之。"

【供顿】 gòngdùn ❶供应行旅宴饮所需之物。《魏书·崔光传》："～～候迎，公私扰费。"元稹《连昌宫词》："驱令～～不敢藏，万姓无声泪潜堕。"❷设宴待客。《颜氏家训·风操》："江南风俗，儿生一朞……其日皆为～～。"

【供给】 gòngjǐ 供奉。《后汉书·明帝纪》："过百日，唯四时设奠，置吏卒数人～～洒埽，勿开修道。"韩愈《潮州祭神文》之四："间者以淫雨将为人灾，无以应贡赋，～～神明。"

【供具】 gòngjù 摆设酒食；亦指酒食。《史记·平准书》："县治官储，设～～，而望以待幸。"《后汉书·赵孝传》："太官送～～，令共相对尽欢。"

【供养】 gòngyǎng ❶奉养，赡养。亦指奉养的物品。《战国策·韩策二》："臣有老母，家贫，客游以为狗屠，可旦夕得甘脆以养亲。亲～～备，义不敢当仲子之赐。"李密《陈情表》："臣以～～无主，辞不赴命。"❷供奉。《史记·孝文本纪》："今乃幸以天年，得复～～于高庙。"

【供张】 gòngzhāng 备办陈设各种器物。《汉书·疏广传》："公卿大夫故人邑子设祖道、～～东都门外。"又《张汤传》："[张]放取皇后弟平恩侯许嘉女，上为放～～，赐甲第。"亦作"供帐"。《后汉书·班固传》："乃盛礼乐～～，置乎云龙之庭。"

【供职】 gòngzhí 任职。《三国志·魏书·梁习传》:"部曲服事～～,同于编户。"潘岳《九品议》:"卑位下役,非为卑愚,所以～～。"

宫 gōng ❶房屋,住宅。《国语·周语上》:"彘之乱,宣王在邵公之～,国人围之。"《韩非子·难二》:"景公过晏子曰:'子～小近市,请徙子家豫章之圃。'"⊗特指帝王的房屋,宫殿。《史记·秦始皇本纪》:"作～阿房,故天下谓之阿房宫。"《后汉书·刘玄传》:"昏时,烧门入,战于～中,更始大败。"❷宗庙。《诗经·召南·采蘩》:"于以用之?公侯之～。"《公羊传·文公十三年》:"周公称大庙,鲁公称世室,群公称～。"(群公:指鲁公伯禽以外鲁国历代君主。)⊗神庙,寺庙。吴自牧《梦粱录》卷八:"诏建道～,赐名龙翔。"❸围绕,屏障。《尔雅·释山》:"大山～小山,霍。"《礼记·丧服大记》:"君为庐,～之。"❹五音之一。五音指宫、商、角、徵、羽。《国语·周语下》:"琴瑟尚～,钟尚羽,石尚角。"《论衡·别通》:"人目不见青黄曰盲,耳不闻～商曰聋。"❺五刑之一。又称腐刑。破坏生殖机能的一种酷刑。《史记·周本纪》:"～辟疑赦,其罚五百率,阅实其罪。"司马迁《报任少卿书》:"诟莫大于～刑。"⊗阉割。《吕氏春秋·知接》:"[桓]公又曰:'竖刀自～以近寡人,犹尚可疑耶?'"

【宫观】 gōngguàn ❶供帝王游憩的离宫别馆。《史记·秦始皇本纪》:"乃令咸阳之旁二百里内～～二百七十复道甬道相连。"高适《古大梁行》:"魏王～～尽禾黍,信陵宾客随灰尘。"❷庙宇。《史记·孝武本纪》:"于是郡国各除道,缮治～～名山神祠所,以望幸矣。"后特指道教庙宇。《水浒传》一回:"一面降赦天下罪囚,应有民间税赋悉皆赦免;一面命在京～～寺院修设好事禳灾。"

【宫禁】 gōngjìn ❶皇帝居住的地方。宫中禁卫森严,臣下不得任意出入,故称。《后汉书·郎顗传》:"尚书职在机衡,～～严密,私曲之意,羌不得通。"❷宫中的禁令。《周礼·秋官·士师》:"士师之职,掌国之五禁之法,以左右刑罚:一曰～～,二曰官禁,三曰国禁,四曰野禁,五曰军禁。"

【宫女】 gōngnǚ 宫廷中供役使的女子。《汉书·贡禹传》:"古者宫室有制,～～不过九人,秣马不过八匹。"

【宫墙】 gōngqiáng ❶房屋的围墙。《管子·八观》:"～～毁坏,门户不闭。"⊗特指皇宫的墙。杜牧《阿房宫赋》:"二川溶溶,流入～～。"❷指师门。语出《论语·子张》:"譬诸宫墙,赐之墙也及肩,窥见室家之好;夫子之墙数仞,不得其门而入,不见宗庙之美,百官之富。"蔡邕《郭有道碑文》:"～～重仞,允得其门。"

【宫阙】 gōngquè 宫殿。阙,宫殿门外两相对应的高大建筑。因宫殿门外有阙,故称。《史记·高祖本纪》:"高祖还,见～～壮甚,怒。"杜甫《秋兴》之五:"蓬莱～～对南山,承露金茎霄汉间。"

【宫人】 gōngrén ❶宫女。《后汉书·和熹邓皇后纪》:"乃亲阅～～,观察颜色,即时首服。"王建《宫词》:"～～早起笑相呼,不识阶前扫地夫。"❷官名,掌管君主日常生活事务。《周礼·天官·宫人》:"～～掌王之六寝之修。"

【宫省】 gōngshěng ❶设于宫中的官署,如尚书省、中书省等。《后汉书·顺烈梁皇后纪》:"太后寝疾遂笃,乃御辇幸宣德殿,见～～官属及诸梁兄弟。"又《赵熹传》:"时蕃国官属出入～～,与百僚无别。"❷宫禁,皇帝居住的地方。《三国志·魏书·三少帝纪》:"～～事秘,莫有知其所由来者。"又《曹爽传》:"[何]晏长于～～,又尚公主。"

【宫室】 gōngshì 房屋的通称。《孟子·滕文公下》:"坏～～以为汙池,民无所安息。"《管子·立政》:"行乡里,视～～,观树艺,简六畜。"

【宫闱】 gōngwéi 后妃所住的地方。闱,内室。《后汉书·皇后纪序》:"后正位～～,同体天王。"杜甫《承闻河北诸道节度入朝欢喜口号》之六:"燕赵休矜出佳丽,～～不拟选才人。"

【宫县】 gōngxuán 县,通"悬"。古代乐器的悬挂形式根据地位而有所不同。帝王悬挂四面,象征宫室四壁,称宫县。《周礼·春官·小胥》:"正乐县之位,王～～,诸侯轩县。"(轩县:去其一面而悬。)《三国志·魏书·三少帝纪》:"乐舞八佾,设钟虡～～。"

【宫掖】 gōngyè 宫廷,皇宫。掖,掖廷,宫中的旁舍,妃嫔居住的地方。《后汉书·和帝阴皇后纪》:"后外祖母邓朱出入～～。"《晋书·儒林传序》:"衅起～～,祸成藩翰。"

【宫车晏驾】 gōngchēyànjià 比喻皇帝死。委婉语。《后汉书·王闳传》:"～～～～,国嗣未立。"

恭 gōng ❶恭敬,谦慎有礼。《国语·周语中》:"敬所以承命也,恪所以守业也,～所以给事也,俭所以足用也。"《战国策·赵策二》:"是以贤者任重而行～,知者功大而辞顺。"❷奉行,谨守其职。《后汉书·桓帝纪》:"群公卿士,虔～尔位。"《三国志·吴书·黄盖传》:"初皆怖威,夙夜～职。"

【恭己】 gōngjǐ 指帝王端正自身，无为而治。《论语·卫灵公》："无为而治者，其舜也与？夫何为哉？～～正南面而已矣。"《后汉书·和帝纪》："外有大国贤王并为蕃屏，内有公卿大夫统理本朝，～～受成，夫何忧哉！"㊁指大权旁落，天子虚有其位。《资治通鉴·汉献帝建安十年》："时政在曹氏，天子～～。"

【恭俭】 gōngjiǎn 恭敬俭约。俭，俭约，不放纵。司马迁《报任少卿书》："分别有让，～～下人。"《汉书·河间献王刘德传》："王身端行治，温仁～～，笃敬爱下，明知深察。"

【恭敬】 gōngjìng 端庄有礼。《左传·宣公二年》："不忘～～，民之主也。"《史记·乐书》："足行～～之容，口言仁义之道。"

【恭恪】 gōngkè 恭敬谨慎。《国语·楚语上》："自卿以下至于师长士，苟在朝者无谓我老耄而舍我，必～～于朝，朝夕以交戒我。"

【恭默】 gōngmò 恭敬沉默。《三国志·蜀书·刘巴传》："躬履清俭，不治产业，又自以归附非素，惧见猜嫌，～～守静，退无私交，非公事不言。"嵇康《幽愤诗》："奉时～～，咎悔不生。"

【恭人】 gōngrén ❶谦恭之人。《诗经·小雅·小宛》："温温～～，如集于木。"❷贵妇人的封号。宋代中散大夫以上至中大夫之妻封之。元六品以上，明、清四品以上之妻封之。如封给母亲或祖母，则称太恭人。

【恭惟】 gōngwéi 谦词。犹言自思、窃意。王褒《圣主得贤臣颂》："～～《春秋》法五始之要，在乎审己正统而已。"也作"恭维"。后引申有奉承的意思。

蚣（蚣） 1. gōng ❶蜈蚣。虫名。 2. zhōng ❷蚣蝑，虫名。即螽斯，俗称蚂蚱。《诗经·周南·螽斯》毛传："螽斯，蚣蝑也。"

躬（躳） gōng ❶身，身体。《诗经·大雅·烝民》："缵戎祖考，王～是保。"（缵：继续。戎：你。）《后汉书·五行志一》："男子之衣，好为长～而下甚短。"㊀自身。《诗经·邶风·谷风》："我～不阅，遑恤我后？"（阅：容。）《三国志·魏书·武帝纪》："惟祖惟父，股肱先正，其孰能恤朕～？"㊁自身具备。《后汉书·邓骘传》："陛下～天然之姿，体仁圣之德。"又《刘般传》："～浮云之志，兼浩然之气。"❷亲身，亲自实行。《后汉书·杜诗传》："～率妻子，同甘菜茹。"李白《与韩荆州书》："岂不以有周公之风，～吐握之事，使海内豪俊，奔走而归之。"❸弯身。《管子·霸形》："桓公变～迁席，拱手而问。"洪昇《长生殿·觅魂》："俺这里静悄悄坛上～身等。"❹箭靶的上下幅。《仪礼·乡射礼》："倍中以为～，倍～以为左右舌。"

【躬亲】 gōngqīn 亲自，亲自去做。《吕氏春秋·孟春纪》："以教道民，必～～之。"《后汉书·王霸传》："死者脱衣以敛之，伤者～～以养之。"

【躬身】 gōngshēn ❶自身。《国语·越语下》："王若行之，将妨于国家，靡王～～。"❷亲自。《庄子·在宥》："天将降朕以德，示朕以默，～～求之，乃今得之。"

【躬行】 gōngxíng 亲自实行。《论语·述而》："～～君子，则吾未之有得。"《史记·平津侯主父列传》："今陛下～～大孝，鉴三王，建周道，兼文、武。"

【躬自】 gōngzì ❶亲自。《后汉书·灵帝纪》："又驾四驴，帝～～操辔，驱驰周旋。"❷自己对自己。《论语·卫灵公》："～～厚，而薄责于人，则远怨矣。"

龚（龔） gōng ❶通"供"。供给。《说文·共部》："～，给也。"柳宗元《武冈铭》："奉职输赋，进比华人，无敢不～。"❷通"恭"。恭敬。《汉书·王尊传》："靖言庸违，象～滔天。"（象龚：貌为恭敬。滔天：指其罪滔天。）陈子昂《谏用刑书》："隋之末代，天下犹平。炀帝不～，穷毒威武。"❸通"恭"。奉。《后汉书·申屠刚传》："～行天罚，所当必摧。"又《宦者传序》："虽袁绍～行，芟夷无馀，然以暴易乱，亦何云及！"❹姓。

觥（觵） gōng ❶酒器。盖作兽头形。《诗经·周南·卷耳》："我姑酌彼兕～，维以不永伤。"《后汉书·郅恽传》："司正举～，以君之罪，告谢于天。"❷大，丰盛。《国语·越语下》："谚有之曰：'～饭不及壶飧。'"

【觥筹】 gōngchóu 酒杯和酒筹。酒筹是用以计算饮酒的数量。欧阳修《醉翁亭记》："射者中，弈者胜，～～交错，起坐而喧哗者，众宾欢也。"

【觥觥】 gōnggōng ❶刚直的样子。《后汉书·郭宪传》："帝曰：'常闻关东～～郭子横，竟不虚也。'"❷勇武的样子。章炳麟《山阴徐君歌》："～～我君，手执弹丸。"

巩（鞏） gǒng ❶以革束物。《说文·革部》："～，以韦束也。"《周易·革》："～用黄牛之革。"❷巩固。《诗经·大雅·瞻卬》："藐藐昊天，无不克～。"❸通"恐"。恐惧。《荀子·君道》："故君子恭而不难，敬而不～。"

【巩巩】 gǒnggǒng 受约束而不舒展的样

子。《楚辞·九叹·离世》："顾屈节以从流兮，心～～而不夷。"

汞 gǒng 水银。陆游《夏秋之交久不雨方以旱为忧忽得甘澍喜而有作》诗："绿荷倾作～，翠蔓缀成珠。"

拱 gǒng ❶拱手。两手相合胸前，表示恭敬或无所事事。《论语·微子》："子路～而立。"《韩非子·内储说上》："王～而朝天下，后者以兵中之。"❷两手合围，表示大小粗细。《左传·僖公三十二年》："中寿，尔墓之木～矣！"《吕氏春秋·制乐》："故成汤之时，有榖生于庭，昏而生，比旦而大～。"❸环绕，环卫。傅玄《明君篇》："群目统在纲，众星～北辰。"杜甫《秋日夔府咏怀奉寄郑监李宾客一百韵》："耿贾扶王室，萧曹～御筵。"❹顶动。杜甫《北征》诗："鸱鸟鸣黄桑，野鼠～乱穴。"❺作弯曲形。《西游记》六十回："座上众精闻言，都～身对老龙作礼。"

【拱把】 gǒngbǎ 指两手合围粗细(的树木)。把，一手所握。《孟子·告子上》："～～之桐梓，人苟欲生之，皆知所以养之者。"《后汉书·崔骃传》："伐寻抱不为之稀，蓺～～不为之数。"(蓺：同"艺"。种植。数：密。)

【拱璧】 gǒngbì 大璧。《左传·襄公二十八年》："与我其～～。"《老子·六十二章》："虽有～～以先驷马，不如坐进此道。"又比喻珍贵的东西。《聊斋志异·珠儿》："生一子，视如～～。"

【拱辰】 gǒngchén 众星环围北极星。比喻四方归附。语出《论语·为政》："为政以德，譬如北辰，居其所而众星共(拱)之。"《宋史·高丽传》："载推柔远之恩，式奖～～之志。"

【拱己】 gǒngjǐ 拱手无为而治。《汉书·高后纪》："君臣俱欲无为，故惠帝～～。"

【拱默】 gǒngmò 拱手沉默。《汉书·鲍宣传》："以苟容曲从为贤，以～～尸禄为智。"《后汉书·袁绍传》："～～以听执事之图。"

【拱木】 gǒngmù ❶两手合围那么粗的树木。《国语·晋语八》："～～不生危，松柏不生埤。"(危：高。)❷指坟墓上的树木。语出《左传·僖公三十二年》："中寿，尔墓之木拱已！"江淹《恨赋》："试望平原，蔓草萦骨，～～敛魂。"

【拱手】 gǒngshǒu ❶两手相合以示敬意。《礼记·曲礼上》："遭先生于道，趋而进，正立～～。"❷表示不费力气，轻易。《战国策·秦策四》："齐之右壤可～～而取也。"《史记·陈涉世家》："于是秦人～～而取西河之外。"

【拱揖】 gǒngyī 拱手作揖。表示从容不迫。《荀子·富国》："～～指挥，而强暴之国莫不趋使。"又《议兵》作"拱挹指麾"。(挹，通"揖"。麾，通"挥"。)

珙 gǒng 大璧。《玉篇·玉部》："～，大璧也。"元稹《蛮子朝》诗："清平官系金呿嵯，求天叩地持双～。"

拲 gǒng 两手共械，两手铐在一起。《周礼·秋官·掌囚》："凡囚者，上罪梏～而桎。"《汉书·刑法志》："上罪梏～而桎，中罪梏桎，下罪梏。"

栱 gǒng 传统木结构建筑中一种弧形支承构件，位于柱和屋顶之间。何晏《景福殿赋》："欂栌各落以相承，栾～夭蟜而交结。"

轱(輁) gǒng 车。颜延之《宋文皇帝元皇后哀策文》："龙～缅绎，容翟结骖。"

【轱轴】 gǒngzhóu 载棺之具。《仪礼·既夕礼》"迁于祖用轴"郑玄注："轴，～～也。轴状如转辚(轮)，刻两头为轵。轱状如长床，穿程前后著金而关轵焉。"又："夷床～～，馔于西阶东。"

拲 gǒng ❶举，抬起。《汉书·王莽传下》："～茵舆行。"(颜师古注："谓坐茵褥之上，而令四人对举茵之四角，舆而行。")❷通"拱"。拱出。王士祯《香祖笔记》卷二："有三秋山者，工为拲画，凡人物、楼台、山水、花木，皆于纸上用指甲及细针～出。"

碧 gǒng ❶水边大石。赵冬曦《三门赋》："摇腾～屿，刷荡丹穴。"❷同"拱"。弧形的孔洞。《徐霞客游记·楚游日记》："其岩东向，中空上连，高～若桥。"

澒 gǒng 见 hòng。

蛬 gǒng 蟋蟀。鲍照《拟古》诗之七："秋～扶户吟，寒妇成夜织。"孟郊等《秋雨联句》："～穴何迫迮，蝉枝扫鸣哕。"

蛩 gǒng 见 qióng。

𪎊(𪍿、𪏰) gǒng ❶大麦。贺铸《宿芥塘佛祠》诗："青青～麦欲抽芒，浩荡东风晚更狂。"❷麦麸。《晋书·皇甫谧传》："君子小人，礼不同器，况臣糠～，糅之彫胡？"(彫胡：菰米。)

共 1. gòng ❶共同占有或承受。《老子·十一章》："三十辐～一毂，当其无有车之用。"《国语·鲁语下》："齐朝驾则夕极于鲁国，不敢惮其患，而与晋～其忧。"❷共同，一起。《商君书·修权》："法者，君臣之所～操也。"《史记·赵世家》："魏、韩、赵～灭晋，分其地。"❸总共。《水浒传》二十三回："［武松］前后～吃了十五碗。"❹介词。同，跟。辛弃疾《贺新郎·别茂嘉十二弟》词："谁～我，醉明月？"

2. gōng ❺供给，供应。后作"供"。《国语·周语上》："庶人、工、商各守其业，以～其上。"《战国策·齐策五》："死者破财而葬，夷伤者空财而～药。"❻通"恭"。恭敬。《史记·夏本纪》："柔而立，愿而～。"《汉书·张释之传》："非吾所以～承宗庙意也。"❼古地名。一在今甘肃泾川县北。《诗经·大雅·皇矣》："侵阮徂～。"一在今河南辉县。《左传·隐公元年》："大叔出奔～。"

3. gǒng ❽拱手。后作"拱"。《荀子·赋》："圣人～手，时几将矣。"[引]环绕。《论语·为政》："为政以德，譬如北辰，居其所而众星～之。"

【共具】 gòngjù 摆设酒食。《史记·田敬仲完世家》："湣王出亡，之卫。卫君避宫舍之，称臣而～～。"《汉书·疏广传》："数问其家金馀尚有几所，趣卖以～～。"（几所：几许，多少。趣：通"促"。）参见"供具"。

【共亿】 gòngyì 相安。《左传·隐公十一年》："寡人唯是一二父兄不能～～，其敢以许自为功乎？"

【共张】 gòngzhāng 备办陈设各种器物。《汉书·郊祀志下》："郡县治道～～，吏民困苦，百官烦费。"又《龚遂传》："水衡典上林禁苑，～～宫馆，为宗庙取牲。"参见"供张"。

【共主】 gòngzhǔ 天下共尊之主。指周王。《史记·楚世家》："夫轼～～，臣世君，大国不亲。"《汉书·诸侯王表序》："然天下谓之～～，强大弗之敢倾。"

【共己】 gōngjǐ 同"恭己"。端正自身，无为而治。《荀子·王霸》："士大夫分职而听，建国诸侯之君分土而守，三公总方而议，则天子～～而已矣。"《论衡·自然》："黄老之操，身中恬淡，其治无为，正身～～而阴阳自和。"

贡(貢) gòng ❶进贡，向君主或朝廷进献物品。《汉书·地理志上》："厥～漆丝。"《后汉书·和熹邓皇后纪》："及郡国所～，皆减其过半。"[引]贡品，向君主或朝廷进献的物品。《史记·商君列传》："发教封内，而巴人致～。"王安石《乞制置三司条例》："畿外邦国，各以所有为～。"❷相传为夏代的一种赋税制度。一夫授田五十亩，以五亩的收入交税。《孟子·滕文公上》："夏后氏五十而～，殷人七十而助，周人百亩而彻，其实皆什一也。"《汉书·地理志上》："水土既平，更制九州，列五服，任土作～。"（颜师古注："任其土地所有，以定贡赋之差也。"）❸荐举。《后汉书·黄琼传》："汉初诏举贤良、方正，州郡察孝廉、秀才，斯亦～士之方也。"白居易《与陈给士书》："尝勤苦学文，迨今十年，始获一～。"❹进。《尚书·顾命》："尔无以钊冒～于非几。"（钊：周康王名。）❺告。《周易·系辞上》："六爻之义易以～。"

【贡赋】 gòngfù 赋税。《国语·鲁语下》："今我小侯也，处大国之间，缮～～以共从者，犹惧有讨。"

【贡士】 gòngshì ❶古代诸侯向天子荐举的人才。《礼记·射义》："诸侯岁献～～于天子。"❷唐以后朝廷取士，由学馆出身者曰生徒，由州县出身的叫乡贡。经乡贡考试合格者称贡士。清代会试中录取的称贡士，殿试赐出身者曰进士。

【贡献】 gòngxiàn 进贡。亦指进献之物。《国语·吴语》："越国固～～之邑也。"《荀子·正论》："视形埶而制械用，称远近而等～～。"《后汉书·光武帝纪上》："河西大将军窦融始遣使～～。"

【贡职】 gòngzhí 进献之物。《战国策·燕策三》："愿举国为内臣，比诸侯之列，给～～如郡县。"《韩非子·存韩》："且夫韩入～～，与郡县无异也。"

𤫚 gòng 至，飞至。《汉书·扬雄传上》："登椽栾而～天门兮，驰閶阖而入凌兢。"柳宗元《吊苌弘文》："竭冯云而～愬兮，终冥冥以郁结。"

恐 gòng 见kǒng。

gou

区 gōu 见qū。

勾(句) 1. gōu ❶弯曲。《礼记·月令》："［季春之月］～者毕出，萌者尽达。"（勾者：指弯曲的萌芽。）刘桢《斗鸡》诗："轻举奋～喙，电击复还翔。"❷勾住。《汉书·天文志》："其两旁各有三星，鼎足～之，曰摄提。"王禹偁《月波楼咏怀》："山形如八字，会合势相～。"❸用笔勾画或涂去。韩元吉《跋司马公倚几铭》："～注涂改甚多，而无一字行草。"《宋史·范仲淹传》："一笔～之甚易。"❹逮捕，捉拿。《明史·刑法志一》："其实犯死罪免死充军者，以著伍后所生子孙替役，不许～原籍子孙。"❺勾起，引起。张可久《醉太平·金华山中》曲："数枝黄菊～诗兴，一川红叶迷仙径。"❻古代数学名词。指直角三角形直角中的短边。《周髀算经》卷上："周髀长八尺,夏至之一日晷一尺六寸,髀者股也,正晷者~也。”

2. gòu ❼通“彀”。张满弓。《诗经·大雅·行苇》:“敦弓既~,既挟四鍭。”⑫比喻圈套。关汉卿《望江亭》二折:“则怕反落他~中,夫人还是不去的是。”❽通“够”。秦观《满园花》词:“从今后,休道共我,梦见也,不能得~。”

【勾检】 gōujiǎn 核查,检察。《北史·于仲文传》:“上士宋谦奉使~~,谦缘此别求他罪。”白居易《自咏》:“~~簿书多卤莽,堤防官吏少机关。”

【勾栏】 gōulán ❶栏杆。《水经注·河水》:“吐谷浑于河上作桥……~~甚严饰。”亦作“钩栏”。李贺《宫娃歌》:“啼蛄吊月~~下,屈膝铜铺锁阿甄。”❷宋元时戏曲曲艺等的演出场所。周密《武林旧事》卷六:“北瓦内~~十三座最盛。”❸指妓院。《聊斋志异·鸦头》:“此是小~~。”

【勾芒】 gōumáng ❶相传为古代主管树木的官。《左传·昭公二十九年》:“木正曰~~。”❷木神。《吕氏春秋·孟春纪》:“其帝太皞,其神~~。”

【勾萌】 gōuméng 草木芽苗。曲者为勾,直者为萌。《淮南子·本经训》:“草木之~~衔华戴实而死者,不可胜数。”《聊斋志异·种梨》:“见有~~出,渐大,俄有树,枝叶扶疏。”

【勾当】 gòudàng ❶主管,办理。颜真卿《与郭仆射书》:“又一昨裴仆射误欲令左右丞~~尚书,当时辄有酬对。”苏轼《答秦太虚书》:“儿子每蒙批问,适会葬老乳母,今~~作坟,未暇拜书。”❷事情。《水浒传》十六回:“夫人处分付的~~,你三人自理会。”《红楼梦》十八回:“他如何背做这等~~。”

沟(溝)

1. gōu ❶田间水道,沟渠。《周礼·考工记·匠人》:“九夫为井,井间广四尺,深四尺,谓之~。”《汉书·刘屈氂传》:“死者数万人,血流入~中。”⑫挖沟。《左传·僖公十九年》:“乃~公宫。”❷护城河。《礼记·礼运》:“城郭~池以为固。”《史记·齐太公世家》:“若不,则楚方城以为城,江汉以为~,君安能进乎?”⑫壕沟。《史记·淮阴侯列传》:“足下深~高垒坚营,勿与战。”❸沟类浅槽。苏轼《雪》诗:“模糊桧顶独多时,历乱瓦~裁一瞥。”

2. kòu ❹见“沟瞀”。

【沟池】 gōuchí 护城河。《荀子·议兵》:“城郭不辨,~~不拑。”《史记·礼书》:“城郭不集,~~不掘,固塞不树,机变不张。”

【沟渎】 gōudú 沟渠。《管子·立政》:“二曰~~不遂于隘,障水不安其藏,国之贫也。”《汉书·召信臣传》:“行视郡中水泉,开通~~。”

【沟壑】 gōuhè 山沟,溪谷。《孟子·万章下》:“志士不忘在~~,勇士不忘丧其元。”(在沟壑:指死而弃尸沟壑之中。)《淮南子·说山训》:“大蔡神龟,出于~~。”

【沟浍】 gōukuài 田间水道。《孟子·离娄下》:“七八月之间雨集,~~皆盈。”《荀子·王制》:“修堤梁,通~~,行水潦。”

【沟洫】 gōuxù 田间水道,沟渠。《左传·昭公三十二年》:“士弥牟营成周,计丈数,揣高卑,度厚薄,仞~~。”(仞:测量深度。)《论衡·效力》:“如岸狭地仰,~~决洪,散在丘墟矣。”又指护城河。《吕氏春秋·似顺》:“城郭高,~~深,蓄积多也。”亦作“沟減”。《史记·夏本纪》:“卑宫室,致费于~~。”

【沟瞀】 kòumào 同“怐愗”。愚蒙,昏昧。《荀子·儒效》:“甚愚陋~~,而冀人之以己为知也。”

拘

gōu 见 jū。

钩(鉤、鉤)

1. gōu ❶带钩,衣带上的钩。《国语·齐语》:“夫管夷吾射寡人中~,是以滨于死。”《庄子·胠箧》:“彼窃~者诛,窃国者为诸侯。”⑤泛指弯曲的钩子。《庄子·外物》:“任公子为大~巨缁,五十犗以为饵。”(犗:阉割过的牛。)《史记·楚世家》:“楚国折~之喙,足以为九鼎。”❷兵器的一种,似剑而曲。《汉书·韩延寿传》:“延寿又取官铜物,候月蚀铸作刀剑~镡。”李贺《南园》诗之五:“男儿何不带吴~,收取关山五十州?”❸镰刀。《汉书·龚遂传》:“诸持鉏~田器者,皆为良民。”❹画圆的工具,圆规。《庄子·胠箧》:“毁绝~绳,而弃规矩。”《汉书·扬雄传上》:“带~矩而佩衡兮,履欃枪以为綦。”(欃枪:彗星。)❺弯曲。《史记·周本纪》:“少焉气衰力倦,弓拨矢~。”(拨:不正。)❻钩取,钩住。《左传·襄公二十三年》:“或以戟~之,断肘而死。”《论衡·累害》:“嫉妒之人,随而云起,枳棘~挂容体,蜂虿之党啄螫怀操。”❼探究,探索。韩愈《进学解》:“记事者必提其要,纂言者必~其玄。”杨万里《诗论》:“盖圣人将有以矫天下,必先有以~天下之至情。”❽拘束,拘留。《论衡·物势》:“长仞之象,为越僮所~,无便故也。”《汉书·鲍宣传》:“宣出逢之,使吏~止丞相掾史,没入其车马,摧辱宰相。”❾改动。《后汉书·陈宠传》:“宠又~校律令条法,溢于《甫刑》者除之。"

2. qú　❿地名用字。钩町，汉县名，属牂柯郡。在今云南通海县。

【钩党】　gōudǎng　相牵连的同党。《后汉书·灵帝纪》："中常侍侯览讽有司奏前司空虞放、太仆杜密……皆为～～，下狱，死者百馀人。"

【钩戟】　gōujǐ　兵器。《汉书·项籍传》："鉏櫌棘矜，不敌于～～长铩。"(颜师古注："钩戟，戟刃钩曲者也。")亦作"钩棘"。谢灵运《撰征赋》："～～未曜，殒前禽于金墉。"

【钩校】　gōujiào　探究查对。《汉书·陈万年传》："少府多宝物，属官[陈]咸皆～～，发其奸臧，没其辜榷财物。"

【钩距】　gōujù　❶辗转查问，推其实情。是调查实情的一种方法。《汉书·赵广汉传》："尤善为～～，以得事情。～～者，设欲知马贾，则先问狗，已，问羊，又问牛，然后及马，参伍其贾，以类相准，则知马之贵贱不失实矣。"(王先谦补注："钩若钩取物也，距与致同，钩距谓钩而致之。")❷古代连弩车弩机的一部分。《墨子·备高临》："筐大三围半，左右有～～，方三寸，轮厚尺二寸，～～臂博尺四寸，厚七寸，长六尺。"(筐：车箱。)

【钩膺】　gōuyīng　套在马颈上和胸前的带饰。也叫繁缨。《诗经·小雅·采芑》："簟茀鱼服，～～鞗革。"

【钩援】　gōuyuán　登城的用具。能钩着城墙，援引而上。《诗经·大雅·皇矣》："以尔～～，与尔临冲，以伐崇墉。"

【钩月】　gōuyuè　❶刀刃。《论衡·率性》："今妄以刀剑之～～，摩拭朗白，仰以向日，亦得火焉。"❷如钩之月，弯月。元稹《开元观酬吴侍御》诗："露盘朝滴滴，～～夜纤纤。"

【钩赜】　gōuzé　探求幽深之理。苏舜钦《答韩持国书》："来者往者，～～言语，欲以传播好意相存恤者几希矣。"

【钩摭】　gōuzhí　钩取，探求。《汉书·刑法志》："有司无仲山父将明之材，不能因时广宣主恩，建立明制，为一代之法，而徒～～微细，毛举数事，以塞诏而已。"

【钩辀】　gōuzhōu　鹧鸪鸣声。韩愈《杏花》诗："鹧鸪～～猿叫歇，杳杳深谷攒青枫。"李群玉《九子坡闻鹧鸪》诗："正穿诘曲崎岖路，更听～～格磔声。"

【钩深致远】　gōushēnzhìyuǎn　探索幽深的道理。《周易·系辞上》："探赜索隐，～～～～，以定天下之吉凶，成天下之亹亹者，莫大乎蓍龟。"《后汉书·律历志中》："史官相代，因成习疑，少能～～～～。"

【钩心斗角】　gōuxīndòujiǎo　指宫室建筑结构错综精密。心，指宫室的中心。角，檐角。杜牧《阿房宫赋》："廊腰缦回，檐牙高啄。各抱地势，～～～～。"后用以比喻各用心机，明争暗斗。

缑(緱)　1. gōu　❶缠在刀剑柄上的绳线。《史记·孟尝君列传》："冯先生甚贫，犹有一剑耳，又蒯～。"胡天游《送侄胡文学修江馆》诗："小奚藤作笈，长铗蒯为～。"

2. kōu　❷地名用字。缑氏，古县名，因其地有缑山而得名，在今河南偃师市东南。

鞲(韝、韛)　gōu　袖套，用于束衣袖以便动作。《史记·张耳陈馀列传》："赵王朝夕袒～蔽，自上食。"《汉书·东方朔传》："董君绿帻傅～。"㊀特指打猎用以停鹰的革制袖套。元稹《酬翰林白学士代书一百韵》："逸骥初翻步，～鹰暂脱羁。"

褠　gōu　❶单衣。《三国志·吴书·吕范传》注引《江表传》："范出，更释～，著袴褶。"❷袖套，用于束衣袖以便动作。《后汉书·明德马皇后纪》："仓头衣绿～，领袖正白。"又《礼仪志下》："走卒皆布～帻。"

𦩷(䑦)　gōu　见"𦩷艛"。

【𦩷艛】　gōulù　一种大战船。《三国志·吴书·吕蒙传》："蒙至寻阳，尽伏其精兵～～中，使白衣摇橹，作商贾服。"杨泉《物理论》："夫工匠经涉河海，为～～以浮大渊。"

篝(䈴)　gōu　竹笼。《楚辞·招魂》："秦～齐缕，郑绵络些。"柳贯《潮溪夜渔》诗："两岸栎林藏曲折，一～松火照微茫。"

【篝灯】　gōudēng　置灯于笼中，灯笼。《宋史·陈彭年传》："彭年幼好学，母惟一子，爱之，禁其夜读书。彭年～～密室，不令母知。"范成大《晓行》诗："～～驿吏唤人行，寥落星河向五更。"

【篝火】　gōuhuǒ　用笼子罩着火。《史记·陈涉世家》："又间令吴广之次所旁丛祠中，夜～～，狐鸣呼曰：'大楚兴，陈胜王。'"姜夔《除夜自石湖归苕溪》诗："桑间～～却宜蚕，风土相传我未谙。"

苟　gǒu　❶苟且，随便。《论语·子路》："君子于其言，无所～而已矣。"《吕氏春秋·遇合》："故君子不处幸，不为～，必审诸已然后任，任然后动。"《后汉书·阴兴传》："第宅～完，裁蔽风雨。"❷副词。尚，或许。

《诗经·王风·君子于役》："君子于役，～无饥渴。"❸连词。假如，如果。《孟子·万章下》："～善其礼际矣，斯君子受之。"柳开《应责》："～思之，则子胡能食乎粟、衣乎帛、安于众哉？"

【苟安】 gǒu'ān 苟且偷安。《后汉书·西羌传论》："朝议惮兵力之损，情存～～。"《三国志·魏书·田畴传》："今来在此，非～～而已，将图大事，复怨雪耻。"

【苟得】 gǒudé 苟且得到，不当得而得。《孟子·告子上》："生亦我所欲，所欲有甚于生者，故不为～～也。"《汉书·王贡两龚鲍传序》："蜀严湛冥，不作苟见，不治～～。"（蜀严：蜀郡严君平。湛冥：深沉无欲。）

【苟合】 gǒuhé 苟且附合，曲意迎合。《史记·封禅书》："然则怪迂阿谀～～之徒自此兴，不可胜数矣。"《后汉书·朱晖传》："俗吏～～，阿意面从，进无謇謇之志，却无退思之念，患之甚久。"

【苟简】 gǒujiǎn 草率简略。《庄子·天运》："食于～～之田，立于不贷之圃。"《汉书·董仲舒传》："其心欲尽灭先王之道，而颛为自恣～～之治，故立为天子十四岁而国破亡矣。"

【苟且】 gǒuqiě 马虎随便，不严肃认真。《汉书·王嘉传》："其二千石长吏亦安官乐职，然后上下相望，莫有～～之意。"干宝《晋纪总论》："树立失权，托付非才，四维不张，而～～之政多也。"

【苟容】 gǒuróng 苟且取容于世。《荀子·臣道》："偷合～～以持禄养交而已耳。"《战国策·秦策三》："言不取苟合，行不取～～。"

岣 gǒu 见"岣嵝"。

【岣嵝】 gǒulǒu 山名。南岳衡山的主峰，亦指衡山。传说禹曾在此得金简玉书。韩愈《岣嵝山》诗："～～山尖神禹碑，字青石赤形摹奇。"（神禹碑：即岣嵝碑，传说为夏禹治水时所刻，实系伪造。）

狗（猗） gǒu ❶小狗。亦泛指狗。《荀子·荣辱》："乳彘触虎，乳～不远游，不忘其亲也。"《后汉书·灵帝纪》："又于西园弄～，著进贤冠，带绶。"❷幼兽名。《尔雅·释兽》："熊虎丑，其子～。"（丑：类。）

【狗苟】 gǒugǒu 像狗那样不顾廉耻。韩愈《送穷文》："朝悔其行，暮已复然，蝇营～～，驱去复还。"

【狗马】 gǒumǎ ❶狗与马。供人玩好之物。《战国策·齐策四》："～～实外厩，美人充下陈。"《史记·殷本纪》："益收～～奇物，充仞宫室。"❷比喻地位低贱。自谦之词。《史记·汲郑列传》："臣常有～～病，力不能任郡事。"《三国志·魏书·陈思王植传》："今臣志～～之微功，窃自惟度，终无伯乐、韩国之举。"

【狗屠】 gǒutú 以屠狗为业的人。《战国策·韩策二》："臣有老母，家贫，客游以为～～，可旦夕得甘脆以养亲。"《史记·刺客列传》："荆轲既至燕，爱燕之～～及善击筑者高渐离。"

【狗尾续貂】 gǒuwěixùdiāo 古代皇帝的侍从官员以貂尾为冠饰，貂尾不足，以狗尾续之。本指官爵太滥，后亦指以坏续好。《晋书·赵王伦传》："奴卒厮役，亦加以爵位，每朝会，貂蝉盈坐，时人为之谚曰：'貂不足，狗尾续。'"孙光宪《北梦琐言》卷十八："乱离以来，官爵过滥，封王作辅，～～～～。"

耇（耉） gǒu 老，年寿高。《诗经·小雅·南山有台》："乐只君子，遐不黄～。"（黄：指发黄，年高则发黄。）《汉书·韦贤传》："岁月其徂，年其逮～。"

【耇德】 gǒudé 年老德高的人。《三国志·魏书·管宁传》："夫以姬公之圣，而～～不降，则鸣鸟弗闻。"

【耇老】 gǒulǎo 老人。《国语·周语上》："肃恭明神而敬事～～。"《汉书·孔光传》："《书》曰'无遗～～'，国之将兴，尊师而重傅。"

枸 gǒu 见 jǔ。

蚼 gǒu 见 qú。

笱 gǒu 竹制的捕鱼器具，口有倒刺，鱼能进不能出。《诗经·邶风·谷风》："毋逝我梁，毋发我～。"陆龟蒙《渔具诗·鱼梁》："缺处欲随波，波中先置～。投身入笼槛，自古难飞走。"

诟（詬、訽） gòu ❶耻辱，侮辱。《荀子·解蔽》："案强钳而利口，厚颜而忍～。"《史记·李斯列传》："故～莫大于卑贱，而悲莫甚于穷困。"❷辱骂，指责。《左传·哀公八年》："曹人～之。"穆修《答乔适书》："众又排～之，罪毁之。"

【诟病】 gòubìng 侮辱，指责。《礼记·儒行》："今众人之命儒也妄常，以儒相～～。"《宋史·喻樗传》："推车者遇艰险，则相～～。"

【诟厉】 gòulì 侮辱。厉，病。《庄子·人间世》："若无言，彼亦直寄焉，以为不知己者～～也。"

构(構、搆) 1. gòu ❶搭架，构筑。《韩非子·五蠹》："有圣人作，～木为巢以避群害。"《后汉书·周紆传》："学无经术，而妄～讲舍，外招儒徒，实会奸桀。"㉿建筑，房屋。陆云《祖考颂》："公堂峻趾，华～重屋。"❷交结，连结。《汉书·严助传》："当是时，秦祸北～于胡，南挂于越。"《后汉书·顺帝纪》："而奸臣交～，遂令陛下龙潜蕃国。"❸集结，构成。《荀子·劝学》："邪秽在身，怨之所～。"《韩非子·存韩》："夫一战而不胜，则祸～矣。"❹设计陷害。《左传·桓公十六年》："宣姜与公子朔～急子。"《后汉书·宦者传序》："～害明贤，专树党类。"㉿挑拨。《左传·僖公三十三年》："彼实～吾二君，寡君若得而食之，不厌。"❺图谋。《淮南子·说林训》："纣醢梅伯，文王与诸侯～之。"❻构思，写作。《三国志·魏书·王粲传》："善属文，举笔便成，无所改定，时人常以为宿～。"王禹偁《待漏院记》："三时告灾，上有忧色，～巧词以悦之。"❼通"媾"。讲和。《韩非子·说林下》："二国不得兵，怒而反，已乃知文侯之以～于己，乃皆朝魏。"❽树木名。即榖树。

2. gōu ❾通"篝"。笼。《汉书·陈胜传》："夜～火，狐鸣。"(《史记·陈涉世家》作"篝"。)

【构兵】 gòubīng 交兵，交战。《孟子·告子下》："吾闻秦楚～～，我将见楚王说而罢之。"

【构会】 gòuhuì ❶结合串通。《汉书·韩延寿传》："先是，赵广汉为太守，患其俗多朋党，故～～吏民，令相告讦。"❷设计陷害。《后汉书·寇荣传》："而臣兄弟独以无辜为专权之臣所见批抵，青蝇之人所共～～。"《三国志·吴书·顾雍传》："寄父子益恨，共～～[顾]谭。"

【构精】 gòujīng ❶指两性交合。《周易·系辞下》："男女～～，万物化生。"❷聚精会神。《魏书·释老志》："覃思～～，神悟妙赜。"

【构难】 gòunàn 交战。《战国策·齐策一》："楚、秦～～，三晋怒齐不与己也，必东攻齐。"《史记·燕召公世家》："因～～数月，死者数万，众人恫恐，百姓离志。"

【构扇】 gòushàn 连结煽动。《南齐书·谢超宗传》："～～异端，讥议时政。"

【构隙】 gòuxì 同"构衅"。结怨。《三国志·魏书·陶谦传》："由是不乐，卒以～～。"

【构陷】 gòuxiàn 陷害，设计陷人于罪。《后汉书·顺帝纪》："王圣等惧有后祸，遂与[樊]丰、[王]京共～～太子。"曾巩《与王深父书》："顾初至时，遇在势者横逆，又议法数不合，常恐不免于～～。"

【构衅】 gòuxìn 造成衅隙，结怨。《北史·杨昱传》："太后问状，昱具对元氏～～之端，言至哀切。"

【构怨】 gòuyuàn 结怨。《孟子·梁惠王上》："抑王兴甲兵，危士臣，～～于诸侯，然后快于心与？"

【构造】 gòuzào ❶捏造。《后汉书·徐璆传》："张忠怨璆，与诸阉官～～无端，璆遂以罪征。"《三国志·魏书·刘放传》注引《孙资别传》："而杨丰党附豫等，专为资～～谤端，怨隙甚重。"❷图谋，制造。《三国志·魏书·陈留王奂传》："前逆臣钟会～～反乱，聚集征行将士，劫以兵威。"

购(購) gòu ❶重金收买，悬赏以求。《史记·淮阴侯列传》："乃令军中毋杀广武君，有能生得者，～千金。"《汉书·周勃传》："汉兵因乘胜，遂尽虏之，降其县，～吴王千金。"曾巩《本朝政要策·文馆》："又重亡书之～，而闾巷山林之藏，稍稍益出。"㉿购买。《清史稿·兵志》："请令两广督臣续～大小洋炮。"❷通"媾"。讲和。《史记·韩世家》："乃警公仲之行，将西～于秦。"

【购求】 gòuqiú 重金以求，悬赏搜求。《史记·季布栾布列传》："及项羽灭，高祖～～[季]布千金。"《三国志·魏书·武帝纪》："[鲍]信力战斗死，仅而破之。～～信丧不得，众乃刻木如信形状，祭而哭焉。"(丧：指尸体。)

【购赏】 gòushǎng 以重金悬赏，奖赏。《汉书·张敞传》："敞到胶东，明设～～，开群盗令相捕斩除罪。"《后汉书·南匈奴传》："宣示～～，明其期约。"

呴 gòu 见 xǔ。

垢 gòu ❶污秽，脏东西。《论衡·无形》："人少则肤白，老则肤黑，黑久则黯，若有～矣。"苏洵《辨奸论》："夫面～不忘洗，衣～不忘浣，此人之至情也。"❷耻辱。《左传·宣公十五年》："国君含～。"司马迁《报任少卿书》："虽累百世，～弥甚耳！"❸恶劣，混乱。《后汉书·崔寔传》："政令～玩，上下怠懈。"

【垢污】 gòuwū 污秽。《后汉书·西南夷传》："有梧桐木华，绩以为布，幅广五尺，洁白不受～～。"苏轼《方山子传》："余闻光、黄间多异人，往往阳狂～～，不可得而见。"

茩 gòu 见"蘼茩"。

姤 gòu ❶好，善。《管子·地员》："士女皆好，其民工巧，其泉黄白，其人夷～。"❷恶，丑。张衡《思玄赋》："咨～嫮之难并兮，想依韩以流亡。"（嫮：美好。）❸六十四卦之一，卦形为巽下乾上。

冓 gòu 木材交积。引申为内室。《诗经·鄘风·墙有茨》："中～之言，不可道也。"《汉书·文三王传》："是故帝王之意，不窥人闺门之私，听闻中～之言。"

鸲 gòu 见 qú。

够(夠) gòu 聚，多。左思《魏都赋》："繁富夥～，非可单究。"

遘 gòu ❶逢，遇。《楚辞·哀时命》："哀时命之不及古人兮，夫何予生之不～时？"《三国志·魏书·臧洪传》："岂悟天子不悦，本州见侵，郡将～牖里之厄，陈留克创兵之谋。"❷通"构"。结成，造成。《三国志·魏书·荀攸传》："今兄弟～恶，此势不两全。"王粲《七哀诗》之一："西京乱无象，豺虎方～患。"

【遘祸】 gòuhuò 造成祸患。《后汉书·冯衍传》："忿战国之～～兮，憎权臣之擅强。"又《孔融传》："故晁错念国，～～于袁盎；屈平悼楚，受谮于椒、兰。"

【遘屯】 gòuzhūn 屯，六十四卦之一。《周易·屯·彖传》："屯，刚柔始交而难生。"后因以"遘屯"比喻遇难。《后汉书·皇后纪序》："齐桓有如夫人者六人，晋献升戎女为元妃，终于五子作乱，冢嗣～～。"

彀 gòu ❶拉满弓，张弓。《孟子·告子上》："羿之教人射，必志于～。"《后汉书·赵壹传》："缴弹张右，羿子～左。"❷通"够"。王实甫《破窑记》三折："你骂得我～也！"

【彀骑】 gòujì 持弓箭的骑兵。《汉书·冯唐传》："造车千三百乘，～～万三千匹，百金之士十万。"（百金：比喻尊贵。）左思《吴都赋》："鞧轩蓼扰，～～炜煌。"

【彀者】 gòuzhě 射手。《史记·廉颇蔺相如列传》："于是乃具造车得千三百乘，造骑得万三千匹，百金之士五万人，～～十万人，悉勒习战。"

【彀中】 gòuzhōng ❶箭的射程之内。《庄子·德充符》："游于羿之～～。"❷比喻掌握之中，圈套。王定保《唐摭言》卷一："[唐太宗]尝私幸端门，见新进士缀行而出，喜曰：'天下英雄入吾～～矣！'"

雊 gòu 雉鸣，野鸡叫。《诗经·小雅·小弁》："雉之朝～，尚求其雌。"《论衡·异虚》："高宗祭成汤之庙，有蜚雉升鼎而～。"

媾 gòu ❶交互为婚，亲上加亲的婚姻。《国语·晋语四》："今将婚～以从秦。"《左传·隐公十一年》："唯我郑国之有请谒焉，如旧婚～，其能降以相从也。"❷阴阳交合。李白《草创大还赠柳官迪》诗："造化合元符，交～腾精魄。"❸讲和。《战国策·赵策三》："不如发重使而为～。"《史记·平原君虞卿列传》："使赵郝约事于秦，割六县而～。"❹厚待，厚爱。《诗经·曹风·候人》："彼其之子，不遂其～。"

覯(覯) gòu ❶见，看见。《诗经·大雅·公刘》："乃陟南冈，乃～于京。"《汉书·司马相如传下》："然斯事体大，固非观者之所～也。"❷遇见，遇到。《诗经·豳风·九罭》："我～之子，衮衣绣裳。"又《邶风·柏舟》："～闵既多，受侮不少。"❸通"构"。构成。《左传·成公六年》："郇瑕氏土薄水浅，其恶易～。"

gu

估 1. gū （旧读 gǔ） ❶物价。韩愈《曹成王碑》："恒平物～，贱敛贵出。"曾巩《本朝政要策·管榷》："有司尝欲重新茶之～以出于民。"❷估量价值或数目。《新五代史·王章传》："命有司高～其价。"《京本通俗小说·志诚张主管》："家计并许多房产，都封～了。"❸行商，商人。《北史·邢峦传》："商～交入。"

2. gù ❹见"估衣"。

【估楫】 gūjí 指商船。《聊斋志异·义犬》："抵关三四日，～～如林，而盗船不见。"

【估客】 gūkè 行商。《世说新语·文学》："闻江渚间～～船上有咏诗声，甚有情致。"何景明《送卫进士推武昌》诗："仙人楼阁春云里，～～帆樯晚照馀。"

【估炫】 gūxuàn 卖弄。《隋书·音乐志下》："时有曹妙达、王长通……持其音技，～～公王之间，举时争相慕尚。"

【估衣】 gùyī 市场出售的旧衣服。得硕亭《草珠一串·游览》："西城五月城隍庙，滥贱纱罗满地堆。"注："庙外卖～～者极多。"

沽 1. gū ❶水名。《说文·水部》："～，沽水，出渔阳塞外，东入海。"亦名沽河，其上游即今河北省白河。❷买。《论语·乡党》："～酒市脯不食。"杜甫《醉时歌》："得钱即相觅，～酒不复疑。"❸卖。《论语·子罕》："有美玉于斯，韫椟而藏诸？求善贾而～诸？"（韫椟：置于柜中。贾："价"的古字。）

2. gǔ ❹卖酒的人。苏轼《书上元夜游》："民夷杂揉，屠～纷然。"（屠：指屠户。）

❺粗疏，简略。《礼记·檀弓上》："杜桥之母之丧，宫中无相，以为～也。"

【沽名】 gūmíng 猎取名誉。《后汉书·逸民传序》："彼虽硁硁有类～～者，然而蝉蜕嚣埃之中，自致寰区之外，异夫饰智巧以逐浮利者乎！"司空图《书怀》诗："陶令若能兼不饮，无弦琴亦是～～。"

泒 gū 水名。《说文·水部》："～水起雁门葰人成夫山，东北入海。"《三国志·魏书·武帝纪》："公将征之，凿渠，自呼沲入～水，名平虏渠。"

呱 gū 婴儿啼哭声。《诗经·大雅·生民》："鸟乃去矣，后稷～矣。"

【呱呱】 gūgū ❶婴儿啼哭声。《论衡·问孔》："禹曰：'予娶若时，辛、壬、癸、甲，开～～而泣，予弗子。'"❷指悲泣声。王安石《忆昨诗示诸外弟》："母兄～～泣相守，三载厌食钟山薇。"

孤 gū ❶幼年丧父。《孟子·梁惠王下》："幼而无父曰～。"《后汉书·光武帝纪上》："光武年九岁而～，养于叔父良。"㊀指幼年丧父或父母双亡的人。《国语·晋语二》："死吾君而杀其～，吾有死而已。"《吕氏春秋·仲春纪》："养幼少，存诸～。"❷孤单，孤立。《孟子·尽心上》："独～臣孽子，其操心也危，其虑患也深，故达。"《史记·楚世家》："今地未可得而齐交先绝，是楚～也。"❸古代王侯的自称。《老子·三十九章》："贵以贱为本，高以下为基，是以侯王自谓～、寡、不榖。"《三国志·魏书·武帝纪》："唯魏种且不弃～也。"❹辜负。《后汉书·袁敞传》："臣～恩负义，自陷重刑。"又《朱儁传》："国家西迁，必～天下之望，以成山东之衅。"❺弃，厌弃。《国语·吴语》："天王亲趋玉趾，以心～句践，而又宥赦之。"

【孤操】 gūcāo 孤高的操守。李商隐《为李贻孙上李相公书》："某爰自弱龄，实抱～～。"

【孤独】 gūdú ❶幼年丧父和老而无子的人。《史记·孝文本纪》："除诽谤，去肉刑，赏赐长老，收恤～～，以育群生。"❷孤单无援。《史记·鲁仲连邹阳列传》："此二人者，皆信必然之画，捐朋党之私，挟～～之位，故不能自免于嫉妒之人也。"

【孤芳】 gūfāng 独秀的香花。杨万里《普明寺见梅》诗："今冬不雪何关事，作伴～～却欠伊。"又比喻人品的高洁。韩愈《孟生诗》："异质忌处群，～～难寄林。"

【孤高】 gūgāo ❶独立高耸。高適《同诸公登慈恩寺》诗："登临骇～～，披拂忻大壮。"（忻：同"欣"。）❷情志高尚。汪尊《渔父》诗："灵均说尽～～事，全与逍遥意不同。"（灵均：屈原字。）

【孤寒】 gūhán 身世孤苦寒微。《晋书·陶侃传》："臣少长～～，始愿有限。"又《陈頵传》："頵以～～，数有奏议，朝士多恶之，出除谯郡太守。"

【孤介】 gūjiè 耿直不随流俗。《梁书·臧严传》："性～～，于人间未尝造请，仆射徐勉欲识之，严终不诣。"李商隐《为李贻孙上李相公启》："比周息虑，～～归仁。"

【孤立】 gūlì ❶孤独无援。司马迁《报任少卿书》："今仆不幸，早失父母，无兄弟之亲，独身～～。"《汉书·诸侯王表序》："汉兴之初，海内新定，同姓寡少惩戒亡秦～～之败，于是剖裂疆土，立二等之爵。"❷不随流俗，洁身自立。《汉书·张汤传》："禹志在奉公～～，而汤舞知以御人。"

【孤露】 gūlù 幼年丧父或父母双亡。嵇康《与山巨源绝交书》："少加～～，母兄见骄，不涉经学。"陈子昂《为义兴公求拜扫表》："臣祸衅所钟，早日～～。"

【孤鸾】 gūluán 失偶的鸾鸟。常用以比喻分离的夫妻。庾信《思旧铭》："孀机嫠纬，独凤～～。"杨炯《原州百泉县令李君神道碑》："琴前镜里，～～别鹤之哀。"

【孤孽】 gūniè 孤臣孽子的省称。指失势的远臣和失宠的庶子。徐祯卿《谈艺录》："～～怨思，达人齐物。"

【孤特】 gūtè 孤立无援。《史记·项羽本纪》："今将军内不能直谏，外为亡国将，～～独立而欲常存，岂不哀哉！"《后汉书·西域传》："是以单于～～，鼠窜远藏。"

【孤忝】 gūtiǎn 辜负愧待。《后汉书·黄香传》："臣香小丑，少为诸生，典郡从政，固非所堪，诚恐矇顿，～～圣恩。"

【孤豚】 gūtún 小猪。《史记·老子韩非列传》："子独不见郊祭之牺牛乎？养食之数岁，衣以文绣，以入太庙。当是之时，虽欲为～～，岂可得乎？"《后汉书·翟酺传》："及其破坏，头颡堕地，愿为～～，岂可得哉！"

【孤遗】 gūyí 遗孤，父母死后所留下的子女。《颜氏家训·后娶》："其后，假继惨虐～～，离间骨肉，伤心断肠者，何可胜数。"（假继：继母。）任昉《王文宪集序》："亲加吊祭，表荐～～。"

【孤云】 gūyún 独飞的云片；又比喻孤苦无依的人。陶渊明《咏贫士》："万族各有托，～～独无依。"李白《独坐敬亭山》诗："众鸟高飞尽，～～独去闲。"

【孤竹】 gūzhú ❶用孤生竹子制成的一种管乐器。《周礼·春官·大司乐》："～～之管，云和之琴瑟，《云门》之舞。"庾信《为晋阳公进玉律秤尺斗升表》："奏黄钟而歌《大吕》，变～～而舞《云门》。"❷古国名。故地在今河北卢龙县。存在于商、周时代。伯夷、叔齐即孤竹君之二子。

【孤注】　gūzhù　倾其所有以为赌注。常比喻在危急时尽其全力以决胜负。《元史·伯颜传》："我宋天下，犹赌博～～，输赢在此一掷耳。"

姑　1. gū　❶父亲的姐妹。《诗经·邶风·泉水》："问我诸～，遂及伯姊。"《后汉书·顺烈梁皇后纪》："永建三年，与～俱选入掖庭，时年十三。"❷丈夫的母亲。《汉书·于定国传》："东海有孝妇，少寡，亡子，养～甚谨。"欧阳修《泷冈阡表》："自吾为汝家妇，不及事吾～，然知汝父之能养也。"❸妻子的母亲，岳母。《礼记·坊记》："昏礼，婿亲迎，见于舅～。"（舅：指岳父。）❹妇女的通称。《吕氏春秋·先识》："商王大乱，沈于酒德，辟远箕子，爰近～与息。"（息：男子，指宠臣。）❺副词。姑且，暂且。《左传·成公二年》："齐侯曰：'余～翦灭此而朝食。'"（此：指晋军。朝食：吃早饭。）《老子·三十六章》："将欲废之，必～与之。"

2. gǔ　❻通"盬"。咂，吸食。《孟子·滕文公上》："狐狸食之，蝇蚋～嘬之。"

【姑恶】　gū'è　鸟名。苏轼《五禽言·咏姑恶》自注："～～，水鸟也。俗云妇以姑虐死，故其声云。"陆游《春晚杂兴》诗："蒲深～～哭，树密秭归啼。"

【姑息】　gūxī　无原则地宽容。吴武陵《遗吴元济书》："数百里之内，拘若槛阱，常疑死于左右手，低回～～，不可谓明。"王夫之《读通鉴论·五代》："自唐天宝以来，上怀私恩而～～，下挟私劳以骄横。"

【姑洗】　gūxiǎn　古代乐律分为十二种，称为十二律。十二律又分为阴阳两类，阳律称做六律，阴律称做六吕。姑洗是十二律的第五种，六律的第三种。《汉书·律历志上》："律十有二，阳六为律，阴六为吕。律以统气类物，一曰黄钟，二曰太族，三曰～～。"古人又以十二律与十二月相配。姑洗指夏历三月。《淮南子·天文训》："[清明]加十五日，[斗星]指辰则谷雨，音比～～。"（高诱注："姑洗，三月也。"）

【姑射】　gūyè　❶山名，即古石孔山。在山西临汾西。《山海经·东山经》："[卢其之山]又南三百八十里，曰～～之山，无草木，多水。"《山海经·东山经》尚有北姑射山、南姑射山，所指已不可考。《海内北经》又有列姑射，当是传说中的另一山名。❷《庄子·逍遥遊》："藐姑射之山，有神人居焉，肌肤若冰雪，绰约若处子。"后代因以"姑射"指称神仙或形容貌美。柳宗元《夏夜苦热登西楼》诗："谅非～～子，静胜安能希。"无名氏《桐江诗话·畅道姑》载秦观诗："超然自有～～姿，回看粉黛皆尘俗。"

【姑嫜】　gūzhāng　丈夫的父母。亦作"姑章"。陈琳《饮马长城窟行》："善事新～～，时时念我故夫子。"杜甫《新婚别》诗："妾身未分明，何以拜～～？"

【姑妐】　gūzhōng　丈夫的父母。《吕氏春秋·遇合》："～～知之，曰：'为我妇而有外心，不可畜。'因出之。"

【姑子】　gūzǐ　❶未婚的女子，闺女。《乐府诗集·欢好曲》："淑女总角时，唤作小～～。"❷尼姑。《红楼梦》十五回："因遣人来和馒头庵的～～静虚说了，腾出几间房来预备。"

軱（軱）　gū　大骨。《庄子·养生主》："技经肯綮之未尝，而况大～乎？"

胍　gū　见"胍肫"。

【胍肫】　gūdū　腹大的样子。宋祁《宋景文公笔记》："关中谓腹大者为～～。上孤下都。俗因谓杖头大者亦曰～～，后讹为骨朵。"

家　gū　见 jiā。

鸪（鴣）　gū　见"鹧鸪"。

罛　gū　大鱼网。《国语·鲁语上》："水虞于是乎讲～罶，取名鱼。"《淮南子·说山训》："好鱼者先具罟与～。"

菇　gū　❶菌类植物。如香菇、冬菇等。❷蔏菇，王瓜。《玉篇·艸部》："～，蔏菇。"《广雅·释草》："蔏菇，王瓜。"

菰（苽）　gū　❶多年生草本植物，生长池沼中，其嫩茎可做蔬菜，俗称茭白，果实叫菰米，又名雕胡米。杜甫《秋兴》之七："波漂～米沉云黑，露冷莲房坠粉红。"❷菌类植物。谢肇淛《五杂俎》卷十："菌蕈之属多生深山穷谷中。《西湖志》载宋吴山寺产～，大如盘，五色光润。"

【菰首】　gūshǒu　即茭白。陆游《幽居》诗："芋魁加糁香出屋，～～芼羹甘若饴。"

蛄　gū　虫名。见"蝼蛄"、"蟪蛄"等。㊂蝼蛄的简称。李贺《宫娃歌》："啼～吊月钩栏下，屈膝铜铺锁阿甄。"

【蛄䗐】　gūshī　虫名。米中小黑虫。《尔雅·释虫》："～～，强蝆。"（郭璞注："今米谷中蠹小黑虫是也。"）

辜 gū ❶罪。《国语·晋语二》："以君之灵，鬼神降衷，罪人克伏其～。"《荀子·宥坐》："不教其民而听其狱，杀不～也。"㉑祸害。《后汉书·鲁恭传》："都护陷没，士卒死者如积，迄今被其～毒。"❷肢解，分裂肢体。《周礼·秋官·掌戮》："杀王者之亲者～之。"《韩非子·内储说上》："采金之禁，得而辄～磔于市。"❸辜负，对不住。杜甫《后出塞》诗之五："跃马二十年，恐～明主恩。"❹必，必定。《汉书·律历志上》："姑洗，洗，浩也，言阳气洗物～絜之也。"(颜师古注引孟康曰："辜，必也，必使之絜也。")❺夏历十一月的别名。《尔雅·释天》："十一月为～。"

【辜负】 gūfù 亏负，对不住。《三国志·魏书·司马朗传》注引《魏书》："刺史蒙国厚恩，督司万里，微功未效，而遭此疫疠，既不能自救，～～国恩。"白居易《戊申岁暮咏怀》："幸得展张今日翅，不能～～昔时心。"

【辜较】 gūjué ❶侵占，掠夺。《后汉书·孝仁董皇后纪》："孝仁皇后使故中常侍夏恽、永乐太仆封谞等交通州郡，～～在所珍宝货赂，悉入西省。"又《单超传》："兄弟姻戚皆宰州临郡，～～百姓，与盗贼无异。"❷梗概，大略。《孝经·天子》"盖天子之孝也"邢昺疏引刘炫云："～～，犹梗概也。孝道既广，此才举其大略也。"

【辜榷】 gūquè 垄断，侵占。《汉书·翟方进传》："贵戚近臣子弟宾客多～～为奸利者。"《后汉书·张让传》："～～财利，侵掠百姓。"

酤 gū ❶酒。《诗经·商颂·烈祖》："既载清～，赉我思成。"❷买酒，买。《史记·高祖本纪》："高祖每～留饮，酒雠数倍。"《后汉书·刘盆子传》："少年来～者，皆赊与之。"❸卖酒，卖。《史记·司马相如列传》："相如与俱之临邛，尽卖其车骑，买一酒舍～酒，而令文君当垆。"《淮南子·说林训》："为酒人之利而不～则竭。"

觚(柧) gū ❶古代酒器。长身细腰，口部呈大喇叭形，底部呈小喇叭形。盛行于商代和西周初期。《论语·雍也》："～不～，～哉！～哉！"《论衡·语增》："传语曰：文王饮酒千钟，孔子百～。"❷棱角。《史记·酷吏列传》："汉兴，破～而为圜，斲雕而为朴。"《汉书·律历志上》："其算法用竹，径一分，长六寸，二百七十一枚而成六～，为一握。"❸用以书写的木简。陆机《文赋》："或操～以率尔，或含毫以邈然。"后亦指书写用的纸帛。刘禹锡《刘氏集略说》："喜与属词者游，谬以为可教，视长者所行止，必操～从之。"❹剑柄。《淮南子·主术训》："操其～，招其末，则庸人能以制胜。"❺通"孤"。独立不群。《庄子·大宗师》："与乎其～而不坚也，张乎其虚而不华也。"

【觚牍】 gūdú 用以书写的木简。亦指书翰。柳宗元《唐故给事中皇太子侍读陆文通先生墓表》："秉～～，焦思虑，以为论注疏说者百千人矣。"

【觚棱】 gūléng 宫阙上转角处的瓦脊。班固《西都赋》："设璧门之凤阙，上～～而栖金爵。"(金爵：铜凤。)杜牧《长安杂题长句》之一："～～金碧照山高，万国珪璋捧赭袍。"

箍 gū 围束；亦指围束的圈。《朱子语类》卷二十九："如一个桶，须是先将木来做成片子，却将一个～来～敛。"

箛 gū ❶竹名。张衡《南都赋》："其竹则箛篨……～篃。"❷乐器名，即笳。《宋书·乐志二》："唯有骑执～。～即笳。"

橭 gū 木名，即山榆。《周礼·秋官·壶涿氏》："若欲杀其神，则以牡～午贯象齿而沈之。"

古 1. gǔ ❶时代久远，历时久远。与"今"相对。《韩非子·五蠹》："夫～今异俗，新故异备。"李白《蜀道难》诗："但见悲鸟号～木，雄飞雌从绕林间。"❷不同于时俗，古朴。牛弘《献书表》："五经子史才四千卷，皆赤轴青纸，文字～拙。"

2. gù ❸通"故"。旧，原来。《诗经·邶风·日月》："乃如之人兮，逝不～处。"李白《上留田行》："～老向予言，言是上留田。"

【古贝】 gǔbèi 木棉。亦称"吉贝"。《南史·西南夷传》："又出玳瑁、贝齿、～～、沉木香。～～者，树名也，其华成时如鹅毳，抽其绪纺之以作布。"《本草纲目·木部三》："木棉有二种，似木者名～～。"

【古道】 gǔdào ❶古代的道理、原则等。《盐铁论·殊路》："夫重怀～～，枕籍诗书，危不能安，乱不能治，邮里逐鸡，难亦无党也。"文天祥《正气歌》："风檐展书读，～～照颜色。"❷古老的道路。李白《忆秦娥》词："乐游原上清秋节，咸阳～～音尘绝。"

【古典】 gǔdiǎn 古代的典章制度。《后汉书·儒林传序》："建武五年，乃修起太学，稽式～～。"应璩《与王子雍书》："言不改定，事合～～。"现代指具有典范性、代表性的古代著作。

【古风】 gǔfēng ❶古人的风尚。陆游《游山西村》诗："箫鼓追随春社近，衣冠简朴～～存。"❷诗体名。指古体诗。如李白集中有《古风》五十九首。姚合《赠张籍太祝》诗："～～无手敌，新语是人知。"

【古文】 gǔwén ❶指战国时期通行于六国的文字。区别于通行于秦国的篆书。《说文·叙》："宣王太史籀箸大篆十五篇，与～～或异。"《说文》重文中所标明的古文均指此。也泛指小篆以前的文字。区别于隶书以后的今文。《汉书·河间献王刘德传》："献王所得书皆～～先秦旧书。"❷指古文经籍。《史记·太史公自序》："迁生龙门，耕牧河山之阳。年十岁则诵～～。"❸文体名。区别于骈体文而言。六朝时期盛行骈俪的文风，唐代韩愈等倡导古文运动，反对浮艳的文风，主张恢复先秦两汉的古朴文风，因称秦汉之文为古文。后因指散文为古文。

【古昔】 gǔxī 往昔，古代。《韩诗外传》卷五："秦之时，非礼义，弃诗书，略～～。"向秀《思旧赋》："惟～～以怀今兮，心徘徊以踌躇。"

【古稀】 gǔxī 七十岁的代称。杜甫《曲江》诗："酒债寻常行处有，人生七十古来稀。"亦作"古希"。赵令畤《侯鲭录》卷三引苏轼诗："令阁方当而立岁，贤夫已近～～年。"

【古音】 gǔyīn ❶音韵学术语。从前音韵学者称周秦两汉的语音为古音，隋唐宋的语音为今音。现代音韵学者称前者为上古音，后者为中古音，统称古音。❷古乐。韩愈等《城南联句》："岁律及郊至，～～命韶韺。"（韶：舜乐。韺：帝喾的音乐。）

扢 1. gǔ ❶擦拭。《汉书·礼乐志》："～嘉坛，椒兰芳。"

2. xì ❷奋发。《庄子·让王》："子路～然执干而舞。"

3. gē ❸见"扢扠"等。

【扢扠】 gēchā 象声词。形容断裂的声音。《西游记》十回："～～一声刀过处，龙头因此落虚空。"亦作"扢揸"。《西游记》三十二回："那八戒丢倒头正睡哩，被他照嘴唇上～～的一下。"

【扢搭】 gēdā 纥繨，结子。《红楼梦》三十一回："说着，拿出绢子来，挽着一个～～。"

【扢秃】 gētū 皮肤上起的肿块，疙瘩。《淮南子·齐俗训》："亲母为其子治～～，而血流至耳，见者以为其爱之至也。"

汩 1. gǔ ❶治理，疏通。《国语·周语下》："决～九川。"《楚辞·天问》："不任～鸿，师何以尚之？"（鸿：洪水。师：众人。尚：推举。）❷乱，搞乱。《史记·宋微子世家》："在昔鲧堙鸿水，～陈其五行。"（汩陈其五行：搞乱水土等五种物质的安排。）梅尧臣《冬雷》诗："天公岂物欺，若此～时序？"❸沉，埋没。韩愈《杂说一》："龙嘘气成云，云固弗灵于龙也，然龙乘是气，茫洋穷乎玄间……水下土，～陵谷。"❹涌出的泉水。《庄子·达生》："与齐俱入，与～偕出。"❺光洁的样子。王延寿《鲁灵光殿赋》："～硠硠以璀璨，赫烨烨而熺坤。"

2. yù ❻疾速。《楚辞·九章·怀沙》："伤怀永哀兮，～徂南土。"《列子·汤问》："引盈车之鱼于百仞之渊，～流之中。"

【汩董】 gǔdǒng 即古董。《朱子语类》卷七："今人既无本领，只去理会许多闲～～。"

【汩汩】 gǔgǔ ❶水急流的样子。《淮南子·原道训》："源流泉滂，冲而徐盈，混混～～，浊而徐清。"韩愈《流水》诗："～～几时休，从春复到秋。"㊀比喻文思勃发。韩愈《答李翊书》："当其取于心而注于手也，～～然来矣。"❷波浪声。木华《海赋》："崩云屑雨，浤浤～～。"（浤浤：波浪声。）❸动荡不安的样子。杜甫《自阆州领妻子却赴蜀山行》诗之一："～～避群盗，悠悠经十年。"

【汩活】 gǔguō 水急流的样子。马融《长笛赋》："～～澎濞。"

【汩乱】 gǔluàn 扰乱。《旧唐书·刘蕡传》："羁绁，藩臣，干凌宰辅，隳裂王度，～～朝经。"

【汩没】 gǔmò 沉没，埋没。李白《日出入行》："羲和，羲和！汝奚～～于荒淫之波？"苏辙《上枢密韩太尉书》："恐遂～～，故决然舍去，求天下奇闻壮观，以知天地之广大。"

【汩濦】 gǔxī 水急流的样子。《汉书·司马相如传上》："驰波跳沫，～～漂疾。"

【汩越】 gǔyuè ❶治理。《国语·周语下》："～～九原，宅居九隩。"❷光明的样子。何晏《景福殿赋》："罗疏柱之～～，肃抵鄂之锵锵。"

诂（詁） gǔ 对古代语言文字的解释。《后汉书·桓谭传》："博学多通，遍习五经，皆～训大义，不为章句。"又《东平宪王苍传》："苍因上《光武受命中兴颂》，帝甚善之。以其文典雅，特令校书郎贾逵为之训～。"

扫 gǔ 见 hú。

谷[1] 1. gǔ ❶山谷，两山之间的水道或狭长地带。《诗经·周南·葛覃》："葛之覃兮，施于中～。"（覃：长。中谷：谷中。）《后汉书·刘盆子传》："逢大雪，坑～皆满，士多冻死。”❷困窘,没有出路。《诗经·大雅·桑柔》:“人亦有言,进退维～。”

2. lù ❸见“谷蠡”。

3. yù ❹见“吐谷浑”。

【谷风】 gǔfēng 东风。《诗经·邶风·谷风》:“习习～～,以阴以雨。”《尔雅·释天》:“东风谓之～～。”

【谷神】 gǔshén 老子所说的“道”。《老子·六章》:“～～不死,是谓玄牝。”(牝:母体。)庾信《道士步虚词》之五:“要妙思玄牝,虚无养～～。”

【谷蠡】 lùlí 匈奴官名。冒顿单于设置,分左右,由单于子弟担任。《史记·匈奴列传》:“置左右贤王,左右～～王。”

谷²(榖) gǔ 庄稼和粮食的总称。《管子·权修》:“一年之计,莫如树～。”《孟子·梁惠王上》:“不违农时,～不可胜食也。”

【谷道】 gǔdào 古方士所谓的一种长生之术。《史记·孝武本纪》:“是时而李少君亦以祠灶、～～、却老方见上,上尊之。”(裴骃集解引李奇曰:“食谷道引。或曰辟谷不食之道。”)

【谷谷】 gǔgǔ 象声词。鸟鸣声。欧阳修《啼鸟》诗:“陂田绕郭白水满,戴胜～～催春耕。”周昂《春日即事》诗:“欲寻把酒浑无处,春在鸣鸠～～中。”

【谷雨】 gǔyǔ 二十四节气之一。《逸周书·周月》:“春三月中气:雨水、春分、～～。”《群芳谱》:“～～,谷得雨而生也。”

榖 gǔ ❶俸禄。《论语·宪问》:“邦有道,～;邦无道,～,耻也。”❷养育。《战国策·齐策六》:“乃布令求百姓之饥寒者,收～之。”❸生,活着。《诗经·王风·大车》:“～则异室,死则同穴。”❹善。《诗经·小雅·小弁》:“民莫不～,我独于罹。”❺告,讣告。《礼记·檀弓下》:“齐～王姬之丧,鲁庄公为之大功。”❻童子。《庄子·骈拇》:“臧与～二人相与牧羊,而俱亡其羊。”❼(旧读gòu)喂婴儿乳汁。楚方言。《左传·宣公四年》:“楚人谓乳～,谓虎於菟。”

【榖旦】 gǔdàn 良辰,吉日。《诗经·陈风·东门之枌》:“～～于差,南方之原。”(差:通“徂”。往。)

【榖禄】 gǔlù 俸禄。《孟子·滕文公上》:“经界不正,井地不钧,～～不平:是故暴君污吏必慢其经界。”《荀子·王霸》:“心好利而～～莫厚焉。”

【榖言】 gǔyán 善言。《吕氏春秋·听言》:“其与人～～也,其有辩乎?其无辩乎?”

【榖梁传】 gǔliángzhuàn 书名。《春秋榖梁传》的简称。战国时鲁人榖梁赤撰。内容主要是解释《春秋》,阐发其微言大义。与《公羊传》、《左传》合称“春秋三传”。晋范宁注,唐杨士勋疏。清钟文烝有《榖梁补注》。

角 gǔ 见jiǎo。

苦 gǔ 见kǔ。

股 gǔ ❶大腿。《国语·吴语》:“畴趋而进,王枕其～以寝于地。”《史记·高祖本纪》:“高祖为人,隆准而龙颜,美须髯,左～有七十二黑子。”❷车辐靠近毂的较粗的部分。《周礼·考工记·轮人》:“参分其～围,去一以为骹围。”❸事物的分支或一部分。《汉书·沟洫志》:“其西因山足高地,诸渠皆往往～引取之。”白居易《长恨歌》:“钗留一～合一扇,钗擘黄金合分钿。”❹古代数学名词。指直角三角形直角旁的长边。《周髀算经》卷上:“周髀长八尺,夏至之日晷一尺六寸,髀者～也,正晷者勾也。”

【股弁】 gǔbiàn 大腿发抖。形容极端恐惧。《汉书·严延年传》:“夜入,晨将至市论杀之,先所按者死,吏皆～～。”

【股肱】 gǔgōng ❶大腿和胳膊的上部。比喻辅佐帝王的得力大臣。《史记·孝文本纪》:“天下治乱,在朕一人,唯二三执政犹吾～～也。”苏洵《张益州画像记》:“公在朝廷,天子～～。”❷辅佐,捍卫。《国语·鲁语下》:“子～～鲁国,社稷之事,子实制之。”陈亮《戊申再上孝宗皇帝书》:“臣虽不到采石,其地与京口～～建业。”

【股栗】 gǔlì 大腿发抖。极端恐惧的样子。《汉书·郅都传》:“至则诛瞷氏首恶,馀皆～～。”亦作“股慄”。《后汉书·窦融传》:“畔臣见之,当～～惭愧。”

【股战】 gǔzhàn 大腿发抖。极端恐惧的样子。丘迟《与陈伯之书》:“如何一旦为奔亡之虏,闻鸣镝而～～,对穹庐以屈膝,又何劣耶!”

【股掌】 gǔzhǎng ❶大腿和手掌。比喻在操纵之中。《国语·吴语》:“大夫种勇而善谋,将还玩吴国于～～之上,以得其志。”《后汉书·张玄传》:“然后显用隐逸忠正之士,则边章之徒宛转～～之上矣。”❷比喻得力的辅佐之臣。《战国策·魏策二》:“[田]需,寡人之～～之臣也。”

骨 gǔ ❶骨头,骨骼。《老子·三章》:“虚其心,实其腹;弱其志,强其～。”《战国策·燕策一》:“马已死,买其～五百金。”㊂遗骨,指死者。陈陶《陇西行》之二:“可怜无定河边～,犹是春闺梦里人。”❷人的品格、气概。张华《博陵王宫侠曲》之二："生从命子游，死闻侠～香。"❸比喻文学作品的笔力、风格。李白《宣州谢朓楼饯别校书叔云》诗："蓬莱文章建安～，中间小谢又清发。"（蓬莱：指李云。建安：汉献帝年号，指曹氏父子等人的诗。小谢：指谢朓。）

【骨董】 gǔdǒng ❶即古董。古器物。韩驹《送海常化士》诗："莫言衲子篮无底，盛取江南～～归。"❷混杂。范成大《素羹》诗："毡芋凝酥敌少城，土薯割玉胜南京。合和二物归藜糁，新法依家～～羹。"❸落水声。孙棨《北里志·张住住》："住住终不舍佛奴，指堦井曰：'若逼我不已，～～一声即了矣。'"

【骨朵】 gǔduǒ 古兵器。其形制为在一长棒的顶端缀一蒜头形或蒺藜形的头，以铁或硬木制成。后用作仪仗，俗称"金瓜"。《宋史·仪卫志》："凡皇城司随驾人数，崇政殿祗应亲从四指挥，共二百五十二人，执擎～～充禁卫。"其字本为"胍肫"，音转为"骨朵"。

【骨法】 gǔfǎ ❶旧指人的骨相特点。《史记·淮阴侯列传》："贵贱在于～～，忧喜在于容色。"《论衡·命义》："故寿命修短皆禀于天，～～善恶皆见于体。"❷指书画的笔力法则。《唐会要·书法》："我今临古人之书，殊不学其形势，惟在求其～～。"

【骨鲠】 gǔgěng ❶正直，刚强。《史记·吴太伯世家》："方今吴外困于楚，而内空无～～之臣，是无奈我何。"《后汉书·来歙传》："夫理国以得贤为本，太中大夫段襄，～～可任，愿陛下裁察。"❷指书画笔力遒劲。谢赫《古画品录》："用笔～～，甚有师法。"❸指文章的骨架、格局。《文心雕龙·辨骚》："观其～～所树，肌肤所附，虽取熔经意，亦自铸伟辞。"

【骨力】 gǔlì ❶气力。《论衡·物势》："大无～～，角翼不劲，则以大而服小。"❷指书画的笔力。《晋书·王献之传》："献之～～远不及父，而颇有媚趣。"

【骨立】 gǔlì 似骨而立，形容人极端消瘦。《后汉书·韦彪传》："彪孝行纯至，父母卒，哀毁三年，不出庐寝。服竟，羸瘠～～异形。"《世说新语·德行》："和峤虽备礼，神气不损；王戎虽不备礼，而哀毁～～。"

【骨气】 gǔqì ❶梗直的气质。《世说新语·品藻》："时人道阮思旷～～不及右军（王羲之）。"黄庭坚《送石长卿太学秋补》诗："胸中已无少年事，～～乃有老松格。"❷指诗文的风格。钟嵘《诗品》卷上："魏陈思王植诗，其源出于《国风》。～～奇高，词采华茂。"❸指书法笔力遒劲。韦续《书品优劣》："释玄悟～～无双，迥出时辈。"

【骨肉】 gǔròu 比喻亲人。《史记·秦本纪》："庄襄王元年，大赦罪人，修先王功臣，施德厚～～而布惠于民。"《汉书·诸侯王表序》："内亡～～本根之辅，外亡尺土藩翼之卫。"

【骨髓】 gǔsuǐ ❶骨中的脂膏。《战国策·魏策四》："王以国赞嫪氏，太后之德王也，深于～～。"《史记·扁鹊仓公列传》："其在～～，虽司命无奈之何。"❷精髓。《文心雕龙·宗经》："经也者，恒久之至道，不刊之鸿教也……洞性灵之奥区，极文章之～～者也。"

【骨体】 gǔtǐ 身体，形体。《论衡·祸虚》："天命之符，见于～～。"《三国志·吴书·孙权传》："形貌奇伟，～～不恒，有大贵之表。"

【骨相】 gǔxiàng 人的骨骼相貌。旧据此判断人的吉凶。《北史·赵绰传》："朕于卿无所爱惜，但卿～～不当贵耳。"也指动物的骨骼相貌。《后汉书·马援传》："臣谨依仪氏鞘，中帛氏口齿，谢氏唇鬐，丁氏身中，备此数家～～以为法。"

【骨腾肉飞】 gǔténgròufēi ❶奔腾迅捷的样子。《吴越春秋·阖闾内传》："庆忌之勇，世所闻也。筋骨果劲，万人莫当。走追奔兽，手接飞鸟，～～～～，拊膝数百里。"❷神魂飘荡。《隋书·地理志中》："齐郡旧曰济南，其俗好教饰子女淫哇之音，能使～～～～，倾诡人目。"

牯 gǔ 母牛或阉割过的公牛。亦泛指牛。陆龟蒙《祝牛宫辞》："四牸三～，中一去乳；天霜降寒，纳此室处。"杨维桢《毗陵行》："常山长蛇一断尾，即墨怒～齐奔踊。"

羖 gǔ 黑色的公羊。《诗经·小雅·宾之初筵》："由醉之言，俾出童～。"（童：秃，指无角。）《史记·秦本纪》："吾媵臣百里傒在焉，请以五～羊皮赎之。"

贾（賈） 1. gǔ ❶商人。《荀子·王霸》："农分田而耕，～分货而贩。"《管子·乘马》："～知贾之贵贱。"❷做买卖。《韩非子·五蠹》："长袖善舞，多钱善～。"《史记·吕不韦列传》："吕不韦～邯郸，见而怜之。"❸买。《左传·昭公二十九年》："平子每岁～马。"又《成公二年》："欲勇者，～余馀勇。"❹卖，贩卖。《史记·酷吏列传》："仕不至二千石，～不至千万，安可比人乎？"㊀指贩卖的货物。《诗经·邶风·谷风》："既阻我德，～用不售。"❺求，谋取。

《国语·晋语八》："谋于众，不以～好。"《后汉书·刘陶传》："或欲因缘行诈，以～国利。"⑫招致。《国语·晋语一》："以宠～怨，不可谓德。"

2. jià ❻"价"的古字。价格。《孟子·滕文公上》："从许子之道，则市～不贰。"《管子·乘马》："贾知～之贵贱。"

3. jiǎ ❼姓。

【贾害】 gǔhài 招致祸患。《左传·桓公十年》："匹夫无罪，怀璧其罪，吾焉用此，其以～～也。"

【贾侩】 gǔkuài 商人和市侩。贱称。朱松《上李参政书》："下至衰世，士不复讲明道义之要，而惟势利之徇，乃无以异于～～之交手为市。"

【贾人】 gǔrén 商人。《荀子·儒效》："通财货，相美恶，辨贵贱，君子不如～～。"《史记·吕不韦列传》："吕不韦者，阳翟大～～也。往来贩贱卖贵，家累千金。"

【贾师】 gǔshī 官名。掌物价。《荀子·解蔽》："贾精于市，而不可以为～～。"

【贾竖】 gǔshù 对商人的贱称。竖，童仆。杨恽《报孙会宗书》："恽幸有馀禄，方籴贱贩贵，逐什一之利，此～～之事，污辱之处，恽亲行之。"《汉书·萧何传》："今相国多受～～金，为请吾苑，以自媚于民。"

【贾勇】 gǔyǒng 自恃勇力有馀，可以售出。语出《左传·成公二年》："欲勇者，贾余馀勇。"唐玄宗《观拔河俗戏》诗："壮徒恒～～，拔拒抵长河。"

【贾馀】 gǔyú 自恃有馀勇可售。韩愈等《斗鸡联句》："连轩尚～～，清厉比归凯。"参见"贾勇"。

【贾正】 gǔzhèng 官名。掌物价。《左传·昭公二十五年》："郈鲂假使为～～焉。"

罟 gǔ 网。《国语·鲁语上》："宣公夏滥于泗渊，里革断其～而弃之。"《孟子·梁惠王上》："数～不入洿池，鱼鳖不可胜食也。"（数：密。）㊀指法网。《诗经·小雅·小明》："岂不怀归？畏此罪～。"

钴（鈷） gǔ 见"钴鉧"。

【钴鉧】 gǔmǔ 熨斗。范成大《骖鸾录》："～～，熨斗也。"柳宗元有《钴鉧潭记》，文中所写之钴鉧潭，因其形似熨斗，故名。

淈 1. gǔ ❶搅浑。《楚辞·渔父》："世人皆浊，何不～其泥而扬其波？"《后汉书·张衡传》："夫玄龙迎夏则陵云而奋鳞，乐时也；涉冬则～泥而潜蟠，避害也。"㊀扰乱。《法言·吾子》："书恶淫辞之～法度也。"❷水流通的样子。郭璞《江赋》："潜演之所汩～。"

2. qū ❸通"屈"。竭尽。《荀子·宥坐》："其洸洸乎不～尽，似道。"

【淈淈】 gǔgǔ ❶水涌出的样子。司马相如《上林赋》："潏潏～～，湁潗鼎沸。"❷浑浊的样子。《楚辞·九思·怨上》："哀哉兮～～，上下兮同流。"

蛊（蠱） gǔ ❶腹中的寄生虫。《说文·蟲部》："～，腹中虫也。"《周礼·秋官·庶氏》："掌除毒～。"❷相传为一种人工培殖毒虫，用以害人。鲍照《苦热行》："含沙射流影，吹～痛行晖。"（李善注："吹蛊，即飞蛊也。顾野王《舆地志》曰：江南数郡有畜蛊者，主人行之以杀人。行食饮中，人不觉也。其家绝灭者，则飞游妄走，中之则毙。"）❸积谷所生的飞虫。《左传·昭公元年》："谷之飞亦为～。"《论衡·商虫》："谷虫曰～，～若蛾矣。"❹毒热恶气。《史记·秦本纪》："［德公］二年，初伏，以狗御～。"❺诱惑，迷惑。《左传·庄公二十八年》："楚令尹子元欲～文夫人。"《国语·晋语八》："是谓远男而近女，惑以生～。"❻巫术中用来害人的东西。《汉书·江充传》："遂掘～于太子宫，得桐木人。"又《艺文志》："［孔］安国献之。遭巫～事，未列于学官。"❼六十四卦之一，卦形为巽下艮上。

【蛊道】 gǔdào 用诅咒等邪术加害于人。《后汉书·清河王庆传》："因诬言欲作～～祝诅，以菟为厌胜之术。"

【蛊惑】 gǔhuò 迷惑。白居易《新乐府·古冢狐》："何况褒妲之色善～～，能丧人家覆人国。"《容斋逸史·方腊》："追徽庙继统，蔡京父子欲固其位，乃倡'丰亨豫大'之说，以恣～～。"

【蛊疾】 gǔjí 神经错乱的病。《左传·宣公八年》："晋胥克有～～。"

【蛊媚】 gǔmèi 以媚态迷惑人。张衡《思玄赋》："咸姣丽以～～兮，增嫮眼而蛾眉。"

假 gǔ 见 jiǎ。

愲 gǔ 心乱。《汉书·息夫躬传》："涕泣流兮萑兰，心结～兮伤肝。"参见"结愲"。

滑 gǔ 见 huá。

蓇 gǔ 见"蓇蓉"。

【蓇蓉】 gǔróng 草名。《山海经·西山经》："［嶓冢之山］有草焉，其叶如蕙，其本如桔梗，黑华而不实，名曰～～。食之，使人无子。"

馉(餶) gǔ 见"馉饳"。

【馉饳】 gǔduò 一种面食,似今之馄饨。《水浒传》二十六回:"他家是卖～～儿的张公。"

鹘 gǔ 见hú。

鼓(皷、皼) gǔ ❶鼓,一种打击乐器。《诗经·周南·关雎》:"窈窕淑女,钟～乐之。"《荀子·议兵》:"闻～声而进,闻金声而退。"❷击鼓。《诗经·唐风·山有枢》:"子有钟鼓,弗～弗考。"(考:敲。)㊀弹奏。《荀子·劝学》:"昔者瓠巴～瑟而沈鱼出听,伯牙～琴而六马仰秣。"❸击鼓进攻。《战国策·秦策二》:"甘茂攻宜阳,三～之而卒不上。"《孟子·梁惠王上》:"填然～之,兵刃既接,弃甲曳兵而走。"❹击鼓报时,更鼓。苏轼《书上元夜游》:"归舍已三～矣。"(三鼓:即三更。)❺敲击,振动。《楚辞·渔父》:"渔父莞尔而笑,～枻而去。"《庄子·盗跖》:"摇唇～舌,擅生是非。"❻鼓风。《三国志·魏书·王粲传》:"以此行事,无异于～洪炉以燎毛发。"❼隆起,凸出。《素问·痺论》:"心痺者脉不通,烦则心下～,暴上气而喘。"❽乐器受击之处。《周礼·考工记·凫氏》:"于上谓之～,～上谓之钲。"❾古代量器名。《荀子·富国》:"然后瓜桃枣李,一本数以盆～。"《管子·枢言》:"釜～满,则人概之。"❿春秋时国名,白狄的一支。后为晋所灭。

【鼓车】 gǔchē ❶载有鼓的车。皇帝外出时的仪仗之一。《汉书·韩延寿传》:"延寿衣黄纨方领,驾四马,傅总,建幢棨,植羽葆,～～歌车。"(按:此为韩延寿的僭越之礼。)❷比喻大材小用。语出《后汉书·循吏传序》:"异国有献名马者,日行千里……诏以马驾～～。"以名马驾鼓车,马无所用其长,后因以喻大材小用。杜牧《骕骦骏》诗:"遭遇不遭遇,盐车与～～。"

【鼓吹】 gǔchuī ❶乐名,用鼓、钲、箫、笳等乐器合奏。本用于军中,后又用于朝廷宴飨等。卢照邻《乐府杂诗序》:"其后～～乐府,新声起于邺中。"又指演奏鼓吹乐的乐队。《宋史·高琼传》:"及讨幽蓟,属车驾倍道还,留琼与军中～～殿后。"❷宣扬。《新唐书·杜甫传》:"若令执先臣故事,拔泥涂之久辱,则臣之述作,虽不是～～六经,至沈郁顿挫,随时敏给,扬雄、枚皋,可企及也。"

【鼓刀】 gǔdāo 动刀,指宰杀牲畜之事。《战国策·韩策二》:"嗟呼! 政乃市井之人,～～以屠。"《汉书·王褒传》:"是故伊尹勤于鼎俎,太公困于～～。"

【鼓腹】 gǔfù ❶鼓起肚子。《后汉书·岑彭传》:"含哺～～,焉知凶灾?"(哺:食。)陶渊明《戊申岁六月中遇火》诗:"～～无所思,朝起暮归眠。"❷击腹。《史记·范雎蔡泽列传》:"[伍子胥]膝行蒲伏,稽首肉袒,～～吹篪,乞食于吴市。"

【鼓角】 gǔjiǎo 战鼓与号角,军中用以报时、传令。《三国志·吴书·陆逊传》:"逊乃益施牙幢,分布～～。"杜甫《阁夜》诗:"五更～～声悲壮,三峡星河影动摇。"

【鼓鼙】 gǔpí 大鼓和小鼓,军中乐器。《礼记·乐记》:"君子听～～之声,则思将帅之臣。"㊁借指军事。刘长卿《送李判官之润州行营》诗:"万里辞家事～～,金陵驿路楚云西。"

【鼓舞】 gǔwǔ ❶合乐以舞。《汉书·艺文志》:"汉兴,制氏以雅乐声律,世在乐官,颇能纪其铿锵～～,而不能言其义。"《淮南子·修务训》:"今～～者,绕身若环,曾挠摩地,扶旋猗那,动容转曲。"❷激发。《法言·先知》:"～～万物者,雷风乎? ～～万民者,号令乎?"

【鼓下】 gǔxià 军中斩人之处。《左传·襄公十八年》:"皆衿甲面缚,坐于中军之～～。"《后汉书·岑彭传》:"光武知其谋,大怒,收[韩]歆置～～,将斩之。"

【鼓行】 gǔxíng 击鼓前进。《史记·项羽本纪》:"今秦攻赵,战胜则兵罢,我承其敝;不胜,则我引兵～～而西,必举秦矣。"又《淮阴侯列传》:"平旦,信建大将之旗鼓,～～出井陉口。"

【鼓翼】 gǔyì 扇动翅膀。《论衡·道虚》:"如～～邪飞,趋西北之隅,是则淮南王有羽翼也。"

【鼓噪】 gǔzào ❶击鼓呐喊。《史记·田单列传》:"五千人因衔枚击之,而城中～～从之,老弱皆击铜器为声,声动天地。"❷喧闹。《穀梁传·定公十年》:"两君就坛,两相相揖。齐人～～而起,欲以执鲁君。"

【鼓铸】 gǔzhù 熔炼金属以铸器械或钱币。《史记·货殖列传》:"即铁山～～,运筹策,倾汉蜀之民,富至僮千人。"《后汉书·百官志五》:"出铁多者置铁官,主～～。"

榾 gǔ ❶树名。《玉篇·木部》:"～,枸榾木。"❷木节。元稹《缚戎人》诗:"平明蕃骑四面走,古墓深林尽株～。"

【榾柮】 gǔduò 木块,劈柴。韦庄《宜君县北卜居不遂留题王秀才别墅》诗之一:"本期同此卧林丘,～～炉前拥布裘。"范成大

《四时田园杂兴》之五十六："～～无烟雪夜长，地炉煨酒暖如汤。"

【榾榾】 gǔgǔ 同"搰搰"。用力的样子。杜甫《盐井》诗："汲井岁～～，出车日连连。"

骰 gǔ 见 tóu。

轂（轂、輂） gǔ 车轮中心的圆木，外沿与车辐相接，中有插轴的圆孔。《老子·十一章》："三十辐共一～，当其无有车之用。"《楚辞·九歌·国殇》："操吴戈兮被犀甲，车错～兮短兵接。"㊀指车轮，车。《汉书·食货志下》："转～百数。"罗邺《帝里》诗："喧喧蹄～走红尘，南北东西暮与晨。"

【轂轂】 gǔgǔ 象声词。皮日休《吴中苦雨因书一百韵寄鲁望》："怒鲸瞪相向，吹浪山～～。"

【轂下】 gǔxià ❶车下，指身边。《汉书·司马相如传下》："是胡越起于～～，而羌夷接轸也，岂不殆哉！"❷辇毂之下，指京城。《汉书·王尊传》："贼数百人在～～，发军击之不能得，难以视四夷。"❸犹言阁下。敬称。《晋书·慕容廆载记》："遣使与太尉陶侃笺曰：明公使君～～。"

穀 gǔ 树名，即构树。树皮可以造纸。《诗经·小雅·鹤鸣》："爰有树檀，其下维～。"《墨子·节葬》："衣衾三领，～木之棺。"

【穀皮】 gǔpí 穀树的皮。古时用作束发之巾，亦可作造纸的原料。《后汉书·周党传》："乃著短布单衣，～～绡头，待见尚书。"陆玑《毛诗草木鸟兽虫鱼疏》："今江南人绩其皮以为布，又捣以为纸，谓之～～纸。"

鹘（鶻） 1. gǔ ❶见"鹘鸼"。
2. hú ❷一种鹰类的猛禽，一说即隼。杜甫《画鹘行》："高堂见生～，飒爽动秋骨。"

【鹘鸼】 gǔzhōu 鸟名。似山鹊而小，短尾，青黑色，多声。一说即斑鸠。又名鹝鸠、鹘鸠、鹘雕。《尔雅·释鸟》："鹝鸠，～～。"张衡《东京赋》："鹎鶋秋栖，～～春鸣。"

【鹘仑】 húlún 即囫囵，整个儿。杨万里《食蒸饼》诗："老夫饥来不可那，只要～～吞一个。"方岳《次韵汪宰见寄》："宠辱易生分别想，是非政可～～吞。"又作"鹘沦"。《朱子语类》卷六十五："他这物事虽大，然无间断，只是～～一个大的事物，故曰大生。"

【鹘突】 hútū ❶同"糊涂"。孟郊《边城吟》："何处～～梦，归思寄仰眠。"朱熹《答余国秀书》："此说是，但须实识得其里面义理之体用，乃为有以明之，不可只～～说过也。"❷即馄饨，一种面食。方以智《通雅·饮食》："馎饨本浑沌之转，～～亦混沌之转。"（馎：即"馄"。）

【鹘鸠氏】 gǔjiūshì 古官名。掌营造。《左传·昭公十七年》："～～～，司事也。"

瀔 gǔ 水名。在今河南省。颜延之《北使洛》诗："伊～绝津济，台馆无尺椽。"

盬 gǔ ❶古盐池名。《说文·皿部》："～，河东盐池也。"《左传·成公六年》："必居郇瑕氏之地，沃饶而近～。"❷颗盐，未经精制的盐。《周礼·天官·盐人》："凡齐事，鬻～以待戒令。"❸粗糙，不坚固。《汉书·息夫躬传》："器用～恶，孰当督之！"❹止息。《诗经·唐风·鸨羽》："王事靡～，不能蓺稷黍。"❺吸饮。《论衡·异虚》："文公梦与成王搏，成王在上，～其脑。"

瞽 gǔ ❶眼睛瞎，瞎子。《战国策·楚策四》："以～为明，以聋为聪。"《荀子·成相》："人主无贤，如～无相何伥伥。"（相：扶着瞎子走路的人。）❷乐官。古代乐官以瞽者担任。《国语·周语上》："故天子听政，使公卿至于列士献诗，～献曲，史献书。"《汉书·礼乐志》："典者自卿大夫师～以下，皆选有德之人，朝夕习业，以教国子。"

【瞽旷】 gǔkuàng 即师旷，春秋时晋平公的著名乐师。因他是瞎子，所以又称瞽旷。《庄子·胠箧》："擢乱六律，铄绝竽瑟，塞～～之耳，而天下始人含其聪矣。"

【瞽师】 gǔshī 乐师。《吕氏春秋·节丧》："譬之若～～之避柱也，避柱而疾触杙也。"《国语·周语上》："是日也，～～音官以风土。"

【瞽史】 gǔshǐ 乐官与太史。《国语·周语上》："庶人传语，～～教诲。"

【瞽说】 gǔshuō 不合事理的言论，瞎说。《汉书·谷永传》："此欲以政事过差丞相父子、中尚书宦官，槛塞大异，皆～～欺天者也。"（槛塞：蔽塞。异：灾异。）

【瞽言】 gǔyán 无见识的话。多用作谦词。《汉书·李寻传》："唯弃须臾之间，宿留～～，考之文理，稽之五经，揆之圣意，以参天心。"（宿留：保留。）《后汉书·胡广传》："敢以～～，冒干天禁。"

【瞽议】 gǔyì 妄议，无见识的意见。卢俌《论突厥疏》："臣少慕文儒，不习军旅，奇正之术，多愧前良，献替是司，轻陈～～。"

告 gù 见 gào。

固 gù ❶地势险要，牢固。《战国策·秦策一》："南有巫山黔中之限，东有肴函之

～。”《吕氏春秋·报更》：“荆甚～，而薛亦不量其力。”❷稳固，安定。《国语·鲁语上》：“晋始伯而欲～诸侯，故解有罪之地以分诸侯。”《后汉书·崔琦传》：“履道者～，杖埶者危。”㊀使之固，巩固。《孟子·公孙丑下》：“～国不以山谿之险，威天下不以兵革之利。”《史记·晋世家》：“秦使婢子侍，以～子之心。”❸坚定，坚决。《荀子·强国》：“子发之致命也恭，其辞赏也～。”《韩非子·诡使》：“守法～，听令审，则谓之愚。”❹固定，不变。《荀子·正名》：“名无～宜，约之以命。”《韩非子·五蠹》：“法莫如一而～。”❺固执。《论语·宪问》：“非敢为佞也，疾～也。”《孟子·告子下》：“～哉，高叟之为诗也！”㊀固陋，浅薄。《战国策·楚策四》：“明愿有问君而恐～。”（明：汗明自称。）❻一定。《公羊传·襄公二十七年》：“女能～纳公乎？”《史记·高祖本纪》：“十馀日，高祖欲去，沛父兄～请留高祖。”❼本来。《孟子·梁惠王上》：“百姓皆以王为爱也，臣～知王之不忍也。”《汉书·高帝纪上》：“刘季～多大言，少成事。”❽岂，难道。《战国策·燕策二》：“生之物，～有不死者乎？”《孟子·万章上》：“仁人～如是乎？”❾通“姑”。姑且。《老子·三十六章》：“将欲歙之，必～张之。”（歙：收敛。）《庄子·天下》：“请欲～置五升之饭足矣。”❿通“故”。《史记·鲁周公世家》：“赋事行刑，必问于遗训而咨于～实。”（《国语·周语上》作“故实”。韦昭注：“故事之是者。”）

【固护】 gùhù 牢固。鲍照《芜城赋》：“观基扃之～～，将万祀而一君。”

【固疾】 gùjí 顽症，经久不愈的病。《论衡·变动》：“故天且雨，蝼蚁徙，丘蚓出，琴弦缓，～～发。”《后汉书·皇甫规传》：“臣素有～～。”

【固陋】 gùlòu 固塞鄙陋，见识浅薄。司马相如《上林赋》：“鄙人～～，不知忌讳。乃今日见教，谨受命矣。”司马迁《报任少卿书》：“请略陈～～。”

【固穷】 gùqióng 安于困境，不变其节。《论语·卫灵公》：“君子～～，小人穷斯滥矣。”陶渊明《癸卯岁十二月中作》诗：“高操非所攀，谬得～～节。”

【固然】 gùrán ❶本然，固有的规律。《战国策·齐策四》：“事有必至，理有～～。”《庄子·养生主》：“依乎天理，批大郤，导大窾，因其～～。”❷本来如此 。《楚辞·离骚》：“鸷鸟之不群兮，自前世而～～。”

【固塞】 gùsài 坚固的要塞。《荀子·强国》：“其～～险，形埶便。”《史记·陈涉世家》：“夫先王以仁义为本，而以～～文法为枝叶，岂不然哉？”

【固执】 gùzhí 坚持不懈。《汉书·谷永传》：“无使素餐之吏久尸厚禄，以次贯行，～～无违。”后多指坚持己见，不肯变通。

【固植】 gùzhí 坚定的意志。《管子·法法》：“上无～～，下有疑心。”《楚辞·招魂》：“弱颜～～，謇其有意些。”

故 1. gù ❶缘故，原因。《吕氏春秋·审己》：“凡物之然也，必有～。”《楚辞·离骚》：“指九天以为正兮，夫唯灵修之～也。”❷事。《国语·晋语八》：“诸侯之～，必治之。”《汉书·礼乐志》：“而大臣特以簿书不报期会为～。”㊀变故，事故。《国语·郑语》：“王室多～，余惧及焉，其何所可以逃死？”《孟子·尽心上》：“父母俱存，兄弟无～，一乐也。”❸计谋，巧伪。《国语·晋语一》：“多为之～，以变其志。”《管子·心术上》：“恬愉无为，去智与～。”❹旧。与“新”相对。《论语·为政》：“温～而知新，可以为师矣。”《韩非子·五蠹》：“古今异俗，新～异备。”（备：指政治措施。）㊀从前，原来的。《史记·孝文本纪》：“汉大臣皆～高帝时大将。”《后汉书·西域传》：“汉本其～号，言大月氏云。”㊁故旧，老友。曹丕《与吴质书》：“昔年疾疫，亲～多离其灾。”（离：遭受。）❺死亡。《汉书·苏武传》：“前以降及物～，凡随武还者九人。”《古今小说·穷马周遭际卖䭔媪》：“前年赵三郎已～了，他老婆在家守寡。”❻故意。《史记·陈涉世家》：“将尉醉，[吴]广～数言欲亡，忿恚尉。”（忿恚：激怒。）❼固，本来。《韩非子·难一》：“微君言，臣～将谒之。”《后汉书·赵壹传》：“数极自然变化，是非～相反驳。”（反驳：违背错乱。）❽仍然，依旧。《抱朴子·对俗》：“江淮间居人为儿时，以龟枝床。至后老死，家人移床，而龟～生。”王安石《观明州图》诗：“投老心情非复旧，当时山水～依然。”❾必定。《战国策·秦策三》：“吴不亡越，越～亡吴。”❿连词。所以，因此。《吕氏春秋·求人》：“～贤主之于贤者也，物莫之妨。”《史记·周本纪》：“郑文公怨惠王之入不与厉王爵，又怨襄王之与卫滑，～囚伯服。”

2. gǔ ⓫通“诂”。对古代语言文字的解释。《汉书·艺文志》：“汉兴，鲁申公为诗训～。”又《刘歆传》：“初左氏传多古字古言，学者传训～而已。”

【故常】 gùcháng 陈旧不变，成例。《庄子·天运》：“变化齐一，不主～～。”《韩非子·亡徵》：“不以功伐课试，而好以名问举错，羁旅起贵以陵～～者，可亡也。”

【故道】 gùdào ❶旧的治国之道。《管子·

侈靡》:"能摩～～新道,定国家,然后化时乎?"❷旧路。《汉书·李陵传》:"从浞野侯赵破奴～～抵受降城休士。"

【故故】 gùgù ❶常常,频频。杜甫《月》诗之三:"万里瞿堂峡,春来六上弦。时时开暗室,～～满青天。"赵长卿《菩萨蛮·秋月船中》词:"不眠欹枕听,～～添新恨。"❷故意。薛能《春日使府寓怀》诗:"青春背我堂堂去,白发欺人～～生。"

【故国】 gùguó ❶古老的国家。《孟子·梁惠王下》:"所谓～～者,非谓有乔木之谓也,有世臣之谓也。"《战国策·魏策三》:"齐人攻燕,杀子之,破～～。"❷祖国。《史记·淮南衡山列传》:"臣闻微子过～～而悲,于是作《麦秀之歌》。"❸故乡,故地。杜甫《上白帝城》诗之一:"取醉他乡客,相逢～～人。"苏轼《念奴娇·赤壁怀古》词:"～～神游,多情应笑我,早生华发。"

【故剑】 gùjiàn 指结发之妻,旧妻。汉宣帝少时,娶许广汉女为妻。及即位,公卿议立霍光女为皇后,宣帝下诏"求微时故剑"。大臣意会,乃立许氏为皇后。见《汉书·孝宣许皇后传》。后因称结发之妻为"故剑"。谢朓《齐敬皇后哀策文》:"空悲～～,徒嗟金穴。"

【故交】 gùjiāo 旧交,旧友。《国语·晋语二》:"里克曰:'吾秉君以杀太子,吾不忍;通复～～,吾不敢。中立其免乎!'"杜荀鹤《山中喜与故交宿》诗:"山中深夜坐,海内～～稀。"

【故旧】 gùjiù 故交,老友。《国语·晋语四》:"礼宾旅,友～～。"《汉书·张汤传》:"且死,分施宗族～～,薄葬不起坟。"

【故老】 gùlǎo 年高望重的人,多指故旧老臣。《诗经·小雅·正月》:"召彼～～,讯之占梦。"《汉书·艺文志》:"古制,书必同文,不知则阙,问诸～～。"亦泛指老人。李密《陈情表》:"凡在～～,犹蒙矜育。"杜甫《秦州杂诗》之十九:"～～思飞将,何时议筑坛?"

【故里】 gùlǐ 故乡。江淹《别赋》:"视乔木兮～～,决北梁兮永辞。"白居易《小阁闲坐》诗:"二疏返～～,四老归旧山。"

【故吏】 gùlì ❶曾经为吏的人。《汉书·尹翁归传》:"会田延年为河东太守,行县至平阳,悉召～～五六十人。"❷旧时的属吏。《后汉书·袁绍传》:"门生～～,遍于天下。"

【故人】 gùrén ❶旧友。《吕氏春秋·必己》:"出于山,及邑,舍～～之家。"《汉书·高帝纪下》:"陛下与此属共取天下,今已为天子,而所封皆～～所爱,所诛皆平生仇怨。"❷指前妻或前夫。古乐府《上山采蘼芜》:"新人从门入,～～从阁去。"此指前妻。古诗《为焦仲卿妻作》:"新妇识马声,蹑履相逢迎,怅然遥相望,知是～～来。"此指前夫。❸汉代人在门生故吏前,自称故人。《后汉书·杨震传》:"～～知君,君不知～～。"❹死者。《儒林外史》八回:"昔年在南昌,蒙尊公骨肉之谊,今不想已作～～。"

【故实】 gùshí ❶旧事,史实。《国语·周语上》:"赋事行刑,必问于遗训而咨于～～。"陆机《辩亡论》上:"从政咨于～～,播宪稽乎遗风。"❷典故。李清照《词论》:"秦[少游]则专主情致,而少～～,譬如贫家美女,非不妍丽丰逸,而终乏富贵态。"

【故事】 gùshì ❶旧事,以往的事情。《史记·太史公自序》:"余所谓述～～,整齐其世传,非所谓作也。"❷旧业,原来的职业。《商君书·垦令》:"知农不离其～～,则草必垦矣。"❸先例,成法。旧日的典章制度。《汉书·魏相传》:"相明《易经》,有师法,好观汉～～及便宜奏章。"《后汉书·蔡茂传》:"建武中为尚书令,在职六年,晓习～～,多所匡益。"《三国志·魏书·武帝纪》:"天子命公赞拜不名,入朝不趋,剑履上殿,如萧何～～。"❹典故。欧阳修《六一诗话》:"自《西崑集》出,时人争效之,诗体一变,而先生老辈患其多用～～,至于语僻难晓。"❺花样。《红楼梦》六十一回:"吃腻了肠子,天天又闹起～～来了。"

【故土】 gùtǔ 故乡。柳宗元《钴鉧潭记》:"孰使予乐居夷而忘～～者,非兹潭也欤?"陈高《述怀》诗:"～～多薇蕨,春江有鲤鲂。"

【故意】 gùyì 旧情。杜甫《赠卫八处士》诗:"十觞亦不醉,感子～～长。"

【故业】 gùyè ❶同"故事"。指先例,旧典。《国语·鲁语上》:"君为是举,而往观之,非～～也。"《后汉书·马融传》:"由质要之～～,率典刑之旧章。"(质要:契约。)❷先祖的事业。贾谊《过秦论》:"孝公既没,惠文王、武王、昭王蒙～～,因遗策,南取汉中,西举巴蜀。"

【故宇】 gùyǔ 旧居。《楚辞·离骚》:"何所独无芳草兮,尔何怀乎～～?"《后汉书·冯衍传下》:"闻至言而晓领兮,还吾反乎～～。"

【故园】 gùyuán 故乡,家园。李白《春夜洛城闻笛》诗:"此夜曲中闻折柳,何人不起～～情?"杜甫《复愁》诗:"万国尚防寇,～～今若何?"

【故辙】 gùzhé 旧路,常规。陶渊明《咏贫士》之一："量力守～～，岂不寒与饥。"《元史·陈祖仁传》："不宜胶于一偏，狃于～～。"

【故纸】　gùzhǐ　指古书或文牍。《北齐书·韩轨传》："安能作刀笔吏，返披～～乎？"马令《南唐书·周彬传》："玩～～以自困，宁有益耶？"

【故纵】　gùzòng　❶故意纵容。《后汉书·马武传》："帝～～之，以为笑乐。"❷法律上指故意纵容使之脱罪。《汉书·昭帝纪》："廷尉李种，坐～～死罪弃市。"

顾(顧)　gù　❶回头，回头看。《左传·僖公三十三年》："不～而唾。"《楚辞·九章·哀郢》："过夏首而西浮兮，～龙门而不见。"㉠视，看。《孟子·梁惠王上》："王立于沼上，～鸿雁麋鹿。"孔稚珪《北山移文》："望林峦而有失，～草木而如丧。"❷顾念，考虑。《战国策·齐策四》："愿君～先王之宗庙，姑反国统万人乎！"《论衡·齐世》："语称上世之人，重义轻身，遭忠义之事……则必赴汤趋锋，死不～恨。"㉠关心，照顾。《诗经·小雅·蓼莪》："长我育我，～我复我。"(复：庇护。)《史记·越王句践世家》："伍员貌忠而实忍人，其父兄不～，安能～王？"㊀顾忌。《战国策·秦策三》："今太后擅行不～，穰侯出使不报。"❸看望，拜访。《国语·晋语八》："昔者吾有訾祏也，吾朝夕～焉。"《三国志·蜀书·诸葛亮传》："先帝不以臣卑鄙，猥自枉屈，三～臣于草庐之中。"❹副词。反而，却。《战国策·赵策一》："虽强大不能得之于小弱，而小弱～能得之于强大乎？"《汉书·贾谊传》："足反居上，首～居下，倒县如此，莫之能解。"❺副词。不过，只是。《史记·淮阴侯列传》："王必欲长王汉中，无所事信；必欲争天下，非信无所与计事者。～王策安所决耳。"《后汉书·王昌传》："光武曰：'～得全身可矣。'"❻副词。岂，难道。《汉书·季布传》："使仆游扬足下名于天下，～不美乎？"❼通"雇"。酬。《汉书·晁错传》："敛民财以～其功。"❽古部落名。为商汤所灭。春秋为齐地，在今河南范县。《诗经·商颂·长发》："韦～既伐，昆吾夏桀。"

【顾哀】　gù'āi　顾念哀怜。《汉书·平帝纪》："皇帝仁惠，无不～～。"

【顾反】　gùfǎn　❶却反而。《战国策·齐策一》："夫韩魏之兵未弊而我救之，我代韩而受魏之兵，～～听命于韩也。"《史记·萧相国世家》："今萧何未尝有汗马之劳，徒持文墨议论，不战，～～居臣等上，何也？"❷回返。《战国策·赵策三》："公子魏牟过赵，赵王迎之，～～至坐。"《史记·屈原贾生列传》："使于齐，～～，谏怀王。"

【顾复】　gùfù　指父母养育之恩。《诗经·小雅·蓼莪》："父兮生我，母兮鞠我……顾我复我，出入腹我。"《后汉书·陈忠传》："大臣既不得告宁，而群司营禄念私，鲜循三年之丧，以报～～之恩者。"李峤《为汴州司马请预斋会表》："思酬～～之恩，愿假招提之福。"

【顾藉】　gùjiè　顾惜。韩愈《柳子厚墓志铭》："子厚前时少年，勇于为人，不自贵重～～，谓功业可立就，故坐废退。"

【顾眄】　gùmiǎn　环视。形容神采奕奕。《后汉书·马援传》："援据鞍～～，以示可用。"《三国志·魏书·吕布传》："君以千里之众，当四战之地，抚剑～～，亦足以为人豪，而反制于人，不以鄙乎！"

【顾命】　gùmìng　本为《尚书》篇名，取帝王临终遗命之意。《尚书·顾命序》："成王将崩，命召公、毕公率诸侯相康王，作《顾命》。"后指天子的遗诏。《三国志·魏书·曹爽传》："今大将军背弃～～，败乱国典，内则僭拟，外专威权。"骆宾王《为徐敬业讨武曌檄》："或膺重寄于话言，或受～～于宣室。"

【顾盼】　gùpàn　❶左顾右盼，向周围看。谢翱《登西台恸哭记》："或山水池榭，云岚草木，与所别之处及时适相类，则徘徊～～，悲不敢泣。"❷指极短的时间。沈括《梦溪笔谈·杂志二》："冬月风作有渐，船行可以为备；唯盛夏风起于～～间，往往罹难。"

【顾曲】　gùqǔ　指欣赏音乐或戏曲。《三国志·吴书·周瑜传》："瑜少精于音乐，虽三爵之后，其有阙误，瑜必知之，知之必顾，故时人谣曰：'曲有误，周郎顾。'"孔尚任《桃花扇·侦戏》："一片红毹铺地，此乃～～之所。"

【顾兔】　gùtù　月中之兔，借指月亮。《楚辞·天问》："厥利维何？而顾菟(兔)在腹。"何逊《七召》："～～才满，庭英纷而就落。"李白《上云乐》诗："阳乌未出谷，～～半藏身。"(阳乌：指日。)

【顾问】　gùwèn　❶顾视问询，咨询。《汉书·百官公卿表》："给事中亦加官，所加或大夫、议郎，掌～～应对，位次中常侍。"《后汉书·章帝纪》："皆欲置于左右，～～省纳。"❷顾虑。《史记·张耳陈馀列传》："然张耳陈馀始居约时，相然信以死，岂～～哉？"

【顾遇】　gùyù　知遇，被赏识重用。《后汉书·李固传》："窃感古人一饭之报，况受～～而容不尽乎！"韩愈《与邢尚书书》："岂负明天子非常之～～哉?”

【顾指】　gùzhǐ　❶以目示意而指使之。《庄子·天地》:“手挠～～,四方之民莫不俱至,此之谓圣治。”❷比喻轻而易举。左思《吴都赋》:“麾城若振槁,搴旗若～～。”

梏　gù　❶木制手铐。古代用以拘系罪人的刑具。《庄子·德充符》:“解其桎～,其可乎?”㊀戴上手铐,拘禁。《左传·庄公三十年》:“斗射师谏,则执而～之。”《山海经·海内西经》:“帝乃～之疏属之山。”❷大,正直。《礼记·缁衣》:“《诗》云:‘有～德行,四国顺之。’”(今《诗经·大雅·抑》作“有觉德行”。)

【梏亡】　gùwáng　因受束缚而丧失。《孟子·告子上》:“则其旦昼之所为,有～～之矣。”

堌　gù　土堆,土堡。多用作地名。《新唐书·宰相世系表一上》:“曹州南华刘氏,出自汉楚元王交之后,自彭城避地徙南华,筑～以居,世号‘刘堌’。”

崮(峒)　gù　四周陡峭顶上较平的山。《宋史·李全传上》:“全得守馀众保东海,刘全分军驻～上。”㊀用作山名。如山东蒙阴县东南有孟良崮。

牿　gù　❶缚于牛角以防止触人的横木。《周易·大畜》:“童牛之～,元吉。”❷养牛马的栏圈。《尚书·费誓》:“今惟淫舍～牛马。”(舍牿牛马:把关在栏圈的牛马放出来。)《史记·鲁周公世家》:“陈尔甲胄,无敢不善,无敢伤～。”

雇(僱)　1. gù　❶雇佣。招人劳动,付给报酬。无名氏《陈州粜米》四折:“你不知道,我是～将来的顶缸外郎。”㊀租用。窦巩《自京将赴黔南》诗:“风雨荆州二月天,问人初～峡江船。”❷酬,偿还,付给。《后汉书·张让传》:“因强折贱买,十分～一。”

2. hù　❸鸟名。《说文·隹部》:“～,九雇,农桑候鸟。”

【雇借】　gùjiè　雇用。《后汉书·虞诩传》:“开漕船道,以人僦直～～佣者,于是水运通利,岁省四千馀万。”任昉《奏弹刘整》:“当伯天监二年六月从广州还至,整复夺取,云应充众,准～～上广州四年夫直。”

【雇山】　gùshān　汉代女子罪徒,可归家雇人于山伐木以自赎,谓之雇山。《后汉书·光武帝纪上》:“女徒～～归家。”又《桓谭传》:“其相伤者,加常二等,不得～～赎罪。”

【雇直】　gùzhí　酬值。《后汉书·桓帝纪》:“若王侯吏民有积谷者,一切贳十分之三,以助稟贷;其百姓吏民者,以见钱～～。”

痼　gù　❶病经久不愈。柳宗元《吊屈原文》:“匿重～以讳避兮,进俞缓之不可为。”苏洵《上欧阳内翰书》:“而饥寒衰老之病,又～而留之,使不克自至于执事之庭。”❷积习难改。见“痼癖”。

【痼疾】　gùjí　经久不愈的病。《后汉书·平原怀王胜传》:“少有～～,延平元年封。立八年薨,葬于京师。”又《周章传》:“邓太后以皇子胜有～～,不可奉承宗庙。”

【痼癖】　gùpǐ　长期养成难以改变的嗜好。潘音《反北山嘲》诗:“烟霞成～～,声价借巢由。”

锢(錮)　gù　❶用金属熔液填塞空隙。《汉书·贾山传》:“死葬乎骊山……下彻三泉,合采金石,冶铜～其内,泰涂其外。”又《刘向传》:“使其中有可欲,虽～南山犹有隙。”❷禁锢。《左传·成公二年》:“子反请以重币～之。”《后汉书·郑玄传》:“及党事起,乃与同郡孙嵩等四十馀人俱被禁～。”❸专取,包揽。《汉书·货殖传》:“上争王者之利,下～齐民之业。”曾巩《兜率院记》:“有司常～百货之利,细若蓬芒,一无所漏失。”❹通“痼”。见“锢疾”。

【锢疾】　gùjí　同“痼疾”。经久不愈的病。《汉书·贾谊传》:“失今不治,必为～～,后虽有扁鹊不能为已。”

【锢寝】　gùqǐn　犹言专房。《汉书·孝成赵皇后传》:“前皇太后与昭仪俱侍帷幄,姊弟专宠～～。”

【锢身】　gùshēn　以枷锁加于其身。高承《事物纪原·锢身》:“《春秋左传》曰:会于商任,锢栾氏也。则禁锢之事,已见于春秋之时,故汉末有党锢。今以盘枷锢其身,谓之～～,盖出于此。”

鲴(鯝)　gù　❶鱼名,即黄鲴。体长扁身,肠腹多脂。❷鱼肠。又特指鲴的肥肠。《本草纲目·鳞部三》:“鱼肠肥曰～。此鱼肠腹多脂,渔人炼取黄油然灯,甚腥也。”

gua

瓜　guā　❶瓜类植物或果实。《诗经·豳风·七月》:“七月食～,八月断壶。”(壶:瓠,葫芦。)《史记·萧相国世家》:“种～于长安城东。”❷通“蜗”。蜗牛。《三国志·魏书·管宁传》注引《魏略》:“[焦先]自作一～牛庐,净扫其中,营木为床,布草蓐其上。”

【瓜代】　guādài　任职期满,由别人接任。《左传·庄公八年》:“齐侯使连称、管至父戍葵丘,瓜时而往。曰:‘及瓜而代。’”(及瓜而代:到明年瓜熟时派人接替。)刘宰《分韵送王去非之官山阴》："坐看积薪上，笑谢及～～。"

【瓜瓞】　guādié　大瓜小瓜一代一代地生长。比喻子孙繁衍昌盛。《诗经·大雅·绵》："绵绵～～，民之初生，自土沮漆。"潘岳《为贾谧作赠陆机》诗："画野离疆，爰封众子。夏殷既袭，宗周继祀，绵绵～～，六国互峙。"

【瓜葛】　guāgé　瓜和葛。两者均蔓生植物，故用以比喻互相牵连。多指有亲戚关系。《世说新语·排调》："王长豫幼便和令，丞相爱恣甚笃。每共围棋，丞相欲举行，长豫按指不听，丞相笑曰：'讵得尔？相与似有～～。'"黄庭坚《赠张仲谋》诗："向来情义比～～，万物略不显町畦。"

【瓜祭】　guājì　以瓜祭祖，示不忘本。《论语·乡党》："虽蔬食、菜羹、～～，必齐如也。"《礼记·玉藻》："～～上环。"

【瓜李】　guālǐ　"瓜田李下"的省略。表示处于嫌疑的境地。白居易《杂感》诗："嫌疑远～～，言动慎毫芒。"参见"瓜田李下"。

【瓜庐】　guālú　即瓜牛庐，狭小简陋的房子。瓜，通"蜗"。辛弃疾《卜算子·漫兴》词："夜雨醉～～，春水行秧马。"

【瓜时】　guāshí　瓜熟之时。《史记·齐太公世家》："襄公使连称、管至父戍葵丘，～～而往，及瓜而代。"后也用以表示任职期满，等待移交。杨万里《斋房戏题》诗："醉乡无日不～～，书圃何朝无菜色。"

【瓜蔓抄】　guāwànchāo　指辗转株连地抄没家产，诛戮无辜。《明史·景清传》："成祖怒，磔死，族之。籍其乡，转相攀染，谓之～～～。"梁章钜《称谓录》卷八："永乐族景清，转相支连九族之姻亲，门生之门生，名～～～。"

【瓜田李下】　guātiánlǐxià　比喻嫌疑之地。古乐府《君子行》："君子防未然，不处嫌疑间。瓜田不纳履，李下不正冠。"（纳履：提鞋。）《北史·袁聿修传》："今日仰过，有异常行。～～～～，古人所慎。愿得此心，不贻厚责。"

刮　guā　❶削除，用刀等去掉物体表面的东西。《史记·秦始皇本纪》："尧舜采椽不～，茅茨不翦。"㊀除去。曾巩《说非异》："意者在削灭典刑，划学～语，寝礼崩乐，涂民视听。"㊁擦。《三国志·吴书·吕蒙传》注引《江表传》："蒙曰：'士别三日，即更～目相待。'"❷抉发，发掘。杜甫《画鹘行》："乃知画师妙，巧～造化窟。"❸风劲吹。杜甫《前苦寒行》："冻埋蛟龙南浦缩，寒～肌肤北风利。"在这个意义上，又写作"颳"。

【刮垢】　guāgòu　清除污垢。韩愈《进学解》："爬罗剔抉，～～磨光。"孙樵《与高锡望书》："贵文则丧质，近质则太秃，～～磨痕，卒不能到史。"

【刮摩】　guāmó　❶刮磨器物，使有光泽。《周礼·考工记序》："～～之工五。"❷清除。韩愈《曹成王碑》："丧除，痛～～豪习，委己于学。"❸切磋。《元史·吴师道传》："乃幡然有志于为己之学，～～淬励，日长月益。"

栝　1. guā（又读 kuò）　❶箭尾扣弦的地方。《国语·鲁语下》："先王欲昭其令德之致远也，以示后人，使永监焉，故铭其～曰：'肃慎氏之贡矢'。"《庄子·齐物论》："其发若机～。"❷树名。即桧树。《世说新语·言语》注引孔晔《会稽记》："松～枫柏，擢干竦条。"

2. tiǎn　❸拨火棍。尹廷高《车中作》诗："停车少憩日又出，秉～营炊道旁屋。"

騧（騧）　guā　黑嘴的黄马。《诗经·秦风·小戎》："骐骝是中，～骊是骖。"杜甫《韦讽录事宅观曹将军画马图》诗："昔日太宗拳毛～，近时郭家师子花。"

緺（緺）　1. guā（又读 guō）　❶青紫色绶带。《史记·滑稽列传》褚少孙补："及其拜为二千石，佩青～。"《西京杂记》卷下："青～紫绶，环璧珪璋。"

2. wō　❷女子的一束头发。李煜《长相思》词："云一～，玉一梭，淡淡衫儿薄薄罗。"

鸹（鴰）　guā　见"鸧鸹"。

筈　guā（又读 kuò）　箭尾扣弦的地方。陆机《为顾彦先赠妇》诗："离合非有常，譬彼弦与～。"庾信《北园射堂新成》诗："转箭初调～，横弓先望堋。"

劀　guā　刮。特指治疗恶疮刮去腐肉。《说文·刀部》："～，刮去恶创肉也。"《周礼·天官·疡医》："疡医，掌肿疡、溃疡、金疡、折疡之祝药，～杀之齐。"（杀：指用药去腐肉。）

歽　guǎ　见 xiǔ。

咼　guǎ　见 wāi。

剐（剮）　guǎ　割肉离骨，古代的一种酷刑。又称凌迟。关汉卿《窦娥冤》四折："合拟凌迟，押赴市曹中，钉上木驴，～一百二十刀处死。"

寡　guǎ　❶少。《孟子·梁惠王上》："然则小固不可以敌大，～固不可以敌众。"《论衡·命禄》："智～德薄，未可信其必贫贱。"㊁缺少，减少。《老子·六十三章》："夫轻诺必～信。"《论语·宪问》："夫子欲～其过而未能也。"❷妇人丧夫，寡妇。《战国策·齐策四》："哀鳏～，恤孤独。"《史记·司马相如列传》："是时卓王孙有女文君，新～。"㊀男子无妻或丧偶。《墨子·辞过》："内无拘女，外无～夫。"《左传·襄公二十七年》："齐崔杼生成及彊而～。"❸诸侯王的谦称。《老子·三十九章》："是以侯王自谓孤、～、不穀。"《吕氏春秋·士容》："南面称～而不以侈大。"

【寡君】 guǎjūn 臣子对别国称呼自己国君的谦词。意谓寡德之君。《左传·僖公四年》："贡之不入，～～之罪也。"《管子·小匡》："弊邑～～，愿生得之，以徇于国。"

【寡陋】 guǎlòu 见闻浅陋。陶渊明《命子》诗："嗟余～～，瞻望弗及。"

【寡妻】 guǎqī ❶嫡妻，正妻。《诗经·大雅·思齐》："刑于～～，至于兄弟。"❷寡居之妻，寡妇。杜甫《无家别》诗："四邻何所有？一二老～～。"

【寡人】 guǎrén 寡德之人。古代诸侯王的谦称。《孟子·梁惠王上》："梁惠王曰：～～之于国也，尽心焉耳矣。"《史记·吕太后本纪》："～～率兵诛不当为王者。"㊀为国君夫人的自称。《诗经·邶风·燕燕》："先君之思，以勖～～。"

【寡小君】 guǎxiǎojūn 臣子对别国称其君夫人的谦词。《论语·季氏》："邦君之妻，君称之曰夫人，夫人自称曰小童，邦人称之曰君夫人，称诸异邦曰～～～。"㊀为君夫人对诸侯自称的谦词。《礼记·曲礼下》："夫人自称于天子，曰老妇，自称于诸侯，曰～～～。"

【寡廉鲜耻】 guǎliánxiǎnchǐ 没有操守，不知羞耻。《史记·司马相如列传》："～～～～，而俗不长厚也。"

诖（詿） guà 欺，贻误。《史记·吴王濞列传》："～乱天下，欲危社稷。"《汉书·王莽传上》："即有所间非，则臣莽当被～上误朝之罪。"

【诖误】 guàwù ❶欺误，贻误。《汉书·息夫躬传》："左曹光禄大夫宜陵侯躬，虚造诈谖之策，欲以～～朝廷。"《后汉书·桓谭传》："欺惑贪邪，～～人主。"❷官吏因过失受谴责或失官。苏轼《赵清献公神道碑》："君子不幸而有～～，当保持爱惜，以成就其德。"

卦 guà ❶《周易》中象征自然现象和人事变化的一套符号，古代迷信者又用以占卜吉凶。画卦的线条叫做爻。横线"—"为阳爻，横线中断"--"为阴爻。每卦由三爻组成。单卦共八个，八卦又重叠为六十四卦。《吕氏春秋·孟冬纪》："是月也，命太卜祷祠龟策占兆，审～吉凶。"❷占卜。刘向《说苑·反质》："孔子～，得贲。"

【卦辞】 guàcí 《周易》每卦之下概括此卦要义的言辞。如《乾》："元亨。利贞。"

【卦候】 guàhòu 以六十四卦与节候相配叫卦候。《后汉书·张衡传》："且律历、～～、九宫、风角，数有征效。"

【卦兆】 guàzhào 卜卦时用以判断吉凶的征兆。《史记·孝文本纪》："卜之龟，～～得大横。"《淮南子·时则训》："是月命太祝祷祀神位，占龟策，审～～，以察吉凶。"

挂（掛） guà ❶悬挂。《世说新语·任诞》："阮宣子常步行，以百钱～杖头。"李贺《南园》诗之六："寻章摘句老雕虫，晓月当簾～玉弓。"㊀悬挂着的东西。潘岳《悼亡诗》之一："流芳未及歇，遗～犹在壁。"❷牵连，滞阻。《孙子·地形》："可以往，难以返，曰～。"《荀子·荣辱》："～于患而欲谨，则无益矣。"❸钩取。《庄子·渔父》："好经大事，变更易常，以～功名，谓之叨。"❹挂念。孟称舜《桃花人面》四出："我自去年别后，朝朝凝望，刻刻～怀。"

【挂齿】 guàchǐ 谈到，说起。陆游《送子龙赴吉州掾》诗："汝但问起居，馀事勿～～。"

【挂冠】 guàguān 辞官。《后汉书·逢萌传》："时王莽杀其子宇，萌谓友人曰：'三纲绝矣！不去，祸将及人。'即解冠挂东都城门归，将家属浮海，客于辽东。"孟浩然《题云门寺寄越府包户曹徐起居》诗："迟尔同携手，何时方～～？"

【挂阂】 guàhé 牵制，阻碍。《世说新语·排调》："法师今日如著弊絮在荆棘中，触地～～。"

【挂口】 guàkǒu 谈到，提及。苏轼《送刘攽倅海陵》诗："君不见阮嗣宗臧否不～～，休夸舌在牙齿牢，是中唯可饮醇酒。"

【挂漏】 guàlòu 挂一而漏万，举此而失彼。周伯琦《自顺宁府晚宿雷家驿》诗："纪胜犹～～，观风能宣旬。"

【挂名】 guàmíng ❶记上名字，附名。苏轼《范文正公集叙》："若获～～其文字中，以自托于门下士之末，岂非畴昔之愿也哉？"❷挂上空名，不做实事。《官场现形记》三十五回："何师爷此时虽然～～管账，其实自从东家接任到今，一个进账没有。"

【挂席】 guàxí 扬帆航行。古以席为帆。谢灵运《游赤石进帆海》诗："扬帆采石华，～～拾海月。"高適《东平路中遇大水》诗："指涂适汶阳，～～经芦洲。"

絓（絓） guà ❶受阻，绊住。《左传·成公二年》："逢丑父与公易位，将及华泉，骖～于木而止。"《韩非子·说林下》："君闻大鱼乎？网不能止，缴不能～也。"❷触犯。《论衡·辨祟》："故发病生祸，～法入罪，至于死亡，殚家灭门。"陆游《上殿劄子》："至于常调孤远，固多久～刑宪者。"❸结。《史记·律书》："结怨匈奴，～祸于越，势非寡也。"

【絓阂】 guàhé 牵制，阻碍。《晋书·挚虞传》："此三者，度量之所由生，得失之所取徵，皆～～而不得通，故宜改今而从古也。"

【絓结】 guàjié 郁结。《楚辞·九章·哀郢》："心～～而不解兮，思蹇产而不释。"

【絓丝】 guàsī 粗丝。《管子·轻重甲》："阳春，蚕桑且至，请以给其口食筥曲之强。若此，则～～之籍去分而敛矣。"

罣 guà 悬挂。《淮南子·说林训》："钓者静之，罧者扣舟，罩者抑之，～者举之，为之异，得鱼一也。"（罧：同"罧"。积柴于水中以取鱼。）

【罣碍】 guà'ài 牵挂，阻碍。《般若心经》："心无～～，无～～，故无有恐怖。"

guai

乖 guāi ❶违背，不一致。《汉书·艺文志》："昔仲尼没而微言绝，七十子丧而大义～。"《论衡·雷虚》："天人相违，赏罚～也。"㊀分离。《史记·匈奴列传》："儿单于立，汉使两使者，一吊单于，一吊右贤王，欲以～其国。"《后汉书·灵思何皇后纪》："死生路异兮从此～。"㊁不顺利。元稹《遣悲怀》诗之一："谢公最小偏怜女，自嫁黔娄百事～。"❷乖巧，机灵。邵雍《安乐窝中好打乖吟》："安乐窝中好打～，打～年纪合挨排。"《水浒传》二十一回："唐牛儿是个～的人。"

【乖错】 guāicuò 谬误，错乱。《论衡·薄葬》："术用～～，首尾相违，故以为非。"《后汉书·桓帝纪》："选举～～，害及元元。"

【乖隔】 guāigé 分离。《后汉书·董祀妻传》："存亡永～～，不忍与之辞。"韩愈《答渝州李使君书》："～～年多，不获数附书，慕仰风味，未尝敢忘。"

【乖角】 guāijué ❶违背，抵触。《魏书·李崇传》："朝廷以诸将～～，不相顺赴，乃以尚书李平兼右仆射，持节节度之。"❷分离。韩愈《食曲河驿》诗："亲戚顿～～，图史弃纵横。"❸不循理，怪僻。罗隐《焚书坑》诗："祖龙算事浑～～，将为诗书活得人。"❹同"乖觉"。机灵。褚人获《坚瓠六集》卷四："俗美聪慧小儿曰～～。"

【乖觉】 guāijué 机灵。《水浒传》四十一回："黄文炳是个～～的人，早瞧了八分，便奔船梢后走，望江里踊身便跳。"《红楼梦》五十六回："他生的也还干净，嘴儿也倒～～。"

【乖剌】 guāilà 违逆，不合。《汉书·杜周传》："臣窃观人事以考变异，则本朝大臣无不自安之人，外戚亲属无～～之心，关东诸侯无强大之国，三垂蛮夷无逆理之节。"《三国志·吴书·刘繇传》："后以袁氏之嫌，稍更～～。"

【乖离】 guāilí 背离，不一致。《荀子·天论》："上下～～，寇难并至。"《汉书·艺文志》："后世经传既已～～，博学者又不思多闻阙疑之义。"《后汉书·陈敬王羡传》："肃宗性笃爱，不忍与诸王～～。"

【乖戾】 guāilì 背离。《汉书·天文志》："三能色齐，君臣和；不齐，为～～。"柳宗元《封建论》："天下～～，无君君之心。"

【乖乱】 guāiluàn ❶背离叛乱。《左传·昭公二十三年》："诸侯～～，楚必大奔。"《汉书·常惠传》："神爵中，匈奴～～。"❷抵触不和。《史记·秦本纪》："秦以往者数易君，君臣～～，故晋复强，夺秦河西地。"

【乖谬】 guāimiù 背理。《鹖冠子·天则》："上下～～者，其道不相得也。"《宋史·周葵传》："其穿凿～～者黜之。"也作"乖缪"。《晋书·殷仲堪传》："如遂经理～～，号令不一，则剑阁非我保。"

【乖违】 guāiwéi ❶违背，背离。《论衡·寒温》："京氏占寒温以阴阳升降，变复之家以刑赏喜怒，两家～～，二疑也。"《后汉书·范式传》："巨卿信士，必不～～。"❷分离。《三国志·魏书·陈留王奂传》："国内～～，人各异心。"何逊《赠江长史别》诗："中岁多～～，由来难具叙。"

【乖忤】 guāiwǔ 违逆，抵触。《论衡·逢遇》："以贤事恶君，君不欲为治，臣以忠行佐之，操志～～，不遇固宜。"《汉书·孝成许皇后传》："盖轻细微眇之渐，必生～～之患，不可不慎。"也作"乖迕"。《汉书·食货志上》："上下相反，好恶～～，而欲国富法立，不可得也。"

【乖异】 guāiyì 不同。《汉书·郊祀志上》："始皇闻此议各～～，难施用，由此黜儒生。"《三国志·魏书·三少帝纪》："先儒所执，各有～～，臣不足以定之。"

【乖越】 guāiyuè ❶不相称，不合。《魏书·刘腾传》："吏部尝望腾意，奏其弟为郡带戍，人资～～，清河王怿抑而不与。"刘知幾《史通·言语》："故裴少期讥孙盛录曹公平素之语，而全作夫差亡灭之词，虽言似《春秋》,而事殊～～矣。"❷错过。伍缉之《劳歌》之一:"吉辰既～～,来期眇未央。"

【乖张】 guāizhāng ❶不顺。梁武帝《孝思赋》:"何在我而不尔,与二气而～～。"颜师古《汉书叙例》:"先后错杂,随手率意,遂有～～。"❷执拗,怪僻。《红楼梦》三回:"行为偏僻～～,那管世人诽谤。"

拐(柺) guǎi ❶手杖,拐杖。《新五代史·汉高祖纪》:"王遣牙将王峻奉表契丹,耶律德光呼之为儿,赐以木～。"❷跛行。《西游记》一回:"猴王纵身跳起,～呀～的走了两遍。"❸转弯。《清平山堂话本·简贴和尚》:"从里面交(教)～将过来,两个狱子押出一个罪人来。"❹诈骗人口财物。《红楼梦》六十二回:"被人～出来,偏又卖给这个霸王。"

罫 guǎi 罗网的方孔。潘岳《射雉赋》:"捧黄间以密彀,属刚～以潜拟。"[引]方格。韩愈《稻畦》诗:"～布畦堪数,枝分水莫寻。"

夬 guài ❶六十四卦之一。卦形为乾下兑上。❷决定。《周易·夬》:"～,决也;刚决柔也。"

怪(恠) guài ❶奇异,罕见之物。《国语·鲁语下》:"木石之～曰夔、蝄蜽,水之～曰龙、罔象,土之～曰羵羊。"《荀子·荣辱》:"故君子道其常,而小人道其～。"[引]怪物,妖怪。《汉书·爰盎传》:"盎心不乐,家多～,乃之棓生所问占。"❷感到奇怪。《战国策·齐策四》:"孟尝君～其疾也,衣冠而见之。"《论衡·累害》:"夫如是,市虎之讹,投杼之误,不足～。"❸责怪,埋怨。《论衡·变动》:"登树～其枝,不能动其株。"诸葛亮《弹李平表》:"群臣上下皆～臣待平之厚也。"❹挺,很。《红楼梦》七回:"可是你～闷的,坐在这里作什么?"

【怪诞】 guàidàn 离奇荒诞。柳宗元《辩晏子春秋》:"其言问枣及古治子等,尤～～。"

【怪僻】 guàipì 怪异邪僻。柳宗元《送僧浩初序》:"扬子之书,于庄墨申韩皆有取焉。浮屠者反不及庄墨申韩之～～险贼耶?"

【怪石】 guàishí ❶指仅次于玉的一种美石。《汉书·地理志上》:"岱畎丝、枲、铅、松、～～。"❷指形状奇异的石头。柳宗元《始得西山宴游记》:"幽泉～～,无远不到。"

【怪特】 guàitè 奇异特出。柳宗元《始得西山宴游记》:"以为凡是州之山水有异态者,皆我有也,而未始知西山之～～。"

【怪异】 guàiyì ❶奇特,奇异。枚乘《七发》:"此天下～～诡观也。"李肇《唐国史补》卷上:"绛州有碑篆字,与古文不同,颇为～～。"❷变异,指罕见的自然现象。《汉书·董仲舒传》:"国家将有失道之败,而天乃先出灾害以谴告之。不知自省,又出～～以警惧之。"

【怪迂】 guàiyū 怪诞迂曲。《史记·封禅书》:"然则～～阿谀苟合之徒自此兴,不可胜数也。"《汉书·艺文志》:"然而或者专以为务,则诞欺～～之文弥以益多,非圣王之所以教也。"

鮭(髗、鬠) guài 古代束发的骨器。《说文·骨部》:"～,骨擿之可会发者。……《诗》曰:'～弁如星。'"

guan

关(關、関) 1. guān ❶门闩,闩门的杠子。《吕氏春秋·慎大》:"孔子之劲,举国门之～,而不肯以力闻。"《后汉书·刘盆子传》:"而兵众遂各逾宫斩～,入掠酒肉。"❷上门闩,关闭。《淮南子·览冥训》:"城郭不～。"陶渊明《归去来兮辞》:"园日涉以成趣,门虽设而常～。"❸关闭的门。《楚辞·离骚》:"吾令帝阍开～兮,倚阊阖而望予。"《吕氏春秋·当务》:"夫妄意～内,中藏,圣也。"[引]门,城门。苏轼《书上元夜游》:"舍中掩～熟睡,已再鼾矣。"徐弘祖《徐霞客游记·粤西游日记三》:"县北～外为巩阁。"❹关卡,设于界上以稽查商旅。《国语·晋语四》:"轻～易道,通商宽农。"《孟子·尽心下》:"古之为～也,将以御暴。"[又]关口,要塞。《汉书·高帝纪上》:"所以守～者,备他盗也。"李白《蜀道难》诗:"一夫当～,万夫莫开。"❺机械的转捩处。《后汉书·张衡传》:"复造候风地动仪……施～发机。"❻人体的要害部位。《淮南子·主术训》:"夫目妄视则淫,耳妄听则惑,口妄言则乱。夫三～者,不可不慎守也。"《素问·空骨论》:"腘上为～。"[又]中医切脉部位名。《难经·十八难》:"脉有三部九候。三部者,寸、～、尺也。"❼管理。《后汉书·张步传》:"令闳～掌郡事。"《晋书·谢安传》:"诏安总～中书事。"❽关涉,涉及。《后汉书·井丹传》:"自是隐闭不～人事。"陆九渊《黄公墓志铭》:"虽绝意仕进,其于国之治忽,民之休戚,未尝不～其心。"❾求,取。《史记·封禅书》:"因巫为主人,～饮食。"李清照《金石录后序》:"如要讲读,即请钥上簿,～出卷帙。"❿贯,通。《礼记·杂记下》:"叔孙武叔朝,见轮人以其杖～毂而辊轮者。"《论衡·自纪》:"故鸿丽深懿之言,～于大而不通于小。"⓫经由,通过。《汉书·董仲舒传》:"太学者,贤士之所～也,教化之本源也。"又《咸宣传》:"其治米盐,事小大皆～其手。"⓬关白,告。《汉书·

元后传》："此小事，何须～大将军？"韩愈《曹成王碑》："命至，王出止外舍，禁无以家事～我。"⑬公文名。《文心雕龙·书记》："百官询事，则有～、刺、解、牒。"《儒林外史》十三回："为此移～烦贵县查点来文事理。"

2. wān ⑭通"弯"。拉满弓。《孟子·告子下》："越人～弓而射之。"《吕氏春秋·壅塞》："左右皆试引之，中～而止。"（中关：拉了一半弓。）

【关隘】 guān'ài 关口要地。《南齐书·萧景先传》："惠朗依山筑城，断塞～～。"《三国演义》二十七回："今黄河渡口～～，夏侯惇部将秦琪据守。"

【关碍】 guān'ài 阻碍。《新唐书·颜真卿传》："昔太宗勤劳庶政，其司门式曰：'无门籍者，有急奏，令监司与仗家引对，不得～～。'防拥蔽也。"

【关白】 guānbái 禀告，通告。《汉书·霍光传》："诸事皆先～～光，然后奏御天子。"杨万里《宿潭石步》诗："天公吓客恶作剧，不相～～出不测。"

【关穿】 guānchuān 贯穿，贯通。《论衡·程材》："《春秋》、五经，义相～～，既是《春秋》，不大五经，是不通也。"

【关防】 guānfáng ❶驻兵防守的要塞。杜甫《塞芦子》诗："延州秦北户，～～犹可倚。"❷防备。朱熹《与黄商伯书》："若事事如此索～～，则无复闲泰之时矣。"❸印信的一种。长方形，始于明。明太祖为防止臣属预印空白纸作弊，乃改用半印，以便验合。因是半印，故长方形。后验合之制废，而称临时派遣官员的印信为关防，仍用长方形，而文字完全。

【关关】 guānguān 象声词。鸟鸣声。《诗经·周南·关雎》："～～雎鸠，在河之洲。"令狐楚《赋山》诗："古岩泉滴滴，幽谷鸟～～。"

【关楗】 guānjiàn ❶门闩。《老子·二十七章》："善闭无～～而不可开。"❷比喻事物中最紧要的部分。《南齐书·崔祖思传》："令行禁止，为国之～～。"也作"关键"。《文心雕龙·神思》："神居胸臆，而志气统其～～。"

【关键】 guānjiàn 见"关楗②"。

【关节】 guānjié ❶骨与骨相连接可以活动的部分。苏轼《上皇帝书》："是以善养生者，慎起居，节饮食，道引～～，吐故纳新。"❷指行贿请托。《资治通鉴·唐穆宗长庆元年》："所取进士皆子弟无艺，以～～得之。"

【关津】 guānjīn 关卡和渡口。指水陆交通要道。《三国志·魏书·文帝纪》注引《魏书》："～～所以通商旅，池苑所以御灾荒也。"《晋书·姚兴载记》："兴以国用不足，增～～之税。"

【关览】 guānlǎn 涉览，广泛阅读。《后汉书·张升传》："升少好学，多～～，而任情不羁。"

【关梁】 guānliáng 关口和津梁。指水陆交通要道。《吕氏春秋·孟冬纪》："完要塞，谨～～，塞蹊径。"《汉书·路温舒传》："[文帝]崇仁义，省刑罚，通～～，一远近。"

【关捩】 guānliè ❶机轴，机关。《晋书·天文志上》："张衡又制浑象……因其～～，又转瑞轮蓂荚于阶下，随月虚盈，依历开落。"❷比喻要义，原则。陆游《上执政书》："夫文章，小技耳，然与至道同一～～。"

【关纳】 guānnà 献，表达。《论衡·明雩》："精诚在内，无以效外，故雩祀尽已惶惧，～～精心于雩祀之前。"

【关窍】 guānqiào ❶人体的关节孔穴。《云笈七籤·诸家气法导引论》："故荣气者，所以通津血，强筋骨，利～～也。"❷诀窍，做事的关节窍门。《聊斋志异·梦狼》："弟日居衡茅，故不知仕途之～～耳。"

【关市】 guānshì 关卡与市场。《国语·齐语》："通齐国之鱼盐于东莱，使～～几而不征，以为诸侯利。"《荀子·富国》："轻田野之税，平～～之征。"

【关说】 guānshuō 通其词说，转达意见。《史记·佞幸列传》："此两人非有材能，徒以婉佞贵幸，与上卧起，公卿皆因～～。"《汉书·梁孝王刘武传》："十一月，上废栗太子，太后心欲以梁王为嗣。大臣及爰盎等有所～～于帝。"

【关思】 guānsī 关心，留意。《论衡·实知》："事有难知易晓，贤圣所共～～也。"

【关通】 guāntōng ❶贯通。《论衡·感虚》："夫雍门子能动孟尝之心不能感孟尝衣者，衣不知恻怛，不以人心相～～也。"❷串通。《三国演义》五十三回："昨日马失，他不杀汝，必有～～。"

【关闻】 guānwén 通报、禀告。《三国志·吴书·楼玄传》："今海内未定，天下多事，事无大小，皆当～～，动经御坐，劳损圣虑。"

【关限】 guānxiàn 关塞限阻。《三国志·吴书·陆逊传》："夷陵要害，国之～～，虽为易得，亦复易失。"

【关籥】 guānyuè ❶门闩和锁钥，锁门的工具。籥，通"钥"。锁。《国语·楚语下》："为之～～蕃篱而远备闲之，犹恐其至也。"❷约束，检点。《三国志·魏书·傅嘏传》注引《傅子》："邓玄茂有为而无终，外要名利，内无～～,贵同恶异,多言而妒前。”

【关子】 guānzǐ ❶指通关节、进说词的人。《新唐书·李逢吉传》:“其党有张又新、李续……八人,而傅会者又八人,皆任要剧,故号‘八关十六子’。有所求请,先赂～～,后达于逢吉,无不得所欲。”❷犹空白执照。陆游《老学庵笔记》卷一:“宣和间,亲王公主及他近属戚里入宫,辄得金带～～,得者旋填姓名卖之,价五百千。”(金带:饰以金泥。)

观(觀) 1. guān ❶细看,观察。《论语·公冶长》:“今吾于人也,听其言而～其行。”《汉书·苏建传》:“时汉连伐胡,数通使相窥～。”㊀看,观看。《三国志·魏书·武帝纪》:“～贼众群辈相随,军无辎重,唯以钞略为资。”㊁观赏。《三国志·蜀书·诸葛亮传》:“[刘]琦乃将亮游～后园。”❷游览。《诗经·郑风·溱洧》:“且往～乎,洧之外。”《孟子·梁惠王下》:“吾欲～于转附、朝舞,遵海而南,放于琅邪。”❸外观。《荀子·富国》:“故为之雕琢刻镂、黼黻文章,使足以辨贵贱而已,不求其～。”㊁景象。范仲淹《岳阳楼记》:“此则岳阳楼之大～也。”❹显示,给人看。《荀子·非相》:“～人以言,美于黼黻文章。”《吕氏春秋·节丧》:“以此～世,则美矣侈矣。”❺六十四卦之一,卦形为坤下巽上。《左传·庄公二十二年》:“陈侯使筮之,遇～之否。”

2. guàn ❻宫庭或宗庙门前两旁的高大建筑。《礼记·礼运》:“昔者仲尼与于蜡宾,事毕,出游于～之上。”(蜡:年终举行的祭祀。宾:陪祭者。)《汉书·礼乐志》:“是时,周室大坏,诸侯恣行,设两～,乘大路。”❼台榭。《后汉书·灵帝纪》:“八月,起四百尺～于阿亭道。”又《梁冀传》:“修缮楼～,数年乃成。”❽祭神的高大建筑。曾巩《先大夫集后序》:“天子因之,遂用事泰山,祠汾阴,而道家之说亦滋甚。自京师至四方,皆大治宫～。”❾道教的庙宇。刘禹锡《游玄都观戏赠看花诸君子》诗:“玄都～里桃千树,尽是刘郎去后栽。”

3. quàn ❿通“劝”。勉励。《管子·七法》:“胜一而服百,则天下畏之矣;立少而～多,则天下怀之矣。”《论衡·薄葬》:“然而赙祭备物者,示不负死以～生也。”

【观兵】 guānbīng 显耀武力。《左传·僖公四年》:“若出于东方,～～于东夷,循海而归,其可也。”《国语·周语上》:“先王耀德不～～。”

【观察】 guānchá ❶审视,仔细察看。《后汉书·和熹邓皇后纪》:“乃亲阅宫人,～～颜色。”❷官名。清代对道员的尊称。

【观鼎】 guāndǐng 图谋君位。鼎为三代传国之宝,是君权的象征。陆机《五等论》:“故强晋收其请隧之图,暴楚顿其～～之志。”

【观风】 guānfēng ❶观察民风。颜延之《应诏观北湖田收》诗:“～～久有作,陈诗愧未妍。”❷观察动向,相机行事。《周易·观》“观我生进退”孔颖达疏:“时可则进,时不可则退,～～相机,未失其道,故曰观我生进退也。”

【观光】 guānguāng 指观察一国或一地的政教风俗等。孟浩然《送袁太祝尉豫章》诗:“何幸遇休明,～～来上京。”

【观化】 guānhuà ❶观察教化。《吕氏春秋·具备》:“巫马期短褐衣弊裘而往～～于亶父。”❷观察变化。《庄子·至乐》:“且吾与子～～而化及我,我又何恶焉!”

【观览】 guānlǎn 观察。《后汉书·谯玄传》:“分巡天下,～～风俗。”王绩《答程道士书》:“吾尝读书,～～数千年事久矣。”㊁指阅览。《论衡·四讳》:“畏避忌讳之语,四方不同,略举通语,令世～～。”

【观望】 guānwàng ❶观看。《吕氏春秋·重已》:“昔先王之为苑囿园池也,足以～～劳形而已矣。”(劳形:指游览。)韦应物《观沣水涨》诗:“云岭同昏黑,～～悸心魂。”❷外观。《管子·八观》:“乘车者饰～～,步行者杂文采。”❸观察动向,犹豫不决。《史记·魏公子列传》:“魏王恐,使人止晋鄙,留军壁邺。名为救赵,实持两端以～～。”

【观衅】 guānxìn 窥伺敌人的间隙以便行动。《左传·宣公十二年》:“会闻用师,～～而动。”(会:士会,晋臣。)

【观瞻】 guānzhān ❶瞻望,观赏。庾信《谢滕王集序启》:“南阳宝雉,幸足～～。”❷显露于外的景观。《宋史·乐志九》:“云车风马,从卫～～。”

【观止】 guānzhǐ 所闻见的事物已达到最高境界,无以复加。《左传·襄公二十九年》:“[吴公子札]见舞韶箾者,曰:‘德至矣哉,大矣!如天之无不帱也,如地之无不载也。虽甚盛德,其蔑以加于此矣,～～矣。若有他乐,吾不敢请已。’”(韶箾:即箫韶,相传为舜的乐舞。)

纶 guān 见 lún。

官 guān ❶官府,官署。《荀子·儒效》:“礼节修乎朝,法则度量正乎～。”《汉书·贡禹传》:“诸～奴婢十万馀人。”❷官员,官吏。《战国策·秦策三》:“吴起为楚悼[王]罢无能,废无用,损不急之～,塞私门之请。”《后汉书·桓谭传》：“夫张～置吏，以理万人。”（张：设。）⑤为官，任用为官。《荀子·王制》：“无德不贵，无能不～。”《论衡·祸虚》：“宁戚隐厄，逢齐桓而见～。”❸官位，官职。《孟子·万章下》：“柳下惠不羞污君，不辞小～。”《后汉书·明帝纪》：“故吏称其～，民安其业。”④官守，职责。《左传·成公十五年》：“不能治～，敢赖宠乎？”《韩非子·难一》：“耕渔与陶，非舜～也。”❹治，管理。《吕氏春秋·安死》：“惮耕稼采薪之劳，不肯～人事。”《管子·海王》：“桓公曰：‘何为～山海？’”❺属于官方的，公有。《韩非子·五蠹》：“州部之吏操～兵。”《汉书·盖宽饶传》：“五帝～天下，三王家天下。”❻感觉器官。《庄子·养生主》：“方今之时，臣以神遇而不以目视，～知止而神欲行。”《吕氏春秋·贵生》：“在四～者不欲，利于生者则弗为。”（四官：指耳目口鼻。弗：衍文。）⑦官能，功能。《孟子·告子上》：“心之～则思。”《荀子·君道》：“如耳目鼻口之不可以相借也。”

【官婢】 guānbì 没入官府作奴婢的女子。《史记·孝文本纪》：“妾愿没入为～～，赎父刑罪，使得自新。”

【官常】 guāncháng 官守，官职。《周礼·天官·大宰》：“以八法治官府……四曰～～，以听官治。”（郑玄注：“官常，谓各领其官之常职。”）崔嘏《授崔琦等给事中等制》：“无忝～～，自贻公让。”

【官场】 guānchǎng ❶政界，亦指政界中的人。《官场现形记》二十四回：“京城上下三等人都认得，外省～～也很同他拉拢。”❷官府所设的市场。《宋史·食货志上三》：“岭外唯产苎麻，许令折数，仍听织布，赴～～博市。”

【官次】 guāncì ❶官位，官职。《左传·襄公二十三年》：“敬共朝夕，恪居～～。”❷官阶。《后汉书·郎颉传》：“夫有出伦之才，不应限以～～。”

【官邸】 guāndǐ 供高级官员住宿的客馆。《后汉书·南匈奴传》：“诸王大人或前至，所在郡县设～～，赏赐待遇之。”⑦指官吏的住宅。《宋史·宋琪传》：“上言愿易～～，上览奏不悦。”

【官渡】 guāndù ❶古地名。在今河南中牟县东北。东汉末建安五年（公元200年），曹操在此破袁绍的军队。杨炯《唐上骑都尉高君神道碑》：“万辟太阿，杀颜良于～～。”❷官设的渡口。韩愈《木芙蓉》诗：“采江～～晚，搴木古祠空。”

【官阀】 guānfá 官阶门第。《后汉书·郑玄传》：“仲尼之门，考以四科，回、赐之徒，不称～～。”欧阳修《后汉太尉刘宽碑》：“《汉书》有传，其～～始卒与碑多同。”

【官方】 guānfāng 居官应守的法则。《国语·晋语四》：“举善援能，～～定物。”任昉《为范尚书让吏部封侯第一表》：“齐季陵迟，～～淆乱。”

【官府】 guānfǔ ❶官署。《左传·昭公十六年》：“非～～之守器也，寡君不知。”《荀子·强国》：“及都邑～～，其百吏肃然。”❷长官。《红楼梦》一回：“俄而大轿内，抬着一个乌帽猩袍的～～过去了。”

【官妓】 guānjì 入乐籍的供奉官府的女妓。杜牧《春末题池州弄水亭》诗：“嘉宾能啸咏，～～巧妆梳。”《宋史·太宗纪一》：“继元献～～百馀，以赐将校。”

【官家】 guānjiā ❶对皇帝的一种称呼。《梁书·建平王大球传》：“～～尚尔，儿安敢辞？”❷官方，公家。白居易《喜罢郡》诗：“自此光阴为己有，从前日月属～～。”❸对官吏的尊称。《太平御览》卷三九六引《裴氏语林》：“［桓温］于北方得一巧作老婢，乃是刘越石妓女。一见温入，潸然而泣。温问其故，答曰：‘～～甚似刘司空。’”

【官课】 guānkè 官府的税收。《宋史·食货志上一》：“江淮间沙田芦场，为人冒占，岁失～～至多。”

【官僚】 guānliáo 官吏和同僚。泛指官吏。《国语·鲁语下》：“今吾子之教～～曰‘陷而后恭’，道将何为？”亦作“官寮”。《三国志·吴书·步骘传》：“至于今日，～～多阙，虽有大臣，复不信任。”

【官柳】 guānliǔ 官府种植的柳树。《晋书·陶侃传》：“［侃］尝课诸营种柳，都尉夏施盗～～植之于已门。”后又泛指大道旁的柳树。杜甫《西郊》诗：“市桥～～细，江路野梅香。”

【官路】 guānlù ❶官修的大路。司空图《移桃栽》诗：“独临～～易伤摧，从遣春风恣意开。”❷仕途。温庭筠《为人上裴相公启》：“词林无涣水之文，～～乏甘陵之党。”

【官人】 guānrén ❶以官职授人，用人。《荀子·王霸》：“人主者，以～～为能者也。”《后汉书·杨震传》：“皋陶诫虞，在于～～。”❷做官的人，百官。《荀子·荣辱》：“是～～百吏之所以取禄秩也。”《韩非子·诡使》：“大臣～～，与下先谋比周。”❸对有一定社会地位的男子的敬称。杨万里《至后入城道中杂兴》之三：“问渠田父定无饥，却道～～那得知。”

【官舍】 guānshè ❶官府。《后汉书·王良传》:"在位恭俭,妻子不入～～,布被瓦器。"❷官吏的住宅。《晋书·陶侃传》:"侃备威仪,迎母～～,乡里荣之。"

【官师】 guānshī ❶百官。《尚书·胤征》:"～～相规。"❷官吏之长。《汉书·晁错传》:"并建豪英,以为～～。"

【官守】 guānshǒu 居官守职。《左传·昭公二十三年》:"信其邻国,慎其～～。"《孟子·公孙丑下》:"有～～者,不得其职则去。"

【官书】 guānshū ❶公文。欧阳修《泷冈阡表》:"汝父为吏,尝夜烛治～～。"❷官府刊行或收藏的图书。吕祖谦《白鹿洞书院记》:"祖宗尊右儒术,分之～～,命之禄秩,锡之扁榜。"

【官属】 guānshǔ 属官,主官的僚属。《左传·襄公十三年》:"使其什吏率其卒乘～～,以从于下军。"《后汉书·西域传》:"～～悉得突走。"

【官司】 guānsī ❶泛指官吏。《左传·隐公五年》:"皁隶之事,～～之守,非君所及也。"❷指官府。关汉卿《鲁斋郎》楔子:"那一个～～敢把勾头押,题起他名儿也怕。"❸诉讼。无名氏《鸳鸯被》一折:"我是出家人,怎么好做借银子的保人,可不连累我倒替你吃～～。"

【官寺】 guānsì ❶官署。《汉书·成帝纪》:"广汉男子郑躬等六十馀人攻～～,篡囚徒,盗库兵。"❷官方所建的寺庙。白居易《闲吟》:"～～行香少,僧房寄宿多。"

【官邪】 guānxié 官吏违法失职。《左传·桓公二年》:"国家之败,由～～也;官之失德,宠赂章也。"

【官廨】 guānxiè 官署。《南史·吕僧珍传》:"僧珍旧宅在市北,前有督邮廨。乡人咸劝徙廨以益其宅。僧珍怒曰:'岂可徙～～以益吾私宅乎?'"

【官刑】 guānxíng 惩戒官吏之刑。《史记·五帝本纪》:"鞭作～～,扑作教刑。"《周礼·天官·大宰》:"以八法治官府……七曰～～,以纠邦治。"

【官业】 guānyè 官家之事,公务。《国语·楚语上》:"其为不匮财用,其事不烦～～,其日不废时务。"王禹偁《谪居感事》诗:"宦途甘碌碌,～～亦孜孜。"

【官正】 guānzhèng 官吏之长。《国语·周语中》:"至于王吏,则皆～～莅事,上卿监之。"又《楚语上》:"天子之贵也,唯其以公侯为～～,而以伯子男为师旅。"

【官职】 guānzhí ❶官吏的职位。《孟子·万章下》:"孔子当仕有～～,而以其官召之也。"❷官吏的职责。《左传·襄公三十一年》:"臣有臣之威仪,其下畏而爱之,故能守其～～。"❸官吏。《吕氏春秋·圜道》:"令出于主口,～～受而行之,日夜不休。"

【官秩】 guānzhì 官爵和俸禄。《荀子·王霸》:"百官,则将齐其制度,重其～～。"《史记·秦本纪》:"遂复三人～～如故。"

【官族】 guānzú ❶以官职为姓的宗族。《左传·隐公八年》:"官有世功,则有～～。"❷指门阀世家。庾信《周柱国楚国公岐州刺史慕容公神道碑》:"曾祖尚书府君,因魏室之难,改姓豆卢,仍为～～。"

冠 1. guān ❶帽子,礼帽。《孟子·公孙丑上》:"立于恶人之朝,与恶人言,如以朝衣朝～坐于涂炭。"《史记·高祖本纪》:"高祖为亭长,乃以竹皮为～。"引申为类似冠的东西,如鸡冠等。韩愈等《斗鸡联句》:"既取～为胄,复以距为镦。"

2. guàn ❷戴上帽子。《国语·晋语六》:"赵文子～,见栾武子。"《汉书·高帝纪下》:"爵非公乘以上毋得～刘氏冠。"❸古代男子二十岁时行加冠礼,表示成人。《荀子·儒效》:"成王～,成人。"《汉书·贾谊传》:"及太子既～成人,免于保傅之严,则有记过之史。"㊀二十岁,成人。《汉书·贾谊传》:"数年之后,诸侯之王大抵皆～。"❹位居第一。《史记·魏其武安侯列传》:"名～三军。"《汉书·地理志下》:"后有王褒、严遵、扬雄之徒,文章～天下。"❺加上(称号)。《吕氏春秋·乐成》:"贤主忠臣,不能导愚教陋,则名不～后,实不及世矣。"《汉书·百官公卿表》:"元狩四年初置大司马,以～将军之号。"㊀覆盖。张衡《东京赋》:"结云阁,～南山。"

【冠带】 guāndài ❶帽子和衣带。《礼记·文王世子》:"文王有疾,武王不说～～而养。"(说:通"脱"。)《史记·苏秦列传》:"今乃有意西面而事秦,称东藩,筑帝宫,受～～,祠春秋,臣窃为大王耻之。"❷戴帽束带。亦借指官吏贵族。《汉书·司马相如传下》:"今封疆之内,～～之伦,咸获嘉祉,靡有阙遗矣。"《后汉书·儒林传序》:"～～缙绅之人,圜桥门而观听者,盖亿万计。"❸冠带是中原的服饰,因以借指文明。《汉书·贾捐之传》:"臣愚以为非～～之国,《禹贡》所及,《春秋》所治,皆可且无以为。"❹男子二十岁加冠束带,因以借指成年。李嘉祐《送王牧往吉州谒使君叔》诗:"年华初～～,文体旧弓裘。"

【冠盖】 guāngài ❶官吏的冠服和车盖。亦借指官吏。《汉书·张汤传》:"两宫使者～～不绝,赏赐以千万数。"《后汉书·章帝纪》:"吾诏书数下,～～接道,而吏不加理,人或失职,其咎安在?"❷超群出众。《后汉书·王允传》:"王允字子师,太原祁人也。世仕州郡为~~。"

【冠巾】 guānjīn 冠和巾。巾,头巾,平民所戴。《释名·释首饰》:"二十成人,士人冠,庶人巾。"后泛指服饰。苏轼《正月二十一日病后述古邀往城外寻春》诗:"卧听使君鸣鼓角,试呼稚子整~~。"

【冠冕】 guānmiǎn ❶比喻首位。《三国志·蜀书·庞统传》:"[司马]徽甚异之,称统当为南州士之~~。"❷借指官位。《三国志·魏书·王昶传》:"今汝先人,世有~~。"❸指外部装饰。《颜氏家训·文章》:"文章当以理致为心肾,气调为筋骨,事义为皮肤,华丽为~~。"

【冠玉】 guānyù 装饰在帽子上的美玉。《史记·陈丞相世家》:"绛侯灌婴等咸谗陈平曰:'平虽美丈夫,如~~耳。其中未必有也。'"此指徒有其表。后多用来比喻美貌男子。《聊斋志异·颜氏》:"生叔兄尚在,见两弟如~~,甚喜。"

【冠族】 guānzú 冠盖之族,即仕宦之家。《三国志·魏书·裴潜传》注引《魏略》:"冯翊东县旧无~~,故二人并单家,其器性皆重厚。"《晋书·张方传》:"参军毕垣,河间~~。"

【冠绝】 guànjué 出类拔萃,超越。《颜氏家训·文章》:"[何]思澄游庐山,每有佳篇,亦为~~。"《宋书·颜延之传》:"文章之美,~~当时。"

【冠军】 guànjūn ❶冠于诸军,列于诸军之首。《汉书·黥布传》:"[项]梁西击景驹、秦嘉等,布常~~。"❷将军名号。《汉书·霍去病传》:"以二千五百户封去病为~~侯。"魏晋至南北朝均有冠军将军,唐置冠军大将军,为武散官。清代为官名,亦有以之为名号。❸古县名。在今河南邓州市西北。汉元朔六年,封霍去病冠军侯于此,故名。

【冠礼】 guànlǐ 古代男子二十岁时行加冠之礼,表示成年。《礼记·冠义》:"古者~~筮日筮宾,所以敬冠事。"(筮日:选择吉日。筮宾:选择冠礼的大宾。)

【冠首】 guànshǒu 位居其首。《汉书·伍被传》:"是时淮南王安好术学,折节下士,招致英俊以百数,被为~~。"《三国志·吴书·薛综传》:"[薛]莹涉学既博,文章尤妙,同寮之中,莹为~~。"

【冠盖相望】 guāngàixiāngwàng 指使者或仕宦前后相连,往来不绝。《史记·孝文本纪》:"故遣使者~~~~,结轶于道,以谕朕意于单于。"《汉书·游侠传序》:"然郡国豪桀处处各有,京师亲戚~~~~,亦古今常道,莫足言者。"亦作"冠盖相属"。《史记·魏公子列传》:"平原君使者~~~~于魏。"

矜 guān 见 jīn。

莞 1. guān ❶草名,即蒲草,可用以编席。《诗经·小雅·斯干》:"下~上簟,乃安斯寝。"(此指用莞草编的席子。)《汉书·东方朔传》:"~蒲为席。"

2. wǎn ❷笑。苏轼《石塔寺》诗:"山僧异漂母,但可供一~。"

3. guǎn ❸地名。今东莞市,在广东省。

【莞尔】 wǎn'ěr 微笑的样子。《论语·阳货》:"夫子~~而笑。"《楚辞·渔父》:"渔父~~而笑。"

倌 guān ❶主管驾车的小臣。《说文·人部》:"~,小臣也。"《广韵·桓韵》:"~,主驾官也。"孙枝蔚《牛饥纪事二十二韵》:"光辉经故路,赫奕掌前~。"❷旧称茶馆酒肆等处的服务工,如堂倌等。

【倌人】 guānrén ❶主管驾车的小臣。《诗经·鄘风·定之方中》:"命彼~~,星言夙驾。"❷清末吴语地区对妓女的称呼。《二十年目睹之怪现状》二回:"还有两枝银水烟筒,一个金豆蔻盒,这是上海~~用的东西。"

棺 guān ❶棺材。《荀子·正论》:"太古薄葬,~厚三寸,衣衾三领,葬田不妨田。"《后汉书·王符传》:"桐木为~,葛采为缄。"❷(旧读 guàn)装进棺材。《左传·僖公二十八年》:"为其所得者,~而出之。"

【棺椟】 guāndú 薄板小棺材。《魏书·高祖纪上》:"自今京师及天下之囚,罪未分判,在狱致死无近亲者,公给衣衾~~葬埋之。"

【棺椁】 guānguǒ 棺材和外棺。《韩非子·内储说上》:"齐国好厚葬,布帛尽于衣衾,材木尽于~~。"《管子·立政》:"死则有~~、绞衾、圹垄之度。"(绞:捆尸体的带子。)

瘝 guān ❶病。《尚书·康诰》:"小子封,恫~乃身。"❷旷废。《尚书·冏命》:"非人其吉,惟货其吉,若时~厥官。"曾巩《辞中书舍人状》:"属之史事,已惧~官。"

鳏(鰥、鳏) guān ❶鱼名,即鲩鲲。《诗经·齐风·敝笱》:"敝笱在梁,其鱼鲂~。"陆游《晚登望云》诗之一:"衰如蠹叶秋先觉,愁似~鱼夜不眠。"❷无妻或丧偶的人。《孟子·梁惠王下》:"老而无妻曰~。"《楚辞·天问》:"舜闵在家,父何以~?"(指不为娶妻而使之鳏。)

【鳏寡】 guānguǎ 老而无偶的男女。亦泛指老弱孤苦的人。《管子·五辅》："慈幼孤，恤～～。"《汉书·河间献王刘德传》："王身端行治，温仁恭俭，笃敬爱下，明知深察，惠于～～。"

【鳏鳏】 guānguān 因忧愁而张目不眠的样子。李商隐《宿晋昌亭闻惊禽》诗："羁绪～～夜景侵，高窗不掩见惊禽。"

涫 guǎn 见 huàn。

脘 guǎn(又读 wǎn) 胃的内腔。《素问·五常政大论》："胃～痛。"王衮《博济方·香苏散》："调顺中～，平和胃气。"

馆(館、舘) guǎn ❶客馆，接待宾客的屋舍。《左传·襄公三十一年》："[晋]乃筑诸侯之～。"《国语·鲁语下》："陈惠公使人以隼如仲尼之～问之。"❷寓居，住客馆。《左传·僖公五年》："师还，～于虞。"《史记·张仪列传》："楚怀王闻张仪来，虚上舍而自～之。"ⓧ安顿。《国语·周语上》："襄王使太宰文公及内史兴赐晋文公命，上卿逆于境，晋侯郊劳，～诸宗庙。"《孟子·万章下》："帝～甥于贰室。"❸房舍建筑的通称。司马相如《上林赋》："于是乎离宫别～，弥山跨谷。"韩愈《进学解》："国子先生晨入太学，招诸子立～下。"

【馆阁】 guǎngé 宋时有昭文馆、史馆、集贤院，又有祕阁、龙图阁、天章阁，统称馆阁。明清并入翰林院，故翰林院亦称馆阁。馆阁文人写文章，力求典雅工整，自成一体，称馆阁体。

【馆谷】 guǎngǔ ❶居其馆而食其谷。《左传·僖公二十八年》："楚师败绩……晋师三日～～，及癸酉而还。"❷食宿。引申为私塾先生的收入。《宋史·张去华传》："在营、道得父同门生何氏二子，教其学问。受代携之京师，慰荐～～，并登仕籍。"祁承㸁《澹生堂藏书约》："十馀年来，～～之所得，饘粥之所馀，无不归之书者。"

【馆客】 guǎnkè 门客，食客。《魏书·崔亮传》："[李]冲甚奇之，迎为～～。"《北齐书·权会传》："仆射崔暹引为～～，甚敬重焉。"

【馆人】 guǎnrén 管理客馆、接待宾客的人。《左传·昭公元年》："敝邑，～～之属也。"《论衡·问孔》："孔子之卫，遇旧～～之丧，入而哭之。"

【馆甥】 guǎnshēng 指女婿。语出《孟子·万章下》："舜尚见帝，帝～～于贰室。"(尧安排其女婿舜住在贰室。)商濬《稗海序》："吾乡黄门钮石溪先生，锐情稽古，广构穷搜，藏书世学楼者，积至数千函百万卷，余为先生长公～～，故得纵观焉。"

【馆娃宫】 guǎnwágōng 春秋时吴国宫名。吴王夫差为西施所造。馆，居住。娃，吴人对美女的称呼。故址在今江苏苏州市西南灵岩山。李白《西施》诗："提携～～～，杳渺讵可攀！"

悹(悺) guǎn 担忧。贾谊《新书·匈奴》："天子不怵，人民～之。"

【悹悹】 guǎnguǎn 愁闷无告。梅尧臣《鸭雏》诗："泛然去中流，鸡呼心～～。"

琯 guǎn 古乐器名。即玉管。《大戴礼记·少间》："西王母来献白～。"

輨(輨) guǎn 车毂孔外用金属包裹的部分。《说文·车部》："～，毂耑沓也。"《急就篇》："辐毂～辖。"(颜师古注："輨，毂端之铁也。")

痯 guǎn 见"痯痯"。

【痯痯】 guǎnguǎn 疲劳的样子。《诗经·小雅·杕杜》："檀车幝幝，四牡～～。"

錧(錧) guǎn ❶同"輨"。车毂孔外用金属包裹的部分。《仪礼·既夕礼》："木～，约绥约辔。"(贾公彦疏："其车錧常用金，丧用木。")❷农具名，即锹。《尔雅·释乐》"大磬"邢昺疏引《字林》："～，田器也。自江而南呼犁刃为錧。"

【錧辖】 guǎnxiá 本指控制轴毂的部件，引申为关键。赵岐《孟子题辞》："《论语》者，五经之～～，六艺之喉衿也。"

管(筦) guǎn ❶乐器名。似笛，竹制。《诗经·周颂·有瞽》："既备乃奏，箫～备举。"《荀子·富国》："为之钟鼓～磬琴瑟竽笙，使足以辨吉凶、合欢定和而已。"❷竹管，管状物。《商君书·靳令》："四寸之～无当，必不可满也。"《史记·梁孝王世家》："少见之人，如从～中窥天也。"ⓧ特指笔。刘峻《答刘之遴借类苑书》："搦～联册，纂兹英奇。"❸钥匙。《左传·僖公三十二年》："郑人使我掌其北门之～，若潜师以来，国可得也。"❹枢要，关键。《荀子·儒效》："圣人也者，道之～也。"《吕氏春秋·用民》："三代之道无二，以信为～。"❺掌握，管理。《荀子·富国》："人君者，所以～分之枢要也。"(分：指等级名分。)《后汉书·仲长统传》："籍外戚之权，～国家之柄。"ⓧ顾及。辛弃疾《祝英台近·晚春》词："断肠片片飞红，都无人～，更谁劝啼莺声住。"❻准管，保证。《西游记》十一回："今日既有书来，陛下宽心，微臣～送陛下还阳，重登玉阙。"❼通"馆"。《仪礼·聘礼》："～人布幕于寝门外。"❽周代诸侯国名。周文王子叔鲜封于管。在今河南郑州市。

【管鲍】 guǎnbào 管仲和鲍叔牙。两人相知很深,交谊甚厚。旧时常用以比喻交情深厚的朋友。傅咸《感别赋》:“悦朋友之攸摄,慕～～之遐踪。”

【管待】 guǎndài 照管接待。乔吉《金钱记》二折:“早晚茶饭衣食,好生～～。”

【管勾】 guǎngōu ❶管理勾稽,办理。司马光《乞罢免役钱依旧差役劄子》:“旧日差役之时,所差皆土著良民,各有宗族田产,使之～～诸事,各自爱惜,少敢大段作过。”❷官名。始于宋代,如御史台有管勾台事之类。金元之世,各职司多置管勾。清代唯孔庙有此官。

【管管】 guǎnguǎn 随心所欲,无所依据的样子。《诗经·大雅·板》:“靡圣～～,不实于亶。”

【管见】 guǎnjiàn 管中之见。比喻见识狭小。《晋书·陆云传》:“臣备位大臣,职在献可,苟有～～,敢不尽规。”

【管键】 guǎnjiàn 钥匙。《战国策·赵策三》:“天子巡狩,诸侯辟舍,纳～～,摄衽抱几,视膳于堂下。”《管子·立政》:“审闾闬,慎～～。”

【管窥】 guǎnkuī 从管中看物,比喻所见狭小片面。《后汉书·章帝纪》:“朕在弱冠,未知稼穑之艰难,区区～～,岂能照一隅哉!”

【管榷】 guǎnquè 垄断,专卖。曾巩《议茶》:“～～之利,茶其首也。”

【管弦】 guǎnxián 管乐器与弦乐器。也泛指音乐。《淮南子·原道训》:“夫建钟鼓,列～～。”《汉书·礼乐志》:“和亲之说难形,则发之于诗歌咏言,钟石～～。”

【管穴】 guǎnxué 比喻见识狭小。《晋书·孙惠传》:“思以～～,毗佐大猷。”《抱朴子·均世》:“夫论～～者,不可问以九陔之无外。”(九陔:九天之上。)

【管晏】 guǎnyàn 管仲和晏婴,均春秋时齐国的名相。《史记》将两人合在一起成《管晏列传》。常用以代表多谋善治的政治家。《史记·刺客列传》:“虽有～～,不能为之谋也。”

【管籥】 guǎnyuè ❶两种管乐器名。《孟子·梁惠王下》:“今王鼓乐于此,百姓闻王钟鼓之声,～～之音,举疾首蹙頞而相告曰:‘吾王之好鼓乐,夫何使我至于此极也?’”❷钥匙。籥,通“钥”。《国语·越语下》:“请委～～,属国家。”《史记·鲁仲连邹阳列传》:“天子巡狩,诸侯辟舍,纳～～,摄衽抱几,视膳于堂下。”

【管准】 guǎnzhǔn 测定水平的器具。《淮南子·泰族训》:“人欲知高下而不能,教之用～～则说。”

【管子】 guǎnzǐ 书名。古代经济学的一部重要著作。旧题春秋管仲撰,据近代学者研究,当为战国秦汉时人假托之作。全书二十四卷,原本八十六篇,今佚十篇。

【管窥蠡测】 guǎnkuīlícè 比喻见识狭小浅薄。语出《汉书·东方朔传》:“以管窥天,以蠡测海。”(蠡:瓢。)《红楼梦》三十六回:“我昨儿晚上的话竟说错了,怪不得老爷说我是～～～～!”

【管中窥豹】 guǎnzhōngkuībào 比喻只见局部而不见全体。《晋书·王献之传》:“此郎亦～～～～,时见一斑。”韦庄《又玄集序》:“故知颔下采珠,难求十斛;～～～～,但取一斑。”

丱 guàn 儿童束发为两角。《诗经·齐风·甫田》:“婉兮娈兮,总角～兮。”曾巩《张文叔文集序》:“仲伟居抚时,八九岁,未～,始读书就笔砚。”

权 guàn 见 quán。

串 guàn 见 chuàn。

果 guàn 见 guǒ。

贯(貫、毌) 1. guàn ❶穿钱的绳子。《史记·平准书》:“京师之钱累巨万,～朽而不可校。”《后汉书·翟酺传》:“至仓谷腐而不可食,钱～朽而不可校。”㉿穿成串的钱,一千钱为一贯。《魏书·徐謇传》:“食邑五百户,赐钱一万～。”㊇指穿成串的东西。《北史·赵柔传》:“尝在路得人所遗金珠一～。”❷穿连。《楚辞·离骚》:“擥木根以结茝兮,～薜荔之落蕊。”《史记·乐书》:“累累乎殷如～珠。”㊇穿通。《诗经·齐风·猗嗟》:“舞则选兮,射则～兮。”《左传·成公二年》:“自始合,而矢～余手及肘。”❸贯通,通晓。《战国策·楚策四》:“祸与福相～,生与亡为邻。”《后汉书·张衡传》:“遂通五经,～六艺。”❹条理。《荀子·天论》:“百王之无变,足以为道～。”《汉书·董仲舒传》:“夫帝王之道,岂不同条共～与?”❺事,例。《论语·先进》:“仍旧～,如之何?”(仍:沿袭。)《吕氏春秋·过理》:“亡国之主一～,天时虽异,其事虽殊,所以亡同者,乐不适也。”❻服事,事奉。《诗经·魏风·硕鼠》:“三岁～女,莫我肯顾。”❼惯,习惯。《论衡·定贤》:“～于俗者,则谓礼为非。”❽籍贯,出生地或世代居住之地。李隆基《放还老病军士诏》:“诸军行人皆远离乡～，扞彼疆埸。”白居易《新丰折臂翁》诗：“翁云～属新丰县，生逢圣代无征战。”❾古地名。在今山东曹县南。

2. wān ❿通“弯”。见“贯弓”。

【贯穿】 guànchuān 贯通。《汉书·司马迁传赞》：“亦其涉猎者广博，～～经传，驰骋古今，上下数千载间，斯以勤矣。”《三国志·吴书·胡综传》：“臣私度陛下未垂明慰者，必以臣质～～仁义之道，不行若此之事。”

【贯日】 guànrì ❶累日。《荀子·王霸》：“若夫～～而治详，一日而曲列之，是所使夫百吏官人为也，不足以是伤游玩安燕之乐。”❷遮避日光。《论衡·感虚》：“荆轲为燕太子谋刺秦王，白虹～日。”

【贯俗】 guànsú 习惯于常俗。《论衡·自纪》：“然左右皆掩口而笑，～～之日久也。”

【贯习】 guànxí 贯通熟习。《吕氏春秋·不二》：“无术之智，不教之能，而恃强速～～，不足以成也。”《梁书·庾诜传》：“经史文艺，多所～～。”

【贯行】 guànxíng 连续做下去。《汉书·谷永传》：“以次～～，固执无违。”《后汉书·东平宪王苍传》：“孝明皇帝大孝无违，奉承～～。”

【贯颐】 guànyí ❶两手捧颐向前冲去，是勇敢的表示。《史记·张仪列传》：“虎贲之士跿跔科头～～奋戟者，至不可胜计。”❷穿透下巴。《韩非子·喻老》：“[白公胜]倒杖而策锐～～，血流至于地。”

【贯盈】 guànyíng 以绳穿钱，穿满了一贯。盈，满。多指罪恶极大。《尚书·泰誓上》：“商罪～～，天命诛之。”

【贯鱼】 guànyú 穿成串的鱼。比喻前后有秩序。《晋书·蔡谟传》：“今猥以轻鄙，超伦逾等，上乱圣朝～～之序，下违群士准平之论。”元稹《遣行》诗：“每逢危栈处，须作～～行。”

【贯综】 guànzōng 贯通。《三国志·魏书·陈登传》注引《先贤行状》：“博览载籍，雅有文艺，旧典文章，莫不～～。”

【贯弓】 wāngōng 拉满弓。贯，通“弯”。《史记·伍子胥列传》：“伍胥～～执矢向使者，使者不敢进，伍胥遂亡。”又《陈涉世家》：“士不敢～～而报怨。”

惯(慣) guàn ❶习惯，惯常。《宋书·宗悫传》：“宗军人，～啖粗食。”❷纵容，放任。晏几道《鹧鸪天》词：“梦魂～得无拘检，又踏杨花过谢桥。”

【惯习】 guànxí 同“贯习”。贯通熟习。《抱朴子·勖学》：“夫斲削刻画之薄伎，射御骑乘之易事，犹须～～，然后能善。”

涫 guàn ❶沸，沸腾。《史记·龟策列传》褚少孙补：“寡人念其如此，肠如～汤。”（汤：开水。）❷通“盥”。洗手。《列子·黄帝》：“进～漱巾栉。”（此指洗手的水。）

【涫沸】 guànfèi 沸腾。《楚辞·哀时命》：“愁修夜而宛转兮，气～～其若波。”刘劭《赵都赋》：“汤泉～～，洪波漂厉。”

【涫涫】 guànguàn 沸腾的样子。《荀子·解蔽》：“～～纷纷，孰知其形。”

掼(摜) guàn ❶“惯”的本字。《说文·手部》：“～，习也。”❷披戴。《抱朴子·博喻》：“～甲缨胄，非庙堂之饰。”❸掷，扔。《水浒传》二十六回：“把那妇人头望西门庆脸上～将来。”

祼 guàn ❶祭礼，把酒洒在地上以祭神。《左传·襄公九年》：“君冠，必以～享之礼行之。”《国语·周语上》：“王～鬯，飨礼乃行，百吏、庶民毕从。”❷以美酒接待宾客。《周礼·春官·典瑞》：“以肆先王，以～宾客。”

【祼圭】 guànguī 用以祭祀或接待宾客的酒器。《周礼·春官·典瑞》：“～～有瓒，以肆先王，以祼宾客。”

盥 guàn ❶洗手。《国语·晋语四》：“公子使奉匜沃～，既而挥之。”《论衡·讥日》：“且沐者，去首垢也，洗去足垢，～去手垢，浴去身垢。”㊀泛指洗涤。马融《长笛赋》：“溉～污秽。”❷洗手之器。庾信《周安昌公夫人郑氏墓志铭》：“承姑奉～，训子停机。”（奉：捧。）❸通“灌”。祭礼。祭祀时以酒灌地以迎神。《周易·观》：“～而不荐，有孚颙若。”

【盥靧】 guànhuì 洗手洗脸，漱洗。陆游《严州钓台买田记》：“治事少休，则宴坐别室，自夜至旦，～～而去，终岁如一日。”

【盥栉】 guànzhì 梳洗。《南史·谢裕传》：“衣不解带不～～者累旬。”宗臣《报刘一丈书》：“闻鸡鸣即起～～。”

雚 guàn ❶草名，即芄兰。蔓生，断后有白色汁液，花白。《尔雅·释草》：“～，芄兰。”左思《魏都赋》：“蒹葭蘾，～蒻森。”❷通“鹳”。鸟名。《说文·隹部》“雚”引《诗经》：“～鸣于垤。”（今本《诗经·豳风·东山》作“鹳”。）

灌 guàn ❶注，流入。《庄子·秋水》：“秋水时至，百川～河。”㊀淹没。《国语·晋语九》：“乃走晋阳，晋师围而～之。”❷灌溉。《后汉书·冯衍传》：“於陵子之～园兮，似至人之髣髴。”❸饮，饮酒。《礼记·投壶》：“当饮者皆跪奉觞，曰：‘赐～。’”❹祭礼，祭祀时以酒浇地以迎神。《论语·八佾》："禘自既～而往者，吾不欲观之矣。"❺铸造。张协《七命》："乃炼乃铄，万辟千～。"❻丛生的矮小树木。成公绥《乌赋》："起彼高林，集此丛～。"

【灌灌】 guànguàn ❶犹"款款"。情意恳切的样子。《诗经·大雅·板》："老夫～～，小子蹻蹻。"❷犹"涣涣"。水流盛大的样子。《汉书·地理志下》："溱与洧方～～兮，士与女方秉菅兮。"❸传说中的鸟名。《山海经·南山经》："[青丘之山]有鸟焉，其状如鸠，其音若呵，名曰～～。"

【灌莽】 guànmǎng 草木丛生之地。鲍照《芜城赋》："～～杳而无际，丛薄纷其相依。"《资治通鉴·唐太宗贞观六年》："烟火尚希，～～极目。"

【灌木】 guànmù 丛生的矮小树木。《诗经·周南·葛覃》："黄鸟于飞，集于～～。"

【灌燧】 guànsuì 熄灭烽火，指停战。曾巩《移沧州过阙上殿劄子》："而天下销锋～～，无鸡鸣犬吠之惊，以迄于今。"

爟 guàn ❶举火。《周礼·夏官·司爟》："司～掌行火之政令。"❷火炬。《广雅·释器》："～，炬也。"

【爟火】 guànhuǒ ❶祭祀时点燃的火。《吕氏春秋·本味》："汤得伊尹，祓之于庙，爝以～～，衅以牺猳。"《史记·封禅书》："通～～，拜于咸阳之旁。"❷烽火。庾信《齐王宪神道碑》："匈奴突于武川，～～通于灞上。"

瓘 guàn 即祼圭，祭祀或接待宾客时用的酒器。《左传·昭公十七年》："若我用～，斝、玉瓒，郑必不火。"

鹳 guàn 见 huān。

矔 guàn 张目而视，环顾。《说文·目部》："益州谓瞋曰～。"《方言》卷六："梁益之间，瞋目曰～，转目顾视亦曰～。"刘歆《遂初赋》："空下时而～世兮，自命己之取患。"

罐(鑵) guàn 汲水器。《世说新语·尤悔》："帝预敕左右毁瓶～。"贾思勰《齐民要术·种葵》："井别作桔槔、辘轳、柳～，令受一石。"

鑵(鑵) guàn 人名用字。《左传·文公十六年》："鳞～为司徒。"(又作"鳞矔"。)

guang

光 guāng ❶明亮，光辉。《战国策·齐策六》："名高天下，～照邻国。"《后汉书·冯衍传》："功与日月齐～兮，名与三王争流。"㊂辉耀。《汉书·高惠高后文功臣表序》："知其恩结于民心，功～于王府也。"❷光荣。《诗经·小雅·蓼萧》："既见君子，为龙为～。"(龙：通"宠"。)《韩非子·解老》："所谓～者，官爵尊贵，衣裘壮丽也。"❸广大。《国语·郑语》："夫其子孙必～启土，不可偪也。"(启：开辟。)《后汉书·光武帝纪下》："高祖圣德，～有天下。"❹发扬光大。《诗经·大雅·公刘》："思辑用～。"诸葛亮《出师表》："诚宜开张圣听，以～先帝遗德。"❺指礼乐文物、政教风俗之美。《周易·观》："观国之～。"❻光阴，时光。鲍照《观漏赋》："姑屏忧以愉思，乐兹情于寸～。"❼光滑。韩愈《进学解》："刮垢磨～。"❽副词。只。孙光宪《北梦琐言》："张建章为幽州行军司马，～好经史。"❾通"胱"。《淮南子·说林训》："旁～不升俎。"(旁光：即膀胱。)

【光尘】 guāngchén ❶对尊贵者的美称。敬词。《三国志·吴书·陆逊传》："近以不敏，受任来西，延慕～～，思禀良规。"繁钦《与魏文帝笺》："冀事速讫，旋侍～～，寓目阶庭，与听斯调。"❷比喻世俗。《晋书·文苑传论》："彦伯未能混迹～～，而屈乎卑位。"

【光宠】 guāngchǒng ❶光荣。《汉书·司马迁传》："下之不能累日积劳，取尊官厚禄，以为宗族交游～～。"《三国志·魏书·三少帝纪》："以～～存亡，永垂来世焉。"❷恩宠。《后汉书·贾复传》："时邓太后临朝，～～最盛。"

【光大】 guāngdà ❶广大。《周易·坤》："含弘～～，品物咸亨。"《汉书·董仲舒传》："尊其所闻，则高明矣；行其所知，则～～矣。"❷发扬光大，发展。苏轼《赠韩维三代·祖保枢鲁国公》："朕方图任股肱之臣，以～～祖宗之业。"

【光风】 guāngfēng ❶雨停日出时的和风。《楚辞·招魂》："～～转蕙，氾崇兰些。"权德舆《古乐府》："～～澹荡百花吐，楼上朝朝学歌舞。"❷苜蓿的别名。《西京杂记》卷一："苜蓿一名怀风，时人或谓之～～。"

【光顾】 guānggù ❶光临。薛能《郊居答客》诗："远劳才子骑，～～野人门。"❷光照。《云笈七籤》卷七十三："赫然还丹，日月～～。"

【光光】 guāngguāng ❶光耀显赫的样子。《汉书·叙传下》："子明～～，发迹西疆。"(子明：冯奉世字。)阮籍《为郑冲劝晋王笺》："元功盛勋，～～如彼；国土嘉祚，巍巍如此。"❷明亮的样子。姚崇《秋夜望月》

诗:"灼灼云枝净,～～草露团。"

【光华】 guānghuá ❶光辉,光彩。《尚书大传》卷一下:"日月～～,旦复旦兮。"阮籍《咏怀》之七十四:"色容艳姿美,～～耀倾城。"❷荣耀。《周书·李贤传》:"非直荣宠一时,亦足～～身世。"白居易《同梦得暮春寄贺东西川二杨尚书》诗:"鲁卫定知联气色,潘杨亦觉有～～。"

【光霁】 guāngjì ❶"光风霁月"的省称。范梈《贵州》诗:"若无～～在,何以破朱炎?"参见"光风霁月"。❷犹风采。敬词。章懋《与陈提学书》:"每欲致书以道向往之怀,而以未获一瞻～～……以故弗果。"

【光景】 guāngjǐng ❶日光。《楚辞·九章·惜往日》:"惭～～之诚信兮,身幽隐而备之。"王安石《白云》诗:"愿回羲和借～～,常使秀色留檐边。"❷光辉,光亮。王安石《四皓》诗:"灵珠在泥沙,～～不可昏。"❸时光。李白《相逢行》:"～～不待人,须臾成发丝。"❹风光景象。萧纲《艳歌十八韵》:"凌晨～～丽,倡女凤楼中。"❺左右。表示约计。无名氏《鸳鸯被》一折:"今经一年～～,不见回来。"

【光美】 guāngměi 盛大美好。《荀子·不苟》:"[君子]言己之～～,拟于舜禹,参于天地,非夸诞也。"司马光《上宋侍读书》:"终无一人可收采者,又安有晔晔～～施于千载邪?"

【光名】 guāngmíng 美名。《管子·中匡》:"四邻宾客,入者说,出者誉,～～满天下。"《汉书·礼乐志》:"是以～～著于当世,遗誉垂于无穷也。"

【光气】 guāngqì 光辉。《论衡·累害》:"动身章智,显～～于世。"又《遭虎》:"长吏～～已消,都邑之地与野均也。"

【光前】 guāngqián 光大或胜过前人的功业。刘孝绰《奉和昭明太子钟山解讲》:"我后游祇鹫,比事实～～。"徐陵《广州刺史欧阳頠德政碑》:"方其盛业,绰有～～。"

【光荣】 guāngróng ❶荣耀。《盐铁论·散不足》:"显名立于世,～～著于俗。"《隋书·李密传》:"～～隆显,举朝莫二。"❷光彩。嵇康《阮德如答》诗:"隋珠岂不曜,雕莹启～～。"

【光熙】 guāngxī ❶光明。《三国志·魏书·高堂隆传》:"德教～～,九服慕义。"❷显扬。《南齐书·皇后传赞》:"可以～～阃业,作俪公侯。"(阃业:妇女之德业。)

【光曜】 guāngyào 光明,光辉。《论衡·偶会》:"君明臣贤,～～相察;上修下治,度数相得。"《汉书·韦贤传》:"今子独坏容貌,蒙耻辱,为狂痴,～～晻而不宣。"(晻:同"暗"。)也作"光耀"。《汉书·司马迁传》:"～～天下,复反无名。"

【光裕】 guāngyù 推广扩大。《国语·周语中》:"叔父若能～～大德,更姓改物,以创制天下,自显庸也。"陆云《吊陈伯华书》之一:"当～～大业,茂垂勋名。"

【光岳】 guāngyuè 三光五岳。指天地。马端临《文献通考·自序》:"～～既兮,风气日漓。"

【光宅】 guāngzhái ❶广居,广有。《尚书·尧典序》:"昔在帝尧,聪明文思,～～天下。"阮籍《为郑冲劝晋王笺》:"～～曲阜,奄有龟蒙。"陈子昂《谏用刑书》:"况欲～～天下,追功上皇,专任刑杀以为威断,可谓策之失者也。"❷广宅,大宅。慧皎《高僧传·兴福论》:"近有～～丈九,显曜京畿。"

【光昭】 guāngzhāo ❶显扬,发扬光大。《左传·隐公三年》:"～～先君之令德,可不务乎?"❷照耀。曹操《秋胡行》之二:"明明日月光,何所不～～。"

【光风霁月】 guāngfēngjìyuè ❶雨过天晴时的明净景象。用以比喻政治清明的时世。《宣和遗事》楔子:"上下三千馀年,兴废百千万事,大概～～～～时少,阴雨晦冥时多。"❷比喻人品高洁,胸襟开阔。黄庭坚《濂溪诗序》:"春陵周茂叔,人品甚高,胸中洒落如～～～～。"

侊 guāng 大,丰盛。见"侊饭"。

【侊饭】 guāngfàn 盛馔。《说文·人部》"侊"字引《国语》:"～～不及壶飧。"(今本《国语·越语下》作"觥饭"。)章炳麟《检论·商鞅》:"是则救之必待于～～,而诫食壶飧者以宁为道殣也。"

洸 1. guāng ❶水波动荡闪光的样子。郭璞《江赋》:"澄澹汪～。"❷粗暴的样子。《诗经·邶风·谷风》:"有～有溃,既诒我肄。"(溃:盛怒的样子。诒:通"贻"。给予。肄:劳苦。)❸河名。在今山东省。《水经注·泗水》:"[泗水]又南过高平县西,～水从西北来,流注之。"

2. huǎng ❹见"洸忽"。

3. wāng ❺见"洸洋"。

【洸洸】 guāngguāng ❶威武的样子。《诗经·大雅·江汉》:"江汉汤汤,武夫～～。"刘基《卖柑者言》:"今夫佩虎符,坐皋比者,～～乎干城之具也。"❷汹涌的样子。《荀子·宥坐》:"夫水……其～～乎不淈尽,似道。"(淈:干枯。)

【洸忽】 huǎnghū 同"恍忽"。模糊不明的样子。《史记·司马相如列传》："西望昆仑之轧沕～～兮，直径驰乎三危。"

【洸洋】 wāngyáng 同"汪洋"。水势浩大的样子。用以比喻言论恣肆。《史记·老子韩非列传》："其言～～自恣以适己，故自王公大人不能器之。"

桄 guāng 见"桄榔"。

【桄榔】 guāngláng 树名。茎髓可制淀粉。左思《蜀都赋》："布有橦华，面有～～。"

胱 guāng 见"膀胱"。

潢 guāng 见 huáng。

戡 guāng 见"戡戡"。

【戡戡】 guāngguāng 勇武的样子。班固《舞阳侯樊哙铭》："～～将军，威盖不当，操盾千钧，拔主项堂。"

广(廣) 1. guǎng ❶宽阔，广大。《诗经·卫风·河广》："谁谓河～，一苇杭之。"（苇：苇叶，比喻小船。杭：通"航"。渡。）《荀子·修身》："君子贫穷而志～，富贵而体恭。"㉑多。晁错《论贵粟疏》："～畜积，以实仓廪，备水旱。"❷扩大。《汉书·梁孝王刘武传》："于是孝王筑东苑，方三百馀里，～睢阳城七十里。"《后汉书·西羌传》："武帝征伐四夷，开地～境，北却匈奴，西逐诸羌。"❸宽解，宽慰。司马迁《报任少卿书》："欲以～主上之意，塞睚眦之辞。"柳开《应责》："故吾著书自～，亦将以传授于人也。"

2. guàng ❹春秋时楚国战车建制名，兵车十五辆为一广。《左传·宣公十二年》："其君之戎分为二～。"❺横。见"广袤"等。

3. kuàng ❻通"旷"。空缺，荒废。《管子·大匡》："持社稷者，不让事，不～闲。"《吕氏春秋·不广》："时不可必成，其人事则不～。"❼通"圹"。坟墓。《孔子家语·困誓》："自望其～，则睪如也。"

【广车】 guǎngchē 大车。《史记·樗里子甘茂列传》："游腾为周说楚王曰：'知伯之伐仇犹，遗之～～，因随之以兵，仇犹遂亡。'"

【广斥】 guǎngchì 广阔的盐碱地。《尚书·禹贡》："海滨～～。"又作"广潟"、"广舄"。《史记·夏本纪》："其土白坟，海滨～～。"木华《海赋》："襄陵～～。"

【广漾】 guǎngdàng 宽阔荡漾。张衡《西京赋》："前开唐中，弥望～～。"（唐中：汉建章宫内池名。）

【广举】 guǎngjǔ 广包，包举一切。《管子·宙合》："是故辩于一言，察于一治，攻于一事者，可以曲说，而不可以～～。"

【广莫】 guǎngmò 广阔空旷。《国语·晋语一》："狄之～～，于晋为都。"《庄子·逍遥游》："今子有大树，患其无用，何不树之于无何有之乡，～～之野。"亦作"广漠"。《楚辞·九怀·思忠》："历～～兮驰骛，览中国兮冥冥。"

【广厦】 guǎngshà 大房子。《韩诗外传》卷五："天子居～～之下，帷帐之内，旃茵之上。"《后汉书·崔骃传》："夫～～成而茂木畅，远求存而良马絷。"亦作"广夏"。《汉书·王吉传》："夫～～之下，细旃之上。"

【广嗣】 guǎngsì 繁育子孙。《汉书·杜周传》："礼壹娶九女，所以极阳数，～～重祖也。"《后汉书·郎顗传》："方今之福，莫若～～。"

【广雅】 guǎngyǎ 训诂学著作。三国魏张揖撰。原书三卷，共一万八千一百五十字。篇目次序依据《尔雅》，按字义分别部居，同义相释。其书博采汉人传注、《三苍》、《说文》、《方言》诸书，增广《尔雅》，故名《广雅》。隋曹宪作音释，分为十卷。因避隋炀帝杨广讳，更名《博雅》。后又复用原名。清王念孙有《广雅疏证》，订讹补缺，广征博引，因声求义，颇为精审。

【广衍】 guǎngyǎn ❶广阔的平地。衍，低而平坦。张衡《西京赋》："尔乃～～沃野，厥田上上。"❷扩大，散布。《晋书·裴秀传》："而虚无之言，日以～～，众家扇起，各列其说。"

【广韵】 guǎngyùn 音韵学著作。全名为《大宋重修广韵》。宋陈彭年等人奉诏根据《切韵》系统的韵书增订而成，成书于大中祥符四年(公元 1011 年)。全书分为五卷，平声两卷，上、去、入各一卷。收字二万六千一百九十四个，分二百零六韵。字下有反切、释义。本书是研究中古音的重要依据，亦可据此上推古音，下证今音。

【广车】 guàngchē 战车的一种。《左传·襄公十一年》："郑人赂晋侯以……～～、軘车淳十五乘。"（淳：相配，各。）

【广轮】 guànglún 犹广袤。指土地面积。《周礼·地官·大司徒》："以天下土地之图，周知九州地域～～之数。"

【广袤】 guàngmào 指土地面积的宽和长。东西为广，南北为袤。亦泛指宽广。《史记·楚世家》："秦齐交合，张仪乃起朝，谓楚将军曰：'子何不受地？从某至某，～～六里。'"陆游《泰州报恩光孝禅寺最吉祥殿碑》："阁之～～雄丽，亦略与殿称。"

【广运】 guǎngyùn 东西为广，南北为运。指土地的面积。《国语·越语上》："句践之地，南至于句无，北至于御儿，东至于鄞，西至于姑蔑，～～百里。"

【广从】 guǎngzòng 犹言纵横，指土地的面积。从，同"纵"。《战国策·秦策三》："张仪和楚绝齐也，乃出见使者曰：'从某至某，～～六里。'"

【广广】 kuàngkuàng 空旷开阔的样子。《荀子·解蔽》："睪睪～～，孰知其德？"《汉书·燕刺王刘旦传》："横术何～～兮，固知国中之无人！"

犷（獷） guǎng ❶猛，凶悍。《后汉书·皇甫嵩朱儁传论》："值弱主蒙尘，～贼放命。"又《段颎传》："欲修文戢戈，招降～敌。"❷粗野。《后汉书·祭肜传》："且临守偏海，政移～俗。"玄奘《大唐西域记》卷十二："人性～暴，俗无纲纪。"

【犷犷】 guǎngguǎng 粗恶的样子。《汉书·叙传下》："～～亡秦，灭我圣文，汉存其业，六学析分。"

【犷悍】 guǎnghàn 粗犷凶悍。柳宗元《贵州刺史邓君墓志铭》："～～之内，义威必行。"

迋 guàng 见 wàng。

俇 guàng 见"俇俇"、"俇攘"。

【俇俇】 guàngguàng 惶恐，心神不定。《楚辞·九叹·思古》："魂～～而南行兮，泣沾襟而濡袂。"

【俇攘】 guàngrǎng 纷扰不安。《楚辞·九辩》："悼余生之不时兮，逢此世之～～。"

逛 guàng ❶行走的样子。《玉篇·辵部》："～，走皃。"❷闲游。《红楼梦》六回："五六岁的孩子，听见带了他进城～去，喜欢的无不应承。"

gui

归（歸、㱕、逺） 1. guī ❶出嫁，嫁。《诗经·周南·桃夭》："之子于～，宜其室家。"曾巩《与王深父书》："以二女甥失其所依，而补之欲继旧好，遂以第七妹～之。"⊗使出嫁，娶。《诗经·邶风·匏有苦叶》："士如～妻，迨冰未泮。"《战国策·东周策》："管仲故为三～之家，以掩桓公。"❷返回。《诗经·小雅·杕杜》："女心悲止，征夫～止。"《后汉书·卓茂传》："后王莽秉权，[孔]休去官～家。"⊗使归，送回。《左传·闵公二年》："以赂求共仲于莒，莒人～之。"《史记·齐太公世家》："[桓公]怒，～蔡姬，弗绝。"❸归还。《史记·绛侯周勃世家》："勃惧，亦自危，乃谢请～相印。"《后汉书·周党传》："党诣乡县讼，主乃～之。"❹归向，归附。《孟子·梁惠王上》："诚如是也，民～之，由水之就下，沛然谁能御之？"（由：通"犹"。）《吕氏春秋·功名》："水泉深则鱼鳖～之，树木盛则飞鸟～之。"❺归属，属于。《荀子·王制》："虽王公士大夫之子孙也，不能属于礼义，则～之庶人。"《后汉书·皇后纪序》："东京皇统屡绝，权～女主。"❻归趋，归宿。《孟子·万章上》："为不顺于父母，如穷人无所～。"《荀子·王霸》："故百王之法不同，若是，所～者一也。"❼投案自首。《汉书·申屠嘉传》："客有语[晁]错，错恐，夜入宫上谒，自～上。"

2. kuì ❽通"馈"。赠送，给予。《诗经·邶风·静女》："自牧～荑，洵美且异。"《史记·周本纪》："晋唐叔得嘉谷，献之成王，成王以～周公于兵所。"❾通"愧"。惭愧。《战国策·秦策一》："形容枯槁，面目犁黑，状有～色。"

【归福】 guīfú ❶祭献酒肉。《国语·晋语二》："申生许诺，乃祭于曲沃，～～于绛。"❷祈祷福报。《史记·孝文本纪》："今吾闻祠官祝釐，皆～～朕躬，不为百姓，朕甚愧之。"

【归化】 guīhuà 归顺化从，归服。《后汉书·祭肜传》："其大都护偏何遣使奉献，愿得～～。"《三国志·魏书·邓艾传》："并作舟船，豫顺流之事，然后发使告以利害，吴必～～，可不征而定也。"

【归咎】 guījiù 归罪，委过于人。《左传·桓公十八年》："礼成而不反，无所～～。"《汉书·王嘉传》："大司农谷永以长当封，众人～～于永，先帝不独蒙其讥。"

【归命】 guīmìng 归顺从命。《汉书·元帝纪》："公卿大夫好恶不同，或缘奸作邪，侵削细民，元元安所～～哉！"《后汉书·寇恂传》："郡国莫不倾耳，望风～～。"

【归宁】 guīníng 回娘家看望父母。《诗经·周南·葛覃》："害浣害否，～～父母。"《后汉书·黄昌传》："其妇～～于家，遇贼被获，遂流转入蜀为人妻。"有时亦指男子回家省亲。陆机《思归赋》："冀王事之暇豫，庶～～之有时。"

【归兽】 guīshòu 将牛马放归山林。指解除武备。《尚书·武成序》："武王伐殷，往伐～～，识其政事，作《武成》。"左思《魏都赋》："丧乱既弭而能宴，武人～～而去战。"

【归宿】 guīsù ❶指归，意向所归。《荀子·

非十二子》："终日言成文典，反纠察之，则倜然无所～～。"（纠：同"循"。倜然：远离的样子。）❷安身，居住。《淮南子·本经训》："民之专室蓬庐，无所～～，冻饿饥寒，死者相枕席也。"

【归田】 guītián ❶归还公田。《汉书·食货志上》："民年二十受田，六十～～。"❷辞官还乡。《晋书·李密传》："官无中人，不如～～。"李白《赠崔秋浦》诗之二："东皋春事起，种黍早～～。"

【归飿】 guīxī 祭献酒肉。《史记·晋世家》："骊姬谓太子曰：'君梦见齐姜，太子速祭曲沃，～～于君。'"

【归向】 guīxiàng 归趋，归依。康骈《剧谈录》卷上："四选多士，翕然～～。"穆修《答乔适书》："足下心明乎仁义，又学识其～～，在固守而弗离，坚持而弗夺，力行而弗止。"

【归心】 guīxīn ❶诚心归服。《国语·周语下》："以言德于民，民歆而德之，则～～焉。"《汉书·高帝纪上》："四方～～焉。"❷安心。《商君书·农战》："圣人知治国之要，故令～～于农。"❸归家之念。卢纶《晚次鄂州》诗："三湘衰鬓逢秋色，万里～～对月明。"

【归省】 guīxǐng 回家探望父母。朱庆馀《送张景宣下第东归》诗："～～值花时，闲吟落第诗。"狄仁杰《归省》诗："几度天涯望白云，今朝～～见双亲。"

【归休】 guīxiū ❶回家休息。《汉书·孔光传》："沐日～～，兄弟妻子燕语，终不及朝省政事。"又指退休。《汉书·张敞传》："宜赐几杖～～。"❷指死亡。陶渊明《遊斜川》诗："开岁倏五十，吾生行～～。"

【归墟】 guīxū 众水所归的大海深处。《列子·汤问》："渤海之东，不知几亿万里，有大壑焉，实惟无底之谷。其下无底，名曰～～。"

【归真】 guīzhēn ❶还其本真，恢复本色。《战国策·齐策四》："～～反璞，则终身不辱也。"班固《东都赋》："遂令海内弃末而反本，背伪而～～。"❷佛教对死的称谓。王勃《益州绵竹县武都山净慧寺碑》："泊乎坐忘遗照，返寂～～，城肆飒然若遗，空山黯而无色。"

【归宗】 guīzōng ❶出嫁女子回归娘家省问。《仪礼·丧服》："妇人虽在外，必有～～。"❷指人子出嗣异姓或别支又复归本宗。《官场现形记》五十二回："小侄不远数千里赶回～～，担当一切大事。"

【归禾】 kuìhé 馈赠嘉谷。《竹书纪年·周成王十一年》："唐叔献嘉禾，王命唐叔～～于文公。"《三国志·魏书·三少帝纪》："依周成王～～之义宣示百官，藏于相国府。"

【归遗】 kuìwèi 馈赠，送给。《汉书·东方朔传》："复赐酒一石，肉百斤，～～细君。"

【归移】 kuìyí 转移输送，互通财货。《荀子·王制》："通流财物粟米，无有滞留，使相～～也。"

圭（珪） guī ❶一种玉制礼器，长条形，上尖（或上圆）下方。帝王诸侯举行典礼时所用，大小名称因爵位和用途不同而异。《周易·益》："有孚中行，告公用～。"（孚：同"俘"。行：道路。）刘向《说苑·修文》："诸侯以～为贽。"❷古代测量日影的仪器。张衡《东京赋》："土～测景，不缩不盈。"参见"圭表"。❸容量单位。古以六十四黍为圭，四圭为撮。《汉书·律历志上》："量多少者不失～撮。"❹重量单位。一两的二百四十分之一。《后汉书·律历志上》"量有轻重"刘昭注引《说苑》："十～重一铢，二十四铢重一两。"❺洁净，鲜明。《仪礼·士虞礼》："～为而哀荐之飨。"韩愈《祭湘君夫人文》："丹青之饰，暗昧不～。"

【圭璧】 guībì 古代帝王诸侯祭祀、朝聘所用的玉器。《诗经·大雅·云汉》："～～既卒，宁莫我听。"《管子·形势》："牺牲～～，不足以飨鬼神。"亦泛指美好的玉器。《史记·礼书》："情好珍善，为之琢磨～～以通其意。"

【圭表】 guībiǎo ❶测量日影的仪器。圭平放在下面，表（标竿）立其两端，与圭垂直。《宋史·律历志九》："观天地阴阳之体，以正位辨方，定时考闰，莫近乎～～。"❷比喻典范，标准。裴廷裕《授孙储邠州节度使制》："明镜利剑，高谢尘埃；止水秋山，居为～～。"

【圭窦】 guīdòu 凿壁而成的圭形小门，指穷苦人家的门户。《三国志·魏书·公孙渊传》注引《魏书》："臣等生于荒裔之土，出于～～之中。"苏辙《喜雪呈李公择》诗："孤村掩～～，深径没芒屩。"

【圭角】 guījiǎo 圭的棱角。比喻锋芒。欧阳修《张子野墓志铭》："遇人浑浑不见～～，而守志端直，临事敢决。"冯梦龙《智囊补·上智·王守仁》："阳明平日不露～～，未尝显与濠忤。"

【圭臬】 guīniè ❶测日影定方位的仪器。杜甫《八哀诗·故著作郎贬台州司户荥阳郑公虔》："～～星经奥，虫篆丹青广。"❷比喻典范，准则。钱泳《履园丛话·耆旧·西庄光禄》："世之言学者，以先生为～～云。"

【圭勺】 guīsháo 圭和勺都是很小的容量单位,因用以比喻微小。王禹偁《酬种放徵君》诗:"行年过半世,功业欠~~。"

【圭田】 guītián 古代卿大夫士供祭祀用的田地。《孟子·滕文公上》:"卿以下必有~~,~~五十亩。"刘禹锡《汴州刺史厅壁记》:"我食止~~,吾用止公入,凡它给过制伤廉浼洁者,悉罢之。"

【圭窬】 guīyú 犹圭窦。指贫穷人家的门户。《礼记·儒行》:"筚门~~,蓬户瓮牖。"江淹《四时赋》:"空床连流,~~淹滞。"

【圭瓒】 guīzàn 古代玉制酒器,形状如勺,以圭为柄。《诗经·大雅·江汉》:"釐尔~~,秬鬯一卣。"(釐:通"赉"。赏。)《汉书·王莽传上》:"秬鬯二卣,~~二。"

【圭璋】 guīzhāng ❶两种贵重的玉器。《淮南子·缪称训》:"锦绣登庙,贵文也;~~在前,尚质也。"❷比喻品德高尚。语出《诗经·大雅·卷阿》:"颙颙卬卬,如圭如璋。"苏轼《答曾学士启》:"而况~~之质,近生阀阅之家,固宜首膺癙瘵之求,于以助成肃雍之化。"

龟(龜) 1. guī ❶乌龟。腹背有硬甲,寿命很长。古人以龟为灵物。《诗经·鲁颂·泮水》:"元~象齿,大赂南金。"郭璞《游仙》诗之三:"借问蜉蝣辈,宁知~鹤年!"❷占卜用的龟甲。《国语·鲁语下》:"如~焉,灼其中,必文于外。"《楚辞·卜居》:"詹尹乃端策拂~,曰:'君将何以教之?'"❸用作货币的龟甲。《周易·损》:"或益之十朋之~。"《史记·平准书》:"虞夏之币……或钱,或布,或刀,或~贝。"❹印章。印章饰以龟纽,故称。曹植《王仲宣诔》:"金~紫绶,以彰勋则。"❺兽类背部的隆起部分。《左传·宣公十二年》:"麋兴于前,射麋丽~。"❻饥。范成大《晓出古岩呈宗伟子文》诗:"持此慰~肠,搜枯尚能句。"

2. jūn ❼通"皲"。手足皮肤因寒冷干燥而破裂。《庄子·逍遥游》:"宋人有善为不~手之药者。"范成大《次韵李子永雪中长句》:"手~笔退不可捉,墨泓龃龉冰生衣。"

3. qiū ❽见"龟兹"。

【龟策】 guīcè 龟甲和蓍草,卜筮的用具。《楚辞·卜居》:"用君之心,行君之意,~~诚不能知此事。"《史记·龟策列传》:"百僚荡恐,皆曰~~能言。"

【龟袋】 guīdài 唐代官员的一种佩饰。《新唐书·车服志》:"天授二年,改佩鱼皆为龟,其后三品以上~~饰以金……中宗初,罢~~,复给以鱼。"

【龟趺】 guīfū 龟形碑座。刘禹锡《奚公神道碑》:"螭首~~;德辉是纪。"袁桷《善之佥事兄南归述怀百韵》:"~~负穹石,浮语极褒侈。"

【龟鉴】 guījiàn 犹龟镜。比喻借鉴。《旧唐书·刘蕡传》:"且俱非大德之中庸,未为上圣之~~,何足以为陛下道之哉!"苏轼《乞校正陆贽奏议进御劄子》:"聚古今之精英,实治乱之~~。"参见"龟镜"。

【龟镜】 guījìng 借鉴。龟以卜吉凶,镜以辨美恶。刘知幾《史通·载文》:"此皆言之成轨则,为世~~,求诸历代,往往而有。"骆宾王《和闺情诗启》:"若乃子建之牢笼群彦,士衡之籍甚当时,并文苑之羽仪,诗人之~~。"

【龟纽】 guīniǔ 龟形的印纽。卫宏《汉官旧仪》卷上:"中二千石、二千石,银印青绲绶,皆~~。"谢灵运《辞禄赋》:"解~~于城邑,反褐衣于丘窟。"

【龟筮】 guīshì 占卦。卜用龟甲,筮用蓍草,以占吉凶。《尚书·大禹谟》:"鬼神其依,~~协从。"《管子·权修》:"上恃~~,好用巫医,则鬼神聚祟。"

【龟绶】 guīshòu 印绶。《后汉书·西域传论》:"先驯则赏籯金而赐~~,后服则系头颡而衅北阙。"

【龟玉】 guīyù 龟甲和宝玉,均古代贵重之物。《论语·季氏》:"虎兕出于柙,~~毁于椟中,是谁之过欤?"谢朓《侍宴华光殿曲水奉敕为皇太子作》诗:"玺剑先传,~~增映。"

【龟坼】 jūnchè ❶手(足)冻裂。陆游《雪后龟堂独坐》诗之二:"两手~~愁出袖,闭户垂帏坐清昼。"❷土地久旱干裂。陆九渊《石湾祷雨文》:"今不雨弥月,~~已深,水泉顿缩,陂池乡涸。"

【龟兹】 qiūcí 古代西域国名,唐初内附。在今新疆库车。《汉书·西域传》:"~~国王治延城,去长安七千四百八十里。"

【龟毛兔角】 guīmáotùjiǎo 比喻有名无实。《景德传灯录》卷十八:"若无前尘,汝此昭昭灵灵,同于~~~~。"

妫(媯) guī ❶水名。在今山西省。《尚书·尧典》:"釐降二女于~汭。"郦道元《水经注·河水》:"[河东]郡南有历山……~汭二水出焉。"❷水名。即今阿姆河。《史记·大宛列传》:"大月氏在大宛西可二三千里,居~水北。"❸姓。春秋时陈国为妫姓。

规(規、槼) 1. guī ❶圆规,画圆的工具。《墨子·天志中》:"今夫轮人操其~,将以量度天下之圜与不圜也。"《荀子·劝学》:"木直中绳,𫐓以为轮,其曲中~。"(中:合乎。)㊀圆形。扬雄《太玄经·玄图》:"天道成~,地道成矩。"㊂画圆形。《国语·周语下》:"且吾闻成公之生也,其母梦神~其臀以墨。"❷划分,圈占。《国语·周语中》:"昔我先王之有天下也,~方千里以为甸服。"《汉书·陈汤传》:"关东富人益众,多~良田。"❸规范,准则。《三国志·魏书·臧洪传》:"幸相去步武之间耳,而以趣舍异~,不得相见。"王粲《咏史》:"生为百夫雄,死为壮士~。"㊂效法。韩愈《进学解》:"上~姚姒,浑浑无涯。"(姚姒:指舜禹时代的作品。姚,舜的姓;姒,禹的姓。)❹规划,谋划。《荀子·君道》:"使贤者为之,则与不肖者~之。"《后汉书·刘盆子传》:"吕母怨宰,密聚客,~以报仇。"❺规劝,谏诤。《国语·周语上》:"庶人传语,近臣尽~,亲戚补察。"

2. kuī ❻通"窥"。窥测。《韩非子·制分》:"然则微奸之法奈何?其务令之相~其情者也。"《三国志·魏书·钟会传》:"明者见危于无形,智者~祸于未萌。"

【规避】 guībì 设法躲避。元稹《酬乐天东南行诗一百韵》:"谏猎宁~~,弹豪讵嗫嚅?"《旧五代史·孔谦传》:"帝怒其~~,将置于法。"

【规典】 guīdiǎn 典范。《三国志·魏书·后妃传评》:"追观陈群之议,栈潜之论,适足以为百王之~~,垂宪范乎后叶矣。"

【规度】 guīduó 筹画。《后汉书·杨震传》:"窃闻使者并出,~~城南人田,欲以为苑。"《三国志·魏书·邓艾传》:"每见高山大泽,辄~~指画军营处所,时人多笑焉。"

【规范】 guīfàn 典范,标准。陆云《答兄平原》诗:"今我顽鄙,~~靡遵。"李汉《唐吏部侍郎昌黎先生韩愈文集序》:"司马氏已来,~~荡悉,谓《易》已下为古文,剽掠潜窃为工耳。"

【规格】 guīgé 规范,标准。《三国志·魏书·夏侯惇等传评》:"玄以~~局度,世称其名。"张居正《答楚按院陈芫野》:"若代公者肯再加申饬,诸司长吏遵奉唯谨,则~~永定,虽有奸民猾吏,无所措手足矣。"

【规规】 guīguī ❶自失的样子。《庄子·秋水》:"于是埳井之蛙闻之,适适然惊,~~然自失也。"❷浅陋拘泥的样子。《庄子·秋水》:"子乃~~然求之以察,索之以辩,是直用管窥天,用锥指地也,不以小乎!"陶渊明《饮酒》诗之十三:"~~一何愚,兀傲差若颖。"❸圆的样子。蒋防《姮娥奔月赋》:"冥冥晬容,~~皓质。"

【规画】 guīhuà 谋划。《三国志·蜀书·杨仪传》:"亮数出军,仪常~~分部,筹度粮谷。"《北史·宇文恺传》:"凡所~~,皆出于恺。"

【规毁】 guīhuǐ 指太阳。柳宗元《天对》:"~~魄渊,太虚是属。"

【规检】 guījiǎn 法度。刘知幾《史通·言语》:"江左为礼乐之乡,金陵实图书之府,故其俗犹能语存~~,言喜风流,颠沛造次,不忘经籍。"

【规谏】 guījiàn 下对上进行劝诫。《荀子·成相》:"周幽厉,所以败,不听~~忠是害。"《三国志·魏书·三少帝纪》:"晏、乂因阙以进~~。"

【规鉴】 guījiàn 规戒之言可为借鉴。《三国志·魏书·桓阶等传评》:"矫、宣刚断骨鲠,臻、毓~~清理。"

【规矩】 guījǔ ❶校正方圆的器具。规,圆规。矩,方矩。《荀子·儒效》:"设~~,陈绳墨,便备用,君子不如工人。"《吕氏春秋·自知》:"欲知平直,则必准绳;欲知方圆,则必~~。"❷法度,准则。《史记·礼书》:"人道经纬万端,~~无所不贯。"又《孙子吴起列传》:"妇人左右前后跪起皆中~~绳墨,无敢出声。"

【规略】 guīlüè 规划谋略。《三国志·魏书·满宠等传评》:"田豫居身清白,~~明练。"又《吴书·吕岱传》:"非君~~,谁能枭之?"

【规模】 guīmó ❶法度,格局。《宋史·李纲传下》:"夫创业中兴,如建大厦,堂室奥序,其~~可一日而成。"❷气度。《三国志·魏书·胡质传》:"~~大略不及于父,至于精良综事过之。"❸典范,榜样。刘孝威《辟厌青牛画赞》:"雄儿楷式,悍士~~。"㊂指取法。《续传灯录·德洪》:"其造端命意,大抵~~东坡而借润山谷。"

【规摹】 guīmó 同"规模①"。法式,格局。《汉书·高帝纪下》:"虽日不暇给,~~弘远矣。"苏轼《思治论》:"夫所贵于立者,以其~~先定也。"

【规磨】 guīmó 揣摩,臆测。《荀子·正论》:"是~~之说也,沟中之瘠也,则未足与及王者之制也。"

【规正】 guīzhèng 匡正,改正。《新唐书·曹宪传》:"炀帝令与诸儒课《桂苑珠丛》,~~文字。"《宋史·范纯仁传》:"纯仁素与[司马]光同志,及临事~~,类如此。"

邽 guī ❶地名。春秋时秦邑。汉置上邽县,属陇西郡(在今甘肃天水西南);又置下邽县，属京兆尹(在今陕西渭南东北)。❷姓。

闺(閨) guī ❶圭形小门。《史记·管晏列传》："越石父贤，在缧绁中。晏子出，遭之涂，解左骖赎之，载归。弗谢，入～。"鲍照《代东门行》："居人掩～卧，行人夜中饭。"❷内室。枚乘《七发》："今夫贵人之子，必宫居而～处。"㉧特指女子的内室。白居易《长恨歌》："杨家有女初长成，养在深～人未识。"

【闺荜】 guībì 闺窦筚门的省称。指贫贱之家。荜，同"筚"。指柴门。《宋书·文帝纪》："其宰守称职之良，～～一介之善，详悉列奏，勿或有遗。"

【闺窦】 guīdòu 凿壁而成的圭形小门，指贫穷的人家。《左传·襄公十年》："筚门～～之人，而皆陵其上，其难为上矣。"

【闺房】 guīfáng 内室。常指女子的卧室。《汉书·张敞传》："臣闻～～之内，夫妇之私，有过于画眉者。"陆机《吊魏武帝文序》："若乃系情累于外物，留曲念于～～，亦贤俊之所宜废乎！"

【闺阁】 guīgé ❶宫中的小门，指宫禁。司马迁《报任少卿书》："身直为～～之臣，宁得自引藏于岩穴邪！"❷内室。《史记·汲郑列传》："黯多病，卧～～内不出。"后多指女子的卧室。王昌龄《变行路难》诗："封侯取一战，岂复念～～。"

【闺阃】 guīkǔn 内室，女子所居。班固《白虎通·嫁娶》："～～之内，衽席之上，朋友之道也。"亦借指女子。《新唐书·唐绍传》："男子有四方功，所以加宠。虽郊祀天地，不参设，容得接～～哉！"

【闺门】 guīmén ❶城的小门。《墨子·备城门》："大城丈五为～～。"❷内室之门。《汉书·文三王传》："是故帝王之意，不窥人～～之私。"❸内室，家内。《后汉书·邓禹传》："修整～～，教养子孙，皆可以为后世法。"又《邓训传》："训虽宽中容众，而于～～甚严，兄弟莫不敬惮。"❹指女子。杨炯《彭城公夫人尔朱氏墓志铭》："蔡中郎之女子，早听色丝；谢太傅之～～，先扬丽则。"

【闺闼】 guītà 内室。司马相如《上林赋》："奔星更于～～，宛虹扡于楯轩。"李绅《北楼樱桃花》诗："多事东风入～～，尽飘芳思委江城。"

洼 guī 见wā。

皈 guī 同"归"。杨万里《晚皈再度西桥》诗之一："～近溪桥东复东，蓼花近路舞西风。"

【皈依】 guīyī 信奉佛教。对佛、法、僧表示归顺依附，又称"三归"。李颀《宿莹公禅房闻梵》诗："始觉浮生无住着，顿令心地欲～～。"《聊斋志异·伍秋月》："生素不佞佛，至此～～甚虔。"

珋 guī 同"瑰"。美石。《南齐书·张融传》："琼池玉壑，珠岫～岑。"

窐 1. guī ❶空，孔穴。《楚辞·哀时命》："璋珪杂于甑～兮，陇廉与孟娵同宫。"《南齐书·王敬则传》："敬则虑人觇见，以刀环塞～孔，呼开门甚急。"

2. wā ❷低洼。《吕氏春秋·任地》："子能以～为突乎？"

3. qiāo ❸见"窐寥"。

【窐衡】 guīhéng 窐窦衡门的省称。指隐士的简陋住处。衡门，横木为门。《晋书·隐逸传序》："征聘之礼贲于岩穴，玉帛之贽委于～～。"

【窐寥】 qiāoliáo 深空的样子。宋玉《高唐赋》："俯视峥嵘，～～窈冥。"

袿 guī ❶妇女的上衣。《后汉书·和熹邓皇后纪》："每有宴会，诸姬贵人竞自修整，簪珥光采，～裳鲜明。"又《张衡传》："舒妙婧之纤腰兮，扬杂错之～徽。"❷衣袖。夏侯湛《雀钗赋》："理～襟，整服饰。"❸衣服的后襟。嵇康《兄秀才公穆入军赠诗》之十六："微风动～，组帐高褰。"

摫(摫、槻) guī 裁衣。《方言》卷二："鈲、～，裁也。梁、益之间，裁木为器曰鈲，裂帛为衣曰～。"左思《蜀都赋》："藏镪巨万，鈲～兼呈。"

嫢(嫢) guī 细小而美好。《方言》卷二："自关而西，秦、晋之间，凡细而有容谓之～。"

【嫢盈】 guīyíng 怒斥。《方言》卷七："～～，怒也。燕之外郊，朝鲜、洌水之间，凡言呵叱者，谓之～～。"

傀 1. guī ❶大。《庄子·列御寇》："达生之情者～，达于知者肖。"❷怪异。《周礼·春官·大司乐》："大～异灾，诸侯薨，令去乐。"

2. kuǐ ❸见"傀儡"。

3. kuài ❹通"块"。孤独的样子。《荀子·性恶》："天下不知之，则～然独立天地之间而不畏，是上勇也。"

【傀俄】 guī'é 倾颓的样子。《世说新语·容止》："嵇叔夜之为人也，岩岩若孤松之独立。其醉也，～～若玉山之将崩。"

【傀奇】 guīqí 奇异，奇异的东西。郭璞《江赋》："珍怪之所化产，～～之所窟宅。"

【傀儡】 kuǐlěi 木偶戏中的木偶。亦指木偶戏。韦绚《刘宾客嘉话录》："入市看盘铃～～。"孙光宪《北梦琐言》卷三："[崔安潜]频于使宅堂前弄～～子。"后比喻受人操纵的人或组织。

庋 1. guī ❶山名，即魏山，在今河南洛阳市西南。《山海经·中山经》："[缟羝之山]又西十里，曰～山。"

2. wěi ❷人名用字。晋有慕容庋。

騩(騩) guī ❶浅黑色的马。《晋书·舆服志》："～马，浅黑色。"❷山名。一在青海省东部。《山海经·西山经》："～山是錞于西海，无草木，多玉，淒水出焉，西流注于海。"一在河南新安西北。《山海经·中山经》："～山，其上有美枣。"

瑰(瓌) guī ❶美石。《诗经·秦风·渭阳》："何以赠之？琼～玉佩。"❷美。傅毅《舞赋》："轶态横出，～姿谲起。"嵇康《琴赋》："～艳奇伟，殚不可识。"❸珍贵，奇异。《后汉书·班固传》："因～材而究奇，抗应龙之虹梁。"❹见"玫瑰"。

【瑰怪】 guīguài 珍奇。《新唐书·卢怀慎传》："南海兼水陆都会，物产～～。"王安石《游褒禅山记》："而世之奇伟～～非常之观常在于险远而人之所罕至焉。"

【瑰杰】 guījié 杰出不凡。《三国志·魏书·袁绍传》注引《先贤行状》："[田]丰天姿～～，权略多奇。"《晋书·阮籍传》："籍容貌～～，志气宏放。"

【瑰奇】 guīqí 奇伟，卓异。戴复古《读放翁先生剑南诗草》诗："入妙文章本平淡，等闲言语变～～。"亦作"瑰琦"。王安石《祭欧阳文忠公文》："故充于文章，见于议论，豪健俊伟，怪巧～～。"

【瑰伟】 guīwěi ❶奇伟，气概非凡。《三国志·魏书·袁术传》注引《傅子》："[傅]巽字公悌，～～博达，有知人鉴。"亦作"瑰玮"。张说《贞节君碣》："[阳]鸿倜傥奇杰，～～博达。"❷指珍奇。司马相如《子虚赋》："若乃俶傥～～，异方殊类……充仞其中者，不可胜计。"

【瑰异】 guīyì 奇异。《淮南子·诠言训》："圣人无屈奇之服，无～～之行。"张衡《东京赋》："～～谲诡，灿烂炳焕。"

【瑰颖】 guīyǐng 才智不凡。《三国志·蜀书·秦宓传》："足下欲自比于巢、由、四皓，何故扬文见～～乎？"

【瑰意琦行】 guīyìqíxíng 不平凡的思想和行为。宋玉《对楚王问》："夫圣人～～～～，超然独处。"

瞡(瞡) guī 视。《广雅·释诂》："～，视也。"

【瞡瞡】 guīguī 见识浅陋的样子。《荀子·非十二子》："吾语汝学者之嵬容……～～然，瞿瞿然。"

鲑(鮭) 1. guī ❶鱼名，即河豚。《山海经·北山经》："敦薨之水出焉，而西流注于昆仑之东北隅，实为河原，其中多赤～。"

2. xié ❷鱼类菜肴的总称。张籍《祭退之》诗："新果及异～，无不相待尝。"

3. wā ❸见"鲑蠪"。

4. kuī ❹鲑阳，复姓。

【鲑菜】 xiécài 鱼菜。陆游《北窗即事》诗之二："粗餐岂复须～～，蓬户何曾设扊扅。"(扊扅：门闩。)

【鲑蠪】 wālóng 虾蟆。《庄子·达生》："东北方之下者，倍阿、～～跃之。"(一说为传说中的神名。)

鬹(鬹) guī 古代陶制炊器，三足，有流、鋬。《说文·鬲部》："～，三足釜也，有柄喙。"

櫰 guī 见 huái。

氿 guǐ ❶水边枯土。《说文·水部》："～，水厓枯土也。"❷水泉从旁流出。《诗经·小雅·大东》："有冽～泉，无浸获薪。"

【氿滥】 guǐlàn 泉水。《后汉书·黄宪传》："奉高之器，譬诸～～，虽清而易挹。"

宄 guǐ 盗窃作乱的坏人。《国语·鲁语上》："窃宝者为～，用～之财者为奸。"又《晋语六》："乱在内为～，在外为奸。"《三国志·吴书·孙权传》："况今奸～竞逐，豺狼当道。"

轨(軌) guǐ ❶车轴的两头。《诗经·邶风·匏有苦叶》："济盈不濡～，雉鸣求所牡。"(济：济水。濡：沾湿。)❷车子两轮之间的距离。《战国策·齐策一》："车不得方～，马不得并行。"(方：并。)《史记·秦始皇本纪》："车同～，书同文字。"[引]车辙，车轮轧的痕迹。《庄子·胠箧》："车～结乎千里之外。"《孟子·尽心下》："城门之～，两马之力与？"❸轨道，事物运行的一定路线。《淮南子·本经训》："五星循～而不失其行。"❹法度，规矩。《汉书·王子侯表序》："至于孝武，以诸侯王畺土过制，或替差失～，而子弟为匹夫。"《后汉书·梁统传》："诚不宜因循季末衰微之～。"❺遵循，依从。《史记·游侠列传》："今游侠，其行虽不～于正义，然其言必信，其行必果。"《三国志·魏书·武帝纪》："海盗奔进，黑山顺～。"❻古代居民的组织单位。《国语·齐语》："五家为～，～为之长。"曾巩《申明保甲巡警盗贼劄子》："管仲于齐，亦以五家为

～，推之至于五乡为军，以有三军之制。”❼通“宄”。违法作乱。《左传·成公十七年》：“臣闻乱在外为奸，在内为～。”《后汉书·梁统传》：“惠加奸～，而害及善良也。”

【轨道】 guǐdào ❶遵循一定的路线。《史记·天官书》：“月、五星顺入，～～。”❷遵循法制。《汉书·礼乐志》：“然后诸侯～～，百姓素朴，狱讼衰息。”又《贾谊传》：“乐与今同，而加之诸侯～～，兵革不动。”

【轨度】 guǐdù ❶法度。《吕氏春秋·古乐》：“夏为无道，暴虐万民，侵削诸侯，不用～～，天下患之。”❷纳入轨范。《左传·襄公二十一年》：“在上位者洒濯其心，壹以待人，～～其信，可明征也。”

【轨范】 guǐfàn 规范，典范。《尚书·序》：“典谟训诰誓命之文，凡百篇，所以恢弘至道，示人主以～～也。”虞世南《书旨述》：“父子联镳，～～后昆。”（父子：指王羲之、王献之。）

【轨迹】 guǐjì ❶车轧过的痕迹。指故道。《汉书·刘向传》：“夫遵衰周之～～，循诗人之所刺，而欲以成太平，致雅颂，犹却行而求及前人也。”❷指途径。《后汉书·逸民传论》：“或高栖以违行，或疾物以矫情，虽～～异区，其去就一也。”

【轨漏】 guǐlòu 即晷漏，古代测时的仪器。《新唐书·历志三上》：“观晷景之进退，知轨道之升降。轨与晷名舛而义合，其差则水漏之所从也。总名曰～～。”

【轨模】 guǐmó 法则。张衡《归田赋》：“挥翰墨以奋藻，陈三皇之～～。”

【轨物】 guǐwù ❶法度与礼制。《左传·隐公五年》：“君将纳民于～～者也。故讲事以度轨量谓之轨，取材以章物采谓之物，不轨不物，谓之乱政。”❷作为事物的轨范。《颜氏家训·序致》：“吾今所以复为此者，非敢～～范世也。”陈子昂《堂弟孜墓志铭》：“始通诗礼，略观史传，即怀～～之标，希旷代之业。”

【轨仪】 guǐyí 法则。《国语·周语下》：“帅象禹之功，度之于～～，莫非嘉绩，克厌帝心。”《三国志·魏书·刘馥传》：“夫学者，治乱之～～，圣人之大教也。”

【轨则】 guǐzé 准则。《史记·律书》：“王者制事立法，物度～～壹禀于六律。”杨炯《彭城公夫人尔朱氏墓志铭》：“动合诗礼，言成～～。”

【轨辙】 guǐzhé ❶车的辙迹。郦道元《水经注·渭水》：“［小陇山］岩嶂高险，不通～～。”❷法则。《论衡·自纪》：“岂材有浅极，不能为覆，何文之察，与彼经艺殊～～也？”

【轨躅】 guǐzhuó ❶车的辙迹。左思《蜀都赋》：“外则～～八达，里闬对出。”《颜氏家训·文章》：“凡为文章，犹人乘骐骥，虽有意气，当以衔勒制之，勿使流乱～～，放意填坑岸也。”❷法则。《汉书·叙传上》：“伏周孔之～～，驰颜闵之极挚。”

机 guǐ 见 qiú。

庋（庪） guǐ ❶放东西的木架。洪迈《夷坚志·蔡河秀才》：“见床内小板～上，乌纱帽存。”❷放置，收藏。《新唐书·牛仙客传》：“前后锡与，缄～不敢用。”柳贯《尊经堂》诗：“经尊道则尊，有合严～寘。”㊂埋藏。《尔雅·释天》：“祭山曰～县。”（藏祭品于地谓庋，挂牲币于山曰县。）

诡（詭） guǐ ❶责成，要求。《汉书·京房传》：“今臣得出守郡，自～效功。”《后汉书·孟尝传》：“先时宰守并多贪秽，～人采求，不知纪极。”又《陈重传》：“有同署郎负息钱数十万，责主日至，～求无已。”❷欺诈。《孙子·计》：“兵者，～道也。”《汉书·苏武传》：“汉求武等，匈奴～言武死。”㊂虚假。《管子·法禁》：“行辟而坚，言～而辩。”《后汉书·张衡传》：“宦官惧其毁己，皆共目之，衡乃～对而出。”❸异，怪。《论衡·累害》：“夫如是，市虎之讹，投杼之误，不足怪，则玉变为石，珠化为砾，不足～也。”《后汉书·班固传》：“殊形～制，每各异观。”❹违背，违反。《管子·重令》：“动静～于时变。”《汉书·昌邑哀王刘髆传》：“愿～祸为福，皆放逐之。”

【诡辩】 guǐbiàn 欺诈巧辩。《史记·屈原贾生列传》：“［张仪］如楚，又因厚币用事者臣靳尚，而设～～于怀王之宠姬郑袖。”《汉书·赵敬肃王刘彭祖传》：“彭祖为人巧佞，卑谄足共，而心刻深，好法律，持～～以中人。”

【诡辞】 guǐcí 怪诞不实之言。《法言·吾子》：“公孙龙～～数万以为法。”《汉书·扬雄传》：“诸子各以其知舛驰，大氐诋訾圣人，即为怪迂、析辩、～～以挠世事。”

【诡道】 guǐdào ❶欺诈之道。《三国志·魏书·董昭传》：“仁者不忘君以徇私，志士不探乱以侥幸，智者不～～以自危。”❷秘密的道路，捷径。《三国志·魏书·杜畿传》：“遂～～从郖津度。”

【诡服】 guǐfú 与众不同的穿着。《管子·法法》：“私议立则主道卑矣，况主倨傲易令，错仪画制，变易风俗，～～殊说犹立？”《汉书·公孙弘传》：“与内富厚而外为～～以钓虚誉者殊科。”

【诡激】 guǐjī 偏激，背离常规。《后汉书·郑玄传》："异端纷纭，互相～～。"《六韬·龙韬·选将》："有～～而有功效者。"

【诡谲】 guǐjué ❶变幻。张衡《东京赋》："瑰异～～，灿烂炳焕。"张协《玄武馆赋》："于是崇墉四匝，丰厦～～。"❷怪诞。《晋书·王坦之传》："其言～～，其义恢诞。"

【诡丽】 guǐlì 奇异华丽。《潜夫论·务本》："辞语者，以信顺为本，以～～为末。"苏轼《凌虚台记》："计其一时之盛，宏杰～～，坚固而不可动者，岂特百倍于台而已哉！"

【诡戾】 guǐlì 乖违的样子。马融《长笛赋》："波澜鳞沦，窊隆～～。"

【诡论】 guǐlùn 虚妄之论。《论衡·卜筮》："周多子贡直占之知，寡若孔子～～之材。"

【诡随】 guǐsuí ❶欺诈虚伪。《诗经·大雅·民劳》："无纵～～，以谨无良。"❷妄随他人。张说《齐黄门侍郎卢思道碑》："言不～～，行不苟合。"

【诡异】 guǐyì 奇异，奇特。《论衡·讲瑞》："且瑞物皆起和气而生，生于常类之中，而有～～之性，则为瑞矣。"《晋书·蔡谟传》："高平刘整恃才纵诞，服饰～～，无所拘忌。"

【诡遇】 guǐyù ❶不按规矩射猎禽兽。《孟子·滕文公下》："为之～～，一朝而获十。"❷比喻不以正道猎取名利。白居易《适意》诗："直道速我尤，～～非吾志。"

【诡衔窃辔】 guǐxiánqièpèi 马吐出嚼子，挣脱缰绳，表示不受约束。《庄子·马蹄》："夫加之以衡扼，齐之以月题，而马知介倪闉扼鸷曼，～～～～。"

匭（匭） guǐ ❶匣子。《尚书·禹贡》："包～菁茅。"《旧唐书·则天皇后纪》："垂拱二年三月，初置～于朝堂，有进书言事者，听投之。"❷同"簋"。盛食物的器具。《说文·竹部》："簋，黍稷方器也……～，古文簋。"《史记·李斯列传》："饭土～，啜土铏。"

佹 guǐ ❶诡异。《荀子·赋》："天下不治，请陈～诗。"《淮南子·齐俗训》："争为～辩，久稽而不决。"❷违背。《周礼·考工记·轮人》"察其菑蚤不龋"郑玄注："菑与爪不相～。"

【佹佹】 guǐguǐ 将要。《列子·力命》："～～成者，俏成也，初非成也。"

陒 guǐ 毁。《汉书·杜周传赞》："[杜]业因势而抵～，称朱博，毁师丹，爱憎之议可不畏哉！"

洈 guǐ 水名。在今湖北省内。《山海经·中山经》："[宜诸之山]～水出焉，而南流注于漳。"

恑 guǐ 奇变。《庄子·齐物论》："恢～憰怪，道通为一。"

垝 1. guǐ ❶毁，倒塌。《诗经·卫风·氓》："乘彼～垣，以望复关。"㊀倒塌的墙。《管子·霸形》："东山之西，水深灭～。"

2. guì ❷坫，放东西的土台。《尔雅·释宫》："～谓之坫。"

姽 guǐ 见"姽婳"。

【姽婳】 guǐhuà 娴静美好的样子。宋玉《神女赋》："既～～于幽静兮，又婆娑乎人间。"

鬼 guǐ ❶迷信说法，人死后变成的东西。《战国策·楚策三》："谒者难得见如～，王难得见如天帝。"《后汉书·费长房传》："后失其符，为众～所杀。"❷迷信说法，万物的精灵。鲍照《芜城赋》："木魅山～，野鼠城狐。"❸隐秘莫测。《韩非子·八经》："故明主之行制也天，其用人也～。"㊀狡黠。《论衡·齐世》："上教用敬，君子敬，其失也，小人～。"❹对幼小者的爱称。关汉卿《拜月亭》三折："小～头直到撞破我也么哥！"❺星宿名。二十八宿之一。

【鬼伯】 guǐbó 鬼中之长，阎王。古乐府《蒿里》："～～一何相催促，人命不得少踟蹰。"白居易《二月五日花下作》诗："羲和趁日沉西海，～～驱人葬北邙。"

【鬼才】 guǐcái 奇才，怪才。钱易《南部新书》卷丙："李白为天才绝，白居易为人才绝，李贺为～～绝。"

【鬼方】 guǐfāng ❶商周时期西北的一个部族。《周易·既济》："高宗伐～～，三年克之。"❷泛指远方。《诗经·大雅·荡》："内奰于中国，覃及～～。"（奰：怒。覃：延。）

【鬼工】 guǐgōng 极言工艺精巧，非出自人为。李贺《罗浮山人与葛篇》："博罗老仙时出洞，千岁石床啼～～。"亦作"鬼功"。陈子昂《感遇诗》之十九："云搆山林尽，瑶圃珠翠烦。～～尚未可，人力安能存？"

【鬼录】 guǐlù 迷信说法，谓阴间死人的名册。陶渊明《拟挽歌辞》之一："昨暮同为人，今旦在～～。"亦作"鬼箓"。《三国志·吴书·孙策传》："今此子已在～～，勿复费纸笔也。"

【鬼门】 guǐmén ❶神话中的地名。《论衡·订鬼》："沧海之中有度朔之山，上有大桃木，其屈蟠三千里，其枝间东北曰～～，万鬼所出入也。"❷指凶险边远之地。高適

《李云南征蛮》诗："～～无归客，北户多南风。"

【鬼市】 guǐshì 夜间的集市。郑熊《番禺杂记·鬼市》："海边时有～～，半夜而合，鸡鸣而散，人从之多得异物。"

【鬼黠】 guǐxiá 狡黠，狡诈。常璩《华阳国志·蜀志》："故君子精敏，小人～～。"

【鬼薪】 guǐxīn 秦汉时的一种刑罚。为宗庙采伐薪柴，刑期三年。《史记·秦始皇本纪》："尽得[嫪]毐等……车裂以徇，灭其宗。及其舍人，轻者为～～。"

【鬼雄】 guǐxióng 鬼中的豪杰。《楚辞·九歌·国殇》："身既死兮神以灵，魂魄毅兮为～～。"李清照《夏日绝句》："生当作人杰，死亦为～～。"

【鬼蜮】 guǐyù 指阴险害人的人。蜮，传说中的一种含沙射人的动物。语出《诗经·小雅·何人斯》："为鬼为蜮，则不可得。"黄遵宪《逐客篇》："～～实难测，魑魅乃不若。"

癸 guǐ ❶天干的第十位。序数的第十。❷古医书称月经或精液为"天癸"。《素问·上古天真论》："[女子]二七而天～至。"又："[丈夫]二八肾气盛，天～至。"

【癸水】 guǐshuǐ 女子的月经。张泌《妆楼记》："红潮，谓桃花～～也，又名入月。"

桅 guǐ 见 wéi。

蛫（蟡） guǐ 传说中的水中动物。《管子·水地》："～者一头而两身，其形若蛇，其长八尺。"

䤥 guǐ 见 qí。

锤（鍷） guǐ 农具，臿属。《说文·金部》："～，臿金也。"

湀 guǐ 见"湀辟"。

【湀辟】 guǐpì 通流之水。《尔雅·释水》："～～，流川。"《说文·水部》："～～，流水处也。"

蛫 guǐ ❶蟹。《说文·虫部》："～，蟹也。"❷传说中的兽名。《山海经·中山经》："[即公之山]有兽焉，其状如龟，而白身赤首，名曰～。"

晷 guǐ ❶日影，日光。张衡《西京赋》："白日未及移其～，已猕其什七八。"韩愈《进学解》："焚膏油以继～，恒兀兀以穷年。"❷光阴，时间。潘尼《赠陆机出为吴王郎中令》诗："寸～唯宝，岂无玙璠。"王安石《本朝百年无事劄子》："迫于日～，不敢久留。"❸测日影以定时的仪器。《晋书·鲁胜传》："以冬至之后，立～测影，准度日月星。"张华《杂诗》："～度随天运，四时互相承。"（度：刻度。）

【晷刻】 guǐkè 时刻，片刻。《梁书·高澄传》："举目相看，命悬～～，不忍死亡，出战城下。"白居易《和望晓》诗："鹓行候～～，龙尾登霄汉。"

【晷漏】 guǐlòu 晷仪与漏刻，皆测时的仪器。《后汉书·律历志中》："孝章皇帝历度审正，图仪～～，与天相应，不可复尚。"亦指时刻。《梁书·范云沈约传论》："昔木德将谢，昏嗣流虐，惵惵黔黎，命悬～～。"

觤 guǐ 羊角不齐。《说文·角部》："～，羊角不齐也。"《尔雅·释畜》："角不齐，～。"

簋（毁） guǐ 古代盛食物的器皿。多为圆形。《诗经·秦风·权舆》："于我乎，每食四～。"《史记·太史公自序》："食土～，啜土刑，粝粢之食，藜藿之羹。"

劻（瞡） guì 疲乏。《三国志·魏书·蒋济传》："弊～之民，傥有水旱，百万之众，不为国用。"《颜氏家训·书证》："有人访吾曰：'《魏志》蒋济上书云：弊～之民，是何字也？'余应之曰：'意为～即是瞡倦之瞡耳。'"

柜（櫃） guì 匣子。《韩非子·外储说左上》："楚人有卖其珠于郑者，为木兰之～，熏以桂椒。"后泛指收藏东西的家具。白居易《题文集柜》诗："破柏作书～，～牢柏复坚。"

刿（劌） guì ❶割伤，刺伤。《老子·五十八章》："是以圣人方而不割，廉而不～。"《战国策·齐策五》："今虽干将、莫邪，非得人力，则不能割～矣。"❷通"会"。交合。扬雄《太玄经·玄告》："天地相对，日月相～。"

【刿目钵心】 guìmùshùxīn 形容用心极苦。钵，刺。韩愈《贞曜先生墓志铭》："及其为诗，～～～～。"又省作"刿钵"。李东阳《麓堂诗话》："李长吉诗，字字句句欲传世，顾过于～～，无天真自然之趣。"

炅 guì 见 jiǒng。

剑（劊） guì 砍断。《说文·刀部》："～，断也。"

【剑子】 guìzǐ 旧时称执行斩刑的人。司马光《涑水纪闻》卷十一："因召～～，令每日执剑待命于庭下。"亦作"剑子手"。严羽《沧浪诗话·答出继叔临安吴继仙书》："其间说江西诗病，真取心肝～～～。"

贵（貴、賢） guì ❶价高。《国语·齐语》："以其所有，易其所无，市贱鬻～。"《后汉书·董卓传》："故货贱物～，谷石数万。"❷显贵，地位尊贵。《荀子·王制》："无德不～，无能不官。"《后汉书·冯衍传》："三公之～，千金之富，不得其愿，不概于怀。"㊀贵族，权贵。《韩非子·有度》："法不阿～。"❸宝贵，重要。《论语·学而》："礼之用，和为～。"《战国策·赵策三》："所～于天下之士者，为人排患、释难、解纷乱而无所取也。"❹尊重，重视。《荀子·非十二子》："～贤，仁也。"《汉书·艺文志》："茅屋采椽，是以～俭。"❺敬词。《晋书·潘京传》："～郡何以名武陵?"❻欲，要。张籍《寄王六侍御》诗："～得药资将助道，肯嫌家计不如人。"欧阳修《与梅圣俞书》："又为妻子要去归省其母，亦欲过中祥，遣他去，～先知彼中远近尔。"

【贵妃】 guìfēi 女官名。南朝宋孝武帝孝建三年置，与贵嫔、贵人同为三夫人，位比相国。隋唐亦置之，位次于后。后世多沿其制。

【贵介】 guìjiè 犹言尊贵。介，大。《左传·襄公二十六年》："夫子为王子围，寡君之～～弟也。"刘伶《酒德颂》："有～～公子，搢绅处士，闻吾风声，议其所以。"

【贵门】 guìmén ❶显贵之家，权贵之门。《南史·张缵传》："不为～～屈意，人士翕然称之。"魏颢《李翰林集序》："上皇豫游，召[李]白，白时为～～邀饮，比至半醉。"❷尊称他人之家。古诗《为焦仲卿妻作》："往昔初阳岁，谢家来～～。"

【贵嫔】 guìpín 女官名。三国魏文帝置，位次于皇后。后多沿用其名。《三国志·魏书·后妃传序》："文帝增～～、淑媛、修容、顺成、良人……～～、夫人，位次皇后，爵无所视。"

【贵戚】 guìqī ❶君主的内外亲族。《荀子·仲尼》："立[管仲]以为仲父，而～～莫之敢妬也。"❷指姑姊妹之属。《吕氏春秋·仲冬纪》："省妇事，毋得淫，虽有～～近习，无有不禁。"

【贵人】 guìrén ❶显贵之人，如公卿大夫等。《管子·枢言》："衰主积于～～，亡主积于妇女珠玉。"《汉书·高帝纪上》："公始常欲奇此女，与～～。"❷女官名。东汉光武帝置，位次皇后。后代沿用其名，而尊卑不一。《后汉书·皇后纪序》："及光武中兴，斲彫为朴，六宫称号，唯皇后、～～。"

【贵幸】 guìxìng ❶受到君王的宠爱。《战国策·楚策四》："楚王之～～君，虽兄弟不如。"《汉书·枚乘传》："[枚]皋不通经术，诙笑类俳倡，为赋颂，好嫚戏，以故得媟黩～～。"❷指受到宠爱的人。《后汉书·郎顗传》："左右～～，亦宜惟臣之言以悟陛下。"

【贵游】 guìyóu ❶无官职的贵族。《周礼·地官·师氏》："掌国中失之事以教国子弟，凡国之～～子弟学焉。"《抱朴子·崇教》："～～子弟，生乎深宫之中，长乎妇人之手，忧惧之劳，未尝经心。"❷泛指贵族。柳宗元《钴鉧潭西小丘记》："以兹丘之胜，致之沣、镐、鄠、杜，则～～之士争买者，日增千金而愈不可得。"

【贵欲】 guìyù 想要。王建《送衣曲》："絮时厚厚绵纂纂，～～征人身上暖。"韩愈《东都遇春》诗："得闲无所作，～～辞视听。"

【贵重】 guìzhòng 位尊任重。《韩非子·孤愤》："故智术能法之士用，则～～之臣必在绳之外矣。"《汉书·天文志》："是时帝舅王凤为大将军，其后宣帝舅子王商为丞相，皆～～任政。"

【贵胄】 guìzhòu 贵族的子孙。《陈书·江总传》："开府置佐史，并以～～充之。"《新唐书·王龟传》："龟，字大年，性高简，博知书传，无～～气。"

【贵主】 guìzhǔ ❶对公主的尊称。《后汉书·窦融传》："今～～尚见枉夺，何况小人哉！"(贵主：指沁水公主。)❷对他人之主的尊称。《晋书·李雄传》："雄大悦，谓[张]淳曰：'～～英名盖世，土险兵强，何不自称帝一方?'"

【贵宗】 guìzōng 贵族。曹植《求通亲亲表》："齐义于～～，等惠于百司。"

【贵耳贱目】 guì'ěrjiànmù 重视耳闻而轻视目见。张衡《东京赋》："若客所谓，末学肤受，贵耳而贱目者也。"《颜氏家训·慕贤》："世人多蔽，～～～～。"

桂 guì ❶树名。亦称木犀，通称桂花。《楚辞·远遊》："嘉南州之炎德兮，丽～树之冬荣。"颜延之《陶徵士诔》："～椒信芳，而非园林之实。"❷竹的一种。《山海经·中山经》："[云山]无草木，有～竹甚毒，伤人必死。"左思《吴都赋》："其竹则……～箭、射筒。"

【桂宫】 guìgōng ❶月的别称。沈约《登台望秋月》诗："～～袅袅落桂枝，早寒凄凄凝白露。"(袅袅：摇曳的样子。)❷汉宫名，在未央宫北，又称北宫。班固《西都赋》："自未央而连～～。"

【桂海】 guìhǎi 指南海。江淹《杂体诗·袁太尉从驾》："文轸薄～～，声教烛冰天。"（李善注："南海有桂，故云桂海。"）

【桂酒】　guìjiǔ　用桂浸制的酒。《汉书·礼乐志》："牲茧栗，粢盛香，尊～～，宾八乡。"

【桂科】　guìkē　唐人称科考及第为折桂，因称科考为桂科。杜荀鹤《辞郑员外入关赴举》诗："男儿三十尚蹉跎，未叙青云一～～。"

【桂窟】　guìkū　❶月的别称。郝经《三汉北城月榭玩月醉歌》："露华涨冷濯～～，氛雾洗尽豁四旁。"❷比喻登科。元好问《醉轩姚先生孝锡》引王元老挽诗："妙龄探～～，雅志傲蒲轮。"

【桂轮】　guìlún　月的别称。方干《月》诗："～～秋半出东方，巢鹊惊飞夜未央。"

【桂魄】　guìpò　月亮的别称。苏轼《念奴娇·中秋》词："～～飞来光射处，冷浸一天秋碧。"

【桂玉】　guìyù　桂与玉。比喻生活费用昂贵。语出《战国策·楚策三》："楚国之食贵于玉，薪贵于桂。"范仲淹《奏杜杞等充馆职》："今馆阁臣寮，率多清贫，侨居～～之地，皆求省府诸司职任，或闻在馆供职者，惟三两人。"

【桂月】　guìyuè　❶月亮的别称。传说月中有桂，因称。庾信《终南山义谷铭》："～～危悬，风泉虚韵。"❷指农历八月。此时月桂花盛开，故称。厉荃《事物异名录·岁时·八月》："《提要录》：'八月为～～。'"

桧（檜）　1. guì　❶树名。常绿乔木，也叫桧柏、刺柏。《诗经·卫风·竹竿》："淇水滺滺，～楫松舟。"❷古代棺盖上的装饰。《左传·成公二年》："椁有四阿，棺有翰～。"

2. kuì　❸通"郐"。周代诸侯国名，故地在今河南新密市东北。《诗经》有"桧风"。

3. huì　❹人名用字。如秦桧。

瘔（癐）　guì　❶病。《集韵·泰韵》："～，病也。"❷象声词。陶宗仪《辍耕录·阿瘔瘔》："淮人寇江南日，于临阵之际，齐声大喊阿～～，以助军威。"

襘（禬）　guì　衣领的交结处。《左传·昭公十一年》："衣有～，带有结。"

鴂（鳺）　guì　见"鹈鴂"。

匮　guì　见 kuì。

趹　guì　见 jué。

跪　guì　❶跪着，两膝着地，腰和大腿伸直。《史记·魏其武安侯列传》："［田蚡］往来侍酒魏其，～起如子侄。"《后汉书·张步传》："步嘿然，良久，离席～谢。"❷足，脚。《荀子·劝学》："蟹六～而二螯。"《韩非子·内储说下》："门者刖～。"

簂（篋）　guì　妇人盖在头发上的饰巾。《后汉书·乌桓传》："妇人至嫁时乃养发，分为髻，著句决，饰以金碧，犹中国有～步摇。"（李贤注："字或为帼，妇人首饰也。"）

鐀（鐀）　guì　柜子，收藏东西的器具。《汉书·司马迁传》："［太史公］卒三岁而迁为太史令，紬史记石室金～之书。"

撅　guì　见 jué。

橛　guì　见 jué。

韇（韇）　guì　❶绣革。《国语·齐语》："制重罪赎以犀甲一戟，轻罪赎以～盾一戟。"❷折。《淮南子·原道训》："筋力劲强，耳目聪明，疏达而不悖，坚强而不～。"

【韇匏】　guìpáo　制革的工匠。《墨子·节用中》："凡天下群百工，轮车～～，陶冶梓匠，使各从其所能。"

蹶　guì　见 jué。

鱖（鱖）　1. guì　❶鱼名。生活于淡水中，肉味鲜美。张志和《渔歌子》词："西塞山前白鹭飞，桃花流水～鱼肥。"

2. jué　❷见"鱖鯞"。

【鱖鯞】　juézhǒu　鱼名。罗愿《尔雅翼·释鱼》："～～似鲫而小，黑色而扬赤，今人谓之旁皮鲫，又谓之婢妾鱼。"

gun

卷　gǔn　见 juǎn。

混　gǔn　见 hùn。

衮　gǔn　❶古代帝王或公侯穿的绣龙的礼服。《诗经·豳风·九罭》："我觏之子，～衣绣裳。"《后汉书·张衡传》："服～而朝，介圭作瑞。"㊀借指三公。《后汉书·张衡传》："董弱冠而司～兮，设王隧而弗处。"❷乐曲术语。急舞。范成大《真定舞》诗："老来未忍耆婆舞，犹奇黄钟～六幺。"

【衮衮】　gǔngǔn　❶连续不断的样子。杜甫《醉时歌》："诸公～～登台省，广文先生官独泠。"《新唐书·封伦传》："或与论天下事，～～不倦。"❷众多的样子。王涯《游春词》之二："鸟度时时冲絮起，花繁～～压枝低。"

【衮冕】 gǔnmiǎn ❶古代帝王或公侯的礼服和礼帽。《国语·周语中》："陈，我大姬之后也，弃～～而南冠以出，不亦简彝乎！"❷指入朝为官。《后汉书·孔僖传》："吾有布衣之心，子有～～之志，各从所好，不亦善乎！"

【衮阙】 gǔnquè 比喻帝王失德。蔡邕《胡公碑》："弘纲既整，～～以补。"

【衮司】 gǔnsī 指三公的职位。王俭《褚渊碑文》："今之尚书令，古之冢宰，虽职轻于～～，而任重于百辟。"

【衮职】 gǔnzhí ❶君主的职责。《诗经·大雅·烝民》："～～有阙，维仲山甫补之。"《三国志·魏书·管宁传》："～～有阙，群下属望。"❷三公之职。《后汉书·杨震传》："七在卿校，殊位特进，五登～～，弭难乂宁。"

绲(緄) gǔn ❶绳子。《诗经·秦风·小戎》："交韔二弓，竹闭～縢。"❷织带。曹植《七启》："～佩绸缪，或雕或错。"❸捆，束。《战国策·宋卫策》："卫君惧，束组三百～，黄金三百镒，以随使者南。"❹通"衮"。《高颐碑》："当登～职。"

辊(輥) gǔn ❶车毂匀整圆滚。《说文》引《周礼·考工记·轮人》："望其毂，欲其～。"❷滚动。李煜《望江海》词："船上管弦江面绿，满城飞絮～轻尘。"苏轼《南歌子·八月十八日观潮》词："雷～夫差国，云翻海若家。"

滚 gǔn ❶大水奔流的样子。《集韵·混韵》："～，大水流皃。或作混、浑。"❷滚动，旋转。《朱子语类》卷五十三："譬如甑蒸饭，气从下面～到上面又～下，只管在里面～，便蒸得熟。"❸混同。《朱子全书》卷二十四："如何～作一段看？"

【滚滚】 gǔngǔn 大水奔流的样子。辛弃疾《南乡子·登京口北固亭有怀》词："千古兴亡多少事，悠悠，不尽长江～～流。"

蓘 gǔn 为苗根培土。《左传·昭公元年》："譬如农夫，是穮是～，虽有饥馑，必有丰年。"

硍 gǔn ❶钟声闭闷。《周礼·春官·典同》："凡声，高声～。"❷滚动。楼钥《题龙眠画骑射抱球戏》诗："绣球飞～最难射，十中三四称为优。"

锟 gǔn 见 kūn。

鲧(鯀、鮌) gǔn 人名。相传为禹的父亲，治水无功。《史记·夏本纪》："～之治水无状，于是舜举～子禹而使续～。"

睔(睔) gùn 大眼睛的样子。《南齐书·张融传》："踬动崩五山之势，睔～焕七曜之文。"

棍 1. gùn ❶棍棒。纪君祥《赵氏孤儿》三折："是那一个实丕丕将着粗～敲，打的来痛杀杀精皮掉。"《西游记》二十七回："他的手重～凶，把人打死。"

2. hùn ❷混同。扬雄《解难》："是以声之眇者，不可同于众人之耳；形之美者，不可～于世俗之目。"❸捆，束。扬雄《反离骚》："～申椒与菌桂兮，赴江湖而沤之。"

guo

呙 guō 见 wāi。

活 guō 见 huó。

咶 guō 见 huá。

郭 guō ❶外城，在城外加筑的一道城墙。《管子·度地》："内为之城，城外为之～。"《后汉书·公孙述传》："成都～外有秦时旧仓。"㉑泛指城。李白《送友人》诗："青山横北～，白水绕东城。"❷四周，外围。《汉书·尹赏传》："赏至，修治长安狱，穿地方深各数丈，致令辟为～，以大石覆其口，名为虎穴。"(令辟：同"瓴甓"。砖。)《宋书·颜竣传》："元嘉中铸四铢钱，轮～形制与五铢同。"❸通"虢"。周代诸侯国名。《公羊传·僖公二年》："虞公不从其言，终假之道以取～。"

【郭郛】 guōfú 外城。张衡《西京赋》："经城洫，营～～。"欧阳修《夷陵县至喜堂记》："州居无～～，通衢不能容车马。"

【郭公】 guōgōng ❶布谷鸟的别名。李春光《寄朱希颜》诗之一："会有行人回首处，两边枫树～～啼。"❷傀儡。《乐府诗集·杂歌谣辞·邯郸郭公歌》引《乐府广题》："北齐后主高纬，雅好傀儡，谓之～～，时人戏为《郭公歌》。"

【郭索】 guōsuǒ 蟹爬行的样子。扬雄《太玄经·锐》："蟹之～～，后蚓黄泉。"亦借指蟹。陆游《道中病疡久不饮酒至鱼梁小酌因赋长句》："未尝脍唫喁，况敢烹～～。"(唫喁：指鱼。)

涡 guō 见 wō。

埚(堝) 1. guō ❶坩埚，熔化金属之器。《玉篇·土部》："～，甘埚，以烹炼金银。"

2. wō ❷地，地方。《辽史·营卫志

中》："鸭子河泺东西二十里，南北三十里，在长春州东北三十里，四面皆沙～，多榆柳杏林。"

崞 guō ❶山名。一在山西浑源县西北；一在山西原平市西北。《说文·山部》："～，山，在雁门。"❷地名。在今山西省。《后汉书·王霸传》："［王霸］与骠骑大将军杜茂会攻卢芳将尹由于～、繁畤，不剋。"

瘑(㾶) guō 疽疮。《玉篇·疒部》："～，疽疮。"

【瘑疥】 guōjiè 疥疮。《吴越春秋·夫差内传》："犹治救～～而弃心腹之疾，发当死矣。～～，皮肤之疾，不足患也。"

聒 guō 吵扰。《论衡·率性》："扬唇吻之音，～贤圣之耳。"王安石《答司马谏议书》："虽欲强～，终必不蒙见察。"

【聒耳】 guō'ěr 吵声扰耳。《抱朴子·广譬》："春蛙长哗，而丑音见患于～～。"嵇康《与山巨源绝交书》："或宾客盈坐，鸣声～～。"

【聒聒】 guōguō 吵闹。《尚书·盘庚上》："今汝～～，起信险肤，予弗知乃所讼。"欧阳修《鸣鸠》诗："日长思睡不可得，遭尔～～何时停？"

【聒天】 guōtiān 响声震天。《宋书·邓琬传》："孤亲总烝徒十有馀万，白羽咽川，霜锋照野，金声振谷，鸣鼙～～。"

【聒絮】 guōxù 唠叨。张国宾《薛仁贵》二折："军师大人，不嫌～～，听小将慢慢的说一遍咱。"《聊斋志异·巧娘》："华姑益怒，～～不已。"

【聒噪】 guōzào ❶吵闹，语言烦絮。白朴《梧桐雨》四折："则被他诸般儿雨声相～～。"❷谦词。打扰，对不起。《今古奇观·卖油郎独占花魁》："九妈送至门首，刘四妈叫声～～，上轿去了。"

锅(鍋) guō ❶车釭，即车毂穿轴的地方。又指系于车旁的盛油器。《方言》卷九："车釭，齐燕海岱之间谓之～，或谓之锟；自关而西谓之釭，盛膏者乃谓之～。"❷炊具，即今之锅。陆龟蒙《茶灶》诗："盈～玉泉沸，满甑云芽蒸。"

【锅户】 guōhù 指煎盐之民。《宋史·食货志下四》："故环海之湄，有亭户，有～～……正盐出于亭户，归之公上者也；浮盐出于～～，鬻之商贩者也。"

蝈(蟈) guō 蛙，虾蟆。《吕氏春秋·孟夏纪》："蝼～鸣，丘蚓出。"范成大《次韵温伯雨凉感怀》："排檐忽飞溜，蛙～鸣相酬。"

【蝈蝈】 guōguo 昆虫名。形似蚂蚱，短翅大腹，雄性善鸣。《红楼梦》四十回："板儿又跑过来看，说：'这是～～，这是蚂蚱。'"

【蝈氏】 guōshì 官名。掌除蛙类动物。《周礼·秋官·蝈氏》："～～，掌除蛙黾。"

蜮 guō 见 yù。

国(國、囯) guó ❶国家。《老子·十章》："爱民治～，能无为乎？"《后汉书·明德马皇后纪》："今马氏无功于～，岂得与阴、郭中兴之后等邪？"❷周代的诸侯国及汉以后侯王的封地。《孟子·离娄上》："天下之本在～，～之本在家，家之本在身。"《史记·高祖本纪》："四月，兵罢戏下，诸侯各就～。"❸国都，京城。《史记·郑世家》："庄公元年，封弟段于京，号太叔。祭仲曰：'京大于～，非所以封庶也。'"范仲淹《岳阳楼记》："登斯楼也，则有去～怀乡，忧谗畏讥，满目萧然，感极而悲者矣。"❹地域，乡土。王维《相思》诗："红豆生南～，春来发几枝？"杜甫《上白帝城》诗之一："取醉他乡客，相逢故～人。"

【国秉】 guóbǐng 同"国柄"。国家政权。《论衡·骨相》："君后三岁而入将相，持～～，贵重矣，于人臣无两。"

【国柄】 guóbǐng 国家政权。《韩非子·人主》："大臣太贵，所谓贵者，无法而擅行，操～～而便私者也。"《管子·立政》："一曰大德不至仁，不可以授～～。"

【国步】 guóbù 国家的命运。《诗经·大雅·桑柔》："於乎有哀，～～斯频。"（频：危急。）谢庄《孝武帝哀策文》："王室多故，～～方蹇。"

【国常】 guócháng 国家的常法。《左传·襄公二十三年》："毋或如叔孙侨如，欲废～～，荡覆公室。"

【国朝】 guócháo 本朝。曹植《求自试表》："若此终年，无益～～。"韩愈《荐士》诗："～～盛文章，子昂始高蹈。"（子昂：陈子昂。）

【国耻】 guóchǐ 国家所蒙受的耻辱。《后汉书·刘虞传》："今天下崩乱，主上蒙尘，吾被重恩，未能清雪～～。"

【国除】 guóchú 封国被废。《史记·留侯世家》："留侯不疑，孝文帝五年坐不敬，～～。"《后汉书·刘盆子传》："祖父宪，元帝时封为式侯，父萌嗣。王莽篡位，～～。"

【国储】 guóchǔ ❶皇太子。《汉书·疏广传》："太子～～副君，师友必于天下英俊，不宜独亲外家许氏。"❷国家的储备。《隋书·食货志》："常调之外，逐丰稔之处，折捐籴粟，以充～～。"

【国典】 guódiǎn 国家的典章制度。《三国志·魏书·曹爽传》："今大将军爽背弃顾命，败乱～～，内则僭拟，外专威权。"《北史·王肃传》："肃明练旧事，虚心受委，朝仪～～，咸自肃出。"

【国度】 guódù ❶国家的法度。崔骃《司徒箴》："尹氏不堪，～～斯愆。"❷国家的用度。梁武帝《答皇太子请御讲敕》："缘边未入，～～多乏。"

【国风】 guófēng ❶国家的风俗。《史记·殷本纪》："武丁即位，思复兴殷，而未得其佐。三年不言，政事决定于冢宰，以观～～。"宋中《送韦参军》诗："～～冲融迈三五，朝廷欢乐弥寰宇。"❷《诗经》的一个部分，主要是民歌，自《周南》至《豳风》，共十五国风，一百六十篇。

【国故】 guógù 国事，国家的变故。《吕氏春秋·士节》："北郭子为～～死，吾将为北郭子死也。"苏轼《与滕达道书》之二："别后不意遽闻～～，哀号追慕，迨今未已。"近代指我国古代的学术文化。

【国讳】 guóhuì ❶帝王的避讳。书写帝王的名字时以它字代替或写成缺笔。《唐六典·礼部尚书》："若写经史群书及撰录旧事，其文有犯～～者，皆为字不成。"❷国丧。《宋书·萧思话传》："下官近在历下，始奉～～。"

【国计】 guójì ❶国家的财政。《荀子·富国》："潢然使天下必有馀，而上不忧不足，如是则上下俱富，交无所藏之，是知～～之极也。"❷治国的大计。《三国志·魏书·华歆传》："君深虑～～，脱甚嘉之。"《宋史·张方平传》："此～～大本，非常奏也。"

【国家】 guójiā ❶古代诸侯称国，大夫称家。亦泛指整个国家。《孟子·离娄上》："人有恒言，皆曰天下～～。天下之本在国，国之本在家。"《汉书·高帝纪下》："填～～，抚百姓，给饷馈，不绝粮道，吾不如萧何。"（填：通"镇"。）❷帝王的别称。《晋书·陶侃传》："侃厉色曰：'～～年小，不出胸怀。'"（国家：指成帝。）

【国老】 guólǎo ❶告老退职的卿大夫。《左传·僖公二十七年》："～～皆贺子文。"柳宗元《四门助教厅壁记》："周人置虞庠于四郊，以养～～，教胄子。"❷甘草的别名。《本草纲目·草部一》："[甘草]调和众药有功，故有～～之号。"

【国命】 guómìng ❶国家的政令。《论语·季氏》："陪臣执～～，三世希不失矣。"（陪臣：大夫的家臣。）《汉书·成帝纪赞》："建始以来，王氏始执～～。"❷国家的命脉。《论衡·命义》："故～～胜人命，寿命胜禄命。"

【国器】 guóqì ❶国之大器，指具有治国才能的人。《史记·晋世家》："晋公子贤而困于外久，从者皆～～。"又《韩长孺列传》："于梁举壶遂、臧固、郅他，皆天下名士，士亦以此称慕之，唯天子以为～～。"❷国家的宝器，如钟鼎之属。《抱朴子·任命》："或运思于立言，或铭勋乎～～，殊途同归，其致一也。"

【国容】 guóróng ❶国法，国家的礼仪。《司马法·天子之义》："古者～～不入军，军容不入国。"李白《古风》之四十六："一百四十年，～～何赫然。"❷犹国色，指女子容貌出众。富嘉谟《丽色赋》："俄而世姝即，～～进。"

【国色】 guósè ❶容貌出众的女子。《公羊传·昭公三十一年》："颜夫人者，妪盈女也，～～也。"《三国志·吴书·周瑜传》："时得桥公两女，皆～～也。"❷指牡丹花。刘禹锡《赏牡丹》诗："惟有牡丹真～～，花开时节动京城。"

【国殇】 guóshāng 指为国牺牲的人。《楚辞·九歌》有《国殇》篇，悼念为国捐躯的战士。鲍照《代出自蓟北门行》："投躯报明主，身死为～～。"

【国师】 guóshī ❶国家的军队。《左传·襄公十八年》："子殿～～，齐之辱也。"❷汉王莽所设的官职，与太师、太傅、国将并称四辅。《后汉书·卓茂传》："及王莽篡位，遣使赍玄纁、束帛，请为～～。"❸太师的别称。《后汉书·赵典传》："公卿复表典笃学博闻，宜备～～。"❹指国子祭酒。《南史·王承传》："俄转国子祭酒，承祖俭父暕，皆为此职，三世为～～。"❺帝王赐给高僧的尊号。如北齐以法常为国师，唐肃宗时有慧忠国师。

【国史】 guóshǐ ❶一国或一朝的历史。杜预《春秋经传集解序》："诸侯亦各有～～。"《后汉书·班固传》："既而有人上书显宗，告固私改～～者。"❷史官。《诗经·周南·关雎序》："～～明乎得失之迹。"杜预《春秋经传集解序》："身为～～，躬览载籍，必广记而备言之。"

【国士】 guóshì 国中才干杰出的人。《战国策·赵策一》："知伯以～～遇臣，臣故～～报之。"《史记·淮阴侯列传》："诸将易得耳，至如信者，～～无双。"

【国事】 guóshì 国家的政事。《战国策·魏策一》："公叔痤对曰：'痤有御庶子公孙鞅，愿王以～～听之也。为弗能听，勿使出竟。'"《史记·屈原贾生列传》："入则与王图议～～，以出号令。"

【国是】 guóshì 犹国事，国家大计。刘向《新序·杂事二》："愿相国与诸大夫共定～～。"《后汉书·桓谭传》："君臣不合，则～～无从定矣。"

【国手】 guóshǒu 国中擅长某种本领的第一流人物。白居易《醉赠刘二十八使君》诗："诗称～～徒为尔，命压人头不奈何。"刘克庄《读刘宾客集》诗："森严似听元戎令，机警如看～～棋。"

【国体】 guótǐ ❶治国之法。《汉书·艺文志》："兼儒墨，合名法，知～～之有此，见王治之无不贯，此其所长也。"又《贾谊传赞》："贾谊言三代与秦治乱之意，其论甚美，通达～～，虽古之伊、管未能远过也。"❷国之肢体，比喻重臣。《穀梁传·庄公二十四年》："大夫，～～也。"

【国网】 guówǎng 国家的法网。任昉《齐竟陵文宣王行状》："～～天宪，寘诸掌握，未尝鞫人于轻刑，锢人于重议。"

【国香】 guóxiāng ❶花香甲于一国。《左传·宣公三年》："以兰有～～，人服媚之如是。"后用以指称兰花，亦形容其他花。范成大《种兰》诗："但知爱～～，此外付乌有。"杨万里《蜡梅》诗："天向梅梢别出奇，～～未许世人知。"❷借指人的品德高尚。温庭筠《中书令裴公挽歌词》之二："～～荀令去，楼月庾公来。"

【国恤】 guóxù ❶国难。《左传·襄公四年》："志其～～而思其麀牡。"❷指皇帝或皇后之丧。《元史·仁宗纪一》："朕以～～方新，诚有未忍。"

【国学】 guóxué 国家设立的学校。《周礼·春官·乐师》："掌～～之政，以教国子小舞。"近代称古代的文化学术为国学。

【国胤】 guóyìn 皇位继承人。《后汉书·襄楷传》："～～不兴，孝冲、孝质频世短祚。"

【国政】 guózhèng ❶国家的政事。《左传·文公二年》："孟明增修～～。"《史记·赵世家》："灵公既立，赵盾益专～～。"❷正卿，执政者。《史记·晋世家》："誓军旅，君与～～之所图也，非太子之事也。"

【国子】 guózǐ 公卿大夫的子弟。《汉书·艺文志》："古者八岁入小学，故周官保氏掌养～～，教之六书。"《三国志·魏书·刘馥传》："宜高选博士，取行为人表，经任人师者，掌教～～。"

【国祚】 guózuò ❶帝王之位。祚，通"阼"。《后汉书·顺冲质帝纪论》："古之人君，离幽放而反～～者有矣。"❷指国家的命运。陈亮《箴铭赞》："～～若旒，谁任其责。"

菌（蔮） guó 妇女盖发的头巾。字亦作"帼"。《后汉书·舆服志下》："公、卿、列侯、中二千石、二千石夫人，绀缯～，黄金龙首衔白珠。"

掴（摑） guó 打，用巴掌打。卢仝《示添丁》诗："父怜母惜～不得，却生痴笑令人嗟。"叶梦得《避暑录话》卷下："执之十字路口，痛与百人～。"

埻 guó 见 zhǔn。

帼（幗） guó 妇女盖发的头巾。《三国志·魏书·明帝纪》注引《魏氏春秋》："亮既屡遣使交书，又致巾～妇人之饰，以怒宣王。"

腘（膕） guó 腿弯，膝后弯曲处。《荀子·富国》："虽为之逢蒙视，诎要桡～……由将不足以免也。"（诎要：屈腰。）

菰 guó 见"菰蓏"。

【菰蓏】 guólóu 土瓜。多年生攀援草本植物。果皮、种子和根可入药。《玉篇·艸部》："菰蓏，土瓜也。"王禹偁《月波楼咏怀》："谁家上元灯，儿戏刳～～？"

馘（聝） 1. guó ❶战争中割取所杀敌人的左耳以计功。《左传·宣公二年》："俘二百五十人，～百。"《三国志·魏书·陈思王植传》："虽未能禽权～亮，庶将虏其雄率，歼其丑类。"㉑割下的敌人的左耳。《三国志·魏书·武帝纪》："殄之渭南，献～万计。"㊣指左耳。茅坤《青霞先生文集序》："甚且及敌之退，则割中土之战没者与野行者之～以为功。"

2. xù ❷脸。苏轼《志林·战国任侠》："不知其能槁项黄～以老死于布褐乎？"

漍 guó 见"漍漍"。

【漍漍】 guóguó 流水声。韩愈《蓝田县丞厅壁记》："庭有老槐四行，南墙钜竹千梃，俨立若相持，水～～循除鸣。"

果（菓） 1. guǒ ❶木本植物结的果实。《韩非子·外储说左下》："～蓏有六，而桃为下。"（蓏：草本植物所结的瓜果。）《后汉书·杜林传》："～桃菜茹之馈，集以成臧。"㉑饱满，充实。《庄子·逍遥遊》："适莽苍者，三餐而反，腹犹～然。"❷实现，完成。《史记·游侠列传》："今游侠，其行虽不轨于正义，然其言必信，其行必～，已诺必诚。"欧阳修《尹师鲁墓志铭》："初师鲁在渭州，将吏有违其节度者，欲按军法斩之而不～。"❸结局，结果。《南史·范缜传》："贵贱虽复殊途，因～竟在何处？"❹果断。《国语·晋语一》:"君盍使之伐狄,以观其~于众也,与众之信辑睦焉。"《晋书·舆服志》:"鹖,鸟名也,形似鹞而微黑,性~勇。"❺终究,果然。《战国策·秦策一》:"魏兵罢弊,恐畏秦,~献西河之外。"《后汉书·张奂传》:"及为将帅,~有勋名。"❻果真,当真。《国语·晋语一》:"骊姬~作难,杀太子而逐二公子。"《史记·孝武本纪》:"已而案其刻,~齐桓公器。"

2. guàn ❼通"祼"。灌祭。《周礼·春官·小宗伯》:"辨六彝之名物以待~将。"

3. wǒ ❽女侍,侍奉。《孟子·尽心下》:"及其为天子也,被袗衣,鼓琴,二女~,若固有之。"

【果腹】 guǒfù 吃饱肚子。柳宗元《赠王孙文》:"充嗛~~兮,骄傲欢欣。"

【果敢】 guǒgǎn 果断敢行。《吕氏春秋·贵直》:"故三年而士尽~~。"《南史·司马申传》:"性又~~,善应对。"

【果劲】 guǒjìng 果敢强劲。《三国志·魏书·袁绍传》:"北兵数众而~~不及南,南谷虚少而货财不及北。"

【果决】 guǒjué 果断。《晋书·乐道融传》:"[甘]卓性不~~,且年老多疑。"欧阳修《答子华学士》诗:"迟疑与~~,利害及掌间。"

【果烈】 guǒliè 果断刚直。陈琳《檄吴将校部曲文》:"凡此之辈数百人,皆忠壮~~,有智有仁。"《三国志·吴书·孙翊传》:"孙翊,字叔弼,权弟也,骁悍~~,有兄策风。"

【果蓏】 guǒluǒ 即栝楼、苦蒌、菰薽,一种蔓生攀援植物,其果根可入药。《诗经·豳风·东山》:"~~之实,亦施于宇。"

【果然】 guǒrán ❶果真如此。表示事情与所预料的相符。《汉书·项籍传》:"人谓楚人沐猴而冠,~~。"❷饱足的样子。白居易《夏日作》诗:"饭讫盥洗已,扪腹方~~。"❸兽名,即长尾猴。《太平御览》卷九一〇引《山海经》:"~~兽,似猕猴,以名自呼,色苍黑,群行。"

【果下】 guǒxià 形容矮小的牛马。因乘之可行于果树之下,故名。《尔雅·释畜》"犤牛"郭璞注:"犤牛,庳小,今之㹀牛,又呼~~牛。"《后汉书·东夷传》:"[涉]有~~马。"

【果毅】 guǒyì ❶果断坚强。《国语·周语中》:"故制戎以~~,制朝以序成。"潘岳《马汧督诔》:"忠勇~~,率厉有方。"❷唐代统府兵之官。如薛仁贵授游击将军,云泉府果毅。

【果贼】 guǒzéi 刚烈凶狠。《汉书·游侠传》:"[王]莽性~~,无所容忍。"

猓

guǒ 见"猓然"。

【猓然】 guǒrán 兽名。长尾猴。左思《吴都赋》:"狖鼯~~,腾趠飞超。"亦作"猓猔"。李肇《国史补》卷下:"剑南人之采~~者,获一~~,则数十~~可尽得矣。"

椁(槨)

guǒ ❶外棺,套在棺材外面的部分。《史记·酷吏列传》:"[张]汤母曰:'汤为天子大臣,被污恶言而死,何厚葬乎!'载以牛车,有棺无~。"《后汉书·周磐传》:"桐棺足以周身,外~足以周棺。"❷测度。《周礼·考工记·轮人》:"~其漆内而中诎之。"(郑玄注引郑众云:"椁者,度两漆之内相距之尺寸也。")

辌(輠)

1. guǒ ❶车上用的盛油器。加热后则油流出,以润滑车轴。《史记·孟子荀卿列传》"炙毂过髡"裴骃集解引刘向《别录》云:"过字作~,~者,车之盛膏器也。"《晋书·儒林传赞》:"炙~流誉,解颐飞辩。"(炙辌:比喻言辞滔滔不绝。)

2. huì ❷转动。《礼记·杂记下》:"叔孙武叔朝,见轮人以其杖关毂而~轮者。"

锞(錁)

1. guǒ ❶同"辌"。车上用的盛油器。《集韵·果韵》:"膏车器曰辌,或从金。"

2. kè ❷锞子,金银铸成的锭。《红楼梦》十八回:"宝玉和贾兰是金银项圈二个,金银~二对。"

蜾

guǒ 见"蜾蠃"。

【蜾蠃】 guǒluǒ 一种青黑色的细腰土蜂,常用泥土在墙上或树枝上作窝,捕捉螟蛉以喂幼虫。《诗经·小雅·小宛》:"螟蛉有子,~~负之。"

裹

guǒ ❶包,包扎。《诗经·大雅·公刘》:"乃~餱粮,于橐于囊。"(餱粮:干粮。)《史记·孙子吴起列传》:"卧不设席,行不骑乘,亲~赢粮,与士卒分劳苦。"❷包儿,包好的东西。杜甫《酬郭十五判官受》诗:"药~关心诗总废,花枝照眼句还成。"❸花房,花瓣。宋玉《高唐赋》:"绿叶紫~,丹茎白蒂。"❹草子。郭璞《江赋》:"翘茎瀵蕊,濯颖散~。"

【裹缠】 guǒchán 指日常的生活费用。赵孟頫《送高二卿还湖州》诗:"太仓粟陈未易籴,中都俸薄难~~。"

【裹肚】 guǒdù 兜肚,腰巾。《京本通俗小说·碾玉观音上》:"看见令爱身上系着一条绣~~。"张昱《辇下曲》:"只孙宫样青红锦，～～圆文宝相珠。”

【裹革】 guǒgé 马革裹尸，指战死。员半千《陇头水》诗：“喋血多壮胆，～～无怯魂。”

【裹粮】 guǒliáng 出行携带干粮。《孟子·梁惠王下》：“故居者有积仓，行者有～～也。”（一本“粮”作“囊”。）孙樵《书褒城驿壁》：“吾闻开元中，天下富蓄，号为理平，踵千里者不～～。”

【裹头】 guǒtóu ❶男子成年以巾裹头，是古代加冠的遗意。杜甫《兵车行》：“去时里正与～～，归来头白还戍边。”❷指出行者所带的财物。《旧唐书·韦嗣立传》：“凡是封户，不胜侵扰，或输物多索～～，或相知要取中物。”

【裹足】 guǒzú 缠裹其足。常用以比喻止步不前。《战国策·秦策三》：“臣之所恐者，独恐臣死之后，天下见臣尽忠而身蹶也，是以杜口～～，莫肯即秦耳。”《后汉书·郅恽传》：“君不授以重任，驥亦俛首～～而去耳。”

过（過） 1. guò ❶经过。《国语·周语中》：“秦师将袭郑，～周北门。”《楚辞·九章·哀郢》：“～夏首而西浮兮，顾龙门而不见。”❷超过，胜过。《左传·隐公元年》：“都城～百雉，国之害也。”《孟子·梁惠王上》：“古之人所以大～人者，无他焉，善推其所为而已矣。”㊂过分。《吕氏春秋·务本》：“主虽～与，臣不徒取。”柳宗元《答韦中立论师道书》：“今书来，言者皆大～。”❸过错，犯错误，错误地。《左传·宣公二年》：“人谁无～，～而能改，善莫大焉。”《后汉书·杨震传》：“老臣～受师傅之任，数蒙宠异之恩。”❹罪，加罪。《史记·仲尼弟子列传》：“灵公太子蒉聩得～南子，惧诛出奔。”《汉书·高帝纪上》：“闻将军有意督～之，脱身去。”❺失。《国语·周语上》：“夫天地之气，不失其序，若～其序，民乱之也。”《管子·立政》：“宁～于君子，而毋失于小人。”❻拜访，探望。《战国策·齐策四》：“[冯谖]于是乘其车，揭其剑，～其友。”《汉书·韩信传》：“尝～樊将军哙，哙趋拜送迎，言称臣。”❼过去。杜甫《阻雨不得归瀼西甘林》诗：“三伏适已～，骄阳化为霖。”梅尧臣《送韩子华归许昌》诗：“不值风雨暴，杏～梨已开。”❽次，遍。陆云《与兄平原书》：“前后读兄文一再～。”苏轼《又答王庠书》：“但卑意欲少年为学者，每一书皆做数～尽之。”

2. guō ❾古国名。故地在今山东莱州北。《左传·哀公元年》：“遂灭～、戈，复禹之绩。”❿姓。

【过差】 guòchā ❶过错差失。《汉书·礼乐志》：“礼以养人为本，如有～～，是过而养人也。”❷过分。《三国志·蜀书·张飞传》：“先主常戒之曰：‘卿刑杀既～～，又日鞭挝健儿，而令在左右，此取祸之道也。’”

【过从】 guòcóng ❶互相往来。黄庭坚《次韵德孺五丈新居病起》诗：“稍喜～～近，扶筇不驾车。”归有光《邢州叙述》诗：“得友天下士，旦夕相～～。”❷应付，周旋。商衟《一枝花·远寄》曲：“待勉强～～，枉费神思。”

【过存】 guòcún 问候。存，问。《后汉书·马援传》：“援间至河内，～～伯春。”（伯春：隗嚣之子。）

【过法】 guòfǎ ❶严法。《史记·老庄申韩列传》：“今王不用，久留而归之，此自遗患也，不如以～～诛之。”❷超越法度。《汉书·韩延寿传》：“因与议定嫁娶丧祭仪品，略依古礼，不得～～。”

【过犯】 guòfàn 过失犯罪。韩愈《曹成王碑》：“诬以～～。”王实甫《西厢记》三本二折：“分明是你～～，没来由把我摧残。”

【过房】 guòfáng 无子而以兄弟或他人之子为后。欧阳修《濮议》：“但习见闾阎里俗，养～～子及异姓乞养义男之类，畏人知者，皆讳其所生父母。”

【过更】 guògēng 古代以钱代役的一种徭役制度。应服役的人出钱入官，由官另雇人代为服役。《史记·游侠列传》“每至践更，数过，吏弗求”裴骃集解引如淳曰：“更有三品：有卒更，有践更，有～～。”

【过计】 guòjì 计议错误，失策。《荀子·富国》：“夫不足，非天下之公患也，特墨子之私忧～～也。”《战国策·齐策六》：“彼燕国大乱，君臣～～，上下迷惑。”

【过举】 guòjǔ 错误的举动。《吕氏春秋·达郁》：“是以下无遗善，上无～～。”《史记·梁孝王世家》褚少孙补：“人主无～～，不当有戏言，言之必行之。”

【过客】 guòkè 过往的宾客。《汉书·赵敬肃王刘彭祖传》：“诸使～～，以彭祖险陂，莫敢留邯郸。”李白《春夜宴桃花园序》：“夫天地者，万物之逆旅；光阴者，百代之～～。”

【过目】 guòmù 经过阅览，看过。《晋书·王接传》：“学～～而知，义触类而长。”又《苻融载记》：“耳闻则诵，～～不忘。”

【过世】 guòshì ❶超脱世俗。《庄子·盗跖》：“今夫此人，以为与己同时而生，同乡而处者，以为夫绝俗～～之士焉。”❷去世，死。《晋书·苻登载记》：“[姚苌]亦于军中立坚神主，请曰：'……陛下虽～～为神，岂假手苻登而图臣，忘前征时言邪？'"

【过所】 guòsuǒ 古代过关所用的凭证。《魏书·元丕传》："今京师旱俭，欲听饥贫之人出关逐食。如欲给～～，恐稽延时日，不救灾窘。"

【过庭】 guòtíng 《论语·季氏》："尝独立，鲤趋而～～。"（鲤：孔鲤，孔子之子。）此谓经过中庭。后以"过庭"或"过庭之训"表示接受父教。《后汉书·李膺传》："久废～～，不闻善诱。"《晋书·夏侯湛传》："仆也承门户之业，受～～之训，是以得接冠带之末，充乎士大夫之列。"

【过望】 guòwàng 超出原来的希望。《汉书·英布传》："出就舍，张御食饮从官，如汉王居。布又大喜～～。"

【过行】 guòxíng 错误的行为。《史记·孝文本纪》："朕既不敏，常畏～～，以羞先帝之遗德。"《三国志·魏书·王昶传》："古者盘杅有铭，几杖有诫，俯仰察焉，用无～～。"

【过谒】 guòyè 过其门而谒见。《后汉书·梁冀传》："南郡太守马融、江夏太守田明初除，～～不疑，[梁]冀讽州郡以它事陷之，皆髡笞徙朔方。"

【过意】 guòyì 过分关心。《史记·平津侯主父列传》："今臣弘罢驽之质，无汗马之劳，陛下～～擢臣卒伍之中，封为列侯，致位三公。"（弘：公孙弘自称。）《汉书·贡禹传》："陛下～～征臣，臣卖田百亩以供车马。"

【过犹不及】 guòyóubùjí 事情做得过头和做得不够是一样的，都不合要求。语出《论语·先进》："子贡问师与商也孰贤，子曰：'师也过，商也不及。'曰：'然则师愈与？'子曰：'～～～～。'"（师：子张；商：子夏。皆孔子弟子。）《荀子·王霸》："既能治近，又务治远，既能治明，又务见幽，既能当一，又务正百，是过者也，～～～～也。"

涡（渦） guō 水名。源出河南通许县，东南流至安徽亳州市纳惠济河后，经涡阳、蒙城至怀远县入淮。《汉书·地理志下》："～水首受狼汤渠，东至向入淮，过郡三，行千里。"

H

ha

呵 hā 见 hē。

虾 há 见 xiā。

蛤 há 见 gé。

hai

哈 hāi ❶笑，嘲笑。《楚辞·九章·惜诵》："行不群以巅越兮，又众兆之所～。"杜甫《秋日荆南述怀》诗："休为贫士叹，任受众人～。"❷喜悦，欢笑。韩愈《感春》诗："前随杜尹拜表回，笑言溢口何欢～。"白居易《登香炉峰遇雨》诗："袜污君相谑，鞋穿我自～。"❸叹词。表示招呼。王实甫《西厢记》四本一折："～！怎不肯回过脸儿来？"《聊斋志异·佟客》："～！返矣！一顶绿头巾，或不能压人死耳。"❹助词。加强乐曲节奏。汤显祖《还魂记·冥判》："猛见了荡地惊天女俊才，～也么～，来俺里来。"

【哈台】 hāitái 睡觉时打鼾声。《世说新语·雅量》："许（璪）上床便～～大鼾。"陆游《游山》诗："酒市拥途观鬼峨，僧庐借榻寄～～。"

嗨 hāi 叹词。表示惋惜或懊丧。马致远《汉宫秋》三折："～！可惜！可惜！昭君不肯入番，投江而死。"

还 hái 见 huán。

咳 1. hái ❶小孩笑。《礼记·内则》："父执子之右手，～而名之。"❷语气词。表示感叹、催促等。董解元《西厢记诸宫调》卷六："快行么娘～！"❸通"阂"。阻隔。《晏子春秋·外篇·不合经术者》："足游浮云，背凌苍天，尾偃天间，跃啄北海，颈尾～于天地。"

2. ké ❹通"欬"。咳嗽。《礼记·内则》："不敢哕噫、嚏～。"（哕噫：呃逆。）

3. hāi ❺叹词。《红楼梦》十七回："～！无知的蠢物。"

【咳婴】 háiyīng 初知笑的婴儿。《史记·扁鹊仓公列传》："不能若是，而欲生之，曾不可以告～～之儿。"

【咳唾】 kétuò 比喻谈吐、议论。《庄子·渔父》："孔子曰：'曩者先生有绪言而去，丘不肖，未知所谓，窃待于下风，幸闻～～之音，以卒相丘也。'"李白《妾薄命》诗："～～落九天，随风生珠玉。"

孩 hái ❶同"咳"。婴儿笑。《老子·二十章》："我独泊兮其未兆，如婴儿之未～。"❷小孩，幼儿。柳宗元《种树郭橐驼传》："字而幼～，遂而鸡豚。"陶渊明《命子》诗："日居月诸，渐免于～。"李密《陈情表》："臣以险衅，夙遭闵凶，生～六月，慈父见背。"㉠幼小，幼稚。《国语·吴语》："今王播弃黎老，而近～童焉。"㊇当作婴儿看待。《老子·四十九章》："百姓皆注其耳目，圣人皆～之。"㊇指幼小动物。《礼记·月令》："毋覆巢，毋杀～虫。"❸姓。《辽史》有《孩里传》。

【孩抱】 háibào 年幼，幼小。《后汉书·周章传》："和帝崩，邓太后……贪殇帝～～，养为己子，故立之。"《三国志·魏书·杨阜传》："文皇帝、武宣皇后崩，陛下皆不送葬，……何至～～之赤子而送葬也哉？"

【孩虎】 háihǔ 小老虎。杜甫《王兵马使二角鹰》诗："杉鸡竹兔不自惜，～～野羊俱辟易。"

【孩末】 háimò 幼儿。《三国志·魏书·文昭甄皇后传》注引孙盛语："于礼，妇人既无封爵之典，况于～～，而可建以大邑乎？"

【孩孺】 háirú 幼儿。沈约《南齐禅林寺尼净秀行状》："挺慧悟于旷劫，体妙解于当年，而性调和绰，不与凡～～同数。"《北史·高颎传》："～～时，家有柳树，高百许尺，亭亭如盖。"

【孩乳】 háirǔ 婴儿哺乳期。《后汉书·虞延传》："延从女弟，年在～～，其母不能活之，弃于沟中。"又《清河孝王庆传》："皇太子有失惑无常之性，爰自～～，至今益章。"

【孩提】 háití 开始会笑的幼儿。韩愈《祭十二郎文》："汝之子始十岁，吾之子始五岁，少而强者不可保，如此～～者，又可冀其成立邪？"陆九渊《贵溪重修县学记》："～～之童，无不亲爱其亲，及其长也，无不知敬其兄。"

【孩稚】 háizhì 幼儿。《颜氏家训·音辞》："吾家儿女，虽在～～，便渐督正之。"梁武帝《移京邑檄》："而一朝齑粉，～～无遗，人神怨结，行路嗟愤。"

骸 hái ❶骨，尸骨。《史记·三王世家》："宜专边塞之思虑，暴～中野无以报。"苏轼《表忠观碑》："而河东刘氏，百战守死，以抗王师，积～为城，酾血为池，竭天下之力，仅乃克之。"❷特指胫骨，小腿骨。《素问·骨空论》："膝解为～关，侠膝之骨为连～，～下为辅。"（侠：通"夹"。）❸形体的总称。《庄子·德充符》："直寓六～。"《后汉书·陈龟传》："臣龟蒙恩累世，驰骋边垂，虽展鹰犬之用，顿毙胡虏之庭，魂～不返，荐享狐狸，犹无以塞厚责，答万分也。"

【骸骨】 háigǔ ❶尸骨。《吕氏春秋·禁塞》："故暴～～无量数，为京丘若山陵。"《后汉书·西南夷传》："～～委积，千里无人。"❷身体。《史记·项羽本纪》："项王乃疑范增与汉有私，稍夺之权。范增大怒，曰：'天下事大定矣，君王自为之。愿赐～～归卒伍。'"《汉书·疏广传》："即日父子俱移病，满三月赐告，广遂称笃，上疏乞～～。"旧时称一身为上尽事，故辞官称"乞骸骨"。

海 hǎi ❶大洋靠近陆地的部分，小于洋的水域。《韩非子·说林上》："失火而取水于～，～水虽多，火必不灭矣，远水不救近火也。"曹操《步出夏门行·观沧海》："东临碣石，以观沧～。"㊇指海水。《汉书·晁错传》："吴王即山铸钱，煮～为盐。"袁枚《随园诗话》卷九："戴雪村学士典试顺天，为忌者所伤，落职家居。其饮酒如长鲸吸～，卒以此成疾，亡沅州。"㊇大的湖泊。《汉书·苏武传》："[匈奴]乃徙武北～上无人处。"❷比喻容量极大或指大的容器。《水浒传》八十二回："叫开御酒，取过银酒～，都倾在里面。"《红楼梦》二十六回："宝玉把盏，斟了两大～。"❸比喻人或事物积聚成一片。司空图《与李生论诗书》："鲸鲵人～涸，魑魅棘林高。"陆游《休日感兴》诗："宦～风波实饱经，久将人世寄邮亭。"❹从海外来的物品。温庭筠《菩萨蛮》词："池上～棠梨，雨晴红满枝。"江总《山庭春日》诗："岸绿开河柳，池红照～榴。"

【海表】 hǎibiǎo 指我国四境以外僻远之地。《尚书·立政》："方行天下，至于～～。"《三国志·魏书·王烈传》："太祖命为丞相掾,征事,未至,卒于～～。"

【海濒】 hǎibīn 海滨。《汉书·隽不疑传》:"不疑据地曰:'窃伏～～,闻暴公子威名旧矣。'"《后汉书·西域传》:"其条支、安息诸国至于～～四万里外,皆重译贡献。"

【海捕】 hǎibǔ 官府行文各地通缉逃亡或藏匿的人犯。《水浒传》三回:"鲁达在逃,行开个～～急递的文书,各路追捉。"

【海错】 hǎicuò 《尚书·禹贡》:"厥贡盐絺,海物惟错。"后因称各种海味为海错。沈约《究竟慈悲论》:"秋禽夏卵,比之如浮云。山毛～～,事同于腐鼠。"苏轼《丁公默送蝤蛑》诗:"蛮珍～～闻名久,怪雨腥风入坐寒。"

【海岱】 hǎidài 指今山东渤海至泰山之间的地带。《尚书·禹贡》:"～～惟青州。"杜甫《登兖州城楼》诗:"浮云连～～,平野入青徐。"

【海甸】 hǎidiàn 近海的地区。孔稚珪《北山移文》:"张英风于～～,驰妙誉于浙右。"杜甫《奉送王信州崟北归》诗:"壤歌唯～～,画角自山楼。"

【海盖】 hǎigài 谓雾气笼罩海上如盖。刘敞《檀州》诗:"市声衙日集,～～午时消。"

【海涵】 hǎihán 比喻人宽宏大量,能容物,如海之纳百川。王僧孺《为临川王让太尉表》:"陛下～～春育,日镜云伸。"苏轼《湖州谢上表》:"天覆群生,～～万族。"后常用为请人原谅之词。无名氏《袁文正还魂记传奇·千秋》:"恰才我舍弟言语冒渎,望大人～～。"

【海徼】 hǎijiào 近海的边地。刘长卿《赠元容州》诗:"～～长无戍,湘山独种畲。"曾巩《福州谢到任表》:"慰～～之幽荒,布德音之宽大。"

【海客】 hǎikè ❶航海者。骆宾王《饯郑安阳入蜀》诗:"～～乘槎渡,仙童驭竹回。"李白《梦游天姥吟留别》:"～～谈瀛洲,烟涛微茫信难求。"❷浪迹四方的人。张固《幽闲鼓吹》:"丞相牛公(僧孺)应举,知于顿相之奇俊也,特诣襄阳求知。住数月两见,以～～遇之。牛公怒而去。"《聊斋志异·道士》:"道士能豪饮。徐见其衣服垢敝,颇偃蹇,不甚为礼,韩亦～～遇之。"

【海口】 hǎikǒu ❶口大而深。古以为圣人的奇表异相。《诗经·大雅·生民》孔颖达疏:"谓有奇表异相,若孔子之河目～～,文王之四乳龙颜之类。"王维《为相国王公紫芝木瓜赞》:"而我相公生而英姿,河目～～。"❷夸口,说大话。无名氏《百花亭》一折:"你看这生说～～哪。"❸内河通海的地方。《旧唐书·韩愈传》:"过～～,下恶水,涛泷壮猛,难计期程。"《续资治通鉴·元顺帝至正二十六年》:"翌日,茂才追至浮子门,遇海舟五百艘遮～～。"

【海湄】 hǎiméi 海边。嵇康《琴赋》:"周旋永望,邈若凌飞。邪睨崑崙,俯阚～～。"李白《大鹏赋》:"然后六月一息,至于～～。"

【海门】 hǎimén 海口。即内河通海之处。韦应物《赋得暮雨送李胄》诗:"～～深不见,浦树远含滋。"吴琚《酹江月·观潮应制》词:"晚来波静,～～飞上明月。"

【海纳】 hǎinà 比喻包罗甚广。袁宏《三国名臣序赞》:"景山(徐邈)恢诞,韵与道合。形器不存,方寸～～。"庾信《三月三日华林园马射赋·序》:"太史听鼓而论功,司马张旃而赏获。上则云布雨施,下则山藏～～。"

【海沤】 hǎi'ōu 海水的泡沫。比喻事物起灭无常。司空图《二十四诗品·含蓄》:"悠悠空尘,忽忽～～,浅深聚散,万取一收。"

【海浦】 hǎipǔ 通海之口。张衡《西京赋》:"光炎烛天庭,嚣声震～～。"颜延之《车驾幸京口三月三日侍游曲阿后湖作》诗:"金练照～～,笳鼓震溟洲。"

【海峤】 hǎiqiáo ❶近海多山之地。张九龄《送使广州》诗:"家在湘源住,君今～～行。"❷指岭南地区。刘长卿《登扬州栖灵寺塔》诗:"江流入空翠,～～现微碧。"

【海青】 hǎiqīng ❶一种凶猛而珍贵的鸟,又称海东青,雕的一种。❷宽袖的长袍。郑明选《秕言》:"吴中方言称衣之广袖者谓之～～。"僧尼外袍的袖甚宽大,故也称海青。❸元代给传递军国紧急公文之驿者佩带的符名。《元史·世祖纪一》:"以～～银符二、金符十给中书省,量军国事情缓急,付乘驿者佩之。"也作驿站名,取雕飞迅速之意。《元史·世祖纪二》:"敕燕京至济南置～～驿,凡八所。"

【海曲】 hǎiqǔ 沿海偏僻地区。也包括沿海岛屿。陆机《齐讴行》:"营丘负～～,沃野爽且平。"王勃《滕王阁序》:"窜梁鸿于～～,岂乏明时?"

【海人】 hǎirén ❶海上捕鱼的人。任昉《述异记》卷下:"东海有牛鱼,其形如牛。～～采捕,剥其皮悬之。"❷指海外的异族。《南史·倭人传》:"国西南万里有～～,身黑眼白,裸而丑。"

【海若】 hǎiruò 传说中北海神。《楚辞·远遊》:"使湘灵鼓瑟兮,令～～舞冯夷。"韩愈《潮州韩文公庙碑》:"祝融先驱～～藏,约束鲛鳄如驱羊。"

【海色】 hǎisè ❶海上的景色。祖咏《江南旅情》诗："～～晴看雨，江声夜听潮。"苏轼《六月二十日夜渡海》诗："云散月明谁点缀，天容～～本澄清。"❷将晓时的天色。李白《古风》之十八："鸡鸣～～动，谒帝罗公侯。"

【海师】 hǎishī 熟悉海上航路的人。《宋书·朱修之传》："泛海至东莱，遇猛风舵折，垂以长索，船乃复正。～～望见飞鸟，知其近岸，须臾至东莱。"王维《能禅师碑》："鼓枻～～，不知菩提之行，散花天女，能变声闻之身。"

【海市】 hǎishì ❶大气因光折射，把远处景物显示在空中或地面的奇异幻景。古人误以为是蜃吐气而成，又称"蜃气"。伏琛《三齐略记》："海上蜃气，时结楼台，名～～。"沈括《梦溪笔谈·异事》："登州海中，时有云气如宫室、台观、城堞、人物、车马、冠盖，历历可见，谓之～～。"❷海边城市。鲍溶《采葛行》："蛮女将来～～头，卖与岭南贫估客。"

【海澨】 hǎishì 海滨。江淹《杂体诗·效谢灵运游山》："且泛桂水潮，映月游～～。"陆游《书叹》诗："伏枥天涯老，吞舟～～横。"

【海素】 hǎisù 即鲛绡。传说海中鲛人所织的薄纱。李贺《荣华乐》诗："瑶姬凝醉卧芳席，～～笼窗空下隔。"

【海田】 hǎitián 沧海桑田的省称。比喻世事变化大。艾性夫《避乱逢故人》诗："～～未必非天数，空对西风老泪滂。"高启《赠步炼师祷雨》诗："人间又见～～枯，十丈黄尘没城郊。"

【海童】 hǎitóng 传说中的海中神童。左思《吴都赋》："江斐于是往来，～～于是宴语。"庾信《和李司录喜雨》："～～还碣石，神女向阳台。"

【海行】 hǎixíng ❶航海。《三国志·吴书·薛综传》："～～无常，风波难免。"孟浩然《宿天台桐柏观》诗："～～信风帆，夕宿逗云岛。"❷全国通行的意思。范仲淹《答手诏条陈十事》："又～～条贯，虽是故违，皆从失坐，全乖律意，致坏大法，此轻而弗禀之甚矣。"

【海眼】 hǎiyǎn 即泉眼。杜甫《太平寺泉眼》诗："石间见～～，天畔萦水府。"张祜《游天台山》诗："～～三井通，洞门双阙拄。"

【海隅】 hǎiyú 海边，沿海地区。《尚书·益稷》："帝光天之下，至于～～苍生，万邦黎献，共惟帝臣。"王维《终南山》诗："太乙近天都，连山到～～。"

【海宇】 hǎiyǔ ❶近海之地。颜延之《家传铭》："旷被琅邪，实维～～。"❷犹海内，指中国境内。《梁书·武帝纪》："浃～～以驰风，罄轮裳而禀朔。"《宋书·乐志》："命服煌煌，跬步中度，庆辑皇闱，化行～～。"

【海运】 hǎiyùn ❶海水翻动而引起大风。《庄子·逍遥遊》："是鸟也，～～则将徙于南冥。"郭璞《江赋》："极泓量而～～，状滔天以淼茫。"❷海洋潮汐现象。郦道元《水经注·温水》："高下定度，水无盈缩，是为～～，亦曰象水也。"❸古代特指由海道从东南运粮到京城。

【海藏】 hǎizàng 传说中大海龙宫的宝藏。李德裕《赠圆明上人》诗："远公说《易》长松下，龙树双经～～中。"元好问《游黄华山》诗："骊珠百斛供一泻，～～翻倒愁龙公。"

【海枯石烂】 hǎikūshílàn ❶直到海水枯干，石头腐烂，形容经历极长的时间。常用为男女盟誓之辞，表示意志坚定，永远不变。元好问《西楼曲》："～～～～两鸳鸯，只合双飞便双死。"❷指时间长。贯云石《红绣鞋》曲："东村醉，西村依旧，今日醒来日扶头，直吃得～～～～恁时休。"

醢 hǎi ❶鱼肉等制成的酱。《诗经·大雅·行苇》："醓～以荐，或燔或炙。"《吕氏春秋·本味》："鳖鲔之～。"❷将人剁成肉酱的酷刑。《吕氏春秋·行论》："纣为无道，杀梅伯而～之。"《史记·鲁仲连邹阳列传》："鲁仲连曰：'吾将使秦王烹～梁王。'"

亥 hài ❶十二地支的末位，用以纪年月。《淮南子·天文训》："太阴在～。"⊗十二时辰的最后一个，即夜九时至十一时。❷十二生肖之一。亥属猪。《论衡·物势》："～，豕也。"❸姓。春秋时晋国有亥唐。见《孟子·万章下》。

【亥步】 hàibù 传说禹臣竖亥善于走路，后因称健行为亥步。江总《辞行李赋》："辎轩巡履，声芳～～。"

【亥豕】 hàishǐ 《吕氏春秋·察传》："子夏之晋，过卫，有读史记者曰：'晋师三豕涉河。'子夏曰：'非也，是己亥也。夫己与三相近，豕与亥相似。'至于晋而问之，则曰晋师己亥涉河也。""豕"与"亥"的篆文字形相似，容易混淆。后因把字形近似的错误称为亥豕之误。黄伯思《东观馀论·校定楚辞序》："此书既古，简册迭传，～～帝虎，舛午甚多。"

咳 hài 愁苦。《韩非子·存韩》："秦之有韩，若人之有腹心之病也，虚处则～然，若居湿地，著而不去，以极走则发矣。"

骇(駭) hài ❶马受惊。《左传·哀公二十三年》:"知伯视齐师,马～,遂驱之。"《汉书·枚乘传》:"马方～,鼓而惊之。"㉑害怕,吃惊。《公羊传·哀公六年》:"诸大夫见之,皆色然而～。"《吕氏春秋·士节》:"齐君闻之,大～,乘驲而自追晏子,及之国郊。"❷惊扰,骚乱。《吕氏春秋·侈乐》:"以此～心气、动耳目、摇荡生则可矣。"《论衡·书虚》:"作惊目之论,以～世俗之人。"❸诧异。《史记·大宛列传》:"见汉之广大,倾～之。"王勃《滕王阁序》:"山原旷其盈视,川泽纡其～瞩。"❹起;散。陆机《皇太子宴玄圃宣猷堂》诗:"协风傍～,天晷仰澄。"

【骇汗】 hàihàn 因惊骇而出的汗。韩愈《元和圣德诗》:"末乃取辟,～～如写。"欧阳修《相州昼锦堂记》:"奔走～～,羞愧俯伏。"

【骇机】 hàijī 突然触发的弩机。比喻猝发的祸难。语出《后汉书·皇甫嵩传》:"今将军遭难得之运,蹈易骇之机,而践运不抚,临机不发,将何以保大名乎?"张华《女史箴》:"日中则昃,月盈则微,崇犹尘积,替若～～。"《资治通鉴·晋海西公太和四年》:"主上暗弱,委任太傅,一旦祸发,疾于～～。"

【骇遽】 hàijù 惊骇惶遽。《楚辞·九章·惜诵》:"众～～以离心兮,又何以为此伴也。"

【骇突】 hàitū 惊骇而奔突。谢翱《宋铙歌鼓吹曲》:"兽穷～～,死卒以炀。"

绞 hài 见 gāi。

害 1. hài ❶伤害,杀害。《论衡·论死》:"死人不为鬼,无知,不能～人。"《后汉书·顺帝纪》:"一家被～,郡县为收敛。"❷妨害,妨碍。《孟子·万章上》:"故说诗者,不以文～辞,不以辞～志。"《韩非子·五蠹》:"故行仁义者非所誉,誉之则～功。"❸灾害,祸害。《汉书·高帝纪上》:"凡吾所以来,为父兄除～,非有所侵暴,毋恐!"《三国志·魏书·高贵乡公传》:"当尧之时,洪水为～。"㉒害处。《荀子·荣辱》:"将以为利邪?则～莫大焉。"❹担心,害怕。无名氏《谒金门·赠歌妓》词:"闻道观音谁不～,见来须顶礼。"《礼记·哀公问》:"仁义在己,不～不知。"❺险阻,险要之地。张衡《东京赋》:"守位以仁,不恃隘～。"《隋书·经籍志二》:"汉初,萧何得秦图书,故知天下要～。"❻妒忌。《史记·屈原贾生列传》:"上官大夫与之同列,争宠而～其能。"常璩《华阳国志》卷九:"李凤在北,数有战降之功,时荡子稚屯晋寿,～其功。"

2. hé ❼通"何"。什么。《诗经·周南·葛覃》:"～浣～否?归宁父母。"❽通"曷"。何不。《孟子·梁惠王上》:"时日～丧?予与汝偕亡。"❾(è)通"遏"。阻止。《淮南子·览冥训》:"谁敢～吾意者。"

【害马】 hàimǎ 《庄子·徐无鬼》:"夫为天下者,亦奚以异乎牧马者哉?亦去其害而已矣。"害马,本指损害马的自然本性,后转为害群之马。孙绰《游天台山赋》:"～～已去,世事都捐。"高適《饯宋八充彭中丞判官之岭外》诗:"若将除～～,慎勿信苍蝇。"

骇(駴) hài ❶迅疾地擂鼓。《周礼·夏官·大司马》:"鼓皆～,车徒皆噪。"❷同"骇"。惊。《庄子·外物》:"圣人之所以～天下,神人未尝过而问焉。"

嗐 hài 叹词。《红楼梦》六回:"周瑞家的听了道:'～!我的老老,告诉不得你了!'"表赞叹。又三十三回:"你垂头丧气的～什么!"表伤叹。

豥 hài 猪四蹄皆白称豥。也作"骇"。《诗经·小雅·渐渐之石》"有豕白蹢"郑玄笺:"四蹄皆白曰～。"

han

顸(頇) hān 颟顸,胡涂而马虎。《红楼梦》八十一回:"如今儒大太爷虽学问也只中平,但还弹压的住这些小孩子们,不至以颟～了事。"

蚶 hān 一种软体动物,有厚介壳,肉可食。亦称瓦楞子、瓦垄子。郭璞《江赋》:"紫蚢如渠,洪～专车。"《南齐书·周颙传》:"[何胤]疑食～蛎。"

【蚶菜】 hāncài 犹言海菜,赤贝的一种。《旧唐书·孔戣传》:"上谓裴度曰:'尝有上疏论南海进～～者,词甚忠正,此人何在?卿第求之。'"梅尧臣《永叔请赋车螯》诗:"素唇紫锦背,浆味压～～。"

酣 hān ❶酒喝得很畅快。《战国策·齐策六》:"貂勃从楚来,王赐诸前,酒～,王曰:'召相田单而来。'"《史记·廉颇蔺相如列传》:"秦王饮酒～。"❷尽情。《世说新语·规箴》:"元帝过江犹好酒,王茂弘与帝有旧,常流涕谏,帝许之,命酌酒一～,于是遂断。"❸剧烈,浓盛。《论衡·感虚》:"鲁阳公与韩战,战～,日暮,公援戈而麾之,日为之反三舍。"王安石《题西太一宫壁》诗之一:"柳叶鸣蜩绿暗,荷花落日红～。"

【酣畅】 hānchàng 饮酒尽量。《世说新语·任诞》:"陈留阮籍、谯国嵇康……七人常集于竹林之下，肆意～～，故世谓竹林七贤。"《晋书·阮修传》："常步行，以百钱挂杖头，至酒店，便独～～。"也用来形容舒适、畅快之情。

【酣斗】 hāndòu 犹酣战。剧烈战斗。《新唐书·史宪忠传》："田弘正讨齐、蔡，常为先锋，阅三十载，中流矢，～～不解，由是著名。"

【酣放】 hānfàng ❶纵酒狂放。《世说新语·简傲》："唯阮籍在坐，箕踞笑傲，～～自若。"《宋史·石延年传》："延年虽～～，若不可撄以世务，然与人论天下事，是非无不当。"❷行文纵恣放逸。皇甫湜《昌黎韩先生墓志铭》："及其～～，豪曲快字，凌纸怪发。"

【酣歌】 hāngē ❶沉溺于饮酒欢乐。《尚书·伊训》："敢有恒舞于宫，～～于室，时谓巫风。"❷尽兴高歌。《梁书·萧恭传》："恭每从容谓曰：'……劳神苦思，竟不成名。岂如临清风，对朗月，登山泛水，肆意～～也。'"

【酣酣】 hānhān ❶欢畅舒适。白居易《不如来饮酒》诗之三："不如来饮酒，仰面醉～～。"❷形容艳丽的样子。崔融《和宋之问寒食题黄梅临江驿》："遥思故园陌，桃李正～～。"欧阳修《圣俞会饮》诗："更吟君句胜啖炙，杏花妍媚春～～。"❸形容和畅的样子。梅尧臣《送师厚归南阳会天大风遂宿高阳山寺明日同至姜店》诗："往日送子春风前，春风～～杏正妍。"

【酣豢】 hānhuàn 饮酒娱乐。指生活豪富。陆游《送岩电道人入蜀序》："王衍一生～～富贵，乃以口不言钱自高。"欧阳修《释惟俨文集序》："苟皆不用，则绝宠辱遗世俗自高而不屈，尚安能～～于富贵而无为哉?"

【酣讴】 hān'ōu 犹酣歌。尽兴高歌。《后汉书·梁冀传》："鸣钟吹管，～～竟路。"

【酣赏】 hānshǎng 恣意游赏。《北齐书·邢卲传》："属尚书令元罗出镇青州，启为府司马。遂在青土，终日～～，尽山泉之致。"《新唐书·杨师道传》："帝曰：'闻公每～～，捉笔赋诗，如宿构者，试为朕为之。'"

【酣奭】 hānshì 饮酒作乐过度。《商君书·垦令》："民不能喜～～，则农不慢。"

【酣兴】 hānxìng 畅饮尽兴。《周书·长孙澄传》："雅对宾客，接引忘疲。虽不饮酒，而好观人～～。常恐座客请归，每敕中厨别进异馔，留之止。"元结《宴湖上亭》诗："～～思共醉，促酒更相向。"

【酣谑】 hānxuè 饮酒戏谑。《晋书·石勒载记下》："[勒]谓父老曰：'李阳，壮士也，何以不来?'乃使召阳。既至，勒与～～，引阳臂笑曰：'孤往日厌卿老拳，卿亦饱孤毒手。'"

【酣饫】 hānyù 醉饱。《新唐书·元德秀传》："嗜酒陶然，弹琴以自娱。人以酒肴从之，不问贤鄙为～～。"

【酣战】 hānzhàn 猛烈交战。《韩非子·十过》："昔者，楚共王与晋厉公战于鄢陵，……～～之时，司马子反渴而求饮，竖谷阳操觞酒而进之。"杜甫《丹青引》："褒公鄂公毛发动，英姿飒爽来～～。"

【酣纵】 hānzòng 纵饮无度。《晋书·阮孚传》："终日～～，恒为有司所按。"

寒 hān 不脱衣帽小睡。刘基《大热遣怀》诗："慨彼征戍卒，荷戟忘寝～。"

谽 hān 见"谽谺"。

【谽谺】 hānxiā 山谷空而大的样子。又作"谽磵"、"谽呀"。《史记·司马相如列传》："～～豁闲。"陆游《成都府江渎庙碑》："盖自蜀境之西，大山广谷，～～起伏，西南走蛮夷中，皆岷山也。"

憨 hān 傻，呆痴。《文心雕龙·程器》："文举傲诞以速诛，正平狂～以致戮。"《聊斋志异·婴宁》："此女亦太～生。"

【憨皮】 hānpí 顽皮。《红楼梦》三十回："他们是～～惯了的，早已恨的人牙痒痒。"

【憨寝】 hānqǐn 熟睡。惠洪《钟山赋诗》："净几兀然，童仆～～甫鼾。"

鼾 hān 睡觉时粗重的呼吸；打呼噜。《世说新语·雅量》："许[璪]上床便咶舌大～。"陆游《东窗小酌》诗之二："却掩庵门径投枕，～声雷起撼藜床。"

【鼾睡】 hānshuì 熟睡而打呼噜。唐彦谦《宿田家》诗："停车息茅店，安寝正～～。"岳珂《桯史·徐铉入聘》："卧榻之侧，岂容他人～～耶?"

邯 hán 见"邯郸"。

【邯郸】 hándān 地名。战国时赵国国都，秦置县。在今河北省南部。

【邯郸梦】 hándānmèng 也叫"黄粱梦"。唐代沈既济《枕中记》记有一位卢生，途经邯郸，在客店中怨叹自己穷困，同店的道者吕翁给他一个枕头，卢生就枕入梦，历数十年富贵荣华。梦醒之后，店家主人的黄粱饭还没煮熟。后用来比喻想要实现的好事落得一场空。黄庭坚《薛乐道自南阳来入都留宿会饮作诗饯行》诗："生涯谷口耕，世事～～～。"王安石《中年》诗："中年许国～～～，晚岁还家圹埌游。"

【邯郸学步】 hándānxuébù 比喻不善学习，摹仿别人不成，反而丧失固有的技能。故事出自《庄子·秋水》。姜夔《送项平甫倅池阳》诗："论文要得文中天，～～～～终不然。"

含 1. hán ❶衔在嘴里。《庄子·马蹄》："～哺而熙，鼓腹而游。"《韩非子·备内》："医善吮人之伤，～人之血，非骨肉之亲也，利所加也。"❷容纳，包含。杜甫《绝句》之三："窗～西岭千秋雪，门泊东吴万里船。"李贺《浩歌》："青毛骢马参差钱，娇春杨柳～细烟。"㉆宽容。《三国志·魏书·华佗传》："荀彧请曰：'佗术实工，人命所县，宜～宥之。'"❸心里怀着，怀藏。《战国策·秦策一》："寡人忿然，～怒日久。"《后汉书·灵思何皇后纪》："太后鲠涕，群臣～悲，莫敢言。"

2. hàn ❹古丧礼。殡殓时把珠、玉、贝、米等物放在死者嘴里。字也作"唅"。《左传·文公五年》："王使荣叔来～且赗。"

【含贝】 hánbèi 喻牙齿洁白。宋玉《登徒子好色赋》："腰如束素，齿如～～。"（李善注："《庄子》：'孔子谓盗跖曰：将军齿如齐贝。'贝，海螺，其色白。"）

【含齿】 hánchǐ 口中有齿。指人类。《列子·黄帝》："有七尺之骸，手足之异，戴发～～，倚而趣者，谓之人。"柳宗元《礼部贺立皇太子表》："食毛～～，所同欢庆。"

【含睇】 hándì 含情斜视的眼神。《楚辞·九歌·山鬼》："既～～兮又宜笑，子慕予兮善窈窕。"

【含垢】 hángòu 忍受耻辱。《左传·宣公十五年》："谚曰：'高下在心，川泽纳垢，山薮藏疾，瑾瑜匿瑕，国君～～。'"元稹《为严司空谢招讨使表》："陛下尚先～～，未忍加诛，曲示绥怀，俾臣招抚。"

【含光】 hánguāng ❶剑名。《列子·汤问》："孔周曰：'吾有三剑，……一曰～～，视之不可见，运之不知有。其所触也，泯然无际，经物而物不觉。'"❷含蕴光泽。宋玉《登徒子好色赋》："此郊之姝，华色～～。"

【含毫】 hánháo 以口润笔。比喻构思为文或作画。陆机《文赋》："或操觚以率尔，或～～而邈然。"说的是吮笔不写。《晋书·束皙传》："～～散藻，考撰同异。"说的是吮笔写作。

【含弘】 hánhóng 包容博厚。《后汉书·刘恺传》："惧非长克让之风，成～～之化。"刘禹锡《请赴行营表》："以忠义感胁从之伍，以～～安反侧之徒。"

【含胡】 hánhú 也作"含糊"。❶发音不清楚。刘禹锡《与柳子厚书》："弦张柱差，枵然貌存，中有至音，～～弗闻。"《新唐书·颜杲卿传》："贼钩断其舌，曰：'复能詈否？'杲卿～～而绝。"❷马虎；分不清是非。陆贽《论缘边守备事宜状》："既相执证，理合辨明，朝廷每为～～，未尝穷究曲直。"欧阳修《再乞根究蒋之奇弹疏劄子》："臣若有之，万死不足以塞责；臣若无之，岂得～～隐忍，不乞辨明？"

【含糊】 hánhú 见"含胡"。

【含怀】 hánhuái ❶犹掌握。《论衡·程材》："以立难之材，～～章句，十万以上，行有馀力。"❷怀藏，携带。王嘉《拾遗记·后汉》："[曹曾]为客于人家，得新味则～～而归。"

【含咀】 hánjǔ 品味。多指对书史学艺的欣赏体会。《梁书·昭明太子传》："沈吟典礼，优游方册，餍饫膏腴，～～肴核。"又《王筠传》："昔年幼壮，颇爱斯文，～～之间，倏焉疲暮。"

【含类】 hánlèi 佛教用语。同"含生"。泛指一切有生命的。唐太宗《三藏圣教序》："微言广被，拯～～于三途；遗训遐宣，导群生于十地。"

【含灵】 hánlíng ❶内蕴灵性。《艺文类聚》卷八引庾阐《涉江赋》："且夫山川瓌怪，水物～～，鳞千其族，羽万其名。"❷指人。《晋书·桓玄传论》："夫帝王者功高宇内，道济～～。"《宋史·乐志十》："佑我～～，锡兹介福。"

【含葩】 hánpā 含苞未放。《后汉书·张衡传》："天池烟煴，百卉～～。"曹植《七启》："绮井～～，金墀玉厢。"

【含气】 hánqì ❶含藏元气。《淮南子·本经训》："阴阳者承天地之和，形万殊之体，～～化物，以成埒类。"❷指有生命的东西。《汉书·贾捐之传》："～～之物，各得其宜。"《新唐书·于志宁传》："世谓神农氏尝药以拯～～，而黄帝以前文字不传。"

【含生】 hánshēng 佛教用语。泛指一切有生命的。也称"含类"。曹植《对酒行》："～～蒙泽，草木茂延。"任昉《到大司马记室笺》："～～之伦，庇身有地。"

【含识】 hánshí 佛教名词。有思想意识者，指人。隋炀帝《宝台经藏愿文》："开发～～，济渡群生。"《南史·梁武帝纪上》："于是祈告天地宗庙，以去杀之理，欲被之～～。"

【含酸】 hánsuān 饱含辛酸之情。孟郊《感怀》诗之二："～～望松柏，仰面诉穹苍。"《聊斋志异·考弊司》："徘徊廛肆之间，历两昏晓，凄意～～，响肠鸣饿，进退无以自决。”

【含桃】 hántáo 樱桃的别名。《吕氏春秋·仲夏》：“仲春羞以～～，先荐寝庙。”鲍照《代白纻曲》之二：“～～红萼兰紫芽，朝日灼烁发园华。”

【含荑】 hántí 花木的叶芽初吐。王维《座上走笔赠薛璩慕容损》诗：“草色有佳意，花枝稍～～。”

【含味】 hánwèi 同“含咀”。《后汉书·郎顗传》：“被褐怀宝，～～经籍。”

【含蓄】 hánxù ❶包容，隐藏。韩愈《题炭谷湫祠堂》诗：“森沈固～～，本以储阴奸。”❷藏深意而不显露。魏琦《观胡九龄员外画牛》诗：“采摭诸家百馀状，毫端古意多～～。”

【含章】 hánzhāng ❶包含美好的东西。柳宗元《唐故衡州刺史东平吕君诔》：“进于礼司，奋藻～～。”李善《上文选注表》：“垂象之文斯著，～～之义聿宣。”❷汉代宫殿名。张衡《西京赋》：“麒麟朱鸟，龙兴～～。”

【含玉】 hànyù 古代贵族丧礼，人死后，把玉物放在死者口中。《周礼·天官·王府》：“大丧共～～。”

【含垢纳污】 hángòunàwū 《左传·宣公十五年》晋伯宗引古谚：“高下在心，川泽纳污，山薮藏疾，瑾瑜匿瑕，国君含垢。”苏轼《辩试馆职策问劄子》之二：“及事神宗，蒙召对访问，退而上书数万言，大抵皆劝神宗忠恕仁厚，～～～～，屈己以裕人也。”原指有容忍的器量。后来转用以指包容坏人坏事。也作“含垢藏疾”。苏轼《拟殿试策问》：“～～～～以待四夷，而羌戎未叙，兵不得解。”

函(圅) hán ❶包含，容纳。《汉书·礼乐志》：“人～天地阴阳之气，有喜怒哀乐之情。”张衡《南都赋》：“巨蚌～珠。”❷陷入。《国语·楚语上》：“若合而～吾中，吾上下必败其左右。”柳宗元《古东门行》：“当街一叱百吏走，冯敬胸中～匕首。”❸铠甲。《墨子·非儒下》：“君子胜，不逐奔，揜～弗射，强则助之。”《梁书·元帝纪》：“臣等分勒武旅，百道同趣，突骑短兵，犀～铁盾，结队千群，持戟百万。”㊂制造铠甲的人。《周礼·考工记·序》：“攻皮之工：～、鲍、韗、韦、裘。”❹封套，套子。许浑《题灵山寺行坚师院》诗：“经～露湿文多暗，香印风吹字半销。”梅鼎祚《玉合记·赠处》：“诗书户牖，真看缥帙千～。”❺信封。吴质《答东阿王书》：“信到，奉所惠贶，发～伸纸，是何文采之巨丽，而慰喻之绸缪乎！”《晋书·殷浩传》：“[殷浩]将答书，虑有谬误，开闭者数十，竟达空～。”㊂书信。《三国志·魏书·刘晔传》注引傅玄《傅子》：“[曹操]每有疑事，辄以～问晔，至一夜数十至耳。”❻匣子。《晋书·成都王颖传》：“以大木～盛石，沉之以系桥。”《资治通鉴·唐德宗贞元四年》：“韦皋知云南计方犹豫，乃为书遗云南王，叙其叛吐蕃归化之诚，贮以银～，使东蛮转致吐蕃。”㊂用匣子装。欧阳修《五代史伶官传序》：“方其系燕父子以组，～梁君臣之首，入于太庙，还矢先王，而告以成功，其意气之盛，可谓壮哉！”李翱《题燕太子丹传后》：“荆轲感燕丹之义，～匕首入秦劫始皇，将以存燕霸诸侯。”❼犹今之涵洞。苏轼《录进单锷吴中水利书》：“主簿张实进状言：‘吴江岸为阻水之患，泾～不通。’”❽地名。指函谷关。贾谊《过秦论》：“秦孝公据殽～之固，拥雍州之地。”《后汉书·杜笃传》：“关～守峣，山东道穷。”❾姓。汉有豫章太守函熙。

【函谷】 hángǔ 关名。1）战国时秦置函谷。在今河南灵宝市南，是秦的东关。东自崤山，西至潼津，深险为函，通名函谷。2）汉武帝时汉置函谷。在今河南新安县东北。汉武帝元鼎三年移置，离秦函关三百里。

【函关】 hánguān 即函谷关。杨素《赠薛播州》诗之二：“～～绝无路，京洛化为丘。”苏舜钦《己卯冬大寒有感》诗：“丸泥封～～，长缨系南越。”

【函弘】 hánhóng 广大。左思《吴都赋》：“伊兹都之～～，倾神州而韫椟。”

【函胡】 hánhú 模糊不清。苏轼《石钟山记》：“唐李渤始访其遗踪，得双石于潭上，扣而聆之，南声～～，北音清越。”

【函列】 hánliè 行列，排列。左思《蜀都赋》：“榹桃～～，梅李罗生。”（榹桃：山桃。）王融《三月三日曲水诗序》：“昭灼甄部，驵骏～～。”

【函牛】 hánniú 指能容纳一头牛的大鼎。苏轼《次韵周穜惠石铫》：“自古～～多折足，要知无脚是轻安。”陆游《自嘲》诗：“正得虚名真画饼，元非大器愧～～。”

【函人】 hánrén 制造铠甲的工匠。《周礼·考工记·函人》：“～～为甲。”《孟子·公孙丑上》：“矢人惟恐不伤人，～～惟恐伤人。”

【函三】 hánsān 谓包含天、地、人三气。《汉书·律历志上》：“太极元气，～～为一。”

【函生】 hánshēng 犹众生。苏轼《兴龙节功德疏文》之一：“永均介福，下及～～。”陆游《皇帝御正殿贺皇后笺》：“盛典告成，～～胥庆。”

【函矢】 hánshǐ 《孟子·公孙丑上》："矢人唯恐不伤人，函人唯恐伤人。"后以"函矢"喻互相矛盾。刘禹锡《上门下武相公启》："言涉猜嫌，动碍关束。城社之势，～～纷然。弥缝其间，崎岖备尽。"

【函使】 hánshǐ 古时传送书信、文件的人。《北齐书·神武帝纪上》："神武自队主，转为～～，尝乘驿过建兴。"《资治通鉴·梁武帝天监十八年》："[高欢]始有马，得给镇为～～。"

【函夏】 hánxià 指全中国。夏，华夏。《汉书·扬雄传上》："以～～之大汉兮，彼曾何足与比功。"王勃《拜南郊颂序》："揖让而取文明，指麾而清～～。"

【函掩】 hányǎn 掩藏。《韩非子·主道》："～～其迹，匿其端，下不能原。"

【函养】 hányǎng 庇护养育。《新唐书·陆贽传》："自安史之乱，朝廷因循～～，而诸方自擅壤地，未尝会朝。"陆游《泰州报恩光孝禅寺最吉祥殿碑》："乾道、淳熙已来，中外无事，～～滋息，且以国力兴葺之。"

【函宇】 hányǔ 谓宇内，四海之内。《新唐书·张镐传》："天子之福，要在养人，以一～～美风化，未闻区区佛法而致太平。"陆游《光宗册宝贺太皇太后笺》："庆袭重闱，欢腾～～。"

【函育】 hányù 容纳化育。《新唐书·突厥传上》："若内充豫，则乖其本性，非～～之道。"陆游《黄龙山崇恩禅院三门记》："国家之覆焘～～斯民，若是其深，吏勤其官，民力其业，相与思报上之施焉。"

【函丈】 hánzhàng 《礼记·曲礼上》："若非饮食之客，则布席，席间～～。"原意是指讲学者与听讲者的坐席相距一丈。后用以指讲学的坐席。《隋书·炀帝纪上》："自时厥后，军国多虞，虽复黉宇时建，示同爱礼，～～或陈，殆为虚器。"陆游《斋中杂兴》之一："成童入乡校，诸老席～～。"又指对前辈学者或老师的敬称。陆游《江西到任谢史丞相启》："早亲～～，偶窃绪馀，曾未免于乡人，乃见待以国士。"黄宗羲《与陈乾初论学书》："自丙午奉教～～以来，不相闻问，盖十有一年矣。"

【函阵】 hánzhèn 方阵。《魏书·刁雍传》："贼畏官军突骑，以锁连车为～～。"

【函钟】 hánzhōng 即林钟。古乐十二律中的第八律。《周礼·春官·大司乐》："乃奏蕤宾，歌～～，舞大夏，以祭山川。"沈括《梦溪笔谈·乐律一》："宫声当在姑洗徵之后，南吕羽之前，中间唯～～当均，自当以～～为宫也。"

虷 1. hán ❶孑孓，蚊子的幼虫。《庄子·秋水》："还～蟹与科斗，莫吾能若也。"一说井中赤虫。

2. gān ❷通"干"。干犯。《汉书·鲍宣传》："白虹～日，连阴不雨。"

峆 hán 见"峆岈"。

【峆岈】 hánxiā 亦作"谽谺"。山深的样子。梁元帝《玄览赋》："～～豁开，背原面野。"

涵(涵) hán ❶浸润，润泽。戴叔伦《题横山寺》诗："露～松翠湿，风涌浪花浮。"曾巩《分宁县云峰院记》："民虽勤如是，渐～入骨髓，故贤令长佐吏比肩，常病其未易治教使移也。"㊀沉浸，沉没。见"涵淹"、"涵泳"。❷包含，包容。杜牧《九日齐山登高》诗："江～秋影雁初飞，与客携壶上翠微。"苏轼《湖州谢上表》："天覆群生，海～万族。"

【涵澹】 hándàn 水摇荡的样子。欧阳修《盆池》诗："馀波拗怒犹～～，奔涛击浪常喧豗。"苏轼《石钟山记》："徐而察之，则山下皆石穴罅，不知其浅深，微波入焉，～～澎湃而为此也。"

【涵涵】 hánhán ❶水波晃动的样子。韩愈《唐故江南西道观察使太原王公神道碑铭》："秩秩而积，～～而停。"苏轼《东湖》诗："泉源从高来，随波走～～。"❷雄浑自然的样子。皮日休《郢州孟亭记》："先生之作，遇景入咏，不拘奇抉异，令龌龊束人口者，～～然有干霄之兴，若公输氏当巧而不巧者也。"

【涵胡】 hánhú 含糊，不清晰。刘禹锡《和浙西李大夫霜夜对月听小童吹觱篥歌依本韵》："～～画角怨边草，萧瑟清蝉吟野丛。"

【涵咀】 hánjǔ 含食而仔细咀嚼，比喻深入体会。陆龟蒙《复友生论文书》："每～～义味，独坐日昃。"

【涵空】 hánkōng 水映照天空。温庭筠《春江花月夜》诗："千里～～照水魂，万枝破鼻团香雪。"

【涵容】 hánróng 宽容，宽大。《宋史·韩维传》："翰林学士范镇作批答不合旨，出补郡。维言：'镇所失只在文字，当～～之。'"

【涵濡】 hánrú 滋润，浸渍。元结《补乐歌》之三《云门》："玄云溶溶兮垂雨濛濛，类我圣泽兮～～不穷。"欧阳修《仁宗御飞白记》："仁宗之德泽～～于万物者，四十馀年。"

【涵肆】 hánsì 潜心致力。欧阳修《湖州长史苏君墓志铭》："作沧浪亭，日益读书，大

～～于六经。”

【涵虚】 hánxū 指水映天空。孟浩然《望洞庭湖赠张丞相》诗：“八月湖水平，～～混太清。”

【涵蓄】 hánxù 包容蕴藏。欧阳修《故霸州文安县主簿苏君墓志铭》：“得其粹精，～～充溢，抑而不发。”

【涵煦】 hánxù 滋润温暖。欧阳修《丰乐亭记》：“而孰知上之功德，休养生息，～～于百年之深也。”《宋史·徐禧等传论》：“真宗仁宗深仁厚泽，～～生民。”

【涵淹】 hányān ❶潜伏，沉浸。韩愈《祭鳄鱼文》：“鳄鱼之～～卵育于此，亦固其所。”❷覆盖，浸润。王安石《和平甫舟中望九华山》之二：“草树萋已绿，冰霜尚～～。”

【涵养】 hányǎng ❶滋润养育。李清照《词论》：“又～～百馀年，始有柳屯田永者，变旧章作新声，出《乐章集》，大得声称于世。”❷修养。朱熹《答徐子融书》：“如看未透，且放下，就平易明白切实处玩索～～，使心地虚明，久之须自见得。”

【涵泳】 hányǒng ❶水中潜行。左思《吴都赋》：“～～乎水中。”谢灵运《撰征赋》：“羡轻鲉之～～，观翔鸥之落啄。”❷沉浸。韩愈《禘祫议》：“臣生遭圣明，～～恩泽，虽贱不及议而志切效忠。”❸玩味，细细体会。罗大经《鹤林玉露》卷十三：“正渊明诗意，诗字少意多，尤可～～。”

【涵育】 hányù 涵养化育。《宋书·顾恺之传》：“夫圣人怀虚以～～，凝明以洞照。惟虚也，故无往而不通；惟明也，故无来而不烛。”王维《送秘书晁监还日本诗序》：“乾元广运，～～无垠。”

晗 hán ❶通“颐”。下巴。一说面颊。见朱骏声《说文通训定声》。❷见“晗胡”。

【晗胡】 hánhú 鼓腮作气，含怒的样子。王褒《洞箫赋》：“形旖旎以顺吹兮，瞋～～以纡郁。”

寒 hán ❶凉，冷。《荀子·劝学》：“冰，水为之，而～于水。”《史记·刺客列传》：“风萧萧兮易水～，壮士一去兮不复还。”❷冷却，使冷。《孟子·告子上》：“虽有天下易生之物，一日暴之，十日～之，未有能生者也。”㉘受冻。贾谊《过秦论》：“夫～者利短褐而饥者甘糟糠。”《论衡·幸偶》：“韩昭侯醉卧而～，典冠加之以衣。”❸冬气。指寒冷的季节，与“暑”相对。《周易·系辞下》：“～往则暑来，暑往则～来，～暑相推而岁成焉。”《列子·汤问》：“～暑易节，始一反焉。”❹战栗，恐惧。《新唐书·席豫传》：“乃上书请立皇太子，语深切，人为～惧。”《五朝名臣言行录》卷七：“军中有一韩，西贼闻之心骨～。”❺穷困。《史记·范雎蔡泽列传》：“范叔一～如此哉！”《镜花缘》八十五回：“即使家～，亦可敷衍养亲。”❻背弃、终止盟约。《左传·哀公十二年》：“寡君以为苟有盟焉，弗可改也已。若犹可改，日盟何益？今吾子曰必寻盟。若可寻也，亦可～也。”❼凋零，枯萎。薛能《折杨柳》诗：“众木犹～独早青，御沟桥畔曲江亭。”张可久《春晚》曲：“花～鹦鹉病，春去杜鹃愁。”❽中医学名词。病因，六淫之一。《素问·至真要大论》：“夫百病之生也，皆生于风、～、暑、湿、燥、火。”《论衡·寒温》：“人中于～，饮药行解。”❾河神。即司寒。《左传·昭公四年》：“祭～而藏之。”《穆天子传》卷一：“天子大服冕袆、帔带，搢笏，夹佩，奉璧，南面立于～下。”❿古国名。邳姓，相传为夏时寒浞的封国。在今山东潍坊市东北。⓫姓。相传为周武王子寒侯的后代。东汉时有博士鲁人寒朗。

【寒蝉】 hánchán ❶蝉的一种，较一般蝉为小，青赤色。亦称寒蜇、寒蜩。《礼记·月令》：“[孟秋之月]凉风至，白露降，～～鸣。”杜甫《秦州杂诗》之三：“抱叶～～静，归山独鸟迟。”❷天冷时不再叫或叫声很低的蝉。蝉到深秋天寒即不再鸣叫，故把有所顾虑而默不作声比喻为寒蝉。《后汉书·杜密传》：“刘胜位为大夫，见礼上宾，而知善不荐，闻恶不言，隐情惜己，自同～～，此罪人也。”

【寒悴】 háncuì ❶指家世、出身贫苦，社会地位低下。《晋书·张华传》：“下以～～，自须昌小吏受公成拔，以至今日。”❷指寒微低贱的人。《晋书·王廙传》：“殿下若超用～～，当令人才可拔。”❸比喻风格瘦硬寒峭。苏轼《观子玉郎中草圣》诗：“柳侯运笔如电闪，子云～～羊欣俭。”

【寒风】 hánfēng ❶北风。陆机《燕歌行》：“四时代序逝不追，～～习习落叶飞。”杜甫《岳麓山道林二寺行》：“五月～～冷佛骨，六时天乐朝香炉。”❷传说中善相马的人。《吕氏春秋·观表》：“古之善相马者，～～是(氏)相口齿。”

【寒更】 hángēng ❶寒夜打更声。骆宾王《别李峤得胜字》诗：“～～承永夜，凉景向秋澄。”罗隐《长安秋夜》诗：“灯欹短焰烧离鬓，漏转～～滴旅肠。”❷指寒夜。温庭筠《宿辉公精舍》诗：“拥褐～～彻，心知觉路通。”秦韬玉《长安书怀》诗：“凉风吹雨滴～～，乡思欺人拨不平。”

【寒谷】 hángǔ 太阳光照不到的深山溪谷。刘峻《广绝交论》：“叙温郁则～～成暄，论严苦则春丛零叶。”宋之问《游法华寺》诗：“～～梅犹浅，温庭橘未华。”

【寒冱】 hánhù 寒冷凝冻，天气严寒。陈岵《履春冰赋》：“因润下而生德，由～～以生姿。”《新唐书·识匿传》：“王居塞迦审城，北临乌浒河。地～～，堆阜曲折，沙石流漫。”

【寒灰】 hánhuī ❶死灰，熄灭的火灰。《三国志·魏书·刘廙传》：“起烟于～～之上，生华于已枯之木。”韦应物《秋夜》诗之二：“岁晏仰空宇，心事若～～。”❷比喻对生活失去信心，对人生已无任何追求。陆游《余年四十六入峡忽复二十三年感怀赋长句》：“已把痴顽敌忧患，不劳团扇念～～。”

【寒火】 hánhuǒ ❶冷的火，比喻不可能有的事。班固《白虎通·五行》：“五行之性，火热水寒，有温水而无～～何？明臣可以为君，君不可更为臣。”《晋书·纪瞻传》：“为何有温泉而无～～。”❷冬天的灯火。张乔《甘露寺僧房》诗：“远岫明～～，危楼响夜涛。”

【寒鸡】 hánjī 冬日报晓之鸡。鲍照《舞鹤赋》：“感～～之早晨，怜霜雁之违漠。”陆龟蒙《自遣》诗之二：“心摇只待东窗晓，长媿～～第一声。”

【寒家】 hánjiā ❶寒微的家世。《三国志·魏书·吕布传》注引王粲《英雄记》：“原字建阳，本出自～～。”❷谦称自己的家。犹言寒舍。黄庭坚《戏答张秘监馈羊》诗：“细肋柔毛饱卧沙，烦公遣骑送～～。”

【寒具】 hánjù ❶冷食物名，即馓子。《本草纲目·谷部四》：“～～，即今馓子也，以糯粉和面，入少盐，牵索扭捻成环钏之形，油煎食之。”❷御寒的衣物。《宋史·刘恕传》：“自洛南归，时方冬，无～～。司马光遗以衣袜及故茵褥。”

【寒俊】 hánjùn 出身寒微而才能杰出的人。《世说新语·贤媛》注引孙盛《晋阳秋》：“时豫章顾荣或责羊晫曰：‘君奈何与小人同舆？’晫曰：‘此～～也。’”苏辙《送王恪郎中知襄州》诗：“逃亡已觉依刘表，～～应须礼浩然。”

【寒畯】 hánjùn 同“寒俊”。王定保《唐摭言·好放孤寒》：“李太尉德裕颇为～～开路，及谪官南去，或有诗曰：‘八百孤寒齐下泪，一时南望李崖州。’”《资治通鉴·唐玄宗天宝六年》：“文臣为将，怯当矢石，不若用～～胡人。胡人则勇决习战，寒族则孤立无党。”

【寒客】 hánkè ❶受冷挨冻的人。白居易《蓝田刘明府携酎相过与皇甫郎中卯时同饮醉后赠之》诗：“腊月九日暖～～，卯时十分空腹杯。”梅尧臣《观博阳山火》诗：“小农候春锄，～～失冬樵。”❷腊梅的别名。见姚宽《西溪丛语》卷上。

【寒劣】 hánliè ❶贫穷而地位卑微的人。《晋书·庾翼传》：“大较江东政，以伛偻豪强，以为民蠹，时有行法，辄施之～～。”❷贫贱。范成大《次韵朱严州从李徽州乞牡丹》：“两侯好事洗～～，宝槛移春入燕香。”

【寒林】 hánlín ❶秋冬的树林。庾信《周柱国大将军拓跋俭神道碑》：“温席扇枕，承颜悦膝，冻浦鱼惊，～～笋出。”王维《过李揖宅》诗：“客来深巷中，犬吠～～下。”❷佛书称西域弃尸鸟葬的地方。即“尸陀林”。玄应《一切经音义》卷七：“尸陀林，正言尸多婆那，此名～～。其林幽邃而寒，因以名也。在王舍城侧，死人多送其中。今总指弃尸之处名‘尸陀林’者，取彼名之也。”

【寒流】 hánliú ❶清冷的流水。谢朓《始出尚书省》诗：“邑里向疏芜，～～自清泚。”❷出身寒微的读书人。《梁书·武帝纪中》：“革选尚书五都令史用～～。”❸指白光。秦观《梦中得此》诗：“缟带横秋匣，～～炯暮堂。”

【寒露】 hánlù ❶二十四节气之一。在阳历十月八日或九日。《逸周书·时训》：“～～之日，鸿雁来宾。”❷指霜露。《后汉书·东平宪王苍传》：“帝以苍冒涉～～。”白居易《池上》诗：“袅袅凉风动，凄凄～～零。”

【寒毛】 hánmáo ❶人体皮肤上的细毛。《晋书·夏统传》：“闻君之谈，不觉～～尽戴。”《红楼梦》六回：“只要他发点好心，拔根～～比咱们的腰还壮呢！”❷因害怕而毛发竖起，形容畏惧。《新唐书·崔湜传》：“湜阴附主，时人危之，为～～。”又《郑从谠传》：“渠凶宿狡不敢发，发又辄得，士皆～～惕伏。”

【寒门】 hánmén ❶传说中北方极寒冷的地方。《楚辞·远遊》：“舒并节以驰骛兮，逴绝垠乎～～。”❷寒微的门第。《三国志·蜀书·先主传》注引《益部耆旧杂记》：“张任，蜀郡人，家世～～。”《晋书·刘毅传》：“是以上品无～～，下品无势族。”

【寒盟】 hánméng 背弃盟约。范成大《阊门初泛二十四韵》：“邻翁喜问讯，逋客愧～～。”

【寒木】 hánmù 耐寒不凋的树木。陆机《演连珠》之五十：“是以迅风陵雨，不谬晨禽之察；劲阴杀节，不凋～～之心。”杜牧《华清宫三十韵》：“鸟啄摧～～，蜗涎蠹画梁。”

【寒女】 hánnǚ 穷困人家的女子。郭泰机《答傅咸》诗:"皦皦白素丝,织为～～衣。"杜甫《自京赴奉先县咏怀》:"彤庭所分帛,本自～～出。"

【寒品】 hánpǐn 地位卑微的人。《梁书·武帝纪中》:"其有能通一经始末无倦者,……虽复牛监羊肆,～～后门,并随才试吏,勿有遗隔。"《新唐书·陆馀庆传》:"馀庆于～～晚进,必悉力荐藉。"

【寒乞】 hánqǐ ❶贫困不体面,犹言寒酸。《宋书·明恭王皇后传》:"外舍家～～,今共为笑乐,何独不视?"叶適《超然堂》诗:"宅舍空荒转颓漏,驺仆蓝缕常～～。"❷指艺术作品神韵不足,轻浮浅薄。张彦远《法书要录》卷二袁昂《古今书评》:"徐淮南书如南冈士大夫,徒好尚风范,终不免～～。"

【寒泉】 hánquán ❶清凉的泉水或井水。左思《招隐》诗之二:"前有～～井,聊可莹心神。"❷《诗经·邶风·凯风》:"爰有～～,在浚之下。有子七人,母氏劳苦。"后以"寒泉"为子女孝顺母亲的典故。潘岳《寡妇赋》:"览～～之遗叹兮,咏蓼莪之馀音。"(李善注:"寒泉,谓母存也。")陶渊明《晋故西征大将军长史孟府君传》:"渊明先亲,君之第四女也。《凯风》～～之思,寔钟厥心。"

【寒埆】 hánquè 土壤温度低而瘠薄。《三国志·吴书·薛综传》:"然其方土～～,谷稼不殖,民习鞍马,转徙无常。"

【寒人】 hánrén 门第低微的人。《宋书·羊欣传》:"会稽王世子元显每使欣书,常辞不奉命。元显怒,乃以为其后军府舍人。此职本用～～,欣竟貌恬然,不以高卑见色。"《新唐书·桑道茂传》:"桑道茂者,～～。"

【寒色】 hánsè ❶感到寒冷时的神色。贾谊《新书·谕诫》:"楚昭王当房而立,愀然有～～,曰:'寡人朝饥馑时,酒二酣,重裘而立,犹憯然有寒气,将奈我元元之百姓何?'"❷使人感到清寒冷落的自然景色。杜甫《初冬》诗:"垂老戎衣窄,归休～～深。"李颀《望秦川》诗:"秋声万户竹,～～五陵松。"❸犹寒气。梅尧臣《王龙图知江陵》诗:"行车践残雪,～～犯轻裘。"

【寒山】 hánshān 冷落寂静的山。谢灵运《入华子岗是麻源第三谷》诗:"南州实炎德,桂树凌～～。"杜牧《山行》诗:"远上～～石径斜,白云生处有人家。"

【寒商】 hánshāng 秋风。五音之商,于四时为秋,故称秋风为寒商。谢惠连《秋怀》诗:"～～动秋闺,孤灯暧幽幔。"

【寒士】 hánshì ❶门第低微的读书人。《世说新语·假谲》:"我有一女,乃不恶。但吾～～,不宜与卿,计欲令阿智娶之。"《晋书·范弘之传》:"下官轻微～～,谬得厕在俎豆,实惧辱累清流,惟尘圣世。"❷贫苦的读书人。杜甫《茅屋为秋风所破歌》:"安得广厦千万间,大庇天下～～俱欢颜,风雨不动安如山。"《明史·海瑞传》:"瑞无子。卒时,佥都御史王用汲入视,葛帏敝籝,有～～所不堪者。"

【寒食】 hánshí 节令名。在农历清明的前一天(一说前两天)。相传春秋时晋国介之推辅佐重耳(晋文公)回国后,隐于山中,重耳烧山逼他出来,之推抱树烧死。文公为悼念他,禁止在之推死日生火煮食,只吃冷食。以后相沿成俗,叫做寒食禁火。韩翃《寒食》诗:"春城无处不飞花,～～东风御柳斜。"

【寒素】 hánsù ❶门第卑微又无官爵。《晋书·李重传》:"～～者,当谓门寒身素,无世祚之资。"❷泛指家世清贫的人,或指家世清贫。《晋书·武帝纪》:"令内外群官,举清能,拔～～。"《宋史·刘熙古传》:"性淳谨,虽显贵,不改～～。"❸汉晋举拔士人的科目名。《抱朴子·审举》:"～～清白浊如泥,高第良将怯如鸡。"《晋书·范乔传》:"乔凡一举孝廉,八荐公府,再举清白异行,又举～～,一无所就。"

【寒酸】 hánsuān 旧时指贫苦读书人的困窘之态,也指贫苦的读书人。杜荀鹤《秋日怀九华旧居》诗:"烛共～～影,蛩添苦楚吟。"《聊斋志异·瑞云》:"窃恐其阅人既多,不以～～在意。"

【寒威】 hánwēi 凛冽的寒气。王起《邹子吹律赋》:"响发于～～,气感于春晖。"梅尧臣《雪中通判家饮回》诗:"冻禽聚立高树时,密云万里增～～。"

【寒温】 hánwēn 冷暖。《后汉书·仲长统传》:"目能辨色,耳能辨声,口能辨味,体能辨～～。"常用作问候起居的客套话。《世说新语·雅量》:"谢[混]与王[熙]叙～～数语毕,还与羊[孚]谈赏。"《晋书·王献之传》:"尝与兄徽之、操之俱诣谢安,二兄多言俗事,献之～～而已。"

【寒心】 hánxīn ❶因恐惧而有所戒备、有所担心之意。《史记·田单列传》:"单又纵反间曰:'吾惧燕人掘吾城外冢墓,僇先人,可为～～。'"陆九渊《删定官轮对劄子》:"版图未归,仇耻未复,生聚教训之实,可为～～。"❷因失望、恐惧而惊心、痛心。《战国策·燕策三》:"夫秦王之暴,而积怨于燕,足为～～，又况闻樊将军之在乎！”《史记·酷吏列传》：“孝景时，吴楚七国反，景帝往来两宫间，～～者数月。”

【寒羞】　hánxiū　指可以冷食的食物。羞，同“馐”。张协《七命》：“繁肴既阙，亦有～～。商山之果，汉皋之棱。”

【寒暄】　hánxuān　❶冬夏。指年岁。徐陵《报尹义尚书》：“淹留赵韩，亟历～～。企望乡关，理多悲切。”❷冷暖。白居易《桐花》诗：“地气反～～，天时倒生杀。”❸相见时互道天气冷暖的客套话。杜牧《昔事文皇帝三十二韵》：“随行惟跼蹐，出语但～～。”《新五代史·孙晟传》：“晟为人口吃，遇人不能道～～。”

【寒英】　hányīng　❶冬天开的花，犹言寒花。多指梅、菊、竹等。柳宗元《早梅》诗：“～～坐销落，何用慰远客。”曹之谦《白菊》诗：“见说～～能愈疾，拟开三径著茅亭。”❷指雪花。范仲淹《依韵和提刑太博嘉雪》：“昨宵天意骤回复，繁阴一布飘～～。”

【寒玉】　hányù　❶指玉。因玉质清凉，故称。白居易《苦热中寄舒员外》诗：“藤床铺晚雪，角枕截～～。”❷比喻清冷雅洁的东西。如月、竹、水、素练等。李贺《江南弄》诗：“吴歈越吟未终曲，江上团团帖～～。”这是指月。雍陶《韦处士郊居》诗：“门外晚晴秋色老，万条～～一溪烟。”这是指竹。李群玉《引水行》：“一条～～走秋泉，引出深萝洞口烟。”这是指水。❸比喻容貌清俊。贯休《题淮南惠照寺律师院》诗：“仪冠凝～～，端居似沃洲。”

【寒砧】　hánzhēn　寒秋时的捣衣声。诗词中常用以描写秋景的冷落，凄凉。砧，捣衣石。沈佺期《古意呈补阙乔知之》诗：“九月～～催木叶，十年征戍忆辽阳。”李煜《捣练子令》词：“深院静，小庭空，断续～～断续风。”李贺《龙夜吟》：“～～能捣百尺练，粉泪凝珠滴红线。”

【寒族】　hánzú　门第寒微的家族。《晋书·华谭传》：“又举～～周访为孝廉。”杜荀鹤《入关因别舍弟》诗：“莫愁～～无人荐，但愿春官把卷看。”

【寒山寺】　hánshānsì　寺名。在江苏苏州市西枫桥附近。相传唐代诗僧寒山、拾得二人在此住过，故名。本名妙利普明塔院。又名枫桥寺。宋嘉祐中改名普明禅院。张继《枫桥夜泊》诗：“姑苏城外～～～，夜半钟声到客船。”韦应物《寄恒璨》诗：“独寻秋草径，夜宿～～～。”

韩（韓）　hán　❶水井周围起保护作用的矮墙。《正字通·韦部》：“～，《说文》：‘井垣也。’本作韓。”❷周代分封的诸侯国，春秋时为晋所灭。在今陕西韩城市（一说在河北霸州市）。《诗经·大雅·韩奕》：“溥彼～城，燕师所完。”❸战国时晋大夫韩氏与赵魏分晋，列为诸侯，建都阳翟（今河南禹州市），为战国七雄之一。公元前230年为秦所灭。《史记·孙子吴起列传》：“魏与赵攻～，～告急于齐。”❹姓。唐叔虞之后、晋穆侯孙万食采于韩，后为韩氏。

【韩白】　hánbái　汉将韩信、秦将白起的并称。二人皆以善用兵著名。《梁书·武帝纪上》：“我若总荆雍之兵，扫定东夏，～～重出，不能为计，况以无算之昏主，役御刀应敕之徒哉！”

【韩娥】　hán'é　传说是古代韩国善于唱歌的人。《列子·汤问》：“昔～～东之齐匮粮，过雍门，鬻歌假食。既去而馀音绕梁欐，三日不绝。”

榦（鶾）　hán（又读 hàn）　毛长的马。苏轼《书韩幹牧马图》诗：“白鱼赤兔骍皇～，龙颅凤颈狞且妍。”

䶃　hán　❶白虎。张协《七命》：“拉～虪，挫獬廌。”❷凶暴。《魏书·高聪传》：“威棱攸叠，～凶慑气，才猛所振，劲憝弭心。”

罕（罕、罕）　hǎn　❶捕鸟网。宋玉《高唐赋》：“弓弩不发，罘～不倾。”《后汉书·马融传》：“～网合部，罾弋同曲。”❷旗名。张衡《东京赋》：“云～九斿。”❸稀少，少。《荀子·天论》：“养略而动～，则天不能使之全。”《史记·吕太后本纪》：“刑罚～用，罪人是希。”❹姓。春秋郑穆公子喜字子罕，其孙罕虎、罕魋，后以罕为姓。

【罕毕】　hǎnbì　皇帝的仪仗。《晋书·天文志上》：“天子出，旄头～～以前驱，此其义也。”

【罕车】　hǎnchē　❶打猎的车。扬雄《羽猎赋》：“及至～～飞扬，武骑聿皇。”❷星宿名。即毕宿。《史记·天官书》：“毕曰～～，为边兵，主弋猎。”

【罕漫】　hǎnmàn　茫昧不明，无所知闻。扬雄《剧秦美新》：“在乎混混茫茫之时，蠁闻～～而不昭察，世莫得而云也。”《后汉书·蔡邕传》：“幸其获称，天所诱也。～～而已，非己咎也。”

【罕旗】　hǎnqí　古代帝王的旗帜，上缀九旒（或九斿）。《史记·周本纪》：“及期，百夫荷～～以先驱。”

焊　1. hǎn　❶以火使物干燥。同“熯”。《集韵·旱韵》：“暵，干也。或作～。”

2. hàn　❷以金属熔液黏合罅裂。同

"铒"、"钎"。沈括《梦溪笔谈·异事》:"此镜甚薄,略无～迹。"

㘎 hǎn ❶尝味。《法言·问神》:"狄牙能～,狄牙不能齐不齐之口。"苏轼《洞酌亭》诗:"一瓶之中,有渑有淄,以瀹以烹,众～莫齐。"❷大声呼叫。陈亮《又甲辰答朱元晦书》:"只是口唠噪,见人说得不切事情,便～一响。"

嚂 hǎn 见 làn。

蔊 hǎn 植物名。通称蔊菜,也称辣米菜。陆游《醉中歌》:"吾州之～尤嘉蔬,珍盘饾饤百味俱。"

㙳(㙳) hǎn 坚土。通"壏"。《周礼·地官·草人》:"凡粪种……强～用蕡。"

阚 hǎn 见 kàn。

㘚(㘚) hǎn 老虎发怒的样子。柳宗元《三戒·黔之驴》:"[虎]因跳踉大～,断其喉,尽其肉,乃去。"

干 hàn 见 gàn。

汉(漢) hàn ❶汉水。一称汉江。长江最大支流。《孟子·滕文公上》:"江～以濯之,秋阳以暴之。"《荀子·议兵》:"汝颍以为险,江～以为池。"❷银河,天河。亦称云汉、天汉、银汉。《诗经·大雅·大东》:"维天有～,监亦有光。"江淹《别赋》:"驾鹤上～,骖鸾腾天。"❸朝代名。1)公元前206年—公元220年,第一代君主是刘邦,都城在长安(今陕西西安市)。公元8年外戚王莽代汉称帝,国号新。公元25年刘秀重建汉朝,建都洛阳。史称公元前206年—公元8年为"西汉"或"前汉",公元25—220年为"东汉"或"后汉"。2)公元947—950年,为五代之一,第一代君主是刘知远。❹汉族。《汉书·魏相传》:"间者匈奴尝有善意,所得～民辄奉归之,未有犯于边境。"沈括《梦溪笔谈·乐律一》:"天威卷地过黄河,万里羌人尽～歌。"❺男子。《旧唐书·狄仁杰传》:"初,则天尝问仁杰曰:'朕要一好～任使,有乎?'"陆游《雨夜不寐》诗:"世时岂无一好～,叱咤喑呜气吞虏。"

【汉碑】 hànbēi 前汉、后汉碑刻的通称。碑文字体以隶为主,碑额文字用篆书。

【汉隶】 hànlì ❶汉代普遍使用的一种字体。以古劲朴厚为特色。郝经《书磨崖碑后》诗:"正笔篆玉藏李斯,出笔存锋兼～～。"❷汉朝的官吏。袁宏《三国名臣序赞》:"身为～～,而迹入魏墓。"

【汉女】 hànnǚ ❶传说汉水的神女。《汉书·扬雄传上》:"～～水潜,怪物暗冥,不可殚形。"❷汉族女子。《汉书·匈奴传上》:"今欲与汉闿大关,取～～为妻,……它如故约,则边不相盗矣。"

【汉网】 hànwǎng 泛指朝廷的法制。杜甫《秋日荆南送石首薛明府辞满告别奉寄薛尚书颂德叙怀斐然之作三十韵》:"往者胡星孛,恭惟～～疏。"

【汉学】 hànxué 清代学者把训释语言文字、考订名物制度之学称为汉学,又称朴学。汉学对整理古籍,自群经至于子史,辨别真伪,成绩往往超过前人。但汉学后来形成一种只重繁琐考证,脱离实际的不良学风。

【汉仗】 hànzhàng 谓体貌雄伟。梁章钜《退庵随笔》卷十三:"选将之法,与选士不同,智勇固在所先,而～～亦须兼顾。"

【汉子】 hànzǐ ❶男子的俗称。《北齐书·魏兰根传》:"迁青州长史,固辞不就。杨愔以闻。显祖大怒,谓愔曰:'何物～～,我与官,不肯就!明日将过,我自共语。'"❷俗称丈夫。《聊斋志异·小翠》:"姑不与若争,汝～～来矣。"

汗 1. hàn ❶人和动物汗腺里排出的液体。《战国策·齐策一》:"举袂成幕,挥～成雨。"李绅《古风》之二:"锄禾日当午,～滴禾下土。"❷出汗,使出汗。柳宗元《文通先生陆给事墓表》:"其为书,处则充栋宇,出则～马牛。"

2. hán ❸可汗。可,音 kè。古代我国西北少数民族如柔然、突厥诸族称国主为可汗,简称"汗"。❹姓。战国时有汗明。见《战国策·楚策四》。

【汗沟】 hàngōu 马前腿和胸腹相连的凹形部位。马疾驰时为汗所流注,故称。颜延之《赭白马赋》:"膺门沫赭,～～走血。"杜甫《郑典设自施州归》诗:"叹尔疲驽骀,～～血不赤。"

【汗汗】 hànhàn 水广大无际的样子。郭璞《江赋》:"溟漭渺湎,～～沺沺。"潘岳《西征赋》:"乃有昆明,池乎其中,其池则汤汤～～,滉瀁弥漫,浩如河汉。"

【汗简】 hànjiǎn ❶即汗青。用火烧烤竹简,供书写所用。庾信《园庭》诗:"穷愁方～～,无遇始观交。"❷史册,典籍。《晋书·王湛传》:"虽崇勳懋绩有关于旂常,素德清规足传于～～矣。"

【汗澜】 hànlán 水势浩大的样子。同"澜汗"。李汉《唐吏部侍郎昌黎先生韩愈文集序》:"～～卓踔,奫泫澄深,诡然而蛟龙翔,蔚然而虎凤跃，锵然而韶钧鸣。”此形容文章汪洋恣肆，如声势浩大之流水。

【汗马】 hànmǎ ❶奋力作战，把马都累得出汗了。比喻征战的劳苦。后称战功为汗马之劳。《韩非子·五蠹》：“弃私家之事，而必～～之劳。”《史记·晋世家》：“矢石之难，～～之劳，此复受次赏。”❷骏马，亦指战马。沈约《日出东南隅行》：“宝剑垂玉贝，～～饰金鞍。”刘济《出塞曲》：“～～牧秋月，疲兵卧霜风。”

【汗漫】 hànmàn ❶空泛，不着边际。《淮南子·俶真训》：“甘瞑于溷涧之域，而徙倚于～～之宇。”又《道应训》：“吾于～～期于九垓之外，吾不可以久驻。”❷借指仙人。张协《七命》：“尔乃逾天垠，越地隔，过～～之所不游，蹑章亥之所未迹。”❸散漫而无标准，无法查考。《新唐书·选举志上》：“大抵众科之目，进士尤为贵，……及其后世，俗益媮薄，上下交疑，因以谓：按其声病，可以为有司之责，舍是则～～而无所守，遂不能易。”苏轼《思治论》：“众人以为是～～不可知，而君子以为理之必然。”❹水势浩瀚的样子。夏文彦《图绘宝鉴》卷三：“董羽……善画鱼龙海水，甚汹涌澜翻，只尺～～，莫知其涯涘也。”

【汗牛】 hànniú 用牛运送书籍累得出汗。形容著述或藏书极多。俞文豹《吹剑四录》：“～～试卷浩无涯，划尽雷同别一家。”

【汗青】 hànqīng ❶古时在竹简上书写，先用火炙竹简令汗，干则易写，并可免虫蛀。后世把著作完成称为汗青。《新唐书·刘子玄传》：“今史司取士滋多，人自为荀袁，家自为政骏，每记一事，载一言，阁笔相视，含毫不断，头白可期，～～无日。”曾巩《拟辞免修五朝国史状》：“虚食大官，～～无日，以负陛下任属之意，此臣之所大惧也。”❷史册。文天祥《过零丁洋》诗：“人生自古谁无死？留取丹心照～～。”

【汗搨】 hàntà 内衣，汗衣。欧阳玄《渔家傲·南词》之五：“血色金罗轻～～，宫中画扇传油法。”

【汗席】 hànxí 凉席。元稹《纪怀赠李六户曹崔二十功曹五十韵》：“沾黏经～～，贴闪尽油灯。”

【汗血】 hànxuè ❶流汗流血，指付出极大劳力。《后汉书·崔骃传》：“～～竞时，利合而友。”❷骏马名。《后汉书·梁冀传》：“金玉珠玑，异方珍怪，充积臧室。远致～～名马。”《抱朴子·文行》：“～～缓步，呼吸而千里。”

【汗颜】 hànyán 惭愧而脸上出汗。韩愈《祭柳子厚文》：“不善为斲，血指～～。巧匠旁观，缩手袖间。”高文秀《渑池会》二折：“我若输了呵，面搽红粉，岂不～～。”

【汗竹】 hànzhú 借指史籍、书册。《晋书·地理志上》：“黄帝则东海南江，登空蹑岱，至于昆峰振辔，崆山访道，存诸～～，不可厚诬。”

闬(閈) hàn ❶里巷的门。《管子·立政》：“审闾～，慎筦键，筦藏于里尉。”《后汉书·马援传》：“援素与述同里～，相善。”又泛指门。《左传·襄公三十一年》：“高其～闳，厚其墙垣，以无忧客使。”柳宗元《陈给事行状》：“其宫室城郭之大，河山之富，关～之壮，……苟得闻而睹之足矣。”❷墙垣。张衡《西京赋》：“～庭诡异，门千户万。”

扞 hàn ❶抵御，抵挡。也作“捍”。《战国策·西周策》：“周君，谋主也。而设以国为王～秦，而王无之～也。”《史记·齐太公世家》：“夏，楚王使屈完将兵～齐，齐师退次召陵。”[又] 阻止；抗拒。《左传·桓公十二年》：“楚伐绞，军其南门。莫敖屈瑕曰：‘绞小而轻，轻则寡谋，请无～采樵者以诱之。’”《后汉书·阳球传》：“殿上呵叱曰：‘卫尉～诏邪！’”❷保卫，护卫。也作“捍”。《荀子·议兵》：“若手臂之～头目而覆胸腹也。”《三国志·吴书·孙权传》：“[凌]统等以死～权，权乘骏马越津桥得去。”[引] 遮蔽。《史记·五帝本纪》：“舜乃以两笠自～而下，去，得不死。”《后汉书·郅恽传》：“初匍匐柩上，以身～火，火为之灭。”❸触犯，违犯。《荀子·强国》：“白刃～乎胸，则目不见流矢。”《史记·游侠列传》：“虽时～当世之文网，然其私义廉洁退让，有足称者。”❹拉开，张开。《吕氏春秋·贵卒》：“管仲～弓射公子小白，中钩。”《淮南子·原道训》：“射者～乌号之弓。”❺古代射箭者穿戴的皮袖套。也作“捍”。《韩非子·说林下》：“羿执鞅(玦)持～。”《汉书·尹赏传》：“杂举长安中轻薄少年恶子，无市籍商贩作务，而鲜衣凶服被铠～持刀兵者，悉籍记之。”❻同“釬”。戈矛柄下端圆锥形的金属套，可以插入地中。《战国策·赵策一》：“[豫让]刃其～，曰：‘欲为智伯报仇！’”❼通“悍”。勇猛。见“扞将”。

【扞蔽】 hànbì 遮蔽，护卫。引申为屏藩。《韩非子·存韩》：“韩事秦三十馀年，出则为～～，入则为席荐。”《史记·项羽本纪》：“闻大王起兵，且不听不义，愿大王资余兵，请以击常山，以复赵王，请以国为～～。”

【扞城】 hànchéng ❶保卫，保护。《左传·成公十二年》：“此公侯之所以～～其民也。”❷保卫疆土的人。《晋书·明帝纪》：“诸方岳征镇，刺史将守，皆朕～～，推毂于外，虽事有内外，其致一也。”

【扞格】 hàngé 互相抵触，格格不入。《礼记·学记》：“发然后禁，则～～而不胜。”陆九渊《与邓文范》：“当其～～支离，只得精求方略，庶几或悟耳。”

【扞将】 hànjiàng 勇猛的将领。《后汉书·南匈奴传论》：“及关东稍定，陇蜀已清，其猛夫～～，莫不顿足攘手。”

【扞拒】 hànjù 抵御。《汉书·丙吉传》：“吉～～大难，不避严刑峻法。”

【扞戍】 hànshù 守卫。《后汉书·南匈奴传》：“南单于既居西河，亦列置诸，助为～～。”

【扞御】 hànyù 抵御。《左传·僖公二十四年》：“～～侮者，莫如亲亲。”《晋书·江统传》：“魏武皇帝令将军夏侯妙才讨叛氐阿贵，千万等……欲以弱寇强国，～～蜀虏。”

驿(駻) 1. hàn ❶同“骭”。马奔突不驯。《淮南子·氾论训》：“欲以朴重之法治既弊之民，是犹无镝衔橛策錣而御～马也。”

2. hán ❷姓。战国时有驿臂子弓。姓驿，名臂，字子弓。

旱 hàn ❶久不下雨，干旱。《孟子·梁惠王上》：“王知夫苗乎？七、八月之间～，则苗槁矣。”《后汉书·鲍昱传》：“建初元年，大～，谷贵。”❷没有水的，陆地。司马光《进五规状·远谋》：“今夫市井裨贩之人犹知～则资车，水则资舟，夏则储裘褐，冬则储絺绤。”《水浒传》十一回：“此间要去梁山泊，虽只数里，却是水路，全无～路。”❸山名。在今陕西省南郑县西南。《诗经·大雅·旱麓》：“瞻彼～麓，榛楛济济。”❹通“悍”。迅猛。《史记·屈原贾生列传》：“水激则～兮，矢激则远。”

【旱魃】 hànbá 古代传说中能造成旱灾的妖怪。《诗经·大雅·云汉》：“～～为虐，如惔如焚。”(孔颖达疏：“《神异记》曰：‘南方有人，长二三尺，袒身而目在顶上，走行如风，名曰魃。所见之国大旱，赤地千里。一名旱母。’”)《三国志·魏书·毛玠传》：“成汤圣世，野无生草，周宣令主，～～为虐。”

【旱暵】 hànhàn 不雨干旱。《周礼·地官·舞师》：“教皇舞，帅而舞～～之事。”楼钥《它山堰》诗：“旱时反此水亦足，坐使千年忘～～。”亦作“旱熯”。王禹偁《和杨遂贺雨》诗：“且慰～～人，偶与天雨会。”

【旱亢】 hànkàng 大旱。袁宏《后汉纪·灵帝纪上》：“夫女谒行则谗夫昌，谗夫昌则苞苴通，殷汤以此自诫，即济于～～之灾。”

【旱母】 hànmǔ 即旱魃。多借以讽刺封建统治者。《梁书·南浦侯推传》：“出为戎昭将军、吴郡太守。所临必赤地大旱，吴人号‘～～’焉。”李俊民《扫晴妇》诗：“见说周人忧～～，宁知东海无冤妇？”

【旱湛】 hànzhàn 大旱和久雨。《论衡·案书》：“阴阳相混，～～相报。”

旰 hàn 见 gàn。

泔 hàn 见 gān。

琀 hàn 见 gān。

釬(銲) hàn ❶臂铠。《管子·戒》：“桓公明日弋在廪。管仲隰朋朝，公望二子，弛弓脱～而迎之。”❷通“悍”。急。《庄子·列御寇》：“人者厚貌深情，故有貌愿而益……有坚而缦，有缓而～。”❸戈柄下圆锥形的金属帽。即镈。皮日休《九讽·悯邪》：“既养虎以遗患兮，遂倒～而授柄。”❹焊接。《广韵·翰韵》：“～，～金银令相著。”

盰 hàn 白。亦作“皔”。张协《玄武馆赋》：“烂若丹霞，皎如素雪，璀璨皓～，华珰四垂。”谢惠连《雪赋》：“至夫缤纷繁骛之貌，皓～皦絜之仪。”

悍 hàn ❶勇猛，勇敢。《后汉书·西羌传论》：“壮～则委身于兵场。”韩愈《柳子厚墓志铭》：“俊杰廉～，议论证据今古，出入经史百子。”❷蛮横，凶暴。《韩非子·说林下》：“有与～者邻，欲卖宅而避之。”《论衡·遭虎》：“蝮蛇～猛，亦能害人。”❸强劲，急遽。《淮南子·兵略训》：“故水激则～，矢激则远。”《史记·河渠书》：“水湍～。”❹通“捍”。抵制。《庄子·大宗师》：“彼近吾死，而我不听，我则～矣，彼何罪焉。”❺通“睅”。眼睛瞪大，眼珠突出的样子。潘岳《射雉赋》：“瞵～目以旁睐。”

【悍妇】 hànfù 凶悍不讲理的妇女。白居易《读张籍古乐府》诗：“读君《商女》诗，可感～～仁。”王炎《过浯溪读中兴碑》诗：“牝咮鸣晨有～～，孽狐嗥夜有老奴。”

【悍梗】 hàngěng 强悍而固执。《宋史·曹利用传》：“利用性～～少通，力裁侥倖。”

【悍吏】 hànlì 凶暴的官吏。柳宗元《捕蛇者说》：“～～之来吾乡，叫嚣乎东西，隳突乎南北，哗然而骇者，虽鸡狗不得宁焉。”

【悍戾】 hànlì 凶暴，蛮横不讲理。《旧唐书·杨於陵传》：“会监军使许遂振～～贪恣，干挠军政，於陵奉公洁己，遂振无能奈何，乃以飞语上闻。”

【悍辟】 hànpì 凶暴奸邪。《吕氏春秋·处方》:“少不～～而长不简慢矣。”

【悍人】 hànrén 性格刚强而执拗的人。《战国策·秦策五》:“秦王与中期争论而不胜,秦王大怒,中期徐行而去。或为中期说秦王曰:‘此～～也! 中期! 适遇明君故也,遇桀纣,必杀之矣。’秦王因弗罪。”

【悍塞】 hànsè 同“悍梗”。《后汉书·乌桓传》:“贵少而贱老,其性～～。”

【悍室】 hànshì 蛮横的妻子。《梁书·刘峻传》:“自比冯敬通……敬通有忌妻,至于身操井臼。余有～～,亦令家道轗轲。”

【悍药】 hànyào 烈性药。《史记·扁鹊仓公列传》:“论曰‘阳疾处内,阴形应外者,不加～～及镵石’。夫～～入中,则邪气辟矣,而宛气愈深。”

浛 1. hàn ❶水和泥相掺和。庾信《赠别》诗:“谁言畜衫袖,长代手中～。”

2. hán ❷同“涵”。广大的样子。王嘉《拾遗记·少昊》:“～天荡荡望沧沧,乘桴轻漾着日傍。”

捍 hàn ❶通“扞”。保卫,捍卫。《商君书·赏刑》:“千乘之国,若有～城者,攻将凌其城。”韩愈《张中丞传后叙》:“守一城,～天下,以千百就尽之卒,战百万日滋之师。”㊀抵御,抗拒。《礼记·祭法》:“能御大菑则祀之,能～大患则祀之。”《北齐书·宋游道传》:“对～诏使无人臣之礼、大不敬者死。”❷坚实的样子。《管子·地员》:“壤土之次曰五浮,五浮之状,～然如米。”❸古代射箭者穿戴的一种皮质袖套。《汉书·尹赏传》:“被铠～,持刀兵。”❹通“悍”。勇猛,强悍。《韩非子·五蠹》:“无私剑之～,以斩首为勇。”《史记·货殖列传》:“而民雕～少虑。”

【捍拨】 hànbō 弹琵琶时拨动弦索的用具。李贺《春怀引》:“蟾蜍碾玉挂明弓,～～装金打仙凤。”张籍《宫词》:“黄金～～紫檀槽,弦索初张调更高。”

【捍塞】 hànsāi 防堵。《魏书·常景传》:“又诏景山中崄路之处,悉令～～。”

【捍索】 hànsuǒ 桅杆两边的绳索。苏轼《慈湖峡阻风》诗之一:“～～桅竿立啸空,篙师酣寝浪花中。”

晗 1. hàn ❶古代殡殓时把玉、珠、贝等物放在死者口中叫晗。也作“含”。《荀子·礼论》:“饭以生稻,～以槁骨。”《晋书·皇甫谧传》:“殡～之物,一皆绝之。”

2. hán ❷通“含”。含在嘴里。引申为吃。《汉书·货殖传序》:“而贫者短褐不完,～菽饮水。”

3. hān ❸见“晗晗”。

【晗晗】 hānhān 象声词。《南史·宋巴陵哀王休若传》:“又听事上有二大白蛇,长丈馀,～～有声,休若甚恶之。”贯休《寿春节进》诗:“触邪羊～～,鼓腹叟嘻嘻。”

骭(馯) hàn 通“犴”。马奔突不驯。《韩非子·五蠹》:“如欲以宽缓之政治急世之民,犹无辔策而御～马。”《盐铁论·刑德》:“犹释阶而欲登高,无衔橛而御～马也。”

【骭突】 hàntū 凶悍不驯的马。《汉书·刑法志》:“今汉承衰周暴秦极敝之流,俗已薄于三代,而行尧舜之刑,是犹以鞿而御～～,违救时之宜也。”

菡 hàn 见“菡萏”。

【菡萏】 hàndàn 荷花的别称。《诗经·陈风·泽陂》:“彼泽之陂,有蒲～～。”李璟《山花子》词:“～～香消翠叶残,西风愁起绿波间。”

顉(顉) 1. hàn ❶通“颔”。点头;低头。《说文·页部》:“～,低头也。从页,金声。春秋传曰:迎于门,～之而已。”(今本《左传·襄公二十六年》作“颔”。)

2. qīn ❷揿动,按。《列子·汤问》:“巧夫～其颐,则歌合律。”❸通“颔”。曲。《汉书·扬雄传下》:“蔡泽,山东之匹夫也,～颐折颏。”

睅 hàn 眼睛瞪得很大的样子。《左传·宣公二年》:“～其目,皤其腹,弃甲而复。”韩愈《祭鳄鱼文》:“而鳄鱼～然不安溪潭。”

銲(銲) hàn 同“钎”。焊接。沈括《梦溪笔谈·异事》:“此镜甚薄,略无～迹,恐非可合也。”

感 hàn 见 gǎn。

罕 hàn 见 yì。

颔(頷) hàn ❶下巴。《后汉书·班超传》:“相者指曰:‘生燕～虎劲,飞而食肉,此万里侯相也。’”白居易《东南行》:“相逢应不识,满～白髭须。”❷点头,对……点头。《后汉书·吕布传》:“刘备曰:‘不可。明公不见吕布事丁建阳、董太师乎?’[曹]操～之。”欧阳修《归田录》卷一:“见其发矢十中八九,但微～之。”

【颔联】 hànlián 五、七言律诗有起、承、转、合。起为破题,承为颔联,转为颈联,合为结句。颔联为律诗的第三、四句,即第二联。

【颔首】 hànshǒu ❶点头表示同意。韩愈《华山女》诗:“玉皇～～许归去,乘龙驾鹤来青冥。”欧阳修《赠杜默》诗:“先生～～遣,教以勿骄矜。”❷低头。洪迈《容斋五笔·严先生祠堂记》:“公凝坐～～,殆欲下拜。”

颐(頷) hàn 同“颔”。下巴。《汉书·王莽传中》:“莽为人侈口蹷～。”

【颐淡】 hàndàn 水摇动的样子。马融《长笛赋》:“～～滂流,碓投瀺穴。”

熯 1. hàn ❶干燥,热。《周易·说卦》:“燥万物者,莫～乎火。”郦道元《水经注·㶟水》:“其水阳～不耗,阴霖不滥,无能测其渊深也。”❷烧。《商君书·兵守》:“发梁撤屋,给从从之,不洽而～之,使客无得以助攻备。”《论衡·谴告》:“今～薪燃釜,火猛则汤热,火微则汤冷。”❸曝晒。《三国志·魏书·司马芝传》:“夫农民之事田,自正月耕种,耘锄条桑,耕～种麦,穫刈筑场,十月乃毕。”《晋书·食货志》:“徐、扬二州土宜三麦,可督令～地,投秋下种,至夏而热。”

2. rǎn ❹恭敬。《诗经·小雅·楚茨》:“我孔～矣,式礼莫愆。”

颇(顑) hàn(又读 kǎn) ❶面黄。见“颇颔”。❷面颊。《灵枢经·癫狂》:“骨癫疾者,～齿诸腧兮肉皆满。”

【颇颔】 hànhàn 因饥饿而面色枯槁的样子。《楚辞·离骚》:“苟余情其信姱以练要兮,长～～亦何伤。”韩愈《送无本师归范阳》诗:“欲以金帛酬,举室常～～。”

暵 hàn ❶干枯,干燥。《诗经·王风·中谷有蓷》:“中谷有蓷,～其干矣。”苏轼《祈晴风伯》:“阴淫为霖,神能散之;下土垫涝,神能～之。”❷曝晒。贾思勰《齐民要术·大小麦》:“大小麦皆须五月六月～地。”又《旱稻》:“凡下田停水处,……其春耕者杀种尤甚,故宜五、六月时～之。”❸干旱。邓文原《登五岭》诗:“维时清秋～,老龙犹泥蟠。”

【暵暵】 hànhàn 烈日暴晒的样子。《太平御览》卷三引贾谊《新书》:“君子既入其职,则于其民,～～然如日之正中也。”(今本《新书·修政语下》作“暵暵”。)

【暵赫】 hànhè 暑气灼人。沈佺期《被弹》诗:“是时盛夏中,～～多瘵疾。”

憾 hàn ❶仇恨,怨恨。《左传·隐公五年》:“郛人告于郑曰:‘请君释～于宋,敝邑为道。’”《新唐书·元稹传》:“历诋群有司以逞其～。”❷遗憾,不满意。《孟子·梁惠王上》:“谷与鱼鳖不可胜食,材木不可胜用,是使民养生丧死无～也。”《国语·鲁语下》:“士朝受业,昼而讲贯,夕而习复,夜而计过无～,而后即安。”

撼 hàn 动,摇动。韩愈《调张籍》诗:“蚍蜉～大树,可笑不自量。”陈亮《中兴论》:“昔人以为譬拔小儿之齿,必以渐摇～之。”㊀用言语打动人。《宋史·徐芍传》:“蔡京自钱塘召还,过宋见芍,微言～之。”

翰 hàn ❶通“鶾”。赤羽的山鸡,又叫锦鸡。《山海经·西山经》:“鸟多白～赤鷩。”《逸周书·王会》:“文～者若皋鸡。”❷长而硬的羽毛。左思《吴都赋》:“理翮振～,容与自翫。”❸高飞。《诗经·小雅·小宛》:“宛彼鸣鸠,～飞戾天。”陆机《文赋》:“浮藻联翩,若～鸟缨缴而坠曾云之峻。”❹毛笔。左思《咏史》之一:“弱冠弄柔～,卓荦观群书。”曾巩《本朝政要策·史官》:“每天子御殿,则左右夹香案,分立殿下螭头之侧,和墨濡～。”㊀文辞,文章。鲍照《拟古》诗八首之二:“十五讽诗书,篇～靡不通。”㊁特指书信。《宋书·吴喜传》:“前驱之人,忽获来～。”刘禹锡《谢窦相公启》:“每奉华～,赐之衷言。”❺通“榦”。屏障。《诗经·大雅·崧高》:“维申及甫,维周之～。”❻通“鶾”。长毛马。《尚书大传·西伯戡黎》:“之西海之滨,取白狐青～。”又指白马。《礼记·檀弓上》:“殷人尚白……戎事乘～。”

【翰池】 hànchí 笔砚。骆宾王《上兖州启》:“每蟋蟀凄吟,映素雪于书帐;莎鸡振羽,截碧蒲于～～。”

【翰海】 hànhǎi 见“瀚海”。

【翰林】 hànlín ❶文翰之林。指文翰聚集的场所。犹文苑。《汉书·扬雄传下》:“上《长杨赋》,聊因笔墨之成文章,故藉～以为主人,子墨为客卿以风。”《晋书·陆云传》:“辞迈～～,言敷其藻。”❷栖鸟之林。潘岳《悼亡》诗:“如彼～～鸟,双栖一朝只。”❸官名。1) 指翰林学士。白居易《洛中偶作》诗:“五年职～～,四年湓浔阳。”2) 指唐宋翰林院官员,有茶翰林、酒翰林之称。3) 清代翰林院属官侍读学士、侍讲学士、侍读、侍讲、修撰、编修、检讨、庶吉士的通称。

【翰墨】 hànmò ❶笔墨。张衡《归田赋》:“挥～～以奋藻,陈三皇之轨模。”元稹《酬翰林白学士代书一百韵》:“～～题名尽,光阴听话移。”❷指文辞或文章。曹丕《典论·论文》:“古之作者,寄身于～～,见意于篇籍。”❸指书法或绘画。《宋史·米芾传》:“特妙于～～,沈著飞翥,得王献之笔意。”

【翰音】 hànyīn ❶鸡的代称。语出自《礼记·曲礼下》。张协《七命》:“封熊之蹯,～～之跖。”❷飞向高空的声音。比喻徒有虚声。《周易·中孚》:“～～登于天,贞凶。”《汉书·叙传下》:“[朱]博之～～,鼓妖先作。”

【翰苑】 hànyuàn 文翰荟萃之处。白居易《洲卢袐书二十韵》:“谬历文场选,惭非～

～才。"《宋史·萧服传》："服文辞劲丽，宜居～～。"

【翰藻】 hànzǎo 文采；辞藻。萧统《文选序》："事出于沈思，义归乎～～。"《新唐书·李百药传》："～～沈郁，诗尤其所长。"

【翰长】 hànzhǎng 对翰林前辈的敬称。欧阳修《归田录》卷二："嘉祐二年，余与端明韩子华、～～王禹玉、侍读范景仁、龙图梅公仪同知礼部贡举。"《宋史·张洎传》："上因赐诗褒美，有'～～老儒臣'之句。"

瀚 hàn 水浩大的样子。见"瀚瀚"。

【瀚海】 hànhǎi ❶北海，在蒙古高原东北。一说指今内蒙古的呼伦湖、贝尔湖。《史记·匈奴列传》："骠骑封于狼居胥山，禅姑衍，临～～而还。"《晋书·阮种传》："及其以众制寡，令匈奴远迹，收功祁连，饮马～～，天下之耗，已过太半矣。"也作"翰海"。《史记·卫将军骠骑列传》："封狼居胥山，禅于姑衍，登临～～。"❷泛指我国北方及西北少数民族地区。王维《燕支行》："叠鼓遥翻～～波，鸣笳乱动天山月。"❸指沙漠。陶翰《出萧关怀古》诗："孤城当～～，落日照祁连。"❹唐都护府名。贞观中置瀚海都督府，属安北都护府，龙朔中以燕安都督府改号瀚海都护府。

【瀚瀚】 hànhàn 广大的样子。《淮南子·俶真训》："有无者，视之不见其形，听之不闻其声……浩浩～～，不可隐仪揆度而通光耀者。"

hang

夯 1. hāng ❶劳动中使劲时的夯歌声。引申为用力扛东西。朱熹《答吕子约书》："诚之恐难说话，盖本是气质有病，又被杜撰扛～作坏了。"净善《禅林宝训》卷一："自家闺阁中物，不肯放下，返累及他人担～，无乃太劳乎！"❷打夯，筑实。李斗《扬州画舫录·工段营造录》："平基惟土作是任，土作有大小～硪、灰土、黄土、素土之分。"❸冲，撞。关汉卿《调风月》二折："气～破肚，别人行怎又不敢提？"❹劫持；掳取。金仁杰《追韩信》二折："量这个～钱之夫小可人，怎做这社稷臣！"

2. bèn ❺通"笨"。《儒林外史》四十六回："小儿蠢～，自幼失学。"

【夯市】 hāngshì 抢劫街市。司马光《涑水纪闻》卷一："[宋]太祖谓诸将曰：'近世帝王，初举兵入城，皆纵兵大掠，谓之～～。汝曹今毋得～～及犯府库。'"

【夯货】 bènhuò 蠢笨的人。《西游记》三十一回："那大圣坐在石崖之上，骂道：'你这馕糠的～～，你去便罢了，怎么骂我?!'"又三十二回："长老听见道：'这个～～，正在走路，怎么又乱说了！'"

炕 hāng 见 kàng。

行 háng 见 xíng。

迒 háng ❶鸟兽留下的脚印。《说文·叙》："黄帝之史仓颉，见鸟兽蹏～之迹，知分理之可相别异也，初造书契。"㊀车辆经过后留下的痕迹。张衡《东京赋》："轨尘掩～。"❷道路。张衡《西京赋》："结罝百里，～杜蹊塞。"

吭 háng 咽喉。又写作"亢"。《史记·刘敬叔孙通列传》："夫与人斗，不搤其～，拊其背，未能全其胜也。"左思《蜀都赋》："其中则有鸿俦鹄侣……云飞水宿，弄～清渠。"㊁颈。韩愈《平淮西碑》："孰为不顺？往斧其～。"柳宗元《上门下李夷简相公陈情书》："仰首伸～，张目而视。"

苀 háng 草名。《尔雅·释草》："～，东蠡。"张衡《西京赋》："草则葴莎菅蒯，薇蕨荔～。"

斻 háng ❶方舟。两船相并。《说文·方部》："斻，方舟也。《礼》：'天子造舟，诸侯维舟，大夫方舟，士特舟。'"(徐锴系传："方，并也。方舟，今之舫，并两船也。造，至也，连舟至他岸。维舟，维连四船。特舟，单舟。")❷泛指以舟渡水。《后汉书·杜笃传》："造舟于渭，北～泾流。"

杭 1. háng ❶通"航"。渡。《诗经·卫风·河广》："谁谓河广，一苇～之。"❷渡船。《楚辞·九章·惜诵》："昔余梦登天兮，魂中道而无～。"《史记·司马相如列传》："经营炎火而浮弱兮，～绝浮渚而涉流沙。"❸地名。浙江杭州市、杭县皆省称为杭。❹姓。

2. kàng 同"抗"。❺举。陈子昂《送吉州杜司户审言序》："杜君乃挟琴起舞，～首高歌。"❻见"杭杭"。

3. kāng ❼见"杭庄"。

【杭杭】 kàngkàng 高的样子。沈亚之《文祝延二阙》诗之一："闽山～～兮水堋堋，吞荒抱大兮香叠层。"

【杭庄】 kāngzhuāng 同"康庄"。宽阔平坦的大道。《管子·轻重丁》："请以令决瓁洛之水，通之～～之间。"

肮 háng 通"吭"。咽喉。《史记·张耳陈馀列传》："[贯高]乃仰绝～，遂死。"

颃(頏) 1. háng ❶鸟从高向下飞。《诗经·邶风·燕燕》："燕燕于飞，颉之～之。"

2. kàng　❷颈项；咽喉。同"亢"。《说文·亢部》："亢，人颈也。……或从页。"

阆　háng　见 láng。

桁　háng　见 héng。

蚢　1. háng　❶一种野蚕。《尔雅·释虫》："～，萧茧。"

2. hàng　❷大贝，蚌蛤之属。郭璞《江赋》："紫～如渠，洪蚶专车。"

衏　háng　见"衏衏"。

【衏衏】　hángyuàn　❶行业。马致远《任风子》一折："你亲曾见，做屠户的这些～～。"（《古今杂剧》本作"行院"。）❷演剧或卖唱的人。《字汇·彳部》："俗呼～～，乐人也。"

航　háng　❶船。《后汉书·张衡传》："不抑操而苟容兮，譬临河而无～。"又《西羌传》："遂夹逢留大河筑城坞，作大～，造河桥。"❷两船相并。指连船而成的浮桥。《淮南子·氾论训》："古者大川名谷冲绝道路，不通往来也，乃为窬木方版以为舟～。"《陈书·高祖纪上》："高祖尽命众军分部甲卒，对冶城立～渡兵，攻其水南二栅。"❸渡。《三国志·吴书·贺邵传》："臣闻否泰无常，吉凶由人，长江之限，不可久恃，苟我不守，一苇可～也。"《宋史·张藏英传》："～海归周。"

昕　háng　鸟从高向下飞。又作"翃"、"鸿"。《汉书·扬雄传上》："柴虒参差，鱼颉而鸟～。"

斻　háng　方舟。两船相连。陆德明《经典释文》卷一《序录尚书》："齐明帝建武中，吴兴姚方兴采马王之注，造孔传《舜典》一篇，云于大～头买得，上之。"

沆　hàng　见"沆砀"等。

【沆砀】　hàngdàng　❶天上的白气。《汉书·礼乐志》："西颢～～，秋气肃杀。"❷秋气。王安石《江亭晚眺》诗："日下崦嵫外，秋生～～间。"

【沆漭】　hàngmǎng　广阔无边的样子。《晋书·成公绥传》："沧海～～而四周，悬圃隆崇而特起。"柳宗元《行路难》诗之一："披霄决汉出～～，瞥裂左右遗星辰。"

【沆瀣】　hàngxiè　夜间的水气。《后汉书·仲长统传》："～～当餐，九阳代烛。"韦庄《又玄集序》："所以金盘饮露，唯采～～之精；花果食珍，但享醍醐之味。"

【沆瀁】　hàngyàng　水深广的样子。左思《吴都赋》："沵溶～～，莫测其深，莫究其广。"木华《海赋》："沖瀜～～，渺湠湠漫。"

笐　hàng　见 gāng。

hao

茠　1. hāo　❶同"薅"。除去田中的杂草。《颜氏家训·涉务》："耕种之，～钼之。"《新唐书·陆龟蒙传》："身畚锸，～刺无休时。"

2. xiū　❷通"庥"。在树阴下休息。《淮南子·精神训》："当此之时，得～越下，则脱然而喜矣。"

蒿　hāo　❶野草名，艾类。有青蒿、牡蒿、白蒿、茵陈蒿等。《诗经·小雅·鹿鸣》："呦呦鹿鸣，食野之～。"韦庄《秦妇吟》："破落田园但有～，摧残竹树皆无主。"❷气蒸发的样子。《礼记·祭义》："其气发扬于上为昭明，焄～凄怆。"苏轼《潮州韩文公庙碑》："而潮人独信之深，思之至，焄～凄怆，若或见之。"❸消耗。《国语·楚语上》："若敛民利，以成其私欲，使民～焉而忘其安乐，而有远心，其为恶也甚矣，安用目观？"柳宗元《憎王孙文》："山之小草木，必凌挫折挽，使之瘁然而已。故王孙之居山恒～然。"

【蒿箭】　hāojiàn　用蓬蒿为箭。喻低贱不足惜。《北齐书·源彪传》："国家待遇淮南，失之同于～～。"

【蒿径】　hāojìng　长满杂草的小路。张君房《云笈七籤》："门巷陋隘，～～荒梗。"范成大《元夜忆群从》诗："愁里仍～～，闲中更荜门。"

【蒿莱】　hāolái　❶野草，杂草。《韩诗外传》卷一："原宪居鲁，环堵之室，茨以～～，蓬户瓮牖，桷桑而无枢，上漏下湿，匡坐而弦歌。"《后汉书·向栩传》："及到官，略不视文书，舍中生～～。"❷草野，野外。陈子昂《感遇》诗之三十五："感时思报国，拔剑起～～。"岑参《送杜佐下第归陆浑别业》诗："须还及秋赋，莫即隐～～。"

【蒿里】　hāolǐ　❶山名。在泰山之南，为埋葬死人的地方。陶渊明《祭从弟敬远文》："长归～～，邈无还期。"骆宾王《与博昌父老书》："故吏门人，多游～～；耆年宿德，但见松丘。"❷古挽歌名。崔豹《古今注·音乐》："薤露、～～，并丧歌也。"杜甫《八哀诗·故秘书少监武功苏公源明》："尚缠漳水疾，永负～～饯。"

【蒿庐】　hāolú　犹草庐。《盐铁论·毁学》："商鞅困于彭池，吴起之伏王尸，愿被布褐，而处穷鄙之～～。"《史记·滑稽列传》："宫殿中可以避世全身，何必深山之中，～～之下。”

【蒿目】 hāomù 举目远望。《庄子·骈拇》：“今世之仁人，～～而忧世之患。”

【蒿蒸】 hāozhēng 气蒸出的样子。犹薰蒸。《宋书·颜延之传》：“欲者，性之烦浊，气之～～，故其为害，则熏心智，耗真情，伤人和，犯天性。”

镐 hāo 见 nòu。

薨 1. hāo ❶墓地。《说文·艸部》：“～，死人里也。”

2. kǎo ❷干的食物。《周礼·天官·庖人》：“死、生、鲜、～之物。”《礼记·内则》：“堇、荁、枌、榆、免、～。”

薅 hāo 除去田中杂草。杨万里《庸言》：“圣人仁及草木，而后稷必～荼蓼。”韩愈《平淮西碑》：“大慝适去，稂莠不～。”

【薅恼】 hāonǎo ❶搅扰。《水浒传》二回：“史进归到厅前，寻思：‘这厮们大弄，必要来～～村坊。’”❷烦恼，不快。《聊斋志异·念秧》：“生平不习跋涉，扑面尘沙，使人～～。”

嚆 hāo 呼叫。《集韵·爻韵》：“詨，吴人谓叫呼为詨，或作～。”

【嚆矢】 hāoshǐ 响箭。发射时声先于箭而到，因以比喻事物的开端、先声。《庄子·在宥》：“焉知曾史之不为桀跖～～也。”

号(號) 1. háo ❶大声喊叫。《楚辞·天问》：“妖夫曳衒，何～于市？”《吕氏春秋·荡兵》：“民之～呼而走之，若强弩之射于深溪也。”㊀哭喊。《庄子·养生主》：“老聃死，秦失吊之，三～而出。”《论衡·本性》：“一岁婴儿，无推让之心，见食，～欲食之，睹好，啼欲玩之。”❷引声长鸣，呼啸。《史记·历书》：“时鸡三～，卒明。”范仲淹《岳阳楼记》：“阴风怒～，浊浪排空。”

2. hào ❸号令，命令。《尚书·冏命》：“发～施令，罔有不臧。”《庄子·田子方》：“何不～于国中曰：‘无此道而为此服者，其罪死。’”㊁召唤，呼唤。《左传·襄公十九年》：“齐侯围之，见卫在城上，～之，乃下。”《楚辞·九章·悲回风》：“鸟兽鸣以～群兮，草苴比而不芳。”❹标志。《礼记·大传》：“改正朔，易服色，殊徽～，异器械。”❺名称，称号。《史记·秦始皇本纪》：“朕闻太古有～毋谥。”㊁别号。指人名字以外的自称。陶渊明《五柳先生传》：“宅边有五柳树，因以为～焉。”❻称。韩愈《柳子厚墓志铭》：“权贵人死，乃复拜侍御史，～为刚直。”❼宣称，宣扬。《史记·高祖本纪》：“是时项羽兵四十万，～百万；沛公兵十万，～二十万。”❽用数字排定的次序或等级。吴自牧《梦粱录》卷三：“士人卷子仍弥封，卷头打～，然后纳初放官。”❾吹奏乐器名。如“司号”、“吹号”。

3. hú ❿通“胡”。疑问代词。为什么。《荀子·哀公》：“鲁哀公问于孔子曰：‘绅委章甫有益于仁乎？’孔子蹴然曰：‘君～然也？’”

【号寒】 háohán 因寒冷而哭喊。韩愈《进学解》：“冬暖而儿～～，年丰而妻啼饥。”

【号呶】 háonáo 喧嚷。《诗经·小雅·宾之初筵》：“宾既醉止，载号载呶。”《乐府诗集·鼓吹铙歌·将进酒》：“形傞傞，声～～。”

【号钟】 háozhōng 琴名。《楚辞·九叹·愍命》：“破伯牙之～～兮，挟人筝而弹纬。”傅玄《琴赋》：“齐桓公有鸣琴曰～～。”

【号房】 hàofáng 明代国子监及地方学宫所设的诸生宿舍。《明史·选举志二》：“试士之所，谓之贡院；诸生席舍，谓之～～。”

呺 háo 见 xiāo。

謼 háo 见 huò。

皋 háo 见 gāo。

毫 háo ❶细毛。《孟子·梁惠王上》：“明足以察秋～之末，而不见舆薪。”李群玉《七月十五日夜看月》诗：“下射长鲸眼，遥分玉兔～。”㊀特指眉中长毛。王若虚《滹南诗话》卷三：“蜀马良兄弟五人，而良眉间有白～，时人为之语曰：‘马氏五常，白眉最良。’”❷毛笔头，毛笔。陆机《文赋》：“或操觚以率尔，或含～而邈然。”杜甫《饮中八仙歌》：“张旭三杯草圣传，挥～落纸如烟云。”❸比喻极小、细微之物。见“豪末”、“豪发”。❹长度单位。为寸的千分之一。《孙子算经》卷上：“度之所起，起于忽。欲知其忽，蚕吐丝为忽。十忽为一丝，十丝为一～，十～为一厘，十厘为一分，十分为一寸。”❺重量单位。为钱的千分之一。《文献通考·衡权》：“～则百。”❻秤纽。是秤钩或秤盘与秤锤间的支点。近秤钩或秤盘的为初毫，也称头毫；其次为中毫，也称二毫；再次为末毫，也称三毫。见《文献通考·衡权》。❼姓。汉有毫康。

【毫楮】 háochǔ 笔和纸。陶弘景《答隐居书》：“此亦非可仓卒运于～～，且保拙守中也。”苏轼《书鄢陵王主簿所画折枝》诗之二：“若人富天巧，春色入～～。”

【毫发】 háofà 毫毛和头发。比喻极少。《论衡·齐世》：“方今圣朝承光武，袭孝明，有浸酆溢美之化，无细小～～之亏。”鲍照

《代白头吟》："～～一为瑕，丘山不可胜。"

【毫翰】 háohàn 谓文字。《南史·王弘之传》："弘之元嘉四年卒，颜延之欲为作诔，书与其子昙生曰：'君家高世之善，有识归重，豫染～～，所应载述。'"

【毫芒】 háománg 犹毫末，毫毛的梢儿。比喻极其细微。《韩非子·喻老》："宋人有为其君以象为楮叶者，三年而成，丰杀茎柯，～～繁泽，乱之楮叶之中，而不可别也。"《后汉书·郭玉传》："针石之间，～～即乖。"

【毫毛】 háomáo ❶细毛。《素问·刺要论》："病有在～～腠理者，有在皮肤者。"《灵枢经·阴阳二十五人》："血气盛则美眉，眉有～～。"❷比喻极细微的事物。《庄子·山木》："故朝夕赋敛，而～～不挫。"《论衡·案书》："采～～之善，贬纤介之恶。"

【毫末】 háomò 毫毛的梢儿。比喻极为细微。《老子·六十四章》："合抱之木，生于～～；九层之台，起于累土。"潘岳《杨荆州诔》："目睇～～，心算无垠。"

【毫素】 háosù 笔和纸。亦作"豪素"。谓著作。陆机《文赋》："唯～～之所拟。"杜甫《奉先刘少府新画山水障歌》："对此融心神，知君重～～。"

【毫纤】 háoxiān 比喻极细微的事物。皇甫谧《三都赋序》："大者罩天地之表，细者入～～之内，虽充车联驷，不足以载；广夏接榱，不容以居也。"张仲甫《雷赋》："法威刑于牧宰，察丑恶于～～。"

唬 háo 见 xià。

嗥(嘷、獋) háo ❶野兽吼叫。《左传·襄公十四年》："赐我南鄙之田，狐狸所居，豺狼所～。"《战国策·楚策一》："野火之起也若云蜺，兕虎～之声若雷霆。"⊗泛指吼叫。鲍照《芜城赋》："木魅山鬼，野鼠城狐，风～雨啸，昏见晨趋。"鲍溶《壮士行》："沙鸿～天末，横剑别妻子。"❷大声哭叫。《庄子·庚桑楚》："儿子终日～而嗌不嗄。"

獆 háo 同"嗥"。(野兽)怒吼。《说文·口部》："嗥，咆也。～，谭长说，嗥从犬。"

豪 háo ❶箭猪(又叫豪猪)。自肩至尾部长着长而刚硬的刺。《山海经·西山经》："[鹿台之山]其兽多㸲牛、羬羊、白～。"❷卓越、杰出的人物。《鹖冠子·博选》："德千人者谓之～。"㊀强横的，有权有势的。《汉书·尹齐传》："～恶吏伏匿。"《后汉书·王丹传》："丹资性方絜，疾恶强～。"❸豪放，豪迈。杜甫《壮游》诗："性～业嗜酒，嫉恶怀刚肠。"❹奢侈，富有。《梁书·贺琛传》："今之燕喜，相竞夸～，积果如山岳，列肴同绮绣。"❺通"毫"。细而尖的毛。《商君书·弱民》："今离娄见秋～之末，不能以明目易人。"《史记·张耳陈馀列传》："秋～皆高祖力也。"❻通"毫"。长度或重量单位。见"豪厘"。❼姓。宋代有豪彦。

【豪曹】 háocáo 古剑名。相传越王勾践有宝剑五，一曰豪曹。后作为利剑的通名。柳宗元《送元秀才下第东归序》："夫有湛卢～～之器者，患不得犀兕而刳之，不患不利也。"

【豪嘈】 háocáo 声音高昂雄壮。元稹《琵琶歌》："曲名无限知者鲜，《霓裳羽衣》偏宛转，《凉州》大遍最～～，《六么》散序多笼撚。"

【豪臣】 háochén 权势非常显赫的臣子。《史记·秦始皇本纪》："大梁人尉缭来说秦王曰：'……愿大王毋爱财物，赂其～～，以乱其谋，不过亡三十万金，则诸侯可尽。'"

【豪大】 háodà 主帅。部族的首领。《资治通鉴·晋成帝咸康四年》："段辽以其弟兰既败，不敢复战，帅妻子、宗族、～～千馀家，弃令支，奔密云山。"

【豪诞】 háodàn 豪放。任士林《公子舞歌》："人生～～有如此，况有开筵柳公子。"

【豪党】 háodǎng 强横的人结成的朋党。《史记·平准书》："当此之时，网疏而民富，役财骄溢，或至兼并～～之徒，以武断于乡曲。"《后汉书·赵咨传》："咨在官清简，计日受奉，～～畏其俭节。"

【豪猾】 háohuá ❶强横狡猾而不守法度。《汉书·江充传》："交通郡国～～，攻剽为奸，吏不能禁。"《论衡·讲瑞》："～～之人，任侠用气，往来进退，士众云合。"❷有声势的不法之徒。《三国志·魏书·赵俨传》："太祖以俨为朗陵长，县多～～，无所畏忌。俨取其尤甚者，收缚案验，皆得死罪。"

【豪家】 háojiā 犹豪门。《史记·吕不韦列传》："子楚夫人，赵～～女也，得匿，以故母子竟得活。"《后汉书·卢植传》："[马]融外戚～～，多列女倡歌舞于前。"

【豪杰】 háojié ❶才能出众的人。《孟子·滕文公上》："陈良，楚产也，悦周公、仲尼之道，北学于中国；北方之学者，未能或之先也。彼所谓～～之士也。"《管子·七法》："收天下之～～，有天下之骏雄。"❷豪强，仗势横行一方的人。《史记·魏其武安侯列传》："诸所与交通，无非～～大猾。"《汉书·地理志下》："富人则商贾为利，～～则游侠通奸。"

【豪举】 háojǔ ❶指豪侠之士相互称举以矜夸。《史记·魏公子列传》:"平原之游,徒~~耳,不求士也。"班固《西都赋》:"乡曲~~游侠之雄,节慕原、尝,名亚春、陵。"(原:指赵平原君。尝:指齐孟尝君。春:指楚春申君。陵:指魏信陵君。以上四人为战国四君子。)❷指阔绰的举动。陆游《病中绝句》:"半脱貂裘雪满鞍,惯将~~压儒酸。"

【豪俊】 háojùn 才智出众的人。犹豪杰。《汉书·董仲舒传》:"故广延四方之~~,郡国诸侯公选贤良修絜博习之士,欲闻大道之要,至论之极。"李白《与韩荆州书》:"海内~~,奔走归之。"

【豪客】 háokè ❶豪华奢侈的人。许浑《送从兄归隐兰溪》诗之一:"渐老故人少,久贫~~稀。"❷侠客。陆游《大雪歌》:"虬髯~~狐白裘,夜来醉眠宝钗楼。"❸强盗。李涉《井栏砂遇夜客》诗:"暮雨萧萧江上村,绿林~~夜知闻。"

【豪厘】 háolí 喻极短,极细微。《荀子·儒效》:"圣人也者,本仁义,当是非,齐言行,不失~~。"

【豪氂】 háolí 比喻极短,极细微。也作"豪厘"。《汉书·律历志上》:"度长短者不失~~。"《晋书·陶侃传》:"~~之差,将致千里。"

【豪芒】 háománg 同"毫芒"。喻极纤细。《庄子·知北遊》:"大马之捶钩者,年八十矣,而不失~~。"《汉书·叙传上》:"独摅意虖宇宙之外,锐思于~~之内。"

【豪眉】 háoméi ❶黑而密的长眉毛。《后汉书·赵壹传》:"体貌魁梧,身长九尺,美须~~,望之甚伟。"❷寿眉。借指高寿。朱熹《卓国太生朝》诗:"问讯~~今几许,年年此日照人清。"

【豪门】 háomén 权势盛大的家族。鲍照《见卖玉器者》诗:"扬光十贵室,驰誉四~~。"《旧唐书·王播传》:"及临所部,政理修明,恃势~~,未尝贷法。"

【豪民】 háomín 大富豪,有钱有势的人。《汉书·食货志上》:"或耕~~之田,见税什五。"

【豪末】 háomò 同"毫末"。极言其细微。《庄子·秋水》:"此其比万物也,不似~~之在于马体乎?"《荀子·王霸》:"政令制度,所以接下之人百姓,有不理者如~~,则虽孤独鳏寡必不加焉。"

【豪奴】 háonú 强横狡猾的家奴。《史记·货殖列传》:"齐俗贱奴虏,而刀闲独爱贵之。桀黠奴,人之所患也,唯刀闲收取,使之逐渔盐商贾之利……故曰'宁爵毋刀'。言其能使~~自饶而尽其力。"苏洵《高帝论》:"独计以为家有主母,而~~悍婢,不敢与弱子抗。"

【豪擅】 háoshàn 豪强依仗权势独霸一方。《魏书·尒朱荣传》:"家世~~,财货丰赢。"

【豪士】 háoshì 豪放任侠之士。《管子·问》:"问兵官之吏,国之~~,其急难足以先后者几何人?"李白《扶风豪士歌》:"扶风~~天下奇,意气相倾山可移。"

【豪素】 háosù 同"毫素"。笔和纸。指著作。颜延之《五君咏》:"向秀甘淡薄,深心托~~。"

【豪忲】 háotài 谓过分奢侈。《后汉书·西南夷传》:"人俗~~,居官者皆富及累世。"也作"豪汰"。《三国志·魏书·何夔传》:"夔以国有常制,遂不往,其履正如此,然于节俭之世,最为~~。"

【豪侠】 háoxiá ❶强横任侠。《汉书·赵广汉传》:"[杜]建素~~,宾客为奸利。"❷强横任侠之人。《三国志·魏书·袁绍传》:"当是时,~~多附绍,皆思为之报,州郡蜂起,莫不假其名。"

【豪黠】 háoxiá 犹豪猾。《论衡·讲瑞》:"夫凤凰,君子也,必以随多者效凤凰,是~~为君子也。"《新唐书·韩滉传》:"此辈皆乡县~~,不如杀之。"

【豪姓】 háoxìng 豪强大族。《后汉书·苑康传》:"郡内~~多不法,康至,奋威怒,施严令,莫有干犯者。"《三国志·吴书·士燮传》:"燮又诱导益州~~雍闿等,率郡人民使遥东附。"

【豪雄】 háoxióng 犹豪杰。《后汉书·虞诩传》:"若弃其境域,徙其人庶,安土重迁,必生异志。如使~~相聚,席卷而东,虽贲育为卒,太公为将,犹恐不足当御。"卢照邻《长安古意》诗:"专权意气本~~,青虬紫燕坐春风。"

【豪彦】 háoyàn 品德优秀,才能出众的人。《三国志·吴书·三嗣主传》注引陆机《辨亡论》:"故~~寻声而响臻,志士希光而影骛,异人辐辏,猛士如林。"

【豪右】 háoyòu 豪门大族。《后汉书·明帝纪》:"滨渠下田,赋与贫人,无令~~得固其利。"又《刘隆传》:"或优饶~~,侵刻羸弱。"

【豪恣】 háozì 骄横恣肆。《宋书·戴法兴传》:"法兴小人,专权~~,虽虐主所害,义由国讨,不宜复贪人之封,封爵可停。"

【豪宗】 háozōng 犹豪姓。《后汉书·廉范传》:"汉兴,以廉氏~~,自苦陉徙焉。世为边郡守，或葬陇西襄武，故因仕焉。"

【豪纵】 háozòng 豪放不受拘束。陆游《怀成都十韵》："放翁五十犹～～，锦城一觉繁华梦。"《宋史·邵亢传》："幼聪发过人，方十岁，日诵书五千言。赋诗～～，乡先生见者皆惊伟之。"

【豪族】 háozú 豪富大族。《后汉书·王龚传》："王龚字伯宗，山阳高平人也。世为～～。"《三国志·魏书·仓慈传》："又常日西域杂胡欲来贡献，而诸～～多逆断绝。"

譹（譹） háo 同"嚎"。大声呼叫。《庄子·齐物论》："大木百围之窍穴，似鼻，似口……叫者，～者，宎者，咬者。"

濠 háo ❶城池，护城河。也作"壕"。江淹《杂体诗·刘太尉琨》："饮马出城～，北望沙漠路。"陆游《入蜀记》二："城～皆植荷花。是夜，月白如昼，影入溪中，摇荡如玉塔。"❷河流名。在安徽省凤阳县东北，有二源：一为东濠水，一为西濠水，皆注入淮水。

【濠梁】 háoliáng 犹"濠上"。《梁书·王规传》："[规]文辩纵横，才学优赡，跃宕之情弥远，～～之气特多。"

【濠上】 háoshàng 濠水桥梁之上。《庄子·秋水》："庄子与惠子遊于濠梁之上。庄子曰：'鯈鱼出游从容，是鱼之乐也。'惠子曰：'子非鱼，安知鱼之乐？'庄子曰：'子非我，安知我之不知鱼之乐？'"后因以濠上指逍遥闲游、自得其乐之所，或将寄情玄言作为濠上之风。慧皎《高僧传》五《竺道壹》："时若耶山有帛道猷者，本姓冯，山阴人，少以篇牍著称，性好丘壑，一吟一咏，有～～之风。"林逋《中峰行乐却望北山因而成咏》："庶将～～想，聊作剡中游。"

壕 háo ❶护城河。杜甫《新安吏》诗："掘～不到水，牧马役亦轻。"许浑《故洛城》诗："鸦噪暮云归古堞，雁迷寒雨下空～。"❷壕沟，沟道。柳宗元《囚山赋》："争生角逐上轶旁出兮，下坼裂而为～。"孔尚任《桃花扇·馀韵》："残军留废垒，瘦马卧空～。"

嚎 háo ❶鸣叫，呼叫。梅尧臣《九月五日梦欧阳永叔》诗："鸡～天欲白，向者犹疑真。"又《宁陵阻风雨寄都下亲旧》诗："昼夜风不止，寒树～未休。"❷大声哭喊。《西游记》三十九回："哭有几样，若干着口喊，谓之～；扭搜出些眼泪儿来，谓之啕。"

【嚎咷】 háotáo 大声哭。杨显之《潇湘雨》四折："从今后忍气吞声，不再敢～～痛哭。"也作"嚎啕"。《西游记》九回："小姐忙向前认看，认得是丈夫的尸首，一发～～大哭不已。"

蠔 háo 一种软体动物，即牡蛎。韩愈《初南食贻元十八协律》诗："～相黏为山，百十各自生。"苏轼《蠔浦和杂诗》："～浦既黏山，暑路亦飞霜。"

好 1. hǎo ❶容貌美。《战国策·赵策三》："鬼侯有子而好，故入之于纣。"《史记·孔子世家》："于是选齐国中女子～者八十人，皆衣文衣而舞《康乐》。"[引]美好。苏轼《卜算子·感旧》词："蜀客到江南，长忆吴山～。"[引]健美，健康。《吕氏春秋·尽数》："甘水所，多～与美人，辛水所，多疽与痤人，苦水所，多尪与伛人。"吴昌龄《张天师》楔子："你那病人不～几日了？"[又]优良的，高超的。杜甫《哀王孙》诗："朔方健儿～身手，昔何勇锐今何愚！"[又]相善，和美。《诗经·卫风·木瓜》："匪报也，永以为～也。"《三国志·蜀书·诸葛亮传》："外结～孙权，内修政理。"❷完，完成。韩偓《无影》诗："妆～方长叹，欢馀却浅颦。"《儒林外史》四十三回："拣会唱歌的，都梳～了椎髻，穿～了苗锦，赤着脚，到中军帐房里歌舞作乐。"❸易于，便于。杜甫《闻官军收河南河北》诗："白日放歌须纵酒，青春作伴～还乡。"韩愈《左迁至蓝关示侄孙湘》诗："知汝远来应有意，～收吾骨瘴江边。"《朱子语类》卷六十七："《系辞》也如此，只是《上系》～看，《下系》便没理会。"❹副词。1）表示程度。甚，很。董解元《西厢记诸宫调》卷八："你～毒，你～呆！"2）表示多或久。《红楼梦》二十九回："前日我在～几处看见哥儿写的字，作的诗。"

2. hào ❺喜爱，亲善。《孟子·梁惠王上》："孟子对曰：'王～战，请以战喻。'"《左传·隐公二年》："春，公会戎于潜，修惠公之～也。"❻孔。璧孔，钱孔。《周礼·考工记·玉人》："璧羡度尺，～三寸以为度。"（羡：长。）曾巩《本朝政要策·正量衡》："以开元通宝钱肉～周均者校之，十分为钱，十钱为两。"（肉：钱的孔外部分。）❼姓。《通志·氏族略五》："～，氏，见《纂要》。"

【好仇】 hǎochóu ❶好助手，好伴侣。仇，旧读 qiú，同伴，伴侣。《诗经·周南·兔罝》："赳赳武夫，公侯～～。"嵇康《琴赋》："凌扶摇兮憩瀛洲，要列子兮为～～。"❷同"好逑"。见该条。

【好歹】 hǎodǎi ❶好坏。《红楼梦》三十七回："我凭怎么胡涂，连个～～也不知，还是个人吗？"❷结果。关汉卿《五侯宴》四折："孩儿也，不争你有些～～呵，着谁人侍养我也。"❸指意外，死亡。无名氏《争报恩》一折："则愿得姐姐长命富贵，若有些～～，我少不得报姐姐之恩。"这里指生活好转。

无名氏《连环计》三折："若是酒宴上有些～～，就将这老匹夫结果了罢。"这里指言语发生争执。《红楼梦》二十九回："宝玉因见黛玉病了，心里放不下，饭也懒着吃，不时来问，只怕她有个～～。"这里指死亡。❹不管怎样，无论如何。张国宾《罗李郎》二折："我不问那里，～～寻着我那孩儿去来。"

【好官】 hǎoguān 美官，肥缺。张籍《送汀州源使君》诗："曾成赵北归朝计，因拜王门最～～。"《宋史·曹彬传》："人生何必使相，～～亦不过多得钱尔。"

【好好】 hǎohǎo ❶喜悦的样子。《诗经·小雅·巷伯》："骄人～～，劳人草草。"❷认真，尽心尽力。李商隐《送崔珏往西川》诗："浣花笺纸桃花色，～～题诗咏玉钩。"❸无端，没来由。秦观《品令》词："～～地恶了十来日。"（恶：不舒服。）❹美好。孔尚任《桃花扇·却奁》："把～～东西，都抛一地，可惜，可惜！"❺女子名。杜牧有《张好好诗并序》。张耒《赠张公贵》诗："酒市逢～～，琵琶失玲珑。"

【好合】 hǎohé 和好。《诗经·小雅·常棣》："妻子～～，如鼓琴瑟。"陆机《赠冯文罴迁斥丘令》诗："畴昔之游，～～缠绵。"

【好爵】 hǎojué 高官厚禄。陶渊明《辛丑岁七月赴假还江陵夜行涂口》诗："投冠旋旧墟，不为～～萦。"孔稚珪《北山移文》："虽假容于江皋，乃缨情于～～。"

【好女】 hǎonǚ 美女。《荀子·君道》："～～之色，恶者之孽也。"古乐府《陌上桑》："秦氏有～～，自名为罗敷。"

【好聘】 hǎopìn 重修旧好。《国语·鲁语下》："吴子使来～～，且问之仲尼，曰：'无以吾命。'"（吴子：指夫差。）

【好逑】 hǎoqiú 好的配偶。《诗经·周南·关雎》："窈窕淑女，君子～～。"元稹《有鸟》诗之四："飞飞渐上高高阁，百鸟不猜称～～。"

【好去】 hǎoqù 好走，保重。杜甫《送张二十参军赴蜀州因呈杨五侍御》诗："～～张公子，通家别恨添。"白居易《南浦别》诗："一看肠一断，～～莫回头。"

【好人】 hǎorén ❶美人。《诗经·魏风·葛屦》："要之襋之，～～服之。"❷善良的人。《三国志·吴书·楼玄传》："旧禁中主者自用亲近人作之，[万]或陈亲密近识，宜用～～。"《北齐书·魏收传》："帝曰：'卿何由知其～～？'收曰：'高允曾为[崔]绰赞，称有道德。'"

【好容】 hǎoróng 美容。《论衡·逢遇》："夫～～，人之所好也，其遇固宜。"

【好色】 hǎosè 美色。《孟子·万章上》："～～，人之所欲，妻帝之二女，而不足以解忧。"《论衡·言毒》："生妖怪者，常由～～。"

【好生】 hǎoshēng ❶很，多么。关汉卿《单刀会》一折："这荆州断然不可取，想关云长～～勇猛，你索荆州呵，他弟兄怎肯和你甘罢。"❷好好地。《三国演义》七十四回："[庞德]谓其妻曰：'吾今为先锋，义当效死疆场。我若死，汝可～～看养吾儿。'"《红楼梦》一百十八回："爷爷后面写着，叫咱们～～念书呢。"

【好事】 hǎoshì ❶美好的事，有益的事。《景德传灯录·绍宗禅师》："～～不出门，恶事行千里。"❷喜庆的事。王实甫《西厢记》一本二折："过得主廊，引入洞房，～～从天降。"❸指和尚或道士诵经礼拜作法事。《元史·顺帝纪》："孛罗帖木儿，请禁止西番僧人～～。"《水浒传》二回："天师在东京禁院做了七昼夜～～。"

【好手】 hǎoshǒu ❶技艺高超的人。杜甫《奉先刘少府新画山水障歌》："画师亦无数，～～不可遇。"杨万里《虞丞相挽词》："世无生仲达，～～未须论。"❷手灵巧无病的人。《唐会要·论乐杂录》："乾封元年五月敕，音声人及乐户祖母老病应侍者，取家内中男及丁壮～～者充。"

【好音】 hǎoyīn ❶好消息。《诗经·桧风·匪风》："谁将西归，怀之～～。"❷好听的声音。《诗经·鲁颂·泮水》："翩彼飞鸮，集于泮林。食我桑椹，怀我～～。"杜甫《蜀相》诗："映阶碧草自春色，隔叶黄鹂空～～。"

【好在】 hǎozài ❶相互问候的话。即好么，无恙。杜甫《送蔡希鲁都尉还陇右因寄高三十五书记》诗："因君问消息，～～阮元瑜。"白居易《初到忠州赠李六》诗："～～天涯李使君，江头相见日黄昏。"❷幸亏。《官场现形记》四十一回："～～囊橐充盈，倒也无所顾虑。"❸好好的，好生。《资治通鉴·唐肃宗上元元年》："力士因宣上皇诰曰：'诸将士各～～。'"

【好住】 hǎozhù 问候用语。保重。元稹《酬乐天醉别》诗："～～乐天休怅望，匹如元不到京来。"范成大《天平先陇道中时将赴新安掾》诗："～～邻翁各安健，归来相访说情真。"

【好大】 hàodà 贪多，喜欢夸张。《管子·侈靡》："贱寡而～～，此所以危。"《法言·问明》："或问：'尧将让天下于许由，由耻，有诸？'曰：'～～者为之也。'"

【好货】 hàohuò 贪图财物。《尚书·盘庚下》："朕不肩～～。"《孟子·梁惠王下》："寡人有疾，寡人～～。"

【好内】 hàonèi 贪恋女色。《左传·僖公十七年》："齐侯～～，多内宠。"《汉书·中山靖王刘胜传》："胜为人乐酒～～。"

【好弄】 hàonòng 喜爱玩乐。《左传·僖公九年》："夷吾弱不～～。"《宋史·黄伯思传》："自幼警敏不～～。"

【好色】 hàosè 贪恋女色。《论语·子罕》："吾未见好德如～～者也。"《后汉书·襄楷传》："殷纣～～，妲己是出。"

【好尚】 hàoshàng 爱好和崇尚。曹植《与杨德祖书》："人各有～～，兰茝荪蕙多芳，众上所好，而海畔有逐臭之夫，……岂可同哉。"李觏《寄祖秘丞》诗："我本山田人，～～与众异。"

【好生】 hàoshēng 爱惜生灵，不事杀戮。《尚书·大禹谟》："～～之德，洽于民心。"李商隐《汉南书事》诗："陛下～～千万寿，玉楼长御白云杯。"

【好外】 hàowài 喜欢结交朋友，任用外人。《管子·侈靡》："疏戚而～～，企以仁而谋泄。"《国语·鲁语下》："好内，女死之；～～，士死之。"

郝 hǎo 姓。殷帝乙时有子期，封太原郝乡，因以为氏。汉有上谷太守郝贤，晋有郝隆。

秏 hào 同"耗"。见"秏土"。

【秏土】 hàotǔ 瘠薄的土地。《孔子家语·执辔》："～～之人丑。"(《大戴礼记·易本命》作"耗土"。)

昊 hào ❶大。泛指天。《诗经·小雅·巷伯》："有北不受，投畀有～。"曹植《升天行》："中心陵苍～，布叶盖天涯。"❷姓。相传为昊英氏之后。一说为少昊之后。见应劭《风俗通·姓氏下》。❸通"皞"。古帝伏羲太皞氏，《汉书·古今人表》作太昊氏。

【昊苍】 hàocāng 天，天空。班固《答宾戏》："超忽荒而躆～～也。"嵇康《琴赋》："郁纷纷以独茂兮，飞英蕤于～～。"

【昊昊】 hàohào 盛大的样子。刘禹锡《问大钧赋》："且夫贞而腾气者朊朊，健而垂精者～～。"

【昊乾】 hàoqián 苍天。蔡邕《议郎胡公夫人哀赞》："幽情伦于后坤兮，精哀达乎～～。"《后汉书·马融传》："贰造化于后土，参神施于～～。"

【昊穹】 hàoqióng 天。司马相如《封禅文》："伊上古之初肇，自～～之生民。"蔡邕《陈太丘碑文》："如何～～，既丧斯文。"

【昊天】 hàotiān ❶天。《史记·五帝本纪》："乃命羲和，敬顺～～，数法日月星辰，敬授民时。"《后汉书·鲁恭传》："所以助仁德，顺～～，致和气，利黎民者也。"❷指一定季节的天。《尔雅·释天》："夏为～～。"《诗经·王风·黍离》"悠悠苍天"孔颖达疏引今文《尚书》欧阳生说："春曰～～。"❸一定方位的天。《吕氏春秋·有始》："西方曰颢天。"(颢与"昊"通。)《楚辞·天问》"九天之际"王逸注："九天，东方皞天。"(皞与"昊"通。)

浩 hào ❶水势盛大。曹植《赠白马王彪》诗之二："霖雨泥我涂，流潦～纵横。"王安石《河势》诗："河势～难测，禹功传所闻。"㉿广，盛。蔡琰《胡笳十八拍》："苦我怨气兮～于长空，六合虽广兮受之应不容。"曾巩《将之浙江延祖子山师柔会别饮散独宿孤亭遂书怀别》诗："～观万物变，飒尔生凉飙。"❷多，众多。《礼记·王制》："丧祭，用不足曰暴，有馀曰～。"❸广远，无边无际。李益《水亭夜坐赋得晓雾》诗："月落寒雾起，沈思～通川。"陆游《观大散关图有感》诗："志大～无期，醉胆空满躯。"❹通"皓"。白。枚乘《七发》："纯驰～蜺，前后络绎。"

【浩荡】 hàodàng ❶水势汹涌、壮阔的样子。潘岳《河阳县作》诗："洪流何～～，修芒郁苕峣。"杜甫《奉赠韦左丞丈二十二韵》："白鸥波～～，万里谁能驯？"❷广大，广阔。《后汉书·张衡传》："虽色艳而赂美兮，志～～而不嘉。"李白《梦游天姥吟留别》："青冥～～不见底，日月照耀金银台。"❸放肆纵恣，不深思熟虑的样子。《楚辞·离骚》："怨灵修之～～兮，终不察夫民心。"又《九歌·河伯》："登昆仑兮四望，心飞扬兮～～。"

【浩歌】 hàogē 放声歌唱。《楚辞·九歌·少司命》："望美人兮未来，临风怳兮～～。"杜甫《自京赴奉先县咏怀五百字》："取笑同学翁，～～弥激烈。"

【浩汗】 hàohàn ❶水盛大的样子。潘岳《哀永逝文》："望山兮寥廓，临水兮～～。"鲍照《登大雷岸与妹书》："加秋潦～～，山溪猥至。"❷繁多。王士禛《分甘馀话》卷四："海盐胡震亨孝辕辑《唐诗统签》，自甲迄癸，凡千馀卷，卷帙～～，久未版行。"

【浩涆】 hàohàn 同"浩汗"。广大辽阔的样子。《梁书·张缵传》："属时雨之新晴，观百川之～～。"左思《魏都赋》："恒碣碪碍于青霄，河汾～～而皓溔。"

【浩瀚】 hàohàn ❶同"浩汗"、"浩涆"。水盛大的样子。叶名沣《桥西杂记》："湖水～～无涯，波涛不测。"❷形容广大，繁多。

《文心雕龙·事类》:"夫经典沈深,载籍～～。"范仲淹《奏乞许陕西四路经略司回易钱币》:"臣等窃以西陲用兵以来,沿边所费钱帛,万数～～,官司屈乏,未能充用。"

【浩浩】 hàohào ❶盛大的样子。《尚书·尧典》:"汤汤洪水方割,荡荡怀山襄陵,～～滔天。"《史记·屈原贾生列传》:"～～沅湘兮,分流汩兮。"❷广阔,辽远。《诗经·小雅·雨无正》:"～～昊天,不骏其德。"《古诗十九首》之六:"还顾望故乡,长路漫～～。"❸心胸开阔、坦荡。白居易《咏意》:"身心一无系,～～如虚舟。"陆游《道室试笔》诗:"等是胸中不～～,乐天莫笑季伦痴。"

【浩劫】 hàojié ❶历时长久的劫数。劫,佛教指天地的形成到毁灭为一劫。曹唐《小游仙诗》之六:"玄洲草木不知黄,甲子初开～～长。"后人把深重的灾难称为浩劫。❷佛塔的层级。一说指不朽的功业。杜甫《玉台观》诗之二:"～～因王造,平台访古游。"又《八哀诗·赠秘书监江夏李公邕》:"龙宫塔庙涌,～～浮云卫。"

【浩居】 hàojū 简慢高傲。《墨子·非儒下》:"立命缓贫而高～～,倍本弃事而安怠傲。"(毕沅注:"(浩居)同傲倨。")也作"浩裾"。《晏子春秋·外篇不合经术者》:"彼～～自顺,不可以教下。"也作"浩倨"。《孔子家语·三恕》:"～～者则不亲。"

【浩倨】 hàojū 见"浩居"。

【浩裾】 hàojū 见"浩居"。

【浩漫】 hàomàn ❶众多的样子。刘昼《刘子·阅武》:"夫三军～～,则立表号。言不相闻,故为鼓铎以通其耳;视不相见,故制旌麾以宣其目。"❷广大的样子。李白《寻鲁城北范居士失道落苍耳中见范置酒摘苍耳作》诗:"客心不自得,～～将何之。"方孝孺《观乐生传》:"吾于地乐海之深溥～～,渊之澄澄。"

【浩茫】 hàománg 广阔无边的样子。《水经注·浪水》:"登高远望,睹巨海之～～。"

【浩渺】 hàomiǎo 广阔无边的样子。赵孟頫《送高仁卿还湖州》诗:"江湖～～足春水,凫雁灭没横秋烟。"欧阳修《有美堂记》:"而闽商海贾,风帆浪舶,出入于江涛～～、烟云杳蔼之间,可谓盛矣。"

【浩气】 hàoqì ❶广大的水汽。郦道元《水经注·溱水》:"泉源沸涌,～～云浮。"沈佺期《奉和洛阳玩雪应制》:"氛氲生～～,飒沓舞回风。"❷正大刚直之气。曾巩《与北京韩侍中启二》:"顺天时之常序,养～～之至和。"《明史·杨继盛传》:"～～还太虚,丹心照千古。"

【浩然】 hàorán ❶广大、开阔的样子。欧阳修《释秘演诗集序》:"秘演状貌雄杰,其胸中～～。"❷刚正的样子。《孟子·公孙丑上》:"我知言,我善养吾～～之气。"❸浩然之气。《抱朴子·论仙》:"英儒伟器,养其～～者,犹不乐见浅薄之人,风尘之徒。"文天祥《正气歌》:"于人曰～～,沛乎塞苍冥。"

【浩穰】 hàoráng ❶人众多的样子。《汉书·张敞传》:"京兆典京师,长安中～～,于三辅尤为剧。"孟元老《东京梦华录·民俗》:"以其人烟～～,添十数万众不加多,减之不觉少。"❷重大。范仲淹《润州谢上表》:"臣伏念臣起家孤平,蒙上奖拔,置于清近之列,授以～～之权,圣惟知人,臣则辱命。"

【浩首】 hàoshǒu 白头。浩,通"皓"。陈子昂《昭夷子赵氏碑》:"姜牙～～,实逢其良。"

【浩思】 hàosī 犹遐想,畅想。韦应物《西郊燕集》诗:"盛时易徂谢,～～生飘飏。"

【浩叹】 hàotàn 长叹。郑谷《慈恩寺偶题》诗:"往事悠悠添～～,劳生扰扰竟何能。"陆游《不寐》诗:"欲明闻漉稻,～～闵黎元。"

【浩唐】 hàotáng 放荡不羁。枚乘《七发》:"淹沉之乐,～～之心,遁佚之志,其奚由至哉!"

【浩洋】 hàoyáng ❶水盛大。《淮南子·览冥训》:"往古之时四极废,九州裂,天不兼复,地不周载,火滥炎而不灭,水～～而不息。"❷指广阔的海洋。《论衡·书虚》:"大江～～,曲江有涛,竟以隘狭也。"

【浩漭】 hàoyǎng ❶水流壮阔的样子。阮籍《东平赋》:"纷晻暧以乱错兮,漫～～而未静。"庾阐《扬都赋》:"于是乎源泽～～,林阜隐荟。"❷形容无边无际。阮籍《清思赋》:"慈感激以达神,岂～～而弗营?"

【浩漾】 hàoyàng 水广阔涌动的样子。皮日休《九讽·悼贾》:"临汨罗之～～兮,想怀沙之幽忧。"

【浩溔】 hàoyǎo 水无边际的样子。《宋书·谢灵运传》:"引修隄之逶迤,吐泉流之～～。"杜甫《聂耒阳以仆阻水》诗:"知我碍湍涛,半旬获～～。"

耗 1. hào ❶亏损,消耗。《史记·李斯列传》:"士卒多～,无尺寸之功。"《论衡·命义》:"人之有吉凶,犹岁之有丰～。"❷音信,消息。《后汉书·章德窦皇后纪》:"家既废坏,数呼相工问息～。"李商隐《即日》诗:"赤岭久无～,鸿门犹合围。"

2. mào ❸昏昧不明,乱。《荀子·修身》:"少而理曰治,多而乱曰~。"《后汉书·章帝纪》:"又选举乖实,俗吏伤人,官职~乱,刑罚不中,可不忧与!"

3. máo ❹无,尽。《汉书·地理志上》:"周室既衰,礼乐征伐自诸侯出,转相吞灭,数百年间,列国~尽。"《后汉书·王充传》:"年渐七十,志力衰~。"

【耗斁】 hàodù 损耗,败坏。《诗经·大雅·云汉》:"~~下土,宁丁我躬。"李华《吊古战场文》:"秦汉而还,多事四夷,中州~~,无世无之。"

【耗土】 hàotǔ 贫瘠的土地。《大戴礼记·易本命》:"息土人之美,~~人之丑。"也作"秏土"。《淮南子·地形训》:"息土人美,~~人丑。"

皓 hào ❶光明,明亮。《楚辞·九叹·远遊》:"服觉~以殊俗兮,貌揭揭以巍巍。"㉠白,洁白。《史记·司马相如列传》:"~齿粲烂,宜笑的皪。"❷通"浩"。见"皓然"。

【皓旰】 hàohàn ❶明亮的样子。《楚辞·九叹·远逝》:"曳彗星之~~兮,抚朱爵与鵔䴊。"❷盛多的样子。曹植《七启》:"丹旗曜野,戈殳~~。"

【皓皓】 hàohào 通"皜皜"。洁白,喻品质的高贵纯洁。《史记·屈原贾生列传》:"宁赴常流,而葬乎江鱼腹中耳;又安能以~~之白,而蒙世俗之温蠖乎!"

【皓然】 hàorán 同"浩然"。《隶释·汉三公山碑》:"或有恬淡,养~~兮。"

鄗 1. hào ❶地名。1) 通"镐"。周武王的国都。故址在今陕西西安市西南。《国语·周语上》:"杜伯射王于~。"《荀子·王霸》:"汤以亳,武王以~,皆百里之地也。"2) 春秋晋邑。战国入赵,汉为侯国。光武在此即位,因避讳,改名高邑。故址在今河北柏乡县北。《左传·哀公四年》:"国夏伐晋,取邢、任、栾、~。"《史记·赵世家》:"赵武灵王三年,城~。"3) 春秋齐地。故址在今山东蒙阴县北。《公羊传·桓公十五年》:"公会齐侯于~。"(《左传》作"艾",《穀梁传》作"蒿"。)

2. qiāo ❷山名。在今河南荥阳市境内。《左传·宣公十二年》:"晋师在敖、~之间。"

3. jiāo ❸通"郊"。春秋晋地。故址在今山西省南部。《史记·秦本纪》:"取王官及~,以报殽之役。"(《左传·文公三年》作"郊"。)

皓(皜、暠) hào ❶白。《楚辞·大招》:"朱唇~齿,嫭以姱只。"苏舜钦《杜公求退第一表》:"虽健才利刃,犹或不支,而~发羸躯,安能集事。"❷明亮。《诗经·陈风·月出》:"月出~兮,佼人懰兮。"❸指老人。李白《金陵歌送别范宣》:"送尔长江万里心,他年来访南山~"❹通"昊"。广大。见"皓天"。

【皓白】 hàobái 雪白。《史记·留侯世家》:"及燕置酒,太子侍,四人从太子,年皆八十有馀,须眉~~,衣冠甚伟。"《淮南子·俶真训》:"秉~~而不黑,行纯粹而不糅。"

【皓侈】 hàochǐ 明亮而盛大。枚乘《七发》:"此亦天下之靡丽,~~广博之乐也,太子能强起游乎?"

【皓旰】 hàohàn 明亮。谢惠连《雪赋》:"至夫缤纷繁鹜之貌,~~皦絜之仪,……固展转而无穷,嗟难得而备知。"

【皓皓】 hàohào ❶光亮洁白的样子。《诗经·唐风·扬之水》:"扬之水,白石~~。"《孟子·滕文公上》:"江汉以濯之,秋阳以暴之,~~乎不可尚已。"❷旷达的样子。《大戴礼记·卫将军文子》:"常以~~,是以眉寿,是曾参之行也。"❸同"浩浩"。广大。《史记·河渠书》:"~~旰旰兮,闾殚为河!"

【皓首】 hàoshǒu 犹白首。指老年。李陵《答苏武书》:"丁年奉使,~~而归。"杜甫《醉为马坠诸公携酒相看》诗:"向来~~惊万人,自倚红颜能骑射。"

【皓天】 hàotiān 同"昊天"。天。《荀子·赋》:"~~不复,忧无疆也。"左思《咏史》之五:"~~舒白日,灵景耀神州。"

【皓溔】 hàoyǎo 无边无际的样子。左思《魏都赋》:"恒碣碪碍于青霄,河汾浩涆而~~。"

【皓月】 hàoyuè 明月。曹唐《张硕重寄杜兰香》诗:"~~隔花追款别,瑞烟笼树省淹留。"颜延之《直东宫答郑尚书》诗:"流云蔼青阙,~~鉴丹宫。"

鹄 hào 见hú。

滈 hào ❶久雨,大雨。《说文·水部》:"~,久雨也。"❷通"镐"。地名。即镐京,西周国都。《荀子·议兵》:"古者汤以薄,武王以~。"(杨倞注:"薄与亳同,滈与镐同。")

【滈汗】 hàohàn 水长流的样子。郭璞《江赋》:"~~六州之域,经营炎景之外。"

【滈滈】 hàohào 水泛白光的样子。司马相如《上林赋》:"翯乎~~,东注太湖。"

澔 hào 同"浩"。见"澔旰"。

【澔旰】 hàohàn 华美的样子。《史记·司马相如列传》:"蜀石黄碝,水玉磊砢,磷磷烂烂,采色～～。"(《文选》司马相如《上林赋》作"滈汗"。)

【滈滈】 hàohào 同"浩浩"。很盛的样子。王延寿《鲁灵光殿赋》:"彤彩之饰,徒何为乎?～～泝泝,流离烂漫。"

镐(鎬) hào ❶西周国都。故址在今陕西西安市西。见"镐京"。❷古北方地名。《诗经·小雅·六月》:"侵～及方,至于泾阳。"

【镐镐】 hàohào 光耀明亮的样子。何晏《景福殿赋》:"故其华表则～～铄铄,赫奕章灼,若日月之丽天也。"

【镐京】 hàojīng 古邑名,西周初年的国都。周武王既灭商,自酆移都于此,谓之宗周,又称西都。其地在今陕西西安西南,酆水东岸。《诗经·大雅·文王有声》:"考卜维王,～～辟雍。"

皞(皡、暤) hào ❶洁白明亮的样子。《说文·日部》作"暤",《广韵·皓韵》作"皡"。❷广大自得的样子。见"皞皞"。❸通"昊"。见"皞天"。

【皞皞】 hàohào 同"浩浩"。广大自得的样子。《孟子·尽心上》:"霸者之民,欢虞如也;王者之民,～～如也。"

【皞天】 hàotiān 同"昊天"。天。《庄子·人间世》:"易之者～～不宜。"《汉书·郑崇传》:"朕幼而孤,皇太太后躬自养育,免于襁褓,……欲报之德,～～罔极。"《诗经·小雅·蓼莪》作"昊天罔极"。

颢(顥) hào ❶白。《说文·页部》:"～,白皃。"❷通"昊"。博大。《广韵·皓韵》:"～,大也。"

【颢苍】 hàocāng 指天。《汉书·叙传上》:"应龙潜于潢污,鱼鼋媟之,不睹其能奋灵德,合风云,超忽荒,而躆～～也。"

【颢颢】 hàohào ❶形容白色。《楚辞·大招》:"天白～～,寒凝凝只。"❷博大的样子。陈子昂《临邛县令封君遗爱碑》:"圣人～～。"

【颢气】 hàoqì 洁白清新之气。班固《西都赋》:"轶埃壒之混浊,鲜～～之清英。"柳宗元《桂州訾家洲亭记》:"列星下布,～～回合。"

【颢穹】 hàoqióng 天。《汉书·司马相如传下》:"伊上古之初肇,自～～生民。"(《史记》作"昊穹"。)

【颢天】 hàotiān ❶西方之天。《吕氏春秋·有始》:"天有九野……西方曰～～。"(《淮南子·天文训》作"昊天"。)❷汉台名。司马相如《上林赋》:"于是乎游戏懈怠,置酒乎～～之台。"

鰝(鰝) hào 一种特大的虾。左思《吴都赋》:"罼～鰕。"

灏(灝) hào 浩大,远。见"灏溔"、"灏灏"。

【灏灏】 hàohào 犹"浩浩"。远大的样子。《法言·问神》:"虞夏之书浑浑尔,商书～～尔。"

【灏气】 hàoqì 弥漫于天地之间的大气。柳宗元《始得西山宴游记》:"悠悠乎与～～俱,而莫得其涯;洋洋乎与造物者游,而不知其所穷。"

【灏溔】 hàoyǎo 水无边际的样子。《史记·司马相如列传》:"然后～～潢漾,安翔徐徊。"

he

诃(訶) hē 同"呵"。大声喝斥。《三国志·蜀书·廖立传》注引《诸葛亮集》:"随大将军则诽谤讥～。"《宋史·王旦传》:"旦子弟及家人皆迎于郊,忽闻后有驺～声,惊视之,乃旦也。"

【诃护】 hēhù 保佑,保护。王恽《宿仙山朝元观题示》诗:"阴灵～～石坛古,老雨留渍苍苔痕。"

苛 hē 见 kē。

呵 1. hē ❶大声喝斥。《三国志·吴书·鲁肃传》:"肃厉声～之,辞色甚切。"王禹偁《唐河店妪传》:"会一虏至,系马于门,持弓矢,坐定,～妪汲水。"⑤指责,责怒。《汉书·食货志下》:"法钱不立,吏急而壹之虖,则大为烦苛,而力不能胜;纵而弗～虖,则市肆异用,钱文大乱。"《三国志·蜀书·孟光传》:"好《公羊春秋》而讥～《左氏》。"❷呼喊,吆喝。韩愈《送李愿归盘谷序》:"其在外,则树旗旄,罗弓矢,武夫前～,从者塞途。"❸呼气,哈气。《关尹子·二柱》:"衣摇空得风,气～物得水。"苏轼《四时词》之四:"起来～手画双鸦,醉脸轻匀衬眼霞。"❹笑声。范成大《春日览镜有感》诗:"乌兔两恶剧,不满一笑～。"

2. ā ❺语助词。辛弃疾《玉蝴蝶·追别杜叔高》词:"试听～,寒食将近,且住为佳。"高明《琵琶记·蔡公逼试》:"秀才,你此回不去～,可不干费了十载青灯!"

3. hā ❻弯。《官场现形记》二回:"王乡绅忙过来～下腰去扶他。"

4. kē ❼译音用字。《南史·夷貊传上》:"～罗单国都阇婆洲。"(呵罗单:古国名,故地在今苏门答腊岛。)

【呵笔】 hēbǐ 冬天笔冻,哈气以解冻。罗隐《雪》诗："寒窗～～寻诗句，一片飞来纸上销。"梅尧臣《次韵和王景彝十四日置雪晚归》："闭门吾作袁安睡，～～君为谢客谣。"

【呵壁】 hēbì 据王逸《〈天问〉序》称：屈原放逐后，彷徨山泽，见楚先王庙及公卿祠堂，壁间画有天地山川神灵及古圣贤等，因作《天问》，书于其壁，呵而问之，以泄愤懑。后因以"呵壁"作不得志的人发泄愤懑的典故。李贺《公无出门》诗："分明犹惧公不信，公看～～书问天。"

【呵叱】 hēchì ❶大声斥责。《后汉书·张霸传》："大将军梁冀带剑入省，[张]陵～～令出。"又《孙程传》："怀表上殿，～～左右。"❷呼唤。《资治通鉴·唐僖宗中和二年》："用之每对骈～～风雨，仰揖空际，云有神仙过云表，骈辄随而拜之。"

【呵导】 hēdǎo 旧时官员外出时用仪仗队呼喝开路。《宋史·刘温叟传》："所以～～而过者，欲示众以陛下非时不御楼也。"亦作"呵道"。顾瑛《次铁雅先生无题韵》："朱衣小队高～～，粉笔新图遍写真。"

【呵殿】 hēdiàn 古时官员出行时前呼后拥的随从。在前称"呵"，在后称"殿"。姜夔《鹧鸪天·正月十一日观灯》词："白头居士无～～，只有乘肩小女随。"《聊斋志异·罗刹海市》："生衣绣裳，驾青虬，～～而出。"

【呵冻】 hēdòng 冬天书写时，哈气使凝结的笔墨解冻。周必大《题东坡上薛向枢密书》："身为二千石，士民当盈庭为寿，不则与家人饮食燕乐，乃斋心～～，极陈国计，其贤于人远矣。"

【呵呵】 hēhē ❶形容笑声。《晋书·石季龙载记下》："临[石]韬丧，不哭，直言～～，使举衾看尸，大笑而去。"道原《景德传灯录》卷八："谷山～～大笑三声。"❷形容说话声音含混不清。《聊斋志异·宫梦弼》："[富者]已舌蹇不能声，惟爬抓心头，～～而已。"

【呵欱】 hēhē 如言嘘与吸、吐与纳。有进退之意。王安石《韩持国从富并州辟》诗："矧今名主人，气力足～～。"

【呵护】 hēhù 爱护，保护。李商隐《骊山有感》诗："骊岫飞泉泛暖香，九龙～～玉莲房。"范成大《小峨眉》诗："降商讫周谨～～，磬氏无敢加镌彫。"

【呵会】 hēhuì 见面时的客气话。《水浒传》七十四回："部署请下轿来，开了几句温暖的～～。"

【呵禁】 hējìn 喝止。《晋书·石季龙载记上》："[石]斌行意自若，仪持法～～，斌怒杀之。"韩愈《送李愿归盘谷序》："鬼神守护兮，～～不祥。"

【呵难】 hēnàn 喝斥，责难。《韩非子·外储说左上》："卫嗣公使人伪(过)关市，关市～～之。"《论衡·明雩》："汉立博士之官，师弟子相～～，欲极道之深，形是非之理也。"

【呵卫】 hēwèi ❶禁卫。《新唐书·史思明传》："思明居传舍，令所爱曹将军击刁斗～～。"文天祥《指南录自序》："夜抵西门欲待旦求见，～～严密。"❷保佑。陈亮《又与章德茂侍郎书》："缅惟旌纛所至，百神～～，台候动止万福。"郑廷玉《楚昭公》四折："谁想龙神暗中～～，死者重生。"

欱 hē 啜，吸吮。班固《东都赋》："吐焰生风，～野喷山。"张衡《西京赋》："抱杜含鄠～沣吐镐，爰有蓝田珍玉。"

禾 hé ❶泛指谷类。《诗经·豳风·七月》："九月筑场圃，十月纳～稼。"❷粟。《诗经·豳风·七月》："黍稷重穋，～麻菽麦。"又《魏风·伐檀》："不稼不穑，胡取～三百囷兮。"❸稻子。张舜民《打麦》诗："麦秋正急又秧～，丰岁自少凶岁多。"

合 1. hé ❶闭，收拢。《山海经·大荒西经》："西北海之外，大荒之隅，有山而不～，名曰不周负子。"《战国策·燕策二》："蚌方出曝，而鹬啄其肉，蚌～而拑其喙。"㊀符合，对合。《荀子·性恶》："故必将有师法之化，礼义之道，然后出于辞让，～于文理，而归于治。"《战国策·齐策四》："使吏召诸民当偿者，悉来～券。"㊁会合，联合。《论语·宪问》："桓公九～诸侯，不以兵车，管仲之力也。"《史记·周本纪》："烈王二年，周太史儋见秦献公曰：'始周与秦国～而别，别五百载复～，～十七岁而霸者出焉。'"㊁结合，合并。《孟子·尽心下》："仁也者，人也。～而言之道也。"《史记·张仪列传》："秦之所以不出兵函谷十五年以攻齐、赵者，阴谋有～天下之心。"❷和睦，融洽。《诗经·小雅·常棣》："妻子好～，如鼓瑟琴。"陈亮《贺新郎·寄辛幼安和见怀韵》词："只使君，从来与我，话头多～。"❸覆盖，笼罩。贾思勰《齐民要术·造神曲并酒等》："以盆～头，良久水尽，馔极熟饮。"李白《塞下曲》之六："兵气天上～，鼓声陇底闻。"❹配合，匹配。《诗经·大雅·大明》："文王初载，天作之～。"《楚辞·离骚》："汤禹严而求～兮，挚咎繇而能调。"㊁交配，性交。《老子·五十五章》："未知牝牡之～而全作，精之至也。"《论衡·物势》："情欲动而～，～而生子矣。"❺比拟。《盐铁论·论灾》："夫道古者稽之今，言远者～之近。"❻全，满。元稹《上阳白发人》诗："御马南奔胡马蹙，宫女三千～

宫弃。"王安石《上皇帝万言书》:"盖～郡之间往往而绝也。"❼回答。《左传·宣公二年》:"既～而来奔。"❽两军交战。《左传·成公二年》:"自始～而矢贯余手及肘。"《史记·萧相国世家》:"多者百馀战,少者数十～。"❾应当,应该。杜甫《岁晏行》:"刻泥为之最易得,好恶不～长相蒙。"白居易《与元九书》:"始知文章～为时而著,歌诗～为事而作。"❿算,折算。《红楼梦》十七回:"里面都是～着地步打的床几椅案。"⓫共同,一起。《儒林外史》二十八回:"那人道:'不拘那一位。我小弟有二三百银子,要选一部文章,烦先生替我寻一位来,我同他好～选。'"⓬介词。与,和。李白《月夜江行寄崔员外宗之》诗:"月随碧山转,水～青天流。"《老残游记》三十回:"他既认错,你也不必～他计较。"⓭工尺谱记音符号之一,表示音阶上的一段。《辽史·乐志》:"各调之中,度曲协音,其声凡十,曰:五、凡、工、尺、上、一、四、六、勾、～。"⓮旧时诗文结构章法方面的术语,指结语。《红楼梦》四十八回:"什么难事,也值得去学?不过是起、承、转、～。"⓯合子,盛物的器皿。今写作"盒"。《梁书·傅昭传》:"[昭]器服率陋,身安粗粝,常插烛于板床。明帝闻之,赐漆～烛盘等。"白居易《长恨歌》:"唯将旧物表深情,钿～金钗寄将去。"⓰姓。邓名世《古今姓氏书辨证·合韵》:"宋向成为左师,食采于～,谓之～左师,后世氏焉。"

2. gě ⓱量词。十合为一升。苏轼《书东皋子传后》:"予饮酒终日,不过五～。"

【合璧】 hébì ❶两个半璧合成一个圆形,称之为合璧。江淹《丽色赋》:"赏以双珠,赐以～～。"❷指日、月、五星合聚。《汉书·律历志上》:"日月如～～,五星如联珠。"后用来表示把不同的东西放在一起而配合得宜。

【合变】 hébiàn 灵活应变。《史记·廉颇蔺相如列传》:"[赵]括徒能读其父书传,不知～～也。"李翱《帝王所尚问》:"是文与忠、敬,皆非帝王之所尚,乃帝王之所以～～而行权者也。"

【合程】 héchéng 合于规定的程式,合格。柳宗元《故殿中侍御史柳公墓表》:"射策～～,遂冠首科。"

【合冬】 hédōng 入冬。《盐铁论·论灾》:"～～行诛,万物毕藏。"董仲舒《春秋繁露·天辨在人》:"太阴因水而起,助冬之藏也。阴虽与水并气而～～,其实不同。"

【合独】 hédú 使无妻的男人和死了丈夫的妇女结合成为夫妇。《管子·入国》:"凡国都皆有掌媒,丈夫无妻曰鳏,妇人无夫曰寡,取鳏寡而合和之,……此之谓～～。"方苞《周官辨伪二》:"管子～～之政,乃取鳏寡而官配之。"

【合符】 héfú 古代用竹、木、玉、铜等制成凭证,上刻文字,分为两半,一半存朝廷,一半给外任官员或出征将帅,检验相合,叫"合符"。《史记·魏公子列传》:"公子即～～,而晋鄙不授公子兵。"后称事物或意见相合为"合符"或"符合"。

【合和】 héhé ❶婚配。《管子·入国》:"取鳏寡而～～之。"❷和睦,和好。《礼记·乐记》:"故乐者……所以～～父子君臣,附亲万民也。"《战国策·燕策二》:"寡人且与天下伐齐,旦暮出令矣,子必争之,争之而不听,子因去而之齐。寡人有时复～～也,且以因子而事齐。"

【合横】 héhéng 即连横。战国时,秦最强大,张仪游说诸侯事秦,叫做"连横"。《战国策·齐策二》:"梁王因相[张]仪,仪以秦、梁～～亲。"又《赵策一》:"昔者,五国之王尝～～而谋赵。"

【合欢】 héhuān ❶联欢。《礼记·乐记》:"故酒食者,所以～～也;乐者,所以象德也;礼者,所以缀淫也。"《墨子·明鬼下》:"虽使鬼神诚亡,此犹可以～～聚众,取亲于乡里。"❷指男女交欢。《警世通言·玉堂春落难逢夫》:"沈洪平日原与小段名有情,那时扯在铺上,草草～～,也当春风一度。"❸植物名。叶似槐叶,夜间成对相合。故也叫"合昏",又写作"合楕",俗称夜合花、马缨花、榕花。古人常以合欢赠人,说可以消怨合好。嵇康《养生论》:"～～蠲忿,萱草忘忧。"

【合甲】 héjiǎ 用双重皮革制成的坚固铠甲。《周礼·考工记·函人》:"～～五属。"庾信《奉报寄洛州》诗:"长旍析鸟羽,～～抱犀鳞。"

【合节】 héjié ❶音节和谐。《楚辞·九歌·东君》:"应律兮～～,灵之来兮蔽日。"❷比喻思想行为相一致。《墨子·节葬》:"上稽之尧、舜、禹、汤、文、武之道,而政逆之;下稽之桀、纣、幽、厉之事,犹～～也。"

【合卺】 héjǐn 古代结婚时的一种仪式。婚礼饮交杯酒。把瓠分成两个瓢,叫卺,新夫妇各拿一瓢来饮酒。后遂把"成婚"叫作"合卺"。《礼记·昏义》:"共牢而食,～～而酳。"《聊斋志异·青梅》:"母笑慰之,因谋涓吉～～。"

【合醵】 héjù 众人凑钱饮酒。《旧唐书·严挺之传》:"夫酺者,因人所利,～～为欢。"

【合口】 hékǒu ❶适合口味。《汉书·扬雄传下》:"美味期乎～～,工声调于比耳。"❷交会处。《周书·文帝纪上》:"太祖乃遣大都督梁御率步骑五千镇河渭～～,为图河东之计。"❸口角,争吵。《水浒传》三十七回:"你又和谁～～?叫起哥哥来对,他却不肯干休。"

【合莫】 hémò 祭祀时,祭者与所祭鬼神互相感通,合而为一叫合莫。《礼记·礼运》:"君与夫人交献,以嘉魂魄,是谓～～。"潘炎《君臣相遇乐赋》:"在宇宙而皆满,鼓阴阳而～～。"

【合摎】 héjiū 纠合,结交。《管子·大匡》:"夫国之乱也,智人不得作内事,朋友不能相～～,而国乃可图也。"

【合瓢】 hépiáo 同"合卺"。《魏书·元孝友传》:"又夫妇之始,王化所先,共食～～,足以成礼。"

【合扑】 hépū 俯面扑地,向前跌倒。关汉卿《救风尘》一折:"忽地便吃了一个～～地。"李致远《还牢末》二折:"把僧住支杀的拖将去,连赛娘～～的带了一交。"

【合气】 héqì ❶阴阳之气相交合。《史记·龟策列传》:"祸不妄至,福不徒来。天地～～,以生百财。"王充《论衡·自然》:"天地～～,万物自生。"❷呕气,生气。关汉卿《金线池》二折:"只为杜蕊娘他把俺赤心相待,时常与这虔婆～～,寻死觅活,无非是为俺家的缘故。"

【合契】 héqì ❶犹合符。相合。《后汉书·张衡传》:"寻其方面,乃知震之所生,验之以事,～～若神。"❷融洽,意气相投。《西游记》一回:"美猴王领了一群猿猴、猕猴、马猴等,分派了君臣佐使,朝游花果山,暮宿水帘洞,～～同情。"❸符契。沈括《梦溪笔谈·辩证一》:"牙璋,判合之器也。当于合处为牙,如今之～～。"

【合刃】 hérèn 刀与刀相交。犹言交兵。《汉书·晁错传》:"臣又闻用兵,临战～～之急者三。"《淮南子·兵略训》:"虽诛～～于天下,谁敢在于上者。"

【合朔】 héshuò 日月相会。一般指夏历每月初一。《后汉书·律历志下》:"日月相推,日舒月速,当其同,谓之～～。"梅尧臣《和吴冲卿学士石屏》:"月与太阳～～时,阳乌飞上桂树枝。"

【合沓】 hétà ❶重叠,聚集。谢灵运《登庐山绝顶望诸峤》诗:"峦陇有～～,往来无踪辙。"杜甫《追酬故高蜀州人日见寄》诗:"呜呼壮士多慷慨,～～高名动寥廓。"❷纷至沓来。杜甫《秋日荆南述怀三十韵》:"差池分组冕,～～起蒿莱。"

【合遝】 hétà 盛多的样子,聚集的样子。王褒《洞箫赋》:"趣从容其勿述兮,骛～～以诡谲。"方干《题悬留岩隐居者》诗:"蒲葵细织团圆扇,薤叶平铺～～花。"

【合同】 hétóng ❶会合齐同,和睦。《礼记·乐记》:"流而不息,～～而化,而乐兴焉。"《史记·秦始皇本纪》:"以明人事,～～父子。"❷契约文书。《周礼·秋官·朝士》"判书"贾公彦疏:"云判,半分而合者,即质剂傅别分支～～,两家各得其一者也。"❸志同道合。《楚辞·七谏·沈江》:"贤俊慕而自附兮,日浸淫而～～。"

【合下】 héxià ❶即时,当下。黄庭坚《少年心》词:"～～休传音问,你有我,我无你分。"又写作"合下手"。辛弃疾《恋绣衾·无题》词:"～～～安排了,那筵席须有散时。"❷当初,原先。董解元《西厢记诸宫调》卷五:"刁镫得人来成病体,争如～～休相识。"吕坤《与总河刘晋川论道脉图》:"今之讲学者曰:'吾心～～便是中,不待思量,不须计较。'如是则舜颜皆在下风矣。"

【合姓】 héxìng 男女两姓结成婚姻。《国语·晋语四》:"故异德～～,同德合义。"梅尧臣《悲书》诗:"虽死情难迁,～～义已重。"

【合要】 héyāo 对证,核对。《左传·襄公十年》:"使王叔氏与伯舆～～。"曾巩《史馆申请三道》:"欲使名臣良士,言行功实,传之不朽,为人子孙者,亦宜知父祖善状,～～显扬,使得见于国史,以称为人后嗣之义。"

【合衣】 héyī 和衣,不脱衣。元稹《合衣寝》诗:"良夕背灯坐,方成～～寝。"

【合与】 héyǔ 结合成私党。《管子·山至数》:"内则大夫自还而不尽忠,外则诸侯连朋～～。"

【合约】 héyuē 共同订立盟约。《汉书·赵充国传》:"往三十馀岁,西羌反时,亦先解仇～～攻令居。"

【合匝】 hézā 同"匼匝"。环绕重叠。鲍照《代白纻歌舞词》:"象床瑶席镇犀渠,雕屏～～组帷舒。"王世贞《战城南》诗:"黄尘～～,日为青,天模糊。"

【合战】 hézhàn 交战。《汉书·高帝纪上》:"于是飨士,旦日～～。"《论衡·福虚》:"使宋楚之君～～顿兵,流血僵尸,战夫禽获,死亡不还。"

【合掌】 hézhǎng ❶佛教的一种敬礼方式,合两掌以示敬意。《四十二章经·序》:"世尊教敕,一一开悟,～～敬诺,而顺尊敕。"《旧唐书·傅奕传》:"[萧]瑀不能答,但

～～曰:‘地狱所设,正为是人!’”(《新唐书·傅奕传》作“合爪”。)❷指诗文中对偶词句的意义相同或相类。《红楼梦》七十六回:“黛玉不语点头,半日遂念道:‘人向广寒奔。犯斗邀牛女,’湘云也望月点首,联道:‘乘槎访帝孙。盈虚轮莫定,’黛玉道:‘对句不好,～～。’”

【合爪】 hézhǎo 两手十指向上伸直,指尖合拢。即合掌。佛教徒敬礼的一种方式。《新唐书·傅奕传》:“但～～曰:‘地狱正为是人设矣!’”(《旧唐书·傅奕传》作“合掌”。)宋濂《题金书〈法华经〉后》:“予既书已,～～言曰:‘是经在处,天龙护持,将毁而弗之毁,垂亡而弗之亡。’”

【合辙】 hézhé 本指若干辆车的车轮在地上轧出来的痕迹相合。比喻彼此思想言行相一致。刘克庄《赠施道州》诗之二:“拮据自笑营巢拙,枘凿明知～～难。”后称戏曲、小调的押韵为合辙。

【合从】 hézòng ❶连接直行。《荀子·赋》:“日夜合离,以成文章。以能～～,又善连衡。”❷即合纵。战国时,秦最强大,苏秦游说六国诸侯联合抗秦。秦在西,六国地连南北,南北为纵,故六国联合谓之合纵。《战国策·秦策三》:“天下之士～～相随于赵,而欲攻秦。”《史记·陈涉世家》:“～～缔交,相与为一。”❸泛指联合。《史记·吕太后本纪》:“具以灌婴与齐楚～～,欲诛诸吕告产,乃趣产急入宫。”《旧唐书·李密传》:“[李密]乃致书呼高祖为兄,请～～以灭隋。”

【合作】 hézuò ❶共同创作。《诗经·周南·关雎》孔颖达疏:“沈重云:‘按郑[玄]《诗谱》意,《大序》是子夏作,《小序》是子夏、毛公～～。’”❷合于法度,规范。多指书画写作。张彦远《法书要录》卷四引张怀瓘《二王等书录》:“[王]献之尝与简文帝十纸,题最后云:‘下官此书甚～～,愿聊存之。’”楼钥《跋傅钦甫所藏职贡图》:“正字傅钦甫携《职贡图》见示,不惟画笔精好,其上题字亦自～～。”

纥(紇)

hé ❶大丝。《集韵·屑韵》:“～,大丝。”❷回纥,古民族名。

【纥干】 hégān ❶山名。又名纥真山,在今山西大同东。山上终年积雪,鸟雀往往冻死。故有“纥真山头冻死雀,何不飞去生处乐!”之语。❷复姓。

【纥那】 hénà 踏曲的和声。刘禹锡《纥那曲》之一:“同郎一回顾,听唱～～声。”又《竹枝词》之二:“今朝北客思归去,回入～～披绿罗。”

咼

hé 见 wāi。

何

1. hé ❶问。《史记·秦始皇本纪论》引贾谊《过秦论》:“陈利兵而谁～。”(裴骃集解引如淳曰:“何,犹问也。”)《汉书·贾谊传》:“故其在大谴大～之域者,闻谴～则白冠氂缨,盘水加剑,造请室而请罪耳,上不执缚系引而行也。”(颜师古注:“谴,责也。何,问也。域,界局也。”)❷什么。《论语·颜渊》:“内省不疚,夫～忧～惧?”《公羊传·隐公元年》:“元年者～?君之始年也。”㊁谁,哪一个。《孟子·万章下》:“～事非君,～使非民。”《左传·昭公十一年》:“景王问于苌弘曰:‘今兹诸侯～实吉?～实凶?’”❸怎么,怎么样。《战国策·齐策一》:“徐公～能及君也。”王安石《车螯》诗之二:“尔无如彼～,可畏宁独人?”❹何故,为什么。《论语·先进》:“夫子～哂由也?”《孟子·滕文公上》:“且许子～不为陶冶?”❺何处,哪里。王勃《滕王阁》诗:“阁中帝子今～在?槛外长江空自流。”苏辙《黄州快哉亭记》:“士生于世,使其中不自得,将～往而非病?”❻多么。《汉书·东方朔传》:“朔来朔来,受赐不待诏,～无礼也!拔剑割肉,壹～壮也!割之不多,又～廉也!归遗细君,又～仁也!”王若虚《贫士叹》:“入门两眼～悲凉!稚子低眉老妻哭。”❼姓。

2. hē ❽通“呵”。喝斥,谴责。韩愈《刘公墓志铭》:“两界耕桑交迹,吏不～问。”《新唐书·王琚传》:“[王琚]过谢东宫,至廷中,徐行高视,侍卫～止曰:‘太子在!’”

3. hè ❾通“荷”。扛,背。《诗经·曹风·候人》:“彼候人兮,～戈～祋。”又《小雅·无羊》:“尔牧来思,～蓑～笠。”㊀承受,承担。《诗经·商颂·玄鸟》:“殷受命咸宜,百禄是～。”《汉书·孝成班倢伃传》:“承祖考之遗德兮,～性命之淑灵。”

【何啻】 héchì 何止,岂只。李山甫《古石砚》诗:“凭君更研究,～～直千金。”也作“何翅”。叶適《黄子耕文集序》:“不若刻二书巾山之上,使读之者识趣增长,后生及知古人源流,教思无穷,视今惠利～～千百!”

【何但】 hédàn ❶何必。《汉书·武帝纪》:“单于能战,天子自将待边;不能,亟来臣服。～～亡匿幕北寒苦之地为?”❷岂止。《汉书·严助传》:“且秦举咸阳而弃之,～～越也!”《孔子家语·相鲁》:“虽天下可乎,～～鲁国而已哉!”

【何当】 hédāng ❶何日,何时。古乐府《紫骝马歌辞》:“高高山头树,风吹叶落去。一去数千里,～～还故处?”李商隐《夜雨寄北》诗:“～～共剪西窗烛,却话巴山夜雨时。”❷何如，何妨。武元衡《长安叙怀寄崔十五》诗：“闻说唐生子孙在，～～一为问穷通？”苏轼《龟山辩才师》诗：“～～来时结香火，永与名山供井硙。”❸安得，怎能。岑参《阻戎泸间群盗》诗：“～～遇长房，缩地到京关。”王安石《次韵答陈正叔》之二：“～～水石他年住，更把韦编静处开。”❹何况。王昌龄《江上闻笛》诗：“～～边草白，旌节陇城阴。”苏轼《无题》诗：“～～血肉身，安得常强健！”❺应当。杜甫《画鹰》诗：“～～击凡鸟，毛血洒平芜。”王安石《送潘景纯》诗：“明时正欲精搜选，荣路～～力荐延。”❻犹何尝。傅玄《秦女休行》：“百男～～益，不如一女良。”

【何等】 héděng 什么，怎么。《后汉书·南匈奴传》：“单于见诸军并进，大恐怖，顾让韩琼曰：‘汝言汉人死尽，今是～～人也？’”《三国志·吴书·董袭传》：“袭怒曰：‘受将军任，在此备贼，～～委去也？敢复言此者斩！’”

【何隔】 hégé 有什么不同。《南齐书·王秀之传》：“不修高世之绩，将～～于愚夫？”

【何怙】 héhù 语出《诗经·小雅·蓼莪》：“无父～～，无母何恃。”后因以“何怙”指丧父。范仲淹《求追赠考妣状》：“窃念臣襁褓之中，已丁～～，鞠养在母，慈爱过人。”

【何居】 héjī 何故，什么原因。居，助词。《礼记·檀弓上》：“～～？我未之前闻也。”《庄子·齐物论》：“～～乎？形固可使如槁木，而心固可使如死灰乎？”

【何渠】 héjù 如何，怎样。《史记·郦生陆贾列传》：“使我居中国，～～不若汉？”又作“何遽”。《墨子·公孟》：“子墨子曰：‘虽子不得福，吾言～～不善，而鬼神～～不明？’”又作“何讵”。《汉书·叙传上》颜师古注引《淮南子》：“北塞上之人，其马无故亡入胡中，人皆吊之。其父曰：‘此～～不为福？’”(今本《淮南子·人间训》讵作“遽”。)

【何乃】 hénǎi ❶何能，怎么能。《史记·蒙恬列传论》：“此其兄弟遇诛，不亦宜乎！～～罪地脉哉？”《后汉书·袁隗妻传》：“及初成礼，[袁]隗问之曰：‘妇奉箕帚而已，～～过珍丽乎？’”❷连词。何况。《史记·田叔列传》：“将军尚不知人，～～家监也！”又《东越列传》：“且秦举咸阳而弃之，～～越也！”❸何故，为何。荀悦《汉纪·高后纪》：“辟阳侯曰：‘平原君母死，～～贺我？’”

【何奈】 hénài 同“奈何”。如何。《潜夫论·卜列》：“夫鬼神与人殊气异务，非有事故，～～于我。”韩愈《感春》诗之三：“孤负平生心，已矣知～～。”

【何其】 héqí 多么。《史记·孝文本纪》：“夫刑至断支体，刻肌肤，终身不息，～～楚痛而不德也。”又《魏其武安侯列传》：“今人毁君，君亦毁人，譬如贾竖女子争言，～～无大体也。”

【何如】 hérú ❶如何，怎么样。《左传·襄公二十七年》：“子木问于赵孟曰：‘范武子之德～～？’”《史记·儒林列传》：“为治者不在多言，顾力行～～耳。”❷何似，比……怎么样。《抱朴子·逸民》：“子谓吕尚～～周公乎？”《世说新语·文学》：“或问顾长康：‘君《筝赋》～～嵇康《琴赋》？’”❸犹何故。《史记·魏公子列传》：“今吾拥十万之众，屯于境上，国之重任，今单车来代之，～～哉？”

【何若】 héruò ❶如何，怎样。《墨子·天志下》：“顺天之意～～？”柳宗元《桐叶封弟辩》：“凡王者之德，在行之～～。”❷为何。《管子·问》：“问：刑论有常以行不可改也，今其事之久留也，～～？”陈琳《神女赋》：“既叹尔以艳采，又说我之长期，顺乾坤以成性，夫～～而有辞？”❸何似。《汉书·龚胜传》：“[夏侯]常恚，谓胜曰：‘我视君～～？君欲小与众异，外以采名，君乃申徒狄属耳。’”

【何事】 héshì ❶什么事，哪件事。谢朓《休沐重还道中》诗：“问我劳～～？沾沐仰清徽。”《朱子语类》卷八：“阳气发处，金石亦透，精神一到，～～不成？”❷为什么，怎么。左思《招隐》诗之一：“～～待啸歌？灌木自悲吟。”李商隐《瑶池》诗：“八骏日行三万里，穆王～～不重来？”

【何谁】 héshuí 何人，谁人。《史记·吴王濞列传》：“我已为东帝，尚～～拜？”郭璞《游仙诗》之二：“借问此～～？云是鬼谷子。”

【何似】 hésì ❶如何，比……怎么样。《北史·崔伯谦传》：“朝贵行过郡境，问人太守政～～？”刘克庄《贺新郎·再和前韵》词：“妃子将军嗔未已，问匡山、～～金銮殿？休更待，杜鹃劝！”❷何不，何妨。高明《琵琶记·乞丐寻夫》：“奴家自幼薄晓得些丹青，～～想像画取公婆真容，背着一路去，也似相亲傍的一般？”

【何物】 héwù 哪一个，什么人。《晋书·王衍传》：“[王衍]总角尝造山涛，涛嗟叹良久。既去，目而送之曰：‘～～老妪，生宁馨儿！然误天下苍生者，未必非此人也。’”岳珂《桯史·天子门生》：“桧大怒曰：‘我杀赵逵，如猕狐兔耳，～～小子，乃敢尔耶！’”

【何限】 héxiàn ❶多少，几何。韦庄《和人春暮书事寄崔秀才》：“不知芳草情～～？

只怪游人思易伤。"范成大《次韵陆务观编修新津遇雨》之一:"平生飘泊知～～? 少似新津风雨诗。"❷无限,无边。韩愈《郴口又赠》诗之二:"沿涯宛转到深处,～～青天无片云。"

【何许】 héxǔ ❶何时。阮籍《咏怀》之十一:"良辰在～～?凝霜沾衣襟。"谢朓《在郡卧病呈沈尚书》诗:"良辰竟～～? 夙昔梦佳期。"❷何处。杜甫《宿青溪驿奉怀张员外十五兄之绪》诗:"我生本飘飘,今复在～～。"❸为何,如何。万楚《题情人药栏》诗:"敛眉语芳草,～～太无情。"陆游《桃源忆故人》词之四:"试问岁华～～? 芳草连天暮。"

【何以】 héyǐ ❶用什么,怎么。《诗经·召南·行露》:"谁谓雀无角? ～～穿我屋。"《孟子·梁惠王上》:"孟子对曰:'王何必曰利,亦有仁义而已矣。王曰:"～～利吾国?"大夫曰:"～～利吾家?"'"❷为什么。《诗经·大雅·瞻卬》:"天～～刺? 何神不富。"韩愈《秋怀》诗之七:"我无汲汲志,～～有此憾?"

【何则】 hézé 为什么。多用于自问自答。《荀子·宥坐》:"百仞之山,任负车登焉。～～? 陵迟故也。"《史记·鲁仲连邹阳列传》:"谚曰:'有白头如新,倾盖如故。'～～? 知与不知也。"

【何者】 hézhě ❶为什么。用于设问,先设问,后陈其事。《史记·项羽本纪》:"蒙恬为秦将,北逐戎人,开榆中地数千里,竟斩阳周。～～? 功多,秦不能尽封,因以法诛之。"又《儒林列传》:"黄生曰:'冠虽敝,必加于首,履虽新,必关于足。～～? 上下之分也。'"❷哪一个。《后汉书·鲜卑传》:"夫万民之饥与远蛮之不讨,～～为大?"刘基《郁离子·公孙无人》:"人之于事也,能辨识其～～为主,～～为客,而不失其权度,则亦庶几乎寡悔矣夫。"

洛

hé 见"洛泽"。

【洛泽】 héduó 形容冰的样子。《楚辞·九思·悯上》:"霜雪兮漼溰,冰冻兮～～。"

河

hé ❶黄河。《庄子·秋水》:"秋水时至,百川灌～,泾流之大,两涘渚崖之间,不辨牛马。"《论衡·异虚》:"～源出于昆仑,其流播于九河。"㉿一般的河流。《三国志·吴书·吴主传》:"信著金石,义盖山～。"杜甫《春望》诗:"国破山～在,城春草木深。"❷银河。谢朓《暂使下都夜发新林至京邑赠西府同僚》诗:"秋～曙耿耿,寒渚夜苍苍。"李贺《画角东城》诗:"～转曙萧萧,鸦飞睥睨高。"❸姓。南朝宋有河润。

【河伯】 hébó 古代传说中的黄河之神。《楚辞·天问》:"胡射夫～～,而妻彼雒嫔?"《庄子·秋水》:"于是焉,～～欣然自喜,以天下之美为尽在己。"

【河漕】 hécáo 犹河运。《后汉书·西羌传》:"因渠以溉,水春～～,用功省少,而军粮饶足。"

【河车】 héchē 道家炼丹用的铅。苏轼《王颐赴建州钱监求诗及草书》诗:"～～挽水灌脑黑,丹砂伏火入颊红。"

【河干】 hégān 河边,河岸。王僧孺《从子永宁令谦诔》:"驱车崤嶝,执手～～。"

【河汉】 héhàn ❶银河。《古诗十九首·迢迢牵牛星》:"～～清且浅,相去复几许!"苏轼《洞仙歌》词:"庭户无声,时见疏星渡～～。"❷比喻言论迂阔,不着边际。《庄子·逍遥遊》:"肩吾问于连叔曰:'吾闻言于接舆,大而无当,往而不返,吾惊怖其言,犹～～而无极也。'"《世说新语·言语》:"谢公云:'圣贤去人,其间亦迩。'子侄未之许。公叹曰:'若郗超闻此语,必不至～～。'"❸比喻博大精深的事物。《论衡·案书》:"汉作书者多,司马子长、扬子云～～也,其馀泾渭也。"刘孝标《辨命论》:"夫圣人之言,显而晦,微而婉,幽远而难闻,～～而不测。"

【河浒】 héhǔ 河边。语出《诗经·王风·葛藟》:"在河之浒。"陆云《晋故豫章内史夏府君诔》:"奋厥～～,矫足云霄。"鲍照《代棹歌行》:"昔秋寓江介,兹春客～～。"

【河津】 héjīn ❶河边的渡口。庾信《春赋》诗:"三日曲水向～～,日晚河边多解神。"张九龄《奉和圣制早渡蒲津关》:"～～会日月,天仗役风雷。"❷天河的渡口。李白《避地司空原言怀》诗:"弄景奔日驭,攀星戏～～。"

【河梁】 héliáng ❶桥梁。陆云《答兄平原》诗:"南津有绝济,北渚无～～。"杜甫《自京赴奉先县咏怀五百字》:"～～幸未坼,枝撑声窸窣。"❷指送别之地。杜牧《奉和门下相公送西川相公兼领相印出镇全蜀诗十八韵》:"同心真石友,写恨蔑～～。"叶適《送宋知录》诗:"与子比邻计未疎,～～新驾月初明。"

【河洛】 héluò ❶指黄河与洛水或两水流域。《史记·郑世家》:"和集周民,周民皆说,～～之间,人便思之。"杜甫《后出塞》诗:"坐见幽州骑,长驱～～昏。"❷河图和洛书的简称。曹丕《册孙权太子登为东中郎封侯文》:"盖～～写天章,符谶述圣心。"王嘉《拾遗记》卷一:"伏羲为上古,观文于天,察理于地,……是以图书著其迹,～～表其文。"

【河目】 hémù 眼睛的上下眶平正而长。古人认为这是贤圣相貌。《孔子家语·困誓》:"孔子适郑,与弟子相失,独立东郭门外。或人谓子贡曰:'东门外有一人焉,其长九尺有六寸,～～隆颡。'"

【河内】 hénèi 黄河以北的地方,约相当今河南省。《左传·定公十三年》:"锐师伐～～。"《孟子·梁惠王上》:"～～凶,则移其民于河东,移其粟于～～,河东凶亦然。"

【河清】 héqīng ❶比喻清平世界。张衡《归田赋》:"徒临川以羡鱼,俟～～乎未期。"《三国志·蜀书·黄权传》:"州牧刘璋召为主簿。时别驾张松建议宜迎先主使伐张鲁,权谏曰:'……可但闭境,以待～～。'"❷比喻千载难逢的机会。王粲《登楼赋》:"惟月之逾迈兮,俟～～其未极。"张说《季春下旬诏宴薛王山池序》:"～～难得,人代几何。"

【河润】 hérùn 河水浸润土地。比喻施恩于人。《庄子·列御寇》:"～～九里,泽及三族。"《后汉书·皇后纪赞》:"身当隆极,族渐～～。"又《郭伋传》:"九年,征拜颍川太守。召见辞谒,帝劳之曰:'贤能太守,去帝城不远,～～九里,冀京师并蒙福也。'"

【河朔】 héshuò 泛指黄河以北地区。杜甫《壮游》诗:"～～风尘起,岷山行幸长。"《宋史·兵志十》:"～～地方数千里,连城三十六,民物繁庶,川原坦平。"

【河图】 hétú ❶河马负图之意。传言伏羲氏得到该图,把它演变为八卦。《周易·系辞上》:"河出图,洛出书,圣人则之。"《尚书·顾命》:"天球,～～。"❷谶纬书名。《隋书·经籍志一》著录《河图》二十卷,《海图龙文》一卷,谓其书出于西汉。

【河阴】 héyīn 指黄河南岸之地。《国语·晋语九》:"与鼓子田于～～,使夙沙厘相之。"谢瞻《经张子房庙》诗:"明两烛～～,庆霄薄汾阳。"

【河右】 héyòu 即河西。指黄河以西的地区,相当于今宁夏回族自治区和甘肃省一带。《三国志·魏书·阎温传》:"～～扰乱,隔绝不通。"《晋书·孝武帝纪》:"苻坚将吕光称制于～～,自号酒泉公。"

【河鱼】 héyú 黄河鱼类的总称。这里用作"腹泻"的代称。梁简文帝《卧疾》诗:"沈疴类弩影,积弊似～～。"王定保《唐摭言·杂记》:"韦澳、孙宏,大中时同在翰林。盛暑,上在太液池中宣二学士;既赴召,……但觉寒气逼人,熟视有龙皮在侧;寻宣赐银饼馅,食之甚美;既而醉以醇酎。二公因兹苦～～者数夕。"见"河鱼腹疾"。

【河洲】 hézhōu 河中可居的陆地。《淮南子·地形训》:"宵明烛光在～～,所照方千里。"沈如筠《寄天台司马道士》诗:"～～花艳爚,庭树光彩蒨。"也作"河州"。吕温《题河州赤岸村》诗:"左南桥上见～～,遗老相依赤岸头。"

【河宗】 hézōng 河神。《穆天子传》卷一:"甲辰,天子猎于滲泽,于是得白狐、玄貉焉,以祭于～～。"沈佺期《和崔正谏登秋日早朝》:"～～来献宝,天子命焚裘。"

【河清海晏】 héqīnghǎiyàn 黄河水清,沧海波平,比喻太平盛世。郑锡《日中有王字赋》:"～～～～,时和岁丰。"郑嵎《津阳门》诗:"～～～～不难睹,我皇已上升平基。"又作"海晏河清"。洪希文《朱千户自京归》诗:"～～～～予日望,与君同作太平人。"

【河鱼腹疾】 héyúfùjí 腹泻。《左传·宣公十二年》:"～～～～,奈何?"(孔颖达疏:"如河中之鱼,久在水内,则生腹疾。")

劾 1. hé ❶定罪,判决。《史记·魏其武安侯列传》:"～灌夫骂坐不敬,系居室。"《新唐书·孔戣传》:"部将韦岳告位集方士图不轨,监军高重谦上急变,捕位～禁中。"❷检举揭发。《后汉书·朱晖传》:"晖刚于为吏,见忌于上,所在多被～。"《宋史·刘挚传》:"蔡确为山陵使,神宗灵驾发引前夕不入宿,挚～之,不报。"❸揭发罪行的文状。《后汉书·范滂传》:"滂睹时方艰,知意不行,因投～去。"❹以符咒等来降服鬼魅的迷信活动。干宝《搜神记》卷二:"寿光侯者,汉章帝时人也,能～百鬼众魅,令自缚见形。"《资治通鉴·晋惠帝元康二年》:"贾后恐太后有灵,或诉冤于先帝,乃复而殡之,仍施诸厌～符书、药物等。"

2. kài ❺努力,勤勉。段成式《酉阳杂俎续集·支诺皋下》:"有顷,又旋绕绳床,～步渐趍,以至蓬转涡急,但睹衣色成规,倏忽失所。"

【劾按】 hé'àn 查实罪状。《后汉书·虞诩传》:"寻永平、章和中,州郡以走卒钱给贷贫人,司空～～,州及郡县皆坐免黜。"也作"劾案"。《新唐书·李华传》:"宰相杨国忠支娅所在横猾,[李]华出使,～～不桡,州县肃然。"

【劾捕】 hébǔ 查实罪行,予以逮捕。《汉书·燕王刘泽传》:"定国使谒者以它法～～格杀郢人灭口。"《晋书·刑法志》:"悝撰次诸国法,著《法经》。以为王者之政,莫急于盗贼……盗贼须～～,故著《网捕》二篇。"

【劾系】 héxì 查实罪行,予以拘禁。《史记·魏其武安侯列传》:“于是上使御史簿责魏其所言灌夫,颇不雠,欺谩。~~都司空。”《汉书·吴王刘濞传》:“以汉有贼臣[朝]错,无功天下,侵夺诸侯之地,使吏~~讯治。”

【劾状】 hézhuàng 揭发过失或罪行。《新唐书·崔隐甫传》:“浮屠惠范倚太平公主胁人子女,隐甫~~,反为所挤,贬邛州司马。”

【劾奏】 hézòu 向皇帝检举揭发。《汉书·韦玄成传》:“征至长安,既葬,当袭爵,以病狂不应召……而丞相御史遂以玄成实不病,~~之。”《南史·袁昂传》:“时尚书令王晏弟诩为广州,多纳赇货,昂依事~~,不惮权家。”

和(龢、咊) 1. hé ❶音乐和谐。《礼记·中庸》:“发而皆中节谓之~。”《老子·二章》:“音声相~,前后相随。”[引]调和。《荀子·修身》:“以善先人者谓之教,以善~人者谓之顺。”这是指调和人与人之间的关系。《吕氏春秋·適音》:“大飨之礼,上玄尊而俎生鱼,大羹不~,有进乎味者也。”这是指调和五味。又《审分》:“问而不诏,知而不为,~而不矜,成而不处。”这是指调和万物。[又]和顺,和谐。《国语·周语下》:“耳之察~也,在清浊之间。”《吕氏春秋·本生》:“天全则神~矣,目明矣,耳聪矣,鼻臭矣,口敏矣,三百六十节皆通利矣。”[又]和睦,融洽。《老子·十八章》:“六亲不~,有孝慈。”范仲淹《岳阳楼记》:“越明年,政通人~,百废具兴。”❷温和,喜悦。《战国策·齐策三》:“齐王~其颜色曰:‘谆!先君之庙在焉。’疾兴兵救之。”孟郊《择友》诗:“虽笑未必~,虽哭未必戚。”❸天气暖和。李白《雉朝飞》诗:“春天~,白日暖。”白居易《首夏病间》诗:“清~好时节,微风吹袷衣。”❹舒适。《战国策·赵策四》:“老臣今者殊不欲食,乃自强步,日三四里,少益耆食,~于身。”❺适中,恰到好处。《论语·学而》:“礼之用,~为贵。”❻和平。《山海经·海内经》:“凤鸟见则天下~。”[又]和解,讲和。《史记·高祖本纪》:“汉王请~,割荥阳以西者为汉,项王不听。”《汉书·高帝纪上》:“汉王使郦食其说齐王田广,罢守兵与汉~。”❼古哲学术语,与“同”相对。有相反相成之意,即在矛盾对立诸因素的作用下实现真正的和谐和统一。《论语·子路》:“君子~而不同,小人同而不~。”《左传·昭公二十年》:“晏子对曰:‘据亦同也,焉得为~?’公曰:‘~与同异乎?’对曰:‘异。~如羹焉,水火醯醢盐梅以烹鱼肉……君臣亦然,君所谓可而有否焉,臣献其否,以成其可;君所谓否而有可焉,臣献其可,以去其否。’”此以水火相反而成和羹,比喻可否相反相成以为和。❽交易。《管子·问》:“而市者……而万人之所~而利也。”❾古乐器。1)錞于。《周礼·春官·小师》:“掌六乐声音之节与其~。”(郑玄注:“和,錞于。”)2)小笙。《尔雅·释乐》:“大笙谓之巢,小者谓之~。”❿古代军队的营门。《周礼·夏官·大司马》:“以旌为左右~之门。”(郑玄注:“军门曰和,今谓之垒门,立两旌为之。”)潘岳《西征赋》:“距华盖于垒~,案乘舆之尊辔。”(李善注:“和,军营之正门也。”)⓫车铃。《诗经·小雅·蓼萧》:“~鸾雝雝,万福攸同。”⓬棺材两头的木板。《战国策·魏策二》:“昔王季历葬于楚山之尾,栾水啮其墓,见棺之~。”谢惠连《祭古冢文》:“中有二棺,正方,两头无~。”⓭古代的巧匠。《尚书·顾命》:“兑之戈,~之弓。”⓮介词。连同,同……一起。杜荀鹤《山中寡妇》诗:“时挑野菜~根煮,旋斫生柴带叶烧。”文天祥《金陵驿》诗:“满地芦花~我老,旧家燕子傍谁飞?”⓯连词。同,与。王建《水夫谣》:“半夜缘堤雪~雨,受他驱遣还复去。”岳飞《满江红》词:“三十功名尘与土,八千里路云~月。”⓰通“宣”。宣布。《尚书·盘庚上》:“汝不~吉言于百姓,惟汝自生毒。”《吕氏春秋·孟春纪》:“命相布德~令,行庆施惠,下及兆民。”⓱姓。《左传》有晋大夫和祖父。

2. hè ⓲和谐地跟着唱或伴奏。《后汉书·黄琼传》:“阳春之曲,~者必寡。”苏轼《前赤壁赋》:“客有吹洞箫者,倚歌而~之。”⓳随声附和,响应。《荀子·非十二子》:“子思唱之,孟轲~之。”《资治通鉴·唐顺宗永贞元年》:“[郑]䌷等从而~之,议始定。”⓴答应,允许。古诗《为焦仲卿妻作》:“登即相许~,便可作婚姻。”《后汉书·徐登传》:“[赵炳]又尝临水求度,船人不~之。”㉑依照别人诗词的格律或内容作诗词。《列子·周穆王》:“西王母为王谣,王~之,其辞哀焉。”《南史·陈后主纪》:“制五言诗,十客一时继~,迟则罚酒。”

3. huò ㉒掺合,混杂。庾信《奉和夏日应令》之一:“开冰带水井,~粉杂生香。”杜甫《岁晏行》:“往日用钱捉私铸,今许铅铁~青铜。”㉓哄骗。王实甫《西厢记》二本三折:“黑阁落甜话儿将人~,请将来着人不快活。”㉔量词。次。《红楼梦》二十回:“一时杂使的老婆子端了二~药来。”

4. huó ㉕拌和。贾思勰《齐民要术·饼法》:“作白饼法:面一石,白米七八升作粥,以白酒六七升酵,中着火上,酒鱼眼沸,绞去滓,以～面,面起可作。"

【和璧】 hébì 和氏璧的简称。春秋时楚国人卞和,在山中得一块璞玉,献给楚厉王。王使玉匠辨识,说是石头,以欺君之罪砍断卞和左脚。后来楚武王即位,卞和又献璞玉,仍以欺君之罪砍断卞和右脚。到楚文王即位,卞和抱璞玉哭于楚山之下,三日三夜,泣尽而继之以血。文王听说,派人问他,他说:"吾非悲刖也,悲夫宝玉而题之以石,贞士而名之以诳,此吾所以悲也。"文王使人剖璞,果得宝玉,于是命名为和氏之璧。见《韩非子·和氏》、《淮南子·修务训》。后以和璧泛指美玉,或用以称誉人的才德之美,形容物的质地纯真等。《汉书·邹阳传》:"故无因而至前,虽出随珠～～,祇怨结而不见德。"萧绎《望江中月影》诗:"秦钩断复接,～～碎还联。"

【和籴】 hédí 古时官府以议价交易为名向老百姓摊派粮食叫和籴。《魏书·食货志》:"收内郡兵资,与民～～,积为边备。"《新唐书·高力士传》:"～～不止,则私藏竭,逐末者众。"

【和鼎】 hédǐng 比喻辅弼大臣。《魏书·任城王澄传》:"臣诚才非台弼,智阙～～。"张九龄《敕赐宁王池宴》诗:"徒参～～地,终谢巨川舟。"

【和风】 héfēng ❶春天温暖的微风。阮籍《咏怀》之一:"～～容与,明月映天。"杜甫《上巳日徐司禄林园宴集》诗:"薄衣临积水,吹面受～～。"❷借指情意温厚。陆机《赠汲郡太守》诗:"穆兮～～,育尔清休。"

【和羹】 hégēng ❶用不同调味品配制的羹汤。《尚书·说命下》:"若作～～,尔惟盐梅。"《诗经·商颂·烈祖》:"亦有～～,既戒既平。"❷比喻大臣辅助国君,和心合力,治理国政。张说《恩制赐食》诗:"位窃～～重,恩叨醉酒深。"

【和雇】 hégù 官府出钱雇用劳力。魏徵《十渐不克终疏》:"杂匠之徒,下日悉留～～;正兵之辈,上番多别驱使。"苏辙《论雇河夫不便劄子》:"兼访闻河上人夫亦自难得,名为～～,实多抑配。"也作"和顾"。《元史·世祖纪八》:"大都、新安县民复～～、和买。"又《食货志五》:"所至以索载河道,舟楫往来,无不被扰,名为～～,实乃强夺。"

【和顾】 hégù 同"和雇"。

【和光】 héguāng ❶指注重修养,才华不外露的处世态度。《后汉书·王允传》:"士孙瑞说允曰:'……公与董太师并位俱封,而独崇高节,岂～～之道邪?'"《抱朴子·释滞》:"内宝养生之道,外则～～于世。"❷集中照耀。韦展《日月如合璧赋》:"分则列照于三无,聚则～～于六合。"❸柔和的光辉。苏轼《妒佳月》诗:"浩瀚玻璃盏,～～入胸臆。"

【和合】 héhé ❶和睦同心。《墨子·尚同中》:"内之父子兄弟作怨雠,皆有离散之心,不能相～～。"❷调和。《韩诗外传》卷三:"天施地化,阴阳～～。"❸顺利。无名氏《盆儿鬼》一折:"明日个蚤还家,单注着买卖～～,出入通达。"

【和会】 héhuì ❶和悦、欢快而集会。《尚书·康诰》:"四方民大～～。"《论衡·调时》:"今闻筑雒之民,四方～～,功成事毕,不闻多死。"❷和谐安定。杨朝英《水仙子》曲:"六神～～自安然,一日清闲自在仙。"

【和集】 héjí 和睦团结。《史记·郑世家》:"～～周民,周民皆说,河雒之间,人便思之。"又《南越列传》:"遣陆贾因立[赵]佗为南越王,与剖符通使,～～百越。"《后汉书·卢芳传》:"乃立芳为代王……因使～～匈奴。"也作"和辑"。《后汉书·卢芳传》:"无以报塞重责,冀必欲～～匈奴。"《三国志·魏书·公孙瓒传》注引《魏氏春秋》:"初,刘虞～～戎狄,瓒以胡夷难御,当因不宾而讨之,今加财赏,必益轻汉,效一时之名,非久长深虑。"

【和齐】 héjì ❶调配口味。齐,通"剂"。《南齐书·虞悰传》:"悰善为滋味,～～皆有方法。"❷调配剂量。《史记·扁鹊仓公列传》:"臣意教以案法逆顺,论药法,定五味及～～汤法。"

【和霁】 héjì ❶雨止或雪后天晴。《新唐书·王晙传》:"晙间行,卷甲舍幕趋山谷,夜遇雪,……俄而～～。"❷犹和蔼。《聊斋志异·晚霞》:"龙窝君颜色～～。"

【和简】 héjiǎn 宽和简约。《晋书·王蕴传》:"[蕴]以～～为百姓所悦。"韩愈《唐故相权公墓碑》:"其在山南河南,勤于选付,治以～～,人以宁便。"

【和节】 héjié ❶协调,合适。《荀子·修身》:"食饮、衣服、居处、动静,由礼则～～,不由礼则触陷生疾。"韩愈《唐故相权公墓碑》:"维匡调娱,不失其正,中于～～,不为声章。"❷犹调节。《淮南子·本经训》:"夫人相乐,无所发贶,故圣人为之作乐,以～～之。"❸温和的节令。陈琳《神女赋》:"感仲春之～～,叹鸣雁之嗈嗈。"应玚《杨柳赋》:"赴阳春之～～,植纤柳以承凉。"

【和解】 héjiě ❶宽和。《荀子·王制》:"～～调通,……则奸言并至,尝试之说锋起。"

❷不再对立，重归于好。《后汉书·赵典传》："朝廷仍下明诏，欲令～～。"

【和谨】 héjǐn 和顺而谨慎。《宋书·檀道济传》："[道济]奉姊事兄，以～～致称。"《南史·王湛传》："湛贞正～～，朝廷称为善人，多与之厚。"

【和景】 héjǐng 春天的景色。鲍照《谢假启》："叹息～～，掩泪春风。"

【和敬】 héjìng 和顺尊敬。《史记·乐书》："是故乐在宗庙之中，君臣上下同听之，则莫不～～。"《北齐书·文襄元后传》："容德兼美，曲尽～～。"

【和鸾】 héluán 古代车马上的铃铛。挂在车前横木(轼)上的称"和"，挂在车架(衡)上的称"鸾"。《诗经·小雅·蓼萧》："～～雝雝，万福攸同。"

【和勉】 hémiǎn 互相关心勉励。《管子·宙合》："分敬而无妒，则夫妇～～矣。"

【和宁】 héníng ❶和顺安宁。《国语·周语中》："古之明王不失此三德者，故能先有天下，而～～百姓，令闻不忘。"柳宗元《涂山铭序》："勤劳万邦，～～四极。"❷和解，平息。杜光庭《赵球司徒疾病修醮拜章词》："故伤误杀，冤债～～；新罪宿瑕，玄慈荡涤。"

【和平】 hépíng ❶心平气和。《荀子·君道》："血气～～，志气广大。"《汉书·艺文志》："乐而有节，则～～寿考。"❷战乱平息，社会秩序安定。《管子·正》："致德其民，～～以静。"《汉书·东方朔传》："天下～～，与义相扶。"❸乐声和顺。《国语·周语下》："声不～～，非宗官之所司也。"

【和朴】 hépǔ 和氏的璞玉。朴，通"璞"。《史记·范雎蔡泽列传》："臣闻周有砥砨，宋有结绿，梁有悬藜，楚有～～，此四宝者，土之所生，良工之所失也，而为天下名器。"见"和璧"。

【和齐】 héqí 协心一致。《荀子·乐论》："民～～则兵劲城固，敌国不敢婴也。"(婴：同"撄"。触犯。)叶適《宝谟阁待制陈公墓志铭》："盖鲁有臧文仲，郑有子产，齐有晏婴，晋有叔向，四人者当周之末造，能新美旧学而～～用之。"

【和气】 héqì ❶谦和。《论衡·气寿》："圣人禀～～，故年命得正数。"又《率性》："仁泊则戾而少慈，勇渥则猛而无义，而又～～不足，喜怒失时，计虑轻愚。"❷和睦。《三国演义》四十九回："你如何来追赶？本待一箭射死你来，显得两家失了～～。"

【和洽】 héqià 和睦融洽。《史记·屈原贾生列传》："贾生以为汉兴至孝文二十馀年，天下～～。"张九龄《上封事》："陛下圣化从此不宣，皆由不重亲人之选，以成其弊，而欲天下～～，固不可得也。"

【和亲】 héqīn ❶和睦相亲。《左传·襄公二十三年》："中行氏以伐秦之役怨栾氏，而固与范氏～～。"《礼记·乐记》："是故，……在闺门之内，父子兄弟同听之，则莫不～～。"❷与敌议和，结为姻亲。《史记·平津侯主父列传》："高皇帝盖悔之甚，乃使刘敬往结～～之约，然后天下忘干戈之事。"又《酷吏列传》："匈奴来请～～，群臣议上前。"

【和戎】 héróng 古代称汉族和别的民族结盟友好为和戎。《左传·襄公四年》："公曰：'然则莫如～～乎？'对曰：'～～有五利焉。'"鲍照《拟古诗》之二："晚节从世务，乘障远～～。"

【和柔】 héróu ❶宽和温顺。《晏子春秋·问下二十》："事君之伦，知虑足以安国，……～～足以怀众。"《史记·卫将军骠骑列传》："大将军为人仁善退让，以～～自媚于上。"❷柔软，不坚硬。《颜氏家训·音辞》："南方水土～～，其音清举而切诣。"❸柔媚宜人。叶適《与英上游紫霄观短歌》："景物已～～，川原倍敷荣。"刘克庄《八声甘州·雁》词："归兴何妨待，风景～～。"

【和声】 héshēng ❶和协的乐音。《左传·昭公二十一年》："故～～入于耳，而藏于心。"苏轼《集英殿秋宴教坊词致语口号》："高秋爽气明宫殿，元祐～～入管弦。"❷词曲中的衬词。沈括《梦溪笔谈·乐律一》："古乐府皆有声有词，连属书之，如曰贺贺贺、何何何之类，皆～～也。"

【和胜】 héshèng 病愈。《南史·晋安王子懋传》："子懋流涕礼佛曰：'若使阿姨因此～～，愿诸佛令华竟斋不萎。'"

【和市】 héshì 旧时官府向百姓议价购买货物。唐、宋时期，则变成强行摊派、掠夺民物的制度。魏徵《十渐不克终疏》："～～之物，不绝于乡闾；递送之夫，相继于道路。"《宋书·武帝纪下》："台府所须，皆别遣主帅与民～～，即时裨直，不复责租民求办。"

【和售】 héshòu 公平买卖。《新唐书·吴凑传》："京师苦宫市强估取物，而有司附媚中官，率阿从无敢争，凑见便殿，因言……平贾～～，以息众讙。"

【和顺】 héshùn ❶和协顺从。《周易·说卦》："～～于道德而理于义。"《论衡·异虚》："吾闻为人子者，尽～～于君。"❷和谐，和睦。《汉书·礼乐志》："宽裕～～之音作,而民慈爱。"元稹《才识兼茂明于体用对》:"争夺之患销,则～～之心作。"❸调和顺适。董仲舒《春秋繁露·王道》:"王正则元气～～,风雨时,景星见,黄龙下。"司马光《议辨·策问十道》之一:"地平天成,风雨～～者,宰相之任也。"

【和肆】 hésì 陈列出售宝玉的地方。阮籍《与晋文王荐卢景宣书》:"悬黎～～,垂棘所集。"《宋书·周续之传》:"恢耀～～,必在兼城之宝。"

【和调】 hétiáo ❶调和。《吕氏春秋·必己》:"知与不知,皆不足恃,其惟～～近之。"《管子·度地》:"天地～～,日有长久。"❷和睦,使和睦。《墨子·兼爱中》:"兄弟不相爱,则不～～。"干宝《搜神记》卷十一:"荐贤退恶,～～百姓。"

【和同】 hétóng ❶混同合一。《吕氏春秋·孟春纪》:"是月也,天气下降,地气上腾,天地～～,草木繁动。"❷和睦同心。《左传·成公十六年》:"民生敦厖,～～以听。"《管子·立政》:"大臣不～～,国之危也。"

【和协】 héxié ❶和睦相处。《左传·隐公十一年》:"寡人有弟,不能～～,而使餬其口于四方。"《管子·五辅》:"～～辑睦,以备寇戎。"❷使和谐,协调。鲍照《河清颂》:"谒荐郊庙,～～律吕。"

【和煦】 héxù 温暖。《宋书·谢灵运传》:"当严劲而葱倩,承～～而芬腴。"司空图《燕国太夫人石氏墓志》:"潜施～～,则阖境皆苏。"

【和一】 héyī 同心合力。《三国志·蜀书·谯周传》:"敬贤任才,使之尽力,有逾成、康,故国内～～,大小戮力。"也作"和壹"。《礼记·三年问》:"人之所以群居～～之理尽矣。"

【和易】 héyì 谦和平易。《礼记·学记》:"～～以思,可谓善喻矣。"白居易《故巩县令白府君事状》:"公为人沈厚～～,寡言多可。"

【和意】 héyì 态度温和。《论衡·幸偶》:"牛缺为盗所夺,～～不恐,盗还杀之。"

【和乐】 héyuè 和协的音乐。《礼记·乐记》:"正声感人而顺气应之,顺气成象而～～兴焉。"

【和旨】 hézhǐ 味纯甜美。《诗经·小雅·宾之初筵》:"酒既～～,饮酒孔偕。"《汉书·食货志下》:"酒酤在官,～～便人。"

【和衷】 hézhōng 本意为同敬合恭而和善。《尚书·皋陶谟》:"同寅协恭,～～哉。"以后称和睦同心为和衷。《宋史·吴潜传》:"[陛下]明诏二三大臣,～～竭虑,力改弦辙,收召贤哲,选用忠良。"

【和附】 héfù ❶随声附和。韩愈《平淮西碑》:"大官臆决唱声,万口～～,并为一谈。"❷响应归附。《新唐书·郭震传》:"国家所患,惟吐蕃与默啜耳;今能～～,是将大利于中国也。"

【和哄】 hèhòng 喧嚷,凑趣。关汉卿《青杏子·离情》曲:"与怪友狂朋寻花柳,时复间～～消愁。"《水浒传》二十六回:"何九叔收藏了,也来斋堂里～～了一回。"

【和鸣】 hèmíng ❶叫鸣声互相呼应。《诗经·周颂·有瞽》:"喤喤厥声,肃雝～～。"《左传·庄公二十二年》:"是谓凤皇于飞,～～锵锵。"❷比喻夫妻和睦。白居易《得景定婚讫未成而女家改嫁不还财景诉之》:"二姓有行,已卜～～之兆;三年无故,竟愆嬿婉之期。"柳永《集贤宾》词:"争似～～偕老,免教敛翠啼红。"

【和习】 hèxí 呼应,模仿。《史记·高祖本纪》:"酒酣,高祖击筑,自为歌诗曰:'大风起兮云飞扬,威加海内兮归故乡,安得猛士兮守四方。'令儿～～之。"

【和韵】 hèyùn 和,指句中音调和谐。韵,指句末韵脚相叶。《文心雕龙·声律》:"异音相从,谓之和;同声相应,谓之韵。"和他人的诗词有三种情况:1)依韵,即与被和作品同在一韵中而不必用其原字;2)次韵,或称步韵,即用其原韵原字,且先后次序都须相同;3)用韵,即用原诗韵的字而不必依照其次序。

【和哄】 huòhǒng 哄骗。汤显祖《牡丹亭·闹殇》:"甚春归无端厮～～,雾和烟两不玲珑。"洪昇《长生殿·倖恩》:"瑶池陪从,何意承新宠,怪青鸾把人～～。"

郃 hé ❶地名。见"郃阳"。❷姓。《魏书·官氏志》:"大莫干氏,后改为～氏。"

【郃阳】 héyáng 县名。古莘国地。今为陕西省合阳县。

阂(閡) 1. hé ❶阻隔,阻碍。《后汉书·西域传》:"故遮～不得自达。"欧阳修《金部郎中赠兵部侍郎阎公神道碑铭》:"越虽名为臣属之邦,然～于江淮,与中国隔,不相及久矣。"

2. gāi ❷通"陔"。台阶的层次。《汉书·礼乐志》:"专精厉意逝九～。"

紇(麧) hé 米糠麦麸的粗屑。杜甫《驱竖子摘苍耳》诗:"乱世诛求急,黎民糠～窄。"韩愈《马厌谷》诗:"马厌谷兮士不厌糠～,土被文绣兮士无裋褐。"

洽 hé 见 qià。

垎 hé 土干而硬。贾思勰《齐民要术·耕田》:“凡下田停水处,燥则坚～,湿则汙泥。”

搿 hé 见 gé。

曷 1. hé ❶何,什么。《战国策·齐策一》:“王曰:‘此不叛寡人明矣,～为击之?’”《汉书·王褒传》:“其得意若此,则胡禁不止,～令不行?”❷何时,何日。《尚书·汤誓》:“时日～丧?予及汝偕亡。”《诗经·王风·君子于役》:“君子于役,不知其期,～至哉?”❸怎么,为什么。《荀子·法行》:“同游而不见爱者,吾必不仁也;交而不见敬者,吾必不长也;临财而不见信者,吾必不信也。三者在身,～怨人?”《淮南子·精神训》:“人之耳目,～能久熏劳而不息乎?”❹通“盍”。何不。《诗经·唐风·有杕之杜》:“中心好之,～饮食之。”❺岂,难道。《荀子·强国》:“则女主乱之宫,诈臣乱之朝,贪吏乱之官,众庶百姓皆以贪利争夺为俗,～若是而可以持国乎?”《后汉书·曹褒传论》:“礼云礼云,～其然哉!”

2. è ❻逮,及。《诗经·小雅·四月》:“我日构祸,～云能穀?”❼通“遏”。止。《诗经·商颂·长发》:“如火烈烈,则莫我敢～。”(《汉书·刑法志》引《诗经》作“遏”。)

3. xiē ❽通“蝎”。木中蛀虫。见“曷鼻”。

【曷其】 héqí ❶为什么那样。《法言·问神》:“或曰:‘淮南、太史公者,其多知与?～～杂也?’”❷怎么。《后汉书·卓茂传论》:“怨悔～～至乎!”❸什么时候。《诗经·王风·君子于役》:“君子于役,不日不月,～～有佸?”

【曷足】 hézú 怎么能,怎么值得。《荀子·仲尼》:“其事行也,若是其险污、淫汰也,彼固～～称乎大君子之门哉!”

【曷鼻】 xiēbí 鼻如蝎虫。曷,通“蝎”。《史记·范雎蔡泽列传》:“先生～～、巨肩、魋颜。”(司马贞索隐:“曷鼻,谓鼻如蝎虫也。”)

猲 hé 同“貉”。兽名。李贺《感讽》诗之四:“千金不了馔,～肉称盘臊。”《西游记》三十八回:“捉了些野鸡山雉,角鹿肥獐,狐獾～兔,虎豹狼虫,共有百千馀只,献与行者。”

【猲子】 hézǐ 骂人的话。《三国志·蜀书·关羽传》注引《典略》:“[孙权]又遣主簿先致命于羽,羽忿其淹迟,又自己得于禁等,乃骂曰:‘～～敢尔,如使樊城拔,吾不能灭汝邪!’”

害 hé 见 hài。

盍(盇) hé ❶合。见“盍簪”。❷何不。《论语·公冶长》:“颜渊、季路侍。子曰:‘～各言尔志?’”《论衡·刺孟》:“子～为我言于王?”㊂何,何故。《楚辞·九歌·东皇太一》:“瑶席兮玉瑱,～将把兮琼芳?”《管子·戒》:“～不起为寡人寿乎?”

【盍旦】 hédàn 鸟名。《礼记·坊记》:“诗云:‘相彼～～,尚犹患之。’”(郑玄注:“夜鸣求旦之鸟也。”)

【盍各】 hégè 《论语·公冶长》有“盍各言尔志”语,后以盍各为歇后语,犹言各抒己见。《梁书·庾肩吾传》:“若以今文为是,则古文为非;若[以]昔贤可称,则今体宜弃。俱为～～,则未之敢许。”也指志趣。李峤《为朝集使绛州刺史孔祯等进大酺诗表》:“同～～于二三,冀揄扬于万一。”

【盍簪】 hézān 指衣冠会合。盍,合。簪,插于发髻或连冠于发的长针。后常用以指朋友相聚。《周易·豫》:“朋～～。”杜甫《杜位宅守岁》诗:“～～喧枥马,列炬散林鸦。”

核 1. hé ❶果实中心坚硬并包藏果仁的部分。《礼记·曲礼上》:“赐果于君前,其有～者怀其～。”《世说新语·俭啬》:“王戎有好李,常卖之,恐人得其种,恒钻其～。”㊀核心,中心。《论衡·量知》:“文吏不学,世之教无～也。”❷指桃李梅杏等有核的果实。《诗经·小雅·宾之初筵》:“笾豆有楚,殽～维旅。”❸通“覈”。真实。《汉书·司马迁传赞》:“其文直,其事～,不虚美,不隐恶,故谓之实录。”❹通“覈”。对照,考查。《汉书·宣帝纪赞》:“孝宣之治,信赏必罚,综～名实,政事文学法理之士咸精其能。”《资治通鉴·汉元帝建昭二年》:“事必～其实,然后修之。”❺严厉。柳宗元《与吕道州温论非国语书》:“其或切于事,则苛峭刻～,不能从容。”❻米糠麦麸的粗屑。《元史·许衡传》:“家贫躬耕,粟熟则食粟,不熟则食糠～菜茹。”

2. gāi ❼通“荄”。草根。《论衡·超奇》:“且浅意于华叶之言,无根～之深,不见大道体要,故立功者希。”

【核练】 héliàn 指能干而精密。《世说新语·政事》注引王隐《晋书》:“[郑]冲字文和,……有～～才,清虚寡欲,喜论经史。”

荷 1. hé ❶荷花,莲。杨衒之《洛阳伽蓝记·城西》:“朱～出池,绿萍浮水。”孟浩然《夏日南亭怀辛大》诗:“～风送香气,竹露滴清响。”

2. hè ❷扛,担。《国语·齐语》:“负、任、担、～,服牛、轺马,以周四方。”《论衡·

量知》:"～斤斧,把筑锸,与彼握刀持笔何以殊?"㉄担负,承担。张衡《西京赋》:"～天下之重任,匪怠皇以宁静。"《三国志·魏书·陈思王植传》:"生无益于事,死无损于数,虚～上位而忝重禄,禽息鸟视,终于白首,此徒圈牢之养物,非臣之所志也。"㉆承受,蒙受。《后汉书·蔡邕传》:"才羡者～荣禄而蒙赐。"骆宾王《代李敬业传檄天下文》:"奉先帝之遗训,～本朝之厚恩。"❸继承。柳宗元《户部侍郎王君先太夫人河间刘氏志文》:"克～于前人。"

3. kē ❹通"苛"。繁琐。见"荷礼"。

【荷裳】 hécháng ❶用荷叶制成衣服穿,表示人品的高洁。出自《楚辞·离骚》:"制芰荷以为衣兮,集芙蓉以为裳。"傅亮《芙蓉赋》:"咏三闾之披服,美兰佩而～～。"❷指荷叶。韩翃《送客归江州》诗:"风吹山带遥知雨,露湿～～已报秋。"

【荷钱】 héqián 初生的小荷叶,形小如钱。赵长卿《朝中措·首夏》词:"～～浮翠点前溪,梅雨日长时。"

【荷衣】 héyī ❶用荷叶编制成的衣服。《楚辞·九歌·少司命》:"～～兮蕙带,倏而来兮忽而逝。"❷隐士之服。孔稚珪《北山移文》:"焚芰制而裂～～,抗尘容而走俗状。"❸即荷叶。李白《赠闾邱处士》诗:"竹影扫秋月,～～落古池。"

【荷戴】 hèdài 蒙恩戴德。任昉《到大司马记室笺》:"虽则殒越,且知非报,不胜～～屏营之情,谨诣厅奉白笺谢闻。"

【荷荷】 hèhè 怒恨声。《南史·梁武帝纪》:"疾久口苦,索密不得,再曰'～～',遂崩。"

【荷校】 hèjiào 把枷套在脖子上。校,枷。范仲淹《资政殿大学士礼部尚书赠太子太师谥忠献范公墓志铭》:"天禧中河决滑台,齐鲁承其敝,朝廷遣兵数万人,塞其横流,千里之民皆奔走负薪刍,邑官～～以督其事。"

【荷礼】 kēlǐ 琐碎的礼节。《汉书·郦食其传》:"食其闻其将皆握齱好～～自用,不能听大度之言,食其乃自匿。"

盉 hé 古代酒器。青铜器。圆口,深腹,三足或四足,有盖,有长流(流水口)。

辂(輅) 1. hé ❶绑在车辕上用来牵引车子的横木。《史记·刘敬叔孙通列传》:"敬脱輓～。"❷挽车。《管子·小匡》:"服牛～马。"

2. lù ❸大车。《论语·卫灵公》:"乘殷之～。"

3. yà ❹通"迓"。迎,遇。《左传·僖公十五年》:"～秦伯,将止之。"㉆特指迎击。《左传·宣公二年》:"狂狡～郑人。"

菏 hé 水名。古济水的支流。流经河南省旧陈州、开封及山东省旧曹州。早已淤塞。《尚书·禹贡》:"导沇水,东流为济,……又东至于～。"

涸 hé ❶水干枯。《国语·周语中》:"雨毕而除道,水～而成梁。"《韩非子·说林上》:"泽～,蛇将徙。"㉄竭,尽。《管子·牧民》:"错国于不倾之地,积于不～之仓,藏于不竭之府。"❷处于困境。韩愈《应科目时与人书》:"无高山大陵旷途绝险为之关隔也,然其穷～,不能自致乎水,为猿獭之笑者,盖十八九矣。"皇甫湜《韩文公墓志铭》:"吴元济反,吏兵久屯无功,国～将疑,众惧恂恂。"❸堵塞。《楚辞·七谏·谬谏》:"悲太山之为隍兮,孰江河之可～。"❹(hù)通"冱"。寒气凝结。《汉书·郊祀志上》:"春以脯酒为岁祷,因泮冻;秋～冻;冬塞祷祠。"

【涸鲋】 héfù "涸辙之鲋"的略语。干了水的车辙里的鲋鱼。故事出自《庄子·外物》。后遂以涸鲋比喻身陷困境、急待救援的人。庾信《拟咏怀》:"～～常思水,惊飞每失林。"温庭筠《上吏部韩郎中启》:"岂惟穷猿得木,～～投泉。"

【涸阴】 héyīn 寒冷的极北之地。陆机《演连珠》之四十七:"～～凝地,无累陵火之热。"《晋书·王沈传》:"有冰氏之子者出自冱寒之谷,过而问涂。丈人曰:'子奚自?'曰:'自～～之乡。''奚适?'曰:'欲适煌煌之堂。'"

【涸渔】 héyú ❶把水舀干捕鱼。《吕氏春秋·应同》:"干泽～～,则龟龙不往。"《史记·孔子世家》:"竭泽～～,则蛟龙不合阴阳。"❷比喻搜括干净。《文子·上仁》:"贪主暴君,～～其下。"

【涸泽】 hézé ❶干枯的沼泽。《管子·水地》:"故～～数百岁,谷之不徙、水之不绝者生庆忌。"(庆忌:传说中的水妖。)《韩非子·说林上》:"子独不闻～～之蛇乎?泽涸,蛇将徙。"❷舀干沼泽的水。《淮南子·主术训》:"不～～而渔,不焚林而猎。"张志和《鸑鷟篇》:"～～樵山,炽日薰天。"

【涸辙】 hézhé 比喻处于困境。王勃《滕王阁序》:"酌贪泉而觉爽,处～～以犹欢。"李白《江夏使君叔席上赠史郎中》诗:"～～思流水,浮云失旧居。"

盖 hé 见gài。

龁(齕) hé 咬。《荀子·正论》:"彼乃将食其肉而～其骨也。"《韩非子·外储说右上》:“或令孺子怀钱挈壶瓮而往酤,而狗迓而～之。”

【齕啮】 hénie 咬。《庄子·天运》:“今取猨狙而衣以周公之服,彼必～～挽裂,尽去而后慊。”苏轼《人参》诗:“上药无炮炙,～～尽根柢。”

盒 hé 一种由底盖相连、体积较小的盛器。无名氏《抱妆盒》二折:“赐出黄封妆～,着陈琳往后花园采办果品。”

廅 hé ❶山侧洞穴。颜真卿《鲜于氏离堆记》:“其右有小石～焉,亦可荫可跤据矣。”❷隐藏。扬雄《太玄经·阒》:“辅其折,～其缺。”

阖(闔) hé ❶门扇,门板。《礼记·月令》:“是月也,耕者少舍,乃修～扇。”㊀门。《荀子·儒效》:“故外～不闭,跨天下而无蕲。”《管子·八观》:“闾闬不可以毋～。”❷关闭,闭合。《楚辞·天问》:“何～而晦?何开而明?”《论衡·非韩》:“段干木～门不出,魏文侯敬之,表式其闾,秦军闻之,卒不攻魏。”❸总,全。《汉书·武帝纪》:“深诏执事,兴廉举孝,……今或至～郡而不荐一人。”❹通“合”。符合。《战国策·秦策三》:“意者,臣愚而不～于王心耶?”❺通“盍”。何,何不。《管子·小称》:“桓公谓鲍叔牙曰:‘～不起为寡人寿乎?’”《庄子·天地》:“夫子～行邪?”

【阖庐】 hélú ❶住室。《左传·襄公十七年》:“吾侪小人,皆有～～以避燥湿寒暑。”(《晏子春秋》“庐”字作“闾”。)❷同“阖闾”。春秋时吴王名。

毼 hé ❶毛布。《新唐书·突厥传上》:“牧马之童,乘羊之隶,赍毳～邀利者,相错于路。”❷通“鹖”。鸟名,像野鸡。《后汉书·西南夷传》:“[冉駹夷]又有五角羊、麝香、轻毛～鸡。”

嗑 hé 见kè。

貉 1. hé ❶哺乳动物。外貌像狐狸,昼伏夜出。毛皮是珍贵的裘料。《诗经·豳风·七月》:“一之日于～,取彼狐狸,为公子裘。”㊀指貉裘。《论语·子罕》:“衣敝缊袍与衣狐～者立而不耻者,其由也与?”

2. mò ❷通“貊”。古代泛指居于北方的民族。《周礼·夏官·职方氏》:“掌天下之图,以掌天下之地。辨其邦国、都、鄙、四夷、八蛮、七闽、九～、五戎、六狄之人民。”《史记·匈奴列传》:“赵襄子逾勾注而破并代,以临胡～。”

3. mà ❸通“祃”。古代出师或行军停驻时祭神。《周礼·春官·肆师》:“祭表～,则为位。”

㵣 hé 见jiē。

槅 hé 见gé。

鹖(鶡) 1. hé ❶鸟名。像野鸡,青色,勇猛善斗。《山海经·中山经》:“[辉诸山]其鸟多～。”

2. jiè ❷通“鴧”。鸟名,雀类。《汉书·黄霸传》:“京兆尹张敞舍～雀飞集丞相府。”

【鹖旦】 hédàn 一种盼天明的鸟。张舜民《打麦》诗:“～～催人夜不眠,竹鸡叫雨云如墨。”

【鹖冠】 héguān ❶汉时武士戴的插有鹖羽的帽子。《后汉书·舆服志》:“五官左右虎贲羽林五中郎将羽林左右监皆冠～～。”❷同“褐冠”。粗布帽子。杜甫《小寒食舟中作》诗:“佳辰强饮食犹寒,隐几萧条戴～～。”

【鹖鸡】 héjī 即鹖。曹操《鹖鸡赋序》:“～～猛气,其斗终无负,期于必死。今人以鹖为冠,象此也。”

蝎 1. hé ❶木中蠹虫。嵇康《答难养生论》:“故～盛则木朽,欲胜则身枯。”

2. xiē ❷蝎子。干宝《搜神记》卷十八:“[书生]乃握剑至昨夜应处,果得老～,大如琵琶,毒长数尺。”

【蝎谮】 hézèn 比喻由内部亲信散布的谗言。《国语·晋语一》:“言之大甘,其中必苦,谮在中矣。君故生心,虽～～,焉避之?”(韦昭注:“蝎,木虫也。谮从中起,如蝎食木,木不能避也。”)

【蝎蝎螫螫】 xiēxiēshìshì 在小事情上过分地表示关心、怜惜。《红楼梦》五十一回:“晴雯忙回身进来笑道:‘那里就唬死了他了?偏惯会这么～～～～老婆子的样儿!’”

皠 hé 光泽洁白。何晏《景福殿赋》:“悠悠玄鱼,～～白鸟。”

漖 hé 见kě。

翮 1. hé ❶翎管,羽毛的硬管。《荀子·王制》:“南海则有羽～、齿、革、曾青、丹干焉。”《汉书·扬雄传下》:“矫翼历～,恣意所存。”㊁鸟翼,翅膀。《战国策·楚策四》:“奋其六～,而凌清风。”左思《咏史》之八:“习习笼中鸟,举～触四隅。”❷喻指笙管。潘岳《笙赋》:“擢纤～以震幽簧,越上筩而通下管。”

2. lì ❸通“鬲”。古炊具。《史记·楚世家》:“吞三～六翼,以高世主,非贪而何?”(三翮六翼:指九鼎。)

鞨 hé 见"鞨巾"。

【鞨巾】 héjīn 古代男子束发用的头巾。《列子·汤问》："北国之人，～～而裘。"

磝 hé ❶通"覈"。核实，核对。《集韵·麦韵》："覈，《说文》：'实也。'或从石。"❷苛刻，严厉。《史记·老子韩非列传论》："韩子引绳墨，切事情，明是非，其极惨～少恩。"

髑 hé 见"髑骬"。

【髑骬】 héyú 胸胁骨骼的总称。亦作"膈肝"。《灵枢经·本藏》："～～长者，心下坚；～～小者，心脆。"又《师傅》："五藏六府，心为之主，缺盆为之道，骷骨有馀，以候～～。"

覈 hé ❶查验，核实。张衡《东京赋》："温故知新，研～是非。"《后汉书·贾逵传》："研机综微，靡不审～。"❷真确，严谨。《后汉书·班固传》："[司马]迁文直而事～，固文赡而事详。"《文心雕龙·镕裁》："思赡者善敷，才～者善删。"❸深刻。《后汉书·第五伦传论》："峭～为方，非夫恺悌之士。"❹通"核"。果实的核。见"覈物"。❺通"糍"。米糠麦麸的粗屑。《汉书·陈平传》："亦食糠～耳。"范成大《四时田园杂兴》之四十五："不惜两钟输一斛，尚赢糠～饱儿郎。"

【覈举】 héjǔ 审核举荐。《后汉书·卢植传》："用良者，宜使州郡～～贤良，随方委用，责求选举。"

【覈考】 hékǎo 拷问。《后汉书·班固传》："固弟超恐固为郡所～～，不能自明，乃驰诣阙上书。"

【覈理】 hélǐ 切实，符合实理。《韩非子·扬权》："夫道者弘大而无形，德者～～而普至。"

【覈论】 hélùn 深刻评论。《后汉书·郭太传》："[郭]林宗虽善人伦，而不为危言～～，故宦官擅政而不能伤也。"又《许劭传》："初劭与靖俱有高名，好共～～乡党人物，每月辄更其品题，故汝南俗有月旦评焉。"

【覈实】 héshí 审核属实。白居易《策林·议文章》："今褒贬之文无～～，则劝惩之道缺矣。"

【覈物】 héwù 有核的果实。《周礼·地官·大司徒》："三曰丘陵，其动物宜羽物，其植物宜～～。"

貉 hé 鼠名。《盐铁论·散不足》："今富者鼲鼦狐白凫翥，中者罽衣金缕，燕～代黄。"

吓(嚇) 1. hè ❶怒斥声。《庄子·秋水》："夫鹓雏，发于南海而飞于北海，非梧桐不止，非练实不食，非醴泉不饮。于是鸱得腐鼠，鹓雏过之，仰而视之，曰：'～！'"❷恐吓，恫吓。鲍照《芜城赋》："饥鹰厉吻，寒鸱～雏。"❸张开。郭璞《江赋》："或爆采以晃渊，或～鳃乎岩间。"

2. xià ❹害怕，使人害怕。孔尚任《桃花扇·哭主》："不料今宵天翻地覆，～死俺也。"

贺(賀) hè ❶用礼物表示庆祝。《诗经·大雅·下武》："受天之佑，四方来～。"《史记·周本纪》："显王五年，～秦献公，献公称伯。"㊀泛指庆祝，庆贺。《汉书·苏武传》："于是李陵置酒～武曰：'今足下还归，扬名于匈奴，功显于汉室。'"杜甫《雨》诗："始～天休雨，还嗟地出雷。"❷加，覆。《仪礼·士丧礼》："带用軨～之，结于后。"❸通"荷"。扛，担。《新唐书·郝处俊传》："群臣皆～戟侍。"❹姓。

【贺表】 hèbiǎo 臣子给皇帝写的颂扬奏章。《南史·垣崇祖传》："高帝即位，方镇皆有～～。"

谒(謞) 1. hè ❶见"谒谒"。

2. xiāo ❷飞箭声。《庄子·齐物论》："激者、～者、叱者、吸者。"

【谒谒】 hèhè 非常激烈的样子。同"熇熇"。《尔雅·释训》："谑谑～～，崇谗慝也。"

愒 hè 见 qì。

渴 hè 见 kě。

喝 1. hè ❶大声叫喊。《晋书·刘毅传》："既而四子俱黑，其一子转跃未定，裕厉声～之，即成卢焉。"《红楼梦》六十回："当下尤氏、李纨、探春三人带着平儿与众媳妇走来，忙忙把四个～住。"❷呵斥。杜甫《北征》诗："问事竞挽须，谁能即嗔～？"❸恐吓，威胁。《战国策·赵策二》："是故横人日夜务以秦权，恐～诸侯，以求割地。"辛弃疾《九议》二："恫疑虚～，反顾其后不敢进。"

2. hē ❹饮。《红楼梦》十六回："正～着，见贾琏的乳母赵嬷嬷走来。"

3. yè ❺声音嘶哑。《论衡·气寿》："儿生，号啼之声鸿朗高畅者寿，嘶～湿下者夭。"❻声音悲咽。司马相如《子虚赋》："榜人歌，声流～。"

【喝道】 hèdào 官员出行，在前引路的士卒喝令行人避道。韩愈《饮城南道边古墓上逢中丞过赠礼部员外少室张道士》诗："为逢桃树相料理，不觉中丞～～来。"孔尚任《桃花扇·哭主》："远远～～之声，元帅将别，不免设起席来。"

猲 hè 见 xié。

鹖 hè 见 hú。

嗃 1. hè ❶见"嗃嗃"。
2. xiāo ❷吹竹管声。《庄子·则阳》："夫吹管也，犹有～也，吹剑首者，吷而已矣。"
3. xiào ❸大声呼号。马融《长笛赋》："故其应清风也，纤末奋䔰，铮镄謍～。"

【嗃嗃】 hèhè 严酷的样子。《周易·家人》："家人～～，悔厉。"

【嗃嗃】 xiàoxiào 嗥叫声。《南齐书·五行志》："永元中，童谣云：'野猪虽～～，马子空闾渠。'"

熇 1. hè ❶火热，炽盛。柳宗元《解祟赋》："胡赫炎薰～之烈火兮，而生夫人之齿牙。"❷烧。见"熇焚"。
2. xiāo ❸热气。见"熇暑"、"熇赫"、"熇蒸"。

【熇焚】 hèfén 用火烧。柳宗元《咏史》："宁知世情异，嘉谷坐～～。"

【熇熇】 hèhè ❶热度很高的样子。《素问·疟论》："无刺～～之热。"❷火势炽盛的样子。《诗经·大雅·板》："多将～～，不可救药。"

【熇赫】 xiāohè 炎热。萧子良《净柱子·诃诘四大门》："若季夏郁蒸，～～炎烈，复须轻绨广室，风扇牙簟。"

【熇暑】 xiāoshǔ 酷热。左思《魏都赋》："宅土～～，封疆障疠。"

【熇蒸】 xiāozhēng 热气升腾。柳宗元《先太夫人河东县太君归祔志》："人多疾殃，炎暑～～。"《旧五代史·刑法志》："适当长养之时，正属～～之候。"

褐 hè ❶粗布或粗布衣服。《诗经·豳风·七月》："无衣无～，何以卒岁？"《孟子·滕文公上》："其徒数十人，皆衣～。"❷指贫贱的人。《左传·哀公十三年》："旨酒一盛兮，余与～之父睨之。"《孟子·公孙丑上》："不受于～宽博，亦不受于万乘之君。"❸黄黑色。白居易《三适赠道友》诗："～绫袍厚暖，卧盖行坐披。"

【褐夫】 hèfū 穿粗布衣服的人。指卑贱贫苦者。《孟子·公孙丑上》："视刺万乘之君，若刺～～。"《淮南子·主术训》："使言之而是，虽在～～刍荛，犹不可弃也。"

【褐衣】 hèyī ❶粗布衣服。《史记·游侠列传序》："故季次原宪终身空室蓬户，～～疏食不厌。"白居易《东墟晚歇》诗："～～半故白发新，人逢知我是何人。"❷指卑贱的人。《后汉书·陈元传》："如得以～～召见，俯伏庭下，诵孔氏之正道，理丘明之宿冤，……虽死之日，生之年也。"《新唐书·杨元卿传》："吴少诚跋扈蔡州，元卿以～～见，署剧县，俄召入幕府。"

赫 1. hè ❶火红色。《诗经·邶风·简兮》："左手执籥，右手秉翟，～如渥赭。"❷显著，显耀。《荀子·天论》："故日月不高，则光晖不～。"李白《古风》之二十四："路逢斗鸡者，冠盖何辉～。"❸发怒。《诗经·大雅·皇矣》："王～斯怒，爰整其旅。"《晋书·挚虞传》："皇震其威，～如雷霆。"❹大。宋玉《高唐赋》："巫山～其无畴矣。"❺炎热的样子。《后汉书·质帝纪》："自春涉夏，大旱炎～，忧心京京。"❻分裂，支解。《后汉书·礼仪志》："凡使十二神追恶凶，～女躯，拉女干，节解女肉。"❼通"吓（嚇）"。恫吓，威吓。《诗经·大雅·桑柔》："既之阴女，反予来～。"❽姓。明代有赫瀛。
2. xì ❾见"赫躧"。

【赫赫】 hèhè ❶地位显盛的样子。《诗经·小雅·节南山》："～～师尹，民具尔瞻。"❷盛大显赫的样子。《荀子·劝学》："无惛惛之事者，无～～之功。"❸干旱、炎热的样子。《诗经·大雅·云汉》："旱既太甚，则不可沮。～～炎炎，云我无所。"《庄子·田子方》："至阴肃肃，至阳～～。"

【赫然】 hèrán ❶形容令人惊讶的事物突然出现。《公羊传·宣公六年》："赵盾就而视之，则～～死人也。"❷声威盛大的样子。《三国志·蜀书·诸葛亮传》："神武～～，威镇八荒。"❸发怒的样子。《汉书·枚乘传》："汉知吴之有吞天下之心也，～～加怒，遣羽林黄头循江而下，袭大王之都。"

【赫斯】 hèsī ❶显赫。《三国志·魏书·三少帝纪》："昔黥布逆叛，汉祖亲戎，隗嚣违戾，光武西伐，及烈祖明皇躬征吴、蜀，皆所以奋然～～，震耀威武也。"❷形容发怒。陈亮《戊申再上孝宗皇帝书》："机会在前而不敢为翻然之喜，隐忍事仇而不敢奋～～之怒。"

【赫戏】 hèxī ❶光明照耀。《楚辞·离骚》："陟升皇之～～兮，忽临睨夫旧乡。"也作"赫羲"。潘岳《在怀县作》诗之一："初伏启新节，隆暑方～～。"又作"赫曦"。夏侯湛《大暑赋》："何太阳之～～，乃郁陶以兴热。"❷大，盛大。《后汉书·张衡传》："羡上都之～～兮，何迷故而不忘？"

【赫弈】 hèyì ❶明亮。何晏《景福殿赋》：

"故其华表则镐镐铄铄，～～章灼，若日月之丽天也。"❷显要。《三国志·魏书·管辂传》注引《辂别传》："既有明才，遭朱阳之运，于时名势～～，若火猛风疾。"

【赫咤】 hèzhà 愤怒叹息。《三国志·吴书·陆凯传》："而万彧琐才凡庸之质，……而陛下爱其细介，不访大趣，荣以尊辅，越尚旧臣，贤良愤惋，智士～～，是不遵先帝三也。"

【赫蹏】 xìtí 西汉末年流行的一种小幅薄纸。《汉书·孝成赵皇后传》："[籍]武发箧，中有裹药二枚，～～书。"

鹤（鶴） hè ❶鸟名。《左传·闵公二年》："卫懿公好～，～有乘轩者。"❷比喻白色。庾信《竹枝赋》："～发鸡皮。"❸同"翯"。洁白肥美的样子。见"鹤鹤"。

【鹤板】 hèbǎn 征聘贤士的诏书。罗隐《题方干诗》："九霄无～～，双鬓老渔舟。"李弥逊《和士特韵程进道舍人》："尊罍方荐龟莲寿，雨露交驰～～书。"

【鹤氅】 hèchǎng ❶用鸟羽制成的裘，用作外套，美称鹤氅。《世说新语·企羡》："尝见王恭乘高舆，被～～裘。"白居易《雪夜喜李郎中见访兼酬所赠》诗："可怜今夜鹅毛雪，引得高情～～人。"❷指道服。《新五代史·卢程传》："程戴华阳巾，衣～～，据几决事。"（华阳巾：道冠。）

【鹤发】 hèfà 白发。钱起《省中对雪寄元判官拾遗昆季》诗："琼枝应比净，～～敢争先。"

【鹤俸】 hèfèng 谓微薄的薪俸。陆游《被命再领冲佑有感》诗："未能追鸣冥，乃复分～～。"参见"鹤料"。

【鹤盖】 hègài 像鹤张开翅膀一样的车盖。刘峻《广绝交论》："鸡人始唱，～～成阴。"李贺《春归昌谷》诗："春热张～～，兔目官槐小。"

【鹤骨】 hègǔ 形容身体清瘦。孟郊《石淙》诗之六："飘飘～～仙，飞动鳌背庭。"苏轼《赠岭上老人》诗："～～霜髯心已灰，青松合抱手亲栽。"

【鹤归】 hèguī 陶渊明《搜神后记》卷一载辽东人丁令威学道离家，千年后化作白鹤回到故乡，停在城门华表柱上，口吐人语，感叹城郭如故，人民已非。后遂以鹤归喻久别重逢，慨叹人世的变迁，表达对乡土的思恋。杜牧《八月十二日移居霅溪馆》诗："千岁～～犹有恨，一年人往岂无情。"

【鹤鹤】 hèhè 洁白肥泽的样子。《孟子·梁惠王上》："麀鹿濯濯，白鸟～～。"（《诗经·大雅·灵台》作"白鸟翯翯"。）

【鹤驾】 hèjià ❶旧时称太子的车驾。故事见刘向《列仙传·王子乔》。杜甫《洗兵马》诗："～～通宵凤辇备，鸡鸣问寝龙楼晓。"❷指神仙、道士的车驾。薛道衡《老氏碑》："蜺裳～～，往来紫府。"罗隐《送程尊师东游有寄》诗："且凭～～寻沧海，必恐犀轩过赤城。"

【鹤禁】 hèjìn 旧时称太子居住的地方。李德裕《述梦》诗："椅梧连～～，墢垸接龙韬。"殷文圭《初秋留别越中幕客》诗："～～有知须强进，稽峰无事莫相留。"

【鹤立】 hèlì ❶形容瘦高的人站立的样子，如鹤提脚延颈而立。曹植《洛神赋》："竦轻躯以～～，若将飞而未翔。"❷翘首企望的样子。《三国志·魏书·陈思王植传》："是臣偻偻之诚，窃所独守，实怀～～企伫之心。"

【鹤唳】 hèlì 鹤鸣。《论衡·变动》："夜及半而～～，晨将旦而鸡鸣。"《晋书·陆机传》："华亭～～，岂可复闻乎？"

【鹤料】 hèliào 唐幕府官俸薄，谓之鹤料。后也泛指官俸。皮日休《新秋即事》诗之一："酒坊吏到常先见，～～符来每探支。"陆游《醉归》诗："绝食就官分～～，无车免客笑鸡栖。"

【鹤列】 hèliè ❶指像鹤一样列行的兵卒。《庄子·徐无鬼》："君亦必无盛～～于丽谯之间。"（丽谯：高楼。）❷作战时布置的战阵名。独孤及《风后八阵图记》："握机制胜，作为阵图，……彼魏之～～，郑之鱼丽，周之熊罴，昆阳之虎豹。"

【鹤林】 hèlín ❶佛教用语。佛入灭（死）的处所。佛于娑罗双树间入灭时，树一时开花，林色变白，如鹤之群栖。王融《法门颂启》："鹿苑金轮，弘汲引以济俗；～～双树，显究竟以开珉。"❷泛称佛寺旁的树林。元稹《大云寺二十韵》："～～萦古道，雁塔没归云。"

【鹤鸣】 hèmíng 《周易·中孚》："鹤鸣在阴，其子和之；我有好爵，吾与尔靡之。"后用以称修身洁行，未出仕而有名望的人。《后汉书·杨赐传》："惟陛下……斥远佞巧之臣，速征～～之士。"

【鹤企】 hèqǐ 像鹤一样踮着脚看。《晋书·郭瑀传》："故遣使者虚左授绥，～～先生，乃眷下国。"王勃《乾元殿颂序》："雕楣～～，沓势分规，绣桷虬奔，殊形别起。"

【鹤寿】 hèshòu 鹤的寿命。旧时以鹤为长寿的仙禽。《淮南子·说林训》："～～千岁，以极其游。"王建《闲说》诗："桃花百叶不成春，～～千年也未神。"后常以鹤寿、鹤龄、鹤算等作为颂人长寿之词。

【鹤书】 hèshū 书体名，又名鹤头书，鹄头书。古时用于招纳贤士的诏书。孔稚珪《北山移文》："及其鸣驺入谷，～～赴陇，形驰魂散，志变神动。"刘长卿《酬秦系》诗："～～犹未至，那出白云来。"

【鹤树】 hèshù 佛家用语。传说佛入灭(死)于娑罗双树间，一时树林变白，如鹤之群栖。后遂以鹤树指佛或佛寺。王勃《梓州玄武县福会寺碑》："虽复功推八正，犹迷～～之谈。"

【鹤算】 hèsuàn 同"鹤寿"。为颂扬他人长寿之词。韦骧《醉蓬莱·廷评庆寿》词："惟愿增高，龟年～～，鸿恩紫诏。"

【鹤望】 hèwàng 像鹤那样企足延颈而望。《三国志·魏书·袁绍传》注引《魏氏春秋》载刘表遗谭书："愤踊～～，冀闻和同之声。"又《蜀书·张飞传》："思汉之士，延颈～～。"

【鹤膝】 hèxī ❶古代兵器名，矛的一种。《方言》卷九："矛，骹细如雁胫者，谓之～～。"左思《吴都赋》："家有～～，户有犀渠，军容蓄用，器械兼储。"❷诗律八病，四曰鹤膝。有的说五言诗两联，第五字与第十五字同声为鹤膝。有的说一句中首尾两字平声，唯第三字仄声为鹤膝。有的说全句皆清而中一字浊为鹤膝。苏轼《和孔密州五绝和流杯石上草书小诗》："蜂腰～～嘲希逸，春蚓秋蛇病子云。"(希逸：南朝宋谢庄。子云：南朝梁萧子云。)

【鹤轩】 hèxuān 《左传·闵公二年》："狄人伐卫。卫懿公好鹤，鹤有乘轩者。将战，国人受甲者皆曰：'使鹤，鹤实有禄位。余焉能战?'"后指滥得禄位。陆游《读隐逸传》诗："毕竟只供千载笑，石封三品鹤乘轩。"

【鹤语】 hèyǔ ❶刘敬叔《异苑》卷三："晋太康二年冬，大寒，南州人见二白鹤语于桥下曰：'今兹寒，不减尧崩年也。'于是飞去。"言鹤寿长多知往事。崔湜《幸白鹿观应制》诗："鸾歌无岁月，～～记春秋。"❷鹤鸣。姚合《寄孙路秀才》诗："潮去蝉声出，天晴～～多。"

【鹤驭】 hèyù ❶犹言鹤驾。指皇太子。白居易《寄李相公崔侍郎钱舍人》诗："曾陪～～两三仙，亲侍龙舆四五年。"❷相传仙人多骑鹤，因指仙人或得道之士。吴融《和皮博士赴上京观中修灵斋赠盛仪尊师兼见寄》诗："～～已从烟际下，凤膏还向月中焚。"王安石《登小茅山》诗："白云坐处龙池杳，明月归时～～空。"❸用为哀挽之词。王恽《萧徵君哀词》之二："～～不来尘世隔，芙蓉城阙月茫茫。"

翯 hè ❶羽毛洁白润泽的样子。见"翯翯"。❷洁白而有光泽的样子。《史记·司马相如列传》："～乎滈滈，东注大湖。"

【翯翯】 hèhè 羽毛洁白润泽的样子。《诗经·大雅·灵台》："麀鹿濯濯，白鸟～～。"(《孟子·梁惠王上》作"鹤鹤"；贾谊《新书·礼》作"皜皜"；何晏《景福殿赋》作"皠皠"。)

壑 hè ❶山谷。《国语·晋语八》："是虎目而豕喙，鸢肩而牛腹，溪～可盈，是不可厌也。"王维《桃源行》："自谓经过旧不迷，安知峰～今来变。"㊀土坑，坑地。《孟子·滕文公上》："盖上世尝有不葬其亲者，其亲死，则举而委之于～。"《礼记·郊特牲》："土反其宅，水归其～。"❷沟池，护城河。《诗经·大雅·韩奕》："实墉实～，实亩实籍。"《孟子·滕文公下》："志士不忘在沟～。"❸指海。《庄子·天地》："夫大～之为物也，注焉而不满，酌焉而不竭。"

【壑谷】 hègǔ ❶比喻低洼之地。《左传·襄公三十年》："郑伯有耆酒，为窟室而夜饮酒，击钟焉，朝至未已。朝者曰：'公焉在?'其人曰：'吾公在～～。'"❷比喻地位卑下。《韩非子·说疑》："以其主为高天泰山之尊，而以其身为～～鬴洧之卑。"

【壑舟】 hèzhōu 《庄子·大宗师》："夫藏舟于壑，藏山于泽，谓之固矣，然而夜半有力者负之而走，昧者不知也。"后以壑舟比喻事物在不知不觉中发生变化。陶渊明《杂诗》之五："～～无须臾，引我不得住。"

皠 hè 同"皠"。白。《史记·司马相如列传》："低回阴山翔以纡曲兮，吾乃今目睹西王母～然白首。"扬雄《太玄经·五内》："次七，枯垣生莠～头，内其雉妇有。"

hei

黑 hēi ❶黑色。李贺《雁门太守行》："～云压城城欲摧，甲光向日金鳞开。"❷昏暗无光。杜甫《梦李白》诗之一："魂来枫林青，魂返关塞～。"卢纶《和张仆射塞下曲》诗之三："月～雁飞高，单于夜遁逃。"❸黑夜。杜甫《陪章留后侍御宴南楼》诗："出号江城～，题诗蜡炬红。"王建《和门下武相公春晓闻莺》诗："侵～行飞一两声，春寒啭小未分明。"❹姓。明代有黑云鹤。

【黑白】 hēibái ❶黑色与白色。《墨子·天志中》："将以量度天下王公大人卿大夫之仁与不仁，譬之犹分～～也。"❷比喻是非、善恶。《春秋繁露·保位权》："～～分明，然后民知所去就。"《史记·秦始皇本纪》："今皇帝并有天下，别～～而定一尊。"❸僧俗。

《景德传灯录·宗靖禅师》："周广顺初，钱王［镠］请于寺之大殿演无上乘，～～骈拥。"

【黑道】 hēidào ❶日月运行的轨道之一。古人认为日月运行有九道，即黄道一，青道二，赤道二，白道二，黑道二。沈括《梦溪笔谈·象数二》："月行黄道之北，谓之～～。"❷旧时迷信称不祥的日子。详"黑道日"。

【黑帝】 hēidì 传说中的五天帝中主北方之神，名叶光纪。《史记·天官书》："～～行德，天关为之动。"《晋书·天文志》："北方～～，叶光纪之神也。"

【黑祲】 hēijìn 迷信指不祥之气。《左传·昭公十五年》："吾见赤黑之祲，非祭祥也，丧氛也。"后用黑祲比喻战祸。王维《为薛使君谢婺州刺史表》："故指旗而～～旋静，挥戈而白日再中。"

【黑杀】 hēishā 旧时指凶星。《宋史·李稷传》："与李察皆以苛暴著称。时人喻曰：'宁逢～～，莫逢稷、察。'"

【黑甜】 hēitián 酣睡。苏轼《发广州》诗："三杯暖饱后，一枕～～馀。"（自注："俗谓睡为黑甜。"）和邦额《夜谭随录·王公子》："秦已～～，摇之不觉。"

【黑头】 hēitóu 比喻青壮年。杜甫《晚行口号》诗："远愧梁江总，还家尚～～。"司空图《新岁对写真》诗："文武轻销丹灶火，市朝偏贵～～人。"

【黑业】 hēiyè 佛教用语。即恶业。《大智度论》卷九四："～～者，是不善业果报地狱受苦恼处，是中众生，以大苦恼闷极，故名为黑。"独孤及《观世音菩萨等身绣像赞》："法云垂荫，光破～～。"

【黑衣】 hēiyī ❶战国时赵国宫廷卫士的代称。因卫士常穿黑衣，故称。《战国策·赵策四》："左师公曰：'老臣贱息舒祺最少，不肖。而臣衰，窃爱怜之，愿令得补～～之数，以卫王宫，没死以闻。'"❷僧徒常穿黑袈裟，故称僧为黑衣。《佛祖统记》卷三六："敕长干寺玄畅同法献为僧主，分任江南北事，时号～～二杰。"

【黑子】 hēizǐ ❶黑痣。《史记·高祖本纪》："美须髯，左股有七十二～～。"❷喻地域的狭小。《汉书·贾谊传》："而淮阳之比大诸侯，廑如～～之著面，适足以饵大国耳。"（廑：同"仅"。）庾信《哀江南赋》："地惟～～，城犹弹丸。"❸太阳表面的黑子。《晋书·天文志中》："永宁元年九月甲申，日中有～～。"

【黑道日】 hēidàorì 旧时迷信，称吉日为黄道日，凶日为黑道日。王晔《桃花女》三折："［正旦云］且慢者，今日是～～～，新人踏着地皮无不立死。"也称"黑道"。王晔《桃花女》三折："他拣定这～～的凶辰。"

hen

拫 hén 排斥，排挤。柳宗元《与裴埙书》："又不幸早尝与游者，居权衡之地，十荐贤幸乃一售，不得者诪张排～，仆可出而辩之哉！"（诪张：欺诳。）岳珂《桯史·鹦鹉喻》："至今蜀人谈谑以排～善类者为猫噬鹦鹉。"

【拫抑】 hényì 排斥，排挤。《新唐书·裴度传》："始，议者谓度无援奥，且久外，为奸俭～～，虑帝未能明其忠。"

痕 hén 疮伤痊愈后留下的疤。蔡琰《胡笳十八拍》："塞上黄蒿兮枝枯叶干，沙场白骨兮刀～箭瘢。"《北史·崔赡传》："赡经热病，面多瘢～，然雍容可观。"⑫痕迹，事物留下的迹印。《三国志·魏书·邓哀王冲传》："置象大船之上，而刻其水～所至，称物以载之，则校可知矣。"苏轼《游金山寺》诗："闻道潮头一丈高，天寒尚有沙～在。"

【痕废】 hénfèi 因事涉嫌而罢免。《新唐书·程异传》："异起～～，能厉己竭节，悉矫革征利旧弊。"

【痕累】 hénlèi 因事牵连而受累。元稹《上门下裴相公书》："阁下若能荡涤～～，洞开嫌疑，……上以副陛下咸与惟新之怀，次有以广阁下常善救人之道。"陆贽《奉天改元大赦制》："应先有～～禁锢及反逆缘坐承前恩赦所不该者，并宜洗雪。"

【痕瑕】 hénxiá 疤痕。喻曾犯有罪案者。《旧唐书·玄宗纪下》："开元以来诸色～～人咸从洗涤。"

佷 hěn ❶凶狠，残忍。《国语·晋语九》："宣子曰：'宵也～。'对曰：'宵之～在面，瑶之～在心。心～败国，面～不害。'"《南史·梁武帝纪上》："独夫昏～。"❷刚愎，违逆。《后汉书·张衡传》："婞～不柔，以意谁靳也。"《新唐书·韦挺传》："［马］周言挺～于自用，非宰相器。"

很 hěn ❶违逆，不听从。《国语·吴语》："今王将～天而伐齐。"《史记·项羽本纪》："猛如虎，～如羊，贪如狼。"❷心狠，残忍。《左传·襄公二十六年》："太子痤美而～。"❸争讼。《礼记·曲礼上》："～毋求胜，分毋求多。"❹甚，非常。《红楼梦》六回："刘姥姥只听见咯当咯当的响声，～似打箩柜筛面的一般。"

【很刚】 hěngāng 暴戾。《韩非子·亡徵》："～～而不和，愎谏而好胜，不顾社稷而轻为自信者，可亡也。”也作“狠刚”。《商君书·垦令》：“～～之民不讼。”

【很戾】 hěnlì ❶凶暴，残忍。《史记·张仪列传》：“夫赵王之～～无亲，大王之所明见，且以赵王为可亲乎？”《晋书·楚王玮传》：“汝南王亮、太保卫瓘以玮性～～，不可大任，建议使与诸王之国。”也作“狠戾”。司空图《冯燕歌》：“谁言～～心能忍。”❷指刚硬而缺乏韧性。苏轼《思治论》：“盖世有好剑者，聚天下之良金铸之，三年而成，以为吾剑天下莫敌也，剑成而～～缺折不可用，何者？”

狠 1. hěn ❶险恶，凶暴。《旧五代史·唐庄宗纪一》：“克宁妻素刚～，因激怒克宁，阴图祸乱。”沈括《梦溪笔谈·人事》：“时苏子美在坐，颇骇怪，曰：‘皁隶如此野～，其令可知。’”❷下决心，竭尽全力。汤显祖《牡丹亭·仆侦》：“因此发个老～，体探俺相公过岭北来了，在梅花观养病，直寻到此。”《二刻拍案惊奇》卷十二：“一发～，着地方勒令大姓迁出棺柩。”❸甚，非常。《红楼梦》二十八回：“宝玉道：‘～是，我已知道了。’”《儒林外史》三回：“他只因欢喜～了，痰涌上来，迷了心窍。”

2. yán ❹犬争斗声。《说文·犬部》：“～，吠斗声。”

【狠刚】 hěngāng 暴戾。见“很刚”。

【狠戾】 hěnlì 凶暴，残忍。见“很戾”。

【狠悻】 hěnxìng 乖戾、不合的样子。柳宗元《东明张先生墓志》：“荡莽～～，道之非耶？”（一本作“很悻”。）

恨 hèn ❶遗憾，后悔。《史记·淮阴侯列传》：“大王失职入汉中，秦民无不～者。”诸葛亮《前出师表》：“先帝在时，每与臣论此事，未尝不叹息痛～于桓、灵也。”❷不满。《荀子·尧问》：“禄厚者民怨之，位尊者君～之。”㊀怨恨，仇恨。《后汉书·马援传》：“惟陛下留思竖儒之言，无使功臣怀～黄泉。”杜牧《泊秦淮》诗：“商女不知亡国～，隔江犹唱《后庭花》。”❸通“很”。违逆，不听从。《战国策·齐策四》：“今不听，是～秦也；听之，是～天下也。”《汉书·楚元王传》：“称誉者登进，忤～者诛伤。”

【恨毒】 hèndú 恼恨。《后汉书·张奂传论》：“虽～～在心，辞爵谢咎。”

【恨恨】 hènhèn 抱恨不已。《晋书·周浚传》：“今渡江必全克获，将有何虑？若疑于不济，不可谓智，知而不行，不可谓忠，实鄙州上下所以～～也。”古诗《为焦仲卿妻作》：“生人作死别，～～那可论！”

【恨人】 hènrén 失意抱恨的人。江淹《恨赋》：“于是仆本～～，心惊不已。”

【恨望】 hènwàng 怨恨。《三国志·魏书·公孙瓒传》：“瓒军败走勃海，与范俱还蓟，于大城东南筑小城，与虞相近，稍相～～。”《资治通鉴·晋穆帝永和五年》：“中书令孟准、左卫将军王鸾劝[石]遵稍夺[石]闵兵权，闵益～～。”

heng

亨 1. hēng ❶通达，顺利。《后汉书·班固传》：“性类循理，品物咸～。”元稹《思归乐》诗：“此诚患不至，诚至道亦～。”❷姓。元有亨祐。

2. xiǎng ❸通“享”。飨宴。《周易·大有》：“公用～于天子。”❹受用。《清平山堂话本·风月瑞仙亭》：“孩儿，你在此受寂寞，比在家～用不同。”

3. pēng ❺通“烹”。烹饪。《诗经·豳风·七月》：“六月食郁及薁，七月～葵及菽。”《后汉书·赵孝传》：“等辈数十人皆束缚，以次当～。”

【亨嘉】 hēngjiā 美好的事物会聚在一起。语出《周易·乾》：“亨者，嘉之会也。”后用来比喻优秀人物的聚集。欧阳修《谢参知政事表》：“徒以早遭～～之会，骤蒙奖拔之私。”司马光《为庞相公谢官表》：“适际～～之会，误膺濬哲之知。”

【亨衢】 hēngqú ❶四通八达的大道。元稹《苦雨》诗：“百川朝巨海，六龙踏～～。”许浑《送人之任邛州》诗：“～～自有横飞势，便到西垣视训辞。”❷比喻美好的前程。李商隐《咏怀寄秘阁旧僚二十六韵》：“粝食空弹剑，～～讵置锥。”

【亨途】 hēngtú 平坦的道路。喻时世太平。郑谷《咏怀》：“自许～～在，儒纲复振时。”

【亨运】 hēngyùn 命运亨通或世道太平。《宋书·袁觊传》：“吾等获免刀锯，仅全首领，复身奉惟新，命承～～，缓带谈笑，击壤圣世。”曾巩《代翰林侍读学士钱藻遗表》：“独遍窃于美名，盖亲逢于～～。”

哼 hēng ❶愚怯的样子。《集韵·庚韵》：“～，哴哼，愚怯貌。”❷叹词。表示痛苦、鄙视、怒恨、不满等情绪。

脝 hēng 膨脝，肚子胀大的样子。陆游《朝饥食齑面甚美戏作》诗：“一杯齑馎饦，老子腹膨～。”

恒（恆） 1. héng ❶永久，持久。刘禹锡《天论上》：“[天]～高而不卑，～动而不已。”柳宗元《三戒·永某氏之鼠》：“彼以其饱食无祸为可～也哉！”❷恒心。《论语·子路》："人而无～，不可以作巫医。"崔瑗《座右铭》："行之苟有～，久久自芬芳。"❸平常的，普通的。《三国志·吴书·吴主传》："形貌奇伟，骨体不～。"《论衡·讲瑞》："夫如是，上世所见凤凰、骐驎，何知其非～鸟兽？"❹从前的、旧的（做法）。《周礼·春官·司巫》："国有大灾，则帅巫而造巫～。"《礼记·月令》："文绣有～。"❺经常。《晋书·陶潜传》："性嗜酒，而家贫不能～得。"《论衡·无形》："人～服药固寿，能增加本性，益其身年也。"❻六十四卦之一，卦形为巽下震上。《周易·恒》："象日，雷风，～。"❼山名。五岳中的北岳。主峰在今河北省曲阳县西北。张华《博物志》卷一："五岳：华、岱、～、衡、嵩。"❽姓。楚有恒思公。

2. gèng ❾上弦月渐趋盈满。《诗经·小雅·天保》："如月之～，如日之升。"❿遍及。《诗经·大雅·生民》："～之秬秠，是获是亩。"⓫通"亘"。绵延，连续。《汉书·叙传上》："潜神默记，～以年岁。"韩愈《哀二鸟赋》："汩东西与南北，～十年而不居。"

【恒产】 héngchǎn 固定不变的产业，指土地，田园，房屋等。《孟子·梁惠王上》："无～～而有恒心者，惟士为能；若民，则无～～，因无恒心。"《聊斋志异·青梅》："家窭贫，无～～，税居王第。"

【恒常】 héngcháng 常规。《史记·秦始皇本纪》："初平法式，审别职任，以立～～。"《淮南子·泰族训》："非治之大本，事之～～，可博闻而世传者也。"

【恒娥】 héng'é 即嫦娥。神话中飞到月亮上去的仙女。又称"姮娥"。《淮南子·览冥训》："譬若羿请不死之药于西王母，～～窃以奔月。"韩愈《月蚀诗效玉川子作》："～～还宫室，太阳有室家。"

【恒干】 hénggàn 指人的躯体。《楚辞·招魂》："去君之～～，何为四方些？"

【恒女】 héngnǚ 普通女子。《论衡·程材》："齐部世刺绣，～～无不能。"

【恒人】 héngrén 普通人。《史记·田敬仲完世家》："太史敫女奇法章状貌，以为非～～。"《后汉书·梁鸿传》："邻家耆老见鸿非～～，乃共责让主人，而称鸿长者。"

【恒沙】 héngshā "恒河沙数"的略称。佛教用语。形容数量多到无法计算。李商隐《安平公》诗："仰看楼殿撮清汉，坐视世界如～～。"

【恒士】 héngshì 平常的人。《战国策·秦策二》："甘茂，贤人，非～～也。"

【恒舞】 héngwǔ 歌舞不休。《尚书·伊训》："敢有～～于宫，酣歌于室，时谓巫风。"王嘉《拾遗记·晋时事》："结袖绕楹而舞，昼夜相接，谓之～～。"

【恒心】 héngxīn 持久不变的意志。《孟子·梁惠王上》："无恒产而有～～者，惟士为能；若民，则无恒产，因无～～。"

【恒星】 héngxīng 旧时指位置比较固定的星。《左传·庄公七年》："夏，～～不见。"《后汉书·仲长统传》："～～艳珠，朝霞润玉。"今指自己能发光和热的星。

【恒言】 héngyán 常用语。《孟子·离娄上》："人有～～，皆曰天下国家。"

【恒姿】 héngzī 经常的状态。《文心雕龙·物色》："然物有～～，而思无定检，或率尔造极，或精思愈疏。"

姮 héng 见"姮娥"。

【姮娥】 héng'é 即"嫦娥"。神话中的月中女神。相传为后羿之妻，羿请不死之药于西王母，姮娥窃以奔月。见《淮南子·览冥训》。姮，本作"恒"，俗作"姮"。因避汉文帝（刘恒）讳，改称常娥，通作"嫦娥"。李商隐《月夕》诗："兔寒蟾冷桂花白，此夜～～应断肠。"

珩 héng 指玉佩顶端的横玉。《国语·晋语二》："白玉之～六双。"

桁 1. héng ❶屋顶上托住椽子的横木。今称檩子。何晏《景福殿赋》："～梧复叠，势合形离。"㊂泛指其他横木。李贺《吕将军歌》："厩中高～排蹇蹄，饱食青刍饮白水。"❷下葬时搁瓶瓮之类的木榻。《仪礼·既夕礼》："瓶二醴酒……皆木～。"

2. háng ❸加在犯人颈上或脚上的大型刑具。《隋书·刑法志》："罪刑年者锁，无锁以枷。流罪已上加杻械，死罪者～之。"❹通"航"。浮桥。郦道元《水经注·涔水》："城北水旧有～，北渡涔水，水北有赵军城，城北又有～。"❺量词。用于成行的东西。韦庄《灞陵道中作》诗："春桥南望水溶溶，一～晴山倒碧峰。"李煜《浪淘沙》词："一～珠帘闲不卷，终日谁来？"

3. hàng ❻衣架。韩愈《寄崔二十六立之》诗："～挂新衣裳，盎弃食残糜。"

【桁杨】 hángyáng 加在颈上和脚上的刑具。《庄子·在宥》："今世殊死者相枕也，～～者相推也，刑戮者相望也。"

胻 héng 胫，小腿。《史记·龟策列传》："圣人割其心，壮士斩其～。"

横 1. héng ❶栏木。《说文·木部》："～，栏木也。"（段玉裁注："栏，门遮也。凡以木栏之，皆谓之横也。"）《乐府诗集·清商曲辞·子夜歌之十五》："摘门不安～，无复相关意。"❷与"纵"相对。地理上东西为横，南北为纵。东方朔《七谏·沉江》："不开寤而难道兮，不别～之与纵。"柳宗元《岭南节度飨军堂记》："～八楹，从八楹。"（从：纵。）❸横亘，横贯。《汉书·贾谊传》："～江湖之鳣鲸兮，固将制于蝼螘。"柳宗元《佩韦赋》："～万里而极海兮，颓风浩其四起。"❹连横。战国时张仪游说燕赵韩魏齐楚六国共同事奉秦国。从地理位置上看，秦在西，六国在东，故称连横。《战国策·秦策三》："吴起……北并陈、蔡，破～散从，使驰说之士无所开其口。"贾谊《过秦论》："此四君者，皆明智而忠信……约从离～，兼韩、魏、燕、赵、宋、卫、中山之众。"❺跨越，横渡。《山海经·大荒西经》："处栗广之野，～道而处。"《汉书·扬雄传上》："上乃帅群臣～大河，凑汾阴。"❻把物体横过来放着或拿着。《战国策·魏策二》："今夫杨，～树之则生，倒树之则生，折而树之又生。"苏轼《前赤壁赋》："方其破荆州，下江陵，顺流而东也，舳舻千里，旌旗蔽空，酾酒临江，～槊赋诗，固一世之雄也。"❼侧，旁边。《左传·僖公二十八年》："原轸郤溱以中军公族～击之。"王褒《洞箫赋》："被淋洒其靡靡兮，时～溃以阳遂。"❽斜视。黄庭坚《登快阁》诗："朱弦已为佳人绝，青眼聊因美酒～。"❾遮盖。李白《古风》之十四："白骨～千霜，嵯峨蔽榛莽。"王安石《次韵平甫金山会宿寄亲友》："天末海云～北固，烟中沙岸似西兴。"❿充溢，充满。《后汉书·光武帝纪下》："陛下德～天地，兴复宗统，褒德赏勋，亲睦九族。"杜甫《送韦十六评事充同谷郡防御判官》诗："子虽躯干小，老气～九州。"⓫广，广阔。范仲淹《岳阳楼记》："浩浩汤汤，～无际涯。"⓬交错。《楚辞·九叹·忧苦》："长嘘吸以於悒兮，涕～集而成行。"杜甫《过郭代公住宅》诗："壮公临事断，顾步涕～落。"⓭通"黉"。学舍。见"横舍"、"横塾"。⓮姓。应劭《风俗通·姓氏篇上》："韩王子成，号横阳君，其后为氏。"

2. hèng ⓯放纵，专横。《史记·魏其武安侯列传》："武安虽不任职，以王太后故，亲幸，数言事，多效，天下吏士趋势利者，皆去魏其归武安。武安日益～。"《后汉书·南匈奴传》："而单于骄踞益～，内暴滋深。"⓰意外，突然。杨恽《报孙会宗书》："怀禄贪势，不能自退，遂遭变故，～被口语。"《三国志·吴书·周瑜传》注引《江表传》："赤壁之役，值有疾病，孤烧船自退，～使周瑜虚获此名。"⓱无缘无故。《世说新语·雅量》："君才不如弟，而～得重名。"

【横波】 héngbō ❶不规则流动的水波。《楚辞·九歌·河伯》："与女游兮九河，冲风起兮～～。"❷形容眼神流动。傅毅《舞赋》："眉连娟以增绕兮，目流睇而～～。"李白《长相思》诗："昔时～～目，今作流泪泉。"

【横草】 héngcǎo ❶践踏野草，使之横倒。比喻极轻微的功劳。《汉书·终军传》："军无～～之功，得列宿卫，食禄五年。"李白《书情赠蔡舍人雄》诗："愧无～～功，虚负雨露恩。"❷杂草。《南史·何佟之传》："路无～～。"

【横陈】 héngchén ❶横卧。司马相如《好色赋》："花容自献，玉体～～。"李商隐《北齐》诗之一："小莲玉体～～夜，已报周师入晋阳。"❷杂陈。陆游《十二月十一日视筑堤》诗："～～屹立相叠重，置力尤在水庙东。"袁枚《泊石钟山正值水落见怪石森布绝无钟声》诗："满地～～怪石供，洞庭不奏钧天乐。"

【横出】 héngchū 充分表露。宋玉《神女赋》："志态～～，不可胜记。"《论衡·物势》："（论讼）亦或辩口利舌，辞喻～～为胜。"

【横吹】 héngchuī 乐器名，即横笛，又名短箫。王维《送宇文三赴河西充行军司马》诗："～～杂繁笳，边风卷塞沙。"

【横赐】 héngcì 遍施赏赐。《汉书·文帝纪》注引文颖曰："汉律，三人以上无故群饮酒，罚金四两，今诏～～得令会聚饮食五日也。"《新唐书·懿安郭太后传》："自是畋幸稀，小儿武抃等不复～～矣。"

【横刀】 héngdāo ❶横挎佩刀。《三国志·魏书·袁绍传》："董卓呼绍，议欲废帝，立陈留王，……绍不应，～～长揖而去。"❷兵器。即佩刀。《新唐书·王及善传》："帝曰：……尔佩大～～在朕侧，亦知此官贵乎？"

【横亘】 hénggèn 横跨，横卧。陈亮《戊申再上孝宗皇帝书》："其地南有浙江，西有崇山峻岭，东北则有重湖沮洳，而松江震泽～～其前。"

【横经】 héngjīng 听讲时横陈经书。任昉《厉吏人讲学》诗："旰食愿～～，终朝思拥帚。"《宋史·何涉传》："虽在军中，亦尝为诸将讲《左氏春秋》，狄青之徒皆～～以听。"

【横空】 héngkōng ❶横越天空。虞世南《侍宴应诏》诗："～～一鸟度，照水百花燃。"陆游《横塘》诗："农事渐兴人满野，霜寒初重雁～～。"❷当空，弥漫天空。苏轼《西江月》词："照野瀰瀰浅浪，～～暧暧微霄。"陆游《雪中忽起从戎之兴戏作》诗之三："十万貔貅出羽林，～～杀气结层阴。"（貔貅：传说中的猛兽名。）

【横厉】 hénglì ❶横渡。《汉书·司马相如传下》:"互折窈窕以右转兮,~~飞泉以正东。"❷纵横凌厉,形容气势强盛。《汉书·杜周传》:"[翟方进]专作威福,阿党所厚,排挤英俊,托公报私,~~无所畏忌。"《宋史·陈与义传》:"尤长于诗,体物寓兴,清邃纡馀,高举~~。"

【横蒙】 héngméng 过分蒙受。《三国志·魏书·王烈传》:"臣海滨孤微,罢农无伍,禄运幸厚。~~陛下纂承洪绪,德侔三皇,化溢有唐。"

【横目】 héngmù ❶指人民。王安石《次韵酬邓子仪》之一:"论心未忍遗~~,于世还忧近逆鳞。"❷怒目,凶恶的样子。《聊斋志异·连琐》:"隶~~相雠,言词凶谩。"

【横秋】 héngqiū ❶充满秋意的天空。孔稚珪《北山移文》:"风情张日,霜气~~。"❷形容气盛。苏轼《次韵王定国得晋卿酒相留夜饮》:"知衫压手气~~,更著仙人紫绮裘。"辛弃疾《水调歌头·和马叔度游月波楼》词:"鲸饮未吞海,剑气已~~。"

【横塞】 héngsè 充溢阻塞。《吕氏春秋·适音》:"夫音亦有适:太巨则志荡,以荡听巨则耳不容,不容则~~,~~则振。"

【横舍】 héngshè 学校。横,通"黉"。《后汉书·鲍德传》:"时郡学久废,德乃修起~~。"

【横生】 héngshēng ❶指人以外的一切事物。《逸周书·文传》:"故诸~~尽以养从生。"(孔晁注:"横生,万物也;从生,人也。")❷洋溢而出,充分表露出来。宋玉《神女赋》:"须臾之间,美貌~~。"傅玄《鹰赋》:"雄姿邈代,逸气~~。"

【横世】 héngshì 填满人世间。《战国策·楚策四》:"无所寇艾,不足以~~。"《后汉书·冯衍传下》:"于今遭清明之时,饬躬力行之秋,而怨雠丛兴,讥议~~。"

【横塾】 héngshú 古代的学校。横,通"黉"。《后汉书·儒林传论》:"其服儒衣,称先王,游庠序,聚~~者,盖布之于邦域矣。"

【横通】 héngtōng 旁通。《管子·八观》:"郭周不可以外通,里域不可以~~。"陆游《梅雨陂泽皆满》诗:"暖浸千畦稻,~~十里村。"

【横骛】 héngwù 纵横奔驰。班固《答宾戏》:"侯伯方轨,战国~~。"陆游《卧龙》诗:"雨来海气先~~,风恶松柯尽倒垂。"

【横行】 héngxíng ❶不循正道而行。《周礼·秋官·野庐氏》:"禁野之~~径逾者。"(贾公彦疏:"言横行者,不要东西为横,南北为纵,但是不依道涂,妄由田中,皆是横也。")❷周游,广行。《荀子·修身》:"体恭敬而心忠信,术礼义而情爱人,~~天下,虽困四夷,人莫不贵。"《战国策·西周策》:"秦与天下俱罢,则令不~~于周矣。"又《赵策三》:"鸿毛,至轻也,而不能自举。夫飘于清风,则~~四海。"❸纵横驰骋。《战国策·赵策二》:"田单将齐之良,以兵~~于中十四年。"《汉书·匈奴传》:"樊哙请以十万众~~匈奴中。"❹行列。《墨子·备穴》:"左右~~,高广各十尺,杀。"马融《围棋赋》:"~~阵乱兮,敌心骇惶。"

【横逸】 héngyì 纵横奔放。潘岳《笙赋》:"新声变曲,奇韵~~。"傅玄《斗鸡赋》:"猛志~~,势凌天廷。"

【横竹】 héngzhú 指笛子。李贺《龙夜吟》:"卷发胡儿眼睛绿,高楼夜静吹~~。"

【横悖】 hèngbèi 犹"横逆"。强暴不顺理。《论衡·谴告》:"吏民~~,长吏示以和顺。"

【横财】 hèngcái 意外获得的财物。多指不劳而获的财物。陆游《哭王季夷》诗:"梦中有客征残锦,地下无炉铸~~。"《儒林外史》十九回:"二相公,你如今得了这一注~~,这就不要花费了,作些正经事。"

【横流】 hèngliú ❶水泛滥,到处乱流。《孟子·滕文公上》:"当尧之时,天下犹未平,洪水~~,泛滥于天下。"《后汉书·仲长统传》:"源发而~~,路开而四通矣。"❷充溢,遍布。曹植《改封陈王谢恩章》:"天恩滂霈,润泽~~。"❸形容涕泪往四下流。《汉书·孝成班倢伃传》:"仰视兮云屋,双涕兮~~。"《三国志·魏书·田畴传》:"言未卒,涕泣~~。"❹比喻局势动荡。魏徵《十渐不克终疏》:"伏惟陛下年甫弱冠,大拯~~,削平区宇,肇开帝业。"陆倕《石阙铭》:"拯兹涂炭,救此~~。"

【横民】 hèngmín 不守法度的人。《孟子·万章下》:"横政之所出,~~之所止,不忍居也。"

【横逆】 hèngnì ❶强暴无理。《孟子·离娄下》:"有人于此,其待我以~~,则君子必自反也。"《汉书·诸侯王表序》:"小者淫荒越法,大者睽孤~~,以害身丧国。"❷横行霸道。刘琨《与石勒书》:"或拥众百万,~~宇内。"

【横生】 hèngshēng 意外的发生。柳宗元《与萧翰林俛书》:"万罪~~,不知其端。"

【横事】 hèngshì 意外之事。秦观《与苏公先生简》:"若无~~,亦可给十七。"

【横受】 hèngshòu 妄受。《三国志·魏书·文帝纪》:"后族之家不得当辅政之任,又不得～～茅土之爵。”

【横死】 hèngsǐ 指非正常死亡。如自杀、被杀或受意外灾祸而死。《宋书·柳元景传》:“世祖崩,义恭元景等并相谓曰:‘今日始免～～!’”《南史·陆襄传》:“人作歌曰:‘鲜于抄后善恶分,人无～～赖陆君。’”

【横行】 hèngxíng 行为蛮横,仗势作坏事。《汉书·司马相如传上》:“扈从～～,出乎四校之中。”《红楼梦》九回:“[贾瑞]一任薛蟠～～霸道。”

【横夭】 hèngyāo 意外地早死。《后汉书·谯玄传》:“后专宠怀忌,皇子多～～。”欧阳修《贾谊不至公卿论》:“且谊以失志忧伤而～～,岂曰天年乎?”

【横议】 hèngyì 放纵恣肆的议论。《汉书·异姓诸侯王表》:“秦既称帝,患周之败,以为起于处士～～,诸侯力争,四夷交侵,以弱见夺。”王融《永明十一年策秀才文》:“若闲冗毕弃,则～～无已;冕笏不澄,则坐谈弥积。”

【横政】 hèngzhèng 暴虐的政治。《孟子·万章下》:“～～之所出,横民之所止,不忍居也。”

【横恣】 hèngzī 暴虐恣肆。《史记·魏其武安侯列传》:“武安又盛毁灌夫所为～～,罪逆不道。”《论衡·祸虚》:“多～～而不罹祸,顺道而违福。”

骺 héng ❶牛脊骨。《广韵·庚韵》:“～,牛后脊骨。”❷通“胻”。脚胫。《素问·脉要精微》:“其耎而散色不泽者,当病足～肿,若水状也。”又《刺热》:“肾热病者,先腰痛～痠。”

衡 héng ❶古代为防牛抵触人而加在牛角上的横木。《诗经·鲁颂·閟宫》:“秋而载尝,夏而楅～,白牡骍刚。”(孔颖达疏:“楅衡其牛,言豫养所祭之牛,设横木于角以楅之,令其不得觝触人也。”)❷车辕前端的横木。《论语·卫灵公》:“在舆,则见其倚于～也。”《论衡·逢遇》:“御百里之手,而以调千里之足,必有摧～折轭之患。”❸秤杆,秤。《庄子·胠箧》:“为之权～以称之。”《史记·五帝本纪》:“遂见东方君长,合时月正日,同律度量～。”㊀称量,比较。《淮南子·主术训》:“～之于左右,无私轻重。”❹平。《礼记·曲礼下》:“大夫～视。”❺古代天文仪器,观测天体用的长管。《尚书·舜典》:“在璇玑玉～,以齐七政。”(七政:日月五星。)❻北斗七星中的第五星。《史记·天官书》:“杓携龙角,～殷南斗,魁枕参首。”张衡《东京赋》:“摄提运～,徐至于射宫。”❼结冠冕于发髻上的横簪。《左传·桓公二年》:“～、𬘘、纮、綖,昭其度也。”❽古代钟柄上的平顶。《周礼·考工记·凫氏》:“凫氏为钟,……舞上谓之甬,甬上谓之～。”❾古代掌管山林川泽的官。《国语·齐语》:“山立三～。”柳宗元《行路难》诗之二:“虞～斤斧罗千山,工命采斫杙与椽。”❿眉毛。一说指眉毛以上或眉目之间。《战国策·中山策》:“若乃其眉目准頞权～,犀角偃月,彼乃帝王之后,非诸侯之姬也。”《后汉书·蔡邕传》:“胡老乃扬～含笑,援琴而歌。”⓫楼殿周围的栏杆。《史记·袁盎晁错列传》:“千金之子坐不垂堂,百金之子不骑～。”⓬通“横”。与“纵”相对。《诗经·齐风·南山》:“蓺麻如之何?～从其亩。”(从:纵。)㊀连横。贾谊《过秦论上》:“外连～而斗诸侯。”⓭通“珩”。玉佩顶端的横玉。《大戴礼记·保傅》:“下车以佩玉为度。上有双～,下有双璜、冲牙,玭珠以纳其间,琚、瑀以杂之。”⓮香草名,即杜衡。宋玉《风赋》:“猎蕙草,离秦～。”⓯山名,即衡山,为五岳中的南岳,在今湖南衡山等县境内。⓰姓。汉有衡威。

【衡泌】 héngbì 指隐居之地或隐居生活。语出《诗经·陈风·衡门》。《宋书·雷次宗传》:“汝等年各成长,冠娶已毕,修惜～～,吾复何忧。”《梁书·何点传》:“栖迟～～,白首不渝。”

【衡馆】 héngguǎn 用横木作门的馆舍,即简陋的房屋。借指士庶或隐者居住的地方。谢庄《豫章长公主墓志铭》:“肃恭在国,披庭钦其风;恪勤～～,庶族仰其德。”王俭《褚渊碑》:“迹屈朱轩,志隆～～。”

【衡汉】 hénghàn 北斗和天河。鲍照《玩月城西门廨中》诗:“夜移～～落,徘徊帷户中。”

【衡击】 héngjī 横行劫击,指到处抢劫。衡,通“横”。贾谊《论积贮疏》:“兵旱相乘,天下大屈,有勇力者聚徒而～～,罢夫羸老易子而齩其骨。”

【衡鉴】 héngjiàn 同“衡镜”。宋人避宋太祖祖父赵敬讳,改镜字作“鉴”。范仲淹《上执政书》:“夫赏罚者,天下之～～也,～～一私,则天下之轻重妍丑从而乱焉。”

【衡镜】 héngjìng 衡器和镜子。衡可以量轻重,镜可以照美丑,指辨别是非善恶的尺度。张说《中书令逍遥公墓志铭》:“～～高悬,文武矫首,才无我失,善若己有。”《旧唐书·韦嗣立传》:“然后审持～～,妙择良能,以之临人,寄之调俗,则官无侵暴之政,人有安乐之心。”

【衡决】 héngjué 横断,脱节,衔接不上。《汉书·贾谊传》:“本末舛逆,首尾～～,国制抢攘，非甚有纪，胡可谓治？”

【衡钧】 héngjūn 秉持国政。指宰相。韩愈《祭马仆射文》：“帝念阙功，还公于朝，……顾瞻～～，将举以付。”

【衡庐】 hénglú 衡山和庐山。《宋书·王僧达传》：“生平素念，愿闲～～。”王勃《滕王阁诗序》：“星分翼轸，地接～～。”

【衡鹿】 hénglù 守山林的官吏。鹿，通“麓”。《左传·昭公二十年》：“山林之木，～～守之。”

【衡茅】 héngmáo 横门茅屋，指简陋的房屋。陶渊明《辛丑岁七月赴假还江陵夜行涂口》诗：“养真～～下，庶以善自名。”白居易《四月池水满》诗：“吾亦忘青云，～～足容膝。”

【衡门】 héngmén ❶横木为门，指简陋的房屋。《诗经·陈风·衡门》：“～～之下，可以栖迟。”《汉书·韦玄成传》：“宜优养玄成，勿枉其志，使得自安～～之下。”❷借指隐居之地。《新语·慎微》：“意怀帝王之道，身在～～之里，志图八极之表。”陶渊明《癸卯岁十二月中作与从弟敬远》诗：“寝迹～～下，邈与世相绝。”

【衡人】 héngrén 战国时以连横之说从事游说的人。《史记·苏秦列传》：“夫～～日夜务以秦权恐惕诸侯以求割地。”《汉书·叙传上》：“从人合之，～～散之。”

【衡石】 héngshí ❶古代对衡器的通称。衡，秤。石，古代重量单位，一百二十斤为一石。《礼记·月令》：“日夜分，则同度量，钧～～，角斗甬，正权概。”（甬：斛。）《管子·七法》：“尺寸也，绳墨也，规矩也，～～也，斗斛也，角量也，谓之法。”❷比喻准则或法度。何承天《重答颜光禄》：“立法无～～。”《后汉书·冯衍传下》：“弃～～而意量兮，随风波而飞扬。”❸选拔、甄别人才的官职。《梁书·徐勉传》：“爰自小选，迄于此职，常参掌～～，甚得士心。”《旧唐书·裴行俭传》：“是时苏味道、王勮未知名，因调选，行俭一见，深礼异之，仍谓曰：‘有晚年子息，恨不见其成长。二公十数年当居～～，愿记识此辈。’其后相继为吏部，皆如其言。”

【衡巷】 héngxiàng 平民居住的里巷。泛指民间。徐陵《与王吴郡僧智书》：“仰属伊公在亳，渭老师周，旌贲江园，采拾～～，遂以衰骀不衰，甕盎无遗，还顾庸虚，未应偕比。”欧阳修《乞罢政事第三表》：“使臣散发林丘，幅巾～～，以此没地。”

【衡行】 héngxíng 即横行。《孟子·梁惠王下》：“一人～～于天下，武王耻之，此武王之勇也。”（一人：指商纣王。）

【衡宇】 héngyǔ ❶横木为门的房屋，指很简陋。陶渊明《归去来兮辞》：“乃瞻～～，载欣载奔。”苏轼《归去来集字十首》诗之一：“相携就～～，酌酒话交情。”❷宫室庙宇的通称。《南史·刘损传》：“损元嘉中为吴郡太守，至昌门，便入太伯庙。时庙室颓毁，垣墙不修，损怆然曰：‘清尘尚可髣髴，～～一何摧颓！’即令修葺。”

【衡宰】 héngzǎi 殷汤时伊尹为阿衡，周初周公为太宰，后因以衡宰指宰相的职位。《后汉书·郦炎传》：“绛、灌临～～，谓谊崇浮华。’”（谊：指贾谊。）

hong

吽 hōng 见 hǒu。

轰（轟） hōng ❶巨大的声响。元稹《放言》诗之三：“霆～电烻数声频，不奈狂夫不藉身。”❷冲击。元好问《游承天镇悬泉》诗：“并州之山水所洑，骇浪几～山石裂。”

【轰轰】 hōnghōng ❶巨大的声音。左思《蜀都赋》：“车马雷骇，～～阗阗。”韩愈《贞女峡》诗：“悬流～～射水府，一泻百里翻云涛。”❷形容气魄雄伟，声势浩大。文天祥《沁园春·题张许双庙》词：“人生欻翕云亡，好烈烈～～做一场。”

【轰豗】 hōnghuī 形容众声喧嚷，声音很大。韩愈《元和圣德诗》：“众乐惊作，～～融洽。”陈师道《颜市阻风》诗之一：“突兀重重浪，～～处处雷。”

【轰饮】 hōngyǐn 痛饮，狂饮。范成大《天平寺》诗：“旧游仿佛记三年，～～题诗夜满山。”

【轰隐】 hōngyǐn 众车行进的声音。《世说新语·方正》：“韩康伯病，拄杖前庭消摇，见诸谢皆富贵，～～交路，叹曰：‘此复何异王莽时！’”

【轰醉】 hōngzuì 痛饮而烂醉。元好问《南冠行》诗：“安得酒船三万斛，与君～～太湖秋。”

哄 1. hōng ❶人声嘈杂，众说纷纷。见“哄哄”。❷象声词。形容许多人的大笑声或喧哗声。《红楼梦》四十二回：“众人听了，越发～然大笑的前仰后合。”

2. hǒng ❸逗引，骗。《京本通俗小说·错斩崔宁》：“我的父亲昨日明明把十五贯钱与他驮来，作本养赡妻小，他岂有～你说是典来身价之理？”马致远《汉宫秋》楔子：“因我百般巧诈，一味谄谀，～的皇帝老头儿十分欢喜，言听计从。”

3. hòng ❹喧嚣，吵闹。张昱《辇下曲》：“宝扇合鞘催放仗，马蹄～散万花中。”高明《琵琶记·牛氏规奴》：“贱人，恁的为人不尊重，只要闲嬉并闲～。”

【哄动】 hōngdòng 同时惊动许多人。《红楼梦》一回：“当下～～街坊，众人当作一件新闻传说。”

【哄哄】 hōnghōng 人声嘈杂，众说纷纭的样子。丁鹤年《长啸篇》：“韩信出胯下，市井皆～～。”《西游记》五十七回：“只得～～翕翕，将些剩饭锅巴，满满的与了一钵。”

【哄堂】 hōngtáng 唐御史台以年资最高的一人主杂事，称杂端。平时公堂会食，杂端坐南榻，主簿坐北榻，不苟言笑。遇到杂端有失笑时，在座的其他人跟着笑，叫做哄堂。见赵璘《因话录·御史三院》（曾慥《类说》卷十四）。后指满屋子人同时大笑。《红楼梦》四十一回：“刘姥姥两只手比着说道：‘花儿落了，结了个大倭瓜。’众人听了，～～大笑起来。”也作“烘堂”。欧阳修《归田录》卷一：“（五代时）和[凝]问冯[道]曰：‘公靴新买，其直几何？’冯举左足示和曰：‘九百。’和性褊急，遽回顾小吏云：‘吾靴何得用一千八百？’因诟责久之。冯徐举其右足曰：‘此亦九百。’于是～～大笑。”

訇（䃔） hōng 象声词。形容大声。李白《梦游天姥吟留别》：“洞天石扇，～然中开。”

【訇訇】 hōnghōng 形容大声。杨炯《少室山少姨庙碑铭》：“文狸赤豹，电策雷车，隐隐中道，～～太虚。”

【訇磕】 hōngkē 形容巨大的声响。司马相如《上林赋》：“沈沈隐隐，砰磅～～。”

【訇稜】 hōngléng 形容雷声。李颙《雷赋》：“结郁蒸而成雷兮，鼓～～之逸响。”

【訇哮】 hōngxiāo 风势猛烈的样子。韩愈《赴江陵途中寄赠王二十补阙李十一拾遗李二十六员外翰林三学士》诗：“飓起最可畏，～～簸陵邱。”

【訇磤】 hōngyīn 见“訇隐”。

【訇隐】 hōngyǐn 形容巨大的声音。枚乘《七发》：“～～匈磕，轧盘涌裔，原不可当。”又作“訇磤”。何晏《景福殿赋》：“体洪刚之猛毅，声～～其若震。”

烘 hōng ❶烧。《诗经·小雅·白华》：“樵彼桑薪，卬～于煁。”❷烤，用火烤干。齐己《谢人惠纸》诗：“～焙几工成晓雪，轻明百幅叠春冰。”陆游《宿野人家》诗：“土釜暖汤先濯足，豆秸吹火旋～衣。”❸渲染，衬托。范成大《春后微雪一宿而晴》诗：“朝暾不与同云便，～作晴空万缕霞。”辛弃疾《满江红·暮春》词：“更天涯、芳草最关情，～残日。”❹同“哄”。关汉卿《谢天香》二折：“可敢～散我家私做的赏。”

【烘堂】 hōngtáng ❶形容一屋子的人同时大笑。见“哄堂”。❷生日、入宅或迁居，亲友出金为贺，相聚饮宴。犹言暖房。张纲《西江月·壬午生日》词：“为具随宜饾饤，～～不用笙箫。”

澋 1. hōng ❶象声词。浪涛冲击声。《聊斋志异·姊妹易嫁》：“已而雨益倾盆，潦水奔穴，崩～灌注。”

2. qìng ❷冷。《世说新语·排调》：“刘真长始见王丞相，时盛暑之月，丞相以腹熨弹棋局，曰：‘何乃～！’”

【澋㶁】 hōnghuò 浪涛冲击声。周光镐《黄河赋》：“莫不～～澎湃。”

硡 hōng 宏大的声音。见“硡㟃”、“硡隐”。

【硡㟃】 hōngtóng 形容声音宏大。《徐霞客游记·粤西游日记二》：“穴东北向，潴水甚满，而内声～～。”

【硡隐】 hōngyǐn 形容宏大的声音。潘岳《籍田赋》：“箫管嘲哳以啾嘈兮，鼓鞞～～以砰磕。”

輷（轟） hōng 象声词。见“輷輘”。

【輷輘】 hōngléng 形容车声。韩愈《读东方朔杂事》诗：“偷入雷电室，～～掉狂车。”

【輷輷】 hōnghōng 群车行进时的隆隆声。《史记·苏秦列传》：“人民之众，车马之多，日行夜不绝，～～殷殷，若有三军之众。”

鍧（鍧） hōng 象声词。钟声或钟鼓相杂之声。班固《东都赋》：“钟鼓铿～，管弦烨煜。”

谾 hōng 见“谾谾”。

【谾谾】 hōnghōng 长而大的样子。司马相如《哀二帝赋》：“岩岩深山之～～兮，通谷𧮰兮谽谺。”

薨 hōng ❶古代称诸侯或大官的死叫“薨”。《国语·晋语八》：“是岁也，赵文子卒，诸侯皆叛，十年，平公～。”《后汉书·顺帝纪》：“常山王章～。”❷见“薨薨”。

【薨殂】 hōngcú 死。《三国志·魏书·公孙度传》注引《魏书》：“度既～～，吏民感慕，欣戴子康，尊而奉之。”

【薨薨】 hōnghōng 象声词。❶虫群飞声。《诗经·周南·螽斯》：“螽斯羽，～～兮。”❷填土声。《诗经·大雅·緜》：“捄之陾陾，度之～～。”

薨 hōng 同“䓝”。鸟飞。《集韵·耕韵》：“～，飞也。或作薨。”

【薨薨】 hōnghōng 虫飞声。高启《期张校理王著作徐记室游虎阜》诗：“吾侪虽穷自有乐，相聚岂比虫～～？”

澋 hōng 见“澋溉”。

【澋溉】 hōngkuài 水势汹涌的样子。澋，通“澒”。郭璞《江赋》：“渌溭～～，溃濩泧潗。”

弘 hóng ❶大，广大。《诗经·大雅·民劳》：“戎虽小子，而式～大。”《史记·乐书》：“舜之道何～也？”❷扩大，光大。《后汉书·黄琼传》：“愿先生～此远谟，令众人叹服。”张说《齐黄门侍郎卢思道碑》：“文王既没，文在人～。”❸姓。春秋卫有大夫弘演，汉有宦者弘恭。

【弘辩】 hóngbiàn 雄辩有口才。《战国策·秦策三》：“燕客蔡泽，天下骏雄～～之士也。”

【弘达】 hóngdá 见“闳达”。

【弘方】 hóngfāng 大方，有气度。《三国志·魏书·陈思王植传》注引《冀州记》：“[裴]頠性～～，爱[杨]峤之有高韵。”

【弘化】 hónghuà 推广教化。《尚书·周官》：“少师、少傅、少保曰三孤。贰公～～，寅亮天地，弼予一人。”

【弘济】 hóngjì 广泛救助。《尚书·顾命》：“用敬保子钊，～～于艰难。”《三国志·魏书·武帝纪》：“乃诱天衷，诞育丞相，保乂我皇家，～～于艰难，朕实赖之。”

【弘奖】 hóngjiǎng 大力劝勉，奖励。任昉《王文宪集序》：“自非可以～～风流，增益标胜，未尝留心。”《梁书·裴子野传》：“且[子野]章句洽悉，训故可传，脱置之胶庠，以～～后进，庶一夔之辩可寻，三豕之疑无谬矣。”

【弘丽】 hónglì 宏伟壮丽。指文章而言。《汉书·扬雄传上》：“蜀有司马相如，作赋甚～～温雅。”

【弘量】 hóngliàng ❶大度量。《世说新语·品藻》：“[诸葛]瑾在吴，吴朝服其～～。”任昉《王文宪集序》：“约己不以廉物，～～不以容非。”❷大酒量。韦应物《扈亭西陂燕赏》诗：“有酒今满盈，愿君尽～～。”戴叔伦《感怀》诗：“但当尽～～，觞至无复辞。”

【弘烈】 hóngliè 宏伟的业绩。《后汉书·章帝纪》：“朕以不德，受祖宗～～。”《三国志·魏书·文帝纪》：“恢文武之大业，昭尔考之～～。”

【弘誓】 hóngshì 佛教用语。宏大的誓愿。指普度众生的决心。《无量寿经》卷上：“发斯～～，建此愿已，一向专志庄严妙土。”谢灵运《和从弟惠连无量寿颂》：“愿言四十八，～～拯群生。”

【弘休】 hóngxiū 犹言洪福。《汉书·武帝纪》：“上帝博临，不异下房，赐朕～～。”也作“洪休”。《宋史·乐志》：“丰融垂佑，以永～～。”

【弘业】 hóngyè 见“鸿业”。

【弘毅】 hóngyì 抱负远大，意志坚强。《论语·泰伯》：“士不可以不～～，任重而道远。”《三国志·蜀书·后主传》注引《诸葛亮集》：“诸葛丞相～～忠壮，忘身忧国。先帝托以天下，以勖朕躬。”

【弘远】 hóngyuǎn 广阔远大。《汉书·高帝纪下》：“虽日不暇给，规摹～～矣。”陆机《辨亡论下》：“聪明睿达，懿度～～。”

【弘愿】 hóngyuàn 佛教用语。宏大的心愿。指拯救众生的大愿。王勃《梓州郪县兜率寺浮图碑》：“某年月日乡望等兆基～～，继发净因。”白居易《和晨霞》：“～～在救拔，大悲忘辛勤。”

红（紅） 1. hóng ❶浅红，粉红。《文心雕龙·情采》：“正采耀乎朱蓝，间色屏于～紫。”《楚辞·招魂》：“～壁沙版，玄玉梁些。”㉑一般的红色。白居易《忆江南》词之一：“日出江花～胜火，春来江水绿如蓝。”杜牧《山行》诗：“停车坐爱枫林晚，霜叶～于二月花。”❷呈现红色，变红。《汉书·贾捐之传》：“太仓之粟～腐而不可食。”❸姓。汉初楚元王子富封于红，子孙以封地为姓。

2. gōng ❹通“工”。指妇女从事的纺织、缝纫、刺绣等工作。《汉书·景帝纪》：“锦绣纂组，害女～者也。”又《哀帝纪》：“诸宫织绮绣难成，害女～之物，皆止。”❺通“功”。丧服名。《汉书·文帝纪》：“[柩]已下，服大～十五日，小～十四日，纤七日，释服。”

【红潮】 hóngcháo ❶妇女的月经。也称天癸。张泌《妆楼记》：“～～，谓桃花癸水也，又名入月。妇女之经，月必一至，如潮之有信，故有此称。”❷脸上泛起红晕。苏轼《西江月》词之四：“云鬓风前绿卷，玉颜醉里～～。”

【红尘】 hóngchén ❶飞扬的尘土，形容热闹繁华。班固《西都赋》：“阗城溢郭，旁流百廛，～～四合，烟云相连。”刘禹锡《元和十一年戏赠看花诸君子》诗：“紫陌～～拂面来，无人不道看花回。”又指热闹繁华的地方。徐陵《洛阳道》诗之一：“绿柳三春暗，～～百戏多。”❷指人世间。陆游《鹧鸪天》词之五：“插脚～～已是颠，更求平地上青天。”《红楼梦》一回：“原来是无才补天，幻形入世，被那茫茫大士渺渺真人携入～～，引登彼岸的一块顽石。”

【红定】 hóngdìng 旧俗定婚时男方送给女方的聘礼。无名氏《鸳鸯被》三折：“当初也无～～，无媒证。”康进之《李逵负荆》一折：“你还不知道！才此这杯酒是肯酒，这褡膊是～～，把你这女孩儿与俺宋公明哥哥做压寨夫人。”

【红豆】 hóngdòu 红豆树（也叫相思树）结的果实，古人常用以比喻爱情或相思。王维《相思》诗：“～～生南国，春来发几枝，劝君多采撷，此物最相思。”韩偓《玉合》诗：“中有兰膏渍～～，每回拈着长相忆。”

【红粉】 hóngfěn ❶妇女的化妆品。指胭脂与白粉。《古诗十九首》之二：“娥娥～～妆，纤纤出素手。”杜牧《代吴兴妓寄薛军事》诗：“雾冷侵～～，春阴扑翠袖。”❷指美女。杜牧《兵部尚书席上作》诗：“偶发狂言惊满坐，两行～～一时回。”李商隐《马嵬》诗之二：“冀马燕犀动地来，自埋～～自成灰。”

【红闺】 hóngguī 少女的住房。王諲《后庭怨》诗：“君不见～～少女端正时，夭夭桃李仙容姿。”

【红汗】 hónghàn 古时对妇女所出的汗的美称。李端《胡腾儿》诗：“扬眉动目踏花氈，～～交流珠帽偏。”

【红泪】 hónglèi ❶美女的眼泪。故事出自王嘉《拾遗记·魏》。李贺《蜀国弦》诗：“谁家～～客，不忍过瞿塘。”❷泛指悲伤的眼泪或血泪。晁补之《陌上花》诗：“却唤江船人不识，杜秋～～满罗衣。”张凤翼《红拂记·破镜重符》：“痛煞煞当时镜分，哭啼啼各自湮～～。”❸指花露。罗隐《庭花》诗：“向晚寂无人，相偎堕～～。”❹指烛融化时流滴如泪。白居易《夜宴惜别》诗：“筝怨朱弦从此断，烛啼～～为谁流？”

【红楼】 hónglóu ❶红色的楼。泛指华美的楼房。李白《侍从宜春苑奉诏赋》诗：“东风已绿瀛洲草，紫殿～～觉春好。”❷多指富家女子的住处。韦庄《长安春》诗：“长安春色本无主，古来尽属～～女。”

【红鸾】 hóngluán ❶神话传说中一种红色的仙鸟。王建《和蒋学士新授章服》：“瑞草唯承天上露，～～不受世间尘。”杜光庭《题都庆观》诗：“三仙一一驾～～，仙去云间绕古坛。”❷星相家所说的吉星，主人间婚姻喜事。关汉卿《窦娥冤》二折：“孩儿，你可曾算我两个的八字，～～天喜几时到命哩？”

【红裙】 hóngqún ❶妇女穿的红色裙子。陈叔宝《日出东南隅行》：“～～结未解，绿绮自难徽。”❷指美女。万楚《五日观妓》诗：“眉黛夺将萱草色，～～妒杀石榴花。”韩愈《醉赠张秘书》诗：“长安众富儿，盘馔罗膻荤；不解文字饮，惟能醉～～。”

【红粟】 hóngsù 指存放多年而变质的陈粮。也比喻粮食富足。左思《吴都赋》：“覼海陵之仓，则～～流衍。”杜甫《八哀诗·赠左仆射郑国公严公武》：“意待犬戎灭，人藏～～盈。”

【红袖】 hóngxiù ❶指女子的艳色衣衫。白居易《宅西有流水墙下构小楼偶题五绝句》之四：“霓裳奏罢唱《梁州》，～～斜翻翠黛愁。”《南齐书·乐志》：“声发金石媚笙簧，罗袿徐转～～扬。”❷借指美女。白居易《对酒吟》：“今夜还先醉，应烦～～扶。”杜牧《南陵道中》诗：“正是客心孤迥处，谁家～～倚江楼。”

【红牙】 hóngyá ❶指调节乐曲板眼的拍板。以檀木制成，色红，故名。辛弃疾《满江红·建康史帅致道席上赋》词：“佳丽地，文章伯；金缕唱，～～拍。”❷指檀木。《宋史·吴越钱氏世家》：“银饰箜篌、方响、羯鼓各四，～～乐器二十二事。”

【红颜】 hóngyán ❶年轻人红润的脸色。鲍照《拟行路难》诗之一：“～～零落岁将暮，寒光宛转时欲沉。”杜甫《暮秋枉裴道州手札》诗：“忆子初尉永嘉去，～～白面花映肉。”❷指青年时代。李白《赠孟浩然》诗：“～～弃轩冕，白首卧松云。”❸喻女子艳丽的容貌。《汉书·孝武李夫人传》：“既激感而心逐兮，包～～而弗明。”曹植《静思赋》：“夫何美女之娴妖，～～晔而流光。”❹指美女。白居易《后宫词》：“～～未老恩先断，斜倚熏笼坐到明。”顾贞观《贺新郎·寄吴汉槎宁古塔》词：“比似～～多薄命，更不如今还有。”

【红友】 hóngyǒu 酒的别称。罗大经《鹤林玉露》卷八：“常州宜兴县黄土村，东坡南迁北归，尝与单秀才步田至其地。地主携酒来饷，曰：‘此～～也。’”王世贞《三月三日屋后桃花下小酌红酒》诗：“偶然儿子致～～，聊为桃花飞白波。”

【红雨】 hóngyǔ ❶红色的雨。缺名《致虚杂俎》：“天宝十三年，宫中下～～，色若桃花。”❷比喻落花。李贺《将进酒》诗：“况是青春日将暮，桃花乱落如～～。”王实甫《西厢记》五本楔子：“相见时，～～纷纷点绿苔。”

【红玉】 hóngyù 红色的玉石。古代常以此比喻美人。刘歆《西京杂记》卷一:"赵后体轻腰弱,善行步进退,女弟昭仪不能及也;但昭仪弱骨丰肌,尤工笑语,二人并色如～～。"李贺《贵主征行状》诗:"春营骑将如～～,走马捎鞭上空绿。"

【红妆】 hóngzhuāng ❶女子的盛装。古乐府《木兰诗》:"阿姊闻妹来,当户理～～。"谢朓《和王主簿怨情》:"徒使春带赊,坐惜～～变。"❷指代美女。李白《江夏行》:"正见当炉女,～～二八年。"苏轼《海棠》诗:"只恐夜深花睡去,更烧高烛照～～。"

【红女】 gōngnǚ 古代从事纺织、缝纫、刺绣等的妇女。也作"工女"。《汉书·郦食其传》:"百姓骚动,海内摇荡,农夫释耒,～～下机。"又《董仲舒传》:"公仪子相鲁,之其家见织帛,怒而出其妻,食于舍而茹葵,愠而拔其葵,曰:'吾已食禄,又夺园夫～～利虖!'"

汯 hóng 水势回旋的样子。郭璞《江赋》:"泓～泂瀑。"

【汯汩】 hónggǔ 水势浩瀚的样子。陶弘景《水仙赋》:"淼漫八海,～～九河。"

宏 hóng ❶大。《尚书·盘庚下》:"各非敢违卜,用～兹贲。"(孔安国传:"宏、贲皆大也,君臣用谋,不敢违卜,用大此迁都大业。")《后汉书·马融传》:"以临乎～池。"⊗指声音洪亮。《周礼·考工记·梓人》:"其声大而～。"柳宗元《三戒·黔之驴》:"声之～也,类有能。"❷广博。陆机《吊魏武帝文》:"丕大德以～复,授日月而齐晖。"❸发扬。《文心雕龙·序志》:"敷赞圣旨,莫若注经,而马、郑诸儒,～之已精。"

【宏材】 hóngcái ❶巨大的木材。卢士衡《再游紫阳洞重题小松》诗:"祇是十年五年间,堪作大厦之～～。"❷人才。《晋书·郭璞传赞》:"景纯通秀,夙振～～。"(景纯:郭璞字景纯。)杨炯《〈王勃集〉序》:"～～继出,达人间峙。"

【宏长】 hóngcháng 弘大深远。柳宗元《剑门铭序》:"公忠勇愤悱,授任坚明,谋猷～～,用能启辟险阨,夷为大途。"

【宏达】 hóngdá ❶指才识广博通达。班固《西都赋》:"又有承明金马,著作之庭,大雅～～,于兹为群。"❷指功业的宏伟。杜甫《北征》诗:"煌煌太宗业,树立甚～～。"❸豁达,旷达。曾巩《麻姑山送南城尉罗君》诗:"丈夫舒卷要～～,世路俯仰多拘牵。"

【宏度】 hóngdù 气度大,胸怀广阔。陆机《吊魏武帝文》:"咨～～之峻邈,壮大业之允昌。"《续资治通鉴·宋高宗绍兴二年》:"尚志所以立本也,正心所以决事也,养气所以制放也,～～所以用人也,宽隐所以明德也。"

【宏放】 hóngfàng 有气度,豁达豪放。《晋书·阮籍传》:"籍容貌瓌杰,志气～～。"曾巩《李白诗集后序》:"《旧史》称白有逸才,志气～～,飘然有超世之心,余以为实录。"

【宏构】 hónggòu ❶宏伟的构筑。殷文圭《题胡州太学丘光庭博士幽居》诗:"舜轨尧文混九垓,明堂～～集良材。"❷指宏伟的事业。《宋史·乐志八》:"有炜弥文,克隆～～。"

【宏琏】 hóngliǎn 壮丽。何晏《景福殿赋》:"既栉比而横集,又～～以丰敞。"(李周翰注:"宏,大;琏,美。")

【宏邈】 hóngmiǎo 广大开阔。多指人的志气度量和才识而言。袁宏《三国名臣序赞》:"堂堂孔明,基宇～～。"《晋书·安平献王孚传论》:"安平风度～～,器宇高雅,内弘道义,外阐忠贞。"

【宏硕】 hóngshuò 宏儒硕学的简称。指有大学问的人。《旧唐书·玄宗纪论》:"庙堂之上,无非经济之才;表著之中,皆得论思之士。而又旁求～～,讲道艺文,……贞观之风,一朝复振。"

【宏图】 hóngtú 远大而宏伟的计划。张衡《南都赋》:"非纯德之～～,孰能揆而处旃?"《宋书·何承天传》:"二州临境,三王出藩,经略既张,～～将举,七女延望,华夷慕义。"

【宏维】 hóngwéi ❶大纲,要领。湛方生《秋夜》诗:"揽《逍遥》之～～,总《齐物》之大纲。"❷纲纪、法度。《宋书·殷琰传》:"方今国网疏略,示举～～,比日相白,想亦已具矣。"

【宏休】 hóngxiū 洪福。《新唐书·韩愈传》:"铺张对天之～～,扬厉无前之伟迹。"

【宏衍】 hóngyǎn 宏大深远。《周书·庾信传论》:"曹、王、陈、阮,负～～之思。"

【宏逸】 hóngyì 谓高妙超逸。多以形容诗文绘画的风格。《抱朴子·辞义》:"夫文章之体,尤难详赏……其英异～～者,则网罗乎玄黄之表;其拘束龌龊者,则羁绁于笼罩之内。"《旧唐书·杨炯传》:"王勃文章～～,有绝尘之迹,固非常流所及。"

【宏毅】 hóngyì 志向远大,意志坚强。杨万里《诚斋诗话》:"《周礼·考工记》云:'车人盖圜以象天,轸方以象地。'而山谷云:'大夫要～～,天地为盖轸。'"

闳(閎) hóng ❶巷门。《左传·成公十七年》:"[齐庆克]与妇人蒙衣乘辇而入于～。”❷宏大。《韩非子·难言》：“～大广博，妙远不测，则见以为夸而无用。”韩愈《进学解》：“先生之于文，可谓～其中而肆其外矣。”❸容量大。《礼记·月令》：“其器圜以～。”❹姓。周文王臣有闳夭。

【闳达】 hóngdá 渊博通达。《汉书·东方朔传》：“上复问朔：方今公孙丞相、兒大夫、董仲舒、夏侯始昌、司马相如……之伦，皆辩知～～，溢于文辞。”也作“弘达”。《晋书·何曾传》：“立德高俊，执心忠爽，博物洽闻，明识～～，翼佐先皇，勋庸显著。”

【闳闳】 hónghóng ❶大的样子。扬雄《太玄经·交》：“大圈～～，小圈交之，我有灵肴，与尔肴之。”❷形容声音洪亮。石介《蝦蟆》诗：“不知钟鼓钦钦，雷霆～～。”

【闳廓】 hóngkuò 广大。《史记·司马穰苴列传论》：“余读《司马兵法》，～～深远，虽三代征伐，未能竟其义，如其文也，亦少褒矣。”

【闳肆】 hóngsì 指文章的内容宏富广博，文笔豪放。曾巩《李白诗集后序》：“白之诗连类引义，虽中于法度者寡，然其辞～～隽伟，殆骚人所不及，近世所未有也。”

【闳衍】 hóngyǎn 指文辞繁富。《汉书·艺文志》：“汉兴，枚乘、司马相如，下及扬子云，竞为侈丽～～之词，没其风谕之义。”

吰 hóng ❶噌吰，象声词。形容钟声、喧嚣声等。苏轼《石钟山记》：“余方心动欲还，而大声发于水上，噌～如钟鼓不绝。”❷通“宏”、“闳”。大。司马相如《难蜀父老》：“必将崇论～议，创业垂统，为万世规。”（《史记·司马相如列传》作“闳议”。）

纮（紘、綋） hóng ❶古时帽子上的带子，用来把帽子系在头上。《礼记·杂记下》：“管仲镂簋而朱～。”《国语·鲁语下》：“王后亲织玄紞，公侯之夫人，加之以～綖。”❷系网的大绳。《后汉书·班固传》：“罘罔连～，笼山络野。”❸把磬编成一组用的绳子。《仪礼·大射》：“簜倚于颂磬西～。”❹维系，包举。《淮南子·原道训》：“横四维而含阴阳，～宇宙而章三光。”（三光：指日月星。）❺法纪，秩序。班固《答宾戏》：“廓帝～，恢皇纲。”❻通“宏”。大。《淮南子·精神训》：“天地之道，至～以大。”

【纮纲】 hónggāng ❶网索。欧阳建《临终》诗：“天网布～～，投足不获安。”❷泛指网。沈约《齐明帝谥议》：“聪明神武，逖听迩闻，万目备张，～～靡漏。”

泓 hóng ❶水深而广。郭璞《江赋》：“极～量而海运，状滔天以淼茫。”杜甫《刘九法曹郑瑕丘石门宴集》诗：“晚来横吹好，～下亦龙吟。”❷清澈。《世说新语·赏誉》：“王长史（濛）是庾子躬（琮）外孙。丞相（王导）目子躬云：‘入理～然，我已上人。’”❸量词。用于清水，相当于一道或一片。李贺《梦天》诗：“遥望齐州九点烟，一～海水杯中泻。”陶宗仪《辍耕录》卷二十二：“河源在土蕃朵甘思西鄙，有泉百馀～。”❹古河流名。在今河南柘城县西北。《春秋·僖公二十二年》：“宋公及楚人战于～，宋师败绩。”

【泓坳】 hóng'ào 深渊。柳宗元《招海贾文》：“腾趠峣嵲兮万里一睹，崒入～～兮视天若亩。”

【泓噌】 hóngcēng 声音宏大。《晋书·王沈传》：“至乃空器者以～～为雅量，琐慧者以浅利为铃铃。”

【泓涵】 hónghán 水深广的样子。喻学问渊博。韩愈《蓝田县丞厅壁记》：“博陵崔斯立，种学绩文，以蓄其有。～～演迤，日大以肆。”

【泓汯】 hónghóng 水势回旋的样子。郭璞《江赋》：“～～洞潦，涒邻圜潾。”

【泓宏】 hónghóng 形容声音嘹亮。潘岳《笙赋》：“郁捋劫悟，～～融裔。”

【泓泓】 hónghóng ❶泪水充满眼眶的样子。李贺《秦王饮酒》诗：“仙人烛树蜡烟轻，青琴醉眼泪～～。”❷水深的样子。范成大《潮州石林记》：“清泉～～，丛桂覆其上。”

【泓颖】 hóngyǐng 陶泓和毛颖。借指笔砚。陆游《书巢五咏·砚滴》：“天禄与辟邪，乃复参～～。”章懋《与谢木斋阁老书》：“聊凭～～，以道区区。”

洪 hóng ❶大水。曹操《步出夏门行》：“秋风萧瑟，～波涌起。”苏轼《与梁先、舒焕泛舟得临酿字》诗之二：“河～忽已过，水色绿可酿。”❷大。张衡《西京赋》：“～钟万钧。”㊉指本领大。《论衡·累害》：“累生于乡里，害发于朝廷，古今才～行淑之人遇此多矣。”❸湍急的水流。苏轼《次韵颜长道送傅倅》：“如今别酒休辞醉，试听双～落后声。”❹中医脉象名。陶宗仪《辍耕录》卷十九：“浮而无力为芤，有力为～。”❺姓。传说共工氏之后，本姓共，后改为洪氏。

【洪笔】 hóngbǐ 大笔。比喻擅长写文章。郭璞《尔雅注序》：“英儒赡闻之士，～～丽藻之客，靡不钦玩耽味，为之义训。”王勃《为人与蜀城父老书》：“长剑屈于无知，～～沦于不用。”

【洪德】 hóngdé 大的恩德。《汉书·叙传下》:“宣承其末,乃施～～,震我威灵,五世来服。”张衡《西京赋》:“皇恩溥,～～施。”

【洪洞】 hóngdòng 交错相通。王褒《四子讲德论》:“品物咸亨,山川降灵,神光耀晖,～～朗天。”

【洪伐】 hóngfá 大功。陈琳《韦端碑》:“撰勒～～,式昭德音。”张协《七命》:“生必耀华名于玉牒,殁则勒～～于金册。”

【洪纷】 hóngfēn 宏伟多采。扬雄《甘泉赋》:“下阴潜以惨懔兮,上～～而相错。”也作“鸿纷”。王延寿《鲁灵光殿赋》:“邈希世而特出,羌瑰谲而～～。”

【洪福】 hóngfú 大福气。《金史·显宗孝懿皇后传》:“上谓显宗曰:‘祖宗积庆,且皇后阴德至厚,而有今日,社稷之～～也。’”沈采《千金记·定谋》:“上赖吾王～～,下承阃帅成事有济。”

【洪覆】 hóngfù ❶指天。谓天道广大,能覆盖万民万物。束皙《补亡》诗之五:“周风既洽,王猷允泰。漫漫方舆,回回～～。”❷帝王的恩泽。张九龄《奉和圣制赐诸州刺史以题坐右》:“圣人合天德,～～在元元。每劳苍生念,不以黄屋尊。”

【洪化】 hónghuà 宏大的教化。为旧时歌颂帝王的客套用语。班固《东都赋》:“～～惟神,永观厥成。”《晋书·乐志上》:“迈～～,振灵威。”

【洪荒】 hónghuāng 混沌蒙昧的状态。指远古时代。谢灵运《三月三日侍宴西池》诗:“详观记牒,～～莫传。”陈亮《钱叔因墓碣铭》:“又以为～～之初,圣贤继作,道统日以修明。”

【洪钧】 hóngjūn ❶指天。张华《答何劭》诗之二:“～～陶万类,大块禀群生。”杜甫《上韦左相二十韵》:“八荒开寿域,一气转～～。”❷指大权。李德裕《离平泉马上作》诗:“十年紫殿掌～～,出入三朝一品身。”司马光《和始平公梦中有怀归之念作诗始得两句而寤因足成一章》:“元宰抚～～,四海可重灼。”

【洪量】 hóngliàng 宽宏的胸襟、气量。《魏书·高允传》:“夫喜怒者,有生所不能无也。而前史载卓公宽中,文饶～～,褊心者或之弗信。余与高子游处四十年矣,未尝见其是非愠喜之色,不亦信哉。”

【洪烈】 hóngliè 伟大的功业。《后汉书·冯衍传》:“重祖考之～～兮,故收功于此路。”《晋书·乐志下》:“我皇叙群才,～～何巍巍。”

【洪流】 hóngliú 浩大的水流。傅毅《洛都赋》:“被昆仑之～～,据伊洛之双川。”韦应物《使云阳寄府曹》诗:“仰瞻乔树颠,见此～～迹。”

【洪炉】 hónglú ❶大火炉。《三国志·魏书·陈琳传》:“今将军总皇威,握兵要,龙骧虎步,高下在心,以此行事,无异于鼓～～以燎毛发。”元好问《论诗》诗之二十六:“金入～～不厌频,精真那计受纤尘。”❷喻天地。《抱朴子·勗学》:“鼓九阳之～～,运大钧乎皇极。”杜甫《行次昭陵》诗:“指麾安率土,荡涤抚～～。”❸喻陶冶和锻炼人的场所或环境。薛逢《送西川杜司空赴镇》诗:“莫遣～～旷真宰,九流人物待陶甄。”

【洪漭】 hóngmǎng 水势浩大广阔的样子。江淹《水上神女赋》:“乃唱桂櫂,凌冲波,背橘浦,向椒阿;硉矹木石,～～蛟鼍。”

【洪宁】 hóngníng 极为安宁或长治久安。《后汉书·蔡邕传》:“昔自太极,君臣始基,有羲皇之～～,唐虞之至时。”

【洪乔】 hóngqiáo 《世说新语·任诞》:“殷洪乔作豫章郡,临去,都下人因附百许函书。既至石头,悉掷水中,因祝曰:‘沉者自沉,浮者自浮,殷洪乔不能作致书邮。’”后因称遗误信函的人叫“洪乔”。熟语有“付诸洪乔”、“洪乔之误”。李光《赠陈说》诗:“诸贤书隐致,定不做～～。”马臻《送江西熊履善茂才之金陵》诗之二:“书来莫附～～便,只道经年一字无。”

【洪儒】 hóngrú 大儒。学问渊博的读书人。《公羊传·序》“是以治古学贵文章者谓之俗儒”徐彦疏:“谓之俗儒者,即《繁露》云:能通一经,曰儒生。博览群书,号曰～～。”《南史·臧焘传》:“于时虞喜、范宣并以～～硕学,咸谓四府君神主无缘永存于百世。”

【洪生】 hóngshēng 学问渊博的儒生。阮籍《咏怀》六十七:“～～资制度,被服正有常。”缺名《刘镇南碑》:“～～巨儒,朝夕讲诲,訚訚如也。”

【洪算】 hóngsuàn 万寿,永远生存。算,也作“筭”。颜延之《应诏燕曲水作》诗:“惟王创物,永锡～～。”《宋史·乐志十三》:“皇情载怿,～～无疆。”

【洪陶】 hóngtáo 巨匠。指天。天生万物,如陶匠的制造器物,故用以喻天。《抱朴子·任命》:“且夫～～范物,大象流形,躁静异尚,翔沈舛情。”

【洪同】 hóngtóng 交错混同。《文子·原道》:“禀受万物,而无所先后,无私无公,与天地～～,是谓至德。”《淮南子·原道训》作

"鸿洞"。

【洪纤】 hóngxiān 犹言大小巨细。《后汉书·班固传》:"铺观二代~~之度,其赜可探也。"嵇康《琴赋》:"闲舒都雅,~~有宜。"

【洪绪】 hóngxù 宏伟功业。多指世代相传的帝业。《三国志·魏书·王烈传》:"横蒙陛下纂承~~,德侔三皇,化溢有唐。"又《王朗传》:"汉之文、景,亦欲恢弘祖业,增崇~~。"

【洪业】 hóngyè 宏伟的功业。古时多指帝王之业。《汉书·贾山传》:"今陛下念思祖考,术追厥功,图所以昭光~~休德。"又《董仲舒传》:"朕夙寤晨兴,惟前帝王之宪,永思所以奉至尊,章~~,皆在力本任贤。"

【洪饮】 hóngyǐn ❶豪饮,狂饮。李中《思朐阳春游感旧寄柴司徒》诗之五:"昔年常接五陵狂,~~花间数十场。"❷指酒量大。《水浒传》二十四回:"老身知得娘子~~,且请开怀吃两盏儿。"

【洪胤】 hóngyìn 王侯贵族的后代子孙。《晋书·乐志上》:"肇建帝业,开国有晋。载德奕世,垂庆~~。"颜延之《赭白马赋》:"盖乘风之淑类,实先景之~~。"

【洪渊】 hóngyuān ❶博大精深。《大戴礼记·五帝德》:"颛顼,黄帝之孙,昌意之子也,曰高阳,~~以有谋,疏通而知事。"❷大的深水潭。顾况《归阳萧寺有丁行者能修无生忍担水施僧况归命稽首作》诗:"乃致金翅鸟,吞龙护~~。"

【洪元】 hóngyuán 道家称天地开辟之初混沌未分之时。《云笈七籤》卷二《太上老君开天经》:"~~之时,亦未有天地,虚空未分,清浊未判。"

【洪造】 hóngzào 犹大恩。对皇帝培育教化的颂称。常衮《谢赐鹿状》:"谬窃和羹之任,累承分食之恩,无补涓尘,叨沾雨露,上戴~~,内愧素餐。"范仲淹《陈乞颍亳一郡状》:"仰祈~~之私,惟誓丹衷之报。"

【洪钟】 hóngzhōng ❶大钟。潘岳《西征赋》:"~~顿于毁庙,乘风废而弗县。"苏轼《送杨孟容》诗:"子归治小国,~~噎微撞。"❷比喻人的声音洪亮如钟。颜真卿《郭公庙碑铭》:"身长八尺二寸,行中絜矩,声如~~。"

【洪胄】 hóngzhòu 王侯贵族的后代。陆机《答贾长渊》诗:"诞育~~,纂戎于鲁。"王僧孺《从子永宁令谦诔》:"昭昭~~,映策光书。"

【洪醉】 hóngzuì 大醉。《南史·梁元帝徐妃传》:"妃性嗜酒,多~~,帝还房,必吐衣中。"又《陈暄传》:"昔周伯仁度江唯三日醒,吾不以为少;郑康成一饮三百杯,吾不以为多。然~~之后,有得有失。成厮养之志,是其得也;使次公之狂,是其失也。"

【洪祚】 hóngzuò ❶隆盛的国运。《后汉书·黄琼传》:"兴复~~,开建中兴,光被六极,垂名无穷。"❷大福。沈约《齐故安陆昭王碑文》:"景皇蒸哉,实启~~。"

竑 hóng 量度,测定。《周礼·考工记·轮人》:"故~其辐广以为之弱,则虽有重任,毂不折。"

洚 hóng(又读 jiàng) 大水泛滥。《南齐书·张融传》:"江~淊淊,潦岩拍岭。"

【洚洞】 hóngdòng 弥漫。《孟子·滕文公下》"洚水者,洪水也"赵岐注:"水逆行,~~无涯,故曰洚水也。"

【洚水】 hóngshuǐ 洪水。《孟子·滕文公下》:"《书》曰:'~~警余。'~~者,洪水也。"(今《尚书·大禹谟》作"洚水儆予"。)王安石《送裴如晦宰吴江》诗:"三江断其二,~~何由宁。"

虹(蝱) 1. hóng(又读 jiàng) ❶雨后阳光折射水气而出现在天空中的彩色圆弧。李白《秋登宣城谢朓北楼》诗:"两水夹明镜,双桥落彩~。"杨万里《初春暮雨》诗:"忽惊暮色翻成晓,仰见双~雨外明。"❷喻指桥。陆龟蒙《和袭美咏皋桥》:"横截春流架断~,凭栏犹思五噫风。"❸通"讧"。惑乱。《诗经·大雅·抑》:"彼童而角,实~小子。"

2. hòng ❹见"虹洞"。

【虹采】 hóngcǎi 旗帜。《楚辞·九叹·远逝》:"征九神于回极兮,建~~以招指。"

【虹丹】 hóngdān 神话传说中的灵丹妙药。葛洪《神仙传》卷十:"王仲都汉人也,学道于梁山,遇太白真人授以~~,能御寒暑。"

【虹沴】 hónglì 指妖邪之气。江淹《萧骠骑让太尉增封第三表》:"~~阻于上京,蜺妖扇于下国。"

【虹梁】 hóngliáng ❶拱曲的屋梁。班固《西都赋》:"因瑰材而究奇,抗应龙之~~。"❷桥洞呈弧形的桥。姜夔《惜红衣》词:"~~水陌,鱼浪吹香,红衣半狼藉。"

【虹霓】 hóngní 同"虹蜺"。《春秋元命包》:"~~者阴阳之精。"傅咸《晋鼓吹歌曲·从天道》:"鸣镯振鼓铎,旌旗象~~。"

【虹蜺】 hóngní 即虹。虹常有内外二环,内环叫虹,也叫正虹,雄虹;外环叫蜺,也叫副虹,雌虹。合称"虹蜺"。《后汉书·郎顗传》:"凡邪气乘阳,则~~在日。"《淮南子·原道训》:"~~不出,贼星不行,念德之所致也。”

【虹女】 hóngnǚ 指美人。故事出自焦潞《稽神异苑》。杨维桢《花游曲》:“水天～～忽当门,午光穿漏海霞裙。”

【虹旆】 hóngpèi 有彩色的旗帜。梅尧臣《饯彭城公赴随州龙门道上作》诗:“伊水照～～,楚山怀玉麟。”

【虹桥】 hóngqiáo 拱桥。上官仪《安德山池宴集》诗:“雨霁～～晚,花落凤台春。”杜牧《怀钟陵旧游》诗之三:“斜晖更落西山影,千步～～气象兼。”

【虹裳】 hóngshāng 绣有彩色的衣裳。白居易《霓裳羽衣歌》:“～～霞帔步摇冠,钿璎累累珮珊珊。”

【虹饮】 hóngyǐn 传说虹能吸饮。宋之问《自衡阳至韶州谒能禅师》诗:“猿啼山馆晓,～～江皋霁。”

【虹洞】 hòngdòng 广大无边的样子。枚乘《七发》:“～～兮苍天,极虑兮崖涘。”《后汉书·马融传》:“天地～～,固无端涯。”

浤 hóng 见“浤浤”。

【浤浤】 hónghóng 象声词。形容浪涛的声音。木华《海赋》:“崩云屑雨,～～汩汩。”

耾 hóng 见“耾耾”。

【耾耾】 hónghóng 象声词。形容声音大。宋玉《风赋》:“～～雷声,回穴错迕。”

鸿(鴻) 1. hóng ❶大雁。《诗经·小雅·鸿雁》:“～雁于飞,肃肃其羽。”(毛亨传:“大曰鸿,小曰雁。”)嵇康《兄秀才公穆入军赠诗》之十五:“目送归～,手挥五弦。”❷鹄,即天鹅。《诗经·豳风·九罭》:“～飞遵渚。”❸大。《楚辞·九叹·逢纷》:“原生受命于贞节兮,～永路有嘉名。”《论衡·累害》:“德～者招谤,为士者多口。”❹洪水。《荀子·成相》:“禹有功,抑下～。”《楚辞·天问》:“不任汩～,师何以尚之。”❺强,盛。《周礼·考工记·矢人》:“桡之以眡其～杀之称也。”《吕氏春秋·执一》:“五帝以昭,神农以～。”❻书信。王实甫《西厢记》三本一折:“自别颜范,～稀鳞绝,悲怆不胜。”

2. hòng ❼见“鸿蒙”、“鸿洞”。

【鸿笔】 hóngbǐ 犹言大手笔。《论衡·须颂》:“古之帝王建鸿德者,须～～之臣褒颂纪载,鸿德乃彰,万世乃闻。”

【鸿博】 hóngbó ❶学问渊博。缺名《丁晋公谈录》:“杜镐尚书,～～之士也。”❷清代科举设博学鸿词科,亦称鸿博。

【鸿才】 hóngcái 大才。《论衡·命禄》:“然而人君犹以无能处主位,人臣犹以～～为断役。”

【鸿裁】 hóngcái 宏伟的体制。多指巨著,大作。《文心雕龙·铨赋》:“故知殷人辑颂,楚人理赋,斯并～～之寰域,雅文之枢辖也。”又《辨骚》:“才高者菀其～～,中巧者猎其艳辞。”

【鸿都】 hóngdū 汉代藏书的地方。《后汉书·儒林传》:“自辟雍、东观、兰台、石室、宣明、～～诸藏典策文章,竞共剖散。”韩愈《石鼓歌》:“观经～～尚填咽,坐见举国来奔波。”

【鸿恩】 hóng'ēn 大恩,多指皇恩。《汉书·匈奴传》:“大化神明,～～溥洽。”江淹《杂体诗·刘文学》:“微臣固受赐,～～良未测。”

【鸿号】 hónghào 大名。韩愈《争臣论》:“致吾君于尧舜,熙～～于无穷也。”

【鸿鹄】 hónghú 鸟名。即天鹅。《孟子·告子上》:“一人虽听之,一心以为有～～将至,思援弓缴而射之。”《史记·留侯世家》:“～～高飞,一举千里。”

【鸿荒】 hónghuāng 太古混沌初开的时代。《法言·问道》:“～～之世,圣人恶之。”韩愈《南山诗》:“～～竟无传,功大莫酬僦。”

【鸿渐】 hóngjiàn 言鸿鹄高飞,循序渐进。比喻官吏的升迁。杨炯《大周明威将军梁公神道碑》:“欲升～～之姿,终伫鹤鸣之闻。”

【鸿均】 hóngjūn 天下太平。王褒《四子讲德论》:“夫～～之世,何物不乐?”

【鸿钧】 hóngjūn ❶指天。《乐府诗集·燕射歌辞三》:“～～广运,嘉节良辰。”❷指国柄,朝政或掌握国家大权的大臣。司马光《效赵学士体成口号十章献开府太师》之十:“八十聪明强健射,况从壮岁秉～～。”李商隐《为绛郡公上李相国启》:“仰台曜以瞻辉,望～～而伫惠。”

【鸿朗】 hónglǎng 声音洪亮。《论衡·气寿》:“儿生,号啼之声～～高畅者寿,嘶喝湿下者夭。”

【鸿烈】 hóngliè ❶大功业。《后汉书·邓寇传赞》:“系兵转食,以集～～。”又《冯衍传》:“著盛德于前,垂～～于后。”❷书名。今所传《淮南子》,又名《鸿烈解》,亦称《鸿烈》。

【鸿鹭】 hónglù 鸿鹭飞行排列有序,以喻官吏的位次班列。刘孝绰《侍宴集贤堂应令》诗:“官属引～～,朝行命金璧。”《魏书·李谐传》:“缀～～之末行,连英麾之茂序。”

【鸿毛】 hóngmáo 鸿雁的羽毛。比喻极轻之物。《战国策·赵策三》:"夫膠漆,至黏也,而不能合远;~~,至轻也,而不能自举。"司马迁《报任少卿书》:"人固有一死,或重于泰山,或轻于~~。"

【鸿门】 hóngmén 古地名。在今陕西西安市临潼区东。也称鸿门阪。为项羽驻兵并与刘邦会宴的地方。潘岳《西征赋》:"籍含怒于~~。"

【鸿眇】 hóngmiǎo 博大精深。《论衡·超奇》:"自君山以来,皆为~~之才,故有嘉令之文。"

【鸿名】 hóngmíng 盛名,很大的名望。《史记·司马相如列传》:"前圣之所以永保~~而常为称首者用此。"张说《梁国公姚文贞公神道碑》:"画为九州,禹也,尧享~~。"

【鸿明】 hóngmíng 兴盛昌明。《汉书·礼乐志》:"皇皇~~,荡侯休德。"

【鸿冥】 hóngmíng "鸿飞冥冥"的省称。《法言·问明》:"治则见,乱则隐。鸿飞冥冥,弋人何篡焉?"鸿飞入高空,距离地面很远,目标很小,弓箭无法射到。以此比喻远避祸害。李白《留别西河刘少府》诗:"君亦不得意,高歌羡~~。"陆游《归次樊江》诗:"人生岂匏系,吾志本~~。"

【鸿溶】 hóngróng 波涛腾涌的样子。《楚辞·九叹·远逝》:"波淫淫而周流兮,~~溢而滔荡。"《汉书·司马相如传下》:"儦祲寻而高纵兮,纷~~而上厉。"

【鸿儒】 hóngrú 大儒。学问渊博的人。《论衡·超奇》:"能精思著文连结篇章者为~~。故儒生过俗人,通人胜儒生,文人逾通人,~~超文人。"刘禹锡《陋室铭》:"谈笑有~~,往来无白丁。"

【鸿生】 hóngshēng 大儒,学问渊博的人。《汉书·扬雄传上》:"于兹虖~~巨儒,俄轩冕,杂衣裳。"《隋书·牛弘传》:"~~巨儒,继踵而集,怀经负帙,不远斯至。"

【鸿私】 hóngsī 洪大的恩德。多指皇恩。杜审言《和李大夫嗣真奉使存抚河东》:"雨霈~~涤,风行睿旨宣。"柳宗元《代节使谢迁镇表》:"~~曲临,独越夷等,祗荷明命,痞寐不遑。"

【鸿图】 hóngtú ❶宏大的基业。多指帝位。《宋史·律历志三》:"太祖生于洛邑,而胞络惟黄,~~既建,五纬聚于奎躔,而镇星是主。"❷指广大的版图。《晋书·刘波传》:"宣帝开拓~~,始基成命。"

【鸿文】 hóngwén 指巨著、大作。《论衡·佚文》:"望丰屋知名家,睹乔木知旧都。~~在国,圣世之验也。"

【鸿釐】 hóngxī 洪福。徐彦伯《南郊赋》:"石麟夭娇,团翠烟而上征;蕤风習霍,迓~~之无筭。"杨基《八月九日祀社稷述事》诗:"衣冠陈盛典,秬鬯降~~。"

【鸿禧】 hóngxǐ 犹言洪福。《宋史·乐志九》:"灵命有属,~~洞兮。"

【鸿序】 hóngxù 朝廷官吏的班列。李群玉《送唐侍御福建觐兄》诗:"世事纶言传大笔,官分~~厌霜台。"

【鸿绪】 hóngxù 祖先的基业。多指帝王世传的大业。《后汉书·顺帝纪》:"陛下践祚,奉遵~~,为郊庙主,承续祖宗无穷之烈。"刘蕡《对贤良方正直言极谏策》:"伏惟陛下深轸亡汉之忧,以杜其渐,则祖宗之~~可绍,三五之遐轨可追矣。"

【鸿涯】 hóngyá 即洪崖。仙人名。蔡邕《郭有道碑文》:"将蹈~~之遐迹,绍巢许之绝轨。"

【鸿业】 hóngyè 大业。多指王业。《汉书·朱博传》:"高皇帝以圣德受命,建立~~。"《三国志·魏书·三少帝纪》:"朕以眇身,继承~~。"也作"弘业"。《汉书·叙传下》:"奕世~~,爵土乃昭。"

【鸿仪】 hóngyí 《周易·渐》:"鸿渐于陆,其羽可用为仪。"(孔颖达疏:"处高而能不以位自累,则其羽可用为物之仪表。")后以鸿仪喻官位。《隋书·崔廓传》:"谬齿~~,虚班骥皂。"也用作对人的风采或别人所赠礼物的敬称。

【鸿羽】 hóngyǔ 犹鸿毛。《抱朴子·嘉遁》:"抑轻则~~沉于弱水,抗重则玉石漂于飞波。"钱起《送李四擢第归觐省》诗:"~~不低飞,龙津徒自险。"

【鸿藻】 hóngzǎo 雄伟的文章。班固《东都赋》:"铺~~,信景铄,扬世庙,正雅乐。"《后汉书·班固传》作"洪藻"。常衮《授张谓礼部侍郎制》:"博涉群籍,通其源流,振起~~,正其声律。"

【鸿爪】 hóngzhǎo 鸿雁的爪印。比喻往事留下的痕迹。柳贯《大雪戏咏》:"践迹嗔~~,全生媿马蹄。"

【鸿蒙】 hòngméng 同"澒濛"。宇宙形成以前的混沌状态,也指气。《庄子·在宥》:"云将东游,过扶摇之枝而遭~~。"柳宗元《愚溪诗序》:"以愚辞歌愚溪,则茫然而不违,昏然而同归,超~~,混希夷,寂寥而莫我知也。"

【鸿濛】 hòngméng ❶东方之野,谓日出之处。《淮南子·俶真训》:"提挈天地而委万物,以~~为景柱,而浮扬乎无畛崖之际。"❷广大。《汉书·扬雄传上》:"外则正南极海，邪界虞渊，～～沆茫，碣以崇山。”❸同“鸿蒙”。宇宙形成前的混沌状态。《西游记》一回：“自从盘古破～～，开辟从兹清浊辨。”

【鸿洞】 hòngtóng ❶虚空混沌的样子。《淮南子·精神训》：“古未有天地之时，惟象无形……澒濛～～，莫知其门。”❷弥漫无边的样子。《淮南子·原道训》：“（水）靡滥振荡，与天地～～。”王褒《洞箫赋》：“风～～而不绝兮，优娆娆以婆娑。”

【鸿绸】 hòngtóng 同“鸿洞”。漫无边际的样子。《汉书·扬雄传上》：“徽车轻武，～～緁猎。”

铁(鉷) hóng 弩牙，弩上钩弦发矢的部件。《玉篇·金部》：“～，弩牙也。”

谾(谾) hóng ❶山谷中的回声。《说文·谷部》：“～，谷中响也。”❷通“闳”。深，宏大。见“谾议”。

【谾议】 hóngyì 犹洪论。《汉书·司马相如传下》：“必将崇论～～，创业垂统，为万世规。”

泓 hóng 溃泓，水汹涌奔流。《广韵·东韵》：“～，溃泓，水沸涌也。”

葓 hóng ❶同“荭”。水草名。《北齐书·慕容俨传》：“又于上流鹦鹉洲上造荻～，竟数里，以塞船路。”李贺《恼公》诗：“钿镜飞孤鹊，江图画水～。”❷蔬菜名。即蕹菜。福建人称为葓菜。其茎中空，又称空心菜。

鞃 hóng 车轼中段用皮革包裹供人倚靠的地方。《诗经·大雅·韩奕》：“鞹～浅幭，鞗革金厄。”

硡 hóng 见“硡礲”。

【硡礲】 hónglóng 象声词。❶形容巨石落下来的声音。韩愈等《征蜀联句》：“投奅闹～～。”❷形容巨大而低沉的响声。皮日休《太湖诗·缥缈峰》：“翠壁内有室，叩之虚～～。”

嵤(嵤) 1. hóng ❶同“訇”。大声。《集韵·耕韵》：“訇，大声也。或作～。”宋玉《高唐赋》：“砾磥磥而相摩兮，～震天之礚礚。”

2. róng ❷同“嵘”。《集韵·耕韵》：“嵘，或作～。”

3. yíng ❸见“岭嵤”。

篊 hóng 鱼梁，用竹篾编成的捕鱼器具。段成式《酉阳杂俎·物异》：“晋时钱塘有人作～，年收鱼亿计，号为万尺～。”陆龟蒙《寄吴融》诗：“到头江畔从渔事，织作中流万尺～。”

飉(飉) hóng ❶也作“飁”。暴风。《玉篇·风部》：“～，暴风也。”❷车驾相互碰撞的声音。韩愈等《城南联句》：“灵燔望高冋，龙驾闻敲～。”

黉(黌) hóng 古代学校。《后汉书·仇览传》：“农事既毕，乃令子弟群居，还就～学。”

【黉宫】 hónggōng 学校。洪希文《踏莎行·示观堂》词：“郡国兴贤，～～课试，书生事业从今始。”

【黉校】 hóngxiào 学校。《晋书·戴邈传》：“古之建国，有明堂辟雍之制，乡有庠序～～之仪，皆所以抽导幽滞，启广才思。”《宋书·文帝纪》：“阙里往经寇乱，～～残毁，并下鲁郡修复学舍，采召生徒。”

【黉宇】 hóngyǔ 学舍。《后汉书·儒林传序》：“顺帝感翟酺之言，乃更修～～。”《北史·儒林传序》：“虽～～未立，而经述弥显。”

彋 hóng 弸彋，象声词。《集韵·耕韵》：“弦，弸弦，弓声。或作～。”

哄(嗊) hǒng 见“哄嗃”。

【哄嗃】 hǒnghè 欺诈不实。《太上灵宝元阳妙经》卷一：“尔时贤智真人，复有五录戒：一者不杀生，二者不盗人物，三者不邪淫人妇女，四者不～～妄语，五者不饮酒食肉。”

讧(訌) hòng 争吵，内乱。《诗经·大雅·召旻》：“天降罪罟，蟊贼内～。”

【讧阻】 hòngzǔ 争喧阻难。李刘《贺聂宫教启》：“方当楮币新旧之交承，颇觉中外人情之～～。”

港 hòng 见 gǎng。

澒(澒) 1. hòng ❶见“澒濛”、“澒溶”等。

2. gǒng（旧读 hǒng） ❷通“汞”。水银。《淮南子·地形训》：“黄埃五百岁生黄～，黄～五百岁生黄金。”

【澒濛】 hòngméng 宇宙未形成前的混沌状态。《淮南子·精神训》：“古未有天地之时，惟像无形，窈窈冥冥，芒芠漠闵，～～鸿洞，莫知其门。”《楚辞·九叹·远游》：“贯～～以东朅兮，维六龙于扶桑。”

【澒溶】 hòngróng ❶浑然一片。《论衡·论死》：“鸡蛋之未孚也，～～于觳中，溃而视之，若水之形。”❷水深广的样子。左思《吴都赋》：“～～沆漭，莫测其深，莫究其广。”江淹《江上之山赋》：“潺湲～～兮，楚水而吴江。”

【澒洞】 hòngtóng 弥漫无际的样子。贾谊《旱云赋》：“运混浊之～～兮，正重沓而并起。”杜甫《观公孙大娘弟子舞剑器行》：“五十年间似反掌，风尘～～昏王室。”

葓 1. hòng ❶茂盛。《集韵·送韵》：“～，茂也。”

2. hóng ❷蔬菜名。即雪里蕻，俗称雪里红。也称春不老。梅尧臣《志来上人寄示酴醾花并压砖茶有感》诗：“宣城北寺来上人，独有一丛盘嫩～。”

閧 hòng ❶争夺，相斗。《孟子·梁惠王下》：“邹与鲁～。”❷喧闹。《法言·学行》：“一～之市，不胜异意焉。”《宋史·薛弼传》：“岳军素整，今而哗～，是汝曹累太尉也。”

【閧堂】 hòngtáng 合座皆笑。唐人作“烘堂”。庄绰《鸡肋编》卷上：“每诨一笑，须筵中～～，众庶皆噱者始以青红小旗各插于垫上为记。”

鬨 hòng 同“閧”。相斗。《吕氏春秋·慎行》：“后崔杼之子相与私～。”

hou

齁 hōu 鼾声。《聊斋志异·聂小倩》：“就枕移时，～如雷吼。”

【齁齁】 hōuhōu 鼾声。苏轼《欧阳晦夫惠琴枕》诗：“孤鸾别鹄谁复闻，鼻息～～自成曲。”《西游记》二十八回：“岂知走路辛苦的人，丢倒头，只管～～睡起。”

【齁舺】 hōuxiā 鼾声。皮日休《背篷》诗：“深拥竟无言，空成睡～～。”

侯 hóu ❶古时用布或兽皮制成的箭靶。《诗经·齐风·猗嗟》：“终日射～，不出正兮。”❷古代五等爵位的第二等。《左传·襄公十五年》：“王及公、～、伯、子、男、甸、采、卫、大夫，各居其列，所谓周行也。”《礼记·王制》：“王者之制禄爵，公、～、伯、子、男凡五等。”㊀秦汉以后仅次于王的爵位。《史记·陈涉世家》：“王～将相宁有种乎？”❸君主。《诗经·大雅·抑》：“质尔人民，谨尔～度。”（郑玄笺：“侯，君也。”）❹封侯，封官。《史记·高祖本纪》：“项氏败，利几为陈公，不随项羽，亡降高祖，高祖～之颍川。”李白《赠张相镐》诗之二：“苦战竟不～，当年颇惆怅。”❺古时士大夫之间的尊称。犹言君。杜甫《与李十二白同寻范十隐居》诗：“李～有佳句，往往似阴铿。”李颀《送陈章甫》诗：“陈～立身何坦荡，虬须虎眉仍大颡。”❻美丽。《诗经·郑风·羔裘》：“羔裘如濡，洵直且～。”❼乃，于是。《诗经·大雅·文王》：“上帝既命，～于周服。”❽表疑问，相当于“何”。《史记·司马相如列传》：“君乎君乎，～不迈哉！”《法言·先知》：“法无限，则庶人田～田，处～室，食～食，服～服？”❾助词。相当于“惟”。1）用于句首。《诗经·小雅·四月》：“山有嘉卉，～栗～梅。”2）用于句中。《诗经·小雅·十月之交》：“择三有事，亶～多藏。”❿语气词。相当于“兮”。《史记·乐书》：“高祖过沛诗三～之章。令小儿歌之。”（司马贞索隐：“沛诗有三‘兮’，故云三侯也。”）⓫通“候”。迎。《周礼·春官·小祝》：“掌小祭祀，将事～禳祷祠之祝号。”（郑玄注：“侯之言候也。”贾公彦疏：“设祈祷候迎之。”）⓬姓。

【侯服】 hóufú 古代称离王城一千里以外的方圆五百里的地区为侯服。《尚书·禹贡》：“五百里～～。”《周礼·夏官·职方氏》：“方千里曰王畿，其外方五百里曰～～，又其外方五百里曰甸服。”

【侯畿】 hóujī 古代以王城为中心，把周围五千里的地区划为九畿。王城附近的区域叫侯畿。《周礼·夏官·大司马》：“方千里曰国畿，其外方五百里曰～～。”

【侯门】 hóumén 指显贵之家。崔郊《赠去婢》诗：“～～一入深如海，从此萧郎是路人。”《红楼梦》十七回：“～～公府，必以贵势压人，我再不去的。”

【侯牧】 hóumù 方伯，一方诸侯之长。《左传·哀公十三年》：“子服景伯对使者曰：‘王合诸侯，则伯帅～～以见于王；伯合诸侯，则侯帅子、男以见于伯。’”

鍭（鍭） 1. hóu ❶见“鍭镂”。

2. xiàng ❷同“缿”。古代接受投书的一种器具。《汉书·赵广汉传》：“又教吏为～筩，及得投书，削其主名。”

【鍭镂】 hóulòu 古铜器名。釜类熟食器。

鄇 hóu 春秋地名。在今河南武陟西南。《左传·成公十一年》：“晋郤至与周争～田。”

喉 hóu 咽喉。《左传·文公十一年》：“富父终甥摏其～以戈，杀之。”《庄子·大宗师》：“真人之息以踵，众人之息以～。”

【喉唇】 hóuchún 比喻国家的重要官职。沈约《齐故安陆昭王碑文》：“献替帷扆，实掌～～。”《南史·刘湛传》：“此四贤一时之秀，同管～～，恐后世难继。”

【喉急】 hóují 着急。《水浒传》三十八回：“李逵见了，惶恐满面，便道：‘……今日不想输了哥哥的银子，又没得些钱来相请哥哥，～～了，时下做出这些不直来。”

【喉衿】 hóujīn ❶比喻纲领。喉，咽喉。衿，衣领。赵岐《孟子题辞》："《论语》者，五经之錧鎋，六艺之～～也。"❷比喻扼要之地。《晋书·石勒载记上》："邺有三台之固，西接平阳，四塞山河，有～～之势，宜北徙据之。"《宋史·周必大传》："襄阳固要地，江陵亦江北～～，于是留二千人。"

【喉舌】 hóushé ❶比喻国家的重要官员。《诗经·大雅·烝民》："出纳王命，王之～～。"后多以喉舌指尚书。扬雄《尚书箴》："是机是密，出入朕命，王之～～。"《后汉书·左雄传》："宜擢在～～之官，必有匡弼之益。由是拜雄尚书，再迁尚书令。"❷比喻险要之地。《南齐书·刘绘传》："南康是三州～～，应须治干，岂可以年少讲学处之耶?"《续资治通鉴·宋度宗咸淳六年》："国家所恃者大江，襄樊其～～，议不容缓。"❸指口才，言辞。刘知幾《史通·杂说下》："昔魏史称朱异有口才，挚虞有笔才，故知～～翰墨，其辞本异。"

【喉吻】 hóuwěn ❶同"喉舌"。比喻险要之地。繁钦《尚书箴》："山甫翼周，实司～～。"苏轼《答吕梁仲屯田》诗："吕梁自古～～地，万顷一抹何由吞。"❷喉头与口边。卢仝《走笔谢孟谏议寄新茶》诗："一椀～～润，两椀破孤闷。"

【喉辖】 hóuxiá 比喻事情的关键。喉，喉咙。辖，车的键子，插在轴端孔内使车轮不脱落。《三国志·魏书·毌丘俭传》："武威当诸郡路道～～之要，加民夷杂处，数有兵难。"

【喉咽】 hóuyān 喉咙。比喻地势扼要。《汉书·严延年传》："河南，天下～～，二周馀斃，莠盛苗秽，何可不锄也?"《新唐书·陈子昂传》："甘州所积四十万斛，观其山川，诚河西～～也。"

馃(餱、糇) hóu 干粮。《诗经·小雅·无羊》："何蓑何笠，或负其～。"张衡《思玄赋》："屑瑶蕊以为～兮，𣂺白水以为浆。"⊗泛指粮食。《旧唐书·李峤传》："天下编户贫弱者众，亦有佣力客作以济～粮，亦有卖舍贴田以供王役。"

猴 hóu 猴子。《史记·项羽本纪》："说者曰：'人言楚人沐～而冠耳，果然。'"《西游记》七回："向时花果山产一～，在那里弄神通，聚众～搅乱世界。"

腂 hóu ❶味道过厚、过浓难以下咽叫腂。《吕氏春秋·本味》："澹而不薄，肥而不～。"❷同"喉"。

瘊 hóu 疣之小者名瘊，俗称为瘊子、千日疮。《正字通·疒部》："～，疣小者俗谓之瘊子。"

锻(鍭) hóu ❶箭名。《周礼·夏官·司弓矢》："杀矢，～矢，用诸近射田猎。"《诗经·大雅·行苇》："敦弓既坚，四～既钧。"❷指箭头。班固《西都赋》："尔乃期门佽飞，列刃攒～。"

䗔(𩾷、鶽) hóu 鸟名，雕类。扬雄《蜀都赋》："鵕～鸲鶪，风胎雨㲉。"

骺 hóu 箭名。《仪礼·既夕礼》："～矢一乘。"

篌 hóu 箜篌，古拨弦乐器。《史记·孝武本纪》："于是塞南越，祷祠泰一、后土，始用乐舞，益召歌儿，作二十五弦及箜～瑟自此起。"

鯸(鯸) hóu 见"鯸鲐"。

【鯸鲐】 hóutái 即河豚。左思《吴都赋》："王鲔～～，鮣龟鱕鲒。"

吼 hǒu ❶人因愤怒或情绪激动而大声呼喊。《后汉书·邓训传》："至闻训卒，莫不～号。"❷鸟兽大声鸣叫。《后汉书·童恢传》："一虎低头闭目，状如震惧，即时杀之。其一视(童)恢鸣～，踊跃自奋。"杜甫《复阴》诗："江涛簸岸黄沙走，云雪埋山苍兕～。"❸泛指自然界发出的巨大声响。李贺《赠陈商》诗："天眼何时开，古剑庸一～。"陆游《霜风》诗："十月霜风～屋边，布裘未办一铢绵。"

吽 1. hǒu ❶通"吼"。牛叫。康进之《李逵负荆》二折："那老儿，一会家便怒～～在那柴门外。"⊗高叫，怒吼。曾巩《寄王介卿》诗："群儿困不酬，～嘣聚讥摘。"

2. óu ❷见"吽牙"。

3. hōng ❸佛教"六字真言"之一。梵文经咒中多用吽字。张昱《辇下曲》："守内番僧日念～，御厨酒肉按时供。"《西游记》七回："佛祖……袖中只取出一张帖子，上有六个金字：'唵、嘛、呢、叭、𠺗、～'，递与阿傩，叫贴在那山顶上。"

【吽牙】 óuyá 犬相争斗时的声音。《汉书·东方朔传》："狋～～者，两犬争也。"杜牧《贺平党项表》："众虺盘结，群犬～～。"也作"吽呀"。梅尧臣等《冬夕会饮联句》："～～闻争犬，哮吼厌啼骧。"

呴 hǒu 见xǔ。

钔 hǒu 见kòu。

𠴸 1. hǒu ❶通"吼"。忿怒声。《说文·后部》："～，厚怒声。"

2. hòu ❷通"诟"。耻辱。《大戴礼记·武王践阼》："皇皇惟敬，口生～。"

犼(㺅) hǒu 小牛。郭璞《江赋》："夔～翘踛于夕阳，鸳雏弄翮乎山东。"

后¹ hòu ❶君主。《楚辞·离骚》："昔三～之纯粹兮，固众芳之所在。"《左传·僖公三十二年》："其南陵，夏～皋之墓也。"❷诸侯。《尚书·舜典》："五载一巡守，群～四朝。"柳宗元《封建论》："周有天下，裂土田而瓜分之，设五等，邦群～。"❸君主的正妻。《史记·周本纪》："太子母申侯女，而为～。"《后汉书·献帝纪》："又恭怀、敬隐、恭愍三皇后并非正嫡，不合称～，皆请除尊号。"❹土神。见"后土"。❺通"后²(後)"。《礼记·大学》："知止而～有定，定而～能静。"《仪礼·聘礼》："君还而～退。"❻通"厚"。大，重。《清平山堂话本·羊角哀死战荆轲》："不肖弟此去，望兄阴力相助。但得微名，必～葬。"❼姓。孔子弟子有后处，汉有后苍。

【后辟】 hòubì 君主，帝王。班固《东都赋》："岂特方轨并迹，纷纶～～，治近世之所务，蹈一圣之险易云尔哉。"束皙《补亡诗》："明明～～，仁以为政。"

【后帝】 hòudì 天帝，上帝。《诗经·鲁颂·閟宫》："皇皇～～，皇祖后稷。"《论语·尧曰》："予小子履敢用玄牡，敢昭告于皇皇～～。"

【后皇】 hòuhuáng 指天地。《楚辞·九章·橘颂》："～～嘉树，橘徕服兮。"范成大《峡石铺》诗："～～嘉种不易熟，野草何为搀岁功！"

【后稷】 hòujì ❶周的先祖。相传他的母亲曾欲弃之不养，故名弃。为舜农官，封于邰，号后稷，别姓姬氏。见《诗经·大雅·生民》、《史记·周本纪》。❷古代农官名。《国语·周语上》："农师一之，农正再之，～～三之。"

【后门】 hòumén 皇后的家族。《后汉书·樊宏阴识传赞》："权族好倾，～～多毁。"

【后祇】 hòuqí 地神。曹叡《櫂歌行》："王者布大化，配乾稽～～。"《周书·孝闵帝纪》："上协苍灵之庆，下昭～～之锡。"

【后土】 hòutǔ ❶大地。《楚辞·九辩》："皇天淫溢而秋霖兮，～～何时而得干？"《史记·五帝本纪》："舜举八恺，使主～～，以揆百事，莫不时序。"❷上古田官名。《左传·昭公二十九年》："社稷五祀……土正曰～～。"又："共工氏有子曰句龙，为～～，此其二祀也。～～为社稷，田正也。"❸土地神。《汉书·礼乐志》："祭～～于汾阴，泽中方丘也。"《三国志·魏书·臧洪传》："皇天～～，祖宗明灵，实皆鉴之。"

【后王】 hòuwáng 君主，天子。《礼记·内则》："～～命冢宰，降德于众兆民。"颜延之《三月三日曲水诗序》："皇祇发生之始，～～布和之辰。"

【后辛】 hòuxīn 殷纣王。辛，纣王名。《楚辞·离骚》："～～之菹醢兮，殷宗用之不长。"

【后羿】 hòuyì 上古人名。传说是夏代有穷国的君主，善于射箭，后被他的臣子寒浞所杀。参见《尚书·五子之歌》、《左传·襄公四年》、《楚辞·离骚》、《史记·吴世家》。古代神话中又有羿射十日及其妻嫦娥奔月等传说。见《淮南子·本经训》、《淮南子·览冥训》等。

【后族】 hòuzú 皇后的亲族。《晋书·外戚传序》："至若樊靡卿之父子，窦广国之弟兄，阴兴之守约戒奢，史丹之掩恶扬善，斯并～～之所美者也。"

后²(後) hòu ❶位置在后。与"前"相对。《论语·子罕》："瞻之在前，忽焉在～。"《晋书·鲁褒传》："处前者为君长，在～者为臣仆。"㊀落在后面。《论语·微子》："子路从而～。"又《先进》："子畏于匡，颜渊～。"《韩非子·喻老》："赵襄主学御于王子於期，俄而与於期逐，三易马而三～。"❷时间较晚。与"先"、"前"相对。《战国策·东周策》："故王不如速解周恐，彼前得罪而～得解，必厚事王矣。"《后汉书·卓茂传》："～王莽秉权，休去官归家。"㊀将来，未来。《吕氏春秋·长见》："知古则知～。"王羲之《兰亭集序》："～之视今，犹今之视昔。"❸后代，子孙。《史记·东越列传》："闽越王无诸及越东海王摇者，其先皆越王句践之～，姓驺氏。"《后汉书·顺帝纪》："初听中官得以养子为～，世袭封爵。"❹助词。表示语气。犹呵或啊。王周《问春》词："把酒问春因底意，为谁来～为谁归？"辛弃疾《南歌子》词："万万不成眠～，有谁扇？"❺姓。

【后辈】 hòubèi ❶后到的人。《后汉书·蔡邕传》："又前至得拜，～～被遗。"❷晚辈。孟浩然《陪卢明府泛舟回岘山作》诗："文章推～～，风雅激颓波。"

【后车】 hòuchē ❶副车，侍从乘的车。《诗经·小雅·緜蛮》："命彼～～，谓之载之。"《孟子·尽心下》："驱骋田猎，～～千乘。"❷跟在翻了的车后的车。比喻将前人失败的教训引为戒鉴。《汉书·贾谊传》："[鄙谚]又曰：'前车覆，～～诫。'夫三代之所以长久者，其已事可知也。"司马光《颜太初杂文序》:"异日有见之者,观其～～诗,则不忘鉴戒矣!"

【后尘】 hòuchén 行进时后面扬起的尘土。鲍照《舞鹤赋》:"逸翮～～,翱翥先路。"比喻追随别人之后。张协《七命》:"余虽不敏,请寻～～。"杜甫《戏为六绝句》之五:"窃攀屈宋宜方驾,恐与齐梁作～～。"

【后帝】 hòudì ❶后来嗣位的帝王。《隋书·高祖纪下》:"自古哲王,因人作法,前帝～～,沿革随时。"❷魏晋以来迷信称厕神为后帝。刘敬叔《异苑》卷五:"陶侃曾如厕,见数十人,悉持大印,有一人朱衣平上帻,自称后帝云:'以君长者,故来相报,三载勿言,富贵至极。'侃便起,旋失所在,有大印作公字当其秽处。《杂五行书》曰:'厕神曰～～。'"《南史·沈庆之传》:"卤簿固是富贵容,厕中所谓～～也。"

【后雕】 hòudiāo 《论语·子罕》:"岁寒然后知松柏之～～也。"后因以比喻坚贞的节操。孙绰《秋日》诗:"抚叶悲先落,攀松羡～～。"

【后房】 hòufáng ❶旧指姬妾所居住的内室。《史记·魏其武安侯列传》:"前堂罗钟鼓,立曲旃,～～妇女以百数。"❷指姬妾。《晋书·石崇传》:"财产丰积,室宇宏丽。～～百数,皆曳纨绣,珥金翠,丝竹尽当时之选。"

【后夫】 hòufū ❶后到的人。《周易·比》:"不宁方来,～～凶。"何承天《雍离》诗:"归德戒～～,贾勇尚先鸣。"❷妇女再婚之夫。

【后宫】 hòugōng ❶古时妃嫔所居的宫室。《汉书·文帝纪》:"二月,出孝惠皇帝～～美人,令得嫁。"又《孝成班倢伃传》:"孝成班倢伃,帝初即位选入～～。"❷借指妃嫔、姬妾。《史记·田敬仲完世家》:"田常于是选齐国中女子长七尺以上为～～。"《论衡·道虚》:"群臣、～～从上七十馀人,龙乃上去。"

【后进】 hòujìn 指后辈。《管子·宙合》:"是故圣人著之简筴,传以告～～。"《汉书·陈汤传》:"假使异世不及陛下,尚望国家追录其功,封表其墓,以劝～～也。"

【后劲】 hòujìng 行军时在后面担任警戒或阻击敌人的精兵。《左传·宣公十二年》:"军行右辕,左追蓐,前茅虑无,中权～～。"王僧孺《与何炯书》:"提戈～～,厕龙豹之谋。"

【后距】 hòujù 后援部队。《汉书·李陵传》:"[路]博德故伏波将军,亦羞为陵～～。"又《西域传上》:"时汉军正任文将兵屯玉门关,为贰师～～。"

【后觉】 hòujué 知觉较晚的人。与"先觉"相对。《孟子·万章下》:"天之生斯民也,使先知觉后知,使先觉觉～～也。"《晋书·伏滔传》:"仲恭接刃,成之于～～也。"

【后昆】 hòukūn 后代子孙。《后汉书·班固传》:"亦以宠灵文武,贻燕～～。"《三国志·魏书·高堂隆传》:"斯乃慈父恳切之训,宜崇孝子祗耸之礼,以率先天下,以昭示～～,不宜有忽,以重天怒。"

【后类】 hòulèi 犹后代。《墨子·所染》:"故国家残亡,身为刑戮,宗庙破灭,绝无～～。"《吕氏春秋·当染》:"故国皆残亡,身或死辱,宗庙不血食,绝其～～。"

【后烈】 hòuliè 流传后世的业绩。扬雄《元后诔》:"内则纯被,～～丕光。"江淹《伤友人赋》:"金虽重而见铸,桂徒芳而被折。百年一尽兮,贵杨蕤于～～。"

【后门】 hòumén ❶比喻后路、退路或通融、舞弊的门路。罗大经《鹤林玉露》卷十六:"今若直前,万一蹉跌,退将安托?要须留～～,则庶几进退有据。"《水浒传》七十九回:"这个写草诏的翰林待诏,必与贵人好,先开下一个～～了。"❷过了门禁时限而来不及进城。《荀子·大略》:"柳下惠与～～者同衣而不见疑,非一日之闻也。"《吕氏春秋·长利》:"戎夷违齐如鲁,天大寒而～～,与弟子一人宿于郭外。"❸寒微的门第。《晋书·刘元海载记》:"幽冀名儒,～～秀士,不远千里,亦皆游焉。"梁武帝《用贤诏》:"虽复牛监羊肆,寒品～～,亦随才试吏,勿有遗隔。"

【后期】 hòuqī ❶晚于约会的时间来,迟到。《史记·司马穰苴列传》:"入行军勒兵,申明约束。约束既定,夕时,庄贾乃至。穰苴曰:'何～～为?'"❷后会之期。白居易《祭中书韦相公文》:"灵鹫山中,既同前会;兜率天上,岂无～～?"范成大《水乡酌别但能之主管能之将过石康》诗:"～～只恐参商似,且醉金槽四十弦。"

【后身】 hòushēn 即转生之身。佛教认为人死后,灵魂依照因果报应而投胎成为另一个人。李白《答湖州迦叶司马问白是何人》诗:"湖州司马何须问,金粟如来是～～。"《太平御览》卷三六〇引《裴子语林》:"张衡之初死,蔡邕母始孕。此二人才貌相类,时人云邕是衡之～～。"

【后生】 hòushēng ❶子孙,后代。《诗经·商颂·殷武》:"寿考且宁,以保我～～。"❷后辈,后一代。《论语·子罕》:"～～可畏,焉知来者之不如今也。"《论衡·刺孟》:"谓孔子之徒,孟子之辈,教授～～,觉悟顽愚乎?”❸年轻人,小伙子。鲍照《代少年时至衰老》诗:“寄语～～子,作乐当及时。”❹指醒悟较晚。《韩诗外传》卷六:“问者曰:‘古之知道者曰先生,何也?’曰:‘犹言先醒也。不闻道术之人,则冥于得失。不知治乱之所由,眊眊乎其犹醉也。故世主有先生者,有～～者。’”

【后嗣】 hòusì 后世,后代。《左传·庄公二十三年》:“君举必书,书而不法,～～可观。”《史记·赵世家》:“及主君之～～,且有改革而胡服。”

【后溲】 hòusōu 指大便。《史记·扁鹊仓公列传》:“涌疝也,令人不得前～～。”

【后天】 hòutiān ❶后于天时而行事,与“先天”相对。《周易·乾·文言》:“先天而天弗违,～～而奉天时。”《论衡·初禀》:“如必须天有命乃以从事,安得先天而～～乎?”❷指人离开母体后单独生活和成长的时期。张介宾《杂证谟脾胃》:“凡先天之有不足者,但得～～培养之力,则补天之功亦可居其强半。”❸谓后于天,极言长寿。后用为祝寿之词。王嘉《拾遗记·炎帝神农》:“时有流云洒液,是谓‘霞浆’,服之得道,～～而老。”曾巩《进奉元丰元年同天节功德疏状》:“倾率土之欢心,祝～～之遐筭。”

【后庭】 hòutíng ❶犹后宫、后房。指妃嫔或姬妾的住处。《战国策·秦策五》:“君之骏马盈外厩,美女充～～。”《列子·杨朱》:“[公孙]穆之～～,比房数十,皆择稚齿婑媠者以盈之。”(婑媠:美好的样子。)❷借指妃嫔或姬妾。《三国志·吴书·吴主权步夫人传》:“以美丽得幸于[孙]权,宠冠～～。”《隋书·炀帝纪下》:“帝～～有子,皆不育之,示无私宠,取媚于后。”❸宫庭或房屋的后园。《汉书·郊祀志下》:“告祠世宗庙日,有白鹤集～～。”

【后图】 hòutú 在后的计谋。指以后打算。《左传·桓公六年》:“以为～～,少师得其君。”《淮南子·氾论训》:“不顾～～,岂有此霸功哉!”

【后效】 hòuxiào 后来的成效,后来的表现。《后汉书·安帝纪》:“而有司惰任,讫不奉行。秋节既立,鸷鸟将用,且复重申,以观～～。”《魏书·肃宗纪》:“其有失律亡军、兵戍逃叛、盗贼劫掠伏窜山泽者,免其往咎,录其～～。”

【后薪】 hòuxīn 汉汲黯为九卿,公孙弘、张汤为小吏,后弘、汤与黯同列,又尊用过之。黯因见上曰:“陛下用群臣如积薪耳,后来者居上。”事见《史记·汲郑列传》。后因以“后薪”比喻因受宠信而后来居上的人。刘孝威《怨诗》:“～～随复积,前鱼谁更怜。”骆宾王《春日离长安客中言怀》诗:“谈器非先木,图荣异～～。”

【后学】 hòuxué ❶后辈的学者。《吕氏春秋·当染》:“孔墨之～～显于天下者众矣,不可胜数。”《后汉书·徐防传》:“宜为章句,以悟～～。”❷对前辈而言的自谦之词。冯登府《金石综例》卷四:“唐《朝阳岩铭》末题‘零邑～～田玉书石’。王氏昶曰:‘～～之称,始见于此。’”

【后言】 hòuyán 背后评论人的短处。《尚书·益稷》:“予违汝弼,汝无面从,退有～～。”《旧唐书·哀帝纪》:“虽云勇退,乃有～～,自为簿从之酋,颇失人臣之礼。”

【后彦】 hòuyàn 后来的俊杰之士。江淹《知己赋》:“拟余才兮前华,比余文兮～～。”庾肩吾《书品论》:“[姜诩等]二十人并擅毫翰,动成楷则,殆逼前良,见希～～。”

【后叶】 hòuyè 后世。《三国志·蜀书·吕凯传》:“曩者将军先君雍侯,造怨而封;窦融知兴,归志世祖;皆流名～～,世歌其美。”

【后裔】 hòuyì 后代子孙。《尚书·微子之命》:“功加于时,德垂～～。”叶適《任子》:“古者裂地分茅,以报人臣之功,使其子孙嗣之,所以酬祖宗,垂～～也。”

【后胤】 hòuyìn 后代。《三国志·魏书·三少帝纪》:“祚及～～,所以奖劝将来。”《南史·梁安成康王秀传》:“陶潜之德,岂可不及～～。”

【后主】 hòuzhǔ ❶封建王朝的嗣位君主。《史记·酷吏列传》:“前主所是著为律,～～所是疏为令,当时为是,何古之法乎?”《后汉书·邓骘传论》:“汉世外戚,自东西京,十有馀族,非徒豪横盈极,自取灾故,必于贻衅～～,以至颠败者,其数有可言焉。”❷历史上称一个封建王朝的末代君主。如三国蜀刘禅、南朝陈叔宝、五代南唐李煜,都称后主。

【后重】 hòuzhòng ❶军队后行的辎重。《汉书·陈汤传》:“[康居]从后与汉军相及,颇寇盗～～。”❷指殉国者的后代。《墨子·号令》:“四面四门之将,必选择之有功劳之臣,及死事之～～者,从卒各百人,门将并守他门。”

【后子】 hòuzǐ 嫡长子。《墨子·节葬下》:“妻与～～死者,五皆丧之三年。”韩愈《唐故河东节度观察使荥阳郑公神道碑文》:“二季举进士,皆早死,仁本为～～独存。”

郈 hòu ❶古邑名。春秋鲁叔孙氏邑。在今山东东平东南。《春秋·定公十二年》:“叔孙州仇帅师堕～。”❷姓。

厚 hòu ❶厚。与“薄”相对。《庄子·养生主》：“彼节者有间，而刀刃者无～。”白居易《自咏》：“老遣宽裁袜，寒教～絮衣。”❷重，大，多。《史记·曹相国世家》：“闻胶西有盖公，善治黄老言，使人～币请之。”又《礼书》：“故德～者位尊，禄重者宠荣。”《汉书·食货志下》：“民若匮，王用将有所乏；乏将～取于民。”❸深，深厚。《韩非子·六反》：“亲以～爱关子于安利，而不听；君以无爱利求民之死力，而令行。”《汉书·苏武传》：“因谓武曰：‘单于闻[李]陵与子卿素～，故使陵来说足下。’”❹宽厚，厚道。《论语·学而》：“慎终追远，民德归～矣。”《商君书·开塞》：“古之民朴以～。”❺看重，优待。《楚辞·离骚》：“伏清白以死直兮，固前圣之所～。”《史记·秦本纪》：“遂复三人官秩如故，愈益～之。”❻丰厚，富足。《墨子·尚贤》：“爵位不高，则民弗敬；蓄禄不～，则民不信。”《汉书·晁错传》：“塞下之民，禄利不～，不可使久居危难之地。”㊀财富。《韩非子·有度》：“毁国之～，以利其家，臣不谓智。”❼醇厚，味浓。《韩非子·扬权》：“夫香美脆味，～酒肥肉，甘口而病形。”❽姓。

【厚积】 hòujī 丰富的储备。《孙膑兵法·篡卒》：“德行者，兵之～～也。”陆游《僧庐》诗：“富商豪吏多～～，宜其弃金如瓦砾。”

【厚坤】 hòukūn 指大地。杜甫《木皮岭》诗：“仰干塞大明，俯入裂～～。”

【厚生】 hòushēng ❶生活充裕。白居易《进士策问》之五：“谷帛者，生于下也；泉货者，操于上也。必由均节，以致～～。”❷健康长寿。嵇康《答难养生论》：“祗足以灾身，非所以～～也。”《魏书·封卓妻刘氏传》：“人处世，孰不～～？”

【厚实】 hòushí ❶富足，富裕。《后汉书·仲长统传》：“此皆公侯之广乐，君长之～～也。”❷忠厚诚实。白居易《辛丘度等三人同制》：“言其为人～～謇直。”

【厚土】 hòutǔ ❶很厚的土层。《吕氏春秋·辩土》：“～～则孽不通，薄土则蕃轓而不发。”❷土地。杜甫《喜雨》诗：“巴人困军须，恸哭～～热。”

【厚诬】 hòuwū 过分欺骗、蒙蔽。《左传·成公三年》：“贾人曰：‘吾无其功，敢有其实乎？吾小人，不可以～～君子。’”《明史·高瑶传》：“迫于先帝复辟，贪天功者遂加～～。”

【厚颜】 hòuyán ❶脸皮厚，不知羞耻。《荀子·解蔽》：“～～而忍垢。”❷难为情。孔稚珪《北山移文》：“岂可使芳杜～～，薜荔蒙耻？”杜甫《彭衙行》：“尽室久徒步，逢人多～～。”

【厚遇】 hòuyù 优厚的待遇。《史记·高祖本纪》：“张耳来见，汉王～～之。”又《廉颇蔺相如列传》：“日击数牛飨士，习射骑，谨烽火，多间谍，～～战士。”

【厚载】 hòuzài ❶地厚而载万物。《后汉书·皇后纪赞》：“坤惟～～，阴正乎内。”❷指地。颜延之《又释何衡阳书》：“然而遁世无闷，非～～之目；君子乾乾，非苍苍之称。”

【厚秩】 hòuzhì ❶丰厚的俸禄。《北史·隋河间王弘传论》：“故高位～～，与时终临。”❷丰厚的报酬。何承天《上安边论》：“有急之日，民不知战，至乃广延赏募，奉以～～。”

逅 hòu(又读 gòu) 见“邂逅”。

候 hòu ❶守望，观察。《后汉书·钟离意传》：“故分布祷请，窥～风云，北祈明堂，南设云场。”韩愈《顺宗实录》：“上每进见，～颜色，辄言其不可。”❷看望，问候。《汉书·霍光传》：“禹为大司马，称病，禹故长史任宣～问。”《后汉书·王丹传》：“每岁农时，辄载酒肴于田间，～勤者而劳之。”❸侦察，探听。《吕氏春秋·贵因》：“武王使人～殷。反，报岐周曰：‘殷其乱矣。’”又《壅塞》：“宋王使人～齐寇之所至。”㊀侦察兵，哨兵。《墨子·号令》：“守入城，先以～为始。”《韩非子·说林上》：“子胥出走，边～得之。”㊀哨所，驿站。《后汉书·光武帝纪下》：“筑亭～，修烽燧。”曾巩《福州拟贡荔枝状》：“盖东汉交阯七郡，贡生荔枝，十里一置，五里一～，昼夜驰走，有毒虫猛兽之害。”❹古代在国境和道路上负责守望、侦探及迎送宾客的官吏。《国语·周语中》：“～不在疆。”《战国策·东周策》：“因使人告东周之～曰：‘今夕有奸人当入者矣。’”❺等候，等待。《庄子·逍遥遊》：“子独不见狸狌乎，卑身而伏，以～敖者。”陶渊明《归去来兮辞》：“僮仆欢迎，稚子～门。”㊀迎接。《史记·孝武本纪》：“其冬，公孙卿～神河南，见仙人迹缑氏城上，有物若雉，往来城上。”《后汉书·蓟子训传》：“公卿以下～之者，坐上恒数百人。”❻诊察。《北齐书·马嗣明传》：“嗣明为之诊，～脉。”❼占验。《史记·封禅书》：“上乃遣望气佐～其气。”《汉书·艺文志》：“杂占者，纪百事之象，～善恶之征。”❽服侍。《后汉书·马援传》：“勃字叔阳，年十二能诵《诗》、《书》。常～援兄况。”《宋史·孝章宋皇后传》：“性柔顺好礼，每帝视朝退，常具冠帔～接，佐御馔。”❾五天为一候。《素问·六节藏象论》：

"岐伯曰：五日谓之～。"⑨时间。《西游记》二回："正直三更～，应该访道真。"❿气候，时节。《素问·六元正纪大论》："寒乃去，～乃大温，草木早荣。"杜审言《和晋陵陆丞早春游望》诗："独有宦游人，偏惊物～新。"⓫征兆。《论衡·雷虚》："政事之家，以寒温之气为喜怒之～。"李格非《洛阳名园记跋》："洛阳之盛衰，天下治乱之～也。"⓬随时变化的情况。段成式《酉阳杂俎·酒食》："每说物无不堪吃，唯在火～善。"《世说新语·赏誉》："王大将军称其儿云：其神～似犹可。"⓭姓。

【候虫】 hòuchóng 随季节而生或发鸣声的昆虫。如夏天的蝉，秋天的蟋蟀等。柳宗元《酬娄秀才月夜病中见寄》诗："壁空残月曙，门掩～～秋。"（这里指蟋蟀。）

【候道】 hòudào 古代边郡为国防需要而筑的道路。《宋书·王僧达传》："僧达乃自～～南奔。"

【候馆】 hòuguǎn ❶同"候楼"。瞭望所。《周礼·地官·遗人》："市有～～，～～有积。"❷宾馆，招待所。常建《泊舟盱眙》诗："平沙依雁宿，～～听鸡鸣。"姜夔《齐天乐·蟋蟀》词："～～迎秋，离宫吊月，别有伤心无数。"

【候楼】 hòulóu 见"堠楼"。

【候骑】 hòuqí 巡逻侦察的骑兵。《史记·匈奴列传》："[单于]使奇兵入烧回中宫，～～至雍甘泉。"王维《使至塞上》诗："萧关逢～～，都护在燕然。"

【候人】 hòurén 古时在国境或道路上守望及迎送宾客的官吏或士卒。《国语·周语中》："敌国宾至……行理以节逆之，～～为导。"《后汉书·井丹传》："性清高，未尝修刺～～。"也称候吏。王维《送封太守》诗："百城多～～，露冕一何尊。"

【候伺】 hòusì 窥探，探望。《史记·魏其武安侯列传》："魏其与其夫人益市牛酒，夜洒扫，早帐具至旦。平明，令门下～～。"《汉书·黥布传》："阴令人部聚兵，～～旁郡警急。"

【候星】 hòuxīng 占验星象。《淮南子·兵略训》："望气～～，龟策机祥，此善为天道者也。"《汉书·天文志》："元光中，天星尽摇，上以问～～者，对曰：'星摇者，民劳也。'"

【候卒】 hòuzú 守卫巡逻的士卒。柳宗元《段太尉逸事状》："[郭]晞不解衣，戒～～击柝卫太尉。"

狗 hòu 猪叫声。韩愈《祭河南张员外文》："钩登大鲇，怒颊豕～。"

堠 hòu ❶古代瞭望敌情的土堡。《三国志·吴书·孙韶传》："常以警疆埸远斥～为务。"白居易《和渭北刘大夫借便秋遮虏寄朝中亲友》："～空烽火灭，气胜鼓鼙鸣。"❷标记里程的土堆。韩愈《路傍堠》诗："堆堆路傍～，一双复一只。"苏轼《荔枝叹》："十里一置飞尘灰，五里一～兵火催。"

【堠程】 hòuchéng 里程，路程。王逢《乙丑秋书》诗："静知天运密，老与～～疏。"

【堠鼓】 hòugǔ 古时守望边境时用以报警的鼓。洪希文《闻清漳近信》诗："～～日夜鸣，击鲜交劳吏。"

【堠吏】 hòulì 掌管地方守望迎送的小吏。梅尧臣《送李殿丞通判处州》诗："沙头有～～，惴立板方敛。"

【堠楼】 hòulóu 瞭望敌情的哨楼。《通典》卷一五二《兵·守拒法》附："却敌上建～～，以版跳出为橹，与四外烽戍昼夜瞻视。"也作"候楼"。《墨子·备城门》："三十步置坐～～。"

【堠子】 hòuzǐ 标记里程的土堆。引申为路程。范成大《醴陵驿》诗："乍脱泥中滑，还嗟～～长。"杨万里《野店多卖花木瓜》诗："何须～～强呈界，自有琼琚先报衙。"贾仲名《对玉梳》三折："盼邮亭，巴～～，一步捱一步。"

鲎（鱟） hòu ❶鲎鱼。刘欣期《交州记》："～，如惠文冠玉，其形如龟。子如麻，子可为酱，色黑。十二足，似蟹，在腹下。雌负雄而行。南方用以作酱，可炙啖之。"韩愈《初南食贻元十八协律》诗："～实如惠文，骨眼相负行。"❷虹。吴方言。《农政全书·占候》："谚云：'东～晴，西～雨。'"

hu

乎 hū ❶语气词。1）表示疑问或反问。相当于"吗"或"呢"。《国语·楚语下》："[赵简子]问于王孙圉曰：'楚之白珩犹在～？'对曰：'然。'"《史记·平原君虞卿列传》："赵亡则[赵]胜为虏，何为不忧～！"2）表示赞美或感叹。相当于"啊"或"呀"。《吕氏春秋·本味》："伯牙鼓琴，钟子期听之。方鼓琴而在太山。钟子期曰：'善哉～鼓琴，巍巍～若太山。'少选之间而志在流水。钟子期又曰：'善哉～鼓琴，汤汤～若流水。'"《史记·淮阴侯列传》："夫功者难成而易败，时者难得而易失，时～时，不再来。"3）表示推测。相当于"吧"或"呢"。《战国策·赵策四》："日食饮得无衰～？"《左传·僖公二十一年》："宋其亡～？幸而后败。"4）表示祈使或命令。相当于"吧"。《左传·昭公元年》："勉速行～！无重而罪！"《战国策·齐策四》："长铗归来～，出无车。"5）表示呼告。相当于"啊"。《论语·里仁》："参～！吾道一以贯之。"6）表示商榷。《韩非子·显学》："以容取人～，失之子羽；以言取容～，失之宰予。"《论衡·解除》："使鬼神～，不为驱逐去止；使鬼不神～，与鸡雀等，不常驱逐，不能禁也。"7）语气词。表示肯定。相当于"也"。《韩非子·解老》："故曰：'礼者，忠信之薄也，而乱之首～。'"《列子·周穆王》："孔子曰：'此非汝所及～。'顾谓颜回纪之。"❷助词。1）用于形容词后。《战国策·楚策四》："奋其六翮，而凌清风，飘摇～高翔。"《汉书·司马相如传上》："泊～无为，澹～自持。"2）用于句中表示停顿。《论语·雍也》："于从政～何有？"《楚辞·离骚》："冀枝叶之峻茂兮，愿俟时～吾将刈。"❸介词。相当于"于"。《战国策·楚策四》："游于江海，淹～大沼。"《史记·司马相如列传》："德隆～三皇，功羡于五帝。"

芋 hū 见yù。

戏 hū 见xì。

怃 hū 见wǔ。

芴 hū 见wù。

幠（𢅅） hū ❶覆盖。《仪礼·士丧礼》："士丧礼：死于適室，～用敛衾。"❷大。《诗经·小雅·巧言》："无罪无辜，乱如此～。"❸傲慢。《礼记·投壶》："鲁令弟子辞曰：'毋～毋敖。'"

垀 hū 繁细。《淮南子·要略》："假真者，穷逐终始之化，嬴～有无之精，离别万物之变，合同死生之形，使人知遗物反己。"

呼（歑） 1. hū ❶出气。与"吸"相反。《庄子·刻意》："吹呴～吸，吐故纳新。"《淮南子·兵略训》："眯不给抚，～不给吸。"❷大声喊叫。《诗经·大雅·荡》："式号式～，俾昼作夜。"柳宗元《封建论》："负锄梃谪戍之徒，圜视而合纵，大～而成群。"❸呼唤，召唤。《左传·哀公十一年》："武叔～而问战焉。"《史记·陈涉世家》："陈王出，遮道而～涉。"㈤称举，称道。《荀子·儒效》："～先王以欺愚者，而求衣食焉。"白居易《寄明州于驸马使君三绝句》之三："何郎小妓歌喉好，严老～为一串珠。"❹禽、兽鸣叫。徐端甫《春日田园杂兴》："犬依桑下乌犍卧，鸠杂花间黄鸟～。"❺姓。

2. xū ❻叹词。表示疲惫或虚弱无力的叹息声。《礼记·檀弓上》："曾子闻之，瞿然曰：～！"

3. huò ❼叹词。表示愤怒。《左传·文公元年》："江芈怒曰：'～，役夫！'宜君王之欲女而立职也。"

【呼叱】 hūchì 大声喝斥。《后汉书·祭遵传》："众见遵伤，稍引退，遵～～止之。"

【呼卢】 hūlú 指赌博。李白《少年行》之三："～～百万终不惜，报雠千里如咫尺。"晏几道《浣溪纱》词："户外绿杨春系马，床前红烛夜～～，相逢还解有情无？"

【呼謈】 hūpò 大声呼痛。《汉书·东方朔传》："上令倡监榜舍人，舍人不胜痛，～～。"洪迈《夷坚丁志·符助教》："［黄衣卒］所点处随手成大疽如盌，［符助教］凡～～七昼夜乃死。"

【呼噏】 hūxī 也作"呼翕"。❶呼吸。刘峻《广绝交论》："吐嗽兴云雨，～～下霜露。"周朗《报羊希书》："～～以补其气，缮嚼以辅其生。"❷吸入，摄取。《三国志·吴书·楼玄传》："～～清淳，与天同极。"陆机《列仙赋》："～～九阳，抱一含元。"❸指长生。阮籍《咏怀》之三十："乘云招松乔，～～永矣哉。"❹形容顷刻之间。《晋书·王豹传》："密祸潜起，辄在～～。"❺形容气势盛大。《后汉书·朱穆传》："当今中宫近习，窃持国柄……运赏则使饿隶富于季孙，～～则令伊颜化为桀跖。"宋濂《跋三官祠记》："公执文章政柄，～～一世。"

【呼吁】 hūyù 大声呼唤社会主持公道，伸出援手。《明史·蔡时鼎传》："陛下深居宫阙，臣民～～莫闻。"

【呼噪】 hūzào 大声喧闹。《后汉书·耿纯传》："齐声～～，强弩并发。"文天祥《〈高沙道中〉诗序》："二十馀骑绕林～～。"

昒 hū ❶见"昒昕"、"昒爽"。❷昏昧，不明白。罗泌《路史·前纪二》："然则昔吾昭然，而今～然。"李好文《感志赋》："～懒怳而莫适兮，从文公而微词。"

【昒爽】 hūshuǎng 天色未明之时，拂晓。《汉书·郊祀志上》："十一月辛巳朔日冬至，～～，天子始郊拜泰一。"（《史记·封禅书》作"昧爽"。）也作"曶爽"。《汉书·司马相如传下》："使疏逖不闭，～～阇昧得耀乎光明，以偃甲兵于此，而息讨伐于彼。"

【昒昕】 hūxīn 天将明而未明之时，拂晓。班固《幽通赋》："～～寤而仰思兮，心朦朦犹未察。"蔡邕《青衣赋》："～～将曙，鸡鸣相催。"

朊(膴) 1. hū ❶无骨的干肉。《周礼·天官·腊人》:"凡祭祀,共豆脯,荐脯、~、胖,凡腊物。"❷供祭祀用的大块鱼肉。《礼记·少仪》:"羞濡鱼者进尾,冬右腴,夏右鳍,祭~。"

2. wǔ ❸盛,厚。见"朊仕"。❹土地肥美。刘禹锡《连州刺史厅壁记》:"原鲜而~,卉物柔泽。"❺法则。《诗经·小雅·小旻》:"民虽靡~,或哲或谋。"

【朊仕】 wǔshì 高官厚禄。《诗经·小雅·节南山》:"琐琐姻亚,则无~~。"王安石《节度使加宣徽使制》:"比以明扬,屡更烦使,遂跻~~,良副讦谟。"

【朊朊】 wǔwǔ 土地肥美。《诗经·大雅·緜》:"周原~~,堇荼如饴。"《梁书·沈约传》:"忽芜秽而不修,同原陵之~~。"

忽 hū ❶不注意,不重视。《战国策·秦策一》:"苏秦曰:'嗟乎!贫穷则父母不子,富贵则亲戚畏惧。人生世上,势位富贵,盖可~乎哉!'"《史记·孝文本纪》:"臣等为宗庙社稷计,不敢~。"㊂怠慢。《汉书·楚元王传》:"先王之所以礼吾三人者,为道之存故也,今而~之,是忘道也。"李白《与韩荆州书》:"愿君侯不以富贵而骄之,寒贱而~之。"❷迅速,快。《左传·庄公十一年》:"桀、纣罪人,其亡也~焉。"《楚辞·离骚》:"日月~其不淹兮,春与秋其代序。"㊀忽然,突然。《史记·高祖本纪》:"人乃以妪为不诚,欲告之,妪因~不见。"《后汉书·刘盆子传》:"赤眉~遇大军,惊震不知所为。"❸轻捷、轻易的样子。《荀子·强国》:"[莫邪]剥脱之,砥厉之,则劙盘盂,刎牛马,~然耳。"(劙:割。)❹灭,绝灭。《诗经·大雅·皇矣》:"是伐是肆,是绝是~。"❺恍惚不明的样子。《淮南子·原道训》:"~兮怳兮,不可为象兮。"❻忘记。《汉书·食货志下》:"善人怵而为奸邪,愿民陷而之刑戮,刑戮将甚不详,奈何而~!"❼辽阔、辽远的样子。《楚辞·九歌·国殇》:"出不入兮往不反,平原~兮路超远。"《史记·屈原贾生列传》:"修路幽拂~,道远~兮。"❽量词。古代极小的度量单位。《孙子算经》卷上:"度之所起,起于~,欲知其~,蚕吐丝为~。十~为一丝,十丝为一毫,十毫为一厘,十厘为一分。"《汉书·叙传下》:"产气黄钟,造计秒~。"

【忽地】 hūdì 忽然。王建《华清宫前柳》诗:"杨柳宫前~~春,在先惊动探春人。"徐铉《柳枝辞》之四:"歌声不出长条密,~~风回见彩舟。"也作"忽的"。无名氏《神奴儿》二折:"~~阴,~~晴。"

【忽忽】 hūhū ❶倏忽。形容时间过得很快。《楚辞·离骚》:"欲少留此灵琐兮,日~~其将暮。"《后汉书·冯衍传》:"岁~~而日迈兮,寿冉冉其不与。"❷迷惑,恍惚,失意的样子。《史记·梁孝王世家》:"三十五年冬,复朝。上疏欲留,上弗许。归国,意~~不乐。"司马迁《报任少卿书》:"虽累百世,垢弥甚尔,是以肠一日而九回,居则~~若有所亡,出则不知其所往。"❸模糊不清。司马相如《子虚赋》:"眇眇~~,若神仙之仿佛。"❹不经意。刘向《说苑·谈丛》:"~~之谋,不可为也。"

【忽荒】 hūhuāng 指天空。《淮南子·人间训》:"翱翔乎~~之上,徜徉乎虹蜺之间。"班固《答宾戏》:"超~~而躆颢苍也。"

【忽漫】 hūmàn 忽而,偶然。杜甫《送路六侍御入朝》诗:"更为后会知何地,~~相逢是别筵。"刘基《和李子庚》:"夜阑~~闻啼鸟。"

【忽然】 hūrán ❶突然。表示事物来得迅速并且出乎意外。《汉书·楚元王传》:"如~~用之,此天地之所以先戒,灾异之所以重至者也。"❷比喻死。《后汉书·赵壹传》:"窃伏西州,承高风旧矣,乃今方遇而~~,奈何命也!"

【忽忘】 hūwàng 忘记。《史记·魏其武安侯列传》:"武安愕,谢曰:'吾昨日醉,~~与仲孺言。'"《后汉书·郑玄传》:"若~~不识,亦已焉哉!"

【忽微】 hūwēi 极言细微。《汉书·律历志上》:"及黄钟为宫,则太族、姑洗、林钟、南吕皆以正声应,无有~~。"欧阳修《五代史伶官传序》:"夫祸患常积于~~,而智勇多困于所溺。"

【忽诸】 hūzhū 突然、一下子断绝。诸,助词。《左传·文公五年》:"臧文仲闻六与蓼灭,曰:'皋陶、庭坚不祀~~。'"潘岳《西征赋》:"德不建而民无援,仲雍之祀~~。"

曶 hū ❶轻视。《汉书·扬雄传赞》:"[扬雄]用心于内,不求于外,于时人皆~之。"❷小数名,分的万分之一。《后汉书·律历志下》:"象因物生,数本杪~。"❸疾速,瞬息之间。扬雄《羽猎赋》:"昭光振耀,蠁~如神。"傅毅《舞赋》:"蟉蛇姌袅,云转飘~。"❹古代朝见时大臣所执的手版,用以纪事。后作"笏"。《穆天子传》卷一:"天子大服,冕袆,帔带,搢~夹佩,奉璧南面立于寒下。"❺古代剑名。《荀子·性恶》:"桓公之葱,大公之阙,文王之录,庄君之~,阖闾之干将、莫邪、巨阙、辟闾,此皆古之良剑也。"

【曶曶】 hūhū 同"忽忽"。时间流逝迅速。

《楚辞·九章·悲回风》："岁～～其若颓兮，时亦冉冉而将至。"何景明《后白菊赋》："气厉厉兮始严，景～～兮将下。"

【曶霍】　hūhuò　一开一合，迅疾的样子。扬雄《甘泉赋》："翕赫～～，雾集而蒙合兮，半散照烂，粲以成章。"

恶　hū　见 è。

淴　hū　见"淴泱"。

【淴泱】　hūyāng　水流急速的样子。郭璞《江赋》："潏湟～～，瀸泗瀾瀹。"

惚　hū　模糊不清。《老子·二十一章》："道之为物，惟恍惟～。～兮恍兮，其中有象；恍兮～兮，其中有物。"

【惚恍】　hūhuǎng　❶似有似无，模糊不清。《老子·十四章》："是谓无状之状，无物之象，是谓～～。"潘岳《西征赋》："古往今来，邈矣悠哉，寥廓～～，化一气而甄三才。"❷幽深，幽微。夏侯湛《东方朔画赞》："此又奇怪～～，不可备论者也。"

虖　hū　❶虎吼。《说文·虍部》："～，哮虖也。"（段玉裁注："《通俗文》曰：'虎声谓之哮唬。'疑此'哮虖'当作'哮唬'。"）❷通"呼"。语气词。表感叹。《汉书·武帝纪》："呜～！何施而臻此与！"又《贾谊传》："乌～哀哉兮，逢时不祥。"❸通"乎"。语气词。表示疑问或感叹。《汉书·汲黯传》："陛下内多欲而外施仁义，奈何欲效唐虞之治～？"❹介词。相当于"于"。《墨子·尚同上》："夫明～天下之所以乱者，生于无政长。"《楚辞·惜誓》："驰骛于杳冥之中兮，休息～崑仑之墟。"

【虖池】　hūtuó　水名。即虖沱河。《周礼·夏官·职方氏》："正北曰并州……其川～～、呕夷。"也作"虖沱"。《后汉书·冯异传》："[光武]因复度～～至信都，使异别收河间兵。"详见"滹沱"。

【虖沱】　hūtuó　见"虖池"。

唿　hū　同"呼"。象声词。《红楼梦》二十一回："[袭人]拿了一领斗篷来替他盖上。只听'～'的一声，宝玉便掀过去，仍合着眼装睡。"

【唿哨】　hūshào　吹口哨。《水浒传》十九回："只听得芦花荡里打～～，众人把船摆开。"

謼（諕）　hū　同"呼"。大声呼喊。《汉书·息夫躬传》："上遣侍御史廷尉监逮躬，系洛阳诏狱，欲掠问，躬仰天大～，因僵仆。"又《贾山传》："一夫大～，天下响应者，陈胜是也。"

【謼服】　hūfú　呼叫认罪。《汉书·灌夫传》："春，[田]蚡疾，一身尽痛，若有击者，～～谢罪。"

滹　hū　见"滹沱"。

【滹沱】　hūtuó　水名。出山西繁峙县东之泰戏山，穿割太行山，东流入河北平原，在献县和滏阳河汇合为子牙河，至天津，会北运河入海。

嘑　1. hū　❶通"呼"。叫喊，呼唤。《汉书·息夫躬传》："仰天大～。"《新唐书·姚绍之传》："因～曰：'宰相有附三思者！'"❷象声词。《西游记》二十五回："向巽地上吸一口气，～的吹将去，便是一阵风。"

2. hù　❸呵叱声。见"嘑尔"。

【嘑尔】　hù'ěr　呵斥声。《孟子·告子上》："～～而与之，行道之人弗受。"

号　hú　见 háo。

搰　1. hú　❶发掘。《荀子·尧问》："深～之，而得甘泉焉。"《吕氏春秋·安死》："此其中之物，具珠玉、玩好、财物、宝器甚多，不可不～，～之必大富。"

2. gǔ　❷搅浑，搅乱。引申为乱。《吕氏春秋·本生》："夫水之性清，土者～之，故不得清。人之性寿，物者～之，故不得寿。"

囫　hú　见"囫囵"。

【囫囵】　húlún　完整，浑然一体。与"浑沦"同义。《朱子语类·论语》："道理也是一个有条理底物事，不是～～一物，如老庄所谓恍惚者。"《西游记》二十四回："[八戒]见了果子，拿过来，张开口，毂辘的～～吞咽下肚。"

狐　hú　❶狐狸。《诗经·卫风·有狐》："有～绥绥，在彼淇梁。"《战国策·楚策一》："兽见之皆走，虎不知畏己而走也，以为畏～也。"❷姓。

【狐白】　húbái　狐腋下的白毛皮。指精美的狐裘。《礼记·玉藻》："士不衣～～。"《汉书·匡衡传》："夫富贵在身而列士不誉，是有～～之裘而反衣之也。"

【狐剌】　húlà　歪斜不正。《盐铁论·非鞅》："～～之凿，虽公输子不能善其枘；畚土之基，虽良匠不能成其高。"

【狐媚】　húmèi　俗说狐狸善以媚态迷惑人，因称用手段迷惑人为狐媚。骆宾王《为徐敬业讨武曌檄》："掩袂工谗，～～偏能惑主。"

【狐魅】　húmèi　传说狐狸狡猾，善于迷人，因以比喻用阴险手段迷惑人。《洛阳伽蓝记·法云寺》："当时有妇人著彩衣者，人皆指为～～。”张鷟《朝野佥载》卷五：“[武]周有婆罗门僧惠范，奸矫～～，挟邪作蛊。”

【狐首】　húshǒu　“狐死首丘”的简称。《唐诗纪事·雍陶》：“陶蜀川上第后，稍薄亲党。其旧云安刘敬之罢举归三峡，责陶不寄书。……陶得诗悸赧，乃有～～之思。”参见“狐死首丘”。

【狐腋】　húyè　狐腋下的皮毛。元稹《代曲江老人百韵》：“韬袖夸～～，弓弦尚鹿䐐。”韩翃《送客归广平》诗：“晚杯～～暖，春雪马毛寒。”

【狐疑】　húyí　俗传狐性多疑，因以称人多疑，遇事犹豫不决。《汉书·楚元王传》：“决断～～，分别犹豫。”陈东《上高宗第一书》：“前日之祸，正坐朝廷主议不定，用人不专，～～犹豫，遂致大变。”

【狐白裘】　húbáiqiú　❶以狐腋白毛部分制成的皮衣。《史记·孟尝君列传》：“此时孟尝君有一～～～，直千金，天下无双。”杜甫《锦树行》：“王陵豪贵反颠倒，乡里小儿～～～。”❷比喻精美的事物。胡寅《和朱成伯》诗：“持身贵比琥璜爵，得句精如～～～。”

【狐死首丘】　húsǐshǒuqiū　传说狐狸将死，头必朝向出生的山丘。比喻不忘本或对故乡的思念。《淮南子·说林训》：“鸟飞反乡，兔走归窟，～～～～，寒将翔水，各哀其所生。”《晋书·张轨传》：“～～～～，心不忘本。”

弧　hú　❶木弓。《周易·系辞下》：“古者弦木为～，剡木为矢，弧矢之利，以威天下。”张衡《东京赋》：“桃～棘矢，所发无臬。”❷张旗的竹弓。《礼记·明堂位》：“是以鲁君孟春乘大路，载～韣。”❸弯曲。《周礼·考工记·辀人》：“凡揉辀欲其孙而无～深。”❹违戾，歪曲。《楚辞·七谏·谬谏》：“邪说饰而多曲兮，正法～而不公。”❺星名。《楚辞·九思·守志》：“彀天～兮䠶奸。”见“弧矢②”。

【弧旌】　hújīng　绘有弧星图形的军旗，以象征天讨。《周礼·考工记·辀人》：“～～枉矢，以象弧也。”张衡《西京赋》：“～～枉矢，虹旃蜺旄。”

【弧刺】　húlà　弯斜不正的弓。《盐铁论·申韩》：“是以圣人审于是非，察于治乱，故设明法，陈严刑，防非矫邪，若隐括(栝)辅檠之正～～也。”

【弧矢】　húshǐ　❶弓和箭。《周易·系辞下》：“古者弦木为弧，剡木为矢，～～之利，以威天下。”班固《答宾戏》：“逢蒙绝技于～～，般输摧巧于斧斤。”❷星名。又名天弓，属井宿。共有九星，位于天狼星东南。因形似弓箭，故名。卢仝《月蚀诗》：“～～引满反射人，天狼呀啄明煌煌。”后来诗文中因以比喻战乱。杜甫《草堂》诗：“～～暗江海，难为游五湖。”

【弧张】　húzhāng　捕捉猛兽的罗网。《周礼·秋官·冥氏》：“掌设～～，为阱擭以攻猛兽。”

胡　hú　❶兽类颔下的垂肉。《诗经·豳风·狼跋》：“狼跋其～，载疐其尾。”《汉书·郊祀志上》：“有龙垂～顊下迎黄帝。”❷颈。《汉书·金日磾传》：“日磾捽～投何罗殿下，得禽缚之，穷治皆伏辜。”❸戈戟之刃曲而下垂的部分。《周礼·考工记·冶氏》：“戈广二寸，内倍之，～三之，援四之。”❹长寿。见“胡考”。❺远，大。见“胡福”。❻多须。李商隐《骄儿》诗：“或谑张飞～，或笑邓艾吃。”❼何，何故。《战国策·齐策四》：“昭王笑而谢之，曰：‘客～为若此，寡人直与客论耳！’”陶渊明《归去来兮辞》：“田园将芜，～不归？”❽任意乱来。朱熹《答柯国材》：“一阴一阳，不记旧说，若如所示，即亦是谬妄之说，不知当时如何敢～说？”❾国名。春秋时为楚所灭。见《左传·定公十五年》。其地在今安徽阜阳西北。❿我国古代泛称北方边地与西域的民族为胡，后也泛指一切外国为胡。见“胡人”。⓫通“瑚”。古代祭器。见“胡簋”。⓬姓。

【胡曹】　húcáo　人名。传说为黄帝臣，始作衣。《吕氏春秋·勿躬》：“大桡作甲子，黔如作虏首，……～～作衣。”

【胡柴】　húchái　犹胡扯。乱说。元明戏曲、小说常用语。高明《琵琶记·义仓赈济》：“末白：‘一口～～！’”《西游记》六十八回：“众臣怒曰：‘你这和尚甚不知礼！怎么敢这等满口～～！’”

【胡床】　húchuáng　一种可以折叠的轻便坐具。《后汉书·五行志一》：“灵帝好胡服、胡帐、～～、胡坐、胡饭、胡空侯、胡笛、胡舞，京都贵戚皆竞为之。”《三国志·魏书·苏则传》：“后则从行猎，槎桎拔，失鹿，帝大怒，踞～～拔刀，悉收督吏，将斩之。”

【胡福】　húfú　大福。《仪礼·士冠礼》：“敬尔威仪，淑慎尔德，眉寿万年，永受～～。”

【胡宫】　húgōng　春秋齐离宫名。《晏子春秋·谏上》：“是以民苦其政，而世非其行，故身死乎～～而不举，虫出而不收。”

【胡耇】　húgǒu　老人。亦指年老。《左传·僖公二十二年》：“且今之勍者，皆吾敌也，虽及～～，获则取之；何有于二毛？”

【胡簋】 húguǐ 宗庙的祭器。《左传·哀公十一年》:"仲尼曰:'~~之事,则尝学之矣;甲兵之事,未之闻也。'"也作"瑚簋"。《潜夫论·赞学》:"夫~~之器,朝祭之服,其始也乃山野之木,蚕茧之丝耳。"

【胡姬】 hújī 指西域出生的少女。古人诗中常泛指酒店中卖酒的年轻女子。辛延年《羽林郎》诗:"~~年十五,春日独当垆。"李白《少年行》之二:"落花踏尽游何处?笑入~~酒肆中。"

【胡笳】 hújiā 我国古代北方民族的管乐器,传说由汉代张骞从西域传入。蔡琰《悲愤诗》之二:"~~动兮边马鸣,孤雁归兮声嘤嘤。"

【胡考】 húkǎo 长寿者,老年人。《诗经·周颂·载芟》:"有椒其馨,~~之宁。"

【胡卢】 húlú 喉间的笑声。《孔丛子·抗志》:"卫君乃~~大笑。"《聊斋志异·促织》:"掩口~~而笑。"

【胡禄】 húlù 藏箭的器具。与弓俱带于腰右。《新唐书·兵志》:"人具弓一,矢三十,~~、横刀、砺石、大觿、毡帽、毡装、行縢皆一。"或作"胡簶"。辛弃疾《鹧鸪天·有客慨然谈功名因追念少年时事戏作》词:"燕兵夜娖银~~,汉箭朝飞金仆姑。"也作"胡簏"。《史记·魏公子列传》"平原君负韊矢为公子先引"司马贞索隐:"韊音兰,谓以盛矢,如今之~~而短也。"

【胡人】 húrén ❶我国古代对北方边地及西域各民族的称呼。《史记·秦始皇本纪》:"乃使蒙恬北筑长城而守藩篱,却匈奴七百馀里,~~不敢南下而牧马,士不敢弯弓而报怨。"李颀《听董大弹胡笳声兼寄语弄房给事》诗:"~~落泪沾边草,汉使断肠对归客。"❷汉以后也泛指外国人。干宝《搜神记》卷二:"晋永嘉中,有天竺~~,来渡江南。"

【胡哨】 húshào 撮口作声,或用手指放在嘴里用力吹出的声响,多用作共同行动或招集伙伴的信号。俗称打胡哨。秦简夫《赵礼让肥》二折:"珰珰的一声锣响,飕飕的几声~~。"《水浒传》四十二回:"众猎户打起~~来,一霎时聚起三五十人。"

【胡绳】 húshéng 香草名。《楚辞·离骚》:"矫菌桂以纫蕙兮,索~~之纚纚。"

【胡寿】 húshòu 长寿。《仪礼·少牢馈食礼》:"主人受祭之福,~~保建家室。"

【胡孙】 húsūn 猴的别名。慧琳《一切经音义》卷一百:"猴者猿猴,俗曰~~。"苏轼《东坡志林·高丽》:"~~作人状,折旋俯仰中度。"

【胡梯】 hútī 俗称扶梯、楼梯。洪迈《夷坚志补》卷十五:"若会宴亲戚,则椅桌杯盘,悉如有人持携,从~~而下。"

【胡星】 húxīng 指昴星。古人以天象附会人事,认为昴星象征胡。《史记·天官书》:"昴曰髦头,~~也。"后用以比喻边地战争中敌兵势焰。李白《出自蓟北门行》:"虏阵横北荒,~~耀精芒。"陆游《长歌行》:"~~澹天光,龙庭为飞烟。"

【胡颜】 húyán 犹言"有何面目",意谓极度惭愧。《三国志·魏书·陈思王植传》:"以罪弃生,则违古贤夕改之劝;忍垢苟全,则犯诗人~~之讥。"杜甫《种莴苣》诗:"苋也无所施,~~入筐篚。"

【胡越】 húyuè ❶胡地在北,越在南,比喻疏远,隔绝。《史记·鲁仲连邹阳列传》:"故意合则~~为昆弟。"❷古时中原胡越之间常有战祸。因以比喻祸患。《史记·司马相如列传》:"今陛下好陵阻险,射猛兽,卒然遇轶材之兽,骇不存之地……是~~起于毂下,而羌夷接轸也,岂不殆哉!"

壶(壺) hú ❶古代一种盛酒浆或粮食的器皿。李白《月下独酌》诗:"花间一~酒,独酌无相亲。"后也泛指大腹可盛液体的器物。如茶壶、唾壶等。❷古代滴水计时之器。《礼记·丧大记》:"君丧,虞人出木角,狄人出~。"(郑玄注:"壶,漏水之器也。")❸古代宴客时,宾主相互娱乐的器具,玩时以箭投壶中,凭箭投中的多少决定胜负。参见"投壶"。❹通"瓠"。瓠瓜,也叫葫芦。《诗经·豳风·七月》:"七月食瓜,八月断~。"㊉特指盛药的葫芦。《后汉书·费长房传》:"市中有老翁卖药,悬一~于肆头。"❺通"胡"。大。见"壶蜂"。❻姓。

【壶蜂】 húfēng 即胡蜂。《方言》卷十一:"蜂,燕赵之间谓之蠓螉……其小者谓蠮螉,或谓之蚴蜕,其大而蜜,谓之~~。"(钱绎《笺疏》:"壶,古字与'胡'通。胡,大也。")

【壶公】 húgōng 传说中的仙人名,所指各异。东汉费长房曾为市掾。市中有老翁卖药,悬一壶于座,市罢,跳入壶内。长房于楼上见之,知为非常人,因向学道。见《后汉书·费长房传》、葛洪《神仙传》。郦道元《水经注·汝水》谓壶公姓王。又有壶公谢元,卖仙药。见《三洞珠囊》。庾信《小园赋》:"若夫一枝之上,巢父得安巢之所;一壶之中,~~有容身之地。"后为神仙的泛称。杜甫《寄司马山人》诗:"家家迎蓟子,处处识~~。"

【壶浆】 hújiāng 酒浆。以壶盛之,故称。

《孟子·梁惠王下》:"箪食～～以迎王师。"《公羊传·昭公二十五年》:"国子执～～。"

【壶漏】　húlòu　古代计时器的一种。米芾《咏潮》:"势与月轮齐朔望,信如～～报晨昏。"《红楼梦》七十六回:"～～声将涸,窗灯焰已昏。"

【壶丘】　húqiū　❶地名。春秋时陈邑,在今河南新蔡县东南。《左传·文公九年》:"楚侵陈,克～～。"❷复姓。春秋时郑有壶丘子林。

【壶人】　húrén　掌管漏壶计时的人。任昉《齐竟陵文宣王行状》:"清猨与～～争旦,缇幙与素濑交辉。"刘宪《奉和幸三会寺应制》:"戒旦～～集,翻霜羽骑来。"

【壶觞】　húshāng　盛酒的器具。借指酒。陶渊明《归去来兮辞》:"引～～以自酌,眄庭柯以怡颜。"白居易《将至东都先寄令狐留守》诗:"东都添个狂宾客,先报～～风月知。"

【壶士】　húshì　养士。《管子·法禁》:"～～以为己资,修田以为己本。"(郭沫若注:"壶"殆假为"餔","壶士"犹言养士。)

【壶飧】　húsūn　壶盛的汤饭。《左传·僖公二十五年》:"昔赵衰以～～从径,馁而弗食。"《资治通鉴·汉献帝建安十四年》:"至令士大夫故污辱其衣,藏其舆服;朝府大吏,或自挈～～以入官寺。"又作"壶餐"。《韩非子·外储说左下》:"晋文公出亡,箕郑挈～～而从,迷而失道,与公相失,饥而道泣,寝饿而不敢食。"

【壶天】　hútiān　传说东汉费长房为市掾时,市中有一老翁卖药,悬一壶于肆头,市罢,则跳入壶中。长房见之,知为非常人。次日复诣翁,翁与俱入壶中,唯见玉堂华丽,旨酒甘肴盈衍其中,共饮毕而出。事见《后汉书·费长房传》。后道家因以"壶天"谓仙境,胜境。张乔《古观》诗:"洞水流花草,～～闭雪春。"王安石《上元戏呈贡父》诗:"别开阊阖～～外,特起蓬莱陆海中。"也作"壶中天"。白居易《酬吴七见寄》诗:"谁知市南地,转作～～～。"陆游《壶天阁》诗:"乃知～～～,端胜缩地脉。"

瓠　1. hú　❶即葫芦。《庄子·逍遥遊》:"魏王贻我大～之种。"❷通"壶"。《汉书·贾谊传》:"斡弃周鼎,宝康～兮。"❸姓。

2. hù　❹瓠瓜。蔬菜名。虞集《题〈渔村图〉》诗:"已烹甘～当早餐,更撷寒蔬共萑席。"

3. huò　❺见"瓠落"。

【瓠肥】　húféi　比喻胖而壮。苏轼《后杞菊赋》:"或糠覈而～～,或粱肉而墨瘦。"陆游《书叹》诗:"布衣儒生例骨立,纨裤市儿皆～～。"

【瓠犀】　húxī　瓠瓜的子。因其洁白整齐,常以比喻女子的牙齿。《诗经·卫风·硕人》:"齿如～～,螓首蛾眉。"权德舆《杂兴》之四:"新妆对镜知无比,微笑时时出～～。"

【瓠落】　huòluò　也作"濩落"、"廓落"。空廓的样子。《庄子·逍遥遊》:"惠子谓庄子曰:'魏王贻我大瓠之种,我树之成而实五石,……剖之以为瓢,则～～无所容。'"

餬(餬)　hú　饼类食物。孟元老《东京梦华录·清明节》:"[大寒食]前一日谓之炊熟,用面造枣～飞燕,柳条串之,插于门楣,谓之'子推燕'。"

斛(㪶)　1. hú　❶古代量器,容十斗。《庄子·胠箧》:"为之斗～以量之,则并与斗～而窃之。"❷容量单位。南宋以前,十斗为一斛,南宋末年改作五斗一斛。《三国志·魏书·武帝纪》:"是岁谷一～五十馀万钱。"《汉书·高帝纪上》:"关中大饥,米～万钱,人相食。"❸姓。

2. jiào　❹通"斠"。较量。扬雄《太玄经·棿》:"日月相～,星辰不相触。"

【斛斗】　húdǒu　斛斗都是计算粮食的量器,因亦作粮食的代称。《旧唐书·食货志下》:"唯贮～～匹段丝麻等。"欧阳修《请耕禁地劄子》:"人户既阻险远,不能辇运,遂赍金银绢钱等物,就沿边贵价私籴北界～～。"

【斛律】　húlǜ　复姓。北齐有斛律金、斛律羡等。

【斛斯】　húsī　复姓。北魏有斛斯椿,北周有斛斯征等。

湖　hú　❶湖泊。枚乘《七发》:"左江右～,其乐无有。"杜甫《秋兴》之七:"关塞极天惟鸟道,江～满地一渔翁。"❷指湖州。在今浙江省。以产笔著名于世。

葫　hú　❶大蒜。因大蒜自西域传入,故名。《玉篇·艸部》:"～,大蒜也。"❷见"葫芦"。

【葫芦】　húlú　❶植物名。又叫蒲芦、壶芦、匏瓜。夏天开花,秋天实熟,形状像重叠的两个圆球。嫩时可食。或用以盛物。❷古代一种盛器。冯贽《云仙杂记》卷四引《诗源指诀》:"王筠好弄～～,每吟诗,则注于葫,倾已复注,若掷之于地,则诗成矣。"

【葫芦提】　húlútí　犹言糊涂。亦作"葫芦蹄"。宋、元时口语,元曲中常用。张耒《明道杂志》:"钱穆父内相本以文翰风流著称,而尹京为近时第一……一日,因决一大滞狱,内外称之。会朝处,苏长公誉之曰:'所谓霹雳手也。'钱曰:'安能霹雳手?仅免～～也。'"关汉卿《窦娥冤》三折:"看～～～赏罪愆,着窦娥身首不完全。"

搰 1. hú ❶发掘,掘出。《国语·吴语》:"夫谚曰:'狐埋之,而狐～之。'是以无成功。"❷扰乱。宗懔《荆楚岁时记》:"[荼、郁]简百鬼,鬼妄～人,援以苇索,执以食虎。"

2. kū ❸见"搰搰"。

【搰搰】 kūkū 用力的样子。《庄子·天地》:"[子贡]见一丈人,方将为圃畦,凿隧而入井,抱瓮而出灌,～～然用力甚多,而见功寡。"杜甫《盐井》诗:"汲井岁～～,出车日连连。"

喖 hú 见"唿喖"。

餬(餬) hú ❶稠粥。《尔雅·释言》:"～,饘也。"❷以薄粥维持生活。《左传·隐公十一年》:"寡人有弟,不能和协,而使～其口于四方。"

鹄(鵠) 1. hú ❶天鹅。《庄子·天运》:"夫～不日浴而白。"《史记·滑稽列传》:"昔者,齐王使淳于髡献～于楚。"❷白色。见"鹄发"。

2. gǔ ❸箭靶的中心。《礼记·射义》:"故射者各射己之～。"㉑目的,目标。黄庭坚《次韵冕仲考进士试卷》:"注金无全功,窃发或中～。"龚自珍《送钦差大臣侯官林公序》:"我之言,公之～矣。"

3. hè ❹通"鹤"。《庄子·庚桑楚》:"越鸡不能伏～卵。"

4. hào ❺通"浩"。大。《吕氏春秋·下贤》:"～乎其羞用智虑也。"

【鹄鼎】 húdǐng 《楚辞·天问》"缘鹄饰玉,后帝是飨"王逸注:"后帝谓殷汤也。言伊尹始仕,因缘烹鹄鸟之羹,修玉鼎以事于汤,汤贤之,遂以为相也。"后因以鹄鼎喻佳肴。梁简文帝《卦名诗》:"丰壶要上客,～～命嘉宾。"

【鹄发】 húfà 犹鹤发。白发。《后汉书·吴良传赞》:"大仪～～,见表宪王。"(大仪:吴良字。)

【鹄国】 húguó 神话国名。东方朔《神异经·西荒经》:"西海之外有～～焉。男女皆长七寸,为人自然有礼,好经纶拜跪。其人皆寿三百岁,其行如飞,日行千里,百物不敢犯之,惟畏海鹄,过辄吞之,亦寿三百岁。此人在鹄腹中不死,而鹄一举千里。"

【鹄立】 húlì 如鹄引颈而立。比喻盼望。《后汉书·袁绍传》:"今整勒士马,瞻望～～。"苏轼《正月十四夜扈从端门观灯三绝》之一:"侍臣～～通明殿,一朵红云捧玉皇。"

【鹄企】 húqǐ 如鹄企足而望。《晋书·张祚传》:"苍生所以～～西望,四海所以注心大凉,皇天垂赞,士庶效死者,正以先公道高彭昆,忠逾西伯,万里通虔,任节不贰故也。"

【鹄书】 húshū 鹄头体的诏书。柳宗元《故殿中侍御史柳公墓表》:"四方闻风,交驰～～,载笔乘轺,乃作参谋。"

【鹄头】 hútóu 书体名。即鹤头书。吕诚《次韵答偶武孟》:"犹忆当年应～～,诗名从此达南洲。"

【鹄望】 húwàng 伸长脖子翘望。《晋书·乞伏乾归载记》:"陛下应运再兴,四海～～,岂宜固守谦冲,不以社稷为本?"成公绥《螳螂赋》:"戢翼鹰峙,延颈～～。"

【鹄膝】 húxī 即鹤膝。旧体诗八病之一。苏轼《和流杯石上草书小诗》:"蜂腰～～嘲希逸,春蚓秋蛇病子云。"(希逸:南朝宋谢庄。子云:南朝梁萧子云。)

【鹄钥】 húyào 古代禁门的门锁。其形似鹄,故名。郑锡《长乐钟赋》:"鸡人未唱,～～犹封。"

【鹄的】 gǔdì 箭靶的中心。《战国策·齐策五》:"今夫～～,非咎罪于人也,便弓引弩而射之,中者则善,不中则愧。"

猢 hú 见"猢狲"。

【猢狲】 húsūn 即猴子。张鷟《朝野佥载》:"杨仲嗣躁急,号热鏊上～～。"杨万里《无题》诗:"坐看～～上树头,旁人只恐堕深沟。"

瑚 hú 古代祭祀时盛黍稷的器皿。《礼记·明堂位》:"夏后氏之四连,殷之六～,周之八簋。"

【瑚琏】 húliǎn 瑚、琏都是古代祭祀时用以盛黍稷的器皿。因其贵重,常用以比喻才干高、能胜任大事的人。《论语·公冶长》:"子贡问曰:'赐也何如?'子曰:'女,器也。'曰:'何器也?'曰:'～～也。'"《魏书·李平传》:"实廊庙之～～,社稷之桢干。"

鹕(鶘) hú 鹈鹕,一种善于捕鱼的水鸟。《汉书·五行志中之下》:"昭帝时有鹈～,或曰秃鹙,集昌邑王殿下。"

鹘 hú 见 gǔ。

糊 hú ❶稠粥。字又作"餬"。梅尧臣《次韵和景仁对雪》:"奕奕将如舞,漫漫欲似～。"❷浆糊。冯贽《云仙杂记》卷五引《宣武盛事》:"日用面一斗为～,以供缄封。”❸涂抹或粘结物品。《世说新语·巧艺》注引《晋阳秋》:“[顾恺之]曾以一厨书寄桓玄,皆其绝者,深所珍惜,悉～题其前。”鲍照《芜城赋》:“制磁石以御冲,～赪壤以飞文。”㊂泛指遮掩。郑愚《大圆禅师碑铭》:“云～天,月不明。”

【糊口】 húkǒu 吃粥。比喻生活困难,勉强维持。《魏书·崔浩传》:“今既～～无以至来秋,来秋或不熟,将如之何?”《儒林外史》四十一回:“我自小学些手工针黹,因来到这南京大邦去处,借以～～。”

【糊名】 húmíng 古代科举考试防止舞弊的措施之一。试卷糊其姓名,使考官难以徇私作弊。曾巩《请令州县特举士劄子》:“其课试不用～～誊录之法,使之通一艺以上者,非独采用汉制而已。”

槲 hú 一种落叶乔木。李贺《高平县东私路》诗:“侵侵～叶香,木花滞寒雨。”温庭筠《烧歌》:“风驱～叶烟,～树连平山。”

蝴 hú 见“蝴蝶”。

【蝴蝶】 húdié 昆虫名。关汉卿《蝴蝶梦》二折:“飞将一个大～～来,救出这～～去了。”《红楼梦》二十七回:“忽见前面一双玉色～～,大如团扇,一上一下,迎风翩跹,十分有趣。”

衚 hú 见“衚衕”。

【衚衕】 hútòng 巷,小街道。王实甫《丽春堂》一折:“排列着左军也那右军,恰便是锦～～。”无名氏《孟母三移》二折:“辞别了老母,俺串～～去来。”

螜 hú 虫名。即蝼蛄,俗称土狗。《大戴礼记·夏小正》:“～则鸣。～,天蝼也。”参见“蝼”。

縠 hú 绉纱一类的丝织品。《史记·孟尝君列传》:“今君后宫蹈绮～而士不得裋褐,仆妾馀粱肉而士不厌糟糠。”《后汉书·舆服志下》:“方山冠,似进贤,以五采～为之。”

【縠纹】 húwén 绉纹。比喻水的波纹。苏轼《临江仙·夜归临皋》词:“夜阑风静～～平。”范成大《插秧》诗:“种密移疏绿毯平,行间清浅～～生。”

醐 hú 醍醐。从酥酪中提制的奶油。《集韵·模韵》:“～,醍醐,酥之精液。”元稹《酬乐天江楼夜吟稹诗因成三十韵》:“甘蔗销残醉,醍～醒早眠。”

觳 1. hú ❶通“斛”。古代量器名,又为容量单位。一觳为周制一斗二升。《周礼·考工记·陶人》:“鬲实五～,……庾实二～。”❷见“觳觫”。

2. què ❸通“确”。瘠薄,贫瘠。《庄子·天下》:“其生也勤,其死也薄,其道大～。”❹简陋。《史记·秦始皇本纪》:“尧舜采椽不刮,茅茨不翦,饭土塯,啜土形,虽监门之养,不～于此。”❺节俭。《新唐书·令狐峘传》:“其奉君亲,皆以俭～为无穷计。”❻脚背。《仪礼·既夕礼》:“有前后裳,不辟,长及～。”

3. jué ❼通“角”。较量。《韩非子·用人》:“争讼止,技长立,则强弱不～力,冰炭不合形,天下莫得相伤,治之至也。”

【觳觫】 húsù ❶恐惧的样子。《孟子·梁惠王上》:“王曰:‘舍之。吾不忍其～～,若无罪而就死地。’”《论衡·恢国》:“齐宣王怜衅钟之牛,睹其色之～～也。”❷指牛。皎然《送顾处士歌》:“门前便取～～乘,腰上还将鹿卢佩。”

【觳土】 quètǔ 瘠薄的土壤。《管子·地员》:“～～之次曰五凫,五凫之状,坚而不骼。”

【觳抵】 juédǐ 同“角抵”。角力。《史记·李斯列传》:“是时二世在甘泉,方作～～优俳之观。”

瀫 hú ❶水声。《集韵·屋韵》:“～,水声。”❷水名。见“瀫江”。

【瀫江】 hújiāng 水名。今浙江省金华县境,又名衢江。自龙游至兰溪一段因水回旋如縠纹,故名。

许 hǔ 见 xǔ。

虎 hǔ ❶兽名。通称老虎。《战国策·楚策一》:“～求百兽而食之。”❷比喻威武勇猛。见“虎臣”、“虎将”。❸姓。

【虎拜】 hǔbài 《诗经·大雅·江汉》:“虎拜稽首:天子万年,作召公考。”召穆公名虎,因征伐淮夷有功,宣王赏予土地礼器,召公稽首拜谢。后因称大将拜君为虎拜。陶宗仪《送邵升远应聘之京》诗:“天威咫尺黄金阙,～～三千白玉墀。”

【虎榜】 hǔbǎng 进士榜称龙虎榜,简称虎榜。《新唐书·欧阳詹传》:“举进士,与韩愈、李观、李绛、崔群、王涯、冯宿、庾承宣联第,皆天下选,时称‘龙虎榜’。”刘克庄《挽林侍郎》诗之一:“揭晓名高推～～,凌云赋奏动龙颜。”清代,专指武科榜为虎榜。

【虎奔】 hǔbēn 即虎贲。《宋书·百官志下》:“虎贲中郎将,……虎贲旧作～～,言如虎之奔走也。”

【虎贲】 hǔbēn ❶勇士的通称。《战国策·楚策一》:“[秦]～～之士百馀万,车千乘,骑万匹,粟如丘山。”《史记·周本纪》:“遂率戎车三百乘，～～三千人，甲士四万伍千人，以东伐纣。”❷官名。皇宫卫队将领。虎贲，言如虎之奔走，比喻勇猛。《周礼·夏官》有虎贲氏，汉有虎贲中郎将、虎贲郎，历代沿用，至唐始废。《后汉书·献帝伏皇后纪》：“旧仪：三公领兵朝见，令～～执刃挟之。”《世说新语·贤媛》：“魏明帝遣～～收之。”

【虎变】 hǔbiàn 如虎身花纹斑斓多变。《周易·革》：“象曰：大人～～，其文炳也。”(孔颖达疏：“损益前王，创制立法，有文章之美，焕然可观，有似虎变，其文彪炳。”)后常以比喻行动变化莫测，或文章绮丽，富有波澜。李白《梁甫吟》：“大贤～～愚不测，当年颇似寻常人。”陆机《文赋》：“或～～而兽扰，或龙见而鸟澜。”

【虎步】 hǔbù 形容举动的威武，也指称雄于一方。《三国志·魏书·刘表传》注引《汉晋春秋》：“若给[王]威奇兵数千，徼之于险，[曹]操可获也。获操即威震天下，坐而～～，中夏虽广，可传檄而定。”又《夏侯渊传》：“宋建造为乱逆三十馀年，渊一举灭之，～～关右，所向无前。”

【虎臣】 hǔchén 勇猛之臣。《汉书·赵充国传》：“汉命～～，惟后将军，整我六师，是讨是震。”《三国志·蜀书·关羽传评》：“关羽、张飞皆称万人敌，世之～～。”

【虎夫】 hǔfū 猛士。张衡《东京赋》：“髶髦被绣，～～戴鹖。”卢思道《为隋檄陈文》：“～～万队，豹骑千群。”

【虎符】 hǔfú 兵符，古代调兵遣将的信物。铜铸，虎形，背有铭文，分两半，右半留中央，左半授予统兵将帅或地方长官。调兵时由使臣持符验合，方能生效。《史记·齐悼惠王世家》：“魏勃绐召平曰：‘王欲发兵，非有汉～～验也。’”又《魏公子列传》：“公子诚一开口请如姬，如姬必许诺，则得～～夺晋鄙军。”

【虎冠】 hǔguān 勇士戴的帽子。李贺《荣华乐》诗：“峨峨～～上切云，竦剑晨趋凌紫氛。”

【虎将】 hǔjiàng 勇将。《三国志·吴书·诸葛瑾传》：“宁能御雄才～～以制天下乎?”李白《赠张相镐》诗之一：“～～如雷霆，总戎向东巡。”

【虎节】 hǔjié ❶古代使节所持的虎形信物。《周礼·地官·掌节》：“凡邦国之使节，山国用～～，土国用人节，泽国用龙节，皆金也。”窦牟《奉使至邢州赠李八使君》诗：“独占龙冈部，深持～～居。”❷泛指符节。颜真卿《赠僧皎然》诗：“龙池护清激，～～到深邃。”

【虎舅】 hǔjiù 指猫。陆游《嘲畜猫》诗自注：“俗言猫为～～，教虎百为，惟不教上树。”

【虎据】 hǔjù 犹言割据称强。《三国志·魏书·常林传》：“今主上幼冲，贼臣～～，华夏震慄，雄才奋用之秋也。”

【虎踞】 hǔjù 形容形势雄伟，如虎之蹲踞。王勔《游北山赋》：“石当阶而～～，泉映牖而龙吟。”李白《永王东巡歌》之四：“龙蟠～～帝王州，帝子金陵访古丘。”

【虎口】 hǔkǒu ❶比喻危险的境地。《战国策·齐策三》：“今秦四塞之国，譬若～～，而君入之，则臣不知所出矣。”司马迁《报任少卿书》：“且李陵提步卒不满五千，深践戎马之地，足历王庭，垂饵～～，横桃强胡，仰亿万之师，与单于连战十有馀日，所杀过当。”❷拇指和食指中间连接的部分。洪迈《夷坚三志》卷七：“足滑而跌，闪肋伤右～～，痕广寸馀。”

【虎牢】 hǔláo 春秋郑国地名。旧城在今河南荥阳汜水镇。也称虎牢关。《穆天子传》卷五：“天子命为柙，而畜之东虢，是曰～～。”

【虎落】 hǔluò 遮护城堡或营寨的篱笆。《汉书·晁错传》：“要害之处，通川之道，调立城邑，毋下千家，为中周～～。”姜夔《翠楼吟》词：“月冷龙沙，尘清～～。”也称“虎路”。《汉书·扬雄传上》：“尔乃～～三嵏以为司马，围经百里而为殿门。”

【虎门】 hǔmén ❶天子、诸侯正室之门。古帝王视朝于此，门外画虎像，故称虎门。《周礼·地官·师氏》：“居～～之左，司王朝。”❷国子学的别称。《洛阳伽蓝记·景明寺》：“自王室不靖，～～业废。”❸地名。在广东东莞市，珠江三角洲东南侧，扼狮子洋外口，为珠江主要出海口。又称虎头门。

【虎貔】 hǔpí 虎和貔。比喻战士勇猛。杨巨源《寄申州卢拱使君》诗：“领郡仍闻总～～，致身还是见男儿。”李商隐《韩碑》诗：“行军司马智且勇，十四万众犹～～。”

【虎魄】 hǔpò 即琥珀。古代松柏类植物脂液的化石。《汉书·西域传》：“出封牛、水牛、……珠玑、珊瑚、～～、璧流离。”也作“虎珀”。左思《蜀都赋》：“其间则有～～、丹青、江珠……晖丽灼烁。”

【虎丘】 hǔqiū 山名。在江苏苏州西北阊门外，一名海涌山。相传春秋时吴王阖闾葬于此，三日有虎踞其上，故名。《越绝书·外传记吴地传》：“阖庐冢在阊门外，名～～。”

【虎石】 hǔshí 《汉书·李广传》:“广出猎,见草中石,以为虎而射之,中石没矢,视之,石也。”后因以“虎石”形容弓劲善射。李湜《唐江州冲阳观碑》:“弓传～～,将军横北塞之勋;构袭龙门,司隶擅东都之望。”

【虎士】 hǔshì 勇士。《周礼·夏官·序官》:“～～八百人。”《三国志·魏书·许褚传》:“即日拜都尉,引入宿卫。诸从褚侠客,皆以为～～。”李白《送赵判官赴黔府中丞叔幕》诗:“～～秉金钺,蛾眉开玉樽。”

【虎视】 hǔshì 如虎之雄视,将有所攫取。《周易·颐》:“～～眈眈,其欲逐逐。”也用来形容威武强盛。《后汉书·班固传》:“周以龙兴,秦以～～。”潘勗《册魏公九锡文》:“君龙骧～～,旁眺八维。”《三国志·魏书·武帝纪评》:“袁绍～～四州,强盛莫敌。”应璩《与侍郎曹长思书》:“王肃以宿德显授,何曾以后进见拔,皆鹰扬～～,有万里之望。”

【虎首】 hǔshǒu 星名。即觜觿三星。属西方白虎星座,以像虎首而名。《史记·天官书》:“参为白虎。……小三星隅置,曰觜觿,为～～,主葆旅事。”

【虎书】 hǔshū 古代传说中的一种字体。韦续《墨薮》卷一:“周文王时,史佚作～～。”

【虎头】 hǔtóu ❶旧时相家以为贵相。《东观汉记》卷十六:“相者曰:生燕颔～～,飞而食肉,此万里侯相也。”《南史·陈宣帝纪》:“帝貌若不慧,魏将杨忠门客张子照见而寄之,曰:‘此人～～,当大贵也。’”❷晋顾恺之小字。杜甫《题玄武禅师屋壁》诗:“何年顾～～,满壁画瀛洲。”

【虎威】 hǔwēi 老虎的威风。比喻武将勇猛无前的气概。汪遵《乌江》诗:“兵散弓残挫～～,单枪匹马突重围。”

【虎闱】 hǔwéi 国子学的别称。国子学在虎门之左,故称虎闱。王融《三月三日曲水诗序》:“出龙楼而问竖,入～～而齿胄。”《魏书·世宗纪》:“丁卯,诏曰:‘迁京嵩县,年将二纪,～～阙唱演之音,四门绝讲诵之业。’”

【虎吻】 hǔwěn 犹虎口。比喻险境。嵇康《明胆论》:“盗跖窜身于～～,穿窬先首于沟渎。”桓温《荐谯元彦表》:“凶命屡招,奸威仍逼,身寄～～,危同朝露,而能抗节玉立,誓不降辱。”

【虎穴】 hǔxué 虎的洞穴。比喻危险的境地。《后汉书·班超传》:“不入～～,不得虎子。”杜牧《题永崇西平王宅太尉愬院六韵》:“半夜龙骧去,中原～～空。”

【虎翼】 hǔyì 如虎添翼。比喻权势加剧。《后汉书·翟酺传》:“今外戚宠幸,功均造化,……臣恐威权外假,归之良难,～～一奋,卒不可据。”

【虎鸷】 hǔzhì 虎、鸷是凶猛的鸟兽,比喻勇猛的战士。《战国策·韩策一》:“秦带甲百馀万,车千乘,骑万匹,～～之士,跿跔科头,贯颐奋戟者,至不可胜计也。”

【虎竹】 hǔzhú 兵符。虎,虎符。竹,竹使符。二者都是调兵的信物。鲍照《拟古》诗:“留我一白羽,将以分～～。”李白《塞下曲》之五:“将军分～～,战士卧龙沙。”

【虎而冠】 hǔ'érguàn 虽穿衣戴帽而凶残似虎。《史记·齐悼惠王世家》:“齐王母家驷钧,恶戾,～～～者也。”又《酷吏列传》:“其爪牙吏,～～～。”也省作“虎冠”。《后汉书·酷吏传序》:“致温舒有～～之吏,延年受屠伯之名,岂虚也哉!”

浒(滸) 1. hǔ ❶水边。《诗经·王风·葛藟》:“緜緜葛藟,在河之～。”李白《丁督护歌》:“万人凿盘石,无由达江～。”

2. xǔ ❷地名用字。如“浒墅”,在今江苏吴县西北;又如“浒浦”,在今江苏常熟县。

僬 hǔ 见chí。

琥 hǔ 雕成虎形的玉器。《左传·昭公三十二年》:“赐子家子双～、一环、一璧、轻服,受之。”

【琥珀】 hǔpò 松柏树脂的化石,淡黄色、褐色或红褐色,可以做装饰品。李白《客中行》:“兰陵美酒郁金香,玉碗盛来～～光。”

户 hù ❶单扇门。一扇为户,两扇为门。泛指门。《老子·四十七章》:“不出～,知天下。”《史记·田敬仲完世家》:“须臾,王鼓琴,驺忌子推～入曰:‘善哉鼓琴!’”❷住户。一家谓一户。《战国策·赵策一》:“请以三万～之都封太守,千～封县令。”《史记·秦始皇本纪》:“徙天下豪富于咸阳十二万～。”❸户口。《晋书·慕容德载记》:“或百室合～,或千丁共籍。”❹从事某种职业的人或家庭。皮日休《惑雷刑》:“彭泽县,乡曰黄花,有农～曰逢氏。”《宋史·食货志》:“凡鬻盐之地曰亭场,民曰亭～,或谓之灶～。”❺洞穴,出入口。《礼记·月令》:“是月也,日夜分,雷乃发声,始电,蛰虫咸动,启～始出。”《淮南子·天文训》:“鹊巢乡而为～。”❻阻止。《左传·宣公十二年》:“王见右广,将从之乘。屈荡～之,曰:‘君以此始,亦必以终。’”《汉书·王嘉传》:“[王嘉]坐～殿门失阑,免。”❼酒量。《敦煌变文集·叶净能诗》:"帝又问:'尊师饮～大小?'净能奏曰:'此尊大～,直是饮流,每巡可加三十五十分,卒难不醉。'"白居易《久不见韩侍郎戏题四韵以寄之》:"～大嫌甜酒,才高笑小诗。"❽姓。

【户部】 hùbù 朝廷掌管户口、财赋的官署。

【户曹】 hùcáo 掌管民户、祀祠、农桑的官署。《后汉书·百官志一》:"～～主民户、祠祀、农桑。"

【户丁】 hùdīng 家中的成年男子。《元史·世祖纪二》:"庚申,括北京鹰坊等～～为兵,蠲其赋,令赵炳将之。"

【户口】 hùkǒu 计算家庭叫户,计算人数叫口。《史记·萧相国世家》:"汉王所以具知天下阸塞,～～多少,强弱之处,民所疾苦者,以[萧]何具得秦图书也。"

【户庭】 hùtíng 门户和院落。指家门以内。《周易·节》:"不出～～,知通塞也。"陶渊明《归园田居》诗之一:"～～无尘杂,虚室有馀闲。"

【户尉】 hùwèi 门神。道家称门神左者为门丞,右者为户尉。刘唐卿《降桑椹》二折:"此一位乃～～之神。"

【户说】 hùshuō 挨户进行宣传告谕。《韩非子·难势》:"无庆赏之劝,刑罚之威,释势委法,尧舜～～而人辩之,不能治三家。"《三国志·蜀书·法正传》:"然今主公始创大业,天下之人不可～～,[许]靖之浮称,播流四海,若其不礼,天下之人以是谓主公为贱贤也。"

【户下】 hùxià ❶门边。《左传·庄公八年》:"见公之足于～～,遂弑之。"《后汉书·庞参传》:"[任]棠不与言,但以薤一大本,水一盂,置户屏前,自抱孙儿伏于～～。"❷户主的属下,多指奴婢或门客而言。王褒《僮约》:"资中男子王子泉,从成都安志里女子杨惠买亡夫时～～髯奴便了,决贾万五千。"(便了:人名。)

【户限】 hùxiàn 门槛。《晋书·谢安传》:"[谢]玄等既破[苻]坚,有驿书至,安方对客围棋,……既罢,还内,过～～,心喜甚,不觉屐齿之折,其矫情镇物如此。"《宋书·刘瑀传》:"人仕宦不出当入,不入当出,安能长居～～上。"

【户穴】 hùxué 洞穴,洞口。谢灵运《登石门最高顶》诗:"长林罗～～,积石拥基阶。"

【户牖】 hùyǒu ❶门窗。《吕氏春秋·制乐》:"今窒闭～～,动天地,一室也。"《三国志·吴书·赵达传》:"当回算帷幕,不出～～以知天道,而反昼夜暴露以望气祥,不亦难乎!"❷学术上的各种流派。《文心雕龙·诸子》:"夫自六国以前,去圣未远,故能越世高谈,自开～～。"

【户者】 hùzhě 守门人。《史记·樊郦滕灌列传》:"先黥布反时,高帝尝病甚,恶见人,卧禁中,诏～～无得入群臣。"

【户枢不蠹】 hùshūbùdù 户枢,门轴。蠹,蛀虫。经常转动的门轴不会被蛀虫蛀蚀。比喻经常运动可以不受外物侵蚀。《吕氏春秋·尽数》:"流水不腐,户枢不蝼,动也。"(马总《意林》卷二引作"户枢不蠹"。)苏象先《丞相魏公谭训》卷七:"人生在勤,勤则不匮。～～～～,流水不腐,此其理也。"

互 hù ❶交错。《汉书·谷永传》:"百官盘～,亲疏相错。"㉑互相,彼此。杜甫《北征》诗:"坡陀望鄜畤,岩谷～出没。"范仲淹《岳阳楼记》:"渔歌～答,此乐何极!"❷差错。《后汉书·乐恢传》:"天地乖～,众物夭伤。"封演《封氏闻见记·石经》:"文字差～,辄以习本为定。"❸挂肉的架子。《周礼·地官·牛人》:"凡祭祀共其牛牲之～。"张衡《西京赋》:"置～摆牲,颁赐获卤。"❹通"梐"。古代设置在官署前用以阻拦行人车马的木架。《周礼·秋官·修闾氏》:"掌比国中宿～柝者。"❺介壳动物。见"互物"。

【互结】 hùjié ❶互相具结证明。黄六鸿《福惠全书·钱谷·催征》:"又每五甲户头五人,共具连名～～。"❷相互担保出具的文书。《清会典事例·吏部·投供验到》:"初选官,投～～,并同乡京官印结。"

【互扇】 hùshān 互相吹嘘。《续资治通鉴·宋真宗咸平二年》:"闻朝廷中有结交朋党、～～虚誉、速求进用者。"

【互市】 hùshì ❶往来贸易。《后汉书·乌桓传》:"赏赐,质子,岁时～～焉。"❷比喻豪门贵族间互相勾结,互相利用,以谋取官位。《晋书·惠帝纪》:"势位之家,以贵陵物,忠贤路绝,谗邪得志,更相荐举,天下谓之～～焉。"

【互爽】 hùshuǎng 互有差失。郦道元《水经注·庐江水》:"二证既违,二情～～。"

【互体】 hùtǐ ❶《周易》卦上下两体相互交错取象而成为新卦,又叫"互卦"。(按:《周易》本是占卜用的书,汉儒荀爽、虞翻等人又穿凿附会,有所谓变卦、互体等说,皆不足信。)❷旧体诗的一种技巧,指一联中上下文义互相呼应,彼此映衬。罗大经《鹤林玉露》卷七:"杜少陵诗云:'风含翠篠娟娟净,雨裛红蕖冉冉香。'上句风中有雨,下句雨中有风,谓之～～。"

【互文】 hùwén ❶上下文义互相阐发,互相补充,即互文见义。《礼记·中庸》"吾说夏礼，杞不足征也；吾学殷礼，有宋存焉”孔颖达疏：“《论语》云‘宋不足征也’，此云‘杞不足征’，即宋亦不足征。此云‘有宋存焉’，则杞亦存焉，～～见义。”❷指互有歧义的条文。白居易《论姚文秀打杀妻状》：“其律纵有～～，在理终须果断。”

【互物】 hùwù 介类动物。《周礼·天官·鳖人》：“掌取～～。”（郑玄注引郑司农曰：“互物，谓有甲𬭁胡，龟鳖之属。”）

【互训】 hùxùn 同义词互相注释。如《尔雅·释宫》：“宫谓之室，室谓之宫。”

苄 1. hù ❶药草名。即地黄。《说文·艸部》：“～，地黄也。”

2. xià ❷蒲萍。可制席。《礼记·间传》：“齐衰之丧，居垩室，～翦不纳。”

沪（滬） hù ❶捕鱼的竹栅。陆龟蒙《〈渔具〉诗序》：“网罟之流，曰罛曰罾。……列竹于海澨曰～。”❷见“沪渎”。

【沪渎】 hùdú 水名。在上海市区之内，故称上海曰沪渎，或简称沪。皮日休《吴中苦雨》诗：“全吴临巨溟，百里到～～。”

冱（沍） hù 寒冷凝结。《庄子·齐物论》：“大泽焚而不能热，河汉～而不能寒。”张衡《思玄赋》：“行积冰之硙硙兮，清泉～而不流。”

【冱寒】 hùhán 天气严寒。《左传·昭公四年》：“深山穷谷，固阴～～。”周弘让《答王褒书》：“渭北～～，杨榆晚叶。”

【冱涸】 hùhé 寒气闭塞。比喻忧思郁结。柳宗元《吊苌弘文》：“心～～其不化兮，形凝冰而自栗。”

【冱阴】 hùyīn 天气阴晦，积冻不开。《子华子·执中》：“元武～～，不能尽其所以为寒也，必随之以敷荣之气而为春。”崔湜《塞垣行》：“十月边塞寒，四山～～积。”

护（護） hù ❶卫护，保护。《史记·萧相国世家》：“高祖为布衣时，[萧]何数以吏事～高祖。”《汉书·晁错传》：“皆择其邑之贤材有～。”㊀爱护。《史记·酷吏列传》：“[张]汤至于大吏，内行修也。通宾客饮食。于故人子弟为吏及贫昆弟，调～之尤厚。”❷庇护，袒护。《后汉书·和熹邓皇后纪》：“其明加检敕，勿相容～。”嵇康《与山巨源绝交书》：“仲尼不假盖于子夏，～其短也。”❸遮掩，掩饰。古乐府《捉溺歌》：“粟谷难舂付石臼，弊衣难～付巧妇。”李孝光《环碧斋》诗：“面面溪光～石苔，轩墀无复有尘埃。”❹监护。《后汉书·王霸传》：“比至河，河冰亦合，乃令霸～度。”又《高凤传》：“曝麦于庭，令凤～鸡。”❺统辖，统率。《史记·乐毅列传》：“乐毅于是并～赵、楚、韩、魏、燕之兵以伐齐，破之济西。”陈亮《戊申再上孝宗皇帝书》：“使之兼统诸司，尽～诸将，置长史、司马以专其劳。”

【护短】 hùduǎn 为缺点或错误辩护。《抱朴子·勤求》：“诸虚名之道士，既善为诳诈以欺学者，又多～～匿愚，耻于不知。”唐太宗《金镜》：“阍主～～而永愚，明主思短而长善。”

【护前】 hùqián 袒护自己以前的过失。《三国志·吴书·朱桓传》：“桓性～～，耻为人下。”

【护丧】 hùsāng ❶治理丧事。《后汉书·王丹传》：“其友人丧亲，[陈]遵为～～事，赙助甚丰。”司马光《书仪·丧仪》：“～～，以家长或子孙能干事知礼者一人为之，凡丧事皆禀焉。”❷护送灵柩归葬。薛调《无双传》：“仙客～～，归葬襄邓。”

【护失】 hùshī 袒护自己的过失。《新唐书·李绛传》：“事或过差，圣哲所不免，……但矜能～～，常情所蔽，圣人改过不吝，愿陛下以此处之。”

【护于】 hùyú 汉时匈奴左贤王的尊号。《汉书·匈奴传下》：“乌珠留单于在时，左贤王数死，以为其号不祥，更易命左贤王曰‘～～’。～～之尊最贵，次当为单于，故乌珠留单于授其长子以为～～，欲传以国。”

怙 hù ❶依靠，依仗。《诗经·小雅·蓼莪》：“无父何～！无母何恃！”《后汉书·孝仁董皇后纪》：“汝今辀张，～汝兄耶？”❷指父亲。白居易《祭乌江十五兄文》：“孩失其～，幼丧所亲；旁无兄弟，藐然一身。”《聊斋志异·辛十四娘》：“儿少失～。”

【怙宠】 hùchǒng 依仗恩宠。《后汉书·朱晖传》：“凶狡无行之徒，媚以求官；恃势～～之辈，渔食百姓，穷破天下，空竭小人。”

【怙乱】 hùluàn 乘祸乱而取利。犹言趁火打劫。《左传·僖公十五年》：“无始祸，无～～。”《孔丛子·独治》：“陈胜既立为王，其妻之父兄往焉，胜以众兵待之，长揖不拜，无加其礼，其妻之父怒曰：‘～～僭号而傲长者，不能久矣。’不辞而去。”

【怙权】 hùquán 依靠权势。苏舜钦《上范公参政书》：“及阁下受遣，天下之人识与不识，皆叹息怒骂，以谓宰相蔽君～～，不容贤者在朝。”

【怙恃】 hùshì ❶凭借，凭恃。《左传·襄公十八年》：“齐环～～其险，负其众庶，弃好背盟，陵虐神主。”《吕氏春秋·审分》：“不知乘物而自～～，夺其智能，多其教诏，而好自以。”❷父母的代称。韦缜《下邽丞韦端妻王氏墓志》：“夫人少丧～～，终鲜兄弟。”《聊斋志异·陈云栖》：“～～俱失，暂寄此耳。”

【怙威】 hùwēi 依仗威势。《汉书·地理志下》：“昭王曾孙政并六国，称皇帝，负力～～，燔书阬儒。”

【怙终】 hùzhōng 仗恃奸邪而终不悔改。《尚书·舜典》：“～～贼刑。”（孔安国传：“怙奸自终，当刑杀之。”）

戽(湂) hù 一种灌溉田地用的汲水器，名戽斗。沈与求《次韵宏父喜雨》：“四郊～尾开新渎，一雨苗根长旧科。”㊀用戽斗汲水灌田。贯休《宿深村》诗：“黄泉见客合家喜，月下取鱼～塘水。”陆游《村舍》诗之四：“山高正对烧畬火，溪近时闻～水声。”

【戽斗】 hùdǒu 汲水灌田的器具。陆游《喜雨》诗：“水车罢踏～～藏，家家买酒歌时康。”

楛 hù 古时官府门前阻挡通行的障碍物，用木头交叉制成。也称行马。潘岳《籍田赋》：“于是乃使甸师清畿，野庐扫路，封人壝宫，掌舍设～。”鲍照《侍宴覆舟山》诗：“～苑含灵群，崑庭藏物变。”

昈 hù ❶明白。见“昈分”。❷有文采的样子。杜甫《火》诗：“爆嵌魑魅泣，崩冻岚阴～。”《新唐书·姚琦传》：“时九鼎成，后欲用黄金涂之。琦奏：‘鼎者神器，贵质朴，不待外饰。臣观其上先有五采杂～，岂待涂金为符曜耶？’”

【昈分】 hùfēn 明白分别。《汉书·扬雄传上》：“羽骑营营，～～殊事。”王安石《谢赐元丰敕令格式等表》：“神机俯授于有官，圣制遂摅于无极，部居彪列，科指～～。”

【昈昈】 hùhù 有光彩的样子。张衡《西京赋》：“渐台立于中央，赫～～以弘敞。”

岵 hù 有草木的山。《诗经·魏风·陟岵》：“陟彼～兮，瞻望父兮。”

祜 hù 福。《汉书·礼乐志》：“九重开，灵之斿，垂惠恩，鸿～休。”《后汉书·蔡邕传》：“天隆其～，主丰其禄。”

笠 hù 见“笠笋”。

【笠笋】 hùsǔn 笋的一种，即苦笋。赞宁《笋谱》：“～～，七月生，至十月间，缗云以南多出，味苦节疏。大于箭笋少许，山人采剥，以灰汁熟煮之，都为金色，然后可食，苦味减而甘，食甚佳也。”

笏 hù ❶朝笏，古时君臣朝见时手中所执的狭长板子，用玉、象牙或竹片制成，用以比画或在上面记事，以备遗忘。古代自天子到士都执笏，后世只有品官执笏，到清代始废。也称“手板”。《穀梁传·僖公三年》：“搢～而朝诸侯。”柳宗元《答韦中立论师道书》：“既成礼，明日造朝，至外廷，荐～言于卿士曰：‘某子冠毕。’”❷量词。条，块。铸金银为条板，形状像笏。因而称一条为一笏。洪迈《夷坚三志》卷四：“于数匹绢内贮白金三大～。”

惆 hù 依恃。同“怙”。扬雄《太玄经·争》：“吓河之臞，何可～也。”

扈 hù ❶随从，侍从。见“扈从”、“扈驾”。㊀养马的仆役。见“扈养”。㊁跟随。苏颋《奉和幸韦嗣立山庄应制》：“百工征往梦，七圣～来游。”《辽史·礼志一》：“八部之叟前导后～，左右扶翼皇帝册殿之东北隅。”❷古代管农事的官。《左传·昭公十七年》：“九～为九农正。”应玚《校猎赋》：“二虞莱野，三～表禽。”❸披，带。《楚辞·离骚》：“～江离与辟芷兮，纫秋兰以为佩。”元宏《吊殷比干墓文》：“纽蕙芷以为绅兮，～荃佩而容与。”❹制止。《左传·昭公十七年》：“～民无淫者也。”❺广大。见“扈冶”、“扈扈”。❻通“鳸”。一种候鸟。《诗经·小雅·小宛》：“交交桑～，率场啄粟。”《山海经·西山经》：“兽多白鹿，其鸟当～。”❼古诸侯国，亦称有扈。在今陕西户县。《左传·昭公元年》：“夏有观、～。”❽姓。

【扈跸】 hùbì 同“扈驾”。跸，帝王出行时开路清道，禁止行人通行。也泛指帝王的车驾。杜甫《赠李八秘书别三十韵》：“往时中补右，～～上元初。”《宋史·孝宗纪一》：“高宗因亦欲帝遍识诸将，十二月，遂～～如金陵。”

【扈从】 hùcóng ❶皇帝出巡时的护驾侍从人员。《史记·司马相如列传》：“孙叔奉辔，卫公骖乘，～～横行，出乎四校之中。”也指达官贵人的侍从。《聊斋志异·红雨》：“每思邀路刺杀宋，而虑其～～繁。”❷随从护驾。《新唐书·张镐传》：“玄宗西狩，镐徒步～～。”

【扈带】 hùdài 佩带。左思《吴都赋》：“危冠而出，竦剑而趋，～～鲛函，扶揄属镂。”

【扈扈】 hùhù ❶宽大，蓬松。《礼记·檀弓上》：“南宫縚之妻之姑之丧，夫子诲之髽，曰：‘尔毋从从尔，尔毋～～尔。’”❷鲜明的样子。《史记·司马相如列传》：“煌煌～～，照曜钜野。”《后汉书·冯衍传下》：“光～～而炀耀兮，纷郁郁而畅美。”

【扈驾】 hùjià 随从帝王的车驾。郑嵎《津阳门》诗：“五王～～夹城路，传声校猎渭水湄。”陆游《书事》诗之四：“九天清跸响春雷，百万貔貅～～回。”

【扈养】 hùyǎng 服杂役的人,仆从。《公羊传·宣公十二年》:"南郢之与郑,相去数千里,诸大夫死者数人,斯役～～死者数百人。"《三国志·魏书·王朗传》注引《魏名臣奏》载朗节省奏:"外牧则～～三万而马十之。"

【扈冶】 hùyě 广大。《淮南子·要略》:"若刘氏之书,观天地之象,通古今之事,……以储与～～,玄眇之中,精摇靡览。"

婟 hù ❶恋惜。赵南星《明侍学士复庵吴公传》:"会其父死,～权不欲归。"❷嫉恨。刘劭《人物志·八观》:"犯其所乏则～,以恶犯～则妒。"

雇 hù 见gù。

楛 hù 见kǔ。

嗀 hù 呕吐。《说文·口部》:"～,欧也……《春秋传》曰:'君将～之。'"(按:今本《左传·哀公二十五年》作"君将彀之"。)

鄠 hù 地名。即今陕西户县。杜甫《追酬故高蜀州人日见寄》诗:"潇湘水国傍鼋鼍,～杜秋天失雕鹗。"(杜:杜陵,汉宣帝陵墓。)

綔 hù 系印的丝带。《后汉书·舆服志下》:"诸侯王以下以～赤丝蕤,縢～各如其印质。"

嫭(嫮) hù ❶美好。《楚辞·大招》:"～目宜笑,娥眉曼只。"《汉书·孝武李夫人传》:"美连娟以修～兮,命樔绝而不长。"❷美女。扬雄《反离骚》:"知众～之嫉妒兮,何必飏累之娥眉?"❸夸,夸耀。《汉书·韩安国传》:"车旗皆帝所赐,即以～鄙小县,驱驰国中,欲夸诸侯。"

【嫭姱】 hùkuā 美好。黄庭坚《次韵张仲谋过酺池寺斋》:"非复少年日,声名取～～。"

濩 hù 见huò。

縠 hù 兽名。❶虎豹一类的猛兽。《尔雅·释兽》:"貔,白狐。其子,～。"(郭璞注:"一名执夷,虎豹之属。")❷一种像狗的野兽。张衡《南都赋》:"虎豹黄熊游其下,～玃猱狿戏其巅。"

臛 hù ❶肉羹,或做成肉羹。《楚辞·招魂》:"露鸡～蠵,厉而不爽些。"曹植《七启》:"～江东之潜鼍,臇汉南之鸣鹑。"❷燻。《史记·刺客列传》:"秦始皇惜其善击筑,重赦之,乃～其目。"

韄 hù 青黑色。《山海经·南山经》:"又东三百里曰青丘之山,其阳多玉,其阴多青～。"

頀 hù ❶大頀,相传商汤所作乐曲名。也作"大濩"。《宋书·乐志四》:"夏《夏》殷《頀》。"❷救护。董仲舒《春秋繁露·楚庄王》:"～者,救也。"

hua

华(華) 1. huā ❶花。《诗经·周南·桃夭》:"桃之夭夭,灼灼其～。"《后汉书·崔骃传》:"彼采其～,我收其实。"㊀开花。《吕氏春秋·仲春》:"始雨水,桃李～,苍庚鸣。"《后汉书·应劭传》:"春一草枯则为灾,秋一木～亦为异。"❷从当中剖开,即半破。《礼记·曲礼上》:"为天子削瓜者副之,……为国君者～之。"

2. huá ❸光彩,光辉。《淮南子·地形训》:"[扶桑木]末有十日,其～照下地。"㊀显贵,尊荣。《史记·商君列传》:"有功者显荣,无功者虽富无所芬～。"《潜夫论·论荣》:"所谓贤人君子者,非必高位厚禄,富贵荣～之谓也。"❹日月周围的光环。李白《峨眉山月歌送蜀僧晏入中京》:"黄鹤楼前月～白,此中忽见峨眉客。"❺华丽,有文采。《礼记·檀弓上》:"～而睆,大夫之箦与?"《后汉书·张衡传》:"质以文美,实由～兴。"钟会《孔雀赋》:"五色点注,～羽参差。"㊀精华,华美的东西。王勃《滕王阁序》:"物～天宝,龙光射斗牛之墟;人杰地灵,徐孺下陈蕃之榻。"韩愈《进学解》:"沉浸酿郁,含英咀～。"㊀文才。《文心雕龙·程器》:"昔庾元规才～清英。"❻豪华,奢华。《战国策·齐策五》:"死者破家而葬,夷伤者空财而共药,完者内酺而～乐,故其费与死伤者钧。"❼浮华。《史记·商君列传》:"商君曰:'语有之矣,貌言～也;至言,实也;苦言,药也;甘言,疾也。'"《后汉书·王符传》:"是以朋党用私,背实趋～。"❽粉。曹植《洛神赋》:"芳泽无加,铅～弗御。"❾头发花白。见"华发"、"华颠"、"华首"。❿赞美之辞。见"华诞"、"华翰"。⓫我国古称华夏,省称华。《左传·襄公十四年》:"我诸戎饮食、衣服不与～同。"又《定公十年》:"裔不谋夏,夷不乱～。"⓬通"哗"。喧哗。《荀子·子道》:"奋于言者～,奋于行者伐。"

3. huà ⓭山名。见"华山"。⓮通"桦"。《庄子·让王》:"原宪～冠縰履,杖藜而应门。"司马相如《上林赋》:"～枫枰栌。"⓯姓。

4. kuà ⓰见"华离"。

【华萼】 huā'è 花萼。花萼相依,比喻兄弟相亲。谢瞻《于安城答灵运》诗:"~~相光饰,嘤嘤悦同响。"

【华平】 huāpíng 传说中的瑞草。也作"华苹"。张衡《东京赋》:"植~~于春圃,丰朱草于中唐。"

【华胜】 huāshèng 古代妇女的花形首饰。《汉书·司马相如传下》颜师古注:"胜,妇人首饰也;汉代谓之~~。"《后汉书·舆服志下》:"太皇太后、皇太后入庙服,……簪以瑇瑁为擿,长一尺,端为~~,上为凤皇爵,以翡翠为毛羽。"

【华文】 huāwén 即花纹。指美丽的刺绣。《汉书·礼乐志》:"被~~,厕雾縠,曳阿锡,佩珠玉。"

【华奥】 huá'ào 犹言贵要。谢朓《忝役湘州与宣城吏民别》诗:"弱龄倦簪履,薄晚忝~~。"

【华表】 huábiǎo ❶古代用以表示王者纳谏或指路的木柱。崔豹《古今注下·问答释义》:"程雅问曰:'尧设诽谤之木,何也?'答曰:'今之~~木也。以横木交柱头,状若花也。形似桔槔,大路交衢悉施焉。或谓之表木,以表王者纳谏也。亦以表识衢路也。秦乃除之,汉始复修焉。今西京谓之交午木。'"也称"桓表"。《汉书·酷吏传》颜师古注:"屋有柱出,高丈馀,有大板贯柱四出,名曰~~。"❷古代立于桥梁、宫殿、城垣、陵墓前作为标志和装饰的大柱。一般为石造。柱身往往雕有蟠龙等纹饰,上为云板和蹲兽。杨衒之《洛阳伽蓝记·龙华寺》:"南北两岸有~~,举高二十丈,~~上作凤皇似欲冲天势。"郑燮《道情》诗之二:"丰碑是处成荒冢,~~千寻卧碧苔。"❸房屋外部的装饰。何晏《景福殿赋》:"故其~~则镐镐铄铄,赫奕章灼。"

【华鬓】 huábìn 犹言华发。陶渊明《命子》诗:"顾惭~~,负影只立。"李白《古风》之二十八:"~~不耐秋,飒然成衰蓬。"

【华池】 huáchí ❶传说在昆仑山上的仙池。《论衡·谈天》:"《禹本纪》言河出昆仑……其上有玉泉~~。"孙绰《游天台山赋》:"肆觐天宗,爰集通仙。挹以玄玉之膏,漱以~~之泉。"❷口,舌下。《太平御览》卷三百六十七《养生经》:"口为~~。"《云笈七籤》卷十一《黄庭经》注:"舌下为~~。"

【华楚】 huáchǔ 华美整齐。沈约《少年新婚为之咏》:"腰肢既软弱,衣服亦~~。"令狐楚《为人作谢赐行营将士匹段并设料等物状》:"需以饮食,比肩而肤革充盈,赍于束帛,连袂而衣裳~~。"

【华辞】 huácí ❶浮虚不实之词。《庄子·列御寇》:"殆哉圾乎!仲尼方且饰羽而画,从事~~,以支为旨。"《后汉书·郭太传》:"后之好事,或附益增张,故多~~不经,又类卜相之书。"❷华美的词采。《南史·崔慰祖传》:"[沈约、谢朓]各问慰祖地理中所不悉十馀事,慰祖口吃,无~~,而酬据精悉,一座称服之。"

【华诞】 huádàn ❶虚浮。《逸周书·官人》:"少知而不大决,少能而不大成,规小物而不知大伦,曰~~者也。"❷对人生日的美称。史谨《寿述夫次韵》:"螺杯献酒逢~~,鹤发同筵叙旧情。"

【华镫】 huádēng 装饰美丽的灯。《楚辞·招魂》:"兰膏明烛,~~错些。"(镫:通作"灯"。)张正见《赋新题得兰生野径》诗:"~~共影落,芳杜杂花深。"

【华的】 huádì 古代妇女的面饰。的,点在脸上的色点。王粲《神女赋》:"税衣裳兮免簪笄,施~~兮结羽仪。"(《史记·五宗世家》索隐引《神女赋》作"玄的"。)

【华颠】 huádiān ❶头发花白。《后汉书·崔骃传》:"唐且~~以悟秦,甘罗童牙而报赵。"蒲松龄《简王阮亭司寇》诗:"泉石栖迟五十年,临风我自笑~~。"❷华采的树冠。陆机《答张士然》诗:"嘉谷垂重颖,芳树发~~。"

【华甸】 huádiàn 精华荟聚之区。常指京师、中原地区。《宋书·文帝纪》:"京口肇祥自古,著符近代,衿带江山,表里~~,经途四达,利尽淮、海。"《魏书·王叡传》:"抚荒裔宜待之以宽信,绥~~宜惠之以明简。"

【华发】 huáfà 花白头发。元稹《遣病》诗之五:"~~不再青,劳生竟何补。"苏轼《念奴娇·赤壁怀古》词:"故国神游,多情应笑我,早生~~。"㊀老年人。《后汉书·边让传》:"伏维幕府初开,博选清英,~~旧德,并为元龟。"

【华盖】 huágài ❶帝王或贵官所用的伞盖。《汉书·王莽传下》:"莽乃造~~九重,高八丈一尺,金瑵羽葆。"《后汉书·何进传》:"起大坛,上建十二重五采~~,高十丈,坛东北为小坛,复建九重~~,高九丈。"❷贵族的车有华盖,因以华盖泛指高贵者所乘之车。曹植《求通亲亲表》:"出从~~,入侍辇毂。"❸星名。属紫微垣,共十六星,在五帝座上,今属仙后座。《楚辞·九怀·思忠》:"登~~兮乘阳,聊逍遥兮播光。"《晋书·天文志》:"大帝上九星曰~~。所以覆蔽大帝之座也,盖下九星曰杠,盖之柄也。"❹树名。刘歆《西京杂记》卷一:

"终南山……有树,直上百丈无枝,上结藂条如车盖。叶一青一赤,望之斑驳如锦绣,长安谓之丹青树,亦云～～树。"❺道教用语,眉毛的别称。《云笈七籤》卷十一《黄庭内景经·天中》:"眉号～～覆明珠。"㊁肺。《云笈七籤》卷十二《黄庭内景经·肝气》:"坐侍～～游贵京。"

【华构】 huágòu 壮丽的建筑。陆云《岁暮赋》:"悲山林之杳蔼兮,痛～～之丘荒。"

【华观】 huáguān 华美的形式。《潜夫论·务本》:"孝悌者,以致养为本,以～～为末。"

【华观】 huáguàn 华丽的观阙。陆倕《石阙铭》:"神哉～～,永配无疆。"

【华衮】 huágǔn 古代王公贵族穿的礼服。《抱朴子·博喻》:"～～粲烂,非只色之功;嵩岱之峻,非一篑之积。"任昉《齐竟陵文宣王行状》:"～～与缊绪同归,山藻与蓬茨俱逸。"

【华国】 huáguó 使国家荣耀。《国语·鲁语上》:"仲孙它谏曰:'子为鲁上卿,相二君矣。妾不衣帛,马不食粟,人其以子为爱,且不～～乎?'"陆云《张二侯颂》:"文敏足以～～,威略足以振众。"

【华翰】 huáhàn 对别人书信的敬称。刘禹锡《谢窦相公启》:"每奉～～,赐之衷言,果蒙新恩,重忝清贯。"

【华缄】 huájiān 对别人书信的敬称。崔致远《龙州裴岘尚书》:"远劳专介,特枉～～。"皇甫枚《非烟传》:"发～～而思飞,讽丽句而目断。"也作"华笺"、"华戋"。陆游《畣勾简州启》:"忽奉～～之贶,岂胜末路之荣。"钮琇《〈觚賸〉自序》:"话雨人归,喜～～之在箧。"

【华近】 huájìn 显贵而亲近帝王的官职。《新唐书·韦昭度传》:"擢进士第,践历～～,累迁中书舍人。"

【华景】 huájǐng 日光。陆机《长安有狭邪行》:"轻盖承～～,腾步蹑飞尘。"

【华竞】 huájìng ❶浮华,豪奢。《晋书·简文帝纪》:"夫敦本息末,抑绝～～,使清浊异流,能否殊贯,官无秕政,士无谤讟,不有惩劝,则德礼焉施?"❷指虚浮的言词。《晋书·儒林传序》:"有晋始自中朝迄于江左,莫不崇饰～～,祖述虚玄,……指礼法为流俗,目纵诞以清高。"

【华靡】 huámí 华丽奢侈。曹植《求自试表》:"而位窃东藩,爵在上列,身被轻暖,口厌百味,目极～～,耳倦丝竹者,爵重禄厚之所致也。"韩愈《司徒兼侍中中书令赠太尉许国公神道碑铭》:"公少依舅氏,读书习骑射,事亲孝谨,侃侃自将,不纵为子弟～～遨放事。"

【华年】 huánián 青春年华。也指青少年。刘遵《应令咏舞》:"倡女多艳色,入选尽～～。"《魏书·王叡传》:"渐风训于～～,服道教于弱冠。"李商隐《锦瑟》诗:"锦瑟无端五十弦,一弦一柱思～～。"

【华赡】 huáshàn 指文章富丽多采。《周书·薛寘传》:"时前中书监卢柔,学业优深,文藻～～,而寘与之方驾,故世号曰卢薛焉。"《新唐书·岑文本传》:"文本奏《籍田》《三元颂》二篇,文致～～。"

【华省】 huáshěng 指职务亲贵的官署。潘岳《秋兴赋》:"宵耿介而不寐兮,独展转于～～。"苑咸《酬王维》诗:"莲花梵字本从天,～～仙郎早悟禅。"

【华首】 huáshǒu ❶头发斑白。《后汉书·樊準传》:"又多征名儒,以充礼官,……故朝多皤皤之良,～～之老。"又《陈蕃传》:"謇愕之操,～～弥固。"❷美女的秀发。陶渊明《闲情赋》:"愿在衣而为领,承～～之馀芳。"

【华疏】 huáshū 华美的雕刻。《乐府诗集·相和歌辞·陇西行》:"清白各异樽,酒上正～～。"

【华素】 huásù ❶华丽与朴素。谢灵运《江妃赋》:"姿非定容,服无常度,两宜欢颦,但适～～。"❷贵族与平民。《资治通鉴·宋孝武帝大明二年》:"名公子孙,还齐布衣之伍;士庶虽分,本无～～之隔。"

【华朊】 huáwǔ 犹言华腴。华贵,显贵。王世贞《静姬赋》:"家世～～,父母爱之。"

【华夏】 huáxià ❶汉族的古称。《尚书·武成》:"～～蛮貊,罔不率俾,恭天成命。"❷指我国中原地区。曹植《七启》:"威慴万乘,～～称雄。"

【华胥】 huáxū ❶人名。传说是太昊帝庖牺氏的母亲。司马贞《补史记·三皇本纪》:"太皞庖牺氏……母曰～～,履大人迹于雷泽,而生庖牺于成纪。"❷寓言中的理想国。《列子·黄帝》:"[黄帝]昼寝而梦,游于～～氏之国。"刘克庄《晚意》诗:"梦入～～国土来,咍台不省夜何其。"

【华轩】 huáxuān 指富贵者乘坐的车子。陶渊明《戊申岁六月中遇火》诗:"草庐寄穷巷,甘以辞～～。"

【华选】 huáxuǎn 指显贵的官职。《宋书·孔觊传》:"常侍～～,职任俟才。"《南齐书·王琨等传论》:"内侍枢近,世为～～。"

【华言】 huáyán 浮华无实之言。《盐铁论·相刺》:"文学言治尚于唐虞,言义高于秋天,有～～矣,未见其实也。"《晋书·范宁传》:"饰～～以翳实,骋繁文以惑世。"

【华筵】 huáyán 盛美的筵席。王勃《七夕赋》:"拂～～而惨恻,披叶序而徜徉。"杜甫《刘九法曹郑瑕邱石门宴集》诗:"能吏逢联璧,～～直一金。"

【华要】 huáyào 显贵的官职。《宋书·孔觊传》:"记室之局,实惟～～,自非文行秀敏,莫或居之。"

【华腴】 huáyú ❶指贵族。柳芳《姓系论》:"凡三世有三公者曰膏粱,有令仆者曰～～。"(令、仆:尚书令和仆射。)❷华衣美食。《宋史·王安石传》:"性不好～～,自奉至俭。"

【华语】 huáyǔ ❶好话。《文子·精诚》:"智络天地,察分秋毫,称誉～～,至今不休。"❷指汉语。刘知幾《史通·言语》:"而彦鸾修伪国诸史,收、弘撰魏、周二书,必讳彼夷音,变成～～,等杨由之听雀,如介葛之闻牛,斯亦可矣。"

【华岳】 huáyuè 高大的山。《礼记·中庸》:"今夫地,一撮土之多,及其广厚,载～～而不重,振河海而不洩,万物载焉。"

【华簪】 huázān 华贵的帽簪。比喻贵官。陶渊明《和郭主簿》之一:"此事真复乐,聊用忘～～。"钱起《阙下赠裴舍人》诗:"献赋十年犹未遇,羞将白发对～～。"

【华芝】 huázhī ❶即灵芝草的一种。李商隐《东还》诗:"自有仙才自不知,十年长梦采～～。"❷帝王的车盖。《汉书·扬雄传上》:"于是乘舆乃登夫凤皇兮而翳～～。"

【华重】 huázhòng 地位显贵而重要。《南齐书·百官志》:"侍中,汉世为亲近之职,魏晋选用,稍增～～,而大意不异。"

【华胄】 huázhòu 世家贵族的后代子孙。《晋书·桓玄传》:"[杨]佺期为人骄悍,尝自谓承藉～～,江表莫比。"李商隐《为张周封上杨相公启》:"某虽忝伊人,亦惟～～。"

【华烛】 huázhú ❶光彩映射,形容人的美容。班固《西都赋》:"精曜～～,俯仰如神。"❷华美的烛火。曹植《七启》:"～～烂,幄幙张。"谢瞻《答灵运》诗:"开轩灭～～,月露皓已盈。"

【华滋】 huázī ❶茂盛。《古诗十九首》之十五:"庭中有奇树,绿叶发～～。"李白《秋思》诗:"坐愁群芳歇,白露凋～～。"❷润泽。李白《大猎赋》:"诞金德之淳精兮,漱玉露之～～。"❸指丰美的容色。骆宾王《同辛簿简仰酬思玄上人林泉》诗之二:"坐叹～～歇,思君谁为言?"

【华宗】 huázōng 尊荣显要的宗族。《三国志·魏书·陈思王植传》:"三监之衅,臣自当之,二南之辅,求必不远。～～贵族,藩王之中,必有应斯举者。"谢瞻《于安城答灵运》诗:"～～诞吾秀,之子绍前胤。"

【华山】 huàshān 五岳之一,世称西岳,又名太华山。在陕西华阴市南。因其西有少华山,故又名太华山。有莲花(西峰)、落雁(南峰)、朝阳(东峰)、玉女(中峰)、五云(北峰)等峰。一说以山顶有池,池生千叶莲花而名。

【华嵩】 huàsōng 华山和嵩山。陶渊明《五月旦作和郭主簿》诗:"即事如已高,何必升～～?"比喻崇高或高大。《北史·薛孝通传》:"孝通曰:'微臣信庆渥,何以答～～?'"

【华佗】 huàtuó 汉末沛国谯人。一名旉,字元化。精于方药、针灸及外科手术。又仿效虎、鹿、熊、猿、鸟的动态创为"五禽戏",用以锻炼身体。为曹操针治头风,随手而愈,后因迟迟不肯奉召,被杀。死前,以医书一卷授狱吏,吏畏法不敢受,举火烧之,佗之术遂不传。《后汉书》、《三国志》均有传。(《后汉书》作"华陀"。)

【华离】 kuàlí 指国与国间疆界犬牙交错。《周礼·夏官·形方氏》:"掌制邦国之地域而正其封疆,无有～～之地。"左思《魏都赋》:"饰～～以矜然,假倔强而攘臂。"

【华清池】 huáqīngchí 在西安市临潼区骊山下。为唐代华清宫中的温泉。白居易《长恨歌》:"春寒赐浴～～～,温泉水滑洗凝脂。"

【华清宫】 huáqīnggōng 唐代宫名。故址在今西安市临潼区骊山上。山有温泉,唐贞观十八年建汤泉宫,咸亨二年改名温泉宫。天宝六载大加扩建,改名华清宫。

花 huā ❶花朵。李贺《将进酒》诗:"况是青春日将暮,桃～乱落如红雨。"❷泛指能开花供玩赏的植物。王安石《书湖阴先生壁》诗之一:"茆檐长扫静无苔,～木成畦手自栽。"❸开花。杜甫《遣怀》诗:"愁眼看霜露,寒城菊自～。"刘禹锡《金陵五题·乌衣巷》诗:"朱雀桥边野草～,乌衣巷口夕阳斜。"❹形状像花朵的东西。陆游《雪歌》:"初闻万窍号地籁,已见六出飞天～。"❺有花纹图案的,颜色错杂的。宋濂《勃泥入贡记》:"腰缠～布,无舆马,出入徒行。"❻视觉模糊迷乱。杜甫《饮中八仙歌》:"知章骑马似乘船,眼～落井水底眠。"❼可以迷惑人的,不真实的。《朱子语类·论语三》:"据某所见,巧言即今～言巧语,如今世举子弄笔端,做文字者便是。"❽指细嫩、微细的东西。李调元《南越笔记》卷十:"[鱼子]曰～者,以其在藻荇之间若生。又方言凡物之微细者皆曰～也。亦曰鱼苗。”❾旧指娼妓或与娼妓有关的事物。参见“花娘”。❿耗费。《红楼梦》十二回：“那贾瑞此时要命心急，无药不吃，只是白～钱，不见效。”⓫旧时数钱以五文为一花。⓬姓。

【花白】 huābái ❶抢白，讥刺。无名氏《举案齐眉》三折：“俺又不曾言语，倒吃他一场～～。”❷黑白混杂，多用来形容须发。《儒林外史》二回：“众人看周进时，……黑瘦面皮，～～胡子。”

【花萼】 huā'è ❶花朵最外面的一层绿色小片，用以包托花朵。鲍照《采桑》诗：“乳燕逐草虫，巢蜂拾～～。”❷以花与萼相依，比喻兄弟相亲。李白《赠从弟冽》诗：“逢君发～～，若与青云齐。”

【花宫】 huāgōng ❶相传佛说法处天雨众花，故诗文中以佛寺为花宫。李颀《宿莹公禅房闻梵》诗：“～～仙梵远微微，月隐高城钟漏稀。”❷指仙界。龚自珍《如梦令》词：“本是～～么凤，降作人间情种。”

【花红】 huāhóng ❶植物名。即“沙果”，又名“林檎”。❷旧俗喜事礼物都簪花挂红，因称彩礼为花红。王实甫《西厢记》五本三折：“中了我的计策了，准备筵席茶礼～～，尅日过门者。”《水浒传》四十四回：“前面两个小牢子，一个驮着许多礼物～～，一个捧着若干缎子采缯之物。”❸办喜事的犒赏和报酬。孟元老《东京梦华录·娶妇》：“从人及儿家人乞觅利市钱物～～等谓之拦门。”《清平山堂话本·快嘴李翠莲记》：“～～利市多多赏，富贵荣华过百秋。”

【花黄】 huāhuáng 古代妇女的面饰。以金黄色纸剪成星月花鸟等形贴在额上，或于额上涂点黄色。《木兰辞》：“当窗理云鬓，对镜贴～～。”徐陵《奉和咏舞》：“低鬟向绮席，举袖拂～～。”

【花甲】 huājiǎ 指六十甲子。天干地支顺次组合为六十个纪序名号，自甲子到癸亥，错综参互相配，故称花甲子或花甲。计有功《唐诗纪事》卷六十六：“[赵牧]大中咸通中敩李长吉为短歌，对酒曰：‘手挼六十～～子，循环落落如弄珠。’”后称年满六十为“花甲”。范成大《丙午新正书怀》诗之一：“祝我賸周～～子，谢人深劝玉东西。”

【花笺】 huājiān 精致华美的信笺、诗笺。徐陵《玉台新咏集序》：“三台妙迹，龙伸蠖屈之书，五色～～，河北胶东之纸。”欧阳询《道失》诗：“～～一何荣，七字谁曾许。”

【花郎】 huāláng 园丁。汤显祖《牡丹亭·肃苑》：“预唤～～，扫清花径。”

【花脸】 huāliǎn ❶妩媚如花的脸庞。元稹《恨妆成》诗：“凝翠晕蛾眉，轻红拂～～。”❷传统戏曲角色，“净”的俗称，因其以粉墨涂面而得名。也称花面。孔尚任《桃花扇·骂筵》：“你看前辈分宜相公严嵩，何尝不是一个文人；现今《鸣凤记》里，抹了～～，着实丑看。”

【花翎】 huālíng 即孔雀花翎。清代官员的冠饰。以翎眼多者为贵。一般是一个翎眼，大臣有特恩的赏戴双眼花翎，三眼花翎则只赏给亲王、贝勒。黄遵宪《冯将军歌》：“江南十载战功高，黄褂色映～～飘。”

【花柳】 huāliǔ ❶花和柳。宋之问《和赵员外桂阳桥遇佳人》诗：“江雨朝飞浥细尘，阳桥～～不胜春。”❷指游赏之地。李白《流夜郎赠辛判官》诗：“昔在长安醉～～，五侯七贵同杯酒。”❸形容繁华。《红楼梦》一回：“然后携你到那昌明隆盛之邦、诗礼簪缨之族、～～繁华地、温柔富贵乡那里去走一遭。”❹指妓院。段成式《酉阳杂俎》卷十二：“某年少常结豪族为～～之游，竟畜亡命，访城中名姬，如蝇袭膻，无不获者。”

【花面】 huāmiàn ❶形容女子如花的容貌。刘禹锡《寄赠小樊》诗：“～～丫头十三四，春来绰约向人时。”李端《春游乐》诗：“褰裳踏路草，理鬓回～～。”❷脸上刺绘花纹。李心传《建炎以来系年要录》卷十九：“山东盗刘忠号白毡笠，……忠自黥其额，时号～～兽。”❸即“花脸”。传统戏曲角色“净”的俗称。

【花娘】 huāniáng 指歌舞伎。李贺《申胡子觱篥歌序》：“朔客大喜，擎觞起立，命～～出幕，徘徊拜客。”梅尧臣《花娘歌》：“～～十二能歌舞，籍甚声名居乐府。”

【花判】 huāpàn 用骈体文写成的语带滑稽嘲弄的判词。刘克庄《送赵司理归永嘉》诗：“客谈～～健，民道李官清。”

【花乳】 huārǔ ❶含苞待放的花蕾。孟郊《杏殇》诗之一：“零落小～～，斓斑昔婴衣。”❷煎茶时水面浮起的泡沫，也叫“水花”。黄溍《次韵答蒋春卿》：“晴风石鼎浮～～，夜雨春盘冷碧丝。”❸石名。可作印章。

【花事】 huāshì ❶赏花之事。杨万里《买菊》诗：“如今小寓咸阳市，有口何曾问～～？”❷春时花最盛，诗文中多以“花事”指春日。刘克庄《晚春》诗：“～～匆匆了，人家割麦功。”

【花书】 huāshū 即“花押”。叶梦得《石林燕语》卷四：“唐人初未有押字，但草书其名，以为私记，故号～～。"

【花坞】 huāwù 四周高起而中间凹下的花圃。严维《酬刘员外见寄》诗："柳塘春水漫，～～夕阳迟。"陆游《兰亭道上》诗之一："兰亭酒美逢人醉，～～茶新满市香。"

【花相】 huāxiàng 旧时称牡丹为花王，芍药为花相。杨万里《多稼亭前两槛芍药红白对开二百朵》诗："好为花王作～～，不应只遣侍甘泉。"方回《芍药花》诗："何止中郎虎贲似，政堪～～相花王。"

【花信】 huāxìn 开花的消息。犹花期。范成大《雪后守之家梅未开呈宗伟》诗："凭君趣～～，把酒撼琼英。"叶適《灵岩》诗："豪风增春愁，累雪损～～。"

【花虚】 huāxū 玄虚，空幻。赵必瑑《沁园春·归田作》词："回头看，这浮云富贵，到底～～。"

【花须】 huāxū 花蕊。杜甫《陪李金吾花下饮》诗："见轻吹鸟毳，随意数～～。"李商隐《二月二日》诗："～～柳眼各无赖，紫蝶黄蜂俱有情。"

【花絮】 huāxù 柳絮。杜甫《春远》诗："肃肃～～晚，菲菲红素轻。"苏轼《莘老葺天庆观小园，有亭北向，道士山宗说乞名与诗》："扁舟去后～～乱，五马来时宾从非。"

【花雪】 huāxuě ❶霰，俗称雪珠。《宋书·符瑞志下》："大明五年正月戊午元日，～～降殿庭。时右卫将军谢庄下殿，雪集衣。还白，上以为瑞。于是公卿并作～～诗。"❷比喻毛的色彩。李白《白马篇》："龙马～～毛，金鞍五陵豪。"

【花押】 huāyā 旧时文书、契约末尾用草体稍加变化的签字。也叫"花字"、"花书"。唐彦谦《宿田家》诗："公文捧～～，鹰隼驾声势。"

【花颜】 huāyán 如花的容颜。李白《怨歌行》："十五入汉宫，～～笑春红。"白居易《长恨歌》："云鬓～～金步摇，芙蓉帐暖度春宵。"

【花朝】 huāzhāo ❶旧俗以农历二月十五日为百花生日，号花朝节，又称花朝。司空图《早春》诗："伤怀同客处，病眼即～～。"吴自牧《梦粱录·二月望》："仲春十五日为～～节，浙间风俗，以为春序正中，百花争望之时，最堪游赏。"❷良辰。白居易《琵琶行》："春江～～秋月夜，往往取酒还独倾。"

【花招】 huāzhāo 招贴，海报。无名氏《蓝采和》一折："俺在这梁园棚勾阑里做场，昨日贴出～～儿去，两个兄弟先收拾去了。"今称骗人的手法为花招。

【花烛】 huāzhú ❶彩饰的蜡烛。庾信《和咏舞》："洞房～～明，燕馀双舞轻。"元稹《除夜》诗："忆昔岁除夜，见君～～前。"❷旧时婚礼多用花烛，故又作为婚礼的代称。何逊《看伏郎新婚》诗："何如～～夜，轻扇掩红妆。"高明《琵琶记·宦邸忧思》："闪杀人，～～洞房。"

【花字】 huāzì 用草体加以变化的签字。又称花押。邵博《河南邵氏闻见后录》卷十："近有自西南夷，得[韦]皋授故君长牒，于'皋'位下，书若皋字，复涂以墨，如刻石者，盖'皋'～～也。"汤显祖《牡丹亭·冥判》："新官到任，都要这笔判刑名，押～～，请新官喝彩他一番。"

划[1] huá 用桨拨水，使船前进。张镃《崇德道中》诗："破艇争～忽罢喧，野童村女闯篱边。"

铻 huá 见wū。

挬(撶) huá 通"划[1]"。拨动。陆龟蒙《和胥门闲泛》诗："细桨轻～下白蘋，故城花谢绿荫新。"又《和钓侣二章》诗之一："一艇轻～看晓涛，接䍦抛下漉春醪。"

【挬楸】 huáqiū 船桨。《水浒传》十五回："[阮小二]树根头拿了一把～～，只顾荡，早荡将开去。"也叫"挬楫"。又："捉了～～，只一荡，三只船厮并着。"

咶 1. huá ❶喘息。《楚辞·九思·逢尤》："仰长叹兮气𩽾结，悒殟绝兮～复苏。"

2. shì ❷通"舐"。舔，食。《庄子·人间世》："～其叶，则口烂而为伤。"《后汉书·和熹邓皇后纪》："汤梦及天而～之。"

3. guō ❸通"聒"。声音嘈杂、吵闹。蒲松龄《聊斋俚曲集·磨难曲》十三回："闹吵吵～杀人，只待将鸣蝉骂。"

哗(嘩、譁) huá ❶吵闹，喧哗。《战国策·赵策二》："事主之行，竭意尽力，微谏而不～，应对而不怨。"《史记·秦本纪》："乃誓于军曰：'嗟士卒！听无～，余誓告汝。古之人谋黄发番番，则无所过。'"❷虚夸。《韩诗外传》卷三："夫慎于言者不～，慎于行者不伐。"

【哗釦】 huáhǒu 大声欢呼。《国语·吴语》："三军皆～～以振旅，其声动天地。"(《一切经音义》卷十九引《国语》"釦"作"呴"。呴，同"吼"。)

【哗哗】 huáhuá 大声吵嚷。《后汉书·王梁传》："百姓怨讟，谈者～～。"

骅(驊) huá 见"骅骝"。

【骅骝】 huáliú ❶赤色骏马。《庄子·秋水》:"骐骥～～一日而行千里。"杜甫《醉歌行》:"～～作驹已汗血,鸷鸟举翮连青云。"❷比喻异才。杜甫《奉赠鲜于京兆二十韵》:"～～开道路,雕鹗离风尘。"

铧(鏵) huá 耕地用的一种铁制农具。徐光启《农政全书·农器》:"鑱狭而厚,惟可正用;～阔而薄,翻复可使。"又:"开垦生地宜用鑱,翻转熟地宜用～。"

滑 1. huá ❶滑溜,光滑。杜甫《水会渡》诗:"霜浓木石～,风急手足寒。"白居易《朱藤谣》:"泥黏雪～,足力不堪。"❷滑过,溜过。岑参《天山雪歌送萧治归京》:"交河城边飞鸟绝,轮台路上马蹄～。"李白《送韩准裴政孔巢父还山》诗:"雪崖～去马,萝径迷归人。"❸使菜肴柔滑。《礼记·内则》:"滫瀡以～之。"也指使菜肴柔滑的作料。《仪礼·公食大夫礼》:"铏芼、牛藿、羊苦、豕薇,皆有～。"❹柔和,润泽。王安石《即事》诗之六:"园蔬小摘嫩还抽,畦稻新春～欲流。"汤显祖《牡丹亭·惊梦》:"莺逢日暖歌声～,人遇风情笑口开。"❺指音乐流畅、婉转。白居易《琵琶行》:"间关莺语花底～,幽咽泉流水下滩。"❻通"猾"。狡猾,浮而不实。《史记·酷吏列传》:"为人上,操下如束湿薪。～贼任威。"《西游记》二十二回:"行者伫立岸,对八戒说:'兄弟呀,这妖也弄得～了。他再不肯上岸,如之奈何?'"❼中医脉象名,指脉搏往来流畅。《史记·扁鹊仓公列传》:"臣意切其脉,脉来～,是内风气也。"《儒林外史》十一回:"老先生这脉息,右寸略见弦～。"❽周代诸侯国。姬姓。建国于费,亦称费滑,今河南偃师南缑氏,即其地。公元前627年被秦消灭,后为晋占有。❾姓。

2. gǔ ❿乱,扰乱。《国语·周语下》:"今吾执政无乃实有所避,而～夫二川之神,使至于争明,以防王宫。"《后汉书·周磐传》:"昔方回、支父啬神养和,不以荣利～其生术。"⓫通"汩"。治。《庄子·缮性》:"缮性于俗学,以求复其初;～欲于俗思,以求致其明,谓之蔽蒙其民。"⓬搅浑,混浊。傅玄《重爵禄》:"不知所以致清而求其清,此犹～其源而望其流之洁也。"

【滑甘】 huágān 古时用以使菜肴柔滑的作料。《周礼·天官·食医》:"凡和,春多酸,夏多苦,秋多辛,冬多咸,调以～～。"范成大《口数粥行》:"馊薑屑桂浇蔗糖,～～无比胜黄粱。"

【滑马】 huámǎ 形容云气像众马相斗的样子。《吕氏春秋·明理》:"其云状有若犬若马,……有其状若众马以斗,其名曰～～。"

【滑石】 huáshí 矿物名,可入药。因软滑可以写画,也称画石。《旧唐书·李希烈传》:"希烈于唐州得象一头,以为瑞应,又上蔡、襄城获其珍宝,乃是烂车钉及～～伪印也。"

【滑熟】 huáshú 熟悉,熟练。无名氏《货郎旦》二折:"听的乡谈语音～～,打叠了心头恨,扑散了眼下愁。"郑廷玉《楚昭公》二折:"俺只道他两个都一般状貌掐搜,都一般武艺～～。"

【滑澾】 huátà 道路泥泞,不便走路。皮日休《吴中苦雨因书一百韵寄鲁望》:"盖檐低碍首,藓地～～足。"赵蕃《问宿》诗:"川原泥～～,山路石粗疏。"

【滑汰】 huátài 同"滑澾"。道路泥泞,不便行走。梁同书《直语补正》:"汉《天井道碑》:'夏雨～～。'"苏轼《秧马歌》:"以我两足为四蹄,耸踊～～如凫鹥。"

【滑习】 huáxí ❶浮华不实。《论衡·正说》:"前儒不见本末,空生虚说;后儒信前师之言,随趣述故,～～辞语。"❷同"滑熟"。非常熟悉。《论衡·谢短》:"夫儒生之业五经也,南面为师,旦夕讲授章句,～～义理,究备于五经可也。"

【滑泽】 huázé ❶指语言流利而有光采。《韩非子·难言》:"所以难言者,言顺比～～,洋洋缅缅然,则见以为华而不实。"❷光滑润泽。《论衡·吉验》:"夫人身长七尺,带约其要,钩挂于带,在身所掩不过一寸之内,既微小难中,又～～铦靡,锋刃中钩者,莫不蹉跌。"

【滑贼】 huázéi 奸狡残酷。《史记·酷吏列传》:"～～任威。"也作"猾贼"。《史记·高祖本纪》:"项羽为人僄悍～～。"

【滑滑】 gǔgǔ 同"汩汩"。形容水涌流不断的样子。焦延寿《易林·蛊·既济》:"涌泉～～,南流不绝。"《淮南子·原道训》:"原流泉浡,冲而徐盈,混混～～,浊而徐清。"

【滑涽】 gǔhūn 纷乱。《庄子·齐物论》:"奚旁日月,挟宇宙,为其吻合,置其～～,以隶相尊。"

【滑稽】 gǔjī ❶圆转自如的样子。形容圆滑谄媚。《楚辞·卜居》:"宁廉洁正直以自清乎,将突梯～～,如脂如韦以絜楹乎?"❷比喻能言善辩,应对如流。《史记·滑稽列传》:"淳于髡者,齐之赘壻也。长不满七尺,～～多辩,数使诸侯,未尝屈辱。"《三国志·蜀书·简雍传》:"雍之～～,皆此类也。"❸古代的注酒器。扬雄《酒箴》:"鸱夷～～,腹大如壶,尽日盛酒,人复借酤。"

【滑疑】 gǔyí 惑乱。《庄子·齐物论》:"是故～～之耀,圣人之所图也。"

【滑泥扬波】 gǔníyángbō 比喻随俗浮沉，同流合污。语出《楚辞·渔父》："世人皆浊，何不漏其泥而扬其波？"《后汉书·周燮传》："吾既不能隐处巢穴，追绮季之迹，而犹显然不远父母之国，斯固以～～～～，同其流矣。"

铧(鋘) 1. huá ❶同"铧"。耕田起土的工具。《后汉书·戴就传》："幽囚考掠，五毒参至，就慷慨直辞，色不变容。又烧～斧，使就挟于肘腋。"
2. wú ❷刀名。《吴越春秋·夫差内传》："两～植吾宫墙，流水汤汤越吾宫堂。"

猾 huá ❶乱，扰乱。《尚书·舜典》："蛮夷～夏，寇贼奸宄。"《国语·晋语二》："君若求置晋君以成名于天下，则不如置不仁以～其中，且可以进退。"❷狡猾，奸诈。《左传·昭公二十六年》："奖顺天法，无助狡～。"《续资治通鉴·宋仁宗庆历二年》："～商奸人，乘时射利，与官吏表里为奸，虚费池盐，不可胜计。"㊂狡猾、奸诈的人。《史记·魏其武安侯列传》："诸所与交通，无非豪桀大～。"《后汉书·丁鸿传》："故海内贪～，竟为奸吏。"❸播弄。《国语·晋语一》："若跨其国而得其君，虽逢齿牙以～其中，谁云弗从？"❹通"滑"。见"猾稽"。

【猾伯】 huábó 最狡诈狂妄的人。《晋书·羊聃传》："先是，兖州有八伯之号，其后更有四伯。大鸿胪陈留江泉以能食为谷伯，豫章太守史畴以大肥为笨伯，散骑郎高平张嶷以狡妄为～～，而聃以狼戾为琐伯，盖拟古之四凶。"

【猾吏】 huálì 奸猾的官吏。《论衡·商虫》："豪民～～，被刑乞贷者，威胜于官，取多于吏。"《后汉书·皇甫规传》："军士劳怨，困于～～。"苏轼《哭任遵圣》诗："奋髯走～～，嚼齿对奸将。"

【猾乱】 huáluàn 扰乱。《三国志·魏书·袁绍传》："虽黄巾～～，黑山跋扈，举军东向，则青州可定。"

【猾贼】 huázéi 奸诈狡猾。《史记·高祖本纪》："怀王诸老将皆曰：'项羽为人僄悍～～。'"又指奸诈狡猾的人。《后汉书·马融传》："故～～从横，乘此无备。"

【猾稽】 gǔjī 同"滑稽"。指能言善辩，处世圆滑。《史记·孟子荀卿列传》："如庄周等又～～乱俗。"

豁 huá 见 huò。

鲭(鰖) huá 鱼名。古代传说中一种能发光的飞鱼。《山海经·东山经》："[子桐之山]子桐之水出焉，而西流注于馀如之泽，其中多～鱼。其状如鱼而鸟翼，出入有光，其音如鸳鸯。"郭璞《江赋》："～鲀鯠鲉，鲮鳐鲨鲢。"

化 huà ❶变化，改变。《庄子·逍遥遊》："北冥有鱼，其名为鲲，……～而为鸟，其名为鹏。"《汉书·高帝纪上》："吾子，白帝子也，～为蛇，当道，今者赤帝子斩之，故哭。"㊀消除，消融。《韩非子·五蠹》："有圣人作，钻燧取火，以～腥臊，而民悦之。"苏轼《物类相感志·杂著》："银铜相杂，亦易镕～。"❷生长，化育，自然界生成万物的功能。《礼记·乐记》："乐者，天地之和也……和，故百物皆～。"《论衡·订鬼》："天地之性，本有此～，非道术之家所能论辩。"❸死。《孟子·公孙丑下》："且比～者，无使土亲肤，于人心独无恔乎？"刘禹锡《祭柳员外文》："惟君平昔，聪明绝人，今虽～去，夫岂无物？"❹教化，感化。《礼记·学记》："君子如欲～民成俗，其必由学乎！"柳宗元《封建论》："孟舒、魏尚之术，莫得而施；黄霸、汲黯之～，莫得而行。"㊀治。《战国策·楚策四》："夫报报之反，墨墨之～，唯大君能之。"《后汉书·应劭传》："夫时～则刑重，时乱则刑轻。"㊂风俗，风气。《汉书·东方朔传》："败男女之～，而乱婚姻之礼。"白居易《除张弘靖门下侍郎平章事制》："清简之～，闻于京师。"❺焚烧。《礼记·礼运》："昔者先王……未有火～，食草木之实，鸟兽之肉，饮其血，茹其毛。"《西游记》十三回："～了众神纸马，烧了荐亡文疏，佛事已毕，又各安寝。"❻乞求，募化。张元干《满庭芳》词："三十年来，云游行～，草鞋踏破尘沙。"《儒林外史》一回："也有坐在地上就～钱的。问其所以，都是黄河沿上的州县，被河水决了，田庐房舍，尽行漂没。"❼通"货"。货物。《尚书·益稷》："懋迁有无～居。"《商君书·农战》："国有事，则学民恶法，商民善～。"㊂收买，贿赂。《韩非子·诡使》："上不禁，又从而尊之以名，～之以实。"❽姓。

【化成】 huàchéng 教化成功。《周易·恒》："圣人久于其道而天下～～。"《汉书·贾谊传》："故～～俗定，则为人臣者主耳忘身，国耳忘家，公耳忘私。"

【化城】 huàchéng ❶佛教用语。一时幻化的城郭，比喻小乘所能达到的境界。《妙法莲华经·化城喻品》："[导师]以方便力……化作一城。……于是众人，前入～～。"❷指佛寺。王维《登辨觉寺》诗："竹径从初地，莲峰出～～。"刘禹锡《贾客词》："邀福祷波神，施财游～～。"❸指幻境。张仲深《送全上人》诗："自知浮世一～～，愿结跏趺面墙坐。"

【化蝶】 huàdié 睡梦。语出《庄子·齐物论》庄周梦中化为蝴蝶。蒋防《至人无梦》诗:"～～诚知幻,征兰匪契真。"陆游《邻水延福寺早行》诗:"～～方酣枕,闻鸡又著鞭。"

【化度】 huàdù 佛教用语。感化众生,使之过渡到佛教所说的乐土。《传法正宗记》卷三:"愿我为佛之时,若有圣土～～于世者,遇天澍雨,至于其身,即为舍利。"薛戎《游烂柯山》诗:"只今成佛宇,～～果难量。"

【化儿】 huà'ér 造化小儿的省称。戏指创造万物之神。范成大《立春大雪》诗:"～～任恶剧,欢伯有奇怀。"

【化工】 huàgōng ❶自然的创造者。语出贾谊《鹏鸟赋》:"且夫天地为炉兮,造化为工。"元稹《春蝉》诗:"作诗怜～～,不遣春蝉生。"范成大《荔枝赋》:"钟具美于一物,繄～～之所难。"❷自然形成的技巧。陈廷焯《白雨斋诗话》卷七:"方回笔墨之妙,真乃一片～～。"

【化鹤】 huàhè 古代神话传说辽东人丁令威在灵虚山学道成仙,千年后,化鹤归辽。事见陶渊明《搜神后记》卷一。后因以化鹤比喻去世。叶適《余知府挽词》之一:"此际灵龟往,何方～～回。"邓文原《郎中苏公哀挽》诗:"夜静燕台山月冷,祇疑～～一归来。"

【化境】 huàjìng ❶佛经中指可教化的境域。《华严经疏》卷六:"十方国土,是佛～～。"❷艺术造诣达到精妙的境界。王士禛《香祖笔记》卷八:"舍筏登岸,禅家以为悟境,诗家以为～～,诗禅一致,等无差别。"

【化洽】 huàqià 教化普沾。蔡邕《司空文烈侯杨公碑》:"功成～～,景命有倾。"《三国志·魏书·苏则传》:"若陛下～～中国,德流沙漠,即不求自至,求而得之,不足贵也。"

【化人】 huàrén ❶会幻术的人。《列子·周穆王》:"周穆王时,西极之国有～～来。入水火,贯金石,……乘虚不坠,触实不硋。"❷仙人。杜光庭《温江县招贤观众斋词》:"历代～～,随机济物,大惟邦国,普及幽明,俱赖神功,咸承景贶。"❸劝化人,教化人。王禹偁《柳府君墓碣铭》:"有唐以武勘乱,以文～～。"

【化日】 huàrì ❶太平盛世之日。《后汉书·王符传》:"化国之日舒以长,故其民闲暇而有馀日。"(《潜夫论》本作"治国",唐人因避李治(高宗)讳,改治为"化"。)❷气候温和,万物化生之日。《宋史·乐志十二》:"～～初长,时当暮春。"元好问《庆高评事八十之寿》诗:"～～舒长留暮景,秋风摇落变春温。"

【化身】 huàshēn 佛教用语。佛"三身"之一。佛教宣称,佛具有法、报、化三身。为了普渡众生,在世上现身说法,能随时变化为种种形象,名为化身。慧远《大乘义章》卷十九:"佛随众生现种种形,或人或天,或龙或鬼,如是一切,同世色象,不为佛形,名为～～。"后用以指某一事物演变而成的多种形象。鲜于枢《题赵模拓本兰亭后》诗:"兰亭～～千百亿,贞观赵模推第一。"

【化生】 huàshēng ❶变化孳生。《周易·咸》:"天地感而万物～～。"《抱朴子·讥惑》:"澄浊剖判,庶物～～。"❷古时的一种迷信习俗。七夕用蜡制成男婴偶像,叫化生,浮水中为戏,祝妇女生子。薛能《吴姬》诗之十:"芙蓉殿上中元日,水拍银台弄～～。"❸指女神像。元稹《哭女樊四十韵》:"翠凤舆真女,红蕖捧～～。"❹佛教用语。四生之一,即无所依托,忽然而生。《俱舍论》卷八:"有情类,生无所托,是名～～。"❺即化身。杨炯《盂兰盆赋》:"若乃山中禅定,树下经行,菩萨之权现,如来之～～,莫不汪洋在列,欢喜充庭。"

【化土】 huàtǔ 佛教用语。为普渡众生,佛、菩萨所化现的土地。窥基《成唯识论述记》卷十:"～～虽复说法,神通增故,立变化名,法乐义劣。"

【化外】 huàwài 旧指政令教化达不到的地方。李焘《续资治通鉴长编·宋太祖开宝六年》:"禁铜钱不得入蕃界,及越江海至～～。"

【化我】 huàwǒ 对我傲慢无礼。《公羊传·桓公六年》:"曷为慢之? ～～也。"

【化向】 huàxiàng 指受德化而归顺。《后汉书·班超传》:"今西域诸国,自日之所入,莫不～～,大小欣欣,贡奉不绝。"

【化雨】 huàyǔ 教化人,像及时雨灌溉土地、润泽植物一样。《孟子·尽心上》:"君子之所以教者五:有如时雨化之者,有成德者,有达财者,有答问者,有私淑艾者。"后用"化雨"比喻潜移默化的教育。《儒林外史》三十六回:"老师文章山斗,门生辈今日得沾～～,实为侥幸。"

【化育】 huàyù ❶自然生成和培育万物。《管子·心术上》:"～～万物谓之德。"苏轼《御试重巽申命论》:"天地之～～,有可以指而言者,有不可以求而得之者。"❷教化,培育。叶適《谢皇太子笺》:"猥以凋残,蒙兹～～。"

【化缘】 huàyuán ❶佛教用语。诸佛、菩萨教化众生,因缘而来人世,缘尽而去,叫化缘。玄奘《大唐西域记·摩揭陀国下》:“如来～～斯毕,垂将涅槃。”❷僧尼或道士向人求布施。佛教认为能布施的人为与佛有缘,所以称募化为化缘。洪迈《夷坚志·普先寺僧》:“元晖,近村王大子也,既作僧,为街坊～～。”

划[2](劃) huà ❶割裂,分开。鲍照《芜城赋》:“～崇墉,刳濬洫。”孟浩然《行出东山望汉川》诗:“万壑归于汉,千峰～彼苍。”❷筹划,谋划。杜甫《送从弟亚赴安西判官》诗:“须存武威郡,为～长久利。”❸忽,忽然。杜甫《苦雨奉寄陇西公兼呈王征士》诗:“～见公子面,超然欢笑同。”

话(話) huà ❶言语。《诗经·大雅·抑》:“慎尔出～,敬尔威仪。”张协《七命》:“虽在不敏,敬听嘉～。”❷告,告谕。《尚书·盘庚中》:“盘庚作,惟涉河以民迁,乃～民之弗率,诞告用亶。”❸谈论,议论。杜甫《乾元中寓居同谷县作歌》之七:“山中儒生旧相识,但～宿昔伤怀抱。”孟浩然《过故人庄》诗:“开轩面场圃,把酒～桑麻。”

【话欛】 huàbà 犹话柄,被人当作谈话资料的言论或行为。陈亮《贺新郎·酬辛幼安再用韵见寄》词:“据地一呼我往矣,万里摇肢动骨,这～～,只成痴绝!”也作“话霸”。晓莹《罗湖野录》卷二:“翻身逃掷百千般,冷地看佗成～～。”

【话本】 huàběn 宋代说书人说唱故事的底本。多用口语写成。如《清平山堂话本》等。

【话雨】 huàyǔ 李商隐《夜雨寄北》诗:“何当共剪西窗烛,却话巴山夜雨时。”后称朋友叙旧为话雨。钮琇《觚賸·自序》:“～～人归,喜华戕之在箧。”

桦 huà 木芙蓉的别名。《本草纲目·木部三·木芙蓉》:“俗呼为～皮树,相如赋谓之华木。”

画(畫) huà ❶划分。《左传·襄公四年》:“芒芒禹迹,～为九州。”《汉书·地理志上》:“昔在黄帝,作舟车以济不通,旁行天下,方制万里,～野分州,得百里之国万区。”❷限定,截止。《论语·雍也》:“力不足者,中道而废,今女～。”《列子·天瑞》:“终者不得不终,亦如生者之不得不生,而欲恒其生,～其终,惑于数也。”❸谋划,筹划。《战国策·秦策三》:“昭王新说蔡泽计～,遂拜为秦相。”《史记·留侯世家》:“良曰:‘谁为陛下～此计者?’”㊂计谋,计策。《史记·淮阴侯列传》:“韩信谢曰:‘臣事项王,官不过郎中,位不过执戟,言不听,～不用,故倍楚而归汉。’”柳宗元《封建论》:“后乃谋臣献～,而离削自守矣。”❹书法横笔称画。张彦远《法书要录·王右军〈题卫夫人笔阵图后〉》:“每作一横～,如列阵之排云。”㊂汉字一笔叫一画。韩愈《石鼓歌》:“年深岂免有缺～,快剑斫断生蛟鼍。”❺比画。《聊斋志异·红玉》:“指天～地,诟骂万端。”❻弹琵琶的一种手法,又叫“扫”。白居易《琵琶行》:“曲终收拨当心～,四弦一声如裂帛。”❼皱纹。《灵枢经·阴阳二十五人》:“两吻多～。”李华《十论》:“古之圣者刳而腠之,观其裂～以定吉凶。”❽绘,描。《后汉书·齐武王縯传》:“使长安中官署及天下乡亭皆～伯升像于塾,旦起射之。”《晋书·顾恺之传》:“恺之每～人成,或数年,不点目精。”㊂绘画,图画。《汉书·霍光传》:“君未谕前～意邪?”苏轼《念奴娇·赤壁怀古》词:“江山如～,一时多少豪杰?”❾装饰。《淮南子·主术训》:“大路不～,越席不缘。”❿签押,签署。《陈书·世祖沈皇后传》:“[高宗]自入见后及帝,极陈[刘]师知之短,仍自草敕请～,以师知付廷尉治罪。”⓫姓。

【画饼】 huàbǐng 画成的饼。比喻有虚名,不实用的事物。李商隐《咏怀寄秘阁旧僚》:“官衔同～～,面貌乏凝脂。”白居易《每见吕南二郎中新文辄窃有所叹惜因成长句以咏所怀》:“望梅阁老无妨渴,～～尚书不救饥。”

【画布】 huàbù 覆盖祭器的一种布。《周礼·天官·幂人》:“祭祀,以疏布巾幂八尊,以～～巾幂六彝。”

【画策】 huàcè 计谋,计策。《史记·鲁仲连邹阳列传》:“鲁仲连者,齐人也。好奇伟俶傥之～～,而不肯仕宦任职,好持高节。”又《平原君虞卿列传论》:“虞卿料事揣情,为赵～～,何其工也?”扬雄《解嘲》:“留侯～～,陈平出奇。”

【画荻】 huàdí 《宋史·欧阳修传》:“[修]四岁而孤。母郑守节自誓,亲诲之学。家贫,至以荻画地学书。”后因以“画荻”为称颂母教的典故。刘克庄《挽刘母王宜人》诗:“分灯照邻女,～～训贤郎。”

【画肚】 huàdù 用手指在腹上写字,揣摹书法。张怀瓘《书断下》:“闻虞[世南]眠布被中恒手～～。”苏轼《石鼓》诗:“细观初以指～～,欲读嗟如箝在口。”

【画法】 huàfǎ ❶策划之法。《史记·孝武本纪》:“神君所言,上使人受书其言,命之曰‘～～’。其所语,世俗之所知也,毋绝殊者,而天子独喜。”❷拟定法令。徐幹《中论·修本》："故怀疾者人不使为医，行秽者人不使～～。"❸绘画技法。文徵明《跋江贯道画卷》："～～之妙，余虽不能识，而诸贤题咏，皆清丽可喜。"

【画舫】 huàfǎng 装饰华丽的游船。白居易《寄献北都留守裴令公》诗："春池八九曲，～～两三艘。"苏轼《黄鲁直以诗馈双井茶次韵为谢》："明年我欲东南去，～～何妨宿太湖。"

【画灰】 huàhuī ❶在灰上写字，练习书法。《南史·陶弘景传》："[陶弘景]幼有异操，年四五岁，恒以荻为笔，～～中学书。"❷在灰上写字，以为秘密议事之方式。陆游《南唐书·宋齐丘传》："[烈祖]独与齐丘议事，率至夜分。又为高堂，不设屏障，中置灰炉而不设火。两人终日拥炉～～为字，旋即平之。"

【画戟】 huàjǐ 古兵器。有彩画的戟。后常用作仪设之用。王维《燕支行》："～～雕戈白日寒，连旗大旆黄尘没。"杜甫《桥陵诗三十韵因呈县内诸官》："空梁簇～～，阴井敲铜瓶。"

【画计】 huàjì 谋画。《史记·卫将军骠骑列传》："其明年，天子与诸将议曰：'翕侯赵信为单于～～，常以为汉兵不能度幕轻留，今大发士卒，其势必得所欲。'"《汉书·张良传》："或谓吕后曰：'留侯善～～，上信用之。'"

【画角】 huàjiǎo 古乐器名。有说创自黄帝，有说传自羌族。形如竹筒，本细末大，以竹木或皮革制成，也有铜制的。因外加彩绘，故名。发声哀厉高亢，古时军中多用以警昏晓，振士气。帝王外出，也用以报警戒严。梁简文帝《折杨柳》诗："城高短箫发，林空～～悲。"杜甫《岁晏行》："万国城头吹～～，此曲哀怨何时终？"

【画可】 huàkě 批示可行。《三国志·魏书·明帝纪》注引《魏略》："帝常游宴在内，乃选女子知书可付信者六人，以为女尚书，使典省外奏事，处当～～。"

【画墁】 huàmàn 在粉刷好的墙壁上又重新涂抹。比喻劳而无用。《孟子·滕文公下》："有人于此，毁瓦～～，其志将以求食也，则子食之乎？"

【画卯】 huàmǎo 旧时官署于卯时（清晨五时至七时）办公。吏胥差役都须按时到衙门签到，听候差使，称"画卯"。张之翰《和愚公韵》："才看曹掾喧～～，不觉庭树阴转午。"孙仲章《勘头巾》二折："与你一个月假限，休来衙门里～～。"

【画眉】 huàméi ❶用黛色描饰眉毛。《汉书·张敞传》："又为妇～～，长安中传张京兆眉怃。有司以奏敞。"刘孝威《郡县遇见人织率尔寄妇》诗："新妆莫点黛，余还自～～。"后因用"画眉"形容夫妻恩爱。韩偓《以庭前海棠梨花一枝寄李十九员外》诗："不如寄与星郎去，想得朝回正～～。"❷鸟名。体长四五寸，背黄褐色，腹淡黄色，以眼圈呈白色，故名。范成大《山径》诗："行到竹深啼鸟闹，鹁鸠老怨～～娇。"

【画诺】 huànuò 犹画行。主管者在文书上签字，表示同意照办。《后汉书·党锢传序》："后汝南太守宗资任功曹范滂……[郡人]又为谣曰：'汝南太守范孟博，南阳宗资主～～。'"（孟博：范滂字。）《北史·令狐整传》："寡人当委以庶务，～～而已。"

【画品】 huàpǐn ❶品评画家及其作品的著述。如南朝齐谢赫有《古画品录》、清姚最有《续画品》等。❷指图画笔法的风韵格调。李肇《国史补·王摩诘辨画》："王维～～妙绝，于山水平远尤工。"

【画日】 huàrì ❶唐制，皇太子监国，下令书则画日。犹天子画可。见《新唐书·百官志四上》。❷宋制，遇大赦，则令诸州祭境内名山大川及载于祀典的历代帝王忠臣烈士。由太卜署预择一祭祀之日，称"画日"。

【画省】 huàshěng 指尚书省。汉代尚书省以胡粉涂壁，紫素界之，画古烈士像，故别称画省，也称粉署。沈佺期《送韦商州弼》诗："累年同～～，四海接文场。"杜甫《秋兴》诗之二："～～香炉违伏枕，山楼粉堞隐悲笳。"

【画圣】 huàshèng 技艺超凡的画家。张彦远《历代名画记·论顾陆张吴用笔》："张[旭]既号书颠，吴[道子]宜为～～。"

【画室】 huàshì ❶汉代近臣入朝时暂住之室，因壁上雕画尧舜禹汤等帝王像，故名。《汉书·霍光传》："明旦，光闻之，止～～中不入。"也泛指有雕饰的宫室。《晋书·江充传》："窃闻后园镂饰金银，刻磨犀象，～～之巧，课试日精。"❷汉代官署名。《后汉书·百官志三》："黄门署长，～～署长，玉堂署长各一人。"

【画瓦】 huàwǎ 旧时画图像于瓦片上以镇邪。《颜氏家训·风操》："偏傍之书，死有归杀，子孙逃窜，莫肯在家，～～书符，作诸厌胜，……凡如此比，不近有情。乃儒雅之罪人，弹议所当加也。"

【画一】 huàyī ❶整齐，一律。《史记·曹相国世家》："萧何为法，顜若～～。"❷逐一，一一条陈。范仲淹《太常少卿直昭文馆知广州军州事贾公墓志铭》："不事风威，州县九品，必延见与语，得其善，则～～以闻，见其过，则教之使悛。”苏轼《论河北京东盗贼状》：“谨条其事，～～如左。”

【画鹢】 huàyì 画鹢鸟于船首。《晋书·王濬传》：“画鹢首怪兽于船首，以惧江神。”后因以“画鹢”作为船的别称。皮日休《太湖诗·初入太湖》：“悠然啸傲去，天上摇～～。”

【画狱】 huàyù 即画地为狱。梁简文帝《罢雍州恩教》：“折以片言，事关往圣，寄之勿扰，传彼昔贤，故尅木不对，～～无入。”

【画障】 huàzhàng 画屏。也指入画的自然景色。王勃《郊园即事》诗：“断山疑～～，县溜泻鸣琴。”韦庄《送福州王先辈南归》诗：“名标玉籍仙坛上，家寄闽山～～中。”

【画地为牢】 huàdìwéiláo 相传上古时，于地上画圈，令犯罪者立圈中，以示惩罚，如后代的牢狱。司马迁《报任少卿书》：“故士有～～～～，势不可入，削木为吏，议不可对，定计于鲜也。”牢，又作“狱”。《汉书·路温舒传》：“故俗语曰：‘～～～～，议不入；刻木为吏，期不对。’此皆疾吏之风，悲痛之辞也。”后用来比喻只许在指定的范围内活动。

桦（樺） huà 木名。通称桦木，也称白桦。皮可以卷蜡为烛。陆游《梦行小益道中》诗：“栈云零乱驮铃声，驿树轮囷～烛明。”

【桦巾】 huàjīn 桦皮做的头巾。《寒山诗》之二〇六：“～～木屐沿流步，布裘藜杖绕山回。”

澅（澅） huà 水名。在山东淄博市临淄西。郦道元《水经注·淄水》：“又有～水注之。”

嫿（嫿） huà 娴静美好。嵇康《琴赋》：“轻行浮弹，明～瞭慧。”左思《魏都赋》：“风俗以韰果为～，人物以戕害为艺。”

繣（繣） huà ❶结物的带子。《周礼·夏官·大司马》郑玄注：“枚如箸，衔之，有～，结项中。”❷象声词。形容破裂声。潘岳《西征赋》：“砰扬桴以振尘，～瓦解而冰泮。”❸乖违，乖戾。《楚辞·离骚》：“纷总总其离合兮，忽纬～其难迁。”

稞 huà 见 kē。

摦 huà 宽，横大。《汉书·五行志下之上》引《左传·昭公二十一年》：“小者不窕，大者不～。”（今本《左传》作“槬”。）

蘳 huà 像花叶的样子。《后汉书·马融传》：“翕习春风，含津吐荣，铺于布濩，蓶扈～荧。”

huai

怀（懷） huái ❶想念，怀念。《诗经·周南·卷耳》：“嗟我～人，寘彼周行。”范仲淹《岳阳楼记》：“登斯楼也，则有去国～乡，忧谗畏讥，满目萧然，感极而悲者矣。”㉿留恋，爱惜。《管子·立政》：“民不～其产，国之危也。”曹植《白马篇》：“弃身锋刃端，性命安可～？”㊈伤感，哀怜。《楚辞·离骚》：“仆夫悲余马～兮，蜷局顾而不行。”《后汉书·班固传》：“故下民号而上愬，上帝～而降鉴。”❷怀恨。《后汉书·周党传》：“乡佐尝众中辱党，党久～之。”❸胸前，怀里。《诗经·小雅·谷风》：“将恐将惧，寘予于～。”曹植《七哀诗》：“愿为西南风，长逝入君～。”㊈怀藏，怀抱。《礼记·曲礼上》：“赐果于君前，其有核者～其核。”《史记·廉颇蔺相如列传》：“相如度秦王虽斋，决负约不偿城，乃使其从者衣褐，～其璧，从径道亡，归璧于赵。”㊈怀孕。《论衡·奇怪》：“母之～子，犹土之育物也。”❹心里包藏着某种思想感情。《楚辞·离骚》：“～朕情而不发兮，余焉能忍与此终古？”㉿心意，心情。古诗《为焦仲卿妻作》：“新妇谓府吏，感君区区～。”《三国志·魏书·袁绍传》：“[公孙]瓒遂引兵入冀州，以讨[董]卓为名，内欲袭[韩]馥。馥～不自安。”❺容受，包容。《庄子·至乐》：“褚小者不可以～大，绠短者不可以汲深。”嵇康《幽愤诗》：“大人含弘，藏垢～耻。”❻包围，囊括。《尚书·尧典》：“汤汤洪水方割，荡荡～山襄陵，浩浩滔天。”《淮南子·览冥训》：“又况乎宫天地，～万物。”❼归向，依附。《史记·夏本纪》：“知人则智，能官人；能安民则惠，黎民～之。”《后汉书·吴汉传论》：“夫仁义不足以相～，则智者以有馀为疑，而朴者以不足取信矣。”㉿来，到。《诗经·齐风·南山》：“既曰归止，曷又～止？”《后汉书·蔡邕传》：“夫昭事上帝，则自～多福。”❽安抚。《战国策·齐策六》：“外～戎翟、天下之贤士，阴结诸侯之雄俊豪英，其志欲可为也。”《汉书·食货志上》：“～敌附远，何招而不至？”❾赐予，赠送。《诗经·桧风·匪风》：“谁将西归，～之好音。”❿至，极其。《诗经·小雅·鼓钟》：“淑人君子，～允不忘。”⓫姓。

【怀安】 huái'ān ❶贪图安逸。《左传·襄公十八年》：“君王其谓午～～乎？”骆宾王《咏怀》：“忘机殊会俗，守拙异～～。”❷旧称人民怀念帝王之德政而安居乐业。《史记·孝景本纪论》：“汉兴，孝文施大德，天下～～。”

【怀宝】 huáibǎo 比喻怀才不用。王褒《四子讲德论》:“幸遭盛主平世而久～～,是伯牙去钟期,而舜禹遁帝尧也。”陈子昂《我府君有周居士文林郎陈公墓志铭》:“呜呼我君,～～不试,孰知其深广兮!”

【怀保】 huáibǎo ❶安抚保护。《尚书·无逸》:“徽柔懿恭,～～小民。”❷抚养。何景明《寡妇赋》:“予痛吾兄宦业未竟,而孤嫂～～遗孩,茕茕在疚。”

【怀抱】 huáibào ❶抱在怀里。《后汉书·陈忠传》:“夫父母于子,同气异息,一体而分,三年乃免于～～。”潘岳《寡妇赋》:“鞠稚子于～～兮,羌低徊而不忍。”❷胸前。曹丕《见挽船士兄弟辞别》诗:“妻子牵衣袂,落泪沾～～。”❸怀藏。韩愈《送董邵南序》:“～～利器,郁郁适兹土。”❹心意,胸襟,抱负。《晋书·王羲之传》:“或取诸～～,悟言一室之内。”李白《于五松山赠南陵常赞府》诗:“远客投名贤,真堪写～～。”

【怀被】 huáibèi 周洽,遍及。多指恩惠、德泽。《后汉书·刘虞传》:“虞以恩厚得众,～～北州。”

【怀璧】 huáibì 怀藏美玉。《左传·桓公十年》:“周谚有之:匹夫无罪,～～其罪。”又《襄公十五年》:“小人～～,不可以越乡。”后用以比喻有才能而遭到嫉害。崔湜《至桃林塞作》诗:“～～常贻训,捐金讵得邻?”

【怀冰】 huáibīng ❶比喻人清高,像冰一样莹洁。陆机《汉高祖功臣颂》:“周苛慷慨,心若～～。”❷形容酷冷。张华《杂诗》:“重衾无暖气,挟纩如～～。”㉛懔栗戒惧。《宋书·郑鲜之传》:“夙夜～～,敢忘其惧。”❸比喻严峻。《南史·陆慧晓传》:“庐江何点常称……王思远恒如～～,暑月亦有霜气。”

【怀迟】 huáichí 迂回曲折的样子。谢灵运《登永嘉绿嶂山》诗:“裹粮杖轻策,～～上幽室。”

【怀春】 huáichūn 少女春情初动,有求偶之意。《诗经·召南·野有死麕》:“有女～～,吉士诱之。”陆机《演连珠》:“臣闻遁世之士,非受匏瓜之性;幽居之女,非无～～之情。”

【怀刺】 huáicì 怀藏名片,准备有所谒见。刺,名片。《后汉书·祢衡传》:“建安初,来游许下,始达颍川,乃阴怀一刺,既而无所之适,至于刺字漫灭。”温庭筠《和段少常柯古》诗:“称觞惭座客,～～即门人。”

【怀耽】 huáidān 怀胎。关汉卿《蝴蝶梦》三折:“十月～～,乳哺三年。”李直夫《虎头牌》三折:“俺两口儿虽不曾十月～～,也曾三年乳哺。”

【怀德】 huáidé ❶怀有德行。《诗经·大雅·板》:“～～维宁,宗子维城。”❷感念恩德。《史记·刘敬叔孙通列传》:“四夷乡风,慕义～～。”《汉书·五行志》:“诸侯～～,士民归仁。”

【怀恩】 huái'ēn 怀念恩德。陈琳《檄吴将校部曲文》:“～～悔过,委质还降。”《晋书·刑法志》:“[圣上]使犯死之徒得存性命,则率土蒙更生之泽,兆庶必～～以反化也。”

【怀伏】 huáifú 使归服。《汉书·息夫躬传》:“中国常以威信～～夷狄。”

【怀附】 huáifù 归附。《后汉书·窦融传》:“伏惟将军国富政修,士兵～～。”又使归附。曾巩《策问一》:“欲～～夷狄也,广于推恩。”

【怀惠】 huáihuì 贪恋小惠。《论语·里仁》:“君子怀刑,小人～～。”《晋书·齐王攸传》:“考绩黜陟,毕使严明,畏威～～,莫不自厉。”

【怀集】 huáijí 招来。《汉书·郑吉传》:“镇抚诸国,诛伐～～之。”阮瑀《为曹公作书与孙权》:“荡平天下,～～异类。”

【怀辑】 huáijí 招来。《汉书·周亚夫传》:“吴王素富,～～死士久矣。”《后汉书·窦融传》:“既到,抚结雄杰,～～羌虏。”

【怀金】 huáijīn 怀揣金印。比喻显贵。鲍照《拟古》诗之一:“鲁客事楚王,～～袭丹素。”《后汉书·宦者传序》:“若夫高冠长剑,纡朱～～者,布满宫闱。”

【怀居】 huáijū 留恋安逸。《论语·宪问》:“士而～～,不足以为士矣。”

【怀橘】 huáijú 《三国志·吴书·陆绩传》:“绩年六岁,于九江见袁术。术出橘,绩怀三枚去。拜辞,堕地。术谓曰:‘陆郎作宾客而怀橘乎?’绩跪答曰:‘欲归遗母。’术大奇之。”后诗文常以“怀橘”为爱亲、孝亲的典故。骆宾王《畴昔篇》诗:“茹荼空有叹,～～独伤心。”范成大《送詹道子教授奉祠养亲》诗:“下马入门～～拜,身今却在白云边。”

【怀空】 huáikòng 趁空,趁便。武汉臣《老生儿》一折:“俺先与妳妳说,则说小梅配绒线去,～～走了也。”

【怀来】 huáilái ❶招来。《后汉书·冯异传》:“～～百姓,申理枉结,出入三岁,上林成都。”❷来意。《史记·司马相如列传》:“于是诸大夫芒然丧其所～～,而失厥所以进。”

【怀衽】 huáirèn 怀抱。《战国策·秦策一》:“出其父母～～之中,生未尝见寇也。”也作

"怀袛"。《后汉书·清河孝王庆传》:"皇子肇保育皇后,承训~~。"

【怀柔】 huáiróu 招来,安抚。《史记·郑世家》:"秦,嬴姓,伯翳之后也,伯翳佐舜,~~百物。"《汉书·郊祀志》:"天子祭天下名山大川,~~百神,咸秩无文。"后称统治者用政治手段笼络人心,使之归服叫"怀柔"。《三国志·魏书·陈群传》:"~~夷民,甚有威惠。"王勃《三国论》:"愚知[曹]操之不~~巴蜀,砥定东南,必然之理也。"

【怀生】 huáishēng ❶安于生计。《左传·僖公二十七年》:"于是乎出定襄王,入务利民,民~~矣。"❷爱惜生命。《吴子·论将》:"果者,临敌不~~。"❸有生命之物。《史记·司马相如列传》:"~~之类,沾濡浸润。"

【怀刷】 huáishuā 指君主赠送的巾帨等物品。比喻亲近得宠。《韩非子·内储说下》:"靖郭君相齐,与故人久语,则故人富;怀左右刷,则左右重。久语~~,小资也,犹以成富,况于吏势乎?"

【怀霜】 huáishuāng 比喻高洁。《后汉书·祢衡传》:"忠果正直,志怀霜雪。"陆机《文赋》:"心懔懔以~~,志眇眇而临云。"

【怀慝】 huáitè 心怀恶念。《三国志·魏书·武帝纪》:"吏无苛政,民无~~。"

【怀土】 huáitǔ 《论语·里仁》:"小人~~。"本为安于所处之意,后引申为怀念故乡。《汉书·叙传上》:"瘖戍卒之言,断~~之情。"王粲《登楼赋》:"人情同于~~兮,岂穷达而异心。"

【怀挟】 huáixié 携带,包藏。《战国策·东周策》:"夫鼎者,非效醯壶酱甀耳,可~~提挈以至齐者。"《汉书·孝成许皇后传》:"虽使其~~邪意,犹不足虑,又况其无乎?"后专指应考时挟带书籍。王定保《唐摭言》卷十四:"密旨令内人于门,搜索~~。至于巾屦,靡有不至。"欧阳修《条约举人怀挟文字劄子》:"窃闻近年举人公然~~文字,皆是小纸细书,抄节甚备。"

【怀心】 huáixīn ❶居心。刘向《说苑·至公》:"是为理不端,~~不公也。"❷怀有必死之心。《吴越春秋·勾践伐吴外传》:"于是军士闻之,莫不~~乐死,人致其命。"❸怀柔之心。《汉书·礼乐志》:"流星陨,感惟风,籋归云,抚~~。"

【怀袖】 huáixiù ❶怀抱。谢朓《齐敬皇后哀策文》:"方年冲藐,~~靡依。"❷怀藏。李白《酬崔十五见招》诗:"长吟字不灭,~~且三年。"

【怀玉】 huáiyù 比喻怀才。《老子·七十章》:"知我者希,则我者贵,是以圣人被褐~~。"骆宾王《镂鸡子》诗:"谁知~~者,含响未吟晨。"

【怀远】 huáiyuǎn 安抚远方之人。《左传·僖公七年》:"招携以礼,~~以德。"《三国志·魏书·陶谦传》注引《吴书》:"臣闻~~柔服,非德不集;克难平乱,非兵不济。"

【怀砖】 huáizhuān 比喻势利,翻面无情。杨衒之《洛阳伽蓝记·秦太上君寺》:"齐土之民,风俗浅薄。……太守初欲入境,皆~~叩首,以美其意;及其代下还家,以甎击之,言其向背速于反掌。"

佪 huái 见 huí。

徊 huái 见 huí。

葆(櫰) huái 葆香,即大茴香。见"葆香"。

【葆香】 huáixiāng 即茴香。本作"怀香"。嵇康有《怀香赋序》。见《艺文类聚》卷八十一。

淮 huái ❶水名。指淮河。源出河南,流经安徽、江苏,是我国大河之一。文天祥《指南录后序》:"日与北骑相出没于长~间。"❷水名。指秦淮河,在南京。刘禹锡《金陵五题·石头城》诗:"~水东边旧时月,夜深还过女墙来。"

槐 huái ❶木名。材质细密,可供建筑和制器具用。花蕾、种子、根皮可入药。《左传·宣公二年》:"[鉏麑]触~而死。"羊士锷《登楼》诗:"~柳萧疏绕郡城,夜添山雨作江声。"❷姓。

【槐鼎】 huáidǐng 槐,三槐。鼎,重器,三足。故用以比喻三公之位。也泛指执政大臣。《后汉书·方术传论》:"越登~~之任。"《宋书·王弘传》:"陛下忘其不腆,又重之以今任,正位~~,统理神州。"

【槐火】 huáihuǒ 用槐木取火。相传古时随季节变易,燃烧不同木柴,用以防时疫。王勃《守岁序》:"~~灭而寒气消,芦灰用而春风起。"苏轼《参寥泉铭序》:"梦相与赋诗,有寒食清明石泉~~之句,语甚美,而不知其所谓。"

【槐棘】 huáijí ❶周时,朝廷种三槐九棘,公卿大夫分坐其下。左九棘,为孤卿大夫之位;右九棘,为公侯伯子男之位;面三槐,为三公之位。后因以槐棘指三公九卿之位。《抱朴子·审举》:"上自~~,降逮皁隶,论道经国,莫不任职。"任昉《桓宣城碑》:"将登~~,宏振纲网。"❷指听讼的处所。《三国志·魏书·高柔传》:"古者刑政有疑,辄议于~~之下。自今之后,朝有疑议及刑狱大事，宜数以咨访三公。”也作“棘槐”。《初学记》卷二十《春秋元命苞》：“人君树～～，听讼于其下。”

【槐序】 huáixù 指夏季。因槐树夏季开花，故称。杨慎《艺林伐山·槐序》：“～～，指夏日也。”

【槐铉】 huáixuàn 犹槐鼎。比喻三公宰辅之位。铉，抬鼎的杠子。《宋书·符瑞志下》：“臣以寡立，承乏～～，沐浴芳津，预睹冥庆。”江淹《为萧领军让司空并敦劝启》：“臣以为～～之任，百王攸先。”参见“槐鼎”、“槐棘”。

【槐榆】 huáiyú 古人钻木取火，四季所用木材不同，春用榆，冬用槐，因以比喻时序。姚崇《兖州都督于知微碑》：“俄丁穷罚，殆至灭性。虽～～屡变，而创痛犹殷。”

【槐安梦】 huái'ānmèng 也称南柯梦。唐李公佐《南柯太守传》载，淳于棼家居广陵郡，喜欢饮酒，一日，在门南古槐树下喝醉，恍惚间被两个使臣邀至古槐穴内，见一城楼题大槐安国。其王招他为驸马，并任命为南柯郡太守。三十年享尽荣华富贵。不料檀萝国进犯，他打了败仗，因而失宠被遣送回家。一觉醒来原来是一梦。据梦境挖开古槐穴，原来是一大蚁穴。后多用槐安梦故事比喻人生如梦、富贵无常。陆游《秋晚》诗：“幻境～～～，危机竹节滩。”也省作“槐安”。黄庭坚《题槐安阁》诗：“功成事遂人间世，欲梦～～向此游。”范成大《次韵宗伟阅番乐》：“尽遣馀钱付桑落，莫随短梦到～～。”又省作“槐梦”。蒲寿宬《挽吕秘书》诗：“葵心犹白发，～～落黄粱。”

褢 huái ❶衣袖。《说文·衣部》：“～，袖也。”❷怀抱。《汉书·孝成许皇后传》：“将相大臣～诚秉忠，唯义是从。”（颜师古注：“褢，古怀字。”）

踝 huái ❶踝子骨，脚腕两旁凸起的部分。《晋书·陆机传》：“机既为孟玖等所诬，收拯考掠，两～骨见，终不变辞。”王之道《出合肥北门》诗之一：“淮水东来没～无，只今南北断修涂。”❷脚跟。《礼记·深衣》：“负绳及～以应直。”（负绳：指衣和裳的背缝。）

【踝跣】 huáixiǎn 赤脚。《后汉书·冯衍传》：“饥者毛食，寒者～～。”

褱 huái “怀”的本字。《汉书·孝成赵皇后传》：“元延二年［许美人］～子，其十一月乳。”㊀包围。《汉书·地理志上》：“尧遭洪水，～山襄陵。”（《尚书·尧典》作“怀山襄陵”。）

褱 huái 见“崴褱”。

瀤 huái ❶古代传说中北方水名。《山海经·北山经》：“［狱法之山］～泽之水出焉，而东北流注于泰泽。”❷见“淮瀤”。

櫰 1. huái ❶木名，槐类。《尔雅·释木》：“～，槐大叶而黑。”《汉书·西域传上》：“罽宾地平，温和，有目宿，杂奇草木，檀、～、梓、竹、漆。”欧阳修《内直晨出便赴奉慈斋宫马上口占》：“霜后楼台明晓日，天寒烟雾著宫～。”

2. guī ❷木名。《山海经·西山经》：“［中曲之山］有木焉，其状如棠而圆叶赤实，实大如木瓜，名曰～木，食之多力。”

坏²（壞） 1. huài ❶倒塌。《韩非子·说难》：“宋有富人，天雨墙～。”《后汉书·灵帝纪》：“公府驻驾庑自～。”㊀拆毁，毁坏。《左传·成公十年》：“［大厉］～大门及寝门而入，公惧，入于室，又～户。”《论衡·佚文》：“恭王～孔子宅以为宫，得佚《尚书》百篇。”❷破败，衰败。《论语·阳货》：“君子三年不为礼则礼～，三年不为乐则乐崩。”司马迁《报任少卿书》：“稽其成败兴～之纪。”❸战败，崩溃。贾谊《过秦论》：“秦乃延入战而为之开关，百万之徒逃北而遂～。”《三国志·吴书·周瑜传》注引《江表传》：“瑜等率轻锐寻继其后，雷鼓大进，北军大～，曹公退走。”❹变质。贾思勰《齐民要术·养羊》：“作干酪法……得经数年不～，以供远行。”❺革职，免官。《二刻拍案惊奇》卷十一：“这个官人已～了官，离了地方去了。”《儒林外史》二十六回：“是宁国府知府～了，委我去摘印。”❻杀害。无名氏《替杀妻》一折：“这妇人待要～哥哥性命。”《水浒传》五十回：“一个也不要～他，快做七辆囚车装了。”❼破费，花费。《水浒传》二十三回：“宋江将出些银两来，与武松做衣裳。柴进知道，那里肯要他～钱。”《二刻拍案惊奇》卷十四：“～了我十千钱，一个柑不得到口，可恨！可恨！”❽不好，恶。《红楼梦》二十回：“自己又不尊重，要往下流里走，安着～心，还只怨人家偏心呢。”❾用在动词之后，表示程度深。《西游记》十五回：“活活的笑倒个孙大圣，孜孜的喜～个美猴王。”《红楼梦》五十一回：“倒不是唬～了他，头一件你冻着也不好。”

2. huì ❿伤病。通“瘣”。见“坏木”。

【坏败】 huàibài ❶溃败，衰败。《吴越春秋·勾践伐吴外传》：“越军～～，……莫能救止。”顾炎武《与潘次耕札》：“俗流失，世～～。”❷毁坏，破坏。《汉书·元帝纪》：“地震于陇西郡，……～～豲道县城郭、官寺及民室屋。”司马光《上庞枢密论贝州事宜书》：“不乘其众心危疑未定之际，～～其谋，已而日寖久，罪寖深。”

【坏病】　huàibìng　因医治不当而成的顽症、重病。张仲景《伤寒论·坏病》：“太阳病三日，已发汗，若吐，若下，若温针仍不解者，此为～～。”

【坏彻】　huàichè　拆毁，拆除。《汉书·王莽传下》：“～～城西苑中建章……储元宫及平乐、当路、阳禄馆，凡十馀所，取其材瓦，以起九庙。”扬雄《剧秦美新》：“上览古在昔，有凭应而尚缺，焉～～而能全？”

【坏舛】　huàichuǎn　破损错乱。《新唐书·陆龟蒙传》：“[陆龟蒙]借人书，篇秩～～，必为辑褫刊正。”

【坏废】　huàifèi　败坏，废弛。《汉书·兒宽传》：“历纪～～，汉兴未改正朔，宜可正。”《论衡·对作》：“韩国不小弱，法度不～～，则韩非之书不为。”

【坏沮】　huàijǔ　犹言毁坏。《论衡·感虚》：“三日之后，水盛土散，稍～～矣。～～水流，竟往东去。”《盐铁论·申韩》：“城郭～～，稸积漂流，百姓木栖，千里无庐。”

【坏散】　huàisàn　❶溃乱，溃散。《史记·项羽本纪》：“于是大风从西北而起，……楚军大乱，～～，而汉王乃得与数十骑遁去。”元稹《唐故开府仪同三司南阳郡王张公碑文》：“是夕攻愈急，锜众～～。”❷破坏，离散。《汉书·刘向传》：“放远佞邪之党，～～险诐之聚。”司马光《论环州事宜状》：“附顺者抚而安之，以～～其党。”

【坏色】　huàisè　非正色。指青黄红白黑以外的颜色，常指僧衣的颜色。刘禹锡《佛衣铭》：“～～之衣，道不在兹。”张昱《慧具庵自滦京回》诗：“慧师新自上京回，～～袈裟染劫灰。”

【坏山】　huàishān　倒塌的山。《晋书·天文志中》：“黑气如～～坠军上者，名曰营头之气……此衰气也。”刘禹锡《平齐行》：“春来群乌噪且惊，气如～～堕其庭。”

【坏隤】　huàituí　坍塌。隤，通“颓”。郦道元《水经注·济水》：“往大河冲塞，侵啮金堤，以竹笼石，葺土而竭，～～无已，功消亿万。”

【坏颓】　huàituí　坍塌，崩毁。王褒《洞箫赋》：“搅搜浮捎，逍遥踊跃，若～～兮。”

【坏微】　huàiwēi　衰败。贾谊《新书·先醒》：“周室～～，天子失制。”

【坏衣】　huàiyī　梵语“袈裟”的意译。僧尼避青黄红白黑五种正色，而以其他非正色将衣染坏，故名坏衣，又叫坏色衣。李端《送惟良上人归润州》诗：“寄世同高鹤，寻仙称～～。”梅尧臣《乾明院碧鲜亭》诗：“～～削发远尘垢，蛇祖龙孙生屋后。”

【坏陈】　huàizhèn　犹败阵。《三国志·蜀书·法正传》：“雒下虽有万兵，皆～～之卒，破军之将。”

【坏证】　huàizhèng　极严重的病。证，通“症”。崔与之《送聂侍郎子述》诗：“要得处方医～～，便须投矢负全筹。”

【坏坐】　huàizuò　歪斜地坐着。《韩非子·外储说左上》：“叔向御坐平公请事，公腓痛足痹，转筋而不敢～～。晋国闻之，皆曰：‘叔向贤者，平公礼之，转筋而不敢～～。’”

【坏木】　huìmù　枯槁结瘤无枝叶的病树。《诗经·小雅·小弁》：“譬彼～～，疾用无枝。”

huan

欢（歡、懽、驩）　huān　❶喜乐。《史记·外戚世家》：“上还坐，～甚，赐平阳主金千斤。”《后汉书·来歙传》：“帝见歙，大～，即解衣以衣之。”❷友好，交好。《战国策·秦策二》：“惠王患之，谓张仪曰：‘吾欲伐齐，齐楚方～，子为寡人虑之，奈何？’”《汉书·陈馀传》：“上使泄公持节问之箯舆前。[贯高]卬视泄公，劳苦如平生～。”❸古时男女相爱，女称男子为欢。《乐府诗集·清商曲辞·子夜歌》：“～愁侬亦惨，郎笑我便喜。”刘禹锡《踏歌词》：“唱尽新词～不见，红霞映树鹧鸪鸣。”

【欢伯】　huānbó　酒的别名。焦延寿《易林·坎·兑》：“酒为～～，除忧来乐。”杨万里《题湘中馆》诗：“愁边正无奈，～～一相开。”

【欢客】　huānkè　佳客。焦延寿《易林·节·贲》：“喜乐忭跃，来迎～～。”

【欢心】　huānxīn　好意。《韩非子·存韩》：“李斯往诏韩王，未得见，因上书曰：‘……斯之来使，以奉秦王之～～，愿效便计，岂陛下所以逆贱臣者邪？’”《后汉书·窦融传》：“融大喜，即将家属而西。既到，抚结雄杰，怀辑羌虏，甚得其～～，河西翕然归之。”

【欢谣】　huānyáo　❶欢乐的歌谣。班固《西都赋》：“采游童之～～，第从臣之嘉颂。”❷欣喜歌颂。刘禹锡《谢恩赐粟麦表》：“臣谨宣敕文节目，彰示兆人，鼓舞～～，自中徂外。”

【欢虞】　huānyú　同“欢娱”。欢乐。谢朓《始出尚书省》诗：“零落悲友朋，～～燕兄弟。”

【欢说】　huānyuè　欢喜。《汉书·郊祀志下》：“是故每举其礼，助者～～。”也作“欢悦”。《三国志·魏书·杜袭传》:“乃遣老弱各分散就田业,留丁强备守,吏民～～。”

鹮(鴅) huān 鸟名。《玉篇·鸟部》:“～,人面鸟喙。”

貛 huān 见 bīn。

䝔 huān 传说中的兽名。《山海经·南山经》:“[洵山]有兽焉,其状如羊而无口,不可杀也,其名曰～。”

讙(讙) huān ❶喧哗。《荀子·儒效》:“此君义信乎人矣,通于四海,则天下应之如～。”《史记·陈丞相世家》:“是日乃拜平为都尉,使为参乘,典护军,诸将尽～。”❷通“欢”。喜悦。《礼记·檀弓下》:“高宗三年不言,言乃～,有诸?”

【讙敖】 huān'áo 喧嚣。《荀子·强国》:“百姓～～,则从而执缚之,……如是,下比周贲溃以离上矣。”

【讙呼】 huānhū 喧呼。《后汉书·刘盆子传》:“盆子居长乐宫,诸将日会论功,争言～～,拔剑击柱,不能相一。”

【讙呶】 huānnáo 喧闹,喧哗。韩愈《司徒兼侍中中书令赠太尉许国公神道碑铭》:“自是讫公之朝京师廿有一年,莫敢有～～叫号于城郭者。”

嚾 huān 叫。《抱朴子·弹祢》:“犹枭鸣狐～,人皆不喜。”

【嚾呼】 huānhū 大声叫嚣。《后汉书·礼仪志中》:“因作方相与十二兽舞,～～,周遍前后省三过,持炬火,送疫出端门。”《三国志·魏书·东夷传》:“诸年少勇健者,皆凿脊皮,以大绳贯之,又以丈许木锸之,通日～～作力,不以为痛。”

【嚾嚾】 huānhuān 喧嚣的样子。《荀子·非十二子》:“子思唱之,孟轲和之,世俗之沟犹瞀儒,～～然不知其所非也。”(犹:衍文。)

獾(貛、獾) huān 兽名。即狗獾。形如家狗而脚短。穴土而居,昼伏夜出,食果实及虫蚁。范成大《宜春苑》诗:“狐冢～蹊满路隅,行人犹作‘御园’呼。”

臛 huān 见“臛疏”。

【臛疏】 huānshū 传说中兽名。《山海经·北山经》:“[带山]有兽焉,其状如马。一角有错,其名曰～～,可以辟火。”

鹳(鸛) 1. huān ❶鸟名。见“鹳专鸟”。2. guàn ❷涉禽。班固《西都赋》:“玄鹤白鹭,黄鹄䴔～。”江淹《杂体诗·张黄门协》:“水～巢层甍,山云润柱础。”❸通“雚”。鹳雀。《说文·隹部》:“雚,小爵也。……《诗》曰:‘雚鸣于垤。’”今本《诗经·豳风·东山》作“鹳”。

【鹳䳒】 huānzhuān 传说中的鸟名。《尔雅·释鸟》:“～～,如鹊,短尾。射之,衔矢射人。”

【鹳鹅】 guàn'é 军阵名。《左传·昭公二十一年》“与华氏战于赭丘,郑翩愿为鹳,其御愿为鹅”杜预注:“～～皆阵名。”苏轼《有美堂和周邠见寄》之二:“僧侣且陪香火社,诗坛欲敛～～军。”

【鹳阵】 guànzhèn 军阵名。孟郊《寄洺州李大夫》诗:“～～常先罢,鱼符最晚分。”

汍 huán 哭泣流泪的样子。《说文·水部》:“～,泣泪皃。”

【汍澜】 huánlán 流泪的样子。《后汉书·冯衍传》:“泪～～而雨集兮,气滂浡而云披。”陆机《吊魏武帝文》:“气冲襟以呜咽,涕垂睫而～～。”

还(還) 1. huán ❶返回。《后汉书·刘盆子传》:“百姓争～长安,市里且满。”王安石《泊船瓜洲》诗:“春风又绿江南岸,明月何时照我～?”⊗使返回。《吕氏春秋·高义》:“～车而返。”❷挽回。杨万里《闻一二故人相继而逝感叹书怀》诗:“汝言自有理,我意不可～。”❸交还。常璩《华阳国志·汉中士女》:“男子杜成夜行,得遗物一囊,中有锦二十五匹,求其主～之曰:‘县有明君,何敢负其化?’”❹偿还。《后汉书·光武帝纪》:“买人田,不肯～直。”又《周党传》:“及长,又不～其财。”❺回报。《老子·三十章》:“以道佐人主者,不以兵强于天下,其事好～。”❻交纳(赋税)。杜甫《岁晏行》:“况闻处处鬻男女,割慈忍爱～租庸。”❼回头,反顾。《战国策·秦策三》:“夫公孙鞅事孝公,报身毋二,尽公不～私,信赏以致治。”❽环绕。《汉书·食货志上》:“～庐树桑,菜茹有畦,瓜瓠果蓏,殖于疆易。”❾反,反而。《后汉书·安思阎皇后纪》:“今晏驾道次,济阴王在内,邂逅公卿立之,～为大害。”《三国志·魏书·陈思王植传》注引《典略》:“譬画虎不成,～为狗者也。”❿假使,如其。韩愈《送文畅师北游》诗:“僧～相访来,山药煮可掘。”辛弃疾《贺新郎·别茂嘉十二弟》词:“啼鸟～知如许恨,料不啼、清泪长啼血。”

2. xuán ⓫旋转。《庄子·庚桑楚》:“夫寻常之沟,巨鱼无所～其体。”⓬迅速,立即。《吕氏春秋·爱士》:“缪公叹曰:‘食骏马之肉而不～饮酒,余恐其伤女也。’”《汉书·董仲舒传》:“此皆可使～至而立有效者也。”⓭敏捷。《诗经·齐风·还》:“子之～兮,遭我乎狃之间兮。”⓮姓。

3. hái(旧读 huán) ⓯仍然,依然。杜

甫《泛江》诗："乱离～奏乐，飘泊且听歌。"柳宗元《田家》诗之一："子孙日以来，世世～复然。"⓰再，更。《荀子·王霸》："如是则舜禹～至，王业～起。"杜甫《奉待严大夫》诗："殊方又喜故人来，重镇～须济世才。"⓱还是。杨万里《重九后二日同徐克章登万花川谷月下传觞》诗："老夫大笑问客道，月是一团～两团？"

【还丹】 huándān 道家炼丹之术，以九转丹再炼，化为还丹，自称服之白日升天。《抱朴子·金丹》："余考览养性之书，鸠集久视之方，曾所披涉，篇卷以千计矣，莫不皆以～～金液为大要者也。"王筠《东南射山》诗："～～改客质，握髓驻流年。"

【还翰】 huánhàn 回信。《梁书·何胤传》："今遣候承音息，矫首～～，慰其引领。"

【还首】 huánshǒu 自首，自归请罪。《资治通鉴·晋安帝义熙三年》："吾辈～～无路，不若因民之怨，共举大事，可以建公侯之业。"

【还俗】 huánsú 出家为僧尼后又再回家为俗人，称还俗。《宋书·徐湛之传》："时有沙门释惠林，善属文，……世祖命使～～。"《魏书·释老志》："京师沙门师贤……罢佛法时，师贤假为医术～～，而守道不改。"

【还云】 huányún ❶归云。江淹《杂体诗·潘黄门》："雨绝无～～，华落岂留英？"❷唐代韦陟给人写信，署"陟"字自谓像五朵云。后因称书信为"朵云"，回信为"还云"。

【还葬】 huánzàng 速葬。《礼记·檀弓下》："敛手足形，～～而无椁，称其财，斯之谓礼。"

【还辟】 xuánbì 徘徊避让，离其所立之处。《礼记·曲礼下》："大夫士见于国君，君若劳之，则～～再拜稽首，君若迎拜，则～～不敢答拜。"

【还目】 xuánmù 回顾，反视。《庄子·山木》："颜回端拱～～而窥之。"

【还轸】 xuánzhěn 乘车周历各国。轸，车后横木。《国语·晋语四》："～～诸侯，可谓穷困。"

【还踵】 xuánzhǒng ❶转身。比喻退缩。《史记·鲁仲连邹阳列传》："乡使曹子计不反顾，议不～～，刎颈而死，则亦名不免为败军禽将矣。"《淮南子·泰族训》："墨子服役者百八十人，皆可使赴火蹈刀，死不～～，化之所致也。"❷一转足之间。比喻迅速。《汉书·徐乐传》："天下虽未治也，诚能无土崩之势，虽有强国劲兵，不得～～而身为禽。"

环(環) huán ❶一种圆形而中间有孔的玉器。《左传·昭公十六年》："宣子有～，其一在郑商。"《韩非子·内储说下》："被王衣，含杜若，握玉～。"㊀泛指环形的东西。《诗经·齐风·卢令》："卢重～，其人美且鬈。"曹植《美女篇》："攘袖见素手，皓腕约金～。"㊀环形的。《战国策·赵策三》："人有置系蹄者而得虎。虎怒，决蹯而去。虎之情，非不爱其蹯也，然而不以～寸之蹯，害七尺之躯者，权也。"《三国演义》一回："玄德回视其人，身长八尺，豹头～眼，燕颔虎须，声若巨雷，势如奔马。"❷环绕，围绕。《史记·刺客列传》："荆轲逐秦王，秦王～柱而走。"《汉书·常山宪王刘舜传》："太子勃私奸、饮酒、博戏、击筑，与女子载驰，～城过市，入狱视囚。"㊀包围，包含。《文心雕龙·诸子》："《鬼谷》眇眇，每～奥义。"《孟子·公孙丑下》："三里之城，五里之郭，～而攻之而不胜。"《吕氏春秋·爱士》："处一年，为韩原之战，晋人已～缪公车矣。"❸遍，周遍。韩愈《进学解》："昔者孟轲好辩，孔道以明，辙～天下，卒老于行。"王安石《伤仲永》："父利其然也，日扳仲永～谒于邑人，不使学。"❹旋，转动。《大戴礼记·保傅》："天子自为开门户，取玩好，自执器皿，亟顾～面。"《韩非子·外储说右下》："虎盼然～其眼。"❺长宽相等。见"环幅"。❻姓。

【环带】 huándài 腰带。《淮南子·说林训》："满堂之坐，视钩各异，于～～一也。"

【环道】 huándào 迂回曲折的路。《后汉书·祭祀志》注引应劭《汉官》马第伯《封禅仪记》："直上七里，赖其羊肠逶迤，名曰～～。"

【环堵】 huándǔ 四围土墙。形容居室的隘陋。《后汉书·樊英传》："虽在布衣之列，～～之中，晏然自得。"陶渊明《五柳先生传》："～～萧然，不蔽风日，短褐穿结，箪瓢屡空。"

【环幅】 huánfú 正方形的布巾。《仪礼·士丧礼》："布巾～～，不凿。"

【环龟】 huánguī 四面屯守。《司马法·用众》："凡战，背风背高，右高左险，历沛历圮，兼舍～～。"

【环回】 huánhuí ❶曲折、回旋。韩愈《送灵师》诗："～～势益急，仰见团团天。"❷循环，旋转。《梁书·武帝纪》："朕思利兆民，惟日不足，气象～～，每弘优简。"❸徘徊。谢庄《宋孝武宣贵妃诔》："涉姑繇而～～，望乐池而顾慕。"

【环玦】 huánjué 玉环和玉玦。《汉书·隽不疑传》:“不疑冠进贤冠,带櫑具剑,佩~~,褒衣博带,盛服至门上谒。”《荀子·大略》:“绝人以玦,反绝以环。”(杨倞注:“古者,臣有罪,待放于境,三年不敢去;与之环则还,与之玦则绝。”)后因以环玦指取舍、去就。《三国志·魏书·袁绍传》注引《汉晋春秋》:“若必不悛,有以国毙,……愿将军详度事宜,锡以~~。”刘禹锡《游桃源一百韵》:“王正降雷雨,~~赐迁斥。”

【环列】 huánliè ❶指宫中禁卫。《左传·文公元年》:“穆王立,以其为大子之室与潘崇,使为大师,且掌~~之尹。”❷围绕布列。元好问《李参军友山亭记》:“九山~~,颍水中贯。”苏轼《苏州闾丘江君二家雨中饮酒》诗之二:“五纪归来鬓未霜,十眉~~坐生光。”

【环林】 huánlín ❶林木环绕。潘岳《闲居赋》:“其东则有明堂辟廱,清穆敞闲,~~萦映,圆海回渊。”❷泛指太学。《陈书·沈不害传》:“故东胶西序,事隆乎三代;~~璧水,业盛于两京。”

【环流】 huánliú ❶周流如环。刘向《说苑·杂言》:“孔子观于吕梁,悬水四十仞,~~九十里。”❷循环反复。《鹖冠子·环流》:“物极则反,命曰~~。”

【环佩】 huánpèi ❶佩玉。《礼记·经解》:“行步则有~~之声,升车则有鸾和之音。”后多指妇女所佩的饰物。杜甫《咏怀古迹》之三:“画图省识春风面,~~空归月夜魂。”韩愈《华山女》诗:“抽簪脱钏解~~,堆金叠玉光青荧。”也作“环珮”。《史记·孔子世家》:“夫人自帷中再拜,~~玉声璆然。”❷指美女。阮籍《咏怀》之四:“交甫怀~~,婉娈有芬芳。”

【环珮】 huánpèi 见“环佩”。

【环挐】 huánrú 回旋纠结,纷乱错杂。《新唐书·裴度传》:“时方连诸道兵,~~不解,内外大恐,人累息。及度当国,外内始安。”

【环卫】 huánwèi 即禁卫。陆贽《论叙迁幸之由状》:“惟陛下穆然凝邃,独不得闻,至使凶卒鼓行,白昼犯阙,重门无结草之御,~~无谁何之人。”《新唐书·符璘传》:“璘居~~十三年。”

【环晕】 huányùn 日月周围的光圈。《新五代史·司天考二》:“而五代之际,日有冠珥、~~、缨纽、负抱、戴履、背气。”

【环中】 huánzhōng ❶圆环中心。比喻超脱是非之境。《庄子·齐物论》:“枢始得其~~,以应无穷。”《旧唐书·李德裕传论》:“泯是非于度外,齐彼我于~~。”❷如物在环中。比喻预料之中。《战国策·赵策一》:“秦与梁为上交,秦祸案~~赵矣。”《梁书·武帝纪上》:“公受言本朝,轻兵赴袭,縻以长箕,制之~~。”

萑 huán 菜名,堇菜类。古人用以调味。《礼记·内则》:“堇、~、枌、榆、免、薨、滫、瀡以滑之。”

峘 huán(又读 héng) ❶高过大山的小山。《尔雅·释山》:“小山岌大山,~。”(邢昺疏:“言小山与大山相并,而小山高过于大山者,名~。”)❷大山。《水经注·汾水》:“汾水又南径汾阳县故城东。川土宽平,~山夷水。”

狟 huán ❶犬行。《玉篇·犬部》:“~,犬行也。”❷威武的样子。《玉篇·犬部》:“~,武貌也,威也。今作桓。”❸同“貆”。豪猪。《淮南子·齐俗训》:“~狢得埵防,弗去而缘。”

垸 1. huán ❶用漆掺合骨灰涂抹器物。玄应《一切经音义》卷十八引《通俗文》:“烧骨以漆曰~。”❷转动。《淮南子·时则训》:“规之为度也,转而不复,员而不~。”❸通“丸”。泥丸,弹丸。《列子·黄帝》:“累~二而不坠。”❹通“锾”。古重量单位。《周礼·考工记·冶氏》:“冶氏为杀矢,刃长寸,围寸,铤十之,重三~。”

2. yuàn ❺堤堰。也泛指堤内的地区。湖北松滋县有太平垸。

桓 huán ❶古代官署、驿站等建筑物前竖立的作为标志的木柱。又叫桓表,华表。《墨子·备城门》:“时令人行貌封,及视关入~浅深。”《汉书·尹赏传》:“便舆出,瘗寺门~东。”❷木名。又名无患木。叶似柳,皮黄白色。段成式《酉阳杂俎续集·支植下》:“无患木,烧之极香,……一名~。”❸大。见“桓拨”。❹忧。《逸周书·祭公》:“祭公……曰:‘允乃诏,毕~于黎民般。’”❺盘桓。《庄子·应帝王》:“鲵~之审为渊。”❻姓。

【桓拨】 huánbō 指大治。拨乱反正,自乱而至大治。《诗经·商颂·长发》:“玄王~~,受小国是达,受大国是达。”

【桓桓】 huánhuán 威武的样子。《诗经·鲁颂·泮水》:“~~于征,狄彼东南。”杜甫《北征》诗:“~~陈将军,仗钺奋忠烈。”

【桓山】 huánshān 《孔子家语·颜回》:“回闻桓山之鸟生四子焉,羽翼既成,将分于四海,其母悲鸣而送之。哀声有似于此,谓其往而不返也。”后用以比喻兄弟离散分别之悲。《梁书·元帝纪》:“惵惵黔首,路有衔索之哀;蠢蠢黎民,家陨~~之泣。”

【桓楹】 huányíng 天子、诸侯下葬时下棺之柱。柱上有孔,以穿绳索,悬棺以入墓穴。《礼记·檀弓下》:"公室视丰碑,三家视~~。"

絙(綄) 1. huán ❶古代测风的一种设置。用鸡毛五两(或八两)系于高竿顶上而成,故也叫五两。《玉篇·糸部》:"~,候风五两也。"

2. huàn ❷缠绕。《广雅·释诂四》:"~,缠也。"

梡 1. huán ❶木名。出苍梧,子可食。也指束薪。《类篇·木部》:"~,木名。可食,出苍梧。"❷刮摩。《法言·吾子》:"断木为棋,~革为鞠,亦皆有法焉。"

2. kuǎn ❸四足的案板,上古用来陈放全牲的礼器。《礼记·明堂位》:"俎,有虞氏以~。"

萑 huán 见 zhuī。

貆 huán 兽名。即豪猪。《诗经·魏风·伐檀》:"不狩不猎,胡瞻尔庭有县~兮。"《山海经·北山经》:"[谯明之山]有兽焉,其状如~而赤豪。"

锾(鍰) huán ❶重量单位。《尚书·吕刑》:"墨辟疑赦,其罚百~。"锾的重量说法不一。有认为百锾为三斤;有认为一锾为六两又大半两;有认为一锾为六两。参阅惠栋《九经古义·尚书古义》。❷通"环"。《汉书·五行志中之上》:"'木门仓琅根'谓宫门铜~。"又《孝成赵皇后传》:"仓琅根,宫门铜~也。"

澴 huán ❶波浪回旋涌起的样子。郭璞《江赋》:"漩~荥潆,溭滀渍瀑。"杜甫《万丈潭》诗:"黑如湾~底,清见光炯碎。"❷澴水。河流名。在湖北省。

寰 huán ❶京都周围千里以内的地区。见"寰内"。❷泛指广大的境域。见"寰宇"、"寰区"。❸居住。韩愈《题炭谷湫祠堂》诗:"万生都阳明,幽暗鬼所~。"范成大《黄罴岭》诗:"谓非人所~,居然见锄犁。"❹通"环"。柳宗元《岭南节度飨军堂记》:"~观于远迩,礼成乐遍,以叙而贺。"

【寰海】 huánhǎi 海内。许敬宗《奉和过旧宅应制》诗:"自尔家~~,今兹返帝乡。"

【寰内】 huánnèi 京都周围千里以内。《穀梁传·隐公元年》:"~~诸侯,非有天子之命,不得出会诸侯。"《后汉书·孔融传》:"又尝奏宜准古王畿之制,千里~~,不以封建诸侯。"引申指天下。左思《魏都赋》:"殷殷~~,绳绳八区,锋镝纵横,化为战场。"

【寰区】 huánqū 犹寰宇。指国家全境。《后汉书·逸民传序》:"彼虽硁硁有类沽名者,然而蝉蜕嚣埃之中,自致~~之外,异夫饰智巧以逐浮利者乎?"李白《代寿山答孟少府移文书》:"使~~大定,海县清一。"

【寰瀛】 huányíng 犹寰海。指海内。《晋书·地理志上》:"昔大禹观于浊河而受绿字,~~之内可得而言也。"刘禹锡《八月十五日夜玩月》诗:"天将今夜月,一遍洗~~。"

【寰宇】 huányǔ 犹天下,指国家全境。骆宾王《帝京篇》:"声名冠~~,文物象昭回。"《北齐书·文宣帝纪》:"功浃~~,威稜海外。"

【寰中】 huánzhōng 犹宇内,天下。谢朓《酬德赋》:"悟~~之迫胁,欲轻举而舍旃。"王勃《秋晚入洛于毕公宅别道王宴序》:"既而神驰象外,宴洽~~。"

【寰州】 huánzhōu 古州名。五代后唐天成元年置。石敬瑭割燕云十六州归契丹,寰州即其一。故治在今山西朔州东北。

阛(闤) huán 市场的围墙。张衡《西京赋》:"尔乃廓开九市,通~带阓。"

【阛阓】 huánhuì 市场,商场。左思《魏都赋》:"班列肆以兼罗,设~~以襟带。"李贺《感讽》诗之四:"晓思何譊譊,~~千人语。"

缳(繯) huán(又读 huàn) ❶捕捉野兽的绳套。《吕氏春秋·上农》:"~网罝罦不敢出于门,罛罟不敢入于渊。"又指绞索。马端临《文献通考·刑考》:"因~而死。"❷旗上的结带。扬雄《羽猎赋》:"青云为纷,虹蜺为~。"

嬛 huán 见 xuān。

瓛(瓛) huán 玉圭的一种,即桓圭。《说文·玉部》:"~,桓圭,公所执。"

豲(貆、獂) huán(又读 yuán) 一种野猪。《逸周书·周祝》:"故狐有牙而不敢以噬,~有爪而不敢以撅。"

鹮(鹮、鸛) huán(又读 xuán) 见"鹮目"。

【鹮目】 huánmù 鸟名。司马相如《上林赋》:"䴔䴖~~。"(《汉书》作"旋目"。)

镮(鐶) huán ❶圆形中间有孔的都称作镮,如金属做的镮,玉做的镮等。《战国策·齐策五》:"军之所出,矛戟折,~弦绝。"张籍《蛮中》诗:"玉~穿耳谁家女,自抱琵琶迎海神。"❷铜钱。作量词用,表示价值小。周密《武林旧事·骄民》:"若住屋则动蠲公私房赁,或终岁不偿一~。"

鬟 huán ❶古代妇女的环形发髻。杜甫《月夜》诗:"香雾云～湿,清辉玉臂寒。"杜牧《阿房宫赋》:"绿云扰扰,梳晓～也。"❷旧时指婢女。梅尧臣《听文都知吹箫》诗:"欲买小～试教之,教坊供奉谁知者。"黄庭坚《常父答诗有煎点径须烦绿珠之句复次韵戏答》:"小～虽丑巧妆梳,扫地如镜能检书。"❸比喻山形。虞集《子昂秋山图》诗:"世外空青秋一色,窗中远黛晓千～。"❹通"环"。环绕。贾谊《新书·修政语上》:"故～河而导之九牧。"

睆 huǎn ❶同"睅"。眼睛突出的样子。东方虬《蟾蜍赋》:"尔其文章,～目、锐头、皤腹,本无牙齿之用,宁惧鹰鹯之逐。"❷窮视的样子。陆机《拟迢迢牵牛星》诗:"跂彼无良缘,～焉不得度。"刘禹锡《望赋》:"～眷眷以驰精,耸专专而观妙。"❸明亮的样子。《诗经·小雅·大东》:"～彼牵牛,不以服箱。"《礼记·檀弓上》:"华而～,大夫之箦与?"❹微笑的样子。慧皎《高僧传·佛图澄》:"进还,具以白澄,澄～然笑曰:'汝言善也。'"❺浑圆的样子。《诗经·小雅·杕杜》:"有杕之杜,有～其实。"❻美好的样子。刘禹锡《汴州郑门新亭记》:"帘炉茵帟,文榹～榻;储以应猝,周用而宜。"

缓(緩) huǎn ❶松软。《吕氏春秋·任地》:"人耨必以旱,使地肥而土～。"❷松弛,宽松。《古诗十九首》之一:"相去日已远,衣带日已～。"❸柔弱,无力。《新五代史·孟知祥传》:"虔钊奉觞起为寿,知祥手～不能举觞,遂病。"❹宽弘。《汉书·赵禹传》:"吏务为严峻,而禹治加～,名为平。"❺慢。与急相对。刘峻《辩命论》:"短则不可～之于寸阴,长则不可急之于箭漏。"韩愈《韶州留别张端公使君》诗:"鸣笛急吹争落日,清歌～送款行人。"❻怠慢。《墨子·亲士》:"～贤忘士而能以其国存者,未曾有也。"❼迟缓,延缓。《孟子·滕文公上》:"民事不可～也。"《史记·田单列传》:"齐人未附,故且～攻即墨以待其事。"

【缓带】 huǎndài 宽束衣带。形容从容、安舒。《汉书·匈奴传赞》:"夫赋敛行赂,不足以当三军之费;城郭之固,无以异于贞士之约,而使边城守境之民父兄～～,稚子咽哺,胡马不窥于长城,而羽檄不行于中国,不亦便于天下乎?"曹植《箜篌引》:"乐饮过三爵,～～倾庶羞。"

【缓耳】 huǎn'ěr 垂耳。《太平御览》卷八百九十六《相马经》:"凡相马之法,先观三羸五驽。……大头～～,一驽也。"

【缓服】 huǎnfú 宽大的官服。和戎装等装束相对而言。《宋书·张畅传》:"畅曰:'膏粱之言,诚以为愧。但以不武,受命统军,戎阵之间,不容～～。'"又《沈庆之传》:"及[刘]湛被收之夕,上开门召庆之,庆之戎服履靺缚袴入,上见而惊曰:'卿何意乃尔急装?'庆之曰:'夜半唤队主,不容～～。'"

【缓急】 huǎnjí ❶指慢和快,宽和严。《汉书·食货志下》:"岁有凶穰,故谷有贵贱;令有～～,故物有轻重。"又《地理志下》:"凡民函五常之性,而其刚柔～～,音声不同。"❷危急之事。缓字无实义。《史记·孝文本纪》:"太仓公将行会逮,骂其女曰:'生子不生男,有～～非有益也!'"《后汉书·窦融传》:"一旦～～,杜绝河津,足以自守。"

【缓颊】 huǎnjiá 婉言劝解,或代人说情。《史记·魏豹彭越列传》:"汉王闻魏豹反,方东忧楚,未及击,谓郦生曰:'～～往说魏豹,能下之,吾以万户封若。'"《聊斋志异·考弊司》:"例应割髀肉,浼君一～～耳。"

【缓辔】 huǎnpèi 指放松缰绳,骑马缓行。《三国志·蜀书·郤正传》:"盍亦绥衡～～,回轨易涂?"《晋书·谢玄传》:"诸君稍却,令将士得周旋,仆与诸君～～而观之,不亦乐乎!"

【缓死】 huǎnsǐ ❶赦免死刑。《周易·中孚》:"君子以议狱～～。"苏轼《获鬼章二十韵》:"～～恩殊厚,求生尾屡摇。"❷延长寿命。《新唐书·柳浑传》:"有巫告曰:'儿相夭且贱,为浮屠道可～～。'"

【缓刑】 huǎnxíng 宽刑。《周礼·地官·大司徒》:"以荒政十有二,聚万民,一曰散利,二曰薄征,三曰～～。"《汉书·贾山传》:"平狱～～,天下莫不说喜。"

【缓纵】 huǎnzòng 痿痹,肢体不能动作。《周书·姚僧垣传》:"金州刺史伊娄穆以疾还京,请僧垣省疾。乃云:'自腰至脐,似有三缚,两脚～～,不复自持。'"

攌 huǎn 木栅。指囚系之所。也用为拘禁之意。《史记·屈原贾生列传》:"拘士系俗兮,～如囚拘。"

幻 huàn ❶假而似真,虚而不实。《列子·周穆王》:"有生之气,有形之状,尽～也。"苏轼《赠昙秀》诗:"要知水味孰冷暖,始信梦时非～妄。"❷奇异的变化。张衡《西京赋》:"奇～儵忽,易貌分形,吞刀吐火,云雾杳冥。"辛弃疾《声声慢·征埃成阵》词:"征埃成阵,行客相逢,都道～出层楼。"❸惑乱,欺诈。《尚书·无逸》:"民无或胥诪张为～。"《六韬·文韬》:"不祥之言,～惑良民。"

【幻尘】 huànchén 佛教用语。指虚幻的尘世。《圆觉经》卷上:"幻身灭故,幻心亦灭。

幻心灭故，～～亦灭。"宋濂《日本建长禅寺古先原禅师道行碑》："涅槃生死俱～～，有壁积铁山如银。"

【幻化】 huànhuà ❶即变化。《列子·周穆王》："因形移易者，谓之化，谓之幻。……知～～之不异生死也，始可与学幻矣。"何逊《七召·神仙》："清歌雅舞，暂同于梦寐；广厦高堂，俄成于～～。"❷佛教用语。指万物了无实性。陶渊明《归园田居》诗之四："人生似～～，终当归空无。"陈亮《西铭说》："而释氏以万法为～～，未为尽不然也。"

【幻人】 huànrén 能作幻术的人，犹后来的魔术师。《后汉书·陈禅传》："永宁元年，西南夷掸国王献乐及～～，能吐火，自支解，易牛马头。"《魏书·西域传》："真君九年，遣使朝献，并送～～。"

【幻师】 huànshī 魔术师。《无量寿经》卷上："譬如～～，现众异象。为男为女，无所不变。"唐顺之《游阳泉》诗："借问～～谁会此，乾坤炉冶炭阴阳。"

【幻世】 huànshì 宗教徒及宿命论者把现世称作虚幻无常的世界。白居易《想东游五十韵》："～～知春梦，浮生水上沤。"

【幻术】 huànshù 古代方士用来迷惑人的法术。也指魔术。刘歆《西京杂记》卷三："余所知有鞠道龙，善为～～。"《颜氏家训·归心》："世有祝师及诸～～，犹能履火蹈刀，种瓜移牛。"

奂 huàn ❶众多，盛大。《礼记·檀弓下》："晋献文子成室，晋大夫发焉。张老曰：'美哉轮焉，美哉～焉。'"《汉书·韦贤传》："既耇致位，惟懿惟～。"❷见"伴奂"。❸姓。

【奂奂】 huànhuàn 光辉焕发的样子。丘光庭《补新宫》诗："～～新宫，礼乐其融。"

【奂衍】 huànyǎn 多而满布的样子。嵇康《琴赋》："丛集累积，～～于其侧。"

疭 huàn 痈疽一类毒疮。《庄子·大宗师》："彼以生为附赘悬疣，以死为决～溃痈，夫若然者，又恶知死生先后之所在？"

宦 huàn ❶给贵族当奴仆。《国语·越语下》："[越王]令大夫种守于国，与范蠡入～于吴。"泛指为人奴仆。《左传·宣公二年》："～三年矣，未知母之存否。"❷做官。《韩非子·内储说下》："荆王欲～诸公子于四邻。"《汉书·邹阳传》："此二人者，岂素～于朝，借誉于左右，然后二主用之哉？"⊗官，官职。《世说新语·假谲》："婿身名～，尽不减峤。"李商隐《蝉》诗："薄～梗犹泛，故园芜已平。"❸阉人，太监。《后汉书·黄琼传》："诸梁秉权，竖～充朝。"《新唐书·王抟传》："自石门还，政一决宰相，群～不平，构藩镇内胁天子。"❹姓。

【宦成】 huànchéng 指官居高位。刘向《说苑·敬慎》："官怠于～～，病加于少愈。"《汉书·疏广传》："今仕官至二千石，～～名立，如此不去，惧有后悔。"

【宦达】 huàndá 做官而飞黄腾达。李密《陈情表》："本图～～，不矜名节。"杜甫《寄高三十五詹事》诗："时来如～～，岁晚莫情疏。"

【宦牒】 huàndié 官爵名禄。李商隐《为舍人绛郡公上李相公启》："自随～～，遽忝恩荣，位至圭符，宠当金紫。"

【宦夫】 huànfū ❶指农夫。马融《长笛赋》："～～乐其业，士子世其宅。"❷指宦官。《后汉书·宦者传论》："成败之来，先史商之久矣，至于衅起～～，其略犹或可言。"

【宦官】 huànguān ❶宫内侍奉的官。《汉书·梁孝王刘武传》："梁之侍中、郎、谒者著引籍出入天子殿门，与汉～～亡异。"《后汉书·宦者传序》："中兴之初，～～悉用阉人，不复杂调它士。"后因把宦官称为阉人，即太监。❷官吏的通称。古诗《为焦仲卿妻作》："说有兰家女，承籍有～～。"

【宦海】 huànhǎi 官场。旧以官场险恶，有如风波不定的海洋，故称。陆游《休日感兴》诗："～～风波实饱经，久将人世寄邮亭。"《儒林外史》八回："～～风波，实难久恋。"

【宦况】 huànkuàng 居官的景况。李新《夜坐有感并简与讷教授》诗："三年～～秋萧瑟，一枕时情梦战争。"方夔《杂兴》诗之一："一点眉黄无～～，五分头白总诗愁。"

【宦囊】 huànnáng 指做官所得的财物。汤显祖《还魂记·训女》："～～清苦，也不曾诗书误儒。"孔尚任《桃花扇·逃难》："那一队娇娆，十车细软，便是俺的薄薄～～；不要叫仇家抢夺了去。"

【宦孽】 huànniè 对宦官的蔑称。《后汉书·灵帝纪赞》："灵帝负乘，委体～～。征亡备兆，《小雅》尽缺。"

【宦女】 huànnǚ ❶官婢，随嫁的女仆。《周礼·天官·序官》"奚三百人"郑玄注："古者从坐男女，没入县官为奴，其少才知以为奚，今之侍史官婢，或曰奚，～～。"《左传·僖公十七年》："及子圉西质，妾为～～焉。"（妾：晋惠公女名。）❷宦官和受宠爱的女子。《新五代史·宦者传序》："自古～～之祸深矣。”

【宦情】 huànqíng ❶做官的欲望。《晋书·刘元海载记》：“吾本无～～，惟足下明之。”陆游《宿武连县驿》诗：“～～薄似秋蝉翼，乡思多于春蚕丝。”❷居官的心情。柳宗元《柳州二月榕叶落尽偶题》诗：“～～羁思共悽悽，春半如秋意转迷。”

【宦竖】 huànshù 对宦官的蔑称。司马迁《报任少卿书》：“夫以中才之人，事有关于～～，莫不伤气，而况于慷慨之士乎！”《汉书·萧望之传》：“及至谋泄隙开，谗邪搆之，卒为便嬖～～所图，哀哉！”

【宦寺】 huànsì 宦官。宦人和寺人的合称。寺人，宫中供差遣的小臣。《新唐书·李石传》：“方是时～～气盛，陵暴朝廷。”《续资治通鉴·宋哲宗绍圣二年》：“［蔡京］内结～～，外连台谏，合党缔交，以图柄任。”

【宦味】 huànwèi 居官的况味。范梈《立春日和王翰林》：“岁华今若此，～～故依然。”高叔嗣《再过紫岩寺》诗：“～～同鸡肋，官程任马蹄。”

【宦学】 huànxué 学习做官与学习六艺。《礼记·曲礼上》：“～～事师，非礼不亲。”《后汉书·应劭传》：“诸子～～，并有才名。”

【宦遊】 huànyóu 外出求官或做官。《史记·司马相如列传》：“［王］吉曰：‘长卿久～～不遂，而来过我。’”（长卿：相如字。）杜审言《和晋陵陆丞早春遊望》：“独有～～人，偏惊物候新。”

【宦者】 huànzhě ❶阉人，太监。《史记·吕不韦列传》：“太后乃阴厚赐主腐者吏，诈论之，拔其须眉为～～。”❷指做官的人。白行简《李娃传》：“生大呼数四，有～～出。”❸星名。属天市垣，共四星。《后汉书·宦者传序》：“～～四星，在皇位之侧。”

浣（澣） 1. huàn ❶洗涤衣物。《诗经·周南·葛覃》：“薄污我私，薄～我衣。”苏轼《书孟德传后》：“有妇人昼日置二小儿沙上，而～衣于水者，虎自山上驰来，妇人苍皇沉水避之。”㊁消除，排遣。马戴《岐阳逢曲阳故人话旧》诗：“积愁何计遣？满酌～相思。”王安石《夏夜舟中颇凉有感》诗：“未秋轻病骨，微曙～愁肠。”❷唐代官制，每十日休息沐浴一次，后因称十日为浣，每月的上旬、中旬、下旬也称为上浣、中浣、下浣。《新唐书·刘晏传》：“质明视事，至夜分止，虽休～不废。”《红楼梦》二十三回：“那日正当三月中～。”

2. guǎn ❸见“浣准”。

【浣雪】 huànxuě 洗刷罪名。《新唐书·王士真传》：“是时宿师久无功，饷不属，帝忧之，而淄青、卢龙数表请赦，乃诏～～，尽以故地畀之，罢诸道兵。”

【浣准】 guǎnzhǔn 管准。古代测量水平的仪器。《淮南子·齐俗训》：“视高下不差尺寸，明主弗任，而求之乎～～。”

涣 huàn ❶流散，离散。《老子·十五章》：“俨兮其若容，～兮若冰之将释。”《荀子·议兵》：“事大敌坚，则～焉离耳。”❷水流盛大的样子。吕同老《丹泉》诗：“清音应空谷，潜波～寒塘。”㊁指盛大或盛多的样子。韩愈《故中散大夫河南尹杜君墓志铭》：“纂辞奋笔，～若不思。”柳宗元《吊屈原文》：“托遗编而叹喟兮，～余涕之盈眶。”❸通“焕”。鲜明。《汉书·扬雄传上》：“～若天星之罗，浩如涛水之波。”《淮南子·说山训》：“夫玉润泽而有光，其声舒扬，～乎其有似也。”❹六十四卦之一，卦形为坎下巽上。《周易·涣》：“象曰：风行水上，～。”

【涣汗】 huànhàn ❶比喻帝王的号令，如汗出于身，不能收回。《周易·涣》：“九五，～～其大号。”后指帝王的号令。《旧唐书·狄仁杰传》：“武承嗣屡奏请诛之。则天曰：‘朕好生恶杀，志在恤刑。～～已行，不可更返。’”❷犹流布。刘孝标《辩命论》：“星虹枢电，昭圣德之符；夜哭聚云，郁兴王之瑞。皆兆发于前期，～～于后叶。”梁简文帝《南郊颂》序：“莫不巍巍乎，穆穆乎，～～于绿篇，氛氲于丹册者矣。”

【涣号】 huànhào 指帝王的旨令，恩旨。苏轼《赐新除太中大夫吕大防辞免恩命不允诏》：“以卿德望兼重，才术有馀，故授之不疑，～～已行，佥言惟允。”《续资治通鉴·宋理宗嘉熙元年》：“虽烽燧之甫停，奈疮痍之未复。肆颁～～，用慰群情。”

【涣涣】 huànhuàn ❶水盛的样子。《诗经·郑风·溱洧》：“溱与洧，方～～兮。士与女，方秉蕑兮。”王安石《四皓》诗之一：“谷广水～～，山长云泄泄。”❷光亮的样子。傅玄《紫华赋》：“独参差以炤耀，何光丽之杂形。～～昱昱，夺人目精。”

【涣烂】 huànlàn 光华灿烂。《后汉书·延笃传》：“百家众氏，投闲而作，洋洋乎其盈耳也，～～兮其溢目也，纷纷欣欣其独乐也。”

【涣渥】 huànwò 帝王的恩泽。范仲淹《苏州谢就除礼部员外郎充天章阁待制表》：“伏蒙圣恩，特授臣前件官充职者，～～自天，震惶无地。”

【涣衍】 huànyǎn 声音缓慢。潘岳《笙赋》：“徘徊布濩，～～葺袭。”

【涣扬】 huànyáng 宣扬。班固《典引》:"至令迁正黜色宾监之事,～～寓内。"晏殊《飞白赋》:"分赐宰弼,～～古风。"

换 huàn ❶交易,交换。李白《将进酒》诗:"五花马,千金裘,呼儿将出～美酒。"王安石《半山即事》诗之二:"～得千鞷为一笑,春风吹柳万黄金。"❷变易,变化。《后汉书·朱浮传》:"而闲者守宰数见～易,迎新相代,疲劳道路。"王勃《滕王阁》诗:"闲云潭影日悠悠,物～星移几度秋!"❸借贷。《世说新语·雅量》:"后以其性俭家富,说太傅令～千万,冀其有吝,于此可乘。"

【换骨】 huàngǔ ❶道家称学仙者必服金丹,换去凡骨为仙骨,才能成仙。李商隐《药转》诗:"郁金堂北画楼东,～～神方上药通。"方干《游张公洞寄陶校书》诗:"由来委曲寻仙路,不是先生～～丹。"❷佛教指得道受果。《景德传灯录》卷三:"翊日觉头痛如刺,其师欲治之,空中有声曰:'此乃～～,非常痛也。'"❸指活用古人诗文,推陈出新之法。葛立方《韵语阳秋》卷二:"诗家有～～法,谓用古人意而点化之,使加工也。"

【换帖】 huàntiě ❶旧时异姓的人结拜为兄弟,互换写有年龄、籍贯、家世等的柬帖,称为换帖。《官场现形记》三十七回:"刘颐伯喜之不尽,立刻问过老太爷,把某年～～的话告诉了陆老爷。"❷旧时订婚,男家派人送帖到女家,赠首饰、羊、酒等物。女家答帖,回送书墨、笔砚之类,也叫换帖。

【换头】 huàntóu 填词过拍后另起,叫做换头。杨慎《词品·秦少游赠楼东玉》:"秦少游《水龙吟》,赠营妓楼东玉者,其中'小楼连苑'及～～'玉佩丁东',隐'楼东玉'三字。"

唤 huàn ❶呼叫。王褒《洞箫赋》:"哮呷呟～。"白居易《琵琶行》:"千呼万～始出来,犹抱琵琶半遮面。"❷召,召之使来。《世说新语·方正》:"于是先～周侯丞相入。"《北齐书·张子信传》:"今夜有人～,必不得往。"❸啼叫。《乐府诗集·杂歌谣辞·鸡鸣歌》:"东方欲明星烂烂,汝南晨鸡登坛～。"陆游《细雨》诗:"美睡常嫌莺～起,清愁却要酒阑回。"

眩 huàn 见 xuàn。

圂 huàn 见 hùn。

焕(奂) huàn ❶鲜明,光亮。《后汉书·冯衍传》:"尧舜～其荡荡兮,禹承平而革命。"贾至《工部侍郎李公集序》:"济济儒术,～乎文章。"❷通"涣"。散,离散。司马相如《大人赋》:"～然雾除,霍然云消。"❸通"莞"。微笑的样子。曹毗《对儒》:"主人～耳而笑,欣然而言。"

【焕别】 huànbié 清楚分明。应玚《文质论》:"纪禅协律,礼仪～～。"

【焕炳】 huànbǐng ❶明亮。《论衡·超奇》:"天晏,列宿～～;阴雨,日月蔽匿。"❷很有文采的样子。《后汉书·应劭传》:"文章～～,德义可观。"《三国志·魏书·中山恭王衮传》:"王研精坟典,耽味道真,文雅～～,朕甚嘉之。"

【焕焕】 huànhuàn ❶显赫的样子。《南史·齐长沙威王晃传》:"晃多从武容,赫弈都街,时人为之语曰:'～～萧四繖。'"❷光辉的样子。韩愈《南山》诗:"参参削剑戟,～～衔莹琇。"

【焕烂】 huànlàn 光耀灿烂。郭璞《盐池赋》:"扬东波之～～,光旰旰以晃晃。"杨衒之《洛阳伽蓝记·景明寺》:"妆饰华丽,侔于永宁。金盘宝铎,～～霞表。"

逭 huàn ❶逃避。《尚书·太甲》:"天作孽,犹可违;自作孽,不可～。"苏轼《上神宗皇帝书》:"人主失人心则亡,此必然之理,不可～之灾也。"❷免除。《旧五代史·刘铢传》:"惟刘铢之忍酷,又安能～于一死乎!"《聊斋志异·真生》:"如～我罪,施材百具,絮衣百领,肯之乎?"

患 huàn ❶忧虑,担忧。《史记·秦始皇本纪》:"二十年,燕太子丹～秦兵至国,恐,使荆轲刺秦王。"《汉书·异姓诸侯王表》:"秦既称帝,～周之败,以为起于处士横议,诸侯力争,四夷交侵,以弱见夺。"❷祸害,灾难。《后汉书·郎顗传》:"陛下不早攘之,将负臣言,遗～百姓。"王安石《上时政书》:"享国日久,内外无～。"❸生病,疾病。《后汉书·华陀传》:"广陵太守陈登忽～匈中烦懑。"柳宗元《愈膏肓赋》:"愈膏肓之～难。"❹毛病,弊病。《汉书·高帝纪下》:"～在人主不交故也,士奚由进!"《后汉书·王景传》:"十里立一水门,令更相洄注,无复溃漏之～。"

【患毒】 huàndú 痛恨。《宋书·萧思话传》:"侵暴邻曲,莫不～～之。"

【患苦】 huànkǔ ❶疾苦。《晋书·凉武昭王传》:"赏勿漏疏,罚勿容亲。耳目人间,知外～～。"❷憎恶,厌恨。《汉书·刘向传》:"～～外戚许、史在位放纵,而中书宦官弘恭、石显弄权。"

痪 huàn 瘫痪。《广韵·缓韵》:"～,瘫痪貌。"

豢(犧) huàn ❶饲养牲畜。《礼记·乐记》:"夫～豕为酒,非以为祸也。"《后汉书·蔡邕传》："百里有～牛之事。"⑫泛指喂养。《荀子·荣辱》："～之而俞瘠者，交也。"⑫贪图。苏轼《教战守策》："惟其民安于太平之乐，～于游戏酒食之间，其刚心勇气，消耗钝眊，痿蹶而不复振。"❷以利引诱，收买。《左传·哀公十一年》："吴将伐齐，越子率其众以朝焉，王及烈士皆有馈赂，吴人皆喜，唯子胥惧，曰：'是～吴也夫！'"❸吃谷物的牲畜。如猪、狗。《礼记·月令》："共寝庙之刍～。"⑫指猪肉或狗肉。《荀子·荣辱》："人之情，食欲有刍～，衣欲有文绣，行欲有舆马，又欲夫馀财蓄积之富也。"韩愈《酬崔十六少府》诗："问之不言饥，饫若厌刍～。"

【豢龙】 huànlóng ❶传说虞舜时有董父，能畜龙，有功，舜赐之氏曰豢龙，旧许州临颍县有豢龙城，相传即董父封邑。《左传·昭公二十九年》："帝赐之姓曰董，氏曰～～。"❷马名。《梁书·张率传》："軨服乌号之骏，駒駼～～之名。"

【豢圉】 huànyǔ 养牛马的地方。《新五代史·李守贞传》："晋兵素骄，而守贞[杜]重威为将皆无节制，行营所至，居民～～一空，至于草木皆尽。"

漶 huàn 模糊，不可辨识。韩愈《新修滕王阁记》："于是栋楹梁桷板槛之腐黑挠折者，盖瓦级砖之破缺者，赤白之漫～不鲜者，治之则已。"《徐霞客游记·黔游日记二》："镌碑欲垂久远，而为供饮之具，将磨～不保矣。"

麲(麲) huàn 一种麦曲。亦称麲子，又名黄衣。贾思勰《齐民要术·作黄衣黄蒸及糵子》："用麦～者，皆仰其衣为势。"朱肱《酒经》："乌梅女～，甜醹九投，澄清百品，酒之终也。"

槵 huàn 木名。俗称菩提子。即无患子。《集韵·谏韵》："～，木名，无患也。皮子可浣。"

鲩(鯶) huàn 鱼名。又叫鲲鱼，草鱼。刘恂《岭表录异》："买～鱼子散于田内，一二年后，鱼儿长大，食草根并尽。既为孰田，又收鱼利。"

擐 1. huàn （又读 guàn） ❶贯，穿。《左传·成公二年》："～甲执兵，固即死也。"《三国志·魏书·钟会传》："[姜]维等所统步骑四五万人，～甲厉兵，塞川填谷，数百里中首尾相继，凭恃其众，方轨而西。"

2. xuān ❷通"揎"。捋起。徐夤《酒胡子》诗："当歌谁～袖，应节渐轻躯。"

轘(轘) 1. huàn ❶车裂人的酷刑。《左传·桓公十八年》："齐人杀子亹而～高渠弥。"

2. huán ❷见"轘辕"。

【轘裂】 huànliè 车裂人的酷刑。《后汉书·吕强传》："伏闻中常侍王甫、张让等……有赵高之祸，未被～～之诛，掩朝廷之明，成私树之党。"

【轘磔】 huànzhé 同"轘裂"。车裂人体的酷刑。《陈书·始兴王叔陵等传论》："叔陵险躁奔竞，遂行悖逆，～～形骸，未臻其罪，污潴居处，不足彰过，悲哉！"

【轘辕】 huányuán ❶险要的道路。《管子·地图》："凡兵主者必先审知地图。～～之险，滥车之水，……必尽知之。"❷山名，关口名。在河南偃师县东南。山路险阻，凡十二曲，循环往还，故称轘辕。《左传·襄公二十一年》："[王]使司徒禁掠栾氏者，归所取焉，使候出诸～～。"

huang

肓 huāng 中医指心脏与膈膜之间的部位。古代医家以为药力达不到的地方。《左传·成公十年》："疾不可为也，在～之上，膏之下，攻之不可，达之不及。"

衁 huāng 血液。《左傳·僖公十五年》："士刲羊，亦無～也。"

【衁池】 huāngchí 血聚成池。韩愈《陆浑山火和皇甫湜用其韵》："红帷赤幕罗脤膰，～～波风肉陵屯。"

荒 huāng ❶荒芜。《庄子·渔父》："故田～室露，衣食不足，……庶人之忧也。"陶渊明《归去来兮辞》："三径就～，松菊犹存。"⑤荒凉。李白《苏台览古》诗："旧苑～台杨柳新，菱歌清唱不胜春。"❷歉收，凶年。《后汉书·鲍永传》："时岁多～灾，唯南阳丰穰。"《宋史·苏轼传》："取救～馀钱万缗，粮万石……以募役者。"❸废弃，弃置。《尚书·蔡仲之命》："汝往哉！无～弃朕命。"韩愈《进学解》："业精于勤，～于嬉。"❹灭亡。《尚书·微子》："天毒降灾～殷邦。"扬雄《太玄经·内》："内不克妇，～家及国。"❺迷乱，逸乐过度。《诗经·唐风·蟋蟀》："好乐无～，良士瞿瞿。"《尚书·五子之歌》："内作色～，外作禽～。"❻恐慌。卢藏用《陈氏别传》："[段简]将欲害之，子昂～惧，使家人纳钱二十万。"❼扩大，推广。《诗经·大雅·公刘》："度其夕阳，豳居允～。"又《周颂·天作》："天作高山，大王～之。"❽占有，包有。《诗经·鲁颂·閟宫》："遂～大东，至于海邦。"❾掩，覆盖。《诗经·周南·樛木》："南有樛木，葛藟～之。"❿僻远的地方。《楚辞·离骚》："忽反顾以游目兮，将往观乎四～。"《三国志·魏书·陈留王奂传》:"乞赐褒奖,以慰边~。"⓫荒地,荒野。《晋书·王宏传》:"督劝开~五千馀顷。"⓬空。《国语·吴语》:"吴王乃许之,~成不明。"⓭棺罩,蒙在棺柩上的布。《礼记·丧大记》:"饰棺,君龙帷三池,振容,黼~。"⓮通"恍"。见"荒忽"。⓯通"肓"。膏肓。《史记·扁鹊仓公列传》:"搦髓脑,揲~。"

【荒白】 huāngbái 荒芜。《宋史·食货志上一》:"左司谏黄序奏:'雨泽愆期,地多~~。'"

【荒伧】 huāngcāng 魏晋南北朝时,吴人以上国自居,常称北人为伧,地远者称荒伧,言其人既粗野,出于边鄙之区。《宋书·杜骥传》:"臣本中华高族,……直以南度不早,便以~~赐隔。"《南齐书·王融传》:"近塞外微臣,苦求将领,遂招纳不遑,扇诱~~。"

【荒侈】 huāngchǐ 放纵奢侈。《三国志·魏书·袁术传》:"~~滋甚,后宫数百皆服绮縠,馀粱肉,而士卒冻馁,江淮间空尽,人民相食。"

【荒楚】 huāngchǔ 草木丛生的荒地。张协《杂诗》之七:"溪壑无人迹,~~郁萧森。"《世说新语·伤逝》注引王珣《法师墓下诗序》:"高坟郁为~~,丘垅化为宿莽。"

【荒怠】 huāngdài 迷乱怠惰。《国语·周语上》:"国之将亡,其君贪冒、辟邪、淫佚、~~、粗秽、暴虐。"《吕氏春秋·怀宠》:"子之在上无道,据傲,~~,贪戾,虐众,恣睢自用也。"

【荒顿】 huāngdùn 荒废。《三国志·魏书·钟繇传》注引《魏略》:"众职~~,法令失张。"傅亮《为宋公修张良庙教》:"灵庙~~,遗像陈昧。"

【荒服】 huāngfú 古代五服之一。指离京畿二千五百里的地区,为五服中最远之地。《史记·五帝本纪》:"方五千里,至于~~。"《论衡·语增》:"尧舜袭德,功假~~。"

【荒梗】 huānggěng 田野荒芜,道路阻塞。多指战乱。《晋书·杜曾传》:"会永嘉之乱,荆州~~,故牙门将胡亢聚众于竟陵,自号楚公,假曾竟陵太守。"

【荒贵】 huāngguì 过于昂贵。《后汉书·天文志上》:"中国未安,米谷~~。"

【荒忽】 huānghū ❶犹恍惚。隐约不清的样子。《楚辞·九歌·湘夫人》:"~~兮远望,观流水兮潺湲。"《论衡·论死》:"朽则消亡,~~不见,故谓之鬼神。"❷神志不定的样子。《后汉书·王衍传》:"衍后病~~。"❸遥远的样子。《楚辞·九章·哀郢》:"发郢都而去闾兮,怊~~其焉极?"《后汉书·马融传》:"超~~,出重阳。"❹反复多变的样子。《汉书·萧望之传》:"《书》曰:'戎狄荒服',言其来服,~~亡常。"

【荒荒】 huānghuāng ❶惊扰的样子。《宣和遗事》前集:"天下~~离乱,朝属梁而暮属晋,干戈不息。"❷黯淡无际的样子。杜甫《漫成》诗之一:"野日~~白,春流泯泯清。"❸荒凉的样子。《聊斋志异·云翠仙》:"至则门洞敞,家~~如败寺。"

【荒鸡】 huāngjī 在半夜不按一定时间啼叫的鸡,古时迷信以为不祥。《晋书·祖逖传》:"中夜闻~~鸣,蹴琨觉曰:'此非恶声也。'因起舞。"陆游《夜归偶怀故人独孤景略》诗:"刘琨死后无奇士,独听~~泪满衣。"

【荒俭】 huāngjiǎn 荒年歉收。《晋书·孝武帝纪》:"甲子,以比岁~~,大赦,自太元三年以前逋租宿债皆蠲除之。"《南史·崔元祖传》:"自是江北~~,有流亡之弊。"

【荒凉】 huāngliáng ❶荒芜,冷落,孤寂。孔稚珪《北山移文》:"磵石摧绝无与归,石径~~徒延伫。"❷凄凉。李贺《金铜仙人辞汉歌》:"携盘独出月~~,渭城已远波声小。"

【荒流】 huāngliú 荒僻边远之地。《论衡·须颂》:"论衡之人,在古~~之地,其远非徒门庭也。"

【荒乱】 huāngluàn ❶荒废紊乱。《管子·制分》:"人事~~,以十破百。"《史记·滑稽列传》:"百官~~,诸侯并侵,国且危亡,在于旦暮。"❷饥荒兵乱。《三国志·魏书·武帝纪》注引《魏书》:"自遭~~,率乏粮谷,诸军并起,无终岁之计。"

【荒末】 huāngmò 荒乱的末世。班固《典引》:"俾其承三季之~~,值亢龙之灾孽。"

【荒宁】 huāngníng 迷乱安逸。《后汉书·章帝纪》:"朕以无德,奉承大业,夙夜慄慄,不敢~~。"

【荒唐】 huāngtáng 广大,漫无边际。《庄子·天下》:"以谬悠之说、~~之言,无端崖之辞,时恣纵而不傥,不以觭见之也。"后称说话浮夸不实际或行为放荡为荒唐。韩愈《桃源图》诗:"神仙有无何眇芒,桃源之说诚~~。"苏轼《初到黄州》诗:"自笑平生为口忙,老来事业转~~。"

【荒替】 huāngtì 废弃,废除。《三国志·吴书·孙皓传》:"仍抱笃疾,计有不足,思虑失中,多所~~。"

【荒土】 huāngtǔ ❶东北僻远之地。《淮南子·地形训》:"八殥之外,而有八纮,亦方千里，自东北方曰和丘，曰～～。”❷南北朝时，各以正统自居，江南历朝以建业为都，称洛阳为荒土。见杨衒之《洛阳伽蓝记·城东》。

【荒外】 huāngwài ❶八荒之外的地方。八荒，指四面八方极为荒远的地方。《后汉书·班勇传》：“夫要功～～，万无一成，若兵连祸结，悔无及已。”❷南朝称中原为荒外。《宋书·顾琛传》：“后太祖宴会，有～～归化人在坐。”

【荒亡】 huāngwáng 沉迷于酒色、田猎。《孟子·梁惠王下》：“从兽无厌谓之荒，乐酒无厌谓之亡，先王无流连之乐，～～之行。”《管子·戒》：“先王有游夕之业于人，无～～之行于身。”

【荒遐】 huāngxiá 荒僻遥远之地。扬雄《逐贫赋》：“汝在六极，投弃～～，好为庸卒，刑戮是加。”陆机《皇太子宴玄圃宣猷堂有令赋》诗：“蕞尔小臣，貌彼～～。”

【荒宴】 huāngyàn 耽溺酒宴。颜延之《五君咏·刘参军》：“韬精日沈饮，谁知非～～。”杜之松《答王绩书》：“其丧礼新义，颇有所疑，谨用条问，具如别帖。想～～之馀，为诠释也。”

【荒裔】 huāngyì 边远地区。《后汉书·杜笃传》：“意以为获无用之虏，不如安有益之民；略～～之地，不如保殖五谷之渊。”左思《魏都赋》：“列宿分其野，～～带其隅。”

【荒淫】 huāngyín ❶广阔浩渺。李白《日出入行》：“羲和，羲和，汝奚汩没于～～之波？”❷荒废事物，逸乐过度。《史记·司马相如列传》：“欲以奢侈相胜，～～相越，此不可以扬名发誉，而适足以贬君自损也。”后多指迷恋于女色。

【荒幼】 huāngyòu 小孩无知。《梁书·敬帝纪》：“朕以～～，仍属艰难，泣血枕戈，志复仇逆。”

【荒月】 huāngyuè 农历四月。此月青黄不接，集市萧条，故称。查慎行《得树楼杂钞》引王炎《上卢岳州书》：“临湘入四月以后，民在田野，县市寂然，谓之～～。”

【荒政】 huāngzhèng ❶救济饥荒的法令、措施。《周礼·地官·大司徒》：“以～～十有二聚万民。”❷荒废政务。《尚书·周官》：“蓄疑败谋，怠忽～～。”

肮 huāng 见“狼肮”。

皇 1. huáng ❶大。《诗经·大雅·皇矣》：“～矣上帝，临下有赫。”张衡《东京赋》：“纡～组，要干将。”❷君主。上古有三皇，秦后称君主为皇帝，简称皇。李白《古风》之四十八：“秦～按宝剑，赫怒震神威。”杜牧《阿房宫赋》：“王子～孙，辞楼下殿。”❸古时对封建王朝的敬称。陆机《吊魏武帝文》：“接～汉之末绪，值王途之多远。”裴度《唐太尉中书令西平王李晟神道碑铭并序》：“曾祖嵩，～珉州刺史，赠洮州刺史，祖思恭，～洮州刺史，赠幽州大都督，考钦，～左金吾卫大将军陇右节度轻略副使，赠太子太保。”❹对先代或神明的敬称。《楚辞·离骚》：“～览揆余初度兮，肇赐余以嘉名。”又《远遊》：“凤皇翼其承旂兮，遇蓐收乎西～。”❺天，天神。《楚辞·离骚》：“陟升～之赫戏兮，忽临睨夫旧乡。”又《九歌·东皇太一》：“吉日兮良辰，穆将愉兮上～。”❻辉煌，盛美。《诗经·小雅·采芑》：“服其命服，朱芾斯～。”《法言·孝至》：“尧舜之道～兮，夏殷周之道将兮。”㉗发扬光大。《诗经·周颂·烈文》：“念兹戎功，继序其～之。”㉘赞美，嘉许。《诗经·周颂·执竞》：“不显成康，上帝是～。”❼四面无壁的室或堂。《汉书·胡建传》：“监御史与护军诸校列坐于堂～上。”《资治通鉴·晋愍帝建兴二年》：“［王］浚乃走出堂～。”❽冢前和寝门的阙称皇。《左传·庄公十九年》：“亦自杀也，而葬于绖～。”又《宣公十四年》：“楚子闻之，投袂而起，屦及于窒～。”❾毛色黄白相杂的马。《诗经·鲁颂·駉》：“薄言駉者，有骕有～。”❿冠名，上面画有羽饰。《礼记·王制》：“有虞氏～而祭。”⓫鸟名。1）黄雀。《尔雅·释鸟》：“～，黄鸟。”（郝懿行义疏：“此即今之黄雀，其形如雀而黄，故名黄鸟。”）2）传说中的雌凤。后作凰。《诗经·大雅·卷阿》：“凤～于飞，翙翙其羽。”《楚辞·离骚》：“鸾～为余先戒兮，雷师告余以未具。”（王逸注：“皇，雌凤也。”）⓬植物名。似燕麦。《尔雅·释草》：“～，守田。”（郭璞注：“似燕麦，子如彫胡米，可食。生废田中。一名守气。”）⓭通“惶”。徘徊迟疑。《吕氏春秋·先己》：“顺性则聪明寿长，平静则业进乐乡，督听则奸塞不～。”⓮通“遑”。闲暇。《左传·昭公七年》：“社稷之不～，况能怀思君德。”《后汉书·张衡传》：“幽独守此仄陋兮，敢怠～而舍勤。”⓯姓。

2. kuāng ⓰通“匡”。匡正。《诗经·豳风·破斧》：“周公东征，四国是～。”《穆天子传》卷五：“～我万民。”

3. kuàng ⓱通“况”。何况。《尚书大传·甫刑》：“君子之于人也，有其语也，无不听者；～于听狱乎？”

【皇妣】 huángbǐ 对亡母的尊称。《礼记·曲礼下》：“［祭］父曰皇考，母曰～～。”

【皇辟】 huángbì ❶亡夫。《礼记·曲礼下》："[祭]父曰皇考……夫曰～～。"❷大君，皇帝。《隋书·王劭传》："《河图皇参持》曰：'～～出，承元讫……。'"

【皇储】 huángchǔ 皇太子。陆机《汉高祖功臣颂》："马烦辔殆，不释拥树；～～时乂，平城有谋。"又《祖道毕雍孙刘边仲潘正叔》诗："～～延髦俊，多士出幽遐。"

【皇邸】 huángdǐ 帝王座后的屏风。《周礼·天官·掌次》："王大旅上帝，则张毡案，设～～。"

【皇帝】 huángdì ❶封建时代君主的称号。自秦始，天子称皇帝。《史记·田敬仲完世家》："天下壹并于秦，秦王政立号为～～。"❷尊称前代的帝王。《尚书·吕刑》："～～哀矜庶戮之不辜，报虐以威。"❸指三皇五帝。《庄子·齐物论》："长梧子曰：是～～之所听荧也，而丘也何足以知之？"

【皇娥】 huáng'é 传说中古帝少昊氏之母。王嘉《拾遗记·少昊》："少昊以金德王，母曰～～。"

【皇坟】 huángfén 传说三皇时代的《三坟书》。韩愈《醉赠张秘书》诗："险语破鬼胆，高词媲～～。"苏轼《子由生日以檀香观音像及新合印香银篆槃为寿》诗："君少与我师～～，旁资老聃释迦文。"

【皇纲】 huánggāng 封建帝王统治天下的纪纲。班固《答宾戏》："廓帝纮，恢～～。"《后汉书·臧洪传》："汉室不幸，～～失统，贼臣董卓乘衅纵害，祸加至尊，流毒百姓。"

【皇姑】 huánggū ❶称丈夫的亡母。《礼记·曾子问》："不祔于～～，……示未成妇也。"《仪礼·士昏礼》："祝曰：某氏来妇，敢告于～～某氏。"❷皇帝的姊妹及姑称皇姑。

【皇后】 huánghòu ❶君主。《尚书·顾命》："～～凭玉几，道扬末命。"❷皇帝的正妻。秦以前只称后，秦以后天子称皇帝，后遂称皇后。《史记·孝文本纪》："三月，有司请立～～。薄太后曰：'诸侯皆同姓，立太子母为～～。'"《汉书·孝景薄皇后传》："景帝立，立薄妃为～～。"

【皇祜】 huánghù 大福。《汉书·礼乐志》："汾脽出鼎，～～元始。"

【皇华】 huánghuá 《诗经·小雅》有《皇皇者华》篇，《诗序》认为是为君遣使臣之作。后因以皇华作为使人或出使的典故。王融《永明十一年策秀才文》："歌～～而遣使，赋膏雨而怀宾。"杜甫《寄韦有夏郎中》诗："万里～～使，为僚记腐儒。"

【皇皇】 huánghuáng ❶伟大的样子。《诗经·鲁颂·閟宫》："～～后帝，皇祖后稷。"❷美盛的样子。《诗经·大雅·假乐》："穆穆～～，宜君宜王。"❸鲜明的样子。《诗经·小雅·皇皇者华》："～～者华，于彼原隰。"❹通达的样子。《庄子·知北遊》："其来无迹，其往无崖，无门无房，四达之～～也。"❺同"惶惶"。心神不安的样子。《礼记·檀弓下》："～～焉有如求而弗得。"《孟子·滕文公下》："孔子三月无君，则～～如也。"❻匆忙的样子。《汉书·董仲舒传》："夫～～求财利，常恐乏匮者，庶人之意也；～～求仁义，常恐不能化民者，大夫之意也。"欧阳修《答李诩书》："又以知圣人所以教人垂世，亦～～而不暇也。"

【皇极】 huángjí ❶帝王统治的准则。《尚书·洪范》："五、～～，皇建其有极。"《三国志·魏书·管宁传》："诚宜束帛加璧，备礼征聘，仍授几杖，延登东序，敷陈坟素，坐而论道，上正璇玑，协和～～，下阜群生，彝伦攸叙，必有可观，光益大化。"❷指帝王之位或王室。干宝《晋纪总论》："至于世祖，遂亨～～。"《宋书·谢晦传》："[徐]羡之及[傅]亮或宿德元臣，姻娅～～；或任总文武，位班三事。"

【皇舅】 huángjiù 已故的夫父。《仪礼·士昏礼》："若舅姑既没，则妇人入三月乃奠菜，……祝告称妇之姓曰：'某氏来妇，敢奠嘉菜于～～某子。'"

【皇居】 huángjū 帝王的宫室。孔融《荐祢衡表》："钧天广乐，必有奇丽之观；帝室～～，必蓄非常之宝。"骆宾王《帝京篇》："不睹～～壮，安知天子尊。"

【皇考】 huángkǎo ❶对亡父的尊称。《礼记·曲礼下》："[祭]父曰～～，母曰皇妣。"《楚辞·离骚》："帝高阳之苗裔兮，朕～～曰伯庸。"唐宋人碑志常称父曰皇考。欧阳修《泷冈阡表》："惟我～～崇公，卜吉于泷冈之六十年，其子修始克表于其阡。"宋徽宗时始禁民间用皇考字，其后只用为皇帝亡父的专称。❷对已亡父祖的通称。《诗经·周颂·雝》："假哉～～，绥予孝子。"

【皇𡢃】 huánglí 即皇后。《后汉书·皇后纪赞》："祁祁～～，言观贞淑。"

【皇门】 huángmén ❶天子、诸侯正室的左门。《竹书纪年》卷下："庚午，周公诰诸侯于～～。"❷泛指帝王的宫门。《楚辞·九怀》："乱曰：～～开兮照下土，株秽除兮兰芷睹。"❸外城之门。《左传·宣公十二年》："楚子围郑……三月克之，入自～～，至于逵路，郑伯肉袒牵羊以迎。"

【皇鸟】 huángniǎo 即凰。《逸周书·王会》:"巴人以比翼鸟,方炀以~~。"

【皇祇】 huángqí ❶地神。《晋书·乐志上》:"整泰圻,俟~~。"❷天地之神。颜延之《三月三日曲水诗序》:"~~发生之始,后王布和之辰。"

【皇乾】 huángqián 指天。《后汉书·黄琼传》:"赖~~眷命,炎德复辉,光武以神武天挺,继统兴业。"

【皇穹】 huángqióng ❶指上天。扬雄《剧秦美新》:"登假~~,铺衍下土。"❷指天帝。曹植《王仲宣诔》:"~~神察,哲人是恃。"

【皇人】 huángrén ❶帝王的亲族。《穆天子传》卷五:"黄之池,其马歕沙,~~威仪。"❷道家称泰壹氏为皇人。罗泌《路史前纪》卷三:"泰壹氏,是为~~,开图挺纪,执大同之制,调大鸿之气,正神明之位者也。"❸传说中山名。《山海经·西山经》:"~~之山,其上多金玉,其下多青雄黄。"

【皇神】 huángshén 天神。《国语·楚语下》:"有不虞之备,而~~相之。"

【皇士】 huángshì 贤士。《诗经·大雅·文王》:"思皇多士,生此王国。"《汉书·韦贤传》:"咨命不永,唯王统祀,左右陪臣,此惟~~。"《后汉书·傅毅传》:"武丁兴商,伊宗~~。"

【皇天】 huángtiān 对天的尊称。旧时常与后土并用,合指天地。《左传·僖公十五年》:"君履后土而戴~~,~~后土,实闻君之言。"《后汉书·灵思何皇后纪》:"~~崩兮后土颓,身为帝兮命夭摧。"

【皇统】 huángtǒng 帝王历代相传的世系。张衡《东京赋》:"忿奸慝之干命,怨~~之见替。"《后汉书·邓骘传》:"援之~~,奉承大宗。"

【皇图】 huángtú ❶封建帝国的版图。李贺《出城别张又新酬李汉》诗:"~~跨四海,百姓拖长绅。"❷河图。班固《东都赋》:"披~~,稽帝文。"

【皇娲】 huángwā 指传说中炼石补天的女娲氏。元好问《中州集》卷三党世杰《琼花木后土像》:"~~化万象,赋受无奇偏。"

【皇王】 huángwáng 圣王。《诗经·大雅·文王有声》:"四方攸同,~~维辟。"也泛指皇帝。范仲淹《六官赋》:"克勤于邦,致~~之道。"

【皇猷】 huángyóu 帝王的谋划。《隋书·牛弘传》:"今~~遐阐,化覃海外,方建大礼,垂之无穷。"《新唐书·戴至德传》:"高宗尝为飞白书赐侍臣,赐……崔知悌曰:'竭忠节,赞~~。'"

【皇舆】 huángyú 国君所乘的车。借喻为国君、朝廷。《楚辞·离骚》:"岂余身之惮殃兮,恐~~之败绩。"张衡《东京赋》:"储乎广庭,于是~~夙驾。"

【皇州】 huángzhōu 指帝都。谢朓《和徐都曹出新亭渚》诗:"宛洛佳遨游,春色满~~。"李白《古风》之十八:"衣冠照云日,朝下散~~。"

【皇宗】 huángzōng 皇帝的宗室。《魏书·阳平王新成传》:"衍弟钦,字思若……少好学,早有令誉,时人语曰:'~~略略,寿安、思若。'"

【皇祖】 huángzǔ ❶帝王的祖先。《诗经·鲁颂·閟宫》:"~~后稷,尊以骍牺。"《左传·哀公二年》:"卫太子祷曰:'曾孙蒯聩敢昭告~~文王。'"❷已故的祖父。《梁书·沈约传》:"伊~~之弱辰,逢时艰之孔棘。"韩愈《祭十二兄文》:"呜呼,维我~~,有孙八人。"

【皇祖妣】 huángzǔbǐ 指亡祖母。《礼记·曲礼下》:"祭王父曰皇祖考,王母曰~~~。"

【皇祖考】 huángzǔkǎo 指亡祖父。《礼记·曲礼下》:"祭王父曰~~~。"

黄 huáng ❶黄色。本谓土地之色。《周易·坤》:"天玄而地~。"古以五色配五行五方,土居中,故以黄为中央正色。《诗经·邶风·绿衣》:"绿兮衣兮,绿衣~裳。"泛指一切带黄的颜色。李益《春思》诗:"草色青青柳色~,桃花历乱李花香。"㊋变成黄色。《诗经·小雅·何草不黄》:"何草不~,何日不行。"㊋使之成为黄色。杜甫《暮归》诗:"霜~碧梧白鹤栖,城上击柝复乌啼。"❷黄色带赤的马。《诗经·鲁颂·駉》:"薄言駉者:'有骊有~,以车彭彭。'"❸指黄玉。《诗经·齐风·著》:"俟我于堂乎而,充耳以~乎而,尚之以琼英乎而。"❹指黄金。《汉书·杨仆传》:"怀银~,垂三组,夸乡里。"又指金印。权德舆《送黔中裴中丞阁老赴任》诗:"怀~宜命服,举白叹离杯。"❺指仓里的黄谷。《元典章·户部·仓库》:"即目正是青~不接之际,各处物斛涌贵。"❻雌黄,古人用作涂抹文字、点校书籍的颜料。陶翰《赠郑员外》诗:"何必守章句,终年事铅~。"❼黄帝的略称。《论衡·自然》:"~者,黄帝也;老者,老子也。~老之操,身中恬淡,其治无为。"❽指婴幼儿。隋代谓男女三岁以下为黄,唐制民始生为黄。《隋书·食货志》:"男女三岁已下为~。"《新唐书·食货志一》:"凡民始生为~。"❾指事情落空。《红楼梦》八十回:"薛蟠听了这话,又怕闹~了宝蟾之事,忙又赶来骂秋菱。"❿

通“潢”。积水池。枚乘《七发》:“輂道邪交,～池纡曲。”⓫古国名。嬴姓。为楚所灭。在今河南潢川县西。《左传·庄公十九年》:“败～师于踖陵。”

【黄白】 huángbái ❶黄金和白银。《古今小说》卷二十三:“老尼遂取出～～一包,付生曰:‘此乃小娘子平日所寄,今送还官人,以为路资。’”又指金银印。杜甫《送长孙九侍御赴武威判官》诗:“绣衣～～郎,骑向交河道。”❷古代指方士烧炼丹药点化金银的法术。《后汉书·桓谭传》:“臣谭伏闻陛下穷折方士～～之术,甚为明矣。”白居易《效陶潜体诗》之十四:“入山烧～～,一旦化为灰。”

【黄班】 huángbān 虎的别名。《隋书·五行志上》:“陈初,有童谣曰:‘～～青骢马,发自寿阳涘。来时冬气末,去日春风始。’其后陈主果为韩擒所败。擒本名擒兽,～～之谓也。”(按:韩擒本作韩擒虎,唐人讳改。)也作“黄斑”。吴处厚《青箱杂记》卷一:“昨夜～～入县来,分明踪迹印苍苔。”

【黄榜】 huángbǎng 皇帝的文告,用黄纸书写,故称。殿试后朝廷发布的榜文也称黄榜。苏轼《与潘彦明》:“不见～～,未敢驰贺,想必高捷也。”《元史·世祖纪六》:“遣吕文焕赍～～,安谕临安中外军民。”也作“黄牓”。曾敏行《独醒杂志》卷六:“绍兴中有于吴江长桥题《水调歌头》,……后其词传入禁中,上命询访其人甚力。秦丞相乃请降～～招之,其人竟不至。”(秦丞相:指秦桧。)

【黄牓】 huángbǎng 见“黄榜”。

【黄肠】 huángcháng 古代葬具。帝王棺椁四周用柏木心堆垒而成的框形结构。《汉书·霍光传》:“光薨,……赐……梓宫、便房、～～、题凑各一具。”(颜师古注:“苏林曰:以柏木黄心致累棺外,故曰黄肠。木头皆内向,故曰题凑。”)谢惠连《祭古冢文》:“～～既毁,便房已颓。”

【黄裳】 huángcháng ❶黄色的裙。《诗经·邶风·绿衣》:“绿兮衣兮,绿衣～～。”❷指太子。卢照邻《中和乐·歌储宫》:“～～元吉,邦家以宁。”

【黄敕】 huángchì 用黄纸书写的诏书。《旧唐书·李藩传》:“制敕有不可,遂于～～后批之。”

【黄琮】 huángcóng 黄色瑞玉,祭祀用之。《周礼·春官·大宗伯》:“以苍璧礼天,以～～礼地。”

【黄道】 huángdào ❶古人认为太阳绕地球而行,黄道就是想像中的太阳绕地球的轨道。《汉书·天文志》:“日有中道,月有九行,中道者,～～,一曰光道。”陆九渊《杂说》:“～～者,日所行也。”❷天子所行经的道路。陆游《老学庵笔记》卷七:“高庙驻跸临安,艰难中,每出犹铺沙藉路,谓之～～。”

【黄帝】 huángdì ❶古史记黄帝,少典之子,姓公孙,居轩辕之丘,故号轩辕氏。又居姬水,因改姓姬。国于有熊,故亦称有熊氏。有土德之瑞,故号黄帝。❷古代神话中的五个天帝之一。指中央之神。《礼记·月令》:“中央土,……其帝～～。”

【黄牒】 huángdié 官吏的委任状。用黄纸书写,故名。《宋史·职官志三》:“元丰法,凡入品者给告身,无品者给～～。”

【黄犊】 huángdú ❶黄毛小牛。《韩非子·内储说上》:“南门之外有～～食苗道左者。”杜甫《百忧集行》:“忆年十五心尚孩,健如～～走复来。”❷蜗牛的俗名。《三国志·魏书·管宁传》裴松之注:“蜗牛,螺虫之有角者也,俗呼为～～。”

【黄耳】 huáng'ěr 犬名。《晋书·陆机传》:“初机有骏犬名曰～～,甚爱之。”后以“黄耳”喻指信使。苏轼《过新息留示乡人任师中》诗:“寄食方将依白足,附书未免烦～～。”张翥《余伯畴归浙东简郡守王居敬》诗:“家信十年～～犬,乡心一夜白头乌。”

【黄发】 huángfà 指老年人,亦指年老。《尚书·秦誓》:“虽则云然,尚猷询兹～～,则罔所愆。”《汉书·韦贤传》:“～～不近,胡不时监!”杜甫《玉台观》诗:“更肯红颜生羽翼,便应～～老渔樵。”

【黄扉】 huángfēi ❶同“黄阁”。宰相官署。楼钥《次周益公韵》:“顷尝假手向中川,公在～～已数年。”❷门下省。宋之问《同姚给事寓直省中见赠》诗:“宠就～～日,威回白简霜。”

【黄封】 huángfēng 宫廷酿造之酒。以用黄罗帕封,故称。也用以泛指美酒。苏轼《与欧育等六人饮酒》诗:“苦战知君便白羽,倦游怜我忆～～。”

【黄阁】 huánggé 也作“黄閤”。❶汉代的丞相、太尉和汉以后的三公官署避用朱门,厅门涂黄色,以区别于天子,称为黄阁。后以“黄阁”指宰相官署。韩翃《奉送王相公赴幽州巡边》诗:“～～开帷幄,丹墀侍冕旒。”❷唐时门下省也称黄阁。杜甫《奉赠严八阁老》诗:“扈圣登～～,明公独妙年。”

【黄宫】 huánggōng 道家以脐下为丹田,脑顶为黄宫。苏轼《谪居三适·旦起理发》诗:“安眠海自运,浩浩朝～～。”

【黄耇】 huánggǒu 老人。《论衡·无形》：“故《礼》曰：‘～～无疆。’”《三国志·魏书·陈思王植传》：“前奉诏书，臣等绝朝，心离志绝，自分～～无复执珪之望。”

【黄姑】 huánggū 星名。即河鼓星。也叫牵牛星。梁武帝《东飞伯劳歌》：“东飞伯劳西飞燕，～～织女时相见。”

【黄冠】 huángguān ❶农夫参加蜡祭时所戴的一种冠饰。《礼记·郊特牲》：“黄衣～～而祭，息田夫也。……～～，草服也。”❷道士之冠。转为道士的别称。唐球(一作“求”)《题青城山范贤观》诗：“数里缘山不厌难，为寻真诀问～～。”

【黄馘】 huángguó 黄瘦之面。《庄子·列御寇》：“夫处穷闾阨巷，困窘织屦，槁项～～者，商之所短也。”

【黄颔】 huánghàn 犹黄口。指雏鸟或幼儿。《南齐书·虞悰传》：“豫章王嶷盛馔享宾，谓悰曰：‘今日肴羞，宁有所遗不？’悰曰：‘恨无～～臛，何曾《食疏》所载也。’”《北齐书·崔㥄传》：“～～小儿堪当重任不？”

【黄鹤】 huánghè 传说中仙人所乘的一种鹤。崔颢《黄鹤楼》诗：“昔人已乘～～去，此地空馀黄鹤楼。～～一去不复返，白云千载空悠悠。”

【黄鹄】 huánghú 鸟名。天鹅。《楚辞·惜誓》：“～～之一举兮，知山川之纡曲；再举兮，睹天地之圜方。”《汉书·昭帝纪》：“～～下建章宫太液池中。”

【黄昏】 huánghūn ❶日落而天色尚未黑的时候。李商隐《乐游原》诗：“夕阳无限好，只是近～～。”❷昏暗之色。林逋《山园小梅》诗之一：“疏影横斜水清浅，暗香浮动月～～。”

【黄籍】 huángjí 户口册。《宋书·武帝纪下》：“开亡叛赦，限内首出，蠲租布二年。先有资状，～～犹存者，听复本注。”

【黄甲】 huángjiǎ 科举甲科进士及第者的名单。因用黄纸书写，故名。杨万里《送孙检正德操龙图出知镇江》诗：“～～诸儒今几许，白头同舍省东偏。”华岳《呈诸同舍》诗：“三举不登～～去，两庠空笑白丁归。”

【黄间】 huángjiān 弓弩名。张衡《南都赋》：“騄骥齐镳，～～机张。”潘岳《射雉赋》：“捧～～以密彀，属刚罫以潜拟。”也作“黄肩”。《汉书·李广传》“而广身自以大黄射其裨将”颜师古注引晋灼曰：“黄肩即黄间也。大黄，其大者也。”

【黄巾】 huángjīn 东汉末年太平道首领张角等所领导的农民起义，徒众达数十万人，皆以黄巾裹头，称为黄巾军，或称黄巾。《后汉书·皇甫嵩传》：“角等知事已露，……时人谓之～～。”

【黄卷】 huángjuàn 指书籍。古时以黄蘗染纸以防蠹，故名。《抱朴子·疾谬》：“盖是穷巷诸生，章句之士，吟咏而向枯简，匍匐以守～～者所宜识。”《新唐书·狄仁杰传》：“～～中方与圣贤对，何暇偶俗吏语耶！”

【黄口】 huángkǒu ❶雏鸟。《淮南子·天文训》：“蠃蟲不食驹犊，鸷鸟不搏～～。”谢朓《咏竹》诗：“青鹍飞不碍，～～得相窥。”❷指幼儿。《淮南子·氾论训》：“古之伐国，不杀～～，不获二毛，于古为义，于今为笑。”

【黄蜡】 huánglà 即蜜蜡。苏轼《次履常腊梅韵》：“蜜蜂采花作～～，取蜡为花亦其物。”

【黄老】 huánglǎo 黄帝与老子。道家以黄、老为祖，因亦称道家为黄老。《史记·魏其武安侯列传》：“太后好～～之言，而魏其、武安、赵绾、王臧等务隆推儒术。”

【黄离】 huánglí 《周易·离》：“象曰：黄离元吉，得中道也。”黄者中色，后因以黄离指帝王中和之道。王勃《广州宝庄严寺舍利塔碑》：“太宗以端拱继明，自～～而用九。”

【黄鹂】 huánglí 鸟名。即黄莺。杜甫《绝句》之三：“两个～～鸣翠柳，一行白鹭上青天。”钱起《阙下赠裴舍人》诗：“二月～～飞上林，春城紫禁晓阴阴。”

【黄历】 huánglì 传说中黄帝时的历法。卢照邻《中和乐·歌登封章》：“炎图丧宝，～～开璇。”

【黄粱】 huángliáng ❶即黄小米。《楚辞·招魂》：“稻粢穱麦，挐～～些。”杜甫《赠卫八处士》诗：“夜雨剪春韭，新炊间～～。”❷同“黄粱梦”。李东阳《麓堂诗话》：“举世空惊梦一场，功名无地不～～。”

【黄流】 huángliú ❶酿秬黍为酒，以郁金草为色，故称黄流。古代祭祀，用以灌地。《诗经·大雅·旱麓》：“瑟彼玉瓒，～～在中。”❷黄河的水流。韩愈《感二鸟赋》：“过潼关而坐息，窥～～之奔猛。”也泛指洪水。张元幹《贺新郎·送胡邦衡待制谪新州》词：“底事昆仑倾砥柱，九地～～乱注？”

【黄垆】 huánglú ❶犹黄泉。《淮南子·览冥训》：“考其功烈，上际九天，下契～～。”曹植《责躬》诗：“昊天罔极，生命不图，常惧颠沛，抱罪～～。”❷坟墓。范成大《伊尹墓》诗：“三尺～～直棘边，此心终古享皇天。”❸《世说新语·伤逝》：“［王濬冲］乘轺车，经黄公酒垆下过，顾谓后车客：'吾昔与嵇叔夜、阮嗣宗共酣饮于此垆，……自嵇生夭、阮公亡以来，便为时所羁绁。今日视此虽近，邈若山河。'"后世遂以"黄垆"为悼念亡友之辞。

【黄麻】 huángmá 用黄麻纸誊写的诏书。白居易《见于给事暇日上直寄南省诸郎官诗因以戏赠》诗："～～敕胜长生箓，白纻词嫌《内景》篇。"

【黄眉】 huángméi 妇女的一种眉妆。《隋书·五行志上》："后周大象元年，……朝士不得佩绶，妇人墨妆～～。"

【黄梅】 huángméi ❶成熟的梅子。杜甫《梅雨》诗："南京犀浦道，四月熟～～。"㊂梅子成熟的季节。薛道衡《梅夏应教》诗："长廊连紫殿，细雨应～～。"❷腊梅的别名。龚自珍《寒月吟》："供～～一枝，朝朝写《圆觉》。"

【黄门】 huángmén ❶黄色宫门。《通典·职官·侍中》："凡禁门黄闼，故号～～。"❷官署名。汉时设有黄门官，给事于黄门之内。《汉书·元帝纪》："诏罢～～乘舆狗马，……假与贫民。"晋以后始建为门下省。唐开元中一度改为黄门省。❸官名。汉唐间非宦者充任的黄门侍郎、给事黄门侍郎等官职的简称。如晋潘岳官给事黄门侍郎，张协官黄门侍郎。❹指宦官。东汉给事内廷的黄门令、中黄门诸官皆以宦官充任，后遂称宦官为黄门。嵇康《与山巨源绝交书》："若吾多病困，欲离事自全，以保馀年，此真所乞耳，岂可见～～而称贞哉？"❺天阉之称。指男子不育。周密《齐东野语·黄门》："世有男子虽娶妇而终身无嗣育者，谓之天阉，世俗命之曰～～。"

【黄猛】 huángměng 虎的别名。陶穀《清异录·兽》："石虎时，号虎为～～。朱全忠时，号钟为大圣铜，俱以避讳故也。"

【黄鸟】 huángniǎo ❶黄莺。也名黄鹂留、仓庚。《诗经·周南·葛覃》："维叶萋萋，～～于飞。"❷黄雀。《诗经·秦风·黄鸟》："交交～～，止于棘。"

【黄农】 huángnóng 黄帝轩辕氏与炎帝神农氏的合称。《世说新语·栖逸》："苏门山中，忽有真人，……[阮]籍登临就之，箕踞相对。籍商略终古，上陈～～玄寂之道，下考三代盛德之美以问之，仡然不应。"

【黄袍】 huángpáo ❶古代帝王的袍服。王楙《野客丛书·禁用黄》："唐高祖武德初，用隋制，天子常服～～，遂禁士庶不得服，而服黄有禁自此始。"❷黄鸟的别名。陆玑《毛诗草木鸟兽虫鱼疏》卷下："黄鸟，黄骊留也。……或谓之～～。"

【黄泉】 huángquán ❶地下的泉水。《荀子·劝学》："[螾]上食埃土，下饮～～。"(螾：蚯蚓。)❷地下深处。也指人死后埋葬的地穴。《左传·隐公元年》："遂寘姜氏于城颍，而誓之曰：'不及～～，无相见也。'"《战国策·楚策一》："安陵君泣数行而进曰：'大王万岁千秋之后，愿得以身试～～，蓐蝼蚁，又何如得此乐而乐之。'"

【黄雀】 huángquè ❶鸟名。也称芦花黄雀。雄者上体浅黄带绿，雌者上体微黄有褐色条纹。《战国策·楚策四》："～～因是以。俯噣白粒，仰栖茂树，鼓翅奋翼，自以为无患，与人无争也。"阮籍《咏怀》之十一："一为～～哀，涕下谁能禁。"❷喻俗士。杜甫《秋日夔府咏怀奉寄郑监审李宾客之芳一百韵》："紫鸾无近远，～～任翩翩。"

【黄散】 huángsǎn 官名。❶黄门侍郎与散骑常侍的合称。同为门下省官员，晋以后，共掌尚书奏事，故合称黄散。《晋书·陈寿传》："杜预将之镇，复荐之于帝，宜补～～，由是授御史台治书。"❷用于外伤的黄色药粉。《南史·宋武帝纪》："帝先患手创，积年不愈，……帝以～～傅之，其创一傅而愈。"

【黄山】 huángshān 山名。1）在安徽歙县西北。《水经注》作黟山。也称北黟山。神话传说黄帝曾与容成子浮邱公合丹于此。唐天宝六年改名黄山。风景秀丽，为著名的旅游胜地。2）在陕西兴平县北。也名黄麓山。张衡《西京赋》"绕～～而款牛首"即指此。

【黄䌷】 huángshī ❶一种粗绸。《宋史·丰稷传》："仁宗衾褥用～～，服御用缣缯，宜守家法。"❷道士的衣服用黄䌷做成，故称道衣为黄䌷。陆游《新制道衣示衣工》诗："良工刀尺制～～，天遣家居乐圣时。"

【黄绶】 huángshòu ❶黄色印绶。《汉书·百官公卿表》："凡吏秩……比二百石以上，皆铜印～～。"因指副职之官。《汉书·食货志下》："又令公卿以下至郡县～～吏，皆保养军马，吏尽复以与民。"❷指官吏、官位。陈子昂《同宋参军之问梦赵六赠卢陈二子之作》诗："奈何苍生望，卒为～～欺？"

【黄枢】 huángshū ❶指门下省。《梁书·萧昱传》："迁给事黄门侍郎。上表曰：'……圣监既谓臣愚短，不可试用，岂容久居显禁，徒秽～～？'"❷天枢，北斗星。唐顺之《中岳》诗："～～标正位，紫气护真图。"

【黄闼】 huángtà 指宫廷禁门。《宋书·百官志下》："董巴《汉书》曰：禁门曰～～，中人主之，故号曰黄门令。”

【黄汤】 huángtāng 黄酒。无名氏《硃砂担》一折：“我则是多吃了那几碗～～，以此赶不上他。”《水浒传》十四回：“你却不径来见我，且在路上贪噇这口～～。我家中没有与你吃？辱没杀人！”

【黄唐】 huángtáng 黄帝和唐尧。《汉书·叙传下》：“自昔～～，经略万国。”陶渊明《时运》诗之一：“清琴横床，浊酒半壶。～～莫逮，慨独在余。”

【黄堂】 huángtáng ❶太守办公的正厅。《后汉书·郭丹传》：“［太守］勑以丹事编署～～以为后法。”❷指太守、知府。黄朝英《靖康缃素杂记》卷上：“太守曰～～。”《儒林外史》七回：“大江烟浪杳无踪，两日～～坐拥。”

【黄童】 huángtóng 幼童。《抱朴子·杂应》：“金楼玉堂，白银为阶，五色云为衣，重叠之冠，锋铤之剑，从～～百二十人。”韩愈《元和圣德诗》：“～～白叟，踊跃欢呀。”

【黄图】 huángtú ❶帝都。江总《云堂赋》：“览～～之栋宇，规紫宸于太清。”骆宾王《同崔驸马晓初登楼思京》诗：“白云乡思远，～～归路难。”❷书名。即《三辅黄图》。撰人不详。《隋书·经籍志》著录《黄图》一卷，记三辅宫观、陵庙、明堂、辟雍、郊畤等事。今本六卷。今有清毕沅补校本。

【黄团】 huángtuán ❶瓜蒌。韩愈等《城南联句》：“红皱晒檐瓦，～～系门衡。”❷橘子。范成大《橘园》诗：“折赠～～双，珍逾桃李投。”

【黄吻】 huángwěn 口边叫做吻。雏鸟嘴黄，比喻童幼。曹植《魏德论》：“～～之龀含哺而怡，鲐背之老击壤而嬉。”《世说新语·方正》：“后来年少，多有道深公者，深公谓曰：‘～～年少，勿为评论宿士。’”

【黄屋】 huángwū ❶帝王车盖。以黄缯为盖里，故名。汉制，唯皇帝得用黄屋。《史记·秦始皇本纪》：“子婴度次得嗣，冠玉冠，佩华绂，车～～，从百司，谒七庙。”《汉书·景十三王传》：“作治～～盖，刻皇帝玺，铸将军、都尉金银印。”❷帝王宫室。徐陵《为贞阳侯重与王太尉书》：“岂望身居～～，手御青纶？”❸指帝王或帝王权位。黄庭坚《常父惠示丁卯雪十四韵谨同韵赋之》：“春皇赋上瑞，来宁～～忧。”《续资治通鉴·宋高宗绍兴八年》：“朕本无～～之心。”

【黄羲】 huángxī 黄帝与伏羲的合称。《晋书·纪瞻传》：“以之为政，则～～之规可踵；以之革乱，则玄古之风可绍。”

【黄星】 huángxīng 黄色之星，古以为瑞星。张衡《周天大象赋》：“嘉大舜之登禅，耀～～而靡锋。”《三国志·魏书·武帝纪》：“初，桓帝时有～～见于楚、宋之分，辽东殷馗善天文，言后五十岁当有真人起于梁、沛之间，其锋不可当。”

【黄熊】 huángxióng 传说动物名。《左传·昭公七年》：“昔尧殛鲧于羽山，其神化为～～，以入于羽渊。”也作“黄能”。《国语·晋语八》：“昔者鲧违帝命，殛之于羽山，化为～～以入于羽渊。”

【黄轩】 huángxuān 黄帝和轩辕氏的合称。《旧唐书·礼仪志二》：“～～御历，朝万方于合宫，丹陵握符，咨四岳于衢室。”张衡《东京赋》：“改奢即俭，则合美乎斯干。登封降禅，则齐德乎～～。”

【黄炎】 huángyán 黄帝有熊氏和炎帝神农氏的合称。《国语·周语下》：“夫亡者岂繄无宠，皆～～之后也。”《后汉书·马融传》：“自～～之前，传道罔记，三五以来，越可略闻。”

【黄鹢】 huángyì 鸟名。《太平御览》卷九百二十五《录异传》：“弘公者，吴兴乌程人，患疟经年。弘后独至旁舍，疟发，有数小儿，或骑公腹，或扶公首脚。公因佯眠，忽起捉得一儿，遂化成～～，馀者皆走。公乃缚以还家，暮悬窗上，云：明日当杀食之。比晓失鹢处。公疟遂断。于时人有得疟者，但依弘，便疟断。”故迷信以黄鹢为疟鬼。陆龟蒙《幽居赋序》：“穷年学剑，不遇白猿；隔日伏痁，未逢～～。”

【黄莺】 huángyīng 即黄鸟，也叫黄鹂留、黄栗留。金昌绪《春怨》诗：“打起～～儿，莫教枝上啼。”綦毋潜《送章彝下第》诗：“～～啼就马，白日暗归林。”

【黄月】 huángyuè 道家认为月光中有黄气，乃月之精，常吞食，可以成仙。吴筠《游仙》诗之三：“凌晨吸丹景，入夜饮～～。”孟郊《安度明》诗：“上采白日精，下饮～～华。”

【黄钺】 huángyuè 以黄金为饰的长柄大斧。古代为帝王所专用。《尚书·牧誓》：“王左杖～～，右秉白旄以麾。”后世遂为帝王之仪仗。有时特赐予专主征伐的大臣，以示威重。《三国志·吴书·陆逊传》：“召逊假～～，为大都督。”

【黄中】 huángzhōng 内德中和。黄，中和之色。《周易·坤》：“君子～～通理，正位居体，美在其中，而畅于四支，发于事业，美之至也。”傅亮《为宋公修张良庙教》：“张子房，道亚～～，照邻殆庶。”

【黄钟】 huángzhōng 古乐十二律之一。声调最洪大响亮。《周礼·春官·大司乐》:"乃奏～～,歌大吕,舞云门,以祀天神。"《庄子·盗跖》:"今将军……唇如激丹,齿如齐贝,音中～～,而名曰盗跖。"

【黄祚】 huángzuò 黄帝的后代。程本《子华子上》:"昔者,轩辕二十五宗,故～～衍于天下,于今未忘也。"

【黄道日】 huángdàorì 指吉日。迷信星命之说,谓青龙、明堂、金匮、天德、玉堂、司命六辰都是吉神。六辰值日的日子,诸事皆宜,不避凶忌,称为黄道日。后泛指宜于办事的良辰吉日。方回《寓杭久无诗长至后偶赋怀归五首呈仁近仲实》诗:"野曝尚分～～～,春耕欲老紫阳山。"

【黄粱梦】 huángliángmèng 唐沈既济《枕中记》载:卢生于邯郸客店中遇道者吕翁。生自叹穷困,翁乃取囊中枕而授之,使入梦。生梦中历尽富贵荣华。及醒,主人炊黄粱尚未熟。后因以喻虚幻之事或欲望破灭。贺铸《六州歌头》词:"似～～～,辞丹凤;明月共,漾孤篷。"

【黄雀风】 huángquèfēng 六月东南季候风。王维《送秘书晁监还日本国诗序》:"黄雀之风动地,黑蜃之气成云。"

【黄石公】 huángshígōng 秦时隐士。相传张良刺秦始皇不中,逃匿下邳,于圯上遇老人,授以《太公兵法》。曰:"读此则为王者师矣。后十年兴。十三年孺子见我济北,穀城下黄石即我矣。"后十三年,张良从汉高祖过济北,果见穀城下黄石,取而祠之。世称此圯上老人为黄石公。李白《经下邳圯桥怀张子房》诗:"我来圯桥上,怀古钦英风,惟见碧水流,曾无～～～。"

【黄头郎】 huángtóuláng ❶指船夫。《史记·佞幸列传》:"邓通,蜀郡南安人也,以濯船为～～～。"❷指水军。《汉书·枚乘传》"遣羽林黄头循江而下,袭大王之都"颜师古注引苏林曰:"羽林～～～,习水战者也。"

【黄土人】 huángtǔrén 神话传说女娲氏以黄土作人。《太平御览》卷七十八引《风俗通》:"俗说天地开辟,未有人民,女娲抟黄土作人,剧务,力不暇供,乃引绳于絙泥中,举以为人。故富贵者,～～～也;贫贱凡庸者,絙人也。"

偟 huáng ❶闲暇。《法言·君子》:"忠臣孝子,～乎不～。"❷恣纵。《鬼谷子·本经阴符》:"故心气一,则欲不～;欲不～,则志意不衰;志意不衰,则思理达矣。"

凰(鷬) huáng 见"凤凰"。

隍 huáng 没有水的护城壕。班固《西都赋序》:"京师修宫室,浚城～。"《梁书·陆襄传》:"襄先已帅吏民修城～为备御。"

【隍鹿】 huánglù 《列子·周穆王》:"郑人有薪于野者,遇骇鹿,御而击之,毙之,恐人见之也,遽而藏诸隍中,覆之以蕉,不胜其喜。俄而遗其所藏之处,遂以为梦焉。"后用以比喻梦幻无凭。文天祥《挽龚用和》诗:"名利无心付～～,诗书有种出烟楼。"

湟 huáng ❶低洼积水的地方。《大戴礼记·夏小正》:"～潦生苹。"❷河流名。在青海省和甘肃省,为黄河支流。郦道元《水经注·河水》:"河～之间多禽兽。"

惶 huáng ❶恐惧,惊慌。《后汉书·西羌传》:"忧～久矣,不知所如。"潘岳《马汧督诔》:"圣朝西顾,关右震～。"❷惶惑。《晏子春秋·外篇·重而异者》:"默然不对,恐君之～也。"《吕氏春秋·有度》:"有度而以听,则不可欺矣,不可～矣,不可恐矣,不可喜矣。"

【惶怖】 huángbù 惊慌恐怖。《汉书·王商传》:"及商以闺门事见考,自知为[王]凤所中,～～。"《后汉书·光武帝纪上》:"诸将见寻、邑兵盛,反走,驰入昆阳,皆～～。"

【惶汗】 huánghàn 恐惧流汗。《太平广记》卷二百九十八戴孚《广异记》:"[李播]谓[刘]仁轨曰:'[泰山]府君薄怪相公不拜,令左右录此人名……'仁轨～～久之。"

【惶惶】 huánghuáng ❶恐惧不安的样子。《世说新语·言语》:"[魏文]帝曰:'卿面何以汗?'[钟]毓对曰:'战战～～,汗出如浆。'"柳宗元《与杨诲之疏解车义第二书》:"到永州七年矣,蚤夜～～,追思咎过。"(蚤:通"早"。)❷匆遽的样子。《三国志·魏书·文帝纪》:"昔仲尼资大圣之才,怀帝王之器,当衰周之末,无受命之运,在鲁、卫之朝,教化乎洙、泗之上,凄凄焉,～～焉,欲屈己以存道,贬身以救世。"欧阳修《记旧本韩文后》:"孔孟～～于一时,而师法于千万世。"

【惶惑】 huánghuò 疑惧。刘向《九叹·思古》:"闵先世之中绝兮,心～～而自悲。"《三国志·蜀书·吕凯传》:"今天下鼎立,正朔有三,是以远人～～,不知所归也。"

【惶急】 huángjí 恐惧慌忙。《战国策·燕策三》:"秦王方还柱走,卒～～不知所为。"

【惶悸】 huángjì 惊恐。《楚辞·九思·悼乱》:"～～兮失气,踊跃兮距跳。"权德舆《为郑相公让中书侍郎平章事表》:"诏书自天,受命～～,俯伏循省,不知所容。"

【惶沮】 huángjǔ 恐惧丧气。《新唐书·吕子臧传》:"乘贼新败,上下～～,一战可禽。"

【惶惧】 huángjù 恐惧。《论衡·明雩》:"精诚在内,无以效外,故雩祀尽己～～,关纳精心于雩祀之前。"《汉书·杨恽传》:"大臣废退,当阖门～～,为可怜之意,不当治产业,通宾客,有称誉。"

【惶遽】 huángjù 恐惧慌张。《三国志·魏书·袁绍传》:"会[董]卓西入关,绍还军延津,因[韩]馥～～,使陈留高干、颍川荀谌等说馥。"《聊斋志异·画皮》:"妪在室,～～无色,出门欲遁。"

【惶恐】 huángkǒng 恐惧不安。《汉书·蒯通传》:"通说不听,～～,乃阳狂为巫。"韩愈《后廿九日复上书》:"渎冒威尊,～～无已!"

【惶扰】 huángrǎo 惊恐慌遽。《史记·秦始皇本纪》:"二世怒,召左右,左右皆～～不斗。"《后汉书·杜诗传》:"时将军萧广放纵兵士,暴横民间,百姓～～。"

【惶悚】 huángsǒng 恐惧不安。鲍照《请假启》之二:"执启涕结,伏追～～。"

揘 huáng 击。见"揘毕"。

【揘毕】 huángbì 撞击。张衡《西京赋》:"但观罝罗之所羂结,竿殳之所～～。"

喤 huáng 见"喤喤"、"喤呷"。

【喤喤】 huánghuáng ❶小孩啼哭声。《诗经·小雅·斯干》:"乃生男子,载寝之床,载衣之裳,载弄之璋,其泣～～。"韩愈等《城南联句》:"乳下秀嶷嶷,椒蕃泣～～。"❷钟鼓洪亮而和谐的声音。《诗经·周颂·执竞》:"钟鼓～～,磬筦将将。"《晋书·乐志上》:"晰晰庭燎,～～鼓钟。"❸众声。李白《大猎赋》:"～～呷呷,尽奔统于场中。"

【喤呷】 huángxiā 众声。左思《吴都赋》:"喧哗～～,芬葩荫映。"

遑 huáng ❶闲暇。《左传·襄公八年》:"夫妇男女,不～启处,以相救也。"《三国志·吴书·吴主传》:"夙夜兢兢,不～假寝。"❷通"惶"。恐惧。见"遑急"、"遑遽"。❸通"徨"。徘徊。谢庄《月赋》:"满堂变容,回～如失。"

【遑遑】 huánghuáng ❶心神不安的样子。《后汉书·明帝纪》:"灾异屡见,咎在朕躬,忧惧～～,未知其方。"柳宗元《兴州江运记》:"相与怨咨,～～如不饮食。"❷匆匆忙忙的样子。《论衡·定贤》:"是以孔子栖栖,墨子～～。"《梁书·韦叡传》:"弃骐骥而不乘,焉～～而更索?"

【遑急】 huángjí 急迫惊惧。《汉书·史皇孙王夫人传》:"仲卿载廼始共求媪,媪～～。"《后汉书·马严传》:"时京师讹言贼从东方来,……诸郡～～,各以状闻。"

【遑遽】 huángjù 恐惧慌张。《列子·杨朱》:"戚戚然以至于死,此天民之～～者也。"《三国志·吴书·虞翻传》:"[孙]权于是大怒,手剑欲击之,侍坐者莫不～～。"

徨 huáng 见"徨徨"。

【徨徨】 huánghuáng 心神不安的样子。扬雄《甘泉赋》:"徒徊徊以～～兮,魂眇眇而昏乱。"曹操《秋胡行》之一:"～～所欲,来到此间。"

餭(餭) huáng 见"张餭"。

騜(騜) huáng 黄白色马。《尔雅·释畜》:"黄白,～。"(郭璞注:"《诗》曰:'騜驳其马。'")(今本《诗经·豳风·东山》作"皇"。)

煌 huáng 光明,明亮。张衡《东京赋》:"～火驰而星流,逐赤疫于四裔。"

【煌煌】 huánghuáng ❶光辉的样子。《诗经·陈风·东门之杨》:"昏以为期,明星～～。"㊀光彩鲜明的样子。宋玉《高唐赋》:"玄木冬荣,～～荧荧。"皮日休《海榴花》诗:"一夜春工绽绛囊,碧油枝上昼～～。"❷强盛,旺盛。《后汉书·崔琦传》:"赫赫外戚,华宠～～。"杜甫《北征》诗:"～～太宗业,树立甚宏达。"

鍠(鍠) huáng ❶钟声洪亮和谐。刘勰《文心雕龙·原道》:"至于林籁结响,调如竽瑟,泉石激韵,和若球～。"❷古兵器名。崔豹《古今注·舆服》:"～,秦改铁钺作～,秦制也。"

潢 1. huáng ❶积水池。曹植《鰕䱇篇》:"鰕䱇游～潦,不知江海流。"木华《海赋》:"于是乎禹也,乃铲临崖之阜陆,决陂～而相沷。"❷港汊。韩愈《送王秀才序》:"故学者必慎其所道,道于杨、墨、老、庄、佛之学,而欲之圣人之道,犹航断港绝～以望至于海也。"❸河流名。即今内蒙古西拉木伦河。

2. huǎng ❹通"滉"。水深广的样子。《荀子·富国》:"～然兼覆之,养长之,如保赤子。"

3. huàng ❺染纸。贾思勰《齐民要术·杂说》:"染～及治书法。"

4. guāng ❻威武的样子。见"潢潢"。

【潢池】 huángchí 池塘。《汉书·龚遂传》:"其民困于饥寒而吏不恤,故使陛下赤子盗弄陛下之兵于～～中耳。"后以"弄兵潢池”作为造反的讳称，或蔑称造反者为潢池。史可法《复多尔衮书》：“往先帝轸念～～。”

【潢井】 huángjǐng 指低洼之地。《孙子·行军》：“军行有险阻、～～、葭苇、山林、蘙荟者，必谨覆索之，此伏奸之所处也。”

【潢星】 huángxīng 天潢星。比喻皇族。张说《奉和圣制送金城公主适西蕃应制》：“青海和亲日，～～出降时。”

【潢汙】 huángwū 低洼积水处。《左传·隐公三年》：“～～行潦之水，可荐于鬼神。”(正义引服虔曰：“畜小水谓之潢，水不流谓之汙。”)《论衡·别通》：“～～兼日不雨，泥辄见者，无所通也。”也作“潢洿”。《汉书·食货志下》：“且绝民用以实王府，犹塞川原为～～也，竭亡日矣。”《论衡·书解》：“河神，故出图；洛灵，故出书。竹帛所记怪奇之物，不出～～。”

【潢潢】 huǎnghuǎng 水深广的样子。《楚辞·九叹·逢纷》：“扬流波之～～兮，体溶溶而东回。”

【潢洋】 huǎngyáng ❶宽阔的样子。《楚辞·九辩》：“被荷裯之晏晏兮，然～～而不可带。”❷水深的样子。《楚辞·九叹·远逝》：“赴阳侯之～～兮，下石濑而登洲。”

【潢漾】 huǎngyàng 广阔无边的样子。《史记·司马相如列传》：“然后灏溔～～，安翔徐徊。”

【潢治】 huàngzhì 装裱图书。《新唐书·惠文太子传》：“长安初，张易之奏天下善工～～，乃密使摹肖，殆不可辨，窃其真藏于家。”

【潢潢】 guāngguāng 威武的样子。《盐铁论·徭役》：“《诗》云：武夫～～，经营四方。”(今本《诗经·大雅·江汉》作“武夫洸洸”。)

熿 1. huáng ❶同“煌”。闪耀。《战国策·秦策一》：“当秦之隆，黄金万溢为用，转毂连骑，炫～于道。”

2. huǎng ❷同“晃”。明亮。扬雄《甘泉赋》：“北～幽都，南炀丹厓。”

【熿熿】 huánghuáng 同“煌煌”。光明的样子。扬雄《太玄经·玄文》：“天炫炫出于无畛，～～出于无垠。”

璜 huáng ❶一种玉器，形状像璧的一半。古代贵族用作朝聘、祭祀、丧葬时的礼器，也用作装饰品。《周礼·春官·大宗伯》：“以玄～礼北方。”韩愈等《城南联句》：“鹅肪截佩～，文升相照灼。”❷佩玉。《后汉书·张衡传》：“昭彩藻与雕琢兮，～声远而弥长。”❸见“璜璜”。

【璜璜】 huánghuáng 犹“煌煌”。明盛的样子。《法言·孝至》：“荒荒圣德，远人咸慕，上也；武义～～，兵征四方，次也。”

【璜台】 huángtái 璜玉装饰的台。《楚辞·天问》：“～～十成，谁所极焉？”萧子范《七诱》：“丽前修之金屋，陋曩日之～～。”

【璜溪】 huángxī 即磻溪。传说周太公望(吕尚)曾于此钓，得玉璜，故又称璜溪。苏颋《奉和幸韦嗣立山庄应制》：“石径喧朝履，～～拥钓舟。”

蝗 huáng 虫名。一名蝗螽，是危害农作物的主要害虫。因其善飞，也称飞蝗。《吕氏春秋·孟夏》：“行春令，则虫～为败，暴风来格，秀草不实。”

艎 huáng ❶一种渡船。谢朓《出藩曲》：“飞～溯极浦，旌节去关河。”范成大《晞真阁留别方道士宾实》诗：“明朝归客上归～，重到晞真计渺茫。”❷船舱。《水浒传》三十七回：“那梢公便去～板底下摸出那把明晃晃板刀来。”《聊斋志异·织成》：“王者下舟登舆，遂不复见，久之寂然，舟人始自～下出，荡舟北渡。”

篁 huáng ❶竹田。《史记·乐毅列传》：“蓟丘之植，植于汶～。”张衡《西京赋》：“编町成～。”❷竹林。《楚辞·九歌·山鬼》：“余处幽～兮终不见天，路险难兮独后来。”鲍照《拟古》诗之六：“束薪幽～里，刈黍寒涧阴。”㊀泛指竹。柳宗元《青水驿丛竹》诗：“檐下疏～十二茎，襄阳从事寄幽情。”晁补之《新城游北山记》：“系马石觜，相扶携而上，～篆仰不见日，如四五里，乃闻鸡声。”❸竹制管乐器。韩愈《听颖师弹琴》诗：“嗟余有两耳，未省听丝～。”

【篁竹】 huángzhú ❶竹名。戴凯之《竹谱》：“～～，坚而促节，体圆而质坚，皮白如霜粉，大者宜行船，细者为笛。”❷竹丛。《汉书·严助传》：“臣闻越非有城郭邑里也，处溪谷之间，～～之中，习于水斗，便于用舟。”任昉《齐竟陵文宣王行状》：“～～之酋，感义让而失险。”

磺 huáng 矿石，硫磺。赵翼《古诗十九首》：“硝～制火药，世乃无利兵。”

锽(鐄) huáng ❶大钟。《广韵·庚韵》：“～，大钟。”❷锁簧。也作“簧”。《西游记》二十五回：“这童儿一边一个，扑的把门关上，插上一把两～铜锁。”

蟥 huáng 虫名。蚂蟥。杨显之《酷寒亭》二折：“恰便是蚂～钉了鹭鸶飞，寸步不教离。”

簧 huáng ❶乐器中有弹性的用以振动发声的薄片。《诗经·小雅·鹿鸣》：“吹笙鼓～，承筐是将。”❷指笙。《诗经·王风·君子扬扬》：“左执～，右招我由房。”

【簧鼓】 huánggǔ 笙竽等乐器皆有簧，吹之则鼓动出声。比喻巧言惑人。《庄子·骈拇》："枝于仁者，擢德塞性，以收名声，使天下～～以奉不及之法，非乎，而曾史是已。"

【簧惑】 huánghuò 比喻巧言惑众。《续资治通鉴·元顺帝至正二十四年》："而绰斯戬、保布哈犹饰虚词，～～朕听。"

【簧言】 huángyán ❶簧片振动发声。比喻美妙的乐音。刘禹锡《唐侍御寄游道林岳麓二寺诗并……》："泉清石布博棋子，萝密鸟韵如～～。"❷欺人的假话。李白《雪谗诗赠友人》："坦荡君子，无悦～～。"

鳇（鰉） huáng 鱼名。古称"鳣"。形体和鲟相近。

趪 huáng 见"趪趪"。

【趪趪】 huánghuáng 负重用力的样子。张衡《西京赋》："洪钟万钧，猛虡～～。"颜真卿《宋开府碑》："亚相烈烈，尹京～～。"

芒 huǎng 见 máng。

朚（櫎） huǎng 帷幔之类。也作"幌"。左思《吴都赋》："房栊对～，连阁相经。"

茪 huǎng 恍惚的样子。《汉书·孝武李夫人传》："寝淫敞～，寂兮无音。"（颜师古注："茪，古恍字。"）

洸 huǎng 见 guāng。

恍（怳） huǎng ❶模糊不清的样子。宋玉《登徒子好色赋》："于是处子～若有望而不来，忽若有来而不见。"《淮南子·原道训》："忽兮～兮，不可为象兮；～兮忽兮，用不屈兮。"❷失意的样子。《楚辞·九歌·少司命》："望美人兮未来，临风～兮浩歌。"汤显祖《牡丹亭·寻梦》："独坐思量，情殊怅～。"❸忽然。《晋书·刘伶传》："兀然而醉，～尔而醒。"

【恍惚】 huǎnghū 也作"恍忽"、"慌忽"、"荒忽"。❶模糊不清，不易捉摸；隐隐约约，不可辨认。《韩非子·忠孝》："～～之言，恬淡之学，天下之惑术也。"《论衡·龙虚》："如以天神乘龙而行，神～～无形，出入无间，无为乘龙也。"❷神志不清。宋玉《神女赋》："精神～～，若有所喜。"《后汉书·郅恽传》："令自告狂病～～，不觉所言。"❸指极短时间。鲍照《代升天行》："翩翻类回掌，～～似朝荣。"《后汉书·冯衍传》："华芳晔其发越兮，时～～而莫贵。"❹仿佛。叶適《宋故中散大夫提举武夷山冲佑观张公行状》："其树林岩石，幽茂深阻，～～隔尘世。"

【恍恍】 huǎnghuǎng 心神不定的样子。司马相如《长门赋》："登兰台而遥望兮，神～～而外淫。"白居易《登香炉峰顶》诗："上到峰之顶，目眩神～～。"

【恍惑】 huǎnghuò 糊涂，不明白。《论衡·艺增》："经增非一，略举较著，令～～之人观览采择。"

【恍然】 huǎngrán ❶猛然领悟。朱熹《中庸章句序》："一旦～～，似有以得其要领者。"❷茫然。王琰《冥祥记》："达既升之，意识～～。"❸好像，仿佛。苏轼《凌虚台记》："然后人之至于其上者，～～不知台之高，而以为山之踊跃奋迅而出也。"韩驹《题画太一真人》诗："～～坐我水仙府，苍烟万顷波粼粼。"

晃 1. huǎng ❶明亮。何晏《景福殿赋》："～光内照。"郭璞《盐池赋》："烂然汉明，～尔霞赤；望之绛承，即之雪积。"❷闪耀。庾信《镜赋》："朝光～眼，早风吹面。"李贺《洛姝真珠》诗："八骢笼～脸差移，日丝繁散曛罗洞。"❸疾闪而过。王禹偁《西晖亭》诗："隙～归巢燕，檐拖截涧虹。"

2. huàng ❹摇，摆。见"晃荡"。❺姓。

【晃荡】 huǎngdàng 闪烁不定的样子。苏轼《过宜宾见夷中乱山》诗："朦胧含高峰，～～射峭壁。"

【晃晃】 huǎnghuǎng 明亮的样子。傅玄《日升歌咏》："逸景何～～，旭日照万方。"郭璞《盐池赋》："扬赤波之焕烂，光旰旰以～～。"

【晃朗】 huǎnglǎng 明亮的样子。《抱朴子·喻蔽》："守灯烛之宵曜，不识三光之～～。"苏颋《太清观钟铭》："以太清观金庭～～，玉京崇绝。"

【晃荡】 huàngdàng ❶空旷的样子。《子夜四时歌·冬歌》："何处结同心，西陵柏树下；～～无四壁，严霜冻杀我。"苏轼《碧落洞》诗："槎牙乱峰合，～～绝壁横。"❷摇曳，摇动。张说《山夜听钟》诗："前声既春容，后声复～～。"苏轼《巫山》诗："～～天宇高，崩腾江水沸。"

谎（謊、詤） huǎng ❶梦言。《说文·言部》："～，梦言也。"❷假话。白朴《墙头马上》二折："若夫人问时，说个～道，不知怎生走了。"❸哄骗。《水浒传》四十三回："我如何敢说实话？只～说罢。"

慌 1. huǎng ❶见"慌忽"、"慌惚"。

2. huāng ❷忙乱，恐惧。《红楼梦》二十五回："黛玉并众丫鬟都唬～了。"

【慌忽】 huǎnghū 模糊，迷茫。《楚辞·七谏·自悲》："忽容容其安之兮，超～～其焉如？"也作"荒忽"。张衡《思玄赋》："追～～于地底兮，轶无形而上浮。"

【慌惚】 huǎnghū ❶同"慌忽"。模糊，难以捉摸。韩愈《南海神庙碑》："海之百灵秘怪，～～毕出。"❷心神不定。《后汉书·明德马皇后纪》："兄客卿敏惠早夭，母蔺夫人悲伤发疾～～。"《三国志·蜀书·刘琰传》："琰失志～～。"

幌 huǎng ❶帷幔。张协《七命》："重殿叠起，交绮对～。"张耒《春阴》诗："风捎檐滴难开～，润引炉香易着衣。"❷酒店的幌子。陆龟蒙《和袭美初冬偶作》诗："小垆低～还遮掩，酒滴灰香似去年。"《红楼梦》十七回："此处都好，只是还少一个酒～，明日竟作一个来。"❸摇晃，闪动。《西游记》三回："那猴王恼起性来，耳朵中掣出宝贝，～一～，碗来粗细。"《徐霞客游记·粤西游日记二》："潴水满腹浸山脚，皆平溢不流，左右～漾。"

【幌子】 huǎngzi ❶酒旗。古时酒店用来招徕顾客的招牌。❷外露的标志或痕迹。《红楼梦》二十六回："薛蟠见他面上有些青伤，便笑道：'这脸上又和谁挥拳来，挂了～～了。'"

熀 huǎng 宽敞明亮。王延寿《鲁灵光殿赋》："鸿炉～以爣阆，飋萧条而清泠。"（一本作"炉熀"。）《抱朴子·畅玄》："入宴千门之混～，出驱朱轮之华仪。"

【熀烂】 huǎnglàn 明亮，辉煌。《抱朴子·明本》："嗟乎！所谓抱萤烛于环堵之内者，不见天光之～～；侣鲉鰕于迹水之中者，不识四海之浩汗。"

皝 huǎng 人名用字。东晋有慕容皝。

炾 huàng 见 kuàng。

滉 huàng 见"滉漭"、"滉瀁"等。

【滉漭】 huàngmǎng 犹渺茫。卢仝《月蚀》诗："吾不遇二帝，～～不可知。"

【滉瀁】 huàngyàng 水深广的样子。《三国志·吴书·薛综传》："加又洪流～～，有成山之难，海行无常，风波难免，倏忽之间，人船异势。"《抱朴子·博喻》："沧海～～，不以含垢累其无涯之广。"

【滉漾】 huàngyàng 浮动的样子。《抱朴子·畅玄》："或～～于渊澄，或雰霏而云浮。"㊂浮动的水。王维《临湖亭》诗："当轩弥～～，孤月正徘徊。"苏轼《中和胜相院记》："大抵务为不可知，设械以应敌，匿形以备败，窘则推堕～～中，不可捕捉，如是而已矣。"

【滉柱】 huàngzhù 护堤的木桩。沈括《梦溪笔谈·官政》："钱塘江，钱氏时为石堤，堤外又植大木十馀行，谓之～～。"

榥 huàng ❶窗格。《晋书·孝友传赞》："挥泗凋柏，对～巢鹰。"泛指栏架。吴少微《和崔侍御日用游开化寺阁》："渐出栏～外，万里秋景焯。"❷量词。王实甫《西厢记》二本四折："疏帘风细，幽室灯清，都只是一层儿红纸，几～儿疏棂。"

hui

灰 huī ❶物质燃烧后剩下的粉末状的东西。韦应物《伤逝》诗："染白一为黑，焚木尽成～。"苏轼《念奴娇·赤壁怀古》词："羽扇纶巾，谈笑间，樯橹～飞烟灭。"㊂把……烧成灰，烧毁。《后汉书·杜笃传》："燔康居，～珍奇。"胡应麟《少室山房笔丛·经籍会通一》："唐开元之盛，极矣；俄顷悉～于安史。"❷黑白之间的颜色。《晋书·郭璞传》："时有物大如水牛，～色卑脚，脚类象，胸前尾上皆白。"❸碎裂。扬雄《太玄经·童》："童麋触犀，～其首。"《红楼梦》二十一回："戕宝钗之仙姿，～黛玉之灵窍。"❹尘土。曹操《步出夏门行·龟虽寿》："腾蛇乘雾，终为土～。"陆机《挽歌》之三："昔为七尺躯，今成～与尘。"❺消沉，沮丧。陆游《舟中偶书》诗："四方本是丈夫事，白首自怜心未～。"❻石灰的简称。《本草纲目·石部·石灰》："所在近山处皆有之，烧青石为～也。"

【灰钉】 huīdīng ❶钉棺材的铁钉和棺中石灰的合称，皆为敛尸封棺所用之物。《梁书·徐勉传》："故属纩才毕，～～已具，忘狐鼠之顾步，愧燕雀之徊翔。"❷三国魏王凌兵败请降，试探司马懿意，请索棺钉，懿照给，凌遂自杀。见《三国志·魏书·王凌传》注引《典略》。后因以请灰钉比喻罪重请死。徐陵《陈公九锡文》："玉斧将挥，金钲且戒，袄首震慑，遽请～～。"

【灰管】 huīguǎn 也作"灰琯"。❶古代候验气候的器具。把芦苇茎中的薄膜制成灰，放在十二乐律的玉管内，置玉管于木案上，每月当节气，则中律的乐管内灰即飞出。《晋书·律历志上》："又叶时日于晷度，效地气于～～，故阴阳和则景至，律气应则灰飞。"❷时序，节候。庾信《周大将军陇东郡公侯莫陈君夫人窦氏墓志铭》："既而风霜所及，～～遂侵。"唐太宗《于太原召侍臣赐宴守岁》诗："四时运～～，一夕变冬春。"

【灰劫】 huījié ❶同"劫灰"。佛教所谓劫火的馀灰。劫火，指世界毁灭时的大火。杜甫《寄峡州刘伯华使君四十韵》："药囊亲道士，～～问胡僧。"❷指战火焚毁后的残迹。叶燮《集吴天章传清堂感旧限红字》："忽惊～～馀芳砌，重怆山阳拭槁桐。"

【灰没】 huīmò 犹灰灭。没，通"殁"。陆机《谢平原内史表》："施重山岳，义足～～。"也比喻惨死。庾阐《檄石虎文》："百姓受～～之酷，王室有黍离之哀。"

【灰念】 huīniàn 灰心。俞成《萤雪丛说·序》："余自四十以后，便不出应举，……自此功名～～。"

【灰壤】 huīrǎng ❶地表下层的一种土壤。《管子·山员》："徙山十九施，百三十三尺，而至于泉，其下有～～，不可得泉。"❷指人死后的埋葬之处。梁简文帝《祭战亡者文》："独念断魂，长毕～～。"徐陵《与顾记室书》："一蒙神鉴，照其枉直，方殖幽泉，无恨～～。"

【灰人】 huīrén 泥塑的人像。古代遇到久雨不晴，塑泥人作为祭拜祈晴的偶像。简文帝《祭灰人文》："积注奄旬，祭在～～。"姚合《酬任畴协律夏中苦雨见寄》诗："～～漫禳厌，水马恣沉浮。"

【灰燧】 huīsuì 指芦苇烧成的灰和告警的烽火。用以比喻年岁改易。庾信《周大将军司马裔碑》："遭太夫人忧，苫草坟茔，以终～～；形骸毁瘠，逾于丧礼。"

【灰心】 huīxīn ❶喻悟道之心。意谓不为外界所动，心如死灰。阮籍《咏怀》之七十："～～寄枯宅，曷顾人间姿？"❷指丧失信心或意志消沉。苏轼《寄吕穆仲寺丞》诗："回首西湖真一梦，～～霜鬓更休论。"

戏 huī 见 xì。

捣(撝) huī ❶剖裂，破开。《后汉书·马融传》："脰完瓶，～介鲜。"❷谦逊。江淹《建平王太妃周氏行状》："躬谨兰闺，身～椒第。"吕温《凌烟阁勋臣颂·房梁公玄龄》："闲居台辅，～默自处。"❸通"挥"、"麾"。指挥。《公羊传·宣公十二年》："[楚]庄王亲自手旌，左右～军，退舍七里。"㊀挥动。《后汉书·邓晨传》："元以手～曰：'行矣，不能相救，无为两没也。'"胡炌《拾遗录》："子晋以衣袖～雪，则云霁雪止。"程公许《念奴娇·中秋玩月》词："谁与冰轮～玉斧，恰好今宵圆足。"㊁挥手呵斥或挥手示退。《隋书·韩擒虎传》："陈人欲战，蛮奴～之曰：'老夫尚降，诸君何事！'众皆散走。"方孝孺《宗仪九首·睦族》："招之则集，～之则退。"

【捣谦】 huīqiān 《周易·谦》："无不利，捣谦。"后因称举止谦逊为捣谦。白居易《叙德书情四十韵上宣歙翟中丞》："～～惊主宠，阴德畏人知。"《聊斋志异·棋鬼》："公礼之，乃坐，亦殊～～。"

【捣挹】 huīyì 谦退，谦逊。挹，通"抑"。王俭《褚渊碑文》："功成弗有，固秉～～。"《聊斋志异·司文郎》："生居然上坐，更不～～。"也作"捣抑"。《聊斋志异·仙人岛》："然故人偶至，必延接盘桓，～～过于平日。"

吻(噅) huī 口不正。《玉篇·口部》："～，口不正也，丑也。"《淮南子·修务训》："啳睽哆～。"皮日休《吴中苦雨因书一百韵寄鲁望》："吟诗口吻～，把笔指节瘃。"

诙(詼) huī 戏谑，嘲笑。《汉书·枚皋传》："皋不通经术，～笑类俳倡。"梅尧臣《依韵和永叔澄心堂纸答刘原甫》："怪其有纸不寄我，如此出语亦善～。"

【诙啁】 huīcháo 嘲弄讥讽。啁，同"嘲"。《汉书·东方朔传》："后常为郎，与枚皋、郭舍人俱在左右，～～而已。"《三国志·蜀书·马忠传》："忠为人宽济有度量，但～～大笑，忿怒不形于色。"

【诙俳】 huīpái 玩笑，不庄重。韩愈《崔十六少府摄伊阳以诗及书见投因酬三十韵》："寄诗杂～～，有类说鹏鷃。"

恢 huī ❶弘大，宽广。《荀子·非十二子》："～然如天地之苞万物。"陈叔达《答王绩书》："虽人伦王化，备列元经，而～谈硕议，或不可舍。"❷扩大，发扬。《左传·襄公四年》："武不可重，用不～于夏家。"《三国志·魏书·文帝纪》："～文武之大业，昭尔考之弘烈。"❸周全，完备。《吕氏春秋·君守》："故善为君者无识，其次无事；有识则有不备矣，有事则有不～矣。"❹通"诙"。见"恢谐"。

【恢达】 huīdá 犹豁达。宽宏开阔。《世说新语·贤媛》注引《晋阳秋》："涛雅性～～，度量弘远，心存世外而与时俛仰。"《北史·崔鉴传》："[鉴子仲哲]性～～，常以将略自许。"

【恢大】 huīdà 扩大。曾巩《太学》："今愚愿立一官师，使居其职，以～～其业，而无罪太学。"

【恢复】 huīfù 原指扩大，还原。《后汉书·班固传》："茂育群生，～～疆宇。"后凡失而复得，或回复原状，都称恢复。《新五代史·南唐世家》："苟不能～～内地，申尽边疆，便议班旋，真同戏剧。"

【恢诡】 huīguǐ 奇异。张籍《上韩昌黎书》："宣尼没后，杨朱、墨翟，～～异说，干惑人听，孟轲作书而正之，圣人之道，复存于世。"陆游《草书歌》："有时寓意笔砚间，跌宕奔腾作～～。"也作"恢恑"。《庄子·齐物论》："故为是举莛与楹，厉与西施，～～憰怪，道通为一。"(《周易·睽》疏引《庄子》作"恢诡谲怪"。)

【恢恑】 huīguǐ 见"恢诡"。

【恢郭】 huīguō 宽阔的外城。《公羊传·文公十五年》："郛者何？～～也。"

【恢弘】 huīhóng 也作"恢宏"。❶发扬，扩大。《后汉书·冯异传》："昔我光武受命中兴，～～圣绪。"《三国志·魏书·王朗传》："汉之文、景亦欲～～祖业，增崇洪绪。"❷广阔，博大。苏轼《次韵程正辅游碧落洞》："胸中几云梦，馀地多～～。"《晋书·卞壸传》："诸君以道德～～，风流相尚，执鄙吝者，非壸而谁？"

【恢恢】 huīhuī 宽广，宽弘。《荀子·解蔽》："～～广广，孰知其极？"《史记·滑稽列传》："太史公曰：天道～～，岂不大哉！"

【恢廓】 huīkuò ❶宽宏，博大。《后汉书·马援传》："今见陛下，～～大度，同符高祖，乃知帝王自有真也。"陈亮《甲辰答朱元晦书》："遇事虽打迭得下，胸次尚欠～～，手段尚欠跌荡。"❷发扬，扩大。《汉书·吾丘寿王传》："至于陛下，～～祖业，功德愈盛。"《后汉书·马融传》："于时营围～～，充斥山谷。"

【恢奇】 huīqí ❶壮伟特出。《史记·平津侯主父列传》："[公孙]弘为人～～多闻，常称以为人主病不广大，人臣病不俭节。"❷指语言恣肆奇妙。王棻《论文》："《庄子》之～～源于《易》，《离骚》之幽怨源于《诗》。"❸指治国奇策。《论衡·恢国》："夫经熟讲者，要妙乃见；国极论者，～～弥出。"

【恢台】 huītái 繁盛或广大的样子。《楚辞·九辩》："收～～之孟夏兮，然欿傺而沈藏。"也作"恢炱"。傅毅《舞赋》："舒～～之广度兮，阔细体之苛缛。"也作"恢胎"。《后汉书·马融传》："徒观其垧场区宇，～～旷荡。"

【恢拓】 huītuò ❶拓展，扩大。《后汉书·窦宪传》："上以摅高文之宿愤，光祖宗之玄灵；下以安固后嗣，～～境宇，振大汉之天声。"❷发扬，宏扬。刘禹锡《为淮南杜相公论西戎表》："择奉义之臣，～～皇威；选谨边之将，积粟塞下。"❸指文章内容的深广。

【恢谐】 huīxié 同"诙谐"。戏谑，有风趣。《论衡·本性》："鄷文茂记，繁如荣华，～～剧谈，甘如饴蜜，未必得实。"

【恢张】 huīzhāng 扩展，张大。皇甫谧《三都赋序》："自时厥后，缀文之士，不率典言，并务～～，其文博诞空类，大者罩天地之表，细者入毫纤之内。"白居易《赋赋》："赋者古诗之流也，始草创于荀宋，渐～～于贾马。"(荀，荀卿；宋，宋玉；贾，贾谊；马，司马相如。)

【恢卓】 huīzhuō 宽宏，高明。《盐铁论·刺复》："其政～～，～～可以为卿相；其政察察，察察可以为匹夫。"

祎(禕) huī ❶王后的祭服。《礼记·明堂位》："夫人副～立于房中。"❷蔽膝。古代男子用以系在身前的大佩巾。《方言》卷四："蔽膝，江淮之间谓之～。"鲍照《白纻舞歌》："吴刀楚制为佩～，纤罗雾縠垂羽衣。"

【祎衣】 huīyī 王后的祭服。衣上有野鸡的图纹。《周礼·天官·内司服》："掌王后之六服：～～、揄狄、阙狄、鞠衣、展衣、缘衣，素沙。"

挥(揮) huī ❶舞动，摇动。《淮南子·说山训》："执弹而招鸟，～棁而呼狗。"孔琳《为曹洪与魏文帝书》："彼有精甲数万，临高守要，一人～戟，万夫不得进。"❷甩出，抛洒。《左传·僖公二十三年》："奉匜沃盥，既而～之。"陆游《送范舍人还朝》诗："酒醒客散独凄然，枕上屡～忧国泪。"❸举杯饮酒。陶渊明《还旧居》诗："拨置且莫念，一觞聊可～。"❹弹，拨动。嵇康《兄秀才公穆入军赠诗》之十五："目送归鸿，手～五弦。"❺散发。《周易·说卦》："发～于刚柔而生爻。"《后汉书·荀彧传》："权诡时偪，～金僚朋。"❻通"徽"。旗，幡。张衡《东京赋》："戎士介而扬～，戴金钲而建黄钺。"陈琳《为袁绍檄豫州文》："登高冈而击鼓吹，扬素～以启降路。"❼通"翚"。飞。潘岳《西征赋》："不尤眚以掩德，终奋翼而高～。"

【挥斥】 huīchì ❶奔放。《庄子·田子方》："夫至人者，上窥青天，下潜黄泉，～～八极，神气不变。"也作"麾斥"。苏轼《书丹元子所示李太白真》诗："～～八极隘九州，化为两鸟鸣相酬。"❷挥舞。欧阳修《祭苏子美文》："忽然～～，霹雳轰车。"

【挥绰】 huīchuò 传播广远。《庄子·天运》："其声～～，其名高明。"

【挥楚】 huīchǔ 挥杖行刑。楚，荆杖。《资治通鉴·隋文帝开皇十年》："每于殿庭棰人，一日之中或至数四，尝怒问事，～～不甚，即命斩之。"

【挥翰】　huīhàn　运笔。指写字或作画。《晋书·虞溥传》："若乃含章舒藻，～～流离，称述世务，探赜究奇，……亦惟才所居，固无常人也。"苏轼《次韵林子中春日新堤书事见寄》："收得玉堂～～手，却为淮月弄舟人。"

【挥毫】　huīháo　运笔。指写字或作画。杜甫《饮中八仙歌》："张旭三杯草圣传，脱帽露顶王公前，～～落纸如云烟。"

【挥忽】　huīhū　飘忽，倏忽。指时间很短，转瞬即逝。何子朗《和缪郎视月》："佳人复千里，馀影徒～～。"张说《江路忆郡》诗："水宿厌州渚，晨光屡～～。"

【挥霍】　huīhuò　❶疾速的样子。张衡《西京赋》："跳丸剑之～～，走索上而相逢。"陆机《文赋》："纷纭～～，形难为状。"❷豪奢，任意花费钱物。李肇《国史补》卷中："会冬至，[赵]需家致宴～～。"❸洒脱，无拘束。方孝孺《关王庙碑》："当其生乎时，～～宇宙，顿挫万类。"《红楼梦》一回："只见那边来了一僧一道：那僧癞头跣足，那道跛足蓬头，疯疯癫癫，～～谈笑而至。"

【挥染】　huīrǎn　指作书画。张世南《游宦纪闻》卷六："每入定观，率意～～，皆其真容，非世间相。"

【挥洒】　huīsǎ　挥笔泼墨。指写字或作画。杜甫《寄薛三郎中据》诗："赋诗宾客间，～～动八垠。"《宣和书谱·千文二》："[岑宗旦]得酒辄醉酣，长哦～～，以为真乐。"

【挥手】　huīshǒu　❶摆手惜别。李白《送友人》诗："～～自兹去，萧萧班马鸣。"❷挥指弹琴。《南史·戴颙传》："父善琴书，颙并传之。凡诸音律，皆能～～。"

【挥涕】　huītì　❶洒泪。《晋书·姚襄载记》："时或传襄创重不济，[桓]温军所得士女莫不北望～～。"❷拭泪。王粲《七哀诗》："顾闻号泣声，～～独不还。"

【挥犀】　huīxī　指谈论。参见"挥麈①"。欧阳修《送前巫山宰吴殿丞》诗："高文落笔妙天下，清论～～服坐中。"

【挥麈】　huīzhǔ　挥动麈尾。麈，一种鹿类动物，尾可作拂尘。1）魏晋人清谈时，每执麈尾挥动，以为谈助，后人因称谈论为挥麈。朱熹《山人方丈》诗："地窄不容～～客，室空那有散花天？"2）指驱逐蚊蝇。欧阳修《和圣俞聚蚊》："抱琴不暇抚，～～无由停。"

猚(猚)　huī　一种猿类动物。左思《吴都赋》："其上则猨父哀吟，～子长啸。"朱孟震《西南夷风土记》："莽酋城濠内畜有异鱼，身长数丈，嘴如大箕，以尾击物食之，闲以重栅，恐其逸出伤人，每日以～、猪、羊饲之，缅人名龙。"

烨(煇)　1. huī　❶同"辉"。光，光辉。《诗经·小雅·庭燎》："夜如何其？夜乡晨！庭燎有～。"《汉书·礼乐志》："是以海内遍知上德，被服其风，光～日新，化上迁善，而不知所以然。"

2. xūn　❷通"熏"。用火烧灼。《史记·吕太后本纪》："太后遂断戚夫人手足，去眼，～耳，饮瘖药，使居厕中。"（荀悦《前汉纪·惠帝元年》"烨"作"熏"。）

3. yùn　❸通"韗"。古代制皮鼓的人。《礼记·祭统》："夫祭有畀、～、胞、翟、阍者，惠下之道也。"郑玄注："～，《周礼》作韗，谓韗磔皮革之官也。"❹通"晕"。日晕，日月周围的光气圈。《周礼·春官·眡祲》："眡祲掌十～之法，以观妖祥，辨吉凶。"（郑玄注引郑司农云："烨，谓日光气也。"）《续资治通鉴·宋真宗大中祥符元年》："司天监奏庆云绕坛，月有黄～氛。"

【烨煌】　huīhuáng　明亮的样子。《史记·司马相如列传》："采色炫耀，横炳～～。"张衡《西京赋》："譬众星之环极，叛赫戏以～～。"

【烨烨】　huīhuī　光辉明亮。张衡《西京赋》："金戺玉阶，彤庭～～。"杜甫《见萤火》诗："却绕井阑添箇箇，偶经花蕊弄～～。"

【烨如】　huīrú　指天刚亮，晨光还很微弱的样子。《礼记·玉藻》："揖私朝，～～也，发车则有光矣。"

【烨耀】　huīyào　照耀，辉映。《三国志·魏书·刘劭传》："惟陛下垂优游之听，使劭承清闲之欢，得自尽于前，则德音上通，～～日新矣。"

悝　huī　见 kuī。

豗　huī　❶互相撞击。李白《蜀道难》诗："飞湍瀑流争喧～，砯崖转石万壑雷。"韩愈《祭张员外文》："风涛相～，中作霹雳。"❷姓。

楎　huī　见 hún。

挼　huī　见 ruó。

晖(暉)　huī　❶阳光。孟郊《游子吟》："谁言寸草心，报得三春～。"❷阳光明媚。范仲淹《岳阳楼记》："朝～夕阴，气象万千。"❸泛指光辉，光彩。王粲

《杂诗》之二："幽兰吐芳烈，芙蓉发红～。"陆机《拟迢迢牵牛星》诗："昭昭清汉～，粲粲光天步。"❷明，昌明。《庄子·天下》："不侈于后世，不靡于万物，不～于数度。"杨衒之《洛阳伽蓝记·宣忠寺》："及北海败散，国道重～。"㊀照耀，辉映。《战国策·赵策四》："故日月～于外，其贼在于内，谨备其所憎，而祸在于所爱。"王融《三月三日曲水诗序》："云润星～，风扬月至。"❸通"徽"。琴徽，系琴弦的绳子。《文献通考·乐议》："姜夔《乐议》，分琴为三准，自一～至三～谓之上准。"

【晖光】 huīguāng 犹光辉。扬雄《太玄经·差》："其亡其亡，将至于～～。"张华《励志》诗："进德修业，～～日新。"

【晖晖】 huīhuī ❶清朗的样子。何逊《登石头城》诗："扰扰见行人，～～视落日。"杜甫《寒食》诗："汀烟轻冉冉，竹日静～～。"❷形容阳光炽热。刘桢《大暑赋》："赫赫炎炎，烈烈～～。"❸艳丽的样子。鲍照《代堂上歌行》："～～朱颜酡，纷纷织女梭。"

【晖目】 huīmù 鸩鸟的别名。《淮南子·缪称训》："～～知晏，阴谐知雨。"

【晖润】 huīrùn 光泽。《荀子·天论》："水火不积，则～～不博。"

【晖素】 huīsù 指月光。何劭《杂诗》："闲房来清气，广庭发～～。"

【晖夜】 huīyè 萤火的别名。崔豹《古今注》："萤火，一名～～。"

【晖暎】 huīyìng 光采照耀。《晋书·武悼杨皇后传》："我后戾止，车服～～。"也作"晖映"。傅亮《芙蓉赋》："既～～于丹墀，亦纳芳于绮疏。"魏徵《唐故邢国公李密墓志铭》："趋驰武帐，～～廊庑，出入龙楼，光生道路。"

眭 1. huī ❶凝视的样子。《淮南子·原道训》："今人之所以～然能视，眘然能听，……气为之充而神为之使也。"

2. suī ❷姓。

隓 huī 见duò。

辉(輝) huī 同"烨"。光。《三国志·魏书·陈思王植传》："萤烛末光，增～日月。"杜甫《月圆》诗："故园松桂发，万里共清～。"

【辉赫】 huīhè 显赫。《颜氏家训·省事》："印组光华，车骑～～。"杜甫《送李校书二十六韵》："十九授校书，二十声～～。"

【辉映】 huīyìng 光采交互照耀映射。谢灵运《登江中孤屿》诗："云日相～～，空水共澄鲜。"

翚(翬) huī ❶五彩的野鸡。潘岳《射雉赋》："聿采毛之英丽兮，有五色之名～。"骆宾王《为徐敬业讨武曌檄》："践元后于～翟，陷吾君于聚麀。"❷迅飞的样子。张衡《西京赋》："若夫游鹞高～，绝阬逾斥。"《后汉书·马融传》："～然云起，雪尔雹落。"❸通"挥"。挥动。《后汉书·马融传》："～终葵，扬关斧。"

【翚飞】 huīfēi 《诗经·小雅·斯干》："如鸟斯革，如翚斯飞。"(朱熹集传："其檐阿华采而轩翔，如翚之飞而矫其翼也。")后以翚飞形容宫室的高峻壮丽。王中《头陀寺碑文》："丹刻～～，轮奂离立。"范成大《吴船录》卷上："真君殿前有大楼，曰玉华，～～轮奂，极土木之胜。"

睢 huī 见suī。

麾 huī ❶军旗，用以指挥军队。《墨子·号令》："城上以～指之。"《南史·梁武帝纪上》："望～而进，听鼓而动。"㊀官吏所用的旗帜。《后汉书·百官志四》："车驾出，掌在前清道，还持～至宫门，宫门乃开。"杜牧《将赴吴兴登乐游原》诗："欲把一～江海去，乐游原上望昭陵。"❷快。《礼记·礼器》："祭祀不祈，不～蚤。"❸通"挥"。挥动，指挥。《尚书·牧誓》："王左杖黄钺，右秉白旄以～。"《后汉书·耿秉传》："秉大怒，被甲上马，～其精骑径造(窦)固壁。"㊀招呼，招手。苏轼《潮州韩文公庙碑》："独韩文公起布衣，谈笑而～之，天下靡然从公，复归于正。"㊀举杯饮酒。苏轼《过莱州雪后望三山》诗："茂陵秋风客，劝尔～一杯。"㊀挥洒。苏轼《答王庄叔书》之二："蒸暑～汗，不能尽意，恕之。"

【麾盖】 huīgài 旗帜之顶。《三国志·蜀书·关羽传》："羽望见[颜]良～～，策马刺良于万众之中，斩其首还。"《南史·杨公则传》："尝登楼望战，城中遥见～～，纵神锋弩射之，矢贯胡床，左右皆失色。"㊀指仪仗中的旗与伞。《晋书·卫瓘传》："今听其所执，进位太保，以公就第。给亲兵百人，置长史、司马、从事中郎掾属，及大车、官骑、～～、鼓吹诸威仪，一如旧典。"

【麾节】 huījié 旌旗与符节。指将帅的指挥。李华《韩公庙碑铭序》："介胄之士，垂十万人，瞻我～～，以为进退。"

【麾下】 huīxià ❶将帅的大旗之下。《史记·魏其武安侯列传》："独二人及从奴十数骑，驰入吴军，至吴将～～，所杀伤数十人。"❷部下。《史记·秦本纪》："晋君弃其军，与秦争利，还而马骜。缪公与～～驰追之,不能得晋君,反为晋军所围。”《后汉书·刘永传》:“永与～～数十人奔谯。”❸对将帅的敬称。《三国志·吴书·张纮传》:“愿～～重天授之姿,副四海之望,毋令国内上下危惧。”

撝(㩣) huī 同“挥”。挥动,移动。扬雄《太玄经·玄摛》:“～而散之者,人也。”又《玄告》:“天浑而～,故其运不已。”

徽 huī ❶三股线搓成的绳子。《汉书·陈遵传》:“不得左右,牵于纆～。”贾思勰《齐民要术·杂说》:“乃弛角弓弩,解其～弦。”[引]捆绑,束缚。扬雄《解嘲》:“～以纠墨,制以锧铁。”[又]特指琴徽,系琴弦的绳子。《汉书·扬雄传下》:“今夫弦者,高张急～。”苏轼《欧阳晦夫惠琴枕》诗:“轮囷濩落非笛材,剖作袖琴～轸足。”❷标志,符号。《左传·昭公二十一年》:“扬～者,公徒也。”❸停止,静止。陆机《挽歌》之三:“悲风～行轨,倾云结流蔼。”❹美,善。《尚书·舜典》:“慎～五典,五典克从。”《资治通鉴·唐武宗会昌四年》:“至于～称,非所敢当。”❺通“挥”。按弦,弹奏。《淮南子·主术训》:“邹忌一～,而威王终夕悲,感于忧。”刘孝绰《乌夜啼》诗:“鹍弦且辍弄,鹤操暂停～。”❻通“袆”。佩巾。张衡《思玄赋》:“舒沙婧之纤腰兮,扬杂错之袿～。”嵇康《琴赋》:“新衣翠粲,缨～流芳。”

【徽缠】 huīchán 绳索。也比喻各种束缚、牵累。阮籍《猕猴赋》:“婴～～以拘制兮,顾西山而长吟。”王安石《一日不再饭》诗:“筋骸～～束,肺腑鼎铛煎。”

【徽车】 huīchē 饰有标志的车。《汉书·扬雄传上》:“～～轻武,鸿絧緁猎。”

【徽号】 huīhào ❶旗帜上的标志。指图案、式样、颜色。作为新朝或某一帝王新政的标志之一。《礼记·大传》:“改正朔,易服色,殊～～。”《三国志·魏书·高堂隆传》:“殊～～,异器械。”[又]泛指一般的标志、符号。《老残游记》十二回:“这一品锅里的物件,都有～～。你知道不知道?”❷美好的称号。多指加于帝后尊号上的歌功颂德的套语。《旧五代史·唐明宗纪》:“八月戊申,帝被衮冕,御明堂殿受册,～～曰‘圣明神武广运法天文德恭孝皇帝’。”宋应星《天工开物·乃粒》:“上古神农氏若存若亡,然味其～～两言,至今存矣。”❸绰号。吴炳《西园记·闻讣》:“日日街头寻人闹,满城与我加～～。”

【徽𦆶】 huīhuà 乖戾的样子。《后汉书·马融传》:“～～霍奕,别骛分奔。”也作“纬𦆶”。《楚辞·离骚》:“纷总总其离合兮,忽～～其难迁。”

【徽徽】 huīhuī ❶美好。扬雄《太玄经·从》:“从～～,后得功也。”❷灿烂。陆机《文赋》:“文～～以溢目,音泠泠以盈耳。”❸安谧。谢庄《世祖孝武皇帝歌》:“肃肃清庙,～～闷宫。”

【徽烈】 huīliè 美好的业绩。刘峻《广绝交论》:“想惠庄之清尘,庶羊左之～～。”(惠:惠施。庄:庄周。羊:羊角哀。左:左伯桃。)任昉《为范始兴作求立太宰碑表》:“原夫存树风猷,没著～～,既绝故老之口,必资不刊之书。”

【徽纆】 huīmò ❶绳索。《周易·坎》:“系用～～,寘于丛棘。”[引]捆绑、囚禁。《后汉书·西羌传论》:“壮悍则委身于兵场,女妇则～～而为虏。”❷指法度或法律制裁。《梁书·王亮传》:“顾望纵容,无至公之议;恶直丑正,有私讦之谈。宜置之～～,肃正国典。”《郁离子·公孙无人》:“则王之所轻重,人知之矣,而又欲绳之以王之～～,范之以王之榘度。”

【徽容】 huīróng 美容。鲍照《数诗》:“九族共瞻迟,宾友仰～～。”

【徽声】 huīshēng ❶琴音。李白《琴赞》:“斲为绿绮,～～粲发。”❷美好的声誉。任昉《为武帝追封永阳王诏》:“～～善誉,风流籍甚。”

【徽索】 huīsuǒ 捆绑罪犯、俘虏的绳索。扬雄《解嘲》:“范雎,魏之亡命也,折胁摺髂,免于～～。”

【徽音】 huīyīn ❶犹德音。旧时常用于妇女。《诗经·大雅·思齐》:“大姒嗣～～,则百斯男。”(郑玄笺:“徽,美也。嗣大任之美音,谓续行其善教令。”)❷指音信,好消息。谢灵运《登临海峤初发疆中作与从弟惠连可见羊何共和之》诗:“傥遇浮丘公,长绝子～～。”❸按抚琴弦发出的声音。指优美的乐音。王粲《公燕诗》:“管弦发～～,曲度清且悲。”刘峻《广绝交论》:“客所谓抚弦～～,未达燥湿变响。”

【徽猷】 huīyóu 善道,美德。《诗经·小雅·角弓》:“君子有～～,小人与属。”《三国志·魏书·公孙渊传》注引《魏书》:“[公孙]康践统洪绪,克壮～～,文昭武烈,迈德种仁。”

【徽章】 huīzhāng ❶古代军中将士佩戴用以区别部曲的标志。《战国策·齐策一》:“秦假道韩魏以攻齐,齐威王使章子将而应之。与秦交和而舍,使者数相往来,章子为变其～～,以杂秦军。”❷表示尊崇的旌旗。谢庄《宋孝武宣贵妃诔》:“崇～～而出寰甸,照殊策而去城闉。”❸美好的篇章。萧统《芙蓉赋》："初荣夏芬，晚花秋曜。兴泽陂之～～，结江南之流调。"刘禹锡《彭阳侯令狐氏先庙碑》："恺悌以肥家，信谊以急人，德充齿耋，独享天爵，故休祐集于身后，～～流乎佳城。"

【徽织】 huīzhī 搓绳子。《管子·事语》："女勤于缉绩～～。"

【徽帜】 huīzhì 标志，多指旗帜。《汉书·王莽传上》："殊～～，异器制。"左思《魏都赋》："～～以变，器械以革。"

隳 huī ❶毁，毁坏。《吕氏春秋·顺说》："刈人之颈，刳人之腹，～人之城郭，刑人之父子也。"《论衡·齐世》："今世趋利苟生，弃义妄得，……义废身不以为累，行～事不以相畏。"❷通"惰"。《韩非子·八奸》："是以贤者懈怠而不劝，有功者～而简其业。"

【隳颠】 huīdiān 秃顶。《墨子·修身》："华发～～而犹弗舍者，其唯圣人乎！"

【隳突】 huītū 骚扰，横行霸道。柳宗元《捕蛇者说》："悍吏之来吾乡，叫嚣乎东西，～～乎南北，哗然而骇者，虽鸡狗不得宁焉。"

徽（徽） huī 强而多力的鱼。《尔雅·释鱼》："鱼有力者～。"（郭璞注："强大多力。"）

【徽鲸】 huījīng 大而多力的鱼。左思《吴都赋》："～～辈中于群犗，搀抢暴出而相属。"

回¹（囬） huí ❶回旋，环绕。《荀子·致士》："水深而～，树落则粪本。"《后汉书·袁绍传》："［曹］操乃凿堑围城，周～四十里。"㊀掉转。《楚辞·离骚》："～朕车以复路兮，及行迷之未远。"白居易《长恨歌》："君王掩面救不得，～看血泪相和流。"㊁曲折。陆机《答张士然》诗："～渠绕曲陌，通波扶直阡。"❷转变，改变。柳宗元《与韩愈论史官书》："道苟直，虽死不可～也。"陆游《夫人陈氏墓志铭》："处事明果，虽吕君有不能～者。"❸返回。贺知章《回乡偶书》诗之一："少小离家老大～，乡音未改鬓毛衰。"刘禹锡《元和十年自朗州承召至京戏赠看花诸君子》诗："紫陌红尘拂面来，无人不道看花～。"❹禀告，答复。《红楼梦》七回："次日，凤姐梳洗了，先～王夫人毕，方来辞贾母。"❺改变。《三国志·魏书·钟会传》："农不易亩，市不～肆。"❻违背。《诗经·大雅·常武》："徐方不～，王曰还归。"《孟子·尽心下》："经德不～，非为干禄也。"❼邪僻。《吕氏春秋·知分》："婴且可以～而求福乎？"《后汉书·刘瑜传》："泄写至情，不敢庸～。"❽惑乱，偏私。《国语·晋语一》："君臣上下各厌其私，以纵其～，民各有心而无所依据。"《后汉书·种暠传》："富贵不能～其虑，万物不能扰其心。"❾量词。周，转。李德裕《登崖州城作》诗："青山似欲留人住，百匝千～绕郡城。"❿量词。遍，次。杜甫《上白帝城》诗："江城含变态，一上一～新。"⓫章回小说一章叫一回。如《红楼梦》第一回。⓬我国少数民族名，即回族。⓭姓。

【回波】 huíbō ❶水波荡漾。比喻文词生动、精巧。《淮南子·本经训》："赢镂雕琢，诡文～～。"㊀比喻以目传情。秦观《浣溪沙》词："见人无语但～～。"❷乐府商调名。又为舞曲名。唐中宗时造。六言四句，开头例有"回波尔时"四字，故名。见《乐府诗集》卷八十《回波乐·题解》。

【回残】 huícán 物资使用后，贱价卖出。元结《请收养孤弱状》："有孤儿投军者，许收驱使；有孤弱子弟者，许令存养。当军小儿先取～～及回易杂利给养。"《新唐书·食货志二》："文宗大和九年，以天下～～钱置常平义仓本钱，岁增市之。"

【回肠】 huícháng 形容内心忧伤悲痛，仿佛肠在旋转一样。徐陵《在北齐与杨仆射书》："朝千悲而掩泣，夜万绪而～～。"杜甫《秋日夔州咏怀寄郑监》诗："吊影夔州僻，～～杜曲煎。"

【回从】 huícóng 曲意顺从。《后汉书·城阳恭王祉传》："安汉公擅国权，群臣莫不～～。"

【回德】 huídé 不好的品德。《论衡·变虚》："君无～～，方国将至，何患于彗？"

【回风】 huífēng 旋风。《楚辞·九章·悲回风》："悲～～之摇蕙兮，心冤结而内伤。"《后汉书·冯衍传下》："意斟愖而不澹兮，俟～～而容与。"

【回复】 huífù ❶犹回旋。《论衡·书虚》："江河之流，有～～之处，百川之行，或易道更路，与却流无以异。"陶渊明《五月旦作和戴主簿》："虚舟纵逸棹，～～遂无穷。"❷反复无常。《资治通鉴·晋安帝元兴二年》："制作纷纭，志无一定，变更～～，卒无所行。"

【回顾】 huígù ❶回头看。蔡邕《翠鸟》诗："～～生碧色，动摇扬缥青。"刘基《隔浦莲》词："目尽野田平楚，未用天涯怅间阻，～～斜阳犹在高树。"❷顾念，回想。《三国志·魏书·高堂隆传》："上天不蠲，眷然～～，宗国为墟，下夷干隶。"又《吴书·孙策传》注引《吴历》："今便行矣，以老母弱弟，委付与君，策无复～～之忧。"

【回纥】 huíhé ❶隋唐时代我国西北部的

一个民族。也作“回鹘”。有十五个部落，以游牧为主。《魏书》、《隋书》、《新唐书》都有传。❷乐府商调名。见《乐府诗集》卷八十《回纥·题解》。

【回合】 huíhé ❶旧小说称两将对打，交锋一次为一个回合。《西游记》七十一回：“他两个战经五十～～，不分胜负。”也简作“合”。《三国演义》二十七回：“二马相交，只一～，关公刀起，秦琪头落。”❷环绕。李群玉《宿巫山庙》诗之二：“庙闭春山晓月光，波声～～树苍苍。”元好问《善应寺》诗之一：“平冈～～尽桑麻，百汊清泉两岸花。”

【回互】 huíhù ❶回环交错。柳宗元《梦归赋》：“纷若喜而佁儗兮，心～～以壅塞。”元稹《梦游春七十韵》：“长廊抱小楼，门牖相～～。”❷邪曲。张籍《相和歌辞·白头吟》：“人心～～自无穷，眼前好恶那能定？”归有光《六言六蔽》：“诈伪之不足以胜吾信，～～之不足以胜吾直。”

【回护】 huíhù ❶袒护。《宋史·王希吕传》：“[希吕]天性刚劲，遇利害无～～意，惟是之从。”❷回避。《明史·刘翊传》：“翊性疎直，自以宫僚旧臣，遇事无所～～。”

【回徨】 huíhuáng 犹彷徨。疑惑不定。《汉书·扬雄传上》：“徒回回以徨徨兮，魂固眇眇而昏乱。”也作“回皇”。《梁书·元帝纪》：“紫宸旷位，赤县无主，百灵耸动，万国～～。”又作“回遑”。《后汉书·西羌传论》：“谋夫～～，猛士疑虑。”《北齐书·高德政传》：“勋将等以缵戎事重，劝帝早赴晋阳，帝亦～～不能自决。”

【回回】 huíhuí ❶迂回曲折。杜甫《法镜寺》诗：“～～山根水，冉冉松上雨。”㊀心神不安、纷乱的样子。《楚辞·九怀·昭世》：“魂悽怆兮感哀，肠～～兮盘纡。”刘桢《杂诗》：“沈迷簿领书，～～自昏乱。”❷纷扰杂沓的样子。《后汉书·马融传》：“纷纷～～，南北东西。”❸明亮。张衡《思玄赋》：“纷翼翼以徐戾兮，焱～～其扬灵。”❹广大。束皙《补亡诗》：“漫漫方舆，～～洪覆。”❺每回，每次。王建《乌夜啼》诗：“一飞直欲飞上天，～～不离旧栖处。”❻民族名、古国名或信仰伊斯兰教的人。❼象声词。《关尹子·三极》：“人之善琴者，……有怨心，则声～～然。”

【回惑】 huíhuò 内心迷乱不明。《后汉书·荀悦传》：“内不～～，外无异望，则民志平矣。”又《宦者传论》：“故能～～昏幼，迷瞀视听。”《宋书·周朗传》：“[周]峤素惧怯，～～不知所从。”

【回忌】 huíjì 讳避，顾忌。《后汉书·左雄传》：“[雄]奏案贪猾二千石，无所～～。”苏轼《参定叶祖洽廷试策状》：“右臣等窃谓先帝亲策贡士，本欲人人尽言，无所～～。”

【回阑】 huílán 曲折的栏干。阑，同“栏”。王士熙《题玩芳亭》诗：“乱莺穿舞幛，轻蝶立～～。”纳兰性德《雨霖铃·种柳》词：“～～恰就轻阴转，背风花，不解春深浅。”

【回禄】 huílù 古代神话中的火神。《左传·昭公十八年》：“郊人助祝史，除于国北，禳火于玄冥、～～。”（玄冥：水神或雨神。）柳宗元《贺进士王参元失火书》：“是祝融、～～之相吾子也。”后因称火灾为回禄。朱熹《答包定之书》：“近闻永嘉有～～之灾，高居不至惊恐否？”《聊斋志异·马介甫》：“又四五年，遭～～，居室财物悉为煨烬。”

【回乱】 huíluàn 邪僻昏乱。《论衡·变虚》：“若德～～，民将流亡，祝史之为，无能补也。”

【回面】 huímiàn ❶回头转。《南史·齐武陵昭王晔传》：“又上举酒劝晔，曰：‘陛下常不以此处许臣。’上～～不答。”❷邪恶的面目。《史记·鲁仲连邹阳列传》：“故～～污行，以事谄谀之人，而求亲近于左右。”❸归顺。扬雄《剧秦美新》：“海外遐方，信延颈企踵，～～内向，喁喁如也。”❹反叛。《北史·裴叔业传》：“若不尔，～～向北，不失河南公。”

【回纳】 huínà 奉还别人赠送之物。苏轼《与开元明师书》：“谨留笔一束，以领雅意，馀～～，不讶不讶。”

【回挠】 huínáo 屈服。《魏书·游肇传》：“虽宠势干请，终无～～。”陆游《澹斋居士诗序》：“而愤世疾邪之气，凛然不少～～。”也作“回桡”。《后汉书·杜乔传》：“群臣侧足而立，唯乔正色无所～～。”

【回辟】 huípì 邪僻不正。李斯《之罘刻石文》：“六国～～，贪戾无厌，虐杀不已。”《汉书·王商传》：“商位三公，爵列侯，亲受诏策为天下师，不遵法度以翼国家，而～～下媚以进其私。”

【回曲】 huíqū ❶邪曲。《晏子春秋·问下》：“寡人闻大国之君，盖～～之君也。”❷曲折。王安石《长干寺》诗：“梵馆清闲侧布金，小塘～～翠文深。”

【回容】 huíróng 曲法宽容。《后汉书·马武传》：“帝虽制御功臣，而每能～～，宥其小失。”《新唐书·路嗣恭传》：“魏少游畏载，常～～之。”

【回日】 huírì ❶日神羲和驾车前进，不得过，为之回车。形容山峰极高。李白《蜀道难》诗：“上有六龙～～之高标，下有冲波逆折之回川。”❷来日。《续资治通鉴·宋宁宗庆元三年》：“若～～复相，必乱天下。”

【回滩】 huítān 急流回转的水滩河道。杜甫《放船》诗：“收帆下急水，卷幔逐～～。”

【回天】 huítiān ❶比喻权势大。《后汉书·梁冀传论》：“[梁]商协～～之势，属彫弱之期。”卢照邻《长安古意》诗：“别有豪华称将相，转日～～不相让。”❷比喻力能扭转极难挽回的事势。《续资治通鉴·元世祖至元二十四年》：“安图谏曰：‘臣力不能～～，但乞不用僧格，别选贤者，犹或不至虐民误国。’”

【回头】 huítóu ❶回过头来。白居易《长恨歌》：“～～下望人寰处，不见长安见尘雾。”苏轼《送顿起》诗：“～～望彭城，大海浮一粟。”❷回头之间。比喻时间短暂。白居易《春尽日》诗：“无人开口共谁语，有酒～～还自倾。”❸回绝，辞谢。史槃《鹣钗记·家麻》：“这个老师就该～～他了。”

【回文】 huíwén 一种诗体。诗句中的字词，回旋往复读之都能成义可诵。刘勰《文心雕龙·明诗》说回文为道原所创，已失传。今所传者以南朝宋苏伯玉妻《盘中诗》为最古。

【回纹】 huíwén 同“回文”。苏轼《减字木兰花·得书》词：“香笺一纸，写尽～～机上意。欲卷重开，读遍千回与万回。”

【回翔】 huíxiáng ❶盘旋飞翔。《楚辞·九怀·昭世》：“乘龙兮偃蹇，高～～兮上臻。”《后汉书·冯衍传》：“鸾～～索其群兮，鹿哀鸣而求其友。”❷徘徊，流连。苏轼《奉和凝祥池》：“鸣銮自容与，立马久～～。”❸往返，往复。曾巩《侍中制》：“某行蹈中和，学通古今，从容应物，有适用之材，慷慨立朝，多据经之论，比～～于禁闼，遂更践于枢庭。”

【回邪】 huíxié 不正，枉曲。《礼记·乐记》：“倡和有应，～～曲直，各归其分。”也指奸佞之人。《旧唐书·仆固怀恩传》：“近闻追诏数人，并皆不至，实畏中官谗口，又惧陛下损伤。岂惟是臣不忠，只为～～在侧。”

【回心】 huíxīn ❶改变心意。《汉书·礼乐志》：“夫移风易俗，使天下～～而乡道，类非俗吏之所能为也。”《水浒传》五回：“太公道：‘他是个杀人不眨眼魔君，你如何能勾得他～～转意？’”❷转念。《红楼梦》九十回：“却自已～～一想，他到底是嫂子的名分，那里就有别的讲究了呢？”

【回行】 huíxíng 邪行，不走正道。《后汉书·冯衍传下》：“值兵革之际，不敢～～求时之利。”

【回旋】 huíxuán ❶盘旋，转动。刘向《说苑·尊贤》：“提鼓拥旗，被坚执锐，～～十万之师。”李白《赠宣城宇文太守兼呈崔侍御》诗：“～～若流光，转背落双鸢。”❷活动。指施展才能。王安石《送王覃》诗：“知子有才思奋发，嗟余无地与～～。”

【回穴】 huíxué ❶旋转，回旋。宋玉《风赋》：“耾耾雷声，～～错迕。”《汉书·叙传上》：“畔～～其若兹兮，北叟颇识其倚伏。”❷迂曲。《后汉书·卢植传》：“臣少从通儒故南郡太守马融受古学，颇知今之《礼记》，特多～～。”

【回雪】 huíxuě 如雪随风飞舞。用以形容舞蹈的美姿。曹植《洛神赋》：“仿佛兮若轻云之蔽月，飘飖兮若流风之～～。”蒋防《春风扇微和》诗：“舞席皆～～，歌筵暗送尘。”

【回泬】 huíxuè ❶交错不齐。《后汉书·王充等传论》：“用明居晦，～～于曩时。”❷邪僻。也作“洄穴”。潘岳《西征赋》：“事～～而好还，卒宗灭而身屠。”《新唐书·白志贞裴延龄传赞》：“君臣～～，可不戒哉！”

【回易】 huíyì ❶改换。《宋书·江夏文献王义恭传》：“若脱于左右之宜，须小小～～。”❷交易。元结《请收养孤弱状》：“有孤儿投军者，许收驱使；有孤弱子弟者，许令存养。当军小儿，先取回残及～～杂利给养。”

【回遹】 huíyù 邪僻，曲折。《诗经·小雅·小旻》：“谋犹～～，何日斯沮。”李纲《闻山东盗感而赋诗》：“人谋自～～，天意讵不仁？”㊂指奸邪之人。曾巩《祭欧阳少师文》：“谏垣抗议，气震～～。”

回²（迴、廻） huí ❶同“回”。返回。扬雄《甘泉赋》：“于是事毕功弘，～车而归。”贾思勰《齐民要术·园篱》：“匪直奸人惭笑而返，狐狼亦息望而～。”❷运转，旋转。扬雄《太玄经·玄摛》：“天日～行，刚柔接矣。”柳宗元《惩咎赋》：“飘风击以扬波兮，舟摧抑而～邅。”㊂掉转。李商隐《哭刘司户蕡》诗：“江阔惟～首，天高但无膺。”❸曲折，迂回难行。张衡《东京赋》：“～行道乎伊阙，邪径捷乎轘辕。”杜甫《野老》诗：“野老篱边江岸～，柴门不正逐江开。”❹逃避。陈子昂《谏灵驾入京书》：“赴汤镬而不～，至诛夷而无悔。”❺改变。《北史·骨仪传》：“开皇初，为御史，处法平当，不为势力所～。”❻量词。杜甫《绝句漫兴》之四：“二月已破三月来，渐老逢春能几～？”

【回薄】 huíbó 动荡。贾谊《鹏鸟赋》：“水激则旱兮，矢激则远；万物～～兮，振荡相转。”潘岳《秋兴赋》：“四运忽其代序兮，万物纷以～～。”

【回筹】　huíchóu　犹运筹谋划。《三国志·吴书·诸葛恪传》注引《恪别传》：“恪答曰：‘登阶蹑履，臣不如[滕]胤；～～转策，胤不如臣。’”

【回銮】　huíluán　帝后车驾叫銮驾，外出还宫叫回銮。庾肩吾《侍宴九日》诗：“献寿重阳节，～～上苑中。”宋之问《幸少林寺应制》诗：“绀宇横天室，～～指帝休。”也作“回鸾”。萧统《和武帝游钟山大爱敬寺》诗：“岂若钦明后，～～鹫岭岐。”

【回巧】　huíqiǎo　呈现出各种技巧。柳宗元《钴鉧潭西小丘记》：“由其中以望，则山之高，云之浮，溪之流，鸟兽之遨游，举熙熙然～～献技，以效兹丘之下。”

【回斡】　huíwò　旋转。谢惠连《七月七日夜咏牛女》：“倾河易～～，款情难久悰。”杜甫《三川观水涨》诗：“乘陵破山门，～～到地轴。”

【回翔】　huíxiáng　❶回旋飞翔。《楚辞·九歌·大司命》：“君～～兮以下，逾空桑兮从女。”❷水回流。枚乘《七发》：“～～青篾，衔枚檀桓。”❸回转，返回。阮籍《咏怀》之七十九：“一去昆仑西，何时复～～？”❹盘旋不进。白居易《和梦得》：“郎署～～何水部，江湖留滞谢宣城。”

【回萦】　huíyíng　迂回环绕。鲍照《登庐山》诗：“千岩盛阻积，万壑势～～。”元稹《分水岭》诗：“势高竞奔往，势曲已～～。”

【回赠】　huízèng　把受封的爵位、名号转移给自己的尊长。《旧唐书·姚璹传》：“璹表请～～父一官，乃追赠其父豫州司户参军处平为博州刺史。”

佪　1. huí　❶见“佪佪”。

2. huái　❷同“徊”。《集韵·灰韵》：“～，俳佪，不进貌。或从彳。”《楚辞·九章·惜诵》：“欲儃～以干傺兮，恐重患而离尤。”

【佪佪】　huíhuí　糊涂，不明白。《潜夫论·救边》：“～～溃溃，当何终极？”

【佪挠】　huínáo　形容踌躇不前。陆龟蒙《野庙碑》：“一旦有大夫之忧，当报国之日，则～～脆怯，颠踬窜踣，乞为囚虏之不暇。”

恛　huí　见“恛惶”、“恛恛”。

【恛惶】　huíhuáng　惶恐不安。柳宗元《礼部为百官上尊号第二表》：“陛下确违群愿，固守谦冲，此臣等所以兢惕失图，～～无措。”

【恛恛】　huíhuí　昏乱的样子。扬雄《太玄经·疑》：“疑～～，失贞矢。”（范望解：“贞，正也。矢，直也。……执志不固，恛恛然从人，故失正直之道也。”）

洄　huí　❶水回旋而流。《后汉书·王景传》：“十里立一水门，令更相～注，无复溃漏之患。”㊁回旋的水。孟郊《峡哀》诗之一：“峡水声不平，碧沲牵清～。”❷水逆流而上。《诗经·秦风·蒹葭》：“溯～从之，道阻且长。”

【洄洑】　huífú　水流盘旋的样子。《宋书·张兴世传》：“江有～～，船下必来泊，岸有横浦，可以藏船舸，二三为宜。”张说《同赵侍御乾湖作》诗：“暑来寒往运～～，潭生水落移陵谷。”

【洄洄】　huíhuí　❶昏乱的样子。《尔雅·释训》：“儚儚～～，惛也。”❷旋流的样子。孟郊《吊卢殷》诗之三：“梦世浮闪闪，泪波深～～。”王安石《次韵和甫春日金陵登台》之一：“钟山漠漠水～～，西有陵云百尺台。”

【洄沿】　huíyán　逆流而上为洄，顺流而下为沿。谢灵运《过始宁墅》诗：“山行穷登顿，水涉尽～～。”韩愈《送灵师》诗：“寻胜不惮险，黔江屡～～。”

茴　huí　见“茴香”。

【茴香】　huíxiāng　香草名。即蘹香。果实作香料，亦供药用。《本草纲目·菜部·蘹香》引苏颂《图经本草》：“蘹香，北人呼为～～，声相近也。”

徊　1. huí　❶通“回”。环绕，回转。宋玉《神女赋》：“～肠伤气，颠倒失据。”《抱朴子·知止》：“夫矰缴纷纭，则鸳雏～翮；坑阱充蹊，则麟虞敛迹。”

2. huái　❷见“徘徊”。

【徊徨】　huíhuáng　彷徨。形容举止不宁，犹疑不定。梁武帝《孝思赋》：“晨孤立而萦结，夕独处而～～。”叶颙《秋怀次童中州韵》之一：“～～不成寐，转觉岁月长。”

【徊翔】　huíxiáng　❶盘旋飞行。《梁书·徐勉传》：“故属纩才毕，灰钉已具，忘狐鼠之顾步，愧燕雀之～～。”韦应物《汉武帝杂歌》之一：“欲来不来夜未央，殿前青鸟先～～。”❷形容飘舞的样子。李贺《河南府试十二月乐词·五月》：“罗袖从～～，香汗沾宝粟。”❸比喻仕途升降。杜牧《寄内兄和州崔员外十二韵》：“进退无非道，～～必有名。”王禹偁《赠卫尉宋卿二十二丈》诗之二：“谪宦归来发更斑，～～犹在寺卿间。”❹比喻情意缠绵。沈约《四时白纻歌·秋白纻》：“双心一意共～～，吐情寄君君莫忘。”

蛔（蛕、蚘、痐）　huí　蛔虫，一种人体寄生虫。贾思勰《齐民要术·养鸡》：“鸡肉不可食小儿，食,令生～虫。”柳宗元《骂尸虫文》:“彼修～恙心,短蛲穴胃。”

虫2 huǐ “虺”的本字。毒蛇。《说文·虫部》:“～,一名蝮,博三寸,首大如擘指,象其卧形。”《山海经·南山经》:“[缓翼之山]多白玉,多蝮～。”

砐(碼) huǐ 同“毁”。败坏。《淮南子·俶真训》:“处玄冥而不闇,休于天钧而不～。”《列子·天瑞》:“事之破～而后有舞仁义者,弗能复也。”又《黄帝》:“[商丘开]遂先投下,形若飞鸟,扬于地,骪骨无～。”

蒁 huǐ 见 kuī。

虺 1. huǐ ❶一种毒蛇。俗称土虺蛇,色如泥土。《楚辞·天问》:“雄～九首,儵忽焉在?”❷泛指小蛇。《国语·吴语》:“为～弗摧,为蛇将若何?”杨衒之《洛阳伽蓝记·建中寺》:“养虎自啮,长～成蛇。”❸姓。

2. huī ❹见“虺隤”、“虺韡”。

【虺虺】 huǐhuǐ 雷声。《诗经·邶风·终风》:“曀曀其阴,～～其雷。”

【虺蜴】 huǐyì 虺蛇和蜥蜴。虺蜴都是毒螫之虫,因以比喻肆意害人者。《诗经·小雅·正月》:“哀今之人,胡为～～?”骆宾王《为徐敬业讨武曌檄》:“加以～～为心,豺狼成性,近狎邪僻,残害忠良。”

【虺蜮】 huǐyù ❶指虺和蜮。蜮,古称短狐,能含沙射人为灾。鲍照《芜城赋》:“坛罗～～,阶斗麇鼯。”❷比喻害人者。陆游《南唐书·江文蔚传》:“陛下宜轸虑殷忧,诛锄～～。”

【虺隤】 huītuí 腿软无力。泛指疲劳有病。《诗经·周南·卷耳》:“陟彼崔嵬,我马～～。”白居易《不能忘情吟》:“骆力犹壮,又无～～。”

【虺韡】 huīwěi 繁盛的样子。潘岳《笙赋》:“愀怆恻减,～～煜熠。”

悔 huǐ ❶后悔,悔恨。《国语·晋语二》:“伯氏苟出而图吾君,申生受赐以至于死,虽死何～!”❷悔改,改过。《后汉书·鲁恭传》:“亭长乃惭～,还牛,诣狱受罪。”❸灾祸。《公羊传·襄公二十九年》:“饮食必祝曰:‘天苟有吴国,尚速有～于予身。’”《后汉书·张衡传》:“占既吉而无～兮,简元辰而俶装。”❹《周易》卦有六爻,其上体即上三爻称“悔”,又称外卦。《尚书·洪范》:“曰贞曰～。”《左传·僖公十五年》:“蛊之贞,风也;其～,山也。”

【悔祸】 huǐhuò 对所造成的灾祸表示悔恨。《左传·隐公十一年》:“若寡人得没于地,天其以礼～～于许,无宁兹许公,复奉其社稷。”

【悔吝】 huǐlìn 犹言悔恨。《三国志·魏书·王昶传》:“患人知进而不知退,知欲而不知足,故有困辱之累,～～之咎。”《抱朴子·自叙》:“得之不喜,失之安悲?～～百端,忧惧兢战,不可胜言,不足为也。”

【悔尤】 huǐyóu ❶悔恨。韩愈《秋怀》诗之五:“庶几遗～～,即此是幽屏。”❷过失。元稹《诲侄等书》:“吾又以吾兄所职易涉～～,汝等出入游从,亦宜切慎。”

烜 huǐ 见 xuǎn。

毁 huǐ ❶破坏,毁灭。《孟子·滕文公下》:“有人于此,～瓦画墁,其志将以求食也,则子食之乎?”《战国策·西周策》:“君不如使周最阴合于赵以备秦,则不～。”㊀特指居丧时因哀痛过度而伤害身体。《韩非子·内储说上》:“宋崇门之巷人服丧而～,甚瘠。”《新唐书·张志宽传》:“居父丧而～,州里称之。”❷亏缺,减损。《战国策·魏策四》:“王不构赵,赵不以～构矣。”《论衡·偶会》:“月～于天,螺消于渊。”❸败坏。《盐铁论·贫富》:“隐居修节,不欲妨行,故不～名而趋势。”❹废除。见“毁庙”。❺诽谤。《战国策·齐策三》:“夏侯章每言未尝不～孟尝君也。”韩愈《原毁》:“是故事修而谤兴,德高而～来。”

【毁败】 huǐbài ❶毁坏,破坏。《论衡·无形》:“陶者用埴为簋廉,簋廉壹成,遂至～～,不可复变。”(廉:当作“庑”。庑,通“瓶”。盛酒的瓦器。)❷诋毁失败者。《三国志·蜀书·姜维传》:“凡人之谈,常誉成～～,扶高抑下。”

【毁谤】 huǐbàng 诽谤。用不实之词进行攻击。《论衡·累害》:“身完全者谓之洁,被～～者谓之辱。”《魏书·李玚传》:“沙门都统僧暹等忿玚鬼教之言,以玚为～～佛法,泣诉灵太后。”

【毁龀】 huǐchèn 儿童脱去乳齿换新齿。黄庭坚《过家》诗:“亲年当喜惧,儿齿欲～～。”

【毁齿】 huǐchǐ 儿童乳齿脱落,更生新齿。班固《白虎通·嫁娶》:“男八岁～～,女七岁～～。”㊀换齿时的儿童。柳宗元《南岳云峰寺和尚碑》:“元臣硕老,稽首受教,髫童～～,踊跃执役。”

【毁疵】 huǐcī 诽谤挑剔。《荀子·不苟》:“正义直指,举人之过,非～～也。”《韩非子·八奸》:“其于说议也,称誉者所善,～～者所恶,必实其能,察其过,不使群臣相为语。”也作“毁訾”、“毁诋”。《管子·形势解》："～～贤者之谓訾。"徐幹《中论·核辩》："小人～～以为辩。"

【毁短】　huǐduǎn　揭人之短，加以诽谤。《三国志·吴书·顾雍传》："[吕壹、秦博]～～大臣，排陷无辜，雍等皆见举白，用被谴让。"《新唐书·王皇后传》："初，萧良娣有宠，而武才人贞观末以先帝宫人召为昭仪，俄与后、良娣争宠，更相～～。"

【毁疾】　huǐjí　因居丧过度悲痛而生病。《北史·阳固传》："丁母忧，号慕～～，杖而能起，练禫之后，酒肉不进。"也作"毁病"。《后汉书·樊儵传》："及母卒，哀思过礼，～～不自支。"

【毁瘠】　huǐjí　哀伤过度而消瘦。《礼记·曲礼上》："居丧之礼，～～不形。"《墨子·节葬》："姑姊甥舅皆有月数，则～～必有制矣。"也作"毁眥"、"毁胔"。《后汉书·东海恭王彊传》："母卒，皆吐血～～。"又《彭城靖王恭传》："行丧陵次，～～过礼。"

【毁庙】　huǐmiào　按宗法，亲过高祖者，自移神主于太庙中，称毁庙。《公羊传·文公二年》："其合祭奈何？～～之主，陈于大祖；未～～之主，皆升，合食于大祖。"

【毁伤】　huǐshāng　❶破坏，损害。《汉书·成帝纪》："水所～～困乏不能自存者，财振贷。"❷诽谤，中伤。《汉书·严延年传》："延年本尝与[蔡]义俱为丞相史，实亲厚之，无意～～也。"

【毁颜】　huǐyán　面有忧色。《后汉书·陈蕃传》："加之兵戎未戢，四方离散，是陛下焦心～～，坐以待旦之时也。"

榖　huǐ　舂米使精。《淮南子·主术训》："大羹不和，粢食不～。"

燬　huǐ　❶烈火。《诗经·周南·汝坟》："鲂鱼赪尾，王室如～。"《晋书·张重华传》："今王室如～，百姓倒悬，正是殿下衔胆茹辛厉心之日。"❷燃烧。《晋书·温峤传》："至牛渚矶，水深不可测，世云其下多怪物，峤遂～犀角而照之。"❸焚毁。归有光《宁封君八十寿序》："尝为大第，～于火。"

【燬熸】　huǐjiān　焚烧成为灰烬。蔡邕《释诲》："惧烟炎之～～，何光芒之敢扬哉？"

【燬炎】　huǐyán　指太阳。柳宗元《天对》："问：'夜光何德，死则又育？'对：'～～莫俪，渊迫而魄，遐违乃专，何以死育。'"

檓　huǐ　木名。花椒树。《尔雅·释木》："～，大椒。"

汇[1]**(滙、匯)**　huì　水会合，聚合。《尚书·禹贡》："东～泽为彭蠡。"柳宗元《柳州山水近治可游者记》："古之州治，在浔水南山石间，今徙在水北，直平四十里，南北东西皆水～。"

汇[2]**(彙)**　huì　❶类，同类。扬雄《太玄经·周》："阳气周神而反乎始，物继其～。"❷繁盛。《汉书·叙传上》："形气发于根柢兮，柯叶～而灵茂。"❸聚合，聚集。《新唐书·儒学传序》："[唐玄宗]置集贤院部分典籍，乾元殿博～群书至六万卷，经籍大备。"杨万里《诚斋荆溪集序》："试～其稿，凡十有四月，而得诗四百九十二首。"❹通"蝟"。刺蝟。《尔雅·释兽》："～，毛刺。"

卉　huì　❶草的总称。《诗经·小雅·出车》："春日迟迟，～木萋萋。"冯衍《显志赋》："开岁发春兮，百～含英。"㊁泛指草木。张衡《思玄赋》："桑末寄夫根生兮，～既凋而已育。"❷特指花。王禹偁《桂阳罗君游太湖洞庭诗序》："遂使幽云野泉，奇～怪草，暨鸟兽虫鱼辈皆欣欣熙熙，似有知于感遇也。"梅尧臣《寄题周源员外衢州萃贤亭》诗："～萼人未识，鸟响日可听。"❸蓬勃。司马相如《上林赋》："乡风而听，随流而化，～然兴道而迁义。"

【卉裳】　huìcháng　草制的衣裳。柳宗元《岭南节度飨军堂记》："～～罽衣，胡夷蜑蛮，睢盱就列者，千人以上。"

【卉服】　huìfú　用草编织成的衣服。《尚书·禹贡》："岛夷～～。"颜延之《三月三日曲水诗序》："～～之酋，回面受吏。"

【卉醴】　huìlǐ　蜜。郑畋《禁直和人饮酒》诗："～～陀花物外香，清浓标格胜椒浆。"

【卉物】　huìwù　草木物产。《隋书·高祖纪上》："龙首山川原秀丽，～～滋阜；卜食相土，宜建都邑。"

【卉翕】　huìxī　即呼吸。形容风势迅疾。《史记·司马相如列传》："莅飒～～，熛至电过兮，焕然雾除，霍然云消。"(《汉书》作"卉歙"。)

【卉衣】　huìyī　即卉服。《后汉书·南蛮西南夷传赞》："镂体～～，凭深阻峭。"

【卉汩】　huìyù　急速的样子。《汉书·礼乐志》："～～胪，析奚遗。"

讳(諱)　huì　❶隐瞒，忌讳。《公羊传·闵公元年》："《春秋》为尊者～，为亲者～，为贤者～。"《史记·周本纪》："昭王南巡狩不返，卒于江上。其卒不赴告，～之也。"❷回避，顾忌。《战国策·秦策三》："今太后擅行不顾，穰侯出使不报，泾阳、华阳击断无～。"《吕氏春秋·当务》："世皆誉之，人皆～之，惑也。"㊁回避的事物。《楚辞·七谏·谬谏》："愿承间而效志兮，恐犯忌而干～。"㊁死的委婉说法。《三国志·吴书·诸葛恪传》:"诸将备守各有境界,犹恐贼虏闻~,恣睢寇窃。"❸指对君主、尊长的名字避开不直称。《礼记·曲礼上》:"礼不~嫌名,二名不偏~。"㊂指称死后的君主或尊长的名字。在名字前称讳,以表示尊敬。《后汉书·光武帝纪上》:"世祖光武皇帝~秀,字文叔。"韩愈《柳子厚墓志铭》:"子厚~宗元。……皇考~镇,以事母弃太常博士。"

【讳疾】 huìjí 隐瞒疾病,比喻怕人批评而掩饰自己的缺点错误。《穀梁传·成公九年》:"晋栾书帅师伐郑,不言战,以郑伯也。为尊者讳耻,为贤者讳过,为亲者~~。"

【讳忌】 huìjì 禁忌。《鬼谷子·权篇》:"言者有~~也。"《后汉书·郭镇传》:"司隶校尉下邳赵兴亦不恤~~,每入官舍,辄更缮修馆宇,移穿改筑,故犯妖禁。"

【讳言】 huìyán ❶因顾忌而不敢说或不明说。《晏子春秋·问下》:"下无~~,官无怨治,……百姓内安其政,外归其义,可谓安矣。"❷忌讳谏议。《后汉书·刘陶传》:"臣敢吐不时之义于~~之朝。"

会(會) 1. huì ❶聚集,会合。《庄子·养生主》:"彼其所以~之,必有不蕲言而言,不蕲哭而哭者。"范仲淹《岳阳楼记》:"迁客骚人,多~于此。"㊂特指盟会,宴会。《孟子·告子下》:"五霸,桓公为盛。葵丘之~,诸侯束牲载书而不歃血。"《史记·廉颇蔺相如列传》:"王许之,遂与秦王~渑池。"㊂会面,相见。《左传·桓公十五年》:"公~齐侯于艾,谋定许也。"谢惠连《雪赋》:"怨年岁之易暮,伤后~之无因。"❷符合,投合。《淮南子·俶真训》:"足蹀阳阿之舞,而手~《绿水》之趋。"《资治通鉴·晋孝武帝太元八年》:"苟为谄谀之言以~陛下之意。"㊂音节,节奏。《庄子·养生主》:"奏刀騞然,莫不中音;合于桑林之舞,乃中经首之~。"❸考核,会试。《管子·大匡》:"君~其君臣父子,则可以加政矣。"《今古奇观·李谪仙醉草吓蛮书》:"时值三月三日,大开南省,~天下才人,尽呈卷子。"❹都会,人物会集的地方。王勃《九成宫颂序》:"名都广~,闾阎万室。"❺交合,交配。《论衡·奇怪》:"牝牡之~,皆见同类之物,精感欲动,乃能授施。"❻时机,机会。《后汉书·袁绍传》:"而以婴儿病失其~,惜哉!"李商隐《为李贻孙上李相公启》:"中阿弭节,末路增怀。沈吟易失之时,怅望难邀之~。"❼中医经络穴位名。《史记·扁鹊仓公列传》:"扁鹊乃使弟子子阳厉针砥石,以取外三阳五~。"❽恰巧,适逢。《战国策·赵策三》:"此时鲁仲连适游赵,~秦围赵。"王禹偁《唐河店妪传》:"~一虏至,系马于门,持弓矢,坐定,呵妪汲水。"❾应当。古诗《为焦仲卿妻作》:"吾已失恩义,~不相从许。"李白《行路难》诗之一:"长风破浪~有时,直挂云帆济沧海。"❿能,擅长。沈麟《送道士曾昭莹》诗:"南北东西事,人间~也无?"《景德传灯录》卷十二《睦州龙兴寺陈尊宿》:"师弹指一声云:'~么?'云:'不~。'"⓫领悟,理解。孟郊《听琴》诗:"闻弹一夜中,~尽天地情。"李清照《金石录后序》:"于是几案罗列枕藉,意~心谋,目往神授,乐在声色狗马之上。"⓬付款。《儒林外史》八回:"当下~了账,两人相携着下了船坐下。"⓭通"惠"。无名氏《货郎旦》三折:"将一个贤~的浑家生气死。"无名氏《杀狗劝夫》楔子:"我向住在哥哥嫂嫂家里,俺嫂嫂大贤~。"⓮通"绘"。五彩的刺绣。《尚书·益稷》:"予欲观古人之象,日月星辰、山龙华虫作~。"⓯姓。

2. kuài ⓰总计,算账。《战国策·齐策四》:"后孟尝君出记,问门下诸客:'谁习计~,能为文收责于薛者乎?'"《管子·中匡》:"管仲~国用,三分二在宾客,其一在国。"⓱帽子上缀结采玉的缝隙叫会,或作朝服蔽膝的领缝也叫会。《诗经·卫风·淇奥》:"有匪君子,充耳琇莹,~弁如星。"张衡《东京赋》:"珩纮纮綖,玉笄綦~。"⓲买卖的居间人。后作"侩"。《史记·货殖列传》:"节驵~。"(裴骃集解引《汉书音义》曰:"会,亦是侩也。"《汉书》作"侩"。)⓳通"旝"。古代旗的一种。《诗经·大雅·大明》:"殷商之旅,其~如林。"(马瑞辰《毛诗传笺通释》:"会借为旝,《说文》引正作旝。旝,旌旗也。")⓴通"郐"。古国名。《汉书·地理志下》:"子男之国,虢、~为大。"(颜师古注:"会读曰郐,字或作桧。")㉑见"会稽"。㉒食器之盖,可覆可仰,也用以盛食。《仪礼·士虞礼》:"命佐食启~。"又《士丧礼》:"敦启~,却诸其南,醴酒位如初。"

3. kuò ㉓见"会撮"。

【会钞】 huìchāo 付款。《警世通言·金令史美婢酬秀童》:"二人又吃了一回,起身~~而别。"

【会朝】 huìcháo 诸侯或群臣朝会盟主或天子。《左传·昭公十六年》:"~~之不敬。"《汉书·郊祀志下》:"昔周史苌弘欲以鬼神之木辅尊灵王~~诸侯,而周室愈微,诸侯愈叛。"

【会萃】 huìcuì 聚集。《宋史·颜复传》:"请令礼官~~古今典范为《五礼书》。"吴承恩《元寿颂》:"建业龙盘,坤灵~~。"

【会稡】 huìcuì 同"会萃"。汇集。郭璞《尔雅序》:"是以复缀集异闻,～～旧说,……别为音图,用袪未寤。"

【会当】 huìdāng 该当,必须。丁仪《刑礼论》:"～～先别男女,定夫妇,分土地,班食物,此先以礼也。"杜甫《望岳》诗:"～～凌绝顶,一览众山小。"

【会典】 huìdiǎn 记载一个朝代官署职掌制度的书。源出于《周官》(《周礼》),唐人拟而作《唐六典》。明清改称会典,仍以六部为纲。魏源《圣武记》卷一:"恭稽《会典》,八旗驻防之兵,有游牧部落,有打牲部落。"

【会饭】 huìfàn ❶指黍稷之饭。《仪礼·公食大夫礼》:"宾卒食,～～,三饮。"❷犹言聚餐。《新唐书·裴宽传》:"宽兄弟八人,……于东都治第,八院相对,甥侄亦有名称,常击鼓～～。"董解元《西厢记诸宫调》卷一:"语话之间,行者至,请生～～。"

【会鼓】 huìgǔ 鼓点集中,疾急打鼓。《楚辞·九歌·礼魂》:"成礼兮～～,传芭兮代舞。"

【会馆】 huìguǎn 旧时同籍贯或同行业的人在京城及各大城市所设立的机构,建有馆所,供同乡同行集会、寄寓之用。刘侗、于奕正《帝京景物略·嵇山会馆唐大士像》:"尝考～～之设于都中,古未有也,始嘉隆间。"

【会计】 huìjì 聚众谋划。《论衡·书虚》:"言禹巡狩～～于此山,虚也。"

【会课】 huìkè ❶文人结社,定期集会,研习功课,传观所作文字。吕本中《东莱吕紫微师友杂志》:"黎确介然初登科,……尝与予及亡弟揆中由义～～,每旬作杂文一篇,四六表启一篇,古律诗一篇,旬终～～,不如期者罚钱二百。"❷旧时考核官吏成绩及学校考课。《汉书·萧育传》:"为茂陵令,～～,育第六。"《金史·选举志》:"凡学生～～,三日作策论一道,又三日作赋及诗各一篇。"

【会郎】 huìláng 旧时婚俗,成婚后新郎随新娘回娘家会亲,女家设宴款待。吴自牧《梦粱录·嫁娶》:"其两新人于三日或七朝九日,往女家行拜门礼,女家广设华筵,款待新婿,名曰～～。"

【会盟】 huìméng 古代诸侯间聚会而结盟。《史记·齐太公世家赞》:"桓公之盛,修善政,以为诸侯～～称伯,不亦宜乎!"又《六国年表》:"是后陪臣执政,大夫世禄,六卿擅晋权,征伐～～,威重于诸侯。"

【会圣】 huìshèng 有超人的本领。曹组《忆瑶姬》词:"恁时节、若要眼儿厮觑,除非～～。"董解元《西厢记诸宫调》卷一:"欲要成秦晋,天,天,除～～。"

【会食】 huìshí 相聚而食。《史记·淮阴侯列传》:"令其裨将传飧,曰:'今日破赵～～。'"苏轼《游灵隐寺李杞寺丞见和游孤山复用前韵》:"高堂～～罗千夫,撞钟击鼓喧朝晡。"

【会试】 huìshì 明清两代的科举制度,每三年,各省举行考试叫乡试,中式者为举人。次年,以举人试之京城叫会试,由皇帝特派正副总裁主考官主持。《儒林外史》二十二回:"小弟董瑛在京～～。"

【会通】 huìtōng 会合变通。《周易·系辞上》:"圣人有以见天下之动,而观其～～,以行其典礼。"⊗随事处理。《晋书·桓温传》:"今主上富于阳秋,陛下以圣淑临朝,恭己委任,责成群下,方寄～～于群才,布德信于遐荒。"

【会同】 huìtóng ❶汇合,会聚。《尚书·禹贡》:"九河既道,雷夏既泽,灉沮～～。"王勃《益州绵竹县武都山净慧寺碑》:"川岳～～,风云感召。"❷古代诸侯会盟和共同朝见天子。《论语·先进》:"宗庙之事,如～～,端章甫,愿为小相焉。"⊗泛指朝会。《三国志·魏书·徐奕传》:"文帝每与朝臣～～,未尝不嗟叹,思奕之为人。"柳宗元《封建论》:"合为朝觐～～,离为守臣扞城。"❸会见。《南史·王悦之传》:"为吏部郎,邻省有～～者,遗悦之饼一瓯。"

【会文】 huìwén ❶《论语·颜渊》:"君子以文会友。"后因称文人相聚为会文。戴叔伦《同兖州张秀才》诗:"意惬时～～,夜长聊饮酒。"❷指在文会里所作的文章。也泛指文章。《儒林外史》四十四回:"过了三四个月,看见公子们做的～～,心里不大欢喜。说道:'这个文章,如何得中!'"

【会心】 huìxīn ❶领悟,领会。《世说新语·言语》:"简文入华林园,顾谓左右曰:'～～处不必在远,翳然林水,便自有濠濮间想也。'"❷情意相投。杜甫《晦日寻崔戢李封》诗:"晚定崔李交,～～真罕俦。"

【会须】 huìxū ❶适逢需要。《世说新语·文学》:"桓宣武北征,袁虎时从,被责免官。～～露布文,唤袁倚马前令作。手不辍笔,俄得七纸,殊可观。"❷犹该当。李白《将进酒》诗:"烹羊宰牛且为乐,～～一饮三百杯。"

【会要】 huìyào ❶纲领,纲要。恽敬《春秋说》卷下:"春秋者,鲁史之～～也。"❷分立门类,记载某一朝代文物典章制度的书。如《春秋会要》、《西汉会要》等。《明史·陶凯传》:"汉、唐、宋时皆有～～。"

【会意】 huìyì ❶"六书"之一。指合两字或三字以表示一个意义的造字之法。如日月为明，人言为信。许慎《说文解字序》："～～者，比类合谊，以见指㧑，武信是也。"❷领会，领悟。陶渊明《五柳先生传》："好读书，不求甚解。每有～～，便欣然忘食。"❸合意，惬意。《旧唐书·田游岩传》："游于太白山，每遇林泉～～，辄留连不能去。"

【会应】 huìyīng 犹会当。王安石《次韵徐仲元咏梅》之二："摇落～～伤岁晚，攀翻剩欲寄情亲。"

【会元】 huìyuán ❶科举时代，乡试中式为举人。各省举人到京城会考，称为会试，会试第一名为会元，也称会魁。殿试一甲第一为状元。参阅《明史·选举志二》。❷犹汇要，纂要。多用于书名。如《五灯会元》。

【会葬】 huìzàng ❶会合行送葬之礼。《左传·隐公元年》："卫侯来～～，不见公，亦不书。"❷合葬。《史记·吕不韦列传》："始皇十九年，太后薨，谥为帝太后，与庄襄王～～茝阳。"《后汉书·东海恭王彊传》："京师亲戚四姓夫人小侯皆～～。"

【会鼂】 huìzhāo 同"会朝"。《楚辞·天问》："～～争盟，何践吾期?"

【会朝】 huìzhāo 早晨会师。《诗经·大雅·大明》："肆伐大商，～～清明。"

【会子】 huìzǐ ❶宋代发行的一种纸币。《宋史·食货志下三》："[绍兴]三十年，户部侍郎钱端礼被旨造～～，储见钱，于城内外流转，其合发官钱，并许兑～～，输左藏库。"❷约会的帖子。董解元《西厢记诸宫调》卷五："若使颗硃砂印，便是偷期帖儿，私期～～。"❸不长时间。《红楼梦》三十二回："才说了～～闲话儿，又瞧了～～我前日粘的鞋帮子，明天还求他做去呢!"

【会饭】 kuàifàn 指黍稷之饭。簋盖叫做"会"，用盖盛黍稷食物，故称。《仪礼·公食大夫礼》："宾卒食，～～，三饮。"

【会稽】 kuàijī ❶山名。在浙江绍兴县东南。相传禹会诸侯江南计功，故名。一名防山，又名茅山。《左传·哀公元年》："越子以甲楯五千，保于～～。"《国语·越语》："越王勾践栖于～～之上。"❷郡名。秦置，治所在吴县。在今江苏东南部及浙江西部。❸县名。隋开皇九年析山阴县置。唐因之。明清时与山阴县并为绍兴府治。公元1912年并二县为绍兴县。

【会计】 kuàijì ❶核计，计算。《周礼·地官·舍人》："岁终则～～其政。"《聊斋志异·柳生》："每诸商～～于檐下，女垂帘听之。"❷管理财物及其出纳等事情。《孟子·万章下》："孔子尝为委吏矣，曰：'～～当而已矣。'"《后汉书·王美人传》："聪敏有才明，能书～～。"

【会最】 kuòcuō 见"会撮"。

【会撮】 kuòcuō 后颈椎骨。《庄子·人间世》："肩高于顶，～～指天。"也作"会最"。元好问《送戈唐佐还平阳》诗："～～上指冠巍峨，岂肯俯首春官科。"

坏 huì 见 huài。

沬 huì 见 mèi。

浍 huì ❶濊浍，波浪声。《集韵·未韵》："～，濊浍，水貌。"木华《海赋》："濊～濩渭，荡云沃日。"❷水波纹。《广韵·未韵》："～，水波汶也。"

泋(濊) 1. huì ❶水盛多的样子。李白《天长节使鄂州刺史韦公德政碑》："云滂洋，雨汪～。澡渥泽，除瑕颣。"❷深广的样子。郑鲂《禹穴碑》："虽山之坚，虽洞之～，有时而堙，有时而兊。"❸通"秽"。污浊。《淮南子·齐俗训》："故日月欲明，浮云盖之；河水欲清，沙石～之。"《汉书·萧望之传》："[华]龙者，宣帝时与张子蟜等待诏，以行污～不进。"

2. huò ❹见"泋泋"。

【泋貊】 huìmò 我国古代东北少数民族名。《后汉书·句骊传》："元初五年，复与～～寇玄菟，攻华丽城。"《三国志·魏书·牵招传》："我辽东在沧海之东，拥兵百万，又有扶馀、～～之用；当今之势，强者为右，曹操独何得为是也?"

【泋泋】 huòhuò 象声词。撒网入水声。《诗经·卫风·硕人》："河水洋洋，北流活活。施罛～～，鳣鲔发发。"吴潜《和人赋琴鱼》："扁舟烟雨归去来，卧听鱼槎声～～。"

诲(誨) huì ❶教，导。《论语·述而》："学而不厌，～人不倦。"《孟子·告子上》："使弈秋～二人弈。"❷教导的话。《尚书·说命上》："朝夕纳～，以辅台德。"元好问《赠答杨焕然》诗："关中杨夫子，高～世所闻。"

荟(薉) huì ❶杂草。贾思勰《齐民要术·种谷》："遇小雨，宜接湿种；遇大雨，待～生。"❷通"秽"。杂草多，荒芜。《荀子·王霸》："涂～则塞。"㊀污秽、邪恶的行为。《楚辞·九叹·愍命》："情纯洁而罔～兮，姿盛质而无愆。"❸通"泋"。《汉书·地理志下》颜师古注："泋，音秽，字或作～，其音同。"

【荟貉】 huìmò 同"泋貊"。古代东北少数民族名。《汉书·夏侯胜传》："东定～～。"

【芔孽】 huìniè 犹言祸害。《荀子·大略》："交谲之人，妒昧之臣，国之～～也。"

荟（薈） huì ❶草木茂盛的样子。《诗经·曹风·候人》："～兮蔚兮，南山朝隮。"潘岳《射雉赋》："稊菽藂糅，蘙～蓁茸。"㊀会粹。见"荟蕞"。❷云雾弥漫的样子。见"荟蔚"。

【荟蔚】 huìwèi ❶草木繁盛的样子。李格非《洛阳名园记》："水北胡氏园，林木～～，云烟掩映。"陆游《初夏闲居》诗之六："静岸葛巾穿～～，闲拖筇杖入谽谺。"❷云雾弥漫的样子。木华《海赋》："沥滴渗淫，～～云雾。"司马光《送守哲归庐山》诗："忽思香炉云，～～冠孤岫。"❸繁华美丽的样子。《宋书·谢灵运传》："徒形域之～～，惜事异于栖盘。"

【荟蕞】 huìzuì 汇集琐碎的事物。杜甫《八哀诗·故著作郎贬台州司户荥阳郑公虔》："贯穿无遗恨，～～何技痒？"后意义转为会集精华。同"会粹"。马永卿《嬾真子》："《唐史》载郑虔集当世事著书八十馀篇，目其书为～～。虔自谓其书烦多，而皆碎小之事也。后人乃误呼为会粹，意乃会取其纯粹也。"（陶宗仪《说郛》卷九）

哙（噲） huì 见"哙蜕"。

【哙蜕】 huìduì 宽大相连的样子。马融《长笛赋》："嶰壑～～，峆窞岩窴。"（李善注本"哙"作"浍"。）

芔 huì ❶"卉"的古字。草的总称。❷落。《穆天子传》卷三："顾世民之恩，流涕～陨。"❸兴起的样子。司马相如《上林赋》："～然兴道而迁义，刑错而不用。"（《史记·司马相如列传》作"喟然"。）❹见"芔吸"。

【芔吸】 huìxī 草木为风鼓动所发的声音。司马相如《上林赋》："浏莅～～，盖象金石之声。"

绘（繪） huì ❶彩绣，五彩的刺绣。《文心雕龙·总术》："视之则锦～，听之则丝簧。"❷绘画。《颜氏家训·杂艺》："画～之工，亦为妙矣。"《旧唐书·韩滉传》："尤工书，兼善丹青；以～事非急务，自晦其能，未尝传之。"

禬（禬） huì （又读 guì） ❶为消除灾病而举行的祭祀。《周礼·天官·女祝》："掌以时招、梗、～、禳之事，以除疾殃。"《新唐书·惠宣太子业传》："尝被疾，帝自祝～。"❷古时诸侯聚合财物接济盟国之礼。《周礼·春官·大宗伯》："以～礼哀围败。"

【禬解】 huìjiě 祭祀神祇，祈祷消除灾害。《新唐书·段文昌传》："徙帅荆南，州或旱，～～必雨。"

恚 huì 发怒，怨恨。《战国策·齐策六》："若此二公者，非不能行小节，死小耻也，以为杀身绝世，功名不立，非知也，故去忿～之心，而成终身之名。"《论衡·累害》："同时并进，高者得荣，下者惭～，毁伤其行，二累也。"

【恚碍】 huì'ài 愤怒抵触。萧子良《净住子净行法门·大忍恶对门》："忍恶骂，无耻辱；忍挝打，无～～。"

【恚愤】 huìfèn 愤怒。应玚《奕势》："瞋目～～，覆局崩溃。"《后汉书·隗嚣传》："嚣病且饿，出城餐糗糒，～～而死。"

【恚恨】 huìhèn 愤怒，怨恨。《论衡·累害》："浊吏怀～～，徐求其过，因纤微之谤，被以罪罚。"《后汉书·光武帝纪》："军中分财物不均，众～～，欲反攻诸刘。"

【恚望】 huìwàng 怨恨。《后汉书·杨震传》："乃请大将军耿宝奏震大臣不服罪，怀～～。"《三国志·魏书·邴原传》注引《原别传》："[孔]融有所爱一人，常盛嗟叹之。后～～，欲杀之，朝吏皆请。"

桧 huì 见 guì。

贿（賄） huì ❶财物。《左传·昭公二十年》："承嗣大夫，强易其～。"《汉书·地理志下》："桓公从其言，乃东寄帑与～，虢、会受之。"❷赠送财物。《左传·宣公九年》："孟献子聘于周，王以为有礼，厚～之。"《国语·周语中》："说以语王，王厚～之。"㊀用财物收买，行贿或受贿。《国语·晋语九》："吾主以不～闻于诸侯。"《隋书·炀帝纪下》："政刑弛紊，～货公行，莫敢正言，道路以目。"

【贿交】 huìjiāo 因财货相交。刘峻《广绝交论》："则有穷巷之宾，绳枢之士，冀宵烛之末光，邀润屋之微泽，……衔恩遇，进款诚，援青松以示心，指白水而旌信，是曰～～。"

【贿赂】 huìlù 用财物买通别人。《左传·昭公六年》："乱狱滋丰，～～并行。"柳宗元《答元饶州论政理书》："弊政之大，莫若～～行而征赋乱。"

谐（譮） huì 中止。《说文·言部》："～，中止也。"

【谐列】 huìliè 指士卒中止前进或排列成行。左思《魏都赋》："齐被练而铦戈，袭偏裻以～～。"

彗 huì ❶扫帚。也作"篲"。《礼记·曲礼上》："国中以策～恤勿驱，尘不出轨。"《史记·孟子荀卿列传》："[驺子]如燕，昭王拥～先驱，请列弟子之座而受业。”❷扫。《后汉书·班固传》：“元戎竟野，戈铤～云。”❸星名。彗星。《左传·昭公十七年》：“～，所以除旧布新也。”《论衡·变虚》：“且天之有～，以除秽也，君无秽德，又何禳焉？”❹通“蔧”。曝晒。《六韬·文韬·守土》：“日中不～，是谓失时。”❺通“慧”。见“彗齐”。

【彗齐】 huìjí 聪明敏捷。彗，通“慧”。齐，通“疾”。《大戴礼记·五帝德》：“轩辕生而神灵，弱而能言，幼而～～，长而敦敏，成而聪明。”

【彗星】 huìxīng 星名。亦称孛星，俗名扫帚星。拖有长光像扫帚，故名。古人认为彗星出现是灾异的现象。《史记·天官书》：“盖略以春秋二百四十二年之间，日蚀三十六，～～三见，宋襄公时星陨如雨。”

晦 huì ❶阴历每月的最后一天。《春秋·成公十六年》：“甲午～，晋侯及楚子郑伯战于鄢陵。”《史记·孝文本纪》：“十一月～，日有食之。”❷天黑，夜晚。《国语·鲁语下》：“自庶人以下，明而动，～而休，无日以怠。”《楚辞·天问》：“自明及～，所行几里？”❸昏暗，不明。《诗经·郑风·风雨》：“风雨如～，鸡鸣不已。”《汉书·高帝纪上》：“大风从西北起，折木发屋，扬砂石，昼～。”❹隐晦，含蓄。《左传·成公十四年》：“《春秋》之称，微而显，志而～，婉而成章。”㊀掩蔽。《战国策·赵策二》：“赵王曰：‘先王之时，奉阳君相，专权擅势，蔽～先王，独制官事。’”欧阳修《太常博士尹君墓志铭》：“子渐为人，刚简不矜饰，能自～藏。”❺草木凋零。江淹《杂体诗·王征君》：“寂历百草～，欻吸鹍鸡悲。”❻倒霉。见“晦气”。

【晦迹】 huìjì 指隐居匿迹。慧皎《高僧传·竺道壹》：“少出家，贞正有学业，而～～隐智，人莫能知。”杜甫《岳麓山道林二寺行》诗：“昔遭衰世皆～～，今幸乐国养微躯。”

【晦盲】 huìmáng 昏暗。《荀子·赋》：“列星殒坠，旦暮～～。”《吕氏春秋·音初》：“天大风～～，孔甲迷惑，入于民室，主人方乳。”引申指社会黑暗。《荀子·赋》：“闇乎天下之～～也，皓天不复，忧无疆也。”

【晦昧】 huìmèi ❶昏暗，阴暗。吴均《送柳吴兴竹亭集》诗：“踯躅牛羊下，～～崦嵫色。”韩愈《谒衡岳庙遂宿岳寺题门楼》诗：“我来正逢秋雨节，阴气～～无清风。”❷犹愚昧。《北齐书·文襄帝纪》：“彼当嗤仆之过迷，此亦笑君之～～。”❸隐晦，模糊不清。张炎《词源·清空》：“词要清空，不要质实。清空则古雅峭拔，质实则凝涩～～。”

【晦蒙】 huìméng 昏暗。崔膺《金镜赋》：“宇宙～～，我独皎洁。”苏轼《表忠观碑》：“仰天誓江，月星～～。”

【晦明】 huìmíng ❶指黑夜和白天。《后汉书·赵咨传》：“[通人达士]以存亡为～～，死生为朝夕。”❷从黑夜到天明，即一个夜晚。《楚辞·九章·抽思》：“望孟夏之短夜兮，何～～之若岁！”谢灵运《南楼中望所迟客》诗：“孟夏非长夜，～～如岁隔。”❸明暗，阴晴。《国语·楚语上》：“地有高下，天有～～。”苏轼《放鹤亭记》：“春夏之交，草木际天；秋冬雪月，千里一色；风雨～～之间，俯仰百变。”❹《周易·明夷》：“利艰贞，晦其明也。”（孔颖达疏：“既处明夷之世，外晦其明，恐陷于邪道，故利在艰固其贞，不失其正。”）后遂指韬晦隐迹为晦明。任昉《宣德皇后令》：“在昔～～，隐鳞戢翼。”

【晦冥】 huìmíng 昏暗。《史记·高祖本纪》：“是时雷电～～，太公往视，则见蛟龙于其上。”《论衡·书虚》：“夏后孔甲田于东蓂山，天雨～～，入于民家，主人方乳。”

【晦气】 huìqì 坏运气，倒霉。张镃《园步杂兴》诗之五：“从此五行无～～，一间成就万篇诗。”《水浒传》四十二回：“宋江道：‘却不又是～～，这遭必被擒捉！’”

【晦涩】 huìsè 文辞隐晦，不流畅，不易懂。陈振孙《直斋书录解题·绛守园池记》注：“为文而～～若此，其湮没弗传也宜哉。”

秽（穢） huì ❶杂草多，荒芜。《荀子·富国》：“民贫，则田瘠以～，田瘠以～，则出实不半。”陶渊明《归园田居》诗之三：“晨兴理荒～，带月荷锄归。”❷污浊，脏东西。班固《东都赋》：“百姓涤瑕荡～，而镜自清。”《后汉书·华佗传》：“若在肠胃，则断截湔洗，除去疾～。”㊀特指粪便。《晋书·殷浩传》：“官本臭腐，故将得官而梦尸；钱本粪土，故将得钱而梦～。”㊀弄脏，玷污。蔡邕《女诫》：“面一旦不修饰，则尘垢～之。”李白《古风》之三十七：“群沙～明珠，众草凌孤芳。”❸邪恶，丑陋。《楚辞·离骚》：“不抚壮而弃～兮，何不改乎此度？”《晋书·卫玠传》：“[玠]风神秀异，……骠骑将军王济，玠之舅也，隽爽有风姿，每见玠，辄叹曰：‘珠玉在侧，觉我形～！’”㊁淫乱。《韩非子·亡徵》：“后妻淫乱，主母畜～，外内混通，男女无别。”杨衒之《洛阳伽蓝记·瑶光寺》：“时有秀容胡骑数十，入瑶光寺淫～。”㊀比喻坏人，恶人。《盐铁论·轻重》：“夫理国之道，除～锄豪，然后百姓均平，各安其宇。”曹操《让县自明本志令》：“故在济南，始除残去～。”❹杂乱。《后汉书·班固传》：“赡而不～，详而有体。”《晋书·温峤传》：“初，峤以《汉纪》烦～，慨然有改作之意。”❺古代东方少数民族国名。《吕氏春秋·恃君》：“非滨之东，夷～之乡。”（高诱注：“秽，夷国名。”）

【秽德】 huìdé 指邪恶的行为举动。《尚书·泰誓中》：“无辜吁天，～～彰闻。”《左传·昭公二十六年》：“君无～～，又何禳焉？”

【秽囊】 huìnáng 佛教称人的肉体。《神僧传·释文爽》：“翌日，有狼呀张其口，奋跃欲噬咋之状者三。爽闵其饥，复自念曰：‘～～无恪，施汝一飧，愿疾成坚固之身，汝受吾施，同归善会。’”

【秽土】 huìtǔ 佛教称此世界曰秽土，犹言浊世。对净土而言。《观无量寿佛经疏妙宗钞》一：“堪忍～～，多受众苦，义言苦域。”

【秽亵】 huìxiè 丑恶，言行污秽。《北齐书·司马子如传》：“子如性滑稽，不治检裁，言戏～～，识者非之。”路振《九国志》卷九：“从[刘]隐讨卢延昌于韶州，……翌日进逼其城，城上望楼中有人骂隐，言颇～～，隐惭甚，不敢视左右。”

【秽行】 huìxíng 丑恶的行为。《世说新语·品藻》：“孙兴公、许玄度皆一时名流，或重许高情，则鄙孙～～；或爱孙才藻，而无取于许。”㊁男女间不正当的关系。《聊斋志异·农妇》：“后闻尼有～～，忿然操杖，将复挞楚。”

阓（闠） huì 市场的大门。张衡《西京赋》：“尔乃廓开九市，通阛带～。”

惠 huì ❶恩惠。《左传·庄公十年》：“小～未遍，民弗从也。”贾谊《吊屈原赋》：“恭承嘉～兮，俟罪长沙。”㊁给以好处。《荀子·王制》：“庶人骇政，则莫若～之。”《汉书·元帝纪》：“～此中国，以绥四方。”❷恩爱。《诗经·邶风·北风》：“～而好我，携手同行。”❸仁爱，宽厚。《诗经·小雅·节南山》：“昊天不～，降此大戾。”《论语·公冶长》：“其养民也～。”❹柔顺，柔和。《诗经·邶风·燕燕》：“终温且～，淑慎其身。”《汉书·艺文志》：“德胜不祥，义厌不～。”㊁合乎道理。《荀子·非十二子》：“甚察而不～，辨而无用。”❺赐予，赠送。《宋书·庾悦传》：“身今年未得子鹅，岂能以残炙见～。”《儒林外史》一回：“前日小婿来家，带二斤干鹿肉来见～。”❻敬词。《国语·晋语二》：“公子重耳出见使者曰：‘子～顾亡人重耳。’”《三国志·魏书·崔琰传》：“昨奉嘉命，～示雅数。”❼古代兵器名。即三棱矛。《尚书·顾命》：“二人雀弁执～，立于毕门之内。”❽通“慧”。聪明。《论衡·辨祟》：“巧～生意，作知求利，惊惑愚暗，渔富偷贫。”韩愈《送李愿归盘谷序》：“曲眉丰颊，清声而便体，秀外而～中。”❾姓。

【惠爱】 huì'ài 恩惠慈爱，恩遇。《韩非子·奸劫弑臣》：“哀怜百姓，不忍诛罚者，此世之所谓～～也。”杜甫《送赵十七明府之县》诗：“～～南翁悦，馀波及老身。”

【惠风】 huìfēng ❶和风。嵇康《琴赋》：“清露润其肤，～～流其间。”王羲之《三月三日兰亭诗序》：“是日也，天朗气清，～～和畅。”❷比喻仁爱，恩惠。张衡《东京赋》：“～～广被，泽洎幽荒。”

【惠蛄】 huìgū 同“蟪蛄”。一名寒蝉。旧说寒蝉春生夏死，夏生秋死，寿命不到一年。《庄子·逍遥游》：“朝菌不知晦朔，～～不知春秋。”（惠：一本作“蟪”。）

【惠化】 huìhuà 旧时地方官有被人称道的政绩和教化。《三国志·魏书·卢毓传》：“迁安平、广平太守，所在有～～。”李白《赠徐安宜》诗：“清风动百里，～～闻京师。”

【惠贶】 huìkuàng 对他人赠送的敬称。贶，赠送。吴质《答东阿王书》：“信到，奉所～～。”

【惠连】 huìlián ❶柳下惠和少连的合称。两人都是古代传说的隐士。左思《招隐诗》之二：“～～非吾屈，首阳非吾仁。”❷指南朝宋谢惠连。惠连能文，为族兄谢灵运所赏识。后来诗文中因以“惠连”用为从弟的美称。李白《春夜宴从弟桃花园序》：“群季俊秀，皆为～～。”

【惠叔】 huìshū 复姓。系出姬姓。春秋鲁大夫孟惠叔之后，以谥为氏。东汉有尚书郎惠叔俭。

【惠绥】 huìsuí ❶驾车相迎。绥，登车时拉手用的车上绳索。《古诗十九首》之十六：“良人惟古欢，枉驾惠前绥。”❷犹安抚。张元晏《皇第十一男祯封雅王制》：“固安万邦，～～群品。”

【惠文】 huìwén 即惠文冠。古代武官所戴的帽子。相传为战国时赵惠文王所制，故名。《汉书·张敞传》：“[张]武应曰：‘驭黠马者利其衔策，梁国大都，吏民凋敝，且当以柱后～～弹治之耳。’”（应劭曰：“柱后，以铁为柱，今法冠是也，一名惠文冠。”）

【惠渥】 huìwò 恩惠深厚。潘岳《寡妇赋》：“承庆云之光覆兮，荷君子之～～。”李白《赠崔司户文昆季》诗：“才微～～重，谗巧生缁磷。”

【惠鲜】 huìxiǎn 施恩惠于贫穷的人。《尚书·无逸》：“怀保小民，～～鳏寡。”蔡沈《集传》：“～～云者，鳏寡之人，垂首丧气，赉子赒给之,使之有生意也。"

【惠泽】 huìzé 恩泽,德泽。《后汉书·冯异传》:"人久饥渴,易为充饱。宜急分遣官属,徇行郡县,理冤结,布~~。"曹植《七启》之八:"~~播于黎苗,威灵震乎无外。"

锞 huì 见guǒ。

颒(顪) huì 下巴底下的胡须。《庄子·外物》:"接其鬓,压其~。"

翙(翽) huì 见"翙翙"。

【翙翙】 huìhuì ❶鸟飞时振动羽毛的声音。《诗经·大雅·卷阿》:"凤皇于飞,~~其羽。"刘向《说苑·奉使》引《诗经》作"哕哕"。❷众多。袁康《越绝书·请籴内传》:"太宰嚭曰:'申胥为人臣也,辨其君何必~~乎?'"

税 huì 见shuì。

缋(繢) huì ❶成匹布帛的头尾,即机头。《说文·糸部》:"~,织馀也。"《礼记·玉藻》:"缁布冠~绥,诸侯之冠也。"❷通"绘"。绘画。《周礼·考工记·画缋》:"画~之事,杂五色。"㊇用彩色画或绣的花纹图像。《汉书·食货志下》:"乃以白鹿皮方尺,缘以~,为皮币。"❸文辞。曾巩《上欧阳学士第一书》:"近世学士,饰藻~以夸诩,增刑法以趋向,析财利以拘曲者,则有闻矣。"

【缋罽】 huìjì 有彩色的毛织物。《汉书·东方朔传》:"木土衣绮绣,狗马被~~。"

喙 huì ❶鸟兽的嘴。《国语·晋语八》:"是虎目而豕~,鸢肩而牛腹,谿壑可盈,是不可厌也。"《战国策·燕策二》:"蚌方曝而鹬啄其肉,蚌合而拑其~。"㊇借指人的嘴。《庄子·秋水》:"今吾无所开吾~,敢问其方。"柳宗元《贺进士王参元失火书》:"宥而彰之,使夫蓄于心者,咸得开其~,发策决科者,授子而不慄。"❷器物的尖端。《史记·楚世家》:"庄王曰:'子无阻九鼎!楚国折钩之~,足以为九鼎。'"❸疲困,喘息。《诗经·大雅·緜》:"混夷駾矣,维其~矣。"《国语·晋语五》:"靡笄之役,郤献子伤,曰:'余病~。'"❹一种毒药,即乌头,又名天雄。《战国策·燕策一》:"人之饥所以不食乌~者,以为虽偷充腹,而与死同患也。"柳宗元《吊屈原文》:"堇~以为羞兮,焚弃稷黍。"

譓(譓) huì ❶辨察。《国语·晋语五》:"今阳子之情~矣,以济盖也。"(一本作"谌"。)❷顺从。《三国志·魏书·钟会传》:"仁育群生,义征不~。"

瘣 huì ❶病。《说文·疒部》"瘣"引《诗经》:"譬彼~木。"(今本《诗经·小雅·小弁》作"譬彼坏木"。)木病萎黄无枝叶,也叫做瘣。徐幹《中论·艺记》:"木无枝叶,则不能丰其根干,故谓之~。"❷人或动物体内的肿瘤。李万《韩梼墓志铭》:"在腹之~,倏然破堕。"❸高峻的样子。《史记·司马相如列传》:"阜陵别岛,崴磈瘣~。"

【瘣隤】 huìtuí 同"虺隤"。疲病。焦延寿《易林·师之临》:"玄黄~~,行者劳罢。"

嘒 huì ❶明亮。《诗经·召南·小星》:"~彼小星,三五在东。"刘禹锡《楚望赋》:"三星~其晚中,植物飒以飘英。"❷见"嘒嘒"。

【嘒嘒】 huìhuì 象声词。❶乐管声。《诗经·商颂·那》:"鞉鼓渊渊,~~管声。"❷车上鸾铃声。《诗经·小雅·采菽》:"其旂淠淠,鸾声~~。"❸虫鸟鸣叫声。《诗经·小雅·小弁》:"菀彼柳斯,鸣蜩~~。"王安石《秋日在梧桐》诗:"高蝉不~~,稍得寒鸦宿。"

憓 huì 顺从。同"譓"。《史记·司马相如列传》:"陛下仁育群生,义征不~。"(《汉书》作"譓"。)。左思《魏都赋》:"荆南怀~,朔北思韪。"

蔧 huì(又读wèi) 曝晒,晒干。《汉书·贾谊传》:"日中必~,操刀必割。"(今本《六韬·守土》作"彗"。)

慧 huì ❶聪明,有才智。《论语·卫灵公》:"言不及义,好行小~。"《论衡·命禄》:"见人谋虑深,则曰:'辩~如此,何不富?'"❷狡黠。《三国志·蜀书·董允传》:"后主渐长大,爱宦人黄皓。皓便辟佞~,欲自容入。"❸佛教用语。梵语"般若"意译为"慧"。破惑证真为慧。梁武帝《喻智藏敕》:"求空自简,依空入~。"

【慧典】 huìdiǎn 即佛经。《广弘明集》卷十九《南齐竟陵王解讲疏》之一:"肃萃僧英,敬敷~~。"

【慧根】 huìgēn 佛教用语。五根之一。破除迷惑、认识真理为慧。慧能生道,故名根。慧远《大乘义章》卷四:"于法观达,目之为根,慧能生道,故名~~。"刘禹锡《送宗密上人归南山草堂寺因谒河南尹白侍郎》诗:"宿习修来得~~,多闻第一却忘言。"

【慧光】 huìguāng 佛教所谓智慧之光。《无量寿经》卷下:"~~明净,超逾日月。"

【慧海】 huìhǎi 佛教用语。言佛的智慧深广如海。萧统《开善寺法会》诗:"法轮明暗室,~~度慈航。"

【慧剑】 huìjiàn 佛教比喻智慧如利剑,能斩断一切烦恼。《维摩诘所说经》下《菩萨行品》第十一："以智慧剑，破烦恼贼，出阴界入，荷负众生，永使解脱。"白居易《渭村退居……一百韵》："断痴求～～，济苦得慈航。"

【慧觉】 huìjué 佛教用语。指佛能自觉觉人的智慧。刘孝绰《栖隐寺碑》："公卿贵仕，贤哲伟人，莫不严事招提，归仰～～，欲使法灯永传，胜因长久。"

【慧力】 huìlì 佛教用语。五力之一，说佛的智慧有祛除烦恼的力量。皇甫曾《题普门上人房》诗："～～堪传教，禅功久伏魔。"

【慧命】 huìmìng ❶指佛法。张商英《护法论》："如斯人也，使之侍君，则佞其君，绝佛种性，断佛～～。"❷僧人的尊称。道宣《四分律行事钞》卷下："下座称上座为尊者，上座尊下座为～～。"

【慧目】 huìmù 佛教称佛眼能洞察众生内心及过去、未来，故称慧目。《楞严经》卷二："伏愿弘慈，施大～～，开示我等觉心明净。"

【慧日】 huìrì 佛教用语。指佛的智慧有如太阳普照众生。《法华经·普门品》："无垢清净光，～～破诸暗，能伏灾风火，普明照世间。"

【慧黠】 huìxiá 机智灵巧。《北史·齐后主冯淑妃传》："冯淑妃名小怜，……～～能弹琵琶，工歌舞。"

【慧眼】 huìyǎn 佛教所说的五眼之一。犹慧目。《无量寿经》："～～见真，能度彼岸。"今泛指敏锐的眼力。

【慧业】 huìyè 佛教指生来赋有智慧的业缘。《维摩诘经》上《菩萨品》四："知一切法，不取不舍，入一相门，起于～～。"

【慧藏】 huìzàng 佛教经典分经、律、论三部分，此为三藏，也称慧藏。梁简文帝《庄严旻法师〈成实论义疏〉序》："四种围陀，在家必习；三品～～，入道弥通。"

蕙 huì ❶香草名。一指薰草，俗名佩兰，一指蕙兰。《楚辞·离骚》："余既滋兰之九畹兮，又树～之百亩。"谢灵运《郡东山望溟海》诗："采～遵大薄，搴若履长洲。"❷芳美。见"蕙心"。

【蕙风】 huìfēng 夹带花草芳香的风。左思《魏都赋》："～～如薰，甘露如醴。"欧阳修《送目》诗："楚径～～消病渴，洛城花雪荡春愁。"

【蕙兰】 huìlán 兰的一种。也称蕙。《古诗十九首》之八："伤彼～～花，含英扬光辉。"李白《少年行》："～～相随喧妓女，风光去处满笙歌。"

【蕙若】 huìruò 蕙草和杜若，都是香草名。《楚辞·九章·惜往日》："自前世之嫉贤兮，谓～～其不可佩。"

【蕙心】 huìxīn 比喻女子内心纯美。鲍照《芜城赋》："东都妙姬，南国丽人，～～纨质，玉貌绛唇。"

【蕙质】 huìzhì 比喻高洁的品质。陈山甫《汉武帝重见李夫人赋》："仿佛烟光，飘飖～～。"也指淑女。杨衡《征人》诗："望云愁玉塞，眠月想～～。"

【蕙炷】 huìzhù 芬芳的香炷。陆龟蒙《邺宫词》之一："魏武平生不好香，枫胶～～洁宫房。"毛滂《浣溪沙·送汤》词："～～犹熏百和秾，兰膏正烂五枝红。"

槥 huì 粗陋而薄的小棺材。《汉书·高帝纪下》："令士卒从军死者为～，归其县，县给衣衾棺葬具。"《聊斋志异·青梅》："即出金营葬，双～具举。"

【槥车】 huìchē 运载棺材的车子。《汉书·韩安国传》："今边竟数惊，士卒伤死，中国～～相望，此仁人之所隐也。"

【槥椟】 huìdú 小棺材。《汉书·成帝纪》："其为水所流压死，不能自葬，令郡国给～～葬埋。"也泛指棺材。宋濂《谢节妇传》："及舅姑卒，鬻所居庐，以易～～。"

譓（譿） huì 同"慧"。智慧，聪明。《国语·晋语五》："今阳子之情～矣。"

靧（醴、頮） huì 洗脸。《礼记·内则》："其间面垢，燂潘请～。"

【靧粱】 huìliáng 古用粱米之汤汁洗脸，取其滑泽，叫做靧粱。《礼记·玉藻》："日五盥，沐稷而～～。"

【靧面】 huìmiàn 洗脸。毛滂《春词》："～～桃花有意开，光风转蕙日徘徊。"汪价《三侬赘人自序》："不知寒饿，不栉发～～。"（见张潮《虞初新志》卷二十）

篲 huì 扫帚。《庄子·达生》："[田]开之操拔～以侍门庭。"《史记·高祖本纪》："太公拥～，迎门却行。"

蟪 huì 见"蟪蛄"。

【蟪蛄】 huìgū 一名寒蝉。体呈黄绿色，翅有黑白条纹，寿命只有四五周。雄虫腹部有发音器，夏末自早至暮长鸣不已。《庄子·逍遥遊》："朝菌不知晦朔，～～不知春秋。"《楚辞·招隐士》："岁暮兮不自聊，～～鸣兮啾啾。"

翽 huì 羽茎的末端。引申为羽翼。《淮南子·人间训》："及至其筋骨之已就而羽翮之既成也,则奋翼挥~,凌乎浮云。"

hun

昏(昬) 1. hūn ❶黄昏,天刚黑的时候。《后汉书·刘玄传》:"~时,烧门入,战于宫中,更始大败。"杜甫《茅屋为秋风所破歌》:"俄顷风定云墨色,秋天漠漠向~黑。"㊀昏暗,无光。左思《吴都赋》:"挥袖风飘,而红尘昼~。"王僧达《和琅邪王依古》:"白日无精景,黄沙千里~。"㊂社会黑暗,时世混乱。《老子·五十七章》:"民多利器,国家滋~。"刘琨《劝进表》:"自元康以来,艰祸繁兴。永嘉之际,氛厉弥~。"❷目不明,昏花。《新唐书·魏徵传》:"臣眊~,不能见。"孔尚任《桃花扇·闹榭》:"我老眼虽~,早已看真了。"❸昏迷,失去知觉。《战国策·赵策四》:"此皆能乘王之醉~,而求所欲于王者也。"❹糊涂,昏聩。《后汉书·皇甫嵩传》:"~主之下,难以久居。"《新唐书·魏徵传》:"忠臣已婴祸诛,君陷~恶,丧国夷家,祗取空名。"㊂迷乱,迷惑。《吕氏春秋·诬徒》:"~于小利,惑于嗜欲。"❺出生后未起名而死。《左传·昭公十九年》:"郑国不天,寡君之二三臣,札、瘥、夭、~,今又丧我先大夫偃。"(孔颖达疏:"子生三月父名之,未名之曰昏,谓未三月而死也。")《国语·周语下》:"然则无夭、~、札、瘥之忧,而无饥、寒、乏、匮之患。"❻"婚"的古字。结婚。《汉书·晁错传》:"男女有~,生死相恤。"《新唐书·突厥传上》:"是时突厥再上书求~,帝未报。"❼通"阍"。守门人。《诗经·大雅·召旻》:"~椓靡共,溃溃回遹,实靖夷我邦。"

2. mǐn ❽通"暋"。勉力。尽力。《尚书·盘庚上》:"惰农自安,不~作劳,不服田亩,越其罔有黍稷。"❾通"泯"。见"昏弃"。

【昏暴】 hūnbào ❶昏乱暴虐。也指昏乱暴虐之君。《尚书·仲虺之诰》:"殖有礼,覆~~。"《资治通鉴·宋武帝永初元年》:"彼若~~,民将归汝。"❷愚昧凶恶。《史记·周本纪》:"殷之末孙季纣,殄废先王明德,侮蔑神祇不祀,~~商邑百姓,其章显闻于天皇上帝。"

【昏第】 hūndì 举行冠礼、婚礼的宅第。《南史·陈始兴王伯茂传》:"时六门之外有别馆,以为诸王冠昏之所,名为~~。"

【昏垫】 hūndiàn ❶指陷于水灾之中,精神迷惘,无所适从。《尚书·益稷》:"洪水滔天,浩浩怀山襄陵,下民~~。"苏舜钦《火疏》:"农田被灾者几于十九,民情嗸骚,如~~焉。"❷指水灾。王安石《上龚舍人书》:"比闻天子念东南之民困于~~,辍侍从之臣,亲至其地以劳徕安集之。"

【昏媾】 hūngòu 结成婚姻关系,姻亲。《左传·隐公十一年》:"唯我郑国之有请谒焉,如旧~~。"《北史·隋越王侗传》:"至如宇文化及,世传庸品。其父述,往属时来,早沾厚遇,赐以~~,置之公辅。"

【昏冠】 hūnguàn 婚礼和冠礼。《周礼·地官·党正》:"凡其党之祭祀、丧纪、~~、饮酒,教其礼事,掌其戒禁。"《南史·徐勉传》:"朝仪国典,~~吉凶,勉皆预图议。"

【昏黄】 hūnhuáng 指光色朦胧暗淡。韩偓《曲江晚思》诗:"水冷鹭鸶立,烟月愁~~。"

【昏昏】 hūnhūn ❶阴暗的样子。阴铿《行经古墓》诗:"霏霏野雾合,~~垄日沉。"洪迈《夷坚乙志·云溪王氏妇》:"步于沙莽中,天气~~,不能辨早暮。"❷神志不清。温庭筠《春江花月夜》词:"蛮弦代写曲如语,一醉~~天下迷。"❸糊涂的样子。《孟子·尽心下》:"贤者以其昭昭使人昭昭,今以其~~使人昭昭。"《老子·二十章》:"众人昭昭,我独~~。"❹寂静无为的样子。《庄子·在宥》:"至道之精,窈窈冥冥;至道之极,~~默默。"❺视力昏花。谢肇淛《五杂俎·人部一》:"两目~~然,不甚见物。"

【昏礼】 hūnlǐ 婚娶之礼。古时娶妻之礼,在黄昏举行,故称。《墨子·非儒下》:"~~威仪,如承祭祀。"《论衡·谢短》:"礼言'~~',律言'盗律'何?"

【昏乱】 hūnluàn ❶昏庸无道,糊涂妄为。《左传·宣公三年》:"商纣暴虐,鼎迁于周。德之休明,虽小,重也。其奸回~~,虽大,轻也。"《文心雕龙·檄移》:"及春秋征伐,自诸侯出,惧敌弗服,故兵出须名,振此威风,暴彼~~。"❷指政治黑暗,社会混乱。《老子·十章》:"国家~~,有忠臣。"苏轼《表忠观碑》:"五朝~~,罔堪托国。"

【昏眊】 hūnmào 视力模糊不清。柳宗元《与萧翰林俛书》:"居蛮夷中久,惯习炎毒,~~重膇,意以为常。"欧阳修《谢赐汉书表》:"臣两目~~,虽嗟执卷之已艰,十袭珍藏,但誓传家而永宝。"

【昏耄】 hūnmào ❶衰老,老迈。赵晔《吴越春秋·夫差传》:"今大夫~~而不自安,生变起诈,怨恶而出。"韩愈《顺宗实录四》:"杜亚言卿~~,卿乃如是健耶!"❷昏聩,糊涂。《三国志·吴书·甘宁传》:"祖今年老~~已甚,财谷并乏,左右欺弄,务于货利,侵求吏士。"

【昏瞀】 hūnmào ❶迷惘困惑。《尚书·益稷》孔安国传："言天下民～～垫溺，皆困水灾。"王安石《乞罢政事表》之一："窃以使陪国论，惟亮天工，必用强明，乃能协济，岂容～～，可以叨居。"❷愚昧无知。曹植《九愁赋》："竞～～以营私，害予身之奉公。"

【昏蒙】 hūnméng 愚昧，不明事理。韩愈《独孤申叔哀辞》："众万之生，谁非天邪？明昭～～，谁使然耶？"也作"昏瞢"。刘基《题群龙图》诗："吹之呼龙出石徙，使我一见开～～。"

【昏迷】 hūnmí ❶愚昧，糊涂。《尚书·大禹谟》："蠢兹有苗，～～不恭。"张协《杂诗》："流俗多～～，此理谁能察？"❷神志不清。苏舜钦《和韩三谒欧阳九之作》诗："伊余～～中，忽若出梦寐。"

【昏墨】 hūnmò 指官吏枉法妄为，贪赃受贿。语出《左传·昭公十四年》："已恶而掠美为昏，贪以败官为墨，杀人不忌为贼。《夏书》曰：'昏、墨、贼、杀，皋陶之刑也。'"《隋书·刑法志》："杀伤有法，～～有刑。"

【昏莫】 hūnmù ❶天晚。莫，即暮。《汉书·淮南王刘安传》："每宴见，谈说得失及方技赋颂，～～然后罢。"❷昏暗。引申为愚昧，糊涂。《荀子·成相》："门户塞，大迷惑，悖乱～～不知极。"

【昏逆】 hūnnì 对叛逆者的蔑称。《三国志·魏书·高贵乡公髦传》："古者克敌，收其尸以为京观，所以惩～～而章武功也。"

【昏孽】 hūnniè 愚昧不肖之子。《南史·齐武帝等诸子传论》："而武帝不以择贤，传之～～，推此而论，有冥数矣。"

【昏睡】 hūnshuì ❶倦睡，瞌睡。《梁书·刘峻传》："自课读书，常燎麻炬，从夕达旦，时或～～，爇其发，既觉复读。"❷犹沉醉。《宋书·乐志一》："魏文侯虽好古，然犹～～于古乐，于是淫声炽而雅音废矣。"

【昏替】 hūntì 犹衰亡。李益《北至太原》诗："炎祚昔～～，皇基此郁盘。"

【昏晓】 hūnxiǎo ❶犹朝夕。也指明暗。《南齐书·东昏侯纪》："干戈鼓噪，～～靡息。"杜甫《望岳》诗："造化钟神秀，阴阳割～～。"❷糊涂与明白。《晋书·曹毗传》："大人达观，任化～～，出不极劳，处不巢皓。"

【昏昕】 hūnxīn ❶天将晓而未明之时。《仪礼·士昏礼》："凡行事，必用～～。"❷犹旦夕，早晚。曾巩《广德军重修鼓角楼记》："至于伐鼓鸣角，以警～～，下漏数刻，以节昼夜，则又新是四器，列而栖之。"❸泛指时日，时光。权德舆《伏蒙十六叔寄示喜庆感怀》诗："侍坐驰梦寐，结怀积～～。"

【昏姻】 hūnyīn ❶同"婚姻"。嫁娶。《诗经·鄘风·蝃蝀》："乃如之人兮，怀～～也。"《左传·成公十三年》："申之以盟誓，重之以～～。"❷姻亲关系。《诗经·小雅·角弓》："兄弟～～，无胥远矣。"韩愈《祭故陕府李司马文》："愈以守官，不获吊送。～～之好，以哀以悲。敬致微礼，公其歆之。"

【昏昃】 hūnzè 迟暮，太阳偏西与黄昏之时。《南齐书·海陵王纪》："静言多愠，无忘～～。"刘峻《与举法师书》："苍星～～，凉云送秋。"

【昏札】 hūnzhá 早夭。柳宗元《兴州江运记》："属当恶岁，府庾甚虚，器备甚殚，饥馑～～，死徙充路。"

【昏椓】 hūnzhuó 阉人，即太监。《诗经·大雅·召旻》："～～靡共，溃溃回遹，实靖夷我邦。"陈子昂《汉州洛县令张君吏人颂德碑》："我有圣帝抚令君，遭暴～～愕寡纷，民户流散日月曛。"

【昏弃】 mǐnqì 蔑弃，弃绝。昏，通"泯"。《尚书·牧誓》："今商王受惟妇言是用，～～厥肆祀弗答。"

【昏作】 mǐnzuò 努力劳作。《三国志·魏书·武帝纪》："君劝分务本，穑人～～，粟帛滞积，大业惟兴。"潘岳《籍田赋》："情欣乐于～～兮，虑尽力乎树艺。"

【昏定晨省】 hūndìngchénxǐng 旧时子女侍奉父母的日常礼节。指晚间服侍就寝，早上省视问安。《礼记·曲礼上》："凡为人子之礼，冬温而夏凊，昏定而晨省。"《抱朴子·良规》："虽日享三牲，～～～～，岂能见怜信邪！"也作"晨昏定省"。《红楼梦》三十六回："不但将亲戚朋友一概杜绝了，而且连家庭中～～～～，一发都随他的便了。"

荤（葷） 1. hūn ❶指葱蒜等辛味的菜。《仪礼·士相见礼》："夜侍坐，问夜，膳～，请退可也。"❷指鱼肉类食品。范成大《离堆行》："款门得得酹清尊，椒浆桂酒删膻～。"

2. xūn ❸见"荤允"、"荤粥"。

【荤菜】 hūncài 有辛味的蔬菜。如葱蒜之类。《荀子·富国》："然后～～、百疏以泽量。"《管子·立政》："六畜不育于家，瓜瓠～～百果不备具，国之贫也。"

【荤膻】 hūnshān 指有辛味的菜和有膻味的牛羊肉等食物。白居易《游悟真寺》诗："以地清净故，献奠无～～。"

【荤辛】 hūnxīn 气味剧烈的蔬菜的统称。辛，指辣味的。佛家禁食这些菜。姚合《乞新茶》诗："嫩绿微黄碧涧春，采取闻道断～～。"《宋史·顾忻传》："十岁丧父，以母病，

～～不入口者十载。”

【荤腥】 hūnxīng 鱼肉及荤辛之类的食物。白居易《斋戒》诗："每因斋戒断～～，渐觉尘劳染爱轻。”今专指肉食。

【荤血】 hūnxuè 同“荤腥”。刘恂《岭表录异》卷上："陵州刺史周遇，不茹～～。”《旧唐书·王维传》："维弟兄俱奉佛，居常蔬食，不茹～～，晚年长斋，不衣文采。”

【荤粥】 xūnyù 古代北方匈奴的别名。亦作“荤允”、“薰育”、“薰粥”、“熏鬻”、“獯鬻”。《史记·五帝本纪》："[黄帝]北逐～～，合符釜山。”《汉书·谷永传》："北无～～、冒顿之患，南无赵佗、吕嘉之难，三垂晏然，靡有兵革之警。”

【荤允】 xūnyǔn 见“荤粥”。

惛 hūn 昏暗。亦作“惽”。《集韵·魂韵》："～，阍也。《太玄》：‘阍诸幽～。’”

【惛惛】 hūnhūn 同“昏昏”。昏暗不明。欧阳詹《送王式东游序》："～～贸贸乎泥滓。”

惽(惛、殙) 1. hūn ❶糊涂，不明白。《孟子·梁惠王上》："吾～，不能进于是矣。愿夫子辅吾志，明以教我。”《战国策·秦策一》："今之嗣主，忽于至道，皆～于教，乱于治，迷于言，惑于语，沉于辩，溺于辞。”❷神志不清。《南史·宋孝武帝纪》："俄顷数斗，凭几～睡，若大醉者。”❸欺蒙。《韩非子·南面》："事有功者必赏，则群臣莫敢饰言以～主。”❹通“悯”。怜恤。《汉书·刘向传》："死者恨于下，生者愁于上，……臣甚～焉。”❺通“吻”。《吕氏春秋·察今》："口～之命不愉。”❻见“惽惽”。

2. mèn ❼愁闷，烦恼。通“闷”。《吕氏春秋·本生》："上为天子而不骄，下为匹夫而不～。”《后汉书·张衡传》："不见是而无～。”

【惽惽】 hūnhūn ❶糊涂，昏暗不明。《汉书·王温舒传》："为人少文，居它，～～不辩。”❷静默，专一。《荀子·劝学》："无～～之事者，无赫赫之功。”❸沉闷，愁闷。《楚辞·九辩》："遭翼翼而无终兮，忳～～而愁约。”

【惽乱】 hūnluàn ❶迷乱，神志不清。《史记·吕太后本纪》："今皇帝病久不已，乃失惑～～。”❷昏庸无德。《晏子春秋·问下》："上～～，德义不行。”❸纷乱。《晏子春秋·外篇上》："燕鲁分争，百姓～～。”

【惽眊】 hūnmào 老眼昏花，形容人衰老。眊，眼睛不明亮的样子。上官仪《为太仆卿刘弘基请致仕表》："但犬马之齿，甲子已多；风雨之疾，～～日甚。”

【惽耄】 hūnmào 年老神志不清。耄，八九十岁的老人，泛指老人。《宋书·范泰传》："实欲尽心竭诚，少报万分，而～～已及，百疾互生。”

【惽懵】 hūnméng 迷糊不清。《宋书·谢庄传》："眼患五月来便不复得夜坐，恒闭帷避风日，昼夜～～，为此不复得朝谒诸王，庆吊亲旧，唯被敕见，不容停耳。”也作“惽瞢”。谭作民《噩梦》诗："飞廉驰，滆乌驶，六合～～万山紫。”

【惽怓】 hūnnáo 喧扰，争吵。《诗经·大雅·民劳》："无纵诡随，以谨～～。”

阍(閽) hūn ❶守门人。《左传·襄公二十九年》："吴人伐越，获俘焉，以为～。”❷天门。扬雄《甘泉赋》："选巫咸兮叫帝～，开天庭兮延群神。”❸以天门比喻君门，故宫门亦称阍。杜甫《奉留赠集贤院崔于二学士》诗："昭代将垂白，途穷乃叫～。”

【阍人】 hūnrén 官名。掌晨昏启闭宫门。后世称守门人也为阍人。《礼记·檀弓下》："季孙之母死，哀公吊焉。曾子与子贡吊焉，～～为君在，弗内也。”韩愈《后二十九日复上宰相书》："愈之待命，四十馀日矣。书再上，而志不得通。足三及门，而～～辞焉。”

【阍侍】 hūnshì 守门人。李商隐《为举人上翰林萧侍郎启》："顷者曾干～～，获拜堂皇。”

【阍寺】 hūnsì 即阍人和寺人。均是宫门的守门人。《礼记·内则》："深宫固门，～～守之。”也泛指富贵之家的守门人。《颜氏家训·风操》："失教之家，～～无礼。”

婚(㛰) hūn ❶男女结为夫妻。《白虎通·嫁娶》："婚姻者，何谓也？昏时行礼，故谓之～也。”杜甫《新婚别》诗："暮～晨告别，无乃太匆忙。”㊀特指男子娶妻。赵孟頫《题耕织图》诗："冬前与冬后，～嫁利此时。”❷指婚姻关系。《史记·屈原贾生列传》："时秦昭王与楚～，欲与怀王会。”《三国志·吴书·吴主传》："[孙]权令都尉徐详诣曹公请降，公报使修好，誓重结～。”

【婚对】 hūnduì 婚配。《晋书·卫瓘传》："瓘自以诸生之胄，～～微素，抗表固辞，不许。”《南史·刘瓛传》："[瓛]年四十馀，未有～～。”

【婚阀】 hūnfá 婚姻门第。《旧唐书·王锷传》："锷初附太原王翃为从子，以～～自炫。”

【婚媾】 hūngòu ❶嫁娶，结为亲戚关系。《国语·晋语四》："今将～～以从秦。”《三国志·魏书·陈思王植传》："～～不通，兄弟乖绝。”❷指有婚姻关系的亲戚。韩愈《南山》

诗："或戾若仇雠，或密若～～。"

【婚冠】 hūnguàn 婚礼和冠礼。宗躬《孝子传》："华宝八岁，义熙中，父从军，语宝曰：'吾还，当营～～。'"也指婚冠之年。《颜氏家训·勉学》："世人～～未学，便称迟暮。"

【婚宦】 hūnhuàn 结婚和作官。《列子·杨朱》："人不～～，情欲失半。"

【婚田】 hūntián 陪嫁的田地。《旧唐书·职官志三》："户曹、司户掌户籍、计帐、道路、逆旅、～～之事。"

【婚姻】 hūnyīn ❶男女结合为夫妻，嫁娶。《荀子·富国》："男女之合，夫妇之分，～～，娉内、送逆无礼。"《汉书·礼乐志》："人性有男女之情，妒忌之别，为制～～之礼。"❷亲家，有婚姻关系的亲戚。《尔雅·释亲》："妇之父母，婿之父母相谓为～～。"《汉书·高帝纪上》："沛公与伯约为～～。"

【婚友】 hūnyǒu 有婚姻关系的亲戚、朋友。《尚书·盘庚上》："汝克黜乃心，施实德于民，至于～～。"黄庭坚《寄上高李令怀道》诗："李侯湖海士，瓜葛附～～。"

焄 hūn 见 xūn。

唇 hūn 见 wěn。

滑 hūn 见 mǐn。

棔 hūn 木名，即合欢。也作合棔、枱棔。叶朝开夕合，夏季开花，花淡红色。木材可制家具、枕木等。《红楼梦》七十六回："阶露团朝菌，庭烟敛夕～。"

殙(殙) 1. hūn ❶迷惑紊乱。指精神失控。《庄子·达生》："以瓦注者巧，以钩注者惮，以黄金注者～。"❷婴儿夭折。《广韵·魂韵》："～，未立名而死也。"

2. mèn ❸气绝。《吕氏春秋·论威》："知其不可久处，则知所兔起凫举死～之地矣。"

昆 hún 见 kūn。

浑(渾) 1. hún ❶浑浊。《老子·十五章》："敦兮其若朴，旷兮其若谷，～兮其若浊。"杜甫《示从孙济》诗："淘米少汲水，汲多井水～。"❷混同。孙绰《游天台山赋》："～万象以冥观，兀同体于自然。"《论衡·案书》："阴阳相～，旱湛相报，天道然也。"❸愚昧，糊涂。《商君书·壹言》："塞而不开则民～。"王安石《礼乐论》："生～则蔽性，性～则蔽生。"❹质朴，自然。司空图《诗品·雄浑》："返虚入～，积健为雄。"❺全，满，整个儿。见"浑舍"。❻都，皆。王建《晚秋病中》诗："霜下野花～著地，寒来溪鸟不成群。"王安石《若耶溪归兴》诗："汀草岸花～不见，青山无数逐人来。"❼简直，几乎。杜甫《春望》诗："白头搔更短，～欲不胜簪。"罗隐《焚书坑》诗："祖龙算事～乖角，将为诗书活得人。"❽仍然，还。杜甫《十六夜玩月》诗："巴童～不寐，半夜有行舟。"赵彦端《谒金门》词："花满深宫无路入，旧游～记得。"❾古代少数民族吐谷浑的省称。《旧唐书·郭子仪传》："兼河陇之地，杂羌～之众。"❿浑河。1）山西、河北的桑乾河。2）辽宁的小辽河。3）辽宁的佟家江。⓫姓。

2. hùn ⓬通"混"。见"浑淆"、"浑殽"。

【浑成】 húnchéng ❶天然生成。《抱朴子·畅玄》："恢恢荡荡，与～～等其自然；浩浩茫茫，与造化均其符契。"《朱子语类》卷七十四："且如'尧舜性之'，是其性本～～。"❷常指文艺作品浑然一体，不露雕琢痕迹。沈括《梦溪笔谈·艺文一》："韩退之《雪诗》：'舞镜鸾窥沼，行天马度桥'，亦效此体，然稍牵强，不若前人之语～～也。"文徵明《跋宋高宗石经残本》："此书楷法端重，结构～～。"

【浑敦】 húndūn ❶模糊，不分明。《山海经·西山经》："有神焉，其状如黄囊，赤如丹火，六足四翼，～～无面目，是识歌舞，实为帝江也。"❷愚昧，不开通的样子。《左传·文公十八年》："昔帝鸿氏有不才子，掩义隐贼，好行凶德，丑类恶物。顽嚚不友，是与比周，天下之民谓之～～。"（杜预注："浑敦，不开通之貌。"）

【浑沌】 húndùn ❶古代传说中指天地形成前的元气状态。《淮南子·诠言训》："洞同天地，～～为朴。未造而成物，谓之太一。"曹植《七启》："夫太极之初，～～未分。"❷模糊不清的样子。《论衡·论死》："人夜行见磷，不象人形，～～积聚，若火光之状。"❸同"浑敦"。愚昧，不开通的样子。《史记·五帝本纪》："昔帝鸿氏有不才之子，掩义隐贼，好行凶慝，天下谓之～～。"❹传说中的恶兽名。东方朔《神异经·西荒经》："昆仑西有兽焉，其状如犬，长毛四足，……天使其然，名为～～。"

【浑噩】 hún'è ❶淳朴。袁桷《善之佥事兄南归述怀百韵》："约制如竟宁，～～回正始。"❷模糊不清的样子。王夫之《薑斋诗话》卷三引金堡诗："云压江心天～～，虱居豕背地宽饶。"沈廉《锦江观潮》诗："一气～～渺无尽，乾坤不觉如浮萍。"

【浑盖】 húngài 浑天和盖天两种古代天体学说的合称。《梁书·崔灵恩传》："先是儒者论天，互执浑、盖二义，论盖不合于浑，论浑不合于盖，灵恩立义，以～～为一焉。"庾信《进象经赋表》："况复日之远近，本非童子所问；天之～～，岂是书生所谈。"

【浑涵】 húnhán 博大深沉。《新唐书·杜审言杜甫传赞》："唐兴，诗人承陈隋风流，浮靡相矜。……至甫，～～汪茫，千汇万状，兼古今而有之。"《宋史·苏轼传》："轼与弟辙师父洵为文，……其体～～光芒，雄视百代，有文章以来，盖亦鲜矣。"

【浑浩】 húnhào 水势盛大的样子。崔璐《览皮先辈盛制因作十韵以寄用伸款仰》："～～江海广，葩华桃李敷。"苏洵《上欧阳内翰第一书》："韩子之文，如长江大河，～～流转。"

【浑厚】 húnhòu ❶质朴厚重。常用以形容诗文书画的笔力、风格凝重。《新唐书·李翱传》："翱始从昌黎韩愈为文章，辞致～～，见推当时。"司马光《述国语》："《国语》辞语繁重，序事过详，不若《春秋传》之简直精明，～～遒峻也。"❷淳朴，敦厚。指人品。曾巩《馆中祭丁元珍文》："子之为人，～～平夷，不阻为崖，不巧为机。"

【浑花】 húnhuā 掷骰子时，六子掷成同一彩色。《新五代史·吴世家》："[徐]温与[刘]信博，信敛骰子厉声祝曰：'刘信欲背吴，愿为恶彩，苟无二心，当成～～。'温遽止之，一掷，六子皆赤。"

【浑浑】 húnhún ❶混浊、纷乱的样子。《素问·脉要精微论》："～～革至如涌泉，病进而色弊。"陆云《九愍·感逝》："时蔼蔼而未飑，世～～其难澄。"❷浑厚质朴的样子。韩愈《进学解》："上规姚姒，～～无涯。"欧阳修《张子野墓志铭》："遇人～～，不见圭角。"❸水流奔涌的样子。《荀子·富国》："若是则万物得宜，事变得应，上得天时，下得地利，中得人和，则财货～～如泉源，汸汸如河海，暴暴如丘山。"陶渊明《命子》诗："～～长源，蔚蔚洪柯。"

【浑濩】 húnhuò 水流汹涌澎湃的样子。张协《七命》："溟海～～涌其后，嶰谷𡾋嶆张其前。"

【浑沦】 húnlún ❶指宇宙形成前的迷蒙状态。义同"浑沌"。《列子·天瑞》："太初者，气之始也。太始者，形之始也。太素者，质之始也。气形质具而未相离，故曰～～。～～者，言万物相～～而未相离也。"❷浑然一片，囫囵。《朱子语类·辑略》二《读书法》："学者初看文字，只见得箇～～事物，久久看作三两片，以至于十数片，方是长进。"耶律楚材《谢圣安澄公馈药》诗："仔细嚼时元不碍，～～吞下也无妨。"❸自然，质朴。崔令钦《教坊记》："任智方四女皆善歌，其中二姑子，吐纳悽惋，收敛～～。"王士禛《池北偶谈·谈艺四·空同诗》："宣德文体多～～，伟哉东里廊庙珍。"

【浑名】 húnmíng 绰号。《京本通俗小说·拗相公》："老妪道：'官人难道不知王安石即当今之丞相？拗相公是他的～～。'"《水浒传》二十九回："施恩道：'小弟自幼从江湖上师父学得些小枪棒在身，孟州一境，起小弟一个～～，叫做金眼彪。'"

【浑舍】 húnshè ❶全家。戎昱《苦哉行》："身为最小女，偏得～～怜。"❷指妻。韩愈《寄卢仝》诗："每骑屋山下窥阚，～～惊怕走折趾。"关汉卿《窦娥冤·楔子》："不幸～～亡化已过，撇下这个女孩儿。"

【浑天】 húntiān ❶古代解释天体的一种学说。主张天地形状像鸟卵，天包地像卵包黄。天半在地上，半在地下，南北两极固定在天的两端，日月星辰皆绕两极极轴而旋转。参阅《宋书·天文志一》。❷即浑仪，也叫浑天仪。古代测量天体位置的仪器。《太平御览》卷二引虞喜《安天论》："太史令陈季胄以先贤制木为仪，名曰～～。"

【浑铁】 húntiě 纯铁。《元史·隋世昌传》："锻～～为枪，重四十馀斤，能左右击刺。"《水浒传》七回："[鲁智深]便去房内取出～～禅杖，头尾长五尺，重六十二斤。"

【浑一】 húnyī 同"混一"。统一。史岑《出师颂》："素旄一麾，～～区宇。"《晋书·庾敳传》："至理归于～～兮，荣辱固亦同贯。"

【浑元】 húnyuán 指天地元气或天地。班固《幽通赋》："～～运物，流不处兮。"杨炯《盂兰盆赋》："～～告秋，羲和奏晓。"

【浑圆】 húnyuán ❶指形体很圆。《元史·历志一》："天体～～。"❷不露棱角，指作品完美。沈作喆《寓简》卷八："气质～～，意到辞达。"

【浑漫】 hùnmàn 杂乱。《抱朴子·杂应》："余究而观之，殊多不备，诸急病其尚未尽，又～～杂错，无其条贯，有所寻按，不即可得。"《隋书·经籍志二》："自是之后，不能辨其流别，但记书名而已。博览之士，疾其～～，故王俭作《七志》，阮孝绪作《七录》，并皆别行。"

【浑淆】 hùnxiáo 混杂。《汉书·董仲舒传》："今阴阳错缪，氛气充塞，……廉耻贸乱，贤不肖～～，未得其真。"《晋书·陈寿等传论》："处叔区区，励精著述，～～芜舛，良不足观。"

【浑殽】 hùnxiáo 错杂，混杂。《汉书·楚元王传》："今贤不肖～～，白黑不分，邪正杂糅，忠谗并进。"

【浑天仪】 húntiānyí 又名浑象、浑仪。我国古代观测天体位置的仪器，类似现在的天球仪。《后汉书·张衡传》："遂乃研覈阴阳，妙尽璇机之正，作～～～。"

【浑浑沌沌】 húnhúndùndùn ❶天地形成前的元气状态。《吕氏春秋·大乐》："～～～～，离则复合，合则复离，是谓天常。"❷糊涂无知的样子。《庄子·在宥》："～～～～，终身不离。"

【浑金璞玉】 húnjīnpúyù 未炼的金，未琢的玉。比喻未加修饰的天然美质。杨炯《群官寻杨隐居诗序》："乃有～～～～，凤戢龙蟠。方圆作其舆盖，日月为其扃牖。"比喻人品纯真质朴。《晋书·王戎传》："尝目山涛如～～～～，人皆钦其宝，莫知名其器。"

骍（驒） hún 兽名。《山海经·北山经》："[太行之山]有兽焉，其状如麢羊而四角，马尾而有距，其名曰～，善还。"郭璞《山海经图赞·骍兽》："～兽四角，马尾有距，涉历归山，腾险跃岨，厥貌惟奇，如是旋舞。"

楎（楎） 1. hún ❶农具名。三爪犁。一说犁上曲木。《说文·木部》："～，六叉犁。一曰犁上曲木，犁辕。"

2. huī ❷钉在墙上的木橛。见"楎椸"。

【楎椸】 huīyí 悬挂衣服的竿架。《礼记·内则》："男女不同椸枷，不敢县于夫之～～。"

馄（餛） hún 见"馄饨"。

【馄饨】 húndùn 古代一种面食。用薄面片儿包馅做成，煮而食之。陈元靓《岁时广记》卷三十八："《岁时杂记》：京师人家，冬至多食～～，故有冬～～、年～～之说。"

魂（䰟） hún ❶魂灵。旧时指能离开形体而存在的人的精神。《楚辞·九章·惜诵》："昔余梦登天兮，～中道而无杭。"《后汉书·质帝纪》："今遣使者案行，若无家属及贫无资者，随宜赐恤，以慰孤～。"❷泛指事物的精灵。温庭筠《华清宫和杜舍人》："杜鹃～厌蜀，胡蝶梦悲庄。"苏轼《再用松风亭下韵》："罗浮山下梅花村，玉雪为骨冰为～。"❸犹意念，心灵。白居易《梦裴相公》诗："五年生死隔，一夕～梦通。"苏轼《予以事系御史台狱》诗之二："梦绕云山心似鹿，～飞汤火命如鸡。"

【魂车】 húnchē 古代丧礼，于下葬前依死者生前外出之状所备的车。《仪礼·既夕礼》郑玄注："进车者，象生时将行陈驾也。今时谓之～～。"

【魂魂】 húnhún ❶众多的样子。扬雄《太玄经·玄告》："～～万物。"❷盛大的样子。《山海经·西山经》："[槐江之山]南望昆仑，其光熊熊，其气～～。"

【魂灵】 húnlíng 即灵魂。又指精神或意念。《三国志·魏书·文帝纪》："存于所以安君定亲，使～～万载无危，斯则圣贤之忠孝矣。"王实甫《西厢记》一本一折："似这般可喜娘的庞儿罕曾见，只教人眼花撩乱口难言，～～儿飞在半天。"

【魂楼】 húnlóu 坟墓封土。陶穀《清异录·丧葬》："葬处土封谓之～～。"

【魂魄】 húnpò 人的精神。古人认为精神能离形体而存在者为魂，依形体而存在者为魄。《楚辞·招魂》："～～离散，汝筮予之。"韩愈《欧阳生哀辞》："山川阻深兮，～～流行。"

【魂亭】 húntíng 古时葬礼放置死者灵牌的纸亭。陆游《放翁家训》："近世出葬，或作香亭、～～、寓人、寓马之类，一切当屏去。"

【魂衣】 húnyī 祭祀时在灵座上陈设的死者遗衣。《周礼·春服·司服》郑玄注："今坐上～～也。"《汉书·王莽传下》："赐临药，临不肯饮，自刺死。使侍中票骑将军同说侯林赐～～玺韨。"

【魂舆】 húnyú 即魂车。陆机《挽歌》之二："～～寂无响，但见冠与带。"

鼲（鼲） hún 鼠名。又名鼲子、黄鼠。穴居土中，见人则交其前足于颈，拱立如揖，故又称拱鼠、礼鼠。皮毛可以制裘。《盐铁论·力耕》："～鼦狐貉，采旃文罽，充于府内。"

睧 hǔn 疾速的样子。《集韵·混韵》："～，眩睧，疾貌。"

婫 hǔn 覆盖。《资治通鉴·梁敬帝太平元年》："[陈]霸先命炊米煮鸭，人人以荷叶裹饭，～以鸭肉数脔。"

诨（諢） hùn ❶说笑话或耍弄以逗趣。《玉篇》："～，弄言。"❷指说逗趣话的人。《新唐书·史思明传》："思明爱优～，寝食常在侧。"❸指逗趣的话。陈师道《后山谈丛》卷四："既而坐事贬官湖外，过黄而见苏，寒温外，问有新～否？"

【诨话】 hùnhuà 引人发笑的话。陈鹄《西塘集耆旧续闻》卷三："元丰末东坡赴阙，道出南都，……坡至都下，就宋氏借本看。宋氏诸子不肯出，谓东坡滑稽，万一摘数语作～～，天下传为口实矣。"

【诨名】 hùnmíng 绰号，花名。《水浒传》二十四回："这武大郎身不满五尺，面目丑陋，头脑可笑，清河县人见他生得短矮，起他一个～～，叫做‘三寸丁穀树皮’。”

倱 hùn ❶完全。《广韵·慁韵》：“～，全。”❷通“慁”。辱没。《说文·人部》引《逸周书》：“朕实不明，以～伯父。”（今本《逸周书·大戒》无“以倱伯父”四字。）

圂 1. hùn ❶猪圈。《汉书·五行志中之下》：“豕出～，坏都灶，衔其鬴六七枚置殿前。”《新唐书·五行志三》：“咸通七年，徐州萧县民家豕出～舞。”㊀厕所。《墨子·备城门》：“五十步一厕，与下同～。”❷姓。

2. huàn ❸通“豢”。见“圂腴”。

【圂腴】 huànyú 猪和犬的内脏。《礼记·少仪》：“君子不食～～。”

倱 hùn 见“倱伅”。

【倱伅】 hùndùn 传说远古帝鸿氏之子。《玉篇》：“帝鸿氏有不才子，天下之民谓之～～。”（《左传·文公十八年》作“浑敦”。《史记·五帝本纪》作“浑沌”。）详见“浑敦”、“浑沌”。

混 1. hùn ❶水势盛大。见“混流”、“混涛”。❷混浊。《老子·十五章》：“旷兮其若谷，～兮其若浊。”孙樵《书褒城驿壁》：“视其沼，则浅～而污。”❸杂糅，混同。班固《典引》：“肇命民主，五德初始，同于草昧，玄～之中。”《论衡·本性》：“扬雄言人性善恶～者，中人也。”❹胡乱。《儒林外史》十五回：“寻了钱又～用掉了，而今落得这一个收场。”《红楼梦》八回：“又～闹了，一个药也有～吃的？”❺蒙混，冒充。《西游记》七十四回：“有甚话，当面来说便好，怎么装做个山林之老魔样～我！”《红楼梦》四十七回：“姨太太的牌也生了，咱们一处坐着，别叫凤丫头～了我们去。”❻苟且过活。《儒林外史》十二回：“思量房里没有别人，只是杨执中的蠢儿子在那里～。”

2. gǔn ❼大水奔流的样子。见“混混”。

【混成】 hùnchéng 浑然天成，自然生成。《老子·二十五章》：“有物～～，先天地生。”班固《幽通赋》：“道～～而自然兮，术同原而分流。”

【混沌】 hùndùn ❶古代传说中指天地未形成之前的元气状态。班固《白虎通·天地》：“～～相连，视之不见，听之不闻，然后剖判。”崔融《嵩山启母庙碑》：“握乾坤而造物，海内知春；辟～～而为家，域中无外。”❷浑然一体、不可分割的样子。孙思邈《四言诗》：“一体～～，两精感激。”严羽《沧浪诗话·诗评》：“汉魏古诗，气象～～，难以句摘。”

【混号】 hùnhào 绰号，外号。也作“诨号”。赵翼《陔馀丛考》卷三十八：“世俗轻薄子，互相品目，辄有～～。《吕氏春秋·简选》：夏桀号‘移大牺’，谓其多力能推牛倒也，此为～～之始。”

【混厚】 hùnhòu 浑厚，或使浑厚。《国语·周语下》：“若能类善物，以～～民人者，必有章誉蕃育之祚，则单子必当之矣。”

【混混】 hùnhùn ❶指阴阳二气未分前的混沌状态。《史记·太史公自序》：“乃合大道，～～冥冥。光耀天下，复反无名。”扬雄《剧秦美新》：“爰初生民，帝王始存，在乎～～茫茫之时。”❷浑浊，纷乱。《楚辞·九思·伤时》：“时～～兮浇馈，哀当世兮莫知。”❸波浪声。枚乘《七发》：“～～庉庉，声如雷鼓。”

【混迹】 hùnjì 使行踪不显露于众人之中。元稹《代曲江老人百韵》：“毁容怀赤绂，～～戴黄巾。”陆游《好事近》词：“～～寄人间，夜夜画楼银烛。”

【混流】 hùnliú 水势盛大。《汉书·司马相如传上》：“汩乎～～，顺阿而下。”

【混伦】 hùnlún 水流旋转的样子。郭璞《江赋》：“或泛潋于潮波，或～～乎泥沙。”

【混漫】 hùnmàn 杂乱。《晋书·王隐传》：“其书次第可观者，皆其父所撰；文体～～义不可解者，隐之作也。”《隋书·李德林传》：“前者议文，总诸事意，小如～～，难可领解。”

【混芒】 hùnmáng 犹混沌。指人类最初的蒙昧状态。《庄子·缮性》：“古之人在～～之中，与一世而得澹漠焉。”也作“混茫”。《抱朴子·诘鲍》：“夫～～以无名为贵，群生以得意为欢。”

【混耗】 hùnmào 打扰，骚扰。耗，通“眊”。昏乱。董解元《西厢记诸宫调》卷二：“俺又本无心，把你僧家～～。”

【混蒙】 hùnméng 混沌蒙昧。欧阳修《与张秀才第二书》：“及诞者言之，乃以～～虚无为道，洪荒广略为古，其道难法，其言难行。”

【混名】 hùnmíng 绰号。《水浒传》四十九回：“包节级喝道：‘你两个便是甚么两头蛇、双尾蝎，是你么？’解珍道：‘虽然别人叫小人们这等～～，实不曾陷害良善。’”《红楼梦》四回：“这薛公子的～～，人称他‘呆霸王’，最是天下第一个弄性尚气的人。”

【混冥】 hùnmíng 犹混沌。指天地人物浑然一体，没有区别。《庄子·天地》：“致命尽情，天地乐而万事销亡，万物复情，此之谓～～。”《淮南子·本经训》：“当此之时，无庆贺之利，刑罚之威，礼义廉耻不设，毁誉仁鄙不立，而万民莫相侵欺暴虐，犹在于～～之中。”

【混然】 hùnrán ❶混乱，杂乱。《荀子·非十二子》：“假今之世，饰邪说，文奸言，以枭乱天下，矞宇嵬琐，使天下～～不知是非治乱之所存者，有人矣。”《新唐书·李渤传》：“士之邪正～～无章。”❷浑然一体。叶适《安集两淮申省状》：“千里之州，百里之邑，～～一区，烟火相望。”❸愚昧无知的样子。《荀子·儒效》：“乡也，～～涂之人也，俄而并乎尧禹，岂不贱而贵矣哉？”

【混堂】 hùntáng 浴池。郎瑛《七修类稿》卷十六：“吴俗，甃大石为池，穹幕以砖，后为巨釜，令与池通，辘轳引水，穴壁而贮焉。一人专执爨，池水相吞，遂成沸汤，名曰～～。”

【混涛】 hùntāo 波涛汹涌，水势盛大。郦道元《水经注·河水二》：“东北同为一川，～～历峡。”

【混同】 hùntóng ❶统一。《汉书·地理志下》：“此～～天下，壹之虖中和，然后王教成也。”《晋书·陶璜传》：“今四海～～，无思不服。”❷混淆。《后汉书·皇后纪下论》：“贤愚优劣，～～一贯。”封演《封氏闻见记·历山》：“今东齐地名历城，与舜耕历山其名相涉，故俗人～～。”

【混一】 hùnyī 犹言统一。《战国策·楚策一》：“夫以一诈伪反覆之苏秦，而欲经营天下，～～诸侯，其不可成也亦明矣。”《三国志·魏书·三少帝纪》：“今国威远震，抚怀六合，方包举殊裔，～～四表。”

【混夷】 hùnyí 我国古代西部部落名。也名昆夷、串夷、畎夷、犬夷等，即犬戎，西戎的一种。《诗经·大雅·緜》：“～～駾兮，维其喙矣。”

【混舆】 hùnyú 犹天地。混，混元；舆，地舆。《抱朴子·至理》：“故能策风云以腾虚，并～～而永生。”

【混元】 hùnyuán 天地形成之初的原始状态。《后汉书·班固传下》：“外运～～，内浸豪芒。”也指远古时代。白居易《卯时酒》诗：“似游华胥国，疑反～～代。”

【混混】 gǔngǔn ❶水奔流不息的样子。《孟子·离娄下》：“源泉～～，不舍昼夜。”《晋书·傅咸传》：“江海之流～～，故能成其深广也。”❷形容连续不断。《法言·问道》：“车航～～，不舍昼夜。”《世说新语·言语》：“裴仆射善谈名理，～～有雅致。”

掍 hùn 混合，混同。班固《西都赋》：“凌隥道而超西墉，～建章而连外属。”

【掍成】 hùnchéng 天然成就。《汉书·扬雄传上》：“乘云阁而上下兮，纷蒙笼以～～。”（《文选》扬雄《甘泉赋》作“棍成”。）

焜 hùn 明亮。文彦博《金苔赋》：“色～朝日，宁同沈郎之钱；根覆轻漪，岂羡陈王之阁。”

【焜黄】 hùnhuáng 枯黄的样子。《乐府诗集·相和歌古辞·长歌行》：“常恐秋节至，～～华叶衰。”

【焜耀】 hùnyào 照耀。《左传·昭公三年》：“不腆先君之适，以备内官，～～寡人之望。”储光羲《贻王侍御出台掾丹阳》诗：“馀辉方～～，可以欢邑聚。”

【焜昱】 hùnyù 鲜明，光彩焕发。《淮南子·本经训》：“寝兕伏虎，蟠龙连组，～～错眩，照耀辉煌。”

棍 hùn 见 gùn。

顐（顐） hùn （又读 wèn） ❶秃头。《玉篇》：“～，秃也。”❷通“诨”。诙谐逗趣。也指打诨逗趣的人。《新唐书·李栖筠传》：“故事，赐百官宴曲江，教坊倡～杂侍。”

【顐官】 hùnguān 善为说话逗乐的官员。《新唐书·元结传》：“谐臣～～，怡愉天颜。”

溷 hùn ❶混乱，混杂。《后汉书·陈宠传》：“时司徒辞讼，久者数十年，事类～错，易为轻重，不良吏得生因缘。”曾巩《太祖皇帝总叙》：“汉祖～于衽席，女祸及宗。”❷混浊，污浊。《汉书·贾谊传》：“谓随、夷～兮，谓跖、蹻廉。”《徐霞客游记·滇游日记十三》：“桥内峡中有池一园，近流水而不～，亦龙潭类也。”㉑污秽物，粪便。《世说新语·排调》：“谢幼舆谓周侯曰：‘卿类社树，远望之，峨峨拂青天；就而视之，其根则群狐所托，下聚～而已！’”《资治通鉴·陈武帝永定元年》：“齐主怒，使左右殴之，擢其发，以～沃其头，曳足以出。”❸猪圈。《论衡·吉验》：“北夷橐离国王，侍婢有娠，王欲杀之。……后产子，捐于猪～中，猪以气嘘之，不死。”㉛厕所。《三国志·魏书·袁绍传》：“[韩]馥在坐上，谓见图构，无何起至～自杀。”张溥《五人墓碑记》：“中丞匿于～藩以免。”❹通“慁”。惊动，扰乱。《汉书·陆贾传》：“一岁中以往来过它客，率不过再过，数击鲜，毋久～女为也。”虞集《熊与可墓志铭》：“诸公由是益知先生有用于世者，而终不敢以事～先生也。”

【溷厕】 hùncè 混杂其间。《楚辞·九怀·通路》：“无正兮～～，怀德兮何睹？”

【溷淆】 hùnxiáo 混杂，混乱。《后汉书·杨震传》：“白黑～～，清浊同源。”潘岳《西征赋》：“五方杂会，风流～～。”也作“溷殽”。

《汉书·谷永传》："乱服共坐，流湎媟嫚，～～无别。"《后汉书·冯异传》："臣以遭遇，托身圣明，在倾危～～之中，尚不敢过差。"

【溷轩】 hùnxuān 厕所。《后汉书·李膺传》："时宛陵大姓羊元群罢北海郡，臧罪狼藉，郡舍～～有奇巧，乃载之以归。"

【溷浊】 hùnzhuó 污浊。《楚辞·离骚》："世～～而不分兮，好蔽美而嫉妒。"又指气候恶劣。《汉书·翼奉传》："地比震动，天气～～，日光侵夺。"

慁(㥵) hùn ❶担心，忧虑。《左传·昭公六年》："舍不为暴，主不～宾。"❷打扰，烦扰。《史记·范雎蔡泽列传》："夫秦国辟远，寡人愚不肖，先生乃幸辱至于此，是天以寡人～先生而存先王之宗庙也。"❸混乱，混杂。《文心雕龙·议对》："仲舒之对，祖述《春秋》，本阴阳之化，究列代之变，烦而不～者，事理明也。"刘禹锡《管城新驿记》："蘧庐有甲乙，床帐有冬夏，庭容牙节，庑卧囊橐，示礼而不～也。"❹玷辱。《礼记·儒行》："不～君王，不累长上。"

huo

掝 1. huō ❶裂。《广雅·释诂》："～，裂也。"
2. huò ❷通"惑"。见"掝掝"。

【掝掝】 huòhuò 迷惑。《荀子·不苟》："其谁能以己之潐潐，受人之～～者哉？"

騞(騞) huō 象声词。破裂声。《庄子·养生主》："庖丁为文惠君解牛……砉然响然，奏刀～然，莫不中音，合于桑林之舞，乃中经首之会。"《列子·汤问》："[宵练之剑]其触物也，～然而过，随过随合，觉疾而不血刃焉。"

佸 huó 相会，到。《诗经·王风·君子于役》："君子于役，不日不月，曷其有～。"

活 1. huó ❶生，生存，存在。《老子·七十三章》："勇于敢则杀，勇于不敢则～。"杜甫《奉先刘少府新画山水障歌》："不见湘妃鼓瑟时，至今斑竹临江～。"㊂使……存活，救活。《史记·高祖本纪》："会项伯欲～张良，夜往见良，因以文谕项羽，项羽乃止。"韩愈《平淮西碑》："淮蔡为乱，天子伐之；既伐而饥，天子～之。"❷生计，谋生的手段。《魏书·北海王详传》："自今而后，不愿富贵，但令母子相保，共汝扫市作～也。"杜甫《闻斛斯六官未归》诗："本卖文为～，翻令室倒悬。"❸生动，活泼。杜牧《池州送孟迟先辈》诗："烟湿树姿娇，雨馀山态～。"❹活动，流动。如"活水"。
2. guō ❺水流声。见"活活"。

【活撮】 huócuō 对小儿女的称呼。引申指讨厌的东西。董解元《西厢记诸宫调》卷六："促织儿外面斗声相聒，小即小，天生的口儿不曾合，是世间虫蚁儿里的～～，叨叨的絮得人怎过！"杨显之《酷寒亭》三折："骂那无正事颓唆，则待折损杀业种～～。"

【活东】 huódōng 蝌蚪的异名。《尔雅·释鱼》："科斗，～～。"唐寅《和沈石田落花诗》之九："向来行乐东城畔，青草池塘乱～～。"

【活佛】 huófó ❶西藏、青海、蒙古喇嘛教中以转世制度继位的上层喇嘛，俗称活佛。尚仲贤《气英布》一折："怎不教我登时杀坏他，便教我做～～，～～怎定夺？"❷对高僧的敬称。袁宏道《喜逢梅季豹》诗："万耳同一聩，～～不能度。"《水浒传》五回："太公道：'却是好也！我家有福，得遇这个～～下降！'"

【活火】 huóhuǒ 有火焰的炭火。赵璘《因话录》卷二："李约性嗜茶，尝曰：'茶须缓火炙，～～煎。～～谓炭火之焰者也。'"苏轼《汲江煎茶》诗："活水还须～～烹，自临钓石取深清。"

【活计】 huójì ❶生计，谋生的工作或职业。韩愈《崔十六少府摄伊阳以诗及书见投因酬三十韵》："谋拙日焦拳，～～似锄刬。"苏轼《与蒲传正书》："千乘侄屡言大舅不作～～，多买书画奇物，常典钱使。"❷生活费用或谋生的工具。牟融《游报本诗》："不留～～存囊底，赢得诗名满世间。"谷子敬《城南柳》三折："老夫渔翁是也，驾着一叶扁舟，是俺平生～～。"❸维持生计。苏轼《孝伯时画其弟亮工旧隐宅图》诗："晚岁与君同～～，如云鹅鸭散平湖。"❹手工艺品。李斗《扬州画舫录》卷十七："苏州玉工，用宝砂金钢钻造办仙佛、人物、禽兽、炉瓶、盘盂，备极博古图诸式。其碎者则镶嵌屏风、挂屏、插牌，谓之玉～～。"❺指刺绣、缝纫等物。《红楼梦》二十二回："湘云听了，只得住下，又一面遣人回去，将自己旧日做的两件针线～～取来，为宝钗生辰之仪。"

【活罗】 huóluó 乌鸦的一种。即慈乌。又名慈鸦。因其饥不得食时往往食砂石，后因以比喻贪食之人。《金史·世祖纪》："'～～'，汉语慈乌也，北方有之，状如大鸡，善啄物，见马牛橐驼脊间有疮，啄其脊间食之，马牛辄死，若饥不得食，虽砂石亦食之。景祖嗜酒好色，饮啖过人，时人呼曰'～

～’。”

【活络】 huóluò 灵活通达，不固定，不拘泥。罗大经《鹤林玉露》卷八：“大抵看诗要胸次玲珑～～。”朱熹《答黄直卿书》之五：“既先有个立脚处，又能由此推考证验，则其胸中万理洞然，通透～～。”

【活脱】 huótuō ❶十分相像，极为相似。杨万里《冬暖》诗：“小春～～是春时，霜熟风酣日上迟。”❷活泼，灵活。张炎《蝶恋花·题末色褚仲良写真》词：“济楚衣裳眉目秀，～～梨园、子弟家声旧。”唐顺之《叙广右战功》：“我兵筑堡增戍则益纷然，如刻穴守鼠，而贼～～不可踪迹。”❸植物名。即通草。

【活活】 guōguō ❶水流声。《诗经·卫风·硕人》：“河水洋洋，北流～～。”杜甫《祭远祖当阳君文》：“河水～～，造舟为梁。”❷形容滑溜，泥泞。杜甫《九日寄岑参》诗：“所向泥～～，思君令人瘦。”陆游《出县》诗：“稻垄牛行泥～～，野塘桥坏雨昏昏。”

婼 huó ❶丑陋的样子。《诗经·小雅·何人斯》毛亨传：“靦，～也。”《释文》：“～，面丑也。”❷厚颜而不知羞愧的样子。《后汉书·乐成靖王党传》“[刘]苌有靦其目”李贤注：“靦，～也。言面～然无愧。”

火 huǒ ❶物体燃烧时所产生的光与焰。《韩非子·五蠹》：“有圣人作，钻燧取～，以化腥臊，而民说之。”《论衡·言毒》：“夫毒，阳气也，故其中人，若～灼人。”⑦用火烧煮食物。《山海经·北山经》：“其山北人，皆生食不～之物。”⑦用火照看。《聊斋志异·成仙》：“[周生]定移时，始觉在成榻。骇曰：‘昨不醉，何颠倒至此耶！’乃呼家人。家人～之，俨然成也。”❷光芒。《墨子·经说下》：“智以目见，而目以～见。”《元史·孟速思传》：“[太祖]一见大悦，曰：‘此儿目中有～，它日可大用。’”❸闪电。《庄子·外物》：“于是乎有雷有霆，水中有～，乃焚大槐。”❹照明用具。《庄子·天地》：“厉之人夜半生其子，遽取～而视之。”温庭筠《台城晓朝曲》：“司马门前～千炬，阑干星斗天将曙。”❺烧，焚烧。韩愈《原道》：“人其人，～其书，庐其居，明先王之道以道之，鳏寡孤独废疾者有养也。”《新唐书·李靖传》：“[李靖]军次伏俟城，吐谷浑尽～其莽，退保大非川。”⑦特指火灾。《左传·宣公十六年》：“夏，成周宣榭～，人火之也。凡火，人火曰火，天火曰灾。”《公羊传·襄公九年》：“九年，春，宋～。”❻形容像火那样的颜色，一般指红色。白居易《忆江南》词：“日出江花红胜～，春来江水绿如蓝。”❼比喻急迫。见“火驰”。❽中医病因之一。与风、寒、暑、湿、燥合称六淫。孟郊《路病》诗：“飞光赤道路，内～焦肺肝。”⑦药剂名。《史记·扁鹊仓公列传》：“齐王太后病，召臣[淳于]意入诊脉，曰：‘风瘅客脬，难于大小溲，溺赤。’臣意饮以～齐汤。”《汉书·艺文志》：“医经者，原人血脉经落（络）骨髓阴阳表里，以起百病之本，死生之分，而用度箴石汤～所施，调百药齐和之所宜。”❾比喻怒气。李群玉《自澧浦东游江表途出巴丘投员外从公虞》诗：“中夜恨～来，焚烧九回肠。”⑦指强烈的欲望。元好问《壬辰十二月车驾东狩后即事》诗：“郁郁围城度两年，愁肠饥～日相煎。”❿古代军队编制单位。十人为火。《新唐书·兵志》：“五十人为队，队有正；十人为～，～有长。”⑦唐代工匠的组织。五人为火。《新唐书·百官志一》：“凡工匠，以州县为团，五人为～，五～置长一人。”⓫同伴，一群人。后作“夥”。苏轼《乞增修弓箭社条约状二首》：“北界群贼一～，约二十馀人，在两界首不住打劫为患。”⓬星名。1）即大火，又名心宿二。《诗经·豳风·七月》：“七月流～，九月授衣。”《左传·襄公九年》：“是故味为鹑火，心为大～。”2）行星之一。古人以金木水火土为五大行星。《史记·天官书》：“～犯守角，则有战。”见“火星”。⓭五行之一。见“五行”。⓮姓。

【火伴】 huǒbàn 古时兵制以十人为火，共灶起火。因指军中同火的人为火伴。《木兰辞》：“出门看～～，～～皆惊忙。”也泛指同伴。元稹《估客乐》诗：“出门求～～，入户辞父兄。”

【火并】 huǒbìng 同伙相拼斗。《水浒传》十九回：“今日林教头必然有～～王伦之意，他若有些心懒，小生凭着三寸不烂之舌，不由他不～～。”

【火伯】 huǒbó 古代户灶之长。户灶，由共灶同食的兵吏组成。崔豹《古今注·舆服》：“汉制，兵吏五人一户灶置一伯，故户伯亦曰～～，以为一灶之主也。”

【火布】 huǒbù 即火浣布。《宋书·蛮夷传论》：“由兹自出，通犀翠羽之珍，蛇珠～～之异，千名万品，并世主之所虚心，故舟舶继路，商使交属。”《颜氏家训·归心》：“汉武不信弦胶，魏文不信～～。”参见“火浣布”。

【火车】 huǒchē 古时的一种战车。《南齐书·高帝纪上》：“俄顷，贼马步奄至，又推～～数道，攻战相持移日。”《旧唐书·马燧传》：“燧乃令推～～以焚其栅。”

【火城】 huǒchéng ❶以火围城。《南史·羊侃传》：“后大雨，城内土山崩，贼乘之垂入，苦战不能禁。侃乃令多掷火，为～～以断其路。”❷朝会时的火炬仪仗。李肇《国史补下》：“每元日、冬至立仗，大官皆备珂伞，列烛有至五六百炬者，谓之～～。”地方官也有用火城者。苏轼《与述古自有美堂乘月夜归》诗：“共喜使君能鼓乐，万人争看～～还。”

【火驰】 huǒchí 形容迅速的奔驰。《庄子·外物》：“复坠而不反，～～而不顾。”

【火畜】 huǒchù 指羊。《礼记·月令》郑玄注：“羊，～～也。”

【火传】 huǒchuán 火种流传。《庄子·养生主》：“指穷于为薪，～～也，不知其尽也。”比喻养生者随变任化与物俱迁，形体虽有生灭，而精神如火种接传不尽。后指哲理、道德或事业的世代相传。《宋书·天竺迦毗黎国传》：“山高累卑之辞，川树积小之咏，舟壑～～之谈，坚白唐肆之论，盖盈于中国矣。”

【火春】 huǒchūn 指烧酒。周亮工《书影》卷四：“京师人概炙之煤上，又好饮～～，而佐以炙煿之馔，曾无疾病。”

【火毳】 huǒcuì 火浣布。《后汉书·西南夷传论》：“又其赍賝～～驯禽封兽之赋，軨积于内府。”参见“火浣布”。

【火德】 huǒdé ❶古代阴阳家有“五德”之说，以解释社会发展和朝代更迭。因帝王受命正值五行的火运，称为火德。《史记·秦始皇本纪》：“始皇推终始五德之传，以为周得～～。”袁枚《赤壁》诗：“汉家～～终烧贼，池上蛟龙竟得云。”❷太阳的热力。皎然《酬薛员外谊苦热行见寄》诗：“～～烧百卉，瑶草不及荣。”

【火帝】 huǒdì ❶星象名。张衡《周天大象赋》：“粤若荧惑，～～之精。”❷即炎帝。徐陵《劝进梁元帝表》：“云师～～，非无战阵之风；尧誓汤征，咸用干戈之道。”

【火斗】 huǒdǒu 即熨斗。服虔《通俗文》：“～～曰熨。”

【火蛾】 huǒ'é 蛾喜明扑火，故称火蛾。韩偓有《火蛾》诗。后因以“火蛾”比喻应节物品或舞动的灯火。冯贽《云仙杂记·洛阳岁节》：“[洛阳人家]正月十五日造～～儿，食玉粱饼。”陈维崧《瑞鹤仙·上元和康伯可韵》词：“六街笑声满，看～～金茧，春城飞遍。”

【火舫】 huǒfǎng 引火攻敌的小舟。《南史·徐世谱传》：“时[侯]景军甚盛，世谱乃别造楼船、拍舰、～～、水车以益军势。”

【火夫】 huǒfū 夜间提灯护送官员的差役。梁章钜《称谓录·各役》：“～～，《说铃续》云：‘明弘治时，令五城各设～～，遇百官夜饮归，提灯传送。’”

【火伏】 huǒfú 大火即心宿隐没。《左传·哀公十二年》：“丘闻之：～～而后蛰者毕。”

【火脯】 huǒfǔ 用火烧烤的肉。《礼记·内则》郑玄注：“熬于火上为之也。今之～～似矣。”

【火阁】 huǒgé 暖阁。孔平仲《有感时梦锡寻医而思求免官》诗：“去岁城门坐彻晚，前年～～饭连宵。”

【火攻】 huǒgōng ❶以火攻敌。《孙子·火攻》：“凡～～有五：一曰火人，二曰火积，三曰火辎，四曰火库，五曰火队。”❷指中医以灸法灼艾治病。陆游《久病灼艾后独卧有感》诗：“计出～～伤老病，卧闻鸢堕叹蛮烟。”

【火官】 huǒguān 古代掌祭火星、行火政的官员。《汉书·五行志上》：“古之火正，谓～～也，掌祭火星，行火政。”

【火后】 huǒhòu ❶寒食节禁火之后。刘禹锡《送张盥赴举》诗：“～～见琮璜，霜馀识松筠。”❷火烧以后。李咸用《雪》诗：“云汉风多银浪溅，昆山～～玉灰飞。”

【火花】 huǒhuā ❶指灯花。灯烛燃烧时结成的花状物体。李商隐《为东川崔从事谢辟并聘钱启》之二：“陆贾方验于～～，郭况莫矜于金穴。”❷飞蛾的别名。崔豹《古今注·鱼虫》：“飞蛾善拂灯烛，一名～～，一名慕光。”

【火化】 huǒhuà ❶用火熟食。《礼记·礼运》：“昔者先王……未有～～，食草木之实，鸟兽之肉，饮其血，茹其毛。”《宋史·赵自然传》：“自是不喜熟食，凡～～者，未尝历口。”❷即火葬。洪迈《容斋续笔·民俗火葬》：“自释氏～～之说起，于是死而焚尸者所在皆然。”

【火齐】 huǒjì ❶犹言火候。《礼记·月令》：“陶器必良，～～必得。”❷玫瑰珠。班固《西都赋》：“翡翠～～，流耀含英。”❸清火的药剂。《韩非子·喻老》：“扁鹊曰：‘疾在腠理，汤熨之所及也……在肠胃，～～之所及也。’”《史记·扁鹊仓公列传》：“臣意即为之液汤～～逐热，一饮汗尽，再饮热去，三饮病已。”

【火家】 huǒjiā 酒饭店的司务伙计。《水浒传》十七回：“却叫小人的妻弟带几个～～，直送到那山下。”

【火鉴】 huǒjiàn 即火镜。利用阳光取火的凸透镜。《新唐书·李靖传》：“其旧物有佩笔……又有～～、大觿、算囊等物，常佩于带者。”

【火教】 huǒjiào 古波斯的国教。为琐罗亚斯德所创，以其礼拜圣火，故称火教，又称拜火教，传入中国后，称为祆教。

【火徼】 huǒjiào 南方边远之地。王勃《九成宫颂序》："烟驰～～，励珠产而移琛。"

【火禁】 huǒjìn ❶防火的禁令。《周礼·秋官·司烜氏》："中春，以木铎修～～于国中。"《宋史·职官志七》："诸镇置于管下人烟繁盛处，设监官，管～～或兼酒税之事。"❷寒食节禁火。储光羲《苏十三瞻登玉泉寺峰入寺中见赠作》诗："淹留～～辰，愉乐弦歌宴。"周密《癸辛杂志别集下·绵上火禁》："绵上～～，升平时禁七日，丧乱以来犹三日。"

【火精】 huǒjīng ❶指太阳。韩鄂《岁华纪丽·日》："日，～～。"❷凤凰。《太平御览》卷九一五引《春秋演孔图》："凤，～～。"

【火井】 huǒjǐng 能产生天然气的井。古代多用于煮盐，故又称盐井。左思《蜀都赋》："～～沈荧于幽泉，高焰飞煽于天垂。"刘攽《送郑秘丞知邠州蒲江县》诗："～～煮盐收倍利，山田种芋劝深耕。"

【火具】 huǒjù ❶火攻的战具。《宋书·武帝纪上》："因风水之势，贼舰悉泊西岸。岸上军先备～～，乃投火焚之。"❷救火的器具。《元史·刑法志四》："诸城郭人民，邻甲相保，门置水瓮，积水常盈，家设～～，每物须备。"

【火坑】 huǒkēng 佛教用语。指地狱、饿鬼、畜生三条恶道为三恶火坑。《妙法莲华经·普门品》："假使兴恶意，推落大～～。"后用来比喻极为悲惨的生活环境。《红楼梦》一回："到那时只不要忘了我二人，便可跳出～～矣。"

【火力】 huǒlì ❶燃烧的热度。陆龟蒙《寄怀华阳道士》诗："分张～～烧金灶，拂拭苔痕洗酒瓶。"今亦指弹药所形成的杀伤力和破坏力。❷道家指修炼的功力。陶弘景《答朝士访仙佛两法体相书》："～～既足，表里坚固，河山可尽，此形无灭。"

【火粒】 huǒlì 指熟食、谷食。鲍照《咏萧史》："～～愿排弃，霞雾好登攀。"

【火镰】 huǒlián ❶旧时打火用的火刀。李好古《张生煮海》三折："家僮将～～、火石引起火来，用三角石头把锅儿放上。"❷攻战用的火器。《宋史·兵志十一》："[皇祐元年]宋守信所献冲阵无敌流星弩、拒马皮竹牌、～～石火纲三刃。"

【火燎】 huǒliáo ❶烈火焚烧。刘琨《答卢谌》诗："～～神州，洪流华域。"高適《同群公出猎海上》诗："鹿惊大泽晦，～～深林枯。"❷火炬，灯烛。萨都剌《题陈所翁墨龙》诗："满堂～～动鳞甲，倒挟海水空中飞。"

【火烈】 huǒliè ❶火势猛烈。《左传·昭公二十年》："夫～～，民望而畏之，故鲜死焉；水懦弱，民狎而玩之，则多死焉。"㊀威猛之势。陆机《汉高祖功臣颂》："威亮～～，势逾风扫。"❷持火把者的行列。烈，通"列"。《诗经·郑风·大叔于田》："叔在薮，～～具毕。"❸指物被火焚烧而爆裂。《后汉书·蔡邕传》："吴人有烧桐以爨者，邕闻～～之声，知其良木，因请而裁为琴。"

【火令】 huǒlìng ❶有关用火的政令。《周礼·夏官·司爟》："掌行火之政令。四时变国火，以救时疾。季春出火，民咸从之；季秋内火，民亦如之。时则施～～。"❷寒食节禁火之令。韩愈《寒食日出游》诗："明宵故欲相就醉，有月莫愁当～～。"

【火轮】 huǒlún ❶太阳。韩愈《桃源图》诗："夜半金鸡啁哳鸣，～～飞出客心惊。"王毂《暑日题道边树》诗："～～进焰烧长空，浮埃扑面愁朦朦。"❷俗称汽船为火轮船。袁昶《读袁康沙船叹歌以赠之》："南北风涛秋复春，海舶何年来～～。"

【火落】 huǒluò 大火星（心宿二）向西下落。用以指初秋。李白《酬张卿夜宿南陵见赠》诗："当君相思夜，～～金风高。"

【火米】 huǒmǐ ❶烧耕山坡地而种植的旱稻。也叫畲火米。李德裕《谪岭南道中作》诗："五月畲田收～～，三更津吏报潮鸡。"❷先蒸后炒的稻谷，可以久藏。陈师道《后山谈丛》卷四："蜀稻先蒸而后炒，谓之～～。"❸用火蒸烧的熟米。《本草纲目·谷·陈廪米》："～～有三：有火蒸治成者，有火烧治成者，又有畲火米，与此不同。"

【火旻】 huǒmín 秋日的天空。谢灵运《永初三年七月十六日之郡初发都》诗："秋岸澄夕阴，～～团朝露。"刘禹锡《早秋送台院杨侍御归朝》诗："鸷鸟得秋气，法星悬～～。"

【火捺】 huǒnà 广东端溪砚石的一种纹理。屈大均《广东新语·石语》："其～～以紫气奔而回礴，又如血晕散开，有若云雾之气，或小而圆轮若金钱者。"

【火牛】 huǒniú 指用火牛袭击敌军的一种战术。《史记·田单列传》："田单乃收城中得千馀牛，为绛缯衣，画以五彩龙文，束兵刃于其角，而灌脂束苇于尾，烧其端。凿城数十穴，夜纵牛，壮士五千人随其后。牛尾热，怒而奔燕军，……燕军大骇，败走。"《宋史·王德传》："[郦]青军大溃。他日，馀党复索战，谍言将用～～，德笑曰：'是古法也，可一不可再，今不知变，此成擒耳。'"

【火牌】 huǒpái 符信的一种。旧时奉差官役，沿途可凭牌向各驿站领取口粮。《清会典事例》卷六百八十四《兵部·邮政》："顺治元年题准，勘合～～内，填注奉差官役姓名，并所给夫马车船廪给口粮数目。"

【火票】 huǒpiào 清代传递紧急文书的凭证。《清会典事例》卷六百八十四《兵部·邮政》："内廷交出报匣夹板，及驰驿人员，需用～～勘合。请豫备空白，责成司员加谨收存，遇有急需，方准填用。"

【火旗】 huǒqí ❶红旗。杜甫《奉送卿二翁统节度镇军还江陵》诗："～～还锦缆，白马出江城。"李绅《早发》诗："～～似辨吴门戍，水驿遥迷楚塞城。"❷比喻火热的云层。王毂《苦热行》："祝融南来鞭火龙，～～焰焰烧天红。"

【火气】 huǒqì ❶闪电。古人以为闪电是火气的表现。董仲舒《春秋繁露》卷六十四："电者～～也。其音徵也，故应之以电。"❷炽热的气息。文天祥《正气歌序》："予囚北庭，坐一土室，……乍晴暴热，风道四塞，时则为日气；檐阴薪爨，助长炎虐，时则为～～。"后也指发怒为火气。❸中医学指引起发炎、烦躁等症状的原因。《素问·刺疟》："热去汗出，喜见日月光，～～乃快然。"

【火前】 huǒqián ❶寒食节禁火前。薛能《晚春》诗："征东留滞一年年，又向军前遇～～。"❷茶名。寒食节禁火前采制，故名。又称明前。齐己《闻道林诸友尝茶因有寄》诗："高人梦惜藏岩里，白硾封题寄～～。"❸指寒食节禁火前开放的牡丹花。见陆游《天彭牡丹谱·风俗记》。

【火毬】 huǒqiú 球形的易燃物。古代战争用于火攻的一种武器。《宋史·兵志十一》："[咸平三年]八月，神卫水军队长唐福献所制火箭、～～、火蒺藜。"

【火伞】 huǒsǎn 比喻烈日。韩愈《游青龙寺赠崔大补阙》诗："光华闪壁见神鬼，赫赫炎官张～～。"也作"火繖"。赵翼《苦热》诗："～～当空气益炎，避炎何处觅深严。"

【火色】 huǒsè ❶像火那样的赤红色。白居易《短歌行》："曈曈太阳如～～，上行千里下一刻。"罗虬《比红儿》之八十九："～～樱桃摘得初，仙宫只有世间无。"❷比喻人红光满面。《旧唐书·马周传》："中书侍郎岑文本谓所亲曰：'吾见马君论事多矣……然鸢肩～～，腾上必速，恐不能久耳。'"

【火师】 huǒshī ❶古代官名。掌管火事。《国语·周语中》："～～监燎，水师监濯。"❷远古以火为号的百官。传说炎帝以火为象征，自为火师，并以名官。《左传·昭公十七年》："炎帝氏以火纪，故为～～而火名。"

【火石】 huǒshí ❶取火之石。即燧石。李白《留别广陵诸公》诗："炼丹费～～，采药穷山川。"❷古时发射石弹的一种战炮。多用作防守工具。《宋书·武帝纪上》："张纲治攻具成，设诸奇巧，飞楼木幔之属，莫不毕备。城上～～、弓矢，无所用之。"

【火食】 huǒshí ❶熟食。《列子·周穆王》："其民食草根木实，不知～～。"❷烧火做饭。《荀子·宥坐》："七日不～～，藜羹不糂，弟子皆有饥色。"

【火逝】 huǒshì 指农历七月时暑退凉生。谢灵运《七夕咏牛女》："～～首秋节，新明弦月夕。"

【火树】 huǒshù ❶比喻花果色红的树。白居易《山枇杷》诗："～～风来翻绛艳，琼枝日出晒红纱。"❷比喻辉煌的灯火。《南齐书·礼乐志上》："华灯若乎～～，炽百枝之煌煌。"❸珊瑚树的一种。《本草纲目》卷八："珊瑚生海底，五七株成林，谓之珊瑚林……变红色者为上，汉赵佗谓之～～是也。"

【火田】 huǒtián ❶用火焚烧草木而打猎。《礼记·王制》："草木零落，然后入山林，昆虫未蛰，不以～～。"❷即火耕田。焚烧草木后开垦成的耕地。白居易《东南行一百韵寄通州元九侍御……》："吏征鱼户税，人纳～～租。"

【火头】 huǒtóu 旧时官府、寺院、军队中掌管炊事的人。《南史·何逊传》："[何偭]作《拍张赋》以喻志。末云：东方曼倩发愤于侏儒，遂与～～食子禀赐不殊。"此指官府。李心传《建炎以来系年要录》："臣窃料刘光世、韩世忠、张浚、杨沂中、岳飞、王瓔下兵数得廿万人，除辎重～～外，战士不下十五万。"此指部队。《景德传灯录》卷十《赵州从谂禅师》："师作～～，一日闭却门，烧满屋烟，叫云：'救火，救火！'"此指寺院。

【火维】 huǒwéi 指南岳衡山。因南方属火，故称。韩愈《谒衡岳庙遂宿岳寺题门楼》诗："～～地荒足妖怪，天假神柄专其雄。"欧阳玄《辟雍赋》："南穷～～之陬，北际冰天之澨。"

【火伍】 huǒwǔ 古代兵制，五人为伍，十人为火，故统称火伍。柳宗元《段太尉逸事状》："[郭晞]顾叱左右曰：'皆解甲，散还～～中，敢哗者死！'"

【火宪】 huǒxiàn 同“火令”。防火的法令。《管子·立政》:“修～～,敬山泽、林薮、积草,夫财之所出。以时禁发焉,使民足于宫室之用,薪蒸之所积,虞师之事也。”《荀子·王制》:“修～～,养山林、薮泽、草木、鱼鳖、百索,以时禁发,使国家足用而财物不屈,虞师之事也。”

【火巷】 huǒxiàng 屋宇之间所留的狭长形空地,用以防火。《宋史·赵善俊传》:“适南市火,善俊……开古沟,创～～,以绝后患。”

【火星】 huǒxīng 古人以金木水火土为五星名,火星又名荧惑。《论衡·变虚》:“是夕也,～～果徙三舍。”

【火殃】 huǒyāng 旧时指火灾前所呈现的凶兆。张鷟《朝野佥载》:“唐开元二年,衡州五月,频有火灾,人见物大如瓮,赤似灯龙,所指之处,寻而火起,百姓咸谓之～～。”

【火曜】 huǒyào ❶日光。曜,亦作燿。郝经《幽思》诗:“赤乌惊上天,～～舒乾阳。”❷火星。七曜之一。即日、月和金、木、水、火、土七星。

【火油】 huǒyóu 石油。《吴越备史·文穆王》:“～～得之海南大食国,以铁筒发之,水沃,其焰弥盛。”张世南《游宦纪闻》卷三:“占城国前此未尝与中国通,唐显德五年,国王因德漫,遣使者莆诃散来贡猛～～八十四瓶。”

【火玉】 huǒyù 发光的美玉。班固《汉武帝内传》:“[上元夫人]戴九灵夜光之冠,带六出～～之珮。”苏鹗《杜阳杂编》卷下:“[唐]武宗皇帝会昌元年,夫馀国贡～～三斗,……～～色赤,长半寸,上尖下圆,光照数十步,积之可以燃鼎,置之室内,则不复挟纩。”

【火院】 huǒyuàn 即火坑。比喻妓院。马致远《青衫泪》二折:“偌来大穷坑～～,只央我一身填。”戴善夫《风光好》四折:“我为你截日离了官司,再不敢当～～家私。”

【火云】 huǒyún ❶夏季炽热的云彩。岑参《送祁乐归河东》诗:“五月～～屯,气烧天地红。”杜甫《送梓州李使君之任》诗:“～～挥汗日,山驿醒心泉。”❷朝霞。杜甫《贻华阳柳少府》诗:“～～洗月露,绝壁上朝暾。”

【火运】 huǒyùn 运值火德。方士所谓五德之一。王勃《乾元殿颂序》:“粤若风移处阐,层巢恢～～之机,业泊响明,上栋括河图之奥。”《唐语林·补遗一》:“唐承隋代～～,故为土德。”

【火枣】 huǒzǎo 传说中的仙果,吃了能成仙飞升。陶弘景《真诰》卷二:“玉醴金浆,交梨～～,此则腾飞之药,不比于金丹也。”李商隐《戊辰会静中出贻同志二十韵》:“玉管会玄圃,～～承天姻。”

【火宅】 huǒzhái 佛教比喻充满苦难的俗界。《法华经·譬喻品》:“三界无安,犹如～～。”白居易《赠昙禅师》诗:“欲知～～焚烧苦,方寸如今化作灰。”

【火长】 huǒzhǎng ❶唐代兵制中基层单位的长官。《新唐书·兵志》:“五十人为队,队有正;十人为火,火有长。”❷旧时对船舶导航人员的称呼。或称船师。吴自牧《梦粱录·江海船舰》:“风雨晦冥时,惟凭针盘而行,乃～～掌之,毫厘不敢差误,盖一舟人命所系也。”

【火者】 huǒzhě ❶指宦官。张昱《宫中词》之十八:“近前～～催何急,惟恐君王怪到迟。”❷也泛指受阉割的仆役。《明律·刑律·杂记》:“凡官民之家不得乞养他人诸阉割～～,违者杖一百,流三千里,其子给亲。”清刑律也有同样规定。

【火正】 huǒzhèng 古掌火之官。五行官之一。《左传·昭公二十九年》:“木正曰句芒,～～曰祝融。”《汉书·五行志上》:“古之～～,谓火官也,掌祭火星,行火政。”

【火珠】 huǒzhū ❶珠名。能聚阳光,照射易燃物,即生热燃烧。《新唐书·南蛮传》:“婆利者,直环王东南,……多～～,大者如鸡卵,圆白,照数尺,日中以艾藉珠,辄火出。”❷宫殿、塔庙建筑正脊上作装饰用的宝珠。宋以后多改用瓦作。封演《封氏闻见记·明堂》:“开元中改明堂为听政殿,颇毁彻而弘规不改。顶上金～～迥出云外,望之赫然。”李白《秋日登扬州西灵塔》诗:“水摇金刹影,日动～～光。”

【火灼】 huǒzhuó 以火烤烙。李衎《竹谱详录·弓竹》:“质有文章,然要须膏涂～～,然后出之。”

【火祖】 huǒzǔ 传说中最早的火神。即祝融和阏伯。《汉书·五行志上》:“帝喾则有祝融,尧时有阏伯,民赖其德,死则以为～～,配祭火星。”

【火不登】 huǒbùdēng 立刻,突然。杨文奎《儿女团圆》一折:“～～～红了面皮,没揣的便揪住鬏髻。”也作“火不腾”。纪君祥《赵氏孤儿》三折:“我只见他左瞧右瞧怒咆哮,～～～改变了狰狞貌。”

【火浣布】 huǒhuànbù 也作“火澣布”。石棉织成的布。《三国志·魏书·齐王芳纪》:“西域重译献～～～,诏大将军、太尉临试以示百寮。”

【火耕水耨】 huǒgēngshuǐnòu 古时一种耕种方法。《史记·平准书》:"天子怜之,诏曰:'江南～～～～,令饥民得流食江淮间,欲留,留处。'"裴骃集解引应劭曰:"烧草,下水种稻,草与稻并生,高七八寸,因悉芟去,复下水灌之,草死,独稻长,所谓～～～～也。"

伙 huǒ ❶同伙,同伴。《二十年目睹之怪现状》二十八回:"继之先已有信来知照过,于是同众～友相见。"参见"火伴"。❷杂物家具。如"家伙"。

夥 huǒ 盛多。《后汉书·张衡传》:"不耻禄之不～,而耻智之不博。"《新唐书·突厥传序》:"秦地旷而人寡,晋地狭而人～。"

【夥并】 huǒbìng 同伙自相拼杀。《水浒传》四十七回:"晁盖道:'俺梁山泊好汉,自从～～王伦之后,便以忠义为主,全施仁德于民。'"

【夥够】 huǒgòu 盛多。左思《魏都赋》:"繁富～～,非可单究。"

【夥计】 huǒjì ❶旧时店铺的雇工或店员。《儒林外史》二十一回:"我也老了,累不起了,只好坐在店里帮你照顾,你只当寻个老～～罢了。"❷泛称同伴。阮大铖《燕子笺·试窘》:"我们是接场中相公的,～～,今年规矩森严,莫挨近栅栏边去。"

【夥颐】 huǒyí 叹词。表示惊讶或惊羡。《史记·陈涉世家》:"见殿屋帷帐,客曰:'～～!涉之为王沈沈者。'"

【夥长】 huǒzhǎng 船舶上掌握航行方向的舵手。刘献廷《广阳杂记》卷五:"海舶上司罗盘者曰～～。"

或 1. huò ❶代词。代人或代事物。《孟子·梁惠王上》:"兵刃既接,弃甲曳兵而走。～百步而止,～五十步而后止。"《史记·陈丞相世家》:"奇计～颇秘,世莫能闻也。"❷有。《史记·高祖本纪》:"人～闻之,语郦将军。"《后汉书·应劭传》:"逆臣董卓,荡覆王室,……开辟以来,莫～兹酷。"❸有时。《史记·封禅书》:"其神～岁不至,～岁数来,来也常以夜,光辉若流星。"❹又。《诗经·小雅·宾之初筵》:"既立之监,～佐之史。"《左传·哀公元年》:"今吴不如过,而越大于少康,～将丰之,不亦难乎?"❺或者,也许。《周易·系辞上》:"君子之道,～出～处,～默～语。"李白《梦游天姥吟留别》:"越人语天姥,云霞明灭～可睹。"❻语气助词。《诗经·小雅·天保》:"如松柏之茂,无不尔～承。"贾谊《论积贮疏》:"残贼公行,莫之～止。"❼通"惑"。迷惑。《战国策·魏策三》:"今大王与秦伐韩而益近秦,臣甚～之。"(《史记·魏世家》作"惑"。)《汉书·霍去病传》:"而前将军[李]广、右将军[赵]食其军别从东道,～失道。"(颜师古注:"或,迷也。")

2. yù ❽"国"的古字。邦国。《说文·戈部》:"～,邦也。"(段玉裁注:"盖或、国在周时为古今字,古文只有或字。")

【或或】 huòhuò 迷惑。或,通"惑"。《史记·屈原贾生列传》:"众人～～兮,好恶积意。"

【或乱】 huòluàn 昏乱,惑乱。或,通"惑"。《汉书·齐悼惠王刘肥传》:"忠臣进谏,上～～不听。"又《谷永传》:"谒行于内,势行于外,至覆倾国家,～～阴阳。"

【或人】 huòrén 泛指某人。《法言·问神》:"或问经之难易,曰:'存亡。'～～不谕。曰:'其文存则易,亡则难。'"《周书·尉迟运等传论》:"斯数子者,岂非社稷之臣欤?～～以为不忠,则天下莫之信也。"

呼 huò 见 hū。

货(貨) huò ❶财物,商品。《老子·五十三章》:"服文彩,带利剑,厌饮食,财～有馀,是谓盗夸。"《周易·系辞下》:"日中为市,致天下之民,聚天下之～,交易而退,各得其所。"❷货币。《汉书·食货志下》:"百姓愦乱,其～不行,民私以五铢钱市买。"《后汉书·五行志一》:"五铢,汉家～,明当复也。"❸贿赂。《左传·僖公二十八年》:"曹伯之竖侯獳～筮史。"《后汉书·黄琼传》:"诛税民受～者九人。"❹收买,买进。《孟子·公孙丑下》:"无处而馈之,是～之也,焉有君子而可以～取乎?"《宋史·食货志下八》:"请自今所～岁约毋过二百万缗。"❺出卖,卖出。《晋书·王戎传》:"家有好李,常出～之,恐人得种,恒钻其核。"(《世说新语·俭啬》作"卖"。)柳宗元《钴鉧潭西小丘记》:"唐氏之弃地,～而不售。"❻给报酬。柳宗元《零陵郡复乳穴记》:"向吾以刺史之贪戾嗜利,徒吾役而不吾～也,吾是以病而给焉。"❼对人的贱称。《儒林外史》十二回:"他是个不中用的～,又不会种田,又不会作生意。"

【货布】 huòbù 西汉末王莽时货币名。《汉书·食货志下》:"天凤元年,……而罢大小钱,改作～～。长二寸五分,广一寸,首长八分有奇,广八分。其圜好径二分半,足枝长八分,间广二分。其文右曰'货',左曰'布'。重二十五铢,直货泉二十五。"

【货财】 huòcái 货物,财物。《管子·权修》:"商贾在朝,则～～上流。"《淮南子·天文训》:"立封侯,出～～。"

【货罚】 huòfá 用货财赎罪。《周礼·秋官·

职金》："掌受士之金罚、～～，入于司兵。"

【货贿】 huòhuì ❶货物，财物。《史记·五帝本纪》："缙云氏有不才子，贪于饮食，冒于～～，天下谓之饕餮。"王安石《本朝百年无事劄子》："大臣贵戚，左右近习，莫能大擅威福，广私～～。"❷贿赂。归有光《上方参政书》："天下无道，乱狱滋丰，～～多有。"

【货郎】 huòláng 一种流动出售杂货的小商贩。关汉卿《救风尘》二折："我这隔壁有个王～～，他如今去汴梁做买卖。"《水浒传》七十四回："[燕青]扮做山东～～，腰里插着一把串鼓儿，挑一条高肩杂货担子。"

【货赂】 huòlù ❶犹贿赂。《韩非子·孤愤》："其修士不能以～～事人，恃其精洁而更不能以枉法为治。"《世说新语·贤媛》："汉元帝宫人既多，乃令画工图之，欲有呼者，辄披图召之，其中常者皆行～～。"❷泛指珍宝财富。《史记·高祖本纪》："士卒半渡，汉击之，大破楚军，尽得楚国金玉～～。"《后汉书·孝仁董皇后纪》："辜较在所珍宝～～，悉入西省。"

【货泉】 huòquán ❶初为王莽时货币名，后泛指货币。《晋书·食货志》："日中为市，总天下之隶，先诸布帛，继以～～，贸迁有无，各得其所。"❷金融财政。《旧唐书·王彦威传》："彦威儒学虽优，亦勤吏事，然～～之柄，素非所长。"

【货色】 huòsè ❶财货与女色。《尚书·伊训》："敢有殉于～～，恒于游畋。"《荀子·大略》："流言灭之，～～远之，祸之所由生也。"❷货物成色，即货物的种类和质地。《二十年目睹之怪现状》八十三回："一分钱，一分货，甚么价钱是甚么～～。"

【货易】 huòyì 贸易。《资治通鉴·齐武帝永明元年》："会有人告[张]敬儿遣人至蛮中～～。"

【货殖】 huòzhí ❶经商营利。《三国志·蜀书·麋竺传》："祖世～～，僮客万人，赀产钜亿。"《论衡·问孔》："子贡不好道德而好～～，故攻其短。"❷指商人。班固《西都赋》："与乎州郡之豪杰，五都之～～，三选七迁，充奉陵邑。"

和 huò 见 hé。

涉 huò 见 huì。

谎（謊） 1. huò ❶"谋"的异体。《玉篇·言部》："谋，亦作～。"

2. háo ❷号，呼。《说文·言部》："～，号也。"

3. xià ❸吓唬。《敦煌变文集·父母恩重经讲经文》："生时百骨自开张，～得浑家手脚忙。"王实甫《西厢记》二本四折："则见他走将来气冲冲，怎不教人恨匆匆，～得人来怕恐。"

获[1]（獲） huò ❶猎得禽兽。《周易·解》："田～三狐。"《汉书·宣帝纪》："封泰山，塞宣房，符瑞应，宝鼎出，白麟～。"㊀猎得之物。《吕氏春秋·贵当》："狗良则数得兽矣，田猎之～常过人矣。"司马相如《上林赋》："忘国家之政，贪雉兔之～，则仁者不繇也。"❷俘获，缴获。《礼记·檀弓下》："古之侵伐者，不斩祀，不杀厉，不～二毛。"《国语·周语中》："是行也，秦师还，晋人败诸崤，～其三帅丙、术、视。"❸收获，得到。《尚书·说命下》："学于古训，乃有～。"《史记·五帝本纪》："～宝鼎，迎日推筴。举风后、力牧、常先、大鸿以治民。"❹独自享用。《礼记·曲礼上》："毋固～，毋扬饭。"❺遭受。《国语·晋语五》："范武子退自朝，曰：'燮乎，吾闻之，干人之怒，必～毒焉。'"《红楼梦》九十三回："弟因菲财～谴，自分万死难偿，幸邀宽宥，待罪边隅。"❻射中。《诗经·秦风·驷驖》："公曰左之，舍拔则～。"《仪礼·乡射礼》："～者坐而获。"❼得当，适宜，安。《诗经·大雅·皇矣》："维此二国，其政不～。"《左传·昭公元年》："楚公子不～，是以皆来，亦唯命。"❽得以，能够。王粲《从军诗》之一："歌舞入邺城，所愿～无违。"袁宏《东征赋》："君臣有章，上下～叙，所以能三分天下，而有其文武。"❾违误。《淮南子·兵略训》："音气不戾八风，诎伸不～五度。"❿古代对女婢的贱称。司马迁《报任少卿书》："且夫臧～婢妾，犹能引决，况仆之不得已乎？"⓫通"获[2]（穫）"。收割庄稼。《荀子·富国》："今是土之生五谷也，人善治之，则亩数盆，一岁而再～之。"《孟子·万章下》："耕者之所～，一夫百亩。"⓬通"嚄"。叫唤，喧闹。宋玉《风赋》："啖齰嗽～，死生不卒。"⓭通"矱"。法度。《管子·宙合》："成功之术，必有巨～。"

【获旌】 huòjīng 行射礼时，唱获者所持的旌旗。《周礼·春官·司常》："凡射共～～。"

【获隽】 huòjùn 科举考试得中。洪亮吉《北江诗话》卷五："胡吏部万青等，会试皆以对策～～。"

【获戾】 huòlì 获罪。《左传·昭公元年》："[游]吉若～～，子将行之，何有于诸游？"《三国志·魏书·武帝纪》注引《魏武故事》："臣若～～，放在他国，没世然后已，不忍谋赵之徒隶,况燕后嗣乎!"

【获麟】 huòlín 《春秋·哀公十四年》:"西狩获麟。孔子曰:'吾道穷矣。'"传说孔子作《春秋》,至此而止。后因以指理想抱负不得实现;或指不再从事著述,从此绝笔。李白《古风》之一:"希圣如有立,绝笔于~~。"欧阳修《获麟赠姚辟先辈》诗:"世已无孔子,~~意谁知?"

【获命】 huòmìng 得到命令,接受命令。《左传·成公三年》:"若不~~,而使嗣宗职,次及于事,而帅偏师以修封疆。"《国语·晋语四》:"若不~~,其左执鞭弭,右属櫜鞬,以与君周旋。"

【获麟笔】 huòlínbǐ 指著述的文字。陆游《明日观孤寂诗不觉大笑作长句自解》:"尘箧空存~~~,烟陂懒和饭牛歌。"

获[2](**穫**) huò ❶收割。《诗经·豳风·七月》:"八月其~,十月陨萚。"又:"八月剥枣,十月~稻。"❷收获,收成。《国语·吴语》:"以岁之不~也,无有诛焉。"《楚辞·九章·抽思》:"孰无施而有报兮,孰不实而有~。"

惐(**懎**) huò ❶愚蠢,暗昧不明。《南史·范晔传》:"[晔]在狱为诗:'在生已可知,来缘~无识,好丑共一丘,何足异枉直。'"❷通"嫿"。斯文,文静。《三国志·蜀书·王平传》:"遵履法度,言不戏谑,从朝至夕,端坐彻日,~无武将之体,然性狭侵疑,为人自轻,以此为损焉。"

【惐惐】 huòhuò 乖戾。《颜氏家训·文章》:"何逊诗实为清巧,……刘[孝绰]甚忌之,平生诵何诗,常云:'蘧居响北阙,~~不道车。'"("蘧居响北阙",是何逊《早朝车中听望》诗句,刘讥讽他用"居"字而不用"车"字。)

祸(**禍、旤**) huò ❶灾害,灾难。《诗经·小雅·何人斯》:"二人从行,谁为此~?"《史记·司马相如列传》:"~固多藏于隐微而发于人之所忽者也。"❷罪过。《荀子·成相》:"罪~有律,莫得轻重威不分。"《史记·秦始皇本纪》:"上不听谏,今事急,欲归~于吾宗。"❸使得祸,危害。《荀子·天地》:"脩道而不贰,则天不能~。"《孟子·告子上》:"率天下之人而~仁义者,必子之言夫!"

【祸机】 huòjī 指潜伏的祸患。鲍照《苦热行》:"生躯蹈死地,昌志发~~。"李贺《艾如张》诗:"艾叶绿花谁剪刻,中藏~~不可测。"

【祸始】 huòshǐ 灾祸的起因。《庄子·刻意》:"不为福光,不为~~,感而后应,迫而后动。"《三国志·魏书·袁绍传》:"出长子谭为青州,沮授谏绍必为~~,绍不听。"

【祸水】 huòshuǐ 伶玄《飞燕外传》:"[汉成帝]使樊嫕进合德(赵飞燕妹)……宣帝时披香博士淖方成,白发教授宫中,号淖夫人,在帝后,唾曰:'此祸水也,灭火必矣。'"按五行家说法,汉得火德而兴起,这里说赵合德得宠将使汉灭亡,如水之灭火。后以"祸水"称得宠而败坏国家的女性。张怀奇《颐和园》诗:"一条~~出萧墙,十丈妖星流大地。"

【祸祟】 huòsuì 灾殃,灾害。《墨子·天志上》:"我欲福禄,而恶~~。"韩愈《与孟尚书书》:"假如释氏能与人为~~,非守道君子之所惧也。"

【祸梯】 huòtī 祸阶,祸因。《史记·赵世家》:"毋为怨府,毋为~~。"

剨 huò 象声词。破裂声。文天祥《赋吉州隆庆寺塔火》诗:"玉塔穿空不可梯,~然霹雳暗招提。"

瓠 huò 见hú。

嚄(**嚯**) huò 见"嚄嚄"、"嚄唶"。

【嚄嚄】 huòhuò 鸟鸣声。苏轼《涪州得山胡次子由韵》:"谁知声~~,亦自意重重。"

【嚄唶】 huòzé 呼叫。蔡邕《短人赋》:"~~怒语,与人相距。"

渮 huò 浪涛冲击声。郭璞《江赋》:"砅岩鼓作,㶁~泶灂。"

謋(**謋**) huò 形容牛体解开的声音。《庄子·养生主》:"动刀甚微,~然已解,如土委地。"

惑 huò ❶疑惑,使人不解。《论语·颜渊》:"既欲其生,又欲其死,是~也。"韩愈《师说》:"师者,所以传道、受业、解~也。"❷蛊惑,使之迷乱。《管子·问》:"国则不~,行之职也。"《汉书·五行志下之上》:"天戒若曰:'勿取齐女,将生淫~篡弑之祸。'"❸佛教称烦恼为惑。王中《头陀寺碑文》:"存躯者~,理胜则~亡。"

【惑蛊】 huògǔ 迷惑。《左传·哀公二十六年》:"太尹~~其君而专其利。"《国语·晋语二》:"将以骊姬之~~君而诬国人,谗群公子而夺之利,使君迷乱,信而亡之。"

【惑惑】 huòhuò 迷惑,盲从。刘向《说苑·敬慎》:"众人~~,我独不从。"《汉书·贾谊传》:"众人~~,好恶积意。"

【惑疾】 huòjí 迷惑之病。指精神失常。《左传·襄公二十四年》:"不然,其有~~,将死而忧也。"又《昭公元年》:"晦淫~~,明淫心疾。"

【惑乱】 huòluàn 迷惑,昏乱。《左传·昭公元年》:"赵孟曰:'何谓蛊?'对曰:'淫溺~~之所生也。'"《史记·秦始皇本纪》:"今诸生不师今而学古,以非当世,~~黔首。"《淮南子·俶真训》:"滑心浊神,而~~其本矣。"

【惑误】 huòwù 使人迷惑而致误。《楚辞·九章·惜往日》:"蔽晦君之聪明兮,虚~~又以欺。"《三国志·魏书·明帝纪》:"哀帝以外藩援立,而董宏等称引亡秦,~~时朝。"

【惑易】 huòyì 精神失常。《韩非子·内储说下》:"燕人其妻有私通于士,其夫早自外而来,士适出。夫曰:'何客也?'其妻曰:'无客。'问左右,左右言无有,如出一口。其妻曰:'公~~也。'"

【惑营】 huòyíng 昏惑,迷乱。《淮南子·齐俗训》:"有以自见也,则不失物之情;无以自见,则动而~~。"

【惑志】 huòzhì ❶疑心。《论语·宪问》:"夫子固有~~于公伯寮也。"❷惑乱人心。班固《东都赋》:"今将语子以建武之治,永平之事,监于太清,以变子~~。"

【惑众】 huòzhòng ❶惑乱众人。《汉书·陈汤传》:"[王]商闻此语,白汤~~,下狱治。"❷受迷惑的群众。梁简文帝《菩提树颂序》:"涅槃宝棹,接~~于背流;慈悲光明,照群迷于未晓。"

窢 huò 风疾之声。《庄子·天下》:"其风~然,恶可而言?"

蒦 huò 同"彠"。规度。《汉书·律历志上》:"尺者~也。……夫度者,别于分,忖于寸,~于尺,张于丈,信于引。"

瓁 huò ❶瓜果。《正字通·瓜部》:"~,或曰:昔人以瓜为菹,享祖考,燕宾客,谓之瓜果,俗因从瓜作~。~与果同。"❷同"敤"。见"瓁䫆"。

【瓁䫆】 huòqià 击动。韩愈等《征蜀联句》:"怒须犹鬇鬡,断臂乃~~。"

矐 huò 惊视。扬雄《蜀都赋》:"龙睢~兮罙布列,枚孤施兮纤繁出。"柳涣《石桥铭》:"斲轮见嗟,错石惟作,并因良球,人斯瞿~。"

濩 1. huò ❶水流自上而下汹涌澎湃的样子。见"浑濩"。❷通"镬"。煮。《诗经·周南·葛覃》:"维叶莫莫,是刈是~。"(按以煮之于镬,故曰濩。)

2. hù ❸散布,流散。《史记·司马相如列传》:"非唯濡之,氾尃~之。"❹通"頀"。商汤时乐名。《周礼·春官·大司乐》:"以乐舞教国子,舞云门,大卷,大咸,大磬,大夏,大~,大武。"(郑玄注:"大濩,汤乐也。")《左传·襄公二十九年》:"见舞韶、~者,曰:圣人之弘也。"

【濩倒】 huòdǎo 农家自酿之酒。陈造《次韵杨宰次郎裴》:"山瓶馀~~,僧宇谒伊蒲。"

【濩落】 huòluò ❶空荡荡的样子。韩愈《徐州赠族侄》诗:"萧条资用尽,~~门巷空。"❷大而无用。引申为零落,无聊失意。杜甫《自京赴奉先县咏怀五百字》:"居然成~~,白首甘契阔。"白居易《冬至》诗:"老去襟怀常~~,病来须鬓转苍浪。"

【濩渃】 huòruò 水大的样子。《楚辞·九思·疾世》:"望江汉兮~~,心紧絭兮伤怀。"

霍 huò ❶鸟疾飞的声音。引申为迅速。《荀子·议兵》:"大寇则至,使之持危城必畔,……~焉离耳,下反制其上。"参见"霍然"。❷大山围绕小山叫霍。《尔雅·释山》:"大山宫小山,~。"❸通"藿"。豆叶。《汉书·鲍宣传》:"使奴从宾客浆酒~肉。"(颜师古注引刘德曰:"视酒如浆,视肉如霍也。")❹通"矐"。使目失明。苏轼《四菩萨阁记》:"吾以身守之,吾眼可~,吾足可斮,吾画不可夺。"❺古诸侯国名。周武王封弟叔处于霍,始建霍国。春秋时为晋所灭。故地在今山西霍州境。❻山名。一指今山西霍州市东南的霍太山,一指今安徽霍山县西北的天柱山。❼姓。

【霍地】 huòdì 忽然。刘克庄《抄戊辰十月近稿》诗之二:"识之无字忆髫年,~~红颜变雪颠。"

【霍霍】 huòhuò ❶若有所失的样子。《世说新语·轻诋》:"王兴道谓谢望蔡~~如失鹰师。"❷闪动的样子。刘子翚《谕俗》诗之八:"乞灵走群祀,晚电明~~。"❸象声词。《木兰诗》:"小弟闻姊来,磨刀~~向猪羊。"

【霍濩】 huòhuò 盛多的样子。嵇康《琴赋》:"陵纵播逸,~~纷葩。"

【霍然】 huòrán ❶消散的样子。《史记·司马相如列传》:"焕然雾除,~~云消。"❷忽然,迅速。《汉书·王莽传上》:"人不还踵,日不移晷,~~四除,更为宁朝。"《后汉书·左慈传》:"[曹]操怀不喜,因坐上收,欲杀之,慈乃却入壁中,~~不知所在。"

【霍闪】 huòshǎn 闪电。顾云《天威行》:"金蛇飞状~~过,白日倒挂银绳长。"

【霍食】 huòshí 粗劣的饭食。霍,通"藿"。

陆游《两翁歌》:"人言翁穷可闵笑,～～鹑衣天所料。"

【霍奕】 huòyì 奔驰的样子。《后汉书·马融传》:"徽嫿～～,别骛分奔。"

【霍绎】 huòyì 飞走的样子。张衡《西京赋》:"鸟毕骇,兽咸作,……起彼集此,～～纷泊。"

嚄 huò 叹词,表示惊讶。《史记·外戚世家》:"武帝下车泣曰:'～! 大姊,何藏之深也。'"(张守节正义:"嚄,啧,失声惊愕貌也。")

【嚄嚄】 huòhuò 形容扰攘喧哗声。《太平御览》卷九百○三引《三辅决录》:"马氏兄弟五人,共居此地作客舍,养猪卖豚,故民谓之曰:'苑中三公,钜下二卿。五门～～,但闻豚声。'"

【嚄咋】 huòzé 猿猴啼叫声。傅玄《猿猴赋》:"或长眠而抱勒,或～～而龃断。"

【嚄唶】 huòzè ❶大声呼叫。形容勇猛。一说为多言。《史记·魏公子列传》:"晋鄙～～宿将,往恐不听,必当杀之。"❷大声谈论。形容无所顾忌。柳宗元《答问》:"仆蹇浅窄僻,跳浮～～。"❸鸟叫声。陆游《春晓》诗:"烟迷芳草苍茫色,鹊占高枝～～声。"

豁 1. huò ❶开阔的山谷。张协《七命》:"画长～以为限,带流溪以为关。"㉑开阔,开朗。郭璞《江赋》:"徽如地裂,～若天开。"杜甫《巴西驿亭观江涨呈窦十五使君》诗之一:"天边同客舍,携我～心胸。"❷空虚。陆机《文赋》:"兀若枯木,～若涸流。"❸深邃。左思《蜀都赋》:"峻岨塍埒长城,～险吞若巨防。"❹疏散,消散。杜甫《北征》诗:"仰观天色改,坐觉妖氛～。"《聊斋志异·褚生》:"今日李皇亲园中游人甚夥,当往一～积闷。"❺免除,豁免。王士禛《书剑侠二事》:"传令吏归舍,释妻子,～其赔偿。"参见"豁免"。

2. huō ❻开裂,残缺。贾思勰《齐民要术·种谷》:"稀～之处,锄而补之。"韩愈《进学解》:"头童齿～,竟死何裨?"❼舍弃。《世说新语·德行》:"[殷仲堪]每语子弟云:'勿以我受任方州云我～平昔时意。'"《红楼梦》一百一十回:"明儿你们～出些辛苦来罢!"

3. huá ❽见"豁拳"。

【豁达】 huòdá ❶通敞。刘桢《公宴诗》:"华馆寄流波,～～来风凉。"何晏《景福殿赋》:"尔乃开南端之～～,张笋虡之轮豳。"❷胸襟开阔,性格开朗。潘岳《西征赋》:"观夫汉高之兴也,非徒聪明神武,～～大度而已也。"《涑水纪闻》卷一:"太祖聪明～～,知人善任。"

【豁荡】 huòdàng 器度开阔,不受拘束。《晋书·祖逖传》:"逖性～～,不修仪检。"

【豁渎】 huòdú 疏通江河。《汉书·扬雄传上》:"洒沈菑于～～兮,播九河于东濒。"

【豁落】 huòluò ❶度量宽大,心胸磊落。孟棨《本事诗·情感》:"韩翃少负才名,……邻有李将,妓柳氏,李每至,必邀韩同饮,韩以李～～大丈夫,故常不逆。"❷道教的符箓。李白《访道安陵遇盖还为余造真箓临别留赠》诗:"七元洞～～,八角辉星虹。"

【豁免】 huòmiǎn 免除。《清会典事例》卷二百六十八《户部·蠲恤·免科》:"[顺治]三年覆准,直隶省任丘县硷水浸地,赋税无出,照数～～。"

【豁目】 huòmù 开拓视野。李中《登毗陵青山楼》诗:"高楼闲上对晴空,～～开襟半日中。"

【豁然】 huòrán 开朗广阔的样子。陶渊明《桃花源记》:"初极狭,才通人,复行数十步,～～开朗。"刘长卿《登东海龙兴寺高顶望海简演公》诗:"～～万里馀,独为百川雄。"

【豁如】 huòrú 旷达。《史记·高祖本纪》:"仁而爱人,喜施,意～～也。"《魏书·世祖纪》:"太宗有疾,命帝总摄百揆,聪明大度,意～～也。"

【豁閜】 huòxiā 空虚。《史记·司马相如列传》:"蹇产沟渎,谽呀～～。"(《文选》作"豁闭"。)

【豁拳】 huáquán 也叫"划拳"、"猜拳"、"拇战"。饮酒时助兴取乐的一种游戏。两人同时出拳伸指喊数,喊中两人伸指之和者胜,负者罚饮。李日华《六研斋笔记》卷四:"俗饮,以手指屈申相搏,谓之～～。"

矆 huò(又读 wò) ❶玉璞,未雕琢的玉。《集韵·铎韵》:"～,玉璞。"❷水名。《管子·轻重丁》:"决～洛之水,通之杭庄之间。"

臒 huò 赤石脂之类,古代用作颜料,以饰宫室。《尚书·梓材》:"若作梓材,既勤朴斫,惟其涂丹～。"《山海经·南山经》:"鸡山,其上多金,其下多丹～。"

矐 huò ❶惊视。同"矆"。《说文·目部》:"～,大视也。"❷见"矐睒"。

【矐睒】 huòshǎn ❶光色闪烁不定。木华《海赋》:"呵嗽掩郁,～～无度。"❷闪电。也作"霍闪"。见翟灏《通俗编》卷一《天文·霍闪》。

镬(鑊) huò ❶古代无足的鼎，即大锅。《论衡·书虚》："传书言，吴王夫差杀伍子胥，煮之于～，乃以鸱夷橐，投之于江。"苏轼《留侯论》："当韩之亡，秦之方盛也，以刀锯鼎～待天下之士。"❷煮。《尔雅·释训》："是刈是～。～，煮之也。"(《诗经·周南·葛覃》作"濩"。)❸见"镬铎"。

【镬铎】 huòduó 喧闹。王晔《桃花女》二折："来到俺门前乱交加，不知是那个，则听的热闹～～。"王实甫《西厢记》一本四折："黄昏这一回，白日那一觉，窗儿外那会～～。"

【镬亨】 huòpēng 古代酷刑名。把人放在镬中烹煮。亨，通"烹"。《汉书·刑法志》："陵夷至于战国，……增加肉刑、大辟，有凿颠、抽胁、～～之刑。"

彟 huò 尺度。《楚辞·离骚》："勉升降以上下兮，求榘～之所同。"《后汉书·崔骃传》："协准～之贞度兮，同断金之玄策。"

濩 huò 见"濩洓"、"濩濩"。

【濩洓】 huòhuì 波浪声。木华《海赋》："～～濩渭，荡云沃日。"

【濩濩】 huòhuò 彩色闪烁的样子。王延寿《鲁灵光殿赋》："～～燐乱，炜炜煌煌。"

藿 huò ❶豆叶，嫩时可食。《诗经·小雅·白驹》："皎皎白驹，食我场～。"《韩非子·五蠹》："尧之王天下也，茅茨不剪，采椽不斲；粝粢之食，藜～之羹。"❷香草，即藿香。左思《吴都赋》："草则～蒳豆蔻，薑汇非一。"

【藿囊】 huònáng 盛藿的囊袋。比喻无才学。沈约《俗说》："何承天、颜延年俱为郎，何问颜曰：'～～是何物？'颜答曰：'此当复何解耶？～～将是卿。'"

【藿食】 huòshí 粗食。刘向《说苑·善说》："肉食者已虑之矣，～～者尚何与焉？"也指粗食者，即平民百姓。司马光《和王乐道再以诗见寄》："衡门不羡金门贵，～～焉知肉食谋？"

擭 1. huò ❶反手，手反复。《集韵·铎韵》："～，手反覆也。"

2. què ❷通"榷"。专利，垄断。《汉书·王莽传下》："如令豪吏猾民辜而～之，小民弗蒙，非予意也。"《新唐书·李锜传》："锜因恃恩骜横，天下～酒漕运，锜得专之。"

蠖 huò 昆虫名。即尺蠖。虫体细长，行动时身体一屈一伸，如尺量物，故名。白居易《代书诗一百韵寄微之》："伸屈须看～，穷通莫问龟。"魏了翁《水调歌头·江东漕使兄高瞻叔生日》词："天运自消息，龙～不关情。"

【蠖濩】 huòhuò 指宫殿中的刻镂装饰。扬雄《甘泉赋》："盖天子穆然，珍台闲馆，琁题玉英，蜵蜎～～之中。"

【蠖略】 huòlüè 行步进止，如蠖之有尺度。《史记·司马相如列传》："驾应龙象舆之～～逶丽兮，骖赤螭青虬之蛐蟉蜿蜒。"扬雄《甘泉赋》："驷苍螭兮六素虬，～～蕤绥，漓虖襂纚。"

【蠖屈】 huòqū ❶形容物形屈曲，状如屈蠖。徐陵《玉台新咏序》："三台妙迹，龙伸～～之书；五色花笺，河北胶东之纸。"❷《周易·系辞下》："尺蠖之屈，以求信也。"后以蠖屈比喻人不遇时，屈身隐退。《晋书·庾阐传》："是以道隐则～～，数感则凤睹。"卢照邻《酬张少府柬之》诗："鹏飞俱望昔，～～共悲今。"

艧 huò 船。江淹《迁阳亭》诗："方水埋金～，圆岸伏丹琼。"

䨼(䨼) huò 同"彟"。尺度。马融《长笛赋》："桃截本末，规摹～矩。"

矐 huò 眼睛失明，使眼睛失明。《史记·刺客列传》："秦皇帝惜其善击筑，重赦之，乃～其目。"

韄 huò （又读 hù） ❶缠在佩刀把上的皮绳。《说文·革部》："～，佩刀丝也。"（段玉裁注改"丝"为"系"。）❷束缚。《庄子·庚桑楚》："夫外～者不可繁而捉，将内揵。内～者不可缪而捉，将外揵。"

靃 1. huò ❶鸟疾飞的声音。《说文·雔部》："～，飞声也。"

2. suǐ ❷见"靃靡"、"靃靃"。

【靃靡】 suǐmǐ ❶草木随风披靡的样子。《楚辞·招隐士》："青莎杂树兮，薠草～～。"❷草木纷乱杂错的样子。《梁书·武陵王纪传》："初，纪将僭号，妖怪非一，其最异者，内寝柏殿柱绕节生花，其茎四十有六，～～可爱，状似荷花。"

【靃靃】 suǐsuǐ ❶细弱的样子。谢朓《思归赋》："睇微茎之～～，望水叶之田田。"❷迅速飞落的样子。潘岳《西征赋》："雍人缕切，鸾刀若飞，应刃落俎，～～霏霏。"

矆 huò 同"矐"。惊视的样子。左思《魏都赋》："先生之言未卒，吴蜀二客～焉相顾。"

J

jī

几¹ 1. jī ❶古代摆在座前的小桌子,用于凭靠休息或放置物件。《尚书·顾命》:"甲子,王乃洮頮水,相被冕服,凭玉~。"(洮:洗手。頮:洗脸。)《孟子·公孙丑下》:"孟子去齐,宿于昼……隐~而卧。"陆机《赴洛道中》诗之二:"抚~不能寐,振衣独长想。"也作"机"。《左传·襄公十年》:"知伯怒,投之以~。"❷俎。张衡《东京赋》:"度堂以筵,度室以~。"

2. jǐ ❸见"几几"。

【几案】 jī'àn ❶泛指桌子。《南齐书·刘善明传》:"床榻~~,不加划削。"(划:削平。)❷几案是古代官员办公之物,所以又借指公务。《北史·朱世隆传》:"深自克勉,留心~~。"《魏书·李遐传》:"遐字智远,有~~才,起家司空行参军。"

【几榻】 jītà 踞几和卧榻。白居易《洛下诸客就宅相送偶题西亭》诗:"~~临池坐,轩车冒雪过。"也作"机榻"。应璩《与侍郎曹长思书》:"悲风起于闺闼,红尘蔽于~~。"(闺闼:内室。)

【几筵】 jīyán ❶筵席。《国语·周语上》:"及期,命于武宫,设桑主,布~~,太宰莅之,晋侯端委以入。"(命:受王命。布:陈设。)《荀子·礼论》:"疏房、檖貌、越席、床笫、~~,所以养体也。"(檖貌:深邃的房屋。越席:草编的席子。第:竹子编的席子。)❷祭席,即神灵凭倚、所坐的几席。《左传·昭公元年》:"围布~~,告于庄、共之庙而来。"(围:人名,楚公子围。)

【几杖】 jīzhàng 倚几和手杖。几杖均为老人用物,古以赐几杖为敬老之礼。《吕氏春秋·仲秋》:"是月也,养衰老,授~~,行糜粥饮食。"《史记·吴王濞列传》:"于是天子乃赦吴使者归之,而赐吴王~~,老,不朝。"

【几几】 jǐjǐ ❶装饰繁盛。《诗经·豳风·狼跋》:"公孙硕肤,赤舄~~。"(舄:古代的一种复底鞋。)❷偕同。扬雄《太玄经·亲》:"饮食~~。"

讥(譏) jī ❶指责。《史记·封禅书》:"及后陪臣执政,季氏旅于泰山,仲尼~之。"(旅:祭名。)《后汉书·冯衍传》:"盖仲由使门人为臣,孔子~其欺天。"范仲淹《岳阳楼记》:"登斯楼也,则有去国怀乡,忧谗畏~,满目萧然,感极而悲者矣。"❷讥讽。孔平仲《寄从道》诗:"班然武而文,~骂舌若刀。"❸讽谏。《楚辞·天问》:"殷有惑妇,何所~?"(惑妇:迷惑人的妇女。指妲己。讥:指向纣王讽谏。)❹检查,盘问。《孟子·梁惠王下》:"昔者文王之治岐也,耕者九一,仕者世禄,关市~而不征。"《后汉书·百官志五》:"武帝又置三辅都尉各一人,~出入。"㊄调查,查问。《吕氏春秋·观世》:"婴闻察实者不留声,观行者不~辞。"(婴:晏婴。留:留意。)㊅卜问。《左传·昭公十年》:"天以七纪,戊子逢公以登,星斯于是乎出,吾是以~之。"(七纪:二十八宿分布四方,每方七宿。登:登天,即指死。)

【讥贬】 jībiǎn 讥刺指责。《抱朴子·良规》:"或谏余以此言为伤圣人,必见~~。"

【讥刺】 jīcì 批评,指责。《汉书·楚元王传》:"向自见得信于上,故常显讼宗室,~~王氏及在位大臣,其言多痛切,发于至诚。"《后汉书·窦武传》:"明主不讳~~之言,以探幽暗之实。"

【讥呵】 jīhē 讥责,非难。《后汉书·吕强传》:"毁刺贵臣,~~竖宦。"《三国志·蜀书·孟光传》:"光好《公羊》《春秋》,而~~左氏。"也作"讥诃"。《三国志·蜀书·廖立传》注引《诸葛亮集》:"立奉先帝无忠孝之心,守长沙则开门就敌,领巴郡则有暗昧阘茸其事,随大将军则诽谤~~。"(阘茸:卑贱。)

【讥切】 jīqiè 严厉责备。《汉书·翟方进传》:"阳朔中,京兆尹王章~~大臣,而荐琅邪太守冯野王可代大将军王凤辅政。”权德舆《两汉辨亡论》：“永始、元延之间，天地之眚屡见，言事者皆～～王氏颛政。”（眚：灾异。颛：通“专”。）

【讥弹】 jītán 非议，举其失误。《三国志·魏书·陈思王植传》注引《典略》：“仆常好人～～其文，有不善者，应时改定。”

击（擊） 1. jī ❶敲打。《尚书·皋陶谟》：“於！予～石拊石，百兽率舞，庶尹允谐。”（於：叹词。石：石磬。庶尹：众官长。允：诚，实在。）《诗经·陈风·宛丘》：“坎其～鼓，宛丘之下。”（坎：击鼓之声。）㊀碰撞，摩擦。《战国策·齐策一》：“主者，循轶之途也，辖～摩车而相过。”（主：地名。轶：车辙。辖：车轴两端的铁键，用以控制车轮。）❷宰杀。《仪礼·少牢馈食礼》：“司马刲羊，司士～豕。”（刲：杀。）《史记·廉颇蔺相如列传》：“日～数牛飨士。”《后汉书·马援传》：“援乃～牛酾酒，劳飨军士。”（酾酒：斟酒。）❸刺杀。《左传·昭公元年》：“子南知之，执戈逐之，及冲，～之以戈。”（冲：大道四交之处。）㊀铁刃。《淮南子·氾论训》：“古之兵，弓剑而已矣，槽矛无～，修戟无刺。”（槽：柔木。无击：无铁刃。）❹攻击，进攻。《左传·隐公九年》：“戎人之前遇覆者奔，祝聃逐之，衷戎师，前后～之，尽殪。”（覆：伏兵。衷：通“中”。中断。殪：死。）《汉书·高帝纪上》：“三月，攻下邑，拔之。还～丰，不下。”

2. xí ❺通“觋”。男巫。《荀子·王制》：“相阴阳，占祲兆，钻龟陈卦，主攘择五卜，知其吉凶妖祥，伛巫跛～之事也。”（祲：迷信以为阴阳二气相侵所形成的不祥的云气。伛巫：驼背的女巫。）

【击节】 jījié ❶击打乐器以调节乐曲。节，一种乐器。左思《蜀都赋》：“羽爵执竞，丝竹乃发。巴姬弹弦，汉女～～。”（羽爵：酒器。丝竹：管弦乐。）《晋书·乐志下》：“魏晋之世，有孙氏善歌旧曲，宋识善～～唱和。”❷激励节操。袁宏《三国名臣序赞》：“尚想重晖，载挹载味。后生～～，懦夫增气。”

【击戾】 jīlì 抵触。《荀子·修身》：“行而供翼，非渍淖也；行而俯项，非～～也；偶视而先俯，非恐惧也。”（供：恭。翼：当作“冀”。敬。偶视：对面相视。）

【击赏】 jīshǎng 赞赏。《旧唐书·封伦传》：“［杨］素负贵恃才，多所凌侮，唯～～伦。”

【击壤】 jīrǎng 古游戏名。壤，器物名。以木为之，形状像履。前广后锐，长一尺四寸，宽三寸。游戏时，先将一壤置地，在三四十步以外，用手中的壤击之，中者为上。《论衡·感虚》：“尧时，五十之民～～于涂。观者曰：‘大哉！尧之德也。’”皇甫谧《高士传》卷上：“帝尧之世，天下太和，百姓无事。壤父年八十馀，而～～于道中。”后为歌颂太平盛世之典。范成大《插秧歌》：“谁知细细青青草，中有丰年～～声。”

【击柝】 jītuò 敲打梆子，用于报时或警戒。《周易·系辞下》：“重门～～，以待暴客，取诸豫。”（豫：防备。）《左传·哀公七年》：“鲁～～闻于邾。”《荀子·荣辱》：“故或禄天下而不自以为多，或监门御旅、抱关～～而不自以为寡。”

【击鲜】 jīxiān 宰杀牲畜。鲜，鸟兽新杀曰鲜。《汉书·陆贾传》：“一岁中，以往来过它客，率不过再过，数～～，毋久溷女为也。”（过：拜访。）又泛指美食。陆游《秋思》诗：“老子斋居罢～～，木盘竹筯每随缘。”

【击衣】 jīyī 击打仇者的衣服，以示报仇。《战国策·赵策一》：“于是襄子义之，乃使使者持衣与豫让。豫让拔剑三跃，呼天击之曰：‘而可以报知伯矣。’遂伏剑而死。”（第一个“而”，通“尔”。你。豫让自指。）

叽（嘰） jī ❶略食。《汉书·司马相如传下》：“呼吸沆瀣兮餐朝霞，咀噍芝英兮～琼华。”（沆瀣：夜里的水气。琼华：玉英。）❷唏哭。《淮南子·缪称训》：“纣为象箸而箕子～。”

饥[1]（飢） jī ❶饥饿。《尚书·尧典》：“帝曰：‘弃！黎民阻～。汝后稷，播时百谷。’”（阻：困厄。时：莳，种。）《左传·昭公十三年》：“若见费人，寒者衣之，～者食之，为之令主，而共其乏困，费来如归，南氏亡矣。”（费：邑名。）《孟子·公孙丑上》：“～者易为食，渴者易为饮。”❷通“饥[2]（饑）”。谷物不熟，荒年。《淮南子·天文训》：“四时不出，天下大～。”❸姓。

【饥火】 jīhuǒ 饥饿难忍，如火燃烧。白居易《旱热》诗：“壮者不耐饥，～～烧其肠。”苏轼《祈雨》诗：“～～烧肠作牛吼，不知待到秋成否。”

【饥馁】 jīněi 饥饿。《韩非子·外储说左下》：“夫轻忍～～之患而必全壶餐，是将不以原叛。”（原：地名。）

【饥殍】 jīpiǎo 同“饿莩”。饿死的人。《三国志·蜀书·许靖传》：“～～荐臻，死者大半。”（荐臻：频接而来。）

【饥劬】 jīqú 饥饿劳苦。白居易《题座隅》诗：“自奉虽不厚，亦不至～～。”（奉：俸禄。）

饥[2]（饑） jī ❶谷物不熟，荒年。《论语·颜渊》：“哀公问于有若曰：‘年～，用不足，如之何？’”《左传·文公十六年》："楚大～，或伐其西南。"《孟子·梁惠王下》："凶年～岁，君之民老弱转乎沟壑，壮者散而之四方者，几千人矣。"《史记·秦本纪》："十四年，秦～，请粟于晋。"❷通"饥[1]（飢）"。饿。《国语·吴语》："其民不忍～劳之殃，三军叛王于干谿。"《管子·重令》："菽粟不足，末生不禁，民必有～饿之色。"（末生：指奢侈品生产。）《列子·说符》："子列子穷，容貌有～色。"

【饥馑】 jījǐn 饥荒，荒年。《诗经·大雅·召旻》："瘨我～～，民卒流亡，我居圉卒荒。"（瘨：病，困苦。卒：尽。圉：边境。）《左传·昭公元年》："譬如农夫，是穮是蓘，虽有～～，必有丰年。"（穮：田中除草。蓘：向苗根培土。）《管子·五辅》："故曰：天时不祥，则有水旱；地道不宜，则有～～；人道不顺，则有祸乱。"

【饥疠】 jīlì 饥饿和瘟疫。《新唐书·杨炎传》："至德后，天下起兵，因以～～。"

【饥穰】 jīráng 饥馑和丰穰。《史记·秦本纪》："晋旱，来请粟。丕豹说缪公勿与，因其饥而伐之。缪公问公孙支，支曰：'～～更事耳，不可不与。'"（因：趁着。）

机（禨） 1. jī ❶祥，事鬼神以求福。《列子·说符》："楚人鬼而越人～，可长有者唯此也。"

2. jì ❷通"醮"。洗发后喝的酒。《礼记·玉藻》："君子之居恒当户，寝恒东首，……日五盥，沐稷而靧粱，栉用椫栉，发晞用象栉，进～进羞，工乃升歌。"（靧：洗脸。稷粱：稷粱之汁。椫栉：用白理木做的梳子。象栉：用象牙做的梳子。）

【机祥】 jīxiáng ❶祈福。《史记·五宗世家》："彭祖不好治宫室、～～，好为吏事。"❷吉凶。《史记·孟子荀卿列传》："荀卿嫉浊世之政，亡国乱君相属，不遂大道而营于巫祝，信～～。"（遂：顺。）《淮南子·氾论训》："夫见不可布于海内，闻不可明于百姓，是故因鬼神～～而为之立禁，总形推类而为之～～。"

齐 jī 见 qí。

玑（璣） jī ❶小而不圆的珠子。《尚书·禹贡》："包匦菁茅，厥篚玄、纁、～组，九江纳锡大龟。"（匦：匣子。篚：圆筐。纳：进贡。）《吕氏春秋·重己》："人不爱昆山之玉，江汉之珠，而爱己之一苍璧小～，有之利故也。"❷北斗的第三颗星。《史记·天官书》司马贞索隐："《春秋运斗枢》云：'斗，第一天枢，第二旋，第三～，第四权，第五衡，第六开阳，第七摇光。'"❸浑天仪。《尚书·舜典》："正月上日，受终于文祖。在璿～玉衡，以齐七政。"（璿：美玉。齐：正，定准。七政：日、月、五星。）

【玑琲】 jībèi 珠串。《新唐书·杨贵妃传》："遗钿堕舄，瑟瑟～～，狼藉于道，香闻数十里。"（瑟瑟：碧绿的样子。）

【玑衡】 jīhéng ❶北斗的第三、第五颗星。或指北斗星。《世说新语·言语》："尺表能审～～之度，寸管能识往复之气。"也作"机衡"。《后汉书·郅恽传》："臣闻天地重其人，惜其物，故运～～，垂日月……显表纪世，图录豫设。"❷即璿机玉衡。古代观测天象的仪器。沈括《梦溪笔谈》卷六："天文家有浑仪，测天之器上设于崇台，以候垂象者，则古～～是也。"

【玑镜】 jījìng ❶用有光的珠子作镜。《初学记·孝经援神契》："神灵滋，百宝用，则珠母～～也。"❷赞美一个人的鉴识能力。庾信《周上国柱齐王宪神道碑》："公器宇淹旷，风神透远，～～照林，山河容纳。"

机[1] jī ❶类似榆树的一种树木。《山海经·北山经》："北山经之首，曰单狐之山，多～木。"扬雄《蜀都赋》："春～杨柳，裒弱蝉抄。"❷通"几[1]"。小桌子。《周易·涣》："九二，涣奔其～，悔亡。"

机[2]（機） jī ❶弩机。弓弩上发箭的一种装置。《尚书·太甲上》："若虞～张，往省括于度，则释。"（释：放，发射。）㉠巧，巧能之人。《列子·仲尼》："伯丰子之从者越次而进曰：'大夫不闻齐鲁之多～乎？'"㉡素质，秉赋。《庄子·大宗师》："其耆欲深者，其天～浅。"㉢发射。《楚辞·九章·惜诵》："矰弋～而在上兮，罻罗张而在下。"（矰弋：带有丝绳的射鸟的短箭。罻罗：捕鸟的网。）❷作战器械或其他设备。《战国策·宋卫策》："公输般为楚设～，将以攻宋。"㉠捕捉鸟兽的机槛。《后汉书·赵壹传》："罼网加上，～穽在下。"㉡织布机。《史记·郦生陆贾列传》："海内摇荡，农夫释耒，丁女下～，天下之心未有所定也。"古诗《为焦仲卿妻作》："鸡鸣入～织，夜夜不得息。"㉢载尸床。《礼记·曾子问》："下殇，土周葬于园，遂舆～而往，涂迩故也。"（舆：抬。）❸事物的关键、枢要。《国语·晋语五》："夫貌，情之华也；言，貌之～也。"《战国策·秦策三》："故攻齐之于陶也，存亡之～也。"《韩非子·十过》："合诸侯，不可无礼，此存亡之～也。"㉠权要。《韩非子·三守》："恶自治之劳惮，使群臣辐凑用事，因传柄移藉，使杀生之～夺予之要在大臣，如是者侵。"❹时机，机会。《战国策·韩策三》："今公以韩善秦，韩之重于两周也无计，而秦之争～也，万于周之时。"（万：万倍。)《旧唐书·李靖传》:"兵贵神速,～不可失。"❺髋骨。《素问·骨空论》:"坐而膝痛,治其～。"❻星名。见"机衡"。❼通"几²"。微,事物变化的端始。《庄子·至乐》:"万物皆出于～,皆入于～。"《三国志·魏书·王昶传》:"夫毁誉,爱恶之原而祸福之～也,是以圣人慎之。"㉠事物变化的迹象、征兆。《素问·离合真邪论》注:"～者,动之微。"㉡机密。《后汉书·宦者传序》:"帝数宴后庭,或潜游离馆,故请奏～事,多以宦人主之。"㉢事务,政务。《汉书·百官公卿表》:"相国、丞相……掌丞天子,助理万～。"❽通"几²"。危殆。《淮南子·原道训》:"处高而不～。"

【机辟】 jībì 装有开关机件的捕兽工具。《庄子·逍遥遊》:"子独不见狸狌乎?卑身而伏,以候敖者;东西跳梁,不避高下;中于～～,死于罔罟。"(狌:黄鼠狼。敖:后作"遨"。)也作"机臂"。《楚辞·哀时命》:"外迫胁于～～兮,上牵联于矰隿。"(隿:同"弋"。)

【机变】 jībiàn ❶器械巧变。《墨子·公输》:"公输盘九设攻城之～～,子墨子九拒之。"《庄子·胠箧》:"夫弓、弩、毕、弋～～之知多,则鸟乱于上矣。"(毕:一种带有长柄的捕捉鸟兽的网。)❷机巧变诈。《孟子·尽心上》:"耻之于人大矣,为～～之巧者,无所用耻焉。"❸随机应变。《南史·宋武帝纪》:"谢晦屡从征伐,颇识～～。"

【机柄】 jībǐng 权柄。《三国志·魏书·夏侯玄传》:"奚必使中正干铨衡之机于下,而执～～者有所委仗于上,上下交侵,以生纷错哉?"韩愈《顺宗实录》四:"德宗在位久,益自揽持～～,亲治细事,失君人大体,宰相益不得行其事职。"

【机栝】 jīguā 弩牙和箭栝。鲍照《乐府八首·苦热行》注引司马彪云:"言生以是非,臧否交接,则祸败之来若～～之发。"也作"机括"。《风俗通·过誉》:"棱统～～,知其虚实。"

【机关】 jīguān ❶设有机件并能制动的机械装置。《论衡·儒增》:"如木鸢～～备具,与木车马等,则遂飞不集。"❷比喻人体器官。《鬼谷子·权》:"故口者,～～也,所以开闭情意也。"❸权谋机诈。黄庭坚《牧童》诗:"多少长安名利客,～～用尽不如君。"

【机衡】 jīhéng ❶同"玑衡①"。❷比喻政权的枢要机关或军政机务。《后汉书·郎顗传》:"尚书职在～～。"《三国志·蜀书·董和传》:"自和居官食禄,外牧殊域,内干～～,二十馀年,死之日家无儋石之财。"《晋书·羊祜传》:"夫总齐～～,允釐六职,朝政之本也。"

【机会】 jīhuì ❶时机和际遇。《新唐书·陆贽传》:"疾徐失宜,则～～不及;～～不及,则气势自衰。"❷事物的关键、要害。《三国志·蜀书·杨洪传》:"汉中则益州咽喉,存亡之～～,若无汉中则无蜀矣。"

【机节】 jījié 征兆。《战国策·赵策二》:"是故明主外料其敌国之强弱,内度其士卒之众寡、贤与不肖,不待两军相当,而胜败存亡之～～,固已见于胸中矣。"

【机捷】 jījié 机智敏捷。《三国志·魏书·钟毓传》:"毓,字稚叔,年十四,为散骑侍郎,～～谈笑,有父风。"又《魏书·裴潜传》注引《魏略·列传》:"[钟]繇为人～～,善持论。"

【机近】 jījìn 指处于机要、亲近的地位。《三国志·魏书·毛玠传》:"臣垂齠执简,累勤取官,职在～～,人事所窜。"又《魏书·夏侯玄传》注引《魏书》:"[李]韬尚公主,父子在～～,大将军秉事,常恐不见明信,太常亦怀深忧。"

【机阱】 jījǐng ❶设有简易制动装置的捕兽陷阱。《新唐书·李绅传》:"霍山多虎,撷茶者病之,治～～发民迹射,不能止,绅至尽去之,虎不为暴。"(撷:摘采。)❷比喻陷害人的预谋和圈套。《新唐书·赵冬曦传》:"夫法易知,则下不敢犯而远～～。"苏舜钦《又答范资政书》:"本以不知时之可止而遂于行,蹈此～～。"

【机揆】 jīkuí 机要政务。《魏书·李平传》:"内参～～,外寄折冲。"

【机巧】 jīqiǎo ❶智巧。《庄子·天地》:"功利～～,必忘夫人之心。"杜甫《赠李白》诗:"二年客东都,所历厌～～。"❷灵巧的装置。《后汉书·张衡传》:"衡善～～,尤致思于天文、阴阳、历筭。"(筭:同"算"。)《南齐书·祖冲之传》:"初,宋武平关中,得姚兴指南车,有外形而无～～,每行,使人于内转之。"

【机权】 jīquán 机智权谋。《三国志·魏书·夏侯玄传》:"夫天爵下通,是庶人议柄也;～～多门,是纷乱之原也。"

【机数】 jīshù 机谋。《管子·七法》:"故兵也者,审于地图,谋于日官,量蓄积,齐勇士,遍知天下,审御～～,兵主之事也。"(日官:掌握天文的官吏。)

【机先】 jīxiān 事物初露的苗头。《宋书·徐爰传》:"自以体含德厚,识鉴～～,迷涂遂深,罔知革悟。"

【机械】 jīxiè ❶机发的器械。《韩非子·难二》:"明于权计,审于地形、舟车、～～之利，用力少，致功大，则入多。”❷巧诈。《淮南子·原道训》：“故～～之心，藏于胸中，则纯白不粹，神德不全。”❸兵器的总称。陆机《辨亡论下》：“昔蜀之初亡，朝臣异谋，或欲积石以险其流，或欲～～以御其变，天子总群议而谘之大司马。”

【机心】 jīxīn 巧诈之心。《庄子·天地》：“有机械者必有机事，有机事者必有～～。～～存于胸中，则纯白不备。”白居易《朝回遊城南》诗：“～～一以尽，两处不乱行。”

【机牙】 jīyá ❶机栝和弩牙。李尤《弩铭》：“～～发矢，执破丑虏。”❷比喻互相协调配合。《三国志·吴书·周魴传》：“然要恃外援，表里～～，不尔以往，无所成也。”❸比喻关键或诡诈。韩愈《司徒兼侍中中书令赠太尉许国公神道碑铭》：“公先事候情，坏其～～，奸不得发。”

【机宜】 jīyí ❶事理，适宜的时机。《三国志·吴书·孙策传》注引《吴录》：“所贵于圣哲者，以其审于～～，慎于举措。”嵇康《与山巨源绝交书》：“吾不如嗣宗之贤，而有慢弛之阙，又不识人情，暗于～～，无万石之慎，而有好尽之累。”（万石：指万石君石奋。尽：指尽情真言。累：负累，毛病。）韩愈《与鄂州柳中丞书》：“其所以服人心，在行事适～～，而风采可畏爱故也。”❷根据客观情况所采取的适宜的决策。《新唐书·陆贽传》：“～～不以远决，号令不以两从。”

【机兆】 jīzhào 事物发生的先兆。《三国志·蜀书·先主传》：“[刘]备，受朝爵秩，念在输力，以殉国难。睹其～～，赫然愤发，与车骑将军董承同谋诛操，将安国家，克宁旧都。”欧阳建《临终》诗：“古人达～～，策马遊近关。”

【机轴】 jīzhóu 弩牙和车轴。比喻重要的地位。《后汉书·冯异传》：“今轶守洛阳，将军镇孟津，俱据～～，千载一会，思成断金。”《世说新语·谗险》：“袁悦有口才，能短长说，亦有精理。……说司马孝文王，大见亲待，几乱～～，俄而见诛。”

【机杼】 jīzhù ❶织布机的转轴和梭子。借指织布机。吴质《在元城与魏太子笺》：“若乃迈德种恩，树之风声，使农夫逸豫于疆畔，女工吟咏于～～，固非质之所能也。”❷喻指文章的构思和布局。《魏书·祖莹传》：“莹以文学见重，常语人云：‘文章须自出～～，成一家风骨，何能共人同生活也。’盖讥世人偷窃他文以为己用。”

刉（刏） jī 划伤，刺伤。《周礼·秋官·士师》：“凡～珥，则奉犬牲。”（珥：通“衈”。杀牲取血以衅器物。）又《秋官·犬人》注：“～衈者，衅礼之事。”《山海经·中山经》：“～一牝羊，献血。”

肌（骪） jī ❶人的肌肉。《韩非子·用人》：“昔者介子推无爵禄而义随文公，不忍口腹而仁割其～。”《史记·扁鹊仓公列传》：“乃割皮解～，诀脉结筋。”❷人的皮肤。韩愈《殿中少监马君墓志》：“姆抱幼子立侧，眉眼如画，发漆黑，～肉玉雪可念，殿中君也。”

【肌肤】 jīfū ❶肌肉与皮肤。《韩非子·喻老》：“疾在腠理，汤熨之所及也；在～～，鍼石之所及也；在肠胃，火齐之所及也。”《汉书·礼乐志》：“夫乐本情性，浃～～而臧骨髓，虽经乎千载，其遗风馀烈尚犹不绝。”❷比喻亲近、亲密。《汉书·叙传上》：“高四皓之名，割～～之爱。”

【肌理】 jīlǐ ❶皮肤的纹理。杜甫《丽人行》：“态浓意远淑且真，～～细腻骨肉匀。”❷果肉的纹理。蔡襄《荔枝谱》卷二：“若夫厚皮尖刺，～～黄色，……自亦下等矣。”

【肌液】 jīyè 汗液。嵇康《声无哀乐论》：“～～肉汗，踧笮便出。”（笮：压榨，排挤。）

【肌腴】 jīyú 肌肉丰满。《论衡·量知》：“学士简练于学，成熟于师，身之有益，犹谷成饭，食之生～～也。”

矶（磯） jī ❶水中积石或水边突出的岩石、石滩。《梁书·张弘策传》：“缘江至建康，凡～、浦、村落，军行宿次，立顿处所，弘策逆为图测，皆在目中。”常建《戏题湖上》诗：“湖上老人坐～头，湖里桃花水却流。”李贺《南园》诗：“窗含远色通书幌，鱼拥香钩近石～。”❷石激水。《说文·石部新附》：“～，大石激水也。”㉕激怒。《孟子·告子下》：“亲之过大而不怨，是疏也；亲之过小而怨，是不可～也。”

钒（鐖） 1. jī ❶鱼钩上的倒刺。《广韵·微韵》引《淮南子》：“无～之钩，不可以得鱼。”❷通“机²（機）”。弓弩上的发动机关。《淮南子·齐俗训》：“若夫工匠之为连～运开，阴闭眩错，入于冥冥之妙。”（连钒：钒发。运开：相通。）

2. ái ❸大镰。《史记·淮南衡山列传》：“今吾国虽小，然而胜兵者可得十馀万，非直適戍之众，～凿棘矜也，公何以言有祸无福？”（棘矜：戟柄。）

鸡（鷄、雞） jī ❶家禽的一种。《左传·闵公二年》：“归公乘马，祭服五称，牛、羊、豕、～、狗皆三百与门材。”（归：通“馈”。门材：做门户的材料。）《孟子·梁惠王上》：“～、豚、狗、彘之畜无失其时，七十者可以食肉矣。”❷冠名。“鸡冠”的省称。《论衡·率性》：“世称子路无恒之庸人，未入孔门时，戴～佩豚，勇猛无礼，闻诵读之声，摇～奋豚，扬唇吻之音，聒圣贤之耳，恶至甚矣。”（聒：喧扰。）❸姓。

【鸡筹】 jīchóu 更筹，古代夜间报更的牌。马臻《岁莫偶成》诗：“夜短～～促，天寒象纬高。”

【鸡肋】 jīlèi ❶比喻无味而又不忍舍弃之物。《后汉书·杨修传》：“夫～～，食之则无所得，弃之则如可惜。”苏辙《送转运判官李公恕还朝》诗：“官如～～浪奔驰，政似牛毛常黾勉。”❷比喻体弱。《晋书·刘伶传》：“尝醉与俗人相忤，其人攘袂奋拳而往，伶徐曰：‘～～不足以安尊拳。’其人笑而止。”（攘袂：捋袖出臂。）❸书名。宋赵崇绚撰，凡一卷。

【鸡廉】 jīlián 比喻小廉。《盐铁论·褒贤》：“文学言行……不过高瞻下视，洁言汙行，觞酒豆肉，迁延相让，辞小取大，～～狼吞。”

【鸡鸣】 jīmíng ❶黎明之时。《国语·吴语》：“为带甲三万，以势攻，～～乃定。”《史记·孟尝君列传》：“孟尝君至关，关法～～而出客。”❷戈名。《周礼·考工记·冶氏》注：“戈今勾孑戟也，或谓之～～，或谓之拥颈。”

【鸡坛】 jītán 指朋友相会之处。古代越人每相交，作土坛，并祭以白犬丹鸡，故名。史谨《答殷尚质次韵》：“鸠杖待看他日赐，～～不负旧时盟。”（鸠杖：杖头刻有鸠形的拐杖。）

【鸡日】 jīrì 农历正月初一。东方朔《占书》：“岁八日，一日鸡，二日犬，三日豕，四日羊，五日牛，六日马，七日人，八日谷。”吕本中《宜章元日》诗：“避地逢～～，伤时感雁臣。”

【鸡鹜】 jīwù 鸡鸭。喻平庸之人。《楚辞·九章·怀沙》：“凤皇在笯兮，～～翔舞。”（笯：竹笼。）《陈书·蔡景历传》：“欲以～～厕鸳鸿于池沼，将移瓦砾参金碧之声价。”（厕：夹杂，参与。）

【鸡心】 jīxīn 枣的别名。萧纲《赋枣》诗：“风摇羊角树，日映～～枝。”

【鸡蹠】 jīzhí 鸡脚掌。喻指学习必先博览而后才有所成。《文心雕龙·事类》：“是以将赡才力，务在博见，狐腋非一皮能温，～～必数千而饱矣。”

【鸡鸣狗盗】 jīmínggǒudào 仿效鸡鸣，装作狗盗。事见《史记·孟尝君列传》。后用来比喻有卑微技能的人。王安石《读孟尝君传》：“孟尝君特～～～～之雄耳。”

其 jī 见qí。

奇 jī 见qí。

隮（躋） jī ❶登。《尚书·顾命》：“王麻冕黼裳，由宾阶～。”（宾阶：堂前的西阶。）㉦云气上升。《诗经·曹风·候人》：“荟兮蔚兮，南山朝～。”（荟蔚：草木繁盛。）《史记·乐书》：“地气上～，天气下降。阴阳相摩，天地相荡。”❷虹。《诗经·鄘风·蝃蝀》：“朝～于西，崇朝其雨。”（崇朝：整个早晨。）《周礼·春官·眡祲》：“眡祲掌十煇之法，以观妖祥，辨吉凶。一曰祲，二曰象，三曰鑴，四曰监，五曰暗，六曰瞢，七曰弥，八曰叙，九曰～，十曰想。”❸坠落。《尚书·微子》：“今尔无指告予，颠～若之何其？”（其：语气词。）

居 jī 见jū。

葰 jī 见jiāo。

赍（齎） 1. jī ❶把东西送给人。《战国策·西周策》：“王何不以地～周最以为太子也。”《史记·樗里子甘茂列传》：“王不如～臣五城以广河间，请归燕太子，与强赵攻弱燕。”❷持有，携带。《后汉书·卓茂传》：“及王莽篡位，遣使～玄纁束帛，请为国师。”苏轼《思治论》：“此犹适千里不～粮，而假匄于涂人。”（假：借。匄：乞求。）❸带领。《史记·封禅书》：“始皇自以为至海上而恐不及矣，使人乃～童男女入海求之。”❹集有。《后汉书·杨震传》：“故吏～钱百万遗之，闭门不受。”㉧充，备。《淮南子·道应训》：“闻君求技道之士，臣偷也，愿以技～一卒。”❺怀着，抱着。《后汉书·冯衍传下》：“何天命之不纯兮，信吾罪之所生。伤诚善之无辜兮，～此恨而入冥。”

2. zī ❻通“资”。钱财。《史记·陈丞相世家》：“平既娶张氏女，～用益饶，游道日广。”㉧材料。《大戴礼记·子张问入官》：“良工必自择～材。”

3. qí ❼通“脐”。喻指水流的漩涡。《列子·黄帝》：“吾始乎故，长乎性，成乎命，与～俱入，与汩偕出。”

【赍志】 jīzhì 怀志。江淹《恨赋》：“～～没地，长怀无已。”

【赍咨】 jīzī 嗟叹。《周易·萃》：“上六，～～涕洟，无咎。”（涕：眼泪。洟：鼻涕。）

諆（諆、譬） jī ❶欺。《说文·言部》：“～，欺也。”❷谋划。《后汉书·张衡传》：“回志朅来从玄～，获我所求夫何思。”❸嫉妒。刘昼《刘子·伤谗》：“妒才智之在己前，～富贵之在己上。”

剞 jī ❶雕刻用的曲刀。《淮南子·俶真训》注:"~,巧工钩刀……所以刻镂之具也。"❷劫夺。左思《吴都赋》:"劫~熊罴之室,剽掠虎豹之落。"(落:居,穴。)

【剞劂】 jījué 雕刻用的曲刀和曲凿。《楚辞·哀时命》:"握~~而不用兮,操规矩而无所施。"后借指书籍的雕板。韩愈《送文畅师北游》诗:"先生阒穷巷,未得窥~~。"(阒:闭门幽居。)

笄 jī ❶古代男女盘头发或男子别帽子用的簪子。《诗经·鄘风·君子偕老》:"君子偕老,副~六珈。"(副:覆,假发。六珈:加在头上的六种玉饰。)《战国策·燕策一》:"其姊闻之,摩~以自刺也。"《列子·周穆王》:"简郑卫之处子娥媌靡曼者,施芳泽,正娥眉,设~珥,衣阿锡,曳齐纨。"(娥媌:妖艳。靡曼:柔弱。阿:地名。锡:通"緆"。细布。)❷插笄。《荀子·礼论》:"设掩面儇目,鬠而不冠~矣。"(鬠:同"髻"。挽束头发。)《淮南子·齐俗训》:"中国冠~,越人劗发,其于服一也。"(劗:剪。)❸女子成年,行插笄之礼。《礼记·内则》:"十有五年而~,二十而嫁。"《公羊传·僖公九年》:"妇人许嫁,字而~之。"㊀指女子成年之时。《史记·周本纪》:"既~而孕,无夫而生子,惧而弃之。"《三国志·魏书·王朗传》:"十年之后,既~者必盈巷。"

【笄丱】 jīguàn 指童子刚入成年之时。徐幹《中论·修本》:"君子修德,始乎~~,终乎鲐背。"(鲐背:指老人。)

【笄年】 jīnián 指女子初加笄之年。白居易《对酒示行简》诗:"复有双幼妹,~~未结缡。"(结缡:成婚。)平步青《霞外攟屑·说稗·花关索王桃王悦鲍三娘》:"王氏女名桃,弟悦,汉末时人,俱~~未字。"

积(積) 1. jī ❶堆积谷物。《诗经·大雅·公刘》:"迺埸迺疆,迺~迺仓。"(仓:把粮食存入仓内。)❷累积或堆积。《战国策·魏策一》:"臣闻~羽沉舟,群轻折轴,众口铄金,故愿大王之熟计之也。"《荀子·劝学》:"~土成山,风雨兴焉;~水成渊,蛟龙生焉。"❸停止。《庄子·天道》:"天道运而无所~,故万物成。"❹多。《周礼·地官·遗人》:"掌邦之委~,以待施惠。"《汉书·食货志下》:"夫县法以诱民,使入陷阱,孰~于此。"❺久。《汉书·严助传》:"其不用天子之法度,非一日之~也。"❻通"绩"。功业。《荀子·礼论》:"故有天下者事七世,有一国者事五世,有五乘之地者事三世,有三乘之地者事二世,持手而食者不得立宗庙,所以别~厚。~厚者流泽广,~薄者流泽狭也。"(五乘之地:五十里封地。持:通"恃"。依靠。)

2. zì ❼通"渍"。疾病传染。《汉书·晁错传》:"战则为人禽,屯则卒~死。"

【积蠹】 jīdù 积恶。《宋史·赵汝谈传》:"饬~~之蛊,而成终泰之功。"《元史·贡师泰传》:"剔其~~,通其利源。"

【积伐】 jīfá 屡次夸耀。《庄子·人间世》:"戒之,慎之,~~而美者以犯之,几矣。"

【积贯】 jīguàn 长久而习惯。《淮南子·修务训》:"今夫盲者,目不能别昼夜,分白黑,然而搏琴抚弦,参弹复徽,攫援摽拂,手若蔑蒙,不失一弦……何则?服习~~之所致。"

【积靡】 jīmǐ 长期积习。《荀子·儒效》:"居楚而楚,居越而越,居夏而夏,是非天性也,~~使然也。"

【积弩】 jīnǔ 连射的箭。《淮南子·兵略训》:"~~陪后,错车卫旁。"《后汉书·光武帝纪上》:"~~乱发,矢下如雨。"

【积失】 jīshī 累失。《后汉书·王常传》:"王莽政令苛酷,~~百姓之心。"

【积委】 jīwěi 积聚。《墨子·节葬下》:"大国之所以不攻小国者,~~多,城郭修,上下调和。"《汉书·董仲舒传》:"众其奴婢,多其牛羊,广其田宅,博其产业,畜其~~,务此而亡也。"

【积毁销骨】 jīhuǐxiāogǔ 一次次毁谤,足以置人于死地。极言人言可畏。《史记·张仪列传》:"臣闻之,积羽沉舟,群轻折轴,众口铄金,~~~~,故愿大王审定计议,且赐骸骨辟魏。"

倚 jī 见yǐ。

屐 jī 有齿或无齿的木底鞋。《晋书·宣帝纪》:"关中多蒺藜,帝使军士二千人著软材平底木~前行。"《南史·谢灵运传》:"常著木~,上山则去其前齿,下山则去其后齿。"李白《梦游天姥吟留别》:"脚著谢公~,身登青云梯。"

【屐齿】 jīchǐ 木屐的齿。《世说新语·忿狷》:"王蓝田性急。尝食鸡子,以箸刺之,不得,便大怒,举以掷地。鸡子于地圆转未止,仍下地以~~蹍之,又不得。"白居易《野行》诗:"草润衫襟重,沙干~~轻。"

姬 1. jī ❶周王室及其同姓诸侯的姓。《说文·女部》:"~,皇帝居姬水以为姓。"《论衡·奇怪》:"后稷母履大人迹而生后稷,故周姓曰~。"《左传·襄公二十九年》:"虞、虢、焦、滑、霍、杨、韩、魏,皆~姓也。”❷帝王或诸侯的妾。《战国策·赵策三》:“彼又将使其子女谗妾为诸侯妃～,处梁之宫,梁王安得晏然而已乎?”《史记·孙子吴起列传》:“孙子分为二队,以王之宠～二人各为队长,皆令持戟。”❸古代妇女的美称,也泛指美女。《史记·吕不韦列传》:“吕不韦取邯郸诸～绝好善舞者与居,知有身。”江淹《恨赋》:“别艳～与美女,丧金舆及玉乘。”❹汉代宫中女官名。《汉书·文帝纪》注:“《汉秩禄令》及《茂陵书》～并内官也,秩比二千石,位次婕妤下,在八子上。”

2. jū ❺通“居”。坐下。《列子·黄帝》:“关尹曰:‘是纯气之守也,非智巧果敢之列。～,鱼语女。’”(鱼:通“吾”。女:汝,你。)

【姬汉】 jīhàn 周代和汉代。丘迟《与陈伯之书》:“故知霜露所均,不育异类;～～旧邦,无取杂种。”《宋书·礼志三》:“爰洎～～,风流尚存。”(洎:及,到。)

【姬姜】 jījiāng 古人相传,黄帝姓姬,炎帝姓姜,后周朝姓姬,齐国姓姜,姬姜两大姓,常通婚,于是古人多以姬姜代美女。《左传·成公九年》:“虽有丝麻,无弃菅蒯;虽有～～,无弃蕉萃。”(蕉萃:同“憔悴”。此指貌不美的女人。)

【姬人】 jīrén 妾。《燕丹子》:“[秦王]召～～鼓琴。”

【姬侍】 jīshì 侍妾。《新唐书·卢杞传》:“尚父郭子仪病甚,百官造省,不屏～～。”(造省:登门探问。)

基 1. jī ❶房屋等建筑物的地基。《诗经·周颂·丝衣》:“自堂徂～,自羊徂牛。”《论衡·幸偶》:“均之土也,或～殿堂,或涂轩户。”(之:此。基殿堂:为殿堂做地基。)❷事物的基础,根本。《老子·三十九章》:“故贵以贱为本,高以下为～。”《左传·襄公二十四年》:“夫令名,德之舆也;德,国家之～也。”《庄子·则阳》:“今兵不起七年矣,此王之～也。”㊀基业。《尚书·大诰》:“予有后,弗弃～。”(后:后代。)《荀子·成相》:“展禽三绌,春申道缀～毕输。”(春申:春申君黄歇。缀:通“辍”。废止。输:破坏。)❸始,开始。《尚书·洛诰》:“朕复子明辟。王如弗敢及天～命定命,予乃胤保,大相东土,其基作民明辟。”(复:报告。明辟:明君。基命:指周文王开国的功业。定命:指周武王伐纣,平定天下的功业。胤保:继续辅佐。)《汉书·枚乘传》:“福生有～,祸生有胎。”❹谋,商议。《尚书·康诰》:“惟三月,哉生魄,周公初～作新大邑于东国洛。”(哉:始。魄:月初出或将没时的微光。)❺通“期(朞)”。一周年。《咸阳灵台碑》:“承祠～年,鲵鱼复生。”

2. jì ❻通“惎”。憎恨。《管子·幼官》:“和好不～,贵贱无司,事变日至。”(司:通“辞”,狱讼。至:窒,堵塞。)

【基绪】 jīxù 基业。孔融《荐祢衡表》:“陛下睿圣,纂承～～。”(睿圣:睿智圣明。纂:继。)

【基宇】 jīyǔ ❶根基。《北史·齐昭帝纪赞》:“齐之～～,止在于此。”❷气度。袁宏《三国名臣序赞》:“堂堂孔明,～～宏邈。”

【基兆】 jīzhào ❶始因,根本。《汉书·匡衡传》:“室家之道修,则天下之理得,故礼本冠婚,正～～而防未然。”❷基业。《后汉书·臧洪传》:“昔高祖取彭越于巨野,光武创～～于绿林。”

【基址】 jīzhǐ ❶建筑物的基础。《北史·蒋少游传》:“少游乘传诣洛,量准魏晋～～。”《水经注·沔水》:“水北有白水陂,其阳有汉光武故宅,～～存焉,所谓白水乡也。”也作“基跱”。《梁书·乐蔼传》:“豫章王问蔼风土旧俗,城隍～～。”❷基业。也作“基阯”。《汉书·疏广传》:“子孙几及君时,颇立产业～～。”(几:通“冀”。希望。)《后汉书·宋意传》:“当早就蕃国,为子孙～～。”

【基趾】 jīzhǐ ❶城郭或城墙的基础。《左传·宣公十一年》:“令尹𫇭艾猎城沂,使封人虑事,以授司徒。量功命日,分财用,平板榦,称畚筑,程土物,议远迩,略～～,具糇粮,度有司。”(城:筑城。令尹、封人、司徒、有司:均官名。略:巡视。)《北史·韩麒麟传》:“洛阳～～,魏明所营。”❷基业,基础。《后汉书·仲长统传》:“今欲张太平之纪纲,立至化之～～。”《宋书·谢灵运传》:“田赋之沃,著自贡赋,先才经创,～～犹存。”

【基雉】 jīzhì 宫室的基础和雉堞。《水经注·濡水》:“阜上有故宫庙楼榭,～～尚崇,每至鹰隼之秋,羽猎之日,肆阅清野,为升眺之逸地矣。”(肆阅:尽情观赏。)

靰(鞿) jī ❶马缰绳。《汉书·刑法志》:“今汉承衰周暴秦极敝之流,俗已薄于三代,而行尧舜之刑,是犹以～御駻突,违救时之宜矣。”(駻突:不驯服的马。)❷比喻受牵制,受束缚。《楚辞·离骚》:“余虽好修姱以～羁兮,謇朝谇而夕替。”(修姱:指美好的品德。謇:助词。谇:谏。替:废。)韩愈《山石》诗:“人生如此自可乐,岂必局束为人～。”

其 jī 见qí。

赍(賫、齎) jī ❶把东西送给人。《荀子·大略》:“非君子而好之,非其人也;非其人而教之,～盗粮,借贼兵也。”(兵:武器。)❷发给。《论衡·艺增》:“且周、殷士卒,皆～盛粮,无杵臼之事,安得杵而浮之?”❸持有,携带。《战国策·齐策四》:“齐王闻之,君臣恐惧,遣太傅～黄金千斤,文车二驷,服剑一,封书谢孟尝君。”❹怀着,抱着。《论衡·讲瑞》:“世儒怀庸庸之知,～无异之议,见圣不能知,可保必也。”

期 jī 见qī。

茸 jī 见qì。

棋 jī 见qí。

嵇 jī ❶山名。《晋书·嵇康传》:“嵇康,字叔夜,谯国铚人也。其先姓奚,会稽上虞人,以避怨徙焉。铚有～山,家于其侧,因而命氏。”❷姓。

【嵇刘】 jīliú 嵇康和刘伶的省称。二人均好饮酒,故并称。杜牧《雨中作诗》:“酣酣天地宽,恍恍～～伍。”(恍恍:心神不定的样子。伍:为伍。)

缉 jī 见qì。

禨(禨) jī 襞禨,见“襞积”。

毄(毄) 1. jī ❶打击。《周礼·考工记·庐人》:“～兵同强,举围欲细。”(兵:武器。同强:指兵器各部分强度相同。)❷拂拭。《周礼·考工记·弓人》:“和弓～摩。”(和:调试。)

2. jì ❸通“系²(繫)”。拴。《汉书·景帝纪》:“郡国或硗陿,无所农桑～畜。”(硗陿:指土地瘠薄狭小。毄畜:饲养、放牧。)

畸 jī ❶不能划为井田的零片土地。《说文·田部》:“～,残田也。”(残田:段注作“殒田”。殒,禽兽所食之馀。)❷整数以外的馀数。《论语·学而》集解:“然则千乘之赋,其地千成,居地方三百一十六里有～,唯公侯之封乃能容之,虽大国之赋,亦不是过焉。”(成:六尺为步,步百为亩,亩百为夫,夫三为屋,屋三为井,井十为通,通十为成。)❸军旅的左部。《国语·吴语》:“董褐将还,王称左～曰:‘摄少司马兹与王士五人,坐于王前。’乃皆进,自刭于客前以酬客。”(称:呼。左畸:这里指统领军旅左部的军官。摄:执。刭:刎颈。)❹剩馀。贾谊《新书·铜币》:“以调盈虚,以收～羡。”(羡:有馀。)❺不整齐。《荀子·天论》:“墨子有见于齐,无见于～。”㊀偏差,偏离。《荀子·天论》:“故道之所善,中则可从,～则不可为,匿则大惑。”(中:适当。匿:通“慝”。差错。)❻奇异。《庄子·大宗师》:“子贡曰:‘敢问～人。’”㊁不同。《庄子·大宗师》:“畸人者,～于人而侔于天。”(侔:齐。)

【畸愁】 jīchóu 不同寻常的愁思。吴莱《乘月渡荆门闸》诗:“～～本难驱,美景聊此玩。”

【畸孤】 jīgū 孤立无援的人。苏轼《鹤叹》诗:“我生如寄良～～,三尺长胫阁瘦躯。”

跻(躋) jī ❶登,升。《诗经·豳风·七月》:“～彼公堂,称彼兕觥,万寿无疆。”(称:举。兕觥:形状像兕牛的饮酒器。)《楚辞·九怀·陶壅》:“观中宇兮浩浩,纷翼翼兮上～。”《后汉书·张衡传》:“今乘云高～,磐桓天位。”苏舜钦《上孔待制书》:“助且至,登天阶,～岩廊,可拱而俟也。”㊀地位、声誉的上升。《左传·文公二年》:“秋八月丁卯,大事于大庙,～僖公,逆祀也。”(大事:指祭祀。)《后汉书·周举传》:“其子文公遂～僖于闵上。”又《韦彪传》:“卿以轻好去就,爵位不～。”《三国志·魏书·华歆传》:“虽有二贼负险延命,苟圣化日～,远人怀德,将襁负而至。”❷坠落。《史记·宋微子世家》:“今女无故告予,颠～如之何其?”(无故:无意。告:教诲。其:语气词。)

【跻登】 jīdēng 上升。韩愈《郓州谿堂诗序》:“上勤下顺,遂～～兹,不亦休乎?”

【跻览】 jīlǎn 登高远望。吴筠《登北固山望远》诗:“～～何所见,茫茫潮汐驰。”

【跻攀】 jīpān 登攀。杜甫《早起》诗:“一丘藏曲折,缓步有～～。”韩愈《听颖师弹琴》诗:“～～分寸不可上,失势一落千丈强。”

【跻踬】 jīzhì 喻乐音的上下升降。王褒《洞箫赋》:“哮呷呟唤,～～连绝,淈殄沌兮。”

锜(錤) jī 见“镃锜”。

箕 jī ❶簸米或撮土用的一种器具。《战国策·齐策六》:“齐婴儿谣曰:‘大冠若～,修剑拄颐,攻狄不能,下垒枯丘。’”《礼记·曲礼上》:“凡为长者粪之礼,必加帚于～上,以袂拘而退。”(粪:扫除。)❷一种坐的方式,两腿分开,形如箕。《礼记·曲礼上》:“游毋倨,立毋跛,坐毋～,寝毋伏。”(游:行。倨:傲慢。)❸星名,二十八宿之一。《诗经·小雅·大东》:“维南有～,不可以簸扬。维北有斗,不可以挹酒浆。”(斗:斗宿,即南斗。挹:舀取。)❹树名。《国语·郑语》:“且宣王之时有童谣曰:‘檿弧～服,实亡周国。’”(檿:柞树。弧:弓。服:箙,盛箭之器。)❺姓。

【箕赋】 jīfù 苛敛民财。《宋书·沈攸之传》:"橘柚不荐,瑇瑁罕入,～～深敛,毒被南郢。"

【箕会】 jīhuì 苛敛民财。《淮南子·人间训》:"羸弱服格于道,大夫～～于衢,病者不得养,死者不得葬。"(服格:匍匐而行。格,至。)

【箕踞】 jījù 坐时两腿前伸,形如箕,是一种倨傲无礼的表现。《战国策·燕策三》:"轲自知事不就,倚柱而笑,～～以骂曰:'事所以不成者,乃欲以生劫之,必得约契以报太子也。'"《后汉书·章帝八王传》:"王不正服,～～殿上。"也作"箕倨"。《史记·游侠列传》:"解出入,人皆避之。有一人独～～视之,解遣人问其名姓。"

【箕敛】 jīliǎn 苛敛民财。《史记·张耳陈馀列传》:"外内骚动,百姓罢敝,头会～～,以供军费。"

【箕踵】 jīzhǒng 形容物体前宽后窄,有如簸箕之形。宋玉《高唐赋》:"～～漫衍,芳草罗生。秋兰茝蕙,江离载菁。"(箕踵漫衍:形容山势前宽后窄,连绵不绝。载:则。)

【箕帚】 jīzhǒu ❶扫除的用具。《国语·吴语》:"一介嫡女,执～～以晐姓于王宫。"(晐姓:纳女于王宫。)❷妻子的代称。王微《杂诗》:"～～留江介,良人处雁门。"

【箕子】 jīzǐ 商纣王的诸父。因受封于箕,故称箕子。《尚书·洪范》:"惟十有三祀,王访于～～。"(祀:年。)《荀子·儒效》:"周公曰:'刳比干而囚～～,飞廉、恶来知政,夫又恶有不可焉?'"

【箕帚妾】 jīzhǒuqiè 妻子的谦称。《史记·高祖本纪》:"吕公曰:'臣少好相人,相人多矣,无如季相,愿季自爱。臣有息女,愿为季～～～。'"(息女:亲生之女。)也作"箕帚之妾"。《史记·张仪列传》:"仪说楚王曰:'大王诚能听臣,闭关绝约于齐,臣请献商於之地六百里,使秦女得为大王～～～～,秦楚取妇嫁女,长为兄弟之国。'"

【箕山之志】 jīshānzhīzhì 相传帝尧时隐士巢父居山不出,年老以树为巢,寝其上,帝尧以天下让之,不受。又让许由,许由亦不受,隐居箕山。后遂以"箕山之志"为隐居全节之称。曹丕《与吴质书》:"观古今文人,类不护细行,鲜能以名节自立,而伟长独怀文抱质,恬惔寡欲,有～～～～,可谓彬彬君子者矣。"(惔:通"憺",安静。)也作"箕山之节"。《汉书·鲍宣传》:"薛方尝为郡掾,祭酒尝征不至。及莽以安车迎方,方因使者辞谢曰:'尧舜在上,下有巢、由,今明主方隆唐虞之德,小臣欲守～～～～也。'使臣以闻,莽说(yuè)其言,不强致。"也作"箕山之操"。《后汉书·赵岐传》:"大丈夫生世,遯无～～～～。"

齑(韲、虀、齏) jī ❶切成细末的腌菜、酱菜或调味的葱、姜、蒜等。《楚辞·九章·惜诵》:"惩于羹者而吹～兮,何不变此志也?"韩愈《送穷文》:"太学四年,朝～暮盐,惟我保汝,人皆汝嫌。"❷碎,捣碎。鲍照《登大雷岸与妹书》:"回沫冠山,奔涛空谷。砧石为之摧碎,碕岸为之～落。"❸混杂,调和。《庄子·大宗师》:"～万物而不为义,泽及万世而不为仁。"

【齑粉】 jīfěn 粉末。喻指粉身碎骨。《梁书·武帝纪上》:"[刘暄、江祏等]宜其庆溢当年,祚隆后裔,而一朝～～,孩稚无遗。"

蕲 jī 见 qí。

踦 jī 见 qī。

稽 1. jī ❶留,留止。《管子·君臣上》:"是以令出而不～,刑设而不用。"《后汉书·马援传》:"此子何足久～天下士乎?"㊀贮存。《汉书·食货志下》:"汉兴,以为秦钱重难用,更令民铸荚钱,黄金一斤。而不轨逐利之民畜积馀赢以～市物,痛腾跃,米至石万钱,马至匹百金。"(痛:甚。)❷至,到。《庄子·逍遥遊》:"之人也,物莫之伤,大浸～天而不溺,大旱金石流、土山焦而不热。"(大浸:大水所淹。)❸延迟,拖延。《宋史·范仲淹传》:"主司～违者,重置于法。"❹考查,考核。《尚书·大禹谟》:"无～之言勿听,弗询之谋勿庸。"《荀子·非相》:"古者桀、纣长巨姣美,天下之杰也;筋力越劲,百人之敌也,然而身死国亡,为天下大僇,后世言恶,则必～焉。"(越劲:敏捷有力。僇:羞辱。)韩愈《讳辩》:"今考之于经,质之于律,～之以国家之典,贺举进士为可邪,为不可邪?(贺:人名,李贺。)❺点数,《周礼·夏官·大司马》:"简～乡民,以用邦国。"❻相合,一致。《韩非子·解老》:"道者,万物之所然也,万理之所～也。"❼计较,争论。贾谊《陈政事疏》:"妇姑不相说,则反唇而相～。"❽姓。

2. qǐ ❾叩头至地。见"稽首"。❿通"棨"。有缯衣的戟。《国语·吴语》:"行头皆官师,拥铎拱～,建肥胡,奉文犀之渠。"(拥:抱。拱:执。肥胡:幡。文犀之渠:盾。)

【稽古】 jīgǔ ❶考察古代。《尚书·尧典》:"曰若～～帝尧,曰放勳。"(放勳:帝尧名。)

《后汉书·章帝纪》:"恐先师微言将遂废绝,非所以重~~,求道真也。"❷研习古事。《后汉书·桓荣传》:"荣大会诸生,陈其车马印绶,曰:'今日所蒙,~~之力也。'"

【稽固】 jīgù 停留。《后汉书·段颎传》:"凉州刺史郭闳,贪共其功,~~颎军,使不得进。"

【稽故】 jīgù 延滞,停留。《后汉书·邓训传》:"训拥卫~~,令不得战。"

【稽考】 jīkǎo 考核。《宋史·邹浩传》:"尚有五朝圣政盛德,愿~~而继述之,以扬七庙之光,贻福万世。"

【稽留】 jīliú ❶停留。《吕氏春秋·圜道》:"精气一上一下,圜周复杂,无所~~,故曰天道圜。"❷耽搁,延误。《后汉书·章帝纪》:"诏书既下,勿得~~,刺史明加督察尤无状者。"❸周代监狱名。张华《博物志》:"夏曰念室,殷曰动止,周曰~~,三代之异名也。又狴犴者,亦狱别名。"

【稽式】 jīshì ❶法则。《老子·六十五章》:"常知~~,是谓玄德。"❷效法。《后汉书·儒林传序》:"建武五年,乃修起太学,~~古典,笾豆干戚之容,备之于列。"

【稽延】 jīyán 拖延。《三国志·吴书·吕蒙传》:"若子太必能一士卒之心,保孤城之守,尚能~~旦夕,以待所归者。"

【稽疑】 jīyí 问卜决疑,考察疑难之事。《尚书·洪范》:"次七曰明用~~。"《管子·君臣下》:"故正名~~,刑杀亟近,则内定矣。"

【稽颡】 qǐsǎng 古代的一种跪拜礼。两膝跪地,两手拱至地,头亦至地。《左传·昭公二十五年》:"昭子自阚归,见平子。平子~~,曰:子若我何?"《管子·轻重丁》:"称贷之家皆齐首而~~曰:'君之忧萌至于此,请再拜以献堂下。'"参见"稽首"。

【稽首】 qǐshǒu 古代的一种跪拜礼。《尚书·尧典》:"禹拜~~。"《左传·成公二年》:"韩厥执絷马前,再拜~~。"《荀子·大略》:"平衡曰拜;下衡曰~~;至地曰稽颡。"(平衡:两膝跪地,两手拱于胸前,垂头至手。下衡:两膝跪地,两手拱至地,垂头至手,不触地。至地:两膝跪地,两手拱至地,垂头至地。

觭 jī 见qī。

畿 jī ❶古代王都周围千里以内的地区。《诗经·商颂·玄鸟》:"邦~千里,维民所止。"(止:居住。)㉿泛指国都周围的地区。谢灵运《初发石首城》诗:"出宿薄京~,晨装抟鲁飔。"❷边境地区。宋之问《送李侍御》诗:"南登指吴服,北走出秦~。"❸门坎,门内。《诗经·邶风·谷风》:"不远伊迩,薄送我~。"❹田野。萧纲《雉朝飞操》诗:"晨光照麦~,平野度春翚。"(翚:五彩山鸡。)❺姓。

【畿甸】 jīdiàn 京城周围五百里以内的土地。后泛指京城地区。陆机《五等论》:"然祸止~~,害不覃及,天下晏然,以治待乱。"(覃:延。)郝经《开平新宫》诗:"~~临中国,河山拥奥区。"

【畿封】 jīfēng 京畿的疆界。《周礼·地官·封人》:"封人掌诏王之社壝,为~~而树之。"(壝:祭坛周围的矮墙。树:栽树。)

【畿服】 jīfú 邦畿千里之内的土地。后泛指京城地区。《晋书·江统传》:"戎狄志态,不与华同,而因其衰弊,迁之~~,士庶玩习,侮其轻弱,使其怨恨之气毒于骨髓。"《资治通鉴·晋惠帝元康九年》:"非我族类,其心必异,而因其衰敝,迁之~~。"

【畿辅】 jīfǔ 京城附近地区。《南齐书·王融传》:"汉家轨仪,重临~~,司隶传节,复入关河。"(轨仪:法则,仪制。)

【畿辇】 jīniǎn 京城。《陈书·沈炯传》:"臣之屡披丹款,频冒宸鉴,非欲苟违朝廷,远离~~。"(丹款:赤胆忠心。款,诚。宸鉴:御览。)

【畿田】 jītián 方圆千里的土地。《国语·楚语上》:"是以其入也,四封不备一同,而至于有~~,以属诸侯,至于今为令君。"(备:满。同:地方百里。属:会。)

激 1. jī ❶水势因受阻而溅涌或改流。《孟子·告子上》:"今夫水,搏而跃之,可使过颡;~而行之,可使在山。"(颡:额。)《汉书·沟洫志》:"河从河内北至黎阳为石堤,~使东抵东郡平刚。"㉿石堰等一类的防水建筑物。《水经注·沔水》:"沔水北岸数里,有大石~,名曰五女~。"❷受水等外力的冲击、推动。《韩非子·难势》:"夫弩弱而矢高者,~于风也。"左思《咏史》之一:"长啸~清风,志若无东吴。"㉿指受箭的袭击。《后汉书·张宗传》:"又转攻诸营保,为流矢所~,皆几至于死。"❸激励,激发。《战国策·燕策三》:"[田光]欲自杀以~荆轲。"《史记·张仪列传》:"吾恐其乐小利而不遂,故召辱之,以~其意。"㉿激怒。《吕氏春秋·去宥》:"夫激矢则远,激水则旱,~主则悖,悖则无君子矣。"(旱:通"悍"。猛。)❹迅急,猛烈。《史记·游侠列传》:"比如顺风而呼,声非加疾,其势~也。"王羲之《兰亭集序》:"此地有崇山峻岭,茂林修竹,又有清流~湍,映带左右。"刘基《司马季主论卜》:"~湍之下,必有深潭;高丘之下,必有洨谷。”④指情绪激烈，偏激。《荀子·不苟》：“君子宽而不僈，廉而不刿，辩而不争，察而不～。”（僈：同“慢”。懈怠。廉：有棱角。刿：刺伤。）❺指声音高亢，激扬。《后汉书·张衡传》：“如有地动，尊则振龙，机发吐丸，而蟾蜍衔之。振声～扬，伺者因此觉知。”柳宗元《陪永州崔使君游宴南池序》：“羽觞飞翔，匏竹～越。”（匏竹：指乐器。）❻姓。

2. jiǎo　❼通“皦”。鲜明。《庄子·盗跖》：“唇如～丹，齿如齐贝。”

【激昂】　jī'áng　❶激奋昂扬。张说《梁国公姚文贞公神道碑》：“公纨绮而孤，克广前业，～～成学，荣问日流。”白居易《渭村退居……一百韵》：“泥尾休摇掉，灰心罢～～。”也作“激卬”。《汉书·王章传》：“今疾病困厄，不自～～，乃反涕泣，何鄙也！”❷激怒。也作“激卬”。扬雄《解嘲》：“扬子曰：‘范雎，魏之亡命也。折胁拉髂，免于徽索，翕肩蹈背，扶服入橐。～～万乘之主，界泾阳，抵穰侯而代之，当也。’”（扶服：同“匍匐”。抵：当作“扺”。从旁攻击。）

【激薄】　jībó　❶相互冲击。《论衡·龙虚》：“夫盛夏太阳用事，云雨干之。太阳，火也；云雨，水也。[水]火～～，则鸣而为雷。”❷抨击浇薄的社会风气。《梁书·明山宾传》：“既售受钱，乃谓买主曰：‘此牛经患漏蹄，治差已久，恐后脱发，无容不相语。’买主遽追取钱。处士阮孝绪闻之，叹曰：‘此言足使还淳反朴，～～停浇矣。’”（浇：浮薄。）

【激楚】　jīchǔ　❶音调高亢凄清。枚乘《七发》：“于是乃发～～之结风，扬郑、卫之皓乐。”（结风：乐曲结尾的馀声。皓乐：动听的乐曲。）❷通俗淫逸之音。比喻谄谀之说。刘向《九叹·忧苦》：“恶虞氏之箫韶兮，好遗风之～～。”

【激发】　jīfā　❶矫揉造作。《汉书·王莽传上》：“敢为～～之行，处之不惭恧。”（恧：惭愧。）❷激励使奋发。苏辙《上枢密韩太尉书》：“百氏之书，虽无所不读，然皆古人之陈迹，不足以～～其志气。”

【激诡】　jīguǐ　❶掩饰真情，标新立异。《后汉书·范冉传》：“冉好违时绝俗，为～～之行。”❷毁誉失当。《后汉书·班固传论》：“若固之序事，不～～，不抑抗，赡而不秽，详而有体。”（抑抗：压低，抬高。）

【激激】　jījī　❶水清的样子。《乐府诗集·鼓吹曲辞·战城南》：“水深～～，蒲苇冥冥。”❷水势流急。金昌协《自淮阳至长安寺记》：“溪水～～。”❸形容急流的声音。韩愈《山石》诗：“当流赤足蹋涧石，水声～～风吹衣。”

【激厉】　jīlì　❶激发鼓励。《晋书·庾亮传》：“[苏]峻步兵万馀，四面来攻，众皆震惧。亮～～将士，并殊死战，峻军乃退。”❷性情急躁、直率。《南史·范云传》：“性颇～～，少威重，有所是非，形于造次。”（造次：仓猝。）

【激切】　jīqiè　❶言辞激烈、直率。《后汉书·周纡传》：“于是部吏望风旨，争以～～为事。”白居易《才识兼茂明于体用科策一道》：“～～之言，未有髣髴于贾谊疏者。”❷激励。袁宏《三国名臣序赞》：“行不修饰，名迹无愆。操不～～，素风愈鲜。”（素风：纯朴的作风。）❸激动。高適《酬河南节度使贺兰大夫见赠之作》诗：“感时常～～，于己即忘情。”

【激劝】　jīquàn　激发鼓励。《论衡·初禀》：“《书》方～～康叔，勉使为善，故言文王行道，上闻于天，天乃大命之也。”柳宗元《贺赦表》：“蠲除逋债，政理之源也；褒宠勋贤，～～之方也。”（蠲：减免。逋：拖欠。）

【激射】　jīshè　突然冲击。《论衡·谴告》：“盛夏阳气炽烈，阴气干之，～～毄裂，中杀人物。”

【激扬】　jīyáng　❶指水势急流飞溅。《论衡·书虚》：“溪谷之深，流者安洋；浅多沙石，～～为濑。”（濑：湍急的水。）❷激励。《三国志·吴书·周瑜传》：“瑜乃自兴，案行军营，～～吏士，[曹]仁由是遂退。”

【激越】　jīyuè　声音高亢清远。班固《西都赋》：“櫂女讴，鼓吹震，声～～，訾厉天，鸟群翔，鱼窥渊。”柳宗元《小石城山记》：“其旁出堡坞，有若门焉，窥之正黑，投以小石，洞然有水声，其响之～～，良久乃已。”

【激徵】　jīzhǐ　❶高调的徵音。徵，五音之一。《汉书·礼乐志》：“展诗应律鋗玉鸣，函宫吐角～～清。”（鋗：鸣玉声。）❷雅曲名。傅毅《舞赋》：“扬～～，骋清角；赞舞操，奏均曲；形态和，神意协；从容得，志不劫。”

墼　jī　没有烧过的砖坯。《后汉书·周纡传》：“纡廉洁无资，常筑～以自给。”

𩊚　jī　❶同“羁”。马笼头。《后汉书·马援传》：“臣谨依仪氏～，中帛氏口齿，谢氏唇䰇，丁氏身中，备此数家骨相以为法。”❷缠绕。《列女传·夏桀末喜》：“为酒也，可以运舟，一鼓而牛饮者三千人，～其头而饮之于酒池。”

羁（羈、覊、羇）　jī　❶马笼头。《庄子·马蹄》：“连之以～絷，编之以皂栈，马之死者十二三矣。”（编：架搭。皂：马槽。栈：马棚。）曹植《白马篇》："白马饰金～，连翩西北驰。"㊋指套上笼头。《楚辞·离骚》："余虽好修姱以鞿～兮，謇朝谇而夕替。"（谇：谏。替：废。）贾谊《吊屈原赋》："使骐骥可得系而～兮，岂云异夫犬羊？"❷拴住。《庄子·马蹄》："是故禽兽可系～而游，乌鹊之巢可攀援而窥。"㊌受束缚，受牵制。《吕氏春秋·决胜》："幸也者，审于战期而有以～诱之也。"（幸：当作"势"，态势。战期：战机。）《史记·老子韩非列传》："我宁游戏污渎之中自快，无为有国者所～，终身不仕，以快吾志焉。"司马迁《报任少卿书》："仆少负不～之才，长无乡曲之誉。"❸客居在外。《楚辞·九辩》："廓落兮～旅而无友生，惆怅兮而私自怜。"（友生：知心的朋友。）㊋指客居在外的人。《左传·昭公七年》："单献公弃亲用～。"❹停留。方苞《狱中杂记》："狱辞上，中有立决者，行刑人先俟于门外。命下，遂缚以出，不～晷刻。"（晷刻：时刻。）❺古代女婴的一种发式，中顶纵横各一，形似络头。《礼记·内则》："三月之末，择日翦发为鬌，男角女～。否则男左女右。"（鬌：剪发时留下的一小撮头发。）

【羁泊】 jībó 在异地漂泊。卢思道《为高仆射与司马消难书》："～～水乡，无乃勤悴。"苏舜钦《答韩持国书》："遂超然远举，～～于江湖之上。"

【羁贯】 jīguàn ❶古代儿童的发式，纵横交错，剪发为饰。《穀梁传·昭公十九年》："子既生，不免乎水火，母之罪也；～～成童，不就师傅，父之罪也。"❷借指童年。也作"羁丱"。《新唐书·员半千传》："生而孤，为从父鞠爱，～～通书史。"（从父：伯父、叔父的通称。）

【羁丱】 jīguàn 见"羁贯"。

【羁恨】 jīhèn 客居异乡的忧愁。李贺《崇义里滞雨》诗："壮年抱～～，梦泣生白头。"

【羁宦】 jīhuàn 离家在外地做官。《晋书·张翰传》："人生贵得适志，何能～～数千里以要名爵乎！"

【羁检】 jījiǎn 约束检点。《北史·刘弘传》："少好学，有～～，重节概。"

【羁角】 jījiǎo 古代儿童的发式，女的叫羁，男的叫角。借指儿童。《法言·五百》："或问礼难以强世。曰：难，故强世。如夷俟倨肆，～～之哺果而啗之，奚其强。"刘禹锡《讯甿》诗："扶斑白，挈～～。"

【羁窭】 jījù 在他乡漂泊遭受贫困。《新唐书·段文昌传》："少～～，所向少谐；及居将相，享用奢侈。"

【羁留】 jīliú 扣留。胡铨《上高宗封事》："然后～～虏使，责以无礼，徐兴问罪之师。"

【羁旅】 jīlǚ ❶寄居他乡。《左传·庄公二十二年》："齐侯使敬仲为卿。辞曰：'～～之臣幸若获宥，及于宽政，赦其不闲于教训，而免于罪戾，弛于负担，君之惠也。'"❷指寄居他乡的人。《战国策·赵策一》："腹击曰：'臣，～～也。爵高而禄轻，宫室小而帑不众。'"《韩非子·亡徵》："种类不寿，主数即世，婴儿为君，大臣专制，树～～以为党，数割地以待交者，可亡也。"❸在他乡奔波。韩愈《与汝州卢郎中论荐侯喜状》："五月初至此，自言为阁下所知，辞气激扬，面有矜色，曰：'侯喜死不恨矣。喜辞亲入关，～～道路，见王公数百，未尝有如卢公之知我也。'"

【羁縻】 jīmí ❶牵制，束缚。《史记·律书》："高祖有天下，三边外畔；大国之王虽称蕃辅，臣节未尽。会高祖厌苦军事，亦有萧张之谋，故偃武一休息，～～不备。"《后汉书·南蛮传》："是故～～而绥抚之。"❷拘禁，扣留。文天祥《指南录后序》："予～～不得还。"❸笼络，利用。《史记·司马相如列传》："盖闻天子之于夷狄也，其义～～勿绝而已。"《后汉书·班固传下》："臣愚以为宜依故事，复遣使者，上可继五凤、甘露致远人之会，下不失建武、永平～～之义。"❹联系，延续。《后汉书·鲁恭传》："是以圣王之制，～～不绝而已。"

【羁人】 jīrén 旅人。宋树谷《盆梅》诗："数枝也复影横斜，惹得～～乡梦赊。"袁宏道《徐文长传》："故其为诗如嗔如笑，如水鸣峡，如种出土，如寡妇之夜哭，～～之寒起。"（嗔：怒。）

【羁维】 jīwéi 羁绊。杜牧《雪中书怀》诗："明庭开广敞，才隽受～～。"

【羁屑】 jīxiè 寄居异地，寒微穷困。权德舆《李栖筠文集序》："伏思～～，展敬无容。"李商隐《代安平公遗表》："臣少而～～，长乃遭逢，常将直道而行，实以明经入仕。"

【羁绁】 jīxiè ❶牵引牲畜的绳索。《左传·僖公二十四年》："臣负～～，从君巡于天下，臣之罪甚多矣。"李谅《湘中纪行诗刻》："此路好乘桴，吾其谢～～。"❷束缚、拖累。《三国志·魏书·何夔传》注："故高尚之徒，抗心于青云之表，岂王侯之所能臣，名器之所～～哉！"《世说新语·伤逝》："自嵇生夭、阮公亡以来，便为时所～～。"

及 jí ❶追及，赶上。《左传·成公二年》："丑父寝于辗中，蛇出于其下，以肱击之，伤而匿之，故不能推车而～。"《荀子·修身》："夫骥一日而千里，驽马十驾则亦～之矣。"《汉书·高帝纪上》："高祖问，曰：'未远。'乃追～，问老父。"㉑挽回。《论语·颜渊》："子贡曰：'惜乎！夫子之说君子也，驷不～舌！'"（驷：四匹马拉的车。）《国语·晋语二》："往言不可～也，且人中心唯无忌之，何可败也！"㉒做得到，赶得上，比得上。《论语·公冶长》："赐也，非尔所～也。"《孟子·公孙丑下》："晋楚之富，不可～也。"《战国策·齐策一》："其妻曰：'君美甚，徐公何能～公也！'"❷至，到。《论语·卫灵公》："师冕见，～阶，子曰：'阶也。'"《荀子·王制》："有君子而乱者，自古～今未尝闻也。"❸触及。《韩非子·五蠹》："共工之战，铁铦短者～乎敌，铠甲不坚者伤乎体，是干戚用于古不用于今也。"（铁铦：铁制的兵器。）❹涉及，推及。《论语·卫灵公》："群居终日，言不～义，好行小慧，难矣哉！"《孟子·尽心上》："仁者以其所爱，～其所不爱。"❺继。《管子·轻重戊》："后十月，管子令人之鲁、梁，鲁、梁之民饿馁相～，应程之征无以给上。"（应程之征：法定的税收。）❻介词。表示动作的时间。趁着、等到……时候。《左传·僖公二十二年》："彼众我寡，～其未济也，请击之。"（济：渡河。）《孟子·梁惠王上》："苟无恒心，放辟邪侈，无不为已。～陷于罪，然后从而刑之，是罔民也。"《史记·高祖本纪》："～壮，试为吏，为泗水亭长，廷中吏无所不狎侮。"❼连词。表示并列。和。《左传·隐公元年》："初，郑武公娶于申，曰武姜。生庄公～共叔段。"❽姓。

【及第】 jídì 科举考试中选。《新唐书·选举志上》："凡秀才试方略策五道，以文理通粗为上上、上中、上下、中上，凡四等，为～～。"

【及瓜】 jíguā 本指到了瓜熟时节，后用以比喻任期届满。《左传·庄公八年》："齐侯使连称、管至父戍葵丘，瓜时而往，曰：'～～而代。'期戍，公问不至。"骆宾王《晚度天山有怀京邑》诗："旅思徒漂梗，归期未～～。"

【及门】 jímén ❶入门，指受业弟子合乎标准。《论语·先进》："子曰：'从我于陈蔡者，皆不～～也。'"李商隐《为李贻孙上相公启》："冀陈蔡之～～，庶江黄之列会。"❷指及门的弟子。黄宗羲《与徐乾初论学书》："唯先师之～～，凋谢将尽。"

【及时】 jíshí ❶得时，合时。《周易·乾》："子曰：'上下无常，非为邪也；进退无恒，非离群也；君子进德修业，欲～～也，故无咎。'"❷把握时机。陶渊明《杂诗》之一："～～当勉励，岁月不待人。"

伋 jí 见"伋伋"。

【伋伋】 jíjí 虚诈的样子。《庄子·盗跖》："子之道狂狂～～，诈巧虚伪事也，非可以全真也，奚足论哉！"（全真：保全天真的本性。奚：何。）

汲 jí ❶从低处打水。《庄子·至乐》："褚小者不可以怀大；绠短者不可以～深。"（褚：装衣的袋子。绠：井绳。）《韩非子·五蠹》："夫山居而谷～者，媵腊而相遗以水。"（谷汲：到深谷中去打水。）❷引导。《穀梁传·襄公十年》："中国有善事，则并焉；无善事，则异之存之也。～郑伯，逃归陈侯，致祖之会，存中国也。"❸姓。

【汲道】 jídào 引水的渠道。《三国志·魏书·张郃传》："[马]谡依阻南山，不下据城。郃绝其～～，击，大破之。"

【汲绠】 jígěng 汲水用的井绳。《隋书·食货志》："十二年，帝幸江都，是时李密据洛口仓，聚众百万。越王侗与段达等守东都。东都城内粮尽，布帛山积，乃以绢为～～，然布以爨。"（然：燃。爨：烧火煮饭。）

【汲古】 jígǔ 钻研古籍。韩愈《秋怀》诗之五："归愚识夷途，～～得修绠。"

【汲汲】 jíjí ❶急切的样子。《礼记·问丧》："其送往也，望望然，～～然，如有追而弗及也。"《论衡·正说》："苟名一师之学，趋为师教授，及时蚤仕，～～竞进，不暇留精用心，考实根核。"韩愈《答吕毉山人书》："足下行天下，得此于人盖寡，乃遂能责不足于我，此真仆所～～求者。"❷急切地追求。陶渊明《五柳先生传》："黔娄之妻有言'不戚戚于贫贱，不～～于富贵'，其言兹若人之俦乎？"（若人：指五柳先生。俦：类。）❸惶惶不安的样子。《庄子·天地》："～～然唯恐其似己也。"《三国志·魏书·陈思王植传》："又植以前过，事事复减半，十一年中而三徙都，常～～无欢，遂发疾薨。"

【汲善】 jíshàn 引人向善。《后汉书·张晧王龚传论》："若其好通～～，明发升荐，仁人之情也。"

【汲引】 jíyǐn ❶取水。高適《同朱五题卢使君义井》诗："地即泉源久，人当～～初。"❷引取，疏导。郭璞《江赋》："总括汉泗，兼包淮湘。并吞沅澧，～～沮漳。"❸开导。沈约《为齐竟陵王发讲疏》："立言垂训，以～～为方。"❹荐举，提拔。《后汉书·五行志一》："永乐宾客，鸿都群小，传相～～。"

【汲直】 jízhí 汉武帝时主爵都尉汲黯，为人鲠直，世称汲直。《汉书·贾捐之传》："[杨兴]为长安令，吏民敬乡，道路皆称能。

观其下笔属文，则董仲舒；进谈动辞，则东方生；置之争臣，则～～。"后用以借指鲠直。黄庭坚《题王黄州墨迹后》诗："诸君发蒙耳，～～与臣同。"

【汲汲忙忙】 jíjímángmáng 行动急迫、匆忙。《论衡·书解》："著作者思虑间也，未必材知出异人也。居不幽，思不至。使著作之人，总众事之凡，典国境之职，～～～～，何暇著作？"

彶（𢚩） jí 同"急"。急切。《淮南子·缪称训》："～于不己知者，不自知也。"

【彶彶】 jíjí 急速的样子。贾谊《新书·匈奴》："匈奴一国倾心而冀，人人～～，惟恐其后来至也。"

吉 jí ❶吉利，吉祥。《尚书·洪范》："作内，～；作外，凶。"《左传·庄公二十二年》："初，懿氏卜妻敬仲。其妻占之曰：'～。是谓凤皇于飞，和鸣锵锵。有妫之后，将育于姜。'"❷善，美。《左传·文公十八年》："孝敬、忠信为～德；盗贼、藏奸为凶德。"❸朔日，阴历每月初一。《周礼·天官·太宰》："正月之～，始和，布治于邦国都鄙。"

【吉蠲】 jíjuān ❶祭祀前选择吉日沐浴斋戒。《诗经·小雅·天保》："～～为饎，是用孝享。"（饎：酒食。享：献。）❷祭祀。沈遘《七言致斋》诗："君王无意学神仙，独为苍生致～～。"

【吉人】 jírén 善人。《尚书·吕刑》："惟时苗民，匪察于狱之丽；罔择～～，观于五刑之中。"（丽：法。罔择：不能选择。）《左传·文公十八年》："今行父虽未获一～～，去一凶矣。"

【吉日】 jírì 朔日。阴历每月初一。《周礼·地官·党正》："党正各掌其党之政令教治，及四时之孟月～～，则属民而读邦法以纠戒之。"（四时之孟月：四孟之月，即孟春、孟夏、孟秋、孟冬。）

【吉士】 jíshì ❶古代男子的美称。《诗经·召南·野有死麕》："有女怀春，～～诱之。"❷善士，贤人。《诗经·大雅·卷阿》："蔼蔼王多～～，维君子使。"《汉书·元帝纪》："是故壬人在位，而～～雍蔽。"（壬人：佞人。）

【吉土】 jítǔ 卜居的好地方。《礼记·礼器》："是故因天事天，因地事地，因名山升中于天，因以～～飨帝于郊。"（名：大。）

【吉问】 jíwèn 好消息。《后汉书·李南传》："旦有善风，明日中时，应有～～。"

【吉月】 jíyuè 每月初一。《论语·乡党》："～～，必朝服而朝。"

【吉光片羽】 jíguāngpiànyǔ 吉光，神兽名。片羽，一毛。神兽一毛，喻指残存的珍贵文物。孙庆增《藏书记要鉴别》："～～～～，无不珍奇，岂可轻放哉！"

扱 jí 见 chā。

岌 jí ❶高过。《尔雅·释山》："小山～大山，峘。"❷山势高峻的样子。孔平仲《二十二日大风发长芦》诗："侧看岸旋转，白浪若山～。"❸危险。《管子·小问》："危哉，君之国～乎！"

【岌峨】 jí'é ❶高危的样子。曹植《九咏》："冠北辰兮～～，带长虹兮凌厉。"（冠北辰：以北辰为冠。带长虹：以长虹为带。带，衣带。）❷要倾倒的样子。欧阳修《思二亭送光禄谢寺丞归滁阳》诗："宾欢正喧哗，醉翁已～～。"

【岌岌】 jíjí ❶高耸的样子。《楚辞·离骚》："高余冠之～～兮，长余佩之陆离。"❷危险的样子。《孟子·万章上》："孔子曰：'于斯时也，天下殆哉，～～乎！'不识此语诚然乎哉？"《韩非子·忠孝》："当是时也，危哉，天下～～！"《汉书·韦贤传》："弥弥其失，～～其国。"

级（級） jí ❶丝的次第。《说文·糸部》："～，丝次第也。"❷殿堂的台阶或登山的磴道。《左传·僖公二十三年》："公子降，拜，稽首。公降一～而辞焉。"《吕氏春秋·安死》："主人以玙璠收，孔子径庭而趋，历～而上，曰：'以宝玉收，譬之犹暴骸中原也。'"（玙璠：宝玉。收：殓，装殓。历：登。）姚鼐《登泰山记》："道皆砌石为磴，其～七千有馀。"㊀佛塔的层次。杨衒之《洛阳伽蓝记》卷一："浮图有九～。"（浮图：塔。）❸官爵的等级。《韩非子·定法》："商君之法曰：'斩一首者爵一～，欲为官者为五十石之官；斩二首者爵二～，欲为官者为百石之官。'"《汉书·高帝纪下》："燕吏民非有罪也，赐其吏六百石以上爵各一～。"㊀泛指一般的等级、差别。陈亮《甲辰答朱元晦书》："遇事虽打叠得下，胸次尚欠恢廓，手段尚欠跌荡，其去姚元崇尚欠三两～。"❹首级。用于计算战场上砍下敌人人头的数量。《史记·樊郦滕灌列传》："攻城先登，斩首二十三～，赐爵列大夫。"㊀也用于计算生擒俘虏的人数。《汉书·卫青传》："捕伏听者三千一十七～。"

【级砖】 jízhuān 一层层累砌而成的砖。韩愈《新修滕王阁记》："于是栋楹梁桷板槛之腐黑挠折者，盖瓦～～之破缺者，赤白之漫漶不鲜者，治之则已。"

极[1] jí 放在驴背上用于载物的驮架。《说文·木部》："～，驴上负也。"

极[2]**(極)** jí ❶房屋的脊檩。《庄子·则阳》："孔子之楚，舍于蚁丘之浆。其邻有夫妻臣妾登～者。"（浆：指卖浆之家。）《后汉书·蔡茂传》："茂初在广汉，梦坐大殿，～上有三穗禾。"(引)井架的横梁。枚乘《上书谏吴王》："泰山之霤穿石，单～之綆断干。"（霤：往下流注的水。綆：井绳。干：井梁。）(又)比喻北极星。《楚辞·九叹·远逝》："路曼曼其无端兮，周容容而无识。引日月以指～兮，少须臾而释思。"（释：解。）❷顶点，最高的位置。《世说新语·文学》："佛经以为祛练神明，则圣人可致。简文云：'不知便可登峰造～不？然陶练之功，尚不可诬。'"(又)君王的宝座。鲍照《河清颂序》："圣上天飞践～，迄兹二十有四载。"❸极点，尽头。《荀子·儒效》："故积土而为山，积水而为海，旦暮积谓之岁，至高谓之天，至下谓之地，宇中六指谓之～。"（六指：上下四方。）《史记·礼书》："天者，高之～也；地者，下之～也。"(引)极远之地。《荀子·议兵》："故近者亲其善，远方慕其义，兵不血刃，远迩来服，德盛于此，施及四～。"(又)最佳或最坏的境地。《孟子·梁惠王下》："吾王之好田猎，夫何使我至于此～也？"《史记·留侯世家》："今以三寸舌为帝者师，封万户，位列侯，此布衣之～，于良足矣。"（良：人名，指张良。）陆游《何君墓表》："大抵诗欲工而工非诗之～也。"❹竭尽，终了。《战国策·秦策三》："夫公孙鞅事孝公，～身毋二，尽公不还私，信赏罚以致治。"《楚辞·离骚》："瞻前而顾后兮，相观民之计～。"又《九章·哀郢》："发郢都而去闾兮，怊荒忽其焉～？"(又)达到极点、尽头。《吕氏春秋·大乐》："天地车轮，终则复始，～则复反，莫不咸当。"范仲淹《岳阳楼记》："登斯楼也，则有去国怀乡，忧谗畏讥，满目萧然，感～而悲者矣。"(引)结果。《老子·五十八章》："祸兮福之所倚，福兮祸之所伏，孰知其～？"❺最重的。见"极法"、"极刑"。❻最远的。见"极浦"。❼副词。最，非常，表示最高程度。《庄子·盗跖》："子之罪大～重。"《论衡·累害》："古贤美～，无以卫身。"❽中，中正。《史记·周本纪》："使神人百物无不得～，犹日怵惕惧怨之来也。"《汉书·兒宽传》："唯天子建中和之～，兼总条贯。"(引)准则，法则。《诗经·卫风·氓》："士也罔～，二三其德。"（罔：无。）《管子·五辅》："故曰人不可不务也，此天下之～。"《荀子·礼论》："礼者，人道之～也。"❾疲惫。《汉书·王褒传》："匈喘肤汗，人～马倦。"❿通"亟"。急。《荀子·赋》："出入甚～，莫知其门。"《淮南子·精神训》："随其天资而安之不～。"⓫通"殛"。诛杀。《诗经·小雅·菀柳》："俾予靖之，后予～焉。"⓬春秋国名。

【极法】 jífǎ 最重的处罚。《北齐书·宋游道传》："[宋]游道刚直，疾恶如雠，见人犯罪，皆欲致之～～。"（雠：仇敌。）

【极服】 jífú 最美的服饰。宋玉《神女赋序》："其盛饰也，则罗纨绮缋盛文章，～～妙采照万方。"（缋：五彩的刺绣。）

【极观】 jíguān 最好的观赏。扬雄《长杨赋》："木拥枪累，以为储胥，此天下之穷览～～也。"

【极口】 jíkǒu 极尽口舌。多指称赞或贬斥。《北齐书·陈元康传》："高祖尝怒世宗，于内亲加殴蹋，～～骂之。"《宋史·贺铸传》："虽贵要权倾一时，小不中意，～～诋之无遗辞，人以为侠。"

【极目】 jímù 用尽目力远望。王粲《登楼赋》："平原远而～～兮，蔽荆山之高岑。"（蔽：遮断。岑：山小而高。）岑参《山房春事》诗："梁园日暮乱飞鸦，～～萧条三两家。"

【极品】 jípǐn 最高的官品或品类。《宋史·职官志六》："凡内侍初补曰小黄门……次迁都都知，遂为内臣之～～。"叶梦得《避暑录话·北苑茶》："草茶～～惟双井、顾渚。"

【极浦】 jípǔ 最远的水滨。江淹《杂体诗》之二十五："停舻望～～，弭棹阻风雪。"（弭：止。）

【极武】 jíwǔ 滥用武力，好战。《史记·郦生陆贾列传》："昔者吴王夫差、智伯～～而亡；秦任刑法不变，卒灭赵氏。"《周书·韦孝宽传》："理宜调阴阳，抚百姓，焉用～～穷兵。"

【极星】 jíxīng 北极星。《周礼·考工记·匠人》："昼参诸日中之景，夜考之～～，以正朝夕。"（景：影。）《吕氏春秋·有始》："～～与天俱游，而天极不移。"

【极行】 jíxíng 最好或最高的德行。《晋书·卞壸传》："此在三之大节，臣子之～～也。"

【极刑】 jíxíng 最重的刑罚。司马迁《报任少卿书》："惜其不成，是以就～～而无愠色。"此指宫刑。陈子昂《中宗人冤狱书》："商鞅事秦，专讨庶孽，以明秦法。秦国既霸，商鞅～～。"此指死刑。

【极选】 jíxuǎn 上选，最佳入选者。《宋史·职官志二》："绍兴五年……用赵鼎言，以左史范冲充翊善，右史朱震充赞读，时称～～。"

【极言】 jíyán ❶极力主张。《礼记·礼运》："言偃复问曰：'夫子之～～礼也，可得而闻与?'"❷尽情之言。《吕氏春秋·直谏》:"无贤则不闻～～。不闻～～,则奸人比周,百邪悉起。"(比周:相互勾结。)

【极阳】 jíyáng ❶农历十月遇天干"癸"字叫"极阳"。《尔雅·释天》邢昺疏:"九月得壬则曰终玄;十月得癸则曰～～。"❷太阳。《汉书·李寻传》:"日数湛于～～之色。"❸皇帝。《北魏高宗文成皇帝嫔耿氏墓志铭》:"哀痛感于～～,追赠过于殊限。"

【极意】 jíyì 尽意,尽情。《史记·乐书》:"丞相李斯进谏曰:'放弃《诗》《书》,～～声色,祖伊所以惧也。'"

【极致】 jízhì 最高的造诣。何休《春秋公羊经传解诂序》:"昔者孔子有云:'吾志在《春秋》,行在《孝经》。'此二学者,圣人之～～,治世之要务也。"

即 jí ❶即食,就食。《说文·皀部》:"～,即食也。"❷走近,接近。《诗经·卫风·氓》:"匪来贸丝,来～我谋。"《战国策·赵策一》:"虎将～禽,禽不知虎之～己也,而相斗两罢,而归其死于虎。"欧阳修《苏氏文集序》:"其状貌奇伟,望之昂然,而～之温温。"㉠到。《史记·周本纪》:"武王至于周,自夜不寐。周公旦～王所,曰:'曷为不寐?'"(曷为:为何。曷:何。)㉡亲近。《左传·僖公元年》:"秋,楚人伐郑,郑～齐故也。"❸追逐。《左传·昭公二十一年》:"华氏北,复～之。"(北:败北,败走。)❹登上。《史记·高祖本纪》:"甲午,乃～皇帝位汜水之阳。"贾谊《陈政事疏》:"高皇帝以明圣威武～天子位。"❺从事。《列子·周穆王》:"昼则呻呼而～事,夜则昏惫而熟寐。"❻就在(某时、某地)。《史记·吴王濞列传》:"乃益骄溢,～山铸钱,煮海水为盐,诱天下亡人,谋作乱。"《汉书·项羽传》:"羽晨朝上将军宋义,～其帐中斩义头。"❼舍,离。《左传·成公十三年》:"文公～世。"❽介词。当。《史记·留侯世家》:"于是高帝～日驾,西都关中。"《汉书·高帝纪上》:"项伯许诺,～夜复去。"❾副词。立即。《史记·廉颇蔺相如列传》:"赵奢许诺,～发万人趋之。"❿副词。就,就是。《战国策·秦策四》:"秦王欲见顿弱,顿弱曰:'臣之义不参拜,王能使臣无拜,～可矣。不,～不见也。'"《汉书·高帝纪上》:"吕公女～吕后也,生孝惠帝、鲁元公主。"⓫连词。如果。《战国策·赵策一》:"舍人曰:'君～不能,愿君坚塞两耳,无听其谈也。'"《史记·鲁仲连邹阳列传》:"彼～肆然而为帝,过而为政于天下,则连有蹈东海而死耳,吾不忍为之民也。"⓬连词。即使。《荀子·王霸》:"桀纣～厚于有天下之势,索为匹夫而不可得也。"《史记·魏公子列传》:"公子～合符,而晋鄙不授公子兵而复请之,事必危矣。"⓭姓。

【即安】 jí'ān 安歇,休息。《左传·定公四年》:"寡君越在草莽,未获所伏,下臣何敢～～。"

【即吉】 jíjí 脱掉丧服。《晋书·李含传》:"世祖之崩,旬日～～。"《南史·荀匠传》:"匠虽～～,而毁顇逾甚。"(顇:同"悴"。)

【即目】 jímù 触目,眼前所见。钟嵘《诗品》卷中:"思君如流水,既是～～,高台多悲风,亦惟所见。"江总《入摄山棲霞寺诗序》:"率制此篇,以记～～。"

【即禽】 jíqín 打猎。《后汉书·野王二老传》:"[光武]既反,因于野王猎,路见二老者～～。"

【即日】 jírì ❶当日。《后汉书·陈禅传》:"夷贼素闻其名声,～～降服。"《世说新语·德行》:"后值孙恩贼出吴郡,～～便征。"❷不日;近日。陆游《遣舟迎子遹因寄古风十四韵》:"知汝～～归,明当遣舟迎。"

【即戎】 jíróng 用兵。《论语·子路》:"善人教民七年,亦可以～～矣。"

【即世】 jíshì 去世。《国语·楚语下》:"子西曰:'阖庐能败吾师。阖庐～～,吾闻其嗣又甚焉,吾是以叹。'"(嗣:指嗣子夫差。)陈亮《酌古论·诸葛孔明》:"至五六年而魏明～～,齐王践位,上下相疑,萧墙衅起。"

【即事】 jíshì ❶做事。王维《赠从弟司库员外绿》诗:"～～岂徒言,累官非不试。"❷眼前的事务。《三国志·魏书·公孙度传》注引《魏略》:"臣门户受恩,实深实重。自臣承摄～～以来,连被荣宠,殊特无量,分当陨越,竭力致死。"

【即位】 jíwèi ❶就座。《尚书·顾命》:"卿士邦君,麻冕蚁裳,入～～。"(邦君:诸侯。蚁裳:穿着玄色下裳。)《仪礼·士冠礼》:"主人玄冠朝服,缁带素韠,～～于门东西面。"(韠:古代遮蔽身前的一种皮制服饰。西面:面朝西。)❷君主登位。《左传·文公十七年》:"寡君～～三年,召蔡侯而与之事君。"《战国策·齐策六》:"襄王～～,君王后以为后,生齐王建。"

【即叙】 jíxù 就绪,安定。《资治通鉴·晋惠帝元康九年》:"禹平九土,而西戎～～。"王勃《益州绵竹县武都山净惠寺碑》:"国家奄有帝图,削平天衅。紫宸反照,皇阶～～。万国顺,百灵朝。"也作"即序"。张俊《求为诸孙置守家人表》:"西戎有～～之人。"

【即真】 jízhēn ❶正式登上帝位。对摄位而言。《资治通鉴·王莽始初元年》:"以戊辰直定,御王冠,～～天子位,定有天下之号曰新。”❷凡官职由暂时代理而改为正式任命也叫“即真”。《三国志·蜀书·杨洪传》:“时蜀郡太守法正从先主北行,亮于是表洪领蜀郡太守,众事皆办,遂使～～。”(表:上表。)

【即阼】 jízuò 登上宗庙的东阶。也称“践阼”。古代帝王正式即位之后,登上宗庙的东阶,正式主祭。《史记·孝文本纪》:“辛亥,皇帝～～,谒高庙。”

佶 jí ❶健壮。《诗经·小雅·六月》:“四牡既～,既～且闲。”(牡 :公马。)❷见“佶栗”。❸见“佶屈聱牙”。

【佶栗】 jílì ❶耸动的样子。温庭筠《郭处士击瓯歌》:“～～金虬石潭古,勺陂潋滟幽脩语。”也作“佶傈”。李商隐《骄儿》诗:“豪鹰毛崱屴,猛马气～～。”❷严寒的样子。张翥《紫檀筚篥曲》:“顿令阳春变秋色,～～吴霜飞绕指。”

【佶屈】 jíqū 曲折的样子。曹操《苦寒行》:“羊肠坂～～,车轮为之摧。”(羊肠坂:指从沁阳经天井关到晋城的一段道路。摧:折断。)

【佶屈聱牙】 jíqū'áoyá 形容语言艰深,文句拗口。韩愈《进学解》:“周诰殷盘,～～～～。”

亟 1. jí ❶急速,赶快。《诗经·豳风·七月》:“～其乘屋,其始播百谷。”(乘屋:指登上屋顶去修理房子。乘,登。)《左传·隐公十一年》:“我死,乃～去之。”《史记·老子韩非列传》:“子～去,无污我。”❷危急。沈括《梦溪笔谈·技艺》:“[许元]方欲入对,而其子疾～。”❸通“极”。至。《吕氏春秋·明理》:“国有此物,其主不知惊惶亟革,上帝降祸,凶灾必～。”

2. qì ❹屡次。《论语·阳货》:“好从事而～失时,可谓知乎?”《左传·隐公元年》:“～请于武公,公弗许。”

【亟疾】 jíjí 性急,火急。《史记·张释之冯唐列传》:“且秦以任刀笔之吏,吏争以～～苛察相高。”(相高:互相标榜。)

届 jí 见jiè。

革 jí 见gé。

笈 jí 背在背上的竹制书箱。《晋书·王裒传》:“北海邴春少立志操,寒苦自居,负～游学。”

【笈囊】 jínáng 书袋。张籍《祭退之》诗:“学诗为众体,久乃溢～～。”

急 jí ❶性情急躁。《韩非子·观行》:“西门豹之性～,故佩韦以自缓;董安于之心缓,故佩弦以自～。”(韦:熟牛皮。)㊀为……而着急。《史记·魏公子列传》:“今邯郸旦暮降秦而魏救不至,安在公子能～人之困也!”㊁使……着急。《史记·廉颇蔺相如列传》:“臣观大王无意偿赵王城邑,故臣复取璧。大王必欲～臣,臣头今与璧俱碎于柱矣!”❷紧急,急迫。《管子·正世》:“故事莫～于当务,治莫～于得齐。”《韩非子·内储说上》:“仲尼曰:‘事～,不及以赏;救火者尽赏之。’”㊂指紧急的事情或情况。《国语·周语上》:“民之所～在大事,先王知大事之必以众济也,是故祓除其心,以和惠民。”《史记·周本纪》:“十七年,襄王告～于晋,晋文公纳王而诛叔带。”❸休假。《宋书·谢灵运传》:“出郭游行,或一日百六七十里,经旬不归,既无表闻,又不请～。”《南史·庾仲文传》:“又仲文请～还家。”❹情意切急,关注。《史记·游侠列传》:“[郭解]乃阴属尉史曰:‘是人,吾所～也,至践更时脱之。’”❺急速,迅疾。《韩非子·外储说右上》:“楚王～召太子。”《史记·秦始皇本纪》:“项羽～击秦军,虏王离,邯等遂以兵降诸侯。”杜甫《登高》诗:“风～天高猿啸哀,渚清沙白鸟飞迴。”❻紧,紧缩。《后汉书·吕布传》:“操笑曰:‘缚虎不得不～。’乃命缓布缚。”(缓:松缓。)王建《送衣曲》:“半年着道经雨湿,开笼见风衣领～。”❼姓。

【急盗】 jídào 严惩盗贼。《宋史·曾巩传》:“其治以疾奸～～为本。”

【急徽】 jíhuī 拧紧琴弦。《汉书·扬雄传下》:“今夫弦者,高张～～,追趋逐耆,则坐者不期而附矣。”

【急节】 jíjié ❶急速变化的乐曲节奏。傅毅《舞赋》:“及至回身还入,迫于～～;浮腾累跪,跗蹋摩跌。”(还入:指还入舞场。浮腾:跳跃。累跪:进跪。)❷急促。曹植《与吴季重书》:“然日不我与,曜灵～～,面有逸景之速,别有参商之阔。”(曜灵:太阳,引申指时间。)

【急就】 jíjiù ❶速成。《史记·李斯列传》:“今怠而不～～,诸侯复彊,相聚约从,虽有黄帝之贤,不能并也。”❷古代字书名。汉元帝时史游作,是儿童启蒙的识字课本。又称“急就篇”或“急就章”。

【急浚】 jíjùn 水急而深。《北史·成淹传》:“黄河～～,人皆难涉。”

【急刻】 jíkè 严刻。《旧唐书·刑法志》:“刀笔之吏,寡识大方,断狱能者,名在～～。”

【急难】 jínàn 为他人解救危难。《左传·昭公七年》："诗曰：鹏鸰在原，兄弟～～。"

【急人】 jírén 救人危难。《汉书·地理志下》："其俗愚悍少虑，轻薄无威，亦有所长，敢于～～，燕丹遗风也。"

【急觞】 jíshāng 急饮，连饮。谢灵运《拟魏太子邺中集》诗之三："哀哇动梁埃，～～盪幽默。"（梁埃：梁上尘埃。）杜甫《苏端薛复筵简薛华醉歌》："垂老恶闻战鼓悲，～～为缓忧心捣。"

【急义】 jíyì 急公好义。张扩《悼子平侄》诗："夜半忧时常抱膝，生平～～几倾囷。"（几：几乎。囷：圆仓。）

【急景】 jíyǐng 急促的光阴。景：影。鲍照《舞鹤赋》："于是穷阴杀节，～～凋年。凉沙振野，箕风动天。"（穷阴：穷冬。）

【急足】 jízú 急行送信的人。欧阳修《与薛少卿书》："～～至，辱书，喜承尊候万福，贵眷各安，甚慰企想。"

疾 jí ❶疾病。《尚书·金縢》："既克商二年，王有～，弗豫。"（豫：安。）《国语·周语下》："襄公有～，召顷公而告之。"《后汉书·鲁恭传》："恭怜丕小，欲先就其名，托～不仕。"㊀病人。《左传·襄公九年》："修器备，盛餱粮，归老幼，居～于虎牢。"（餱粮：干粮。居：使居住。）㊁疾苦。《管子·小问》："凡牧民者，必知其～。"㊁缺点，毛病。《孟子·梁惠王下》："王曰：'寡人有～，寡人好色。'"《晋书·陆云传》："云有笑～。"㊁坏人。《左传·桓公八年》："天去其～矣，随未可克也。"❷生病。《左传·隐公三年》："宋穆公～，召大司马孔父而属殇公焉。"《荀子·天论》："故水旱不能使之饥，寒暑不能使之～，祆怪不能使之凶。"（祆：同"妖"。）❸损害。《后汉书·傅毅传》："二事败业，多～我力。"❹憎恶，怨恨。《孟子·梁惠王上》："天下之欲～其君者，皆欲赴愬于王。"《荀子·王制》："四海之内若一家，故近者不隐其能，远者不～其劳。"《史记·封禅书》："诸儒生～秦焚《诗》、《书》。"㊁愤怒地。《吕氏春秋·荡兵》："察兵之微：在心而未发，兵也；～视，兵也；作色，兵也。"❺妒忌。《荀子·不苟》："不下比以暗上，不上同以～下，分争于中，不以私害之，若是则可谓公士矣。"（比：勾结。暗：蒙蔽。同：迎合。）《史记·孙子吴起列传》："膑至，庞涓恐其贤于己，～之。"❻迅速，敏捷。《荀子·议兵》："徙举进退，欲安以重，欲～以速。"《战国策·齐策三》："齐王和其颜色曰：'譆，先君之庙在焉。'～兴兵救之。"《史记·殷本纪》："帝纣资辨捷～，闻见甚敏。"❼奋力，用力。《吕氏春秋·孝行》："士民孝，则耕芸～；守战固，不罢北。"（罢：通"疲"。北：败北。）《战国策·秦策五》："今力田～作，不得煖衣馀食。"（田：耕田。）❽大。《荀子·劝学》："顺风而呼，声非加～也，而闻者彰。"《吕氏春秋·顺说》："顺风而呼，声不加～也；际高而望，目不加明也。"（际高：登高。）❾姓。

【疾病】 jíbìng 重病，病危。《左传·襄公二十八年》："冬十月，庆封田于莱，陈无宇从。丙辰，文子使召之，请曰：'无宇之母～～，请归。'"《论衡·感虚》："孔子～～，子路请祷。"

【疾疢】 jíchèn 恶病。《左传·哀公五年》："二三子间于忧虞，则有～～，亦姑谋乐，何忧于无君。"曹植《赠白马王彪》诗："忧思成～～，无乃儿女仁。"

【疾恶】 jí'è 憎恨坏人坏事。《后汉书·赵岐传》："仕州郡，以廉直～～见惮。"也作"嫉恶"。《宋史·吴育传》："帝语大臣曰：'吴育刚正可用，第～～太过耳。'"

【疾革】 jíjí 病危。《礼记·檀弓下》："卫有大史曰柳庄，寝疾。公曰：'若～～，虽当祭必告。'"章懋《费太常小传》："又知以～～，尚留瓜步。"

【疾疾】 jíjí 慌张的样子。《荀子·非十二子》："酒食声色之中，则瞒瞒然，瞑瞑然；礼节之中，则～～然，訾訾然。"（瞒瞒：沉溺酒色的样子。瞒，通"悗"。瞑瞑：迷乱的样子。訾訾：狂放的样子。）

【疾径】 jíjìng 捷径。《资治通鉴·唐懿宗咸通九年》："贼将王弘立引兵数万，～～掩至。"

【疾日】 jírì 不吉之日，禁忌之日。《左传·昭公九年》："辰在子卯，谓之～～，君彻宴乐，学人舍业，为疾故也。"（子卯：甲子为商纣亡日，乙卯为夏桀亡日。学人：指学习音乐的人。）

【疾眚】 jíshěng 病患，灾害。《国语·楚语下》："夫谁无～～？能者早除之。旧怨灭宗，国之～～也，为之关籥蕃篱而远备闲之，犹恐其至也，是之为日惕。"（惕：惧。）

【疾世】 jíshì 憎恶世俗。《论衡·非韩》："性行清廉，不贪富贵，非时～～，义不苟仕，虽不诛此人，此人行不可随也。"（非：指责，批评。义：秉持正义。）

【疾视】 jíshì 怒视。《庄子·达生》："纪渻子为王养斗鸡……十日又问，曰：'未也，犹～～而盛气。'"（养：训练。）

【疾首】 jíshǒu 头痛。《左传·成公十三年》："诸侯备闻此言，斯是痛心～～，暱就寡人。"《后汉书·桓帝纪》："监寐寤叹，疢如～～。"

【疾威】 jíwēi 给人以疾病和威刑。指暴虐。《诗经·大雅·荡》:“～～上帝,其命多辟。”(辟:僻,邪僻。)

【疾味】 jíwèi 可以致病的美食。比喻邪恶的行为。《国语·楚语下》:“吾闻国家将败,必用奸人,而嗜其～～,其子之谓乎?”

【疾置】 jízhì ❶急速的驿马。《汉书·刘屈氂传》:“是时上避暑在甘泉宫,丞相、长史乘～～以闻。”❷急传。陈师道《寄杜泽之》诗:“～～送诗惊老丑,坐曹得句自清新。”

【疾作】 jízuò 努力耕作。《管子·轻重乙》:“若此,则民～～而为上虏矣。”(上:君主。虏:控制。)《韩非子·显学》:“耕者则重税,学士则多赏,而索民之～～而少言谈,不可得也。”

堲 jí ❶烧土为砖。《淮南子·氾论训》:“有虞氏用瓦棺,夏后氏～周,殷人用椁。”(堲周:指用烧好的砖附在棺椁的四周。椁:外棺。)❷烛头烧过的部分。《礼记·檀弓上》注引《管子·弟子职》:“右手折～。”❸通“疾”。憎恨。《尚书·尧典》:“帝曰:‘龙,朕～谗说殄行,震惊朕师。’”(龙:人名。殄行:残暴的行为。师:众。)

棘 1. jí ❶酸枣树。《诗经·唐风·鸨羽》:“肃肃鸨翼,集于苞～。”(苞:丛生。)㉘指有刺的灌木。《吕氏春秋·应同》:“师之所处,必生～楚。”(楚:荆。)❷刺。《楚辞·九章·橘颂》:“曾枝剡～,圆果抟兮。”(曾:增。剡:尖利。抟:圆。)❸有棱角。《诗经·小雅·斯干》:“如跂斯翼,如矢斯～。”❹刺伤。黄庭坚《龙眼操》诗之一:“我为直兮～我趾,我为曲兮不如其已。”❺通“急”。急迫。《诗经·小雅·采薇》:“岂不日戒,猃狁孔～。”(猃狁:北狄。孔:很。)❻通“瘠”。贫瘠。《吕氏春秋·任地》:“凡耕之大方:力者欲柔,柔者欲力;息者欲劳,劳者欲息;～者欲肥,肥者欲～。”(方:原则。力:土性板结。柔:土性松软。息:休闲。劳:连年耕植。)❼通“戟”。古代兵器名。《左传·隐公十一年》:“公孙阏与颍考叔争车,颍考叔挟辀以走,子都拔～以逐之。”(辀:车辕。)《礼记·明堂位》:“越～、大弓,天子之戎器也。”(越:国名。)❽姓。

2. jì ❾见“棘下”。

【棘匕】 jíbǐ 棘木做的羹匙。《诗经·小雅·大东》:“有饛簋飧,有捄～～。”(饛:食物满器的样子。簋:古代盛食物的一种器具。飧:熟食。捄:曲而长。这里是形容棘匕的柄曲而长。)

【棘刺】 jícì ❶棘木的刺。《韩非子·外储说左上》:“宋人有请为燕王以～～之端为母猴者,必三月斋,然后能观之。”(母猴:一称猕猴。)❷比喻正直或刻薄。《北齐书·孙搴传》:“尝服棘刺丸。李谐等调之曰:‘卿～～应自足,何暇外求?’坐者皆笑。”(调:开玩笑。)

【棘棘】 jíjí 刚直不阿的样子。韩愈《河南令张君墓志铭》:“岁馀,迁尚书刑部员外郎,守法争议,～～不阿。”

【棘矜】 jíjīn 戟柄。《史记·平津侯主父列传》:“然起穷巷,奋～～,偏袒大呼而天下从风。”

【棘门】 jímén ❶古代帝王外出,在止宿处筑坛、起壝为宫,设戟为门。《周礼·天官·掌舍》:“掌舍掌王之会同之舍。设梐枑再重,设车宫辕门,为坛壝宫～～。”(壝:矮墙。)❷宫门。宫门之外设戟保卫,所以宫门称“戟门”。《战国策·楚策四》:“园死士夹刺春申君,斩其头,投之～～外。”❸地名。故址在今陕西咸阳市东北。《史记·绛侯周勃世家》:“文帝之后六年,匈奴大入边,乃以宗正刘礼为将军,军霸上;祝兹侯徐厉为将军,军～～。”(军:驻军。)

【棘木】 jímù ❶帝王商议政事的外朝。《礼记·王制》:“史以狱成告于正,正听之;正以狱成告于大司寇,大司寇听之～～之下。”(史:司寇吏。正:乡师之属。听:察。)❷主管司法的官员。《汉书·王尊传》:“上不得以功除罪,下不得蒙～～之听。”

【棘人】 jírén 急于哀戚的人。《诗经·桧风·素冠》:“庶见素冠兮,～～栾栾兮,劳心传传兮。”(庶:幸。栾栾:瘠瘦的样子。劳:忧。传传:忧愁的样子。)后来为父母居丧的人自称“棘人”。孙仁孺《东郭记·遍国中》:“素冠聊拟～～栾,萧索西风墓木盘。”

【棘寺】 jísì ❶九卿官署。《北齐书·邢邵传》:“三时农隙,修此数条,使辟雍之礼,蔚尔复兴,槐宫～～,显丽于中。”❷大理寺的别名。王禹偁《待漏院记》:“～～小吏王禹偁为文,请志院壁,用规于执政者。”(志:记。这里指刻在石头上。)

【棘闱】 jíwéi ❶春秋楚国的棘邑之门。《左传·昭公十三年》:“乃求王,遇诸～～以归。”❷同“棘围②”。

【棘围】 jíwéi ❶同“棘闱①”。❷试院。科举考试,防备甚严。于试院围墙处皆插荆棘,以防传递、出入,所以试院称“棘院”或“棘围”。王实甫《西厢记》一本一折:“将～～守暖,把铁砚磨穿。”也作“棘闱”。李昴英《再用观入试韵》:“～～投卷姑应之,桂籍题名先定矣。”

【棘心】 jíxīn ❶棘木的幼苗。《诗经·邶风·凯风》："凯风自南，吹彼～～。"（凯风：南风。）❷比喻孝子思亲之心。刘禹锡《送僧元暠南遊诗序》："或问师隳形之自？对曰：'少失怙恃，推～～以求上乘。'"

【棘院】 jíyuàn 试院。《旧五代史·和凝传》："贡院旧例，放牓之日，设棘于门及闭院门，以防下第不逞者。"（放牓：发榜。下第：落第。）刘诜《中秋留故居兄弟对月分韵得多字》："～～功名风雨过，柴门兄弟月偏多。"

【棘下】 jíxià ❶同"稷下"。❷春秋鲁城内地名。《左传·定公八年》："阳虎劫公与武叔，以伐孟氏。公敛处父帅成人自上东门入，与阳氏战于南门之内，弗胜；又战于～～，阳氏败。"

殛 jí 诛杀。《尚书·洪范》："鲧则～死，禹乃嗣兴。"（鲧：人名。夏禹的父亲。嗣兴：起来继承。）《汉书·刑法志》："唐虞之际，至治之极，犹流共工，放讙兜，窜三苗，～鲧，然后天下服。"《后汉书·梁统传》："是以五帝有流、～、放、杀之诛。"

揖 jí 见yī。

戢 jí ❶收藏兵器。《诗经·周颂·时迈》："载～干戈，载櫜弓矢。"（载：助词。櫜：收藏。）《左传·襄公二十四年》："陈文子曰：'齐将有寇。吾闻之，兵不～，必取其族。'"㉑泛指收敛。《诗经·小雅·鸳鸯》："鸳鸯在梁，～其左翼。"《汉书·刑法志》："天下既定，～臧干戈，教以文德。"（臧：通"藏"。）❷止，止息。《左传·宣公十二年》："今我使二国暴骨，暴矣；观兵以威诸侯，兵不～矣。"《三国志·魏书·文帝纪》："丧乱以来，兵革未～，天下之人，互相残杀。"❸集聚。《国语·周语上》："夫兵～而时动，动则威，观则玩，玩则无震。"（玩：黩。震：惧。）❹通"辑"。和睦。《孟子·梁惠王下》："昔者公刘好货，《诗》云：'乃积乃仓，乃裹餱粮，于橐于囊，思～用光。'"（餱粮：干粮。）❺姓。

【戢兵】 jíbīng 平息战争。《左传·宣公十二年》："夫武，禁暴、～～、保大、定功、安民、和众、丰财者也。"（保大：保持强大。定功：巩固功业。和众：团结民众。）

【戢戢】 jíjí ❶聚集的样子。杜甫《又观打鱼》诗："小鱼脱漏不可记，半死半生犹～～。"❷整齐的样子。张籍《采莲曲》："青房圆实齐～～，争前竞折漾微波。"

【戢鳞】 jílín 静止不游。张率《咏跃鱼应诏》："～～隐繁藻，颁首承渌漪。"（渌：清澈。漪：水的波纹。）

【戢武】 jíwǔ 平息战争。《三国志·魏书·三少帝纪》："愍恤江表，务存济育，～～崇仁，示以威德。"

【戢枻】 jíyì 停船。比喻不用于世。陶渊明《庚子岁五月中从都还阻风于规林》诗之一："凯风负我心，～～守穷湖。"（凯风：南风。穷湖：指彭蠡湖。）

【戢翼】 jíyì ❶敛翼停飞。陈琳《为曹洪与魏文帝书》："夫绿骥垂耳于林坰，鸿雀～～于汙池。"（坰：郊野。）❷比喻归隐不仕。任昉《宣德皇后令》："在昔晦明，隐鳞～～。"❸泛指停止不前。应玚《侍五官中郎将建章台集诗》："问子游何乡，～～正徘徊。"

【戢景】 jíyǐng 隐形匿迹。傅咸《萤火赋》："当朝阳于～～兮，必宵昧而是征。"

集 jí ❶群鸟栖止树上。《诗经·周南·葛覃》："黄鸟于飞，～于灌木。"㉑指鸟的一般降落。《国语·鲁语下》："仲尼在陈，有隼～于陈侯之庭而死，楛矢贯之，石砮其长尺有咫。"（隼：鹰类猛禽。砮：石制的箭头。）《论衡·指瑞》："非鱼闻武王之德而入其舟，乌知周家当起～于王屋也。"❷降，降下。《尚书·文侯之命》："惟时上帝～厥命于文王。"（厥：其。）《楚辞·天问》："皇天～命，惟何戒之？"❸至。《国语·晋语一》："大家、邻国将师保之，多而聚立，不其～亡。"（大家：上卿。）❹停止，滞留。《楚辞·九章·惜诵》："欲高飞而远～兮，君罔谓汝何之。"《论衡·儒增》："刻木为鸢，飞之三日而不～。"《汉书·礼乐志》："合生气之和，导五常之行，使之阳而不散，阴而不～。"❺聚集，集合。《孟子·梁惠王上》："海内之地，方千里者九，齐～有其一。"《吕氏春秋·尽数》："精气之～也，必有入也。～于羽鸟，与为飞扬；～于走兽，与为流行。"（有入：有所入。与：因。流行：流动，行走。）❻边境的垒壁。《左传·昭公二十三年》："夫正其疆埸，修其土田，险其走～。"❼由许多作品汇编而成的书籍。曹丕《与吴质书》："顷撰其遗文，都为一～。"❽古代图书类别之一。《新唐书·艺文志一》："列经、史、子、～四库。"❾宴会。《世说新语·言语》："谢太傅寒雪日内～。"❿成，成功。《左传·成公二年》："此车一人殿之，可以～事。"（殿：镇守。）又《襄公二十六年》："今日之事幸而～，晋国赖之；不～，三军暴骨。"《后汉书·耿弇传》："弇愿归幽州，益发精兵，以～大计。"⓫齐。《汉书·晁错传》："士不选练，卒不服习，起居不精，动静不～。"⓬通"辑"。安，和。《战国策·赵策一》："此先圣之所以～国家，安社稷乎！"《史记·齐太公世家》："莱人，夷也。会纣之乱而周初定，未能～

远方，是以与太公争国。”《后汉书·郑兴传》：“拜兴为谏议大夫，使安～关西及朔方、凉、益三州。”（拜：任命。）⑬姓。

【集次】 jícì 编辑。欧阳修《湖州长史苏君墓志铭》：“～～其文。”

【集附】 jífù 归附。《史记·秦始皇本纪》：“黔首未～～。”

【集庆】 jíqìng ❶聚福。《魏书·崔光传》：“诚愿远师殷宗，近法魏祖，修德延贤，消灾～～。”❷路名。元代设置。

【集糅】 jíróu 集聚杂糅。《论衡·对作》：“虚妄显于真，实诚乱于伪，世人不悟，是非不定，紫朱杂厕，瓦玉～～。”

缉 jí 见qì。

蒺 jí 见“蒺藜”。

【蒺藜】 jílí ❶草名。又名茨。《周易·困》：“困于石，据于～～。”《晋书·宣帝纪》：“关中多～～，帝使军士二千人着软材平底木屐前行。”❷古代打仗，铺在路上类似蒺藜子形状的铁制障碍物，以阻敌人进攻。王维《老将行》诗：“汉兵奋迅如霹雳，虏骑崩腾畏～～。”

楫 jí ❶船桨。《诗经·卫风·竹竿》：“淇水滺滺，桧～松舟。”（滺滺：流动的样子。桧楫：桧柏做的船桨。）《楚辞·九章·哀郢》：“～齐扬以容与兮，哀见君而不再得。”[引]借指船。贾岛《送董正字常州觐省》诗：“轻～浮吴国，繁霜下楚空。”[又]划（船）。《诗经·大雅·棫朴》：“淠彼泾舟，烝徒～之。”（淠：船行的样子。）❷林木。《吕氏春秋·明理》：“其气有上不属天，下不属地，有丰上杀下，有若水之波，有若山之～。”❸通“辑”。聚集。《汉书·兒宽传》：“陛下躬发圣德，统～群元，宗祀天地，荐礼百神。”

【楫师】 jíshī 船工。左思《吴都赋》：“篙工～～，选自闽禺。”（篙工：撑船的人。）

【楫櫂】 jízhào ❶船桨。曹冏《六代论》：“譬犹芟刈股肱，独任胸腹；浮舟江海，捐弃～～。”❷摇桨，划船。《三国志·魏书·明帝纪》注引《魏略》：“又于芳林园中起陂池，～～越歌。”❸借指船。姜夔《白石道人歌曲·湘月序》：“长溪杨声伯，典长沙～～，居濒湘江。”

辑（輯） jí ❶车箱。《说文·车部》：“～，车舆也，从车，咠声。”[引]车子。《列子·汤问》：“推于御也，齐～乎辔衔之际。”（齐辑：指驾车时使车马整齐、协调。）❷和谐，和睦。《战国策·魏策四》：“或以政教不修，上下不～，而不可恃者。”《管子·七法》：“威伤则重在下，法伤则货上流，教伤则从令者不～。”（重在下：指君权下移。）[引]顺从。《庄子·天地》：“吾谓鲁君曰：‘必服恭俭，拔出公忠之属而无阿私，民孰敢不辑？’”（服：实行。拔出：提拔、起用。）❸收敛，集聚。《尚书·舜典》：“～五瑞，既月乃日，觐四岳群牧，班瑞于群后。”（觐：见。牧：州长。班：还。后：君。）《韩非子·说林下》：“雨十日，甲～而兵聚，吴人必至，不如备之。”❹整修。《汉书·朱云传》：“御史将云下，云攀殿槛，槛折。……及后当治槛，上曰：‘勿易，因而～之，以旌直臣。’”（旌：表扬。）❺通“缉”。连缀。《韩非子·外储说左上》：“楚人有卖其珠于郑者，为木兰之柜，薰以桂椒，缀以珠玉，饰以玫瑰，～以翡翠，郑人买其椟而还其珠。”

【辑安】 jí'ān 和安。《史记·司马相如列传》：“陛下即位，存抚天下，～～中国。”

【辑辑】 jíjí ❶和舒的样子。焦延寿《易林·蒙之益》：“莫莫～～，夜作昼匿。”❷和风轻吹的样子。束皙《补亡诗》之三：“黮黮重云，～～和风。”（黮黮：云色不明的样子。）

【辑屦】 jíjù 趿拉着鞋。《礼记·檀弓下》：“齐大饥，黔敖为食于路，以待饿者而食之。有饿者蒙袂～～，贸贸然来。”（袂：衣袖。）

【辑睦】 jímù 和睦。《左传·襄公十九年》：“小国之仰大国也，如百谷之仰膏雨焉。若常膏之，其天下～～，岂惟敝邑。”《国语·周语上》：“夫民之大事在农，上帝之粢盛于是乎出，民之蕃庶于是乎生，事之供给于是乎在，和协～～于是乎兴。”

【辑宁】 jíníng 安抚。《左传·昭公七年》：“吾不忘先君之好，将使衡父照临楚国，镇抚其社稷，以～～尔民。”

【辑柔】 jíróu 和安柔顺。《诗经·大雅·抑》：“视尔友君子，～～尔颜，不遐有愆。”（愆：过失。）

塉 jí 土地瘠薄。《后汉书·秦彭传》：“每于农月亲度顷亩，分别肥～，差为三品。”

【塉埆】 jíquè 土地贫瘠多石。《后汉书·陈龟传》：“今西州边鄙，土地～～。”也作“瘠确”。《三国志·吴书·陆凯传》：“土地实危险而～～，非王都安国养民之处。”

蝍 jí 见“蝍蛆”。

【蝍蛆】 jíjū ❶蜈蚣别名。《庄子·齐物论》：“～～甘带，鸱鸦耆鼠。”❷蟋蟀。王逸《九思·哀岁》：“蛜蚗兮噍噍，～～兮穰穰。”

嫉 jí ❶嫉妒。《楚辞·离骚》：“众女～余之蛾眉兮，谣诼谓余以善淫。”❷憎恨。

《史记·屈原贾生列传》:"屈平既～之,虽放流,睠顾楚国,系心怀王。"

【嫉毁】 jíhuǐ 因嫉妒而诋毁。《汉书·辕固传》:"武帝初即位,复以贤良征。诸儒多～～曰固老,罢归之。"

湒 jí 见"湒漻"。

【湒漻】 jíliáo 见"寂寥①"。

耤 1. jí ❶"藉"的古字。耤田。古代天子亲耕之田。《晋书·礼志上》:"魏之三祖,亦皆亲耕～田。"

2. jiè ❷借助。《汉书·郭解传》:"以躯～友报仇。"

鹡(鶺) jí 见"鹡鸰"。

【鹡鸰】 jílíng ❶鸟名。东方朔《答客难》:"譬若～～,飞且鸣矣。"也作"脊令"。《诗经·小雅·常棣》:"～～在原,兄弟急难。"❷比喻兄弟。袁宏《三国名臣序赞》:"将命公庭,退忘私位。岂无～～,固慎名器。"(鹡鸰:喻诸葛瑾、诸葛亮兄弟。)

濈 jí 水外流。张衡《南都赋》:"流湍投～,砏汃輣轧。"(砏汃、輣轧:均是象声词。形容波涛相击的声音。)

【濈濈】 jíjí 聚集的样子。《诗经·小雅·无羊》:"尔羊来思,其角～～。"

【濈然】 jírán ❶汗出的样子。张机《金匮要略·妇人杂病》:"～～汗出者愈。"❷迅速的样子。曹植《七启》之五:"翔尔鸿翥,～～凫没。纵轻体以迅赴,景追形而不逮。"(翥:飞。凫:野鸭子。景:影)。

瘠 1. jí ❶瘦,瘦弱。《左传·襄公二十一年》:"楚子使医视之,复曰:'～则甚矣,而血气未动。'"《荀子·非相》:"叶公子高,微小短～,行若将不胜其衣然。"(胜:承受,禁得起。)❷疾疫。《公羊传·庄公二十年》:"夏,齐大灾。大灾者何?大～也。大～者何?痢也。"(痢:同"疠"。传染病。)❸贫弱。《国语·楚语上》:"民实～矣,君安得肥?"❹土质瘠薄。《荀子·富国》:"民贫则田～以秽;田～以秽则出实不半。"《三国志·魏书·武帝纪》:"古之葬者,必居～薄之地。"㊀指瘠薄的土地。欧阳修《伐树记》:"修至始辟之,粪～溉枯,为蔬园十数畦。"❺简约。《荀子·礼论》:"故事生不忠厚,不敬文,谓之野;送死不忠厚,不敬文,谓之～。"(敬文:恭敬而重文饰。)❻削弱,损伤。《左传·襄公二十九年》:"如是可矣,何必～鲁以肥杞?"❼姓。

2. zì ❽通"胔"。尚未腐烂的尸骨。《荀子·荣辱》:"今夫偷生浅知之属,曾此而不知也,粮食大侈,不顾其后,俄则屈安穷矣,是其所以不免于冻饿,操瓢囊为沟壑中～者也。"㊀泛指躯体。晁错《论贵粟疏》:"故尧禹有九年之水,汤有七年之旱,而国亡捐～者,以畜积多而备先具也。"

【瘠墨】 jímò 墨家崇尚节俭,所以荀简俭薄叫"瘠墨"。《荀子·乐论》:"乱世之征……其养生无度,其送死～～,贱礼义而贵勇力,贫则为盗,富则为贼,治世反是也。"

【瘠弃】 jíqì 刻薄。《荀子·礼论》:"故其立文饰也,不至于窕冶;其立粗恶也,不至于～～。"

【瘠确】 jíquè 见"埆埆"。

【瘠色】 jísè 毁损容色。《国语·鲁语下》:"二三妇之辱共先祀者,请无～～,无洵涕,无掐膺,无忧容,有降服,无加服。"(洵涕:流泪。掐膺:捶胸。)

踖 1. jí ❶践踏。《礼记·曲礼上》:"毋践屦,毋～席,抠衣趋隅,必慎唯诺。"(抠:提。)❷见"踖踖"。

2. què ❸见"踖陵"。

【踖踖】 jíjí ❶敏捷而小心的样子。《诗经·小雅·楚茨》:"执爨～～,为俎孔硕。"❷惭愧的样子。扬雄《太玄经·勤》:"劳～～,心爽蒙柴不却。"

【踖藉】 jíjiè 脚踏。《论衡·语增》:"每当饮者,起之中庭,乃复还坐,则是烦苦相～～,不能甚乐。"

【踖陵】 quèlíng 古地名。在今河南潢川县境。《左传·庄公十九年》:"败黄师于～～。"

檝 jí 同"楫"。船桨。《韩非子·奸劫弑臣》:"治国之有法术赏罚,犹若陆行之有犀车良马也,水行之有轻舟便～也,乘之者遂得其成。"

襋 jí 衣领。《诗经·魏风·葛屦》:"要之～之,好人服之。"(要:褄。要、襋,这里用作动词,指缝好褄身、衣领。)

藉 jí 见 jiè。

蹐 jí 用小碎步走路。形容谨慎小心。《诗经·小雅·正月》:"谓天盖高,不敢不局;谓地盖厚,不敢不～。"(局:弯着腰。)

【蹐驰】 jíchí 小步快走。《淮南子·泰族训》:"趋行～～,不归善者不为君子。"

【蹐地跼天】 jídìjútiān 形容十分小心谨慎。白居易《为宰相让官表》:"宠擢非次,忧惶失图,～～～～,不知所措。"

籍 1. jí ❶名籍。古代悬挂在宫门外的两尺长的竹板,上面写有姓名、年龄、身份等,以备核查出入人员。《汉书·魏相传》:"光夫人显及诸女皆通～长信宫。"

❷名册，登记册。《战国策·楚策四》："召门吏为汗先生著客～，五日一见。"（著客籍：把名字写在宾客的花名册上。）《史记·平准书》："河南上富人助贫人者～，天子见卜式名，识之。"❸登记，记录。《左传·成公二年》："王以巩伯宴，而私贿之，使相告之曰：'非礼也，勿～！'"《史记·赵世家》："义再拜受命而～之。"（义：人名，指肥义。）❹文献，典籍。《孟子·万章下》："诸侯恶其害己也，而皆去其～。"《汉书·艺文志》："汉兴，改秦之败，大收篇～，广开献书之路。"㊀指汇编成册的法令条文。《战国策·赵策二》："国有固～，兵有常经。变～则乱，失经则弱。"❺调兵的符籍。引申指征兵。《孙子·作战》："善用兵者，役不再～，粮不三载，取用于国，因粮于敌，故军食可足也。"（载：运送。因：依靠。）❻赋税。《左传·襄公二十五年》："量入修赋，赋车～马。"（赋车籍马：征收赋税，以备车马。）㊀征收赋税。《诗经·大雅·韩奕》："实墉实壑，实亩实～。"❼籍贯。韩愈《寄崔立之》诗："旧～在东都，茅屋枳棘篱。"❽籍田。古代帝王在京城附近占有的田地。《国语·周语上》："于是乎又审之以事，王治农于～。"㊀古代帝王在籍田中亲自耕作，以示劝农之意。《国语·周语上》："宣王即位，不～千亩。"《史记·周本纪》："宣王不修～于千亩，虢文公谏曰不可，王弗听。"❾通"藉"。践踏。《汉书·天文志》："兵相跆～。"（跆：踩。）❿（zuò）通"阼"。君位。《荀子·儒效》："履天子之～，听天下之断，偃然如固有之，而天下不称贪焉。"⓫姓。

2. jiè ⓬通"藉"。铺垫。《后汉书·赵咨传》："使薄敛素棺，～以黄壤，欲令速朽。"⓭通"藉"。借助。《韩非子·五蠹》："是故乱国之俗，其学者则称先王之道以～仁义，盛容服而饰辩说，以疑当世之法而贰人主之心。"

【籍籍】 jíjí 见"藉藉"。

【籍记】 jíjì 登记。《汉书·尹翁归传》："东海郡中贤否，皆～～之。"

【籍敛】 jíliǎn ❶税收。《管子·山至数》："古者轻赋税而肥～～，取下无顺于此者矣。"❷搜刮。《荀子·王制》："好用其～～矣而忘其本务，如是者灭亡。"（本务：指农业。）

【籍没】 jímò 登记财物加以没收。《隋书·高祖纪下》："敕盗边粮一升已上，皆斩，并～～其家。"《旧唐书·狄仁杰传》："时越王贞称兵汝南，事败，缘坐者六七百人，～～者五千口。"

【籍甚】 jíshèn ❶名声大。刘孝标《广绝交论》："陆大夫宴喜西都，郭有道人伦东国，公卿贵其～～，搢绅羡其登仙。"❷因名声大振而为人所知。卢藏用《陈子昂别传》："年二十一，始东入咸京，游大学，历抵群公，都邑靡然属目矣。由是为远近所～～。"（属目：注目，注意。）

【籍田】 jítián ❶对田亩实行征税。《国语·鲁语下》："季康子欲以田赋，使冉有访诸仲尼。仲尼不对，私于冉有曰：'求来！女不闻乎？先王制土，～～以力，而砥其远迩。'"❷古代帝王亲自耕作的小块农田。《史记·孝文本纪》："正月，上曰：'农，天下之本，其开～～，朕亲率耕，以给宗庙粢盛。'"（粢盛：装在器皿中供祭祀用的谷物。）也作"藉田"。《汉书·文帝纪》："夫农，天下之本也，其开～～，朕亲率耕，以给宗庙粢盛。"

【籍帐】 jízhàng 户籍簿。《新唐书·百官志三》："监察御史，其一察官人善恶，其二察户口流散，～～隐没。"

【籍设】 jièshè 假设。《墨子·鲁问》："～～而天下不知耕，教人耕与不教人耕而独耕者，其功孰多？"

【籍在】 jièzài 慰藉。杜甫《送韦书记赴安西》诗："白头无～～，朱绂有哀怜。"（绂：古代贵族穿的一种礼服。）

几²（幾）

1. jǐ ❶多少。问数量或时间。《左传·襄公六年》："子荡射子罕之门曰：'～日而不我从？'"又《僖公二十三年》："夫有大功而无贵仕，其人能靖者与有～？"《孟子·离娄上》："子来～日矣？"❷多少。表数量不大。《左传·昭公十六年》："子大叔、子羽谓子产曰：'韩子亦无～求，晋国亦未可以贰。'"（无几：没多少。）❸数，几个。表概数。《汉书·贾谊传》："矫伪者出～十万石粟，赋六百馀万钱，乘传而行郡国。"刘长卿《酬张夏》诗："～岁依穷海，颓年惜故阴。"㊀几次，屡次。《左传·昭公十六年》："夫大国之人不可不惧也，～为之笑而不陵侮我。"白居易《东南行一百韵》："～见林抽笋，频惊燕引雏。"

2. jī ❹隐微。《周易·系辞上》："夫易，圣人之所以极深而研～也。"（极深：穷极幽深。研几：研核几微。）❺事情的征兆。《周易·系辞下》："君子见～而作，不俟终日。"（俟：等待。）❻轻微，婉转。《论语·里仁》："事父母～谏，见志不从，又敬不违，劳而不怨。"❼机密。《周易·系辞上》："君不密则失臣；臣不密则失身；～事不密则害成。"（密：做事考虑周密。）《管子·法法》："～而不密，殆。"❽危殆。《尚书·顾命》："呜呼！疾大渐，惟～。"（渐：剧烈。）《战国策·楚策二》："魏相翟强死。为甘茂谓楚王曰：'魏之～相者，公子劲也。'"（几相：言危欲相之。）❾尽，极点。《庄子·齐物论》："昭文之鼓琴也，师旷之枝策也，惠子之据梧也，三子之知～乎！"（枝策：打拍板。据梧：倚着梧桐谈名理。知：智。）❿接近。《老子·六十四章》："民之从事，常于～成而败之。"《战国策·韩策三》："群臣之知，无～于王之明者，臣故愿公仲之国以侍于王，而无自左右也。"韩愈《答李翊书》："虽如是，其敢自谓～于成乎？"⓫时期。《诗经·小雅·楚茨》："卜尔百福，如～如式。"（式：法。）《左传·定公元年》："子家子不见叔孙，易～而哭。"（易几而哭：改变了原定的哭丧时间。）⓬拘泥。《论语·子路》："言不可以若是其～也。"⓭副词。可译为"几乎"、"差不多"。《左传·僖公十四年》："晋卜偃曰：'朞年将有大咎，～亡国。'"《史记·张丞相列传》："既罢，吕后侧耳于东箱听，见周昌，为跪谢曰：'微君，太子～废。'"《后汉书·王常传》："无王将军，吾属～陷于不义。"⓮通"讥"。稽查。《管子·小匡》："通齐国之鱼盐东莱，使关市～而不征，廛而不税，以为诸侯之利，诸侯称宽焉。"（通：流通，交换。）⓯姓。

3. jì ⓰通"冀"。希望。《孟子·尽心上》："公孙丑曰：'道则高矣，美矣，宜若登天然，似不可及也；何不使彼为可～及而日孳孳也？'"《史记·晋世家》："悼公曰：'大父、父皆不得立而辟难于周，客死焉。寡人自以疏远，毋～为君。'"《汉书·陈平传》："高帝怒曰：'哙见吾病，乃～我死也！'"

4. qǐ ⓱通"岂"。副词，表反问，可译为"怎么"、"难道"。《左传·昭公十六年》："夫大国之人，不可不慎也，～为之笑而不陵我？"《韩非子·奸劫弑臣》："处非道之位，被众口之谮，溺于当世之言，而欲当严天子而求安，～不亦难哉！"

【几多】 jǐduō 多少。问数量。罗隐《登高咏菊尽》："能销造化～～力，不受阳和一点恩。"

【几何】 jǐhé ❶若干，多少。《诗经·小雅·巧言》："为犹将多，尔居徒～～？"（犹：通"猷"，计谋。居：蓄养。徒：徒众。）《史记·孔子世家》："客曰：'人长～～？'"❷用于反问句，表示没有多少。《左传·襄公八年》："俟河之清，人寿～～？"❸多少，表示时间不长。《战国策·秦策二》："居无～～，五国伐秦。"

【几所】 jǐsuǒ 多少。《汉书·疏广传》："数问其家，金馀尚有～～？"（数：屡次。）

【几许】 jǐxǔ 若干，多少。白居易《题流沟寺古松》诗："欲知松老看尘壁，死却题诗～～人？"苏轼《观潮》诗："欲识潮头高～～，越山浑在浪花中。"

【几初】 jīchū 事情的开头。《后汉书·邳彤传论》："凡言成事者，以功著易显；谋～～者，以理隐难昭。"

【几顿】 jīdùn 危败。《国语·周语上》："天子曰：'予必以不享征之，且观之兵。'其无乃废先王之训而王～～乎！"

【几微】 jīwēi ❶前兆。《汉书·萧望之传》："愿陛下选明经术、温故知新、通于～～谋虑之士以为内臣。"❷细微。《后汉书·陈宠传》："今不蒙忠能之赏，而计～～之故，诚伤辅政容贷之德。"❸稍微。《论衡·问孔》："使宰我愚，则与涉耐罪之人同志；使宰我贤，知孔子责人，～～自改矣。"

【几希】 jīxī 很少。《孟子·离娄下》："人之所以异于禽兽者～～，庶民去之，君子存之。"

【几幸】 jìxìng 欲求非分之得。《汉书·贾谊传》："今四维犹未备也，故奸人～～，而众心疑惑。"（四维：礼、义、廉、耻。）

己 jǐ ❶天干的第六位。《尔雅·释天》："太岁在甲曰阏逢，在乙曰旃蒙……在～曰屠维。"❷自己。《左传·文公十五年》："～则无礼。"《孟子·梁惠王下》："今燕虐其民，王往而征之，民以为将拯～于水火之中也，箪食壶浆以迎王师。"❸姓。

孑 jǐ 见jié。

泲 jǐ ❶水名。即济水。《说文·水部》："～，沇也，东入于海。"❷古地名。《诗经·邶风·泉水》："出宿于～，饮饯于祢。"❸过滤。《周礼·天官·酒正》注："清，谓醴之～者。"

机（穖） jǐ 组成禾谷总穗的一串串小穗。《吕氏春秋·审时》："得时之稻，大本而茎葆，长稠疏～，穗如马尾，大粒无芒，抟米而薄糠，舂之易而食之香。"（稠：禾穗的总梗。抟：圆。）

虮（蟣） 1. jǐ ❶虱子的卵。《乐府诗集·相和歌辞·孤儿行》："头多～虱，面目多尘。"曹操《蒿里行》："铠甲生～虱，万姓以死亡。"

2. qí ❷水蛭的别称。《尔雅·释鱼》："蛭，～。"

【虮肝】 jǐgān 虮子的肝脏。喻极其细微之物。宋玉《小言赋》："馆于蝇须，宴于毫端，烹虱胫，切～～，会九族而同哜，犹委馀而不殚。"（哜：尝，吃。殚：尽。）

【虮虱相吊】 jǐshīxiāngdiào 自悲生命将终。《淮南子·说林训》："汤沐具而～～～～，大厦成而燕雀相贺。"（汤沐：沐浴。汤：

热水。)

挤(擠) jǐ ❶推挤。《汉书·贾捐之传》:"今陛下不忍悁悁之忿,欲驱士众~之大海之中。"❷因推挤而坠落。《左传·昭公十三年》:"小人老而无子,知~于沟壑矣。"❸排挤,威逼。《史记·项羽本纪》:"汉军却,为楚所~。"❹排斥,陷害。《庄子·人间世》:"且昔者桀杀关龙逢,纣杀王子比干,是皆修其身以下伛拊人之民,以下拂其上者也,故其君因其修以~之。"(伛拊:通"呕咐",怜爱。拂:触犯。修:善。)❺摧折。《淮南子·俶真训》:"飞鸟铩翼,走兽~脚。"(铩:摧残。)

【挤陷】 jǐxiàn 排挤,陷害。《新唐书·李泌传》:"又杨炎罪不至死,[卢]杞~~之而相关播。"

【挤抑】 jǐyì 排挤,压抑。《新唐书·李晟传》:"通王府长史丁琼者,尝为延赏~~,内怨望。"

给(給) jǐ ❶供给使足。《战国策·齐策四》:"孟尝君使人~其食用,无使乏。"《韩非子·外储说右上》:"振贫穷而恤孤寡,行恩惠而~不足。"❷充足,丰足。《左传·宣公十二年》:"子有军事,兽人无乃不~于鲜?"(兽人:官名。鲜:指新鲜的禽兽。)《孟子·梁惠王下》:"春省耕而补不足,秋省敛而助不~。"《后汉书·祭遵传》:"家富~,而遵恭俭,恶衣服。"㉑满足。《战国策·赵策三》:"以有尽之地,~无已之求,其势必无赵矣。"❸供人差使。《三国志·魏书·吕布传》:"吕布字奉先,五原郡九原人也。以骁武~并州。"❹赐予,给予。《吕氏春秋·权勋》:"齐王怒曰:'若残竖子之类,恶能~若金?'"(若:你们。残:残馀。)李白《与韩荆州书》:"若赐观刍荛,请~纸笔,兼之书人,然后退扫闲轩,缮写呈上。"(书人:抄写的人。)❺及。《汉书·晁错传》:"下马地斗,剑戟相接,去就相薄,则匈奴之足弗能~也。"❻口齿伶俐。《庄子·天地》:"啮缺之为人也,聪明睿知,~数以敏,其性过人,而又乃以人受天。"(啮缺:相传尧的老师是许由,许由的老师是啮缺。受:授。)《汉书·东方朔传》:"上以朔口谐辞~,好作问之。"

【给复】 jǐfù 免除赋役。《北史·魏孝文帝纪下》:"诏以穰人首归大顺始终若一者,~~三十年,标其所居曰归义乡。"

【给谏】 jǐjiàn "给事中"的别称。见"给事中"。

【给禀】 jǐlǐn 赐予,给食。《后汉书·光武帝纪》:"其命郡国有谷者,~~高年、鳏、寡、孤、独及笃癃、无家属贫不能自存者,如律。"(禀:廪。)

【给赡】 jǐshàn 给予使足。《汉书·匈奴传下》:"又转边谷米精,前后三万四千斛,~~其食。"

【给使】 jǐshǐ ❶供人役使。《墨子·备梯》:"禽滑厘子事子墨子三年,手足胼胝,面目黧黑,役身~~,不敢问欲,子墨子甚哀之。"❷指供人差遣的人。《世说新语·轻诋》注引《妒记》:"夫人遥见,甚怜爱之,语婢:'汝出问,是谁家儿?'~~不达旨,乃答云:'是第四、五等诸郎。'"《资治通鉴·晋穆武永和七年》:"奕~~张安有勇力。"

【给事】 jǐshì ❶处事。《国语·周语中》:"敬所以承命也,恪所以守业也,恭所以~~也,俭所以足用也。"❷供职,服务。《汉书·田延年传》:"延年以材略~~大将军莫府。"(莫府:幕府。)《后汉书·郑众传》:"永平中,初~~太子家。"❸官名。给事中的省称。王定保《唐摭言·敏捷》:"韦蟾左丞至长乐驿亭,见李汤~~题名。"

【给侍】 jǐshì 陪伴侍奉。韩愈《顺宗实录四》:"[阳]城孝友,不忍与其弟异处。皆不娶,~~终身。"

【给驿】 jǐyì 提供人员、车马等便利。《新唐书·张九龄传》:"数乞归养,诏不许。以其弟九皋、九章为岭南刺史,岁时听~~省家。"(省:探视。)

【给足】 jǐzú 丰足。《论衡·程材》:"天地事物,人所重敬,皆力劣知极,须仰以~~者也。"《后汉书·曹褒传》:"澍雨数降,其秋大熟,百姓~~。"(澍雨:适时的雨。)

【给事中】 jǐshìzhōng 官名。秦始置。秦汉时代为加官名。无论何官,加上"给事中",就可接近皇帝,出入宫禁。魏晋之后,才逐渐成为正员。《汉书·百官公卿表上》:"~~~亦加官。所加或大夫、博士,皆秦制。"也称"给谏"。《新五代史·何泽传》:"泽与宰相赵凤有旧,数私于凤,求为~~。"

脊 1. jǐ ❶脊椎骨。《墨子·明鬼下》:"日中,杜伯乘白马素车,朱衣冠,执朱弓,挟朱矢,追周宣王,射之车上,中心,折~,殪车中,伏弢而死。"(殪:死。弢:弓袋。)《庄子·则阳》:"忌也出走,然后抶其背,折其~。"(忌:一本作"亡"。)㉑脊背。《庄子·大宗师》:"孰能以无为首,以生为~,以死为尻。"(尻:臀。)❷类似脊骨的物体中间高起的部分。《庄子·说剑》:"诸侯之剑,以知勇士为锋,以清廉士为锷,以贤良士为~,以忠圣士为镡,以豪杰士为夹。"(脊:剑背。)《北史·齐宣帝纪》:"三台构木高二十七丈，两栋相距二百馀尺，工匠危怯，皆系绳自防，帝登～疾走，都无怖畏。”（脊：屋脊。）钱宰《长江霁雪图》诗：“岷峨冈～来蜿蜒，青城一峰高插天。”（脊：山脊。）❸比喻事物的关键或要害部分。《战国策·魏策四》：“夫秦攻梁者，是示天下要断山东之～也。”❹条理。《诗经·小雅·正月》：“维号斯言，有伦有～。”

2. jí ❺见“脊令”。❻见“脊脊”。

【脊脊】 jíjí 通“藉藉”。纵横杂乱、相互践踏的样子。《庄子·在宥》：“天下～～大乱，罪在撄人心。”（撄：扰乱。）

【脊令】 jílíng 鸟名。见“鹡鸰”。

掎 jǐ ❶从后面或一旁牵引、拖拉。《诗经·小雅·小弁》：“伐木～矣，析薪扡矣。”《汉书·叙传上》：“昔秦失其鹿，刘季逐而～之。”柳宗元《晋问》：“晋之故封，太行～之，首阳起之，黄河迤之，大陆靡之。”㊀指军事上从后牵制。《左传·襄公十四年》：“晋御其上，戎亢其下，秦师不复，我诸戎实然。譬如捕鹿，晋人角之，诸戎～之，与晋踣之。”（角：执其角，引申指正面迎击。）《后汉书·袁绍传》：“大军汎黄河以角其前，荆州下宛、叶而～其后。”❷发射。班固《西都赋》：“机不虚～，弦不再控。矢不单杀，中必叠双。”

【掎拔】 jǐbá 挺出。木华《海赋》：“江河既导，万穴俱流。～～五岳，竭涸九州。”

【掎角】 jǐjiǎo 分兵牵制或夹击敌人。《三国志·魏书·三少帝纪》：“初，自平蜀之后，吴寇屯逼永安，遣荆、豫诸军～～赴救。”尹洙《叙燕》：“设兵为三，壁于争地，～～以疑其兵，顿坚城之下，乘间夹击，无不胜矣。”

【掎挈】 jǐqiè 指摘。《荀子·富国》：“有～～伺诈，权谋倾覆，以相颠倒，以靡敝之，百姓晓然皆知其污漫，暴乱而将大危亡也。”

【掎摭】 jǐzhí ❶指摘。刘知幾《史通·自叙》：“词人属文，其体非一。譬甘辛殊味，丹素异彩，后来祖述，识昧圆通，家有诋诃，人相～～，故刘勰《文心》生焉。”❷摘取。韩愈《石鼓歌》：“孔子西行不到秦，～～星宿遗羲娥。”

【掎止】 jǐzhǐ 从后截获。《国语·鲁语下》：“我先君襄公不敢宁处，使叔孙豹悉帅敝赋，踦跂毕行。无有处人，以从军吏，次于雍渝，与邯郸胜击齐之左，～～晏莱焉，齐师退而后敢还。”

【掎裳连袘】 jǐchánglián yì 牵衣连袖。形容人多。潘岳《籍田赋》：“蹑踵侧肩，～～～～。黄尘为之四合兮，阳光为之潜翳。”

猗 jǐ 见yī。

戟(戟) jǐ ❶古代的一种兵器，是矛和戈的合体，兼备直刺、旁击、横钩的作用。《诗经·秦风·无衣》：“王于兴师，修我矛～，与子偕作。”《韩非子·说疑》：“燕君子哙，邵公奭之后也，地方数千里，持～数十万。”❷钩刺。沈括《梦溪笔谈·异事》：“［鳄］尾有三钩，极铦利，遇鹿豕即以尾～之以食。”❸指手臂做成戟的形状。苏轼《后怪石供》：“举手而示苏子曰：‘拱此而揖人，人莫不喜；～此而詈人，人莫不怒。’”❹刺激。柳宗元《与崔饶州论石钟乳书》：“食之使人偃蹇壅郁，泄火生风，～喉痒肺。”

【戟户】 jǐhù ❶戟门。喻显贵人家。高適《同郭十题杨主簿新厅》诗：“向风扃～～，当署近棠阴。”（扃：关闭。）❷军营。《新唐书·任迪简传》：“身居～～，踰月，军中感其公，请安卧内。”

【戟门】 jǐmén 以戟为门。后喻指显贵人家。元稹《暮秋》诗：“看著墙西日又沉，步廊回合～～深。”

【戟手】 jǐshǒu 用手指人，其形如戟。张衡《西京赋》：“袒裼～～，奎踽盘桓。”李清照《金石录后序》：“～～遥应曰：‘从众，必不得已，先弃辎重，次衣被，次书册卷轴，次古器，独所谓宗器者，可自负抱，与身俱存亡，勿忘也。’”

【戟吻】 jǐwěn 刺激口唇。俞德邻《富安田舍》诗之二：“～～苦荼连叶煮，胶牙酸酒带糟餔。”

撠 jǐ ❶用手击刺别人。《史记·孙子吴起列传》：“孙子曰：‘夫解杂乱纷纠者不控卷，救斗者不搏～。’”❷触及。《汉书·扬雄传下》：“不阶浮云，翼疾风，虚举而上升，则不能～胶葛，腾九闳。”（九闳：九天之门。）

踦 jǐ 见qī。

计(計) jì ❶计算。《左传·昭公三十二年》：“乙丑，士弥牟营成周，～丈数，揣高卑。”《史记·孝文本纪》：“尝欲作露台，召匠～之，直百金。”㊀算术，计算的技能。《礼记·内则》：“十年，出就外傅，居宿于外，学书～。”❷统计，汇总。《管子·立政》：“三月一复，六月一～，十二月一著。”㊀计簿，统计账册。《左传·昭公二十五年》：“～于季氏，臧氏使五人以戈楯伏诸桐汝之间，会出，逐之，反奔，执诸季氏中门之外。”（计于季氏：送计簿给季氏。）《汉书·武帝纪》：“受～于甘泉。”❸登记。《管子·立政》：“州长以～于乡师。”（州长、乡师：均官名。）❹考虑，谋划。《荀子·不苟》：“见其可欲也，则必前后虑其可恶也者；见其可利也，则必前后虑其可害也者，而兼权之，孰～之，然后定其欲恶取舍，如是则常不失陷矣。"《史记·孝文本纪》："臣等为宗庙社稷～，不敢忽。"韩愈《进学解》："若夫商财贿之有亡，～班资之崇庳。"（班：官位。资：资格。庳：同"卑"。）④计算，计谋。《荀子·哀公》："故明主任～不信怒，暗主信怒不任～。"（任：凭。）《韩非子·存韩》："～者，所以定事也。"❺商议。《史记·滑稽列传》："优孟曰：'请归与妇～之。'"❻考核官吏。《周礼·天官·小宰》："以听官府之六～，弊群吏之治。"❼猜想，大概。《史记·留侯世家》："余以为其人～魁梧奇伟，至见其图，状貌如妇人好女。"❽姓。

【计簿】 jìbù 用于记载人事、户口、赋税的册子。《汉书·宣帝纪》："上～～，具文而已，务为欺谩，以避其课。"

【计籍】 jìjí 用于记人事、户口、赋税的册子。《史记·张丞相列传》："是时萧何为相国，而张苍乃自秦时为柱下史，明习天下图书～～。"

【计校】 jìjiào ❶算计。《太平御览》卷二一七引朱凤《晋书》："以司马孚为度支尚书，军粮～～，一皆由之。"❷计议，商量。《三国志·吴书·孙坚传》："坚夜驰见［袁］术，画地～～。"《聊斋志异·阿绣》："小郎为觅壻广宁，若翁以是故去，就否未可知，须旋日，方可～～。"

【计课】 jìkè 计算而征收赋税。《史记·匈奴列传》："于是说教单于左右疏记，以～～其人众畜物。（说：人名，中行说。）

【计会】 jìkuài ❶会计，总计出入。《战国策·齐策四》："孟尝君出记，问门下诸客，谁习～～，能为文收责于薛者乎？"（文：田文，即孟尝君。责：债。）❷账簿。《淮南子·人间训》："西门豹治邺，廪无积粟，府无储钱，库无甲兵，官无～～，人数言其过于文侯。"❸计虑，商量。张九龄《敕平卢使乌知义书》："已敕守珪与卿～～，可须观衅裁之。"

【计吏】 jìlì ❶掌管计簿的官吏。《汉书·朱买臣传》："买臣随上～～为卒，将重车至长安，诣阙上书，书久不报。"❷考察官吏的官员。《论衡·须颂》："得诏书到，～～至，乃闻圣政。"

【计数】 jìshù ❶盘算。《荀子·王制》："成侯、嗣公聚敛～～之君也，未及取民也。"（取：治。）❷计谋。《北史·沮渠蒙逊传》："蒙逊代父领部曲，有勇略，多～～，颇晓天文，为诸胡所推服。"

【计最】 jìzuì 古代地方官吏报给京师的考核文书。《汉书·严助传》："陛下不思加诛，愿奉三年～～。"

【计不旋跬】 jìbùxuánkuǐ 比喻计谋应验十分迅速。《新唐书·孙伏伽传》："陛下举晋阳，天下响应，～～～～，大业以成。"（跬，半步。）

记（記）

jì ❶记住。《尚书·益稷》："钦四邻，庶顽谗说，若不在时，侯以明之，挞以～之。"（时：善。挞以记之：鞭挞使之记住过错。）《庄子·山木》："阳子曰：'弟子～之：行善而去自贤之行，安往而不爱哉！'"（自贤：自以为贤。）《后汉书·董扶传》："任安～人之善，忘人之过。"❷记载，记述。《韩非子·内储说上》："鲁哀公问于仲尼曰：'《春秋》之～曰："冬十二月贯霜不杀菽。"何为～此？'"范仲淹《岳阳楼记》："乃重修岳阳楼，增其旧制，刻唐贤今人诗赋于其上，属余作文以～之。"❸古代文献，书籍。《墨子·非命下》："子胡不尚考之乎商周虞夏之～。"《庄子·天地》："～曰：'通于一而万事毕，无心得而鬼神服。'"（一：指道。）❹类似文告的一种公文。《战国策·齐策四》："后孟尝君出～，问门下诸客：'谁习计会，能为文收责于薛者乎？'"（文：田文，即孟尝君。责：债。）《后汉书·彭宠传》："昏夜后，解宠手，令作～告城门将军。"❺书信，劄子。《后汉书·班固传》："时固始弱冠，奏～说苍曰：'……令远近无偏，幽隐必达，期于总览贤才，收集明智，为国得人，以宁本朝。'苍纳之。"（苍：人名，东平王苍。奏：上，献。）❻一种记叙性文体。如陶渊明的《桃花源记》，欧阳修的《醉翁亭记》等等。❼印章。《后汉书·王龚传》："蕃性气高明，初到，龚不即召见之，乃留～谢病去。"❽通"其"。助词。《礼记·表记》引《诗经·曹风·候人》："彼～之子，不称其服。"

【记府】 jìfǔ 收藏史策文书的地方。《史记·蒙恬列传》："成王观于～～，得周公旦沈书，乃流涕曰：'孰谓周公旦欲为乱乎？'"

【记注】 jìzhù 记录，注释。杜预《春秋左氏传序》："周德既衰，官失其守，上之人不能使《春秋》昭明，赴告策书，诸所～～，多违旧章。"

齐

jì 见qí。

伎

1. jì ❶同伴。《说文·人部》："～，与也。"段玉裁注："《舁部》曰：'与者，党与也。'此伎之本义也。"❷古代的歌舞艺人。《后汉书·仲长统传》："倡讴～乐，列乎深堂。"㊀泛指歌舞表演。《世说新语·贤媛》："谢公夫人帏诸婢，使在前作～。"❸通"技"。技艺，技能。《史记·孟尝君列传》："传舍长曰：'代舍客冯公形容状貌甚辩，长者，无他～能，宜可令收债。'"韩愈《送高闲上人序》："往时张旭善草书，不治他～。"⊗智巧。《老子·五十七章》："民多利器，国家滋昏；人多～巧，奇物滋起。"

2. qí ❹通"跂"。见"伎伎"。

3. zhì ❺通"忮"。伤害。《说文·人部》引《诗经·大雅·瞻卬》："鞫人～忒。"

【伎苛】 jìkē 做事烦苛。《管子·宙合》："缪过以昏则忧，忧则所以～～，～～所以险政。"

【伎俩】 jìliǎng 本领，技能。贯休《战城南》诗："邯郸少年辈，个个有～～。"《敦煌变文集·佛说观弥勒菩萨上生兜率天经讲经文》："泉下不怜多～～，松间终是作尘埃。"

【伎痒】 jìyǎng 身怀技艺，想表现出来，如痒难忍。应劭《风俗通义·筑》："(高)渐离变名易姓，为人庸保……闻其家堂上客击筑，～～，不能出，言曰：'彼有善有不善。'"(庸保：雇工。)也作"伎懩"、"技痒"。潘岳《射雉赋》："屏发布而累息，徒心烦而～～。"萧纲《答湘东王书》："有惭～～，更同故态。"

【伎伎】 qíqí 舒展的样子。《诗经·小雅·小弁》："鹿斯之奔，维足～～。"

纪(紀) 1. jì ❶丝的头绪。《墨子·尚同上》："古者圣王为五刑，请以治其民，譬若丝缕之有～，网罟之有纲。"❷综合治理。《国语·周语上》："稷则遍诫百姓，～农协功，曰：'阴阳分布，震雷出滞。'"(协：协同。滞：指蛰虫。)❸经营，料理。陶渊明《移居》诗之二："衣食当须～，力耕不吾欺。"❹纲领，纲要，总要。《老子·十四章》："执古之道，以御今之有，以知古始，是谓道～。"《史记·乐书》："故乐者天地之齐，中和之～，人情之所不能免也。"❺纲纪。《管子·小匡》："合群叟，比校民之有道者，设象以为民～。"(叟：原文为"国"。象：象征，典型。)《吕氏春秋·用民》："用民有～有纲，壹引其～，万目皆起；壹引其纲，万目皆张。"❻法度，准则。《国语·晋语四》："夫礼，国之～也。"《吕氏春秋·论威》："义也者，万事之～也。"《史记·秦始皇本纪》："数以六为～，符、法冠皆六寸，而舆六尺，六尺为步，乘六马。"❼道理。《国语·晋语一》："兆有之，臣不敢蔽。蔽兆之～，失臣之官，有二罪焉，何以事君？"(蔽：蒙蔽，隐瞒。)❽封建社会调整人们之间关系的伦理道德。《汉书·贾谊传》："夫立君臣，等上下，使父子有礼，六亲有～，此非天之所为，人之所设也。"❾日月星辰的运行轨道。《庄子·天运》："是故鬼神守其幽，日月星辰行其～。"(幽：阴暗之处。)《史记·日者列传》："坐定，司马季主复理前语，分别天地之终始，日月星辰之～，差次仁义之际。"❿日月交会之处。《吕氏春秋·季冬》："是月也，日穷于次，月穷于～，星回于天，数将几终，岁将更始。"⓫天象时令的总称。《尚书·洪范》："五～：一曰岁，二曰月，三曰日，四曰星辰，五曰历数。"⓬岁星十二年运行一周天为一纪。《国语·晋语四》："蓄力一～，可以远矣。"(蓄：养。)《后汉书·袁绍传》："今丧乱过～，国家未定，方当与君图之。"韩愈《祭河南张员外文》："余戆而狂，年未三～。"(三纪：三十六岁。)⓭一世为一纪。班固《幽通赋》："皇十～而鸿渐兮，有羽仪于上京。"⓮年岁。谢灵运《山居赋》："爰暨山棲，弥历年～。"⓯通"记"。记载。《荀子·劝学》："故《书》者，政事之～也。"《论衡·祭意》："经传所载，贤者所～，尚无鬼神，况不著篇籍，世间淫祀非鬼之祭，信其有神为祸福矣？"⓰史书体裁的一种。如《汉书·高帝纪》。⓱通"改"。改易，变易。《国语·周语上》："若国亡不过十年，数之～也。"⓲通"基"。基址。《诗经·秦风·终南》："终南何有？有～有堂。"⓳古国名。

2. jǐ ⓴姓。

【纪次】 jìcì 记述编排。《新五代史·一行传序》："然其事迹不著，而无可～～，独其名氏或因见于书者，吾亦不敢没。"

【纪纲】 jìgāng ❶法制，法度。《左传·哀公六年》："《夏书》曰：'惟彼陶唐，帅彼天常，有此冀方。今失其行，乱其～～，乃灭而亡。'"《史记·乐书》："～～既正，天下大定。"李峤《神龙历序》："汉兴草创，肇谋～～，而方士异词，天官横议。"⊗使变得有法度。《墨子·天志中》："制为四时春秋冬夏，以～～之。"❷治理，管理。《国语·晋语四》："此大夫管仲之所以～～齐国，裨辅先君而成霸者也。"❸得力，干练。《左传·僖公二十四年》："秦伯送卫于晋三千人，实～～之仆。"❹指仆人。《聊斋志异·长清僧》："夫人遣～～至，多所馈遗。"

【纪极】 jìjí 终极，限度。《左传·文公十八年》："缙云氏有不才子，贪于饮食，冒于货贿，侵欲崇侈，不可盈厌，聚敛积实，不知～～。"(盈厌：满足。)《宋书·臧质传》："自恣丑薄，罔知涯涘，干谒陈闻，曾无～～。"

【纪统】 jìtǒng 经纪，法则。《国语·齐语》："班序颠毛，以为民～～。"

【纪序】 jìxù 纲纪次序。《史记·历书》："天下有道，则不失～～。"

【纪庸】 jìyōng 记功。颜延之《阳给事诔》："疏爵～～，恤孤表嗣。"

【纪纲地】 jìgāngdì 伸张法纪的地方。喻谏官职务。《新唐书·卢景亮传》："台宪者，～～～，府县责成之所。"杜甫《送韦讽上阆州录事参军》诗："操持～～～，喜见朱丝直。"

芰 jì 菱角。《国语·楚语上》："子夕嗜～，子木有羊馈而无～荐。"

【芰制】 jìzhì 用芰叶剪裁的衣裳。隐士的服饰。象征隐士生活高洁。孔稚珪《北山移文》："焚～～而裂荷衣，抗尘容而走俗状。"

技 jì ❶技艺，技能。《尚书·秦誓》："人之有～，冒疾以恶之。"（冒：媢，妒忌。）《韩非子·功名》："故人有馀力易于应，而～有馀巧便于事。"[引]巧伪。《庄子·在宥》："说礼邪，是相于～也。"（说：悦。相：注视。）❷工匠。《荀子·富国》："故百～所成，所以养一人也。"

【技击】 jìjī 击刺敌人的军事技术。《荀子·议兵》："齐人隆～～。其技也，得一首者，则赐赎锱金，无本赏矣。"（锱：八两为一锱。）

【技巧】 jìqiǎo ❶精湛的技艺。《韩非子·外储说左上》："不得施其～～，故屋坏弓折；知治之人不得行其方术，故国乱而主危。"❷武艺，武技。《汉书·艺文志》："～～者，习手足，便器械，积机关，以立攻守之胜者也。"❸智变诈伪。陆贾《新语·道基》："民弃本趋末，～～横出，用意各殊。"

近 jì 见jìn。

忌 jì ❶憎恶，忌恨。《左传·僖公十年》："晋侯背大主而～小怨，民弗与也。"《管子·大匡》："臣闻有土之君，不勤于兵，不～于辱，不辅其过，则社稷安。"❷妒忌。《史记·陈丞相世家》："项王为人，意～信谗。"《后汉书·刘玄传》："更始～伯升威名，遂诛之。"❸顾忌，畏惧。《左传·昭公十四年》："己恶而掠美为昏，贪以败官为墨，杀人不～为贼。"（墨：不洁。）《荀子·大略》："齐人欲伐鲁，～卞庄子，不敢过卞。"❹禁止。《庄子·则阳》："未生不可～，已死不可阻。"（阻：原作"徂"。）❺忌讳，禁忌。《韩非子·外储说左下》："公室卑，则～直言；私行盛，则少公功。"❻父母逝世的日子。《左传·昭公三年》："及郊，遇懿伯之～，敬子不入。"❼敬，敬畏。《左传·昭公元年》："史佚有言曰：'非羁，何～？'"❽语气词。《尚书·秦誓》："惟古之谋人，则曰未就予～。"《诗经·郑风·大叔于田》："叔马慢～，叔发罕～。"（发：射箭。）❾姓。

【忌惮】 jìdàn 因有所顾忌而不敢妄为。《汉书·诸侯王表》："是故王莽知汉中外殚微，本末俱弱，亡所～～，生其奸心。"

【忌克】 jìkè 忌人才能，欲居其上。《左传·僖公九年》："今其言多～～，难哉！"也作"忌刻"。杜甫《奉赠鲜于京兆二十韵》："微生霑～～，万事益酸辛。"也作"忌剋"。《北史·房彦谦传》："主上性多～～，不纳谏诤。"

【忌日】 jìrì ❶父母死亡之日。此日禁忌饮酒作乐，所以称忌日。《礼记·檀弓上》："丧三年，以为极，亡则弗之忘矣。故君子有终身之忧，而无一朝之患，故～～不乐。"❷不吉祥的日子。迷信以为其日应避忌，不宜做某种事情。《汉书·王莽传中》："冠以戊子为元日，昏以戊寅之旬为～～。"（昏：婚。）

【忌恶】 jìwù 憎恶。《论衡·祭意》："水旱，人所～～。"

【忌月】 jìyuè ❶父母死亡之月。《晋书·礼志下》："穆帝纳后，欲用九月，九月是～～。"《南史·张融传》："融有孝义，～～三旬不听乐。"❷佛教称农历正月、五月、九月为忌月。在此三月，素食，禁屠宰。

际(際) jì ❶两墙相合的缝隙。《说文·阜部》："～，壁会也。"[引]指中间、交界处。《左传·定公十年》："居齐鲁之～而无事，必不可矣。"《汉书·艺文志》："游文于六经之中，留意于仁义之～。"《后汉书·公孙瓒传》："燕南垂，赵北～，中央不合大如砺，唯有此中可避世。"（垂：陲。）❷边际。《楚辞·天问》："九天之～，安放安属？"李白《黄鹤楼送孟浩然之广陵》诗："孤帆远影碧空尽，唯见长江天～流。"范仲淹《岳阳楼记》："衔远山，吞长江，浩浩荡荡，横无～涯。"❸界限。《庄子·知北遊》："物物者与物无～。"（物物者：主宰万物的，即天道。）《后汉书·窦融传》："臣融虽无识，犹知利害之～，顺逆之分。"❹人们之间的关系。《韩非子·难一》："君臣之～，非父子之亲也，计数之所出也。"《史记·外戚世家》："夫妇之～，人道之大伦也。"《新五代史·一行传序》："至于兄弟夫妇，人伦之～，无不大坏，而天理几乎其灭矣。"❺前后交接的一段时间。《论语·泰伯》："唐虞之～，于斯为盛。"《后汉书·阴识传》："秦汉之～，始家新野。"诸葛亮《出师表》："受任于败军之～，奉命于危难之间。"❻机会。《晋书·杨佺期传》："自云门户承籍，江表莫比……而时人以其晚过江，婚宦失类，每排抑之，恒慷慨切齿，欲因事～以逞其志。"（因：借助。）❼交界。《左传·定公十年》："齐侯享之，曰：'子叔孙，若使郈在君之他竟，寡人何知焉？属与敝邑～，故敢助君忧之。'"

❽会合。《周易·泰》："无往不复，天地～也。"柳宗元《始得西山宴游记》："萦青缭白，外与天～，四望如一。"❾至，接近。《淮南子·原道训》："高不可～。"苏轼《放鹤亭记》："春夏之交，草木～天，秋冬雪月，千里一色。"㉑登。《吕氏春秋·顺说》："顺风而呼，声不加疾也；～高而望，目不加明也。"❿交际。《左传·昭公四年》："尔未～，飨大夫以落之。"《庄子·则阳》："田猎毕弋，不应诸侯之～。"

【际会】 jìhuì ❶交接，会合。《礼记·大传》："同姓从宗，合族属，异姓主名，治～～。"❷时机，机会。《三国志·魏书·三少帝纪》："事已觉露，直欲因～～举兵入西宫杀吾。"❸机遇。《后汉书·马武传》："诸卿不遭～～，自度爵禄何所至乎？"

【际可】 jìkě 以礼接待。《孟子·万章下》："孔子有见行可之仕，有～～之仕，有公养之仕。"

【际晓】 jìxiǎo 黎明。王维《晓行巴峡》诗："～～投巴峡，馀春忆帝京。"

妓 jì ❶歌舞女艺人。白居易《西楼喜雪命宴》诗："光迎舞～动，寒近醉人销。"❷娼妓。陈孚《真州》诗："翠户妆营～，红桥税海商。"❸美女。《华严经音义上》："～，美女也。"

【妓女】 jìnǚ 歌舞女艺人。《后汉书·梁统传》："因行道路，发取～～御者，而使人复乘埶横暴，妻略妇女，殴击吏卒。"

剂（劑） jì ❶剪断，割破。贾谊《新书·谕诚》："及赵襄子破智伯，豫让～面而变容，吞炭而为哑，乞其妻所，而妻弗识。"❷古代贸易用的契券，以木刻成，中分为二，双方各执其一。《周礼·地官·司市》："以质～结信而止讼。"左思《魏都赋》："质～平而交易，刀布贸而无筭。"（筭：同"算"。）❸调剂，调节。《后汉书·刘梁传》："和如羹焉，酸苦以～其味。"❹药剂。《新唐书·吴凑传》："诏侍医敦进汤～。"❺剂量。《三国志·魏书·华佗传》："又精方药，其疗疾，合汤不过数种，心解分～，不复称量。"❻量词。中药一服称一剂。苏轼《圣散子叙》："凡阴阳二毒，男女相易，状至危急者，连饮数～，即汗出气通，饮食稍进，神宇完复。"

【剂信】 jìxìn 刻券书以明信。指信用。《周礼·春官·诅祝》："作盟诅之载辞，以叙国之信用，质邦国之～～。"（质：正，成。）

其 jì 见qí。

奇 jì 见qí。

季 jì ❶少，幼。《诗经·召南·采蘋》："谁其尸之？有齐～女。"（尸：主，主祭。）❷排行的序位之一，表示排在最后的。《左传·文公十八年》："高辛氏有才子八人：伯奋、仲堪、叔献、～仲，伯虎、仲熊、叔豹、～貍。"㉑少子。《诗经·魏风·陟岵》："母曰：'嗟，予～行役，夙夜无寐。'"《国语·晋语七》："武子之～，文子之母弟也。"❸弟。李白《春夜宴诸从弟桃李园序》："群～俊秀，皆为惠连。"❹小。《仪礼·特牲馈食礼》："主人左执角，再拜稽首，受，复位。诗怀之，实于左袂，挂于～指。"（诗：承。）❺细。《管子·乘马》："无金则用其绢，～绢三十三制当一镒。"（制：一丈八尺为一制。）❻一个朝代的末了。蔡琰《悲愤诗》："汉～失权柄，董卓乱天常。"㉑末代的君主。《国语·周语上》："今周德若二代之～矣，其川源又塞，塞必竭。"（二代之季：夏桀、商纣。）㊈朝代。李格非《书洛阳名园记后》："唐贞观、开元之间，公卿贵戚，开馆列第于东都者，号千有馀邸。及其乱离，继以五～之酷，其池塘竹树，兵车蹂蹴，废而为邱墟。"❼一个季节的末了。如季春（三月）、季夏（六月）、季秋（九月）、季冬（十二月）。《吕氏春秋·季春》："～春之月，日在胃，昏七星中，旦牵牛中。"（胃、七星、牵牛：皆星宿名。）❽季节。三个月为一季。张嵲《次韵和友人冬月书斋》："四～多花木，穷冬亦不凋。"❾数字的尾数。《左传·襄公三十年》："臣生之岁，正月甲子朔，四百有四十五甲子矣，其～于今三之一也。"❿姓。

【季父】 jìfù 父亲的幼弟。《史记·孝文本纪》："上曰：'楚王，～～也，春秋高，阅天下之义理多矣。'"《汉书·尹翁归传》："翁归少孤，与～～居。"

【季汉】 jìhàn 蜀汉。《三国志·蜀书·诸葛亮传》："将建殊功于～～，参伊、周之巨勋。"

【季末】 jìmò 末世，末代。《汉书·叙传》："～～淫祀，营信巫史。"《三国志·魏书·三少帝纪》："～～暗主，不知损益，斥远君子，引近小人。"

【季母】 jìmǔ 婶母。《后汉书·西域传》："车师后部司马率加特奴等千五百人，掩击北匈奴于阊吾陆谷……获单于母、～～及妇女数百人。"

【季年】 jìnián 晚年，末年。《左传·闵公二年》："元年，革车三十乘，～～，乃三百乘。"《国语·晋语四》："会其～～可也，兹可以亲。"

【季世】 jìshì ❶衰世，末世。《左传·昭公三年》："虽吾公室，今亦～～也，戎马不驾，卿无军行，公乘无人，卒列无长。"《后汉书·冯衍传》："昔三后之纯粹兮，每～～而穷祸。"❷末代君主。《左传·昭公元年》："其～～曰唐叔虞。"

【季王】　jìwáng　末代君王。嵇康《嵇中散集》附缺名《宅无吉凶摄生论》："夫时日谴祟，古之盛王无之，而～～之所好听也。"

【季叶】　jìyè　末世，衰世。扬雄《司空箴》："昔在～～，班禄遗贤。"

济(濟)　1. jì　❶渡，过河。《左传·僖公二十四年》："～河，围令狐。"《国语·鲁语下》："诸侯伐秦，及泾莫～。"《楚辞·离骚》："～沅湘以南征兮，就重华而陈词。"㉠渡口。《左传·襄公二十八年》："～泽之阿，行潦之蘋藻，寘诸宗室，季兰尸之，敬也。"❷通，贯通。《淮南子·原道训》："天下之物莫柔弱于水，然而大不可极，利贯金石，强～天下。"❸继承，延续。《左传·文公十八年》："世～其美，不陨其名。"《后汉书·荀淑传》："世～其轨，不陨其业。"❹成，成功。《老子·五十二章》："开其兑，～其事，终身不救。"《管子·大匡》："鲍叔乃誓曰：'事之～也，听我令；事之不～也，免公子者为上，死者为下。'"《后汉书·光武帝纪下》："虽身～大业，兢兢如不及。"❺帮助，救济。《论语·雍也》："子贡曰：'如有博施于民而能～众，何如？'"《吕氏春秋·离俗》："叔无孙曰：'吾闻之：君子～人于患，必离其难。'"韩愈《原道》："为之医药以～其夭死。"❻增加。《左传·桓公十一年》："莫敖曰：'盍请～师于王？'"《国语·晋语一》："若不胜狄，虽～其罪，可也。"❼得益。《周易·系辞下》："断木为杵，掘地为臼，臼杵之利，万民以～。"❽利用。《左传·襄公二十七年》："夫以信召人，而以僭～之，必莫之与也，安能害我？"❾停止。《庄子·齐物论》："厉风～则众窍为虚。"❿姓。

2. jǐ　⓫水名。见"济水"。⓬见"济济"。

【济恶】　jì'è　相互勾结作恶。元稹《蛒蜂》诗之三："可怜相～～，勿谓祸无馀。"

【济化】　jìhuà　疏导教化。《晋书·王坦之传》："天地所以成功，圣人所以～～。"

【济美】　jìměi　子孙继承祖先或后人继承前人的事业。张说《齐黄门侍郎卢思道碑》："公之玄孙曰藏用，～～文馆，重禄黄门。"

【济濡】　jìrú　湿透。《左传·哀公三年》："～～帷幕，郁攸从之。"

【济时】　jìshí　救世。《国语·周语中》："宽所以保本也，肃所以～～也，宣所以教施也，惠所以和民也。"（惠：爱。）骆宾王《兵部奏姚州破贼设蒙险等露布》："知仁义不能禁暴，设刑网以胜残；知揖让不可～～，用干戈而靖乱。"

【济育】　jìyù　养育。《三国志·魏书·三少帝纪》："愍衈江表，务存～～，戢武崇仁，示以威德。"《晋书·元帝纪》："朕以寡德，纂承洪绪，上不能调和阴阳，下不能～～群生。"

【济济】　jǐjǐ　❶众多的样子。《诗经·大雅·旱麓》："瞻彼旱麓，榛楛～～。"❷威仪堂堂的样子。《诗经·大雅·文王》："～～多士，文王以宁。"《汉书·礼乐志》："百官～～，各敬厥事。"（厥：其，他们的。）❸美好的样子。《诗经·齐风·载驱》："四骊～～，垂辔㳽㳽。"（骊：纯黑的马。㳽㳽：柔美的样子。）

【济水】　jǐshuǐ　水名。源出河南济源县王屋山，东流入山东，与黄河并行入海。后下游为黄河所夺。郦道元《水经注·济水》："～～出河东垣县东王屋山。"

洎　jì　❶向锅里添水。《吕氏春秋·应言》："白圭谓魏王曰：'市丘之鼎以烹鸡，多～之则淡而不可食，少～之则焦而不熟，然而视之蝺焉美，无所可用。'"㉠肉汁。《左传·襄公二十八年》："公膳日双鸡，饔人窃更之以鹜。御者知之，则去其肉，而以其～馈。"❷浸润。《管子·水地》："越之水，浊重而～。"❸及，到。《庄子·寓言》："吾及亲仕，三釜而心乐；后仕，三千钟而不～，吾心悲。"（釜：六斗四升为釜。钟：六斛四斗为钟。不洎：指不能养亲。）《汉书·韦贤传》："赫赫天子，明哲且仁，悬车之义，以～小臣。"骆宾王《为徐敬业讨武曌檄》："～乎晚节，秽乱春宫。"❹介词。等到……时候。苏洵《权书·六国》："后秦击赵者再，李牧连却之。～牧以谗诛，邯郸为郡，惜其用武而不终也。"❺水名。

迹(跡、蹟)　jì　❶足迹。《尚书·立政》："其克诘尔戎兵，以陟禹之～，方行天下，至于海表，罔有不服。"（陟：升，引申指践。海表：海外。）《老子·二十七章》："善行无辙～，善言无瑕谪。"（瑕谪：玉疵。）《国语·楚语下》："灵不顾于民，一国弃之，如遗～焉。"（灵：指楚灵王。）❷行踪，踪迹。《吕氏春秋·必己》："不若相与追而杀之，以灭其～。'"❸轨迹，道路。《楚辞·天问》："昏微遵～，有狄不宁。"（昏微：人名，即上甲微。）㉠法度。《诗经·小雅·沔水》："念彼不～，载起载行。"㊀事物的痕迹。《史记·苏秦列传》："臣闻明主绝疑去谗，屏流言之～，塞朋党之门。"《北齐书·彭城王浟传》："笔～未工。"❹人物形象。韩愈《送杨少尹序》："汉史既传其事，而后世工画者又图其～，至今照人耳目，赫赫若前日事。”❺事迹，功业。《庄子·天运》：“夫六经，先王之陈～也。”《荀子·非相》：“欲观圣王之～，则于粲然者矣，后王是也。”《后汉书·鲁恭传》：“所以来者，欲察君之政～耳。”❻蹈。《淮南子·本经训》：“终日驰骛，而无～蹈之患。”❼追踪，搜寻。《汉书·季布传》：“汉求将军急，～且至臣家。”《汉书·郊祀志》：“臣愚不足以～古文。”❽考察，观察。《汉书·高惠高后文功臣表》：“～汉功臣，亦皆割符世爵，受山河之誓，存以著其号，亡以显其魂。”又《郊祀志》：“～三郡所奏，皆有变故。”

【迹捕】 jìbǔ 跟踪追捕。《宋史·单煦传》：“民以妖幻传相教授，煦～～，戮三十馀人。”

【迹察】 jìchá 探寻踪迹，考察缘故。《汉书·楚元王传》：“今以陛下明知，诚深思天地之心，～～两观之诛，览否泰之卦，观雨雪之诗，历周唐之所进以为法。”

【迹盗】 jìdào 追捕强盗。《宋史·王安中传》：“开封逻卒夜～～，盗脱去，民有惊出与卒遇，缚以为盗，安中出民，抵吏罪。”

【迹迹】 jìjì 徘徊不安。《方言》卷十：“～～、屑屑，不安也。江、沅之间谓之～～，秦晋谓之屑屑。”

諅(諅) jì 告诫。《淮南子·缪称训》：“目之精者，可以消泽，而不可以昭～。”(昭：导，教导。)

荠 jì 见cí。

哜(嚌) 1. jì ❶口尝。《尚书·顾命》：“太保受同，祭、～、宅。”《礼记·杂记下》：“自诸侯达诸士，小祥之祭，主人之酢也，～之，众宾兄弟，则皆啐之。”(啐：尝。)

2. jiē ❷见“哜咨”。❸见“哜哜”。

【哜哜】 jiējiē ❶众鸟鸣声。班彪《北征赋》：“雁邕邕以群翔兮，鹍鸡鸣以～～。”❷管弦声。扬雄《太玄经·乐》：“钟鼓喈喈，管弦～～。”

【哜咨】 jiēzī 哀怨声。赵抃《送周颖之京师》诗：“肩书手剑出门去，～～肯复儿女如。”(肩书：用肩担书。手剑：用手提剑。)

既 jì ❶尽，完了。《春秋经·桓公三年》：“秋七月壬辰朔，日有食之，～。”《史记·游侠列传》：“谚曰：‘人貌荣名，岂有～乎？’”杨万里《颐菴诗稿序》：“至于荼也，人病其苦也，然苦未～，而不胜其甘。”❷副词。1）已经。《诗经·郑风·风雨》：“～见君子，云胡不夷？”《孟子·梁惠王上》：“填然鼓之，兵刃～接，弃甲曳兵而走。”《汉书·高帝纪上》：“羽虽闻汉东，～击齐，欲遂破之而后击汉。”2）尽，完全。《左传·僖公二十二年》：“宋人既成列，楚人未～济。”3）不久。《国语·周语上》：“～，荣公为卿士，诸侯不享，王流于彘。”❸连词。1）既然。《论语·季氏》：“～来之，则安之。”2）常与“且”“亦”“又”搭配使用，表并列。《诗经·小雅·常棣》：“丧乱既平，～安且宁。”《论衡·问孔》：“七十子～不问，世之学者亦不知难。”白居易《与元九书》：“～窃时名，又欲窃时之富贵。”❹姓。

【既而】 jì'ér 过一会儿，不久。《左传·隐公元年》：“遂寘姜氏于城颍，而誓之曰：‘不及黄泉，无相见也。’～～悔之。”《国语·晋语四》：“公子使奉匜沃盥，～～挥之。”《三国志·魏书·武帝纪》：“张绣降，～～悔之，复反。”

【既生魄】 jìshēngpò 指上弦月到月望的一段时间。《尚书·武成》：“～～～，庶邦冢君暨百工受命于周。”

【既死魄】 jìsǐpò 指农历二十三日到月晦的一段时间。《逸周书·世俘》：“二月～～～，越五日甲子。”

结 jì 见jié。

斎(齋) jì 猛火煮饭。《说文·火部》：“～，炊餔疾也。”㊀发怒。《楚辞·离骚》：“荃不察余之中情兮，反信谗而～怒。”

偈 jì 见jié。

觊(覬) jì ❶贪图。《后汉书·卢芳传》：“臣非敢有所贪～。”❷愿，求。柳宗元《童区寄传》：“自毁齿已上，父兄鬻卖以～其利。”

【觊幸】 jìxìng 希冀徼幸。《北史·房法寿传》：“杨谅之愚鄙，群小之凶慝，而欲凭陵畿甸，～～非望者哉。”也作“觊倖”。《元史·仁宗纪》：“夤缘近侍，出入内庭，～～名爵，宜斥逐之。”

【觊觎】 jìyú 非分的希望或企图。《左传·桓公二年》：“是以民服事其上，而下无～～。”《三国志·魏书·武帝纪》：“群凶～～，分裂诸夏，率土之民，朕无获焉。”

继(繼) jì ❶接续，连续。《孟子·万章下》：“其后廪人～粟，庖人～肉，不以君命将之。”(继粟：接连不断地送来谷米。)《庄子·至乐》：“夫贵者，夜以～日，思虑善否，其为形也亦疏矣。”《韩非子·和氏》：“和乃抱其璞而哭于楚山之下，三日三夜，泪尽而～之以血。”㊀后续部队。《左传·隐公九年》：“后者不救，则无～矣。”㊁赖以维持生活的资财。《国语·周语下》：

"单穆公曰:'不可。作重币以绝民资,又铸大钟以鲜其～。若积聚既丧,又鲜其～,生何以殖?'"(鲜:少。)❷继承。《论语·为政》:"子曰:'殷因于夏礼,所损益,可知也;周因于殷礼,所损益,可知也;其或～周者,虽百世,可知也。'"《孟子·万章上》:"启贤,能敬承～禹之道。"(启:夏启,禹之子。)㊀继承人。《战国策·赵策四》:"左师公曰:'今三世以前,至于赵之为赵,赵主之子孙侯者,其～有在者乎?'"㊁君主继承君位。《孟子·万章上》:"孔子曰:'唐虞禅,夏后殷周～,其义一也。'"❸接着。《孟子·公孙丑下》:"～而有师命,不可以请。"(师命:师旅之命。)❹增补。《墨子·非命上》:"昔者,文王封于岐周,绝长～短,方地百里。"《楚辞·离骚》:"溘吾游此春宫兮,折琼枝以～佩。"(佩:佩饰。)❺接济。王安石《乞制置三司条例》:"宜假以钱货,～其用之不足。"

【继成】 jìchéng 继承先人成就的业绩。《汉书·武五子传》:"今陛下承明～～,委任公卿,群臣连与成朋,非毁宗室,肤受之愬,日骋于廷。"

【继晷】 jìguǐ 夜以继日。晷,日影。韩愈《进学解》:"焚膏油以～～,恒兀兀以穷年。"

【继绝】 jìjué "继绝世"的省略。见"继绝世"。

【继世】 jìshì 继嗣,子继父位。《孟子·万章上》:"～～以有天下,天之所废,必若桀纣者也,故益、伊尹、周公不有天下。"

【继室】 jìshì ❶续娶。《左传·隐公元年》:"惠公元妃孟子。孟子卒,～～以声子。"❷续娶之妻。《三国志·魏书·后妃传》:"建安初,丁夫人废,遂以后为～～。"

【继嗣】 jìsì ❶继续。《诗经·小雅·杕杜》:"王事靡盬,～～我日。"《史记·吕太后本纪》:"今皇帝病久不已,廼失惑惛乱,不能～～奉宗庙祭祀,不可属天下,其代之。"❷传宗接代。《史记·孝文本纪》:"子孙～～,世世弗绝,天下之大义也。"

【继体】 jìtǐ 继位。《汉书·师丹传》:"先帝暴弃天下而陛下～～。"也指继位者。张衡《西京赋》:"高祖创业,～～承基。"

【继武】 jìwǔ ❶足迹相连。武,足迹。《礼记·玉藻》:"君与尸行接武,大夫～～,士中武,徐趋皆用是。"(接武:前后足迹相蹑。中武:前后足迹相间,中隔一足迹。)❷比喻后人继承前人的事业。骆宾王《伤祝阿王明府》诗:"含章光后烈,～～嗣前雄。"

【继序】 jìxù ❶继守先业。《诗经·周颂·闵予小子》:"於乎皇王,～～思不忘。"❷先后次序。《旧唐书·经籍志上》:"乙部为史,其类十有三……十二曰谱系,以纪世族～～。"

【继绪】 jìxù 继承先业。《汉书·礼乐志》:"乐终产,世～～。"

【继踵】 jìzhǒng ❶脚挨脚。形容人多。《晏子春秋·杂下》:"比肩～～而在。"❷相继,一个接着一个。《论衡·刺孟》:"四圣之王天下也,～～而兴。"

【继踪】 jìzōng 追踪先人的业绩。《三国志·魏书·鲍勋传》:"臣冀当～～前代,令万世可则也。"

【继绝世】 jìjuéshì 承续已断绝的世祀。《论语·尧曰》:"兴灭国,～～～,举逸民,天下之民归心焉。"也作"继绝"。《汉书·高帝纪下》:"存亡定危,救败～～,以安万民,功盛德厚。"

寄 jì ❶寄居。《庄子·徐无鬼》:"夫楚人～而蹢阍者,夜半于无人之时而与舟人斗,未始离于岑而足以造于怨也。"曹丕《燕歌行》:"慊慊思归恋故乡,君何淹留～他方?"❷寄存,存放。《南史·江淹传》:"前以一匹锦相～,今可见还。"《太平广记》卷一五七引《唐逸史》:"有钱二千贯,～在某处。"㊀抵押。《战国策·燕策一》:"夫列在万乘,而～质于齐,名卑而权轻。"❸寄托,托付。《论语·泰伯》:"可以托六尺之孤,可以～百里之命,临大节而不可夺也,君子人与?君子人也。"诸葛亮《出师表》:"先帝知臣谨慎,故临崩～臣以大事也。"❹托人传送。杜甫《述怀》诗:"～书问三川,不知家在否。"❺古代翻译东方民族语言的官员。《礼记·王制》:"五方之民,言语不通,嗜欲不同;达其志,通其欲,东方曰～,南方曰象,西方曰狄鞮,北方曰译。"

【寄地】 jìdì 被别人掠夺去的本国土地。《战国策·韩策一》:"公何不以秦为韩求颍川于楚,此乃韩之～～也。"

【寄公】 jìgōng 亡国后寄居别国的诸侯。《仪礼·丧服》:"～～者何也?失地之君也。"

【寄怀】 jìhuái ❶寄托情怀。陶渊明《九日闲居》诗序:"余闲居,爱重九之名,秋菊盈园,而持醪靡由,空服九华,～～于言。"(醪:带滓的米酒。服:食。九华:九日的黄花,即菊。)❷以诚待人。《宋书·谢述传》:"汝始亲庶务,而任重事殷,宜～～群贤,以尽弼谐之美。"

【寄汲】 jìjí 汲取别人家的井水。《论衡·书虚》:"宋丁公者,宋人也。未凿井时,常有～～,计之,日去一人作;自凿井后,不复

～～，计之，日得一人之作，故曰：‘宋丁公凿井得一人。’”

【寄迹】 jìjì 托足，涉身。《世说新语·自新》注引虞预《晋书》：“若得～～康衢，必能结轨骥騄。”

【寄豭】 jìjiā 寄放别人家的公猪。喻闯入他室，专行淫乱的男子。《史记·秦始皇本纪》：“夫为～～，杀之无罪，男秉义程。”

【寄径】 jìjìng 借道。《战国策·东周策》：“齐王曰：‘寡人将～～于梁。’”

【寄命】 jìmìng ❶寄托生命。刘峻《广绝交论》：“流离大海之南，～～瘴疠之地。”❷短促的生命。《晋书·皇甫谧传》：“著论为葬送之制，名曰《笃终》……人之死也，精歇形散，魂无不之，故气属于天，～～终尽，穷体反真，故尸藏于地。”

【寄食】 jìshí 依附他人而生活。《史记·淮阴侯列传》：“常数从其下乡南昌亭长～～，数月，亭长妻患之。”

【寄托】 jìtuō ❶寄居。《荀子·劝学》：“蟹六跪而二螯，非蛇蟺之穴无可～～者，用心躁也。”❷托付。《三国志·蜀书·李严传》：“吾与孔明，俱受～～。”

【寄语】 jìyǔ 转告，传话。李益《从军有苦乐行》：“～～丈夫雄，苦乐身自当。”温庭筠《女冠子》词：“雪胸鸾镜里，琪树凤楼前。～～青娥伴，早求仙。”

【寄寓】 jìyù ❶寄居。《三国志·吴书·孙权传》：“而天下英豪，布在州郡，宾旅～～之士以安危去就为意，未有君臣之固。”❷无定居的客户。《韩非子·亡徵》：“公家虚而大臣实，正户贫而～～富，耕战之士困，未作之民利者，可亡也。”（正户：指有正籍不迁移的耕农。）❸客舍。《国语·周语中》：“司里不授馆，国无～～，县无施舍，民将筑台于夏氏。”（司里：官名。）

【寄坐】 jìzuò 寄托于客位。喻大权旁落，地位不稳。《三国志·魏书·曹爽传》：“今大将军爽背弃顾命，败乱国典……天下汹汹，人怀危惧，陛下但为～～，岂得久安？”

寂 jì ❶寂静，没有声音。《老子·二十五章》：“有物混成，先天地生。～兮寥兮，独立而不改，周行而不殆，可以为天下母。”❷安静。《论衡·程材》：“儒者～于空室，文吏哗于朝堂。”❸孤寂，冷落。周邦彦《应天长·寒食》词：“梁间燕，前社客，似笑我，闭门愁～。”

【寂寂】 jìjì 寂静，冷清。左思《咏史》之四：“～～扬子宅，门无卿相舆。”杜甫《涪城县香积寺官阁》诗：“小院回廊春～～，浴凫飞鹭晚悠悠。”

【寂寥】 jìliáo ❶寂静。柳宗元《至小丘西小石潭记》：“坐潭上，四面竹叶环合，～～无人，凄神寒骨，悄怆幽邃。”欧阳修《秋声赋》：“其意萧条，山川～～。”也作“寂漻”。《汉书·礼乐志》：“函蒙祉福常若期，～～上天知厥时。”也作“寂漻”。枚乘《七发》：“～～薵蓼，蔓草芳苓。”❷空虚。《楚辞·九叹·惜贤》：“声嗷嗷以～～兮，顾仆夫之憔悴。”❸比喻虚怀若谷。《论衡·自纪》：“六岁教书，恭愿仁顺，礼敬具备，矜庄～～，有臣人之志。”（臣人：一作“巨人”。）

【寂漻】 jìliáo 见“寂寥”。

【寂灭】 jìmiè ❶佛教“涅槃”的意译。意思是超脱一切，可以进入不生不灭之门。《无量寿经》卷上：“诚谛以虚，超出世间，深乐～～。”韩愈《原道》：“今其法曰‘必弃而君臣，去而父子，禁而相生养之道’，以求其所谓清净～～者。”❷灭绝，消失。《隋书·牛弘传》：“宪章礼乐，～～无闻。”

【寂蔑】 jìmiè 寂寞，空无。谢灵运《邻里相送方山》诗：“各勉日新志，音尘慰～～。”《三国志·蜀书·诸葛亮传》裴松之案语：“且此人不死，要应显达为魏，竟是谁乎？何其～～而无闻！”

【寂寞】 jìmò ❶寂静。《论衡·论死》：“今夫妻死者～～无声，更嫁娶者平忽无祸，无知之验也。”《后汉书·冯衍传》：“陂山谷而闲处兮，守～～而存神。”也作“寂漠”。《庄子·天道》：“夫虚静恬淡～～无为者，天地之平而道德之至也。”❷指死。杜甫《凤凰台》诗：“西伯今～～，凤声亦悠悠。”（西伯：周文王。）❸冷清。元稹《行宫》诗：“寥落古行宫，宫花～～红。”也作“寂漠”。《楚辞·远遊》：“山萧条而无兽兮，野～～其无人。”❹指沉默，不说话。《世说新语·文学》：“昨夜听殷、王清言，甚佳，仁祖亦不～～，我亦时复造心。”

悸 jì ❶心跳。王延寿《鲁灵光殿赋》：“魂悚悚其惊斯，心猥猥而发～。”（猥猥：恐惧的样子。）《后汉书·冯异传》：“光武曰：‘我昨梦乘赤龙上天，觉悟，心中动～。’”㉑外界事物对内心的震动。柳宗元《贺进士王参元失火书》：“或将大有为也，乃始厄困震～，于是有水火之孽，有群小之愠，劳苦变动，而后能光明。”❷恐惧。《楚辞·九思·悼乱》：“惶～兮失气，踊跃兮距跳。”欧阳修《答西京王相公书》：“获赐书一通，伏读周复，且惭且～。”❸绅带抖动的样子。《诗经·卫风·芄兰》：“容兮遂兮，垂带～兮。”❹通“痵”。心率过速症。

【悸悸】 jìjì 惊惧的样子。卫元嵩《元包经·少阴小过》：“下怫怫，上～～。”

稌(穄) jì 已割而尚未打捆的农作物。《诗经·小雅·大田》："彼有不获穉，此有不敛～。"

祭 1. jì ❶祭祀。古人对神灵、祖先或死者表示敬意的一种仪式。《论语·为政》："子曰：'生，事之以礼；死，葬之以礼，～之以礼。'"《孟子·万章上》："使之主～，而百神享之，是天受之。"《三国志·魏书·武帝纪》："购求信丧不得，众乃刻木如信形状，～而哭焉。"

2. zhài ❷周代诸侯国名。❸姓。

【祭地】 jìdì ❶祭祀地神。《礼记·祭法》："燔柴于泰坛，祭天也；瘗埋于泰折，～～也。"❷祭祀时用的地方。《战国策·东周策》："赵取周之～～，周君患之，告于郑朝。"

【祭酒】 jìjiǔ ❶举酒敬神。古代飨宴，必先推选尊长者举酒祭地。后因称尊长者为"祭酒"。《史记·孟子荀卿列传》："田骈之属皆已死齐襄王时，而荀卿最为老师。齐尚修列大夫之缺，而荀卿三为～～焉。"❷官名。汉平帝时置六经祭酒。建武初，置五经博士。博士祭酒为博士之长。隋唐以后，国子监祭酒为国子监之长。

【祭酹】 jìlèi 祭祀时以酒洒地。泛指祭奠。《旧唐书·乌重胤传》："身殁之日，军士二十馀人，皆割股肉，以为～～。"

【祭门】 jìmén 宗庙的门。《穀梁传·桓公三年》："礼，送女，父不下堂，母不出～～，诸母兄弟不出阙门。"

【祭器】 jìqì 祭祀时用的器具。《孟子·万章下》："孔子先簿正～～，不以四方之食供簿正。"（簿正：用文书去规定祭器、祭品的数量、要求。）《战国策·齐策四》："冯谖诫孟尝君曰：'愿先王之～～，立宗庙于薛。'"

【祭主】 jìzhǔ 主持祭祀的人。《周易·震》："出可以守宗庙社稷，以为～～也。"

惎 jì ❶谋划。《左传·定公四年》："管、蔡启商，～间王室，王于是乎杀管叔而蔡蔡叔。"（惎间：谋划侵犯。）❷教。《左传·宣公十二年》："晋人或以广队不能进，楚人～之脱扃。少进，马还，又～之拔旆投衡，乃出。"（广：兵车。队：坠，指车掉在坑里。扃：车前横木。还：盘旋不进。）❸教诲。柳宗元《报袁君陈秀才避师名书》："往在京都，后学之士到仆门，日或数十人。仆不敢虚其来意，有长必出之，有不至必～之。"❹忌恨。《左传·哀公二十七年》："知伯不悛，赵襄子由是～知伯，遂丧之。"

【惎构】 jìgòu 谋害。《新唐书·崔湜传》："时桓彦范等当国，畏武三思～～，引湜使阴汋其奸。"（汋：通"酌"。引申指取得、获得。）

【惎悔】 jìhuǐ 教人悔悟。陆机《吊魏武帝文》："援贞吝以～～，虽在我而不臧。"

绩(績) jì ❶缉麻，把麻纤维拧成线。《诗经·陈风·东门之枌》："不～其麻，市也婆娑。"（市：集市。婆娑：翩翩起舞的样子。）《吕氏春秋·爱类》："士有当年而不耕者，则天下或受其饥矣；女有当年而不～者，则天下或受其寒矣。"（或：有的人。）《史记·樗里子甘茂列传》："臣闻贫人女与富人女会～。"（会：一起。）㊂比喻蚕吐丝。《论衡·无形》："蚕食桑老，～而为茧。"韩愈《圬者王承福传》："粟，稼而生者也，若布与帛，必蚕～而后成者也。"❷功绩。《尚书·盘庚》："古我先王，将多于前功，适于山。用降我凶，德嘉～于朕邦。"（用：因，因此。降：消除。德：通"得"。）《诗经·大雅·文王有声》："丰水东注，维禹之～。"《左传·昭公十五年》："夫有勋而不废，有～而载。"❸继承，继续。《左传·昭公元年》："子盍亦远～禹功而大庇民乎？"（盍：何不。）❹成。《尚书·尧典》："帝曰：'格汝舜，询事考言，乃言厎可～，三载，汝陟帝位。'"（格：通"狢"。至，来。乃：你的。厎：使。陟：登。）《史记·夏本纪》："禹曰：'女言致可～行。'"

【绩文】 jìwén 写文章。韩愈《蓝田县丞厅壁记》："博陵崔斯立，种学～～，以蓄其有，泓涵演迤，日大以肆。"

【绩用】 jìyòng 功绩的效用。《尚书·尧典》："帝曰：'往，钦哉！'九载，～～弗成。"（钦：敬，谨慎。）

蓟 1. jì ❶树名。《山海经·中山经》："［敏山］上有木焉，其状如荆，白华而赤实，名曰～柏。"

2. jiè ❷通"芥"。《史记·屈原贾生列传》："细故蒂～兮，何足以疑？"（蒂蓟：蒂芥。）

蔇 jì ❶草多的样子。《说文·艸部》："～，草多皃。"❷至，到。《左传·隐公六年》："善郑以劝来者，犹惧不～，况不礼焉。"❸古地名。在今山东省苍山县西北。《左传·庄公九年》："公及齐大夫盟于～，齐无君也。"

臮 jì 同"暨"。❶至，到。《管子·宙合》："宙合之意，上通于天之上，下～于地之下。"❷连词。与，及。《史记·夏本纪》："淮夷蠙珠～鱼。"

猣 jì 壮勇的样子。左思《吴都赋》："猿臂骿胁，狂趭犷～。"（趭：奔跑。）

塈(墍) jì ❶用泥涂饰墙壁。《尚书·梓材》："若作室家，既勤垣墉，惟其涂～茨。”（作：造。墉：墙。茨：盖上茅草。）《后汉书·西域传》：“［大秦国］以石为城郭，列置邮亭，皆垩～之。”❷取。《诗经·召南·摽有梅》：“摽有梅，顷筐～之。”❸休息。《诗经·大雅·假乐》：“不解于位，民之攸～。”

蓟（薊） jì ❶多年生草本植物名。有大小两种。沈括《梦溪笔谈·杂志二》：“子使虏至古契丹界，大～茇如车盖。”（茇：草根。）❷古地名。在今北京西南。郦道元《水经注·㶟水》：“～县，今城内西北隅有蓟邱，因邱以名邑也。”

裂 jì 折断。《管子·大匡》：“明年，朝之争禄相刺，～领而刎颈者不绝。”

霁（霽） jì ❶雨止。《尚书·洪范》：“择建立卜筮人，乃命卜筮。曰雨，曰～，曰蒙，曰驿。”《韩非子·外储说左上》：“雨～日出。”《史记·龟策列传》：“淫雨不～，水不可治。”㊀风雪停止，云雾消散。《论衡·感虚》：“于是风～波罢。”《淮南子·本经训》：“氛雾霜雪不～，而万物燋夭。”㊁怒气消散。《新唐书·裴度传》：“帝色～，乃释寰。”❷明朗。黄庭坚《濂溪诗序》：“春陵周茂叔人品甚高，胸中洒落，如光风～月。”

【霁氛】 jìfēn 晴朗的天气。孙逖《宴越府陈法曹西亭》诗：“水木涵澄景，簾栊引～～。”

【霁后】 jìhòu 雨后。储光羲《狱中贻姚张薛李郑柳诸公》诗：“雁声远天末，凉气生～～。”

【霁威】 jìwēi 息怒。《新唐书·魏徵传》：“徵状貌不逾中人，有志胆，每犯颜进谏，虽逢帝甚怒，神色不徙，而天子亦为～～。”（中人：一般人。）

【霁月光风】 jìyuèguāngfēng 月明风清。比喻胸怀坦率磊落。陈亮《谢罗尚书启》：“～～～～，终然洒落。”也作“光风霁月”。《宋史·周敦颐传》：“胸怀洒落，如～～～～，青云白石。”

跽（䠊） jì 长跪。两膝着地，上身挺直。《战国策·秦策三》：“秦王～曰：‘先生是何言也！夫秦国僻远，寡人愚不肖，先生乃幸至此，此天以寡人慁先生，而存先王之庙也。’”《庄子·人间世》：“擎～曲拳，人臣之礼也。”（擎：执。指执笏板。曲：曲身鞠躬。拳：拱手。）《史记·孟尝君列传》：“秦王～而问之曰：‘何以使秦无为雌而可？’”

穊 jì 稠密。《史记·齐悼惠王世家》：“深耕～种，立苗欲疏，非其种者，锄而去之。”

暨 jì ❶至，到。《国语·周语中》：“若七德离叛，民乃携贰，各以利退，上求不～，是其外利也。”《庄子·列御寇》：“列子提屦，跣而走，～乎门。”❷连词。与，及。《尚书·尧典》：“帝曰：‘咨！汝羲～和。朞三百有六旬有六日，以闰月定四时成岁。’”❸姓。

【暨暨】 jìjì 果断刚毅的样子。《礼记·玉藻》：“戎容～～，言容詻詻。”韩愈《魏博节度观察使沂国公先庙碑铭》：“～～田侯，两有文武。讫其外庸，可作承辅。”（承：或作“丞”。）苏洵《张益州画像记》：“西人聚观，于巷于涂。谓公～～，公来于于。”

稷 1. jì ❶谷子。一说是没有黏性的黍子。《尚书·酒诰》：“妹土嗣尔股肱，纯其艺黍～，奔走事厥考厥长。”（纯：专。艺：种植。）《诗经·王风·黍离》：“彼黍离离，彼～之苗。”《吕氏春秋·用民》：“夫种麦而得麦，种～而得～。”❷谷神。《左传·昭公二十九年》：“周弃亦为～，自商以来祀之。”《礼记·祭法》：“是故厉山氏之有天下也，其子曰农，能殖百谷，夏之衰也，周弃继之，故祀以为～。”❸管理农业的官员。《左传·昭公二十九年》：“～，田正也。”❹（jí）通“即”。迅速。《诗经·小雅·楚茨》：“既齐既～，既匡既敕。”❺姓。

2. zè ❻通“昃”。日偏西。《穀梁传·定公十五年》：“戊午，日下～，乃克葬。”

【稷祠】 jìcí 稷神。《汉书·郊祀志》：“杜能殖百谷，死为～～。”（杜：人名，即厉山氏之子。）

【稷狐】 jìhú 栖身在稷庙中的狐狸。喻仗势作恶的人。刘向《说苑·善说》：“且夫狐者，人之所攻也；鼠者，人之所燻也。臣未尝见～～见攻，社鼠见燻也。何则？所托者然也。”

【稷下】 jìxià 古地名。见“稷下先生”。

【稷蜂社鼠】 jìfēngshèshǔ 栖身在稷庙、社庙中的蜂鼠。喻仗势作恶的人。《韩诗外传》卷八：“稷蜂不攻，而社鼠不熏，非以～～～～之神，其所托者善也，故圣人求贤者以辅。”（熏：通“燻”。）

【稷下先生】 jìxiàxiānshēng 战国时齐国首都临淄有稷门。齐宣王喜欢文学游说之士，因此在稷门设馆，让他们讲学、议论。因当时学者多云集于此，所以称“稷下先生”。《史记·孟子荀卿列传》：“自驺衍与齐之～～～～，如淳于髡、慎到、环渊、接子、田骈、驺奭之徒，各著书言治乱之事，以干世主，岂可胜道哉？”

髻（紒） 1. jì ❶发髻。盘在头顶或脑后的各种形状的头发。《后汉书·梁鸿传》："鸿妻孟光，椎～，着布衣。"(椎髻：梳成椎状的发髻。)苏轼《凌虚台记》："方其未筑也，太守陈公，杖履逍遥于其下，见山之出于林木之上者，纍纍如人之旅行于墙外而见其～也。"❷束发，挽发成髻。柳宗元《酬韶州裴曹长二十韵》："海俗衣犹卉，山夷～不鬟。"

2. jié ❸灶神。《庄子·达生》："沈有履，灶有～。"(沈：汙水积聚的地方。履：鬼名。)

冀 jì ❶希望。《战国策·韩策二》："韩大夫见王老，～太子之用事也，固欲事之。"《楚辞·九章·哀郢》："曼余目以流观兮，～壹反之何时？"㉦企图，需求。《楚辞·九辩》："心摇悦而日幸兮，然怊怅而无～。"李密《陈情表》："岂敢盘桓，有所希～。"❷古代九州之一。见"冀州"。❸周代诸侯国名。《左传·僖公二年》："～为不道，入自颠軨，代郹三门。"❹(yì)通"翼"。恭敬。《荀子·修身》："行而供～，非渍淖也；行而俯项，非击戾也；偶视而先俯，非恐惧也。"(击戾：有所抵触。偶视：对面相视。)❺姓。

【冀阙】 jìquè 古代宫廷门外左右相对的两座高建筑物，是公布法令的地方。《史记·秦本纪》："十二年，作为咸阳，筑～～，秦徙都之。"

【冀望】 jìwàng 期望。《论衡·命义》："遭命者，行善而得恶，非所～～，逢遭于外，而得凶祸，故曰遭命。"

【冀幸】 jìxìng 希望侥幸。《管子·君臣下》："上无淫侵之论，则下无～～之心矣。"《吕氏春秋·介立》："不辨其义，～～以得活。"

【冀志】 jìzhì 需求的心意。《新书·服疑》："权力绝尤，则臣无～～。"

【冀州】 jìzhōu 古代九州之一。包括今山西全省、河北西北部、河南北部以及辽宁西部一带。《尚书·禹贡》："～～既载。"

猘(猘) jì 狂犬。《后汉书·马融传》："暴斥虎，搏狂兕，狱～熊，法封豨。"(封豨：大野猪。)

穄 jì 没有黏性的黍子。俗叫糜子。《吕氏春秋·本味》："饭之美者，玄山之禾；不周之粟，阳山之～，南海之秬。"(秬：黑黍。)

罽 jì 一种毛织品。《后汉书·西域传》："广德乞降，以其太子为质，约岁给～絮。"

【罽宾】 jìbīn 汉代西域国名。《汉书·西域传》："有银铜铁，作兵与诸国同，属～～。"

【罽帐】 jìzhàng 用毛织品做的帐幕。《后汉书·杜笃传》："烧～～，系阏氏。"

懻 jì 刚直。《汉书·地理志下》："钟、代、石、北，迫近胡寇，民俗～忮，好气为奸，不事农商。"(忮：强悍。)

骥(驥) jì ❶千里马。《荀子·修身》："夫～一日而千里，驽马十驾则亦及之矣。"王安石《材论》："驽～杂处，其所以饮水食刍，嘶鸣蹄啮，求其所以异者盖寡。"㉦泛指马。《史记·鲁仲连邹阳列传》："今人主沈于谄谀之辞，牵于帷裳之制，使不羁之士与牛～同皁，此鲍焦所以忿于世而不留富贵之乐也。"❷比喻贤才。《后汉书·郅恽传》："君不授～以重任，～亦俛首裹足而不去耳。"(俛：同"俯"。)

【骥尾】 jìwěi 骏马尾。比喻凭借他人、他物而成名、成功。王褒《四子讲德论》："附～～则涉千里，攀鸿翮则翔四海。"陆倕《赠任昉感知己赋》："附苍蝇于～～，托明镜于朝光。"

【骥子】 jìzǐ ❶良马。杜甫《天育骠骑歌》："遂令大奴守天育，别养～～怜神骏。"❷比喻贤才。《北史·裴延儁传》："延儁从父兄宣明位华州刺史，二子景鸾、景鸿并有逸才，河东呼景鸾为～～，景鸿为龙文。"

【骥足】 jìzú 骏马足。比喻杰出的才能、才干。《三国志·蜀书·庞统传》："吴将鲁肃遗先生书曰：'庞士元非百里才也，使处治中、别驾之任，始当展其～～耳。'"

蘮 jì 见"蘮蒘"。

【蘮蒘】 jìrú 草名。《尔雅·释草》："蘮蒘，窃衣。"《注》："似芹可食，子大如麦，两两相合，有毛著人衣。"疏："俗名鬼麦者也。"《楚辞·九思·悯上》："～～兮青葱，槁本兮萎落。"

躤(躤) jì 践踏。《史记·司马相如列传》："徒车之所轔轹，乘骑之所蹂若，人民之所蹈～，与其穷极倦谻，惊惮慴伏，不被创刃而死者，佗佗籍籍，填阬满谷，掩平弥泽。"(人民：一本作"人臣"。)

jia

加 jiā ❶把一物放在另一物的上面。《韩非子·十过》："负羁曰：'诺。'盛黄金于壶，充之以餐，～璧其上，夜令人遗公子。"㉦衣物加在身上。《穀梁传·僖公八年》："朝服虽敝，必～于上，弁冕虽旧，必～于首。"《左传·昭公八年》："既又请私，私于幄，～绖于颡而逃。"(私：小便。绖：古代丧服中的麻带子，系在头上或腰间。)❷担任。《孟子·公孙丑上》："夫子～齐之卿相，得行道焉,虽由此霸王,不异矣。”❸射。《诗经·郑风·女曰鸡鸣》:“弋言～之,与子宜之。”❹攻打。《老子·六十九章》:“故抗兵相～,则哀者胜矣。”(抗:举。)❺凌驾。《管子·五辅》:“小不～大,淫不破义。”❻治罪。《吕氏春秋·忠廉》:“明旦～要离罪焉,挚执妻子,焚之而扬其灰。”❼施加。《史记·律书》:“今陛下仁惠抚百姓,恩泽～海内。”王安石《上仁宗皇帝言事书》:“朝廷每一令下,其意虽善,在位者犹不能推行,使膏泽～于民。”❽增加。《公羊传·昭公十九年》:“乐正子春之视疾也,复～一饭则脱然愈。”㊀有益于。《老子·六十二章》:“美言可以市尊,美行可以～人。”❾外带,外加。《左传·成公二年》:“韩厥执絷马前,再拜稽首,奉觞～璧以进。”(进:献。)❿加重。《庄子·庚桑楚》:“若趎之闻大道,譬犹饮药以～病也。”(趎:南荣趎,庚桑楚的学生。)⓫超过。《左传·庄公十年》:“牺牲玉帛,弗敢～也,必以信。”《礼记·檀弓上》:“献子～于人一等矣。”⓬多。《礼记·少仪》:“其禽～于一双,则执一双以将命,委其馀。”⓭副词。更。《国语·齐语》:“执枹鼓立于军门,使百姓皆～勇焉,弗若也。”《孟子·梁惠王上》:“察邻国之政,无如寡人之用心者。邻国之民不～少,寡人之民不～多,何也?”⓮连词。加以。《后汉书·陈蕃传》:“田野空,朝廷空,仓库空,是谓三空。～兵戎未戢,四方离散。”(戢:息止。)⓯通“嘉”。嘉赏。李陵《答苏武书》:“闻子之归,赐不过二百万,位不过典属国,无尺土之封～子之勤,而妨功害能之臣尽为万户侯。”

【加官】 jiāguān ❶在原有的官职之外,又兼任其他官职。《汉书·百官公卿表上》:“侍中、左右曹、诸吏、散骑、中常侍皆～～。”❷官职升迁。《金史·章宗元妃李氏传》:“[凤皇]向里飞,则～～进禄。”

【加冠】 jiāguān ❶古代男子年二十举行加冠仪式,表示成年。刘向《说苑·修文》:“君子始冠,必祝成礼,～～以厉其心。”❷指成年。宋濂《送东阳马生序》:“既～～,益慕圣贤之道。”

【加日】 jiārì 累日,日复一日。《荀子·性恶》:“今使涂之人伏术为学,专心一志,思索孰察,～～悬久,积善而不息,则通于神明,参于天地矣。”(伏术:从事道术。)

【加手】 jiāshǒu 着手,动手。《庄子·达生》:“其巧专而外骨消,然后入山林,观天性形躯,至矣,然后成见𫓸,然后～～焉,不然则已。”(骨:滑,乱。𫓸:通“虡”。一种悬挂钟磬等乐器的木架子。)

【加席】 jiāxí 在坐席上再加一层席。加席表示尊敬。《仪礼·燕礼》:“小臣设公席于阼阶上,西乡,设～～。”

【加意】 jiāyì 注意,留意。《后汉书·隗嚣传》:“嚣宾客掾史多文学生,每所上事,当世士大夫皆讽诵之,故帝有所辞答,尤～～焉。”《聊斋志异·胡四娘》:“故三娘每归宁,辄～～相懽。”

【加志】 jiāzhì 注意,留意。贾谊《新书·修政语上》:“帝尧曰:‘吾存心于先古,～～于穷民。’”

夹(夾) 1. jiā ❶从两个方向同时用力把某物夹住,使之固定不动。柳宗元《乞巧文》:“胶如钳～,誓死无迁。”㊀夹物的工具。《周礼·夏官·射鸟氏》:“射则取矢。矢在侯高,则以并～取之。”㊁夹辅。《尚书·多方》:“尔曷不～介乂我周王,享天之命?”(介:助。乂:安。)❷从两个相对的方向同时行动。《左传·定公八年》:“阳虎前驱,林楚御桓子,虞人以铍、盾～之,阳越殿。”(铍:长刃兵。)《战国策·楚策四》:“园死士～刺春申君,斩其头,投之棘门外。”(园:人名,李园。)❸处于某物的两旁。《诗经·大雅·公刘》:“～其皇涧,溯其过涧。”《荀子·正论》:“庶士介而～道,庶人隐窜莫敢视望。”(介:穿着铠甲。)《史记·伍子胥列传》:“阖庐听之,悉兴师与唐、蔡伐楚,与楚～汉水而陈。”(陈:通“阵”。摆开阵势。)❹夹室。《尚书·顾命》:“西～南向,敷重笱席,玄纷纯,漆仍几。”❺江河港汊可泊船的地方。陆游《长歌行》:“朝浮杜若洲,暮宿芦花～。”❻量词。《宋史·天竺国传》:“贝叶梵书一～。”

2. jiá ❼通“铗”。剑柄。《庄子·说剑》:“诸侯之剑,以知勇士为锋,以清廉士为锷,以贤良士为脊,以忠圣士为镡,以豪杰士为～。”(镡:剑环。)❽双层。陆游《示客》诗:“晖晖晚日收新稻,漠漠新寒试～衣。”❾姓。

3. xiá ❿通“狭”。狭窄。《后汉书·东夷传》:“东沃沮……其地东西～,南北长。”

【夹拜】 jiābài 古代女子回拜男子的一种礼节。周煇《清波杂志》卷二:“男子施敬于妇女,男一拜,妇答两拜,名曰～～。”

【夹辅】 jiāfǔ 辅佐。《左传·僖公二十六年》:“昔周公、大公股肱周室,～～成王。”《史记·齐太公世家》:“管仲对曰:‘昔召康公命我先君太公曰:五侯九伯,若实征之,以～～周室。’”

【夹绕】 jiārǎo 从两边缠绕。《吕氏春秋·知分》:“还反涉江,至于中流,有两蛟～～其船。”

【夹室】　jiāshì　古代宫室中央的前部分是堂，堂后是室。堂的东西两面墙叫序。序外就是夹室。《礼记·杂记下》："成庙则衅之……门、～～皆用鸡。"

【夹注】　jiāzhù　❶河流汇集。《水经注·渭水》："渭水自落门东至黑山峡，左右六水～～。"❷古书夹在文句之间的注解。杜荀鹤《题王处士书斋》诗："欺春只爱和醅酒，讳老犹看～～书。"

【夹钟】　jiāzhōng　古代十二乐律之一。《周礼·春官·大司乐》："乃奏无射，歌～～，舞大武，以享先祖。"《吕氏春秋·音律》："蕤宾生大吕，大吕生夷则，夷则生～～。"

【夹助】　jiāzhù　扶助。《汉书·律历志上》："夹钟，言阴～～太族宣四方之气而出种物也。"

佳　jiā　好，美好。《论衡·逢遇》："无细简之才，微薄之能，偶以形～骨娴，皮媚色称。"陶渊明《饮酒》诗之七："秋菊有～色，裛露掇其英。"（裛露：濡露。）

【佳城】　jiāchéng　墓地，墓穴。卢藏用《祭陈伯玉文》："叹～～兮不返，辞玉阶而长别。"苏轼《孔长源挽词》："～～一闭无穷事，南望题诗泪洒笺。"

【佳霁】　jiājì　雨过初晴的好天气。元季川《泉上雨后作》诗："风雨荡繁暑，雷息～～初。"

【佳口】　jiākǒu　美丽的女婢。《周书·尉迟纲传》："太祖喜曰：'事平之日，当赏汝～～。'及克蜀，赐纲侍婢二人。"

【佳丽】　jiālì　❶美好。《楚辞·九章·抽思》："倡曰：'有鸟自南兮，来集汉北。好姱～～兮，牉独处此异域。'"（倡：通"唱"。鸟：屈原自喻。牉：分离。）周邦彦《西河·金陵怀古》词："～～地，南朝盛事谁记？"❷美女。白居易《长恨歌》："后宫～～三千人，三千宠爱在一身。"

【佳期】　jiāqī　❶婚期。赵嘏《昔昔盐》诗之十二："何年征戍客，传语报～～。"❷泛指美好的时节。陆龟蒙《中秋待月》诗："转缺霜轮上转迟，好风偏似送～～。"

【佳器】　jiāqì　比喻有出息、有才能的人。《晋书·韦忠传》："忠丧父，裴秀吊之，出而告人曰：'此子长大，必为～～。'"

【佳人】　jiārén　❶美好的人；君子。汉武帝《秋风辞》："兰有秀兮菊有芳，怀～～兮不能忘。"宋之问《下山歌》："携～～兮步迟迟。"❷美女。《古诗十九首》之十二："燕赵多～～，美者颜如玉。"曹植《洛神赋》："嗟～～之信修，羌习礼而明诗。"❸有才干的人。《三国志·魏书·曹爽传》注引《魏氏春秋》："曹子丹～～，生汝兄弟，犊耳。"

【佳设】　jiāshè　美食。《晋书·羊曼传》："代阮孚为丹杨尹，时朝士过江，初拜官，相饰供馔。曼拜丹杨，客来早者得～～。"

【佳胜】　jiāshèng　名望显赫的人。《晋书·会稽王道子传》："今之贵要腹心，有时流清望者谁乎？岂可云无～～？直是不能信之耳。"

【佳什】　jiāshí　称赞别人好的诗作。许浑《酬钱汝州》诗序："汝州钱中丞以浑越郢城，见寄～～。"皇甫枚《三水小牍》："其夕梦飞烟谢曰：'……捧君～～，愧仰无已。'"也作"嘉什"。欧阳修《谢石秀才启》："累日前伏承，惠然见过，仍以～～一简宠示。"

【佳侠】　jiāxiá　美女。《汉书·孝武李夫人传》："～～函光，陨朱荣兮。"

【佳冶】　jiāyě　❶美丽妖冶。《史记·李斯列传》："而随俗雅化，～～窈窕赵女不立于侧也。"❷美人。《楚辞·九章·惜往日》："妒～～之芬芳兮，嫫母姣而自好。"（嫫母：传说中的古代丑妇。）

【佳致】　jiāzhì　美好的情趣。《南史·陆云公传》："读沈约集，见《回文研铭》，援笔拟之，便有～～。"吕本中《兵乱后杂诗》之三："客来缺～～，亲为摘山蔬。"

侠　jiā　见 xiá。

迦　1. jiā　❶见"迦沙"、"迦文"。
2. xiè　❷通"邂"。见"迦逅"。

【迦沙】　jiāshā　见"袈裟"。

【迦文】　jiāwén　释迦牟尼，也称释迦文佛，简称"迦文"。王融《法门颂启》："伏以～～启圣，道冠百灵，常住置言，理高万乘。"

【迦逅】　xièhòu　见"邂逅"。

浃（浹）　1. jiā　❶沾湿，湿透。《后汉书·献帝伏皇后纪》："操出，顾左右，汗流～背。"❷通，彻。《史记·司马相如列传》："故休烈显乎无穷，声称～乎于兹。"《淮南子·原道训》："不浸于肌肤，不～于骨髓。"❸周遍。《荀子·君道》："古者先王审礼以方皇周～于天下，动无不当也。"（方皇：广大。）❹融洽。《史记·十二诸侯年表》："王道备，人事～。"陈长源《上宰相书》："使政归常典，理革前弊，和气～于下，清风穆于上，自然宰辅之事行，弼谐之义畅。"

2. xiá　❺见"浃渫"。

【浃辰】　jiāchén　十二日。《左传·成公九年》："莒恃其陋，而不修城郭，～～之间，而楚克其三都，无备也夫！"《后汉书·五行志六》："其月～～，宫车晏驾。"《三国志·吴书·三嗣主传》:"军未～～而社稷夷矣。"

【浃赪】 jiāchēng 深红色。《吕氏春秋·遇合》:"陈有恶人焉,曰敦洽雠麋,椎颡广颜,色如～～,垂眼临鼻,长肘而盭。"(盭:乖戾。)

【浃和】 jiāhé 协和。韩愈《新修滕王阁记》:"其岁九月,人吏～～。公与监军使燕于此阁,文武宾士皆与在席。"

【浃浃】 jiājiā 沾湿的样子。杜甫《大云寺赞公房》诗之四:"～～泥污人,听听国多狗。"(听:同"狺"。听听,狗叫声。)

【浃洽】 jiāqià ❶遍及。《汉书·礼乐志》:"于是教化～～,民用和睦,灾害不生,祸乱不作。"❷和洽。权德舆《宣州响山新亭新营记》:"然则不出楹阶俎豆之间,而威惠交修,上下～～,在此物也。"❸融会贯通。尹洙《故金紫光禄大夫……张公墓志铭》:"阴阳象纬之书,蕞词卒说,错见互出,世所难晓者,公钩渊发源,贯穿条理,无不～～。"

【浃日】 jiārì 十日。古代干支相配以纪日。从甲日到癸日轮完一周即十天。《国语·越语下》:"～～而令大夫朝之。"《后汉书·段颎传》:"曾未～～,凶丑奔破。"

【浃岁】 jiāsuì 一年。陆游《东屯高斋记》:"少陵家东屯不～～,而君数世居之。"

【浃旬】 jiāxún 十天。《宋书·武帝纪论》:"高祖地非桓文,众无一旅,曾不～～,夷凶翦暴,祀晋配天,不失旧物。"

【浃月】 jiāyuè 两月。方苞《己亥四月示道希兄弟》:"齐衰期者,大功布衰九月者,皆三月不御于内。用此推之,正服大功,以～～为期;小功缌麻,终月可也。"

【浃宙】 jiāzhòu 满天。谢庄《宋孝武帝哀策文》:"～～斯澄,绵区咸镜。"

【浃渫】 xiádié 水波连续的样子。郭璞《江赋》:"长波～～,峻湍崔嵬。"

珈 jiā 古代妇女首饰。《诗经·鄘风·君子偕老》:"君子偕老,副笄六～。"

枷 1. jiā ❶连枷,打谷脱粒的一种农具。范成大《四时田园杂兴》之四十四:"笑歌声里轻雷动,一夜连～响到明。"❷古代架在犯人脖子上的一种木制刑具。《北史·宋游道传》:"狱吏欲为脱～。"㊁用枷枷住。王谠《唐语林·政事下》:"有军士犯禁,杖而～之。"

2. jià ❸通"架"。衣架。《礼记·曲礼上》:"男女不杂坐,不同椸～,不同巾栉。"

【枷号】 jiāhào 带枷示众。俞汝楫《礼部志略·科场禁例》:"[洪武]七年奏准生儒点名进场时,严行搜检,入舍后详加伺察,如有犯者,照例于举场前～～一月,满日问罪革为民。"

挟 jiā 见 xié。

痂 jiā 伤口或疮口在愈合时所结成的硬皮。《南史·刘穆之传》:"穆之孙邕性嗜食疮～,以为味似鳆鱼。"

家 1. jiā ❶房屋,住所。《诗经·大雅·緜》:"陶复陶穴,未有家室。"(复:窨,地室。穴:土室。)❷家庭。《荀子·儒效》:"四海之内若一～,通达之属莫不从服,夫是之谓人师。"(人师:人君。)《后汉书·卓茂传》:"后王莽秉权,休去官归～。"㊀居住。《史记·郦生陆贾列传》:"平原君为人辩有口,刻廉刚直,～于长安。"韩愈《柳子厚墓志铭》:"自子厚之斥,[卢]遵从而～焉,逮其死不去。"㊁家族。《汉书·元帝纪》:"汉～自有制度,本以霸王道杂之。"❸结婚成家。《楚辞·离骚》:"及少康之未～兮,留有虞之二姚。"(二姚:有虞国君的两个女儿。)㊀丈夫或妻子。《国语·齐语》:"政既成,乡不越长,朝不越爵,罢士无伍,罢女无～。"(家:丈夫。)《楚辞·离骚》:"固乱流其鲜终兮,[寒]浞又贪夫厥～。"(厥家:指羿的妻子。)㊁归依。《三国志·魏书·钟会传》注引何劭《王弼传》:"弼与钟会善,会论议以校练为～,然每服弼之高致。"❹家财,家产。《庄子·列御寇》:"朱泙漫学屠龙于支离益,单千金之～,三年技成而无所用其巧。"(单:通"殚"。尽。)《韩非子·显学》:"儒者破～而葬,服丧三年。"㊀家众,家奴。《左传·襄公二十七年》:"弗克,使国人助之,遂灭崔氏,杀成与彊,而尽俘其～,其妻缢。"❺认为……是自己的家。《汉书·盖宽饶传》:"五帝官天下,三王～天下。"《论衡·书虚》:"舜南治水,死于苍梧;禹东治水,死于会稽。圣贤～天下,故因葬焉。"❻谦称自己的亲属。《颜氏家训·风操》:"陈思王称其父曰～父,母曰～母。"❼家中饲养的。《梁书·何胤传》:"又有异鸟如鹤,红色,集讲堂,驯狎如～禽焉。"❽古代卿大夫的统治区域。《论语·季氏》:"丘也闻有国有～者,不患寡而患不均,不患贫而患不安。"《孟子·离娄上》:"天下之本在国,国之本在～,～之本在身。"❾朝廷,官府。《吕氏春秋·贵卒》:"既而国杀无知,未有君,公子纠与公子小白皆归,俱至,争先入公～。"❿学术流派。《荀子·儒效》:"百～之说,不及后王,则不听也。"《汉书·艺文志》:"诸子十～,其可观者九～而已。"⓫从事某种工作或具有某种专业特长的人。《汉书·杨恽传》:"田～作苦,岁时伏腊,烹羊炰羔,斗酒自劳。"(自劳:自慰。)沈括《梦溪笔谈·象数一》:"天文～有浑仪。"⑪指具有某种特性的人。《后汉书·臧宫传》:"常胜之～,难与虑敌。"⑫词尾。加在人称代词或某些名词的后面。赵长卿《汉宫春》词:"讲柳谈花,我从来口快,欢说他～。"(他家:他。指代"讲柳谈花"。)辛弃疾《南乡子》词:"好个主人～,不问因由便去嗏。"(主人家:主人。)⑬助词。略同于"种""样""般"诸义。陈师道《黄梅》诗:"不施千点白,别作一～春。"(一家:一种。)杨万里《秋雨叹》:"蕉叶半黄荷叶碧,两～秋雨一～声。"(两家:两种。)⑭姓。

2. jie ⑮助词。相当于"地"。《西游记》三十一回:"公主闻此正言,半晌～耳红面赤。"

3. gū ⑯通"姑"。见"大家"。

【家臣】 jiāchén 卿大夫的臣属。《左传·襄公二十九年》:"公臣不足,取于～～。"《荀子·大略》:"大夫之臣拜不稽首,非尊～～也,所以辟君也。"(辟君:避免和国君同等。)

【家次】 jiācì 家族爵秩的班次,等级。《史记·商君列传》:"明尊卑爵秩等级,各以差次名田宅、臣妾、衣服以～～。"

【家道】 jiādào ❶家庭成员共同遵守的道德规范。《周易·家人》:"父父,子子,兄兄,弟弟,夫夫,妇妇,而～～正。"❷家产,家私。皮日休《花翁》诗:"不知～～能多少,只在句芒一夜风。"

【家牒】 jiādié 家族世系的谱牒。也作"家谍"。宇文逌《庾信集序》:"国史～～,世莫详焉。"

【家督】 jiādū 长子。《史记·越王句践世家》:"长男曰:'家有长子曰～～。今弟有罪,大人不遣,乃遣少弟,是吾不肖。'"

【家公】 jiāgōng ❶称自己的父亲。《晋书·山简传》:"简叹曰:'吾年几三十,而不为～～所知。'"❷称自己的祖父或外祖父。《颜氏家训·风操》:"昔侯霸之子孙,称其祖父曰～～。"又:"河北士人皆呼外祖父母为～～家母。"❸称别人的父亲。《孔丛子·执节》:"申叔问子顺曰:'子之～～,有道先生,既论之矣。今子易之,是非焉在?'"

【家家】 jiājiā ❶每一家。曹植《与杨德祖书》:"当此之时,人人自谓握灵蛇之珠,～～自谓抱荆山之玉。"❷南北朝时北方称嫡母为家家。《北齐书·南阳王绰传》:"绰兄弟皆呼父为兄兄,嫡母为～～,乳母为姊姊。"

【家口】 jiākǒu ❶家人的口粮。《列子·黄帝》:"宋有狙公者,爱狙;养之成群,能解狙之意,狙亦得公之心。损其～～,充狙之欲。"(狙:猕猴。)❷家中人口。《南史·张敬儿传》:"乃迎～～悉下至都。"

【家老】 jiālǎo ❶大夫家臣中的长者。《国语·晋语八》:"叔向闻之,见宣子曰:'闻子与和未宁,遍问于大夫,又无决,盍访之訾祏。訾祏实直而博,直能端辨之,博能上下比之,且吾子之～～也。'"(訾祏:宣子家臣。端:正。)❷家中的长老。《淮南子·览冥训》:"～～羸弱,悽怆于内。"李贺《春归昌谷诗》:"少健无所就,入门愧～～。"

【家烈】 jiāliè 祖先的功业。韩愈《河南府同官记》:"我公愿洁而沈密,开亮而卓伟,行茂于宗,事修于官,嗣绍～～,不违其先。"(嗣绍:继承。先:祖先。)

【家庙】 jiāmiào 祖庙,祭祀祖先的活动场所。《南史·张绪传》:"绪吐纳风流,见者肃然,如在～～。"

【家仆】 jiāpú 卿大夫的家臣。《礼记·礼运》:"故仕于公曰臣,仕于家曰仆。三年之丧与新有昏者,期不使以衰裳入朝,与～～杂居齐齿,非礼也。"

【家人】 jiārén ❶一家之人。《诗经·周南·桃夭》:"之子于归,宜其～～。"(归:出嫁。)《史记·齐悼惠王世家》:"孝惠帝二年,齐王入朝。惠帝与齐王燕饮,亢礼如～～。"❷庶民,百姓。《左传·哀公四年》:"公孙翩逐而射之,入于～～而卒。"《汉书·郊祀志下》:"～～尚不欲绝种祠,况于国之神宝旧畤!"❸奴仆。《汉书·辕固传》:"窦太后好老子书,召问固。固曰:'此～～言耳。'"❹《周易》卦名。

【家生】 jiāshēng ❶一家的生计。《史记·扁鹊仓公列传》:"文王病时,臣意家贫,欲为人治病,诚恐吏以除拘臣意也,故移名数,左右不修～～,出行游国中,问善为方数者,事之久矣。"❷家用器具的总名。吴自牧《梦粱录·诸色杂买》:"～～动事,如桌、凳、凉床、交椅、杌子……。"❸封建社会,奴婢在主人家所生之子。《敦煌变文集·捉季布传文》:"兀发剪头披短褐,假作～～一贱人。"

【家声】 jiāshēng 家世的声誉。司马迁《报任少卿书》:"李陵既生降,隤其～～。"(隤:败坏。)姚最《续画品·袁质》:"右蒨之子,风神俊爽,不坠～～。"

【家事】 jiāshì ❶卿大夫的政事、工作。《公羊传·哀公三年》:"不以～～辞王事。"《礼记·丧服大记》:"君言王事,不言国事;大夫士言公事,不言～～。"(君:指诸侯。王:指天子。)❷自家私事。《史记·廉颇蔺相如列传》:"受命之日,不问～～。"❸器具。孟元老《东京梦华录·防火》:"下有官屋数间……及有救火～～,谓如大小桶、洒子、麻搭、斧、锯、梯子、火叉、大索、铁猫儿之类。"❹家产。李玉《人兽关·牝诋》:"守着偌大～～,尽可快活。"

【家闼】　jiātà　家门,家内。王安石《送孙叔康赴御史府》诗:"长材晦朝伦,高行隐～～。"

【家僮】　jiātóng　❶年轻的奴仆。《史记·货殖列传》:"卓王孙～～八百人。"❷婢女的总称。《汉书·卫青传》:"[郑]季与主～～卫媪通,生青。"

【家相】　jiāxiàng　卿大夫的管家。《礼记·曲礼下》:"国君不名卿老、世妇,大夫不名世臣、姪娣,士不名～～、长妾。"

【家行】　jiāxíng　家内品行,家风。《史记·万石张叔列传》:"[庆]为齐相,举齐国皆慕其～～,不言而齐国大治,为立石相祠。"《旧唐书·萧俛传》:"俛～～尤孝。母韦氏贤明有礼,理家甚严。俛虽为宰相,侍母左右,不异褐衣时。"

【家兄】　jiāxiōng　❶对人自称己兄。《晋书·谢幼度传》:"～～不改其乐。"❷指金钱。钱有"孔方兄"之称,故亦称"家兄"。鲁褒《钱神论》:"虽有中人而无～～。"

【家邑】　jiāyì　春秋时大夫的封地。《周礼·地官·载师》:"载师掌任土之法……以公邑之田任甸地,以～～之田任稍地,以小都之田任县地,以大都之田任畺地。"

【家状】　jiāzhuàng　科举时代应试者在考前填写的年龄、容貌册。《宋史·选举志》:"景德中,尝限举人于试纸前亲书～～。"

【家尊】　jiāzūn　❶称别人的父亲。《晋书·王献之传》:"谢安问曰:'君书何如君～～?'"❷对人称自己的父亲。《清平山堂话本·夔关姚卞吊诸葛》:"姚文昭乃是～～。"

【家祚】　jiāzuò　一家的福气、机运。《后汉书·马援传赞》:"明德既升,～～以兴。"(明德:马援女,明帝后。)

驾(鴐、駕、鳴)　jiā　野鹅。见"驾鹅"。

【驾鹅】　jiā'é　野鹅。《汉书·扬雄传上》:"凤皇翔于蓬陼兮,岂～～之能捷?"

哿　jiā　见gě。

枷　jiā　同"枷"。连枷。《国语·齐语》:"察其四时,权节其用,耒耜～芟。"

笳(葭)　jiā　汉代流行于塞北和西域的一种类似笛子的管乐器。李陵《答苏武书》:"胡～互动,牧马悲鸣。"张说《幽州夜饮》诗:"军中宜剑舞,塞上重～音。"

铪　jiā　见kē。

袈　jiā　见"袈裟"。

【袈裟】　jiāshā　佛教僧、尼的法衣。梵语"迦沙曳"的省称。孟郊《送淡公》诗之十一:"牵师～～别,师断～～归。"吴融《还俗尼》诗:"柳眉梅额倩妆新,笑脱～～得旧身。"

葭　1. jiā　❶初生的芦苇。《诗经·召南·驺虞》:"彼茁者～,壹发五豝。"(豝:母猪。)❷通"笳"。胡笳,一种管乐器。张衡《西京赋》:"齐栧女,纵櫂歌,发引和,校鸣～。"❸姓。

2. xiá　❹通"遐"。远。见"葭萌"。

【葭莩】　jiāfū　❶芦苇秆内的薄膜。比喻关系极其疏远淡薄。《汉书·鲍宣传》:"侍中驸马都尉董贤本无～～之亲,但以令色谀言自进。"❷亲戚的代称。温庭筠《病中书怀呈友人》诗:"浪言辉棣萼,何所托～～?"

【葭萌】　xiáméng　远方的人民。《后汉书·杜笃传》:"今天下新定,矢石之勤始瘳,而主上方以边垂为忧,忿～～之不柔。"(萌:通"氓"。民。柔:安抚,归顺。)

筴　jiā　见cè。

嘉　jiā　❶欢乐,娱乐。《左传·昭公二十一年》:"物和则～成。"钟嵘《诗品序》:"～会寄诗以亲,离群托诗以怨。"❷喜欢,亲善。《庄子·天道》:"尧曰:'吾不敖无告,不废穷民,苦死者,～孺子而哀妇人,此吾所以用心已。'"(苦:悲伤,怜悯。)❸赞美,赞赏。《论语·子张》:"君子尊贤而容众,～善而矜不能。"《史记·孝文本纪》:"然祖宗之功德著于竹帛,施于万世,永永无穷,朕甚～之。"韩愈《师说》:"余～其能行古道,作《师说》以贻之。"❹嘉奖。《左传·昭公三年》:"晋侯～焉,授之以策。"(策:策书。)[引]上对下的嘉惠。《左传·襄公四年》:"《鹿鸣》,君所以～寡君也,敢不拜～?"❺美,善。《诗经·小雅·南有嘉鱼》:"南有～鱼,烝然罩罩。"《楚辞·离骚》:"皇览揆余初度兮,肇锡余以～名。"(肇:始。锡:通"赐"。)[引]吉庆,幸福。《汉书·礼乐志》:"休～砰隐益四方。"❻嘉礼,古代朝聘之礼。《左传·襄公九年》:"元,体之长也;亨,～之会也;利,义之和也;贞,事之干也。"❼姓。

【嘉笾】　jiābiān　美好的祭品。《汉书·礼乐志》:"～～列陈,庶几宴享,灭除凶灾,[烈]腾八荒。"

【嘉遁】 jiādùn 合乎正道的退隐。《世说新语·栖逸》："孔车骑少有～～意，年四十馀，始应安东命。"也作"嘉遯"。张协《七命》："冲漠公子，含华隐曜。～～龙盘，玩世高蹈。"

【嘉惠】 jiāhuì ❶恩惠。《左传·昭公七年》："～～未至，唯襄公之辱临我丧。"《史记·屈原贾生列传》："共承～～兮，俟罪长沙。"❷施以恩惠。柳宗元《陈公行状》："天子～～群臣而引慝焉，德至厚也。"（引慝：自认错误。慝，罪过。）

【嘉量】 jiāliáng 标准的量器。《汉书·律历志上》："权重衡平，准绳～～。"

【嘉纳】 jiānà 赞许和采纳。《后汉书·朱晖传》："因上便(biàn)宜，陈密事，深见～～。"（见：被。）

【嘉尚】 jiāshàng ❶称赞。《三国志·魏书·满宠传》："知识邪正，欲避祸就顺，去暴归道，甚相～～。"❷唐代僧名，玄奘的四大门徒之一。

【嘉生】 jiāshēng 生长茂盛的谷物。《国语·周语下》："风雨时至，～～繁祉。"《抱朴子·博喻》："甘雨膏泽，～～所以繁荣也，而枯木得之以速朽。"

【嘉师】 jiāshī 善良的民众。师，众。《尚书·吕刑》："受王～～，监于兹祥刑。"

【嘉什】 jiāshí 见"佳什"。

【嘉石】 jiāshí 古代立于外朝门左侧的有纹理的美石。犯人坐在上面示众，并使其思念文理而改过自新。《周礼·地官·司救》："凡民之有衺恶者，三让而罚，三罚而士加明刑，耻诸～～，役诸司空。"（衺：同"邪"。）

【嘉事】 jiāshì 古代的朝会。《左传·定公十五年》："～～不体，何以能久？"（不体：不合于礼。）

【嘉蔬】 jiāshū ❶鲜美的蔬菜。郭璞《江赋》："播匪蓺之芒种，挺自然之～～。"❷宗庙祭祀用的稻谷。《礼记·曲礼下》："凡祭宗庙之礼，稷曰明粢，稻曰～～。"

【嘉澍】 jiāshù 及时雨。《后汉书·明帝纪》："长吏各絜斋祷请，冀蒙～～。"

【嘉吟】 jiāyín 美好的诗歌。司马相如《报文君书》："锦水有鸳，汉宫有木，诵子～～。"

【嘉与】 jiāyǔ 奖励优待。《汉书·武帝纪》："朕夙兴夜寐，～～宇内之士，臻于斯路。"

【嘉祉】 jiāzhǐ 善福。祉，福。《国语·周语下》："皇天嘉之，祚以天下，赐姓曰姒，氏曰有夏，谓其能以～～殷富生物也。"（殷：盛。）

豭(猳) jiā 公猪。《左传·隐公十一年》："郑伯使卒出～，行出犬鸡，以诅射颍考叔者。"（卒：百人。行：二十五人。）

【豭豚】 jiātún ❶公猪。《礼记·杂记下》："凡宗庙之器，其名者，成则衅之以～～。"❷用公猪皮做的装饰品。《史记·仲尼弟子列传》："子路性鄙，好勇力，志伉直，冠雄鸡，佩～～，陵暴孔子。"

【豭猪】 jiāzhū 公猪。《旧唐书·职官志三》："凡亲征及大田巡守，以羝羊、～～、雄鸡衅鼓。"

圿 jiá 污垢。韩愈等《征蜀联句》："蹋翻聚林岭，斗起成埃～。"

扴 jiá 揩。韩愈等《征蜀联句》："公欢钟晨撞，室宴丝晓～。"（丝：琴瑟。）

荚(莢) jiá ❶豆类植物的果实。梅尧臣《田家》诗："南山尝种豆，碎～落风雨。"❷姓。

【荚钱】 jiáqián 汉初钱名，形如榆荚。《史记·平准书》："至孝文时，～～益多，轻，乃更铸四铢钱，其文曰'半两'，令民纵得自铸钱。"《汉书·食货志下》："汉兴，以为秦钱重难用，更令民铸～～。"

拮 jiá 见jié。

恝(忿) jiá 不经心，不在意。《孟子·万章上》："夫公明高以孝子之心为不若是～，我竭力耕田，共为子职而已矣，父母之不我爱，于我何哉？"（共：供。）

袷 jiá 同"袷"。夹衣。苏轼《初秋寄子由》诗："子起寻～衣，感叹执我手。"

袷 1. jiá ❶夹衣。《史记·匈奴列传》："服绣～绮衣、绣～长襦、锦～袍各一。"

2. jié ❷古代朝服、祭服的交领。《礼记·深衣》："袂圜以应规，曲～如矩以应方。"（圜：同"圆"。）

戛(戞) 1. jiá ❶长矛。张衡《东京赋》："立戈迤～，农舆辂木。"（迤：斜，斜倚。）❷敲击。《尚书·皋陶谟》："夔曰：'～击鸣球，搏拊琴瑟以咏。'"[引]摩擦。晁补之《新城游北山记》："窗间竹数十竿相摩～，声切切不已。"❸象声词。见"戛戛"、"戛然"。

2. gài ❹通"概"。刮平，削平。木华《海赋》："～岩嶅，偃高涛；茹鳞甲，吞龙舟。"（茹：食。）

3. kǎi ❺通"楷"。法式，常法。《尚书·康诰》："不率大～。"（率：循。）

4. jiē ❻通"秸"。禾穗。《汉书·地理志上》："三百里内～服，四百里粟，五百里米。"（内：纳。）

【戛戛】 jiájiá ❶象声词。形容物体相互摩击的声音。李邕《鹘赋》："吻～～而雄厉，翅翩翩而劲逸。"（吻戛戛：形容齿啮之声。）❷艰难的样子。韩愈《答李翊书》："当其取于心而注于手也，惟陈言之务去，～～乎其难哉！"

【戛然】 jiárán ❶象声词。形容鸟类的鸣声。苏轼《后赤壁赋》："适有孤鹤，横江东来，翅如车轮，玄裳缟衣，～～长鸣，掠余舟而西也。"❷形容突然停止的样子。章学诚《文史通义·古文十弊》："夫文章变化侔于鬼神，斗然而来，～～而止。"

【戛瑟】 jiásè 弹奏琴瑟。江淹《四时赋》："轸琴情动，～～涕落。"（轸：拨动。）

【戛云】 jiáyún 形容极高，可上接天云。白居易《庐山草堂记》："修柯～～，低枝拂潭。"（修：长，高。）

铗（鋏） jiá ❶冶炼浇铸时使用的金属钳子。《说文·金部》："～，可以持冶器铸熔者也。"❷剑。《楚辞·九章·涉江》："带长～之陆离兮，冠切云之崔嵬。"左思《吴都赋》："羽族以觜距为刀铍，毛群以齿角为矛～。"（羽族：禽类。铍：双刃刀。毛群：兽类。）❸剑把。《战国策·齐策四》："居有顷，倚柱弹其剑，歌曰：'长～归来乎，食无鱼！'"

颊（頰） jiá ❶脸的两旁。《左传·定公八年》："偃，且射子钼，中～，殪。"（殪：死。）《庄子·外物》："接其鬓，压其顪，儒以金椎控其颐，徐别其～，无伤口中珠。"（顪：下巴上的胡须，这里指下巴。儒：当作"而"。控：敲击。）❷姓。

【颊车】 jiáchē ❶下牙床骨。《释名·释形体》："辅车其骨强，所以辅持口也……或曰～～，亦所以载物也。"❷人体经穴名。《灵枢经·经脉》："循～～上耳前。"❸牙慧。《南齐书·顾欢传》："经云，戎气强犷，乃复略人～～邪？"

【颊辅】 jiáfǔ 面颊。黄庭坚《次韵时进叔二十六韵》："大儿胜衣冠，小儿丰～～。"

【颊胲】 jiágǎi 面颊上的肌肉。《汉书·东方朔传》："亩齿牙，树～～。"

【颊舌】 jiáshé 比喻有口才。萧衍《责贺琛敕》："欺罔朝廷，空示～～。"

【颊适】 jiáshì 和颜悦色。《庄子·渔父》："不择善否，两客～～，偷拔其所欲，谓之险。"（否：恶。）

揳 jiá 见xiè。

揩 jiá 见kāi。

蛱（蛺） jiá 见"蛱蝶"。

【蛱蝶】 jiádié 蝴蝶。萧纲《筝赋》："钓竿复发，～～初挥。"杜甫《曲江》诗之二："穿花～～深深见，点水蜻蜓款款飞。"（款款：缓缓。）又《白丝行》："春天衣着为君无，～～飞来黄鹂语。"

跲 jiá 绊倒。《礼记·中庸》："言前定则不～，事前定则不困。"《吕氏春秋·不广》："北方有兽，名曰蹶，鼠前而兔后，趋则～，走则颠，常为蛩蛩距虚取甘草而与之。"（蛩蛩距虚：古代传说中的兽名，前足高，善走而不善求食。或以蛩蛩、距虚为二兽。）

甲 1. jiǎ ❶植物种子萌芽时所戴的外皮。《周易·解》："天地解而雷雨作；雷雨作而百果草木皆～坼。"（坼：裂开。）《后汉书·章帝纪》："方春生养，万物孚～。"❷动物的坚硬的外壳。《庄子·寓言》："予，蜩～也，蛇蜕也，似之而非也。"曹植《神龟赋》："时有遗余龟者，数日而死，肌肉消尽，唯～存焉。"杜甫《秋兴》诗之七："织女机丝虚夜月，石鲸鳞～动秋风。"❸铠甲。古代战士穿的用皮革或金属片制成的护身服。《左传·成公二年》："擐～执兵，固即死也。"（擐：穿。即：走向。）《楚辞·九歌·国殇》："操吴戈兮被犀～，车错毂兮短兵接。"《史记·礼书》："楚人鲛革犀兕，所以为～，坚如金石。"㉠身穿甲衣的士兵或武士。《左传·宣公二年》："秋九月，晋侯饮赵盾酒，伏～将攻之。"《吕氏春秋·慎行》："庆封谓崔杼曰：'且留，吾将兴～以杀之。'"❹动物的爪甲，或人的指甲。《管子·四时》："阴生金与～。"张孜《雪诗》："暖手调金丝，蘸～斟琼液。"㉡指套在手指上用来弹拨筝或琵琶的假指甲。杜甫《陪郑广文游何将军山林》诗："银～弹筝用，金鱼换酒来。"❺天干的第一位。《楚辞·哀郢》："出国门而轸怀兮，～之鼂吾以行。"（鼂：通"朝"。早晨。）❻第一或第一流的。《论衡·超奇》："彼子长、子云说论之徒，君山为～。"（子长：司马迁。子云：扬雄。君山：桓谭。）《史记·外戚世家》："武帝奉酒前为寿，奉钱千万，奴婢三百人，公田百顷，～第，以赐姊。"㉠数第一，居首位。《史记·魏其武安侯列传》："武安由此滋骄，治宅～诸第。"（第：大宅子。）苏轼《表忠观碑》："而吴越地方千里，带甲十万，铸山煮海，象犀珠玉之富～于天下。"❼作为人或事物名称的代称。《史记·万石张叔列传》："奋长子建，次子～，次子乙，次子庆，皆以驯行孝谨，官皆至二千石。"❽古代户口的一种编制单位。王安石《上五事劄子》："惟免役也，保～也，市易也，此三者有大利害焉。”❾姓。

2. xiá ❿通“狎”。亲近。《诗经·卫风·芄兰》：“虽则佩韘，能不我～。”（韘：扳指，古代射箭时套在右手大拇指上用来钩弦的用具。）

【甲兵】 jiǎbīng ❶铠甲和兵器。泛指武器。《左传·隐公元年》：“大叔完聚，缮～～，具卒乘，将袭郑。”《老子·五十章》：“盖闻善摄生者，陆行不遇兕虎，入军不被～～。”❷军队，兵士。《战国策·楚策一》：“故北方之畏奚恤也，其实畏王之～～也。”《荀子·王制》：“故不战而胜，不攻而得，～～不劳而天下服。”❸攻战，战争。《墨子·备城门》：“～～方起于天下。”《汉书·戾太子刘据传》：“唯陛下宽心慰意，少察所亲，毋患太子之非，亟罢～～，无令太子久亡。”

【甲裳】 jiǎcháng 腰部以下的铠甲。《吕氏春秋·去尤》：“邾之故法，为～～以帛。”

【甲坼】 jiǎchè 种子外皮裂开。《周易·解》：“天地解而雷雨作，雷雨作而百果草木皆～～，解之时大矣哉。”

【甲第】 jiǎdì ❶最好的住宅。白居易《三谣》之二《素屏谣》：“尔不见当今～～与王宫，织成步障银屏风。”❷科举考试得第一等。《新唐书·选举志上》：“凡进士，试时务策五道、帖一大经，经、策全通为～～。”

【甲赋】 jiǎfù 唐代指应试的赋文。皇甫湜《答李生第二书》：“既为～～矣，不得称不作声病文也。”

【甲庚】 jiǎgēng 科第和年龄。杨弘道《哭刘叔京》诗：“～～俱旧识，类聚不同方。”

【甲馆】 jiǎguǎn ❶见“甲观①”。❷甲等馆舍。《梁书·沈约传》：“筑～～于铜驼，并高门于北阙。”❸收藏图书的地方。《北齐书·樊逊传》：“今所雠校，供拟极重，出自兰台，御诸～～。”也作“甲观”。庾信《哀江南赋》：“文词高于～～，模楷盛于漳滨。”

【甲观】 jiǎguàn ❶汉代太子宫中的楼观名。《汉书·成帝纪》：“母曰王皇后，元帝在太子宫生～～画堂。”也作“甲馆”。《汉书·元后传》：“甘露三年，生成帝于～～画堂，为世適皇孙。”❷藏书之馆。见“甲馆③”。

【甲库】 jiǎkù ❶收藏兵器的仓库。庾信《周大将军怀德公吴明彻墓志铭》：“长沙楚铁，更入兵栏，洞浦藏犀，还输～～。”❷收藏敕令、奏章等宫廷文件的地方。程大昌《演繁露·甲库》：“～～也者，正收藏奏钞之地，非甲乙之甲也。”

【甲令】 jiǎlìng 法令。《汉书·吴芮传赞》：“庆流支庶，有以矣夫，著于～～而称忠也。”曾巩《请令长贰自举属官劄子》：“其所更革，著于～～，或差若毫发，四方受其敝。”

【甲马】 jiǎmǎ ❶铠甲和战马。指军备和战争。罗隐《酬章处士见寄》诗：“中原～～未曾安，今日逢君事万端。”❷神符。虞兆漋《天香楼偶得·马字寓用》：“俗于纸上画神佛像，涂以红黄彩色，而祭赛之。毕即焚化，谓之～～。”

【甲门】 jiǎmén 豪富人家，世家大族。《旧唐书·袁谊传》：“沛曰：‘此州得一长史，是陇西李亶，天下～～。’”

【甲舍】 jiǎshè 甲第，显贵人家的住宅。《汉书·胡建传》：“盖主怒，使人上书告建侵辱长公主，射～～门。”

【甲士】 jiǎshì 身穿铠甲的兵士。《左传·闵公二年》：“齐侯使公子无亏帅车三百乘、～～三千人以戍曹。”（帅：通“率”。率领。）

【甲首】 jiǎshǒu ❶甲士的首级。《左传·哀公十一年》：“师获～～八十，齐人不能师。”《吕氏春秋·爱士》：“广门之官，左七百人，右七百人，皆先登而获～～。”❷犹甲长。李直夫《虎头牌》一折：“我偌大年纪，也无些儿名分，～～也不曾做一个。”

【甲蔬】 jiǎshū 带皮的蔬菜。李贺《南园》诗之四：“三十未有二十馀，白日长饥小～～。”

【甲矟】 jiǎshuò 铠甲和长矛。《南史·王茂传》：“人或谮茂反，帝遣视其～～，则虫网焉，乃诛言者。”（网：结网。）

【甲夜】 jiǎyè 初更的时候。《颜氏家训·书证》：“或问：‘一夜何故五更？更何所训？’答曰：‘汉魏以来，谓为～～、乙夜、丙夜、丁夜、戊夜；又云鼓，一鼓、二鼓、三鼓、四鼓、五鼓；亦云一更、二更、三更、四更、五更，皆以五为节。’”

【甲乙】 jiǎyǐ ❶指次第。《后汉书·马融传》：“校队案部，前后有屯，～～相伍，戊己为坚。”❷春季的代称。《礼记·月令》：“孟春之月，日在营室，昏参中，旦尾中，其日～～。”

【甲宅】 jiǎzhái ❶最好的宅子。《魏书·张祐传》：“太后嘉其忠诚，为造～～。”李白《古风》之二十四：“中贵多黄金，连云开～～。”❷草木开花发芽。左思《蜀都赋》：“百果～～，异色同荣。”

【甲仗】 jiǎzhàng ❶兵器。《周书·武帝纪下》：“齐众大溃，军资～～，数百里间，委弃山积。”❷披甲执兵的卫士。《南齐书·褚渊传》：“顺帝立，改号卫将军、开府仪同三司，侍中如故，～～五十人入殿。”

【甲胄】 jiǎzhòu 铠甲和头盔。《左传·成公十三年》:"文公躬擐~~,跋履山川,踰越险阻,征东之诸侯。"(擐:穿。)

【甲酌】 jiǎzhuó 用动物甲壳制作的酒杯。白居易《早饮湖州酒寄崔使君》诗:"十分蘸~~,潋滟满银盂。"

【甲子】 jiǎzǐ ❶甲是天干的首位,子是地支的首位,干支依次相配,得甲子、乙丑等六十数。干支在先秦用于纪日。《尚书·牧誓》:"时~~昧爽,王朝至于商郊牧野,乃誓。"❷时间,岁月。《论衡·语增》:"纣沉湎于酒,以糟为丘,以酒为池,牛饮者三千人,为长夜之饮,亡其~~。"(亡:忘。)❸时节。高適《同群公十月朝宴李太守宅》诗:"岁时常正月,~~入初寒。"❹年龄。李颀《谒张果老先生》诗:"先生谷神者,~~焉能计?"

【甲族】 jiǎzú 世家大族。《南史·庾於陵传》:"拜太子洗马……近代用人,皆取~~有才望者。"

岬 jiǎ ❶两山之间。左思《吴都赋》:"倾薮薄,倒~岫,岩穴无豣豵,翳荟无麢麚。"❷向海突出的陆地尖角。《日本国志·地理志二·北陆道》:"濒海~屿错山,疆壤狭隘。"

【岬嵑】 jiǎkě 接连不断的样子。张协《洛禊赋》:"车驾~~,充溢中逵。"(中逵:逵中。逵,四通八达的道路。)

柙 jiǎ 见 xiá。

胛 jiǎ 肩胛。《后汉书·张宗传》:"宗夜将锐士入城袭赤眉,中矛贯~。"

夏 jiǎ 见 xià。

假 1. jiǎ ❶借。《左传·襄公九年》:"公还,及卫,冠于成公之庙,~钟磬焉,礼也。"《孟子·万章上》:"晋人以垂棘之璧与屈产之乘,~道于虞以伐虢。"❷借助,凭借。《荀子·劝学》:"~舆马者,非利足也,而致千里。"《楚辞·离骚》:"奏九歌而舞韶兮,聊~日以媮乐。"(媮:同"偷"。)《三国志·魏书·袁绍传》:"当是时,豪侠多附绍,皆思为之报,州郡蠭起,莫不~其名。"❸吸收,采取。《吕氏春秋·用众》:"物固莫不有长,莫不有短。人亦然。故善学者,~人之长以补其短。"❹请求,拜托。《吕氏春秋·士容》:"齐有善相狗者,其邻~以买取鼠之狗。"❺借给,贷给。《汉书·龚遂传》:"遂乃开仓廪,~贫民,选用良吏,尉安牧养焉。"❻租赁。《后汉书·和帝纪》:"其官有陂池,令得采取,勿收~税二岁。"❼授,给予。《战国策·燕策二》:"燕王曰:'~寡人五年,寡人得其志矣。'苏子曰:'请~王十年。'"《史记·孔子世家》:"读《易》,韦编三绝。曰:'~我数年,若是,我于《易》则彬彬矣。'"❽宽容。《管子·小问》:"~而礼之,厚而勿欺,则天下之士至矣。"《后汉书·钟离意传》:"遗言上书陈升平之世,难以急化,宜少宽~。"❾大。《诗经·大雅·文王》:"~哉天命,有商孙子。"《楚辞·大招》:"琼毂错衡,英华~只。"❿假的,不是真的。《庄子·德充符》:"审乎无~而不与物迁,命物之化而守其宗也。"《史记·淮阴侯列传》:"大丈夫定诸侯,即为真王耳,何以~为?"⓫临时的,代理的。《史记·陈涉世家》:"乃以吴叔为~王,监诸将以西击荥阳。"《后汉书·百官志一》:"又有~司马,~侯,皆为副贰。"⓬譬,譬如。《荀子·正名》:"~之有人而欲南,无多;而恶北,无寡。"(欲南:想要到南方去。)⓭连词。假设,假如。曹操《与王修书》:"~有斯事,亦庶钟期不失听也。"⓮副词。但,只。《庄子·德充符》:"奚~鲁国,丘将引天下而与从之。"⓯国名。《庄子·山木》:"子独不闻~人之亡与?"(亡:逃亡。)⓰姓。

2. jià ⓱假期,休假。《三国志·魏书·梁习传》注引《魏略》:"时有吏父病笃,近在外舍,自白求~。"《晋书·王尼传》:"护军与尼长~。"

3. xià ⓲嘉,美。《诗经·大雅·假乐》:"~乐君子,显显令德。"

4. xiá ⓳通"暇"。闲暇,从容。《管子·形势》:"在内者将~,在门者将待。"(待:通"殆"。疲惫。)⓴通"遐"。远,高。《列子·周穆王》:"能穷当身之乐,犹百年乃祖,世以为登~焉。"《吕氏春秋·下贤》:"鹄乎其羞用智虑也,~乎其轻俗诽誉也。"

5. gǔ ㉑通"嘏"。福。《礼记·曾子问》:"摄主不厌祭,不旅不~,不绥祭,不配。"

6. gé ㉒通"格"。至,到。《庄子·大宗师》:"浸~而化予之左臂以为鸡,予因以求时夜。"(浸假:渐至。)《论衡·语增》:"尧舜袭德,功~荒服。"韩愈《原道》:"郊焉而天神~,庙焉而人鬼飨。"

【假谤】 jiǎbàng 诬谤。《宋书·谢灵运传》:"今影迹无端,~~空设,终古之酷,未知或有。"

【假贷】 jiǎdài ❶借贷。《史记·平津侯主父列传》:"家贫,~~无所得。"《汉书·武帝纪》:"举吏民能~~贫民者以名闻。"❷宽容。《后汉书·殇帝纪》:"~~之恩,不可数恃,自今以后,将纠其罚。"

【假道】 jiǎdào ❶宽容,诱导。《荀子·王制》:"凡听,威严猛厉,而不好~~人,则下畏恐而不亲,周闭而不竭。"(听:听政。竭:指尽力把话讲出来。)❷借路。《国语·周语中》:"遂~~于陈以聘于楚。"《战国策·东周策》:"秦~~于周以伐韩。"❸指借用某种方法。《庄子·天运》:"古之至人,~~于仁,托宿于义,以游逍遥之虚,食于苟简之田,立于不贷之圃。"(托宿:寄居,暂时利用。)

【假典】 jiǎdiǎn 高位,重位。《史记·司马相如列传》:"舜在~~。"(假:大。)

【假父】 jiǎfù 义父。刘向《说苑·正谏》:"吾乃皇帝之~~也。"

【假节】 jiǎjié ❶持节为使臣。《汉书·平帝纪》:"置副~~,分行天下,览观风俗。"❷借用符节。《战国策·燕策二》:"臣以所学者观之,先王之举错,有高世之心,故~~于魏王,而以身得察于燕。"

【假借】 jiǎjiè ❶借助,借。《韩非子·定法》:"今知而弗言,则人主尚安~~矣。"张耒《离黄州》诗:"居夷实三载,邻里通~~。"❷寄托。《庄子·至乐》:"滑介叔曰:'亡,予何恶!生者,~~也。'"❸宽容。《汉书·文帝纪赞》:"吴王诈病不朝,赐以几杖,群臣爰盎等谏说虽切,常~~纳用焉。"陆九渊《全州教授陆先生行状》:"尝有小戾规矩者,先生以正绳之,无~~。"❹六书之一。《汉书·艺文志》:"古者八岁入小学,故《周官》保氏掌养国子,教之六书,谓象形、象事、象意、象声、转注、~~,造字之本也。"

【假吏】 jiǎlì 临时代理或兼任某种职务的官吏。《汉书·苏武传》:"武与副中郎将张胜及~~常惠等募士斥候百馀人俱。"(俱:一同前往。)

【假令】 jiǎlìng ❶假使,如果。《史记·张释之冯唐列传》:"今盗宗庙器而族之,有如万分之一,~~愚民取长陵一抔土,陛下何以加其法乎?"(抔:捧。)❷临时代理县令。柳宗元《送薛存义之任序》:"存义~~零陵二年矣。"

【假寐】 jiǎmèi 不脱衣而睡。《左传·宣公二年》:"[赵盾]盛服将朝,尚早,坐而~~。"《楚辞·九怀·通路》:"~~兮愍斯,谁可与兮寤语。"《三国志·魏书·袁绍传》注引《汉晋春秋》:"我州君臣士友~~悲叹,无所措其手足。"

【假母】 jiǎmǔ ❶继母或庶母。《史记·淮南衡山列传》:"元朔四年中,人有贼伤王后~~者,王疑太子使人伤之,笞太子。"❷妓女的养母。《北里志·海论三曲中事》:"妓之母,多~~也,亦妓之衰退者为之。"

【假倩】 jiǎqìng 贷借。倩,借助。《史记·滑稽列传》:"乳母上书曰:'某所有公田,愿得~~之。'"

【假容】 jiǎróng 装样子。孔稚珪《北山移文》:"虽~~于江皋,乃缨情于好爵。"(假容:这里指装成隐者的样子。缨情:用心。)

【假摄】 jiǎshè 暂时代行职权。《荀子·儒效》:"天子也者,不可以少当也,不可以~~为也。"

【假食】 jiǎshí 寄食。《列子·说符》:"齐有贫者常乞于城市。城市患其亟也,众莫之与。遂适田氏之厩,从马医作役而~~。"

【假手】 jiǎshǒu ❶借用别人的力量来达到自己的目的。《国语·晋语一》:"钧之死也,无必~~于武王。"《后汉书·吕布传》:"诸将谓布曰:'将军常欲杀刘备,今可~~于术。'"❷帝王让臣属替自己起草诏令。刘知幾《史通·载文》:"凡有诏敕,皆责成群下……此所谓~~也。"❸科举考试中代人作文应试。《新唐书·选举志下》:"试之日,冒名代进,或旁坐~~,或借人外助,多非其实。"

【假守】 jiǎshǒu 临时代理的郡县行政首长。《史记·秦始皇本纪》:"十六年九月,发卒受地韩南阳~~腾。"

【假途】 jiǎtú 借路。《史记·鲁仲连邹阳列传》:"不得入于鲁,将之薛,~~于邹。"也作"假涂"。《战国策·赵策三》:"鲁人投其籥,不果纳,不得入于鲁。将之薛,~~于邹。"《公羊传·僖公四年》:"桓公~~于陈而伐楚。"

【假涂】 jiǎtú 见"假途"。

【假王】 jiǎwáng 暂代之王。《汉书·高帝纪上》:"齐边楚,权轻,不为~~,恐不能安齐。"

【假易】 jiǎyì 宽纵。《左传·桓公十三年》:"夫固谓君训众而好镇抚之,召诸司而劝之以令德,见莫敖而告诸天之不~~也。"

【假葬】 jiǎzàng 临时就地安葬。《三国志·魏书·曹休传》:"休年十馀岁,丧父,独与一客担丧~~。"

【假赈】 jiǎzhèn 大力救济。《后汉书·虞诩传》:"招还流亡,~~贫人。"

【假子】 jiǎzǐ ❶前夫或前妻之子。《汉书·王尊传》:"美阳女子告~~不孝。"❷养子。《旧唐书·辅公祏传》:"伏威养壮士三十馀人为~~。"

【假宁】 jiàníng 休假探亲。《旧唐书·职官志二》:"内外官吏,则有~~之节,行李之命。"

【假言】 xiáyán 至言，有深刻意义的话。《汉书·扬雄传下》："～～周于天地，赞于神明，幽弘横广，绝于迩言。"

【假人】 gérén 至人，贤人。《史记·殷本纪》："天既讫我殷命，～～元龟，无敢知吉。"

斝 jiǎ 古代酒器。圆口、平底、三足。《诗经·大雅·行苇》："或献或酢，洗爵奠～。"《礼记·郊特牲》："举～、角，诏妥尸。"（妥：安坐。）韩愈《祭河南张员外文》："哭不凭棺，奠不亲～。"

【斝耳】 jiǎ'ěr 古代一种似斝、有耳的酒器。《左传·昭公七年》："燕人归燕姬，赂以瑶罋、玉椟、～～。"

暇 jiǎ 见 xiá。

瘕 1. jiǎ ❶病名。由寄生虫引起的腹内结块。《史记·扁鹊仓公列传》："蛲～为病，腹大。"

2. xiá ❷通"瑕"。污点，缺点。柳宗元《同刘二十八院长述旧言怀感时书事》诗："敢辞亲耻污，唯恐长疵～。"

【瘕疵】 jiǎcī 疾病。《淮南子·诠言训》："岂若忧～～之与痤疽之发而豫备之哉！"

檟（榎、榎） jiǎ ❶楸树。《左传·哀公十一年》："[子胥]将死，曰：'树吾墓～，～可材也。吴其亡乎！'"《尔雅·释木》："槐小叶曰～。"（槐：当作"楸"。）❷茶树。《尔雅·释木》："～，苦荼。"曹寅《桃花泉》诗："公馀问饘粥，茗～方同煎。"

【檟楚】 jiǎchǔ ❶用檟木、荆条做成的鞭挞刑具。《晋书·虞预传》："无援者则严加～～，期于入重。"也作"榎楚"、"夏楚"。《三国志·魏书·孙礼传》："讼者据墟墓为验，听者以先老为正，而老者不可加以～～。"《礼记·学记》："～～二物，收其威也。"❷鞭笞。《陈书·新安王伯固传》："为政严苛，国学有惰游不修习者，重加～～。"

价²（價） 1. jià ❶价值，价格。《韩非子·外储说左下》："郑县人卖豚，人问其～。"《后汉书·西域传》："其人质直，市无二～。"❷身价。李白《与韩荆州书》："一登龙门，则声～十倍。"

2. jie ❸助词。有时可译为"地"。赵长卿《满庭芳》词："终日～浅酌轻讴。"

驾（駕） jià ❶套车。《诗经·小雅·采薇》："戎车既～，四牡业业。"（牡：公马。业业：壮健的样子。）《论语·乡党》："君命召，不俟～行矣。"（俟：等待。）❷驾驶。《韩非子·十过》："昔者黄帝合鬼神于泰山之上，～象车而六蛟龙。"白居易《卖炭翁》诗："夜来城外一尺雪，晓～炭车辗冰辙。"㊀驾驭，控制。《吕氏春秋·贵因》："其乱至矣，不可以～矣。"（至：极，达到极点。）《三国志·吴书·张昭传》："夫为人君者，谓能～御英雄，驱使群贤，岂谓驰逐于原野，校勇于猛兽者乎？"❸乘车而行。《国语·晋语五》："靡笄之役，韩献子将斩人。郤献子～，将救之，至，则既斩之矣。"《史记·高祖本纪》："高祖欲长都雒阳，齐人刘敬说，及留侯劝上入都关中，高祖是日～，入都关中。"（都：定都。）㊀兴师，驾车征伐。《左传·襄公九年》："三～而楚不能与争。"❹马拉车一天所走的路程。《荀子·劝学》："骐骥一跃，不能十步；驽马十～，功在不舍。"❺乘，骑。江淹《别赋》："～鹤上汉，骖鸾腾天。"❻车。《战国策·齐策四》："为之～，比门下之车客。"㊀指帝王的车乘。《史记·高祖本纪》："将军纪信乃乘王～，诈为汉王，诳楚，楚皆呼万岁。"㊁特指帝王。《新唐书·王希夷传》："明皇东巡，敕州县以礼征召，至～前，年已九十六。"❼凌驾，超越。《左传·昭公元年》："子木之信，称于诸侯，犹诈晋而～焉，况不信之尤者乎？"苏轼《东坡志林·始皇扶苏》："方其法之行也，求无不获，禁无不止，鞅自以为轶尧舜而～汤武矣。"❽架设。《淮南子·本经训》："大构～，兴宫室。"❾传布。《法言·学行》："天之道，不在仲尼乎？仲尼，～说者也。"

【驾肥】 jiàféi 乘肥马。李翱《幽怀赋》："箪食而瓢饮兮，宁服轻而～～。"

【驾和】 jiàhé 谐和。《淮南子·要略》："必有细大～～，而后可以成曲。"

【驾轶】 jiàyì 超越。枚乘《七发》："观其所～～者，所擢拔者，所扬汩者，所温汾者，所涤汔者，虽有心略辞给，固未能缕形其所由然也。"

架 jià ❶支撑物体的棚架。贾思勰《齐民要术·种桃柰》："葡萄蔓延，性缘，不能自举，作～以承之，叶密阴厚，可以避热。"❷放东西的架子。《晋书·王嘉传》："衣服在～。"❸架设，搭起。《南史·高昌国传》："筑土为城，～木为屋。"❹横跨。《旧唐书·地理志》："长桥～水。"❺通"驾"。超越。孔稚珪《北山移文》："笼张赵于往图，～卓鲁于前箓。"（笼：包括。往图：以往的政绩。前箓：义同"往图"。）❻量词。室内两柱之间为一架。《仪礼·少牢馈食礼》"主人献祝"疏："言迫狭，大夫士庙室也，皆两下五～。"《新唐书·车服志》："堂五间九～。"

贾 jià 见gǔ。

嫁 jià ❶女子出嫁。《孟子·滕文公下》："丈夫之冠也，父命之；女子之～也，母命之。"《韩非子·外储说右下》："丈夫二十而室，妇人十五而～。"㊀卖。《韩非子·六反》："天饥岁荒，～妻卖子者，必是家也。"❷往。《列子·天瑞》："国不足，将～于卫。"❸转移，转嫁。《战国策·赵策一》："且夫韩之所以内赵者，欲～其祸也。"❹嫁接。贾思勰《齐民要术·种李》："～李法，正月一日或十五日以砖石着李树歧中，全实繁。"

【嫁非】 jiàfēi 把过错推给别人。《新唐书·李峤传》："中宗以峤身宰相，乃自陈失政，丐罢官，无所～～，手诏诘让。"

【嫁殇】 jiàshāng 为夭亡的男女举行婚礼，合葬。《周礼·地官·媒氏》："禁迁葬者与～～者。"

【嫁怨】 jiàyuàn 移怨于人。《宋史·吕大防传》："大防朴厚惷直……立朝挺挺，进退百官，不可干以私，不市恩～～，以邀声誉。"

稼 jià ❶庄稼。《诗经·豳风·七月》："九月筑场圃，十月纳禾～。"《后汉书·鲁恭传》："郡国螟伤～。"❷种庄稼。《荀子·解蔽》："好～者众矣，而后稷独传者，壹也。"

【稼穑】 jiàsè ❶种植和收割。泛指农业生产劳动。《尚书·无逸》："周公曰：'呜呼！君子所其无逸。先知～～之艰难，乃逸，则知小人之依。'"（依：隐，隐痛。）《史记·吕太后本纪》："民务～～，衣食滋殖。"❷指种植技术。《孟子·滕文公上》："后稷教民～～，树艺五谷，五谷熟而民人育。"❸庄稼，谷物。《金史·食货志》："～～迟熟。"

jian

戋（戔） 1. jiān ❶见"戋戋"。
2. cán ❷通"残"。《周礼·地官·稾人》"掌豢祭祀之犬"注："虽其潘瀾～馀，不可亵也。"❸通"刬"。铲除。《溧阳长潘乾校官碑》："禽奸～滑，寇息善欢。"

【戋戋】 jiānjiān ❶众多的样子。《周易·贲》："贲于丘园，束帛～～。"张衡《东京赋》："聘丘园之耿絜，旅束帛之～～。"❷显现的样子。江淹《刘仆射东山集学骚》："木瑟瑟兮气芬蒀，石～～兮水成文。"❸微少的样子。白居易《买花》诗："灼灼百朵红，～～五束素。"《聊斋志异·小官人》："～～微物，想太史亦当无所用，不如即赐小人。"❹水流急速的样子。见"浅浅"。

尖 jiān ❶物体末端细而锐。柳宗元《与浩初上人同看山寄京华亲故》诗："海畔～山似剑铓，秋来处处割愁肠。"㊀细小。杜甫《送张十二参军赴蜀州因呈杨五侍御》诗："两行秦树直，万点蜀山～。"❷物体细锐的末端或突出的部分。江淹《江上之山赋》："峣嶷兮～出，岩崒兮穴凿。"❸声音细而高。贾岛《客思》诗："促织声～～似针，更深刺著旅人心。"李商隐《安平公》诗："时禽得伴戏新水，其声～咽如鸣梭。"❹语言尖锐、新颖。姚合《和座主相公西亭秋日即事》诗："酒浓盃稍重，诗冷语多～。"李弥逊《浣溪沙》词："调高彩笔逞～新。"

【尖叉】 jiānchā 诗用险韵的代称。黄景仁《次韦进士书城见赠移居四首原韵奉酬》："有牀眠曲尺，无雪赋～～。"

【尖新】 jiānxīn 新颖。晏殊《山亭柳·赠歌者》词："家住西秦，赌博艺随身。花柳上，斗～～。"

奸（姦、奸） 1. jiān ❶邪恶。《管子·君臣下》："此止诈拘～、厚国存身之道也。"《汉书·礼乐志》："法出而～生，令下而诈起。"㊁邪恶的人。《楚辞·招魂》："天地四方，多贼～些。"《管子·明法解》："故明法曰：佼众誉多，外内朋党，虽有大～，其蔽主多矣。"❷损害，败坏。《国语·周语中》："～仁为佻，～礼为羞，～勇为贼。"（佻：偷。）❸盗窃。《左传·文公十八年》："窃贿为盗，盗器为～。"《淮南子·氾论训》："～符节。"❹私自的，不法的。《汉书·食货志下》："今农事弃捐而采铜者日蕃，释其耒耨，冶镕炊炭，～钱日多，五谷不为多。"（奸钱：私自铸造的钱。）❺男女通奸。《左传·庄公二年》："夫人姜氏会齐侯于禚，书～也。"（书：记载。）❻通"间"。间杂，混杂。《礼记·王制》："～色乱正色，不粥于市。"（正色：青、赤、黄、白、黑。）

2. gān ❼通"干"。侵犯，扰乱。《韩非子·定法》："法者，宪令著于官府，刑罚必于民心，赏存乎慎法，而罚加乎～令者也，此臣之所师也。"《淮南子·主术训》："各守其职，不得相～。"

【奸胆】 jiāndǎn 邪心。元稹《谕宝》诗："镜悬～～露，剑拂妖蚍裂。"

【奸遁】 jiāndùn 做坏事想逃跑的人。《管子·八观》："故大城不完，则乱贼之人谋；郭周外通，则～～逾越者作。"（郭周：外城四周。）

【奸非】 jiānfēi ❶奸诈邪恶、为非作歹的坏人。《后汉书·度尚传》："为政严峻，明于发擿～～。"（擿：揭发。）❷旧刑律指通奸罪。

【奸锋】 jiānfēng 奸邪之人的嚣张气焰。《后汉书·桓帝纪论》："忠贤力争，屡折～～。"

【奸伏】 jiānfú 隐藏未露的坏人。《后汉书·王涣传》:"涣为洛阳令……又能以谲数发擿～～,京师称叹,以为涣有神算。"(擿:揭发。)

【奸富】 jiānfù 用奸诈的手段发财致富。《史记·货殖列传》:"是故本富为上,末富次之,～～最下。"

【奸宄】 jiānguǐ ❶犯法作乱。《尚书·牧誓》:"乃惟四方之多罪逋逃,是崇是长,是信是使,是以为大夫卿士,俾暴虐于百姓,以～～于商邑。"(《史记·周本纪》作"奸轨"。)❷为非作歹的人。《三国志·魏书·武帝纪》:"禁断淫祀,～～逃窜,郡界肃然。"韩愈《曹成王碑》:"一吏轨民,使令家听户视,～～无所宿。"

【奸轨】 jiānguǐ 见"奸宄①"。

【奸回】 jiānhuí ❶邪恶。《左传·宣公三年》:"其～～昏乱,虽大,轻也。"❷邪恶的人。《三国志·吴书·孙权传》:"及操子丕,桀逆遗丑,荐作～～,偷取天位。"

【奸货】 jiānhuò 以非法手段谋求的财物。《三国志·魏书·毛玠传》注引《先贤行状》:"贵者无秽欲之累,贱者绝～～之求。"

【奸渐】 jiānjiàn 奸邪萌生。潘岳《西征赋》:"张舅氏之～～,贻汉宗以倾覆。"

【奸吏】 jiānlì 作恶的官吏。韩愈《潮州刺史谢上表》:"自天宝之后,政治少懈,文致未优,武剋不刚,孽臣～～,蠹居棊处,摇毒自防。"

【奸利】 jiānlì 以奸诈手段获取利益。《韩非子·奸劫弑臣》:"为～～以蔽人主,行财货以事贵重之臣者,身尊家富,父子被其泽。"《史记·孝武本纪》:"会窦太后治黄老言,不好儒术,使人微得赵绾等～～事,召案绾、臧。"

【奸路】 jiānlù 奸人升官的途径。《吕氏春秋·去宥》:"且数怒人主,以为奸人除路,～～已除,而恶壅却,岂不难哉?"

【奸孽】 jiānniè 为非作歹的人。《晋书·王敦传》:"今辄进军,同讨～～,愿陛下深垂省察,速斩隗首。"

【奸佞】 jiānnìng ❶奸邪谄佞。《管子·霸言》:"以遂德之行,结诸侯之亲;以～～之罪,刑天下之心。"❷指奸邪谄佞的人。《后汉书·黄琼传》:"～～擅朝,外戚专恣。"

【奸钱】 jiānqián 民间私铸的货币。《汉书·食货志下》:"今农事弃捐而采铜者日蕃,释其耒耨,冶镕炊炭,～～日多,五谷不为多。"

【奸巧】 jiānqiǎo 邪恶,巧诈。《论衡·逢遇》:"或无伎,妄以～～合上志,亦有以遇者,窃簪之臣,鸡鸣之客是。"

【奸塞】 jiānsè 杜绝奸邪。《吕氏春秋·先己》:"顺性则聪明寿长,平静则业进乐乡,督听则～～不皇。"(督听:正听,不偏听偏信。皇:通"惶"。惶惑。)

【奸私】 jiānsī 奸邪隐私。《韩非子·奸劫弑臣》:"我不去～～之行,尽力竭智以事主,而乃以相与比周妄毁誉以求安,是犹负千钧之重陷于不测之渊而求生也。"

【奸慝】 jiāntè ❶奸诈邪恶的人。《左传·昭公十四年》:"宥孤寡,赦罪戾,诘～～,举淹滞。"❷奸诈邪恶的行为。《国语·鲁语下》:"是以上能征下,下无～～。"(征:正。)苏洵《辨奸论》:"凡事之不近人情者,鲜不为大～～。"

【奸雄】 jiānxióng 奸诈出众的人。《汉书·司马迁传赞》:"序游侠则退处士而进～～。"《三国志·魏书·武帝纪》注引孙盛《异同杂语》:"子治世之能臣,乱世之～～。"

【奸铸】 jiānzhù 私造钱币。《汉书·食货志下》:"郡国铸钱,民多～～,钱多轻。"

【奸兰】 gānlán 不经允许,走私货物出境。《史记·匈奴列传》:"汉使马邑下人聂翁壹～～出物与匈奴交,详为卖马邑城以诱单于。"(详:通"佯"。假装。兰:通"阑"。没有证件,擅自出入。)

纤 jiān 见 xiān。

间(閒、閒) 1. jiān ❶中间。指处于一定的空间或时间里。《左传·桓公八年》:"楚子伐随,军于汉、淮之～。"《孟子·梁惠王上》:"王知夫苗乎?七、八月之～旱,则苗槁矣。"《汉书·高帝纪上》:"高祖隐于芒、砀山泽～,吕后与人俱求,常得之。"❷短暂的时间。《汉书·鲍宣传》:"愿赐数刻之～,极竭罶罶之思。"❸最近,近来。《汉书·叙传上》:"帝～颜色瘦黑。"嵇康《与山巨源绝交书》:"～闻足下迁,惕然不喜。"(迁:升官。)❹量词。用于计算房间。陶渊明《归园田居》诗之一:"方宅十馀亩,草屋八九～。"

2. jiàn ❺缝隙。《史记·管晏列传》:"晏子为齐相,出,其御之妻从门～而阚其夫。"(阚:同"窥"。)㊀隔阂。《左传·昭公十三年》:"诸侯有～矣。"❻间隔。《汉书·韦玄成传》:"上陈太祖,～岁而祫。"(间岁:隔一年。)㊀断断续续地。《战国策·齐策一》:"令初下,群臣进谏,门庭若市。数月之后,时时而～进。"㊁间或,有时。文天祥《指南录后序》:"予在患难中,～以诗记所遭,今存其本,不忍废道中,手自抄录。"❼更迭,交替。《尚书·益稷》:"下管鼗鼓,合止柷敔,笙镛以～,鸟兽跄跄。”(柷敔:乐器名。镛:大钟。跄跄:舞动的样子。)❽处于……中间。《孟子·梁惠王下》:“滕文公问曰:‘滕,小国也,～于齐、楚,事齐乎?事楚乎?’”❾参与。《左传·庄公十年》:“肉食者谋之,又何～焉。”❿离间。《史记·屈原贾生列传》:“屈平正道直行,竭忠尽智以事其君,谗人～之,可谓穷矣。”《后汉书·窦融传》:“欲设～离之说,乱惑真心。”⓫利用……空子。《国语·鲁语下》:“昔栾氏之乱,齐人～晋之祸,伐取朝歌。”(朝歌:晋邑。)⓬间谍。《史记·廉颇蔺相如列传》:“秦之～言曰:‘秦之所恶,独畏马服君赵奢之子赵括为将耳。’”⓭刺探,侦察。《韩非子·外储说右上》:“今人君之左右,出则为势重而收利于民,入则比周而蔽恶于君,内～主之情以告外。”⓮偷偷地。《史记·廉颇蔺相如列传》:“臣诚恐见欺于王而负赵,故令人持璧归,～至赵矣。”《后汉书·谯玄传》:“玄于是纵使者车,变易姓名,～窜归家。”⓯差别,不同。《孟子·尽心上》:“欲知舜与蹠之分,无他,利与善之～也。”《庄子·天地》:“跖与曾、史行义有～矣,然其失性均也。”⓰弊病,失误。《左传·成公十六年》:“郤至曰:‘楚有六～,不可失也。’”⓱违犯。《论语·先进》:“人不～于其父母昆弟之言。”《左传·僖公三十一年》:“相之不享于此久矣,非卫之罪也,不可以～成王、周公之命祀,请改祀命。”⓲侵凌。《左传·隐公三年》:“且夫贱妨贵,少陵长,远～亲,新～旧,小加大,淫破义,所谓六逆也。”⓳情况缓和。《左传·昭公二十三年》:“晋师在平阴,王师在泽邑。王使告～,庚戌,还。”(还:指晋师还。)⓴病愈。《左传·文公十六年》:“公有疾,使季文子会齐侯于阳谷。请盟,齐侯不肯,曰:‘请俟君～。’”《史记·扁鹊仓公列传》:“今主君之病与之同,不出三日必～。”

3. xián ㉑通“闲”。1)空闲。《左传·昭公五年》:“范献子曰:‘不可……请归之,～而以师讨焉。’”2)安闲,安静。《楚辞·招魂》:“像设君室,静～安些。”(些:语气词。)

【间壤】 jiānrǎng 中等田地。《管子·乘马数》:“郡县上臾之壤,守之若干,～～守之若干,下壤守之若干,故相壤定籍而民不移。”

【间田】 jiāntián 中等土地。《管子·山国轨》:“山田、～～终岁其食不足于其人若干,则置公币焉,以满其准。”(山田:下等土地。)

【间往】 jiānwǎng 在正式朝见之前的谒见。《汉书·叔孙通传》:“惠帝为东朝长乐宫,及～～,数跸烦民,作复道,方筑武库南。”(跸:帝王外出时清道戒严。)

【间编】 jiànbiān 脱编。古代简册因编绳断绝而编次错乱。《汉书·楚元王传》:“经或脱简,传或～～。”

【间步】 jiànbù 私下步行。《史记·魏公子列传》:“公子闻所在,乃～～往从此两人游。”

【间出】 jiànchū ❶乘机私出。《后汉书·皇甫嵩传》:“其夕,遂大风,嵩乃约敕军士,皆束苣乘城,使锐士～～围外,纵火大呼,城上举燎应之。”(乘城:登城。)❷相间而出。谢朓《侍宴华光殿曲水奉敕为皇太子作》诗:“青磴崛起,丹楼～～。”❸隔世而出。杜甫《别蔡十四著作》诗:“异才复～～,周道日惟新。”

【间厕】 jiàncè ❶参与。曹冏《六代论》:“且今之州牧郡守,古之方伯诸侯,皆跨有千里之土,兼军武之任,或比国数人,或兄弟并据,而宗室子弟,曾无一人～～其间,与相维持。”❷杂列。柳宗元《袁家渴记》:“其中重洲小溪,澄潭浅渚,～～曲折。”

【间道】 jiàndào ❶小路。《史记·淮阴侯列传》:“夜半传发,选轻骑二千人,人持一赤帜,从～～萆山而望赵军。”❷从小路走。杜甫《后出塞》诗之五:“中夜～～归,故里但空村。”

【间谍】 jiàndié ❶秘密刺探、侦察。辛育《奉天县浑忠武公祠堂记》:“至李希烈诈为公书,遣人～～,帝终不疑公。”❷秘密刺探对方情况的人。《世说新语·容止》:“既毕,令～～问曰:‘魏王何如?’”

【间构】 jiàngòu 离间中伤。《北史·斛斯椿传》:“顷荧惑入南斗,今上信左右～～,不用吾计,岂天道乎?”

【间关】 jiànguān ❶辗转。《后汉书·邓骘传》:“遂逃避使者,～～诣阙,上疏自陈。”❷形容语言艰涩。苏轼《戏和正辅一字韵》:“改更句格各蹇吃,姑固狡狯加～～。”❸鸟鸣声。白居易《琵琶行》:“～～莺语花底滑,幽咽泉流水下滩。”

【间间】 jiànjiàn 细加分别的样子。《庄子·齐物论》:“大知闲闲,小知～～。”

【间阔】 jiànkuò 久别。王炎《用元韵答刘判官》:“～～思眉宇,殷勤得手书。”陆游《久雨》诗:“邻舍相逢惊～～,通宵不寐听淋浪。”

【间人】 jiànrén 间谍。《汉书·韩信传》:“信使～～窥知其不用,还报,则大喜。”

【间色】 jiànsè 杂色,多色相配而成的颜色。《荀子·正论》:"衣被则服五彩,杂~~,重文绣,加饰之以珠玉。"

【间使】 jiànshǐ 负有见机行事使命的使者。《汉书·蒯通传》:"将军受诏击齐,而汉独发~~下齐,宁有诏止将军乎?"

【间行】 jiànxíng ❶秘密地行进。《史记·项羽本纪》:"沛公则置车骑,脱身独骑,与樊哙、夏侯婴、靳强、纪信等四人持剑盾步走,从郦山下,道芷阳~~。"(道:取道。)❷暗中从事某种交易。《史记·越王句践世家》:"种止句践曰:'夫吴太宰嚭贪,可诱以利,请~~言之。'"❸古时迷信指奸神肆虐、危害百姓的行为。《国语·周语下》:"神无~~,民无淫心。"

【间语】 jiànyǔ 私语。《史记·魏公子列传》:"公子再拜,因问。侯生乃屏人~~,曰:'嬴闻晋鄙之兵符常在王卧内……。'"

【间执】 jiànzhí 堵塞。《左传·僖公二十八年》:"子玉使伯棼请战,曰:'非敢必有功也,愿以~~谗慝之口。'"

【间罪】 jiànzuì 嫌疑犯。《国语·晋语七》:"定百事,立百官……宥~~,荐积德。"

【间田】 xiántián ❶古代以土地封国,分封后剩馀的土地叫"间田"。《礼记·王制》:"名山大泽不以封,其馀以为附庸~~。"❷无人耕种的土地。《孔子家语·好生》:"虞、芮二国争田而讼,连年不决,乃相谓曰:'西伯仁也,盍往质之?'入其境则耕者让畔,行者让路……遂自相与而退,咸以所争之田为~~。"

【间燕】 xiányàn 清静安闲。《国语·齐语》:"昔圣王之处士也,使就~~。"

歼(殲) jiān 灭,杀绝。《诗经·秦风·黄鸟》:"彼苍者天,~我良人。"《左传·庄公十七年》:"夏,遂因氏、颌氏、工娄氏、须遂氏飨齐戍,醉而杀之,齐人~焉。"

【歼殪】 jiānyì 歼灭,杀死。《三国志·魏书·陶谦传》注引《吴书》:"虽宪章敕戒,奉宣威灵,敬行天诛,每伐辄克,然妖寇类聚,殊不畏死,父兄~~,子弟群起,治屯连兵,至今为患。"

坚(堅) jiān ❶坚固,坚硬。《战国策·齐策五》:"~箭利金,不得弦机之利,则不能远杀矣。"《史记·礼书》:"楚人鲛革犀兕,所以为甲,~如金石。"❷指坚硬的东西。《战国策·楚策一》:"吾被~执锐,赴强敌而死,此犹一卒也,不若奔诸侯。"《史记·越王句践世家》:"至如少弟者,生而见我富,乘~驱良逐狡兔,岂知财所从来,故轻弃之,非所惜吝。"❸使……坚固。《史记·律书》:"今未能销距,愿且~边设候,结和通使,休宁北陲,为功多矣。"《后汉书·南匈奴传》:"强弩乘城,~营固守,以待其衰。"❹坚强,刚强。《后汉书·马援传》:"穷当益~,老当益壮。"❺顽固,固执。《荀子·非十二子》:"行辟而~,饰非而好,玩奸而泽,言辩而逆,古之大禁也。"❻坚决。《左传·襄公二十九年》:"~事晋、楚,以蕃王室也。"苏轼《刑赏忠厚之至论》:"故天下畏皋陶执法之~,而乐尧用刑之宽。"❼安心。《汉书·高帝纪下》:"齐王信之立,非君王意,信亦不自~。"❽姓。

【坚白】 jiānbái ❶比喻志节坚贞。《三国志·魏书·高堂隆传》:"生廉追伯夷,直过史鱼,执心~~,謇謇匪躬。"❷战国时名家公孙龙子的一个命题。《庄子·齐物论》:"彼非所明而明之,故以~~之昧终。"《史记·孟子荀卿列传》:"而赵亦有公孙龙为~~同异之辩,剧子之言。"

【坚对】 jiānduì ❶坚持本意对答。《史记·魏其武安侯列传》:"内史郑当时是魏其,后不敢~~,馀皆莫敢对。"❷坚强的对手。《新唐书·秦琼传》:"前无~~。"

【坚额】 jiān'é 厚着脸皮。《盐铁论·散不足》:"~~健舌,或以成业致富。"

【坚刚】 jiāngāng ❶坚固刚硬。《论衡·儒增》:"夫铜虽不若匕首~~,入之不过数寸,殆不能入尺。"❷坚强刚毅。《荀子·法行》:"~~而不屈,义也。"

【坚固】 jiāngù 信念坚定不移。《汉书·贾捐之传》:"守道~~,执义不回。"

【坚瓠】 jiānhú 硬皮实心的葫芦。比喻无用之物。《韩非子·外储说左上》:"今田仲不恃仰人而食,亦无益人之国,亦~~之类也。"

【坚牡】 jiānmǔ 指男子性成熟、壮盛。董仲舒《春秋繁露·循天之道》:"养身以全,使男子不~~,不家室。"(家室:娶妻成家。)

【坚确】 jiānquè ❶土质坚硬。《辽史·圣宗纪》:"地虽平,至为~~。"❷坚定不移。《韩非子·外储说左上》:"言而拂难~~,非功也,故务、卞、鲍、介、墨翟皆坚瓠也。"

【坚刃】 jiānrèn ❶坚固而有韧性。《后汉书·郡国志四》注引《三齐记》:"郑玄教授不其山,山下生草大如薤,叶长一尺馀,~~异常,土人名曰康成书带。"(薤:同"薤"。菜名。)❷比喻兵器。《史记·绛侯周勃世家》:"亚夫之用兵,持威重,执~~,穰苴曷有加焉!"

【坚卧】 jiānwò 安卧。《汉书·周勃传》:"夜,军中惊,内相攻击扰乱,至于帐下,亚父～～不起，顷之复定。”

【坚贞】 jiānzhēn ❶坚定不变。《后汉书·王龚传》：“但以～～之操，违俗失众，横为谗佞所构毁。”❷质地坚硬。白居易《青石》诗：“刻此两片～～质，状彼二人忠烈姿。”

【坚直】 jiānzhí 刚毅正直。《史记·循吏列传》：“石奢者，楚昭王相也，～～廉正，无所阿避。”

【坚致】 jiānzhì 坚固精密。楼钥《奉化县学记》：“一木一瓦，皆不苟设，必欲～～宏敞，为久远计。”《淮南子·时则训》：“是月也，工师效功，陈祭器，案度程，～～为上。”

【坚壁清野】 jiānbìqīngyě 加固营垒，使敌人不易攻破，疏散人口、财物，使敌人一无所获。《晋书·石勒载记》：“勒所过路次，皆～～～～，采掠无所获，军众大饥，士众相食。”

【坚甲利兵】 jiānjiǎlìbīng 坚固的盔甲，锋利的兵器。比喻军力精锐。《孟子·梁惠王上》：“壮者以暇日修其孝悌忠信，入以事其父兄，出以事其长上，可使制梃以挞秦楚之～～～～矣。”也作“坚革利兵”。《史记·礼书》：“故～～～～不足以为胜；高城深池不足以为固；严令繁刑不足以为威。”

肩 jiān ❶肩膀。《左传·桓公五年》：“祝聃射王中～。”❷动物的腿根部。《史记·项羽本纪》：“项王曰：‘赐之彘～。’”❸用肩担荷。赵抃《送周颖之京师》诗：“～书手剑出门去，咨咨肯复儿女如？”❹担负。《左传·襄公二年》：“郑成公疾，子驷请息～于晋。”❺任用。《尚书·盘庚下》：“朕不～好货。”（好货：指贪财的人。）❻通“豜”。三岁的大兽。《诗经·齐风·还》：“并驱从两～兮，揖我谓我儇兮。”❼姓。

【肩随】 jiānsuí ❶与人同行而稍后。古时一种待长者之礼。《礼记·曲礼上》：“年长以倍则父事之，十年以长则兄事之；五年以长则～～之。”❷追随。李白《感时留别从兄徐王延年从弟延陵》诗：“小子谢麟阁，厅行忝～～。”❸相差无几。方苞《书王莽传后》：“此传尤班史所用心，其钩抉幽隐，雕绘众形，信可～～子长。”

【肩舁】 jiānyú 见“肩舆”。

【肩舆】 jiānyú 轿子。《世说新语·简傲》：“王～～径造竹下，讽啸良久。”也作“肩轝”、“肩舁”。《晋书·王导传》：“会三月上巳，帝亲观禊，乘～～，具威仪。”《旧五代史·晋少帝纪》：“帝举族出封丘门，～～至野。”

【肩轝】 jiānyú 见“肩舆”。

浅 jiān 见 qiǎn。

艰（艱、囏） jiān ❶艰难。《楚辞·离骚》：“长太息以掩涕兮，哀民生之多～。”《后汉书·灵思何皇后纪》：“天道易兮我何～，弃万乘兮退守蕃。”❷险恶。《诗经·小雅·何人斯》：“彼何人斯，其心孔～。”（孔：很。）❸指父母的丧事。王俭《褚渊碑文》：“又以居母～去官，虽事缘义感，而情均天属。”（属：连。）

【艰关】 jiānguān 历尽艰苦。《宋史·卫王赵昺纪》：“杨太后闻昺死，抚膺大恸曰：‘我忍死～～至此者，正为赵氏一块肉尔，今无望矣！’遂赴海死。”

【艰蹇】 jiānjiǎn 艰难，不顺利。《宋史·崔颐正传》：“颐正年老，步趍～～，表求致仕。”（趍：同“趋”。）

【艰疚】 jiānjiù 艰难忧苦。苏轼《与胡郎仁脩书》之二：“不意变故，奄罹～～。”

【艰涩】 jiānsè ❶道路阻滞难行。苏轼《答苏伯固书》：“今日到金山寺下，虽极～～，然尚可寸进。”❷味涩。郝经《橄榄》诗：“齿牙喷～～，苦硬不可持。”❸语言艰深难懂。《宋史·勾龙如渊传》：“文章平易者多浅近，渊深者多～～。”

【艰虞】 jiānyú 艰难忧虑。任昉《王文宪集序》：“宋末～～，百王浇季。”

【艰屯】 jiānzhūn 艰难困苦。屯，艰难。潘岳《怀旧赋》：“涂～～其难进，日晼晚而将暮。”

咸 jiān 见 xián。

钘 jiān 见 xíng。

戋（牋、椾） jiān 同“笺”。❶古代公文的一种体裁。《世说新语·排调》：“明日，与王～云：‘昨食酪小过，通夜委顿。’”❷供题诗、写信用的精美纸张。李商隐《上李相公启》：“聊冯～素，用写肺肠。”

【戋记】 jiānjì 书信。《三国志·魏书·赵俨传》注引《魏略》：“太祖北拒袁绍，时远近无不私遗～～，通意于绍者。”

【戋奏】 jiānzòu 臣子呈给皇帝的奏章。《后汉书·顺帝纪》：“令郡国上诸生通章句，文吏能～～，乃得应选。”

兼 jiān ❶同时具有或得到。《战国策·秦策二》：“今两虎诤人而斗，小者必死，大者必伤。子待伤虎而刺之，则是一举而～两虎也。”《吕氏春秋·权勋》：“利不可两，忠不可～。”②同时进行几种动作。《荀子·君道》："故职分而民不慢，次定而序不乱，～听齐明而百事不留。"《战国策·秦策一》："以此与天下，天下不足～而有也。"❷一并。朱熹《己酉拟上封事》："小人进则君子必退，君子亲则小人必疏，未有可以～收并蓄而不相害者也。"❸倍，胜过。《论语·先进》："子曰：'求也退，故进之；由也～人，故退之。'"《汉书·韩信传》："受辱于跨下，无～人之勇，不足畏也。"❹二、两或二、两以上的。《穀梁传·襄公二十四年》："五谷不升谓之大侵，大侵之礼，君食不～味。"（兼味：两种以上的菜肴。）《旧唐书·王及善传》："今足下居无尺土之地，守无～旬之粮。"❺兼并。《左传·宣公十二年》："～弱攻昧，武之善经也。"《史记·李斯列传》："自秦孝公以来，周室卑鄙，诸侯相～，关东为六国，秦之乘胜役诸侯，盖六世矣。"❻包容。《荀子·非相》："故君子贤而能容罢，知而能容愚，博而能容浅，粹而能容杂，夫是之谓～术。"❼尽。《荀子·解蔽》："圣人纵其欲，～其情，而制焉者理矣。"❽并且，同时。陶渊明《饮酒》诗序："余闲居寡欢，～比夜已长，偶有名酒，无夕不饮。"❾姓。

【兼爱】 jiān'ài ❶同时爱不同的人或物。《管子·版法》："庆勉敦敬以显之，禄富有功以劝之，爵贵有名以休之，～～无遗，是谓君心。"《汉书·公孙弘传》："致利除害，～～无私，谓之仁。"❷战国时墨家墨翟提倡的一种学说。主张不分亲疏远近、毫无差别地爱一切人。《孟子·尽心上》："杨子取为我，拔一毛而利天下，不为也；墨子～～，摩顶放踵利天下，为之。"

【兼倍】 jiānbèi 两倍或数倍。《论衡·知实》："夫如是，圣贤之实同而名号殊，未必才相悬绝，智相～～也。"王融《永明十一年策秀才文》之二："周官三百，汉位～～。"

【兼覆】 jiānfù 广为覆盖，无所不包。《荀子·正名》："有兼听之明，而无奋矜之容；有～～之厚，而无伐德之色。"

【兼该】 jiāngāi 兼备。《三国志·魏书·陶谦传》注引谢承《后汉书》："［赵昱］就处士东莞綦毋君受《公羊传》，～～群业。"杨炯《大周明威将军梁公神道碑》："思若云飞，辨同河泻，～～小说，邕容大雅。"

【兼功】 jiāngōng ❶加倍努力。《后汉书·王丹传》："每岁农时，辄载酒肴于田间，候勤者而劳之，其堕懒者耻不致丹，皆～～自厉。"❷指因依存而得功绩。董仲舒《春秋繁露·基义》："是故臣～～于君，子～～于父。"❸两方面兼顾。萧统《〈文选〉序》："自非略其芜秽，集其清英，盖欲～～太半，难矣。"

【兼金】 jiānjīn 上等金。《孟子·公孙丑下》："前日于齐，王馈～～一百而不受。"陆厥《邯郸行》："长袖曳三衢，～～轻一顾。"

【兼临】 jiānlín 旧指统治者对臣民的广加包涵容纳。《汉书·礼乐志》："蛮夷竭欢，象来致福。～～是爱，终无兵革。"

【兼年】 jiānnián 两年。颜延之《赭白马赋序》："袭养～～，恩隐周渥。"

【兼权】 jiānquán 全面衡量。《荀子·不苟》："见其可欲也，则必前后虑其可害也者，而～～之，熟计之，然后定其欲恶取舍。"

【兼舍】 jiānshè 兼程，加倍赶路。舍，古代行军，在途中住一夜。《司马法·用众》："历沛历圮，～～环龟。"

【兼时】 jiānshí 同时。《韩非子·显学》："夫冰炭不同器而久，寒暑不～～而至。"

【兼忘】 jiānwàng 完全忘掉。《庄子·天运》："使亲忘我易，～～天下难；～～天下易，使天下～～我难。"

【兼资】 jiānzī 同时具有两种资质。《汉书·朱云传》："平陵朱云，～～文武，忠正有智略，可使。"潘岳《杨荆州诔》："君以～～，参戎作弼。"

蕑（蕳、蘭） jiān ❶兰草。《诗经·郑风·溱洧》："士与女，方秉～兮。"❷姓。

菅 jiān ❶菅茅，一种多年生草本植物。《诗经·陈风·东门之池》："东门之池，可以沤～。"《左传·哀公八年》："初，武城人或有因于吴竟田焉，拘鄫人之沤～者。"❷通"蕑"。兰草。《汉书·地理志下》引《诗经·郑风·溱洧》："士与女，方秉～兮。"❸通"奸"。邪恶。《管子·牧民》："野芜旷则民乃～，上无量则民乃妄。"❹古地名。今山东单县北。《左传·隐公十年》："壬戌，公败宋师于～。"❺姓。

【菅屦】 jiānjù 草鞋。《左传·襄公十七年》："齐晏桓子卒，晏婴粗缞斩，苴绖，带，杖，～～。"《荀子·哀公》："斩衰、～～、杖而啜粥者，志不在于酒肉。"

【菅蒯】 jiānkuǎi 可以编绳的一类茅草。比喻微贱人物。《左传·成公九年》："诗曰：'虽有丝麻，无弃～～；虽有姬姜，无弃蕉萃。'"（姬姜：指美女。）《后汉书·应劭传》："左氏实云虽有姬姜、丝麻，不弃憔悴、～～，盖所以代匮也。"

【菅蘧】 jiānqú 茅草。比喻微贱之物。苏轼《再和李杞寺丞见和前篇复用元韵答之》："知君筐椟富有馀，莫惜锦绣偿～～。"

【菅刈】 jiānyì 杀戮，残害。茅坤《青霞先生文集序》:“君既上愤疆埸之日弛,而又下痛诸将士日～～我人民,以蒙国家也。”

豜 jiān 三岁的猪。泛指大兽。《诗经·豳风·七月》:“言私其豵,献～于公。”(言:助词。豵:一岁的猪,泛指小兽。)

笺(箋) jiān ❶古书注解的一种。《后汉书·卫宏传》:“[郑]玄作《毛诗笺》。”❷古代公文中的一种体裁。《晋书·谢安传》:“安投～求归。”❸供题诗、写信用的精美纸张。杜甫《秋日夔府咏怀》:“远遊临绝境,佳句染华～。”

【笺注】 jiānzhù 古书的注解。韩愈《施先生墓铭》:“古圣人言,其旨密微。～～纷罗,颠倒是非。闻先生讲论,如客得归。”

狷 jiān 同“豜”。《吕氏春秋·知化》:“今释越而伐齐,譬之犹惧虎而刺～。”

湔 1. jiān ❶洗涤。《后汉书·华佗传》:“若在肠胃,则断截～洗,除去疾秽。”㊀特指洗刷污秽、耻辱。《旧唐书·刘晏传》:“使仆～洗瑕秽,率罄愚懦,当凭经义,请护河堤,冥勤在官,不辞水死。”苏舜钦《上孔待制书》:“能为阁下奋不顾身,明目张胆,论列～洗,破群毁而明忠节者,果何人哉?”❷水名。今四川清白江。

2. jiàn ❸通“溅”。溅洒。《战国策·齐策三》:“訾天下之主,有侵君者,臣请以臣之血～其衽。”(訾:指责,诋毁。)

【湔拔】 jiānbá 消除旧恶。《战国策·楚策四》:“今仆之不肖,阨于州部,堀穴穷巷,沈洿鄙俗之日久矣,君独无意～～仆也,使得为君高鸣屈于梁乎?”(拔:一本作“祓”。)

【湔洒】 jiānxǐ 洗涤。指清除过恶。《汉书·昌邑王传》:“遂曰:‘即无有,何爱一善以毁行义?请收属吏,以～～大王。’”(即:如果。)

【湔雪】 jiānxuě 洗雪,洗刷耻辱冤屈。《后汉书·段颎传》:“～～百年之逋负,以慰忠将之亡魂。”(逋:拖欠。)

湛 jiān 见 zhàn。

傔 jiān 见 qiàn。

犍 1. jiān ❶阉割过的牛。《说文·牛部》:“～,犗牛也。”❷阉割,騸。贾思勰《齐民要术·养猪》:“其子三日便掐尾,六十日后～。”

2. qián ❸见“犍为”。

【犍为】 qiánwéi 汉代郡名。在今四川省。《汉书·地理志上》:“～～郡,户十万九千四百一十九,口四十八万九千四百八十六。”

缄(緘) jiān ❶捆东西的绳子。《后汉书·王符传》:“桐木为棺,葛采为～。”❷捆扎。《墨子·节葬下》:“衣衾三领,谷木之棺,葛以～之。”❸封闭。《庄子·齐物论》:“其厌也如～,以言其老洫也。”❹书函。王禹偁《回襄阳周奉礼同年因题纸尾》诗:“武关西畔路巉岩,两月劳君寄两～。”❺寄。苏轼《祭欧阳文忠公文》:“～词千里,以寓一哀而已矣。”柳贯《答吴立夫》诗:“题诗～恨去,离绪极纷纶。”

【缄保】 jiānbǎo 封存保管。《颜氏家训·风操》:“唯当～～,以留后世耳。”

【缄愁】 jiānchóu 寄信述说相思之苦。卢照邻《至望喜瞩目言怀贻剑外知己》诗:“～～赴蜀道,题拙奉虞熏。”

【缄封】 jiānfēng 封闭。《汉书·孝宣许皇后传》:“其殿中庐有索,长数尺,可以缚人者数千枚,满一箧,～～。”

【缄密】 jiānmì 密封。《魏书·萧宝夤传》:“严加～～,不得开视。”

【缄素】 jiānsù 书信。张羽《怀友》诗之三:“携赏邈难期,庶望遗～～。”

【缄縢】 jiānténg ❶绳索。《庄子·胠箧》:“将为胠箧、探囊、发匮之盗而为守备,则必摄～～,固扃鐍,此世俗之所谓知也。”❷封存。《后汉书·阳球传》:“诸奢饰之物,皆各～～,不敢陈设。”

【缄札】 jiānzhá 书信。李商隐《春雨》诗:“玉珰～～何由达,万里云罗一雁飞。”

煎(𤉈) jiān ❶熬煮。《墨子·非乐上》:“非以牸豢～炙之味,以为不甘也。”❷用油将食物烹熟。贾思勰《齐民要术·饼炙》:“手团作饼,膏油～。”㊀煎炒。《论衡·变动》:“南方至热,～沙烂石,父子同水而浴。”❸消熔。《庄子·人间世》:“山木,自寇也;膏火,自～也。”(自寇:自讨砍伐。)❹熔炼。《周礼·考工记·㮚氏》:“改～金锡则不秏。”(秏:同“耗”。)❺折磨,忧虑。古诗《为焦仲卿妻作》:“恐不任我意,逆以～我怀。”

【煎侬】 jiānnǎo 焦急,愁苦。《宋书·谢庄传》:“加以疾患如此,当复几时见圣世,就其中～～若此,实在可矜。”(侬:同“恼”。)

【煎迫】 jiānpò 逼迫如煎。古诗《为焦仲卿妻作》:“转头向户里,渐见愁～～。”

瑊 jiān 见“瑊玏”。

【瑊玏】 jiānlè 一种似玉的美石。司马相如《子虚赋》:“其石则赤玉玫瑰,琳瑉昆吾,～～玄厉,碝石碔砆。”(玄厉:一种黑色的石头。)

蒹 jiān 没有长穗的芦苇。《诗经·秦风·蒹葭》："～葭苍苍，白露为霜。"《庄子·则阳》："故卤莽其性者，欲恶之孽为性，萑苇～葭始萌，以扶吾形，寻擢吾性。"（扶：保养。）

【蒹葭】 jiānjiā ❶芦苇。《诗经·秦风·蒹葭》："～～萋萋，白露未晞。"（晞：干。）❷比喻微贱。《韩诗外传》卷二："闵子曰：'吾出～～之中，入夫子之门。'"

缣（縑） jiān 细绢。《后汉书·张奂传》："董卓慕之，使其兄遗～百匹。"苏轼《文与可画筼筜谷偃竹记》："四方之人，持～素而请者，足相蹑于其门。"

【缣素】 jiānsù 供写字、画画用的白绢。《宋史·礼志》："坛上植竹枝张画龙，其图以～～。"又《张去华传》："去华曾献《元元论》，大旨以养民务穑为急，真宗嘉赏，命以～～写其论为十八轴，置龙图阁之四壁。"

礛（礛、䤔） jiān 锋利。见"礛磻"。

【礛磻】 jiānbō 锋利的石制箭头。《战国策·楚策四》："被～～，引微缴，折清风而抎矣。"（宋鲍彪注本礛作"䤔"。）

【礛诸】 jiānzhū 见"礛磻"。

【礛磻】 jiānzhū 治玉之石。《刘子·慎言》："斯言一玷，非～～所磨，枢机既发，岂骇电所追。"也作"礛诸"。《淮南子·修务训》："首尾成形，～～之功。"

熸 jiān 火灭。《玉篇·火部》："～，火灭也。"㉦败，覆灭。《左传·昭公二十三年》："楚令尹死，其师～。"㉦指溃散。《左传·定公十年》："初，卫侯伐邯郸午于寒氏，城其西北而守之，宵～。"（城：攻城。）

鞬 jiān ❶装弓的袋子。《国语·晋语四》："若不获命，其左执鞭弭，右属櫜～，以与君周旋。"（櫜：装箭的袋子。）《汉书·韩延寿传》："延寿坐射室，骑吏持戟夹陛下列立，骑士从者带弓～罗后。"❷束缚。《后汉书·崔骃传》："方将柑勒～辀以救之，岂容鸣和銮清节奏哉？"（辀：辕。）

【鞬櫜】 jiāngāo ❶装弓矢的袋子。《后汉书·马融传》："臣闻昔命师于～～，偃伯于灵台。"❷收藏。元稹《对才识兼茂明于体用策》："昔我高祖武皇帝拨去乱政，我太宗文皇帝～～干戈。"

鞯（韉、韀、韈） jiān 马鞍下的衬垫。《木兰辞》："东市买骏马，西市买鞍～。"

瀸 jiān ❶浸渍。曹植《谏伐辽东表》："进则有高城深池，无所施其功；退则有归涂不通，道路～洳。"❷和洽。《吕氏春秋·圜道》："令出于主口，官职受而行之，日夜不休，宣通下究，～于民心，遂于四方。"（宣：遍。遂：通达。）❸泉水时流时止。《论衡·是应》："案《尔雅·释水》章：'泉一见一否曰～。'"❹通"歼"。歼灭。《公羊传·庄公十七年》："夏，齐人～于遂。"

櫼 jiān ❶木楔。《说文·木部》："～，楔也。"㉦牙签。赵孟頫《老态》诗："扶衰每藉过眉杖，食肉先寻剔齿～。"❷斗栱。何晏《景福殿赋》："～栌各落以相承，栾栱夭蟜而交结。"

黬 jiān ❶疵，黑痣。《庄子·庚桑楚》："有生～也，披然曰'移是'。"（移是：去掉黑痣。）❷衣物发霉后生的斑点。元稹《送崔侍御之岭南二十韵》："茅蒸连蟒气，衣渍度梅～。"

齐 jiǎn 见 qí。

拣（揀） jiǎn ❶挑选，选择。《三国志·魏书·袁绍传》注引《魏略》："自安以下，皆博爱容众，无所～择。"❷挑剔。韩愈《赠张籍》诗："吾爱其风骨，粹美无可～。"

帴（幒） 1. jiǎn ❶狭窄。《周礼·考工记·鲍人》："若苟自急者先裂，则是以博为～也。"

2. jiān ❷通"鞯"。马鞍下的衬垫。《晋书·张方传》："于是军人便乱入宫闱，争割流苏武帐而为马～。"

前 jiǎn 见 qián。

茧（繭、蠒、絸） jiǎn ❶蚕或某些昆虫吐丝做成的壳。《礼记·月令》："蚕事既登，分～称丝，效功以共郊庙之服。"贾思勰《齐民要术·杂说》："四月，～既入簇，趋缫。"（缫：抽理蚕丝。）❷给衣服絮上丝绵。《礼记·杂记上》："子羔之袭也，～衣裳，与税衣，纁衻为一。"❸丝绵袍。《左传·襄公二十一年》："重～衣裘，鲜食而寝。"❹通"趼"。脚掌或手掌因长期摩擦而生成的硬皮。《战国策·赵策一》："[苏秦]负书担橐，触尘埃，蒙霜露，越漳河，足重～，日百而舍。"《后汉书·段颎传》："追之三日三夜，士皆重～。"

【茧茧】 jiǎnjiǎn 形容声气微细的样子。《礼记·玉藻》："视容瞿瞿梅梅，言容～～。"（瞿瞿梅梅：看不清的样子。）

【茧栗】 jiǎnlì ❶初生的兽角，状如茧、栗。《礼记·王制》："祭天地之牛，角～～；宗庙之牛，角握；宾客之牛，角尺。"❷借指牛犊。《国语·楚语下》："郊禘不过～～，烝尝不过把握。"❸比喻花的蓓蕾。黄庭坚《寄王定国》诗序："往岁过广陵，值早春，尝作诗云：

'……红药梢头初～～，扬州风物鬓成丝。'"❹德操贞固。《三国志·魏书·王朗传》注引《魏名臣奏》："既违～～慤诚之本，扫地简易之指，又失替质而损文，避泰而从约之趣。"

【茧眉】 jiǎnméi 蛾眉。比喻妇女眉毛秀美。陆龟蒙《和馆娃宫怀古五绝》之二："一宫花渚漾涟漪，倭堕鸦鬟出～～。"

【茧栗犊】 jiǎnlìdú 初生的牛犊。比喻幼弱无能。《后汉书·赵熹传》："更始乃征熹。熹年未二十，既引见，更始笑曰：'～～～，岂能负重致远乎？'"

柬 jiǎn ❶选择。《荀子·修身》："君子贫穷而志广，隆仁也；富贵而体恭，杀势也；安燕而血气不惰，～理也。"（隆：重。杀：减。）❷少，简略。《汉书·高惠高后文功臣表》："恐议者不思大义，设言虚亡，则厚德掩息，遴～布章，非所以视化劝后也。"❸柬帖，信札，手简。皮日休《鲁望以竹夹膝见寄因次韵酬谢》："大胜书客裁成～，颇赛谿翁截作筒。"

【柬寄】 jiǎnjì 被选拔并委任职务。欧阳修《赐外任臣寮进奉乾元节银绢马敕书》："汝夙以敏材，膺于～～。"

俭（儉） jiǎn ❶约束，不放纵。《左传·僖公二十三年》："晋公子广而～，文而有礼。"❷节省。《论语·八佾》："礼与其奢也，宁～。"《国语·周语中》："季文子、孟献子皆～，叔孙宣子、东门子家皆侈。"《荀子·儒效》："家富而愈～，胜敌而愈戒。"❸少。《孟子·告子下》："周公之封于鲁，为方百里也，地非不足，而～于百里。"❹窄小。干宝《搜神记》卷七："晋武帝泰始初，衣服上～下丰。"❺不丰足，歉收。《北史·韩麒麟传》："年丰多积，岁～出振。"（振：济。）❻心地质朴。《荀子·性恶》："礼恭而意～，大齐信焉，而轻货财。"❼姓。

【俭薄】 jiǎnbó ❶微薄，不宽裕。《世说新语·任诞》："祖车骑过江时，公私～～，无好服玩。"❷俭朴。《抱朴子·省烦》："送终之制，务在～～。"

【俭陋】 jiǎnlòu 俭朴粗陋。《汉书·地理志下》："其民有先王遗教，君子深思，小人～～。"王若虚《文辨》："盖简而不已，其弊将至于～～而不足观也已。"

【俭年】 jiǎnnián 歉收之年。《魏书·释老志》："～～出贷，丰则收入。"《元典章·户部·义仓》："丰年蓄积，～～食用。"

【俭然】 jiǎnrán 自我谦卑的样子。《荀子·非十二子》："～～、恀然、辅然、端然、訾然、洞然、缀缀然、瞀瞀然，是子弟之容也。"

【俭约】 jiǎnyuē 节俭。《荀子·非十二子》："不知壹天下、建国家之权称，上功用、大～～，而僈差等，曾不足以容辨异、县君臣。"（上：通"尚"。崇尚。县：悬。悬殊，引申指区分。）

【俭月】 jiǎnyuè 谷物未熟，青黄不接的时候。《宋书·徐耕传》："旱之所弊，实钟贫民；温富之家，各有财宝。谓此等并宜助官，得过～～，所损至轻，所济甚重。"

笕（筧） jiǎn 引水的长竹管。白居易《钱唐湖石记》："［钱唐湖］北有石函，南有～。"陆游《退居》诗："溪烟漠漠弈棋轩，～水潺潺种药园。"《农政全书·水利·利用图谱》："乃自上流用～引水，下注于槽。"

钱 jiǎn 见 qián。

剪 jiǎn 同"翦"。《玉篇·羽部》："翦，俗作～。"

减（減） jiǎn ❶减少。《汉书·元帝纪》："太仆～谷食马。"❷不足，不到。《世说新语·假谲》："王幼军年～十岁时，大将军甚爱之，恒置帐中眠。"㊀少于。陆游《跋京本家语》："本朝藏书之家，独称李邯郸公，宋常山公，所蓄皆不～三万卷。"㊁次于。《晋书·谢安传》："此儿风神秀彻，后当不～王东海。"苏轼《答秦太虚书》："大芋长尺馀，不～蜀中。"❸减轻。《左传·昭公十四年》："仲尼曰：'叔向，古之遗直也。治国制刑，不隐于亲。三数叔鱼之恶，不为末～。'"（末：薄。）❹降低。《晋书·王浑传》："及居台辅，声望日～。"❺竭尽。《吕氏春秋·仲冬》："行春令，则虫螟为败，水泉～竭，民多疾疠。"㊁断绝。《战国策·秦策三》："李兑用赵，～食主父，百日而饿死。"❻灭绝，除掉。《左传·文公十七年》："十一月，克～侯宣多。"❼姓。

【减撤】 jiǎnchè 裁减。《后汉书·和熹邓皇后纪》："躬自～～，以救灾阨。"

【减黜】 jiǎnchù 降低官职、爵位。《汉书·诸侯王表》："遭七国之难，抑损诸侯，～～其官。"

【减平】 jiǎnpíng 低于正常价格。《汉书·食货志下》："万物卬贵，过平一钱，则以平贾卖与民。其贾氐贱～～者，听民自相与市，以防贵庾者。"（市：买卖交易。）

检（檢） jiǎn ❶古代封书的标签。《后汉书·公孙瓒传》："［袁绍］矫刻金玉，以为印玺，每有所下，辄皁囊施～，文称诏书。"㊀书函。李峤《为何舍人贺梁王处见御书杂文表》："跪发珍藏，肃承瑶～。"❷自我约束。《尚书·伊训》："与人不求备，

～身若不及。"《论衡·程材》："案世间能建蹇蹇之节，成三谏之议，令将～身自敕，不敢邪曲者，率多儒生。"㊂限制，制止。《孟子·梁惠王上》："狗彘食人食而不知～，涂有饿莩而不知发。"(莩：通"殍"。饿死的人。)王安石《答曾公立书》："至狗彘食人食则～之，野有饿莩则发之，是所谓政事。"❸法则，法度。《荀子·儒效》："礼者，人主之所以为群臣寸尺寻丈～式也。"苏轼《东坡志林》卷八："行愿为目前～，言愿为无穷则。"❹品德，节操。《三国志·蜀书·向朗传》："初，朗少时虽涉猎文学，然不治素～，以吏能见称。"❺查看，考察。《汉书·食货志下》："均官有以考～厥实，用其本贾取之。"曹操《收租调令》："郡国守相明～察之。"❻姓。

【检操】 jiǎncāo 节操。《世说新语·方正》注引《晋阳秋》："庾冰字季坚，太尉亮之弟也，少有～～。"

【检雠】 jiǎnchóu 校订。《新唐书·褚无量传》："又诏秘书省、司经局、昭文、崇文二馆更相～～，采天下遗书以益阙文。不数年，四库完治。"

【检度】 jiǎndù 收敛限度。《三国志·魏书·曹洪传》注引《魏略》："性无～～知足之分，而有豺狼无厌之质。"

【检覈】 jiǎnhé 考查核实。《后汉书·刘隆传》："诏下州郡，～～其事。"

【检迹】 jiǎnjì 检点行为。张华《游猎篇》："伯阳为我诫，～～投清轨。"

【检局】 jiǎnjú 拘束。柳宗元《与杨诲之第二书》："乐放弛而愁～～，虽圣人与子同。"

【检举】 jiǎnjǔ 推荐，荐举。李光《与胡邦衡书》："郊赦虽有～～之文，仇人在朝，固已绝望，死生祸福，定非偶然。"

【检括】 jiǎnkuò ❶检点约束。《世说新语·任诞》："任恺既失权势，不复自～～。"❷考查。《后汉书·边让传》："若处狐疑之论，定嫌审之分，经典交至，～～参合，众夫寂焉，莫之能夺也。"

【检式】 jiǎnshì 法式，法度。《淮南子·主术训》："是故人主之立法，先自为～～仪表，故令行于天下。"

【检事】 jiǎnshì 核查事实。《南齐书·王融传》："上以虏献马不称，使融问曰：'秦西冀北，实多骏骥。而魏主所献良马，乃驽骀之不若。求名～～，殊为未孚。'"

【检束】 jiǎnshù 检点约束。司空图《修史亭》诗之三："乌纱巾上是青天，～～酬知四十年。"白居易《花前有感兼呈崔相公刘郎中》诗："少日为名多～～，长年无兴可颠狂。"

【检讨】 jiǎntǎo ❶整理，查核。白居易《与元九书》："仆数月来，～～囊篋中得新旧诗，各以类分。"郭忠恕《致梦英书》："传授者未克研精，何妨～～。"❷官名。宋有史官检讨，明属翰林院。

【检押】 jiǎnxiá 见"检柙①"。

【检柙】 jiǎnxiá ❶规矩，法度。《后汉书·仲长统传》："又中世之选三公也，务于清悫谨慎，循常习故者，是妇女之～～，乡曲之常人耳，恶足以居斯位邪？"也作"检押"。王安石《风俗》："尚陵逼者为时宜，守～～者为鄙野。"❷纠正。《论衡·对作》："孔子作《春秋》，周民弊也。故采求毫毛之善，贬纤介之恶，拨乱世，反诸正，人道浃，王道备，所以～～靡薄之俗者，悉具密致。"(浃：周遍。)❸保护书籍的夹板。《说文·木部》："㭨，～～也。"

【检御】 jiǎnyù 督察驾驭。《三国志·吴书·黄盖传》："石城县吏，特难～～，盖乃署两掾，分主诸曹。"《北史·宋显传》："[显]在州多所受纳，然勇决有气干，～～左右，咸得其心力。"

【检正】 jiǎnzhèng ❶端正的品行。《晋书·陈舆传》："舆虽无～～，而有力致。"❷检验核实。《宋书·律历志上》："调与不调，无以～～。"

【检制】 jiǎnzhì 约束，限制。《后汉书·陈俊传》："俊抚贫弱，表有义，～～军吏，不得与郡县相干，百姓歌之。"

趼 jiǎn 见 yǎn。

裥(襇) 1. jiǎn ❶衣、裙上的褶子。吕渭老《千秋岁》词："腕约金条瘦，裙儿细～如眉皱。"

2. jiàn ❷通"间"。杂，不纯。《新唐书·车服志》："妇人服从夫、子……凡～色衣不过十二破，浑色衣不过六破。"

揃(攕) jiǎn ❶剪下。《仪礼·士丧礼》："蚤～如他日。"《史记·蒙恬列传》："及成王有病甚殆，公旦自～其爪以沈于河。"❷剪除，消灭。《魏书·明亮传》："卿欲为朕拓定江表，～平萧衍，～平拓定，非勇武莫可。"❸被分割。《史记·西南夷列传》："西夷后～，剽分二方，卒为七郡。"

【揃搣】 jiǎnmiè 剃，拔。《急就篇》卷三："沐浴揃搣寡合同。"颜师古注："～～，谓鬋拔眉发也。盖去其不齐整者。"

睑(瞼) jiǎn ❶眼皮。《北史·姚僧垣传》："[帝]至河阴遇疾，口不能言，～垂覆目，不得视。”❷闭，收敛。《鬼谷子·反应》：“欲闻其声反默，欲张反～，欲高反下，欲取反与。”

謇 jiǎn 见qiān。

简（簡、蕳） jiǎn ❶竹简。古代的书写材料，用竹片削制而成。《韩非子·外储说左上》：“昭王读法十馀～而睡卧矣。”《汉书·艺文志》：“迄孝武世，书缺～脱，礼坏乐崩。”❷信札，书信。柳宗元《答贡士元公瑾论仕进书》：“辱致来～，受赐无量。”欧阳修《与尹师鲁书》：“其夕，及得师鲁手～，乃知留船以待，怪不如约。”❸手版。高彦休《唐阙史·太清宫玉石像》：“工役掘地，得玉石人，涤去泥壤，则簪裾端～，如龙之像。”❹简单，简易。《论语·雍也》：“居～而行～，无乃大～乎？”㊀微小。《庄子·人间世》：“其作始也～，其将毕也必巨。”❺简慢，轻视。《孟子·离娄下》：“孟子不与右师言，右师不悦曰：‘诸君子皆与欢言，孟子独不与欢言，是～欢也。’”《战国策·燕策三》：“语曰：‘论不脩心，议不累物，仁不轻绝，智不～功。’”❻选择。《论语·尧曰》：“帝臣不蔽，～在帝心。”《左传·襄公二十六年》：“～兵蒐乘，秣马蓐食，师陈焚次，明日将战。”❼检查，检阅。《左传·桓公六年》：“秋，大阅，～车马也。”《汉书·冯奉世传》：“天下被饥馑，士马羸秏，守战之备，久废不～。”❽情实。《礼记·王制》：“司寇正刑明辟，以听狱讼，必三刺。有旨无～，不听，附从轻，赦从重。”❾威武。《诗经·邶风·简兮》：“～兮～兮，方将万舞。”❿通“锏”。古代的一种兵器。《宋史·兵志十一》：“知并州杨偕遣阳曲县主簿杨拯献《龙虎八阵图》及所制神盾、劈阵刀、手刀、铁连槌、铁～。”⓫通“谏”。进谏。《左传·成公八年》：“诗曰：‘犹之未远，是用大～。’”

【简拔】 jiǎnbá 选拔。诸葛亮《出师表》：“侍中侍郎郭攸之、费祎、董允等，此皆良实，志虑忠纯，是以先帝～～，以遗陛下。”

【简畀】 jiǎnbì 选择并给予。《尚书·多方》：“天惟式教我用休，～～殷命，尹尔多方。”

【简册】 jiǎncè 编在一起的竹简，用于书写记事。后泛指文献典籍。欧阳修《祭石曼卿文》：“此自古圣贤，莫不皆然，而著在～～者，昭如日星。”也作“简筴”、“简策”。《管子·宙合》：“故著之～～，传以告后世人曰：‘其为怨也深，是以威尽焉。’”（筴：同“策”。）王国维《简牍检署考》：“～～之别，旧说不一。”

【简筴】 jiǎncè 见“简册”。

【简策】 jiǎncè 见“简册”。

【简弛】 jiǎnchí 简慢放荡。《新唐书·隐太子建成传》：“建成小字毗沙门，资～～，不治常检，荒色嗜酒，畋猎无度。”

【简撮】 jiǎncuō 择取。《后汉书·仲长统传》：“今～～其书有益政者，略载之云。”

【简孚】 jiǎnfú 核实可信。《尚书·吕刑》：“两造具备，师听五辞；五辞～～，正于五刑。”（两造：指原告和被告双方。师：法官。）

【简古】 jiǎngǔ 单纯古朴。欧阳修《梅圣俞诗集序》：“其为文章，～～纯粹，不求苟说于世。”

【简圭】 jiǎnguī 大玉圭。简，大。《淮南子·说山训》：“周之～～，生于垢石。”

【简惠】 jiǎnhuì 宽大仁爱。《晋书·甘卓传》：“外柔内刚，为政～～。”

【简稽】 jiǎnjī 察看并计算。《周礼·夏官·大司马》：“～～乡民，以用邦国。”

【简简】 jiǎnjiǎn ❶象声词。形容鼓声大。《诗经·商颂·那》：“奏鼓～～，衎我烈祖。”（衎：欢乐，和乐。）❷福气大的样子。《诗经·周颂·执竞》：“降福～～，威仪反反。”

【简阔】 jiǎnkuò 疏略。《宋书·良吏传论》：“汉世户口殷盛，刑务～～，郡县治民，无所横扰。”

【简连】 jiǎnlián 傲慢的样子。《荀子·非十二子》：“吾语汝学者之嵬容：其冠絻，其缨禁缓，其容～～。”

【简练】 jiǎnliàn ❶挑选训练。《吕氏春秋·孟秋》：“天子乃命将帅，选士厉兵，～～桀俊，专任有功，以征不义，诘诛暴慢，以明好恶，巡彼远方。”（厉：砺。）《敦煌变文集·伍子胥变文》：“遂乃征发天兵～～骁雄五戎之士，多赐绢帛，广立功勋。”❷检查熟练。《后汉书·皇甫嵩传》：“诏敕州郡修理攻守，～～器械。”❸精心研习，熟练掌握。《战国策·秦策一》：“苏秦喟叹曰：‘妻不以我为夫，嫂不以我为叔，父母不以我为子，是皆秦之罪也。’乃夜发书，陈箧数十，得太公《阴符》之谋，伏而诵之，～～以为揣摩。”❹磨练。《论衡·量知》：“夫儒生之所以过文吏者，学问日多，～～其性，雕琢其材也。”

【简命】 jiǎnmìng 选拔任命。《三国志·魏书·袁绍传》注引《汉晋春秋》：“故悉遣疆胡，～～名将，料整器械，选择战士，殚府库之财，竭食土之实，其所以供奉将军，何求而不备？”

【简任】 jiǎnrèn 选用。《后汉书·申屠刚传》：“又数言皇太子宜时就东宫，～～贤保，以成其德。”

【简书】 jiǎnshū ❶命令，公文。《世说新语·识鉴》注引《晋阳秋》："夷甫父乂，有～～，将免官。"❷简牍。李商隐《为崔福寄尚书刘瑑启》："华榻长悬，～～无废。"

【简素】 jiǎnsù ❶竹简和绢帛。古代的书写材料。《水经注·耒水》："顺帝之世，捣故鱼网为纸，用代～～，自其始也。"❷简约朴素。《世说新语·言语》注引《续晋阳秋》："[许询]总角秀惠，众称神童，长而风情～～。"

【简习】 jiǎnxí ❶选择训练。《后汉书·顺帝纪》："严敕障塞，缮设屯备，立秋之后，～～戎马。"❷操练，演习。孙楚《为石仲容与孙皓书》："整治器械，修造舟楫，～～水战。"

【简恤】 jiǎnxù 考察体恤。《后汉书·袁术传》："自下饥困，莫之～～。"《三国志·魏书·武帝纪》："～～尔众，时亮庶功，用终尔显德，对扬我高祖之休命。"

【简选】 jiǎnxuǎn 选拔。《吕氏春秋·简选》："～～精良，兵器铦利。"（铦利：锐利。）《世说新语·赏誉》："王长史谓林公：'真长可谓金玉满堂。'林公曰：'金玉满堂，复何为～～？'"

【简彝】 jiǎnyí 简易。彝，通"夷"。《国语·周语中》："陈，我大姬之后也。弃衮冕而南冠以出，不亦～～乎？"

【简易】 jiǎnyì ❶简略便易。《后汉书·陆康传》："除烦就约，以崇～～。"❷简慢无礼。《墨子·非命中》："恶恭俭而好～～，贪饮食而惰从事。"❸作风随便，平易近人。《汉书·李广传》："李将军极～～，然虏卒犯之，无以禁；而其士亦佚乐，为之死。"《后汉书·桓谭传》："性嗜倡乐，～～不修威仪，而憙非毁儒，由是多见排抵。"（憙：同"喜"。）

【简阅】 jiǎnyuè 考察检阅。《论衡·乱龙》："上古之人有神荼、郁垒者，昆弟二人，性能执鬼，居东海度朔山上，立桃树下，～～百鬼。"《三国志·吴书·陆逊传》："乞特诏～～，一切料出，以补疆埸受敌常处。"

【简择】 jiǎnzé 选择。《三国志·蜀书·先主传》注引《魏书》："备外御寇难，内丰财施，士之下者，必与同席而坐，同簋而食，无所～～。"（簋：古代盛食物的器具。）

【简札】 jiǎnzhá 古代用于书写的竹简和木札。后泛指书牍。《论衡·自纪》："犹吾文未集于～～之上，藏于胸臆之中，犹玉隐珠匿也。"

【简至】 jiǎnzhì 简易通达。《世说新语·品藻》："明练～～，立功立事过之。"

【简擢】 jiǎnzhuó 选拔。叶適《蕲州到任谢表》："皇帝陛下，详于使臣，察于知远，～～疎贱。"

戬（戩） jiǎn ❶福，吉祥。《诗经·小雅·天保》："天保定尔，俾尔～谷。"《隋书·音乐志下》："方凭～福，伫咏丰年。"❷通"翦"。除掉，消灭。《说文·戈部》："～，灭也，从戈，晋声。《诗》曰：'实始～商。'"

翦[1]（剪） jiǎn ❶斩断，剪断。《诗经·召南·甘棠》："蔽芾甘棠，勿～勿伐。"《吕氏春秋·顺民》："于是～其发，鄌其手，以身为牺牲，用祈福于上帝。"❷修剪，修整。《史记·秦始皇本纪》："尧舜采椽不刮，茅茨不～，饭土熘，啜土形，虽监门之养，不觳于此。"❸砍伐。《庄子·人间世》："不为社者，且几有～乎！"㉄删改，删除。孔安国《尚书序》："芟夷烦乱，～截浮辞。"《文心雕龙·镕裁》："规范本体谓之镕，～截浮词谓之裁。"❹除掉，消灭。《左传·昭公十五年》："吴在蔡，蔡必速飞。去吴，所以～其翼也。"《吕氏春秋·制乐》："此文王之所以止殃～妖也。"❺掠夺。《左传·成公十三年》："入我河曲，伐我涑川，浮我王官，～我羁马，我是以有河曲之战。"❻丢弃。《左传·襄公二十二年》："若不恤其患，而以为口实，其无乃不堪任命，而～为仇雠？"❼浅色。《仪礼·既夕礼》："加茵用疏布，缁～有幅。"

【翦剥】 jiǎnbō 刮尽，耗尽。《三国志·魏书·袁绍传》注引《汉晋春秋》："君臣相率，共卫旌麾，战为雁行，赋为币主，虽倾仓覆库，～～民物，上下欣戴，莫敢告劳。"

【翦翦】 jiǎnjiǎn ❶心胸狭隘的样子。《庄子·在宥》："自而治天下，云气不待族而雨，草木不待黄而落，日月之光益以荒矣，而佞人之心～～者，又奚足以语至道！"（族：凝聚。荒：昏。）❷风寒刺脸的样子。王安石《夜直》诗："金炉香烬漏声残，～～轻风阵阵寒。"❸整齐的样子。范成大《劳畲耕》诗："麦穗黄～～，豆苗绿芊芊。"❹齐心的样子。《子华子·晏子问党》："其民愿而从法，疏而弗失，上下～～焉，唯其君之听。"

【翦屠】 jiǎntú 斩杀。李华《吊古战场文》："当此苦寒，天假强胡，凭陵杀气，以相～～。"

【翦夷】 jiǎnyí 讨平，消灭。刘琨《与段匹磾盟文》："自今日既盟之后，皆尽忠竭节，以～～二寇。"

翦[2] jiǎn 姓。

謇 jiǎn ❶口吃。《北史·李谐传》:“因跛而缓步,因～而徐言。”❷忠诚,正直。《后汉书·蔡邕传》:“臣愚以为宜擢文右职,以劝忠～。”《北史·徐纥传》:“外似～正,内实谄谀。”❸助词。《楚辞·离骚》:“～吾法夫前修兮,非世俗之所服。”❹姓。

【謇剥】 jiǎnbō 时运不济。白居易《草堂记》:“一旦～～,来佐江郡。”

【謇吃】 jiǎnchī 口吃,结巴。《世说新语·排调》:“此数子者,或～～无宫商,或尪陋希言语。”(尪陋:羸弱丑劣。)也作“蹇吃”。庾信《谢滕王集序启》:“是以精采瞀乱,颇同宋玉;言辞～～,更甚扬雄。”

【謇谔】 jiǎn'è 忠正直言。《世说新语·方正》注引《晋阳秋》:“[陈]骞字休渊,司徒第二子。无～～之风,滑稽而多智谋。”也作“謇愕”。《后汉书·陈蕃传》:“～～之操,华首弥固。”

【謇愕】 jiǎn'è 见“謇谔”。

【謇謇】 jiǎnjiǎn ❶忠贞。《楚辞·离骚》:“余固知～～之为患兮,忍而不能舍也。”《后汉书·朱晖传》:“俗吏苟合,阿意面从,进无～～之志,却无退思之念,患之甚久。”也作“蹇蹇”。《汉书·龚遂传》:“遂为人忠厚,刚毅有大节,内谏争于王,外责傅相,引经义,陈祸福,至于涕泣,～～亡已。”《论衡·程材》:“案世间能建～～之节,成三谏之议,令将检身自敕,不敢邪曲者,率多儒生。”❷忠言。《后汉书·鲁丕传》:“陛下既广纳～～以开四聪,无令刍荛以言得罪。”

【謇然】 jiǎnrán 忠正直言的样子。韩愈《唐故江西观察使韦公墓志铭》:“始至襄阳,诏拜谏议大夫。既至,日言事,不阿权贵,～～有直名,遂号为才臣。”

蹇 1. jiǎn ❶跛脚。《庄子·达生》:“汝得全而形躯,具而九窍,无中道夭于聋盲跛～而比于人数,亦幸矣,又何暇乎天之怨哉?”《战国策·秦策三》:“以秦卒之勇,车骑之多,以当诸侯,譬若驰韩卢而逐～兔也,霸王之业可致。”(韩卢:犬名。)《史记·晋世家》:“所以然者,郤克偻,而鲁使～,卫使眇,故齐亦令人如之以导客。”㊀指跛脚的牲畜。《汉书·叙传上》:“是故驽～之乘,不骋千里之涂;燕雀之畴,不奋六翮之用。”❷凝固,凝滞。《吕氏春秋·别类》:“漆淖水淖,合两淖则为～,湿之则为干。”❸困苦,不顺利。白居易《梦上山》诗:“昼行虽～涩,夜步颇安逸。”❹傲慢。《汉书·淮南厉王刘长传》:“骄～,数不奉法。”❺六十四卦之一。卦形为艮下坎上。❻通“謇”。1)口吃。见“蹇吃”。2)忠直。见“蹇蹇”。3)助词。《楚辞·九歌·湘君》:“君不行兮夷犹,～谁留兮中州?”(夷犹:犹豫不决。)❼姓。

2. qiān ❽通“搴”。取,拔取。《管子·四时》:“毋～华绝萼。”❾通“褰”。提起,撩起。《楚辞·九章·思美人》:“因芙蓉而为媒兮,惮～裳而濡足。”

【蹇步】 jiǎnbù 行路艰难。谢瞻《张子房》诗:“四达虽平直,～～愧无良。”

【蹇产】 jiǎnchǎn ❶山势屈曲不平的样子。东方朔《七谏·哀命》:“戏疾濑之素水兮,望高山之～～。”也作“蹇浐”。左思《蜀都赋》:“径三峡之峥嵘,蹑五屼之～～。”❷内心曲折不畅。《楚辞·九章·哀郢》:“心絓结而不解兮,思～～而不释。”

【蹇浐】 jiǎnchǎn 见“蹇产①”。

【蹇吃】 jiǎnchī 见“謇吃”。

【蹇钝】 jiǎndùn 迟钝。曾巩《再乞登对状》:“谓有可以当圣意者,臣愚～～,分岂称此?”

【蹇蹇】 jiǎnjiǎn 见“謇謇①”。

【蹇连】 jiǎnlián 行路艰难的样子。班固《幽通赋》:“纷迍邅与～～兮,何艰多而智寡。”

【蹇涩】 jiǎnsè ❶行路艰难。白居易《梦上山》诗:“昼行虽～～,夜步颇安逸。”❷言语艰涩不顺。司空图《与李生论诗书》:“贾浪仙诚有警句,视其全篇,意思殊馁,大抵附于～～,方可致才,亦为体之不备也。”

谫(譾、謭) jiǎn 浅薄。《史记·李斯列传》:“能薄而材～,彊因人之功,是不能也。”

謰(譂) jiǎn 口吃。《列子·力命》:“㺄伢、情露、～极、凌谇,四人相与游于世,胥如志也。”(謰极:因语急而口吃。)吴伟业《兔缺》:“舌在音何～,唇亡口半呿。”(呿:张口的样子。)

鬋 jiǎn ❶下垂的鬓发。《楚辞·招魂》:“盛～不同制,实满宫些。”❷通“翦”。斩断,剪断。《汉书·韦玄成传》:“诗云:‘蔽芾甘棠,勿～勿伐,邵伯所茇。’”《礼记·曲礼下》:“不蚤～,不祭食。”

瀽 jiǎn 倾倒。吴自牧《梦粱录·诸色杂买》:“杭城户口繁夥,街巷小民之家,多无坑厕,只用马桶,每日自有出粪人～去。”刘兑《娇红记》:“一会价盆翻瓮～,一会价珠联玉散。”

襺 jiǎn 同“茧”。丝绵袍。《说文·衣部》:“～,袍衣也。从衣,繭声。以絮曰～,以缊曰袍。”

见(見) 1. jiàn ❶看见。《周易·艮》:“行其庭,不～其人。”《汉书·高帝纪上》："父太公往视，则～交龙于上。"[引]感受。《左传·僖公二十三年》："民不～德，而唯戮是闻，其何后之有？"❷遇见。《左传·桓公元年》："宋华父督～孔父之妻于路，目逆而送之，曰：'美而艳。'"❸见面。《左传·隐公元年》："遂寘姜氏于城颍，而誓之曰：'不及黄泉，无相～也！'"[引]指交战。《左传·僖公二十八年》："戒尔车乘，敬尔君事，诘朝将～。"❹往见，拜见。《论语·卫灵公》："在陈绝粮，从者病，莫能兴。子路愠～曰：'君子亦有穷乎？'"《孟子·梁惠王上》："孟子～梁惠王。"[又]（旧读 xiàn）使往见。《论语·阳货》："阳货欲～孔子，孔子不见，归孔子豚。"（归：通"馈"。）❺接见。《左传·庄公十年》："十年春，齐师伐我。公将战，曹刿请～。"❻（旧读 xiàn）推荐，介绍。《左传·昭公二十年》："初，齐豹～宗鲁于公孟，为骖乘焉。"[又]引见。《左传·宣公十四年》："～犀而行。"《墨子·公输》："子墨子曰：'胡不～我于王？'"❼听到，听见。王维《赠裴旻将军》诗："～说云中擒黠虏，始知天上有将军。"❽知道，理解。《三国志·魏书·董遇传》注引《魏略》："读书百遍，其义自～。"❾见识，见解。张融《与豫章王嶷笺》："区区短～，深有恨然。"❿打算，拟议。李贺《南园》诗之七："～买若耶溪水剑，明朝归去事猿公。"⓫加在动词前表被动，译为"被"。《楚辞·九章·惜往日》："何贞臣之无罪兮，被离谤而～尤。"《史记·廉颇蔺相如列传》："欲予秦，秦城恐不可得，徒～欺。"⓬加在动词前表示对他人动作行为的承受，译为"自己"、"我"。《史记·苏秦列传》："初，苏秦之燕，贷人百钱为资。及得富贵，以百金偿之，徧报诸所尝～德者。"（见德者：对自己有过恩德的人。）《世说新语·方正》："张祖希若欲相识，自应～诣。"⓭助词。加在动词后，译为"得"、"着"。韩偓《春闺》诗："长吁解罗带，怯～上空床。"黄庭坚《放言》诗："送君不惮远，愁～独归时。"⓮棺衣。《仪礼·既夕礼》："藏器，于旁加～。"⓯杂，间杂。《礼记·祭义》："燔燎羶芗，～以萧光，以报气也。"⓰姓。

2. xiàn ⓱显现，出现。《孟子·滕文公上》："不直，则道不～，我且直之。"《吕氏春秋·季春》："虹始～，萍始生。"《史记·刺客列传》："轲既取图奏之，秦王发图，图穷而匕首～。"⓲表现。《荀子·儒效》："造父者，天下之善御者也，无舆马，则无所～其能。"⓳现在。《敦煌变文集·伍子胥变文》："伍奢乃有二子，～事于君。"⓴现成的。《史记·项羽本纪》："今岁饥民贫，士卒食半菽，军无～粮。"

【见背】 jiànbèi 相背，离开了我。指父母或长辈去世。李密《陈情表》："生孩六月，慈父～～。"

【见齿】 jiànchǐ 指笑。《礼记·檀弓上》："高子皋之执亲之丧也，泣血三年，未尝～～。"黄滔《祭陈先辈文》："一朝而奄至泣血，三载而蔑闻～～。"

【见独】 jiàndú 常人理解不到，唯自己能领悟。道家指对大道的领悟已达到最高的境界。《庄子·大宗师》："朝彻而后能～～，～～而后能无古今。"（朝彻：一旦豁然贯通。）

【见惠】 jiànhuì 别人以物赠己或给予好处。《南史·庾悦传》："身今年未得子鹅，岂能以残炙～～？"

【见几】 jiànjī 事前能洞察事物的苗头、动向。《周易·系辞下》："君子～～而作，不俟终日。"王勃《滕王阁序》："所赖君子～～，达人知命。"也作"见机"。胡继宗《书言故事·评论类》："识事之微曰～～。"

【见机】 jiànjī ❶善于观察时机、形势。《世说新语·识鉴》："俄而齐王败，时人皆谓为～～。"❷见"见几"。

【见晛】 jiànxiàn 遇见阳光。《诗经·小雅·角弓》："雨雪瀌瀌，～～曰消。"

【见在】 xiànzài ❶现今还活着。《汉书·孝成赵皇后传》："武即书对，儿～～未死。"❷现存。《论衡·正说》："夫《尚书》灭绝于秦，其～～者二十九篇。"

【见在佛】 xiànzàifó 僧侣对当时帝王的尊称。欧阳修《归田录》卷一："太祖皇帝初幸相国寺，至佛像前烧香，问当拜与不拜，僧录赞宁奏曰：'不拜。'问其何故，对曰：'～～不拜过去佛。'"

【见猎心喜】 jiànlièxīnxǐ 比喻旧习难忘，一遇机会，便跃跃欲试。猎，打猎。慵讷居士《咫闻录·武生》："故暗鹌者过，虽～～～～，亦不复入其场矣。"郑志鸿《常语寻源》卷下引曹丕《典论自序》："和风扇物，弓燥手柔，草浅兽肥，～～～～。"也作"见猎"。米芾《书海月赞跋》："见其堂张海月辨公真像，坡公赞于其上，书法遒劲，余不觉～～，索纸疾书。"（张：挂。）

件 jiàn ❶分，分列。《魏书·卢同传》："若名级相应者，即于黄素楷书大字，具～阶级数，令本曹尚书以朱印印之。"❷量词。事物的件数。《旧唐书·刑法志》："一状所犯十人以上，所断罪二十～以上为大。"

𫍣(諓) jiàn 善言。《说文·言部》："～，善言也。"见"𫍣𫍣"。

【𫍣𫍣】 jiànjiàn ❶巧辩的言辞或巧言善辩

的样子。《国语·越语下》："余虽靦然而人面哉，吾犹禽兽也，又安知是～～者乎？"《楚辞·九叹·愍命》："谗人～～孰可愬兮，征夫罔极谁可语兮。"也作"截截"。《尚书·秦誓》："惟～～善谝言，俾君子易辞，我皇多有之。"（谝：花言巧语。皇：遑，闲暇。）❷浅薄的样子。《公羊传·文公十二年》："其为能变奈何，惟～～善竫言。"

浅 jiàn 见 qiǎn。

饯（餞） jiàn 设酒食为人送行。《诗经·大雅·崧高》："申伯信迈，王～于郿。"（迈：行。）《左传·昭公十六年》："郑六卿～宣子于郊。"㊀送行。《尚书·尧典》："寅～纳日，平秩西成。"㊁饯别宴会。王勃《滕王阁序》："童子何知，躬逢胜～。"

【饯路】 jiànlù 出行的馈赠。《新唐书·杨国忠传》："出有赐曰～～，返有劳曰软脚。"

侟 jiàn 见 cún。

建 jiàn ❶竖起，树立。《诗经·小雅·出车》："设此旐矣，～彼旄矣。"（旐：画有龟蛇的旗。旄：用牦牛尾装饰的旗。）《汉书·隽不疑传》："始元五年，有一男子乘黄犊车，～黄旐，衣黄襜褕，著黄冒，诣北阙，自谓卫太子。"㊀确立地位。《史记·孝文本纪》："正月，有司言曰：'蚤～太子，所以尊宗庙。请立太子。'"（蚤：通"早"。）❷建造。《水经注·庐江水》："其水历涧，迳龙泉精舍南，太元中，沙门释慧远所～也。"（精舍：佛堂。）❸建立。《国语·晋语四》："夫礼，国之纪也；亲，民之结也；善，德之～也。"《史记·李斯列传》："学已成，度楚王不足事，而六国皆弱，无可为～功者，欲西入秦。"㊁封建国家。《战国策·秦策五》："今～国立君，泽可以遗世。"❹册封诸侯。《史记·孝文本纪》："高帝亲率士大夫，始平天下，～诸侯，为帝者太祖。"❺设置而任命。《左传·襄公三年》："解狐得举，祁午得位，伯华得官，～一官而三物成，能举善也。"❻建议，献策。《汉书·霍光传》："延年曰：'将军为国柱石，审此人不可，何不～白太后，更选贤而立之？'"（白：陈述意见。）《后汉书·顺帝纪》："近臣～策，左右扶翼。"❼北斗星斗柄所指叫建。《后汉书·律历志》："斗～移辰。"《淮南子·天文训》："寅为～。"❽星名。《礼记·月令》："日在奎，昏弧中，旦～星中。"❾通"健"。强有力。《老子·四十一章》："广德若不足，～德若偷。"❿通"键"。锁闭。《礼记·乐记》："倒载干戈，包之以虎皮。将帅之士，使为诸侯，名之曰～櫜，然后天下知武王之不复用兵也。"（櫜：盛弓箭或衣甲的囊。）⓫姓。

【建策】 jiàncè 献策。《后汉书·西南夷传》："巴郡李颙，～～讨伐。"

【建丑】 jiànchǒu ❶农历十二月黄昏时，北斗星的斗柄指向东北方的丑位，于是殷历以夏历十二月为岁首，称建丑。《礼记·月令》注："季冬者，日月会于玄枵，而斗～～之辰。"❷夏历十二月的代称。

【建麾】 jiànhuī 原意是树立指挥调度的大旗，后为出任地方长官的代称。沈约《齐故安陆昭王碑文》："是惟形胜，阃外莫先，～～作牧，明德攸在。"（牧：地方官。）

【建节】 jiànjié ❶手持符节。《史记·司马相如列传》："天子以为然，乃拜相如为中郎将，～～往使。"❷建立节操。《论衡·齐世》："有人于此，立义～～，实核其操，古无以过。"

【建寅】 jiànyín ❶农历正月黄昏时，北斗星的斗柄指向东北方的寅位，于是夏历以正月为岁首，称建寅。《论语·卫灵公》疏："夏之时，谓以～～之月为正也。"（正：正月。）曹松《立春》诗："腊尽星回次，寒馀月～～。"❷正月的代称。

【建元】 jiànyuán 每岁纪历的开始。《淮南子·天文训》："天维～～，常以寅始。"（寅始：夏历建寅，以农历正月为岁首。）欧阳修《序论》："三代用正朔，后世有～～之名。"

【建正】 jiànzhēng 古代历法确定岁首开始的月份叫建正。《史记·历书》："昔者在古，历～～作于孟春。"

【建子】 jiànzǐ ❶农历十一月黄昏时，北斗星的斗柄指向北方子位，于是周历以夏历十一月为岁首，称建子。《晋书·律历志下》："欲使当今国之典礼，凡百制度，皆韬合往古，郁然备足，乃改正朔，更历数，以大吕之月为岁首，以～～之月为历初。"❷农历十一月的代称。

洊 jiàn 再，重。《周易·坎》："水～至。"王融《永明九年策秀才文》："下贫无兼辰之业，中产阙～岁之赀。"（洊岁：再岁。）屠龙《昙花记·公子思亲》："今日里～罹祸殃。"

荐[1] jiàn ❶草席。《说文·艸部》："～，薦席也。"❷重，屡次，一再。《左传·定公四年》："吴为封豕、长蛇，以～食上国，虐始于楚。"《国语·楚语下》："祸灾～臻，莫尽其气。"（臻：至。）《晋书·食货志》："顷兵革屡兴，荒馑～及，饥寒未振，实此之由。"❸通"荐[2]（薦）"。草。《左传·襄公四年》："戎狄～居，贵货易土，土可贾焉。"（贾：买。）

【荐处】 jiànchǔ 依水草而居。《国语·晋语七》："且夫戎狄～～，贵货而易土。"

【荐饥】 jiànjī 连年歉收。《左传·僖公十三年》："冬，晋～～，使乞籴于秦。"（籴：买进粮食。）

【荐仍】 jiànréng 频繁。柳宗元《祭姊夫崔使君简文》："丧还大侵，又溺二孤，痛毒～～，振古所无。"

荐²（薦） 1. jiàn ❶牲畜、兽类能吃的草。《管子·八观》："～草多衍，则六畜易繁也。"《庄子·齐物论》："民食刍豢，麋鹿食～，蝍蛆甘带，鸱鸦耆鼠，四者孰知正味？"❷进献。《左传·襄公三十一年》："若获～币，修垣而行，君之惠也，敢惮勤劳。"（币：赠礼。）《国语·周语上》："及期，郁人～鬯，牺人～醴。"（鬯：祭祀用的香酒。）《三国志·魏书·王烈传》："故在辽东所有白布单衣，亲～馔馈，跪拜成礼。"❸祭品。《荀子·正论》："执～者百人侍西房。"❹享祭，祭祀。《后汉书·礼仪志中》："斩牲于郊东门，以～陵庙。"❺推荐，荐举。《孟子·万章上》："天子能～人于天，不能使天与之天下。"《史记·五帝本纪》："尧立七十年得舜，二十年而老，令舜摄行天子之政，～之于天。"（摄：代理。）《汉书·高帝纪上》："韩信为治粟都尉，亦亡去，萧何追还之，因～于汉王。"❻草席。《楚辞·九叹·逢纷》："薜荔饰而陆离～兮，鱼鳞衣而白蜺裳。"㉠铺垫。《史记·屈原贾生列传》："章甫～屦兮，渐不可久。"㉡践踏。《荀子·儒效》："不邮是非、然不然之情，以相～撙，以相耻怍，君子不若惠施、邓析。"❼一再，屡次，接连。《诗经·大雅·云汉》："天降丧乱，饥馑～臻。"（臻：至。）《史记·历书》："祸菑～至。"（菑：同"灾"。）❽姓。

2. jìn ❾通"搢"。插。见"荐绅"。

【荐达】 jiàndá 荐举而显达。《后汉书·孔融传》："～～贤士，多所奖进。"

【荐藉】 jiànjiè 推举扶持。《新唐书·陆馀庆传》："馀庆于寒品晚进，必悉力～～。"也作"荐籍"。曾巩《司封员外郎蔡公墓志铭》："于荆湖，既周知官属善恶，于善人多～～成就之，而于恶人无所贷其法。"

【荐籍】 jiànjiè 见"荐藉"。

【荐居】 jiànjū 依水草而居。《汉书·终军传》："北胡随畜～～。"

【荐享】 jiànxiǎng ❶祭祀。《汉书·戾太子刘据传》："悼园宜称尊号曰皇考，立庙，因园为寝，以时～～焉。"❷喂养，给动物食物吃。《后汉书·陈龟传》："魂骸不返，～～狐狸。"

【荐新】 jiànxīn 五谷或果品新熟，取来用为祭品叫荐新。《礼记·檀弓上》："有～～，如朔奠。"

【荐羞】 jiànxiū ❶进献。《周礼·天官·笾人》："凡祭祀，共其笾～～之实。"（笾：古代祭祀或宴会时盛食品用的一种竹器。）❷祭品。《周礼·天官·宰夫》："以式法掌祭祀之戒具，与其～～，从大宰而眡涤濯。"❸美味佳肴。《周礼·天官·庖人》："凡其死生鲜薨之物，以共王之膳，与其～～之物。"（薨：枯鱼干肉。）

【荐剡】 jiànyǎn 荐举人材的公牍。宋祁《张文定公行状》："～～需头之奏，愿遂角巾之遊。"

【荐胙】 jiànzuò 祭祀用的肉。《史记·晋世家》："太子于是祭其母齐姜于曲沃，上其～～于献公。"

【荐绅】 jìnshēn 见"搢绅"。

贱（賤） jiàn ❶价格低。《左传·昭公三年》："于是景公繁于刑，有鬻踊者，故对曰：'踊贵，屦～。'"㉠价格低廉的货物。《国语·齐语》："令夫商……以其所有，易其所无，市～鬻贵，旦暮从事于此。"❷地位卑下。《左传·文公六年》："赵孟曰：'辰嬴～，班在九人，其子何震之有？'"（班：位次。）《史记·孔子世家》："孔子贫且～。"㉡使卑贱。《孟子·告子上》："赵孟之所贵，赵孟能～之。"《后汉书·樊英传》："能贵君，能～君。"❸轻视。《孟子·滕文公下》："不待父母之命，媒妁之言，钻穴隙相窥，踰墙相从，则父母国人皆～之。"曹丕《典论·论文》："常人贵远～近，向声背实。"㉡嫌恶，憎恶。《荀子·正论》："故下安则贵上，下危则～上。"❹技能低劣。《孟子·滕文公下》："嬖奚反命曰：'天下之～工也。'"㉡品质卑劣。《孟子·公孙丑下》："有～丈夫焉，必求龙断而登之，以左右望，而罔市利。"❺谦词。《战国策·赵策四》："左师公曰：'老臣～息舒祺，最少，不肖。'"（息：子。）李密《陈情表》："今臣亡国～俘，至微至陋。"❻姓。

【贱伎】 jiànjì 卑微的技艺。江淹《狱中上建平王书》："备鸣盗浅术之馀，豫三五～～之末。"

【贱事】 jiànshì ❶卑贱的工作。《后汉书·吴祐传》："常牧豕于长垣泽中，行吟经书，遇父故人，谓曰：'卿二千石子而自业～～，纵子无耻，奈先君何！'"❷普通俗事。《汉书·五行志中之上》："成帝好为微行。谷永曰：'今陛下弃万乘之至贵，乐家人之～～。'"❸谦称自己的琐事。司马迁《报任少卿书》："书辞宜答，会东从上来，又迫～～，相见日浅，卒卒无须臾之间，得竭指意。"

（卒卒：猝猝，匆忙急迫的样子。）

【贱私】 jiànsī 卑贱的家臣。《仪礼·士相见礼》："宾答曰：'某也夫子之～～，不足以践礼，敢固辞。'"

【贱子】 jiànzǐ 谦称自己。鲍照《代东武吟》："主人且勿谊，～～歌一言。"（谊：同"喧"。）杜甫《无家别》诗："～～因阵败，归来寻旧蹊。"

剑（劍、劒） jiàn ❶兵器名。《孟子·梁惠王上》："夫抚～疾视曰：'彼恶敢当我哉！'此匹夫之勇，敌一人者也。"（恶：何。）《战国策·西周策》："函冶氏为齐太公买良～，公不知善，归其～而责之金。"（责：求，讨还。）❷剑术。《史记·项羽本纪》："项籍少时学书不成，去，学～又不成，项梁怒之。"❸用剑刺杀。潘岳《马汧督诔序》："有司马叔持者，白日于都市，手～父雠。"（雠：同"仇"。）❹挟在胁下。《礼记·曲礼上》："长者与之提携，则两手奉长者之手；负～辟咡诏之，则掩口而对。"（负：背。辟咡：倾头。诏：告。）欧阳修《泷冈阡表》："回顾乳者～汝而立于旁。"

【剑服】 jiànfú 剑士的服装。《庄子·说剑》："庄子曰：'请治～～。'"

【剑客】 jiànkè ❶精通剑术的侠客。江淹《别赋》："乃有～～惭恩，少年报士，韩国赵厕，吴宫燕市，割慈忍爱，离邦去里。"❷刺客。《后汉书·孔融传》："河南官属耻之，私遣～～欲追杀融。"

【剑杪】 jiànmiǎo 剑的锋芒。吴均《征客》诗："鞚中悬明月，～～照莲花。"（鞚：马笼头。）

涧（澗、𣻑、礀） jiàn ❶夹在两山间的水沟。《诗经·召南·采蘩》："于以采蘩，于～之中。"❷水名。在河南省。杜甫《秋日夔府咏怀》："露菊斑丰镐，秋蔬影～瀍。"❸古代数词名。徐岳《数术记遗》："黄帝为法，数有十等……十等者，亿、兆、京、垓、秭、壤、沟、～、正、载。"《孙子算经》卷上："凡大数之法，万万曰亿，万万亿曰兆，万万兆曰京，万万京曰陔，万万陔曰秭，万万秭曰穰，万万穰曰沟，万万沟曰～。"

【涧户】 jiànhù 夹在两山之间像门户的涧边之路。孔稚珪《北山移文》："～～摧绝无与归，石迳荒凉徒延伫。"卢照邻《羁卧山中》诗："～～无人迹，山窗听鸟声。"

【涧籁】 jiànlài 山涧溪水声。温庭筠《翠微寺》诗："～～添仙曲，岩花借御香。"

监（監） 1. jiàn ❶照视。《尚书·酒诰》："古人有言曰：'人无于水～，当于民～。'"《新唐书·魏徵传》："夫～形之美恶，必就止水。"㊀照视自己形象的器具。即镜子。陆云《喜霁赋》："天～作照，幽明毕觌。"❷借鉴。《左传·昭公二十六年》："诗曰：'我无所～，夏后及商。'"《荀子·解蔽》："成汤～于夏桀，故主其心而慎治之。"❸古代主管监察的官名。《史记·秦始皇本纪》："分天下以为三十六郡，郡置守、尉、～。"㊁太监。《史记·秦本纪》："卫鞅闻是令下，西入秦，因景～求见孝公。"（因：通过。景：人名。）❹官署名。如国子监、钦天监。❺姓。

2. jiān ❻从上视下。《诗经·大雅·皇矣》："～观四方，求民之莫。"（莫：通"瘼"。疾苦。）《庄子·天运》："九洛之事，治成德备，～照下土，天下戴之，此谓上皇。"❼视，察。《诗经·小雅·节南山》："国既卒斩，何用不～。"《左传·庄公三十二年》："国之将兴，明神降之，～其德也；将亡，神又降之，观其恶也。"㊁监视。《国语·周语上》："王怒，得卫巫，使～谤者，以告，则杀之。"❽监狱的俗称。

【监寐】 jiànmèi 假寐，和衣而睡。《后汉书·桓帝纪》："～～寤叹，疢如疾首。"也作"鉴寐"。《三国志·吴书·陆逊传》："朕以不德，应期践运，王涂未一，奸宄充路，夙夜战惧，不遑～～。"

【监国】 jiānguó 古代国君外出时，太子留守，监督国事叫"监国"。《左传·闵公二年》："君行则守，有守则从。从曰抚军，守曰～～，古之制也。"《国语·晋语一》："君行，太子居，以～～也；君行，太子从，以抚军也。"

【监临】 jiānlín ❶监察临视。《史记·张耳陈馀列传》："且夫～～天下诸将，不为王不可，愿将军立为楚王也。"《后汉书·蔡邕传》："乃制婚姻之家及两州人士不得对相～～。"❷负责实地监察的上级官吏。《汉书·刑法志》："于是招进张汤、赵禹之属，作见知故纵～～部主之法。"❸清代科举，乡会试时的监考官。

【监门】 jiānmén ❶守门人。《韩非子·内储说下》："史举，上蔡之～～也，大不事君，小不事家，以苛刻闻天下。"《史记·秦始皇本纪》："尧舜采椽不刮，茅茨不翦，饭土熘，啜土形，虽～～之养，不觳于此。"❷官署名。监门府的省称。隋初设左右监门府将军，掌管宫禁及守卫诸事。❸监门官。宋设六部监门官，以京朝官担任，掌管僚属出入谒假事。

【监奴】 jiānnú 掌管家务的奴仆。《汉书·霍光传》："光爱幸～～冯子都，常与计事。"

【监食】 jiānshí 管理君主膳食的官吏。《论衡·福虚》："惠王不忍谴蛭，恐庖厨～～法皆诛也。"（法：伏法。）

【监者】 jiānzhě 守门人。《史记·魏公子列传》："魏有隐士曰侯嬴，年七十，家贫，为大梁夷门～～。"

健 jiàn ❶强壮有力。《荀子·王制》："材伎、股肱、～勇、爪牙之士，彼将日日挫顿竭之于仇敌。"杜甫《兵车行》："纵有～妇把锄犁，禾生陇亩无东西。"❷健康。《三国志·魏书·华佗传》："好自将爱，一年便～。"❸精干，有才能。《战国策·秦策二》："秦王谓甘茂曰：'楚客来使者多～，与寡人争辞，寡人数穷焉，为之奈何？'"❹善，善于。《后汉书·冯异传》："诸将非不～斗，然好虏掠。"❺敏捷，熟练。宋应星《天工开物·乃服·结茧》："做山之人，最宜手～。"（山：蚕山，供蚕结茧的用具。）❻贪，急于进取。《荀子·哀公》："孔子对曰：'无取～，无取讲，无取口哼。'～，贪也；讲，乱也；口哼，诞也。"❼姓。

【健笔】 jiànbǐ 善于写作。杜甫《八哀诗·赠秘书监江夏李公邕》："声华当～～，洒落富清制。"李商隐《为张周封上杨相公启》："寓尺牍而畏达空函，写丹诚而惭非～～。"

【健啖】 jiàndàn 饭量大。陆游《老景》诗："疾行逾百步，～～每三餐。"《金史·崔立传》："安国～～，日饱之以鱼。"

【健儿】 jiàn'ér ❶壮士。杜甫《哀王孙》诗："朔方～～好身手，昔何勇锐今何愚。"❷唐代士兵的一种名目。《唐六典·兵部尚书》："天下诸军有～～。"

【健将】 jiànjiàng 英勇善战的将领。《后汉书·吕布传》："与其～～成廉、魏越等数十骑，驰突燕阵，一日或至三四，皆斩首而出。"

【健捷】 jiànjié 勇猛敏捷。《金史·乌延蒲卢浑传》："驰逐击兽，～～如此。"

【健名】 jiànmíng 盛名，美誉。《后汉书·乌桓传》："祠天地、日月、星辰、山川及先大夫有～～者，祠用牛羊。"（祠：祭祀。）

【健黠】 jiànxiá 非常狡猾的人。《新唐书·张建封传》："善容人过，至～～亦未尝曲法假之。"

【健羡】 jiànxiàn ❶贪心不足。《史记·太史公自序》："至于大道之要，去～～，绌聪明，释此而任术。"❷非常羡慕。元稹《遣病》诗之三："忆作孩稚初，～～成人列。"

渐(漸) 1. jiàn ❶逐渐发展。《史记·太史公自序》："故曰：'臣弑君，子弑父，非一旦一夕之故也，其～久矣。'"㊀逐渐发展、演变的结果。司马迁《报任少卿书》："猛虎在深山，百兽震恐，及在槛穽之中，摇尾而求食，积微约之～也。"《后汉书·宦者传论》："自古丧大业、绝宗禋者，其所～有由矣。"（禋：烧柴升烟以祭。）㊁草木逐渐生长。《尚书·禹贡》："草木～包。"（包：丛生。）❷征兆，苗头。《论衡·订鬼》："天地之间，祸福之至，皆有兆象，有～不卒然，有象不猥来。"❸逐渐，渐渐。《后汉书·章帝八王传》："贵人母子遂～见疏。"（见：被。）《晋书·顾恺之传》："恺之每食甘蔗，恒自尾至本，人或怪之。云：'～入佳境。'"（恒：常。本：根。）❹重，加重。《荀子·王制》："然后～赏庆以先之，严刑罚以防之。"㊀指病情加剧。《尚书·顾命》："王曰：'呜呼！疾大～，惟几。'"（几：危。）❺疏导。《史记·越王句践世家》："禹之功大矣，～九川，定九州。"❻进。《周易·渐》："鸿～于陆，夫征不复。"❼六十四卦之一。卦形为艮下巽上。❽水名。

2. jiān ❾浸泡。《荀子·劝学》："兰槐之根是为芷，其～之滫，君子不近，庶人不服。"（其：如果。滫：臭水。）㊀沾染。《论衡·本性》："一岁婴儿，无争夺之心，长大之后，或～利色。"❿浸湿。《诗经·卫风·氓》："淇水汤汤，～车帷裳。"⓫慢慢伸入。《尚书·禹贡》："东～于海，西被于流沙。"㊀传入。宋应星《天工开物·甘嗜·蔗种》："今蜀中盛种，亦自西域～来也。"⓬接近。《论衡·率性》："凡人君父审观臣子之性，善则养育劝率，无令近恶；近恶则辅保禁防，令～于善。"《后汉书·王充传》："年～七十，志力衰耗。"⓭欺诈。《荀子·不苟》："知则攫盗而～，愚则毒贼而乱。"

3. qián ⓮通"潜"。潜伏。《左传·文公五年》引《商书》："沈～刚克，高明柔克。"

4. chán ⓯通"巉"。见"渐渐"。

【渐包】 jiànbāo 不断生长，丛生。《尚书·禹贡》："厥土赤埴坟，草木～～。"也作"蕲包"。《说文·艸部》："蕲，艸相～～也。"

【渐毒】 jiàndú 特别恶毒。《庄子·胠箧》："知诈～～，颉滑坚白，解垢同异之变多，则俗惑于辩矣。"

【渐冉】 jiànrǎn 逐渐，时光一点一点地过去。《晋书·王敦传》："臣忝外任，～～十载，训诱之诲，日有所忘，至于斯命，铭之于心。"

【渐渐】 jiānjiān 见"蕲蕲"。

【渐摩】 jiānmó 潜移默化使之为善。《宋史·石公弼传》："设学校者，要以仁义～～。"

【渐染】 jiānrǎn ❶浸染。《论衡·率性》："夫人之性犹蓬纱也，在所～～而善恶变矣。”❷日久而逐渐改变本性。《楚辞·七谏·沈江》:“日～～而不自知兮,秋毫微哉而变容。”

【渐泽】 jiānzé 低湿之地。《管子·山国轨》:“有氾下～～之壤,有水潦鱼鳖之壤。”

【渐渍】 jiānzì ❶浸润,沾染。《汉书·龚遂传》:“今大王亲近群小,～～邪恶所习,存亡之机,不可不慎也。”❷教育,感化。《论衡·率性》:“教导以学,～～以德,亦将日有仁义之操。”❸长期培育。《论衡·率性》:“孔门弟子七十之徒,皆任卿相之用,被服圣教,文才雕琢,知能十倍,教训之功而～～之力也。”❹指时间积累。《三国志·魏书·刘劭传》:“臣数听其清谈,览其笃论,～～历年,服膺弥久,实为朝廷奇其器量。”

【渐渐】 chánchán ❶同“巉巉”。岩石高峻的样子。《诗经·小雅·渐渐之石》:“～～之石,维其高矣。”❷眼泪下流的样子。《楚辞·九叹·怨思》:“肠纷纭以缭转兮,涕～～其若屑。”

谏(諫) jiàn ❶用言语规劝君主或尊长改正错误。《左传·宣公二年》:“宣子骤～。”《论语·里仁》:“事父母几～。”(几:轻微,婉转。)❷止,挽回。《论语·微子》:“往者不可～,来者犹可追。”❸姓。

【谏草】 jiàncǎo 谏书的草稿。皮日休《送令狐补阙》诗:“朝衣正在天香里,～～应焚禁漏中。”

【谏争】 jiànzhèng 见“谏诤”。

【谏诤】 jiànzhèng 直言进谏。《三国志·魏书·刘放传》:“群臣～～。”也作“谏争”。《史记·留侯世家》:“上欲废太子,立戚夫人子赵王如意。大臣多～～,未能得坚决者也。”

荐(薦) 1. jiàn ❶草木不断生长。《说文·艸部》:“～,艸相～包也。”(艸:同“草”。)

2. jiān ❷见“荐荐”。

3. shān ❸通“芟”。除去。《汉书·贾谊传》:“高皇帝瓜分天下以王功臣,反者如蝟毛而起,以为不可,故～去不义诸侯而虚其国。”

【荐包】 jiànbāo 见“渐包”。

【荐荐】 jiānjiān 麦芒尖尖的样子。《尚书大传·微子》:“微子朝周过殷故墟,见麦秀之～～兮,黍禾之蝇蝇也,曰:‘此故父母之国!’”也作“渐渐”。《史记·宋微子世家》:“[箕子]乃作《麦秀》之诗以歌之,其诗曰:‘麦秀～～兮,禾黍油油。’”

溅(濺) 1. jiàn ❶液体受冲击而迸射。《战国策·魏策三》:“支期曰:‘王急召君,君不行,血～君襟矣!’”

2. jiān ❷见“溅溅”。

【溅溅】 jiānjiān 流水声。《木兰辞》:“不闻爷娘唤女声,但闻黄河流水声～～。”(但:只。)欧阳修《送陈经秀才序》:“然伊之流最清浅,水～～鸣石间。”

揵 jiàn 见 qián。

楗 1. jiàn ❶门闩。《老子·二十七章》:“善闭,无关～而不可开,善结,无绳约而不可解。”《吕氏春秋·异用》:“跖与企足得饴,以开闭取～也。”❷遏制,堵塞。《墨子·兼爱中》:“以～东土之水,以利冀州之民。”㊀堵塞河堤决口的竹木土石材料。《史记·河渠书》:“是时东郡烧草,以故薪柴少,而下淇园之竹以为～。”

2. jiǎn ❸通“蹇”。牲畜跛行,行走困难。《周礼·考工记·辀人》:“终日驰骋,左不～。”

瞯(瞷、矙、覸) 1. jiàn ❶窥视,窥探。《孟子·离娄下》:“问其与饮食者,尽富贵也,而未尝有显者来,吾将～良人之所之也。”

2. xián ❷目上视。张协《七命》:“晔～黑照,玄采绀发。”❸见“瞯然”。❹姓。

【瞯然】 xiánrán ❶英武的样子。潘岳《马汧督诔》:“～～马生,傲若有馀。”❷坦然自得的样子。曾巩《说内治》:“至大伦大法之不修,则～～安之,吾未见其可也。”

践(踐) 1. jiàn ❶踩,践踏。《庄子·马蹄》:“马,蹄可以～霜雪;毛可以御风寒。”《论衡·累害》:“卒然牛马～根,刀镰割茎,生者不育,至秋不成。”㊀依循。《论语·先进》:“子曰:‘不～迹,亦不入于室。’”❷登。《管子·大匡》:“庄公自怀剑,曹刿亦怀剑～坛。”㊀继承,承袭。《史记·孝文本纪》:“夫秦失其政,诸侯豪桀并起,人人自以为得之者以万数,然卒～天子之位者,刘氏也。”❸履行,实行,实践。《左传·僖公十二年》:“往～乃职,无逆朕命。”《礼记·曲礼上》:“脩身～言,谓之善行。”(践言:实现诺言。)❹排成行列,排列整齐。《诗经·豳风·伐柯》:“我觏之子,笾豆有～。”

2. jiǎn ❺通“翦”。消灭,除掉。《战国策·楚策四》:“今燕之罪大而赵怒深,故君不如北兵以德赵,～乱燕,以定身封,此百代之一时也。”《吕氏春秋·古乐》:“成王立,殷民反,王命周公～伐之。”(践:高亨《新笺》:“践,读为《诗·甘棠》‘勿翦勿伐’之翦。”)

【践更】 jiàngēng ❶秦汉徭役的一种。被征者用钱雇人代服更役叫践更。《史记·游侠列传》:“[郭解]乃阴属尉史曰:‘是人,吾所急也,至～～时脱之。’”❷履历,做官的迁擢升降。张方平《免知益州表》:“周旋侍从之职,～～清要之津,风议无长,猷为弗建。”

【践极】 jiànjí 帝王登上帝位。陈子昂《为将军程处弼谢放流表》:“自陛下～～,谬荷恩私,冒宠叨荣,超绝时辈。”

【践履】 jiànlǚ ❶践踏。《诗经·大雅·行苇》:“敦彼行苇,牛羊勿～～。”❷亲身实践。朱熹《答何叔京》:“《易说》序文,敬拜大赐,三复研味,想见前贤造诣之深,～～之熟。”

【践墨】 jiànmò 实施计划。墨,墨线,指既定的军事计划。《孙子·九地》:“～～随敌,以决战事。”

【践统】 jiàntǒng 登位统御。《三国志·魏书·公孙渊传》注引《魏书》:“康～～洪绪,克壮徽猷,文昭武烈,迈德种仁。”

【践形】 jiànxíng 人的外美能体现出内美。《孟子·尽心上》:“孟子曰:‘形色,天性也,惟圣人然后可以～～。’”(形:形体。色:容貌。)

【践运】 jiànyùn 逢遇运机。《三国志·魏书·贾诩传》注引《九州春秋》:“今将军遭难得之运,蹈易解之机,而～～不抚,临机不发,将何以享大名乎?”

【践阼】 jiànzuò ❶古代帝王新即位,升宗庙东阶以主祭。《礼记·曲礼下》:“～～,临祭祀。”❷帝王即位。《三国志·魏书·武宣卞皇后传》:“太祖崩,文帝即王位,尊后曰王太后。及～～,尊后曰皇太后,称永寿宫。”也作“践祚”。《后汉书·顺帝纪》:“陛下～～,奉遵鸿绪。”❸指临时代行王政。《史记·鲁周公世家》:“周公恐天下闻武王崩而畔,周公乃～～代成王摄行政当国。”(畔:通“叛”。)

【践祚】 jiànzuò 见“践阼”。

锏(鐧、鐗) jiàn ❶嵌在车轴上的铁条。《吴子·治兵》:“膏～有馀,则车轻人。”❷兵器名。关汉卿《单刀会》三折:“三股叉,四楞～,耀日争光。”

滥 jiàn 见 làn。

腱 jiàn 连接肌肉与骨骼的结缔组织。《楚辞·招魂》:“肥牛之～,臑若芳些。”(臑:通“胹”,煮得烂。若:与。)

鉴(鑒、鑑) jiàn ❶古代用于盛水或盛冰的青铜大盆。《周礼·天官·凌人》:“春始治～。”❷照,照视。《庄子·德充符》:“仲尼曰:‘人莫～于流水而～于止水。’”《左传·襄公二十八年》:“献车于季武子,美泽可以～。”欧阳修《非非堂记》:“水之～物,动则不能有睹,其于静也,毫发可辨。”❸铜镜。《左传·庄公二十一年》:“郑伯之享王也,王以后之鞶～予之。”(鞶:革制的衣带。)欧阳修《归田录》卷二:“有一朝士,家藏古～,自言能照二百里。”❹借鉴。《国语·吴语》:“今齐侯壬不～于楚,又不承共王命,以远我一二兄弟之国。”王安石《上仁宗皇帝言事书》:“臣愿陛下～汉、唐、五代之所以乱亡,惩晋武苟且因循之祸。”❺鉴察,明察。《汉书·武帝纪》:“朕嘉唐虞而乐殷周,据旧以～新。”李密《陈情表》:“皇天后土,实所共～。”[又]视,体察。《后汉书·班固传》:“故下民号而上愬,上帝怀而降～。”❻鉴别,识别。《吕氏春秋·适音》:“太清则志危,以危听清则耳谿极,谿极则不～,不～则竭。”(不鉴:指对乐音分辨不清。)[引]识别力。《梁书·到溉传》:“乐安任昉有知人之～。”❼姓。

【鉴裁】 jiàncái 审察,识别。《晋书·王羲之传》:“征西将军庾亮请为参军,累迁长史,亮临薨,上疏称羲之清贵有～～。”

【鉴彻】 jiànchè 明察。杜甫《秋日荆南……奉寄薛尚书》诗:“～～劳悬镜,荒芜已荷锄。”

【鉴寐】 jiànmèi 见“监寐”。

谮 jiàn 见 zèn。

键(鍵) jiàn ❶门闩。《淮南子·主术训》:“五寸之～,制开阖之门。”陈傅良《历代兵制》卷三:“辕门之设,实司启闭,无～而关,视之孔易。”❷锁簧。旧式锁可以插入和拔出的部分。《周礼·地官·司门》:“司门掌授管～,以启闭国门。”(管:钥匙。国门:国都的城门。)❸钥匙。郭璞《尔雅序》:“诚九流之津涉,六艺之钤～。”(钤:锁。)❹锁闭。《晋书·陶侃传》:“至使西门不～。”江藩《汉学师承记·臧琳》:“～户著述,世无知者。”

蕲(蘄) jiàn 麦芒。枚乘《七发》:“麦秀～兮雉朝飞,向虚壑兮背槁槐,依绝区兮临回溪。”

槛(檻) 1. jiàn ❶关野兽的牢笼。司马迁《报任少卿书》:“猛虎在深山,百兽震恐,及在～穽之中,摇尾而求食,积威约之渐也。”[引]关人的囚笼。《晋书·纪瞻传》:“时有诈作大将军府符收诸暨令,令已受拘,瞻觉其诈,便破～出之。”[又]把人或兽关在牢笼里。《吕氏春秋·顺说》:“管子得于鲁,鲁束缚而～之,使役人载而送之齐，皆讴歌而引。”陆九渊《杂说》：“观鸡与彘，可以辨志，系猿～虎，可以论志。”❷栏杆。《楚辞·九歌·东君》：“暾将出兮东方，照吾～兮扶桑。”（暾：初升的太阳。）㊀用栏杆围起来。《楚辞·招魂》：“高堂邃宇，～层轩些。”❸四周装有护板的船。左思《吴都赋》：“宏舸连舳，巨～接舻。”❹通“滥”。水涌出。《诗经·小雅·采菽》：“觱沸～泉，言采其芹。”

2. kǎn ❺门下横木。《红楼梦》七回：“走至堂屋，只见小丫头丰儿坐在房门～儿上。”

【槛车】 jiànchē 囚禁犯人或装载野兽，设有栅栏的车。《后汉书·王梁传》：“广不忍，乃～～送京师。”《三国志·魏书·三少帝纪》：“咸熙元年春正月壬戌，～～征邓艾。”也作“轞车”。《史记·张耳陈馀列传》：“[贯高]乃～～胶致，与王诣长安。”

【槛槛】 jiànjiàn 象声词。形容车行声。《诗经·王风·大车》：“大车～～，毳衣如菼。”（毳衣：用鸟兽细毛编织的朝服。）也作“轞轞”。李白《大猎赋》：“戎车～～以陆离，彀骑煌煌而奋发。”

轞（轞） jiàn 囚车。汤显祖《邯郸记·召还》：“侥倖煞天恩免囚～，日南珠满泪盘。”

【轞车】 jiànchē 见“槛车”。

【轞轞】 jiànjiàn 见“槛槛”。

僭 1. jiàn ❶越礼。超越自己的身份，冒用在上者的职权、礼仪行事。《公羊传·昭公二十五年》：“诸侯～于天子。”《论衡·感类》：“孔子，大人也，讥管仲之～礼。”❷过分，超过。《荀子·致士》：“赏不欲～，刑不欲滥。赏～则利及小人，刑滥则害及君子。”（不欲：不要。）❸虚假，不实。《左传·昭公八年》：“小人之言，～而无征，故怨咎及之。”（无征：不可信。）

2. zèn ❹通“谮”。谗言，说别人的坏话。《诗经·小雅·巧言》：“乱之初生，～始既涵。”

【僭差】 jiànchā 超越等级。《三国志·魏书·明帝纪》：“～～无度，人神弗祐。”

【僭号】 jiànhào ❶超越规定的封号。《汉书·师丹传》：“故定陶太后造称～～，甚悖义理。”❷冒用帝王称号。曹操《让县自明本志令》：“又袁术～～九江。”

【僭慢】 jiànmàn 见“僭嫚”。

【僭嫚】 jiànmàn 欺诈轻侮。《左传·昭公二十年》：“所以夭昏孤疾者，为暴君使也，其言～～于鬼神。”也作“僭慢”。《后汉书·史弼传》：“失奉上之节，有～～之心。”

【僭拟】 jiànnǐ 超越本分，自比在上位者。《三国志·魏书·曹爽传》：“今大将军爽背弃顾命，败乱国典，内则～～，外专威权。”（典：法。）也作“僭儗”。《汉书·贾谊传》：“天下初定，制度疏阔，诸侯王～～，地过古制，淮南、济北王皆为逆诛。”

【僭儗】 jiànnǐ 见“僭拟”。

【僭逆】 jiànnì 违礼犯上。《后汉书·五行志一》：“是时天下～～者未尽诛，军多过时。”《三国志·魏书·武帝纪》：“袁术～～，肆于淮南。”

【僭赏】 jiànshǎng 滥赏，奖赏超过功劳。韩愈《争臣论》：“天子有不～～、从谏如流之美。”《旧唐书·郭子仪传》：“况久经兵乱，～～者多，一人之身兼官数四。”

【僭忒】 jiàntè 踰越常规，心怀变乱。《尚书·洪范》：“人用侧颇僻，民用～～。”（人：官人。）

箭 jiàn ❶箭竹，一种可做箭杆的竹子。《韩非子·显学》：“夫必自恃自直之～，百世无矢矣；恃自圜之木，千世无轮矣。”（圜：同“圆”。）㊀泛指竹子。柳宗元《小石城山记》：“环之可上，望甚远，无土壤而生嘉树美～，益奇而坚。”陆游《上天竺复庵记》：“后负白云峰，前直狮子、乳窦二峰，带以清溪，环以美～嘉木，凡屋七十馀间。”❷矢，搭在弓弩上可以发射的武器。《战国策·齐策五》：“坚～利金，不得弦机之利，则不能远杀矣。”❸漏箭。古代放在漏壶中带有刻度的杆状物体，用于计时。杜甫《奉和贾至舍人早朝大明宫》：“五夜漏声催晓～，九重春色醉仙桃。”❹古代博戏所用的博具。《韩非子·外储说左上》：“秦昭王令工施钩梯而上华山，以松柏之心为博，～长八尺，棊长八寸，而勒之曰：‘昭王尝与天神博于此矣。’”（勒：在石头上刻。）

濽 jiàn 见 nǐ。

jiang

江 jiāng ❶长江。《尚书·禹贡》：“岷山导～，东别为沱。”《诗经·小雅·四月》：“滔滔～汉，南国之纪。”❷江河的通称。《老子·三十二章》：“譬道之在天下，犹川谷之于～海。”苏舜钦《答韩持国书》：“遂超然远举，羁泊于～湖之上。”❸春秋时国名，嬴姓。在今河南省正阳县西南。

【江泌】 jiāngbì 江水的急流。鲍照《还都道中》诗：“回风扬～～，寒鸦栖动树。”

【江表】 jiāngbiǎo 长江以南地区。《世说新语·言语》:"昔每闻元公道公协赞中宗,保全~~。"

【江东】 jiāngdōng 长江下游以南地区。《史记·项羽本纪》:"~~已定,急引兵西击秦。"《世说新语·假谲》:"用旧义往~~,恐不办得食。"

【江干】 jiānggān 江岸,江边。苏轼《被命南迁途中寄定武同僚》诗:"南行若到~~侧,休宿浔阳旧酒楼。"周密《武林旧事·观潮》:"~~上下十馀里间,珠翠罗绮溢目,车马塞途。"

【江介】 jiāngjiè 江畔,沿江一带。《楚辞·九章·哀郢》:"哀州土之平乐兮,悲~~之遗风。"鲍照《秋夜》诗:"~~早寒来,白露先秋落。"

【江离】 jiānglí 见"茳蓠"。

【江浦】 jiāngpǔ 江边,水边。杜甫《鸥》诗:"~~寒鸥戏,无他亦自饶。"

【江汀】 jiāngtīng 江边的小块平地。杜牧《偶游石盎僧舍》诗:"孰谓汉陵人,来作~~客。"

【江外】 jiāngwài 长江下游以南地区。《魏书·董峦传》:"虽长自~~,言语、风气犹同华夏。"

【江左】 jiāngzuǒ 长江下游以南地区。《晋书·王览传》:"奕世多才,兴于~~。"

姜[1] jiāng 姓。《诗经·鄘风·桑中》:"云谁之思,美孟~矣。"《左传·庄公二十三年》:"若在异国,必~姓也。"

【姜被】 jiāngbèi 汉代姜肱与两个弟弟相友爱,常同被而寝。后喻指兄弟友爱。杜甫《寄张十二山人彪三十韵》:"历下辞~~,关西得孟邻。"

【姜牙】 jiāngyá 即吕尚,姓姜,字子牙。徐夤《贺清源太保王延郴》诗:"~~兆寄熊罴内,陶侃文成掌握间。"

【姜原】 jiāngyuán 见"姜嫄"。

【姜嫄】 jiāngyuán 古代传说中有邰氏的女儿,帝喾妃,后稷母。姜是姓,嫄是谥号。《诗经·大雅·生民》:"厥初生民,时维~~。"也作"姜原"。《史记·周本纪》:"周后稷,名弃。其母有邰氏女,曰~~。"

姜[2](**薑**) jiāng 多年生草本植物,根扁平,有辣味,可调味或入药。《吕氏春秋·本味》:"和之美者,阳朴之~,招摇之桂。"

将(**將**) 1. jiāng ❶取,拿。《孟子·滕文公下》:"井上有李,螬食实者过半矣,匍匐往~食之。"《楚辞·九歌·东皇太一》:"瑶席兮玉瑱,盍~把兮琼芳。"(把:持握。)❷用。《战国策·赵策一》:"及三晋分知氏,赵襄子最怨知伯,而~其头以为饮器。"[引]把。杜甫《寄李十二白》诗:"已用当时法,谁~此义陈。"❸扶进。《诗经·小雅·无将大车》:"无~大车,维尘冥冥。"[引]驾,御。《吕氏春秋·举难》:"宁戚欲干齐桓公,穷困无以自进,于是为商旅~任车以至齐,暮宿于郭门之外。"(任车:装载货物的车子。)❹扶持,扶助。《木兰辞》:"爷娘闻女来,出郭相扶~。"[引]补助,补益。《汉书·杜钦传》:"钦之补过~美,皆此类也。"❺行,行进。《后汉书·马融传》:"清醪车凑,燔炙骑~。"[引]推行,奉行。《诗经·大雅·烝民》:"肃肃王命,仲山甫~之。"《荀子·王霸》:"故人主天下之利势也,然而不能自安也,安之者必~道也。"❻跟从。《汉书·礼乐志》:"钟鼓竽笙,云舞翔翔。招摇灵旗,九夷宾~。"[引]顺从,遵奉。《史记·管晏列传》:"语曰:'~顺其美,匡救其恶,故上下能相亲也。'"李山甫《代孔明哭先主》诗:"鲸鬣翻腾四海波,始~天意用干戈。"❼为,进行。指从事某项活动。《左传·昭公二十年》:"请~事。"(将事:行聘礼。)《论衡·儒增》:"言禽息举椎自击首碎,不足怪也;仆头碎首,力不能自~也。"❽送。《管子·五辅》:"修道途,便关市,慎~宿。"《淮南子·览冥训》:"不~不迎。"❾传,传达。《论语·宪问》:"阙党童子~命。"[引]表达。《诗经·小雅·鹿鸣序》:"既饮食之,又实币帛筐篚,以~其厚意。"❿奉献,祭奉。《诗经·周颂·我将》:"我~我享,维羊维牛。"《庄子·天运》:"夫刍狗之未陈也,盛以箧衍,巾以文绣,尸祝齐戒以~之。"(齐:斋。)⓫奉养、调养。《诗经·小雅·四牡》:"王事靡盬,不遑~父。"《吕氏春秋·尽数》:"口必甘味,和精端容,~之以神气。"⓬保护,卫护。《汉书·兒宽传》:"宽为人温良,有廉知自~,善属文,然懦于武,口弗能发明也。"⓭强壮。《诗经·小雅·北山》:"嘉我未老,鲜我方~。"[引]盛。苏轼《送吕希道知和州》诗:"君家联翩三将相,富贵未已方今~。"⓮长久。《楚辞·哀时命》:"白日晼晼其将入兮,哀余寿之弗~。"⓯携带,带领。《论衡·道虚》:"有仙人数人,~我上天,离月数里而止。"《后汉书·张宗传》:"宗见更始政乱,因~家属客安邑。"⓰侧,旁边。《诗经·大雅·皇矣》:"居岐之阳,在渭之~。"⓱将要。《论语·八佾》:"天下之无道也久矣,天~以夫子为木铎。"⓲将近。《孟子·滕文公上》:"今滕绝长补短,~五十里也。"⓳岂。《国语·楚语下》:"民~能登天乎?"⓴介词。与。白居易《霖雨苦多》诗:"湖阔~天合,雪低与水和。"㉑连词。1)表并列,译为

"和"。卢纶《与畅当夜泛秋潭》诗:"离人～落叶,俱在一船中。"2)表选择,译为"还是"。《战国策·楚策四》:"襄王曰:'先生老悖乎,～以为楚国袄祥乎?'"(袄:同"妖"。)3)表假设,译为"如果"。刘向《新序·节士上》:"～从先君之命,则国宜之季子也。"㉒助词。加在动词后,无实义。白居易《长恨歌》:"唯将旧物表深情,钿合金钗寄～去。"㉓通"螀"。一种昆虫。《淮南子·说林训》:"寒～翔水。"㉔姓。

2. jiàng ㉕领兵。《国语·晋语一》:"十六年,公作二军,公～上军,太子申生～下军以伐霍。"《史记·高祖本纪》:"三月,汉王从临晋渡,魏王豹～兵从。"㉛将领。《汉书·高帝纪上》:"子婴诛灭赵高,遣～将兵距峣关。"㉜以……为将。《史记·廉颇蔺相如列传》:"蔺相如曰:'王以名使括,若胶柱而鼓瑟耳。括徒能读其父书传,不知合变也。'赵王不听,遂～之。"

3. qiāng ㉖请。《诗经·郑风·将仲子》:"～仲子兮,无逾我墙。"㉗通"锵"。见"将将④"。

4. zāng ㉘通"牂"。母羊。《礼记·内则》:"炮取豚若～,刲之刳之。"

【将护】 jiānghù ❶护理。《三国志·吴书·孙策传》注引《吴历》:"策既被创,医言可治,当好自～～,百日勿动。"❷保护。《后汉书·王昌传》:"昔遭赵氏之祸,赖知命者～～朕躬,解形河滨,削迹赵魏。"

【将理】 jiānglǐ 将息调理。欧阳修《辞宣徽使判太原府劄子》:"自二月已来,交割却本州公事,见今在假～～。"

【将摄】 jiāngshè 调养。《旧唐书·裴度传》:"春时俗说难于～～,勉加调护,速就和平。"

【将食】 jiāngshí 进食。《仪礼·士相见礼》:"若有～～者,则俟君之食然后食。"

【将毋】 jiāngwú 或不。表示选择疑问。《韩诗外传》卷四:"客有见周公者,应之于门曰:'何以道旦也?'客曰:'在外即言外,在内即言内。入乎,～～?'周公曰:'请入。'"

【将息】 jiāngxī ❶休息。《管子·弟子职》:"先生～～,弟子皆起,敬奉枕席,问所何趾。"❷病中调养休息。《朱子语类·论学》:"～～不到,然后服药;～～到,则自无病。"❸保健养生。韩愈《与崔群书》:"宣州虽称清凉高爽,然皆大江之南,风土不并以北。～～之道,当先理其心。心闲无事,然后外患不入。"(不并以北:不与江北相同。)

【将养】 jiāngyǎng ❶奉养抚育。《墨子·非命上》:"外无以应待诸侯之宾客,内无以食饥衣寒,～～老弱。"❷调养,保养。《淮南子·原道训》:"是故圣人～～其神,和弱其气,平夷其形,而与道俛仰。"(俛:同"俯"。)❸怂恿,助长。《汉书·衡山王刘赐传》:"宾客来者,微知淮南、衡山有逆计,皆～～劝之。"

【将略】 jiànglüè 用兵的计谋策略。《世说新语·排调》:"郗司空拜北府,王黄门诣郗门拜云:'应变～～,非其所长。'骤咏之不已。"

【将率】 jiàngshuài ❶将帅。《荀子·富国》:"～～不能则兵弱。"❷率领。《韩非子·初见秦》:"昔者纣为天子,～～天下甲兵百万。"

【将指】 jiàngzhǐ 手的中指或脚的大趾。《说文·手部》:"拇,～～也。"《左传·定公十四年》:"灵姑浮以戈击阖庐,阖庐伤～～,取其一屦。"

【将将】 qiāngqiāng ❶高大庄严的样子。《诗经·大雅·緜》:"迺立应门,应门～～。"(应门:宫的正门。)❷广大的样子。《荀子·王霸》:"诗云:'如霜雪之～～,如日月之光明,为之则存,不为则亡。'此之谓也。"❸交集,聚集的样子。《荀子·赋》:"道德纯备,谗口～～。"❹金、玉撞击的声音。《诗经·郑风·有女同车》:"将翱将翔,佩玉～～。"又《鲁颂·閟宫》:"白牡骍刚,牺尊～～。"(骍刚:赤色的公牛。刚,通"犅"。)

茳

jiāng 见"茳蓠"。

【茳蓠】 jiānglí 香草名。司马相如《子虚赋》:"～～蘪芜,诸柘巴苴。"也作"江离"。《楚辞·离骚》:"扈～～与辟芷兮,纫秋兰以为佩。"(扈:披。辟:幽僻。纫:连结。)

浆(漿、𩟄)

jiāng ❶汁液。《楚辞·招魂》:"胹鳖炮羔,有柘～些。"(胹:煮。柘:通"蔗"。)❷用米熬成的酸汁,用以代酒。《孟子·梁惠王下》:"以万乘之国伐万乘之国,箪食壶～以迎王师,岂有他哉?"❸酒浆。《楚辞·九歌·东皇太一》:"蕙肴蒸兮兰藉,奠桂酒兮椒～。"《韩非子·外储说右上》:"虽有千金之玉卮,至贵而无当,漏,不可盛水,则孰人注～哉?"❹用米汤浆洗衣服,干后使之平挺。方回《日长三十韵寄赵宾》:"败絮熏还曝,麄絺洗更～。"

【浆饭】 jiāngfàn 粥。《韩非子·外储说右上》:"鲁以五月起众为长沟,当此之时,子路以其私秩粟为～～,要作沟者于五父之衢而飡之。"(要:邀。)

【浆酒霍肉】 jiāngjiǔhuòròu 视酒肉如浆

藿。极言奢侈浪费。《汉书·鲍宣传》："奈何独私养外亲与幸臣董贤，多赏赐以大万数，使奴从宾客～～～～，苍头庐儿皆用致富。"

畺 jiāng 同"疆"。边界，边境。《周礼·春官·肆师》："与祝侯禳于～及郊。"

僵 jiāng ❶仰面倒下。《战国策·燕策一》："妾知其药酒也，进之则杀主父，言之则逐主母，乃阳～弃酒。"（阳：通"佯"，假装。）《吕氏春秋·贵卒》："鲍叔之智应射而令公子小白～也，其智若镞矢也。"❷僵硬。《史记·淮南衡山列传》："～尸千里，流血顷亩，百姓力竭，欲为乱者十家而五。"

壃 jiāng 同"疆"。边界，边境。柳宗元《咏史》："悠哉辟～理，东海漫云浮。"

缰（韁） jiāng 马缰绳。班固《白虎通·诛伐》："人衔枚，马勒～，昼伏夜行为袭也。"㊂束缚人的东西。白居易《养拙》诗："身去～锁累，耳辞朝市谊。"（谊：同"喧"。缰锁：名缰利锁。）

殭 jiāng 同"僵"。卢仝《月蚀诗》："森森万木夜～立，寒气赑屃顽无风。"（赑屃：猛烈有力。）

疆 1. jiāng ❶田界。《诗经·小雅·信南山》："～埸翼翼，黍稷彧彧。"（翼翼：整齐的样子。彧彧：茂盛的样子。）㊂划定田界。《诗经·小雅·信南山》："我～我理，南东其亩。"《左传·文公元年》："秋，晋侯～戚田。"❷边界。《诗经·大雅·皇矣》："依其在京，侵自阮～。"《孟子·告子下》："入其～，土地辟，田野治。"《战国策·齐策二》："明日，张子行，犀首送之于齐～。"㊂极限，止境。《诗经·豳风·七月》："称彼兕觥，万寿无～。"（称：举。）❸姓。

2. jiàng ❹通"彊"。土质坚硬。《左传·襄公二十五年》："芳掩书土、田：度山林，鸠薮泽，辨京陵，表淳卤，数～潦。"

3. qiáng ❺通"彊"。强。《吕氏春秋·论人》："其索之弥远者，其推之弥疏；其求之弥～者，失之弥远。"

【疆徼】 jiāngjiào 边界。《梁书·武帝纪上》："遂使亿兆离心，～～侵弱，斯人何辜，离此涂炭。"

【疆事】 jiāngshì 边界争端之事。《左传·桓公十七年》："夏，及齐师战于奚，～～也。"

【疆埸】 jiāngyì ❶国界，边界。《管子·小匡》："审吾～～，反其侵地，正其封界。"柳开《代王昭君谢汉帝疏》："今用臣妾以和于戎，朝廷息轸顾之忧，～～无侵渔之患，尽系于臣妾也。"也作"疆易"。《荀子·富国》："观国之治乱臧否，至于～～而端已见矣。"（臧否：好坏。）❷田界。《诗经·小雅·信南山》："中田有庐，～～有瓜。"也作"疆易"。《汉书·食货志上》："还庐树桑，菜茹有畦，瓜瓠果蓏，殖于～～。"

【疆宇】 jiāngyǔ 疆域，国土。《后汉书·冯衍传》："攘其蝥贼，安其～～。"

讲（講） jiǎng ❶讲和，和解。《战国策·秦策四》："秦王谓楼缓曰：'三国之兵深矣，寡人欲割河东而～。'"《史记·苏秦列传》："已得～于魏，至公子延，因犀首属行而攻赵。"❷讲解。王安石《上皇帝万言书》："其能～先王之意以合当时之变者，盖合郡之间往往而绝焉。"曾巩《上欧阳学士第一书》："其口～之，身行之，以其馀者，书又存之，三者必相表里。"❸谈论，评议。《国语·鲁语上》："夫仁者～功，而智者处物。"《史记·太史公自序》："北涉汶泗，～业齐鲁之都。"欧阳修《胡先生墓表》："庆历四年，天子开天章阁，与大臣～天下事。"❹练习，熟练。《国语·周语上》："三时务农而一时～武，故征则有威，守则有财。"（三时：春、夏、秋。一时：冬。）《史记·刺客列传》："鲁句践已闻荆轲之刺秦王，私曰：'嗟乎！惜哉其不～于刺剑之术也！'"㊂重温。《左传·昭公十三年》："公如晋。荀吴谓韩宣子曰：'诸侯相朝，～旧好也。'"❺讲求，提倡。《礼记·礼运》："选贤与能，～信修睦。"《汉书·武帝纪》："故旅耆老，复孝敬，选豪俊，～文学。"❻谋划。《左传·襄公五年》："～事不令，集人来定。"（令：善。）❼通"顜"。明，直。《汉书·曹参传》："萧何为法，～若画一，曹参代之，守而无失。"❽通"构"。交合，连结。《国语·郑语》："声一无听，物一无文，味一无果，物一不～。"（果：美。）

【讲贯】 jiǎngguàn 讲习，讲论研习。《国语·鲁语下》："士朝受业，昼而～～，夕而习复，夜而计过无憾，而后即安。"

【讲解】 jiǎngjiě 讲和，和解。《史记·项羽本纪》："项王范增疑沛公之有天下，业已～～，又恶负约，恐诸侯叛之。"宋祁《杨太尉神道碑》："会戎译～～，兵悉罢屯。"

【讲究】 jiǎngjiū 探究。《宋史·食货志二》："神宗～～方田利害，作法而推行之。"

【讲聚】 jiǎngjù 学习探求。《国语·周语中》："武子遂不敢对而退，归乃～～三代之典礼，于是乎修执秩以为晋法。"

【讲求】 jiǎngqiú 学习探求。《左传·宣公十六年》："武子归而～～典礼，以修晋国之法。"

【讲师】 jiǎngshī ❶讲解经籍的人。《后汉书·礼仪志上》："养三老五更之仪，先吉日，司徒上太傅若～～，故三公人名，用其德行年耆高者一人为老，次一人为更也。”❷讲授武事。张协《七命》：“将因气以效杀，临金郊而～～。”

【讲肆】　jiǎngsì　❶讲舍，讲堂。陶渊明《示周续之祖企谢景夷三郎》诗：“马队非～～，校书亦已勤。”（马队：马舍。）❷见“讲肄”。

【讲学】　jiǎngxué　学习。《左传·昭公七年》：“孟僖子病不能相礼，乃～～之，苟能礼者从之。”

【讲肄】　jiǎngyì　讲习。《汉书·刑法志》：“至武帝平百粤，内增七校，外有楼船，皆岁时～～，修武备云。”卢照邻《益州至真观主黎君碑》：“武骑迁升之路，冠盖云飞，文翁～～之堂，英灵雾集。”也作“讲肆”。《晋书·范汪传》：“汪屏居吴郡，从容～～，不言枉直。”

奖（奬、獎）

jiǎng　❶劝勉，勉励。《左传·昭公二十二年》：“君若惠保敝邑，无亢不衷，以～乱人，孤之望也。”（亢：保护。不衷：不善。）《三国志·魏书·三少帝纪》：“祚及后胤，所以～劝将来。”❷称赞，夸奖。《旧唐书·刘禹锡传》：“禹锡尤为叔文知～。”❸奖励。《北齐书·赵彦深传》：“提～人物，皆行业为先。”（行业：品德学业。）❹辅佐，帮助。《左传·襄公十一年》：“载书曰：‘凡我同盟，毋蕴年，毋壅利，毋保奸，毋留慝，救灾患，恤祸乱，同好恶，～王室。’”

【奖借】　jiǎngjiè　勉励推重。《宋史·李沆传》：“沆弟维，性宽易，喜愠不见于色，～～后进。”

【奖进】　jiǎngjìn　鼓励引进。《后汉书·孔融传》：“面告其短，而退称所长，荐达贤士，多所～～。”（面：当面。）

【奖饰】　jiǎngshì　称誉赞美。《三国志·吴书·孙权传》注引《魏略》：“本性空薄，文武不昭，昔承父兄成军之绪，得为先王所见～～。”

【奖挹】　jiǎngyì　奖励提拔。《后汉书·郭太传》：“其～～士人，皆如所鉴。”

桨（槳）

jiǎng　划船用具，船桨。苏轼《前赤壁赋》：“歌曰：‘桂棹兮兰～，击空明兮泝流光。渺渺兮余怀，望美人兮天一方。’”（泝：同“溯”。流光：水面浮动的月光。）

蒋（蔣）

jiǎng（旧读 jiāng）　❶菰，多年生草本植物，生在浅水里，开淡紫红色小花。司马相如《上林赋》：“鲜支黄砾，～苧青薠。”（苧：“茅”字之误。茅，荆三稜，又称三棱草。）左思《蜀都赋》：“其沃瀛则有攒～丛蒲。”❷周代国名，在今河南固始。《左传·襄公十二年》：“是故鲁为诸姬，临于周庙，为邢、凡、～、茅、胙、祭，临于周公之庙。”❸通“奖”。《汉县三老杨信碑》：“～厉兵甲。”❹姓。

搢

jiǎng　见 jìn。

顜（顜）

jiǎng　明，直。《史记·曹相国世家》：“百姓歌之曰：‘萧何为法，～若画一，曹参代之，守而勿失。载其清净，民以宁一。’”

匠

jiàng　❶木工，木匠。《左传·襄公四年》：“～庆用蒲圃之檟，季孙不御。”（庆：人名。御：止。）㉢工匠，有某种专门手艺的技工。《论衡·量知》：“能斲削柱梁，谓之木～；能穿凿穴埳，谓之土～；能彫琢文书，谓之史～。”㉧指某种专业知识或技能造诣很深的人。《隋书·包恺传》：“于时《汉书》学者以萧包二人为宗～。”（宗匠：宗师，大师。）❷制造，产生。《楚辞·天问》：“女娲有体，孰制～之？”㉢精巧构思。王士源《孟浩然集序》：“文不按古，～心独妙。”❸计划，设计。李格非《洛阳名园记·富郑公园》：“亭台花木皆出其目营心～。”❹教，引导。《楚辞·七谏·哀命》：“念私门之正～兮，遥涉江而远去。”❺姓。

【匠成】　jiàngchéng　培养教育而成。《淮南子·泰族训》：“入学庠序，以修人伦，此皆人之所有于性，而圣人之所～～也。”

【匠人】　jiàngrén　❶木工。《孟子·梁惠王下》：“工师得大木，则王喜，以为能胜其任也；～～斲而小之，则王怒，以为不胜其任矣。”《战国策·赵策一》：“吾已大矣，年已长矣，吾苦夫～～，且以绳墨案规矩刻镂我。”（且：将。規：同“规”。）❷官名。主管营造宫室、城郭、沟洫的官员。《周礼·考工记·匠人》：“～～建国。”❸指挥灵车前进和棺椁下葬的人。《礼记·杂记下》：“～～执羽葆御柩。”

【匠宰】　jiàngzǎi　主持考核并议定官吏等级的高级官员。《三国志·魏书·夏侯玄传》：“闾阎之议，以意裁处，而使～～失位，众人驱骇，欲风俗清静，其可得乎？”

降

1. jiàng　❶从高处走下来。《诗经·大雅·公刘》：“陟则在巘，复～在原。”《论语·乡党》：“出，～一等，逞颜色，怡怡如也。”（等：级，台阶。）❷降落。《老子·三十二章》：“天地相合，以～甘露，民莫之令而自均。”《孟子·梁惠王下》：“归市者不止，耕者不变，诛其君而吊其民，若时雨～，民大悦。”❸降临。犹言从天上下来。《尚书·尧典》：“釐～二女于妫汭，嫔于虞。”（釐：饬令。嫔:嫁。)《国语·周语上》:“十五年,有神～于莘。”《楚辞·九歌·湘夫人》:“帝子～兮北渚,目眇眇兮愁予。”㉛临幸。潘岳《籍田赋》:“于是我皇乃～灵坛,抚御耦。”❹降生。《楚辞·离骚》:“摄提贞于孟陬兮,惟庚寅吾以～。”❺降给。《孟子·告子下》:“故天将～大任于是人也,必先苦其心志,劳其筋骨。”《国语·周语中》:“令天～祸灾于周室,余一人仅亦守府。”❻地位下降。《左传·隐公三年》:“夫宠而不骄,骄而能～,～而不憾,憾而能眕者鲜矣。”❼降职或降级。《左传·昭公六年》:“有犯命者,君子废,小人～!”(废:撤职。)❽降低,减损。《论语·微子》:“子曰:‘不～其志,不辱其身,伯夷、叔齐与?’”❾抑制。嵇康《与山巨源绝交书》:“虽瞿然自责,然性不可化,欲～心顺俗,则诡故不情,亦终不能获无咎无誉。”(诡:违。)❿下传。传到……时候。柳宗元《封建论》:“然而～于夷王,害礼伤尊,下堂而迎觐见者。”⓫通“洚”。泛滥。《尚书·大禹谟》:“帝曰:‘来禹!～水儆予。’”《水经注·河水五》:“[水]不遵其道曰～,亦曰溃。”⓬(gòng)通“共”。共同,和同。《左传·哀公二十六年》:“六卿三族～听政,因大尹以达。”⓭(hóng)通“隆”。重,大。《管子·度地》:“当秋三月,山川百泉踊,～雨下,海路距,雨露属。”《吕氏春秋·古乐》:“通大川,决壅塞,凿龙门,～通漻水以导河。”

2. xiáng ⓮投降。司马迁《报任少卿书》:“李陵既生～,隤其家声,而仆又佴之蚕室,重为天下观笑。”(隤:败坏。)《三国志·蜀书·诸葛亮传》:“琮闻曹公来征,遣使请～。”㉜使投降。《汉书·苏武传》:“会论虞常,欲因此时～武。”⓯降服。《公羊传·庄公三十年》:“齐人～鄣。鄣者何?纪之遗邑也。～之者何?取之也。”⓰悦服,平静。《诗经·小雅·出车》:“既见君子,我心则～。”⓱姓。

【降服】 jiàngfú ❶脱去上服。表示谢罪。《国语·晋语四》:“公子惧,～～囚命。”❷不穿华丽衣服。《左传·成公五年》:“国主山川,故山崩川竭,君为之不举、～～、乘缦、彻乐、出次、祝币,史辞以礼焉。”

【降格】 jiànggé ❶降临。《尚书·多士》:“有夏不适逸,则惟帝～～,向于时夏。”❷降低格调。皎然《诗式·律诗》:“假使曹刘～～,来作律诗,二子并驱,未知孰胜。”

【降婚】 jiànghūn 富家女子降低身份下嫁寒士。《晋书·礼志》:“皇帝嘉命,～～卑陋。”

【降鉴】 jiàngjiàn 对下体察。《后汉书·班固传》:“上帝怀而～～,致命于圣皇。”

【降戾】 jiànglì 降临。《国语·周语下》:“景王二十一年,将铸大钱。单穆公曰:‘不可。古者,天灾～～,于是乎量资币,权轻重,以振救民。’”

【降北】 xiángběi 投降败北。《韩非子·五蠹》:“故令尹诛而楚奸不上闻,仲尼赏而鲁民易～～。”

【降表】 xiángbiǎo 表示投降的奏章。《新五代史·后蜀世家》:“初,昊事王衍为翰林学士,衍之亡也,昊为草～～,至是又草焉。蜀人夜表其门曰:‘世修～～李家。’当时传以为笑。”

【降服】 xiángfú 投降归顺。《汉书·宣帝纪》:“夏五月,羌虏～～。”《后汉书·光武帝纪上》:“十馀万众,束手～～。”

绛(絳) jiàng ❶深红色。《史记·田单列传》:“田单乃收城中得千馀牛,为～缯衣,画以五彩龙文,束兵刃于其角,而灌脂束苇于尾,烧其端。”《后汉书·窦宪传》:“玄甲耀日,朱旗～天。”❷绛草。左思《吴都赋》:“江蓠之属,海苔之类,纶组紫～,食葛香茅。”❸地名。一在今山西省翼城县东南,一在今山西省曲沃县西南。

【绛唇】 jiàngchún 红唇。鲍照《芜城赋》:“东都妙姬,南国丽人。蕙心纨质,玉貌～～。”

【绛芳】 jiàngfāng 红花。王勃《采莲赋》:“餐素食兮吸～～,荷为衣兮芰为裳。”

【绛氛】 jiàngfēn 绛色的雾气。江淹《赤虹赋》:“于是紫雾上河,～～下汉。”

【绛府】 jiàngfǔ 仙宫。吴莱《射的山龙瑞宫问阳明洞天洞盖是禹穴》诗:“黄庭或秘景,～～尚灵仙。”

【绛老】 jiànglǎo 原指春秋晋国绛地一老人。后用作高寿老人的代称。刘克庄《赠许登仕》诗:“预算粉郎将死日,能推～～始生年。”也称“绛人”。刘长卿《奉寄婺州李使君舍人》诗:“天清婺女出,土厚～～多。”

【绛阙】 jiàngquè 宫门。孙楚《为石仲容与孙皓书》:“曜兵剑阁,而姜维面缚。开地五千,列郡三十。师不踰时,梁益肃清,使窃号之雄稽颡～～,球琳重锦,充于府库。”

【绛人】 jiàngrén 见“绛老”。

【绛帐】 jiàngzhàng ❶深红色的纱帐。因东汉学者马融讲课常坐高堂,高置红色的纱帐,于是后代往往借用“绛帐”一词来指师长或讲座。元稹《奉和荥阳公离筵作》:“南郡生徒辞～～,东山妓乐拥油旌。”李商隐《过故崔兖海宅与崔明秀才话旧》诗："～～恩如昨，乌衣事莫寻。"❷比喻红叶。白居易《和杜录事题红叶》："连行排～～，乱落剪红巾。"（帐：一本作"叶"。）❸台名。在今湖北荆州西南。

弶（摾） jiàng 一种由弓、网组成的捕捉鸟兽的工具。竺法护《鹿母经》："有一鹿母，怀妊独逝，被逐饥疲，失侣怅怏。时生二子，舍行求食，茕悸失措，堕猎～中。"

强 jiàng 见 qiáng。

滰 jiàng 把淘的米漉干。《孟子·万章下》："孔子之去齐，～淅而行；去鲁，曰：'迟迟吾行也，去父母国之道也。'"（滰：今本作"接"，误。淅：淘米。）

彊（疆） jiàng 山名用字。彊台山，在青海境内，即西倾山。

酱（醬） jiàng ❶用盐、醋等调料腌成的肉酱。《后汉书·礼仪志上》："执～而馈，执爵而酳。"（酳：饭后用酒漱口。）❷豆麦或其他食物发酵或捣烂后调制而成的调味品。《论语·乡党》："割不正不食，不得其～不食。"枚乘《七发》："于是使伊尹煎熬，易牙调和，熊蹯之臑，勺药之～。"（臑：同"胹"。）

jiao

艽 jiāo 见 qiú。

交 jiāo ❶交叉，交错。《诗经·秦风·小戎》："～韔二弓，竹闭绲縢。"《孟子·滕文公上》："兽蹄鸟迹之道，～于中国。"㊀交加，同时出现。《左传·昭公二十七年》："鱄设诸寘剑于鱼中以进，抽剑刺王，铍～于胷，遂弑王。"❷交互，交相。《孟子·梁惠王上》："上下～征利而国危矣。"《楚辞·九歌·东君》："縆瑟兮～鼓，箫钟兮瑶簴。"（鼓：击鼓。）❸皆，都。《战国策·赵策三》："今秦万乘之国，梁亦万乘之国，俱据万乘之国，～有称王之名。"韩愈《曹成王碑》："江东新刳于兵，郡旱饥，民～走死无吊。"❹毗连。《战国策·赵策二》："昔者先君襄主与代～地，城境封之，名曰无穷之门，所以昭后而期远也。"（城：筑城。）❺交接，接触。《史记·袁盎晁错列传》："太后尝病三年，陛下不～睫，不解衣。"《后汉书·袁绍传》："会公孙瓒师旅南驰，陆掠北境，臣即星驾席卷，与瓒～锋。"❻交配。《吕氏春秋·仲冬》："仲冬之月……冰益壮，地始坼，鹖旦不鸣，虎始～。"❼交会，相遇。《论衡·物势》："案龙虎～不相贼，鸟龟会不相害。"（贼：伤害。）❽结交，交往。《论语·学而》："与朋友～而不信乎？"《孟子·梁惠王下》："齐宣王问曰：'～邻国有道乎？'"《史记·鲁仲连邹阳列传》："今其人在此，胜为绍介，～之于将军。"㊀交情，交谊。《庄子·山木》："夫相收之与相弃亦远矣，且君子之～淡若水，小人之～甘若醴。"❾更迭，替换，一个接一个。《诗经·邶风·北门》："我入自外，室人～徧谪我。"（谪：责怪。）❿交授，交代。《礼记·礼器》："室事～乎户，堂事～乎阶。"《后汉书·光武帝纪上》："司徒官属迎吊光武，光武难～私语，深引过而已。"⓫前后相接的时候。《国语·晋语二》："火中而旦，其九月、十月之～乎？"⓬通"蛟"。古代传说能发洪水的一种龙。《汉书·高帝纪上》："父太公往视，则见～龙于上。"⓭（jiǎo）通"绞"。急切。《荀子·劝学》："诗曰'匪～匪舒，天子所予'，此之谓也。"⓮（jiǎo）通"狡"。狡猾，奸诈。《荀子·大略》："蔽公者谓之昧，隐良者谓之妒，奉妒昧者谓之～谲。"《后汉书·孔融传》："破浮华～会之徒。"⓯（jiào）通"校"。考校。《管子·幼官》："～物因方，则器械备；因能利备，则求必得。"⓰（jiào）通"教"。叫，使。罗隐《铜雀台》诗："祇合当年伴君死，免～憔悴望西陵。"（合：该。）

【交臂】 jiāobì ❶臂膊相交。形容徒手搏斗的姿态。《吕氏春秋·顺民》："今吴越之国相与俱残，士大夫履肝肺，同日而死，孤与吴王接颈～～而偾，此孤之大愿也。"（偾：僵仆，死。）❷拱手。表示恭敬、顺从。《战国策·魏策二》："成恢为犀首谓韩王曰：'疾攻蔷，楚师必进矣。魏不能支，～～而听楚，韩氏必危，故王不如释蔷。'"《史记·苏秦列传》："今西面～～而臣事秦，何异于牛后乎？"《三国志·魏书·武帝纪》："王师首路，威风先逝，百城八郡，～～屈膝。"❸反缚。《庄子·天地》："内支盈于柴栅，外重纆缴，睆睆然在纆缴之中而自以为得，则是罪人～～历指而虎豹在于囊槛，亦可以为得矣。"（纆缴：被绳索束缚。）❹结交，结识。《三国志·魏书·华歆传》注引孙盛曰："歆既无夷、皓韬邈之风，又失王臣匪躬之操，故挠心于邪儒之说，～～于陵肆之徒，位夺于一竖，节堕于当时。"㊀知心朋友。骆宾王《与博昌父老书》："自解携襟袖，一十五年，～～存亡，略无半在。"

【交党】 jiāodǎng 同党。《史记·燕召公世家》："已而启与～～攻益，夺之。"《论衡·非韩》："治一身，省恩德之行，多伤害之操，则～～疏绝，耻辱至身。"

【交道】 jiāodào ❶纵横相交的十字路。《晋书·石季龙载记下》:"火灭,取灰分置诸门~~中。"❷交友的办法。李白《古风》之五十九:"世途多翻覆,~~方崄巇。"陈师道《五子相送至湖陵》诗:"高怀已为故人尽,~~应留后代看。"

【交孚】 jiāofú 互相信任,志同道合。《周易·睽》:"九四,睽孤,遇元夫,~~,厉无咎。"沈鲸《双珠记·奏议颁赦》:"君臣~~,则天人感应也。"

【交盖】 jiāogài 路上两车相遇,车盖相接。形容朋友交谈亲切。黄庭坚《次韵裴仲谋同年》:"~~春风汝水边,客床相对卧僧毡。"

【交割】 jiāogē ❶彼此割地。《战国策·齐策五》:"明于诸侯之故,察于地形之理者,不约亲,不相质而固,不趋而疾,众事而不反,~~而不相憎,俱强而加以亲。"(众事:共事。)❷移交工作时,双方把有关事情交代清楚。曾巩《辞直龙图阁知福州状》:"臣已~~本职公事与以次官员,不敢于旧任处久住。"

【交钩】 jiāogōu 交错,混杂。欧阳修《送黎生下第还蜀》诗:"遂令学者迷,异说相~~。"

【交构】 jiāogòu ❶交合,结合。《后汉书·周举传》:"二仪~~,乃生万物。"也作"交媾"。李白《草创大还赠柳官迪》诗:"造化合元符,~~腾精魄。"❷相互构陷。《后汉书·陈蕃传》:"而帝乳母赵娆,旦夕在太后侧,中常侍曹节、王甫等与共~~,谄事太后。"《三国志·吴书·贺齐传》:"齐令越人因事~~,遂致疑隙,阻兵相图。"

【交媾】 jiāogòu 见"交构①"。

【交关】 jiāoguān ❶交通往来。《后汉书·西羌传》:"武帝通道玉门,隔绝羌胡,使南北不得~~。"❷交往,结识。《后汉书·党锢传序》:"或有未尝~~,亦离祸毒。"❸勾结。《三国志·魏书·陈思王植传》注引《典略》:"至二十四年秋,公以[杨]修前后漏泄言教,~~诸侯,乃收杀之。"❹连接屏风的合页。李贺《屏风曲》:"蝶棲石竹银~~,水凝绿鸭瑠璃钱。"

【交和】 jiāohé ❶互相融合。张衡《东京赋》:"于是阴阳~~,庶物时育。"(庶:众。)❷两军对垒。《战国策·齐策一》:"与秦~~而舍,使者数相往来,章子为变其徽章,以杂秦军。"

【交横】 jiāohéng 纵横。《史记·外戚世家》:"于是窦太后持之而泣,泣涕~~下。"杜甫《佐还山后寄》诗之三:"几道泉浇圃,~~落幔坡。"

【交戟】 jiāojǐ ❶持戟相交。《史记·项羽本纪》:"哙即带剑拥盾入军门,~~之卫士,欲止不内。"❷宫禁。《汉书·楚元王传》:"今佞邪与贤臣并在~~之内,合党共谋,违善依恶,歙歙訿訿,数设危险之言,欲以倾移主上。"

【交加】 jiāojiā ❶相交累加,聚集错杂。宋玉《高唐赋》:"~~累积,重叠增益。"杜甫《春日江村》诗之三:"种竹~~翠,栽桃烂漫红。"❷结识。《后汉书·孙程传》:"臣生自草茅,长于宫掖,既无知人之明,又未尝~~士类。"

【交交】 jiāojiāo ❶象声词。鸟鸣声。《诗经·秦风·黄鸟》:"~~黄鸟,止于棘。"❷鸟飞来飞去的样子。《诗经·小雅·桑扈》:"~~桑扈,有莺其羽。"(桑扈:青雀。)❸交加错杂的样子。王安石《半山春晚即事》诗:"翳翳陂路静,~~园屋深。"

【交接】 jiāojiē ❶结交,交往。《墨子·尚贤中》:"外有以为皮币,与四邻诸侯~~,内有以食饥息劳,将养其万民。"❷兵器相接。《淮南子·兵略训》:"是故兵未~~而敌人恐惧。"❸交配,性交。《汉书·高五王传》:"或白昼使嬴伏,犬马~~。"(嬴:同"裸"。)

【交结】 jiāojié ❶互相连结。何晏《景福殿赋》:"欂栌各落以相承,栾栱夭蟜而~~。"(欂栌:斗拱。栾栱:柱上曲木。)❷交往。《后汉书·第五伦传》:"倾身~~冠盖之士。"❸勾结。《汉书·隽不疑传》:"武帝崩,昭帝即位,而齐孝王孙刘泽,~~郡国豪杰谋反。"

【交口】 jiāokǒu 众口同声。韩愈《柳子厚墓志铭》:"诸公要人,争欲令出我门下,~~荐誉之。"

【交契】 jiāoqì 友好投合。孟郊《赠韩郎中愈》诗:"何以定~~,赠君高山石。"

【交善】 jiāoshàn 交往密切,友好相处。《战国策·西周策》:"~~,周君必以公功;交恶,劝周君入秦者,必有罪矣。"《后汉书·朱晖传》:"晖又与同郡陈揖~~。"

【交市】 jiāoshì 互相通商,往来贸易。《后汉书·西域传》:"[大秦]与安息、天竺~~于海中,利有十倍。"

【交手】 jiāoshǒu ❶携手,手拉着手。《楚辞·九歌·河伯》:"子~~兮东行,送美人兮南浦。"《南史·李安人传》:"君后当大富贵,与天子~~共戏。"❷拱手,示敬意。《汉书·武五子传》:"前高后时伪立子弘为皇帝,诸侯~~事之八年。"❸交战,交兵。

《北齐书·琅邪王俨传》:“小儿辈弄兵,与～～即乱。”❹角力或比武。《水浒传》九回:“两个教师就明月地上～～,真个好看。”

【交绥】 jiāosuí ❶敌对双方的军队各自撤退。《左传·文公十二年》:“秦以胜归,我何以报,乃皆出战,～～。”❷两军交战。卢思道《为北齐檄陈文》:“吕梁之役,贯盈恶稔,曾未～～,云卷雾彻。”

【交通】 jiāotōng ❶空间上的彼此通达。《汉书·匈奴传》:“近西羌保塞,与汉人～～。”陶渊明《桃花源记》:“阡陌～～,鸡犬相闻。”❷交往,交游。《史记·魏其武安侯列传》:“诸所与～～,无非豪桀大猾。”《三国志·蜀书·刘璋传》:“刘豫州,使君之肺腑,可与～～。”❸暗中勾结。《后汉书·刘永传》:“元始中,立与平帝外家卫氏～～,为王莽所诛。”❹情感上的沟通、交流。《史记·吕太后本纪》:“上有欢心以安百姓,百姓欣然以事其上,欢欣～～而天下治。”❺两种对立因素的相互作用。《庄子·田子方》:“尝为汝议乎其将:至阴肃肃,至阳赫赫。肃肃出乎天,赫赫发乎地。两者～～成和而物生焉。”

【交午】 jiāowǔ ❶纵横交错。《穀梁传·昭公十九年》“羁贯成童”注:“羁贯,谓～～翦发以为饰,成童八岁以上。”洪迈《夷坚甲志·高俊入冥》:“二径～～,不知所适。”❷华表的别名。崔豹《古今注·问答释义》:“程雅问曰:‘尧设诽谤之木,何也?’答曰:‘今之华表木也。以横木交柱头,状若花也。形似桔槔,大路交衢悉施焉。或谓之表木,以表王者纳谏也。亦以表识衢路也。秦乃除之,汉始复修焉。今西京谓之～～也。’”

【交恶】 jiāowù 互相憎恨。《左传·隐公三年》:“周郑～～。”

【交心】 jiāoxīn ❶交集于心。陶渊明《时运》诗序:“春服既成,景物斯和,偶景独游,欣慨～～。”❷以诚相见。孔尚任《桃花扇·访翠》:“你们一对儿吃个～～酒何如?”

【交易】 jiāoyì ❶买卖,贸易。《孟子·滕文公下》:“何为纷纷然与百工～～?”《汉书·货殖传》:“以为陶天下之中,诸侯四通,货物所～～也,乃治产积居,与时逐而不责于人。”❷交换。《论衡·量知》:“抱布贸丝,～～有亡,各得所愿。”(亡:通“无”。)❸往来。《公羊传·宣公十二年》:“君之不令臣～～为言。”

【交游】 jiāoyóu ❶交际,结交朋友。《荀子·君道》:“其～～也,缘类而有义。”《史记·滑稽列传》:“若朋友～～,久不相见,卒然相睹,欢然道故,私情相语,饮可五六斗径醉矣。”❷有交往的朋友。杜甫《遣意二首》诗之一:“渐喜～～绝,幽居不用名。”

【交争】 jiāozhēng ❶互相争论。《史记·老子韩非列传》:“深计而不疑,～～而不罪。”❷争相。《吕氏春秋·贵当》:“观人主也,其朝臣多贤,左右多忠,主有失,皆～～证谏。”(证:谏。)❸交集。张衡《东京赋》:“客既醉于大道,饱于文义,劝德畏戒,喜惧～～。”

【交志】 jiāozhì 心志相通,情意投合。《论衡·书虚》:“贤者同操,故千岁～～。”

【交质】 jiāozhì ❶互相用人作抵押,以取信于对方。《左传·隐公三年》:“周郑～～,王子狐为质于郑,郑公子忽为质于周。”❷指以物品作抵押。任昉《奏弹刘整》:“何其不能折契钟庾,而襜帷～～。”

【交子】 jiāozǐ 宋代发行的纸币。楼钥《北行日录三则》:“涂中曾遇蒲篓数扛,导之以旗,殿以二骑,或云其中皆～～也。”《宋史·食货志下三》:“～～之法盖有取于唐之飞钱。”

【交捽】 jiāozuó 互相冲突,对抗。《国语·晋语一》:“戎、夏～～。”

乔

jiāo 见 qiáo。

郊

jiāo ❶古代都城以外,百里以内的地方叫郊。《孟子·梁惠王下》:“臣闻～关之内有囿方四十里,杀其麋鹿者如杀人之罪。”《战国策·齐策一》:“田侯曰:‘善。’乃起兵,曰:‘军于邯郸之～。’”(军:驻扎。)㊀郊野,野外。江淹《望荆山》诗:“寒～无留影,秋日悬清光。”㊁指在郊外。《孟子·告子上》:“牛山之木尝美矣,以其～于大国也,斧斤伐之。”❷古代帝王在国都近郊祭祀天地及其他神灵。《国语·鲁语上》:“故有虞氏禘黄帝而祖颛顼,～尧而宗舜。”韩愈《原道》:“～焉而天神假,庙焉而人鬼飨。”(假:通“格”。至,来。)❸姓。

【郊柴】 jiāochái 烧柴祭天。《汉书·郊祀志下》:“臣闻～～飨帝之义,埽地而祭,上质也。”

【郊次】 jiāocì 住在郊外。《左传·僖公三十三年》:“秦伯素服～～,乡师而哭。”(乡:通“向”。朝着,对着。)

【郊甸】 jiāodiàn 郊野。《左传·襄公二十一年》:“罪重(chóng)于～～,无所伏窜,敢布其死。”

【郊劳】 jiāolào 到郊外迎接并慰劳。《国语·周语上》:“襄王使太宰文公及内史兴赐晋文公命,上卿逆于境,晋侯～～,馆诸宗庙,馈九牢,设庭燎。"

【郊庙】 jiāomiào 祭祀天地和祖先。《礼记·月令》:"是月也,命妇官染采,黼黻文章,必以法故,无或差贷……以给～～祭祀之服。"《吕氏春秋·当染》:"鲁惠公使宰让请～～之礼于天子。"

【郊牧】 jiāomù 郊外放牧的地方。《国语·周语中》:"国有～～,疆有寓望,薮有圃草,囿有林池,所以御灾也。"(寓:边界哨所。望:瞭望边界的人。)

【郊社】 jiāoshè ❶祭祀天地之处。《尚书·泰誓下》:"～～不修,宗庙不享,作奇技淫巧以悦妇人。"❷祭祀天地。《礼记·中庸》:"～～之礼,所以事上帝也。"

【郊祀】 jiāosì 在国都近郊祭祀天地。《汉书·郊祀志上》:"古者天子夏亲～～上帝于郊,故曰郊。"

【郊遂】 jiāosuì 古代都城外百里为郊,郊外百里为遂。也泛指郊野。张衡《西京赋》:"便旋闾阎,周观～～,若神龙之变化,章后皇之为贵。"

【郊圻】 jiāoyín ❶都邑的疆界。《尚书·毕命》:"申画～～,慎固封守。"(圻:通"垠"。边际,界限。)❷郊野。高適《同陈留崔司户早春宴蓬池》诗:"同官载酒出～～,晴日东驰雁北飞。"

【郊迎】 jiāoyíng 出迎于郊,以示敬重。《战国策·秦策一》:"将说楚王,路过洛阳,父母闻之,清宫除道,张乐设饮,～～三十里。"

浇(澆) 1. jiāo ❶灌溉。《三国志·魏书·邓艾传》:"艾以为田良水少,不足以尽地利,宜开河渠,可以引水～溉。"《宋史·河渠志》:"～溉民田,顷亩浩瀚。"❷浇薄,轻薄。《后汉书·蔡邕传赞》:"籍梁怀董,名～身毁。"王勃《上吏部裴侍郎启》:"自微言既绝,斯文不振。屈宋导～源于前,枚马张淫风于后。"㊀使浇薄。《汉书·黄霸传》:"～淳散朴,并行伪貌,有名亡实,倾摇解怠,甚者为妖。"(亡:通"无"。)

2. nào ❸水流的回波。张衡《南都赋》:"汰瀺灂兮船容裔,阳侯～兮掩鸟鹥。"(阳侯:波神名。引申指波浪。)❹姓。

3. ào ❺人名。夏代有穷氏国君寒浞之子。《楚辞·离骚》:"～身被服强圉兮,纵欲而不忍。"(浇:一作"奡"。)

【浇风】 jiāofēng 轻薄的社会风气。王中《头陀寺碑文》:"淳源上派,～～下黩。"

【浇季】 jiāojì 风俗浮薄的末世。《北史·周武帝纪》:"运当～～,思复古始。"

【浇末】 jiāomò 社会风气轻薄的末世。《陈书·后主纪》:"朕君临区宇,属当～～。"

【浇馔】 jiāozàn 用羹汤浇饭。比喻浊乱。《楚辞·九思·伤时》:"时混混兮～～,哀当世兮莫知。"

恔(憍) jiāo 同"骄"。骄横放纵。《楚辞·九章·抽思》:"～吾以其美好兮,览余以其修姱。"

茭 1. jiāo ❶干草。《墨子·辞过》:"古之民未知为衣服时,衣皮带～。"(衣皮:以皮为衣。带茭:以茭为带。)❷牛马饲料。《尚书·费誓》:"鲁人三郊三遂,峙乃刍～,无敢不多,汝则有大刑。"㊀收割饲草。《史记·河渠书》:"五千顷故尽河壖弃地,民～牧其中耳,今溉田之,度可得谷二百万石以上。"(牧:放牧。)❸用竹片或芦苇编成的缆索。《史记·河渠书》:"搴长～兮沉美玉,河伯许兮薪不属。"❹菰,茭白。郑珍《江边老叟》诗:"甲午骑骡宿公安,老～缚壁芦作椽。"❺牛蕲。一名野茴香。《尔雅·释草》:"～,牛蕲。"

2. xiào ❻可吃的草根。《尔雅·释草》:"葯,～。"

3. jī ❼弓檠。一种矫正弓的工具。《周礼·考工记·弓人》:"今夫～解中有变焉,故挍。"

咬 jiāo 见 yǎo。

骄(驕) 1. jiāo ❶马高大健壮。《诗经·卫风·硕人》:"四牡有～,朱幩镳镳。"(幩:缠在马口两旁镳上的绸带。)❷马性暴烈,不受控制。温庭筠《清明日》诗:"马～偏避幰,鸡骇乍开笼。"❸指人骄横放纵。《诗经·魏风·园有桃》:"不知我者,谓我士也～。"《史记·五帝本纪》:"富而不～,贵而不舒。"㊀使骄傲。《左传·文公十六年》:"师叔曰:'不可。姑又与之遇以～之。'"《孙子·计》:"怒而挠之,卑而～之。"❹不习惯,不熟练。《逸周书·皇门》:"譬若畋犬,～用逐禽,其犹不克有获。"❺强烈。杜甫《阻雨不得归瀼西甘林》诗:"三伏适已过,～阳化为霖。"❻骄宠,宠爱。嵇康《与山巨源绝交书》:"少加孤露,母兄见～,不涉经学,性复疏懒。"(孤露:年幼丧父,无人保护。见骄:骄宠我。)

2. xiāo ❼见"歊骄"。

【骄暴】 jiāobào 骄横暴戾。《史记·乐毅列传》:"诸侯害齐湣王之～～,皆争合从与燕伐齐。"

【骄悖】 jiāobèi 骄傲悖乱。《论衡·谴告》:"是故康叔、伯禽失子弟之道,见于周公,拜起～～,三见三答。"

【骄代】 jiāodài 奢华之风盛行的时代。张华《轻薄篇》:"末世多轻薄,～～如浮华。"

【骄蹇】 jiāojiǎn ❶傲慢不恭。《三国志·魏书·荀彧传》注引《平原祢衡传》:"后衡～～,答[黄]祖言俳优饶言,祖以为骂己也,大怒,顾伍伯捉头出。"❷不顺。杜甫《种莴苣》诗:"阴阳一错乱,～～不复理。"

【骄骄】 jiāojiāo 草高而茂盛的样子。《诗经·齐风·甫田》:"无田甫田,维莠～～。"(甫田:大田。)也作"乔乔"。《法言·修身》:"或曰:'田圃田者莠～～,思远人者心忉忉。'"

【骄节】 jiāojié 骄慢的志节。《论衡·率性》:"孔子引而教之,渐渍磨砺,阖导牖进,猛气消损,～～屈折,卒能政事,序在四科。"

【骄矜】 jiāojīn 骄傲自夸。《论衡·书虚》:"葵丘之会,桓公～～,当时诸侯畔者九国。"杜甫《赠特进汝阳王二十二韵》:"寸长堪缱绻,一诺岂～～。"

【骄倨】 jiāojù 骄横倨傲。《吕氏春秋·下贤》:"得道之人,贵为天子而不～～,富有天下而不骋夸。"(骋夸:放纵而炫耀。)《论衡·率性》:"是故叔孙通制定礼仪,拔剑争功之臣,奉礼拜伏,初～～而后逊顺,教威德,变易性也。"

【骄人】 jiāorén 骄傲得志的小人。《诗经·小雅·巷伯》:"～～好好,劳人草草。"

【骄汰】 jiāotài 见"骄泰"。

【骄泰】 jiāotài 骄奢淫逸。《国语·晋语八》:"及桓子～～奢侈,贪欲无艺,略则行志,假贷居贿,宜及于难,而赖武之德,以没其身。"(艺:极。略:犯。)也作"骄汰"。贾谊《新书·修政语上》:"禹问于诸侯曰:'其闻寡人之～～邪?'"

【骄佚】 jiāoyì 奢侈而贪图安逸。《左传·成公六年》:"国饶,则民～～。"《汉书·淳于长传》:"莽求见太后,具言长～～。"也作"骄逸"。《汉书·张汤传》:"～～悖理,与背畔无异。"

【骄逸】 jiāoyì 见"骄佚"。

【骄盈】 jiāoyíng 骄傲自满。《荀子·仲尼》:"愚者反是,处重擅权,则好专事而妬贤能,抑有功而挤有罪,志～～而轻旧怨。"(抑:压制。)

【骄战】 jiāozhàn 恃强而战。高適《自淇涉黄河途中作》诗:"力争固难恃,～～曷能久?"

【骄恣】 jiāozì 骄傲放纵。《史记·吕太后本纪》:"六年十月,太后曰吕王嘉居处～～,废之。"《三国志·蜀书·刘璋传》:"璋,字季玉,既袭焉位,而张鲁稍～～,不承顺璋,璋杀鲁母及弟,遂为雠敌。"

姣 jiāo ❶貌美。《孟子·告子上》:"至于子都,天下莫不知其～也。"《楚辞·九章·惜往日》:"妒佳冶之芬芳兮,嫫母～而自好。"㊀打扮,修饰。《左传·襄公九年》:"弃位而～,不可谓贞。"❷服饰华美。《楚辞·九歌·东皇太一》:"灵偃蹇兮～服,芳菲菲兮满堂。"张衡《南都赋》:"男女～服,骆驿缤纷。"❸姓。

【姣姬】 jiāojī 美女。宋玉《高唐赋》:"其始出也,晰兮若松榯;其少进也,晰兮若～～。"

【姣人】 jiāorén 美人。《史记·司马相如列传》索隐引《诗》:"～～嫽兮。"(嫽:美好。)《盐铁论·殊路》:"毛嫱,天下之～～也。"

【姣冶】 jiāoyě 姣好妖冶。《抱朴子·博喻》:"南威青琴,～～之极,而必俟盛饰以增丽。"

娇(嬌) jiāo ❶美好可爱。李贺《唐儿歌·杜豳公之子》:"东家～娘求对值,浓笑书空作唐字。"(对值:匹耦。)杜甫《宿昔》诗:"花～迎杂树,龙喜出平池。"❷宠爱,娇惯。左思《娇女》诗:"吾家有～女,皎皎颇白皙。"杜甫《羌村》诗之二:"～儿不离膝,畏我复却去。"❸娇气。白居易《长恨歌》:"侍儿扶起～无力,始是新承恩泽时。"❹指乐声或语音纤细,柔美动听。庾信《夜听捣衣》诗:"新声绕夜风,～转满空中。"温庭筠《舞衣曲》:"管含兰气～语悲,胡槽雪腕鸳鸯丝。"❺通"骄"。骄横。《汉书·西域传》:"有求则卑辞,无欲则～嫚。"

【娇饶】 jiāoráo ❶娇宠。《抱朴子·自叙》:"洪者,君之第三子也。生晚,为二亲所～～,不早见督以书史。"❷见"娇娆②"。

【娇娆】 jiāoráo ❶娇艳,美丽。郑谷《海棠》诗:"艳丽最宜新著雨,～～全在欲开时。"❷美人。李商隐《碧瓦》诗:"他时未知意,重叠赠～～。"也作"娇饶"。温庭筠《怀真珠亭》诗:"珠箔金钩对彩桥,昔年于此见～～。"

【娇逸】 jiāoyì 娇美飘逸。古诗《为焦仲卿妻作》:"云有第五郎,～～未有婚。"

【娇影】 jiāoyǐng 妩媚的姿态。徐铉《题木芙蓉》诗:"晓吐芳心零宿露,晚摇～～媚清风。"

桥 jiāo 见 qiáo。

胶(膠) 1. jiāo ❶用动物的皮、角熬成或树皮分泌出来的用于黏合器物的物质。《战国策·赵策三》："夫～漆，至黏也，而不能合远；鸿毛，至轻也，而不能自举。"（黏：同"黏"。）李贺《南国》诗之三："桃～迎夏香琥珀，自课越佣能种瓜。"⊗用胶粘。《庄子·骈拇》："待绳约～漆而固者，是侵其德者也。"❷黏住。《吕氏春秋·赞能》："鲁君许诺，乃使吏鞹其拳，～其目，盛之以鸱夷，置之车中。"（鸱夷：皮口袋。）《史记·廉颇蔺相如列传》："蔺相如曰：'王以名使括，若～柱而鼓瑟耳。'"㉛牵动。韩愈《送高闲上人序》："虽外物至，不～于心。"❸牢固。《诗经·小雅·隰桑》："既见君子，德音孔～。"⊗比喻固定的，不变的。《韩非子·安危》："尧无～漆之约于当世而道行，舜无置锥之地于后世而德结。"❹拘泥，固守。欧阳修《孙子后序》："凡人之用智有短长，其施设各异，故或～其说于偏见。"❺周代的大学名。《礼记·王制》："周人养国老于东～，养庶老于虞庠。"（庠：周代小学名。）❻（言语）浮夸，欺诈。左思《魏都赋》："缪默语之常伦，牵～言而踰侈。"

2. jiǎo ❼见"胶胶扰扰"。

【胶葛】 jiāogé ❶错杂的样子。《楚辞·远遊》："骑～～以杂乱兮，斑漫衍而方行。"魏徵《九成宫醴泉碑铭》："栋宇～～，台榭参差。"也作"胶輵"。扬雄《甘泉赋》："齐总总以撙撙，其相～～兮，猋骇云迅，奋以方攘。"❷空旷深远的样子。左思《吴都赋》："东西～～，南北峥嵘。"❸向上飘浮的云气。《汉书·扬雄传下》："不阶浮云，翼疾风，虚举而上升，则不能撖～～，腾九闳。"（撖：接触，触及。）

【胶輵】 jiāogé 见"胶葛①"。

【胶加】 jiāojiā ❶交错纠缠。《楚辞·九辩》："何况一国之事兮，亦多端而～～。"❷丛积。《北齐书·郎基传》："积年留滞，案状～～。"

【胶胶】 jiāojiāo 象声词。鸡叫声。《诗经·郑风·风雨》："风雨潇潇，鸡鸣～～。"

【胶戾】 jiāolì ❶曲折。《史记·司马相如列传》："穹隆云挠，蜿蟺～～。"也作"胶盭"。司马相如《上林赋》："穹隆云桡，宛潬～～。"❷违背。《汉书·刘向传》："朝臣舛午，～～乖剌。"

【胶盭】 jiāolì 见"胶戾①"。

【胶序】 jiāoxù 周代学校名。萧子良《与荆州隐士刘虬书》："～～肇修，经法敷广。"

【胶折】 jiāozhé 秋凉气爽，胶硬易折。因借指秋季为宜出兵之时。虞世南《从军行》之一："全兵值月满，精骑乘～～。"

【胶胶扰扰】 jiǎojiǎorǎorǎo 纠缠动乱的样子。《庄子·天道》："尧曰：'～～～～乎！子，天之合也；我，人之合也。"

鄗 jiāo 见 hào。

椒 jiāo ❶花椒树。《诗经·陈风·东门之枌》："视尔如荍，贻我握～。"《楚辞·离骚》："杂申～与菌桂兮，岂维纫夫蕙茝？"（茝：同"芷"，白芷。）㉛食物的香味。《诗经·周颂·载芟》："有～其馨，胡考之宁。"❷山顶。谢庄《月赋》："菊散芳于山～，雁流哀于江濑。"宋濂《阅江楼记》："当风日清美，法驾幸临，升其崇～，凭栏遥瞩，必悠然而动遐思。"❸姓。

【椒除】 jiāochú 宫殿的台阶。《汉书·王莽传下》："群臣扶掖莽，自前殿南下～～，西出白虎门。"

【椒房】 jiāofáng ❶帝王后妃的宫室。《汉书·车千秋传》："曩者，江充先治甘泉宫人，转至未央～～。"班固《西都赋》："后宫则有掖庭、～～，后妃之室，合欢增城，安处常宁。"❷指后妃。《后汉书·李固传》："今梁氏戚为～～，礼所不臣。"《三国志·魏书·夏侯玄传》："丰等各受殊宠，典综机密，缉承外戚～～之尊，玄备世臣，并居列位。"

【椒兰】 jiāolán ❶花椒和兰草。《史记·礼书》："稻粱五味，所以养口也；～～芬茝，所以养鼻也。"（茝：同"芷"。白芷。）❷比喻贵戚。谢灵运《拟魏太子邺中集诗》之三："已免负薪苦，仍游～～室。"❸比喻变质的贤人。《楚辞·离骚》："览～～其若兹兮，又况揭车与江离？"❹比喻佞人。韩愈《陪杜侍御遊湘西两寺》诗："～～争妒忌，绛灌共谗谄。"

【椒庭】 jiāotíng 宫内。薛道衡《昭君辞》："我本良家子，充选入～～。"

【椒糈】 jiāoxǔ 用花椒搅拌的祭神用的精米。《楚辞·离骚》："巫咸将夕降兮，怀～～而要之。"（要：迎候。）

蛟 jiāo ❶古代传说中居于深渊、能发洪水的一种龙。《楚辞·九歌·湘夫人》："麋何食兮庭中？～何为兮水裔？"（水裔：水边。）❷通"鲛"。鲨鱼。《荀子·礼论》："寝兕，持虎，～韅，丝末，弥龙，所以养威也。"

【蛟龙】 jiāolóng 古代传说能翻江倒海、腾云驾雾的一种龙。《荀子·劝学》："积水成渊，～～生焉。"《庄子·秋水》："夫水行不避～～者，渔父之勇也。"《史记·高祖本纪》："是时雷电晦冥，太公往视，则见～～于其上。"

【蛟虬】 jiāoqiú ❶蛟和虬。孟郊《峡哀》诗之二:"石剑相劈斫,石波怒～～。"❷比喻屈曲盘结的形状。赵秉文《游华山寄元裕之》诗:"五鬣不朽之长松,流膏入地盘～～。"

焦 1. jiāo ❶烧焦。《左传·定公九年》:"晋车千乘在中牟,卫侯将如五氏,卜过之,龟～。"《荀子·富国》:"天下敖然,若烧若～。"韩愈《后十九日复上宰相书》:"虽有所憎怨,苟不至乎欲其死者,则将狂奔尽气,濡手足,～毛发,救之而不辞也。"❷物体烧焦后散发出的气味。《礼记·月令》:"孟夏之月……其味苦,其臭～。"❸干燥,枯萎。《墨子·非攻下》:"遝至乎夏王桀,天有辖命,日月不时,寒暑杂至,五谷～死。"(辖:当作"酷"。)《史记·仲尼弟子列传》:"孤尝不料力,乃与吴战,困于会稽,痛入于骨髓,日夜～唇干舌,徒欲与吴王接踵而死,孤之愿也。"㊀枯竭。《荀子·富国》:"既以伐其本,竭其原,而～天下矣。"❹黄黑色。陶弘景《真诰·运象》:"心悲则面～。"❺衣服起皱纹或卷曲。《战国策·魏策四》:"魏王欲攻邯郸,季梁闻之,中道而反,衣～不申,头尘不去。"❻烦忧,焦急。《史记·夏本纪》:"禹伤先人父鲧功之不成受诛,乃劳身～思,居外十三年,过家门不敢入。"阮籍《咏怀》之五十三:"终身履薄冰,谁知我心～。"❼春秋晋邑名。在今河南三门峡市。《左传·僖公三十年》:"且君尝为晋君赐矣,许君～、瑕,朝济而夕设版焉,君之所知也。"❽通"礁"。礁石。徐兢《宣和奉使高丽图经·海道》:"如苫屿而其质纯石则曰～。"❾姓。

2. qiáo ❿通"憔"。《汉书·叙传上》:"朝为荣华,夕而～瘁。"(瘁:同"悴"。)

【焦火】 jiāohuǒ ❶炽热的火。《庄子·在宥》:"人心排下而进上,上下囚杀,淖约柔乎刚强,廉刿雕琢,其热～～,其寒凝冰,其疾俯仰之间而再抚四海之外。"(疾:迅速。抚:触及。)❷见"爝火"。

【焦螟】 jiāomíng 传说中一种极小的虫子。《列子·汤问》:"江浦之间生幺虫,其名曰～～,群飞而集于蚊睫。"也作"鷦螟"。张华《鷦鹩赋》:"～～巢于蚊睫,大鹏弥乎天隅。"

【焦没】 jiāomò 指物体入火烧焦,入水沉没。比喻毁绝。《荀子·议兵》:"以桀诈尧,譬之若以卵投石,以指挠沸,若赴水火,入焉～～耳。"刘向《新序·杂事三》:"若羽蹈烈火,入则～～耳。"

【焦心】 jiāoxīn 心情焦虑。《后汉书·陈蕃传》:"加兵戎未戢,四方离散,是陛下～～毁颜,坐以待旦之时也,岂宜扬旗曜武,骋心舆马之观乎?"

【焦侥】 jiāoyáo 见"僬侥①"。

噍(嘄) jiāo ❶叫喊。《汉书·息夫躬传》:"如使狂夫～謼于东崖,匈奴饮马于渭水,边竟雷动,四野风起,京师虽有武蠡精兵,未有能窥左足而先应者也。"❷欢笑声。扬雄《太玄经·乐》:"不宴不雅,～呱哑咋,号咷倚户。"

【噍噭】 jiāojiào 高声。《史记·乐书》:"～～之声兴而士奋。"

嘐 jiāo 见 xiāo。

僬 1. jiāo ❶小。马融《长笛赋》:"～眇睢维,涕洟流漫。"

2. jiào ❷见"僬僬"。

【僬侥】 jiāoyáo ❶古代传说中身材矮小的人。《国语·鲁语下》:"仲尼曰:'～～氏长三尺,短之至也。长者不过十之,数之极也。'"也作"焦侥"。《荀子·富国》:"名声足以暴炙之,威强足以捶笞之,拱揖指挥,而强暴之国莫不趋使,譬之是乌获与～～搏也。"(乌获:秦国大力士。)❷古代传说中的矮人国名。《列子·汤问》:"从中州以东四十万里,得～～国,人长一尺五寸。"

【僬僬】 jiàojiào 行走急促的样子。《礼记·曲礼下》:"天子穆穆,诸侯皇皇,大夫济济,士跄跄,庶人～～。"

鲛(鮫) jiāo ❶鲨鱼。《荀子·议兵》:"楚人～革犀兕以为甲,坚如金石。"❷通"蛟"。古代传说中的一种龙。《礼记·中庸》:"今夫水,一勺之多。及其不测,鼋鼍～龙鱼鳖生焉,货财殖焉。"

【鲛函】 jiāohán 用鲨鱼皮制成的铠甲。左思《吴都赋》:"扈带～～,扶揄属镂。"

【鲛人】 jiāorén 古代传说中居于水中的怪人。木华《海赋》:"其垠,则有天琛水怪,～～之室。"郭璞《江赋》:"渊客筑室于岩底,～～构馆于悬流。"

蕉 1. jiāo ❶蕉麻。《后汉书·王符传》注引《南越志》:"～布之品有三:有～布,有竹子布,又有葛焉。"❷芭蕉。庾信《奉和夏日应令》:"衫含～叶气,扇动竹花凉。"

2. qiáo ❸通"樵"。柴薪。《吕氏春秋·不屈》:"竖子操～火而钜。"《列子·周穆王》:"郑人有薪于野者,遇骇鹿,御而击之,毙之。恐人见之也,遽而藏诸隍中,覆之以～,不胜其喜。"❹通"憔"。《左传·成公九年》:"虽有姬姜,无弃～萃;凡百君子,莫不代匮。"

【蕉葛】 jiāogé 夏布的一种。左思《吴都赋》:"～～升越,弱于罗纨。"

【蕉衣】 jiāoyī 用蕉布做的衣服。白居易《时热少见客因咏所怀》:"露床青篾簟,风架白～～。"

轇(轇) jiāo 见"轇輵"。

【轇輵】 jiāogé ❶参差纵横、杂乱交错的样子。张衡《东京赋》:"云罕九斿,阘戟～～。"❷广阔深远的样子。《史记·司马相如列传》:"置酒乎昊天之台,张乐乎～～之宇。"也作"漻漷"。王延寿《鲁灵光殿赋》:"迢遰倜傥,丰丽博敞,洞～～乎其无垠也。"木华《海赋》:"襄陵广舄,～～浩汗。"

嶕(嶣) jiāo ❶见"嶕峣"。❷隐现于海中的礁石。吴莱《登岸泊道隆观》诗:"幽岛不可辨,乱～出如鳌。"

【嶕峣】 jiāoyáo 高耸的样子。《汉书·扬雄传下》:"泰山之高不～～,则不能浡滃云而散歊烝。"陶渊明《拟挽歌辞》之三:"四面无人居,高坟正～～。"

燋 1. jiāo ❶没有点燃的引火物。《礼记·少仪》:"凡饮酒为献,主者执烛抱～,客作而辞,然后以授人。"(烛:已点燃的火把。)❷通"焦"。烧焦。《论衡·说日》:"火中无生物,生物入火中,～烂而死焉,乌安得立?"㊀干枯。《论衡·感虚》:"尧之时,十日并出,万物～枯。"㊁着急。《后汉书·朱浮传》:"上下～心,望相救护。"

2. qiáo ❸通"樵"。古代占卜,用于烧灼龟甲的柴薪。《周礼·春官·菙氏》:"掌共～契,以待卜事。"❹通"憔"。憔悴。《庄子·天地》:"孝子操药以修慈父,其色～然,圣人羞之。"(修:通"羞"。进献。)

膲 jiāo 肉不丰满。《淮南子·天文训》:"是以月虚而鱼脑流,月死而蠃蛖～。"(流:当作"减"。)

礁 jiāo ❶同"嶕"。如礁石。❷焦炭。方以智《物理小识》卷七:"煤则各处产之,臭者烧熔而闭之成石,再凿而入炉曰～,可五日不绝火,煎矿煮石,殊为省力。"

鵁(鵁) jiāo 见"鵁鶄"、"鵁鹏"。

【鵁鶄】 jiāoliáo 一种善做巢的小鸟。《庄子·逍遥遊》:"～～巢于深林,不过一枝;偃鼠饮河,不过满腹。"张华《鵁鶄赋》序:"～～,小鸟也。"

【鵁明】 jiāomíng 见"鵁鹏"。

【鵁螟】 jiāomíng 见"焦螟"。

【鵁鹏】 jiāomíng 传说中凤凰类的神鸟。《楚辞·九怀·株昭》:"～～开路兮,后属青蛇。"也作"鵁明"。《法言·寡见》:"～～冲天,不在六翮乎?"《楚辞·九叹·远遊》:"驾鸾凤以上游兮,从玄鹤与～～。"

漻 jiāo 见"漻漷"。

【漻漷】 jiāogé 见"轇輵②"。

jiáo

嚼 jiáo(又读 jué) ❶用牙齿把食物磨碎。《史记·司马相如列传》:"唼喋菁藻,咀～菱藕。"任士林《春牧图》诗:"牛饥草细随意～,老翁曲膝睡已着。"㊀侵蚀,剥蚀。真山民《朱溪涧》诗:"云融山脊岚生翠,水～沙洲树出根。"❷品尝,玩味。苏轼《复次溽字韵记龙井之游》:"空肠出秀句,吟～五味足。"❸吐。张衡《西京赋》:"～清商而却转,增婵蜎以此豸。"❹通"釂"。把酒饮尽。《史记·游侠列传》:"解姊子负解之势,与人饮,使之～,非其任,强必灌之。"(负:依仗。)

纠 jiǎo 见 jiū。

角 1. jiǎo ❶牛羊等动物头上的角。《老子·五十章》:"兕无所投其～,虎无所措其爪。"《韩非子·解老》:"詹何曰:'然,是黑牛也,而白在其～。'"《后汉书·西域传》:"符拔形似麟而无～。"㊀长着角。《论语·雍也》:"犁牛之子骍且～,虽欲勿用,山川其舍诸?"韩愈《毛颖传》:"今日之获,不～不牙。"㊁抓住角。《左传·襄公十四年》:"譬如捕鹿,晋人～之,诸戎掎之,与晋踣之。"(踣:倒下。)❷额角,额骨。《孟子·尽心下》:"王曰:'无畏!宁尔也,非敌百姓也。'若崩厥～稽首。"(厥:蹶,顿。)❸古代男孩头顶两侧留的小髻。《诗经·卫风·氓》:"总～之宴,言笑晏晏。"苏轼《范文正公集叙》:"庆历三年,轼始总～入乡校。"❹鸟嘴。《诗经·召南·行露》:"谁谓雀无～,何以穿我屋?"❺号角。古代军中乐器。杜甫《岁晏行》:"万国城头吹画～,此曲哀怨何时终?"曾巩《广德军重修鼓角楼记》:"至于伐鼓鸣～,以警昏昕,下漏数刻,以节昼夜,则又新是四器,列而栖之。"❻角落。《新唐书·裴坦传》:"舍人初诣省视事,四丞相送之,施榻堂上,压～而坐。"㊀有角的。杜甫《南邻》诗:"锦里先生乌～巾,园收芋栗未全贫。"❼豆类植物的果实。《本草纲目·谷·大豆》:"～曰荚,叶曰藿,茎曰萁。"❽量词。《水浒传》五十三回:"两个又走了三十馀里,天色昏黑,寻着一个客店歇了,烧起火来做饭，沽一～酒来吃。”❾星名。二十八宿之一。《国语·周语中》：“夫辰～见而雨毕，天根见而水涸。”❿斜。潘岳《射雉赋》：“奋劲骹以～槎，瞵悍目以旁睐。”（槎：斫。）⓫通“斛”。古代量谷物时，用于刮平斗斛的一种用具。《管子·七法》：“尺寸也，绳墨也，规矩也，衡石也，斗斛也，～量也，谓之法。”㉛使平。《礼记·月令》：“是月也，日夜分……日夜分，则同度量，钧衡石，～斗甬，正权概。”

2. jué ⓬抵抗，战斗。《左传·宣公十二年》：“晋人逐之，左右～之。”㉛角逐者。《左传·宣公十二年》：“乐伯左射马，而右射人，～不能进也。”⓭较量，争斗。《论衡·齐世》：“及至秦汉，兵戈云扰，战力～势，秦以得天下。”《后汉书·仲长统传》：“拥甲兵与我～才智，程勇力与我竞雌雄。”（程：估量，较量。）⓮酒器。似爵，上口无两柱。《礼记·礼器》：“宗庙之祭，尊者举觯，卑者举～。”（觯：酒器，似尊而小。）⓯五音之一。《史记·乐书》：“闻～音，使人恻隐而爱人。”⓰角色。王实甫《西厢记》一本三折：“这声音便是那二十三岁不曾娶妻的那傻～。”⓱姓。

3. gǔ ⓲象声词。形容山鸡的叫声。韩愈《此日足可惜赠张籍》诗：“百里不逢人，～～雄雉鸣。”

4. lù ⓳见“角里”。

【角弓】 jiǎogōng 用角做装饰的弓。《诗经·小雅·角弓》：“骍骍～～，翩其反矣。”杜甫《寄赠王十将军承俊》诗：“将军胆气雄，臂悬两～～。”

【角立】 jiǎolì ❶卓然特立。《后汉书·徐稺传》：“至于稺者，爰自江南卑薄之域，而～～杰出，宜当为先。”❷对立，互不相让。《宋史·吕午传》：“边阃～～，当协心释嫌，而乃幸灾乐祸，无同舟共济之心。”

【角戾】 jiǎolì 乖戾。《晋书·王恭传》：“时内外疑阻，津逻严急，仲堪之信因庾楷达之，以斜绢为书，内箭簳中，合镝漆之，楷送于恭。恭发书，绢文～～，不复可识，谓楷为诈。”

【角马】 jiǎomǎ 生角的马。比喻事物失去本来面目。扬雄《太玄经·更》：“童牛～～，不今不古。”

【角门】 jiǎomén 正门两侧的小门。《明史·沐英传》：“三司使从～～入。”

【角犀】 jiǎoxī 额角入发处隆起叫角犀。迷信以为是显贵之相。《国语·郑语》：“今王弃高明昭显，而好谗慝暗昧，恶～～丰盈，而近顽童穷固。”

【角宿】 jiǎoxiù 星名。二十八宿之一。《楚辞·天问》：“～～未旦，曜灵安藏？”

【角枕】 jiǎozhěn 用兽角装饰的枕头。《诗经·唐风·葛生》：“～～粲兮，锦衾烂兮。”《世说新语·排调》：“许文思往顾和许，顾先在帐中眠，许至，便径就床～～共语。”

【角材】 juécái 武士。《吕氏春秋·简选》：“故凡兵势险阻，欲其便也；兵甲器械，欲其利也；选练～～，欲其精也；统率士民，欲其教也。”

【角抵】 juédǐ 古代一种较力游戏，类似今天的摔跤。《汉书·武帝纪》：“三年春，作～～戏，三百里内皆观。”《后汉书·仲长统传》：“目极～～之观，耳穷郑卫之声。”

【角刃】 juérèn 以兵刃决胜负。《尉缭子·武议》：“临难决战，接兵～～。”

【角胜】 juéshèng 争胜。曹植《与司马仲达书》：“无有争雄于宇内，～～于平原之志也。”

【角试】 juéshì 比较优劣。《管子·七法》：“故聚天下之精材，论百工之锐器，春秋～～以练，精锐为右。”（右：上。）

【角里】 lùlǐ ❶秦末汉初隐士名。《史记·留侯世家》：“四人前对，各言名姓，曰东园公，～～先生，绮里季，夏黄公。”❷地名。在今江苏苏州市西南。

诉（譑） jiǎo ❶多言。《玉篇·言部》：“～，多言也。”❷通“挢”。取。《荀子·富国》：“而或以无礼节用之，则必有贪利纠～之名，而且有空虚穷乏之实矣。”

佼 1. jiǎo ❶美，美好。《诗经·陈风·月出》：“月出皎兮，～人僚兮。”《荀子·成相》：“治之道，美不老，君子由之～以好，下以教诲子弟，上以事祖考。”（祖考：祖先。）❷健壮。《吕氏春秋·禁塞》：“壮～、老幼、胎殰之死者，大实平原，广堙深谿大谷，赴巨水，积灰填沟洫险阻。”（殰：动物的死胎。）❸通“狡”。狡猾。《论衡·讲瑞》：“且人有佞猾而聚者，鸟亦有～黠而从群者。”❹姓。

2. jiāo ❺通“姣”。轻侮。《淮南子·览冥训》：“凤皇之翔至德也，雷霆不作，风雨不兴，川谷不澹，草木不摇，而燕雀～之，以为不能与之争乎宇宙之间。”❻通“交”。交往。《管子·明法解》：“如此，则群臣皆忘主而趋私～矣。”

【佼好】 jiǎohǎo 美好。《墨子·尚贤中》：“夫无故富贵，面目～～则使之，岂必智且有慧哉？”《论衡·齐世》：“语称上世之人侗长～～，坚强老寿，百岁左右。”（侗长：高大。）

【佼佼】 jiǎojiǎo 美好，特出。《后汉书·刘盆子传》："帝曰：'卿所谓铁中铮铮，佣中～～者也。'"

【佼黠】 jiǎoxiá 见"狡黠"。

侥(僥) 1. jiǎo ❶求。苏轼《上梅直讲书》："苟其～一时之幸，从车骑数十人，使闾巷小民聚观而赞叹之，亦何以易此乐也。"❷侥幸。《潜夫论·述赦》："凡民所以轻为盗贼……以赦赎数而有～望也。"❸姓。

2. yáo ❹见"僬侥"。

【侥冀】 jiǎojì 希求于侥幸。欧阳修《论修河第三状》："为小人～～恩赏之资也。"

【侥竞】 jiǎojìng 为求侥幸之利而竞相奔走。《梁书·钟嵘传》："臣愚谓军官是素族士人，自有清贯，而因斯受爵，一宜削除，以惩～～。"

【侥倖】 jiǎoxìng 侥幸。由于偶然原因而获得成功或免去灾祸。《庄子·在宥》："此以人之国～～也。"《后汉书·吴汉传》："盖闻上智不处危以～～。"也作"儌倖"、"徼幸"、"徼倖"。《庄子·盗跖》："使天下学士，不反其本，妄作孝弟，而～～于封侯富贵者也。"《左传·哀公十六年》："吾闻之，以险～～者，其求无餍，偏重必离。"韩愈《送李愿归盘谷序》："处秽汙而不羞，触刑辟而诛戮，～～于万一，老死而后止者，其于为人贤不肖何如也？"

侨 jiǎo 见 qiáo。

挢(撟) jiǎo ❶举起，翘起。《史记·扁鹊仓公列传》："中庶子闻扁鹊言，目眩然而不瞚，舌～然而不下，乃以扁鹊言入报虢君。"❷坚强。《荀子·臣道》："忠信而不谀，谏争而不谄，～然刚折端志而无倾侧之心，是案曰是，非案曰非，是事中君之义也。"❸取。《淮南子·要略》："乃始揽物引类，览取～掇，浸想宵类。"❹举，全。《晏子春秋·内篇问下》："～鲁国化而为一心。"❺通"矫"。1）弄直，纠正。《汉书·诸侯王表》："而藩国大者夸州兼郡，连城数十，宫室百官同制京师，可谓～枉过其正矣。（枉：同"枉"。）2）假托，诈称。《汉书·匈奴传》："及单于死，卫律等与颛渠阏氏谋，匿单于死，诈～单于令，与贵人饮盟，更立子左谷蠡王为壶衍鞮单于。"3）揉，揉碎。《周礼·考工记·弓人》："～干欲孰于火而无赢，～角欲孰于火而无燂。"4）使屈服。《荀子·臣道》："有能比知同力，率群臣百吏而相与强君～君，君虽不安，不能不听，遂以解国之大患，除国之大害，成于尊君安国，谓之辅。"

【挢拂】 jiǎobì 见"矫拂"。

【挢虔】 jiǎoqián 见"矫虔"。

【挢诬】 jiǎowū 见"矫诬②"。

【挢引】 jiǎoyǐn 用于治病的按摩方法。《史记·扁鹊仓公列传》："臣闻上古之时，医有俞跗，治病不以汤液醴洒，镵石～～，案扤毒熨，一拨见病之应。"（镵石：古代针刺疗法所用的石针。镵，刺。）

【挢制】 jiǎozhì 见"矫制"。

狡 jiǎo ❶小犬名。《说文·犬部》："～，少狗也，从犬交声，匈奴地有狡犬，巨口而黑身。"❷狡猾。《战国策·齐策四》："～兔有三窟，仅得免其死耳。"㊀狡猾之人。《吕氏春秋·尊师》："索卢参，东方之巨～也，学于禽滑黎。"❸凶暴。《墨子·节用中》："古者圣人为猛禽～兽暴人害民，于是教民以兵行。"❹伤害。《大戴礼记·子张问入官》："胜之无犯民之言，量之无～民之辞。"❺通"佼"。1）健壮。《淮南子·俶真训》："～狗之死也，割之犹濡。"2）美好。《诗经·郑风·狡童》："彼～童兮，不与我言兮。"❻通"绞"。急。王褒《洞箫赋》："时奏～弄，则彷徨翱翔。"❼通"交"。交往。《管子·形势》："乌鸟之～，虽善不亲；不重(chóng)之结，虽固必解。"

【狡虫】 jiǎochóng ❶害虫，毒虫。《吕氏春秋·恃君》："制禽兽，服～～。"❷猛兽。《淮南子·览冥训》："淫水涸，冀州平，～～死，颛民生。"

【狡蠹】 jiǎodù 奸诈为害。《旧唐书·食货志下》："漕吏～～，败溺百端，官舟之沉，多者岁至七十馀只。"

【狡猾】 jiǎohuá ❶诡诈。《左传·昭公二十六年》："若我一二兄弟甥舅奖顺天法，无助～～，以从先王之命……则所愿也。"《荀子·非十二子》："如是而不服者，则可谓訞怪～～之人矣，虽则子弟之中，刑及之而宜。"❷鬼神名。黄香《九宫赋》："宠～～而蹴践羿，走札揭而獠桔梗。"

【狡桀】 jiǎojié 狡诈。《三国志·魏书·刘晔传》："扬士多轻侠～～，有郑宝、张多、许乾之属，各拥部曲。"

【狡谲】 jiǎojué 诡诈。《新唐书·杜伏威传》："伏威～～多算，每剽劫，众用其策皆效。"

【狡狯】 jiǎokuài ❶狡猾。《宋史·侯陟传》："陟有吏干，性～～好进，善事权贵。"❷开玩笑，游戏。《世说新语·文学》："袁彦伯作《名士传》成，见谢公。公笑曰：'我尝与诸人道江北事，特作～～耳，彦伯遂以著书。'"《南齐书·萧坦之传》："帝于宫中及出后堂杂戏～～，坦之皆得在侧。"

【狡竖】 jiǎoshù 狡猾的人。《宋书·毛脩之传》:"时益州刺史鲍陋不肯进讨,脩之下都上表曰:'……自提戈西赴,备尝时难,遂使齐斧停柯,～～假息。'"

【狡慝】 jiǎotè 奸邪。谢庄《为朝士与袁颛书》:"昵近～～,取谋豺虎。"

【狡童】 jiǎotóng 美貌少年。《诗经·郑风·狡童》:"彼～～兮,不与我言兮。"

【狡黠】 jiǎoxiá 狡猾,诡诈。《三国志·魏书·邓艾传》:"逆贼姜维连年～～,民夷骚动,西土不宁。"也作"佼黠"。《论衡·讲瑞》:"且人有佞猾而聚者,鸟亦有～～而从群者。"

【狡直】 jiǎozhí 刚愎自用。《世说新语·方正》注引刘粲《晋纪》:"[周]嵩字仲智,谟兄也。性～～果侠,每以才气陵物。"

绞(絞) 1. jiǎo ❶把两股或几股线拧在一起。苏伯玉妻《盘中诗》:"急机～,杼声催。"❷缠绕。柳宗元《晋问》:"晋之北山有异材……根～怪石,不土而植,千寻百围,与石同色。"(寻:八尺。)❸用绳子把自己或把别人勒死。《吕氏春秋·慎行》:"崔杼归,无归,因而自～也。"《战国策·楚策四》:"《春秋》戒之曰:'楚王子围聘于郑,未出竟,闻王病,反问疾,遂以冠缨～王,杀之,因自立也。'"❹入殓时束缚尸体的带子。《礼记·丧大记》:"小殓布～。"❺说话直率,急切。《论语·泰伯》:"勇而无礼则乱,直而无礼则～。"《后汉书·杜根传》:"根性方实,好～直。"❻古国名。在今湖北郧县西北。《左传·桓公十一年》:"郧人军于蒲骚,将与随、～、州、蓼伐楚师。"❼春秋邾地。在今山东滕州市北。《左传·哀公二年》:"二年春,伐邾,将伐～。"❽姓。

2. xiáo ❾通"绞"。苍黄色。《礼记·玉藻》:"麛裘青豻褎,～衣以裼之。"(褎:同"袖"。)

【绞带】 jiǎodài 古人服丧时所系的麻带。《仪礼·既夕礼》:"既冯尸,主人袒髻发,～～,众主人布带。"

【绞讦】 jiǎojié 直言陈谏。《后汉书·李云传论》:"礼有五谏,讽为上……贵在于意达言从,理归乎正,曷其～～摩上,以衒沽成名哉?"

【绞紟】 jiǎojìn 见"绞衾"。

【绞衾】 jiǎoqīn 入殓时包裹尸体的衣被。《管子·立政》:"生则有轩冕,服位、谷禄、田宅之分,死则有棺椁、～～、圹垄之度。"也作"绞紟"。《仪礼·既夕礼》:"凡～～用布,伦如朝服。"(伦:比。)

【绞缢】 jiǎoyì 用绞刑。《左传·哀公二年》:"若其有罪,～～以戮,桐棺三寸,不设属辟,素车、朴马,无入于兆,下卿之罚也。"

捁 1. jiǎo ❶见"搅"。
2. kù ❷打。《集韵》:"～,打也。"

桥 jiǎo 见 qiáo。

敫(敿) jiǎo 连系,连结。《尚书·费誓》:"徂兹淮夷、徐戎并兴,善敿乃甲胄,～乃干,无敢不吊。"(兴:作乱。敿:连缀。干:盾牌。)

袎 jiǎo 见"袎衫"。

【袎衫】 jiǎoliǎo ❶胫衣,套裤。《方言》卷四:"大袴谓之倒顿,小袴谓之～～,楚通语也。"❷渔服。皮日休《忆洞庭观步十韵》:"～～渔人服,笭箵野店窗。"

铰(鉸) jiǎo ❶剪刀。李贺《五粒小松歌》:"绿波浸叶满浓光,细束龙髯～刀翦。"❷用剪刀剪物。梅尧臣《和宣城张主簿》:"君方佐大邑,美锦同翦～。"❸装饰,以金饰器。颜延之《赭白马赋》:"宝～星缠,镂章霞布。"

矫(矯) jiǎo ❶把弯曲的东西弄直。《荀子·性恶》:"故枸木必将待檃栝烝～然后直,纯金必将待砻厉然后利。"(枸:通"钩",弯曲。)《汉书·严安传》:"～箭控弦。"❷纠正。《韩非子·有度》:"刑过不避大臣,赏善不遗匹夫,故～上之失,诘下之邪,治乱决缪,绌羡齐非,一民之轨,莫如法。"杨万里《诗论》:"道其善者以之于道,～其不善者以复于道也。"❸改变。《战国策·齐策六》:"～国革俗于天下,功名可立也。"《后汉书·祭遵传》:"～俗厉化,卓如日月。"❹勉励。《庄子·天下》:"不侈于后世,不靡于万物,不晖于数度,以绳墨自～,而备世之急。"❺举起,扬起。《楚辞·离骚》:"～菌桂以纫蕙兮,索胡绳之纚纚。"《吕氏春秋·博志》:"养由基～弓操矢而往,未之射而括中之矣。"陶渊明《归去来兮辞》:"策扶老以流憩,时～首而遐观。"㊀鼓翅振翼。王维《山中与裴秀才迪书》:"草木蔓发,春山可望,轻鯈出水,白鸥～翼。"㊁怀有。《楚辞·九章·惜诵》:"～兹媚以私处兮,愿曾思而远身。"❻假托,诈称。《墨子·非命上》:"我闻于夏人～天命,布命于下。"《吕氏春秋·知接》:"易牙、竖刀、常之巫相与作乱,塞宫门,筑高墙,不通人,～以公令。"苏轼《东坡志林·始皇扶苏》:"李斯、赵高～诏立胡亥。"❼违背。《韩非子·问辩》:"官府有法,民以私行～之。"❽坚强的样子。《礼记·中庸》:"国有道,不变塞焉,强哉～;国无道,至死不变,强哉～。”❾姓。

【矫拂】 jiǎobì 违逆,违背。拂,通“弼”。违背。曾巩《范贯之奏议集序》:“或～～情欲,或切劘计虑,或辨别忠佞,而处其进退。”也作“挢拂”。《荀子·臣道》:“事圣君者,有听从无谏争;事中君者,有谏争无谄谀;事暴君者,有补削无～～。”

【矫饬】 jiǎochì 故意做作,掩饰真相。《新唐书·孙偓传》:“偓性通简,不～～,尝曰:‘士苟有行,不必以己长形彼短,已清彰彼浊。’”

【矫敕】 jiǎochì 诈称帝王的诏令。《资治通鉴·唐肃宗上元元年》:“兴庆宫先有马三百匹,[李]辅国～～取之,才留十匹。”

【矫夺】 jiǎoduó ❶假托他人之命而夺取。《史记·平原君虞卿列传》:“平原君既返赵,楚使春申君将兵赴救赵,魏信陵君亦～～晋鄙军往救赵,皆未至。”❷强取。《汉书·严安传》:“带剑者夸杀人以～～。”

【矫矫】 jiǎojiǎo 威武的样子。《诗经·鲁颂·泮水》:“～～虎臣,在泮献馘。”(馘:战争中割下的敌人左耳。)卢照邻《益州至真观主黎君碑》:“昂昂不杂,如独鹤之映群鸡;～～无双,状真龙之对刍狗。”

【矫亢】 jiǎokàng 故意与众不同,借以抬高自己的身价。秦观《财用策上》:“晋人王衍者,口不言钱,而指以为阿堵物,臣窃笑之,以为此乃奸人故为～～,盗虚名于暗世也。”也作“矫抗”。江淹《杂体诗序》:“及公干、仲宣之论,家有曲直,安仁、士衡之评,人立～～,况复殊于此者乎?”

【矫抗】 jiǎokàng 见“矫亢”。

【矫厉】 jiǎolì 造作勉强。陶渊明《归去来兮辞序》:“质性自然,非～～所得,饥冻虽切,违己交病。”

【矫命】 jiǎomìng 假托他人之命。《战国策·齐策四》:“券徧合,起～～以责赐诸民,因烧其券,民称万岁。”(责:债。)

【矫摩】 jiǎomó 按摩。刘向《说苑·辨物》:“扁鹊遂为诊之,子容擣药,子明吹耳,阳仪反神,子越扶形,子游～～,太子遂得复生。”

【矫虔】 jiǎoqián 用诈力强取。《尚书·吕刑》:“王曰:‘若古有训,蚩尤惟始作乱,延及于平民,罔不寇贼,鸱义奸宄,夺攘～～。’”也作“挢虔”。《汉书·武帝纪》:“将百姓所安殊路,而～～吏因乘势以侵蒸庶邪?”

【矫情】 jiǎoqíng 掩饰真情。《三国志·魏书·陈思王植传》:“文帝御之以术,～～自饰,宫人左右,并为之说,故遂定为嗣。”

【矫揉】 jiǎoróu 使曲者变直为矫,使直者变曲为揉。引申指屈伸。《文心雕龙·镕裁》:“蹊要所司,职在镕裁,檃括情理,～～文采也。”也作“矫輮”。《周易·说卦》:“坎为水,为沟渎,为隐伏,为～～,为弓轮。”

【矫輮】 jiǎoróu 见“矫揉”。

【矫杀】 jiǎoshā 假借别人的命令把人杀掉。《史记·高祖本纪》:“项羽～～卿子冠军而自尊。”苏轼《范增论》:“羽既～～卿子冠军,义帝必不能堪。”(堪:受。)

【矫饰】 jiǎoshì ❶整饬,矫正。《荀子·性恶》:“古者圣王以人之性恶,以为偏险而不正,悖乱而不治,是以为之起礼义、制法度,以～～人之情性而正之,以扰化人之情性而导之也。”❷文饰,掩盖真相。《后汉书·章帝纪》:“夫俗吏～～外貌,似是而非,揆之人事则悦耳,论之阴阳则伤化,朕甚餍之,甚苦之。”

【矫诬】 jiǎowū ❶诈伪不实。《左传·昭公二十年》:“其祝史荐信,是言罪也;其盖失数美,是～～也。”❷假托名义,进行诬陷。《国语·周语上》:“其刑～～,百姓携贰。”也作“挢诬”。《周礼·秋官·禁暴氏》:“禁暴氏掌禁庶民之乱暴力正者,～～犯禁者,作言语而不信者,以告而诛之。”

【矫易】 jiǎoyì 改变。《韩非子·说疑》:“且夫内以党与劫弑其君,外以诸侯之权～～其国,隐正道,持私曲,上禁君,下挠治者,不可胜数也,是何也?”

【矫诏】 jiǎozhào 诈称帝王的诏书。《汉书·石显传》:“显故投夜还,称诏开门入。后果有上书告显颛命～～开宫门,天子闻之,笑以其书示显。”(颛:通“专”。专门。)

【矫制】 jiǎozhì 假托帝王的命令。《史记·齐悼惠王世家》:“今诸吕又擅自尊官,聚兵严威,劫列侯忠臣,～～以令天下,宗庙所以危。”也作“挢制”。《汉书·高五王传》:“今诸吕又擅自尊官,聚兵严威,劫列侯忠臣,～～以令天下。”

皎(皦) jiǎo ❶洁白。《诗经·陈风·月出》:“月出～兮,佼人僚兮。”《徐霞客游记·黔游日记一》:“晴霁竟日,夜月复～。”❷明亮。曹植《洛神赋》:“远而望之,～若太阳升朝霞;迫而察之,灼若芙蕖出渌波。”(迫:近。)❸清楚,明白。王逸《离骚经序》:“其词温而雅,其义～而朗。”《抱朴子·博喻》:“英儒硕生,不饬细辨于浅近之徒;达人伟士,不变～察于流俗之中。”❹姓。

【皎察】 jiǎochá 明察。《北史·辛绍先传》:

“为下邳太守,为政不甚～～,举其大纲而已。”

【皎皎】 jiǎojiǎo ❶洁白的样子。《诗经·小雅·白驹》:“～～白驹,在彼空谷。”孔稚珪《北山移文》:“若其亭亭物表,～～霞外。”(物表:世外。)❷明亮的样子。《楚辞·九歌·东君》:“抚余马兮安驱,夜～～兮既明。”潘岳《悼亡诗》之二:“～～窗中月,照我室南端。”

【皎镜】 jiǎojìng ❶明镜。罗隐《投礼部郑员外启》:“伏以～～无私,虽容屡照,医门多病,应倦施功。”❷比喻水明洁清澈。谢朓《奉和随王殿下》:“方池含积水,明月流～～。”

【皎厉】 jiǎolì 矜持自高。《晋书·魏舒传》:“不修常人之节,不为～～之事,每欲容才长物,终不显人之短。”

脚(腳) 1. jiǎo ❶小腿。《史记·鲁仲连邹阳列传》:“昔者司马喜髌～于宋,卒相中山。”❷足。《洛阳伽蓝记·永明寺》:“此像每夜行绕其坐,四面～迹隐地成文。”杜甫《乾元中寓居同谷县作歌》之一:“中原无书归不得,手～冻皴皮肉死。”㉁拉住(一脚)。司马相如《子虚赋》:“掩兔辚鹿,射麋～麟。”❸动物的爪。贾思勰《齐民要术·种梨》:“鸠～老枝,三年即结子而树丑。”❹器物下面的支撑物。《南史·宋武帝纪》:“东西堂施局～床。”❺物体的基础或下部。杜甫《羌村》诗:“峥嵘赤云西,日～下平地。”张耒《宿樊溪》诗:“扁舟横江东,山～系吾缆。”❻液体的沉渣。张世南《游宦纪闻》卷一:“若作元子药,则以乳钵研略细,更入酒或水研,顷刻如泥,更无滓～。”陆游《秋夜歌》:“架上故裘破见肘,床头残酒倾到～。”❼脚夫。《文献通考·田赋》:“[唐]大中二年制……近者多是权要富豪,悉请留县输纳,致使贫单之人,却须雇～搬载。”❽鞋。《西游记》六十七回:“行者叫沙僧脱了～,好生挑担。”

2. jué ❾见“脚色”。

【脚力】 jiǎolì ❶担任传递文件的差役。韦绚《刘宾客嘉话录·崔丞相布衣时》:“众皆北望人信,至酉时,见一人从北岸袒而招舟,急使人问之,乃回州之～～。”❷步行的耐力。陆游《小江》诗:“老翁～～犹能健,明日重来倚寺楼。”

【脚涩】 jiǎosè 马掌,马蹄铁。彭大雅《黑鞑事略》:“其马,野牧无刍粟……蹄锲薄而怯石者,叶以铁或以板,谓之～～。”

【脚色】 juésè ❶履历。赵昇《朝野类要》卷三:“初入仕,必具乡贯、三代名衔、家口、年岁,谓之～～。”《京本通俗小说·碾玉观音下》:“写了他地理～～与来人,到临安府,寻见他住处。”❷同“角色”。中国古代戏剧中演员的类别。李斗《扬州画舫录·新城北录下》:“梨园以副末开场,为领班;副末以下老生、正生、老外、大面、二面、三面七人,谓之男～～;老旦、正旦、小旦、贴旦四人,谓之女～～;打诨一人,谓之杂。此江湖十二～～,元院本旧制也。”

【脚价钱】 jiǎojiàqián 运费。韩愈《顺宗实录》卷二:“率用百物钱,买人直数千钱物,仍索进奉门户并～～～。”(率:大抵,一般。直:值。)

【脚色状】 juésèzhuàng 履历书。范仲淹《与韩魏公》:“其子得殿侍左班,养母未得,此中又无指使阙,曾申～～～,今上呈,如有指示安排处,乞留意。”

搅(攪、捁) jiǎo ❶扰乱。《诗经·小雅·何人斯》:“胡逝我梁,祇～我心?”韩愈《曹成王碑》:“䶒随光化,～其州。”❷搅拌。吴自牧《梦粱录·育子》:“尊长以金银钗～水,名曰搅瓶钗。”

【搅搅】 jiǎojiǎo 混乱的样子。韩愈《寄崔立之》诗:“～～争附托,无人角雌雄。”

【搅搜】 jiǎosōu ❶水声。王褒《洞箫赋》:“～～浮捎,逍遥踊跃,若坏颓兮。”❷翻覆寻求。李光《陈氏园亭》诗:“酒杯棊局平生事,莫把枯肠数～～。”

筊 1. jiǎo ❶竹索。徐锴《说文系传》引《史记·河渠书》:“搴长～兮沈美玉。”❷小箫。周邦彦《汴都赋》:“或管或～。”

2. jiào ❸通“珓”。见“杯珓”。

蹻 jiǎo 见 qiāo。

剿(勦、劋) 1. jiǎo ❶断绝,消灭。《尚书·甘誓》:“天用～绝其命,今予惟恭行天之罚。”(用:因而。命:国运。)柳宗元《沛国汉原庙铭》:“～殄霸楚,遂荒神州。”❷劳,劳苦。《左传·宣公十二年》:“无及于郑而～民,焉用之?”高郢《谏造章亭寺书》:“妨时～人,亦有所损。”

2. chāo ❸抄袭。《礼记·曲礼上》:“毋～说,毋雷同。”❹轻捷。《三国志·吴书·孙策传》注引《吴录》:“闻卿能坐跃,～捷不常。”❺(cháo)同“巢”。《张公神碑》:“鸾鹄～兮乳徘徊。”

【剿截】 jiǎojié 消除,消灭。《魏书·肃宗纪》:“摧挫封豕,～～长蛇。”(封:大。)

【剿殄】 jiǎotiǎn 殄灭。柳宗元《沛国汉原庙铭》:“总制虎臣,委成良畴,～～霸楚,遂荒神州。”

【剿儿】 chāo'ér 健儿。《乐府诗集·幽州马客吟》："悇马常苦瘦，～～常苦贫。"

【剿净】　chāojìng　简明。钟嵘《诗品》卷下："王中二下诗，并爱奇崭绝，慕袁彦伯之风，虽不宏绰，而文体～～，去平美远矣。"

摎　jiǎo　见 jiū。

樔　jiǎo　见 cháo。

剿　jiǎo　❶绝灭，消灭。《汉书·王莽传下》："如黠贼不解散，将使大司空将百万之师，征伐～绝之矣。"《宋书·孟怀玉传》："西～桓歆，北殄索虏。"❷削，砍。《管子·五行》："数～竹箭，伐檀柘。"

儌　jiǎo　见"儌倖"。

【儌倖】　jiǎoxìng　见"侥倖"。

激　jiǎo　见 jī。

缴　jiǎo　见 zhuó。

皦　jiǎo　❶明亮。《诗经·王风·大车》："谓予不信，有如～日。"《老子·十四章》："其上不～，其下不昧。"左思《魏都赋》："雷雨窈冥而未半，～日笼光于绮寮。"❷洁白。见"皦皦①"。㉡清白。《后汉书·乐恢传》："诸弟子皆以通关被系，恢独～然不污于法。"❸清晰。《论语·八佾》："子语鲁大师乐，曰：'乐其可知也：始作，翕如也；从之，纯如也，～如也，绎如也，以成。'"❹姓。

【皦察】　jiǎochá　明察，详察。《三国志·魏书·袁涣传》："前后得赐甚多，皆散尽之，家无所储，终不问产业，乏则取之于人，不为～～之行，然时人服其清。"

【皦皦】　jiǎojiǎo　❶洁白。《后汉书·黄琼传》："峣峣者易缺，～～者易汙。"❷明亮。左思《杂诗》："明月出云崖，～～流素光。"❸名声显赫。张溥《五人墓碑记》："独五人之～～，何也？"

【皦然】　jiǎorán　❶洁白的样子。《盐铁论·褒贤》："盛节洁言，～～若不可涅。"❷明亮的样子。陈亮《戊申再上孝宗皇帝书》："陛下即位之初，喜怒哀乐，是非好恶，～～如日月在天。"

叫（呌）　jiào　❶叫喊。《左传·襄公三十年》："或～于宋大庙，曰：'譆譆，出出。'"柳宗元《捕蛇者说》："悍吏之来吾乡，～嚣乎东西，隳突乎南北。"❷对人呼喊，使之从事某种活动。张衡《思玄赋》："～帝阍使辟扉兮，觌天皇于琼宫。"（觌：见。）❸兽类鸣叫。杜甫《奉赠太常张卿均二十韵》："槛束哀猿～，枝惊夜鹊栖。"

【叫聒】　jiàoguō　喧叫，吵扰。李白《江上寄元六林宗》诗："停棹依林峦，惊猿相～～。"

【叫阍】　jiàohūn　古代民众有冤向朝廷申诉。杜甫《奉留赠集贤院崔于二学士》诗："昭代将垂老，途穷乃～～。"

【叫叫】　jiàojiào　声音远传的样子。柳宗元《湘口馆潇湘二水所会》诗："杳杳渔父吟，～～羁鸿哀。"

【叫嚣】　jiàoxiāo　叫嚣，喧呼。《史记·司马相如列传》："纠蓼～～蹋以艐路兮，蔑蒙踊跃而狂趡。"（嚣：通"嚣"。喧哗。艐：至。）

【叫子】　jiàozǐ　口哨，哨子。沈括《梦溪笔谈·权智》："世人以竹木牙骨之类为～～，置人喉中吹之，能作人言，谓之颡～～。"（颡：通"嗓"。喉。）

觉　jiào　见 jué。

挍　jiào　同"校"。较量，比较。《孟子·滕文公上》："贡者，～数岁之中以为常。"

窌　1. jiào　❶地窖。《周礼·考工记·匠人》："囷、～、仓、城，逆墙六分。"《荀子·富国》："垣～仓廪者，财之末也。"㉡穴藏。《清史稿·属国传》："总兵马彪乃阙隧～药其中，深数十丈。"

2. liáo　❷深空的样子。马融《长笛赋》："庨～巧老，港洞坑谷。"

3. liù　❸地名。在今山东省长清县东南。《左传·成公二年》："既而问之，辟司徒之妻也，予之石～。"

4. pào　❹通"奅"。用于地名。《汉书·卫青传》："骑将军贺从大将军获王，封贺为南～侯。"

校　1. jiào　❶古代枷械一类的刑具。《周易·噬嗑》："初九，屦～灭趾，无咎。"《新唐书·李绅传》："大～重牢，五木被体。"❷栅栏。《周礼·夏官·校人》："六廐成～，～有左右。"《墨子·备穴》："为铁～、卫穴四。"㉡设木栅栏围圈野兽以便猎取。《汉书·司马相如传上》："背秋涉冬，天子～猎。"❸抗拒。《战国策·秦策四》："韩、魏之强足以～于秦矣。"《管子·牧民》："不敬宗庙则民乃上～。"❹较量，比较。《孙子·计》："故经之以五事，～之以计，而索其情。"《三国志·吴书·周瑜传》："请为将军筹之：今使北土已安，操无内忧，能旷日持久，来争疆埸，又能与我～胜负于船楫间乎？"❺数，计算，计量。《史记·平准书》："京师之钱累巨万，贯朽而不可～。"（贯：古代穿钱的绳子。）《三国志·魏书·邓哀王冲传》："置象大船之上，而刻其痕所至，称物以载之，则～可知矣。"韩愈《进学解》："～短量长，惟器是适者，宰相之方也。"㉡计较。《论语·泰伯》："有若无，实若虚，犯而不

～。”曾巩《卫尉寺丞致仕金君墓志铭》：“尝有盗其牛羊，已又盗其所乘马者，君知之，皆不～，盗卒自悔以伏。”❻考核，考察。《战国策·韩策三》：“甘茂约楚、赵而反敬魏，是其讲我，茂将攻宜阳，王犹～之也。”《后汉书·申屠刚传》：“今朝廷不考功～德。”❼考订，考证。《汉书·艺文志》：“诏光禄大夫刘向～经传诸子诗赋。”刘敞《先秦古器记》：“就其可知者～其世，或出周文武时，于今盖二千有馀岁矣。”❽差。杜甫《狂歌行赠四兄》：“与兄行年～一岁，贤者是兄愚者弟。”白居易《酬元郎中书怀见赠》诗：“青衫脱早差三日，白发迟生～九年。”❾病愈。张籍《闲游》诗：“病眼～来犹断酒，却嫌行处菊花多。”

2. xiào ❿学校。《左传·襄公三十一年》：“郑人游于乡～，以论执政。”《孟子·滕文公上》：“夏曰～，殷曰序，周曰庠。学则三代共之。”⓫军营，营垒。《汉书·卫青传》：“护军都尉公孙敖三从大将军击匈奴，常护军傅～获王。”⓬古代军队的一种编制单位。《汉书·赵充国传》：“步兵八～，吏士万人，留屯以为武备。”⓭通“效”。献。《国语·鲁语下》：“昔正考父～商之名颂十二篇于周太师，以《那》为首。”

3. jiǎo ⓮牢固。《周礼·考工记·庐人》：“击兵同强，举围欲细，细则～。”

4. qiāo ⓯通“骹”。器物的脚。《仪礼·士昏礼》：“主人拂几授～。”《礼记·祭统》：“夫人荐豆执～。”（豆：古代盛食物的一种器皿。）

【校比】 jiàobǐ 考核比较。《周礼·地官·党正》：“正岁，属民读法而书其德行道艺，以岁时涖～～。”

【校场】 jiàochǎng 操练或比武的场地。李濯《内人马伎赋》：“始争锋于～～，遽写鞚于金埒。”

【校登】 jiàodēng 考察核定。《周礼·地官·族师》：“以邦比之法，帅四闾之吏，以时属民，而～～其族之夫家众寡，辨其贵贱老幼废疾可任者及其六畜车辇。”（帅：通“率”。率领。）

【校度】 jiàoduó 考察衡量。柳宗元《答问》：“劈析是非，～～古今。”

【校理】 jiàolǐ ❶校勘整理。《汉书·楚元王传》：“乃陈发秘臧，～～旧文。”❷掌管校勘图书的官员。韩愈《送郑十校理序》：“秘书，御府也。天子犹以为外且远，不得朝夕视。始更聚书集贤殿，别置校雠官，曰学士，曰～～。”

【校试】 jiàoshì ❶检查试验。《南史·祖冲之传》：“时有北人索驭骥者，亦云能造指南车，高帝使与冲之各造，使于乐游苑对共～～。”❷考试。《新唐书·选举志上》：“凡贡举非其人者、废举者、～～不以实者，皆有罚。”

【校饰】 jiàoshì 装饰。《宋书·礼志五》：“第六品以下，加不得服金镆、绫、锦、锦绣、七缘绮、貂豽裘、金叉镮铒及以金～～器物、张绛帐。”

【校文】 jiàowén 考校文章。颜延之《三月三日曲水诗序》：“箴阙记言，～～讲艺之官采遗于内；輶车牛轩，怀荒振远之使论德于外。”

【校治】 jiàozhì 考订整理。《梁书·孔休源传》：“聚书盈七千卷，手自～～，凡奏议弹文，勒成十五卷。”

【校联】 xiàolián 营垒相次。《汉书·赵充国传》：“部曲相保，为堑垒木樵，～～不绝。”

【校轸】 jiǎozhěn 缠结。校，通“绞”。轸，通“纱”。《论衡·雷虚》：“礼曰：‘刻尊为雷之形，一出一入，一屈一伸，为相～～则鸣。’”

较 jiào 见 jué。

轿（轎） jiào ❶古代山行用的小车。《汉书·严助传》：“舆～而隃领。”❷肩舆，轿子。杨万里《五里径》诗：“溪光远隔深深竹，特地穿帘入～来。”

教 1. jiào ❶教导，教诲。《论语·为政》：“举善而～不能，则劝。”《孟子·梁惠王上》：“愿夫子辅吾志，明以～我。”㊀告诉。《吕氏春秋·贵公》：“桓公曰：‘此大事也，愿仲父之～寡人也。’”❷教育。《论语·卫灵公》：“子曰：‘有～无类。’”《孟子·梁惠王上》：“谨庠序之～，申之以孝悌之义。”❸政教，法令。《韩非子·外储说右上》：“吾恐其乱法易～也，故以为首诛。”❹教令，指示。曹操《与王修书》：“故与君～。”❺宗旨。《新唐书·文德长孙皇后传》：“佛老异方～耳。”❻宗教。《义和团揭帖》：“四海风云驾海潮，争权争～又争朝。”❼教练，训练。《论语·子路》：“以不～民战，是谓弃之。”❽差。《敦煌变文集·维摩诘经讲经文》：“我也深知你见解……与维摩不～些些。”❾病愈。《敦煌变文集·父母恩重经讲经文》：“女男得病父母忧，未～终须血泪流。”

2. jiāo ❿教授，传授。古诗《为焦仲卿妻作》：“十三～汝织，十四能裁衣。”⓫使，令。《韩非子·解老》：“可欲之类，进则～良民为奸，退则令善人有福。”㊀唆使。《史记·淮阴侯列传》：“蒯通至，上曰：‘若～淮阴侯反乎？’”（若：汝，你。）⓬给。李贺

《大隄曲》:“青云～绾头上髻,明月与作耳边珰。”⓭能。周邦彦《蝶恋花·咏柳》词:“拟插芳条须满首,管～风味还依旧。”

【教成】 jiàochéng 教化成功。《吕氏春秋·义赏》:“～～,则虽有厚赏严威弗能禁。”

【教督】 jiàodū 教导指正。《汉书·车千秋传》:“每公卿朝会,光谓千秋曰:‘始与君侯俱受先帝遗诏,今光治内,君侯治外,宜有以～～,使光毋负天下。’”

【教坊】 jiàofáng 唐代掌管俳优杂伎的官署名。白居易《琵琶行》:“十三学得琵琶成,名属～～第一部。”

【教父】 jiàofù ❶人师。《老子·四十二章》:“人之所教,我亦教之,强梁者不得其死,吾将以为～～。”❷对道教创始人的尊称。李商隐《道士胡君新井碣铭》:“光芒井络,郁勃天彭。于惟～～,诞此仙卿。”

【教化】 jiàohuà ❶政教风化。《法言·先知》:“君子为国,张其纲纪,议其～～。”❷教育感化。《汉书·礼乐志》:“是故古之王者莫不以～～为大务,立大学以教于国,设庠序以化于邑。”《三国志·魏书·文帝纪》:“昔仲尼资大圣之才,怀帝王之器……～～乎洙泗之上。”

【教勒】 jiàolè 管教约束。《后汉书·马廖传》:“廖性宽缓,不能～～子孙。”

【教士】 jiàoshì 平常受过训练的士兵。《管子·小匡》:“有～～三万人,革车八百乘。”《史记·越王句践世家》:“句践复问范蠡,蠡曰:‘可矣。’乃发习流二千人,～～四万人,君子六千人,诸御千人,伐吴。”

【教受】 jiàoshòu 见“教授①”。

【教授】 jiàoshòu ❶教育后生,传授学业。《论衡·刺孟》:“谓孔子之徒,孟子之辈,～～后生,觉悟顽愚乎?”也作“教受”。《抱朴子·金丹》:“太清观天经,有九篇,云其上三篇,不可～～。”❷学官名。教授之名始于宋代,为讲解经义、掌管课试的一种文职官员。陆九渊《白鹿洞书院论语讲义》:“秘书先生,～～先生不察其愚,令登讲席,以吐所闻。”《宋史·职官志七》:“庆历四年,诏诸路、州、军、监各令立学,学者二百人以上许更置县学,自是州、郡无不有学,始置～～,以经术行义训导诸生。”

【教条】 jiàotiáo 法令,规章。韩愈《司徒兼侍中中书令赠太尉许国公神道碑铭》:“公之为治,严不为烦,止除害本,不多～～。”苏轼《再和刘贡父春日赐幡胜》:“行吟未许穷骚雅,坐啸犹能出～～。”

【教训】 jiàoxùn 教诲训导。《管子·小匡》:“～～不善,政事不治,一再则宥,三则不赦。”《论衡·率性》:“孔门弟子七十之徒,皆任卿相之用,被服圣教,文才雕琢,知能十倍,～～之功而渐渍之力也。”(知:智。)

【教诏】 jiàozhào 教令。《吕氏春秋·审分》:“不知乘物,而自怙恃,夺其智能,多其～～,而好自以,若此则百官恫扰,少长相越……此亡国之风也。”

【教卒】 jiàozú 经过训练的士卒。《吕氏春秋·简选》:“齐桓公良车三百乘,～～万人,以为兵首,横行海内,天下莫之能禁。”(兵首:军队的前锋。)

【教学】 jiāoxué 教授学习。《战国策·秦策五》:“王使子诵。子曰:‘少弃捐在外,尝无师傅所～～,不习于诵。’”(习:晓。)

斛 jiào 见hú。

窖 jiào ❶地窖。《礼记·月令》:“是月也,可以筑城郭,建都邑,穿窦～,修囷仓。”(穿:挖掘。窦:地穴。)《汉书·苏武传》:“单于愈益欲降之,迺幽武置大～中,绝不饮食。”❷窖藏。《史记·货殖列传》:“秦之败也,豪杰皆取金玉,而任氏独～仓粟。”❸用心深沉。《庄子·齐物论》:“与接为构,日以心斗,缦者、～者、密者。”

斠 jiào ❶古代量谷物时,刮平斗斛的一种用具。《说文·斗部》:“～,平斗斛也。”❷通“校”。校正。徐珂《清稗类钞·鉴赏类》:“藏书十数万卷,丹黄～画,皆精审。”

酵 jiào 酵母,酵母菌,真菌的一种。朱肱《北山酒经》卷上:“用～四时不同,寒即多用,温即减之。”

【酵粥】 jiàozhōu 发酵的粥。《金史·食货志》:“以～～为酒者杖八十。”

潐 jiào ❶尽。《说文·水部》:“～,尽也。”❷水名。在今河南省陕县内。《山海经·中山经》:“[常烝之山]无草木,多垩,～水出焉,而东北流注于河。”(垩:白垩,白土。)

【潐潐】 jiàojiào 明察。《荀子·不苟》:“其谁能以己之～～受人之掝掝哉?”(掝掝:迷惑。)

噍 1. jiào ❶嚼。《荀子·荣辱》:“亦呥呥而～,乡乡而饱已矣。”(呥呥:咀嚼的样子。乡乡:吃得很足的样子。)《论衡·道虚》:“口齿以～食,孔窍以注泻。”❷“噍类”的省称。活人。徐陵《陈公九锡策文》:“曾不崇朝,俾无遗～。”

2. jiāo ❸声音急促。《礼记·乐记》:“其声～以杀。”

3. jiū ❹见“噍噍”。

【噍类】 jiàolèi 活人。《论衡·辨祟》:“项羽攻襄安，襄安无～～，未必不祷赛也。”

【噍杀】 jiāoshài 声音急促、微弱的样子。《礼记·乐记》：“是故志微，～～之音作，而民思忧。”

【噍噍】 jiūjiū 鸟叫声。扬雄《羽猎赋》：“王雎关关，鸿雁嘤嘤。群娱乎其中，～～昆鸣。”（昆：同。）

噭 1. jiào ❶高声呼叫。《公羊传·昭公二十五年》：“昭公于是～然而哭。”《礼记·曲礼上》：“毋侧听，毋～应，毋淫视，毋怠荒。”（淫视：斜视。）

2. qiào ❷口。《汉书·货殖传》：“马蹏～千。”（《史记·货殖列传》作“马蹄躈千”。）

【噭嘑】 jiàohū 叫呼。韩愈《汴州东西水门记》：“此邦之人，遭逢疾威，嚚童～～，劫众阻兵，懔懔栗栗，若坠若覆。”（嚚：愚蠢，奸诈。）

【噭噭】 jiàojiào ❶哭声。《庄子·至乐》：“人且偃然寝于巨室，而我～～然随而哭之，自以为不通乎命，故止也。”（偃：通“晏”。安。巨室：天地。）❷苦笑的样子。阮籍《咏怀》之十一：“千秋万岁后，荣名安所之。乃误羡门子，～～今自蚩。”（蚩：笑。）❸动物的叫声。曹植《杂诗》之三：“飞鸟绕树翔，～～鸣索群。”谢灵运《登石门最高顶》诗：“活活夕流驶，～～夜猨啼。”

【噭诽】 jiàotiǎo 声音清扬。《楚辞·九思·伤时》：“声～～兮清和，音晏衍兮要媱。”

【噭咷】 jiàotiào 放声歌唱。《汉书·韩延寿传》：“歌者先居射室，望见延寿车，～～楚歌。”

【噭哮】 jiàoxiāo 高声长鸣。杜甫《义鹘行》：“斗上捩孤影，～～来九天。”

【噭噪】 jiàozào 众音杂作刺耳。韩愈《南海神庙碑》：“铙鼓嘲轰，高管～～。”

徼 1. jiào ❶巡察。《荀子·富国》：“其候～支缭，其竟关之政尽察，是乱国已。”（支缭：到处巡察。竟：境。）《汉书·赵敬肃王刘彭祖传》：“常夜从走卒行～邯郸中。”❷边界，边塞。《史记·司马相如列传》：“西至沬、若水，南至牂柯为～。”《汉书·黥布传》：“深沟壁垒，分卒守～乘塞。”ⓧ边关，边卡。《后汉书·西域传》：“至于宣元之世，遂称蕃臣，关～不闭，羽檄不行。”ⓧ边涯，界限。《老子·一章》：“无名天地之始，有名万物之母。故常无欲以观其妙，常有欲以观其～。”

2. jiǎo ❸求，求取。《左传·文公二年》：“寡人愿～福于周公、鲁公。”《后汉书·臧洪传》：“足下～利于境外，臧洪投命于君亲。”《三国志·魏书·吕布臧洪传》：“一举二得以～忠孝，何以为非？”❹请求。《后汉书·邓禹传》：“禹惭于受任而功不遂，数以饥卒～战，辄不利。”❺迎合。《史记·仲尼弟子列传》：“今王诚发士卒佐之以～其志，重宝以说其心，卑辞以尊其礼，其伐齐必也。”❻同“侥”。见“徼幸”。

3. jiāo ❼抄袭，窃取。《论语·阳货》：“恶～以为知者，恶不孙以为勇者，恶讦以为直者。”（知：智。孙：逊。）

4. yāo ❽通“邀”。1）招致。《左传·宣公十二年》：“我则不德，而～怨于楚。”苏轼《东坡志林·始皇扶苏》：“岂可一二于千万，以～必亡之祸哉？”2）拦截。《史记·司马相如列传》：“然后囿驺虞之珍群，～麋鹿之怪兽。”曹操《请增封荀彧表》：“坚营固守，～其军实。”

【徼道】 jiàodào 巡行警戒的道路。张衡《西京赋》：“～～外周，千庐内附，卫尉八屯，警夜巡昼。”杨炯《后周明威将军梁公神道碑》：“由是～～长巡，严扃每奉。”

【徼亭】 jiàotíng 设在边境上的驿亭。《战国策·韩策一》：“料大王之卒，悉之不过三十万，而厮徒负养在其中矣，为除守～～鄣塞，见卒不过二十万而已矣。”（见：现。）

【徼外】 jiàowài 境外。《后汉书·任延传》：“于是～～蛮夷夜郎等慕义保塞。”

【徼巡】 jiàoxún 巡查。《汉书·惠帝纪》：“中尉掌～～京师，位秩与卿同，武帝更名执金吾。”

【徼倖】 jiǎoxìng 见“侥倖”。

【徼幸】 jiǎoxìng 见“侥倖”。

【徼讦】 jiǎojié 揭发别人的过失或阴私。蔡邕《陈太丘碑》：“不～～以干时，不迁怒以临下。”《后汉书·陈元传》：“以刺举为明，～～为直。”

【徼功】 yāogōng 求功。《后汉书·皇甫规传》：“军士劳怨，困于猾吏，进不得快战以～～，退不得温饱以全命。”

【徼谻】 yāojí 待其疲倦而拦截、捕捉。谻，疲倦。《史记·司马相如列传》：“于是楚王乃弭节裴回，翱翔容与，览乎阴林，观壮士之暴怒，与猛兽之恐惧，～～受诎，殚睹众物之变态。”

【徼绝】 yāojué 拦住退路而被消灭。《三国志·魏书·曹爽传》注引《汉晋春秋》：“今兴平路势至险，蜀已先据，若进不获战，退见～～，覆军必矣。”（见：被。）

醮 1. jiào ❶古代举行冠礼或婚礼时斟酒给人的一种仪式。《仪礼·士冠礼》：“若不醴，则～用酒。”《荀子·大略》：“亲迎之礼：父南乡而立，子北面而跪，～而命之。”(乡：通“向”。)❷嫁。《三国志·魏书·何夔传》注引《晋纪》：“臣以为在室之女，可从父母之刑；既～之妇，使从夫家之戮。”❸祭祀，祈祷。宋玉《高唐赋》：“～诸神，礼太一。”㉃道士设坛祭祀。《颜氏家训·治家》：“符书章～，亦无祈焉。”❹尽。《荀子·礼论》：“利爵之不～也，成事之俎不尝也，三臭之不食也，一也。”

2. qiáo ❺通“憔”。憔悴。《庄子·盗跖》：“财积而无用，服膺而不舍，满心戚～，求益而不止，可谓忧矣。”(服膺：时常挂在心上。)

濁 jiào 见 zhuó。

警 jiào ❶大叫。《说文·言部》：“～，痛呼也。”❷挑剔。《汉书·艺文志》：“及～者为之，则苟钩鈲析乱而已。”

皭 jiào 洁白，洁净。《史记·屈原贾生列传》：“濯淖汙泥之中，蝉蜕于浊秽，以浮游尘埃之外，不获世之滋垢，～然泥而不滓者也。”

【皭皭】 jiàojiào 洁白的样子。《韩诗外传》卷一：“故新沐者必弹冠，新浴者必振衣，莫能以己之～～，容人之混污然。”

釂 jiào 把杯中的酒喝干。《韩非子·外储说左上》：“鲁人有自喜者，见长年饮酒不能～则唾之，亦效唾之。”《礼记·曲礼上》：“长者举未～，少者不敢饮。”

jie

阶(階、堦) jiē ❶台阶。《左传·庄公八年》：“石之纷如死于～下。”《孟子·离娄下》：“礼，朝廷不历位而相与言，不踰～而相揖也。”㉃登，升。《后汉书·张衡传》：“天不可～仙夫希，柏舟悄悄吝不飞。”❷梯子。《孟子·万章上》：“父母使舜完廪，捐～，瞽瞍焚廪。”㉃用梯子。《论语·子张》：“夫子之不可及也，犹天之不可～而升也。”❸官阶。《左传·襄公二十四年》：“程郑问焉，曰：‘敢问降～何由？’”㉃泛指官秩、地位。《左传·襄公二十四年》：“贵而知惧，惧而思降，乃得其～。”❹根由，原因。《国语·周语中》：“夫婚姻，祸福之～也。”㉃招引(祸患)。《左传·隐公三年》：“将立州吁，乃定之矣；若犹未也，～之为祸。”《国语·周语中》：“王不忍小忿而弃郑，又登叔隗以～狄。”❺因，凭藉。《论衡·正说》：“禹由夏而起，汤因殷而兴，武王～周而伐。”

【阶陛】 jiēbì 宫殿的台阶。《史记·刺客列传》：“王僚使兵陈自宫至光之家，门户～～左右，皆王僚之亲戚也。”

【阶承】 jiēchéng 依次承受。《三国志·吴书·孙皓传》：“孤以不德，～～统绪。”

【阶除】 jiēchú ❶台阶。何晏《景福殿赋》：“若乃～～连延，萧曼云征，櫺槛邳张，钩错矩成。”❷楼梯。王粲《登楼赋》：“循～～而下降兮，气交愤于胸臆。”

【阶级】 jiējí ❶台阶。陆龟蒙《野庙碑》：“升～～，坐堂筵。”❷尊卑上下的等级。《后汉书·边让传》：“～～名位，亦宜超然。”

【阶藉】 jiējí 凭借，借助。《魏书·陈建传》：“臣以凡近，识无远达，～～先宠，遂荷今任。”

【阶升】 jiēshēng 累升。《宋书·殷琰传》：“贤兄长史，～～清列，贤子参军，亦塞国网。”

【阶缘】 jiēyuán 凭藉，攀附。《晋书·庾亮传》：“臣凡鄙小人，才不经世，～～戚属，累忝非服。”《宋书·檀道济传》：“檀道济～～时幸，荷恩在昔，宠灵优渥，莫与为比。”

担[1] 1. jiē ❶高举。引申指纵心肆志，所愿高远。《楚辞·远遊》：“欲度世以忘归兮，意恣睢以～挢。”(挢：举起。)

2. dǎn ❷击。《广雅·释诂三》：“～，击也。”❸拂。《玉篇·手部》：“～，拂也。”

3. dān ❹通“担[2](擔)”。见“担[2](擔)”。

差 jiē 见 chā。

喈 jiē 见 jī。

皆 1. jiē ❶都，全。《老子·二章》：“天下～知美之为美，斯恶已，～知善之为善，斯不善已。”《孟子·梁惠王上》：“百姓～以王为爱也，臣固知王之不忍也。”

2. xié ❷通“偕”。1) 一同，一起。《尚书·汤誓》：“时日曷丧，予及汝～亡。”《管子·大匡》：“公将如齐，与夫人～行。”2) 普遍，同样，相同。《诗经·周颂·丰年》：“以洽百礼，降福孔～。”(洽：备。孔：甚。)《吕氏春秋·离谓》：“亡国之主，不自以为惑，故与桀、纣、幽、厉～也。”

接 1. jiē ❶触及。《穀梁传·庄公七年》：“我知恒星之不见，而不知其陨也。我见其陨而～于地者，则是雨说也。”❷交接。《楚辞·九歌·国殇》：“操吴戈兮被犀甲，车错毂兮短兵～。”❸搭上，放上。嵇康《兄秀才公穆入军赠诗》之十：“左揽繁弱，右～忘归。”(繁弱：弓名。忘归：箭名。)❹捆绑。《史记·陈丞相世家》：“高帝顾谓信曰：‘若毋声！而反，明矣！'武士反～之。"❺用手拉。《论衡·感类》："孟贲推人，人仆；～人而人立。"❻目接，看见。《淮南子·原道训》："目无以～物也。"❼接近。《仪礼·聘礼》："公入揖，立于中庭，宾立～西塾。"（塾：门内外东西两侧的房屋。）❽接待，接见。《左传·桓公六年》："九月丁卯，子同生。以大子生之礼举之：～以大牢，卜士负之，士妻食之，公与文姜、宗妇命之。"《孟子·万章上》："虽然，欲常常而见之，故源源而来，'不及贡，以政～于有庳'，此之谓也。"㊀对待。《孟子·告子下》："为人臣者怀仁义以事其君，为人子者怀仁义以事其父，为人弟者怀仁义以事其兄，是君臣、父子、兄弟去利，怀仁义以相～也。"❾连接。《战国策·秦策四》："先帝文王、庄王、王之身，三世而不～地于齐，以绝从亲之要。"《后汉书·东夷传》："东滨大海，南与北沃沮～，不知其北所极。"㊀接续。《战国策·秦策五》："武安君曰：'缧病钩，身大臂短，不能及地，起居不敬，恐惧死罪于前，故使工人为木材以～手。'"（病钩：指"臂短"。钩，臂短如钩。）《楚辞·九章·哀郢》："心不怡之长久兮，忧与愁其相～。"❿承受，承接。《礼记·曲礼上》："由客之左，～下承跗。"《史记·平准书》："汉兴，～秦之敝。"⓫和解，和好。《国语·吴语》："两君偃兵～好，日中为期。"⓬姓。

2. jié ⓭通"捷"。敏捷，迅速。《荀子·大略》："先事虑事谓之～，～则事优成。"

【接比】 jiēbǐ 毗连。《汉书·地理志下》："本吴粤与楚～～，数相并兼，故民俗略同。"

【接对】 jiēduì 接待应对。《北史·陆彦师传》："为中书舍人通直散骑侍郎，每陈使至，必高选主客，彦师所～～者，前后六辈。"

【接生】 jiēshēng 生气相接。道教指长生。《黄庭内景经·高奔》："腰带虎箓佩金铛，驾欻～～宴东蒙。"

【接收】 jiēshōu 收受，拉拢。《战国策·燕策一》："今王何不使可以信者～～燕赵？"

【接手】 jiēshǒu ❶两手相交。《战国策·赵策四》："冯忌～～俛首，欲言而不敢。"❷携手。谢惠连《雪赋》："驰遥思于千里，愿～～而同归。"

【接闻】 jiēwén 亲耳所闻。《汉书·艺文志》："《论语》者，孔子应答弟子时人及弟子相与言而～～于夫子之语也。"

【接武】 jiēwǔ ❶行路足迹前后相接。形容细步徐行。《礼记·曲礼上》："堂上～～，堂下步武。"❷指相继而行。杜甫《送重表侄王殊评事使南海》诗："洞主降～～，海胡舶千艘。"❸继承。曾巩《议茶》："我国家勃兴昌运，抚有方国，四圣～～，泽流生民。"

【接物】 jiēwù ❶接触外物。《淮南子·氾论训》："今夫盲者行于道，人谓之左则左，谓之右则右……何则？目无以～～也。"❷待人接物。司马迁《报任少卿书》："曩者辱赐书，教以慎于～～，推贤进士为务。"

【接淅】 jiēxī ❶漉干淘的米。《孟子·万章下》："孔子之去齐，～～而行。"❷行动匆忙。苏轼《归朝欢》词："此生长～～，与君同是江南客。"

【接狎】 jiēxiá 接近，亲近。《汉书·孝武李夫人传》："欢～～以离别兮，宵寤梦之芒芒。"

【接意】 jiēyì 接受别人的心意、建议。《战国策·赵策四》："文信侯曰：'善。'因与～～而遣之。"

【接引】 jiēyǐn ❶接见引进。《宋书·张敷传》："少有盛名，高祖见而爱之，以为世子中军参军，数见～～。"❷佛教指佛引导众生入西方净土。《观无量寿经》："[观世音菩萨]其光柔软，普照一切，以此宝手，～～众生。"

【接遇】 jiēyù 接待。《史记·屈原贾生列传》："入则与王图议国事，以出号令；出则～～宾客，应对诸侯。"

【接轸】 jiēzhěn ❶车辆前后相接而行。张衡《西京赋》："冠带交错，方辕～～。"❷接近。司马相如《上书谏猎》："是胡越起于毂下，而羌夷～～也，岂不殆哉？"

【接踵】 jiēzhǒng 足踵相接。比喻接连不断。《史记·春申君列传》："夫韩、魏父子兄弟～～而死于秦者将十世矣。"

【接给】 jiéjǐ 见"捷给"。

戛 jiē 见 jiá。

秸[1] jiē 去掉秆芒的禾穗。《尚书·禹贡》："三百里纳～服。"

秸[2]（稭、藍、秸） jiē 收割后去掉禾穗的庄稼秆。《史记·封禅书》："埽地而祭，席用葅～。"《旧唐书·礼仪志》："高宗制曰：今封禅用玉牒金绳，器物之间，复有瓦罇～席。"

湝 jiē 见"湝湝"。

【湝湝】 jiējiē ❶河水流动的样子。《诗经·小雅·鼓钟》："鼓钟喈喈，淮水～～，忧心且悲。"❷寒凉的样子。《说文·水部》："湝，水流潜潜也，从水，皆声。一曰潜，水寒也。诗曰：'风雨～～。'"（今本《诗经·郑风·风雨》作"风雨凄凄"。《说文》所引，或据他本。）

祴 jiē 见gé。

楬 1. jiē ❶嫁接花木。《说文·木部》："～，续木也。"

2. jié ❷见"楬榴"。

【楬榴】 jiéxí 连接楹梧两孔的木梁。《庄子·在宥》："吾未知圣知之不为桁杨～～也。"

揭 1. jiē ❶高举。《战国策·齐策四》："[冯谖]于是乘其车，～其剑，过其友曰：'孟尝君客我。'"《论衡·效力》："或问扬子云曰：'力能扛鸿鼎，～华旗，知德亦有之乎？'"㉑拿着。《后汉书·冯衍传》："～节奉使。"㉒居于……之上。《庄子·胠箧》："故逐于大盗，～诸侯，窃仁义并斗斛权衡符玺之利者，虽有轩冕之赏弗能劝，斧钺之威弗能禁。"❷抬，扛。《庄子·胠箧》："然而巨盗至，则负匮、～箧、担囊而趋，唯恐缄縢扃镝之不固也。"❸翘起，撅起。《诗经·大雅·荡》："人亦有言，颠沛之～，枝叶未有害，本实先拨。"《战国策·韩策二》："臣闻之，唇～者其齿寒，愿大王之熟计之。"❹揭开。白居易《醉吟先生传》："～瓮拨醅。"㉑揭示。欧阳修《泷冈阡表》："既又载我皇考崇公之遗训，太夫人之所以教而有待于修者，并～于阡。"❺张贴。《明史·刘大贤传》："～飞语宫门。"㉑发表，公布。李昌祺《剪灯馀话·贾云华还魂记》："会闱～晓，名次群英。"❻标志。郭璞《江赋》："峨嵋为泉阳之～，玉垒作东别之标。"陆游《吴氏书楼记》："于是朱公又为大书'书楼'二字以～之。"❼见"揭揭"。❽通"偈"。疾驰的样子。《汉书·王吉传》引《诗经·桧风·匪风》："匪风发兮，匪车～兮。"❾姓。

2. jié ❿通"楬"。见"揭橥"。

3. qì ⓫撩起衣襟过河。《诗经·邶风·匏有苦叶》："深则厉，浅则～。"柳宗元《游黄溪记》："黄神之上，～水八十步，至初潭，最奇丽，殆不可状。"

【揭车】 jiēchē 香草名。《楚辞·离骚》："畦留夷与～～兮，杂杜衡与芳芷。"

【揭斧】 jiēfǔ 举斧。《淮南子·说山训》："操钓上山，～～入渊。"

【揭竿】 jiēgān ❶拿着竿。《庄子·庚桑楚》："若规规然若丧父母，～～而求诸海也，女亡人哉！"❷举着竿。贾谊《过秦论》："斩木为兵，～～为旗。"

【揭骄】 jiējiāo 放肆自得。潘岳《射雉赋》："眄箱笼以～～，睨骁媒之变态。"

【揭揭】 jiējiē ❶高而长的样子。《诗经·卫风·硕人》："鳣鲔发发，葭菼～～。"❷高洁正直的样子。韩愈《故幽州节度判官赠给事中清河张君墓志铭》："世慕顾以行，子～～也。"❸动摇不定的样子。《淮南子·兵略训》："因其劳倦、怠乱、饥渴、冻暍，推其旝旝，挤其～～，此谓因势。"❹疾驰的样子。焦延寿《易林·需之小过》："猋风忽起，车驰～～。"

【揭橥】 jiézhū 见"楬橥"。

【揭厉】 qìlì 深浅。《论衡·须颂》："故夫广大，从横难数；极深，～～难测。"

【揭河】 qìhé 撩衣过河。《史记·司马相如列传》："其北则盛夏含冻裂地，涉冰～～。"

嗟(謎) jiē （又读 juē） ❶慨叹，忧叹。《诗经·周南·卷耳》："～我怀人，寘彼周行。"《后汉书·冯衍传》："～我思之不远兮，岂败事之可悔？"❷赞叹。《后汉书·丁鸿传》："诸儒称之，帝数～美焉。"《宋史·王质传》："见其所为文，～赏之。"❸叹词。1）表示忧叹。《史记·五帝本纪》："～，四岳，汤汤洪水滔天，浩浩怀山襄陵。"2）表示命令、呼唤。《尚书·秦誓》："公曰：'～！我士。听！无哗！'"《礼记·檀弓下》："黔敖左奉食，右执饮，曰：'～，来食！'"3）表示愤怒、斥责。《战国策·赵策三》："威王勃然怒曰：'叱～，而母婢也。'"

【嗟乎】 jiēhū 叹词。1）表示慨叹。《战国策·秦策一》："苏秦曰：'～～！贫穷则父母不子，富贵则亲戚畏惧。'"《史记·高祖本纪》："高祖常繇咸阳，纵观，观秦皇帝，喟然太息曰：'～～，大丈夫当如此也！'"2）表示悲愤。司马迁《报任少卿书》："～～！～～！如仆尚何言哉！尚何言哉！"《史记·李斯列传》："～～！悲夫！不道之君，何可为计哉！"3）表示惋惜。《史记·刺客列传》："～～！惜哉其不讲于刺剑之术也。"韩愈《师说》："～～！师道之不传也久矣。"

【嗟嗟】 jiējiē ❶叹词。1）表悲叹。《楚辞·九章·悲回风》："曾歔欷之～～兮，独隐伏而思虑。"2）表赞美。《诗经·商颂·烈祖》："～～烈祖，有秩斯祜。"3）表提醒。《诗经·周颂·臣工》："～～臣工，敬尔在公。"❷象声词。水怪叫声。《水经注·河水四》："[陕城]西北带河水涌起，方数十丈，有物居水中。父老云：铜翁仲所投处……～～有声，声闻数里。"

【嗟嗟】 jiējiè 悲叹。《韩非子·守道》："人臣垂拱于金城之内，而无扼腕聚唇～～之祸。"

【嗟金】 jiējīn 靠别人施舍而得到的财物。《宋书·袁淑传》:"以不邪之故,而贫闻天下。宁有昧夫～～者哉?"

【嗟来】 jiēlái ❶叹词。表示慨叹。来:语气词。《庄子·大宗师》:"～～桑户乎! ～～桑户乎! 而已反其真,而我犹为人猗!"(桑户:人名。)❷"嗟来之食"的省略。见"嗟来之食"。

【嗟愍】 jiēmǐn 嗟叹哀悯。《魏书·高祖纪》:"百姓嗷然,朕用～～,故遣使者,循方服恤。"(用:因,因此。)

【嗟叹】 jiētàn 咨嗟感叹。《史记·乐书》:"长言之不足,故～～之。"杜甫《九成宫》诗:"我来属时危,仰望～～久。"

【嗟味】 jiēwèi 叹赏。张柬之《将仕郎张敬之墓志铭》:"王公～～,乃推为举首。"

【嗟怨】 jiēyuàn 悲叹怨恨。《后汉书·刘隆传》:"百姓～～,遮道号呼。"

【嗟重】 jiēzhòng 赞叹器重。《新唐书·宋璟传》:"始自广州入朝,帝遣内侍杨思勗驿迓之,未尝交一言。思勗自以将军贵幸,诉之帝,帝益～～。"

【嗟嗞】 jiēzī 嗟叹,叹息。《战国策·秦策五》:"平原令见诸公,必为言之曰:'～～乎,司空马!'"也作"嗟兹"、"嗟咨"。《管子·小称》:"公曰:'～～乎! 圣人之言长乎哉!'"苏轼《送安惇秀才失解西归》诗:"与君未可较得失,临别唯有长～～。"

【嗟来之食】 jiēláizhīshí ❶悯人穷饿,呼之使来食。《礼记·檀弓下》:"齐大饥,黔敖为食于路,以待饿者而食之。有饿者,蒙袂辑屦,贸贸然来。黔敖左奉食,右执饮,曰:'嗟,来食!'扬其目而视之,曰:'予唯不食～～～～,以至于斯也!'从而谢焉,终不食而死。"❷比喻带有轻蔑性的施舍。也作"嗟来"。陶渊明《有会而作》诗:"常善粥者心,深念蒙袂非;～～何足吝,徒没空自遗。"

喈 jiē ❶通"湝"。寒凉。《诗经·邶风·北风》:"北风其～,雨雪其霏。"❷见"喈喈"。

【喈喈】 jiējiē ❶象声词。1)禽鸟和鸣声。《诗经·周南·葛覃》:"维叶萋萋,黄鸟于飞。集于灌木,其鸣～～。"2)铃钟的和谐声。《诗经·大雅·烝民》:"四牡骙骙,八鸾～～。"(鸾:通"銮"。车铃。)❷和谐,和洽。《尔雅·释训》:"噰噰～～,民协服也。"

街 jiē ❶街道。《韩非子·内储说上》:"殷之法,刑弃灰于～者,子贡以为重,问之仲尼。"❷街市,闹市。《吕氏春秋·不苟》:"百里奚归,辞公孙枝。公孙枝徙,自敷于～。"(敷:陈述。)❸姓。

【街鼓】 jiēgǔ 置于城坊街道中用以警夜的鼓。刘肃《大唐新语》卷十:"旧制,京城内金吾晓暝传呼,以戒行者,马周献封章,始置～～,俗号鼕鼕,公私便焉。"白居易《酬刘五主簿》诗:"敝裘瘦马入咸秦,鼕鼕～～红尘暗。"

【街官】 jiēguān 巡察街道的官吏。张籍《沙隄行呈裴相公》诗:"～～闾吏相传呼,当前十里惟空衢。"

【街居】 jiējū 处于要冲之地。《汉书·货殖传》:"雒阳～～在齐秦楚赵之中,富家相矜以久贾,过邑不入门。"

【街里】 jiēlǐ 邻里。《后汉书·舆服志》:"门阑部署,～～走卒。"

【街吏】 jiēlì 巡视街道的官吏。聂夷中《公子行》:"走马踏杀人,～～不敢诘。"

【街使】 jiēshǐ 巡视街道的官员。《新唐书·百官志四上》:"左右～～,掌分察六街徼巡。"

【街卒】 jiēzú 清扫街道的役夫。《后汉书·范式传》:"友人南阳孔嵩,家贫亲老,乃变名姓,佣为新野县阿里～～。"

楷 jiē 见 kǎi。

揭 1. jiē(又读 qiè) ❶离开。《楚辞·九辩》:"车既驾兮～而归,不得见兮心伤悲。"㉑舍弃。《吕氏春秋·士容》:"耳目遗俗而可与定世,富贵弗就而贫贱弗～。"❷武勇矫健的样子。《诗经·卫风·硕人》:"庶姜孽孽,庶士有～。"

2. hé ❸通"曷"。何,何时。《吕氏春秋·贵因》:"胶鬲曰:'～至?'武王曰:'将以甲子至殷郊,子以是报矣。'"❹通"盍"。1)何,为什么。《史记·司马相如列传》:"回车～来兮,绝道不周,会食幽都。"(不周:不周山。)2)何不。李商隐《井泥》诗:"我欲秉钓者,～来与我偕。"

【揭揭】 jiējiē 威武雄壮的样子。韩愈《唐故中散大夫少府监胡良公墓神道碑》:"～～胡公,既果以方,挟艺射科,每发如望。"

【揭来】 jiēlái ❶去。李白《送王屋山人魏万还王屋》诗:"～～遊嵩峰,羽客何双双?"❷来。张九龄《岁初巡属县登高安南楼言怀》诗:"～～彭蠡泽,载经敷浅原。"❸从那时以来。柳宗元《韦道安》诗:"～～事儒术,十载所能逞。"❹助词。无义。陈子昂《感遇》诗之三十:"～～豪遊子,势利祸之门。"

【揭休】 jiēxiū 休止,停止。刘桢《黎阳山赋》:"自魏都而南迈,迄洪州以～～。"

孑　1. jié　❶无右臂。《说文·了部》："～，无右臂也。"❷孤独，孤单。张衡《思玄赋》："何孤行之茕茕兮，～不群而介立？"❸单一，独个。陆机《辨亡论上》："蓬笼之战，～轮不反。"❹残馀，遗留。《方言》卷二："～，荩，馀也。"❺小。《宋史·尹焞传》："使主上孝弟通于神明，道德成于安疆，勿以小智～义而图大功。"❻见"孑孑"。❼姓。

2. jǐ　❽通"戟"。古代的一种兵器。《左传·庄公四年》："楚武王荆尸，授师～焉，以伐随。"

【孑孑】　jiéjié　❶孤零特出的样子。《诗经·鄘风·干旄》："～～干旄，在浚之城。"❷孤单的样子。韩愈《食曲河驿》诗："而我抱重罪，～～万里程。"❸谨小慎微的样子。韩愈《原道》："彼以煦煦为仁，～～为义。"

【孑孓】　jiéjué　❶短小。《广雅·释诂》："～～，短也。"❷蚊子的幼虫。《淮南子·说林训》："～～为蟁。"

【孑立】　jiélì　孤立。李密《陈情表》："茕茕～～，形影相吊。"（孑立：一本作"独立"。）

【孑然】　jiérán　❶孤独的样子。《三国志·吴书·陆瑁传》："若渊狙诈，与北未绝，动众之日，唇齿相济。若实～～无所凭赖，其畏怖远迸，或难卒灭。"❷整个。《国语·周语中》："于是乎有折俎加豆，酬币宴货，以示容合好，胡有～～其效戎狄也？"（孑然：这里指祭祀时用整头牲畜。）

【孑弦】　jiéxián　单弦，一根弦。《抱朴子·微旨》："比之琴瑟，不可以～～求五音也。"

【孑遗】　jiéyí　❶残存，遗留。《诗经·大雅·云汉》："周馀黎民，靡有～～。"《论衡·艺增》："诗人伤旱之甚，民被其害，言无有～～一人不愁痛者。"❷经过灾难后剩下来的人或物。《后汉书·应劭传》："逆臣董卓，荡覆王室，典宪焚燎，靡有～～，开辟以来，莫或兹酷。"《三国志·魏书·傅嘏传》："淮海非贼轻行之路，又昔孙权遣兵入海，漂浪沉溺，略无～～。"苏轼《表忠观碑》："既覆其族，延及于无辜之民，罔有～～。"

讦（訐）　jié　揭发别人的阴私或过失。《论语·阳货》："恶～以为直者。"《后汉书·杨震传》："今赵腾所坐激～谤语为罪，与手刃犯法有差。"

【讦切】　jiéqiè　揭发责备。《后汉书·桓荣传》："张佚～～阴侯，以取高位。"

【讦扬】　jiéyáng　揭发张扬。《汉书·孝成赵皇后传》："晏驾之后，尊号已定，万事已讫，乃探追不及之事，～～幽昧之过，此臣所深痛也。"

节（節）　jié　❶竹节。刘禹锡《酬元九侍御赠璧竹鞭》诗："多～本怀端直性，露青犹有岁寒心。"㊀草木枝干交接处。《诗经·邶风·旄丘》："旄丘之葛兮，何诞之～兮。"（诞：通"延"。）《后汉书·虞诩传》："诩笑曰：'志不求易，事不避难，臣之职也。不遇槃根错～，何以别利器乎？'"❷人或动物的关节。《庄子·养生主》："彼～者有间而刀刃者无厚，以无厚入有间，恢恢乎其于游刃必有馀地矣。"《吕氏春秋·本生》："天全，则神和矣，目明矣，耳聪矣，鼻臭矣，口敏矣，三百六十～皆通利矣。"㊀关键。《管子·宙合》："左操五音，右执五味，怀绳与准钩，多备规轴，减溜大成，是唯时德之～。"《吕氏春秋·察传》："夫乐，天地之精也，得失之～也，故唯圣人为能和。"㊁节骨眼，凑巧。《荀子·天论》："楚王后车千乘，非知也；君子啜菽饮水，非愚也，是～然也。"❸事的一端为一节。《淮南子·说林训》："见象牙乃知其大于牛，见虎尾乃知其大于狸，一～见而百～知也。"㊀事，战事。《战国策·秦策三》："秦三世积～于韩、魏。"❹等次。《战国策·齐策五》："夫中山千乘之国也，而敌万乘之国二，再战比胜，此用兵之上～也。"㊀叙述问题的层次。《战国策·魏策二》："免国于患者，必穷三～，而行其上。"❺符节。缀有牦牛尾的竹竿，古代使者出使时用作凭证。《战国策·西周策》："秦闻之必大怒，而焚周之～，不通其使。"《后汉书·徐璆传》："昔苏武困于匈奴，不队七尺之～。"（队：坠。）❻信，征验。《荀子·性恶》："故善言古者，必有～于今；善言天者，必有征于人。"❼气节，节操。《汉书·高帝纪下》："上壮其～，为流涕，发卒二千人，以王礼葬焉。"《后汉书·邓彪传》："显宗高其～，下诏许焉。"㊁封建社会指妇女的贞节。程颐《河南程氏遗书》："饿死事小，失～事大。"❽礼节。《论语·微子》："长幼之～，不可废也。"《战国策·赵策二》："为人臣者，穷有弟长辞让之～，通有补民益主之业。"❾法度，分寸。《荀子·成相》："言有～，稽其实，信诞以分赏罚必。"《礼记·中庸》："喜怒哀乐之未发，谓之中，发而皆中～，谓之和。"❿季节，时节。《管子·形势》："天不变其常，地不易其则，春秋冬夏不更其～，古今一也。"《吕氏春秋·明理》："阴阳失次，四时易～。"⓫节日。王维《九月九日忆山东兄弟》诗："独在异乡为异客，每逢佳～倍思亲。"⓬时期。《国语·越语下》："天～不远，五年复反。"⓭节制。《吕氏春秋·论人》："适耳目，～嗜欲，释智谋，去巧故。"《后汉书·光武十王传》："奢侈恣欲，游观无

～。"㉛节省,节约。《荀子·天论》:"强本而～用,则天不能贫。"⑭调和,适合。《史记·历书》:"明时正度,则阴阳调,风雨～,茂气至,民无夭疫。"《后汉书·明帝纪》:"水旱不～,稼穑不成,人无宿储,下生愁垫。"⑮古代的一种乐器。用竹编成,形如箕,演奏时起打拍子作用。左思《蜀都赋》:"巴姬弹弦,汉女击～。"⑯节拍,节奏。《楚辞·九歌·东君》:"展诗兮会舞,应律兮合～。"韩愈《送孟东野序》:"其声清以浮,其～数以急。"㉛泛指一般动作的节奏。《孙子·势》:"鸷鸟之疾,至于毁折者,～也。"⑰通"楶"。柱上斗栱。《论语·公冶长》:"臧文仲居蔡,山～藻棁,何如其知也?"(棁:梁上短柱。)⑱通"巀"。高峻的样子。《诗经·小雅·节南山》:"～彼南山,维石岩岩。"⑲六十四卦之一。卦形为兑下坎上。《周易·节》:"泽上有水,～。"⑳姓。

【节度】 jiédù ❶节令的度数。《史记·天官书》:"斗为帝车,运于中央,临制四乡。分阴阳,建四时,均五行,移～～,定诸纪,皆系于斗。"❷规则,分寸。《论衡·明雩》:"日月之行,有常～～。"《汉书·龚遂传》:"功曹以为王生素耆酒,无～～,不可使。"❸节制调度。《三国志·蜀书·杨仪传》:"[诸葛]亮数出军,……军戎～～,取办于仪。"

【节概】 jiégài 节操气概。左思《吴都赋》:"士有陷坚之锐,俗有～～之风。"韩愈《柳子厚墓志铭》:"行立有～～,重然诺,与子厚结交,子厚亦为之尽,竟赖其力。"

【节解】 jiéjiě ❶草木枝叶凋落。《国语·周语中》:"天根见而水涸,本见而草木～～。"❷音节分明。马融《长笛赋》:"～～句断,管商之制也。"❸支解。古代分解四肢的一种酷刑。《晋书·石季龙载记下》:"[石虎]又诛其四率已下三百人,宦者五十人,皆车裂～～,弃之漳水。"

【节目】 jiémù ❶树木枝干交接的地方叫节,纹理纠结不顺的地方叫目。《吕氏春秋·举难》:"尺之木必有～～,寸之玉必有瑕瓋。"❷条目,项目。韩愈《上张仆射书》:"受牒之明日,在使院中,有小吏持院中故事～～十馀事来示愈。"

【节士】 jiéshì 有节操的人。《韩诗外传》卷十:"吾闻之,～～不以辱生。"《汉书·萧望之传》:"望之以问门下生朱云,云者好～～,劝望之自裁。"

【节事】 jiéshì 顺应事情的变化。《史记·越王句践世家》:"蠡对曰:'持满者与天,定倾者与人,～～者以地。'"

【节文】 jiéwén ❶调节文饰。《孟子·离娄上》:"礼之实,～～斯二者是也。"❷礼节仪式。《荀子·乐论》:"宾出,主人拜送,～～终遂。"

【节物】 jiéwù ❶适应时节的景物。陆机《拟古诗》之六:"踟蹰感～～,我行永已久。"❷行事,作为。《吕氏春秋·士容》:"今日君民而欲服海外,～～甚高而细利弗赖。"

【节下】 jiéxià 秦汉以后,对使臣或地方官吏的敬称。《北齐书·孟业传》:"业以微细,服事～～,既不能裨益,宁可损败清风!"王安石《上杜学士言开河书》:"某愚不更事物之变,备官～～。"

【节信】 jiéxìn ❶符节。《史记·吕太后本纪》:"[朱虚侯章]欲夺～～,谒者不肯。"❷节操信义。干宝《晋纪总论》:"行身者以放浊为通,而狭～～,进仕者以苟得为贵,而鄙居正。"

【节宣】 jiéxuān 有节制地散发。《左传·昭公元年》:"于是乎～～其气,勿使有所壅闭湫底以露其体,兹心不爽,而昏乱百度。"

【节义】 jiéyì 节操义气。韩愈《柳子厚墓志铭》:"呜呼! 士穷乃见～～。"《新五代史·一行传序》:"吾又以谓必有负材能,修～～,而沈沦于下,泯没而无闻者。"

【节用】 jiéyòng 节省费用。《论语·学而》:"敬事而信,～～而爱人,使民以时。"《史记·太史公自序》:"墨者俭而难遵,是以其事不可徧循,然其彊本～～,不可废也。"

【节遇】 jiéyù 偶然性的遭遇。《荀子·正名》:"性伤谓之病,～～谓之命。"

【节钺】 jiéyuè 符节和斧钺。《三国志·魏书·武帝纪》:"天子假太祖～～,录尚书事。"《孔丛子·问军礼》:"天子当阶南面,命授之～～。"

【节制】 jiézhì ❶节俭克制。《晋书·高密文献王泰传》:"当时诸王,惟泰及下邳王晃以～～见称。"❷节度法制。干宝《晋纪总论》:"屡拒诸葛亮～～之兵,而东支吴人辅车之势。"❸调度管束。《晋书·徐邈传》:"[司马]道子将用为吏部郎,邈以波竞成俗,非己所能～～,苦辞乃止。"❹节度使的简称。高適《李云征南蛮诗序》:"天宝十一载有诏伐西南夷,右相杨公兼～～之寄。"《宋史·吴越钱氏传》:"[钱镠]据有吴越,昭宗授以杭越两藩～～。"

【节中】 jiézhōng 折中。不偏不依,没有差错。《楚辞·离骚》:"依前圣以～～兮,喟凭心而历兹。"

【节奏】 jiézòu 礼节法度。《荀子·王制》:

“案平政教，审～～，砥砺百姓，为是之日，而兵刳天下之劲矣。”（刳：专有。）

【节族】 jiézú ❶人或动物关节筋肉相连的地方。《淮南子·泰族训》：“邪气无所留滞，四枝～～，毛蒸理泄，则机枢调理。”❷比喻关系密切。《淮南子·说林训》：“亲莫亲于骨肉，～～之属连也。”

【节度使】 jiédùshǐ 官名。唐初，武将领兵出战称总管，无事时镇守边地则称都督。唐高宗永徽年间以后，都督带使持节的称节度使，但此时并非正式官名。唐睿宗景云二年，凉州都督贺拔延嗣充河西节度使，从此才有节度使官名。到唐玄宗开元年间，终成定制。节度使初仅设于边境地区，其职责是统管所辖地区的军政大权。安史之乱以后，内地也相继增设节度使，地方武官亦常署节度使名号，自置官署，父死子继，割据一方，世称“藩镇”。

劫（刧、刦、刼） jié ❶威逼，胁迫。《左传·庄公八年》：“遇贼于门，～而束之。”《韩非子·难三》：“鲁之公室，三世～于季氏，不亦宜乎！”㊀强制，强迫。《荀子·解蔽》：“故口可～而使墨云，形可～而使诎申，心不可～而使易意，是之则受，非之则辞。”（墨：通“默”。）㊁约束。《荀子·修身》：“庸众驽散，则～之以师友。”❷劫掠，强夺。《汉书·王尊传》：“阻山横行，剽～良民。”马戴《出塞》诗：“卷旗夜～单于帐，乱斫胡兵缺宝刀。”㊁强盗。《南史·宗悫传》：“悫年十四，挺身与～相拒，十馀人皆披散，不得入室。”❸急，慌忙。傅毅《舞赋》：“形态和，神意协，从容得，志不～。”❹佛塔的层级。杜甫《玉台观》诗之二：“浩～因王造，平台访古遊。”❺梵语“劫波”的省略。意为极长的一个时期。佛教认为在每一“劫”之后，世界俱毁，然后重新开始。慧皎《高僧传》卷一：“又昔汉武穿昆明池底，得黑灰，以问东方朔。朔云：‘不委，可问西域人。’后法兰既至，众人追以问之，兰云：‘世界终尽，～火洞烧，此灰是也。’”（委：知。）陈亮《又乙巳春书》之一：“道非赖人以存，则释氏所谓千～万～者，是真有之矣。”

【劫火】 jiéhuǒ ❶佛教用语。指世界毁灭时的大火。《新译仁王经》：“～～洞然，大千俱坏。”❷指乱世的灾火。方回《旅次感事诗》：“千村经～～，万境叹虚花。”

【劫劫】 jiéjié ❶汲汲，急切追求的样子。韩愈《贞曜先生墓志铭》：“人皆～～，我独有馀。”❷世世。佛教认为一劫为一世。白居易《画水月菩萨赞》：“生生～～，长为我师。”

【劫略】 jiélüè ❶用威力胁迫。《史记·郦生陆贾列传》：“然汉王起巴蜀，鞭笞天下，～～诸侯，遂诛项羽灭之。”❷抢劫掠夺。《汉书·鲍宣传》：“盗贼～～，取民财物。”

【劫守】 jiéshǒu 胁迫监禁。《史记·吴王濞列传》：“济北王城坏未完，其郎中令～～其王，不得发兵。”

【劫质】 jiézhì ❶劫持人质。《后汉书·桥玄传》：“凡有～～，皆并杀之，不得赎以财宝，开张奸路。”❷劫持以为人质。《后汉书·顺帝纪》：“益州盗贼，～～令长，杀列侯。”

【劫制】 jiézhì 用威力控制。《新唐书·狄仁杰传赞》：“武后乘唐中衰，操杀生柄，～～天下而攘神器。”

岊 jié 山的转弯处。左思《吴都赋》：“夤缘山岳之～，幂历江海之流。”

滐（澥） jié 见“滐汩”。

【滐汩】 jiéyù 波涛相击的样子。枚乘《七发》：“～～潺湲，披扬流洒，横暴之极。”

诘（詰） jié ❶询问，追问。《老子·十四章》：“视之不见名曰夷，听之不闻名曰希，搏之不得名曰微，此三者不可致～，故混而为一。”《左传·僖公十五年》：“卜徒父筮之，吉：‘涉河，侯车败。’～之。”❷责问。《国语·鲁语上》：“明日，有司复命，公～之，仆人以里革对。”《吕氏春秋·处方》：“昭釐侯至，～车令，各避舍。”❸责罚。《荀子·成相》：“众人贰之，谗夫弃之形是～。”（形：通“刑”。）❹禁止。《左传·襄公二十一年》：“于是鲁多盗。季孙谓臧武仲曰：‘子盍～盗？’”《管子·五辅》：“故曰五经既布，然后逐奸民，～诈伪，屏谗慝，而毋听淫辞，毋作淫巧。”❺谨慎。《尚书·立政》：“其克～尔戎兵，以陟禹之迹。”❻明日。《左传·僖公二十八年》：“戒尔车乘，敬尔君事，～朝将见。”（诘朝：明晨。）

【诘晨】 jiéchén 明晨。萧统《钟山解讲诗》：“清宵出望园，～～届钟岭。”

【诘旦】 jiédàn 明早。《金史·郑家传》：“～～，舟人望见敌舟，请为备。”

【诘难】 jiénàn 责难。《史记·司马相如列传》：“相如欲谏，业已建之，不敢，乃著书，籍以蜀父老为辞，而已～～之，以风天子，且因宣其使指，令百姓知天子之意。”

【诘让】 jiéràng 斥责，责问。《三国志·魏书·王朗传》：“朗乃诣策，策以［朗］儒雅，～～而不害。”

【诘责】 jiézé 责问。《后汉书·杨秉传》：“尚书召秉～～。”《三国志·魏书·满宠传》：

"宠因其来在传舍,率吏卒出收之,～～所犯,即日考竟,遂弃官归。"

【诘诛】 jiézhū 声讨诛杀。《吕氏春秋·音律》:"夷则之月,修法饬刑,选士厉兵,～～不义,以怀远方。"

衱 jié ❶衣后襟。《尔雅·释器》:"～谓之裾。"❷裙带。杜甫《丽人行》:"背后何所见,珠压腰～稳称身。"

杰(傑) jié ❶才智出众的人。《荀子·非相》:"古者桀纣长巨姣美,天下之～也。"❷特异的,超出一般的。《诗经·周颂·载芟》:"驿驿其达,有厌其～。"❸高大。潘岳《闲居赋》:"浮梁黝以径度,灵台～其高峙。"韩愈《记梦》诗:"隆楼～阁磊嵬高,天风飘飘吹我过。"❹轻视功禄,不屈服顺从。《韩非子·诡使》:"贱爵禄,不挠上者谓之～。"❺通"桀"。凶暴。《北史·韩褒传》:"乃悉召～黠少年,素为乡里患者,置为主帅。"

【杰观】 jiéguàn 高大的楼台。陈师道《和寇十一晚登白门》:"重门～～屹相望,表里山河自一方。"

【杰杰】 jiéjié 见"偈偈"。

【杰立】 jiélì ❶卓越突出。薛收《骠骑将军王怀文碑铭序》:"故俶傥不羁之才,英奇～～之士,遑遑重志业,落落建功名。"❷特立。《宋史·夏侯嘉正传》:"所谓洞庭者,～～而孤,廓然如无。"

【杰黠】 jiéxiá 见"桀黠"。

洁(潔) jié ❶清洁。《左传·定公三年》:"庄公卞急而好～,故及是。"《孟子·离娄下》:"西子蒙不～,则人皆掩鼻而过之。"㊀使清洁。《管子·心术》:"～其宫,开其门。"❷品德纯洁。《吕氏春秋·贵公》:"鲍叔牙之为人也,清廉～直。"《论衡·逢遇》:"才高行～,不可保以必尊贵。"㊀使纯洁。《论语·微子》:"欲～其身,而乱大伦。"❸空。孙樵《骂僮志》:"时或从处,冻冷彻时,暑起散去,～腹出户,迨暮如故。"❹姓。

【洁澈】 jiéchè 清澈。吴融《红白牡丹》诗:"殷鲜一半霞分绮,～～旁边月飐波。"

【洁妇】 jiéfù 有贞操的妇女。《列女传·鲁秋洁妇》:"～～者,鲁秋胡子妻也。"傅玄《秋胡行》:"皎皎～～姿,泠泠守空房。"

【洁腹】 jiéfù 空腹。晁补之《即事》诗:"崇朝～～坐,往往食傍舍。"

【洁洁】 jiéjié 清白的样子。《艺文类聚·人事部》引《慎子》:"与天下于人,大事也,煦煦者以为惠,而尧舜无德色;取天下于人,大嫌也,～～者以为污,而汤武无愧容,惟其义也。"

【洁悫】 jiéquè 品德纯洁诚实。《韩非子·外储说左下》:"少室周者,古之贞廉～～者也。"

【洁行】 jiéxíng 纯洁的品德。《论衡·刺孟》:"伯夷不食周粟,饿死于首阳之下,岂一食周粟而以污其～～哉?"

【洁直】 jiézhí 品德纯洁正直。《吕氏春秋·贵公》:"鲍叔牙之为人也,清廉～～。"

拮 1. jié ❶见"拮据"。
2. jiá ❷通"戛"。逼迫。《战国策·秦策三》:"大夫种为越王垦草刱邑,辟地殖谷,率四方士,上下之力,以禽劲吴,成霸功。句践终～而杀之。"(拮:一本作"棓"。)

【拮据】 jiéjū ❶操作劳苦、忙乱的样子。《诗经·豳风·鸱鸮》:"予手～～,予所捋荼。"❷处境窘迫。杜甫《秋日荆南送石首薛明府》诗:"文物陪巡狩,亲贤病～～。"

结(結) 1. jié ❶绳索打结。《周易·系辞下》:"上古～绳而治,后世圣人易之以书契。"《老子·八十章》:"虽有舟舆,无所乘之,虽有甲兵,无所陈之,使民复～绳而用之。"㊀结子,绳带等物打成的疙瘩。《左传·昭公十一年》:"朝有著定,会有表,衣有襘,带有～。"《论衡·实知》:"天下事有不可知,犹～有不可解也。"❷编织。《汉书·董仲舒传》:"古人有言曰:'临渊羡鱼,不如退而～网。'"㊀用线缝连。陶渊明《五柳先生传》:"环堵萧然,不蔽风日,短褐穿～,箪瓢屡空,晏如也。"㊁构造。陶渊明《饮酒》诗之五:"～庐在人境,而无车马喧。"❸结扎。《老子·二十七章》:"善闭,无关楗而不可开;善～,无绳约而不可解。"㊀闭。《后汉书·蔡邕传》:"顷者立朝之士,曾不以忠信见赏,恒被谤讪之诛,遂使臣下～口,莫图正辞。"❹束缚。韩愈《争臣论》:"岩穴之士闻而慕之,束带～发,愿进于阙下。"❺系上。《诗经·豳风·东山》:"亲～其缡,九十其仪。"(缡:佩巾。)❻盘结,扎下。孙绰《游天台山赋》:"～根弥于华岱,直指高于九疑。"❼盘旋。司马相如《难蜀父老》:"～轨还辕,东乡将报。"❽结交。《后汉书·刘玄传》:"弟为人所杀,圣公～客欲报之。"❾结下,结成。《国语·鲁语上》:"夫为四邻之援,～诸侯之信,重之以婚姻,申之以盟誓,固国之艰急是为。"❿缔结,订立。《左传·隐公七年》:"齐侯使夷仲年来聘,～艾之盟也。"《公羊传·桓公三年》:"古者不盟,～言而退。"⓫凝聚,凝结。古诗《为焦仲卿妻作》:"寒风摧树木,严霜～庭兰。"㊀病症的瘀结。《史记·扁鹊仓公列传》:"以此视病,尽见五藏症～,特以诊脉为名耳。"(藏:通"脏"。特:只。)《后汉书·王符传》:"凡疗病者,必知脉之虚实,气之所～,然后为之方。"⑫纽结,纽带。《国语·晋语四》:"夫礼,国之纪也,亲,民之～也;善,德之建也。"⑬惦记,思念。《韩非子·用人》:"昔者介子推无爵禄而义随文公,不忍口腹而仁割其肌,故人主～其德,书图著其名。"⑭终了。《淮南子·缪称训》:"故君子行思乎其所～。"㉛裁决,断定。《后汉书·杨震传》:"帝发怒,遂收考诏狱,～以罔上不道。"㉜彼此双方承认事情了结的字据。《后汉书·刘般传》:"又以郡国牛疫,通使区种增耕,而吏下检～,多失其实。"⑮植物结实。杜甫《北征》诗:"雨露之所濡,甘苦齐～实。"㉛产生问题。《论衡·问孔》:"故孔子之言,遂～不解。"⑯凸出。《山海经·海外南经》:"结匈国……其为人～匈。"(匈:胸。)⑰姓。

2. jì ⑱通"髻"。发髻。《楚辞·招魂》:"激楚之～,独秀仙些。"(些:语气词。)《汉书·李陵传》:"两人皆胡服椎～。"

【结草】 jiécǎo ❶用草打成草结。《左传·宣公十五年》:"及辅氏之役,颗见老人～～以亢杜回。杜回踬而颠,故获之。"(亢:遮,绊。踬:绊倒。)后比喻死后报恩。李密《陈情表》:"臣生当陨首,死当～～。"❷用草结成绳索。《孔丛子·问军礼》:"然后将帅～～自缚,袒右臂而入。"❸编结茅草以造屋。《后汉书·李恂传》:"潜居山泽,～～为庐。"

【结发】 jiéfà ❶束发。韩愈《争臣论》:"岩穴之士,闻而慕之,束带～～,愿进于阙下。"❷古代成童始束发,因指童年或年轻为结发。《史记·李将军列传》:"臣部为前将军,今大将军乃徙令臣出东道,且臣～～而与匈奴战,今乃一得当单于,臣愿居前,先死单于。"《论衡·祸虚》:"一身之行,一行之操,～～终死,前后无异。"❸成婚之夕,男左女右束发共髻,以示正式结为夫妇。古诗《为焦仲卿妻作》:"～～同枕席,黄泉共为友。"杜甫《新婚别》诗:"～～为妻子,席不暖君床。"❹指妻。江淹《杂体诗·李都尉从军》:"而我在万里,～～不相见。"

【结构】 jiégòu ❶房屋梁柱结连相交的构架。王延寿《鲁灵光殿赋》:"于是详察其栋宇,观其～～。"❷文辞书画的组织和布局。《后汉书·班固传》:"～～文辞,终以讽谏。"王羲之《题卫夫人笔阵图后》:"～～者,谋略也。"❸勾结。陆贽《奏议窦参等官状》:"今者再责窦参,特缘别有～～,陛下亲自寻究,审得事情所与连谋,固知定数"。

【结愲】 jiégǔ 见"结缗"。

【结缗】 jiégǔ 内心郁结不解。《楚辞·九思·怨上》:"伫立兮忉怛,心～～兮折摧。"也作"结愲"。《汉书·息夫躬传》:"涕泣流兮萑兰,心～～兮伤肝。"

【结婚】 jiéhūn 联姻结亲。《汉书·张骞传》:"其后,乌孙竟与汉～～。"

【结课】 jiékè 考核政绩功过,以定升贬。孔稚珪《北山移文》:"常绸缪于～～,每纷纶于折狱。"

【结缡】 jiélí ❶系上佩巾。古代嫁女的一种仪式。张华《女史箴》:"施衿～～,虔恭中馈。"❷男女成亲。权德舆《鄜坊节度推官大理评事唐君墓志铭》:"～～周月,遭罹柏舟之痛。"

【结绿】 jiélǜ 宝玉名。曹丕《与钟大理书》:"晋之垂棘,鲁之玙璠,宋之～～,楚之和璞,价越万金,贵重都城。"

【结纳】 jiénà ❶结交。《后汉书·冯异传》:"是时左丞相曹竟子诩为尚书,父子用事,异劝光武厚～～之。"❷纳采,男方送礼行聘。古代婚礼六礼之一。《周书·文帝纪上》:"初,魏帝在洛阳,许以冯翊长公主配太祖,未及～～,而帝西迁。"

【结纽】 jiéniǔ 结成绳扣。比喻结成同党或帮派。《管子·枢言》:"先王不约束,不～～。"

【结契】 jiéqì ❶相交而投合。刘知幾《思慎赋》:"馀推诚而裨耳,萧～～而连朱。"(馀:陈馀。耳:张耳。萧:萧育。朱:朱博。)❷订立契约。瞿汝稷《指月录·第七世福州玄沙备宗一禅师》:"师云:'若论此事喻如一片田地,四至界分,～～卖与人了也。'"

【结轖】 jiésè 用皮革蒙住车厢外部作为障碍。比喻心情郁结不畅。枚乘《七发》:"邪气袭逆,中若～～。"

【结绶】 jiéshòu 系结印带。比喻出仕作官。颜延之《秋胡》诗:"脱巾千里外,～～登王畿。"

【结束】 jiéshù ❶连结束缚。《后汉书·东夷传》:"其男衣皆横幅～～相连,女人被发屈紒,衣如单被,贯头而著之。"❷整理行装。杜甫《最能行》:"小儿学问止《论语》,大儿～～随商旅。"❸装束,打扮。刘邈《采桑行》:"倡女不胜愁,～～下青楼。"❹嫁妆。王明清《摭青杂说》:"今我即不留为子妇,宁陪些少～～,嫁一本分人,岂可更教他作娼女婢妾?"❺安排,处置。孟郊《赠农人》诗:"青春如不耕,何以自～～?"❻拘束。《古诗十九首》之十二:"荡涤放情志,何为自～～?"

【结帨】 jiéshuì 系上佩巾。古代嫁女的一种仪式。《仪礼·士昏礼》:"母施衿～～,曰:'勉之敬之,夙夜无违宫事。'"

【结童】 jiétóng 束发的童子。引申指童年。《后汉书·献帝纪》:"～～入学,白首空归。"

【结靷】 jiéyǐn 把引车前进的皮带系在车轴上。喻驾车驱驶。《战国策·韩策三》:"伏轼～～东驰者,未有一人善秦者也。"《史记·孟尝君列传》:"天下之游士冯轼～～西入秦者,无不欲彊秦而弱齐。"

【结宇】 jiéyǔ 建造房屋。张协《杂诗》之九:"～～穷冈曲,耦耕幽薮阴。"

【结轸】 jiézhěn ❶停车。谢朓《和徐都曹》诗:"～～清郊路,回瞰苍江流。"❷郁结悲痛。《楚辞·九辩》:"重无怨而生离兮,中～～而增伤。"

【结正】 jiézhèng 定案,判决。《三国志·魏书·三少帝纪》:"辄勑侍御史收济家属,付廷尉,～～其罪。"

【结撰】 jiézhuàn 构思著述。指赋诗。《楚辞·招魂》:"～～至思,兰芳假些。"

绝 jié 见 jué。

桔 jié 见下。

【桔皋】 jiégāo 见"桔槔"。

【桔梗】 jiégěng 草名。又名梗草,茎可入药。《战国策·齐策三》:"今求柴胡、～～于沮泽,则累世不得一焉。"《庄子·徐无鬼》:"其实堇也,～～也。"

【桔桀】 jiéjié 高峻深远的样子。张衡《西京赋》:"驳娑骀荡,焘奡～～。"

【桔槔】 jiégāo 井上打水用具。用绳子把杆子吊起来,杆子一头系上水桶,另头系上重物,以求省力。《庄子·天运》:"且子独不见夫～～者乎?引之则俯,舍之则仰。"也作"桔皋"。《淮南子·氾论训》:"斧柯而樵,～～而汲。"

倢 jié 见"倢伃"。

【倢伃】 jiéyú 见"婕妤"。

桀 1. jié ❶供鸡栖息的小木桩。《诗经·王风·君子于役》:"曷其有佸,鸡栖于～。"(佸:聚会。)❷特立,杰出。《诗经·卫风·伯兮》:"伯兮朅兮,邦之～兮。"《吕氏春秋·下贤》:"悬乎其诚自有也,觉乎其不疑有以也,～乎其必不渝移也。"㉠杰出的人物。《荀子·宥坐》:"此小人之～雄也,不可不诛也。"《后汉书·郑兴传》:"一朝建号,而山西雄～争诛王莽。"㉡认为……是杰出的。王安石《度支副使厅壁题名记》:"非必贵强～大而后能。"❸勇。《论衡·儒增》:"人～于刺虎,怯于击人,而以刺虎称,谓之勇,不可听也。"❹坚。《汉书·匈奴传》:"至本始之初,匈奴有～心。"❺凶暴。《史记·平准书》:"其明年,南越反,西羌侵边为～。"❻夏代的最后一个君主。《荀子·天论》:"天行有常,不为尧存,不为～亡。"《楚辞·天问》:"～伐蒙山,何所得焉?"❼姓。

2. jiē ❽通"揭"。举。《左传·成公二年》:"齐高固入晋师,～石以投人。"

【桀骜】 jié'ào 凶暴不驯。《汉书·匈奴传赞》:"匈奴人民每来降汉,单于亦辄拘留汉使以相报复。其～～尚如斯,安肯以爱子而为质乎?"

【桀暴】 jiébào 凶恶残暴。《论衡·宣汉》:"以盘石为沃田,以～～为良民,夷坎坷为平均,化不宾为齐民,非太平而何?"

【桀出】 jiéchū ❶突起,突出。《水经注·河水四》:"自砥柱以下,五户以上,其间百二十里,河中竦石～～。"❷杰出。《三国志·魏书·陈矫传》:"雄姿～～,有王霸之略。"

【桀恶】 jié'è 凶恶。《晋书·江统传》:"并州之胡,本实匈奴～～之寇也。"

【桀猾】 jiéhuá 凶恶狡猾。苏舜钦《杜公谢官表》:"上则调阴阳之惨舒,外则镇蛮夷之～～。"又指凶恶狡诈的人。柳宗元《封建论》:"然犹～～时起,虐害方域者,失不在于州而在于兵。"

【桀桀】 jiéjié 茂盛的样子。《诗经·齐风·甫田》:"无田甫田,维莠～～。"(甫:大。)

【桀俊】 jiéjùn 杰出的人材。《吕氏春秋·孟秋》:"天子乃命将帅,选士厉兵,简练～～,专任有功,以征不义。"(简练:选择训练。)

【桀慢】 jiémàn 凶恶傲慢。《三国志·蜀书·吕凯传》:"[雍]闿但答一纸曰:'盖闻天无二日,土无二王,今天下鼎立,正朔有三,是以远人惶惑,不知所归也。'其～～如此。"

【桀逆】 jiénì 凶恶不顺。《后汉书·孔融传》:"刘表～～放恣,所为不轨。"《三国志·魏书·三少帝纪》:"发言～～,逼胁众人。"

【桀黠】 jiéxiá 凶暴狡猾。《史记·货殖列传》:"～～奴,人之所患也。"《三国志·魏书·田豫传》:"又乌丸王骨进,～～不恭。"也作"杰黠"。《北史·韩褒传》:"乃悉召～～少年素为乡里患者,置为主帅。"

袺 jié 手提着衣襟兜东西。《诗经·周南·芣苢》:"采采芣苢,薄言～之。"

袷 jié 见jiá。

捷(㨗) 1. jié ❶胜利,成功。《诗经·小雅·采薇》:"岂敢定居,一月三～。"《左传·庄公八年》:"～,吾以汝为夫人。"㊀战利品。《左传·襄公二十五年》:"郑子产献～于晋,戎服将事。"㊁指战俘。《左传·庄公三十一年》:"三十一年夏六月,齐侯来献戎～,非礼也。"❷迅速。《荀子·君子》:"长幼有序,则事业～成而有所休。"《吕氏春秋·论威》:"凡兵,欲急疾～先。"㊀思路敏捷。《吕氏春秋·贵卒》:"吴起之智,可谓～矣。"㊁巧辩。《庄子·人间世》:"若唯无诏,王公必将乘人而斗其～。"❸走捷径,抄近路。《左传·成公五年》:"待我,不如～之速也。"《国语·晋语五》:"传为速也,若俟吾避,则加迟矣,不如～而行。"❹及。《汉书·扬雄传上》:"凤皇翔于蓬陼兮,岂驾鹅之能～?"❺插,搭上。曹植《名都篇》:"揽弓～鸣镝,长驱上南山。"(捷:一作"挟"。)❻斩。《竹书纪年》李贤注引《后汉书·西羌传》:"大丁十一年,周人伐翳徒之戎,～其三大夫。"❼古代重量单位。《小尔雅·广衡》:"两有半曰～,倍～曰举。"❽姓。

2. jiē ❾通"接"。接触。《吕氏春秋·论威》:"其藏于民心,～于肌肤也,深痛执固,不可摇荡,物莫之能动。"

3. qiè ❿见"捷捷"。

【捷口】 jiékǒu 能言善辩的口才。《三国志·吴书·陆凯传》:"明王圣主取士以贤,不拘卑贱……非求颜色而取好服、～～、容悦者也。"

【捷给】 jiéjǐ 能言善辩,口才敏捷。《管子·大匡》:"管仲曰:'隰朋聪明～～,可令为东国。'"苏轼《上皇帝书》:"今若以口舌～～而取士,以应对迟钝而退人,以虚诞无实为能文,以矫激不仕为有德,则先王之泽遂将散微。"也作"接给"。《大戴礼记·保傅》:"博闻强记,～～而善对者谓之承。"

【捷捷】 jiéjié ❶行动迅速的样子。《诗经·大雅·烝民》:"四牡业业,征夫～～。"❷贪婪的样子。《孔子家语·五仪解》:"事任于官,无取～～。"

【捷举】 jiéjǔ 迅速实行。《韩非子·有度》:"上智～～中事,必以先王之法为比。"

【捷猎】 jiéliè ❶高显的样子。左思《吴都赋》:"抗神龙之华殿,施荣楯而～～。"❷参差相接的样子。王延寿《鲁灵光殿赋》:"～～鳞集,支离分赴。"

【捷嶫】 jiéyè 见"崨嶫"。

【捷捷】 qièqiè 窃窃私语的样子。《诗经·小雅·巷伯》:"～～幡幡,谋欲谮言。"

睫(䀹) 1. jié ❶同"睫"。睫毛。《史记·扁鹊仓公列传》:"流涕长潸,忽忽承～。"❷闭目。《韩非子·说林上》:"惠子见邹君曰:'今有人见君则～其一目,奚如?'君曰:'我必杀之。'惠子曰:'瞽两目～,君奚为不杀?'"

2. zhǎ ❸眨眼。《集韵·洽韵》:"眨,目动也,或从夹。"

崨 jié 见"崨嶫"。

【崨嶫】 jiéyè 高高耸立的样子。嶫,同"業"。张衡《西京赋》:"嵯峨～～,罔识所则。"也作"捷嶫"。《梁书·沈约传》:"千栌～～,百拱面持。"也作"嶕嶫"。《汉书·司马相如传上》:"嵯峨～～,刻削峥嵘。"

偈 1. jié ❶高大壮实的样子。《玉篇·人部》"偈"字引《诗经·卫风·伯兮》:"伯兮～兮,邦之桀兮。"❷疾驰的样子。《诗经·桧风·匪风》:"匪风发兮,匪车～兮。"(匪:通"彼"。)

2. jì ❸佛经中的唱词。慧皎《高僧传·鸠摩罗什》:"从师受经,日诵千～,～有三十二字,凡三万二千言。"

3. qì ❹通"憩"。休息。扬雄《甘泉赋》:"度三峦兮～棠梨。"(三峦:观名。棠梨:宫名。)

【偈偈】 jiéjié 用力的样子。《庄子·天道》:"又何～～乎揭仁义,若击鼓而求亡子焉!"(揭:高举。)也作"杰杰"。《庄子·天运》:"又奚～～然若负建鼓而求亡子者邪!"(杰杰然:原脱一"杰"字。建鼓:大鼓。)

婕 jié 见"婕妤"。

【婕妤】 jiéyú 汉代妃嫔的称号。汉武帝始置。《史记·外戚世家》:"武帝时,幸夫人尹～～。邢夫人号娙娥,众人谓之'娙何'。娙何秩比中二千石,容华秩比二千石,～～秩比列侯。常从～～迁为皇后。"也作"倢伃"。《汉书·外戚传序》:"至武帝,制～～、娙娥、傛华、充依,各有爵位。"《三国志·魏书·后妃传序》:"太祖建国,始命王后,其下五等:有夫人,有昭仪,有～～,有容华,有美人。"

渴 jié 见kě。

絜 jié 见xié。

碣 jié 见kě。

楶(榕) jié 柱头斗栱。也称栌。《法言·学行》："吾未见好斧藻其德，若斧藻其～者也。"司马光《训俭示康》："管仲镂簋朱纮，山～藻棁，孔子鄙其小器。"

【楶棁】 jiézhuó 柱头斗栱和梁上短柱。比喻小才短智。班彪《王命论》："～～之材，不荷栋梁之任。"《三国志·魏书·王烈传》："～～驽下，荷栋梁之任。"

楬 1. jié ❶用作标志的小木桩。《周礼·秋官·蜡氏》："若有死于道路者，则令埋而置～焉。"

2. qià ❷柷敔。古代一种乐器。《礼记·乐记》："然后圣人作为鞉、鼓、椌、～、埙、篪。"

【楬橥】 jiézhū 标志，标明。《周礼·秋官·职金》注引郑众："今时之书，有所表识，谓之～～。"也作"楬著"。《汉书·尹赏传》："瘗寺门桓东，～～其姓名。"

【楬著】 jiézhù 见"楬橥"。

睫 1. jié ❶睫毛。《庄子·庚桑楚》："向吾见若眉～之间，吾因以得汝矣。"

2. zhǎ ❷同"眨"。眨眼。《列子·仲尼》："矢注眸子而眶不～，尽矢之势也。"

嵥 jié 山势陡起耸立的样子。郭璞《巫咸山赋》："伊巫咸之名山，崛孤停而～峙。"

竭 1. jié ❶尽。《国语·晋语一》："吾闻事君者，～力以役事，不闻违命。"《后汉书·庞参传》："农功消于转运，资财～于征发。"⊗完全，全部。《战国策·秦策三》："国之币帛，～入太后之家。"❷干涸。《老子·三十九章》："神无以灵将恐歇；谷无以盈将恐～。"《荀子·修身》："厌其源，开其渎，江河可～。"（厌：堵塞。）❸窘困。《荀子·修身》："齐明而不～，圣人也。"❹没有，丧失。《吕氏春秋·权勋》："先人有言曰：'唇～而齿寒。'"❺公开，表露。《荀子·不苟》："长短不饰，以情自～。"❻姓。

2. jiē ❼通"揭"。举。《说文·豕部》："豕，彘也。～其尾，故谓之豕。"㉑负担。《礼记·礼运》："五行之动，迭相～也。"

【竭精】 jiéjīng 竭尽精力。《汉书·梅福传》："天下布衣，各厉志～～，以赴阙廷。"

【竭蹶】 jiéjué 颠仆，竭尽全力。《荀子·议兵》："故近者歌讴而乐之，远者～～而趋之，无幽闲辟陋之国，莫不趋使而安乐之。"

【竭命】 jiémìng 竭力完成所受之命。《南史·吕文显传》："宗悫年将六十，为国～～。"

截(戳) jié ❶断。《战国策·赵策三》："夫吴干之剑，肉试则～牛马，金试则～盘匜。"（匜：古代盥洗时舀水用的器具。）《后汉书·华陀传》："若在肠胃，则断～湔洗，除去疾秽。"❷整治。《诗经·大雅·常武》："～彼淮浦，王师之所。"❸整齐划一。《诗经·商颂·长发》："莫遂莫达，九有有～。"（九有：九州。）❹拦截。李华《吊古战场文》："径～辎重，横攻士卒。"❺横渡。郭璞《江赋》："鼓帆迅越，趦涨～洞。"❻量词。段。《朱子语类·性理三》："譬如水，若一些子碍，便成两～。"

【截截】 jiéjié 见"戋戋①"。

【截没】 jiémò 拦截吞没。《魏书·谷洪传》："时显祖舅李峻等初至京师，官给衣服，[谷]洪辄～～，为有司所纠。"

榤 jié 同"桀"。供鸡栖息的小木桩。《尔雅·释宫》："鸡栖于弋为～，凿垣而栖为埘。"

碣 jié ❶圆顶的碑石。班固《封燕然山铭》："封神丘兮建隆～。"❷标出。《汉书·扬雄传上》："鸿濛沆茫，～以崇山。"㉑标志物，界碑。《魏书·序纪》："自杏城以北八十里，迄长城原，夹道立～，与晋分界。"。

【碣磍】 jiéjiá 猛兽发怒的样子。扬雄《长杨赋》："然后陈钟鼓之乐，鸣鞀磬之和，建～～之虡。"

【碣石】 jiéshí 山名。原在今河北乐亭县西南，后沉陷于海。曹操《步出夏门行·观沧海》："东临～～，以观沧海。"

羯 jié ❶阉过的公羊。泛指羊。蔡琰《胡笳十八拍》："～膻为味兮，枉遏我情。"❷我国古代北方民族名，匈奴的一个分支。《晋书·石勒载记上》："石勒，上党武乡～人也。"

【羯羠】 jiéyí 阉过的公羊。用以比喻强悍。《史记·货殖列传》："其民～～不均，自全晋之时固已患其僄悍，而武灵王益厉之，其谣俗犹有赵之风也。"

嵲 jié 见"嵲嵥"。

【嵲嵥】 jiéyè 见"嵽嵥"。

缕(縩) jié ❶聚合。《说文·糸部》："～，合也。"❷财货。左思《吴都赋》："～贿纷纭，器用万端。"

髻 jié 见 jì。

姐 jiě ❶母亲。《说文·女部》："～，蜀谓母曰～，淮南谓之社。"❷姐姐。吴曾《能改斋漫录》卷二："近世多以女兄为～，盖尊之也。"❸对年轻妇女或女伎的爱称。繁钦《与魏文帝笺》："自左骥史妠、謇～名倡，能识以来耳目所见，佥曰诡异，未之闻也。”朱有燉《元宫词》之二十八：“帘前三寸宫鞵露，知是嫔嫔小～来。”翟灏《通俗编·称谓》：“《开天遗事》宁王有乐妓宠～，陶穀《清异录》有平康妓莹～，《东坡集》有妓人杨～～。”

解 1. jiě ❶剖开，分割肢体。《左传·宣公四年》：“宰夫将～鼋。”《庄子·养生主》：“庖丁为文惠君～牛。”《战国策·秦策三》：“吴起为楚悼罢无能，废无用，损不急之官，塞私门之请……功已成矣，卒支～。”[引]分割。《国语·鲁语上》：“晋文公～曹地以分诸侯。”❷打开。《后汉书·耿纯传赞》：“严城～扉。”[引]发出。《论衡·感虚》：“夫万人举口并～吁嗟，犹未能感天，邹衍一人冤而壹叹，安能下霜？”❸解开。《老子·二十七章》：“善结，无绳约而不可～。”《吕氏春秋·君守》：“鲁鄙人遗宋元王闭，元王号令于国，有巧者皆来～闭。”（闭：连环闭，套在一起的两个绳结。）[引]释放。《汉书·高帝纪上》：“夜皆～纵所送徒。”《三国志·魏书·武帝纪》：“出关，过中牟，为亭长所疑，执诣县，邑中或窃识之，为请得～。”[又]解下。《孟子·公孙丑上》：“万乘之国行仁政，民之悦之，犹～倒悬也。”❹脱下。《吕氏春秋·至忠》：“文挚至，不～屦登床，履王衣，问王之疾。”[又]脱落。《吕氏春秋·仲夏》：“鹿角～，蝉始鸣，半夏生，木堇荣。”❺排泄。戚继光《练兵实纪》卷七：“各开厕坑一个于本地方，遇夜即于厕中大小～。”❻排除，消除。《老子·五十六章》：“挫其锐，～其纷。”韩愈《师说》：“师者，所以传道、受业、～惑也。”[又]禳解，用巫术消除灾害。《庄子·人间世》：“故～之以牛之白颡者，与豚之亢鼻者，与人有痔病者，不可以适河。”《论衡·解除》：“为土偶人，以象鬼形，令巫祝延，以～土神。”❼免除。《战国策·东周策》：“大王勿忧，臣请东～之。”《史记·周本纪》：“周知其不可～，必入于秦，此为秦取周之精者也。”❽说解，解释。《论衡·问孔》：“孔子自～，安能～乎？”[引]应做出解释的理由、原因。《左传·僖公二十八年》：“晋侯有疾，曹伯之竖侯獳货筮史，使曰以曹为～。”《史记·吕太后本纪》：“太后独有孝惠，今崩，哭不悲，君知其～乎？”❾理解，懂得。《庄子·天地》：“大惑者终身不～。”《论衡·解除》：“胡越之人，口耳相类，心意相似，对口交耳而谈，尚不相～。”[引]见识，见解。《南史·张融传》：“融玄义无师法，而神～过人。”❿能，会。李白《月下独酌》诗：“月既不～饮，影徒随我身。”⓫乐曲或诗歌的章节。《乐府诗集·相和歌辞解题》：“《古今乐录》曰：‘伧歌以一句为一～，中国以一章为一～。’”李贺《送沈亚之歌序》：“乃歌一～以送之。”[引]回次。李萧远《水龙吟》词：“狂歌两～，清尊一举，超然千里。”⓬裂开。《史记·秦始皇本纪》：“秦之积衰，天下土崩瓦～，虽有周旦之材，无所复陈其巧。”[引]分裂，离散。《史记·张耳陈馀列传》：“今独王陈，恐天下～也。”⓭溶化，溶解。《战国策·秦策四》：“～冻而耕，暴背而耨。”⓮消释。《战国策·赵策四》：“太后之色少～。”⓯和解。《史记·魏其武安侯列传》：“魏其侯大媿，为资使宾客请，莫能～。”⓰六十四卦之一。卦形为坎下震上。《周易·解》：“～，利西南。”

2. jiè ⓱遣送，押送。《宋史·选举志》：“天下之士屏处山林，令监司守臣～送。”

3. xiè ⓲“懈”的古字。懈怠。《诗经·大雅·烝民》：“夙夜匪～，以事一人。”《论衡·福虚》：“宋人有好善行者，三世不～。”⓳通“蟹”。《吕氏春秋·恃君》：“非滨之东，夷秽之乡，大～陵鱼。”⓴通“廨”。官署。左思《吴都赋》：“屯营栉比，～署棋布。”㉑通“澥”。海。《汉书·扬雄传下》：“譬若江湖之雀，勃～之鸟。”㉒通“嶰”。见“解谷”。㉓通“獬”。传说中的兽名，能辨人是非曲直。《史记·司马相如列传》：“推蜚廉，弄～豸，格瑕蛤，铤猛氏。”㉔通“邂”。见“解后”。㉕古地名。在今河南省洛阳市南。《左传·昭公二十二年》：“王师军于氾，于～。”㉖姓。

【解薜】 jiěbì 脱去隐士穿的薜荔女萝衣。比喻入仕做官。王维《留别山中温古上人兄并示舍弟缙》诗：“～～登天朝，去师偶时哲。”

【解骖】 jiěcān 解下驾车的边马。《史记·管晏列传》：“越石父贤，在缧绁中。晏子出，遭之涂，解左骖赎之，载归。”后指以财物救人于危难之中。《后汉书·和熹邓皇后纪》：“菲薄衣食，躬率群下，损膳～～，以赡黎苗。”

【解酲】 jiěchéng 用酒来解除酒后的困惫状态。《世说新语·任诞》：“[刘伶妇]供酒肉于神前，请伶祝誓，伶跪而祝曰：‘天生刘伶，以酒为名。一饮一斛，五斗～～。’”孟浩然《戏主人》诗：“客醉眠未起，主人呼～～。”

【解道】 jiědào ❶知道。陆龟蒙《早春雪中》诗：“君披鹤氅独自立，何人～～真神仙。”叶梦得《永遇乐》词：“此中高兴，何人～～，天地未应轻付。”❷能吟咏。李白《金陵城西楼月下吟》：“～～澄江净如练，令人长忆谢玄晖。”赵长卿《渔家傲·咏梅》词：

"竹外一枝斜更好。谁～～，古今惟有东坡老。"

【解放】 jiěfàng 除罪释放。《三国志·魏书·赵俨传》："俨既囚之，乃表府～～，自是威恩并著。"

【解诂】 jiěgǔ 训诂，用今言释古语。《后汉书·何休传》："休作春秋公羊～～。"也作"解故"。故，通"诂"。《后汉书·贾逵传》："复令撰齐鲁韩诗与毛氏异同，并作周官～～。"

【解故】 jiěgù ❶为某种原因辩解。《后汉书·祭遵传》："师次长安，时车驾亦至，而隗嚣不欲汉兵上陇，辞说～～。"❷见"解诂"。

【解何】 jiěhé 何故，什么原因。《汉书·匡衡传》："案故图，乐安乡南以平陵佰为界，不从故而以闽佰为界，～～？"

【解褐】 jiěhè 脱去粗布衣服。比喻入仕做官。《世说新语·政事》注引《竹林七贤论》："[嵇]绍惧不自容，将～～，故咨之于涛。"

【解驾】 jiějià 去世。陶弘景《许长史旧馆坛碑》："太元元年，～～违世，春秋七十有二。"

【解巾】 jiějīn 除去头巾。指出任官职。《北史·裴侠传》："魏正光中，～～奉朝请，稍迁义阳郡守。"

【解袂】 jiěmèi 分离，离别。杜甫《湘江宴饯裴二端公赴道州》诗："鸹鹖催明星，～～从此旋。"

【解佩】 jiěpèi 文官解下佩饰之物。比喻辞官。鲍照《拟古》诗之三："～～袭犀渠，卷袠奉卢弓。"（袠：书套。）

【解舍】 jiěshě ❶免除劳役。《管子·五辅》："上弥残苛而无～～，下愈覆鸷而不听从。"（苛：原作"苟"。覆：通"愎"。固执。）❷停息。《吴子·治兵》："若进止不度，饮食不适，马疲人倦而不～～，所以不任其上令。"

【解释】 jiěshì ❶消除，消磨。《后汉书·章帝纪》："朕惟巡狩之制，以宣声教，考同遐迩，～～怨结也。"辛弃疾《柳梢青·赋牡丹》词："～～春光，剩须破费、酒令诗筹。"❷分析说明。《后汉书·陈元传》："～～先圣之积结，洮汰学者之累惑。"❸释放。《后汉书·王允传》："是冬大赦，而允独不在宥，三公咸复为言。至明年，乃得～～。"

【解说】 jiěshuō ❶解释。《史记·三王世家》："谨论次其真草诏书，编于左方，令览者自通其意而～～之。"❷能说。王昌龄《青楼怨》诗："肠断关山不～～，依依残月下簾钩。"

【解形】 jiěxíng 匿藏身影。指隐居。《后汉书·王昌传》："～～河滨，削迹赵魏。"

【解颜】 jiěyán 面带笑容。《列子·黄帝》："自吾之事夫子友若人也，三年之后，心不敢念是非，口不敢言利害，始得夫子一眄而已。五年之后，心庚念是非，口庚言利害，夫子始一～～而笑。"（庚：继续。）陶渊明《癸卯岁始春怀古田舍》诗之二："秉耒欢时务，～～劝农人。"

【解颐】 jiěyí ❶开颜欢笑。鲍照《东门行》："丝竹徒满堂，忧人不～～。"❷开口。高適《东征赋》："尸位者卷舌而偷生，直谏者～～而后死。"

【解说】 jiěyuè 宽解喜悦。《诗经·小雅·何人斯》笺："女行，反入见我，我则～～也。"（说：通"悦"。）

【解泽】 jiězé 广布恩泽。《史记·乐书》："上自朝廷，下至人民，得以接欢喜，合殷勤，非此和说不通，～～不流。"

【解组】 jiězǔ 解下挂印的带子。比喻辞官。韦应物《答韩库部协》诗："还当以道推，～～收蒿蓬。"

【解构】 xiègòu 见"邂逅"。

【解后】 xièhòu 见"邂逅"。

【解果】 xièkè 见"蟹堁"。

【解舍】 xièshè 官府。《晋书·何充传》："[王导]缮扬州～～。"

【解数】 xièshù 武术的套路。关汉卿《斗鹌鹑·女校尉》曲："演习得踢打温柔，施逞得～～滑熟。"

介 1. jiè ❶划分田界。《诗经·周颂·思文》："无此疆尔～，陈常于时夏。"（介：一本作"界"。）❷边际，侧畔。《楚辞·九章·哀郢》："哀州土之平乐兮，悲江～之遗风。"❸处于中间。《史记·十二诸侯年表》："晋阻三河，齐负东海，楚～江淮，秦因雍州之固，四海迭兴，更为伯主。"（伯：通"霸"。）《后汉书·窦融传》："臣融孤弱，～在其间。"❹隔开，间隔。《汉书·翼奉传》："前乡崧高，后～大河。"（乡：通"向"。）[引]离间。扬雄《解嘲》："激卬万乘之主，～泾阳，抵穰侯而代之，当也。"（抵：侧击。）❺介绍，引见。《战国策·赵策三》："东国有鲁连先生，其人在此，胜请为绍～而见之于将军。"《后汉书·符融传》："郭林宗始入京师，时人莫识，融一见嗟服，因以～于李膺，由是知名。"[引]引见人，在宾主之间传话的人。《礼记·聘义》："聘礼，上公七～，侯伯五～，子男三～。"[又]指传送东西或信息的中间人。阳枋《辞平舟聘礼书》："腆仪不敢祇拜，敬就来～回纳。"❻接近。《穀梁传·文公十五年》："其远之，何也？不以难～我国也。"韩愈

《后十九日复上宰相书》："彼～于其侧者，闻其声而见其事。"❼关系，相关。《汉书·匡衡传》："情欲之感，无～乎容仪。"《后汉书·度尚传》："所亡少少，何足～意。"❽助，帮助。《诗经·豳风·七月》："为此春酒，以～眉寿。"❾赐予。《诗经·小雅·小明》："神之听之，～尔景福。"（景：大。）❿凭借。《左传·文公六年》："～人之宠，非勇也。"⓫助手或随从。《左传·昭公元年》："元年春，楚公子围聘于郑，且娶于公孙段氏。伍举为～，将入馆，郑人恶之。"《荀子·乐论》："主人亲速宾及～，而众宾皆从之。"（速：迎请。）㉛次，次一等的。《左传·昭公四年》："且冢卿无路，～卿以葬，不亦左乎？"⓬甲，铠甲。《楚辞·九辩》："谅城郭之不足恃兮，虽重～之何益？"㉜给……披甲。《左传·成公二年》："齐侯曰：'余姑翦灭此而朝食！'不～马而驰之。"《吕氏春秋·察微》："鲁季氏与郈氏斗鸡，郈氏～其鸡，季氏为之金距。"⓭甲士，披甲的武士。《左传·宣公二年》："既而与为公～，倒戟以御公徒，而免之。"㉛带有甲壳的虫类或水族。《吕氏春秋·孟秋》："～虫败谷，戎兵乃来。"韩愈《应科目时与人书》："天池之滨，大海之濆，曰有怪物焉，盖非常鳞凡～之品汇匹俦也。"⓮坚，坚决。苏舜钦《上孔待制书》："清而容物，～不拒善。"⓯操守，志节。《孟子·尽心上》："柳下惠不以三公易其～。"《后汉书·桓荣传》："晔字文林，一名严，尤修志～。"⓰独特，不合群。《后汉书·朱晖传》："乡党讥其～。"⓱独个。《庄子·庚桑楚》："夫函车之兽，～而离山，则不免于罔罟之患。"《史记·张耳陈馀列传》："将军今以三千人下赵数十城，独～居河北，不王无以填之。"⓲独脚人。《庄子·庚桑楚》："～者拸画，外非誉也。"⓳量词。个。《左传·襄公八年》："君有楚命，亦不使一～行李告于寡君。"（介：一本作"个"。）⓴古代戏曲用语。用以表示表演的动作、表情、效果。洪昇《长生殿·定情》："旦进拜～。"㉑通"芥"。小草。《淮南子·说山训》："犹采薪者见一～掇之。"㉜比喻微小之物。《孟子·万章上》："非其义也，非其道也，一～不以与人，一～不以取诸人。"㉒细微，微小。《战国策·齐策四》："孟尝君为相数十年，无纤～之祸者，冯谖之计也。"王安石《上仁宗皇帝言事书》："声色狗马，观游玩好之事，无纤～之蔽。"㉓见"介介"。㉔通"价"。大。《诗经·小雅·甫田》："报以～福，万寿无疆。"《国语·吴语》："伯父若能然，余一人兼受而～福。"（而：尔，你。）㉕通"价"。善。《诗经·周颂·酌》："时纯熙兮，是用大～。"㉖通"玠"。大圭。《诗经·大雅·崧高》："锡尔～圭，以作尔宝。"（锡：通"赐"。）㉗姓。

2. xiá ㉘通"黠"。聪慧。《老子·五十三章》："使我～然有知，行于大道，唯施是畏。"

【介次】 jiècì 集市中的小亭。《周礼·地官·司市》："胥师、贾师涖于～～，而听小治小讼。"

【介弟】 jièdì 地位高的弟弟。多用于尊称别人的弟弟。有时也用来称自己的弟弟。《左传·襄公二十六年》："夫子为王子围，寡君之贵～～也。"任昉《封临川安兴建安等五王诏》："宏，朕之～～，早富德誉。"

【介妇】 jièfù 非嫡长子之妻。《礼记·内则》："舅没则姑老，冢妇所祭祀宾客，每事必请于姑，～～请于冢妇。"（冢妇：嫡长子之妻。）

【介怀】 jièhuái 介意。《南史·张盾传》："[盾]为无锡令，遇劫……于是生资皆尽，不以～～。"

【介洁】 jièjié 品德高洁。柳宗元《东明张先生墓志》："～～而周流，苞涵而清宁。"

【介介】 jièjiè ❶梗塞的样子。《素问·欬论》："心欬之状，欬则心痛，喉中～～如梗状。"❷离间的样子。《楚辞·九叹·惜贤》："进雄鸠之耿耿兮，谗～～而蔽之。"❸心神不安的样子。《后汉书·马援传》："但畏长者家儿或在左右，或与从事，殊难得调，～～独恶是耳。"

【介居】 jièjū ❶处于两者之间。《左传·襄公九年》："天祸郑国，使～～二大国之间。"❷独处。颜延之《陶徵士诔》："自尔～～，及我多暇，伊好之洽，接阎邻舍。"

【介绝】 jièjué 隔绝。荀悦《汉纪·宣帝纪论》："道理辽远，人物～～，人事所不至，血气所不沾。"

【介立】 jièlì 孤高独立。《后汉书·乐恢传》："性廉直～～，行不合己者，虽贵不与交。"

【介倪】 jiènì 马侧立在两輗之间。倪，通"輗"。《庄子·马蹄》："夫加之以衡扼，齐之以月题，而马知～～，闉扼、鸷曼、诡衔、窃辔。"

【介然】 jièrán ❶意志专一，坚定不移的样子。权德舆《两汉辩亡论》："为广议者，亦当中立如石，～～不回，率赵戒之徒，同李、杜所守。"❷经常。《孟子·尽心下》："山径之蹊间，～～用之而成路；为间不用，则茅塞之矣。"❸耿耿。韩愈《送温处士赴河阳军序》："资二生以待老，今皆为有力者夺之，其何能无～～于怀邪？"

【介人】 jièrén 善人。《荀子·君道》："诗曰'～～维藩，大师维垣'，此之谓也。"

【介士】 jièshì ❶身披甲胄的武士。王褒《四子讲德论》："桴鼓铿锵，而～～奋竦。"❷耿直的人。《汉书·邹阳传》注引服虔曰："[申徒狄]殷之末世～～也。"

【介恃】 jièshì 倚仗。《左传·襄公二十四年》："以陈国之～～大国而陵虐于敝邑，寡君是以请罪焉。"陆九渊《与曹立之》："凡有血气，皆有争心，苟有所长，必自～～。"

【介特】 jiètè ❶单身，无依无靠的人。《左传·昭公十四年》："分贫振穷，长孤幼，养老疾，收～～，救灾患。"❷孤高，不随流俗。《后汉书·马融传》："察淫侈之华誉，顾～～之实功。"

【介心】 jièxīn 高洁的心。曹植《蝉赋》："声皦皦而弥厉兮，似贞士之～～。"

【介众】 jièzhòng 大众。《左传·昭公二十四年》："士伯立于乾祭，而问于～～。"

【介胄】 jièzhòu ❶铠甲和头盔。《汉书·严安传》："～～生虮虱，民无所告愬。"❷披甲戴盔。《史记·老子韩非列传》："宽则宠名誉之人，急则用～～之士。"杜甫《垂老别》诗："男儿既～～，长揖别上官。"❸指披甲戴盔的武士。《管子·小匡》："～～执枹，立于军门，使百姓皆加勇，臣不如也。"

【介子】 jièzǐ ❶庶子。古代宗法制度，除嫡长子以外的其他儿子都叫庶子。《礼记·曾子问》："孝子某使～～某，执其常事。"❷指春秋时晋国的介之推。《淮南子·说山训》："介子歌龙蛇而文君垂泣。"

价[2] jiè ❶大，善。《诗经·大雅·板》："～人维藩，大师维垣。"❷传送东西或信息的中间人。苏轼《与潮守王朝请涤》之二："承谕欲撰韩公庙碑……谨已撰成付来～。"《宋史·曹彬传》："走～驰书来诣。"

戒 jiè ❶警戒，戒备。《诗经·小雅·采薇》："岂不日～，猃狁孔棘。"《吕氏春秋·孟冬》："坿城郭，～门闾，修楗闭，慎关籥。"[引]警惕。《国语·晋语六》："夫贤者宠至而日～。"《荀子·儒效》："家富而愈俭，胜敌而愈～。"[又]谨慎。《孟子·滕文公下》："往之女家，必敬必～，无违夫子！"❷警告，告诫。《荀子·成相》："观往事，以自～。"《后汉书·顺烈梁皇后纪》："常以列女图画置于左右，以自监～。"[引]鉴戒。《吕氏春秋·贵直》："亡国之器陈于廷，所以为～。"❸告诉，叮嘱。《国语·鲁语下》："齐闾丘来盟，子服景伯～宰人曰：'陷而入于恭。'"《汉书·高帝纪上》："～沛公曰：'旦日不可不早自来谢。'"[引]告请，事先约定。《吕氏春秋·慎小》："卫献公～孙林父、宁殖食。"《史记·卫康叔世家》："十八年，献公～孙文子、宁惠子食，皆往。"❹命令。《国语·晋语五》："乃发令于太庙，召军吏而～乐正，令三军之钟鼓必备。"柳宗元《段太尉逸事状》："晞不解衣，～候卒击柝卫太尉。"❺戒除。《三国志·魏书·管辂传》："恩使客节酒、～肉、慎火。"❻斋戒。《庄子·达生》："十日～，三日齐。"❼佛教的戒律。玄应《一切经音义》卷十四："～，亦律之别义也。梵言三婆罗，此译云禁～者，亦禁义也。"❽准备好。《左传·僖公二十八年》："～尔车乘，敬尔君事。"《孟子·梁惠王下》："景公悦，大～于国，出舍于郊。"❾通"届"。至，到。《诗经·商颂·烈祖》："亦有和羹，既～既平。"❿通"界"。界限，分界。《新唐书·天文志一》："而一行以为天下山河之象，存乎两～。"⓫姓。

【戒饬】 jièchì 告诫。饬，通"敕"。《汉书·杨恽传》："左验明白，奏恽不服罪，而召户将尊，欲令～～富平侯延寿。"韩愈《请上尊号表》："尧之在位七十馀载，～～咨嗟，以致平治。"

【戒勅】 jièchì 见"戒敕"。

【戒敕】 jièchì 告诫。《北史·苏绰传》："每至岁首，必～～部人。"也作"戒勅"。《三国志·魏书·中山恭王衮传》："衮恐惧，～～官属愈谨。"

【戒具】 jièjù 古代祭祀、朝觐等仪式所用的器具。《周礼·夏官·祭仆》："祭仆掌受命于王，以眡祭祀，而警戒祭祀，有司纠百官之～～。"

【戒涂】 jiètú 见"戒途"。

【戒途】 jiètú 准备登途。《周书·文帝纪上》："秣马～～，志不俟旦。"也作"戒涂"。任昉《为庾杲之与刘虯书》："且凌雪～～，非灭迹之郊；鸿钟在御，岂销声之道。"

【戒行】 jièxíng 佛教用语，指应遵守的戒律和操行。《洛阳伽蓝记·法云寺》："京师沙门好胡法者，皆就摩罗受持之，～～真苦，难可揄扬。"《颜氏家训·归心》："兼修～～，留心诵读。"

【戒朝】 jièzhāo 告诫天将亮。潘岳《哀永逝文》："闻鸡鸣兮～～，咸惊号兮抚膺。"

【戒终】 jièzhōng 慎终。《汉书·枚乘传》："善始以～～。"

【戒属】 jièzhǔ 告诫嘱咐。属，嘱。《汉书·史丹传》："臣窃～～，毋涕泣感伤陛下。"

【戒装】 jièzhuāng （出发前）准备行装。

《世说新语·方正》："[郭]淮妻太尉王凌之妹，坐凌事当并诛，使者征摄甚急，淮使～～，克日当发。"

芥 jiè ❶芥菜。子如粟粒，研末即芥末，用为调料。《礼记·内则》："脍，春用葱，秋用～。"❷小草。《庄子·逍遥遊》："覆杯水于坳堂之上，则～为之舟。"苏洵《权书·六国》："子孙视之不甚惜，举以予人，如弃草～。"⊗比喻细微，微小。《春秋繁露·王道》："《春秋》纪纤～之失。"⊗把……看成是小草。孔稚珪《北山移文》："～千金而不盼，屣万乘其如脱。"❸通"介"。甲，着甲。《史记·鲁周公世家》："季氏与郈氏斗鸡，季氏～鸡羽，郈氏金距。"

骱(馻) jiè 马尾结。扬雄《太玄经·太玄文》："车轸马～，可以周天下。"

玠 jiè 大圭。《说文·玉部》："～，大圭也。"《尔雅·释器》："珪大尺二寸谓之～。"

届(屆) 1. jiè ❶至，到。《诗经·小雅·采菽》："载骖载驷，君子所～。"❷极，尽。《诗经·大雅·瞻卬》："蟊贼蟊疾，靡有夷～。"

2. jí ❸通"殛"。诛杀。《诗经·鲁颂·閟宫》："致天之～，于牧之野。"

疥 jiè ❶疥疮。《左传·昭公二十年》："齐侯～，遂痁，期而不瘳。"《礼记·月令》："仲冬行春令，民多～疠。"⊗比喻小患。《史记·越王句践世家》："吴有越，腹心之疾；齐与吴，～瘫也。"❷污，弄脏。段成式《酉阳杂俎·语资》："张璪常画古松于斋壁，符载赞之，卫象诗之，亦一时三绝。览悉加垩焉。人问其故，曰：'无事～吾壁也。'"

诫(誡) jiè ❶告诫，警告。《国语·周语上》："稷则徧～百姓，纪农协功。"《战国策·齐策四》："冯谖先驱，～孟尝君。"㊀告诉，叮嘱。《史记·项羽本纪》："梁乃出，～籍持剑居外待。"❷警戒。《左传·桓公十一年》："郧人军其郊，必不～。"㊀警惕。《荀子·修身》："好善无厌，受谏而能～，虽欲无进，得乎哉?"贾谊《陈政事疏》："前车覆，后车～。"❸惩诫。《史记·孝文本纪》："人主不德，布政不均，则天示之以灾，以～不治。"❹文告，教令。《荀子·强国》："发～布令而敌退，是主威也。"❺文体名。一种规劝告诫类的文章。如班昭《女诫》。❻佛教的戒律。《晋书·会稽王道子传》："佛者清远玄虚之神，以五～为教。"

【诫勒】 jièlè 告诫约束。《宋书·江夏文献王义恭传》："上虑义恭不能固彭城，备加～～。"

【诫励】 jièlì 告诫勉励。《晋书·武悼杨后传》："后又数～～妃，妃不知后之助己，因以致恨。"

砎 jiè 坚实，坚硬。《晋书·孔坦传》："承问欣豫，庆若在己，何知几之先觉，～石之易悟哉!"又《桓温传》："～如石焉，所以成务。"

拾 jiè 见 shí。

界 jiè ❶田界。《孟子·滕文公上》："夫仁政，必自经～始。"《管子·乘马》："三岁修封，五岁修～，十岁更制，经正也。"㊀不同事物的界限。《后汉书·马融传》："奢俭之中，以礼为～。"❷疆界。《韩非子·五蠹》："遂举兵伐鲁，去门十里以为～。"《史记·秦本纪》："秦～至大梁，初置三川郡。"㊀接界，毗连。《荀子·强国》："东在楚者乃～于齐。"❸境域，疆域。《后汉书·赵熹传》："后青州大蝗，侵入平原～辄死。"陶渊明《己酉岁九月九日》诗："清气澄馀滓，杳然天～高。"㊀范围。白居易《游悟真寺》诗："野绿簇草树，眼～吞秦原。"

【界盗】 jièdào 扰乱国境的盗贼。《史记·卫康叔世家》："及闻其恶，大怒，乃使太子伋于齐而令盗遮界上杀之，与太子白旄，而告～～见持白旄者杀之。"

【界纸】 jièzhǐ 画有方格的纸。路德延《赋芭蕉》诗："叶如斜～～，心似倒抽书。"

蚧 jiè ❶蚌。《大戴礼记·易本命》："故冬燕雀入于海，化而为～。"❷通"疥"。疥疮。《后汉书·鲜卑传》："夫边垂之患，手足之～搔；中国之困，胸背之瘭疽。"（垂：陲。瘭：痈疽，毒疮。）

借 jiè ❶借入，暂时使用别人的东西。《左传·定公九年》："尽～邑人之车，锲其轴，麻约而归之。"《后汉书·鲁恭传》："亭长从人～牛而不肯还之，牛主讼于恭。"㊀求。《战国策·东周策》："颜率曰：'大王勿忧，臣请东～救于齐。'"❷借出，把东西暂时给别人用。《论语·卫灵公》："有马者，～人乘之。"㊀付与。《论衡·骨相》："韩太傅为诸生时，～相工五十钱，与之俱入璧雍之中，相璧雍弟子谁当贵者。"❸帮助。《汉书·朱云传》："少时通轻侠，～客报仇。"❹凭借，借助。《左传·成公二年》："子又不许，请收拾馀烬，背城～一。"（一：决一死战。）❺假使，假如。《诗经·大雅·抑》："～曰未知，亦既抱子。"

【借如】 jièrú 假如。元稹《遣病》诗："～～今日死，亦足了一生。"

【借使】 jièshǐ 假使。贾谊《过秦论》："～～秦王计上世之事，并殷周之迹，以制御其政，后虽有淫骄之主而未有倾危之患也。”也作“藉使”。贾谊《过秦论》：“～～子婴有庸主之才，仅得中佐，山东虽乱，秦之地可全而有。”

【借问】 jièwèn ❶请问，向人询问。杜甫《后出塞》诗之二：“～～大将谁？恐是霍嫖姚。”❷设问，提问题的一种方式。陶渊明《悲从弟仲德》诗：“～～为谁悲，怀人在九冥。”

唶 1. jiè ❶感叹。《后汉书·光武帝纪论》：“[苏伯阿]～曰：‘气佳哉！郁郁葱葱然。’”谢翱《登西台恸哭记》：“于是，相向感～。”❷见“唶唶”。

2. zé ❸吮吸。《史记·汲郑列传》：“文帝尝病痈，邓通常为帝～吮之。”

【唶唶】 jièjiè ❶象声词。赞叹声。《慎子·外篇》：“野人负薪而越之，不留趾而达，观者～～。”❷象声词。鸟鸣声。《淮南子·原道训》：“故夫乌之哑哑，鹊之～～，岂尝为寒暑燥湿变其声哉？”

【唶惋】 jièwǎn 叹惜。陈造《七月附米舟之浙中作》诗：“笑口忽～～，曼肤或疮痏。”

蒯 jiè 见jì。

髮 jiè 用头簪加以固定的发髻。《南史·倭国传》：“男女皆露～。”

耤 jiè 见jí。

鶡 jiè 见hé。

犗 jiè 阉割过的牛。《庄子·外物》：“任公子为大钩巨缁，五十～以为饵。”

襳（繲） jiè 旧衣。《庄子·人间世》：“挫针治～，足以糊口。”

藉 1. jiè ❶草垫。《周易·大过》：“象曰：‘～用白茅，柔在下也。’”❷垫着。《楚辞·九歌·东皇太一》：“蕙肴蒸兮兰～，奠桂酒兮椒浆。”㉡坐卧在上面。孙绰《遊天台山赋》：“～萋萋之纤草，荫落落之长松。”❸抚慰。《后汉书·隗嚣传》：“光武素闻其风声，报以殊礼，言称字，用敌国之仪，所以慰～之良厚。”❹蓄积，包含。《史记·酷吏列传》：“治敢行，少蕴～，县无逋事，举为第一。”❺凭借，借助。《吕氏春秋·任数》：“凡耳之闻也～于静，目之见也～于昭，心之知也～于理。”《后汉书·懿献梁皇后纪》：“后～姊兄荫埶，恣极奢靡。”❻借，借入。《战国策·秦策四》：“王将～路于仇雠之韩魏乎？”❼借，借给。《战国策·秦策三》：“此所谓～贼兵而赍盗食者也。”❽助，帮助。《汉书·郭解传》：“以躯～友报仇。”❾束缚，套缚。《庄子·应帝王》：“且曰虎豹之文来田，猿狙之便、执斄之狗来～。”❿假如，如果。见“藉第”、“藉使”。

2. jí ⓫践踏。《论衡·吉验》：“后产子，捐于猪溷中，猪以口气嘘之，不死；复徙置马栏中，欲使马～杀之，马复以口气嘘之，不死。”㉡欺凌，欺压。《史记·魏其武安侯列传》：“今我在也，而人皆～吾弟，令我百岁后，皆鱼肉之矣。”⓬巡行。《左传·昭公十八年》：“六月，鄅人～稻，邾人袭鄅。”⓭进贡。《穀梁传·哀公十三年》：“[吴]欲因鲁之礼，因晋之权，而请冠端而袭，其～于成周，以尊天王，吴进矣。”⓮见“藉藉”。⓯通“籍”。1）籍田。《周礼·天官·甸师》：“甸师掌帅其属而耕耨王～。”2）古代帝王定时到京郊籍田去进行象征性的劳动，以示劝农。柳宗元《非国语·不藉》：“古之必～千亩者，礼之饰也，若曰吾犹耕耘耳。”⓰姓。

【藉除】 jièchú 借进役夫。《左传·襄公二十三年》：“冬十月，孟氏将辟，～～于臧氏。”

【藉弟】 jièdì 见“藉第”。

【藉第】 jièdì 纵令。《史记·陈涉世家》：“公等遇雨，皆已失期，失期当斩。～～令毋斩，而戍死者固十六七。”也作“藉弟”。《汉书·陈胜传》：“～～令毋斩，而戍死者固什六七。”

【藉槁】 jiègǎo 坐在草荐上。指待刑戮。《汉书·元后传》：“车骑将军音～～请罪。”

【藉履】 jièlǚ 践踏。《三国志·蜀书·刘备传》：“～～国权，穷凶极乱，社稷几危。”

【藉使】 jièshǐ 见“借使”。

【藉手】 jièshǒu ❶借助手中的东西。《左传·昭公十六年》：“子命起舍夫玉，是赐我玉而免吾死也，敢不～～以拜？”（不：原文脱此字。）❷稍有所得。《左传·襄公十一年》：“公使臧孙纥对曰：‘凡我同盟，小国有罪，大国致讨，苟有以～～，鲜不赦宥，寡君闻命矣。’”

【藉荫】 jièyìn ❶蒙受祖辈功勋的荫庇。《新唐书·卢杞传》：“～～为清道率府兵曹参军。”❷指祖先的基业门第。《南史·荀伯子传》：“伯子常自矜～～之美。”

【藉藉】 jíjí ❶交错杂乱的样子。《汉书·司马相如传上》：“它它～～，填坑满谷。”也作“籍籍”。《史记·司马相如列传》：“佗佗～～，填阬满谷，揜平弥泽。”《汉书·刘屈氂传》：“事～～如此，何必祕也？”❷喧盛、显赫的样子。袁淑《效曹子建乐府白马篇》：“～～关外来，车徒倾国鄽。”也作“籍籍”。韩愈《送僧澄观》诗：“借问经营本何人，道人澄观名～～。”苏轼《减字木兰花·赠润守许仲途》词：“落笔生风，～～声名不负公。”

【藉靡】 jímí 系缚。靡，通“縻”。束缚。《荀子·正论》：“詈侮捽搏，捶笞膑脚，斩断枯磔，～～舌绎，是辱之由外至者也，夫是之谓埶辱。”

【藉田】 jítián 见“籍田②”。

籍 jiè 见jí。

价 jie 见jià。

家 jie 见jiā。

jin

巾 jīn ❶佩巾。《诗经·郑风·出其东门》：“缟衣綦～，聊乐我员。”（綦：青灰色。员：语气词。）❷手巾，用于擦抹拭干的丝织物。《左传·僖公二十二年》：“寡君之使婢子侍执～栉，以固子也。”（栉：梳篦的总称。）❸头巾。陆游《秋晚登城北门》诗：“幅～藜杖北城头，卷地西风满眼愁。”林景熙《元日得家书喜》诗：“爆竹声残事事新，独怜临镜尚儒～。”㊀戴上头巾。沈既济《任氏传》：“［韦崟］～首膏唇而往。”❹巾箱。古代放置头巾、文件或书籍的小箱子。谢庄《宋孝武宣贵妃诔》：“～见馀轴，匣有遗弦。”❺车衣。陶渊明《归去来兮辞》：“或命～车，或棹孤舟。”㊀给车子披上车衣。丘为《寻西山隐者不遇》诗：“若非～柴车，应是钓秋水。”❻用巾包着或盖着。《庄子·秋水》：“吾闻楚有神龟，死已三千岁矣，王～笥而藏之庙堂之上。”（笥：竹箱子。）《礼记·曲礼上》：“为天子削瓜者副之，～以絺。”

【巾车】 jīnchē ❶有车衣的车子。《孔丛子·记问》：“～～命驾，将适唐都。”❷官名。掌管官车政令的一种官员。《周礼·春官·巾车》：“～～掌公车之政令。”《左传·襄公三十一年》：“仆人巡宫，车马有所，宾从有代，～～脂辖。”（脂辖：给车辖上油。）

【巾拂】 jīnfú 巾和拂均为舞蹈道具。鲍照《舞鹤赋》：“～～两停，丸剑双止。”

【巾帼】 jīnguó ❶妇女盖发用的头巾。《晋书·宣帝纪》：“亮数挑战，帝不出，因遗帝～～妇人之饰。”❷妇人，女子。袁宏道《徐文长传》：“虽其体格时有卑者，然匠心独出，有王者气，非彼～～而事人者所敢望也。”

【巾笈】 jīnjí 巾箱。放头巾、书卷的小箱子。《汉武帝内传》：“帝又见王母～～中有卷子小书，盛以紫锦之囊。”

【巾卷】 jīnjuàn 头巾和书卷。指士人。颜延之《皇太子释奠会作》诗：“缨笏匝序，～～充街。”

【巾幂】 jīnmì ❶覆盖尊彝等礼器的巾布。《国语·周语中》：“净其～～，敬其祓除。”❷用巾覆盖。《周礼·天官·幂人》：“幂人掌共巾幂，祭祀，以疏布～～八尊，以画布～～六彝。”

【巾舄】 jīnxì 头巾和鞋。指衣着。常建《梦太白西峰》诗：“檐楹覆馀翠，～～生片云。”金实《方竹轩赋》：“明月入户，凉在～～。”

【巾帻】 jīnzé 头巾。《宋史·魏野传》：“野不喜～～，无贵贱，皆纱帽白衣以见。”

【巾栉】 jīnzhì 手巾和梳篦。指洗沐用具。《礼记·曲礼上》：“男女不杂坐，不同椸枷，不同～～。”曾巩《说内治》：“明妇人之于夫也，不独主酒食、奉～～而已，固实有以辅佐之也。”

斤 jīn ❶斧子一类的工具。《孟子·告子上》：“其所以放其良心者，亦犹斧～之于木也。”《管子·乘马》：“林，其木可以为棺，可以为车，～斧得入焉，五而当一。”㊀砍伐。《南史·宗测传》：“何为谬伤海鸟，横～山木？”❷重量单位。旧制十六两为一斤。曹操《抑兼并令》：“其收田租亩四升，户出绢二匹，绵二～而已。”❸见“斤斤”。❹姓。

【斤斤】 jīnjīn ❶明察的样子。《诗经·周颂·执竞》：“自彼成康，奄有四方，～～其明。”❷拘谨的样子。《后汉书·吴汉传》：“及在朝廷，～～谨质，形于体貌。”《聊斋志异·锦瑟》：“生～～自守，不敢少致差跌。”

今 jīn ❶现在，现今。《左传·僖公二十三年》：“晋公子，姬出也，而至于～。”㊀现今的人。《论语·子罕》：“后生可畏，焉知来者之不如～也？”❷今日。《诗经·召南·摽有梅》：“求我庶士，迨其～兮。”❸当前的。《孟子·公孙丑上》：“～日病矣，予助苗长矣。”❹当今，现代。《孟子·梁惠王上》：“～夫天下之人牧，未有不嗜杀人者也。”❺即，就。《史记·伍子胥列传》：“王不听，使人召二子曰：‘来，吾生汝父；不来，～杀奢也。’”❻假使，如果。《孟子·梁惠王下》：“～王与百姓同乐，则王矣。”❼姓。

【今昔】 jīnxī ❶现在和过去。韩愈《和裴仆射相公假山十一韵》：“乐我盛明朝，于焉傲～～。”欧阳修《昼锦堂记》：“此人称之所荣，而～～之所同也。”❷指昨夜。《吕氏春秋·慎大》：“～～天子梦西方有日，东方有日，两日相与斗，西方日胜，东方日不胜。”

【今雨】 jīnyǔ 见“旧雨”。

【今兹】 jīnzī ❶现在。《诗经·小雅·正月》：“～～之正，胡然厉矣。”（正：政。）❷今年。《左传·僖公十六年》：“～～鲁多大丧，明年齐有乱。”《后汉书·明帝纪》：“昔岁五谷登衍，～～蚕麦善收。”

约（紟） 1. jīn ❶衣服的结带。《说文·糸部》：“～，衣系也。”

2. jìn ❷单被。《仪礼·士丧礼》：“厥明灭燎，陈衣于房南领西上，绮绞～衾二。”

金 jīn ❶金属的通称。《荀子·劝学》：“锲而舍之，朽木不折；锲而不舍，～石可镂。”㊀金属制的器物。《国语·周语下》：“是以～尚羽，石尚角，瓦丝尚宫，匏竹尚议，革木一声。”（金：指金钟。）《战国策·齐策五》：“坚箭利～，不得弦机之利，则不能远杀矣。”（金：指镞。）《荀子·议兵》：“闻鼓声而进，闻～声而退。”（金：指锣。）《后汉书·宦者传序》：“若夫高冠长剑，纡朱怀～者，布满宫闱。”（金：指金印。）❷青铜。《左传·僖公十八年》：“楚子赐之～，既而悔之，与之盟曰：‘无以铸兵！’故以铸三钟。”《史记·孝武本纪》：“禹收九牧之～，铸九鼎。”❸黄金。《老子·九章》：“～玉满堂，莫之能守。”《史记·五帝本纪》：“象以典刑，流宥五刑，鞭作官刑，扑作教刑，～作赎刑。”㊀古代货币单位。秦代以黄金二十两为一金，汉代以黄金一斤为一金。《战国策·齐策一》：“公孙闬乃使人操十～而往卜于市。”班彪《王命论》：“夫饿馑流隶，饥寒道路，思有短褐之袭，儋石之蓄，所愿不过一～，终于转死沟壑。”㊁比喻贵重。《晋书·夏侯湛传》：“今乃～口玉音，漠然沉默。”㊁比喻坚固。《韩非子·用人》：“不谨萧墙之患，而固～城于远境。”❹金黄色。《诗经·小雅·车攻》：“赤芾～舄，会同有绎。”❺乐器名。八音之一。《周礼·春官·大师》：“皆播之以八音，～、石、土、革、丝、木、匏、竹。”❻五行之一。《尚书·洪范》：“五行：一曰水，二曰火，三曰木，四曰～，五曰土。”❼星名。金星。《史记·天官书》：“～在南曰牝牡，年谷熟；～在北，岁偏无。”❽秋，秋季。张协《杂诗》之三：“～风扇素节，丹霞启阴期。”❾朝代名。女真族完颜阿骨打所建。

【金波】 jīnbō ❶月亮，月光。杜甫《江边星月》诗之一：“骤雨清秋夜，～～耿玉绳。”白居易《酬梦得早秋夜对月见寄》诗：“庭芜疑白露，池色澹～～。”❷月光下的水波。刘禹锡《和浙西李大夫霜夜对月》：“海门双青暮烟歇，万顷～～涌明月。”❸酒名。高文秀《遇上皇》一折：“你教我断了～～绿醑，却不等闲的虚度时光。”❹地名。在河北省大名县东。

【金创】 jīnchuāng 兵器造成的创伤。《宋书·武帝纪上》：“至是桓修还京，高祖托以～～疾动，不堪步从，乃与无忌同船共还，建兴复之计。”也作“金疮”。疮：通“创”。创伤。卢仝《逢病军人》诗：“蓬鬓哀吟古城下，不堪秋气入～～。”

【金疮】 jīnchuāng 见“金创”。

【金钿】 jīndiàn 用金翠珠宝等物制成的花朵形首饰。刘长卿《扬州雨中张十宅观妓》诗：“残妆添石黛，艳舞落～～。”

【金斗】 jīndǒu ❶饮器。金勺。《战国策·燕策一》：“乃令工人作为～～，长其尾，令之可以击人。”秦观《如梦令》词：“玉腕不胜～～。消瘦，消瘦，还是褪花时候。”❷熨斗。白居易《缭绫》诗：“广裁衫袖长制裙，～～熨波刀剪纹。”❸见“筋斗”。

【金娥】 jīn'é ❶月亮。许敬宗《奉和喜雪应制》：“腾华承玉宇，凝照混～～。”❷曲名。马臻《西湖春壮遊即事》诗之八：“部头教奏～～曲，尽向船棚一字排。”

【金革】 jīngé ❶刀剑甲胄之类。《列子·仲尼》：“有善治土木者，有善治～～者。”❷指战争。《礼记·曾子问》：“三年之丧卒哭，～～之事无辟也者，礼与？”❸车铃和车鞅。《荀子·礼论》：“～～辔靷而不入。”

【金鼓】 jīngǔ ❶打仗时用于指挥进退的军鼓和铜锣。《孙子·军争》：“夫～～旌旗者，所以一民之耳目也。”❷钲，铙。《史记·秦本纪》：“天子使召公过贺缪公以～～。”

【金瓜】 jīnguā 古代卫士所执的杖端饰有瓜形的兵杖。张昱《辇下曲》之十九：“卫士～～双引导，百司拥醉早朝回。”

【金荷】 jīnhé 酒杯。向子諲《浣溪沙·许南叔席上》词：“百斛明珠得翠蛾，风流彻骨更能歌，碧云留住劝～～。”

【金井】 jīnjǐng 井栏雕饰华美的井。王世贞《秋宫怨》诗：“谁怜～～梧桐露，一夜鸳鸯瓦上霜。”

【金爵】 jīnjué ❶金制的雀形饮酒器。罗邺《冬日寄献庾员外》诗：“争欢酒蚁浮～～，从听歌尘扑翠蝉。”❷佩以金印紫绶的爵位。韦曜《博弈论》：“设程试之科，垂～～之赏。”

【金兰】 jīnlán ❶牢固而融洽的友情。语出《周易·系辞上》：“二人同心，其利断金；同心之言，其臭如兰。”傅亮《为宋公求加赠刘前军表》：“臣契阔屯夷，旋观终始，～～之分，义深情感。”❷指结义的兄弟姐妹。许自昌《水浒记·党援》：“为救～～，奔走直如飞电。"

【金路】 jīnlù 帝王乘坐的饰金之车。《周礼·夏官·齐仆》:"齐仆掌驭～～以宾,朝覲宗遇飨食,皆乘～～。"

【金瓯】 jīn'ōu ❶金制的盆盂之类。李德裕《明皇十七事》:"上命相,先以八分书姓名,以～～覆之。"❷比喻国土完固。夏言《满江红》词:"拄乾坤,要使～～无缺。"

【金铺】 jīnpū 钉在门上的兽面形的门环底座。左思《蜀都赋》:"华阙双邈,重门洞开。～～交映,玉题相晖。"

【金丘】 jīnqiū 西方。《淮南子·地形训》:"西方曰～～。"

【金阙】 jīnquè ❶道家称天帝或仙人所住的宫殿。葛洪《枕中书》:"吾复千年之间,当招子登太上～～,朝宴玉京也。"白居易《长恨歌》:"～～西厢叩玉扃,转教小玉报双成。"❷帝王的宫殿。岑参《和中书舍人贾至早朝大明宫》:"～～晓钟开万户,玉阶仙仗拥千官。"❸装饰华美的门阙。徐陵《奉和简文帝山斋》:"驾岭承～～,飞桥对石梁。"

【金爵】 jīnquè ❶妇女头上的雀形首饰。曹植《美女篇》:"头上～～钗,腰佩翠琅玕。"❷装饰在屋上的铜凤。班固《西都赋》:"设璧门之凤阙,上觚棱而栖～～。"

【金人】 jīnrén ❶铜铸的人像。贾谊《过秦论》:"收天下之兵聚之咸阳,销锋鍉,铸以为～～十二。"❷金制的佛像。《后汉书·西域传》:"世传明帝梦见～～,长大,顶有光明,以问群臣。或曰:'西方有神,名曰佛,其形长丈六尺而黄金色。'"

【金商】 jīnshāng 秋天。《旧唐书·音乐志三》:"序移玉律,节应～～。"

【金石】 jīnshí ❶金属玉石之类。《史记·礼书》:"楚人鲛革犀兕,所以为甲,坚如～～。"❷比喻固守不变。《后汉书·冯衍传》:"故信庸庸之论,破～～之策;袭当世之操,失高明之德。"❸钟鼎、碑碣之类。《吕氏春秋·求人》:"得陶、化益、真窥、横革、之交五人佐禹,故功绩铭乎～～,著于盘盂。"❹钟磬类乐器。《吕氏春秋·侈乐》:"为木革之声则若雷,为～～之声则若霆。"柳开《应责》:"吾以此道化于民,若鸣～～于宫中。"❺兵器。《周礼·秋官·职金》:"凡国有大故,而用～～,则掌其令。"

【金素】 jīnsù 秋天。谢灵运《永初三年七月十六日之郡初发都》诗:"述职期阑暑,理棹变～～。"

【金汤】 jīntāng 见"金城汤池"。

【金兔】 jīntù 月亮。卢仝《月蚀》诗:"朱弦初罢弹,～～正奇绝。"

【金柝】 jīntuò 军中警夜的刁斗。颜延之《阳给事诔》:"～～夜击,和门昼扃。"

【金乌】 jīnwū 太阳。韩愈《李花赠张十一署》诗:"～～海底初飞来,朱辉散射青霞开。"孟康《咏日》:"～～升晓气,玉槛漾晨曦。"

【金疡】 jīnyáng 兵器造成的创伤。《周礼·天官·疡医》:"疡医掌肿疡、溃疡、～～、折疡之祝药,劀杀之齐。"

【金夷】 jīnyí 见"金痍"。

【金痍】 jīnyí 兵器造成的创伤。孟郊《戏赠无本》诗:"瘦僧卧冰凌,嘲咏含～～。"也作"金夷"。《后汉书·张酺传》:"前郡守以青身有～～,竟不能举。"

【金鱼】 jīnyú ❶古代三品或四品以上官员佩饰的金鱼符。韩愈《唐故江西观察使韦公墓志铭》:"新罗国君死,公以司封郎中兼御史中丞紫衣～～往吊。"曾巩《刑部郎中致仕王公墓志铭》:"改河东转运使,赐紫衣～～。"❷似鱼形的锁钥。李商隐《和友人戏赠》之一:"殷勤莫使清香透,牢合～～锁桂丛。"

【金钲】 jīnzhēng ❶铜铙。张衡《东京赋》:"戎士介而扬挥,戴～～而建黄钺。"❷比喻太阳。范成大《晓出古岩呈宗伟子文》诗:"东方动光彩,晃晃～～吐。"

【金朱】 jīnzhū 金印和官服。指官高位尊。黄庭坚《次韵子瞻和王子立风雨败书屋有感》:"已作谤熏天,～～果何益。"

【金竹】 jīnzhú ❶黄金、美竹。谢灵运《宋武帝诔》:"北献毡裘,南贡～～。"❷钟管类乐器。钟嵘《诗品序》:"尝试言之:古曰诗颂,皆被之～～,故非调五音无以谐会。"❸金虎符、竹使符。官吏的信符。秦观《次韵莘老》:"星霜俄九换,～～遽三迁。"

【金城汤池】 jīnchéngtāngchí 金属造的城,蓄满开水的护城河。比喻城防坚不可摧。《汉书·蒯通传》:"[范阳令]先下君,而君不利[之],则边地之城……必将婴城固守,皆为～～～～,不可攻也。"也省作"金汤"。《后汉书·光武帝纪赞》:"～～失险,车书共道。"

【金相玉质】 jīnxiāngyùzhì 形容外表内质俱美。王逸《楚辞章句序》:"所谓～～～～,百世无匹,名垂罔极,永不刊灭者也。"也作"玉质金相"。刘峻《辨命论》:"昔之～～～～,英髦秀达,皆摈斥于当年,韫奇才而莫用。"

津 jīn ❶渡口。《论语·微子》:"长沮、桀溺耦而耕,孔子过之,使子路问～焉。"

《后汉书·窦融传》："一旦缓急，杜绝河～，足以自守。"㉛门路。《晋书·陶侃传》："逵曰：'卿欲仕郡乎？'侃曰：'欲之，困于无～耳。'"❷渡，过渡。《史记·天官书》注："王良五星，在奎北河中……客星守之，～桥不通。"❸天河。《左传·昭公八年》："今在析木之～，犹将复由。"《国语·周语下》："月在天驷，日在析木之～。"❹液汁。陆广微《吴地记》："忽遇一石室，可高二丈，常垂～液。"㉛人体内分泌出的液体。《素问·调经论》："人有精气～液。"㉜唾液。陆佃《埤雅·释草》："今人望梅生～，食芥堕泪。"❺润泽。《周礼·地官·大司徒》："其动物宜鳞物，其植物宜膏物，其民黑而～。"❻古地名。在今湖北江陵南。《左传·庄公十九年》："十九年春，楚子御之，大败于～。"

【津逮】 jīndài 由津渡而到达。《水经注·河水二》："悬岩之中多石室焉，室中若有积卷矣，而世士罕有～～者，因谓之积书岩。"

【津津】 jīnjīn 感情洋溢、流露的样子。《庄子·庚桑楚》："老子曰：'汝自洒濯，熟哉郁郁乎！然而其中～～乎犹有恶也。'"（熟：通"孰"。何。）《新唐书·李林甫传》："初，三宰相就位，二人磬折趋，而林甫在中，轩骜无少让，喜～～出眉宇间。"也作"尽尽"。尽，通"津"。《荀子·非十二子》："吾语汝学者之嵬容：其冠绕，其缨禁缓，其容简连……～～然，盱盱然。"

【津口】 jīnkǒu 渡口。杜甫《过津口》诗："回首过～～，而多枫树林。"

【津梁】 jīnliáng ❶河津桥梁。《管子·五辅》："导水潦，利陂沟，决潘渚，溃泥滞，通郁闭，慎～～，此谓遗之以利。"（慎：通"顺"。）《论衡·状留》："如门郭闭而不通，～～绝而不过，虽有勉力趋时之势，奚由早至以得盈利哉！"❷喻指济渡众生。《世说新语·言语》："庾公尝入佛图，见卧佛曰：'此子疲于～～。'"❸接引。《颜氏家训·归心》："留心诵读，以为来世～～。"❹关键，要旨。江淹《杂体诗·孙廷尉杂述》："道丧涉千载，～～谁能了。"

【津人】 jīnrén 摆渡的船夫。《左传·昭公二十四年》："冬十月癸酉，王子朝用成周之宝珪沉于河。甲戌，～～得诸河上。"

【津润】 jīnrùn 滋润。杨炯《幽兰赋》："含雨露之～～，吸日月之休光。"

【津头】 jīntóu 渡口。杜甫《春水生》诗："南市～～有船卖，无钱即买系篱旁。"王昌龄《送薛大赴安陆》诗："～～云雨暗湘山，迁客离忧楚地颜。"

【津涂】 jīntú ❶通途。涂，通"途"。《三国志·蜀书·许靖传》："迫于袁术方命圮族，扇动群逆，～～四塞，虽县心北风，欲行靡由。"❷达到目的的途径。温庭筠《上学士舍人启》之二："空持砚席，莫识～～。"

【津涯】 jīnyá 水的边岸。《尚书·微子》："今殷之沦丧，若涉大水，其无～～。"

【津要】 jīnyào ❶水陆要冲。《宋书·武帝纪》："时议者谓宜分兵守诸～～。"❷比喻重要职位。《晋书·庾亮传论》："是以厚赠琼瑰，罕升～～。"❸关键、要点。江淹《无为论》："宣尼六艺之文，百氏兼该之术，靡不详其～～。"

衿（裣） 1. jīn ❶古代衣服的交领。《诗经·郑风·子衿》："青青子～，悠悠我心。"❷衣襟。王粲《登楼赋》："凭轩槛以遥望兮，向北风而开～。"❸堂前。陆机《赠从兄车骑》诗："安得忘归草，言树背与～。"（衿：一本作"襟"。）❹胸襟，胸怀。陆机《猛虎行》："人生诚未易，曷云开此～。"

2. jìn ❺系结。《礼记·内则》："将御者，齐、漱、澣、慎衣服、栉、縰、笄总角、拂髦、～缨、綦屦。"

【衿抱】 jīnbào 怀抱。《世说新语·轻诋》："谢太傅谓子侄曰：'中郎始是独有千载。'车骑曰：'中郎～～未虚，复那得独有？'"也作"襟抱"。杜甫《奉待严大夫》诗："身老时危思会面，一生～～向谁开。"

【衿带】 jīndài 衣带。比喻险要地带。《后汉书·杜笃传》："城池百尺，阨塞要害，关梁之险，多所～～。"也作"襟带"。张衡《西京赋》："岩险周固，～～易守。"

【衿腑】 jīnfǔ 内心。刘知幾《史通·自叙》："加以自小观书，喜谈名理。其所悟者，皆得诸～～，非由染习。"

【衿喉】 jīnhóu 衣领和咽喉。比喻要害之地。《宋史·陈敏传》："楚州为南北～～，必争之地。"也作"襟喉"。李格非《书洛阳名园记后》："洛阳处天下之中，挟殽黾之阻，当秦陇之～～而魏赵之走集。"

【衿甲】 jīnjiǎ 不解除盔甲。《左传·襄公十八年》："其右具丙亦舍兵而缚郭最，皆～～面缚，坐于中军之鼓下。"

【衿契】 jīnqì 情投意合的朋友。《世说新语·方正》："顾孟著尝以酒劝周伯仁，伯仁不受。顾因移劝柱，而语柱曰：'讵可便作栋梁自遇？'周得之欣然，遂为～～。"

【衿曲】 jīnqū 心曲，内心。陶弘景《答虞仲书》："辞动情端，志交～～。"

觔 jīn ❶同"筋"。肌腱或骨头上的韧带。萧德祥《杀狗劝夫》四折："俺如今剔下了这骨和～，割掉了这肉共脂。”❷通“斤”。重量单位。旧制十六两为一斤。《旧唐书·文宗纪上》：“京兆府奉先县界卤池侧近百姓，取水柏柴烧灰煎盐，每一石灰得盐一十二～一两。”

钎（釿） 1. jīn ❶同“斤”。斧子一类的工具。《庄子·在宥》：“于是乎～锯制焉，绳墨杀焉，椎凿决焉。”

2. yín ❷见“钎锷”。

【钎锷】 yín'è 见“圻鄂”。

矜 1. jīn ❶挥动。《吕氏春秋·重言》：“艴然充盈，手足～者，兵革之色也。”❷竦动。《后汉书·张衡传》：“鱼～鳞而并凌兮，鸟登木而失条。”❸激奋。《庄子·在宥》：“愁其五脏以为仁义，～其血气以规法度。”❹夸耀。《管子·形势》：“伐～好专，举事之祸也。”《后汉书·胡广传》：“不～其功，不伐其能。”❺骄傲，自满。《老子·三十章》：“果而勿～，果而勿伐。”❻崇尚。《汉书·地理志下》：“故至今其土多好经术，～功名，舒缓阔达而足智。”❼庄重。《汉书·冯参传》：“参为人～严，好修容仪。”❽敬重。《孟子·公孙丑下》：“我欲中国而授孟子室，养弟子以万钟，使诸大夫国人皆有所～式，子盍为我言之。”（式：效法。）❾注重，珍重。贾谊《陈政事疏》：“婴以廉洁，故～节行。”❿哀怜，同情。《诗经·大雅·桑柔》：“倬彼昊天，宁不我～？”《左传·僖公十五年》：“吾怨其君，而～其民。”⓫贫苦可怜。《诗经·小雅·鸿雁》：“爰及～人，哀此鳏寡。”⓬危险。《诗经·小雅·菀柳》：“曷予靖之，居以凶～。”

2. qín ⓭矛、戟等武器的柄。贾谊《过秦论》：“钼耰棘～，非铦于钩戟长铩也。”（铦：锋利。铩：长矛。）《淮南子·兵略》：“伐枣棘为～”。

3. guān ⓮通“鳏”。年老无妻的人。《诗经·大雅·烝民》：“不侮～寡，不畏强御。”《礼记·王制》：“老而无妻者谓之～，老而无夫者谓之寡。”

【矜宠】 jīnchǒng 恃宠而骄。杜甫《骢马行》：“雄姿逸态何崷崒，顾影骄嘶自～～。”《新五代史·安重诲传》：“虽其尽忠劳心，时有补益，而恃功～～，威福自出。”

【矜法】 jīnfǎ 敬重效法。王安石《曾公夫人万年太君黄氏墓志铭》：“后来者皆曰可～～也。”

【矜服】 jīnfú 谨慎地保持。《吕氏春秋·勿躬》：“故善为君者，～～性命之情，而百官已治矣，黔首已亲矣，名号已章矣。”

【矜高】 jīngāo ❶高傲。《世说新语·排调》注引裴景仁《秦书》：“［苻］朗～～忤物，不容于世。”❷互相夸耀，争为人上。《晋书·王衍传》：“累居显职，后进之士，莫不景慕放效。选举登朝，皆以为称首。～～浮诞，遂成风俗焉。”

【矜矜】 jīnjīn ❶坚强的样子。《诗经·小雅·无羊》：“尔羊来思，～～兢兢。”（思：语气词。）❷小心谨慎的样子。《后汉书·顺帝纪》：“～～祗畏，不知所裁。”《三国志·魏书·高堂隆传》：“～～业业，惟恐有违。”

【矜倨】 jīnjù 骄傲自大。《南史·蔡廓传论》：“至于～～之失，盖其风俗所通，格以正道，故亦名教之深尤也。”

【矜厉】 jīnlì 庄重严厉。《三国志·蜀书·陈祗传》：“弱冠知名，稍迁至选曹郎，～～有威容。”

【矜全】 jīnquán 爱惜保全。《后汉书·马融传论》：“夫事苦，则～～之情薄；生厚，故安存之虑深。”

【矜尚】 jīnshàng 互相夸耀，争为人上。《吕氏春秋·节丧》：“今世俗大乱之主，愈侈其葬，则心非为乎死者虑也，生者以相～～也。”

【矜势】 jīnshì 自恃权势。《吕氏春秋·诬徒》：“于师愠，怀于俗，羁神于世，～～好尤，故湛于巧智，昏于小利，惑于嗜欲。”（尤：罪过。）

【矜饰】 jīnshì 矜夸虚饰。《盐铁论·通有》：“然民淫好末，侈靡而不务本，田畴不修，男女～～。”欧阳修《泷冈阡表》：“其居于家，无所～～。”

【矜恕】 jīnshù 怜悯宽恕。《后汉书·郭躬传》：“躬家世掌法，务在宽平，及典理官，决狱断刑，多依～～。”

【矜物】 jīnwù 恃才傲物。《陈书·岑之敬传》：“性谦谨，未尝以才学～～，接引后进，恂恂如也。”

【矜育】 jīnyù 怜悯抚育。李密《陈情表》：“凡在故老，犹蒙～～，况臣孤苦，特为尤甚。”魏徵《十渐不克终疏》：“此诚由识陛下～～之怀，所以至死无携贰。”

筋（觔） jīn 肌腱或骨头上的韧带。《战国策·楚策四》：“淖齿用齐，擢闵王之～，县于其庙梁，宿夕而死。”

襟 jīn ❶古代衣服的交领。《尔雅·释器》：“衣眥谓之～。”（眥：衣交领处。）❷衣襟。《战国策·魏策三》：“王急召君，君不行，血溅君～矣。”❸胸襟。杜甫《移居公安敬赠卫大郎钧》诗：“雅量涵高远，清～照等夷。”❹蔽障。《战国策·秦策四》：“王～以山东之险，带以河曲之利，韩必为关中之候。”❺鸟的颔下。丁仙芝《馀杭醉歌赠吴山人》："晓幙红～燕，春城白项乌。"

【襟抱】 jīnbào 见"衿抱"。

【襟带】 jīndài 见"衿带"。

【襟度】 jīndù 胸怀度量。《宋史·钱若水传》："推诚待物，～～豁如。"

【襟鬲】 jīngé 胸怀。鬲，膈。李群玉《龙山人惠石廪方及团茶》诗："一瓯拂昏寐，～～开烦拏。"

【襟喉】 jīnhóu 见"衿喉"。

【襟灵】 jīnlíng 胸怀。白居易《故京兆元少尹文集序》："操行之贞端，～～之旷澹。"

【襟袂】 jīnmèi ❶襟袖。杜牧《偶题》诗："劳劳千里身，～～满行尘。"❷比喻僚婿，连襟。陈振孙《直斋书录解题·济溪老人遗稿》："通判明州济源李迎彦将撰，永嘉周浮沚先生之壻，与先大夫为～～。"

【襟素】 jīnsù 襟抱，怀抱。《梁书·陆云公传》："形迹之外，不为远近隔情；～～之中，岂以风霜改节。"

【襟要】 jīnyào 要害之地。《晋书·石勒载记下》："勒大怒，命张敬据其～～以守之。"陆游《庐帅田侯生祠记》："时虏方入塞，侯既受命，谓庐州为淮西根本，而古城又为州之～～。"

【襟韵】 jīnyùn 情怀风度。杜牧《池州送孟迟先辈》诗："历阳裴太守，～～苦超越。"

仅(僅)

1. jǐn ❶差，少。《公羊传·桓公三年》："此其曰有年何？～有年也。"《诗经·大雅·行苇》传："盖～有存焉。"❷稍。李贺《乐词·七月》："～厌舞衫薄，稍知花簟寒。"❸暂时。《商君书·禁使》："故恃丞监而治者，～存之治也。"❹才。《战国策·齐策四》："狡兔有三窟，～得免其死耳。"《三国志·魏书·武帝纪》："信力战斗死，～而破之。"❺只。贾谊《过秦论》："借使子婴有庸主之才，～得中佐，山东虽乱，秦之地可全而有，宗庙之祀未当绝也。"

2. jìn ❻几乎，接近。韩愈《张中丞传后序》："初守睢阳时，士卒～万人。"柳宗元《龙安海禅师碑》："佛之生也，远中国～二万里；其殁也，距今兹～二千岁。"

尽[2](儘)

jǐn 尽管，任凭。刘克庄《乍归》诗之九："～教人贬驳，唤作岭南诗。"

卺(㔾、巹)

jǐn 把瓠剖成两个瓢。古代婚礼时用的酒器。《礼记·昏义》："妇至，壻揖妇以入，共牢而食，合～而酳。"(合卺：新婚夫妇饮交杯酒。)

紧(緊)

jǐn ❶丝绳紧紧缠结一起。《说文·糸部》："～，缠丝急也。"❷不松弛。傅毅《舞赋》："弛～急之弦张兮，慢末事之委曲。"❸收缩。《素问·气交变大论》："其德清洁，其化～敛。"❹急促。白居易《秋夜听高调凉州》诗："楼上金风声渐～，月中银字韵初调。"❺紧紧，坚固。叶绍翁《田家三咏》之二："田因水坏秧重播，家为蚕忙户～关。"❻唐代州县等级名。《新唐书·韦处厚传》："处厚乃置六雄、十望、十～等州。"《文献通考·户口》："天下县邑素有等差……三千户以上为望县，二千户以上为～县，一千户以上为上县。"

【紧絭】 jǐnquàn 纠缠萦绕。《楚辞·九思·疾世》："望江汉兮濩渃，心～～兮伤怀。"

【紧细】 jǐnxì 细密。陶弘景《与梁武帝论书启》："《急就篇》二卷，古法～～。"

堇

jǐn 见 qīn。

谨(謹)

1. jǐn ❶小心，谨慎。《尚书·盘庚》："先王有服，恪～天命。"㊀小心把守。《史记·廉颇蔺相如列传》："日击数牛飨士，习射骑，～烽火，多间谍，厚遇战士。"㊁说话少。《论语·学而》："～而信，汎爱众。"❷慎重，重视。《孟子·梁惠王上》："～庠序之教，申之以孝悌之义。"《管子·权修》："欲民之有礼，则小礼不可不～也。"❸恭敬。《史记·五帝本纪》："顺事父及后母与弟，日以笃～，匪有解。"(匪：通"非"。解：懈。)❹善。《史记·吕太后本纪》："太后家薄氏～良。"❺严禁，防止。《诗经·大雅·民劳》："毋从诡随，以～无良。"❻严密。《论语·尧曰》："～权量，审法度，修废官，四方之政行焉。"《后汉书·广陵思王荆传》："使相、中尉～宿卫之。"

2. jìn ❼通"堇"。草。《礼记·内则》："编萑以苴之，涂之以～涂，炮之。"

【谨饬】 jǐnchì 见"谨敕"。

【谨敕】 jǐnchì 谨慎整敕，细密周到。《汉书·王莽传上》："宿卫～～，爵位益尊，节操愈谦。"也作"谨饬"。《晋书·刘超传》："子讷嗣，～～有石庆之风。"

【谨笃】 jǐndǔ 诚实。《南史·王琨传》："琨少～～，为从伯司徒谧所爱。"

【谨厚】 jǐnhòu 恭谨朴实。《楚辞·九章·怀沙》："重仁袭义兮，～～以为丰。"《汉书·楚元王传》："地节中，以亲亲行～～，封为阳城侯。"

【谨舍】 jǐnshè 另建馆舍居住，并严密防守。《史记·春申君列传》："春申君大然之，乃出李园女弟，～～而言之楚王。"

【谨肃】 jǐnsù 谨敬恭肃。《史记·司马相如列传》："相如初尚见之，后称病，使从者谢吉,吉愈益～～。"

【谨愿】 jǐnyuàn 诚实。刘向《说苑·杂言》:"～～敦厚可事主,不施用兵。"韩愈《故金紫光禄大夫……赠太傅董公行状》:"天子以为～～,赐绯鱼袋,累升为卫尉寺丞。"

【谨质】 jǐnzhì 谨慎质朴。《宋史·高化传》:"化～～少过,驭军有法。"

锦(錦) jǐn ❶有彩色花纹的丝织品。《左传·襄公二十六年》:"夫人使馈之～与马。"《战国策·秦策一》:"[苏秦]受相印,革车百乘,～绣千纯,白璧百双,黄金万溢。"(纯:束。)❷鲜艳华美。《诗经·唐风·葛生》:"角枕粲兮,～衾烂兮。"萧纲《七励》:"文鱼水宿,～鸟云翔。"❸姓。

【锦车】 jǐnchē 以锦为饰的贵族之车。《汉书·乌孙国传》:"冯夫人～～持节。"

【锦城】 jǐnchéng 见"锦官城"。

【锦瑟】 jǐnsè 画有锦文的瑟。李商隐《锦瑟》诗:"～～无端五十弦,一弦一柱思华年。"

【锦弢】 jǐntāo 锦制的弓袋。李德裕《述梦》诗:"宛马思寒枥,吴钩在～～。"

【锦茵】 jǐnyīn 锦制的垫褥、地毯。潘岳《寡妇赋》:"易～～以苫席兮,代罗帱以素帷。"杜甫《丽人行》:"后来鞍马何逡巡,当轩下马入～～。"

【锦官城】 jǐnguānchéng 成都。四川成都旧有大城,少城。少城在大城西,古为主锦之官所居,因称锦官城。杜甫《蜀相》诗:"丞相祠堂何处寻?～～～外柏森森。"也作"锦城"。王维《送严秀才还蜀》诗:"别路经花县,还乡入～～。"

廑(厪) 1. jǐn ❶小而差的屋子。《说文·广部》:"～,少劣之居。"《字汇》:"～,小屋也。"❷通"仅"。只,才。《汉书·贾谊传》:"诸公幸者,乃为中涓,其次～得舍人。"

2. qín ❸通"勤"。勤劳,殷勤。《汉书·文帝纪》:"农,天下之本,务莫大焉。今～身从事,而有租税之赋,是谓本末者无以异也。"

馑(饉) jǐn ❶蔬菜歉收。泛指灾荒。《左传·昭公元年》:"虽有饥～,必有丰年。"《后汉书·刘玄传》:"王莽末,南方饥～。"❷缺乏。《盐铁论·通有》:"财物流通,有以均之,是以多者不独衍,少者不独～。"❸通"殣"。饿殍。《后汉书·来歙传》:"今西州新破,兵人疲～。"

瑾 jǐn 美玉。《左传·宣公十五年》:"川泽纳污,山薮藏疾,～瑜匿瑕,国君含垢。"㊀比喻美德。《史记·屈原贾生列传》:"何故怀～握瑜,而自令见放为?"

槿 jǐn 木槿。一种落叶灌木。范成大《复自姑苏过宛陵至邓步出陆》诗:"浆家馈食～为藩,酒市停骖竹庑门。"㊀木槿花。王维《积雨辋川庄作》诗:"山中习静观朝～,松下清斋折露葵。"

【槿花】 jǐnhuā ❶木槿花。李贺《莫愁曲》:"今日～～落,明日桐树秋。"❷比喻人心易变。槿花朝开夕落,因以形容人心多变。孟郊《审交》诗:"小人～～心,朝在夕不存。"

尽[1](盡) 1. jìn ❶完,没有了。《汉书·晁错传》:"美草甘水则止,草～水竭则移。"《后汉书·庞萌传》:"顷之,五校粮～,果引去。"❷终止,完结。曹丕《典论·论文》:"年寿有时而～。"㊀死。《后汉书·皇甫规妻传》:"妻谓持杖者曰:'何不重乎?速～为惠。'遂死车下。"❸到……为止。《汉书·王温舒传》:"～十二月,郡中无犬吠之盗。"❹竭尽,尽力表现出某种动作行为。《左传·成公十六年》:"莫不～力以从上命,致死以补其阙,此战之所由克也。"又《文公七年》:"同官为寮,吾尝同寮,敢不～心乎?"❺穷尽。《荀子·正名》:"虽为天子,欲不可～。"苏轼《前赤壁赋》:"惟江上之清风,与山间之明月,耳得之而为声,目遇之而成色,取之无禁,用之不竭,是造物者之无～藏也。"(藏:宝藏。)㊀事物达到的极限或顶点。《孟子·万章下》:"夫谓非其有而取之者盗也,充类至义之～也。"❻话说得明白,透彻。韩愈《圬者王承福传》:"听其言,约而～。"(约:简单。)❼全,全部。《孟子·尽心下》:"～信书,则不如无书。"《晋书·王羲之传》:"张芝临池学书,池水～黑。"❽极,最。《论语·八佾》:"子谓韶～美矣,又～善也。"❾通"进"。前进。《韩非子·外储说左上》:"以马为不～,释车而走。"❿通"赆"。费用。《管子·乘马》:"黄金一镒,百乘一宿之～也。"⓫姓。

2. jǐn ⓬尽管,任凭。白居易《题山石榴花》诗:"争及此花檐户下,任人采弄～人看。"⓭尽管,纵使。杜甫《朱凤行》:"愿分竹实及蝼蚁,～使鸱枭相怒号。"

3. jīn ⓮见"尽尽"。

【尽齿】 jìnchǐ ❶尽其天年。《国语·晋语一》:"非礼不终年,非义不～～。"❷衰老。《逸周书·程典》:"牛羊不～～,不屠。"

【尽辞】 jìncí 把要讲的话都讲出来。《国语·晋语四》:"郑人以詹予晋,晋人将烹之。詹曰:'臣愿获～～而死,固所愿也。'"

【尽瘁】 jìncuì 竭尽辛劳。瘁,辛劳,劳累。《诗经·小雅·北山》:"或燕燕居息,或～～

事国。"

【尽命】 jìnmìng ❶效死。《宋书·张畅传》:"音姿容止,莫不瞩目,见之者皆愿为~~。"❷自然寿终。荀悦《申鉴·俗嫌》:"寿必用道,所以~~。"

【尽言】 jìnyán ❶把意思全部讲出来。《周易·系辞上》:"子曰:'书不~~,言不尽意,然则圣人之意其不可见乎?'"❷直言。《管子·大匡》:"今彭生二于君,无~~而谀行。"

【尽尽】 jīnjīn 见"津津"。

进(進) 1. jìn ❶向前,前进。《诗经·大雅·桑柔》:"人亦有言,~退维谷。"《论语·雍也》:"非敢后也,马不~也。"㊀使前进。《论语·述而》:"孔子退,揖巫马期而~之。"❷进攻,进军。《左传·隐公九年》:"先者见获,必务~;~而遇覆,必速奔。"《后汉书·南匈奴传》:"单于见诸军并~,大恐怖。"㊀使进攻、进军。《战国策·东周策》:"秦拔宜阳,景翠果~兵。"❸长进,进步。《荀子·天论》:"君子敬其在己者而不慕其在天者,是以日~也。"《史记·孔子世家》:"孔子学鼓琴师襄子,十日不~。"㊀深入理解,进一层领会。《老子·四十一章》:"明道若昧,~道若退。"《孟子·梁惠王上》:"王曰:'吾惛,不能~于是矣,愿夫子辅吾志,明以教我。'"❹超过,超出。《庄子·养生主》:"臣之所好者道也,~乎技矣。"《吕氏春秋·適音》:"清庙之瑟,朱弦而疏越,一唱而三叹,有~乎音者矣。"❺入,进入。《太平广记》卷七十一引王嘉《拾遗记》:"至宫门,云欲见秦王婴,阍者许~焉。"(阍者:守门人。)❻到朝廷去。《商君书·农战》:"~则曲主,退则虑私。"(曲主:违心地讨好君主。)㊀出仕,做官。《孟子·公孙丑上》:"非其君不事,非其民不使,治则~,乱则退,伯夷也。"范仲淹《岳阳楼记》:"居堂庙之高,则忧其民,处江湖之远,则忧其君,是~亦忧,退亦忧。"❼进献,献上。《吕氏春秋·权勋》:"临战,司马子反渴而求饮,竖阳谷操黍酒而~之。"《史记·吕太后本纪》:"忠臣~谏,上惑乱弗听。"❽进谏。《史记·孝文本纪》:"中尉宋昌~曰:'群臣之议,皆非也。'"❾推荐,荐举。《战国策·楚策三》:"夫~贤之难者,贤者用且使己废,贵且使己贱,故人难之。"❿进用。《管子·五辅》:"故善为政者……贤人~而奸民退。"《汉书·高帝纪下》:"患在人主不交故也,士奚由~。"⓫量词。旧式庭院的前后层次。《西游记》一回:"一层层深阁琼楼,一~~珠宫贝阙。"⓬通"赆"。赠送的钱财。《史记·高祖本纪》:"萧何为主吏,主~。"⓭通"尽"。竭尽。《列子·黄帝》:"竭聪明,~智力。"

2. jùn ⓮通"峻"。高耸。《荀子·非十二子》:"士君子之容:其冠~,其衣逢,其容良。"(逢:宽。)

【进趋】 jìnqū ❶疾趋而进。欧阳修《本论》:"一介之士,眇然柔懦,~~畏怯。"❷努力向前,有所作为。《列子·说符》:"施氏之邻人孟氏同有二子,所业亦同,而窘于贫。羡施氏之有,因从请~~之方。"也作"进趣"。《三国志·魏书·明帝纪》:"兵乱以来,经学废绝,后生~~,不由典谟。"

【进趣】 jìnqū 见"进趋②"。

【进取】 jìnqǔ ❶上进,有所作为。《战国策·燕策一》:"仁义者,自完之道也,非~~之术也。"❷继续进攻,扩大战果。《三国志·魏书·武帝纪》:"太祖到酸枣,诸军兵十馀万,日置酒高会,不图~~。"

【进上】 jìnshàng ❶前进向上。比喻有野心,向上爬。《庄子·在宥》:"人心排下而~~。"(排下:不愿居于卑下之位。)❷进呈。《宋史·太宗元德李皇后传》:"~~尊号,为皇太后。"

【进孰】 jìnshú 见"进熟"。

【进熟】 jìnshú 进浮夸之言。《史记·大宛列传》:"而汉使者往既多,其少从率多~~于天子。"也作"进孰"。《汉书·张骞传》:"汉使往既多,其少从率~~于天子。"

【进退】 jìntuì ❶进攻退却。《左传·成公二年》:"师之耳目,在吾旗鼓,~~从之。"❷增减。《周礼·天官·兽医》:"凡兽之有病者,有疡者,使疗之,死则计其数以~~之。"(之:指兽医享用的俸禄。)❸动作,举动。《庄子·达生》:"东野稷以御见庄公,~~中绳,左右旋中规。"❹行为举止。《管子·形势》:"~~无仪则政令不行。"《汉书·隽不疑传》:"~~必以礼,名闻州郡。"❺指礼仪、礼节。《吕氏春秋·士容》:"被服中法,~~中度。"❻出入,差错。柳宗元《梓人传》:"画宫于堵,盈尺而曲尽其制,计其毫厘而构大厦,无~~焉。"(画:构图。)

【进用】 jìnyòng ❶提拔任用。《汉书·孔光传》:"退去贪残之徒,~~贤良之吏。"❷财用。《史记·吕不韦列传》:"子楚,秦诸孽孙,质于诸侯,车乘~~不饶。"

【进止】 jìnzhǐ ❶进退。《晋书·吕光载记》:"光于是大飨文武,博议~~,众咸请还,光从之。"❷举止,举动。《世说新语·言语》注引《向秀别传》:"又与谯国嵇康、东平吕安友善,并有拔俗之韵,其~~无不同。"

吟 jìn 见 yín。

近 1. jìn ❶近的，近处的。《韩非子·说林上》："远水不救～火也。"《荀子·非相》："故曰：以～知远，以一知万，以微知明。"❷靠近，接近。《左传·庄公十九年》："边伯之宫～于王宫，王取之。"傅玄《太子少傅箴》："故～朱者赤，～墨者黑。"㊀相近，近似。《汉书·艺文志》："汉兴，鲁申公为《诗》训故，而齐辕固、燕韩生皆为之传。或取《春秋》，采杂说，咸非其本义。与不得已，鲁最为～之。"㊁将近。《后汉书·蓟子训传》："适见铸此，已～五百岁矣。"❸亲近。《左传·哀公二十五年》："公使优狡盟拳弥，而甚～信之。"（狡：人名。拳弥：卫大夫。）《战国策·齐策三》："齐王夫人死，有七孺子皆～。"（孺子：贵族妾的称号。）❹浅近。《孟子·尽心下》："言～而指远者，善言也。"❺近来，近时。《史记·十二诸侯年表》："赵孝成王时，其相虞卿上采《春秋》，下观～势，亦著八篇，为《虞氏春秋》。"韩愈《与陈给事书》："不敏之诛无所逃避，不敢遂进，辄自疏其所以，并献～所为《复志赋》以下十首为一卷。"❻姓。

2. jì ❼语气词。表祈使，略同"哉"。《诗经·大雅·崧高》："往～王舅，南土是保。"

【近关】 jìnguān 就近的城门。《左传·襄公十四年》："遂行，从～～出。"

【近局】 jìnjú 近邻。陶渊明《归园田居》诗之五："漉我新熟酒，只鸡招～～。"

【近名】 jìnmíng 追求名誉。李贽《杂述·征途与共后语》："余老矣，死在旦夕，犹不免～～之累。"

【近习】 jìnxí ❶亲近。《楚辞·七谏·初放》："斥逐鸿鹄兮，～～鸱枭。"❷近臣，君主亲近的人。《汉书·五行志中之下》："言上不明，暗昧蔽惑，则不能知善恶，亲～～，长同类。"

【近幸】 jìnxìng 宠信，宠爱。《战国策·赵策一》："以子之才而善事襄子，襄子必～～子。"又指被宠信的人。《梁书·萧景传》："景在职峻切，官局肃然，制局监皆～～，颇不堪命，以是不得久留中。"

侟 jìn 见 cún。

劲 jìn 见 jìng。

荐 jìn 见 jiàn。

浕（濜） jìn ❶水名。一在湖北枣阳市西南，一在陕西勉（沔）县西。❷见"浕涢"。

【浕涢】 jìnyǔn 水波起伏的样子。郭璞《江赋》："溭淢～～，龙鳞结络。"

荩（藎） jìn ❶荩草。元稹《三遣悲怀》诗之一："顾我无衣搜～箧，泥他沽酒拔金钗。"（荩箧：用荩草编织的小箱子。）❷通"烬"。没有烧尽的柴草。马融《长笛赋》："～滞抗绝，中息更装。"❸通"进"。进用。《诗经·大雅·文王》："王之～臣，无念尔祖。"

浸（濅） 1. jìn ❶浸泡。《诗经·曹风·下泉》："洌彼下泉，～彼苞稂。"（苞稂：狗尾草。）❷淹没。《庄子·逍遥遊》："之人也，物莫之伤，大～稽天而不溺，大旱金石流、土山焦而不热。"《史记·赵世家》："三国攻晋阳，岁馀，引汾水灌其城，城不～者三版。"❸灌溉。《庄子·天地》："有械于此，一日～百畦，用力甚寡。"《史记·河渠书》："此渠皆可行舟，有馀则用溉～，百姓飨其利。"❹湖泽。顾炎武《答人书》："丁酉之秋，启涂淮北，正值淫雨，沂沭下流并为巨～。"❺浸润。张衡《东京赋》："泽～昆虫，威振八寓。"❻副词。1）渐渐，逐渐。《庄子·大宗师》："～假而化予之左臂以为鸡，予因以求时夜。"2）更加。《后汉书·袁绍传》："若其～盛，何以制之？"

2. qīn ❼通"侵"。侵犯。《列子·汤问》："帝凭怒，～减龙伯之国使阨，～小龙伯之民使短。"

【浸渐】 jìnjiàn 逐渐，一点一点生长。《论衡·道虚》："物之生长，无卒成暴起，皆有～～。"

【浸浸】 jìnjìn 渐渐。韩愈《讼风伯》："雨～～兮将落，风伯怒兮云不得止。"

【浸弱】 jìnruò 逐渐衰弱。陆倕《石阙铭》："晋氏～～，释然而溃，以至于不可救止。"

【浸潭】 jìntán 滋润广衍。扬雄《剧秦美新》："甘露嘉醴，景曜～～之瑞潜；大茀经贯，巨狄鬼信之妖发。"

【浸微】 jìnwēi 逐渐微弱。潘岳《秋兴赋》："天晃朗以弥高兮，日悠阳而～～。"

【浸寻】 jìnxún 渐进，渐及。《史记·封禅书》："是岁，天子始巡郡县，～～于泰山矣。"也作"浸浔"。《史记·齐悼惠王世家》："事～～不得闻于天子。"也作"寖寻"。《汉书·郊祀志上》："上始巡幸郡县，～～于泰山矣。"

【浸浔】 jìnxún 见"浸寻"。

【浸淫】 jìnyín ❶浸渍，逐步扩大。《汉书·食货志下》："富者不得自保，贫者无以自存，起为盗贼，依阻山泽，吏不能禽而覆蔽之，～～日广，于是青、徐、荆楚之地往往万数。"也作"寖淫"。《汉书·高五王传》:"事～～闻于上。"❷逐渐接近。韩愈《送孟东野序》:"孟郊东野,始以其诗鸣,其高出魏晋,不懈而及于古,其他～～乎汉氏矣。"

【浸育】 jìnyù 润泽滋长。嵇康《声无哀乐论》:"枯槁之类,～～灵液。六合之内,沐浴鸿流。"

烬(燼、㶳) jìn ❶物体燃烧后馀下的灰烬。《北史·吕思礼传》:"烛～夜有数升。"㊀灾后馀民。《左传·襄公四年》:"靡自有鬲氏,收二国之～,以灭浞而立少康。"❷通"尽"。灭绝。《诗经·大雅·桑柔》:"民靡有黎,具祸以～。"(具:备,遭受。以:而。)

【烬骨】 jìngǔ 骨灰。《新五代史·晋家人传》:"既卒,砂碛中无草木,乃毁奚车而焚之,载其～～至建州。"

晋(晉) jìn ❶进。班固《幽通赋》:"盍孟～以迨群兮,辰倏忽其不再。"(孟:勉力,努力。)❷六十四卦之一。卦形为坤下离上。《周易·晋》:"彖曰:'～,进也。'"❸通"搢"。插。《周礼·春官·典瑞》:"王～大圭。"❹春秋诸侯国名。公元前403年,分为韩、赵、魏三国。《左传·成公三年》:"以君之灵,累臣得归骨于～,寡君之以为戮,死且不朽。"❺朝代名。司马炎所建。陶渊明《桃花源记》:"问今是何世,乃不知有汉,无论魏～。"❻朝代名。又称后晋。石敬瑭所建。❼姓。

赆(贐、賮) jìn ❶临行时赠送的财物。《孟子·公孙丑下》:"当在宋也,予将有远行,行者必以～,辞曰:'馈～。'予何为不受?"㊀赠送财物。陆游《右朝散大夫陆公墓志铭》:"会省丞官、父老送公出境,争～金帛。"❷进贡的财物。颜延之《赭白马赋》:"有肆险以禀朔,或逾远而纳～。"

祲 jìn 妖气,古代所谓阴阳相侵所形成的不祥云气。《左传·昭公十五年》:"吾见赤黑之～,非祭祥也,丧氛也。"《荀子·王制》:"相阴阳,占～兆。"(兆:龟兆。)

唫 1. jìn ❶闭口。《吕氏春秋·重言》:"君呿而不～,所言者'莒'也。"(呿:张口。)❷吸。扬雄《太玄经·玄摛》:"嘘则流体,～则凝形。"

2. yín ❸通"吟"。呻吟,叹息。《史记·屈原贾生列传》:"曾～恒悲兮,永叹慨兮。"❹通"崟"。高险的山岩。《穀梁传·僖公三十三年》:"师行,百里子与蹇叔子送其子而戒之曰:'女死必于殽之岩～之下。'"

寖 jìn ❶同"浸"。浸润。《汉书·楚元王传》:"上内重堪,又患众口之～润,无所取信。"❷副词。1)渐渐。《汉书·礼乐志》:"恩爱～薄。"2)更加。《汉书·王尊传》:"群盗～强,吏气伤沮。"

【寖寻】 jìnxún 见"浸寻"。

【寖淫】 jìnyín 见"浸淫"。

靳 jìn ❶搭在辕马(两服)背上的游环。游环用革制成,控制边马(两骖)的缰绳从中穿过,操纵在御者手中。《左传·定公九年》:"猛笑曰:'吾从子,如骖之有～。'"❷固。《释名·释形体》:"筋,力也,肉中之力、气之元也,～固于身形也。"❸吝惜。《后汉书·崔寔传》:"[灵]帝顾谓亲倖者曰:'悔不小～,可至千万。'"❹戏弄。《左传·庄公十一年》:"宋公～之,曰:'始吾敬子;今子,鲁囚也,吾弗敬子矣。'"❺(jǐn)通"仅"。陈亮《戊申再上孝宗皇帝书》:"臣虽不到采石,其地与京口股肱建业,必有据险临前之势,而非止于～～自守者也。"❻姓。

【靳色】 jìnsè 吝惜之色。洪迈《夷坚乙志·阳大明》:"[道人]指架上道服曰:'以是与我,当有以奉报。'大明与之,无～～。"

【靳术】 jìnshù 吝惜自己的方术,不肯传人。苏辙《赠方子明道人》诗:"此人～～不肯传,阖户泥墙威天戒。"

禁 1. jìn ❶禁止,制止。《左传·隐公三年》:"公子州吁,嬖人之子也。有宠而好兵,公弗～。"《论衡·本性》:"长大之后,～情割欲,勉厉为善矣。"❷监禁。《魏书·高阳王雍传》:"别房幽～,不得干豫内政。"㊀监狱。《晋书·苻丕载记》:"[徐]义诵《观世音经》,至夜中,土开、械脱于重～之中,若有人导之者,遂奔杨佺期。"㊁禽兽的圈。《管子·五行》:"令命祝宗选禽兽之～。"❸禁令,法令。《孟子·梁惠王下》:"臣始至于境,问国之大～,然后敢入。"《管子·立政》:"六畜人徒有数,舟车陈器有～。"㊀发布禁令。《管子·法法》:"上～尽行,～尽止,引而使之,民不敢转其力。"㊁古代巫术用符咒制胜。《后汉书·徐登传》:"登乃～溪水,水为不流。"《抱朴子·至理》:"贼中有善～者。每当交战,官军刀剑皆不得拔,弓弩射矢皆远。"❹闭拒,封锁。《战国策·赵策一》:"五国之兵有日矣,韩乃西师以～秦国,使秦发令素服而听。"❺宫禁,帝王的住处。《史记·绛侯周勃世家》:"顷之,景帝居～中,召条侯,赐食。"《后汉书·赵典传》:"征拜议郎,侍讲～内。"❻秘密的。《史记·扁鹊仓公列传》:"我有～方,年老,欲传与公,公毋泄。"❼古代祭祀承放酒器的一种器具。《仪礼·士冠礼》:"尊于房户之间,两甒有～。"❽古代北方少数民族的一种乐器。《周礼·春官·鞮鞻氏》注:"四夷之乐,东方曰韎,南方曰任,西方曰株离,北方曰～。”❾姓。

2. jīn ❿禁受,禁得起。白居易《杨柳枝》诗:“小树不～攀折苦,乞君留取两三条。”⓫通“约”。腰带。《荀子·非十二子》:“吾语汝学者之嵬容:其冠绕,其缨～缓。”

【禁兵】 jìnbīng ❶皇帝武库中的兵器。张衡《西京赋》:“武库～～,设在兰锜。”(设:架设。锜:悬挂弓弩的架子。)❷皇帝的亲兵。《后汉书·耿秉传》:“帝每巡郡国及幸宫观,秉常领～～宿卫左右。”

【禁仓】 jìncāng 宫中的仓库。《史记·三王世家》:“虚御府之藏以赏元戎,开～～以振贫穷,减戍卒之半。”

【禁闺】 jìnguī 宫中小门。刘长卿《送张七判官还京觐省》诗:“春色长安道,相随入～～。”

【禁漏】 jìnlòu 宫漏,宫中的计时器。元稹《哀病骢》诗:“曾听～～惊衔鼓,惯踏康衢怕小桥。”

【禁旅】 jìnlǚ 禁军,皇帝的亲兵。《魏书·京兆王雍传》:“[元]乂总握～～,兵皆属之。”韦应物《观早朝》诗:“～～下城列,炉香起中天。”

【禁内】 jìnnèi ❶禁近妻妾。《汉书·孝昭上官皇后传》:“[霍]光欲皇后擅宠有子,帝时体不安,左右及医皆阿意,言宜～～。”❷宫内。《后汉书·赵典传》:“建和初,四府表荐,征拜议郎,侍讲～～。”

【禁切】 jìnqiè ❶限制。《汉书·郑崇传》:“上责崇曰:‘君门如市人,何以欲～～主上?’”❷禁令烦苛。《汉书·元帝纪》:“至今有司执政,未得其中,施与～～,未合民心。”

【禁省】 jìnshěng 禁中、省中,皇宫禁地。《后汉书·梁冀传》:“宫卫近侍,并所亲树,～～起居,纤微必知。”《梁书·傅岐传》:“在～～十馀年,机事密勿。”

【禁书】 jìnshū ❶秘藏之书。《史记·扁鹊仓公列传》:“臣意即避席再拜谒,受其脉书上下经……接阴阳～～,受读解验之,可一年所。”❷禁止刊印流通的书。苏辙《乞裁损待高丽事件劄子》:“即不许买禁物、～～及诸毒药。”

【禁闼】 jìntà 禁中,宫中。《史记·汲郑列传》:“臣常有狗马病,力不能任郡事,臣愿为中郎,出入～～,补过拾遗,臣之愿也。”《三国志·魏书·曹爽传》:“其馀诸弟,皆以列侯侍从,出入～～,贵宠莫盛焉。”

【禁网】 jìnwǎng 法网,法令。《后汉书·杜诗传》:“初,～～尚简,但以玺书发兵,未有虎符之信。”也作“禁罔”。《汉书·循吏传序》:“汉兴之初,反秦之敝,与民休息,凡事简易,～～疏阔。”

【禁罔】 jìnwǎng 见“禁网”。

【禁烟】 jìnyān ❶禁火,寒食节。陆游《寒食》诗:“小市～～馀,东郊展墓初。”❷宫中的烟雾。李远《赠弘文杜校书》诗:“漠漠～～笼远树,泠泠宫漏响前除。”

【禁御】 jìnyù 禁止。《左传·昭公六年》:“犹不可～～,是故闲之以义,纠之以政。”

【禁圉】 jìnyù 禁止,制止。《管子·七法》:“独出独入,莫敢～～。”

【禁坐】 jìnzuò 皇帝的座位。《后汉书·循吏传序》:“[光武]数引公卿郎将,列于～～,广求民瘼,观纳风谣。”

【禁当】 jīndāng 承受,忍耐。陆游《独意》诗:“常贫且撑拄,多病不～～。”

搢(搢) jìn ❶插。《穀梁传·僖公三年》:“阳谷之会,桓公委端～笏而朝诸侯。”《吕氏春秋·季秋》:“司徒～扑,北向以誓之。”(扑:插在带上的教刑用具。)❷振,摇。《国语·吴语》:“吾先君阖庐,不贯不忍,被甲带剑,挺铍～铎,以与楚昭王毒逐于中原柏举。”(贯:赦。)

【搢绅】 jìnshēn 把笏板插在带间。引申指士大夫。《史记·封禅书》:“～～之属皆望天子封禅改正度也。”韩愈《送温处士赴河阳军序》:“～～之东西行过是都者,无所礼于其庐。”也作“缙绅”。《史记·天官书》:“其语不经见,～～者不道。”也作“荐绅”。《韩非子·五蠹》:“坚甲厉兵以备难,而美～～之饰。”《史记·孝武本纪》:“元年,汉兴已六十馀岁矣,天下乂安,～～之属皆望天子封禅改正度也。”

缙(縉) jìn ❶浅赤色。《后汉书·蔡邕传》:“济济多士,端委～綎。”❷通“搢”。插。见“缙绅”。

【缙绅】 jìnshēn 见“搢绅”。

墐 1. jìn ❶用泥涂塞。《诗经·豳风·七月》:“穹窒熏鼠,塞向～户。”(向:向北开的窗子。)❷沟上的道路。《国语·齐语》:“陆、阜、陵、～、井、田、畴均,则民不憾。”❸通“殣”。掩埋。《诗经·小雅·小弁》:“行有死人,尚或～之。”

2. qín ❹通“堇”。黏土。《旧五代史·刘守光传》:“又以～泥作钱,令部内行使。”

覲(覲) 1. jìn ❶古代诸侯秋天朝见天子。《诗经·大雅·韩奕》:“韩侯入～,以其介圭,入～于王。”《孟子·万章上》:“天下诸侯朝～者,不之尧之子而之舜。”㊀拜见，会见。《左传·昭公十六年》：“宣子私～于子产以玉与马。”

2. jǐn ❷通“瑾”。美玉。《荀子·正论》：“犀象以为树，琅玕、龙兹、华～以为实。”❸通“仅”。只。《吕氏春秋·长见》：“鲁公以削，至于～存，三十四世而亡。”

殣 jìn ❶饿死。《大戴礼记·千乘》：“道无～者。”㊀饿死的人。《左传·昭公三年》：“道～相望，而女富溢尤。”《三国志·吴书·朱治传》注引《江表传》：“城邑空虚，道～相望。”❷掩埋。《荀子·礼论》：“刑馀罪人之丧，不得合族党，独属妻子，棺椁三寸，衣衾三领，不得饰棺，不得昼行，以昏～。”❸通“觐”。觐见。《汉书·礼乐志》：“神裴回若留放，～冀亲以肆章。”（裴回：同“徘徊”。）

噤 jìn 闭口。《史记·日者列传》：“宋忠、贾谊忽而自失，芒乎无色，怅然～口不能言。”㊀关闭。潘岳《西征赋》：“有～门而莫启，不窥兵于山外。”

【噤害】 jìnhài 口不言而心想害人。潘岳《马汧督诔》：“若乃下吏之肆其～～，则皆妒之徒也。”

【噤吟】 jìnyín 下巴上翘，额头前突的样子。扬雄《解嘲》：“范睢以折摺而危穰侯，蔡泽以～～而笑唐举。”

【噤战】 jìnzhàn 咬牙打寒战。法显《佛国记》：“雪山冬夏积雪，山北阴中过，寒暴起，人皆～～。”

jing

泾（涇） jīng ❶直流的水波。《庄子·秋水》：“秋水时至，百川灌河。～流之大，两涘渚崖之间，不辨牛马。”（涘：水边。）❷水名。渭河支流，在陕西中部。《诗经·邶风·谷风》：“～以渭浊，湜湜其沚。”《左传·成公十三年》：“师遂济～，及侯丽而还。”❸沟渎。多用于地名。张方平《乐全集·行状》：“初吴越归国，郡邑地广人杀，占田无限，但指四至～渎为界。”陶宗仪《南村辍耕录》卷二十四：“松江府东去五十里许，曰乌泥～。”❹通“经”。月经。《素问·调经论》：“形有馀则腹胀，～溲不利不足，则四支不用。”

京 jīng ❶高丘，高冈。《诗经·大雅·公刘》：“迺陟南冈，乃觏于～。”《论衡·效力》：“有人于斯，其知如～，其德如山。”㊀高土堆。《三国志·魏书·公孙瓒传》：“为围堑十重，于堑里筑～，皆高五六丈，为楼其上。”㊁战胜者把敌尸收集起来筑成的大墓。《吕氏春秋·不广》：“齐将死，得车二千，得尸三万，以为二～。”❷高大的圆形谷仓。《管子·轻重丁》：“今者夷吾过市，有新成囷～者二家，君请式璧而聘之。”❸高大。《战国策·楚策四》：“异日者，更赢与魏王处～台之下，仰见飞鸟。”㊀争强比胜。《左传·庄公二十二年》：“八世之后，莫之与～。”❹数词。十兆为京。徐岳《数术记遗》：“黄帝为法，数有十等，及其用也，及有三焉。……其下数者，十十变之，若言十万曰亿，十亿曰兆，十兆曰～。”另有两种说法是万万兆为京，兆兆为京。❺国都。张衡《东京赋》：“～邑翼翼，四方所视。”❻见“京京”。❼古地名。在今河南省荥阳县东南。《左传·隐公元年》：“请～，使居之，谓之～城大叔。”❽姓。

【京观】 jīngguàn 战胜者把敌军尸体堆起来封土筑成大墓，以此显示武功。《三国志·魏书·三少帝纪》：“古者克敌，收其尸以为～～，所以惩昏逆而章武功也。”杜甫《夔府书怀四十韵》：“大庭终反朴，～～且僵尸。”也称“京丘”。《吕氏春秋·禁塞》：“故暴骸骨无量数，为～～若山陵。”

【京国】 jīngguó 国都。曹植《王仲宣诔》：“我公寔嘉，表扬～～。”杜甫《西枝村寻置草堂地夜宿赞公土室》诗之二：“大师～～旧，德业天机秉。”

【京花】 jīnghuā 牡丹花。范成大《清明日试新火作牡丹会》诗：“那得青烟穿御柳，且将银烛照～～。”

【京华】 jīnghuá 京城。谢灵运《斋中读书》诗：“昔余游～～，未尝废丘壑。”杜甫《梦李白》诗之二：“冠盖满～～，斯人独颠顇。”

【京圻】 jīngqí 见“京畿”。

【京畿】 jīngqí 国都及其周围千里以内的地区。谢灵运《初发石首城》诗：“出宿薄～～，晨装抟鲁飔。”也作“京圻”。圻，通“畿”。李术鲁翀《范坟》诗：“襄城下封窿，汝颍皆～～。”

【京京】 jīngjīng 非常忧虑的样子。《后汉书·质帝纪》：“自春涉夏，大旱炎赫，忧心～～。”

【京陵】 jīnglíng 丘陵，高地。《左传·襄公二十五年》：“辨～～，表淳卤。”

【京丘】 jīnqiū 见“京观”。

【京阙】 jīngquè 京城。沈约《却东西门行》：“驱马城西阿，遥眺想～～。”李白《梁园吟》：“我浮黄云去～～，挂席欲进波连山。”

【京师】 jīngshī 国都。《左传·隐公六年》：“～～来告饥。”《史记·十二诸侯年表》：“及至厉王，以恶闻其过，公卿惧诛而祸作，厉王奔于彘,乱自～～始,而共和行政焉。"

【京室】 jīngshì ❶王室。《诗经·大雅·思齐》:"思媚周姜,～～之妇。"左思《魏都赋》:"翼翼～～,耽耽帝宇。"❷汉代县名。《汉书·地理志下》:"上郡,户十万三千六百八十三,口六十万六千六百五十八。县二十三:肤施、独乐……～～。"

【京尹】 jīngyǐn 见"京兆尹①"。

【京庾】 jīngyǔ 堆积在露天处的大谷堆。左思《魏都赋》:"囹圄寂寥,～～流衍。"

【京周】 jīngzhōu 周京,周代的国都。《诗经·曹风·下泉》:"忾我寤叹,念彼～～。"

【京兆】 jīngzhào 见"京兆尹"。

【京兆尹】 jīngzhàoyǐn ❶国都所在地区的行政长官。《汉书·百官公卿表上》:"景帝二年,分置左[右]内史,右内史武帝太初元年更名～～～。"也作"京尹"。张衡《西京赋》:"封畿千里,统以～～。"也作"京兆"。《汉书·张敞传》:"敞为～～。"苏舜钦《上三司副使段公书》:"去年夏初,又得～～,司录孙甫所言如伯父。"❷京兆尹管辖的地区。《汉书·地理志上》:"～～～,元始二年户十九万五千七百二,口六十八万二千四百六十八。县十二。"也作"京兆"。韩愈《圬者王承福传》:"问之,王其姓,承福其名,世为～～长安农夫。"

茎(莖) jīng ❶植物的主干。《荀子·劝学》:"西方有木焉,名曰射干,～长四寸。"[引]柱子,竿子。《后汉书·班固传》:"抗仙掌以承露,擢双立之金～。"左思《魏都赋》:"介胄重袭,旌旗跃～。"[又]器物的把柄。《周礼·考工记·桃氏》:"桃氏为剑,腊广二寸有半寸。两从半之,以其腊广为～,围长倍之。"❷量词。用于计量草或其他长条形的东西。杜甫《乐游园歌》:"数～白发那抛得,百罚深杯亦不辞。"❸形容特出挺拔。张衡《西京赋》:"通天訬以竦峙,径百常而～擢。"(通天:台名。)

经(經) 1. jīng ❶纺织物上的纵线。《文心雕龙·情采》:"～正而后纬成,理定而后辞畅。"[引]拉结。《论衡·别通》:"观夫蜘蛛之～丝以罔飞虫也,人之用诈,安能过之?"(罔:通"网"。套住。)❷南北走向的道路或土地。《周礼·考工记·匠人》:"国中九～九纬。"《楚辞·九叹·怨思》:"～营原野杳冥冥兮,乘骐骋骥舒吾情兮。"[引]道路。张衡《东京赋》:"～涂九轨,城隅九雉。"(涂:通"途"。)❸人体的经络。《素问·阴阳别论》:"人有四～十二从。"❹河水的干流。《管子·度地》:"水之出于山而入于海者,命曰～水。"❺道,正道,根本。《荀子·解蔽》:"治则复～,两疑则惑矣。"《吕氏春秋·知分》:"龙俛耳低尾而逝。则禹达乎死生之分,利害之～也。"❻常规,原则。《管子·牧民》:"顺民之～,在明鬼神,祗山川,敬宗庙,恭祖旧。"[又]合乎常规。《史记·封禅书》:"所忠视其书不～,疑其妄书。"苏轼《刑赏忠厚之至论》:"与其杀不辜,宁失不～。"❼规律。《史记·太史公自序》:"夫春生夏长,秋收冬藏,此天道之大～也。"《论衡·四讳》:"夫人与犬何以异,房室宅外何以殊,或恶或不恶,或讳或不讳,世俗防禁,竟无～也。"❽月经。《本草纲目·人·妇人月水》:"女人之～,一月一行,其常也。"❾常,时常。《后汉书·朱晖传》:"是时谷贵,县官～用不足,朝廷忧之。"嵇康《与山巨源绝交书》:"然～怪此意尚未熟悉于足下,何从便得之也?"❿古代经典或某些专门性的著作。《荀子·劝学》:"学恶乎始?恶乎终?曰:其数则始乎诵～,终乎读礼。"《汉书·艺文志一》:"诏光禄大夫刘向校～传、诸子、诗赋。"⓫古代图书四大类别之一。《新唐书·艺文志》:"列～、史、子、集四库。"⓬度量、划分。《孟子·滕文公上》:"夫仁政,必自～界始。"⓭界限。《吕氏春秋·察传》:"是非之～,不可不分。"⓮规划,筹划。《诗经·大雅·灵台》:"～始灵台,～之营之。"⓯分析研究。《孙子·计》:"故～之以五事,校之以计而索其情。"(五事:道、天、地、将、法。)⓰治理,管理。《左传·宣公十二年》:"子姑整军而～武乎?"《荀子·非十二子》:"反纠察之,则倜然无所归宿,不可以～国定分。"⓱经过,经历。《后汉书·鲍永传》:"永行县到霸陵,路～更始墓。"《吕氏春秋·察今》:"先王之法,～乎上世而来者也。"[引]渡过。《管子·七法》:"不明于计数而欲举大事,犹无舟楫而欲～于水险也。"⓲进行,实践。《诗经·小雅·小旻》:"哀哉为犹,匪先民是程,匪大犹是～。"(程:效法。犹:通"猷"。计划,谋划。)《孟子·尽心下》:"～德不回,非以干禄也。"(回:违。)⓳吊,上吊。《史记·田单列传》:"遂～其颈于树枝,自奋绝脰而死。"《汉书·于定国传》:"其后姑自～死,姑女告吏:'妇杀我母。'"[引]上吊的人。《荀子·仲尼》:"志不免乎奸心,行不免乎奸道,而求有君子、圣人之名,辟之是犹伏而咶天,救～而引其足也。"⑳通"京"。十兆。《太平御览》卷七五○引应劭《风俗通义》:"十亿谓之兆,十兆谓之～,十～谓之垓。"㉑姓。

2. jìng ㉒通"径"。途径,方法。《荀子·劝学》:"学之～莫速乎好其人,隆礼次之。"㉓通"径"。直。《论衡·吉验》:"其生时以夜,适免母身,母见其上若一匹练状,

～上天。"

【经产】 jīngchǎn 常业，正当的事业。《管子·重令》："何谓民之～～？畜长树艺，务时殖谷，力农垦草，禁止末事者，民之～～也。"

【经臣】 jīngchén 能守纲纪的典范臣子。《管子·重令》："朝有～～，国有经俗，民有经产。"

【经渎】 jīngdú 主干河流。《汉书·沟洫志》："河，中国之～～。"

【经纪】 jīngjì ❶纲纪，法度。《荀子·儒效》："嗛呼而莫之能应，然而通乎财万物，养百姓之～～。"（嗛：原作"呜"。）❷日月星辰进退疾迟的度数。《吕氏春秋·孟春》："乃命太史，守典奉法，司天日月星辰之行，宿离不忒，无失～～，以初为常。"❸人体直的和横的脉络。《内经·素问·皮部论》："脉有～～，筋有结络。"❹条理。《史记·扁鹊仓公列传》："此谓论之大体也，必有～～。"❺经管料理。《三国志·蜀书·许靖传》："靖收恤亲里，～～振赡，出于仁厚。"韩愈《柳子厚墓志铭》："既往葬子厚，又将～～其家，庶几有始终者。"❻通行。《淮南子·原道训》："～～山川，蹈腾昆仑。"❼经营买卖。《水浒传》十六回："我等是小本～～，那里有钱与你。"

【经济】 jīngjì 经世济民。杜甫《上水遣怀》诗："古来～～才，何事独罕有。"《宋史·王安石传论》："以文章节行高一世，而尤以道德～～为己任。"

【经理】 jīnglǐ ❶常理。《荀子·正名》："道也者，治之～～也。"❷治理。《史记·秦始皇本纪》："皇帝明德，～～宇内，视听不怠。"❸处理，料理。《后汉书·曹褒传》："褒巡行病徒，为致医药，～～馆粥。"

【经略】 jīnglüè ❶规划治理，经营谋划。《左传·昭公七年》："天子～～，诸侯正封，古之制也。"《世说新语·言语》注引《庾翼别传》："少有大度，时论以～～许之。"❷概略。《文心雕龙·附会》："故宜诎寸以信尺，枉尺以直寻，弃偏善之巧，学具美之绩，此命篇之～～也。"❸官名。经略使。唐贞观二年于边州别置经略使，主管边区兵民之事，其后多由节度使兼任。宋不常设，宝元以后或称经略安抚使。

【经纶】 jīnglún 理出丝绪为经，编丝成绳为纶。比喻筹划国家大事。《后汉书·南匈奴传论》："自后～～失方，畔服不一，其为疢毒，胡可单言！"杜甫《述古》诗之三："～～中兴业，何代无长才。"

【经世】 jīngshì ❶治世。陆游《喜谭德称归》诗："少鄙章句学，所慕在～～。"❷经历世事。《淮南子·俶真训》："养生以～～，抱德以终年，可谓能体道矣。"

【经笥】 jīngsì 装经书的竹箱子。比喻通经博学的人。《晋书·裴秀传赞》："钜鹿自然，亦云～～。"（钜鹿：裴秀曾封钜鹿郡公。）

【经纬】 jīngwěi ❶纺织或织物上的纵线和横线。文同《织妇怨》诗："皆言边幅好，自爱～～密。"❷纵横交错的道路。《周礼·考工记·匠人》注："国中，城内也；～～，谓途也。"❸纵横交错地锁住。金昌协《自万瀑洞至摩诃衍记》："复用两铁锁～～也。"❹纲纪，法度。《左传·昭公二十五年》："礼，上下之纪，天地之～～也。"❺规划治理。《世说新语·言语》："王中郎甚爱张天锡，问之曰：'卿观过江诸人，～～江左轨辙有何伟异？'"❻统领。《史记·礼书》："人道～～万端，规矩无所不贯。"❼安排。《荀子·解蔽》："～～天地而材官万物。"

【经训】 jīngxùn 经义的解释。《后汉书·郑玄传论》："王父豫章君每考先儒～～，而长于玄，常以为仲尼之门不能过也。"

【经艺】 jīngyì ❶经术，解说经书的专门学问。《史记·魏世家》："文侯受子夏～～。"❷经书。《论衡·艺增》："～～万世不易，犹或出溢，增过其实。"

【经营】 jīngyíng ❶治理。《诗经·大雅·江汉》："～～四方，告成于王。"《后汉书·冯衍传》："疆理九野，～～五山。"❷筹划料理。《世说新语·雅量》："祖士少好财，阮遥集好屐，并恒自～～。"❸统一，统治。《战国策·楚策一》："夫以一诈伪反覆之苏秦，而欲～～天下，混一诸侯，其不可成也亦明矣。"《汉书·陈胜项籍传论》："自矜功伐，奋其私智而不师古，始霸王之国，欲以力征～～天下。"❹往来周旋。韩愈《清边郡王杨燕奇碑文》："初仆射田公，其母隔于冀州，公独请往迎之。～～贼城，出入死地，卒致其母。田公德之，约为父子。"

【经制】 jīngzhì ❶治国的制度。《汉书·贾谊传》："若夫～～不定，是犹度江河亡维楫，中流而遇风波，船必覆矣。"《宋史·陈傅良传》："于古人～～治法，讨论尤精。"❷经理节制。《尉缭子·制谈》："～～十万之众，而王必能使之。"❸经书。《晋书·杜预传》："立功之后，从容无事，乃耽思～～。"

荆 jīng ❶一种落叶灌木，如杜荆、紫荆等等。《左传·襄公二十六年》："声子将如晋，遇之于郑郊，班～相与食，而言变故。"（班荆：铺荆于地而坐。）❷鞭笞犯人的荆条。《吕氏春秋·直谏》："葆申束细～五十，跪而加之于背。"《史记·廉颇蔺相如列传》："廉颇闻之，肉袒负～，因宾客至蔺相如门谢罪。”❸旧时谦称自己的妻子为荆。阳枋《通夔守田都统劄子》：“盖拙～未袝先茔，欲议归藏。”❹古代九州之一。《尚书·禹贡》：“荆及衡阳惟～州。”❺古代楚国的别称。《诗经·鲁颂·閟宫》：“戎狄是膺，～舒是惩。”❻姓。

【荆布】 jīngbù 见“荆钗布裙”。

【荆扉】 jīngfēi 柴门。陶渊明《归园田居》诗之二：“白日掩～～，虚室绝尘想。”岑参《西掖省即事》诗：“官拙自悲头白尽，不如岩下偃～～。”

【荆棘】 jīngjí ❶带刺的灌木丛。《老子·三十章》：“师之所处，～～生焉。”❷用荆棘编织的东西。《左传·襄公十四年》：“乃祖吾离被苫盖，蒙～～以来归我先君。”❸比喻纷乱。《后汉书·冯异传》：“异朝京师，引见，帝谓公卿曰：‘是我起兵时主簿也，为吾披～～，定关中。’”❹比喻忧思或诡计。元稹《苦乐相倚曲》：“君心半夜猜恨生，～～满怀天未明。”

【荆牧】 jīngmù 楚都的郊外。颜延之《始安郡还都与张湘州登巴陵城楼作》诗：“三湘沦洞庭，七泽蔼～～。”

【荆璞】 jīngpú ❶荆山产的璞玉。春秋楚人卞和得璞玉于荆山，剖琢而为宝玉。潘岳《籍田赋》：“似夜光之剖～～兮，若茂松之依山巅也。”❷比喻人材优异。卢谌《赠刘琨》诗：“承侔卞和，质非～～。”（侔：等。）

【荆钗布裙】 jīngchāibùqún 以荆枝当头钗，用粗布做衣裙。贫女的装束。李商隐《重祭外舅司徒公文》：“纻衣缟带，雅贶或比于侨吴；～～～～，高义每符于梁孟。”也省作“荆布”。《南史·范云传》：“至是祐贵，云又因酣曰：‘昔与将军俱为黄鹄，今将军化为凤皇，～～之室，理隔华盛。’”

旌 jīng ❶竿头缀有牦牛尾，下有彩色羽毛为饰的一种旗子。《左传·桓公十六年》：“寿子载其～以先。”《孟子·滕文公下》：“昔齐景公田，招虞人以～，不至，将杀之。”[引]泛指旗子。《论衡·变动》：“～旗垂旒，旒缀于杆。”❷表扬。《史记·晋世家》：“于是文公环緜上山中而封之，以为介推田，号曰介山，‘以记吾过，且～善人。’”《后汉书·胡广传》：“臣闻德以～贤，爵以建事。”❸表示，显示。《左传·昭公九年》：“服以～礼，礼以行事。”欧阳修《洛阳牡丹记》：“牡丹之名，或以氏，或以州，或以地，或以色，或～其所异者而志之。”

【旌别】 jīngbié 识别。《尚书·毕命》：“～～淑慝，表厥宅里。”（淑慝：善恶。）

【旌车】 jīngchē 见“旌帛蒲车”。

【旌麾】 jīnghuī 帅旗。《三国志·魏书·夏侯渊传》：“大破遂军，得其～～。”杜甫《送高三十五书记》诗：“十年出幕府，自可持～～。”

【旌命】 jīngmìng ❶表扬征召。《晋书·山涛传》：“搜访贤才，～～三十馀人，皆显名当时。”❷奉命招求贤士的使者。陆机《辩亡论上》：“束帛旅于丘园，～～交于涂巷。”

【旌显】 jīngxiǎn 旌表显扬。《后汉书·刘般传》：“杨州刺史观恂荐般在国口无择言，行为怨恶，宜蒙～～。”

【旌引】 jīngyǐn 表扬推荐。《宋书·戴颙传》：“前太尉参军戴颙，辟士韦玄，秉操幽遁，守志不渝，宜加～～，以弘止退。”

【旌旃】 jīngzhān 旗帜。《后汉书·刘玄传论》：“而～～之所㧑及，书文之所通被，莫不折戈顿颡，争受职命。”

【旌帛蒲车】 jīngbópúchē 汉代招聘民间贤士，要送旌表其贤的束帛和乘坐用蒲草裹轮的车子。《后汉书·逸民传序》：“光武侧席幽人，求之若不及，～～～～之所征贲，相望于岩中矣。”也省作“旌车”。《后汉书·左雄等传论》：“于是处士鄙生，忘其拘儒，拂巾衽褐，以企～～之招矣。”

旍 jīng 同“旌”。❶旌旗。《楚辞·九歌·少司命》：“孔盖兮翠～，登九天兮抚彗星。”❷表扬。《三国志·吴书·贺邵传》：“～贤表善，以康庶政。”

惊（驚） 1. jīng ❶马惊。《战国策·赵策一》：“襄子至桥而马～。”❷惊骇。《诗经·大雅·常武》：“如雷如霆，徐方震～。”❸吃惊。《汉书·高帝纪上》：“谒入，吕公大～，起，迎之门。”《后汉书·和熹邓皇后纪》：“后长七尺二寸，姿颜姝丽，绝异于众，左右皆～。”[又]使吃惊。杜甫《春望》诗：“感时花溅泪，恨别鸟～心。”❹涌动。范仲淹《岳阳楼记》：“至若春和景明，波澜不～，上下天光，一碧万顷。”❺疾，快速。张说《赠赵公》诗：“流赏忽已散，～帆忽难追。”

2. jǐng ❻通“警”。机警。《诗经·小雅·车攻》：“徒御不～，大庖不盈。”

【惊捷】 jīngjié 因惊慌而急走。左思《吴都赋》：“鞁雷～～，先驱前涂。”

【惊遽】 jīngjù 惊慌。《后汉书·王符传》：“［皇甫］规素闻符名，乃～～而起，衣不及带，屣履出迎。”也作“惊懅”。《后汉书·徐登传》：“［赵］炳乃故升茅屋，梧鼎而爨，主人见之～～。”

【惊懅】 jīngjù 见“惊遽”。

【惊沫】 jīngmò 因惊吓而出的汗水。沈约

《从军行》："凌涛富～～，援木阙垂萝。"

【惊慑】 jīngshè 震惊恐惧。《三国志·魏书·三少帝纪》："前逆臣钟会构造反乱，聚集征行将士，劫以兵威，始吐奸谋，发言桀逆，逼胁众人，皆使下议，仓卒之际，莫不～～。"

【惊蛰】 jīngzhé 农历二十四节气之一。见"二十四气"。

菁 jīng ❶韭菜的花。张衡《南都赋》："春卵夏笋，秋韭冬～。"❷蔓菁，芜菁。二年生草本植物。《吕氏春秋·本味》："云梦之芹，具区之～。"❸水草。司马相如《上林赋》："唼喋～藻，咀嚼菱藕。"❹华彩。张衡《西京赋》："要绍修态，丽服飏～。"❺通"精"。精华。颜延之《陶徵士诔》："至使～华隐没，芳流歇绝，不其惜乎！"

【菁菁】 jīngjīng 茂盛的样子。《诗经·小雅·菁菁者莪》："～～者莪，在彼中阿。"

【菁茅】 jīngmáo 古代祭祀时用以渗酒的一种茅草。《尚书·禹贡》："包匦～～。"《穀梁传·僖公四年》："昭王南征不反，～～之贡不至，故周室不祭。"

晶 jīng ❶光，光泽。乔备《出塞》诗："阴云暮下雪，寒日昼无～。"刘禹锡《昏镜词》："昏镜非美金，漠然丧其～。"㊀发光的太阳。卫元嵩《元包·明夷》："～冥炎潜。"❷明亮。杜甫《前苦寒行》之二："楚人四时皆麻衣，楚天万里无～辉。"❸明朗，晴朗。宋之问《明河篇》："八月凉风天气～，万里无云河汉明。"

【晶晶】 jīngjīng 明亮。欧阳詹《秋月赋》："皎皎摇摇，～～盈盈。"

【晶荧】 jīngyíng 光明，明亮。白居易《三游洞序》："俄而峡山昏合，云破月出，光气含吐，互相明灭，～～玲珑，象生其中。"

【晶莹】 jīngyíng 光亮透明。范成大《六月七日夜起坐殿庑取凉》诗："～～卧银汉，错落低玉绳。"姚希孟《日升月恒赋》："望澄鲜于霄汉兮，眺～～之未央。"

粳(稉、秔) jīng 稻的一种。《陈书·徐孝克传》："所生母患，欲～米为粥，不能常办。"

睛 jīng ❶眼珠。《淮南子·主术训》："夫据干而窥井底，虽达视犹不能见其～。"❷视力。《灵枢经·邪气藏府病形》："阳气上走于目而为～，其别气走于耳而为听。"

精 1. jīng ❶精米，上等米。《庄子·人间世》："鼓筴播～，足以食十人。"㊀米精。杨万里《宿龙回》诗："顷者官收米，～于玉绝瑕。"㊁使变精，精选。《楚辞·离骚》："折琼枝以为羞兮，～琼靡以为粻。"（羞：肉干，菜肴。琼靡：玉屑。粻：粮食。）❷事物的精华。《吕氏春秋·察传》："夫乐，天地之～也，得失之节也。"欧阳修《祭石曼卿文》："其轩昂磊落，突兀峥嵘，而埋藏于地下者，意其不化为朽壤，而为金玉之～。"㊀杰出的人物。《论衡·命义》："故天有百官，天有众星，地有万民，五帝、三皇之～。"㊁精贵，宝贵。《管子·乘马》："时之处事～矣，不可藏而舍也。"❸精灵，鬼怪。庾信《小园赋》："镇宅神以薶石，厌山～而照镜。"❹精液。《周易·系辞下》："男女构～，万物化生。"❺古代认为万物藉以繁衍生殖的精气，灵气。《老子·五十五章》："骨弱筋柔而握固，未知牝牡之合而全作，～之至也。"《庄子·在宥》："吾欲取天地之～，以佐五谷，以养民人。"《论衡·物势》："天有四星之～，降生四兽之体。"❻精力，精神。《战国策·燕策三》："今太子闻光壮盛之时，不知吾～已消亡矣。"《后汉书·冯衍传》："上陇阪，陟高冈，游～宇宙，流目八纮。"❼精粹，精美。《左传·昭公七年》："用物～多，则魂魄强，是以有精爽至于神明。"❽精锐，精良。《吕氏春秋·简选》："选练角材，欲其～也。"（角材：武士。角，较量。）《汉书·匈奴传》："匈奴单于闻之，远其辎重，以～兵待于幕北。"❾精细，详细。《战国策·赵策一》："昨日我谈粗而君动，今日～而君不动，何也？"《后汉书·顺帝纪》："今刺史二千石之选，归任三司，其简序先后，～覈高下，岁月之次，文武之宜，务存厥衷。"❿精微。《吕氏春秋·论人》："无以害其天则知～，知～则知神，知神之谓得一。"⓫微妙。《吕氏春秋·大乐》："道也者，至～也，不可为形，不可为名，强为之，谓之太一。"⓬精诚，纯一。《国语·周语上》："然则长众使民之道，非～不和，非忠不立，非信不行。"㊁专一。《管子·心术上》："静则～，～则独立矣。"《吕氏春秋·博志》："用志如此其～也，何事而不达？"⓭精通，精熟。《荀子·解蔽》："农～于田而不可以为田师，贾～于市而不可以为市师，工～于器而不可以为器师。"⓮甚，极，最。《吕氏春秋·至忠》："夫恶闻忠言，乃自伐之～者也。"⓯通"晶"。发光的星辰。张衡《东京赋》："辩方位而正则，五～帅而来摧。"（五精：五方星。帅：通"率"。循。摧：至。）㊀光泽，明亮。《论衡·是应》："王莽之时，太白经天，～如半月。"㊁明，明白。《战国策·魏策四》："今攻韩之管，国危矣，未卒而移兵于梁，合天下之从，无～于此者矣。"⓰通"睛"。视力，视觉。《荀子·解蔽》："瞽者仰视而不见星，人不以定有无，用～惑也。"⓱通"菁"。花。宋玉《风赋》："故其清凉雄风……将击芙蓉之～，猎蕙草，离秦衡。”

2. qíng ⑱通“情”。性情。《荀子·修身》：“体倨固而心执诈，术顺墨而～杂污。”

【精彩】 jīngcǎi ❶神采。《晋书·慕容超载记》：“～～秀发，容止可观。”❷出色。惠洪《冷斋诗话·诗忌》：“今人之诗，例无～～，其气夺也。”

【精光】 jīngguāng ❶光辉，光彩。司马相如《长门赋》：“众鸡鸣而愁予兮，起视月之～～。”阮籍《咏怀》之三十九：“良工挟乌号，明甲有～～。”❷指目光炯炯有神。《北史·齐高帝纪》：“高祖目有～～。”❸优美的仪容。《史记·扁鹊仓公列传》：“言臣齐勃海秦越人也，家在于郑，未尝得望～～侍谒于前也。”❹美好的声誉。《晋书·陈敏传》：“金声振于江外，～～赫于扬楚。”

【精华】 jīnghuá ❶事物中的最好部分。《汉书·天文志》：“故候息秏者，入国邑，视封畺田畴之整治，城郭室屋门户之润泽，次至车服畜产～～。”❷精髓，核心内容。《后汉书·荀淑传》：“荣辱者，赏罚之～～也。”❸精神。《论衡·书虚》：“盖以精神不能若孔子，强力自极，～～竭尽，故早夭死。”

【精朗】 jīnglǎng ❶精美明亮。《吕氏春秋·尽数》：“精气之集也，……集于珠玉，与为～～，集于树木，与为茂长。”❷眼睛明亮有神。宋玉《神女赋》：“眸子炯其～～兮，瞭多美而可观。”

【精庐】 jīnglú ❶学舍。《世说新语·德行》注引《续汉书》：“[郭]泰少孤，年二十，行学至城皐屈伯彦～～。”❷佛寺。岑参《终南山双峰草堂作》诗：“偶兹近～～，屡得名僧会。”

【精芒】 jīngmáng 耀眼的光芒。《晋书·张华传》：“大盆盛水，置剑其上，视之者～～眩目。”

【精明】 jīngmíng ❶光明。《论衡·是应》：“道至大者，日月～～，星辰不失其行，翔风起，甘露降。”❷精诚。《礼记·祭统》：“是故君子之齐也，专致其～～之德也。”（齐：通“斋”。）❸精细明察。《国语·楚语下》：“夫神以～～临民者也。”

【精气】 jīngqì ❶古代认为是形成万物的阴阳元气。杜甫《沙苑行》：“岂知异物同～～，虽未成龙亦有神。”❷特指人体元气。《素问·生气通天论》：“阴阳离绝，～～乃绝。”❸精诚之心。《论衡·感虚》：“杞梁从军不还，其妻痛之，向城而哭，至诚悲痛，～～动城，故城为之崩也。”

【精舍】 jīngshè ❶学舍。《后汉书·刘淑传》：“[刘]淑少学明五经，遂隐居，立～～讲授，诸生常数百人。”❷道士的住所。《三国志·吴书·孙策传》注引《江表传》：“时有道士琅玡于吉，先寓居东方，往来吴会，立～～，烧香读道书，制作符水以治病。”❸佛寺。《晋书·孝武帝纪》：“帝初奉佛法，立～～于殿内，引诸沙门以居之。”❹精神的依托之处。《管子·内业》：“定心在中，耳目聪明，四枝坚固，可以为～～。”

【精神】 jīngshén ❶神志，人的意识、思惟活动、心理状态等等。《史记·太史公自序》：“道家使人～～专一，动合无形，赡足万物。”《后汉书·冯异传》：“异因下席再拜贺曰：‘此天命发于～～。心中动悸，大王重慎之性也。’”❷生气，活力。方岳《雪梅》诗：“有梅无雪不～～，有雪无诗俗了人。”

【精爽】 jīngshuǎng ❶精神。《三国志·魏书·蒋济传》：“欢娱之躭，害于～～。神太用则竭，形太劳则弊。”❷灵魂。潘岳《寡妇赋》：“睎形影于几筵兮，驰～～于丘墓。”司空图《冯燕歌》：“此君～～知犹在，长与人间留炯戒。”

【精思】 jīngsī 思虑精细。《史记·鲁仲连邹阳列传》：“虽竭～～，欲开忠信，辅人主之治，则人主必有按剑相眄之迹，是使布衣不得为枯木朽株之资也。”《论衡·效力》：“博士弟子郭路夜定旧说，死于烛下，～～不任，绝脉气灭也。”

【精通】 jīngtōng ❶精神感应。《庄子·刻意》：“守而勿失，与神为一。一之～～，合于天伦。”❷透彻理解，熟练掌握。李咸用《赠陈望尧》诗：“若说～～事艺长，词人争及李廉郎。”

【精耀】 jīngyào 光泽闪耀。《论衡·率性》：“然而随侯以药作珠，～～如真。”

【精藻】 jīngzǎo 出类拔萃。《三国志·魏书·邴原传》注引《原别传》：“文若曰：‘此一世异人，士之～～，公宜尽礼以待之。’”

兢

jīng 动。扬雄《太玄经·逃》：“～其股。”

【兢兢】 jīngjīng ❶强健的样子。《诗经·小雅·无羊》：“尔羊来思，矜矜～～。”❷小心谨慎的样子。《诗经·小雅·小旻》：“战战～～，如临深渊，如履薄冰。”《史记·外戚世家》：“礼之用，唯婚姻为～～。”❸恐惧的样子。《史记·孝武本纪》：“朕以眇眇之身承至尊，～～焉惧弗任。”

蜻

jīng 见 qīng。

鲸（鯨）

1. jīng ❶鲸鱼。左思《吴都赋》：“于是乎长～吞航，修鲵吐浪。”

2. qíng ❷通“擎”。举起。潘岳《射雉赋》：“～牙低镞，心平望审。”（牙：弩牙。）

【鲸海】 jīnghǎi 大海。王安石《寄石鼓寺陈伯庸》诗：“～～无风白日闲，天门当面险难攀。”

【鲸猾】 jīnghuá 大奸大恶之徒。郭璞《奏请平刑疏》：“且滨接～～，密迩奸薮，退未绝其丘窟之顾，进无以塞其逋逃之门。”

【鲸鲵】 jīngní ❶鲸鱼。雄曰鲸，雌曰鲵。曹植《洛神赋》：“～～踊而夹毂，水禽翔而为卫。”❷比喻凶恶的人。曹冏《六代论》：“扫除凶逆，剪灭～～。”❸比喻遭杀戮的人。李陵《答苏武书》：“上念老母，临年被戮，妻子无辜，并为～～。”

【鲸吞】 jīngtūn 像鲸一样吞食。比喻兼并。《旧唐书·萧铣等传论》：“自隋朝维绝，宇县瓜分，小则鼠窃狗偷，大则～～虎据。”

【鲸音】 jīngyīn 指钟声。古时刻杵作鲸形以撞钟，故曰“鲸音”。宋褧《鄱阳萧性渊能鼓琴，琴号霜钟……其家上世善琴云》诗之二：“不似琵琶不似筝，～～历历似秋清。”

井 jǐng ❶水井。《左传·宣公二年》：“郑人入于～。”㉠似井形的东西。张衡《西京赋》：“蒂倒茄于藻～，披红葩之狎猎。”❷井田。我国古代的一种土地制度。《孟子·滕文公下》：“方里而～，～九百亩，其中为公田，八家皆私百亩，同养公田。”❸人口聚集的地方。《史记·刺客列传》：“臣所以降志辱身，居市～屠者，徒幸以养老母。”❹六十四卦之一。卦形为巽下坎上。《周易·井》：“～，改邑不改井。”❺星宿名。见“二十八宿”。❻姓。

【井床】 jǐngchuáng 井口上的栏杆。唐彦谦《红叶》诗：“薜荔垂书幌，梧桐坠～～。”

【井华】 jǐnghuá 井水的精华，清晨首次所汲的井水。据说井华水可治病利人，其功极广。《宋书·刘怀慎传》：“平旦开城门，取～～水服。”白居易《题李山人》诗：“每日将何疗饥渴，～～云粉一刀圭。”

【井井】 jǐngjǐng ❶有条理。《荀子·儒效》：“～～兮其有理也。”❷洁净。《周易·井》：“井，改邑不改井，无丧无得，往来～～。”

【井臼】 jǐngjiù 汲水舂米。比喻操持家务。颜延之《陶徵士诔》：“有晋征士寻阳陶渊明，南岳之幽居者也……少而贫病，居无仆妾，～～弗任，藜菽不给。”

【井牧】 jǐngmù 耕牧。《周礼·地官·小司徒》：“乃经土地，而～～其田野。”

【井渫】 jǐngxiè 淘去井中的污泥。井水淘得干净而没人饮用，比喻有德才却不被重用。《周易·井》：“～～不食，为我心恻。”王粲《登楼赋》：“惧匏瓜之徒悬兮，畏～～之莫食。”也比喻人品高洁。《世说新语·自新》注引虞预《晋书》：“伏见处士戴渊，砥节立行，有～～之洁。”

【井匽】 jǐngyǎn 排除污水的漏井和阴沟。即下水道。《周礼·天官·宫人》：“为其～～，除其不蠲，去其恶臭。”

阱（穽） jǐng 捕获野兽用的陷阱。《孟子·梁惠王下》：“臣闻郊关之内有囿方四十里，杀其麋鹿者如杀人之罪，则是方四十里为～于国中，民以为大，不亦宜乎？”㉠阬。《后汉书·酷吏传序》：“故乃积骸满～，漂血十里。”

刭（剄） jǐng 用刀割脖子。《左传·定公四年》：“勾卑布裳，～而裹之，藏其身，而以其首免。”《史记·淮南衡山列传》：“辟阳侯出见之，即自袖铁椎椎辟阳侯，令从者魏敬～之。”㉠斩杀。《墨子·非攻下》：“燔溃其祖庙，～杀其万民。”

颈（頸） jǐng ❶脖子的前部。《左传·定公十四年》：“使罪人三行，属剑于～，……遂自刭也。”㉠泛指脖子。《国语·周语中》：“以吾观之，兵在其～，不可久也。”《后汉书·冯衍传》：“故其延～企踵而望者，非特一人也。”❷器物像颈的部分。《礼记·玉藻》：“韠下广二尺，上广一尺，长三尺，其～五寸。”

景 1. jǐng ❶阳光。《后汉书·班固传》：“岳修贡兮川效珍，吐金～兮歊浮云。”范仲淹《岳阳楼记》：“至若春和～明，波澜不惊。”㉠泛指日月的光辉。韩愈《杂说一》：“薄日月，伏光～。”㉡日，太阳。李善《上文选注表》：“臣善言：窃以道光九野，缛～纬以照临。”❷景物，景象。谢灵运《拟魏太子邺中集诗序》：“天下良辰美～，赏心乐事，四者难并。”❸大。《诗经·小雅·小明》：“神之听之，介尔～福。”魏徵《谏太宗十思疏》：“凡昔元首，承天～命，善始者实繁，克终者盖寡。”❹景仰，崇敬。《后汉书·刘恺传》：“今恺～仰前修，有伯夷之节，宜蒙矜宥，全其先功。”杨炯《王勃集序》：“后进之士，翕然～慕。”❺通“憬”。远行的样子。《诗经·鄘风·二子乘舟》：“二子乘舟，汎汎其～。”❻通“幜”。出门防尘的罩衣。《仪礼·士昏礼》：“妇乘以几，姆加～，乃驱。”❼姓。

2. yǐng ❽“影”的古字。影子。《管子·宙合》：“～不为曲物直，响不为恶声美。”《史记·乐书》：“凡音由于人心，天之与人有以相通，如～之象形，响之应声。”㉠测定日影。《诗经·大雅·公刘》：“笃公刘，既溥既长，既～迺冈，相其阴阳。”

【景风】 jǐngfēng 夏至后吹来的南风。曹丕《与朝歌令吴质书》:“方今蕤宾纪时,～～扇物,天气和暖,众果具繁。”

【景光】 jǐngguāng ❶祥光。《史记·封禅书》:“修祠太一,若有象～～。”❷光景,光阴。苏武《诗四首》之四:“愿君崇令德,随时爱～～。”

【景行】 jǐngháng ❶大道。《诗经·小雅·车舝》:“高山仰止,～～行止。”❷景仰。颜延之《直东宫答郑尚书》诗:“惜无丘园秀,～～彼高松。”刘蒉《对贤良方正直言极谏策》:“伏愿陛下察唐虞之所以兴,而～～于前;鉴秦汉之所以亡,而戒惧于后。”

【景靡】 jǐngmǐ 光的疾逝。《汉书·王褒传》:“纵驰骋骛,忽如～～。”

【景曜】 jǐngyào 光彩,光焰。班固《答宾戏》:“历世莫眂,不知其将含～～,吐英精,旷千载而流光也。”

【景逸】 jǐngyì 光的疾逝。比喻用兵神速。陆机《汉高祖功臣颂》:“云骛灵丘,～～上兰。”

【景征】 jǐngzhēng 吉祥的征兆。谢灵运《撰征赋序》:“龟筮元谋,符瑞～～。”

【景从】 yǐngcóng 如影随形。比喻紧相追随。贾谊《过秦论》:“斩木为兵,揭竿为旗,天下云会响应,赢粮而～～,山东豪杰遂并起而亡秦族矣。”

【景刻】 yǐngkè 漏刻,时间。谢灵运《拟魏太子邺中集》诗之三:“爱客不告疲,饮谶遗～～。”

【景乡】 yǐngxiǎng 见“景响”。

【景响】 yǐngxiǎng 如影随形,如响应声。《楚辞·九章·悲回风》:“入～～之无应兮,闻省想而不可得。”《史记·礼书》:“明道而均分之,时使而诚爱之,则下应之如～～。”也作“景乡”。《汉书·董仲舒传》:“夫善恶相从,如～～之应形声也。”

儆 jǐng ❶警备,戒备。《左传·襄公八年》:“修尔车赋,～而师徒,以讨乱略。”(而:尔,你们。)㊁使警惕、警戒。《吕氏春秋·精谕》:“刘康公乃～戎车卒士以待之。”❷警告,告知。《左传·哀公九年》:“冬,吴子使来～师伐齐。”❸紧急的情况或消息。《后汉书·郭伋传》:“帝以并部尚有卢芳之～,且匈奴未安,欲使久于其事,故不召。”

【儆备】 jǐngbèi 警戒防备。《左传·成公十六年》:“公待于坏隤,申宫～～,设守而后行。”《后汉书·西羌传》:“乃解仇诅盟,各自～～。”

【儆急】 jǐngjí 危急,危急的情况。《后汉书·光武帝纪下》:“自陇蜀平后,非～～,未尝复言军旅。”

憬 jǐng 远行的样子。《诗经·鲁颂·泮水》:“～彼淮夷,来献其琛。”

【憬集】 jǐngjí 远行而至。颜延之《皇太子释奠会作》诗:“怀仁～～,抱智麕至。”

撽 jǐng 见 qíng。

幜 jǐng 古代贵族妇女出门时套在外面的帛制罩衣。《隋书·礼仪志四》:“皇后服大严绣衣,带绶珮,加～。”

憼 jǐng 同“儆”。警戒,戒备。《荀子·赋》:“无私罪人,～革贰兵。”

警(譤) 1. jǐng ❶警告,告诫。《左传·宣公十二年》:“今天或者大～晋也。”❷警备,戒备。《韩非子·外储说左上》:“谨～,敌人旦暮且至。”《史记·梁孝王世家》:“出言跸,入言～。”❸紧急,危急。《汉书·终军传》:“边境时有风尘之～,臣宜披坚执锐当矢石,启前行。”㊃紧急的情况或信息。杨亿《议灵州事宜状》:“疆埸无羽书之～。”❹机警,机敏。《南史·江蒨传》:“幼聪～,读书过口便诵。”

2. jīng ❺通“惊”。惊动。陆机《叹逝赋》:“日望空以骏驱,节循虚而～立。”

【警拔】 jǐngbá 高出常人。《梁书·王暕传》:“年数岁,而风神～～,有成人之度。”《宋史·席旦传》:“七岁能诗,尝登沈黎岭,得句～～,观者惊异。”

【警跸】 jǐngbì 古代帝王出入时称清道戒严为警跸。《三国志·魏书·王朗传》:“近日车驾出临捕虎,日昃而行,及昏而反,违～～之常法,非万乘之至慎也。”杜甫《壮游》诗:“两宫各～～,万里遥相望。”

【警策】 jǐngcè ❶马受鞭策而驱动。喻人受督教而警觉奋进。司马光《答彭寂朝议书》:“衔荷盛德,刻骨不忘,谨当宝藏,时取伏读,以自～～。”❷文章中简练而涵义丰富深刻的词句。杜甫《戏题寄上汉中王》诗之三:“尚怜诗～～,犹忆酒颠狂。”

【警鼓】 jǐnggǔ 用于报警的鼓。《韩非子·外储说左上》:“楚厉王有～～,与百姓为戒。”

【警迈】 jǐngmài 聪慧机警,超然不俗。陆游《中丞蒋公墓志铭》:“公天资～～,七岁赋《牧童》诗,有奇思,遂精词赋。”

【警枕】 jǐngzhěn 用圆木做的枕头。熟睡时,枕易滚动,起警觉作用。陆龟蒙《和人宿木兰院》:“犹忆故山欹～～,夜来呜咽似流泉。”

佺(俓) jìng ❶同“径”。小路。《释名·释水》:“水直波曰泾,泾,

～也,言如道～也。”❷经过。《史记·司马相如列传》:“～陵赴险,越壑厉水。”

劲(勁) 1. jìng ❶强健,健壮。《孙子·军争》:“～者先,疲者后。”欧阳修《石曼卿墓表》:“幽燕俗～武,而曼卿少亦以气自豪。”❷坚强有力。《史记·苏秦列传》:“被坚甲,蹠～弩。”《旧五代史·霍彦威传》:“此席宴客,皆吾前岁之～敌也。”㊀精兵。《左传·宣公十二年》:“军行,右辕,左追蓐,前茅虑无,中权,后～。”❸结实,坚硬,坚韧。《吕氏春秋·别类》:“木益枯则～,涂益干则轻。”《后汉书·王霸传》:“疾风知～草。”❹猛烈,强烈。王维《观猎》诗:“风～角弓鸣,将军猎渭城。”陆游《醉中怀眉山旧游》诗:“～酒少和气,哀歌无欢情。”❺刚毅。《韩非子·孤愤》:“能法之士必强毅而～直。”❻暴戾。《北史·崔宏传》:“～躁之人,不顾后患。”

2. jìn ❼力,力量。《列子·说符》:“孔子之～能拓国门之关,而不肯以力闻。”(拓:举。)

【劲气】 jìngqì 寒气。陶渊明《癸卯岁十二月中作与从弟敬远》诗:“～～侵襟袖,箪瓢谢屡设。”

【劲节】 jìngjié ❶强劲的枝节。柳宗元《植灵寿木》诗:“柔条乍反植,～～常对生。”❷坚贞不屈的节操。骆宾王《浮查》诗:“贞心凌晚桂,～～掩寒松。”

【劲秋】 jìngqiū 寒气肃杀的秋天。陆机《长安有狭邪行》:“烈心厉～～,丽服鲜芳春。”

【劲士】 jìngshì ❶刚正的人。《荀子·儒效》:“行法志坚,不以私欲乱所闻,如是,则可谓～～矣。”❷健勇的人。《晋书·苻生载记》:“～～风集,骁骑如云。”

陉 jìng 见 xíng。

净(淨) jìng ❶洁净。《墨子·节葬下》:“若苟贫,是粢盛酒醴不～洁也。”苏轼《题王维画》诗:“细毡～几读文史,落笔璀璨传新诗。”㊀心地纯净,无杂念。《世说新语·言语》:“卿居心不～。”❷明净。杨广《月夜观星》诗:“团团素月～,翛翛夕景清。”❸尽,没有剩馀。刘禹锡《再游玄都观》诗:“百亩庭中半是苔,桃花～尽菜花开。”❹古代戏曲中的一种角色,即花脸。康进之《李逵负荆》一折:“～扮鲁智深,领卒子上。”❺通“静”。清静。《史记·曹相国世家》:“载其清～,民以宁一。”

【净鞭】 jìngbiān 见“静鞭”。

【净巾】 jìngjīn 僧人用的头巾。陈陶《题赠高闲上人》诗:“海气成方丈,山泉落～～。”

【净人】 jìngrén 寺院中担任守护及杂役的俗人。慧皎《高僧传·智顺》:“尝有夜盗顺者,～～追而擒之。”

【净土】 jìngtǔ 佛教认为没有任何污浊的极乐世界。《魏书·释老志》:“梵境幽玄,义归清旷,伽蓝～～,理绝嚣尘。”

【净壹】 jìngyī 纯一。《汉书·韦贤传》:“竞竞元王,恭俭～～。”

径(徑) 1. jìng ❶小路。《论语·雍也》:“行不由～。”《吕氏春秋·孟春》:“王布农事:命田舍东郊,皆修封疆,审端～术,善相丘陵阪险原隰。”(术:小路。)㊀泛指道路。《战国策·东周策》:“寡人将寄～于梁。”(寄径:借路。)㊁走小路。《史记·高祖本纪》:“高祖被酒,夜～泽中,令一人行前。”《吕氏春秋·孝行》:“故舟而不游,道而不～,能全支体,以守宗庙,可谓孝矣。”❷经过。《吕氏春秋·召类》:“西家之潦,～其宫而不止。”《史记·陈杞世家》:“鄙语有之,牵牛～人田,田主夺之牛。”㊀追求。《管子·法禁》:“君不能审立其法,以为下制,则百姓之立私理而～于利者必众矣。”❸直径。《周髀算经》卷上:“其～者圆中之直者也。”❹直,直接。《荀子·性恶》:“少言则～而省。”《后汉书·马武传》:“武～诣洛阳,上将军印绶。”❺快,捷速。《荀子·君道》:“其于事也,～而不失。”❻即,就。《史记·滑稽列传》:“执法在傍,御史在后,髡恐惧俯伏而饮,不过一斗～醉矣。”

2. xíng ❼通“陉”。山坡。《孟子·尽心下》:“山～之蹊,间介然用之而成路。”

【径复】 jìngfù 指河水或径直或曲折地流淌。《楚辞·招魂》:“川谷～～,流潺湲些。”也作“迳复”。谢灵运《从斤竹涧越岭溪行》诗:“川渚屡～～,乘流翫回转。”

【径廷】 jìngtíng 见“径庭”。

【径庭】 jìngtíng ❶穿越中庭。《吕氏春秋·安死》:“孔子～～而趋,历级而上。”也作“径廷”。张衡《西京赋》:“重闺幽闼,转相踰延,望窊窱以～～,眇不知其所返。”❷门外路和堂前庭院。比喻相差甚远,不近情理。宋应星《天工开物·粹精·攻麦》:“盖此类之视小麦,精粗贵贱大～～也。”也作“迳庭”。《庄子·逍遥遊》:“吾惊怖其言犹河汉而无极也,大有～～,不近人情焉。”也作“径廷”。刘峻《辨命论》:“如使仁而无报,奚为修善立名乎?斯～～之辞也。”

【径行】 jìngxíng 任性而行,不受礼制约束。《礼记·檀弓下》:“礼有微情者,有以故兴物者,而直情而～～者,戎狄之道也。”

【径易】 jìngyì 简单易懂。《荀子·正名》："名有固善，～～而不拂，谓之善名。"

迳(逕) jìng 同"径"。❶小路。《庄子·徐无鬼》："夫逃虚空者，藜藋柱乎鼪鼬之～。"❷经过。《水经注·㶟水》："㶟水又东～广阳县故城北。"❸直接。《世说新语·识鉴》："乘中鸣云露车～前。"

【迳复】 jìngfù 见"径复"。

【迳庭】 jìngtíng 见"径庭"。

胫(脛、踁) jìng 小腿。《论语·宪问》："以杖叩其～。"《史记·秦始皇本纪》："禹凿龙门，通大夏，决河亭水，放之海，身自持筑臿，～毋毛，臣虏之劳不烈于此矣。"㊀泛指腿。《庄子·骈拇》："是故凫～虽短，续之则忧；鹤～虽长，断之则悲。"

竞(競) jìng ❶争，竞争。《诗经·商颂·长发》："不～不绒，不刚不柔。"《韩非子·五蠹》："上古～于道德，中世逐于智谋。"❷争着。《楚辞·离骚》："众皆～进以贪婪兮，凭不厌乎求索。"《汉书·艺文志》："其后宋玉、唐勒，汉兴枚乘、司马相如，下及扬子云，～为侈丽闳衍之词，没其风谕之义。"❸努力。《左传·襄公九年》："其士～于教，其庶人力于农穑。"❹强。《左传·僖公七年》："心则不～，何惮于病？"杨万里《怀种堂记》："善类复聚，国势大～。"

【竞津】 jìngjīn 奔竞之路。《晋书·殷仲堪传》："荀启～～，虽未必不安，而其安难保。"

【竞爽】 jìngshuǎng 精明强干。《左传·昭公三年》："二惠～～犹可，又弱一个焉，姜其危哉！"

痉(痙) jìng 痉挛，抽筋。《素问·至真要大论》："诸～项强，皆属于湿。"

葝 jìng 见 qíng。

倞 1. jìng ❶强，争。唐石经引《诗经·大雅·桑柔》："秉心无～。"

2. liàng ❷索取。《礼记·郊特牲》："祊之为言～也，肵之为言敬也。"

竟 jìng ❶终了，完了。《汉书·高帝纪上》："及见怪，岁～，此两家常折券弃责。"《后汉书·马援传》："诚令斯事一～，则四海诵德，声熏天地。"❷到……终了的时候。《史记·廉颇蔺相如列传》："秦王～酒，终不能加胜于赵。"《论衡·道虚》："冰极一冬而释，人～百岁而死。"❸从头到尾。《史记·天官书》："秦始皇之时，十五年彗星四见，久者八十日，长或～天。"《晋书·谢安传》："既到，温甚喜，言生平，欢笑～日。"❹失传。《论衡·正说》："伏生老死，《书》残不～。"❺遍，满，全。左思《咏史》之四："冠盖荫四术，朱轮～长衢。"❻穷究，追究。《汉书·霍光传》："此县官重太后，故不～也。"《后汉书·光武十王传》："有司举奏之，显宗以亲亲故，不忍究～其事。"❼彻底弄懂。《史记·司马穰苴列传》："余读《司马兵法》，闳廓深远，虽三代征伐，未能～其义。"《论衡·程材》："是以世俗学问者，不肯～经明学，深知古今，急欲成一家章句。"㊀彻底。《史记·项羽本纪》："于是项梁乃教籍兵法，籍大喜，略知其意，又不肯～学。"❽终于，终究。《史记·淮阴侯列传》："信亦知其意，怒，～绝去。"《论衡·率性》："圣主之民如彼，恶主之民如此，～在化不在性也。"❾究竟，到底。骆宾王《为徐敬业讨武曌檄》："请看今日之域中，～是谁家之天下。"❿竟然。《史记·赵世家》："及索，儿～无声。"⓫"境"的古字。边境，疆界。《管子·中国》："爱四封之内，而后可以恶～外之不善者。"㊀疆域。《战国策·秦策三》："国之币帛，竭入太后之家；～内之利，分移华阳。"⓬通"竞"。强。《墨子·旗帜》："～士为虎旗。"

竫 jìng ❶安静。《吕氏春秋·贵因》："秦越远涂也，～立安坐而至者，因其械也。"❷编造。《公羊传·文公十二年》："惟諓諓善～言，俾君子易怠。"

殑 jìng 见 qíng。

婧 jìng ❶身材苗条美好的样子。张衡《思玄赋》："舒沙～之纤腰兮，扬杂错之袿徽。"（沙：轻捷。）❷女有才智。杨维桢《览古》诗："～女告齐相，称说辩且正。"

靓(靚) jìng ❶用脂粉来妆饰打扮。《后汉书·南匈奴传》："昭君丰容～饰，光明汉宫，顾景裴回，竦动左右。"❷通"静"。安静。《楚辞·九辩》："～杪秋之遥夜兮，心缭悷而有哀。"《后汉书·张衡传》："潜服膺以永～兮，绵日月而不衰。"

【靓严】 jìngyán 富丽庄严。苏舜钦《送王纬赴选序》："王氏世居雍，并郭善田数百顷，开第当衢，宏邃～～，精构琢椽，钔之丹青。"

【靓衣】 jìngyī 美丽的服饰。《太平广记·封陟》："后七日夜，姝又至，态柔容治，～～明眸。"

【靓庄】 jìngzhuāng 见"靓妆"。

【靓妆】 jìngzhuāng 美丽的装饰。《南史·陈后主张贵妃传》："妃居结绮阁……尝于阁上～～，临于轩槛，宫中遥望，飘若神仙。"王廙《洛都赋》："若乃暮春嘉禊，三巳之辰，丽服～～，祓乎洛滨。"也作"靓庄"。《史记·司马相如列传》："～～刻饬，便嬛绰约。"左思《蜀都赋》："都人士女，袨服～～。"

敬 1. jìng ❶做事严肃认真，不苟且。《左传·僖公二十八年》："戒尔车乘，～尔君事，诘朝将见。"《后汉书·明帝纪》："吏～其职，无令愆惰。"❷恭敬，尊重。《诗经·大雅·云汉》："～恭明神，宜无悔怒。"《荀子·臣道》："仁者必～人。"❸敬词。加在动词前，表示对对方的敬重。《史记·扁鹊仓公列传》："长桑君亦知扁鹊非常人也，出入十馀年，乃呼扁鹊私坐，间与语曰：'我有禁方，年老，欲传于公，公毋泄！'扁鹊曰：'～诺！'"❹姓。

2. jǐng ❺通"儆"。警告。《管子·立政》："谯～而勿复，一再则宥，三则不赦。"❻通"儆"。警惕，戒惧。《管子·法法》："赦出则民不～；惠行则过日益。"

【敬典】 jìngdiǎn 谨守的法典。《尚书·康诰》："王若曰：'往哉封！勿替～～，听朕告汝，乃以殷民世享。'"（替：废。）

【敬忌】 jìngjì 尊敬畏惧。《尚书·康诰》："惟文王之～～，乃裕民。"

【敬诎】 jìngqū 恭敬谦退。《荀子·君道》："请问为人弟，曰：'～～而不悖。'"

【敬若】 jìngruò 敬顺。《后汉书·明帝纪》："顺行时令，～～昊天，以绥兆人。"

【敬慎】 jìngshèn 严肃慎重。《诗经·大雅·抑》："～～威仪，维民之则。"

【敬始】 jìngshǐ 慎于开始。《左传·昭公五年》："～～而思终，终无不复。"

【敬事】 jìngshì ❶严肃认真地工作。《论语·学而》："道千乘之国，～～而信，节用而爱人，使民以时。"❷恭敬地侍奉。《尚书·立政》："以～～上帝，立民长伯。"

【敬学】 jìngxué 尊重知识、学问。《礼记·学记》："师严然后道尊，道尊然后民知～～。"

【敬遇】 jìngyù 恭敬相待。《魏书·侯刚传》："然公坐对集，～～不亏。"

【敬中】 jìngzhōng 诚心，心中真诚。《庄子·庚桑楚》："备物以将形，藏不虞以生心，～～以达彼。"

靖 1. jìng ❶安，安定。《国语·周语下》："自后稷之始基～民，十五王而文始平之，十八王而康克安之，其难也如是。"《后汉书·班固传》："巡～黎蒸，怀保鳏寡之惠浃。"㊀心安。《左传·文公十八年》："～谮庸回，服谗蒐慝，以诬盛德，天下之民谓之穷奇。"（回：违。）㊁和善。《尚书·盘庚上》："则惟汝众自作弗～，非予有咎。"❷安静。《左传·昭公二十五年》："～以待命犹可，动必忧。"㊁安闲。曹植《七启》之四："遗芳烈而～步，抗皓手而清歌。"❸安息，平息。《国语·晋语六》："考讯其阜以出，则怨～。"（阜：众，百姓。出：出军用师。）❹平定。《左传·僖公九年》："君务～乱。"《三国志·魏书·陈思王植传》："臣之事君，必以杀身～乱，以功报主也。"❺治，治理。《汉书·刑法志》："今吾子相郑国，制参辟，铸刑书，将以～民，不亦难乎！"㊀治事，办事，辅佐。《诗经·小雅·菀柳》："俾予～之，后予极焉。"❻图谋，谋划。《诗经·大雅·召旻》："溃溃回遹，实～夷我邦。"❼通"敬"。恭敬，谦恭。《管子·大匡》："士处～，敬老与贵，交不失礼，行此三者为上举。"❽姓。

2. jīng ❾通"旌"。表扬。《左传·昭公元年》："不～其能，其谁从之？"㊀使彰明显赫。《吕氏春秋·慎大》："封比干之墓，～箕子之宫。"

【靖匡】 jìngkuāng 安靖匡正。《三国志·蜀书·刘备传》："臣以具臣之才，荷上将之任，董督三军，奉辞于外，不得扫除寇难，～～王室，久使陛下圣教陵迟。"

【靖密】 jìngmì 隐密。《新唐书·韦处厚传》："帝曰：'韦处厚、路隋数上疏，其言忠切，顾卿未知尔。'由是中外推其～～。"

【靖冥】 jìngmíng 宁静幽深。扬雄《羽猎赋》："于是禽殚中衰，相与集于～～之馆。"

倞 jìng 尽，完了。《荀子·仲尼》："是以位尊则必危，任重则必废，擅宠则必辱，可立而待也，可炊而～也。"

静 1. jìng ❶静止不动。《韩诗外传》卷九："树欲～而风不止。"❷寂静无声。《楚辞·招魂》："像设君室，～闲安些。"❸沉默不语。《国语·晋语一》："我不佞，虽不识义，亦不阿惑，吾其～也。"❹安静，平静。《诗经·邶风·柏舟》："～言思之，寤辟有摽。"❺安详，文静。《诗经·邶风·静女》："～女其姝，俟我于城隅。"❻古代道家认为的"无为""不争""不乱"。《老子·十六章》："致虚极，守～笃。"❼通"靖"。平定，平息。《三国志·魏书·三少帝纪》："昔圣帝明王，～乱济世，保大定功。"❽通"靖"。图谋。《管子·侈靡》："曲～之言，不可以为道。"❾通"净"。洁净。《诗经·大雅·既醉》："其告维何，笾豆～嘉。"

2. zhèng ❿通"诤"。诤谏。《礼记·儒行》："陈言而伏，～而正之。"

【静鞭】 jìngbiān 古代朝会时，侍卫人员示警肃静的鞭子。鞭子用黄丝编成，鞭梢涂蜡，击地发响，以示肃静。《旧五代史·晋高祖纪》："宣遣～～官刘守威……等并赴契丹。"也作"净鞭"。马致远《陈抟高卧》四折："早听得～～三下响，识甚酬量。"

【静絜】 jìngjié 清明。《史记·五帝本纪》："舜曰：'嗟！伯夷，以汝为秩宗，夙夜维敬，直哉维～～。'"

【静邃】 jìngsuì 寂静深邃。梅尧臣《题松林院》诗："～～无尘地，青荧续焰灯。"

【静一】 jìngyī 心地纯净专一，无任何杂念。《庄子·刻意》："纯粹而不杂，～～而不变。"

【静钟】 jìngzhōng 僧钟。林逋《寄思齐上人》诗："～～浮野水，深寺隔春城。"

境 jìng ❶边境，国境。《国语·周语上》："襄王使太宰文公及内史兴赐晋文公命，上卿逆于～。"《孟子·梁惠王下》："臣始至于～，问国之大禁，然后敢入。"㉁境域，疆域。《后汉书·西羌传》："武帝征伐四夷，开地广～。"❷区域，处所。陶渊明《饮酒》诗之五："结庐在人～，而无车马喧。"❸境地，处境。《宋史·舒璘传》："栉风沐雨，反为美～。"

獍 jìng 传说中的一种恶兽，似虎豹而小。任昉《述异记》卷上："～之为兽，状如虎豹而小，始生，还食其母。"

檠 jìng 见qíng。

镜(鏡) jìng ❶古代用铜磨制而成的镜子。《韩非子·观行》："古之人目短于自见，故以～观面。"㉁照镜子。李商隐《无题》诗："晓～但愁云鬓改，夜吟应觉月光寒。"❷借鉴。《墨子·非攻中》："君子不镜于水而～于人。"《旧唐书·魏徵传》："以古为～，可以知兴替。"❸察，明察。《汉书·谷永传》："愿陛下追观夏商周秦所以失之，以～考己行。"《后汉书·杨震传》："陛下宜览～既往，顺帝之则。"❹明净。《水经注·瀔水》："又有一石池，方可五六十步，清深～洁。"❺照耀。《后汉书·班固传》："荣～宇宙，尊无与抗。"❻姓。

【镜监】 jìngjiàn 借鉴他事以自戒。《汉书·孝成班倢伃传》："陈女图以～～兮，顾女史而问诗。"

【镜戒】 jìngjiè 借鉴他事以自我警戒。《后汉书·寇恂传》："今君所将，皆宗族昆弟也，无乃当以前人为～～。"也作"镜诫"。《后汉书·冯勤传》："忠臣孝子，览照前世，以为～～。"

【镜诫】 jìngjiè 见"镜戒"。

【镜奁】 jìnglián 镜匣。《后汉书·光烈阴皇后纪》："帝从席前伏御床，视太后～～中物，感动悲涕，令易脂泽装具。"也作"镜籢"。《急就篇》卷三："～～疏比各异工。"

【镜籢】 jìnglián 见"镜奁"。

jiong

坰(冋) jiōng 远郊。《诗经·鲁颂·駉》："駉駉牡马，在～之野。"㉁泛指郊野。阮籍《咏怀》之六十一："挥剑临沙漠，饮马九野～。"

【坰林】 jiōnglín 郊外。谢惠连《西陵遇风献康乐》诗："哲兄感仳别，相送越～～。"

【坰外】 jiōngwài 郊外。《列子·黄帝》："禾生、子伯，范氏之上客，出行，经～～，宿于田叟商丘开之舍。"（叟：原作"更"。）

駉(駉) jiōng 见"駉駉"。

【駉駉】 jiōngjiōng 马肥壮的样子。《诗经·鲁颂·駉》："～～牡马，在坰之野。"

扃 1. jiōng ❶从外面关门的门闩。《礼记·曲礼上》："将入户，必视下，入户奉～，视瞻毋回。"沈既济《任氏传》："郑行及里门，门～未发。"㉂门户。鲍照《野鹅赋》："瞰东西之绣户，眺左右之金～。"孔稚珪《北山移文》："虽情投于魏阙，或假步于山～。"❷箱柜上的插关。《庄子·胠箧》："将为胠箧、探囊、发匮之盗而为守备，则必摄缄縢，固～鐍，此世俗之所谓智也。"段成式《酉阳杂俎·语资》："见草中一柜，～锁甚固。"❸关闭。颜延之《阳给事诔》："金柝夜击，和门昼～。"㉁封闭，不外露。《吕氏春秋·君守》："故曰中欲不出谓之～，外欲不入谓之闭。"❹战车上插放兵器或军旗的横木。《左传·宣公十二年》："楚人惎之脱～。"张衡《西京赋》："旗不脱～，结驷方蕲。"❺贯通鼎的两耳，用来抬鼎的横杠。《周礼·考工记·匠人》："庙门容大～七个，闱门容小～参个。"

2. jiǒng ❻通"炯"。见"扃扃"。

【扃键】 jiōngjiàn 关锁。《新唐书·和思赵皇后传》："妃既囚，～～牢谨，日给饲料。"

【扃牖】 jiōngyǒu 门户。刘伶《酒德颂》："日月为～～，八荒为庭衢。"

【扃扃】 jiǒngjiǒng 明察的样子。《左传·襄公五年》："诗曰：'周道挺挺，我心～～。'"

冏 jiǒng ❶见"冏冏"。❷鸟飞光耀的样子。木华《海赋》："望涛远绝，～然鸟逝。"

【冏冏】 jiǒngjiǒng 明亮的样子。韩愈《秋怀》诗："虫鸣室幽幽，月吐窗～～。"

冏 jiǒng ❶刻镂分明，多孔明亮的窗子。《说文》："～，窗牖丽廔闿明也。"（丽廔：同"离娄"。）❷通"炯"。见"冏冏"。

【冏冏】 jiǒngjiǒng 见"炯炯"。

泂 1. jiǒng ❶远，从远处。《诗经·大雅·泂酌》："～酌彼行潦，挹彼注兹，可以馈饎。"❷深。郭璞《江赋》："鼓帆迅越，趠涨截～。"❸见"泂泂"。

2. jiōng ❹泂水，即颍水。《水经注·颍水》："[下]随自投此水而死。张显《逸民传》、嵇叔夜《高士传》并言投～水而死。"

【泂泂】 jiǒngjiǒng 水深的样子。《北史·颜恶头传》："登高临下水～～，唯闻人声不见形。"

炅 1. jiǒng ❶热。《素问·举痛论》："得～则痛立止。"❷明亮。李白《明堂赋》："熠乎光碧之云，～乎琼华之室。"

2. guì ❸姓。

【炅炅】 jiǒngjiǒng 明亮的样子。李白《上云乐》诗："碧玉～～双目瞳，黄金拳拳两鬓红。"

迥（逈） jiǒng ❶远。班固《幽通赋》："梦登山而～眺兮，觌幽人之髣髴。"王勃《滕王阁序》："天高地～，觉宇宙之无穷。"❷特别，相差很远。沈括《梦溪笔谈·辩证一》："其色清明，磨莹之则黯黯然青且黑，与常铁～异。"❸卓然独立的样子。杜甫《秦州杂诗》之五："哀鸣思战斗，～立向苍苍。"❹姓。

【迥拔】 jiǒngbá ❶高远挺拔。杜确《岑嘉州集序》："其有所得，多入佳境，～～孤秀，出于常情。"❷才智突出。元稹《酬翰林白学士代书》诗："八人称～～，两郡滥相知。"

【迥迥】 jiǒngjiǒng 遥远的样子。张说《同赵侍御望归舟》诗："山亭～～面长川，江树重重极远烟。"

【迥辽】 jiǒngliáo 遥远。陆云《岁暮赋》："望故畴之～～兮，泝南风而颓泣。"

絅（絅） jiǒng ❶急，急引。《说文·糸部》："～，急引也。"❷通"褧"。用麻布做的单罩衣。《礼记·中庸》："诗曰：'衣锦尚～'，恶其文之著也。"

炯（烱） jiǒng ❶火光。木华《海赋》："熺炭重燔，吹～九泉。"❷明亮。孙绰《遊天台山赋》："彤云斐亹以翼櫺，皦日～晃于绮疏。"❸心地光明正大。李白《感兴》诗之六："高节不可夺，～心如凝丹。"❹明显。班固《幽通赋》："既讯尔以吉象兮，又申之以～戒。"（戒：鉴戒。）《三国志·魏书·王昶传》："虽刑于铁钺，大为～戒，然所汙染，固已众矣。"

【炯炯】 jiǒngjiǒng ❶明亮的样子。潘岳《秋兴赋》："登春台之熙熙兮，珥金貂之～～。"也作"冏冏"。江淹《杂体诗·孙廷评杂述》："～～秋月明，凭轩咏尧老。"也作"颎颎"。《楚辞·九思·哀岁》："神光兮～～，鬼火兮荧荧。"❷心喜甚明的样子。杜甫《偪仄行赠毕曜》："徒步翻愁长官怒，此心～～君应识。"❸内心有事，夜不成眠的样子。《楚辞·哀时命》："夜～～而不寐兮，怀隐忧而历兹。"

窘（僒） jiǒng ❶困窘，困难。《战国策·齐策三》："善说者，陈其势，言其方，人之急也，若自在隘～之中，岂用强力哉！"[引]使处于困境之中。《史记·季布栾布列传》："项籍使将兵，数～汉王。"[又]钳制。《战国策·韩策二》："秦、楚挟韩以～魏，魏氏不敢东，是齐孤也。"❷穷困。《晋书·吴逵传》："家极贫～，冬无衣被。"❸急。《后汉书·杨震传》："～急，乃赂客任方刺兖州从事卫羽。"❹拘禁，局限。贾谊《鹏鸟赋》："愚士系俗兮，～若囚拘。"王若虚《滹南诗话》卷中："不～于题，而要不失其题，如是而已耳。"

【窘步】 jiǒngbù 因处于困境而寸步难行。《楚辞·离骚》："何桀纣之猖披兮，夫唯捷径以～～。"

【窘蹙】 jiǒngcù 因处于困境而退缩。《新五代史·阎宝传》："今梁兵～～，其势可破。"

【窘厄】 jiǒng'è 窘迫困厄。《晋书·愍帝纪》："今～～如此，外无救援，死于社稷，是朕事也。"

【窘路】 jiǒnglù 狭窄的道路。《后汉书·郦炎传》："大道夷且长，～～狭且促。"

【窘罄】 jiǒngqìng 资财困乏。《宋书·文帝纪》："贫弊之室，多有～～。"

【窘辱】 jiǒngrǔ 窘困凌辱。《史记·留侯世家》："雍齿与我有故，数尝～～我，我欲杀之，为其功多，故不忍。"

【窘执】 jiǒngzhí 势穷被捕。陆机《汉高祖功臣颂》："韩王～～，胡马洞开。"

颎（熲） jiǒng ❶光亮。《诗经·小雅·无将大车》："无思百忧，不出于～。"❷警枕。《礼记·少仪》："笏、书、修、苞苴、弓、茵、席、枕、几、～、杖、琴、瑟……其执之，皆尚左手。"

【颎颎】 jiǒngjiǒng 见"炯炯①"。

【颎耀】 jiǒngyào 光耀，耀眼。《南齐书·王琨等传论》："内侍枢近，世为华选，金珰～～，朝之丽服，久忘儒艺，专授名家。"

褧 jiǒng 用麻布做的单罩衣。《诗经·卫风·硕人》："硕人其颀，衣锦～衣。"

jiu

纠(糾、糺) jiū ❶用三股线拧成绳子。《说文·糸部》："～，绳三合也。"㊀绳子。见"纠缪"。❷纠合，集聚。《左传·僖公二十四年》："召穆公思周德之不类，故～合宗族于成周而作诗。"《后汉书·臧洪传》："～合义兵，并赴国难。"❸绞，缠绕。《楚辞·九章·悲回风》："～思心以为纕兮，编愁苦以为膺。"《三国志·蜀书·蒋琬传》："苦其暴虐，遂相～结。"❹曲折。何逊《渡连圻》诗之一："洑流自洄～，激濑似奔腾。"❺督察，约束。《左传·昭公六年》："犹不可禁御，是故闲之以义，～之以政，行之以礼，守之以信。"《国语·齐语》："劝之以赏赐，～之以刑罚。"❻纠正。《荀子·王制》："然后渐庆赏以先之，严刑罚以～之。"❼检举。《后汉书·桓谭传》："今可令诸商贾自相～告，若非身力所得，皆以臧畀告者。"(畀：给。)❽姓。

【纠错】 jiūcuò 纠纷错杂。贾谊《鹏鸟赋》："云蒸雨降兮，～～相纷。"崔融《嵩山启母庙碑》："天道幽秘，生涯～～。"

【纠发】 jiūfā 检举揭发。《后汉书·王畅传》："畅深疾之，下车奋厉威猛，其豪党有衅秽者，莫不～～。"

【纠纷】 jiūfēn ❶杂乱，纷扰。杜甫《寄常征君》诗："万事～～犹绝粒，一官羁绊实藏身。"❷重叠交错。左思《蜀都赋》："冈峦～～，触石吐云。"李华《吊古战场文》："河水萦带，群山～～。"

【纠诉】 jiūjiǎo 搜刮。《荀子·富国》："而或以无礼节用之，则必有贪利～～之名，而且有空虚穷乏之实矣。"

【纠纠】 jiūjiū 缠结的样子。《诗经·魏风·葛屦》："～～葛屦，可以履霜。"

【纠举】 jiūjǔ 弹劾，揭发检举。《后汉书·章帝纪》："有司其议～～之。"《三国志·魏书·陶谦传》注引《吴书》："谦在官清白，无以～～。"

【纠励】 jiūlì 督察勉励。《三国志·魏书·傅嘏传》："夫建官均职，清理民物，所以立本也；循名考实，～～成规，所以治末也。"

【纠墨】 jiūmò 见"纠缪"①。

【纠缪】 jiūmò ❶绳索。《史记·屈原贾生列传》："夫祸之与福兮，何异～～？"也作"纠墨"。扬雄《解嘲》："徽以～～，制以锧铁。"❷纠正。《论衡·谴告》："窦婴、灌夫疾时为邪，相与日引绳以～～之。"

【纠虔】 jiūqián 察举罪行而慎行法令。《三国志·魏书·武帝纪》："君～～天刑，章厥有罪，犯关干纪，莫不诛殛。"

【纠摄】 jiūshè 督察治罪。《晋书·慕容暐载记》："今百姓穷弊，侵赇无已，兵士逋逃，相招为盗，风颓化替，莫相～～。"

【纠绳】 jiūshéng 揭发惩处。《梁书·徐勉传》："请自今士庶，宜悉依古，三日大敛，如有不奉，加以～～。"

【纠剔】 jiūtī 督察惩治。《后汉书·王涣传》："～～奸盗，不得旋踵。"也作"纠逖"。《左传·僖公二十八年》："敬服王命，以绥四国，～～王慝。"

【纠逖】 jiūtì 见"纠剔"。

【纠擿】 jiūtì 检举揭发。《三国志·魏书·董昭传》："而执法之吏皆畏其权势，莫能～～，毁坏风俗，侵欲滋甚。"

鸠(鳩) jiū ❶鸟名。《诗经·召南·鹊巢》："维鹊有巢，维～居之。"❷车名。用于沙路的一种小车。《吕氏春秋·慎势》："涂用輴，沙用～，山用樏。"(輴：用于泥泞路上的交通工具。樏：登山用的工具。)❸通"勼"。聚，集聚。《三国志·魏书·王朗传》："～集兆民，于兹魏土。"陆贽《奉天请罢琼林大盈二库状》："是以～敛而厚其帑椟之积者，匹夫之富也。"㊀承揽。《尚书·尧典》："驩兜曰：'都！共工方～僝功。'"(方鸠：多揽事物。方，通"旁"。遍，广。僝：具。)㊁安集。《左传·隐公八年》："君释三国之图，以～其民，君之惠也。"❹姓。

【鸠采】 jiūcǎi 搜集。《隋书·音乐志下》："秦焚经典，乐书亡缺。爰至汉兴，始加～～，祖述增广，缉成朝宪。"

【鸠合】 jiūhé ❶聚合，搜集。《三国志·蜀书·许慈传》："先主定蜀，承丧乱历纪，学业衰微，乃～～典籍，沙汰众学。"❷纠合，纠集。陆机《五等诸侯论》："～～同志，以谋王室。"《三国志·魏书·刘廙传》注引《廙别传》："吾观魏讽，不修德行，而专以～～为务，华而不实。"

究 jiū ❶达到终极、顶点。《国语·越语下》："时不至，不可彊生；事不～，不可彊成。"㊀使达到终极、顶点。《庄子·盗跖》："穷美～埶，至人之所不得逮，贤人之所不能及。"❷穷，极，尽。《周易·说卦》："其～为健。"㊀结束，完毕。《吕氏春秋·任地》："此告民～也。"㊁使穷尽。《荀子·大略》："善学者尽其理，善行者～其难。"《史记·孔子世家》："累世不能殚其学，当年不能～其礼。”❸推寻，探究。司马迁《报任少卿书》：“亦欲以～天人之际，通古今之变，成一家之言。”❹图谋，谋划。《诗经·大雅·皇矣》：“维彼四国，爰～爰度。”❺考察。《诗经·小雅·小弁》：“君子不惠，不舒～之。”❻追究。《诗经·小雅·节南山》：“家父作诵，以～王讻。”❼达，至。《韩非子·难一》：“有擅主之臣，则君令不下～，臣情不上通。”[引] 推及到，推广到。《吕氏春秋·孝行》：“爱敬尽于事亲，光耀加于百姓，～于四海，此天子之孝也。”❽遍，遍及。《汉书·晁错传》：“日月益暮，盛德不及～于天下。”李白《与韩荆州书》：“笔参造化，学～天人。”❾终究，毕竟。《诗经·小雅·鸿雁》：“虽则劬劳，其～安宅。”❿山溪中水急流的地方。《水经注·温水》引竺枝《扶南记》：“山溪濑中谓之～。”

【究备】 jiūbèi 详尽，详知。《论衡·谢短》：“南面为师，旦夕讲授章句，滑习义理，～～于五经可也。”

【究畅】 jiūchàng 尽达，充分表达。《后汉书·郎顗传》：“书不尽言，未敢～～。”

【究陈】 jiūchén 尽陈，一一列举。王褒《四子讲德论》：“洪恩所润，不可～～。”

【究达】 jiūdá 彻底通晓。《论衡·谢短》：“晓知其事，当能～～其义，通见其意否？”

【究观】 jiūguān 尽察，详察。《史记·孝武本纪》：“入寿宫侍祠神语，～～方士祠官之言。”

【究诘】 jiūjié 深入追问，问个究竟。《新唐书·陆贽传》：“又如遇敌而守不固，陈谋而功不成，责将帅，将帅曰资粮不足；责有司，有司曰须给无乏，更相为解，而朝廷含糊，未尝～～。”

【究竟】 jiūjìng ❶穷尽。《后汉书·马融传》：“流览徧照，殚变极态，上下～～。”《三国志·魏书·吕布臧洪传》：“当受任之初，自谓～～大事，共尊王室。”❷完毕。《三国志·吴书·鲁肃传》：“语未～～，坐有一人曰：‘夫土地者，惟德所在耳，何常之有？’”

【究镜】 jiūjìng 详察，品评。《北史·崔亮传》：“刘毅所云一吏部两郎中，而欲～～人物，何异以管窥天而求其博也？”

【究究】 jiūjiū ❶憎恶的样子。《诗经·唐风·羔裘》：“羔裘豹袖，自我人～～。”❷不止的样子。《楚辞·九叹·远逝》：“长吟永欷，涕～～兮。”

【究览】 jiūlǎn 尽览。《后汉书·冯绲传》：“是皆将军所～～也。”

【究途】 jiūtú 把路走完。比喻做事有恒心。《潜夫论·赞学》：“当世学士，恒以万计，而～～者无数十焉。”

【究悉】 jiūxī 详明。刘克庄《谒南岳》诗：“茫茫鬼神事，荒幻难～～。”

赳 jiū 见“赳赳”。

【赳赳】 jiūjiū ❶武勇的样子。《诗经·周南·兔罝》：“～～武夫，公侯干城。”❷威武的样子。《后汉书·庞参传》：“亚夫～～，载于汉策。”

阄（鬮） jiū 以抓取物具决定先后或胜负。唐彦谦《遊南明山》诗：“～令促传觞，投壶更联句。”

揪 jiū ❶聚敛。《新唐书·孙佺传》：“佺～聚军中币万馀匹，悉袍带并与之。”❷抓住，扭住。高文秀《黑旋风》一折：“我一只手～住衣服领上，一只手揝住脚腕。”

啾 jiū ❶口吟声。班固《答宾戏》：“夫～发投曲，感耳之声。”❷吹奏。李咸用《远公亭牡丹》诗：“湑湑绿醴当风倾，平头奴子～银笙。”

【啾啾】 jiūjiū ❶象声词。动物叫声。《楚辞·招隐士》：“岁暮兮不自聊，蟪蛄鸣兮～～。”《木兰辞》：“不闻爷娘唤女声，但闻燕山胡骑鸣～～。”❷象声词。尖细凄切的声音。杜甫《兵车行》：“新鬼烦冤旧鬼哭，天阴雨湿声～～。”❸象声词。器物撞击声。《楚辞·离骚》：“扬云霓之晻蔼兮，鸣玉鸾之～～。”

揫 jiū 聚，集聚。《后汉书·马融传》：“～敛九薮之动物，缳橐四野之飞征。”

愁 jiū 见 chóu。

摎 1. jiū ❶用绳帛等物把人绞死。《说文·手部》：“～，缚杀也。”❷绞结，缠绕。石经本《仪礼·丧服》传：“殇之绖，不～垂。”（垂：带的下垂部分。）[引] 盘结，盘绕。郭璞《江赋》：“骊虬～其址，梢云冠其嵘。”（虬：龙。嵘：山巅。）❸相交。《管子·大匡》：“夫国之乱也，智人不得作内事，朋友不能相合～，而国乃可图也。”韩愈《别知赋》：“山磝磝其相轧，树蓊蓊其相～。”

2. jiǎo ❹见“摎蓼”。

3. liú ❺姓。

4. qiú ❻通“求”。寻求。《后汉书·张衡传》：“黄灵詹而访命兮，～天道其焉如？”

【摎蓼】 jiǎoliǎo 搜索。张衡《西京赋》：“～～浶浪，干池涤薮。”

缪 jiū 见 móu。

樛 1. jiū ❶树木向下弯曲。《诗经·周南·樛木》：“南有～木，葛藟萦之。”❷纠结，缠绕。杜甫《乾元中寓居同谷县作歌》之六："南有龙兮在山湫，古木宠嵸枝相～。"❸见"樛流"。❹姓。

2. qiú ❺通"求"。寻求。张衡《思玄赋》："黄灵詹而访命兮，～天道其焉如？"（黄灵：黄帝。詹：至。访：谋。如：之，往。）

【樛流】 jiūliú ❶周转回环的样子。《汉书·扬雄传上》："乘云蜺之旖柅兮，望昆仑以～～。"❷曲折迂回的样子。班彪《北征赋》："涉长路之绵绵兮，远纡回以～～。"❸高低错落的样子。扬雄《甘泉赋》："览～～于高光兮，溶方皇于西清。"（高光：宫名。方皇：同"彷徨"。观名。）

蝤 jiū 见qiú。

噍 jiū 见jiào。

九 1. jiǔ ❶九。《老子·六十四章》："～层之台，起于累土。"《左传·桓公二年》："武王克商，迁～鼎于雒邑。"㊀多数或多次。《左传·襄公十一年》："八年之中，～合诸侯。"司马迁《报任少卿书》："假令仆伏法受诛，若～牛亡一毛。"❷第九。《诗经·豳风·七月》："～月筑场圃，十月纳禾稼。"《左传·文公六年》："辰嬴贱，班在～人，其子何震之有？"（班：位次。震：威。）❸《周易》中阳爻称九。《周易·需》："需，有孚，光亨贞吉，利涉大川……初～，需于郊，利用恒，无咎。"❹通"久"。长时间的。《庄子·至乐》："颐辂生乎食醯，黄軦生乎～猷。"（黄軦：虫名。猷：通"酋"。陈酒。）❺姓。

2. jiū ❻通"纠"。聚，聚合。《庄子·天下》："禹亲自操橐耜而～杂天下之川。"（杂：交合。）

【九拜】 jiǔbài 古代九种礼拜形式。拜，古字作"拜"。《周礼·春官·大祝》："辨九拜：一曰稽首，二曰顿首，三曰空首，四曰振动，五曰吉拜，六曰凶拜，七曰奇拜，八曰褒拜，九曰肃拜，以享右祭祀。"

【九伯】 jiǔbó 九州之长。《左传·僖公四年》："五侯～～，女实征之，以夹辅周室。"

【九重】 jiǔchóng ❶九层。《韩诗外传》卷八："齐景公使人于楚，楚王与之上～～之台。"❷天。古代认为天有九层。《楚辞·天问》："圜则～～，孰营度之？"又指天门。《汉书·礼乐志》："～～开，灵之斿，垂惠恩，鸿祐休。"（斿：同"游"。）❸帝王住的宫禁之地。王鏊《亲政篇》："陛下虽深居～～，而天下之事，灿然毕陈于前。"

【九鼎】 jiǔdǐng ❶相传夏禹用九州的青铜铸成九个鼎，夏商周三代奉为国家政权的象征。周显王时沉于泗水彭城下。《战国策·东周策》："夫秦之为无道也，欲兴兵临周而求～～。"❷比喻分量很重。黄庭坚《次韵答叔原会寂照房呈稚川》："声名～～重，冠盖万夫望。"

【九陔】 jiǔgāi 见"九垓①"。

【九垓】 jiǔgāi ❶九重天。天空极高之处。《论衡·道虚》："吾与汗漫期于～～之上，吾不可久。"也作"九陔"、"九阂"。《汉书·礼乐志》注引《淮南子·道应训》："吾与汗漫期乎～～之上。"《汉书·礼乐志》："专精厉意逝～～，纷云六幕浮大海。"❷中央和八方之地，九州之地。萧纲《南郊颂》："～～同轨，四海无波。"也作"九畡"。《国语·郑语》："故王者居～～之田，收经入以食兆民。"

【九阂】 jiǔgāi 见"九垓①"。

【九畡】 jiǔgāi 见"九垓②"。

【九闳】 jiǔhóng 九天的门。《汉书·扬雄传下》："独不见夫翠虬绛螭之将登虖天，必耸身于仓梧之渊，不阶浮云，翼疾风，虚举而上升，则不能撠胶葛，腾～～。"

【九家】 jiǔjiā 古代战国时代的九个学派。儒家、道家、阴阳家、法家、名家、墨家、纵横家、杂家、农家。《汉书·艺文志》："诸子十家，其可观者～～而已。"（十家：除九家外，再加小说家。）

【九牧】 jiǔmù ❶九州之长。《周礼·秋官·掌交》："掌邦国之通事，而结其交好，以谕九税之利，九礼之亲，～～之维，九禁之难，九戎之威。"❷九州。《左传·宣公三年》："贡金～～，铸鼎象物。"

【九窍】 jiǔqiào 九孔。阳窍七：眼、耳、鼻、口；阴窍二：大、小便处。《吕氏春秋·情欲》："身尽府种，筋骨沈滞，血脉壅塞，～～寥寥，曲失其宜，虽有彭祖，犹不能为也。"

【九卿】 jiǔqīng ❶古代中央政府九个高级官职。周代以少师、少傅、少保、冢宰、司徒、宗伯、司马、司寇、司空为九卿；秦汉时代以奉常（汉称太常）、郎中令（汉称光禄勋）、卫尉、太仆、廷尉、典客（汉称大鸿胪）、宗正、治粟内史（汉称大司农，一度又称大农令）、少府为九卿。《吕氏春秋·孟春》："立春之日，天子亲率三公、～～、诸侯、大夫以迎春于东郊。"《史记·孝文本纪》："诸从朕六人，官皆至～～。"❷星名。《晋书·天文志上》："三公北三星曰～～。"

【九泉】 jiǔquán ❶地下深处，常指人死后埋葬的地方。木华《海赋》："熺炭重燔，吹炯～～。"（吹：燃。炯：光。）《世说新语·品藻》："曹蜍李志虽见在，厌厌如～～下人。"❷深渊。《晋书·皇甫谧传》："龙潜～～，硜焉执高。”

【九天】 jiǔtiān ❶天的中央和天的八方。《楚辞·离骚》：“指～～以为正兮，夫唯灵修之故也。”❷九天之神。《史记·封禅书》：“九天巫，祠～～。”❸九重天，天的最高处。《楚辞·九歌·少司命》：“孔盖兮翠旍，登～～兮抚彗星。”❹比喻幽深的皇宫。王维《和贾舍人早朝大明宫之作》：“～～阊阖开宫殿，万国衣冠拜冕旒。”

【九畹】 jiǔwǎn ❶许多亩。《楚辞·离骚》：“余既滋兰之～～兮，又树蕙之百亩。”❷借指兰花。张昱《赵松雪墨兰》诗：“玉庐墨妙世无同，～～高情更所工。”

【九围】 jiǔwéi 九州。《诗经·商颂·长发》：“帝命式于～～。”

【九玄】 jiǔxuán ❶九天。《旧唐书·音乐志三》：“～～著象，七曜甄明。”❷九仙。陶弘景《水仙赋》：“迎～～于金阙，谒三素于玉清。”

【九野】 jiǔyě ❶九州之地。《后汉书·冯衍传》：“疆理～～，经营五山。”❷天下。李善《上文选注表》：“窃以道光～～，缛景纬以照临。”❸天的中央和天的八方。《吕氏春秋·有始》：“天有～～，地有九州。”

【九垠】 jiǔyín 九天的边际。《汉书·扬雄传上》：“漂龙渊而还～～兮，窥地底而上回。”

【九有】 jiǔyǒu 九州，九域。《诗经·商颂·玄鸟》：“方命厥后，奄有～～。”何晏《景福殿赋》：“是以六合元亨，～～雍熙。”

【九隅】 jiǔyú 九州。《楚辞·九怀·匡机》：“弥览兮～～，彷徨兮兰宫。”

【九州】 jiǔzhōu ❶古代中国划分的九个大区。九州所指，说法不一。《尚书·禹贡》指冀州、兖州、青州、徐州、扬州、荆州、豫州、梁州、雍州。《尔雅·释地》无“青州”“梁州”，有“幽州”“营州”。《周礼·夏官·职方氏》无“徐州”“梁州”，有“幽州”“并州”。❷古代称中国为赤县神州。神州之外，与其等同的另有九个州。《史记·孟子荀卿列传》：“中国名曰赤县神州……中国外如赤县神州者九，乃所谓～～也。”❸泛指中国或天下。《论衡·本性》：“～～田土之性，善恶不均。”王安石《上五事劄子》：“然而～～之民，贫富不均，风俗不齐。”

【九族】 jiǔzú 九代家族。高祖、曾祖、祖、父、自身、子、孙、曾孙、玄孙。《尚书·尧典》：“克俊明德，以亲～～。”“九族”所指，众说纷纭。《左传·桓公六年》注认为“九族”是外祖父、外祖母、从母子、妻父、妻母、姑之子、姊妹之子、女之子以及自己的同族。

久 jiǔ ❶长久，时间长。《老子·七章》：“天长地～。”《战国策·东周策》：“楚之君臣欲得九鼎，谋之于叶庭之中，其日～矣。”❷久留。《左传·文公十二年》：“秦不能～，请深垒固军以待之。”㉿使久留。《左传·昭公二十四年》：“寡君以为盟主之故，是以～子。”㊁塞。《仪礼·士丧礼》：“幂，用疏布～之。”❸久战。《商君书·战法》：“政不若者勿与战，食不若者勿与～。”❹旧。《南史·卞彬传》：“若吾之虱者，无汤沐之虑，绝相吊之忧，晏聚乎～袴烂布之裳。”❺通“灸”。熏陶。《管子·七法》：“渐也，顺也，靡也，～也，服也，习也，谓之化。”❻姓。

【久德】 jiǔdé 旧德。《孔子家语·颜回》：“不忘～～，不思久怨，仁矣夫。”

【久淫】 jiǔyín 久留。《楚辞·招魂》：“归来兮，不可以～～些。”

【久约】 jiǔyuē 长久穷困。《国语·晋语四》：“成而隽才，离违而得所，～～而无衅，一也。”也作“久要”。《论语·宪问》：“见利思义，见危授命，～～不忘平生之言，亦可以为成人矣。”

【久要】 jiǔyāo ❶见“久约”。❷旧约。《三国志·蜀书·许靖传》：“昔在会稽，得所贻书，辞旨款密，～～不忘。”

玖 jiǔ ❶质量比玉稍次的黑色美石。《诗经·王风·丘中有麻》：“彼留之子，贻我佩～。”❷大写的“九”字。

灸 jiǔ ❶中医的一种疗法。点燃艾炷或艾卷，烧灼穴位。《史记·扁鹊仓公列传》：“齐中大夫病龋齿，臣意～其左大阳明脉。”《后汉书·光武帝纪下》：“敢～灼奴婢，论如律，免所～灼者为庶人。”❷拄，支撑。《周礼·考工记·庐人》：“～诸墙以眂其桡之均也，横而摇之，以眂其劲也。”❸姓。

韭 jiǔ 韭菜。《诗经·豳风·七月》：“四之日其蚤，献羔祭～。”

酒 jiǔ ❶用高粱、米、麦等谷物发酵制成的饮料。《诗经·邶风·柏舟》：“微我无～，以敖以遊。”㉿饮酒。《孟子·离娄上》：“今恶死亡而乐不仁，是犹恶醉而强～。”《史记·高祖本纪》：“～酣，高祖击筑。”❷姓。

【酒逋】 jiǔbū 酒债。逋，拖欠。陆游《秋兴》诗之三：“朝眠每恨妨书课，秋获先令入～～。”

【酒酲】 jiǔchéng 酒醉后神志不清的状态。郑谷《敷溪高士》诗：“眠窗日暖添幽梦，步野风清散～～。”

【酒骨】 jiǔgǔ 酒糟。王志坚《表异录》卷十:"糟曰～～。"

【酒海】 jiǔhǎi ❶酒多如海。谢宗可《醉乡》诗:"夜月放船浮～～,春风扶杖到糟丘。"❷大型的盛酒器具。《水浒传》七十五回:"令裴宣取一瓶御酒,倾在银～～内,看时,却是村醪白酒。"

【酒户】 jiǔhù ❶酒量。姚合《武功县中作》诗之十一:"～～愁偏长,诗情病不开。"❷酒肆,酒家。《旧唐书·食货志下》:"元和六年六月,京兆府奏:'榷酒钱除出正～～外,一切随两税青苗据贯均率。'"

【酒荒】 jiǔhuāng 因饮酒无度而荒废其业。《国语·越语下》:"吾年既少,未有恒常,出则禽荒,入则～～。"(禽荒:因好田猎而荒废政事。)

【酒课】 jiǔkè 酒税。《宋史·食货志下七》:"本道～～旧额十四万贯,遗利尚多。"

【酒阑】 jiǔlán 饮酒过半,行将结束之时。杨广《献岁谯群臣》诗:"～～钟磬息,欣观礼乐成。"

【酒缗】 jiǔmín 酒钱。胡理《苍梧杂志·酒债》:"孙权叔济,嗜酒不治生产,尝欠人～～。"

【酒酺】 jiǔpú 政府所特许的表示欢庆的聚饮。《史记·赵世家》:"[惠文王]三年,灭中山,迁其王于肤施,……还归,行赏,大赦,置～～五日,封长子章为代安阳君。"

【酒榷】 jiǔquè 酒税。《汉书·循吏传序》:"至于始元、元凤之间,匈奴乡化,百姓益富,举贤良文学,问民所疾苦,于是罢～～而议盐铁矣。"

【酒失】 jiǔshī 因醉酒而言行失当。《史记·魏其武安侯列传》:"夫数以～～得过丞相,丞相今者又与夫有郄。"

【酒所】 jiǔsuǒ 酒意,醉意。《汉书·董贤传》:"上有～～,从容视贤笑。"

【酒晕】 jiǔyùn 酒后脸上呈现的红晕。尤袤《海棠》诗:"晓妆无力臙脂重,春醉方酣～～深。"

【酒卮】 jiǔzhī 酒杯。张九龄《南还以诗代书赠京师旧寮》:"朝罢冥尘事,宾来话～～。"

【酒坐】 jiǔzuò 酒席。杨巨源《寄申州卢拱使君》诗:"～～微酣诸客倒,毬场慢拨几人随。"

旧(舊) jiù ❶陈旧的,过时的。《盐铁论·论儒》:"孟轲守～术,不知世务。"㉢旧章,旧法。《诗经·大雅·荡》:"匪上帝不时,殷不用～。"(时:善。)❷原来的,从前的。《诗经·小雅·我行其野》:"不思～婚,求尔新特。"《后汉书·公孙述传》:"成都郭外有秦时～仓。"㉢旧人,旧交。《左传·隐公三年》:"且夫贱妨贵,少陵长,远间亲,新间～,小加大,淫破义,所谓六逆也。"又《庄公二十七年》:"原仲,季友之～也。"㉧祖先。《左传·襄公十四年》:"今余命女环,兹率舅氏之典,纂乃祖考,无忝乃～。"㉧旧田,休耕之田。《左传·僖公二十八年》:"原田每每,舍其～而新是谋。"❸疲惫。《左传·成公十六年》:"其二卿相恶,王卒以～。"❹久。《后汉书·宦者传序》:"然宦人之在王朝者,其来～矣。"❺姓。

【旧逋】 jiùbū 拖欠的旧税。《宋史·张虙传》:"越人之瘠,宜噢咻抚摩之,今夏税当宽为之期,尚可理～～耶?"

【旧齿】 jiùchǐ ❶耆老,老人。陆机《门有车马客行》:"亲友多零落,～～皆彫丧。"❷有声望的旧老。《三国志·吴书·陆绩传》:"虞翻～～名盛,庞统荆州令士,年亦差长,皆与绩友善。"

【旧痾】 jiù'ē 旧病。潘岳《闲居赋》:"常膳载加,～～有痊。"

【旧防】 jiùfáng ❶原来的堤防。《论衡·非韩》:"故以～～为无益而去之,必有水灾。"❷旧有的规则。《后汉书·郑众传》:"汉有～～,藩王不宜私通宾客。"

【旧故】 jiùgù ❶旧交,旧友。《史记·高祖本纪》:"沛父兄诸母故人日乐饮极欢,道～～为笑乐。"❷原来的朋党势力。《汉书·刘屈氂传》:"故丞相贺倚～～乘高势而为邪。"❸老人。班固《白虎通义·三纲六纪》:"舅者,旧也;姑者,故也。～～之者,老人之称也。"

【旧贯】 jiùguàn ❶老样子,原样子。《论语·先进》:"鲁人为长府,闵子骞曰:'仍～～,如之何?何必改作。'"❷原来的,旧有的。《汉书·元帝纪》:"惟德浅薄,不足以充入～～之居。"❸旧制,旧例。隋炀帝《袭封诏》:"皇运之初,百度伊始,犹循～～,未暇改作。"

【旧谱】 jiùpǔ 昔日所作的诗。陆游《初夏遊凌氏小园》诗:"闲理阮咸寻～～,细倾白堕赋新诗。"

【旧愆】 jiùqiān 旧日的过失。《汉书·谷永传》:"～～毕改,新德既章。"

【旧染】 jiùrǎn 旧习。《尚书·胤征》:"～～汙俗,咸与维新。"

【旧人】 jiùrén ❶世臣旧家之人。《尚书·盘庚》:"古我先王,亦惟图任～～共政。"❷旧交。《论衡·问孔》:"孔子重赙～～之恩,轻废葬子之礼。"

【旧洿】 jiùwū 旧日的政治污垢。《左传·

文公六年》："宣子于是乎始为国政，制事典，正法罪，辟狱刑，董逋逃，由质要，治～～，本秩礼，续常职，出滞淹。"（董：督察。）

【旧物】 jiùwù ❶旧日的典章制度。《左传·哀公元年》："[少康]复禹之绩，祀夏配天，不失～～。"潘勗《册魏公九锡文》："遂建许都，造我京畿，设官兆祀，不失～～。" ❷先人旧友的遗物。《晋书·王羲之传》："偷儿，青氈我家～～，可特置之。" ❸昔日男女间的定情之物。白居易《长恨歌》："唯将～～表深情，钿合金钗寄将去。"

【旧要】 jiùyāo 旧交。陆机《叹逝赋》："顾～～于遗存，得十一于千百。"

【旧业】 jiùyè ❶前人的事业。杜甫《赠李十五丈别》诗："元成美价存，子山～～传。" ❷旧日的产业。《汉书·王莽传上》："又上书归孝哀皇帝所益封邑，入钱献田，殚尽～～，为众倡始。"

【旧醳】 jiùyì 旧酿。《礼记·郊特牲》注："～～之酒，谓昔酒也。"

【旧雨】 jiùyǔ 杜甫《秋述》："常时车马之客，旧，雨来；今，雨不来。"言常来的宾客，过去遇雨也来，如今遇雨不来了。后以"旧雨"指老朋友，"今雨"指新朋友。许有壬《摸鱼子·和明初韵》词："他乡故里都休较，～～不如今雨。"

【旧制】 jiùzhì ❶昔日所写的作品。杜甫《赠蜀僧闾丘师兄》诗："青荧雪岭东，碑碣～～存。" ❷原来的式样。苏轼《招隐亭》诗："他年虽改筑，～～不须因。"

臼 jiù ❶古人为舂米在地上掘成的坑，后多用木石为之。《周易·系辞下》："断木为杵，掘地为～，～杵之利，万民以济。"《战国策·宋卫策》："[新妇]入室见～，曰：'徙之牖下，妨往来者。'" ❷姓。

【臼科】 jiùkē ❶坑坎。韩愈《石鼓歌》："故人从军在右辅，为我量度掘～～。" ❷比喻陈旧的格调。黄庭坚《次韵无咎阎子常携琴入村》："晁家公子屡经过，笑谈与世殊～～。"

【臼灶】 jiùzào 垄灶，掘地而成的临时灶具。《战国策·赵策一》："今城不没者三板，～～生蛙，人马相食，城降有日，而韩魏之君无意志而有忧色，是非反如何也？"

疚 jiù ❶久病。《韩非子·显学》："无饥馑疾～祸罪之殃，独以贫穷者，非侈则惰也。"[引]为害。《诗经·大雅·江汉》："匪～匪棘，王国来极。" ❷艰难困苦。张衡《东京赋》："日月会于龙狵，恤民事之劳～。" ❸内心痛苦。《诗经·小雅·采薇》："忧心孔～，我行不来。"[引]居丧时的悲痛心情。《左传·哀公十六年》："旻天不吊，不慭遗一老，俾屏余一人以在位，茕茕余在～。"（慭：暂时。）[又]居丧。潘岳《寡妇赋》："自仲秋而在～兮，逾履霜以践冰。" ❹贫病，穷困。《诗经·大雅·召旻》："维今之～不如兹。"（陆德明释文："疚字或作宄。"）

【疚怀】 jiùhuái 忧心在怀。谢庄《月赋》："悄焉～～，不怡中夜。"

【疚心】 jiùxīn 心疚，内心痛苦不安。潘岳《秋兴赋》："彼四戚之～～兮，遭一涂而难忍。"

咎 1. jiù ❶灾害，灾祸。《尚书·洪范》："曰～征：曰狂，恒雨若。"（征：征兆。雨：下雨。）《国语·晋语一》："嗛嗛之食，不足狃也，不能为膏，而祇罹～也。"[引]遭灾。《吕氏春秋·用民》："爱利之心息，而徒疾行威，身必～矣。" ❷罪过，过失。《诗经·小雅·伐木》："宁适不来，微我有～。"《老子·四十六章》："祸莫大于不知足，～莫大于欲得。"[引]归罪，责备。《左传·僖公二十二年》："国人皆～公。"《史记·屈原贾生列传》："楚人既～子兰以劝怀王入秦而不反也。"[又]追究过失。《论语·八佾》："成事不说，遂事不谏，既往不～。" ❸憎恶。《史记·殷本纪》："及西伯伐饥国，灭之，纣之臣祖伊闻之而～周。" ❹通"舅"。《荀子·臣道》："齐之管仲，晋之～犯，楚之孙叔敖，可谓功臣矣。"

2. gāo ❺通"皋"。《楚辞·离骚》："汤禹严而求合兮，挚～繇而能调。" ❻通"鼛"，大鼓。《后汉书·马融传》："伐～鼓，撞华钟。"

【咎戒】 jiùjiè 责备。《后汉书·蔡邕传》："人自抑损，以塞～～。"

【咎戾】 jiùlì 罪过。《三国志·蜀书·郤正传》："是以贤人君子，深图远谋，畏彼～～，超然高举，宁曳尾于涂中，秽浊世之休誉。"

柩(匶、柾) jiù 装有尸体的棺材。《左传·僖公三十二年》："～有声如牛。"《战国策·赵策三》："天子吊，主人必将倍殡～，设北面于南方，然后天子南面吊也。"（倍：通"背"。）

【柩辂】 jiùlù 灵车，载柩出殡的车。潘岳《夏侯常侍诔》："～～既祖，客体长归。"

捄 jiù 见 jū。

救 1. jiù ❶援救。《诗经·邶风·谷风》："凡民有丧，匍匐～之。"《汉书·高帝纪上》："沛公与项梁共～田荣，大破章邯东阿。" ❷拯救，挽救。《左传·昭公十八年》："可以～亡，子何爱焉？"《孟子·万章上》：

"其自任以天下之重如此，就汤而说之以伐夏～民。"❸救护，医治。《吕氏春秋·劝学》："夫弗能兑而反说，是拯溺而硾之以石也，是～病而饮之以堇也。"（堇：一种有毒的植物，可入药。）❹制止，谏止。《左传·襄公二十六年》："人～之。"《论语·八佾》："季氏旅于泰山，子谓冉有曰：'女弗能～与？'"❺鞋头的装饰物。《尔雅·释器》："绚谓之～。"❻姓。

2. jiū ❼通"纠"。纠正。柳宗元《与吕道州温论非国语书》："余勇不自制，以当后世之讪怒，辄乃黜其不臧，～世之谬。"

【救恤】 jiùxù 救济抚恤。《三国志·魏书·张范传》："～～穷乏，家无所馀，中外孤寡皆归焉。"

【救药】 jiùyào 医治。《诗经·大雅·板》："多将熇熇，不可～～。"

厩（廄、廐） jiù ❶马圈，马棚。《诗经·小雅·鸳鸯》："乘马在～，摧之秣之。"《战国策·秦策五》："令库具车，～具马，府具币，行有日矣。"❷姓。

【厩置】 jiùzhì 驿站。《史记·田儋列传》："未至三十里，至尸乡～～，[田]横谢使者曰：'人臣见天子当洗沐。'"

【厩驺】 jiùzōu 管马的骑士。《汉书·叙传下》："舞阳鼓刀，滕公～～。"

就 1. jiù ❶接近，靠近。《孟子·梁惠王上》："望之不似人君，～之而不见所畏焉。"《史记·封禅书》："公孙卿持节常先行候名山，至东莱，言夜见大人，长数丈，～之则不见，见其迹甚大，类禽兽云。"❷前往。《楚辞·九章·哀郢》："去故乡而～远兮，遵江夏以流亡。"又《离骚》："济沅湘以南征兮，～重华而陈词。"❸归于，趋向。《国语·齐语》："处工～官府，处商～市井，处农～田野。"《吕氏春秋·应同》："均薪施火，火～燥也。"《孟子·告子上》："人性之善也，犹水之～下也。"❹踏上，登上。《史记·刺客列传》："于是荆轲～车而去，终已不顾。"《后汉书·皇甫规传》："急使军～道。"又《来歙传》："歙徐杖节，～车而去。"❺就职、赴任。《三国志·魏书·武帝纪》："久之，征还为东郡太守，不～。"❻从事。《诗经·大雅·常武》："不留不处，三事～绪。"《楚辞·天问》："纂～前绪，遂成考功。"❼受，接受。班固《咏史》："太仓令有罪，～逮长安城。"❽取，用。《庄子·秋水》："言察乎安危，宁于祸福，谨于去～，莫之能害也。"《史记·李斯列传》："今弃击瓮叩缶而～郑卫，退弹筝而取昭虞，若是者何也？"韩愈《原毁》："早夜以思，去其不如舜者，～其如舜者。"❾求。《诗经·大雅·生民》："克岐克嶷，以～口食。"❿借助。刘敞《先秦古器记》："～其可知者校其世，或出周文武时。"⓫成，成功。《战国策·燕策三》："轲自知事不～，倚柱而笑，箕踞以骂曰：'事所以不成者，乃欲以生劫之，必得约契以报太子也。'"《汉书·高帝纪上》："恐事不～，后秦种族其家，尽让高祖。"[引]使成功。《战国策·魏策一》："敢问～功成名，亦有术乎？"《后汉书·第五伦传》："臣闻士有忍死之辱，必有～事之计。"⓬变成，造成。陶渊明《归去来兮辞》："三径～荒，松菊犹存。"《史记·李斯列传》："是以太山不让土壤，故能成其大；河海不择细流，故能～其深。"[又]建成。《史记·吕太后本纪》："三年，方筑长安城，四年～半，五年六年城～。"⓭生成，产生。《论衡·异虚》："妖出，祸安得不～？"⓮卒，终。《南史·徐陵传》："每嗟陵早～，谓之颜回。"⓯能。《左传·哀公十一年》："有子曰：'～用命焉。'"⓰即，便。《晋书·景帝纪》："必以'文武'为谥，请依何等，～加诏许之，谥曰'忠武'。"⓱即令，即使。《三国志·蜀书·法正传》："法孝直若在，则能制主上令不东行；～复东行，必不倾危矣。"⓲匝，一周。《周礼·春官·典瑞》："缫藉五采五～以朝日。"⓳姓。

2. yóu ⓴见"就就"。

【就里】 jiùlǐ 其中。梅尧臣《赐书》诗："～～少年唯贾谊，其间蜀客乃王褒。"

【就粮】 jiùliáng 把军队迁至粮多之处，就地取得给养。《后汉书·邓禹传》："吾且休兵北道，～～养士，以观其弊。"

【就命】 jiùmìng 终命，死亡。向秀《思旧赋序》："临当～～，顾视日影，索琴而弹之。"

【就木】 jiùmù 入棺，死亡。《左传·僖公二十三年》："我二十五年矣，又如是而嫁，则～～焉！请待子。"

【就日】 jiùrì 向日。比喻接近帝王。骆宾王《夏日游德州赠高四》诗序："因仰长安而～～，赴帝乡以望云。"

【就时】 jiùshí 乘时，趁着时机。《史记·五帝本纪》："舜耕历山，渔雷泽，陶河滨，作什器于寿丘，～～于负夏。"

【就食】 jiùshí ❶往食。《汉书·高帝纪上》："令民～～蜀汉。"❷谋生。韩愈《祭十二郎文》："既又与汝～～江南，零丁孤苦，未尝一日相离也。"

【就使】 jiùshǐ 即使。杨万里《龙伯高祠堂记》："夫自建武至于今几年矣，莫详伯高之事宜也，～～能言，可据依耶？"

【就世】 jiùshì ❶终于人世，死亡。《国语·越语下》："先人～～，不穀即位。"❷顺从世俗。陆游《寒夜》诗："低头～～吾所讳，千载伯鸾安在哉！"

【就养】 jiùyǎng 奉养。颜延之《陶徵士诔》："母老子幼，～～勤匮。"

【就中】 jiùzhōng 其中。杜荀鹤《登山寺》诗："～～偏爱石，独上最高层。"

【就就】 yóuyóu 犹豫的样子。《吕氏春秋·下贤》："～～乎其不肯自是也。"（也：原文脱。）

舅 jiù ❶母亲的兄弟，舅父。《诗经·大雅·崧高》："往近王～，南土是保。"（王舅：申伯，周宣王舅父。）❷丈夫的父亲，公公。《礼记·檀弓下》："昔者吾～死于虎。"❸妻子的父亲，岳父。《礼记·坊记》："昏礼，壻亲迎，见于～姑。"（昏：婚。）❹妻子的兄弟，大小舅子。《新唐书·朱延寿传》："行密泣曰：'吾丧明，诸子幼，得～代我，无忧矣。'"❺古代天子称异姓诸侯或诸侯称异姓大夫皆曰舅。《诗经·小雅·伐木》："既有肥牡，以速诸～。"

【舅姑】 jiùgū ❶丈夫的父母，公公婆婆。《礼记·檀弓下》："妇人不饰，不敢见～～。"❷妻的父母，岳父岳母。《礼记·坊记》："昏礼，壻亲迎，见于～～。"

【舅氏】 jiùshì 母亲的兄弟。《诗经·秦风·渭阳》："我送～～，曰至渭阳。"

僦 jiù ❶雇人运送。《史记·平准书》："弘羊以诸官各自市，相与争，物故腾跃，而天下赋输或不偿其～费。"㉠雇人运送的运费。《商君书·垦令》："令送粮无取～，无得反庸。"（反庸：回程又揽载私人货物。）❷雇。曾巩《越州赵公救灾记》："沟防构筑，可～民使治之者几所？"❸租赁。韩愈《送郑尚书序》："家属百人，无数亩之宅，～屋以居。"

【僦柜】 jiùguì 收费代人保管金钱及其他贵重物品的柜房。《旧唐书·德宗纪上》："少尹韦禛又取～～质库法拷索之，才及二百万。"

鹫（鷲） jiù 雕。韩愈《南山诗》："或蜿若藏龙，或翼若搏～。"

ju

且 jū 见 qiě。

苴 1. jū ❶结子的麻。《庄子·让王》："颜阖守陋闾，～布之衣，而自饭牛。"㉠麻子。《诗经·豳风·七月》："七月食瓜，八月断壶，九月叔～。"（叔：拾取。）❷衬垫。《汉书·贾谊传》："履虽鲜不加于枕，冠虽敝不以～履。"㉠填塞。韩愈《进学解》："觝排异端，攘斥佛老，补～罅漏，张皇幽眇。"㉡以……为垫子。《汉书·终军传》："～白茅于江淮。"❸包裹。《管子·宙合》："天地～万物，故曰万物之橐。"《三国志·魏书·武帝纪》："封君为魏公，锡君玄土，～以白茅。"❹粗大。《管子·霸言》："夫上夹而下～，国小而都大者弑。"（夹：狭。）㉡粗劣。《墨子·兼爱下》："昔者晋文公好～服。"❺古国名。《史记·张仪列传》："～，蜀相攻击，各来告急于秦。"❻姓。

2. chá ❼枯草。《楚辞·九章·悲回风》："鸟兽鸣以号群兮，草～比而不芳。"❽多草的沼泽地。《管子·七臣七主》："～多，腊蠹，山多虫螽。"

3. zhǎ ❾通"柤"。木名。《山海经·中山经》："其上多柤橿多～。"

4. zū ❿通"菹"。见"苴稭"。

【苴绖】 jūdié 古人服丧时系在头上的麻带。《左传·襄公十七年》："齐晏桓子卒，晏婴粗缞斩，～～、带、杖。"

【苴麻】 jūmá ❶大麻的雌株，子麻。贾思勰《齐民要术·种麻子》："二三月可种～～。"❷为父母服丧的丧服。《旧五代史·王殷传》："殷上章辞曰：'……少罹偏罚，因母鞠养训导，方得成人，不忍遽释～～，远离庐墓，伏愿许臣终母丧纪。'"

【苴杖】 jūzhàng 古人为父母居丧时所用的竹杖。《荀子·礼论》："齐衰～～，居庐食粥，席薪枕块。"

【苴稭】 zūjiē 草席。《汉书·郊祀志上》："扫地而祠，席用～～，言其易遵也。"

拘 1. jū ❶拘禁，扣押。《左传·僖公二十八年》："乃～宛春于卫。"《史记·鲁仲连邹阳列传》："文王闻之，喟然而叹，故～之牖里之库百日，欲令之死。"❷限制。《后汉书·王霸传》："领屯兵如故，捕击胡虏，无～郡界。"㉠拘束。《国语·齐语》："故～之以利，结之以信，示之以武。"❸拘泥。《汉书·艺文志》："及～者为之，则牵于禁忌，泥于小数。"《论衡·龙虚》："～俗人之议，不能通其说。"❹固守。《吕氏春秋·慎人》："今丘也～仁义之道，以遭乱世之患，其所也，何穷之谓？"❺谨慎。《荀子·仲尼》："主专任之，则～守而详。"

2. gōu ❻遮掩。《礼记·曲礼上》："凡为长者粪之礼，必加帚于箕上，以袂～而退，其尘不及长者。"❼曲，痉挛。《淮南子·泰族训》："夫指之～也，莫不事申也。"❽取。《礼记·曲礼上》："若仆者降等，则抚仆之手，不然则自下～之。"

【拘哺】 jūbǔ 抱着哺乳。《汉书·贾谊传》："～～其子，与公并倨。"

【拘持】 jūchí 挟制。《汉书·韩延寿传》："[萧]望之自奏，职在总领天下，闻事不敢不问，而为延寿所～～。"

【拘絜】 jūjié 束己洁身。《后汉书·仲长统传》："得～～而失才能，非立功之实也；以廉举而以贪去，非士君子之志也。"

【拘介】 jūjiè 廉正耿介。《晋书·王沈传》："今使教命班下，示以赏劝，将恐～～之士，或惮赏而不言；贪赇之人，将慕利而妄举。"

【拘囹】 jūlíng 囚禁。韩愈《答张彻》诗："下险疑堕井，守官类～～。"

【拘挛】 jūluán 拘束。白居易《游悟真寺》诗："野麋断羁绊，行走无～～。"

【拘佇】 jūníng 拘束。韩愈、孟郊《城南联句》："始知乐名教，何用苦～～？"

【拘迫】 jūpò 受制被迫。《后汉书·第五伦传》："～～大义，思自策厉。"

【拘儒】 jūrú ❶见解狭隘的儒生。柳宗元《六逆论》："明者慨然将定其是非，而～～瞽生相与群而咻之。"❷褊狭。《后汉书·左雄传论》："于是处士鄙生，忘其～～。"

【拘文】 jūwén 拘泥于法律、规则。《后汉书·崔骃传》："俗人～～牵古，不达权制。"

【拘拘】 gōugōu 弯曲不伸。《庄子·大宗师》："嗟呼！夫造物者又将以予为此～～也。"

【拘领】 gōulǐng 古代衣服上的曲领。《荀子·哀公》："古之王者，有务而～～者矣，其政好生而恶杀焉。"

岨 1. jū ❶同"砠"。戴土的石山。《说文·山部》："～，石戴土也，从山，且声。《诗》曰：'陟彼～矣。'"

2. jǔ ❷见"岨峿"。

3. zǔ ❸通"阻"。险阻。《后汉书·南蛮传》："道路悠远，山川～深。"

【岨峿】 jǔyǔ 抵触，不合。陆机《文赋》："或妥帖而易施，或～～而不安。"参见"龃龉"。

狙 jū ❶猕猴。《庄子·齐物论》："狙公赋芧，曰：'朝三而暮四'，众～皆怒；曰：'然则朝四而暮三'，众～皆悦。"（狙公：养猴的老翁。芧：橡子。）❷窥伺。《史记·留侯世家》："秦皇帝东游，良与客～击秦皇帝博浪沙中，误中副车。"❸狡猾。《战国策·赵策三》："兵固天下之～喜也，臣故意大王之不好也。"《后汉书·党锢传序》："霸德既衰，～诈萌起。"

【狙犷】 jūguǎng 惊去的样子。扬雄《剧秦美新》："来仪之鸟，肉角之兽，～～而不臻。"

【狙狂】 jūkuáng 狡狂。柳宗元《辩鬼谷子》："其言益奇，而道益陿，使人～～失守而易于陷坠。"

【狙伺】 jūsì 暗中窥伺。《新唐书·陆贽传》："时凤翔节度使李楚琳杀张镒得位，虽数贡奉，议者颇言其挟两端，有所～～。"

居 1. jū ❶坐。《国语·鲁语下》："使僮子备官而未之闻耶？～，吾语女。"㊀坐等，静等。《管子·八观》："内者廷无良臣，兵士不用，囷仓空虚，而外有强敌之忧，则国～而自毁矣。"❷居住。《孟子·梁惠王下》："昔者大王～邠，狄人侵之，去之岐山之下～焉。"《荀子·劝学》："故君子～必择乡，游必就士，所以防邪僻而近中正也。"㊀住处。《左传·宣公二年》："问其名～，不告而退。"㊂坟墓。《诗经·唐风·葛生》："百岁之后，归于其～。"❸所处的地位。《诗经·唐风·蟋蟀》："无已大康，职思其～。"《孟子·尽心上》："王子宫室、车马、衣服，多与人同，而王子若彼者，其～使之然也。"㊂居于君位的人。《左传·僖公九年》："送往事～，耦俱无猜，贞也。"（往：死者。）❹安居。《左传·昭公四年》："召诸侯而来，伐国而克，城竟莫校，王心不违，民其～乎？"❺平居，平时。《论语·先进》："～则曰：'不吾知也。'如或知尔，则何以哉？"《老子·三十一章》："君子～则贵左，用兵则贵右。"❻处于。《国语·周语中》："～大国之间，而无此四者，其能久乎？"❼驻守，镇守。《史记·高祖本纪》："当此时，彭越将兵～梁地，往来苦楚兵，绝其粮食。"又《吕太后本纪》："七月中，高后病甚，乃令赵王吕禄为上将军，军北军，吕王产～南军。"㊂留守。《国语·晋语一》："君行，太子～以监国也。"❽占，占有。《老子·二十五章》："域中有四大，而王～其一焉。"㊀采取，取用。《战国策·齐策五》："夫罢士露国，而多与天下为仇，则明君不～也。"❾停留，止息。《周易·系辞下》："变动不～，周流六虚。"❿储存。《汉书·张汤传》："使吏案捕汤左田信等，曰汤且欲为请奏，信辄先知之，～物致富，与汤分之。"柳宗元《梓人传》："所职寻引规矩绳墨，家不～砻斫之器。"⓫蓄养。《诗经·小雅·巧言》："为犹将多，尔～徒几何？"⓬用在时间词语之前，表示经过的时间。可译为"过了"。《战国策·齐策四》："～有顷，倚柱弹其剑。"《史记·高祖本纪》："～数月，北攻亢父，救东阿，破秦军。"⓭（jǔ）通"举"。举动。《荀子·非相》："～错、迁徙，应变不穷，是圣人之辩者也。"（错：通"措"。）⓮姓。

2. jù ⓯通"倨"。傲慢。《诗经·小雅·角弓》："莫肯下遗，式～娄骄。"⓰通

"倨"。直。《史记·乐书》:"～中矩,句中钩。"⑰通"锯"。锯子。《淮南子·本经训》:"勾爪～牙戴角出距之兽于是鸷矣。"

3. jī ⑱语气词。表示感叹或疑问。《诗经·邶风·柏舟》:"日～月诸,胡迭而微?"《左传·襄公二十三年》:"国有人焉,谁～?其孟椒乎?"

【居常】 jūcháng ❶守其常法。《左传·昭公十三年》:"获神,一也;有民,二也;令德,三也;宠贵,四也;～～,五也。"❷平常,平时。《世说新语·排调》注引《头责子羽文》:"子遇我如仇,我视子如仇,～～不乐,两者俱忧,何其鄙哉!"

【居处】 jūchǔ ❶住所。《吕氏春秋·为欲》:"其衣服冠带,宫室～～,舟车器械,声色滋味皆异。"❷生活。《史记·吕不韦列传》:"车乘进用不饶,～～困,不得意。"❸行为举止。《史记·吕太后本纪》:"六年十月,太后曰:'吕王嘉～～骄恣,废之。'"

【居家】 jūjiā ❶在家闲居。《史记·项羽本纪》:"居鄛人范增,年七十,素～～,好奇计。"❷治家。《后汉书·李通传》:"为人严毅,～～如官廷。"❸民房。《后汉书·董卓传》:"卓自屯留毕圭苑中,悉烧宫庙、官府、～～,二百里内无复孑遗。"

【居居】 jūjū ❶心怀恶意的样子。《诗经·唐风·羔裘》:"羔裘豹袪,自我人～～。"❷安稳的样子。《庄子·盗跖》:"神农之世,卧则～～,起则于于。"(于于:自得的样子。)

【居庐】 jūlú 居于凶庐。父母死,子另居简陋房舍以守丧。《孟子·滕文公上》:"五月～～,未有命戒。"

【居摄】 jūshè 暂居帝王之位。《汉书·高相传》:"及王莽～～,东郡太守翟谊谋举兵诛莽。"《论衡·气寿》:"武王崩,周公～～七年,复政退老,出入百岁矣。"

【居室】 jūshì ❶夫妇同居一室。《孟子·万章上》:"男女～～,人之大伦也。"❷住宅。《礼记·曲礼下》:"君子将营宫室,宗庙为先,厩库为次,～～为后。"❸居家过日子。《论语·子路》:"子谓卫公子荆,善～～。"❹汉代拘禁犯人的处所。《史记·魏其武安侯列传》:"[田蚡]劾灌夫骂坐不敬,系～～。"

【居息】 jūxī 在家闲住。《诗经·小雅·北山》:"或燕燕～～,或尽瘁事国。"

【居心】 jūxīn ❶安心。《吕氏春秋·上农》:"轻迁徙则国家有患,皆有远志,无有～～。"❷存心。《世说新语·言语》:"卿～～不净,乃复强欲滓秽太清邪?"

【居业】 jūyè ❶保功业。《周易·乾》:"修辞立其诚,所以～～也。"❷固定产业。《后汉书·桥玄传》:"及卒,家无～～,丧无所殡。"

【居正】 jūzhèng ❶遵循正道。《公羊传·隐公三年》:"故君子大～～,宋之祸,宣公为之也。"❷帝王登基。刘琨《劝进表》:"诚宜遗小礼,存大务,援据图录,～～宸极。"

【居诸】 jūzhū 《诗经·邶风·柏舟》:"日居月诸,胡迭而微?""居"、"诸"都是语气词。后以"居诸"代称日月、光阴。杜甫《别张十三建封》诗:"吾乃故人子,童丱联～～。"郑思肖《孙康映雪读书图》诗:"孙康苦志惜～～,雪夜无灯兴有馀。"

【居作】 jūzuò ❶做佣人。《后汉书·梁鸿传》:"鸿曰:'无它财,愿以身～～。'"❷犯人在狱中服役。《唐律疏议·名例》:"其造畜蛊毒,妇人有官无官,并依下文配流如法,有官者仍除名,至配所,免～～。"

驹(駒) 1. jū ❶两岁以下的小马。《说文·马部》:"～,马二岁曰～。"㉛泛指幼马。《楚辞·卜居》:"宁昂昂若千里之～乎,将氾氾若水中之凫。"❷大蚂蚁。《大戴礼记·夏小正》:"十有二月,玄～贲。"

2. jú ❸通"跼"。跳跃。《楚辞·七谏·谬谏》:"见执辔者非其人兮,故～跳而远去。"

【驹阴】 jūyīn 比喻易逝的光阴。元好问《送吴子英之官东桥且为解嘲》诗:"～～去我如决骤,蚁垤与谁争长雄。"

【驹隙】 jūxì "白驹过隙"的省称。比喻时光易逝。陆游《适闻》诗:"未恨光阴疾～～,但惊世界等河沙。"

疽 jū ❶毒疮。《史记·孙子吴起列传》:"卒有病～者,起为吮之。"《后汉书·华佗传》:"府君胃中有虫,欲成内～,腥物所为也。"❷比喻祸害。《后汉书·虞诩传》:"诩恐其～食侵注而无限极。"(食:蚀。)

痀 jū (又读 gōu) 脊背弯曲。《说文·疒部》:"～,曲脊也。"《庄子·达生》:"仲尼适楚,出于林中,见～偻者承蜩,犹掇之也。"(痀偻:驼背。蜩:蝉。)

捄 1. jū ❶把土盛在筐里。《诗经·大雅·緜》:"～之陾陾,度之薨薨。"

2. qiú ❷曲而长的样子。《诗经·小雅·大东》:"有饛簋飧,有～棘匕。"

3. jiù ❸通"救"。援救。《战国策·赵策四》:"齐欲攻宋,秦令起贾禁之。齐乃～赵以伐宋。"《史记·春申君列传》:"王又举甲而攻魏,杜大梁之门,举河内,拔燕、酸枣、虚、桃,入邢,魏之兵云翔而不敢～。"

砠 jū 有土的石山。《诗经·周南·卷耳》："陟彼～矣，我马瘏矣。"

罝 jū 捕兔的网。《诗经·周南·兔罝》："肃肃兔～，施于中林。"㊀泛指捕鸟兽的网。李白《秋浦歌》之十六："妻子张白鹇，结～映深竹。"

【罝罘】 jūfú 捕鸟兽的网。《庄子·胠箧》："削格、罗落、～～之知多，则兽乱于泽矣。"也作"罝罦"。《吕氏春秋·上农》："缳网～～不敢出于门，罛罟不敢入于渊。"

【罝罦】 jūfú 见"罝罘"。

【罝罗】 jūluó 捕鸟兽的网。《国语·鲁语上》："鸟兽孕，水虫成，兽虞于是乎禁～～。"

姖 jū 见jī。

掬（匊） jū ❶双手捧取。《礼记·曲礼上》："受珠玉者以～。"陆游《放言》诗："摘嗅砌下花，～弄涧底泉。"❷量词。一捧。杜甫《佳人》诗："摘花不插发，采柏动盈～。"

据[1] 1. jū ❶见"拮据"。

2. jù ❷通"据[2]（據）"。依据。《汉书·酷吏传赞》："赵禹～法守正。"❸通"倨"。傲慢。《战国策·齐策四》："～慢骄奢，则凶从之。"《吕氏春秋·怀宠》："子之在上无道～傲，荒怠贪戾，虐众恣睢自用也。"

蛆 jū 见qū。

娵 jū 见"娵訾"。

【娵訾】 jūzī ❶星次名。《左传·襄公三十年》："及其亡也，岁在～～之口。"❷古氏族名。《史记·五帝本纪》："帝喾取陈锋氏女生放勋，取～～氏女生挚。"

琚 jū 佩玉。《诗经·卫风·木瓜》："投我以木瓜，报之以琼～。"

趄 1. jū ❶巧避。陈造《房陵》诗之一："觌面未须～避我，褰衣无计蹑寻公。"❷见"趑趄"。

2. qiè ❸见"趔趄"。

椐 jū 寿灵树。《诗经·大雅·皇矣》："启之辟之，其柽其～。"（柽：河柳。）

跔 jū ❶腿脚抽筋。《逸周书·太子晋解》："王子曰：'太师何举足骤？'师旷曰：'天寒足～，是以数也。'"❷见"踡跔"。

赒（賙） jū ❶卖。《广雅·释诂》："～，卖也。"❷贮存。元结《石鱼湖上作》诗序："有独石在水中，状如游鱼，鱼凹处，修之可以～酒。"

毱 jū 同"鞠"。古代的一种皮球。玄应《一切经音义·瑜伽师地论》引《三苍》："～，毛丸，可以戏者也。"

锔（鋦） jū 用锔子连合破裂的铁器或陶瓷器等。《集韵·烛韵》："～，铁束物也。"

腒 jū 干山鸡肉。《周礼·天官·庖人》："夏行～鱐善膏臊。"（鱐：干鱼。）《论衡·道虚》："世称尧若腊，舜若～，心愁忧苦，形体羸癯。"

裾 1. jū ❶衣服的前襟。《晋书·温峤传》："其母崔氏固止之，峤绝～而去。"㊀泛指衣襟。韩愈《送李愿归盘谷序》："飘轻～，翳长袖。"❷衣袖。《汉书·邹阳传》："饰固陋之心，则何王之门不可曳长～乎？"

2. jù ❸通"倨"。傲慢。《汉书·赵禹传》："禹为人廉～，为吏以来，舍无食客。"❹通"倨"。直。《荀子·宥坐》："其流也埤下，～拘必循其理，似义。"（埤：通"卑"。裾拘：水流或直或曲的样子。）❺通"据[2]（據）"。依据。左思《魏都赋》："由重山之束阨，因长川之～势。"

【裾裾】 jūjū 衣服穿得严整的样子。《荀子·子道》："子路盛服见孔子。孔子曰：'由，是～～何也？'"

雎（鴡） jū ❶见"雎鸠"。❷通"疽"。《管子·法法》："故赦者，奔马之委辔，毋赦者，痤～之矿石也。"（矿：当作"砭"。）❸姓。

【雎鸠】 jūjiū 王雎，鱼鹰。《诗经·周南·关雎》："关关～～，在河之洲。"

鞠 jū ❶古代的一种皮球。里面用毛，外面用皮革缝制而成。《史记·卫将军骠骑列传》："其在塞外，卒乏粮，或不能自振，而骠骑尚穿域蹋～。"❷曲，弯曲。《论语·乡党》："入公门，～躬如也，如不容。"❸养育，抚育。《诗经·小雅·蓼莪》："父兮生我，母兮～我。"㊀幼小。《尚书·康诰》："兄亦不念～子哀，大不友于弟。"❹穷困。《尚书·盘庚》："尔惟自～自苦。"《楚辞·九章·怀沙》："郁结纡轸兮，离慜而长～。"㊀穷究。柳宗元《天对》："折筹剡筳，午施旁竖，～明究曛，自取十二。"（曛：太阳落山时的馀光。）❺极，极大的。《诗经·小雅·节南山》："昊天不佣，降此～讻。"❻紧。《汉书·刑法志》："年八十以上，八岁以下，及孕者未乳，师，朱儒当～系者，颂系之。"❼高。张衡《南都赋》："～巍巍其隐天，俯而观乎云霓。"❽尽，皆。《后汉书·儒林传序》："学舍颓敝，～为园蔬。"陆游《法云寺观音殿记》："而当时朝市城郭，邑里官寺，多已化为飞埃，～为茂草。"❾匍匐。《楚辞·七谏·初放》："块兮～，当道宿。"❿通"鞫"。审问。《汉书·张敞传》："臣敞贼杀无辜，～狱故不直，虽伏明法，死无所恨。"㉿告诫。《诗经·小雅·采芑》："钲人伐鼓，陈师～旅。"⓫通"菊"。菊花。《礼记·月令》："～有黄华。"⓬姓。

【鞠躬】 jūjì 曲腰小跪。《史记·滑稽列传》："若亲有严客，髡帣韝～～，侍酒于前。"

【鞠域】 jūyù 窟室。《汉书·高祖吕皇后传》："太后遂断戚夫人手足，去眼煇耳，饮瘖药，使居～～中，名曰人彘。"

【鞠治】 jūzhì 审问定罪。《史记·李斯列传》："于是群臣诸公子有罪，辄下高，令～～之。"

蓻(䩞、䣰) jū ❶舀取。张衡《思玄赋》："屑瑶蕊以为糇兮，～白水以为浆。"㉿舀水器。《礼记·丧大记》注："角以为～。"❷姓。

鞫 jú ❶审问。《史记·酷吏列传》："汤掘窟得盗鼠及馀肉，劾鼠掠治，传爰书，讯～论报，并取鼠与肉，具狱磔堂下。"苏舜钦《屯田郎荥阳郑公墓志》："长乐郡二妇争产，连年不决，外台移公～之，一讯两服。"㉿查问。《汉书·车千秋传》："未闻九卿廷尉有所～也。"❷穷困。《诗经·大雅·云汉》："～哉庶正，疚哉冢宰。"㉿穷究。《诗经·大雅·瞻卬》："～人忮忒，谮始竟背。"㊂尽，皆。《诗经·小雅·小弁》："踧踧周道，～为茂草。"❸水边。《诗经·大雅·公刘》："止旅乃密，芮～之即。"❹姓。

告 jú 见gào。

局 jú ❶局限，限制。《后汉书·窦融传》："当今西州地势～迫，人兵离散。"苏轼《答谢民师书》："轼本不善作大字，强作终不佳，又舟中～迫难写，未能如教。"❷曲，弯曲。《诗经·小雅·正月》："谓天盖高，不敢不～。"㉿狭隘，拘泥。《晋书·潘岳传》："文茂而义诡，意～而辞野。"❸诈骗。《元典章·刑部·禁局骗》："无籍之徒纠合恶党，～骗钱物。"❹近。《三国志·魏书·王粲传》注引《魏略》："途路虽～，官守有限，愿言之怀，良不可胜。"㉿近邻。陶渊明《归园田居》诗之五："漉我新熟酒，只鸡招近～。"❺古代行军所分成的左右两个部分。《礼记·曲礼上》："进退有度，左右有～，各司其～。"❻职守，工作岗位。《左传·成公十六年》："失官，慢也；离～，奸也。"❼官府的一个部门。《南史·沈客卿传》："至德初，以为中书舍人兼兵部校尉，掌金帛～。"❽棋盘。班固《弈旨》："～必方正，象地则也。"㉿量词。一盘棋。《南史·萧惠基传》："自食时至日暮，一～始竟。"❾棋局。下棋时的布局或布子的形势。《三国志·魏书·王粲传》："观人围棊，～坏，粲为复之。"❿胸襟，气量。《后汉书·袁绍传》："绍外宽雅有～度，忧喜不形于色。"⓫娱乐性的聚会。文莹《续湘山野录》："蜀人严储与苏易简父善，储始举进士日，易简生三日，为饮～。"

【局促】 júcù ❶狭窄。阮籍《元父赋》："其城郭卑小～～。"❷拘束，窘迫。《后汉书·仲长统传》："六合之内，恣心所欲。人事可遗，何为～～？"也作"局趣"、"局数"。《史记·魏其武安侯列传》："上怒内史曰：'公平生数言魏其、武安长短，今日廷论，～～效辕下驹，吾并斩若属矣！'"《楚辞·九思·悯上》："踡跼兮寒～～，独处兮志不申。"又作"跼蹙"。贺铸《答杜仲观登丛台见寄》诗："老步失腾骧，短辕甘～～。"❸匆忙。杜甫《梦李白》诗之二："告归常～～，苦道来不易。"❹短促。韦应物《听莺曲》："伯劳飞过声～～。"

【局数】 júcù 见"局促②"。

【局趣】 júcù 见"局促②"。

【局干】 júgàn 度量和才干。《世说新语·轻诋》注引《王氏谱》："[彪之]少有～～之称，累迁至左光禄大夫。"

【局局】 jújú 大笑的样子。苏源明《秋夜小洞庭离宴序》："晨前而归，及醒，或说向之陈事。源明～～然笑曰：'狂夫之言，不足罪也。'"

【局力】 júlì 气度才力。《宋书·颜师伯传》："父邵，刚正有～～，为谢晦所知。"

【局量】 júliàng 胸襟，度量。《三国志·蜀书·黄权传》："文帝察权有～～，欲试惊之。"

【局束】 júshù 拘束，窘迫。柳宗元《与裴埙书》："且天下熙熙，而独呻吟者四五人，何其优裕者博，而～～者寡，其为不一征也何哉？"

【局陈】 júzhèn 布置，条理。《世说新语·赏誉》："渊源语不超诣简至，然经纶思寻处，故有～～。"

侷 jú 见"侷促"。

【侷促】 júcù 同"局促"。短小，狭小。《广韵·烛韵》："～～，短小。"

𨋩(輂) jú ❶驾马的大车。《周礼·地官·乡师》："大军旅，会同，正治其徒役与～辇。"❷通"梮"。一种运土的器具。《汉书·五行志上》："陈畚～，具绠缶。"

挶 jú ❶弯着手臂拿东西。《说文·手部》："～，戟持也。"❷同"梮"。一种运土的工具。《左传·襄公九年》："陈畚～，备水器。"❸耳病。《吕氏春秋·尽数》："郁处头则为肿、为风，处耳则为～、为聋。"

驹(駶) jú ❶马站不稳。《广韵·烛韵》："～，马立不定。"❷跳跃。《楚辞·九辩》："见执辔者非其人兮，故～跳而远去。"也作"驹"。《楚辞·七谏·谬谏》："见执辔者非其人兮，故～跳而远去。"

梮 jú ❶一种运土的工具。《国语·周语中》："收而场功，偫而畚～。"❷登山穿的钉有锥头的木屐。《汉书·沟洫志》："泥行乘毳，山行则～。"

菊(蘜) jú 菊花。陶渊明《饮酒》诗之四："采～东篱下，悠然见南山。"

椈 jú 柏树。《礼记·杂记上》："畅臼以～，杵以梧。"

檋(檋) jú 同"梮"。登山穿的带锥头的木屐。《史记·夏本纪》："泥行乘橇，山行乘～。"

鶪(鶪) jú 同"䴗"。杜鹃。《逸周书·时训》："芒种之日，螳螂生，又五日，～始鸣。"

跼 jú ❶曲，弯曲。《后汉书·李固传》："居非命之世，天高不敢不～，地厚不敢不蹐。"（蹐：用小步走路。）❷小，碎。萧绎《与刘智藏书》："帝释于马，经丘园而～步。"（释于马：下马。）杨炯《王勃集序》："乃相循于～步，岂见习于通方。"❸碰到障碍。《晋书·刘曜载记》："尝乘赤马，无故～顿。"（顿：倒下。）

【跼蹙】 júcù 见"局促②"。

【跼蹐】 júií 行动小心，十分慌恐的样子。《后汉书·秦彭传》："于是奸吏～～，无所容诈。"贾至《送李兵曹往江外序》："予困于徒劳，累及五斗，升沉风波之里，～～长吏之前。"

僪 jú 见 yù。

橘 jú ❶橘树。《楚辞·九章·橘颂》："后皇嘉树，～徕服兮。"（徕：通"来"。）㊀橘子。《三国志·吴书·陆绩传》："[袁]术出～，[陆]绩怀三枚去，拜辞，堕地。"❷古代纪月名称。月阳在乙为橘。《尔雅·释天》："月在甲曰毕，在乙曰～。"

鼳 1. jú ❶兽名。《尔雅·释兽》："～，鼠身长须而贼。秦人谓之小驴。"

2. xí ❷松鼠。《尔雅·释兽》"鼳鼠"郭璞注："今江东山中有～鼠，状如鼠而大，苍色，在树木上。"

鞫 jú 同"鞠"。审问。《楚辞·天问》："皆归射～，无害厥躬。"

与 jǔ 见 yǔ。

去 jǔ 见 qù。

沮 1. jǔ ❶止，阻止。《国语·晋语一》："凡民利是生，杀君而厚利众，众孰～之？"《孟子·梁惠王下》："嬖人有臧仓者～君，君是以不果来也。"㊀停止，终止。《诗经·小雅·巧言》："君子如怒，乱庶遄～。"（遄：快。）❷坏，毁坏。《战国策·赵策一》："夜半，土梗与木梗斗曰：'汝不如我，我者乃土也。使我逢疾风淋雨，坏～，乃复归土。'"㊀败坏，破坏。《后汉书·梁冀传》："冀恐尊～败宣意，乃结刺客于偃城，刺杀尊。"㊁诋毁。《汉书·司马迁传》："明主不深晓，以为仆～贰师，而为李陵游说，遂下于理。"（理：大理，即廷尉，掌诉讼刑狱之事。）❸泄，漏。《礼记·月令》："地气～泄，是谓发天地之房。"㊀沮丧，懊丧。《宋书·颜延之传》："岂识向之夸漫，祇足以成今之～丧邪？"

2. jù ❹水草丛生的沼泽地。《战国策·齐策三》："今求柴胡、桔梗于～泽，则累世不得一焉。"《孙子·军争》："不知山林、险阻、～泽之形者，不能行军。"

3. jū ❺水名。在今陕西省内。《诗经·小雅·吉日》："漆～之从，天子之所。"❻水名。在今湖北省内。王粲《登楼赋》："挟清漳之通浦兮，倚曲～之长洲。"❼姓。

4. cú ❽通"徂"。往。《诗经·大雅·绵》："民之初生，自土～漆。"

【沮短】 jǔduǎn 诋毁揭短。《新唐书·陆贽传》："而贽孤立一意，为左右权幸～～。"

【沮遏】 jǔ'è 阻止。韩愈《张中丞传后叙》："以千百就尽之卒，战百万日滋之师，蔽遮江淮，～～其势。"

【沮愤】 jǔfèn 泄愤。苏舜钦《答马永书》："自为～～，亦何益于事哉？"

【沮格】 jǔgé 阻止。《新唐书·张说传》："宇文融先献策，括天下游户及籍外田，署十道劝农使，分行郡县。说畏其扰，数～～之。"

【沮骇】 jǔhài 破坏恐吓。《新唐书·裴度传赞》："[吴]元济外连奸臣，刺宰相，反用事者，～～朝谋。"

【沮解】 jǔjiě ❶破坏其计并使之离散。《汉书·赵充国传》："数使使尉黎、危须诸国，设以子女貂裘，欲～～之。"❷沮丧涣散。《潜夫论·劝将》："此其所以人怀～～，不肯复死者也。"

【沮衄】 jǔnǜ 遇阻受挫。《资治通鉴·晋惠帝永宁元年》："我若退缩，士气～～，不可复用。"

【沮劝】 jǔquàn 止恶勉善。《左传·襄公二十七年》："赏罚无章，何以～～？"

【沮舍】 jùshè 破屋。《淮南子·说山训》："故～～之下，不可以坐；倚墙之旁，不可以立。"

【沮慑】 jǔshè 沮丧恐惧。《宋史·李宝传》："且以一介脱身还朝，陛对无一毫～～。"

【沮洳】 jùrù 低湿泥泞的地方。陈亮《戊申再上孝宗皇帝书》："其地南有浙江，西有崇山峻岭，东北则有重湖～～，而淞江震泽横亘其前。"

怚 1. jù ❶骄傲。《晋书·嵇康传》："恃爱肆～。"

2. cū ❷通"粗"。粗暴。《史记·白起王翦列传》："夫秦王～而不信人。"

3. zǔ ❸通"阻"。阻塞。《灵枢经·热病》："男子如蛊，女子如～，身体腰脊如解，不欲饮食。"

柜[1] jǔ ❶柜木。《后汉书·马融传》："椿梧栝柏，～柳枫杨。"❷通"矩"。画方形或直角的工具。《马王堆汉墓帛书·经法·四度》："规之内曰员，～之内曰[方]。"

咀 1. jǔ ❶细嚼。《史记·司马相如列传》："唼喋菁藻，～嚼菱藕。"[引]细细地玩味、体会。韩愈《进学解》："沈浸醲郁，含英～华，作为文章，其书满家。"

2. zǔ ❷通"诅"。诅咒。《宋史·卢多逊传》："咒～君父。"

举(擧、舉、轝) jǔ ❶抬起，举起。《孟子·梁惠王上》："吾力足以～百钧，而不足以～一羽。"《后汉书·费长房传》："又令十人扛之，犹不～。"❷挺起，挺立。《史记·梁孝王世家》："景帝跪席～身曰：'诺。'"❸起身，动身。《国语·晋语五》："[宁嬴氏]～而从之，阳子道与之语，及山而还。"[又]去，离开。《楚辞·七谏·自悲》："苦众人之难信兮，愿离群而远～。"❹飞去，飞离。《吕氏春秋·审应》："凡鸟之～也，去骇从不骇。"[又]飞翔。《管子·七法》："有飞鸟之～，故能不险山河矣。"❺上升，腾起。《诗经·郑风·大叔于田》："叔在薮，火烈具～。"[又]点燃。《庄子·让王》："三日不～火，十年不制衣。"❻立，立嗣。《史记·楚世家》："楚国之～常在少者。"❼确立，建树。《后汉书·光武帝纪上》："今不同心胆，共～功名，反欲守妻子、财物邪？"❽兴起，发动。《三国志·魏书·武帝纪》："～义兵以诛暴乱，大众已合，诸君何疑？"[又]振兴，崛起。《史记·礼书》："仲尼没后，受业之徒沈湮而不～。"❾提拔，推举。《论语·子路》："子曰：'先有司，赦小过，～贤才。'"《管子·法法》："闻贤而不～，殆。"[又]选举。古代一种选官制度。《汉书·高帝纪上》："～民年五十以上，有修行，能帅众为善，置以为三老，乡一人。"《三国志·魏书·武帝纪》："年二十，～孝廉为郎。"❿任用。《史记·五帝本纪》："～风后、力牧、常先、大鸿以治民。"⓫科举考试。孙光宪《北梦琐言·裴相国及第后进业》："唐相国裴公坦，太和八年李汉侍郎下及第，自以～业未精，遽此叨忝，未尝曲谢座主。"[引]中举。韩愈《讳辩》："愈与李贺书，劝贺～进士。"⓬举出，提出。《论语·述而》："～一隅不以三隅反，则不复也。"⓭检举，揭发。《荀子·不苟》："～人之过，非毁疵也。"《史记·魏其武安侯列传》："～適诸窦宗室毋节行者，除其属籍。"（適：通"谪"。责备。）⓮高声哭叫。《管子·小匡》："鲍叔受而哭之，三～。"《史记·太史公自序》："其送死，桐棺三寸，～音不尽其哀。"⓯奏乐。《国语·周语上》："吾闻之，司寇行戮，君为之不～，而况敢乐祸乎！"⓰接生，生养。《史记·孟尝君列传》："初，田婴有子四十馀人，其贱妾有子名文，文以五月五日生。婴告其母曰：'勿～也。'其母窃～生之。"⓱言，说出来。《礼记·杂记下》："过而～君之讳则起。"（过：说话失误。）[引]谋议。《吕氏春秋·异宝》："其主俗主也，不足与～。"[又]提问，发问。《礼记·曲礼上》："主人不问，客人不先～。"⓲记录。《左传·襄公二十七年》："仲尼使～是礼也。"⓳行，做。《荀子·仲尼》："故知者之～事也，满则虑嗛，平则虑险。"（嗛：不足。）⓴举动，行动。《史记·周本纪》："今又将兵出塞，过两周，倍韩，攻梁，一～不得，前功尽弃。"《汉书·艺文志》："古之王者世有史官，君～必书，所以慎言行，昭法式也。"[引]措施。《后汉书·刘玄传》："臣非有憎疾以求进也，但为陛下惜此～厝。"[又]面部表情的变化。《论语·乡党》："色斯～矣，翔而后集。"㉑攻占，攻取。《孟子·梁惠王下》："以万乘之国伐万乘之国，五旬而～之，人力不至于此。"㉒拾取。《吕氏春秋·下贤》："锥刀之遗于道者，莫之～也。"㉓借取。欧阳修《原弊》："当其乏时，尝～债于主人，而后偿之，息不两倍则三倍。"㉔没收。《周礼·地官·司门》："凡财物犯禁者～之。"㉕逮捕。《后汉书·阳球传》："以严苛过理，郡守收～。"㉖祭祀。《诗经·大雅·云汉》："靡神不～，靡爱斯牲。"[引]杀牲为盛馔。《国语·楚语下》："祀加于～。"㉗皆，全。《孟子·梁惠王下》："今王鼓乐于此,百姓闻王钟鼓之声,管籥之音,~欣欣然有喜色而相告曰:'吾王庶几无疾病与,何以能鼓乐也?'" ㉘重量单位名。三两。《小尔雅·广衡》:"两有半曰捷,倍捷曰~。" ㉙姓。

【举案】 jǔ'àn ❶擎举食盘。《后汉书·梁鸿传》:"每归,妻为具食,不敢于鸿前仰视,~~齐眉。"也作"举桉"。刘禹锡《伤往赋》:"~~来馌,亦在林下。"❷列举罪状,一一追查。《后汉书·廉范传》:"会融为州所~~。"

【举桉】 jǔ'àn 见"举案"。

【举白】 jǔbái ❶举杯饮酒。《淮南子·道应训》:"蹇重~~而进之曰:'请浮君。'"❷揭发,告发。曹操《步战令》:"诸部曲者,各自按部陈兵疏数,兵曹~~,不如令者斩。"

【举措】 jǔcuò ❶措施。《汉书·宣帝纪》:"盖闻上古之治,君臣同心,~~曲直,各得其所。"也作"举厝"、"举错"。《荀子·天论》:"政令不明,~~不时,本事不理,夫是之谓人祆。"《后汉书·刘玄传》:"臣非憎疾以求进也,但为陛下惜此~~。"❷动作。《论衡·道虚》:"龙食与蛇异,故其~~与蛇不同。"也作"举厝"、"举错"。《汉书·谷永传》:"意岂陛下志在闺门,未邮政事,不慎~~,娄失中与?"《晋书·王凝之妻谢氏传》:"及遭孙恩之难,~~自若。"

【举错】 jǔcuò ❶见"举措"。❷提拔和废置。《史记·张释之冯唐列传》:"且下之化上疾于景响,~~不可不审也。"

【举厝】 jǔcuò 见"举措"。

【举地】 jǔdì 获得土地。《史记·李斯列传》:"孝公用商鞅之法,移风易俗,民以殷盛,国以富强,百姓乐用,诸侯亲服,获楚魏之师,~~千里,至今治强。"

【举烽】 jǔfēng 点燃烽火报警。《史记·魏公子列传》:"公子与魏王博,而北境传~~,言赵寇至,且入界。"

【举劾】 jǔhé 列举罪状加以弹劾。《史记·蒙恬列传》:"太子立为二世皇帝,而赵高亲近,日夜毁恶蒙氏,求其罪过,~~之。"

【举籍】 jǔjí 登记,记录在案。《汉书·哀帝纪》:"乃者河南颍川郡水出,流杀人民,坏败庐舍,……已遣光禄大夫循行~~,赐死者棺钱,人三千。"

【举介】 jǔjiè 举贤,举官。欧阳修《上杜中丞论举官书》:"今执事之~~也,亦先审知其可举邪,是偶举之邪?"

【举疏】 jǔshū 上疏。《论衡·命禄》:"主父偃辱贱于齐,排摈不用,赴阙~~,遂用于汉,官至齐相。"

【举王】 jǔwáng 兴起之王。《战国策·燕策二》:"臣闻当世之~~,必诛暴正乱,举无道,攻不义。"

【举止】 jǔzhǐ 举动。《世说新语·雅量》:"裴叔则被收,神气无变,~~自若。"

【举奏】 jǔzòu 上奏。《论衡·超奇》:"长生死后,州郡遭忧,无~~之吏,以故事结不解。"

枸 1. jǔ ❶枳椇树。《诗经·小雅·南山有台》:"南山有~,北山有楰。"❷通"蒟"。植物名。果实如桑椹,可作酱。《史记·西南夷列传》:"南越食蒙蜀~酱。"

2. jū ❸盘错的树根。《山海经·海内经》:"有木名曰建木,百仞无枝,下有九~。"

3. gǒu ❹见"枸杞"。

4. gōu ❺通"钩"。弯曲。《荀子·性恶》:"故~木必将待檃栝烝矫然后直。钝金必将待砻厉然后利。"

【枸杞】 gǒuqǐ 一种落叶灌木,果实、根皮可入药。陆游《玉笈斋书事》诗之二:"雪霁茆堂钟磬清,晨斋~~一杯羹。"

矩(榘) jǔ ❶画方形或直角的工具。《孟子·离娄上》:"离娄之明,公输之巧,不以规~不能成方圆。"❷比喻大地。《吕氏春秋·序意》:"大圜在上,大~在下。"❸标准,法则。《论语·为政》:"七十而从心所欲,不逾~。"❹刻划以作标记。《周礼·考工记·轮人》:"凡斩毂之道,必~其阴阳。"

【矩矱】 jǔhuò 规则法度。《楚辞·哀时命》:"上同凿枘于伏戏兮,下合~~于虞唐。"也作"矩蒦"。韩愈等《晚秋郾城夜会联句》:"告成上云亭,考古垂~~。"

【矩蒦】 jǔhuò 见"矩矱"。

钼 jǔ 见chú。

萬 jǔ 见yǔ。

椇 jǔ ❶枳椇,一种落叶乔木,也叫白石李。《礼记·曲礼下》:"妇人之挚,~、榛、脯、修、枣、栗。"❷古代放祭品的一种器具。《礼记·明堂位》:"俎,有虞氏以梡,夏后氏以嶡,殷以~。"

筥 jǔ ❶圆底竹筐。《诗经·小雅·采蘋》:"于以盛之,维筐及~。"㊐装在筥筐里。《诗经·小雅·采菽》:"采菽采菽,筐之~之。"❷量词。割下的稻禾聚拢成四把叫筥。《仪礼·聘礼》:"四秉曰~,十~曰稯。"

龃(齟) jǔ 见"龃龉"。

【龃龉】 jǔyǔ 牙齿不齐,上下不合。比喻抵触不合。扬雄《太玄经·亲》:"其志~

～。”王安石《上仁宗皇帝言事书》：“亦顺悦以趋之，无有～～，则先王之法，至今存而不废矣。”也作“钽铻”。《楚辞·九辩》：“圜凿而方枘兮，吾固知其～～而难入。”

踽 1. jǔ ❶见“踽踽”。
2. yǔ ❷通“伛”。脊背弯曲。宋玉《登徒子好色赋》：“其妻蓬头挛耳，齞唇歷齿，旁行～偻，又疥且痔。”（齞：齿露唇外。）

【踽踽】 jǔjǔ 孤独的样子。《诗经·唐风·杕杜》：“独行～～，岂无他人，不如我同父。”（同父：同父弟兄。）

簴 jǔ 同“筥”。圆底竹筐。《吕氏春秋·季春》：“戴任降于桑，具栚曲～筐。”

籧 jǔ 见qú。

巨 1. jù ❶大，大的。《庄子·庚桑楚》：“其才固有～小也。”《新五代史·王彦章传》：“命甲士六百人皆持～斧，载冶者，具鞴炭，乘流而下。”㊀排行年长的。《史记·楚元王世家》：“始高祖微时，尝辟事，时时与宾客过～嫂食。”㊁从大处，着眼于大处。《荀子·王霸》：“国者，～用之则大，小用之则小。”❷最，极。《三国志·魏书·华佗传》注引《辩道论》：“言不尽于此，颇难悉载，故粗举其～怪者。”❸通“讵”。岂。《汉书·高帝纪上》：“沛公不先破关中兵，公～能入乎？”❹姓。
2. jǔ ❺通“矩”。画方形或直角的工具。《管子·宙合》：“成功之术，必有～矱。”

【巨擘】 jùbò 大拇指。喻杰出人物。《孟子·滕文公下》：“于齐国之士，吾必以仲子为～～焉。”

【巨防】 jùfáng ❶强大的防御工事。《韩非子·初见秦》：“长城～～，足以为塞。”❷大堤。《吕氏春秋·慎小》：“～～容蝼，而漂邑杀人。”

【巨公】 jùgōng 天子。《史记·封禅书》：“吾欲见～～。”也作“钜公”。《汉书·郊祀志上》：“吾欲见～～，已忽不见。”

【巨猾】 jùhuá 大恶人。杜甫《五盘》诗：“东郊尚格斗，～～何时除。”

【巨人】 jùrén ❶形体巨大的人。《史记·周本纪》：“姜原出野，见～～迹，心忻然说，欲践之。”❷大人，成年人。《论衡·刺孟》：“此尚童子，未有志也。～～博戏，亦画墁之类也。”

【巨室】 jùshì ❶大屋。《孟子·梁惠王下》：“为～～，则必使工师求大木。”❷具有世袭特权的豪门贵族。《孟子·离娄上》：“孟子曰：‘为政不难，不得罪于～～。’”❸有势力的富贵之家。瞿佑《剪灯新话·秋香亭记》：“王氏亦金陵～～，开彩帛铺于市。”

【巨万】 jùwàn ❶万万。《史记·平准书》：“京师之钱累～～，贯朽而不可校。”也作“钜万”。《汉书·食货志上》：“京师之钱累百～～，贯朽而不可校。”❷财产价值很大。卢照邻《益州至真观主黎君碑》：“乡曲争持钱帛，竞施珍宝，费馀～～，役不崇朝。”

【巨子】 jùzǐ ❶墨家称其学派中有重大成就的人。《庄子·天下》：“南方之墨者苦获、已齿、邓陵子之属，俱诵《墨经》，而倍谲不同，相谓别墨，以坚白同异之辩相訾，以觭偶不仵之辞相应，以～～为圣人。”（谲：异。觭：通“奇”，单。仵：通“伍”，合。）也作“钜子”。《吕氏春秋·去私》：“墨者有～～腹䵍，居秦。”❷泛称某一方面有巨大成就的人。严复《译〈天演论〉自序》：“然亦有一二～～，𪧘然谓彼之所精，不外象数形下之末。”

句 jù 句子。《文心雕龙·章句》：“因字而生～，积～而成章，积章而成篇。”李贺《南园诗》之六：“寻章摘～老雕虫。”

【句读】 jùdòu 标点、读通文章。“句”指句末的停顿，“读”指句中语气的停顿。韩愈《师说》：“彼童子之师，授之书而习其～～者。”

讵（詎） jù ❶岂，难道。《世说新语·任诞》：“谢公云：‘罗友～减魏阳元？’”❷如果。《国语·晋语六》：“～非圣人，不有外患，必有内忧。”❸曾。潘岳《悼亡诗》之三：“尔祭～几时，朔望忽复尽。”

苣 jù ❶火把。《说文·艸部》：“～，束苇烧。”《后汉书·皇甫嵩传》：“其夕遂大风，嵩乃约勑军士束～乘城。”❷菜名。杜甫《种莴苣》诗序：“而～不甲坼，独野苋青青。”

拒 1. jù ❶抵御。《荀子·君道》：“欲治国驭民，调壹上下，将内以固城，外以～难。”❷抗拒，抗衡。《战国策·秦策五》：“秦人援魏以～楚，楚人援韩以～秦。”❸拒绝。《孟子·尽心下》：“往者不追，来者不～。”《后汉书·王丹传》：“自以知名，欲结交于丹，丹～而不许。”
2. jǔ ❹通“矩”。方阵。《左传·桓公五年》：“郑子元请为左～以当蔡人、卫人，为右～以当陈人。”

【拒塞】 jùsāi 拒绝。《三国志·蜀书·诸葛亮传》：“[刘]琦每欲与亮谋自安之术，亮辄～～，未与处画。”

【拒折】 jǔzhé 方正的样子。《淮南子·齐俗训》：“越王勾践，劗发文身，无皮弁搢笏之服，拘罢～～之容。”

岠 jù ❶大山。《玉篇·山部》：“～，大山也。”❷通“距”。距离。《尔雅·释地》：“～齐州以南戴日为丹穴。”㊀至，到。《汉书·食货志下》：“元龟～冉长尺二寸，直二千一百六十。”(冉:䶩,龟甲的边。)

足 jù 见zú。

炬 jù ❶火把。《淮南子·说山训》:“亡者不敢夜揭～。”(揭:举。)[引]把。《论衡·感虚》:“夫熯一～火,爨一镬水,终日不能热也。”(熯:烧。)[又]烧一把火。杜牧《阿房宫赋》:“楚人一～,可怜焦土。”❷蜡烛。萧纲《对烛赋》:“绿～怀翠,朱蜡含丹。”

具 jù ❶具备,具有。《诗经·小雅·无羊》:“三十维物,尔牲则～。”《荀子·性恶》:“妻子～而孝衰于亲。”[引]聚敛。《尚书·盘庚中》:“兹予有乱政同位,～乃贝玉。”❷备办,准备。《左传·隐公元年》:“太叔完聚,缮甲兵,～卒乘,将袭郑。”《国语·晋语二》:“子为我～特羊之飨,吾以从之饮酒。”❸修建。《吕氏春秋·骄恣》:“齐宣王为大室,大益百亩,堂上三百户。以齐之大,～之三年而未能成。”❹配备。《史记·孔子世家》:“古者诸侯出疆,必～官以从。”❺齐备。《楚辞·离骚》:“鸾皇为余先戒兮,雷师告余以未～。”《史记·商君列传》:“此一物不～,君固不出。”[引]详细。《史记·高祖本纪》:“老父已去,高祖适从旁舍来,吕后～言客有过,相我子母皆大贵。”❻开列,陈述。《宋史·梁克家传》:“上欣纳,因命条～风俗之弊。”❼拟写。《汉书·贾谊传》:“[贾谊]乃草～仪法,色上黄,数用五,为官名悉更,奏之。”❽器具。《汉书·朱建传》:“建母死,贫,未有以发丧,假贷服～。”[引]工具。韩愈《后二十九日复上宰相书》:“天下所谓礼乐刑政教化之～,皆已修理。”[又]事物赖以存在的凭据,表现形式。《史记·太史公自序》:“神者生之本也,形者生之～也。”《汉书·艺文志》:“《书》者,古之号令。号令于众,其言不立～,则听受施行者弗晓。”[又]事物实现的条件。《荀子·性恶》:“然而涂之人也,皆有可以知仁义法正之质,皆有可以能仁义法正之～。”《吕氏春秋·具备》:“故凡立功名,虽贤必有其～然后可成。”❾才能,才干。《晋书·王羲之传》:“吾素无廊庙～。”(廊庙:朝廷。指到朝廷做官。)❿筹办酒食。《史记·魏其武安侯列传》:“夜洒扫,早帐～至旦。”[引]饮食,食物。《战国策·齐策四》:“左右以君贱之也,食以草～。”⓫皆,都。《诗经·郑风·大叔于田》:“叔在薮,火烈～举。”⓬量词。套。《汉书·匈奴传》:“鞍勒一～。”⓭通“俱”。在一起。《诗经·小雅·常棣》:“兄弟既～,和乐且孺。”⓮姓。

【具臣】 jùchén 充数不称职的臣子。《论语·先进》:“今由与求也,可谓～～矣。”《汉书·梅福传》:“故京兆尹王章资质忠直,敢面引廷争,孝元皇帝擢之,以厉～～而矫曲朝。”

【具尔】 jù'ěr ❶彼此亲近。《诗经·大雅·行苇》:“戚戚兄弟,莫远～～。”❷借指兄弟。曹植《求通亲亲表》:“退省诸王,常有戚戚～～之心,愿陛下沛然垂诏,使诸国庆问,四节得展,以叙骨肉之欢恩,全怡怡之笃义。”

【具服】 jùfú ❶立具承认。《汉书·赵广汉传》:“广汉使吏捕治,～～。”❷全部说出。《三国志·魏书·三少帝纪》:“昔诸葛恪围合肥新城,城中遣士刘整出围传消息,为贼所得,考问所传,语整曰:‘诸葛公欲活汝,汝可～～。’”❸朝服。《隋书·礼仪志》:“其朝服亦名～～。”

【具剑】 jùjiàn 用宝玉装饰的剑。《后汉书·冯异传》:“车驾送至河南,赐以乘舆,七尺～～。”

【具具】 jùjù 具备条件。《荀子·王制》:“～～而王,～～而霸,～～而存,～～而亡。”

【具然】 jùrán 自满自足的样子。《荀子·宥坐》:“今学曾未如肬赘,则～～欲为人师。”

【具体】 jùtǐ 四肢具备的身体。比喻学到某人的全部长处或得其学说的精髓。《孟子·公孙丑上》:“昔者窃闻之:子夏、子游、子张皆有圣人之一体,冉牛、闵子、颜渊则～～而微,敢问所安?”

【具文】 jùwén ❶空文,徒有其文而实不副。《汉书·宣帝纪》:“上计簿,～～而已,务为欺谩,以避其课。”❷具备文词。杜预《左传序》:“直书其事,～～见意。”

【具眼】 jùyǎn 具有识别事物的眼力。苏轼《石塔寺》诗:“乃知饭后钟,阇黎盖～～。”

【具狱】 jùyù 定案或据以定罪的案卷。《史记·万石张叔列传》:“上～～事,有可却,却之;不可者,不得已,为涕泣面对而封之。”《三国志·魏书·明帝纪》:“其令廷尉及天下狱官,诸有死罪～～已定。”

【具足】 jùzú 完备。《论衡·谢短》:“反以闭暗不览古今,不能各自知其所业之事未～～也。”

歫 jù ❶止,抵御。《说文·止部》:“～,止也。”❷通“距”。跳跃。《汉书·扬雄传上》:“腾空虚,～连卷。”

钜(鉅) jù ❶坚硬的铁。《荀子·议兵》:“宛～铁釶,惨如蠭虿。”《史记·礼书》:“宛之～铁施,钻如蠭虿,轻利剽遬,卒如熛风。”❷钩子。潘岳《西征赋》:“于是弛青鲲于网～,解赪鲤于黏徽。”

❸通“巨”。大。《战国策·赵策一》：“腹击为室而～，荆敢言之主。”㉑极，非常。《战国策·楚策一》：“今王以用之于越矣，而忘之于秦，臣以为王～速忘矣。”❹通“讵”。难道。《荀子·正论》：“今俳优、侏儒、狎徒，詈侮而不斗者，是岂～知见侮之为不辱哉？”

【钜公】 jùgōng ❶见“巨公”。❷巨匠。李贺《高轩过》诗：“云是东京才子，文章～～。”

【钜万】 jùwàn 见“巨万”。

【钜子】 jùzǐ 见“巨子”。

秬 jù 黑黍。《诗经·大雅·生民》：“诞降嘉种，维～维秠。”《楚辞·天问》：“咸播～黍，莆雚是营。”

【秬鬯】 jùchàng 古代用黑黍和郁金草酿成的酒，供祭祀用。《诗经·大雅·江汉》：“厘尔圭瓒，～～一卣。”（厘：通“赉”。赐予。卣：形状如壶的盛酒器。）

粔 jù 见“粔籹”。

【粔籹】 jùnǚ 古代的一种点心，用蜜和米面油煎而成。《楚辞·招魂》：“～～蜜饵，有𩜾餭些。”

俱 jù ❶在一起。陶渊明《读山海经》诗之一：“微雨从东来，好风与之～。”曾巩《论习》：“朝夕相与～，出入言动相缀接焉，是则可磨之也。”㉑一起，一同。《孟子·告子上》：“虽与之～学，弗若之矣。”《战国策·齐策三》：“夫鸟同翼者可聚居，兽同足者而～行。”❷相同，一样。《论衡·逢遇》：“伊尹、箕子才～也，伊尹为相，箕子为奴，伊尹遇成汤，箕子遇商纣也。”❸皆，都。《战国策·秦策一》：“万端～起，不可胜理。”《论衡·逢遇》：“虞舜、许由～圣人也。”❹通“具”。具备。《论衡·物势》：“五脏在内，五行气～。”❺姓。

倨 jù ❶傲慢。《战国策·秦策一》：“苏秦曰：‘嫂何前～而后卑也？’”《史记·汲郑列传》：“黯为人性～，少礼，面折，不能容人之过。”❷直。《大戴礼记·劝学》：“孔子曰：‘夫水者，君子比德焉……其流行庳下～句，皆循其理，似义。’”（句：曲。）❸通“踞”。坐。《庄子·天运》：“老聃方将～堂而应。”《史记·郦生陆贾列传》：“郦生至，入谒，沛公方～床，使两女子洗足。”❹通“锯”。锯子。《后汉书·马融传》：“若夫鸷兽毅虫，～牙黔口。”（黔：黑。）

【倨傲】 jù'ào 傲慢。《庄子·渔父》：“夫子犹有～～之容。”《三国志·魏书·陈群传》：“鲁国孔融高才～～。”

【倨倨】 jùjù ❶傲慢的样子。《孔子家语·三恕》：“子路盛服见于孔子，子曰：‘由，是～～者何也？’”❷无忧无虑的样子。《淮南子·览冥训》：“卧～～，兴眄眄。”

【倨慢】 jùmàn 傲慢。《后汉书·邓禹传》：“嘉相李宝～～无礼，禹斩之。”

剧（劇、勮） jù ❶厉害，严重。《汉书·赵充国传》：“即疾～，留屯毋行。”（屯：驻扎。）《世说新语·自新》：“义兴人谓为三横，而[周]处尤～。”㉑激烈，激切。《陈书·袁宪传》：“及宪试，争起～难。”朱熹《答吕伯恭书》：“他日或约与俱谐见，相与～论。”㉒险峻。《三国志·吴书·吕范传》：“数讨山贼，诸深恶～地，所击皆破。”❷迅速。扬雄《剧秦美新》：“二世而亡，何其～与！”❸艰难，困苦。陆机《苦寒行》：“～哉行役人，慊慊恒苦寒。”❹多。《荀子·非十二子》：“略法先王而不知其统，犹然而材～志大，闻见杂博。”《后汉书·南匈奴传》：“而耿夔征发烦～，新降者皆恚恨谋畔。”㉑超过。《三国志·吴书·孙休传》注引《襄阳记》：“多事之世，尚书～曹郎才也。”王维《洛阳女儿行》：“狂夫富贵在青春，意气骄奢～季伦。”❺巨大。《新唐书·隐太子建成传》：“秦王数平～寇，功冠天下。”❻流畅，痛快。《汉书·扬雄传上》：“口吃，不能～谈。”《三国志·魏书·华歆传》注引《谱叙》：“歆能～饮，至石馀不乱。”❼繁忙。《南史·沈庆之传》：“履行园田，每农桑～月，无人从行，遇之者不知三公也。”❽烦乱。《荀子·解蔽》：“然而有所谓静，不以梦～乱知谓之静。”❾游戏。李白《长干行》之一：“妾发初覆额，折花门前～。”❿戏剧。陶宗仪《南村辍耕录》卷二十五：“金有院本，杂～、诸宫调；院本、杂～，其实一也。”⓫姓。

【剧事】 jùshì 繁重的事务。《后汉书·杜诗传》：“及臣齿壮，力能经营～～。”

【剧务】 jùwù 繁重的事务。《北齐书·娄昭传》：“昭好酒，晚得偏风，虽愈，犹不能处～～。”

【剧贼】 jùzéi 势力强大的贼寇。《后汉书·马棱传》：“江湖多～～。”

惧（懼、愳） 1. jù ❶害怕，恐惧。《战国策·秦策三》：“蔡泽相秦王数月，人或恶之，～诛，乃谢病归相印，号为刚成君。”㉑使害怕，恐吓。《老子·七十四章》：“民不畏死，奈何以死～之？”《左传·庄公十九年》：“吾～君以兵。”❷担心。《史记·汲郑列传》：“公卿皆为黯～。”❸戒惧，警惕。《论语·述而》：“必也临事而～，好谋而成者也。”

2. qú ❹通“瞿”。惊视的样子。《庄子·庚桑楚》："南荣趎～然顾其后。"《汉书·东方朔传》："于是吴王～然易容，捐荐去几，危坐而听。"

【惧思】 jùsī 因畏惧而有所思。《左传·文公三年》："孟明之臣也，其不解也，能～～也。"

【惧选】 jùxuǎn 怕被放逐。《左传·昭公元年》："其母曰：'弗去，～～。'"

据[2]（據） jù ❶靠着，扶靠。《庄子·盗跖》："～轼低头，不能出气。"[引]依靠，凭借。《诗经·邶风·柏舟》："亦有兄弟，不可依～。"贾谊《过秦论》："秦孝公～殽函之固，拥雍州之地。"[又]论据，证据。《后汉书·鲁恭传》："难者必明其～，说者务立其义。"《金史·百官志》："中选者，试官给～，以名报有司。"❷抓住，用手按着。《国语·晋语四》："乃就烹，～鼎耳而疾号曰：'自今以往，知忠以事君者，与詹同。'"《吕氏春秋·介立》："两手～地而吐之，不出，喀喀然遂伏地而死。"《论衡·订鬼》："独卧空室之中，若有所畏惧，则梦见夫人～案其身哭矣。"[引]动物用爪抓取。《老子·五十五章》："毒虫不螫，猛兽不～，攫鸟不搏。"《史记·吕太后本纪》："三月中，吕后祓，还过轵道，见物如苍犬，～高后掖，忽弗复见。"❸保佑。《左传·僖公五年》："吾享祀丰絜，神必～我。"[引]保护，援助。《史记·白起王翦列传》："赵军长平，以按～上党民。"❹跨坐。《后汉书·马援传》："援～鞍顾眄，以示可用。"❺占据，占有。《荀子·非相》："叶公子高入～楚，诛白公，定楚国，如反手尔，仁义功名，著于后世。"《史记·张仪列传》："～九鼎，案图籍，挟天子以令于天下。"《后汉书·李忠传》："南方海滨江淮，多拥兵～土。"❻居，处。《战国策·齐策三》："猿猕猴错木～水，则不若鱼鳖。"❼任。《战国策·赵策一》："以赵之弱而～之建信君，涉孟之雠然者何也？"❽量词。十里为据。郦道元《水经注·河水一》："～者，晋言十里也。"❾通"倨"。傲慢。《战国策·齐策四》："～慢骄奢，则凶从之。"❿姓。

【据依】 jùyī 依据，依靠。《国语·晋语一》："民各有心，无所～～。"

【据仗】 jùzhàng 依仗。《汉书·杜钦传》："孤独特立，莫可～～。"

渠 jù 见qú。

距 jù ❶雄鸡跗蹠骨后突出如趾的尖骨。《后汉书·五行志一》："未央宫雌鸡化为雄，不鸣无～。"[又]泛指鸡爪。《左传·昭公二十五年》："季、郈之斗鸡。季氏介其鸡，郈氏为之金～。"❷钓钩上的倒刺。《淮南子·原道训》："夫临江而钓，旷日而不能盈罗，虽有钩箴芒～，微纶芳饵，加之以詹何、娟嬛之数，犹不能与网罟争得也。"[又]刀锋倒刺。《增韵》："凡刀锋倒刺皆曰～。"❸至，到。《史记·苏秦列传》："不至四五日而～国都矣。"[引]流至。《尚书·皋陶谟》："予决九川，～四海。"[又]连结。曾巩《越州鉴湖图序》："鉴湖，一曰南湖，南并山，北属州城漕渠，东西～江。"❹距离。《国语·周语上》："～今九日，土其俱动。"❺通"拒"。抗拒，抵御。《战国策·齐策六》："今公又以弊聊之民，～全齐之兵，期年不解，是墨翟之守也。"[引]阻拦。《史记·赵世家》："赵盾患之，恐其宗与大夫袭诛之，迺遂立太子，是为灵公，发兵～所迎襄公弟于秦者。"[又]拒绝，反对。《孟子·滕文公下》："闲先圣之道，～杨墨，放淫辞，邪说者不得作。"（闲：防闲。）《论衡·问孔》："孔子笑子游之弦歌，子游引前言以～孔子。"❻通"巨"。大。《淮南子·氾论训》："体大者节疏，蹠～者举远。"（蹠：脚掌，脚。）❼通"据[2]（據）"。凭借。《国语·郑语》："～险而邻于小，若加之以德，可以大启。"❽通"讵"。难道。《韩非子·难四》："燕哙虽举所贤，而同于用所爱，卫奚～然哉？"

【距冲】 jùchōng 拒敌或攻城用的冲车。《韩非子·八说》："干城～～，不若堙穴伏橐。"（橐：当作"橐"。）

【距关】 jùguān 闭关。《史记·项羽本纪》："～～，毋内诸侯，秦地可尽王也。"

【距国】 jùguó 夹在中间，两面受敌的国家。《管子·国蓄》："前有千乘之国，而后有万乘之国，谓之～～。"

【距年】 jùnián 老年人。距，通"巨"。《墨子·尚贤中》："此圣王之道，先王之书，～～之言也。"

【距跃】 jùyuè ❶向上跳。《左传·僖公二十八年》："～～三百，曲踊三百。"（曲踊：向前跳。）❷止跃，闭门不出。王褒《四子讲德论》："今夫子闭门～～，专精趋学，有日矣。"

跙 jù 行不正。白居易《初出蓝田路作》诗："人烦马蹄～，劳苦已如此。"

飓（颶） jù 发生在海洋上的强烈风暴。韩愈《县斋有怀》诗："雷威固已加，～势仍相借。"

【飓母】 jùmǔ 飓风发生前的朕兆。李肇《国史补》卷下："飓风将至，则多虹蜺，名曰～～。"

锯（鋸） jù ❶锯子。《庄子·在宥》："于是乎斩～制焉。"[又]刑具的一种。司马迁《报任少卿书》："如今朝廷虽乏人,奈何令刀～之馀荐天下之豪俊哉?”苏轼《刑赏忠厚之至论》:“古者赏不以爵禄,刑不以刀～。”❷用锯子锯。《晋书·胡毋辅之传》:“彦国吐佳言如～木屑,霏霏不绝。”

窭(寠、窶) 1. jù ❶贫穷。《诗经·邶风·北门》:“终～且贫,莫知我艰。”王安石《风俗》:“然而～人之子,短褐未尽完。”❷狭小。《荀子·尧问》:“彼其好自用也,是所以～小也。”(窭小:指心胸狭小。)

2. lóu ❸见“瓯窭”。

聚(取) jù ❶集聚,集合。《周易·系辞下》:“方以类～,物以群分。”《荀子·宥坐》:“故居处足以～徒成群,言谈足以饰邪营众。”㉠召集。《左传·宣公四年》:“及将死,～其族。”《后汉书·刘盆子传》:“吕母怨宰,密～客,规以报仇。”㉡集聚而成的人群、团伙。《史记·陈涉世家》:“当此时,楚兵数千人为～者,不可胜数。”㉡聚众而成的战役。《左传·成公十三年》:“我是以有辅氏之～。”❷邑落,村落。《战国策·赵策二》:“禹无百人之～,以王诸侯。”《史记·五帝本纪》:“一年所居成～,二年成邑,三年成都。”❸堆积。《庄子·达生》:“自为谋,则苟生有轩冕之尊,死得于腞楯之上、～偻之中则为之。”(偻:通“蒌”。棺材上的装饰。)㉠积物成堆。慧皎《高僧传·兴福篇》:“明旦见塔已成灰～。”❹积蓄,积攒。《国语·晋语二》:“子盍尽国以赂外内,无爱虚以求入,既入而后图～。”《后汉书·公孙述传》:“财物易～耳,不宜加爱。”㉠所蓄积的财物。《国语·晋语四》:“守天之～,将施于宜。”《左传·哀公十七年》:“楚白公之乱,陈人恃其～而侵楚。”❺增加。《孟子·公孙丑上》:“地不改辟矣,民不改～矣,行仁政而王,莫之能御也。”❻共,共同。《国语·晋语二》:“且夫偕出偕入难,～居异情恶,不若走梁。”

【聚敛】 jùliǎn ❶收集。《墨子·天志中》:“～～天下之美名而加之焉。”❷搜刮。《荀子·王制》:“故修礼者王,为政者强,取民者安,～～者亡。”杜甫《自京赴奉先县咏怀五百字》:“鞭挞其夫家,～～贡城阙。”

【聚禄】 jùlù 求禄。《庄子·德充符》:“无君人之位以济乎人之死,无～～以望人之腹。”

【聚落】 jùluò 村落。《汉书·赵充国传》:“兵至罕地,令军毋燔～～刍牧田中。”

【聚讼】 jùsòng 众说纷争,是非难定。《后汉书·曹褒传》:“谚言作舍道旁,三年不成,会礼之家,名为～～,互生疑异,笔不得下。”

【聚麀】 jùyōu 几头公的与同一母的交配。《礼记·曲礼上》:“夫唯禽兽无礼,故父子～～。”又比喻两辈人之间的乱伦关系。骆宾王《为徐敬业讨武曌檄》:“践元后于翚翟,陷吾君于～～。”

【聚足】 jùzú 登阶一步一停。《礼记·曲礼上》:“主人与客让登,主人先登,客从之,拾级～～,连步以上。”

虡(簴) jù ❶古代悬挂编钟、编磬木架上的立柱。《诗经·周颂·有瞽》:“设业设～,崇牙树羽。”《汉书·郊祀志下》:“建章、未央、长乐宫钟～、铜人皆生毛,长一寸许,时以为美祥。”❷几的一种。《方言》卷五:“榻前几,……凡其高者谓之～。”

踞 jù ❶蹲,蹲坐。《左传·襄公二十四年》:“将及楚师,而后从之乘,皆～转而鼓琴。”《吕氏春秋·下贤》:“魏文侯见段干木,立倦而不敢息;反见翟黄,～于堂而与之言。”❷靠着。《韩非子·外储说右下》:“兹郑～辕而歌。”❸通“倨”。傲慢。《抱朴子·品行》:“捐贫贱之故旧,轻人士而～傲者,骄人也。”❹通“锯”。锯子。《楚辞·大招》:“长爪～牙,诶笑狂只。”

【踞肆】 jùsì ❶踞坐。《后汉书·鲁恭传》:“蹲夷～～,与鸟兽无别。”(蹲夷:踞坐。)吴儆《浮丘山赋》:“严厉而劲正,～～而盘礴。”❷傲慢放肆。《汉书·叙传上》:“《书》云:‘乃用妇人之言’,何有～～于朝?”❸气势雄壮的样子。苏洵《木假山记》:“予见中峰魁岸～～,意气端重。”

屦(屨) jù ❶用麻葛等物制成的鞋。《诗经·齐风·南山》:“葛～五两,冠緌双止。”《孟子·滕文公下》:“彼身织～,妻辟纑,以易之也。”㉠泛指鞋。《管子·大匡》:“豕人立而啼,公惧,坠于车下,伤足亡～。”《孟子·告子上》:“～之相似,天下之足同也。”❷践踏。扬雄《羽猎赋》:“～般首,带修蛇。”(般首:虎头。)

【屦校】 jùjiào 脚带上刑具。校,一种刑具,桎梏之类。《周易·噬嗑》:“～～灭趾,无咎。”(灭趾:覆盖了脚。)

懅 jù ❶羞愧。《后汉书·王霸传》:“市人皆大笑,举手邪揄之,霸惭～而还。”❷惊恐。《后汉书·徐登传》:“[赵]炳乃故升茅屋,梧鼎而爨,主人见之惊～。”

遽 jù ❶驿车,传递信息的快速马车。《左传·昭公二年》:“惧弗及,乘～而至。”㉠驿站。《管子·大匡》:“三十里置～,委焉,有司职之。”❷竞,争着发展。《楚辞·大招》:“春气奋发,万物～只。”❸迅速。《国语·晋语四》:“公～出见之。”《吕氏春秋·诚廉》："今周见殷之僻乱也，而～为之正与治。"❹惶恐。《世说新语·雅量》："谢太傅盘桓东山时，与孙兴公诸人泛海戏，风起浪涌，孙王诸人色并～。"❺窘迫。张衡《西京赋》："百禽㥄～，骇瞿奔触。"❻突然。韩愈《祭十二郎文》："呜呼！孰谓汝～去吾而殁乎！"❼就。《战国策·魏策一》："齐、楚之王曰：'善。'乃～解攻于魏。"《后汉书·刘玄传》："成败未可知，～自纵放若此。"

【遽然】 jùrán 猝然，突然。《淮南子·道应训》："仲尼～～曰：'何谓坐忘？'"

【遽人】 jùrén 驿卒。《国语·晋语九》："赵襄子使新稚穆子伐狄，胜左人、中人，～～来告。"(左人、中人：鲜虞二邑名。)

【遽惕】 jùtì 惶遽怵惕。《楚辞·大招》："魂乎归徕，不～～只。"

瞿 jù 见 qú。

镰(鐻) 1. jù ❶同"虡"。古代悬挂编钟、编磬木架上的立柱。《史记·秦始皇本纪》："收天下兵，聚之咸阳，销以为钟～。"❷一种乐器。《庄子·达生》："梓庆削木为～，～成，见者惊犹鬼神。"

2. qú ❸金属制的耳饰。《后汉书·张奂传》："先零酋长又遗金～八枚。"

醵 jù 凑钱饮酒。《礼记·礼器》："周礼其犹～与！"㊂泛指聚敛(钱财)。陶榖《清异录·器具》："庐山白鹿洞游士辐凑，每冬寒～金市乌薪为御冬备，号黑金社。"苏舜钦《上执政启》："且～敛吏人，岂如斥卖弃物？"

躆 jù 踞，用爪据持。班固《答宾戏》："应龙潜于潢污，鱼鼋媟之，不睹其能奋灵德，合风云，超忽荒而～颢苍也。"

躣 jù 见"躣躣"。

【躣躣】 jùjù 行进的样子。《楚辞·九辩》："左朱雀之茇茇兮，右苍龙之～～。"

juan

泫 juān 见 xuàn。

涓 1. juān ❶细小的水流。《后汉书·周纡传》："～流虽寡，浸成江河。"㊀细微。李华《杂诗》："典乐忽～微，波浪与天浑。"❷清除，除去。《汉书·礼乐志》："～选休成。"(休：美。)❸选择。左思《魏都赋》："～吉日，陟中坛，即帝位，改正朔。"❹通"捐"。抛弃。《管子·立政》："正道～弃而邪事日长。"❺姓。

2. xuàn ❻见"涓然"。

【涓埃】 juān'āi 滴水轻尘。比喻微小的贡献。杜甫《野望》诗："唯将迟暮供多病，未有～～答圣朝。"

【涓毫】 juānháo 滴水毫毛。比喻细微之利。苏舜钦《杜公让官表》："虽极勤瘁，无补～～。"

【涓洁】 juānjié 清洁。《元史·祭祀志一》："旧不设盥洗之位，殊非～～之道。"

【涓涓】 juānjuān ❶细流。《后汉书·丁鸿传》："夫坏崖破岩之水，源自～～。"❷细微。《论衡·累害》："清吏增郁郁之白，举～～之言。"❸细水慢流的样子。陆游《成都府江渎庙碑》："某尝登嶓冢之山，有泉～～出两山间，是为汉水之源，事与经合。"

【涓浍】 juānkuài ❶细小的水流。谢朓《高松赋》："夫江海之为大，实～～之所归。"❷细小，细微。《隋书·李德林传》："已大见其文笔，浩浩如长河东注，比来所见后生制作，乃～～之流耳。"❸比喻卑微的地位。《魏书·孙惠蔚传》："道固既登龙门，而孙蔚犹沈～～。"

【涓人】 juānrén 宫中主管洒扫清洁的人。《战国策·燕策一》："～～言于君曰：'请求之。'"

【涓然】 xuànrán 流泪的样子。涓，通"泫"。《列子·周穆王》："燕人生于燕，长于楚，及老而还本国。过晋国，同行者诳之，……指舍曰：'此若先人之庐。'乃～～而泣。"

捐 1. juān ❶抛弃。《楚辞·九歌·湘君》："～余玦兮江中，遗余佩兮醴浦。"《史记·三代世表》："姜嫄以为无父，贱而弃之道中，牛羊避不践也。抱之山中，山者养之。又～之大泽，鸟覆席食之。"❷除去。《史记·孙子吴起列传》："[吴起]至则相楚，明法审令。～不急之官。"❸撤掉。《孟子·万章上》："父母使舜完廪，～阶。"❹捐助。《史记·货殖列传》："唯无盐氏出～千金贷。"❺封建社会出钱买官。《红楼梦》十三回："贾珍心中早打定主意，因而趁便就说要与贾蓉～个前程。"❻车环。《尔雅·释器》："环谓之～。"

2. yuán ❼见"捐毒"。

【捐背】 juānbèi 弃去。指死亡。潘岳《寡妇赋》："荣华晔其始茂兮，良人忽以～～。"

【捐馆】 juānguǎn 见"捐馆舍"。

【捐瘠】 juānzì 饿死的人。瘠，通"胔"。《管子·八观》："道有～～者，其守不必固。"

【捐毒】 yuándú 古代西域国名。《汉书·西域传上》："～～国，王治衍敦谷，去长安九千八百六十里。"

【捐馆舍】 juānguǎnshè 捐弃所居之舍。死的讳语。《战国策·赵策二》："今奉阳君～～～，大王乃今然后得与士民相亲。"也作"捐馆"。欧阳修《七贤画序》："生四岁而先人～～。"

娟 juān 娟秀，秀美。韩愈《殿中少监马君墓志铭》："幼子～好静秀。"

【娟娟】 juānjuān 美好的样子。杜甫《寄韩谏议》诗："美人～～隔秋水，濯足洞庭望八荒。"苏洵《张益州画像记》："有女～～，闺闼闲闲。"

朘 1. juān ❶减，减缩。指受剥削。《汉书·董仲舒传》："民日削月～，寖以大穷。"❷搜刮。柳宗元《辩侵伐论》："古之守臣有～人之财，危人之生，而又害贤人者，内必弃于其人，外必弃于诸侯，从而后加伐焉。"

2. zuī ❸男孩的生殖器。《老子·五十五章》："骨弱筋柔而握固，未知牝牡之合而～作，精之至也。"(朘：一本作"全"。)

【朘刻】 juānkè 尅扣，搜刮。《新唐书·食货志一》："于是钱谷之臣，始事～～。"

【朘削】 juānxuē 剥削。陈亮《上孝宗皇帝第一书》："岂惟于立国之势无所助，又从而～～之。"

鹃(鵑) juān 杜鹃鸟。又称子规、布谷。张炎《高阳台·西湖春感》词："莫开帘，怕见飞花，怕听啼～。"

稍 juān 麦秆。《说文·禾部》："～，麦茎也。"徐锴《说文系传》引潘岳《射雉赋》："窥觇～叶。"

镅 juān 见 xuān。

䅌(䅌) juān 同"稍"。麦秆。贾思勰《齐民要术·造神麴并酒》："卧麴法先以麦～布地，然后著麴讫，又以麦～覆之。"

镌(鎸) juān ❶凿，刻。《淮南子·本经训》："～山石，鍥金玉。"《后汉书·蔡邕传》："邕乃自书册于碑，使工～刻，立于太学门外。"㉑类似镌形的一种破木工具，即凿子。《广雅·释言》："～，凿也。"❷督责，劝说。《汉书·薛宣传》："证验以明白，欲遣吏考案，恐负举者，耻辱儒士，故使掾平～令。"❸裁减，削职。王明清《挥麈后录》卷十一："[范觉民]论崇、观以来，汎滥受赏迁擢与夫入仕之人，官曹殽乱，宜从～汰。"《宋史·食货志上》："所籴至万石者旌擢，其不收籴与扰民及不实者～罚。"

【镌谯】 juānqiào 诘问责备。柳宗元《唐故朝散大夫永州刺史崔公墓志》："迁扬州录事参军，实吴楚之大都会也，政令烦挐，贡举丛沓，一日不葺，～～四至。"

【镌谕】 juānyù 深切地规劝。《新唐书·令狐楚传》："楚至，解去酷烈，以仁惠～～，人人喜悦，遂为善俗。"也作"镌喻"。朱熹《答何叔京》："遗说所疑，重蒙～～，开发为多。"

【镌喻】 juānyù 见"镌谕"。

蠲 juān ❶一种多足虫，俗称香油虫或百足虫。段玉裁《说文解字注》："马蠲，今巫州夔州谓之草鞋绊，亦曰百足虫，茅茨陈朽，则多生之。"❷惑。《荀子·王制》："立身则轻楛，事行则～疑。"❸清洁，洁净。《周礼·天官·宫人》："除其不～，去其恶臭。"《吕氏春秋·尊师》："临饮食，必～絜。"㉑使清洁。《吕氏春秋·报更》："宣孟止车，为之下食，～而铺之。"《后汉书·张衡传》："汤～体以祷祈兮，蒙厖褫以拯人。"㉑认为……是清洁的。《左传·襄公九年》："明神不～要盟，背之可也。"《汉书·郊祀志上》："黩齐明而弗～。"❹明，显示。《左传·襄公十四年》："惠公～其大德。"❺除去。《后汉书·和熹邓皇后纪》："追还徙人，～除禁锢。"元结《大唐中兴颂》："地辟天开，～除祆灾，瑞庆大来。"㉑减免。《汉书·刑法志》："～削烦苛，兆民大说。"(说：悦。)㉑废除。《后汉书·桓谭传》："今可令通义理、明习法律者，校定科比，一其法度，班下郡国，～除故条。"(班：通"颁"。颁布。)❻捐助。刘光第《美酒行》："告灾有大府，～赈来邻疆。"

【蠲涤】 juāndí 清除。《后汉书·桓帝纪》："惠我劳民，～～贪秽，以祈休祥。"

【蠲忿】 juānfèn 消除忿怒。张九龄《荔枝赋》："心恚可以～～，口爽可以忘疾。"

【蠲复】 juānfù 免除赋税或劳役。《晋书·许孜传》："诏旌表门闾，～～子孙。"

【蠲略】 juānlüè 免除。《后汉书·卢植传》："宜弘大务，～～细微。"

【蠲烝】 juānzhēng 清洁地祭祀。《尚书·多方》："乃惟尔商后王，逸厥逸，图厥政，不～～，天惟降时丧。"(时：此。)

䕎 juān 同"稍"。麦秆。潘岳《射雉赋》："阗闼～叶。"

诖(誸) juǎn 引诱，欺诈。《宋书·索虏传》："为大丈夫之法，何不自来取之，而以货～引诱我边民，募往者复除七年，是赏奸人也。"

卷[1] 1. juǎn ❶把东西弯曲成圆筒形状。《诗经·邶风·柏舟》："我心匪席，不可～也。"❷包括。《淮南子·兵略训》："昔者楚人之地，南～沅湘。”❸收敛，收藏。《论语·卫灵公》：“邦有道，则仕；邦无道，则～而怀之。”张衡《思玄赋》：“收畴昔之逸豫兮，～淫放之遐心。”❹束裹。《史记·廉颇蔺相如列传》：“赵奢既已遣秦间，乃～甲而趋之。”柳宗元《乞巧文》：“突梯～脔，为世所贤。”❺断绝。《战国策·燕策二》：“我举安邑，塞女戟，韩氏、太原～。”❻姓。

2. juàn ❼书卷。李贽《焚书·读书乐·引》：“夫以四分五裂，横戈支戟，犹能手不释～。”❽量词。古代文书或书籍的一部分。《木兰辞》：“军书十二～，～～有爷名。”❾考卷。《宋史·选举志一》：“试～，内臣收之。”❿存档的文书。《金史·高衎传》：“每季选人至吏部，托以检阅旧籍，谓之检～。”⓫通“倦”。见“卷然”。

3. quán ⓬弯曲。《诗经·小雅·都人士》：“彼君子女，～发如虿。”《庄子·逍遥遊》：“其小枝～曲而不中规矩。”（“卷”又作“拳”。）⓭通“婘”。美好。《诗经·陈风·泽陂》：“有美一人，硕大且～。”⓮通“惓”。诚恳。《汉书·贾捐之传》：“敢昧死竭～～。”⓯通“拳”。喻微小。《礼记·中庸》：“今夫山，一～石之多。”

4. quān ⓰古地名。在今河南省叶县西南。《左传·昭公二十五年》：“使熊相禖郭巢，季然郭～。”（郭：筑城。）

5. gǔn ⓱通“衮”。衮服。《礼记·王制》：“制，三公一命～。”

【卷耳】 juǎn'ěr 一种菊科植物，即苍耳子，又称苓耳。《诗经·周南·卷耳》：“采采～～，不盈顷筐。”也作“菤耳”。《尔雅·释草》：“～～，苓耳。”

【卷握】 juǎnwò 掌握，蓄积。《后汉书·张堪传》：“前公孙述破时，珍宝山积，～～之物，足富十世。”

【卷然】 juànrán 蹲踞的样子。《论衡·道虚》：“敖乃视之，方～～龟背而食合蜊。”

【卷帙】 juànzhì ❶书籍。陶弘景《肘后百一方序》：“方术之书，～～徒繁，拯济盖寡。”❷书的册数。欧阳修《记旧本韩文后》：“其最后～～不足，今不复补者，重增其故也。”

【卷娄】 quánlóu ❶伛偻。《庄子·徐无鬼》：“～～者，舜也。”❷羊的别名。陈懋仁《庶物异名疏》：“羊，亦名～～。”

【卷卷】 quánquán ❶用力的样子。《庄子·让王》：“～～乎后之为人，葆力之士也。”❷零落的样子。韩愈《秋怀》诗：“～～落地叶，随风走前轩。”

【卷然】 quánrán 柔软的样子。《礼记·檀弓下》：“歌曰：‘貍首之班然，执女手之～～’，夫子为弗闻也者而过之。”

【卷衣】 gǔnyī 古代贵族穿的绣有卷龙图案的服装。《礼记·杂记上》：“公袭，～～一。”

卷²（捲） 1. juǎn ❶把东西弯成圆筒状。庾信《咏画屏风》之十二：“玉柙珠簾～，金钩翠幔悬。”❷蜷曲。《淮南子·兵略训》：“五指之更弹，不若～手之一挃。”（挃：搏击。）

2. quán ❸通“拳”。拳头。《史记·孙子吴起列传》：“夫解杂乱纷纠者不控～。”

菤 juǎn 见“菤耳”。

【菤耳】 juǎn'ěr 见“卷耳”。

锩（錈） juǎn 卷刃，刀口屈卷。《吕氏春秋·别类》：“又柔则～，坚则折。剑折且～，焉得为利剑？”

臇 juǎn 少汁的肉羹。《说文·肉部》：“～，膗也。”（膗：肉羹。）㉑把……煮成浓汁的肉羹。《楚辞·招魂》：“鹄酸～凫，煎鸿鸧些。”（凫：野鸭子。些：语气词。）

帣 1. juàn ❶口袋。《说文·巾部》：“～，囊也。”

2. quàn ❷通“絭”。束紧袖子。《史记·滑稽列传》：“若亲有严客，髡～韝鞠䠋，侍酒于前。”（韝：袖套。）

桊 juàn 牛鼻环。《说文·木部》：“～，牛鼻环也。”玄应《一切经音义》卷四：“今江南以北皆呼牛拘，以南皆曰～。”

倦（勌、劵） juàn ❶疲倦。《左传·庄公二十年》：“今王子颓歌舞不～。”《汉书·礼乐志》：“寡人听古乐则欲寐，及闻郑、卫，余不知～焉。”❷厌倦。《论语·述而》：“默而识之，学而不厌，诲人不～，何有于我哉？”王勃《秋晚入洛于毕公宅别道王宴序》：“先生负局，～城市之尘埃。”❸蹲踞。《淮南子·道应训》：“卢敖就而视之，方～龟壳，而食蛤梨。”

【倦游】 juànyóu 厌倦仕途而思退休。《史记·司马相如列传》：“今文君已失身于司马长卿，长卿故～～。”

隽（雋） 1. juàn ❶鸟肉肥美。《吕氏春秋·本味》：“肉之美者，猩猩之唇，獾獾之炙，～觾之翠。”（觾：“燕”的讹字。翠：鸟尾肉。）㉑滋味甜美。黄庭坚《奉和王世弼》：“吟哦口垂涎，嚼味有馀～。”❷姓。

2. jùn ❸通“俊”。才智出众。《魏书·宋弁传》：“才学～赡，少有美名。”㉑才智出众的人。《汉书·礼乐志》：“至武帝即位，进用英～。”

【隽永】 juànyǒng ❶食物甜美，有味道。宋祁《益部方物略记》："鯀鱼，比鲫则大，肤缕玉莹，以鲙诸庖，无异～～。"㉛意味深长。赵蕃《次韵斯远三十日见寄》："窗明内晴景，书味真～～。"❷书名。《汉书·蒯通传》："通论战国时说士权变，亦自序其说，凡八十一首，号曰《隽永》。"

【隽楚】 jùnchǔ 杰出。北周无名氏《为行军元帅郧国公韦孝宽檄陈文》："伪公卿以下，或中华之冠带，流寓江淮；或东南之～～，世载名位。"（隽：一本作"儁"。）

【隽彦】 jùnyàn 俊才，美才。陈琳《檄吴将校部曲文》："周泰明当世～～，德行修明。"

狷(獧) juàn ❶坚守己志，不屈从于人。《国语·楚语下》："彼其父为戮于楚，其心又～而不絜。"❷心胸狭小。《三国志·蜀书·杨仪传》："而亮平生密指，以仪性～狭，意在蒋琬，琬遂为尚书令、益州刺史。"❸性情急躁。《后汉书·范冉传》："以～急不能从俗，常佩韦于朝。"

【狷悖】 juànbèi 偏急背逆。《晋书·前秦载记》："奈何因王师小败，便～～若此。"

【狷忿】 juànfèn 急躁易怒。《旧唐书·王遂传》："遂性～～，不存大体。"

【狷洁】 juànjié 洁身自守。《国语·晋语二》："公子勉之，亡人无～～，～～不行。"

【狷介】 juànjiè ❶拘谨小心。《国语·晋语二》："小心～～，不敢行也。"❷洁身自好，不与人苟合。《三国志·魏书·田畴传》："有司劾畴～～违道，苟立小节，宜免官加刑。"苏轼《贾谊论》："亦使人君得如贾生之臣，则知其有～～之操。"

绢(絹) juàn ❶生丝织成的一种丝织品。《墨子·辞过》："治丝麻，稛布～，以为民衣。"曹操《抑兼并令》："其收田租每亩四升，户出～二匹，绵二斤而已。"❷通"罥"。捕鸟兽的罗网。《周礼·秋官·翨氏》注："置其所食之物于～中，鸟来下则掎其脚。"㉛用绳索罗网绊取。《后汉书·马融传》："～猑貜，钑特肩。"

眷 juàn ❶回顾的样子。《诗经·大雅·皇矣》："乃～西顾，此维与宅。"㉛眷恋，思慕。柳宗元《愚溪诗序》："清莹秀澈，锵鸣金石，能使愚者喜笑～慕，乐而不能去也。"❷关照，关注。《后汉书·祭祀志上》："皇天～顾皇帝，以匹庶受命中兴。"宗泽《乞毋割地与金人疏》："陛下为天～佑，为民拥戴，入绍大统，固当兢兢业业，思传之亿万世。"❸眷属，亲属。《新五代史·裴皞传》："裴氏自晋魏以来，世为名族，居燕者号'东～'，居凉者号'西～'，居河东者号'中～'。"❹姓。

【眷拔】 juànbá 爱重提拔。《世说新语·宠礼》："王珣、郗超并有奇才，为大司马所～～，拔珣为主簿，超为记室参军。"

【眷顾】 juàngù ❶眷恋地回顾。《论衡·初禀》："天无头面，～～如何？"❷关注、牵挂。《宋书·徐湛之传》："又昔蒙～～，不容自绝，音翰信命，时相往来。"也作"睠顾"。《史记·屈原贾生列传》："屈平既嫉之，虽放流，～～楚国，系心怀王。"

【眷眷】 juànjuàn ❶反顾留恋的样子。《楚辞·九叹·离世》："心蛩蛩而怀顾兮，魂～～而独逝。"王粲《登楼赋》："情～～而怀归兮，孰忧思之可任？"也作"睠睠"。《诗经·小雅·小明》："念彼共人，～～怀顾。"《楚辞·九叹·忧苦》："思念郢路兮，还顾～～。"❷内心有所牵挂的样子。《三国志·吴书·孙权传》："是以～～，勤求俊杰，将与戮力，共定海内。"

【眷任】 juànrèn 宠信。《新唐书·房琯传》："帝虽恨琯丧师，而～～未衰。"

惓 juàn 见 quán。

鄄 juàn 古地名。在今山东省鄄城县西北。《左传·襄公十四年》："四月己未，子展奔齐，公如～。"

圈 1. juàn ❶饲养家畜或圈禁禽兽的地方。《论衡·佚文》："夫富无仁义之行，[犹]～中之鹿，栏中之牛也。"《三国志·魏书·陈思王植传》："虚荷上位而忝重禄，禽息鸟视，终于白首，此徒～牢之养物，非臣之所志也。"㉛用栅栏把家畜或禽兽围起来。枚乘《上书重谏吴王》："修治上林，杂以离宫，积聚玩好，～守禽兽，不如长洲之苑。"❷姓。

2. quān ❸用杞柳编成的一种圆形器皿。《礼记·玉藻》："母没而怀～不能饮焉。"㉛围住，禁闭。《晋书·刘颂传》："魏氏承之，～闭亲戚，幽囚子弟。"

婘 juàn 见 quán。

棬 juàn 见 quán。

睊 juàn 见"睊睊"。

【睊睊】 juànjuàn 因愤恨而侧目怒视的样子。《孟子·梁惠王下》："今也不然，师行而粮食，饥者弗食，劳者弗息，～～胥谗，民乃作慝。"（胥：皆。慝：恶。）

罥 juàn ❶挂碍，缠挂。鲍照《芜城赋》："泽葵依井，荒葛～涂。"杜甫《茅屋为秋风所破歌》："茅飞渡江洒江郊，高者挂～长林梢，下者飘转沉塘坳。”❷用绳索捕取鸟兽。《史记·司马相如列传》：“～騕褭，射封豕。”

【罥罣】 juànguà 缠绊，缠绊。韦应物《澧上寄幼遐》诗：“～～丛榛密，披瓯孤花明。”

睠 juàn 同“眷”。回顾的样子。《诗经·大雅·大东》：“～言顾之，潸焉出涕。”（言：助词。）颜延之《还至梁城作》诗：“振策～东路，倾侧不及群。”

【睠顾】 juàngù 见“眷顾”。

【睠睠】 juànjuàn 见“眷眷”。

羂（羂） juàn ❶同“罥”。挂碍，缠挂。《集韵·铣韵》：“罥，挂也，或作～。”❷同“罥”。用绳索捕取鸟兽。张衡《西京赋》：“但观罝罗之所～结，竿殳之所揘毕。”❸索套。《晋书·吕光载记》：“以革索为～，策马掷人，多有中者。”

懁 juàn ❶性急。《史记·货殖列传》：“民俗～急。”❷通“狷”。固执，保守。《庄子·列御寇》：“故有貌愿而益，有长若不肖，有慎～而达，有坚而缦，有缓而钎。”（慎：原作“顺”。）

讂（讂） juàn ❶流言。《说文·言部》：“～，流言也。”❷寻求。《急就篇》卷四：“乏兴猥逮诇～求。”❸远。《管子·宙合》：“～充，言心也，心欲忠。”（尹知章注：“～，远也。”）

jue

蹻 juē 见 qiāo。

决（決） 1. jué ❶打开缺口，疏导水流。《孟子·滕文公上》：“～汝汉，排淮泗，而注之江。”《史记·孝武本纪》：“昔禹疏九江，～四渎。”〈引〉清除，清理。《吕氏春秋·古乐》：“通大川，～壅塞。”❷决口、决堤。《史记·孝武本纪》：“黄金可成，而河～可塞。”《汉书·沟洫志》：“孝文时河～酸枣，东溃金隄，于是东郡大兴卒塞之。”〈引〉涨溢。《淮南子·天文训》：“贲星坠而勃海～。”⊗引水，放水。《战国策·秦策一》：“智伯帅三国之众，以攻赵襄主于晋阳，～水灌之，三年，城且拔矣。”❸开。扬雄《甘泉赋》：“天阃～兮地垠开，八荒协兮万国谐。”（阃：门限。）《晋书·刘曜载记》：“丈八蛇矛左右盘，十荡十～无当前。”❹断，断裂。《战国策·赵策三》：“人有置系蹄者而得虎，虎怒，～蹯而去。”（蹯：兽足。）《吕氏春秋·谕大》：“灶突～，则火上焚栋，燕雀颜色不变，是何也？”（突：烟囱。）⊗斩断。李白《古风》之三：“挥剑～浮云，诸侯尽西来。”❺决断，决定。《国语·晋语一》：“寡人闻之，立太子之道三：身钧以年，年同以爱，爱疑～之以卜筮。”（身钧：德同。）《史记·齐悼惠王世家》：“哀王元年，孝惠帝崩，吕太后称制，天下事皆～于高后。”〈引〉判断。《左传·桓公十一年》：“卜以～疑。不疑，何卜？”《论衡·实知》：“其任耳目也，可知之事，思之辄～。”⊗知晓。《吕氏春秋·节丧》：“此二者，圣人之独～也。”❻决战。《汉书·赵充国传》：“兵当何时～？”❼判决。《吕氏春秋·孟夏》：“断薄刑，～小罪，出轻系。”《元史·王磐传》：“期秋八月，悉来京师听～。”❽果决，坚决。郦道元《水经注·江水一》：“蜀人慕其气～，凡壮健者因名‘冰儿’也。”❾必定，一定。《战国策·赵策一》：“虎将即禽，禽不知虎之即己也，而相斗两罢，而归其死于虎。故使禽知虎之即己，～不相斗矣。”（罢：通“疲”。疲惫。）❿通“抉”。挖出。《史记·刺客列传》：“聂政大呼，所击杀者数十人，因自皮面～眼，自屠出肠，遂以死。”⓫通“抉”。扳指。古代射箭时，套在拇指上用以钩弦的骨制工具。《国语·吴语》：“夫一人善射，百夫～拾，胜未可成。”（拾：革制的袖套。）⓬通“诀”。告别，辞别。《史记·外戚世家》：“姊去我西时，与我～于传舍中。”⓭通“诀”。诀窍。《列子·说符》：“卫人有善数者，临时，以～喻其子。”⓮（xuè）通“赽”。疾，迅速。《庄子·逍遥游》：“我～起而飞，抢榆枋，时则不至，而控于地而已矣。”

2. quē ⓯通“缺”。裂，裂开。《史记·李斯列传》：“夫人生居世间也，譬犹骋六骥过～隙也。”

【决汩】 juégǔ 疏通。《国语·周语下》：“封崇九山，～～九川。”

【决决】 juéjué ❶水流的样子。卢纶《山居》诗：“登登山路何时尽，～～溪泉到处闻。”❷传说中的水名。《山海经·北山经》：“龙侯之山无草木，多金玉，～～之水出焉，而东流注于河。”

【决裂】 juéliè ❶分割。《战国策·秦策三》：“穰侯使者操王之重，～～诸侯，剖符于天下。”❷毁坏。《战国策·秦策三》：“夫商君为孝公平权衡，正度量，调轻重，～～阡陌，教民耕战。”

【决配】 juépèi 判决发配。《宋史·刑法志一》：“处断、重断、极断、～～、朝典之类，未得论决，具狱以闻。”

【决平】 juépíng 公平审判。《史记·周本纪》：“西伯阴行善，诸侯来～～。于是虞、芮之人，有狱不能决，乃如周。”《汉书·杜周传》：“君为天子～～，不循三尺法，专以人主意指为狱，狱者固如是乎？”

【决遂】 juésuì 古代射箭用的扳指和袖套。《仪礼·大射礼》：“司射适次，袒～～。”

【决吻】 juéwěn 张唇，张口。《周礼·考工记·梓人》：“锐喙，～～，数目，顧脰，小体，骞腹，若是者谓之羽属。”

【决谳】 juéyàn 刑罪的判决书。《史记·汲郑列传》：“上分别文法，汤等数奏～～以幸。”

【决眦】 juézì ❶射破野兽的眼眶。《史记·司马相如列传》：“弓不虚发，中必～～。”❷睁裂眼角。形容张目极视的样子。杜甫《望岳》诗：“荡胸生层云，～～入归鸟。”❸张目瞪视。形容怒目而视的样子。曹植《鼙鼓歌》：“张目～～，发怒穿冠。”

诀(訣)

jué ❶告别，辞别。《史记·孙子吴起列传》：“东出卫郭门，与其母～。”㉿与死者永别。《世说新语·任诞》：“阮籍尝葬母，蒸一肥豚，饮酒二斗，然后临～。”❷秘诀。《魏书·释老志》：“大禹闻长生之～。”❸通“决”。疏通。《史记·扁鹊仓公列传》：“乃割皮解肌，～脉结筋。”

刔

jué 剔。欧阳修《陈氏荣乡亭记》：“居官既不久，又不究知其俗，常不暇～剔，已辄易去。”

抉

jué ❶挖出。《战国策·韩策二》：“聂政大呼，所杀者数十人，因自皮面～眼，自屠其肠，遂以死。”《吕氏春秋·知化》：“夫差乃取其身而流之江，～其目，著之东门。”㉿剔出，删去。欧阳修《孙子后序》：“乃自为注，凡胶于偏见者皆～去，傅以己意而发之。”㊇故意寻求，挑剔。《后汉书·陈元传》：“～瑕擿衅，掩其弘美。”❷摘取。苏轼《潮州韩文公庙碑》：“公昔骑龙白云乡，手～云汉分天章。”❸选取。陆龟蒙《甫里先生传》：“探六籍，识大义，就中乐春秋，～擿微旨。”❹捕捉。欧阳修《五代史宦者传论》：“故其大者亡国，其次亡身，而使奸豪得借以为资而起，至～其种类，尽杀以快天下之心而后已。”❺撬开。《荀子·正论》：“若是，则有何尤扫人之墓～人之口而求利矣哉？”❻托举。《左传·襄公十年》：“县门发，郰人纥～之，以出门者。”❼拔起。《左传·哀公十六年》：“～豫章以杀人而后死。”（豫章：樟木。）❽戳，穿。《左传·襄公十七年》：“以杙～其伤而死。”（伤：伤口。）❾扳指。古代射箭时，套在右拇指上用以钩弦的骨制工具。《周礼·夏官·缮人》：“掌王之用：弓弩、矢箙、矰弋、～拾。”（拾：套在左臂上的革制袖套。）《史记·苏秦列传》：“陆断牛马，水截鹄雁，当敌则斩，坚甲铁幕，革～吰芮，无不毕具。”㉿讲究钩弦技术。《战国策·楚策一》：“章闻之：其君好发者，其臣～拾。”

角

jué 见 jiǎo。

駃(駃)

1. jué ❶见“駃騠”。

2. kuài ❷通“快”。爽快。元好问《乙酉六月十一日雨》诗：“今日复何日，～雨东南来。”❸通“快”。迅疾。崔豹《古今注·杂注》：“曹真有～马，名为惊帆，言其驰骤如烈风举帆之疾也。”

【駃騠】 juétí 公马与母驴杂交而生的驴骡。《史记·鲁仲连邹阳列传》：“苏秦相燕，燕人恶之于王，王按剑而怒，食以～～。”

玦

jué ❶一种环形而有缺口的佩玉。《左传·闵公二年》：“公与石祁子～，与宁庄子矢，使守。”《荀子·大略》：“聘人以珪，问士以璧，召人以瑗，绝人以～，反绝以环。”❷通“抉”。扳指，古代射箭时套在右拇指上用以钩弦的骨制工具。《礼记·内则》：“右佩～、捍、管遰、大觿、木燧。”

屈

jué 见 qū。

觉(覺)

1. jué ❶觉悟，省悟。《荀子·富国》：“君人者，亦可以～矣。”《吕氏春秋·下贤》：“～乎其不疑有以也。”㉿有觉悟的人。左思《吴都赋》：“藏理于终古，而未寤于前～。”㊇使觉悟、省悟。《孟子·万章上》：“天之生此民也，使先知～后知也。”《论衡·对作》：“故夫贤人之在世也，进则尽忠宣化，以明朝廷；退则称论贬说，以～失俗。”❷感觉，感到。《后汉书·爰延传》：“夫爱之则不～其过，恶之则不知其善。”❸发觉，察觉。《史记·楚世家》：“二年，楚怀王亡逃归，秦～之，遮楚道，怀王恐，乃从间道走赵以求归。”《战国策·楚策一》：“[苏秦]乃佯有罪，出走入齐，齐王因受而相之。居二年而～，齐王大怒，车裂苏秦于市。”❹表明、表示。《左传·文公四年》：“王于是乎赐之彤弓一、彤矢百、玈弓矢千，以～报宴。”❺高大，正直。《诗经·大雅·抑》：“有～德行，四国顺之。”《左传·襄公二十一年》：“夫子，～者也。”❻姓。

2. jiào ❼睡醒。《国语·晋语二》：“公拜稽首，～，召史嚚占之。”❽通“较”。差。《抱朴子·论仙》：“其为不同，已有天壤之～，冰炭之乖矣。”

【觉剑】 juéjiàn 觉悟之力。王勃《益州绵竹县武都山净慧寺碑文》：“挥～～而破邪山，扬智灯而照昏室。”

【觉露】 juélù 发觉暴露。《论衡·答佞》：“外内不相称，名实不相副，际会发见，奸为

～～也。”《后汉书·曹节传》：“华容侯朱瑀知事～～，祸及其身。”

【觉悟】 juéwù ❶醒悟，对过失有认识。《史记·孟尝君列传》：“如有齐～～，复用孟尝君，则雌雄之所在未可知也。”《论衡·感类》：“由此言之，成王未～～，雷雨止矣。”也作“觉寤”。《汉书·项籍传》：“身死东城，尚不～～。”❷睡醒。《后汉书·冯异传》：“光武曰：‘我昨梦乘赤龙上天，～～，心中动悸。’”也作“觉寤”。《东观汉记·冯异传》：“我梦乘龙上天，～～，心中动悸。”❸佛教指领悟到佛教的真理。《隋书·经籍志四》：“[释迦]舍太子位，出家学道，勤行精进，～～一切种智，而谓之佛。”

【觉寤】 juéwù 见“觉悟①②”。

【觉卧】 jiàowò 睁着眼睛睡卧。喻警惕戒惧。《管子·宙合》：“大揆度仪，若～～，若晦明，……若敖之在尧也。”（敖：人名，尧子丹朱。）

珏（玨、瑴） jué 一对白玉。《左传·庄公十八年》：“十八年春，虢公、晋侯朝王，王飨醴，命之宥，皆赐玉五～，马三匹，非礼也。”《国语·鲁语上》：“公说，行玉二十～，乃免卫侯。”

鴂（鴃） jué 同“鴃”。杜鹃。《诗经·豳风·七月》：“七月鸣～，八月载绩。”

鴃（鴂、鴃） jué 鶗鴃，杜鹃鸟，也叫伯劳。严复《哭林晚翠》诗：“忽听啼晚～，容易刈芳荪。”

【鴃舌】 juéshé 形容语言难懂，如同鶗鴃鸣啼一般。《孟子·滕文公上》：“今也南蛮～～之人，非先王之道。”

绝（絶、㡭） 1. jué ❶断绝。《吕氏春秋·重己》：“使乌获疾引牛尾，尾～力勯，而牛不可行，逆也。”（乌获：古代战国时秦国的力士。勯：尽。）《史记·刺客列传》：“未至身，秦王惊，自引而起，袖～。”㊂截取。《孟子·滕文公上》：“今滕，～长补短，将五十里也，犹可以为善国。”❷绝句。格律诗的一种。王实甫《西厢记》一本三折：“我且高吟一～。”❸横渡。《荀子·劝学》：“假舟楫者，非能水也，而～江河。”《史记·苏秦列传》：“即有军役，未尝倍泰山，～清河，涉勃海也。”❹穿过，经过。《史记·绛侯周勃世家》：“～一岁，景帝乃更封绛侯勃他子坚为平曲侯，续绛侯后。”《汉书·武帝纪》：“夏四月，卫青复将六将军～幕，大克获。”（幕：通“漠”。沙漠。）❺超过。《汉书·刘歆传》：“博见强志，过～于人。”❻绝尽。《论衡·逢遇》：“孔子～粮陈蔡。”《后汉书·西域传》：“三面路～，唯西北隅通陆道。”㊀贫乏，穷困。《吕氏春秋·季春》：“命有司发仓窌，赐贫穷，振乏～。”（窌：地窖。）㊂缺少。《管子·牧民》：“国有四维，一维～则倾，二维～则危，三维～则覆，四维～则灭。”（四维：仁、义、廉、耻。）❼灭绝。《尚书·甘誓》：“天用剿～其命，今予惟恭行天之罚。”（用：因而。）《诗经·大雅·皇矣》：“是伐是肆，是～是忽。”㊂灭亡。《国语·齐语》：“鲁有夫人、庆父之乱，二君弑死，国～无嗣。”❽气绝，死亡。《吕氏春秋·知接》：“蒙衣袂而～乎寿宫。”㊀草木枯萎而死。《楚辞·离骚》：“虽萎～其亦何伤兮，哀众芳之芜秽。”❾绝祀。《左传·僖公二十四年》：“天未～晋。”❿戒，杜绝。《论语·子罕》：“子～四：毋意，毋必，毋固，毋我。”⓫谢绝，绝交。《吕氏春秋·观世》：“越石父怒，请～。”《后汉书·卓茂传》：“遂欧血托病，杜门自～。”⓬独一无二的，绝妙的。《三国志·魏书·华佗传》：“佗之～技，凡此类也。”曾巩《送李材叔知柳州序》：“食有海之百物，累岁之酒醋，皆～于天下。”㊂卓越的。《论衡·奇怪》：“说圣者以为禀天精微之气，故其为有殊～之知。”⓭僻远，极远的。《史记·苏秦列传》：“寡人地～兵远，不能攻也。”《后汉书·梁竦传》：“远在～域，不知死生。”⓮极，非常。《史记·伍子胥列传》：“秦女～美。”⓯仅，只。《管子·大匡》：“三国之所以亡者，～以小。”

2. jié ⓰通“截”。坚决。《管子·法禁》：“～而定，静而治，安而尊。”

【绝倡】 juéchàng 见“绝唱”。

【绝唱】 juéchàng 绝美的诗文作品。钱起《和晴雪早朝》：“题柱盛名兼～～，风流谁继汉田郎。”欧阳炯《花间集序》：“昔郢人有歌阳春者，号为～～，乃命之为《花间集》。”也作“绝倡”。王十朋《蓬莱阁赋序》：“兰亭～～，亘古今而莫拟。”

【绝代】 juédài ❶久远的年代。郭璞《尔雅序》：“总～～之离词，辩同实而殊号者也。”❷空前绝后，冠出当代。杜甫《佳人》诗：“～～有佳人，幽居在空谷。”

【绝倒】 juédǎo ❶倒地而绝命。《宋史·王登传》：“登忽～～，五脏出血而卒。”❷因极度悲伤而昏倒。《隋书·陈孝意传》：“朝夕临哀，每发一声，未尝不～～。”赵秉文《杂拟》诗：“不敢上高楼，惟恐愁～～。”❸因大笑而身躯倾倒。《新五代史·晋家人传》：“左右皆失笑，帝亦自～～。”❹极为佩服。《晋书·卫玠传》：“卫玠谈道，平子～～。”

【绝地】 juédì ❶极为险恶，毫无退路的境地。《管子·兵法》：“～～不守，恃固不拔。”

❷极远的地方。《汉书·韩安国传》:“且自三代之盛,夷狄不与正朔服色,非威不能制,强弗能服也,以为远方～～不牧之民,不足烦中国也。”❸传说中的良马名。王嘉《拾遗记·周穆王》:“王驭八龙之骏,一名～～,足不践土。”

【绝甘】 juégān 弃绝甜美食物。《庄子·盗跖》:“苦体～～,约养以持生。”司马迁《报任少卿书》:“[仆]以为李陵素与士大夫～～分少。”

【绝国】 juéguó ❶极远的国家。《史记·卫将军骠骑列传》:“张骞从大将军,以尝使大夏,……因前使～～有功,封骞博望侯。”《三国志·蜀书·郤正传》注引桓谭《新论》:“远赴～～,无相见期。”❷无子传代的封国。《后汉书·光武郭皇后纪》:“郭氏侯者凡三人,皆～～。”

【绝迹】 juéjì ❶不见行迹。《庄子·人间世》:“～～易,无行地难。”(行地:行路脚踏地。)❷杜绝交往,与世隔绝。桓温《荐谯元彦表》:“杜门～～,不面伪朝。”❸没人到过的地方。《论衡·道虚》:“况卢敖一人之身,独行～～之地,空造幽冥之语乎?”❹卓越的功业、事迹。《后汉书·冯衍传》:“追周弃之遗教兮,轶范蠡之～～。”

【绝济】 juéjì 渡口。陆云《答兄平原》诗:“南津有～～,北渚无河梁。”

【绝涧】 juéjiàn 山深水大的山涧。《孙子·行军》:“凡地有～～、天井、天牢、天罗、天陷、天隙,必亟去之,勿近也。”

【绝力】 juélì ❶费尽力气。《韩非子·外储说右下》:“使兹郑无术以致人,则身虽～～至死,辇犹不上也。”❷力大过人。《法言·渊骞》:“秦悼武、乌获、任鄙,扛鼎抃牛,非～～邪?”

【绝伦】 juélún 无与伦比。《史记·龟策列传》:“通一伎之士咸得自效,～～超奇者为右,无所阿私。”杜甫《寄张十二山人彪三十韵》:“静者心多妙,先生艺～～。”

【绝目】 juémù 极目,极尽视力之所及。鲍照《还都道中作》诗:“～～尽平原,时见远烟浮。”

【绝人】 juérén ❶过人,超人。《后汉书·郭泰传》:“卿有～～之才。”❷不与人交往。《越绝书·越绝外传本事》:“贵其内能自约,外能～～也。”

【绝世】 juéshì ❶断绝禄位的世家。《论语·尧曰》:“兴灭国,继～～,举逸民。”❷弃世,绝命。《左传·哀公十五年》:“大命陨队,～～于良。”(队:坠。)❸冠绝当代,举世无双。《晋书·安帝纪》:“镇军将军裕,英略奋发,忠勇～～。”

【绝物】 juéwù 与人断绝交往。《孟子·离娄上》:“齐景公曰:‘既不能令,又不受命,是～～也。’”

【绝席】 juéxí 独坐一处,不与他人同席,以示显贵。《后汉书·马援传》:“防贵宠最盛,与九卿～～。”

【绝绪】 juéxù 后代断绝。张衡《思玄赋》:“王肆侈于汉庭兮,卒衔恤而～～。”

捔 1. jué ❶竞力。《法苑珠林·千佛游学》:“太子至年十岁,与兄弟～力。”❷昏暗。《淮南子·说林训》:“黂烛～,膏烛泽也。”(黂:麻子。)

2. zhuó ❸刺,刺取。张衡《西京赋》:“叉簇之所搀～,徒搏之所撞挃。”(挃:击刺。)

较(較) 1. jué ❶古代车箱两边板上用为扶手的曲木或曲铜钩,俗称车耳。《诗经·卫风·淇奥》:“宽兮绰兮,猗重～兮。”❷直。《尔雅·释诂》:“～,直也。”《尚书大传》卷二:“觉兮～兮,吾大命格兮。”❸通“角”。较量,比赛。《孟子·万章下》:“鲁人猎～。”

2. jiào ❹比较。杜甫《人日》诗之一:“冰雪莺难至,春寒花～迟。”❺考核。《新唐书·百官志》:“岁～其属功过。”❻计较。王禹偁《北楼感事》诗:“姑以人事～,勿以天命催。”❼明显。《史记·刺客列传》:“此其义或成或不成,然其立意～然,不欺其志,名垂后世,岂妄也哉!”《论衡·薄葬》:“论定议立,～著可闻。”❽略。《史记·货殖列传》:“此其大～也。”❾差,不等。杜甫《狂歌行》:“与兄行年～一岁,贤者是兄愚者弟。”❿病愈。白居易《病中赠南邻觅酒》诗:“今朝似～抬头语,先问南邻酒有无?”

【较炳】 jiàobǐng 著明。《汉书·谷永传》:“大异～～如彼,水灾浩浩,黎庶穷困如此。”

【较要】 jiàoyào 显明而切要。《三国志·魏书·刘劭传》:“文章之士爱其著论属辞,制度之士贵其化略～～。”

倔 jué ❶顽强,不屈服。《盐铁论·论功》:“～强倨傲,自称老夫。”❷通“崛”。突出,突起。贾谊《过秦论》:“蹑足行伍之间,而～起什伯之中。”(什伯:古代军队的一种编制,十人为什,百人为伯。)❸通“谲”。怪异,变化。王延寿《鲁灵光殿赋》:“～佹云起,嵚崟离搂。”

桷 jué 方形的椽子。《诗经·商颂·殷武》:“松～有梴,旅楹有闲。”(梴:长。旅:多。闲:大。)韩愈《进学解》:“夫大木为宋，细木为～。”

掘 1. jué ❶挖。《孟子·尽心上》：“～井九轫，而不及泉，犹为弃井也。”（轫：通“仞”。七尺或八尺为仞。）㊀穿，钻。《诗经·曹风·蜉蝣》：“蜉蝣～阅，麻衣如雪。”❷挖出，发掘。《后汉书·刘盆子传》：“～庭中芦菔根，捕池鱼而食之。”《吕氏春秋·权勋》：“不战，必剗若类，～若垄。”（垄：坟墓。）❸通“屈”。竭尽。《老子·五章》：“虚而不～，动而愈出。”（掘：一本作“屈”。）❹通“崛”。突出，突起。《汉书·扬雄传上》：“洪台～其独出兮，㩧北极之嶟嶟。”❺通“崛”。直立。《庄子·田子方》：“向者先生形体～若槁木，似遗物离人而立于独也。”❻通“倔”。倔强不屈。《后汉书·卢芳传论》：“因时扰攘，苟恣纵而已耳，然犹以附假宗室，能～强岁月之间。”❼通“拙”。笨拙。《史记·货殖列传》：“田农，～业，而秦扬以盖一州。”

2. kū ❽通“窟”。洞穴。《战国策·秦策一》：“且夫苏秦特穷巷～门桑户棬枢之士耳。”

趹 1. jué ❶马奔跑时，后蹄蹬地。《战国策·韩策一》：“秦马之良，戎兵之众，探前～后，蹄间三寻者，不可称数也。”❷疾行。《淮南子·修务训》：“淬霜露，敕蹻～[步]。”

2. guì ❸用后蹄子踢。《淮南子·兵略训》：“有角者触，有齿者噬，有毒者螫，有蹄者～。”

崛 jué ❶突出，突起。扬雄《甘泉赋》：“洪台～其独出兮，㩧北极之嶟嶟。”❷兴起。蔡邕《玄文先生李子材铭》：“其后雄俊豪杰，往往～出。”陈亮《问答》：“彼其～起之初，眇然一亭长耳。”❸通“倔”。强硬不屈。纪昀《阅微草堂笔记》卷二十三：“此生～强可谓至极。”❹通“谲”。怪异。左思《吴都赋》：“倜傥之极异，～诡之殊事。”

【崛嵂】 juélǜ 山高而险的样子。欧阳修《释秘演诗集序》：“闻东南多山水，其巅崖～～，江涛汹涌，甚可壮也，遂欲往游焉。”

【崛崎】 juéqí 山势陡峭的样子。《史记·司马相如列传》：“岩陁甗锜，摧崣～～。”

【崛岉】 juéwù 高耸屹立的样子。王延寿《鲁灵光殿赋》：“屹山峙以纡郁，隆～～乎青云。”

觖 jué ❶不满意。《淮南子·缪称训》：“禹无废功，无废财，自视犹～如也。”❷望，希求。《后汉书·李通传论》：“夫天道性命，圣人难言之，况乃亿测微隐，猖狂无妄之福，汙灭亲宗，以～一切之功哉？”❸通“抉”。挑拨。《汉书·孙宝传》：“冯氏反事明白，故欲擿～以扬我恶。”

【觖望】 juéwàng ❶怨望，因不满而怨恨。《史记·韩信卢绾列传》：“欲王卢绾，为群臣～～。”《后汉书·光武十王传论》：“延既怨沮，荆亦～～。”❷企望，希求。《后汉书·臧洪传》：“今王室衰弱，无扶翼之意，而欲因际会，～～非冀，多杀忠良，以立奸威。”

脚 jué 见 jiǎo。

蕝（蕞） jué ❶古代诸侯盟会，束茅立于地，作为表明位次的标志。《国语·晋语八》：“昔成王盟诸侯于岐阳，楚为荆蛮，置茅～，设望表，与鲜卑守燎，故不与盟。”❷鱼漂。陆龟蒙《和吴中书事寄汉南裴尚书》：“三泖凉波渔～动，五茸春草雉媒娇。”

厥 jué ❶其，他的，他们的。《诗经·大雅·抑》：“天方艰难，曰丧～国。”《史记·屈原贾生列传》：“遭世罔极兮，乃陨～身。”❷其，那。《诗经·周颂·噫嘻》：“率时农夫，播～百谷。”《史记·封禅书》：“～旷远者千有馀载，近者数百载。”❸乃，才。《史记·太史公自序》：“左丘失明，～有《国语》。”❹助词。相当于“之”。《尚书·无逸》：“自时～后，立王生则逸。”（时：此。）又：“此～不听，人乃训之。”❺通“掘”。挖掘。《山海经·海外北经》：“禹～之三仞。”❻通“蹶”。触，磕。《汉书·诸侯王表》：“汉诸侯王，～角稽首。”❼通“屈”。竭尽。《素问·阴阳离合论》：“～阴根，起于火敦。”㊀短。刘攽《贡父诗话》：“今人呼秃尾狗为～尾。”❽通“橛”。木桩，树墩。《庄子·达生》：“吾处身也，若～株枸。”《荀子·大略》：“和之璧，井里之～也。”（井里之厥：言璧处井中，其贱如橛。）❾通“蹶”。摔倒，失败。《孙膑兵法·擒庞涓》：“吾攻平陵不得而亡齐城、高唐，当术而～。”㊀病名。症状是突然昏倒，手脚僵硬发冷。《素问·五脏生成》：“凝于足者为～。”❿姓。

确 jué 见 què。

矞 jué 见 yù。

裾（屈、䂗） jué 短袖上衣。班固《东观汉记·光武皇帝》：“见更始诸将过者，已数十辈，皆冠帻，衣妇人衣，诸于绣拥～，大为长安所笑。”（诸于：古代妇女穿的宽大上衣。）

阙 jué 见 què。

谲(譎) jué ❶欺诈,诡诈。《论语·宪问》:"齐桓公正而不~。"《三国志·魏书·武帝纪》注引《魏书》:"布疑有伏,乃相谓曰:'曹操多~,勿入伏中。'引军屯南十馀里。"❷怪异。《后汉书·大秦国传》:"诸国所生奇异玉石诸物,~怪多不经。"❸变化。张衡《东京赋》:"玄谋设而阴行,合二九而成~。"❹隐约,不明说。《诗经·周南·关雎序》:"主文而~谏,言之者无罪,闻之者足以戒。"❺通"决"。断定,判定。《荀子·儒效》:"故明主~德而序位,所以为不乱也。"

【谲诳】 juékuáng 诡诈欺骗。刘知幾《史通·言语》:"剧谈者以~~为宗,利口者以寓言为主。"

【谲谋】 juémóu 诈谋。《史记·太史公自序》:"汉既~~,禽信于陈。"

劂(剧) jué 雕刻用的曲凿。《楚辞·哀时命》:"握剞~而不用兮,操规榘而无所施。"

僪 jué ❶倒,倒伏。《吕氏春秋·辩土》:"实其为亩也,高而危则泽夺,陂则埒,见风则~。"❷通"獗"。猖獗。《隶释·巴郡太守樊敏碑》:"不顾倡~。"(倡:通"猖"。)

潏 jué 见 yù。

蕨 jué 一种野菜,蕨菜。《诗经·召南·草虫》:"陟彼南山,言采其~。"

撅 1. jué ❶搔,挠。《逸周书·周祝》:"狐有牙而不敢以噬,貐有爪而不敢以~。"❷击。《新唐书·褚遂良传》:"昔侯君集、李靖皆庸人尔,犹能~高昌,缨突厥。"❸通"掘"。挖。《论衡·效力》:"锸所以能~地者,跖蹈之也。"

2. juē ❹拔,拔起。《韩诗外传》卷二:"草木根荄浅,未必~也。"㊀翘起。孔尚任《桃花扇·选优》:"丑~嘴介。"

3. guì ❺撩起衣服。《礼记·内则》:"不涉不~。"

獗 jué 见"猖獗"。

橛(橜) 1. jué ❶小木桩。《说文·木部》:"~,杙也。"(杙:小木桩。)宋应星《天工开物·彰施·红花》:"苗高二三尺,每路打~,缚绳横阑,以备狂风拗折。"❷立在两扇门中间的小木桩。《尔雅·释宫》:"~谓之阒。"❸庄稼茬。《诗经·小雅·大田》疏引《农书》:"孟春土长冒~,陈根可拔。"❹残存的树根,树墩。《庄子·达生》:"吾处身也,若~株枸。"《列子·黄帝》:"吾处也,若~株驹。"❺马口中衔的小横木,即马嚼子。《韩非子·奸劫弑臣》:"无捶策之威,衔~之备,虽造父不能以服马。"❻量词。一小段。《景德传灯录·石头希迁大师》:"汝从南岳负一~柴来,岂不是有力?"❼通"撅"。击,敲。《山海经·大荒东经》:"黄帝得之,以其皮为鼓,~以雷兽之骨,声闻五百里。"

2. guì ❽俎,陈列祭品的几。《广雅·释器》:"~,几也。"

【橛饰】 juéshì 马嚼子和马缨。《庄子·马蹄》:"前有~~之患,而后有鞭筴之威,而马之死者已过半矣。"

璚 jué 见 qióng。

噱 jué ❶大笑。《汉书·叙传上》:"谈笑大~。"《三国志·吴书·诸葛恪传》:"[孙]权又大~。"❷禽兽奔跑疲极,张口吐舌的样子。扬雄《羽猎赋》:"沇沇溶溶,遥~乎纮中。"

觳 jué 见 hú。

爵 1. jué ❶古代的一种酒器。《诗经·小雅·宾之初筵》:"酌彼康~,以奏尔时。"《管子·中匡》:"管仲至,公执~,夫人执尊,觞三行,管仲趋出。"㊀使饮酒。《国语·鲁语下》:"宾发币于大夫,及仲尼,仲尼~之。"❷爵位。《左传·隐公元年》:"未王命,故不书~。"《荀子·儒效》:"故君子无~而贵,无禄而富。"㊀授予爵位。《韩非子·五蠹》:"以其有功也,~之。"《后汉书·爰延传》:"故王者赏人必酬其功,~人必甄其德。"

2. què ❸通"雀"。小鸟。《孟子·离娄上》:"为渊驱鱼者,獭也;为丛驱~者,鹯也。"《论衡·感类》:"人且得官,先梦得~。"

【爵服】 juéfú 爵位和服饰。《荀子·王霸》:"故百里之地,其等位~~足以容天下之贤士矣。"

【爵列】 juéliè 爵位的等级。《管子·乘马》:"是故辨于~~之尊卑,则知先后之序,贵贱之义矣。"

【爵土】 juétǔ 爵位和封地。《汉书·王莽传上》:"莽前不广尊尊之义,抑贬尊号,亏损孝道,当伏显戮,幸蒙赦令,不宜有~~,请免为庶人。"

【爵秩】 juézhì 爵位和秩禄。《史记·商君列传》:"明尊卑~~等级,各以差次名田宅,臣妾衣服以家次。"

【爵穴】 quèxué 城堞中的瞭望孔。《墨子·备城门》:"堞下为~~。"

【爵踊】 quèyǒng 雀跃,跳跃。《礼记·问丧》:"妇人不宜袒,故发胸击心,~~,殷殷田田，如坏墙然，悲哀痛疾之至也。”

鐍（鐍） jué ❶箱子上安锁的环状物。《庄子·胠箧》：“将为胠箧、探囊、发匮之盗而为守备，则必摄缄縢，固扃～，此世俗之所谓知也。”❷有舌的环。《后汉书·舆服志下》：“紫绶以上，縌绶之间得施玉环～云。”

臄 jué 牛舌及相连的口腔肉。《诗经·大雅·行苇》：“嘉肴脾～，或歌或咢。”（咢：只击鼓不歌唱。）

鞹 jué 见 kuò。

蹶（蹷） 1. jué ❶跌倒，绊倒。《孟子·公孙丑上》：“今夫～者、趋者，是气也，而反动其心。”《吕氏春秋·慎小》：“人之情不～于山，而～于垤。”（垤：蚂蚁做窝时堆在洞口的小土堆。）㊀挫败，失败。《老子·三十九章》：“万物无以生将恐灭，侯王无以为贵高将恐～。”《战国策·秦策三》：“臣之所恐者，独恐臣死之后，天下见臣尽忠而身～也，是以杜口裹足，莫肯即秦耳。”㊁使挫败。《史记·孙子吴起列传》：“兵法，百里而趣利者～上将，五十里而趣利者军半至。”（趣：通“趋”。）❷走路不稳，跌跌撞撞的样子。《吕氏春秋·贵直》：“狐援闻而～往过之。”❸颠覆，灭亡。《荀子·成相》：“贤能遁逃国乃～。”《后汉书·黄琼传》：“终至颠～，灭绝汉祚。”❹竭尽。《荀子·成相》：“成相竭，辞不～。”《汉书·食货志上》：“生之者甚少，而靡之者甚多，天下财产何得不～？”❺短。《汉书·王莽传中》：“莽为人侈口～颐。”（颐：下巴。）❻踏，踩。《庄子·秋水》：“～泥则没足灭跗。”❼踢。《论衡·论死》：“使舒手而击，举足而～，则所击～无不破折。”❽通“掘”。挖。《大戴礼记·曾子疾病》：“鱼鳖鼋鼍以渊为浅而～穴其中。”❾通“厥”。磕，碰。丘迟《与陈伯之书》：“夜郎滇池，解辫请职；朝鲜昌海，～角受化。”❿通“厥”。病名。《吕氏春秋·重己》：“多阴则～，多阳则痿。”

2. guì ⓫动，摇动。宋玉《风赋》：“～石伐木，梢杀林莽。”㊀变动，动乱。《诗经·大雅·板》：“天之方～，无然泄泄。”㊁感动。《诗经·大雅·緜》：“虞芮质厥成，文王～厥生。”（生：性。）⓬奔跑。《国语·越语下》：“臣闻从时者，犹救火，追亡人也，～而趋之，唯恐弗及。”⓭急急忙忙的样子。《礼记·孔子闲居》：“子夏～然而起。”

【蹶失】 juéshī 摔倒。《新五代史·冯道传》：“过井陉之险，惧马～～，不敢怠于衔辔。”

【蹶张】 juézhāng ❶用脚踏弓，使之张开。《史记·袁盎晁错列传》：“君乃为材官～～，迁为队率，积功至淮阳守，非有奇计攻城野战之功。”❷用手脚支撑物体。段成式《酉阳杂俎·盗侠》：“有婢晨治地，见紫衣带垂于寝床下，视之，乃小奴～～其床而负焉，不食三日而力不衰。”

【蹶蹶】 guìguì ❶动作勤敏的样子。《诗经·唐风·蟋蟀》：“好乐无荒，良士～～。”❷惊动的样子。《庄子·至乐》：“俄而柳生其左肘，其意～～然恶之。”（柳：通“瘤”。）

矍 jué ❶惊惶急视的样子。《后汉书·班固传》：“西都宾～然失容，逡巡降阶。”苏轼《方山子传》：“方山子亦～然问余所以至此者。”❷姓。

【矍矍】 juéjué ❶目不正的样子。《周易·震》：“震索索，视～～。”❷急迫的样子。柳宗元《故秘书郎姜君墓志》：“若君者，银朱于始生，钟鼎以及壮，不～～于进取，不施施于骄伉。”

【矍铄】 juéshuò 勇健的样子。《后汉书·马援传》：“帝笑曰：‘～～哉，是翁也！’”

蟨 jué 见 guì。

爝 jué 用芦苇扎成火把，燃烧以消除不祥。《吕氏春秋·本味》：“汤得伊尹，祓之于庙，～以爟火，衅以牺豭。”（豭：公猪。）

【爝火】 juéhuǒ 火把。《庄子·逍遥遊》：“日月出矣，而～～不息，其于光也，不亦难乎！”也作“焦火”。《吕氏春秋·求人》：“十日出而～～不息，不亦劳乎？”

觼 jué 有舌的环，用以固定控制骖马的缰绳。《诗经·秦风·小戎》：“龙盾之合，鋈以～軜。”

懪 jué 震惊的样子。《战国策·魏策三》：“秦王～然曰：‘国有事，未澹下兵也，今以兵从。’”《后汉书·法真传》：“太守～然，不敢复言。”

攫 jué 禽兽用爪抓取。《汉书·黄霸传》：“鸟～其肉。”《荀子·哀公》：“鸟穷则啄，兽穷则～。”㊀泛指用强力手段夺取。《荀子·不苟》：“知则～盗而渐，愚则毒贼而乱。”（知：智。渐：欺诈。）《吕氏春秋·去宥》：“见人操金，～而夺之。”

玃（玃） jué 类似猕猴的一种野兽。《吕氏春秋·察传》：“故狗似～，～似母猴，母猴似人，人之与狗则远矣。”

彏 jué 把弓弦急速地拉开。《汉书·扬雄传上》：“掉奔星之流旃，～天狼之威弧。”

钁（鐝） jué 大锄，镢头。《淮南子·精神训》：“今夫繇者揭～臿，负笼土，盐汗交流，喘息薄喉。”（臿：锹，铲。）

躩 jué ❶疾行。《论语·乡党》："君召使摈,色勃如也,足～如也。"㉑使步子加快。《庄子·山木》："庄周曰:'此何鸟哉!翼殷不逝,目大不睹。'蹇裳～步,执弹而留之。"❷跳。李白《东海有勇妇》诗："十步两～跃,三呼一交兵。"

jun

军(軍) jūn ❶军队。《诗经·大雅·公刘》："其～三单,度其隰原。"《左传·桓公六年》："王毁～而纳少师。"❷军队的一种编制。《周礼·地官·小司徒》："五旅为师,五师为～。"❸士兵。《史记·淮阴侯列传》："～皆殊死战,不可败。"❹军队驻扎。《国语·晋语四》："吕甥,冀芮帅师,甲午,～于庐柳。"《史记·高祖本纪》："汉王～荥阳南。"❺攻击。《左传·隐公五年》："郑祭足、原繁、泄驾以三军～其前,使曼伯与子元潜军～其后。"(以:率领。)❻战,战争。《老子·三十章》："大～之后,必有凶年。"《史记·商君列传》："宗室非有～功论,不得为属籍。"❼指挥,统帅。《左传·桓公五年》："王亦能～。"❽充军。把犯人遣送到边远地区服劳役。《明史·刑法志一》："～有终身,有永远。"❾宋代行政区域名,与府、州、监同隶属于路。《文献通考·舆地》："至道三年,分天下为十五路,其后又增三路,……凡十八路,州、府、～、监三百二十二。"

【军符】 jūnfú 古代调遣军队所用的符节凭据。沈明臣《凯歌》："衔枚夜渡五千兵,密领～～号令明。"

【军户】 jūnhù 户籍属于军府,世代为兵的人家。《宋书·孝武帝纪》："吏身可赐爵一级,～～免为平民。"

【军旅】 jūnlǚ ❶军队。《国语·鲁语下》："于是乎有鳏、寡、孤、疾,有～～之出则征之,无则已。"《史记·乐书》："～～、铁钺者,先王所以饰怒也。"❷战争,战事。《左传·闵公二年》："告之以临民,教之以～～。"《史记·高祖本纪》："楚汉久相持未决,丁壮苦～～,老弱罢转漕。"

【军实】 jūnshí ❶战俘,战果。《左传·僖公三十三年》："武夫力而拘诸原,妇人暂而免诸国,堕～～而长寇雠。"(堕:毁弃。)❷军中人员。《左传·宣公十二年》："在军,无日不讨～～而申儆之于胜之不可保、纣之百克而卒无后。"❸兵事。《国语·楚语上》："榭不过讲～～。"❹军中器械、粮饷等物。《三国志·蜀书·先主传》："曹公以江陵有～～,恐先主据之,乃释辎重,轻军到襄阳。"

【军帖】 jūntiě 军书,军中文告。《木兰辞》："昨夜见～～,可汗大点兵。"

旬 jūn 见 xún。

均 1. jūn ❶平均,公平。《诗经·小雅·北山》："大夫不～,我从事独贤。"《论语·季氏》："盖～无贫,和无寡,安无倾。"❷相同,同样。《左传·僖公五年》："～服振振,取虢之旂。"《荀子·议兵》："令不进而进,犹令不退而退也,其罪惟～。"❸皆,全都。《墨子·尚同下》："其乡里未之～闻见也。"❹协调。《诗经·小雅·皇皇者华》："我马维骃,六辔既～。"《吕氏春秋·圜道》："宫徵商角羽,各处其处,音皆调～,不可以相违。"㉑古代乐器的调律器。《国语·周语下》："律所以立～出度也。"❺权衡,比较。《史记·廉颇蔺相如列传》："秦以城求璧而赵不许,曲在赵;赵予璧而秦不予赵城,曲在秦。～之二策,宁许以负秦曲。"❻古代计量酒的单位。《汉书·食货志下》："请法古,令官作酒,以二千五百石为一～。"❼通"钧"。古代制造陶器所用的转轮。《管子·七法》："不明于则而欲出号令,犹立朝夕于运～之上。"㉒比喻国家政权。《诗经·小雅·节南山》："秉国之～,四方是维。"❽通"耘"。除草。《大戴礼记·夏小正》："～田者,始除田也。"

2. yùn ❾通"韵"。成公绥《啸赋》："音～不恒,曲无定制。"

【均服】 jūnfú 见"袀服"。

【均浃】 jūnjiā 均衡周遍。《后汉书·和帝纪》："荆州比岁不节,今兹淫水为害,馀虽颇登,而多不～～。"

【均量】 jūnliáng 恰当处理。《后汉书·黄香传》："又晓习边事,～～军政,皆得事宜。"

【均输】 jūnshū ❶汉武帝实行的一种经济政策。即国家实行统一征收、买卖和运输货物,以调剂各地供应。《盐铁论·本议》："往者郡国诸侯,各以其物供输,往来烦杂,物多苦恶,或不偿其费,故郡置输官,以相给运,而便远方之贡,故曰～～。"苏轼《上皇帝书》："昔汉武之世,财力匮竭,用贾人桑羊之说,买贱卖贵,谓之～～。"❷官名。大司农下的属官。《汉书·百官公卿表上》："武帝太初元年更名大司农,属官有太仓、～～、平准、都内、籍田五令丞。"❸宋代王安石的新法之一。主要作用在于调节物资供求关系,平抑物价以打击大商人的盘剥。《宋史·王安石传》："～～法者,以发运之职改为～～,假以钱货,凡上供之物,皆得徙贵就贱,用近易远,预知在京仓库所当办者，得以便宜蓄买。"❹古代九章算术之一。

【均心】 jūnxīn 同心。《论衡·奇怪》："天人同道，好恶～～。"

龟 jūn 见 guī。

君 jūn ❶天子。《尚书·大禹谟》："奄有四海，为天下～。"《诗经·大雅·桑柔》："维此惠～，民人所瞻。"❷国君。《孟子·梁惠王上》："万乘之国，弑其～者，必千乘之家。"❸大夫。《史记·商君列传》："商～者，卫之诸庶孽公子也。"❹为君。《诗经·大雅·假乐》："穆穆皇皇，宜～宜王。"又指具有君主的品德。《诗经·大雅·皇矣》："克明克类，克长（zhǎng）克～。"《论语·颜渊》："信如君不～，臣不臣，父不父，子不子，虽有粟，吾得而食诸？"❺统治、治理。《管子·权修》："有地不务本事，～国不能一民，而求宗庙社稷之无危，不可得也。"《韩非子·五蠹》："鲁哀公，下主也，南面～国。"㉠主宰。《荀子·解蔽》："心者，形之～也。"❻君位。《左传·隐公四年》："厚问定～于石子。"❼事情的主旨，纲领。《老子·七十章》："言有宗，事有～。"❽国君的夫人或太夫人。《诗经·鄘风·鹑之奔奔》："人之无良，我以为～。"《左传·襄公九年》："随，其出也。～必速出。"（随：卦名。君：穆姜，鲁哀公祖母。）❾封号。《战国策·齐策四》："孟尝～怪其疾也，衣冠而见之。"❿古代用于第二人称的一种尊称。《战国策·齐策四》："今～有一窟，未得高枕而卧也。"《史记·魏其武安侯列传》："上乃曰：'～除吏已尽未？'"（除：任命。）古诗《为焦仲卿妻作》："～当作盘石，妾当作蒲苇。"⓫姓。

【君父】 jūnfù 诸侯之子称其父叫君父。《左传·僖公二十三年》："保～～之命而享其生禄。"

【君公】 jūngōng 诸侯。《尚书·说命中》："树后王～～，承以大夫师长。"《汉魏南北朝墓志集释·北魏·元诱墓志》："于穆～～，魏之宗室。"

【君侯】 jūnhóu ❶列侯。《战国策·秦策五》："～～何不快甚也？"（君侯：指吕不韦。）❷汉代身为丞相的列侯。《史记·魏其武安侯列传》："～～资性喜善疾恶。"（君侯：指魏其侯窦婴。）❸达官贵人的尊称。《世说新语·简傲》："谢中郎是王蓝田女婿。……见王，直言曰：'人言～～痴，～～信自痴。'"

【君母】 jūnmǔ 诸侯庶子称其父的正妻为君母。《左传·哀公十六年》："蒯聩得罪于君父、～～。"《仪礼·丧服传》："～～在，则不敢不从服。"

【君人】 jūnrén 人君，国君或皇帝。《战国策·燕策一》："臣闻古之～～，有以千金求千里马者，三年不能得。"王圮《元氏邑众尊胜幢赞》："自荷吾皇覆育之恩，～～安抚之惠。"

【君主】 jūnzhǔ ❶国君。《韩非子·爱臣》："是故诸侯之博大，天子之害也；群臣之太富，～～之败也。"❷公主。《史记·六国年表》："初以～～妻河[伯]。"

【君子】 jūnzǐ ❶古代统治者和一般贵族男子的通称。《诗经·大雅·桑柔》："～～实维，秉心无竞。"《左传·桓公十二年》："～～屡盟。"❷有道德的人。《国语·鲁语上》："小人恐矣，～～则否。"《楚辞·九章·怀沙》："易初本迪兮，～～所鄙。"❸妻称夫或青年女子称男恋人。《诗经·王风·君子于役》："～～于役，不知其期。"又《郑风·风雨》："既见～～，云胡不喜？"

袀 jūn ❶玄服。潘岳《闲居赋》李善注引《说文》："～，玄服也。"❷通"均"。同。《吕氏春秋·悔过》："今～服回建，左不轼，而右之超乘者五百乘，力则多矣，然而寡礼，安得无疵？"

【袀服】 jūnfú 同一式样的军服。左思《吴都赋》："六军～～，四骐龙骧。"也作"均服"。《左传·僖公五年》："～～振振，取虢之旂。"

【袀睟】 jūnsuì 纯粹。睟，颜色纯粹。扬雄《太玄经·睟》："阳气～～清明，物咸重光，保厥昭阳。"

【袀玄】 jūnxuàn 见"袀袨"。

【袀袨】 jūnxuàn 黑色的祭服。《淮南子·齐俗训》："尸祝～～，大夫端冕。"也作"袀玄"。《后汉书·舆服志下》："秦以战国即天子位，灭去礼学，郊祀之服皆以～～。"

钧（鈞） jūn ❶古代重量单位，三十斤为一钧。《孟子·梁惠王上》："吾力足以举百～，而不足以举一羽。"《史记·仲尼弟子列传》："臣闻之，王者不绝世，霸者无强敌，千～之重加铢两而移。"❷古代制造陶器所用的转轮。《汉书·董仲舒传》："夫上之化下，下之从上，犹泥之在～，唯甄者之所为。"㊀比喻国家政权。《三国志·魏书·武帝纪》："君秉国之～，正色处中。"㊁比喻自然天工。《汉书·贾谊传》："大～播物，坱圠无垠。"❸对尊者及长辈的一种敬词。关汉卿《绯衣梦》三折："不曾领大人～旨，未敢擅便。"❹通"均"。平均，均衡。《诗经·大雅·行苇》："敦弓既坚，四鍭既～。"㉠权衡、比较。《战国策·秦策四》："～吾悔也，宁亡三城而悔，无危咸阳而悔也。”❺通“均”。同，同样。《史记·鲁周公世家》：“年～择贤，义～则卜之。”《论衡·累害》：“人才高下，不能～同。”㊀共性。《论衡·率性》：“异类以殊为同，同类以～为异，所由不在于物，在于人也。”㊁使相同。《吕氏春秋·仲春》：“日夜分，则同度量，～衡石，角斗桶，正权概。”❻通“均”。古代乐器的调律器。引申指调节乐音的能力。《国语·周语下》：“是故先王之制钟也，大不出～，重不过石。”（石：一百二十斤。）㊀乐调。《国语·周语下》：“细～有钟无镈，昭其大也；大～有镈无钟，甚大无镈，鸣其细也。”❼姓。

【钧石】 jūnshí 古代重量单位。三十斤为一钧，一百二十斤为一石。《礼记·月令》：“日夜分，则同度量，平权衡，正～～，角斗甬。”

【钧枢】 jūnshū 制陶的转轮和门的转轴。比喻重要职位。韩愈《示儿》诗：“凡此座中人，十九持～～。”

【钧驷】 jūnsì 毛色相同的驷马。《史记·平准书》：“作业剧而财匮，自天子不能具～～。”

【钧陶】 jūntáo 造就。雅琥《送王继学参政赴上都奏选》诗：“参相朝天引列曹，三千硕士在～～。”

【钧天】 jūntiān ❶天的中央。《吕氏春秋·有始》：“何谓九野？中央曰～～，其星角、亢、氐。”《论衡·纪妖》：“我之帝所，甚乐，与百神游于～～。”❷天上的音乐。李商隐《寄令狐学士》诗：“～～虽许人间听，阊阖门多梦自迷。”

【钧席】 jūnxí 中心，重要的职位。指宰相。丁谓《丁晋公谈录》：“由是太祖、太宗每所顾问，无不知者，以至践清途，登～～，皆此力耳。”

【钧弦】 jūnxián 调弦。《列子·汤问》：“柱指～～，三年不成章。”（钧：一本作“钩”。）

【钧轴】 jūnzhóu 制陶的转轮和车轴。比喻宰相职位。陈天祥《论卢世荣奸邪状》：“往者阿合马，以枭獍之资，处～～之重。”

涒

jūn 见 tūn。

莙

jūn ❶大叶藻。《尔雅·释草》：“～，牛藻。”（藻：同“藻”。）❷通“窘”。凝结不通。《淮南子·缪称训》：“无不得则无～，发～而后快。”❸通“威”。敬畏。《墨子·明鬼下》：“有恐后世子孙，不能敬～以取羊。”（毕沅注：言敬威以取祥也。）

皲（皸）

jūn 手脚皮肤干裂。《汉书·赵充国传》：“将军士寒，手足～瘃。”（瘃：冻疮。）宋濂《阅江楼记》：“耕人有炙肤～足之烦。”

硱

jūn 见“硱磳”。

【硱磳】 jūnzēng 山石高危的样子。《楚辞·招隐士》：“嵚岑碕礒兮，～～磈硊。”

麇（麕、麏）

1. jūn ❶獐子。《左传·哀公十四年》：“逢泽有介～焉。”（介：独个，一只。）

2. qún ❷成群。《左传·昭公五年》：“晋之事君，臣曰可矣，求诸侯而～至，求婚而荐女。”

3. kǔn ❸通“稇”。用绳捆绑。《左传·哀公二年》：“繁羽御赵罗，宋勇为右，罗无勇，～之。”

进

jùn 见 jìn。

俊（儁、㑺）

jùn ❶优秀，才智出众。《荀子·大略》：“天下国有～士，世有贤人。”㊀才智出众的人。《孟子·告子下》：“养老尊贤，～杰在位。”❷大。《大戴礼记·夏小正》：“时有～风。”㊀伟大。《尚书·尧典》：“克明～德，以亲九族。”❸美丽。乔吉《扬州梦》三折：“端详着庞儿～，思量着口儿甜。”㊁味美。陆云《答车茂安书》：“真东海之～味，肴膳之至妙也。”❹姓。

【俊辩】 jùnbiàn 善辩。《晋书·羊祜传》：“辞甚～～。”

【俊达】 jùndá 俊逸、通达。杜牧《上池州李使君书》：“足下性～～坚明，心正而气和。”

【俊烈】 jùnliè 才智出众，性情刚烈。王安石《答韶州张殿丞书》：“后既无朝廷之史，而近世非尊爵盛位，虽雄奇～～，道德满衍，不幸不为朝廷所称，辄不得见于史。”

【俊迈】 jùnmài 才识卓越。《北史·庾信传》：“信幼而～～，聪敏绝人伦。”杜甫《不归》诗：“数金怜～～，总角爱聪明。”

【俊髦】 jùnmáo 才能出众的人。曾巩《太学》：“前所谓养～～，萃贤材，出教化，兴礼乐无所不可者。”

【俊劭】 jùnshào 优异高尚。《晋书·张寔传》：“维尔～～英毅，宜世表西海。”

【俊望】 jùnwàng 美好的声望。《晋书·王忱传》：“卿风流～～，真后来之秀。”

【俊乂】 jùnyì 才能出众的人。《后汉书·隗嚣传》：“今～～并会，羽翮并肩。”也作“俊艾”。《汉书·孔光传》：“前为侍中，毁谮仁贤，诬愬大臣，令～～者久失位。”

【俊艾】 jùnyì 见“俊乂”。

【俊造】 jùnzào 学识造诣很深的人。《三国志·魏书·武帝纪》:"其令郡国各修文学,县满五百户置校官,选其乡之～～而教学之。"

陖 jùn 同"峻"。❶山高而陡。《史记·司马相如列传》:"径～赴险,越壑厉水。"❷严厉。《史记·礼书》:"是岂令不严,刑不～哉?"

郡 jùn 古代行政区域名。春秋以前,县大于郡;战国以后,郡大于县。《左传·哀公二年》:"克敌者,上大夫受县,下大夫受～。"《史记·秦始皇本纪》:"分天下以为三十六～,郡置守、尉、监。"

【郡国】 jùnguó ❶汉代行政区域名和诸侯王封域名。郡直属朝廷,国是诸侯王的封地,两者地位相等,所以"郡""国"并称。《汉书·隽不疑传》:"武帝末,～～盗贼群起。"❷泛称地方行政区域。杜甫《蚕谷行》:"天下～～向万城,无有一城无甲兵。"

【郡守】 jùnshǒu 官名。春秋、战国时为武职。秦统一六国后,郡是最高的地方行政区域。郡守是一郡之长。汉景帝时,改称太守。《史记·酷吏列传》:"其使民威重于～～。"《后汉书·卓茂传》:"父祖皆至～～。"

【郡下】 jùnxià 郡守所在地。陶渊明《桃花源记》:"及～～,诣太守说如此。"

【郡庠】 jùnxiáng 科举时代称府学为郡庠。庠,周代学校名。王恽《谒武惠鲁公林墓》诗:"清秩铨华省,群英萃～～。"

【郡主】 jùnzhǔ 郡公主。晋时为皇帝女儿的一种封号。唐制以太子女为郡主,宋沿唐制。明清则亲王女为郡主。《世说新语·贤媛》注引《妒记》:"温平蜀,以李势女为妾,～～凶妒。"

逡 jùn 见 qūn。

浚 1. jùn ❶深挖河道,使水疏通。《春秋·庄公九年》:"冬,～洙。"《汉书·沟洫志》:"屯氏河不流行七十馀年,新绝未久,其处易～。"㊀使加深。《战国策·中山策》:"缮治甲兵以益其强;增城～池以益其固。"㊁淘。《孟子·万章上》:"使～井,出,从而揜之。"(揜:同"掩"。埋。)《后汉书·礼仪志中》:"是日～井改水。"❷深。《诗经·小雅·小弁》:"莫高匪山,莫～匪泉。"刘基《司马季主论卜》:"激湍之下,必有深潭;高丘之下,必有～谷。"❸治理。《尚书·皋陶谟》:"日宣三德,夙夜～明有家。"❹开发,启发。严复《原强》:"其教人也,以～智慧,练体力,厉德行三者为之纲。"❺榨取。《国语·晋语九》:"～民之膏泽以实之。"楼钥《北行日录三则》:"又金人～民膏血以实巢穴,府库多在上京诸处。"❻古邑名。春秋时卫地,在今河南省濮阳县南。《诗经·鄘风·干旄》:"孑孑干旄,在～之郊。"

2. cún ❼通"踆"。见"浚浚"。

3. xùn ❽古邑名。春秋卫邑,即今浚县,在河南省淇县东北。"浚"原作"濬"。

【浚利】 jùnlì 水流畅通无阻。《汉书·沟洫志》:"至海五百馀里,水道～～。"

【浚浚】 cúncún 低旋的样子。刘歆《遂初赋》:"兽望浪以穴窜兮,鸟胁翼之～～。"(胁:收敛。)

捃(攈、攟、擴) jùn 拾取。《后汉书·范冉传》:"遭党人禁锢,遂推鹿车,载妻子,～拾自资。"《三国治·魏书·管宁传》注引《魏略》:"然其行不践邪径,必循阡陌,及其～拾,不取大穗。"㊀采集,搜集。《史记·十二诸侯年表》:"及如荀卿、孟子、公孙固、韩非之徒,各往往～摭《春秋》之文以著书,不可胜纪。"

峻(陖) jùn ❶山高而陡。《史记·袁盎晁错列传》:"今陛下骋六骓,驰下～山,如有马惊车败,陛下纵自轻,奈高庙、太后何?"㊀高,高大。《尚书·五子之歌》:"甘酒耆音,～宇彫墙。"《楚辞·离骚》:"冀枝叶之～茂兮,愿俟时乎吾将刈。"㊁谷深。《韩非子·奸劫弑臣》:"上高陵之颠,堕～溪之下而求生,必不几矣。"❷严刻,严厉。《史记·张耳陈馀列传》:"重之以苛法～刑,使天下父子不相安。"《论衡·非韩》:"严刑～法,富国强兵,此法度也。"㊀态度严肃、严厉。欧阳修《归田录》卷二:"田元均为人宽厚长者,其在三司,深厌干请者,虽不能从,然不欲～拒之,每温颜强笑以遣之。"❸弓的末端。《周礼·考工记·弓人》:"凡为弓,方其～而高其柎。"(柎:通"弣"。弓背中部。)

【峻笔】 jùnbǐ 遒劲有力的文笔。骆宾王《畴昔篇》:"高门有阀不图封,～～无闻欲敷妙。"

【峻节】 jùnjié 高尚的节操。颜延之《陶徵士诔序》:"若乃巢高之抗行,夷皓之～～。"(抗行:高尚的品德。)

【峻密】 jùnmì ❶严厉周密。张说《梁国公姚文贞公神道碑》:"天授之际,狱吏～～。"❷高峻茂密。江淹《丽色赋》:"架虬柱之严蹑,亘虹梁之～～。"

【峻邈】 jùnmiǎo 高远。陆机《吊魏武帝文》:"咨宏度之～～,壮大业之允昌。"

【峻切】 jùnqiè 严厉。《魏书·陈奇传》:"时令～～,不敢不赴。"

【峻文】 jùnwén 严苛的法令条文。《汉书·食货志下》:"张汤用～～决理为廷尉。"

【峻岳】 jùnyuè 高山。嵇康《琴赋》:"惟椅梧之所生兮,托～～之崇冈。"

【峻秩】 jùnzhì 高贵的官位。欧阳修《谢表》:"道愧师儒,乃忝春官之～～。"

隽 jùn 见 juàn。

馂(餕) jùn ❶剩馀的食物。《礼记·曲礼上》:"～馀不祭。"㊀吃掉剩馀的食物。《礼记·玉藻》:"日中而～。"❷熟食。《公羊传·昭公二十五年》:"吾寡君闻君在外,～饔未就,敢致糗于从者。"(糗:公粮。)

骏(駿) jùn ❶良马。《楚辞·七谏·谬谏》:"驽～杂而不分兮,服罢牛而骖骥。"㊀良,优良的。《战国策·燕策二》:"人有卖～马者,比三旦立市,人莫之知。"(比:连,接连。)㊁迅速,迅急。《诗经·周颂·清庙》:"对越在天,～奔走在庙。"㊁挺拔有力。《梁书·萧子云传》:"笔力劲～,心手相应。"❷通"俊"。杰出的。《战国策·秦策三》:"燕客蔡泽,天下～雄弘辩之士也。"㊀杰出的人物。《管子·七法》:"收天下之豪杰,有天下之～雄。"《史记·屈原贾生列传》:"诽～疑桀兮,固庸态也。"❸通"峻"。高,高大。《诗经·大雅·崧高》:"崧高维岳,～极于天。"㊀大。《诗经·大雅·文王》:"宜鉴于殷,～命不易。"㊁长,常。《诗经·小雅·雨无正》:"浩浩昊天,不～其德。"❹通"峻"。严厉,严苛。《史记·商君列传》:"刑黥太子之师傅,残伤民以～刑,是积怨畜祸也。"

【骏骨】 jùngǔ ❶骏马。杜甫《画马赞》:"瞻彼～～,实惟龙媒。"❷比喻贤才。任昉《天监三年策秀才文》之二:"朕倾心～～,非惧真龙。"

【骏厖】 jùnmáng 笃厚,纯厚。《诗经·商颂·长发》:"受小共大共,为下国～～。"(共:拱,法。)也作"骏蒙"。《荀子·荣辱》:"《诗》曰:'受小共大共,为下国～～',此之谓也。"

【骏蒙】 jùnméng 见"骏厖"。

【骏茂】 jùnmào 优秀的人材。王褒《四子讲德论》:"举贤良,求术士,招异伦,拔～～。"

【骏足】 jùnzú ❶骏马。陆厥《奉答内兄希叔》诗:"～～思长阪,柴车畏危辙。"❷比喻贤才。罗隐《两同书·敬慢》:"故得群才毕至,～～攸归,何则?以敬之所致也。"

焌 1. jùn ❶烧,用火加热。《周礼·春官·菙氏》:"凡卜,以明火爇燋,遂歈其～契,以授卜师,遂役之。"(燋:占卜用的用来烧灼龟甲的柴枝。歈:同"吹"。契:契刻龟甲的凿子。)

2. qū ❷烧烫。《太平广记》卷四十六引《神仙感遇录》:"烧一铁筯以～紫衣者。"

【焌糟】 jùnzāo 宋代酒店中为客斟酒的妇人。孟元老《东京梦华录·饮食果子》:"更有街坊妇人,腰系青花布手巾,绾危髻,为酒客换汤斟酒,俗谓之～～。"

菌 jùn ❶地蕈,菌类植物。《庄子·齐物论》:"乐(yuè)出虚,蒸成～。"林宽《苦雨》诗:"败屐阴苔积,摧檐湿～生。"❷熏草。《广雅·释草》:"～,熏也,其叶谓之蕙。"❸声音郁结的样子。马融《长笛赋》:"充屈郁律,瞋～碨抰。"(碨抰:汹汹的样子。)❹通"箘"。箘簬,竹名。《韩非子·十过》:"其坚则虽～簬之劲弗能过也。"㊀竹笋。《吕氏春秋·本味》:"和之美者,阳朴之姜,招摇之桂,越骆之～,鳣鲔之醢。"❺姓。

【菌阁】 jùngé 菌状的美阁。谢朓《游东田》诗:"寻云陟累榭,随山望～～。"

【菌桂】 jùnguì 肉桂,桂树的一种。《楚辞·离骚》:"杂申椒与～～兮,岂维纫夫蕙茝?"(菌:一本作"箘"。)左思《蜀都赋》:"于是乎邛竹缘岭,～～临崖。"

莙 jùn 见 kūn。

竣 jùn 退。《国语·齐语》:"有司已于事而～。"(已:毕。)㊀事情完毕。《三国演义》六十一回:"便差军数万筑濡须坞,晓夜并工,刻期告～。"

焞 jùn 见 tūn。

葰 jùn 见 suī。

畯 jùn ❶古代农官。见"田畯"。❷通"俊"。杰出的或才智出众的人。《史记·宋微子世家》:"～民用章,家用平康。"韩愈《进学解》:"拔去凶邪,登崇～良。"

脜 1. jùn ❶肌肉突起处。《素问·玉机真藏论》:"脱肉破～,真藏见,十月之内死。"❷腹中脂肪积聚处。《太平御览·通俗文》:"兽脂聚曰～。"

2. zhūn ❸腹中形成的块膜。《正字通》:"～,谓腹中积聚成形块膜也。"

鵔(鵕、鵘) jùn ❶神话中的鸟名。《山海经·西山经》:"[钟山]鼓亦化为～鸟,其状如鸱,赤足而直喙,黄文而白首,其音如鹄。"❷见"鵔鸃"。

【鵔鸃】 jùnyí ❶鸟名,即锦鸡。司马相如

《子虚赋》："揜翡翠，射～～。"❷冠名。又称鵔鸃冠。《史记·佞幸列传》："故孝惠时，郎、侍中皆冠～～，贝带。"严武《寄题杜拾遗锦江野亭》诗："莫倚善题鹦鹉赋，何须不著～～冠？"

箘(箟) jùn 见"箘簬"。

【箘簬】 jùnlù 竹名。杆可为矢。《尚书·禹贡》："惟～～、楛，三邦底贡厥名。"（底：致。）《战国策·赵策一》："于是发而试之，其坚则～～之劲不能过也。"

濬 jùn 同"浚"。❶深挖河道使水疏通。《尚书·尧典》："肇十有二州，封十有二山，～川。"❷深。左思《吴都赋》："带朝夕之～池，佩长洲之茂苑。"

K

ka

咯 kǎ 见 luò。

kai

开(開) kāi ❶开门。《老子·二十七章》："善闭，无关楗而不可～。"（关楗：门闩。）[引]打开，张开。《礼记·月令》："～府库，出币帛。"杜甫《壮游》诗："七龄思即壮，～口咏凤凰。"[引]攻开，占领。李白《蜀道难》诗："一夫当关，万夫莫～。"杜甫《北征》诗："此举～青徐，旋瞻略恒碣。"[引]舒展，开放。李白《梦游天姥吟留别》："安能摧眉折腰事权贵，使我不得～心颜。"辛弃疾《摸鱼儿》词："惜春长怕花～早，何况落红无数。"❷开通。《礼记·月令》："天子乃鲜[献]羔～冰，先荐寝庙。"《国语·晋语八》："夫乐以～山川之风也，以耀德于广远也。"[引]觉悟，明白。《后汉书·光武十王传》："心～目明，旷然发矇。"❸开创，建立。《周易·师》："大君有命，～国承家。"《后汉书·班固传》："窃见幕府新～，广延群俊。"❹开辟，开发。《韩非子·有度》："荆庄王并国二十六，～地三千里。"又《显学》："子产～亩树桑。"《后汉书·西羌传》："武帝征伐四夷，～地广境，北却匈奴，西逐诸羌。"❺展示，陈说。《后汉书·马援传》："[马]防～以恩信，烧当种皆降。"❻开导，启发。《潜夫论·卜列》："移风易俗之本，乃在～其心而正其精。"❼张设，举行。李白《春夜宴从弟桃花园序》："～琼筵以坐花，飞羽觞而醉月。"❽分开，分离。杜甫《雨》诗："牛马行无色，蛟龙斗不～。"[引]散开，失掉。范仲淹《岳阳楼记》："若夫霪雨霏霏，连月不～，阴风怒号，浊浪排空。"苏轼《花影》诗："重重叠叠上瑶台，几度呼童扫不～。"❾赦免，开脱。见"开释"。❿姓。

【开白】 kāibái 解释，表白。《新唐书·李绛传》："李吉甫谓郑细漏其谋，帝召绛议，欲逐细，绛为～～，乃免。"

【开边】 kāibiān 扩充疆土。杜甫《兵车行》："边庭流血成海水，武皇～～意未已。"《旧唐书·贾耽传》："秦皇罢侯置守，长城起于临洮，孝武却地～～，障塞限于鸡鹿。"

【开陈】 kāichén 陈述。苏舜钦《杜公请退第二表》："陟降左右则常虞蹶踣，议论政事则莫能～～。"

【开导】 kāidǎo ❶疏通。《后汉书·马援传》："～～水田，劝以耕牧。"❷启发，诱导。《荀子·儒效》："教诲～～成王，使谕于道。"也作"开道"。《荀子·儒效》："上则能大其所隆，下则能～～不己若者。"

【开发】 kāifā ❶拆开，启封。《汉书·王莽传中》："吏民上封事书，宦官左右～～，尚书不得知。"❷启发，开导。《北史·崔逞传》："卿仪形风德，人之师表，故劳卿朝夕游处，～～幼蒙。"❸垦殖，开采。《汉书·孙宝传》："时帝舅红阳侯立使客因南郡太守李尚占垦草田数百顷，颇有民所假少府陂泽，略皆～～，上书愿以入县官。"❹舒展。

《艺文类聚》卷十二引桓谭《新论》:"汉武帝材质高妙,有崇先广统之规,故即位而～～大志,考合古今,模获前圣故事。"

【开复】 kāifù ❶收复。《晋书·庾亮传》:"时石勒新死,亮有～～中原之谋。"❷清代指官吏降级革职后又恢复原级原职。尹会一《健余先生尺牍·答徐别驾》:"顷接华翰,得悉参案～～为慰。"

【开购】 kāigòu 悬赏。《后汉书·张霸传》:"乃移书～～,明用信赏。"

【开广】 kāiguǎng ❶扩展,发扬。《三国志·魏书·三少帝纪》:"[徐]绍等所赐妾及男女家人在此者,悉听自随,以明国恩,不必使还,以～～大信。"❷开阔。《北齐书·神武帝纪上》:"门巷～～,堂宇崇丽。"

【开阖】 kāihé ❶开和合。《老子·十章》:"天门～～,能为雌乎?"(天门:鼻孔。)❷间隙。《孙子·九地》:"敌人～～,必亟入之。"

【开化】 kāihuà 开展教化。《宋书·顾觊之传》:"夫建极～～,树声贻则,典防之兴,由来尚矣。"

【开豁】 kāihuò ❶胸襟开阔。陈亮《上孝宗皇帝第一书》:"常以江淮之师为虏人侵轶之备,而精择一人之沈鸷有谋,～～无他者,委以荆襄之任。"❷明白通晓。韩维《次韵和平甫同介甫当世过饮见招》:"疑怀滞义一～～,有如暗室来明缸。"❸宽免。《水浒传》三十六回:"知县自心里也有八分～～他,当时依准了供状,免上长枷手杻,只散禁在牢里。"

【开基】 kāijī 开创基业。《汉书·楚元王传》:"及至周文,～～西郊。"《后汉书·耿弇传》:"昔韩信破历下以～～,今将军攻祝阿以发迹。"

【开济】 kāijì 开创大业,匡济危时。杜甫《蜀相》诗:"三顾频烦天下计,两朝～～老臣心。"

【开建】 kāijiàn ❶创建。《后汉书·黄琼传》:"兴复洪祚,～～中兴。"❷营建。《晋书·赫连勃勃载记》:"遂营起都城,～～京邑。"

【开精】 kāijīng 觉悟,通晓。《论衡·实知》:"天下之事,世间万物,可思而知,愚夫能～～;不可思而知,上圣不能省。"

【开可】 kāikě 许可。《后汉书·梁统传》:"议者以为隆刑峻法,非明王急务,施行日久,岂一朝所厘。统今所定,不宜～～。"欧阳修《亳州乞致仕第三表》:"虽未忍弃捐之意,曲烦再谕以丁宁;而不胜迫切之诚,尚冀终蒙～～。"

【开朗】 kāilǎng ❶开阔明亮。陶渊明《桃花源记》:"复行数十步,豁然～～,土地平旷,屋舍俨然。"❷性情爽朗豁达。《晋书·胡奋传》:"奋性～～,有筹略,少好武事。"

【开眉】 kāiméi 开颜,笑。贾岛《落第东归逢僧伯阳》诗:"老病难为乐,～～赖故人。"白居易《偶作寄朗之》诗:"歧分两回首,书到一～～。"

【开敏】 kāimǐn 通慧聪敏。《论衡·实知》:"勃海尹方,年二十一,无所师友,性智～～,明达六艺。"《汉书·文翁传》:"乃选郡县小吏～～有材者张叔等十馀人亲自饬厉,遣诣京师,受业博士,或学律令。"

【开明】 kāimíng ❶通达事理。《史记·五帝本纪》:"尧曰:'谁可顺此事?'放齐曰:'嗣子丹朱～～。'尧曰:'吁!顽凶,不用。'"❷清楚明白。《三国志·蜀书·张翼传》注引《续汉书》:"及得纲言,旷然～～。"

【开年】 kāinián 一年的开始。《梁书·沈约传》:"～～以来,病增虑切。"李商隐《宋玉》诗:"落日渚宫供观阁,～～云梦送烟花。"

【开辟】 kāipì ❶开天辟地,指宇宙的开始。《颜氏家训·归心》:"～～以来,不善人多而善人少,何由悉责其精絜乎?"杜甫《夔州歌十绝句》之一:"中巴之东巴东山,江水～～流其间。"❷开创,开拓。王安石《送道光法师住持灵岩》诗:"灵岩～～自何年,草木神奇鸟兽仙。"❸垦殖,开发。《国语·越语下》:"田野～～,府仓实,民众殷。"

【开譬】 kāipì 开导,晓喻。《三国志·吴书·鲁肃传》注引《吴书》:"肃欲与羽会语,诸将疑恐有变,议不可往。肃曰:'今日之事,宜相～～。刘备负国,是非未决,羽亦何敢重欲干命!'"苏轼《与黄师是》之二:"海康地虽远,无瘴疠。舍弟居之一年,甚安稳。望以此～～太夫人也。"

【开士】 kāishì 对僧人的敬称。李白《登巴陵开元寺西阁》诗:"衡岳有～～,五峰秀真骨。"

【开示】 kāishì 展示,显示。《三国志·魏书·三少帝纪》:"[吕]兴移书日南州郡,～～大计,兵临合浦,告以祸福。"又:"然兴动大众,犹有劳费,宜告喻威德,～～仁信,使知顺附和同之利。"

【开释】 kāishì ❶释放,宽免。《尚书·多方》:"～～无辜,亦克用勤。"❷劝导。韩愈《答殷侍御书》:"如遂蒙～～,章分句断,其心晓然。"

【开素】 kāisù 即开荤,开戒吃肉食。也叫开斋。白居易《五月斋戒罢宴彻乐》诗:"散斋香火今朝散,～～盘筵后日开。"

【开泰】 kāitài 通达顺利,安宁太平。《魏书·高闾传》："今天下～～，四方无虞。"刘琨《劝进表》："不胜犬马忧国之情，迟睹人神～～之路。"

【开拓】 kāituò 开辟，开创。《后汉书·虞诩传》："先帝～～土宇，劬劳后定，而今惮小费举而弃之。"韩愈《晚秋郾城夜会联句》："江淮永清晏，宇宙重～～。"

【开悟】 kāiwù 觉悟，明白。《史记·商君列传》："卫鞅曰：'吾说公以帝道，其志不～～矣。'"《三国志·吴书·诸葛恪传》："足下虽有自然之理，然未见大数，熟省此论，可以～～矣。"

【开晓】 kāixiǎo 开导，启发。《后汉书·种暠传》："在职三年，宣恩远夷，～～殊俗，岷山杂落皆怀服汉德。"《新唐书·孔巢父传》："巢父辩而才，及见田悦，与言君臣大义，利害逆顺，～～其众。"

【开心】 kāixīn ❶启发人的心志。《颜氏家训·勉学》："夫所以读书学问，本欲～～明目，利于行尔。"《论衡·艺增》："经增非一，略举较著，令恍惑之人，观览采择，得以～～通意，晓解觉悟。"❷推心置腹。《后汉书·马援传》："前到朝廷，上引见数十，……且～～见诚，无所隐伏，阔达多大节，略与高帝同。"❸使内心舒畅。苏轼《睡起闻米元章冒热到东园送麦门冬饮子》诗："～～暖胃门冬饮，知是东坡手自煎。"

【开业】 kāiyè 创业。《史记·秦本纪》："天子致伯，诸侯毕贺，为后世～～，甚光美。"史岑《出师颂》："兆基～～，人神攸赞。"

【开渊】 kāiyuān 思虑通达、深远。《三国志·魏书·管辂传》注引《辂别传》："始读《诗》、《论语》及《易》本，便～～布笔，辞义斐然。"

【开张】 kāizhāng ❶开扩，扩展。《三国志·魏书·诸葛亮传》："诚宜～～圣听，以光先帝遗德，恢弘志士之气，不宜妄自菲薄，引喻失义，以塞忠谏之路也。"引申为心胸开阔。李白《与韩荆州书》："幸愿～～心颜，不以长揖见拒。"引申为扩张势力。《三国志·魏书·后妃传》："若因爱登后，使贱人暴贵，臣恐后世下陵上替，～～非度，乱自上起也。"❷开市贸易。孟元老《东京梦华录·马行街铺席》："夜市直至三更尽，才五更，又复～～。"

【开正】 kāizhēng 正月初一。陆游《初春》诗："～～父老频占候，已决今年百稼登。"

【开壮】 kāizhuàng 精力旺盛。《三国志·魏书·三少帝纪》："[徐]绍本伪南陵督，才质～～。"

【开罪】 kāizuì 得罪。《战国策·秦策三》："范睢曰：'臣，东鄙之贱人也。～～于楚、魏，遁逃来奔。'"又《齐策四》："[孟尝君]谢曰：'文倦于事，愦于忧，而性懧愚，沉于国家之事，～～于先生。'"

揩 1. kāi ❶摩擦，擦抹。张衡《西京赋》："～枳落，突棘藩。"苏轼《寓居定惠院》诗："忽逢绝艳照衰朽，叹息无言～病目。"

2. jiá ❷见"揩击"。

【揩击】 jiájī 乐器名，即柷敔。《礼记·明堂位》："拊搏、玉磬、～～、大琴、大瑟、中琴、小瑟，四代之乐器也。"

岂 kǎi 见 qǐ。

剀(剴) kǎi ❶规劝，讽喻。《新唐书·杜如晦传》："监察御史陈师合上《拔士论》，谓一人不可总数职，阴～讽如晦等。"❷切实，中肯。《新唐书·刘昌裔传》："为环檄李纳，～晓大谊。"徐琐《故兵部侍郎徐公墓表》："危言～论之士，亦尝有之。"

【剀切】 kǎiqiè 切合事理，切实。《新唐书·魏徵传》："乃展尽底蕴无所隐，凡二百馀奏，无不～～当帝心者。"

凯(凱) kǎi ❶军队打胜仗后所奏的乐曲。刘克庄《破阵曲》："六军张～声如雷。"❷通"恺"。和乐，欢乐。《汉书·主父偃传》："天子大～。"❸得胜归来。《后汉书·蔡邕传》："城濮捷而晋～入。"❹杀。《京本通俗小说·碾玉观音》："叵耐这两个畜生逃走，今日捉的来，我恼了，为何不～？"

【凯风】 kǎifēng 和风。《诗经·邶风·凯风》："～～自南，吹彼棘心。"后来称南风为凯风。陶渊明《和郭主簿》之二："～～因时来，回飙开我襟。"许敬宗《奉和初春登楼即目应诏》诗："歌里非烟飏，琴上～～清。"

【凯复】 kǎifù 克复，收复失地。《南史·梁元帝纪》："[王]僧辩等又表劝进曰：'……旧邦～～，函洛已平。'"

【凯康】 kǎikāng 犹慨慷，激动。宋玉《神女赋》："精交接以来往兮，心～～以乐欢。"

【凯弟】 kǎitì 见"恺悌"。

【凯易】 kǎiyì 和乐平易。班固《车骑将军窦北征颂》："上将崇至仁，行～～，弘浓恩，降温泽。"

【凯泽】 kǎiyì 和乐。《史记·司马相如列传》："昆虫～～，回首面内。"亦作"闿怿"，见《汉书·司马相如传下》(泽：通"怿")。引申为和乐的恩泽。《旧唐书·高宗纪》："宜布～～，被乎亿兆。"

【凯元】 kǎiyuán 指辅佐君主的大臣。阮籍《咏怀》之三："重华登庸，帝命～～。"耶律楚材《兰仲文寄诗二十六韵勉和以谢之》："～～咸戮力，稷契各言忠。"

恺(愷) kǎi ❶欢乐，和乐。《庄子·天道》："中心物～，兼爱无私。"《后汉书·崔骃传》："圣德滂以横被兮，黎庶～以鼓舞。"❷和顺。《后汉书·赵咨传》："并棺合椁，以为孝～。"欧阳修《朋党论》："舜佐尧，退四凶小人之朋，而进元～君子之朋，尧之天下大治。"❸通"凯"。军队打胜仗后奏的乐曲。《左传·僖公二十八年》："振旅，～以入于晋。"

【恺风】 kǎifēng 南风。同"凯风"。

【恺歌】 kǎigē 即凯歌。军队打胜仗回来时唱的歌。《周礼·春官·乐师》："凡军大献，教～～，遂唱之。"

【恺乐】 kǎilè 和乐。张衡《南都赋》："接欢宴于日夜，终～～之令仪。"亦作"岂乐"。《诗经·小雅·鱼藻》："王在在镐，～～饮酒。"

【恺悌】 kǎitì 和乐平易。《三国志·魏书·贾逵传》："故其状皆言严能鹰扬，有督察之才，不言安静宽仁，有～～之德也。"曾巩《与王介甫第二书》："有～～忠笃之纯，而无偏听摘抉之苛。"亦作"凯弟"。《礼记·表记》："《诗》云：'～～君子，民之父母。'凯以强教之，弟以说安之。"亦作"恺弟"。《汉书·史丹传》："丹为人足知，～～爱人。"

【恺乐】 kǎiyuè 庆祝作战胜利所奏的音乐。《周礼·春官·大司乐》："王师大献，则令奏～～。"又《夏官·大司马》："若师有功，则左执律，右秉钺以先，～～献于社。"

闿(闓) kǎi ❶开。《汉书·兒宽传》："将建大元本瑞，登告岱宗，发祉～门，以候景至。"《论衡·率性》："孔子引而教之，渐渍磨砺，～导膿进，……卒能政事，序在四科。"❷通"恺"。欢乐。见"闿怿"。

【闿怿】 kǎiyì 欢乐。《汉书·司马相如传下》："昆虫～～，回首面内。"

垲(塏) kǎi ❶地势高而土质干燥。《左传·昭公三年》："初，景公欲更晏子之宅，曰：'子之宅近市，湫隘嚣尘，不可以居，请更诸爽～者。'"《新唐书·郭钒传》："别墅在都南，尤胜～，穆宗常幸之，置酒极欢。"❷见"垲垲"。

【垲垲】 kǎikǎi 光秃秃的样子。何景明《忧旱赋》："山～～以赪颜兮，野萧条而无色。"

铠(鎧) kǎi 困。扬雄《太玄经·止》："折于株木，～于砭石，止。"

【铠沐】 kǎimù 古国名。《墨子·节葬下》："昔者越之东有～～之国者。其长子生，则解而食之，谓之宜弟。其大父死，负其大母而弃之，曰：'鬼妻不可与居处。'"

凯(颽) kǎi 南风。班固《幽通赋》："颽～风而蝉蜕兮，雄朔野以飏声。"

戛 kǎi 见 jiá。

铠(鎧) kǎi 古代战士打仗时穿的护身的铁甲。《汉书·王莽传中》："禁民不得挟弩～，徙西海。"《新唐书·吐蕃传》："其～精良。"

【铠骑】 kǎijì 穿铠甲的骑兵。《新唐书·郭子仪传》："乃身自率～～二千，出入阵中。"

【铠甲】 kǎijiǎ 护身的铁甲。《韩非子·五蠹》："共工之战，铁铦短者及乎敌，～～不坚者伤乎体，是干戚用于古不用于今也。"《淮南子·说林训》："人性便丝衣帛，或射之，则被～～，为其不便以得所便。"

【铠马】 kǎimǎ ❶铠甲和马。《后汉书·蔡邕传》："伏见幽、冀旧壤，～～所出，比年兵饥，渐至空耗。"❷带铠甲的马。《晋书·王浚传》："[石]勒质末柸，遣间使求和，疾陆眷遂以～～二百五十匹、金银各一簏赎末柸，结盟而退。"又《刘曜载记》："召公卿已下子弟有勇干者为亲御郎，被甲乘～～。"

【铠仗】 kǎizhàng 铠甲与兵器。《三国志·魏书·夫馀传》："以弓矢刀矛为兵，家家自有～～。"《晋书·祖逖传》："帝乃以逖为奋威将军、豫州刺史，给千人廪，布三千匹，不给～～，使自招募。"

慨 kǎi ❶感慨，叹息。张衡《东京赋》："望先帝之旧墟，～长思而怀古。"杜甫《秦州杂诗》："万方声一～，吾道竟何之？"❷激昂。见"慨然②"。

【慨慨】 kǎikǎi 感慨的样子。《楚辞·九叹·远逝》："情～～而长怀兮，信上皇而质正。"潘岳《马汧督诔》："～～马生，琅琅高致。"

【慨慷】 kǎikāng 感慨，激昂。成公绥《啸赋》："时幽散而将绝，中矫厉而～～。"左思《杂诗》："壮齿不恒居，岁暮常～～。"

【慨然】 kǎirán ❶感慨叹息的样子。《荀子·宥坐》："孔子～～叹曰：'呜呼！上失之，下杀之，其可乎！'"陶渊明《有会而作》诗："岁云夕矣，～～咏怀。"❷情绪激昂的样子。《后汉书·范滂传》："滂登车揽辔，～～有澄清天下之志。"《宋史·王安石传》："～～有矫世变俗之志。"

【慨叹】 kǎitàn 感慨叹息。《晋书·祖逖传》："中流击楫而誓曰：'祖逖不能清中原而复济者，有如大江！'辞色壮烈，众皆～

～。"王昌龄《代扶风主人答》诗："主人就我饮，对我还～～。"

嘅 kǎi 感慨。《诗经·王风·中谷有蓷》："有女仳离，～其叹矣。"

楷 1. kǎi ❶法式，典范。《礼记·儒行》："今世行之，后世以为～。"⑵效法，学习。《晋书·齐王攸传》："清和平允，亲贤好施，爱经籍，能属文，善尺牍，为世所～。"❷楷书。汉字书写体的一种，即正书，真书。曾巩《尚书省郎官石记序》："而此序独～字，精劲严重，出于自然，如动容周旋中礼，非强为者。"

2. jiē ❸木名。即黄连木。段成式《酉阳杂俎续集》卷十："蜀中有木类柞……蜀人呼为～木。"❹刚直。刘劭《人物志·体别》："强～坚劲，用在桢干，失在专固。"

【楷法】 kǎifǎ ❶法式，模范。《晋书·辛谧传》："博学善属文，工草隶书，为时～～。"《明史·杨恒传》："恒……家无儋石，而临财甚介，乡人奉为～～焉。"❷楷书之法。《晋书·索靖传》："[卫]瓘笔胜靖，然有～～，远不能及靖。"

【楷式】 kǎishì ❶法式，法则。《老子·六十五章》："故以智治国，国之贼；不以智治国，国之福。此两者亦～～。"❷楷模，榜样。《三国志·魏书·郑浑传》注引《汉纪》："北海邴根矩，清高直亮，群士之～～。"《颜氏家训·杂艺》："萧子云改易字体，邵陵王颇行伪字。朝野翕然，以为～～。"

【楷则】 kǎizé 法式，楷模。《后汉书·齐武王縯传》："[子睦]又善史书，当世以为～～。"

锴(鍇) kǎi 精铁，白铁。张衡《南都赋》："铜锡铅～。"左思《吴都赋》："其琛赂则琨瑶之阜，铜～之垠。"

忾(愾) 1. kài ❶愤恨，愤怒。《左传·文公四年》："诸侯敌王所～而献其功。"

2. xì ❷叹息。《诗经·曹风·下泉》："～我寤叹，念彼周京。"《礼记·祭义》："祭之日，入室。……～然必有闻乎其叹息之声。"❸通"迄"。到，遍及。《礼记·哀公问》："身以及身，子以及子，妃以及妃，君行此三者，则～乎天下矣。"

劾 kài 见 hé。

欬 kài 咳嗽。《左传·昭公二十四年》："余左顾而～，乃杀之。"

【欬唾】 kàituò ❶咳嗽，吐唾沫。比喻声息，谈吐。《三国志·吴书·甘宁传》："吾往对之，保[关]羽闻吾～～，不敢涉水。"❷谈吐之间，形容时间短暂。《文心雕龙·辨骚》："顾盼可以驱辞力，～～可以穷文致。"

【欬唾成珠】 kàituòchéngzhū 比喻言谈不凡，文字优美，出口成章。《后汉书·赵壹传》："埶(势)家多所宜，欬唾自成珠。"也作"咳唾成珠"。

愒 kài 见 qì。

kan

刊(栞) kān ❶砍，削。《周礼·秋官·柞氏》："夏日至，令～阳木而火之。"《尚书·益稷》："予乘四载，随山～木。"⑶消除，磨灭。《后汉书·左雄传》："流光垂祚，永世不～。"⑶删改，修订。《后汉书·霍谞传》："以为妄～章文，坐系洛阳诏狱，掠考困极。"柳宗元《辩文子》："悯其为之也劳，今～去谬恶乱杂者，取其似是者，又颇为发其意，藏于家。"❷雕刻。《后汉书·巴肃传》："刺史贾琮～石立铭以记之。"叶適《播芳集序》："命工～墨，以广其传。"

【刊落】 kānluò 删除繁芜。《后汉书·班彪传》："一人之精，文重思烦，故其书～～不尽，尚有盈辞，多不齐一。"

【刊石】 kānshí 刻在石上。《后汉书·窦宪传》："乃遂封山～～，昭铭上德。"《晋书·孙绰传》："必须绰为碑文，然后～～焉。"

【刊颂】 kānsòng 刻石立碑，歌功颂德。《论衡·实知》："始皇三十七年十月癸丑出游，……乃西百二十里，从陕中度，上会稽，祭大禹，立石～～，望于南海。"

【刊行】 kānxíng 书稿刻版发行。曾巩《先大夫集后序》："总一百七十八卷，皆～～于世。"朱熹《答胡季随书》："南轩文集方编得略就，便可～～。"

【刊正】 kānzhèng 校正谬误。《后汉书·卢植传》："庶裁定圣典，～～碑文。"裴度《刘府君神道碑铭》："贞元元年转刑部侍郎，详刑议狱，无复烦累。改秘书监，遗编脱简，有以～～。"

戡 kān ❶通"戡"。《说文·戈部》引《商书》："西伯既～黎。"❷"堪"的古字。《汉书·五行志下之上》引《左传》："今钟摦矣，王心弗～，其能久乎？"(《左传·昭公二十一年》注疏本作"堪"。)

勘 kān ❶校订，核对。白居易《题诗屏风绝句》："相忆采君诗作部，自书自～不辞劳。"苏舜钦《送韩三子华还家》诗："～书春雨静，煮药夜火续。"❷调查，查问。《旧唐书·王彦威传》："乃命彦威充十二州～定两税使。"《新唐书·徐坚传》："诏使者～当，得实辄决。"

【勘破】 kānpò 犹看破。文天祥《七月二日大雨歌》："死生已～～，身世如遗忘。"《红楼梦》一百一十八回："～～三春景不长，缁衣顿改昔年妆。"

龛(龕) kān ❶供奉神佛的小阁或柜子。杜甫《石龛》诗："驱车石～下，仲冬见虹蜺。"陆游《禹迹寺南有沈氏小园》诗："年来妄念消除尽，回向神～一炷香。"ⓧ藏经的小阁或柜子。苏轼《四菩萨阁记》："长安有故藏经～，唐明皇帝所建。"❷塔中存放僧人骨灰的地方。贯休《送人归夏》诗："倘经三祖寺，一为礼～坟。"❸通"戡"。平定。《法言·重黎》："刘[邦]～南阳，项[羽]救河北。"

堪 kān ❶胜任。《左传·文公二年》："书士縠，～其事也。"《后汉书·牟融传》："帝数嗟叹，以为才～宰相。"又《郑玄传》："惟彼数公懿德大雅，克～王臣。"❷经得起，忍受。《吕氏春秋·达郁》："召公以告，曰：'民不～命矣。'"《史记·夏本纪》："桀不务德而武伤百姓，百姓弗～。"❸可以，能够。《韩非子·外储说左上》："宋人有少者亦欲效善，见长者饮无馀，非～酒饮也而欲尽之。"李商隐《和友人戏赠》之二："明珠可贯须为珮，白璧～裁且作环。"❹通"媅"。乐，喜好。《吕氏春秋·报更》："～士不可以骄恣屈也。"

嵁 kān 山深。见"嵁岩"。

【嵁岩】 kānyán 高深的山岩。《庄子·在宥》："故贤者伏处大山～～之下，而万乘之君忧慄乎庙堂之上。"柳宗元《永州韦使君新堂记》："将为穹谷～～渊池于郊邑之中，则必辇山石，沟涧壑，……乃可以有为也。"

戡 kān 攻克，平定。《尚书·西伯戡黎》："西伯既～黎，祖伊恐。"苏舜钦《上集贤文札书》："是足下武足～难，文足表世。"

坎 kǎn ❶坑，地面低陷的地方。《汉书·苏武传》："凿地为～，置煴火，覆[苏]武其上，蹈其背以出血。"曾巩《秃秃记》："召役者邓旺，穿寝后垣下为～，深四尺，瘗其中，生五岁云。"ⓧ掘坑。《左传·昭公六年》："柳闻之，乃～，用牲，埋书。"《后汉书·张霸传》："子死赢、博，因～路侧，遂以葬焉。"❷恨。见"坎毒"。❸八卦之一，卦形为☵，象征水。❹敲击乐器的声音。《诗经·陈风·宛丘》："～其击鼓。"又："～其击缶。"❺险阻。《汉书·贾谊传》："乘流而逝，得～则止。"

【坎毒】 kǎndú 愤恨。《楚辞·九叹·离世》："哀仆夫之～～兮，屡离忧而逢患。"

【坎井】 kǎnjǐng 坏井。《荀子·正论》："浅不可与测深，愚不足与谋知，～～之蛙，不可与语东海之乐，此之谓也。"

【坎坎】 kǎnkǎn ❶象声词。《诗经·魏风·伐檀》："～～伐檀兮，置之河之干兮。"又《小雅·伐木》："～～鼓我，蹲蹲舞我。"❷空虚。扬雄《太玄经·穷》："羹无糁，其腹～～。"❸不平。柳宗元《吊屈原文》："哀余衷之～～兮，独蕴愤而增伤。"

【坎坷】 kǎnkě ❶道路不平坦，坑坑洼洼。《汉书·扬雄传上》："涉南巢之～～兮，易豳岐之夷平。"韩愈《合江亭》诗："长绠汲沧浪，幽溪下～～。"❷比喻不顺利，不得志。杜甫《醉时歌》："德尊一代常～～，名垂万古知何用？"苏轼《次韵子由病酒肺疾发》："神仙多历试，中路或～～。"也作"坎轲"。韩愈《复志赋》："昔余之既有知兮，诚～～而艰难。"

【坎轲】 kǎnkě 见"坎坷"。

【坎壈】 kǎnlǎn 见"坎廪"。

【坎廪】 kǎnlǎn 不平，不得志。《楚辞·九辩》："～～兮，贫士失职而志不平。"也作"坎壈"。陆游《东屯高斋记》："而身愈老，命愈大谬，～～且死，则其悲如此，亦无足怪也。"曾巩《尚书比部员外郎李君墓志铭》："不幸一跌，世无力振达之者，故以～～终。"

侃(侃) kǎn ❶刚直，理直气壮。见"侃侃"、"侃然"。❷和乐。见"侃尔"。

【侃尔】 kǎn'ěr 和乐的样子。《汉书·韦贤传》："我虽鄙者，心其好而，我徒～～，乐亦在而。"

【侃侃】 kǎnkǎn 理直气壮的样子。《论语·乡党》："朝，与士大夫言，～～如也。"柳宗元《柳常侍行状》："[柳浑]立诚之节，～～焉无所屈也。"

【侃乐】 kǎnlè 和顺安乐。叶適《故朝奉大夫宋公墓志铭》："公既中原故家，见闻所趋，与南士异。外～～而中伉简，于其钜儒名人，虽无不敬爱，然犹不自满。"

【侃然】 kǎnrán 刚毅正直的样子。《后汉书·向栩传》："每朝廷大事，～～正色，百官惮之。"欧阳修《与高司谏书》："～～正色，论前世事，历历可听，褒贬是非，无一谬说。"

砍 kǎn 用刀斧等用力把东西劈开。《水浒传》五十三回："李逵拔出大斧，先～翻一堵壁。"《西游记》四回："悟空道：'我只站下不动，任你～几剑罢。'”

埳 kǎn ❶同“坎”。坑，穴。《墨子·节葬》：“满～无封。”《后汉书·袁绍传》：“举手挂网罗，动足蹈机～。”❷见“埳坷”、“埳井”、“埳壈”。

【埳井】 kǎnjǐng 坏井，废井。同“坎井”。《庄子·秋水》：“子独不闻乎～～之蛙乎?”

【埳坷】 kǎnkě 同“坎坷”。❶道路不平坦。《论衡·宣汉》：“夷～～为平均，化不宾为齐民，非太平而何?”❷比喻受挫折，不得志，不顺利。《后汉书·冯衍传》：“非惜身之～～兮，怜众美之憔悴。”

【埳壈】 kǎnlǎn 不平，不得志。《后汉书·冯衍传下》：“儿女常自操井臼，老竟逐之，遂～～于时。”鲍照《结客少年场行》：“今我独何为，～～怀百忧。”

堿 kǎn 堤岸。《淮南子·主术训》：“若发～决唐，故循流而下易以至，背风而驰易以远。”(唐：古“塘”字。)

轗(轞) kǎn 见“轗轲”。

【轗轲】 kǎnkě 不遇，不得志。《楚辞·七谏·怨世》：“年既已过太半兮，然～～而留滞。”(王逸注：“埳轲，不遇也。言己年已过五十，而埳轲沈滞，卒无所逢遇也。埳，一作轗，一作轗。”)

歁 kǎn ❶不自满。《孟子·尽心上》：“如其自视～然，则过人远矣。”❷愁苦。《楚辞·哀时命》：“～愁悴而委情兮，老冉冉而逮之。”曾巩《送周屯田序》：“如此，其于长者薄也，亦曷能使其不～然于心邪?”❸通“坎”。坑。《左传·襄公二十六年》：“至则～用牲，加书徵之。”

【歁傺】 kǎnchì 枯萎，衰落。《楚辞·九辩》：“收恢台之孟夏兮，然～～而沉藏。”

【歁憾】 kǎnhàn 未得到满足，引以为憾。《楚辞·哀时命》：“志～～而不憺兮，路幽昧而甚难。”

槛 kǎn 见 jiàn。

壈 kǎn 见“壈坷”。

【壈坷】 kǎnkě 道路不平。比喻不顺利，不得志。穆修《秋浦会遇》诗：“堤防虽少戆，～～亦多逊。”

轗(轗) kǎn 见“轗轲”。

【轗轲】 kǎnkě 道路不平。比喻不得志，不顺利。《古诗十九首》之四：“无为守穷贱，～～长苦辛。”陈亮《与章德茂侍郎》：“一庶弟竟染病以死，亮亦～～一月方能复常。”

看 1. kàn ❶(又读 kān)眼睛注视一定的方向或对象。李白《望庐山瀑布》诗：“日照香炉生紫烟，遥～瀑布挂前川。”王昌龄《采莲曲》之二：“乱入池中～不见，闻歌始觉有人来。”㊀伺察。《三国志·吴书·周鲂传》：“今此郡民，虽外名降首，而故在山草，～伺空隙，欲复为乱。”❷(又读 kān)看望，探访。《韩非子·外储说左下》：“梁车新为邺令，其姊往～之。”❸(又读 kān)看待，照料。范成大《田家留客行》：“木臼新舂雪花白，急炊香饭来～客。”❹转眼间。杜甫《绝句》之二：“今春～又过，何日是归年?”❺估计，料想。李白《送别》诗：“～君颍上去，新月到应圆。”

2. kān ❻看护，看守。《隋书·辛公义传》：“土俗畏病，若一人有疾，即合家避之，父子夫妻不相～养。”杜甫《空囊》诗：“囊空恐羞涩，留得一钱～。”❼助词，用在动词后，表示尝试。白居易《眼病》诗之二：“人间方药应无益，争得金篦试刮～。”道原《景德传灯录》卷十二：“师曰：‘龙女有十八变，汝与老僧试一变～。'”

【看朱成碧】 kànzhūchéngbì 眼花缭乱，不辨五色。王僧孺《夜愁示诸宾》诗：“谁知心眼乱，看朱忽成碧。”武则天《如意娘》诗：“～～～～思纷纷，憔悴支离为忆君。”

衎 kàn 快乐，和乐。《诗经·小雅·南有嘉鱼》：“君子有酒，嘉宾式燕以～。”又《商颂·那》：“奏鼓简简，～我烈祖。”

【衎衎】 kànkàn ❶快乐的样子。《周易·渐》：“饮食～～，不素饱也。”曾巩《兜率院记》：“子之法，四方人奔走附集者，～～施施，未有止也。”❷刚毅正直的样子。《汉书·张敞传》：“张敞～～，履忠进言。”《后汉书·樊准传》：“故朝多皤皤之良，华首之老，每谳会，则论难～～。”

阚(闞) 1. kàn ❶通“瞰”。俯视。嵇康《琴赋》：“邪睨崑仑，俯～海湄。”韩愈《寄卢仝》诗：“每骑屋山下窥～，浑舍惊怕走折趾。”

2. hǎn ❷老虎发怒的样子。《诗经·大雅·常武》：“进厥虎臣，～如虓虎。”❸(口)阔大。《庄子·天道》：“而口～然。”

瞰(矙) kàn ❶远望。《汉书·扬雄传上》：“东～目尽，西畅亡厓。”《后汉书·冯衍传下》：“～太行之嵯峨兮，观壶口之峥嵘。”❷俯视。《后汉书·光武帝纪上》：“云车十馀丈，～临城中。”曾巩《繁昌县兴造记》：“即门之东北，构亭～江，以纳四方之宾客。”❸窥探。《孟子·滕文公下》："阳货～孔子之亡也，而馈孔子蒸豚。"

瞰 kàn 深的样子。郭璞《江赋》："～如地裂，豁若天开。"

kang

邟 kāng 见"邟乡"。

【邟乡】 kāngxiāng 古地名。在今河南汝州市。《后汉书·黄琼传》："复拜琼为太尉，以师傅之恩，而不阿梁氏，乃封为～～侯。"

伉 kāng 见"伉忾"、"伉慨"。

【伉慨】 kāngkǎi ❶情绪激昂，奋发。《战国策·燕策三》："复为～～羽声，士皆瞋目，发尽上指冠。"《汉书·地理志下》："丈夫相聚游戏，悲歌～～。"❷感慨，叹息。《汉书·高帝纪下》："上乃起舞，～～伤怀，泣数行下。"❸刚直不阿。《汉书·爰盎传》："盎常引大体～～。"又《邹阳传》："阳为人有智略，～～不苟合。"

【伉忾】 kāngkài 感慨。陆云《赠郑曼季·鸣鹤》诗："嗟我怀人，心焉～～。"揭傒斯《春莫闲居寄城西程汉翁》诗："言辞多～～，文字少凋残。"

砊 kāng 见 kēng。

康 1. kāng ❶安宁，安乐。《国语·周语下》："昊天有成命，二后受之，成王不敢～。"又："成王不敢～，敬百姓也。"《汉书·司马相如传下》："遐迩一体，中外禔福，不亦～乎？"《后汉书·伏湛传》："臣闻唐、虞以股肱～，文王以多士宁。"❷无病，健康。古诗《为焦仲卿妻作》："命如南山石，四体～且直。"❸褒扬，赞美。《礼记·祭统》："此天子之乐也，～周公，故以赐鲁也。"《吕氏春秋·古乐》："帝喾大喜，乃以～帝德。"❹丰盛，富足。《淮南子·天文训》："故三岁而一饥，六岁而一衰，十二岁一～。"[引]繁荣、昌盛。陆游《夫人陈氏墓志铭》："其后吕氏家益～，大第千础，堂寝尤宏丽。"❺大，广大。《列子·仲尼》："尧乃微服游于～衢。"❻空，空虚。贾谊《吊屈原赋》："斡弃周鼎，宝～瓠兮！"❼荒，饥荒。《穀梁传·襄公二十四年》："四谷不升谓之～，五谷不升谓之大饥。"❽通"糠"。《庄子·天运》："夫播～眯目，则天地四方易位矣。"❾姓。

2. kàng ❿通"亢"。举，高举。《礼记·明堂位》："崇坫～圭。"

【康歌】 kānggē 称颂天下太平之词。《北齐书·崔伯谦传》："迁瀛州别驾，世宗以为京畿司马，劳之曰：'卿驰足瀛部，已著～～；督府务殷，是用相授。'"《隋书·食货志》："禹制九等而～～兴，周人十一而颂声作。"

【康瓠】 kānghú 空壶，破瓦壶。比喻庸才。辛弃疾《水调歌头》词："歌秦缶，宝～～，世皆然。"

【康荒】 kānghuāng 淫逸迷乱。《淮南子·主术训》："人主好鸷鸟猛兽，珍怪奇物，狡躁～～，不爱民力，驰骋田猎，出入不时。如此，则百官务乱，事勤财匮，万民愁苦，生业不修矣。"

【康济】 kāngjì ❶安抚救助。《尚书·蔡仲之命》："～～小民。"苏舜钦《上孔待制书》："阁下方以盛年壮猷，将～～天下，而良助犹鲜，诚可怃然！"❷调养身体。苏轼《留别金山宝觉圆通二长老》诗："～～此身殊有道，医治外物本无方。"李光《与赵元镇书》："有病固当攻以药石，然不若调饮食，使日中二餐如意，乃～～上策也。"

【康靖】 kāngjìng 安乐，安定。《国语·吴语》："昔余周室逢天之降祸，遭民之不祥，余心岂忘忧恤，不唯下土之不～～。"

【康逵】 kāngkuí 康庄大道。陆龟蒙《陋巷铭》："鲁国千乘，岂无～～？传载陋巷，以颜居之。"

【康了】 kānglè 指落第。《说郛》卷二十五引范正敏《遁斋闲览·应举忌落字》："柳冕秀才性多忌讳，应举时……常语安乐为安康。忽闻榜出，急遣仆视之。须臾，仆还。冕即迎问曰：'我得否乎？'仆应曰：'秀才～～也。'"后因以"康了"作为落第的隐语。《聊斋志异·叶生》："频居～～之中，则须发之条条可丑；一落孙山之外，则文章之处处皆疵。"

【康乐】 kānglè ❶安乐。《汉书·礼乐志》："阐谐嫚易之乐作，而民～～。"❷舞曲名。《史记·孔子世家》："于是选齐国中女子好者八十人，皆衣文衣而舞～～。"

【康梁】 kāngliáng 沉溺于安乐。《淮南子·要略》："纣为天子，赋敛无度，杀戮无止，～～沉湎，宫中成市。"

【康年】 kāngnián 丰收年。《诗经·周颂·臣工》："明昭上帝，迄用～～。"

【康平】 kāngpíng ❶安乐太平。《后汉书·梁统传》："文帝宽惠柔克，遭世～～。"❷安康。周密《癸辛杂识前集·迎曙》："仁宗晚年不豫，渐复～～。"

【康胜】 kāngshèng 犹安好。旧时书信中常用作祝词。徐陵《与王吴郡僧智书》："体中何如？愿保～～。"苏轼《与朱行中舍人书》："近因还使上状，必已闻达，连雨凝阴，远想台候～～。"

【康世】 kāngshì 治理天下。王俭《高帝哀策文》："～～以德，拨乱资武。"《北齐书·蔡儁传》："君有～～之才，终不徒然也，请以子孙为托。"

【康乂】 kāngyì 安治。《尚书·康诰》："若保赤子，惟民其～～。"《后汉书·梁商传》："故赏不僭溢，刑不淫滥，五帝、三王所以同致～～也。"

【康娱】 kāngyù 安乐。《楚辞·离骚》："保厥美以骄傲兮，日～～以淫游。"韩愈《复志赋》："伏门下而默默兮，竟岁年以～～。"

【康哉】 kāngzāi 《尚书·益稷》："[皋陶]乃赓载歌曰：'元首明哉，股肱良哉，庶事～～。'"后遂以"康哉"为歌颂太平之词。潘尼《赠侍御史王元贶》诗："协心毗圣世，毕力赞～～。"白居易《为宰相贺赦表》："～～可期，天下幸甚。"

慷 kāng 情绪激昂。曹操《短歌行》："慨当以～，忧思难忘。"

【慷慨】 kāngkǎi ❶情绪激昂，奋发。《后汉书·冯衍传下》："独～～而远览兮，非庸庸之所识。"又《齐武王縯传》："性刚毅，～～有大节。"❷感慨，叹息。《史记·高祖本纪》："高祖乃起舞，～～伤怀，泣数行下。"《后汉书·冯衍传下》："居常～～叹曰：'衍少事名贤，经历显位，怀金垂紫，揭节奉使，不求苟得，常有陵云之志。'"❸胸怀大志，刚直不阿。《汉书·爰盎传》："爰盎虽不好学，亦善傅会，仁心为质，引义～～。"

【慷忾】 kāngkài 情绪激昂，奋发。《三国志·吴书·步骘传》："女配太子，受礼若吊，～～之趋，惟笃人物，成败得失，皆如所虑，可谓守道见机，好古之士也。"

槺 kāng 见"槺梁"。

【槺梁】 kāngliáng 中间空虚的样子。司马相如《长门赋》："施瑰木之欂栌兮，委参差以～～。"

磏 kāng 象声词。见"磏磕"。

【磏磕】 kāngkē 大声。阮籍《大人先生传》："建长星以为旗兮，击雷霆之～～。"

糠(穅、粇) kāng 谷物脱下的皮。《汉书·贡禹传》："妻子～豆不赡，裋褐不完。"曹丕《上留田》诗："富人食稻与粱，贫子食糟与～。"

【糠秕】 kāngbǐ ❶谷皮和瘪谷。《管子·禁藏》："(民之食)果蓏素食当十石，～～六畜当十石。"❷比喻微末无用的人或物。《三国志·魏书·荀彧传》注引何劭《荀粲传》："[粲]常以为子贡称夫子之言性与天道不可得闻，然则六籍虽存，固圣人之～～。"《晋书·孙绰传》："尝与习凿齿共行，绰在前，顾谓凿齿曰：'沙之汰之，瓦石在后。'凿齿曰：'簸之扬之，～～在前。'"

【糠覈】 kānghé 粗劣的食物。《汉书·陈平传》："人或谓平贫，何食而肥若是？其嫂疾平之不亲家生产，曰：'亦食～～耳。'"

骯 1. kǎng ❶见"骯髒"。
2. āng ❷见"骯髒"。

【骯髒】 kǎngzǎng 刚直，不屈不挠。李白《鲁郡尧祠送张十四游河北》诗："有如张公子，～～在风尘。"范成大《荆渚堤上》诗："独木且百岁，～～立水浒。"

【骯髒】 āngzāng 污秽不洁。比喻丑恶。周茂兰《王五痴……送供虎丘禅院》诗："岂其～～存胸次，恭法成法相系所思。"

亢 1. kàng ❶高。《庄子·人间世》："故解之以牛之白颡者，与豚之～鼻者。"韩愈《岳阳楼别窦司直》诗："屠龙破千金，为艺亦云～。"㊀高傲。《庄子·刻意》："刻意尚行，离世异俗，高论怨诽，为～而已矣。"秦观《财用策上》："以为此乃奸人故为矫～，盗虚名于暗世也。"❷举。《楚辞·卜居》："宁与骐骥～轭乎？将随驽马之迹乎？"阮籍《咏怀》之四十三："～身青云中，网罗孰能制？"❸极，非常。《左传·宣公三年》："先纳之，可以～宠。"《后汉书·郑兴传》："君～急则臣下促迫。"❹当，担当。《汉书·终军传》："臣年少材下，孤于外官，不足以～一方之任。"❺遮蔽，庇护。《左传·昭公元年》："吉不能～身，焉能～宗？"❻通"抗"。抵御，抵抗。《左传·宣公十三年》："罪我之由，我则为政，而～大国之讨，将以谁任？"《吕氏春秋·上德》："以德以义，则四海之大，江河之水，不能～矣。"㊂匹敌，相当。扬雄《赵充国颂》："料敌制胜，威谋靡～。"❼刚强，刚直。《管子·轻重戊》："天子幼弱，诸侯～强。"《三国志·魏书·杜恕传》："恕在朝八年，论议～直，皆此类也。"❽绝。扬雄《解嘲》："西揖强秦之相，搤其咽而～其气。"❾星名。二十八宿之一。❿姓。

2. gāng ⓫咽喉，喉咙。《史记·刘敬叔孙通列传》："夫与人斗，不搤其～，拊其背，未能全其胜也。"《汉书·陈馀传》："乃仰绝～而死。"㊞要害。《史记·孙子吴起列传》："批～捣虚。"

【亢旱】 kànghàn 大旱。《三国志·吴书·陆逊传》:"县连年～～,逊开仓谷以振贫民,劝督农桑,百姓蒙赖。"又《魏书·毛玠传》:"～～以来,积三十年,归咎黥面,为相值不?"

【亢捍】 kànghàn 抵御,捍卫。《汉书·翟义传》:"方今宗室衰弱,外无强蕃,天下倾首服从,莫能～～国难。"

【亢衡】 kànghéng 抗衡,对抗。《汉书·五行志中之上》:"虢为小国,介夏阳之陒,怙虞国之助,～～于晋。"

【亢拒】 kàngjù 抗拒,对抗。韩愈《祭鳄鱼文》:"与刺史～～,争为长雄。"

【亢礼】 kànglǐ 彼此以平等礼节相对待。《史记·楚世家》:"楚王至,则闭武关,遂与西至咸阳,朝章台,如蕃臣,不与～～。"又《魏其武安侯列传》:"每朝议大事,条侯、魏其侯,诸列侯莫敢与～～。"

【亢烈】 kàngliè 刚强。《三国志·魏书·崔琰传》:"孙[礼]疏亮～～,刚简能断,卢[毓]清警明理,百链不消,皆公才也。"

【亢满】 kàngmǎn (官位)极高。《后汉书·梁统传》:"岂以其地居～～,而能以愿谨自终者乎?"

【亢阳】 kàngyáng 阳气极盛。指久旱不雨。《论衡·案书》:"或雨至,～～不改,旱祸不除,变复之义,安所施哉?"曾巩《代曾侍中乞退劄子》:"今～～为沴,经涉冬春。"

伉 kàng ❶偶,相对等。《后汉书·张衡传》:"时亹亹而代序兮,畴可与乎比～?"❷高。《诗经·大雅·緜》:"乃立皋门,皋门有～。"㊀高尚。见"伉行"。㊀高傲,傲慢。《申鉴·政体》:"以侈为博,以～为高,……此荒国之风也。"❸强,强壮。《韩非子·亡徵》:"太子轻而庶子～。"《汉书·宣帝纪》:"选郡国吏三百石～健习骑射者皆从军。"㊀刚强,刚直。《史记·酷吏列传》:"郅都～直。"《汉书·周昌传》:"其人坚忍～直。"❹当,承当。《吕氏春秋·士节》:"吾闻之:'养及亲者,身～其难'。"❺通"抗"。抵御,抵抗。《战国策·秦策一》:"廷说诸侯之王,杜左右之口,天下莫之能～。"❻通"亢"。极。《荀子·富国》:"仁人之用国,将修志意,正身行,～隆高,致忠信,期文理。"❼姓。汉有伉喜。

【伉衡】 kànghéng 相对抗。《汉书·陆贾传》:"今足下反天性,弃冠带,欲以区区之越与天子～～为敌国,祸且及身矣。"

【伉礼】 kànglǐ 行对等的礼。《庄子·渔父》:"万乘之主、千乘之君,见夫子未尝不分庭～～。"

【伉厉】 kànglì 刚正,凌厉。《史记·汲郑列传》:"黯时与[张]汤论议,汤辩常在文深小苛,黯～～守高,不能屈。"《三国志·魏书·韩崔高孙王传评》:"孙礼刚断～～。"

【伉俪】 kànglì 配偶,夫妻。《左传·成公十一年》:"已不能庇其～～而亡之。"李白《东海有勇妇》诗:"豁此～～愤,粲然大义明。"

【伉行】 kàngxíng 高尚的行为。《淮南子·齐俗训》:"敖世轻物,不汙于俗,士之～～也。"

【伉直】 kàngzhí 刚直。《史记·仲尼弟子列传》:"子路性鄙,好勇力,志～～。"《汉书·周昌传》:"御史大夫昌,其人坚忍～～。"

闶(閌) kàng 门高大的样子。扬雄《甘泉赋》:"～阆阆其寥廓兮,似紫宫之峥嵘。"张衡《西京赋》:"高门有～,列坐金狄。"

抗 kàng ❶抵御,抵抗。《墨子·非攻中》:"计其土地之博,人徒之众,欲以～诸侯,以为英名攻战之速。"《三国志·蜀书·诸葛亮传》:"非刘豫州莫可以当曹操者,然豫州新败之后,安能～此难乎?"㊀匹敌,相当。《后汉书·班固传》:"荣镜宇宙,尊无与～。"《南史·谢瞻传》:"瞻文章之美,与从叔混、族弟灵运相～。"❷援救,捍卫。《国语·晋语四》:"未报楚惠而～宋,我曲楚直。"❸违抗,不顺从。《荀子·臣道》:"有能～君之命,窃君之重,反君之事,以安国之危,除君之辱。"㊀刚正不阿。文天祥《指南录后叙》:"初至北营,～辞慷慨,上下颇惊动,北亦未敢遽轻吾国。"❹举。曹植《洛神赋》:"～罗袂以掩涕兮,泪流襟之浪浪。"嵇康《兄秀才公穆入军赠诗》之一:"～首漱朝露,晞阳振羽仪。"❺高尚。《淮南子·说山训》:"申徒狄负石自沉于渊,而溺者不可以为～。"❻呈现,暴露。孔稚珪《北山移文》:"焚芰制而裂荷衣,～尘容而走俗状。"苏洵《心术》:"吾之所短,吾～而暴之,使之疑而却。"❼促进,振作。《荀子·修身》:"卑湿重迟贪利,则～之以高志。"《后汉书·班固传》:"若固之序事,不激诡,不抑～。"❽收藏。《周礼·夏官·服不氏》:"宾客之事则～皮。"❾姓。

【抗迹】 kàngjì 极为高尚的品行。《楚辞·九章·悲回风》:"望大河之洲渚兮,悲申徒之～～。"何劭《游仙诗》:"～～遗万里,岂恋生民乐。"

【抗节】 kàngjié 坚持节操。《三国志·魏书·钟繇传》注引《魏略》:"和璧入秦,相如～～。"张说《贞节君碣》:"君子以为急友成哀,高义也;临危～～,秉礼也。"

【抗礼】 kànglǐ 以平等礼节相待。《史记·刺客列传》："举坐客皆惊，下与～～，以为上客。"《三国志·吴书·阚泽传》："性谦恭笃慎，宫府小吏，呼召对问，皆为～～。"

【抗厉】 kànglì ❶振奋。《后汉书·窦融传》："将军其～～威武，以应期会。"❷刚正。《后汉书·第五伦传》："会闻从事卫羽素～～，乃召羽具告之。"

【抗论】 kànglùn ❶直言。《后汉书·赵壹传》："下则～～当世，消弭时灾。"又《陈蕃传论》："桓、灵之世，若陈蕃之徒，咸能树立风声，～～惛俗。"❷争论，以言语相对抗。《三国志·魏书·杜畿传》："然搢绅之儒，横加荣慕，搤腕～～。"

【抗迈】 kàngmài 高超不凡。《晋书·王湛传》："济才气～～，于湛略无子侄之敬。"

【抗声】 kàngshēng 高声，大声。《三国志·魏书·庞淯传》注引皇甫谧《列女传》："娥亲～～大言曰：'枉法逃死，非妾本心。今仇人已雪，死则妾分，乞得归法以全国体。'"

【抗手】 kàngshǒu 举手。《汉书·扬雄传上》："是以旃裘之王，胡貉之长，移珍来享，～～称臣。"

【抗首】 kàngshǒu 昂首。赵与时《宾退录》卷十："二三狂生，～～大言。"

【抗疏】 kàngshū 上书直言。扬雄《解嘲》："独可～～，时道是非。"

【抗心】 kàngxīn 高尚的志趣，理想。《三国志·魏书·何夔传》注引孙盛曰："故高尚之徒，～～于青云之表，岂王侯之所能臣，名器之所羁绁哉！"

【抗行】 kàngxìng ❶高尚的行为。《楚辞·九章·哀郢》："尧、舜之～～兮，瞭杳杳而薄天。"又指坚持高尚的行为。《论衡·累害》："清正之仕，～～伸志。"《汉书·叙传上》："若乃夷～～于首阳，惠降志于辱仕。"❷相等，不相上下。张彦远《法书要录·梁虞龢〈论书表〉》："[王羲之]云：'吾书比之钟、张，当～～。'"(钟：钟繇；张：张芝。都是书法家。)

【抗言】 kàngyán ❶高声而言。《后汉书·董卓传》："卓又～～曰：'……有敢沮大议，皆以军法从之。'"❷直言进谏。王禹偁《待漏院记》："直士～～，我将黜之。"❸面对面交谈。陶渊明《移居》诗之一："邻曲时时来，～～谈在昔。"

【抗颜】 kàngyán 举首仰面，指态度严正。柳宗元《答韦中立论师道书》："独韩愈奋不顾流俗，犯笑侮，收召后学，作《师说》，因～～而为师。"苏轼《上刘侍读书》："～～高议，自以无前。"

【抗议】 kàngyì 发表高见。《后汉书·何敞传论》："袁、任二公，正色立朝；乐、何之徒，～～柱下。"张说《齐黄门侍郎卢思道碑》："修词～～，允执其中。"

【抗音】 kàngyīn 高声，大声。《三国志·吴书·孙峻传》注引《吴书》："初，[留]赞为将，临敌必先被发叫天，因～～而歌，左右应之，毕乃进战，战无不克。"

【抗髒】 kàngzǎng 高亢正直。《后汉书·赵壹传》："伊优北堂上，～～倚门边。"

【抗直】 kàngzhí 坦率耿直。《汉书·陈万年传》："有异材，～～，数言事，刺讥近臣，书数十上，迁为左曹。"《北史·柳庆传》："天性～～，无所回避。"亦作"亢直"。

【抗志】 kàngzhì 高尚的志气。《后汉书·申屠蟠传》："经过二载，而先生～～弥高，所尚益固。"《晋书·夏统传》："有大禹之遗风，太伯之义让，严遵之～～，黄公之高节。"又指坚持高尚的志气。《三国志·魏书·裴潜传》注引《魏略》："父为本县卒，[黄]朗感其如此，～～游学，由是为方国及其郡士大夫所礼异。"

坑 kàng 见 kēng。

炕(匟) 1. kàng ❶北方的一种供睡觉用的长方台，用土坯或砖头砌成，下有孔道，可以生火取暖。范成大《丙午新正书怀》诗之五："稳作被炉如卧～，厚裁棉旋胜披毡。"❷通"抗"。举起。《汉书·扬雄传上》："～浮柱之飞榱兮，神莫莫而扶倾。"

2. hāng ❸张开，舒展。《尔雅·释木》："守宫槐，叶昼聂宵～。"

【炕暴】 kàngbào 燥烈，暴躁。《汉书·五行志中之上》："华臣～～失义，内不自安。"

【炕阳】 kàngyáng ❶干枯，引申为无恩泽。《汉书·五行志中之上》："君～～而暴虐，臣畏刑而柑口。"❷张皇自大的样子。《汉书·五行志中之上》："先是，比年晋使荀吴、齐使庆封来聘，……襄[公]有～～自大之应。"

杭 kàng 见 háng。

颃 kàng 见 háng。

kao

尻(髛) kāo 脊骨末端，屁股。《汉书·东方朔传》："～益高者，鹤俛啄也。"(俛：同"俯"。)苏轼《韩幹画马赞》："其一欲涉,～高首下,择所由济,踌躇而未成。"

考(攷) kǎo ❶老,长寿。《诗经·秦风·终南》:"佩玉将将,寿～不亡。"(将将:象声词。)《新唐书·郭子仪传》:"富贵寿～。"❷父亲,特指死去的父亲。《尚书·舜典》:"帝乃殂落,百姓如丧～妣。"《楚辞·离骚》:"帝高阳之苗裔兮,朕皇～曰伯庸。"㊀泛指祖先。《左传·襄公十四年》:"纂乃祖～,见忝乃旧。"《三国志·魏书·武帝纪》:"恢文武之大业,昭尔～之弘烈。"❸落成。《左传·隐公五年》:"～仲子之室。"㊀成,成功。《礼记·礼运》:"礼义以为器,故事行有～也。"《后汉书·傅毅传》:"谁能云作,～之居息。"❹终,至。《楚辞·九叹·怨思》:"身憔悴而～旦兮,曰黄昏而长悲。"❺考察。《孟子·告子上》:"所以～其善不善者,岂有他哉,于己取之而已矣。"曾巩《唐论》:"故述其是非得失之迹,非独为人君者可以～焉。"㊀考核。《史记·孝武本纪》:"其明年,东巡海上,～神仙之属,未有验者。"《汉书·郊祀志上》:"后三年,游碣石,～入海方士,从上郡归。"㊀考试。《汉书·贾谊传》:"帝入太学,承师问道,退习而～于太傅。"《宋史·苏颂传》:"不由铨～,擢授朝列。"❻敲,击。《庄子·天地》:"故金石有声,不～不鸣。"苏轼《石钟山记》:"而陋者乃以斧斤～击而求之,自以为得其实。"❼通"拷"。拷打。《后汉书·和熹邓皇后纪》:"有囚实不杀人而被～自诬。"《三国志·魏书·刘表传》:"表疑[韩]嵩反为太祖说,大怒,欲杀嵩,～杀随嵩行者,知嵩无他意,乃止。"❽玉上的斑点、裂纹。《淮南子·说林训》:"白璧有～,不得为宝,言至纯之难也。"又《氾论训》:"夏后氏之璜,不能无～。"❾通"巧"。《尚书·金縢》:"予仁若～,能多材多艺。"

【考案】 kǎo'àn 审查,审问。《汉书·魏相传》:"～～郡国守相,多所贬退。"《后汉书·陈蕃传》:"以忠忤旨,横加～～。"

【考定】 kǎodìng 考察核定。《汉书·楚元王传》:"典儒林史卜之官,～～律历,著《三统历谱》。"《后汉书·张奋传》:"谨条礼乐异议三事,愿下有司,以时～～。"

【考功】 kǎogōng 考核业绩。《论衡·答佞》:"行不合于九德,效不检于～～,进近非贤,非贤则佞。"《后汉书·申屠刚传》:"今朝廷不～～校德。"

【考迹】 kǎojì 考察推究,考订。《汉书·地理志上》:"是以采获旧闻,～～诗书,推表山川,以缀禹贡、周官、春秋。"《论衡·程材》:"儒生擿经,穷竟圣意,文吏摇笔,～～民事。"

【考绩】 kǎojì 考核官吏的政绩。《后汉书·马援传》:"故～～黜陟,以明褒贬。"《三国志·魏书·傅嘏传》:"故～～可理而黜陟易通也。"

【考校】 kǎojiào ❶考试、考查。《礼记·学记》:"比年入学,中年～～。"(比年:每年。)❷校对,校正。《论衡·佚文》:"东海张霸……造作百二篇,具成奏上。成帝出秘《尚书》以～～之,无一字相应者。"

【考竟】 kǎojìng 拷问死于狱中。《后汉书·顺帝纪》:"诏以久旱,京师诸狱无轻重皆且勿～～,须得澍雨。"《三国志·魏书·司马芝传》:"卞太后遣黄门诣府传令,芝不通,辄敕洛阳狱～～。"(黄门:宦者。)

【考究】 kǎojiū 考索研究。《魏书·高允传》:"先所论者,本不注心;及更～～,果如君语。"

【考掠】 kǎolüè 拷问鞭打。《后汉书·戴就传》:"收就于钱塘县狱,幽囚～～。"《三国志·魏书·满宠传》:"故太尉杨彪收付县狱,尚书令荀彧、少府孔融等并属宠,但当受辞,勿加～～。"

【考论】 kǎolùn 考察议论。《三国志·魏书·钟会传》:"惟会亦以为蜀可取,豫共筹度地形,～～事势。"《论衡·自纪》:"幽处独居,～～实虚。"

【考实】 kǎoshí 考察核实。《后汉书·光武帝纪下》:"又～～二千石长吏阿枉不平者。"又《章帝八王传》:"遂诏冀州刺史收悝～～。"

【考室】 kǎoshì 宫室落成时所行的祭礼。《汉书·翼奉传》:"必有五年之馀蓄,然后大行～～之礼。"左思《魏都赋》:"咨其～～,议其举厝。"

【考信】 kǎoxìn 考察证实。《史记·伯夷列传》:"夫学者载籍极博,犹～～于六艺,诗书虽缺,然虞夏之文可知也。"

【考讯】 kǎoxùn ❶考察询问。《国语·晋语六》:"～～其阜以出,则怨靖。"❷考问,审问。潘岳《马汧督诔》:"而州之有司,乃以私隶数口,谷十斛,～～吏兵。"

【考验】 kǎoyàn 考查验证。《史记·秦始皇本纪》:"运理群物,～～事实,各载其名。"《论衡·骨相》:"文帝崩,景帝立,通有盗铸钱之罪,景帝～～,通亡,寄死人家,不名一钱。"

【考正】 kǎozhèng ❶考察订正。《汉书·艺文志》:"故古有采诗之官,王者所以观风俗,知得失,自～～也。"❷观察,核实。《论衡·答佞》:"问曰:'佞人直以高才洪知～～世人乎?将有师学检也?'"

【考终】 kǎozhōng 死，善终。《尚书·洪范》："五福：一曰寿，二曰富，三曰康宁，四曰攸好德，五曰～～命。"潘岳《杨荆州诔》："诔德策勳，～～定谥。"

拷 kǎo 拷打。《魏书·刑罚志》："不听非法～人。"《北史·尉古真传》："染干疑古真泄其谋，乃执～之。"

【拷掠】 kǎolüè 鞭打。指刑讯。《北齐书·薛琡传》："有犯法者，未加～～，直以辞理穷覈，多得其情。"

【拷问】 kǎowèn 刑讯。《魏书·高祖纪》："自今月至来年孟夏，不听～～罪人。"

栲 kǎo ❶木名，即山樗。《说文·木部》作"柷"。《诗经·唐风·山有枢》："山有～，隰有杻。"❷通"拷"。欧阳修《上皇帝万言书》："或受赂，而欲脱死囚，则严～连累之人而承之。"

【栲栳】 kǎolǎo ❶用柳条或竹篾编成的笆斗之类的盛物器具。贾思勰《齐民要术·作酢法》："量饭著盆中或～～中，然后泻饭著甕中。"卢延让《樊川寒食》诗之二："五陵年少粗于事，～～量金买断春。"❷指弯曲如栲栳形状。关汉卿《玉镜台》一折："梅香，前厅上将老相公坐的～～圈银交椅来，请学士坐着。"《元史·舆服志一》："玉辂。青质，金装，青绿藻井，～～轮盖。"

熇 kǎo 见 hè。

薧 kǎo 见 hāo。

铐（銬） kào 刑具名，锁手腕用。《老残游记》十七回："一个垂死的老翁，一个深闺的女子，案情我却不管，你上他这手～脚镣是什么意思？"

槁 kào 见 gǎo。

犒 kào 用酒食等物慰劳（军队）。《左传·僖公二十六年》："使下臣～执事。"又《成公二年》："子以君师辱于敝邑，不腆敝赋，以～从者。"

【犒劳】 kàoláo 犒赏，慰劳。《吕氏春秋·悔过》："使人臣～～以璧，膳以十二牛。"《三国志·魏书·明帝纪》："遣使者持节～～合肥寿春诸军。"

【犒赏】 kàoshǎng 用酒食财物慰劳、赏赐将士。《新唐书·李绛传》："俄而田兴果立，以魏博听命，……绛复曰：'王化不及魏博久矣，一日挈六州来归，不大～～，人心不激。请斥禁钱百五十万缗赐其军。'"《旧五代史·梁太祖纪一》："帝旋师休息，大行～～，繇是军士各怀愤激，每遇敌无不奋勇。"

【犒师】 kàoshī 用酒食慰劳军队。《左传·昭公五年》："吴子使其弟蹶由～～。"《国语·鲁语上》："展禽使乙喜以膏沐～～。"

靠 kào ❶背向。曹松《宿溪僧院》诗："煎茶留静者，～月坐苍山。"❷相挨，相近。林逋《和陈湜赠希社师》："瘦～阑干搭梵襟，绿荷阶面雨花深。"❸依靠，依据。朱熹《答吴伯起书》："不可只～一言半句，海上单方，便以为足。"刘克庄《次韵徐守宴新进士》："先贤肯～三场饱？男子须留百世芳。"❹靠近。《宣和遗事》前集："那是～午时分，押近市曹。"

ke

苛 1. kē ❶琐细，繁杂。《汉书·李广传》："宽缓不～，士以此爱乐为用。"㊀扰，烦扰，骚扰。《国语·晋语一》："以皋落狄之朝夕～我边鄙，使无日以牧田野。"❷苛刻，过于严厉。《论衡·遭虎》："吾善其政之不～，吏之不暴也。"❸通"疴"。病。《吕氏春秋·审时》："身无～殃。"㊂指疥疮。《礼记·内则》："疾痛～痒，而敬抑搔之。"

2. hē ❹通"呵"。大声呵斥，责问。《汉书·王莽传中》："大司空士夜过奉常亭，亭长～之。"

【苛暴】 kēbào 苛刻暴虐。《汉书·贡禹传》："以～～威服下者，使居大位。"

【苛察】 kēchá 用烦琐苛刻来显示精明。《庄子·天下》："君子不为～～，不以身假物。"《史记·陈涉世家》："[陈王]令之不是者，系而罪之，以～～为忠，其所不善者，弗下吏，辄自治之。"

【苛法】 kēfǎ 苛刻繁碎的条律。《史记·高祖本纪》："[沛公]还军霸上。召诸县父老豪桀曰：'父老苦秦～～久矣，诽谤者族，偶语者弃市。"《汉书·陈馀传》："秦为乱政虐刑，残灭天下，……重以～～，使天下父子不相聊。"

【苛克】 kēkè 见"苛刻"。

【苛刻】 kēkè 繁碎刻薄。《汉书·地理志下》："此政宽厚，吏不～～之所致也。"《后汉书·和帝纪》："有司不念宽和，而竞为～～。"也作"苛克"。《三国志·吴书·诸葛恪传》："且士诚不可纤论～～，～～则彼贤圣犹将不全，况其出入者邪？"

【苛滥】 kēlàn 谓宽严失度。《文心雕龙·史传》："是立义选言，宜依经以树则；劝戒与夺，必附圣以居宗；然后铨评昭整，～～不作矣。"

【苛礼】 kēlǐ 繁琐的礼节。《史记·郦生陆贾列传》："郦生闻其将皆握龊好～～自用，不能听大度之言。”(握龊:器量小。)又《韩长孺列传》:“今太后以小节～～责望梁王。”

【苛切】 kēqiè 繁细急躁。《后汉书·章帝纪》:“章帝素知人厌明帝～～,事从宽厚。”

【苛扰】 kērǎo 严酷烦扰。《墨子·所染》:“举天下之贪暴～～者,必称此六君也。”《盐铁论·执务》:“上不～～,下不烦劳,各脩其业。”

【苛俗】 kēsú 烦琐的风气、习俗。《后汉书·陈宠传》:“宠以帝新即位,宜改前世～～。”

【苛碎】 kēsuì 严峻烦琐。《三国志·魏书·梁习传》:“[王]思亦能吏,然～～无大体,官至九卿,封列侯。”又《魏书·王昶传》:“昶虽在外任,心存朝廷,以为魏承秦汉之弊,法制～～,不大厘改国典以准先王之风,而望治化复兴,不可得也。”

【苛慝】 kētè 暴虐邪恶。《左传·昭公十三年》:“～～不作,盗贼伏隐。”《国语·周语上》:“故神亦往焉,观其～～而降之祸。”

【苛细】 kēxì ❶苛求细枝末节。《汉书·栾布传》:“反形未见,以～～诛之,臣恐功臣人人自危也。”❷繁杂。《后汉书·宣秉传》:“务举大纲,简略～～,百僚敬之。”

【苛政】 kēzhèng 苛刻、残酷的政令。《后汉书·光武帝纪上》:“辄平遣囚徒,除王莽～～,复汉官名。”又《杜林传》:“破矩为圆,斫雕为朴,蠲除～～,更立疏网。”

【苛留】 hēliú 盘问扣留。《汉书·王莽传中》:“吏民出入,持布钱以副符传,不持者,厨传勿舍,关津～～。”

【苛难】 hēnàn 呵斥责备。《韩非子·外储说左上》:“卫嗣公使人过关市,关市～～之,因事关市以金,关市乃舍之。”

匼 1. kē ❶一种围绕脑顶的头巾。杜甫《七月三日亭午已后校热退晚加小凉稳睡有诗因论壮年乐事戏呈元二十一曹长》诗:“晚风爽乌～,筋力苏摧折。”❷见“匼匝”。

2. ǎn ❸阿谀迎合。《新唐书·萧复传》:“[卢]杞对上或谄谀阿～。”

【匼匝】 kēzā 周围,环绕。鲍照《代白纻舞歌词》之二:“象床瑶席镇犀渠,雕屏～～组帷舒。”白居易《仙娥峰下作》诗:“参差树若插,～～云如抱。”

呵 kē 见 hē。

珂 kē ❶像玉的美石。萧绎《与萧谘议等书》:“变同～雪,高玄霜之采。”❷马笼头上的装饰品。张华《轻薄篇》:“文轩树羽盖,乘马鸣玉～。”白居易《新春江次》诗:“莫怪～声碎,春来五马骄。”

莍(薖) kē ❶空阔、宽大。《诗经·卫风·考槃》:“考槃在阿,硕人之～。”❷植物名,即莴苣。

柯 kē ❶草木的枝茎。孔稚珪《北山移文》:“或飞～以折轮,乍低枝而扫迹。”曾巩《说用》:“物有根而殖～叶。”❷斧柄。《诗经·豳风·伐柯》:“伐～如何? 匪斧不克。”《国语·晋语八》:“今若大其～,去其枝叶,绝其本根,可以少闲。”❸碗、盂之类的器物。《荀子·正论》:“故鲁人以榶,卫人用～,齐人用一革。土地刑制不同者,械用备饰不可不异也。”(榶,碗。)❹木名。材可制船,皮入药。❺地名。在今山东东阿县西南。《春秋·庄公十三年》:“公会齐侯盟于～。”❻姓。

轲(軻) 1. kē ❶接轴车。《说文·车部》:“～,接轴车也。”㊁泛指车。王禹偁《送柴转运赴职序》:“画～频移,绣衣渐远。”❷通“柯”。斧柄。《管子·轻重乙》:“一车必有一斤一锯一釭一钻一凿一銶一～,然后成为车。”

2. kě ❸见“轗轲”。

【轲峨】 kē'é 高的样子。刘禹锡《秋江晚泊》诗:“～～艑上客,劝酒夜相依。”陆游《估客乐》诗:“～～大艑望如豆,骇视未定已至前。”

科 kē ❶条,枝条。《韩非子·有度》:“故绳直而枉木斫,准夷而高～削。”❷等级、类别。《论衡·定贤》:“道人与贤殊～者,忧世济民于难,是以孔子栖栖,墨子遑遑。”《三国志·魏书·公孙瓒传》注引《汉晋春秋》:“仆师徒肇合,机械不严,强弱殊～,众寡异论,假天之助,小战大克。”❸法令,法律条文。《后汉书·章帝纪》:“感陈宠之义,除惨狱之～。”又《应劭传》:“此百王之定制,有法之成～。”❹判处。见“科罪”。❺科目,课程。《孟子·尽心下》:“夫子之设～也,往者不追,来者不拒。”❻科举制取士的名目。古时分科取士,以所设科目而言,有博学鸿词科、经济特科等。同一科目中以等级而言,进士为甲科,举人为乙科。以开科年岁而言,有甲子科,乙丑科之类。❼科举考试。《宋史·选举志一》:“太宗曰:‘朕欲博求俊彦于～场中。’”❽考核,考试。《三国志·魏书·傅嘏传》:“乡老献贤能于王,王拜受之,举其贤者,出使长之,～其能者,入使治之,此先王收才之义也。”❾封建王朝官事分曹曰科。如明代有吏、户、礼、兵、刑、工六科给事中。❿通“窠”。坎,洼地。《孟子·尽心上》:“流水之为物也,不盈

～不行。"贾思勰《齐民要术·卷端杂说》："锄谷，……每～只留两茎。"⊗空。特指树木中空。《周易·说卦》："[离]其于木也，为～，上槁。"⓫通"课"。征收赋税。《后汉书·桓帝纪》："民有不能自振及流移者，禀谷如～。"⊗泛指征收，征集。曾巩《本朝政要策·添兵》："河朔震摇，悉～乡民为兵以守城。"⓬传统戏曲中角色的动作，元杂剧称科。如：笑科；掩泪科。⓭通"棵"。量词。贾思勰《齐民要术·种谷》："良田，率一尺留一～。"李白《访道安陵遇盖还为余造真箓临别留赠》诗："昔日万乘坟，今成一～蓬。"

【科比】 kēbǐ 法律条文和事例。《后汉书·桓谭传》："今可令通义理明习法律者，校定～～，一其法度，班下郡国，蠲除故条，如此天下知方，而狱无怨滥矣。"

【科第】 kēdì ❶根据条规，考核确定次第等级。这是汉代选拔、考核官吏的一种制度。《汉书·元帝纪》："诏丞相、御史举质朴、敦厚、逊让、有行者，光禄岁以此～～郎、从官。"❷科举考试。李商隐《为张周封上杨相公启》："某价乏琳琅，誉轻乡曲。靡沾～～，薄涉艺文。"苏轼《和邵同年戏赠贾收秀才》之三："生涯到处似樯乌，～～无心摘颔须。"

【科段】 kēduàn 指文章的段落。《朱子语类·论文上》："韩[愈]不用～～，直便说起，去至终篇，自然纯粹成体，无破绽。"

【科防】 kēfáng 条律禁令。陈琳《为袁绍檄豫州》："加其细政苛惨，～～互设，罾缴充蹊，坑穽塞路，举手挂网罗，动足触机陷，是以兖豫有无聊之民，帝都有吁嗟之怨。"《三国志·吴书·阚泽传》："又诸官司有所患疾，欲增重～～，以检御臣下。"

【科甲】 kējiǎ 汉、唐举士考试，有甲乙丙等科，后来通称科举为科甲。《金史·裴满亨传》："章宗即位，谕之曰：'朕左右侍臣多以门第显，惟尔繇～～进。'"(繇：由。)

【科禁】 kējìn 条律禁令。《后汉书·明帝纪》："有司其申明～～，宜于今者，宣下郡国。"又《杜林传》："宜增～～，以防其源。"

【科令】 kēlìng 法令，条例。《后汉书·和帝纪》："市道小民，但且申明宪纲，勿因～～，加虐羸弱。"《三国志·魏书·刘劭传》："[刘劭]与议郎庾嶷、荀诜等定～～，作《新律》十八篇，著《律略论》。"

【科取】 kēqǔ 依法征收。曹操《加枣祗子处中封爵并祀祗令》："～～官牛，为官田计。"方勺《青溪寇轨》："吾侪所赖为命者，漆、楮、竹、木耳，又悉～～，无锱铢遗。"

【科条】 kētiáo 法令条规。《论衡·谢短》："刑亦正刑三百，～～三千。"陈琳《檄吴将校部曲文》："故令往购募爵赏，～～如左。"

【科头】 kētóu 不戴帽子。《史记·张仪列传》："虎贲之士跿跔～～贯颐奋戟者，至不可胜计。"（跿跔：跳跃。贯颐：司马贞索隐谓两手捧颐而直入敌，言其勇也。）《三国志·魏书·管宁传》注引《魏略》："饥不苟食，寒不苟衣，结草以为裳，～～徒跣。"

【科网】 kēwǎng 法网。《后汉书·酷吏传序》："自中兴以后，～～稍密，吏人之严害者，方于前世省矣。"《南齐书·竟陵文宣王子良传》："今～～严重，称为峻察。"

【科罪】 kēzuì 依律断罪。《晋书·王濬传》："濬至京都，有司奏濬表既不列前后所被七诏月日，又赦后违诏不受[王]浑节度，大不敬，付廷尉～～。"《宋史·徽宗纪》："疑狱当奏而不奏者，～～，不当奏而辄奏者，勿坐。"

【科斗书】 kēdǒushū 我国古代字体之一，又称科斗文。笔划头粗尾细，像蝌蚪形。

疴(痾) kē 病。韦应物《闲居赠友》诗："闲居养～瘵，守素甘葵藿。"陆游《乞祠禄劄子》："欲望钧慈特赐矜悯，许令复就玉局微禄，养～故山。"

荷 kē 见 hé。

砢 kē 见 luǒ。

铪(鉿) 1. kē ❶见"铪匝"。
2. jiā ❷象声词。钻入坚物的声音。扬雄《太玄经·干》："阳气扶物而钻乎坚，～然有穿。"

【铪匝】 kēzā 同"匼匝"。江淹《丽色赋》："紫帷～～，翠屏环合。"王翰《春女行》："紫台穹跨连绿波，红轩～～垂纤罗。"

颏(頦) kē 下巴。韩愈《记梦》诗："石坛坡陀可坐卧，我手承～肘拄座。"

萪 kē 藤名。贾思勰《齐民要术·藤》："《异物志》曰：'～藤，围数寸，重于竹，可为杖；篾以缚船及以为席，胜竹也。'"

棵 kē 量词。植物一株叫一棵。《西游记》七十九回："[猪八戒]掣钉钯，把一～九叉杨树钯倒。"

魁 kē 见 kuí。

窠 kē ❶巢穴。泛指昆虫鸟兽栖息之所。《三国志·魏书·管辂传》："家室倒悬，门户众多，藏精育毒，得秋乃化，此蜂～也。"左思《蜀都赋》："穴宅奇兽，～宿异禽。"

㉛人们聚会或安居的处所。辛弃疾《鹧鸪天·三山道中》词："抛却山中诗酒～。"❷篆印的界格。李贺《沙路曲》："独垂重印押千官，金～篆字红屈盘。"❸通"颗"。量词。黄庭坚《袁州刘司法亦和予摩字诗因次韵寄之》："袁州司法多兼局，日暮归来印几～。"❹通"棵"。量词。庞元英《文昌杂录》卷一："李冠卿说扬州所居堂前杏一～极大。"

【窠臼】 kējiù 陈旧的格式，老一套。朱熹《答许顺之书》："此正是顺之从来一个～～，何故至今出脱不得？"

牱 kē 无角牛。《玉篇·牛部》："～，无角牛。"

【牱牛+脩】 kēxiū ❶无角无尾的牛。《淮南子·说山训》："髡屯犁牛，既牱以牛+脩，决鼻而羁，生子而牺。"❷比喻丑陋。焦循《上王述菴侍郎书》一："形已～～，复远芳泽。"

稞 1. kē ❶大麦的一种，即青稞。通称稞麦。产于西藏、新疆、青海等地。《广韵·戈韵》："～，青稞，麦名。"

2. huà ❷颗粒纯净饱满的好谷。《说文·禾部》："～，谷之善者。"

榼 kē ❶古代盛酒或贮水的器具。《左传·成公十六年》："使行人执～承饮。"《淮南子·氾论训》："今夫霤水足以溢壶～，而江河不能实漏卮。"❷刀剑的套。《礼记·少仪》"加夫襓与剑焉"孔颖达疏："谓以木为剑衣者，若今刀～。"

【榼榼】 kēkē 象声词。李贺《吕将军歌》："～～银龟摇白马，傅粉女郎火旗下。"

颗(顆) 1. kē ❶颗粒状的东西。白居易《种荔枝》诗："红～真珠诚可爱，白须太守亦何痴。"元好问《同儿辈赋未开海棠》诗："翠叶轻拢豆～匀，胭脂浓抹蜡痕新。"❷量词。用于圆形或粒状的东西。杜甫《野人送朱樱》诗："数回细写愁仍破，万～匀圆讶许同。"李绅《悯农》诗之一："春种一粒粟，秋收万～子。"

2. kè ❸土块。贾山《至言》："使其后世曾不得蓬～蔽冢而托葬焉。"

磕 kē ❶敲击。杜牧《大雨行》："云缠风束乱敲～，黄帝未胜蚩尤强。"《红楼梦》六十六回："将头上一根玉簪拔下来，～成两段。"❷象声词。形容鼓声。《汉书·扬雄传上》："登长平兮雷鼓～，天声起兮勇士厉。"韩愈等《秋雨联句》："阴旌时摎流，帝鼓镇訇～。"❸大声。成公绥《啸赋》："砏硠震隐，訇～唧嘈。"❹咬开。《红楼梦》八回："黛玉～着瓜子儿，只管抿着嘴儿笑。"

【磕磕】 kēkē 象声词。刘敬叔《异苑》卷四："西秦乞伏炽磐都长安，端门外有一井，人常宿汲水亭下，而夜闻～～有声，惊起照视，瓮中如血，中有丹鱼。"王褒《九怀·尊嘉》："榜舫兮下流，东注兮～～。"

【磕头】 kētóu 叩头，一种跪拜礼。洪迈《夷坚戊志》卷五《任道元》："任深悼前非，～～谢罪。"

【磕牙】 kēyá 闲谈，聊天。《京本通俗小说·碾玉观音》："咸安王捺不下烈火性，郭排军禁不住闲～～。"《聊斋志异·凤阳士人》："听蕉声一阵一阵细雨下，何处与人闲～～？"

【磕匝】 kēzā 周围，围绕。阎立本《巫山高》诗："巫山～～翠屏开，湘江碧水绕山来。"韩愈《月蚀诗效玉川子作》："后时食月罪当死，天罗～～何处逃汝刑？"

瞌 kē 欲睡的样子。白居易《自望秦赴五松驿马上偶睡，睡觉成吟》："体倦目已昏，～然遂成睡。"

蝌 kē 见"蝌蚪"、"蝌蚪书"。

【蝌蚪】 kēdǒu 蛙和蟾蜍等的幼虫。黑色，体椭圆，有长尾，生活在水中，后逐渐发育生长，尾巴消失，变成成虫。也作"蝌斗"、"科斗"。《南史·卞彬传》："～～唯唯，群浮闇水。"

【蝌蚪书】 kēdǒushū 古代作书，用刀刻或漆书写于竹简或木牍之上。用漆书写，下笔时漆多，收尾漆少，因此笔画多头大尾小，形状像蝌蚪，故称蝌蚪书或蝌蚪文。也写作"科斗书"。

髁 kē ❶大腿骨。《说文·骨部》："～，髀骨也。"❷膝盖骨。《广韵·戈韵》："～，膝骨。"❸溪髁，不正的样子。《庄子·天下》："溪～无任，而笑天下之尚贤也。"

礚 kē 象声词。形容水声或车骑喧闹声。《楚辞·九叹·逢纷》："譬彼流水，纷扬～兮。"扬雄《羽猎赋》："猋拉雷厉，骈骈軨～。"

【礚礚】 kēkē 象声词。形容波涛声或轰击声。《楚辞·九章·悲回风》："惮涌湍之～～兮，听波声之汹汹。"司马相如《子虚赋》："礌石相击，琅琅～～，若雷霆之声，闻乎数百里之外。"

咳 ké 见 hái。

可 1. kě ❶可以，能。《论语·为政》："人而无信，不知其～也。"《左传·庄公十年》："下视其辙，登轼而望之，曰：'～矣。'"《孟子·梁惠王上》："不违农时，谷不～胜食也。"㉜认为可以，称许。柳宗元《答韦中立论师道书》："吾子好道而～吾文，或者其于道不远矣。"❷许可，赞成。《史记·秦始皇本纪》:"百官奏事如故,宦者辄从辒凉车中~其奏事。"柳宗元《封建论》:"盖非不欲去之也,势不~也。"❸适宜。《庄子·天运》:"其味相反,而皆~于口。"《汉书·高帝纪上》:"此大事,愿更择~者。"❹病愈。董解元《西厢记诸宫调》卷三:"瘦得浑如削,百般医疗终难~。"赵长卿《诉衷情》词:"疮儿~后,痕儿见在。"❺堪,值得。曹操《表论田畴功》:"畴文武有效,节义~嘉。"❻大约。《史记·高祖本纪》:"项羽之卒~十万。"《后汉书·五行志五》:"河内野王山上有龙死,长~数十丈。"❼正当,正在。刘禹锡《金陵五题生公讲堂》诗:"高坐寂寥尘漠漠,一方明月~中庭。"❽却,可是。王实甫《西厢记》二本三折:"幽僻处~有行人,点苍苔白露冷冷。"❾岂,哪。李商隐《锦瑟》诗:"此情~待成追忆,只是当时已惘然。"白居易《欲与元八卜邻先有是赠》诗:"~独终身数相见,子孙长作隔墙人!"

2. kè ❿见"可汗"。

【可儿】 kě'ér 可意的人,能人。《世说新语·赏誉》:"桓温行经王敦墓边过,望之云:'~~,~~!'"

【可堪】 kěkān 哪堪,怎堪。李商隐《春日寄怀》诗:"纵使有花兼有月,~~无酒又无人!"辛弃疾《永遇乐·京口北固亭怀古》词:"~~回首,佛狸祠下,一片神鸦社鼓。"

【可可】 kěkě ❶不在意。柳永《定风波》词:"自春来惨绿愁红,芳心是事~~。"薛昭蕴《浣溪沙》词:"瞥地见时犹~~,却来闲处暗思量。"❷隐若的样子。周密《南楼令·次陈君衡韵》词:"暗想芙蓉城下路,花~~,雾冥冥。"❸恰巧。李行道《灰阑记》一折:"~~的我妹子正在门前,待我去相见咱。"

【可口】 kěkǒu ❶味道很合口味。杨万里《夜饮以白糖嚼梅花》诗:"剪雪作梅只堪嗅,点密如霜新~~。"❷快口,随口。陆龟蒙《奉酬袭美先辈吴中苦雨一百韵》:"~~是妖讹,恣情专赏罚。"

【可怜】 kělián ❶值得怜悯,哀怜。白居易《卖炭翁》诗:"~~身上衣正单,心忧炭贱愿天寒。"❷可爱。古诗《为焦仲卿妻作》:"~~体无比,阿母为汝求。"杜牧《睦州四韵》:"州在钓台边,溪山实~~。"❸可惜。李商隐《贾生》诗:"~~夜半虚前席,不问苍生问鬼神。"陈与义《邓州西轩书事》诗之三:"瓦屋三间宽有馀,~~小陆不同居。"❹可怪。杜甫《解闷》诗之十一:"~~先不异枝蔓,此物娟娟长远生。"陆游《平水》诗:"~~陌上离离草,一种逢春各短长。"(一种:一样。)

【可念】 kěniàn ❶可怜,使人怜悯。《世说新语·德行》:"谢奕作剡令,有一老翁犯法,谢以醇酒罚之,乃至过醉而犹未已。太傅……谏曰:'阿兄,老翁~~,何可作此!'"❷可爱。韩愈《殿中少监马君墓志》:"姆抱幼子立侧,眉目如画,发漆黑,肌肉玉雪~~,殿中君也。"白居易《弄龟罗》诗:"物情小~~,人意老多慈。"

【可人】 kěrén ❶使人满意的人,能干的人。《礼记·杂记下》:"其所与游辟也,~~也。"《三国志·蜀书·费祎传》:"君信~~,必能办贼者也。"❷使人满意。黄庭坚《次韵师厚食蟹》:"趋跄虽入笑,风味极~~。"

【可杀】 kěshā 见"可煞"。

【可煞】 kěshā 可是,是不是。李清照《鹧鸪天·桂花》词:"骚人~~无情思,何事当年不见收。"也作"可杀"。杨万里《归云》诗:"~~皈云也爱山,夜来都宿好山间。"(皈:同"归"。)

【可事】 kěshì 小事,寻常事。欧阳修《青玉案》词:"绿暗红蔫浑~~,绿杨庭院,暖风帘幙,有个人憔悴。"

【可手】 kěshǒu 合手,称手。《资治通鉴·晋成帝咸康六年》:"鞫弯弓三石馀,矢尤长大,虓为之造~~弓矢。"

【可意】 kěyì 合意,如意。《三国志·魏书·司马芝传》:"与宾客谈论,有不~~,便面折其短,退无异言。"

【可中】 kězhōng ❶假如。陆龟蒙《和寄书校书》:"~~寄与芸香客,便是江南地理书。"❷正好。皎然《游溪待月》诗:"~~才望见,缭乱捣寒衣。"

【可汗】 kèhán 我国古代鲜卑、蠕蠕、突厥、回纥、蒙古等族最高统治者的称号。也作"可寒"、"合罕"。其妻叫"可敦"。

【可怜生】 kěliánshēng 可爱。"生"为词尾,无义。陆游《读书示子遹》诗:"阿遹~~,相守忘夜旦。"

【可惜许】 kěxīxǔ 可惜。"许"为词尾,无义。晏殊《雨中花》词:"~~~,月明风露好,恰在人归后。"

问 kě 见 xiā。

坷 kě 坎坷,不平。《说文·土部》:"~,坎坷也。"《汉书·扬雄传上》:"涉南巢之坎~兮,易豳岐之夷平。"

岢 kě 见"岢岚"。

【岢岚】 kělán ❶县名。在山西省五寨县西南,芦茅山脉西侧。❷山名。在山西岢岚县东北与五寨县接界处，西北与雪山相接。

渴　1. kě　❶口干想喝水。《孟子·公孙丑上》："饥者易为食，～者易为饮 。"又《尽心上》："饥者甘食，～者甘饮。"[引]迫切，急切。欧阳修《与尹师鲁书》："师鲁欢戚不问可知，所～欲问者，别后安否？"

2. jié　❷通"竭"。水干涸。《周礼·地官·草人》："凡粪种，……～泽用鹿。"[又]泛指穷尽，尽。《吕氏春秋·任地》："利器皆时至而作，～时而止。"❸干燥，干枯。白居易《对镜偶吟赠张道士抱元》："眼昏久被书料理，肺～多因酒损伤。"刘侗、于奕正《帝京景物略》卷三："蘋婆一株……实时早秋，果着日色，焰焰于春花时。实成而叶～矣。"

3. hè　❹水反流。柳宗元《袁家渴记》："楚越之间方言，谓水之反流者为～。"

【渴赏】　kěshǎng　急切希望立功受赏。孙楚《为石仲容与孙皓书》："～～之士，锋镝争先。"

【渴乌】　kěwū　古代的吸水器。类似今之虹吸管。《后汉书·张让传》："又作翻车～～，施于桥西，用洒南北郊路，以省百姓洒道之费。"李白《天马歌》："尾如流星首～～，口喷红光汗沟珠。"

【渴心】　kěxīn　急切盼望之心。卢仝《访含曦上人》诗："三入寺，曦未来。辘轳无人井百尺，～～归去生尘埃。"黄庭坚《苏李画枯木道士赋》："去国期年，见似之者而喜矣，况余尘土之～～。"

【渴仰】　kěyǎng　❶殷切仰慕。颜真卿《与李太保帖》之三："真卿粗自奉别，～～何胜。"❷急切盼望。《元史·李昶传》："～～之心太切，兴除之政未孚。"

敤　kě　（又读 kè）❶研治。《说文·攴部》："～，研治也。"❷见"敤手"。

【敤手】　kěshǒu　人名，舜妹。《汉书·古今人表》："～～，舜妹。"

嵑　1. kě　❶山势高峻的样子。张衡《南都赋》："其山则崆岘嵑～，嵣㟼嶚刺。"

2. jié　❷通"碣"。圆顶石碑。《后汉书·窦宪传》："封神丘兮建隆～，熙帝载兮振万世。"

𡼍　kě　高峻的样子。张衡《南都赋》："其山则崆岘～嵑，嵣㟼嶚刺。"

激　1. kě　❶同"渴"。《说文·欠部》："～，欲饮歠也。"（徐锴系传："今俗用渴字。"）

2. hé　❷旷废。《国语·晋语八》："今忨日而～岁，怠偷甚矣。"亦作"愒"。（《左传·昭公元年》作"翫岁而愒日"。）

克[1]　kè　❶能够，胜任。《诗经·豳风·伐柯》："伐柯如何？匪斧不～。"魏徵《谏太宗十思疏》："凡昔元首，承天景命，善始者实繁，～终者盖寡。"❷战胜，攻破。《孟子·告子下》："我能为君约与国，战必～。"《左传·僖公四年》："以此攻城，何城不～。"[引]完成，成功。《春秋·宣公八年》："日中而～葬。"骆宾王《为徐敬业讨武曌檄》："以此制敌，何敌不摧？以此图功，何攻不～？"❸好胜。《论语·宪问》："～、伐、怨、欲不行焉，可以为仁矣？"《左传·僖公九年》："今其言多忌～，难哉！"《三国志·魏书·武帝纪》："吾知绍之为人，志大而智小，色厉而胆薄，忌～而少威。"

【克昌】　kèchāng　《诗经·周颂·雝》："燕及皇天，～～厥后。"郑玄笺："文王之德安及皇天……又能昌大其子孙。"后因称子孙昌盛为"克昌"。《后汉书·谢夷吾传》："上令三辰顺轨于历象，下使五品咸训于嘉时，必致休徵～～之庆，非徒循法奉职而已。"

【克肤】　kèfū　伤残体肤。指黥、劓、刖等肉刑。《潜夫论·断讼》："故三家符世，皆革定法，高祖制三章之约，孝文除～～之刑。"

【克复】　kèfù　收复失地。《三国志·蜀书·后主传》注引《诸葛亮集》："除患宁乱，～～旧都。"

【克构】　kègòu　能完成前辈事业。《三国志·吴书·陆逊传论》："抗贞亮筹干，咸有父风，奕世载美，具体而微，可谓～～者哉！"刘勰《文心雕龙·时序》："逮晋宣始基，景文～～，并迹沈儒雅，而务深方术。"

【克己】　kèjǐ　❶克制私欲，约束自己。《汉书·王嘉传》："孝文皇帝欲起露台，重百金之费，～～不作。"《后汉书·和熹邓皇后纪》："接抚同列，常～～以下之。"❷指货价便宜。《官场现形记》八回："陶子尧道：'这个自然，价钱～～点。'"

【克济】　kèjì　成就事业。《后汉书·杜诗传》："陛下亮成天工，～～大业。"《周书·苏绰传》："昔民殷事广，尚能～～；况今户口减耗，依员而置，犹以为少。"

【克家】　kèjiā　本指能治理家族的事务。《周易·蒙》："子～～。"也称能管理家业。杜甫《奉送苏州李二十五长史丈之任》诗："食德见从事，～～何妙年。"后把能继承祖先事业的子弟称为克家子。

【克明】　kèmíng　❶《尚书·尧典》："～～俊德，以亲九族。"后指任用贤能之士。王融《永明九年策秀才文》："～～之旨弗远，钦若之义复还。"❷明察是非。《诗经·大雅·

皇矣》:"貊其德音,其德～～。"

【克平】 kèpíng 制伏,平定。曹植《帝尧赞》:"火德统位,父则高辛。～～共工,万国同尘。"封演《封氏闻见记·修复》:"河朔～～,别驾吴子晁好事之士也,掘碑使立于庙所。"

【克柔】 kèróu 和顺。夏侯湛《东方朔画赞》:"无滓伊何,高明～～。"谢朓《齐敬皇后哀策文》:"肇惟淑圣,～～克令。"

【克胜】 kèshèng ❶好胜。《汉书·匡衡传》:"上有～～之佐,则下有伤害之心。"❷克敌制胜。刘祁《归潜志》卷七:"驱此辈战,欲其～～,难哉。"

【克谐】 kèxié ❶达到和谐,能配合适当。《汉书·礼乐志》:"帝舜命夔曰:'诗言志,歌咏言,声依咏,律和声,八音～～。'"❷办妥,办好。《三国志·吴书·鲁肃传》:"如其～～,天下可定也。"

【克厌】 kèyàn 能符合或满足。《国语·周语下》:"帅象禹之功,度之于轨仪,莫非嘉绩,～～帝心。"《新唐书·黎幹传》:"当时通儒钜工尊高祖以配天,宗太宗以配上帝,人神～～,为日既久。"

【克责】 kèzé 克制自责。《后汉书·钟离意传》:"降避正殿,躬自～～。"《论衡·感虚》:"人形长七尺,形中有五常,有瘅热之病,深自～～,犹不能愈。"

【克己复礼】 kèjǐfùlǐ 约束自己,使言行符合于礼。《论语·颜渊》:"～～～～为仁,一日～～～～,天下归仁焉。"《颜氏家训·归心》:"君子处世,贵能～～～～,济时益物。"

克²(剋、尅) kè ❶制胜,取胜。《后汉书·卢芳传》:"后大司马吴汉、骠骑大将军杜茂数击芳,并不～。"又《度尚传》:"遣御史中丞盛修募兵讨之,不能～。"❷克制。《后汉书·周泽传》:"奉公～己,矜恤孤羸。"❸刻苦,勤苦。《韩非子·外储说左下》:"西门豹为邺令,清～洁悫。"(悫:诚实。)❹限定,约定。见"克期"。❺通"刻"。刀刻,雕刻。《史记·李斯列传》:"更～画,平斗斛、度量、文章。"应劭《风俗通·正失》:"～石纪号,著己绩也。"〈引〉深刻。《三国志·魏书·荀彧传》注引《傅子》:"[祢]衡辩于言而～于论。"〈引〉铭记,铭刻。见"克心"。❻通"刻"。苛刻。《宋书·朱脩之传》:"然性俭～,少恩情。"

【克臂】 kèbì 割臂。古人盟誓的一种方式。《列子·汤问》:"于是二子泣而投弓,相拜于涂,请为父子,～～以誓,不得告术于人。"

【克薄】 kèbó ❶对自己严格要求。袁宏《后汉纪·光武帝纪》:"表善惩恶,躬自～～。"❷指言语讥刺或对人冷酷无情。《后汉书·寇荣传》:"严文～～,痛于霜雪。"

【克励】 kèlì 克制私欲,力求上进。《北史·穆罴传》:"[穆罴]频以不法致罪,孝文以其勋德之旧,让而赦之。转吐京镇将,深自～～。"《颜氏家训·音辞》:"古人云:'膏粱难整。'以其为骄奢自足,不能～～也。"

【克期】 kèqī 约定或限定日期。《后汉书·钟离意传》:"意遂于道解徒桎梏,恣所欲过,与～～俱至,无或违者。"《南史·宋武帝纪上》:"帝～～至都,而每淹留不进。"

【克心】 kèxīn 铭记在心,永志不忘。《三国志·吴书·贺齐传》注引《江表传》:"谨以～～,非但书诸绅也。"

【克意】 kèyì 专心一意。李商隐《樊南乙集序》:"三年已来,丧失家道,平居忽忽不乐,始～～事佛。"

刻 kè ❶用刀刻,雕刻。《国语·鲁语上》:"庄公丹桓公之楹,而～其桷。"杜甫《岁晏行》:"～泥为之最易得,好恶不合长相蒙。"〈又〉指雕刻之物(文字、器皿等)。《论衡·道虚》:"已而案其～,果齐桓公器,一宫尽惊。"〈喻〉深深印入,铭记。《后汉书·第五伦传》:"臣常～著五藏,书诸绅带。"❷减损,削减。苏轼《上皇帝书》:"拘收僧尼常住,减～兵吏廪禄。"❸苛严,苛刻。《荀子·君道》:"上好贪利,则臣下百吏乘是而后丰取～与,以无度取于民。"《史记·酷吏列传》:"用法益～,盖自此始。"〈引〉刻薄,不厚道。《汉书·艺文志》:"及～者为之,则无教化,去仁爱,专任刑法而欲以致治。"❹伤害,虐待。《后汉书·刘般传》:"常平仓外有利民之名,而内实侵～百姓。"柳宗元《封建论》:"大逆未彰,奸利浚财,怙势作威,大～于民者,无如之何。"❺计时的单位。古代以铜漏计时,一昼夜分为一百刻,一刻相当于今十四分二十四秒。苏轼《春夜》诗:"春宵一～值千金,花有清香月有阴。"〈又〉时刻,时候。《汉书·鲍宣传》:"愿赐数～之间,极竭罡罡之思。"(罡罡:谨慎老实的样子。)❻通"克²"。1)约定或限定时间。见"刻日"、"刻期"。2)克制。《论衡·物势》:"五行之虫以气性相～,则尤不相应。"

【刻板】 kèbǎn 古代在木、石上刻字或图,用作印刷的底板。也作"刻版"。《资治通鉴·后周太祖广顺三年》:"蜀毋昭裔出私财百万营学馆,且请～～印《九经》。"《宋会要辑稿·崇儒》:"既已～～,刊改殊少。"后用以比喻办事呆板、机械,不知变通。

【刻剥】 kèbō 剥削。《三国志·蜀书·诸葛亮传》注:“亮刑法峻急,～～百姓,自君子小人皆怀怨叹。”杜甫《遣遇》诗:“闻见事略同,～～及锥刀。”

【刻薄】 kèbó 冷酷,不厚道,不宽容。《史记·商君列传》:“太史公曰:商君,其天资～～人也。”《新唐书·德宗纪赞》:“德宗猜忌～～,以强明自任。”

【刻楮】 kèchǔ 《韩非子·喻老》说,宋国有人用象牙雕刻楮叶,三年雕成,放在楮叶中,分不出真假。后来以此比喻技艺的工巧,如说“刻楮功”、“刻楮巧”等。也形容治学刻苦。陆游《别曾学士》诗:“画石或十日,～～有三年。”

【刻符】 kèfú 秦书八体之一。刻于符节上的文字。《说文解字叙》:“秦书有八体……三曰～～。”

【刻骨】 kègǔ ❶感受深切入骨。多指恩怨、仇恨。《后汉书·邓骘传》:“～～定分,有死无二。”曹植《上责躬应诏诗表》:“臣自抱衅归藩,刻肌～～,追思罪戾,昼分而食,夜分而寝。”❷形容刑法严酷。苏轼《东坡志林》卷七:“秦之所以富强者,孝公务本力穑之效,非鞅流血～～之功也。”

【刻害】 kèhài 苛责。《汉书·地理志下》:“士有申子、韩非～～馀烈,高仕宦,好文法。”又《杨恽传》:“又性～～,好发人阴伏。”

【刻覈】 kèhé 苛刻。《宋书·江湛传》:“在选职,颇有～～之讥。”也作“刻核”。苏轼《省试策问》之三:“凡省冗官八百员,吏千四百员,民以少纾,而上下相安,无～～之怨。”

【刻画】 kèhuà ❶雕刻绘画。《韩非子·诡使》:“而綦组、锦绣、～～为末作者富。”❷用刀刮削使物体伤残。《论衡·四讳》:“孝者怕入刑辟,～～身体,毁伤发肤。”❸深刻细致地描写。黄宗羲《陈葵献偶刻诗文序》:“牢笼景物,～～悲欢。”

【刻肌】 kèjī ❶形容感受很深。曹植《上责躬应诏诗表》:“臣自抱衅归藩,～～刻骨,追思罪戾,昼分而食,夜分而寝。”❷古代刑法。指墨、劓、膑、刖等刑。《后汉书·梁统传》:“三王有大辟、～～之法。”

【刻己】 kèjǐ 严格要求自己。《汉书·杜周传》:“归咎于身,～～自责。”《南史·宋元凶劭传》:“汝始呪咒诅事发,犹冀～～思愆。”

【刻勒】 kèlè 在石上雕刻。《史记·封禅书》:“二世元年,东巡碣石,并海南,历泰山,至会稽,皆礼祠之,而～～始皇所立石书旁,以章始皇之功德。”

【刻轹】 kèlì 伤害欺压。《史记·酷吏列传》:“高后时,酷吏独有侯封,～～宗室,侵辱功臣。”韩愈《南山诗》:“秋霜喜～～,磔卓立癯瘦。”

【刻廉】 kèlián 要求严格,很清廉。《晏子春秋·问下》:“和柔而不铨,～～而不刿。”《史记·田叔列传》:“叔为人～～自喜,喜游诸公。”

【刻漏】 kèlòu 古代计时的器具。以铜壶盛水,底穿一孔,壶中立箭,上刻度数,水漏,则所刻度数依次显露,用以计时。杜甫《湖城东遇孟云卿因归刘颢宅宿宴饮散因为醉歌》:“岂知驱车复同轨,可惜～～随更箭。”

【刻镂】 kèlòu ❶雕刻。《墨子·辞过》:“台榭曲直之望,青黄～～之饰。”《管子·立政》:“五曰工事竞于～～,女事繁于文章,国之贫也。”❷着意描摹、修饰。《文心雕龙·神思》:“夫神思方运,万涂竞萌,规矩虚位,～～无形。”

【刻期】 kèqī 约定或限定日期。《三国志·魏书·公孙瓒传》:“遣人与子书,～～兵至,举火为应。”《辍耕录·盗有道》:“责令有司官兵肖形掩捕,～～获解。”

【刻峭】 kèqiào ❶形容地势的陡险。《张衡《西京赋》:“上斑华以交纷,下～～其若削。”❷苛刻,严酷。王褒《四子讲德论》:“先生独不闻秦之时耶?……宰相～～,大理峻法。”❸指文章写得深刻而有力。张邦基《墨庄漫录》卷十:“不独此尔,其他～～清丽者,不可概举。”

【刻日】 kèrì 限定日期。《宋史·张浚传》:“时金人屯重兵于河南,为虚声胁和,有～～决战之语。”马致远《青衫泪》一折:“将某左迁江州司马,～～走马之任。”

【刻深】 kèshēn ❶严酷,苛刻。《史记·五宗世家》:“彭祖为人巧佞卑谄,足恭而心～～。”《汉书·杜周传》:“周中废,后为执金吾,逐捕桑弘羊、卫皇后昆弟子～～,上以为尽力无私,迁为御史大夫。”❷指文字古奥峭拔。韩愈《与袁相公书》:“善为文章,词句～～。”

【刻削】 kèxiāo ❶雕刻,刮削。《战国策·齐策三》:“今子,东国之桃梗也,～～子以为人。”《韩非子·说林下》:“～～之道,鼻莫如大,目莫如小。”❷刻薄,冷酷。《后汉书·周紆传》:“为人～～少恩,好韩非之术。”❸剥夺,侵害。《史记·孝景本纪论》:“至孝景不复忧异姓,而晁错～～诸侯。”《南史·沈客卿传》:“客卿每主异端,唯以～～百姓为事。”❹生活俭约。韩愈《唐故中散大夫少府监胡良公墓神道碑》："乐为俭勤，自～～不干人，以矫时弊。"

【刻意】 kèyì ❶约束自己的心意，欲望。《后汉书·党锢传序》："夫～～则行不肆，牵物则其志流。"❷专心一意。曾巩《王容季墓志铭》："容季孝悌纯笃，尤能～～学问。"

【刻烛】 kèzhú 《南史·王僧孺传》说，南齐竟陵王萧子良，曾在夜里召集学士作诗，刻烛计时，作四韵诗的，刻烛一寸为标准。后以此比喻才思敏捷。《南史·王泰传》："每预朝宴，～～赋诗，文不加点。"

客 kè ❶来宾，客人。《礼记·曲礼下》："主人敬～则先拜客。"《汉书·高帝纪上》："沛中豪杰吏闻令有重～，皆往贺。"㊀以……为客，以客礼相待。《史记·魏世家》："文侯受子夏经艺，～段干木，过其闾，未尝不轼也。"《后汉书·南匈奴传》："事毕之后，裁行～赐。"㊀作客。《史记·留侯世家》："于是吕后令吕泽使人奉太子书，卑辞厚礼，迎此四人。四人至，～建成侯所。"❷旅居他乡。《后汉书·张宗传》："宗见更始政乱，因将家属～安邑。"杜甫《去蜀》诗："五载～蜀郡，一年居梓州。"㊀旅居他乡的人。卢纶《送李端》诗："少孤为～早，多难识君迟。"特指被贬斥在外的人。范仲淹《岳阳楼记》："迁～骚人，多会于此。"❸门客，食客。欧阳修《原弊》："今大率一户之田及百顷者，养～数十家。"苏轼《东坡志林·战国任侠》："魏无忌、齐田文、赵胜、黄歇、吕不韦皆有～三千人。"❹从事某种活动的人。《后汉书·马廖传》："吴王好剑～，百姓多创瘢。"又《西域传论》："商胡贩～，日款于塞下。"（款：至。）❺指作战双方的对方。《老子·六十九章》："用兵者有言：吾不敢为主而为～，不敢进寸而退尺。"《孙子·行军》："～绝水而来。"❻中医称风寒侵入为客。《素问·玉机真藏论》："今风寒～于人，使人毫毛毕直，皮肤闭而发热。"❼过去。刘世教《合刻李杜全集序》："～岁南迈。"（客岁：去年。）

【客兵】 kèbīng 客籍军士。也指由外地调来的部队。《后汉书·公孙述传》："欲悉发北军屯士及山东～～，使延岑田戎分兵两道，与汉中诸将合兵并势。"又《王霸传》："苏茂～～远来，粮食不足，故数挑战，以傲一切之胜。"韩愈《论淮西事宜状》："所在将帅，以其～～难处使先，不存优恤。"

【客尘】 kèchén ❶旅途风尘，比喻旅途劳累。范成大《题如梦堂壁》诗："片云不载归梦，两鬓全供～～。"❷佛教用语。指尘世间的种种烦恼。《维摩诘经·问疾品》："菩萨断除～～烦恼，而起大悲。"苏轼《胜相院经藏记》："愿我今者，作是偈已，尽未来世，永断绪业，～～妄想，及诸理障，一切世间，无取无舍，无憎无爱，无可无不可。"

【客程】 kèchéng 旅程。岑参《送许子擢第归江宁拜亲因寄王大昌龄》诗："楚云引归帆，淮水浮～～。"晁补之《吴松道中》诗之二："天寒雁声急，岁晚～～遥。"

【客次】 kècì ❶作客住宿的处所。何元上《所居寺院凉夜书情呈上吕和叔温郎中》诗："幸以薄才当～～，无因弱羽逐鸾翔。"❷接待宾客的处所。《新五代史·卢文纪传》："自唐衰，……进奏官至～～通名，劳以茶酒而不相见，相传以为故事。"《资治通鉴·后汉隐帝乾祐二年》："守恩犹坐～～。"

【客邸】 kèdǐ 旅舍。唐彦谦《寄友》诗之一："别来～～空翘首，细雨春风忆往年。"《宋史·黄榦传》："时大雪，既至而[朱]熹它出，榦因留～～，卧起一榻，不解衣者二月，而熹始归。"

【客丁】 kèdīng ❶仆人。黄庭坚《奉送周元翁锁吉州司法厅赴礼部试》诗："系船溢城秣高马，～～结束女缝裳。"❷犹客民。龚自珍《西域置行省议》："应将见在屯田二十八万亩零，即给与见在之屯丁十万馀人，作为世业，公田变为私田，～～变为编户，成边变为土著。"

【客贩】 kèfàn 往来各地的商贩。《宋史·食货志下四》："蔡京议更盐法，乃言东南盐本或阙，滞于～～，请增给度牒。"

【客馆】 kèguǎn ❶招待宾客的处所。《左传·僖公三十三年》："郑穆公使视～～。"岑参《河西春暮忆秦中》诗："边城细草出，～～梨花飞。"❷官名。《南齐书·百官志》："～～令，掌四方宾客。"

【客户】 kèhù ❶佃户。《晋书·王恂传》："魏氏给公卿已下租牛～～，数各有差。"❷由外地来的人户，非土著的住户。《新唐书·食货志二》："此州若增～～，彼郡必减居人。"方岳《燕来巢》诗："吾贫自无家，～～寄村疃。"

【客怀】 kèhuái 客居异乡的情怀。张咏《雨夜》诗："簾幕萧萧竹院深，～～孤寂伴灯吟。"戴复古《度淮》诗："一雨足秋意，孤吟写～～。"

【客籍】 kèjí ❶宾客的名册。《战国策·楚策四》："[春申君]召门吏为汗[明]先生著～～。"❷寄居本地的外地人。龚自珍《秋心》诗之二："晓来～～差夸富，无数湘南剑外民。"

【客路】 kèlù ❶指外乡的路。皇甫冉《赴李少府庄失路》诗："月照烟花迷～～，苍苍何处是伊川?”❷指旅途。戴叔伦《江干》诗:“予生何濩落,～～转辛勤。”苏轼《次韵孙巨源见寄》之三:“应知～～愁无奈,故遣吟诗调李陵。”

【客民】 kèmín 不是当地籍贯、外来寄寓的居民。《后汉书·马援传》:“于是诏武威太守,令悉还金城～～,归者三千馀口,使各反旧邑。”

【客难】 kènàn 假设客人向自己提出责问而进行辩驳的一种文体。刘勰《文心雕龙·杂文》:“自对问以后,东方朔效而广之,名为～～。托古慰志,疏而有辨。”(对问:指宋玉《对楚王问》。)张耒《次韵秦观》:“十年少游兄,闭口受～～。”

【客气】 kèqì ❶虚伪,不真诚。《左传·定公八年》:“[冉]猛逐之,顾而无继,伪颠。[阳]虎曰:‘尽～～也。’”《宋书·颜延之传》:“虽心智薄劣,而高自比拟。～～虚张,曾无愧畏。”❷文章华而不实。刘知幾《史通·杂说中》:“其书文而不实,雅而无检;真迹甚寡,～～尤烦。”❸一时的意气,偏激的情绪。司马光《赵滋劄子》:“今滋数乘～～以傲使人,争小胜以挑强胡。”姚燧《癸巳九日》诗:“～～已为强弩末,宦情空绕大刀头。”

【客卿】 kèqīng ❶秦官名。外国人在本国作官,其位为卿,以客礼相待。《史记·李斯列传》:“秦王拜李斯为～～。”《论衡·命禄》:“蔡泽之说范雎,拜为～～。”❷唐代鸿胪卿的别称。主管宾客之礼。

【客舍】 kèshè ❶旅舍。《史记·商君列传》:“商君亡至关下,欲舍～～。”王维《送元二使安西》诗:“渭城朝雨浥轻尘,～～青青柳色新。”❷客居,在外地居住。贾岛《渡桑乾》诗:“～～并州已十霜,归心日夜忆咸阳。”

【客食】 kèshí 寄食。王令《答孙莘老见寄》诗:“～～官居同是苟,何须称别异平生。”岳珂《桯史·刘改之诗词》:“庐陵刘改之过,以诗鸣江西,厄于韦布,放浪荆楚,～～诸侯间。”

【客思】 kèsī 怀念家乡的心情。谢朓《离夜》诗:“翻潮尚知限,～～眇难裁。”陈子昂《白帝城怀古》诗:“川途去无限,～～坐何穷。”

【客诉】 kèsù 为他人事而兴起诉讼。《资治通鉴·后周太祖广顺二年》:“(十月)辛亥,敕:‘民有诉讼,……所诉必须己事,毋得挟私～～。’”

【客堂】 kètáng 接待宾客的处所。《后汉书·延笃传》:“吾尝昧爽栉梳,坐于～～。”(昧爽:拂晓。)韩愈《陪杜侍御游湘西两寺因献杨常侍》诗:“～～喜空凉,华榻有清簟。”

【客亭】 kètíng ❶驿亭,古代迎送宾客的处所。杜甫《哭李尚书》诗:“～～鞍马绝,旅榇网虫悬。”(榇:棺木。)❷供游客休息游玩的亭子。郦道元《水经注·济水》:“此水便成净池也。池上有～～,左右楸桐负日,俯仰目对鱼鸟,水木明瑟,可谓濠梁之性,物我无违矣。”

【客土】 kètǔ ❶从别处移来的泥土。《汉书·成帝纪》:“中陵、司马殿门内尚未加工,……～～疏恶,终不可成。”李白《树中草》诗:“～～植危根,逢春犹不死。”❷异乡。阎宽《秋怀》诗:“秋风已振衣,～～何时归?”

【客星】 kèxīng ❶天空中新出现的星。有时也指彗星。❷特指东汉隐士严光。《后汉书·严光传》:“[光武帝]复引光入,论道旧故……因共偃卧,光以足加帝腹上,明日太史奏,～～犯御座甚急。帝笑曰:‘朕故人严子陵共卧耳。’”后诗文中常以“客星”指严光。杜甫《赠翰林张四学士》诗:“天上张公子,宫中汉～～。”杨万里《读严子陵传》诗:“～～何补汉中兴,空有清风冷似冰。”

【客行】 kèxíng 离家远行,在外奔波。《古诗十九首·明月何皎皎》:“～～虽云乐,不如早旋归。”温庭筠《商山早行》诗:“晨起动征铎,～～悲故乡。”

【客佣】 kèyōng 受人雇用。《后汉书·桓荣传》:“贫窭无资,常～～以自给。”(窭:贫穷。)裴启《语林》:“孔嵩字仲山,南阳人也,少与颍川荀彧未冠时共游太学。彧后为荆州刺史,而嵩家贫,与新野里～～为卒。”

【客邮】 kèyóu 旅舍。沈遘《和中甫新开湖》:“十年人事都如梦,犹识湖边旧～～。”

【客战】 kèzhàn 在异乡作战。《资治通鉴·后梁均王贞明三年》:“小校宫彦璋与士卒谋曰:‘……吾侪捐父母妻子,为人～～,千里送死,而使长复不矜恤,奈何?’”

【客传】 kèzhuàn 犹传舍,旅舍。范成大《栾城》诗:“颓垣破屋古城边,～～萧寒爨不烟。”

【客子】 kèzǐ 旅居异地的人。《史记·范雎蔡泽列传》:“[穰侯]又谓王稽曰:‘谒君得无与诸侯～～俱来乎?’”蒋捷《虞美人·梳楼》词:“天怜～～乡关远,借与花消遣。”

【客作】 kèzuò 被人雇用。《三国志·魏书·管宁传》注引《魏略》:“[焦先]饥则出为人～～,饱食而已,不取其直。”皇甫谧《高士传·夏馥》:"乃自翦须变服易形,入林虑山中为冶工~~,形貌毁悴,积佣三年,而无知者。"

恪(愙、㤩) kè ❶谨慎,恭敬。《国语·晋语五》:"~于德以临事,其何不济。"《三国志·魏书·董卓传》注引《献帝起居注》:"皇帝承绍,海内侧望,而帝天姿轻佻,威仪不~,在丧慢惰,衰如故焉。"❷通"格"。至。《左传·昭公七年》:"叔父陟~在我先王之左右。"

【恪固】 kègù 坚守。《子华子·晏子》:"今夫人之常情,为,恶其毁也;成,恶其亏也;于其所爱焉者,则必有~~之心。"

【恪敏】 kèmǐn 勤谨而敏捷。《新唐书·源乾曜传》:"乾曜性谨重,其始仕已四十馀,历官皆以清慎~~得名。"

【恪勤】 kèqín 恭敬勤恳。《后汉书·贾逵传》:"犹朝夕~~,游情《六艺》。"《三国志·魏书·杜恕传》:"今大臣亲奉明诏,给事目下,其有夙夜在公,~~特立,当官不挠贵势,执平不阿所私,危言危行以处朝廷者,自明主所察也。"

【恪慎】 kèshèn 恭敬而谨慎。《尚书·微子之命》:"~~克孝,肃恭神人。"《新唐书·崔元综传》:"性~~,坐政事堂,束带终日不休偃。"

【恪肃】 kèsù 恭敬而严肃。《三国志·蜀书·后主张皇后传》:"勉脩中馈,~~禋祀,皇后其敬之哉!"

课(課) kè ❶按一定的标准试验、考核。《管子·七法》:"成器不~不用,不试不藏。"欧阳修《资政殿学士户部侍郎文正范公神道碑铭》:"用农桑考~守宰等。"❷督促(完成指定的工作)。《后汉书·卓茂传》:"是时王莽秉政,置大司农六部丞,劝~农桑。"曾巩《天长县君黄氏墓志铭》:"平居日夜~诸孙以学,有不中程,辄扑之。"❸按规定的内容和分量教授或学习。白居易《与元九书》:"苦节读书,二十已来,昼~赋,夜~书,间又~诗。"王安石《慈谿县学记》:"为师弟子之位者,讲章句,~文字而已。"❹工作,功课。沈括《梦溪笔谈·官政一》:"旧校书官多不恤职事,但取旧书,以墨漫一字,复注旧字于其侧,以为日~。"❺按规定的数额和时间征收赋税。《汉书·食货志上》:"[赵]过试以离宫卒田其宫壖地,~得谷皆多其旁田亩一斛以上。"㊂赋税。《汉书·宣帝纪》:"上计簿,具文而已,务为欺谩,以避其~。"❻占卜。《管子·八观》:"~凶饥,计师役,观台榭,量国费,而实虚之国可知也。"

【课程】 kèchéng ❶按规定数量和内容的工作或学习进程。刘克庄《即事》诗之一:"秃翁未敢佚馀生,洗竹浇兰立~~。"❷按税率收税。《元史·世祖纪五》:"庚午,阿合马等以军兴国用不足,请复立都转运司九,量增~~元额,鼓铸铁器,官为局卖,禁私造铜器。"

【课户】 kèhù 有纳税丁口的民户。《新唐书·食货志一》:"凡主户内有课口者为~~。"

【课马】 kèmǎ 母马。课,同"骒"。陶宗仪《南村辍耕录》卷七:"俗呼牝马为~~者。"

【课试】 kèshì 考查,考核。《韩非子·亡徵》:"境内之杰不事,而求封外之士,不以功伐~~,而好以名问举错,羁旅起贵以陵故常者,可亡也。"《三国志·魏书·三少帝纪》:"诏故司徒王朗所作易传,令学者得以~~。"

【课役】 kèyì ❶督促役使。《后汉书·樊宏传》:"其营理产业,物无所弃,~~童隶,各得其宜。"❷赋税及徭役。《隋书·高祖纪下》:"秋七月壬申,诏以河南八州水,免其~~。"

堁 kè 尘土。《淮南子·主术训》:"不直之于本,而事之于末,譬犹扬~而弭尘,抱薪以救火也。"

骒(騍) kè 母马。王禹偁《记马》:"以是驹配是母,幸而骝,其骏必备;不幸而~,又获其种。"

匼 kè 山旁洞穴。张衡《南都赋》:"潜~洞出,没滑瀎潏。"

喀 kè 见"喀喀"。

【喀喀】 kèkè 象声词。呕吐声。《列子·说符》:"两手据地而欧之,不出,~~然遂伏而死。"

峈 kè ❶吐血。《国语·晋语九》:"郑人击我,吾伏弢~血。"❷吐唾沫。李商隐《骄儿》诗:"曲躬牵窗网,~唾拭琴漆。"

缂(緙) kè 见"缂丝"。

【缂丝】 kèsī 一种手工织成的丝织品。有花纹图案,当空照视,有如刻镂而成。始于宋时,明代称缂绣。又称克丝。

溘 kè ❶忽然,突然。《楚辞·九章·惜往日》:"宁~死以流亡兮,恐祸殃之有再。"骆宾王《与博昌父老书》:"张学士~从朝露,辟闾公倏掩夜台。"❷掩盖。《楚辞·离骚》:"驷玉虬以乘鹥兮,~埃风余上征。"❸水波,浪。鲍照《登大雷岸与妹书》:"穹~崩聚,坻飞岭覆。"

【溘溘】 kèkè ❶象声词。形容水声。李贺

《塘上行》:"飞下双鸳鸯,塘水声～～。"❷寒冷的样子。刘崧《江南弄》诗:"沙堤十里寒～～,湘娥踏桨摇春愁。"

【溘逝】 kèshì 忽然长逝,谓人死亡。江藩《汉学师承记·纪昀》:"遽闻～～,深为轸惜。"

【溘谢】 kèxiè 犹言溘逝。李乂《节愍太子哀册文》:"形神～～,德音如在。"

搕 kè 见ē。

嗑 1. kè ❶闲谈,说话。汤显祖《牡丹亭·闻喜》:"小姐,俺淡口儿闲～,你和柳郎梦里阴司里,两下光景何如?"❷咬开。袁宏道《与耿中丞叔台》:"如排场～瓜,无益音节,大为发诨之资也。"❸同"磕"。叩头。汤显祖《南柯记·谩遣》:"随尊兴,哩嗹花啰能堪听,孤鲁子头～得精。"

2. hé ❹合,闭。《周易·噬嗑》:"噬～,亨,利用狱。"(王弼注:"嗑,合也。")《抱朴子·守塉》:"口张而不能～,首俛而不能仰。"❺同"喝"。汤显祖《牡丹亭·劝农》:"且抬过一边,村务里～酒去。"

3. xiā ❻笑声。《庄子·天地》:"则～然而笑。"

【嗑嗑】 kèkè 多言的样子。《孔丛子·儒服》:"平原君与子高饮,强子高酒,曰:'昔有遗谚,尧舜千钟,孔子百觚,子路～～,尚饮十榼,古之贤圣无不能饮也。'"

【嗑牙】 kèyá 多嘴,闲谈。《京本通俗小说·碾玉观音》:"咸安王捺不下烈火性,郭排军禁不住闲～～。"也作"磕牙"。

锞 kè 见guǒ。

裓 kè 妇女袍服。《新唐书·车服志》:"登歌工人,朱连裳,革带,乌皮履。殿庭加白练～裆。"

ken

肯(肎) kěn ❶贴附在骨上的肉。见"肯綮"。❷愿,愿意。《战国策·赵策三》:"公甫文伯官于鲁,病死。……其母闻之,不～哭也。"《汉书·谷永传》:"陛下诚～发明圣之德,昭然远寤。"❸允许,许可。《国语·晋语四》:"楚众欲止,子玉不～,至于城濮,果战,楚众大败。"欧阳修《司封员外郎许公行状》:"未尝有所～可,独称君为能。"❹表示反问,岂肯。李颀《送乔琳》诗:"阮公惟饮酒,陶令肯羞贫!"李白《流夜郎赠辛判官》诗:"气岸遥凌豪士前,风流～落他人后!"❺恰,正。王安石《奉寄子思以代别》诗:"全家欲出岭云外,匹马～寻山雨中。"苏轼《赠武道士弹贺若》诗:"清风终日自开帘,凉月今宵～挂簷。"

【肯分】 kěnfēn 正好,恰巧。多指时刻、机会。无名氏《谇范叔》四折:"老院公～～的来到这里,左右难回避。"

【肯酒】 kěnjiǔ 订婚结亲酒。《西游记》五十四回:"既然我们许诺,且教你主先安排一席,与我们吃钟～～如何?"

【肯綮】 kěnqìng ❶筋骨结合的地方。《庄子·养生主》:"技经～～之未尝,而况大軱乎?"❷比喻要害、关键的地方。《元史·王都中传》:"都中遇事剖析,动中～～。"宋濂《郑景彝传》:"有所质问,咸中～～。"

垦(墾) kěn ❶翻土,开发土地。《管子·五辅》:"田畴～而国邑实。"《后汉书·淳于恭传》:"～耨不辍。"❷损伤。《周礼·考工记·旊人》:"凡陶旊之事,髻～、薜、暴不入市。"

【垦草】 kěncǎo 开发荒地。《韩非子·显学》:"今上急耕田～～以厚民产也。"《管子·小匡》:"～～入邑,辟土聚粟。"

【垦辟】 kěnpì 开荒种地。司马相如《上林赋》:"是草木不得～～,而人无所食也。"《后汉书·庞参传》:"田畴不得～～,禾稼不得收入。"

【垦艺】 kěnyì 耕作种植。《新唐书·李元谅传》:"辟美田数十里,劝士～～。"

【垦殖】 kěnzhí 开垦种殖。《三国志·吴书·华覈传》:"勉～～之业,为饥乏之救。"《晋书·公孙永传》:"非身所～～,则不衣食之。"

恳(懇) kěn ❶诚恳,忠诚。《三国志·吴书·陆凯传》:"表疏皆指事不饰,忠～内发。"薛逢《题筹笔驿》诗:"《出师表》上留遗～,犹自千年激壮夫。"❷请求,恳求。《元史·羊仁传》:"乃遍～亲故,贷得钞百锭。"

【恳愊】 kěnbì 恳切。《新唐书·刘瑑传》:"入迁左拾遗,谏罢武宗方士,言多～～。"

【恳恻】 kěncè 诚恳。《后汉书·安帝纪》:"设张法禁,～～分明,而有司惰任,讫不奉行。"《三国志·魏书·田畴传》注引《先贤行状》:"及军入塞,将图其功,表封亭侯,食邑五百,而畴～～,前后辞赏。"

【恳到】 kěndào 犹恳至。《后汉书·谅辅传》:"今郡太守改服责己,为民祈福,精诚～～,未有感彻。"《新唐书·陆贽传》:"所言皆剀拂帝短,～～深切。"

【恳恳】 kěnkěn ❶诚恳的样子。《三国志·魏书·武帝纪》注引《魏书》:"斯实君臣～～

之求也。”❷急切的样子。《后汉书·王畅传》：“恳以为～～用刑，不如行恩。”又《郎顗传》：“所以发愤忘食，～～不已者，诚念朝廷欲致兴平，非不能面誉也。”

【恳款】 kěnkuǎn 诚挚恳切。韩愈《为裴相公让官表》：“上报圣恩，下承慈爱，无任～～之至。”

【恳切】 kěnqiè 诚恳殷切。《后汉书·陈蕃传》：“言及反复，诚辞～～。”《三国志·魏书·赵俨传》：“行三十里止，放马息，尽呼所从入，喻以成败，慰励～～。”

【恳至】 kěnzhì 恳切周到。《后汉书·杨政传》：“政每共言论，常切磋～～。”《三国志·蜀书·王连传》：“[诸葛]亮虑诸将才不及己，意欲必往，而连言辄～～，故停留者久之。”

顽 kěn 见 qí。

啃 kěn 一块一块地往下咬。《西游记》四十六回：“[行者]坐在柜里，将桃子一顿口～得干干净净。”《红楼梦》八十回：“生平最喜～骨头，每日务要杀鸡鸭，将肉赏人吃，只单是油炸的焦骨头下酒。”

狠 kěn ❶猪咬，啃。❷通“恳”。见“狠狠”。

【狠狠】 kěnkěn 诚恳殷切的样子。《汉书·刘向传》：“臣幸得托末属，诚见陛下有宽明之德，冀销大异，……故～～数奸死亡之诛。”

龈 kěn 见 yín。

掯 kèn ❶卡，扣，刁难。朱熹《延和奏劄三》：“若府州只据见米～定人口抄劄粜济，则所及不广，必致人口流离，饿殍上劳圣虑。”李文蔚《燕青博鱼》二折：“怎将俺这小本经纪来～。”❷揿。《儒林外史》十六回：“又把耳朵边～着看看。”

【掯勒】 kènlè 勒索，刁难。《警世通言·玉堂春落难逢夫》：“以后米面柴薪菜蔬等项，须是一一供给，不许～～短少。”

keng

砼（誙） kēng 见“砼砼”。

【砼砼】 kēngkēng 奔竞的样子。《庄子·至乐》：“吾观夫俗之所乐举群趣者，～～然将不得已。”

坑（阬） 1. kēng ❶地面上洼陷的地方。《楚辞·七谏》：“死日将至兮，与麋鹿同～。”《后汉书·刘盆子传》：“逢大雪，～谷皆满，士多冻死。”❷活埋。《论衡·命义》：“秦将白起～赵降卒于长平之下，四十万众同时皆死。”❸陷害。《史记·秦始皇本纪》：“秦王之邯郸，诸尝与王生赵时母家有仇怨，皆～之。”

2. gāng ❹通“冈”。土山，高地。《楚辞·九歌·大司命》：“吾与君兮齐速，导帝之兮九～。”

3. kàng ❺通“炕”。用砖土等砌成的墙。《旧唐书·高丽传》：“冬月皆作长～，下燃煴火以取暖。”

【坑衡】 kēnghéng 形容树木的枝条重叠倾斜。司马相如《上林赋》：“～～间砢，垂条扶疏。”

【坑穽】 kēngjǐng ❶井状的深坑。潘岳《西征赋》：“儒林填于～～，诗书炀而为烟。”❷捕兽用的陷坑。《抱朴子·知止》：“～～充蹊，则麟虞敛迹。”

【坑儒】 kēngrú 秦始皇三十五年，采用李斯之议，以咸阳诸生是古非今，不利于王朝统治，乃燔烧诗书，坑杀儒生四百馀人。《汉书·地理志下》：“昭王曾孙政并六国，称皇帝，负力怙威，燔书～～，自任私智。”

【坑杀】 kengsha 活埋。《隋书·食货志》：“[隋炀帝]乃令裴蕴穷其党与，诏郡县～～之，死者不可胜数。”

【坑填】 kēngtián 埋葬。韩愈《送灵师》诗：“同行二十人，魂骨俱～～。”

硁 1. kēng ❶硁硠。象声词。《广韵·宕韵》：“～，硁硠，石声。”

2. kāng ❷见“硁礚”。

【硁礚】 kāngkē 象声词。形容雷声。张衡《思玄赋》：“凌惊雷之～～兮，弄狂电之淫裔。”

胫 kēng 见 jìng。

硁（硜） kēng ❶象声词。形容击石声。《史记·乐书》：“石声～，～以立别，别以致死。君子听磬声则死封疆之臣。”❷见“硁硁”。

【硁硁】 kēngkēng 固执。《论语·子路》：“言必信，行必果。～～然，小人哉！”《后汉书·逸民传序》：“彼虽～～有类沽名者。”

硎 kēng 见 xíng。

硜（䃘） kēng 《说文·石部》作“硻”。同“硁”。❶简陋。《盐铁论·水旱》：“器多坚～，善恶无所择。”❷浅陋而固执。韩愈等《城南联句》：“毕景任诗趣，焉能守～～。”

铿（鏗） kēng ❶象声词。形容钟声，琴瑟声等。《史记·乐书》：“钟声～。"《论语·先进》："鼓瑟希，～尔。"陆游《三月十七夜醉中作》诗："逆胡未灭心未平，孤剑床头～有声。"❷撞击。《楚辞·招魂》："～钟摇簴，揳梓瑟些。"班固《东都赋》："于是发鲸鱼，～华钟。"

【铿耾】 kēnghóng 见"铿锵"。

【铿锵】 kēnghōng 象声词。形容钟鼓等并作的声音。班固《东都赋》："钟鼓～～，管弦晔煜。"柳宗元《献平淮夷雅表》："～～炳耀，荡人耳目。"也作"铿耾"。左思《吴都赋》："与夫唱和之隆响，动钟鼓之～～。"

【铿铿】 kēngkēng ❶象声词，形容钟声。《礼记·乐记》："钟声～～以立。"❷比喻言词明朗。《后汉书·杨政传》："京师为之语曰：'说经～～杨子行。'"(子行：杨政字。)

【铿锵】 kēngqiāng ❶象声词。多形容乐器声音响亮动听。《史记·乐书》："君子之听音，非听其～～而已也，彼亦有所合之也。"《汉书·艺文志》："汉兴，制氏以雅乐声律，世在乐官，颇能纪其～～鼓舞，而不能言其义。"❷指诗文音调抑扬顿挫，响亮和谐。《红楼梦》二十二回："～～顿挫，那音律不用说是好了。"

kong

空 1. kōng ❶空虚，里面没有东西。《管子·五辅》："仓廪实而囹圄～。"《后汉书·陈蕃传》："田野～，朝廷～，仓库～。"(引)尽，没有。韩愈《送温处士赴河阳军序》："伯乐一过冀北之野，而马遂～。"范仲淹《岳阳楼记》："而或长烟一～，皓月千里。"(引)使空虚，使尽。《论衡·薄葬》："世俗轻愚信祸福者，畏死不惧义，重死不顾生，竭财以事神，～家以送终。"❷空洞，不实际。柳宗元《封建论》："余以为周之丧久矣；徒建～名于公侯之上耳。"(引)徒然，白白地。《战国策·秦策二》："若太后之神灵，明知死者之无知矣，何为～以生所爱，葬于无知之死人哉！"《后汉书·顺帝纪》："异不～设，必有所应。"❸天空，空中。李白《送孟浩然之广陵》诗："孤帆远影碧～尽，惟见长江天际流。"范仲淹《岳阳楼记》："若夫霪雨霏霏，连月不开，阴风怒号，浊浪排～。"❹虚构。刘勰《文心雕龙·神思》："意翻～而易奇，言徵实而难巧也。"❺佛教用语。佛教认为万物各有因缘，没有固定的本体，一切皆空。《般若波罗蜜多心经》："照见五蕴皆～。"(五蕴：指形相、情欲、意念、行为、心灵。)❻广大。左思《咏史》之四："寥寥～宇中，所讲在玄虚。"❼只，仅。李白《江山吟》："屈平词赋悬日月，楚王台榭～山丘。"李颀《古从军行》："年年战骨埋荒外，～见蒲桃入汉家。"

2. kǒng ❽通"孔"。洞。《吕氏春秋·谕大》："～中之无泽陂也，井中之无大鱼也，新林之无长木也。"《史记·五帝本纪》："舜穿井为匿～旁出。"❾人体经穴处。《素问·刺疟》："开其～，出其血，立寒。"

3. kòng ❿空乏，贫穷。《诗经·小雅·节南山》："不吊昊天，不宜～我师。"《论衡·祸虚》："然回也屡～，糟糠不厌，卒夭死。"⓫间隙，空子。《三国志·吴书·周鲂传》："看伺～隙，欲复为乱。"马致远《汉宫秋》二折："我得～逃走了，无处逃奔。"

【空白】 kōngbái 天。李贺《李凭箜篌引》："吴丝蜀桐张高秋，～～凝云颓不流。"

【空碧】 kōngbì 指清澈蔚蓝的天光或水色。司空图《诗品·清奇》："载行载止，～～悠悠。"白居易《西湖晚归回望孤山寺赠诸客》诗："烟波澹荡摇～～，楼殿参差倚夕阳。"

【空薄】 kōngbó 空疏浅薄。《三国志·吴书·吴主传》注引《魏略》："[孙]权本性～～，文武不昭，昔承父兄成军之绪，得为先王(曹操)所见奖饰，遂因国恩，抚绥东土。"鲍照《为柳令谢骠骑表》："顾循～～，屡坠成命。"

【空洞】 kōngdòng 谓空无所有。《世说新语·排调》："王丞相枕周伯仁膝，指其腹曰：'卿此中何所有？'答曰：'此中～～无物，然容卿辈数百人。'"后指文辞没有内容或不切实际。

【空侯】 kōnghóu 古代乐器名。见"箜篌"。

【空喉】 kōnghóu 形容醉吐后的痛快感。王定保《唐摭言》卷十："岩杰遽饮酒一器，凭栏呕哕，须臾即席，还肇令曰：'凭栏一吐，已觉～～。'"楼钥《戏题十四弦》诗："曲终劝客杯无算，一吐～～醉不知。"

【空花】 kōnghuā ❶虚幻之花。比喻妄念。萧统《讲席将毕赋三十韵诗依次用》："意树登～～，心莲吐轻馥。"❷雪花。洪朋《喜雪》诗："漫天千雨纷纷暗，到地～～片片明。"

【空空】 kōngkōng ❶一无所知的样子。《论语·子罕》："有鄙夫，问于我，～～如也。"❷同"悾悾"。诚实、淳朴的样子。《吕氏春秋·下贤》："～～乎其不为巧故也。"《后汉书·何敞传》："岂但～～无为而已哉。"❸佛教认为一切皆空。但空是假名，假名亦空，因称"空空"。孔稚珪《北山移文》："谈～～于释部，覈玄玄于道流。"

【空匮】 kōngkuì (财用)空乏。《新语·至德》:"上困于用,下饥于食……仓廪～～,外人知之,于是为宋陈卫所伐。"《后汉书·伏湛传》:"今京师～～,资用不足,未能服近而先事边外,……诚臣之所惑也。"

【空门】 kōngmén 佛教以空为入道之门,故称佛法为空门。后来泛指佛家为空门。白居易《闲吟》:"自从苦学～～法,销尽平生种种心。"

【空蒙】 kōngméng 迷茫缥缈的样子,多形容烟岚、雨雾。谢朓《观朝雨》诗:"～～如薄雾,散漫似轻埃。"苏轼《饮湖上初晴后雨》诗:"水光潋滟晴方好,山色～～雨亦奇。"

【空明】 kōngmíng 通明透彻。指湖水或天空。苏轼《前赤壁赋》:"桂棹兮兰桨,击～～兮溯流光。"又《登州海市》诗:"东方云海空复空,群仙出没～～中。"

【空木】 kōngmù 刘向《说苑·反质》:"昔尧之葬者,～～为椟,葛藟为缄。"后因以空木称棺木。陶渊明《拟挽歌辞》之一:"魂气散何之,枯形寄～～。"

【空弮】 kōngquān 张开弓但没有箭。司马迁《报任少卿书》:"然陵一呼劳军,士无不起,躬自流涕,沬血饮泣,更张～～,冒白刃,北向争死敌者。"

【空拳】 kōngquán ❶空手,没有武器。《盐铁论·论勇》:"使专诸～～,不免为禽。"(专诸:古代刺客。)白居易《与元九书》:"策蹇步于利足之途,张～～于战文之场。"❷同"空弮"。空弓,言箭用完。《汉书·李陵传》:"矢尽道穷,士张～～。"

【空群】 kōngqún 韩愈《送温处士赴河阳军序》:"伯乐一过冀北之野,而马群遂空。夫冀北马多天下,伯乐虽善知马,安能空其群邪?解之者曰:'吾所谓空,非无马也,无良马也。'"后以"空群"比喻把有才能的人选拔一空。陆游《得陈阜卿先生手帖》诗:"冀北当年浩莫分,斯人一顾每～～。"

【空桑】 kōngsāng ❶地名。古代传说伊尹生于空桑。河南开封县陈留镇南有空桑城。❷瑟名。夏至祀地奏乐用空桑。《楚辞·大招》:"魂乎归徕,定～～只。"❸指僧侣。《新唐书·傅奕传》:"璃非出～～,乃尊其言,盖所谓非孝者无亲。'"

【空首】 kōngshǒu 古代行礼的一种形式,九拜之一。《周礼·春官·大祝》:"一曰稽首,二曰顿首,三曰～～。"贾公彦疏:"空首者,先以两手拱至地,乃头至手,是为空首也。"

【空疎】 kōngshū 空放粗略。《宋书·庐陵孝献王义真传》:"徐羡之等嫌义真与灵运、延之暱狎过甚,故使范晏从容戒之。义真曰:'灵运～～,延之隘薄,魏文帝云鲜能以名节自立者,但性情所得,未能忘言于悟赏,故与之游耳。'"

【空侗】 kōngtóng 蒙昧无知的样子。柳宗元《贞符》:"孰称古初朴蒙～～而无争?越乃奋敚斗怒振动,专肆为淫威。"(敚,即"夺"。)

【空头】 kōngtóu ❶虚名无实。《北史·斛律金传》:"中书舍人李若误奏,……帝骂若云:'～～汉合杀!'"❷亏空。《红楼梦》一百〇六回:"现在这几年,库内的银子出多入少,虽没贴补在内,已在各处做了好些～～。"

【空亡】 kōngwáng 古代用干支纪日,十干配十二支,如甲子、乙丑、丙寅等,所馀二支,即壬癸,谓之空亡。亦称孤虚。迷信的人认为是凶辰。刘禹锡《燕尔馆破屏风所画至精人多叹赏题之》诗:"画时应遇～～日,卖处难逢识别人。"

【空王】 kōngwáng 佛家用语。佛的尊祖。佛说一切皆空,故称空王。沈佺期《乐城白鹤寺》诗:"无言谪居远,清净得～～。"白居易《醉吟》:"～～百法学未得,姹女丹砂烧即飞。"

【空文】 kōngwén 指文章著作,与具体的功业相对而言。《盐铁论·非鞅》:"故贤者处实而效功,亦非徒陈～～而已。"司马迁《报任少卿书》:"乃如左丘无目,孙子断足,终不可用,退而论书策,以舒其愤,思垂～～以自见。"《论衡·对作》:"用笔墨者,造生～～,为虚妄之作。"

【空巷】 kōngxiàng 人都从街上走了出来。形容人们争先恐后看热闹的景况。陆游《开岁半月湖村梅开无馀偶得五诗以烟湿落梅村为韵》:"居人～～看,疑是湖中仙。"

【空虚】 kōngxū ❶空无所有。指没有或缺少财物。《战国策·魏策一》:"楚虽有富大之名,其实～～。"《韩非子·初见秦》:"今天下之府库不盈,囷仓～～。"❷指缺乏本领或能力。《三国志·魏书·钟繇传》注引《魏略》:"臣以～～,被蒙拔擢。"又《蜀书·刘琰传》:"琰禀性～～,本薄操行,加有酒荒之病,自先帝以来,纷纭之论,殆将倾复。"

【空言】 kōngyán ❶空话,虚而不实之言。《吕氏春秋·知度》:"至治之世,其民不好～～虚辞。"《汉书·艺文志》:"丘明恐弟子各安其意,以失其真,故论本事而作传,明夫子不以～～说经也。"❷不起作用的话。《史记·太史公自序》:"我欲载之～～,不如见之于行事之深切著明也。”

【空造】　kōngzào　❶没有礼品而前去拜访。《潜夫论·交际》:“贫贱难得适,……～～以为无意,奉贽以为欲贷。”后来书信中用作访友不遇之词。❷凭空捏造。《汉书·叙传上》:“大司空甄丰遣属驰至两郡讽吏民,而效[公孙]闳～～不祥,[班]穉绝嘉应,嫉害圣政,皆不道。”

【空道】　kǒngdào　冲要的道路。《汉书·张骞传》:“楼兰、姑师小国,当～～,攻劫汉使王恢等尤甚。”

【空窍】　kǒngqiào　同“孔窍”。指耳目口鼻等器官之孔。《韩非子·喻老》:“～～者,神明之户牖也。”《吕氏春秋·士容》:“骨节蚤成,～～哭历,身必不长。”

【空黄】　kònghuáng　空白任命状。皇帝诏书多用黄纸,故称。《宋史·张叔夜传》:“擢中书舍人、给事中。时吏惰不虔,凡命令之出于门下者,预列衔,使书名而徐填其事,谓之‘～～’。叔夜极陈革其弊。”

【空乏】　kòngfá　穷困缺乏。《孟子·告子下》:“故天将降大任于是人也,必先苦其心志,劳其筋骨,饿其体肤,～～其身。”《后汉书·杜诗传》:“遭陛下创制大业,贤俊在外,～～之间,超受大恩,牧养不称,奉职无效,久窃禄位,令功臣怀愠,诚惶诚恐。”

【空首布】　kōngshǒubù　古代的一种钱币。形似铲,首中空。

【空谷足音】　kōnggǔzúyīn　空谷中的脚步声。《庄子·徐无鬼》:“夫逃虚空者,……闻人足音,跫然而喜矣。”后因以喻极难得的人物或言论。

倥　1. kōng　❶见“倥侗”。
2. kǒng　❷见“倥偬”。

【倥侗】　kōngtōng　蒙昧无知。《汉书·扬雄传下》:“天降生民,～～颛蒙。”

【倥偬】　kǒngzǒng　❶事多,繁忙。孔稚珪《北山移文》:“敲扑喧嚣犯其虑,牒诉～～装其怀。”《三国演义》三十七回:“日因军务～～,有失拜访。”❷困苦,急迫。《后汉书·卓茂传论》:“建武之初,雄豪方扰,……斯固～～不暇给之日。”又《张衡传》:“诚所谓将隆大位,必先～～之也。”

悾　kōng　见“悾悾”。

【悾悾】　kōngkōng　诚恳的样子。《论语·泰伯》:“狂而不直,侗而不愿,～～而不信,吾不知之矣。”《后汉书·刘瑜传》:“臣～～推情,言不足采。”

【悾款】　kōngkuǎn　诚恳。《晋书·傅咸传》:“得意忘言,言未易尽,苟明公有以察其～～,言岂在多。”任昉《百辟劝进今上笺》:“实有愚诚,不任～～,悉心重谒。”

崆　kōng　见“崆峒”、“崆岘”。

【崆峒】　kōngtóng　❶山名。在甘肃平凉市西。也作空桐、空同。《史记·五帝本纪》:“西至于～～,登鸡头。”杜甫《洗兵马》诗:“已喜皇威清海岱,常思仙仗过～～。”❷古人认为北极星居于天中,斗极之下为空桐(即崆峒)。洛阳居地之中,因以崆峒指洛阳。李贺《仁和里杂叙皇甫湜》诗:“明朝下元复西道,～～叙别长如天。”❸山洞。高適《赴彭州山行之作》诗:“峭壁连～～,攒峰叠翠微。”杨炎《大唐燕支山神宁济公祠堂碑》:“于是左丹穴,右～～,古所未宾,咸顿首于路门之外。”

【崆岘】　kōngyáng　山石高峻的样子。张衡《南都赋》:“其山则～～嶱嵑,嵣嶭嶚剌。”

椌　kōng　见 qiāng。

硿　kōng　见“硿硿”。

【硿硿】　kōngkōng　象声词。击打石头的声音。苏轼《石钟山记》:“寺僧使小童持斧,于乱石间择其一二扣之,～～然。”

箜　kōng　见“箜篌”。

【箜篌】　kōnghóu　古代一种弦乐器。《旧唐书·音乐志二》谓依琴制作,似瑟而小,七弦,用拨弹之,如琵琶。古诗《为焦仲卿妻作》:“十五弹～～,十六诵诗书。”李贺《李凭箜篌引》:“江娥啼竹素女愁,李凭中国弹～～。”(中国:即国中,城中。)

孔　kǒng　❶小洞,窟窿。《新五代史·前蜀世家》:“元膺多材艺,能射钱中～。”❷渠道。《管子·国蓄》:“利出一～者,其国无敌。”❸大。见“孔道”。❹深远。《淮南子·精神训》:“～乎莫知其所终极。”❺很,甚。《诗经·小雅·鹿鸣》:“我有嘉宾,德音～昭。”《后汉书·班固传》:“于昭明堂,明堂～阳。”❻孔雀。《楚辞·七谏》:“鸾皇～凤,日以远兮。”❼姓。

【孔壁】　kǒngbì　孔子旧居的墙壁。汉武帝时,鲁恭王拆毁孔子旧宅扩建宫室,在夹壁中发现古文经传多种,有《尚书》、《礼记》、《春秋》、《论语》、《孝经》等,都用科斗(蝌蚪)文书写。

【孔翠】　kǒngcuì　❶孔雀与翠鸟。左思《蜀都赋》:“～～群翔,犀象竞驰。”❷孔雀和翠鸟的羽毛。《资治通鉴·齐和帝中兴元年》:“常于殿中戎服,骑马出入,以金银为铠胄具,装饰以～～。”

【孔道】 kǒngdào ❶大路，通道。扬雄《太玄经·羡》："～～之夷，何不遵也?"《汉书·西域传上》："[婼羌]去长安六千三百里，辟在西南，不当～～。"❷孔子之道。韩愈《进学解》："昔者孟轲好辩，～～以明。"

【孔德】 kǒngdé 大德。《老子·二十一章》："～～之容，惟道是从。"《后汉书·冯衍传下》："遵大路而裴回兮，履～～之窈冥。"

【孔父】 kǒngfǔ ❶指孔子。父，古代男子的美称。《后汉书·申屠刚传》："《损》《益》之际，～～攸叹。"❷春秋宋大夫。《公羊传·桓公二年》："宋督弑其君与夷及其大夫～～。"

【孔盖】 kǒnggài 用孔雀羽翎作装饰的车盖。《楚辞·九歌·少司命》："～～兮翠旍，登九天兮抚彗星。"

【孔怀】 kǒnghuái 《诗经·小雅·常棣》："死丧之威，兄弟～～。"本为极其思念的意思，后以"孔怀"指兄弟。《三国志·魏书·管辂传》注引《管辂别传》："辰不以阍浅，得因～～之亲，数与辂有所谘论。"《颜氏家训·文章》："陆机与长沙顾母书，述从祖弟士璜死，乃言'痛心拔脑，有如～～。'心既痛矣，即为甚思，何故言有如也？观其此意，当谓亲兄弟为～～。"

【孔门】 kǒngmén 孔子的门下。《论衡·问孔》："论者皆云：'～～之徒，七十子之才，胜今之儒。'此言妄也。"《朱子全书·论颜曾思孟》："～～只一个颜子，合下天资纯精。"

【孔目】 kǒngmù ❶档案目录。刘知幾《史通·题目》："乃类俗之文案～～，药草经方，烦碎之至。"❷官名。掌管文书档案、收藏图书等。

【孔窍】 kǒngqiào ❶指心。《韩非子·解老》："知治人者其思虑静，知事天者其～～虚。"❷指眼耳口鼻等。《淮南子·天文训》："～～肢体，皆通于天。"《论衡·道虚》："夫人之生也，禀食饮之性，故形上有口齿，形下有～～。"

【孔壬】 kǒngrén 大奸佞。《尚书·皋陶谟》："何畏乎巧言令色～～。"也作"孔任"。《后汉书·郅恽传》："昔虞舜辅尧，四罪咸服，谗言弗庸，～～不行。"

【孔隙】 kǒngxì 空隙。卢仝《月蚀》诗："今夜吐焰长如虹，～～千道射户外。"

【孔罅】 kǒngxià 洞隙。戴复古《玉华洞》诗："神功巧穿凿，石壁生～～。"

【孔穴】 kǒngxué ❶洞穴。班固《白虎通·情性》："山亦有金石累积，亦有～～，出云布雨，以润天下。"❷人身的穴位。《旧唐书·太宗纪下》："制决罪人不得鞭背，以明堂～～，针灸之所。"

【孔子】 kǒngzǐ 孔丘（公元前551—前479），字仲尼。春秋鲁国陬邑（今山东曲阜）人。儒家的创始者。在鲁曾做过相礼（司仪）、委吏（管理粮仓）、乘田（管理畜牧）等小官。鲁定公时任中都宰、司寇。曾周游宋、卫、陈、蔡、齐、楚等国。晚年致力教育，相传曾整理《诗》、《书》等古代文献，修订《春秋》。有弟子三千，其中著名的有七十二人。自汉以后，孔子学说成为两千馀年封建文化的正统，影响极大，被尊为圣人。

【孔方兄】 kǒngfāngxiōng 钱的别名。古钱币中多有方孔，故云。黄庭坚《戏呈孔毅父》诗："管城子无食肉相，～～～有绝交书。"也省作"孔兄"。曹伯启《汉鼎漫稿戏赠曹鸾举》诗："～～正羞涩，趦趄色氤氲。"

恐 1. kǒng ❶害怕，恐惧。《史记·高祖本纪》："秦人大失望，然～，不敢不服耳。"《汉书·梁孝王刘武传》："上由此怨望梁王。梁王～，乃使韩安国因长公主谢罪太后，然后得释。"❷恐吓，威吓。《荀子·非十二子》："是以不诱于誉，不～于诽。"《史记·秦始皇本纪》："李斯因说秦王，请先取韩以～他国，于是使斯下韩。"❸恐怕，担心。《孟子·梁惠王上》："此惟救死而～不赡，奚暇治礼义哉?"《史记·商君列传》："令既具，未布，～民之不信，已乃立三丈之木于国都市南门，募民有能徙置北门者予十金。"

2. gòng ❹通"共"。共同，一起。《楚辞·离骚》："惟此党人之不谅兮，～嫉妒而折之。"

【恐骇】 kǒnghài 恐惧，惊慌。《汉书·五行志中之下》："武丁～～，谋于忠贤。"《论衡·异虚》："高宗～～，侧身而行道，思索先王之政。"

【恐猲】 kǒnghè 恫吓，威胁。《战国策·赵策二》："是故横人日夜务以秦权～～诸侯，以求割地。"《汉书·王莽传中》："各为权势，～～良民。"也作"恐喝"。《唐律疏议·恐喝取人财物》："～～者，谓知人有犯，欲相告诉～～以取财物者。"

【恐悸】 kǒngjì 恐惧。柳宗元《乞巧文》："鬼神～～，圣智危慄。"《旧唐书·刘总传》："晚年～～尤甚，故请落发为僧。"

【恐慑】 kǒngshè 恐惧，震怖。《三国志·吴书·周瑜传》注引《江表传》："及会罢之夜，瑜请见曰：'诸人徒见操书，言水步八十万，而各～～，不复料其虚实。'"

【恐悚】 kǒngsǒng 畏惧。温庭筠《病中书怀呈友人》:"兕觥增～～,杯水失锱铢。"

【恐畏】 kǒngwèi ❶恐惧。《后汉书·刘盆子传》:"盆子时年十五……见众拜,～～欲啼。"❷恐怕。虞世南《咏萤》:"～～无人识,独自暗中明。"

【恐胁】 kǒngxié 恫吓威胁。《梁书·贺琛传》:"更相～～,以求财帛,足长祸萌,无益治道。"《陈书·高帝纪》:"其部曲妻子若有～～侵掠者,皆以劫论。"

【恐忧】 kǒngyōu 恐惧忧愁。《史记·留侯世家》:"汉三年,项羽急围汉王荥阳,汉王～～。"

控 1. kòng ❶引弓,开弓。白居易《宣州试射中正鹄赋》:"在乎矢不虚发,弓不再～。"❷勒马,驾驭。《诗经·郑风·大叔于田》:"抑磬～忌,抑纵送忌。"谢灵运《东山观海》诗:"策马步兰皋,绁～息椒丘。"㉛控制,操纵。《吕氏春秋·审分》:"王良之所以使马者,约审之以～其辔。"苏舜钦《并州新修永济桥记》:"太原地括众川而汾为大,～城扼关,与官亭民居相逼切。"❸告,控诉。《诗经·鄘风·载驰》:"～于大邦,谁因谁极。"❹投,落下。《庄子·逍遥遊》:"我决起而飞,抢榆枋,时则不至,而～于地而已矣,奚以之九万里而南为?"

2. qiāng ❺打。《庄子·外物》:"儒以金椎～其颐。"

【控告】 kònggào 申述,上告。《左传·襄公八年》:"剪焉倾覆,无所～～。"《三国志·魏书·三少帝纪》:"朕以眇身,继承鸿业,茕茕在疚,靡所～～。"今指向司法机关提出控诉为控告。

【控鹤】 kònghè ❶道家传说仙人常骑鹤,故以控鹤指升仙。孙绰《游天台山赋》:"王乔～～以冲天,应真飞锡以蹑虚。"孔稚珪《褚先生伯玉碑》:"王乔云举,～～于玄都。"❷宿卫近侍之称。《新唐书·李巨川传》:"诏留三十人,为～～排马官,隶飞龙坊。"

【控临】 kònglín 登临。范成大《次韵知郡安抚九日南楼宴集》之一:"～～缥缈疑无地,指点虚无欲驭风。"

【控捲】 kòngquán 握拳。捲,通"拳"。《史记·孙子吴起列传》:"夫解杂乱纷纠者,不～～。"

【控抟】 kòngtuán 引持,把握。《史记·屈原贾生列传》:"忽然为人兮,何足～～。"陆游《秋夜自近村归》诗:"不恨故交日零落,本知浮生难～～。"

【控弦】 kòngxián 拉弓。借指士兵。《史记·大宛列传》:"～～者八九万人。"《后汉书·耿弇传》:"发此两郡,～～万骑,邯郸不足虑也。"

【控引】 kòngyǐn 控制。左思《魏都赋》:"白藏之藏,富有无隄,同赈大内,～～世资。"王安石《葛兴祖墓志铭》:"嗟呼,命不可～～。"

【控御】 kòngyù 控制驾驭。《晋书·刘琨传》:"琨善于怀抚,而短于～～,一日之中,虽归者数千,去者亦相继。"也作"控驭"。秦韬玉《紫骝马》诗:"若遇丈夫能～～,任从骑取觅封侯。"

【控总】 kòngzǒng 束缚,迫促。《梁书·贺琛传》:"虽是处彫流,而关外弥甚,郡不堪州之～～,县不堪郡之裒削,更相呼扰,莫得治其政术,惟以应付征敛为事。"

鞚 kòng ❶马勒。《隋书·陈茂传》:"高祖将挑战,茂固止不得,因捉马～。"❷驰马。鲍照《拟古》诗之一:"兽肥春草短,飞～越平陆。"

kou

抠(摳) kōu ❶提起。见"抠衣"。❷投,掷。《列子·黄帝》:"以瓦～者巧,以钩～者惮,以黄金～者惛。"❸用手挖。《红楼梦》三十回:"只见一个女孩子蹲在花下,手里拿着根别头的簪子在地下～土。"

【抠衣】 kōuyī 提裳而行,以表示尊敬、谨慎。《礼记·曲礼上》:"～～趋隅,必慎唯诺。"又:"两手～～,去齐尺;衣毋拨,足毋蹶。"

弫(彄) kōu ❶弓弩两端钩弦处。蔡邕《黄钺铭》:"马不带钦,弓不受～。"❷环状物。《资治通鉴·宋文帝元嘉二十八年》:"魏人以钩车钩城楼,城内系以～絙。"❸笔管。《礼记·内则》"右佩玦、捍、管"郑玄注:"管,笔～也。"

【弫环】 kōuhuán 指环之类。刘歆《西京杂记》卷一:"戚姬以百炼金为～～,照见指骨。"

袧 kōu 古代丧服裳幅两侧的褶裥。《仪礼·丧服》:"凡衰,外削幅,裳,内削幅,幅三～。"

缑 kōu 见gōu。

口 kǒu ❶嘴。《孟子·告子上》:"～之于味,有同耆也。"《荀子·议兵》:"虚腹张～来归我食。"㉛口子,洞穴。陶渊明《桃花源记》:"山有小～,彷彿若有光。"《三国演义》五十六回:"疮～迸裂,昏绝于地。"❷指用语言,说话,议论。《国语·周语上》:"防民之～，甚于防川。"《战国策·秦策三》："众～所移，毋翼而飞。"㉑口才。《史记·魏其武安侯列传》："蚡辩有～，学《槃盂》诸书，王太后贤之。"《论衡·逢遇》："主好辩，有～则遇。"❸人口。《孟子·梁惠王上》："百亩之田，勿夺其时，八～之家可以无饥矣。"《汉书·高惠高后文功臣表》："时大城名都民人散亡，户～可得而数裁什二三。"❹出入通过的地方，关口。柳宗元《小石城山记》："自西山道～，径北逾黄茅岭而下。"《宋史·袁继忠传》："与崔彦进破契丹长城～。"❺刀剑等的锋刃。《水浒传》十二回："杨志道：'第一件，砍铜剁铁，刀～不卷。'"❻寸脉。中医诊脉，把离手掌后一寸的手腕经脉叫"寸脉"。《史记·扁鹊仓公列传》："切其脉时，右～气急。"❼量词。郦道元《水经注·资水》："水南十里有井数百～。"又《汾水》："管涔王使小臣奉谒赵皇帝，献剑一～。"

【口白】 kǒubái 口头告诉。《后汉书·南匈奴传》："呼衍氏为左，兰氏、须卜氏为右，主断狱听讼，当决轻重，～～单于，无文书簿领焉。"

【口碑】 kǒubēi ❶比喻众人口头称颂，像树立的碑志一样。普济《五灯会元》卷十七："劝君不用镌顽石，路上行人口似碑。"张煌言《甲辰九月感怀在狱中作》诗："～～载道是还非，谁识蹉跎心事违。"❷泛指众人的议论。《老残游记》十八回："那知道未及一个时辰，已经结案，沿路～～啧啧称赞。"特指社会上流传的口头熟语。《红楼梦》四回："上面皆是本地大族名宦之家的俗谚～～，云：'贾不假，白玉为堂金作马。'"

【口辩】 kǒubiàn 能言善辩。《史记·淮南衡山列传》："有女陵，慧有～～。"《汉书·陆贾传》："陆贾，楚人也。以客从高祖定天下，名有～～，居左右，常使诸侯。"也作"口辨"。《晋书·华谭传》："好学不倦，爽慧有～～。"

【口兵】 kǒubīng 以口为兵器。比喻言语伤害人。《魏书·岛夷萧衍传》："诙惑愚浅，大言以惊俗；驱扇邪僻，～～以作威。"刘禹锡《口兵戒》："～～之起，其刑渥焉。"

【口谗】 kǒuchán 指能言善辩。《韩诗外传》卷四："哀公问取人。孔子曰：'无取健，无取佞，无取～～。'"

【口碜】 kǒuchěn 即牙碜。比喻说话不干净。杨文奎《儿女团圆》一折："亏你不害～～，说出这等话来。"无名氏《渔樵记》二折："你砂子地里放屁，不害你那～～，动不动便说做官。"

【口吃】 kǒuchī（旧读 kǒujī） 说话字音重复，结结巴巴。《史记·老子韩非列传》："非为人～～，不能道说，而善著书。"《汉书·扬雄传上》："为人简易佚荡，～～不能剧谈。"

【口齿】 kǒuchǐ ❶口和齿。《后汉书·马援传》："臣谨依仪氏鞝，中帛氏～～，谢氏唇鬐，丁氏身中，备此数家骨相以为法。"也指牙齿。左思《娇女诗》："吾家有娇女，皎皎颇白皙。小字为纨素，～～自清历。"❷说话，谈吐。《红楼梦》六回："再要赌～～，十个会说的男人也说不过他呢!"又指口头表达能力。《红楼梦》六十八回："你又没才干，又没～～，锯了嘴子的葫芦，就只会一味瞎小心，应贤良的名儿。"

【口敕】 kǒuchì 帝王的口谕。《北史·王劭传》："劭在著作将二十年，专典国史，撰《隋书》八十卷，多录～～。"白居易《缭绫》诗："去年中使宣～～，天上取样人间织。"

【口伐】 kǒufá 用言语谴责。《新唐书·郑元璹传》："太宗赐书曰：'知公～～可汗如约，遂使边火息燧。朕何惜金石赐于公哉!'"

【口费】 kǒufèi 犹辞费。多指无谓的空话。《礼记·缁衣》："～～而烦，易出难悔，易以溺人。"

【口分】 kǒufēn 即口粮。计口分定，故称口分。杨万里《花》诗："蜂蝶行粮猿鹤饭，一生～～两无争。"范成大《腊月村田乐府序》："二十五日煮赤豆作糜，暮夜阖家同飨，云能辟瘟气，虽远出未归者亦留贮～～。"

【口腹】 kǒufù 饮食。《孟子·告子上》："饮食之人，无有失也，则～～岂适为尺寸之肤哉!"《隋书·地理志上》："性嗜～～，多事田渔，虽蓬室柴门，食必兼肉。"

【口过】 kǒuguò ❶言语的过失。《盐铁论·毁学》："是以终日言，无～～，终身行，无冤尤。"白居易《有唐善人墓碑》："(李建)好议论，而无～～。"❷指口臭。孟棨《本事诗·怨愤》："则天见其诗，谓崔融曰：'吾非不知之问有才调，但以其有～～。'盖以之问患齿疾，口常臭故也。"

【口号】 kǒuhào ❶古体诗的题名。表示随口吟成，和口占相似。最初见于梁简文帝《仰和卫尉新渝侯巡城口号》一诗，后为诗人袭用。唐张说、李白、杜甫、王维、元稹等都有口号诗。❷颂诗的一种。宋时皇帝每年春秋节日和皇帝生日举行宴会，乐工致辞，然后献颂诗一章，歌功颂德。这种颂诗叫口号。如苏轼有《集英殿春宴教坊词致语口号》等。❸军队中为防止敌人混入，作盘查用的口头暗号，即口令。《三国演义》七十二回："夏侯惇入帐，禀请夜间～～。"❹指打油诗、顺口溜或俗谚之类。乔吉《金钱记》三折："我与师父做了几句～～，……'这个先生实不中，九经三史几曾通？自从到你书房内，字又不写书懒攻。'"

【口惠】 kǒuhuì 空口许人好处。《礼记·表记》："～～而实不至，怨菑及其身。"（菑：同"灾"。）《韩诗外传》卷五："～～之人鲜信。"亦作"口慧"。《淮南子·缪称训》："骄溢之君无忠臣，～～之人无必信。"

【口机】 kǒujī 犹口才。《宋书·王镇恶传》："镇恶为人强辩，有～～，随宜酬应，高祖乃释。"又《范晔传》："～～又不调利，以此无谈功。"

【口籍】 kǒují ❶户口册。元稹《故中书令赠太尉沂国公墓志铭》："公乃献地图，编～～，修职贡，上吏员。"❷人名册。《后汉书·百官志二》："凡居宫中者，皆有～～，于门之所属宫名两字为铁印文符，案省符乃内之。"

【口给】 kǒujǐ 口才敏捷，善于答辩。给，足，言辞不穷的意思。《论语·公冶长》："御人以～～，屡憎于人。"《论衡·刺孟》："如彭更以孟子之言，可谓'御人以～～'矣。"

【口颊】 kǒujiá 犹言口舌、唇舌。指说话。朱熹《答黄直卿书》："致仕文士为众楚所咻，费了无限～～，今方得州府判押。"

【口强】 kǒujiàng 好强辩，嘴不饶人。董解元《西厢记诸宫调》卷三："这烦恼如何向？待漾下，又瞻仰；道忘了，是～～，难割舍我儿模样。"无名氏《神奴儿》一折："俺兄弟媳妇～～，你让他些儿。"

【口角】 kǒujiǎo ❶嘴边。韩愈《苦寒》诗："浊醪沸入喉，～～如衔箝。"李商隐《韩碑》诗："愿书万本诵万过，～～流沫右手胝。"❷言辞或说话的口气。《红楼梦》七十七回："就只是他的性情爽利，～～锋芒。"❸争吵。《红楼梦》三十回："话说林黛玉自与宝玉～～后，也自后悔，但又无去就他之理。"

【口具】 kǒujù 当面陈述。徐陵《代梁贞阳侯与荀昂兄弟书》："一二复令张佛奴～～。"《资治通鉴·梁元帝承圣元年》："会蜀人费合告怦反，怦有与将帅书云：'事事往人～～。'纪即以为反征。"

【口诀】 kǒujué 原指道家以口语传授道法或秘术的要语。《抱朴子·明本》："岂况金简玉札，神仙之经，至要之言，又多不书，登坛歃血，乃传～～。"岑参《下外江舟中怀终南旧居》诗："早年好金丹，方士传～～。"后来指为掌握某种事物要领而编成的简明而便于记诵的语句。关汉卿《玉镜台》二折："聪明，怎生得～～手未到，心先应。"《老残游记》一回："所以这老残就拜他为师，学了几个～～，从此也就摇个串铃，替人治病餬口去了。"

【口快】 kǒukuài 说话不加思索，冲口而出。朱彧《萍洲可谈》卷三："客次……最不可妄谈事及呼人姓名，恐对人子弟道其父兄名，及所短者，或其亲知，必贻怒招祸。俗谓～～，乃是大病。"《朱子语类》卷二十八："然这一章是不佞要紧。佞不是谄佞，是个～～底人，事未问是不是，一时言语便抵当得去。"

【口累】 kǒulěi 家眷，家口。《宋书·毛脩之传》："谯纵由此送脩之父、伯及中表丧，～～并得俱还。"岳飞《辞例赐银绢第三劄子》："窃缘臣聚集～～，不至重大，逐月请俸，赡养有馀。"

【口面】 kǒumiàn 争吵。《水浒传》五十一回："你二位便可请回，休在此间惹～～不好。"《初刻拍案惊奇》卷二："前日因有两句～～，他使一个性子，跑了回家。"

【口讷】 kǒunè 说话迟钝。《后汉书·刘儒传》："郭林宗常谓儒～～心辩，有珪璋之质。"

【口强】 kǒuqiáng 能言善辩。关汉卿《玉镜台》一折："他每都恃着～～，便仪秦呵怎敢比量？"无名氏《神奴儿》三折："饶你这舌辩如苏秦，～～似陆贾，我看你怎生般分诉？"

【口舌】 kǒushé ❶言语，言辞。《史记·苏秦列传》："今子释本而事～～，困，不亦宜乎！"《论衡·言毒》："人中诸毒，一身死之；中于～～，一国溃乱。"又指有辩才。《史记·廉颇蔺相如列传》："廉颇曰：'我为赵将，有攻城野战之大功，而蔺相如徒以～～为劳，而位居我上。'"《盐铁论·褒贤》："主父偃以～～取大官，窃权重欺给宗室，受诸侯之赂。"❷争吵。犹言口角。《水浒传》二十四回："归到家里，便下了帘子，早闭上门，省了多少是非～～。"《儒林外史》一回："也怕从此有～～，正思量搬移一个地方。"

【口实】 kǒushí ❶食物。《周易·颐》："自求～～。"《后汉书·刘般传》："今滨江湖郡率少蚕桑，民资渔採以助～～。"❷指俸禄。《左传·襄公二十五年》："臣君者，岂为其～～，社稷是养。"❸话柄，借口。《国语·楚语下》："楚之所宝者，曰观射父，能作训辞，以行事于诸侯，使无以寡君为～～。"❹谈话的资料。《三国志·蜀书·诸葛亮传》："其秋病卒，黎庶追思，以为～～。"陆九渊《经德堂记》："章甫其冠，逢掖其衣，以《诗》《书》《礼》《乐》之辞为～～者，其果真为自孔氏者乎？"

【口爽】 kǒushuǎng 口舌失去辨味能力。《老子·十二章》："五色令人目盲。五音令人耳聋。五味令人～～。"嵇康《答难养生论》："聘享嘉会，则唯脩馔旨酒……饕淫所阶，百疾所附，味之者～～，服之者短祚。"

【口筭】 kǒusuàn 按人口征收赋税。筭，同"算"。《后汉书·明帝纪》："其妻无父兄独有母者，赐其母钱六万，又复其～～。"刘禹锡《和州刺史厅壁记》："初开元诏书以～～第郡县为三品，是为下州。"

【口吻】 kǒuwěn ❶嘴。成公绥《啸赋》："随～～而发扬，假芳气而远逝。"刘禹锡《上中书李相公启》："言出～～，泽濡寰区。"❷口说。《盐铁论·禁耕》："[盐铁]今罢去之，则豪民擅其用而专其利。决市闾巷，高下在～～，贵贱无常端。"

【口义】 kǒuyì 即口试。口述儒家经义，唐代考试方法之一。《新唐书·选举志上》："凡明经，先帖文，然后口试经问大义十条……元和二年……明经停～～，复试墨义十条。"王谠《唐语林·补遗四》："后明经停墨策，试～～并时务策三道。"

【口吟】 kǒuyín 低声吟叹。白居易《酬吴七见寄》诗："～～耳自听，当暑忽翛然。"

【口语】 kǒuyǔ ❶言语。《汉书·司马迁传》："仆以～～，遇遭此祸。"《后汉书·隗嚣传》："诛戮忠正，覆按～～。"❷毁谤。《汉书·杨恽传》："遭遇变故，横被～～。"梅尧臣《前以诗答韩三子华后得其简因叙下情》诗："平常遭～～，攒集犹毒矢。"❸指活口，口供。《后汉书·乐成靖王党传》："事发觉，党乃缢杀内侍三人，以绝～～。"

【口占】 kǒuzhàn ❶口授其词，让别人写出。李翱《赠礼部尚书韩公行状》："公令柏耆～～为丞相书，明祸福，使柏耆袖之以至镇州。"陆游《新唐书·卢郢传》："郢忽顾笔吏，～～使书，不窜易一字。"❷不用起草而随口成文。《汉书·朱博传》："阁下书佐入，博～～檄文。"《资治通鉴·齐明帝建武二年》："善属文，多于马上～～，既成，不更一字。"

【口栈】 kǒuzhàn 说话刻薄。《水浒传》十六回："不是我～～，量你是个遭死的军人，……直得恁地逞能。"

【口诏】 kǒuzhào 皇帝口头宣授的命令。《晋书·阎缵传》："须录诣殿前，面受～～，然后为信。"《资治通鉴·唐德宗贞元十年》："守进召廷贵，宜～～令视事。"

【口中雌黄】 kǒuzhōngcíhuáng 随口更正说得不恰当的话，就像用雌黄涂改错字一样。《晋书·王衍传》："妙善玄言，唯谈老庄为事……义理有所不安，随即更改，世号曰～～～～。"后来把不顾事实，随便议论叫信口雌黄。

区 kòu 见 qū。

叩(敂) kòu ❶敲，打。《孟子·尽心上》："昏暮～人之门户，求水火，无弗与者。"《楚辞·大招》："～钟调磬，娱人乱只。"[引]攻打。《汉书·邹阳传》："至其晚节末路，张耳陈胜连从兵之据，以～函谷，咸阳遂危。"《后汉书·杜笃传》："席卷漠北，～勒祈连。"❷询问。《论语·子罕》："我～其两端而竭焉。"《聊斋志异·香玉》："生略～生平。"❸古时行礼俯首到地叫叩头，简称叩。见"叩头"。❹紧贴。《清平山堂话本·刎颈鸳鸯会》："着件～身衫子。"❺通"扣"。见"叩马"。

【叩诚】 kòuchéng 真诚，恳切。《楚辞·九叹·逢纷》："行～～而不阿兮，遂见排而逢谗。"

【叩额】 kòu'é 叩头。《元史·王士弘传》："父挎有疾，士弘倾家赀求医，见医即拜，遍祷诸神，～～成疮。"

【叩关】 kòuguān ❶犹叩门。入关求见。《周礼·地官·司关》："凡四方之宾客～～，则为之告。"李白《梁甫吟》："阊阖九门不可通，以额～～阍者怒。"❷攻打关门。贾谊《过秦论上》："尝以十倍之地，百万之众，～～而攻秦。秦人开关延敌，九国之师逡巡遁逃而不敢进。"

【叩阍】 kòuhūn 有冤屈向皇帝申诉叫叩阍。阍，宫门。闵齐伋《六书通·阍》："又凡吏民冤抑得诣阙自愬者曰叩阍。"《资治通鉴·唐昭宗大顺元年》："方且轻骑～～，顿首丹陛，诉奸回于陛下之扆座，纳制敕于先帝之庙庭。"

【叩角】 kòujiǎo 敲牛角。《艺文类聚》卷九十四引《琴操》："宁戚饭牛车下，～～而商歌，……齐桓公闻之，举以为相。"后来用作以言语投合人主之意而求进身之典。《晋书·皇甫谧传》："或～～以干齐，或解褐以相秦。"刘沧《汶阳客舍》诗："思乡每读《登楼赋》，对月空吟～～歌。"也作"扣角"。元好问《除夜》诗："折腰真有陶潜兴，～～空传宁戚歌。"

【叩叩】 kòukòu 殷勤，恳切。繁钦《定情》诗："何以致～～，香囊悬肘后。"朱彝尊《戏效香奁体二十六韵》:"裁通心～～,爱执手掺掺。"

【叩马】 kòumǎ 勒住马。叩,通"扣"。《史记·伯夷列传》:"伯夷叔齐～～而谏。"《北史·魏济阴王传》:"庄帝将幸洛南,昭业立于阊阖门外～～谏,帝避之而过。"

【叩门】 kòumén 敲门,登门求见。《史记·袁盎晁错列传》:"且缓急人所有。夫一旦有急～～,不以亲为解,不以存亡为辞,天下所望者,独季心剧孟耳。"陶渊明《乞食》诗:"行行至斯里,～～拙言辞。"

【叩丧】 kòusāng 犹吊丧。《后汉书·范式传》:"巨卿既至,～～言曰:'行矣元伯! 死生异路,永从此辞。'"

【叩头】 kòutóu 以头扣地,旧时最敬重的礼节。《史记·田叔列传》:"叔～～对曰:'是乃孟舒所以为长者也。'"《后汉书·桓谭传》:"谭～～流血,良久乃得解。"

【叩心】 kòuxīn 捶胸。伤心悔恨的样子。《后汉书·耿弇传》:"元元～～,更思莽朝。"又《张奂传》:"今呼天不闻,～～无益,诚自伤痛。"

【叩辕】 kòuyuán 敲击车辕。刘向《说苑·尊贤》:"宁戚,故将车人也。～～行歌于康之衢,桓公任以国。"后用作求进身之典。陆游《雨夜观史》诗:"未能剧论希扪虱,且复长歌学～～。"见"叩角"。

【叩咨】 kòuzī 询问,请教。《新唐书·蔡廷玉传》:"廷玉有沈略,善与人交,内外爱附。泚多所～～,数遣至京师。"

扣 kòu ❶拉住,牵住。《吕氏春秋·爱士》:"晋梁由靡已～缪公之左骖矣。"❷敲,击。《论衡·变动》:"譬之以物击鼓,以椎～钟。"杜甫《羌村》诗之三:"驱鸡上树木,始闻～柴荆。"❸靠近。沈括《梦溪笔谈·异事》:"予与同职～涧观之,虹两头皆垂涧中。"❹捆绑。《醒世恒言·蔡瑞虹忍辱报仇》:"把两个人一齐～下船来,跪于军柱边。"❺克扣,除去。《儒林外史》一回:"那知县时仁发出二十四两银子来,翟买办～克了十二两,只拿十二两银子送与王冕。"❻结子。《聊斋志异·云萝公主》:"因取生胸前带,连结十馀～。"❼量词。如文书一套叫一～。

【扣边】 kòubiān 至边关求见。《宋史·程琳传》:"夏人……以五百户驱牛羊～～请降。"

【扣刀】 kòudāo 拔刀微出鞘。《资治通鉴·宋文帝元嘉二十二年》:"许曜侍帝,～～目晔,晔不敢仰视。"

【扣额】 kòu'é 同"叩额"。叩头。李贺《绿章封事为吴道士夜醮作》诗:"青霓～～呼宫神,鸿龙玉狗开天门。"

【扣发】 kòufā 启发,提出主张。《宋书·蔡兴宗传》:"玄谟责所亲故吏郭季产、女婿韦希真等曰:'当艰难时,周旋辈无一言相～～者。'"

【扣关】 kòuguān ❶敲关门以求通。同"叩关"。《后汉书·西域传》:"西域内附日久,区区东望,～～者数矣。"❷指敲门。韦应物《移疾会诗客……因贻诸祠曹》诗:"释子来问讯,诗人亦～～。"

【扣角】 kòujiǎo 见"叩角"。

【扣马】 kòumǎ 牵马使停。《左传·襄公十八年》:"齐侯驾,将走邮棠,大子与郭荣～～。"《史记·赵世家》:"大戊午～～曰:'耕事方急,一日不作,百日不食。'"

【扣头】 kòutóu 同"叩头"。《论衡·儒增》:"夫人之～～,痛者血流。"苏轼《陈公弼传》:"公视事之日,首得其重罪,腆～～出血,愿自新。"

【扣问】 kòuwèn 询问,请教。魏了翁《鹤山题跋》三《跋杨司理德辅之父纪问辩历》:"吾乡杨君为《问辩历》,以质诸师,此最得为学之要。后生初学,哆然自是,耻于～～者,视此亦可以少警矣。"

【扣弦】 kòuxián 用指弹弦。段安节《乐府杂录·琵琶》:"曹纲善运拨,若风雨,而不事～～。"

【扣舷】 kòuxián 敲击船帮为歌唱打拍子。杜甫《秋日夔府咏怀奉寄郑监李宾客一百韵》:"东郡时题壁,南湖日～～。"苏轼《前赤壁赋》:"于是饮酒乐甚,～～而歌之。"也作"叩舷"。郭璞《江赋》:"咏采菱以～～。"

沟 kòu 见gōu。

怐(佝) kòu 见"怐愗"。

【怐愗】 kòumào 愚昧的样子。《楚辞·九辩》:"然潢洋而不遇兮,直～～而自苦。"也作"沟瞀"。《荀子·儒效》:"其愚陋～～,而冀人之以己为知也。"

鈕(釦) 1. kòu ❶用金玉等镶嵌器物。《新唐书·高丽传》:"王服五采,以白罗制冠,革带皆金～。"❷雕镂。苏舜钦《送王纬赴选序》:"王氏世居雍,并郭善田数百顷,开第当衢,宏邃靓严,精构琢榱,～之丹青。"

2. hǒu ❸见"哞钩"。

【鈕砌】 kòuqì 用金玉等镶嵌的台阶。班固《西都赋》:"于是玄墀～～,玉阶彤庭。"

【鈕器】 kòuqì 用金银镶饰之器。扬雄《蜀都赋》:"雕镌～～,百伎千工。"《后汉书·和熹邓皇后纪》:"其蜀、汉～～九带佩刀,并不复调。"

寇(宼、冦) kòu ❶盗匪,盗贼。《尚书·费誓》:"～贼奸宄。"《穀梁传·僖公十九年》:"大臣背叛,民为～盗。"❷劫掠,侵犯。《汉书·文帝纪》:"十四年冬,匈奴～边。"《三国志·魏书·明帝纪》:"吴将诸葛瑾张霸等～襄阳。"㊂入侵者,敌人。《史记·周本纪》:"有～至则举熢火。"《汉书·高帝纪下》:"赵乃从山南有之,远,数有胡～,难以为国。"❸砍伐。《庄子·人间世》:"山木自～也,膏火自煎也。"❹姓。

【寇暴】 kòubào 侵夺劫掠。《后汉书·荀彧传》:"布乘虚～～,震动人心。"《南史·柳元景传》:"及道产死,群蛮大为～～。"

【寇抄】 kòuchāo 劫夺。《后汉书·任延传》:"民畏～～,多废田业。"《陈书·世祖纪》:"侯景之乱,乡人多依山湖～～,世祖独保家无所犯。"也作"寇钞"。《后汉书·桓帝纪》:"～～百姓。"

【寇钞】 kòuchāo 见"寇抄"。

【寇雠】 kòuchóu 仇敌。《孟子·离娄下》:"君之视臣如土芥,则臣视君如～～。"《晏子春秋·问下》:"民闻公命,如逃～～。"

【寇劫】 kòujié 指行劫的群盗。《晋书·贺循传》:"若～～强多,不能独制者,可指其踪迹,言所在都督寻当致讨。"

【寇剧】 kòujù 强贼大盗。《后汉书·宦者传序》:"败国蠹政之事,不可单书。所以海内嗟毒,志士穷栖,～～缘间,摇乱区夏。"

【寇令】 kòulìng 抵御敌人的号令。《国语·吴语》:"今君王不察,盛怒属兵,将残伐越国。越国固贡献之邑也,君王不以鞭箠使之,而辱军士使～～焉。"

【寇略】 kòulüè 掠夺。《汉书·匈奴传下》:"单于始用夏侯藩求地有距汉语,后以求税乌桓不得,因～～其人民。"《三国志·魏书·武帝纪》注引《魏书》:"诸军并起,无终岁计,饥则～～,饱则弃馀,瓦解流离,无敌自破者不可胜数。"

【寇没】 kòumò 犹攻陷,攻占。《后汉书·光武帝纪下》:"颍川盗贼～～属县,河东守兵亦叛,京师骚动。"

【寇难】 kòunàn 外敌入侵。也指外患内乱。《荀子·王霸》:"卒有～～之事,又望百姓之为己死,不可得也。"又《天论》:"上下乖离,～～并至。"

【寇虐】 kòunüè ❶指残贼凶暴之人。《三国志·魏书·三少帝纪》:"朕以寡德,不能式遏～～,乃令蜀贼陆梁边陲。"❷指侵掠残害。《盐铁论·备胡》:"往者,四夷俱强,并为～～。"

【寇窃】 kòuqiè 非分据有。《三国志·魏书·臧洪传》:"仆小人也,本因行役,～～大州,恩深分厚,宁乐今日自还接刃!"《宋书·王弘传》:"内朝细务,庶可免竭,神州任重,望实兼该,臣何人斯,～～不已。"

【寇攘】 kòurǎng 侵扰,劫掠。《尚书·费誓》:"无敢～～,逾垣墙,窃马牛,诱臣妾,汝有常刑。"岳飞《奏乞复襄阳劄子》:"今外有金敌之～～,内有杨么之窃发。"

【寇戎】 kòuróng ❶敌军来侵。《周礼·春官·小祝》:"有～～之事,则保郊祀于社。"《韩非子·大体》:"故车马不疲弊于远路,旌旗不乱于大泽,万民不失命于～～,雄骏不创寿于旗幢。"❷敌军。《礼记·月令》:"仲春行秋令,则其国大水,寒气揔至,～～来征。"《世说新语·言语》:"刘琨虽隔阂～～,志存本朝。"

滱 kòu 水名。《山海经·北山经》:"高是之山,滋水出焉,而南流注于虖沱。其木多椶,其草多条,滱水出焉。"详"滱水"。

【滱水】 kòushuǐ 古水名。即唐河,又名沤夷水。发源于山西浑源县翠屏山,入河北为唐河,下游为大清河,入于海河。

蔻 kòu 豆蔻,多年生常绿植物。

彀(鷇) kòu 待母哺食的幼鸟。《国语·鲁语上》:"鸟翼～卵,虫舍蚳蝝。"

【彀食】 kòushí 初生小鸟仰母哺食而足。《庄子·天地》:"夫圣人鹑居而～～,鸟行而无彰。"

【彀音】 kòuyīn 初生小鸟的叫声。《庄子·齐物论》:"其以为异于～～,亦有辩乎,其无辩乎?"

簆 kòu 织机的打纬部件。长方形,有齿,经线从簆齿穿过,拉簆即可将纬线拉紧。也叫"杼"。《朱子语类·仪礼·丧服经传》:"'缌十五升,抽其半'者,是一～只用一经。"宋应星《天工开物·乃服》:"凡丝线穿综度经,必至四人列坐,过～之人,手执～耙,先插以待丝至,丝过～则两指执定,足五十七～,则缘结之。"

ku

矻 kū 见"矻矻"。

【矻矻】 kūkū 辛勤的样子。《汉书·王褒传》:"故工人之用钝器也,劳筋苦骨,终日～～。"辛弃疾《生查子·题京口郡治尘表亭》词:"悠悠万世功,～～当年苦。"

刳 kū ❶剖,剖开。《吕氏春秋·顺说》:"刈人之颈,～人之腹,隳人之城郭,刑人之父子也。"《三国志·魏书·华佗传》:"当须～割者,便饮其麻沸散,须臾便如醉死无所知,因破取。"㉢杀。《史记·苏秦列传》:"令天下之将相会于洹水之上,通质,～白马而盟。"㉢残害。韩愈《曹成王碑》:"江东新～于兵,郡旱。"❷挖空。《周易·系辞下》:"～木为舟。"王禹偁《黄冈竹楼记》:"黄冈之地多竹,大者如椽,竹工破之,～去其节,用代陶瓦。"❸开凿。鲍照《芜城赋》:"划崇墉,～浚洫。"

【刳剔】 kūtī ❶剖挖。《尚书·泰誓上》:"焚炙忠良,～～孕妇,皇天震怒。"《新唐书·韦处厚传》:"李载义数破沧、镇兵,皆～～以献,处厚戒之,前后完活数百千人。"❷消除,铲除。陆游《直奉大夫陆公墓志铭》:"上官委以事,公至忘寝食寒暑,以趋事赴功。在玉山时,～～蠹弊,根原窟穴,毫发必尽。"

【刳心】 kūxīn 道家语。摒除内心的杂念。《庄子·天地》:"夫道,覆载万物者也。洋洋乎大哉。君子不可以不～～焉。"苏轼《次韵张甥棠美述志》:"～～先拟谢声名,不作羊邹悲岘首。"

【刳羊】 kūyáng 结盟时宰羊立誓。刘向《说苑·奉始》:"柳下惠曰:'臣之君所以不惧者,以其先人出周封于鲁,君之先君亦出周封于齐。'相与出南门～～而约曰:'自后子孙敢有相攻者,令其罪若此～～矣!'"

枯 1. kū ❶草木枯萎。《礼记·月令》:"行冬令,则草木早～。"《后汉书·应劭传》:"春一草～则为灾,秋一木华亦为异。"㉢干枯,枯竭。《荀子·劝学》:"玉在山而草木润,渊生珠而崖不～。"《论衡·气寿》:"物有为实,～死而堕;人有为儿,夭命而伤。"㉢人体枯萎,瘫痪。嵇康《答向子期难养生论》:"故蝎盛则木朽,欲胜则身～。"杜甫《清明》诗之二:"此身漂泊苦西东,右臂偏～半耳聋。"❷枯树,枯木。《国语·晋语》:"人皆集于苑,己独集于～。"《汉书·异姓诸侯王表》:"镌金石者难为功,摧～朽者易为力。"❸憔悴。《荀子·修身》:"君子贫穷而志广,富贵而体恭,安燕而血气不惰,劳倦而容貌不～。"苏轼《赠人》诗:"谁怜泽畔行吟者,目断长安貌欲～。"

2. kǔ ❹通"楛"。粗劣,不精。《韩诗外传》卷二:"～耕伤稼,～耘伤岁。"

【枯肠】 kūcháng ❶肠中无物,饥渴。苏轼《汲江煎茶》诗:"～～未易禁三碗,坐听荒城长短更。"❷比喻才思枯竭。卢仝《走笔谢孟谏议新茶》诗:"三椀搜～～,唯有文字五千卷。"

【枯槁】 kūgǎo ❶草木枯萎。《老子·六十三章》:"万物草木之生也柔脆,其死也～～。"《汉书·宣帝纪》:"醴泉滂流,～～荣茂。"❷干竭。李白《自汉阳病酒归寄王明府》诗:"去岁左迁夜郎道,琉璃砚水长～～。"❸憔悴,瘦瘠。《战国策·秦策一》:"形容～～,面目犁黑,状有归色。"《楚辞·渔父》:"颜色憔悴,形容～～。"❹困苦,贫困。《庄子·天下》:"墨子真天下之好也,……虽～～不舍也。"陶渊明《饮酒》诗之十一:"虽留身后名,一生亦～～。"

【枯骨】 kūgǔ 指死尸。《汉书·尹赏传》:"生时谅不谨,～～后何葬?"《列子·杨朱》:"矜一时之毁誉,以焦苦其神形,要死后数百年中馀名,岂足润～～?何生之乐哉?"比喻丧失生气的无能的人。《三国志·蜀书·先主传》:"袁公路(术)岂忧国忘家者邪?冢中～～,何足介意!"

【枯索】 kūsuǒ 枯萎。《论衡·顺鼓》:"蝗虫时至,或飞或集。所集之地,谷草～～。"

【枯梧】 kūwú ❶《列子·说符》:"人有～～树者,其邻父言～～之树不祥,其邻人遽而伐之。邻人父因请以为薪。其人乃不悦曰:'邻人之父,徒欲为薪,而教吾伐之也。'"后来用以比喻用心虽好而行事失检,以致招人疑忌。❷泛指枯木。比喻卑微的职位。苏轼《次韵和刘贡甫登黄楼寄子由》:"数奇逢恶岁,计拙集～～。"

【枯腊】 kūxī 干枯的肉。指尸体。《汉书·杨王孙传》:"裹以币帛,鬲以棺椁,支体络束,口含玉石,欲化不得,郁为～～。"(鬲:通"隔"。)苏舜钦《吴越大旱》诗:"蛟龙久遁藏,鱼鳖尽～～。"

【枯鱼】 kūyú 干鱼。《庄子·外物》:"吾得斗升之水然活耳,君乃言此,曾不如早索我于～～之肆。"后用以比喻人身处困境。古诗《枯鱼过河泣》:"～～过河泣,何时悔复及!"

【枯磔】 kūzhé 古时两种酷刑。枯,弃市暴尸;磔,分裂肢体,即车裂。《荀子·正论》:"捶笞膑脚,斩断～～。"

【枯竹】 kūzhú 指陈旧的古书。竹,竹简。《盐铁论·利议》:"诸生无能出奇计远图匈奴安边境之策,抱～～,守空言……此岂明主之所欲闻哉?"

【枯木朽株】 kūmùxiǔzhū 腐坏的木头,烂树桩。《史记·司马相如列传》:"虽有乌获逢蒙之伎,力不能用,～～～～尽为害矣。"也借指老朽无用的人。《史记·鲁仲连邹阳列传》:"故无因至前,虽出随侯之珠,夜光之璧,犹结怨而不见德。故有人先谈,则以～～～～树功而不忘。"

挎 kū ❶执持,拿着。《仪礼·乡饮酒礼》:"～越内弦。"(郑玄注:"挎,持也;越,瑟下孔也。")❷通"刳"。剖分而挖空。《周易·系辞下》:"刳木为舟。"陆德明释文本作"挎"。

哭 kū ❶因悲痛而流泪出声。《墨子·节葬》:"死则既以葬矣,生者必无久～。"《汉书·高帝纪上》:"后人来至蛇所,有一老妪夜～。"❷吊唁。《淮南子·说林训》:"桀辜谏者,汤使人～之。"❸悲歌。《淮南子·览冥训》:"昔雍门子以～见于孟尝君。"

【哭国】 kūguó 悲叹国事而哭泣。《吕氏春秋·贵直》:"狐援出而～～三日。"

【哭临】 kūlìn 举行仪式,哀悼去世的帝后。《史记·孝文本纪》:"毋发人男女～～宫殿。"《汉书·高帝纪下》:"汉王为发丧,～～而去。"

【哭鸟】 kūniǎo 啼声如哭的鸟,如鸱鸺。杜牧《祭周相公文》:"万山环合,才千馀家,夜有～～,昼有毒雾。"

【哭踊】 kūyǒng 丧礼仪节。边哭边顿足。《礼记·檀弓上》:"夫礼,为可传也,为可继也;故～～有节。"《汉书·礼乐志》:"哀有～～之节,乐有歌舞之容。"

堀 kū "窟"的古字。❶洞穴。《吕氏春秋·必己》:"身处山林岩～。"❷穿穴。《荀子·法行》:"夫鱼鳖鼋鼍,犹以渊为浅而～其中。"

【堀室】 kūshì 地下室。《左传·昭公二十七年》:"光伏甲于～～而享王。"《淮南子·主术训》:"高台层榭,非不丽也,然民有～～狭庐以托身者,则明主弗乐也。"

【堀穴】 kūxué 洞穴。《墨子·节用中》:"古者之始生,未有宫室之时,因陵丘～～而处焉。"《汉书·邹阳传》:"今欲使天下寥廓之士笼于威重之权,……则士有伏死～～岩薮之中耳。"

掘 kū 见 jué。

搰 kū 见 hú。

窟 kū ❶洞穴。《战国策·齐策四》:"狡兔有三～,仅得免其死耳。"杜甫《寄题江外草堂》诗:"蛟龙无定～,黄鹄摩苍天。"❷土室,窑洞。《礼记·礼运》:"昔者先王未有宫室,冬则居营～,夏则居橧巢。"❸人或物聚集的地方。杜甫《秋述》诗:"冠冕之～,名利卒卒。"郭璞《游仙》诗之一:"京华游侠～,山林隐遯栖。"(遯:即"遁"。)❹穴居。潘岳《西征赋》:"惊雉雊于台陂,狐兔～于殿傍。"❺洼地;水塘。陈琳《饮马长城窟行》:"饮马长城～,水寒伤马骨。"

【窟窟】 kūkū 勤奋不懈的样子。《世说新语·品藻》:"有人以王中郎比车骑。车骑闻之曰:'伊～～成就。'"

【窟室】 kūshì 地下室。《史记·吴太伯世家》:"四月丙子,光伏甲士于～～,而谒王僚饮。"《三国志·魏书·曹爽传》:"作～～,绮疏四周,数与晏等会其中,饮酒作乐。"

【窟穴】 kūxué ❶洞穴。《韩非子·说疑》:"或伏死于～～,或槁死于草木。"《晏子春秋·谏下》:"其不为橧巢者,以避风也;其不为～～者,以避湿也。"❷指藏身或隐居之所。《汉书·赵广汉传》:"郡中盗贼,闾里轻侠,其根株～～所在,……皆知之。"《晋书·王鉴传》:"六军既赡,战士思奋,尔乃乘隙骋奇,扰其～～,显示大信,开以生涂,杜弢之颈固已锁于麾下矣。"

骷 kū 见"骷髅"。

【骷髅】 kūlóu 死人的骨头。《水浒传》十一回:"寨内碗瓢,尽使～～做就。"也指死人的骸骨。《西游记》二十七回:"唐僧大惊道:'悟空,这个人才死了,怎么就化作一堆～～?'"

䯣 kū 窟,洞。扬雄《长杨赋》:"西厌月～,东震日域。"

苦 1. kǔ ❶苦菜。《诗经·唐风·采苓》:"采～采～,首阳之下。"㊀味道苦,与"甜"相对。《诗经·邶风·谷风》:"谁谓荼～,其甘如荠。"❷劳苦,辛苦。《商君书·外内》:"故农之用力最～,而赢利少,不如商贾技巧之人。"㊂刻苦。白居易《与元九书》:"盖以～学力文所致。"❸痛苦,困苦。《墨子·七患》:"上不厌其乐,下不堪其～。"《孟子·梁惠王上》:"乐岁终身～,凶年不免于死亡。"㊂使痛苦。《孟子·告子下》:"必先～其心志,劳其筋骨,饿其体肤,空乏其身。"《战国策·秦策一》:"代三十六县,上党十七县,不顿一甲,不～一民,皆秦之有也。"❹苦于,为……所苦。《韩非子·五蠹》:"泽居～水者,买庸而决窦。"《吕氏春秋·顺民》:"越王～会稽之耻,欲深得民心,以致必死于吴。"❺困辱,折磨。《吕氏春秋·疑似》:"我醉,汝道～我,何故?"《汉书·冯奉世传》:"先是时,汉数出使西域,多辱命不称,或贪污,为外国所～。"❻悲悯,怜悯。《庄子·天道》:"～死者,嘉孺子,而哀妇人。"❼竭力,极。《战国策·赵策二》:"故夫谋人之主，伐人之国，常～出辞断绝人之交，愿大王慎无出于口也。"❽过分，多。《管子·版法》："故用财不可以啬，用力不可以～。"杜牧《吴宫词》："鹤鸣山～雨，鱼跃水多风。"❾久。苏轼《常润道中有怀钱塘寄述古》诗之五："莫怪江南～留滞，经营身计一生迂。"❿急。《庄子·天道》："斫轮徐则甘而不固，疾则～而不入。"

2. gǔ ⓫通"盬"。粗劣。《管子·宙合》："言察美恶，别良～。"《荀子·王制》："辨功～，尚完利，便备用。"⑪粗心大意。《吕氏春秋·诬徒》："不能学者，从师～而欲学之功也，从师浅而欲学之深也。"

【苦楚】 kǔchǔ 痛苦。《北齐书·崔昂传》："尚严猛，好行鞭挞，虽～～万端，对之自若。"杜荀鹤《秋日怀九华旧居》诗："烛共寒酸影，蛩添～～吟。"

【苦海】 kǔhǎi 佛教比喻世俗，谓人间烦恼，苦深如海。道家也沿用苦海之称。白居易《寓言赠僧》诗："劫风火起烧荒宅，～～波生荡破船。"苏颋《太清观钟铭》："契九仙于福堂，起六幽于～～。"《古今名剧·铁拐李·楔子》："～～无边，回头是岸。"

【苦寒】 kǔhán ❶苦于寒冷。陆机《苦寒行》："剧哉行役人，慊慊恒～～。"❷严寒。杜甫《捣衣》诗："已近～～月，况经长别心。"苏轼《辛丑十一月十九日，既与子由别于郑州西门之外，马上赋诗一篇寄之》："～～念尔衣裘薄，独骑瘦马踏残月。"

【苦河】 kǔhé 佛教指凡世。言世间种种烦恼，苦深如河。《法苑珠林》："少习周孔之文典，晚慕黄老之玄言，俱是未越～～，犹沦火宅。"《大集经》卷十九："能悟众生，善作诸行，能干～～。"

【苦怀】 kǔhuái 悲苦的心情。应璩《与侍郎曹长思书》："自然之数，岂有恨哉，聊为大弟陈其～～耳。"刘禹锡《答柳子厚书》："相思之～～，胶结赘聚。"

【苦节】 kǔjié ❶过度节制。《周易·节》："～～不可贞。"❷坚守节操，守志不渝。张说《送郭大夫元振再使吐蕃》诗："远图待才智，～～输筋力。"

【苦空】 kǔkōng 佛教认为世俗间一切皆苦皆空，因名苦空。张籍《书怀》诗："别从仙客求方法，时到僧家问～～。"

【苦口】 kǔkǒu 味苦难吃。《史记·留侯世家》："且忠言逆耳利于行，毒药～～利于病。"比喻逆耳而中肯的规劝。《宋史·赵普传》："卿社稷元臣，忠言～～，三复来奏，嘉愧实深。"

【苦力】 kǔlì 刻苦尽力。江淹《江文通集·自序》："人生当适性为乐，安能精意～～，求身后之名哉！"

【苦手】 kǔshǒu 痛打。《北齐书·陈元康传》："高仲密之叛，高祖知其由崔暹故也，将杀暹。世宗匿而为之谏请，高祖曰：'我为舍其命，须与～～。'"

【苦心】 kǔxīn 费尽心思。《庄子·渔父》："～～劳心，以危其真。"陆机《赠冯文罴》诗："分索古所悲，志士多～～。"

【苦行】 kǔxíng 宗教信徒为表示虔诚或求得解脱而忍受身体的各种折磨。《水经注·河水》引《释氏西域记》："尼连水南注恒水，水西有佛树，佛于此～～，日食糜六年。"

【苦言】 kǔyán 逆耳的话。《史记·商君列传》："商君曰：'语有之矣，貌言华也，至言实也，～～药也，甘言疾也。'"苏轼《东坡诗》之五："再拜谢～～，得饱不敢忘。"

【苦吟】 kǔyín 苦心吟诵，雕琢诗句。贾岛《三月晦日赠刘评事》诗："三月正当三十日，风光别我～～身。"杜牧《残春独来南亭因寄张祜》诗："仲蔚欲知何处在，～～林下拂诗尘。"

【苦语】 kǔyǔ 逆耳之言，忠告。刘孝绰《栖隐寺碑》："～～软言，随方弘训。"苏轼《送欧阳推官赴华州监酒》诗："临分出～～，愿子书之笏。"

【苦雨】 kǔyǔ 久下成灾的雨。《礼记·月令》："孟夏行秋令，则～～数来。"陆机《赠尚书郎顾彦先》诗之一："凄风迕时序，～～遂成霖。"

【苦箴】 kǔzhēn 逆耳的劝戒。《宋书·傅亮传》："文王小心，大雅咏其多福；仲由好勇，冯河贻其～～。"

【苦主】 kǔzhǔ 旧时命案中被害人的家属。《元史·刑法志三》："诸军人在路夺人财物，又迫逐人致死非命者，为首杖一百七，为从七十七，征烧埋银给～～。"

【苦恶】 gǔ'è 粗劣。《管子·度地》："常以朔日始出具阅之，取完坚，补弊久，去～～。"《盐铁论·水旱》："今县官作铁器多～～。"

【苦功】 gǔgōng 粗劣的工艺。对良功而言。《周礼·天官·典枲》："掌布缌缕纻之麻草之物，以待时颁功而授赍；及献功，受～～，以其贾楬而藏之。"郑玄注："苦功，谓麻功，布纻。"

【苦慢】 gǔmàn 粗劣，不牢固。《淮南子·时则训》："工事～～，作为淫巧，必行其罪。"

【苦伪】 gǔwěi 粗劣，作假。《吕氏春秋·贵信》："百工不信，则器械～～，丹漆染色不贞。"

【苦窳】 gǔyǔ 粗劣。《韩非子·难一》："东夷之陶者器～～，舜往陶焉，朞年而器牢。"刘向《说苑·反质》："是以～～之器，争夺之患起。"

楛 1. kǔ （又读 gǔ）❶器物粗劣不坚固。《荀子·议兵》："械用兵革窳～不便利者弱。"[又]工作草率，马虎。《荀子·王霸》："百工忠信而不～，则器用巧便而财不匮矣。"[引]态度恶劣，不合礼义。《荀子·劝学》："问～者，勿告也。"

2. hù ❷木名。茎似荆，色赤，可作箭杆。《诗经·大雅·旱麓》："瞻彼旱麓，榛～济济。"《韩非子·十过》："有～高至于丈。"

【楛僈】 kǔmàn 粗疏轻率。《荀子·荣辱》："其虑之不深，其择之不谨，其定取舍～～，是其所以危也。"

【楛矢】 hùshǐ 用楛木做杆的箭。《国语·鲁语下》："于是肃慎氏贡～～石砮，其长尺有咫。"

库（庫） kù ❶藏兵甲战车的屋舍。《战国策·秦策五》："令～具车，厩具马，府具币。"又《赵策二》："今富非有齐威、宣之馀也，精兵非有富韩劲魏之～也，而将非有田单、司马之虑也。"[引]泛指储藏物品的屋舍。《左传·哀公十六年》："焚～无聚，将何以守矣。"《宋史·艺文志》："太宗分三馆书万馀卷，别为书～。"[又]指关押人的处所。《战国策·赵策三》："文王闻之，喟然而叹，故拘之牖里之～百日，而欲令之死。"❷姓。汉代有库钧。

【库本】 kùběn 宋代官刻书籍版本的一种。宋代各州设置公使库，招待来往官吏。库有馀资则用以刻书，所刻书叫公使库本书，简称库本。

【库庾】 kùyǔ 粮仓。元稹《唐故越州刺史兼御史中丞河东薛公神道碑文铭》："予视其～～，案牍盈羡，无逋负。"

【库藏】 kùzàng 储藏财物之处。《后汉书·张堪传》："成都既拔，堪先入据其城，检阅～～，收其珍宝。"《水浒传》六十七回："便把大名府～～打开，应有金银宝物，缎匹绫锦，都装载上车子。"

绔（絝） kù ❶裤子。《史记·赵世家》："而朔妇免身，生男。屠岸贾闻之，索于宫中。夫人置儿～中。"❷无裆的套裤。《后汉书·范廉传》："不禁火，民安作，平生无襦今五～。"

捁 kù 见 jiǎo。

袴 1. kù ❶无裆的套裤。有裆裤古称"裈"。《礼记·内则》："衣不帛襦～。"❷同"裤"。满裆裤与开裆裤的通称。韩愈《崔十六少府摄伊阳以诗及书见投因酬三十韵》："娇儿好眉眼，～脚冻两骭。"

2. kuà ❸通"胯"。《史记·淮阴侯列传》："众辱之曰：'信能死，刺我；不能死，出我～下。'"

【袴褶】 kùxí 古代一种军服。上穿褶而下着袴，其外加裘裳。《三国志·吴书·吕范传》注引《江表传》："范出，更释褠，著～～，执鞭，诣阁下启事，自称领都督。"

【袴靴】 kùxuē 指军装。韩愈《送郑尚书序》："大府帅或道过其府，府帅必戎服，左握刀，右属弓矢，帕首，～～迎郊。"刘克庄《次韵实之春日诗再和》之二："少小从军事～～，秪今庙算主通和。"

喾（嚳、俈） kù 相传为黄帝子玄嚣的后代，号高辛氏，为"五帝"之一。《史记·五帝本纪》："帝～高辛者，黄帝之曾孙也。"

裤（褲） kù 裤子。《红楼梦》六十五回："底下绛～红鞋，鲜艳夺目。"

硞 kù ❶象声词。石声。《说文·石部》："～，石声。"❷水石相激的样子。郭璞《江赋》："幽涧积岨，砦～确礭。"

酷 kù ❶酒味浓，香气浓。曹植《七启》："浮蚁鼎沸，～烈馨香。"温庭筠《病中抒怀呈友人》诗："蕊多劳蝶翅，香～坠蜂须。"[引]程度深的，过分，甚，很。《吕氏春秋·本味》："酸而不～。"苏轼《上韩魏公乞葬董传书》："其为人不通晓世事，然～嗜读书，其文字萧然有出尘之姿。"❷残忍，暴虐。《韩非子·显学》："今上急耕田垦草，以厚民产也，而以上为～。"《史记·曹相国世家》："然百姓离秦之～后，参与休息无为，故天下俱称其美矣。"❸惨痛，痛恨。《三国志·魏书·邓艾传》："吴人伤子胥之冤～，皆为立祠。"《颜氏家训·文章》："衔～茹恨，彻于心髓。"

【酷滥】 kùlàn 指刑罚残酷无度。《后汉书·邓骘传》："当享积善履谦之祐，而横为宫人单辞所陷，利口倾险，反乱国家，罪无申证，狱不讯鞫，遂令骘等罹此～～，一门七人，并不以命。"《南史·陈后主纪》："刑罚～～，牢狱常满。"

【酷吏】 kùlì 滥用刑法残虐百姓的官吏。《史记·酷吏列传》："高后时，～～独有侯封，刻轹宗室，侵辱功臣。"《汉书·景帝纪》："又惟～～，奉宪失中。"

【酷烈】 kùliè ❶刑罚严峻。《荀子·议兵》："秦人，其生民也狭阸，其使民也～～。"（杨倞注："酷烈，严刑罚也。"）❷残暴。《汉书·张汤传》："汤虽～～，及身蒙咎，其推贤扬善，固宜有后。"又《谷永传》："不患苛暴之政，不疾～～之吏。"《论衡·言毒》："阳地小人毒尤～～。"❸香味浓厚。司马相如《上林赋》："芬芳沤郁，～～淑郁。"亦作"酷裂"。《后汉书·张衡传》："美襞积以～～兮，允尘邈而难亏。"

【酷虐】　kùnüè　残忍暴虐。《论衡·死伪》："淮阳都尉尹齐为吏～～，及死，怨家欲烧其尸。"王褒《四子讲德论》："处位而任政者，皆短于仁义，长于～～。"

kua

夸[1]　1. kuā　❶奢侈。《荀子·仲尼》："贵而不为～。"❷夸口，骄傲自大。《吕氏春秋·下贤》："富有天下而不骋～。"㊀夸耀，炫耀。《韩非子·解老》："虽势尊衣美，不以～贱欺贫。"《史记·韩长孺列传》："驱驰国中，以～诸侯。"❸扩张，布开。《史记·司马相如列传》："～条直畅，实叶葰茂。"（葰：大。）❹柔弱。《淮南子·修务训》："曼颊皓齿，形～骨佳。"❺通"姱"。美好。傅毅《舞赋》："埒材角妙，～容乃理。"（埒：相等。）宗臣《钓台赋》："何佳人之～姣以抗行兮，抱孤贞而自全。"

2. kuà　❻通"跨"。兼有。《汉书·诸侯王表》："而藩国大者～州兼郡，连城数十。"

【夸诞】　kuādàn　夸大虚妄，语言华而不实。《荀子·不苟》："言己之光美，拟于禹舜，参于天地，非～～也。"又："诈伪生塞，诚信生神，～～生惑。"《论衡·论死》："及巫叩无弦，下死人魂，因巫口谈，皆～～之言也。"

【夸父】　kuāfù　❶古代神话人物。《山海经·海外北经》："～～与日逐走，入日；渴欲得饮，饮于河渭。河渭不足，北饮大泽。未至，道渴而死。弃其杖，化为邓林。"《吕氏春秋·求人》："犬戎之国，～～之野。"❷兽名。《山海经·东山经》："有兽焉，其状如～～而彘毛。"❸山名。《山海经·中山经》："～～之山，其木多椶柟，多竹箭。"

【夸丽】　kuālì　浮华。《荀子·富国》："非特以为淫泰～～之声，将以明仁之文，通仁之顺也。"左思《吴都赋》："虽兹宅之～～，曾未足以少宁。"

【夸毗】　kuāpí　谄媚，卑屈。《诗经·大雅·板》："天之方侪，无为～～。"（侪：愤怒。）《后汉书·崔骃传》："夫君子非不欲仕也，耻～～以求举。"谢朓《思归赋》："无～～之诞节，竟伊郁而不怡。"

【夸人】　kuārén　❶夸耀于人。《列子·杨朱》："而欲尊礼义以～～，矫情性以招名。"❷言辞夸张的人。王通《文中子·事君》："徐陵庾信，古之～～也，其文诞。"

【夸奢】　kuāshē　铺张奢侈。《汉书·地理志下》："故其俗～～，上气力，好商贾渔猎，藏匿难制御也。"

【夸诈】　kuāzhà　傲慢虚伪。《汉书·韩信传》："齐～～多变，反覆之国，南边楚，不为假王以填之，其势不一。"

【夸迈】　kuàmài　超越。石崇《思归引序》："余少有大志，～～流俗。"

夸[2]（**誇**）　kuā　❶说大话，夸大。《南史·袁淑传》："淑喜～，每为时人所嘲。"韩愈《进学解》："《春秋》谨严，《左氏》浮～。"㊀夸耀。扬雄《长杨赋》："明年，上将大～胡人以多禽兽。"李白《上皇西巡南京歌》之六："北地虽～上林苑，南京还有散花楼。"❷大，粗。《汉书·孝成许皇后传》："皇后乃上疏曰：'妾～布服，粝食。加以幼稚愚惑，不明义理。'"

㧟　kuā　不正，歪斜。《周礼·夏官·形方氏》："而正其封疆，无有华离之地。"郑玄注："华读为㧟哨之㧟，正之使不㧟邪离绝。"贾公彦疏："㧟者，两头宽，中狭。邪者，谓一头宽，一头狭。"

侉　1. kuā　❶通"夸"。夸大，夸张。《尚书·毕命》："骄淫矜～，将由恶终。"

2. kuǎ　❷对口音与本地语音极不相同的人的轻蔑称呼。李煦《泰州私盐贩杀伤缉私差役摺》："臣现在移明督、抚、提、镇，严拿～棍。"

姱　kuā　美好。《楚辞·离骚》："苟余情其信～以练要兮，长顑颔亦何伤。"

【姱节】　kuājié　美好的品德。《楚辞·离骚》："汝何博謇而好修兮，纷独有此～～？"

【姱名】　kuāmíng　美名。洪咨夔《拾遗老圃赋》："盖穷患～～之不立，而不患并日之食艰。"

【姱容】　kuāróng　美好的容貌。《楚辞·招魂》："～～修态，絙洞房些。"

【姱姿】　kuāzī　美好的姿态。潘岳《射雉赋》："厉耿介之专心兮，奓雄艳之～～。"（奓：通"侈"。）

銙（**銙**）　kuǎ　古代腰带上的饰物，用金、犀角、银、铁等制成，其质料和数目随服者的身份而异。《新唐书·车服志》："其后以紫为三品之服，金玉带，～十三；……黄为流外官及庶人之服，铜铁带，～七。"又《柳浑传》："玉工为帝作带，误毁一～。"

华 kuà 见huā。

胯(骻) kuà ❶两大腿之间。《史记·淮阴侯列传》"出我袴下"裴骃集解:"徐广曰:袴一作'胯'。胯,股也。"《水浒传》七十三回:"[李逵]要奔城边劈门,被燕青抱住腰~。"❷古代革带上的饰物。古称盘鉴。《新唐书·李靖传》:"靖破萧铣时,所赐于阗玉带十三~,七方六刓。~各附环,以金固之,所以佩物者。"❸量词。古代茶叶数量单位。《金史·食货志五》:"泗州场岁供进新茶千~,荔支五百斤。"

袴 kuà 见kù。

跨 kuà ❶越过,超过。《老子·二十四章》:"企者不立,~者不行。"张衡《西京赋》:"上林禁苑,~谷弥泉。"❷骑,坐。司马相如《上林赋》:"被豳文,~野马。"(豳文:通"斑文"。虎豹之皮。)❸据,占据。《荀子·儒效》:"故外阖不闭,~天下而无蕲。"(蕲:通"圻"。边际,疆界。)李斯《谏逐客书》:"此非所以~海内制诸侯之术也。"❹通"胯"。见"跨下辱"。

【跨蹈】 kuàdǎo 占据,盘据。《后汉书·五行志一》:"胡夷异种,~~中国。"《三国志·魏书·董二袁刘传论》:"表~~汉南,绍鹰扬河朔。"

【跨灶】 kuàzào 比喻儿子胜过父亲。苏轼《答陈季常书》:"长子迈作吏,颇有父风。二子作诗骚殊胜。咄咄皆有~~之兴。"有三种说法:1) 灶上有釜,釜字上有父字,跨灶者为跨越过父也。见三国魏王朗《杂箴》(宋吕祖谦《诗律武库》引)。2) 马前蹄之上有两空处名灶门。马之良者后蹄印地之痕反在前蹄印地之痕前,故名跨灶。谓后步越过前步。见清高士奇《天禄识馀》卷上引《海客日谈》。3) 马枥臼皁,皁为灶的借字,马生而越过皁,非凡马矣。见清桂馥《札朴》卷五。

【跨跱】 kuàzhì 叉开腿立着。㊂屹立的样子。《庄子·秋水》:"且夫擅一壑之水,而~~埳井之乐,此亦至矣。"左思《吴都赋》:"所以~~焕炳万里也。"

【跨下辱】 kuàxiàrǔ 《汉书·韩信传》:"淮阴少年又侮信曰:'虽长大,好带刀剑,怯耳。'众辱信曰:'能死,刺我;不能,出跨下。'于是信孰视,俛出跨下。一市皆笑信,以为怯。"(俛:同"俯"。)《史记·淮阴侯列传》作"袴下"。后因用跨下辱作为忍辱负重之典。苏轼《自净土寺步至功臣寺》诗:"长逢~~~,屡乞桑间饭。"朱熹《次季通韵赠范康侯》诗:"年来身老大,甘此~~~。"

kuai

㖞(喎) kuāi ❶嘴歪。《三国志·魏书·武帝纪》注引《曹瞒传》:"太祖少好飞鹰走狗,游荡无度,其叔父数言之于嵩。太祖患之,后逢叔父于路,乃阳败面~口。"❷偏斜,不正。梅尧臣《依韵和许发运游泗州草堂寺之什》:"醒论时事正,醉戴野巾~。"

蒯 kuǎi ❶一种多年生草本植物,丛生水边,茎可以织席制绳。《左传·成公九年》:"诗曰:'虽有丝麻,无弃菅~。'"❷地名。在今河南洛阳市西南。《左传·昭公二十三年》:"丙寅,攻~,~溃。"❸姓。

【蒯缑】 kuǎigōu 以蒯草绳缠绕剑把。《史记·孟尝君列传》:"冯先生甚贫,犹有一剑耳,又~~。"

会 kuài 见huì。

快 kuài ❶高兴,称心。《孟子·梁惠王上》:"抑王兴甲兵,危士臣,构怨于诸侯,然后~于心与?"欧阳修《准诏言事上书》:"汉武好用兵,则诛灭四夷,立功万里,以~其心。"㊂爽快,痛快。宋玉《风赋》:"~哉此风!"《史记·项羽本纪》:"愿为诸君~战。"㊂舒适。《后汉书·华陀传》:"体有不~,起作一禽之戏。"❷放纵,放肆。《战国策·赵策二》:"恭于教而不~,和于下而不危。"《荀子·大略》:"贱师而轻傅,则人有~;人有~则法度坏。"❸迅速。《晋书·王湛传》:"此马虽~,然力薄不堪苦行。"❹锋利。杜甫《戏题王宰画山水图歌》:"焉得并州~剪刀,剪取吴松半江水。"❺好。《三国志·蜀书·华佗传》:"~自养,一月可小起。"无名氏《渔樵记》三折:"[相公]问道:'伯伯,王安道哥哥好么?'我说道:'~。'"❻会,能。白居易《有感》诗:"马肥~行走,妓长能歌舞。"❼旧时州县地方担任缉捕的役卒,如捕快、马快之类。《老残游记》三回:"各县捕~捉来的强盗,不是老实乡民,就是被强盗胁了去看守骡马的人。"❽姓。

【快快】 kuàikuài 逞其快意。《荀子·荣辱》:"~~而亡者,怒也。"

【快然】 kuàirán 喜悦舒畅的样子。《后汉书·东平宪王苍传》:"得王深策,~~意解。"《晋书·王羲之传》:"~~自足,不知老之将至。"

【快人】 kuàirén 豪放直爽的人。《三国志·魏书·明帝纪》注引《魏略》:"及还,帝引见慰劳之,顾谓中书令孙资曰:'卿乡里乃有尔曹～～,为将灼如此,朕复何忧乎?'"

【快士】 kuàishì 豪爽的人。《三国志·蜀书·黄权传》:"宣王与诸葛亮书曰:'黄公衡,～～也,每坐起,叹述足下,不去口实。'"(公衡:权字。)

【快手】 kuàishǒu ❶快射的士兵。《宋书·建平王景素传》:"景素左右勇士数十人,并荆楚～～,自相要结。"《南史·黄回传》:"明宝启帝使回募江西楚人,得～～八百。"❷衙署专管缉捕的役卒。司马光《涑水记闻》卷六:"及期,里正白不能督,顺之乃使～～继之,又白不能。"《明神宗实录》卷二:"各处额编民壮～～,本缉捕盗贼而设。"

【快心】 kuàixīn 感到满足或畅快。《战国策·中山策》:"大王若不察臣愚计,必欲～～于赵,以致臣罪,此亦所谓胜一臣而为天下屈者也。"《史记·平津侯主父列传》:"～～匈奴,非长策也。"

【快婿】 kuàixù 称心的女婿。《北史·刘延明传》:"吾有一女,欲觅一快女婿。"《二刻拍案惊奇》卷二九:"如此才人,足为～～。"

【快意】 kuàiyì ❶谓恣心所欲。《国语·晋语三》:"夫君政刑是以治民,不闻命而擅进退,犯政也;～～而丧君,犯刑也。"《汉书·鲍宣传》:"当用天下之心为心,不得自专～～而已也!"❷舒适,称心。《史记·李斯列传》:"今弃击瓮叩缻而就郑卫,退弹筝而就昭虞,若是者何也? ～～当前,适观而已矣。"陈师道《绝句》:"书当～～读易尽,客有可人期不来。"

【快饮】 kuàiyǐn 畅饮,痛饮。《论衡·别通》:"今则不然,饱食～～,虑深求卧,腹为饭坑,肠为酒囊,是则物也。"陶渊明《饮酒》诗之二十:"若复不～～,空负头上巾。"

块(塊、凷)

kuài ❶土块。《国语·晋语四》:"野人举～以与之,公子怒,将鞭之。"《论衡·是应》:"风不鸣条,雨不破～。"㉑块状的东西。《聊斋志异·二班》:"殷饱餐而眠,枕以石～。"❷孤独,孤高。《楚辞·九辩》:"～独守此无泽兮,仰浮云而永叹。"左思《咏史》之八:"计策弃不收,～若枯池鱼。"❸安然不动的样子。见"块然②"。❹量词。《宋史·帝昺纪》:"我忍死艰关至此者,正为赵氏一～肉尔。"

【块阜】 kuàifù 土丘,小山。《淮南子·俶真训》:"夫牛蹏之涔,无尺之鲤;～～之山,无丈之材。"

【块垒】 kuàilěi 见"块磊"。

【块磊】 kuàilěi 土疙瘩。比喻心中郁结不平。刘弇《莆田杂诗》之十六:"赖足尊中物,时将～～浇。"也作"块垒"。洪昇《长生殿·权哄》:"一腔～～怎生消。"

【块然】 kuàirán ❶孤独的样子。《史记·滑稽列传》:"今世之处士,时虽不用,崛然独立,～～独处。"《汉书·杨王孙传》:"其尸～～独处,岂有知哉?"❷安然不动的样子。《穀梁传·僖公五年》:"王世子,子也。～～受诸侯之尊己,而立乎其位,是不子也。"《荀子·君道》:"故天子不视而见,不听而聪,不虑而知,不动而功,～～独坐而天下从之如一体。"❸浑然一体的,成块的样子。陈亮《又乙巳春书之一》,"天地而可架漏过时,则～～一物也。"

【块苏】 kuàisū 土块,草堆。《列子·周穆王》:"王俯而视之,其宫榭若累块积苏焉。"后用以比喻卑贱,微不足道。苏轼《石芝》诗:"跪陈八簋加六瑚,化人视之真～～。"

駃

kuài 见 jué。

郐(鄶)

kuài ❶西周诸侯国。妘姓。相传为祝融之后,公元前769年为郑武公所灭。故地在今河南新密东北。❷姓。宋代有郐士隆。

侩(儈)

kuài 经纪人,旧时的买卖介绍人。《后汉书·逢萌传》:"君公遭乱独不去,～牛自隐。"《新唐书·高骈传》:"用之者,鄱阳人,世为商～,往来广陵。"

浍(澮)

kuài 田间水沟。《孟子·离娄下》:"苟为无本,七八月之间雨集,沟～皆盈;其涸也,可立而待也。"王安石《上杜学士言开河书》:"而深山长谷之水,四面而出,沟渠～川,十百相通。"

廥(廥)

kuài ❶贮存草料的房舍。《史记·赵世家》:"邯郸～烧。"《后汉书·苏不韦传》:"时右校刍～在寺北垣下,不韦与亲从兄弟潜入～中,夜则凿池,昼则逃伏。"㊂指贮存的草料。《新唐书·颜真卿传》:"储～廪。"❷仓库。《新唐书·李频传》:"方岁饥,频发官～,庸民浚渠。"

哙(噲)

kuài ❶下咽。《说文·口部》:"哙,咽也。"❷通"喙"。鸟兽嘴。《淮南子·俶真训》:"蚑行～息。"❸通"快"。畅快。《淮南子·精神训》:"当此之时,～然得卧,则亲戚兄弟,～然而喜。"

【哙哙】 kuàikuài 宽敞明亮的样子。《诗经·小雅·斯干》:"～～其正,哕哕其冥。"

【哙伍】 kuàiwǔ 《史记·淮阴侯列传》:"[韩]信尝过樊将军哙,哙跪拜送迎,言称臣。……信出门,笑曰:'生乃与哙等为伍!'"意思是鄙视樊哙,不屑和他为伍。后因以“哙伍”为平庸之辈的代称。《宋史·余玠传》:“今世胄之彦,场屋之士,田里之豪,一或即戎,即指之为粗人,斥之为～～。”

狯(獪) kuài 狡猾。《新唐书·马三宝传》:“马三宝,性敏～。”

脍(膾、鱠) kuài ❶细切的鱼、肉。《论语·乡党》:“食不厌精,～不厌细。”李白《舟下荆门》诗:“此行不为鲈鱼～,自爱名山入剡中。”❷细切(鱼、肉)。曹植《七启》诗:“寒芳苓之巢龟,～西海之飞鳞。”《晋书·孔坦传》:“今由俎上肉,任人～截耳。”

【脍炙】 kuàizhì 细切的肉和烤肉。《孟子·尽心下》:“公孙丑问曰:‘～～与羊枣孰美?’孟子曰:‘～～哉!’”枚乘《七发》:“羞炰～～,以御宾客。”(羞:珍奇的食物。炰:烹煮的食物。)脍炙是人们的共同嗜好,故也用以比喻诗文优美,为人所传诵。辛文房《唐才子传·刘商》:“拟蔡琰《胡笳曲》,～～当时。”

傀 kuài 见 guī。

澮 kuài 水声。郭璞《江赋》:“淴㴱濞～,溃濩泧漷。”

旝(旝) kuài 古代的一种旗帜,用作指挥。《左传·桓公五年》:“战于繻葛,命二拒曰:～动而鼓。”

蒉 kuài 见 kuì。

魁 kuài 见 kuí。

kuan

宽(寬) kuān ❶宽阔,宽广。《战国策·秦策一》:“～则两军相攻,迫则杖戟相撞,然后可建大功。”白居易《齐云楼晚望》诗:“复叠江山壮,平铺井邑～。”❷宽大,宽容,度量大。《孟子·万章下》:“故闻柳下惠之风者,鄙夫～,薄夫敦。”《史记·廉颇蔺相如列传》:“鄙贱之人,不知将军～之至此也。”❸舒缓,松缓。《国语·晋语四》:“轻关易道,通商～农。”《史记·老子韩非列传》:“～则宠名誉之人,急则用介胄之士。”㉂放宽,放松。《盐铁论·诛秦》:“减戍漕,～徭役。”㉃解开。《红楼梦》六十三回:“于是先不上坐,且忙着卸妆～衣。”❹宽解,宽慰。杜甫《九日蓝田崔氏庄》诗:“老去悲秋强自～,兴来今日尽君欢。”❺姓。明代有宽辙。

【宽绰】 kuānchuò ❶宽宏。《尚书·无逸》:“不永念厥辟,不～～厥心。”《晋书·宣帝纪》:“用人如在己,求贤若不及;情深阻且莫测,性～～而能容。”❷空间宽广。《宣和书谱·钮约》:“尝考昔人之论字,以谓大字难于结密而无间,小字难于～～而有馀。”❸富足,阔绰。秦简夫《赵礼让肥》二折:“他那里茶饭忒整齐,筵席忒～～。”

【宽大】 kuāndà ❶宽阔广大。杜甫《赠苏四徯》诗:“乾坤虽～～,所适装囊空。”❷度量宽广,能容人。《汉书·高帝纪上》:“项羽不可遣,独沛公素～～长者。”又《五行志》:“言上不～～包容臣下,则不能居圣位。”

【宽贷】 kuāndài 宽恕,赦免。《后汉书·顺帝纪》:“惟阎显、江京近亲,当伏辜诛,其馀务崇～～。”柳宗元《寄京兆许孟容书》:“今其党与,幸获～～,各得善地,无分毫事。”

【宽和】 kuānhé 宽厚谦和。《汉书·韩王信传》:“为人～～自守,以温颜逊辞承上接下,无所失意,保身固宠,不能有所建明。”韩愈《顺宗实录五》:“皇太子某,睿哲温文,～～慈惠。”

【宽宏】 kuānhóng 见“宽弘”。

【宽弘】 kuānhóng 器量大。也作“宽宏”。《晋书·何遵传》:“～～爱士,博观坟籍。”《隋书·庾秀才传》:“秀才局量～～,术业优博。”

【宽缓】 kuānhuǎn ❶宽松。《韩非子·五蠹》:“如欲以～～之政,治急世之民,犹无辔策而御驿马,此不知之患也。”袁宏《后汉纪·献帝纪》:“绍御军～～,法令不一,士卒虽众,而实难用。”❷缓慢。苏辙《隋论》:“然后知圣人之为是～～不速之行者,乃其所以深取天下者也。”❸缓和。《红楼梦》九十五回:“快快去请老太太。说得～～些,不要吓坏了老人家。”

【宽惠】 kuānhuì 宽厚仁惠。《管子·小匡》:“～～爱民,臣不如也。”韩愈《唐故国子司业窦公墓志铭》:“其为郎官令守,慎法～～不刻。”

【宽济】 kuānjì 宽厚助人。《三国志·蜀书·马忠传》:“忠为人～～有度量,但诙啁大笑,忿怒不形于色。”

【宽假】 kuānjiǎ 宽容,宽纵。《史记·封禅书》:“仙者非有求人主,人主者求之。其道非少～～,神不来。”扬雄《答刘歆书》:“且～～延期,必不敢有爱。”

【宽简】 kuānjiǎn 宽大,不苛求。《晋书·嵇康传》:“恬静寡欲,含垢匿瑕,～～有大量。”《新唐书·朱敬则传》:“天下已平,故可易之以～～,润之以淳和。”

【宽借】 kuānjiè 宽容，宽恕。《北齐书·神武帝纪下》："韩轨少戆，宜～～之。"《资治通鉴·陈宣帝太建四年》："时帝始亲览朝政，颇事威刑，虽骨肉无所～～。"

【宽免】 kuānmiǎn 从宽豁免。韩愈《元和圣德诗》："经战伐地，～～租簿。"《元史·食货志》："大德九年，下～～之令，以恤大都、上都、隆兴、腹里、江淮之民。"

【宽譬】 kuānpì 宽慰劝解。《后汉书·冯异传》："自伯升之败，光武不敢显其悲戚，每独居，辄不御酒肉，枕席有涕泣处。异独叩头～～哀情。"沈约《齐故安陆昭王碑文》："世祖日夜忧怀，备尽～～。"

【宽平】 kuānpíng ❶指宽阔平坦之处。《荀子·赋》："此夫安～～而危险隘者邪？"❷宽仁公平。《后汉书·郭躬传》："躬家世掌法，务在～～，及典理官，决狱断刑，多依矜恕。"

【宽容】 kuānróng 宽厚能容人。《荀子·不苟》："君子能则～～易直以开道人。"《后汉书·章帝纪》："少～～，好儒术，显宗器重之。"

【宽柔】 kuānróu 宽缓和柔。《汉书·哀帝纪》："温良～～，陷于亡灭。"《三国志·蜀书·刘璋传》注引《英雄记》："璋性～～，无威略。"

【宽赊】 kuānshē 犹宽缓。《后汉书·党锢传序》："及汉祖杖剑，武夫勃兴，宪令～～，文体简阔，……任侠之方，成其俗矣。"李白《秦女休行》："金鸡忽放赦，大辟得～～。"

【宽身】 kuānshēn 爱身，保身。《礼记·表记》："以德报怨，则～～之仁也，以怨报德，则刑戮之民也。"

【宽挺】 kuāntǐng 宽松舒展。《后汉书·傅燮传》："不若息军养德，明赏必罚。贼得～～，必谓我怯，群恶争执，其离可必。"

【宽慰】 kuānwèi 宽解安慰。《三国志·蜀书·李严传》注引诸葛亮《与李丰教》："愿～～都护，勤追前阙。"《红楼梦》一百〇五回："老太太也苏醒了，又哭的气短神昏，躺在炕上，李纨再三～～。"

【宽息】 kuānxī 宽缓而可休养生息。《后汉书·循吏传序》："观纳风谣，故能内外匪懈，百姓～～。"《三国志·吴书·孙权传》："今北虏缩窜，方外无事，其下州郡，有以～～。"

【宽闲】 kuānxián 宽阔僻静。韩愈《答崔立之书》："耕于～～之野，钓于寂寞之滨。"秦观《李谭汉马图赞》："～～之乡，水远草长。"

【宽信】 kuānxìn 宽大守信，宽厚诚实。袁宏《后汉纪·光武帝纪六》："以郡新复，务开～～，举大体而已。"《新唐书·柳璟传》："璟为人～～，好接士，称人之长，游其门者它日皆显于世。"

【宽雅】 kuānyǎ 宽宏闲雅。《三国志·魏书·袁绍传》："绍外～～，有局度，忧喜不形于色。"《南史·沈文季传》："文季，字仲达，以～～见知。"

【宽宥】 kuānyòu 宽容饶恕。《后汉书·王梁传》："虽蒙～～，犹执谦退，君子成人之美，其以梁为济南太守。"又《庞参传》："宜远览二君，使参僮得～～之科。"骆宾王《兵部奏姚州道破逆贼诺没弄杨虔柳露布》："礼不重伤，班白必存于～～。"

【宽裕】 kuānyù ❶宽容。《荀子·君道》："其于人也：寡怨～～而无阿。"❷宽大。《国语·晋语四》："今君之德守何不～～也？"《汉书·王褒传》："开～～之路，以延天下英俊也。"❸充足，富饶。《汉书·礼乐志》："～～和顺之音作，而民慈爱。"

【宽韵】 kuānyùn 韵书中字数较多的韵部。与"窄韵"相对。欧阳修《六一诗话》："圣俞戏曰：'前史言退之为人木强，若～～可自足而辄傍出，窄韵难独用而反不出，岂非其拗强而然与？'"

【宽中】 kuānzhōng ❶宽宏大量。《后汉书·邓训传》："训虽～～容众，而于闺门甚严，兄弟莫不敬惮。"❷宽心。王安石《与孟逸秘校手书》之三："按田良苦，惟～～自爱。两日稍寒矣，尤宜自爱。"

髋（髖） kuān 大腿骨的上部，通称胯骨。贾谊《陈政事疏》："屠牛坦一朝解十二牛而芒刃不顿者，所排击剥割，皆众理解也。至于～髀之间，非斤则斧。"

梡 kuǎn 见 huán。

款（欵） kuǎn ❶诚恳，恳切。《荀子·修身》："愚～端悫，则合之以礼乐。"魏徵《十渐不克终疏》："闲因所短，诘其细过，虽有聪辩之略，莫能申其忠～。"❷缓，慢。元稹《冬白纻》诗："吴宫夜长宫漏～，帘暮四垂灯焰暖。"❸留，止。范仲淹《东染院使种君墓志铭》："夏戎固忌此城，君遣人入虏中以计～之，兵遂不至。"㊂招待。戴复古《汪见可约游青原》诗："一茶可～从僧话，数局争先对客棋。"❹敲，叩。刘向《列女传·魏曲沃负》："负因～王门而上书。"柳宗元《梓人传》："有梓人～其门，愿佣隙宇而处焉。"❺至，到。《后汉书·班固传》："北单于闻汉军出，遣使～居延塞。"又《西域传论》："商胡贩客，日～于塞下。"❻服顺，服罪。《三国志·吴书·孙权传》：

"初权外托事魏,而诚心不～。"《陈书·沈洙传》:"都官尚书周弘正曰:'未知狱所测人,有几人～,几人不～?'"❼和,议和。王家桢《抚甘请饷疏》:"盖自开疆以来,尽九边而然矣。顾战～异局也,远近异势也。"❽钟鼎等器物上铸刻的字。《聊斋志异·司文郎》:"又有金爵,类多镌～。"也指书画上的题名,如言"落～"、"上～"、"下～"等。❾条目,事项。无名氏《神奴儿》四折:"现如今暴骨停尸,是坐着那一～罪犯招因?"❿款式,样式。《儒林外史》五十三回:"邹泰来笑道:'这成个什么～?'"⓫派头,架子。《红楼梦》四十四回:"今儿当着这些人,倒做起主子的～儿来了。"⓬钱币,经费。王家祯《崇祯戊辰七月十四日召对平台纪言》:"臣部以新饷发关外,以旧饷发宣大;……新旧～项,各自明白。"⓭通"窾"。空,不实。《尔雅·释器》:"[鼎]～足者谓之鬲。"《汉书·司马迁传》:"实不中其声者谓之～。"(《史记·太史公自序》款作"窾"。)

【款诚】 kuǎnchéng 恳挚,忠诚。《三国志·魏书·三少帝纪》:"乃心～～,形于辞旨。"又《蜀书·费诗传》:"达得亮书,数相交通,辞欲叛魏,魏遣司马宣王征之,即斩灭达,亮亦以达无～～之心,故不救助也。"

【款段】 kuǎnduàn ❶马行迟缓的样子。《后汉书·马援传》:"士生一世,但取衣食足,乘下泽车,御～～马,为郡掾史,守坟墓,乡里称善人,斯可矣。"❷借指马。李白《江夏赠韦南陵冰》诗:"昔骑天子大宛马,今乘～～诸侯门。"

【款服】 kuǎnfú ❶诚心归服。《北史·魏本纪一论》:"终能周、郑～～,声教南被。"❷服罪。《北史·辛公义传》:"罪人闻之,咸自～～。"

【款附】 kuǎnfù 诚心归附。孙楚《为石仲容与孙皓书》:"收离聚散,咸安其民,民庶悦服,殊俗～～。"《旧唐书·高祖纪》:"结纳豪杰,众多～～。"

【款交】 kuǎnjiāo 至交,交情很深的朋友。《南史·孔珪传》:"与琅邪王思远,庐江何点,点弟胤,并～～。"又《杜京产传》:"会稽孔觊清刚有峻节,一见而为～～。"

【款襟】 kuǎnjīn 畅诉情怀。陶渊明《赠长沙公族祖》诗:"～～或辽,音问或先。"

【款款】 kuǎnkuǎn ❶忠实,诚恳。《楚辞·卜居》:"吾宁悃悃～～朴以忠乎,将送往劳来斯无穷乎?"《汉书·司马迁传》:"仆窃不自料其卑贱,见主上惨怆怛悼,诚欲效其～～之愚。"❷徐缓的样子。杜甫《曲江》诗之二:"穿花蛱蝶深深见,点水蜻蜓～～飞。"❸和乐的样子。扬雄《太玄经·乐》:"独乐～～,淫其内也。"

【款亮】 kuǎnliàng 诚实,诚信。《三国志·蜀书·杨洪传》:"洪少不好学问,而忠清～～,忧公如家,事继母至孝。"

【款密】 kuǎnmì 恳挚亲切。《三国志·魏书·刘馥传》注引《晋阳秋》:"每有兴发,手书郡国,丁宁～～,故莫不感悦。"又《蜀书·许靖传》:"昔在会稽,得所遗书,辞旨～～,久要不忘。"

【款启】 kuǎnqǐ 见识狭小。《庄子·达生》:"今[孙]休,～～寡闻之民也。"苏轼《子由自南都来陈三日而别》诗:"嗟我晚闻道,～～如孙休。"

【款洽】 kuǎnqià 亲密融洽。《隋书·长孙平传》:"高祖龙潜时,与平情好～～,及为丞相,恩礼弥厚。"《元史·侯均传》:"均貌魁梧而气刚正,人多严惮之;及其应接之际,则和易～～。"

【款曲】 kuǎnqū ❶衷情。秦嘉《赠妇诗》之二:"念当远别离,思念叙～～。"也指诉说衷情委曲。《周书·王褒传》:"贤兄入关,敬承～～。"❷殷勤应酬。《后汉书·光武帝纪下》:"文叔少时谨信,与人不～～。"《南史·齐废帝郁林王纪》:"接对宾客,皆～～周至。"❸详尽情况。《三国志·魏书·郭淮传》:"每羌胡来降,淮辄使人推问其亲理,男女多少,年岁长幼;及见,一二知其～～,讯问周至,咸称神明。"❹细诉衷情。王谠《唐语林》卷二:"上曰:'要与卿～～。'"

【款塞】 kuǎnsài 叩塞门。指外族通好归附。《后汉书·耿国传》:"及匈奴薁鞬日逐王比自立为呼韩邪单于,～～称藩,愿扞御北虏。"《三国志·魏书·文帝纪》:"顷者西域外夷并～～内附,其遣使者抚劳之。"

【款实】 kuǎnshí 诚恳朴实。《三国志·魏书·钟会传》:"会典综军事,参同计策,料敌制胜,有谋谟之勋,而推宠固让,辞指～～,前后累重,志不可夺。"《北史·齐文宣帝纪》:"及至并州,慰谕将士,措辞～～。"

【款式】 kuǎnshì 格式,式样。《聊斋志异·王成》:"见草际金钗一股,拾视之,镌有细字云:'仪宾府造'。王祖为衡府仪宾,家中故物,多此～～,因把钗踌躇。"

【款狎】 kuǎnxiá 亲近,亲密。《南史·袁顗传》:"～～过常。"《颜氏家训·慕贤》:"人在少年,神情未定,所与～～,熏渍陶染,言笑举动,无心于学,潜移暗化,自然似之。"

【款颜】 kuǎnyán 会面畅叙。白居易《截树》诗:"又如所念人,久别一～～。"韩偓《离家》诗:"～～唯有梦,怨泣却无声。"

【款要】 kuǎnyào 真情，真挚。韩愈《病中赠张十八》诗："雌声吐～～，酒壶缀羊腔。"辛文房《唐才子传·崔署》："工诗，言词～～，情兴悲凉。"

【款引】 kuǎnyǐn 从实承认罪过。《魏书·李崇传》："［苟泰、赵奉伯］各言己子，并有邻证，郡县不能断。……崇察知之，乃以儿还泰，诘奉伯诈状，奉伯乃～～云：'先亡一子，故妄认之。'"又《奚斤传》："昌黎王慕容伯儿收合轻侠失志之徒李沈等三百馀人谋反，斤闻而召伯儿，入天文殿东庑下，穷问～～。"

【款语】 kuǎnyǔ 亲切交谈。段成式《酉阳杂俎·怪术》："一日，宽诣寂，寂云：'方有小事，未暇～～，且请迟回休憩也。'"王建《题金家竹溪》诗："乡使到来常～～，还闻世上有功臣。"

【款愿】 kuǎnyuàn 真诚的愿望。《三国志·魏书·三少帝纪》："而王谦让之至，一皆簿送，非所以慰副初附，从其～～也。"

【款至】 kuǎnzhì 诚挚，恳切。《三国志·蜀书·许靖传》："涣、朗及纪子群，魏初为公辅大臣，咸与靖书，申陈旧好，情义～～。"《晋书·周顗传》："殷勤～～。"

【款识】 kuǎnzhì 古代钟鼎彝器上铸刻的文字。《史记·孝武本纪》："鼎大异于众鼎，文镂毋～～，怪之，言吏。"刘敞《先秦古器记》："先秦古器十有一物，制作精巧，有～～，皆科斗文。"关于款识有三说：一曰款是阴字凹入者，识是阳字突出者；二曰款在外，识在内；三曰花纹为款，篆刻为识。

窾 kuǎn ❶空，中空。《庄子·养生主》："依乎天理，批大郤，导大～，因其固然。"《淮南子·说山训》："见～木浮而知为舟，见飞蓬转而知为车。"❷挖空，掏空。《汉书·杨王孙传》："昔尧舜之葬也，～木为匮，葛藟为缄。"刘禹锡《天论上》："斩材～坚。"㉠挖，掘。柳宗元《天说》："～墓以送死。"❸法，条款。《淮南子·俶真训》："窍领天地，袭九～，重九熱。"

【窾识】 kuǎnzhì 同"款识"。古代钟鼎彝器上刻铸的文字。《宋史·乐志四》："先是端州上古铜器，有乐钟，验其～～，乃宋成公时。"

鐓（鐓） kuǎn 署记。《广韵·缓韵》："～，鐓缝。"公文在纸缝上署记，叫做鐓缝。颜师古《匡谬正俗》六《鐓》："古未有纸之时，所有簿领，皆用简牍，其编连之处，恐有改动，故于缝上刻记之，承前已来，呼为鐓缝。今于纸缝上署名，犹取旧语呼为鐓缝耳。此义与款不同，不当单作款字耳。"

kuang

匡 1. kuāng ❶筐子。后作"筐"。《礼记·檀弓下》："蚕则绩而蟹有～。"❷正，纠正。《国语·鲁语上》："吾过而里革～我，不亦善乎！"《史记·管晏列传》："九合诸侯，一～天下，管仲之谋也。"㉠端正。《庄子·让王》："上漏下湿，～坐而弦。"李白《赠何七判官昌浩》诗："有时忽惆怅，～坐至夜分。"❸辅助。《国语·晋语四》："君称所以佐天子～王国者以命重耳，重耳敢有惰心，敢不从德？"㉠救助。《吕氏春秋·原乱》："文公施舍，振废滞，～乏困，救灾患，禁淫慝，薄赋敛，宥罪戾。"《管子·五辅》："养长老，慈幼孤，恤鳏寡，问疾病，吊祸丧，此谓～其急。"❹亏损。《国语·越语下》："日困而还，月盈而～。"❺通"枉"。弯曲。《周礼·考工记·轮人》："则轮虽敝不～。"❻通"恇"。畏惧。《礼记·礼器》："是故年虽大杀，众不～惧。"❼通"眶"。眼眶。《史记·淮南衡山列传》："涕满～而横流。"❽地名。1）在今河南扶沟西。《左传·定公六年》："公侵郑取～。"2）在今河南睢县西。《左传·僖公十五年》："诸侯次于～以待之。"❾姓。

2. wāng ❿通"尪"。跛脚。《荀子·正论》："譬之，是犹伛巫、跛～，大自以为有知也。"

【匡拂】 kuāngbì 匡正辅佐。拂，通"弼"。《汉书·盖宽饶传》："今君不务循职而已，乃欲以太古久远之事～～天子。"

【匡饬】 kuāngchì 整治，整顿。《汉书·高后纪》："高皇帝～～天下，诸有功者皆受分地为列侯，万民大安，莫不受休德。"

【匡床】 kuāngchuáng 方正而安适的床。《商君书·画策》："是以人主处～～之上，听丝竹之声而天下治。"《淮南子·主术训》："～～蒻席，非不宁也。"（蒻：细，嫩。）

【匡扶】 kuāngfú 匡正扶持，辅佐。司空图《太尉琅琊王公河中生祠碑》："志切～～，义唯尊戴，每承诏命，若覲无颜。"王绩《答程道士书》："昔者吾家三兄，命世特起，先宅一德，续明六经。吾尝好其遗文，以为～～之略尽矣。"

【匡复】 kuāngfù 挽救复兴将亡之国。孔融《论盛孝章书》："惟公～～汉室，宗社将绝，又能正之。"骆宾王《代李敬业传檄天下文》："江浦黄旗，～～之功何远。"

【匡济】 kuāngjì 匡正救助。《后汉书·袁绍传》："今欲与卿勠力同心，共安社稷，将何以～～之乎？"《三国志·魏书·贾诩传》："乃更拜诩尚书，典选举，多所～～。”

【匡救】 kuāngjiù 匡正挽救。《论衡·程材》：“儒生不习于职，长于～～，将相倾侧，谏难不惧。”《三国志·魏书·三少帝纪》：“臣等备位，不能～～祸乱，式遏奸逆，奉令震悚，肝心悼慄。”

【匡庐】 kuānglú 指江西省庐山。慧远《庐山记略》：“有匡裕先生者，出自殷周之际，……受道于仙人，共游此山，遂托室崖岫，即岩成馆，故时人谓其所止为神仙之庐，因以名山焉。”白居易《草堂记》：“～～奇秀，甲天下山。”

【匡时】 kuāngshí 挽救艰危的时局。《后汉书·荀淑传论》：“平运则弘道以求志，陵夷则濡迹以～～。”杜甫《追酬故高蜀州人日见寄》诗：“叹我凄凄求友篇，感君郁郁～～略。”

【匡相】 kuāngxiàng 辅助。《国语·晋语九》：“今范中行氏之臣不能～～其君，使至于难。”

【匡翊】 kuāngyì 见“匡翼”。

【匡翼】 kuāngyì 纠正辅助。《三国志·魏书·袁术传》：“以为足下当勠力同心，～～汉室，而阴谋不轨，以身试祸，岂不痛哉！”也作“匡翊”。徐陵《代陈司空答书》：“冢宰～～，宁俟长君。”

诓(誆) kuāng 通“诳”。欺骗，骗取。《史记·郑世家》：“乃求壮士，得霍人解扬，字子虎，～楚。”《红楼梦》八十二回：“更可笑的是八股文章，拿他～功名。”

劻 kuāng 见“劻勷”。

【劻勷】 kuāngráng 惶恐不安的样子。韩愈《刘统军碑》：“新师不牢，～～将逋。”

恇 kuāng 见 wāng。

洭 kuāng 见“洭口”、“洭水”。

【洭口】 kuāngkǒu 古地名。即今广东英德连江口。

【洭水】 kuāngshuǐ 水名，即今广东的连江。又名湟水、桂水。源出广东、湖南交界山地，经连州阳山，至英德连江口注入北江。

恇 kuāng ❶害怕，惊慌。皇甫湜《韩文公墓志铭》：“遂至贼营，麾其众责之，贼～汗伏地，乃出元翼。”❷怯弱。《素问·通评虚实论》：“尺虚者行步～然。”❸料，料到。张国宾《合汗衫》一折：“则打的一拳，不～就打杀了。”（则：只。）

【恇骇】 kuānghài 惊慌。《宋书·武帝纪》：“承亲率戎马，远履西畿，阖境士庶，莫不～～。”

【恇恇】 kuāngkuāng 恐惧的样子。《后汉书·梁鸿传》：“口嚣嚣兮余讪，嗟～～兮谁留？”

【恇挠】 kuāngnáo 胆小怕事。《南史·蔡廓传》：“义恭素性～～，阿顺法兴。”陆龟蒙《野庙碑》：“～～脆怯，颠踬窜踣。”

【恇怯】 kuāngqiè 恐惧，怯懦。《三国志·魏书·董卓传》注引《魏书》：“辅～～失守，不能自安。”王禹偁《怀贤》诗：“强臣方跋扈，朝士多～～。”

【恇攘】 kuāngrǎng 惶恐不安的样子。颜真卿《李光弼碑铭》：“天宝末造，河朔～～。”

【恇扰】 kuāngrǎo 恐惧慌张。《宋书·袁粲传》：“秉、候伯等并赴石头，本期夜发，其日秉～～不知所为。”《北史·魏景穆帝纪》：“太子曰：‘此由贼～～，何有营上而有此尘？’”

皇 kuāng 见 huáng。

筐 kuāng ❶方形盛物的竹器。《诗经·周南·卷耳》：“采采卷耳，不盈顷～。”❷床名。见“筐床”。❸小簪。《淮南子·齐俗训》：“柱不可以摘齿，～不可以持屋。”

【筐床】 kuāngchuáng 方正安适的床。《庄子·齐物论》：“及其至于王所，与王同～～，食刍豢，而后悔其泣也。”《淮南子·诠言训》：“心有忧者，～～衽席，弗能安也。”

狂 kuáng ❶狗发疯。《晋书·五行志》：“早岁，犬多～死。”㉑人疯癫。《吴越春秋·王僚使公子光传》：“子胥之吴，乃被发佯～。”《史记·淮阴侯列传》：“蒯通说不听，已详～为巫。”（详：通“佯”。）㊉失去常态，狂乱。《老子·十二章》：“驰骋田猎，令人心发～。”《吕氏春秋·本生》：“以此为君，悖；以此为臣，乱；以此为子，～。三者国有一焉，无幸必亡。”❷放荡，不受拘束。《左传·文公十二年》：“赵有侧室曰穿。晋君之婿也，有宠而弱，不任军事，好勇而～。”《论语·阳货》：“古之～也肆，今之～也荡。”❸狂妄。《左传·昭公二十三年》：“胡沈之君幼而～。”《吕氏春秋·尊师》：“使其心可以知，不学，其知不若～。”❹急躁。《诗经·鄘风·载驰》：“许人尤之，众稚且～。”（稺：通“稚”。）❺通“诳”。欺骗。《韩非子·显学》：“今或谓人曰：‘使子必智而寿’，则世必以为～。”柳宗元《辩鬼谷子》：“其言益奇，而道益陋，使人狙～失守而易于陷坠。”❻气势猛烈。欧阳修《蝶恋花》词：“雨横风～三月暮。”

【狂悖】 kuángbèi ❶疯癫。《韩非子·内储说上》："婴儿、痴聋、～～之人，尝有入此者乎？"❷狂妄背理。《国语·周语下》："于是乎有～～之言，有眩惑之明，有转易之名，有过慝之度。"《论衡·非韩》："尧舜治世，民无～～。"❸叛乱。《旧唐书·永王璘传》："璘生于宫中，不更人事，其子襄城王偒又勇而有力，驭兵权，为左右眩惑，遂谋～～。"

【狂飙】 kuángbiāo 大风暴。陆云《南征赋》："～～起而妄骇，行云蔼而芊眠。"（芊眠：草木茂盛的样子。）韩愈《寄崔二十六立之》诗："举头庭树豁，～～卷寒曦。"

【狂勃】 kuángbó 狂暴。《论衡·遭虎》："遭虎搏噬之时，禀性～～，贪叨饥饿，触自来之人，安能不食？"《晋书·苻生载记》："此儿～～，宜早除之。"也指狂暴的行动。《北史·魏临淮王谭传》："兼其馀类，尚在沙碛，脱出～～，翻归旧巢，必残掠邑里，遗毒百姓。"

【狂草】 kuángcǎo 草书的一种。唐张旭、怀素书写草书狂放不羁，称为～～。

【狂酲】 kuángchéng 沉醉，大醉。《庄子·人间世》："此何木焉哉！……咶其叶而口烂而为伤，嗅之则使人～～三日而不已。"（咶：通"舐"。）陆游《书房杂书》诗："～～醒如悔，穷独老方知。"

【狂斐】 kuángfěi ❶《论语·公冶长》："子在陈曰：'归与！归与！吾党之小子狂简，斐然成章，不知所以裁之。'"后以"狂斐"指立志高远，有文采。梅尧臣《途中寄上尚书晏相公二十韵》："下言～～颇及古，陶韦比格吾不私。"❷放荡轻狂。陈亮《论开论之道》："而～～妄诞之流，得以肆言而无忌。"

【狂夫】 kuángfū ❶狂妄无知的人。《诗经·齐风·东方未明》："折柳樊圃，～～瞿瞿。"《汉书·艺文志》："如或一言可采，此亦刍荛～～之议也。"❷豪放不羁的人。《后汉书·谯玄传》："忽有醉酒～～，分争道路，既无尊严之仪，岂识上下之别。"杜甫《狂夫》诗："欲填沟壑唯疏放，自笑～～老更狂。"❸叛乱者，胡作非为的人。《墨子·非攻下》："武王乃攻～～，反商之周。"《汉书·息夫躬传》："如使～～嗥謼于东崖，匈奴饮马于渭水，边竟雷动，四野风起，京师虽有武蠭精兵，未有能窥左足而先应者也。"❹古代妇女自称其夫的谦词，如后世所称"拙夫"。刘向《列女传·楚野辩女》："大夫曰：'盍从我于郑乎？'对曰：'既有～～昭氏在内矣。'遂去。"李白《捣衣篇》："玉手开缄长叹息，～～犹戍交河北。"❺古代驱疫和墓葬时驱鬼的人。《周礼·夏官·序官》："方相氏，～～四人。"《左传·闵公二年》："是服也，～～阻之。"

【狂瞽】 kuánggǔ 愚妄无知。书疏中常用为自谦之词。《晋书·郭璞传》："耻其君不为尧舜者，亦岂维古人，是以敢肆～～，不隐其怀。"《南史·虞寄传》："使得尽～～之说，披肝胆之诚。"

【狂华】 kuánghuā 也作"狂花"。华，同"花"。❶不依时序而开的花。《晋书·五行志上》："干宝以为～～生枯木，又在铃阁之间，言威仪之富，荣华之盛，皆如～～之发，不可久也。"白居易《早冬》诗："老柘叶黄如嫩树，寒樱枝白是～～。"❷怒放盛开的花。庾信《小园赋》："落叶半床，～～满屋。"岑参《使院中新栽柏树子呈李十五栖筠》诗："脆叶欺门柳，～～笑院梅。"

【狂疾】 kuángjí 癫狂病。《国语·晋语九》："下邑之役，董安于多。赵简子赏之，辞；固赏之，对曰：'……今臣一旦为～～，而曰必赏女，与余以～～赏也，不如亡！'趋而出。"韩愈《上张仆射书》："抑而行之，必发～～。"

【狂简】 kuángjiǎn 志向远大而对事缺乏谋略。《论语·公冶长》："吾党之小子～～，斐然成章，不知所以裁之。"

【狂狡】 kuángjiǎo 凶暴，狂戾。《后汉书·五行志五》："以往况今，将有～～之人，欲为王氏之谋，其事不成。"也指凶暴狡诈之人。《后汉书·寇恂传》："颍川剽轻，闻陛下远逾阻险，有事陇、蜀，故～～乘间诖误耳。"（诖误：欺骗，贻误。）

【狂狷】 kuángjuàn ❶激进与洁身自守。《论语·子路》："不得中行而与之，必也～～乎？狂者进取，狷者守节无为。"叶適《上西府书》："招采山岩遁逸之士，～～朴野之人。"❷泛指偏激。《汉书·刘辅传》："臣闻明王垂宽容之听，崇谏争之言，广开忠直之路，不罪～～之言。"杜牧《上李太尉论北边事启》："伏维特宽～～，不赐诛责，生死荣幸，无任感恩攀恋惶惧汗慄之至。"

【狂谲】 kuángjué 狂妄奸诈。《旧五代史·罗绍威传》："绍威乘间谓太祖曰：'邠、岐、太原终有～～之志，各以兴复唐室为词，王宜自取神器，以绝人望。'"

【狂澜】 kuánglán 汹涌的波涛。比喻某种势力或社会潮流。韩愈《进学解》："障百川而东之，回～～于既倒。"吴承恩《赏花钓鱼赋诗谢表》："普滋生于湛露，息吞噬于～～。"

【狂昧】 kuángmèi 愚妄无知。陈子昂《谏用刑书》："不胜愚惑，辄奏～～之说，伏惟陛下少加察焉。"

【狂鸟】 kuángniǎo ❶传说中的鸟名。《山海经·大荒西经》:"有五采之鸟,有冠,名曰～～。"❷猫头鹰。

【狂魄】 kuángpò 因恐惧而精神失常。《吕氏春秋·论威》:"敌人之悼惧惮恐、单荡精神,尽矣。咸若～～,形性相离,行不知所之,走不知所往。"

【狂人】 kuángrén ❶疯子,精神失常的人。《后汉书·郅恽传》:"使黄门近臣胁恽,令自告狂病恍忽,不觉所言,恽乃瞋目詈曰:'所陈皆天文圣意,非～～所能造。'"❷行为放荡,不受约束的人。《法言·重黎》:"用～～之言,从浮大海。"李白《庐山谣寄卢侍御虚舟》:"我本楚～～,凤歌笑孔丘。"❸狂妄无知的人。柳宗元《答韦中立论师道书》:"今之世不闻有师,有辄哗笑之,以为～～。"

【狂刃】 kuángrèn 乱刀。《汉书·王莽传下》:"惟公(廉丹)……忽于诏策,离其威节,骑马呵噪,为～～所害,乌呼哀哉!"

【狂生】 kuángshēng ❶妄为无知的人。《荀子·君道》:"危削灭亡之情举积此矣,而求安乐,是～～者也。"❷不拘小节的人。《史记·郦生陆贾列传》:"好读书,家贫落魄,无以为衣食业,为里监门吏。然县中贤豪不敢役,县中皆谓之～～。"

【狂士】 kuángshì 狂放之士。《孟子·尽心下》:"孔子在陈,何思鲁之～～?"《世说新语·任诞》:"刘尹云:'孙承公～～,每至一处,赏玩累日,或回至半路却返。'"

【狂率】 kuángshuài 狂妄轻率。《旧唐书·萧颖士传》:"颖士大忿,乃为《伐樱桃赋》以刺(李)林甫……其～～不逊,皆此类也。"范仲淹《谢降官知耀州表》:"屡由～～,自取贬放。"

【狂童】 kuángtóng ❶轻薄少年。《诗经·郑风·褰裳》:"子不我思,岂无他人?～～之狂也且。"(且:语助词。)❷狂妄少年。刘禹锡《平齐行》:"初衷～～袭故事,文告不来方震怒。"❸狂悖作乱的人。童,奴才。此为鄙称。韩愈《送张道士序》:"臣有平贼策,～～不难治。"

【狂心】 kuángxīn 野心,雄心。《后汉书·隗嚣传》:"既乱诸夏,～～益悖,……使四境之外,并入为害。"白居易《元和十二年淮寇未平诏停岁仗愤然有感率尔成章》:"愚计忽思飞短檄,～～便欲请长缨。"

【狂言】 kuángyán ❶狂妄的言论。《庄子·知北遊》:"夫子无所发予之～～,而死矣夫。"《汉书·晁错传》:"臣错愚陋,昧死上～～。"❷犹豪言壮语。杜牧《兵部尚书席上作》诗:"偶发～～惊满座,三重粉面一时回。"❸病中胡言乱语,说梦话。《素问·评热病论》:"～～者是失志,失志者死。"

【狂药】 kuángyào ❶指酒。《晋书·裴楷传》:"楷闻之,谓崇曰:'足下饮人～～,责人正礼,不亦乖乎?'崇乃止。"李群玉《索曲送酒》诗:"簾外春风正落梅,须求～～解愁回。"❷使人发狂的药。《魏书·京兆王遥传》:"又合～～,令人服之,父子兄弟不相知识,唯以杀害为事。"

【狂易】 kuángyì ❶精神失常。《汉书·孝元冯昭仪传》:"由素有～～病,病发怒去,西归长安。"苏轼《上皇帝书》:"苟非乐祸好亡,～～丧志,孰敢肆其胸臆,轻犯人心乎?"❷疏狂轻率。《汉书·五行志中之上》:"人君行己,体貌不恭,怠慢骄蹇,则不能敬万事,失在～～,故其咎狂也。"

【狂直】 kuángzhí 豪放直率。《汉书·王莽传下》:"司徒寻初发长安,宿霸昌厩,亡其黄钺。寻士房扬素～～,乃哭曰:'此经所谓"丧其齐斧"者也!'自劾去。"苏轼《怀西湖寄晁美叔同年》诗:"嗟我本～～,早为后世捐。"

轩(軠) kuáng 缫丝车。《说文·车部》:"～,纺车也。"段玉裁注:"纺者,纺丝也。凡丝必纺之而后织。纺车曰～。"王祯《农书》卷二十:"～必以床,以承～轴。轴之一端以铁为袅掉;复用曲木撮作活轴。左足踏动,～即随转,自下引丝上～,总名曰缫车。"

诳(誑) kuáng(旧读 guàng) 欺骗,迷惑。《国语·晋语二》:"民疾其态,天又～之。"《汉书·高帝纪上》:"事急矣!臣请～楚,可以间出。"

【诳诞】 kuángdàn 荒诞。白居易《海漫漫》诗:"徐福文成多～～,上元太一虚祈祷。"

【诳惑】 kuánghuò 欺骗迷惑。《后汉书·卢芳传》:"霍将军立次卿,迎回卿。回卿不出,因居左谷,生子孙卿,孙卿生文伯。常以是言～～安定间。"又《马援传》:"其弟子李广等宣言汜神化不死,以～～百姓。"

【诳妄】 kuángwàng 欺妄。《论衡·治期》:"历阳之都,一夕沈而为湖,当时历阳长吏未必～～也。"

忙(懭) kuǎng 见"忙悢"。

【忙悢】 kuǎnglǎng 失意惆怅。《楚辞·九辩》:"怆怳～～兮,去故而就新。"刘向《九叹·惜贤》:"心～～以冤结兮,情舛错以曼忧。"

广 kuàng 见 guǎng。

邝(鄺) kuàng 姓。明有邝埜、邝露。

兄 kuàng 见 xiōng。

圹(壙) kuàng ❶墓穴。泛指坟墓。《周礼·夏官·方相氏》:"及墓,入～。"欧阳修《江邻几文集序》:"故余于圣俞、子美之殁,既已铭其～,又类集其文而序之。"❷原野。《孟子·离娄上》:"民之归仁也,犹水之就下,兽之走～也。"❸通"旷"。1) 荒废。《管子·七法》:"不失天时,毋～地利。"又《五辅》:"实～虚,垦田畴,修墙屋,则国家富。"㊀松懈,疏忽。《荀子·议兵》:"敬谋无～,敬事无～,敬吏无～,敬众无～,敬敌无～。"2) 历时长远。《汉书·孝武李夫人传》:"托沉阴以～久兮,惜蕃华之未央。"

【圹圹】 kuàngkuàng 广阔的样子。贾谊《新书·修政语下》:"天下～～,一人有之。"

【圹埌】 kuànglàng ❶原野空旷,一望无际的样子。《庄子·应帝王》:"游无何有之乡,以处～～之野。"❷丘墓。玄应《一切经音义·正法华经·冢埌》引《通俗文》:"丘塚谓之～～。"

【圹僚】 kuàngliáo 不作官。《汉书·韦玄成传》:"五世～～,至我节侯。"(颜师古注:"应劭曰:'自孟至贤,五世无官。圹,空也。'")

【圹垄】 kuànglǒng 坟墓。《管子·立政》:"死则有棺椁绞衾～～之度。"《荀子·礼论》:"故～～,其貌象室屋也。"

【圹虚】 kuàngxū 空地,荒地。《管子·五辅》:"实～～,垦田畴,修墙屋,则国家富。"

炚(爌) 1. kuàng ❶明亮,照亮。《汉书·扬雄传上》:"北～幽都,南炀丹崖。"李华《言毉》:"耸崖岘以日～,穿偃仆而云窖。"

2. huàng ❷同"晃"。摇,摆。元结《系谟》:"其道德在清纯玄粹,惠和溶油,不可愿会荡～,衰伤元休。"

3. kuǎng ❸火光,灯光。王勃《广州宝庄严寺舍利塔碑》:"人慕韦陀之学,传灯继～,曳组成阴。"

【炚烷】 kuànghuǎng 宽敞明亮。王延寿《鲁灵光殿赋》:"鸿～～以爣阆,飋萧条而清泠。"也作"炚熀"。

况(況) kuàng ❶比方,比较。《后汉书·袁绍传》:"每读其书,谓为信然,于今～之,乃知妄作。"《论衡·解除》:"夫小祀足以～大祭,一鬼足以卜百神。"❷情况,情形。杜荀鹤《赠秋浦张明府》诗:"他日亲知问官～,但教吟取杜家诗。"高启《送丁孝廉之钱塘》诗:"若见故人询旅～,知君解说不烦书。"❸益,更加。《国语·晋语二》:"今子曰中立,～固其谋也,彼有成矣,难以得间。"❹连词。况且,何况。表示更进一层。《左传·隐公元年》:"蔓难图也,蔓草犹不可除,～君之宠弟乎?"《论衡·问孔》:"～仓卒吐言,安能皆是?"❺通"贶"。赐予。《国语·鲁语下》:"君以诸侯之故,～使臣以大礼。"《汉书·灌夫传》:"将军乃肯幸临～魏其侯,夫安敢以服为解。"㊀惠顾,光临。《史记·司马相如列传》:"足下不远千里,来～齐国。"❻姓。明有况钟。

【况瘁】 kuàngcuì 更加憔悴。《诗经·小雅·出车》:"忧心悄悄,仆夫～～。"

【况施】 kuàngshī 赐与。《汉书·武帝纪》:"遭天地～～,著见景象。"

【况味】 kuàngwèi 境况与情味。张方平《岁除》诗:"容华益凋歇,～～殊萧条。"朱翌《次韵书事》之一:"西风昨夜入庭梧,～～今年似旧无?"

旷(曠) kuàng ❶开朗。《后汉书·窦融传》:"忠臣则酸鼻流涕,义士则～若发曚。"范仲淹《岳阳楼记》:"登斯楼也,则有心～神怡,宠辱皆忘,把酒临风,其喜洋洋者矣。"❷辽阔,宽大。《左传·昭公元年》:"居于～林,不相能也。"王安石《游褒禅山记》:"其下平～,有泉侧出。"❸空缺,废缺。《荀子·致士》:"君子也者,道法之总要也,不可少顷～也。"《后汉书·章帝纪》:"今外官多～,并可以补任。"㊀荒废,耽误。《墨子·耕柱》:"楚四竟之田,～芜而不可胜辟。"《吕氏春秋·无义》:"以义动,则无～事矣。"❹久远。《吕氏春秋·长见》:"荆文王曰:'苋譆数犯我以义,违我以礼,与处则不安,～之则不榖得焉。'"《后汉书·王昌传》:"邯郸虽鄙,并力固守,尚～日月。"❺阻隔,间隔。《孔子家语·六本》:"庭不～山不直地。"刘桢《赠五官中郎将》诗:"自夏涉玄冬,弥～十馀旬。"❻疏薄。《礼记·檀弓下》:"斯子也,必多～于礼矣夫。"❼姓。清有旷敏本。

【旷达】 kuàngdá 心胸开阔豁达。《晋书·张翰传》:"翰任心自适,不求当世。或谓之曰:'卿乃可纵适一时,独不为身后名邪?'答曰:'使我有身后名,不如即时一杯酒。'时人贵其～～。"叶適《朝奉黄公墓志铭》:"天性～～,不作疑吝;推己利人,不自封殖。"

【旷代】 kuàngdài ❶犹言旷世,世所未有。谢灵运《伤己赋》:"丁～～之渥惠,遭谬眷于君子。"❷历时长久。挚虞《左丘明赞》:"～～弥休。"

【旷澹】 kuàngdàn 心胸开阔，淡于名利。《世说新语·品藻》："王丞相辟王蓝田为掾。庾公问丞相：'蓝田何如？'王曰：'真独简贵，不减父祖，然～～处自当不如尔。'"

【旷荡】 kuàngdàng ❶空阔无边。张衡《南都赋》："上平衍而～～。"❷心情开朗，度量大。陈琳《檄吴将校部曲文》："圣朝开弘～～，重惜民命。"黄庭坚《送吴彦归番阳》诗："人生要得意，壮士多～～。"❸宽宥，从宽论处。《陈书·华皎传》："其贼主帅节将，并许开恩出首，一同～～。"《旧唐书·柳奭传》："神龙初，则天遗制，与褚遂良、韩瑗等并还官爵，子孙亲属当时缘坐者，咸从～～。"

【旷典】 kuàngdiǎn 罕见难逢的盛大典礼。《宋史·乐志五》："至道始册皇太子。有司言：'太子受册，宜奏正安之乐。'百年～～，至是举行。"

【旷度】 kuàngdù 大度，气量宽宏。夏侯湛《东方朔画赞》："若乃远心～～，赡智宏材……合变以明筭，幽赞以知来。"（筭：古代计算用的筹码。）陈师道《送张支使》诗："～～逢知晚，高才处下难。"

【旷废】 kuàngfèi 荒废，废弛。《汉书·孔光传》："而百官群职～～，奸轨放纵，盗贼并起。"《旧唐书·胡証传》："前任将帅非统驭之才，边事～～，朝廷故特用証以镇。"

【旷夫】 kuàngfū 成年而无妻的男子。《孟子·梁惠王下》："当是时也，内无怨女，外无～～。"《后汉书·周举传》："内积怨女，外有～～。"

【旷隔】 kuànggé 远隔。傅玄《拟四愁诗》之三："日月迴曜照景天，参辰～～会无缘。"

【旷古】 kuànggǔ ❶古来所无，空前。《北史·赵彦深传》："彦深小心恭慎，～～绝伦。"❷远古。沈括《梦溪笔谈·异事》："无乃～～以前地卑气湿而宜竹耶？"❸往昔。鲍照《和王丞》："衔协～～愿，斟酌高代贤。"

【旷官】 kuàngguān ❶不能胜任职务。《北齐书·邢邵传》："臣又闻官方授能，所以任事，事既任矣，酬之以禄。如此，则上无～～之讥，下绝尸素之谤。"❷空缺，悬而待补的官位。《后汉书·李业传》："朝廷贪慕名德，～～缺位，于今七年。"《魏书·高允传》："乃～～以待之，悬爵以縻之。"

【旷贵】 kuàngguì 居高位而不胜任。《汉书·王商传赞》："阳平之王多有材能，好事慕名，其势尤盛，～～最久。"权德舆《送当涂马少府赴官序》："嬉春感秋，觞酌吟啸，视豪游～～者傲如也。"

【旷怀】 kuànghuái 开阔的胸怀。杜甫《八哀诗·赠秘书监江夏李公邕》："例及吾家诗，～～扫氛翳。"陆游《龟堂独酌》诗："～～与世元难合，幽句何人可遣听。"

【旷绝】 kuàngjué 荒废绝灭。《汉书·郊祀志上》："封禅用希～～，莫知其仪礼。"《吕氏春秋·开春》："周厉之难，天子～～，而天下皆来谓矣。"

【旷旷】 kuàngkuàng ❶辽阔广大。《史记·日者列传》："天地～～，物之熙熙，或安或危，莫知居之。"❷明朗。韩愈等《城南联句》："扫净豁～～，骋遥略苹苹。"

【旷朗】 kuànglǎng ❶辽远明亮的样子。张协《七命》诗："天清泠而无霞，野～～而无尘。"李华《灵涛赞》："凄清阴渰，～～阳晞。"❷空虚寂寞的样子。潘岳《寡妇赋》："奉虚坐兮肃清，诉空宇兮～～。"

【旷日】 kuàngrì ❶空费时日。《汉书·贾山传》："死葬乎骊山，吏徒数十万人，～～十年。"❷时日久远。《战国策·齐策五》："彼明君之从事也，用财少，～～远而为利长者。"

【旷士】 kuàngshì 心胸开阔的人。鲍照《放歌行》："小人自龌龊，安知～～怀。"李白《设辟邪伎鼓吹雉子斑曲辞》："所贵～～怀，朗然合太清。"

【旷世】 kuàngshì ❶世所未有。曹植《洛神赋》："奇服～～，骨象应图。"《后汉书·蔡邕传》："伯喈～～逸才，多识汉事，当续成后史，为一代大典。"❷时间长久。《汉书·王莽传上》："割断历久，统政～～。"陆机《赠冯文罴迁斥丘令》诗："今我与子，～～齐欢。"

【旷土】 kuàngtǔ 荒芜的土地。《礼记·王制》："无～～，无游民。"《汉书·食货志上》："故朝亡废官，邑亡敖民，地亡～～。"（敖：游逛。）

【旷漭】 kuàngyǎng 宽大的样子。马融《长笛赋》："彷徨纵肆，～～敞罔，老庄之概也。"也作"旷样"。苏源明《秋夜小洞庭离燕诗》序："入小洞庭，迟夷彷徨，眇缅～～。"

【旷宇】 kuàngyǔ ❶辽阔的原野。《楚辞·招魂》："旋入雷渊，靡散而不可止些；幸而得脱，其外～～些。"❷宽广的心胸。《三国志·吴书·虞翻传评》："虞翻古之狂直，固难免乎末世，然权不能容，非～～也。"

【旷远】 kuàngyuǎn 时间间隔久远。《史记·封禅书》："厥～～者，千有馀载。"《后汉书·酷吏传序》："汉承战国馀烈，多豪猾之民。其并兼者则陵横邦邑，桀健者则雄张间里。且宰守～～，户口殷大。"

【旷职】 kuàngzhí ❶旷废职务。《汉书·元后传》："臣久病连年，数出在外，～～素餐。"白居易《谢恩赐茶果等状》："臣等惭深～～，宠倍惊心。"❷保留空缺的职务。《北史·薛端传》："设官分职，本康时务，苟非其人，不如～～。"

【旷宗】 kuàngzōng 灭绝宗族。《左传·昭公十年》："丧夫人之力，弃德～～，以及其身，不亦害乎！"

矿（礦、鑛、丱） kuàng 矿石，矿物。郭璞《江赋》："其下则金～丹药，云精爓银。"杜甫《八哀诗·故右仆射相国曲江张公九龄》："相国生南纪，金璞无留～。"

穬（穬） kuàng （旧读 gōng）有芒的谷物，如稻、麦。潘岳《马汧督诔》："内焚～火熏之。"特指大麦。崔寔《四民月令》："四月可粜～。"

贶（貺） kuàng 赐与，赏赐。《国语·周语下》："单子之～我，礼也，皆有焉。"苏舜钦《火疏》："逆天不祥，安已难任，欲祈厚～，其可得乎？"

【贶施】 kuàngshī 赐与。欧阳修《皇帝本命兖州会真宫等处开启道场青词》："一物虽微，并均于～～。"

纩（絖、纊） kuàng 丝棉。《庄子·逍遥遊》："宋人有善为不龟手之药者，世世以洴澼～为事。"《左传·宣公十二年》："王巡三军，拊而勉之，三军之士皆如挟～。"《列子·汤问》："不待五谷而食，不待缯～而衣。"

框 kuàng ❶门框。嵌在墙壁间用来安装门窗的架子。《红楼梦》二十一回："黛玉赶到门前，被宝玉叉手在门～上拦住。"❷棺材。《集韵·阳韵》："～，柩也。"

眶 kuàng 眼眶。《列子·仲尼》："矢来注眸子而～不睫。"柳宗元《吊屈原文》："托遗编而叹喟兮，涣余涕之盈～。"

爌 kuàng 见"爌朗"。

【爌朗】 kuànglǎng 宽敞明亮的样子。左思《魏都赋》："或～～而拓落。"

廣 kuàng 通"旷"。空。《汉书·元帝纪》："众僚久～，未得其人。"

kui

亏（虧） kuī ❶欠缺，短少。《战国策·秦策三》："语曰：'日中则移，月满则～。'物盛则衰，天之常数也。"《尚书·旅獒》："为山九仞，功～一篑。"❷毁坏，破坏。《诗经·鲁颂·閟宫》："不～不崩，不震不腾。"《韩非子·外储说左下》："吾不能～主之法令而亲跀子之足，是子报仇之时也。"（跀：同"刖"。）㊀减损，损害。《墨子·尚同上》："天下之百姓皆以水火毒药相～害。"《庄子·山木》："功成者堕，名成者～。"❸幸亏，亏得。关汉卿《玉镜台》四折："你常好是吃赢不吃输，～的我能说又能做。"❹斥责或讥讽之词。《红楼梦》二十四回："凤姐啐道：'～了你还是个爷，输了一二百钱就这么着！'"

【亏蚀】 kuīshí 日月食的现象。《宋书·律历志》："其月在外道，先交后会者，～～西南角起。"

【亏替】 kuītì 亏缺，废弃。《新唐书·桓彦范传》："陛下尝轻骑微服，数幸其居，上下污慢，君臣～～。"吴质《答东阿王书》："既威仪～～，言辞漏渫，虽恃平原养士之懿，愧无毛遂耀颖之才。"

规 kuī 见 guī。

茥（蘬） 1. kuī ❶荭草。一名水荭。蓼科。一年生高大草本。茎直立，多分枝，全株有毛。果及全草入药。《尔雅·释草》："红，茏古；其大者～。"

2. huǐ ❷同"虺"。人名用字。《荀子·尧问》："其在中～之言也。"（中茥之言：即指《尚书·仲虺之诰》语。）

岿（巋） kuī 见"岿崎"、"岿然"等。

【岿崎】 kuīqí 山势高峻崎岖。王褒《洞箫赋》："徒观其旁山侧兮，则岖嵚～～，倚巇迤巇，诚可悲乎其不安也。"

【岿然】 kuīrán 高峻挺立的样子。王延寿《鲁灵光殿赋序》："自西京未央建章之殿皆隳坏，而灵光～～独存。"沈括《梦溪笔谈·杂志一》："原其理，当是为谷中大水冲激，沙土尽去，唯巨石～～挺立耳。"

【岿望】 kuīwàng 崇高的声望。也指有声望的人。《明史·吴山等传赞》："吴山等雍容馆阁，敭历台省，固所谓词苑之鸿儒，庙堂之～～也。"

【岿巍】 kuīwěi 高峻。刘禹锡《韩十八侍御见示岳阳楼诗因令属和故足成六十二韵》："怒激鼓铿訇，蹙成山～～。"

悝 1. kuī ❶病，忧。《说文·心部》："～，病也。"《广韵·止韵》："～，忧也。"

2. huī ❷通"诙"。嘲笑，诙谐。张衡《东京赋》："由余以西戎孤臣而～穆公于宫室。"

阙（闚） kuī ❶同"窥"。从小孔、缝隙或隐蔽处偷看。《史记·梁孝王世家》："少见之人，如从管中～天也。"《后汉书·东夷传》："或传其国有神井，～之辄生子云。"㉾观察，侦探。《庄子·马蹄》："乌鹊之巢可攀援而～。"《国语·鲁语下》："若楚之克鲁，诸姬不获～焉，而况君乎？"㉾探看，另有图谋。《战国策·韩策三》："秦之欲伐韩、梁，东～于周室甚，惟寐忘之。"❷同"窥"。留心，研究。《史记·老子韩非列传》："周尝为蒙漆园吏，与梁惠王、齐宣王同时。其学无所不～，然其要本归于老子之言。"❸炫示。《史记·刺客列传》："丹之私计，愚以诚得天下之勇士使于秦，～以重利。"

【阙度】 kuīduó 探测。《后汉书·刘玄传》："海内望此，有以～～汉祚。"

【阙候】 kuīhòu 刺探，侦察。《后汉书·钟离意传》："故分布祷请，～～风云。"

【阙望】 kuīwàng 窥探，探测。《三国志·吴书·陆逊传》："方今英雄棊跱，豺狼～～，克敌宁乱，非众不济。"

盔 kuī 兵士用以保护头部的帽子，用金属或皮革等制成。古代亦称胄、首铠、兜鍪、头鍪等。《三国演义》二十六回："一箭射中头～，将簪缨射去。"

【盔甲】 kuījiǎ 古代战士的护身服装。盔，护头；甲，护身。均用金属或皮革等制成。

窥（窺） 1. kuī ❶从小孔、缝隙或隐蔽处偷看。《孟子·滕文公下》："不待父母之命，媒妁之言，钻穴隙相～，逾墙相从，则父母国人皆贱之。"《汉书·文三王传》："是故帝王之意，不～人闺门之私，听闻中冓之言。"（中冓：内室。）㉾观察，侦探。《荀子·议兵》："～敌观变，欲潜以深。"㉾探看。贾谊《过秦论》："秦孝公据殽函之固，拥雍州之地，君臣固守，以～周室。"❷注意，留心。《论衡·儒增》："儒书言董仲舒读《春秋》，专精一思，志不在他，三年不～园菜。"陆游《示子遹》诗："中年始稍悟，渐欲～宏大。"

2. kuǐ ❸通"跬"。半步。《汉书·息夫躬传》："京师虽有武蜂精兵，未有能～左足而先应者也。"

【窥兵】 kuībīng 炫耀武力。《战国策·秦策三》："今反闭而不敢～～于山东者，是穰侯为国谋不忠，而大王计有所失也。"《汉书·陈汤传》："赵有廉颇、马服，强秦不敢～～井陉。"

【窥管】 kuīguǎn 从管孔中观看。比喻见识狭小。陆云《与陆典书》之五："所谓～～以瞻天，缘木而求鱼也。"李商隐《寄太原卢司空三十韵》："自顷徒～～，于今愧挈瓶。"

【窥觊】 kuījì 暗中希求。《宋书·袁颛传》："高祖之孙，文王之子，……若不子民南面，将使神器何归？而群小构慝，妄生～～。"欧阳修《憎苍头赋》："乃众力以攻钻，极百端而～～。"

【窥涉】 kuīshè ❶涉猎。指学习。《论衡·薄葬》："通人知士，虽博览古今，～～百家，条入叶贯，不能审知。惟圣心贤意，方比物类，为能实之。"❷关涉，关系。沈约《神不灭论》："人品以上，贤愚殊性，不相～～，不相晓解。"

【窥伺】 kuīsì 暗中察看，有所图谋。吕温《代论伐剑南更发兵表》："吐蕃盟好未定，～～在心，间谍往来，急于邮传。"柳宗元《种树郭橐驼传》："他植者虽～～效慕，莫能如也。"

【窥宋】 kuīsòng 宋玉《登徒子好色赋》："天下之佳人，莫若楚国，楚国之丽者，莫若臣里，臣里之美者，莫若臣东家之子，……然此女登墙窥臣三年，至今未许也。"后以"窥宋"为女子爱慕追求男子之典。罗隐《粉》诗："郎若姓何应解傅，女能～～不劳施。"和凝《春光好》词："玉指剪裁罗胜，金盘点缀酥山，～～深心无限事，小眉弯。"

【窥阈】 kuīyú 见"窥窬"。

【窥覦】 kuīyú 见"窥窬"。

【窥窬】 kuīyú 暗中观察，伺机而动。《三国志·吴书·华覈传》："昔海虏～～东县。"王俭《褚渊碑文》："桂阳失图，～～神器。"也作"窥覦"、"窥阈"。《晋书·桓温传》："然以雄武专朝，～～非望。"《三国志·魏书·三少帝纪》："费祎驱率群众，阴图～～。"

鲑 kuī 见guī。

鯠 kuī 鼾声。王延寿《王孙赋》："鼻～齁以䶊䶍，耳聿役以嘀知。"

刲 kuí ❶刺杀，割。《国语·楚语下》："诸侯宗庙之事，必自射牛，～羊，击豕，夫人必自舂其盛。"元稹《感梦》诗："我病百馀日，肌体顾若～。"❷割取。《战国策·齐策三》："今又劫赵魏，疏中国，～卫之东野。"《聊斋志异·连城》："自出白刃，～膺授僧。"

【刲割】 kuígē 屠宰。《北史·齐文宣帝纪》："庚辰，诏丘郊禘祫时祭，皆市取少牢，不得～～，有司监视，必令丰备。"苏轼《中和胜相院记》："践荆棘蛇虺，袒裸雪霜，或～～屠脍，燔烧烹煮。"

【刲刳】 kuíkū 剖割。沈约《均圣论》："禹、汤、文、武，并受～～。"

【刲剔】 kuítī 屠杀剖解。《新五代史·吴世家》："是时，城中仓廪空虚，饥民相杀而食，其夫妇、父子自相牵，就屠卖之，屠者～～

如羊豕。"

頄(頄) kuí 颧骨。《周易·夬》:"壮于～,有凶。"

奎 1. kuí ❶胯。见"奎蹏"。❷星名。见"奎宿"。

2. kuǐ ❸跨步。见"奎蹞"。

【奎阁】 kuígé 收藏珍贵文献典籍的楼阁。何景明《观石鼓歌》:"璧池日月动华衮,～～星斗罗贞珉。"

【奎翰】 kuíhàn 指帝王的诗文书画。张居正《代谢赐御制答辅臣贺雪吟疏》:"湛思随灵霈以交流,～～与瑶华而继曜。"

【奎墨】 kuímò 御书,诏书。刘克庄《满江红》词:"～～西来,落笔处,亲蒙天笑。"

【奎堂】 kuítáng 科举时代的考场。赵翼《七十自述》诗:"～～校士春蚕叶,官烛修书秋兔毫。"

【奎蹏】 kuítí 比喻狭小的地方。奎,两股之间。《庄子·徐无鬼》:"濡濡者,豕虱是也。择疏鬣,自以为广宫大囿;～～曲隈,乳间股脚,自以为安室利处。"黄庭坚《二十八宿歌赠别无咎》:"～～曲隈取脂泽,娄猪艾豭彼何择。"

【奎文】 kuíwén 犹御书。王阮《同张安国游万杉寺》诗:"昭陵龙去～～在,万岁灵山守百神。"

【奎宿】 kuíxiù 星名。二十八宿之一,为西方白虎七宿的第一宿,有星十六颗。因其形似胯而得名。又因其形亦似文字,古人迷信认为是主文运或文章。王安石《送郓州知府宋谏议》诗:"地灵～～照,野沃汶河渐。"

【奎蹞】 kuǐyǔ 开步走。张衡《西京赋》:"祖裼戟手,～～盘桓。"

【奎札】 kuízhá 指诏书。岳珂《桯史·郑少融迁除》:"～～付中书,曰:'赏功迁职,不以滥予。'"

【奎章】 kuízhāng ❶皇帝的手笔。岳珂《桯史·王义丰诗》:"山南有万杉寺,本仁皇所建,～～在焉。"❷所谓神仙的手笔。李昌祺《剪灯馀话·幔亭遇仙录》:"～～已拜看云赐,真境空馀煮雪房。"❸泛指杰出的书法或文章。李东阳《柯敬仲墨竹二绝》:"～～博士本书家,画法翻将上品夸。"

逵 kuí 四通八达的道路。《左传·隐公十一年》:"子都拔棘以逐之,及大～,弗及。"(棘:通"戟"。)陆游《铜壶阁记》:"天下郡国,自谯门而入,必有通～,达于侯牧治所。"

馗 kuí 通"逵"。四通八达的道路。王粲《从军诗》之五:"馆宅充廛里,女士满庄～。"

葵 kuí ❶菜名。我国古代重要蔬菜之一。又名冬葵,可入药。《诗经·豳风·七月》:"七月亨～及菽。"古诗《十五从军征》:"舂谷持作饭,采～持作羹。"❷菊科草本植物。有锦葵、蜀葵、秋葵、向日葵等。司马光《居洛初夏》诗:"更无柳絮因风舞,惟有～花向日倾。"❸蒲葵,叶可以做扇。范成大《嘲蚊》诗:"驱以～扇风,熏以艾烟湿。"❹通"揆"。度量。《诗经·小雅·采菽》:"乐只君子,天子～之。"

【葵藿】 kuíhuò ❶两种菜名。鲍照《代东武吟》:"腰镰刈～～,倚杖牧鸡豚。"❷偏指葵。葵性向日,古人多用以比喻下对上的忠诚渴慕。《三国志·魏书·陈思王植传》:"若～～之倾叶,太阳虽不为之回光,然终向之者,诚也。"杜甫《自京赴奉先县咏怀五百字》:"～～倾太阳,物性固莫夺。"

【葵倾】 kuíqīng 葵花向日而倾,因用以比喻向往爱慕之情。李商隐《为安平公华州进贺皇躬痊复物状》:"值一人之有庆,当春日之载阳,心但～～,迹犹匏系。"《宋史·乐志十五》:"千官云拥,群后～～。"

【葵心】 kuíxīn 葵花常朝向太阳,因以葵心比喻倾慕向往之心。范仲淹《依韵酬吴安道学士见寄》:"但得～～长向日,何妨驽足未离尘。"

揆 kuí ❶度量,考察。《楚辞·离骚》:"皇览～余初度兮,肇锡余以嘉名。"《史记·天官书》:"察日月之行,以～岁星顺逆。"㊀测量,估量。《汉书·律历志》:"准者,所以～平取正也。"陆机《演连珠》:"临渊～水,而浅深难知。"❷准则,道理。《汉书·外戚恩泽侯表》:"传称武王克殷,追存贤圣,至乎不及下车。世代虽殊,其～一也。"《后汉书·刘陶传》:"古今一～,成败同势。"❸掌管,管理。《左传·文公十八年》:"使主后土,以～百事。"《史记·夏本纪》:"侯服外五百里绥服,三百里～文教,二百里奋武卫。"❹职务。《尚书·舜典》:"纳于百～。"《后汉书·张衡传》:"百～允当,庶绩咸熙。"㊁特指宰相的职位。《晋书·礼志上》:"桓温居～,政由己出。"❺吞灭,破。《楚辞·天问》:"何羿之射革,而交吞～之?"《吕氏春秋·知士》:"靖郭君大怒曰:'划而类! ～吾家! 苟可以傔剂貌辨者,吾无辞为也。'"

【揆度】 kuíduó 揣度,估量。《汉书·东方朔传》:"图画安危,～～得失。"又《昌邑哀王刘髆传》:"夫国之存亡,岂在臣言哉! 愿王内自～～!"

【揆席】 kuíxí 百揆之位。谓宰相。李乂《哭仆射鄂公杨再思》诗:"～～凝邦绩,台阶阐国猷。”张居正《答河道徐凤竹》:“大功克成,当虚～～以待。”

【揆叙】 kuíxù 《尚书·舜典》:“百揆时叙。”本指百事合宜,后以“揆叙”表示总述之意。赵岐《孟子题辞》:“包罗天地,～～万类。”

骙(騤) kuí 见“骙骙”、“骙瞿”。

【骙骙】 kuíkuí 马强壮的样子。《诗经·小雅·采薇》:“驾彼四牡,四牡～～。”

【骙瞿】 kuíqú 惶恐奔走的样子。张衡《西京赋》:“百禽倰遽,～～奔触。”

睽 kuí 通“暌”。隔开,分离。《文心雕龙·杂文》:“或文丽而义～,或理粹而辞驳。”苏轼《续欧阳子朋党论》:“疎者易间,而亲者难～也。”

【睽绝】 kuíjué 断绝,隔绝。陈瓘《论蔡京疏》:“自今观之,京之所以与[章]惇～～者,为国事乎?为己事乎?”《聊斋志异·嫦娥》:“八十老瞽,与世～～,何处知佳人消息?”

【睽阔】 kuíkuò 久别。鲍照《采莲歌》之三:“～～逢暄新,悽怨值妍华。”

【睽离】 kuílí 分离。苏舜钦《寒夜十六韵答子履见寄》:“隔绝今一水,～～将再春。”

【睽索】 kuísuǒ 离散。梅尧臣《留别汝守王待制仲仪》诗:“邂逅二十年,三遇三～～。”

【睽违】 kuíwéi 隔离,别离。何逊《赠诸游旧》诗:“新知虽已乐,旧爱尽～～。”

頯(頯) kuí ❶颧骨。《说文·页部》:“～,權也。”段玉裁注:“權者,今之颧字。”❷质朴的样子。《庄子·大宗师》:“其容寂,其頯～。”

魁 1. kuí ❶舀汤用的有长柄的勺。贾思勰《齐民要术·种榆》:“十年之后,～、碗、瓶、榼、器皿,无所不任。”❷第一,居首位。《礼记·檀弓上》:“‘请问居从父昆弟之仇,如之何?’曰:‘不为～。主人能,则执兵而陪其后。’”㊀科举考试中进士的第一名。《宋史·选举志二》:“乃更擢应辰为～。”❸首领。《尚书·胤征》:“歼厥渠～,胁从罔治。”《汉书·游侠传序》:“诸公之间陈遵为雄,闾里之侠原涉为～。”❹高大,壮伟。《史记·孟尝君列传》:“赵人闻孟尝君贤,出观之,皆笑曰:‘始以薛公为～然也,今视之,乃眇小丈夫耳。’”柳宗元《蝜蝂传》:“虽其形～然大者也,其名,人也,而智则小虫也。”❺小土山。刘禹锡《天论中》:“流之泝洄不能峭为～也。”❻蚶的别名。《仪礼·士冠礼》:“素积白屦,以～柎之。”❼星名。北斗七星中形成斗形的四颗星。《晋书·天文志》:“～四星为璇玑,杓三星为玉衡。”

2. kuài ❽通“块”。孤独的样子。《汉书·东方朔传》:“今世之处士,～然无徒,廓然独居。”

3. kē ❾通“科”。不戴帽子。见“魁头”。

4. kuǐ ❿藏。扬雄《太玄经·告》:“玄者神之～也。”

【魁岸】 kuí'àn 身材高大。《三国志·魏书·司马朗传》注引司马彪《序传》:“长八尺三寸,腰带十围,仪状～～,与众有异。”卢照邻《益州至真观主黎君碑》:“贞观之末,有昭庆大法师,～～堂堂,威仪肃肃。”

【魁杓】 kuíbiāo 指北斗星。以第一星至第四星为魁,第五星至第七星为杓。刘向《说苑·辨物》:“[北辰]以其～～之所指二十八宿为吉凶祸福。”

【魁柄】 kuíbǐng 比喻朝廷大权。《汉书·梅福传》:“今乃尊宠其位,授以～～,使之骄逆,至于夷灭,此失亲亲之大者也。”权德舆《两汉辩亡论》:“致使群盗弄权,迭执～～,祸稔毒流,至于新都,不可遏也,斯可愤也。”

【魁堆】 kuíduī 高大的样子。《楚辞·九叹·远逝》:“陵～～以蔽视兮,云冥冥而闇前。”

【魁冈】 kuígāng 指北斗星的河魁、天冈二星。阴阳家认为魁冈之月及所系之地,不利修造。《资治通鉴·唐德宗建中元年》:“九月,壬午,将作奏宣政殿廊坏,十月～～,未可修。”

【魁闳】 kuíhóng 俊伟。曾巩《寄欧阳舍人书》:“则世之～～豪杰不世出之士,其谁不愿进于门?”

【魁甲】 kuíjiǎ 科举考试中进士的第一名,即状元。《宋史·章衡传》:“嘉祐二年,进士第一。……神宗曰:‘卿为仁宗朝～～。’”

【魁解】 kuíjiè 指科举制乡试中式的举人第一名。唐代参加进士考试的人都由地方解送入试,所以后来历代沿称乡试得中为发解,乡试中式的举人第一名叫魁解,亦称解元。

【魁陵】 kuílíng 小土山。《国语·周语下》:“夫周,高山、广川、大薮也,故能生是良材;而幽王荡以为～～、粪土、沟渎,其有悛乎?”

【魁陆】 kuílù 蚶的别名。

【魁奇】 kuíqí 杰出,特异。韩愈《送廖道士序》:“意必有～～忠信材德之民生其间,而吾又未见也。”

【魁士】 kuíshì 杰出之士。《吕氏春秋·劝学》:“不疾学而能为～～名人者,未之尝有

也。”

【魁首】 kuíshǒu ❶首领。荀悦《汉纪·孝成纪》:“赏所留者,皆其～～。”《魏书·刑罚志》:“强盗其不杀人,及赃不满五匹,～～斩,从者死。❷第一名。王实甫《西厢记》四本二折:“秀才是文章～～,姐姐是仕女班头。”

【魁帅】 kuíshuài 首领,头目。《后汉书·祭肜传》:“偏何击破赤山,斩其～～。”《晋书·江逌传》:“逌到官,召其～～,厚加抚接。”

【魁率】 kuíshuài 同“魁帅”。《三国志·魏书·赵俨传》:“前到诸营,各召料简诸奸结叛者八百馀人,散在原野,惟取其造谋～～治之,馀一不问。”

【魁伟】 kuíwěi 身体高大健壮。《后汉书·郭太传》:“身长八尺,容貌～～,褒衣博带,周游郡国。”韩愈《司徒兼侍中中书令赠太尉许国公神道碑铭》:“公之父曰海,为人～～沈塞,以武勇游仕许、汴之间。”

【魁梧】 kuíwú 高大的样子。《史记·留侯世家论》:“余以为其人计～～奇伟,至见其图,状貌如妇人好女。”左思《三都赋序》:“风谣歌舞,各附其俗,～～长者,莫非其旧。何则?发言为诗者,咏其志也。”

【魁垒】 kuílěi 雄伟。《汉书·鲍宣传》:“朝臣亡有大儒骨鲠,白首耆艾,～～之士。”欧阳修《孙子后序》:“虽有～～拔出之材,其一累黍不中尺度,则弃不敢取。”

【魁头】 kētóu 以发萦绕成结,露头不戴帽子。《后汉书·东夷传》:“[马韩人]大率皆～～露髻,布袍草履。”

睽 kuí 丑恶的样子。《淮南子·修务训》:“啳～哆吻,籧篨戚施,虽粉白黛黑,弗能为美者,嫫母仳倠也。”

戣 kuí 古兵器名。三锋的矛。《尚书·顾命》:“一人冕,执～。”

睽 kuí ❶违背,不合。《三国志·蜀书·许靖传》注引《魏略》:“前世邂逅,以同为～,非武皇帝之旨;顷者蹉跌,其泰与否,亦非足下之意也。”谢朓《游敬亭山》诗:“皇恩竟已矣,兹理庶无～。”⑸离,分离。张九龄《城南隅山池春中田袁二公盛称其美夏首获赏果会宿言故有此咏》:“非唯物初变,亦与旧游～。”白居易《伤友》诗:“曩者胶漆契,迩来云雨～。”❷六十四卦之一。卦形为兑下离上。《周易·睽·象传》:“上火下泽,～,君子以同而异。”❸见“睽睽”。

【睽孤】 kuígū 乖离而独处。《汉书·诸侯王表》:“小者淫荒越法,大者～～横逆。”《后汉书·马融传》:“乃使郑叔、晋妇之徒,～～刲刺,裸裎袒裼。”

【睽罛】 kuígū 高峻深邃的样子。张衡《西京赋》:“枍诣承光,～～庨豁。”颜真卿《梁吴兴太守柳恽西亭记》:“豁达其外,～～其中,云轩水阁,当亭无暑。”

【睽睽】 kuíkuí 张目注视的样子。韩愈《郓州溪堂诗序》:“而公承死亡之后,掇拾之馀,剥肤椎髓,公私扫地赤立,新旧不相保持,万目～～,公于此时,能安以持之,其功为大。”

【睽离】 kuílí 离乱,离散。《世说新语·文学》:“桓玄下都,羊孚……从京来诣门,笺云:‘自顷世故～～,心事沦蕰,明公启晨光于积晦,澄百流以一源。’”韩愈《祭郴州李使君文》:“念～～之在期,谓此会之难又。”

【睽索】 kuísuǒ 离散。骆宾王《与亲情书》:“或平生未展,或～～累年。”苏舜钦《送关永言赴彭门》诗:“一旦又～～,千里成阔疏。”

【睽违】 kuíwéi ❶差失。颜师古《汉书叙例》:“匡正～～,激扬郁滞。”❷分离。姚合《寄陕府内兄郭冏端公》诗:“～～逾十年,一会豁素诚。”

【睽携】 kuíxié 分离。谢灵运《南楼中望所迟客》诗:“即事怨～～,感物方悽感。”

夔 kuí ❶古代神话传说中的一种异兽。《山海经·大荒东经》:“东海中有流坡山,入海七千里。其上有兽,状如牛,苍身而无角,一足,出入水则必风雨,其光如日月,其声如雷,其名曰～。”《庄子·秋水》:“～谓蚿曰:‘吾以一足跉踔而行。’”❷古代神话传说中山林中的精怪。《国语·鲁语下》:“木石之怪曰～、蝄蜽。”❸牛名。见“夔牛”。❹人名。相传为尧舜时乐官。《尚书·舜典》:“帝曰:‘～,命汝典乐,教胄子。’”《礼记·乐记》:“昔者,舜作五弦之琴,以歌《南风》;～始制乐,以赏诸侯。”❺春秋时国名。芈姓。在今湖北秭归东。《左传·僖公二十六年》:“秋,楚成得臣、斗宜申帅师灭～,以夔子归。”❻姓。

【夔府】 kuífǔ 夔州州治。在今重庆市奉节县。杜甫《秋兴》诗之二:“～～孤城落日斜,每依北斗望京华。”

【夔夔】 kuíkuí 悚惧谨慎的样子。《尚书·大禹谟》:“祇载见瞽瞍,～～斋栗。”《史记·五帝本纪》:“往朝父瞽叟,～～唯谨,如子道。”

【夔立】 kuílì 恭敬肃立。贾谊《新书·劝学》:“既过老聃,噩若慈父,雁行避景,～～蛇进。”

【夔龙】 kuílóng ❶相传为虞舜的二臣名。

夔为乐官，龙为谏官。《尚书·舜典》："伯拜稽首，让于～～。"❷器物上的夔龙纹饰。《红楼梦》五十三回："贾母于东边设一透雕～～矮足短榻。"

【夔门】 kuímén 瞿塘峡。因地当川东门户，故又称夔门。陆游《新春感事八首终篇因以自解》诗之四："忆到～～正月初，竹枝歌舞拥肩舆。"

【夔牛】 kuíniú 古代神话传说中一种高大的野牛。《山海经·中山经》："其兽多犀象，多～～。"

【夔峡】 kuíxiá 即瞿塘峡。苏轼《八阵图》诗："唯馀八阵图，千古壮～～。"

【夔魖】 kuíxū 古代神话传说中的山怪。张衡《东京赋》："残～～与罔象，殪野仲而歼游光。"（罔象、野仲、游光：都是神话中的鬼怪。）

躨 kuí 见"躨跜"。

【躨跜】 kuíní 动貌。王延寿《鲁灵光殿赋》："虬龙腾骧以蜿蟺，颔若动而～～。"亦作"夔跜"。谢朓《三日侍华光殿曲水宴代人应诏》诗之八："河宗跃踢，海介～～。"

顷 kuǐ 见 qǐng。

頍（頍） kuǐ 古代发饰。用以固定帽子。《诗经·小雅·頍弁》："有頍者弁，实维在首。"

傀 kuǐ 见 guī。

跬（趌、蹞） kuǐ 半步，即迈一次腿的距离，相当于今天的一步。贾谊《新书·审微》："故墨子见衢路而哭之悲，一～而缪千里也。"

【跬步】 kuǐbù 半步，迈一次腿的距离。《大戴礼记·劝学》："是故不积～～，无以致千里。"《淮南子·说林训》："故～～不休，跛鳖千里。"比喻逐步，逐渐积累。《汉书·邹阳传》："使吴失与而无助，～～独进，瓦解土崩。"苏轼《上皇帝书》："公卿侍从，～～可图。"

【跬誉】 kuǐyù 一时的或眼前的名誉。《庄子·骈拇》："敝～～无用之言。"

磈 kuǐ 见"磈磊"。

【磈磊】 kuǐlěi 堆积的高低不平的石块。比喻心中郁结不平之气。许有壬《神山避暑晚行田间》诗："不用浇～～，我怀无不平。"

【磈礧】 kuǐlěi 不平的样子。郭璞《江赋》："蝺蟠森衰以垂翘，玄蛎～～而碨硿。"

【磈硊】 kuǐwěi 山石高险的样子。《楚辞·招隐士》："嵚岑碕礒兮，硱磳～～。"

蹞 kuǐ 蹞踽，开步的样子。见"奎踽"。

磈 kuǐ 见 wéi。

归 kuì 见 guī。

臾 kuì 见 yú。

桧 kuì 见 guì。

匮（匱） 1. kuì ❶竭尽，缺乏。《诗经·大雅·既醉》："孝子不～，永锡尔类。"《吕氏春秋·长攻》："财～而民恐，悔无及也。"㉑疲敝。《徐霞客游记·游嵩山日记》："两旁危崖万仞，石脊悬其间，殆无寸土，手与足代～而后得升。"❷虚假。《国语·周语下》："今阳子之貌济，其言～，非其实也。"❸通"篑"。盛土的竹筐或草筐。《尚书·旅獒》："为山九仞，功亏一～。"《后汉书·班彪传》："并开迹于一～。"❹通"溃"。崩溃，溃散。《管子·兵法》："厉士利械，则涉难而不～。"❺姓。

2. guì ❻同"柜"。收藏衣物的家具。《尚书·金縢》："[周]公归，乃纳册于金縢之～中。"《庄子·胠箧》："然而巨盗至，则负～揭箧担囊而趋。"❼水渠，水库。《宋史·张浚传》："其可因水为险者，皆积水为～。"《续资治通鉴·宋宁宗嘉泰四年》："乃修高氏三海，筑金銮、内湖、通济、保安四～，达于上海而注之中海。"

【匮乏】 kuìfá 缺乏，穷无所有。《吕氏春秋·悔过》："惟恐士卒罢弊与糗粮～～。"《韩非子·外储说右下》："臣闻之，上有积财，则民臣必～～于下。"

【匮盟】 kuìméng 不可靠的盟约。《左传·成公二年》："十一月，公及楚公子婴齐、蔡侯、许男、秦右大夫说、宋华元、陈公孙宁、卫孙良夫、郑公子去疾及齐国之大夫盟于蜀，卿不书，～～也；于是乎畏晋而窃与楚盟，故曰～～。"

【匮椟】 guìdú 盛衣物文件等的箱柜。梅尧臣《永叔寄澄心堂二幅》诗："心烦收拾乏～～，日畏撦裂防婴孩。"

溃（潰） kuì ❶水冲破堤坝。《国语·周语上》："川壅而～，伤人必多。"《汉书·沟洫志》："孝文时河决酸枣，东～金隄，于是东郡大兴卒塞之。"㉑破，突破。《庄子·列御寇》："破痈～痤者，得车一乘。"《汉书·卫青传》："右贤王惊，夜逃，独与其爱妾一人骑数百驰，～围北去。"❷毁坏。

《墨子·非攻下》："燔～其祖庙。"❸漫溢，乱流。王士祯《光禄大夫靳公墓志铭》："时河道大坏，自萧县以下，黄水四～，不复归海。"❹离散，逃散。《国语·晋语三》："晋师～，戎马泞而止。"《旧唐书·段秀实传》："败将～兵争道而入。"❺乱。《诗经·大雅·召旻》："我相此邦，无不～止。"《汉书·晁错传》："陈胜先倡，天下大～。"❻愤怒的样子。《诗经·邶风·谷风》："有洸有～，既诒我肄。"应玚《驰射赋》："旝动鼓震，嗥声雷～。"❼烂。《素问·气交变大论》："其灾霖～。"刘基《卖柑者言》："杭有卖果者，善藏柑，涉寒暑不～，出之烨然。"❽通"遂"。达到。《诗经·小雅·小旻》："如彼筑室于道谋，是用不～于成。"

【溃腹】 kuìfù ❶剖腹。《旧唐书·李玄通传》："城陷被擒。……谓守者曰：'吾能舞剑，可借吾刀。'守者与之，……因～～而死。"❷指腹疾。苏轼《次韵袁公济谢芎椒》："河鱼～～空号楚，汗水流骹始信吴。"

【溃泓】 kuìhóng 水势广大的样子。左思《吴都赋》："～～泮汗，滇澌淼漫。"

【溃溃】 kuìkuì ❶昏乱。《诗经·大雅·召旻》："昏椓靡共，～～回遹，实靖夷我邦。"❷水流的样子。刘向《说苑·杂言》："夫智者何以乐水也？曰：'泉源～～，不释昼夜。'"

【溃茂】 kuìmào 繁盛，繁茂。《诗经·大雅·召旻》："如彼岁旱，草木～～。"《韩诗外传》卷五："如岁之旱，草木～～。"

【溃畔】 kuìpàn 离散叛乱。《汉书·食货志上》："男子力耕，不足粮饷；女子纺绩，不足衣服。……海内愁怨，遂用～～。"又《贾捐之传》："然地南不过闽越，北不过太原，而天下～～，祸卒在于二世之末。"

愦（憒） kuì 昏乱，胡涂。贾谊《旱云赋》："汤风至而含热兮，群生闷懑而愁～。"柳宗元《答韦中立论师道书》："岂可使呶呶者早暮咈吾耳，骚吾心？则固僵仆烦～，愈不可过矣！"

【愦愦】 kuìkuì ❶昏乱不安。《庄子·大宗师》："彼又恶能～～然为世俗之礼，以观众人之耳目哉。"《后汉书·何进传》："天下～～，亦非独我曹罪也。"❷胡涂。《三国志·蜀书·蒋琬传》："督农杨敏曾毁琬曰：'作事～～，诚非及前人。'"周密《癸辛杂识续集下·道学》："其后至淳祐间，每见所谓达官朝士者，必～～冬烘，弊衣菲食，高巾破履，人望之知为道学君子也。"

【愦乱】 kuìluàn 昏乱，烦乱。《汉书·食货志下》："百姓～～，其货不行。"《金史·世宗纪》："以所进御膳味不调适，有旨问之。尚食局直长言：'臣闻老母病剧，私心～～，如丧魂魄，以此有失尝视，臣罪万死。'"

【愦眊】 kuìmào 昏乱，胡涂。《汉书·息夫躬传》："小夫懦臣之徒，～～不知所为。"又《王莽传中》："又好变改制度，政令烦多，……前后相乘，～～不渫。"

愧 kuì ❶惭愧，羞愧。《孟子·尽心上》："仰不～于天，俯不怍于地，二乐也。"柳宗元《段太尉逸事状》："然闻言则大～，流汗不能食。"㊀使羞愧。《礼记·表记》："是故君子不以其所能者病人，不以人之所不能者～人。"❷以……为耻，认为耻辱。《汉书·陈平传》："及平长，可取妇，富人莫与者；贫者，平亦～之。"

【愧服】 kuìfú 对人佩服，自惭不如。《新唐书·尉迟敬德传》："帝尝问：'夺矟与避矟孰难？'对曰：'夺矟难。'试使与齐王戏，少选，王三失矟，遂大～～。"《宋史·程之邵传》："使者～～，辟之邵为属，听其所为。"

【愧汗】 kuìhàn 因羞愧而流汗。李商隐《送千牛李将军赴阙五十韵》："灵衣沾～～，仪马困阴兵。"袁桷《络马图》诗："属车效驾岂在力，～～绝足追奔尘。"

【愧恨】 kuìhèn ❶因羞愧而怀恨。《吴越春秋·王僚使公子光传》："光心气怏怏，常有～～之色，不可不慎。"❷惭愧悔恨。薛用弱《集异记·叶法善》："其僧～～，赴海而死。"

【愧赧】 kuìnǎn 因羞愧而脸红。《三国志·魏书·陈思王植传》："窃感《相鼠》之篇，无礼遄死之义，形影相吊，五情～～。"苏轼《答舒焕书》："忽辱手示，乃知有公沙之语，惘然如梦中事，～～不已。"

【愧恧】 kuìnǜ 惭愧。《南史·江智深传》："见传诏驰来，知当呼己，耸动～～，形于容貌，论者以此多之。"骆宾王《夏日游德州赠高四序》："章句繁芜，心神～～。"

【愧色】 kuìsè 羞愧的脸色。《庄子·让王》："子贡逡巡而有～～。"《后汉书·郭太传》："吾为碑铭多矣，皆有惭色，唯郭有道无～～耳。"

【愧惕】 kuìtì 惭愧忧惧。《三国志·魏书·曹真传》注引《魏书》："今臣虚暗，位冠朝首，顾惟越次，中心～～，敢竭愚情，陈写至实。"白居易《答冯伉谢许上尊号表》："再省谢陈，弥增～～。"

【愧怍】 kuìzuò 惭愧。《聊斋志异·云翠仙》："我又不能御穷，分郎忧衷，岂不～～？"

蒉（蕢） 1. kuì ❶草编的筐子。《战国策·齐策六》："鲁仲子曰：'将军之在即墨，坐而织～，立则丈插。'"《孟子·

告子上》:"不知足而为屦,我知其不为～。"

2. kuài ❷植物名。《尔雅·释草》:"～,赤苋。"郭璞注:"今之苋赤茎者。"❸通"块"。土块。见"蒉桴"。❹姓。春秋时鲁有蒉尚。

【蒉桴】 kuàifú 祭祀所用的土块捏成的鼓槌。《礼记·礼运》:"夫礼之初,始诸饮食,其燔黍捭豚,污尊而抔饮,～～而土鼓。"

喟 kuì ❶叹声。《礼记·礼运》:"昔者仲尼与于蜡宾,事毕,出游于观之上,～然而叹。"《韩非子·内储说上》:"董安于～然叹息。"❷叹息。柳宗元《吊屈原文》:"托遗编而叹～兮,涣余涕之盈眶。"苏轼《阎立本职贡图》诗:"我～而作心未降,魏徵封伦恨不双。"

【喟喟】 kuìkuì 叹息声。《楚辞·九叹·愍命》:"行唫累欷,声～～兮。"

喷(噴) kuì 同"喟"。叹息。《晏子春秋·内篇杂上》:"退朝而乘,～然而叹。"傅毅《舞赋》:"～息激昂。"

馈(饋、餽) kuì ❶祭享鬼神。《战国策·中山策》:"秦民之死者厚葬,伤者厚养,劳者相饗,饮者馎～,以靡其财。"《论衡·明雩》:"詠而～,詠歌～祭也,歌詠而祭也。"❷送食物给人吃。《汉书·贾谊传》:"春秋入学,坐国老,执酱而亲～之。"苏轼《记遊定惠院》:"有刘唐年主簿者,～油煎饵,其名'甚酥',味极美。"㊀泛指赠送。《孟子·公孙丑下》:"前日于齐,王～兼金一百而不受。"《史记·范雎蔡泽列传》:"须贾知之,不怒,以为雎持魏国阴事告齐,故得此～,令雎受其牛酒,还其金。"❸运送。《孙子·作战》:"凡用兵之法,驰车千驷,革者千乘,带甲十万,千里～粮。"《后汉书·李恂传》:"司空张敏、司徒鲁恭等各遣子～粮。"❹吃饭。《淮南子·氾论训》:"当此之时,一～而十起,一沐而三捉发,以劳天下之民。"❺食物。《诗经·小雅·伐木》:"於粲洒埽,陈～八簋。"《汉书·伍被传》:"男子疾耕,不足于粮～。"❻通"匮"。缺乏,净尽。《墨子·七患》:"四谷不收谓之～。"

【馈奠】 kuìdiàn 丧中祭奠。《礼记·曾子问》:"大功之丧,可以与于～～之事乎?"

【馈荐】 kuìjiàn 进献牲醴黍稷。《荀子·礼论》:"卜筮视日,斋戒脩涂,几筵～～告祝,如或饗之。"

【馈赆】 kuìjìn 赠给行者的旅费。《孟子·公孙丑下》:"当在宋也,予将有远行。行者必以赆,辞曰～～。予何为不受?"

【馈人】 kuìrén 膳夫。《左传·成公十年》:"晋侯欲麦,使甸人献麦,～～为之。"

【馈食】 kuìshí ❶用牲、黍稷祭祀鬼神。《仪礼·特牲馈食礼》:"特牲～～之礼,不諏日。"《周礼·春官·大宗伯》:"以～～享先王。"❷饭食。《后汉书·陆续传》:"母但作～～,付门卒以进之。"

【馈岁】 kuìsuì 岁终时亲友间互相送礼应酬。苏轼《岁暮思归寄子由弟》诗序:"岁晚,相与馈问为馈岁;酒食相邀呼为别岁;至除夜达旦不眠为守岁。蜀之风俗如是。"

【馈遗】 kuìwèi 赠送财物。《论衡·道虚》:"人闻其能使物及不老,更～～之,常馀钱金衣食。"《三国志·蜀书·邓芝传》:"权数与芝相闻,～～优渥。"

【馈饩】 kuìxì 赐人以牲。后泛指以食物赠送客人。《晋书·杨轲传》:"轲在永昌,季龙每有～～,辄口授弟子,使为表谢。"《资治通鉴·宋文帝元嘉二十二年》:"～～之秩,每存丰厚。"

【馈饷】 kuìxiǎng ❶赠送财物。《三国志·吴书·刘基传》:"故吏～～,皆无所受。"❷粮饷,军队的供给。《史记·高祖本纪》:"镇国家,抚百姓,给～～,不绝粮道,吾不如萧何。"苏洵《上韩枢密书》:"凡郡县之富民,举而籍其名。得钱数百万,以为酒食～～之费。"

【馈馔】 kuìzhuàn 赠送食物。《后汉书·清河王庆传》:"庆母宋贵人,长于人事,供奉长乐宫,身执～～,太后怜之。"

媿 1. kuì 同"愧"。❶惭愧,羞愧。《楚辞·九章·思美人》:"欲变节以从俗兮,～易初而屈志。"《汉书·文帝纪》:"历日弥长,以不敏不明而久抚临天下,朕甚自～。"㊀使惭愧,使羞愧。《吕氏春秋·贵当》:"君有好猎者,旷日持久,而不得兽,入则～其家室,出则～其知友州里。"《汉书·文帝纪赞》:"张武等受赂金钱,觉,更加赏赐,以～其心。"❷以……为耻,认为耻辱。《战国策·齐策四》:"是以君王无羞亟问,不～下学。"

2. chǒu ❸同"醜"。《战国策·齐策四》:"公孙弘敬诺,以车十乘之秦。昭王闻之,而欲～之以辞。"❹姓。汉有媿伞、媿戊。

樻(樻) kuì ❶木名,即椐,又名灵寿木。陆玑《毛诗草木鸟兽虫鱼疏》:"椐,～。节中肿似扶老,今灵寿是也。今人以为马鞭及杖。"❷通"柜(櫃)"。苏鹗《杜阳杂编·宣宗》:"又以金银为井栏、药臼、食～、水槽、釜铛、盆瓮之属。"

聩(聵) kuì ❶天生耳聋。《国语·晋语四》:"聋～不可使听。"㊀泛指一般耳聋,听不见。范成大《大暑行含山道中雨骤至霆奔龙挂可骇》诗:"盆倾耳双~,斗暗目四眩。"《新唐书·司空图传》:"名亭曰休休,作文以见志曰:'休,美也,既休而美具。故量才,一宜休;揣分,二宜休;耄而~,三宜休。"❷昏昧糊涂,不明事理。孔尚任《桃花扇·馀韵》:"开聋启~。"

【聩聩】　kuìkuì　❶形容耳聋,听不见。王涯《说玄·明宗》:"~~而听者,不闻雷霆。"❷胡涂,不明事理。扬雄《太玄·玄摛》:"晓天下之~~,莹天下之晦晦者,其唯玄乎!"苏轼《与米元章书》:"天下岂常如我辈~~耶?"

篑(簣)　kuì　盛土的竹筐。《尚书·旅獒》:"为山九仞,功亏一~。"《论语·子罕》:"譬如为山,未成一~,止,吾止也;譬如平地,虽覆一~,进,吾往也。"

kun

卵　kūn　见 luǎn。

坤(堃)　kūn　❶八卦之一。卦形为☷,象地。《周易·系辞上》:"天尊地卑,乾~定矣。"又六十四卦之一,卦形为坤下坤上。❷女性的,阴性的。《周易·系辞上》:"乾道成男,~道成女。"《汉书·王莽传中》:"驾~六马。"❸古以八卦定方位,西南叫坤。苏轼《寄题梅宣义园亭》诗:"我本放浪人,家寄西南坤。"

【坤道】　kūndào　❶指大地的属性。宋祁《宋景文公笔记·杂说》:"西北,乾道也;东南,~~也。东南奈何?曰:其土薄而水浅,其生物滋。"❷妇德。柳宗元《礼部贺册太上皇后表》:"母仪有光,~~克顺。"

【坤德】　kūndé　❶地德。李尤《漏刻铭》:"仰厘七曜,俯顺~~。"❷喻指皇后的功德。《镜花缘》六十七回:"伏维陛下,~~无疆。"

【坤典】　kūndiǎn　大地的法则。指自然的规律。《三国志·蜀书·郤正传》:"自我大汉,应天顺民,政治之隆,皓若阳春,俯宪~~,仰式乾文。"

【坤后】　kūnhòu　大地。《抱朴子·博喻》:"方圆舛状,逝止异归,故浑象尊于行健,~~贵于安贞。"

【坤极】　kūnjí　指皇后。《后汉书·顺烈梁皇后纪》:"《春秋》之义,娶先大国,梁小贵人宜配天祚,正位~~。"

【坤灵】　kūnlíng　古代对于山岳河渎之神的总称。扬雄《司空箴》:"普彼~~,侔天作则。"元好问《太室同希颜赋》:"鳌掀一柱在,万古压~~。"

【坤倪】　kūnní　大地的尽头。韩愈《南海神庙碑》:"乾端~~,轩豁呈露。祀之之岁,风灾熄灭。"

【坤乾】　kūnqián　❶古书名。《礼记·礼运》:"我欲观殷道,是故之宋,而不足征也。吾得《~~》焉。"❷即乾坤。指天地、阴阳等。曾巩《谢章伯益惠砚》诗:"圣人智出造化先,始独俯仰吾~~。"宋濂《景祐庙碑》:"疾害不作福祐縣,公名不朽同~~。"

【坤维】　kūnwéi　❶大地。张协《杂诗》:"大火流~~,白日驰西陆。"(大火:星名。)《晋书·后妃传序》:"德均载物,比大~~。"❷西南方。《周易》坤卦为西南之卦,故指西南。范仲淹《宋故乾州刺史张公神道碑》:"初,蜀师之役,中军云侯有终,辟公以行,如左右手。平定~~,公有力焉。"

【坤仪】　kūnyí　❶大地。刘琨《答卢谌》诗:"乾象栋倾,~~舟覆。"《旧唐书·音乐志三》:"大矣~~,至哉神县。"❷仪表。相术家以地上的五岳、四渎比喻人的形貌,故称人的仪表为"坤仪"。裴铏《传奇·封陟》:"伏见郎君~~浚洁,襟量端明,学聚流萤,文含隐豹。"❸犹母仪。多以称颂皇后,言为天下母亲之表率。王安石《慰太后表》:"方正~~之位,上同乾施之仁。"

【坤舆】　kūnyú　《周易·说卦》:"坤为地……为大舆。"孔颖达疏:"为大舆,取其能载万物也。"后因以坤舆为地的代称。《宋史·乐志八》:"昭灵积厚,混混~~。"赵翼《岣嵝碑歌偕刘穆庵孝廉作》:"山河两戒次第清,万古~~奠衽席。"

【坤育】　kūnyù　大地培育万物。比喻母德。多以颂扬皇后。《后汉书·陈球传》:"今长乐太后尊号在身,亲尝称制,~~天下。"曾巩《代皇子延安郡王谢皇太后表》:"敢不自励童蒙,向慕日新之益;庶几壮大,仰酬~~之私。"

【坤元】　kūnyuán　指大地资生万物之德。《三国志·蜀书·后主传》:"故孕育群生者,君人之道也;乃顺承天者,~~之义也。"《陈书·高祖纪上》:"大哉~~,资日月以贞观;至哉~~,凭山川以载物。"

【坤造】　kūnzào　旧时称女子出生的年月日时为坤造。男子的为乾造。

【坤宅】　kūnzhái　旧时婚姻,称女家为坤宅,男家为乾宅。《二十年目睹之怪现状》七十回:"办事的人便打发人到~~去打听,回报说新人正在那里梳妆呢。"

【坤轴】 kūnzhóu 古人所想象的地轴。杜甫《南池》诗："安知有苍池，万顷浸～～。"《红楼梦》五十回："何处梅花笛？谁家碧云箫？鳌愁～～陷，龙斗阵云销。"

昆 1. kūn ❶同，齐。扬雄《羽猎赋》："王雎关关，鸿雁嘤嘤，群娱乎其中，噍噍～鸣。"❷兄。《诗经·王风·葛藟》："终远兄弟，谓他人～。"❸次序在后的。《尚书·大禹谟》："帝曰：'禹，官占惟先蔽志，～命于元龟。'"《楚辞·大招》："魂兮归徕正始～只。"(徕：通"来"。只：语助词。)㊂指后裔、子孙。左思《吴都赋》："其居则高门鼎贵，魁岸豪杰，虞、魏之～，顾、陆之裔。"《后汉书·张衡传》："厥迹不朽，垂烈后～。"❹群，众。《大戴礼记·夏小正》："一～小虫，抵蚳，～者众也。"《汉书·成帝纪》："君得道，则草木～虫咸得其所。"❺兽名。《汉书·百官公卿表上》："又牧橐，～蹏令丞皆属焉。"❻同"焜"。盛明，照耀。扬雄《甘泉赋》："樵蒸～上，配藜四施。"❼姓。战国时齐有昆辨。

2. hún ❽通"浑"。见"昆仑"。

3. hùn ❾通"混"。混同。扬雄《太玄经·昆》："～于井市，文车同轨。"又："～于黑，不知白。"

【昆弟】 kūndì ❶兄弟。《史记·荆燕世家》："当是时也，高祖子幼，～～少，又不贤，欲王同姓以镇天下。"《汉书·邹阳传》："感于心，合于行，坚如胶漆，～～不能离，岂惑于众口哉？"❷友好，友爱。《战国策·楚策一》："请以秦女为大王箕箒之妾，效万家之都，以为汤沐之邑，长为～～之国，终身无相攻击。"《汉书·贾谊传》："若此诸王，虽名为臣，实皆有布衣～～之心，虑亡不帝制而天子自为者。"

【昆季】 kūnjì 兄弟。长为昆，幼为季。《梁书·江革传》："此段雍府妙选英才，文房之职，总卿～～，可谓驭二龙于长途，骋骐骥于千里。"《新唐书·李密传》："伯当曰：'昔日萧何举宗从汉，今不～～尽行以为愧，岂公一失利，轻去就哉！'"

【昆蚑】 kūnqí 犹言昆虫。蚑，爬行。张协《七命》之七："于时～～感惠，无思不扰。"韦承庆《直中书省》诗："～～皆含养，驽骀亦驱驰。"

【昆仍】 kūnréng 后代子孙。楼钥《颜侍郎挽词》之二："清忠与公恕，余庆启～～。"沈作喆《寓简》卷四："予因以稽考笔法渊源，自其曾高至于～～云来。"

【昆娟】 kūnwèi 弟妹。《新唐书·姚璹传》："璹字令璋，少孤，抚～～友爱。"

【昆吾】 kūnwú ❶山名。《山海经·中山经》："又西二百里曰～～之山，其上多赤铜。"❷指贵重之石。《云笈七籤》卷二十六："上多山川积石，名为～～。冶其石成铁作剑，光明洞照如水精状，割玉如泥。"❸用昆吾石冶炼成铁制作的刀剑。关汉卿《单刀会》二折："他轻举龙泉杀车胄，怒拔～～坏文丑。"❹古掌管冶铸之官。《逸周书·大聚》："乃召～～，冶而铭为金版，藏府而朔之。"❺日正午所经之处。《淮南子·天文训》："日出于旸谷……至于～～，是谓正中。"❻夏商之间部落名。己姓。在今河南濮阳西南。其人民善于制造陶器和铸造铜器，夏启曾命人在昆吾铸鼎。后为商汤所灭。

【昆夷】 kūnyí 殷周时我国西北部少数民族部落。《诗经·小雅·采薇序》："文王之时，西有～～之患，北有猃狁之难。"《孟子·梁惠王下》："文王事～～。"

【昆裔】 kūnyì 后嗣，子孙。《国语·晋语二》："天降祸于晋国，谗言繁兴，延及寡人之绍续～～，隐悼播越，托在草莽，未有所依。"

【昆玉】 kūnyù 称人兄弟的敬词。关汉卿《单刀会》四折："因将军贤～～无尺寸地，暂供荆州以为养军之资。"

【昆仲】 kūnzhòng 称人兄弟的敬词。《旧唐书·王维传》："维以诗名盛于开元天宝间，～～宦游两都，凡诸王驸马豪右贵势之门，无不拂席迎之。"(昆仲指维、缙兄弟。)苏舜钦《答韩持国书》："持国明年终丧，～～亦必游宦，何以尽友悌之道也。"

【昆仑】 húnlún 广大无垠的样子。扬雄《太玄经·中》："～～旁薄，思之贞也。"

【昆邪】 húnyé 汉时匈奴的一个部落。也作"浑邪"、"浑耶"、"混邪"。在今甘肃中部的武威至酒泉一带。

崐(幝) kūn 同"裈"。裤。《世说新语·任诞》："刘伶恒纵酒放达，或脱衣裸形在屋中，人见讥之。伶曰：'我以天地为栋宇，屋室为～衣。'"《宋书·长沙景王道怜传》："袭亦庸鄙，在郢州，暑月露～上听事。"

裈(褌) kūn 有裆的裤。《史记·司马相如列传》："相如身自著犊鼻～，与保庸杂作。"《晋书·阮籍传》："何异夫虱之处～中乎？"

菎 1. kūn ❶同"琨"。美玉。《楚辞·招魂》："～蔽象棋，有六簙些。"王逸注："菎，玉；蔽，簙箸。以玉饰之也。"(簙：通"博"。棋戏。)

2. jùn ❷同"箘"。竹名。

【菎蕗】 jùnlù 同"箘簵"。香草名。《楚辞·

七谏·谬谏》:"～～杂于靡蒸兮,机蓬矢以射革。"

帬 kūn 同"昆"。❶兄。《尔雅·释亲》:"帬,兄也。"陆游《幽居即事》诗之五:"野人求其类,金燠实弟～。"❷见"帬孙"。

【帬孙】 kūnsūn 第五世孙。《尔雅·释亲》:"子之子为孙,孙之子为曾孙,曾孙之子为玄孙,玄孙之子为来孙,来孙之子为～～。"

崑(崐) kūn ❶高耸。《后汉书·荀爽传》:"察法于地则～山象夫,卑泽象妻。"❷山名。如"崑山"、"崑岺"等。

【崑冈】 kūngāng 即崑岺山,古代传说中的产玉之山。《尚书·胤征》:"火炎～～,玉石俱焚。"杜牧《昔事文皇帝三十二韵》:"～～怜积火,河汉注清源。"

【崑体】 kūntǐ 即西崑体。宋初杨亿刘筠等彼此唱和,有《西崑酬唱集》行世,后称他们的诗体为西崑体,简称崑体。欧阳修《六一诗话》:"盖自杨刘唱和,《西崑集》行,后进学者争效之,风雅一变,谓之～～。"

【崑玉】 kūnyù 也作"昆玉"。❶崑岺山的美玉。多比喻心地高洁,文章精美等。刘孝标《辨命论》:"琎则志烈秋霜,心贞～～。"陆倕《新刻漏铭》:"陆机之赋,虚握灵珠;孙绰之铭,空擅～～。"❷对别人兄弟的美称。潘永因《宋稗类钞》五《博识》:"陆士衡兄弟产于崑山,后人因称兄弟为～～,言其如崑山之玉也。"

鹍(鵾) kūn ❶一种大鸡。《尔雅·释畜》:"鸡三尺为～。"❷一种像天鹅的大鸟。张衡《西京赋》:"翔～仰而弗逮,况青鸟与黄雀。"

【鹍鸡】 kūnjī 凤凰的别称。《淮南子·览冥训》:"过归雁于碣石,轶～～于姑馀。"

騉(騉) kūn 见"騉蹄"、"騉駼"。

【騉蹄】 kūntí 良马名。蹄平正,善登高。《尔雅·释畜》:"～～趼善升甗。"郭璞注:"～～,蹄如趼而健上山。"

【騉駼】 kūntú 马名。马身而牛蹄,善登高。《尔雅·释畜》:"～～,枝蹄趼,善升甗。"郭璞注:"～～亦似马而牛蹄。"

琨 kūn ❶玉石名。《尚书·禹贡》:"瑶、～、篠簜。"左思《吴都赋》:"其琛赂则～瑶之阜,铜锴之垠。"❷佩玉名。张衡《思玄赋》:"献环～与琛缡兮,申厥好以玄黄。"

【琨珸】 kūnwú 次于玉的石头。司马相如《子虚赋》:"其石则赤玉、玫瑰、琳珉、～～。"

【琨玉】 kūnyù 美玉。《后汉书·孔融传论》:"懔懔焉,皜皜焉,其与～～秋霜比质可也。"

髠(髨、髡) kūn ❶剪去头发。《左传·哀公十七年》:"公自城上见己氏之妻发美,使～之以为吕姜髢。"❷古代一种剃去头发的刑罚。《后汉书·桥玄传》:"时上邽令皇甫祯有臧罪,玄收考～笞,死于冀市。"又《马融传》:"免官,～徙朔方。"❸剪去树枝。贾思勰《齐民要术·种槐柳楸梓梧柞》:"种柳千树则足柴,十年以后～一树,得一载;岁～二百树,五年一周。"❹旧时对僧徒的贱称。孙樵《复佛寺奏》:"臣以为残蠹于理者,群～最大。"

【髠褐】 kūnhè 僧徒与道士。刘蜕《江南论乡饮酒礼书》:"～～尚能自大其法,王公大人反以其道信之乎?"

【髠钳】 kūnqián 古代刑罚名。剃去头发叫髠,用铁圈束颈叫钳。《史记·酷吏列传》:"武帝即位,徙为内史。外戚多毁成之短,抵罪～～。"《汉书·高帝纪下》:"郎中田叔孟舒等十人,自～～为王家奴。"

【髠首】 kūnshǒu 剃去头发,光头。《楚辞·九章·涉江》:"接舆～～兮,桑扈臝行。"

鵾(鶤) kūn 一种像天鹅的大鸟。刘禹锡《飞鸢操》:"游～翔雁出其下,庆云清影相回旋。"

【鵾鸡】 kūnjī 鸟名。《楚辞·九辩》:"雁廱廱而南游兮,～～啁哳而悲鸣。"洪兴祖补注:"鵾鸡,似鹤,黄白色。"也作"昆鸡"。《史记·司马相如列传》:"鳞玄鹤,乱～～。"

【鵾弦】 kūnxián ❶用鵾鸡筋做的琵琶弦。苏轼《杜介熙熙堂》诗:"遥想闭门投辖饮,～～铁拨响如雷。"❷琴曲名。刘孝绰《乌夜啼》诗:"～～且辍弄,鹤操暂停徽。"

锟(錕) 1. kūn ❶见"锟铻"。

2. gǔn ❷车釭。《方言》卷九:"车釭,齐燕海岱之间谓之锅,或谓之～。"❸滚边。钱绎《方言笺疏》卷九:"以布帛缘衣曰～。"

【锟铻】 kūnwú 剑名,因产地昆吾山而得名。《列子·汤问》:"周穆王大征西戎,西戎献～～之剑,……其剑长尺有咫,练钢赤刃,用之切玉如切泥焉。"

鲲(鯤) kūn ❶古代传说中的一种大鱼。《庄子·逍遥游》:"北冥有鱼,其名为～。"❷鱼子,鱼苗。《尔雅·释鱼》:"～,鱼子。"《国语·鲁语上》:"且夫山不槎蘖,泽不伐夭,鱼禁～鲕,兽长麑麇。"

【鲲化】 kūnhuà 《庄子·逍遥遊》:“北冥有鱼,其名为鲲。鲲之大,不知其几千里也。化而为鸟,其名为鹏。鹏之背,不知其几千里也。”后以“鲲化”形容人地位高升。独孤及《送虞秀才擢第归长沙》诗:“海运同~~,风帆若鸟飞。”

悃 kǔn 诚恳,诚实。见“悃愊”、“悃诚”等。

【悃愊】 kǔnbì 至诚。《论衡·明雩》:“礼之心~~,乐之意欢忻。”《后汉书·章帝纪》:“安静之吏,~~无华,日计不足,月计有馀。”

【悃诚】 kǔnchéng 诚恳。《楚辞·九叹·愍命》:“亲忠正之~~兮,招贞良与明智。”白居易《与陈给事书》:“伏愿俯察~~,不遗贱小。”

【悃款】 kǔnkuǎn 忠实,诚恳。《楚辞·卜居》:“吾宁悃悃款款朴以忠乎?将送往劳来斯无穷乎?”省作“悃款”。柳宗元《吊乐毅文》:“仁夫对赵之~~兮,诚不忍其故邦。”

【悃迫】 kǔnpò 至诚。曾巩《代曾侍中辞转官劄子》:“伏望特回圣慈,俯怜~~,速赐德音,遂其所乞。”

阃(閫) kǔn ❶门限,门槛。《南史·沈顗传》:“顗送迎不越~。”❷郭门,国门。《史记·张释之冯唐列传》:“~以内者,寡人制之;~以外者,将军制之。”[引]统兵在外的将帅。文天祥《指南录后序》:“至京口,得间奔真州,即具以北虚实告东西二~。”❸指闺门,妇女所居之处。《孔子家语·本命》:“教令不出于闺门,事在供酒食而已,无~外之非仪也。”[引]指妻子。《京本通俗小说·冯玉梅团圆》:“足下既然要别,可携新~同来,做个亲戚。”《聊斋志异·柳生》:“尊~薄相,恐不能佐君成业。”

【阃奥】 kǔn'ào 本指室内深处。后用以比喻学问、事理的精微深奥的境界。《三国志·魏书·管宁传》:“伏见太中大夫管宁,……娱心黄老,游志六艺,升堂入室,究其~~。”也作“阃隩”。韩愈《荐士》诗:“后来相继生,亦各臻~~。”

【阃隩】 kǔn'ào 见“阃奥”。

【阃德】 kǔndé 妇女之德。任昉《刘先生夫人墓志》:“肇允才淑,~~斯谅。”

【阃寄】 kǔnjì 托以阃外之事,即委任重要军职。白居易《与仕明诏》:“卿久镇边防,初膺~~,式旌勤効,俾洽恩荣。”陆游《贺张都督启》:“假钺督中外之军,仍专~~。”

【阃术】 kǔnshù 宫中道。左思《魏都赋》:“椒鹤文石,永巷~~。”

【阃外】 kǔnwài 指统兵在外。《晋书·陶侃传》:“~~多事,千绪万端,罔有遗漏。”《宋书·索虏传》:“自荷~~,思阐皇猷,每中勅守宰,务敦义让。”

【阃域】 kǔnyù 范围,境界。刘禹锡《澈上人文集纪》:“至如《芙蓉园新寺》诗云:经来白马寺,僧到赤乌年。……可谓入作者~~,岂独雄于诗僧间邪!”

【阃职】 kǔnzhí 将帅的职任。白居易《祭张敬则文》:“自应~~,益茂勋猷。”

捆 kǔn ❶编织时敲打使之牢固。《孟子·滕文公上》:“其徒数十人,皆衣褐,~屦织席以为食。”《吕氏春秋·尊师》:“织葩屦,结罝网,~蒲苇。”❷织具,相当于梭。刘向《列女传·鲁季敬姜》:“大夫持交而不失,出入不绝者,~也。”❸捆绑,束缚。《红楼梦》七回:“贾蓉忍不得便骂了几句,叫人~起来。”

壸(壼) kǔn 古时宫中的道路,引申为内宫的代称。《新唐书·定安公主传》:“礼始中~,行天下,王化之美也。”孙樵《与王霖秀才书》:“足下未到其~,则非樵所敢与知。”

【壸奥】 kǔn'ào 内室深处。后用以比喻事理的精微深奥。班固《答宾戏》:“皆及时君之门闱,究先圣之~~。”白居易《礼部试策》:“虽言微旨远,而学者苟能研精钩深,优柔而求之,则~~指趣,将焉廋哉!”

【壸闱】 kǔnwéi 内宫,帝王后、妃居住的地方。《汉书·叙传下》:“~~恣赵,朝政在王。”刘禹锡《代慰义阳公主薨表》:“方期作范~~,长荣邸第;岂意遘兹短历,奄谢昌辰。”

【壸则】 kǔnzé 妇女行为的准则。陈子昂《唐故袁州参军妻清河张氏墓志铭》:“承礼训于公庭,习威仪于~~。”陆游《陆孺人墓志铭》:“庙祭宾享,维妇之职。妇骜狠骄,蠹我~~。”

梱 1. kǔn ❶通“阃”。门限。《史记·循吏列传》:“王必欲高车,臣请教闾里使高其~。”《汉书·匡衡传》:“福之兴莫不本乎室家,道之衰莫不始乎~内。”[又]指国门。《周礼·秋官·大司寇》“军刑”贾公彦疏:“以其在军,~外之事,将军裁之。”❷扣,敲击。《淮南子·修务训》:“~纂组,杂奇彩,抑墨质,扬赤文。”《晏子春秋·内篇谏下》:“吾将左手拥格,右手~心。”❸使齐平。《仪礼·大射》:“既拾,取矢~之。”❹箭靶。见“梱复”。

2. wén　❺同“梱”。未劈开的大木头。《尔雅·释木》：“髡，～。”郝懿行义疏：“《释文》：‘～，五门反。’则与梱声义近。《说文》：‘梱，梡木未析也。’”

【梱复】　kǔnfù　箭射到靶上不著而弹回。《仪礼·大射》：“中离维纲，扬触～～。”

稛　kǔn　用绳索捆束。见“稛载”。

【稛载】　kǔnzài　犹言满载，重载。《国语·齐语》：“诸侯之使垂橐而入，～～而归。”韩愈《答窦秀才书》：“～～而往，垂橐而归，足下亮之而已。”

麇　kǔn　见 jūn。

困　kùn　❶被围困。《左传·定公四年》：“～兽犹斗，况人乎？”柳宗元《封建论》：“～平城，病流矢。”❷艰难，窘迫。《荀子·儒效》：“知之而不行，虽敦必～。”《史记·屈原贾生列传》：“齐竟怒不救楚，楚大～。”㊁遇到困难，被难住。《论语·季氏》：“～而学之，又其次也。”❸疲乏，疲倦。《管子·宙合》：“夫鸟之飞也，必还山集谷；不还山则～，不集谷则死。”《汉书·高帝纪上》：“行数里，醉～卧。”❹尽，极。《国语·越语下》：“日～而还，月盈而匡。”《论衡·死伪》：“病～，则更曰：‘必以是为殉。’”❺贫乏，贫困。《左传·僖公三十年》：“行李之往来，共其乏～。”《史记·宋微子世家》：“岁饥民～，吾谁为君？”㊁使贫乏。《国语·周语上》：“今天子欲修先王之绪而弃其大功，匮神乏祀而～民之财，将何以求福用民？”❻门槛。后作“梱”。《墨子·备城门》：“试藉车之力，而为之～。”❼六十四卦之一，卦形为坎下兑上。

【困踣】　kùnbó　困顿潦倒。欧阳修《送张唐民归青州序》：“故善人尤少，幸而有，则往往饥寒～～之不暇。”刘基《渡江遣怀》诗：“况我驽蹇质，～～畏培塿。”

【困蹴】　kùncù　困迫疲苦。《三国志·蜀书·刘备传》注引《英雄记》：“备军在广陵，饥饿～～。”也作“困蹙”。《晋书·毛宝传》：“断贼资粮，出其不意，使贼～～。”

【困悴】　kùncuì　困苦憔悴。《三国志·吴书·孙策传》注引《吴录》：“皆因民～～于桀、纣之政，毒苦于秦、莽之役，故能芟去无道，致成其志。”洪迈《夷坚乙志·女子穿溺珠》：“槩日以～～，医巫束手莫能疗。”

【困斗】　kùndòu　困兽犹斗。比喻最后挣扎。辛弃疾《兰陵王》词：“甚一忿沉渊，精气为物，依然～～牛磨角。”《宋史·太祖纪三》：“将行，召曹彬潘美戒之曰：‘城陷之日，慎无杀戮，设若～～，则李煜一门不可加害。’”

【困毒】　kùndú　❶犹中毒。《论衡·语增》：“魏公子无忌为长夜之饮，～～而死。”❷苦难。《后汉书·质帝纪》：“昔之为政，一物不得其所，若已为之，况我元元，婴此～～。”

【困笃】　kùndǔ　病重垂危。《论衡·解除》：“病人～～，见鬼之至，性猛刚者，挺剑操杖，与鬼战斗。”《后汉书·卫飒传》：“载病诣阙，自陈～～。”

【困敦】　kùndūn　十二地支中“子”的别称，用于纪年。《尔雅·释天》：“[太岁]在子曰～～。”《史记·天官书》：“～～岁：岁阴在子，星居卯。”

【困顿】　kùndùn　❶疲惫，艰难。《后汉书·刘平传》：“平时复为郡吏，冒白刃伏[孙]萌身上，被七创，～～不知所为。”陈亮《与韩无咎尚书》：“亮涉历家难，穷愁～～，零丁孤苦。”❷同“困敦”。许慎《说文解字后叙》：“奥在永元，～～之年。”

【困厄】　kùn'è　窘迫，困苦。《楚辞·九思·悼乱》：“仲尼兮～～，邹衍兮幽囚。”《东观汉记·桓荣传》：“初荣遭仓卒～～时，尝与族人桓元卿俱捃拾，投间辄诵诗。”《汉书·季布栾布田叔传赞》：“及至～～奴僇，苟活而不变，何也？”又《张陈王周传赞》：“高祖数离～～，[张]良常有力，岂可谓非天乎！”欧阳修《相州昼锦堂记》：“盖士方穷时，～～闾里，庸人孺子，皆得易而侮之。”

【困乏】　kùnfá　❶贫困。《汉书·昭帝纪》：“乃者民被水灾，颇匮于食，朕虚仓廪，使使者振～～。”《后汉书·伏湛传》：“今所遇县邑，尤为～～。”❷疲倦。《晋书·王敦传》：“因作势而起，～～，复卧。”

【困蹇】　kùnjiǎn　困顿，不顺利。欧阳修《与丁学士》：“元珍才行并高，而～～如此，吾徒之责也。”

【困窭】　kùnjù　贫困。《宋书·孝武帝纪》：“南徐、兖二州去岁水潦伤年，民多～～。”

【困蹶】　kùnjué　穷困潦倒。王安石《上郎侍郎书》之一：“先人不幸，诸孤～～。”

【困坷】　kùnkě　艰难，困苦。苏轼《病中大雪答虢令赵荐》诗：“嗟余独愁寂，空室自～～。”

【困匮】　kùnkuì　贫困。《后汉书·郭丹传》：“丹出典州郡，入为三公，而家无遗产，子孙～～。”欧阳修《论内出手诏六条劄子》：“百姓～～，国用不足。”

【困劣】　kùnliè　困苦，衰颓。《汉书·史丹传》:“吾日～～。”《论衡·气寿》:“若夫无所遭遇,虚居～～,短气而死,此禀之薄,用之竭也。”

【困吝】 kùnlìn 《周易·蒙》:“困蒙,吝。”本为困于蒙昧而得咎之意。后指忧患。赵岐《孟子注疏题辞解》:“余～～之中,精神遐漂,靡所济集。”瞿佑《归田诗话·和狱中诗》:“[胡]子昂每诵东坡《系御史御台狱》二诗,索予和焉,予在～～中,辞之不获,勉为用韵作二首。”

【困蒙】 kùnméng ❶处于困境的蒙昧之人。蔡邕《文烈侯杨公碑》:“小子～～,匪师不教。”❷犹窘迫。曹摅《感旧》诗:“今我唯～～,群士所背驰。”权德舆《奉酬从兄南仲见示十九韵》:“耕凿汝山下,退然安～～。”

【困否】 kùnpǐ 困厄不通。应劭《风俗通·穷通》:“《论语》‘固天纵之’,莫盛于圣,然时有～～。”《抱朴子·吴失》:“孔墨之道,昔曾不行;孟轲扬雄,亦居～～。”

【困穷】 kùnqióng 艰难窘迫。《吕氏春秋·情欲》:“身以～～,虽后悔之,尚将奚及?”《论衡·祸虚》:“案古人君臣～～,后得达通,未必初有恶,天祸其前,卒有善,神祐其后也。”

【困肆】 kùnsì 极为困窘。苏舜钦《送外弟王靖序》:“今贵人之胄,以缇纨肥味泽厥身,一无达者之～～焉。”

【困畏】 kùnwèi ❶怯弱。《庄子·列御寇》:“缘循、偃佒、～～,不若人,三者俱通达。”❷围困拘囚。班昭《东征赋》:“入匡郭而追远兮,念夫子之厄勤;彼衰乱之无道兮,乃～～乎圣人。”

【困约】 kùnyuē 困顿贫乏。《史记·晋世家论》:“晋文公,古所谓明君也,亡居外十九年,至～～。”

【困踬】 kùnzhì 窘迫,受挫。《三国志·魏书·钟会传》:“益州先主以命世英才,兴兵朔野,～～冀徐之郊,制命绍、布之手,太祖拯而济之,与隆大好。”王安石《祭欧阳文忠公文》:“虽迍邅～～,窜斥流离,而终不可掩。”

【困屯】 kùnzhūn 苦难。束皙《贫家赋》:“奈遭家之轗轲,婴六极之～～。”

【困惾】 kùnzōng 壅塞不通。《庄子·天地》:“五臭熏鼻,～～中颡。”方苞《陈驭虚墓志铭》:“此地人畜骈阗,食腥膻……～～忿蓄,而为厉疫。”

【困醉】 kùnzuì 酣醉,大醉。嵇康《家诫》:“见醉重重便止,慎不当至～～,不能自裁也。”

kuo

扩(擴) kuò 张大,推广。《孟子·公孙丑上》:“凡有四端于我者,知皆～而充之矣。”《论衡·感虚》:“乐能乱阴阳,则亦能调阴阳也,王者何须修身正行,～施善政?”

会 kuò 见huì。

彍(彉、彍) kuò ❶拉满弓。《孙子·势》:“势如～弩,节如发机。”《汉书·吾丘寿王传》:“十贼～弩,百吏不敢前。”[引]扩张。皇甫湜《韩文公墓志铭》:“～义涝仁,耿照充天。”❷快捷。韩愈《送穷文》:“驾尘～风,与电争先。”

【彍骑】 kuòqí 唐代宿卫兵的一种称号。《新唐书·兵志》:“[开元]十一年,取京兆蒲同岐华府兵及白丁,而益以潞州长从兵,共十二万,号曰‘长从宿卫’。……明年,更号曰‘～～’。”曾巩《请西北择将东南益兵劄子》:“天宝以后,～～立,而募兵之法行。”

括(搭) kuò ❶结扎,捆束。《礼记·丧大记》:“～发以麻。”马中锡《中山狼传》:“内狼于囊,遂～囊口,肩举驴上。”❷滞碍,阻塞。《周易·系辞下》:“动而不～,是以出而有获。”张载《神化篇》:“动而不～则用利。”❸包容,包括。贾谊《过秦论》:“有席卷天下,包举宇内,囊～四海之意,并吞八荒之心。”[又]搜求,搜括。《北史·孙搴传》:“时大～人为军士,逃隐者,身及主人、三长、守、令罪以大辟,没其家。”《隋书·高祖纪下》:“其江南诸州,人间有船长三丈已上,悉～入官。”❹到来。《诗经·王风·君子于役》:“日之夕矣,牛羊下～。”又《小雅·车舝》:“匪饥匪渴,德音来～。”(舝:同“辖”。)❺通“筈”。箭的末端。《孔子家语·子路初见》:“孔子曰:‘～而羽之,镞而砺之,其入之不亦深乎!’”

【括发】 kuòfà 束发。《左传·宣公十八年》:“既复命,袒、～～,即位哭,三踊而出。”《汉书·王嘉传》:“大臣～～关械,裸躬就笞,非所以重国褒宗庙也。”

【括囊】 kuònáng ❶闭束口袋。《周易·坤》:“六四,～～,无咎无誉。”(孔颖达疏:“括,结也。囊所以贮物,以譬心藏知也。闭其知而不用,故曰～～。”)❷比喻闭口不言。《盐铁论·杂记》:“车丞相即周鲁之列,当轴处中,～～不言,容身而去,彼哉!彼哉!”《后汉书·杨震传》:“臣受恩偏特,忝任师傅,不敢自同凡臣,～～避咎。”❸包罗,囊括。《后汉书·郑玄传论》:“郑玄～～大典，网罗众家，删裁繁诬，刊改漏失。”《文心雕龙·定势》：“是以～～杂体，功在铨别。”

适[2]（适） kuò ❶疾速。《玉篇·辵部》：“～，疾也。”❷用于人名。春秋时有南宫适，唐代有李适（即唐德宗），宋代有洪适。

阔（闊、濶） kuò ❶疏远，远离。《诗经·邶风·击鼓》：“于嗟～兮，不我活兮。”《后汉书·臧洪传》：“隔～相思，发于寤寐。”❷稀少，缺。《汉书·沟洫志》：“郡承河下流，……顷所以～无大害者，以屯氏河通，两川分流也。”又《孝成赵皇后传》：“朝诸希～。”❸放宽，宽缓。《汉书·王莽传下》：“假贷犁牛种食，～其租税。”❹宽广，广阔。杜甫《旅夜抒怀》诗：“星垂平野～，月涌大江流。”柳永《雨霖铃》词：“念去去、千里烟波，暮霭沉沉楚天～。”❺疏略，不切实。《史记·孟子荀卿列传》：“适梁，梁惠王不果所言，则见以为迂远而～于事情。”王安石《上仁宗皇帝言事书》：“而今之议者，以谓迂～而熟烂者也。”❻侈大。《晋书·成公绥传》：“何阴阳之难测，伟二仪之奓～。”（奓：通“侈”。）今称富有、豪者为适。

【阔达】 kuòdá 心胸开阔，大度。《三国志·魏书·杜畿传》注引《魏略》：“畿到乡里，京兆尹张时，……与畿有旧，署为功曹。尝嫌其～～，不助留意于诸事，言此家疏诞，不中功曹也。”

【阔迥】 kuòjiǒng 广阔辽远。《论衡·祸虚》：“同车共船，千里为商，至～～之地，杀其人而并取其财。”

【阔略】 kuòlüè ❶宽恕。《三国志·吴书·诸葛恪传》：“若于小小宜适，私行不足，皆宜～～，不足缕责。”❷疏略。《后汉书·冯衍传下》：“～～杪小之礼，荡佚人间之事。”《论衡·实知》：“阴见默识，用思神秘，众人～～，寡所意识，见贤圣之名物，则谓之神。”❸减少，摆脱。《汉书·王莽传上》：“愿陛下爱精休神，～～思虑。”

【阔落】 kuòluò 疏阔，不细密。苏轼《和子由论书》：“书成辄弃去，谬被旁人裹，皆云本～～，结束入细么。”

【阔狭】 kuòxiá ❶宽窄，远近。《史记·天官书》：“此天之五官坐位也，为经，不移徙，大小有差，～～有常。”❷底细，详情。《宋书·萧思话传》：“下官近在历下，始奉国讳，所承使人，不知～～，既还在路，渐有所闻。”❸缓急。《汉书·兒宽传》：“收租税，时裁～～，与民相假贷，以故租多不入。”

【阔远】 kuòyuǎn ❶辽阔遥远。《韩非子·解老》：“众人之轻弃道理而易妄举动者，不知其祸福之深大而道～～若是也。”❷远离，疏远。《论衡·乱龙》：“犹旧交相～～，卒然相见，欢欣歌笑，或至悲泣涕。”苏洵《上富丞相书》：“不图其大而治其细，则～～于事情而无益于当世。”

廓 kuò ❶广大，宽阔。《史记·司马穰苴列传》：“余读《司马兵法》，闳～深远，虽三代征伐，未能竟其义，如其文也，亦少褒矣。”韩愈《送李愿归盘谷序》：“窈而深，～其有容；缭而曲，如往而复。”㊅心胸开阔，气度高雅。《三国志·吴书·周瑜传》：“性度恢～，大率为得人。”❷开拓，扩大。《荀子·修身》：“狭隘褊小，则～之以广大。”《后汉书·律历志中》：“徒以世宗攘夷～境，享国久长为辞。”❸阐述，发挥。《汉书·邹阳传》：“昔秦始皇有伏怒于太后，群臣谏而死者以十数，得茅焦为～大义，始皇非能说其言也，乃自强从之耳。”❹空虚，空寂。《汉书·东方朔传》：“魁然无徒，～然独居。”《淮南子·精神训》：“处大～之宇，游无极之野。”❺清除；扫除。王禹偁《桑槐公》诗：“挥手～氛霾，放出扶桑日。”曾巩《洪州诸寺观祈晴文》：“伏望～山川之曀滞，回日月之光华。”❻外部，外围。王度《古镜记》：“辰畜之外，又置二十四字，周绕轮～，文体似隶。”《徐霞客游记·楚游日记》：“北为马蹄石，皆～高里降，有同釜底。”❼规度，规划。张衡《东京赋》：“苌弘、魏舒，是～是极。”❽通“郭”。外城。白居易《初到江州》诗：“遥见朱轮来出～，相迎劳动使君公。”《清平山堂话本·霅川萧琛贬霸王》：“出到城～外，舟中坐看，满目山川似画。”

【廓处】 kuòchǔ 独居。何逊《秋夕叹白发》诗：“宵长壁立静，～～谢欢愉。”

【廓地】 kuòdì 开拓土地。《孙子·军争》：“掠乡分众，～～分利，悬权而动。”《汉书·夏侯胜传》：“孝武皇帝躬仁谊，厉威武……～～斥境，立郡县，百蛮率服，款塞自至，珍贡陈于宗庙。”

【廓恢】 kuòhuī 扩大。《三国志·魏书·高堂隆传》：“文帝受天明命，～～皇基，践阼七载，每事未遑。”

【廓开】 kuòkāi ❶开辟，开拓。张衡《西京赋》：“尔乃～～九市。”❷阐扬，阐明。《后汉书·班勇传》：“今不～～朝廷之德，而拘屯戍之费，若北虏遂炽，岂安边久长之策哉！”《三国志·吴书·鲁肃传》：“今卿～～大计，正与孤同，此天以卿赐我也。”

【廓廓】 kuòkuò ❶安定的样子。《新唐书·李密传》：“众附兵强，然后东向，指㧑豪桀，天下～～无事矣。”(抆:通“挥”。)❷广阔的样子。元好问《题张右丞家范宽秋山横幅》诗:“梯云栏干峻,～～清眺展。”

【廓落】 kuòluò ❶空旷,空寂。《楚辞·九辩》:“～～兮羁旅而无友生。”❷豁达,宽宏。《晋书·姚苌载记》:“少聪哲,多权略,～～任率,不修行业。”张说《兵部尚书代国公赠少保郭公行状》:“公少倜傥,～～有大志。”❸松散,空泛。葛洪《神仙传·王远》:“远有书与陈尉,其书～～,大而不工。”

【廓清】 kuòqīng 肃清,澄清。《宋书·王僧达传》:“幸属圣武,尅复大业,宇宙～～,四表靖安。”陆贽《李晟凤翔陇西节度兼泾原节度副元帅制》:“一鼓而凶徒慑北,再驾而都邑～～。”

【廓填】 kuòtián 书法用语之一。字经双钩之后,再一笔一笔填满。姜夔《续书谱》:“双钩之法,须得墨晕不出字外,或～～其内,或朱其背,正肥瘦之本体。”

【廓土】 kuòtǔ 开拓土地。《后汉书·朱浮传》:“六国之时,其势各盛,～～数千里,胜兵将百万,故能据国相持,多历年数。”《论衡·别通》:“汉氏～～,牧万里之外。”

髻 1. kuò 也作“髺”。❶同“括”。挽束头发。《仪礼·士丧礼》:“主人～发,袒。”

2. yuè ❷形体歪斜。《周礼·考工记·瓬人》:“凡陶瓬之事,～垦薜暴不入市。”

髺(鬠) kuò 同“髻”。挽束头发。《荀子·礼论》:“始卒,沐浴～体饭唅,象生执也。”

鞟 kuò 去毛的皮,皮革。《论语·颜渊》:“虎豹之～,犹犬羊之～。”

霩 kuò ❶雨止云收的样子。《说文·雨部》:“～,雨止云罢貌。”❷通“廓”。空旷。《淮南子·天文训》:“道始于虚～,虚～生宇宙。”

鞹 1. kuò ❶同“鞟”。去毛的皮,皮革。《诗经·齐风·载驱》:“载驱薄薄,簟茀朱～。”《文心雕龙·情采》:“虎豹无文,则～同犬羊。”❷用皮革包裹。《吕氏春秋·赞能》:“鲁君许诺,乃使吏～其拳,胶其目,盛之以鸱夷,置之车中。”

2. jué 通“彏”。❸弦急张。《太平御览·尸子》:“鸿鹄在上,扞弓～弩待之。”

L

la

垃 lā 见“垃圾”。

【垃圾】 lājī 被扔弃的脏土、废物。吴自牧《梦粱录·河舟》:“更有载～～粪土之船,成群搬运而去。”

拉 lā ❶摧折,折断。《汉书·邹阳传》:“范睢～胁折齿于魏,卒为应侯。”(脅:肋骨。)《晋书·刘元海载记》:“今见众十馀万,皆一当晋十,鼓行而摧乱晋,犹～枯耳。”❷牵挽。刘禹锡等《花下醉中联句》:“谁能～花住,争换得春回?”(争:怎么。)㉛招引。杜荀鹤《李昭象云与二三同人见访有寄》诗:“得君书后病颜开,云～同人访我来。”

【拉答】 lādá 迟钝的样子。《晋书·王沈传》:“～～者有沉重之誉,嗛闪者得清剿之声。”(嗛闪:退缩躲避。)也作“拉塔”。高则诚《琵琶记·杏园春宴》:“饿老鸱全然～～,雁翅板一发雕零。”(一发:越发,更加。)

【拉㧊】 lāluǒ 朽败,坍塌。《世说新语·任诞》:“任恺既失权势,不复自检括。或谓和峤曰:‘卿何以坐视元裒败而不救?’和曰:‘元裒如北夏门,～～自欲坏,非一木所能支。’”(检括:检点,约束。)

【拉飒】 lāsà 零乱,芜杂。《宋书·五行志二》:“太元末,京口谣曰:‘黄雌鸡,莫作雄父啼,一旦去毛衣,衣被～～栖。’”

【拉瑟】 lāsè 象声词。苏轼《偶于龙井辩才处得歙砚甚奇作小诗》:“午窗睡起人初静,时听西风～～声。”

【拉朽】 lāxiǔ 摧毁腐朽的东西。比喻轻易成功。《晋书·孙惠传》："况履顺讨逆，执正伐邪，是乌获摧冰，贲育～～。"（乌获：勇士名。贲育：孟贲、夏育，古代勇士名。）

【拉杂】 lāzá 折断，打碎。《乐府诗集·汉铙歌·有所思》："闻君有他心，～～摧烧之。"

擸 lā 同"搚"。折断。《公羊传·庄公元年》："于其乘焉，～干而杀之。"（干：肋骨。）

邋 1. lā ❶见"邋遢"。
2. liè ❷同"猎"。《石鼓文·车工》："君子员～，员～员斿。"（员：通"云"。助词。斿：古代旌旗的下垂装饰品。）

【邋遢】 lātà ❶行走的样子。王子一《误入桃源》一折："眼见得路迢遥，芒鞋～～，抵多少古道西风鞭瘦马。"（芒鞋：草鞋。）❷肮脏。《缀白裘·烂柯山·痴梦》："只是我形龌龊，身～～，衣衫蓝缕把人吓杀。"（龌龊：肮脏。）

【邋遢本】 lātàběn 南宋绍兴年间，四川所刻的七史（《宋书》、《南齐书》、《梁书》、《陈书》、《魏书》、《周书》、《齐书》），到了元代，版片大部分模糊残缺，著录家把用这类旧版印出的书称为邋遢本。又因它每半页九行，所以又称为"九行邋遢本"。

喇 lǎ 见下。

【喇叭】 lǎbā 管乐器，铜质，状如喇叭花，军中用以传达号令。戚继光《纪效新书·号令》："凡～～吹摆队伍，是要各兵即于行次每哨一聚。"

【喇嘛】 lǎmá 我国藏族、蒙族对喇嘛教僧侣的尊称，意同师傅、上人。清高宗《喇嘛说》："……盖西番语：谓'上'曰喇，谓'无'曰嘛。喇嘛者，谓'无上'，即汉语称僧为上人之意耳。"

【喇嘛教】 lǎmájiào 佛教的一派，传布于藏、蒙古、满族地区。它又分为两派，一派穿红色袈裟，称为红教；一派穿黄色袈裟，称为黄教。

剌 là ❶背逆，违背。《论衡·自纪》："故文～于俗，不合于众。"《后汉书·吕强传》："阴阳乖～，稼穑荒蔬。"（蔬：草本植物的果实。）❷刻毒，严酷。见"剌刻"。❸见"剌剌"。

【剌刻】 làkè 严酷，刻毒。《后汉书·王吉传》："视事五年，凡杀万馀人，其馀惨毒～～，不可胜数。"（视事：任职。）

【剌剌】 làlà 象声词，风声。李商隐《送千牛李将军赴阙五十韵》："去程风～～，别夜漏丁丁。"（丁丁：漏滴声。）

【剌戾】 làlì 背逆。《盐铁论·刺复》："当世之工匠，不能调其凿枘，则改规矩；不能协声音，则变旧律。是以凿枘～～而不合，声音泛越而不和。"（凿：榫眼，卯眼。枘：榫头。泛越：浮泛而不合音律。）

【剌谬】 làmiù 违背。司马迁《报任少卿书》："今少卿乃教以推贤进士，无乃与私心～～乎？"

腊[1]（臘、臈） là ❶祭祀名，年终总祭百神，始于周代。《左传·僖公五年》："宫之奇以其族行，曰：'虞不～矣。'"（宫之奇：人名。虞：国名。）《三国志·吴书·丁奉传》："恐人心不同，不可卒制，可因～会，有陛下兵以诛之也。"（卒：通"猝"。）❷夏历腊月或冬季腌制的肉品，即腊肉。参看陈元靓《岁时广记·煮腊肉》。❸年终。元稹《酬复言长庆四年元日郡斋感怀见寄》："～尽残销春又归，逢新别故欲沾衣。"❹剑的两刃。《周礼·考工记·桃氏》："桃氏为剑，～广二寸有半寸。"（有：通"又"。）❺极点。《国语·郑语》："天之生此久矣，其为毒也大矣，将俟淫德而加之焉，毒之酋～者，其杀也滋速。"（此：指褒姒。酋：精熟，成熟。）❻僧侣受戒后每过一年为"一腊"。贯休《天台老僧》诗："僧中九十～，云外一生心。"《景德传灯录》卷四："[法融禅师]寿六十四，～四十一。"

【腊鼓】 làgǔ 古代民俗，在腊日或腊前一天击鼓来驱疫。《吕氏春秋·季冬》高诱注："今人～～岁前一日击鼓驱疫，谓之逐除是也。"宗懔《荆楚岁时记》："十二月八日为腊日，谚言：'～～鸣，春草生。'村人并击细腰鼓，戴胡头，及作金刚力士以逐疫。"

【腊破】 làpò 年终。杜甫《白帝楼》诗："～～思端绮，春归待一金。"杜牧《奉和白相公……呈上三相公长句四韵》："行看～～好年光，万寿南山对未央。"（未央：宫殿名。）

【腊日】 làrì 古代年终总祭百神之日。宗懔《荆楚岁时记》："十二月八日为～～。"杜甫《腊日》诗："～～常年暖尚遥，今年～～冻全销。"

【腊月】 làyuè 夏历十二月。《史记·陈涉世家》："～～，陈王之汝阴。"王维《山中与裴秀才书》："近～～下，景气和畅，故山殊可过。"（下：末尾。故山：旧居之山。过：访问。）

【腊八日】 làbārì 夏历十二月初八日。相传这一天是释迦牟尼成道的日子，佛寺要在这天诵经，煮腊八粥供佛。宋代以这天为浴佛日。

瘌 là ❶疼痛。《说文·疒部》："～，楚人谓药毒曰痛～。"❷癞，疥。见《集韵》。

辣 là ❶辛味，像姜、蒜等有刺激性的味道。玄应《一切经音义·解节经·辛辣》引《通俗文》："辛甚曰辢。"（辢：同"辣"。）❷狠毒。见"辣手"。

【辣手】 làshǒu 厉害的手段。王义山《送按察王佥事除行台察院》诗："衹为外台要精采，更烦～～大支撑。"《京本通俗小说·错斩崔宁》："怎么便下得这等狠心～～？"

【辣挞】 làtà 日出时光芒四射。陈郁《藏一话腴》："艺祖微时《日诗》云：'欲出未出光～～，千山万山如火发。须臾走向天上来，逐却残星赶却月。'"（艺祖：指宋太祖赵匡胤。微时：还没显达之时。）

【辣阘】 làtà 同"邋遢"。肮脏，不整洁。项安世《钓台》诗："～～山头破草亭，衹须此地了生平。"（了：了结。）

辢 là "辣"的古字。

蜡[1]（蠟） là ❶动物、植物或矿物所产生的脂质，如蜂蜡、米糠蜡、石蜡。❷蜡烛的简称。李商隐《无题》诗之一："～照半笼金翡翠，麝熏微度绣芙蓉。"❸以蜡涂物。皮日休《屧步访鲁望不遇》诗："雪晴墟里竹欹斜，～屐徐吟到陆家。"（屐：木屐。）❹淡黄如蜡的颜色。如蜡梅。

【蜡本】 làběn 用涂蜡的绢来临摹的画。米芾《画史》："颍州公库，顾恺之《维摩百补》，是唐杜牧之摹寄颍守本者。……余与颍签善，托寻善工摹，须切记似，凡三寄～～，无一笔似者。"（守：郡守。签：签判，官名。）

【蜡炬】 làjù 蜡烛。杜甫《陪章留后侍御宴南楼》诗："出号江城黑，题诗～～红。"李商隐《无题》诗："春蚕到死丝方尽，～～成灰泪始干。"

【蜡泪】 làlèi 蜡烛燃烧时滴下的蜡油。皮日休《醉中先起李縠戏赠走笔奉酬》诗："麝烟冉冉生银兔，～～涟涟滴绣闺。"（银兔：月亮。）《旧唐书·柳公权传》："每浴堂召对，继烛见跋，语犹未尽，不欲取烛，宫人以～～揉纸继之。"（跋：火炬或蜡烛燃烧时的剩馀部分。）

【蜡书】 làshū 封在蜡丸中的书信，以防泄密或潮湿。陆游《追忆征西幙中旧事》诗之四："关辅遗民意可伤，蜡封三寸绢书黄。"（关：关中。辅：京城地区。）《宋史·李显忠传》："显忠至东京，刘麟喜之，授南路钤辖，乃密遣其客雷灿以～～赴行在。"（钤辖：武官名。行在：帝王所至之地。）

【蜡诏】 làzhào 藏在蜡丸中的诏书，即秘密的诏书。《资治通鉴·后唐庄宗同光元年》："梁主登建国楼，面择亲信厚赐之，使衣野服，赍～～，促段凝军。"（赍：携带。段凝：人名。）

镴（鑞、鑞） là 锡和铅的合金，俗称焊锡。《尔雅·释器》："锡谓之钥。"郭璞注："白～。"王实甫《西厢记》四本二折："呸！你是个银样～枪头。"

lai

来（來） 1. lái ❶小麦。《诗经·周颂·思文》："贻我～牟，帝命率育。"（贻：赠送。牟：大麦。率：遵循。）❷由彼至此，由远及近。与"去"、"往"相对。《周易·系辞下》："日往则月～，月往则日～。"《孟子·梁惠王上》："王曰：'叟，不远千里而～，亦将有以利吾国乎？'"《论衡·实知》："狌狌知往，鳱鹊知～，禀天之性，自然者也。"（狌狌：猩猩。鳱鹊：喜鹊。禀：承受。）❸回。《周易·杂卦》："萃聚，而升不～也。"（萃：《周易》中的卦名。聚集的意思。）❹招致。《庄子·应帝王》："且也虎豹之文～田。"（田：畋猎。）《史记·孔子世家》："孔子曰：'政在～远附迩。'"（附：使归附。迩：指近处的人。）❺将来，来日。《论语·微子》："往者不可谏，～者犹可追。"《荀子·解蔽》："不慕往，不闵～。"（闵：忧虑。）《后汉书·光武十王传》："前事之不忘，～事之师也。"❻表示从过去某时一直到现在，等于说"以来"。《孟子·公孙丑下》："由周而～，七百有馀岁矣。"《战国策·秦策二》："今大国之地半天下，有二垂，此从生民以～，万乘之地未尝有也。"（垂：边陲。二垂：指秦国占领了楚国郢都等地。）杜甫《曲江》诗之二："酒债寻常行处有，人生七十古～稀。"❼表示大约的数字。杜牧《书情》诗："谁家洛浦神，十四五～人。"道原《景德传灯录》卷十二："师云：'有多少徒众？'云：'七十～人。'"❽助词。1）宾语提前时置于谓语之前，用以强调宾语。《诗经·邶风·谷风》："不念昔者，伊余～塈。"（伊：唯。塈：通"忾"。怒。）又《小雅·四牡》："岂不怀归，是用作歌，将母～谂。"（是用：因此。将：养。谂：思念。）2）凑音节。《古今杂剧·冤家债主》二折："常言道好人～不长寿，这一场烦恼怎干休。"❾语气词。表祈使、劝勉，略等于"吧"、"啦"。《孟子·离娄上》："盍归乎～！"（盍：何不。）《庄子·人间世》："虽然，若必有以也，尝以语我～。"（若：你。以：理由。）陶渊明《归去来兮辞》："归去～兮，田园将芜胡不归？"❿姓。东汉有～歙，唐代有～俊臣。

2. lài ⓫见"劳来"。

【来宾】　láibīn　❶留住宾客。《礼记·月令》："季秋之月，……鸿雁～～。"今语指客人。❷远方的人来归附。班固《东都赋》："自孝武之所不征，孝宣之所未臣，莫不陆詟水慄，奔走而～～。"（孝武：汉武帝。孝宣：汉宣帝。詟：恐惧。）❸县名。唐乾封元年设置，在今广西壮族自治区。

【来复】　láifù　反复，回复。《周易·复》："反复其道，七日～～，天行也。"古人认为阴阳是轮番消长的，阳气由衰落到复原需经历七天，后因称七曜日（一周）为一～～，并称"日曜日"（星期日）为来复日。

【来妇】　láifù　媳妇祭公、婆时的自称。《礼记·曾子问》："三月庙见称～～也。"

【来格】　láigé　降临。《尚书·益稷》："戛击鸣球，搏拊、琴瑟以咏，祖考～～。"（戛击：敲打。指敲打柷、敔这两种乐器。球：指用美玉做的磬。搏拊：像腰鼓的乐器。）《礼记·月令》："暴风～～，秀草不实。"

【来古】　láigǔ　从古以来。《史记·太史公自序》："比《乐书》以述～～，作《乐书》第二。"

【来归】　láiguī　❶回来。《诗经·小雅·六月》："～～自镐，我行永久。"❷归附，归顺。《汉书·高帝纪下》："吏民非有罪也，能去豨、黄～～者，皆赦之。"（豨：陈豨。黄：王黄。）❸被夫家遗弃的妇女返回娘家。《左传·庄公二十七年》："凡诸侯之女，归宁曰来，出曰～～。"

【来今】　láijīn　从今以后。《淮南子·齐俗训》："往古～～谓之宙，四方上下谓之宇。"

【来贶】　láikuàng　❶有所赐予。司马相如《子虚赋》："足下不远千里，～～齐国。"也作"来况"。见《史记·司马相如列传》。❷对朋友来信的尊称。《后汉书·赵壹传》："辄诵～～，永以自慰。"

【来暮】　láimù　对官吏的称颂之词。《后汉书·廉范传》："廉范字叔度。……旧制，禁民夜作以防火灾，而更相隐蔽，烧者日属。范迺毁削先令，但严使储水而已，百姓为便，迺歌之曰：'廉叔度，来何暮，不禁火，民安作，平生无襦今五袴。"（属：接连不断。襦：短衣。袴：同"裤"。）白居易《张平叔可京兆少尹知府事制》："前后历掾邑，宰郡守，而去思～～之谣，继闻于人听焉。"（掾：僚属，属官。去思：对离职官吏的怀念。）

【来舍】　láishè　（精神）集中，安定。《庄子·知北遊》："摄汝知，一汝度，神将～～。"（摄：收敛。知：指私心。度：指形貌。）

【来世】　láishì　❶后世，后代。《尚书·仲虺之诰》："予恐～～以台为口实。"（台：我。）❷来生。《金刚经》："汝于～～当得作佛，号释迦牟尼。"

【来苏】　láisū　得到拯救，得以安息。王俭《与豫章王嶷笺》："江汉～～，八州慕义。"

【来孙】　láisūn　玄孙之子，从自己算起的第六代。《尔雅·释亲》："孙之子为曾孙，曾孙之子为玄孙，玄孙之子为～～。"林景熙《题陆放翁诗卷后》诗："～～却见九州同，家祭如何告乃翁。"后泛指远代孙辈。

【来庭】　láitíng　来到朝廷，指朝见天子，表示臣服。《诗经·大雅·常武》："四方既平，徐方～～。"（徐方：古国名。）《汉书·叙传下》："龙荒幕朔，莫不～～。"（龙：龙城，指匈奴。荒：僻远地区。幕：通"漠"。沙漠。）

【来王】　láiwáng　诸侯定期朝见天子，表示臣服。《尚书·大禹谟》："无怠无荒，四夷～～。"《诗经·商颂·殷武》："莫敢不来享，莫敢不～～。"（享：奉献。）

【来享】　láixiǎng　藩属国进贡。《诗经·商颂·殷武》："莫敢不～～，莫敢不来王。"参见"来王"。

【来飨】　láixiǎng　鬼神享用祭品。《诗经·商颂·烈祖》："来假～～，降福无疆。"（假：来到。假，通"格"。字或作"徦"。）

【来仪】　láiyí　❶《尚书·益稷》："箫韶九成，凤凰～～。"（韶：舜时音乐名。成：演奏完一个乐曲。仪：仪容，指起舞。）后来用作凤凰的代称。扬雄《剧秦美新》："～～之鸟，肉角之兽，狙犷而不臻。"（肉角之兽：指麒麟。狙犷：惊恐而远逃。）❷比喻卓越的人才。刘桢《赠从弟》诗之三："何时贯～～，将须圣明君。"（须：等待。）

【来由】　láiyóu　❶缘故，来历。《南齐书·朱谦之传》："张绪、陆澄是其乡旧，应具～～。"白居易《浔阳春》诗之一："先遣和风报消息，续教啼鸟说～～。"❷结果。关汉卿《救风尘》："他便初间时有些志诚，临老也没有～～。"

【来远】　láiyuǎn　招致远方之人。《韩非子·难三》："叶民有倍心，而说之悦近而～～，则是教民怀惠。"（叶：地名。倍：通"背"。背逆。）《史记·孔子世家》："孔子曰：'政在～～附迩。'"（附：使归附。迩：指近处的人。）

【来兹】　láizī　❶来年。《吕氏春秋·任地》："今兹美禾，～～美麦。"（兹：年。）❷今后。《古诗十九首》之十五："为乐当及时，何能待～～。"

采

lái　见 cǎi。

郲（郲）

lái　春秋时郑国地名，在今河南郑州西北。《左传·隐公十一年》："夏，公会郑伯于～。"

倈（倈） 1. lái ❶通"来"。《论语·子张》："绥之斯～，动之斯和。"（绥：安抚。动：动员。）《楚辞·哀时命》："往者不可扳援兮，～者不可与期。"（扳：攀引。）《汉书·董仲舒传》："自古以～，未尝有以乱济乱，大败天下之民如秦者也。"（济：增加。败：残害。）❷小厮，僮仆。王骥德《曲律·论部色》："小厮曰～。"㉑杂剧中扮演僮仆的角色。王实甫《西厢记》二本四折："～云：'奶奶知道你和姐姐去花园里去，如今要打你哩。'"也称"倈儿"。❸助词，无义。《元曲选·冤家债主》二折："常言道好人～不长寿，这一场烦恼怎干休？"

2. lài ❹见"劳来"。

涞（淶） lái 涞水，即今拒马河，源出河北广昌涞山，流经河北省中部。《周礼·夏官·职方氏》："其川虖池、呕夷，其浸～、易。"（虖池、呕夷、易：都是水名。浸：湖沼，大水。）

庲（庲） lái ❶房屋。《广雅·释宫》："～，舍也。"❷地名用字。云南曲靖县有庲降镇。

莱（萊） lái ❶草名，即藜。《诗经·小雅·南山有台》："南山有台，北山有～。"（台：通"苔"。草名。）㉑杂草。《后汉书·马融传》："林衡戒田，焚～柞木。"（林衡：主管山林的官员。柞：砍树。）❷杂草丛生。《诗经·小雅·楚茨序》："政烦赋重，田～多荒。"❸除草。《周礼·地官·山虞》："若大田猎，则～山田之野。"❹休耕田。《周礼·地官·县师》："掌邦国都鄙稍甸郊里之地域，而辨其夫家人民田～之数。"（国：国都。鄙：小邑。稍、甸、郊：都是距国都较远的地区。夫家：男女。）❺古国名。姜姓，地在今山东黄县东南莱子城。《左传·襄公六年》："十一月，齐侯灭～。"

【莱服】 láifú 犹言"莱衣"。楼钥《送郑惠叔司封江西提举》诗："仰奉鹤发亲，版舆映～～。"（版舆：车名，常用作在官而迎奉其父母的典故。）

【莱妇】 láifù 犹言"莱妻"。陶渊明《与子俨等疏》："但恨邻靡二仲，室无～～，抱兹苦心，良独罔罔。"（靡：无。二仲：指羊仲和裘仲二人。罔罔：失意的样子。）

【莱妻】 láiqī 老莱子之妻，后用作贤妻的代称。据刘向《列女传》，春秋时楚王想聘用隐士老莱子，其妻告诫说："可食以酒肉者，可随以鞭捶；可授以官禄者，可随以铁钺。今先生食人酒肉，受人官禄，为人所制也，能免于患乎？"于是夫妻二人逃往江南。庾信《和裴仪同秋日》："蒙吏观秋水，～～纺落毛。"（蒙吏：指庄子。秋水：庄子在《秋水》篇中以秋水为喻论证万物齐一的道理。落毛：鸟兽脱落之毛。）白居易《晚秋》诗："～～卧病月明时，不捣寒衣空捣药。"

【莱衣】 láiyī 老莱子所穿的五彩衣，后指年老仍能孝顺父母。《艺文类聚》引刘向《列女传》："老莱子孝养二亲，行年七十，婴儿自娱，着五色采衣。尝取浆堂上，跌仆，因卧地为小儿啼。"李白《献中书汤舍人》诗："銮殿对时亲舜日，鲤庭过处着～～。"（舜日：指太平盛世。鲤：孔子的儿子。孔鲤过庭时，孔子曾要求他学诗学礼。）

崃（崍） lái 崃山，即邛崃山，在四川雅安西，大渡河东。

徕（徠） 1. lái ❶来。《楚辞·大招》："魂乎归～，无东无西，无南无北只。"（只：语气词。）《汉书·礼乐志》："天马～，从西极。"颜师古注："～，古往来字也。"（天马：良马。西极：指大宛国。）❷招之使来。见"招徕"。

2. lài ❸通"勑"。慰劳。《隋书·律历志中》："于是高祖引孝孙、胄玄等，亲自劳～。"

厉 lài 见lì。

勑

1. lài ❶慰勉。见"劳来"。

2. chì ❷同"敕"、"勅"。整顿。《周易·噬嗑》："先王以明罚～法。"《后汉书·张衡传》："夕惕若厉以省諐兮，惧余身之未～也。"（厉：危险。諐："愆"的古字，过失。）❸诏命，皇帝的命令。《北齐书·宋游道传》："～至，市司犹不许，游道杖市司，勒使速传。"（市司：管理市场的官员。）

赉（賚） lài 赏赐，给予。《尚书·汤誓》："尔尚辅予一人，致天之罚，予其大～汝。"（尚：希望。）《后汉书·朱祐传》："以有旧恩，数蒙赏～。"

【赉假】 làijià 给予假期。《梁书·徐勉传》："勉以疾自陈，求解内任，诏不许。……脚疾转剧，久缺朝觐，固陈求解，诏乃～～，须疾差还省。"（觐：秋天朝见天子。差：通"瘥"。病愈。须：等待。）

睐（睞） lài ❶瞳仁不正。《说文·目部》："睐，目童子不正也。"❷旁视，顾盼。曹植《洛神赋》："明眸善～，靥辅承权。"（眸：眼珠。靥辅：脸上酒窝。权：两颊。）潘岳《射雉赋》："瞵睅目以旁～。"（瞵：瞪眼看。睅：眼大突出的样子。）

赖（賴） lài ❶依靠，凭借。《楚辞·九辩》："赖皇天之厚德兮，还及君之无恙。"《后汉书·明帝纪》："夫万乘至重而壮者虑轻，实～有德左右小子。"（左右：帮助。）❷赢利，利益。《国语·齐语》："相语以利，相示以～。"又《晋语一》："且夫胜翟，诸侯惊惧，吾边鄙不儆，仓廪盈，四邻服，封疆信，君得其～。"（翟：同"狄"。儆：紧急。）❸抵赖，诬陷。《三国演义》二十三回："你回避了众人，六人在一处画字，如何～得？"❹通"癞"。恶疮。《史记·刺客列传》"豫让又漆身为厉"索隐："疠音～，～，恶疮病也。……厉、～声相近，古多假'厉'为'～'。"❺姓。汉代有赖丹、赖先。

【赖利】　làilì　受利。《新唐书·李宪传》："宪滨汾相地治新仓，当费二百万，请留垣县粟杂河南，以钱还籴绛粟，既免负载劳，又权其赢以完新仓，绛人～～。"（相：勘察。绛：地名。）

濑（瀨）　lài　❶激扬而急流的浅水。《说文·水部》："～，水流沙上也。"《楚辞·九歌·湘君》："石～兮浅浅，飞龙兮翩翩。"《论衡·书虚》："溪谷之深，流者安洋；浅多沙石，激扬为～。"（安洋：平稳。）❷水名。濑水，即溧水，流经江苏溧阳。又，广西荔浦县也有濑水。

癞（癩）　lài　恶疮，麻风病。《诸病源候论》有"癞病候"。

籁（籟）　lài　❶三孔管乐器。《说文·竹部》："～，三孔龠也。"（龠：管乐器。）一说箫。《庄子·齐物论》："女闻人～而未闻地～，女闻地～而未闻天～夫！"疏："～，箫也。"❷自然界发出的声音。常建《题破山寺后禅院》诗："万～此都寂，但馀钟磬声。"（磬：玉或石质乐器。）

lan

兰（蘭）　lán　❶兰草，一名蕳、泽兰。古书所称之兰，多指此。《左传·宣公三年》："郑文公有贱妾曰燕姞，梦天使与己～。"《楚辞·离骚》："扈江离与辟芷兮，纫秋～以为佩。"（扈：披着。离、芷：都是香草名。辟："僻"的古字，幽僻。）❷兰花，多年生草本花卉，气味幽香。品种繁多，有春兰、寒兰、蕙兰、建兰等。❸木兰，香树名。《楚辞·离骚》："朝搴阰之木～兮，夕揽洲之宿莽。"（搴：拔取。阰：山名。宿莽：经冬不死的草。）苏轼《赤壁赋》："桂棹兮～桨，击空明兮溯流光。"（棹：桨的一种。）❹通"栏"。栅栏。《后汉书·东夷传》："复徙于马～，马亦如之。"❺兵器架。张衡《西京赋》："武库禁兵，设在～锜。"（锜：盛放弓弩的兵器架。）❻通"阑"。阻隔。《战国策·魏策三》："晋国之去梁也，千里有馀，河山以～之，有周韩而间之。"一本作"阑"，《史记·魏世家》也作"阑"。❼通"斓"。斑斓，色彩灿烂。《后汉书·南蛮西南夷传序》："于是使迎致诸子，衣裳班～，语言侏离，好入山壑，不乐平旷。"（侏离：语言难辨。）《三国志·吴书·孙权传》："吴中童谣曰：'黄金车，班～耳，闿昌门，出天子。'"（闿昌门：吴西城门。）❽姓。春秋时郑穆公名兰，后裔以之为氏。南北朝梁有兰子云。

【兰艾】　lán'ài　兰草与艾蒿。兰香艾臭，比喻君子和小人、贵和贱、善和恶。《晋书·孔坦传》："～～同焚。"《宋书·沈攸之传》："交战之日，～～难分，土崩倒戈，宜为蚤计。"（蚤：通"早"。）

【兰单】　lándān　精疲力尽的样子。单，通"殚"，尽。束皙《近游赋》："乘筚辂之偃蹇，驾～～之疲牛。"（筚辂：荆竹编的车子。偃蹇：困顿。）卢照邻《释疾文》："草木扶疏兮如比，余独～～兮不自胜。"（扶疏：枝叶繁茂的样子。）也作"阑单"，参见该条。

【兰甸】　lándiàn　长有兰草的郊原。颜延之《应诏谶曲水作》诗："幙帷～～，画流高陛。"（幙：帐幕。画流：分流。）

【兰芳】　lánfāng　比喻贤德、贤人。《楚辞·招魂》："结撰至思，～～假些。"（撰：述。至思：指思慕贤人的深情。假：到来。些：句尾语气词。）《宋书·乐志》："济济多士，同兹～～。"

【兰房】　lánfáng　❶学舍。曹植《离友》诗之一："迄魏都兮息～～，展宴好兮惟乐康。"❷妇女居室。潘岳《哀永逝文》："委～～兮繁华，袭穷泉兮朽壤。"（穷泉：墓穴。袭：还归。）

【兰釭】　lángāng（又 lángōng）　用泽兰炼的油点的灯。王融《幔诗》："但愿置樽酒，～～当夜明。"也作"兰缸"。

【兰皋】　lángāo　长有兰草的泽边地。《楚辞·离骚》："步余马于～～兮，驰椒丘且焉止息。"（椒丘：长有花椒的山丘。焉：于此。）

【兰交】　lánjiāo　《周易·系辞上》："二人同心，其利断金；同心之言，其臭如兰。"（臭：香气。）后因以兰交称知己。李峤《被》诗："～～聚北堂。"

【兰襟】　lánjīn　❶香美的衣襟。班婕妤《捣素赋》："侈长袖于妍袂，缀半月于～～。"（袂：衣袖。）❷良友。卢照邻《哭明堂裴主簿》诗："遽痛～～断，徒令宝剑悬。"

【兰筋】　lánjīn　马眼睛上的筋，后指千里马。陈琳《为曹洪与魏文帝书》："及整～

～，挥劲翮，陵厉清浮，顾盼千里，岂可谓其借翰于晨风，假足于六驳哉?”(陵厉：指高飞。清浮：指天空。翰：指翅膀。晨风：鹯鸟。驳：猛兽名。)李白《天马歌》：“嘶青云，振绿发，～～权奇走灭没。”(绿发：乌黑发亮的鬃毛。权奇：非凡。灭没：无影无声。)

【兰客】 lánkè 指良友。浩虚舟《陶母截发赋》：“～～方来，蕙心斯至。”(蕙心：喻女子善良之心。)

【兰梦】 lánmèng 《左传·宣公三年》：“郑文公有贱妾曰燕姞，梦天使与己兰，曰：‘余为伯儵。余，而祖也，以是为而子。’……生穆公，名之曰兰。”(伯儵：天使之名。而：你的。)后因以兰梦或梦兰为怀孕或生子的吉兆。周之翰《为律聚妻判》：“言其孕子，如逢～～之征。”

【兰谱】 lánpǔ 旧时好友结为兄弟时交换的谱帖，称为金兰谱，简称兰谱。取义于《周易·系辞上》：“二人同心，其利断金；同心之言，其臭如兰。”又，科举时代一起考中的人称同兰谱。

【兰秋】 lánqiū 夏历七月。谢惠连《与孔曲阿别》诗：“凄凄乘～～，言饯千里舟。”《初学记·梁元帝〈纂要〉》：“七月孟秋，首秋，上秋，肇秋，～～。”

【兰若】 lánrě 梵语“阿兰若”的省称，意为寂静处。后泛指寺庙。杜甫《谒真谛寺禅师》诗：“～～山高处，烟霞障几重。”

【兰若】 lánruò 兰和杜若，两种香草。张九龄《临泛东湖时任洪州》诗：“岁徂风露严，日恐～～剪。”李白《题嵩山逸人元丹丘山居》诗：“尔能折芳桂，吾亦采～～。”

【兰省】 lánshěng 即兰台。韦应物《答僩奴重阳二甥》诗：“一朝忝～～，三载居远藩。”(忝：羞辱。)

【兰时】 lánshí 良时，指春季。陆机《拟庭中有奇树》诗：“欢友～～往，迢迢匿音徽。”(音徽：美好的音乐，这里指朋友的声音。)

【兰石】 lánshí 兰草和石头，喻人之品德芳洁坚定。《三国志·魏书·公孙渊传》注引《魏略》：“渊生有～～之姿，少含恺悌之训。”(恺悌：和乐平易。)潘尼《益州刺史杨恭侯碑》：“禀天然不渝之操，体～～芳坚之质。”(禀：禀持。渝：变易。)

【兰室】 lánshì 芳洁的居室。张华《情诗》之一：“佳人处遐远，～～无容光。”王勃《送李十五序》：“山芳袭吹，疑居～～之中；水树含香，宛似枫江之上。”

【兰台】 lántái ❶战国时楚国台名。宋玉《风赋》：“楚襄王遊于～～之宫。”❷汉代宫廷藏书处，由御史大夫的属官御史中丞主管，后设兰台令史。东汉时御史台也称兰台。《后汉书·杨终传》：“杨终字子山，……为郡小吏，太守奇其才，遣诣京师受业，习《春秋》，显宗时，征诣～～。”❸因东汉史官班固曾任兰台令史，后代遂称史官为兰台。唐高宗时改秘书省为兰台，所以唐代诗文中常称秘书省为兰台或兰省。白居易《秘书省中忆旧山》诗：“犹喜～～非傲吏，归时应免动移文。”(移文：一种平行公文的名称。)

【兰汤】 lántāng 芳香的热水。《楚辞·九歌·云中君》：“浴～～兮沐芳，华采衣兮若英。”(若：杜若，香草名。)

【兰畹】 lánwǎn 《楚辞·离骚》：“余既滋兰之九畹兮，又树蕙之百亩。”(畹：十二亩。)后因称兰圃为兰畹。江淹《金灯草赋》：“是以移馥～～，徙色曲池。”(馥：香。曲池：地名，即曲江池。)

【兰味】 lánwèi 比喻意趣相投。骆宾王《上梁明府启》：“志合者蓬心可采，情谐者～～宁忘。”(蓬心：喻浅陋的见解。)

【兰熏】 lánxūn 兰草散发香气，比喻人的品德芳洁。颜延之《祭屈原文》：“～～而摧，玉缜则折。”(缜：致密。)刘峻《广绝交论》：“颜冉龙翰凤雏，曾史～～雪白。”(颜：颜渊。冉：冉有。龙翰、凤雏：比喻贤德。曾：曾参。史：史鱼。)

【兰讯】 lánxùn 对别人书信的美称。《南史·谢弘微传》：“通远怀清悟，采采摽～～。”(通远：谢瞻的字。)

【兰言】 lányán 《周易·系辞上》：“二人同心，其利断金；同心之言，其臭如兰。”(臭：香气。)后因以兰言喻情投意合的言语。骆宾王《上齐州张司马启》：“挹～～于断金，交蓬心于匪石。”(挹：取。蓬心：鄙陋的心意。匪石：比喻意志坚定。)

【兰夜】 lányè 即夏历七月初七夜。谢朓《七夕赋》：“嗟～～之难永，泣会促而怨长。”(促：短暂。)

【兰玉】 lányù 芝兰玉树，对别人子弟的美称。《世说新语·言语》：“谢太傅问诸子侄：‘子弟亦何预人事，而正欲使其佳?’诸人莫有言者。车骑答曰：‘譬如芝兰玉树，欲使其生于阶庭耳。’”(车骑：指谢玄。)钟嵘《诗品·宋法曹参军谢惠连》：“小谢才思富捷，恨其～～夙凋，故长辔未骋。”(小谢：谢惠连。夙凋：早死。辔：马缰。)元好问《题苏氏宝章》诗：“二老风流有典刑，诸郎～～映堦庭。”(风流：风范。刑：“型”的古字。)

【兰月】 lányuè 夏历七月。《乐府诗集·杂曲歌辞·法寿乐之二》："常耀掩芳霄，薰风镜～～。"(薰风：和风。镜：一作"动"。)

【兰藻】 lánzǎo 兰草和水藻，喻文词雅丽。谢灵运《拟魏太子邺中集诗·平原侯植》："众宾悉精妙，清辞洒～～。"

【兰章】 lánzhāng 高雅的文章，多用以美称别人的诗文。韦应物《答贡士黎逢》诗："～～忽有赠，持用慰所思。"

【兰兆】 lánzhào 怀孕生男的兆头。骆宾王《代郭氏答卢照邻》诗："离前吉梦成～～，别后啼痕上竹生。"

【兰子】 lánzǐ 江湖艺人。《列子·说符》："宋有～～者，以技干宋元，宋元召而使见。"(干：求。宋元：宋元君。)《文苑英华》卷二十引无名氏《空赋》："若士九垓以冥期，～～七剑以寥亮。"(若士：指有道之士。九垓：天空极高处。寥亮：嘹亮。)

【兰摧玉折】 láncuīyùzhé ❶宁可清白而死，不能污浊求荣。《世说新语·言语》："毛伯成既负其才气，常称宁为～～～～，不作萧敷艾荣。"(萧、艾：都是蒿草，常用以比作小人。敷：指茂盛。)❷好人早死。《隋书·列女传序》："观夫今之静女，各励松筠之操，甘于～～～～，足以无绝今古。"(静女：闲雅安详的女子。筠：竹。)亦作"玉折兰摧"。王世贞《哭醉石山人朱察卿》诗之一："岁逢单阏日逢斜，～～～～重可嗟。"(单阏：卯年。)

【兰心蕙性】 lánxīnhuìxìng 像兰草和蕙草一样芳洁的品格，常用以称誉妇女雅静的品质。马致远《青杏子·姻缘》曲："标格江梅清秀，腰肢宫柳轻柔，宜止～～～～。"(标格：风度。)洪昇《长生殿·絮阁》："恁～～～～，漫多度料，把人无端奚落。"(恁：这样。)

【兰熏桂馥】 lánxūnguìfù 兰草桂树的香气久溢，比喻人的恩德长存。骆宾王《上齐州张司马启》："常山王之玉润金声，博望侯之～～～～。"(玉润金声：喻声誉远扬。)后也用来指人的后裔昌盛。

【兰因絮果】 lányīnxùguǒ 前因似兰一样美好，结果却像飞絮一样飘荡，喻婚初美满，结局离散。《虞初新志·小青传》："～～～～，现业谁深。"龚自珍《丑奴儿令》词："～～～～从头问，吟也凄迷，掐也凄迷，梦向楼心灯火归。"

岚(嵐) lán 林中雾气。王维《送方尊师归嵩山》诗："瀑布杉松常带雨，夕阳彩翠忽成～。"

【岚翠】 láncuì 山间青绿色雾气。杜牧《陆州雨霁》诗："水声侵笑语，～～扑衣裳。"

【岚气】 lánqì 山林间的雾气。谢灵运《晚出西射堂》诗："晓霜枫叶丹，夕曛～～阴。"(曛：落日馀辉。)

【岚岫】 lánxiù 雾气笼罩的山峰。李中《思湓渚旧居》诗："寒翠入簷～～晓，冷声萦枕野泉秋。"

拦(攔) lán ❶通"栏"。栏杆。《广韵·寒韵》："～，阶际木句～，亦作阑。"❷遮挡，阻挡。杜甫《兵车行》："牵衣顿足～道哭，哭声直上干云霄。"(干：冲达。)❸当，对准。《红楼梦》八十一回："倒象背地里有人把我～头一棍，疼的眼睛前头漆黑。"

栏(欄) 1. lán ❶栏杆。杜牧《阿房宫赋》："直～横槛，多于九土之城郭。"(九土：九州之土。)㉛牲畜圈。《墨子·非攻上》："至入人～厩，取人马牛者，其不仁义又甚攘人犬豕鸡豚。"(厩：马棚。攘：偷。)嵇康《宅无吉凶摄生论》："夫一棲之鸡，一～之羊，宾至而有死者，岂居易哉？"❷书版、画幅或织物等的行格和界格。李肇《国史补》卷下："宋亳间有织成界道绢素，谓之乌丝～、朱丝～。"(亳：地名。)

2. liàn ❸木名，即楝。《周礼·考工记·㡛氏》："涑帛以～为灰。"(涑：煮丝使熟。)

【栏干】 lángān 用竹木等做成的格状拦隔物。元稹《连昌宫词》："上皇方在望仙楼，太真同凭～～立。"(太真：杨贵妃。)也作"栏杆"。白居易《寄湘灵》诗："遥知别后西楼上，应凭～～独自愁。"

【栏杆】 lángān 见"栏干"。

【栏槛】 lánjiàn 即栏杆。《后汉书·爰延传》："帝曰：'昔朱云廷折～～，今侍中面称朕违，敬闻阙矣。'"(廷：朝廷。侍中：官名，指爰延。阙：过失。)高適《酬河南节度使贺兰大夫见赠之作》诗："高阁凭～～，中军倚旆旗。"(旆：旗帜。)

【栏楯】 lánshǔn 即栏杆。直的为栏，横的为楯。《史记·袁盎晁错列传》"百金之子不骑衡"索隐："《纂要》云'宫殿四面栏，纵者云槛，横者云楯'也。"(骑：倚靠。衡：栏杆。)《南史·萧正义传》："正义乃广其路，傍施～～。"

厱(厱) 1. lán ❶即厱诸。磨石。《说文·厂部》："～诸，治玉石也。"朱骏声《说文通训定声·谦部》："厉石青者曰～，赤者曰礛。"(厉：磨刀石。)也作礛诸。

2. qiān ❷山崖和岸边的空地。郭璞《江赋》："猨獭睒睗乎～空。"(猨：小獭。睒睗：猝然惊看的样子。)

婪 lán 贪心。《楚辞·离骚》："众皆竞进以贪～兮，凭不厌乎求索。"（注："爱财曰贪，爱食曰婪。"进：做官。凭：满。）

【婪酣】 lánhān 贪食。韩愈《月蚀诗效玉川子作》："～～大肚遭一饱，饥肠彻死无由鸣。"陈造《谢韩幹送丝糕》诗："～～得饱问便（pián）腹，如汝平生相负何？"（便腹：腹部肥满。）

【婪婪】 lánlán 贪心的样子。潘岳《马汧督诔》："～～群狄，豺虎竞逐。"

阑（闌） lán ❶门前栅栏。《史记·楚世家》："令仪亦不得为门～之厮也。"（仪：张仪。厮：仆役。）杜甫《李监宅》诗之一："门～多喜色，女婿近乘龙。"（乘龙：对别人女婿的美称。）㊀栏杆。李煜《虞美人》词："雕～玉砌应犹在，只是朱颜改。"㊁牲畜圈。《墨子·非攻上》："至入人栏厩，取人马牛者，其不仁又甚攘人犬豕鸡豚。"孙诒让注："栏即～之借字。"（攘：偷。）❷战车上拦置兵器的横木。《左传·宣公十二年》"楚人惎之脱扃"注："惎，教也。扃，车上兵～。"❸书版、画幅或织物等的界格和行格。见"乌丝栏"。❹阻隔。《史记·魏世家》："又况于使秦无韩，有郑地，无河山而～之，无周韩而间之，去大梁百里，祸必由此矣。"❺残尽，晚。《史记·高祖本纪》："酒～，吕公因目固留高祖。"（目：以目示意。）谢庄《宋孝武宣贵妃诔》："白露凝兮岁将～。"牛峤《更漏子》词之二："春夜～，更漏促，金烬暗挑残烛。"❻擅自出入。见"阑出"、"阑入"。

【阑残】 láncán 残尽。杨万里《正月十九日五更诣天庆观……》诗："元宵风物又～～，闭阁何曾出一看。"张宪《唐五王击毬图》诗："花萼相辉雨气寒，楼中歌管渐～～。"

【阑出】 lánchū 擅出，不得许可而出。《汉书·汲黯传》："愚民安知市买长安中物而文吏绳以为～～财物于边关乎？"又《西域传》："今边塞未正，～～不禁。"

【阑单】 lándān ❶精疲力尽的样子。单，通"殚"。尽。刘知幾《史通·二体》："碎琐多芜，～～失力。"❷破裂的样子。陶谷《清异录·衣服》："谚曰：'～～带，叠垛衫，肥人也觉瘦岩岩。'～～，破裂状；叠垛：补衲盖掩之多。"（衲：缝补。）

【阑殚】 lándān 疲软的样子。郑棨《开天传信记》："兔子死～～，持来挂竹竿。试将明镜照，何异月中看？"

【阑干】 lángān ❶纵横或横斜的样子。《吴越春秋·句践入臣外传》："言竟，掩面涕泣～～。"刘方平《夜月》诗："更深月色半人家，北斗～～南斗斜。"❷同"栏干"。李白《清平调》词："解释春风无限恨，沉香亭北倚～～。"

【阑入】 lánrù ❶擅入，不得许可而入。《汉书·成帝纪》："虒上小女陈持弓闻大水至，走入横城门，～～尚方掖门。"（虒上：地名。掖门：正门旁边的小门。）《明史·杨继盛传》："今忽～～张经疏尾，奉旨处决。"❷收录。王先谦《前汉书补注序例》："此外，如《飞燕外传》之类，概不～～。"

【阑珊】 lánshān 衰残，将尽。白居易《咏怀》诗："白发满头归得也，诗情酒兴渐～～。"李煜《浪淘沙令》词："帘外雨潺潺，春意～～，罗衾不耐五更寒。"

【阑夕】 lánxī 夜将尽。谢灵运《拟魏太子邺中集诗·应玚》："始采延露曲，继以～～语。"（延露：古民歌名。）

【阑遗】 lányí （路人）遗失。《新唐书·百官志一》："～～之物，揭于门外，牓以物色，期年没官。"（牓：告示。期年：一周年。）

蓝（藍） lán ❶植物名，又称蓼蓝，叶可提取蓝色染料。《诗经·小雅·采绿》："终朝采～，不盈一襜。"（襜：围裙。）《荀子·劝学》："青，取之于～而青于～。"《礼记·月令》："仲夏之月，……令民毋艾～以染。"（艾：收割。）㊀蓝色，即深青色。杜甫《冬到金华山观》诗："上有蔚～天。"白居易《忆江南》词之一："日出江花红胜火，春来江水绿如～。"❷通"褴"。见"蓝缕"。❸伽蓝（佛寺）的简称。戴表元《题东玉师府所藏潇湘图》诗："今日精～方丈地，倚窗眠看洞庭山。"❹姓。战国时中山国有蓝诸。

【蓝本】 lánběn 文章书画所依据的底本。沈德符《敝帚轩剩语·录旧文》："科场帖括，蹈袭成风，即前辈名家垂世者，亦间有～～。"（帖括：科举时代应试的文章。）钱大昕《十驾斋养新录》卷十六："唐傅奕上疏诋浮图云：'……此韩退之《佛骨表》之～～也。'"焦循《忆书》卷四："其白描人物，皆出以心思，自先起草改定，然后挥笔于幅上描之，不似他人必假旧稿为～～也。"

【蓝缕】 lánlǚ ❶衣裳破烂。《左传·宣公十二年》："筚路～～，以启山林。"（筚路：用荆、竹编成的车。）❷学识零碎浅陋。《新唐书·选举志下》："凡试判登科谓之'入等'，甚拙者谓之～～。"也作"蓝罗"。

【蓝衫】 lánshān 旧时书生所穿的衣服。韦应物《送秦系赴润州》诗："近作新婚镊白髯，长怀旧卷映～～。"《正字通》："明制，生员襕衫用蓝绢，裾袖缘以青，谓之襕缘也。俗作褴衫，因色蓝改为～～。"（襕：衫。裾：衣服前襟。缘：镶边。）

谰（讕） lán 欺骗，抵赖。董仲舒《春秋繁露·深察名号》："诘其名实，观其离合，则是非之情不可以相～矣。"《新唐书·郎馀庆传》："使者十辈临按，馀庆谩～。"（按：查。）

【谰言】 lányán 诬妄之言。《文心雕龙·诸子》："迄至魏晋，作者间出，～～兼存，琐语必录，类聚而求，亦充箱照轸矣。"（轸：指车子。）

澜（瀾） 1. lán ❶大波浪。《孟子·尽心上》："观水有术，必观其～。"李贺《巫山高》诗："碧丛丛，高插天，大江翻～神曳烟。"（曳：拖带。）

2. làn ❷见"澜漫"。

【澜翻】 lánfān ❶波涛腾翻。《宣和画谱》卷九："[董羽]画水于堂北壁，其汹涌～～，望之若临烟江绝岛间。"❷言辞滔滔不绝。陆游《秋兴》诗："功名蹭蹬身常弃，筹策～～幸舌存。"（蹭蹬：困穷，不得志。）❸笔力雄劲奔放。苏轼《题李景元画》诗："闻说神仙郭恕先，醉中狂笔势～～。"

【澜漫】 lànmàn ❶分散杂乱的样子。《淮南子·览冥训》："主闇晦而不明，道～～而不修。"王褒《洞箫赋》："愺恅～～，亡耦失畴。"（愺恅：寂静。耦：通"偶"。配偶。畴：同类。）也作"烂漫"。司马相如《上林赋》："牢落陆离，～～远迁。"（牢落：荒废。陆离：参差。）也作"烂曼"，见《史记·司马相如列传》。❷痛快淋漓的样子。嵇康《琴赋》："留连～～，嗢噱终日。"（嗢噱：大笑。）❸色彩鲜艳。左思《娇女》诗："浓朱衍丹唇，黄吻～～赤。"（衍：漫衍，布满。）❹广远的样子。韩愈《送郑尚书序》："其南州皆大海，多州岛，帆风一日踔数十里，～～不见踪迹。"（帆：船帆，指船。踔：腾跃，指疾行。）

褴（襤） lán ❶无饰边的短衣。《方言》卷四："无缘之衣谓之～。"（缘：饰边。）❷见"褴褛"。

【褴褛】 lánlǚ 衣服破烂。《方言》卷四："以布而无缘，敝而紩之，谓之～～。"（缘：饰边。紩：缝。）

嘛（囒） lán 见"嘛哰"。

【嘛哰】 lánláo 言语纠缠不可解。《广韵·寒韵》："～～，傄挐，语不可解也。"（傄挐：纠缠，纷乱。）

斓（斕） lán 见"斓斑"、"斓斒"、"斑斓"、"斒斓"。

【斓斑】 lánbān 色彩鲜明错杂。白居易《郡中春宴因赠诸客》诗："阑淡绯衫故，～～白发新。"（绯：红色，唐代四品五品官员的服色。）范成大《峨眉山行纪》："余来以夏季，数日前雪大降，木叶犹有雪渍～～之迹。"（渍：浸染。）

【斓斒】 lánbān 同"斓斑"。柳宗元《酬韶州裴曹长使君寄道州吕八大使用以见示二十韵一首》："食贫甘莽卤，被褐谢～～。"（莽卤：粗疏。被：通"披"。穿着。）

篮（籃） lán ❶用竹藤等编制的有提梁的盛物器。《广雅·释器》："～，筐也。"白居易《放鱼》诗："晓日提竹～，家童买春蔬。"❷熏笼。《方言》卷十三"笼，……或谓之篓"郭璞注："亦呼～。"❸篮舆的省称，即竹轿。白居易《再授宾客分司》诗："乘～城外去，系马花前歇。"

襕（襴） lán ❶衫，短袖单衣。《玉篇·衣部》："～，衫也。"❷上衣下衣相连的服装。《集韵·寒韵》："衣与裳相连曰～。"王实甫《西厢记》二本二折："乌纱小帽耀人明，白～净，角带傲黄鞓。"（鞓：皮带。角带、黄鞓：元代儒生服饰。）❸通"阑"、"栏"。界格。《金史·百官志四》："铁券，以铁为之，状如卷瓦。刻字画～，以金填之。"（铁券：帝王颁赐功臣可享特权的凭证。）

【襕衫】 lánshān 古代士人的服装。韦绚《刘宾客佳话录》："大司徒杜公在维扬也，尝召宾幕闲语曰：'我致政之后，必买一小驷八九千者，饱食讫而跨之，著一麤布～～，入市看盘铃傀儡，足矣。'"（维扬：地名。致政：归还政事。）《新唐书·车服志》："太宗时，……士人以棠苎～～为上服。"（苎：麻类。）《宋史·舆服志五》："～～，以白细布为之，圆领大袖，下施横襕为裳。"

籣（籣） lán 箭袋。《汉书·韩延寿传》："被甲鞮鍪居马上，抱弩负～。"（被：披。鞮鍪：头盔。）

韊（韊） lán 革制箭筒。《史记·魏公子列传》："赵王及平原君自迎公子于界，平原君负～矢，为公子先引。"

览（覽） lǎn ❶观看。《史记·秦始皇本纪》："登兹泰山，周～东极。"（东极：东方极远处。）《论衡·乱龙》："仲舒～见深鸿，立事不妄。"（仲舒：董仲舒。）❷通"揽"。摘取，接受。《战国策·齐策一》："大王～其说，而不察其至实。"李白《宣州谢朓楼饯别校书叔云》诗："俱怀逸兴壮思飞，欲上青天～明月。"㉛招引。《史记·孟子荀卿列传》："～天下诸侯宾客，言齐能致天下贤士也。"

【览揆】 lǎnkuí 观测，揣度。《楚辞·离骚》："皇～～余初度兮，肇锡余以嘉名。"（皇：

"皇考"的省称,指屈原父亲。肇:开始。锡:赐予。)后因以"览揆"为生日的代称。

【览胜】　lǎnshèng　观赏胜境。王安石《和平甫舟中望九华山》之一:"寻奇出后径,～～倚前詹。"

【览问】　lǎnwèn　面试,口试。《后汉书·章帝纪》:"公卿已下,其举直言极谏,能指朕过失者各一人,遣诣公车,将亲～～焉。"(已:通"以"。公车:汉代官署名。)

揽(攬、擥、擥)　lǎn　❶执持,掌握。《楚辞·离骚》:"～木根以结茝兮,贯薜荔之落蕊。"(茝:一种香草。贯:穿。薜荔:一种蔓生香草。)《汉书·王莽传中》:"莽自见前颛权以得汉政,故务自～众事,有司受成苟免。"(颛:通"专"。专擅,独揽。务:努力从事。)《后汉书·光武帝纪下》:"故能明慎政体,总～权纲,量时度力。"❷收取,求取。《庄子·在宥》:"而欲为人之国者,此～乎三王之利而不见其患者也。"㊀招引,招延。《三国志·蜀书·诸葛亮传》:"总～英雄,思贤如渴。"苏轼《论纲梢欠折利害状》:"盖祖宗以来,通许纲运～载货物。"(纲运:唐宋时分批分组运载大宗货物称纲运。)❸采摘。《楚辞·离骚》:"朝搴阰之木兰兮,夕～洲之宿莽。"(搴:拔取。阰:山名。宿莽:经冬不死的草。)

【揽持】　lǎnchí　把持,掌握。韩愈《顺宗实录四》:"德宗在位久,益自～～机柄,亲治细事,失君人大体,宰相益不得行其事职。"(机柄:权柄。)

【揽减】　lǎnjiǎn　歉收,荒年。陈造《送学生归赴秋试因省别业》诗之二:"宁堪再～～,又抱两呕鸦。"(宁堪:怎能经受得起。)

【揽结】　lǎnjié　收取,汲取。《晋书·五行志中》:"安帝隆安中,百姓忽作懊侬之歌,其曲曰:'草生可～～,女儿可揽撷。'"(懊侬:烦闷。撷:摘取。)李白《登庐山五老峰》诗:"九江秀色可～～,吾将此地巢云松。"

【揽涕】　lǎntì　揩泪。《楚辞·九章·思美人》:"思美人兮,～～而竚眙。"(眙:直视。)

【揽秀】　lǎnxiù　汲取秀丽风光。丁复等《同永嘉李季和望钟山联句》:"～～目颙颙,讨幽心养养。"(颙颙:仰视的样子。养养:心忧不安的样子。)

【揽辔澄清】　lǎnpèichéngqīng　《后汉书·范滂传》:"时冀州饥荒,盗贼群起,乃以滂为清诏使,案察之。滂登车揽辔,慨然有澄清天下之志。"(案察:查考。辔:马缰。)后因用"揽辔澄清"表示治理政事清平安定。《旧唐书·姚璹传》:"是用命卿出镇,寄兹存养,果能～～～～,下车整肃。"(是用:因此。存养:保全,抚养。)龚自珍《己亥杂诗》之一百〇七:"少年～～～～意,倦矣应怜缩手时。"

缆(纜)　lǎn　❶系船的绳索。谢灵运《邻里相送方山》诗:"解～及流潮,怀旧不能发。"❷系船。韩愈《岳阳楼别窦司业》诗:"夜～巴陵州,丛芮才可傍。"(芮:河流弯曲处。)

榄(欖)　lǎn　果木名。见"橄榄"。

懒(懶、嬾、孄、㨹)　1. lǎn　❶怠惰。《后汉书·王丹传》:"每岁农时,辄载酒肴于田间,候勤者而劳之,其惰～者,耻不致丹,皆兼功自厉。"(致:到。兼功:加倍努力。厉:通"励",勉励。)《南史·范晔传》:"吾少～学问,晚成人。"杜甫《晦日寻崔戢李封》诗:"兴来不暇～,今晨梳我头。"

2. lài　❷嫌恶。见《集韵·泰韵》。

【懒残】　lǎncán　❶懒散衰残。杨万里《秋凉晚酌》诗:"寄山老林度～～,新秋又是一年年。"❷唐代僧人明瓒的别号。苏轼《次韵毛滂法曹感雨》:"他年记此味,芋火对～～。"(芋火:懒残性懒散,常吃众僧的剩饭菜,曾煨芋给李泌吃,并说:"慎勿多言,领取十年宰相。")

【懒放】　lǎnfàng　懒散。白居易《适意》诗:"寒来弥～～,数日一梳头。"(弥:更加。)

【懒慢】　lǎnmàn　懒惰散漫。白居易《春中与卢四周谅华阳观同居》诗:"性情～～好相亲,门巷萧条称作邻。"

烂(爛)　làn　❶过熟。《吕氏春秋·本味》:"故久而不弊,熟而不～。"《论衡·道虚》:"死之物,烹之辄～。"❷烧伤,烫伤。《左传·定公三年》:"[邾子]滋怒,自投于床,废于炉炭,～,遂卒。"(废:堕入。)《后汉书·刘宽传》:"装严已讫,使侍婢奉肉羹,翻污朝衣,婢遽收之,宽神色不异,乃徐言曰:'羹～汝手?'"❸腐烂,朽坏。《庄子·人间世》:"咶其叶,则口～而为伤。"(咶:用舌舔。)《韩非子·忠孝》:"故烈士内不为家,乱世绝嗣;而外矫于君,朽骨～肉,施于土地,流于川谷,不避蹈水火。"❹明亮,辉煌。《诗经·郑风·女曰鸡鸣》:"子兴视夜,明星有～。"(兴:起。)《史记·萧相国世家》:"淮阴、黥布等皆以诛灭,而何之勋～焉。"(淮阴:淮阴侯韩信。黥布:人名。)

【烂汗】　lànhàn　光彩四散的样子。张协《七命》:"云屏～～,琼壁青葱。"也作"烂旰"。

【烂柯】　lànkē　任昉《述异记》:晋王质进山

砍树,见童子下棋唱歌,于是置斧观听,不久,斧柯已腐烂。回家后,始知离家已数十年。后因以烂柯喻世事变迁。刘禹锡《酬乐天扬州初逢席上见赠》诗:"怀旧空吟《闻笛赋》,到乡翻似~~人。"(翻:反。)

【烂曼】 lànmàn 散乱的样子。《史记·司马相如列传》:"牢落陆离,~~远迁。"(牢落:荒废。陆离:参差不齐。)也作"烂漫"。

【烂漫】 lànmàn ❶光彩四射,绚丽多彩。王延寿《鲁灵光殿赋》:"彤彩之饰,徒何为乎? 澔澔涆涆,流离~~。"(澔澔、涆涆:都是光明灿烂的样子。流离:光彩四射的样子。)韩愈《山石》诗:"山红涧碧纷~~,时见松枥皆十围。"❷散乱,分散。《庄子·在宥》:"大德不同,而性命~~矣。"陆游《绍兴府修学记》:"世衰道微,俗流而不返,士散而无统,乱于杨墨,贼于申韩,大坏于释老,~~横流,不可收拾。"(杨墨:杨朱、墨翟。申韩:申不害、韩非。释:佛教。老:老子,指道教。)❸放浪。韦庄《庭前桃》诗:"曾向桃源~~游,也同渔父泛仙舟。"❹淫靡。刘向《列女传·夏桀末喜》:"造~~之乐,日夜与末喜及宫女饮酒,无时休息。"

【烂熳】 lànmàn 熟睡的样子。杜甫《彭衙行》:"众雏~~睡,唤起沾盘飧。"(雏:指小孩。飧:饭食。)

【烂熟】 lànshú ❶极熟,熟透。苏轼《寄题刁景纯藏春坞》诗:"杨柳长齐低户暗,樱桃~~滴阶红。"❷成熟,周详。《北齐书·王晞传》:"帝欲以晞为侍中,苦辞不受,或劝晞勿自疏,晞曰:'……非不爱作热官,但思之~~耳。'"(侍中:官名。)❸透彻。陆游《过野人家有感》诗:"世态十年看~~,家山万里梦依稀。"

【烂游】 lànyóu 犹"漫游"。随意游走。范成大《次黄必先主簿同年赠别韵》之二:"山郭官闲得~~,弥年还往话绸缪。"(绸缪:情意殷勤。)

滥(濫) 1. làn ❶水满溢,泛滥。《孟子·滕文公上》:"洪水横流,氾~于天下。"《汉书·诸侯王表序》:"然诸侯原本以大,末流~以致溢。"❷过度。《诗经·商颂·殷武》:"不僭不~,不敢怠遑。"(僭:过分。)《后汉书·李章传》:"坐诛斩盗贼过~,征下狱免。"(坐:获罪。征:皇帝征召。)❸越轨。《论语·卫灵公》:"君子固穷,小人穷斯~矣。"(固:坚持。)《论衡·量知》:"贫人好~而富人守节者,贫人不足而富人饶侈。"[引]淫乱,混乱。《礼记·乐记》:"姦声以~,溺而不止。"又:"郑音好~淫志。"《后汉书·桓谭传》:"如此,天下知方,而狱无怨~矣。"❹失实。《左传·昭公八年》:"民听~也。"❺虚言浮词。《汉书·司马相如传赞》:"相如虽多虚辞~说,然要其归引之于节俭,此亦《诗》之风谏何异。"(要:总括。归:归宿,宗旨。风:讽刺,批评。)《文心雕龙·情采》:"故为情者要约而写真,为文者淫丽而烦~。"❻浸渍,沉浸。《国语·鲁语上》:"宣公夏~于泗渊。"[引]用水浸泡果子。《释名·释饮食》:"桃~,水渍而藏之,其味滥滥然酢也。"(酢:醋。)❼贪得。《吕氏春秋·权勋》:"虞公~于宝与马而欲许之。"《论衡·本性》:"故贪者能言廉,乱者能言治,盗跖非人之窃也,庄跻刺人之~也。"(非:批评。庄跻:人名。刺:讽刺。)❽邑名。在今山东沂水县境内。《左传·昭公三十一年》:"冬,邾黑肱以~来奔。"(邾:春秋国名。黑肱:人名。)

2. jiàn ❾泉水涌出。《尔雅·释水》:"~泉正出。正出,涌出也。"潘岳《金谷集诗》:"~泉龙鳞澜,激波连珠挥。"❿通"鉴"。浴盆。《墨子·节葬》:"又必多为屋幕鼎鼓几梴壶~戈剑羽旄齿革,寝而埋之。"(屋:"幄"的古字,帐篷。梴:竹席。旄:旄牛尾。)《庄子·则阳》:"同~而浴。"

【滥吹】 lànchuī 《韩非子·内储说上》:"齐宣王使人吹竽,必三百人,南郭处士请为王吹竽,宣王说之,……宣王死,湣王立,好一一听之,处士逃。"后因以"滥竽"、"滥吹"表示无能而充数,混迹其中。江淹《杂体诗·卢中郎谌》:"更以畏友朋,~~乖名实。"(乖:违背。)王禹偁《谪居感事》诗:"叨荣偕计吏,~~谒春司。"(叨:忝,谦词。计吏:察考官吏的官员。春司:指礼部。)

【滥恶】 làn'è 极其粗劣。《管子·参患》:"器~~不利者,以其士予人也。"

【滥巾】 lànjīn 冒充隐士。孔稚珪《北山移文》:"世有周子,隽俗之士,……偶吹草堂,~~北岳。"(周子:指周颙。隽俗之士:世俗中的俊杰。偶吹:滥竽充数。)

【滥觞】 lànshāng ❶指江河源头水浅,仅可浮起酒杯。《荀子·子道》:"昔者江出于岷山,其始出也,其源可以~~。"❷指事物的起源。钟嵘《诗品·通论》:"夏歌曰'郁陶乎予心',楚谣云'名余曰正则'。虽诗体未全,然是五言之~~也。"(郁陶:精神郁结的样子。正则:平。)刘知幾《史通·断限》:"若《汉书》之立表志,其殆侵官离局者乎! 考其~~所出,起于司马氏。"(表、志:都是《汉书》的一部分。殆:也许。侵官:侵犯别人职权。离局:脱离本职。司马氏:指司马迁。)

【滥炎】 lànyán 火焰蔓延。《汉书·五行志上》:"自上而降,及~~妄起,灾宗庙,烧宫馆，虽兴师众，弗能救也。"

【滥竽】 lànyú 犹"滥吹"。《南史·庾肩吾传》："朱白既定，雌黄有别，使夫怀鼠知惭，～～自耻。"（朱白、雌黄：都指评论。怀鼠：怀揣老鼠，却当作璞玉出售，指鱼目混珠。）

嚂（嚂） 1. làn ❶贪食。《淮南子·齐俗训》："刍豢黍粱，荆吴芬馨，以～其口。"（刍豢：家畜。荆、吴：都是地名。馨：香。）

2. hǎn ❷通"喊"。大声呼叫。《战国策·楚策四》："今夫横人～口利机，上干主心，下牟百姓。"（横人：连横家。利机：鼓吹其主张有利。干：求。牟：取。）

爁（爁） làn 见"爁焱"。

【爁焱】 lànyàn 火势蔓延。《淮南子·览冥训》："火～～而不灭，水浩洋而不息。"

lang

郎 láng ❶春秋鲁国地名。在今山东鱼台县东。《左传·桓公四年》："春，正月，公狩于～。"❷官名。1）战国、秦汉时帝王侍从官的通称。有侍郎、议郎、郎中等。2）东汉以后为中央官署的高级官员，有尚书郎、侍郎、郎中、员外郎等。3）文散官的通称，有朝议郎、通直郎等。❸对青少年的美称。《三国志·吴书·周瑜传》："瑜时年二十四，吴中皆呼为周～。"㊀对年轻女子则称女郎。《木兰辞》："同行十二年，不知木兰是女～。"㊁女子对丈夫或情人的昵称。南朝民歌《西洲曲》："忆～～不至，仰首望飞鸿。"王建《镜听词》："出门愿不闻悲哀，～在任～回未回。"㊂对别人儿子的美称。苏轼《和王斿》："气吞余子无全目，诗到诸～尚绝伦。"（无全目：比喻善射。）❹奴仆对主人的称呼。白行简《李娃传》："有老竖，即生乳母婿也，见生之举措辞气，将认之而未敢，乃泫然流涕。生父惊而诘之，因告曰：'歌者之貌，酷似～之亡子。'"❺对某些视为低贱职业者的称呼。葛洪《神仙传·苏仙公》："先生家贫，常自牧牛，与里中小儿更日为牛～。"关汉卿《四春园》三折："自家是个货～儿，来到这街市上，我摇动不郎鼓儿，看有是么人来。"（是么：犹"什么"。）汤显祖《牡丹亭·肃苑》："预唤花～，扫除花径。"❻"廊"的古字。走廊。《韩非子·有度》："远在千里外，不敢易其辞，势在～中，不敢蔽善饰非。"又《十过》："一奏之，有玄鹤二八道南方来，集于～门之垝。"（道：从。垝：坏墙。）❼姓。汉代有郎顗。

【郎罢】 lángbǎi 闽人称父为郎罢。顾况《囝》诗："囝别～～，心摧血下。"陆游《戏遣老怀》诗之一："阿团略如～～老，稚孙能伴太翁嬉。"

【郎伯】 lángbó 妻子对丈夫的称呼。杜甫《元旦寄韦氏妹》诗："～～殊方镇，京华旧国移。"

【郎当】 lángdāng ❶破败，混乱。《景德传灯录》卷十一："～～屋舍勿人修。"朱熹《答黄仁卿书》："今日弄得朝廷事体～～，自家亦立不住，毕竟何益？"❷潦倒，下贱。汤显祖《牡丹亭·仆侦》："自小疙辣～～。"（疙辣：癞头。）❸衣服宽大不合体。苑中《赠韶山退堂聪明和尚》诗："～～舞袖少年场。"

【郎君】 lángjūn ❶门生故吏对长官之子的尊称。《后汉书·南蛮西南夷传》："天子以张翕有遗爱，乃拜其子湍为太守，夷人欢喜，奉迎道路曰：'～～仪貌类我府君。'"（遗爱：遗留给后代的仁爱。府君：指张翕。）《三国志·蜀书·张嶷传》："取古则今，今则古也，自非～～进忠言于太傅，谁复有尽言者也。"（郎君：指诸葛亮之子诸葛瞻。太傅：官名。）❷犹"公子"。贵家子弟。《北齐书·阳州公永乐传》："永乐弟长弼，小名阿伽，性粗武，出入城市，好殴击行路，时人皆呼为阿伽～～。"❸对年轻人的尊称。段成式《酉阳杂俎·盗侠》："建初中，士人韦生移家汝州，中路逢一僧，……僧指路谓曰：'此数里是贫道兰若，～～岂不能左顾乎？'"❹妇女对丈夫或情人的昵称。《乐府诗集·清商曲辞·夏歌》："～～未可前，待我整容仪。"❺唐代对新进士的称呼。王定保《唐摭言·慈恩寺题名游赏赋咏杂记》："薛监晚年厄于宦途，尝策羸赴朝，值新进士榜下，缀行而出，……前导曰：'回避新～～。'"（薛：指薛逢。监：指秘书监，官名。羸：指瘦马。）

【郎潜】 lángqián 老吏不得升迁。张衡《思玄赋》："尉龙眉而～～兮，逮三叶而遘武。"（尉：官名，都尉。龙眉：年老。三叶：三代。遘：遭遇。武：指汉武帝。）刘禹锡《裴祭酒尚书见示春归城南青松坞别墅……》诗："顾余久～～，愁寂对芳菲。"

【郎秀】 lángxiù 元、明时称贫寒人家子弟为郎，称世家子弟为秀，合称郎秀。参见"不郎不秀"。

【郎婿】 lángxù 女婿。裴廷裕《东观奏记》卷上："万寿公主，上爱女，钟爱独异，将下嫁，命择～～。"（上：皇上，指汉宣帝。）

【郎中】 lángzhōng ❶官名。始置于战国，职掌侍卫。秦汉沿置，内充侍卫，外从作战。晋至南北朝，为尚书曹司的长官，隋唐以后，六部都设置郎中，分掌部内各司政务。❷宋代以后对医生的称呼。洪迈《夷坚志·刘师道医》："伸手求脉，……妇在傍，忽鼓掌笑曰：'刘～～细审此病，不可医也。'"

【郎主】 lángzhǔ 门生家吏对主人的称呼。李贺《江楼曲》："萧骚浪白云差池，黄粉油衫寄～～。"（萧骚：水波荡漾的样子。差池：不齐。）

【郎子】 lángzǐ 对年轻人的美称。《北史·暴显传》："显幼时，见一沙门指之曰：'此～～好相表，大必为良将。'"（沙门：僧人。）

阆（閬） 1. láng（又读 làng） ❶见"阆阆"。❷空旷。《庄子·外物》："胞有重～，心有天遊。"（胞：胞衣，胎衣。天：指自然之道。）❸无水的城壕。《管子·度地》："城外为之郭，郭外为之土～。"

2. liǎng ❹通"魉"。《史记·孔子世家》："木石之怪，夔、罔～。"（木石：指山。夔：山林中的精怪。罔阆：即"魍魉"。鬼怪。）

【阆阆】 lángláng 高大的样子。扬雄《甘泉赋》："闶～～其寥廓兮，似紫宫之峥嵘。"（闶：高。紫宫：天帝的住所。）张衡《思玄赋》："出紫宫之肃肃兮，集太微之～～。"（太微：星宿名。）

【阆苑】 lángyuàn ❶仙人住处，即阆风之苑。李商隐《碧城》诗之一："～～有书多附鹤，女墙无处不栖鸾。"（女墙：城墙上呈凹凸形的小墙。）❷宫苑。庾肩吾《山池应令》诗："～～秋光暮，水塘牧潦清。"❸苑囿名。唐初鲁王灵夔、滕王元婴修建，称隆苑，后避玄宗（名隆基）讳改称～～，故址在今四川阆中县西。

莨 1. láng ❶草名，即"藏莨"。可喂牛马。司马相如《子虚赋》："其埤湿则生藏～蒹葭。"（埤：同"卑"。蒹：荻。葭：芦苇。）

2. làng ❷草名，即"莨菪"。又名"蔺蕩"、"天仙子"，有毒，可入药。

狼 láng ❶一种食肉猛兽。《诗经·齐风·还》："并驱从两～兮，揖我谓我臧兮。"（臧：通"壮"。）《后汉书·顺帝纪》："冬十一月甲申，望都、蒲阴～杀女子九十七人。"（望都、蒲阴：都是地名。）❷星名。《史记·天官书》："参为白虎。……其东有大星曰～。"（参：星名。）❸姓。春秋时晋国有狼瞫。

【狼跋】 lángbá 比喻进退两难。《诗经·豳风·狼跋》："～～其胡，载疐其尾。"（跋：踩。胡：兽颔下垂肉。载：又。疐：踩。）《三国志·蜀书·法正传》："当斯之时，进退～～。"

【狼狈】 lángbèi ❶兽名。段成式《酉阳杂俎·广动植》："或言～～是两物，狈前足绝短，每行常驾两狼，失狼则不能动。"❷勾结作恶。如"狼狈为奸"。❸困窘，窘迫。李密《陈情表》："臣欲奉诏奔驰，则刘病日笃；欲苟顺私情，则告诉不许。臣之进退，实为～～。"也作"狼贝"。《后汉书·任光传》："更始二年春，世祖自蓟还，～～不知所向。"（世祖：东汉光武帝。蓟：地名。）❹急速，匆忙。《世说新语·方正》："明旦报仲智，仲智～～来。"

【狼当】 lángdāng 困窘，处境困难。苏轼《西楼帖·致察推子明兄书》："自顾方拙，日忤监司，若蒙体量沙汰，好一段～～也。"（体量：考核。沙汰：淘汰。）《朱子语类·尚书》："鲧也是有才智，想见只是很拗自是，所以弄得恁地～～。"

【狼顾】 lánggù ❶狼性多疑，行走时常回头观看，因以喻人疑虑不安。《战国策·齐策一》："秦虽欲深入，则～～，恐韩魏之议其后也。"《汉书·食货志上》："失时不雨，民且～～。"❷形容人的异相，能似狼反顾。《晋书·宣帝纪》："魏武察帝有雄豪志，闻有～～相，欲验之。"（魏武：魏武帝曹操。帝：指司马懿。）

【狼扈】 lánghù 犹"狼藉"。《新唐书·安禄山传》："贼大败，追奔五十馀里，尸髀藉藉满阬壑，铠仗～～，自陕属于洛。"（髀：指骨头。藉藉：杂乱的样子。属：连接。）

【狼肮】 lánghuāng 远方，边远地区。一说为古代南方少数民族国名。左思《吴都赋》："乌浒、～～、夫南、西屠、儋耳、黑齿之酋。"也作"狼荒"。柳宗元《南省转牒欲具江国图令尽通风俗故事》诗："圣代提封尽海壖，～～犹得记山川。"（提封：管辖的疆界。海壖：海边地。）

【狼疾】 lángjí 昏愦，昏乱。《孟子·告子上》："养其一指而失其肩背，而不知也，则为～～人也。"

【狼藉】 lángjí ❶杂乱的样子。《史记·滑稽列传》："履舄交错，杯盘～～。"（舄：鞋。）❷行为卑污，名声败坏。《三国志·魏书·武帝纪》："迁为济南相，国十有馀县，长吏多阿附贵戚，赃污～～，于是奏免其入。"也作"狼籍"。

【狼籍】 lángjí 同"狼藉"。❶杂乱的样子。《三国志·魏书·董卓传》："傕等放兵略长安老少，杀之悉尽，死者～～。"❷行为卑污，名声败坏。《世说新语·方正》："王含作庐江郡，贪浊～～。"

【狼抗】 lángkàng 高傲，傲慢。《世说新语·方正》:"伯仁曰:'今主非尧舜,何能无过!且人臣安得称兵以向朝廷?处仲～～刚愎,王平子何在?'"(称:举。处仲:王敦字。刚愎:固执。)

【狼犺】 lángkàng ❶蠢笨,笨重。《西游记》七十六回:"那呆子生得～～,又不会腾那,这一去少吉多凶,你还去救他一救。"(腾那:玩弄手段。)《红楼梦》八回:"胎中之儿,口有多大,怎得衔此～～蠢大之物。"❷走路急遽而不稳的样子。《聊斋志异·青蛙神》:"下床出门,～～数步,复返身卧门内。"

【狼戾】 lánglì ❶犹"狼藉"。杂乱,散乱。《孟子·滕文公上》:"乐岁粒米～～,多取之不为虐。"(乐岁:丰年。)❷纵横交错。《淮南子·览冥训》:"孟尝君为之增欷呜咽,流涕～～不可止。"(增欷:悲伤的样子。呜咽:悲哀气塞。)❸凶残。《战国策·燕策一》:"夫赵王之～～无亲,大王之所明见知也。"《三国志·魏书·董卓传》:"董卓～～贼忍,暴虐不仁,自书契以来,殆未之有也。"(书契:指文字记载。殆:大概。)

【狼忙】 lángmáng 急忙,匆促。李中《离家》诗:"月生江上乡心动,投宿～～近酒家。"王定保《唐摭言·通榜》:"颢得之大喜,～～札之,一无更易。"(颢:郑颢。)

【狼吞】 lángtūn 贪婪。《盐铁论·褒贤》:"不过高瞻下视,洁言污行,觞酒豆肉,迁延相让,辞小取大,鸡廉～～。"(豆:食器。鸡廉:在小事上廉洁。)

【狼烟】 lángyān 狼粪烧后的烟,边境上用作烽火报警。段成式《酉阳杂俎·广动植》:"狼粪烟直上,烽火用之。"温庭筠《遐水谣》:"～～堡上霜漫漫,枯叶号风天地干。"陆游《谢池春》词:"阵云高,～～夜举。"

廊 láng 屋外有顶的过道。《韩非子·十过》:"平公恐惧,伏于～室之间。"《论衡·感虚》:"集于～门之危。"

【廊庙】 lángmiào 廊,指宫殿。庙,宗庙。都是政治活动的中心,所以合起来指朝廷。《战国策·秦策一》:"式于政,不式于勇;式于～～之内,不式于四境之外。"(式:用。)《后汉书·申屠刚传》:"将军以布衣为乡里所推,～～之计,既不豫定,动军发众,又不深料。"

【廊腰】 lángyāo 长廊回环曲折处。杜牧《阿房宫赋》:"～～缦回,檐牙高啄。"陆游《初夏夜赋》诗:"～～得风远,树罅见星疎。"(罅:缝隙。)

【廊庙材】 lángmiàocái 比喻可以承担国家重任的人才。《三国志·魏书·杜畿传》:"是以古人称廊庙之材,非一木之支;帝王之业,非一士之略。"白居易《雪中晏起偶咏所怀……》:"上无皋陶、伯益～～～,既不能匡君辅国活生民。"(皋陶、伯益:都是人名。匡:纠正。)材,也作"才"。《宋书·裴松之传》:"裴松之廊庙之才,不宜久尸边务,今召为世子洗马。"(尸:主持。洗马:官名。)

【廊庙器】 lángmiàoqì 可以担当国家重任的才干。《三国志·蜀书·许靖传评》:"许靖夙有名誉,既以笃厚为称,又以人物为意,虽行事举动未悉允当,蒋济以为'大较～～～也'。"(夙:早。允当:恰当,适当。大较:大略。)柳宗元《游南亭夜还叙志》诗:"进乏～～～,退非乡曲豪。"(乡曲:乡里。)

琅(瑯) láng ❶玉石。《汉武帝内传》:"王母乃命诸侍女王子登弹八～之璈。"(璈:古乐器。)❷晶莹,白润。皮日休《奉和鲁望白菊》:"已过重阳半月天,～华千点照寒烟。"❸姓。齐有琅过。

【琅珰】 lángdāng ❶锁住。《汉书·王莽传下》:"没入为官奴婢,其男子槛车,儿女子步,以铁锁～～其颈。"(没入:没收罪犯的家属入官为奴。)李伯元《文明小史》卷九:"把一班秀才一齐铁锁～～提了上来。"❷金属或玉器撞击声。杜甫《大云寺赞公房》诗:"夜深殿突兀,风动金～～。"(突兀:高耸的样子。)苏轼《舟中听大人弹琴》诗:"风松瀑布已清绝,更爱玉佩声～～。"

【琅汤】 lángdàng 放纵。《管子·宙合》:"以～～陵轹人,人之败也常自此。"(陵轹:欺压。)

【琅玕】 lánggān ❶美石。《尚书·禹贡》:"黑水西河惟雍州,……厥贡惟球琳～～。"(惟:是。厥:其。球、琳:都是美玉。)❷珠树。《荀子·正论》:"犀象以为树,～～、龙兹、华觐以为实。"注:"～～似珠,昆仑山有～～树。"(龙兹:珠玉名。觐:当为"瑾",美玉。)《本草纲目·金石部》:"在山为～～,在水为珊瑚。《山海经》云:'开明山北有珠树。'《淮南子》云:'曾城九重,有珠树在其西。'珠树,即～～也。"(曾:通"层"。重叠。)❸指竹。杜甫《郑驸马宅宴洞中》诗:"主家阴洞细烟雾,留客夏簟青～～。"(簟:竹席。)苏过《从范信中觅竹》诗:"十亩～～寒照坐,一谿罗带恰通船。"(谿:同"溪"。)

【琅琅】 lángláng ❶清晰响亮的声音。韩愈《祭柳子厚文》:"临绝之音,一何～～。"袁枚《祭妹文》:"闻两童子音～～然,不觉莞尔。"(莞尔:微笑的样子。)❷水石撞击声。《汉书·司马相如传上》:"礧石相击,～

～礚礚。"（礧：同"磊"。山石众多。礚礚：水石撞击声。）一作"硠硠"。❸玉石颜色泽润。《晋书·庾阐传》："～～其璞，岩岩其峰。"❹坚强的样子。潘岳《马汧督诔》："慨慨马生，～～高致。"（慨慨：慷慨。高致：志趣高尚。）一作"硠硠"。❺人才俊逸。袁宏《三国名臣序赞》："～～先生，雅杖名节，虽遇尘雾，犹振霜雪。"（先生：指崔琰。雅：平素。杖：倚仗。振霜雪：指心怀高洁之志。）

【琅邪】 lángyé ❶郡名。秦始置。治所在今山东诸城市一带。❷山名。1）在山东诸城市。秦始皇二十八年登琅邪，作台刻石纪功德，即此山。2）在安徽滁州。东晋司马睿（元帝）为琅邪王，曾避地此山，故名。

郷 láng 见"郷嬛"。

【郷嬛】 lánghuán 即"琅嬛福地"。神话中的神仙洞府。伊世珍《琅嬛记》："入数步，则别是天地，宫室嵯峨。引入一室中，陈书满架，……华问地名，曰：～～福地。"

硠 láng 石声。左思《吴都赋》："菈擸雷～，崩峦弛岑。"（菈擸、雷硠：都是崩裂的声音。）

【硠礚】 lángkē 也作"硠磕"。❶雷声。《楚辞·九思·怨上》："雷霆兮～～，雹霰兮霏霏。"（霰：雪粒。）❷轰鸣声。《东观汉记·光武帝纪》："门下有系马著鼓者，马惊～～。"

【硠硠】 lángláng ❶象声词。司马相如《子虚赋》："礧石相击，～～礚礚。"（礧：同"磊"。山石众多。礚礚：水石撞击声。）一作"琅琅"。柳宗元《晋问》："万工举斧以入，……丁丁登登，～～棱棱，若兵车之乘凌。"（丁丁、登登、硠硠、棱棱：都是砍木声。）❷坚强的样子。见"琅琅"。

榔（桹） láng ❶槟榔，乔木名。❷渔人敲击船舷以驱鱼入网的木棍，详"鸣榔"。

【榔榔】 lángláng 木相敲击声。梅尧臣《送师厚归南阳……同至姜店》诗："～～残夜木鱼响，起看昴毕倾西躔。"（木鱼：佛教所用木制法器。昴、毕：都是星宿名。躔：日月星辰运行的轨迹。）

稂 láng 为害庄稼的杂草，名童粱，又名狼尾草。《诗经·曹风·下泉》："洌彼下泉，浸彼苞～。"（洌：寒凉。苞：茂盛。）

【稂莠】 lángyǒu ❶稂、莠都是杂草。《国语·鲁语上》："自是，子服之妾衣不过七升之布，马饩不过～～。"（子服：人名。七升之布：粗布。饩：马料。）❷坏人。韩愈《平淮西碑》："大慝适去，～～不薅。"（慝：邪恶，指安禄山等。薅：除草。）白居易《读汉书》诗："禾黍与～～，雨来同日滋。"

锒（鋃） láng 见"锒铛"。

【锒铛】 lángdāng ❶刑具，铁链。《后汉书·崔烈传》："董卓以是收烈付郿狱，锢之～～铁锁。"（收：拘捕。郿：地名。锢：锁住。）❷笨重。戴侗《六书故·地理一》："锒铛之为物，连牵而重，故俗语以困重不舁为～～。"（舁：抬，扛。）❸钟声。见《广韵·唐韵》。

羹 láng 见 gēng。

俍 lǎng 见 liáng。

悢 lǎng 见 liàng。

朗 lǎng ❶明亮，明朗。《诗经·大雅·既醉》："昭明有融，高～令终。"（融：长远。令终：好结果。）王羲之《兰亭集序》："是日也，天～气清，惠风和畅。"❷高明。袁宏《三国名臣序赞》："公瑾英达，～心独见。"❸响亮，高声。段安节《乐府杂录·琵琶》："酒酣，不觉～弹数曲。"李白《劳劳亭歌》："～咏清川飞夜霜。"❹姓。

【朗抱】 lǎngbào 开朗的心胸。李群玉《长沙陪裴大夫登北楼》诗："～～云开月，高情鹤见秋。"

【朗悟】 lǎngwù 聪敏。《颜氏家训·省事》："古人云：'多为少善，不如执一。'……近世有两人，～～士也，性多营综，略无成名。"（营综：经营事务纷杂。）

【朗照】 lǎngzhào 指日月的光照，比喻明察。杜牧《昔事文皇帝》诗："重云开～～，九地雪幽冤。"

烺 lǎng ❶烑烺，火烧的样子。《集韵·荡韵》："烑烺，火皃。"❷通"朗"。明亮。见"烺烺"。

【烺烺】 lǎnglǎng 明亮的样子。柳宗元《答韦中立论师道书》："及长，乃知文者以明道，是固不苟为炳炳～～，务采色，夸声音而以为能也。"（固：通"故"。）

浪 1. làng ❶波浪。苏轼《念奴娇·赤壁怀古》词："大江东去，～淘尽、千古风流人物。"❷放荡，滥。《诗经·邶风·终风》："谑～笑敖，中心是悼。"（谑：开玩笑。敖：傲慢。）苏轼《上皇帝书》："如此，则妄庸轻剽浮～奸人，自此争言水利矣。"杨万里《寄马会叔》诗："赐金真～费，唤取从甘泉。"（甘泉：宫殿名。）❸徒然，白白地。韩愈《秋怀》诗："胡为～自苦，得酒且欢喜。"❹敲打，撞击。孔稚珪《北山移文》："今又促装下邑，～栧上京。”（促装：整治行装。下邑：指海盐县。栧：船旁板。上京：指南朝齐代首都建康。）❺姓。晋代有浪逢。

2. láng ❻见“浪浪”、“聊浪”。

【浪迹】 làngjì ❶行踪不定。戴逵《栖林赋》：“～～颍湄，栖景箕岑。”（颍：水名。景：“影”的古字。箕：山名。岑：小而高的山。）李白《酬谈少府》诗：“壮心屈黄绶，～～寄沧州。”（黄绶：黄色绶带，指辅佐性的官员。）❷不拘形迹。江淹《杂体诗·孙廷尉绰》：“～～无蚩妍，然后君子道。”（蚩：通“媸”。丑陋。妍：美丽。）

【浪漫】 làngmàn ❶放荡不羁，无拘无束。苏轼《与孟震同游常州僧舍》诗之一：“年来转觉此生浮，又作三吴～～游。”❷烂漫。张镃《过湖至郭氏庵》诗：“山色棱层出，荷花～～开。”（棱层：高峻陡峭。）

【浪莽】 làngmǎng 同“浪孟”。放浪，放荡。陶渊明《归园田居》诗之四：“久去山泽游，～～林野娱。”

【浪孟】 làngmèng 同“孟浪”。放浪，放荡。潘岳《笙赋》：“罔～～以惆怅，若欲绝而复肆。”（罔：失意。）

【浪人】 làngrén ❶飘泊不定的人。王勃《春思赋》：“于是仆本～～，平生自沦。怀书去洛，抱剑辞秦。”柳宗元《李赤传》：“李赤，江湖～～也。”❷浪荡无赖的人。贾思勰《齐民要术·种瓜》：“勿听～～踏瓜蔓及翻覆之。”

【浪士】 làngshì 隐居水边的人。《晋书·郭璞传》：“是以水无～～，岩无幽人。”

【浪死】 làngsǐ ❶白白地死。《资治通鉴·隋炀帝大业七年》：“邹平民王薄拥众据长白山，……又作《无向辽东浪死歌》以相感劝。”（邹平：地名。）❷默默无闻地死。贯休《行路难》诗之三：“九有茫茫共尧日，～～虚生亦非一。”（九有：九州。）

【浪游】 làngyóu 漫游，随意游荡。杜牧《见穆三十宅中庭海榴花谢》诗：“堪恨王孙～～去，落英狼籍始归来。”（英：花。）

【浪语】 làngyǔ ❶胡言乱语。《隋书·五行志上》：“大业中，童谣曰：‘桃李子，鸿鹄绕阳山，宛转花林里。莫～～，谁道许。’”（大业：隋炀帝年号。）张鷟《朝野佥载》卷一：“咸亨已后，人皆云：‘莫～～，阿婆嗔。’”（咸亨：唐高宗年号。已：通“以”。嗔：怒。）❷空话，废话。杜甫《归雁》诗之一：“系书无～～，愁寂故山薇。”

【浪职】 làngzhí 放弃职守。孙樵《与高锡望书》：“尸位～～，虽贵必黜。”（尸位：占住位置不干事。黜：贬谪，罢免。）

【浪汗】 lánghàn 纵横乱流的样子。刘向《说苑·善说》：“孟尝君涕～～增欷而就之曰：‘先生之鼓琴，令文若破国亡邑之人也。’”（增欷：叹息。）

【浪浪】 lángláng 流而不停的样子。卢照邻《释疾文》：“愿一见兮终不得，侧身长望兮泪～～。”韩愈《别知赋》：“雨～～其不止，云浩浩其长浮。”

埌 làng ❶原野空旷的样子。见“圹埌”。❷坟墓。《方言》卷十三：“冢，秦晋之间谓之坟，……或谓之～。”

蒗 làng 蒗荡渠，古运河名，在今河南省。

lao

捞（撈） 1. lāo ❶从水中取物。元稹《酬乐天东南行诗一百韵》：“泥浦喧～蛤，荒郊险斗貙。”（浦：水边。貙：似狸兽。）

2. láo ❷见“劳什子”。

【捞漉】 lāolù ❶从水中取物。卢仝《寄男抱孙》诗：“～～蛙蟵脚，莫遣生科斗。”（蟵：同“蟆”。虾蟆。科斗：“蝌蚪”的古字。）❷寻取。道原《景德传灯录》卷二十八：“有益者，百千人中～～一个半个，堪为法器。”（法器：可传佛法的人。）

牢 1. láo ❶牲畜圈。《韩非子·扬权》：“豺狼在～，其羊不繁。”❷馈赠或祭祀用的牲畜。《战国策·赵策三》：“鲁人曰：‘吾将以十太～待子之君。’”《史记·晋世家》：“于是秦缪公更舍晋惠公，馈之七～。”（更舍：重换住处。）《汉书·郊祀志上》：“其神或岁不至，或岁数来也，常以夜，……以一～祠之，名曰‘陈宝’。”（祠：祭祀。）❸监狱。司马迁《报任少卿书》：“故有画地为～，势不可入。”❹坚固。《论衡·无形》：“五行之物，可变改者唯土也。……如使成器，入灶更火，～坚不可复变。”（更：经过。）《后汉书·马援传》：“援上言，破羌以西，城多完～，易可依固。”（破羌：部落名。）㉛坚决。《汉书·师丹传》：“臣纵不能明陈大义，复曾不能～让爵位，相随空受封侯，增益陛下之过。”❺抑郁不平。见“牢愁”。❻姓。春秋时有牢成。

2. lóu ❼削减。《仪礼·士丧礼》：“握手……长尺二寸，广五寸，～中旁寸，著组系。”注：“～，读为‘楼’，楼谓削约握之中央以安手也。”（握手：死者所戴的手套。组系：丝带。）

3. lào ❽官府发给的口粮。《后汉书·西羌传》：“十馀年间，费用八十馀亿。

诸将多断盗～禀,私自润入。”(断:削减。盗:盗取。禀:官府发给的口粮。润:沾光。)❾搜括,掠夺。《后汉书·董卓传》:“卓纵放士兵,突其庐舍,淫略妇女,剽虏资物,谓之‘搜～’。”(突:闯入。)

【牢犴】 láo'àn 监狱。《梁书·武帝纪》:“断弊之书,日缠于听览,钳钛之刑,岁积于～～。”(钳:刑罚的一种。钛:刑具。)

【牢愁】 láochóu 忧郁,愁闷。《汉书·扬雄传上》:“又旁(bàng)《惜诵》以下至《怀沙》一卷,名曰《畔牢愁》。”(旁:依傍,摹仿。畔:反。)刘克庄《次韵实之春日五和》:“～～余发五分白,健思君才十倍多。”

【牢户】 láohù 监狱。焦延寿《易林·大过·明夷》:“～～之冤,脱免无患。”《后汉书·耿弇传》:“而苏君恩不及嗣,恭亦终填～～。”(苏君:指苏武。嗣:子孙。恭:耿恭,人名。)

【牢具】 láojù ❶祭祀用的牛羊豕。《汉书·郊祀志上》:“皆各用～～祠,而巫祝所损益圭币杂异焉。”(祠:祭祀。圭:玉制礼器。币:丝织祭品。)❷祭祀用牛羊豕的具数。《礼记·杂记上》:“遣车视～～。”(视:依照。)❸刑具。《三国志·魏书·司马芝传》:“诏书徙狱于岐属县,县请豫治～～。”(岐:司马岐,人名。豫:预先。)

【牢剌】 láolà 猛狠。马融《长笛赋》:“～～拂戾,诸贲之气也。”(拂戾:不和顺。诸贲:专诸和孟贲,都是春秋时勇士。)

【牢良】 láoliáng 指坚车良马。《淮南子·人间训》:“食刍豢,饭黍粱,服轻煖,乘～～。”(刍豢:家畜。)

【牢笼】 láolóng ❶包罗。《淮南子·本经训》:“～～天地,弹压山川。”柳宗元《愚溪诗序》:“漱涤万物,～～百态,而无所避之。”(漱涤:洗涤。)❷笼络。唐玄宗《巡省途次上党旧宫赋》:“英髦既包括,豪杰自～～。”(髦:俊杰。)

【牢落】 láoluò ❶野兽奔走的样子。司马相如《上林赋》:“～～陆离,烂漫远迁。”(陆离:参差不齐。烂漫:散乱。)❷稀疏,零落。王褒《洞箫赋》:“翩緜连以～～兮,漂乍弃而为他。”(漂:漂浮。乍:忽然。)韩愈《天星送杨凝郎中贺正》诗:“天星～～鸡喔咿,仆夫起餐车载脂。”❸寥落,荒芜。左思《魏都赋》:“伊洛榛旷,崤函荒芜,临菑～～,鄢郢丘墟。”(伊洛:指伊水洛水流域。榛旷:荒废。临菑、鄢、郢:都是地名。)❹落拓,潦倒。左思《魏都赋》李善注:“第五伦自度仕宦～～。”(第五伦:人名。)❺孤寂,无聊。陆机《文赋》:“心～～而无偶,意徘徊而不能揥。”(揥:抛弃。)

【牢赏】 láoshǎng 犒劳,奖赏。《后汉书·应劭传》:“简其精勇,多其～～,太守李参沈静有谋,必能奖厉得其死力。”(简:挑选。厉:通“励”。鼓励。)

【牢饩】 láoxì 牺牲,祭祀用的牛羊豕等牲畜。《北史·崔逞传》:“吾没后,敛以时服,祭无～～,棺足周尸,瘗不泄露而已。”(敛:同“殓”。殡殓。瘗:埋葬。)

【牢羞】 láoxiū 祭品。《乐府诗集·燕射歌辞·隋元会大飨歌》:“平心和德在甘旨,～～既陈钟石俟,以斯而御扬盛轨。”(御:奉进。轨:法度。)

【牢栈】 láozhàn 牲口圈。《宋史·食货志下》:“凡供御膳及祀祭与泛用者,皆别其～～,以三千为额。”

【牢直】 láozhí 粮饷。《后汉书·董卓传》:“～～不毕,禀赐断绝。”(毕:充足。禀:官府发给的口粮。)

劳(勞) 1. láo ❶劳动。《孟子·滕文公上》:“或～心,或～力。～心者治人,～力者治于人。”苏轼《教战守策》:“夫当今生民之患,果安在哉?在于知安而不知危,能逸而不能～。”❷辛勤,劳苦。《荀子·修身》:“身～而心安,为之;利少而义多,为之。”《韩非子·五蠹》:“夫古之让天下者,是去监门之养,而离臣虏之～也。”㉛疲劳。《国语·晋语七》:“～师于戎而失诸华,虽有功,犹得兽而失人也。”(华:华夏。)张衡《东京赋》:“马足未极,舆徒不～。”(极:尽。舆徒:车夫。)❸功绩。《韩非子·显学》:“夫斩首之～不赏,而家斗之勇尊显,而索民之疾战距敌而无私斗,不可得也。”(家斗:私斗。疾:奋力。距:通“拒”。抵抗。)《史记·酷吏列传》:“今上时,禹以刀笔吏积～,稍迁为御史。”(上:指汉武帝。禹:赵禹。稍:逐渐。迁:升任。)❹忧愁。《孟子·万章上》:“父母爱之,喜而不忘;父母恶之,～而怨。”❺掠夺。《管子·小匡》:“牺牲不～,则牛马育。”(牺牲:供祭祀用的牲畜。)❻姓。三国时有劳精。

2. lào ❼慰劳,犒劳。《史记·晋世家》:“兵至滑,郑贾人弦高将市于周,遇之,以十二牛～秦师。”又《高祖本纪》:“汉王病创卧,张良强请汉王起行～军,以安士卒。”(强:勉强。)柳宗元《种树郭橐驼传》:“吾小人辍飧饔以～吏者,且不得暇,又何以蕃吾生而安吾性邪?”(辍:停止。飧饔:晚饭、早饭。)㉛劝勉,鼓励。《吕氏春秋·孟夏》:“～农劝民。”(劝:鼓励。)《后汉书·王丹传》:“每岁农时,辄载酒肴于田间,候勤者而～之。”❽通“耢”。平整土地的农具。贾思勰

《齐民要术·耕田》:"春耕寻手~。"(寻手:随手,随即。)

3. liáo ❾通"辽"。广阔。《诗经·小雅·渐渐之石》:"山川悠远,维其~矣。"

【劳嘈】 láocáo 嘈杂。元稹《董逃行》:"董逃董逃董卓逃,揩铿戈甲声~~。"(铿:碰撞。)

【劳瘁】 láocuì 劳苦憔悴。《三国志·魏书·陶谦传》注:"今海内扰攘,州郡起兵,征夫~~,寇难未弭。"(弭:停止。)也作"劳悴"。《后汉书·明德马皇后纪》:"后于是尽心抚育,~~过于所生。"

【劳动】 láodòng ❶活动,劳作。《庄子·让王》:"春耕种,形足以~~;秋收敛,身足以休息。"《三国志·魏书·华佗传》:"人体欲得~~,但不当使极耳。"❷侵扰。《三国志·魏书·钟会传》:"诸葛孔明仍规秦川,姜伯约屡出陇右,~~我边境,侵扰我氐、羌。"(规:窥测。)❸偏劳,有劳,表示感谢。白居易《初到江州》诗:"遥见朱轮来出郭,相迎~~使君公。"(朱轮:华美的车子。使君:州郡长官。)

【劳顿】 láodùn 劳苦困倦。陆贽《赐吐蕃宰相尚结赞书》:"卿涉远而来,当甚~~。"

【劳歌】 láogē ❶吟咏劳动的歌。《晋书·礼志中》:"新礼以为挽歌出于汉武帝役人之~~,声哀切,以为送终之礼。"❷送别歌。骆宾王《送吴七遊蜀》诗:"~~徒欲奏,赠别竟无言。"

【劳绩】 láojì 劳作的成绩。苏轼《上皇帝书》:"今有人为其主牧羊者,不告其主,以一牛而易五羊。一牛之失,则隐而不言,五羊之获,则指为~~。"

【劳结】 láojié 郁结,忧郁。曹丕《与吴质书》:"虽书疏往返,未足解其~~。"

【劳剧】 láojù ❶繁重。《周书·晋荡公护传》:"遂使户口凋残,征赋~~,家无日给,民不聊生。"(给:丰足。)❷繁重的任务。《三国志·蜀书·杨仪传》:"仪每从行,当其~~。"王安石《乞解机务劄子》:"徒以今年以来,疾病浸加,不任~~。"(浸:逐渐。)

【劳劳】 láoláo 忧伤的样子。古诗《为焦仲卿妻作》:"举手长~~,二情同依依。"李贺《送沈亚之歌》:"携笈归家重入门,~~谁是怜君者?"(笈:书箱。)

【劳谦】 láoqiān 勤劳谦恭。《周易·谦》:"~~,君子有终,吉。"《三国志·魏书·王烈传》:"又特被玺书,以臣为光禄勋,躬秉~~,引喻周、秦,损上益下。"(玺书:诏命。光禄勋:官名。)

【劳人】 láorén 忧伤的人。《诗经·小雅·巷伯》:"骄人好好,~~草草。"(骄人:进谗言而得志之人。草草:忧伤的样子。)

【劳生】 láoshēng 劳苦的生活。《庄子·大宗师》:"夫大块载我以形,劳我以生,佚我以老,息我以死。"(大块:大自然。佚:安逸。)骆宾王《与博昌父老书》:"虽蒙庄一指,殆先觉于~~;秦佚三号,讵忘情于怛化?"(蒙庄:指庄子。指:指上引《庄子·大宗师》文。秦佚:人名。讵:岂。怛化:指死亡。)

【劳心】 láoxīn 忧心。《诗经·齐风·甫田》:"无思远人,~~忉忉。"(忉忉:忧念的样子。)

【劳苦】 làokǔ 慰劳。《史记·萧相国世家》:"汉三年,汉王与项羽相距京索之间,上数使使~~丞相。"(距:通"拒"。抵抗。京、索:都是地名。)

【劳来】 làolài 慰勉,抚慰。《汉书·龚遂传》:"~~循行,郡中皆有畜积。"(循行:巡视。畜:通"蓄"。)《后汉书·邓禹传》:"禹所止,辄停车住节,以~~之。"(节:符节,使臣所持的凭信。)也作"劳倈"。《汉书·原涉传》:"从宾客往至丧家,为棺敛,~~毕葬。"(敛:通"殓"。殡殓。)又《平当传》:"顷之,使行流民幽州,举奏刺史二千石~~有意者。"(二千石:指郡守。)也作"劳勑"。《淮南子·氾论训》"以劳天下之民"注:"劳,读~~之'劳'。"

【劳问】 làowèn 慰问。《后汉书·鲁恭传》:"敕使陪乘,~~甚渥。"(敕:诏命。渥:优厚。)苏洵《送石昌言北使引》:"又数年,遊京师,见昌言长安,相与~~;如平生欢。"

【劳什子】 láoshízǐ 东西,家伙。含有厌恶、轻视情绪。《红楼梦》三回:"我也不要这~~~。"也作"捞什子"、"牢什子"。

谚(譊) láo 歌声。《陈书·高祖纪上》:"精华既竭,耄勤已倦,则抗首而笑,惟贤是与,~然作歌,简能斯授。"(耄勤:老年而勤劳。抗:高举。简:选择。)

唠(嘮) láo 见"唠唠"、"唠噪"。

【唠唠】 láoláo 说话啰嗦。贯休《四皓图》诗:"何人图四皓,如语话~~。"(四皓:汉初四隐士。)

【唠噪】 láozào 唠叨烦人。陈亮《又甲辰秋答朱元晦书》:"只是口~~,见人说得不切事情,便喊一响,一似曾干与耳。"(干与:干预。)

哰 láo 见"哰哰"。

【哰哰】 láoláo 象声词。鸟兽叫声。穆修《残春病醒》诗:"风帘窣窣燕～～,卧对残灯起郁陶。"(窣窣:摩擦声。郁陶:郁结不解的样子。)孔尚任《桃花扇·馀韵》:"行到那旧院门,何用轻敲,也不怕小犬～～。"

痨(癆) láo ❶劳损病。戴元礼《秘传证治要诀·虚损门·五劳》:"心主血,肾主精,精竭血燥则～生。"❷肺结核的俗称。段成式《异疾志》:"河南刘崇远有妹为尼,尝有一客尼寓宿,病～,瘦甚且死。"(尼:尼姑。)

醪 láo 浊酒,带糟的酒。《汉书·李广传》:"大将军使长史持糒～遗(wèi)广,因问广、食其(yìjī)失道状。"(大将军:指卫青。糒:干饭。食其:赵食其,人名。)杜甫《清明》诗之一:"钟鼎山林各天性,浊～粗饭任吾年。"(钟鼎:指作官。山林:指隐居不仕。)

老 lǎo ❶年岁大,与幼年、壮年相对。《左传·僖公三十年》:"臣之壮也,犹不如人;今～矣,无能为也已。"(已:通"矣"。)《韩非子·说林上》:"～马之智可用也。"㊀老年,晚年。《礼记·礼运》:"使～有所终。"杜甫《题柏大兄弟山居屋壁》诗之一:"江汉终吾～,云林得尔曹。"㊁老人。《孟子·梁惠王上》:"老吾～,以及人之～;幼吾幼,以及人之幼。"《论衡·逢遇》:"吾年少之时学为文,文德成就,始欲仕宦,人君好用～。"❷寿终。《荀子·仲尼》:"桀纣舍之,厚于有天之埶,而不得以匹夫～。"《红楼梦》十五回:"以备京中～了人口,在此停灵。"❸告老,年老退休。《国语·晋语一》:"骊姬曰:'君盍～而授之政!'"(盍:何不。)《论衡·气寿》:"舜征三十岁在位,尧退而～。"(征:被征召。)❹衰老,疲惫。《国语·晋语四》:"且楚师～矣,必败。"《后汉书·西羌传》:"自羌叛十馀年间,兵连师～,不暂宁息。"❺年久的,陈旧的。《韩非子·外储说右上》:"王曰:'前有～主而不逾,后有储主而不属(zhǔ),矜矣,是真吾守法之臣也。'"(老主:指楚王自身。储主:指太子。属:通"瞩",瞩目,归心。矜:贤。)白居易《答韦八》诗:"春尽绿醅～,雨多红萼稀。"(醅:未滤的酒。)❻老练,老成。杜甫《奉汉中王手札》诗:"枚乘文章～。"(枚乘:人名。)韩愈《石鼓歌》:"中朝大官～于事,讵肯感激徒媕婀。"(讵:通"讵"。难道。媕婀:无主见。)㊀老成人。《战国策·秦策一》:"《周书》有言,美女破舌,……美男破～。"(破:败坏。舌:指敢于直谏之臣。)❼臣子的称谓。1)尊称。《左传·襄公二十一年》:"栾祁与其～州宾通。"(栾祁:栾桓子之妻。州宾:人名。通:私通。)《国语·鲁语下》:"公父文伯之母欲室文伯,飨其宗～,而为赋《绿衣》之三章。"(注:"家臣称老。"公父文伯:人名。宗:宗人,官名。)《礼记·王制》:"属于天子之～二人。"(注:"老,谓上公。")2)谦称。《左传·昭公元年》:"将不得为寡君～。"《国语·吴语》:"勾践用帅二三之～,亲委重罪,顿颡于边。"(勾践:人名。用:因此。委:归,指归罪于己。顿颡:叩头。)❽对别人父母的称呼。《周礼·地官·司门》:"以其财养死政之～与其孤。"(死政:为国事而死。)❾前缀。1)用于名词前,如"老虎"、"老鼠"。2)用于姓氏前。白居易《编集拙诗……戏赠元九李二十》诗:"每被～元偷格律,苦教短李伏歌行。"(老元:指元稹。短李:指李绅。)3)用于名字前。苏轼《题过所画枯木竹石》诗之一:"～可能为竹写真,小坡今与竹传神。"(老可:指文与可。小坡:指苏轼之子苏过。)❿词尾。如"涤老(眼)"、"爪老(手)"、"嗅老(鼻)"。武汉臣《玉壶春》二折:"舒着一双黑爪～,搭着一条黄桑棒。"(搭:握持。)⓫姓。春秋时有老佐,宋代有老麻。

【老鸨】 lǎobǎo 妓女的养母。石君宝《曲江池》二折:"可堪～～太无恩,撇下孤贫半死身。"

【老悖】 lǎobèi 年老糊涂。《战国策·楚策四》:"先生～～乎?将以为楚国袄祥乎?"(袄祥:不祥之兆。)《汉书·疏广传》:"我岂～～不念子孙哉?顾自有旧田庐,令子孙勤力其中,足以共(gōng)衣食与凡人齐。"(共:通"供"。供给。)

【老苍】 lǎocāng ❶老年头发花白,指老人。杜甫《壮遊》诗:"脱略小时辈,结交皆～～。"(脱略:轻慢。)❷苍鹰,一种猛禽。韩愈《嘲鲁连子》诗:"田巴兀～～,怜汝矜爪嘴。"(田巴:人名。兀:这。矜:自负。)

【老成】 lǎochéng ❶年高德重。《后汉书·和帝纪》:"今彪聪明康彊,可谓～～黄耇(gǒu)矣。"(彪:指邓彪。黄耇:老人。)❷阅历多而稳重。苏洵《管仲论》:"其君虽不肖,而尚有～～人焉。"❸形容文章老练、成熟。杜甫《敬赠郑谏议》诗:"毫发无遗恨,波澜独～～。"

【老倒】 lǎodǎo 潦倒,失意。白居易《晏坐闲吟》:"昔为京洛声华客,今作江湖～～翁。"(京、洛:都是地名。声华:名声华美。)

【老凤】 lǎofèng ❶比喻有才华的父亲。李商隐《韩冬郎即席为诗相送……》诗之一:"桐花万里丹山路,雏凤清于～～声。"(雏凤:指韩渥。其父名瞻,即诗中所称之"老凤"。)❷宋代丞相的别称。《三朝名臣言行录》卷六:"曾鲁公自嘉祐秉政,至熙宁中尚在中书,年虽甚高,而精力不衰,故台谏无非之者。惟李复圭以为不可,作诗曰:'~~池边蹲不去,饥乌台上噤无声。'"(嘉祐:宋仁宗年号。熙宁:宋神宗年号。中书:中书省,官衙名。台谏:指监察官和谏议官。)

【老父】 lǎofǔ 对老年男子的尊称。《史记·高祖本纪》:"吕后与两子居田中耨,有一~~过请饮,吕后因铺之。"(耨:除草。铺:给人东西吃。)《汉书·张良传》:"良尝闲从容步游下邳圯上,有一~~,衣褐,至良所。"(下邳:地名。圯:桥。褐:粗麻短衣。)

【老革】 lǎogé 犹言"老兵",对武人的蔑称。《三国志·蜀书·彭羕传》:"羕曰:'~~荒悖,可复道耶?'"注:"古者以革为兵,……羕骂备为~~,犹言老兵也。"(荒悖:荒唐糊涂。)

【老公】 lǎogōng ❶老人。《三国志·魏书·邓艾传》:"七十~~,复欲何求?"❷丈夫。《古今杂剧·鸳鸯被》二折:"我今日成就了你两个,久后你也与我寻一个好~~。"

【老辣】 lǎolà 老练而刚毅。《宋史·晏敦复传》:"敦复曰:'吾终不为身计误国家,况吾薑桂之性,到老愈辣,请勿言。'"刘克庄《题赵戣诗卷》:"歌行中悲愤慷慨、苦硬~~者,乃似卢仝、刘叉。"(歌行:诗歌的一种。)

【老老】 lǎolǎo ❶尊敬老人。《礼记·大学》:"上~~而民兴孝,上长长而民兴弟。"(长长:尊敬年长的人。弟:通"悌",敬重兄长。)《荀子·修身》:"~~而壮者归焉。"❷对老妇的尊称。《红楼梦》六回:"这刘~~乃是个久经世代的老寡妇。"也作"姥姥"。今多指外祖母。

【老羸】 lǎoléi 年老体弱的人。《孟子·公孙丑下》:"凶年饥岁,子之民,~~转于沟壑,壮者散而之四方者,几(jī)千人矣。"(凶年:荒年。几:接近。)

【老迈】 lǎomài 年老。《法苑珠林·千佛·侍养》:"我今自慨年耆根熟,衰朽~~。"(耆:年老。根:根性,佛教名词。)

【老眊】 lǎomào 年老。《汉书·武帝纪》:"哀夫~~孤寡鳏独或匮于衣食,甚怜愍焉。"(匮:穷乏。愍:哀怜。)

【老耄】 lǎomào ❶年老。《国语·楚语上》:"苟在朝者,无谓我~~而舍我。"❷年老糊涂。《国语·周语下》:"王曰:'尔~~矣,何知?'"

【老衲】 lǎonà 老僧。戴叔伦《题横山寺》诗:"~~供茶碗,斜阳送客舟。"

【老圃】 lǎopǔ ❶菜农。《论语·子路》:"樊迟……请学为圃。曰:'吾不如~~。'"(樊迟:人名。为圃:种菜。)苏轼《杭州牡丹开时……》诗之一:"从此年年定相见,欲师~~问樊迟。"❷菜园,花园。《老残游记》二回:"一路秋山红叶,~~黄花,颇不寂寞。"

【老气】 lǎoqì ❶傲气,自负的气势。杜甫《送韦评事赴同谷判官》诗:"子虽躯干小,~~横九州。"楼钥《题杨子元琪所藏东坡古木》诗:"东坡笔端游戏,槎牙~~横秋。"(槎牙:错杂不齐的样子。)❷暮气。黄庭坚《柳闳展如苏子瞻甥也……》诗之一:"~~鼓不作,卷旗解弓刀。"(作:起。)

【老悭】 lǎoqiān 吝啬的人,小气的人。《宋书·王玄谟传》:"孝武狎侮群臣,随其状貌,各有比类。……刘秀之俭吝,呼为~~。"(孝武:南朝宋孝武帝。)

【老拳】 lǎoquán 厉害的拳头。《晋书·石勒载记下》:"初,勒与李阳邻居,岁常争麻池,迭相殴击。……勒与酣谑,引阳臂笑曰:'孤往日厌卿~~,卿亦饱孤毒手。'"(迭:轮流。谑:开玩笑。引:拉。)

【老师】 lǎoshī ❶辈尊资深的学者。《史记·孟尝君列传》:"田骈之属皆已死,齐襄王时,而荀卿最为~~。"韩愈《施先生墓铭》:"自贤士大夫、~~宿儒、新进小生,闻先生之死,哭泣相吊。"(宿儒:老成博学的读书人。小生:晚辈。)❷对教师的称呼。元好问《示侄孙伯安》诗:"伯安入小学,颖悟非凡儿。属句有夙性,说字惊~~。"(属句:撰句。夙:成熟。)❸明清时生员和举子对主考的座主和学官的称呼。王世贞《觚不觚录》:"京师称谓极尊者曰老先生,……此后,门生称座主俱曰~~。"(座主:科举时代门生对主考官的称呼。)

【老宿】 lǎosù 资深望重或老练而学识渊博的人。《三国志·魏书·曹爽传》注引《魏略》:"于时曹爽辅政,以范乡里~~于九卿中特敬之,然不甚亲也。"(范:指桓范。九卿:朝廷中九种高级官职。)汪启淑《鹿菲小子传》:"[黄景仁]著有《浮湘赋》,~~咸称之。"

【老饕】 lǎotāo ❶贪吃。苏轼《老饕赋》:"盖聚物之夭美,以养吾之~~。"(夭:盛多的样子。)❷贪吃的人。杨万里《四月八日尝新荔子》诗:"~~要啖三百颗,却怕甘寒冻断肠。"(啖:吃。)

【老朽】 lǎoxiǔ ❶衰老腐朽。郑愚《潭州……大圆禅师碑铭》:"以耽沈之利欲,役~~之筋骸。"(耽沈:沉溺。)❷老人的谦称。苏轼《与冯祖仁书》："辱牋教累幅，文义粲然，礼意兼重，非～～所敢当。"（牋：指书信。粲然：明白。）

【老拙】 lǎozhuō 老人的谦称。陶穀《清异录·居室》："～～幼学时，同舍生刘垂，尤有口材。"苏轼《章质夫寄惠崔徽真》诗："卷赠老夫惊～～。"

【老莱衣】 lǎoláiyī 老莱子穿的五彩衣。相传春秋时楚国隐士老莱子，七十岁时还身穿五彩衣，模仿小儿的动作和哭声，以使父母欢心。后因以表示孝顺父母。孟浩然《蔡阳馆》诗："明朝拜嘉庆，须著～～～。"（嘉庆：指祝寿。）

【老蚌生珠】 lǎobàngshēngzhū ❶称赞别人有好儿子。《三国志·魏书·荀彧传》注引孔融与韦端书："前日元将来，渊才亮茂，雅度宏毅，伟世之器也。昨日仲将又来，懿性贞实，文敏笃诚，保家之主也。不意双珠，近出老蚌，甚珍贵之。"（元将、仲将：韦端的两个儿子。器：才具。）《北齐书·陆卬传》："邵又与卬父子彰交游，尝谓子彰曰：'吾以卿老蚌遂出明珠。'"（邵：指邢邵。）❷老年得子。苏轼《虎儿》诗："旧闻老蚌生明珠，未省老兔生於菟。"（省：看见。於菟：老虎。）

【老牛舐犊】 lǎoniúshìdú 老牛舔小牛，比喻爱怜子女。《后汉书·杨彪传》："后子修为曹操所杀。操见彪问曰：'公何瘦之甚？'对曰：'愧无日磾先见之明，犹怀～～～～之爱。'"（日磾：金日磾，人名。）

栳 lǎo 见"栲栳"。

潦 1. lǎo ❶大雨。《礼记·曲礼上》："水～降，不献鱼鳖。"欧阳修《送王圣纪赴扶风主簿序》："况四海之大，几万里而远，事之难知不若霖～赤日之易见者何数。"（霖：久雨。）❷积水。《楚辞·九辩》："宋廖兮，收～而水清。"（宋廖：同"寂寥"。）《荀子·王制》："脩隄梁，通沟浍，行水～。"（浍：水渠。行：疏通。）

2. lào ❷涝，雨多而淹没。《史记·孝景本纪》："天下大～。"《后汉书·顺帝纪》："甲辰，诏：以疫疠水～，令人半输今年田租。"（输：交纳。）

3. liǎo ❸见"潦草"、"潦倒"。

4. liáo ❹古水名，在辽宁省。

【潦草】 liǎocǎo ❶草率。《朱子语类·训门人》："今人事无大小，皆～～过了。"❷字迹不工整。俞汝楫《礼部志稿·题行会试条约》："誊录生员，务要用心逐字真正对写，不许差讹失落字样，～～不真。"（生员：秀才。讹：错误。）

【潦倒】 liǎodǎo ❶放浪，散漫。嵇康《与山巨源绝交书》："足下旧知吾～～麤疏，不切事情，自维亦皆不如今日之贤能也。"（维：通"惟"，思考。）❷失意，衰颓。李华《卧疾舟中相里范二侍御先行赠别序》："华也～～龙钟，百疾丛体，衣无完帛，器无兼蔬。"（龙钟：失意。）

獠 lǎo 见 liáo。

嫽 lǎo 见 liáo。

橑 lǎo ❶屋椽。班固《西都赋》："列棼～以布翼，荷栋桴而高骧。"（棼：阁楼的栋。翼：飞檐。桴：栋。骧：高举。）❷车盖的弓（类似伞骨）。《周礼·考工记·轮人》"弓凿广四枚"郑注："弓，盖～也。"《论衡·说日》："系明月之珠于车盖之～，转而旋之，明月之珠旋邪？"❸薪柴。《管子·侈靡》："故尝至味而罢至乐，而雕卵然后瀹之，雕～然后爨之。"（雕：彩画。瀹：以汤煮物。爨：烧火做饭。）

轑（轑） 1. lǎo ❶通"橑"。屋椽。《汉书·张敞传》："敞自将郡国吏车数百两，围守王宫，搜索调等，果得之殿屋重～中。"（两：通"辆"。调：刘调，人名。）❷车盖的弓（类似伞骨），车辐。《说文·車部》："～，盖弓也。一曰辐也。"

2. láo ❸刮（锅），敲（锅）。《汉书·楚元王传》："嫂厌叔与客来，阳为羹尽，～釜，客以故去。"（阳：假装。）

3. liáo ❹轑河，县名，故地在今山西左权县。

4. liǎo ❺通"燎"。燃烧。比喻威慑、威胁。参见"熏轑"。

络 lào 见 luò。

涝（澇） 1. lào ❶雨多而淹没。《三国志·魏书·郑浑传》："郡界下湿，患水～，百姓饥乏。"《晋书·袁甫传》："雨久成水，故其域恒～也。"❷见"涝朝"。

2. lào（又读 láo） ❸大波浪。鲍照《登大雷岸与妹书》："浴雨排风，吹～弄翩。"（排风：乘风。翩：指翅膀。）❹水名。在陕西境内，源出秦岭，北流入渭水。

3. lāo ❺见"涝漉"。

【涝朝】 làozhāo 浓雾笼罩的早晨。陈造《房陵》诗之二："政使病馀刚制酒，一杯要敌～～寒。"自注："晨起雾久乃开，土人目曰～～。"

【涝漉】 lāolù ❶同"捞漉"。水中取物。道原《景德传灯录》卷二十九："万古碧潭空界月，再三～～始应知。"❷浮沉。陈亮《与章德茂侍郎书》之四："～～红尘，终恐不能自别于凡流，士之不遇，亦若此耶！"

烙 lào 见luò。

酪 lào ❶醋。《礼记·礼运》："以亨以炙，以为醴～。"（亨：通"烹"。醴：甜酒。）❷乳制羹状食品。《后汉书·乌桓传》："食肉饮～，以毛毳（cuì）为衣。"（毳：兽的毛皮。）❸酪状食品。《汉书·王莽传下》："莽又多遣大夫谒者，分教民煮草木为～。"（谒者：官名。）

嫪 lào ❶留恋。韩愈《荐士》诗："念将决焉去，感物憎恋～。"❷姓。战国时有嫪毐（ǎi）。

le

了 lè 见liǎo。

仂 lè 零数，馀数。《礼记·王制》："祭用数之～。……丧用三年之～。"晁补之《胡戢秀才效欧阳公集古作琬琰堂》诗："愿从胡君丐无有，十百数中聊取～。"（胡君：指胡戢。丐：乞求。）

阞 lè ❶地脉。《周礼·考工记·匠人》："凡沟，逆地～，谓之不行。"❷通"仂"。零数，馀数。《周礼·考工记·轮人》："以其围之～，捎其薮。"（阞：三分之一。捎：剜除。薮：车毂上安插辐条的榫眼。）

扐 lè ❶手指之间。古代筮法，把四十九根蓍草分作两堆，每次取四根，剩馀的挂在手指之间。《论衡·卜筮》："归奇于～，以象闰月。"（奇：馀数。）❷汉代地名，故址在今山东平原县南。❸通"勒"。勒索，要挟。《儿女英雄传》二十四回："倒不是送礼，我今日是～掯你娘儿们来了。"

泐 lè ❶石依纹路而分裂。王安石《宝文阁待制常公墓表》："石可磨也，亦可～也，谓公且朽，不可得也。"❷通"勒"。雕刻。引申为书写。李斗《扬州画舫录·草河录上》："江南总督恭纪典章，～之成书。"（总督：官名。）旧时书信落款下常以"手泐"代"手书"。

勒 lè ❶带嚼口的马笼头。《汉书·匈奴传下》："鞍～一具，马十五匹。"王安石《材论》："当是之时，使驽马并驱，则虽倾轮绝～，败筋伤骨，不舍昼夜而追之，辽乎其不可以及也。"㉿控制马（前冲或止步）。虞世南《出塞》诗："扬桴上陇坂，～骑下平原。"（桴：鼓槌。陇：地名。坂：坡。）王实甫《西厢记》二本楔子："拴着命提刀仗剑，更怕甚～马停骖。"（骖：指马。）❷约束。《后汉书·马廖传》："廖性宽缓，不能教～子孙。"㉿强制，要挟。《后汉书·酷吏传序》："若其揣挫彊埶，摧～公卿，碎裂头脑而不顾，亦为壮也。"（揣：指控持其罪。）《金瓶梅》三回："要做又被那裁缝～掯，只推生活忙，不肯来做。"❸率领。《史记·李将军列传》："匈奴大入上郡，天子使中贵人从广～习兵击匈奴。"（上郡：地名。中贵人：皇帝的亲信。）❹雕刻。《韩非子·外储说左上》："赵主父令工施钩梯而缘播吾，……而～之曰：'主父常游于此。'"（播吾：山名。缘：攀登。）《后汉书·马廖传》："神明可通，金石可～。"（神明：神灵。）❺书法中横的笔画。参见"永字八法"。

【勒兵】 lèbīng 练兵，统领军队。《史记·孙子吴起列传》："阖庐曰：'子之十三篇，吾尽观之矣，可以小试～～乎？'"（阖庐：吴王名。子：指孙武。）又《孝文本纪》："帝亲自劳军，～～申教令。"（劳：慰劳。）《三国志·魏书·武帝纪》："公～～驻营南阪下，使登垒望之。"

【勒厉】 lèlì 部署，训练。《后汉书·张宗传》："宗方～～军士，坚垒壁，以死当之。"（垒壁：防守工事。）

【勒石】 lèshí 刻文于石，多指记载功勋。杨炯《大周明威将军梁公神道碑》："公深惭位薄，命舛数奇，虽靁～～勋，未展披坚之效。"（舛：指不幸。数奇：命运不顺。披坚：指战斗。）

【勒挣】 lèzhèng 强打精神，挣扎。汤显祖《牡丹亭·仆侦》："俺～～著躯腰走帝乡。"

lei

雷（靁） léi ❶闪电时发出的响声，打雷。《诗经·邶风·终风》："曀曀其阴，虺虺其～。"（曀曀：天阴沉的样子。虺虺：雷声。）《史记·乐书》："鼓之以～霆，奋之以风雨，动之以四时，煖之以日月。"（奋：激发。煖：指照射。）㉿形容声响巨大。如"雷抃"、"雷叹"。❷通"罍"。盛酒器。《隶释·鲁相韩勑造孔庙礼器碑》："钟、磬、瑟、鼓、～、洗、觞、觚。"（磬：玉或石质乐器。洗：盆形盥洗器。觞：酒杯。觚：筒形酒器。）❸通"礌"、"礧"。攻击敌人用的石块。《左传·襄公十年》"亲受矢石"疏："郑玄云：'用金石作枪～之属。'～即礧也。兵法，守城用礧石以击攻者。"❹通"擂"。击，捶。《乐府诗集·横吹曲辞·钜鹿公主歌辞》："官家出游～大鼓，细乘犊车开后户。"❺姓。

【雷抃】 léibiàn 掌声如雷。马融《长笛赋》："失容坠席，搏拊～～。"（失容：惊慌失色。搏拊：拍手。）曹丕《弹棋赋》："或～～以大噱，或战悸而不能语。"（噱：大笑。）

【雷硠】 léiláng 崩裂声。左思《吴都赋》："菈擸～～，崩峦弛岑。"（菈擸：崩裂声。岑：小而高的山。）

【雷厉】 léilì 比喻迅猛。《汉书·扬雄传上》："猋泣～～，骈骈（pīnpēng）駍（lǐng）礚。"（猋泣：风势紧急的样子。骈骈、駍礚：都是声响杂沓而巨大的意思。）曾巩《亳州谢上表》："运独断之明，则天清水止；昭不杀之戒，则～～风行。"

【雷叹】 léitàn 叹声如雷。马融《长笛赋》："～～颓息，掐膺擗摽。"（颓息：暴风。掐：搥击。膺：胸。擗摽：抚心而悲。）

【雷同】 léitóng ❶完全相同。《礼记·曲礼上》："毋勦说，毋～～。"（勦说：把别人的话当自己的话。）❷随声附和。《后汉书·任延传》："履正奉公，臣子之节。上下～～，非陛下之福。"李觏《原文》："学者大抵～～，古之所是则谓之是，古之所非则谓之非。"❸屈从自己的人。《后汉书·冯衍传》："纷纶流于权利兮，亲～～而妒异。"（纷纶：指众人。流：沉溺。）

蔂 léi 盛土笼。《盐铁论·诏圣》："上无德教，下无法则，任刑必诛，劓鼻盈～，断足盈车。"（劓：刑法名，割鼻。）

缧（縲） léi 捆绑犯人的黑色绳索。

【缧囚】 léiqiú 囚犯。柳宗元《答问》："吾～～也，逃山林、入江海无路，其何以容吾躯乎？"

【缧绁】 léixiè ❶捆绑犯人的绳索。陈基《乌夜啼引》："冤狱平反解～～，已死得生诬得雪。"❷监狱。《论语·公冶长》："子谓公冶长，可妻也。虽在～～之中，非其罪也。"杨万里《与张严州敬夫书》："故死于～～，死于饥寒，死于疠疫之染污，岂不痛哉！"也作"纍绁"。《史记·孔子世家》："身举五羖，爵之大夫，起～～之中，与语三日，授之以政。"（五羖：指五羖大夫，即百里奚。）

嫘 léi 嫘祖，传说中黄帝的元妃，我国养蚕的发明者，南朝宋以后被奉祀为"先蚕"（蚕神）。也作"累祖"、"雷祖"。

樏（欙） 1. léi ❶登山用具。《尚书·益稷》"予乘四载，随山刊木"孔传："所载者四，谓水乘舟，陆乘车，泥乘輴，山乘～。"（予：指夏禹。刊：砍伐。輴：橇。）

2. lěi ❷像盘的器皿，中有隔，即扁盒。《世说新语·雅量》："族人大怒，便举～掷其面。"

擂 1. léi ❶研磨。《玉篇·手部》："～，研物也。"❷击，槌。韦庄《秦妇吟》："忽看门外起红尘，已见街中～金鼓。"《水浒传》五十四回："摇旗～鼓，呐喊筛锣。"❸投击敌人的武器。《新唐书·李光弼传》："乃彻民屋为～石车。"《水浒传》三十四回："只见上面～木、礮石、灰瓶、金汁，从险峻处打将下来。"

檑 léi ❶木名。见《玉篇·木部》。❷守城退敌的武器，如泥檑、砖檑。

礌 1. léi ❶同"礧"。投击敌人的石块。《北史·李崇传》："鹫峡之口积大木，聚～石，临崖之下，以拒官军。"（鹫峡：地名。）

2. lěi ❷同"磊"。见"礌礌落落"。

【礌礌落落】 lěilěiluòluò 光明正大。《晋书·石勒载记下》："大丈夫行事当～～～～，如日月皎然。"

镭（鐳） léi 壶，瓶。潘岳《马汧督诔》："子命穴浚堑，寘壶～瓶瓴以侦之。"（寘：同"置"。瓴：陶质酒器。）

羸 léi ❶瘦弱。《孟子·公孙丑下》："凶年饥岁，子之民，老～转于沟壑，壮者散而之四方者，几千人矣。"《战国策·赵策一》："围晋阳三年，城中巢居而处，悬釜而炊，财食将尽，士卒病～。"[引]弱小。《论衡·物势》："故夫得其便也，则以小能胜大；无其便也，则以强服于～也。"❷林木叶尽。《吕氏春秋·首时》："秋霜既下，众林皆～。"刘得仁《秋晚游青龙寺》诗："暮鸟投～林，寒钟送夕阳。"❸缠绕。《战国策·秦策一》："～縢履蹻，负书担囊。"（縢：绑腿。蹻：草鞋。）❹倾覆，败坏。《周易·井》："～其瓶，是以凶也。"（瓶：汲水用具。）

【羸弊】 léibì 疲惫。《三国志·吴书·陆逊传》："今臣所统千里，受敌四处，……而上下见兵财有数万，～～日久，难待变。"（见：现有的。财：通"才"。）

【羸车】 léichē 破旧车。《汉书·陈遵传》："公府掾史率皆～～小马，不上鲜明，而遵独极舆马衣服之好。"（掾史：副官。率：一般。上：通"尚"，崇尚。）

【羸顿】 léidùn 困阨，疲惫。柳宗元《谢李中丞安抚崔简戚属启》："得罪之日，百口嗷然，叫号～～，不知所赴。"（嗷然：饥饿的样子。）

【羸恶】 léi'è 干瘪，瘦弱。《论衡·语增》："夫言圣人忧世念人，身体～～，不能身体肥泽，可也。"

【羸服】 léifú 贫贱人的衣服。《后汉书·郭玉传》："帝乃令贵人～～变处，一针即差。"

(变处:改换地位。鍼:同"针"。差:通"瘥"。病愈。)

【羸瘠】 léijí 瘦弱。《荀子·正论》:"王公则病不足于上,庶人则冻馁～～于下。"(病:忧虑。)《后汉书·韦彪传》:"彪孝行纯至,父母卒,……～～骨立异形,医疗数年乃起。"(骨立:消瘦。)

【羸老】 léilǎo 瘦弱衰老。《汉书·食货志上》:"有勇力者聚徒而衡击,罢(pí)夫～～易子而齩其骨。"(衡击:犹"抢劫"。罢:通"疲"。齩:"咬"的古字。)

【羸露】 léilù ❶裸露,显露。《左传·昭公元年》:"勿使有所壅闭湫底,以露其体。"疏:"勿使气有壅闭集滞,以～～其形骸也。"(湫底:凝滞。)❷衰弱。《风俗通·十反》:"久抱重疾,气力～～,耳聋目眩。"

【羸缩】 léisuō 失败。《三国志·吴书·诸葛恪传》:"当人彊盛,河山可拔,一朝～～,人情万端,言之悲叹。"

【羸窳】 léiyǔ 萎靡不振。《论衡·命义》:"禀性软弱者,气少泊而～～,～～则寿命短,短则蚤死"。(少泊:薄弱。蚤:通"早"。)

礧 1. léi ❶转动。司马相如《子虚赋》:"～石相击,硠硠礚礚。"(硠硠、礚礚:都是水石相击声。)❷投击敌人的石、木等。《后汉书·杜笃传》:"一卒举～,千夫沈滞。"(沈:沉没。)潘岳《马汧督诔》:"于是乎发梁栋而用之,罥以铁锁机关,既纵～而又升焉。"(罥:击触。)

2. léi ❸通"擂"。撞击。郭璞《江赋》:"触曲厓而萦绕,骇崩浪而相～。"

3. lěi ❹通"磊"。见"礧砢"、"礧磈"、"礧礧"。

【礧磈】 lěikuǐ 石块。杜甫《三川观水涨》诗:"枯查卷拔树,～～共充塞。"(查:浮在水中的木头。)

【礧礧】 lěilěi 清晰分明。杜甫《白沙渡》诗:"水清石～～,沙白滩漫漫。"

【礧砢】 lěiluǒ 见"磊砢"。

罍(櫑) léi 同"櫑"。盛酒、水的器皿。《诗经·周南·卷耳》:"我姑酌彼金～,维以不永怀。"(姑:姑且。)《礼记·礼器》:"庙堂之上,～尊在阼。"(尊:盛酒器。阼:东阶。)《左传·昭公二十四年》:"缾之罄矣,惟～之耻。"(罄:尽。)

虆 1. léi ❶绳索。《汉书·李广传》:"禹从落中以剑斫绝～,欲刺虎。"(禹:李禹。落:同"络",网络。斫:砍。)㊀拘系,囚禁。《左传·襄公二十五年》:"使其众男女别而～,以待于朝。"㊁系,仰赖。韩愈《郓州谿堂诗并序》:"此邦之人,～公之化,惟所令之,不亦顺乎?"(公:指马总。)❷攀缘。《诗经·周南·樛木》:"南有樛木,葛藟～之。"(樛:高木。葛藟:葛蔓。)❸盛铠甲的器具。《国语·齐语》:"诸侯甲不解～,兵不解翳,……隐武事,行文道。"(翳:盛弓矢的器具。)❹被迫害而死的人。《汉书·扬雄传上》:"因江潭而㳅记兮,钦吊楚之湘～。"(记:指写祭文。钦:敬。湘虆,指屈原。)❺动物雌雄交配。《吕氏春秋·季春》:"是月也,乃合～牛、腾马游牝于牧。"(虆牛:种公牛。腾马:种公马。牝:雌畜。)也作"累"。

2. lěi ❻同"累"。堆积。见"虆瓦结绳"。

3. lèi ❼通"累"。忧患。《战国策·楚策三》:"东有越～,北无晋,而交未定于齐、秦,是楚孤也,不如速和。"

【虆臣】 léichén ❶被俘者自称。《左传·成公三年》:"以君之灵,～～得归骨于晋,寡君之以为戮,死且不朽。"元好问《淮右》诗:"空馀韩偓伤时语,留与～～一断魂。"(韩偓:人名。)❷被迫害而死的人。方夔《重午》诗:"～～水底沉鱼塚,玉女钗头缀虎符。"(虎符:帝王调兵遣将的信物。)

【虆虆】 léiléi ❶连绵不断,成堆成串。《礼记·乐记》:"～～乎端如贯珠。"(端:端正。)《乐府诗集·横吹曲辞·紫骝马歌辞》:"遥看是君家,松柏冢～～。"欧阳修《祭石曼卿文》:"此自古圣贤亦皆然兮,独不见夫～～乎旷野与荒城?"❷瘦瘠的样子。《礼记·玉藻》:"丧容～～。"❸颓丧的样子。《史记·孔子世家》:"东门有人,……～～若丧家之狗。"

【虆囚】 léiqiú 囚犯。《左传·成公三年》:"两释～～,以成其好。"《新唐书·虞世南传》:"又山东淫雨,江淮大水,恐有冤狱枉系,宜省录～～,庶几或当天意。"(淫雨:久雨。系:拘禁。省:察看。)

【虆绁】 léixiè 见"缧绁"。

【虆瓦结绳】 lěiwǎjiéshéng 喻废话成堆。《庄子·骈拇》:"骈于辩者,～～～～窜句,游心于坚白同异之间,而敝跬誉无用之言非乎?"(骈:指多。敝跬:分外用力的样子。)

蘽 léi ❶蔓生植物。《玉篇·艸部》:"～,蔓也。"❷盛土器。《诗经·大雅·緜》"捄之陾陾"传:"捄,～也。"笺:"筑墙者捊聚壤土,盛之以～而投诸版中。"(陾陾:众多。捊:聚集。)《孟子·滕文公上》:"盖归反～梩而掩之。"(梩:锹类农具。)

耒 lěi ❶上古木制翻土农具，叉形，尖头。《周易·系辞下》："神农氏作，斲木为耜，揉木为～。"（斲：砍削。耜：耒一类农具。）《论衡·感虚》："神农之桡木为～，教民耕耨，民始食谷，谷始播种。"㊇一般农具。《史记·郦生陆贾列传》："农夫释～，工女下机，天下之心未有所定也。"❷耒耜的曲柄。《周礼·考工记·车人》："车人为～，疵长尺有一寸。"

【耒耜】 lěisì 上古翻土农具，耒为木制曲柄，耜用木、石、骨或铁制成，为耒耜的起土部件。《孟子·滕文公上》："陈良之徒陈相与其弟卒，负～～而自宋之滕。"

诔（誄） lěi ❶致悼词，叙述死者功德以示哀悼。《礼记·曾子问》："贱不～贵，幼不～长，礼也。"《史记·孔子世家》："生不能用，死而～之，非礼也。"㊇悼词，哀悼死者的文词。《后汉书·杜笃传》："会大司马吴汉薨，……笃于狱中为～，辞最高，帝美之。"❷祈祷。《论语·述而》："～曰：'祷尔于上下神祇。'"（祇：地神。）

垒（壘） 1. lěi ❶营垒，防守工事。《国语·楚语下》："四境盈～，道殣相望。"（殣：饿死的人。）《三国志·魏书·武帝纪》："皆高～深壁，勿与战。"❷堆砌。樊绰《蛮书·六睑》："巷陌皆～石为之，高丈余，连延数里不断。"❸星名。《史记·天官书》："其南有众星，曰羽林天军，军西为～，或曰钺。"❹姓。晋代有垒锡。

2. léi ❺重叠、堆积的样子。如"垒垒"。❻捆绑。《荀子·大略》："氐羌之虏也，不忧其系～也，而忧其不焚也。"（系垒：捆绑。）

3. lèi ❼见"垒石"。

【垒城】 lěichéng 城旁堡寨。《梁书·武帝纪上》："高祖发襄阳，留弟伟守襄阳城，总州府事；弟憺守～～。"《资治通鉴·南朝齐和帝中兴元年》注："～～者，筑垒附近大城，犹今堡寨也。"

【垒块】 lěikuài 土块，比喻胸中郁结不平之气。《世说新语·任诞》："阮籍胸中～～，故须酒浇之。"

【垒培】 lěipéi 壁垒。《国语·晋语九》："吾将往见焉，若见～～，是见寅与吉射也。"（寅：荀寅。吉射：士吉射。都是人名。）

【垒石】 lèishí 投击敌人的石头。《汉书·李广传》："单于遮其后，乘隅下～～。"（遮：拦截。）

累（絫） 1. lěi ❶堆积，聚积。《荀子·修身》："～土而不辍，丘山崇成。"（崇：终于。）《后汉书·王丹传》："家～千金，隐居养志，好施周急。"（周：接济。）㊇重叠。《韩非子·五蠹》："是以人民众而货财寡，事力劳而供养薄，虽倍赏～罚，而不免于乱。"柳宗元《钴鉧潭西小丘记》："其嵚然相～而下者，若牛马之饮于溪。"（嵚然：高耸倾斜的样子。）❷连续，屡次。《后汉书·光武帝纪上》："诸将既经～捷，胆气益壮，无不一当百。"《晋书·杨佺期传》："佺期自湖城入潼关，～战皆捷。"❸古代重量单位名。《孙子算经》卷上："称之所起起于黍，十黍为一～。"

2. lèi ❹牵连，连累。《战国策·东周策》："且臣为齐奴也，如～王之交于天下，不可。"《吕氏春秋·观世》："不如吾者，吾不与处，～我者也。"㊇累赘，负担。《战国策·赵策三》："许由无天下之～，故不受也。"（许由：人名。）《论衡·状留》："由此言之，贤儒迟留，皆有状故。状故云何？学多道重，为身～也。"（迟留：不灵活。状：指方而不圆。）欧阳修《泷冈阡表》："其俸禄虽薄，常不使有馀，曰：'毋以是为我～。'"❺烦劳，托付。《韩非子·外储说右上》："王曰：'吾欲以国～子，子必勿泄也。'"《战国策·齐策三》："小国英桀之士，皆以国事～君。"❻妨碍，损害。《吕氏春秋·去尤》："为组与不为组，不足以～公息忘之说。"（组：丝带。公息忘：人名。）苏轼《上皇帝书》："夫称善未几，继之以骂，刻印销印，有同儿戏，何尝～高祖之知人？"❼忧患，患难。《庄子·山木》："材与不材之间，似之而非也，故未免乎～。"苏轼《贾谊论》："古之人有高世之才，必有遗俗之～。"㊇过错，过失。《战国策·燕策三》："今使寡人任不肖之罪，而君有失厚之～。"（厚：仁厚。）❽家室，妻小。《晋书·戴洋传》："[孙]混欲迎其家～。"《金瓶梅》三回："今继娶这个贱～，又常有疾病。"

3. léi ❾通"缧"。绳索。《庄子·外物》："夫揭竿～，趣灌渎，守鲵鲋，其于得大鱼难矣。"（揭：高举。趣：通"趋"。鲵、鲋：小鱼。）㊇拘系，捆绑。《孟子·梁惠王下》："若杀其父兄，系～其子弟，……如之何其可也？"❿动物交配。《礼记·月令》："季春之月，……乃合～牛腾马游牝于牧。"（累牛：交配期的公牛。腾马：交配期的公马。牝：雌畜。）也作"纍"。

4. luǒ ⓫通"倮"。裸露。《礼记·曲礼上》："为天子削瓜者副之，巾以絺；为国君者华之，巾以绤；为大夫～之。"（副：分切成四块。絺：细葛布。华：分切两块。绤：粗葛布。）

5. luó ⓬见"累解"。

【累茧】 lěijiǎn 手脚上因摩擦而生成的厚皮。《后汉书·冯衍传》:"未见兼行倍道之赴,若墨翟～～救宋,申包胥重胝(zhī)存楚,卫女驰归唁兄之志。"(墨翟、申包胥:都是人名。胝:手脚上长出的厚茧。卫女:指许穆公夫人。)

【累累】 lěilěi ❶重叠,很多的样子。焦延寿《易林·否·剥》:"桃李花实,～～日息;长大成就,甘美可食。"❷连绵不断。《史记·乐书》:"故歌者,上如抗,下如队,曲如折,……～～乎殷如贯珠。(队:同"坠"。坠落。殷:指歌声震动。)韩愈《欧阳生哀辞》:"欧阳詹世居闽越,自詹已上,皆为闽越官。至州佐县令者,～～有焉。"(已:通"以"。)❸屡屡,多次。《穀梁传·哀公十三年》:"吴,东方之大国也,～～致小国以会诸侯。"(致:招致。)

【累卵】 lěiluǎn 堆摞起来的蛋易摔碎,比喻处境危险。《战国策·秦策四》:"当是时,卫危于～～。"(卫:国名。)《汉书·楚元王传》:"如下有泰山之安,则上有～～之危。"

【累年】 lěinián 多年,连年。《汉书·文帝纪》:"间者～～,匈奴并暴边境,多杀吏民。"

【累洽】 lěiqià 政治昌明和顺。班固《东都赋》:"至乎永平之际,重熙而～～。"(永平:东汉明帝年号。熙:光明。洽:合。)

【累仍】 lěiréng 连续不断,屡屡。《论衡·恢国》:"一代之瑞,～～不绝,此则汉德丰茂,故瑞佑多也。"(瑞佑:吉兆。)

【累日】 lěirì ❶积累时日,历时较长。《后汉书·朱浮传》:"盖以为天地之功,不可仓卒;艰难之业,当～～也。"(卒:通"猝"。仓猝。)❷连日,多日。柳宗元《答韦中立论师道书》:"数州之犬,皆苍黄吠噬狂走者～～,至无雪乃已。"(苍黄:同"仓皇"。张皇失措。)

【累世】 lěishì 历代,世世代代。《韩非子·五蠹》:"今之县令,一日身死,子孙～～絜驾,故人重之。"(絜:亦作"挈",约束。絜驾:约车,坐车。)《史记·伯夷列传》:"若至近世,操行不轨,专犯忌讳,而终身逸乐,富厚～～不绝。"

【累黍】 lěishǔ ❶古代把排黍粒作为度量衡的基准。见《汉书·律历志上》。❷微小。刘克庄《初宿囊山和方云台韵》:"～～功名成未易,跳丸岁月去堪惊。"(跳丸:比喻时光流逝急速。)

【累息】 lěixī ❶屏息。因紧张而抑制呼吸。《后汉书·任延传》:"自是威行境内,吏民～～。"❷悲叹。《楚辞·九叹·离世》:"立江界而长吟兮,愁哀哀而～～。"《后汉书·广陵思王荆传》:"郎官窃悲之,为王寒心～～。"

【累叶】 lěiyè 犹"累世"。历代。《三国志·魏书·袁绍传》注引《献帝传》:"将军～～辅弼,世济忠义。"

【累茵】 lěiyīn 《孔子家语·致思》:"亲殁之后,南游于楚,从车百乘,积粟万钟,～～而坐,列鼎而食,愿欲食藜藿为亲负米,不可复得也。"后因以累茵之悲表示对父母的哀思。元稹《追封李逢吉母王氏》:"孝子之于事亲也,……殁则有～～之悲。"

【累重】 lěizhòng ❶厚重。《三国志·吴书·华覈传》:"滋润含垢,恩贷～～。"❷家属和资财。《汉书·赵充国传》:"又见屯田之士精兵万人,终不敢将其～～还归故地。"

【累足】 lěizú 犹"重足"。两脚重叠,不敢迈步,形容恐惧。《史记·吴王濞列传》:"吴王身有内病,不能朝请二十馀年,尝患见疑,无以自白,今胁肩～～,犹惧不见释。"(胁肩:收缩肩膀,形容恐惧。)

【累德】 lèidé 有害于德行。《庄子·庚桑楚》:"恶欲喜怒哀乐六者,～～也。"《颜氏家训·治家》:"借人典籍,……或有狼籍几案,分散部帙,多为童幼婢妾之所点污,风雨虫鼠之所毁伤,实为～～。"(部帙:卷册。)

【累害】 lèihài 外祸,祸患。《论衡·累害》:"凡人仕宦有稽留不进,行节有毁伤不全,……逢遭外祸,～～之也。"又:"～～自外,不由其内。……累生于乡里,害发于朝廷。"

【累解】 luóxiè 平正。《荀子·富国》:"故君国长民者,欲趋时遂功,则和调～～,速乎急疾。"《韩非子·扬权》:"若天若地,是谓～～。"

【累块积苏】 lěikuàijīsū 累积土块,堆积柴草,形容住房简陋。《列子·周穆王》:"帝之所居,王俯而视之,其宫榭若～～～～焉。"

傫(儽) lěi ❶堆积的样子。张溥《五人墓碑记》:"即今之～然在墓者也。"❷衰败、颓丧的样子。《史记·赵世家》:"见其长子章～然也。"

【傫傫】 lěilěi ❶颓丧的样子。《论衡·骨相》:"东门有人……～～若丧家之狗。"❷疲困的样子。《老子·二十章》:"沌沌兮如婴儿之未孩,～～兮若无所归。"(孩:婴儿的笑声。)

磊 lěi ❶石头堆积的样子。《楚辞·九歌·山鬼》:"石～～兮葛蔓蔓。"❷高大的样子。木华《海赋》:"～匒匌而相豗。"(匒匌:

重叠。瓥:水相击声。)

【磊块】 lěikuài ❶石块。陆游《蔬圃》诗:"剪辟荆榛尽,钽犁～～无。"(钽:同"锄"。)❷堆石不平,比喻梗阻或郁结。沈括《梦溪笔谈·乐律》:"字则有喉、唇、齿、舌等音不同,当使字字举本皆轻圆,悉融入声中,令转换处无～～。"

【磊磈】 lěikuǐ 石块堆积的样子,比喻郁结不平。蒋捷《贺新郎》词:"想胸中些儿～～,酒浇不去。"龚璛《春日寄怀书台》诗:"酒浇～～浇不平,况复不饮难为情。"

【磊磊】 lěilěi ❶山石众多的样子。《古诗十九首》之三:"青青陵上柏,～～涧中石。"(涧:水涧。)❷卓越。陆游《登灌口庙东大楼观岷江雪山》诗:"姓名未死终～～,要与此江东注海。"❸圆转的样子。《文心雕龙·杂文》:"夫文小易周,思闲可赡,足使义明而词净,事圆而音泽,～～自转,可称珠耳。"(泽:圆润。)

【磊砢】 lěiluǒ ❶众多而错杂的样子。左思《吴都赋》:"金镒～～。"❷雄伟壮大的样子。王延寿《鲁灵光殿赋》:"万楹丛倚,～～相扶。"❸树木的节疤多。虽多,无碍成为栋梁,比喻人才卓异。《世说新语·赏誉》:"庾子嵩目和峤如千丈松,虽～～有节目,施之大厦,有栋梁之用。"(节目:节疤。)《晋书·庾敳传》作"礧砢",《和峤传》作"磥砢"。《世说新语·言语》:"其人～～而英多。"

【磊落】 lěiluò ❶众多而错杂的样子。《后汉书·蔡邕传》:"连横者六印～～,合从者骈组流离。"(从:同"纵"。组:系印丝带。流离:光彩的样子。)成公绥《天地赋》:"川渎浩汗而分流,山岳～～而罗峙。"❷雄伟壮大的样子。郭璞《江赋》:"衡霍～～以连镇,巫庐嵬崫而比峤。"(衡、霍、巫、庐:都是山名。崫:同"崛"。峤:指高。)❸英俊,俊伟。庾信《周柱国大将军拓跋俭神道碑》:"风神～～。"❹洒脱,襟怀广阔。张道济《齐黄门侍郎卢思道碑》:"清明虚受,～～标奇。"韩愈《与于襄阳书》:"世之龌龊者既不足以语之,～～奇伟之人又不能听焉。"欧阳修《祭石曼卿文》:"其轩昂～～,突兀峥嵘,而埋藏于地下者,意其不化为朽壤,而为金玉之精。"

【磊嵬】 lěiwéi 高耸的样子。韩愈《记梦》诗:"隆楼傑阁～～高,天风飘飘吹我过。"

蕾 lěi 含苞待放的花朵。杨万里《九日郡中送白菊》诗:"一夜西风开瘦～,两年南海伴重阳。"

磥 lěi 山石众多的样子。宋玉《高唐赋》:"砾～～而相摩兮,巆震天之磕磕。"(巆:水石相击声。磕磕:水声。)

【磥垝】 lěiguǐ 高耸的样子。王延寿《鲁灵光殿赋》:"层栌～～以岌峨,曲枅要绍而环句。"(栌、枅:都是柱上方木。要绍:弯曲的样子。句:弯曲。)

【磥砢】 lěiluǒ 同"磊砢"。树木多节疤的样子。皮日休《七爱·李翰林》诗:"～～千丈松,澄沏万寻碧。"(寻:八尺。)

【磥落】 lěiluò 同"磊落"。英俊,俊伟。《晋书·索靖传》:"体～～而壮丽,姿光润而粲粲。"

磈 lěi 见 wěi。

儡 lěi 憔悴,败毁。《淮南子·俶真训》:"孔墨之弟子,皆以仁义之术教导于世也,然而不免于～身。"潘岳《寡妇赋》:"容貌～以顿顇兮,左右凄其相慜。"(顇:通"悴"。慜:怜悯。)

【儡儡】 lěilěi 颓丧的样子。班固《白虎通·寿命》:"～～如丧家之狗。"

藟 lěi ❶藤。《诗经·王风·葛藟》:"绵绵葛～,在河之浒。"(浒:水边。)❷缠绕。王绩《古意》诗之三:"渔人递往还,网罟相萦～。"(罟:网。)❸通"蕾"。花蕾。范成大《丙午新正书怀》诗:"梅～粉融连夜开。"

礨 lěi ❶突然高起的样子。司马相如《上林赋》:"崴磈嵔廆,丘虚堀～。"(崴磈、嵔廆:都是高峻的样子。)❷见"礨空"。❸堆砌。王褒《僮约》:"～石薄岸。"(薄:近。)

【礨空】 lěikǒng 蚂蚁洞。《庄子·秋水》:"计四海之在天地之间也,不似～～之在大泽乎?"(泽:旷野。)

肋 lèi 胁骨,肋骨。《释名·释形体》:"～,勒也,检勒五脏也。"

泪(淚) 1. lèi ❶眼泪。《韩非子·和氏》:"和乃抱其璞而哭于楚山之下,三日三夜,～尽而继之以血。"(和:卞和。)[引]像眼泪的东西。温庭筠《咏晓》:"乱珠凝烛～,微红上露盘。"

2. lì ❷见"漻泪"、"凄泪"。

【泪河】 lèihé 泪多似河,形容悲伤之极。苏轼《和王斿》之一:"白发故交空掩卷,～～东注问苍旻。"(苍旻:指天。)

【泪蜡】 lèilà 蜡烛燃烧时蜡油滴流似泪。庾信《对烛赋》:"铜荷承～～,铁铗染浮烟。"参见"蜡泪"。

【泪珠】 lèizhū ❶神话中有鲛人,滴泪成珠,因称泪珠,也称泣珠。郭宪《洞冥记》:"乘象入海底取宝,宿于鲛人之宫,得～～,

则鲛所泣之珠也，亦曰泣珠。”❷泪滴。元稹《江陵三梦》诗：“抚稚再三嘱，～～千万垂。”

【泪竹】　lèizhú　相传虞舜死于苍梧，其二妃娥皇、女英泪洒竹茎而成斑痕，因称泪竹，也称湘妃竹。郎士元《送李敖湖南书记》诗：“入梦岂忘看～～，泊舟应自爱江枫。”

类(類)　lèi　❶种类，类别。《论语·卫灵公》：“有教无～。”《孟子·梁惠王上》：“故王之不王，非挟太山以超北海之～也。”（超：跳过。）《史记·礼书》：“天地者，生之本也；先祖者，～之本也。”❷同类。《周易·乾》：“本乎天者亲上，本乎地者亲下，则各从其～也。”《荀子·礼论》：“凡生乎天地之间者，有血气之属必有知，有知之属莫不爱其～。”㉡族类。《诗经·大雅·既醉》：“孝子不匮，永锡尔～。”《史记·吕太后本纪》：“今皆已夷灭诸吕，而置所立，即长用事，吾属无～矣。”（诸吕：吕太后的家族。）❸类似，好像。《楚辞·九章·橘颂》：“精色内白，～可任兮。”《史记·孔子世家》：“孔子状～阳虎，拘焉五日。”（阳虎：人名。）❹类推，类比。《荀子·不苟》：“知则明通而～，愚则端悫而法。”（知：通“智”。悫：谨慎。）《韩非子·外储说左上》：“夫犬马，人之所知也，旦暮罄于前，不可～之，故难。”（罄：指显现。）㉡象征。《汉书·艺文志》：“于是始作八卦，以通神明之德，以～万物之情。”❺法式，律例。《荀子·王制》：“其有法者以法行，无法者以～举，听之尽也。”（听：治理政事。）《韩非子·说疑》：“以其害国伤民，败法～也。”❻大抵，大都。曹丕《与吴质书》：“观古今文人，～不护细行。”《南齐书·祖冲之传》：“古历疏舛，～不精密。”（舛：错乱。）❼善。《国语·晋语五》：“若外内～，而言反之，渎其信也。”（渎：轻视。）《后汉书·马援传》：“岂其甘心末规哉，悼巧言之伤～也。”（末规：下策。巧言：谗言。）❽传说中的兽名。《山海经·南山经》：“亶爰之山，……有兽焉，其状如狸而有髦，其名曰～。”（髦：长毛。）❾通“禷”。祭祀，祭天。《国语·楚语下》：“是以古者先王日祭，月享，时～，岁祀。”《周礼·春官·小宗伯》：“凡天地之大烖，～社稷宗庙，则为位。”（为位：设置坛位。）❿通“纇”、“戾”。偏颇不平，违逆。《左传·昭公十六年》：“子产怒曰：‘发命之不衷，出令之不信，刑之颇～，……侨之耻也。’”（子产：公孙侨的字。衷：正中，恰当。）《管子·乘马》：“民之生也，辟则惠，闭则～。”（生：本性。辟：开辟。惠：通“慧”。聪敏。）

【类次】　lèicì　分类编排。欧阳修《梅圣俞诗集序》：“予尝嗜圣俞诗而患不能尽得之，遽喜谢氏之能～～也，辄序而藏之。”《宋史·范正辞传》：“勅近臣阅视其可行者，～～以闻。”（勅：诏命。）

【类聚】　lèijù　同类的事物聚集在一起。《后汉书·边让传》：“金石～～，丝竹群分。”

【类书】　lèishū　摘录某些书籍中的有关内容，加以分类或分字编排的工具书。分类编排的有兼收各类的百科全书式的类书，如《艺文类聚》、《古今图书集成》等，有专收一类的专科性的类书，如《通典》、《职官分记》等；分字编排的有《佩文韵府》（按词尾字排列）、《骈字类编》（按词首字排列）等。我国第一部类书是三国时魏文帝命人编纂的《皇览》。

酹　lèi　以酒洒地而祭。《后汉书·张奂传》：“召主簿于诸羌前，以酒～地，曰：‘使马如羊，不以入厩，使金如粟，不以入怀。’”（主簿：官名。羌：部落名。）苏轼《念奴娇·赤壁怀古》词：“一樽还～江月。”

纇(纇)　lèi　❶丝上疙瘩。薛传均《说文答问疏证自序》：“如玉之有瑕，丝之有～。”㉡崎岖不平。《老子·四十一章》：“明道若昧，进道若退，夷道若～。”㉢缺点，毛病。《淮南子·说林训》：“若珠之有～，玉之有瑕。”王安石《详定试卷》：“文章直使看无～，勋业安能保不磨？”❷通“戾”。违逆，反常。《左传·昭公二十八年》：“贪惏无餍，忿～无期。”（惏：同“婪”。餍：满足。）

擂　lèi　❶捶，击。《宋史·礼志二十四》：“驰马急击，旗下～鼓。”❷向下投击敌人的武器。《新唐书·李光弼传》：“乃彻民物为～石车。”

禷(禷)　lèi　祭祀名。指祭天或因特别事故而祭祀。《礼记·王制》：“天子将出，～乎上帝。”《尔雅·释天》：“是～是祃，师祭也。”（祃：军中祭名。）古书多作“类”。

leng

棱(稜)　1. léng　❶有棱角的木头。班固《西都赋》：“设璧门之凤阙，上觚～而棲金爵。”（凤阙：宫阙名。觚：棱角。金爵：指铜凤凰。）❷棱角。杜甫《房兵曹胡马》诗：“胡马大宛名，锋～瘦骨成。”（大宛：国名。）陈亮《辛稼轩画象赞》：“眼光有～，足以照映一世之豪。”❸威严，威势。《后汉书·班彪传》：“目中夏而布德，瞰四夷而抗～。”（夏：华夏。）《三国志·吴书·三嗣主传评》注："陆机著《辨亡论》，言吴之所以亡，其上篇曰：'……威～则夷羿震荡，兵交则丑虏授馘。'"（夷羿：部落名。馘：左耳朵。授馘：指被杀。）

2. lèng ❹田埂。唐宋时用作约计田亩远近的单位。杜甫《秋日夔府咏怀奉寄郑监李宾客一百韵》："堑抵公畦～，村依野庙壖。"（壖：空地。）陆龟蒙《奉酬袭美苦雨见寄》诗："我本曾无一～田，平生啸傲空渔舡。"

【棱层】 léngcéng ❶同"崚嶒"。高峻重叠的样子。岑参《出关经华岳寺访法华云公》诗："开门对西岳，石壁青～～。"❷瘦削的样子。清珙《闲咏》："满头白发瘦～～，日用生涯事事能。"❸狰狞的样子。《法苑珠林·阿修罗部·述意》："修罗道者，……体貌粗鄙，每怀瞋毒，～～可畏，拥耸惊人。"（瞋：怒视。）

【棱角】 léngjiǎo ❶物体的尖角或锐突的边缘。韩愈《南山诗》："晴明出～～，缕脉碎分绣。"❷锋芒。赵必瑑《和朱水卿韵》之二："怕有伤时句，磨教～～无。"

【棱棱】 léngléng ❶严寒的样子。鲍照《芜城赋》："～～霜气，蔌蔌风威。"❷威严的样子。《新唐书·崔从传》："从为人严伟，立朝～～有风望。"❸伐木声。柳宗元《晋问》："万工举斧以入，……丁丁登登，硠硠～～，若兵车之乘凌。"（丁丁、登登、硠硠：都是伐木声。）

【棱威】 léngwēi 威严，威势。《南史·梁武帝纪》："公～～直指，势踰风电，旌旗小临，全州稽服。"（稽：叩头。）

【棱磳】 léngzēng 棱石逐级斜叠的样子。元好问《发南楼度雁门关》诗之二："～～石磴倚高梯，穹谷无人绿树齐。"

輘 léng 见 líng。

碐 léng ❶石头的样子。《集韵·蒸韵》："碐，石皃。"❷见"碐磳"。

【碐磳】 léngzēng 不平坦的样子。孟郊《寒江吟》："荻洲素浩渺，碕岸澌～～。"（碕岸：曲岸。澌：解冻时的浮冰。）

楞 1. léng ❶同"棱"。棱角。《礼记·儒行》"毁方而瓦合"疏："圭角，谓圭之锋铓有～角。"（瓦合：指与众人相合。圭：玉制礼器。）❷量词。指少量。《二刻拍案惊奇》卷二十八："老圃慌了手脚，忙把锄头锄出一～地来，把尸首埋好。"

2. lèng ❸失神，呆。干宝《搜神记》卷三："班惊～，逡巡未答。"（班：胡母班，人名。）❹猛狠。关汉卿《四春园》三折："批头棍大腿上十分～，不由他怎不招承。"

冷 1. lěng ❶寒，凉。《后汉书·戴就传》："可熟烧斧，勿令～。"吴文英《浣溪沙》词："东风临夜～于秋。"❷冷落，凄清。李清照《声声慢》词："寻寻觅觅，～～清清，凄凄惨惨戚戚。"㈢闲散。张籍《早春闲游》诗："年长身多病，独宜作～官。"❸冷漠，冷淡。常含鄙视意。见"冷眼"、"冷淡"。㈢冷酷无情，严酷。见"冷面"。❹生僻。如"冷僻"。❺姓。明代有冷谦。

2. líng ❻冰凌。《集韵·青韵》："～，吴人谓冰曰～泽。"（泽：冰。）

【冷肠】 lěngcháng 比喻冷漠无情。《颜氏家训·省事》："墨翟之徒，世谓热腹；杨朱之侣，世谓～～。"（墨翟、杨朱：都是人名。）

【冷淡】 lěngdàn 也作"冷澹"。❶幽僻，清寂。李中《徐司徒池亭》诗："扶疏皆竹柏，～～似潇湘。"❷清淡，不秾艳。白居易《白牡丹》诗："白花～～无人爱，亦占芳名道牡丹。"

【冷宫】 lěnggōng 冷落的宫室，指失宠后妃所居之处。马致远《汉宫秋》一折："[王嫱]到京师必定发入～～，教他苦受一世。"

【冷官】 lěngguān ❶不重要又无实权的闲散官职。苏轼《九月二十日微雪怀子由弟》诗："短日送寒砧杵急，～～无事屋庐深。"❷杜甫《醉时歌赠广文馆学士郑虔》："诸公衮衮登台省，广文先生官独冷。"（衮衮：连续不断的样子。台省：指尚书省、门下省、中书省等重要官衙。广文：广文馆，教学官署。）后因称教学官为冷官。

【冷箭】 lěngjiàn ❶比喻刺骨寒风。孟郊《寒地百姓吟》："～～何处来，棘针风骚骚。"（骚骚：风劲急的样子。）❷暗中放出的箭，后比喻暗中害人的手段。高文秀《黑旋风》一折："你们休放～～。"

【冷落】 lěngluò 冷清，寂寥。柳永《八声甘州》词："渐霜风凄紧，关河～～，残照当楼。"又《雨霖铃》词："多情自古伤离别，更那堪～～清秋节。"

【冷面】 lěngmiàn 形容冷酷无情。《明史·周新传》："改监察御史，敢言，多所弹劾，贵戚震惧，目为～～寒铁。"

【冷峭】 lěngqiào 寒气袭人。白居易《府酒五绝·招客》："日午微风且暮寒，春风～～雪干残。"

【冷涩】 lěngsè 凝滞不通。白居易《琵琶行》："水泉～～弦凝绝，凝绝不通声暂歇。"

【冷眼】 lěngyǎn 犹言冷静，冷漠。徐夤《上卢三拾遗以言见黜》诗："～～静看真好笑。"李群玉《寄短书歌》："孤台～～无人来。”

【冷炙】　lěngzhì　残菜剩饭。杜甫《奉赠韦左丞丈二十二韵》：“朝叩富儿门，暮随肥马尘。残杯与～～，到处潜悲辛。”

li

哩　lī　语气词。孔尚任《桃花扇·迎驾》：“乘舆一到，只怕递职名的还挨挤不上～。”

杝　lí　见yí。

厘（釐）　lí　❶治理。《尚书·尧典》：“允～百工，庶绩咸熙。”❷改正。《后汉书·梁统传》：“施行日久，岂一朝所～。”❸长度单位。十毫为一厘。《汉书·赵充国传》：“失之毫～，差以千里。”❹通“嫠”。寡妇。《后汉书·西羌传》：“兄亡则纳～嫂。”❺（lài）通“赉”。赐予。《诗经·大雅·江汉》：“～尔圭瓒，秬鬯一卣。”

离（離）　1. lí　❶鸟名，黄莺。《玉篇·隹部》：“～，亦作鹂，仓庚也。”❷分开，分散。《礼记·乐记》：“乐胜则流，礼甚则～。”（流：轻慢。）《孟子·梁惠王上》：“父母冻馁，兄弟妻子～散。”苏轼《水调歌头》词：“人有悲欢～合，月有阴晴圆缺。”[引]脱离，离开。《国语·周语上》：“今虢公动匮百姓以逞其违，～民怒神而求利焉，不亦难乎！”（违：邪恶。）《孟子·尽心上》：“故士穷不失义，达不～道。”（达：显贵。）❸割裂，断绝。《韩非子·内储说上》：“采金之禁，得而辄辜磔于市。甚众，壅～其水也。”（辜磔：分裂肢体的酷刑。）曾巩《列女传目录序》：“以《颂义》考之，盖大家所注，～其七篇为十四。”[引]离间。《战国策·赵策一》：“今君听谗臣之言，而～二主之交，为君惜之。”[又]绝交。《战国策·秦策四》：“秦愈不敢出，则是我～秦而攻楚也，兵必有功。”❹差别。《战国策·赵策二》：“儒者一师而礼异，中国同俗而教～。”❺陈列。《左传·昭公元年》：“楚公子围设服～卫。”[引]并列。《后汉书·桓帝邓皇后纪》：“若并时进见，则不敢正坐～立，行则偻身自卑。”柳宗元《游黄溪记》：“其下大石～列，可坐饮食。”❻经历。《史记·苏秦列传》：“我～两周而触郑，五日而国举。”（两周：指王城和巩两地。举：占领。）❼大琴。《尔雅·释乐》：“大琴谓之～。”❽卦名。1）八卦之一，卦形为☲，象征火。2）六十四卦之一，象征光明。❾次年自生的稻。《淮南子·泰族训》：“～先稻熟，而农夫耨之，不以小利伤大获也。”❿通“蓠”。香草名，又名蘼芜。《楚辞·离骚》：“扈江～与辟芷兮，纫秋兰以为佩。”⓫通“樆”。山梨。司马相如《子虚赋》：“其树……檗～朱杨。”（檗：黄檗。朱杨：河柳。）⓬通“罹”。遭受，逢遇。《楚辞·九歌·山鬼》：“风飒飒兮木萧萧，思公子兮徒～忧。”《汉书·张陈王周传赞》：“高祖数～困阸，良常有力，岂可谓非天乎！”（良：张良。）⓭通“缡”。女子出嫁时佩戴的佩巾。《汉书·孝成班倢伃传》：“每寤寐而絫息兮，申佩～以自思。”

2. lì　⓮通“丽”。附著，依附。《楚辞·离骚》：“飘风屯其相～兮，帅云霓而来御（yà）。”（屯：聚结。御：通“迓”。迎接。）《后汉书·张衡传》：“松乔高跱孰能～？”（松：赤松子。乔：王子乔。都是仙人。跱：高立。）⓯月亮运行的轨道。《吕氏春秋·孟春》：“迺命太史，守典奉法，司天日月星辰之行，宿～不忒，无失经纪。”（宿：太阳运行的轨道。）

3. chī　⓰通“螭”。无角的龙。《后汉书·班固传》：“遂自北面，虎～其师，革灭天邑。”（天邑：指商朝首都。）

【离词】　lící　❶分析词句。《史记·老子韩非列传》：“《畏累虚》、《亢桑子》之属，皆空语无事实，然善属书～～，指事类情。”（属书：著书。类：比类。）❷异词。郭璞《尔雅·序》：“总绝代之～～，辩同实而殊号者也。”

【离贰】　lí'èr　❶有二心，心怀背离。《北史·周太祖纪》：“［陈］悦果疑其左右有异志，左右不自安，众遂～～。”❷指离婚再嫁。《后汉书·许升妻传》：“命之所遭，义无～～。”

【离宫】　lígōng　❶帝王正式宫殿以外的宫室。《后汉书·和熹邓皇后纪》：“～～别馆储峙米糒薪炭，悉令省之。”（储峙：积蓄。糒：干饭。）❷星名。《晋书·天文志上》：“～～六星，天子之别宫，主隐藏休息之所。”

【离诡】　líguǐ　犹“离奇”。《史记·鲁仲连邹阳列传》：“蟠木根柢，轮囷～～，而为万乘器者。”（轮囷：盘绕弯曲的样子。）

【离会】　líhuì　❶两国相会。《穀梁传·定公十年》：“公至自颊谷，～～不致。”（颊谷：地名。）❷分离与会合。鲍照《怀远人》诗：“哀乐生有端，～～起无因。”

【离间】　líjiàn　挑拨，要手段使不和睦。《后汉书·西羌传》：“稍以赏赂～～之，由是诸种少解。”

【离局】　líjú　❶离开岗位。《左传·成公十六年》：“失官，慢也；～～，奸也。”（失官：

放弃职责。)陈琳《为袁绍檄豫州》:"时冀州方有北鄙之警,匪遑～～。"(鄙:边境。匪:非。遑:闲暇。)❷超出职权范围。刘知几《史通·断限》:"若《汉书》之立表、志,其殆侵官～～者乎!"(侵官:侵犯别人职权。)

【离旷】 líkuàng 流离失所。《三国志·魏书·王基传》:"今事役劳苦,男女～～,愿陛下……息奔驷于未尽,节力役于未困。"

【离阔】 líkuò 远别。白居易《与元微之书》:"不见足下面已三年矣,不得足下书欲二年矣,人生几何,～～如此!"

【离离】 lílí ❶纷繁的样子。梁武帝《古意》诗之一:"飞鸟起～～,惊散忽差池。"白居易《赋得古原草送别》诗:"～～原上草,一岁一枯荣。"❷懒散的样子。《荀子·非十二子》:"劳苦事业之中则儢儢然,～～然。"(儢儢:不耐劳的样子。)❸心碎裂的样子。《楚辞·九叹·思古》:"曾哀悽欷心～～兮。"(曾:通"层"。重叠。欷:抽咽声。)❹历历,分明。《尚书大传·略说》:"昭昭如日月之代明,～～若参星之错行。"(代:轮番。参:星宿名。)李贺《长歌续短歌》:"夜峰何～～,明月落石底。"

【离娄】 lílóu ❶人名,以视力好著称。《孟子·离娄上》:"～～之明,……不以规矩,不能成方圆。"❷雕刻精美的样子。何晏《景福殿赋》:"丹绮～～。"《玉台新咏·古诗之一》:"雕文各异类,～～自相连。"

【离落】 líluò 离散流落。《国语·吴语》:"使吾甲兵钝弊,民人～～,而日以憔悴。"

【离靡】 límǐ 连绵不断的样子。司马相如《上林赋》:"～～广衍,应风披靡。"(衍:无边无际。披靡:随风倒伏。)

【离判】 lípàn 分离。《国语·周语中》:"若七德～～,民乃携贰,各以利退。"(携贰:怀有异心。)

【离披】 lípī 分散的样子。《楚辞·九辩》:"白露既下百草兮,奄～～此梧楸。"(奄:忽然。楸:树名。)

【离奇】 líqí 盘绕弯曲的样子。邹阳《狱中上梁王书》:"蟠木根柢,轮囷～～,而为万乘器者。"(轮囷:盘绕弯曲的样子。)

【离跂】 líqí 违俗自高,离世独立。《庄子·天地》:"而杨墨乃始～～自以为得,非吾所谓得也。"又《在宥》:"今世殊死者相枕也,……而儒墨乃始～～攘臂乎桎梏之间。"(殊死:斩首。)《荀子·非十二子》"忍情性,綦谿利跂,苟以分异人为高"注:"'利'与'离'同。～～,违俗自洁之貌。"(綦谿:极深。)

【离索】 lísuǒ 同"离群索居"。白居易《和微之四月一日作》诗:"两地诚可怜,其奈久～～。"陆游《钗头凤》词:"一怀愁绪,几年～～。"

【离析】 líxī 分离,散失。《汉书·董仲舒传》:"仲舒遭汉承秦灭学之后,六经～～,下帷发愤,潜心大业,令后学者有所统壹,为群儒首。"谢灵运《南楼中望所迟客》诗:"路阻莫赠问,云何慰～～。"

【离心】 líxīn 不专心,有异心。《战国策·齐策六》:"齐孙室子陈举直言,杀之东闾,宗族～～。"(孙室子:公室。陈举:人名。东闾:地名。)

【离绪】 líxù 离别的情绪。王勃《春思赋》:"春望年年绝,幽闺～～切。"

【离群索居】 líqúnsuǒjū 脱离亲朋独居。边韶《塞赋序》:"予～～～～,无讲诵之事。"《隋书·经籍志一》:"学者～～～～,各为异说。"

狸(貍) 1. lí ❶野猫。《说文·犬部》:"～,伏兽,似貙。"(伏:善于潜伏。貙:猫属野兽。)《后汉书·费长房传》:"此～也,盗社公马耳。"(社公:土地神。)❷猫。《吕氏春秋·功名》:"以～致鼠,以冰致绳,虽工,不能。"(致:招引。工:精巧。)戎昱《苦哉行》之一:"鼠虽为君却,～食自须足。"

2. mái ❸通"埋"。祭祀名。《周礼·春官·大宗伯》:"以～沈祭山林川泽。"(祭祀山林叫"埋";祭祀川泽叫"沈"。)

3. yù ❹通"郁"。腐臭。《周礼·天官·内饔》:"辨腥臊羶香之不可食者:……鸟皫色而沙鸣,～。"(皫:毛色无光泽。沙鸣:鸣声沙哑。)

【狸德】 lídé 指知足。《庄子·徐无鬼》:"吾相狗也,下之质执饱而已,是～～也;中之质若视日,上之质若忘其一。"(相:观视。一:指身躯。)

【狸奴】 línú 猫的别称。龚自珍《十月廿夜大风不寐起而书怀》诗:"起书比语灯焰死,～～瑟缩偎帱茵。"(帱:床帐。)

骊(驪) lí ❶纯黑色马。《诗经·秦风·小戎》:"騧～是骖。"(騧:身黄嘴黑的马。)阮籍《咏怀》之十一:"皋兰被径路,青～逝骎骎。"(骎骎:马跑得很快的样子。)㊀黑色。《尔雅·释畜》:"小领盗～。"疏:"～,黑色也。"(小领:细颈。盗骊:骏马名。)❷两相并列。《后汉书·寇恂传》:"时军食急乏,恂以辇车～驾转输,前后不绝。"❸骊龙的省称。罗隐《谢江都郑长官启》:"长官镂笔才清,探～价重。"参见"骊珠"。

❹通"丽"。附着。《公孙龙子·通变论》："不害其方者，反而对各当其所，若左右不～。"（方：指方位。）

【骊歌】 lígē 告别歌。李白《灞陵行送别》诗："正当今夕断肠处，～～愁绝不忍听。"段成式《送穆郎中赴阙》诗："应念愁中恨索居，～～声里且踟蹰。"

【骊马】 límǎ ❶黑色马。《墨子·小取》："～～，马也；乘～～，乘马也。"❷并驾的马。《汉书·王莽传上》："赐以束帛加璧，大国乘车、安车各一，～～二驷。"

【骊色】 lísè 杂色。《公孙龙子·通变论》："非正举者，名实无当，～～章焉。"

【骊珠】 lízhū 传说中骊龙颔下的珠，比喻珍贵的人或物。《庄子·列御寇》："夫千金之珠，必在九重之渊，而骊龙颔下。"元稹《赠童子郎》诗："杨公莫讶清无业，家有～～不复贫。"

缅 lí 见shǐ。

梨（棃） lí ❶果木名。冯延巳《采桑子》词："樱桃谢了～花发，红白相催。"❷草名。《山海经·中山经》："又东南十里曰太山，有草焉，名曰～。"❸老。《方言》卷一："眉、～、耋、鲐，老也。东齐曰眉，燕、代之北鄙曰～。"（鄙：边地。）❹通"劙"。割裂。《汉书·扬雄传下》："分～单于。"（单于：匈奴君长的称号。）❺通"黎"。见"梨氓"。

【梨氓】 líméng 黎民。徐勉《始兴忠武王碑》："公褰襜以化～～，张袖以纳夷狄。"（褰襜：撩起车帷。）

【梨面】 límiàn 同"劙面"。《后汉书·耿秉传》："匈奴闻秉卒，举国号哭，或至～～流血。"

【梨庶】 líshù 百姓。《桐柏淮源庙碑》："～～赖祉。"（祉：福。）

【梨园】 líyuán 唐玄宗于梨园教练大批乐工、宫女乐曲，称之为"皇帝梨园子弟"，后世因称剧场为"梨园"，称演员为"梨园子弟"或"梨园弟子"。白居易《长恨歌》："～～弟子白发新，椒房阿监青娥老。"（椒房：宫殿名。阿监：宫中近侍。青娥：指年轻宫女。）

【梨枣】 lízǎo 旧时多用梨木、枣木刻板印书，因以为书版的代称。孙诒让《札迻序》："复以竹帛～～，钞刊屡易。"

犁（犂） lí ❶耕地农具。杜甫《兵车行》："纵有健妇把锄～，禾生陇亩无东西。"㊀耕地。《古诗十九首》之十四："古墓～为田，松柏摧为薪。"❷通"黧"。黑色。《战国策·秦策一》："形容枯槁，面目～黑。"❸杂色。《论语·雍也》："～牛之子骍且角。"（骍：赤色。）《山海经·东山经》："其中多鳙鳙之鱼，其状如～牛。"❹明确。《庄子·山木》："木声与人声，～然有当于人心。"（人声：指歌声。）❺比及，等到。《史记·晋世家》："～二十五年，吾冢上柏大矣。"❻姓。汉代有犁胡次。

【犁旦】 lídàn 犹"黎明"。天将明之时。《史记·南越列传》："～～，城中皆降伏波。"（伏波：指伏波将军路博德。）

【犁老】 lílǎo 老人。《尚书·泰誓中》："播弃～～，昵比罪人。"（昵：亲近。）

【犁庭扫穴】 lítíngsǎoxué 铲除其庭院，扫荡其巢穴，比喻彻底摧毁对方。《汉书·匈奴传下》："近不过旬月之役，远不离二时之劳，固已犁其庭，扫其闾，郡县而置之。"王夫之《宋论·高宗》："即不能～～～～，以靖中原，亦何至日敝月削，以迄于亡哉！"

鹂（鸝） lí 鸟名，黄鹂。宋玉《高唐赋》："王睢～黄，正冥楚鸠。"杜甫《绝句四首》之三："两个黄～鸣翠柳，一行白鹭上青天。"

漓[1] lí ❶水渗流。扬雄《河东赋》："云霏霏而来迎兮，泽渗～而下降。"❷浇薄，不淳厚。皮日休《咏酒泉》："玉液是浇～，金河乃糟粕。"陆游《何君墓表》："一卷之诗有淳～，一篇之诗有善病。"

漓[2]**（灕）** lí ❶水渗流的样子。《战国策·东周策》："夫鼎者，……非效鸟集乌飞，兔兴马逝，～然止于齐者。"❷漓江，水名。在广西东北部。

劙 lí 割破，划开。关汉卿《单刀会》三折："我则怕刀尖儿触抹着，轻～了你手。"

【劙面】 límiàn 古代北方少数民族风俗，割面流血，以示忠诚、哀痛。《周书·王庆传》："突厥谓庆曰：'前后使来，逢我国丧者皆～～表哀，况今二国和亲，岂得不行此事？'"（国丧：指突厥部落首领死。）杜甫《哀王孙》诗："花门～～请雪耻，慎勿出口他人狙。"（花门：地名，指回纥。狙：窥伺。）

蓠（蘺） lí ❶江蓠，香草名。《楚辞·离骚》："扈江～与辟芷兮，纫秋兰以为佩。"（扈：披。辟："僻"的古字。芷：香草名。佩：佩饰物。）❷通"篱"。篱笆。《汉书·项籍传》："乃使蒙恬北筑长城而守藩～。"（蒙恬：人名。）《后汉书·冯衍传》："揵六枳而为～兮，筑蕙若而为室。"（揵：竖立。枳：木名。若：杜若，香草名。）

缡（縭） lí ❶用丝画在鞋上作装饰。《说文·糸部》："～，以丝介履也。"（介：画。）❷带子。张衡《思玄赋》："献环琨与琛～兮，申厥好之玄黄。”(琨：玉石。琛：珍宝。)❸同“褵”。女子出嫁时所系的佩巾。《诗经·豳风·东山》：“亲结其～，九十其仪。”权德舆《鄜坊节度推官大理评事唐君墓志铭》：“结～周月，遭罹柏舟之痛。”

嫠 lí 寡妇。《左传·襄公二十五年》：“～也何害，先夫当之矣。”

【嫠妇】 lífù 寡妇。《左传·昭公十九年》：“莒有妇人，莒子杀其夫，已为～～。”苏轼《前赤壁赋》：“舞幽壑之潜蛟，泣孤舟之～～。”

【嫠纬】 líwěi “嫠不恤纬”的省称。吴莱《三朝野史》：“金陵帅阃赵以夫过衢州，访秘书徐霖，相见后觌面大恸，……以夫与霖俱怀～～之忧故也。”(阃：统兵在外的将帅。觌：相见。)

【嫠不恤纬】 líbùxùwěi 《左传·昭公二十四年》：“嫠不恤其纬，而忧宗周之陨，为将及焉。”(恤：顾惜。纬：纬线。宗周：指东周王都洛邑。)后因以表示忧国忘私。李曾伯《谢四川都大荐辟》：“～～～～，深惩肉食之谋；子弗荷薪，尤愧素餐之诮。”(肉食：指官吏。荷薪：指不做官。素餐：白吃饭。)

酾 lí 见 shī。

璃(瓈) lí 见“琉璃”。

氂 lí 见 máo。

褵(縭) lí 古时女子出嫁时所系的佩巾。张华《女史箴》：“施衿结～，虔恭中馈。”沈约《奏弹王源》：“结～以行，箕箒咸失其所。”

黎 lí ❶黑色。《吕氏春秋·行论》：“颜色～黑，步不相过。”❷众多。《楚辞·天问》：“何条放致罚，而～服大说?”(条：鸣条，地名。服：当作“民”。说：“悦”的古字。)❸通“耆”。老。见“黎老”。❹古国名。在今山西黎城，一说在今长治县南。商末为周文王所灭。《诗经·邶风·式微》：“～侯寓于卫。”(卫：国名。)❺民族名。《国语·楚语下》：“少皞之衰也，九～乱德。”(少皞：古帝名。)又：“其后三苗复九～之德。”

【黎老】 lílǎo 老人。《国语·吴语》：“今王播弃～～，而近孩童焉比谋。”(播弃：放弃。比：合。)

【黎氓】 líméng 犹“黎民”。百姓。《北齐书·颜之推传》：“何～～之匪昔，徒山川之犹曩。”(匪：非。)也作“黎甿”。钱起《送李评事赴潭州使幕》诗：“幕下由来贵无事，伫闻笑谈静～～。”也作“黎萌”。《后汉书·朱穆传》：“兆庶～～，蒙被圣化矣。”

【黎甿】 líméng 见“黎氓”。

【黎萌】 líméng 见“黎氓”。

【黎苗】 límiáo 犹“黎民”。百姓。《法言·重黎》：“秦楚播其虐于～～。”《新唐书·杜佑传》：“今～～凋瘵，天下户百三十万。”(瘵：凋敝。)

【黎民】 límín 众民，百姓。《孟子·梁惠王上》：“七十者衣帛食肉，～～不饥不寒，然而不王者，未之有也。”《汉书·贾谊传》：“此五学者既成于上，则百姓～～化辑于下矣。”(辑：和睦。)

【黎庶】 líshù 民众。《汉书·谷永传》：“水灾浩浩，～～穷困如此。”《三国志·魏书·陈群传》：“唯有以崇德布化，惠恤～～，则兆民幸甚。”

【黎献】 líxiàn 众多的贤人。《尚书·益稷》：“万邦～～，共惟帝臣。”

【黎元】 líyuán 犹“黎民”。百姓。《后汉书·张纯传》：“～～安宁，夷狄慕义。”刘蕡《对贤良方正直言极谏策》：“臣愿斥游惰之徒，以督其耕植；省不急之务，以赡其～～。”(赡：使……富足。)

【黎烝】 lízhēng 犹“黎民”。百姓。《汉书·司马相如传下》：“正阳显见，觉寤～～。”(正阳：指君王。寤：通“悟”。《文选》司马相如《封禅文》作“觉悟黎蒸”。)

漦 lí ❶下渗。《尔雅·释言》：“～，盏也。”(郝懿行义疏：“盏者，与‘漉’同，渗也。”)❷龙的涎沫。《史记·周本纪》：“有二龙止于夏帝庭，……卜请其～而藏之，乃吉。”(集解：“韦昭曰：‘漦，龙所吐沫。沫，龙之精气也。’”)骆宾王《为徐敬业讨武曌檄》：“龙～帝后，识夏庭之遽衰。”

罹 lí ❶遭遇(不幸)。《吕氏春秋·审己》：“越王太息曰：‘余不听豫之言，以～此难也。’”(豫：人名。)《论衡·遭虎》：“水中之毒，不及陵上；陵上之气，不入水中；各以所近，～殃取祸。”(陵：山陵。)❷忧患，苦难。《诗经·王风·兔爰》：“我生之初，尚无为；我生之后，逢此百～。”

篱(籬) lí 篱笆。《国语·楚语下》：“旧怨灭宗，国之疾眚也，为之关籥蕃～而远备闲之，犹恐其至也。”(疾眚：灾祸。籥：锁钥。闲：防范。)缪鉴《咏鹤》诗：“青山修竹娇～笆，髣髴林泉隐者家。”

【篱落】 líluò 篱笆。张籍《过贾岛野居》诗：“蛙声～～下，草色庭户间。”

【篱壁间物】 líbìjiānwù 指家园所产的东西。《世说新语·排调》：“桓玄素轻桓崖，崖在京下有好桃，玄连就求之，遂不得佳者。玄与殷仲文书以为嗤笑曰：‘德之休明，肃慎贡其楛矢;如其不尔,～～～～亦不可得也。'"(肃慎:部落名。楛矢:用楛木做杆的箭。不尔:不然。)

醨 lí 淡酒。《楚辞·渔父》:"众人皆醉,何不餔其糟而歠其～?"(餔:吃。歠:喝。)苏轼《超然台记》:"餔糟啜～,皆可以醉。"(啜:喝。)㊀淡薄。权德舆《答左司崔员外书》:"师友之义缺,～薄之风起。"沈括《梦溪笔谈·辩证一》:"今酒之至～者,每秫一斛不过成酒一斛五斗。"

藜(蔾) lí 草名,又名灰藋、灰菜,嫩叶可吃,茎老可作拐杖,也用以点火照明。《史记·越王句践世家》:"至楚,庄生家负郭,披～藋到门,居甚贫。"(郭:城郭。藋:草名。)

【藜羹】 lígēng 藜草煮成的羹,泛指粗劣的食物。《荀子·宥坐》:"孔子南适楚,……七日不火,～～不糁,弟子皆有饥色。"(适:往。糁:以米和羹。)

【藜藿】 líhuò 藜草和豆叶,泛指粗劣的食物。《后汉书·崔骃传》:"复静以理,则甘糟糠而安～～。"欧阳修《送秘书丞宋君归太学序》:"陋巷之士,甘～～而修仁义。"

黧 lí 黑色。《韩非子·外储说左上》:"手足胼胝,面目～黑,劳有功者也。"

【黧老】 lílǎo 衰老。洪迈《稼轩记》:"幸未～～时,及见侯展大功名,锦衣来归。"(侯:指辛弃疾。)

礼(禮) lǐ ❶祭神祀祖。《管子·幼官》:"将心～上帝。"《史记·孝武本纪》:"又置寿宫、北宫,张羽旗,设供具,以～神君。"❷表示恭敬,以礼相待。《战国策·秦策二》:"甘茂,贤人也。……愿为王臣,今王何以～之?"《史记·周本纪》:"王以上卿～管仲。"❸礼节、仪式等道德规范。《礼记·曲礼上》:"夫～者,所以定亲疏、决嫌疑、别同异、明是非也。……行修言道,～之质也。"(质:根本。)《后汉书·卓茂传》:"律设大法,～顺人情。"㊀礼制,法度。《荀子·王霸》:"出若入若,天下莫不平均,莫不治辨,是百王之所同也,而～法之大分也。"(若:如此。大分:总纲。)㊁有礼的人。《左传·定公四年》:"无敖～,无骄能。"(敖:傲慢。)❹礼物。《晋书·陆纳传》:"及受～,唯酒一斗,鹿肉一柈。"❺书名,指《周礼》、《仪礼》、《礼记》,详"三礼"。❻姓。东汉时有礼震。

【礼拜】 lǐbài 以礼拜神。班固《汉武故事》:"不祭祀,但烧香～～。"

【礼辞】 lǐcí 以礼推辞。《仪礼·燕礼》:"宾少进,～～。"韩愈《送幽州李端公序》:"某～～曰:'公,天子之宰,礼不可如是。'"

【礼防】 lǐfáng 礼法。曹植《洛神赋》:"收和颜而静志兮,申～～以自持。"

【礼际】 lǐjì 交际的礼节。《孟子·万章下》:"苟善其～～矣,斯君子受之。"

【礼教】 lǐjiào 关于礼制的教化。《列子·杨朱》:"卫之君子多以～～自持,固未足以得此人之心也。"(卫:国名。)《礼记·经解》:"恭俭庄敬,～～也。"

【礼经】 lǐjīng ❶礼的大法。《左传·隐公七年》:"凡诸侯同盟,于是称名,故薨则赴以名,告终嗣也,以继好息民,谓之～～。"(薨:诸侯死。赴:讣告。嗣:指继位之君。)❷指《周礼》或《仪礼》。《汉书·艺文志》:"～～三百,威仪三千。"注:"韦昭曰:'《周礼》三百六十官也。三百,举成数也。'臣瓒曰:'礼经三百,谓冠婚吉凶。'"(成数:整数。冠、婚、吉、凶:都是礼仪的名称。)

【礼命】 lǐmìng 礼籍和策命,根据礼制和王命确定官员升迁的文书。《周礼·天官·小宰》:"五曰听禄位以～～。"《后汉书·杨震传》:"常客居于湖,不答州郡～～数十年。"(湖:地名。)

【礼器】 lǐqì ❶祭器。《史记·孔子世家》:"适鲁,观仲尼庙堂车服～～。"(适:往。)又《儒林列传》:"鲁诸儒持孔氏之～～,往归陈王。"❷《礼记》第十篇的篇名。

【礼容】 lǐróng 礼制仪容。《史记·孔子世家》:"孔子为儿嬉戏,常陈俎豆,设～～。"(俎、豆:都是祭器。)《乐府诗集·鼓吹曲辞·于穆》:"缨佩俯仰,有则备～～。"(缨:帽带。佩:佩饰。)

【礼数】 lǐshù 礼仪的等级。《左传·庄公十八年》:"王命诸侯,名位不同,礼亦异数。"杜甫《八哀诗·故右仆射相国张公九龄》:"向时～～隔,制作难上请。"

【礼堂】 lǐtáng 讲书习礼的地方。《后汉书·郑玄传》:"末所愤愤者,徒以亡亲坟垄未成,所好群书率皆腐敝,不得于～～写定,传与其人。"(末:最终。)

【礼体】 lǐtǐ 礼的本身。常衮《授李季卿右散骑常侍李尚书右丞制》:"雅有学行,通于～～。"(雅:平素。)

【礼文】 lǐwén 礼仪。《汉书·礼乐志》:"周监于二代,～～尤具,事为之制,曲为之防。"(二代:指夏代和商代。曲:小事。防:防范。)

【礼物】 lǐwù ❶指典礼、历法、服色等规定。《尚书·微子之命》:"统承先王,修其～～。"(修:兴修。)❷祭品。杨炎《大唐燕支山神宁济公祠堂碑》:"其封神为宁济公,锡之鞶带,备厥～～。"(锡:赐。鞶:大带。

厥:其。)❸婚娶礼品。《通典·嘉礼·公侯大夫士婚礼》:"后汉……其～～凡三十种。"

【礼遇】 lǐyù 待之以礼。《世说新语·谗险》:"袁悦有口才,能短长说,亦有精理,始作谢玄参军,颇被～～。"(参军:官名。)

【礼秩】 lǐzhì 礼仪的等级。《管子·大匡》:"僖公之母弟夷仲年生公孙无知,有宠于僖公,衣服～～如適(dí)。"(適:通"嫡"。正妻所生之子。)

李 lǐ ❶果木名。《孟子·滕文公下》:"井上有～,螬食实者过半矣。"(螬:蛴螬,虫名。)❷星名。《史记·天官书》:"左角,～。"❸通"理"。法官。《管子·大匡》:"国子为～。"❹使者。见"行李"。❺姓。

【李猫】 lǐmāo 唐代李义府表面温良谦恭,内心却阴狠刻毒,当时人们称他为李猫,后用以指笑里藏刀。无名氏《鸣凤记·世蕃奸计》:"笑里藏刀胜～～,偏宜相府为爪牙。"

【李唐】 lǐtáng 唐朝的天子姓李,所以称唐朝为李唐。周敦颐《爱莲说》:"自～～以来,世人甚爱牡丹。"

【李下】 lǐxià ❶指嫌疑之地。《乐府诗集·相和歌辞·君子行》:"君子防未然,不处嫌疑间。瓜田不纳履,～～不正冠。"徐陵《谢儿报坐事付治中启》:"夫拾金樵路,高士所羞;整冠～～,君子斯慎。"参见"瓜田李下"。❷比喻不徇私情。唐代李乂主管官吏的选拔,却不接受别人的请托,当时人称"李下无蹊径"。参看《新唐书·李乂传》。据古代谚语"桃李不言,下自成蹊",李树下本易形成小路,此处反用其意。

【李代桃僵】 lǐdàitáojiāng 《乐府诗集·相和歌辞·鸡鸣》:"桃生露井上,李树生桃傍。虫来啮桃根,李树代桃僵。树木身相代,兄弟还相忘!"原以"李代桃僵"喻兄弟当分忧共难,后引申为互相代替,或代人受过。王衡《真傀儡》:"古来史书上呵,知多少～～～～。"也作"僵李代桃"。《聊斋志异·胭脂》:"彼逾墙钻隙,固有玷夫儒冠,而～～～～,诚难消其冤气。"

里¹ lǐ ❶住宅。《周礼·地官·载师》:"以廛～任国中之地,以场圃任园地。"(廛:住宅。任:用。)❷古代居民区名。一里所含居民家数,说法不一,历代也有变化。《周礼·地官·遂人》:"五家为邻,五邻为～。"《韩非子·外储说右下》:"秦昭王有病,百姓～买牛而家为王祷。"㉛商贾聚居的地区。《国语·鲁语下》:"赋～以入,而量其有无。"(赋:收取赋税。入:收入。)㉜乡里,故乡。江淹《别赋》:"割慈忍爱,离邦去～。"曾巩《赠黎安二生序》:"黎生曰:'生与安生之学于斯文,～之人皆笑,以为迂阔。'"❸行政区划名。《管子·立政》:"分国以为五乡,乡为之师;分乡以为五州,州为之长;分州以为十～,～为之尉。"顾炎武《日知录》卷二十二:"以县统乡,以乡统～。"❹长度名,一百五十丈为一里,合公制五百米。《老子·六十四章》:"千～之行,始于足下。"❺通"悝"、"瘇"。忧伤。《诗经·大雅·云汉》:"瞻卬昊天,云如何～。"(卬:通"仰"。昊天:大天。云:助词,无义。)❻古民族名。《后汉书·南蛮传》:"九真徼外蛮～张游,率种人慕化内属,封为归汉～君。"(九真:地名。徼:边界。种人:本民族的人。化:教化。)❼姓。春秋时鲁国有里革。

【里耳】 lǐ'ěr 俚俗人之耳。《庄子·天地》:"大声不入于～～。"(大声:指高雅的音乐。)

【里闬】 lǐhàn 里弄之门,乡里。《后汉书·马援传》:"援素与述同～～,相善。"谢灵运《拟魏太子邺中集诗·刘桢》:"贫居晏～～,少小长东平。"(晏:安适。东平:地名。)

【里居】 lǐjū ❶辞官归乡。《尚书·酒诰》:"百僚……越百姓～～,罔敢湎于酒。"(越:与。罔:不。湎:沉溺。)❷挨家连里而居。王通《文中子·关朗》:"人不～～,地不井受。"

【里落】 lǐluò 村庄。《后汉书·淳于恭传》:"又见偷刈禾者,恭念其愧,因伏草中,盗起乃去,～～化之。"(刈:割。)

【里闾】 lǐlǘ 乡里。《古诗十九首》之十四:"思还故～～,欲归道无因。"

【里人】 lǐrén ❶里宰,一里之长。《国语·鲁语上》:"若罪也,则请纳禄与车服而违署,唯～～之所命次。"(纳:交还。违:去掉。署:官位的标志。次:指房舍。)❷同乡同里的人。《庄子·庚桑楚》:"～～有病,～～问之,病者能言其病。"苏轼《滕县时同年西园》诗:"我作西园诗,以为～～箴。"(箴:告戒。)

【里仁】 lǐrén ❶选择仁德的处所居住。《论语·里仁》:"～～为美。"❷对别人住处的美称。支遁《八关斋》诗之一:"建意营法斋,～～契朋俦。"(契:约会。俦:同伴。)

【里社】 lǐshè 古时里中祭土地神的处所。《汉书·郊祀志上》:"民～～,各自裁以祠。"(裁:决定。祠:祭祀。)陈立《白虎通疏证》:"凡民间所私立之社,皆称～～。"

【里谚】 lǐyàn 民间谚语。《汉书·贾谊传》:"～～曰'欲投鼠而忌器',此善谕也。"

里²(裏、裡) 1. lǐ ❶衣服、被褥等的里子。《楚辞·九叹·愍命》:"今反表以为～兮,颠裳以为衣。"杜甫《茅屋为秋风所破歌》："布衾多年冷似铁，娇儿恶卧踏～裂。"❷内部，在其中，与"外"相对。韩愈《寄卢仝》诗："玉川先生洛城～，破屋数间而已矣。"辛弃疾《青玉案·元夕》词："众～寻他千百度，蓦然回首，那人却在、灯火阑珊处。"（蓦然：忽然。阑珊：零落。）❸助词，附在"这"、"那"等之后，表示地点、方面。郑德辉《王粲登楼》三折："我这～凭栏望，母亲那～倚门悲。"《红楼梦》六十五回："及至到了这～，也只好随他的便，干瞅着罢了。"

2. lǐ ❹语气词，同"哩"。辛弃疾《鹊桥仙·送粉卿行》词："莫嫌白发不思量，也须有、思量去～。"

【里许】 lǐxǔ 里面。许，助词。《朱子语类·朱子》："若是汲汲用功底人自别，他那得功夫说闲话，精专恳切，无一时一息不在～～。"

【里言】 lǐyán 告知内情。《左传·庄公十四年》："且寡人出，伯父无～～；入又不念寡人，寡人憾焉。"

【里谒】 lǐyè 通过妃姬而请托。《新唐书·后妃传序》："～～不忓于朝，外言不内诸阃。"（忓：干扰。内："纳"的古字。阃：闺门。）

俚 lǐ ❶鄙俗，通俗。《汉书·司马迁传赞》："辨而不华，质而不～。"[引]民歌，民谣。孟浩然《和张明府登鹿门山》："谬承巴～和，非敢应同声。"（巴：地名。）❷聊赖，依托。《汉书·季布栾布田叔传赞》："其画无～之至耳。"（画：计谋。）❸古民族名。《后汉书·南蛮传》"九真徼外蛮里张游，率种人慕化内属，封为归汉里君"注："里，蛮之别号，今呼为～人。"（九真：地名。徼：边界。种人：本民族的人。化：教化。）

【俚耳】 lǐ'ěr 俗耳，听话庸俗。王安石《寄题郢州白雪楼》诗："古心以此分冥冥，～～至今徒扰扰。"

【俚歌】 lǐgē 民歌，民谣。刘禹锡《武陵书怀五十韵》："照山畬火动，踏水～～喧。"（畬：火耕。）

【俚语】 lǐyǔ 俗话，方言。《新五代史·王彦章传》："彦章武人，不知书，常为～～，谓人曰：'豹死留皮，人死留名。'"

逦（邐） lǐ 见"逦迤"、"逦倚"。

【逦迤】 lǐyí 连绵不断。崔融《嵩山启母庙碑》："铭坛～～，斜分玉女之台。"杜牧《阿房宫赋》："鼎铛玉石，金块珠砾，弃掷～～。"（铛：锅类器皿。块：土块。砾：碎石。）

【逦倚】 lǐyǐ 高低曲折。张衡《西京赋》："墱道～～以正东。"（墱道：阁道。）

娌 lǐ 见"妯娌"。

理 lǐ ❶治玉，玉石加工。《战国策·秦策三》："郑人谓玉未～者璞，周人谓鼠未腊（xī）者朴。"（腊：晒干。）❷治理，管理。《吕氏春秋·长利》："尧～天下，吾子立为诸侯。今至于我而辞之，故何也?"《战国策·秦策一》："万端俱起，不可胜～。"[引]从事。《韩非子·忠孝》："世之所为烈士者，离众独行，取异于人，为恬淡之学，而～恍惚之言。"（为：谓。）《后汉书·张步传》："步贪其爵号，遂受之，乃～兵于剧。"（剧：地名。）[又]治疗。王嘉《拾遗记·前汉》："食之，令人口气常香，益脉～病。"❸练习，温习。《古诗十九首》之十二："被服罗裳衣，当户～清曲。"《颜氏家训·勉学》："吾七岁时，诵《鲁灵光殿赋》，至于今日，十年一～，犹不遗忘。"❹申辩。《论衡·累害》："不～身冤，不弭流言，受垢取毁，不求洁完。"《后汉书·杨震传》："操不得已，遂～出彪。"（操：曹操。彪：杨彪。）又《栾巴传》："上书极谏，～陈、窦之冤。"（陈：陈蕃。窦：窦武。）❺区别，分别。《诗经·小雅·信南山》："我疆我～，南东其亩。"《荀子·王制》："相地而衰（cuī）政，～道之远近而致贡。"（相：观察。衰：递减。政：征税。）❻文理，条理。《论衡·骨相》："案骨节之法，察皮肤之～，以审人之性命，无不应者。"（案：考察。）沈括《梦溪笔谈·异事》："予尝于寿春渔人处得一饼，……面有二十馀印，背有五指及掌痕，纹～分明。"（寿春：地名。）❼道理，规律。《战国策·秦策一》："明言章～，兵甲愈起。"《后汉书·光武郭皇后纪论》："物之兴衰，情之起伏，～有固然矣。"❽顺适，和顺。《周易·说卦》："和顺于道德而～于义。"[引]政治清明安定。《吕氏春秋·劝学》："圣人之所在，则天下～焉。"《后汉书·蔡邕传》："运极则化，～乱相承。"❾司法衙署，狱官。《国语·晋语八》："昔隰叔子违周难于晋国，生子舆为～，以正于朝，朝无奸官。"（隰叔子：人名。违：躲避。子舆：人名。）司马迁《报任少卿书》："明主不晓，以为仆沮贰师，而为李陵游说，遂下于～。"（沮：败坏。贰师：指贰师将军李广利。）❿使者。《左传·昭公十三年》："行～之命，无月不至。"[引]媒人。《楚辞·离骚》："解佩纕以结言兮，吾令蹇修以为～。"（纕：佩饰物。结言：定约。蹇修：人名。）⓫过问，理睬。《红楼梦》十九回："只顾玩笑，并不～他。"⓬通"赉"。赐与。《史记·殷本纪》："予其大～女。"（女："汝"的古字。）⓭星名。《汉书·天文志》："左角，～；右角，将。”(将：星名。)

【理化】 lǐhuà 治理和教化。《后汉书·樊宏传》：“分地以用天道，实廪以崇礼节，取诸～～，则亦可以施于政也。”曾巩《辞中书舍人状》：“然则号令文采，自汉而降，未有及古，～～之具，不其阙欤！”

【理会】 lǐhuì ❶见解相同。《世说新语·识鉴》：“时人以谓山涛不学孙吴，而阇与之～～。”(孙吴：指孙武、吴起。以谓：以为。)❷领会。何逊《穷乌赋》：“虽有知于～～，终失悟于心机。”王明清《挥麈录·王俊首岳侯状》：“你～～不得！”❸评理。《水浒传》三回：“你诈死，洒家和你慢慢～～。”❹处理，照料。欧阳修《奏北界争地界》：“今已纵成其计，却欲～～，必须费力。”❺知晓。《金瓶梅》二回：“武松又分付道：‘……在家仔细门户。’武大道：‘～～得了。’”

【理乱】 lǐluàn ❶治和乱。《后汉书·崔寔传》：“寔之《政论》，言当世～～，虽晁错之徒，不能过也。”❷治理混乱。高允《征士颂》：“移风易俗，～～解纷。”

【理论】 lǐlùn ❶论述，说理。常璩《华阳国志·后贤志·李宓》：“著述～～，论中和仁义儒学道化之事凡十篇。”❷评理，论辩是非。常衮《咸阳县丞郭君墓志铭》：“惟公博识强辨，尤好～～。”《金瓶梅》二回：“若有人欺负你，不要和他争闹，等我回来，自和他～～。”❸料理，照管。《红楼梦》二十三回：“贾政原不大～～这些小事，听贾琏如此说，便依允了。”

【理事】 lǐshì ❶办理事情。《后汉书·卓茂传》：“河南郡为置守令，茂不为嫌，～～自若。”❷清代官名，掌管宗室的谱籍。

【理育】 lǐyù 治理养育。《史记·孝文本纪》：“上曰：‘……朕下不能～～群生，上以累三光之明，其不德大矣。’”

【理致】 lǐzhì 思想情趣。《颜氏家训·文章》：“文章当以～～为心肾，气调为筋骨，事义为皮肤，华丽为冠冕。”《南史·刘之遴传》：“说义属诗，皆有～～。”

鲤(鯉) lǐ ❶鱼名。《诗经·陈风·衡门》：“岂其食鱼，必河之～？”古乐府《饮马长城窟行》：“客从远方来，遗我双～鱼，呼儿烹～鱼，中有尺素书。”(遗：赠送。)❷书信的代称。独孤及《为吏部李侍郎祭苏州李中丞》：“白马龙輀，～书遂绝。”(輀：丧车。)李商隐《寄令狐郎中》诗：“嵩云秦树久离居，双～迢迢一纸书。”

【鲤素】 lǐsù 指书信。刘才邵《清夜曲》：“门前溪水空粼粼，～～不传娇翠颦。”(颦：皱眉。)

【鲤庭】 lǐtíng 据《论语·季氏》：孔子曾在庭中教训儿子孔鲤学诗学礼，孔鲤一一照办。后遂用以指禀承父训。杨汝士《宴杨仆射新昌里第》诗：“文章旧价留鸾掖，桃李新阴在～～。”(鸾掖：门下省。)刘禹锡《酬郑州权舍人见寄十二韵》：“～～传事业，鸡树遂翱翔。”

澧 lǐ ❶水名。在湖南西北部，源出桑植县，注入洞庭湖。❷通“醴”。甘美的泉水。《礼记·礼运》：“故天降膏露，地出～泉。”❸见“澧澧”。

【澧澧】 lǐlǐ 波浪声。《楚辞·九叹·离世》：“波～～而扬浇兮，顺长濑之浊流。”(浇：回旋的波浪。)

醴 lǐ ❶甜酒。《吕氏春秋·重己》：“其为饮食酏～也，足以适味充虚而已矣。”(酏：酿酒所用的稀粥。)❷甘美的泉水。扬雄《蜀都赋》：“北属昆仑泰极，涌泉～。”❸通“澧”。水名。《楚辞·九歌·湘夫人》：“捐余袂兮江中，遗余褋兮～浦。”(褋：单衣。)

【醴泉】 lǐquán ❶甘美的泉水。《庄子·秋水》：“夫鹓鶵，……非练实不食，非～～不饮。”❷及时雨。《论衡·是应》：“～～，乃谓甘露也。今儒者说之，谓泉从地中出，其味甘若醴，故曰～～。”❸县名。即今陕西礼泉县。

蠡 1. lǐ ❶虫蛀蚀木。《说文·䖵部》：“～，虫啮木中也。”㉛器物磨损快断的样子。《孟子·尽心下》：“以追(duī)～。”(追：钟的纽。)

2. lí ❷葫芦瓢。东方朔《答客难》：“以筦窥天，以～测海。”

3. luó ❸通“蠃”。螺。班昭《东征赋》：“谅不登樔而椓～兮，得不陈力而相追。”(樔：同“巢”。椓：敲击。)

4. luǒ ❹牲畜病名，即瘰蠡。《左传·桓公六年》：“谓其畜之硕大蕃滋也，谓其不疾瘯～也。”

【蠡测】 lícè 用葫芦瓢测量海水，比喻见识浅薄，不知高深。曹操《与王修书》：“但恐旁人眼见，以～测海，为蛇添足。”李商隐《咏怀寄秘阁旧僚二十六韵》：“典籍将～～，文章若管窥。”

力 lì ❶气力，力量。《左传·隐公十一年》：“度德而处之，量～而行之。”《孟子·梁惠王上》：“吾～足以举百钧，而不足以举一羽。”㉛能力。《史记·淮阴侯列传》：“且天下欲为陛下所为者甚众，顾～不能耳。”❷兵力。《史记·高祖本纪》：“如此，则楚所备者多，～分，汉得休，复与之战，破楚必矣。”《宋书·谢晦传》：“率见～决战。”

(见:同"现"。)㊀威力,权势。晁错《论贵粟疏》:"因其富厚,交通王侯,~过吏势。"《后汉书·鲁恭传》:"夫以德胜人者昌,以~胜人者亡。"❸努力。《荀子·荣辱》:"然而人~为此而寡为彼,何也?"《后汉书·马武传》:"武常为军锋,~战无前。"㊀勤劳。《后汉书·樊晔传》:"游子常苦贫,~子天所富。"❹劳役,仆人。《国语·鲁语下》:"任~以夫而议其老幼。"萧统《陶渊明传》:"送一~给其子,书曰:'……今遣此~助汝薪水之劳。'"❺功劳。《国语·晋语六》:"今我战又胜荆与郑,吾君将伐知而多~。"(伐:夸耀。知:同"智"。)❻甚,厉害。《后汉书·寇荣传》:"而陛下疾臣愈深,有司咎臣甫~。"(甫:才。)《新唐书·杜如晦传》:"会病~,诏皇太子就问,帝亲至其家,抚之梗塞。"❼姓。《马王堆汉墓帛书·十六经·观》:"令~黑浸行伏匿。"(力黑浸:人名。)

【力本】 lìběn 努力农业生产。《汉书·董仲舒传》:"朕夙寤晨兴,……永思所以奉至尊,章洪业,皆在~~任贤。"

【力疾】 lìjí ❶迅猛。《国语·越语下》:"今其来也,刚强而~~,王姑待之。"❷勉强支撑病体。《三国志·魏书·曹爽传》:"臣辄~~,将屯洛水浮桥,伺察非常。"

【力强】 lìqiǎng 勉强。曹丕《典论·论文》:"文以气为主,气之清浊有体,不可~~而致。"《三国志·魏书·管宁传》:"能自任杖,不须扶持。四时祠祭,辄自~~。"

【力田】 lìtián ❶努力耕种。《韩非子·奸劫弑臣》:"则民不外务当敌斩首,内不急~~疾作。"(不外:当作"外不"。)《汉书·召信臣传》:"郡中莫不耕稼~~。"❷农官名。《汉书·食货志上》:"二千石遣令长、三老、~~及里父老善田者受田器。"

【力行】 lìxíng 勉力从事,努力去做。《礼记·中庸》:"好学近乎知,~~近乎仁。"《论衡·问孔》:"今宰予虽无~~,有言语。"(宰予:人名。)

【力役】 lìyì ❶徭役,劳役。《荀子·富国》:"罕兴~~,无夺农时。"❷征调民力。《汉书·五行志中之下》:"是时民患上~~,解于公田。"(解:通"懈"。懈怠。)

【力征】 lìzhēng 武力征伐。《淮南子·要略》:"齐桓公之时,天子卑弱,诸侯~~。"亦作"力正"。《墨子·明鬼下》:"天下失义,诸侯~~。"亦作"力政"。《史记·十二诸侯年表序》:"是后或~~,强乘弱,兴师不请天子。"

【力正】 lìzhēng 见"力征"。

【力政】 lìzhēng ❶劳役。《周礼·地官·均人》:"凶札,则无~~,无财赋。"(凶札:荒年而疫病流行。)❷见"力征"。

历[1](曆、厤)

lì ❶历法,推算岁时节令的方法。《吕氏春秋·勿躬》:"容成作~。"(容成:人名。)《史记·天官书》:"自初生民以来,世主曷尝不~日月星辰?"㊀历书。《汉书·艺文志》:"~谱者,序四时之位,正分至之节。"《后汉书·百官志二》:"凡岁将终,奏新年~。"㊁掌管历法的人。《庄子·齐物论》:"自此以往,巧~不能得,而况其凡乎?"❷年寿。《汉书·诸侯王表序》:"周过其~,秦不及期,国势然也。"刘禹锡《代慰义阳公主薨表》:"岂意遘兹短~,奄谢昌辰。"❸数。《管子·海王》:"终月大男食盐五升少半,大女食盐三升少半,吾子食盐二升少半,此其大~也。"❹日记之类的本册。苏轼《东坡志林·修身历》:"子宜置一卷~,昼日之所为,莫夜必记之。"(莫:"暮"的古字。)

【历数】 lìshù ❶推算岁时节令。《尚书·洪范》:"五纪,一曰岁,……五曰~~。"❷天道。也指帝王相继的秩序。《汉书·路温舒传》:"温舒从祖父受~~、天文,以为汉厄三七之间,上封事以豫戒。"(三七:指二百一十年。封事:秘密奏章。)《三国志·魏书·陈留王奂传》:"天禄永终,~~在晋。"

【历象】 lìxiàng ❶观测天象,推算天体运行的规律。《尚书·尧典》:"~~日月星辰,敬授人时。"曾巩《本朝政要策·历》:"察天时以授民事,则~~不可不谨也。"也作"歷象"。《汉书·艺文志》:"阴阳家者流,……~~日月星辰,敬授民时。"❷天象。唐玄宗《春晚宴两相及礼官丽正殿学士探得风字》诗:"阴阳调~~,礼乐报玄穹。"

历[2](厤、歷、歴)

lì ❶经过。《楚辞·惜誓》:"登苍天而高举兮,~众山而日远。"《汉书·诸侯王表序》:"强大弗之敢倾,~载八百馀年。"㊀经历,遭遇。《战国策·齐策三》:"~险乘危,则骐骥不如狐狸。"又《秦策一》:"伏轼撙衔,横~天下。"(撙衔:约束马。)❷跨越。《孟子·离娄下》:"礼,朝廷不~位而相与言,不逾阶而相揖。"《战国策·赵策一》:"夫用百万之众,攻战逾年~岁,未见一城也。"❸至,到。《史记·律书》:"~至孝文即位。"柳宗元《封建论》:"~于宣王,挟中兴复古之德,雄南征北战之威。"❹逐一,普遍。《汉书·邹阳传》:"邹鲁守经学,齐楚多辩知,韩魏时有奇节。吾将~问之。"司马光《谏院题名记》:"后之人将~指其名而议之,曰某也忠,某也诈,某也直,某也曲。"㊀依次排列。《吕氏春秋·季冬》:"令宰~

卿大夫至于庶民土田之数，而赋之牺牲。”❺选择。《史记·司马相如列传》：“于是～吉日以斋戒。”❻分明，清晰。左思《娇女》诗：“吾家有娇女，……口齿自清～。”❼稀疏。宋玉《登徒子好色赋》：“其妻蓬头挛耳，龃唇～齿。”（龃：露齿的样子。）❽乱。《大戴礼记·子张问入官》：“～者，狱之所由生也。”❾研治，治理。《庄子·天下》：“～物之意，曰：‘至大无外，谓之大一；至小无内，谓之小一。’”❿通“历¹”。1）历法。《汉书·艺文志》：“～象日月星辰，敬授民时。”《尚书·尧典》“历²”作“历¹”。2）年代。《汉书·梁孝王刘武传》：“武为代王，四年徙为淮阳王，十二年徙梁，自初王通～已十一年矣。”⓫通“枥”。1）马槽。《汉书·梅福传》：“伏～千驷，臣不贪也。”2）拶，用木棍挤压手指。《庄子·天地》：“罪人交臂～指。”⓬通“鬲”。似鼎炊具。《后汉书·礼仪志下》：“以木为重，高九尺，广容八～。”

【历块】 lìkuài ❶跨过土块，比喻急速。《汉书·王褒传》：“纵驰骋骛，忽如景靡，过都越国，蹶如～～。”杜甫《瘦马行》：“当时～～误一蹶，委弃非汝能周防。”❷指良马，比喻良才。杨万里《和萧判官东府韵寄之》：“尚策爬沙追～～，未甘直作水中凫。”（爬沙：动物蹄践沙土行进的样子。）

【历历】 lìlì 一一分明。卢照邻《病梨树赋》：“共语周齐间事，～～如眼见。”欧阳修《与高司谏书》：“侃然正色，论前世事，～～可听。”

【历鹿】 lìlù 象声词。王延寿《王孙赋》：“踡兔蹲而狗踞，声～～而喔咿。”此象猴声。《广雅·释器》：“维（suì）车，谓之～～。”此像车声。（维车：纺丝工具。）

【历乱】 lìluàn ❶杂乱。鲍照《拟行路难》诗：“锉蘖染黄丝，黄丝～～不可治。”❷烂漫。梁简文帝《采桑》诗：“细萍重叠长，新花～～开。”

【历落】 lìluò ❶磊落。《世说新语·容止》：“桓茂伦嵚崎～～，可笑人。”❷稀疏。《水经注·河水四》：“峰次青松，岩悬赪（chēng）石，于中～～有翠柏生焉。”（赪：红色。）

【历数】 lìshù 天道。也指帝王相继的秩序。《后汉书·窦融传》：“汉承尧运，～～延长。”《论衡·治期》：“水旱，灾害之甚者也，而二圣逢之，岂二圣政之所致哉？天地～～当然也。”

【历算】 lìsuàn 推算历法。《后汉书·卓茂传》：“习《诗》、《礼》及～～，究极师法。”

立 lì ❶站立。《国语·周语下》：“～无跛，视无还，听无耸，言无远。”《孟子·梁惠王上》：“孟子见梁惠王，王～于沼上，顾鸿雁麋鹿。”❷竖立，直立。《尚书·牧誓》：“称尔戈，比尔干，～尔矛。”《吕氏春秋·为欲》：“无～锥之地，至贫也。”❸建树，成就。《论语·为政》：“吾十有五而志于学，三十而～。”《庄子·天地》：“故执德之谓纪，德成之谓～。”欧阳修《泷冈阡表》：“汝孤而幼，吾不能知汝之必有～。”[引] 三十岁。刘知幾《史通·自叙》：“及年以过～，言悟日多。”❹成立，存在。《左传·桓公二年》：“吾闻国家之～也，本大而末小，是以能固。”《韩非子·五蠹》：“故不相容之事，不两～也。”❺设立，设置。《汉书·诸侯王表序》：“昔周监于二代，三圣制法，～爵五等。”曾巩《宜黄县学记》：“天子图当世之务，而以学为先，于是天下之学乃得～。”[引] 实行。《荀子·儒效》：“凡事行，有益于理者～之，无益于理者废之。”❻统治者的确立或即位。《左传·隐公元年》：“是以隐公～而奉之。”《韩非子·内储说下》：“遂～奚齐为太子。”《战国策·楚策四》：“楚王后死，未～后也。谓昭鱼曰：‘公何以不请～后也？’”（昭鱼：人名。）❼立即。《荀子·荣辱》：“室家～残，亲戚不免乎刑戮。”《汉书·邹阳传》：“至夫秦用商鞅之法，东弱韩魏，～强天下，卒车裂之。”❽通“位”。处于……地位。《管子·宙合》：“君出令佚，故～于左；臣任力劳，故～于右。”《左传·成公十六年》：“使～于高、国之间。”❾通“莅”。临。《史记·范雎蔡泽列传》：“臣闻明主～政，有功者不得不赏。”

【立德】 lìdé 树立德行。《左传·襄公二十四年》：“大上～～，其次有立功，其次有立言，虽久不废，此之谓不朽。”

【立地】 lìdì 立即，即刻。杨万里《江山道中蚕麦大熟》诗：“新晴万户有欢颜，晒茧摊丝～～干。”

【立功】 lìgōng 树立功业。《韩非子·功名》：“明君之所以～～成名者四：一曰天时，二曰人心，三曰技能，四曰势位。”

【立名】 lìmíng 树立名声。《战国策·燕策二》：“故察能而授官者，成功之君也；论行而结交者，～～之士也。”《史记·伯夷列传》：“闾巷之人，欲砥行～～者，非附青云之士，恶能施于后世哉？”

【立事】 lìshì ❶治政，办事。《管子·立政》：“～～者谨守令以行赏罚，计事致令，复赏罚之所加。”❷创立事业。《汉书·刑法志》：“《书》曰：‘立功～～，可以永年。’”

【立雪】 lìxuě 道原《景德传灯录》卷三：“十二月九日夜，天大雨雪，光坚立不动，迟明，积雪过膝，师悯而问之。”（光：人名。）又据《宋史·杨时传》：杨时和游酢往见其师程颐,颐闭目而坐,二人侍立不去,待颐发觉,门外已雪深一尺。后遂以“立雪”表示尊师重道,求学心切。方干《赠江南僧》诗:“续后传衣者,还须～～中。”虞集《回吴先生庆初度启》:“将车昔念于聚星,就业常容于～～。”

【立言】 lìyán 著书立说。韩愈《答李翊书》:“将蕲(qí)至于古之～～者,则无望其速成,无诱于势利。”(蕲:祈求。)

【立异】 lìyì ❶违反,改变。《南史·崔慧景传》:“既已唇齿,忽中道～～。”❷故意有别于人。邓椿《画继·轩冕才贤》:“其佛像每务出奇～～,使世俗惊惑。”

【立锥】 lìzhuī 插立锥子,形容地方极小。《汉书·张良传》:“今秦无道,伐灭六国,无～～之地。”又《枚乘传》:“舜无～～之地,以有天下。”

厉(厲) 1. lì ❶“砺”的古字。磨刀石。《诗经·大雅·公刘》:“涉渭为乱,取～取锻。”(乱:横渡河水。锻:砧石。)㉿磨,磨砺。《战国策·秦策一》:“乃废文任武,厚养死士,缀甲～兵,效胜于战场。”《汉书·枚乘传》:“磨砻底～,不见其损,有时而尽。”(底厉:《文选》作“砥砺”。)❷通“励”。勉励,激励。《战国策·齐策六》:“明日,乃～气循城,立于矢石之所。”《汉书·董仲舒传》:“此亦尧舜之用心也,然而未云获者,士素不～也。”❸严厉。《论语·阳货》:“色～而内荏。”㉿猛烈。曹植《七启》:“飞声激尘,依违～响。”(依违:徘徊。)❹迅疾地飞。《管子·地员》:“五沙之状,粟焉如屑尘～。”《汉书·息夫躬传》:“鹰隼横～。”(隼:猛禽名。)㉿高昂。《吕氏春秋·季冬》:“征鸟～疾。”孔融《荐祢衡表》:“任座抗行,史鱼～节,殆无以过也。”(任座、史鱼:都是人名。)❺危险。《周易·乾》:“君子终日乾乾,夕惕若～,无咎。”❻恶鬼。《左传·成公十年》:“晋侯梦大～,被(pī)发及地,搏膺而踊。”(被:通“披”。)❼灾疫。《左传·襄公三十一年》:“盗贼公行,而夭～不戒。”文天祥《正气歌序》:“叠是数气,当之者鲜不为～。”❽残害。《尚书·梓材》:“予罔～杀人。”《论语·子张》:“君子信而后劳其民,未信则以为～己也。”❾涉水。《后汉书·班超传》:“焉耆国有苇桥之险,广乃绝桥不欲令汉军入国,超更从它道～度。”❿腰带下垂的样子。《诗经·小雅·都人士》:“彼都人士,垂带而～。”⓫姓。汉代有厉温敦。

2. lài ⓬通“癞”。恶疮。《韩非子·奸劫弑臣》:“～怜王。”《战国策·楚策四》:“夫～虽痈肿胞疾,上比前世,未至绞缨射股。”又《赵策一》:“豫让又漆身为～,灭须去眉,自刑以变其容。”

【厉风】 lìfēng ❶大风。《庄子·齐物论》:“～～济,则众窍为虚。”(窍:孔穴。)❷西北风。《吕氏春秋·有始》:“西北曰～～。”

【厉揭】 lìjiē ❶连着衣裳涉水叫厉,提起衣裳涉水叫揭。《诗经·邶风·匏有苦叶》:“深则厉,浅则揭。”《后汉书·张衡传》:“深厉浅揭,随时为义。”❷指政治影响较浅。扬雄《剧秦美新》:“厥被风濡化者,京师沈潜,甸内匝洽,侯卫～～,要荒濯沐。”(沈潜:深沉。甸:郊外。匝洽:全身沾润。侯卫:距京师较远的地区。要荒:距京师最远的地区。)

【厉阶】 lìjiē 祸端。《诗经·大雅·桑柔》:“谁生～～,至今为梗。”苏轼《代张方平谏用兵书》:“从微至著,遂成～～。”

【厉禁】 lìjìn 禁卫。《周礼·秋官·司隶》:“守王宫与野舍之～～。”

【厉厉】 lìlì 仇视的样子。《荀子·王制》:“彼将～～焉日日相离疾也。”

【厉气】 lìqì ❶鼓励斗志。《孙膑兵法·延气》:“临境近敌,务在～～。”❷邪恶之气。《论衡·偶会》:“～～所中,必加命短之人。”

【厉清】 lìqīng 寒气肃煞。曹植《鼙鼓歌·孟冬篇》:“孟冬十月,阴气～～。”

【厉爽】 lìshuǎng 伤害。《庄子·天地》:“五味浊口,使口～～。”

【厉心】 lìxīn 专心。《论衡·实知》:“不可知之事,～～学问,虽小无易。”

【厉兵秣马】 lìbīngmòmǎ 磨利兵器,喂饱战马。指准备战斗。《左传·僖公三十三年》:“郑穆公使视客馆,则束载～～～～矣。”(束载:套好车辆。)

【厉精图治】 lìjīngtúzhì 振奋精神,设法治好国家。《宋史·神宗纪赞》:“～～～～,将大有为。”

吏 lì ❶大小官员的通称。《孟子·万章上》:“天子使～治其国而纳其贡税焉。”《韩非子·十过》:“赵氏杀其守堤之～而决其水灌知伯军。”(知伯:人名。)汉代以后特指低级官员。《汉书·高帝纪上》:“及壮,试～,为泗上亭长,廷中～无所不狎侮。”❷胥吏或差役。《后汉书·董祀妻传》:“今当使十～就夫人写之。”柳宗元《梓人传》:“郡有守,邑有宰,皆有佐政,其下有胥～。”❸狱吏,法官。司马迁《报任少卿书》:“因为诬上,卒从～议。……独与法～为伍,深幽囹圄之中。”《论衡·儒增》:“于是下平事于～,～治,诛新垣平。”(平:新垣平,人名。)

【吏隐】 lìyǐn 做官而又图清高之名。宋之问《蓝田山庄》诗:"宦游非～～,心事好幽偏。"杜甫《院中晚晴怀西郭茅舍》诗:"浣花溪里花含笑,肯信吾兼～～名。"

【吏治】 lìzhì ❶官吏治理政事。《史记·酷吏列传序》:"当是之时,～～若救火扬沸,非武健严酷,恶能胜其任而愉快乎?"又《秦始皇本纪》:"繁刑严诛,～～刻深。"❷官吏治政的成绩。《史记·酷吏列传序》:"汉兴,……网漏于吞舟之鱼,而～～烝烝,不至于奸,黎民艾安。"(烝烝:同"蒸蒸"。兴盛的样子。艾:安定。)《汉书·宣帝纪》:"具知闾里奸邪,～～得失。"

沥(瀝) lì ❶下滴。刘禹锡《聚蚊谣》:"露华滴～月上天。"欧阳修《归田录》卷一:"乃取一葫芦置于地,以钱覆其口,徐以勺酌油～之,自钱孔入而钱不湿。"❷指酒。《韩非子·内储说下》:"足下无意赐之馀～乎?"《史记·滑稽列传》:"侍酒于前,时赐余～。"㉄以酒洒地而祭。杜光庭《虬髯客传》:"一妹与李郎可～酒东南相贺。"

【沥胆】 lìdǎn 流滴胆汁,表示赤诚相见,忠心不贰。《梁书·王僧辩传》:"世受先朝之德,身当将帅之任,而不能～～抽肠,共诛奸逆。"崔融《代皇太子请起居表》:"～～陈祈,焦心觐谒。"

【沥沥】 lìlì ❶象声词。于武陵《早春日山居寄城郭知己》诗:"入户风泉声～～,当轩云岫色沈沈。"❷滴流不断的样子。苏鹗《杜阳杂编》卷下:"或他人命饮,即百斗不醉。夜则垂发于盆中,其酒～～而出,曲糵之香,辄无减耗。"

【沥血】 lìxiě 滴血,表示刻骨铭心,竭尽忠诚。韩愈《归彭城》诗:"刳肝以为纸,～～以书辞。"

丽(麗) 1. lì ❶两相并连,成对。《周易·兑》:"～泽兑,君子以朋友讲习。"《周礼·夏官·校人》:"～马一圉。"(圉:养马人。)❷数目。《诗经·大雅·文王》:"商之孙子,其～不亿。"❸附着,依附。《吕氏春秋·贵卒》:"且荆国之法,～兵于王尸者尽加重罪,逮三族。"《后汉书·襄楷传》:"夫星辰～天,犹万国之附王者也。"㉄系结,拴住。《礼记·祭义》:"祭之日,君牵牲,……既入庙门,～于碑。"❹施加。《尚书·吕刑》:"越兹～刑。"❺美丽,华美。《后汉书·班固传》:"是以皇城之内,宫室光明,阙庭神～。"又《襄楷传》:"今陛下婬女艳妇,极天下之～。"❻通"历"。跨越。《论衡·薄葬》:"鲁人将以玙璠敛,孔子闻之,径庭～级而谏。夫径庭～级,非礼也。"(玙璠:美玉名。)❼通"枥"。拶,以特制刑具挤榨手指。《论衡·感虚》:"于是剪其发,～其指,自以为牲,用祈福于上帝。"

2. lí ❽见"丽廔"。❾通"罹"。遭遇。《论衡·辩祟》:"涉患～祸,不在触岁犯月,明矣。"❿通"骊"。山名。《汉书·匈奴传上》:"攻杀幽王于～山之下。"

【丽辞】 lìcí 见"俪辞"。

【丽都】 lìdū 华贵美好。《战国策·齐策四》:"食必太牢,出必乘车,妻子衣服～～。"

【丽谯】 lìqiáo 华丽的高楼。《庄子·徐无鬼》:"君亦必无盛鹤列于～～之间。"(鹤列:陈列军队。)

【丽则】 lìzé 《法言·吾子》:"诗人之赋丽以则,辞人之赋丽以淫。"后因以指文辞华丽而合乎规范。杨炯《彭城公夫人尔朱氏墓志铭》:"谢太傅之闺门,先扬～～。"

【丽泽】 lìzé 《周易·兑》:"～～兑,君子以朋友讲习。"后因以指朋友间研习切磋。柳宗元《送崔子符罢举诗序》:"居草野八年,～～之益,镞砺之事,空于耳而荒于心。"

【丽廔】 lílóu 玲珑,透明。《说文·广部》:"廔,屋～～也。"

励(勵) lì ❶勉励,鼓励。《管子·法法》:"赦过遗善,则民不～。"《三国志·魏书·袁绍传》:"夫兴大事,当立大义,事之济否,不待一人,可卒珩志,以～事君。"(珩:韩珩。)❷通"砺"。磨炼,训练。柳宗元《时令论上》:"非秋冬无以选士～兵。"❸姓。东汉有励温。

【励志】 lìzhì 磨炼意志。《后汉书·邓彪传》:"彪少～～,修孝行。"谢灵运《述祖德诗》之二:"惠物辞所赏,～～故绝人。"

利 lì ❶锐利,锋利。《老子·五十三章》:"服文彩,带～剑。"《论衡·答佞》:"人主好辩,佞人言～;人主好文,佞人辞丽。"㉄迅疾,快速。《荀子·非十二子》:"～足而迷,负石而坠,是天下之所弃也。"《晋书·王濬传》:"风～,不得泊也。"❷顺利,吉利。《周易·遯》:"上九,肥遯,无不～。"《汉书·高帝纪上》:"东阳宁君、沛公引兵西,与战萧西,不～,还收兵聚留。"㉄便利。贾谊《过秦论上》:"因～乘便,宰割天下,分裂山河。"❸利益。《孟子·梁惠王上》:"上下交征～而国危矣。"《荀子·大略》:"义与～者,人之所两有也。"㉄有利于,对……有利。《老子·八章》:"水善～万物而不争。"《吕氏春秋·当染》:"此二士者,无爵位以显人,无赏禄以～人。"❹利润,利息。《史记·货殖列传》:"唯刀闲收取,使之逐渔盐商贾之

～。"(刀闲：人名。)又《越王句践世家》："逐什一之～。"❺通"痢"。腹泄。《三国志·魏书·华佗传》注引《华佗别传》："餐伏苓，饮寒水，中泄～。"沈括《梦溪笔谈·药议》："如巴豆能～人，唯其壳能止之。"❻姓。汉代有利乾。

【利害】 lìhài ❶利益和患害。《国语·周语上》："明～～之乡，以文修之。"《战国策·秦策三》："夫擅国之谓王，能专～～之谓王，制杀生之威之谓王。"❷同"厉害"。《红楼梦》四十四回："原来是鲍二家的媳妇，商议说我～～，要拿毒药给我吃了，治死我。"❸偏义复词。有利。《战国策·秦策一》："秦之号令赏罚，地形～～，天下莫如也。"

【利口】 lìkǒu 能言善辩。《史记·仲尼弟子列传》："宰予字子我，～～辩辞。"(宰予：人名。)刘知幾《史通·言语》："剧谈者以谲诳为宗，～～者以寓言为主。"

【利器】 lìqì ❶锐利的武器。《老子·五十七章》："民多～～，国家滋昏。"❷精良的工具。《国语·晋语四》："～～明德，以厚民性。"《晋书·阮种传》："夫贤才之畜于国，由良工之须～～，巧匠之待绳墨也。"(由：通"犹"。像。)❸比喻卓越的才能，人才。《后汉书·虞诩传》："不遇盘根错节，何以别～～乎？"韩愈《送董邵南序》："董生举进士，连不得志于有司，怀抱～～，郁郁适兹土。"❹比喻权柄，法制。《庄子·胠箧》："鱼不可脱于渊，国之～～不可以示人。"

【利市】 lìshì ❶商业利润。《左传·昭公十六年》："尔有～～宝贿，我勿与知。"❷吉利。焦延寿《易林·观·离》："入门笑喜，与吾～～。"孙光宪《北梦琐言》卷三："夏侯孜未偶，伶俜风尘，……时人号曰'不～～秀才'。"❸喜钱。孟元老《东京梦华录·娶妇》："迎客先回至儿家门，从人及儿家人乞觅～～钱物花红等。"

【利泽】 lìzé 恩德。《汉书·景帝纪》："德厚侔天地，～～施四海。"韩愈《送李愿归盘谷序》："～～施于人，名声昭于时。"

沴 lì ❶水流不畅通。《说文·水部》："～，水不利也。"㊀渚，洲。《汉书·扬雄传上》："秦神下詟，跖魂负～。"(詟：恐惧。跖：践踏。)❷阴阳之气不协调，五行相克。《后汉书·五行志一》："惟金～木。说云：气之相伤谓之～。"❸灾祸。《后汉书·郎𫖮传》："如是，则景云降集，眚～息矣。"(眚：灾异。)曾巩《代曾侍中乞退劄子》："今亢阳为～，经涉冬春。"(亢阳：天旱。)

疠(癘) lì(又读 lài) ❶通"癞"。恶疮。《战国策·楚策四》："～人怜王，此不恭之语也。"《礼记·月令》："仲冬……行春令，则蝗虫为败，水泉咸竭，民多疥～。"❷疫病。《史记·曹相国世家》："时病～，归国。"《论衡·刺孟》："夫子不王，颜渊早夭，子夏失明，伯牛为～，四者行不顺与？"❸杀。《管子·五行》："不～雏㲉。"(㲉：待哺的幼鸟。)

戾 1. lì ❶违反，错乱。《荀子·臣道》："争然后善，～然后功。"(争：谏诤。)《后汉书·襄楷传》："三光不明，五纬错～。"❷暴戾，凶狠。《韩非子·外储说左下》："夔者忿～恶心，人多不说喜也。"(夔：人名。说：喜悦。)《论衡·率性》："仁泊则～而少慈，勇渥则猛而无义。"㊀贪婪。《战国策·秦策二》："虎者，～虫；人者，甘饵也。"❸罪行，过恶。《国语·鲁语上》："大惧殄周公太公之命祀，职贡业之不共而获～。"(共："供"的古字。)《后汉书·度尚传》："刺史度尚惧(张)磐先言，怖畏罪～。"㊀祸乱。《诗经·小雅·节南山》："昊天不惠，降此大～。"❹劲猛，迅疾。潘岳《秋兴赋》："庭树槭以洒落兮，劲风～而吹帷。"❺到达。《国语·鲁语上》："天灾流行，～于敝邑。"又《周语下》："古者，天灾降～，于是乎量资币，权轻重，以振救民。"❻安定。《国语·晋语四》："奔而易达，困而有资，休以择利，可以～也。今～久矣，～久将底。"❼统率，率领。《国语·晋语六》："夫以果～顺行，民不犯也。"❽风干，晾干。《礼记·祭义》："风～以食之。"

2. liè ❾通"捩"。扭转。潘岳《射雉赋》："～翳旋把，萦随所历。"(翳：华盖。)

【戾止】 lìzhǐ ❶到来。《诗经·周颂·有瞽》："我客～～，永观厥成。"(止：语气词。)朱熹《乙卯八月晦日浮翠亭次叔通韵》："群贤亦～～，共此一日闲。"❷穷尽，止境。《三国志·吴书·孙权传》："至令九州幅裂，普天无统，民神痛怨，靡所～～。"

泺 lì 见 luò。

泣 lì 见 qì。

泪 lì 见 lèi。

枥(櫪) lì ❶同"栎"。木名。苏辙《武昌九曲亭记》："依山临壑，隐蔽松～。"❷马槽。曹操《步出夏门行》："老骥伏～，志在千里。"韩愈《杂说四》："故虽有名马，只辱于奴隶人之手，骈死于槽～之间。"❸拶，以特制刑具挤榨手指。《说文·木部》："～，枥㯠，柙指也。"(段注："如今之拶指。")

轹(轣) lì 见“轹辘”。

【轹辘】 lìlù ❶辘轳，井上汲水装置。周邦彦《蝶恋花·秋思》词：“月皎惊乌栖不定，更漏将残，～～牵金井。❷拟声词。多用以形容车声或辘轳转动声。苏轼《次韵舒教授寄李公择》：“松下纵横馀屐齿，门前～～想君车。”陆游《春寒复作》诗：“青丝玉井声～～，又是窗白鸦鸣时。”

例 lì ❶类别。《公羊传·僖公元年》：“臣、子，一～也。”❷规程，条例。《后汉书·班彪传》：“司马迁进项羽、陈涉而黜淮南、衡山，条～不经。”（淮南、衡山：指淮南王和衡山王。）[引]先例，成例。《后汉书·张纯传》：“永平四年，随～归国。”《晋书·刑法志》：“故集罪～以为刑名。”❸照例，一般。韩愈《柳子厚墓志铭》：“遇用事者得罪，～出为刺史；未至，又～贬州司马。”陆游《书叹》诗：“布衣儒生～骨立，纨绔市儿皆瓠肥。”

隶(隸、隷、隸) lì ❶第三等奴隶。《左传·昭公七年》：“皁臣舆，舆臣～，隶臣僚，僚臣仆，仆臣台。”（皁：第一等奴隶。）[引]奴隶，俘虏。《战国策·秦策三》：“利有千里者二，富擅越～。”（越：国名。）《后汉书·西羌传》：“羌无弋爰剑者，秦厉公时为秦所拘执，以为奴～。”（无弋爰剑：人名。）[又]差役。司马迁《报任少卿书》：“见狱吏则头枪地；视徒～则心惕息。”（枪：通“抢”。碰。）❷隶属，附属。《晋书·殷仲堪传》：“割此三郡，配～益州。”曾巩《本朝政要策·史官》：“唐起居之官～于门下。”（门下：门下省，官衙名。）❸隶书，汉字的一种字体。《汉书·艺文志》：“六体者，古文，奇字，篆书，～书，缪篆，虫书。”

栎(櫟) 1. lì ❶木名。《庄子·人间世》：“匠石之齐，至于曲辕，见～社树。”（匠石：人名。曲辕：地名。）❷栏杆。《史记·滑稽列传》：“建章宫后阁重～中有物出焉，其状似麋。”❸搏击。潘岳《射雉赋》：“～雌妬异，倏来忽往。”[引]（又音láo）擦击器皿使发声。《史记·楚元王世家》：“叔与客来，嫂详为羹尽，～釜。”（详：假装。）❹鸟名。《山海经·西山经》：“有鸟焉，其状如鹑，黑文而赤翁，名曰～。”

2. yuè ❺地名。春秋时晋、楚、郑三国各有栎。秦时设县，在今陕西西安市东北渭水北岸。

【栎散】 lìsǎn 《庄子·人间世》：“见栎社树，曰：‘……散木也，以为舟则沈，以为棺椁则速腐，以为器则速毁，以为门户则液樠，以为柱则蠹，是不材之木也，无所可用。’”（液樠：树脂渗出。）后因以比喻无用之材。戴逵《闲游赞》：“～～之质，不以斧斤致用。”《魏书·宗钦传》：“伊余～～，才至庸微。”

轹(轢) lì ❶车轮碾压。张衡《西京赋》：“当足见蹍，值轮被～。”（蹍：践踏。）❷侵凌。《史记·酷吏列传》：“高后时，酷吏独有侯封，刻～宗室，侵辱功臣。”（侯封：人名。）❸敲击。张衡《西京赋》：“～辐轻骛，容于一扉。”

荔 lì ❶荔挺，草名。沈佺期《奉和正春游苑》：“林中觅草方知～，殿里寻花并是梅。”❷薜荔，香草名。《楚辞·离骚》：“擥木根以结茝兮，贯薜～之落蕊。”（茝：香草名。）❸荔枝，果木名，也是水果名。杜牧《过华清宫绝句》之一：“一骑红尘妃子笑，无人知是～枝来。”

郦(酈) lì ❶地名。1）春秋时鲁地。《左传·僖公元年》：“公子友败诸～。”今地不详。2）战国时楚地，在今河南内乡东北。《史记·楚世家》：“楚之故地汉中、析、～可得而复有也。”❷姓。汉代有郦商，北魏有郦道元。

俪(儷) lì ❶配偶。《左传·成公十一年》：“鸟兽犹不失～。”曾巩《说非异》：“离君臣，叛父子，捐耒耜桑柘之务，髡而缁，不～不嗣，辟而无用。”[引]成双成对，对偶。《仪礼·士昏礼》：“纳征，玄纁、束帛、～皮，如纳吉礼。”《文心雕龙·明诗》：“～采百字之偶，争价一句之奇。”❷偕同，一并。《楚辞·九辩》：“四时递来而卒岁兮，阴阳不可与～偕。”

【俪辞】 lìcí 对偶的词句。刘知幾《史通·杂说下》：“对语～～，盛行于俗。”也作“丽辞”。《文心雕龙·丽辞》：“故～～之体，凡有四对。”

俐 lì 伶俐。《金瓶梅》三回：“好个精细的娘子，百伶百～。”

擺(攦) lì 折断。《三国志·蜀书·郤正传》注：“汤于是剪其发，～其爪，自以为牺牲，用祈福于上帝。民乃甚悦，雨乃大至。”汪中《哀盐船文》：“积埃填窍，～指失节。”

鬲 1. lì ❶陶制炊具。《荀子·大略》：“望其圹，皋如也，嵮如也，～如也。”（圹：坟。嵮：山巅。）《汉书·郊祀志上》：“其空足曰～。”❷丧礼用的瓦瓶。《周礼·考工记·陶人》：“～实五觳。”（觳：通“斛”。）《礼记·丧大记》：“陶人出重～。”

2. gé ❸通“隔”。阻隔。《汉书·薛宣传》：“西州～绝。”❹通“膈”。人或哺乳动物胸腔与腹腔间的膜状肌肉。李贽《史纲评要·东汉纪·献帝》："故为诸君陈道此言，皆肝～之言也。"❺地名。在今山东平原县西北。

3. è　❻通"軛"。车辕前端驾牲畜的横木。《周礼·考工记·车人》："～长六尺。"❼用双手围圆来比量器物。《仪礼·士丧礼》："苴绖大～。"（苴绖：服丧者所束的麻带。）

栗　1. lì　❶果木名，板栗。《国语·楚语下》："郊禘不过茧～，烝尝不过把握。"（郊禘、烝尝：都是祭祀名。）《后汉书·献帝伏皇后纪》："御服穿敝，唯以枣～为粮。"❷坚实，饱满。《诗经·大雅·生民》："实颖实～。"《礼记·聘义》："缜密以～。"❸周密，有条有理。《荀子·法行》："～而理，知也。"（知：同"智"。）皇甫湜《韩文公墓志铭》："先生之作，……～密窈眇，章妥句适。"❹敬慎，严肃。《史记·夏本纪》："始事事，宽而～，柔而立。"刘禹锡《彭阳侯令狐氏先庙碑》："先期致斋，～然以敬。"❺通"慄"。战慄，发抖。《韩非子·初见秦》："战战～～，日慎一日，苟慎其道，天下可有。"《史记·酷吏列传》："是日皆报，杀四百馀人，其后郡中不寒而～。"（报：判罪。）❻通"历"。经过。《仪礼·聘礼》："～阶升。"又《燕礼》："凡公所辞，皆～阶，凡～阶，不过二等。"❼姓。汉代有栗融。

2. liè　❽通"裂"。分裂。《诗经·豳风·东山》："有敦瓜苦，烝在～薪。"（敦：一堆堆。烝：长久。）

【栗栗】　lìlì　❶积聚众多。《诗经·周颂·良耜》："积之～～。"❷恐惧的样子。《论衡·程材》："儒生～～，不能当剧；将有烦疑，不能效力。"《汉书·宣帝纪》："朕承宗庙，战战～～。"

【栗烈】　lìliè　犹凛冽。严寒的样子。《诗经·豳风·七月》："一之日觱发，二之日～～。"（一之日：周历一月。觱发：大风声。）袁士元《送张路教》诗："北风何～～，木落青霜飞。"也作"栗冽"。欧阳修《秋声赋》："其气～～，砭人肌骨。"

【栗冽】　lìliè　见"栗烈"。

【栗斯】　lìsī　谄媚逢迎的样子。《楚辞·卜居》："将哫訾～～喔咿儒儿以事妇人乎？"（哫訾、喔咿、儒儿：都是逢迎献媚的样子。）

【栗缩】　lìsuō　哆嗦，畏缩。王谠《唐语林·政事下》："徐州军士……拱手～～就死，无一人敢拒者。"

莅（涖、蒞）　lì　❶到达，来到。《后汉书·阳球传》："相前～高唐，志埽奸鄙。"（高唐：地名。）❷临，驾御。《老子·六十章》："以道～天下，其鬼不神。"《孟子·梁惠王上》："欲辟土地，朝秦楚，～中国，而抚四夷也。"❸治理，掌管。柳宗元《捕蛇者说》："余将告于～事者，更若役，复若赋，则何如？"王安石《宝文阁待制常公墓表》："使～谏职，以观其迪己也。"

【莅官】　lìguān　到官任职。《礼记·曲礼上》："班朝治军，～～行法，非礼，威严不行。"《吕氏春秋·孝行》："～～不敬，非孝也。"

【莅莅】　lìlì　水流声。《史记·司马相如列传》："～～下濑，批岩冲壅。"

【莅政】　lìzhèng　当政，执政。《战国策·秦策一》："孝公已死，惠王代后，～～有顷，商君告归。"也作"莅正"。《战国策·秦策三》："臣闻明主～～，有功者不得不赏，有能者不得不官。"

【莅正】　lìzhèng　见"莅政"。

【莅阼】　lìzuò　临朝执政。《礼记·文王世子》："成王幼，不能～～。周公相，践阼而治。"

砺（礪）　lì　❶磨刀石。《荀子·劝学》："故木受绳则直，金就～则利。"《韩非子·内储说下》："援～砥刀，利犹干将也。"（干将：宝剑名。）❷磨。《韩非子·外储说左上》："夫新砥～杀矢，彀弩而射，虽冥而妄发，其端未尝不中秋毫也。"（杀矢：箭名。彀：拉弓。）曾巩《策问三》："～器械，教士卒，所以经营之者甚具，而武事未立也。"❸磨炼。刘禹锡《砥石赋》："爵禄者，天下之砥石也，高皇帝所以～世摩钝。"

【砺砥】　lìdǐ　❶磨石。《尚书·禹贡》："～～砮丹。"（砮：石制箭头。）❷磨炼。袁桷《善之佥事兄南归述怀百韵》："相期在霄汉，薄禄慎～～。"

砾（礫）　1. lì　❶小石。《汉书·霍去病传》："会日且入，而大风起，沙～击面，两军不相见。"柳宗元《袁家渴记》："其旁多岩洞，其下多白～。"

2. luò　❷通"跞"。见"卓跞"。

粒　lì　❶粮粒，粮食。《战国策·楚策四》："俯噣白～，仰栖茂树。"（噣：同"啄"。）《吕氏春秋·任数》："孔子穷乎陈蔡之间，藜羹不斟，七日不尝～。"❷以谷米为食。《尚书·益稷》："烝民乃～。"❸量词。用于粮食或其他细小之物。李绅《古风》诗之二："谁知盘中餐，～～皆辛苦。"李贺《五粒小松歌序》："前谢秀才、杜云卿命予作《五粒小松歌》。"

【粒食】　lìshí　以粮食为食物。《论衡·艺增》："不～～之民，……并合其数，不能三千。"

粝（糲） lì 粗米，糙米。《论衡·艺增》："豆麦虽～，亦能愈饥。食豆麦者，皆谓～而不甘。"《后汉书·袁安传》："行至清，为吏麤袍～食。"（麤：粗。）

栭（欐） lì 栋梁。《列子·汤问》："昔韩娥…鬻歌假食，既去，而馀音绕梁～，三日不绝。"柳宗元《小石城山记》："其上为睥睨梁～之形。"（睥睨：城上矮墙。）

捩 lì 见 liè。

唳 lì 鹤、雁类鸟鸣。《论衡·变动》："夜及半而鹤～，晨将旦而鸡鸣。"徐夤《鸿》诗："一声归～楚天风。"

蛎（蠣） lì 牡蛎，俗称蚝。《本草纲目·介部二·牡蛎》："南海人以其～房砌墙，烧灰粉壁，食其肉，谓之～黄。"柳贯《送临川谢有源赴闽医提领》诗："鹢首去乘潮浪白，～房催出酒波红。"（鹢首：船。）

笠 lì ❶斗笠。《国语·越语上》："譬如蓑～，时雨既至，必求之。"柳宗元《江雪》诗："孤舟蓑～翁，独钓寒江雪。"❷竹制覆盖物。庾信《哀江南赋》："居～毂而掌兵，出兰池而典午。"

綟（綟） lì 墨绿色。《东观汉记·百官表》："建武元年，复设诸侯王，金玺～绶。"

雳（靂） lì 见"霹雳"。

詈 lì 骂，责骂。《荀子·正论》："～侮捽搏，捶笞膑脚。"（捽：揪住头发。）《战国策·秦策一》："今为我妻，则欲其为我～人也。"

跞（躒） 1. lì ❶走，跳。《大戴礼记·劝学》："骐骥一～，不能千里。"

2. luò ❷见"卓跞"。

慄 lì 战慄，发抖。《战国策·秦策一》："战战～～，日甚一日。"王安石《祭范颍州文》："士争留公，蹈祸不～。"

翮 lì 见 hé。

盭 lì "戾"的古字。❶违反，错乱。柳宗元《封建论》："天下乖～，无君君之心。"欧阳修《御书阁记》："岂其死生性命所持之说，相～而然邪？"❷凶狠。《汉书·胶西于王刘端传》："胶西于王端，……为人贼～。"❸关节扭折。《汉书·贾谊传》："病非徒瘇也，又苦跖～。"（跖：脚掌。）❹通"綟"。墨绿色。《汉书·百官公卿表上》："诸侯王，高帝初置，金玺～绶。"

lia

俩 liǎ 见 liǎng。

lian

令 lián 见 lìng。

奁（奩、匲、匳、籢） lián ❶匣盒。《南史·王彧传》："方与客棋，思行争劫竟，敛子内～毕。"《新唐书·王涯传》："前世名书画，……至是为人破垣，剔取～轴金玉，而弃其书画于道。"㊀梳妆镜匣。李清照《凤凰台上忆吹箫》词："任宝～尘满，日上帘钩。"❷嫁妆。孔尚任《桃花扇·却奁》："赔了妆～，又早敲门来望。"

连（連） lián ❶连接。《汉书·梁孝王刘武传》："大治宫室，为复道，自宫～属于平台三十馀里。"骆宾王《为徐敬业讨武曌檄》："南～百越，北尽山河。"❷连续。《汉书·高帝纪上》："时～雨自七月至九月。"《后汉书·桓帝纪》："朕摄政失中，灾眚～仍。"（眚：灾祸。）❸连及，牵连。《后汉书·和帝阴皇后传》："辞语相～及，以祠祭祝诅，大逆无道。"《史记·吕不韦列传》："于是秦王下吏治，具得情实，事～相国吕不韦。"㊀并连，连同。《韩非子·难言》："多言繁称，～类比物，则见以为虚而无用。"又《制分》："告过者免罪受赏，失奸者必诛～刑。"❹联合。《史记·高祖本纪》："～百万之军，战必胜，攻必取，吾不如韩信。"又《外戚世家》："［魏］豹初与汉击楚，……因背汉而畔，中立，更与楚～和。"❺姻亲关系。《史记·南越列传》："男尽尚王女，女尽嫁王子兄弟宗室，及苍梧秦王有～。"❻居民组织单位。《管子·小匡》："四里为～，～为之长。十～为乡，乡有良人。"❼行政区划名。《礼记·王制》："十国为～，～有帅。"柳宗元《梓人传》："外薄四海，有方伯～率。"（率：通"帅"。）❽艰难。《周易·蹇》："往蹇来～。"❾通"涟"。流泪。《战国策·齐策四》："管燕～然流涕曰：'悲夫，士何其易得而难用也。'"❿通"琏"。祭器。《礼记·明堂位》："夏后氏之四～。"⓫通"链"。铅矿。《汉书·食货志下》："铸作钱布，淆以～锡。"⓬姓。春秋时齐国有连称。

【连抱】 liánbào 两手合抱，用以比量粗大。《论衡·幸偶》："长数仞之竹，大～～之木，工技之人，裁而用之。"

【连璧】 liánbì 并列的两块玉，比喻相关而美好的两人或两事物。《庄子·列御寇》："以日月为～～，星辰为玑珠。"《晋书·夏侯湛传》："美容观，与潘岳友善，每行止，同舆接茵，京都谓之～～。"也作"联璧"。《周书·韦孝宽传》："时独孤信……与孝宽情好款密，政术俱美，荆部吏人号为～～。"（独孤信：人名。）

【连镳】 liánbiāo 并驾，坐骑相连。《世说新语·捷悟》："王东亭……乘马出郊，时彦同游者～～俱进。"（彦：贤士。）也作"联镳"。苏轼《和钱穆父送别并求顿递酒》："～～接武两长身，鹓鹭行中语笑亲。"

【连城】 liánchéng ❶城与城相连。《史记·平津侯主父列传》："今诸侯或～～数十，地方千里。"❷形容价值贵重。《史记·廉颇蔺相如列传》："赵惠文王时，得楚和氏璧，秦昭王闻之，……愿以十五城易璧。"后遂以"连城"形容和氏璧或其他贵重物品的价值。元好问《论诗绝句》："少陵自有～～璧，争奈微之识珷玞。"（少陵：指杜甫。微之：元稹的字。珷玞：似玉的石头。）

【连衡】 liánhéng 战国张仪倡导的政治主张，即六国事奉秦国，与苏秦倡导的"合纵"相对。《战国策·齐策一》："张仪为秦～～。"贾谊《过秦论上》："修守战之具，外～～而斗诸侯。"也作"连横"。《战国策·秦策一》："苏秦始将～～说秦惠王。"

【连横】 liánhéng 见"连衡"。

【连蹇】 liánjiǎn 艰难，困阨。扬雄《解嘲》："孟轲虽～～，犹为万乘师。"欧阳修《江邻几文集序》："至困阨流离以死，与夫仕宦～～，志不获伸而殁，独其文章尚见于世者，则又可哀也欤！"

【连襟】 liánjīn ❶知心，心心相连。骆宾王《秋日与群公宴序》："既而誓敦交道，俱忘白首之情；款尔～～，共挹青田之酒。"❷姊妹的丈夫的互称或合称。马永卿《嬾真子》卷二："《尔雅》曰：'两壻相谓为亚。'注云：'今江东人呼同门为僚壻，《严助传》呼友壻，江北人呼连袂，又呼～～。'"

【连娟】 liánjuān ❶纤细而弯曲。《史记·司马相如列传》："长眉～～，微睇绵藐。"也作"联娟"。宋玉《神女赋》："眉～～以蛾扬兮，朱唇的其若丹。"（的：鲜明。）❷纤弱，苗条。《汉书·孝武李夫人传》："美～～以修嫮兮。"（嫮：美好。）

【连理】 liánlǐ 两棵树木的枝茎连长在一起，旧时看作吉祥兆头。《后汉书·桓帝纪》："秋七月，京师大水，河东言木～～。"《晋书·元帝纪》："一角之兽，～～之木。"

【连袂】 liánmèi ❶同行。《抱朴子·疾谬》："携手～～，以遨以集。"也作"联袂"。柳宗元《与崔策登西山》诗："～～度危桥，萦回出林杪。"夏竦《送张学士赴阙》诗："东观尝～～，南州各退飞。"❷即"连襟"。姊妹的丈夫的互称或合称。吴曾《能改斋漫录·李氏之门女多贵》："李参政昌龄家女多得贵壻，参政范公仲淹、枢副郑公戬，皆自小官布衣选配为～～。"

【连翩】 liánpiān 见"联翩"。

【连卷】 liánquán 长而蜷曲的样子。《楚辞·招隐士》："桂树丛生兮山之幽，偃蹇～～兮枝相缭。"（偃蹇：回环屈曲的样子。）司马相如《大人赋》："诎折隆穷，躩以～～。"（躩：跳跃。）也作"连蜷"。《楚辞·九歌·云中君》："灵～～兮既留，烂昭昭兮未央。"又《九怀·陶壅》："驾八龙兮～～，建虹旌兮威夷。"

【连蜷】 liánquán 见"连卷"。

【连珠】 liánzhū ❶成串的珍珠。《汉书·律历志上》："日月如合璧，五星如～～。"❷文体的一种。《昭明文选》"连珠"类题注："所谓连珠者，兴于汉章之世，……其文体辞丽而言约，不指说事情，必假喻以达其旨，而览者微悟，合于古诗讽兴之义，欲使历历如贯珠，易看而可悦，故谓之连珠。"《文心雕龙·杂文》："自《连珠》以下，拟者间出。……欲穿明珠，多贯鱼目。"

【连坐】 liánzuò 一人犯罪，有关人员连同处罚。《史记·商君列传》："令民为什伍，而相牧司～～。"（牧司：检举揭发。）

【连理枝】 liánlǐzhī ❶两棵树的枝干连生在一起。比喻亲爱的夫妻或兄弟。白居易《长恨歌》："在天愿作比翼鸟，在地愿为～～。"张羽《送弟瑜赴京师》诗："愿言保令体，慰此～～～。"❷词牌名。李白《连理枝》词："雪盖宫楼闭，罗幕昏金翠。"

怜[1] 1. lián ❶同"怜[2]"。爱惜，爱护。《太平御览·续搜神记》："晋太和中，广陵人杨生养狗，甚～爱之，行止与俱。"

2. líng ❷伶俐，机灵。见"伶俐"。

怜[2]（**憐**） lián ❶怜悯，同情。《国语·晋语四》："晋公子之亡，不可不～也。……失此二者，是不礼宾，不～穷也。"《战国策·秦策一》："商君归还，惠王车裂之，而秦人不～。"❷喜爱，爱惜。《战国策·赵策四》："丈夫亦爱～其少子乎？"韩愈《送李愿归盘谷序》："妒宠而负恃，争妍而取～。"

帘[1] lián ❶幌子，酒店茶馆招揽顾客的旗帜。李中《江边吟》："闪闪酒～招醉客，深深绿树隐啼莺。"范成大《自横塘桥过黄山》诗："阵阵轻寒细马骄，竹林茅店小～招。"❷同"帘²"。《金瓶梅》二十八回："前面开了两扇窗儿，挂着湘～。"

帘²（簾） lián 遮蔽门窗的悬挂物。多用竹、苇或布制成。张先《天仙子》词："重重～幕密遮灯。"欧阳修《采桑子》词："垂下～栊，双燕归来细雨中。"

苓 lián 见 líng。

谜（謰） lián ❶见"谜谖"。❷谜语，连绵词，即不可拆散的双音节词，如"犹豫"、"须臾"。

【谜谖】 liánlóu 啰嗦。《楚辞·九思·疾世》："嗟此国兮无良，媒女诎兮～～。"

涟（漣） lián ❶波纹。齐己《采莲曲》："浩唱发容与，清波生漪～。"范成大《初三日出东郊碑楼院》诗："远柳新晴暝紫烟，小江吹冻舞清～。"❷泪流不断的样子。《楚辞·九叹·忧苦》："涕流交集兮，泣下～～。"李白《玉壶吟》："三杯拂剑舞秋月，忽然高吟涕泗～。"❸水名。1）发源于湖南涟源市西北，东流入湘江。2）即沭水下游，在江苏省北部。

【涟猗】 liányī 见"涟漪"。

【涟漪】 liányī 微细波纹。范成大《白莲堂》诗："古木参天护碧池，青钱弱叶战～～。"《金瓶梅》二十七回："～～戏彩鸳，绿荷翻，清香泻下琼珠溅。"也作"涟猗"。《诗经·魏风·伐檀》："河水清且～～。"

莲（蓮） lián ❶莲子，莲蓬。梁简文帝《采莲曲》之一："风起湖难度，～多摘未稀。"徐彦伯《采莲曲》："既觅同心侣，复采同心～。"❷莲花，荷花。吴均《采莲曲》："荷香带风远，～影向根生。"陈后主《采莲曲》："低花乱翠影，采袖新～香。"❸藕。朱超《采莲曲》："摘除～上叶，挖出藕中丝。"王勃《采莲归》诗："牵花怜共蒂，折藕爱～丝。"❹泛指藕荷及其各部位。王勃《采莲归》诗："～浦夜相逢，吴姬越女何丰茸。"阎朝隐《采莲女》诗："～衣承玉钏，～刺罥银钩。"（罥：缠挂。）

【莲步】 liánbù 美女的脚步。孔平仲《观舞》诗："云鬟应节低，～～随歌转。"

【莲府】 liánfǔ 幕府，军政要员的衙署。卢纶《送从叔程归西川幕》诗："群鹤栖～～，诸戎拜柳营。"

【莲幕】 liánmù 幕府，军政要员的衙署。李商隐《祭张书记文》："职高～～，官带芸香。"龚自珍《己亥杂诗》之八十五："不枉人呼～～客，碧纱幮护阿芙蓉。"（阿芙蓉：鸦片烟。）也作"莲花幕"。韩偓《寄湖南从事》诗："～～～下风流客，试与温存谴逐情。"

【莲花幕】 liánhuāmù 见"莲幕"。

联（聯） lián ❶连接。张衡《西京赋》："掩长杨而～五柞，绕黄山而款牛首。缭垣绵～，四百馀里。"（款：到。牛首：山名。）柳宗元《与崔策登西山》诗："～袂度危桥，萦回出林杪。"❷联结，联合。《楚辞·七谏·沈江》："～蕙芷以为佩兮，过鲍肆而失香。"《汉书·赵充国传》："臣恐羌复结～他种，宜未及然为之备。"❸诗文中的对句。《萤雪丛说》："王勃《滕王阁序》'落霞与孤鹜齐飞，秋水共长天一色'之句，世以为警～。"㉑对联，楹联。《红楼梦》十七回："贾政拈须沉吟，意欲也题一～。"❹周代户口编制及基层地方组织的名称。《周礼·地官·族师》："五家为比，十家为～。五人为伍，十人为～，四闾为族，八闾为～。"

【联璧】 liánbì 见"连璧"。

【联镳】 liánbiāo 见"连镳"。

【联句】 liánjù 人各一句或数句联缀成诗。《文心雕龙·明诗》："～～共韵，则《柏梁》馀制。"《红楼梦》七十六回："必要起诗社，大家～～。"

【联娟】 liánjuān 见"连娟"。

【联袂】 liánmèi 见"连袂"。

【联翩】 liánpiān 鸟飞的样子，形容连续不断。陆机《文赋》："浮藻～～，若翰鸟缨缴而坠曾云之峻。"（缨：缠绕。缴：系于箭末的丝线。曾：同"层"。）也作"连翩"。曹植《白马篇》："白马饰金羁，～～西北驰。"

链（鏈） 1. lián ❶铅矿。《广雅·释器》："铅矿谓之～。"

2. liàn ❷小型环状物连成的条状物，链条。戴侗《六书故》："今人以锒铛之类相连属者为～。"

溓 1. lián（又读 liǎn） ❶水刚结冰的样子。潘岳《寡妇赋》："雷泠泠而夜下兮，冰～～以微凝。"❷平静。《宋书·礼志三》："诸侯轨道，河～海夷。"

2. nián ❸同"粘"。黏着。《周礼·考工记·轮人》："虽有深泥，亦弗之～也。"

廉 lián ❶堂屋的边缘。贾谊《陈政事疏》："故陛九级上，～远地，则堂高；陛亡级，～近地，则堂卑。"（亡：通"无"。）㉑侧边。刘禹锡《机汲记》："锻铁为器，外～如鼎耳。"❷锋利，有棱角。《荀子·不苟》："君子宽而不僈，～而不刿。"（僈：同"慢"。刿：刺伤。）《吕氏春秋·必己》："成则毁，大则衰，～则刿。”❸正直，方正。《史记·循吏列传》：“坚直～正，无所阿避。”又《屈原贾生列传》：“其文约，其辞微，其志絜，其行～，……其行～，故死而不容自疏。”㉿清廉，不苟取，与“贪”相对。《荀子·君道》：“如是，则……贪利者退而～节者起。”《论衡·本性》：“故贪者能言～，乱者能言治。”㉾辞让，谦恭。《论衡·书虚》：“～让之心，终始若一。”《后汉书·周燮传》：“始在髫鬌，而知～让。”（髫鬌：童年。）❹低廉，便宜。韩愈《原毁》：“今之君子则不然，其责人也详，其待己也～。”王禹偁《黄州新建小竹楼记》：“竹工破之，刳去其节，用代陶瓦，比屋皆然，以其价～而工省也。”❺查访，侦察。《史记·秦始皇本纪》：“诸生在咸阳者，吾使人～问，或为訞言以乱黔首。”《后汉书·华佗传》：“佗恃能厌事，犹不肯至。操大怒，使人～之。”❻姓。战国时赵有廉颇。

【廉按】 lián'àn 追察，查访。《新唐书·郎馀令传》：“[裴]叟试～～，果得其奸。”

【廉白】 liánbái 廉洁清白。《三国志·魏书·管宁传》：“太中大夫管宁……清虚足以侔古，～～可以当世。”

【廉悍】 liánhàn 刚烈，迅猛。韩愈《柳子厚墓志铭》：“儁傑～～，议论证据古今。”柳贯《龙门》诗：“它山或澍雨，湍涨辄～～。”

【廉介】 liánjiè 廉洁正直。《三国志·魏书·管辂传》注引《辂别传》：“～～细直，士之浮饰，不足为务也。”

【廉廉】 liánlián 瘦弱的样子。挚虞《疾愈赋》：“馈食纤纤而曰尠，体貌～～而转损。”（尠：少。）

【廉肉】 liánròu 音调高亢和柔婉。《礼记·乐记》：“使其曲直、繁瘠、～～、节奏，足以动人之善心而已矣。”欧阳修《书梅圣俞稿后》：“然抱其器，知其声，节其～～而调其律吕，如此者工之善也。”（律吕：泛指音律。）

【廉苫】 liánshān 纤细的样子。《晋书·索靖传》：“枝条顺气，转相比附，窈娆～～，随体散布。”

【廉纤】 liánxiān ❶雨细的样子。陈师道《马上口占呈立之》诗：“～～小雨湿黄昏，十里尘泥不受辛。”❷细雨。叶梦得《为山亭晚卧》诗：“泉声分寂历，草色借～～。”

【廉隅】 liányú 棱角，比喻品行方正。《三国志·魏书·司马芝传》：“芝性亮直，不矜～～。”苏轼《私试策问七首》：“士之勤苦终身于学，讲肄道艺，而修其～～，以邀乡里之名者，不过以望乡大夫贤能之书。”

【廉直】 liánzhí ❶清廉正直。《史记·老子韩非列传》：“悲～～不容于邪枉之臣，观往者得失之变，故作《孤愤》……十馀万言。”《汉书·申屠嘉传》：“嘉为人～～，门不受私谒。”❷音乐庄严。《礼记·乐记》：“～～、劲正、庄诚之音作而民肃敬。”《汉书·礼乐志》：“～～、正诚之音作而民肃敬，宽裕、和顺之音作而民慈爱。”❸廉价。直，通“值”。何薳《春渚纪闻·贡父马谑》：“因就～～，取此马以代步。”

零
lián 见líng。

蹥（蹥）
lián 见“蹥蹇”、“蹥踡”。

【蹥蹇】 liánjiǎn 口吃的样子。《论衡·物势》：“亦或辩口利舌，辞喻横出为胜；或诎弱缀跲，～～不比者为负。”

【蹥踡】 liánquán 弯曲的样子。萧统《七契》：“异态～～，奇姿猗猗。”（猗猗：极其美好的样子。）

磏
lián ❶赤色磨刀石。《说文·石部》：“～，厉石也，赤色。”㉿自勉自励。《韩非子·六反》：“行剑攻杀，暴憿之民也，而世尊之曰～勇之士。”（憿：侥幸。）❷通“廉”。方正。《韩诗外传》卷一：“山锐则不高，水径则不深，仁～则其德不厚。”

鲢（鰱）
lián 鱼名，白鲢。郭璞《江赋》：“鱼则……鲮鳐鲶～。”（鲮、鳐、鲶：都是鱼名。）

镰（鐮、鎌）
lián ❶镰刀。鲍照《东武吟》：“腰～刈葵藿，倚杖牧鸡豘。”（豘：同“豚”。小猪。）❷箭镞的棱角。《方言》卷九：“凡箭镞胡合嬴者，四～，或曰钩肠。”（胡：指箭头的刃。嬴：边。）

鬑
lián 见“鬑鬑”。

【鬑鬑】 liánlián 须发稀疏的样子。《乐府诗集·相和歌辞·陌上桑》：“为人洁白皙，～～颇有须。”

莶
liǎn 见xiān。

琏（璉）
1. liǎn ❶宗庙盛黍稷的器皿。《论语·公冶长》：“曰：‘何器也?’曰：‘瑚～也。’”

2. lián ❷通“连”。连接。何晏《景福殿赋》：“既栉比而攒集，又宏～以丰敞。”（攒：聚集。）

脸（臉）
liǎn ❶面颊。脸的两侧，即妇女抹胭脂处。晏殊《破阵子·春景》词：“疑怪昨宵春梦好，原是今朝斗草赢，笑从双～生。”❷整个面部。《金瓶梅》十四回：“只见妇人……从房里出来，～吓的蜡渣也似黄。”❸面子，体面。《红楼梦》

四十四回："鸳鸯笑道：'真个的，我们是没～的了？就是我们在太太跟前，太太还赏个～儿呢。'"

敛(斂、歛) liǎn ❶收拢，聚集。《荀子·成相》："妒功毁贤，下～党与上蔽匿。"《吕氏春秋·孟冬》："命司徒循行积聚，无有不～。"㉑收获。《孟子·梁惠王下》："春省耕而补不足，秋省～而助不给。"❷收束，收缩。孔稚珪《北山移文》："～轻雾，藏鸣湍。"曾巩《与抚州知州书》："及其心有所独得者，放之天地而有馀，～之秋毫之端而不遗。"㉑约束，控制。《韩非子·八奸》："甚者举兵以聚边境而制～于内。"《汉书·陈万年传》："郡中长吏皆令闭门自～，不得逾法。"❸收取租税。《左传·宣公二年》："晋灵公不君，厚～以彫墙。"《韩非子·八奸》："为人臣者重赋～，尽府库，虚其国以事大国，……此之谓四方。"❹不足，不满。《史记·赵世家》："去沙丘、巨鹿～三百里。"❺通"殓"。给死人穿衣放入棺内。《论衡·讥日》："夫葬，藏棺也；～，藏尸也。……～与葬何异？"韩愈《祭十二郎文》："～不凭其棺，窆不临其穴。"（窆：落葬。）

【敛步】 liǎnbù 停步不前。江淹《待罪江南思北归赋》："虎踸踔而～～，蛟夔尼而失穴。"（夔：神兽。尼：停滞。）

【敛策】 liǎncè 收起马鞭，指弃官归隐。陶渊明《祭从弟敬远文》："～～归来，尔知我意。"

【敛迹】 liǎnjì ❶有所收敛、顾忌。《新唐书·刘栖楚传》："栖楚一切穷治，不阅旬，宿奸老蠹为～～。"❷藏身，躲藏。《抱朴子·知止》："夫矰缴纷纭，则鸳雏徊翮；坑穽充蹊，则麟虞～～。"（矰缴：射鸟的带绳的箭。虞：传说中兽名。）白居易《与陈给事书》："可与进也，乞诸一言，小子则磨铅策蹇，骋力于进取矣；不可进也，亦乞诸一言，小子则息机～～，甘心于退藏矣。"❸弃官归隐。《晋书·张轨传》："吾在州八年，不能绥靖区域，又值中州兵乱，秦陇倒悬，加以寝患委笃，实思～～避贤。"

【敛衽】 liǎnrèn 提起衣襟，表示敬意。《史记·留侯世家》："德义已行，陛下南乡称霸，楚必～～而朝。"（南乡：向南。）《盐铁论·非鞅》："乘燕赵，陵齐楚，诸侯～～。"元代以前，"敛衽"只指男子的礼节，元以后，专指妇女的礼节。参见赵翼《陔馀丛考·敛衽》。

【敛容】 liǎnróng 脸色严肃起来，表示尊敬。《汉书·霍光传》："光每朝见，上虚己～～，礼下之已甚。"白居易《琵琶行》："沉吟放拨插弦中，整顿衣裳起～～。"

【敛手】 liǎnshǒu ❶缩手，表示有所顾忌。《后汉书·鲍永传》："贵戚且宜～～，以避二鲍。"（二鲍：指鲍永、鲍恢。）《三国志·吴书·凌统传》："守永平长，平治山越，奸猾～～，迁破贼校尉。"（永平、山越：都是地名。）❷拱手，表示恭敬。白居易《宿紫阁山北村》诗："主人退后立，～～反如宾。"

【敛怨】 liǎnyuàn 招致怨恨。《诗经·大雅·荡》："女炰烋于中国，～～以为德。"（炰烋：咆哮。）陆贽《贞元九年南郊大赦天下》："已后官司应有市籴者，各须先付价直，不得赊取抑配，因兹～～扰人。"（已：通"以"。直：通"值"。）

练(練) liàn ❶煮熟生丝，使它洁白柔软。《周礼·天官·染人》："凡染，春暴～。"㉑染。《论衡·率性》："蓬生麻间，不扶自直；白纱入缁，不～自黑。……麻扶缁染，使之直黑。"㊁使洁白纯正。《论衡·别通》："圣贤言行，竹帛所传，～人之心，聪人之知。"❷白色熟绢。《论衡·率性》："譬犹～丝，染之蓝则青，染之丹则赤。"又《累害》："清受尘，白取垢，青蝇所污，常在～素。"❸训练，练习。《后汉书·李固传》："养身者以～神为宝，安国者以积贤为道。"《北史·齐高祖纪》："三方鼎峙，缮甲～兵。"❹熟练，干练。《论衡·自纪》："材未～于事，力未尽于职，故徒幽思属文，著记美言。"《后汉书·胡广传》："达～事体，明解朝章。"❺通"拣"。选择。《汉书·礼乐志》："～时日，侯有望。"（侯：乃。）《文心雕龙·练字》："是以缀字属篇，必须～择。"❻通"炼"。冶炼。《列子·汤问》："昔者女娲氏～五色石以补其阙。"❼父母死后十一个月举行的祭祀。《礼记·杂记上》："士～而归。"《荀子·子道》："鲁大夫～而床，礼邪？"❽姓。唐代有练何。

【练达】 liàndá 老练而通达人情事理。白居易《李宗何可渭南令制》："宗何学古修己，～～道理。"曾巩《特进观文殿大学士除节度使开府仪同三司制》："以察微之智，～～人情。"

【练覈】 liànhé 核实。陆贽《请许台省长官举荐属吏状》："而得人之盛，未逮往时，……但速登延之路，罕施～～之方。"王安石《取材》："圣人之于国也，必先遴柬其贤能，～～其名实。"

【练练】 liànliàn 清澈洁白。江淹《丽色赋》："色～～而欲夺，光炎炎而若神。"苏轼《王伯敭所藏赵昌画·梅花》诗："南行渡关山，沙水清～～。"

【练士】 liànshì ❶训练兵士。《战国策·楚策一》："臣请令山东之国，……～～厉兵，在大王之所用之。"❷训练有素的士兵。《管子·七法》："以能击不能，以教卒、～～击驱众、白徒，故十战十胜，百战百胜。"（驱众、白徒：指乌合之众。）

娈（孌） 1. liàn ❶同"恋"。爱慕。《说文·女部》："～，慕也。"

2. luán ❷美好的样子。《诗经·邶风·泉水》："～彼诸姬。"

炼（煉） liàn 冶炼。沈括《梦溪笔谈·辨证一》："世间锻铁所谓钢铁者，用柔铁屈盘之，乃以生铁陷其间，泥封～之。"

栏 liàn 见 lán。

恋（戀） liàn 思念，爱慕。《后汉书·马援传》："故遗书～～，以致恻隐之计。"《三国志·魏书·满宠传》："汝南兵民～慕，大小相率，奔随道路，不可禁止。"㊀爱慕的人或情意。《梁书·张缅传》："舍域中之常～，慕游仙之灵族。"

【恋豆】 liàndòu 马贪恋豆料，比喻人贪恋禄位。蔡伸《蓦山溪》词之四："区区～～，岂足甘牛后。"

【恋胸】 liànqú 贪恋肉食，比喻目光短浅。《盐铁论·非鞅》："此所谓～～之智，而愚人之计也。"

【恋阙】 liànquè 依恋朝廷。韩愈《次邓州界》诗："潮阳南去倍长沙，～～那堪又忆家！"

【恋栈】 liànzhàn 马贪恋棚槽，比喻人贪恋禄位。陆游《题舍壁》诗："尚憎驽～～，肯羡鹤乘车？"

挛 liàn 见 luán。

殓（殮） liàn 给死人穿衣，装入棺内。《后汉书·刘盆子传》："有玉匣～者，率皆如生。"《金瓶梅》六回："一面七手八脚葫芦提～了，装入棺材内，两下用长命钉钉了。"

湅 liàn 煮熟生丝，使之洁白柔软。《周礼·考工记·㡛氏》："～丝，以涚水沤其丝。"（涚：微温水。）

楝 liàn 木名，俗称苦楝。林景熙《初夏》诗："春归不知处，溪～日初长。"

潋（瀲） liàn ❶水边。潘岳《西征赋》："华莲烂于淥沼，青蕃蔚乎翠～。"❷漂浮。郭璞《江赋》："或泛～于潮波，或混沦于泥沙。"❸见"潋滟"。

【潋滟】 liànyàn ❶水满溢的样子。白居易《对新家酝翫自种花》诗："玲珑五六树，～～两三盃。"苏轼《有美堂暴雨》诗："十分～～金樽凸，千杖敲铿羯鼓催。"❷水波荡漾的样子。苏轼《饮湖上初晴后雨》诗："水光～～晴方好，山色空濛雨亦奇。"

链（鍊） liàn ❶同"炼"。冶炼。刘琨《重赠卢谌》诗："何意百～钢，化为绕指柔。"沈括《梦溪笔谈·辨证一》："至累锻而斤两不减，则纯钢也，虽百～不耗矣。"❷精炼，琢磨。杜甫《白盐山》诗："词人取佳句，刷～始堪传。"龚昱《乐庵语录》卷四："作文须要～意，～意而后～句。"❸精纯。《战国策·赵策一》："公宫之室，皆以～铜为柱质。"（质：基础。）《韩非子·说林下》："荆王大说，以～金百镒遗晋。"（遗：赠送。）❹修炼。鲍照《代淮南王》诗："淮南王，好长生，服食～气读仙经。"李白《赠嵩山焦链师》诗："潜光隐嵩岳，～魄栖云幄。"❺通"链"。链条。朱骏声《说文通训定声·乾》："～，……又今锁拏犯人之具曰～条。"

【链句】 liànjù 推敲词句。周贺《投江州张郎中》诗："～～贻箱箧，悬图见蜀岷。"

liang

良 1. liáng ❶精良，美好。《荀子·修身》："故～农不为水旱不耕，～贾不为折阅不市。"（折阅：亏本。）冯宿《兰谿县灵隐寺东峰新亭记》："精金百炼，～骥千里。"❷贤善。《荀子·修身》："伤～曰谗，害～曰贼。"《韩非子·难二》："夫惜草茅者耗禾穗，惠盗贼者伤～民。"❸和善。《荀子·非十二子》："其容～。"❹真正的，确实的。《孟子·告子上》："人之所贵者，非～贵也。"❺妇女对丈夫的称谓。《仪礼·士昏礼》："媵衽～席在东。"参见"良人"。❻副词。1）甚，很。《战国策·燕策三》："左右既前斩荆轲，秦王目眩～久。"《后汉书·王常传》："光武见常甚欢，劳之曰：'王廷尉～苦。'"（廷尉：官名。）2）的确。刘知幾《史通·言语》："寻夫战国已前，其言皆可讽咏，非但笔削所致，～由体质素美。"李白《春夜宴桃李园序》："古人秉烛夜游，～有以也。"（以：原因。）❼姓。春秋时郑国有良霄。

2. liǎng ❽通"两"。魍魉。《周礼·夏官·方相氏》："驱方～。"

【良觌】 liángdí 指欢聚，重逢。谢灵运《南楼中望所迟客》诗："搔首访行人，引领冀～～。"

【良家】 liángjiā ❶清白人家。徐陵《玉台新咏·序》："四姓～～，驰名永巷。"❷善于经营而致富的人家。《管子·问》："问乡之～～，其所牧养者，几何人矣。"

【良久】 liángjiǔ 很久。《史记·李将军列传》："广数自请行，天子以为老，弗许。～～，乃许之，以为前将军。"

【良能】 liángnéng ❶天赋的行善的能力，本能。《孟子·尽心上》："人之所不学而能者，其～～也；所不虑而知者，其良知也。"❷贤才。《晋书·良吏传论》："邓攸赢粮以述职，吴隐酌水以厉清，晋代～～，此焉为最。"

【良裘】 liángqiú ❶精美的皮袍。《周礼·天官·司裘》："中秋，献～～，王乃行羽物。"❷比喻祖传的技艺。何延之《兰亭始末记》："右军亦自爱重此书，留付子孙，传至七代孙智永，……克嗣～～，精勤此艺。"（右军：指王羲之。）

【良人】 liángrén ❶善良的人。《诗经·秦风·黄鸟》："彼苍者天，歼我～～。"韩愈《原毁》："彼人也，能有是，是足为～～矣。"❷君子。《吕氏春秋·序意》："朔之日，～～请问十二纪。"❸平民。白居易《道州民》诗："父兄子弟始相保，从此得作～～身。"❹夫或妻。《诗经·唐风·绸缪》："今夕何夕，见此～～。"《孟子·离娄下》："齐人有一妻一妾而处室者，其～～出，则必餍酒肉而后反。"❺乡官。《管子·小匡》："十连为乡，乡有～～。"❻女官，妃嫔。《三国志·魏书·后妃传》："文帝增贵嫔、淑媛、修容、顺成、～～。"

【良夜】 liángyè ❶景色美好的夜晚。苏轼《后赤壁赋》："月白风清，如此～～何！"❷深夜。《后汉书·祭遵传》："劳飨士卒，作黄门武乐，～～乃罢。"

【良知】 liángzhī ❶天赋的向善的智能。《孟子·尽心上》："人之所不学而能者，其良能也；所不虑而知者，其～～也。"王守仁《传习录·答顾东桥书》："所谓致知格物者，致吾心之～～于事事物物也。吾心之～～，即所谓天理也。"❷良友，知己。谢灵运《游南亭》诗："我志谁与亮，赏心唯～～。"

【良家子】 liángjiāzǐ ❶清白人家的子女。《史记·李将军列传》："[李]广以～～～从军击胡。"❷高贵人家的子女。卢思道《从军行》："犀渠玉剑～～～，白马金羁侠少年。"

俍 1. liáng ❶善，完满。《庄子·庚桑楚》："夫工乎天而～乎人者，惟全人能之。"

2. lǎng ❷俍傷，长长的样子。《广韵·荡韵》："～，俍傷，长皃。"

涼(凉) 1. liáng ❶薄。《左传·昭公四年》："君子作法于～，其敝犹贪；作法于贪，敝将若之何？"吕惠卿《贻王安石书》："内省～薄，尚无细故之嫌。"❷寒冷。《诗经·邶风·北风》："北风其～，雨雪其雱。"（雱：雪盛的样子。）㊀微冷。李陵《答苏武书》："～秋九月，塞外草衰。"㊁冷落，冷清。庾信《拟咏怀》之十一："摇落秋为气，凄～多怨情。"❸以水和酒的饮料。《周礼·天官·浆人》："掌共王之六饮：水、浆、醴、～、医、酏。"❹东晋时期建立的政权。有前凉，后凉，南凉，北凉，西凉。

2. liàng ❺风干。《新唐书·百官志一》："凡戎器，色别而异处，以卫尉募士暴～之。"❻辅佐。《诗经·大雅·大明》："维师尚父，时维鹰扬，～彼武王。"

【凉德】 liángdé 薄德，少德。《左传·庄公三十二年》："虢多～～，其何土之能得？"（虢：国名。）唐玄宗《早登太行山中言志》诗："～～惭先哲，徽猷慕昔皇。"

【凉风】 liángfēng ❶北风。《尔雅·释天》："北风谓之～～。"❷初秋微冷的风。《吕氏春秋·孟秋》："孟秋之月，……～～至，白露降，寒蝉鸣。"❸西南风。《淮南子·地形训》："西南曰～～。"

【凉凉】 liángliáng ❶微冷。《列子·汤问》："日初出，沧沧～～。"❷自甘寂寞的样子。《孟子·尽心下》："行何为踽踽～～？"（踽踽：孤独的样子。）

【凉阴】 liàng'ān 帝王居丧。《汉书·五行志中之下》："高宗承敝而起，尽～～之哀，天下应之。"一说，守丧的庐棚。也作"梁闇"。《尚书大传·毋逸》："高宗～～，三年不言。"也作"亮阴"。《尚书·说命上》："王宅忧，～～三祀。"也作"亮闇"。《史记·鲁周公世家》："《毋逸》称：'……乃有～～，三年不言。'"也作"谅闇"。《三国志·魏书·鲍勋传》："如何在～～之中，修驰骋之事乎？"《晋书·山涛传》："山太常虽尚居～～，情在难夺。"（山太常：指山涛。）也作"谅阴"。《论语·宪问》："高宗～～，三年不言。"欧阳修《尚书户部侍郎赠兵部尚书蔡公行状》："真宗新弃天下，天子～～不言。"

梁[1] liáng ❶鱼梁，形似桥的捕鱼小堤。《诗经·邶风·谷风》："毋逝我～，毋发我笱。"（笱：竹制捕鱼器。）《宋书·羊玄保传》："凡是……及陂湖江海鱼～鰌鮆场，常加功修作者，听不追夺。"（鮆：鱼名。）❷堤。《韩非子·外储说右下》："兹郑子引车上高～而不能支。"（兹郑子：人名。）❸通"踉"。跳跃。《庄子·秋水》："出跳～乎井干之上。"《汉书·陈遵传》："遵起舞跳～，顿仆坐上。"❹州名。1）古九州之一。《尚书·禹贡》："华阳黑水惟～州。"2）三国时蜀国设置。在今陕西汉中一带。❺国名。1）周代诸侯国。《国语·晋语二》："夷吾逃于

～。”（夷吾：人名。）2）战国时国名，即魏国。《孟子·梁惠王上》：“孟子见～惠王。”❻朝代名。1）南朝时梁武帝所建，建都建康。2）五代时梁太祖所建，建都汴梁，史称后梁。❼姓。汉代有梁丘贺。

梁²（樑） liáng ❶桥。《国语·周语中》：“泽不陂，川不～。”《韩非子·难二》：“利商市关～之行，能以所有致所无，客商归之，外货留之。”❷屋梁。《韩非子·奸劫弑臣》：“卓齿之用齐也，擢湣王之筋，悬之庙～，宿昔而死。”（卓齿：人名。昔：夜。）《列子·汤问》：“昔韩娥……鬻歌假食，既去而馀音绕～欐，三日不绝。”（欐：中梁。）㊀横梁，脊梁。《后汉书·舆服志下》：“［进贤冠］公侯三～，中二千石以下至博士两～。”刘克庄《梅州杨守铁庵》诗：“身重岂容眉斧伐，时危犹须脊～担。”

【梁闇】 liáng'ān 见“凉阴”。

【梁昌】 liángchāng 进退无依，处境困窘。《三国志·魏书·毌丘俭传》注：“孤军～～，进退失所。”也作“梁倡”。《抱朴子·行品》：“居己～～，受任不举。”

【梁倡】 liángchāng 见“梁昌”。

【梁上君子】 liángshàngjūnzǐ 指盗贼。《后汉书·陈寔传》：“有盗夜入其室，止于梁上。寔阴见，乃起自整拂，呼命子孙，正色训之曰：‘夫人不可不自勉。不善之人未必本恶，习以性成，遂至于此。～～～～者是矣！’”苏轼《东坡志林》卷三：“近日颇多贼，两夜皆来入吾室。……此～～～～当是不知耳。”

粱 liáng 良种粟。《礼记·曲礼下》：“岁凶，年谷不登，……大夫不食～。”㊀精粮。《左传·哀公十一年》：“其族辕咺（xuǎn）进稻醴、～糗、腶脯焉。”（辕咺：人名。糗：干粮。腶：加有姜桂的干肉。）又《哀公十三年》：“～则无矣，麤则有之。”

【粱肉】 liángròu 精美的食物。《国语·齐语》：“九妃、六嫔，陈妾数百，食必～～，衣必文绣。”《韩非子·难势》：“且夫百日不食以待～～，饿者不活。”

粮（糧） liáng ❶粮食。《韩非子·外储说左上》：“晋文公攻原，裹十日～，遂与大夫期十日。”《史记·淮阴侯列传》：“欲战恐久，力不能拔，情见（xiàn）势屈，旷日～绝。”（见：暴露。）❷田赋。《宋史·高宗纪八》：“戒州县加收耗～。”

踉 1. liáng ❶跳跃。《庄子·徐无鬼》：“夫逃虚空者，藜藋柱乎鼪鼬之径，～位其空。”（藋：草名。）柳宗元《三戒·黔之驴》：“因跳～大㘎（hǎn），断其喉，尽其肉，乃去。”（㘎：虎怒吼。）

2. liàng ❷见“踉跄”。

【踉跄】 liàngqiàng ❶行走不稳的样子。韩愈《赠张籍》诗：“有儿虽甚怜，教示不免简。君来好呼出，～～越门限。”范成大《催租行》：“输租得钞官更催，～～里正敲门来。”❷行走缓慢的样子。潘岳《射雉赋》：“褰微罟以长眺，已～～而徐来。”（褰：撩起。罟：网。）❸坎坷。《梁书·伏暅传》：“窃以暅～～落魄，三十馀年。”

两（兩） 1. liǎng ❶二。《老子·一章》：“此～者同出而异名。”《史记·李将军列传》：“置广～马间，络而盛卧广。”❷成双，对等。《周易·说卦》：“参天～地而倚数。”《左传·桓公十八年》：“并后、匹嫡、～政、耦国，乱之本也。”㊀比并，并列。《韩非子·内储说下》：“唯毋一战，战必不～存。”又《人主》：“故有术不必用，而势不～立，法术之士焉得无危？”㊁双方，相互。《老子·六十章》：“夫～不相伤，故德交归焉。”《左传·成公三年》：“～释累囚，以成其好。”❸量词。1）双。《诗经·齐风·南山》：“葛屦五～。”（屦：草鞋。）2）匹，长四丈。《左传·闵公二年》：“重锦三十～。”3）重量单位，十钱。《汉书·武帝纪》：“罢三铢钱，行半～钱。”❹军队编制，二十五人。《周礼·夏官·序官》：“二十五人为～，～司马皆中士。”王安石《上仁宗皇帝言事书》：“其次则比闾族党之师，亦皆卒～师旅之帅也。”❺整饬。《管子·幼官》：“戒四时以别息，异出入以～易。”（易：交易。）《左传·宣公十二年》：“御下，～马，掉鞅而还。”（掉：端正。鞅：套在马颈的皮带。）❻技能。《吕氏春秋·简选》：“晋文公造五～之士五乘。”❼古代哲学概念，派生物，与“一”相对。《吕氏春秋·大乐》：“故一也者制令，～也者从听。先圣择～法一，是以知万物之情。”

2. liàng ❽通“辆”。《孟子·尽心下》：“武王之伐殷也，革车三百～，虎贲三千人。”韩愈《送杨少尹序》：“于时公卿设供张，祖道都门外，车数百～。”（张：帷帐。）

【两端】 liǎngduān ❶事物的两头，两方面。《论语·子罕》：“我叩其～～而竭焉。”《荀子·正论》：“是有～～矣，有义荣者，有势荣者，有义辱者，有势辱者。……是荣辱之～～也。”❷模棱两可，观望不定。《史记·魏公子列传》：“魏王恐，……名为救赵，实持～～以观望。”《汉书·两粤传》：“兵至揭阳，以海风波为解，不行，持～～，阴使南粤。”

【两宫】 liǎnggōng 指太后和皇帝，太上皇和皇帝，皇帝和皇后，或两后。《汉书·王莽传上》："值世俗隆奢丽之时，蒙～～厚骨肉之宠。"指汉成帝和太后。又《张放传》："放取皇后弟平恩侯许嘉女，上为放供张，赐甲第，充以乘舆服饰，号为天子取妇，皇后嫁女，……～～使者冠盖不绝。"指皇帝和皇后。陈与义《有感再赋》诗："龙沙此日西风冷，谁折黄花寿～～？"指宋徽宗和钦宗父子。

【两间】 liǎngjiān 天地之间。《宋史·胡安国传》："则至刚可以塞～～，一怒可以安天下矣。"

【两歧】 liǎngqí 一分为二，差异。《后汉书·张堪传》："桑无附枝，麦穗～～。"《宋史·王觌传》："若悉考同异，深究嫌疑，则～～遂分，党论滋炽。"

【两舌】 liǎngshé 话无定准，两面三刀。焦延寿《易林·坤·夬》："一簧～～，妄言谬语。"

【两属】 liǎngshǔ 同时隶属于双方。《左传·隐公元年》："既而太叔命西鄙北鄙贰于己。"注："贰，～～。"《晋书·祖逖传》："由是黄河以南，尽为晋土，河上堡固。先有任子在胡者，皆听～～。"（任子：人质。）

【两曜】 liǎngyào 日和月。李白《古风》之二："浮云隔～～，万象昏阴霏。"陆游《春雨》诗："羲和挟～～，疾走不可遮。"（羲和：神话中太阳之御者或云太阳之母。）

【两仪】 liǎngyí 天地。《吕氏春秋·大乐》："太一出～～，～～出阴阳。"

【两造】 liǎngzào 诉讼的双方当事人，即原告和被告。《史记·周本纪》："～～具备，师听五辞。"

【两小无猜】 liǎngxiǎowúcāi 男童幼女嬉游，天真融洽，互不猜忌。李白《长干行》："同居长干里，两小无嫌猜。"《聊斋志异·江城》："翁有女，小字江城，与生同甲，时当八九岁，～～～～，日共嬉戏。"

俩（倆） 1. liǎng ❶见"伎俩"。
2. liǎ ❷两个。

魉（魎） liǎng 见"魍魉"。

亮 liàng ❶明亮。《后汉书·苏竟传》："且火德承尧，虽昧必～。"嵇康《杂诗》："皎皎～月，丽于高隅。"❷明白，显露。曹操《〈孙子〉序》："作《兵法》一十三篇，……而但世人未之深～训说。"孔颖达《尚书正义序》："其辞富而备，其义弘而雅，故复而不厌，久而愈～。"❸响亮。何承天《朱路篇》："兹音～且和。"关汉卿《单鞭夺槊》三折："喝一声响～春雷动。"❹诚信，诚实。《孟子·告子下》："君子不～，恶乎执？"《后汉书·班固传》："故先命玄圣，使缀学立制，宏～洪业。"（玄圣：指孔子。）❺坦率，高洁。陆机《猛虎行》："急弦无懦响，～节难为音。"《晋书·何曾传》："执心忠～。"❻原谅，谅解。《后汉书·袁绍传》："公貌宽而内忌，不～吾忠。"王安石《与章参政书》："书不逮意，想蒙恕～。"❼估谅，料想。王明清《挥麈后录》卷四："～元帅智周万物，不待斯言，察见罪状。"❽辅助。《汉书·叙传下》："婉娈董公，惟～天功。"❾的确。《古诗十九首》之八："君～执高节，贱妾亦何为？"陆机《文赋》："～功多而累寡，故取足而不易。"

【亮阴】 liàng'ān 见"凉阴"。

【亮闇】 liàng'ān 见"凉阴"。

【亮采】 liàngcǎi 协理事务，辅助。《史记·夏本纪》："日严振敬六德，～～有国。"（严：敬。）《三国志·魏书·文帝纪》："皇灵降瑞，人神告徵，诞惟～～，师锡朕命。"（诞：句首语气词。师：大众。锡：赐与。）

【亮直】 liàngzhí 忠贞正直。《后汉书·刘矩传》："矩性～～，不能谐附贵埶。"

悢 1. liàng ❶感伤，惆怅。丘迟《与陈伯之书》："抚弦登陴（pí），岂不怆～！"（陴：城上矮墙。）❷见"悢悢"。
2. lǎng ❸忿恨。见"怚悢"。

【悢悢】 liàngliàng ❶悲伤。嵇康《与山巨源绝交书》："女年十三，男年八岁，未及成人，况复多病，顾此～～，如何可言！"❷眷念，依恋。《三国志·蜀书·法正传》："顾念宿遇，瞻望～～。"

谅（諒） liàng ❶诚信，信实。《楚辞·离骚》："惟此党人之不～兮，恐嫉妒而折之。"《汉书·杜邺传》："可谓～不足而谈有馀者。"㊀小信，小节。《论语·宪问》："岂若匹夫匹妇之为～也，自经于沟渎而莫之知也。"又《卫灵公》："君子贞而不～。"《后汉书·独行传序》："或意严冬霜，而甘心于小～。"❷原谅，谅解。韩愈《答陈商书》："惟吾子～察。"欧阳修《与刁景纯学士书》："然虽胥公，亦未必～某此心也。"❸确实，实在。《楚辞·九章·惜往日》："～聪不明而蔽壅兮，使谗谀而日得。"《汉书·广川惠王刘越传》："行周流，自生患，～非望，今谁怨！"❹估谅，料想。《后汉书·马援传》："～为烈士，当如此矣。"《聊斋志异·陆判》："门生狂率不文，大宗师～不为怪。"❺姓。东汉有谅辅。

【谅阴】 liàng'ān 见"凉阴"。

【谅闇】 liàng'ān 见"凉阴"。

倞 liàng 见jìng。

辆(輛) liàng ❶量词。车一乘。《水浒传》四十回："只见法场北边一伙客商，推两～车子过来。"❷指车子。《元史·百官志六》："掌……御用各位下鞍辔、忽哥轿子、帐房车～、金宝器物。"

量 1. liàng ❶量器，如升、斗、斛等。《吕氏春秋·仲春》："日夜分，则同度～，钧衡石。"（钧：均等。）《后汉书·律历志上》："物有多少，受以～。"❷容量，限量。《汉书·匈奴传下》："且夫前世岂乐倾无～之费，役无罪之人，快心于狼望之北哉？"（狼望：地名。）叶適《送郑丈赴建宁》诗："酒～新来减，交情老更亲。"㊀规则，定规。《管子·幼官》："动静不记，行止无～。"（记：纪律。）❸度量，气量。《世说新语·言语》："卿瞳子白黑分明，有白起之风，恨～小狭。"范仲淹《严先生祠堂记》："光武之～，包乎天地之外。"苏轼《贾谊论》："贾生志大而～小，才有馀而识不足也。"❹估量，衡量。《孟子·公孙丑上》："～敌而后进，虑胜而后会，是畏三军者也。"《荀子·儒效》："若夫谲德而定次，～能而授官。"（谲：通"决"，断定。）❺量词。双。皇甫规《与马融书》："谨上袜一～。"

2. liáng ❻测算长度、重量、体积等，丈量，测量。枚乘《上书谏吴王》："石称丈～，径而寡失。"刘禹锡《泰娘歌》："斗～明珠鸟传意，绀幰迎入专城居。"（绀幰：青色车幔。）❼商量，商议。《礼记·少仪》："事君者，～而后入，不入而后～。"吴兢《贞观政要·政体》："以天下之广，四海之众，千端万绪，须合变通，皆委百司商～，宰相筹画。"

【量移】 liàngyí 唐宋时，被贬边远地区的官员，遇赦酌情移至近处任职。《旧唐书·玄宗纪上》："大赦天下，左降官～～近处。"白居易《自题》诗："一旦失恩先左降，三年随例未～～。"

【量中】 liàngzhòng 量满，数量足。《汉书·匈奴传上》："中行说辄曰：'汉使毋多言，顾汉所输匈奴缯絮米糵，令其～～，必善美而已，何以言为乎？'"（中行说：人名。）

【量试】 liángshì ❶验证，试验。《后汉书·献帝纪》："帝疑赋邮有虚，乃亲于御坐前～～作糜，乃知非实。"❷州县学校的初级考试。赵昇《朝野类要·举业》："～～州县学略而小试其才也。"

晾 liàng 晒干或风干。石君宝《秋胡戏妻》三折："我这一会儿热了，也脱下我这衣服来，我试～一～咱。"

liao

撩 1. liāo ❶掀起，提起。董解元《西厢记诸宫调》卷一："手～着衣袂，大踏步走至根前。"《金瓶梅》二十八回："这小伙儿打步～衣上的楼来。"

2. liáo ❷拨弄，挑弄。《北齐书·陆法和传》："凡人取果，宜待熟时，不～自落。"《三国志·魏书·典韦传》："皆重衣两铠，弃楯，但持长矛～戟。"❸引逗，招引。元稹《酬东川李相公十六韵》："戆直～忌讳，科仪惩傲顽。"汤显祖《牡丹亭·寻梦》："最～人春色是今年。"❹捞取。《太平御览》卷九三六引《广五行记》："意欲垂钓往～取，恐是蛟龙还复休。"❺通"缭"。见"撩乱"。

3. liào ❻通"撂"。甩，扔。《红楼梦》八十一回："探春把竿一挑，往地下一～，却是活迸的。"❼见"撩理"。❽见"撩峭"。

【撩拨】 liáobō 招引，挑逗。张鷟《游仙窟》："渠未相～～，娇从何处来。"《聊斋志异·促织》："试以猪鬣～～虫须，仍不动。"

【撩乱】 liáoluàn 纷乱。刘禹锡《柳花词》之二："～～舞晴空，发人无限思。"也作"缭乱"。王昌龄《从军行》："～～边愁听不尽，高高秋月照长城。"

【撩理】 liáolǐ 引逗。苏轼《牡丹和韵》："～～莺情趣，留连蝶梦魂。"

【撩理】 liàolǐ 见"料理"。

【撩峭】 liàoqiào 见"料峭"。

辽(遼) liáo ❶遥远。《汉书·中山靖王刘胜传》："道～路远，曾莫为臣闻，臣窃自悲也。"又《司马相如传下》："道里～远，山川阻深，不能自致。"㊀空阔。白居易《截树》诗："开怀东南望，目远心～然。"❷久远，长久。阮籍《咏怀》之八："人生乐长久，百年自言～。"❸通"燎"，火炬。《后汉书·郅恽传》："帝尝出猎，车驾夜还，恽拒关不开，帝令从者见面于门间。恽曰：'火明～远。'遂不受诏。"❹朝代名。公元916—1125年契丹族所建，辖境为我国东北部地区，建都上京（今内蒙巴林左旗附近）。❺水名，辽河。源出吉林和内蒙，流经辽宁入海。

【辽鹤】 liáohè 相传辽东人丁令威离家学道成仙，千年后化作白鹤回到辽东。后因以"辽鹤"指归乡的游子。周邦彦《点绛唇·伤感》词："～～归来，故乡多少伤心地。"

【辽廓】 liáokuò 广阔，空旷。司马相如《美人赋》："若臣者，少长西土，鳏处独居，室宇～～，莫与为娱。"孙绰《游天台山赋》："太虚～～而无阂(hé)。"(阂:阻隔。)

【辽落】 liáoluò ❶稀疏,冷落。《宋书·庾悦传》:"其州郡边江,民户～～。"左思《魏都赋》"伊洛榛旷,崤函荒芜,临菑牢落,鄢郢丘墟。"李善注:"牢落,犹～～也。"❷旷远,空阔。《世说新语·言语》:"江山～～,居然有万里之势。"❸逊色,不及。任昉《为范尚书让吏部封侯第一表》:"在魏则毛玠公方,居晋则山涛识量,以臣况之,一何～～!"(毛玠、山涛:都是人名。)

【辽豕】 liáoshǐ 朱浮《为幽州牧与彭宠书》:"伯通自伐,以为功高天下。往时辽东有豕,生子白头,异而献之。行至河东,见群豕皆白,怀惭而还。若以子之功论于朝廷,则为辽东豕也。"(伯通:彭宠的字。伐:夸耀。)后因以"辽豕"或"辽东豕"比喻少见多怪,自高自大。李觏《谢授官表》:"过蒙嘉惠,首命试言,繄～～之自矜,奈齐竽之有辨。"(繄:句首语气词。齐竽:指南郭先生吹竽。)

【辽敻】 liáoxiòng 遥远。王禹偁《黄冈竹楼记》:"远吞山光,平挹江濑,幽阒～～,不可具状。"(挹:汲取。阒:寂静。)

疗(療) liáo 医疗,治疗。《战国策·中山策》:"赵人之死者不得收,伤者不得～。"《后汉书·华陀传》:"又有疾者,诣陀求～。"

【疗饥】 liáojī 止住饥饿。张衡《思玄赋》:"聘王母于银台兮,羞玉芝以～～。"高明《琵琶记·糟糠自厌》:"这是谷中膜,米上皮,将来逼逻堪～～。"

劳 liáo 见 láo。

窌 liáo 见 jiào。

聊 liáo ❶耳鸣。《楚辞·九叹》:"横舟航而济湘兮,耳～啾而恍慌。"(恍慌:失意的样子。)❷依赖,寄托。《战国策·秦策一》:"上下相愁,民无所～。"苏轼《东坡志林·始皇扶苏》:"戾太子岂欲反者哉,计出于无～也。"❸姑且,暂且。《战国策·赵策三》:"虞卿曰:'王～听臣,发使出重宝以附楚魏,楚魏……必入吾使。'"韩愈《答李翊书》:"问于愈者多矣,念生之言不志乎利,～相为言之。"❹恐惧的样子。枚乘《七发》:"恍兮忽兮,～兮慄兮,混汩(gǔ)汩兮。"(恍忽:恍惚。汩汩:水流急速的样子。)❺姓。汉代有聊谋。

【聊浪】 liáolàng 放荡,游荡。扬雄《羽猎赋》:"储与乎大浦,～～乎宇内。"左思《吴都赋》:"悠悠旆旌者,相与～～乎昧莫之垧。"(昧莫:广大的样子。)

【聊生】 liáoshēng 赖以生存。《汉书·严安传》:"行十馀年,丁男被甲,丁女转输,苦不～～,自经于道树,死者相望。"《后汉书·五行志五》:"居贫负责,无所～～。"(责:"债"的古字。)

寥 liáo ❶寂静,空虚。《老子·二十五章》:"寂兮～兮,独立而不改。"柳宗元《愚溪诗序》:"超鸿蒙,混希夷,寂～而莫我知也。"㉤天空。范成大《望海亭赋》:"腾驾碧～,指麾沧溟。"❷稀少。见"寥落"、"寥寥"。❸通"嘹"。见"寥戾"、"寥亮"。❹通"缭"。见"寥纠"。

【寥廓】 liáokuò ❶空旷,广阔。《楚辞·远遊》:"下峥嵘而无地兮,上～～而无天。"也作"嵺廓"。《汉书·司马相如传下》:"下峥嵘而无地兮,上～～而无天。"❷空虚,寂静。扬雄《甘泉赋》:"闶阆阆其～～兮,似紫宫之峥嵘。"(闶:高。)曹植《赠白马王彪》诗之二:"太谷何～～,山树郁苍苍。"也作"嵺廓"。《楚辞·九辩》:"年洋洋以日往兮,老～～而无处。"❸天空。《汉书·司马相如传下》:"犹焦朋已翔乎～～,而罗者犹视乎薮泽。"(焦朋:神鸟名。)王安石《白日不照物》诗:"白日不照物,浮云在～～。"❹高尚,清高。邹阳《狱中上梁王书》:"今欲使天下～～之士,笼于威重之权,胁于位势之贵,回面污行,……则士有伏死堀穴岩薮之中耳,安有尽忠信而趋阙下者哉?"

【寥纠】 liáojiū 环绕纠结。《淮南子·本经训》:"偃蹇～～,曲成文章。"一本作"蓼纠"。

【寥狼】 liáoláng 攻取,骚扰。《后汉书·杜笃传》:"捶驱氐僰,～～卭莋。"(氐、僰、卭、莋:都是民族名。)

【寥戾】 liáolì 见"嘹唳"。

【寥唳】 liáolì 见"嘹唳"。

【寥亮】 liáoliàng 见"嘹亮"。

【寥寥】 liáoliáo ❶空旷,广阔。《吕氏春秋·情欲》:"九窍～～,曲失其宜。"左思《咏史》:"～～空宇中,所讲在玄虚。"❷稀少,冷落。卢照邻《释疾文》:"霰雪雰雰兮长委积,人事～～兮怅漫漫。"刘长卿《过郑山人所居》诗:"寂寂孤莺啼杏园,～～一犬吠桃源。"

【寥落】 liáoluò ❶冷落,空寂。王维《老将行》:"苍茫古木连穷巷,～～寒山对虚牖。"李商隐《春雨》诗:"怅卧新春白袷衣,白门～～意多违。"❷稀少,稀疏。刘禹锡《百舌吟》:"晓星～～春云低,初闻百舌间关啼。"

憀 liáo ❶依赖。《淮南子·兵略训》:"上下不相宁,吏民不相～。"李商隐《梓州罢吟寄同舍》："楚雨含情皆有托，漳滨卧病竟无～。"❷悲情，伤感。陆龟蒙《自遣》诗："谁使寒鸦意绪娇，云晴山晚动情～。"❸通"嘹"。见"憀亮"。

【憀慄】liáolì ❶凄伤。潘岳《秋兴赋》："飂瑟兮草木摇落，～～兮若在远行。"也作"憭慄"。《楚辞·九辩》："萧瑟兮草木摇落而变衰，～～兮若在远行。"❷烦恼。李清照《金石录后序》："是欲求适意而反取～～也。"

【憀亮】liáoliàng 见"嘹亮"。

漻 1. liáo ❶流通。《吕氏春秋·古乐》："决壅塞，凿龙门，降通～水以导河。"❷通"寥"。空虚，寂静。《韩非子·主道》："寂乎其无位而处，～乎莫得其所。"司马相如《上林赋》："悠远长怀，寂～无声。"❸丰满的样子。《管子·小问》："～然丰满而手足拇动者，兵甲之色也。"❹水名，在今湖北省。郦道元《水经注·漻水》："～水出江夏平春县西。"

2. liú ❺清澈的样子。《庄子·天地》："夫道，渊乎其居也，～乎其清也。"❻变化的样子。《庄子·知北遊》："油然～然，莫不入焉。"

【漻淚】liáolì 水流急速的样子。张衡《南都赋》："长输远逝，～～淢汩。"

嵺 liáo 见"嵺廓"、"嵺愀"。

【嵺廓】liáokuò 见"寥廓①②"。

【嵺愀】liáoqiǎo 衰败的样子。马融《广成颂》："山谷萧条，原野～～。"

僚 1. liáo ❶奴隶的一个等级。《左传·昭公七年》："隶臣～，～臣仆。"❷官吏。《后汉书·顺帝纪》："内外群～，莫不哀之。"孔尚任《桃花扇·迎驾》："那几个武臣勋卫，也算不得部院卿～。"[引]同衙做官。《诗经·大雅·板》："我虽异事，及尔同～。"《后汉书·郑玄传》："显誉成于～友，德行立于己志。"❸朋友，同伴。《左传·昭公十一年》："泉丘人有女，梦以其帷幕孟氏之庙，遂奔僖子，其～从之。"（泉丘：地名。）《后汉书·魏应传》："闭门诵习，不交～党。"

2. liǎo ❹美好的样子。《诗经·陈风·月出》："月出皎兮，佼人～兮。"

【僚寀】liáocǎi 见"寮寀"。

【僚婿】liáoxù 连襟，姊妹丈夫的互称。《尔雅·释亲》"两婿相谓为亚"注："今江东人呼同门为～～。"《旧唐书·萧嵩传》："初娶会稽贺晦女，与吴郡陆象先为～～。"

缪 liáo 见 móu。

寮 liáo ❶窗。左思《魏都赋》："皦日笼光于绮～。"《金瓶梅》十三回："原来大人家有两层窗～，外面为窗，里面为～。"❷小屋。陆游《贫居》诗："囊空如客路，屋窄似僧～。"❸通"僚"。官吏。《国语·晋语九》："令鼓人各复其所，非～勿从。"（鼓：地名。）[引]同衙的官吏。冯宿《兰谿县灵隐寺东峰新亭记》："故御史郑滑节度卢公群与君尝同～。"

【寮寀】liáocǎi 官吏。陆机《晋平西将军孝侯周处碑》："汪洋廷阙之傍，昂藏～～之上。"（昂藏：气宇轩昂。）江总《诒孔中丞奂》诗："畴昔同～～，今随年代改。"也作"僚寀"。《晋书·王戎传》："虽位总鼎司，而委事～～。"

【寮佐】liáozuǒ 同衙的属官。《晋书·孟嘉传》："九月九日，（桓）温燕龙山，～～毕集。"

嘹 liáo ❶声音响亮悠扬。元稹《遣兴》诗之五："晚荷犹展卷，早蝉遽萧～。"❷见"嘹唳"。

【嘹唳】liáolì 声音凄清高亢。谢朓《从戎曲》："～～清笳转，萧条边马烦。"一本作"廖戾"。李百药《笙赋》："远而听之，若游鸳翔鹤，～～飞空。"鲁逸仲《南浦·旅怀》词："送数声惊雁，乍离烟水，～～度寒云。"也作"寥唳"。谢惠连《秋怀》诗："萧瑟含风蝉，～～度云雁。"也作"寥戾"。王褒《四子讲德论》："故虎啸而风～～，龙起而致云气。"

【嘹亮】liáoliàng 声音响亮悠扬。刘孝绰《三日侍华光殿曲水宴》诗："妍歌已～～，妙舜复纡馀。"也作"嘹喨"。黄宗羲《雁来红赋》："～～兮声满长空，参差兮景留古渡。"也作"寥亮"。无名氏《空赋》："若士九垓以冥期，兰子七剑以～～。"（若士：指某人。兰子：指江湖艺人。）向秀《思旧赋序》："邻人有吹笛者，发声～～。"也作"憀亮"。《宋书·乐志三》："乐极哀情来，～～摧肝心。"成公绥《啸赋》："喟仰抃而抗首，嘈长引而～～。"（抃：鼓掌。）

【嘹喨】liáoliàng 见"嘹亮"。

嶚（嵺） liáo ❶高的样子。左思《魏都赋》："剑阁虽～，凭之者蹶。"❷见"嶚峭"。

【嶚峭】liáoqiào 峻峭，瘦削。姚合《题鹤雏》诗："羽毛未生足，～～丑于鸡。"

獠 1. liáo ❶兽名。曹植《七启》之四："顿纲纵网，罴～回迈。"（罴：熊类兽名。）❷夜间打猎。《汉书·司马相如传上》："于是酒群相与～于蕙圃。"

2. lǎo ❸古代少数民族名。《晋书·李寿载记》："初，蜀土无～，至此始从山而出。"❹骂人用语。《新唐书·褚遂良传》：

"武氏从幄后呼曰:'何不扑杀此～?'"

【獠面】 liáomiàn 相貌丑恶。刘肃《大唐新语·聪明》:"此小儿作～～,何得如此聪明?"

飂 liáo 见 liú。

嫽 1. liáo ❶美好。《方言》卷二:"～,好也。"❷聪敏。《汉书·西域传下》:"楚主侍者冯～。"注:"～者,慧也,故以为名。"

2. lǎo ❸嫽嫽,姥姥,北方人对外祖母的称呼。见《正字通》。

缭(繚) liáo ❶缠绕,回旋。卢照邻《释疾文》:"悲～绕兮从中来,愁缠绵兮何时断。"韩愈《送李愿归盘谷序》:"～而曲,如往而复。"❷一束,一绺。《旧唐书·玄宗杨贵妃传》:"乃引刀剪发一～附献。"

【缭戾】 liáolì 缠绕纠结,曲折不顺。《楚辞·九叹·逢纷》:"～～宛转,阻相薄兮。"也作"缭悷"。《楚辞·九辩》:"靓杪秋之遥夜兮,心～～而有哀。"也作"了戾"。段成式《酉阳杂俎·支动》:"野牛高丈馀,其头似鹿,其角～～,长一丈。"

【缭悷】 liáolì 见"缭戾"。

【缭乱】 liáoluàn 见"撩乱"。

【缭垣】 liáoyuán 回环曲折,缭绕。张衡《西京赋》:"～～绵联,四百馀里。"

辽 liáo 见 lǎo。

鹩(鷯) liáo 见"鹪鹩"。

镣(鐐) 1. liáo ❶精纯的银。何晏《景福殿赋》:"爰有遐狄,～质轮菌。"(轮菌:高大的样子。)

2. liào ❷脚镣,刑具。《明史·刑法志一》:"～,铁连环之以絷足,徒者带以输作,重三斤。"

了[1] 1. liǎo ❶了结,完结。《晋书·傅咸传》:"官事未易～也。"《红楼梦》四回:"如你这样说来,却怎样～结此案?"❷完全。多用于否定句。杨衒之《洛阳伽蓝记·大统寺》:"至灵台南,～无人家可问。"欧阳修《与高司谏书》:"今乃不然,昂然自得,～无愧畏。"❸毕竟,终于。《新唐书·姚南仲传》:"虽欲自近,～复何益?"❹明白,懂得。《三国志·魏书·高贵乡公纪》:"孔子曷为不合以～学者乎?"陆游《对酒》诗:"孙吴相斫书,～解亦何益。"

2. le ❺助词,用于动词、形容词后或句末,表示终结。岳飞《满江红》词:"莫等闲、白～少年头,空悲切。"辛弃疾《水龙吟·登建康赏心亭》词:"把吴钩看～,栏杆拍遍,无人会,登临意。"(吴钩:刀名。)史达祖《双双燕·咏燕》词:"过春社～,度帘幕中间,去年尘冷。"

【了当】 liǎodāng ❶承担。无名氏《海山记》:"小儿子吾已提起教作大家,即不知～～得否?"❷完结。范仲淹《奏乞差官看详投进利见文字》:"其看详官每季或半年一替,所看文字,须旋旋～～,不得交割后人。"

【了得】 liǎodé ❶了却,了结。李清照《声声慢》词:"这次第,怎一个愁字～～?"❷高强,厉害。《西游记》九十七回:"沙僧笑道:'二哥莫乱说!大哥是个～～的。'"也作"了的"。无名氏《符金锭》楔子:"我有两个伴当,好生～～。"❸过得去,行得通。用于反诘句、惊叹句。《老残游记》五回:"你这东西谣言惑众,还～～吗?"

【了的】 liáodì 见"了得"。

【了鸟】 liǎodiǎo ❶脏烂。《三国志·魏书·明帝纪》注引《魏略》:"而使穿方举土,面目垢黑,沾体涂足,衣冠～～。"❷门窗搭扣,钌铞儿。李商隐《病中闻河东公乐营置酒》诗:"锁门金～～,展障玉鸦叉。"

【了戾】 liǎolì 见"缭戾"。

【了了】 liǎoliǎo 聪明,懂事。《三国志·魏书·崔琰传》注:"人小时～～者,大亦未必奇也。"

【了然】 liǎorán ❶完全,都。李白《寻山僧不遇作》诗:"～～绝世事,此地方悠哉!"吴融《新安道中玩流水》诗:"上却征车再回首,～～尘土不相关。"❷明白,明了。苏轼《乞校正陆贽奏议进御劄子》:"如(陆)贽之论,开卷～～。"又《文与可画筼筜谷偃竹记》:"平居自视～～,而临事忽焉丧之。"

了[2](瞭) liǎo ❶眼珠明亮。《孟子·离娄上》:"眸子不能掩其恶,胸中正,则眸子～焉。"《论衡·佚文》:"心清则眸子～,～者,目文～也。"❷清楚,明晰。《论衡·自纪》:"言～于耳,则事味于心;文察于目,则篇留于手。"郭熙《林泉高致·山水》:"人物之在三远也,高远者明～。"❸远,高。《楚辞·九辩》:"尧舜之抗行兮,～冥冥而薄天。"(薄:迫近。)

蓼 1. liǎo ❶草名。生长水边,味辛辣。柳宗元《田家》诗之三:"～花被堤岸,陂水寒更渌。"㊃辛苦。《颜氏家训·序致》:"年始九岁,便丁荼～。"❷国名。1)在今河南唐河县南。《左传·哀公十七年》:"是以克州～,服随唐,大启群蛮。"(州、随、唐:都是国名。)2)在今河南固始县东。《左传·文公五年》："冬，楚公子燮灭～。"

2. lù　❸长大的样子。《诗经·小雅·蓼莪》："～～者莪，匪莪伊蒿。哀哀父母，生我劬劳。"（匪：非。劬劳：劳累。）

【蓼纠】　liǎojiū　见"寥纠"。

【蓼扰】　liǎorǎo　纷乱的样子。左思《吴都赋》："輶轩～～，彀骑炜煌。"（輶轩：轻便车。彀骑：持弓的骑兵。）

憭　1. liǎo　❶明白。韦昭《国语解叙》："其所发明，大义略举，为已～矣。"

2. liáo　❷见"憭慄"。

【憭慄】　liáolì　见"憀慄"。

潦　liǎo　见 lǎo。

燎（尞）　1. liǎo　❶烧田除草。《诗经·小雅·正月》："～之方扬，宁或灭之？"㊀燃烧。《淮南子·本经训》："～焚天下之财，罢苦万民之力。"（罢：通"疲"。）《汉书·郊祀志上》："已祠，胙馀则～之。"❷烘烤。《后汉书·冯异传》："遇大风雨，光武引车入道旁空舍，……对灶～衣。"（光武：光武帝。）

2. liáo　❸火炬。《左传·昭公二十年》："亲执铎，终夕与于～。"《后汉书·皇甫嵩传》："纵火大呼，城上举～应之。"㊀火。白居易《别毡帐火炉》诗："毳帘逐日卷，香～随灰灭。"

3. liào　❹祭祀名。《吕氏春秋·季冬》："乃命四监，收秩薪柴，以供寝庙及百祀之薪～。"《汉书·郊祀志下》："古者坛场有常处，～禋有常用。"

【燎毛】　liǎomáo　火烧毛羽，比喻成败极易。《史记·刺客列传》："夫以鸿毛燎于炉炭之上，必无事矣。"《新唐书·柳玭传》："成立之难如升天，覆坠之易如～～。"

料　1. liào　❶估数，计数。《管子·小匡》："～多少，计贵贱，以其所有，易其所无。"《孙子·行军》："兵非益多也，惟无武进，足以并力、～敌、取人而已。"❷估量，揣测。《史记·平原君虞卿列传论》："虞卿～事揣情，为赵画策，何其工也！"苏轼《江城子·乙卯正月二十日夜记梦》词："～得年年肠断处，明月夜，短松冈。"❸收拾，照料。《三国志·吴书·陆逊传》："其所生得，皆加营护，……将家属来者，使就～视。"王实甫《西厢记》一本一折："琴童～持下晌午饭，那里走一遭，便回来也。"❹材料，物资。陆贽《优恤畿内百姓并除十县令诏》："年食支酒～宜减五百硕。"（硕：通"石"。容量单位。）皮日休《悼鹤》诗："菰米正残三日～，筠笼休碍九天程。"❺料钱，俸禄以外附加的食料或折合的银钱。《新唐书·食货志五》："乾元元年，亦给外官半～及职田。"白居易《咏所乐》："官优有禄～，职散无羁縻。"❻计量单位。1)一石，即一百二十斤。《宋会要辑稿·食货五十之十一》："四百～八橹战船每只通长八丈。"2)多件物品组成的计算单位。《玉海·兵制·剑戟刀》："乾道元年，命军器所造雁翎刀，以三千柄为一～。"《红楼梦》三回："贾母道：'这正好，我这里正配丸药呢，叫他们多配一～就是了。'"

2. liáo　❼撩拨，挑逗。《庄子·盗跖》："疾走～虎头，编虎须，几不免虎口哉！"高文秀《谇范叔》四折："他怎敢轻～虎狼须！"❽乐器名。《尔雅·释乐》："大鼗谓之麻，小者谓之～。"（鼗：拨浪鼓。）

【料简】　liàojiǎn　鉴别，挑选。《三国志·魏书·赵俨传》："前到诸营，各召～～诸奸结叛者八百馀人，散在原野，惟取其造谋魁率治之，馀一不问。"黄庭坚《跋奚移文》："晨入庖舍，涤铊瀹釜，～～蔬茹，留精黜粗。"也作"料拣"。《隶释·薛君碑》："～～真实，好此徽声。"

【料拣】　liàojiǎn　见"料简"。

【料检】　liàojiǎn　收拾，查点。《晋书·周顗传》："［王］导后～～中书故事，见顗表救已，殷勤款至。导执表流涕，悲不自胜。"

【料理】　liàolǐ　❶照顾，安置。《晋书·王徽之传》："［桓］冲尝谓徽之曰：'卿在府日久，比当相～～。'"孔尚任《桃花扇·侦戏》："这侯朝宗原是敝年侄，应该～～的，但不知应用若干。"也作"撩理"。史虚白《钓矶立谈》："是庶几其～～我也。"❷排遣，消除。黄庭坚《催公静碾茶》诗："睡魔正仰茶～～，急遣溪童碾玉尘。"❸修理，整理。段安节《琵琶录》："内库有琵琶二面，……因为题头脱损，送在崇仁坊南赵家～～。"

【料峭】　liàoqiào　春寒。苏轼《定风波》词："～～春风吹酒醒，微冷。"范成大《次韵唐幼度客中》："西湖冰泮绿生鳞，～～东风欲中人。"也作"撩峭"。韩偓《清兴》诗："阴沉天气连天醉，摘索花枝～～寒。"

廖　1. liào　❶姓。三国时蜀国有廖化。

2. liáo　❷通"寥"。空旷，空虚。刘歆《遂初赋》："天烈烈以厉高兮，～琇窗以枭窂。"（寥琇、枭窂：都是空虚的意思。）

撂　liào　放下，丢下。《红楼梦》二十八回："黛玉便把剪子一～，说道：'理他呢，过一会子就好了。'"

瞭　liào　瞭望。黄遵宪《东沟行》："我军～敌遽飞砲。"

lie

列 liè ❶分裂，分割。《管子·枢言》：“先王不货交，不～地，以为天下。”《汉书·扬雄传上》：“逢蒙～眦，羿氏控弦。”（逢蒙、羿：都是人名。）❷陈列，排列。《荀子·大略》：“故古者，……～官职，差爵禄，非以尊大夫而已。”《汉书·异姓诸侯王表序》：“故据汉受命，谱十八王，月而～之。”❸对立，并列。《管子·法禁》：“故下与官～法，而上与君分威，国家之危，必自此始矣。”《左传·昭公十八年》：“司马、司寇～居火道。”❹行列，横排（直排称行）。《庄子·山木》：“东海有鸟焉，……进不敢为前，退不敢为后，食不敢先尝，必取其绪，是故其行～不斥。”《荀子·议兵》：“故仁人之兵，聚则成卒，散则成～。”[引]军阵，阵势。《左传·僖公二十二年》：“宋人既成～，楚人未既济。……隘而不～，天赞我也。”《韩非子·外储说左上》：“右司马反～，楚人已成～撰阵矣。”❺位次，爵位。《管子·法禁》：“用不称其人，家富于其～，其禄甚寡而资财甚多者，圣王之禁也。”《韩非子·外储说左上》：“中大夫，晋重～也，今无功而受，非晋臣之意。”（中大夫：官名。）❻诸多，各个。《韩非子·五蠹》：“是求人主之必及仲尼，而以世之凡民皆如～徒，此必不得之数也。”《史记·天官书》：“天则有～宿，地则有州域。”❼通“迾”。阻止，封禁。《礼记·王藻》：“山泽～而不赋。”韩愈《祭鳄鱼文》：“昔先王既有天下，～山泽，网绳擉刃，以除虫蛇恶物为民害者。”（擉：刺。）❽通“烈”。见“列士”。❾姓。战国时有列御寇。

【列棘】 lièjí 据《周礼·秋官·朝士》：朝廷种植棘树，作为公侯卿大夫所站位置的标志，后因称升任朝廷高级官员为位登列棘。《南史·陆验传》：“验竟以侵削为能，数年遂登～～。”

【列列】 lièliè ❶高耸的样子。张衡《西京赋》：“橧桴重棼，锷锷～～。”（橧：指房屋。桴、棼：都指栋梁。）❷成行成列。潘岳《怀旧赋》：“岩岩双表，～～行楸。”❸风吹动的样子。成公绥《啸赋》：“～～飙扬，啾啾响作。”

【列眉】 lièméi 像眉毛一样暴露无遗，表示显而易见，无可怀疑。《战国策·燕策二》：“吾必不听众口与谗言，吾信汝也，犹～～也。”

【列女】 liènǚ ❶同“烈女”。为坚守节义而牺牲生命的女子。《战国策·韩策二》：“非独政之能，乃其姊者，亦～～也。”❷众多的女子。《后汉书·顺烈梁皇后纪》：“常以～～图画置于左右。”

【列缺】 lièquē ❶神话中的天门。《楚辞·远遊》：“上至列缺兮，降望大壑。”❷闪电。《后汉书·张衡传》：“丰隆轩其震霆兮，～～晔其照夜。”（丰隆：雷。轩：雷声。）王勃《益州绵竹县武都山净惠寺碑》：“丰隆晓震，次複霤而悽皇；～～晨奔，望崇轩而愕眙。”（霤：屋檐滴水处。）也作“烈缺”。扬雄《羽猎赋》：“霹雳～～，吐火施鞭。”

【列人】 lièrén ❶贤哲，德才兼备的人。《论衡·别通》：“人好观图画者，图上所画，古之～～也。见～～之面，孰与观其言行？”❷地名。在今河北曲周县境。

【列士】 lièshì ❶天子的属官，位低于大夫。《管子·大匡》：“从～～以下有善者，衣裳贺之。”《国语·周语上》：“故天子听政，使公卿至于～～献诗。”❷志士，有志于功业的人。《管子·君臣下》：“布法出宪，而贤人～～尽归功能于上矣。”❸同“烈士”。为坚守信念而牺牲生命的人。《汉书·贾谊传》：“贪夫徇财，～～徇名。”

【列土】 liètǔ 分封土地，作王作侯。《汉书·谷永传》：“～～封疆，非为诸侯，皆以为民也。”白居易《长恨歌》：“姊妹弟兄皆～～，可怜光彩生门户。”

劣 liè ❶弱，恶，差，坏。《三国志·吴书·滕胤传》：“诸葛恪言曹芳闇～，政在私门。”王绩《答程道士书》：“吾顷者加有风疾，～～不能佳，但欲乘化独往，任所遇耳。”《三国演义》六十三回：“军师何故乘此～马？”❷仅，才，稍。《论衡·量知》：“贫人与富人，俱赍钱百，并为赙礼死哀之家。知之者，知贫人～能共百，以为富人饶羡有奇馀也。”（赙：以财礼助丧。）杨万里《过临平莲荡》诗：“莲荡中央～露沙，上头更着野人家。”

【劣弟】 lièdì 对平辈的自谦词。苏轼《与蔡景繁书》之十二：“～～久病，终未甚清快。”

【劣倦】 lièjuàn 极倦。《论衡·效力》：“颜氏之子，已曾驰过孔子于涂矣，～～罢极，发白齿落。”（罢：通“疲”。）

【劣丈】 lièzhàng 对晚辈的自谦词。司马光《涑水纪闻》卷二：“莱公知开封府，一旦问嘉祐曰：‘外人谓～～云何？’嘉祐曰：‘外人皆云丈人旦夕入相。’”（莱公：指寇准。）

冽 liè ❶寒冷。《诗经·曹风·下泉》：“～彼下泉。”成公绥《啸赋》：“横郁鸣而滔涸，～飘眇而清昶。”❷通“洌”。清醇。欧阳修《醉翁亭记》:"酿泉为酒,泉香而酒～。"

戾 liè 见 lì。

迣 liè 见 zhì。

洌 liè 清醇,清澈。《晋书·左贵嫔传》:"日晻暧而无光,气恻憟以～清。"(恻憟:忧伤。)柳宗元《至小丘西小石潭记》:"伐竹取道,下见小潭,水尤清～。"

迾 liè 阻止(行人),警卫。《汉书·昌邑哀王刘髆传》:"以王家钱取卒,～宫清中备盗贼。"颜延之《赭白马赋》:"进迫遮～,却属辇辂。"

烈 liè ❶火势猛。《左传·昭公二十年》:"夫火～,民望而畏之。"《论衡·言毒》:"物为靡屑者多,唯一火最～,火气所燥也。"❷凶猛,严酷。《孟子·万章下》:"殷受夏,周受殷,所不辞也,于今为～,如之何其受之?"《论衡·吉验》:"逢～风疾雨,行不迷惑。"又《言毒》:"小人皆怀毒气。阳地小人,毒尤酷～。"㉡残酷,毒害。《汉书·董仲舒传》:"自古以来,未尝有以乱济乱、大败天下之民如秦者也。其遗毒馀～,至今未灭。"❸烧,烤。《诗经·大雅·生民》:"载燔载～。"《孟子·滕文公上》:"舜使益掌火,益～山泽而焚之。"(益:人名。)❹光明,显赫。《国语·晋语九》:"君有～名,臣无叛质。"❺威严,刚正。《吕氏春秋·慎人》:"孔子～然返瑟而弦,子路抗然执干而舞。"《后汉书·冯绲传》:"绲性～直,不行贿赂。"❻功业,功绩。《孟子·公孙丑上》:"管仲得君如彼其专也,行乎国政如彼其久也,功～如彼其卑也。"《汉书·异姓诸侯王表序》:"古世相革,皆承圣王之～。"❼通"列"。行列。《诗经·郑风·大叔于田》:"叔在薮,火～具举。"

【烈考】 lièkǎo 对已死父亲的美称。《诗经·周颂·雝》:"既右～～,亦右文母。"

【烈烈】 lièliè ❶(火焰)炽烈的样子。《诗经·商颂·长发》:"如火～～,则莫我敢曷。"(曷:通"遏"。阻止。)❷威武的样子,显赫。《诗经·商颂·长发》:"相土～～,海外有截。"(相土:人名。)方孝孺《豫让论》:"豫让臣事智伯,及赵襄子杀智伯,让为之报仇,声名～～。"❸险峻的样子。《诗经·小雅·蓼莪》:"南山～～,飘风发发。"❹忧伤的样子。《诗经·小雅·采薇》:"忧心～～,载饥载渴。"阮籍《咏怀》之六十一:"军旅令人悲,～～有哀情。"❺象声词。刘琨《扶风歌》:"～～悲风起,泠泠涧水流。"皮日休《霍山赋》:"有泉～～,其来如决。"

【烈女】 liènǚ 坚守节义而牺牲生命的女子。《史记·刺客列传》:"非独政能也,乃其姊亦～～也。"

【烈缺】 lièquē 见"列缺"。

【烈士】 lièshì ❶坚守信念而牺牲生命的人。《韩非子·忠孝》:"故～～内不为家,乱世绝嗣,……不避蹈水火。"《三国志·魏书·臧洪传》:"如何一日杀二～～。"❷志士,有志于功业的人。曹操《步出夏门行·龟虽寿》:"～～暮年,壮心不已。"

【烈祖】 lièzǔ 对祖先的敬称。《诗经·商颂·烈祖》:"嗟嗟～～,有秩斯祜。"(秩:大。)庾信《哀江南赋》:"余～～于西晋,始流播于东川。"

埒 liè ❶矮墙。庾信《三月三日华林园马射赋》:"弓如明月对堋,马似浮云向～。"(堋:挂箭靶的矮墙。)《世说新语·汰侈》:"济好马射,买地作～。"❷界域,界限。《淮南子·兵略训》:"夫有形～者,天下公见之。"㉡田垄,堤埂。《宋书·谢灵运传》:"阡陌纵横,塍～交经。"❸山上的水流。《列子·汤问》:"一源分为四～,注于山下。"❹等同,相等。《史记·货殖列传》:"而邯郸郭纵以铁冶成业,与王者～富。"《三国志·魏书·董卓传》:"筑郿坞,高与长安城～。"

栗 liè 见 lì。

捩 1. liè ❶扭折,转动。韩愈《送穷文》:"～手覆羹,转喉触讳。"陆游《法云寺观音殿记》:"富商大贾,～舵挂席,夹以大橹。"

2. lì ❷拨子,拨动琵琶弦的用具。梁简文帝《咏内人昼眠》:"攀钩落绮障,插～举琵琶。"

猎(獵) liè ❶打猎,捕捉野禽野兽。《孟子·梁惠王下》:"吾王之好田～,夫何使我至于此极也?"《战国策·楚策三》:"麋知～者张罔,前而驱己也,因还走而冒人。"(罔:通"网"。)㉡猎取,搜求。《旧五代史·常思传》:"彼必是来～酒也。"杨慎《秋风引》诗:"鸿裁谁～艳,空自拾江蓠。"❷侵犯。《国语·吴语》:"今大夫国子兴其众庶,以犯～吴国之师徒。"❸经过,掠过。宋玉《风赋》:"～蕙草,离秦衡。"刘禹锡《和董庶中古散调词赠尹果毅》:"阴风～百草,旗槊光参差。"❹持,捋。《史记·日者列传》:"宋忠、贾谊瞿然而悟,～缨正襟危坐。"❺通"躐"。践踏。《荀子·议兵》:"不杀老弱,不～禾稼。"❻象声词。王褒《洞箫赋》:"或浑沌而潺湲兮,～若枚折。"刘禹锡《畬田行》:"风引上高岑,～～度青林。"

【猎涉】 lièshè ❶经历，浏览。《宋书·谢灵运传》："野有蔓草，～～蘡薁。"（蘡薁：野葡萄。）❷貍豆，植物名。崔豹《古今注》："貍豆，一名貍沙，一名～～，叶似葛而藤大。"

【猎食】 lièshí ❶猎取食物。焦延寿《易林·渐之大过》："鹰鹯～～，雉兔困急。"❷图谋财物。《聊斋志异·画皮》："意道士借魔禳以～～者。"

裂

liè ❶缯帛的残馀。《说文·衣部》："～，缯馀也。"[引]残馀。《国语·齐语》："戎车待游车之～，戎士待陈妾之馀。"❷绽开，裂开。《战国策·秦策三》："百人诚舆瓢，瓢必～。"《后汉书·冲帝纪》："是日，京师及太原、雁门地震，三郡水涌土～。"❸撕扯，剪裁。《韩非子·奸劫弑臣》："因自～其亲身衣之里，以示君而泣。……余与争之，至～余之衣。"《后汉书·舆服志下》："[樊]哙～裳以裹楯，冠之入军门，立汉王旁，视项羽。"❹分裂，分割。《庄子·逍遥遊》："吴王使之将，冬与越人水战，大败越人，～地而封之。"又《天下》："道术将为天下～。"《韩非子·诡使》："而断头～腹、播骨乎平原野者，无宅容身，死田亩。"

【裂帛】 lièbó ❶撕裂丝帛，形容声音清凄。白居易《琵琶行》："曲终收拨当心画，四弦一声如～～。"❷写信。江淹《恨赋》："～～系书，誓还汉恩。"李贺《客游》诗："旅歌屡弹铗，归问时～～。"❸指书籍。《文心雕龙·史传》："欲其详悉于体国，必阅石室，启金匮，抽～～，检残竹，欲其博练于稽古也。"（石室、金匮：都是国家藏书的地方。稽：考查。）

【裂眦】 lièzì 眼眶瞪裂，形容愤怒到极点。《淮南子·泰族训》："荆轲西刺秦王，高渐离、宋意为击筑而歌于易水之上，闻者莫不瞋目～～，发植穿冠。"

趔

liè 见"趔趄"。

【趔趄】 lièqiè 脚步不稳的样子。《红楼梦》二十四回："一看见是贾芸，忙松了手，～～着笑道：'原来是贾二爷！'"又四十四回："扬手一下，打的那个丫头一个～～，便蹶脚儿走了。"

邋

liè 见 lā。

躐

liè ❶践踏，踩。《楚辞·九歌·国殇》："凌余阵兮～余行，左骖殪兮右刃伤。"❷超过，逾越。《礼记·玉藻》："登席不由前为～席。"❸持，捋。《后汉书·崔骃传》："当其无事，则～缨整襟，规矩其步。"

【躐等】 lièděng 越级。《礼记·学记》："幼者听而弗问，学不～～也。"杜牧《雪中书怀》诗："向来～～语，长作陷身机。"

【躐进】 lièjìn 越级升迁。《新唐书·太平公主传》："有所论荐，或自寒冗～～至侍从，旋踵将相。"（冗：平庸。）陆游《陆郎中墓志铭》："后辈～～至大官者相望。"

鬣

liè ❶兽颈上的长毛。《左传·定公十年》："公取而朱其尾、～以与之。"韩愈《获麟解》："～者，吾知其为马。"❷胡须。《国语·楚语上》："使富都那竖赞焉，而使长～之士相焉，臣不知其美也。"（都：闲雅。那：美。）❸鱼类颔旁的鳍。李白《古风》之三："鬐～蔽青天，何由睹蓬莱？"杜牧《华清宫三十韵》："鲸～掀东海，胡牙揭上阳。"（上阳：地名。）❹鸟头上的毛。沈约《水鸟赋》："翠～紫缨之饰，丹冕绿襟之状。"❺松针。段成式《酉阳杂俎·广动植》："松，凡言两粒、五粒，粒当言～。……大堂前有五～松两株。"江湜《归里数月后作闽游》诗："山上万～松，绿映一溪水。"❻扫帚。《礼记·少仪》："氾埽曰埽，埽席前曰拚，拚席不以～。"

lin

邻(鄰、隣)

lín ❶周代居民组织单位。《周礼·地官·遂人》："五家为～，五～为里。"❷邻居，邻国。《老子·十五章》："豫焉若冬涉川，犹兮若畏四～。"《战国策·秦策三》："攻齐不成，陶为～恤，而莫之据也。"（陶：地名。）❸邻近，接近。《战国策·秦策一》："削株掘根，无与祸～，祸乃不存。"《后汉书·卓茂传》："夫厚性宽中近于仁，犯而不校～于恕。"（校：计较。）❹近臣。《尚书·益稷》："钦四～。"❺通"辚"。见"邻邻"。❻通"燐"。燐火。《列子·天瑞》："马血之转为～也。"

【邻比】 línbǐ 邻居。《三国志·魏书·王烈传》："[管]宁有族人管贡为州吏，与宁～～。"

【邻笛】 líndí 邻家的笛声，用以表示伤逝怀旧。向秀《思旧赋序》："余与嵇康、吕安居止接近，其人并有不羁之才，然嵇志远而疏，吕心旷而放。其后各以事见法。……余逝将西迈，经其旧庐，于时日薄虞渊，寒冰凄然。邻人有吹笛者，发声寥亮，追思曩昔游宴之好，感音而叹。"后用"邻笛"表示伤逝怀旧。卢藏用《答宋鸣皋兼贻平昔游旧》诗："无复平原赋，空馀～～声。"（平原：指陆机。）

【邻邻】 línlín ❶车行声。见"辚辚"。❷依次排列，成群结队。《楚辞·九歌·河伯》："波滔滔兮来迎，鱼～～兮媵予。"（媵：送。）一本作"鳞鳞"。

【邻熟】 línshú 五谷丰登。《管子·五行》：

"五谷～～，草木茂实。"

林 lín ❶大片的树木。《左传·宣公十二年》："赵旃弃车而走～。"《孟子·梁惠王上》："斧斤以时入山～，材木不可胜用也。"❷丛聚的同类人或事物。《史记·太史公自序》："唯建元、元狩之间，文辞粲如也，作《儒林列传》第六十一。"萧统《文选·序》："历观文囿，泛览辞～，未尝不心游目想，移晷忘倦。"㉑众，群。《庄子·天运》："故若混逐丛生，～乐而无形。"❸众多的样子。《诗经·小雅·宾之初筵》："百礼既至，有壬有～。"（有：通"又"。壬：大。）柳宗元《贞符》："惟人之初，总总而生，～～而群。"

【林薄】 línbó ❶草木丛生的地方。《楚辞·九章·涉江》："露申辛夷，死～～兮。"（辛夷：木名。）翁森《四时读书乐》诗："不觉商意满～～，萧然万籁涵虚清。"（商：指秋季。）❷指隐居地。《晋书·束皙传》："是士讳登朝而竞赴～～。"

【林离】 línlí ❶同"淋漓"。水流的样子。《史记·司马相如列传》："滂濞泱轧，洒以～～。"（滂濞：盛多的样子。泱轧：无边无际。）❷古乐名。班固《东都赋》"僸佅兜离"注引《孝经钩命决》："西夷之乐曰～～。"

【林薮】 línsǒu ❶山林湖泽，指隐居地。《后汉书·卓茂传》："知王莽当篡，乃变名姓，抱经书隐蔽～～。"❷人或物聚集的地方。班固《典引》："与之斟酌道德之渊源，肴覈仁谊之～～。"（肴覈：吸收。）

【林下】 línxià ❶指闲雅潇洒的风度。《世说新语·贤媛》："王夫人神情散朗，故有～～风气。"《宣和画谱·人物二》："～～材华虽可尚，笔端人物更清妍。"❷指隐居地。慧皎《高僧传·竺僧朗》："朗常蔬食布衣，……与隐士张忠为～～之契。"李白《安陆寄刘绾》诗："独此～～意，杳无区中缘。"

【林钟】 línzhōng ❶古乐十二律之一。《国语·周语下》："四间～～，和展百事，俾莫不任肃纯恪也。"《吕氏春秋·音律》："黄钟生～～，～～生太蔟。"❷指夏历六月。《吕氏春秋·音律》："～～之月，草木盛满。"

临(臨) 1. lín ❶站在高处看低处。《诗经·邶风·日月》："日居月诸，照～下土。"《史记·平原君虞卿列传》："平原君美人居楼上，～见，大笑之。"❷降临，由上到下。《国语·晋语四》："上帝～子矣，贰必有咎。"《论衡·雷虚》："案雷之声迅疾之时，人仆死于地，隆隆之声～人首上，故得杀人。"❸监察，统管。《史记·孝武本纪》："朕～天下二十有八年。"《后汉书·光武帝纪下》："孝文皇帝贤明～国，子孙赖福，延祚至今。"❹面对。《礼记·曲礼上》："～财毋苟得，～难毋苟免。"《荀子·劝学》："西方有木焉，……生于高山之上，而～百仞之渊。"❺接近，将近。《韩非子·难三》："始病而忧，～死而惧，已死而哀。"《史记·平原君虞卿列传》："平原君家楼～民家。"❻到。《战国策·东周策》："秦兴师～周而求九鼎，周君患之。"《史记·仲尼弟子列传》："越王……曰：'此蛮夷之国，大夫何以俨然辱而～之？'"❼临摹，摹写字画等。苏轼《次韵曹子方瑞香花》："明朝便陈迹，试着丹青～。"汤显祖《牡丹亭·闺塾》："学生自会～书。"❽战车名。《诗经·大雅·皇矣》："以尔钩援，与尔～冲，以伐崇墉。"❾六十四卦之一。卦形为兑下坤上。《周易·临》："泽上有地，～。"❿姓。汉代有临孝存。

2. lìn ⓫吊丧哭泣。《吕氏春秋·悔过》："缪公闻之，素服庙～。"《史记·秦始皇本纪》："文信侯不韦死，窃葬。其舍人～者，晋人也，逐出之。"

【临朝】 líncháo 天子或太后上朝处理国政。《三国志·魏书·武帝纪》："会灵帝崩，太子即位，太后～～。"骆宾王《为徐敬业讨武曌檄》："伪～～武氏者，性非和顺，地实寒微。"

【临池】 línchí 指学习书法。王维《戏题示萧氏外甥》诗："怜尔解～～，渠爷未学诗。"苏轼《石苍舒醉墨堂》诗："不须～～更苦学，完取绢素充衾裯。"

【临存】 líncún 地位高的人对下人的问候、看望。《汉书·严助传》："使重臣～～，施德垂赏以招致之，此必携老扶幼以归圣德。"

【临临】 línlín 高大的样子。柳宗元《平淮夷雅·方城》："方城～～，王卒峙之。"

【临命】 línmìng 将死的时候。潘岳《杨仲武诔》："～～忘身，顾念慈母。"《抱朴子·讥惑》："颜生整仪于宵浴，仲由～～而结缨。"（仲由：人名。）

【临蓐】 línrù 将要分娩。《聊斋志异·巩仙》："府中耳目较多，倘一朝～～，何处可容儿啼？"

【临政】 línzhèng 执掌朝政。《国语·周语上》："～～示少，诸侯避之。"《史记·三王世家》："今昭帝始立，年幼，富于春秋，未～～，委任大臣。"

淋 lín ❶浇。杜荀鹤《送项山人归天台》诗："龙镇古潭云色黑，露～秋桧鹤声清。"《红楼梦》三十回："只见宝玉～得雨打鸡一般。"❷雨大。《战国策·赵策一》："使我逢疾风～雨，坏沮，乃复归土。……汝逢疾风～雨，漂入漳、河，东流至海，泛滥无所止。”

【淋浪】 línláng 水流不断的样子。嵇康《琴赋》：“纷～～以流离，奂淫衍而优渥。”这里比喻琴声不断。陶渊明《感士不遇赋》：“感哲人之无偶，泪～～以洒袂。”这里指泪流不止。

【淋离】 línlí ❶长而美好的样子。《楚辞·哀时命》：“冠崔嵬而切云兮，剑～～而从横。”（从：同“纵”。）❷盛多的样子。《汉书·扬雄传上》：“～～廓落。”

【淋漓】 línlí ❶滴流或沾湿的样子。韩愈《和虞部卢四酬翰林钱七赤藤杖歌》：“共传滇神出水献，赤龙拔须血～～。”❷充满、酣畅的样子。欧阳修《释秘演诗集序》：“无所放其意，则往往从布衣野老，酣嬉～～，颠倒而不厌。”（放：抒发。猒：通“厌”。）

琳 lín 美玉名。《史记·夏本纪》：“贡璆、～、琅玕。”（璆：美玉。琅玕：美石。）班固《西都赋》：“～珉青荧。”

【琳琅】 línláng ❶美玉。李商隐《为张周封上杨相公启》：“某价乏～～，誉轻乡曲。”❷玉声。《楚辞·九歌·东皇太一》：“抚长剑兮玉珥，璆锵鸣兮～～。”（璆：美玉。）❸美好，珍贵。《世说新语·容止》：“今日之行，触目见～～珠玉。”杨炯《左武卫将军成安子崔献行状》：“敕书吊赠，礼越常班。丧葬所资，数优恒典，～～触目，日月在怀。”

晽 lín 见“晽晽”。

【晽晽】 línlín 想要知道的样子。《淮南子·俶真训》：“而知乃始昧昧～～，皆欲离其童蒙之心。”

粼 lín 水在石间的样子。《说文·巜部》：“水生厓间～～也。”郭璞《江赋》：“或颎彩轻涟，或焆曜厓～。”（颎：光亮。焆：火光。）

【粼粼】 línlín 清澈、明净的样子。《诗经·唐风·扬之水》：“扬之水，白石～～。”方岳《寄友人》诗：“面热青山亦故人，霜逢肯负月～～。”

潾 lín ❶山石间流出的水。《初学记·总载水》：“水出山石间曰～。”❷见“潾潾”。

【潾潾】 línlín ❶水清澈的样子。杜甫《杂述》：“泰山冥冥崒以高，泗水～～浵以清。”（崒：险峻。浵：水满。）❷水波荡漾的样子。温庭筠《三洲词》：“月随波动碎～～。”

嶙 lín 见“嶙嶙”、“嶙峋”。

【嶙嶙】 línlín 山势起伏不平的样子。欧阳修《盘车图》诗：“浅山～～，乱石矗矗。”

【嶙峋】 línxún 高耸峻峭的样子。左思《魏都赋》：“阶陏～～。”（陏：台阶。）陆游《欲雪》诗：“山自木落增～～。”

驎（驎） lín 见“骐驎”。

燐 lín 燐火，俗称鬼火。《论衡·论死》：“～，死人之血也，其形不类生人之血也。”

辚（轔） 1. lín ❶车轮。《仪礼·既夕礼》“迁于祖用轴”郑玄注：“轴状如转～。”❷车行声。见“辚辚”。❸门槛。《淮南子·说林训》：“虽欲谨，亡马不发户～。”

2. lìn ❹同“躏”。车轮辗压。《汉书·司马相如传上》：“掩菟～鹿，射麋格麟。”（菟：通“兔”。）《后汉书·耿弇传》：“归发突骑以～乌合之众，如摧枯折腐耳。”

【辚辚】 línlín 车行声。《楚辞·九歌·大司命》：“乘龙兮～～，高驰兮冲天。”杜甫《兵车行》：“车～～，马萧萧，行人弓箭各在腰。”也作“邻邻”。《诗经·秦风·车邻》：“有车～～，有马白颠。”

【辚轹】 línlì ❶车轮辗压。《史记·司马相如列传》：“徒车之所～～，乘骑之所蹂若。”（蹂若：践踏。）也作“躏轹”，见司马相如《上林赋》。也作“閵轹”，见《汉书·司马相如传上》。❷践踏，欺凌。《隋书·何妥传》：“曹魏祖不识北辰，今复～～太史。”

璘 lín 玉石的光彩。《玉篇·玉部》：“～，玉色光彩。”

【璘彬】 línbīn 色彩绚丽。张衡《西京赋》：“珊瑚琳碧，瓀珉～～。”（瓀珉：似玉的美石。）也作“瞵瑞”。扬雄《甘泉赋》：“翠玉树之青葱兮，壁马犀之～～。”

霖 lín 连绵雨。《管子·度地》：“夏多暴雨，秋～不止。”《三国志·魏书·毛玠传》：“急当阴～，何以反旱？”

【霖雨】 línyǔ ❶连绵大雨。《后汉书·公沙穆传》：“永寿元年，～～大水，三辅以东莫不淹没。”（三辅：地名。）《三国志·魏书·文德郭皇后传》：“时～～百馀日，城楼多坏。”❷犹“甘霖”。及时雨。《国语·楚语上》：“若天旱，用女作～～。”（女：你。）杜甫《上韦左相二十韵》：“～～生贤佐，丹青忆老臣。”

磷 1. lín ❶矿石名。《玉篇·石部》：“～，云母之别名。”❷水在石间的样子。《广韵·真韵》：“～，水在石间。”❸色彩斑斓。见“磷磷”。❹同“燐”。燐火。欧阳修《祭石曼卿文》：“奈何荒烟野蔓，荆棘纵横，风凄露下，走～飞萤。”

2. lìn ❺磨薄，损伤。《论衡·问孔》：

“坚磨而不～，白涅而不淄。”

【磷磷】 línlín ❶清澈、明净的样子。刘桢《赠从弟》诗之一：“汎汎东流水，～～水中石。”宋之问《始安秋日》诗：“碎石水～～。”❷色彩鲜明的样子。司马相如《上林赋》：“～～烂烂，采色澔汗。”（澔汗：盛多的样子。）杜牧《阿房宫赋》：“钉头～～，多于在庾之粟粒。”

【磷缁】 línzī 《论语·阳货》：“不曰坚乎，磨而不磷；不曰白乎，涅而不缁。”后因以比喻受外界影响而变化。杜甫《夔府书怀四十韵》：“文园终寂寞，汉阁自～～。”韦应物《秋集罢还途中作谨献寿春公黎公》诗：“何以酬明德，岁晏不～～。”

瞵 lín 注视，瞪眼看。左思《吴都赋》：“鹰～鹗视。”潘岳《射雉赋》：“～悍目以旁睞。”

【瞵瑞】 línbīn 见“璘彬”。

鳞（鱗） lín ❶鳞片，鳞甲。《楚辞·九歌·河伯》：“鱼～屋兮龙堂，紫贝阙兮朱宫。”《韩非子·说难》：“夫龙之为虫，柔可狎而骑也，然其喉下有逆～径尺。”❷泛指长鳞的动物。韩愈《应科目时与人书》：“天池之滨，大江之濆，曰有怪物焉，盖非常～凡介之品汇匹俦也。”（濆：水边。）范仲淹《岳阳楼记》：“沙鸥翔集，锦～游泳。”❸鳞状物。苏轼《李氏园》诗：“林中百尺松，岁久苍～麘。”

【鳞比】 línbǐ 像鱼鳞一样排列，形容多而密。何晏《景福殿赋》：“星居宿陈，绮错～～。”

【鳞鸿】 línhóng 鱼和雁，代指书信。傅咸《纸赋》：“～～附便，援笔飞书。”

【鳞集】 línjí 成群结队，群集。《汉书·司马相如传下》：“四面风德，二方之君，～～仰流，愿得受号者以亿计。”又《刘向传》：“夫乘权藉势之人，子弟～～于朝，羽翼阴附者众。”

【鳞鳞】 línlín ❶像鱼鳞一样，常用以形容云、水等。鲍照《还都道中》诗：“～～夕云起，猎猎晚风遒。”苏轼《和文与可洋州园池》：“曲池流水细～～，高会传觞似洛滨。”❷依次排列，成群结队。见“邻邻”。❸晶莹明亮的样子。欧阳修《内直奉寄圣俞博士》诗：“霜云映雪～～色，风叶飞空摵摵鸣。”（摵摵：叶落声。）

【鳞伤】 línshāng 伤痕密布。黄六鸿《福惠全书·莅任部·禀帖赘说》：“德与理论，复统多人毒打，当经典史验明，遍体～～。”（德：张茂德。）

【鳞爪】 línzhǎo 鳞片和爪子，比喻点滴、零散。计有功《唐诗纪事》卷三九：“长庆中，元微之、梦得、韦楚客同会乐天舍，论南朝兴废，各赋金陵怀古诗。刘满饮一杯，饮已即成，……白公览诗曰：‘四人探骊龙，子先获珠，所馀～～，何用耶？’”（梦得：刘禹锡的字。乐天：白居易的字。骊龙：黑色龙。）龚自珍《自春徂秋偶有所触拉杂书之漫不铨次得十五首》诗之十五：“东云露一鳞，西云露一爪，与其见～～，何如～～无？”

【鳞次栉比】 líncìzhìbǐ 像鱼鳞和栉齿的排比，比喻依次排列，紧密相连。陈贞慧《秋园杂佩兰》：“每岁正二月之交，自长桥以至大街，～～～～，春光皆馥也。”

麟 lín ❶麒麟。《左传·哀公十四年》：“西狩于大野，叔孙氏之车子钽商获～。”（车：指御者。子钽商：人名。）《后汉书·西域传》：“符拔形似～而无角。”（符拔：兽名。）❷大公鹿。《汉书·司马相如传上》：“掩菟辚鹿，射麋格～。”（菟：通“兔”。）❸通“燐”。光明的样子。见“麟麟”。

【麟角】 línjiǎo 麒麟的角，比喻稀罕珍贵。《北史·文苑传序》：“学者如牛毛，成者如～～。”王逢《奉寄兀颜子忠廉使》诗：“君侯素是骨鲠臣，～～凤毛为世珍。”

【麟经】 línjīng 指《春秋》。马祖常《都门一百韵》：“群儒修～～，诸将宣豹略。”

【麟麟】 línlín 光明的样子。扬雄《剧秦美新》：“炳炳～～，岂不懿哉！”

【麟史】 línshǐ 指《春秋》。张说《崔司业挽歌》之二：“凤池伤旧草，～～泣遗编。”

禀 lǐn 见 bǐng。

凛（凜） lǐn ❶寒冷。李华《吊古战场文》：“蓬断草枯，～若霜晨。”杨万里《诗论》：“今夫人之一身，暄则倦，～则力。”❷恐惧的样子。苏轼《后赤壁赋》：“予亦悄然而悲，肃然而恐，～乎其不可留也。”❸通“懔”。严肃，令人敬畏。《孔子家语·致思》：“夫子～然曰：‘美哉德也！’”《宋史·米芾传》：“望之～然犹神明。”

【凛慄】 lǐnlì 严寒。范成大《峨眉山纪行》：“比及山顶，……系重巾，蹑毡靴，犹～～不自持，则炽炭拥炉危坐。”

【凛冽】 lǐnliè 严寒刺骨。李白《大猎赋》：“严冬惨切，寒气～～。”李华《吊古战场文》：“至若穷阴凝闭，～～海隅。”

【凛凛】 lǐnlǐn ❶寒冷的样子。郝经《秋思》诗：“静听风雨急，透骨寒～～。”❷令人敬畏的样子。《宋史·辛弃疾传》：“孰谓公死，～～如生。”❸恐惧的样子。《三国志·蜀书·法正传》：“侍婢百馀人，皆亲执刀侍立，先主每入，衷心常～～。"

廪(廩) lǐn ❶粮仓。《孟子·滕文公上》："今也，滕有仓～府库，则是厉民而以自养也。"(滕：国名。厉：损害。)《史记·五帝本纪》："瞽叟尚复欲杀之，使舜上涂～，瞽叟从下纵火焚～。"❷官府发给的口粮。《管子·问》："问死事之寡，其饩(xì)～何如。"(饩：赠送人的粮食。)《资治通鉴·梁武帝天监四年》："馆有数百生，给其饩～。"㉑官府发放口粮。韩愈《南海神庙碑》："人士之落南不能归者，……用其才良，而～其无告者。"曾巩《越州赵公救灾记》："为书问属县，灾所被者几乡？民能自食者有几？当～于官者几人？"❸储积，郁结。《管子·山国轨》："民之且所用者，君已～之矣。"《素问·皮部论》："～于肠胃。"❹通"懔"。恐惧的样子。《左传·哀公十五年》："以水潦之不时，无乃～然陨大夫之尸。"❺通"凛"。寒冷。《楚辞·九辩》："皇天平分四时兮，窃独悲此～秋。"

【廪廪】 lǐnlǐn ❶恐惧的样子。贾谊《论积贮疏》："可以为富安天下，而直为此～～也。"❷庶几，接近。《公羊传·襄公二十三年》"此何以书？以近书也"注："～～近升平。"《汉书·循吏传序》："王成、黄霸……等，所居民富，所去见思，生有荣号，死见奉祀，此～～庶几德让君子之遗风矣。"

【廪食】 lǐnshí ❶官府发给的口粮。《汉书·苏武传》："武既至海上，～～不至，掘野鼠去草实而食之。"❷贮积粮食。《管子·国蓄》："一人～～，十人得馀；十人～～，百人得馀；百人～～，千人得馀。"

【廪食】 lǐnsì 官府发放口粮。《三国志·魏书·武帝纪》："慰劳绍妻，还其家人宝物，赐杂缯絮，～～之。"又"遣鄢陵侯彰讨破之"注："《魏书》载王令曰：'……而无妻子父兄产业者，～～终身。'"

懔(懍) lǐn ❶恐惧，戒惧。《荀子·议兵》："杀戮无时，臣下～然，莫必其命。"《史记·礼书》："刑杀无辜，时臣下～～，莫必其命。"❷忿怒的样子。《世说新语·轻诋》："桓公～然作色，顾谓四坐。"

【懔懔】 lǐnlǐn ❶危惧的样子。刘向《说苑·政理》："～～焉，如以腐索御奔马。"《南史·宋明帝纪》："禁中～～，若践刀剑。"❷严正，令人敬畏的样子。《后汉书·陈蕃传论》："～～乎伊、望之业矣。"(伊：伊尹。望：姜尚。)《世说新语·品藻》："廉颇、蔺相如虽千载上死人，～～恒如有生气。"

吝(𠫤、悋、啉、恡) lìn ❶顾惜，舍不得。《三国志·魏书·荀彧传》："公以至仁待人，推诚心不为虚美，行己谨俭，而与有功者无所～惜。"陶渊明《五柳先生传》："既醉而退，曾不～情去留。"❷吝啬，小气。《管子·宙合》："毋迩其求，言上之败，常贪于金玉马女，而～爱于粟米货财也。"《晋书·义阳王望传》："望性俭～而好聚敛。"❸耻辱。《后汉书·杨震传》："三后成功，惟殷于民，皋陶(yáo)不与焉，盖～之也。"(三后：指伯夷、禹、稷。皋陶：人名。)又《张衡传》："用后勋，雪前～。"❹悔恨。《后汉书·马援传》："又出征交阯，土多瘴气，援与妻子生诀，无悔～之心。"又《楚王英传》："诏报曰：'楚王……与神为誓，何嫌何疑，当有悔～？'"

【吝色】 lìnsè 面有难色，为难的表情。《潜夫论·贤难》："邓通幸于文帝，尽心而不违，吮痈而无～～。"

赁(賃) lìn ❶租借，雇用。《荀子·议兵》："是其去～市佣而战之几矣。"王禹偁《书斋》诗："年年～宅住闲坊，也作幽斋着道装。"❷受雇，当雇工。《后汉书·梁鸿传》："遂至吴，依大家皋伯通，居庑下，为人～舂。"(皋伯通：人名。)《南史·张敬儿传》："家贫，每休假，辄佣～自给，尝为城东吴泰家担水。"❸租税，税收。《战国策·赵策三》："用众者，使民不得耕作，粮食輓～不可给也。"

【赁书】 lìnshū 被雇用而缮写。《南史·庾震传》："丧父母，居贫无以葬，～～以营事，至手掌穿，然后葬事获济。"

蔺(藺) lìn ❶草名，即灯心草。《金史·地理志中》："产无缝绵、沧盐、～席。"❷通"躏"。践踏。《汉书·司马相如传上》："～玄鹤，乱昆鸡。"㉑碾压。贾思勰《齐民要术·大小麦》："冬雨雪止，以物辄～麦，掩其雪，勿令从风飞去。"❸姓。战国时有蔺相如。

遴 1. lìn ❶行路难。《说文·辵部》："遴，行难也。……《易》曰：'以往～。'"❷通"吝"。吝啬。《汉书·鲁恭王刘馀传》："子安王光嗣，初好音乐舆马，晚节～，唯恐不足于财。"又《杜周传》："诚难以忽，不可以～。"

2. lín ❸审慎选择。见"遴柬"、"遴选"。

【遴柬】 lìnjiǎn 吝啬。《汉书·高惠高后文功臣表序》："恐议者不思大义，设言虚亡，则厚德掩息，～～布章，非所以视化劝后也。"(布：传布。章：彰明。)

【遴柬】 línjiǎn 选拔人才。王安石《取材》："圣人之于国也，必先～～其贤能。"

【遴选】 línxuǎn 审慎选拔。陆游《代乞分兵取山东劄子》："以十分之一，～～骁勇有纪律之将，使之更出迭入，以奇制胜。”

辚(轔) lìn 车轮辗压，经过。潘岳《西征赋》：“～枍诣而轹承光。”(枍诣、承光：台名。)王安石《同学一首别子固》：“夫安驱徐行，～中庸之庭而造于其室，舍二贤人者而谁哉？”

【辚轹】 lìnlì ❶车轮辗压。司马相如《上林赋》：“徒车之所～～，步骑之所蹂若。”(蹂若：践踏。)❷超越。《隋书·杨玄感传论》：“足以～～轩唐，奄吞周汉。”(轩：指轩辕黄帝。唐：指唐尧。)

躏(躪) lìn 车轮辗轧，践踏。见下。

【躏藉】 lìnjí 践踏，欺压。《新唐书·则天武皇后传》：“恐百岁后为唐宗室～～无死所，……为铁券使藏史馆。”

【躏轹】 lìnlì 践踏，迫害。《鹖冠子·度万》：“生物无害，为之父母，无所～～。”李白《大猎赋》：“虽～～之已多，犹拗怒而未歇。”也作“躏跞”。柳宗元《行路难》诗之二：“遗余毫末不见保，～～涧壑何当存？”

líng

泠 líng 见 lěng。

伶 líng ❶乐官，歌舞演员。《国语·周语下》：“王弗听，问之～州鸠。”(州鸠：人名。)孟郊《教坊歌儿》诗：“去年西京寺，众～集讲筵。”❷臣仆，供使唤的人。《诗经·秦风·车邻》“未见君子，寺人之令”陆德明《经典释文》：“令，《韩诗》作‘～’。”白居易《府斋感怀酬梦得》诗：“府～呼唤争先到，家酝提携动辄随。”❸孤单。见“伶仃”、“伶俜”。❹姓。汉代有伶徵。

【伶丁】 língdīng 见“伶仃”。

【伶仃】 língdīng 孤零。陆游《幽居遣怀》诗：“斜阳孤影叹～～，横按乌藤坐草亭。”也作“伶丁”。李陵《赠苏武》诗：“远处天一隅，苦困独～～。”也作“零丁”。李密《陈情事表》：“～～孤苦，至于成立。”文天祥《过零丁洋》诗：“惶恐滩头说惶恐，零丁洋里叹～～。”

【伶利】 línglì 见“伶俐”。

【伶俐】 línglì ❶聪明，灵巧。《红楼梦》四十八回：“你又是这样一个极聪明～～的人，不用一年工夫，不愁不是诗翁了。”也作“伶利”。惟白《建中靖国续灯录·惟礼禅师》：“～～人难得。”也作“灵利”。道原《景德传灯录》卷八：“我往前住庵时，有个～～道者，直至如今不见。”也作“怜悧”。朱淑真《自责》诗之二：“添得情怀转萧索，始知～～不如痴。”❷清晰。《金瓶梅》二十回：“金莲同玉楼两个，……都听不见。金莲道：‘俺到不如春梅贼小肉儿，他到听的～～。’”❸干脆，利索。无名氏《赚蒯通》一折：“可擦的一刀两段，便除了后来祸患，岂不～～！”❹干净，清楚。用于否定句。李文蔚《燕青博鱼》一折：“我虽然嫁了这燕大，私下里和这杨衙内有些不～～的勾当。”

【伶俜】 língpīng 孤零零。杜甫《新安吏》诗：“肥男有母送，瘦男独～～。”

【伶人】 língrén 乐官，演员。《国语·周语下》：“钟成，～～告和。”《新五代史·伶官传序》：“及其衰也，数十～～困之而身死国灭，为天下笑。”

灵(靈、霛、孁) líng ❶女巫，耍弄神术的女子。《楚辞·九歌·东皇太一》：“～偃蹇兮姣服，芳菲菲兮满堂。”(偃蹇：翩跹起舞。)❷神灵。《汉书·高帝纪下》：“今吾以天之～，贤士大夫定有天下，以为一家。”《后汉书·西南夷传》：“是时郡尉府舍皆有雕饰，画山神海～奇禽异兽，以眩耀之。”[引]神奇，灵异。韩愈《杂说一》：“龙嘘气成云，云固弗～于龙也。”又《获麟解》：“麟之为～，昭昭也。”❸灵验，应验。《史记·龟策列传》：“龟藏则不～，蓍久则不神。”《三国志·魏书·文昭甄皇后传》：“至于文昭皇后膺天～符，诞育明圣，功济生民，……乃道化之所兴也。”❹威灵。《国语·晋语四》：“若以君之～，得复晋国，晋楚治兵，合于中原，其避君三舍。”❺灵魂。欧阳修《祭石曼卿文》：“呜呼曼卿！生而为英，死而为～。”❻死人的。《后汉书·张奂传》：“措尸～床，幅巾而已。”曹植《赠白马王彪》诗：“孤魂翔故域，～柩寄京师。”❼心性，精神。《文心雕龙·情采》：“若乃综述性～，敷写器象。”《颜氏家训·文章》：“至于陶冶性～，从容讽谏，入其滋味，亦乐事也。”❽知晓。《庄子·天地》：“大惑者，终身不解；大愚者，终身不～。”[引]聪慧，灵敏。见“灵利”。❾善美，美好。《诗经·鄘风·定之方中》：“～雨既零，命彼倌人。”(倌人：指车夫。)❿荣宠，荣耀。《后汉书·邓禹传》：“既至，大会群臣，赐束帛乘马，宠～显赫，光震都鄙。”⓫通“令”。命令。《尚书·吕刑》：“苗民弗用～，制以刑，惟作五虐之刑曰法。”

【灵长】 língcháng ❶长远。郭璞《江赋》：“咨五才之并用，寔水德之～～。”(咨：赞叹。五才：金、木、水、火、土。)❷久长。《世说新语·黜免》：“若晋室～～，明公便宜奉行此诏；如大运去矣，请避贤路。”陶渊明

《读山海经》诗之八："自古皆有没，何人得～～？"

【灵府】 língfǔ ❶指心。元稹《去杭州》诗："与君言语见君性，～～坦荡消尘烦。"陆游《月下作》诗："诗成独高咏，～～炯澄澈。"❷苍帝庙。《隋书·宇文恺传》："帝者承天立五府，以尊天重象，赤曰文祖，黄曰神斗，白曰显纪，黑曰玄矩，苍曰～～。"

【灵根】 línggēn 根本。1）指祖先。张衡《南都赋》："固～～于夏叶，终三代而始蕃。"（叶：世。夏叶：夏代。）陆机《叹逝赋》："痛～～之夙陨，怨具尔之多丧。"（夙：早。具尔：指兄弟。）2）指身躯。陆机《君子有所思行》："宴安消～～，酖毒不可恪。"（恪：敬。）3）指舌根。《云笈七籤·黄庭内景经·上有章》："灌溉五华植～～。"4）指脾。《云笈七籤·黄庭内景经·隐藏章》："耽养～～不复枯。"5）指道德。扬雄《太玄经·养》："藏心于渊，美厥～～。"

【灵光】 língguāng ❶神异的光芒。《三国志·蜀书·先主传》："玺潜汉水，伏于渊泉，辉景烛耀，～～彻天。"❷佛教所指人的灵性之光。《五灯会元·洪州百丈山怀海禅师》："～～独耀，回脱根尘。"❸指圣王的影响。《汉书·晁错传》："德泽满天下，～～施四海。"❹汉代宫殿名。王延寿《鲁灵光殿赋序》："鲁～～殿者，盖景帝程姬之子恭王馀之所立也。"

【灵利】 línglì 见"伶俐"。

【灵台】 língtái ❶周代台名。《后汉书·桓谭传》："其后有诏会议～～所处。"《三国志·魏书·王朗传》注："明堂所以祀上帝，～～所以观天文。"❷指心。杨炯《大周明威将军梁公神道碑》："～～远鉴，与霜月而齐明；智府宏深，共烟波而等旷。"❸星名。《晋书·天文志上》："明堂西三星曰～～，观台也。主观云物，察符瑞，候灾变也。"❹县名。在今甘肃省。

【灵犀】 língxī 旧说犀牛神异，角中有白纹，因以比喻心心相通。李商隐《无题》诗："身无彩凤双飞翼，心有～～一点通。"

【灵性】 língxìng ❶指聪明才智。韩愈《芍药歌》："娇痴婢子无～～，竞挽春衫来比并。"《红楼梦》八十一回："我看他相貌也还体面，～～也还去得，为什么不念书，只是心野贪玩？"❷动物的智能。徐夤《燕》诗："从傍衔泥溅客衣，百禽～～比他稀。"

泠 líng ❶轻妙的样子。《庄子·逍遥遊》："夫列子御风而行，～然善也。"❷清凉。柳宗元《钴鉧潭西小丘记》："枕席而卧，则清～之状与目谋，瀯瀯之声与耳谋。"❸声音清脆。见"泠泠"。❹通"令"。命令。《庄子·山木》："舜之将死，真～禹曰：'汝戒之哉！'"（真：当作"迺"。）❺通"零"。降落。《冀州从事郭君碑》："同僚涕～。"❻通"伶"。伶人，乐官。《左传·成公九年》："问其族，对曰：'～人也。'"❼姓。汉代有泠广。

【泠风】 língfēng 清风，小风。《庄子·齐物论》："～～则小和，飘风则大和。"李白《登太白峰》诗："愿乘～～去，直出浮云间。"

【泠泠】 línglíng ❶清凉、凄清的样子。《楚辞·七谏·初放》："上葳蕤而防露兮，下～～而来风。"（葳蕤：同"葳蕤"。）徐幹《情诗》："高殿郁崇崇，广厦凄～～。"❷清白的样子。《楚辞·七谏·怨世》："清～～而歼灭兮，溷湛湛而日多。"（溷：混浊。）❸声音清脆。陆机《招隐诗》："山溜何～～，飞泉漱鸣玉。"刘长卿《听弹琴》诗："～～七弦上，静听松风寒。"

怜 líng 见lián。

苓 1. líng ❶植物名。1）苍耳子。《说文·艸部》："～，苓耳，卷耳草。"2）大苦。《诗经·邶风·简兮》："山有榛，隰有～。"3）茯苓。虞集《为范尊师赋云林清游》诗："劚（zhú）～春雾重，煮术晚烟轻。"（劚：挖掘。）❷通"零"。零落。《管子·宙合》："明乃哲，哲乃明，奋乃～，明哲乃大行。"❸车箱前的栏木。《礼记·少仪》"拖诸幦"郑玄注："幦，覆～也。"（拖：同"拖"。幦：盖在车箱栏木上的帷席。）

2. lián ❹"莲"的古字。枚乘《七发》："蔓草芳～。"

岭1 líng ❶山深的样子。《广韵·青韵》："～，山深皃。"❷见"岭嶙"。

【岭嶙】 línglín 石声。扬雄《蜀都赋》："叩岩～～。"

囹 líng 见"囹圄"。

【囹圄】 língyǔ 监狱。《韩非子·显学》："宋荣子之议，设不斗争，取不随仇，不羞～～，见侮不辱，世主以为宽而礼之。"《史记·汲郑列传》："公为正卿，上不能褒先帝之功业，下不能抑天下之邪心，安国富民，使～～空虚。"

玲 líng 见"玲琅"、"玲珑"。

【玲琅】 língláng 玉声，清脆的声音。刘子翚《听詹温之弹琴歌》："～～一鼓万象春，铁面霜髯不枯槁。"

【玲珑】 línglóng ❶清脆的声音。《后汉书·班彪传》："凤盖飒洒，和鸾～～。"❷明彻、空明的样子。左思《吴都赋》："琼枝抗茎而敷蘂，珊瑚幽茂而～～。"朱彝尊《柳梢青》词："曲录阑干，～～窗户，也都寻遍。"

瓴 líng ❶陶制水瓶。《史记·高祖本纪》："地势便利，其以下兵于诸侯，譬犹居高屋之上建～水也。"（建：倾倒。）❷砖。司马相如《长门赋》："致错石之～甓兮，象瑇瑁之文章。"（甓：砖。）

凌 líng ❶冰。《后汉书·张衡传》："鱼矜鳞而并～兮，鸟登木而失条。"苏辙《河冰复结复次前韵》："引纤低徊疑上坂，打～辛苦甚攻城。"❷逾越，超过。《吕氏春秋·论威》："虽有江河之险，则～之。"颜之推《古意》诗："作赋～屈原，读书夸《左》《史》。"❸攀登，升高。《管子·兵法》："～山阬，不待钩梯；历水谷，不须舟檝。"（阬：通"冈"。）杜甫《望岳》诗："会当～绝顶，一览众山小。"㊀乘，驾。张衡《思玄赋》："～惊雷之硫磕兮，弄狂电之淫裔。"（硫磕：雷声。淫裔：闪电的样子。）❹侵犯，欺侮。《管子·法法》："令而不行，则下～上。"《战国策·秦策一》："今欲并天下，～万乘，诎敌国，制海内，子元元，臣诸侯，非兵不可。"（诎：屈服。元元：百姓。）㊀冒着，顶着。李白《赠韦侍御黄裳》诗之一："太华生长松，亭亭～霜雪。"❺严厉。《管子·中匡》："法行而不苛，刑廉而不赦，有司宽而不～。"❻迫近，临近。刘孝威《帆渡吉阳州》诗："江风～晓急，钲鼓候晨催。"李商隐《道士胡君新井碣铭序》："麴枕～晨，莲筩落晚。"❼恐惧，战栗。《汉书·扬雄传上》："熊罴之挐攫，虎豹之～遽。"（挐攫：张牙舞爪。遽：惶恐。）❽暴，急。《法言·吾子》："震风～雨，然后知夏屋之为帡幪也。"（帡幪：帐幕。）

【凌波】 língbō ❶凌驾水波。《战国策·燕策二》："胡与越人，言语不相知，志意不相通，同舟而～～，至其相救助如一也。"❷起伏的波浪。郭璞《江赋》："抚～～而凫跃，吸翠霞而夭矫。"❸形容女子步履轻盈。曹植《洛神赋》："～～微步，罗袜生尘。"

【凌迟】 língchí ❶剐刑。陆游《条对状》："五季多故，以常法为不足，于是始于法外特置～～一条。"《宋史·刑法志一》："～～者，先断其支体，乃抉其吭，当时之极法也。"（支：通"肢"。吭：咽喉。）也作"陵迟"。《辽史·耶律牒蜡传》："牒蜡不降，～～而死。"❷衰落，衰败。见"陵迟"。

【凌兢】 língjīng ❶严寒逼人的地方。扬雄《甘泉赋》："驰阊阖而入～～。"❷恐惧的样子。梅尧臣《禽言竹鸡》诗："马蹄～～雨又急，此鸟为君应断肠。"也作"陵竞"。《宋书·夷蛮传》："苦节以要厉精之誉，护法以展～～之情。"

【凌厉】 línglì 奋勇昂扬，一往无前。《三国志·魏书·贾诩传》注："至于赤壁之败，……实由疾疫大兴，以损～～之锋。"陶渊明《咏荆轲》："～～越万里，逶迤过千城。"也作"陵厉"。《南史·沈庆之传》："据鞍～～，不异少壮。"

【凌轹】 línglì 侵犯，欺压。《吕氏春秋·慎大》："干辛任威，～～诸侯，以及兆民。"（干辛：人名。）也作"陵轹"。《史记·孝文本纪》："～～边吏，入盗，甚敖无道。"《三国志·吴书·陆逊传》："[关]羽矜其骁气，～～于人。"也作"轹轹"。《汉书·灌夫传》："～～宗室，侵犯骨肉。"也作"淩轹"。《史记·魏其武安侯列传》："～～宗室，侵犯骨肉。"

铃（鈴） líng ❶金属乐器，形似钟而小。《周礼·春官·巾车》："大祭祀，鸣～以应鸡人。"❷铃铛。《左传·桓公二年》："钖、鸾、和、～，昭其声也。"李商隐《齐宫词》："梁台歌管三更罢，犹自风摇九子～。"汤显祖《牡丹亭·惊梦》："踏草怕泥新绣袜，惜花疼煞小金～。"

【铃下】 língxià ❶指门卫、侍从。《三国志·魏书·吕布传》："布于沛西南一里安屯，遣～～请[纪]灵等，灵等亦请布共饮食。"又《吴书·吴范传》："乃髡头自缚诣门下，使～～以闻，～～不敢。"❷对太守、将帅的敬称。王志坚《表异录·职官》："唐称太守曰节下，又云～～，又曰第下。"

鸰（鴒） líng 鸟名。见"鹡鸰"。

【鸰原】 língyuán 《诗经·小雅·常棣》："脊令在原，兄弟急难。"（脊令：鹡鸰。）后因以"鸰原"指代兄弟。杜甫《赠韦左丞丈济》诗："～～荒宿草，凤沼接亨衢。"

陵 líng ❶大土山。《国语·齐语》："陆、阜、～、墐、井、田、畴均，则民不憾。"（墐：沟上的道路。）《韩非子·奸劫弑臣》："是犹上高～之颠堕峻溪之下而求生，必不几矣。"❷坟墓。秦代以后专称帝王的坟墓。《国语·齐语》："昔者圣王之治天下也，……定民之居，成民之事，～为之终。"《后汉书·献帝纪》："董卓遂发掘洛阳诸帝～。"❸登，升。《左传·成公二年》："齐侯亲鼓，士～城。"《后汉书·冯衍传》："～飞廉而太息兮，登平阳而怀伤。"（飞廉：台名。平阳：地名。）㊀乘，驾。《汉书·司马相如传上》："～惊风，历骇猋。"（猋：当作"猋"，即飙。）又《扬雄传上》："～阳侯之素波兮，岂吾纍之独见许。"（阳侯：波浪神。）❹逾越，超过。《后汉书·赵咨传》："是以华夏之士，争相～尚。"《晋书·王湛等传论》："绣桷雕楹，～跨于宸极。"（宸极：指帝王。）❺凌驾，高居其上。《史记·秦本纪》："吴强，～中国。"又《楚世家》："楚强，～江汉间小国，小国皆畏之。"❻侵犯，欺侮。《史记·酷吏列传》："宁成者，……好气，为人小吏，必～其长吏。"《后汉书·光武帝纪下》："吾德薄不明，寇贼为害，强弱相～，元元失所。"（元元：百姓。）❼衰落，颓败。《后汉书·赵咨传》："至于战国，渐至颓～，法度衰毁，上下僭杂。"《三国志·魏书·文德郭皇后传》："臣恐后世下～上替，开张非度，乱自上起也。"❽磨，磨利。《荀子·君道》："兵刃不待～而劲。"❾严密。《荀子·富国》："其于礼义节奏也，～谨尽察，是荣国已。"

【陵迟】 língchí ❶斜而平。《荀子·宥坐》："三尺之岸，而虚车不能登也。百仞之山，任负车登焉。何则？～～故也。"❷衰落，衰败。《后汉书·杨震传》："政事日堕，大化～～。"（堕：毁坏。）《世说新语·赏誉》："既为国器，且是杨侯淮之子，位望殊为～～。"也作"凌迟"。《汉书·刑法志》："今隄防～～，礼制未立，死刑过制，生刑未立。"❸剐刑。见"凌迟"。

【陵竞】 língjìng 见"凌兢"。

【陵厉】 línglì 见"凌厉"。

【陵轹】 línglì 见"凌轹"。

【陵肆】 língsì 侵凌君王，肆意扩权。《后汉书·窦宪传》："宪既负重劳，～～滋甚。"《三国志·魏书·华歆传》注："故挠心于邪儒之说，交臂于～～之徒。"又《蜀书·法正传》注："安可以功臣而极其～～，嬖幸而藉其国柄者哉？"

【陵替】 língtì 衰败，废弛。诸葛亮《答法正书》："君臣之道，渐以～～。"曾巩《雅乐》："周世宗患雅乐～～。"

【陵夷】 língyí 衰落。《汉书·李寻传》："人人自贤，不务于通人，故世～～。"王安石《上仁宗皇帝言事书》："唐既亡矣，～～以至五代，而武夫用事，贤者伏匿消沮而不见。"也作"凌夷"。《聊斋志异·青凤》："太原耿氏，故大家。……后～～。"

淩 líng ❶水名。《说文·水部》："～，淩水，在临淮。"❷乘，驾。《楚辞·九章·哀郢》："～阳侯之氾滥兮，忽翱翔之焉薄？"（阳侯：指波浪。薄：停止。）❸急驰，急行。《楚辞·大招》："冥～浃行，魂无逃只。"（冥：北方之神。浃：遍。只：语气词。）❹逾越，超过。木华《海赋》："飞骏鼓楫，汎海～山。"❺欺侮，侵犯。《史记·酷吏列传》："汤数行丞相事，知此三长史素贵，常～折之。"

【淩轹】 línglì 见"凌轹"。

【淩夷】 língyí 见"陵夷"。

愣 líng 惊惶，恐惧。《鹖冠子·备知》："昔之登高者，下人代之～，手足为之汗出。"张衡《西京赋》："百禽～遽，骙瞿奔触。"（骙瞿：惶恐奔走的样子。）

菱（蔆） líng 水生植物名，即菱角。《楚辞·招魂》："涉江采～。"陆游《好事近》词："有沽酒处便为家，～芡四时足。"

【菱花】 línghuā ❶菱角的花。梁简文帝《采菱曲》："～～落复含，桑女罢新蚕。"❷镜子的代称。李白《代美人愁镜》诗："狂风吹却妾心断，玉箸并堕～～前。"汤显祖《牡丹亭·惊梦》："停半晌，整花钿，没揣～～，偷人半面，迤逗的彩云偏。"

聆 líng ❶听。刘禹锡《秋声赋》："～朔风而心动。"苏轼《石钟山记》："扣而～之，南声函胡，北音清越。"❷清晰。《论衡·自纪》："观读之者，晓然若盲之开目，～然若聋之通耳。"❸见"聆聆"。

【聆聆】 línglíng 明了。《淮南子·齐俗训》："不通于道者若迷惑，告以东西南北，所居～～，壹曲而辟，然忽不得，复迷惑也。"

棂（櫺、欞） líng ❶栏杆或窗户上的雕花格子。班固《西都赋》："舍～槛而却倚，若颠坠而复稽。"孔尚任《桃花扇·馀韵》："碎琉璃，瓦片多，烂翡翠，窗～少。"❷檐与椽相连的板。《方言》卷十三："屋梠谓之～。"（梠：屋檐。）

崚 líng 见"崚嶒"。

【崚嶒】 língcéng 高峻叠出的样子。谢朓《游山》诗："坚崿既～～，回流复宛澶。"（宛澶：蜿蜒。）也作"崚层"。徐陵《太极殿铭》："千栌赫奕，万栱～～。"（栱：梁柱间的弓形结构。）

【崚层】 língcéng 见"崚嶒"。

蛉 líng 虫名。见"蜻蛉"。

翎 líng ❶鸟羽。卢照邻《失群雁》诗："毛～憔悴飞无力，羽翮摧颓君不识。"❷清代官员帽饰，用孔雀等鸟尾羽制成，即花翎，用以区别品级。《清会典事例·礼部·冠服》："戴～之制，贝子戴三眼孔雀～，根缀蓝～。"（贝子：清代爵号。）

輘（輘） 1. líng ❶被车轮碾压。见"輘轹"。

2. léng ❷车声，轰隆声。王褒《洞箫赋》："故其武声，则若雷霆～輷。"韩愈《读东方朔杂事》诗："偷入雷电室，輷～掉狂车。"

【輘轹】 línglì 见"凌轹"。

零 1. líng ❶雨徐徐而降。《诗经·豳风·东山》："我来自东，～雨其濛。"又《鄘风·定之方中》："灵雨既～。"❷降落，落下。诸葛亮《出师表》："临表涕～，不知所言。"❸凋谢，零落。《论衡·异虚》："睹秋之～实，知冬之枯萃。"束皙《补亡诗·由庚》："木以秋～，草以春抽。"❹数字。1)表示空位。《兵科钞出题本·户部题为襄饷告罄目前难支等事》："通共三百～三万馀两矣。"2)馀数，零头。《宋史·食货志上二》："旧尝收饗奇(jī)～，如米不及十合，而收为升；绢不满十分，而收为寸之类。"(奇：零数。)蔡上翔《张氏重刻王荆公诗注序》："又载季章所著书目共七种，为卷三百六十有～。"❺零碎，琐细。《红楼梦》八十八回："奴才在这里经营地租庄子，银钱出入每年也有三五十万来往，……何况这些～星东西。"❻姓。

2. lián ❼先零，汉代羌族的一支。《后汉书·西羌传》："十一年夏，先～种复寇临洮，陇西太守马援破降之。"

【零丁】 língdīng ❶孤零。见"伶仃"。❷寻人的招帖。《齐谐记》："前后有失儿女者，～～有数十。"(方以智《通雅·释诂》："盖古以纸书之，悬于一竿，其状～～然。")

【零落】 língluò ❶凋谢。《吕氏春秋·仲夏》："行秋令，则草木～～，果实早成。"❷衰落，残败，死亡。《三国志·蜀书·先主传》注引《魏书》："我儿不才，而诸将并～～。"卢照邻《益州至真观主黎君碑》："观中先有天尊真人石像，……法师睹斯而流涕曰：'不图先圣尊容，～～至此。'"欧阳修《菱溪石记》："及其后世，荒堙～～，至于子孙泯没而无闻。"❸零散，杂乱。潘岳《悼亡》诗之二："赋诗欲言志，～～难具纪。"

龄(齡) líng 年岁。《礼记·文王世子》："梦帝与我九～。"苏舜钦《先公墓志铭》："公生七～，以父任宣节校尉，左千牛备身，俄加振武副尉。"

岭²(嶺) lǐng ❶山。王羲之《兰亭集序》："此地有崇山峻～，茂林修竹。"苏轼《题西林壁》诗："横看成～侧成峰，远近高低各不同。"❷五岭的简称。沈佺期《岭表逢寒食》诗："～外迟寒食，春来不见饧。"(饧：饴糖。)苏轼《食荔支》诗之二："日啖荔支三百颗，不妨长作～南人。"

【岭嵤】 lǐngyíng 山深邃的样子。扬雄《甘泉赋》："～～嶙峋，洞亡厓兮。"

领(領) 1. lǐng ❶颈项，脖子。《战国策·秦策三》："若有败之者，臣请挈领。"《后汉书·严光传》："怀仁辅义天下悦，阿谀顺旨要～绝。"(要："腰"的古字。)❷衣领。《汉书·广川惠王传》："时爱为去刺方～绣，去取烧之。"(爱：人名。去：广川惠王刘去。)《隋书·儒林传序》："方～矩步之徒，亦多转死沟壑。"❸量词。件。《战国策·秦策一》："降代、上党，……不用一～甲，不苦一民，皆秦之有也。"(代、上党：都是地名。)又："武王将素甲三千～，战一日，破纣之国。"❹治理，处理。《论衡·程材》："将之不好用之者，事多已不能理，须文吏以～之也。"《后汉书·景丹传》："丹时病，帝以其旧将，欲令强起～郡事。"❺统率，率领。《韩非子·奸劫弑臣》："上不能说人主使之明法术度数之理以避祸难之患，下不能～御其众以安其国。"《汉书·魏相传》："相总～众职。"㊄属于。《史记·李将军列传》："[李]广为骁骑将军，～属护军将军。"㊈引导。杨万里《雪》诗："只愁雪虐梅无奈，不道梅花～雪来。"❻领取，收受。《敦煌变文集·董永变文》："～得钱物将归舍。"《三国演义》三回："[吕]布～令而去。"❼领会，了解。陶渊明《饮酒》诗之十三："醒醉还相笑，发言各不～。"陆游《初春书怀》诗之四："清泉冷浸疏梅蕊，共～人间第一香。"❽兼任(较低职务)。《史记·平准书》："桑弘羊为治粟都尉，～大农。"(桑弘羊：人名。治粟都尉、大农：都是官名。)《后汉书·刘焉传》："出焉为监军使者，～益州牧。"(牧：官名。)❾通"岭"。山岭。《汉书·严助传》："舆轿而隃～。"(隃：同"踰"。)

2. lìng ❿通"令"。美好。《汉书·扬雄传下》："君子纯终～闻。"

【领会】 lǐnghuì ❶遭遇。向秀《思旧赋》："托运遇于～～兮，寄余命于寸阴。"❷理解，体会。陆游《示子遹》诗："数仞李杜墙，常恨欠～～。"(李杜：指李白、杜甫。)

【领鉴】 lǐngjiàn 见解，见识。孙绰《丞相王导碑》："非夫～～玄达，百炼不渝，孰能莫忤于世，而动与理会者哉？"

【领解】 lǐngjiě 科举考试中，乡试录取。唐寅《奉寄孙思和》诗："～～皇都第一名，猖披归卧旧茅衡。"

令 1. lìng ❶命令，法令。《老子·五十七章》："法～滋章，盗贼多有。"《韩非子·主道》："臣制财利，则主失德；臣擅行～，则主失制。"㊄酒令。《红楼梦》四十回："贾母先笑道：'咱们先吃两杯，今日也行一个～，才有意思。'"❷发布命令。《史记·高祖本纪》："汉王乃～张耳与韩信遂东下井陉击赵。"《后汉书·桓帝纪》："诏司隶校尉、部刺史曰：'……其～所伤郡国种芜菁以助人食。'"❸(又读 lǐng)使，让。《老子·十二章》："五色～人目盲，五音～人耳聋。"《韩非子·内储说上》："夫火形严，故人鲜灼；水形懦，人多溺。子必严子之形，无～溺子之懦。"《史记·孙子吴起列传》："孙子谓田忌曰：'……臣能～君胜。'"❹时节，时令。白居易《赠友》诗："时～一反常，生灵受其病。"❺官名。1) 县级地方行政长官。《韩非子·五蠹》："今之县～，一日身死，子孙累世絜驾，故人重之。"（絜驾：指乘坐马车。）《吕氏春秋·去私》："南阳无～，其谁可而为之？"归有光《吴山图记》："余同年友魏君用晦为吴县，……～诚贤也。"2) 中央或地方主管某个方面的官员。《史记·循吏列传》："市～言之相曰：'市乱，民莫安其处，次行不定。'"又如尚书令、中书令等。❻善，美，好。《战国策·秦策二》："弊邑欲伐之，而大国与之欢，是以弊邑之王不得事～。"《吕氏春秋·安死》："君之不～民，父之不孝子，兄之不悌弟，皆乡里之所釜鬲者而逐之。"（所釜鬲者：用炊具釜鬲吃饭的人，指所有的人。）❼对对方亲属的尊称。刘禹锡《为鄂州李大夫祭柳员外文》："～妻早谢，稚子四岁。"❽小令，词曲中较短小的一种体制。如《三字令》、《六么令》。❾辞令，应酬的言词。《韩非子·说疑》："彼又使谲诈之士，……镇之以辞～，资之以币帛。"《史记·屈原贾生列传》："明于治乱，娴于辞～。"

2. líng ❿假若，如果。《汉书·李广传》："惜广不逢时，～当高祖世，万户侯岂足道哉！"⓫通"鸰"。鹡鸰，鸟名。《诗经·小雅·小宛》："题彼脊～，载飞载鸣。"（题：看。脊：通"鹡"。）

3. lián ⓬令居。地名。在今甘肃永登县西北。

【令爱】 lìng'ài 对对方女儿的尊称。《京本通俗小说·碾玉观音上》："适来叫出来看郡王轿子的人，是～～么？"

【令称】 lìngchēng 美好的名声。桓范《荐管宁表》："窃见东莞管宁，束修著行，少有～～。"（东莞：地名。）

【令德】 lìngdé 美德。《史记·周本纪》："后稷之兴，在陶唐、虞、夏之际，皆有～～。"（后稷：人名。）又《孔子世家》："先王欲昭其～～。"

【令弟】 lìngdì ❶对自己弟辈的尊称。谢灵运《酬从弟惠连》诗："末路值～～，开颜披心胸。"❷对对方弟弟的尊称。薛稷《饯许州宋司马赴任》诗："～～与名兄，高才振两京。"

【令典】 lìngdiǎn 法令典章。《三国志·魏书·文帝纪》："自今其敢设非祀之祭，巫祝之言，皆以执左道论，著于～～。"（左道：邪道。）

【令阁】 lìnggé 对对方妻子的尊称。赵令畤《侯鲭录》卷三："东坡再谪惠州日，一老举人年六十九，为邻。其妻三十岁诞子，为具邀公。公欣然而往，酒酣乞诗，公戏一联云：'～～方当而立岁，贤夫已近古希年。'"

【令轨】 lìngguǐ 美好的轨范。《三国志·魏书·武帝纪》注："夫伐罪吊民，古之～～。"张说《齐黄门侍郎卢思道碑》："征君之子，禀天灵杰，承家～～。"

【令郎】 lìngláng 对对方儿子的尊称。朱熹《答徐彦章》："并前书送～～处，寻便附致。"

【令名】 lìngmíng ❶美好的名称。《史记·秦始皇本纪》："阿房宫未成，成，欲更择～～名之。"《三国志·魏书·高贵乡公纪》："克敌之地，宜有～～。"❷美好的名声。《国语·晋语一》："君得其欲，太子远死，且有～～，为吴大伯，不亦可乎？"（吴大伯：人名。）《汉书·沟洫志》："魏文侯时，西门豹为邺令，有～～。"

【令器】 lìngqì 卓越的人才。《晋书·石苞传》："儁字彦伦，少有名誉，议者称为～～。"

【令舍】 lìngshè 官舍。《韩非子·十过》："公宫～～之堂，皆以炼铜为柱质。"

【令嗣】 lìngsì 对对方儿子的尊称。王安石《答郑大夫书》："承教，并致～～埋铭祭文，发挥德美，足以传后信今。"也作"令似"。王铚《默记》："刘原父就省试，父立之止以候榜。郡守曰：'虽～～才俊，岂可预料？'"

【令似】 lìngsì 见"令嗣"。

【令堂】 lìngtáng 对对方母亲的尊称。郑德辉《㑳梅香》三折："这声音九分儿是你～～。"

【令望】 lìngwàng 美好的声望。《诗经·大雅·卷阿》："如圭如璋，令闻～～。"

【令闻】 lìngwén 美好的名声。《孟子·告子上》："～～广誉施于身，所以不愿人之文绣也。"《汉书·贾山传》："故臣下莫敢不竭力尽死以报其上，功德立于后世，而～～不忘也。"

【令问】 lìngwèn 美好的名声。《汉书·礼乐志》："承保天休，～～不忘。"《三国志·蜀书·关羽传》："［关］兴字安国，少有～～，丞相诸葛亮深器异之。"

【令终】 lìngzhōng ❶保持善名而死。《诗经·大雅·既醉》："昭明有融，高朗～～。"《国语·周语下》："故高朗～～，显融昭明。命姓受氏，而附之以令名。"❷善终，得尽天年。《宋书·雷次宗传》:"但愿守全所志,以保～～耳。"❸圆满结束。嵇康《琴赋》:"既丰赡以多姿,又善始而～～。"

【令尊】 lìngzūn 对对方父亲的尊称。陈叔方《颍川语小》卷上:"世俗称谓,多失其义,惟以～～呼父,以内称妻,尚可通。"

另 lìng 别的,另外。杨慎《升庵外集》:"俗谓异日为～日。"《红楼梦》七回:"有祖宗时,都～眼相待,如今谁肯难为他?"

liu

刘(劉) liú ❶斧钺类兵器。《尚书·顾命》:"一人冕,执～。"❷杀。《后汉书·张衡传》:"瞰瑶谿之赤岸兮,吊祖江之见～。"(瑶谿:地名。祖江:神话中人名。)㉿掠夺,征服。《左传·成公十三年》:"芟夷我农功,虔～我边陲。"《逸周书·世浮》:"则咸～商王纣。"❸凋残,剥落稀疏。《诗经·大雅·桑柔》:"捋采其～,瘼此下民。"(瘼:病。)❹木名。《广韵·尤韵》:"～,……亦刘子,木名,实如梨,核坚味酸,出交阯。"❺通"流"。普遍。《淮南子·原道训》:"～览偏照,复守以全。"❻地名。1) 春秋时周地,在今河南偃师县西南。《左传·昭公二十六年》:"王城人、～人战于施谷,～师败绩。"2) 春秋时鲁地,在今山东曲阜。《春秋·襄公十五年》:"宋公使向戌来聘,二月己亥,及向戌盟于～。"❼姓。春秋时有刘毅。

斿 liú 见 yóu。

浏(瀏) liú ❶水流清澈的样子。《诗经·郑风·溱洧》:"溱与洧,～其清矣。"(溱、洧:都是水名。)柳宗元《永州韦使君新堂记》:"积之丘如,蠲之～如。"(蠲:指疏通。)❷风势急速的样子。《楚辞·九叹·逢纷》:"白露纷以涂涂兮,秋风～以萧萧。"谢惠连《泛湖归出楼玩月》诗:"亭亭映江月,～～出谷飙。"❸风势轻柔的样子。曹植《与吴季重书》:"晔若春荣,～若清风。"❹风声。左思《吴都赋》:"飕～飕飗。"(飕浏:风声。飕飗:风声。)❺水名,在湖南省境内。郦道元《水经注·浏水》:"～水出临湘县东南。"

【浏慄】 liúlì 象声词。刘禹锡《浙西李大夫霜夜对月听小童吹觱篥歌》:"长江凝练树无风,～～一声霄漠中。"也作"浏溧"。马融《长笛赋》:"雷叩锻之岌峇兮,正～～以风冽。"(锻:捶击。岌峇:发出声响。)

【浏溧】 liúlì 见"浏慄"。

【浏亮】 liúliàng 明朗,清晰。陆机《文赋》:"诗缘情而绮靡,赋体物而～～。"范摅《云溪友议·舞娥异》:"夜闻长笛之音,而～～不绝。"

流 liú ❶液体移动。《孟子·告子上》:"性犹湍水也,决诸东方则东～,决诸西方则西～。"(湍:急流水。)《韩非子·五蠹》:"司寇行刑,君为之不举乐;闻死刑之报,君为～涕。"沈括《梦溪笔谈·神奇》:"内侍李舜举家曾为暴雷所震,……其漆器银扣者,银悉熔～在地。"㉿淹没。《汉书·高后纪》:"夏,江水汉水溢,～万馀家。"㊀转移。《汉书·礼乐志》:"盖嘉其敬意而不及其财贿,美其欢心而不～其声音。"㊀变化。苏轼《刑赏忠厚之至论》:"过乎仁,不失为君子;过乎义,则～而入于忍人。"❷行,走动。《左传·哀公十二年》:"今火犹西～,司历过也。"(火:星宿名。司历:历官。)《战国策·楚策四》:"襄王～揜于城阳。"(揜:指躲藏。)《韩非子·二柄》:"桓公虫～出户而不葬。"❸流行,传布。《荀子·议兵》:"是故刑罚省而威～。"《后汉书·隗嚣传》:"～闻光武即位河北。"(光武:东汉光武帝。)又《蓟子训传》:"于是子训～名京师,士大夫皆承风向慕之。"㉿周遍,普遍。《楚辞·九章·哀郢》:"曼余目以～观兮,冀壹返之何时?"《后汉书·马融传》:"于是～览遍照,殚变极态。"(殚:穷尽。)㊀流风,德泽。《穀梁传·僖公十五年》:"故德厚者～光,德薄者～卑。"❹动荡,放荡。《管子·宙合》:"君失音则风律必～,～则乱败。"《荀子·乐论》:"先王恶其乱也,故制《雅》、《颂》之声以道之,使其声足以乐而不～。"㉿流弊,过失。《管子·法法》:"猛毅之君者轻诛,轻诛之～,道正者不安。"❺流放,放逐。《孟子·万章上》:"舜～共工于幽州。"(共工:水官名。)《后汉书·梁统传》:"是以五帝有～、殛、放、杀之诛,三王有大辟、刻肌之法。"(刻肌:指刖刑等。)㉿飘泊,流亡。《战国策·齐策三》:"今子,东国之桃梗也,……降(hóng)雨下,淄水至,～子而去。"(降:大。)《吕氏春秋·悔过》:"故箕子穷于商,范蠡～乎江。"《论衡·恢国》:"比旱不雨,牛死民～,可谓剧矣。……身～在道,心回乡内。"❻寻求,采摘。《诗经·周南·关雎》:"参差荇菜,左右～之。"❼水道,河流。《史记·屈原贾生列传》:"宁赴常～而葬乎江鱼腹中耳。"《论衡·异虚》:"根生,叶安得不茂?源发,～安得不广?"㉿盛水浆器皿的出水口。《仪礼·士虞礼》:"匜水错于槃中南,～在西阶之南。"(匜:洗手盛水器皿。)❽流派。《汉书·艺文志》:"法家者～,盖出于理官。"苏轼《东坡志林·战国任侠》:"自谋夫说客、谈天雕龙、坚白同异之～，……莫不宾礼。"（谈天雕龙：指驺衍、驺奭两人。坚白同异：指公孙龙等人。）㊿品类，品级。《后汉书·冯衍传》："功与日月齐光兮，名与三王争～。"王安石《上仁宗皇帝言事书》："又其次曰～外。……盖古者有贤不肖之分，而无～品之别。"❾通"留"。《荀子·君子》："贵贱有等，则令行而不～。"❿边远地区。《史记·夏本纪》："要服外五百里荒服，三百里蛮，二百里～。"（要服：距王城一千五百至二千里的地区。荒服：距王城二千至二千五百里的地区。）《论衡·须颂》："论衡之人，在古荒～之地，其远非徒门庭也。"⓫王莽时的银两单位。《汉书·食货志下》："朱提银重八两为一～。"

【流迸】 liúbèng ❶流离失散。《北史·魏孝文帝纪》："又诏～～之人，皆令还本，违者徙边。"（本：指农业。）❷翻涌流淌。王禹偁《庶子泉》诗："泉乎未遇人，石罅徒～～。"（罅：缝隙。）

【流变】 liúbiàn 流移变化。《后汉书·曹褒传论》："况物运迁回，情数万化，制则不能随其～～，品度未足定其滋章，斯固世主所当损益者也。"

【流别】 liúbié ❶支流。《说文》："𠂢，水之邪～～也。"段注："～～者，一水歧分之谓。"❷流派，类别。《晋书·挚虞传》："又撰古文章，类聚区分为三十卷，名曰《流别集》。"章学诚《校雠通义·宗刘》："就四部之成法，而能讨论～～，以使之恍然于古人官师合一之故，则文章之病，可以稍救。"

【流宕】 liúdàng ❶放任，放荡。陶渊明《闲情赋序》："抑～～之邪心。"陆游《跋花间集》："方是时，天下岌岌，生民救死不暇，士大夫乃～～如此，可叹也哉！"❷流浪，漂泊。《三国志·魏书·裴潜传》注："会三辅乱，人多～～。"

【流放】 liúfàng 驱逐罪犯到边远地区的刑罚。《汉书·天文志》："八月丁巳，悉复蠲除之，贺良及党与皆伏诛～～。"（蠲：免除。）

【流风】 liúfēng ❶前代流传下来好风尚。《孟子·公孙丑上》："纣之去武丁未久也，其故家遗俗，～～善政，犹有存者。"司马相如《难蜀父老》："政教未加，～～犹微。"❷教化。《三国志·魏书·陈留王传》："相国晋王……震耀武功，则威盖殊荒，～～迈化。"❸长风，疾风。司马相如《美人赋》："～～惨冽，素雪飘零。"❹随风飘浮。《楚辞·九章·悲回风》："凌大波而～～兮，托彭咸之所居。"

【流光】 liúguāng ❶闪耀的光。曹植《七哀诗》："明月照高楼，～～正徘徊。"苏轼《前赤壁赋》："桂棹兮兰桨，击空明兮溯～～。"❷闪射光芒。曹丕《济川赋》："明珠灼灼而～～。"❸逝去的时光。李白《古风》之十一："逝川与～～，飘忽不相待。"❹和气流布，日月星辰照耀。《庄子·天运》："夫至乐者，……一清一浊，阴阳调和，～～其声。"❺福德光照后代。《汉书·韦贤传》："故德厚者～～，德薄者流卑。"

【流离】 liúlí ❶流落，失散。《后汉书·窦融传》："是使积痾不得遂瘳，幼孤将复～～。"（痾：病。瘳：病愈。）王守仁《瘗旅文》："道傍之冢累累兮，多中土之～～兮，相与呼啸而徘徊兮。"❷分散的样子。司马相如《上林赋》："～～轻禽，蹴履狡兽。"王延寿《鲁灵光殿赋》："澔澔涆涆，～～烂漫。"❸光彩灿烂的样子。《后汉书·蔡邕传》："连衡者六印磊落，合从者骈组～～。"（骈：并连。组：印绶。）❹犹"淋漓"。滴流或沾湿的样子。《乐府诗集·横吹曲辞·陇头流水歌辞》："陇头流水，～～西下。"（西：疑当作"四"。）《汉书·路温舒传》："是以死人之血～～于市，被刑之徒比肩而立。"《三国志·蜀书·关羽传》："时羽适请诸将饮食相对，臂血～～，盈于盘器。"❺枭的别名。《诗经·邶风·旄丘》："琐兮尾兮，～～之子。"❻同"琉璃"。宝石名。《汉书·西域传上》："出……珊瑚、虎魄、璧～～。"

【流连】 liúlián ❶乐而忘返。《孟子·梁惠王下》："～～荒亡，为诸侯忧。从流下而忘反谓之流，从流上而忘反谓之连。……先王无～～之乐，荒亡之行。"❷难分难舍。见"留连"。❸流离，散失。《汉书·师丹传》："百姓～～，无所归心。"❹流泪的样子。《后汉书·翟辅传》："既坐，言无所及，唯涕泣～～。"

【流漫】 liúmàn ❶弥漫，遍布。《三国志·魏书·袁术传》注引《吴书》："门户灭绝，死亡～～。"宋之问《自湘源至潭州衡山县》诗："渐见江势阔，行嗟水～～。"❷放纵，放荡。《史记·李斯列传》："谏说理论之臣闲于侧，则～～之志诎矣。"也作"流僈"。《荀子·乐论》："乐姚冶以险，则民～～鄙贱矣。～～则乱，鄙贱则争。"（姚冶：轻佻。险：邪。）

【流僈】 liúmàn 见"流漫"。

【流湎】 liúmiǎn ❶沉溺。《荀子·非十二子》："多言无法而～～然，虽辩，小人也。"❷沉溺于酒，迷恋于酒。《淮南子·泰族训》："仪狄为酒，禹饮而甘之，遂疏仪狄而绝旨酒，所以遏～～之行也。"（仪狄：人名。）❸靡曼，柔美。《史记·乐书》："是故其声哀而不庄,乐而不安,慢易以犯节,～～以忘本。”

【流眄】 liúmiǎn 游移不定地观看。宋玉《登徒子好色赋》:“含喜微笑,窃视～～。”陶渊明《闲情赋》:“瞬美目以～～,含言笑而不分。”

【流年】 liúnián 易于流逝的年华,时光。孟昶《木兰花》词:“屈指西风几时来,只恐～～暗中换。”辛弃疾《水龙吟·登建康赏心亭》词:“可惜～～,忧愁风雨,树犹如此。”《金瓶梅》二十七回:“只恐西风又惊秋,暗中不觉换～～。”

【流派】 liúpài ❶支流。张文琮《咏水》:“标名资上善,～～表灵长。”❷派系,派别。朱彝尊《刘介子诗集序》:“南渡以后,尤延之、范致能为杨廷秀所服膺,而不入其～～。”(服膺:信服。)

【流配】 liúpèi 同“流放”。驱逐罪犯到边远地区的刑罚。《宋史·太祖纪》:“～～者释放。”

【流辟】 liúpì 淫邪,邪乱。《吕氏春秋·音初》:“～～、诛越、慆滥之音出,则滔荡之气、邪慢之心感矣。”(诛越:轻佻。慆滥:放荡。)《汉书·礼乐志》:“～～邪散之音作,而民淫乱。”

【流冗】 liúrǒng 流散,流离。杜甫《夏日叹》:“万人尚～～,举目唯蒿莱。”

【流矢】 liúshǐ ❶飞箭,飞来的箭。《荀子·强国》:“白刃扞乎胸,则目不见～～。”❷乱飞的箭,乱箭。《吕氏春秋·节丧》:“民之于利也,犯～～,蹈白刃,涉(dié)血盩肝以求之。”(涉:通“喋”。盩:通“抽”。)又《期贤》:“～～如雨,扶伤舆死。”❸无端飞来的箭,目标不确定的箭。《论衡·命禄》:“高祖击黥布,为～～所中。”

【流俗】 liúsú ❶世俗,流行的习俗。《孟子·尽心下》:“同乎～～,合乎污世。”❷俗人,世俗之人。《三国志·蜀书·廖立传》:“王连～～,苟作掊克,使百姓疲弊,以致今日。”(王连:人名。掊克:搜刮民财。)

【流通】 liútōng ❶流行,通达。《论衡·感虚》:“梁山崩,壅河三日不流。……晋伯宗以辇者之言,令景公素缟而哭之,河水为之～～。”❷交相感应,互相通达。《汉书·董仲舒传》:“书邦家之过,兼灾异之变,以此见人之所为,其美恶之极,乃与天地～～而往来相应。”

【流亡】 liúwáng ❶流落逃亡。《战国策·秦策四》:“百姓不聊生,族类离散,～～为臣妾,满海内矣。”《后汉书·章帝纪》:“比年牛多疾疫,垦田减少,谷价颇贵,人以～～。”❷尸随水流。《楚辞·离骚》:“宁溘死以～～兮,余不忍为此态也。”(溘:忽然。)又《九章·惜往日》:“宁溘死而～～兮,恐祸殃之有再。”

【流徙】 liúxǐ ❶流亡,流离。《史记·酷吏列传》:“山东水旱,贫民～～。”❷流亡的人。刘基《北上感怀》诗:“维时连年歉,道路多～～。”❸流放。《后汉书·桓帝纪》:“～～者使还故乡,没入者免为庶民。”

【流亚】 liúyà 同类人。袁宏道《徐文长传》:“文有卓识,气沉而法严,不以模拟损才,不以议论伤格,韩、曾之～～也。”(韩曾:指韩愈和曾巩。)

【流移】 liúyí ❶流离转徙。《后汉书·东夷传》:“会稽东冶县人有入海行遭风～～至澶洲者,所在绝远,不可往来。”❷流放。《唐六典·尚书·刑部》:“～～之人,皆不得弃放妻妾及私遁还乡。”

【流议】 liúyì ❶众人的议论,流俗的议论。《汉书·东方朔传》:“寡人……虚心定志,欲闻～～者,三年于兹矣。”颜延之《五君咏·嵇中散》:“立俗迕～～,寻山洽隐沦。”❷发表议论。白居易《纳谏》:“工商得以～～,士庶得以传言。”

【流转】 liúzhuǎn ❶流移,运转。杜甫《曲江》诗:“传语风光共～～,暂时相赏莫相违。”❷流畅,宛转。《南史·王筠传》:“好诗圆美～～如弹丸。”苏洵《上欧阳内翰书》:“韩子之文,如长江大河,浑浩～～。”❸流离转徙。《后汉书·张俭传》:“后～～东莱,止李笃家。”(东莱:地名。)❹轮流。《隋书·音乐志下》:“十二月三管～～用事。”

留(畱、畱、畄) 1. liú ❶停留,停止。《汉书·梁孝王刘武传》:“三十五年冬,复入朝,上疏欲～,上弗许。”《后汉书·和熹邓皇后纪》:“又诏诸园贵人,其宫人有宗室同族若羸老不任使者,……恣其去～。”[引] 静止。《庄子·天地》:“～动而生物,物成生理,谓之形。”❷滞留,迟延。《战国策·宋卫策》:“臣请爱边城,徐其攻而～其日,以待下吏之有城而已。”《论衡·感类》:“七年乃雨,天应之诚,何其～也。”[引] 迟缓,缓慢。《论衡·物势》:“利剑门戟,手足健疾者胜;顿刀短矛,手足缓～者负。”❸保留,留存。梁简文帝《登琴台》诗:“高名千载～。”❹挽留,留下。《左传·襄公三十一年》:“公不留宾,而亦无废事。”《后汉书·伏湛传》:“其冬,车驾征张步,～湛居守。”(张步:人名。)[引] 扣留。《战国策·楚策二》:"秦败楚汉中。楚王入秦,秦王~之。"《史记·李斯列传》:"始皇崩,书及玺皆在赵高所,……赵高因~所赐扶苏玺书。"(扶苏:人名。)❺等待,伺候。《庄子·山木》:"蹇裳躩步,执弹而~之。"(蹇:搴起。躩步:急行。)❻长久。《礼记·儒行》:"遽数之不能终其物,悉数之乃~。"❼尽,终。《逸周书·大匡》:"哭不~日。"❽治理。《国语·楚语上》:"今君为此台也,国民罢焉,财用尽焉,年谷败焉,百官烦焉,举国~之,数年乃成。"(罢:通"疲"。)❾地名。1)在今河南开封东南陈留城。2)在今江苏沛县东南。❿姓。宋代有留梦炎。

2. liǔ　⓫昴星的别名。《史记·律书》:"北至于~。"

【留都】　liúdū　迁都之后,对旧都的称呼。如明代迁都北京后,称旧都南京为留都。张居正《答奉常周孝泉》:"今同乡诸贤皆聚于~~冗散,虽仆之不肖,不能相引。"

【留计】　liújì　❶留意。《战国策·齐策一》:"今无臣事秦之名,而有强国之实,臣固愿大王之少~~。"❷犹豫不决。《战国策·秦策五》:"子异人,秦之宠子也,无母于中,王后欲取而子之。使秦而欲屠赵,不顾一子以~~,是抱空质也。"(异人:人名。)

【留髡】　liúkūn　《史记·滑稽列传》:"日暮酒阑,……堂上烛灭,主人~~而送客。"(髡:淳于髡,人名。)后因以指留客住宿。苏轼《闻李公择饮傅国博家大醉》诗之一:"纵使先生能一石,主人未肯独~~。"

【留连】　liúlián　❶难分难舍,留恋。唐太宗《金镜》:"每至轩昊之无为,唐虞之至治,未尝不~~赞咏,不能已已。"(轩:指轩辕黄帝。昊:指少昊。)也作"流连"。傅亮《为宋公修张良庙教》:"过大梁者,或伫想于夷门;游九京者,亦~~于随会。"(大梁、夷门:都是地名。随会:人名。)㊀难以折断。《乐府诗集·清商曲辞·张静婉采莲曲》:"船头折藕丝暗牵,藕根莲子相~~。"❷滞留,迟延。《后汉书·刘陶传》:"事付主者,~~至今,莫肯求问。"也作"流连"。《三国志·魏书·刘馥传》:"封符指期,无~~之吏。"

【留落】　liúluò　❶机遇不好,难取功名。《汉书·霍去病传》:"然而诸宿将常~~不耦。"❷木名。司马相如《上林赋》:"~~胥邪。"(胥邪:木名。)

【留行】　liúxíng　中途停留。《韩非子·存韩》:"秦发兵不~~,而韩之社稷忧矣。"《汉书·韩安国传》:"今以中国之盛,万倍之资,遣百分之一以攻匈奴,譬犹以强弩射且溃之痈也,必不~~矣。"

琉(瑠)　liú　见"琉璃"。

【琉璃】　liúlí　❶宝石名。《盐铁论·力耕》:"而璧玉、珊瑚、~~,咸为国之宝。"《魏书·大月氏传》:"其国人商贩京师,自云能铸石为五色~~。"❷涂釉陶器名,即琉璃砖瓦。孔尚任《桃花扇·馀韵》:"碎~~,瓦片多,烂翡翠,窗棂少。"

游　liú　见 yóu。

旒　liú　❶旌旗下边垂缀的装饰织物。《国语·齐语》:"赏服大路,龙旗九~,渠门赤旂。"(大路:车名。渠门:旗名。)《论衡·变动》:"旌旗垂~,~缀于杆,杆东则~随而西。"❷帝王冠冕前后悬垂的玉串。《后汉书·蔡茂传》:"赐以三公之服,黼黻冕~。"(黼黻:礼服上绘绣的花纹。)唐顺之《信陵君救赵论》:"目世之衰,人皆习于背公死党之行,而忘守节奉公之道,有重相而无威君,有私仇而无义愤。……盖君若赘~久矣。"

【旒扆】　liúyǐ　帝王的代称。柳宗元《礼部文武百寮请听政第三表》:"伏以万机至重,遗旨难违,再献表章,上尘~~。"

骝(騮、駵)　liú　黑鬣黑尾的红马。《汉书·郊祀志上》:"其牲用~驹、黄牛、羝羊各一云。"(云:句末语气词。)

澑　liú　见 liáo。

榴　liú　果木名,即石榴。左思《吴都赋》:"梌(chán)~御霜。"(梌:果木名。)

摎　liú　见 jiū。

飗(飀)　1. liú　❶急风,西风。《吕氏春秋·有始》:"西方曰~风。"❷飘浮。《老子·二十章》:"澹兮其若海,~兮若无止。"❸国名。《左传·昭公二十九年》:"昔有~叔安,有裔子曰董父,实甚好龙。"(叔安:人名。)

2. liáo　❹见"飗戾"、"飗飘"。

【飗戾】　liáolì　❶风声。潘岳《西征赋》:"吐清风之~~,纳归云之郁蓊。"鲍照《代棹歌行》:"~~长风振,摇曳高帆举。"❷迅速的样子。《后汉书·张衡传》:"僪汩~~,沛以罔象兮。"(僪、汩:都是迅疾的样子。)

【飗飘】　liáopiāo　寒而多风。陆游《入蜀记》:"是日重阴,微雪,天气~~。"

蟉　liú　见"蟉虬"。

【蟉虬】　liúqiú　屈曲盘绕的样子。王延寿

《鲁灵光殿赋》："腾蛇～～而绕榱。"（榱：椽子。）

懰（懰） 1. liǔ　❶娇美。《诗经·陈风·月出》："月出皓兮，佼人～兮。"（佼人：美人。）

2. liú　❷停留。潘岳《笙赋》："～檄籴以奔邀，似将放而中匿。"（檄籴：急速的样子。）❸见"懰慄"。

【懰慄】　liúlì　悲怆，忧伤。《汉书·孝武李夫人传》："～～不言，倚所恃兮。"《楚辞·九怀·昭世》："志怀逝兮心～～，纡余辔兮踌躇。"

柳　liǔ　❶木名，柳树。《孟子·告子上》："性犹杞～也。"程颢《春日偶成》诗："云淡风轻近午天，傍花随～过前川。"❷星名，二十八宿之一。《史记·天官书》："～为鸟注（zhòu），主草木。"（注：鸟嘴。）《吕氏春秋·季夏》："季夏之月，日在～。"❸丧车的帷盖。《周礼·天官·缝人》："丧缝棺饰焉，衣翣～之材。"（翣：棺饰。）《晋书·武元杨皇后传》："铭旌树表，翣～云敷。"㉠丧车，车。《史记·季布栾布列传》："迺髡钳季布，衣褐衣，置广～车中。"索隐："则是丧车称～，后人通谓车为～也。"❹通"瘤"。《庄子·至乐》："俄而～生其左肘。"❺通"绺"。一束，一股。《金瓶梅》三十三回："气的我鹤顶红剪一～青丝儿来呵，你海东红反说我理亏。"❻姓。春秋时有柳下惠。

铆（鉚） 1. liǔ　❶精美的金。《集韵·有韵》："～，美金。"

2. mǎo　❷用铆钉连接金属部件。

偻　liǔ　见 lǚ。

绺（綹）　liǔ　❶丝缕的组合体。《说文·糸部》："纬十缕为～。"沈佺期《七夕曝衣篇》："上有仙人长命～，中看玉女迎欢绣。"❷一束，一股。秦简夫《剪发待宾》二折："兀那街市上一个婆婆，手里拿着一～儿头发，不知是卖的，买的？"❸绦带等佩饰物。岳伯川《铁拐李》一折："这老子倒乖，哄的我低头自取，你却叫有剪～的，倒着了你的道儿。"

六　liù（又读 lù）　❶数词。《世说新语·言语》："孔文举有二子，大者～岁，小者五岁。"❷《周易》中卦的阴爻，形象为"--"。《周易·坤》："初～，履霜坚冰至。"❸我国古代音乐的记音符号。《宋史·乐志十七》："林钟用'尺'字，其黄钟清用'～'字。"（林钟、黄钟：都是十二个音律之一。）❹国名。在今安徽六安县。《左传·文公五年》："～人叛楚。"又《昭公三十一年》："秋，吴人侵楚，伐夷，侵潜、～。"（潜：地名。）❺姓。

【六朝】　liùcháo　❶三国吴、东晋、南朝宋、齐、梁、陈都建都于建康（今南京），史称南朝六朝，简称六朝，也称六代。张昇《离亭燕·怀古》词："多少～～兴废事，尽入渔樵闲话。"萨都剌《满江红·金陵怀古》词："六代豪华，春去也，更无消息。"❷三国魏、西晋、北魏、北齐、北周、隋，都建都于北方，史称北朝六朝，也简称六朝。清代许梿编选的《六朝文絜》，就包括了北魏、北齐、北周作家的作品。

【六德】　liùdé　❶指智、仁、圣、义、忠、和六种品德。《周礼·地官·大司徒》："一曰～～：知、仁、圣、义、忠、和。"❷指诹、谋、度、询、咨、周六种行为。《国语·鲁语下》："咨才为诹，咨事为谋，咨义为度，咨亲为询，忠信为周。君况使臣以大礼，重之以～～，敢不再拜。"（诹：谘询。咨：询问。）

【六服】　liùfú　❶周代天子直接管辖的地区之外，根据远近划分为侯服、甸服、男服、采服、卫服和蛮服，合称六服。《尚书·周官》："～～群辟，罔不承德。"❷泛指各地。颜延之《赭白马赋》："总～～以收贤，掩七戎而得骏。"❸王后的六种衣服。《周礼·天官·内司服》："内司服掌王后之～～：袆衣、揄狄、阙狄、鞠衣、展衣、缘衣、素沙。"

【六府】　liùfǔ　❶指金、木、水、火、土、谷。《史记·夏本纪》："～～甚脩，众土交正。"❷指六种税官。《礼记·曲礼下》："天子之～～，曰司土、司木、司水、司草、司器、司货，典司六职。"❸指胃、大肠、小肠、三焦、膀胱、胆。《吕氏春秋·达郁》："凡人三百六十节，九窍，五藏，～～。"也作"六腑"。

【六宫】　liùgōng　❶指天子的正寝及五处燕寝，即皇后和妃嫔的住处。《三国志·魏书·齐王纪》："迎～～家人留止内房，毁人伦之叙，乱男女之节。"白居易《长恨歌》："回眸一笑百媚生，～～粉黛无颜色。"❷指后妃。李清照《金石录后序》："葬毕，余无所之。朝廷已分遣～～，又传江当禁渡。"《大宋宣和遗事》贞集："颜傅文、徐大均皆左右卖国，逼太上皇，取皇太子，污辱～～，捕系宗室，盗窃禁中之物，公取嫔御。"

【六合】　liùhé　❶天地四方。贾谊《过秦论》："及至始皇，……吞二周而亡诸侯，履至尊而制～～。"《三国志·魏书·高贵乡公纪》："夫养老兴教，三代所以树风化、垂不朽也，……然后～～承流，下观而化。"❷相关的两个月份。《淮南子·时则训》："～～：孟春与孟秋为合，仲春与仲秋为合，季春与季秋为合，孟夏与孟冬为合，仲夏与仲冬为合，季夏与季冬为合。"❸古代以十二地支记月日，选择吉日良辰时，需考虑月和日的

"冲(不利)"或"合(有利)","合"指子与丑合,寅与亥合,卯与戌合,辰与酉合,巳与申合,午与未合,总称六合。古诗《为焦仲卿妻作》:"视历复开书,便利此月内,～～正相应。良吉三十日,今已二十七,卿可去成婚。"

【六翮】 liùhé ❶鸟翅上的大羽毛。《战国策·楚策四》:"奋其～～而凌清风,飘摇乎高翔。"❷辅臣,谋士。《三国志·蜀书·彭羕传》:"今明府稽古皇极,允执神灵,……然而～～未之备也。"(明府:对太守的尊称。)

【六甲】 liùjiǎ ❶古代以天干地支记年月日,其中的甲子、甲戌、甲申、甲午、甲辰、甲寅,合称六甲。《汉书·食货志上》:"八岁入小学,学～～五方书计之事。"❷五行术数的一种。葛洪《神仙传·左慈》:"乃学道,尤明～～。"❸星名。《晋书·天文志上》:"华盖杠旁六星曰～～。"❹道教神名。《后汉书·梁节王传》"从官卞忌自言能使六丁,善占梦"注:"六丁,谓～～中丁神也。"❺旧称怀孕为身怀六甲。《隋书·经籍志三》有《六甲贯胎书》。

【六经】 liùjīng 指《诗经》、《尚书》、《礼记》、《乐经》、《周易》、《春秋》。《庄子·天运》:"[孔]丘治《诗》、《书》、《礼》、《乐》、《易》、《春秋》～～,自以为久矣。"

【六吕】 liùlǚ 见"六律"。

【六律】 liùlǜ 古以十二律管确定乐音的高低,由低至高的顺序是:黄钟,大吕,太簇,夹钟,姑洗(xiǎn),中吕,蕤宾,林钟,夷则,南吕,无射(yì),应钟。其中奇数为阳类,称六律;偶数为阴类,称六吕。《庄子·胠箧》:"擢乱～～,铄绝竽瑟,塞瞽旷之耳,而天下始人含其聪矣。"《吕氏春秋·孝行》:"正～～,和五声,杂八音,养耳之道也。"

【六气】 liùqì ❶指阴、阳、风、雨、晦、明。《汉书·律历志上》:"故阳气施种于黄泉,孳萌万物,为～～元也。"❷指风、寒、暑、湿、燥、火。《素问·五运行大论》:"燥以干之,暑以蒸之,风以动之,湿以润之,寒以坚之,火以温之。"❸指朝霞、正阳、飞泉、沆瀣、天玄、地黄。《庄子·逍遥遊》:"若夫乘天地之正,御～～之辩,以遊无穷者,彼且恶乎待哉?"(按:关于"六气"的说法颇多,参见《庄子集释》及《庄子集解内篇补正》。辩:通"变"。)

【六亲】 liùqīn ❶指父、母、兄、弟、妻、子。❷指外祖父母、父母、姊妹、妻兄弟之子、从母之子、女之子。❸指父子、兄弟、从父兄弟、从祖兄弟、从曾祖兄弟、同族兄弟。以上三说均见《管子·牧民》"上服度则六亲固"尹知章注。❹指父子、兄弟、姑姊、甥舅、婚媾(妻的家属)、姻亚(夫的家属)。见《左传·昭公二十五年》。❺指父、子、兄、弟、夫、妇。见《老子·十八章》"六亲不和"王弼注。❻指诸父(叔伯)、诸舅、兄弟、姑姊、婚媾、姻亚。见《汉书·贾谊传》"以奉六亲"王先谦补注。

【六书】 liùshū ❶汉代学者根据小篆归纳出的六种造字原则和用字原则,其说有三,通行的为象形、指事、会意、形声、转注、假借。前四种为造字原则,后两种为用字原则。《汉书·艺文志》:"古者八岁入小学,故周官保氏掌养国子,教之～～。"(周官:指《周礼》。保氏:官名。)❷王莽时的六种字体,即古文、奇字、篆书、隶书、缪篆、虫书。《说文·叙》:"时有～～,一曰古文,孔子壁中书也。二曰奇字,即古文而异者也。三曰篆书,即小篆,……四曰左书,即秦隶书。五曰缪篆,所以摹印也。六曰鸟虫书,所以书幡信也。"

【六艺】 liùyì ❶指礼、乐、射、御、书、数。《周礼·地官·保氏》:"乃教之～～,一曰五礼,二曰六乐,三曰五射,四曰五驭,五曰六书,六曰九数。"徐光启《刻〈几何原本〉序》:"周官～～,数与居一焉。"(周官:指《周礼》。)❷六经。《汉书·艺文志》:"～～之文,《乐》以和神,仁之表也;《诗》以正言,义之用也;《礼》以明体,明者著见,故无训也;《书》以广听,知之术也;《春秋》以断事,信之符也。"韩愈《师说》:"李氏子蟠,年十七,好古文,～～经传皆通习之。"

陆 liù 见lù。

窌 liù 见jiào。

翏 liù(又读 liáo) ❶高飞。《说文·羽部》:"～,高飞也。"❷风声。《庄子·齐物论》:"是唯无作,作则万窍怒呺,而独不闻之～～乎?"

溜 1. liù ❶水名。《说文·水部》:"～水,出郁林郡。"(郁林:在今广西。)❷小水流。袁桷《滦河》诗:"维时雨新过,急～槽床注。"❸通"霤"。屋檐滴水处。《左传·宣公二年》:"三进及～,而后视之。"[引]从屋檐流下的水。范成大《次韵温伯雨凉感怀》:"排檐忽飞～,蛙蝈鸣相酬。"[又]滔滔不绝,成串。《清平山堂话本·快嘴李翠莲记》:"说成篇,道成～,问一答十,问十答百。"❹量词。条,排。《红楼梦》十七回:"各色树稚新条,随其曲折,编就两～青篱。"

2. liū ❺流失。《战国策·韩策一》:

“成皋，石～之地也，寡人无所用之。”❻滑动，圆转。邵雍《插花吟》：“酒涵花影红光～，争忍花前不醉归？”（争：怎。）欧阳修《玉楼春》词之二十八：“佳人向晚新妆就，圆腻歌喉珠欲～。”㊀宛转地歌唱。汤显祖《牡丹亭·惊梦》：“闲凝眄，生生燕语明如剪，呖呖莺歌～的圆。”❼偷跑，溜走。石君宝《秋胡戏妻》四折：“我们也没嘴脸在这里，不如只做送李大户到县去，暗地～了。”

搯 liù 见chōu。

霤 liù ❶屋檐流水。《说文·雨部》：“～，屋水流也。”潘岳《悼亡诗》之一：“春风缘隙来，晨～承檐滴。”㊀流滴的水。《汉书·枚乘传》：“泰山之～穿石。”❷屋檐。《礼记·玉藻》：“端行颐～如矢。”左思《吴都赋》：“玉堂对～，石室相距。”❸屋檐滴水处。《韩非子·内储说下》：“刖跪因捐水郎门～下，类溺者之状。”又《外储说右上》：“马蹄践～。”

long

龙（龍） 1. lóng ❶传说中神异的蛇形动物，能兴云作雨。《史记·老子韩非列传》：“至于～，吾不能知其乘风云而上天。”韩愈《杂说一》：“～嘘气成云，云固弗灵于～也。”㊁皇帝。《北史·琅邪王俨传》：“～子作事，固自不似凡人。”《三国志·魏书·辛毗传》注：“黄初之世，亦谓不可无文皇帝也，及委弃天下，而陛下～兴。”（黄初：魏文帝年号。）㊂卓异的人。《三国志·魏书·杜袭传》：“吾所以与子俱来者，徒欲～蟠幽薮，待时凤翔。”沈佺期《夏日梁王席送张岐州》诗：“家传七豹贵，人擅八～奇。”❷高大的马。《周礼·夏官·廋人》：“马八尺以上为～，七尺以上为騋，六尺以上为马。”❸星宿名。1）东方苍龙七宿的总称。《论衡·明雩》：“《春秋左氏传》曰：‘启蛰而雩。’又曰：‘～见而雩。’启蛰，～见，皆二月也。”2）岁星。《左传·襄公二十八年》：“蛇乘～。”❹旧时风水先生称前开阔后绵延的山势为龙。刘禹锡《虎丘寺路宴》诗：“埋剑人空传，凿山～已去。”吾丘瑞《运甓记·牛眠指穴》：“此间前冈有块好地，来～去脉，靠岭朝山，种种合格。”❺通“宠”。荣宠。《诗经·小雅·蓼萧》：“既见君子，为～为光。”❻地名。春秋时鲁邑，在今山东泰安市东南。《左传·成公二年》：“齐侯伐我北鄙，围～。……三日取～，遂南侵。”❼姓。东汉时有龙述。

2. lǒng ❽通“垄”。见“龙断”。

3. máng ❾通“尨”。杂色。《周礼·考工记·玉人》：“天子用全，上公用～。”（全：纯色。）

【龙飞】 lóngfēi ❶比喻帝王将兴或即位。张衡《东京赋》：“我世祖忿之，乃～～白水，凤翔参墟。”《后汉书·李固传》：“陛下拨乱～～，初登大位。”❷比喻升官、得意。傅咸《赠何劭、王济》诗：“吾兄既凤翔，王子亦～～。”苏轼《送张轩民寺丞赴省试》诗：“～～甲子尽豪英，常喜吾犹及老成。”❸东晋时后梁吕光的年号，时为公元396—399年。

【龙凤】 lóngfèng ❶形容帝王的相貌。《旧唐书·太宗纪上》：“有书生自言善相，……见太宗曰：‘～～之姿，天日之表，年将二十，必能济世安民矣。’”❷比喻才能卓越的人。《南史·王僧虔传》：“于时王家门中，优者～～，劣者虎豹。”

【龙鳞】 lónglín ❶龙的鳞。班固《西都赋》：“沟塍刻镂，厚隰～～。”❷指皇帝或其威严。李白《猛虎行》：“有策不敢犯～～，窜身南国避胡尘。”

【龙蛇】 lóngshé ❶龙和蛇。《论衡·龙虚》：“叔向之母曰：‘深山大泽，实生～～。’”❷比喻蛰伏，隐退。《汉书·扬雄传上》：“以为君子得时则大行，不得时则～～。”❸比喻异常的人。《左传·襄公二十一年》：“彼美，余惧其生～～以祸女。”❹比喻矛戟等武器。吕温《代郑相公谢赐戟状》：“武库～～，忽追飞于陋巷。”❺形容书法中蜿蜒活泼的笔势。李白《草书歌行》：“恍恍如闻鬼神惊，时时只见～～走。”❻形容遒劲多曲的树木。李商隐《武侯庙古柏》诗：“蜀相阶前柏，～～捧閟宫。”（閟宫：指诸葛武侯庙。）❼十二生肖中，龙代表辰，蛇代表巳，故以龙蛇代表辰年和巳年。苏轼《再过超然台赠太守霍翔》诗：“昔饮雩泉别常山，天寒岁在～～间。”

【龙钟】 lóngzhōng ❶衰老的样子。李端《赠薛戴》诗：“交结惭时辈，～～似老翁。”❷潦倒的样子。李华《卧疾舟中相里范二侍御先行赠别序》：“华也潦倒～～，百疾丛体，衣无完帛，器无兼蔬。”❸流泪的样子。岑参《逢入京使》诗：“故园东望路漫漫，双袖～～泪不干。”❹徘徊不前的样子。苏颋《晓发方骞驿》诗：“传置远山蹊，～～蹴涧泥。”❺竹名。庾信《邛竹杖赋》：“每与～～之族，幽翳沉沉。”

【龙断】 lǒngduàn ❶断而不连的土山，高冈。《孟子·公孙丑下》：“有贱丈夫焉，必求～～而登之，以左右望，而罔市利。”（罔：通“网”。）也作“垄断”。《说文·贝部》：“买，市也，从网贝。孟子曰：登～～而网市利。”也作“陇断”。《列子·汤问》：“自此，冀之南，汉之阴，无～～焉。”❷独揽，操纵。岳珂《桯史·冰清古琴》：“今都人多售赝物，……或徒取～～者之称誉，以为近厚。”（赝：伪品。）杨慎《任尽言》：“私富贵之～～，岂止使子弟为卿！”

泷（瀧） 1. lóng ❶1. 急流。韩愈《潮州刺史谢上表》：“涛～壮猛。”李绅《逾岭峤止荒陬抵高要》诗：“～夫拟楫劈高浪，瞥忽浮沉如电随。”❷水流声。见“泷泷”。

2. shuāng ❸水名。在广东。

【泷泷】 lónglóng 流水声。苏轼《二十七日自阳平至斜谷宿于南山中蟠龙寺》诗：“谷中暗水响～～，岭上疏星明煜煜。”

【泷漉】 lónglù 汁液流滴，淋漓。《论衡·自纪》：“笔～～而雨集，言溶瀶而泉出。”（瀶：水深的样子。）

茏（蘢） lóng 草名。《管子·地员》：“其山之浅，有～与斥。”

【茏葱】 lóngcōng 葱茏，草木茂密的样子。元稹《生春》诗之一：“～～闲着水，晻淡欲随风。”

【茏苁】 lóngcōng 丛聚的样子。《淮南子·俶真训》：“被德含和，缤纷～～，欲与物接而未成兆朕。”

【茏茸】 lóngróng 丛聚的样子。司马相如《大人赋》：“钻罗列聚丛以～～兮，衍曼流烂痑以陆离。”

咙（嚨） lóng 喉咙。《说文·口部》：“～，喉也。”《后汉书·五行志一》：“吏买马，君具车，请为诸君鼓～胡。”（咙胡：喉咙。）

栊（櫳、龒） lóng ❶有格子的窗户。鲍照《翫月城西门廨中》诗：“蛾眉蔽珠～，玉钩隔琐窗。”欧阳修《采桑子》词：“垂下帘～，双燕归来细雨中。”❷栅栏。王实甫《西厢记》一本一折：“慢俄延，投玉到～门儿前面，刚那（nuó）了一步远。”（那：挪动。）❸关养禽兽的栏圈。祢衡《鹦鹉赋》：“顺～槛以俯仰，窥户牖以踟蹰。”

珑（瓏） lóng ❶刻有龙纹、用以求雨的玉质祭品。《说文·玉部》：“～，祷旱玉也，为龙文。”❷见“玲珑”。

昽（曨） lóng ❶明亮的样子。江淹《赤虹赋》：“霞晃朗而下飞，日通～而上度。”❷微明的样子。白居易《发楚城驿》诗：“～～烟树色，十里始天明。”

胧（朧） lóng ❶明亮的样子。鲁逸仲《南浦·旅怀》词：“好在半～溪月，到如今，无处不消魂。”❷朦胧。元稹《嘉陵驿》诗之一：“仍对墙南满山树，野花撩乱月～明。”温庭筠《菩萨蛮》词：“灯在月～明，觉来闻晓莺。”

【胧胧】 lónglóng ❶明亮的样子。潘岳《悼亡诗》之二：“岁寒无与同，朗月何～～。”❷暗淡的样子。侯湛《秋可哀赋》：“月翳翳以隐云，星～～而没光。”

砻（礱、𥖁） lóng ❶研磨，磨。《荀子·性恶》：“钝金必将待～厉然后利。”（厉：磨。）《法言·学行》：“夫有刀者～诸，有玉者错诸，不～不错，焉攸用？～而错诸，质在其中矣。”（攸：所。）❷磨掉稻壳的农具。宋应星《天工开物·粹精·攻稻》：“凡稻去壳用～。”㉡磨去稻壳。宋应星《天工开物·粹精·攻稻》：“凡既～，则风扇以去糠秕。”

聋（聾） lóng ❶听觉失灵。《老子·十二章》：“五色令人目盲，五音令人耳～。”韩愈《子产不毁乡校颂》：“下塞上～，邦其倾矣。”❷不明事理，糊涂。《左传·僖公二十四年》：“即～从昧，与顽用嚚，奸之大者也。”（嚚：愚蠢。）又《宣公十四年》：“郑昭，宋～。”（郑、宋：都是国名。）㉡愚人，糊涂人。王安石《答曾公立书》：“一兴异论，群～和之。”

【聋俗】 lóngsú 愚昧的习俗。孟浩然《赠道士参寥》诗：“知音徒自惜，～～本相轻。”

笼（籠） 1. lóng ❶竹编盛物器、罩物器。《战国策·燕策一》：“若自忧而足，则臣亦周之负～耳，何为烦大王之廷耶？”（烦：污染。）李璟《谢新恩》词之三：“樱花落尽阶前月，象床愁倚熏～。”❷关养虫鸟的竹编器具。《庄子·庚桑楚》：“以天下为之～，则雀无所逃。”冯延巳《采桑子》词之十：“年光往事如流水，休说情迷，玉箸双垂，祗是金～鹦鹉知。”㉡装进笼子。柳宗元《钴鉧潭西小丘记》：“丘之小不能一亩，可以～而有之。”❸笼括，笼罩。《史记·酷吏列传》：“于是丞上指，请造白金及五铢钱，～天下盐铁，排富商大贾。”（丞：秉承。指：意旨。）杜牧《泊秦淮》诗：“烟～寒水月～沙，夜泊秦淮近酒家。”❹竹名。张衡《南都赋》：“其竹则䈽、～、篁、篾。”杜甫《堂成》诗：“桤林碍日吟风叶，～竹和烟滴露梢。”（桤：木名。）

2. lǒng ❺竹箱。《南齐书·高帝纪上》：“至是又上表禁民间华伪杂物：……不得作鹿行锦及局脚柽柏床、牙箱～杂物。”❻笼络，包揽。邹阳《狱中上梁王书》：“今欲使天下寥廓之士，～于威重之权，胁于势位之贵。”方孝孺《深虑论》：“夫苟不能自结于天，而欲以区区之智，～络当世之务，而必后世之无危亡，此理之所必无者。”

【笼东】 lóngdōng 失败、丧气的样子。《北史·李穆传》："因大骂曰：'～～军士，尔曹主何在？尔独住此！'"（曹：辈。）

【笼括】 lóngkuò 囊括，包举。《公羊传·哀公十四年》"涕沾袍"疏："项羽因胡亥之虐，而～～天下。"

【笼络】 lǒngluò 用手段拉拢、控制。《宋史·胡安国传》："自蔡京得政，士大夫无不受其～～，超然远迹不为所污如安国者实鲜。"

隆 lóng ❶高。《史记·高祖本纪》："高祖为人，～准而龙颜，美须髯。"（准：鼻。）《后汉书·霍谞传》："斯盖谓大小窳～丑美之形，……未有不然者也。"㊞崇高，高尚。《荀子·仲尼》："彼非本政教也，非致～高也。"（本：当作"平"。）❷增高。《战国策·齐策一》："虽～薛之城到于天，犹之无益也。"（薛：地名。）❸尊重，尊崇。《荀子·修身》："故君子～师而亲友，以致恶其贼。"《汉书·窦婴传》："太后好黄老言，而婴、蚡、赵绾等务～推儒术，贬道家言。"（蚡：田蚡。）❹严重，严峻。《论衡·语增》："杀主～于诛臣，嗣立顺于盗位，士众所畔，宜甚于纣。"（畔：通"叛"。）《后汉书·梁统传》："议者以为～刑峻法，非明王急务。"❺隆盛，兴盛。《吕氏春秋·论威》："敌慑民生，此义兵之所以～也。"《史记·太史公自序》："汤武之～，诗人歌之。"❻多，丰厚。《论衡·顺鼓》："城郭不缮，沟池不修，水泉不～，水为民害，责于地公。"《三国志·魏书·明悼毛皇后传》："进嘉为奉车都尉，曾骑都尉，宠赐～渥。"（嘉：毛嘉。）❼使成长。《汉书·王莽传上》："臣莽夙夜养育，～就孺子。"

【隆穹】 lóngqióng ❶高峻的样子。《后汉书·马融传》："金山石林，……～～槃回。"❷车篷。《汉书·季布传》注："～～，所谓车絭者耳。"（絭：车篷。）

【隆盛】 lóngshèng ❶兴盛。《汉书·文三王传赞》："梁孝王虽以爱亲故，王膏腴之地，然会汉家～～，百姓殷富，故能殖其货财，广其宫室车服。"❷严重。《论衡·语增》："二世之恶，～～于纣，天下畔秦，宜多于殷。"

【隆替】 lóngtì 兴废，盛衰。《晋书·王羲之传》："悠悠者以足下出处，足观政之～～。"唐太宗《大唐三藏圣教序》："所以空有之论，或习俗而是非；大小之乘，乍沿时而～～。"

癃（癃） lóng ❶驼背。《史记·平原君虞卿列传》："臣不幸有罢(pí)～之病。"❷衰弱，疲病。《汉书·高帝纪下》："年老～病，勿遣。"《后汉书·顺帝纪》："鳏、寡、孤、独、笃～、贫不能自存者粟，人五斛。"❸小便不利。《素问·五常政大论》："其病～闷。"

窿 lóng 见"穹窿"。

陇（隴） lǒng ❶山名。在今甘肃东部。《乐府诗集·横吹曲辞·陇头流水歌辞》："～头流水，流离西下。……西上～坂，羊肠九回。"（西：疑当作"四"。）㉔地区名，泛指今甘肃一带。《盐铁论·本议》："～蜀之丹漆羽毛。"《后汉书·岑彭传》："人苦不知足，既平～，复望蜀。"❷坟墓。鲍照《芜城赋》："边风急兮城上寒，井径灭兮丘～残。"（井：乡邑。）❸通"垄"。田埂。《战国策·赵策四》："昔者尧见舜于草茅之中，席～亩而荫庇桑，阴移而授天下传。"❹旺盛。《灵枢经·营卫生会》："日中而阳～，日西而阳衰。"

【陇断】 lǒngduàn 见"龙断"。

【陇亩】 lǒngmǔ 田野。杜甫《兵车行》："纵有健妇把锄犁，禾生～～无东西。"方孝孺《深虑论》："而不知汉帝起～～之中，而卒亡秦之社稷。"也作"垄亩"。《战国策·齐策三》："使曹沫释其三尺之剑，而操铫鎒，与农夫居～～之中，则不若农夫。"（铫、鎒：都是农具。）

垄（壟、壠） lǒng ❶田塍，田界。《史记·陈涉世家》："辍耕之～上。"王建《雉将雏》诗："麦～浅浅难蔽身，远去恋雏低怕人。"㊞土埂，种植作物的垄埂。陆游《读陶诗》诗："雨馀锄瓜～，月下坐钓矶。"❷坟墓。《史记·田单列传》："燕军尽掘～墓，烧死人。"贺铸《鹧鸪天》词："原上草，露初晞，旧栖新～两依依。"❸通"陇"。山名。《乐府诗集·横吹曲辞·琅琊王歌辞》："渭水从～来，浮游渭桥下。"㊞高丘。王安石《送吴龙图知江宁》诗："茅檐坐隔云千里，柏～初抽翠一寻。"（寻：八尺。）

【垄断】 lǒngduàn 见"龙断"。

【垄亩】 lǒngmǔ 见"陇亩"。

拢（攏） lǒng ❶聚合，聚集。郭璞《江赋》："～万川乎巴梁。"（巴、梁：都是地名。）❷靠拢，靠近。《乐府诗集·相和歌辞·江南曲之二》："知郎旧时意，且请～船头。"❸梳理，整理。韩偓《春闷偶成》诗："有意通情处，无言～鬓时。"❹抚弦。弹奏弦乐器的一种指法。白居易《琵琶行》："轻～慢撚抹复挑。"（撚、抹、挑：都是弹奏弦乐器的一种指法。）

弄 lòng 见 nòng。

lou

牢 lóu　见 láo。

娄(婁) 1. lóu　❶星宿名,二十八宿之一。《吕氏春秋·季冬》:"季冬之月,日在婺女,昏～中,旦氐中。"(婺女、氐:都是星宿名。)《史记·天官书》:"～为聚众。"❷通"貗"。母猪。《左传·定公十四年》:"既定尔～猪,盍归吾艾豭。"(艾:漂亮。豭:种猪。)❸姓。春秋时齐国有娄裡。

2. lú　❹拖,拉。《诗经·唐风·山有枢》:"子有衣裳,弗曳弗～。"

3. lǚ　❺拴(牲口)。《公羊传·昭公二十五年》:"且夫牛马维～,委己者也。"❻通"屡"。多次。《汉书·元帝纪》:"～敕公卿,日望有效。"又《艺文志》:"及至衰世,解于齐戒,而～烦卜筮,神明不应。"(解:通"懈"。齐:通"斋"。)

4. lǒu　❼通"塿"。土丘。《左传·襄公二十四年》:"部(pǒu)～无松柏。"(部:小土山。)

【娄娄】　lóulóu　稀疏的样子。《管子·地员》:"五殖之次曰五觳,五觳之状～～然。"(觳:瘠薄的土壤。)

【娄罗】　lóuluó　见"喽啰"。

【娄络】　lóuluò　缠绕。韩愈《示儿》诗:"庭内无所有,高树八九株。有藤～～之,春华夏阴敷。"

谈(謱) lóu　见"谜谈"。

偻 lóu　见 lǚ。

溇(漊) 1. lóu　❶水名,源出湖北鹤峰县,东南流入湖南澧水。

2. lǚ　❷雨水不断的样子。《说文·水部》:"～,雨溇溇也。"

3. lǒu　❸水沟。陆容《菽园杂记》卷五:"如～字本雨不绝貌,今南方以为沟渠之名。"

楼(慺) lóu　见"楼楼"。

【楼楼】　lóulóu　勤恳,诚敬。《三国志·魏书·王朗传》:"老臣～～,愿国家同祚于轩辕之五五,而未及周文之二五,用为伊邑。"(周文:周文王。)曾巩《上欧阳学士第二书》:"徒恨自奉甘旨,不得旦夕于几杖之侧,禀教诲,俟讲画,不胜驰恋～～之至。"

瘘(瘻) lóu　❶见"丽瘘"。❷窗户。《玉篇·广部》:"～,屋蠡也。"

蒌(蔞) 1. lóu　❶草名,即蒌蒿。苏轼《惠崇春江小景》诗之一:"～蒿满地芦芽短,正是河豚欲上时。"

2. liǔ　❷通"柳"。见"蒌翣"。

3. lǚ　❸通"褛"。衣服。《史记·楚世家》:"荜露蓝～以处草莽。"(荜露:荆、竹编的车。露,通"辂"。蓝蒌:破衣。)

【蒌翣】　liǔshà　棺罩。《礼记·檀弓下》:"是故制绞衾,设～～,为使人勿恶也。"参见"偻翣"。

搂(摟) 1. lóu　❶牵引,拉。《孟子·告子下》:"踰东家墙而～其处子。"又:"五霸者,～诸侯以伐诸侯者也。"

2. lōu　❷收拢。《水浒传》三十八回:"李逵也不答应他,便就地下掳了银子,又抢了别人赌的十来两银子,都～在布衫兜里。"

3. lǒu　❸搂抱。《红楼梦》三回:"早被外祖母抱住,～入怀中。"

喽(嘍) lóu　见"喽啰"。

【喽啰】　lóuluó　❶机灵,伶俐。卢仝《寄男抱孙》诗:"～～儿读书,何异摧枯朽。"也作"娄罗"。苏鹗《苏氏演义》卷上:"～～者,干办集事之称。"也作"偻㑩"。《新五代史·刘铢传》:"铢谓李业等曰:'诸君可谓～～儿矣。'"也作"楼罗"。《宋史·张思钧传》:"质状小而精悍,太宗尝称其～～,自是人目为小～～焉。"❷嘈杂,含混不清。带有轻视意。刘基《送人分题得鹤山》诗:"前飞乌鸢后驾鹅,啄腥争腐声～～。"也作"娄罗"。《南史·顾欢传》:"夫蹲夷之仪,～～之辩,各出彼俗,自相聆解。"也作"楼罗"。《北史·王宪传》:"尝有鲜卑聚语,崔昂戏问昕曰:'颇解此不?'昕曰:'～～,～～,实自难解。'"❸旧称强盗的部下。《水浒传》二回:"如今近日上面添了一伙强人,扎下一个山寨,在上面聚集着五七百个小～～。"也作"偻㑩"。董解元《西厢记诸宫调》卷二:"遂唤几个小～～,传令众撺掇。"

楼(樓) lóu　❶楼房,两层以上的房屋。《孟子·告子下》:"不揣其本,而齐其末,方寸之木可使高于岑～。"《荀子·赋》:"志爱公利,重～疏堂。"㉑茶楼,酒肆,游乐场所。杜牧《遣怀》诗:"十年一觉扬州梦,赢得青～薄幸名。"❷建筑物上部的房屋式结构。《左传·哀公八年》:"囚诸～台。"《后汉书·邓禹传》:"光武舍城～上。"(光武:东汉光武帝。)《三国志·吴书·孙权传》:"诏诸郡县治城郭,起谯～,穿堑发渠,以备盗贼。"㉑有上层结构的车船,如楼船,楼车。《史记·五宗世家》："淮南王谋反时，寄微闻其事，私作～车、镞矢战守备，候淮南之起。"（寄：刘寄。）刘禹锡《西塞山怀古》诗："西晋～船下益州，金陵王气漠然收。"❸姓。汉代有楼蝗。

【楼罗】 lóuluó 见"喽啰"。

膢（膢） lóu 祭祀名。1）祭饮食神。《韩非子·五蠹》："夫山居而谷汲者，～腊而相遗（wèi）以水。"（遗：赠送。）2）打猎前祭兽王。《后汉书·刘玄传》："欲以立秋日貙～时共劫更始。"（貙：虎类。更始：新莽时更始帝刘玄。）

窭 lóu 见jù。

蝼（螻） lóu ❶蝼蛄，害虫名。贾谊《吊屈原赋》："横江湖鳣鲸兮，固将制于～蚁。"《论衡·幸偶》："～蚁行于地，人举足而涉之。"❷像蝼蛄的臭味。《周礼·天官·内饔》："马黑脊而般臂，～。"（般臂：前腿毛有花纹。）

褛（褸） 1. lóu ❶衣襟。《方言》卷四："～谓之衽。"

2. lǚ ❷见"褴褛"。

耧（耬） lóu ❶农具名。耧车，耧犁。《三国志·魏书·仓慈传》注引《魏略》："又不晓作～犁，用水，及种，人牛功力既费，而收谷更少。"徐光启《农政全书·农器》："一人执～，且行且摇，种乃自下。"❷耕土作垄埂。贾思勰《齐民要术·蹏》："先重～耩地垄，燥培而种之。"

艛（艛） lóu 楼船。《梁书·吕僧珍传》："悉取檀溪材竹，装为～舰，葺之以茅。"白居易《入峡次巴东》诗："两片红旌数声鼓，使君～艓上巴东。"

髅（髏） lóu 见"髑髅"。

塿（塿） lǒu ❶尘土。《说文·土部》："～，塺土也。"❷坟头。《方言》卷十三："冢，……自关而东谓之丘，小者谓之～。"❸小土山。见"培塿"。

嵝 lǒu 见lǚ。

篓（簍） lǒu 篓子。用竹篾、荆条等编成的圆口、深腹形的盛物器具。皮日休《茶人》诗："日晚相笑归，腰间佩轻～。"

陋 lòu ❶窄小，狭隘。《论语·雍也》："贤哉回也！一箪食，一瓢饮，在～巷，人不堪其忧，回也不改其乐。"（回：颜回。）刘禹锡《陋室铭》："斯是～室，唯吾德馨。"（馨：芳香。）[引] 简陋。《吕氏春秋·节丧》："侈靡者以为荣，俭节者以为～。"《后汉书·袁安传》："居处侧～，以耕学为业。"❷偏僻。《战国策·楚策一》："楚王曰：'楚国僻～，托东海之上。'"《韩非子·十过》："臣闻戎王之居，僻～而道远，未闻中国之声。"❸鄙陋，粗野。《管子·牧民》："不明鬼神，则～民不悟。"《史记·日者列传》："司马季主捧腹大笑曰：'观大夫类有道术者，今何言之～也，何辞之野也！'"❹粗恶，丑陋。《后汉书·梁冀传》："容貌甚～，不胜冠带，道路见者，莫不蚩笑焉。"《宋书·孔觊传》："衣裘器服，皆择其～者。"❺朴实，诚朴。《韩非子·八说》："古者寡事而备简，朴～而不尽。"（尽：精巧。）❻浅薄，见识短浅。《战国策·齐策四》："宣王说，曰：'寡人愚～，守齐国，唯恐失抎之。'"（说："悦"的古字。抎：亡失。）李翱《题燕太子丹传后》："燕丹之心，苟可以报秦，虽举燕国犹不顾，况美人哉！［荆］轲不晓而当之，～矣。"❼鄙视，轻视。《史记·宋微子世家》："今殷民乃～淫神祇之祀。"（祇：地神。）柳宗元《钴鉧潭西小丘记》："今弃是州也，农夫渔父过而～之。"❽地位卑贱。刘向《说苑·臣术》："晏子曰：'婴，仄～之人也。'"（婴：晏婴。仄：通"侧"。）《汉书·元帝纪》："延登贤俊，招显侧～。"

瘘（瘻） 1. lòu ❶病名。瘰疬，颈项肿疮。柳宗元《捕蛇者说》："可以已大风、挛踠、～疠。"（大风、挛踠：都是病名。）

2. lǚ ❷驼背。柳宗元《种树郭橐驼传》："病～，隆然伏行。"

漏 1. lòu ❶古代计时器。杜甫《奉和贾至舍人早朝大明宫》："五夜～声催晓箭，九重春色醉仙桃。"周邦彦《蝶恋花·早行》词："月皎惊乌棲不定，更～将阑，轳辘牵金井。"[引] 时间。《汉书·董贤传》："贤传～在殿下。"王禹偁《待漏院记》："待～之际，相君其有思乎？"❷渗漏，滴漏。《荀子·王制》："筐箧已富，府库已实，而百姓贫，夫是之谓上溢而下～。"《韩非子·外储说右上》："有瓦器而不～，可以盛酒乎？"[引] 破漏，败坏。《汉书·胶西于王刘端传》："府库坏～，尽腐财物。"张载《西铭》："不愧屋～为无忝，存心养性为匪懈。"❸溢出。《后汉书·陈忠传》："青、冀之域淫雨～河，徐、岱之滨海水盆溢。"❹泄露。《韩非子·三守》："人臣有议当途之失、用事之过、举臣之情，人主不心藏而～之近习能人。"又《亡徵》："浅薄而易见，～泄而无藏，不能周密，而通群臣之语者，可亡也。"❺遗漏，疏漏。《荀子·修身》："易忘曰～。"《史记·酷吏列传序》："汉兴，……网～于吞舟之鱼，而吏治烝烝，不至于奸，黎民艾（yì）安。"（艾：治理。)诸葛亮《与参军掾属教》:"任重才轻故多阙～。"❻孔穴。《论衡·骨相》:"舜目重瞳,禹耳三～。"❼病名。如痔～。❽通"陋"。简陋。《荀子·儒效》:"虽隐于穷阎～屋,人莫不贵之。"

2. lóu ❾通"蝼"。蝼蛄的臭味。《礼记·内则》:"马黑脊而般臂,～。"(般臂:前腿毛有花纹。)

【漏逗】 lòudòu 迟延,拖延。陈亮《又癸卯秋(与朱元晦)书》:"春间尝欲遣人问讯,～～遂至今日。"

【漏刻】 lòukè ❶漏壶(古代计时器)上的刻度。《汉书·哀帝纪》:"～～以百二十为度。"❷顷刻,片刻。《论衡·变动》:"盗贼之人,见物而取,睹敌而杀,皆在徙倚～～之间,未必宿日有其思也。"《后汉书·光武帝纪上》:"[王]寻、[王]邑自以为功在～～,意气甚逸。"

【漏略】 lòulüè 疏漏,遗漏。郭璞《〈尔雅〉序》:"虽注者十馀,然犹未详备,并多纷谬,有所～～。"

【漏师】 lòushī 泄露军事机密。《左传·僖公二年》:"齐寺人貂始～～于多鱼。"(寺人:宦官。貂:人名。多鱼:地名。)

【漏网】 lòuwǎng 法网宽大。陆机《五等诸侯论》:"六臣犯其弱纲,七子冲其～～。"

镂(鏤) lòu ❶坚铁,可用以雕刻。《尚书·禹贡》:"厥贡璆、铁、银、～、砮、磬。"❷雕刻。《荀子·劝学》:"锲而不舍,金石可～。"王安石《上人书》:"所谓辞者,犹器之有刻～绘画也。"[引]开凿,打通。《汉书·司马相如传下》:"～灵山。"❸通"漏"。孔穴。《宋书·符瑞志上》:"[禹]虎鼻大口,两耳参～。"(参:同"三"。)❹大口锅。《方言》卷五:"锼,……或谓之～。"

【镂冰雕朽】 lòubīngdiāoxiǔ 雕刻冰块和朽木,比喻徒劳无功。《抱朴子·神仙》:"夫苦心约己,以行无益之事;～～～～,终无必成之功。"

【镂尘吹影】 lòuchénchuīyǐng 雕刻尘土,口吹影子,比喻无形无迹。《关尹子·一宇》:"言之如吹影,思之如镂尘,圣智造迷,鬼神不识。"也作"吹影镂尘"。

【镂骨铭肌】 lòugǔmíngjī 铭刻在骨肉上面,表示对别人恩惠感激之深。陈亮《谢留丞相启》:"自顶至踵,横嘉惠于不赀,～～～～,怅馀年之无几!"(不赀:不可以资财计算。)

【镂月裁云】 lòuyuècáiyún 雕刻月亮,裁剪云彩,比喻工艺精巧。李义府《堂堂词》之一:"镂月成歌扇,裁云作舞衣。"李觏《和慎使君出城见梅花》诗:"化工呈巧毕寻常,～～～～费刃芒。"

lu

噜(嚕) lū 见"噜苏"。

【噜苏】 lūsū 啰嗦,语言繁琐。道原《景德传灯录》卷二十三:"师曰:'～～,～～。'"

卢(盧) lú ❶黑色弓。《战国策·楚策四》:"不知夫射者,方将脩其莽～,治其矰缴,将加己乎百仞之上。"(莽:石制箭头。矰缴:系有丝线的箭。)❷黑色。《尚书·文侯之命》:"～弓一,～矢百。"❸古时赌博,掷得五子全黑者称卢。瞿佑《骰子》诗:"却忆咸阳客舍里,呼～喝雉烛花底。"❹矛戟的柄。《国语·晋语四》:"侏儒扶～。"❺良犬。《诗经·齐风·卢令》:"～令令。"(令令:狗颔下环声。)《战国策·齐策三》:"韩子～者,天下之疾犬也。"❻通"胪"。眼珠。《汉书·扬雄传上》:"玉女无所眺其清～兮,虙妃曾不得施其蛾眉。"(虙妃:女神名。)❼通"芦"。芦苇。《论衡·乱龙》:"凿地为坎,以～为椁,卧木囚其中。"❽通"垆"。酒店放置酒坛的土台子。《汉书·司马相如传上》:"相如与俱之临邛,尽卖车骑,买酒舍,乃令文君当～。"(临邛:地名。文君:卓文君。)又《赵广汉传》:"椎破～罂,斧斩其门关而去。"❾通"颅"。头颅。《汉书·武五子传赞》:"头～相属于道。"(属:连接。)❿古国名。卢戎,在今湖北南漳县东北。《左传·桓公十三年》:"及罗,罗与～戎两军之。"(罗:国名。)⓫地名,在今山东长清县西南。《左传·襄公十八年》:"赵武、韩起以上军围～。"⓬姓。汉代有卢绾。

【卢胡】 lúhú 喉中的笑声。《后汉书·应劭传》:"夫睹之者掩口～～而笑。"

【卢牟】 lúmóu 规模。《淮南子·要略》:"原道者,～～六合,混沌万物。"

【卢前】 lúqián 《旧唐书·杨炯传》:"炯与王勃、卢照邻、骆宾王以文词齐名,海内称王杨卢骆,亦号为'四杰'。炯闻之,谓人曰:'吾愧在～～,耻居王后。'"后因以"卢前"为自愧名实不副之词。王鏊《送杨尚絅……四进士归省》诗:"不伐子甘为孟后,虚名吾自愧～～。"

庐(廬) lú ❶房屋。《汉书·沟洫志》:"水居地十五万馀顷,深者三丈,坏败官亭室～且四万所。"《后汉书·马援传》:"敬事寡嫂,不冠不入～。"[引]临时性房舍,如窝棚、丧棚。《战国策·魏策一》:

“埊名虽小，然而～田庑舍，曾无所刍牧牛马之地。”（埊：同“地”。）《后汉书·戴良传》：“及母卒，兄伯鸾居～啜粥，非礼不行。”❷官员值班室。陆机《赠尚书郎顾彦先》诗之二：“朝游游层城，夕息旋直～。”❸途中的招待所。《周礼·地官·遗人》：“凡国野之道，十里有～，～有饮食。”❹建造房舍，使成为房舍。《史记·孔子世家》：“唯子赣～于冢上，凡六年，然后去。”（子赣：人名。）韩愈《原道》：“人其人，火其书，～其居。”❺寄居，寄寓。《国语·齐语》：“狄人攻卫，卫人出～于曹。”（曹：国名。）《韩非子·说林下》：“丈人曰：‘可，吾方～陈南门之外。’”（陈：国名。）❻矛戟的柄。《周礼·考工记序》：“秦之无～也，非无～也，夫人而能为～也。”（夫：男子。）❼地名。在今湖北南漳县东。《左传·文公十六年》：“自～以往，振廪同食。”

【庐儿】 lú'ér 侍从，奴仆。《汉书·鲍宣传》：“巷头～～，皆用致富。”（用：因。）

【庐落】 lúluò ❶帐篷。《后汉书·滇良传》：“迷吾闻之，徙～～去。”（迷吾：人名。）又《东号子麻奴传》：“诸郡各发兵徼遮，或覆其～～。”❷院落，村落。《后汉书·冯衍传》：“～～丘墟，田畴芜秽。”又《应奉传》：“鲜卑隔在漠北，犬羊为群，无君长之帅，～～之居。”（鲜卑：民族名。）

芦（蘆） lú 芦苇。范成大《鲁家洑入沌》诗：“可怜行路难如此，一簇寒～尚税场。”

泸（瀘） lú 水名，指今雅砻江下游及金沙江会合雅砻江以后的一段。诸葛亮《前出师表》：“故五月渡～，深入不毛。”

炉（爐、鑪） lú ❶火炉，炉子。白居易《问刘十九》诗：“绿蚁新醅酒，红泥小火～。”（绿蚁：酒面绿色浮泡。）翁森《四时读书乐》诗之四：“地～茶鼎烹活火，心清足称读书者。”❷酒店放置酒坛的土台子。《史记·司马相如列传》：“相如与俱之临邛，尽卖其车骑，买一酒舍酤酒，而令文君当～。”《后汉书·左慈传》：“行视诸～，悉亡其酒脯矣。”

垆（壚） lú ❶黑色而坚硬的土壤。《吕氏春秋·辩土》：“～埴冥色。”《淮南子·地形训》：“～土人大，沙土人细。”❷酒店放置酒坛的土台子。李商隐《杜工部蜀中离席》诗：“美酒成都堪送老，当～仍是卓文君。”❸酒店。《世说新语·伤逝》：“王濬仲为尚书令，著公服，乘轺车，经黄公酒～下过，顾谓后车客：‘吾昔与嵇叔夜、阮嗣宗共酣饮于此～。’”（轺：小车。）梁武帝《移檄京邑》：“昼伏宵游，曾无休息，淫酗酒醟，酣歌～邸。”（醟：酗酒。）❸通“炉”。火炉。陆游《山行过僧庵不入》诗：“茶～烟起知高兴，碁子声疏识苦心。”

纑（纑） lú ❶苎麻类植物。《史记·货殖列传序》：“夫山西饶材、竹、谷、～、旄、玉石。”❷麻线。归有光《先妣事略》：“孺人之吴家桥则治木棉，入城则缉～。”❸练麻，漂洗生麻使柔软白净。《孟子·滕文公下》：“彼身织屦，妻辟～。”（辟：纺麻。）《论衡·刺孟》：“织屦辟～，不食其禄也。”

栌（櫨） lú ❶木名，即黄栌。张衡《南都赋》：“其木则……枫、柙、～、枥。”❷果名，即甘栌。《吕氏春秋·本味》：“箕山之东，青鸟之所，有甘～焉。”❸斗拱，柱顶承托栋梁的方木。韩愈《进学解》：“欂（bó）～侏儒，……各得其宜。”（欂：即斗拱。侏儒：短椽。）刘禹锡《武陵观火》诗：“腾烟透窗户，飞焰生栾～。”（栾：柱上承梁的曲木。）

轳（轤） lú 见“辘轳”。

胪（臚） 1. lú ❶腹前。《后汉书·律历志》：“病～肿。”❷额头。《云笈七籤·黄庭内景经·上有》：“七液洞流冲～间。”❸陈列。《史记·六国年表序》：“今秦……位在藩臣而～于郊祀，君子惧焉。”毕拱辰《泰西人身概说序》：“编中～列虽未全备，而缕析条分，无微不彻。”❹陈述，传语。《国语·晋语六》：“风听～言于市，辨祆祥于谣。”（祆：通“妖”，地面反常现象。）《汉书·礼乐志》：“殷勤此路～所求。”

2. lǚ ❺通“旅”。祭祀名。《汉书·叙传下》：“大夫～岱。”

【胪布】 lúbù 宣布。《新唐书·温彦博传》：“～～诰命，若成诵然。”

【胪传】 lúchuán ❶传告。《庄子·外物》：“大儒～～曰：‘东方作矣，事之何若？’”❷传达皇帝的诏令。《新唐书·齐映传》：“映为人白皙长大，言音鸿爽，故帝常令侍左右，或前马～～诏旨。”程大昌《演繁露》：“今之～～，自殿上至殿下皆数人亢声相接，传所唱之语，联续远闻。”❸科举时，进士经过殿试，皇帝按甲第唱名传呼召见。汤显祖《牡丹亭·榜下》：“文字已看详，～～须唱。”也称作“胪唱”、“传胪”。

旷（矑） lú 瞳人，眼珠子。扬雄《甘泉赋》：“玉女无所眺其清～兮，宓妃曾不得施其蛾眉。”（宓妃：女神名。）孙楚《笳赋》：“扬清～，隐皓齿。”

鸬（鸕） lú 鸬鹚，鸟名，又称鱼鹰。杜甫《三绝句》之二："门外～鹚久不来，沙头忽见眼相猜。"皮日休《渔梁》诗："斜临杨柳津，静下～鹚侣。"

虑 lú 见lǜ。

旅 lú 黑色。《左传·僖公二十八年》："赐之……～弓矢千。"《后汉书·袁绍传》："殊恩厚德，臣既叨之，岂敢窥觊重礼，以希彤弓～矢之命哉！"

颅（顱、髗） lú 颅骨，头盖骨。《战国策·秦策四》："头～僵仆，相望于境。"《新唐书·武元衡传》："遂害元衡，批～骨持去。"㉃头。《新唐书·张九龄传》："于时族夷将相，～足旁午，[张]仲方皆密使识其尸。"（族夷：全家被杀。旁午：错杂。）张耒《岁暮即事》诗："褐帽裹憎～。"

笸（簏） lú ❶竹名。戴凯之《竹谱》："有竹象～，因以为名。"李衎《竹谱详录》："～竹生庐州。"❷盛饭竹筐。《仪礼·士昏礼》"妇执笲枣栗自门入"注："笲，竹器而衣者，其形盖如今之筥、䈬、～矣。"（䈬：竹器。）

鲈（罏） lú ❶瓦罐。《陶录》："其～、瓮诸色，几与哥窑等价。"（哥窑：瓷器名。）❷酒店安放酒坛的土台子。辛延年《羽林郎》诗："胡姬年十五，春日独当～。"

舻（艫） lú 船头。左思《吴都赋》："弘舸连舳，巨槛接～。"（舳：船尾。槛：通"舰"。）苏轼《前赤壁赋》："舳～千里，旌旗蔽空。"㉃船。《新唐书·杨玄琰传》："初，张柬之代将荆州，共乘～江中。"沈亚之《湘中怨辞》："有画～浮漾而来。"李清照《金石录后序》："至东海，连～渡淮，又渡江至建康。"

鲈（鱸） lú 鱼名。《后汉书·左慈传》："[曹]操从容顾众宾曰：'今日高会，珍羞略备，所少吴松江～鱼耳。'"（吴：地名。）苏轼《后赤壁赋》："今者薄暮，举网得鱼，巨口细鳞，状似松江之～。"辛弃疾《水龙吟·登建康赏心亭》词："休说～鱼堪脍，尽西风，季鹰归未？"（季鹰：张翰的字。）

卤（鹵、滷） lǔ ❶盐卤，块盐。《史记·货殖列传》："山东食海盐，山西食盐～。"沈括《梦溪笔谈·辨证一》："解州盐泽，……～色正赤。"❷盐碱地。《汉书·沟洫志》："决漳水兮灌邺旁，终古舄（xì）～兮生稻粱。"（舄：盐碱地。）《宋史·刘几传》："从范仲淹辟，通判邠州，邠地～。"❸通"鲁"。迟钝，笨拙。刘桢《赠五官中郎将》诗："小臣信顽～，僶俛安能追？"（僶俛：努力。）沈括《梦溪笔谈·器用》："世多谓前古民醇，工作率多～拙，是大不然。"❹通"橹"。大盾。《战国策·中山策》："大破二国之军，流血漂～。"贾谊《过秦论》："伏尸百万，流血漂～。"❺通"掳"。掳掠，掠夺。《史记·高祖本纪》："诸所过毋得掠～。"《汉书·汲黯传》："臣愚以为陛下得胡人，皆以为奴婢，赐从军死者家；～获，因与之，以谢天下，塞百姓之心。"

【卤钝】 lǔdùn 见"鲁钝"。

【卤掠】 lǔlüè 见"虏掠"。

虏（虜） lǔ ❶俘获。《战国策·秦策四》："父子老弱系～，相随于路。"《史记·周本纪》："遂杀幽王骊山下，～褒姒，尽取周赂而去。"❷掳掠，抢劫。《论衡·答佞》："攻城袭邑，剽劫～掠。"张载《七哀诗》："珠柙离玉体，珍宝见剽～。"❸俘虏。《三国志·魏书·武帝纪》注："取张辽、徐晃于亡～之内。"㊂像对待俘虏那样。《战国策·赵策三》："彼秦者，弃礼义而上首功之国也，权使其士，～使其民。"（上：崇尚。）❹奴仆，奴隶。《韩非子·说难》："伊尹为宰，百里奚为～，皆所以干其上也。"（干：求。）又《显学》："夫严家无悍～，而慈母有败子。"❺对敌人的蔑称。《史记·高祖本纪》："汉王伤匈，乃扪足曰：'～中吾指！'"（匈：通"胸"。扪：摸。）《后汉书·伏湛传》："黠～困迫，必求其助。"（黠：狡猾。）

【虏掠】 lǔlüè 劫持人或抢劫财物。《后汉书·冯异传》："独有刘将军所到不～～。"《旧唐书·窦建德传》："承间出而～～，足以自资。"也作"虏略"。《史记·梁孝王世家》："吴楚破，而梁所破杀～～与汉中分。"《汉书·韩安国传》："匈奴～～千馀人及畜产去。"也作"卤掠"。《汉书·高帝纪上》："所过毋得～～，秦民喜。"《后汉书·光武帝纪上》："有出～～者，辄击取之，绝其粮道。"也作"掳掠"。王实甫《西厢记》二本一折："这厮每于家为国无忠信，恣情的～～人民。"（每：同"们"。）

【虏略】 lǔlüè 见"虏掠"。

掳（擄） lǔ ❶俘获，捕获。司马光《涑水记闻》卷十三："～妇女小弱者七八万口。"❷抢劫，夺取。《水浒传》三十八回："李逵也不答应他，便就地下～了银子，又抢了别人赌的十来两银子。"

【掳掠】 lǔlüè 见"虏掠"。

鲁（魯） lǔ ❶迟钝，笨拙。《史记·仲尼弟子列传》："师也辟，参也～。"（师：子张。辟：偏激。）《晋书·阮种传》："臣猥以顽～之质，应清明之举。”❷通“旅”。陈列。《史记·周本纪》：“周公受禾东土，～天子之命。”❸古国名，在今山东曲阜一带。《韩非子·外储说左下》：“孔子御坐于～哀公，哀公赐之桃与黍。”《史记·鲁周公世家》：“～有天子礼乐者，以褒周公之德也。”❹姓。战国时齐有鲁仲连。

【鲁钝】 lǔdùn 迟钝，笨拙。杜甫《寄题江外草堂》诗：“顾惟～～姿，岂识悔吝先。”也作“卤钝”。《抱朴子·勖学》：“经术深则高才者洞逸，～～者醒悟。”

【鲁鱼亥豕】 lǔyúhàishǐ 《抱朴子·遐览》：“谚曰：‘书三写，鱼成鲁，虚成虎。’”《吕氏春秋·察传》：“夫‘己’与‘三’相似，‘豕’与‘亥’相似。”后因以“鲁鱼亥豕”指字形近似而讹误。章学诚《校雠通义》卷一：“因取历朝著录，略其～～～～之细，而特以部次条别，疏通伦类，考其得失之故，而为之校雠。”

艣（艪、樐、艫） lǔ 船橹，多安于船尾的划水工具。李白《淮阴书怀寄王宗城》诗：“大舶夹双～，中流鹅鹳鸣。”王安石《题朱郎中白都庄》诗：“藜杖听鸣～，篮舆看种田。”

橹（櫓） lǔ ❶大盾牌。《韩非子·难二》：“赵简子围卫之郛郭，犀楯犀～，立于矢石之所及。”（郛：外城。）贾谊《过秦论》：“伏尸百万，流血漂～。”❷望楼，用于侦察、攻守的建筑物。《三国志·魏书·袁绍传》：“绍为高～，起土山，射营中。”曾巩《瀛州兴造记》：“维北边自通使契丹，城壁楼～御守之具，寖弛不治，习以为故。”❸上有望楼的战车。《六韬·军用》：“陷坚陈，败强敌，武翼大～，……提翼小～。”（陈：通“阵”。）❹船橹，多安放于船尾的划水工具。徐铉《过江》诗：“登舻望程远，摇～过江迟。”

角 lù 见 jiǎo。

谷 lù 见 gǔ。

录（録） lù ❶记录，抄录。《韩非子·大体》：“豪杰不著名于图书，不～功于盘盂，记年之牒空虚。”《南史·王昙首传》：“余少好抄书，老而弥笃，……未尝倩（qìng）人假手，并躬自抄～。”（倩：央求。）❷簿籍，本册。陶渊明《拟挽歌辞》之一：“昨暮同为人，今旦在鬼～。”李清照《金石录后序》：“右《金石录》三十卷者何？赵侯德父所著书也。”❸采纳。《后汉书·桓荣传》：“[桓]郁数忠言，多见纳～。”《三国志·魏书·杜畿传》：“如何反～[廉]昭等倾侧之意，而忽若人者乎？”❹收集，收藏。《世说新语·政事》：“[陶公]作荆州时，敕船官悉～锯木屑，不限多少。……官用竹，皆令～厚头，积之如山。”❺收录，录用。《汉书·高惠高后文功臣表序》：“故孝宣皇帝愍而～之。”韩愈《进学解》：“占小善者率以～，名一艺者无不庸。”（庸：任用。）㊿没收。见“录夺”。❻审查，衡量。《汉书·董仲舒传》：“量材而授官，～德而定位。”又《隽不疑传》：“每行县～囚徒还，其母辄问不疑：‘有所平反，活几何人？’”❼次第。《国语·吴语》：“今大国越～，而造于敝邑之军垒。”❽总领。《后汉书·章帝纪》：“[牟]融为太尉，并～尚书事。”《文心雕龙·书记》：“～者，领也。古史世本编以简策，领其名数，故曰～也。”❾检束，检点。《荀子·修身》：“程役而不～。”（程役：工程劳役。）❿逮捕。《世说新语·政事》：“王安期作东海郡，吏～一犯夜人来。”《南齐书·虞玩之传》：“路太后外亲朱仁弥犯罪，依法～治。”⓫剑名。《荀子·性恶》：“桓公之葱，大公之阙，文王之～，……此皆古之良剑也。”（大：同“太”。）⓬通“碌”。见“录录”。

【录夺】 lùduó 没收，强夺。《三国志·魏书·明帝纪》注引《魏略》：“又～～士女前已嫁为吏民妻者，还以配士。”又《吴书·张温传》注：“温姊妹三人皆有节行，为温事，已嫁者皆见～～。”

【录录】 lùlù 见“碌碌③”。

陆（陸） 1. lù ❶陆地。《国语·齐语》：“～、阜、陵、墐、井、田、畴均，则民不憾。”（墐：沟上的路。畴：种麻的田地。）《老子·五十章》：“盖闻善摄生者，～行不遇兕虎，入军不被甲兵。”（兕：犀牛。）❷大土山。《楚辞·九叹·忧苦》：“巡～夷之曲衍兮，幽空虚以寂寞。”（夷：平地。衍：沼泽。）❸道路。王粲《登楼赋》：“背坟衍之广～兮，临皋隰之沃流。”❹跳跃。《庄子·马蹄》：“龁草饮水，翘足而～，此马之真性也。”（龁：咬。）韩愈《画记》：“于马之中，又有上者，下者，行者，牵者，涉者，～者。”❺草名，即商陆。《周易·夬》：“苋～夬夬，中行无咎。”（夬夬：决断的样子。）❻姓。

2. liù（又读 lù） ❼“六”的大写字。

【陆沉】 lùchén ❶陆地自行下沉，比喻隐居。《庄子·则阳》：“方且与世违，而心不屑与之俱，是～～者也。”《史记·滑稽列传》：“～～于俗，避世金马门。”❷埋没。黄庭坚《次韵答张沙河》：“丈夫身在要勉力，岂有吾子终～～？”❸国土沦丧。《晋书·桓温传》:"遂使神州～～,百年丘墟。"❹迂泥,执着。《抱朴子·审举》:"而凡夫浅识,不辩邪正,谓守道者为～～,以履径者为知变。"陈亮《甲辰答朱元晦书》:"而亮～～残破,行不足以自见于乡间,文不足以自奋于场屋。"

【陆海】　lùhǎi　❶物产丰富的陆地。《汉书·地理志下》:"有鄠、杜竹林,南山檀柘,号称～～,为九州膏腴。"(鄠、杜:都是地名。)又《东方朔传》:"汉兴,……都泾渭之南,此所谓天下～～之地。"❷陆地和海中的物产。李商隐《初食笋呈座中》诗:"皇都～～应无数,忍剪凌云一寸心。"

【陆离】　lùlí　❶参差错综的样子。司马相如《上林赋》:"牢落～～,烂漫远迁。"嵇康《琴赋》:"清和条昶,案衍～～。"(昶:舒畅。案衍:不平的样子。)❷众多而绚丽的样子。《楚辞·九歌·大司命》:"灵衣兮被被,玉佩兮～～。"(被被:长的样子。)苏舜钦《投匦疏》:"虽胸文～～,笔语滂沛,而岂得一达旒纩之下哉!"❸长长的样子。《楚辞·离骚》:"高余冠之岌岌兮,长余佩之～～。"又《九章·涉江》:"带长铗之～～兮,冠切云之崔嵬。"❹分散的样子。《汉书·司马相如传上》:"先后～～,离散别追。"❺美玉。《楚辞·九叹·逢纷》:"薜荔饰而～～荐兮,鱼鳞衣而白蜺裳。"(荐:垫席。蜺:虹。)❻神名。《史记·司马相如列传》:"左玄冥而右含雷兮,前～～而后潏湟。"(玄冥、含雷、潏湟:都是神名。)

【陆梁】　lùliáng　❶跳跃。张衡《西京赋》:"怪兽～～。"贾思勰《齐民要术·养牛马驴骡》:"十日一放,令其～～舒展。"❷猖狂,嚣张。《后汉书·黄琼传》:"时寇贼～～,州境雕残。"《三国志·魏书·公孙瓒传》注引《汉晋春秋》:"前以西山～～,出兵平讨。"❸控制,据有。《三国志·魏书·公孙瓒传》:"瓒遣子求救于黑山贼,复欲自将突骑直出,傍西南山,拥黑山之众,～～冀州,横断[袁]绍后。"

【陆陆】　lùlù　见"碌碌③④"。

【陆掠】　lùlüè　❶掳掠,抢劫。《后汉书·袁绍传》:"会公孙瓒师旅南驰,～～北境。"❷猖狂,嚣张。《后汉书·应劭传》:"裁以军令,则忿戾作乱;制御小缓,则～～残害。"

辂　lù　见hé。

赂(賂)　lù　❶赠送财物,割让土地。《韩非子·说林下》:"乃割露山之阴五百里以～之。"《史记·晋世家》:"曲沃武公伐晋侯缗,灭之,尽以其宝器～献于周釐王。"㉑贿赂,因请托而赠与财物。《史记·越王句践世家》:"朱公之子杀人囚楚,其家多持金钱～王左右,故王非能恤楚国而赦,乃以朱公子故也。"朱子瑜《舜水遗书·阳九述略》:"乡绅受～,操有司狱讼之权。"❷赠送的财物,割让的土地。《韩非子·五蠹》:"行货～而袭当涂者则求得,求得则私安。"《战国策·秦策四》:"魏许秦以上洛,……秦责～于魏,魏不与。"㉑财物。《史记·周本纪》:"遂杀幽王骊山下,虏褒姒,尽取周～而去。"《后汉书·孝仁董皇后纪》:"辜较在所珍宝货～,悉入西省。"(辜较:独占。西省:指永乐宫。)

硉　lù　❶冲击。赵冬曦《三门赋》:"～岩腰而沫沸。"❷见"硉矹"。

【硉矹】　lùwù　也作"硉兀"。❶高耸,突出。陆游《燕堂独坐意象殊愦愦起登子城作此诗》:"梦中涉黄河,太行高～～。"❷严峻。韩愈《雪后寄崔二十六丞公》诗:"气象～～未可攀。"❸豪放。韩愈《咏雪赠张籍》:"狂教诗～～,兴与酒陪鳃。"

鹿　lù　❶兽名。《韩非子·外储说右上》:"夫马似～者而题之千金,然而有百金之马而无千金之～者,马为人用而～不为人用也。"(题:标定。)❷粮仓。《国语·吴语》:"市无赤米,而囷～空虚。"❸简陋。《盐铁论·散不足》:"古者庶人～菲草芰,缩丝尚韦而已。"(菲:草鞋。)《梁书·阮孝绪传》:"所居室唯有一～床,竹树环绕。"❹通"麓"。山脚。《穀梁传·僖公十四年》:"林属(zhǔ)于山为～。"(属:连接。)❺姓。后魏有鹿悆。

【鹿骇】　lùhài　鹿胆小易惊,因以鹿骇比喻惊惶失措。陆倕《石阙铭》:"于是治定功成,迩安远肃。忘兹～～,息此狼顾。"

【鹿鹿】　lùlù　见"碌碌②③"。

【鹿马】　lùmǎ　指鹿为马,作威弄权。《抱朴子·君道》:"独任,则悟～～之作威,[弘]恭、[石]显之恶直。"

渌　lù　❶清澈。孔稚珪《北山移文》:"尘游躅于蕙路,污～池以洗耳。"韦庄《菩萨蛮》词:"桃花春水～,水上鸳鸯浴。"❷同"漉"。渗透。孟汉卿《魔合罗》一折:"恰便似画出潇湘水墨图,淋的我湿～～。"❸水名。郦道元《水经注·漉水》:"[醴陵]县南临～水。"

菉　lù　❶草名,又名王刍。《楚辞·离骚》:"薋～葹以盈室兮,判独离而不服。"(薋:积累。葹:草名。)❷通"录"。收录,接纳。《汲冢周书·王会解》:"堂下之东面,郭叔掌为天子～币焉。"(币:礼物。)❸通"绿"。绿色。《楚辞·招魂》:"～蘋齐叶兮白芷生。"(蘋:水生植物。)

騄(騄)　lù　见"騄耳"。

【騄耳】　lù'ěr　良马名。《史记·乐书》:"何必华山之～～而后行远乎?"也作"騄駬"。《晋书·曹毗传》:"趠(chuō)不希～～之踪。"(趠:远走。)

绿　lù　见 lǜ。

禄　lù　❶福。《战国策·赵策二》:"臣无隐忠,君无蔽言,国之～也。"《汉书·董仲舒传》:"善治则灾害日去,福～日来。……为政而宜于民者,固当受～于天。"❷俸禄。《管子·立政》:"度爵而制服,量～而用财。"《战国策·齐策四》:"是故无其实而喜其名者削,无德而望其福者约,无功而受其～者辱,祸必握。"(约:困穷。握:或作"渥"。)㊀指所得赏赐,如田邑等。《国语·鲁语上》:"若罪也,则请纳～与车服而违署。"(违:去掉。署:爵位的标志。)又《晋语九》:"子免吾死,敢不归～。"㊁授予俸禄。《孟子·万章上》:"非其义也,非其道也,～之以天下,弗顾也。"《史记·齐太公世家》:"设轻重鱼盐之利,以赡贫穷,～贤能,齐人皆说。"(说:"悦"的古字。)❸通"录"。领录,掌握。《管子·大匡》:"管仲辞于君曰:'……社稷不定,臣～齐国之政而不死纠也,臣不敢。'"(纠:公子纠。)

【禄饵】　lù'ěr　以爵禄为钓饵。《宋史·陈仲微传》:"～～可以钓天下之中才,而不可啖尝天下之豪杰。"

【禄禄】　lùlù　见"碌碌③"。

琭　lù　玉名。《广韵·屋韵》:"～,玉名。"

【琭琭】　lùlù　见"碌碌①"。

碌　lù　见"碌碡"、"碌碌"。

【碌碡】　lùdú　碾谷脱粒的农具,用牛马或人力牵引。也作"磟碡"、"確碡"。范成大《春日田园杂兴》诗之六:"系牛莫碍门前路,移系门西～～边。"

【碌碌】　lùlù　❶石头坚硬洁润的样子。《后汉书·冯衍传》:"冯子以为夫人之德,不～～如玉,落落如石,……夫岂守一节哉!"《文心雕龙·总术》:"落落之玉,或乱乎石;～～之石,时似乎玉。"也作"琭琭"。《老子·三十九章》:"不欲～～如玉,珞珞如石。"❷忙碌,繁忙。《红楼梦》二十二回:"从前～～却因何?到如今,回头试想真无趣。"也作"鹿鹿"。颜光敏《颜氏家藏尺牍·徐尚书乾学》:"乃朝夕～～,良觌颇稀,怅歉曷极。"(觌:相见。)❸平庸无能,无所作为。《史记·酷吏列传》:"九卿～～奉其官,救过不赡,何暇论绳墨之外乎?"刘禹锡《华山歌》:"丈夫无特达,虽贵犹～～。"也作"禄禄"。《庄子·渔父》:"愚者反此,不能法天而恤于人,不知贵真,～～而受变于俗,故不足。"也作"录录"。《汉书·萧望之传》:"[仲翁]顾谓望之曰:'不肯～～,反抱关为?'"也作"鹿鹿"。《汉书·萧何传赞》"萧何、曹参皆起秦刀笔吏,当时录录未有奇节"注:"录录,犹～～。"也作"陆陆"。陆游《山堂陆先生墓志铭》:"[陆]象山晚为朝士,～～百寮底,旋复斥死。"❹象声词。陈泰《邯郸道上书所见》诗:"马珑珑,车～～,古道茫茫沙扑扑。"也作"陆陆"。扬雄《太玄经·法》:"繘～～,鉼寘腹,井潢洋,终不得食。"(繘:井上汲水绳。寘:"填"的古字。)

路　lù　❶道路。《韩非子·大体》:"故车马不疲弊于远～,旌旗不乱于大泽。"岳飞《满江红》词:"八千里～云和月。"❷门路,途径。王勃《滕王阁序》:"无～请缨,等终军之弱冠。"(终军:人名。)❸官职,权位。《孟子·公孙丑上》:"夫子当～于齐。"扬雄《解嘲》:"当涂者升青云,失～者委沟渠。"❹大。《史记·孝武本纪》:"～弓乘矢。"(乘:四。)❺疲惫,衰败。《孟子·滕文公上》:"如必自为而后用之,是率天下而～也。"《战国策·齐策五》:"令折辕而炊之,杀牛而觞士,则是～君之道也。"(君:当作"军"。)❻通"辂"。车。《左传·昭公四年》:"杜洩请以～葬。"(杜洩:人名。)《韩非子·十过》:"夏后氏没,殷人受之,作为大～而建九旒。"❼行政区划名。王安石《乞制置三司条例》:"诸～上供,岁有定额。"❽姓。汉代有路温舒。

2. luò　❾通"落"。缠绕。《汉书·扬雄传上》:"尔乃虎～三嵕以为司马,围经百里而为殿门。"(虎路:竹篱笆。三嵕:三峰相连的山。司马:司马门。)

【路头】　lùtóu　途径,路子。严羽《沧浪诗话·诗辩》:"～～一差,愈骛愈远,由入门之不正也。"

稑(穋)　lù　❶后种先熟即生长期短的谷物。《诗经·豳风·七月》:"黍稷重(tóng)～。"(重:早种晚熟的谷物。)❷成熟,丰收。《国语·越语下》:"不乱民功,不逆天时,五谷～孰,民乃蕃滋。"(孰:"熟"的古字。)

僇　lù　❶侮辱,羞辱。《史记·田单列传》:"单又纵反间曰:'吾惧燕人掘吾城外冢墓,～先人,可为寒心。'"王安石《上仁宗皇帝言事书》:"偷惰苟且之人,虽欲取容于一时,而顾～辱在其后,安敢不勉乎?"❷通

"戮"。杀。《吕氏春秋·论人》:"昔上世之亡主,以罪为在人,故日杀~而不止,以至于亡而不悟。"王世贞《蔺相如完璧归赵论》:"令秦王怒而~相如于市,……一胜而相如族,再胜而璧终入秦矣。"(族:灭族。)❸见"僇力"。❹通"缪"。周到,周密。《管子·幼官》:"器成于~,教行于钞。"(钞:同"妙"。仔细。)

【僇力】 lùlì 见"戮力"。

【僇人】 lùrén 受过刑罚的人。《韩非子·制分》:"故其法不用,而刑罚不加乎~~。"柳宗元《始得西山宴游记》:"自余为~~,居是州,恒惴慄。"也作"戮人"。《商君书·算地》:"刑人无国位,~~无官任。"

勠 lù 并力,勉力。《韩非子·存韩》:"昔秦、韩~力一意以不相侵,天下莫敢犯。"陆机《文赋》:"非余力之所~。"

【勠力】 lùlì 见"戮力"。

漉 lù ❶使干涸,淘干。《论衡·指瑞》:"焚林而畋,~池而渔。"陆游《广德军放生池记》:"所谓~陂竭泽者,盖无有也。"❷渗出,过滤。《论衡·验符》:"榆柏梅李,叶皆洽溥,威委流~,民嗽吮之,甘如饴蜜。"(洽溥:广阔。威委:茂盛。)《汉书·司马相如传下》:"滋液渗~,何生不育?"㉑水中捞取。卢仝《寄男抱孙》诗:"捞~蛙蟆脚,莫遣生科斗。"(蟆:同"蟆"。虾蟆。)

蓼 lù 见liǎo。

箓(籙) lù ❶符命,帝王自称所受天命的凭证。王融《永明十一年策秀才文》:"朕秉~御天。"❷簿籍,簿册。《三国志·吴书·孙策传》注:"今此子已在鬼~,勿复费纸笔也。"❸符箓,道教的秘密文书。《隋书·经籍志四》:"其受道之法,初受《五千文箓》,次受《三洞箓》,……~皆素书,记诸天曹官属佐史之名有多少。"

趢 lù 见"趢趗"。

【趢趗】 lùcù ❶局促,窘迫。张衡《东京赋》:"狭三王之~~,轶五帝之长驱。"❷形容步子急促细碎。李贺《摩多楼子》诗:"晓气朔烟上,~~胡马蹄。"

辘(轆) lù 见"辘辘"、"辘轳"。

【辘轳】 lùlú 汲取井水的木制装置。李璟《应天长》词:"梦断~~金井,昨夜更阑酒醒,春愁过却病。"

【辘辘】 lùlù 车行声。杜牧《阿房宫赋》:"雷霆乍惊,宫车过也;~~远听,杳不知其所之也。"

戮 lù ❶杀人。《韩非子·说难》:"此二人说者皆当矣,厚者为~,薄者见疑。"《史记·周本纪》:"有夫妇卖是器者,宣王使执而~之。"㉑惩治。《荀子·王制》:"防淫除邪,~之以五刑。"❷暴尸示众。《国语·晋语九》:"三奸同罪,请杀其生者而~其死者。"《吕氏春秋·离谓》:"子产患之,于是杀邓析而~之。"❸侮辱,羞辱。《吕氏春秋·顺民》:"孤虽知要领不属,首足异处,四枝布裂,为天下~,孤之志必将出焉。"(要:"腰"的古字。属:连接。枝:通"肢"。)《后汉书·左雄传》:"髡钳之~,生于睚眦。"(髡钳:两种刑罚。)❹暴乱。《吕氏春秋·贵因》:"谗慝胜良,命曰~。"(慝:邪恶。)❺通"勠"。并力,勉力。《后汉书·隗嚣传》:"吾所以~力不避矢石者,岂要(yāo)爵位哉?"(要:求。)《三国志·魏书·袁术传》:"以为足下当~力同心,匡翼汉室。"

【戮力】 lùlì 尽力,合力。《国语·吴语》:"~~同德。"也作"僇力"。《淮南子·人间训》:"请与公~~一志。"也作"勠力"。《新唐书·李袭志传》:"诸君当相与~~刷雠耻。"

【戮人】 lùrén 见"僇人"。

【戮笑】 lùxiào 耻笑。《公羊传·庄公三十二年》:"不从吾言,而不饮此,则必为天下~~。"

【戮馀】 lùyú 刑戮后得到馀生的人,受过刑的人。《左传·襄公二十一年》:"臣,~~也。"

潞 lù ❶水名。1)即今山西浊漳河。《周礼·夏官·职方氏》:"河内曰冀州,……其浸汾、~。"(浸:河湖。)2)即今北京潮白河。❷部落名,地在今山西潞城市东北。《左传·宣公十五年》:"~子婴儿之夫人,晋景公之姊也。"《国语·晋语七》:"克~之役,秦来图败晋功。"❸同"露"。疲惫,衰弱。《战国策·秦策一》:"是故兵终身暴灵于外,士民~病于内。"

璐 lù 美玉。《楚辞·九章·涉江》:"被明月兮珮宝~。"(被:通"披"。珮:佩带。)

簏 lù ❶竹箱。李商隐《咏怀寄秘阁旧僚二十六韵》:"自哂成书~,终当祝酒卮。"李清照《金石录后序》:"惟有书、画、砚、墨可五七~,更不忍置他所,常在卧榻下,手自开阖。"❷见"簏簌"。

【簏簌】 lùsù 下垂的样子。李郢《张郎中宅戏赠》诗之一:"薄雪燕蓊紫燕钗,钗垂~~抱香怀。"

鹭(鷺) lù 水鸟名,又名鹭鸶、白鹭。杜甫《绝句》之三:"两个黄鹂鸣翠柳,一行白~上青天。"温庭筠《利州南渡》诗："数丛沙草群鸥散，万顷江田一～飞。"

【鹭涛】 lùtāo 白浪翻天，似白鹭翱翔。骆宾王《夏日游德州赠高四》诗："～～开碧海，凤彩缀词林。"

【鹭序】 lùxù 白鹭飞行有顺序，形容官员朝见时秩序井然。《禽经》："寮寀雝雝，鸿仪～～。"（寮寀：百官。）宋无《上冯集贤》诗："玉笋晓班联～～，紫檀春殿对龙颜。"

麓 lù ❶山脚。《后汉书·冯衍传》："相林～之所产兮，尝水泉之所殖。"柳宗元《永州韦使君新堂记》："永州实惟九疑之～。"（九疑：九嶷山。）❷主管山林苑囿的官。《国语·晋语九》："主将适蝼，而～不闻。"（蝼：苑囿名。）

簬（簵） lù 竹名。《尚书·禹贡》："惟箘～楛。"《战国策·赵策一》："其坚则箘～之劲，不能过也。"

露 lù ❶露水。《诗经·召南·行露》："厌浥行～，岂不夙夜，谓行多～。"（厌浥：霑湿。行：道路。）贺铸《鹧鸪天》词："原上草，～初晞，旧栖新垅两依依。"❷芳香饮料。陆游《老学庵笔记》卷七："寿皇时，禁中供御酒，名蔷薇～。"❸润泽，滋润。《国语·晋语六》："是先主覆～子也。"《汉书·晁错传》："覆～万民。"❹暴露，显露。《后汉书·蔡邕传》："事遂漏～。"又《西羌传》："发冢～胔。"（胔：腐肉。）㉑露天，在屋外。《韩非子·外储说右上》："于是太子乃还走，避舍～宿三日。"王昌龄《春宫曲》："昨夜风开～井桃，未央前殿月轮高。"（未央：殿名。）❺疲弱，衰败。《韩非子·亡徵》："好罢～百姓，煎靡货财者，可亡也。"（罢：通"疲"。）《战国策·齐策五》："守而不可拔者，其百姓罢而城郭～。……夫罢士～国，而多与天下为仇，则明君不居也。"❻通"辂"。车。《史记·楚世家》："荜～蓝蒌以处草莽。"（荜：荆条竹木。蓝蒌：破衣。）❼姓。汉代有露平。

【露布】 lùbù ❶檄文、捷报类布告性文书。《三国志·魏书·武帝纪》注："人有劝[袁]术使遂即帝位，～～天下。"《文心雕龙·檄移》："张仪檄楚，书以尺二。明白之文，或称～～，播诸视听也。"❷官府间上行或下行不加缄封的文书。蔡邕《独断》："唯赦令、赎令，召三公诣朝堂受制书，司徒印封，～～下州郡。"韩愈《唐故相权公墓碑》："东方诸帅，有利病不能自请者，公尝与疏陈，不以～～。"

【露索】 lùsuǒ ❶裸体搜身。《汉书·萧望之传》："吏民当见者，～～去刀兵，两吏挟持。"❷带露水的井绳。李商隐《令狐舍人说昨夜西掖翫月因戏赠》诗："～～秦宫井，风弦汉殿筝。"

【露才扬己】 lùcáiyángjǐ 显露才能，宣扬自己。王逸《离骚叙》："今若屈原，……此诚绝世之行，俊彦之英也。而班固谓之～～～～，竞于群小之中。"

lǘ

驴（驢） lǘ 家畜名。《后汉书·灵帝纪》："又驾四～，帝躬自操辔，驱驰周旋。"柳宗元《三戒·黔之驴》："黔无～，有好事者船载以入。"

【驴券】 lǘquàn 《颜氏家训·勉学》："问一言辄酬数百，责其指归，或无要会。邺下谚云：'博士买驴，书券三纸，未有驴字。'"后因以比喻言语、文词不得要领。陆游《读书》诗："文辞博士书～～，职事参军判马曹。"

闾（閭） lǘ ❶里巷的门。《吕氏春秋·仲夏》："门～无闭，关市无索。"《战国策·秦策三》："守～妪曰：'其夕，某懦子内某士。'"（懦：当作"孺"。内：同"纳"。）㉑里巷，住处。《韩非子·外储说左上》："其君见好岩穴之士，所倾盖与车以见穷～隘巷之士以十数。"《史记·孝武本纪》："石闾者，在泰山下阯南方，方士多言此仙人之～也。"❷古代居民基层组织，二十五家为闾。《庄子·胠箧》："阖四竟之内，所以立宗庙社稷，治邑屋州～乡曲者，曷尝不法圣人哉！"（竟："境"的古字。）王安石《上仁宗皇帝言事书》："其次则比～族党之师，亦皆卒两师旅之帅也。"（比：五家。卒、两：都是军队编制单位。）㉑乡里，家乡。《楚辞·九章·哀郢》："发郢都而去～兮，荒忽其焉极。"《吕氏春秋·贵生》："颜阖守～，鹿布之衣，而自饭牛。"（颜阖：人名。）❸传说中的兽名，似驴。《山海经·北山经》："其兽多～。"❹闾丘，复姓。战国时有闾丘光。

【闾里】 lǘlǐ 乡里，民间。《汉书·艺文志》："～～小知之所及，亦使缀而不忘。"又《爰盎传》："爰盎病免家居，与～～浮湛，相随行，斗鸡走狗。"

【闾伍】 lǘwǔ 乡里，民间。《三国志·魏书·钟会传》："复其社稷，安其～～。"

【闾巷】 lǘxiàng 里弄，泛指民间。《战国策·秦策一》："卖仆妾售乎～～者，良仆妾也。"《史记·伯夷列传》："～～之人，欲砥行立名者，非附青云之士，恶能施于后世哉？"

【闾阎】 lǘyán 里巷的门。1）泛指住宅。王勃《滕王阁序》："～～扑地，钟鸣鼎食之家。"2）泛指民间。《史记·苏秦列传论》：

"夫苏秦起～～,连六国从亲,此其智有过人者。"(从:合纵。)《后汉书·广陵思王荆传》:"人主崩亡,～～之伍尚为盗贼,欲有所望,何况王邪!"

【闾左】 lǘzuǒ ❶秦代居于里巷左侧的平民,也泛指百姓。《汉书·食货志上》:"收泰半之赋,发～～之戍。"《梁书·武帝纪》:"征发～～,以充缮筑。"❷戍兵,边防战士。陆游《送汤岐公镇会稽》诗:"～～发蓟北,戈船满山东。"

娄 lǘ 见lóu。

榈(櫚) lǘ 棕榈,木名,也称栟榈。张衡《南都赋》:"其木则……楈枒(xūyé)栟～。"(楈枒:木名。)杜甫《枯椶》诗:"蜀门多椶～,高者十八九。"

吕 lǚ ❶脊梁骨。《急就篇》三章:"尻髋脊膂腰背～。"(尻:臀部。)❷六吕,我国古代音乐十二律中的阴律,包括大吕、夹钟、中吕、林钟、南吕、应钟。《汉书·律历志上》:"律有十二,阳六为律,阴六为～。……登降运行,列为十二,而律～和矣。"参见"六律"。❸地名。1) 本古国名,春秋初为楚所灭,在今河南南阳市西。《左传·成公七年》:"楚围宋之役,师还,子重请取于申、～,以为赏田。"(子重:人名。) 2) 在今江苏徐州市东南。《左传·襄公元年》:"秋,楚子辛救郑,侵宋～、留。"(子辛:人名。)❹姓。东汉有吕布。

【吕巨】 lǚjù 骄傲,自高自大。《庄子·列御寇》:"如而夫者,一命而～～,再命而于车上儛,三命而名诸父。"(而夫:指鄙夫。儛:同"舞"。)

【吕览】 lǚlǎn 《吕氏春秋》的别称。司马迁《报任少卿书》:"[吕]不韦迁蜀,世传《吕览》。"

侣 lǚ 同伴,结伴。孔稚珪《北山移文》:"使其高霞孤映,明月独举,青松落荫,白云谁～。"杨炯《大周明威将军梁公神道碑》:"～明月而飞文。"

胪 lǚ 见lú。

旅 lǚ ❶军队编制单位,五百人为旅。一说两千人为旅。《孙子·谋攻》:"凡用兵之法,……全～为上,破～次之。"《国语·齐语》:"十连为乡,故二千人为～,乡良人帅之。"㊀军队,士兵。《韩非子·存韩》:"则陷锐之卒勤于野战,负任之～罢于内攻。"(罢:通"疲"。)《汉书·李广传》:"《司马法》曰:'登车不式,遭丧不服,振～抚师,以征不服。'"(式:车前扶手的横木。)㊁一旅之长,军官。《左传·成公十八年》:"师不陵正,～不偪(bī)师。"(偪:威胁。)❷众人。《国语·鲁语上》:"今齐社而往观～,非先王之训也。"(社:祭土神。)《后汉书·马融传》:"测潜鳞,踵介～。"㊀共同。《国语·越语上》:"吾不欲匹夫之勇也,欲其～进～退。"王禹偁《待漏院记》:"复有无毁无誉,～进～退,窃位而苟禄,备员而全身者,亦无所取焉。"❸陈列。《左传·庄公二十二年》:"庭实～百,奉之以玉帛,天地之美具焉。"《国语·晋语四》:"楚成王以周礼享之,九献,庭实～百。"❹以长幼尊卑次序劝酒。《左传·襄公二十三年》:"及～,而召公鉏。"(公鉏:人名。)《仪礼·燕礼》:"宾以～酬于西阶上。"❺旅行,寄居。《左传·襄公二十八年》:"岁弃其次,而～于明年之次。"(岁:岁星。)苏轼《凌虚台记》:"见山之出于林木之上者,累累如人之～行于墙外而见其髻也。"㊀旅客,宾客。《左传·宣公十二年》:"老有加惠,～有施舍。"《国语·晋语八》:"～人,所以事子也,唯事是待。"❻不种而自生的,野生的。古乐府《十五从军行》:"中庭生～谷,井上生～葵。"❼门前道路。《礼记·郊特牲》:"台门而～树。"(树:指树立屏蔽物。)❽祭祀名,祭(山川、天帝)。《史记·封禅书》:"及后陪臣执政,季氏～于泰山,仲尼讥之。"《梁书·元帝纪》:"扬銮旗以～帝。"❾六十四卦之一。卦形为艮下离上。《周易·旅》:"山上有火,～。"❿通"膂"。体力。见"旅力③"。⓫姓。汉代有旅卿。

【旅次】 lǚcì 旅途中的寓所。杜甫《毒热寄简崔评事十六弟》诗:"老夫转不乐,～～兼百忧。"

【旅拒】 lǚjù 抗拒。《周书·异域传上论》:"强则～～,弱则稽服。"也作"旅距"。《后汉书·马援传》:"若大民侵小民,黠羌欲～～,此乃太守事耳。"(黠:狡猾。)

【旅况】 lǚkuàng 旅途中的景况。高启《送丁孝廉之钱塘就简张著作方员外》诗:"若见故人询～～,知君解说不烦书。"

【旅力】 lǚlì ❶众人之力。《诗经·小雅·北山》:"～～方刚,经营四方。"《后汉书·王梁传》:"～～既愆,迄无成功。"❷出力。《后汉书·班固传下》:"宜亦勤恁～～,以充厥道。"❸见"膂力"。❹力量。《三国志·魏书·袁绍传》注引《魏氏春秋》:"贤胤承统,遐迩属(zhǔ)望,咸欲展布～～,以投盟主。"(属望:注视。)

【旅食】 lǚshí ❶庶人为官,尚未取得正禄,但可在官府吃饭。《仪礼·燕礼》:"尊士～～于门西。"❷寄食,旅居。韩愈《祭十二郎文》:"故舍汝而～～京师,以求斗斛之禄。"

梠 lǚ 屋檐。王安石《后元丰行》："龙骨长干挂梁～。"

捋 lǚ 见 luō。

偻（僂） 1. lǚ（又读 lóu） ❶弯腰，表示恭敬的样子。《战国策·燕策三》："［田光］～行见荆轲。"《后汉书·和熹邓皇后纪》："若并时进见，则不敢正坐离立，行则～身自卑。"❷病名，驼背。《史记·晋世家》："郤克～，而鲁使蹇，卫使眇，故齐亦令人如之以导客。"（郤克：人名。）《论衡·骨相》："传言……文王四乳，武王望阳，周公背～。"❸弯曲。见"偻指"。❹急速。《荀子·儒效》："彼宝也者，……卖之不可～售也。"《公羊传·庄公二十四年》："夫人不～，不可使入。"

2. lóu ❺见"偻啰"。

3. liǔ ❻见"偻翣"。

【偻指】 lǚzhǐ 屈指计数。《荀子·儒效》："虽有圣人之知，未能～～也。"

【偻啰】 lóuluó 见"喽啰"。

【偻翣】 liǔshà 棺罩。《吕氏春秋·节丧》："世俗之行丧，……～～以督之，珠玉以备之。"参见"蒌翣"。

溇 lǚ 见 lóu。

嵝（嶁、㟺） 1. lǚ ❶山名。岣嵝山，衡山主峰，在湖南衡阳市北。

2. lǒu ❷山顶。《后汉书·马融传》："廋疏～领，犯历嵩峦。"（廋疏：搜索。）

屡（屢） lǚ 接连多次，累次。《后汉书·顺帝纪》："吏政不勤，故灾咎～臻，盗贼多有。"又《皇后纪序》："东京皇统～绝，权归女主。"

【屡空】 lǚkōng 一无所有，经常贫穷。《史记·伯夷列传》："且七十子之徒，仲尼独荐颜渊为好学，然回也～～，糟糠不厌。"（回：颜回，字子渊。）蔡邕《贞节先生陈留范史云铭》："晚节禁宽，困于～～。"

缕（縷） lǚ ❶麻线或丝线。枚乘《上书谏吴王》："夫以一～之任，系千钧之重，……虽甚愚之人，犹知哀其将绝也。"《论衡·异虚》："丝成帛，～成布，赐人丝～，犹为重厚，况遗（wèi）人以成帛与织布乎？"（遗：赠予。）㊀布匹，衣服。《战国策·燕策三》："得赵人徐夫人之匕首，取之百金，使工以药淬之，以试人，血濡～，人无不立死者。"（淬：通"焠"。）柳宗元《种树郭橐驼传》："蚤缫而绪，蚤织而～。"（蚤：通"早"。而：你们的。）❷线状物。冯延巳《鹊踏枝》词："杨柳风轻，展尽黄金～。"辛弃疾《青玉案·元夕》词："蛾儿雪柳黄金～，笑语盈盈暗香去。"㊀量词。用于细长的东西。陆游《渔家傲·寄仲高》词："鬓丝几～茶烟里。"❸细致，详尽。《三国志·吴书·诸葛恪传》："若于小小宜适，私行不足，皆宜阔略，不足～责。"苏舜钦《答杜公书》："此必丈人夙昔之所在念，然尚恐为佞谀之言，上惑高明，故不避～述也。"

【缕缕】 lǚlǚ ❶一缕一缕，一丝一丝。苏轼《和蔡準郎中见邀游西湖》之三："船头斫鲜细～～，船尾炊玉香浮浮。"《宋史·食货志上一》："蚕妇治茧、绩麻、纺纬，～～而积之，寸寸而成之，其勤极也。"❷细致，详尽。陈亮《甲辰答朱元晦书》："故不自知其心之惓惓、言之～～也。"

膂 lǚ ❶脊梁骨。《论衡·说日》："夫乌兔蟾蜍，日月气也，若人之腹脏，万物之心～也。"《后汉书·袁绍传》："使股肱分成二体，匈～绝为异身。"（匈：通"胸"。）❷体力。《方言》卷六："踞膂，力也。"（踞：力。）

【膂力】 lǚlì 体力，四肢的力量。《后汉书·董卓传》："卓～～过人。"《三国志·魏书·臧洪传》："张杨、飞燕，～～作难，北鄙将告倒县之急。"（飞燕：即张燕。县：通"悬"。）也作"旅力"。《三国志·魏书·董卓传》："卓有才武，～～少比。"

瘘 lǚ 见 lòu。

履 lǚ ❶鞋。《韩非子·外储说左上》："郑人有欲买～者，先自度其足而置之其坐，至之市而忘操之。"《汉书·贾谊传》："～虽鲜不加于枕，冠虽敝不以苴～。"（苴：垫。）❷穿鞋。《战国策·秦策一》："羸縢～蹻，负书担囊。"（羸縢：裹着绑腿。蹻：通"屩"，草鞋。）苏轼《凌虚台记》："方其未筑也，太守陈公杖～逍遥于其下。"❸践踏，踩。《战国策·秦策四》："魏桓子肘韩康子，康子～魏桓子，蹑其踵。"《史记·三代世表》："后稷母为姜嫄，出见大人迹而～践之，知于身，则生后稷。"㊀疆界。《史记·齐太公世家》："赐我先君～，东至于海，西至于河。"❹步履，行走。《国语·晋语一》："上贰代举，下贰代～。"（上：指手。代：更替。下：指脚。）杜甫《庭草》诗："步～宜轻过，开筵得屡供。"㊀经历，到达。贾谊《过秦论》："及至始皇，……吞二周而亡诸侯，～至尊而制六合。"《后汉书·张衡传》："亲～艰难者知下情，备经险易者达物伪。"又《寇恂传》："今士马疲倦，方～险阻，非万乘之固。"❺实践，执行。《后汉书·马援传》："时皇太后躬～节俭，事从简约。"苏洵《辨奸论》：

"今有人，口诵孔、老之言，身～夷、齐之行。"（夷、齐：伯夷和叔齐。）❻福禄。《诗经·周南·樛木》："福～绥之。"❼六十四卦之一，卦形为兑下乾上。《周易·履》："上天下泽，～；君子以辩上下，定民志。"

【履冰】 lǚbīng 在冰上行走，比喻小心谨慎，高度警惕。《汉书·韦贤传》："如何我王，不思守保，不惟～～，以继祖考。"《三国志·吴书·薛综传》："遵乘桥之安，远～～之险。"

【履戴】 lǚdài 立地顶天，后指生存于天地之间。《左传·僖公十五年》："君履后土而戴皇天，皇天后土实闻君之言。"《北史·宇文护传》："顾视悲摧，心情断绝，胡颜～～，负愧神明。"

【履端】 lǚduān ❶历法中推算一年的起点。《史记·历书》："先王之正时也，～～于始，举正于中，归邪（yú）于终。～～于始，序则不愆。"（中：指每个月的中气。邪：通"馀"。指闰月。）❷一年之始。庾信《哀江南赋》："天子～～废朝，单于长围高宴。"❸帝王新即位。《晋书·景帝纪》："～～初政，宜崇玄朴。"❹开端，起始。《文心雕龙·镕裁》："是以草创鸿笔，先标三准：～～于始，则设情以位体。"

【履虎】 lǚhǔ 同"履尾"。陆游《书感》诗："凛凛咥人愁～～，区区染指畏尝鼋。"

【履霜】 lǚshuāng ❶踩霜，走在霜上。《诗经·魏风·葛屦》："纠纠葛屦，可以～～。"《周易·坤》："～～坚冰至。"❷比喻掌握规律，防患于未然。《新唐书·高宗纪赞》："不戒～～之渐，而毒流天下，贻祸邦家。"

【履尾】 lǚwěi 踩着虎尾，比喻处境危急。《周易·履》："履虎尾，咥人。"（咥：咬。）《晋书·袁宏传》："仁者必勇，德亦有言，虽遇～～，神气恬然。"

【履行】 lǚxíng ❶实行。《后汉书·吕强传》："南面当国，宜～～其事。"❷品行。《晋书·成帝纪》："其详求卫公山阳公近属，有～～修明可以继承其祀者，依旧典施行。"

【履约】 lǚyuē ❶遵循法制。《后汉书·朱浮传》："陛下清明～～，率礼无违。"❷实行节约。《后汉书·谢夷吾传》："奉法作政，有周、召之风；居俭～～，绍公仪之操。"（周、召：周公和召公。公仪：公仪休。）

【履中】 lǚzhōng 实行中正之道。刘向《说苑·修文》："舜以匹夫，积正合仁，～～行善，而卒以兴。"

律 lǜ ❶定音或测量气候的竹管、玉管或铜管。《史记·律书》："武王伐纣，吹～听声，推孟春以至于季冬，杀气相并，而音尚宫。"（宫：音调名。）《汉书·律历志》："律有十二，阳六为～，阴六为吕。"参见"六律"。㊀音律。《国语·周语下》："王曰：'七～者何？'对曰：'……于是乎有七～。'"㊁季节，气候。陆游《春望》诗："大地回春～，山川扫积阴。"❷法令，法则。《战国策·秦策五》："司马空说赵王曰：'……～令孰与之明？'"《后汉书·赵憙传》："吏奉法，～不可枉也。"㊀效法。《荀子·非十二子》："故劳力而不当民务谓之奸事，劳知而不～先王谓之奸心。"（知：同"智"。）❸格律。权德舆《裴公神道碑铭》："比兴属和，声～铿然。"（属和：应酬别人而作诗。）白居易《编集拙诗成一十五卷因题卷末戏赠元九李二十》诗："每被老元偷格～，苦教短李伏歌行。"㊀律诗。纳兰性德《渌水亭杂识》卷四："建安无偶句，西晋颇有之，日盛月加，至梁陈谓之格诗，有排偶至无黏。沈宋又加剪裁，成五言唐～。"（沈：指沈佺期。宋：指宋之问。）❹佛教、道教的戒律。张籍《律僧》诗："持斋唯一食，讲～岂曾眠？"❺要求，约束。《韩非子·难四》："五伯兼并，而以桓～人，则是皆无贞廉也。"（伯：通"霸"。桓：指齐桓公。）李商隐《骄儿》诗："抱持多反侧，威怒不可～。"❻爵命的等级。《礼记·王制》："有功德于民者，加地进～。"❼用篦子梳头发。《荀子·礼论》："不沐则濡栉三～而止。"

【律吕】 lǜlǚ ❶六律和六吕的合称。《国语·周语下》："～～不易无奸物。"《吕氏春秋·古乐》："黄钟之宫，～～之本。"❷音律，音乐。杜甫《吹笛》诗："风飘～～相和切，月倚关山几处明。"欧阳修《书梅圣俞稿后》："然抱其器，知其声，节其廉肉而调其～～，如此者工之善也。"（廉肉：指高音低音。）

垒 lǜ 见lěi。

虑（慮） 1. lǜ ❶思考，谋划。《吕氏春秋·本生》："若此人者，不言而信，不谋而当，不～而得。"《后汉书·郎顗传》："水旱之灾，虽尚未至，然君子远览，防微～萌。"❷思想，意念。《韩非子·难三》："是以形体不劳而事治，智～不用而奸得。"《战国策·赵策二》："乃且愿变心易～，剖地谢前过以事秦。"❸忧愁，忧虑。杜甫《羌村》诗之二："萧萧北风劲，抚事煎百～。"㊀顾虑，疑虑。《战国策·楚策一》："二人之言皆善也，臣不敢言其后。此谓～贤也。"《后汉书·班勇传》："置校尉者，宣威布德，以系诸国内向之心，以疑匈奴觊觎之情，而无财费耗国之～也。”❹乱，打扰。《吕氏春秋·长利》：“无～吾农事。”❺大抵，大概。贾谊《陈政事疏》：“若此诸王，虽名为臣，实皆有布衣昆弟之心，～亡不帝制而天子自为者。”（亡：通“无”。）苏舜钦《内园使连州刺史知代州刘公墓志》：“前后俘馘甚众，获马畜铠甲之类，～一万七千三百馀。”（馘：割取敌人左耳以计战功。）❻连缀，连结。《庄子·逍遥遊》：“今子有五石之瓠，何不～以为大樽而浮乎江湖？”❼姓。春秋时鲁国有虑癸。

2. lú ❽地名。汉代有虑虒县，在今山西五台县东北。

3. lù ❾通“录”。审查。《汉书·隽不疑传》：“每行县～囚徒还，其母辄问不疑：‘有所平反，活几何人？’”注：“今云～囚，本‘录’声之去者耳。”

【虑久】 lǜjiǔ 深思熟虑。《战国策·魏策四》：“～～以为天下为可一者，是不知天下者也。”

【虑无】 lǜwú 旗帜。《左传·宣公十二年》：“前茅～～。”（前：指前军。茅：报警用的旗帜。）

率 lǜ 见 shuài。

绿（綠） 1. lǜ（又读 lù） ❶绿色。白居易《忆微之》诗：“分手各抛沧海畔，折腰俱老～衫中。”翁森《四时读书乐》诗：“读书之乐乐何如？～满窗前草不除。”❷乌亮，乌黑色。吴均《和萧洗马子显古意》之三：“～鬓愁中减，红颜啼里灭。”李贺《贝宫夫人》诗：“长眉凝～几千年。”

2. lù ❸草名，即荩草。《诗经·小雅·采绿》：“终朝采～，不盈一匊。”

【绿蚁】 lǜyǐ 酒面飘浮的绿色泡沫，因以指代酒。谢朓《在郡卧病呈沈尚书》诗：“嘉鲂聊可荐，～～方独持。”白居易《问刘十九》诗：“～～新醅酒，红泥小火炉。”

【绿云】 lǜyún ❶青色云彩。李白《凤吹笙曲》：“重吟真曲和清吹，却奏仙歌响～～。”《金瓶梅》二十七回：“迎眸霜色，如千枝紫弹坠流苏；喷鼻秋香，似万架～～垂绣带。”（流苏：五彩缕子。）❷比喻树叶浓密。白居易《云居寺孤桐》诗：“一株青玉立，千叶～～委。”❸比喻女子浓密乌黑的头发。白居易《和春深》之七：“宋家宫样髻，一片～～斜。”杜牧《阿房宫赋》：“～～扰扰，梳晓鬟也。”

【绿林】 lùlín 西汉末年，王匡、王凤等聚众起义，据有绿林山（在今湖北当阳东北），号称绿林军。后因以绿林泛指反抗官府或打家劫舍的武装组织。《水浒传》一百十九回：“鲁智深，起身自～～。”

【绿叶成荫】 lǜyèchéngyīn 据《唐诗纪事》卷五十六，杜牧游湖州，结识一女子，约定十年内结婚。后十四年再访，女已出嫁，并生二子。于是怅然赋诗：“狂风落尽深红色，～～～～子满枝。”后因以指女子出嫁，子女多人。

滤（濾） lǜ 过滤，用网状物除去液体中的杂质。白居易《送文畅上人东游》诗：“山宿驯溪虎，江行～水虫。”

luan

孪（孿） luán 双生，一胎两子。《战国策·韩策三》：“夫～子之相似者，唯其母知之而已。”

峦（巒） luán ❶小而尖的山。《楚辞·九章·悲回风》：“登石～以远望兮，路眇眇之默默。”❷长而狭窄的山。左思《蜀都赋》：“山阜相属，含谿怀谷，岗～紏纷，触石吐云。”（属：连接。）❸山。王勃《滕王阁序》：“层～耸翠，上出重霄。”

娈 luán 见 liàn。

挛（攣） 1. luán ❶联系，连在一起。《汉书·叙传上》：“既系～于世教矣，何用大道为自眩耀。”❷蜷曲，不能伸开。《史记·范雎蔡泽列传》：“先生曷鼻、巨肩、魋颜、蹙齃、膝～。”（曷：通“蝎”。魋颜：额头突出。齃：鼻梁。）陆游《养生》诗：“～躄岂不苦，害犹在四支。”（躄：跛。支：通“肢”。）❹曲折，皱折。贾思勰《齐民要术序》：“又敦煌俗，妇女作裙，～缩如羊肠。”❸抽搐。《后汉书·杨彪传》：“彪见汉祚将终，遂称脚～不复行，积十年。”

2. liàn ❹通“恋”。依恋，眷恋。《汉书·孝武李夫人传》：“上所以～～顾念我者，乃以平生容貌也。”

【挛拘】 luánjū 沾滞，固执。《汉书·邹阳传》：“以其能越～～之语，驰域外之议，独观乎昭旷之道也。”

栾（欒） luán ❶木名，即栾华。《山海经·海内南经》：“弱水有木，其实如～。”❷钟口的两角。《周礼·考工记·凫氏》：“凫氏为钟，两～谓之铣。”（凫氏：官名。）❸柱上端承托斗拱的曲木。刘禹锡《武陵观火》诗：“腾烟透窗户，飞焰生～栌。”（栌：斗拱。）❹通“孪”。双生。《韩非子·外储说右上》：“左右有～子者曰阳胡、潘其。”❺地名，在今河北栾城县及赵县北境。《左传·哀公四年》：“国夏伐晋，取邢、任、～。”（国夏：人名。）❻姓。春秋时晋国有栾枝。

【栾栾】 luánluán 瘦瘠的样子。《诗经·桧风·素冠》："庶见素冠兮，棘人～～兮，劳心怏怏兮。"（怏怏：忧苦不安的样子。）

鸾（鸞） luán ❶传说中凤凰类神鸟。《楚辞·离骚》："～皇为余先戒兮，雷师告余以未具。"（皇："凰"的古字。）张衡《东京赋》："鸣女床之～鸟，舞丹穴之凤皇。"（女床、丹穴：都是传说中的山名。）㊀爱人（女方）。庾信《思旧铭》："孀机嫠纬，独凤孤～。"（嫠：寡妇。）李商隐《当句有对》诗："但觉游蜂绕舞蝶，岂知孤凤忆离～。"❷通"銮"。装配于车、马、刀、镳等物之上的铃铛。《诗经·秦风·驷驖》："辅车～镳。"（辅车：轻车。镳：马嚼子。）《吕氏春秋·孟春》："乘～辂，驾苍龙。"（辂：车。苍龙：指青色马。）《三国志·魏书·吕布传》注："衣以文绣，宰执～刀。"㊁皇帝的车。李贺《马诗》之二十二："汗血到王家，随～撼玉珂。"❸一种迷信活动中的神灵。朱国祯《涌幢小品》卷九："尝有降～者，人各献香楮。"《红楼梦》四回："老爷只说善能扶～请仙，堂上设了乩坛。"参看"乩"。

【鸾凤】 luánfèng 鸾鸟和凤凰，常用以比喻贤人俊士，美人夫妇。《后汉书·刘陶传》："公卿所举，率党其私，所谓放鸱枭而囚～～。"卢储《催妆》诗："今日幸有秦晋会，早教～～下妆楼。"

【鸾书】 luánshū 婚帖，定亲的帖子。孟称舜《贞文记·闺酹》："道是王家的，央了县里大老爷，亲把～～来送。"

【鸾飘凤泊】 luánpiāofèngbó ❶形容书法笔势飞舞盘屈。杨万里《正月十二游东坡白鹤峰故居》诗："独遗无邪四个字，～～～～蟠银钩。"❷比喻离散。龚自珍《金缕曲》："我又南行矣。笑今年～～～～，情怀何似？"

【鸾翔凤集】 luánxiángfèngjí 比喻人才聚集。傅咸《申怀赋》："穆穆清禁，济济群英。～～～～，羽仪上京。"

脟 luán 通"脔"。切成小片小块的肉。《吕氏春秋·察今》："尝一～肉，而知一镬之味，一鼎之调。"

脔（臠） luán ❶切成小片小块的肉。《淮南子·说山训》："尝一～肉，则知一镬之味。"《晋书·谢混传》："每得一㹠，以为珍膳，项上一～尤美。"❷切割成小块。韩愈《论佛骨表》："若不即加禁遏，更历诸寺，必有断臂～身，以为供养者。"

銮（鑾） luán ❶装配于车、马、刀、镳等物之上的铃铛。崔豹《古今注·舆服》："鸾口衔铃，故谓之～铃。"欧阳修《与乐秀才书》："使驾大辂而王良驭之，节以和～而行大道，不难也。"（辂：车。）❷通"鸾"。鸾鸟。《后汉书·杨秉传》："王者至尊，出入有常，……自非郊庙之事，则～旗不驾。"（鸾旗：绣有鸾鸟图案的旗。）

卵 1. luǎn ❶蛋。《荀子·劝学》："南方有鸟焉，名曰蒙鸠，以羽为巢，……风至苕折，～破子死。"《战国策·秦策四》："当是时，卫危如累～。"❷养育，繁殖。韩愈《祭鳄鱼文》："鳄鱼之涵淹～育于此，亦固其所。"❸睾丸。《灵枢经·经脉》："故脉弗荣则筋急，筋急则引舌与～。"

2. kūn ❹通"鲲"。鱼子。《礼记·内则》："濡鱼，～酱实蓼。"

【卵翼】 luǎnyì 庇护，培育。苏辙《论吕惠卿》："安石之于惠卿，有～～之恩，有父师之义。"

乱（亂） luàn ❶紊乱，混乱。《荀子·不苟》："礼义之谓治，非礼义之谓～也。"《汉书·礼乐志》："世祖受命中兴，拨～反正。"❷昏乱，惑乱。《老子·三章》："不见可欲，使民心不～。"《战国策·秦策一》："文士并餝，诸侯～惑。"（餝：同"饰"。）❸暴乱，动乱。《管子·宙合》："国犹是也，民犹是也，桀纣以～亡，汤武以治昌。"《战国策·秦策一》："以～攻治者亡，以邪攻正者亡，以逆攻顺者亡。"❹叛乱，祸乱。《国语·周语上》："彘之～，宣王在召公之宫。"（彘：地名。）《后汉书·灵思何皇后纪》："明年，山东义兵起，讨董卓之～。"❺扰乱，败坏。《韩非子·内储说下》："大臣贵重，……下～国法，上以劫主，而国不危者，未尝有也。"《后汉书·南匈奴传》："勿贪小功，以～大谋。"❻淫乱，邪恶。《韩非子·八经》："脱易不自神曰弹威，其患贼夫酖毒之～起。"元稹《莺莺传》："始～之，终弃之，固其宜矣。"❼混淆，混杂。《韩非子·喻老》："～之楮叶之中而不可别也。"叶梦得《避暑录话》卷下："泉声不甚悍激，涓涓淙潺，与琴声相～。"❽纷繁，弥漫。鲍照《代阳春登荆山行》："花木～平原，桑柘盈平畴。"白居易《钱塘湖春行》："～花渐欲迷人眼，浅草才能没马蹄。"❾治理。《庄子·逍遥游》："之人也，之德也，将磅礴万物以为一，世蕲乎～，孰弊弊焉以天下为事！"（弊弊：辛苦经营的样子。）《后汉书·边让传》："华夏肃清，五服攸～。"（五服：指距离王城远近不同的地区。）❿横渡。《史记·夏本纪》："入于渭，～于河。"《后汉书·张衡传》："～弱水之潺湲兮，逗华阴之湍渚。"⑪到达，越过。《汉书·杨王孙传》："昔帝尧之葬也，……其穿下不～泉，上不泄殠。"（穿：挖。殠：腐臭之气。）⑪乐曲的末章。《礼记·乐记》："始奏以文，复～以武。"（文：指鼓。武：指铙。）⑫辞赋的结束词。《国语·鲁语下》："昔正考父校商之名颂十二篇于周太师，以《那》（nuó）为首，其辑之～曰：'自古在昔……执事有恪。'"《楚辞·离骚》："～曰：已矣哉，国无人莫我知兮，又何怀乎故都?"⑬终结，完成。《论衡·乱龙》："劣则董仲舒之龙说不终也，论衡终之，故曰《乱龙》。～者，终也。"

【乱臣】 luànchén ❶善于治理政事的臣子。《魏书·李孝伯李冲传赞》："身任梁栋，德洽家门，功著王室，盖有魏之～～也。"（有：词头。）❷犯上作乱的臣子。《史记·楚元王世家论》："国之将亡，贤人隐，～～贵。"《汉书·天文志》："自周室衰，～～贼子师旅数起。"

【乱阶】 luànjiē 祸根，祸乱的来由。《后汉书·何进传》："功必不成，秖为～～。"《三国志·蜀书·先主传》："曩者董卓造为～～，自是之后，群凶纵横，残剥海内。"

【乱流】 luànliú ❶横渡江湖。《后汉书·徐登传》："［赵］炳乃张盖坐其中，长啸呼风，～～而济。"苏辙《武昌九曲亭记》："乘渔舟，～～而南。"❷水流不循常道。郦道元《水经注·淮水》："油水又东曲，岸北有一土穴径尺，泉流下注，沿坡三丈入于油水，～～南屈，又东北注于淮。"李嘉祐《送王牧往吉州谒王使君叔》诗："野渡花争发，春塘水～～。"❸动荡的水波。韦应物《自巩洛舟行入黄河即事寄府县僚友》诗："寒树依微远天外，夕阳明灭～～中。"❹邪恶淫乱之辈。《楚辞·离骚》："固～～其鲜终兮，浞又贪夫厥家。"（浞：寒浞，人名。家：妻室。）

【乱民】 luànmín ❶统治人民。《国语·周语下》："天所崇之子孙，或在畎亩，由欲～～也。"❷侵害人民。《韩非子·诡使》："下渐行如此，入则～～，出则不变也。"❸犯上作乱的人。《韩非子·外储说右下》："闻有吏虽乱而有独善之民，不闻有～～而有独治之吏。"《论衡·治期》："夫命穷困之不可治，犹夫～～之不可安也。"

【乱首】 luànshǒu ❶作乱头领。《文子·道德》："作难结怨，为兵主，为～～。"❷祸乱的起端。《老子·三十八章》："夫礼者，忠信之薄而乱之首。"《汉书·刑法志》："政衰听怠，则廷平将招权而为～～矣。"（廷平：官名。）❸头发散乱。《汉书·王莽传上》："莽侍疾，亲尝药，～～垢面，不解衣带连月。"应璩《与崔援书》："岂有～～抗巾以入都城，衣不在体而以适人乎?"

【乱政】 luànzhèng ❶治理政事。《尚书·盘庚中》："兹予有～～同位，具乃贝玉。"❷腐败的政治。《韩非子·难三》："法败而政乱，以～～治败民，未见其可也。"❸破坏政治。《国语·晋语三》："失刑～～，不威。"《礼记·王制》："执左道以～～，杀。"（左道：邪门歪道。）

lüe

剠 lüè 见qíng。

掠 lüè ❶拷打，拷问。《论衡·变动》："张仪游于楚，楚相～之，被捶流血。"《后汉书·陈寔传》："时有杀人者，同县杨吏以疑寔，县遂逮系，考～无实，而后得出。"❷掳掠，抢夺。《论衡·吉验》："窦太后弟名曰广国，年四五岁，家贫，为人所～卖。"《后汉书·刘盆子传》："而兵众遂各踰宫斩关，入～酒肉，互相杀伤。"❸砍伐。《穆天子传》卷五："命虞人～林除薮，以为百姓材。"（虞人：官名。）❹梳理。辛弃疾《瑞鹤仙·赋梅》词："溪奁照梳～，想含香弄粉，艳妆难学。"❺拂过，一擦而过。苏轼《后赤壁赋》："适有孤鹤横江东来，……～予舟而西也。"❻书法中的长撇。柳宗元《论书》："～，左出而锋欲轻。"❼撂，扔。《水浒传》二十九回："提着头，只一～，也丢在酒缸里。"

【掠理】 lüèlǐ 刑讯，拷打审问。《后汉书·戴就传》："奈何诬枉忠良，强相～～。"

【掠卤】 lüèlǔ 掳掠，抢劫。《史记·高祖本纪》："诸所过毋得～～。"又《韩信卢绾列传》："吾奇兵绝其后，野无所～～。"

【掠美】 lüèměi 剽窃别人的美名美事。《左传·昭公十四年》："己恶而～～为昏。"白居易《景领县府无蓄廪无储……判》："既爽奉公之节，宜甘～～之科。"

【掠治】 lüèzhì 刑讯，拷打审问。《史记·酷吏列传》："［张］汤掘窟得盗鼠及馀肉，劾鼠～～。"《汉书·陈万年传》："于是石显微伺知之，白奏［陈］咸漏泄省中语，下狱～～。"

略 lüè ❶疆界。《左传·僖公十五年》："赂秦伯以河外列城五，东尽虢～。"（虢：国名。）《汉书·诸侯王表序》："北界淮濒，～庐、衡，为淮南。"❷经过。欧阳修《送陈经秀才序》："伊出陆浑，～国南，绝山而下，东以会河。"（伊：伊水。陆浑：地名。）苏轼《潮州韩文公庙碑》："西游咸池～扶桑，草木衣被昭回光。"（昭回：指日月。）㉑来路。《尚书·武成》："予小子既获仁人，敢祗承上帝，以遏乱～。"（祗：恭敬。）❸巡行，巡视。《左传·隐公五年》："公曰：'吾将～地焉。'遂往，陈鱼而观之。"《史记·司马相如列传》："观士大夫之勤～，均猎者之所得获。"❹治理，经营。《尚书·禹贡》："嵎夷既～。"（嵎夷：地名。）《左传·宣公十一年》："议远迩，～基址。"❺谋划，主张。《左传·定公四年》："吾子欲复文、武之～，而不正其德，将如之何？"《荀子·非十二子》："若夫总方～，齐言行，壹统类。"《后汉书·宋均传》："若引兵费赋，以顺南虏，则坐失上～，去安即危矣。"㉑法度。《左传·成公二年》："兄弟甥舅，侵败王～。"❻侵略，夺取。《史记·高祖本纪》："沛公与项羽西～地至雍丘之下，与秦军战，大破之。"《后汉书·冯衍传上》："然而诸将虏～，逆伦绝理，……燔其室屋，～其财产。"㉑取得，获得。《荀子·王霸》："故齐桓、晋文……威动天下，彊殆中国，无它故焉，～信也。"❼大体，简要。《荀子·非相》："传者久则论～，近则论详。～则举大，详则举小。"《后汉书·刘盆子传》："[刘]恭少习《尚书》，～通大义。"❽简省，欠缺。《荀子·天论》："养～而动罕，则天不能使之全。"《后汉书·皇后纪序》："夏、殷以上，后妃之制，其文～矣。"又《桓谭传》："陛下宜……屏群小之曲说，述《五经》之正义，～雷同之俗语，详通人之雅谋。"❾丝毫。萧颖士《赠韦司业书》："仆从来缀文，～不苦思。"❿锋利。《诗经·周颂·载芟》："有～其耜。"

【略地】 lüèdì ❶巡视边境。《左传·隐公五年》："吾将～～焉。"❷侵占敌人的土地。《战国策·燕策三》："秦将王翦破赵，……进兵北～～，至燕南界。"《后汉书·冯异传》："光武～～颍川，攻父城不下，屯兵巾车乡。"（光武：东汉光武帝。）

【略略】 lüèlüè ❶舒缓，缓缓。元稹《送友封》诗："轻轻～～柳欣欣，晴色空濛远似尘。"❷稍微。《红楼梦》三回："众人都忙相劝慰，方～～止住。"

lun

仑（侖） lún 见"昆仑"。

伦（倫） lún ❶同类，同辈。《史记·伯夷列传》："孔子序列古之仁圣贤人，如吴太伯、伯夷之～详矣。"韩愈《进学解》："是二儒者，吐辞为经，举足为法，绝类离～，优入圣域。"㉑类比。陈子昂《堂弟孜墓志铭》："实为时辈所高，而莫敢与～也。"❷道理，条理。《荀子·解蔽》："是故众异不得相蔽以乱其～也。"《后汉书·袁绍传》："天降灾害，祸难殷流，……使王室震荡，彝～攸斁。"（彝：常理。斁：败坏。）❸人伦，人际道德关系。《孟子·滕文公上》："教以人～：父子有亲，君臣有义，夫妇有别，长幼有叙，朋友有信。"《后汉书·祭祀志上》："书同文，车同轨，人同～。"❹通"抡"。选择。《仪礼·少牢馈食礼》："雍人～肤九，实于一鼎。"（雍人：官名。肤：指皮下肉。）《后汉书·崔骃传》："游不～党，苟以徇已，汗血竞时，利合而友。"❺姓。明代有伦文叙。

【伦比】 lúnbǐ 同类。《三国志·魏书·夏侯玄传》："拟其～～，勿使偏颇。"韩愈《论佛骨表》："数千百年已来，未有～～。"（已：通"以"。）

【伦常】 lúncháng 封建伦理道德，指父子有亲，君臣有义，夫妇有别，长幼有叙，朋友有信。纪昀《阅微草堂笔记·滦阳续录五》："干名义，渎～～，败风俗，皆王法之所必禁也。"《红楼梦》一百零七回："贾政最循规矩，在～～上也讲究的。"

【伦类】 lúnlèi ❶道理，条理。《荀子·劝学》："～～不通，仁义不一，不足谓善学。"又《臣道》："礼义以为文，～～以为理。"❷分门别类，条理化。王鸣盛《十七史商榷·皇子概作合传为非》："凡史宜据事实书，不必下褒贬。然分析～～，则不可无。"❸同类。《汉书·五行志上》："精微妙以存其意，通～～以贯其理。"方干《偶作》诗："若于岩洞求～～，今古疏愚似我多。"❹人伦，人际道德关系。叶適《叶君墓志铭》："君读书通古今，以～～治家，使之服善而成材。"

【伦理】 lúnlǐ ❶道理，条理。《史记·乐书》："乐者，通于～～者也。"也作"纶理"。《管子·幼官》："定～～胜，定死生胜。"❷安排得有条有理。欧阳修《与薛少卿书》："族大费广，生事未成，～～颇亦劳心。"❸人伦，人际道德关系。贾谊《新书·时变》："商君违礼义，弃～～。"《论衡·书虚》："夫乱骨肉，犯亲戚，无上下之序者，禽兽之性，则乱不知～～。"

【伦匹】 lúnpǐ ❶同类，同辈。《三国志·吴书·孙登传》注引《江表传》："英才卓越，超逾～～。"❷类比，比并。《抱朴子·自叙》："世人有好论人物者，比方～～，未必当允。"❸配偶。苏蕙《璇玑图》诗："～～离飘浮江湘。"

沦（淪） lún ❶兴起微波。《诗经·魏风·伐檀》："河水清且～猗。"王维《山中与裴秀才迪书》："夜登华子冈，辋水～涟，与月上下。"❷淹没，沉没。《史记·孝武本纪》："周德衰，宋之社亡，鼎乃～伏而不见。"《论衡·死伪》："秦时三山亡，周末九鼎～。”❸没落，衰败。《后汉书·臧洪传》：“岂悟本州被侵，……使洪故君，遂至～灭。”苏轼《上皇帝书》：“选人之改京官，常须十年以上。……其间一事聱牙，常至终身～弃。”（聱牙：背逆。）❹陷入，深入。《汉书·邹阳传》：“上有全亡之功，下有安百姓之名，德～于骨髓，恩加于无穷。”《后汉书·孝顺孝冲孝质帝纪赞》：“孝顺初立，时髦允集。匪砥匪革，终～嬖习。”（髦：俊杰。匪：同“非”。）

【沦落】 lúnluò ❶没落，衰败。李白《题嵩山逸人元丹丘山居》诗：“家本紫云山，道风未～～。”柳宗元《上桂州李中丞荐卢遵启》：“乃今雕丧～～，莫有达者。”❷流落，飘泊。白居易《琵琶行》：“同是天涯～～人，相逢何必曾相识？”❸磨灭，消失。《水经注·济水》：“石字～～，无复存者。”

【沦没】 lúnmò ❶淹没，沉没。《史记·封禅书》：“周德衰，宋之社亡，鼎乃～～，伏而不见。”❷丧亡，死亡。杜甫《哭王彭州抡》诗：“执友惊～～，斯人已寂寥。”

【沦丧】 lúnsàng 丧亡，丧失。《后汉书·臧洪传》：“大惧～～社稷，剪覆四海。”

【沦陷】 lúnxiàn ❶陷落，被占领。《宋史·丘崈传》：“中原～～且百年，在我固不可一日而忘也。”❷沦落，衰败。柳宗元《与萧翰林俛书》：“海内皆欣欣怡愉，而仆与四五子者，独～～如此，岂非命欤？”

【沦胥】 lúnxū ❶相率，互相牵连。《诗经·小雅·雨无正》：“若此无罪，～～以铺。”（铺：通“痡”。病苦。）洪秀全《原道醒世训》：“世道人心至此，安得不相陵相夺相斗相杀而～～以亡乎？”❷沦陷，陷落。《宋书·武帝纪中》：“曩者永嘉不纲，诸夏幅裂，终古帝居，～～戎虏。”（永嘉：西晋怀帝年号。）

抡（掄）

1. lún ❶挑选，选择。《国语·晋语八》：“君～贤人之后有常位于国者而立之，亦～逞志亏君以乱国者之后而去之，是遂威而远权。”周邦彦《汴都赋》：“其材则匠石之所～。”

2. lūn ❷挥动，挥舞。《水浒传》二回：“那后生～着棒又赶入来。”❸掐指算计，掐算。王晔《桃花女》一折：“我这孩儿也说道会起课，常常在手儿上～～掐掐、胡言乱语的。”（起课：占卜。）

【抡材】 lúncái ❶挑选木材。《周礼·地官·山虞》：“凡邦工入山林而～～，不禁。”❷选拔人才。《旧唐书·刘迺传》：“今夫文部既始之以～～，终之以授位。”

【抡魁】 lúnkuí ❶考中状元。《古今小说·赵伯升茶肆遇仁宗》：“功名着意本～～，一字争差不得归。”❷榜首，科举考试名列第一。《聊斋志异·阿宝》：“生以是～～。明年举进士，授词林。”

岺（崙、崘）

lún 见“岺菌”。

【岺菌】 lúnqūn 见“轮囷①”。

纶（綸）

1. lún ❶官员系印用的青丝绶带。《后汉书·仲长统传》：“身无半通青～之命，而宠三辰龙章之服。”❷钓鱼用的丝线。《史记·老子韩非列传》：“走者可以为罔，游者可以为～，飞者可以为矰。”《文心雕龙·情采》：“固知翠～桂饵，反所以失鱼。”❸整理丝线。《诗经·小雅·采绿》：“之子于钓，言～之绳。”

2. guān ❹见“纶巾”。

【纶理】 lúnlǐ 见“伦理”。

【纶囷】 lúnqūn 见“轮囷①”。

【纶音】 lúnyīn 帝命，诏书。贡奎《敬亭山》诗：“增秩睹隆典，～～播明庭。”

【纶巾】 guānjīn 用青丝带作的头巾。《晋书·谢万传》：“万著白～～，鹤氅裘，履版而前。”苏轼《念奴娇·赤壁怀古》词：“羽扇～～，谈笑间，强虏灰飞烟灭。”

轮（輪）

1. lún ❶车轮。《荀子·劝学》：“木直中绳，輮以为～，其曲中规。”（輮：用火烤弯。）《后汉书·舆服志上》：“上古圣人，见蓬转始知为～。”㈠车匠。《孟子·滕文公下》：“梓匠～舆，其志将以求食也。”韩愈《符读书城南》诗：“木之就规矩，在梓匠～舆。”㈡车。王嘉《拾遗记·周穆王》：“又副以瑶华之～十乘，随王之后，以载其书。”❷形似车轮的东西。梁简文帝《水月》诗：“圆～既照水，初生亦暎流。”（暎：同“映”。）陆龟蒙《钓车》诗：“溪上持只～。”❸转动。《吕氏春秋·大乐》：“天地车～，终则复始，极则复反。”㈠通达。《战国策·赵策二》：“然而四～之国也，今虽得邯郸，非国之长利也。”❹轮流。《神仙传·张道陵》：“使诸弟子随事～出米绢器物。”《红楼梦》七十七回：“这回～到自己用，反倒各处寻去。”❺面积中的长度。《周礼·地官·大司徒》：“以天下土地之图，周知九州之地域广～之数。”㈤周长。张衡《西京赋》：“于是量径～，考广袤。”（袤：长。）❻高大。《礼记·檀弓下》：“美哉～焉，美哉奂焉。”

2. lūn ❼通“抡”。挥动。《隋书·五行志》：“长稍侵天半，～刀耀日光。”（稍：矛类武器。）

【轮奂】 lúnhuàn 《礼记·檀弓下》：“晋献文子成室，晋大夫发焉。张老曰：‘美哉轮焉，美哉奂焉。'"后用"轮奂"形容房屋高大、华美。王中《头陀寺碑文》:"丹刻翚飞,～～离立。"也作"轮焕"。白居易《和望晓》:"星河稍隅落,宫阙方～～。"

【轮焕】 lúnhuàn 见"轮奂"。

【轮囷】 lúnqūn ❶盘绕屈曲的样子。《汉书·天文志》:"若烟非烟,若云非云,郁郁纷纷,萧索～～,是谓庆云。"又《邹阳传》:"蟠木根柢,～～离奇,而为万乘器者,以左右先为之容也。"也作"轮菌"。枚乘《七发》:"龙门之桐高百尺而无枝,中郁结之～～。"也作"壳菌"。王延寿《鲁灵光殿赋》:"连拳偃蹇,～～跪峠,傍欹倾兮。"(跪峠:险峻的样子。)也作"纶囷"。《史记·天官书》:"若烟非烟,若云非云,郁郁纷纷,萧索～～,是谓卿云。"❷高大的样子。《礼记·檀弓下》"美哉轮焉"注:"轮,～～,言高大。"也作"轮菌"。何晏《景福殿赋》:"爰有遐狄,镣质～～。"(质:身躯。)

【轮菌】 lúnqūn 见"轮囷"。

论(論) 1. lùn ❶议论,述说。《左传·襄公三十一年》:"郑人游于乡校,以～执政。"《韩非子·五蠹》:"故圣人议多少,～薄厚为之政。"㉑讲求,计较。《战国策·赵策二》:"夫～至德者,不和于俗;成大功者,不谋于众。"《吕氏春秋·劝学》:"尊师则不～其贵贱贫富矣。"❷学说,观点,主张。《公孙龙子·迹府》:"疾名实之散乱,因资材之所长,为守白之～。"《论衡·逢遇》:"夫持帝王之～,说霸者之主,虽精见拒。"曹丕《典论·论文》:"孔融体气高妙,有过人者,然不能持～,理不胜词。"❸评定,考核。《管子·立政》:"～百工,审时事,……工师之事也。"《汉书·高惠高后文功臣表序》:"入载而天下乃平,始～功而定封。"❹批决,定罪。《史记·李斯列传》:"二世二年七月,具[李]斯五刑,～腰斩咸阳市。"《后汉书·章帝纪》:"使有罪不～而无过被刑,甚大逆也。"❺按照。汪琬《西山渔父词》:"笭箵个个盛鱼满,一舸银鱼～斗量。"(笭箵:装鱼的竹笼。)❻文体的一种。陆机《文赋》:"～精微而朗畅。"萧统《文选序》:"～则析理精微,铭则序事清润。"

2. lún ❼编撰。《汉书·艺文志》:"《论语》者,……当时弟子各有所记,夫子既卒,门人相与辑而～纂,故谓之《论语》。"❽通"伦"。有条理。《诗经·大雅·灵台》:"于～鼓钟。"《荀子·性恶》:"少言则径而省,～而法。"❾通"伦"。类,等类。《荀子·臣道》:"人臣之～,有态臣者,有篡臣者。"❿通"抡"。选择。《管子·五辅》:"～贤人,用有能,而民可使治。"《荀子·王霸》:"若夫～一相以兼率之,使臣下百吏莫不宿道乡方而务,是夫人主之职也。"

【论次】 lùncì 评定编次。《史记·太史公自序》:"于是～～其文。"曾巩《尚书都官员外郎陈君墓志铭》:"今余所～～君事与迁所记五人者相似否,必有能识之者。"

【论列】 lùnliè ❶议论,评定。司马迁《报任少卿书》:"乃欲仰首伸眉,～～是非,不亦轻朝廷、羞当世之士邪!"苏舜钦《上孔待制书》:"能为阁下奋不顾身、明目张胆、～～湔洗、破群毁而明忠节者,果何人哉!"❷列举罪状告发。李清照《金石录后序》:"不知何人传道,遂妄言有颁金之语,或传亦有密～～者,余大惶怖。"(金:金国。)

【论难】 lùnnàn 论辩责问。《后汉书·桓荣传》:"车驾幸太学,会诸博士～～于前。"

【论赞】 lùnzàn 史传文末的总评文字。刘知幾《史通·论赞》:"《春秋左氏传》每有发论,以'君子'以称之;二传云'公羊子'、'穀梁子';《史记》云'太史公';既而班固曰'赞',荀悦曰'论',东观曰'序',谢承曰'诠',陈寿曰'评',王隐曰'议',……其名万殊,其义一揆,必取便于时者,则总归～～焉。"(东观:指《东观汉记》。揆:尺度。)

luo

捋 1. luō ❶以手握物,向一端滑动。《诗经·周南·芣苢》:"采采芣苢,薄言～之。"

2. lǚ ❷用手顺着抹过去,使物体顺溜或干净。古乐府《陌上桑》:"行者见罗敷,下担～髭须。"

罗(羅) luó ❶捕鸟的网。《论衡·书虚》:"公子耻之,即使人多设～,得鹯数十枚。"《后汉书·王乔传》:"于是候凫至,举～张之。"㉑罗网,法网。《韩非子·难三》:"夫知奸亦有大～,不失其一而已。"《汉书·中山靖王刘胜传》:"纷惊逢～,潸然出涕。"韩愈《送温处士赴河阳军序》:"以礼为～,罗而致之幕下。"❷张网捕捉。《汉书·司马相如传下》:"犹焦朋已翔乎寥廓,而～者犹视乎薮泽也。"(焦朋:神鸟名。)纪昀《阅微草堂笔记·滦阳续录三》:"僮奴婢媪皆散,不半载,门可～雀矣。"㉑使陷入法网。《汉书·刑法志》:"律令烦多,……于以～元元之民,夭绝亡辜,岂不哀哉!"(亡:通"无"。)❸搜寻,包括。赵岐《孟子题辞》:"著书七篇,……包～天地,揆叙万类。"(揆叙:总述。)韩愈《送温处士赴河阳军序》:"以礼为罗,～而致之幕下。"❹排列,分布。《汉书·司马相如传上》:"～乎后宫，列乎北园。”韩愈《送李愿归盘谷序》：“其在外，则竖旗旄，～弓矢，武夫前呵，从者塞途。”❺一种丝织品。《战国策·齐策四》：“下宫糅～纨，曳绮縠。”李白《春思》诗：“春风不相识，何事入～帏？”❻筛物器具，罗筛。宋应星《天工开物·粹精·攻麦》：“凡麦经磨之后，几番入～，勤者不厌重复。”㉛用罗筛筛物。王禹偁《病中书事上集贤钱侍郎》诗之一：“～药幽香散，移琴细韵生。”❼通“逻”。侦察，巡逻。《后汉书·南匈奴传》：“皆领部众为郡县侦～耳目。”❽通“逻”。遮拦。《墨子·备高临》：“城上以答～矢。”❾通“罹”。遭遇。《汉书·于定国传》：“～文法者，于公所决皆不恨。”（于公：人名。）❿国名，在今湖北宜城县西。《左传·桓公十三年》：“楚屈瑕伐～。”⓫姓。晋代有罗尚。

【罗丽】 luólì 遭受，触犯。《论衡·辨祟》：“或有所犯，抵触县官，～～刑法，不曰过所致，而曰家有负。”

【罗缕】 luólǚ 详尽陈述。《晋书·傅咸传》：“臣所以不～～者，冀因（解）结奏，得从私愿也。”谢灵运《拟魏太子邺中集》诗之一：“～～岂阙辞，窈窕究天人。”

【罗遮】 luózhē 遮拦，拦截。《三国志·吴书·孙坚传》：“［孙］坚行操刀上岸，以手东西指麾，若分部人兵以～～贼状。”

【罗织】 luózhī 虚构罪名，进行诬陷。《唐会要·酷吏》：“共为～～，以陷良善。又造《罗织经》一卷，其意旨皆网罗前人，织成反状。”陆游《程君墓志铭》：“秦丞相用事久，数起～～狱，士大夫株连被祸者，袂相属也。”（属：连接。）

觇（覼、覶） luó 见“觇缕”。

【觇缕】 luólǚ ❶委曲，曲折。王延寿《王孙赋》：“忽踊逸而轻迅，羌难得而～～。”（羌：语气词。）❷委曲而有条理。白居易《小童薛阳陶吹觱栗歌》：“众音～～不落道，有如部伍随将军。”❸详尽而有条理地叙述。刘知幾《史通·叙事》：“夫叙事之体，其流甚多，非复片言所能～～。”苏轼《答张文潜书》：“偶饮卯酒醉，来人求书，不能复～～。”

㑩（儸） luó 见“偻㑩”。

萝（蘿） luó 植物名。1）一种蔓生植物。郦道元《水经注·浙江水》：“扳～扪葛，然后能升。”2）萝卜。《尔雅·释草》“葖，芦菔”疏：“今谓之～卜是也。”3）女萝，地衣类植物。《楚辞·九歌·山鬼》：“若有人兮山之阿，被薜荔兮带女～。”（被：通“披”。）

啰（囉） luó ❶见“喽啰”。❷见“啰唣”。

【啰嘈】 luócáo 见“啰唣”。

【啰唣】 luózào 吵嚷。《聊斋志异·连琐》：“女俯首笑曰：‘狂生太～～矣！’”也作“啰嘈”。《红楼梦》一百零五回：“王爷喝令，不许～～，待本爵自行查看。”

逻（邏） luó ❶巡逻，巡察。《晋书·戴洋传》：“当有怨贼报仇，攻围诸侯，诚宜远侦～。”❷遮拦，拦截。黄庭坚《演雅》诗：“桑蚕作茧自缠裹，蛛蝥结网工遮～。”❸边缘。许浑《岁暮自广江至新兴往复中题峡山寺》诗：“海虚争翡翠，溪～斗芙蓉。”

锣（鑼） luó 铜质圆形打击乐器。《元史·刑法志四》：“诸军官鸠财聚众，张设仪卫，鸣～击鼓。”

箩（籮） luó 竹编盛物器，多方底圆口。范成大《雪中闻墙外鬻鱼菜者求售之声甚苦有感》诗之一：“饭～驱出敢偷闲，雪胫冰须惯忍寒。”

骡（騾、驘） luó 骡子，雄驴和雌马杂交所生的家畜。《吕氏春秋·爱士》：“赵简子有两白～而甚爱之。”《汉书·霍去病传》：“单于遂乘六～。”（单于：匈奴首领。）

螺 luó ❶螺蛳，具有旋纹壳的软体动物。王嘉《拾遗记·秦始皇》：“舟形似～，沉行海底。”辛弃疾《水龙吟》词：“遥岑远目，献愁供恨，玉簪～髻。”❷螺制酒杯。庾信《园庭》诗：“香～酌美酒，枯蚌藉兰殽。”❸螺髻，螺形发髻。侯寘《浣溪沙》词：“双绾香～春意浅，缓歌金缕楚云留。”❹螺黛，螺形画眉墨。陈旅《目画眉图》诗：“隋家宫妓扫长蛾，销尽波斯万斛～。”❺螺子墨，螺形墨。陆云《与平原书》：“今送二～。”❻法螺，螺制军乐器或宗教用乐器。韩愈《华山女》诗：“街东街西讲佛经，撞钟吹～闹宫廷。”苏鹗《杜阳杂编》卷下：“吹～击钹。”❼螺旋形指纹。苏轼《前怪石供》：“其文如人指上～，精明可爱。”

蠡 luó 见lǐ。

砢 1. luǒ ❶见“磊砢”。
2. kē ❷同“珂”。次于玉的石头。见《集韵·歌韵》。

拶（攞） luǒ 见“拉拶”。

累 luǒ 见lěi。

裸(倮、躶、蠃、儽) luǒ 赤身露体。《楚辞·九章·涉江》:"接舆髡首兮,桑扈～行。"(接舆、桑扈:都是人名。髡首:一种刑罚。)《吕氏春秋·季夏》:"其虫～。"《韩非子·内储说下》:"令公子～而解发。"

【裸虫】 luǒchóng 没有鳞甲毛羽的动物。《论衡·龙虚》:"人为～～之长,龙为鳞虫之长。"《晋书·五行志中》:"夫～～人类,而人为之主。"

蓏 luǒ 草本植物的果实,瓜类。《韩非子·五蠹》:"上古之世,……民食果～蚌蛤。"《论衡·变动》:"有果～之物,在人之前。"

蠃 1. luǒ ❶没有鳞甲羽毛的虫。《汉书·五行志中之下》:"时则有草妖,时则有～虫之孽。"

2. luó ❷蚌类。《国语·吴语》:"今吴民既罢(pí),而大荒荐饥,……其民必移就蒲～于东海之滨。"(罢:通"疲"。荐:一再。)《韩非子·外储说右上》:"故市木之价不加贵于山,泽之鱼盐龟鳖～蚌不加贵于海。"

泺(濼) 1. luò ❶水名。源出山东济南西南,北流入古济水(今黄河)。

2. pō ❷通"泊"。湖泊。《金史·食货志》:"梁山～水退,地甚广。"《大宋宣和遗事》亨集:"宋江为此,只得带领……李海等九人,直奔梁山～上。"

3. lì ❸药草名,即贯众。《广韵·锡韵》:"～,一名贯众,叶圆锐,茎毛黑,布地生,冬不死。"

洛 luò ❶水名。1)源出陕西洛南县,流入河南巩义市入黄河。曹植《洛神赋》:"容与乎阳林,流眄乎～川。"丘迟《与陈伯之书》:"吊民～汭,伐罪秦中。"2)源出陕西定边县,流入渭河。《周礼·夏官·职方氏》:"正西曰雍州。……其浸渭～。"(浸:河湖。)❷洛阳。《晋书·陆机传》:"至太康末,与弟云俱入～。"❸通"络"。连络。见"洛诵"。

【洛食】 luòshí 原指周公占卜建都地点,洛阳得到吉兆。后指定都。《尚书·洛诰》:"我乃卜涧水东,瀍水西,惟～～。我又卜瀍水东,亦惟～～。"庾信《周使持节大将军广化郡开国公丘乃敦崇传》:"～～之始,上马治国。"

【洛诵】 luòsòng 反复诵读。李白《送于十八应四子举落第还嵩山》诗:"夫子闻～～,夸才才故多。"也作"雒诵"。

【洛阳纸贵】 luòyángzhǐguì 《晋书·左思传》载,左思作《三都赋》,誉满洛阳,富贵人家竞相传抄,纸价因而上涨。后因以称誉别人的文章影响之大。

烁 luò 见 shuò。

荦(犖) luò ❶杂色的牛。陆龟蒙《杂讽》诗之二:"斯为朽关键,怒～抉以入。"㊞杂色。《史记·司马相如列传》:"赤瑕驳～,杂臿其间。"❷见"荦荦"。❸地名,在今河南淮阳县西北。《左传·僖公元年》:"盟于～,谋救郑也。"

【荦荦】 luòluò ❶分明,显著。《史记·天官书》:"此其～～大者。若至委曲小变,不可胜道。"❷卓越,高超。左思《咏史》之一:"弱冠弄柔翰,～～观群书。"㊀卓异,特出。韩愈《代张籍与李浙东书》:"惟阁下心事～～,与俗辈不同。"

【荦确】 luòquè 山石大而多的样子。韩愈《山石》诗:"山石～～行径微,黄昏到寺蝙蝠飞。"

咯 1. luò ❶讼词。见《集韵·铎韵》。

2. gè ❷雉鸟鸣声。见《字汇·口部》。

3. kǎ ❸咯咯,呕吐声。见《正字通·口部》。

络(絡) 1. luò ❶粗絮。《急就篇》二章:"绨～缣练素帛蝉。"❷缠绕,捆束。《汉书·杨王孙传》:"支体～束,口含玉石。"班固《西都赋》:"～以纶连。"㊞缠丝工人。《三国志·吴书·陆凯传》:"自昔先帝时,后宫列女,及诸织～,数不满百。"❸网,网状物。《史记·李将军列传》:"胡骑得广,广时伤病,置广两马间,～而盛卧广。"李贺《过华清宫》诗:"云生朱～暗,石断紫钱斜。"㊞马笼头。梁简文帝《西斋行马》诗:"晨风白金～,桃花紫玉珂。"(晨风、桃花:都是马名。)梁元帝《后园看骑马》诗:"遥望黄金～,悬识幽并儿。"(幽、并:都是地名。)❹人体络脉,经脉的网状分支。《素问·三部九候论》:"血病身有痛者,治其经～。"❺笼络,包罗。《淮南子·原道训》:"～马之口,穿牛之鼻者,人也。"司马贞《史记补·序》:"然其网～古今,叙述惩劝,异左氏之微婉,有南史之典实。"

2. lào ❻络子,线绳编结的网袋。

【络幕】 luòmù 笼罩的样子。左思《蜀都赋》:"罻罗～～。"(罻罗:捕鸟网。)也作"络幙"。《后汉书·马融传》:"纤罗～～。"

【络幙】 luòmù 见"络幕"。

【络绎】 luòyì 接连不断,往来不绝。《后汉书·乌桓传》:"是时四夷朝贺,～～而至。"王勃《益州绵竹县武都山净惠寺碑》:"山川～～,崩腾宇宙之心。"也作"络驿"。《后汉书·东海恭王彊传》:"数遣使者太医令丞方伎道术，～～不绝。”也作“骆驿”。《后汉书·吕布传》：“非唯止此，当～～复致。”《三国志·魏书·高贵乡公传》：“即～～申敕，不得迫近辇舆。”

【络驿】 luòyì 见“络绎”。

骆(駱) luò ❶鬣尾黑而身白的马。《诗经·小雅·皇皇者华》：“我马维～，六辔沃若。”白居易《卖骆马》诗：“项籍顾骓犹解叹，乐天别～岂无情？”❷骆驼。《后汉书·梁慬传》：“乘胜追击，凡斩首万馀级，获生口数千人，～驼、畜产数万头。”❸通“络”。见“骆驿”。❹部落名，即骆越。《史记·南越列传》：“[赵]佗因此以兵威边，财物赂遗（wèi）闽越、西瓯、～，役属焉。”（遗：赠与。）❺姓。唐代有骆宾王。

【骆驿】 luòyì 见“络绎”。

烙 1. luò ❶炮烙，烧灼。古代酷刑。《韩非子·难一》：“昔者纣为炮～。”又《难势》：“桀纣为高台深池以尽民力，为炮～以伤民性。”

2. lào ❷用烧热的铁器烫。苏轼《书韩幹牧马图》诗：“鞭箠刻～伤天全，不如此图近自然。”❸在锅上焙熟食品。《儒林外史》一回：“王冕自到厨下～了一斤面饼。”

珞 luò ❶见“珞珞”。❷见“璎珞”。

【珞珞】 luòluò 石头坚硬的样子。《老子·三十九章》：“不欲琭琭如玉，～～如石。”（琭琭：坚硬洁润的样子。）

砾 luò 见lì。

硌 1. luò ❶石头大的样子。《山海经·西山经》：“上申之山，上无草木，而多～石。”

2. gè ❷因凸起物的顶挤而受损。《红楼梦》十六回：“秦哥儿是弱症，怕炕上～的不受用，所以暂且挪下来松泛些。”❸象声词。咯吱。《红楼梦》三十八回：“老祖宗只管迈大步走，不相干，这竹子桥规矩是～吱～吱的。”

铬(鉻) 1. luò ❶剃发。《说文·金部》：“～，鬄也。”

2. gè ❷兵器名，即钩。《抱朴子·君道》：“文则琳琅堕于笔端，武则钩～摧于指掌。”

鸽 luò 见gé。

落 luò ❶树叶脱落。《国语·晋语二》：“夫坚树在始，始不固本，终必槁～。”《楚辞·离骚》：“惟草木之零～兮，恐美人之迟暮。”[引]脱落，遗漏。班固《汉武帝内传》：“无一字遗～。”❷下降，下落。《晋书·孟嘉传》：“时佐吏并著戎服，有风至，吹嘉帽堕～，嘉不之觉。”苏轼《后赤壁赋》：“山高月小，水～石出。”❸零落，衰败。《管子·宙合》：“盛而不～者，未之有也。”曹植《箜篌引》：“生存华屋处，零～归山丘。”[引]散失，稀疏。《汉书·郑当时传》：“两人中废，宾客益～。”❹沦落，流落。《国语·吴语》：“民人离～，而日以憔悴。”韩愈《祭河南张员外文》：“我～阳山。”❺停留，定止。李子卿《府试授衣赋》：“山静风～，天高气凉。”❻摒弃，废止。《庄子·天地》：“夫子阖行邪？无～吾事。”（阖：何不。）谢灵运《昙隆法师诔》：“慨然有摈～荣华、兼济物我之志。”❼开始。《诗经·周颂·访落》：“访予～止。”（访：谘询。止：语气词。）❽祭礼名。1)建筑物修成时举行的祭礼。《左传·昭公七年》：“楚子成章华之台，愿以诸侯～之。”欧阳修《夷陵县至喜堂记》：“堂成，又与宾偕至而～之。”2)用牲血涂新铸的钟。《左传·昭公四年》：“叔孙为孟钟，曰：‘尔未际，飨大夫以～之。’”（孟：人名。际：交际。）❾村落，人聚居处。《后汉书·南蛮传》：“故邑～相聚，以致叛戾。”杜甫《兵车行》：“千村万～生荆杞。”[引]住处，院落。《后汉书·仇览传》：“览惊曰：‘吾近日过舍，庐～整顿，耕耘以时。’”左思《吴都赋》：“刲剞熊罴之室，剽掠虎豹之～。”（刲剞：捣毁。）❿篱笆。张衡《西京赋》：“揩枳～，突棘藩。”《后汉书·姜诗妻传》：“时岁荒，贼乃遗（wèi）诗米肉，受而埋之，比～蒙其安全。”（遗：赠与。比：近。）⓫部落。《后汉书·种暠传》：“宣恩远夷，开晓殊俗，岷杂～皆怀服汉德。”又《羌无弋爰剑传》：“畏秦之威，将其种人附～而南。”⓬落得，得到某种结果。关汉卿《玉镜台》三折：“人都道刘家女被温峤娶为妻，～得个虚名儿则是美。”⓭通“络”。1)网。《汉书·李广传》：“[李]禹从～中以剑斫绝累，欲刺虎。”2)经络。《汉书·李寻传》：“王道公正修明，则百川理，～脉通。”3)笼络。《庄子·秋水》：“～马首，穿牛鼻，是谓人。”4)缠绕，围绕。《汉书·扬雄传上》“尔乃虎路三嵕以为司马”注：“服虔曰：‘以竹虎～此山也。’……～，累也，以绳周绕之也。”（虎路：竹篱笆。三嵕：三峰相连的山。）又《晁错传》“为中周虎落”注：“虎落者，以竹篾相连遮～之也。”⓮通“烙”。用烧热的铁器烫。《吴子·治兵》：“刻剔毛鬣，谨～四下。”

【落泊】 luòbó 见“落魄”。

【落草】 luòcǎo ❶被迫逃往山林沼泽进行抗暴斗争。苏轼《乞增修弓箭社条约状》：

"近有逃北～～四十馀人,马三十匹。"(北:失败。)董解元《西厢记诸宫调》卷二:"～～英雄,反作破贼之勇。"❷婴儿出生。《红楼梦》八回:"一面看宝玉……项上挂着长命锁、记名符,——另外有那一块～～时衔下来的宝玉。"

【落第】 luòdì 科举应试未被录取,落榜。朱庆馀《送张景宣下第东归》诗:"归省值花时,闲吟～～诗。"

【落度】 luòduó 穷困失意。《三国志·蜀书·杨仪传》:"吾若举军以就魏氏,处世宁当～～如此邪! 令人追悔不可复及。"

【落荒】 luòhuāng 向荒野败逃。无名氏《小尉迟》三折:"我诈败～～的走,父亲必然赶将我来。"

【落落】 luòluò ❶孤独的样子。《后汉书·耿弇传》:"将军前在南阳建此大策,常以为～～难合,有志者事竟成也!"《三国志·魏书·毌丘俭传》注:"此亦非小事也,大丈夫宁处其～～,是以远呈忠心,时望嘉应。"❷零落、稀疏的样子。陆机《叹逝赋》:"亲～～而日稀,友靡靡而愈索。"❸多而贱的样子。《后汉书·冯衍传下》:"冯子以为夫人之德,不碌碌如玉,～～如石。"《文心雕龙·总术》:"～～之玉,或乱乎石;碌碌之石,时似乎玉。"❹坚硬美好的样子。《晏子春秋·内篇问下》:"坚哉石乎～～。"❺高大、卓异的样子。杜笃《首阳山赋》:"长松～～,卉木蒙蒙。"欧阳修《石曼卿墓表》:"人之从其游者,皆知爱曼卿～～可奇,而不知其才之有以用也。"❻开朗,坦率。柳宗元《故银青光禄大夫……柳公行状》:"终身坦荡,而细故不入,其达生知足,～～如此。"❼清澈的样子。陶渊明《读山海经》诗之三:"亭亭明玕照,～～清瑶流。"(玕:琅玕,美石。)

【落莫】 luòmò ❶见"落寞"。❷铺陈,连缀。王褒《甘泉宫颂》:"径～～以差错,编玳瑁之文榄。"(榄:屋檐前板。)也作"落漠"。杜笃《首阳山赋》:"青罗～～而上覆,穴溜滴沥而下通。"

【落寞】 luòmò 寂寞,冷落。辨才《设缸面酒款萧翼》诗:"披云同～～,步月共裴回。"(裴回:同"徘徊"。)谢逸《西江月》词之一:"～～寒香满院,扶疎清影侵门。"也作"落莫"。韩愈《送杨少尹序》:"不知杨侯去时,……不～～否?"《资治通鉴·唐文宗太和九年》:"[王]涯待之殊～～。"也作"落漠"。李贺《崇义里滞雨》诗:"～～谁家子,来感长安秋。"

【落漠】 luòmò ❶见"落莫②"。❷见"落寞"。❸粗略,粗鲁。《宋书·王微传》:"且持盈畏满,自是家门旧风,何为一旦～～至此!"又:"力作此答,无复条贯,贵布所怀,～～不举。"

【落魄】 luòpò 穷困潦倒。《论衡·自纪》:"今吾子涉世～～,仕数黜斥。……故夫命厚禄善,庸人尊显;命薄禄恶,奇俊～～。"陆游《东屯高斋记》:"及～～巴蜀,感汉昭烈、诸葛丞相之事,屡见于诗。"(昭烈:昭烈帝刘备。)也作"落泊"。《南史·杜稜传》:"少～～,不为时知。"

【落索】 luòsuǒ 萧条,冷落。《颜氏家训·治家》:"至有谚云'～～阿姑餐',此其相报也。"林逋《雪》诗:"清夹晓林初～～,冷和春雨转飘萧。"

【落托】 luòtuō 见"落拓"。

【落拓】 luòtuò ❶豪放,放荡不羁。《北史·杨素传》:"素少～～有大志,不拘小节。"张说《兵部尚书代国公赠少保郭公行状》:"时辈皆以校书正字为荣,公独请外官,授梓州通泉尉。至县,～～不拘小节。"也作"落托"。马令《南唐书·潘扆传》:"常游江淮间,自称野客,～～有大志。"❷穷困潦倒,寂寞冷落。白居易《效陶潜体诗》之十四:"问君何～～,云仆生草莱。"《聊斋志异·娇娜》:"生往,令适卒,～～不得归。"也作"落托"。《乐府诗集·清商曲辞·懊侬歌》:"揽裳未结带,～～行人断。"

【落雁沉鱼】 luòyànchényú 雁见了会下落,鱼见了会下沉,形容女子貌美。王实甫《丽春堂》三折:"我这里回头猛然觑丽姝,可知道～～～～。"也作"沉鱼落雁"。

跞

luò 见lì。

漯

luò 见tà。

摞

luò 理,系。《后汉书·舆服志下》:"丧帻却～,反本礼也。"

雒

luò ❶白鬣黑马。《诗经·鲁颂·駉》:"有骝有～。"(骝:赤身黑鬣的马。)❷通"络"。给戴上笼头。《庄子·马蹄》:"我善治马,烧之,剔之,刻之,～之。"❸通"洛"。1)水名。洛水。2)洛阳。《周礼·天官·序官》"辨方正位"注:"太保朝至于～。"《史记·屈原贾生列传》:"贾生名谊,～阳人也。"❹姓。明代有雒昂。

【雒诵】 luòsòng 见"洛诵"。

M

ma

妈(媽) mā(又读 mǔ) ❶母亲。赵彦卫《云麓漫钞》卷三："韩退之《祭女挐文》自称曰阿爹阿八，岂唐人又称母为阿八？今人则曰～。"❷对亲属中长辈妇女的称呼。《红楼梦》八回："且说宝玉来至梨香院中，先进薛姨～屋里来。"

嬷 mā 嬷嬷，对乳母或老妇的通称。《红楼梦》八回："当下众～～丫鬟伺候他换衣服，见不曾换，仍出二门去了，众～～丫鬟只得跟随出来。"

麻 má ❶麻类植物，古代特指大麻。《荀子·劝学》："蓬生～中，不扶而直。"㊀麻的纤维及其制品。《左传·宣公八年》："冬，葬敬嬴，旱，无～，始用葛茀。"（敬嬴：人名。茀：通"绋"。牵引棺柩的绳索。）㊀麻籽。《礼记·月令》："孟秋之月，……食～与犬。"❷麻布丧服。《礼记·乐记》："衰～哭泣，所以节丧纪也。"（衰：丧服。）又《杂记上》："未服～而奔丧。"❸指诏书，因唐宋时诏书用黄、白麻纸书写。《旧唐书·韦弘景传》："弘景草～，漏叙光荣之功，罢学士。"唐庚《内前行》："内前车马拨不开，文德殿下宣～回。"❹麻子，脸上痘瘢。《聊斋志异·吕无病》："衣服朴洁，而微黑多～。"❺麻木，感觉受阻不灵。唐庚《冬雷行》："龙蛇尺蠖蟠已久，亦欲奋迅舒顽～。"❻乐器名。《尔雅·释乐》："大鼗谓之～。"（鼗：小鼓。）❼地名。在今安徽砀山县东北。《左传·昭公四年》："冬，吴伐楚，入棘、栎、～。"❽姓。

痳 má 病名，如痳风、痳疹。王肯堂《幼科证治准绳·痳疹》："～疹浮小而有头粒，随出即收，不结脓疱。"

嘛 má 见"喇嘛"。

蟆(蟇) 1. má ❶虾蟆。韩愈《月蚀诗效玉川子作》："臣有一寸刀，可刳凶～肠。"

2. mò ❷蟆子，虫名。元稹《蟆子》诗序："～，蚊类也。其实黑而小，不碍纱縠，夜伏而昼飞。"

马(馬) mǎ ❶家畜名。《韩非子·十过》："终岁不迁，牛～半死。"《战国策·燕策一》："臣闻古之君人，有以千金求千里～者，三年不能得。"❷筹码。《礼记·投壶》："请为胜者立～。一～从二～，三～既立，请庆多～。"《晋书·袁耽传》："耽投～绝叫。"❸姓。

【马首是瞻】 mǎshǒushìzhān ❶战时只看主将马头的方向，来决定自己的行动。《左传·襄公十四年》："鸡鸣而驾，塞井夷灶，唯余～～～～。"❷服从指挥，乐于追随。龚自珍《与吴虹生书》："此游作何期会，作何章程，顾唯命是听，惟～～～～。"

玛(瑪) mǎ 玛瑙，矿物名。刘歆《西京杂记》卷二："武帝时，身毒国献连环羁，皆以白玉作之，～瑙石为勒，白光琉璃为鞍。"郝经《葡萄》诗："一派～瑙浆，倾注百千瓮。"

蚂(螞) mǎ 虫类。《玉篇·虫部》："～，虫。"《正字通·虫部》："～，俗字。蚿名马陆、马蠲，蛭呼马蜞、马蟥，因作～。"

㐷(傌) mà 汉代刑罚名。《汉书·贾谊传》："今自王侯三公之贵，……而令与众庶同黥、劓、髡、刖、笞、～、弃世之法。"（黥、劓、髡、刖、笞：都是刑罚名。）

祃(禡) mà 祭祀名，行军时于驻扎地祭神。《礼记·王制》："～于所征之地。"《隋书·礼仪志》："于秃黎山为坛祀黄帝，行～祭。"

杩(榪) 1. mà ❶床头横木。《玉篇·木部》："～，床头横木。"❷木栓，楔子。《正字通·木部》："俗谓木片关定器物曰～子。"

2. mǎ ❸杩杈，三脚木架。

骂(罵、駡) mà 恶语伤人。《后汉书·冯衍传上》："在人欲其报我，在我欲其～人也。”杨慎《丹铅总录·琐语》：“观其与同时二三同道私地评论之说，直似村汉～街。”

吗(嗎) ma 助词。表疑问或反诘。《红楼梦》四十八回：“宝钗听了，笑道：‘你能够像他这苦心就好了，学什么有个不成的～？’”

mai

埋 1. mái ❶掩埋，藏于土中。《韩非子·内储说下》：“为官爵之名而书之，因为设坛场郭门之外而～之。”《汉书·李广传》：“于是尽斩旌旗，及珍宝～地中。”❷埋葬。《荀子·儒效》：“天不能死，地不能～。”《后汉书·刘盆子传》：“死者因相～于宫中。”❸埋没，隐没。徐陵《谏仁山深法师罢道书》：“可惜明珠，乃受淤泥～没。”王安石《阴山画虎图》诗：“胡天朔漠杀气高，烟云万里～弓刀。”

2. mán ❹埋怨，责怪。辛弃疾《南乡子·舟中记梦》词：“只记～冤前夜月，相看，不管人愁独自圆。”《西游记》三十九回：“猪八戒高声喊叫，～怨行者是一个急猴子。”

【埋轮】 máilún ❶把车轮埋在地下，表示坚守不退。《孙子·九地》：“是故方马～～，未足恃也。”（方马：缚住马匹。）❷表示不畏权贵，敢于检举。《后汉书·张纲传》：“汉安元年，选遣八使徇行风俗，……唯纲年少，官次最微。馀人受命之部，而纲独埋其车轮于洛阳都亭，曰：‘豺狼当路，安问狐狸？’”沈约《奏弹王源》：“虽～～之志，无屈权右；而狐鼠微物，亦蠹大猷。”（权右：豪门大姓。蠹：危害。猷：指道德规范。）❸指月落。唐彦谦《七夕》诗：“露白风清夜向晨，小星垂珮月～～。”

【埋名】 máimíng 隐匿名姓，不使人知。《汉书·翟方进传》：“设令时命不成，死国～～，犹可以不惭于先帝。”

【埋玉】 máiyù 《晋书·庾亮传》：“亮将葬，何充会之，叹曰：‘埋玉树于土中，使人情何能已。’”后以“埋玉”表示对才华出众者逝世的哀悼。《梁书·陆云公传》：“不谓华龄，方春掩质，～～之恨，抚事多情。”

貍 mái 见lí。

薶 1. mái ❶“埋”的古字。埋葬，埋藏。《荀子·正论》：“虽此倮而～之，犹且必扫也。”（倮：同“裸”。扫：“掘”的古字。）《后汉书·隗嚣传》：“既而～血加书，一如古礼。”

2. wō ❷污染。《淮南子·俶真训》：“夫鉴明者，尘垢弗能～。”

霾 mái ❶因烟尘灰沙而形成的混浊气象。《诗经·邶风·终风》：“终风且～，惠然肯来。”（终：既。）姜宸英《奇零草序》：“天地晦冥，风～昼塞。”❷通“埋”。1）埋葬。《吕氏春秋·孟春》：“无聚大众，无置城郭，掩骼～髊。”（髊：带有腐肉的尸骨。）2）埋藏。《楚辞·九歌·国殇》：“～两轮兮絷四马，援玉枹兮击鸣鼓。”（枹：鼓槌。）

买(買) mǎi ❶用钱财交换，购进。《左传·昭公元年》：“～妾不知其姓，则卜之。”《韩非子·外储说左上》：“郑人～其椟而还其珠。”㉑换取，求取。《国语·晋语九》：“雎子纳其女于叔鱼以求直。……与绝亲以～直，与非司寇而擅杀，其罪一也。”（叔鱼：人名。）李白《梁园吟》：“沉吟此事泪满衣，黄金～醉未能归。”❷招惹，引起。《战国策·韩策一》：“此所谓市怨而～祸者也。”❸雇用，租赁。《韩非子·五蠹》：“夫山居而谷汲者，膢腊而相遗以水；泽居而苦水者，～庸而决窦。”（膢、腊：都是祭祀名。遗：赠送。窦：水道。）彭端淑《为学一首示子侄》：“富者曰：‘吾数年来欲～舟而下，犹未能也，子何恃而往！’”

【买春】 mǎichūn 买酒。司空图《二十四诗品·典雅》：“玉壶～～，赏雨茆屋。”（茆：通“茅”。）

【买骨】 mǎigǔ 《战国策·燕策一》：“三月得千里马，马已死，买其首五百金，……于是不能期年，千里之马至者三。今王诚欲致士，先从隗始；隗且见事，况贤于隗者乎？”（期：周年。）后因以“买骨”比喻求贤心切。徐夤《偶题》诗之一：“～～须求骐骥骨，爱毛宜采凤凰毛。”

【买邻】 mǎilín 选择邻居。《南史·吕僧珍传》：“初，宋季雅罢南康郡，市宅居僧珍宅侧，僧珍问宅价，曰：‘一千一百万。’怪其贵。季雅曰：‘一百万买宅，千万～～。’”

【买名】 mǎimíng 以钱财求名，追逐名誉。江淹《去故乡赋》：“宁归骨于松柏，不～～于城市。”

【买山】 mǎishān 《世说新语·排调》：“支道林因人就深公买印山。深公答曰：‘未闻巢、由买山而隐。’”（巢、由：巢父，许由。都是古代隐者。）后因以“买山”指归隐。温庭筠《春日访李十四处士》诗：“谁言有策堪经世，自是无钱可～～。”

劢(勱) mài 勉力，努力。《尚书·立政》：“其惟吉士，用～相我国家。”（相：辅助。）

迈(邁) mài ❶行进，前进。《诗经·小雅·小宛》：“我日斯～，而月斯征。”《论衡·指瑞》：“实者麟至无所为来，常有之物也，行～鲁泽之中，而鲁国见其物，遭获之也。”㉠帝王巡行。《诗经·周颂·时迈》：“时～其邦，昊天其子之。”㉡推移，扩展。《三国志·魏书·武帝纪》：“蕲阳之役，桥蕤授首，棱威南～，术以陨溃，此又君之功也。”（桥蕤：人名。棱威：威势。）❷远，远离。《楚辞·九章·哀郢》：“众踥蹀而日进兮，美超远而逾～。”（踥蹀：小步走的样子。逾：通“愈”。）❸超过，超越。《后汉书·袁绍传》：“临危吐决，智勇～于人，又孰与袁氏？”曾巩《送李材叔知柳州序》：“然非其材之颖然～于众人者不能也。”㉠超逸，高超。《晋书·裴楷传》：“风神高～，容仪俊爽。”又《王献之传》：“少有盛名，而高～不羁。”❹年高，年老。《后汉书·皇甫规传》：“凡诸败将，非官爵之不高，年齿之不～。”《晋书·宣帝纪》：“臣虽朽～，敢忘前言？”❺通“励”。勉力，努力实行。《三国志·蜀书·先主传》：“伏惟大行皇帝～仁树德，覆焘无疆。”（焘：覆盖。）

【迈德】 màidé 努力行德。《三国志·魏书·公孙度传》注：“文昭武烈，～～种仁。”陆机《汉高祖功臣颂》：“拔奇夷难，～～振民。”

【迈化】 màihuà 传布教化。《后汉书·天文志上》：“三皇～～，协神醇朴。”《三国志·魏书·陈留王传》：“相国晋王……震耀武功，则威盖殊荒；流风～～，则旁洽无外。”（荒：边远地区。旁：普遍。洽：霑润。无外：范围极大。）

【迈迹】 màijì 发迹，创业。《尚书·蔡仲之命》：“尔乃～～自身，克勤无怠，以垂宪乃后。”

【迈迈】 màimài ❶行进的样子。陶渊明《时运》诗：“～～时运，穆穆良朝。”❷不高兴的样子。《诗经·小雅·白华》：“念子懆懆，视我～～。”（懆懆：忧愁不安。）

【迈世】 màishì 超越世俗。《晋书·郗鉴传》：“与姊夫王羲之、高士许询，并有～～之风。”

【迈往】 màiwǎng 勇往直前。《晋书·谢万传》：“而今屈其～～之气，以俯顺荒馀，近是违才易务矣。”苏轼《乐全先生文集叙》：“公独以～～之气，行正大之言。”

麦（麥） mài ❶麦子，一种粮食作物。《后汉书·高凤传》：“家以农亩为业，……妻尝之田，曝～于庭，令凤护鸡。”杜甫《大麦行》：“大～干枯小～黄，妇女行泣夫走藏。”❷姓。

【麦秀】 màixiù 商代遗臣箕子路过故都殷墟，见到宫室毁坏，遍生禾黍，慨叹而作《麦秀》之诗。（见《史记·宋微子世家》）后因以“麦秀”表示亡国的悲哀。向秀《思旧赋》：“叹《黍离》之愍周兮，悲《麦秀》于殷墟。”

【麦舟】 màizhōu 惠洪《冷斋夜话》卷十：宋代范仲淹之子范纯仁从姑苏运麦五百斛，船过丹阳，遇石延年无钱改葬亲人，就把全船麦子作为助丧之资赠送。后因以“麦舟”作助丧的典故。唐玉《翰府紫泥全书·求助葬事》：“门下轻财好施，素称长者，用布腹心，辱惟～～之惠，存没均感。”

佅 mài ❶我国古代东方少数民族乐名。班固《东都赋》：“僸～兜离，罔不其集。”（僸、兜离：都是音乐名。）❷通“昧”，昏暗不明。《史记·司马相如列传》：“夐邈绝而不齐兮，弥久远而愈～。”

卖（賣） mài ❶出售，以物换钱。《韩非子·外储说左上》：“楚人有～其珠于郑者。”《后汉书·灵帝纪》：“初开西邸～官。……私令左右～公卿，公千万，卿五百万。”❷叛卖，背叛。《韩非子·内储说下》：“周以苌弘为～周也，乃诛苌弘而杀之。”（苌弘：人名。）《后汉书·彭宠传》：“宠意浮～己，上疏愿与浮俱征。”❸卖弄，炫耀。《庄子·天地》：“为圃者曰：‘子非夫博学以拟圣，於于以盖众，独弦哀歌以～名声于天下者乎？’”（於于：谄媚。）《后汉书·杨震传》：“盛修第舍，～弄威福。”

【卖冰】 màibīng 比喻不失时机。王定保《唐摭言·自负》：“昔蒯人为商而～～于市，客有苦热者将买之。蒯人自以得时，欲邀客以数倍之利。客于是怒而去，俄而其冰亦散。……今君坐青云之中，平衡天下，天下之士皆欲附矣。此亦君～～之秋，而士买冰之际，有利则合，岂宜失时？”

【卖恩】 mài'ēn 用恩惠笼络别人。《三国志·吴书·张温传》：“靖兵众之势，干任之用，皆胜于贾原、蒋康，温尚不容私以安于靖，岂敢～～以协原、康邪？”

【卖交】 màijiāo 出卖朋友。《史记·樊郦滕灌列传》载，汉代郦况与吕禄友善，“给吕禄，吕禄信之，故与出游，而太尉勃乃得入据北军，遂诛诸吕。”天下称郦况“卖交”。《汉书·郦商传》作“卖友”。

【卖舌】 màishé 夸夸其谈，自我炫耀。梅尧臣《十一日垂拱殿起居闻南捷》诗：“从来儒帅空～～，未到已愁茅叶黄。”

【卖重】 màizhòng 卖弄权势。《韩非子·说难》：“与之论细人，则以为～～。”《晏子春秋·内篇问上》：“内则蔽善恶于君上，外则卖权重于百姓。”《艺文类聚》卷五十二引作“～～”。

【卖剑买牛】 màijiànmǎiniú 《汉书·龚遂

传》："遂见齐俗奢侈，好末技，不田作，乃躬率以俭约，劝民务农桑。……民有带持刀剑者，使卖剑买牛，卖刀买犊。"后以"卖剑买牛"指改业务农。陆游《贫甚作短歌排闷》："惟有躬耕差可为，～～～～悔不早。"

脉（脈、衇、衂） 1. mài ❶血管。《史记·乐书》："故音乐者，所以动盈血～，通流精神而和正心也。"《论衡·书虚》："秦武王与孟说举鼎不任，绝～而死。举鼎用力，力由筋～，筋～不堪，绝伤而死，道理宜也。"❷脉搏，脉息。《史记·扁鹊仓公列传》："特以诊～为名耳。"[引]诊脉。《世说新语·术解》："小人母年垂百岁，抱疾来久，若蒙官一～，便有活理。"❸似血管连通而自成体系的东西。周繇《题东林寺虎掊泉》诗："爪抬山～断，掌托石心坳。"

2. mò ❹通"眽"。察看。《战国策·魏策一》："前～形埊之险阻，决利害之备，使三军之士不迷惑者，巴宁、爨襄之力也。"（埊：同"地"。巴宁、爨襄：都是人名。）❺见"脉脉"。

【脉脉】 mòmò 凝视的样子，含情相望的样子。《古诗十九首》之十："盈盈一水间，～～不得语。"辛弃疾《摸鱼儿》词："千金纵买相如赋，～～此情谁诉。"也作"眽眽"。《楚辞·九思·逢尤》："魂茕茕兮不遑寐，月～～兮寤终朝。"

霡（霢） mài 见"霡霂"。

【霡霂】 màimù ❶小雨。《诗经·小雅·信南山》："益之以～～，既霑既足，生我百谷。"❷流汗的样子。白居易《香山寺石楼潭夜浴》诗："摇扇风甚微，褰裳汗～～。"

man

颟（顢） mān 见"颟顸"。

【颟顸】 mānhān 糊涂而马虎。朱熹《答石子重书》："却恐～～优侗，悲圣门求仁之学也。"《红楼梦》八十一回："如今儒大太爷虽学问也只中平，但还弹压的住这些小孩子们，不至以～～了事。"

姏 mán 老妇。《晋书·会稽王道子传》："又尼、～属类，似动乱时。"

悗 1. mán ❶迷惑。《吕氏春秋·审分》："夫说以智通，而实以过～。"❷烦闷。《灵枢经·五乱》："清浊相干，乱于胸中，是谓大～。"

2. mèn ❸无心的样子，心不在焉。《庄子·大宗师》："～乎忘其言也。"

埋 mán 见 mái。

莔（蔄） mán 见"莔胡"。

【莔胡】 mánhú 接合严密的样子。《周礼·天官·鳖人》"掌取互物"注："互物，谓有甲～～龟鳖之属。"

蛮（蠻） mán 古代对南方各族的泛称。《孟子·滕文公上》："今也南～鴂舌之人，非先王之道。"（鴂：伯劳鸟。）《战国策·秦策二》："义渠君者，～夷之贤君，王不如赂之以抚其心。"

慲（懣） mán 通"颟"。糊涂。《淮南子·俶真训》："于是万民乃始～觟离跂，各欲行其知伪。"（离跂：离世独立。）

谩（謾） 1. mán ❶欺骗。《战国策·齐策六》："王不如令人以涓来之辞～固于齐，齐秦必不合。"《史记·秦始皇本纪》："上不闻过而日骄，下慑伏～欺以取容。"❷毁谤，诋毁。《荀子·非相》："乡则不若，偝则～之。"（乡：同"向"。）❸诬陷。韩愈《曹成王碑》："杨炎起道州，相德宗，还王于衡，以直前～。"❹浮夸。《韩诗外传》卷九："～诞者，趋祸之路也。"

2. màn ❺通"慢"。怠慢，轻慢。《史记·孝武本纪》："后世～怠，故衰秏。"（秏：同"耗"。）《汉书·董仲舒传》："故桀纣暴～，谗贼并进，贤知隐伏。"❻通"漫"。1）弥漫，广泛。《庄子·天道》："老聃中其说，曰：'太～，愿闻其要。'"苏轼《王定国砚铭》："墨云浮空，～不见天。"2）胡乱，姑且，随便。董解元《西厢记诸宫调》卷三："红娘曰：'妾不忍先生栖怆，～为言之：……。'"3）徒然。董解元《西厢记诸宫调》卷三："是俺失所算，～摧挫，被这个积世的老虔婆瞒过我。"4）不要，莫。董解元《西厢记诸宫调》卷三："～言天上有姮娥，算人间应没两个。"又："～道不想，怎不想？"

樠（樠） mán ❶木名。《左传·庄公四年》："王遂行，卒于～木之下。"《汉书·西域传》："［乌孙国］山多松～。"❷渗出的样子。《庄子·人间世》："以为门户则液～，以为柱则蠹。"

馒（饅） mán 见"馒头"。

【馒头】 mántóu 面制半球形食品。胡仔《苕溪渔隐丛话后集·东坡三》："《上庠录》云：'两学公厨，例于三八课试日设别馔，春秋炊饼，夏冷淘，冬～～，而～～尤有名。'"

瞒（瞞） 1. mán ❶闭眼的样子。《逸周书·宝典》："浅薄闲～，其谋乃获。”❷隐瞒，欺瞒。董解元《西厢记诸宫调》卷三：“是俺失所算，谩摧挫，被这个积世的老虔婆～过我。”（积世：世故。）《红楼梦》六十一回：“什么事～的过我！”

2. mén ❸惭愧。《庄子·天地》：“子贡～然惭，俯而不对。”❹们。刘焘《花心动》词：“问桃杏贤～，怎生向前争得？”

【瞒瞒】 mánmán 昏乱的样子。《荀子·非十二子》：“酒食声色之中，则～～然，瞑瞑然。”

鞔 1. mán ❶鞋帮。《说文·革部》：“～，履空也。”（空：“腔”的古字。）㉑鞋。《吕氏春秋·召类》：“南家，工人也，为～者也。”❷用皮革蒙罩、绷住。《周礼·考工记·舆人》“饰车欲侈”注：“饰车，谓革～舆也，大夫以上革～舆。”段成式《酉阳杂俎·语资》：“宁王常夏中挥汗～鼓。”

2. mèn ❸通“懑”。闷胀。《吕氏春秋·重己》：“味众珍则胃充，胃充则中大～，中大～而气不达。”

蹒 mán 见 pán。

鳗（鰻） mán 鱼名。白鳝。徐铉《稽神录·渔人》：“因取置鱼舍中，多得～鳌鱼以食之。”

曫（矕） mǎn ❶望，看。《后汉书·马融传》：“右～三涂，左概嵩岳。”（三涂：山名。）❷蒙盖，覆盖。《汉书·叙传上》：“今吾子幸游帝王之世，躬带冕之服，浮英华，湛道德，～龙虎之文旧矣。”

满（滿） 1. mǎn ❶充盈，充实。《老子·九章》：“金玉～堂，莫之能守。”《韩非子·观行》：“时有～虚，事有利害，物有生死。”❷全，遍。黄巢《菊花》诗：“冲天香阵透长安，～城尽带黄金甲。”范成大《翠楼》诗：“连衽成帷迓汉官，翠楼沽酒～城欢。”（迓：迎接。）❸足，满足。《论衡·佚文》：“奏记长吏，文成可观，读之～意，百不能一。”《后汉书·彭宠传》：“宠上谒，自负其功，意望甚高，光武接之不能～，以此怀不平。”（光武：东汉光武帝。）❹够，达到。《韩非子·存韩》：“韩居中国，地不能～千里。”《史记·高祖本纪》：“令诸大夫曰：‘进不～千钱，坐之堂下。’”㉑达到极限，到期。《汉书·李广传》：“汉兵死者过半，汉矢且尽，广乃令持～毋发。”王安石《起县舍西亭》诗：“到得明年官又～，不知谁见此花开。”❺溢出。《论衡·命禄》：“器受一升，以一升则平；受之如过一升，则～溢也。”❻骄傲，自满。《国语·鲁语下》：“今吾子之戒吏人曰：‘陷而入于恭。’其～之甚也。”《后汉书·马援传》：“（梁）松后果以贵～致灾。”❼完成，成就。《吕氏春秋·贵信》：“以言非信则百事不～也。”❽少数民族名，散居东北、北京等地。❾通“谩”。欺骗。《汉书·谷永传》：“欲末杀灾异，～谰诬天。”（末杀：扫灭。）❿姓。

2. mèn ⓫通“懑”。烦闷。《汉书·石显传》：“显与妻子徙归故郡，忧～不食，道病死。”

3. mén ⓬们。沈端节《洞仙歌》：“琴心传密意，唯有相如，失笑他～恁撩乱。”

【满贯】 mǎnguàn 钱穿满了绳子。比喻罪恶盈满。《韩非子·说林下》：“有与悍者邻，欲卖宅而避之。人曰：‘是其贯将满矣，子姑待之。’答曰：‘吾恐其以我～～也。’遂去。”

【满假】 mǎnjiǎ 自大自满。《尚书·大禹谟》：“克勤于邦，克俭于家，不自～～。”司马光《涑水纪闻》卷六：“愿陛下慎于盈成，不可遂自～～。”

【满意】 mǎnyì ❶决心，决意。《战国策·齐策四》：“孟尝君逐于齐而复反，谭拾子迎之于境，谓孟尝君曰：‘君得无有所怨齐士大夫？’孟尝君曰：‘有。’‘君～～杀之乎？’孟尝君曰：‘然。’”❷快意，意愿得到满足。汪藻《晚发吴城山》诗：“会须～～开怀抱，到眼庐山不世情。”❸满想，满以为。范成大《发合江数里寄杨商卿诸公》诗：“临分～～说离愁，草草无言祇泪流。”

曼 màn ❶长。《楚辞·九章·抽思》：“思蹇产之不释兮，～遭夜之方长。”❷延长，伸延。《楚辞·九章·哀郢》：“～余目以流观兮，冀壹反之何时。”❸柔美，细腻。《韩非子·扬权》：“～理皓齿，说情而损精。”（理：肌肤。说：“悦”的古字。）《新唐书·李光颜传》：“引使者以侍姝至，秀～都雅，一军惊视。”（都：美。）❹通“漫”。渺茫，广远。《韩非子·外储说左上》：“请许学者而行宛～于先生，或者不宜今乎。”（宛：广远。）❺通“蔓”。蔓延。《韩非子·解老》：“树木有～根，有直根。……～根者，木之所持生也。”❻姓。明代有曼仙。

【曼漶】 mànhuàn 见“漫漶”。

【曼延】 mànyán 见“曼衍”。

【曼衍】 mànyǎn ❶变化。《庄子·齐物论》：“和之以天倪，因之以～～，所以穷年也。”（天倪：自然的分别。）❷连绵不断。《汉书·晁错传》：“土山丘陵，～～相属。”（属：连接。）也作“曼延”。王延寿《鲁灵光殿赋》：“长途升降，轩槛～～。”也作“漫衍”。宋玉《高唐赋》：“箕踵～～，芳草罗生。”❸古代杂戏名。陆游《小舟过御园》诗：“尽除～～鱼龙戏，不禁刍荛雉兔来。”也作“曼延”。《后汉书·安帝纪》：“乙酉，罢鱼龙～～百戏。”也作“漫衍”。张衡《西京赋》“是为曼延”李善注：“《汉书》曰：‘武帝作～～之戏也。’”也作“蔓延”。张衡《西京赋》“是为曼延”张铣注：“名为～～之戏。”

【曼羡】 mànyǎn 见“漫衍”。

幕 màn 见mù。

僈 màn ❶怠惰，松弛。《荀子·不苟》：“君子宽而不～。”又《非十二子》：“佚而不惰，劳而不～。”❷随便，轻慢。《荀子·荣辱》：“其虑之不深，其择之不谨，其定取舍楛～，是其所以危也。”（楛：粗疏。）《韩非子·难三》：“广廷严居，众人之所肃也；晏室独处，曾、史之所～也。”（晏：安适。）❸通“漫”。污秽。《荀子·荣辱》：“汙～突盗，常危之术也。”❹通“曼”。无。《荀子·非十二子》：“上用功，大俭约，而～差等。”

漫 1. màn ❶水浩茫无际的样子。左思《吴都赋》：“溃渱泮汗，滇淼淼～。”❷溢出，满溢。严维《酬刘员外见寄》诗：“柳塘春水～，花坞夕阳迟。”㉂淹没。王安石《白日不见物》诗：“父子夜呼号，西南～为壑。”❸浸坏。《金史·河渠志》：“河水浸～，堤岍陷溃。”❹遍布，弥漫。《史记·五帝本纪》：“共工善言，其用僻，似恭～天。”朱熹《题周氏溪园》诗之三：“光风回巧笑，桃李任～山。”㉂完全，全然。韩愈《蓝田县丞厅壁记》：“不敢略省，～不知何事。”（省：察看。）❺污，玷污。《荀子·非十二子》：“今之所谓士仕者，污～者也，贼乱者也。”《吕氏春秋·诚廉》：“与其并乎周以～吾身也，不若避之以洁吾行。”（并：依傍。）❻放荡，放纵。《新唐书·元结传》：“公～久矣，可以～为叟。”㉂胡乱，随便，聊且。杜甫《闻官军收河南河北》诗：“却看妻子愁何在，～卷诗书喜欲狂。”元结《漫酬贾沔州》诗：“～醉人不嗔，～眠人不唤，～游无远近，～乐无早晏。～中～亦忘，名利谁能算！”❼徒然，空自。苏轼《章质夫送酒不达》诗：“空烦左手持新蟹，～绕东篱嗅落英。”晏殊《浣溪沙》词：“月好～成孤枕梦，酒阑空得两眉愁。”❽莫，不要。张渭《赠赵使君美人》诗：“罗敷独向东方去，～学他家作使君。”❾通“曼”。长。《荀子·正名》：“《诗》曰：‘长夜～兮，永思骞兮。’”（骞：通“愆”，过错。）❿通“慢”。缓慢。见“漫漫”。

2. mán ⓫通“谩”。欺骗。苏轼《游灵隐寺戏赠李居士》诗：“若教从此成千里，巧历如今也被～。”李文蔚《圯桥进履》二折：“～天机，我将做谜也似猜。”

【漫汗】 mànhàn ❶浩茫，广远。韩愈《祭张员外文》：“洞庭～～，粘天无壁。”❷散乱的样子。柳宗元《天对》：“胡纷华～～，而潜谓不死？”

【漫漶】 mànhuàn 模糊难辨。韩愈《新修滕王阁记》：“赤白之～～不鲜者，治之则已。”陆游《洞霄宫碑》：“至政和间，宫以历岁久，穿坏～～。”（政和：北宋徽宗年号。）也作“曼漶”。《汉书·扬雄传下》：“为其泰～～而不可知，故有《首》、《衡》……十一篇。”

【漫澜】 mànlàn ❶无边无际的样子。《鬼谷子·中经》：“～～之命，使有后会。”❷支离破碎的样子。《淮南子·精神训》：“譬犹陶人之埏埴也，其取之地而已为盆盎也，与其未离于地也无以异；其已成器而破碎～～，而复归其故也。”（埏埴：把黏土放进做陶器的模子。）

【漫漫】 mànmàn ❶无边无际，长远。宁戚《饭牛歌》：“生不逢尧与舜禅，长夜～～何时旦？”扬雄《甘泉赋》：“指东西之～～。”❷放纵，随意。《汉书·江都易王传》：“王前事～～，今当自谨。”柳宗元《始得西山宴游记》：“其隙也，则施施而行，～～而游。”（隙：闲暇。施施：从容的样子。）❸昏聩，糊涂。《太平御览》卷二二六：“里语曰：‘县官～～，冤死者半。’”❹缓慢。康进之《李逵负荆》一折：“听老汉～～的说一遍。”

【漫灭】 mànmiè 磨灭，模糊不清。王安石《游褒禅山记》：“距洞百馀步，有碑仆道，其文～～。”司马光《谏院题名记》：“钱君始书其名于版，光恐久而～～，嘉祐八年，刻著于石。”

【漫衍】 mànyǎn ❶流溢，泛滥。王褒《洞箫赋》：“或～～而骆驿兮，沛焉竞溢。”（骆驿：同“络绎”。）刘歆《山海经序》：“洪水洋溢，～～中国。”❷充满，散布。《后汉书·和熹邓皇后纪》：“弘德洋溢，充塞宇宙；洪泽丰沛，～～八方。”也作“曼羡”。司马相如《封禅文》：“大汉之德，逢涌原泉，沕潏～～。”（沕潏：泉水涌流的样子。）❸连绵不断。见“曼衍”。❹散漫，放荡。《列子·仲尼》：“公孙龙之为人也，行无师，学无友，佞给而不中，～～而无家。”（佞给：善辩。）也作“漫羡”。《汉书·艺文志》：“杂家者流，……及荡者为之，则～～而无所归心。”❺古代杂戏名。见“曼衍”。

【漫羡】 mànyǎn 见“漫衍”。

慢 màn ❶懈怠，松弛。《左传·庄公八年》：“君使民～，乱将作矣。”《韩非子·饰邪》：“及法～，妄予，而国日削矣。……明法者强，～法者弱。”㉂放荡，浪荡。《史记·夏本纪》：“帝曰：‘毋若丹朱傲，维～游是好。’”❷轻视，傲慢。《战国策·齐策四》：“据～骄奢，则凶从之。”（据：通“倨”，倨傲。)《三国志·魏书·陈思王植传》:“若此二士,岂恶生而尚死哉,诚忿其～主而陵君也。”❸缓慢。《诗经·郑风·大叔于田》:“叔马～忌,叔发罕忌。”(叔:指太叔段。忌:语气词。)❹胡乱,随意。聂冠卿《多丽》词:“休辞醉,明月好花,莫～轻掷!”❺徒然,空自。周邦彦《水龙吟·咏梨花》词:“恨玉容不见,琼英～好,与何人比!”❻唐宋时杂曲曲调名。李清照有《声声慢》词,姜夔有《扬州慢》词。❼通“墁”。涂抹。《庄子·徐无鬼》:“郢人垩～其鼻端,若蝇翼。”(垩:白土。)❽通“瞒”。欺骗,隐瞒。《韩非子·说林上》:“田驷东～齐侯,南欺荆王。”(田驷:人名。)侯克中《醉花阴》套曲:“～不过天地神明,说来的咒誓终朝应。”

【慢世】 mànshì 玩世不恭,不拘礼法。《世说新语·品藻》:“未若长卿～～。”(长卿:司马相如。)《全唐诗话·司空图》:“图既负才～～,谓己当为宰辅,时人恶之。”

【慢易】 mànyì ❶轻慢,轻侮。《吕氏春秋·审应》:“今有人于此,无礼～～而求敬,阿党不公而求令,……虽黄帝犹若困。”(阿党:偏私。)《后汉书·乐成靖王党传》:“～～大姬,不震厥教。”(震:惧怕。)也作“嫚易”。《盐铁论·论功》:“君臣～～,上下无礼。”《汉书·郦食其传》:“吾闻沛公～～人,有大略。”❷声调舒缓。《礼记·乐记》:“啴谐、～～、繁文、简节之音作,而民康乐。”(啴:舒缓的样子。)也作“嫚易”。《汉书·礼乐志》:“阐谐、～～之音作,而民康乐。”(阐谐:宽广和缓。)

墁 màn ❶抹子,一种涂墙工具。《尔雅·释宫》:“镘谓之杇。”陆德明《经典释文》:“镘,又作～,……涂工之作具。”❷墙壁上的涂饰。《孟子·滕文公下》:“有人于此,毁瓦画～。”王安石《答丁元珍》诗:“画～聊取食,猎较久随时。”❸涂抹。韩愈《蓝田县丞厅壁记》:“[崔]斯立易桷与瓦,～治壁,悉书前任人名氏。”王祯《农书》卷二十二:“圬～屋宇,则加纸筋和匀,用之不致坼裂。”㊀以砖石铺地。方以智《物理小识·器用类》:“铺烰炭,～砖,永不潮湿,而虫蚁不来。”(烰炭:木炭。)

蔓 1. màn ❶草本蔓生植物的枝茎。范成大《西瓜园》诗:“碧～凌霜卧软沙,年来处处食西瓜。”❷蔓延,滋生。《诗经·郑风·野有蔓草》:“野有～草,零露漙兮。”(漙:露珠圆润的样子。)《左传·隐公元年》:“无使滋～,～难图也。”❸长,远。见“蔓蔓②”。

2. mán ❹蔓菁,即芜菁,蔬菜名。韩琦《再出行田》诗:“荞麦方成簇,～菁未入垭。”

【蔓蔓】 mànmàn ❶繁衍、滋长的样子。《楚辞·九歌·山鬼》:“采三秀兮于山间,石磊磊兮葛～～。”《史记·苏秦列传》:“《周书》曰:‘绵绵不绝,～～奈何?’”也作“缦缦”。《战国策·魏策一》:“《周书》曰:‘绵绵不绝,～～若何。’”❷长久,长远。《楚辞·九章·悲回风》:“藐～～之不可量兮,缥绵绵之不可纡。”(藐:远。)《汉书·礼乐志》:“～～日茂,芝成灵华。”❸纠缠难辨之事。扬雄《太玄经·玄莹》:“故夫抽天下之～～,散天下之混混者,非精其孰能之!”

【蔓延】 mànyán ❶延伸,扩张。潘岳《闲居赋》:“石榴蒲桃之珍,磊落～～乎其侧。”也作“蔓衍”。《后汉书·党锢传序》:“诸所～～,皆天下善士。”《旧唐书·武宗纪》:“汉魏之后,佛教寖兴,……因缘染习,～～滋多。”(寖:逐渐。)❷见“曼衍③”。

【蔓衍】 mànyǎn 见“蔓延①”。

幔 màn ❶帐幕,帷幕。王勃《春思赋》:“水精却挂鸳鸯～,云母斜开翡翠帏。”《新唐书·回鹘传下》:“东向,下设毳～以居公主。”❷酒旗,酒店的招子。王建《宫前早春》诗:“酒～高楼一百家,宫前杨柳寺前花。”❸覆盖。陈伦炯《海国闻见录·东南洋记》:“投之烂泥汙中,上～青布。”

缦(縵) màn ❶无花纹的缯帛。《韩非子·十过》:“～帛为茵。”㊀无文饰线条的东西。《国语·晋语五》:“故川涸山崩,君为之降服,出次,乘～,不举。”(出次:暂住郊外。乘缦:坐无文采的车。不举:停止音乐。)《汉书·食货志上》:“一岁之收,常过～田晦一斛以上。”❷回环的样子。杜牧《阿房宫赋》:“廊腰～回,檐牙高啄。”刘禹锡《畬田行》:“何处好畬田,团团～山腹。”(畬田:火种的田地。)❸弦索。《礼记·学记》:“不学操～,不能安弦。”❹通“慢”。缓慢,散漫。《庄子·齐物论》:“～者,窖者,密者。”(窖者:指阴险的人。)❺通“蔓”。见“蔓蔓①”。

【缦缦】 mànmàn ❶纠结环绕的样子。《尚书大传·虞夏传》:“卿云烂兮,糺～～兮。”也作“漫漫”。❷沮丧的样子。《庄子·齐物论》:“小恐惴惴,大恐～～。”❸繁衍、滋长的样子。见“蔓蔓①”。

嫚 1. màn ❶轻侮,骄慢。《汉书·郊祀志上》:“后五世,帝乙～神而震死。”又《梁平王传》:“王阳病抵谰,置辞骄～。”(阳:假装。)❷松弛,懈怠。《荀子·宥坐》:“～令谨诛,贼也。”❸舒缓。见“嫚易②”。

2. yuān ❹见“嫚嫚”。

【嫚易】 mànyì 见“慢易”。

【嫚嫚】 yuānyuān 柔美的样子。司马相如《上林赋》："柔桡～～。"（柔桡：柔美的样子。）

槾 1. màn ❶同"镘"。抹子，涂墙的工具。《尔雅·释宫》："镘谓之圬。"陆德明《经典释文》："本或作～，又作墁。"㉠涂抹墙壁。《荀子·礼论》："抗折，其貇以象～茨番阏(è)也。"（抗、折：都是葬具。貇："貌"的古字。茨：以茅草盖屋顶。番：藩篱。阏：挡风门。）

2. wàn ❷木名。张衡《南都赋》："其木则……～柏杻橿。"

熳 màn 艳丽。江淹《丹砂可学赋》："秀青色之泯靡～美目之波澜。"

镘(鏝) màn ❶抹子，涂墙的工具。韩愈《圬者王承福传》："故吾不敢一日捨～以嬉。"㉠涂抹墙壁。杜甫《课伐木诗·序》："夔人屋壁，列树白菊，～为墙，实以竹。"韩愈《圬者王承福传》："夫～，易能，可力焉。"❷金属钱币的背面。李文蔚《燕青博鱼》二折："这钱昏，字～不好。"

mang

邙 máng 山名，即北邙山，在河南省洛阳东北。应璩《与程文信书》："南临洛水，北据～山。"张籍《北邙行》："洛阳北门北～道，丧车辚辚入秋草。"

龙 máng 见 lóng。

忙 máng ❶急切，急迫。李咸用《题陈正字山居》诗："几日凭栏望，归心自不～。"《红楼梦》九十七回："紫鹃～往外走。"❷事多，繁忙。白居易《观刈麦》诗："田家少闲月，五月人倍～。"黄庭坚《和答赵令同前韵》："人生政自无闲暇，～里偷闲得几回？"❸旧时田赋征收的两个分期，二月至五月为一期，称上忙，八月至十二月为一期，称下忙，各收一半，合称两忙。魏源《江南吟》之二："有田何不种稻稷，秋收不给两～税。"❹通"茫"。茫然，失意的样子。《列子·杨朱》："子产～然无以应之。"

汒 máng 迷惘，昏昧。《庄子·天地》："蒬也～若于夫子之所言矣。"（蒬：蒋闾蒬。）又《秋水》："今吾闻庄子之言，～焉异之。"

芒 1. máng ❶一种多年生草本植物。叶条形，可用以编织草鞋。陈师道《绝句》之二："～鞋竹杖最关身，散发披衣不待人。"❷稻麦等壳外顶端的芒刺，草尖，毛尖。《论衡·谈天》："以此之力，与三军战，则士卒蝼蚁也，兵革毫～也。"❸尖端。《后汉书·陈宠传》："臣闻轻者重之端，小者大之源，故隄溃蚁孔，气泄针～。"❹光芒。刘禹锡《唐故尚书礼部员外郎柳君集纪》："粲然如繁星丽天，而～寒色正。"（丽：附着。）❺昏昧，模糊不清。《荀子·富国》："其礼仪节奏也，～轫僈楛，是辱国已。"（轫：懒散。僈：怠慢。楛：恶劣。）❻旷远。见"芒然"。❼通"铓"，刀尖。贾谊《陈政事疏》："屠牛坦一朝解十二牛而～刃不顿者，所排击剥割皆众理解也。"（理：肌肉的纹理。解：骨间的缝隙。）❽姓。明代有芒文缜。

2. huǎng ❾通"恍"。恍忽。《庄子·至乐》："～乎芴乎，而无从出乎！芴乎～乎，而无有象乎！"

【芒芒】 mángmáng ❶广远的样子。见"茫茫①"。❷盛多的样子。见"茫茫④"。❸渺茫，模糊不清。见"茫茫②"。❹疲惫的样子。《孟子·公孙丑上》："宋人有闵其苗之不长而揠之者，～～然归。"

【芒然】 mángrán 见"茫然"。

【芒芠】 mángwén 混沌的样子。《淮南子·精神训》："古未有天地之时，惟像无形，窈窈冥冥，～～漠闵，澒濛鸿洞，莫知其门。"

【芒洋】 mángyáng 见"茫洋"。

【芒芴】 huǎnghū 恍恍忽忽，浑浑噩噩。《庄子·至乐》："杂乎～～之间，变而有气。"秦观《曾子固哀辞》："元气含而未泄兮，洞～～而窅冥。"（窅冥：深远幽渺的样子。）

宋 máng 房屋的大梁。韩愈《进学解》："夫大木为～，细木为桷。"方孝孺《杂问》："楩楠可为～乎？"

尨 1. máng ❶杂色长毛狗。《诗经·召南·野有死麕》："无使～也吠。"❷杂色。《左传·闵公二年》："衣之～服，远其躬也。"李贺《荣华乐》诗："径穿複道远椒房，～裘金玦杂花光。"❸杂乱。柳宗元《与吕道州论〈非国语〉书》："尝读《国语》，病其文胜而言～。"刘学箕《水调歌头·饮垂虹》词："便拟轻舟短棹，明月清风长共，与世绝纷～。"

2. méng ❹见"尨茸"。

3. páng ❺通"庞"。高大。柳宗元《三戒·黔之驴》："虎见之，～然大物也，以为神。"

【尨茸】 méngróng 蓬松的样子。《左传·僖公五年》："狐裘～～，一国三公，吾谁适从？"

盲 1. máng ❶瞎。《韩非子·解老》："目不能决黑白之色则谓之～。"《论衡·福虚》："一年，其父无故而～。"㉠瞎子。顾炎武《与友人论学书》："比往来南北，颇承友朋推一日之长，问道于～。"❷昏暗不明。

《荀子·赋》："列星殒坠，旦暮晦～。"❸疾速。《礼记·月令》："孟秋之月，……～风至。"

2. wàng ❹通"望"。看。《周礼·天官·内饔》："豕～眡而交睫，腥。"

蝱 máng ❶同"虻"。虫名。《庄子·天下》："由天地之道观惠施之能，其犹一蚉一～劳者也。"❷通"盲"。疾速。刘昼《刘子·托付》："鷦鷯巢苇之茎，……然～风歘至，则苇折卵破者何也？所托轻弱使之然也。"（歘：忽然。）

厖（庬） máng ❶大。司马相如《封禅文》："湛恩～鸿，易丰也。"韩愈《元和圣德诗》："天锡皇帝，～臣硕辅。"❷厚重，敦厚。《楚辞·九章·惜往日》："心纯～而不泄兮，遭谗人而嫉之。"杨绾《条奏贡举疏》："从政者皆知廉耻，浮竞自止，敦～自劝。"❸杂乱，混乱。刘禹锡《唐故尚书礼部员外郎柳君集纪》："夫政～而土裂，三光五岳之气分，大音不完，故必混一而后大振。"皮日休《忆洞庭观步十韵》："仙犬声音古，遗民意绪～。"❹通"尨"。长毛狗，泛指狗。殷文圭《玉仙道中》诗："信马冷吟迷路处，隔溪烟雨吠村～。"❺通"庞"。脸盘儿。李直夫《虎头牌》二折："则我那银盆也似～儿腻粉细。"❻姓。

茫 máng ❶广大无边。《汉书·扬雄传上》："鸿濛沆～。"❷渺茫，模糊不清。《庄子·天下》："～乎昧乎，未之尽者。"李白《嘲鲁儒》诗："问以经济策，～如坠烟雾。"

【茫茫】 mángmáng ❶广远的样子。《乐府诗集·杂歌谣辞·敕勒歌》："天苍苍，野～～，风吹草低见牛羊。"阮籍《咏怀》诗之十二："绿水扬洪波，旷野莽～～。"也作"芒芒"。《汉书·礼乐志》："羽旄殷盛，芬哉～～。"左思《魏都赋》："～～终古。"❷模糊不清，昏昧不明。韩愈《祭十二郎文》："吾年未四十，而视～～，而发苍苍，而齿牙动摇。"苏轼《江城子·乙卯正月二十日夜记梦》词："十年生死两～～。不思量，自难忘。"也作"芒芒"。陆机《叹逝赋》："咨余今之方殆，何视天之～～！"❸失意的样子。《楚辞·哀时命》："怊～～而无归兮，怅远望此旷野。"❹盛多的样子。《淮南子·俶真训》："～～沈沈，是谓大治。"也作"芒芒"。束皙《补亡诗》："～～其稼，参参其穑。"

【茫然】 mángrán ❶广远、辽阔的样子。苏轼《前赤壁赋》："纵一苇之所如，凌万顷之～～。"也作"芒然"。《战国策·魏策四》："秦王曰：'丈人～～乃远至此，甚苦矣。'"❷模糊不清，渺茫。李白《蜀道难》诗："蚕丛及鱼凫，开国何～～。"（蚕丛、鱼凫：都是人名。）也作"芒然"。《庄子·盗跖》："目～～无见。"❸失意的样子。《列子·仲尼》："子贡～～自失。"杜甫《送韦书记赴安西》诗："欲浮江海去，此别意～～。"也作"芒然"。《庄子·说剑》："文王～～自失。"司马相如《上林赋》："天子～～而思。"

【茫洋】 mángyáng 浩瀚，漫无边际。韩愈《杂说一》："然龙乘是气，～～穷乎玄间，薄日月，伏光景。"（玄间：指宇宙。薄：迫近。景：日光。）也作"芒洋"。严遵《道德指归论·圣人无常心篇》："民忘心意，～～浮游。"

哤 máng （语言）杂乱。《管子·小匡》："士农工商四民者，国之石民也，不可使杂处，杂处则其言～，其事乱。"（石民：基本人民。）马融《长笛赋》："经涉其左右，～聒其前后者，无昼夜而息焉。"

铓（鋩） máng 刀尖，锋刃。柳宗元《与浩初上人同看山寄京华亲故》诗："海畔尖山似剑～，秋来处处割愁肠。"刘禹锡《天论上》："斩材窾坚，液矿硎～。"（窾：抠挖。硎：磨。）

蝱 máng ❶同"虻"。虫名。《汉书·中山靖王刘胜传》："明月耀夜，蚊～宵见。"周密《齐东野语》卷五："沿途茂林长草，白骨相望，～蝇扑面。"❷药草名，即贝母。《诗经·鄘风·载驰》："陟彼阿丘，言采其～。"

壾 mǎng 见"壾塘"。

【壾塘】 mǎngdàng 山的样子。《广韵·荡韵》："～～，山貌。"

莽 mǎng ❶草。《吕氏春秋·精通》："若草～之有华实也，若树木之有根心也。"《方言》卷三："草，南楚江湘之间谓之～。"㉑草丛，草木丛生处。《周易·同人》："伏戎于～。"陆机《赴洛道中》诗："振策陟崇丘，安辔遵平～。"❷广阔，旷远。《后汉书·马融传》："骋望千里，天与地～。"谭嗣同《出潼关渡河》诗："平原～千里，到此忽嵯峨。"❸莽撞，粗鲁。王禹偁《观邻家园中种黍示嘉祐》诗："播种甚～卤，苗稼安能起。"《红楼梦》六回："等着奶奶下来，我细细儿的回明了，想来奶奶也不至嗔着我～撞的。"❹竹名。《尔雅·释草》："～，数节。"郝懿行义疏："～竹节短，盖如今马鞭竹。"❺姓。汉代有莽何罗。

【莽苍】 mǎngcāng ❶迷茫的样子。《论衡·变动》："况天去人高远，其气～～无端末乎？"陆游《哀郢》诗："章华歌舞终萧瑟，云梦风烟旧～～。"（章华：台名。）❷指郊野,近郊。《庄子·逍遥遊》:"适～～者,三飡而反,腹犹果然。"

【莽浪】　mǎnglàng　荒诞,虚浮。柳宗元《非国语·神降于莘》:"天子以是问,卿以是言,则固已陋矣,而其甚者乃妄取时日～～无状而寓之丹朱。"(丹朱:人名。)

【莽莽】　mǎngmǎng　❶草木茂密的样子。《楚辞·九章·怀沙》:"滔滔孟夏兮,草木～～。"❷广阔,旷远。杜甫《秦州杂诗》之七:"～～万重山,孤城山谷间。"

漭　mǎng　见"漭漭"、"漭瀁"。

【漭漭】　mǎngmǎng　水广阔无边的样子。宋玉《高唐赋》:"涉～～,驰苹苹。"(苹苹:草丛生的样子。)

【漭瀁】　mǎngyàng　水广阔无边的样子。《后汉书·明帝纪》:"汴流东侵,日月益甚,水门故处,皆在河中,～～广溢,莫测圻岸。"

蟒　1. mǎng　❶蟒蛇,大蛇。《尔雅·释鱼》:"～,王蛇。"张华《博物志》卷十:"～开口广丈馀。"

2. měng　❷同"蜢"。蝗虫,蚱蜢。《方言》卷十一:"～,……南楚之外谓之蟅蟒。"

mao

猫[1](**貓**)　māo　家畜名。《新唐书·五行志一》:"洛州～鼠同处。"

猫[2]　māo　通"锚"。固定船只的用具。周密《癸辛杂识·海蛆》:"铁～大者重数百斤,尝有舟遇风下钉,而风怒甚,铁～四爪皆折。"

毛　máo　❶动植物皮上所生的丝状物。《孟子·尽心上》:"杨子取为我,拔一～而利天下,不为也。"《韩非子·五蠹》:"禹之王天下也,身执耒臿以为民先,股无胈,胫不生～。"❷须发。《国语·楚语上》:"且夫制邑若体性焉,有首领股肱,至于手拇～脉。"庾信《哀江南赋序》:"信年始二～,即逢丧乱。"贺知章《回乡偶书》诗:"少小离家老大回,乡音未改鬓～衰。"㉑分辨毛色。《周礼·夏官·校人》:"～马而颁之。"❸植物,草木。《左传·隐公三年》:"涧溪沼沚之～,蘋蘩薀藻之菜。"《后汉书·杨终传》:"何况去中土之肥饶,寄不～之荒极乎?"㉑可食的植物,谷物。《左传·昭公七年》:"食土之～,谁非君臣?"诸葛亮《出师表》:"故五月渡泸,深入不～。"❹琐细,轻微。《汉书·梁怀王传》:"宫殿之里,～氂过失,亡不暴陈。"(氂:通"厘"。)陈亮《论励臣之道》:"而群臣邈焉不知所急,～举细事以乱大谋。"❺粗率,粗略。《子华子·北宫子仕》:"～举其目,尚不胜为数也。"❻无,没有。《后汉书·冯衍传上》:"饥者～食,寒者裸跣。"❼古国名,在今河南宜阳县境。《左传·僖公二十四年》:"鲁、卫、～、聃,……文之昭也。"(昭:指子孙。)❽姓。

矛　máo　❶兵器名。在长柄上装有金属尖头,用以刺杀。《韩非子·难一》:"夫不可陷之楯,与无不陷之～,不可同世而立。"《史记·礼书》:"古者之兵,戈～弓矢而已。"❷星名。《史记·天官书》:"杓端有两星,一内为～,招摇;一外为盾,天锋。"

茅　máo　❶草名,即茅草。《战国策·赵策四》:"昔者尧见舜于草～之中。"《后汉书·王霸传》:"隐居守志,～屋蓬户。"❷古国名。在今山东金乡县西北。《左传·襄公十二年》:"为邢、凡、蒋、～、胙、祭,临于周公之庙。"❸姓。

【茅茨】　máocí　茅草屋顶。《韩非子·说林上》:"玉杯象箸必不盛菽藿,则必旄象豹胎;旄象豹胎,必不衣短褐而舍～～之下。"《史记·秦始皇本纪》:"尧舜采椽不刮,～～不翦。"

【茅塞】　máosè　被茅草堵塞,比喻思路闭塞。《孟子·尽心下》:"山径之蹊间,介然用之而成路,为间不用,则～～之矣。"(为间:暂时。)焦循《与孙渊如观察论考据著作书》:"循读新刻大作《问字堂集》,精言卓识,～～顿开。"

【茅土】　máotǔ　皇帝的社稷坛备有五色土,分封诸侯时,按封国所在方位,用茅草包取相应的一种颜色的泥土,供受封者在封国内建立社庙之用。后遂用"茅土"指封地,封王封侯。《三国志·魏书·文帝纪》:"后族之家不得当辅政之任,又不得横受～～之爵。"杜甫《投哥舒开府翰三十韵》:"～～加名数,山河誓始终。"

毪(**軞**)　máo　诸侯所乘的戎车。《诗经·魏风·汾沮洳》"殊异乎公路"郑笺:"公路,主君之～车,庶子为之,晋赵盾为～车之族,是也。"

牦(**犛**)　máo　牛名,即牦牛。《国语·楚语上》:"巴浦之犀、～、兕、象,其可尽乎?"

旄　1. máo　❶牦牛尾,常用作旗杆等物的装饰。《汉书·礼乐志》:"金支秀华,庶～翠旌。"岑参《轮台歌》:"上将拥～西出征,平明吹笛大军行。"❷牦牛。《韩非子·说林上》:"玉杯象箸,必不盛菽藿,则必～象豹胎;～象豹胎,必不衣短褐而舍茅茨之下。"❸旗帜,仪仗。《孟子·梁惠王下》:

"今王田猎于此，百姓闻王车马之音，见羽～之美，举欣欣然有喜色而相告。"《战国策·楚策一》："王抽旃～而抑兕首，仰天而笑。"

2. mào ❹通"耄"。年老。《孟子·梁惠王下》："王速出令，反其～倪，止其重器。"(倪：小儿。)《史记·春申君列传》："后制于李园，～矣。"(李园：人名。)❺通"眊"。昏迷不明。《战国策·楚策一》："水浆无入口，瘨而殚闷，～不知人。"(瘨：晕倒。)

酕 máo 见"酕醄"。

【酕醄】 máotáo 大醉的样子。李商隐《道士胡君新井碣铭》："～～过市，酩酊经坊。"晁补之《即事一首次韵祝朝奉十一丈》："有时醉～～，大笑翻盏斝。"

锚(錨) máo 固定船只的用具，多为铁制，四钩形。《警世通言·俞伯牙摔琴谢知音》："水底抛～，崖边钉橛。"

髦 máo ❶毛，毛中长毫。《仪礼·既夕礼》："马不齐～。"《山海经·南山经》："有兽焉，其状如狸而有～。"❷古代未成年男子齐眉的头发。《诗经·鄘风·柏舟》："髧彼两～，实维我仪。"(髧：头发下垂的样子。仪：配偶。)❸俊杰。《后汉书·边让传》："举英奇于仄陋，拔～秀于蓬莱。"(仄陋：出身卑微。)《三国志·蜀书·郤正传》："方今朝士山积，～俊成群。"❹草名，即天门冬。《尔雅·释草》："～，颠蕀。"❺虫名，即螳螂。《方言》卷十一："螳螂谓之～。"❻通"旄"。旗帜。张协《七命》："建云～。"❼通"牦"。牦牛。《史记·西南夷列传》："巴蜀民或窃出商贾，取其……～牛，以此巴蜀殷富。"❽通"髳"。民族名。《诗经·小雅·角弓》："如蛮如～，我是用忧。"

【髦硕】 máoshuò 英俊人才。李商隐《为尚书渤海公举人自代状》："必资～～，方备次选。"

旄 1. máo(又读 lí) ❶牦牛尾。《说文·犛部》："～，犛牛尾也。"㊀兽尾。《淮南子·说山训》："执而不释，马～截玉。"❷长毛，卷毛。《汉书·王莽传中》："好厚履高冠，以～装衣。"《后汉书·岑彭传》："狗吠不惊，足下生～。"❸毡，毛织物。《尔雅·释言》："～，罽也。"(罽：毛织物。)❹通"犛"。牦牛。《汉书·郊祀志上》："杀一～牛，以为俎豆牢具。"

2. lí ❺通"厘"。长度单位。《礼记·经解》："差若豪～，缪以千里。"(豪：通"毫"。)

髳 1. máo ❶我国古代西南民族名。《尚书·牧誓》："及庸、蜀、羌、～、微、卢、彭、濮人。"

2. méng ❷草木繁茂的样子。《尔雅·释诂下》："～，茀离也。"(茀离：茂密。)

蝥 máo ❶虫名，即斑蝥。《说文·虫部》："～，盤～也。"(盤蝥：同"斑蝥"。)❷同"蟊"。吃稻根的害虫。

【蝥贼】 máozéi 见"蟊贼"。

蟊 máo 见"蟊贼"。

【蟊贼】 máozéi ❶吃稻根稻节的害虫。《诗经·小雅·大田》："去其螟螣，及其～～。"(螣：吃稻叶的害虫。)❷危害社会的坏人。《后汉书·岑彭传》："我有～～，岑君遏之。"李白《酬裴侍御对雨感时见赠》诗："～～陷忠谠。"(谠：正直。)也作"蝥贼"。《后汉书·冯衍传上》："攘其～～，安其疆宇。"韩云卿《平蛮颂》："恃远怙险，为人～～。"

卯 mǎo ❶地支的第四位。1)用以代表东方。《尔雅·释天》："太岁……在～曰单阏。"韩愈《毛颖传》："其先明眎，佐禹治东方土，养万物有功，因封于～地。"2)用以纪年、月(二月)、日、时(卯时指早晨五点至七点)。《论衡·讥日》："子日沐，令人爱之；～日沐，令人头白。"《晋书·乐志》："二月之辰名为～。"毕自严《蠲钱粮疏》："大都民间止有此物力，寅支～粮，则～年之逋，势也。"白居易《卯饮》诗："～饮一盃眠一觉，世间何事不悠悠。"苏轼《答张文潜书》："偶饮～酒醉，来人求书，不能复覼缕。"(覼缕：委曲。)3)代表兔。《论衡·物势》："～，兔也。"陶谷《清异录·馔羞》："～羹，纯兔。"❷指旧时官衙卯时的点名、报到。《水浒传》一〇一回："一日，王庆五更入衙画～。"戚继光《练兵实纪·凡例》："寻常比较武艺，点～不到，小有过失，……即以条约为赏罚。"❸古代铸造钱币的日期。《清文献通考·钱币考一》："唐宋铸钱之所皆称为监，……其开铸之期曰～。"㊀每期铸钱的数额。《清会典事例·户部·钱法》："京局每年额铸钱三十～(以万二千八百八十串为一卯)。遇闰加铸三～。"❹卯眼，榫眼。李诫《营造法式·总例》："诸称广厚者谓熟材，称长者皆别计出～。"翟灏《通俗编·居处》："程子语录：榫，～员则员；榫，～方则方。"(员：通"圆"。)❺通"昴"。星名。班固《白虎通·礼乐》："上应～星，以通王道。"❻姓。周代有卯疏。

【卯酉】 mǎoyǒu 指对立，矛盾。无名氏

《陈州粜米》二折："我偏和那有势力的官人每～～，谢大人向朝中保奏。"（每：们。）

泖 mǎo ❶湖池。倪瓒《正月廿六日漫题》诗："～云汀树晚离离，饮罢人归野渡迟。"❷湖名，又名三泖，在今上海松江，今已淤。何薳《春渚纪闻》卷一："今观所谓三～，皆漫水巨浸。"

茆 1. mǎo ❶草名，即莼菜。《诗经·鲁颂·泮水》："思乐泮水，薄采其～。"（思：助词。泮水：学宫前水池。薄：急忙。）

2. máo ❷通"茅"。茅草。司空图《二十四诗品·典雅》："玉壶买春，赏雨～屋。"❸姓。明代有茆志道。

昴 mǎo 星名，二十八宿之一。邹阳《狱中上梁王书》："卫先生为秦画长平之事，太白食～，昭王疑之。"

铆 mǎo 见 liǔ。

芼 1. mào ❶择取。《诗经·周南·关雎》："参差荇菜，左右～之。"㉛调配。陆游《青阳夫人墓志铭》："太安人膳服，非其手调～缝纫，不以进。"（安人：封建时代对妇女封赠的称号。）❷蔬菜。见"芼羹"。

2. máo ❸可供食用的水草，野菜。《晏子春秋·外篇·重而异者》："今岁凶饥，蒿种～敛不半。"柳宗元《游南亭夜还叙志七十韵》："野蔬盈顷筐，颇杂池沼～。"

【芼羹】 màogēng 菜肉羹。《礼记·内则》："～～、菽、麦……唯所欲。"陆游《成都书事》诗："～～笋似稽山美，斫脍鱼如笠泽肥。"

纸（紙） mào 绢帛上的毛疵。《广韵·号韵》："～，刺也。绢帛～起如刺也。"

茂 mào ❶草木繁盛，茂盛。《孟子·滕文公上》："草木畅～，禽兽繁殖。"《韩非子·解老》："冬日之闭冻也不固，则春夏之长草木也不～。"❷盛多，丰隆。《论衡·本性》："酆文～记，繁如荣华；诙谐剧谈，甘如饴蜜，未必得实。"（酆：通"丰"。）《汉书·宣帝纪》："功德～盛，不能尽宣。"❸优异，优秀。《汉书·朱邑传》："明主游心太古，广延～士，此诚忠臣竭思之时也。"《后汉书·荀淑传》："荀有～异，咸在载籍。"❹美好，完美。《战国策·东周策》："公独修虚为～行。"《史记·外戚世家序》："自古受命帝王及继体守文之君，非独内德～也，盖亦有外戚之助焉。"（守文：遵守先帝成法。）❺通"懋"。勉力，勉励。《汉书·董仲舒传》："《书》云：'～哉～哉！'"❻姓。明代有茂彪。

【茂才】 màocái ❶即秀才，汉代推举人才的科目之一。明清时代科举考中的秀才有时也沿用此名。《汉书·武帝纪》："其令州察吏民有～～异等可为将相及使绝国者。"《后汉书·雷义传》："义归，举～～。"也作"茂材"。《汉书·元帝纪》："其令内郡国举～～异等贤良直言之士各一人。"❷优秀人才。《三国志·魏书·文帝纪》："今岂有贤智之士处于下位乎……其博举天下俊德～～、独行君子。"也作"茂材"。《史记·吴王濞列传》："岁时存问～～，赏赐闾里。"

【茂材】 màocái 见"茂才"。

【茂年】 màonián 壮年。沈约《奏弹秘书郎萧遥昌文》："盛戚～～，升华秘馆。"

【茂迁】 màoqiān 贩卖。见"贸迁①"。

【茂庸】 màoyōng 丰功伟绩。庸，功。王俭《褚渊碑文》："帝嘉～～，重申前册。"也作"懋庸"。《隋书·李安传》："朕每念诚节，嘉之无已。～～册赏，宜不逾时。"

【茂豫】 màoyù ❶盛美而泽润。《汉书·礼乐志》："桐生～～，靡有所诎。"❷昌盛安乐。庾信《周柱国大将军长孙俭神道碑》："于是户口日增，荒莱毕垦，华实纷敷，黔黎～～。"

冒 1. mào ❶"帽"的古字，帽子。《汉书·隽不疑传》："有一男子，……著黄～。"《新唐书·车服志》："白纱～者，视朝、听讼、宴见宾客之服也。"❷盛尸体的布袋。《礼记·王制》："唯绞、紟、衾、～，死而后制。"又《杂记下》："～者何也？所以揜形也。"（揜：掩蔽。）❸覆盖，蒙蔽。《论衡·书虚》："后高渐丽复以击筑见秦王，秦王说之，知燕太子之客，乃～其眼，使之击筑。"《后汉书·舆服志下》："上古穴居而野处，衣毛而～皮，未有制度。"㉛淹没，漫溢。《汉书·王商传》："自古无道之国，水犹不～城郭。"苏轼《晁错论》："昔禹之治水，方其功之未成也，盖亦有溃～冲突可畏之患。"❹统括，总领。曾巩《申中书乞不看详会要状》："今通修五朝大典，属巩专领，已是一人而～众材之任。"（属：托付。）❺冒犯，冲犯。《战国策·楚策三》："麋知猎者张罔，前而驱己也，因还走而～人。"（罔：通"网"。）《后汉书·胡广传》："敢以瞽言，～干天禁，惟陛下纳焉。"❻冒失，莽撞。《后汉书·马援传》："～陈悲愤，战慄阙庭。"王安石《上仁宗皇帝言事书》："臣愚不肖，……～言天下之事。"❼假冒，假充。《史记·卫将军骠骑列传》："[卫]青同母兄卫长子，而姊卫子夫自平阳公主家得幸天子，故～姓为卫氏。"《后汉书·张衡传》："彼无合其何伤兮，患众伪之～真。"❽往外透，向上升。朱有燉《义勇辞金》三折："忽突血～，番滚滚成壕。"❾贪婪；贪污。

《史记·五帝本纪》："缙云氏有不才子，贪于饮食，～于货贿，天下谓之饕餮。"《汉书·翟方进传》："～浊苟容，不顾耻辱。"❿通"媢"。嫉妒。《吕氏春秋·明理》："知交相倒，夫妻相～。"⓫通"瑁"。天子所执的玉板。《周礼·考工记·玉人》："天子执～，四寸，以朝诸侯。"⓬通"芼"。菜蔬。枚乘《七发》："肥狗之和，～以山肤。"（山肤：植物名。）⓭通"瞀"。气郁，昏厥。《素问·玉机真藏论》："忽忽眩～而颠疾。"《聊斋志异·青蛙神》："至夜，母子俱病，郁～不食。"⓮姓。元代有冒致中。

2. mò　⓯见"冒顿"。

【冒疾】　màojí　嫉妒。《吕氏春秋·怀宠》："若此而犹有忧恨、～～、遂过、不听者，虽行武焉亦可矣。"（遂过：坚持错误。）

【冒昧】　màomèi　❶冒犯。多用于自谦。《后汉书·李云传》："故敢触龙鳞，～～以请。"❷莽撞，轻率。苏轼《私试策问七首》："方今法令明具，政若画一，然犹有～～以侥幸，巧诋以出入者。"

【冒没】　màomò　❶轻率，莽撞。《国语·周语中》："夫戎翟，～～轻儳，贪而不让。"（儳：不整齐。）❷贪图。《新唐书·韩思彦传》："帝让中书令李义府曰：'八品官能言得失，而卿～～富贵，主何事邪？'"

【冒突】　màotū　❶触犯，冲犯。《三国志·魏书·齐王芳传》："[刘]整、[郑]像召募通使，越蹈重围，～～白刃，轻身守信，不幸见获。"❷船名。《后汉书·岑彭传》："于是装直进楼船、～～、露桡数千艘。"

【冒颜】　màoyán　掩面，表示自愧。曹植《上责躬诗表》："辞旨浅末，不足采览；贵露下情，～～以闻。"

【冒顿】　mòdú　秦末汉初匈奴单于名。《史记·匈奴列传》："单于有太子名～～。"

眊　mào　❶视力暗弱，眼睛昏花。《论衡·本性》："人生目辄～瞭，～瞭禀之于天，不同气也。"《宋史·毕士安传》："年耆目～，读书不辍。"❷昏昧不明，昏乱。《汉书·刑法志》："周道既衰，穆王～荒。"又《董仲舒传》："先王之道，必有偏而不起之处，故政有～而不行，举其偏者以补其弊而已矣。"❸通"耄"。年老。《汉书·武帝纪》："哀夫老～孤寡鳏独，或匮于衣食，甚怜愍焉。"又《彭宣传》："臣资性浅薄，年齿老～。"

【眊矂】　màosào　失意，烦恼。刘克庄《代举人主司问答》诗："遂令～～举子，不满冬烘主司。"

贸（貿）　mào　❶交换，买或卖。《吕氏春秋·上农》："男女～功以长生，此圣人之制也。"《论衡·量知》："抱布～丝，交易有亡，各得所愿。"（亡：通"无"。）《后汉书·第五伦传》："受俸裁留一月粮，馀皆贱～与民之贫羸者。"（裁：通"才"。）❷变更，变易。《汉书·董仲舒传》："廉耻～乱，贤不肖浑淆。"萧统《答晋安王书》："炎凉始～，触兴自高。"❸混淆，混杂。裴骃《史记集解序》："是非相～，真伪舛杂。"❹通"牟"。谋取。《盐铁论·本议》："是以县官不失实，商贾无所～利。"

【贸贸】　màomào　眼睛昏花的样子。《礼记·檀弓下》："有饿者，蒙袂辑屦，～～然来。"

【贸迁】　màoqiān　❶买卖，贩卖。《晋书·食货志》："～～有无，各得其所。"刘知幾《史通·叙事》："亦犹售铁钱者，以两当一，方成～～之价也。"也作"茂迁"。《汉书·叙传下》："商以足用，～～有无。"也作"懋迁"。《尚书·益稷》："～～有无化居。"（化：通"货"。居：囤积。）❷变更，改换。任昉《为卞彬谢修卞忠贞墓启》："而年世～～，孤裔沦塞。"刘知幾《史通·因习》："夫事有～～，而言无变革，此所谓胶柱而鼓瑟、刻船以求剑也。"

【贸首】　màoshǒu　欲互取对方之首，指不共戴天之仇。《战国策·楚策二》："甘茂与樗里疾，～～之雠也。"

【贸易】　màoyì　❶买卖，交换。《论衡·量知》："抱布贸丝，交易有亡，各得所愿。儒生抱道贸禄，文吏无所抱，何用～～？"唐高祖《定户令》："比年寇盗，郡县饥荒，百姓流亡，十不存一，～～妻子，奔波道路。"❷变易，更换。《论衡·知实》："圣贤知不踰，故用思相出入；遭事无神怪，故名号相～～。……圣贤相出入，故其名称相～～也。"《汉书·李寻传》："灾变数降，日月失度，星辰错谬，高下～～。"《后汉书·虞诩传》："明日悉陈其兵众，令从东郭门出，北郭门入，～～衣服，回转数周。"

耄　mào　❶高龄，八九十岁。《礼记·曲礼上》："八十九十曰～。"㉛年老。《后汉书·杨震传》："～年被病，岂可赞惟新之朝？"（赞：辅助。）宋濂《送天台陈庭学序》："逮今圣主兴而宇内定，……而予齿益加～矣。"❷昏惑，昏乱。《国语·周语下》："王曰：'尔老～矣，何知！'"《楚辞·七谏》："心悼怵而～思。"柳宗元《敌戒》："纵欲不戒，匪愚伊～。"

【耄荒】　màohuāng　年老糊涂。《尚书·吕刑》："王享国百年，～～。"

【耄勤】　màoqín　老而勤劳。《诗经·大雅·行苇》"序宾以贤"郑玄笺："好学不倦，好礼不变，～～称道不乱者，不在此位也。"《陈书·高祖纪上》："精华既竭，～～已倦。"

耗 mào 见 hào。

袤 mào 纵长，南北向的距离。《史记·楚世家》："从某至某，广～六里。"张衡《西京赋》："于是量径轮，考广～。"㉛泛指各种方向的长度。《汉书·沟洫志》："引泾水，首起谷口，尾入栎阳，注渭中，～二百里。"又《扬雄传上》："武帝广开上林，……周～数百里。"（上林：苑囿名。）

帽 mào ❶冠，帽子。《后汉书·耿弇传》："走出门，脱～。"白居易《初冬早起寄梦得》诗："起戴乌纱～，行披白布裘。"❷形状或作用似帽的器物。《聊斋志异·口技》："折纸戢戢然，拔笔掷～丁丁然。"

娼 mào 嫉妒。《论衡·论死》："妒夫～妻，同室而处。"韩愈《曹成王碑》："法成令修，治出张施，声生势长，观察使噎～不能出气，诬以过犯。"

楙 mào ❶果木名，即木瓜。《尔雅·释木》："～，木瓜。"方以智《物理小识·人身类·缓筋法》："古云：书～缓筋，木瓜能治脚气。～，木瓜也。"❷同"茂"。茂盛。《后汉书·礼仪志中》："阴气萌作，恐物不～。"徐复祚《红梨记·得书》："鱼书未到空回首，喜昨夜灯花开～。"❸通"贸"。交易，买卖。《汉书·食货志上》："～迁有无，万国作乂。"（乂：安。）

楣 mào 门框上的横木。《说文·木部》："～，门枢之横梁。"

瑁 mào ❶天子接见诸侯时所拿的玉板。《尚书·顾命》："太保承介圭，上宗奉同～，由阼阶济。"文彦博《省试诸侯春入贡赋》："帝容执～以端拱，臣节奉璋而告猷。"❷见"玳瑁"。

毷 mào 见"毷氉"。

【毷氉】 màosào 烦恼，烦闷。王定保《唐摭言·述进士下》："不捷而醉饱，谓之'打～～'。"韦庄《买酒不得》诗："停尊待尔怪来迟，手挈空瓶～～归。"

额（額） mào ❶同"貌"。相貌，形貌。《荀子·礼论》："略而不尽，～而不功，……故圹垄，其～象室屋也。"❷通"庙"。庙宇。《荀子·礼论》："疏房檖～越席床第几筵，所以养体也。"（檖：深邃。越席：细蒲草席。第：竹编床席。）

愁 mào 愚昧。见"怐愁"。

貌（皃） mào ❶相貌，容颜。《战国策·赵策三》："今吾视先生之玉～，非有求于平原君者。"《史记·越王句践世家》："伍员～忠而实忍人。"❷形貌，外表。《韩非子·解老》："礼为情～者也，文为质饰者也。……实厚者～薄，父子之礼是也。"《吕氏春秋·过理》："文王～受以告诸侯。"《史记·秦始皇本纪》："大臣鞅鞅，特以～从臣，其心实不服。"❸状态，样子。《孟子·梁惠王上》"吾不忍其觳觫"赵岐注："觳觫，牛当到死地处恐～。"❹礼貌，礼敬。《荀子·尧问》："故上士吾薄为之～，下士吾厚为之～。"《韩非子·解老》："所谓'处其厚不处其薄'者，行情实而去礼～也。"❺体现，表现。《韩非子·解老》："礼者，所以～情也。"❻描绘，摹写。杜甫《丹青引赠曹将军霸》诗："即今飘泊干戈际，屡～寻常行路人。"《新唐书·杨贵妃传》："命工～妃于别殿。"

【貌侵】 màoqǐn 形貌矮小丑陋。《史记·魏其武安侯列传》："武安者，～～，生甚贵。"也作"貌寝"。《三国志·魏书·王粲传》："[刘]表以粲～～体弱通侻，不甚重也。"（通侻：旷达不羁。）

【貌寝】 màoqǐn 见"貌侵"。

【貌言】 màoyán 谀辞，谄媚逢迎之辞。《史记·商君列传》："语有之矣：～～，华也；至言，实也；苦言，药也；甘言，疾也。"《南齐书·豫章文献王嶷传》："古来言愿陛下寿偕南山，或称万岁，此殆近～～，如臣所怀，实愿陛下极寿百年亦足矣。"

瞀 mào ❶目眩，眼睛昏花。《国语·吴语》："有眩～之疾者告。"韩愈《南山诗》："时天晦大雪，泪目苦蒙～。"❷心烦意乱，精神错乱。《楚辞·九章·抽思》："烦冤～容，实沛徂兮。"（容：通"傛"。不安。徂：往。）又《九辩》："慷慨绝兮不得，中～乱兮迷惑。"❸迷惑，惑乱。《后汉书·宦者传论》："然真邪并行，情貌相越，故能回惑昏幼，迷～视听。"（越：违反。）❹紊乱，混乱。《南史·陈后主张贵妃传》："贿赂公行，赏罚无常，纲纪～乱矣。"❺昏暗，暗昧。颜延之《北使洛》诗："阴风振凉野，飞雪～穷天。"❻愚昧。《荀子·儒效》："甚愚陋沟～，而冀人之以己为知也。"（沟瞀：愚昧无知。）❼披发。《淮南子·道应训》："于是乃去其～而载之木。"❽瞀芮，蚊虫。《庄子·至乐》："～芮生乎腐蠸。"（腐蠸：一种甲虫。）

【瞀瞀】 màomào ❶垂目不敢正视的样子。《荀子·非十二子》："缀缀然，～～然，是弟子之容也。"（缀缀然：不敢违离的样子。）❷昏昏沉沉。何逊《七召》："至乃喀喀死于道边，～～填于沟壑。"

懋 mào ❶勤勉，勉励。《国语·周语上》："先王之于民也，～正其德而厚其性，阜其财求而利其器用。"又《周语中》："叔父其

～昭明德,物将自至。”❷喜悦。张衡《东京赋》:“四灵～而允怀。”❸通“茂”。1)盛大。《晋书·王导传》:“高位以酬明德,厚爵以答～勋。”2)美好,完美。《后汉书·章帝纪论》:“乌呼～哉!”又《章帝纪赞》:“思服帝道,弘此长～。”(服:思念。)❹通“贸”。见“懋迁”。

【懋迁】 màoqiān 见“贸迁”。

【懋庸】 màoyōng 见“茂庸”。

mei

没 méi 见 mò。

枚 méi ❶树干。《诗经·周南·汝坟》:“遵彼汝坟,伐其条～。”(汝:水名。坟:通“濆”。水边。)❷马鞭。《左传·襄公十八年》:“以～数阖。”(阖:门扇。)❸古代行军时,士兵口衔的用具,形如筷,用以防止喧哗。《周礼·秋官·衔枚氏》:“军旅田役,令衔～。”欧阳修《秋声赋》:“又如赴敌之兵,衔～疾走。”❹钟面或城门面上突起如乳的装饰。《周礼·考工记·凫氏》:“钟带谓之篆,篆间谓之～。”《左传·襄公二十一年》:“还于门中,识其～数。”❺量词,个,件。《史记·田敬仲完世家》:“若寡人国小也,尚有径寸之珠照车前后各十二乘者十～。”《论衡·书虚》:“公子耻之,即使人多设罗,得鹯数十～。”❻姓。汉代有枚乘。

【枚举】 méijǔ 一一列举。《尚书·无逸》“其在祖甲,不义惟王”蔡沈传:“又下文周公言,自殷主中宗及高宗及祖甲及我周文王。‘及’云者,因其先后次第而～～之辞也。”

【枚枚】 méiméi 细密的样子。黄庭坚《赵令答诗约》诗:“风入园林寒漠漠,日移宫殿影～～。”

玫 méi 见“玫瑰”。

【玫瑰】 méiguī ❶美玉。《韩非子·外储说左上》:“楚人有卖其珠于郑者,……缀以珠玉,饰以～～。”司马相如《子虚赋》:“其石则赤玉～～。”❷花名。魏源《江南吟》之一:“春风～～夏杜鹃,午夏茉莉早秋莲。”

苺 méi “莓”的古字。见“莓①”。

某 méi 见 mǒu。

眉 méi ❶眉毛。《韩非子·观行》:“目失镜则无以正须～,身失道则无以知迷惑。”元稹《遣悲怀》诗之三:“唯将终夜长开眼,报答平生未展～。”❷上端或旁侧。《汉书·陈遵传》:“观瓶之居,居井之～;处高临深,动常近危。”又如“书眉”。❸题额,书写匾额。《穆天子传》卷三:“天子遂驱升于弇山,乃纪名迹于弇山之石,而树之槐,～曰:‘西王母之山’。”

【眉斧】 méifǔ 枚乘《七发》:“皓齿蛾眉,命曰伐性之斧。”后以“眉斧”指女色。苏轼《次韵钱穆父王仲至同赏田曹梅花》:“鬓霜未易扫,～～真自伐。”刘克庄《梅州杨守铁庵》诗:“身重岂容～～伐,时危犹要脊梁担。”

【眉睫】 méijié ❶眉毛和睫毛,指人的相貌、脸色。《庄子·庚桑楚》:“向吾见若～～之间,吾因以得汝矣。”《魏书·崔亮传》:“弟妹饥寒,岂可独饱? 自可观书于市,安能看人～～乎!”❷比喻迫近,切近。《韩非子·观行》:“离朱易百步而难～～,非百步近而～～远也,道不可也。”王安石《游土山示蔡天启》诗:“定林瞰土山,近乃在～～。”

【眉目】 méimù ❶眉毛和眼睛,也指容颜。《后汉书·马援传》:“为人明须发,～～如画。”《三国志·魏书·崔琰传》:“琰声姿高畅,～～疏朗。”❷楷模,榜样。刘禹锡《唐……赠司空奚公神道碑》:“转吏部员外郎,是曹在南宫为～～,在选士为司命。”

【眉寿】 méishòu 长寿。多用作祝颂语。《诗经·豳风·七月》:“为此春酒,以介～～。”(介:求。)《三国志·魏书·董卓传》注引《献帝起居注》:“孝灵皇帝不究高宗～～之祚,早弃臣子。”苏轼《次韵郑介夫》:“祝君～～似增川。”

【眉语】 méiyǔ 以眉目传情达意。李白《上元夫人》诗:“～～两自笑,忽然随风飘。”刘克庄《清平乐》词:“贪与萧郎～～,不知舞错《伊州》。”

莓 méi ❶也作“苺”。指某种颗粒状果实聚生在花托上的植物。如草莓等。《尔雅·释草》:“葥,山～。”❷苔藓,青苔。孙绰《游天台山赋》:“践～苔之滑石,搏壁立之翠屏。”杜牧《早雁》诗:“莫厌潇湘少人处,水多菰米岸～苔。”❸见“莓莓”。

【莓莓】 méiméi 草茂盛的样子。左思《魏都赋》:“兰渚～～。”

梅(楳、槑) méi ❶木名。梅树。王维《杂诗》之二:“来日绮窗前,寒～着花未?”黄庭坚《出礼部试院……戏答》诗之二:“舍人～坞无关锁,携酒俗人来未曾?”❷梅花。崔日用《奉和人日重宴大明宫恩赐彩缕人胜应制》:“曲池苔色冰前液,上苑～香雪里娇。”❸梅子。《尚书·说命下》:“若作和羹,尔惟盐～。”赵师秀《约客》诗:“黄～时节家家雨,青草池塘处处蛙。”❹节候名。周密《癸辛杂识·壬日扦种》：“芒种后壬日入～。”❺姓。

【梅梅】 méiméi 犹昧昧。昏暗不清的样子。《礼记·玉藻》：“视容瞿瞿～～。”

脢 méi ❶脊骨肉。《周易·咸》：“九五，咸其～，无悔。”❷见“脢胎”。

【脢胎】 méitāi 放荡。《晋书·王沈传》：“～～者以无检为弘旷。”

郿 méi ❶古地名，在今陕西眉县。《诗经·大雅·崧高》：“申伯信迈，王饯于～。”（信：果真。）❷春秋时鲁地，在今山东东平县西。《左传·庄公二十八年》：“筑～，非都也。”

湄 méi 岸边，水与草相接的地方。《诗经·秦风·蒹葭》：“所谓伊人，在水之～。”

堳 méi 见“堳埒”。

【堳埒】 méiliè 坛周围的矮墙。《周礼·地官·封人》“掌设王之社壝（wěi）”注：“壝，谓坛及～～也。”

嵋 méi 见“峨嵋”。

媒 1. méi ❶媒人，婚姻介绍人。《战国策·燕策一》：“且夫处女无～，老且不嫁；舍～而自衒，弊而不售。”关汉卿《玉镜台》三折：“到这里论甚使数，问甚官～？”❷媒介，中介。韩愈《咏雪赠张籍》：“助留风作党，劝坐火为～。”《旧唐书·张行成传》：“观古今用人，必因～介。”❸招致，谋取。顾炎武《天下郡国利病书·江南十一》：“掌其关市山泽之政令，厉禁而非专以～利也。”❹征验，征兆。《汉书·礼乐志》：“天马徕，龙之～。”❺见“媒蘖”。

2. mèi ❻通“昧”。见“媒媒”。

【媒戋】 méijiàn 诬陷。《梁书·刘孝绰传》：“但未渝丹石，永藏轮轨，相彼工言，构此～～。”

【媒蘖】 méiniè 酿成其罪，构陷他人。《汉书·李广传》：“今举事一不成，全躯保妻子之臣，随而～～其短。”一本作“媒糵”。司马迁《报任少卿书》作“媒孽”。

【媒糵】 méiniè 见“媒蘖”。

【媒孽】 méiniè 见“媒蘖”。

【媒妁】 méishuò 婚姻介绍人。媒，谋合二姓；妁，斟酌二姓。一说男方曰媒，女方曰妁。《孟子·滕文公下》：“不待父母之命，～～之言，钻穴隙相窥，踰墙相从，则父母国人皆贱之。”

【媒怨】 méiyuàn 招致怨恨。辛弃疾《美芹十论》：“必不敢倨视归正军民而～～。”《宋史·吕嘉问传》：“嘉问奉法不公，以是～～。”

【媒谮】 méizèn 诬陷。《新唐书·郭子仪传》：“鱼朝恩素疾其功，因是～～之。”

【媒媒】 mèimèi 昏惑愚昧的样子。《庄子·知北遊》：“～～晦晦，无心而不可与谋。”

煤 méi ❶烟熏所积的黑灰，烟尘。《吕氏春秋·任数》：“向者～炱入甑中，弃食不祥。”（炱：烟尘。）❷制墨的主要原料。沈括《梦溪笔谈·杂志一》：“试扫其～以为墨，黑光如漆。”㉁墨的代称。韩偓《横塘》诗：“蜀纸麝～添笔媚，越瓯犀液发茶香。”❸煤炭。宋应星《天工开物·煤炭》：“凡～炭，普天皆生，以供锻炼金石之用。”

禖 méi 主管嫁娶的媒神，也称“高禖”或“郊禖”。《吕氏春秋·仲春》：“是月也，玄鸟至，至之日，以太牢祀于高～。”柳宗元《天对》：“喾狄祷～，契形于胞。”（喾：帝喾。狄：简狄，人名。契：人名。）

楣 méi ❶房屋的横梁，即二梁。《仪礼·乡饮酒礼》：“当～北面答拜。”王勃《大观阁序》：“盘山越岭，接栋连～。”❷门楣，门框上的横木。陆游《夏雨叹》诗：“蜗舍入门～触额，黄泥壁作龟兆坼。”方孝孺《借竹轩记》：“草户之外有竹数挺，视其～间有‘借竹’字。”❸屋檐椽端的横板。袁宏道《十景园小集》诗：“苍藤蔽檐～，楚楚干云势。”

腜 méi ❶妇女开始怀孕的征兆。《说文·肉部》：“～，妇孕始兆也。”❷见“腜腜”。

【腜腜】 méiméi （土地）肥美的样子。左思《魏都赋》：“～～坰野。”

塺 méi 尘埃。《楚辞·九叹·惜贤》：“竢时风之清激兮，愈氛雾其如～。”

酶 méi 酒母。《集韵·灰韵》：“酒本曰梅，或作～。”

霉 méi 发霉。谢肇淛《五杂俎》卷一：“江南每岁三四月苦霪雨不止，百物～腐。”

墨 méi 见 mò。

麋 méi 见 mí。

黴 méi 见“黴黴”。

【黴黴】 méiméi 相随的样子。《楚辞·九思·怨上》：“鸳鸯兮噰噰，狐狸兮～～。”

黣 méi 晦黑，暗黑。《列子·黄帝》：“燋然肌色皯～，昏然五情爽惑。”

䆀 méi 穈子，无黏性的黍类作物。《吕氏春秋·本味》“阳山之穄”注：“穄，关西谓之～。”

黴 méi ❶同“霉”。发霉。《红楼梦》二十二回：“这早晚找出这～烂的二十两银子来做东。”❷(脸色)暗黑。《淮南子·修务训》：“昼吟宵哭，面若死灰，颜色～墨。”

每 1. měi ❶每一，逐一。《战国策·齐策三》：“夏侯章～言未尝不毁孟尝君也。”《史记·高祖本纪》：“高祖～酤留饮，酒雠数倍。”(雠：通“售”。)❷往往，常常。《后汉书·孝仁董皇后纪》：“后～欲参干政事，太后辄相禁塞。”嵇康《与山巨源绝交书》：“又～非汤武而薄周孔。”❸连词，虽然。《诗经·小雅·常棣》：“～有良朋，况也永叹。”❹当，将。《吕氏春秋·贵直》：“～斮者以吾参夫二子者乎！”(斮：斩。)❺贪，贪恋。贾谊《鹏鸟赋》：“夸者死权，品庶～生。”❻助词，1)们。关汉卿《谢天香》三折：“姐姐～肯教诲，怕不是好意？”《金瓶梅》二十七回：“这西门庆近来遇见天热，……看着小厮～打水浇花草。”2)么(me)。董解元《西厢记诸宫调》卷二：“这～取经后，不肯随三藏肩担着扫帚藤杖。”❼姓。汉代有每当时。

2. mèi ❽见“每每”。

【每每】 mèimèi ❶肥美、茂盛的样子。《左传·僖公二十八年》：“原田～～，舍其旧而新是谋。”❷昏昧的样子。《庄子·胠箧》：“故天下～～大乱，罪在于好知。”

【每况愈下】 měikuàngyùxià 情况越来越坏。胡仔《苕溪渔隐丛话后集·东坡一》：“[苏]子瞻自言平生不善唱曲，故间有不入腔处。非尽如此，后山乃比之教坊司雷大使舞，是何～～～～，盖其谬耳。”(后山：陈师道的号。况：比拟。)

美 měi ❶味美，甘美。《孟子·尽心下》：“脍炙与羊枣孰～？”《韩非子·外储说左上》：“如是，羹且～，钱布且易云也。”[引]美好，完善。《战国策·东周策》：“夫存危国，～名也。”韩愈《答吕毉山人书》：“以吾子始自山出，有朴茂之～意，恐未砻磨以世事。”❷美丽，漂亮。《汉书·高帝纪上》：“高祖为人隆准而龙颜，～须髯。”(准：鼻子。)《后汉书·光烈阴皇后传》：“初，光武适新野，闻后～，心悦之。”[引]美感。《孟子·告子上》：“目之于色也，有同～焉。”❸善，与“恶”相对。《国语·晋语一》：“彼将恶始而～终，以晚盖者也。”❹美好的人或事物。《韩非子·五蠹》：“夫以父母之爱，乡人之行，师长之智，三～加焉，而终不动。”王勃《滕王阁序》：“宾主尽东南之～。”❺赞美，以为美。《韩非子·五蠹》：“然则今有～尧、舜、汤、武、禹之道于当今之世者，必为新圣笑矣。”《后汉书·冯衍传下》：“～《关雎》之识微兮，愍王道之将崩。”

【美疢】 měichèn 表面亲善而实则祸害深重。《左传·襄公二十三年》：“季孙之爱我，疾疢也；季孙之恶我，药石也。～～不如恶石。夫石犹生我，疢之美，其毒滋多。”后多指姑息、顺从。元稹《高端婺州长史制》：“每思药石之臣，咸听肺肝之语，凡百多士，无以～～爱予。”

【美人】 měirén ❶漂亮女子。《战国策·楚策一》：“大王诚能听臣之愚计，则韩魏齐燕赵卫之妙音～～，必能充后宫矣。”又《韩策三》：“～～之贾贵，诸侯不能买，故秦买之三千金。”(贾：同“价”。)❷理想的人，所怀念的人。《楚辞·离骚》：“惟草木之零落兮，恐～～之迟暮。”苏轼《赤壁赋》：“望～～兮天一方。”❸妃姬，姬妾。《汉书·高帝纪上》：“汉王遂入彭城，收[项]羽～～货赂，置酒高会。”又《文帝纪》：“出孝惠皇帝后宫～～，令得嫁。”❹汉代以后妃嫔中一个等级的称号。《汉书·外戚传序》：“～～视二千石。”《三国志·魏书·后妃传序》：“太祖建国，始命王后，其下五等：有夫人，有昭仪，有倢伃，有容华，有～～。”

【美祥】 měixiáng 吉兆。《汉书·郊祀志下》：“陨石二，黑如黳，有司以为～～。”(黳：黑玉石。)

【美轮美奂】 měilúnměihuàn (屋宇)雄伟壮丽。《礼记·檀弓下》：“晋献文子成室，晋大夫发焉。张老曰：‘美哉轮焉，美哉奂焉。’”

浼(浼) měi ❶玷污，污染。《孟子·公孙丑上》：“推恶恶之心，思与乡人立，其冠不正，望望然去之，若将～焉。”(望望：怨恨的样子。)《淮南子·人间训》：“若痈疽之必溃也，所～者多矣。”❷央求，请托。《聊斋志异·考弊司》：“例应割髀肉，～君一缓颊耳。”❸见“浼浼”。

【浼渎】 měidú 玷污，亵渎。陆九渊《与王顺伯》：“然愚意窃有愿订正于左右者，不敢～～之罪。”

【浼浼】 měiměi 水满而平的样子。《诗经·邶风·新台》：“新台有洒，河水～～。”(洒：高峻的样子。)韦应物《拟古》诗之三：“峨峨高山巅，～～青川流。”

挴 měi 贪求。《楚辞·天问》：“穆王巧～。”

媺 měi 同“美”。美好，善。《周礼·地官·大司徒》：“一曰～宫室。”陈造《财昏》诗：“土俗未易挽，人情大不～。”

沬 1. mèi ❶地名，在今河南淇县。《诗经·鄘风·桑中》：“爰采唐矣，在～之乡。”(唐：棠树。)❷通“昧”。昏暗。《周易·丰》：“丰其沛，日中见～。”❸淡薄，暗淡。《楚辞·离骚》：“芳菲菲而难亏兮，芬至今犹未～。"

2. huì ❹洗脸。司马迁《报任少卿书》："然李陵一呼劳军，士无不起，躬自流涕，～血饮泣。"《汉书·淮南厉王刘长传》："～风雨。"

妹 mèi 妹妹。《左传·隐公三年》："卫庄公娶于齐东宫得臣之～。"（得臣：人名。）又《桓公三年》："姊～，则上卿送之。"

袜 mèi 同"魅"。鬼。《山海经·海内北经》："～，其为物，人身黑首从目。"（从：纵。）

袂 mèi 衣袖，袖子。《吕氏春秋·知接》："蒙衣～而绝乎寿宫。"《史记·苏秦列传》："临菑之涂，车毂击，人肩摩，连衽成帷，举～成幕。"（临菑：地名。涂：道路。）

韎（靺） mèi（又读 mò） ❶茜草，茜草染成的赤黄色。《左传·成公十六年》："有～韦之跗注。"（跗注：军服。）❷古乐名。《周礼·春官·韎师》："～师，掌教～乐，祭祀，则帅其属而舞之。"

昒 1. mèi ❶远视。《说文·目部》："～，目冥远视也。"

2. wù ❷见"昒穆"。

【昒穆】 wùmù 茫昧、微茫的样子。《说苑·指武》："鲁石公剑，迫则能应，感则能动，～～无穷，变无形象。"

昧 1. mèi ❶昏暗。《老子·四十一章》："明道若～，进道若退。"《汉书·中山靖王刘胜传》："尘埃播覆，～不见泰山。"（播：散布。）❷眼睛不明。《论衡·状留》："目不在面而在于足，救～不给，能何见乎？"刘禹锡《聚蚊谣》："喧腾鼓舞喜昏黑，～者不分聪者惑。"❸愚昧，无知。《尚书·仲虺之诰》："兼弱攻～，取乱侮亡。"《论衡·累害》："才非下，行非悖也，又知非昏，策非～也。"[引]不了解。李商隐《赠田叟》诗："鸥鸟忘机翻浃洽，交亲得路～平生。"苏舜钦《答马永书》："足下～于平昔，猥以长书见投。"❹掩藏，蒙蔽。曾巩《新序目录序》："皆明其所长而～其短，矜其所得而讳其失。"无名氏《合同文字》四折："也要想个人心天理终难～。"❺违背。李白《南奔书怀》诗："草草出近关，行行～前算。"《水浒传》四十四回："我想他回蓟州探母参师，期约百日便回，今经日久，不知信息，莫非～信不来。"❻贪图。《左传·襄公二十六年》："晋楚将平，诸侯将和，楚王是故～于一来。"《汉书·叙传上》："而苟～于权利，……则必丧保家之主。"❼冒犯，冒昧。《史记·三王世家》："大司马臣去病～死再拜上疏皇帝陛下。"王安石《本朝百年无事劄子》："故敢～冒而粗有所陈。"❽古乐名。《礼记·明堂位》："～，东夷之乐也。"班固《白虎通·礼乐》："北夷之乐曰～。"

2. wěn ❾割，割断。《管子·幼官》："刑则绍～断绝。"（绍：通"钊"。斩断。）《公羊传·襄公二十七年》："苟有履卫地，食卫粟者，～雉彼视。"（视：比照。）

【昧旦】 mèidàn 天将亮，黎明。《诗经·郑风·女曰鸡鸣》："女曰鸡鸣，士曰～～。"左思《吴都赋》："唱櫂转毂，～～永明。"

【昧瞀】 mèimào 糊涂，昏聩。权德舆《宾客相公进所赐马表》："疏愚～～，陨越无地。"

【昧昧】 mèimèi ❶昏暗的样子。《史记·屈原贾生列传》："进路北次兮，日～～其将暮。"崔融《嵩山启母庙碑》："其居处也，暧暧～～，阴闭阳开。"❷模糊，难分辨。《楚辞·九辩》："世雷同而炫曜兮，何毁誉之～～。"❸深思的样子。《尚书·秦誓》："～～我思之。"❹纯厚浑朴的样子。《淮南子·俶真训》："至伏羲氏，其道～～芒芒然。"

【昧爽】 mèishuǎng 天将明，黎明。《史记·孝武本纪》："十一月辛巳朔旦冬至，～～，天子始郊拜太一。"《三国志·魏书·陈登传》注引《先贤行状》："乃申令将士，宿整兵器，～～，开南门，引军诣贼营，步骑钞其后。"

【昧死】 mèisǐ 冒死，冒犯死罪。上书帝王的习用语。《战国策·秦策一》："臣～～望见大王，言所以……朝四邻诸侯之道。"《史记·秦始皇本纪》："臣等～～上尊号，王为'泰皇'。"

眛 mèi 眼睛不明亮，看不清。《左传·僖公二十四年》："耳不听五声之和为聋，目不别五色之章为～。"[引]愚昧，愚暗。《左传·僖公二十四年》："即聋从～，与顽用嚚，奸之大者也。"（嚚：奸诈。）

寐 mèi ❶睡着。《孟子·告子下》："吾闻之喜而不～。"《战国策·秦策四》："郢威王闻之，寝不～，食不饱。"❷鱼名。《山海经·东山经》："[诸钩之山]多～鱼。"

【寐语】 mèiyǔ 梦话。梅尧臣《和元之述梦见寄》："始知端正心，～～尚不诳。"

痗 mèi（又读 huì） 忧病，忧伤。《诗经·小雅·十月之交》："悠悠我里，亦孔之～。"（里：忧愁。孔：很。）韩维《舟中夜坐》诗："临叹意暂遣，念离心已～。"[引]病。刘禹锡《谒枉山会禅师》诗："安能咎往事，且欲去沉～。"

媚 mèi ❶巴结，讨好。《孟子·尽心下》："阉然～于世也者，是乡原也。"《史记·孝武本纪》："康后闻文成已死，而欲自～于上。"❷喜爱。《左传·宣公三年》："以兰有国香，人服～之如是。"谢灵运《登池上楼》

诗："潜虬～幽姿，飞鸿响远音。"（虬：无角龙。）❸美好。《论衡·逢遇》："或无补益，为上所好，……无细简之才，微薄之能，偶以形佳骨娴，皮～色称。"陆机《文赋》："石韫玉而山辉，水怀珠而川～。"❹通"魅"。鬼怪。《列子·力命》："鬼～不能欺。"

【媚奥】 mèi'ào 比喻阿附权贵。李心传《建炎以来系年要录》："心则～～，潜效偏私。"详"媚灶"。

【媚行】 mèixíng 慢走。《吕氏春秋·不屈》："人有新取妇者，妇至，宜安矜烟视～行。"（安矜：稳重。烟视：微视。）

【媚灶】 mèizào 谄媚灶神，比喻巴结权贵。《论语·八佾》："与其媚于奥，宁媚于灶。"（奥：房屋西南角的神。）韩愈《荐士》诗："行身践规矩，甘辱耻～～。"

【媚子】 mèizǐ ❶所爱的人。《诗经·秦风·驷驖》："公之～～，从公于狩。"❷亲爱的儿子。《潜夫论·忠贵》："父母常失，在不能已于～～。"❸首饰名。庾信《镜赋》："悬～～于搔头，拭钗梁于粉絮。"

魅（鬽） mèi ❶鬼怪，精怪。《韩非子·外储说左上》："鬼～，无形者，不罄于前，故易之也。"《论衡·订鬼》："三者皆鬼也，或谓之鬼，或谓之凶，或谓之～，或谓之魑。"❷通"媚"。谄媚，讨好。《孔丛子·陈士义》："然内怀容媚谄～，非大丈夫之节也。"

嚜 1. mèi ❶嚜尿。奸诈，狡猾。《方言》卷十："央亡、～尿、姡，狯也。江湘之间，或谓之无赖，或谓之㺒。凡小儿多诈而狯，谓央亡、或谓之～尿，或谓之姡。"

2. mò ❷同"默"。沉默，不说话。《战国策·齐策四》："左右～然莫对。"

【嚜嚜】 mòmò 默默无闻，不得志。《史记·屈原贾生列传》："于嗟～～兮，生之无故。"

men

门（門） mén ❶建筑物等的出入口。《韩非子·内储说上》："于是乃倚一车辕于北～之外而令之曰：'有能徙此南～之外者，赐之上田上宅。'"《后汉书·刘玄传》："昏时，烧～入，战于宫中。"❷形状或作用像门的东西。《周礼·天官·掌舍》："设车宫辕～。"《管子·心术上》："开其～。"尹知章注："～谓口也。"❸门路，途径。《老子·一章》："玄之又玄，众妙之～。"《汉书·公孙弘传》："朕嘉先圣之道，开广～路，宣招四方之士。"❹家族，门第。《史记·孟尝君列传》："将～必有将，相～必有相。"汤显祖《牡丹亭·惊梦》："则为俺生小婵娟，拣名～一例、一例里神仙眷。"❺门庭，家门。《韩非子·孤愤》："是以弊主上而趋于私～者，不显于官爵，必重于外权矣。"（弊：通"蔽"。蒙蔽。）又《扬权》："大臣之～，唯恐多人。"㉛宗派，派系。《论衡·祸虚》："曾子、子夏未离于俗，故孔子～叙行未在上第也。"贯休《春送禅师归闽中》诗："大化宗～辟，孤禅海树凉。"❻门类，类别。《旧唐书·杜佑传》："撰分～书三十五卷，号曰《政典》。"曾巩《类要序》："及得公所为《类要》上中下帙，总七十四篇，凡若干～，皆公所手抄。"❼攻门或守门。《左传·僖公二十八年》："～焉，多死。"又《文公十五年》："一人～于戾丘。"❽助词。1)们。王千秋《瑞鹤仙》词："看他～对插茱萸，恨长怨永。"2)么(me)。陈允衡《南歌子·咏茉莉》词："半钩新月浸牙床，犹记东华少年那～相。"❾姓。明代有门达。

【门地】 méndì 门第，家族的地位。《晋书·王述传》："人或谓之痴，司徒王导以～～辟为中兵属。"《宋史·赵安仁传》："幼少与宋元舆同学，元舆～～贵盛，待安仁甚厚。"

【门阀】 ménfá ❶家族的功绩和经历，指家世显贵的人家。《后汉书·宦者传论》："声容无晖于～～，肌肤莫传于来体。"《新唐书·郑仁表传》："（郑）仁表累擢起居郎，尝以～～文章自高。"❷宅第。陆长春《香饮楼宾谈》："缭垣高耸，～～肖然。"

【门风】 ménfēng ❶家风。《世说新语·赏誉》注引《中兴书》："[阮]孚风韵疏诞，少有～～。"❷流派的风气。《颜氏家训·风操》："又有臧逢世，臧严之子，笃学修行，不坠～～。"

【门户】 ménhù ❶房屋庭院等的出入处。《管子·八观》："～～不闭。"《孟子·尽心上》："昏暮叩人之～～求水火，无弗与者。"❷要道，必经之地。《后汉书·西域传》："自敦煌出玉门、阳关，……此其西域之～～。"《三国志·吴书·孙贲传》注引《江表传》："兄今据豫章，是扼[杨]僮芝咽喉而守其～～矣。"❸途径，根源。《淮南子·人间训》："是故智虑者祸福之～～也。"❹家庭，人家。《后汉书·盛道妻传》："君可速潜逃，建立～～。"《玉台新咏·陇西行》："健妇持～～，胜一大丈夫。"❺门第，家族的地位。《晋书·卫玠传》："昔戴叔鸾嫁女，唯贤是与，不问贵贱。况卫氏权贵～～，令望之人乎?"《南史·何点传》："点明目秀眉，容貌方雅，真素通美，不以～～自矜。"❻朋党，派别。《新唐书·韦云起传》："今朝廷多山东人，自作～～，附下罔上，为朋党。"❼妓院。薛近兖《绣襦记·生拆鸳鸯》："娘，虽则我～～人家，也要顾些仁义，惜些廉耻。”

【门客】 ménkè ❶食客，依附于贵族门庭的人。《南史·戴法兴传》：“法兴与太宰颜柳一体，往来～～恒有数百，内外士庶莫不畏服之。”（颜：颜师伯。柳：柳元景。）❷宋代对塾师的称呼。陆游《老学庵笔记》卷三：“秦会之有十客，曹冠以教其孙，为～～。”

【门楣】 ménméi ❶门框上的横木。白居易《和阳城驿》：“改为避贤驿，大署于～～。”❷门第，家族的地位。《资治通鉴·唐玄宗天宝五年》：“杨贵妃方有宠，……民间歌之曰：‘生男勿喜女勿悲，君今看女作～～。’”

【门墙】 ménqiáng ❶门和墙。韩愈《答李翊书》：“抑愈所谓望孔子之～～而不入于其宫者，焉足以知是且非邪？”唐彦谦《夏日访友》诗：“童子立～～，问我向何处。”❷师门。韩愈《与陈给事书》：“其后阁下位益尊，伺候于～～者日益进。”尹会一《上朱高安先生书》：“属在～～，职守系维，不获趋承函丈，中心耿耿，莫可名言。”（函丈：对老师的敬称。）

【门人】 ménrén ❶弟子，学生。《史记·礼书》：“自子夏，～～之高弟也。”《后汉书·冯衍传上》：“盖仲由使～～为臣，孔子讥其欺天。”❷食客，门客。《韩非子·内储说下》：“是以～～捐而夷射诛。”（夷射：人名。）《战国策·齐策三》：“见孟尝君～～公孙戍。”❸守门人。《穀梁传·襄公二十五年》：“吴子谒伐楚，至巢，入其门，～～射吴子。”

【门生】 ménshēng ❶汉代对再传弟子的称呼。《后汉书·贾逵传》：“皆拜逵所选弟子及～～为千乘王国郎，朝夕受业黄门署，学者皆欣欣羡慕焉。”欧阳修《集古录跋尾·后汉孔庙碑阴题名》：“亲授业者为弟子，转相传受者为～～。”后代泛指弟子。岳珂《桯史·天子门生》：“以此知卿不附权贵，真天子～～也。”❷科举时代贡举之士对主考官的自称。《旧五代史·裴皞传》：“三主礼闱年八十，～～门下见～～。”（礼闱：礼部考试进士的地方。）❸门下供使役的人。《宋书·徐湛之传》：“～～千馀人，皆三吴富人之子。”

【门徒】 méntú ❶守门官。《周礼·地官·司门》“监门养之”注：“监门，～～。”❷门生，弟子。《后汉书·钟皓传》：“避隐密山，以诗律教授，～～千馀人。”❸信徒。《册府元龟·帝王部·革弊一》：“百官多家以僧尼道士等为～～往还，妻子等无所避忌。”

【门望】 ménwàng 家族的声望。《魏书·韩显宗传》：“今之州郡贡举，徒有秀孝之名，而无秀孝之实，而朝廷但检其～～，不复弹坐。”（弹坐：检举治罪。）

【门下】 ménxià ❶门庭之下。《战国策·齐策四》：“为之驾，比～～之车客。”《史记·屈原贾生列传》：“吴廷尉为河南守，闻其秀才，召置～～，甚幸爱。”❷门客，食客。《史记·魏公子列传》：“平原君～～闻之，半去平原君，归公子。”❸门吏，守门人。《汉书·灌夫传》：“平明，令～～候司。”（司：通“伺”。侦察。）又《隽不疑传》：“盛服至门上谒，～～欲使解剑。”❹弟子，学生。《淮南子·道应训》：“公孙龙顾谓弟子曰：‘～～故有能呼者乎？’”❺官名。南朝齐时称侍中为门下，称黄门侍郎为小门下。详见《南齐书·百官志》。❻官署名。唐宋时门下省的简称。张淏《云谷杂记·门下》：“门下省掌管诏令。令诏之首必冠以‘～～’二字。”❼对长官的敬称。朱熹《与江东陈帅书》：“熹则窃为～～忧之，而未敢以为贺也。”

【门胄】 ménzhòu 世系，族系。《宋书·范晔传》：“晔素有闺庭论议，朝野所知，故～～虽华，而国家不与姻娶。”

【门祚】 ménzuò 家世。《新唐书·柳玭传》：“丧乱以来，～～衰落。”陈汝元《金莲记·捷报》：“二子壮岁题名，实徼福于祖宗，喜增光于～～。”

【门可罗雀】 ménkěluóquè 门前可以张网捕雀，形容门庭冷落。《史记·汲郑列传论》：“始翟公为廷尉，宾客阗门；及废，门外可设雀罗。”纪昀《阅微草堂笔记·滦阳续录》：“僮仆婢媪皆散，不半载，～～～～矣。”

扪（捫） mén ❶持，执。《诗经·大雅·抑》：“莫～朕舌，言不可逝矣。”《晋书·苻坚载记下》：“桓温入关，[王]猛被褐而诣之，一面谈世之事，～虱而言，旁若无人。”（被：通“披”。）❷摸。《后汉书·和熹邓皇后纪》：“后尝梦～天，荡荡正青。”苏轼《日喻》：“～烛而得其形。”

【扪舌】 ménshé 捏住舌头，表示不让说话。苏舜钦《检书》诗：“古也当贻言，在子可～～。”

【扪虱】 ménshī 捏虱子，形容旷放不羁。李商隐《咏怀寄秘阁旧僚》：“悔逐迁莺伴，谁观～～时。”（莺：同“莺”。）

【扪搎】 ménsūn 摸索。《聊斋志异·章阿端》：“忽有人以手探被，反复～～。”

汶 mén 见 wèn。

璊(璊) mén 赤色玉石。《诗经·王风·大车》:"大车哼哼,毳衣如～。"(毳:细毛。)厉鹗《东城杂记》卷上:"手执赤符如琼～。"

樠 mén 见 mán。

穈(虋) mén(又读 mí) 谷的一种,即赤色粱。《诗经·大雅·生民》:"诞降嘉种,……维～维芑。"(芑:白色粱。)沈括《梦溪笔谈·药议》:"秬、秠、～、芑,皆黍属,以色为别,丹黍谓之～。"

亹 mén 见 wěi。

们(們) 1. mèn ❶见"们浑"。

2. mén ❷助词。1)用在人称代词或指人的名词之后,表示复数。刘知幾《史通·杂说中》:"渠～、底箇,江左彼此之辞。"《儒林外史》十六回:"中上得闲,还溜到门首同邻居～下象棋。"2)么(me)。无名氏《刘弘嫁婢》一折:"着我出去,便出去了罢,受他这～闲气做甚么!"《西游记》三十三回:"这～年纪,也死得着了。"

【们浑】 mènhún 丰满,肥满。《方言》卷二"浑,盛也"郭璞注:"～～,肥满也。"

闷(悶) 1. mèn ❶烦闷,愤懑。《战国策·楚策一》:"水浆无入口,瘨而殚～,旄不知人。"(瘨:晕倒。殚:气绝。旄:通"眊"。昏聩。)柳宗元《与李翰林建书》:"仆～即出游,游复多恐。"❷见"闷闷①"。❸通"悗"。心不在焉。嵇康《养生论》:"积损成衰,从衰得白,从白到老,从老得终,～若无端。"

2. mēn ❹沉默的样子。《庄子·德充符》:"～然而后应。"梅尧臣《史尉还乌程》诗:"闭门陋巷中,～默阅书史。"❺气郁不通。《素问·风论》:"风者,善行而数变,腠理开则洒然寒,闭则热而～。"郦道元《水经注·若水》:"水之左右,马步之径裁通,而时有瘴气,三月四月迳之必死,非此时犹令人～吐。"(裁:通"才"。)

【闷瞀】 mènmào 心意烦乱的样子。《楚辞·九章·惜诵》:"申侘傺之烦惑兮,中～～之忳忳。"(侘傺:不得志的样子。)《素问·玉机真藏论》:"脉盛、皮热、腹胀、前后不通、～～,此谓五实。"

【闷闷】 mènmèn ❶浑浑噩噩的样子。《老子·五十八章》:"其政～～,其民淳淳。"韦应物《善福精舍答韩司录见忆》诗:"皦皦仰时彦,～～独为愚。"❷抑郁,不舒畅。董解元《西厢记诸宫调》卷四:"守著窗儿～～地坐。"

悗 mèn 见 mán。

惛 mèn 见 hūn。

殙 mèn 见 hūn。

满 mèn 见 mǎn。

懑(懣) 1. mèn ❶愤懑,烦闷。《后汉书·华佗传》:"广陵太守陈登忽患匈中烦～,面赤,不食。"(匈:同"胸"。)刘基《司马季主论卜》:"久卧者思起,久蛰者思启,久～者思嚏。"

2. mén ❷助词。1)们。赵长卿《念奴娇》词:"对酒当歌浑冷淡,一任他～嗔恶。"董解元《西厢记诸宫调》卷二:"那时诡杀贼阵里儿郎～眼不札,道这秃厮好交加。"2)么(me)。沈端节《留春令》词:"旧家元夜,追随风月,连宵欢宴。被那～引得滴溜地一似蛾儿转。"

meng

龙 méng 见 máng。

氓 méng 由外国或外地迁来的平民。《诗经·卫风·氓》:"～之蚩蚩,抱布贸丝。"《孟子·万章下》:"君之于～也,固周之。"⑪平民。《管子·八观》:"主上无积而宫室美,～家无积而衣服修,……侈国之俗也。"《战国策·秦策一》:"彼固亡国之形也,而不忧民～,悉其士民,军于长平之下,以争韩之上党。"

【氓隶】 ménglì 被奴役的平民。贾谊《新书·过秦上》:"然陈涉瓮牖绳枢之子,～～之人,而迁徙之徒也。"(《史记·陈涉世家》作"甿隶"。)

甿 méng ❶农民。《管子·轻重甲》:"北郭者,尽屦缕之～也。"(屦缕:编草鞋。)《周礼·地官·遂人》:"凡治野,以下剂致～,以田里安～。"(下剂:下等役法。)⑪流亡的农民。刘禹锡《讯甿》:"有～增增,……摩肩而西。"❷平民。王安石《少狂喜文章》诗:"仰惭冥冥士,俯愧扰扰～。"

虻 méng 虫名。1)牛虻。《史记·项羽本纪》:"夫搏牛之～,不可以破虮虱。"2)蚊类小虫。《庄子·天运》:"蚊～噆肤,则通昔不寐矣。"(噆:叮咬。昔:通"夕"。)

鄳(鄳) méng 古县名,在今河南罗山县西。

萌 méng ❶草木的芽子。苏轼《文与可画筼筜谷偃竹记》:"竹之始生,一寸之～耳,而节叶具焉。"❷发芽,长芽。《礼记·月令》:"是月也,安～牙。"(牙:通"芽"。)

《吕氏春秋·季春》:"是月也,生气方盛,阳气发泄,生者毕出,~者尽达。"❸发生,开始。《战国策·赵策二》:"愚者闇于成事,智者见于未~。"《后汉书·郎𫖮传》:"水旱之灾,虽尚未至,然君子远览,防微虑~。"❹锄草。《周礼·秋官·薙氏》:"掌杀草,春始生而~之。"❺通"氓"。平民。《汉书·霍去病传》:"骠骑将军去病率师征匈奴,西域王浑邪王及厥众~咸犇于率。"(犇:"奔"的古字。)《后汉书·黄琼传》:"故必躬郊庙之礼,亲籍田之勤,以先群~,率劝农功。"

【萌隶】 ménglì 平民,百姓。《战国策·燕策二》:"执政任事之臣,所以能循法令,顺庶孽者,施及~~,皆可以教于后世。"(施:延续。)《史记·周本纪》:"命南宫括散鹿台之财,发巨桥之粟,以振贫弱~~。"

【萌蘖】 méngniè ❶残根或老枝长出的幼芽,泛指新芽。《孟子·告子上》:"是其日夜之所息,雨露之所润,非无~~之生焉。"❷指邪行。王安石《先大夫述》:"凡有~~,一切擿发穷治之。"(擿:揭发。)

【萌牙】 méngyá ❶萌芽,发芽。《吕氏春秋·仲春》:"是月也,安~~。"《汉书·东方朔传》:"朱草~~。"❷发生,开端。《汉书·楚元王传》:"《诗》始~~。"又《梁怀王传》:"~~之时,加恩勿治,上也。"

蒙1 1. méng ❶草名,即女萝。《管子·地员》:"群药安生,薑与桔梗,小辛大~。"《尔雅·释草》:"~,王女。"注:"~即唐也,女萝别名。"❷阴暗,暗昧。《后汉书·黄琼传》:"寒燠相干,~气数兴,日闇月散。"李白《明堂赋》:"乍明乍~。"❸愚昧。《战国策·韩策一》:"韩氏之兵非削弱也,民非~愚也。"《三国志·魏书·高贵乡公传》:"庶凭先祖先父有德之臣,左右小子,……俾朕~闇,垂拱而治。"㊀敦厚,朴实。《吕氏春秋·知度》:"行其情,不雕其素,~厚纯朴,以事其上。"❹幼稚。《周易·序卦》:"物生必~,……~者~也,物之穉也。"《宋书·文帝纪》:"复以~稚,猥同艰难。"❺覆盖,包裹,遮掩。《左传·庄公十年》:"自雩门窃出,~皋比而先犯之。"(皋比:虎皮。)《荀子·成相》:"中不上达,~揜耳目塞门户。"(揜:同"掩"。)❻冒充,欺骗。《汉书·灌夫传》:"父张孟常为颍阴侯灌婴舍人,得幸,因进之,至二千石,故~灌氏姓为灌孟。"柳宗元《驳〈复雠议〉》:"上下~冒,吁号不闻。"❼遭受,承受。《论衡·累害》:"夫未进也,身被三累;已用也,身~三害。"《后汉书·和熹邓皇后纪》:"自谓感彻天地,当~福祚。"㊀继承。贾谊《过秦论上》:"孝公既没,惠文、武、昭~故业,因遗策,南取汉中,西举巴蜀。"❽冒犯。《韩非子·孤愤》:"今人主不合参验而行诛,不待见功而爵禄,故法术之士安能~死亡而进其说?"《战国策·赵策一》:"苏秦……负书担橐,触尘埃,~霜露。"❾自称的谦词。张衡《西京赋》:"岂欲之而不能,将能之而不欲欤?~窃惑焉。"❿敬词。承蒙。王安石《答司马谏议书》:"昨日~教。"⓫六十四卦之一。卦形为坎下艮上。⓬通"蒙⁴"。睁眼瞎。刘禹锡《赠眼医婆罗门僧》诗:"师有金篦术,如何为发~?"⓭地名。1)在今山东蒙阴县境。《左传·哀公十七年》:"公会齐侯,盟于~。"2)在今河南商丘东北。《史记·老子韩非列传》:"庄子者,~人也。"⓮山名。《论语·季氏》:"夫颛臾,昔者先王以为东~主。"⓯姓。春秋时楚国有蒙谷。

2. měng ⓰蒙古。

【蒙尘】 méngchén 蒙受尘垢,指王公流亡受辱。《三国志·魏书·刘馥传》注引《晋阳秋》:"广汉太守辛冉以天子~~,四方云扰,进从横计于弘。"《世说新语·言语》:"顾司空时为扬州别驾,援翰曰:'王光禄远避流言,明公~~路次。'"

【蒙冲】 méngchōng 见"艨艟"。

【蒙化】 ménghuà 蒙受教化。《论衡·指瑞》:"是若应,殆且有解编发,削左衽,袭冠带而~~焉。"《汉书·匡衡传》:"故万国莫不获赐福祉,~~而成俗。"

【蒙笼】 ménglóng ❶草木茂密的样子。《汉书·扬雄传上》:"乘云阁而上下兮,纷~~而混成。"(混成:天然成就。)周邦彦《六丑·蔷薇谢后作》词:"东园岑寂,渐~~暗碧。"也作"蒙茏"。孙绰《游天台山赋》:"披荒榛之~~,陟峭崿之峥嵘。"❷覆蔽、闭合的样子。苏轼《次韵子由与颜长道同游……》:"卧闻客至倒屣迎,两眼~~馀睡色。"也作"蒙茏"。《汉书·晁错传》:"屮木~~,支叶茂接。"(屮:艸。支:枝。)也作"蒙珑"。《抱朴子·地真》:"玄芝被崖,朱草~~。"

【蒙茏】 ménglóng 见"蒙笼①"。

【蒙珑】 ménglóng 见"蒙笼②"。

【蒙昧】 méngmèi 尚未开化,愚昧。陆机《吊魏武帝文》:"迄在兹而~~,虑噤闭而无端。"也作"矇昧"。《晋书·纪瞻传》:"太极者,盖谓混沌之时,~~未分。"

【蒙蒙】 méngméng ❶迷茫,昏暗不明的样子。《楚辞·九辩》:"愿皓日之显行兮,云~~而蔽之。"❷思虑阻塞的样子。《汉书·叙传上》:"昒昕寤而仰思兮,心~~犹未察。"(昒昕:拂晓。)❸盛多的样子。《楚辞·七谏·

自悲》："何青云之流澜兮，微霜降之～～。"

【蒙灭】 méngmiè 昏暗。李贺《题赵生壁》诗："冬暖拾松枝，日烟生～～。"

【蒙茸】 méngróng 蓬松，纷乱的样子。《史记·晋世家》："狐裘～～，一国三公，吾谁适从？"苏轼《后赤壁赋》："予乃摄衣而上，履巉岩，披～～。"也作"蒙戎"。《诗经·邶风·旄丘》："狐裘～～，匪车不东。"

【蒙戎】 méngróng 见"蒙茸"。

【蒙拾】 méngshí 《文心雕龙·辨骚》："故才高者菀其鸿裁，中巧者猎其艳词，吟讽者衔其山川，童蒙者拾其香草。"后因以"蒙拾"指童蒙摘取文词，多含自谦之意。常用作书名，如王士禛有《花草蒙拾》，王世禄有《读史蒙拾》，杭世骏有《汉书蒙拾》、《后汉书蒙拾》。

蒙²(懞) méng ❶纯朴，敦厚。《管子·五辅》："敦～纯固，以备祸乱。"❷昏惑，糊涂。见"蒙懂"。

【蒙懂】 méngdǒng 昏惑，糊涂。吕原明《岁时杂记》："元日五更初，猛呼他人，他人应之，即告之曰：'卖与尔～～。'卖口吃亦然。"沈鲸《双珠记·师徒传习》："那时方年五岁，虽有知觉，尚多～～。"

蒙³(濛) méng ❶(雨雪等)迷茫，迷蒙。《诗经·豳风·东山》："零雨其～。"❷水名。发源于甘肃天水西南。

【蒙鸿】 ménghóng ❶宇宙形成前的混沌状态。郭璞《江赋》"类胚浑之未凝"李善注："《春秋历命序》曰：'……～～萌兆，浑浑混混。'"(胚浑：浑沌状态。)❷醉酒的样子。辛弃疾《水调歌头·元日投宿博山寺见者惊叹其老》词："有时三盏两盏，淡酒醉～～。"

【蒙蒙】 méngméng 迷茫，昏暗不明的样子。《楚辞·九思·悯上》："云～～兮电倏烁，孤雌惊兮鸣呴呴。"(倏烁：闪烁。呴呴：鸟鸣声。)王昌龄《武陵龙兴观黄道士房问易因题》诗："仙老言馀鹤飞去，玉清坛上雨～～。"欧阳修《采桑子》词："狼籍残红，飞絮～～，垂柳阑干尽日风。"

【蒙汜】 méngsì ❶古称日落处。张衡《西京赋》："日月于是乎出入，象扶桑与～～。"❷比喻暮年。《晋书·索统传》："又少不习勤，老无吏干，～～之年，弗敢闻命。"

蒙⁴(矇) méng ❶睁眼瞎。《诗经·大雅·灵台》"蒙瞍奏公"传："有眸子而无见曰～。"㊀瞎子，盲人。《国语·晋语四》："～瞍不可使视。"《楚辞·九章·怀沙》："玄文处幽兮，～瞍谓之不章。"❷乐师。《国语·周语上》："瞍赋，～诵。"《吕氏春秋·达郁》："是故天子听政，使公卿列士正谏，好学博闻献诗，～箴，师诵。"❸愚昧无知。《论衡·量知》："人未学问曰～。"《后汉书·窦融传》："忠臣则酸鼻流涕，义士则旷若发～。"❹通"蒙¹"。幼稚。《汉书·叙传上》："咨孤～之眇眇兮，将圮绝而罔阶。"

【蒙昧】 méngmèi ❶目不明。蔡邕《瞽师赋》："夫何～～之瞽兮，心穷忽以郁伊。"❷尚未开化，愚昧。《三国志·蜀书·郤正传》："昔在鸿荒，～～肇初。"

【蒙蒙】 méngméng 思虑阻塞的样子。班固《幽通赋》："昒昕寤而仰思兮，心～～犹未察。"(昒昕：拂晓。)

盟 1. méng(又读 míng) ❶盟约，在神前立誓订约。《左传·僖公二十八年》："癸亥，王子虎～诸侯于王庭。"《史记·孟尝君列传》："魏子所与粟贤者闻之，乃上书言孟尝君不作乱，请以身为～，遂自刭宫门以明孟尝君。"❷依一定的誓约结成的联合关系。《旧五代史·唐庄宗纪》："星岁俄移，欢～顿阻。"

2. mèng ❸盟津，即孟津，在今河南孟津县东。《史记·周本纪》："九年，武王上祭于毕，东观兵，至于～津。"(毕：星名。)

【盟鸥】 méng'ōu 同鸥鸟结为盟友，表示隐居忘俗。陆游《雨夜怀唐安》诗："小阁帘栊频梦蝶，平湖烟水已～～。"戴复古《子渊送牡丹》诗："海上～～客，人间失马翁。"

【盟主】 méngzhǔ ❶古代诸侯盟会中的领袖或盟会的主持者。《左传·襄公二十六年》："晋为～～，诸侯或相侵也，则讨而使归其地。"❷同盟的首领或倡导者。《旧唐书·李密传》："及义旗建，密负其强盛，欲自为～～。"

甍 méng 栋梁，屋脊。《国语·晋语二》："譬之如室，既镇其～，又何加焉？"王勃《滕王阁序》："披绣闼，俯雕～。"

瞢 1. méng ❶目不明。《山海经·中山经》："[甘枣之山]其下有草焉，……名曰葃，可以已～。"㊀视而不见。王褒《洞箫赋》："鱼瞰鸡睨，垂喙盌转，瞪～忘食。"❷昏暗。《楚辞·天问》："冥昭～闇，谁能极之？"❸烦闷。《左传·襄公十四年》："不与于会，亦无～焉。"❹惭愧。《国语·晋语三》："臣得其志，而使君～，是犯也。"左思《魏都赋》："有靦～容。"

2. mèng ❺通"梦"。1)做梦。《晏子春秋·内篇·谏上》："景公举兵将伐宋，师过泰山，公～见二丈夫立而怒。"2)古泽名，即云梦泽。《汉书·叙传上》："子文初生，弃于～中。"

【瞢瞢】 méngméng 模糊不清的样子。岑参《寄青城龙溪奂道人》诗："五岳之丈人，西望青～～。"

【瞢腾】 méngténg 朦胧迷糊，恍惚不清。韩偓《格卑》诗："惆怅后尘流落尽，自抛怀抱醉～～。"范成大《睡觉》诗："寻思断梦半～～，渐见天窗纸瓦明。"也作"懵腾"。韩偓《马上见》诗："去带～～醉，归因困顿眠。"乔吉《赏花时》曲："险花晕了～～醉眼，见非雾非烟帘影间。"

髳 méng 见 máo。

儚 méng ❶昏惑，糊涂。李吕《多病》诗："息交休扰扰，藏拙要～～。"钱谦益《徐霞客传》："～～粥粥，口不能道词。"（粥粥：卑谦的样子。）❷惭愧。《集韵·东韵》："～，惭也。"

【儚僜】 méngchēng 半睡半醒，朦胧迷糊。元稹《纪怀赠李六户曹崔二十功曹五十韵》："有时鞭款段，尽日醉～～。"

幪（㠓） 1. méng ❶覆盖物体的巾布。《尚书大传·甫刑》："有虞氏上刑赭衣不纯，中刑杂屦，下刑墨～。"杜甫《往在》诗："合昏排铁骑，清旭散锦～。"❷帷幔。秦观《秋夜病起怀端叔作诗寄之》："自匿嫫母容，对客施锦～。"❸覆盖。《隋书·西域传》："其妻有髻，～以皂巾。"徐珂《清稗类钞·服饰》："～首至于颏，而露其目。"

2. měng ❹见"幪幪"。

【幪幪】 měngměng 茂盛的样子。《诗经·大雅·生民》："麻麦～～。"

檬 méng ❶木名。《玉篇·木部》："～，木名，似槐，叶黄。"❷果名，即柠檬。又作"黎檬子"。

曚 méng 见"曚昽"、"曚昧"。

【曚昽】 ménglóng 日光昏暗。李咸用《陇头吟》："薄日～～秋，怨气阴云接。"

【曚昧】 méngmèi 未开发的样子。《晋书·纪瞻传》："太极者，盖若混沌之时，～～未分。"

朦 1. méng ❶迷离，迷糊。王实甫《西厢记》二本二折："觑他云鬟微坠，星眼微～。"❷遮盖，覆盖。王实甫《西厢记》一本三折："大师也难学，把一个发慈悲的脸儿来～着。"❸蒙蔽，欺骗。黄六鸿《福惠全书·钱谷部·户口总催税》："自不敢任意以少增多，以欠作完，～官取咎。"又《钱谷部·摘拿顽户》："恐事忙忽略，被奸书～蔽。"

2. měng ❹见"朦朣"。

【朦胧】 ménglóng ❶月色昏淡的样子。冯延巳《采桑子》词之十二："洞房深夜笙歌散，帘幕重重，斜月～～。"❷模糊不清。李群玉《湖中古愁》诗之三："～～波上瑟，清夜降此渚。"冯延巳《喜迁莺》词："宿莺啼，乡梦断，春树晓～～。"又《应天长》词之五："一夜万般离绪，～～天欲曙。"❸迷离恍惚，神志不清。冯延巳《采桑子》词之四："～～却向灯前卧，窗月徘徊，晓梦初回，一夜东风绽早梅。"《京本通俗小说·错斩崔宁》："刘官人酒量不济，便觉着有些～～起来。"❹糊涂。《合同文字》四折："刘天祥～～有罪。"《西游记》三回："怎么～～，又敢来勾我？"

【朦朣】 měngdǒng 模糊不清。翟耆年《赠米友仁》诗："善画无根树，能描～～云。"

艨 méng 见"艨艟"、"艨冲"。

【艨艟】 méngchōng 战船。《旧五代史·贺瓌传》："以～～战舰陁其中流。晋人断我～～，济军以援南栅。"朱熹《泛舟》诗："昨夜江边春水生，～～巨舰一毛轻。"也作"艨冲"。《太平御览》卷七七〇引《吴志》："董袭讨黄祖，祖横两～～，夹守沔口。"也作"蒙冲"。《资治通鉴·汉献帝建安十三年》："乃取～～斗舰十艘，载燥荻枯柴，灌油其中，裹以帷幕。"

【艨冲】 méngchōng 见"艨艟"。

黾（黽） 1. měng ❶金线蛙。韩愈《杂诗》之四："蛙～鸣无谓，阁阁只乱人。"

2. mǐn ❷见"黾勉"。

3. miǎn ❸黾池，古地名，在今河南渑池县。

4. méng ❹黾阨，古隘道名，即今河南信阳县平靖关。

【黾勉】 mǐnmiǎn 努力，尽力。《诗经·小雅·十月之交》："～～从事，不敢告劳。"

猛 měng ❶健壮。杜甫《朝献太清宫赋》："张～马，出腾虬。"（虬：无角龙。）鲍溶《弄玉词》之一："天仙借女双翅～，五灯绕身生，入烟去无影。"❷严厉，威严。《国语·周语中》："是以不主宽惠，亦不主～毅，主德义而已。"《韩非子·安危》："故甚病之人利在忍痛，～毅之君以福拂耳。"❸凶猛，凶暴。《左传·宣公二年》："弃人用犬，虽～何为？"《战国策·楚策一》："且夫为从者，无以异于驱群羊而攻～虎也。"（从：合纵。）㊄凶恶，残暴。《左传·昭公十七年》："客容～，非祭也。"《史记·仲尼弟子列传》："吴王为人～暴，群臣不堪。"❹勇猛。《韩非子·显学》："故明主之吏，宰相必起于州部，～将必发于卒伍。"陶渊明《咏荆轲》："雄发指危冠，～气冲长缨。"㊅坚硬，坚强。陶渊明

《读〈山海经〉》诗之十："刑天舞干戚，～志故常在。"李朝威《柳毅传》："不闻～石可裂不可卷，义士可杀不可羞邪？"❺猛烈，急骤。《论衡·状留》："沙石遭～流而转。"皮日休《桃花赋》："狂风～雨，一阵红去。"㉺突然，忽然。林逋《杏花》诗："限柳旁桃斜欲坠，等莺期蝶～成团。"❻尖锐，锐利。梅尧臣《薛九宅观雕狐图》诗："～爪入颊觜进血，短尾僵倲穷蹄铺。"（觜：鸟嘴。僵倲：短丑的样子。）唐孙华《鹰坊歌与夏重恺功同赋》："锐头～脑特神俊，自矜耻与群鹳俦。"❼姓。春秋时晋国有猛足。

【猛奋】 měngfèn 激昂，昂扬。《汉书·礼乐志》："是以纤微憔瘁之音作而民思忧，……粗厉～～之音作而民刚毅。"

【猛可】 měngkě 突然。《水浒传》十七回："却待望黄泥冈下跃身一跳，～～醒悟，拽住了脚。"

蜢 měng 蚱蜢，蝗类昆虫。《说文·虫部》："～，蚱蜢也。"

艋 měng 见"舴艋"。

懜 1. měng ❶通"瞢"。目不明。吴师道《目疾谢柳道传张子长惠药》诗："积毒根胃肠，标表发昏～。"

2. méng ❷通"懵"。昏惑，糊涂。贾谊《新书·道术》："行充其宜谓之义，反义为～。"

蟒 měng 见 mǎng。

懵 1. měng ❶昏惑不明。谢庄《月赋》："昧道～学，孤奉明恩。"❷欺诈。《品花宝鉴》卷三："你瞧他南边人老实，不懂你那～劲儿，你就～开了。"

2. méng ❸无知的样子。白居易《与元九书》："除读书属文外，其他～然无知。"沈括《梦溪笔谈·乐律一》："此～然者为之也。"

【懵懂】 měngdǒng 昏惑，糊涂。汪元亨《醉太平》曲："且达时知务暗包笼，权粧个～～。"也作"懵董"。许月卿《上程丞相元凤书》："人望顿轻，明主增喟，～～之号，道傍揶揄。"也作"懵憧"。重显《风幡竞辨》之二："如今～～痴禅和，谩道玄玄为独脚。"

【懵董】 měngdǒng 见"懵懂"。

【懵懵】 měngměng 模糊不清的样子。江淹《贻袁常侍》诗："铄铄雾上景，～～云外山。"

【懵腾】 měngténg 见"瞢腾"。

【懵憧】 měngzhuàng 见"懵懂"。

【懵懵】 méngméng 无知的样子。岑参《感旧赋》："上帝～～，莫知我冤。"

鄳(鄸) měng ❶夜。《说文·冥部》："～，冥也。"❷句鄳，春秋时鲁国地名，今不详。《左传·文公十五年》："一人门于句～。"

蠓 měng 昆虫名，俗称蠛蠓蚊。《列子·汤问》："春夏之交有～蚋者，因雨而生，见阳而死。"扬雄《甘泉赋》："历倒景而绝飞梁兮，浮蠛～而撇天。"（撇：拂。）

孟 mèng ❶老大，排行中最大的。《说文·子部》："～，长也。"周密《癸辛杂识·向胡命子名》："胡卫道三子：～曰宽，仲曰定，季曰宕。"㉺第一，居首位的。《论衡·超奇》："同姓之伯贤，舍而誉他族之～，未为得也。"❷初始，四季中各季的第一个月。《管子·立政》："～春之朝，君自听朝，论爵赏校官，终五日。"《吕氏春秋·孟冬》："～冬行春令，则冻闭不密，地气发泄。"❸勉力，努力。班固《幽通赋》："盍～晋以迨群兮，辰倏忽其不再。"（晋：前进。迨：及。）❹猛，勇猛。《管子·任法》："奇术技艺之人，莫敢高言～行，以过其情。"《马王堆汉墓帛书·经法·称》："虎狼为～可揗。"❺网。孟元老《东京梦华录·驾登宝津楼诸军呈百戏》："左朋击毬子过门入～为胜，右朋向前争占，不令入～，互相追逐。"❻姓。

【孟侯】 mènghóu ❶指周武王弟康叔。《尚书·康诰》："～～，朕其弟。"《汉书·地理志下》："尽以其地封弟康叔，号曰～～。"❷诸侯之长。《吕氏春秋·正名》："齐湣王，周室之～～也，太公之所以老也。"

【孟浪】 mènglàng ❶粗略，漫无边际。《庄子·齐物论》："夫子以为～～之言，而我以为妙道之行也。"左思《吴都赋》："若吾子之所传，～～之遗言，略举其梗概，而未得其要妙也。"❷狂妄，鲁莽。司马光《涑水纪闻》卷十五："有成都进士李戒投书见访云：'戒少学圣人之道，自谓不在颜回、孟轲之下。'其词～～，高自称誉。"《聊斋志异·武技》："～～迕客，幸勿罪。"❸放浪，浪迹。迺贤《巢湖述怀寄四明张子益》诗："我生胡为自役役，～～江湖竟何益。"

梦(夢、㝱) 1. mèng ❶做梦，梦见。《战国策·赵策三》："复涂侦谓君曰：'昔日臣～见君。'君曰：'子何～？'"《后汉书·灵帝宋皇后纪》："昔晋侯失刑，亦～大厉被发属地。"（厉：恶鬼。属：连接。）❷梦，睡眠中的幻象。《韩非子·难四》："侏儒有见公者曰：'臣之～浅矣。'"李煜《望江南》词："多少恨，昨夜～魂中，还似旧时游上苑，车如流水马如龙，花月正春风。"❸想像，幻想。《荀子·解蔽》："不以～剧乱知谓之静。"王定保《唐摭言·怨怒》："虽限山川，常怀～想。"❹湖名，即云梦泽的江南部分。沈括《梦溪笔谈·辨证二》："亦以谓江南为～，江北为云。”㊵泛指云梦泽或湖沼。《楚辞·招魂》：“与王趋～兮课后先。”孟浩然《与诸子登岘山》诗：“水落鱼梁浅，天寒～泽深。”❺姓。宋代有梦仲才。

2. méng ❻不明，看不清。王夫之《说文广义》卷三：“～，从瞢省，从夕。目既瞢矣，而又当夕，～然益无所见矣。”❼昏瞶，昏乱。见“梦梦”。❽细细的（雨）。王若虚《滹南诗话》卷三：“萧闲云：‘风头～，吹无迹。’盖雨之至细，若有若无者，谓之～。”❾通“蒙”。欺骗，隐瞒。《西游记》三十二回：“不与他实说，～着，带着他走。”

【梦笔】 mèngbǐ 据《南史》记载，南朝梁时，江淹和纪少瑜都曾梦见别人赠笔，从此文才大增。后因以“梦笔”表示文思大有长进。李商隐《江上忆严五广休》诗：“征南幕下带长刀，～～深藏五色毫。”

【梦蝶】 mèngdié 《庄子·齐物论》：“昔者庄周梦为蝴蝶，栩栩然蝴蝶也。自喻适志与，不知周也；俄然觉，则蘧蘧然周也。”后因以“梦蝶”表示人生变幻莫测。苏轼《奉敕祭西太一和韩川韵》之三：“～～犹飞旅枕，粥鱼已响枯桐。”（鱼：指木鱼。）马致远《夜行船·秋思》曲：“百岁光阴如～～，重回首往事堪嗟。”

【梦花】 mènghuā ❶指汉马融梦中食花，文思大进。李冗《独异志》卷中：“《武陵记》曰：后汉马融勤学，梦见一林，花如锦绣，梦中摘此花食之。及寤，见天下文词，无所不知，时人号为绣囊。”后因以“梦花”表示文思大有长进。❷梦笔生花。郭畀《赠笔工范君用》诗：“～～不羡雕虫巧，试草曾供倚马忙。”

【梦华】 mènghuá 《列子·黄帝》：“［黄帝］昼寝，而梦游于华胥氏之国。”孟元老《东京梦华录·序》：“古人有梦游华胥之国，其乐无涯者，仆今追念，回首怅然，岂非华胥之梦觉哉？目之曰《梦华录》。”后因以“梦华”表示追忆往事，恍如梦境。张翥《清明游包家山》诗：“辇路迷游躅，宫词入～～。”

【梦兰】 mènglán 据《左传·宣公三年》记载，郑文公妾燕姞梦见天赐兰草而生穆公，后因以“梦兰”表示妇女怀孕。庾信《奉和赐曹美人》：“何年迎弄玉，今朝得～～。”杜甫《同豆卢峰贻主客李员外贤子棐知字韵》：“～～他日应，折桂早年知。”

【梦楹】 mèngyíng 《礼记·檀弓上》：“予畴昔之夜，梦坐奠于两楹之间，……予殆将死也。”后因以“梦楹”表示寿终。张邦基《墨庄漫录》卷三引王巩挽苏辙诗之三：“静者宜膺寿，胡为忽～～？”

【梦梦】 méngméng 昏瞶，昏乱。《诗经·小雅·正月》：“民今方殆，视天～～。”又《大雅·抑》：“视尔～～，我心惨惨。”

【梦笔生花】 mèngbǐshēnghuā 王仁裕《开元天宝遗事·梦笔头生花》：“李太白少时，梦所用之笔头生花，后天才赡逸，名闻天下。”后因用以表示文思大有进步。

mi

罙 mí ❶深入，冒进。《诗经·商颂·殷武》：“奋伐荆楚，～入其阻。”❷更加。方干《送许温》诗：“壮岁分～切，少年心正同。”马端临《文献通考·自序》：“晋时分州为十九。自晋以后，为州～多，所统～狭。”

狝 mí 见 xiǎn。

弥（瀰） 1. mí ❶遍布，满。《汉书·苏建传》：“幸蒙大恩，赐号称王，拥众数万，马畜～山，富贵如此。”陈子昂《感遇》诗之十一：“舒之～宇宙，卷之不盈分。”㊵覆盖。张衡《西京赋》：“～皋被冈。”❷广大。《汉书·扬雄传下》：“天丽且～，地普而深。”孙绰《游天台山赋》：“结根～于华岱，直指高于九疑。”❸终极，尽。《史记·苏秦列传》：“且夫秦之攻燕也，……～地数千里，虽得燕城，秦计固不能守也。”《后汉书·边让传》：“登瑶台以回望兮，冀～日而消忧。”❹远。《左传·哀公二十三年》：“以肥之得备～甥也。”（肥：季孙肥，人名。）张衡《西京赋》：“前开唐中，～望广潒。”（唐中：宫苑名。潒：水荡漾的样子。）❺久长。《逸周书·谥法》：“～，久也。”《楚辞·招魂》：“容态好比，顺～代些。”❻缝合，补救。《周易·系辞上》：“故能～纶天地之道。”沈括《梦溪笔谈·技艺》：“盖钉板上下～束，六幕相联。”❼更加，越来越。《楚辞·离骚》：“佩缤纷其繁饰兮，芳菲菲其～章。”《后汉书·冯衍传上》：“刑法～深，赋敛愈重。”❽姓。

2. mǐ ❾止息，消除。《论衡·书解》：“棘子成欲～文，子贡讥之。”陆游《书愤》诗：“蓬窗老抱横行略，未敢逢人说～兵。”❿收敛。《淮南子·人间训》：“狐之捕雉，必先卑体～耳以待其来也。”

【弥缝】 míféng 弥补，补救。《后汉书·左周黄传论》：“王畅、李膺～～衮阙。”

【弥亘】 mígèn 连绵不断。韩云卿《平蛮夷颂序》：“～～万里，人不解甲。”陈亮《中兴论》：“今东西～～数千里，如长蛇之横道。”

【弥留】 míliú ❶久病不愈。《尚书·顾命》：“病日臻，既～～，恐不获誓言嗣兹。”❷病重将死。《三国志·魏书·管宁传》：“沈委笃痾，寝疾～～。”唐高祖《遗诰》：“但去秋已来,夙疾咸发,自尔～～,至于大渐。”(大渐:病危。)

【弥纶】 mílún ❶统摄,包括。王勃《益州绵竹县武都山净惠寺碑》:“～～所被,白马尽于禺同。”(白马:关名。禺同:山名。)曾巩《请令州县特举士劄子》:“如圣意以谓可行,其立法～～之详,愿诏有司而定议焉。”❷弥缝,弥补。朱熹《答张敬夫书》:“窃恐未然之间,卒有事变,而名义不正,～～又疎,无复有着手处也。”

【弥漫】 mímàn 见“瀰漫①”。

【弥弥】 mímí 渐渐,逐渐。《后汉书·杨震传》:“臣伏念方今灾害发起,～～滋甚。”

【弥望】 míwàng 满眼。潘岳《西征赋》:“黄壤千里,沃野～～。”

祢 mí 见nǐ。

迷 mí ❶迷路,迷失。《左传·襄公二十八年》:“～复,凶。……复归无所,是谓～复。”《史记·五帝本纪》:“尧使舜入山林川泽,暴风雷雨,舜行不～。”❷迷惑,惑乱。《老子·二十七章》:“不贵其师,不爱其资,虽智大～,是谓要妙。”《韩非子·内储说上》:“古之所谓‘莫三人而～’者,一人失之,二人得之,三人足以为众矣。”❸迷恋,沉溺于。《汉书·五行志下之上》:“时幽王暴虐,妄诛伐,不听谏,～于褒姒,废其正后。”张衡《思玄赋》:“羡上都之赫戏兮,何～故而不忘。”(赫戏:兴盛的样子。)❹弥漫。杜甫《送灵州李判官》诗:“血战乾坤赤,氛～日月黄。”

【迷败】 míbài 迷乱败坏。《左传·昭公二十六年》:“且为后人之～～倾覆而溺入于难,则振救之。”

【迷津】 míjīn ❶迷失渡口,迷失道路。孟浩然《南还舟中寄袁太祝》诗:“桃源何处是,游子正～～。”❷佛教所谓的迷妄境界。敬播《大唐西域记序》:“廓群疑于性海,启妙觉于～～。”李峤《宣州大云寺碑》:“升大悲之座,俯慰～～。”

【迷离】 mílí 模糊不清。古乐府《木兰诗》:“雄兔脚扑朔,雌兔眼～～。”

【迷罔】 míwǎng ❶神经失常。《列子·周穆王》:“秦人逢氏有子,少而惠,及壮而有～～之疾。”(惠:通“慧”。)❷欺骗,蒙蔽。《潜夫论·忠贵》:“动为奸诈,托之经义;～～百姓,欺诬天地。”

祢 mí 见nǐ。

谜(謎) mí 谜语。《文心雕龙·谐隐》:“～也者,回互其辞,使昏迷也。”段成式《酉阳杂俎·怪术》:“张魏公在蜀时,有梵僧难陁,……时时预言人凶衰,皆～语,事过方晓。”

眯 1. mí ❶灰尘进入眼中。《庄子·天运》:“夫播糠～目,则天地四方易位矣。”《淮南子·说林训》:“蒙尘而～。”

2. mī ❷眼皮微闭。玩花主人《妆楼记·押问》:“可笑他～瞒目,枉有睛;充子耳,不纳声。”

3. mì ❸梦魇。《庄子·天运》:“游居卧寝其下,彼不得梦,必将数～焉。”《山海经·中山经》:“脱扈之山有草焉,名曰植楮,食之不～。”

猕(獼) mí 兽名,即猕猴。《楚辞·招隐士》:“～猴兮熊罴,慕类兮以悲。”

麋 1. mí ❶兽名,即麋鹿。《左传·僖公三十三年》:“吾子取其～鹿,以间敝邑,若何?”苏轼《赤壁赋》:“渔樵于江渚之上,侣鱼虾而友～鹿。”❷通“糜”。碎烂。《易林·艮之损》:“卵之与石,～碎无疑。”❸姓。

2. méi ❹通“湄”。岸,水边。《诗经·小雅·巧言》:“彼何人斯,居河之～。”❺通“眉”。眉毛。《荀子·非相》:“伊尹之状,面无须～。”

【麋沸】 mífèi 见“糜沸”。

糜 mí ❶粥。《吕氏春秋·仲秋》:“是月也,养衰老,授几杖,行～粥饮食。”《后汉书·献帝纪》:“帝使侍御史侯汶出太仓米豆,为饥人作～粥。”❷碎烂。《三国志·魏书·公孙度传》注引《魏略》:“如天威远加,不见假借,早当～碎。”孙樵《书褒城驿壁》:“至有饲马于轩,宿隼于堂,凡所以污败室庐,～毁器用。”❸通“靡”。浪费。《梁书·王神念传》:“先有神庙,妖巫欺惑百姓,远近祈祷,～费极多。”袁枚《续子不语》卷三:“皆国家钱粮,不可虚～。”❹姓。

【糜沸】 mífèi 动荡不安,混乱。《后汉书·刘表传》:“初,荆州人情好扰,加四方震骇,寇贼相扇,处处～～。”《三国志·魏书·董卓传》注引华峤《汉书》:“恐百姓惊动,～～蚁聚为乱。”也作“麋沸”。《淮南子·兵略训》:“攻城略地,莫不降下,天下为之～～蠢动。”(蠢动:人心不安。)

縻 mí ❶牵牛绳。潘岳《籍田赋》:“坻场染屦,洪～在手。”(坻场:浮土。)刘禹锡《因论·叹牛》:“刘子行其野,有叟牵跛牛于蹊。偶问焉,……叟揽～而对。”❷拴,系。柳宗元《永州铁炉步志》:“江之浒,凡舟可～而上下者曰步。”❸羁绊,束缚。《三国志·魏书·杜畿传》:“吾得居郡一月,以计～

之。"韩愈《送温处士赴河阳军序》："愈～于兹，不能自引去，资二生以待老。"❹通"靡"。耗费，浪费。《论衡·对作》："酒～五谷，生起盗贼，沈湎饮酒，盗贼不绝。"刘基《卖柑者言》："盗起而不知御，民困而不知救，……坐～廩粟而不知耻。"❺通"糜"。碎，散。《潜夫论·浮侈》："或～折金彩，令广分寸。"

【縻军】 míjūn ❶牵制军队。《孙子·谋攻》："不知军之不可以进而谓之进，不知军之不可以退而谓之退，是谓～～。"❷统领军队。《三国志·魏书·齐王纪》注引干宝《晋纪》："将能而御之，此为～～不能而任之，此为复军。"

瀰 1. mí(又读 mǐ) ❶水满的样子。《诗经·邶风·匏有苦叶》："有～济盈。"参见"瀰漫"。

2. mǐ ❷见"瀰迤"。❸通"弥"。远。宋应星《野议·民财议》："～望二三十里而无寸木之阴可以休息者。"

【瀰漫】 mímàn ❶水满的样子，洋溢。王昌龄《采莲》诗："湖上水～～，清江初可涉。"也作"弥漫"。潘岳《西征赋》："其池则汤汤汗汗，滉瀁～～，浩如河汉。"舒元舆《牡丹赋序》："～～如四渎之流，不知其止息之地。"❷充满。韩愈《荐士》诗："东都渐～～，派别百川导。"

【瀰瀰】 mímí ❶水满的样子。《诗经·邶风·新台》："新台有泚，河水～～。"(泚：鲜明的样子。)❷盛大的样子。《宋史·乐志七》："献兹重觞，降福～～。"

【瀰迤】 mǐyǐ 地势平旷伸延的样子。范成大《铧觜》诗："导江自海阳，至县乃～～。"也作"沵迤"。鲍照《芜城赋》："～～平原，南驰苍梧、涨海，北走紫塞、雁门。"

麛 mí ❶同"麑"。小鹿。《尔雅·释兽》："鹿，……其子～。"❷泛指幼兽。《礼记·曲礼下》："国君春田不围泽，大夫不掩群，士不取～、卵。"

蘼 mí 蘼芜，香草名。《后汉书·冯衍传下》："攒射干杂～芜兮，搆木兰与新夷。"(射干：草名。)

攠 mí ❶磨损，磨损处。《周礼·考工记·凫氏》："凫氏为钟。……于上之～谓之隧。"(于：钟唇，即钟口两角之间。)❷消灭。《后汉书·杜笃传》："东～乌桓。"

孊 mí ❶女名用字。《汉书·孝成许皇后传》："先是废后姊～寡居。"❷柔美。龚自珍《已亥杂诗》之九十一："北俊南～气不同，少能炙毂老能聪。"

【孊密】 mímì 美好而周密。曹植《静思赋》："性通畅以聪惠，行～～而妍详。"

醾 mí 酴醾，酒名。《白孔六帖》卷十五："帝入，谓左右曰：'[李]绛言骨鲠，真宰相也。'遣使赐酴～酒。"

米 mǐ ❶去皮壳的谷物，特指稻米。《左传·僖公二十九年》："馈之刍～。"《韩非子·外储说右上》："宫妇不御者出嫁之，七十受禄～。"㈠像米的植物子实。杜甫《秋兴》诗之七："波漂菰～沉云黑，露冷莲房坠粉红。"㈡细微，一点儿。《吕氏春秋·察微》："夫弩机差以～则不发。"张寿卿《红梨花》二折："想才郎没半～儿尘俗性。"❷贵族衣服上米形的绣纹。《尚书·益稷》："藻、火、粉、～、黼、黻、絺绣，以五彩彰施于五色，作服。"❸姓。

【米盐】 mǐyán 米和盐，比喻琐细，碎杂。《韩非子·说难》："～～博辩，则以为多而交之。"《史记·酷吏列传》："[减]宣为左内史，其治～～，事大小皆关其手。"

【米珠薪桂】 mǐzhūxīnguì 米贵得像珍珠，柴火贵得像桂枝，形容物价昂贵。《战国策·楚策三》："楚国之食贵于玉，薪贵于桂。"钱子正《有弟久不见》诗："有弟久不见，～～～～秋。"

芈 1. mǐ ❶姓。《史记·楚世家》："陆终生子六人，……六曰季连，～姓，楚其后也。"

2. miē ❷羊叫声。《说文·羊部》："～，羊鸣也。"

沵(瀰) 1. mǐ ❶水满。《说文·水部》："～，满也。"

2. nǐ ❷见"沵沵"。

【沵迤】 mǐyǐ 见"瀰迤"。

【沵沵】 nǐnǐ 柔软的样子。《诗经·齐风·载驱》："四骊济济，垂辔～～。"

洣 mǐ 水名，源出湖南炎陵县南，流入湘江。

弭 mǐ ❶弓两端的弯曲处。《诗经·小雅·采薇》："四牡翼翼，象～鱼服。"(鱼服：鱼皮作的箭袋。)《南史·萧摩诃传》："桦皮装弓，两端骨～。"❷角弓，以骨、角镶嵌而无彩饰的弓。《仪礼·既夕礼》："有～饰焉。"《尔雅·释器》："弓有缘者谓之弓，无缘者谓之～。"❸停止，消除。《吕氏春秋·达郁》："是障之也，非～之也。"陆贽《奉天请罢琼林大盈二库状》："示人以义，其患犹私；示人以私，患必难～。"苏轼《潮州韩文公庙碑》："能驯鳄鱼之暴，而不能～皇甫镈、李逢吉之谤。"㈠忘却。潘岳《悼亡》诗："俯仰未能～，寻念非但一。"❹安定，安抚。《逸周书·作雒解》："周公、召公，内～父兄，外抚诸侯。"《史记·田敬仲完世家》："若夫治国家而～人民，又何为乎丝桐之间？"

❺顺服。《后汉书·吴汉传》:"北州震骇,城邑莫不望风～从。"❻低,垂。《淮南子·精神训》:"龙乃～耳掉尾而逃。"贾思勰《齐民要术·种瓜》:"～缚犁耳,起规逆耕。"❼古地名。在今河南新密市境。《左传·庄公二十一年》:"春,胥命于～。"❽姓。新莽时有弭彊。

【弭谤】 mǐbàng 遏制非议。《国语·周语上》:"王喜,告召公曰:'吾能～～矣。'"《论衡·累害》:"岂宜更偶俗全身以～～哉?偶俗全身则乡原也。"

【弭兵】 mǐbīng 息兵,停止战争。《左传·襄公二十七年》:"且人曰～～,而我弗许,则固携吾民矣。"

【弭节】 mǐjié 按节,途中暂时驻留。《后汉书·东平宪王苍传》:"消摇仿佯,～～而旋。"李商隐《为李贻孙上李相公启》:"中阿～～,末路增怀。"

【弭忘】 mǐwàng 难忘。《诗经·小雅·沔水》:"心之忧矣,不可～～。"谢灵运《郡东山望溟海》诗:"非徒不～～,览物情弥道。"

【弭辙】 mǐzhé 绝迹,不见痕迹。《淮南子·道应训》:"若此马者,绝尘～～。"

敉(侎) mǐ 安定,安抚。《尚书·立政》:"亦越武王,率惟～功。"李纲《议国是》:"则朝廷所以捍患御侮,～宁万邦者,于和、战、守当何所从而可也。"

渳 mǐ (用酒)洗尸体。《周礼·春官·小宗伯》:"王崩,大肆,以秬鬯～。"(秬鬯:酒名。)

靡 1. mǐ ❶倒下。《史记·廉颇蔺相如列传》:"左右欲刃相如,相如张目叱之,左右皆～。"[引]归顺。《后汉书·王昌传》:"于是赵国以北,辽东以西,皆从风而～。"❷无。《史记·孝文本纪》:"赖天地之灵,社稷之福,方内安宁,～有兵革。"《后汉书·献帝纪》:"皆上封事,～有所讳。"[引]不。《史记·外戚世家序》:"秦以前尚略矣,其详～得而记焉。"❸非,错误。《韩非子·内储说下》:"敌之所务,在淫察而就～。"❹奢侈,浪费。《荀子·君道》:"故天子诸侯无～费之用,士大夫无流淫之行。"《战国策·中山策》:"秦民之死者厚葬,伤者厚养,劳者相飨,饮食铺馈,以～其财。"[引]浮薄(与淳厚相对)。《论衡·非韩》:"韩子岂不知任德之为善哉?以为世衰事变,民心～薄,故作法术,专意于刑也。"❺细小。《礼记·月令》:"孟夏之月,……～草死,麦秋至。"沈约《梁明堂登歌》:"～草既凋,温风以至。"❻华丽,美好。《后汉书·班彪传》:"以为相如《封禅》,～而不典。"❼水边。《史记·司马相如列传》:"明月珠子,的皪江～。"(的皪:鲜明的样子。)❽代词。莫。《荀子·不苟》:"刚强猛毅,～所不信,非骄暴也。"(信:通"伸"。)《汉书·楚元王传》:"四海之内,～不和宁。"

2. mí ❾分散。《周易·中孚》:"我有好爵,吾与尔～之。"《战国策·韩策三》:"魏君必得志于韩,必外～于天下矣。"[引]蔓延。《楚辞·天问》:"～蓱九衢,枲(xǐ)华安居?"(枲华:麻的别名。)❿糜烂,破碎。《汉书·王温舒传》:"奸滑穷治,大氐尽～烂狱中。"(大氐:大抵。)《论衡·书虚》:"象自蹈土,鸟自食苹,土蹶草尽,若耕田状,壤～泥易,人随种之。"⓫损害。《国语·越语下》:"王若行之,将妨于国家,～王躬身。"

3. mó ⓬通"摩"。1)摩擦。《吕氏春秋·精通》:"树相近而相～,或軵之也。"(軵:推。)2)研磨,磨炼。《荀子·性恶》:"身日进于仁义而不自知也者,～使然也。"《战国策·楚策四》:"公不闻老莱子之教孔子事君乎?示之其齿之坚也,六十而尽相～也。"3)挨近。《韩非子·说林下》:"物之几者,非所～也。"(几:危险。)

【靡丽】 mǐlì ❶奢侈,豪华。张衡《西京赋》:"方今圣上,同天号于帝皇,……富有之业,莫我大也,徒恨不能以～～为国华。"《三国志·魏书·高贵乡公纪》:"减乘舆服御,后宫用度,及罢尚方御府百工技巧～～无益之物。"❷华丽,浮夸。《史记·太史公自序》:"《子虚》之事,《大人》赋说,～～多夸,然其指讽谏,归于无为。"《汉书·司马相如传赞》:"扬雄以为～～之赋,劝百而风一。"

【靡曼】 mǐmàn ❶柔弱,柔细。《吕氏春秋·本生》:"～～皓齿,郑卫之音,务以自乐。"《文心雕龙·章句》:"歌声～～,而有抗坠之节也。"❷美丽。《汉书·司马相如传上》:"所以娱耳目乐心意者,丽靡烂漫于前,～～美色于后。"又《东方朔传》:"目不视～～之色,耳不听钟鼓之音。"也作"靡嫚"。刘昼《刘子·辩乐》:"延年造倾城之歌,汉武思～～之色。"

【靡嫚】 mǐmàn 见"靡曼"。

【靡靡】 mǐmǐ ❶迟缓的样子。《诗经·王风·黍离》:"行迈～～,中心摇摇。"杜甫《北征》诗:"～～逾阡陌,人烟眇萧瑟。"❷倒伏,随顺。《史记·汲郑列传》:"臣恐天下随风～～,争为口辩而无其实。"陆机《拟青青河畔草》诗:"～～江离草,熠耀生河侧。"❸柔弱,委靡。《论衡·纪妖》:"师旷曰:'此师延所作淫声,与纣为～～之乐也。'"❹零落萧索的样子。陆机《叹逝赋》:"亲落落而日稀,友～～而愈索。"❺精美,华丽。司马相如《长门赋》："间徙倚于东厢兮，观夫～～而无穷。"王延寿《鲁灵光殿赋》："何宏丽之～～，咨用力之妙勤。"

【靡密】 mǐmì 繁密。《汉书·黄霸传》："米盐～～，初若烦碎。"《文心雕龙·铨赋》："及仲宣～～，发端必遒。"

【靡披】 mǐpī 披靡，倒伏。《后汉书·杜笃传》："师之攸向，无不～～。"

【靡迤】 mǐyí ❶连绵不断的样子。李华《含元殿赋》："～～秦山，陂陁汉陵。"❷曲折行进的样子。谢灵运《田南树园激流植楥》诗："～～趋下田，迢递瞰高峰。"

【靡敝】 mǐbì 败坏，凋敝。《荀子·富国》："有掎挈伺诈，权谋倾覆，以相颠倒，以～～之，百姓晓然皆知其污漫暴乱而将大危亡也。"（掎挈：指责。）《汉书·主父偃传》："百姓～～，孤寡老弱不能相养，道死者相望。"

汨 mì 汨罗江，水名，在湖南省东北部，源出平江县，流入洞庭湖。《史记·屈原贾生列传》："自屈原沈～罗后百有馀年，汉有贾生。"

沕 mì 见 wù。

宓 1. mì ❶安静，安宁。《淮南子·览冥训》："朝帝于灵门，～穆休于太祖之下。"❷姓。

2. fú ❸通"伏"。《汉书·古今人表》："太昊帝～羲氏。"

【宓汩】 mìyù 水流急速的样子。司马相如《上林赋》："滭弗～～，偪侧泌瀄。"（滭弗：盛大的样子。）

泌 1. mì（又读 bì） ❶涓涓细流。《诗经·陈风·衡门》："～之洋洋，可以乐饥。"❷分泌，液体由微孔渗出。

2. bì ❸水名。源出河南泌阳县东，流入唐河。

【泌瀄】 mìjié 水流冲激的样子。司马相如《上林赋》："滭弗宓汩，偪侧～～。"（滭弗：盛大的样子。）

觅（覓、覔） mì ❶寻找。苏轼《法惠寺横翠阁》诗："游人寻我旧游处，但～吴山横处来。"辛弃疾《永遇乐·京口北固亭怀古》词："千古江山，英雄无～、孙仲谋处。"❷量词。《新唐书·南诏传》："以缯帛及贝市易，贝大者若指，十六枚为一～。"

【觅句】 mìjù 推敲诗句。杜甫《又示宗武》诗："～～新知律，摊书解满床。"黄庭坚《病起荆江亭即事》诗之八："闭门～～陈无已，对客挥毫秦少游。"

秘（祕） mì ❶秘密，隐秘。《史记·陈丞相世家》："其计～，世莫得闻。"《三国志·魏书·管辂传》注引《辂别传》："使幽验皆举，～言不遗，千载之后，有道者必信而贵之，无道者必疑而怪之。"㊂保守秘密。《史记·秦始皇本纪》："丞相（李）斯为上崩在外，恐诸公子及天下有变，乃～之，不发丧。"❷奥秘，奥妙。《宋书·谢灵运传论》："虽文体稍精，而此～未睹。"❸希奇。张衡《西京赋》："～舞更奏，妙材骋伎。"❹闭。谢灵运《入彭蠡湖口》诗："灵物吝珍怪，异人～精魂。"❺姓。汉代有秘彭祖。

【秘书】 mìshū ❶宫廷藏书。《后汉书·班彪传》："迁为郎，典校～～。"又《贾逵传》："与班固并校～～。"❷指谶纬图箓等书。《后汉书·郑玄传》："遂博稽《六艺》，粗览传记，时睹～～纬术之奥。"❸官名。《颜氏家训·勉学》："上车不落则著作，体中何如则～～。"

密 mì ❶状如堂屋的山。《尸子·绰子》："松柏之鼠，不知堂～之有美枞。"❷隐秘，秘密。《国语·晋语五》："袭侵～声，为暂事也。"《论衡·说日》："天北际下地中，日随天而入地，地～鄣隐，故人不见。"《后汉书·刘盆子传》："吕母怨宰，～聚客，规以报仇。"❸稠密，细密。《周易·小畜》："～云不雨。"文同《织妇怨》诗："皆言边幅好，自爱经纬～。"㊂坚实。《吕氏春秋·孟冬》："孟冬行春令，则冻闭不～，地气发泄，民多流亡。"孔融《临终诗》："言多令事败，器漏苦不～。"❹周密，严密。《汉书·黄霸传》："属令周～。"陈子昂《复仇议》："礼防至～，其弊不胜。"❺密切，亲近。《三国志·魏书·袁绍传》："绍悔，欲令太祖徙天子都鄄城以自～近，太祖拒之。"黄庭坚《薛乐道自南阳来入都留宿会饮作诗饯行》："～坐幸颇欢，剧饮宁辞痛。"❻寂静。《尚书·舜典》："帝乃殂落，……三载，四海遏～八音。"《管子·大匡》："夫诈～而后动者胜。"❼安定，安宁。《国语·周语下》："～，宁也。"❽通"蜜"。蜂蜜。《农政全书·种植》："《异物志》曰：'甘蔗如饴～，甚美，食之四五枚可饱。'"❾古国名。1）即密须，在今甘肃灵台县西。《诗经·大雅·皇矣》："～人不恭。"2）在今河南新密市。《国语·周语上》："康公弗献，一年，王灭～。"❿姓。宋代有密佑。

【密迩】 mì'ěr 贴近，靠近。《国语·鲁语下》："齐师退而后敢还，非以求远也，以鲁之～～于齐，而又小国也。"《三国志·吴书·鲁肃传》："今既与曹操为敌，刘备近在公安，边境～～，百姓未附，宜得良将以镇抚之。"

【密密】 mìmì ❶细密。孟郊《游子吟》："慈母手中线，游子身上衣。临行～～缝，意恐迟迟归。"❷勤勉，谨慎。《韩非子·说林下》："我笑勾践也。为人之如是其易也，已独何为～～十年难乎？"

【密勿】 mìwù ❶勤勉努力。《后汉书·傅毅传》："～～朝夕，聿同始卒。"李商隐《为李贻孙上李相公启》："遂去北边，欲事南牧。既赫斯而贻怒，乃～～以陈谋。"❷机密。《三国志·魏书·杜恕传》："与闻政事～～大臣，宁有恳恳忧此者乎？"

谧(謐) mì 安静，安宁。《后汉书·桓帝纪》："故假延临政，以须安～。"刘禹锡《彭阳侯令狐氏先庙碑》："礼无尤违，神用宁～。"

幂(冪、羃) mì ❶覆盖东西的巾。《礼记·礼运》："疏布以～。"《辽史·礼志五》："设传宣受册拜褥，册案置褥左，去～盖。"❷覆盖。《战国策·楚策四》："君亦闻骥乎？……伯乐遭之，下车攀而哭之，解纻衣以～之。"孙岩《树阴》诗："春去空山啼乳罂，罂边老树～新青。"(罂：同"莺"。)❸涂抹。左思《魏都赋》："葺墙～室，房庑杂袭。"

【幂幂】 mìmì 浓密笼罩的样子。李华《吊古战场文》："魂魄结兮天沉沉，鬼神聚兮云～～。"韩愈《叉鱼招张功曹》诗："盖江烟～～，拂棹影寥寥。"

蓂 1. mì ❶菜名，即菥蓂，荠菜的一种。张衡《南都赋》："若其园圃，则有……菥～、芋瓜。"

2. míng ❷蓂荚，传说中的一种瑞草。班固《白虎通·符瑞》："～荚者，树名也，月一日一荚生，十五日毕，至十六日一荚去。故夹阶而生，以明日月也。"

塓 mì 涂刷(墙壁)。《左传·襄公三十一年》："圬人以时～馆宫室。"

幎 mì ❶幕。《说文·巾部》："～，幔也。"❷覆盖。《仪礼·士丧礼》："～目用缁。"《淮南子·原道训》："舒之～于六合，卷之不盈于一握。"❸均匀。《周礼·考工记·轮人》："望而眡其轮，欲其～尔而下迆也。"

【幎历】 mìlì 迷离，模糊。潘岳《射雉赋》："～～乍见。"

滵 mì 见"滵汩"。

【滵汩】 mìyù 水流急速的样子。《史记·司马相如列传》："泮浡～～，湢测泌浡。"(泮浡：盛大的样子。)

瞇 mì 眼皮微合的样子。汤显祖《牡丹亭·寻梦》："是这等荒凉地面，没多半亭台靠边，好是咱～睽色眼寻难见，明放著白日青天。"

mian

眠 mián ❶合眼，瞑目。《山海经·东山经》："［馀峨之山］有兽焉，其状如菟，而鸟喙鸱目蛇尾，见人则～。"《后汉书·冯衍传下》："虽九死而不～兮，恐余殃之有再。"❷睡觉。《后汉书·第五伦传》："吾子有疾，虽不省视而竟夕不～。"李白《塞下曲》之一："晓战随金鼓，宵～抱玉鞍。"❸某些动物在一段时间内不食不动的生理状态。张籍《江村行》诗："桑村椹黑蚕再～，妇姑采桑不向田。"❹躺，横卧。令狐楚《白杨神新庙碑》："巨柢交柯，龙翔虎～。"司空图《二十四诗品·典雅》："～琴绿阴，上有飞瀑。"

【眠床】 miánchuáng 卧具。古亦以床为坐具，为了区别，故称卧具为眠床。《南史·鱼弘传》："有～～一张，皆是蹙柘，四面周匝，无一有异。"

【眠桅】 miánwéi 放下桅杆。船家讳言"倒"字，故改称"眠"。元稹《遭风二十韵》："后侣逢滩方拽笮，前宗到浦已～～。"(笮：挽舟的竹索。)

【眠云】 miányún 指居住山中。刘禹锡《西山兰若试茶歌》："欲知花乳清冷味，须是～～卧石人。"陆龟蒙《和旅泊吴门韵》："茅峰曾醮斗，笠泽久～～。"

冥 mián 见 míng。

绵(綿、緜) mián ❶丝绵。曹操《抑兼并令》："其收田租亩四升，户出绢二匹，～二斤而已。"㊀指绵絮一样的东西。陆游《沈园》诗之二："梦断香消四十年，沈园柳老不吹～。"❷绵延，延续不断。张衡《思玄赋》："潜服膺以永靖兮，～日月而不衰。"《后汉书·西羌传》："滨于赐支，至乎河首，～地千里。"❸绵远，遥远。陆机《饮马长城窟行》："冬来秋未反，去家邈以～。"❹薄弱。《汉书·严助传》："越人～力薄材，不能陆战。"

【绵薄】 miánbó 绵力薄材，微力。常用作自谦之辞。《聊斋志异·青凤》："必欲仆效～～，非青凤来不可。"

【绵惙】 miánchuò 病势危重。《魏书·广陵王羽传》："叔翻沉疴～～，遂有辰岁。我每为深忧，恐其不振。"

【绵笃】 miándǔ 病情沉重。《晋书·陶侃传》："不图所患遂尔～～。伏枕感结，情不自胜。"

【绵顿】 miándùn 绵弱困顿，久病衰弱的样子。刘潜《为南平王让徐州表》："臣～～枕席，动移旬晦。恒恐尺波易流，寸阴难保。"

【绵亘】 miángèn 延伸，连绵不断。扬雄《蜀都赋》："东有巴、赍，～～百濮。"

【绵联】 miánlián 连绵不绝。张衡《西京赋》："缭垣～～，四百馀里。"亦作"绵连"。王褒《洞箫赋》："翩～～以牢落兮，漂乍弃而为他。"

【绵挛】 miánluán 牵制。《后汉书·张衡传》："毋～～以涬己兮，思百忧以自疢。"（李贤注："绵挛，犹牵制也……言勿牵制于俗，引忧于己。"）

【绵蛮】 miánmán 《诗经·小雅·绵蛮》："～～黄鸟，止于丘隅。"毛传："绵蛮，小鸟貌。"朱熹集传："绵蛮，鸟声。"后以"绵蛮"指小鸟或鸟鸣声。卢照邻《绵州官池赠别同赋湾字》："欲叙他乡别，幽谷有～～。"晏殊《喜迁莺》词："风转蕙，露催莲，莺语尚～～。"

【绵蔓】 miánmàn 延长的样子。潘岳《笙赋》："若乃～～纷敷之丽，浸润灵液之滋。"

【绵密】 miánmì ❶细密。沈约《愍衰草赋》："布～～于寒皋，吐纤疏于危石。"《北周书·姚僧垣传》："梁武帝叹曰：'卿用意～～，乃至于此！'"❷紧凑。《宣和书谱·正书一》："[萧思话]初学书于羊欣，下笔～～娉婷，当时有凫鸥雁鹜游戏沙汀之比。"

【绵幂】 miánmì ❶细微。左思《魏都赋》："薄成～～，无异蛛蝥之网。"❷密而相覆。李白《黄葛篇》诗："黄葛生洛溪，黄花自～～。"

【绵绵】 miánmián ❶连绵不断的样子。《诗经·王风·葛藟》："～～葛藟，在河之浒。"《荀子·王霸》："～～常以结引驰外为务。"❷细弱的样子。《战国策·魏策一》："周书曰：'～～不绝，缦缦奈何？毫毛不拔，将成斧柯。'"《素问·脉要精微论》："～～其去如弦绝死。"❸静谧的样子。《诗经·大雅·常武》："～～翼翼，不测不克。"

【绵邈】 miánmiǎo 遥远，久远。左思《吴都赋》："岛屿～～，洲渚冯隆。"《晋书·天文志上》："年代～～，文籍靡传。"

棉 mián 植物名。棉花。成廷珪《夜泊青蒲邨》诗："荠菜登盘甘似蜜，芦花纫被暖如～。"姚燮《卖菜妇》诗："～衣已典，无钱不可赎，娇儿瑟缩抱娘哭。"

婳 mián ❶眼睛美丽的样子。《楚辞·大招》："青色直眉，美目～只。"❷嫉妒。桓谭《新论·述策》："阏氏妇女，有妒～之性，必憎恶而事去之。"

瞑 mián 见 míng。

蝒 mián 蝉的一种。又称蝒马。《尔雅·释虫》："～，马蜩。"《方言》卷十一："蝉，楚谓之蜩……其大者，谓之蟧，或谓之～马。"

瞑 mián 见 míng。

矊（矏、𥌓） mián 眼珠黑。引申为眼睛含情脉脉的样子。《楚辞·招魂》："靡颜腻理，遗视～些。"（靡：细致。遗视：偷看。）

【矊眇】 miánmiǎo 凝眸远视的样子。郭璞《江赋》："冰夷倚浪以傲睨，江妃含嚬而～～。"亦作"绵眇"。崔融《嵩山启母庙碑》："洛妃绰约，江妃～～。"

櫋 mián 屋檐板。一说指室中的隔扇。《楚辞·九歌·湘夫人》："罔薜荔兮为帷，擗蕙～兮既张。"

丏 miǎn 遮蔽不见。《说文·丏部》："～，不见也，象壅蔽之形。"

沔 miǎn ❶水名。汉水的上游。《水经注·沔水》："漾水东流为～，盖与～合也，至汉中为汉水。"❷水流盛满的样子。《诗经·小雅·沔水》："～彼流水，朝宗于海。"❸通"湎"。沉迷。《史记·乐书》："陵迟以至六国，流～沈佚，遂往不返。"

免 1. miǎn ❶免除，避免。《孟子·梁惠王下》："滕，小国也，竭力以事大国，则不得～焉，如之何则可？"《论衡·累害》："虽孔丘、墨翟不能自～，颜回、曾参不能全身也。"❷赦免，释放。《左传·成公二年》："赦之，以劝事君者。乃～之。"《管子·大匡》："～公子者为上，死者为下。"❸除去，脱掉。《国语·周语中》："左右皆～胄而下拜。"参见"免冠"。❹免职，罢免。《史记·秦本纪》："薛文以金受～，楼缓为丞相。"《汉书·文帝纪》："遂～丞相勃，遣就国。"❺通"娩"。分娩。《国语·越语上》："将～者以告，公令医守之。"《论衡·去验》："适～母身，母见其上若一匹练状，经上天。"❻通"勉"。勉励。《汉书·薛宣传》："二人视事数月而两县皆治，宣因移书劳～之。"

2. wèn ❼通"绕"。一种丧礼，脱帽，以麻束发。《礼记·檀弓上》："公仪仲子之丧，檀弓～焉。"

3. fǔ ❽通"俛"。俯身，屈身。《汉书·项籍传》："蹑足行伍之间，而～起阡陌之中。"

【免官】 miǎnguān 罢免官职。《汉书·贡禹传》："犯者辄～～削爵，不得仕宦。"《宋书·谢灵运传》："上爱其才，欲～～而已。"

【免冠】 miǎnguān 脱帽。常表示谢罪。《战国策·魏策四》："布衣之怒，亦～～徒跣，以头抢地尔。"《史记·张释之冯唐列传》："文帝～～谢曰：'教儿子不谨。'"

【免乳】 miǎnrǔ 生育。免，通"娩"。《汉书·孝宣许皇后传》："妇人～～大故，十死一生。"

【免席】 miǎnxí 避席。离席而起，表示敬畏。《史记·乐书》："宾牟贾起，～～而请。"

缅 miǎn 见 miè。

黾 miǎn 见 měng。

眄 miǎn ❶斜视。《史记·鲁仲连邹阳列传》："臣闻明月之珠，夜光之璧，以暗投人于道路，人无不按剑相～者。"㊂视，看。《后汉书·马援传》："援据鞍顾～，以示可用。"❷照看。《晋书·石勒载记》："明公当察勒微心，慈～如子也。"

【眄睐】 miǎnlài ❶顾盼，目光左右环视。《古诗十九首》之十六："～～以适意，引领遥相睎。"张华《永怀赋》："美淑人之妖艳，因～～而倾城。"❷眷顾。李商隐《为张周封上杨相公启》："咳唾随风，～～成饰。"刘长卿《早春赠别赵居士还江左时长卿下第归嵩阳旧居》诗："顾予尚羁束，何幸承～～。"

【眄眄】 miǎnmiǎn 邪视的样子。《资治通鉴·唐肃宗乾元元年》："由是为下者常～～焉伺其上，苟得间则攻而族之。"

【眄睨】 miǎnnì 邪视。表示轻慢。《后汉书·阴兴传》："夫外戚家苦不知谦退，嫁女欲配侯王，取妇～～公主，愚心实不安也。"

【眄视】 miǎnshì 斜视。傲慢的表示。《战国策·燕策二》："冯几据杖，～～指使，则厮役之人至。"

【眄伺】 miǎnsì 窥伺。《汉书·文三王传》："谗臣在其间，左右弄口，积使上下不和，更相～～。"

勉 miǎn ❶尽力，努力。《国语·晋语四》："有晋国者，非子而谁？子其～之！"《后汉书·明帝纪》："群司～修职事，极言无讳。"㊂赶紧，赶快。《吕氏春秋·具备》："宓子贱曰：'子之书甚不善，子～归矣。'"❷勉励，鼓励。《荀子·王制》："～之以庆赏，惩之以刑罚。"《吕氏春秋·季春纪》："周天下，～诸侯，聘名士，礼贤者。"❸勉强。《后汉书·桓谭传》："故虽有怯弱，犹～而行之。"

【勉力】 miǎnlì ❶努力。《论衡·命禄》："～～勤事以致富，砥才明操以取贵。"❷使努力，勉励。《史记·萧相国世家》："相国为上在军，乃拊循～～百姓，悉以所有佐军如陈豨时。"

【勉励】 miǎnlì 勉力自励。司马迁《报任少卿书》："传曰：'刑不上大夫。'此言士节不可不～～也。"也作"勉厉"。《论衡·本性》："长大之后，禁情割欲，～～为善矣。"

【勉勉】 miǎnmiǎn 勤勉努力。《诗经·大雅·棫朴》："～～我王，纲纪四方。"陆游《自规》诗："修身在我尔，～～尽馀生。"

【勉强】 miǎnqiǎng ❶努力去做。《礼记·中庸》："或～～而行之。"《汉书·楚元王传》："～～以从王事。"❷心不情愿或力量不足而强行。嵇康《与山巨源绝交书》："不相酬答，则犯教伤义；欲自～～，则不能久。"杜甫《法镜寺》诗："身危适他州，～～终劳苦。"欧阳修《读蟠桃诗寄子美》诗："引吭和其音，力尽犹～～。"

【勉劝】 miǎnquàn 鼓励。《后汉书·章帝纪》："二千石～～农桑，弘致劳来。"

【勉勖】 miǎnxù 勉励。《抱朴子·刺骄》："愿夫在位君子，无以貌取人，～～谦损，以永天职耳。"《三国志·魏书·齐王芳纪》："其与群卿大夫～～乃心，称朕意焉。"

俛 1. miǎn ❶通"勉"。勤勉。《礼记·表记》："～焉日有孳孳。"陆机《文赋》："在有无而僶～，当浅深而不让。"

2. fǔ ❷通"俯"。《左传·成公二年》："韩厥～定其右。"韩愈《应科目时与人书》："若～首帖耳摇尾而乞怜者，非我之志也。"

娩 1. miǎn ❶生育。《新唐书·王毛仲传》："于牧事尤力，～息不訾。"孟元老《东京梦华录·育子》："就蓐分～讫，人争送粟米炭醋之类。"

2. wǎn ❷柔顺。《礼记·内则》："姆教婉～听从。"

【娩泽】 wǎnzé 润泽。《荀子·礼论》："故说豫～～，忧戚萃恶，是吉凶忧愉之情发于颜色者也。"

挽 miǎn 生育。《说文·子部》："～，生子免身也。"《北史·尒朱荣传》："言看皇后～难。"

【挽乳】 miǎnrǔ 生育。刘向《列女传·霍夫人显》："妇人～～大故，十死一生。"《资治通鉴·梁武帝中大通二年》："会[尒朱]荣请入朝，欲视皇后～～。"

渑(澠) 1. miǎn(又读 mǐn) ❶见"渑池"。

2. shéng ❷古水名。1) 在今山东省淄博市临淄区一带。《左传·昭公十二年》："有酒如～，有肉如陵。"《吕氏春秋·精谕》："淄、～之合者，易牙尝而知之。"2) 在今四川省境内。《山海经·海内经》："有巴遂山，～水出焉。"

【渑池】 miǎnchí ❶池名。在今河南省宜阳县西。《水经注·洛水》："洛水之北，有熊耳山……山际有池，池水东南流，水侧有一池，世谓之～～矣。"❷古县名。在今河南省渑池县西。韩愈《殿中侍御史李君墓志铭》："葬河南洛阳县，距其祖～～令府君侨墓十里。"

勔 miǎn 勉力，努力。《后汉书·张衡传》："～自强而不息兮，蹈玉阶之峣峥。"

冕 miǎn 礼帽。古代帝王、诸侯、卿大夫所戴。《孟子·告子下》："孔子为鲁司寇，不用，从而祭，燔肉不至，不税～而行。"（税：脱。）《史记·乐书》："吾端～而听古乐。"后专指皇冠。

【冕服】 miǎnfú 举行吉礼时穿戴的礼服礼帽。《国语·周语上》："太宰以王命命～～，内史赞之，三命之后即～～。"

【冕笏】 miǎnhù 笏，手板。冕和笏都是官吏的服制，后因以指做官的人。王融《永明十一年策秀才文》之一："若闲冗毕弃，则横议无已；～～不澄，则坐谈弥积。"

【冕旒】 miǎnliú ❶礼冠中最尊贵的一种。冠顶有板，板的前端垂有玉串，称为旒。天子之冕十二旒，诸侯九，上大夫七，下大夫五。《后汉书·蔡茂传》："赐以三公之服，黼黻～～。"❷皇帝的代称。苏舜钦《乞纳谏书》："臣区区以此言达于～～者，非不知出口祸从，为众悯笑。"

偭 miǎn（又读 miàn） ❶面向。《说文·人部》引《礼记·少仪》："尊壶者～其鼻。"（今本《礼记》作"面"。）❷背，违背，背离。《楚辞·离骚》："固时俗之工巧兮，～规矩而改错。"《汉书·贾谊传》："～蟂獭以隐处兮，夫岂从虾与蛭螾？"

湎 miǎn ❶沉迷于酒。《吕氏春秋·当务》："舜有不孝之行，禹有淫～之意。"《后汉书·律历志下》："夏后之时，羲和淫～，废时乱日。"❷沉迷。《礼记·乐记》："慢易以犯节，流～以忘本。"《汉书·五行志中》："君～于酒，淫于色。"

【湎湎】 miǎnmiǎn 流动的样子。《论衡·寒温》："蚩尤之民，～～纷纷；亡秦之路，赤衣比肩。"《汉书·叙传下》："风流民化，～～纷纷。"

【湎淫】 miǎnyín 沉溺于酒。《史记·夏本纪》："帝中康时，羲和～～，废时乱日。"李峤《神龙历序》："废时乱日，非直羲和～～；亡甲丧子，岂惟商辛暴虐！"

靦 miǎn 见 tiǎn。

缅（緬） miǎn ❶细丝。《说文·糸部》："～，微丝也。"❷远，遥远。陶渊明《感士不遇赋》："苍冥遐～，人事无已。"陈子昂《堂弟孜墓志铭》："方谓拂羽乔木，～升高云，而遭命大过，栋桡而殒。"❸隐而不明。《三国志·吴书·步骘传》："至于远近士人，先后之宜，犹或～焉，未之能详。"潘岳《西征赋》："窥秦墟于渭城，冀阙～其堙尽。"

【缅怀】 miǎnhuái 远怀，追念。李白《登金陵冶城西北谢安墩》诗："想像东山姿，～～右军言。"张说《东山记》："虽翊亮廊庙，而～～林薮。"

【缅缅】 miǎnmiǎn 杂乱的样子。《三国志·魏书·夏侯玄传》："自州郡中正品度官才之来，有年载矣，～～纷纷，未闻整齐。"

【缅邈】 miǎnmiǎo 遥远的样子。陆机《拟行行重行行》："音徽日夜离，～～若飞沈。"《晋书·左贵嫔传》："况骨肉之相於兮，永～～而两绝。"

【缅然】 miǎnrán 遥远的样子。《国语·楚语上》："彼惧而奔郑，～～引领南望。"王安石《答姚闢书》："守经而不苟世，其于道也几，其去蹈利者则～～矣。"

【缅思】 miǎnsī 遥想。杜甫《北征》诗："～～桃源内，益叹身世拙。"

腼 miǎn 见"腼腆"。

【腼腆】 miǎntiǎn 害羞的样子。王实甫《西厢记》一本一折："未语人前先～～。"

鮸（鮸） miǎn 海鱼名。杜宝《大业拾遗录》："六年，吴郡献海～干脍四瓶。"

面¹（靣） miàn ❶脸。《战国策·赵策四》："有复言令长安君为质者，老妇必唾其～。"《汉书·卫青传》："会日且入，而大风起，沙砾击～。"㊀脸色。《孟子·公孙丑下》："谏于其君不受则怒，悻悻然见于其～。"㊁表现在脸色上。《荀子·大略》："君子之于子，爱之而勿～。"❷前面。《尚书·顾命》："大辂在宾阶～，缀辂在阼阶～。"❸面向。《孟子·万章上》："舜南～而立，尧帅诸侯北～而朝之。"《列子·汤问》："～山而居。"❹当面。《战国策·齐策一》："能～刺寡人之过者，受上赏。"《后汉书·朱晖传》："俗吏苟合，阿意～从。"❺见面。《左传·昭公六年》："以其乘马八匹私～。"《晋书·张华传》："陆机兄弟……见华，一～如旧。"❻观察。潘岳《笙赋》："审洪纤，～短长。"❼方面。《史记·留侯世家》："而汉王之将，独韩信可属大事，当一～。"《后汉书·西域传》："三～路绝，唯西北隅通陆道。”❽外表，表面。韩愈《南山诗》：“微澜动水～，踊跃躁猱狖。”❾量词。《宋书·何承天传》：“上又赐银装筝一～。”段安节《琵琶录》：“内库有琵琶二～。”❿通“偭”。相背。《汉书·张欧传》：“上具狱事，有可却，却之；不可者，不得已，为涕泣，～而封之。”《后汉书·张衡传》：“求之无益，故智者～而不思。”

【面壁】 miànbì ❶面向墙壁。常表示不介意或无所用心。《晋书·王述传》：“谢奕性粗，尝忿述，极言骂之，述无所应，唯～～而已。”郑文宝《南唐近事》：“或谓曰：‘公罢直私门，何以为乐？’常［梦锡］曰：‘垂帏痛饮，～～而已。’”❷佛教用语。面对墙壁端坐静修。也叫坐禅。《五灯会元》卷一“东土祖师”：“［菩提达摩大师］寓止于嵩山少林寺，～～而坐，终日默然，人莫之测，谓之壁观婆罗门。”

【面辅】 miànfǔ 面颊。《论衡·初禀》：“体者，～～骨法，生而禀之。”

【面缚】 miànfù 两手反绑于背，表示投降。《史记·宋微子世家》：“周武王伐纣克殷，微子乃持其祭器造于军门，肉袒～～，左牵羊，右把茅，膝行而前以告。”丘迟《与陈伯之书》：“姚泓之盛，～～西都。”

【面貌】 miànmào 相貌。《汉书·田儋传》：“且陛下所以欲见我，不过欲壹见我～～耳。”

【面命】 miànmìng 当面教导。《诗经·大雅·抑》：“匪～～之，言提其耳。”

【面目】 miànmù ❶脸面，面貌。《战国策·秦策一》：“形容枯槁，～～犁黑，状有归色。”也指事物的外貌。苏轼《题西林壁》诗：“不识庐山真～～，只缘身在此山中。”❷面子，颜面。《史记·吕太后本纪》：“诸君从欲阿意背约，何～～见高帝地下？”《汉书·张耳陈馀传》：“且人臣有篡弑之名，岂有～～复事上哉！”

【面墙】 miànqiáng 面对着墙一无所见，比喻不学。《晋书·凉武昭王李玄盛传》：“～～而立，不成人也。”潘岳《西征赋》：“诵六艺以饰奸，焚诗书而～～。”

【面首】 miànshǒu 本指壮美的男子，引申为男妾，男宠。《资治通鉴·宋明帝泰始元年》：“［山阴公主］尝谓帝曰：‘妾与陛下男女虽殊，俱托体先帝，陛下六宫万数，而妾唯驸马一人，事太不均。’帝乃为公主置～～左右三十人。”（胡三省注：“面取其貌美，首取其发美。”）

【面汤】 miàntāng 洗脸的热水。吴自牧《梦粱录·天晓诸人出市》：“又有浴堂门卖～～者。”

【面友】 miànyǒu 非真心相交的朋友。《法言·学行》：“朋而不心，面朋也；友而不心，～～也。”

【面谀】 miànyú 当面阿谀奉承。《孟子·告子下》：“士止于千里之外，则谗谄～～之人至矣。”《史记·魏其武安侯列传》：“灌夫为人刚直，使酒，不好～～。”

【面誉】 miànyù 当面恭维。《庄子·盗跖》：“好～～人者，亦好背而毁之。”《后汉书·郎𫖮传》：“所以发愤忘食，恳恳不已者，诚念朝廷欲致兴平，非不能～～也。”

【面折】 miànzhé 当面指责人的过失。《史记·汲郑列传》：“黯为人性倨，少礼，～～，不能容人之过。”又《吕太后本纪》：“陈平、绛侯曰：‘于今～～廷争，臣不如君；夫全社稷，定刘氏之后，君亦不如臣。’王陵无以应之。”

面²（麵、麪） miàn ❶麦子磨成的面粉。《说文·麦部》：“～，麦屑末也。”束皙《饼赋》：“重罗之～，尘飞雪白。”❷面粉做成的食品。冯贽《云仙杂记》卷五：“杨珽游王铁家，食一物如枣而中空，其实～也。”❸泛指粉末。常璩《华阳国志·南中志》：“少穀有桄榔木可以作～。”

【面市】 miànshì 比喻大雪覆盖的街市。元稹《西归绝句》之十：“风回～～连天合，冻压花枝着水低。”李商隐《喜雪》诗：“人疑游～～，马似困盐城。”

粡 miàn 碎米。《玉篇·米部》：“～，屑米。”

【粡粍】 miànzhé 用碎米煮的汤，是一种饮料。贾思勰《齐民要术·煮粡》：“宿客足作～～。粡末一斗，以沸汤一升沃之……漉出滓，以粡箒舂取勃，勃别出一器中，折米白煮，取汁为白饮。”

miao

苗 miáo ❶没有吐穗的庄稼。《诗经·王风·黍离》：“彼黍离离，彼稷之～。”《孟子·尽心下》：“恶莠，恐其害～也。”（莠：杂草。）㉑泛指初生的植物。左思《咏史》之二：“郁郁涧底松，离离山上～。”㉒某些初生的动物。范成大《梅雨》诗：“雨霁云开地面光，三年鱼～如许长。❷事物的苗头、征兆。白居易《读张籍古乐府》诗：“言者志之～，行者文之根。”❸后代，子孙。《史记·太史公自序》：“毕公之～，因国为姓。”《三国志·魏书·蒋济传》：“济以为舜本姓妫，其～

曰田，非曹之先。”❹夭折，早死。《后汉书·章帝八王传赞》：“振振子孙，或秀或～。”❺民众。《法言·重黎》：“播其虐于黎～。”《后汉书·和熹邓皇后纪》：“损膳解骖，以赡黎～。”❻夏季打猎。《诗经·小雅·车攻》：“之子于～，造徒嚣嚣。”《左传·隐公五年》：“春蒐、夏～、秋狝、冬狩。”❼我国古代部族名。亦称三苗。《国语·周语下》：“王无亦鉴于黎、～之王，下及夏、商之季。”❽古地名。《左传·襄公二十六年》：“伯贲之子伯皇奔晋，晋人与之～。”

【苗茨】 miáocí　犹茅茨。茅草屋顶。杨衒之《洛阳伽蓝记·城内建春门》：“柰林南有石碑一所，魏明帝所立也。题云‘～～之碑’。高祖于碑北作～～堂。永安中年，庄帝习马射于华林园，百官皆来读碑，疑‘苗’字误……衒之时为奉朝请，因即释曰：‘以蒿覆之，故言苗茨。何误之有？’众咸称善，以为得其旨归。”

【苗父】 miáofǔ　传说中的上古神医名。刘向《说苑·辨物》：“吾闻上古之为医者曰～～。～～之为医也，以菅为席，以刍为狗，北面而祝，发十言耳。诸扶而来者，轝而来者，皆平复如故。”

【苗末】 miáomò　犹苗裔。《吴越春秋·越王无余外传》：“鸟禽呼咽喋咽喋，指天向禹墓曰：我是无余君之～～。”

【苗条】 miáotiáo　细长多姿。史达祖《临江仙》词：“草脚青回细腻，柳梢绿转～～。”

【苗绪】 miáoxù　后代，子孙。《后汉书·寇荣传》：“臣功臣～～，生长王国。”陆云《祖考颂》：“云之世族，承黄虞之～～，裔灵根之遗芳。”

【苗裔】 miáoyì　后代，子孙。《楚辞·离骚》：“帝高阳之～～兮，朕皇考曰伯庸。”《史记·韩世家》：“韩之先与周同姓，姓姬氏。其后～～事晋，得封于韩原，曰韩武子。”

【苗胤】 miáoyìn　犹苗裔。《后汉书·樊宏传赞》：“恂恂～～，传龟袭紫。”

【苗族】 miáozú　❶后代。《三国志·蜀书·诸葛亮传》：“今曹氏篡汉，天下无主，大王刘氏～～，绍世而起，今即帝位，乃其宜也。”❷我国少数民族名。

【苗而不秀】 miáo'érbùxiù　长了苗却没有开花结果。本为孔子痛惜颜渊早死的话，后用以指未成人而夭折。《论语·子罕》：“～～～～者，有矣夫！秀而不实者，有矣夫！”《世说新语·赏誉》：“[王]戎子万子，有大成之风，～～～～。”

蚐 miáo　初生的蚕。《玉篇·虫部》：“～，蚕初生。”《本草纲目·虫一》：“自卵出而为～，自～脱而为蚕。”

描 miáo　依样描画，描摹。白居易《小童薛阳陶吹觱篥歌》：“缓声展引长有条，有条直直如笔～。”王实甫《西厢记》四本二折：“一个晓尽～鸾刺绣。”

【描摸】 miáomó　❶描画。周密《杏花天·昭君》词：“丹青自是难～～，不是当初画错。”❷揣摸。刘克庄《忆秦娥·感旧》词：“古来成败难～～，而今却悔当初错。”

【描写】 miáoxiě　描画。梅尧臣《和杨直讲夹竹花图》：“年深粉剥见墨纵，～～工夫始惊俗。”

媌 miáo　美好。《方言》卷一：“秦晋之间，凡好而轻者谓之娥，自关而东，河济之间谓之～。”《列子·周穆王》：“简郑卫之处子娥～靡曼者，施芳泽，正蛾眉。”

訬 miǎo　见 chāo。

纱 miǎo　见 shā。

杪 miǎo　❶树梢。陆机《感时赋》：“猿长啸于木～兮，鸟高翔于云端。”《南史·王元规传》：“留其男女三人，阁于树～。”㊀末端。《汉书·王莽传上》：“同时断斩，悬头竿～。”欧阳修《洛阳牡丹记》：“叶～深红一点，如人以手指掐之。”❷年、季、月的末尾。柳宗元《四门助教厅壁记》：“其有通经力学者，必于岁之～，升于礼部，听简试焉。”李端《送友人游江东》诗：“江上花开尽，南行见～春。”（杪春：农历三月。）❸细微。见“杪小”。

【杪曶】 miǎohū　微少。《后汉书·律历志中》：“夫数出于～～，以成毫厘。”

【杪季】 miǎojì　末世。《抱朴子·诘鲍》：“降及～～，智用巧生。”

【杪小】 miǎoxiǎo　微小。《后汉书·冯衍传下》：“阔略～～之礼，荡佚人间之事。”

眇 miǎo　腹部两侧胁肋下虚软的地方。《素问·骨空论》：“～终季胁引少腹而痛胀。”

眇 1. miǎo　❶偏盲，一眼瞎。《周易·履》：“～能视，跛能履。”《史记·晋世家》：“郤克偻，而鲁使蹇，卫使～，故齐亦令人如之以导客。”㊀眼睛。苏轼《日喻》：“生而～者不识日，问之有目者。”❷眯着眼睛看，仔细看。《汉书·叙传上》：“若乃牙、旷清耳于管弦，离娄～目于豪分。”❸微小。《史记·孟尝君列传》：“始以薛公为魁然也，今视之，乃～小丈夫耳。”《后汉书·章帝纪》：“朕以～身，托于王侯之上。”㊁衰微。

《后汉书·冯衍传下》："摛道德之光耀兮，匡衰世之～风。"❹高。《荀子·儒效》："仁～天下，故天下莫不亲也。"《论衡·别通》："开户内光，坐高堂之上，～升楼台，窥四邻之廷，人之所愿也。"❺通"渺"。辽远。《楚辞·九章·哀郢》："心婵媛而伤怀兮，～不知其所蹠。"

2. miào ❻通"妙"。美好，精微。扬雄《解难》："是以声之～者不可同于众人之耳。"《论衡·定贤》："文丽而务巨，言～而趋深，然而不能处定是非，辩然否之实。"

【眇忽】 miǎohū 微茫不明的样子。柳宗元《潭州东池戴氏堂记》："就之，颠倒万物，辽廓～～。"俞文豹《吹剑四录》："事事物物，大而昭著，微而～～。"

【眇茫】 miǎománg 同"渺茫"。遥远而模糊不清。《论衡·知实》："神者，～～恍惚无形之实。"亦作"眇芒"。韩愈《感春》诗之三："死者长～～，生者困乖隔。"

【眇绵】 miǎomián 幽远。《法言·先知》："知其道者其如视，忽～～作昞。"（昞：同"炳"。明。）张九龄《题画山水障》诗："对翫有佳趣，使我心～～。"

【眇眇】 miǎomiǎo ❶微小。《史记·孝武本纪》："朕以～～之身承至尊，兢兢焉惧弗任。"《后汉书·明帝纪》："～～小子，属当圣业。"❷辽远，高远。《楚辞·九章·悲回风》："登石峦以远望兮，路～～之默默。"陆机《文赋》："心懔懔以怀霜，志～～而临云。"❸远视的样子。《楚辞·九歌·湘夫人》："帝子降兮北渚，目～～兮愁予。"❹风吹动的样子。《后汉书·张衡传》："云菲菲兮绕余轮，风～～兮震余旆。"❺飘忽难辨。《汉书·司马相如传上》："～～忽忽，若神之髣髴。"卢照邻《释疾文》："时～～兮岁冥冥，昼杳杳兮夜丁丁。"

【眇默】 miǎomò 遥远，远逝。颜延之《还至梁城作》诗："～～轨路长，憔悴征戍勤。"王俭《褚渊碑文》："感逝川之无舍，哀清晖之～～。"

【眇然】 miǎorán 高远的样子。《后汉书·冯衍传下》："疆理九野，经营五山，～～有思陵云之意。"欧阳修《孙子后序》："圣俞为人谨质温恭，衣冠进趋，～～儒者也。"

【眇视】 miǎoshì ❶用一只眼睛看。晁补之《梦觌赋》："岂～～不足与明兮，萍非寄而终离。"❷眯着眼看。《楚辞·招魂》："嫔光～～，目曾波些。"❸轻视。关汉卿《裴度还带》二折："此人见小生身上蓝缕，故云如此。特地～～于小生，好世情也呵！"

【眇指】 miàozhǐ 妙旨，精妙的旨意。《汉书·扬雄传下》："今吾子乃抗辞幽说，闳意～～，独驰骋于有亡之际。"

秒 miǎo ❶禾芒。《汉书·叙传下》："产气黄钟，造计～忽。"（忽：蜘蛛网的细丝。）❷古代计算积馀成闰的时间单位。《隋书·律历志下》："凡日不全为馀，积以成馀者曰～。"❸极小的长度单位。《隋书·律历志上》："十～为毫。"❹极少的容量单位。《隋书·律历志上》："十圭为～，十～为撮。"

钞 miǎo 见 chāo。

渺 miǎo ❶同"淼"。水大，水面辽阔。《说文新附》："淼，大水也，或作～。"❷辽远。皎然《奉送袁高使君诏征赴行在效曹刘体》诗："遐路～天末，繁笳思河边。"❸微小。苏轼《前赤壁赋》："寄蜉蝣于天地，～沧海之一粟。"

【渺茫】 miǎománg ❶辽阔。曹唐《刘阮洞中遇仙子》诗："天和树色霭苍苍，霞重岚深路～～。"归有光《沧浪亭记》："尝登姑苏之台，望五湖之～～，群山之苍翠。"❷辽远而模糊不清。白居易《长恨歌》："含情凝睇谢君王，一别音容两～～。"柳宗元《与韩愈论史官书》："又凡鬼神事～～荒惑无可准，明者所不道。"

【渺瀰】 miǎomí 水面辽阔。木华《海赋》："冲瀜沆瀁，～～湠漫。"白居易《代书诗一百韵寄微之》："林晚青萧索，平江绿～～。"

【渺沔】 miǎomiǎn 水流广大。郭璞《江赋》："溟漭～～，汗汗细细。"

【渺渺】 miǎomiǎo ❶辽远。《管子·内业》："～～乎如穷无极。"苏轼《前赤壁赋》："～～兮予怀，望美人兮天一方。"❷水面辽阔。寇准《江南春》词："波～～，柳依依。"

淼 miǎo 水大，水面辽阔。《楚辞·九章·哀郢》："当陵阳之焉至兮，～南渡之焉如。"

【淼漫】 miǎomàn 水面辽阔无际。陶弘景《水仙赋》："～～八海，汯汩九河。"

【淼茫】 miǎománg 水面辽阔。郭璞《江赋》："极泓量而海运，状滔天以～～。"

【淼淼】 miǎomiǎo 水面辽阔。沈约《法王寺碑》："炎炎烈火，～～洪波。"卢照邻《悲昔游》诗："烟波～～带平沙，阁栈连延狭复斜。"

缈（緲） miǎo 见"缥渺"。

瞟 miǎo 见 biāo。

藐（藐） 1. miǎo ❶小，弱小。《左传·僖公九年》："以是～诸孤辱在大夫,其若之何?"(藐诸孤:弱小的孤儿。诸,者。辱在:犹托付。)潘岳《寡妇赋》:"少丧父母,适人而所天又殒,孤女～焉始孩。"❷轻视。《孟子·尽心下》:"说大人,则～之,勿视其巍巍然。"❸美。张衡《西京赋》:"晧～流眄,一顾倾城。"❹通"邈"。远。《后汉书·马融传》:"尔乃～观高蹈,改乘回辕。"

2. mò ❺草名。即茈草。可以染紫,又称紫草。《说文·艸部》:"～,茈艸也。"

【藐藐】 miǎomiǎo ❶美盛的样子。《诗经·大雅·崧高》:"寝庙既成,既成～～。"❷高大的样子。《诗经·大雅·瞻卬》:"～～昊天,无不克巩。"❸疏远冷漠的样子。《诗经·大雅·抑》:"诲尔谆谆,听我～～。"❹幼小的样子。陶渊明《祭程氏妹文》:"～～孤女,曷依曷恃?"

【藐视】 miǎoshì 轻视。曾巩《送孙颖贤》诗:"高谈消长才惊世,～～公侯行出人。"

【藐夐】 miǎoxiòng 广远的样子。《后汉书·马融传》:"徒观其坰场区宇,恢胎旷荡,～～勿罔。"

邈(邈) miǎo ❶久远,遥远。《史记·屈原贾生列传》:"汤禹久远兮,～不可慕也。"《后汉书·吕强传》:"且河涧疏远,解渎～绝。"❷通"藐"。轻视。刘向《战国策序》:"上小尧舜,下～三王。"陆机《谢平原内史表》:"振景拔迹,顾～同列。"

【邈邈】 miǎomiǎo 遥远。《楚辞·离骚》:"抑志而弭节兮,神高驰之～～。"

懇(懇、懇) miǎo ❶美。《说文·心部》:"～,美也。"❷凌,超越。《后汉书·冯衍传下》:"沮先圣之成论兮,～名贤之高风。"❸通"邈"。远。《后汉书·冯衍传下》:"高阳～其超远兮,世孰可与论兹?"又《桥玄传》:"幽灵潜翳,～哉缅矣。"

妙(玅) 1. miào ❶美好,美妙。《战国策·楚策一》:"大王诚能听臣之愚计,则韩、魏、齐、燕、赵、卫之～音美人,必充后宫矣。"《论衡·逢遇》:"况节高志～,不为利动,性定质成,不为主顾者乎!"❷神妙,奥妙。《老子·一章》:"故常无,欲以观其～。"陈亮《钱叔因墓碣铭》:"而道遂为不传之～物,儒者又何从而得之以美其身,而独立于天下!"❸年少。钱起《送傅管记赴蜀军》诗:"才略纵横年且～,无人不重乐毅贤。"

2. miǎo ❹细小。《吕氏春秋·审分》:"所知者～矣。"❺通"邈"。远,深远。《韩非子·难言》:"闳大广博,～远不测。"

【妙简】 miàojiǎn 精选。《后汉书·儒林传序》:"于是制诏公卿～～其选,三署郎能通经术者,皆得察举。"潘岳《夏侯常侍诔》:"设官建辅,～～邦良。"

【妙绝】 miàojué 奇妙超凡。曹丕《与吴质书》:"公幹有逸气,但未遒耳。其五言诗之善者,～～时人。"杜甫《冬日洛城北谒玄元皇帝庙庙有吴道士画五圣图》诗:"森罗移地轴,～～动宫墙。"

【妙丽】 miàolì ❶美丽。《汉书·孝武李夫人传》:"平阳主因言延年有女弟,上乃召见之,实～～善舞。"❷指美丽的女子。董颖《薄媚·西子》词:"有倾城～～,名称西子,岁方笄。"

【妙龄】 miàolíng ❶青年时期。李商隐《为举人上翰林萧侍郎启》:"爰自～～,遂肩名辈。"苏轼《苏潜圣挽词》:"～～驰誉百夫雄,晚节忘怀大隐中。"❷指年轻人的年龄。和邦额《夜谭随录·香云》:"郎尊姓?～～几何?"

【妙手】 miàoshǒu 技能高超的人。苏轼《孙莘老寄墨》诗:"珍材取乐浪,～～惟潘翁。"陆游《文章》诗:"文章本天成,～～偶得之。"

【妙算】 miàosuàn 神奇的计策。《晋书·王濬传》:"是以凭赖威灵,幸而能济,皆是陛下神策～～。"

【妙选】 miàoxuǎn ❶精选。《汉书·刘辅传》:"～～有德之世,考卜窈窕之女。"❷精选的人。《世说新语·文学》:"下官今日为公得一太常博士～～。"

【妙用】 miàoyòng 奇妙的作用或功用。李白《草创大还赠柳官迪》诗:"自然成～～,孰知其指的。"李群玉《送房处士闲游》诗:"刀圭藏～～,岩洞契冥搜。"(刀圭:指药。)

【妙有】 miàoyǒu 无中之有,无形的神妙存在。孙绰《游天台山赋》:"太虚辽廓而无阂,运自然之～～。"(李善注引王弼曰:"欲言有,不见其形,则非有,故谓之妙;欲言无,物由之以生,则非无,故谓之有也。斯乃无中之有,谓之妙有也。")王勃《益州绵竹县武都山净惠寺碑》:"原夫帝机寥廓,云雷驱～～之功;正气洪荒,清浊构乾元之象。"

【妙赜】 miàozé 精妙深奥。《三国志·魏书·钟会传》注引孙盛曰:"故其叙浮义则丽辞溢目,造阴阳则～～无间。"

庙(廟、庿) miào ❶宗庙,祭祖的地方。《穀梁传·僖公十五年》:"天子至于士皆有～,天子七～,诸侯五,大夫三,士二。"《吕氏春秋·谕大》:"五世之～,可以观怪。"㊀指庙中的神主牌位。

《荀子·强国》："负三王之～而辟于陈蔡之间。"❷祭祀宗庙。韩愈《原道》："郊焉而天神假，～焉而人鬼飨。"❸祭神的地方。《史记·封禅书》："于是作渭阳五帝～。"㊂佛寺。《晋书·何準传》："唯诵佛经修营塔～而已。"❹庙号的简称。《魏书·太宗纪三》："帝崩于西宫……上谥曰明元皇帝，葬于云中金陵，～称太宗。"❺朝廷的代称。见"庙策"、"庙谋"等。

【庙策】 miàocè 朝廷的决策。《后汉书·班超传》："孝明帝深惟～～，乃命虎臣，出征西域。"

【庙朝】 miàocháo 朝廷。《战国策·秦策三》："臣今见王独立于～～矣，且臣将恐后世之有秦国者，非王之子孙也。"韩愈《送李愿归盘谷序》："坐于～～，进退百官，而佐天子出令。"

【庙号】 miàohào 帝王死后在太庙立室奉祀，并追尊以名号，如某祖、某宗。始于殷代，如武丁称高宗。汉以后历代帝王都有庙号。《旧唐书·高祖纪》："群臣上谥曰大武皇帝，～～高祖。"

【庙讳】 miàohuì 已故皇帝的名字。《新五代史·职方考》："镇州故曰成德军，梁初以成音犯～～，改曰武顺。"（"成"与梁太祖父朱诚之名同音。）

【庙见】 miàojiàn ❶庙中参拜祖先。《史记·秦始皇本纪》："令子婴斋，当～～，受玉玺。"❷古时婚礼，妇至夫家，若夫之父母已死，则于三月后到庙中参拜，称庙见。《礼记·曾子问》："三月而～～，称来妇也。"

【庙略】 miàolüè 朝廷的谋略。庾信《哀江南赋》："宰衡以干戈为儿戏，缙绅以清谈为～～。"杨炯《送刘校书从军》诗："坐谋资～～，飞檄伫文雄。"

【庙貌】 miàomào 即庙。《释名·释宫室》："庙，貌也。先祖形貌所在也。"庙，音训为貌，故两字同义连用。柳宗元《唐故特进南府君睢阳庙碑》："～～斯存，碑表攸托。"

【庙谋】 miàomóu 朝廷的谋略。杜甫《白水县崔少府十九翁高斋》诗："猛将纷填委，～～蓄长策。"

【庙社】 miàoshè 宗庙社稷。《魏书·广陵王羽传》："迁都议定，诏羽兼太尉，告于～～。"胡铨《上高宗封事》："陛下一屈膝，则祖宗～～之灵，尽污夷狄。"也指国家。《宋史·韩世忠传》："性戆直，勇敢忠义，事关～～，必流涕极言。"

【庙胜】 miàoshèng 战前朝廷决定的克敌制胜之策。《后汉书·耿弇传论》："淮阴廷论项王，审料成势，则知高祖之～～矣。"《三国志·魏书·袁绍传》："今释～～之策而决成败于一战，若不如志，悔无及也。"

【庙食】 miàoshí 死后立庙享受祭祀。《后汉书·梁统传》："大丈夫居世，生当封侯，死当～～。"苏轼《潮州韩文公庙碑》："能信于南海之民，～～百世，而不能使其身一日安于朝廷之上。"

【庙算】 miàosuàn 战前朝廷确定的谋略。《孙子·计》："夫未战而～～胜者，得算多也；未战而～～不胜者，得算少也。"潘岳《西征赋》："彼虽众其焉用，故制胜于～～。"

【庙堂】 miàotáng ❶宗庙之堂。《礼记·礼器》："～～之上，罍尊在阼，牺尊在西。"《史记·龟策列传》："王者发军行将，必钻龟～～之上，以决吉凶。"❷朝廷。《庄子·在宥》："故贤者伏处大山嵁岩之下，而万乘之君忧栗乎～～之上。"《汉书·梅福传》："～～之议，非草茅所当言也。"

【庙祝】 miàozhù 庙中管理香火的人。《清平山堂话本·夔关姚卞吊诸葛》："遂将酒肴，邀守关老吏并～～共饮。"

缪 miào 见 móu。

mie

乜 1. miē ❶见"乜斜"。
2. niè ❷姓。

【乜斜】 miēxié ❶因醉酒困倦眼睛眯缝着的样子。关汉卿《望江亭》三折："着鬼祟，醉眼～～。"《红楼梦》八回："宝玉～～倦眼道：'你要走，我和你同走。'"❷糊涂。马致远《任风子》二折："能化一罗刹，莫度十～～。"（罗刹：凶恶的人。）

芈 miē 见 mǐ。

咩（哶、哔） miē ❶羊鸣声。❷苴咩，古城名，在今云南大理市。

灭（滅） miè ❶熄灭。《诗经·小雅·正月》："燎之方扬，宁或～之？"《后汉书·郅恽传》："以身扞火，火为之～。"❷灭亡，消灭。《汉书·高帝纪上》："子婴诛～赵高，遣将将兵距峣关。"《后汉书·刘玄传》："今独有长安，见～不久。"㊂指被灭之国。《汉书·文三王传》："新都侯王莽兴～继绝。"❸消除，去掉。《国语·晋语五》："国之良也。～其前恶。"《吕氏春秋·恃君》："～须去眉，自刑以变其容。"❹淹没。《周易·大过》："过涉～顶，凶。"《战国策·燕策三》："女所营者，水皆至～表。"❺掩盖。《荀子·臣道》："闇主妒贤畏能而～其功。"

《韩非子·说难》:"凡说之务,在知饰所说之所矜而~其耻。"❻消失。杜甫《戏为六绝句》之二:"尔曹身与名俱~,不废江河万古流。"

【灭迹】 mièjì 消除在人世间的踪迹。表示退隐。曹植《潜志赋》:"退隐身以~~,进出世而取容。"谢灵运《酬从弟惠连》诗:"寝瘵谢人徒,~~入云峰。"

【灭口】 mièkǒu 消除口实。多指为防止泄密而杀死知情人。《战国策·楚策四》:"[李园]恐春申君语泄而益骄,阴养死士,欲杀春申君以~~。"《汉书·刘泽传》:"定国使谒者以它法劾捕格杀郢人~~。"也指隐匿对方作为口实的人。《战国策·燕策三》:"愿太子急遣樊将军入匈奴以~~。"

【灭裂】 mièliè ❶草率,粗略。《庄子·则阳》:"君为政焉勿卤莽,治民焉勿~~。"苏轼《与欧阳晦夫书》:"然来卒说得~~,未足全信。"❷破坏。骆宾王《幽絷书情通简知己》诗:"生涯一~~,歧路几徘徊。"

【灭门】 mièmén 诛杀全家;全家死亡。《史记·龟策列传》褚少孙补:"因公行诛,恣意所伤,以破族~~者,不可胜数。"《论衡·命义》:"饥馑之岁,饿者满道,温气疫疠,千户~~。"

【灭性】 mièxìng 丧亲过哀而危及生命。《后汉书·陈纪传》:"虽衰服已除,而积毁消瘠,殆将~~。"《北史·李浑传》:"丁母忧,行丧冢侧,殆将~~。"(丁:逢,遭。)

【灭族】 mièzú 一种酷刑。一人犯罪而父母兄弟妻子等全族被杀。《论衡·书解》:"淮南王作道书,祸至~~。"

纱(紗) 1. miè ❶细微。《广雅·释诂》:"~,微也。"王念孙疏证:"~之言蔑也。《广韵》引《仓颉篇》云:'~,细也。'"

2. miǎn ❷通"缅"。思念。王安石《示德逢》诗:"先生贫敝古人风,~想柴桑在眼中。"苏舜钦《苏州洞庭山水月禅院记》:"自尔平居,~然思于一到,惑于险说,卒未果行。"

觋(覡) miè(又读 piē) 闪现。《庄子·徐无鬼》:"是以一人之断制利天下,譬之犹一~也。"

烕 miè 灭火。引申为灭亡。《诗经·小雅·正月》:"赫赫宗周,褒姒~之。"

眜 miè 直视。《说文·目部》:"~,直视也。"㊀恶视。韩愈等《征蜀联句》:"强睛死不闭,犷眼困逾~。"

眛 miè 见 mò。

搣 miè ❶拔。见"揃搣"。❷按摩。《说文·手部》段玉裁注:"《广韵》、《玉篇》皆曰:~者,摩也。"

蠛 miè 见"眦蠛"。

蔑 miè ❶眼睛模糊不明。宋玉《风赋》:"其风中人……得目为~。"❷轻视,蔑视。《国语·周语中》:"郑未失周典,王而~之,是不明贤也。"《后汉书·刘陶传》:"故~三光之谬,轻上天之怒。"㊀抛弃。《国语·周语中》:"不夺农时,不~民功。"❸小,微。《法言·学行》:"视日月而知众星之~也。"《后汉书·阳球传》:"案[乐]松、[江]览等皆出于微~,斗筲小人。"❹无。《左传·僖公十年》:"臣出晋君,君纳重耳,~不济矣。"❺不。《国语·晋语二》:"死吾君而杀其孤,吾有死而已,吾~从之矣!"❻古地名。在今山东泗水东。《春秋·隐公元年》:"公及邾仪父盟于~。"

【蔑蒙】 mièméng ❶快速的样子。《淮南子·修务训》:"手若~~,不失一弦。"❷飞扬的样子。司马相如《大人赋》:"~~踊跃,腾而狂趡。"(趡:奔驰。)❸指云雾等飞扬之物。《后汉书·张衡传》:"涉清霄而升遐兮,浮~~而上征。"

【蔑如】 mièrú 浅薄不足道。表轻视之意。《汉书·东方朔传赞》:"而扬雄亦以为朔言不纯师,行不纯得,其流风遗书~~也。"潘勖《册魏公九锡文》:"虽伊尹格于皇天,周公光于四海,方之~~也。"也作"蔑若"。欧阳修《石曼卿墓表》:"其视世事,~~不足为。"

【蔑杀】 mièshā 弃杀。《国语·周语中》:"今将大泯其宗祊,而~~其民人,宜吾不敢服也!"

【蔑侮】 mièwǔ 轻侮,轻慢。《韩非子·外储说左上》:"吾闻宋君无道,~~长老。"

薎 miè 同"蔑"。渺小。柳宗元《为南承嗣上中书门下乞两河效用状》:"~尔小丑,尚欲逋诛。"

瀎 miè 拭。《说文·水部》:"~,拭灭皃。"

【瀎潏】 mièyù 水疾流的样子。张衡《南都赋》:"潜盬洞出,没滑~~。"(盬:山旁的洞。没滑:亦疾流的样子。)

懱 miè 轻蔑。《说文·心部》:"~,轻易也……《商书》曰:以相陵~。"(今本《尚书》无此文。)

【懱爵】 mièjué 鸟名。即鹪鹩。《方言》卷八:"桑飞……自关而西谓之桑飞,或谓之~~。"

幭 miè 车轼上的覆盖物。《诗经·大雅·韩奕》："鞹鞃浅～，鞗革金厄。"

篾 miè ❶竹名。又称桃枝竹。张衡《南都赋》："其竹则䈽笼、篁、～。"❷竹皮，薄竹片。《南史·周迪传》："挼绳破～，傍若无人。"唐彦谦《蟹》诗："扳罾拖网取赛多，～篓挑将水边货。"

【篾篸】 mièniàn 挽船的绳索。白居易《初入峡有感》诗："苒蒻竹～～，欹危檝师趾。"

【篾片】 mièpiàn 指富家的帮闲。西泠长《芙蓉影·清欢》："做了场～～，只落得奔走两头，扫兴扫兴。"

瞜 miè 一种眼病。眼眶红肿。《吕氏春秋·尽数》："郁处头则为肿为风……处目则为～为盲。"《释名·释疾病》："目眦伤赤曰～。"

蠛 miè 见"蠛蠓"。

【蠛蠓】 mièměng 虫名。即蠓，一种小飞虫。扬雄《甘泉赋》："历倒景而绝飞梁兮，浮～～而撇天。"

衊 miè ❶污血。《说文·血部》："～，污血也。"❷诋毁，诬蔑。《汉书·文三王传》："汙～宗室，以内乱之恶披布宣扬于天下。"《新唐书·张嘉贞传》："嘉贞畏～染，促有司速毙以灭言。"

鱴（鱴） miè 见"鱴刀"。

【鱴刀】 mièdāo ❶鱼名。又称"鮤"，即鮆鱼。《尔雅·释鱼》："鮤，～～。"参见"鮆"。❷蚌属。《周礼·天官·鳖人》"以时簎鱼鳖龟蜃凡貍物"郑玄注："貍物，亦谓～～，含浆之属。"

min

民 mín ❶人民，百姓。《孟子·梁惠王上》："古之人与～偕乐，故能乐也。"《史记·高祖本纪》："田荣败，走平原，平原～杀之。"㊀指从事某种职业的人。《穀梁传·成公元年》："古者有四～，有士～，有商～，有农～，有工～。"❷人。《诗经·小雅·何草不黄》："哀我征夫，独为匪～！"《庄子·齐物论》："～湿寝则腰疾偏死。"㊀指别人。《诗经·邶风·谷风》："凡～有丧，匍匐救之。"

【民丁】 míndīng 丁壮之民。《南齐书·王敬则传》："会[稽]土边带湖海，～～无士庶皆保塘役。"

【民力】 mínlì ❶百姓的能力，包括人力财力。《左传·昭公八年》："今宫室崇侈，～～彫尽。"❷指人的体力。《吕氏春秋·季秋纪》："寒气总至，～～不堪，其皆入室。"

【民瘼】 mínmò 人民的疾苦。《后汉书·循吏传序》："广求～～，观纳风谣。"虞世南《奉和至寿春应令》："如何事巡抚，～～谅斯求。"

【民母】 mínmǔ ❶民妇。《汉书·卫青传》："青为侯家人，少时归其父，父使牧羊。～～之子皆奴畜之，不以为兄弟数。"❷指皇后。《汉书·王莽传下》："莽妻死……郎阳成脩献符命，言继立～～。"

【民牧】 mínmù 治理人民的人，指君主或官吏。《后汉书·安帝纪》："初令三署郎通达经术任～～者，视事三岁以上，皆得察举。"《陈书·世祖纪》："朕自居～～之重，托在王公之上。"

【民人】 mínrén ❶人民，百姓。《左传·隐公十一年》："礼，经国家，定社稷，序～～，利后嗣者也。"❷人。《论衡·异虚》："若～～处草庐之中，可谓其人吉而庐凶乎？"

【民师】 mínshī ❶民之长官。《左传·昭公十七年》："为～～而命以民事。"❷民之师表。《汉书·武帝纪》："论三老孝弟以为～～。"

【民时】 mínshí 指农时，即耕种收获的时令。《汉书·五行志上》："妄兴徭役，以夺～～。"

【民事】 mínshì 有关人民之事，如农事、政事等。《左传·襄公四年》："修～～，田以农。"《国语·鲁语下》："天子及诸侯，合～～于外朝，合神事于内朝。"

【民天】 míntiān 指粮食。语出《汉书·郦食其传》："王者以民为天，而民以食为天。"《宋史·乐志十二》："土爰稼穑，允协～～。"

【民望】 mínwàng ❶人民的希望。《汉书·陈胜传》："乃诈称公子扶苏、项燕，从～～也。"❷民所仰望的人，民之榜样。《孟子·离娄下》："寇至，则先去以为～～。"

【民隐】 mínyǐn 百姓的疾苦。《史记·周本纪》："是故先王非务武也，勤恤～～而除其害也。"

【民贼】 mínzéi 指残害人民的人。《孟子·告子下》："今之所谓良臣，古之所谓～～也。"

【民主】 mínzhǔ 民之主宰者，指君主或官吏。《尚书·多方》："天惟时求～～，乃大降显休命于成汤。"《三国志·吴书·钟离牧传》："仆为～～，当以法率下。"

忞 mín 自强。《说文·心部》："～，强也……《周书》曰：在受德～。"（今《尚书·立政》作"暋"。）

【忞忞】 mínmín 蒙昧不明的样子。《法言·问神》："弥纶天下之事，记久明远，著古昔之嗜嗜，传千里之～～者，莫如书。"

旻 mín ❶天，天空。陶渊明《自祭文》："茫茫大块，悠悠高～。"柳宗元《憎王孙文》："居民怨苦兮号穹～。"❷秋天。李峤《八月奉教作》诗："清尊对～序，高宴有馀欢。"❸通"闵"。伤。《诗经·大雅·召旻 序》："～，闵也，闵天下无如召公之臣也。"

【旻苍】 míncāng 上天。杨炎《大唐燕支山神宁济公祠堂碑》："天子登神宫，勒金版，将复美于群岳，告成于～～。"

【旻天】 míntiān ❶上天。《孟子·万章上》："舜往于田，号泣于～～，何为其号泣也？"❷秋天。《楚辞·九思·哀岁》："～～兮清凉，玄气兮高朗。"

旼 mín 见"旼旼"。

【旼旼】 mínmín 和乐的样子。《汉书·司马相如传下》："～～穆穆，君子之态。"左思《魏都赋》："～～率土，迁善罔匮。"

岷（峄） mín 山名。在四川省北部，绵延四川甘肃两省边界，为长江黄河的分水岭，岷江、嘉陵江的发源地。《尚书·禹贡》："～山导江。"《荀子·子道》："昔者江出于～山，其始出也，其源可以滥觞。"

【岷峨】 mín'é 指峨眉山。杜甫《剑阁》诗："珠玉走中原，～～气凄怆。"

珉（瑉、碈、玟） mín 似玉的美石。《荀子·法行》："君子之所以贵玉而贱～者何也？为夫玉之少而～之多邪？"《史记·司马相如列传》："其石则赤玉玫瑰，琳～琨珸。"

罠 mín 捕鸟兽的网。左思《吴都赋》："罼罕琐结，～蹏连网。"张协《七命》："尔乃布飞羂，张修～。"

笢 mín 竹的表皮。《说文·竹部》："～，竹肤也。"段玉裁注："肤，皮也……已析可用者曰蔑。"

【笢笏】 mínhù 吹笛时手循笛孔的样子。马融《长笛赋》："～～抑隐，行入诸变。"

缗（緍、緡） mín ❶钓鱼的绳。《诗经·召南·何彼秾矣》："其钓维何？维丝伊～。"左思《吴都赋》："待轻舟而竞逐，迎潮水而振～。"㊀垂钓。曾巩《归老桥记》："弋于高而追凫雁之下上，～于深而逐鳣鲔之潜泳。"❷安上弦线。《诗经·大雅·抑》："荏染柔木，言～之丝。"（荏染：柔弱的样子。）❸穿铜钱的绳子。《史记·酷吏列传》："排富商大贾，出告～令。"㊁指成串的钱。一千钱为一缗。苏轼《上皇帝书》："徒闻内帑出数百万～，祠部度五千馀人耳。"❹昏昧。《庄子·在宥》："当我，～乎！远我，昏乎！"

【缗缗】 mínmín 昏昧无知的样子。《庄子·天地》："其合～～，若愚若昏，是谓玄德，同乎大顺。"

【缗钱】 mínqián 穿成串的钱。《汉书·食货志下》："异时算轺车贾人之～～皆有差，请算如故。"

痻（痻） mín 病，灾难。《诗经·大雅·桑柔》："多我觏～，孔棘我圉。"

皿 mǐn 器皿。盘碗一类器具的总称。《说文·皿部》："～，饭食之用器也。"《墨子·节葬下》："使百工行此，则必不能修舟车、为器～矣。"

闵（閔） mǐn ❶忧患，忧愁。《诗经·邶风·柏舟》："觏～既多，受侮不少。"《楚辞·天问》："舜～在家，父何以鳏？"（鳏：同"鳏"。）❷忧虑，担心。《荀子·解蔽》："不慕往，不～来。"《史记·历书》："书缺乐弛，朕甚～焉。"❸怜悯，同情。《诗经·周颂·闵予小子》："～予小子，遭家不造。"《汉书·苏武传》："武年老，子前坐事死，上～之。"❹勉，勉力。《尚书·君奭》："予惟用～于天越民。"❺昏昧。《战国策·秦策三》："躬窃～然不敏，敬执宾主之礼。"❻通"暋"。强横。《孟子·万章下》："杀越人于货，～不畏死。"

【闵绵】 mǐnmián 微小的样子。扬雄《太玄经·敛》："～～之戒，不识微也。"

【闵勉】 mǐnmiǎn 勤勉。《汉书·五行志中之上》："～～遯乐，昼夜在路。"

【闵闵】 mǐnmǐn ❶忧愁的样子。《左传·昭公三十二年》："～～焉如农夫之望岁，惧以待时。"韩愈《闵心赋》："独～～其曷已兮，凭文章以自宣。"❷昏暗不明的样子。《老子·五十八章》："其政～～，其民淳淳。"（闵，一本作"闷"。）❸关切的样子。曾巩《谢杜相公书》："明公独于此时～～勤勤，营救护视。"

【闵凶】 mǐnxiōng 忧患，丧亲之忧。《左传·宣公十二年》："寡君少遭～～，不能文。"李密《陈情表》："臣以险衅，夙遭～～。"也作"悯凶"。《后汉书·献帝纪下》："朕以不德，少遭～～。"

泯（泯） mǐn ❶灭，亡。《国语·周语中》："今将大～其宗祊，而蔑杀其民人，宜吾不敢服也。"《后汉书·左雄传》："阮儒～典，划革五等。"（划：削。五等：指五等爵位。）❷乱。《诗经·大雅·桑柔》："乱生不夷，靡国不～。"（王引之《经义述闻》卷七："泯，乱也。承上'乱生不夷'言之，故曰靡国不乱耳。"）

【泯乱】 mǐnluàn 纷乱。《尚书·康诰》："天惟与我民彝大～～。”《论衡·偶会》：“伯鲁命当贱，知虑多～～也。”

【泯灭】 mǐnmiè 灭绝，消失。钟会《檄蜀》：“往者汉祚衰微，率土分崩，生民之命，几于～～。”杜甫《咏怀古迹》之二：“最是楚宫俱～～，舟人指点到今疑。”

【泯泯】 mǐnmǐn ❶纷乱。《尚书·吕刑》：“民兴胥渐，～～棼棼。”《吕氏春秋·慎大》：“众庶～～，皆有远志。”❷水似清非清的样子。杜甫《漫成》诗之一：“野日荒荒白，春流～～清。”❸灭绝，消失。韩愈《赠崔立之评事》诗：“能来取醉任喧呼，死后贤愚俱～～。”又《与孟尚书书》：“后世学者无所寻逐，以至于今，～～也。”

【泯没】 mǐnmò 泯灭，消失。《抱朴子·勖学》：“以是贤人悲寓世之倏忽，疾～～之无称。”《新五代史·一行传序》：“吾又以谓必有负材能、修节义，而沈沦于下，～～而无闻者。”

【泯默】 mǐnmò 沉默。韩愈《双鸟》诗：“得病不呻唤，～～至死休。”

抿 mǐn ❶揩拭，抹。《吕氏春秋·长见》：“吴起～泣而应之。”❷合拢。《红楼梦》八回：“黛玉磕着瓜子儿，只管～着嘴儿笑。”

黾 mǐn 见 měng。

昏 mǐn 见 hūn。

闽(閩) 1. mǐn ❶古民族名。聚居于今福建省境。《周礼·夏官·职方氏》：“职方氏掌天下之图，以掌天下之地，辨其邦国、都鄙、四夷、八蛮、七～。”后称福建省为闽。❷五代十国之一。五代梁时王审知封为闽王，其子王延钧称帝，据有今福建地，国号大闽。后为南唐所灭。

2. wén ❸通“蚊”。《论衡·感虚》：“蝗虫，～虻之类也。”又《遭虎》：“蚤虱～虻皆食人。”

悯(憫) mǐn ❶忧伤，忧郁。《孟子·公孙丑上》：“遗佚而不怨，阨穷而不～。”《淮南子·诠言训》：“乐恬而憎～。”❷怜悯，同情。周昙《公子无忌》诗：“能怜钝拙诛豪俊，～弱摧强真丈夫。”

【悯恻】 mǐncè 忧虑，哀怜。顾云《代人上陆相公启》：“咨嗟生业，～～羁危。”

【悯默】 mǐnmò 忧郁沉默。江淹《哀千里赋》：“既而悄怆成忧，～～自怜。”白居易《琵琶行》序：“使快弹数曲，曲罢～～。”

【悯凶】 mǐnxiōng 见“闵凶”。

【悯恤】 mǐnxù 怜恤。柳宗元《谢李中丞安抚崔简戚属启》：“傥非至仁厚德，深加～～，则流散转死，期在须臾。”

僶(黽) mǐn 见“僶俛”。

【僶俛】 mǐnmiǎn ❶勤勉，努力。贾谊《新书·劝学》：“然则舜～～而加志，我儃僈而弗省耳。”陶渊明《怨诗楚调示庞主簿邓治中》：“结发念善事，～～六九年。”❷须臾。颜延之《秋胡诗》：“孰知寒暑积，～～见枯荣。”

敏 mǐn ❶敏捷，灵敏。《吕氏春秋·士容》：“进退中度，趋翔闲雅，辞令逊～。”《汉书·疏广传》：“[疏]受好礼恭谨，～而有辞。”㊀疾速，快。《后汉书·郎𫖮传》：“天之应人，～于景响。”❷聪慧。《国语·晋语二》：“款也不才，寡智不～。”《孟子·梁惠王上》：“我虽不～，请尝试之。”❸勤勉，努力。《国语·齐语》：“尽其四支之～，以从事于田野。”《论语·述而》：“我非生而知之者，好古～以求之者也。”❹脚的大拇指。《诗经·大雅·生民》：“履帝武～，歆。”❺通“愍”。怜悯。《后汉书·宣秉传》：“帝～惜之，除子彪为郎。”

【敏达】 mǐndá 聪敏而通达事理。《汉书·京房传》：“淮阳王，上亲弟，～～好政，欲为国忠。”《北史·崔浩传》：“性～～，长于谋计，自比张良。”

【敏惠】 mǐnhuì 聪慧，聪明。《三国志·魏书·钟会传》：“钟会字士秀……少～～夙成。”

【敏疾】 mǐnjí 敏捷，迅速。《吕氏春秋·诬徒》：“闻识疏达，就学～～。”刘歆《西京杂记》卷三：“枚皋文章～～，长卿制作淹迟，皆尽一时之誉。”

【敏给】 mǐnjǐ 敏捷。《史记·夏本纪》：“禹为人～～克勤。”《后汉书·王景传》：“景陈其利害，应对～～。”

【敏捷】 mǐnjié 灵敏迅速。《汉书·严延年传》：“延年为人短小精悍，～～于事。”杜甫《不见》诗：“～～诗千首，飘零酒一杯。”

【敏赡】 mǐnshàn 灵敏多智。《南史·臧盾传》：“盾为人～～有风力。”

【敏悟】 mǐnwù 敏捷聪悟。苏轼《书唐氏六家书后》：“率更貌寒寝，～～绝人。”《宋史·元绛传》：“生而～～，五岁能作诗。”

【敏行】 mǐnxíng 勉力以行，努力去做。《汉书·东方朔传》：“此士所以日夜孳孳，～～而不敢怠也。”

绳 mǐn 见 shéng。

湣(潣) 1. mǐn ❶通“泯”。灭。刘向《战国策序》：“夫妇离散，莫保其命，～然道绝矣。”❷通“闵”。忧。韩愈《稼说》：“～～焉如婴儿之望长也。”

2. hūn　❸昏乱。《庄子·齐物论》：“为其吻合，置其滑～，以隶相尊。”《史记·司马相如传》：“红杳渺以眩～兮，猋风涌而云浮。”

【湣湣】　hūnhūn　昏乱的样子。《楚辞·七谏·怨世》：“处～～之浊世兮，今安所达乎吾志？”

愍　mǐn　❶忧患，祸乱。《史记·屈原贾生列传》：“冤结纡轸兮，离～之长鞠。”《汉书·叙传上》：“巨滔天而泯夏兮，考遘～以行谣。”❷忧虑，担心。《汉书·董仲舒传》：“～世俗之靡薄，悼王道之不昭。”《后汉书·马援传》：“时年六十二，帝～其老，未许之。”❸怜悯，哀伤。《后汉书·光武帝纪下》：“朕惟百姓无以自赡，恻然～之。”《三国志·蜀书·郤正传》：“嗟道义之沈塞，～生民之颠沛。”

【愍恻】　mǐncè　忧虑，哀怜。《世说新语·识鉴》：“及覩衰厄，必兴～～。”李汉《唐吏部侍郎昌黎先生韩愈文集序》：“洞视万古，～～当世，遂大拯颓风，教人自为。”

【愍怜】　mǐnlián　怜悯，痛惜。《楚辞·九章·悲回风》：“伤太息之～～兮，气於邑而不可止。”

【愍隶】　mǐnlì　指奴隶。因可哀愍，故云。《汉书·高惠高后文功臣表序》：“生为～～，死为转尸。”

【愍伤】　mǐnshāng　忧伤，伤痛。《后汉书·光烈阴皇后纪》：“未及爵土，而遭患逢祸，母子同命，～～于怀。”又《窦融传》：“其为悲痛，尤足～～。”

【愍惜】　mǐnxī　痛惜，怜惜。《汉书·叙传上》：“[班]伯病卒，年三十八，朝廷～～焉。”《三国志·魏书·韩浩传》注引《魏书》：“及薨，太祖～～之。”

【愍凶】　mǐnxiōng　忧患，丧亲之忧。《三国志·魏书·武帝纪》：“朕以不德，少遭～～，越在西土，迁于唐、卫。”

暋（敃）　1. mǐn　❶强，强横。《尚书·康诰》：“杀越人于货，～不畏死。”❷勉力，努力。《尚书·盘庚上》“不昏作劳”孔颖达疏：“郑玄读昏为～，训为勉也。”《宋书·何尚之传》：“～作肆力之氓，徒勤不足以供赡。”

2. mín　❸闷。《庄子·外物》：“心若县于天地之间，慰～沈屯，利害相摩，生火甚多。”

慜　mǐn　❶聪明。《管子·枢言》：“彼欲知，我知之，人谓我～。”❷通“愍”。忧患。《楚辞·九章·怀沙》：“郁结纡轸兮，离～而长鞠。”

黽　mǐn　兽名。《山海经·西山经》：“[黄山]有兽焉，其状如牛而苍黑，大目，其名曰～。”

鳘（鰵）　mǐn　海鱼名。即鮸。屠本畯《闽中海错疏》卷上：“～，形似鲈，口阔肉粗，脑腴骨脆，而味美。”

míng

名　míng　❶名称，名字。《老子·二十五章》：“吾不知其～，字之曰道。”《荀子·正名》：“故知者为之分别制～以指实。”㊁指文字。《仪礼·聘礼》：“百～以上书于策，不及百～书于方。”（方：古代书写用的长方形木片。）❷命名，取名。《楚辞·离骚》：“～余曰正则兮，字余曰灵均。”《史记·吕太后本纪》：“宣平侯女为孝惠皇后时，无子，详为有身，取美人子～之。”㊁称呼，称说。《韩非子·和氏》：“悲夫宝玉而题之以石，贞士而～之以诳。”《论衡·累害》：“然而太山之恶，君子不得～。”㊁说法，名义。《汉书·高帝纪上》：“兵出无～，事故不成。”《论衡·问孔》：“于～多矣，何须问于子贡？”❸名号，名分。《汉书·艺文志》：“古者～位不同，礼亦异数。”《后汉书·刘玄传》：“唯～与器，圣人所重。”❹名誉，名声。《汉书·隽不疑传》：“治春秋，为郡文学，进退必以礼，～闻州郡。”《后汉书·冯衍传下》：“功与日月齐光兮，～与三王争流。”❺有名，著名。《吕氏春秋·季夏纪》：“令民无不咸出其力，以供皇天上帝，～山大川，四方之神。”刘禹锡《陋室铭》：“山不在高，有仙则～。”❻大。《礼记·杂记下》：“凡宗庙之器其～者成，则衅以豭豚。”❼眉睫之间。《诗经·齐风·猗嗟》：“猗嗟～兮，美目清兮。”

【名场】　míngchǎng　❶科举的考场。刘驾《送友人登第东归》诗：“携手践～～，正遇公道开。”❷争名夺利之场。李咸用《临川逢陈百年》诗：“教我无为礼乐拘，利路～～多忌讳。”

【名称】　míngchēng　名声，声望。《后汉书·张霸传》：“[顾]奉后为颍川太守，[公孙]松为司隶校尉，并有～～。”又《符融传》：“太守冯岱有～～，到官，请融相见。”

【名刺】　míngcì　又称“名帖”，拜访时通姓名用的名片。元稹《重酬乐天诗》：“最笑近来黄叔度，自投～～占陂湖。”

【名法】　míngfǎ　❶名家和法家。《汉书·艺文志》：“兼儒墨，合～～，知国体之有此，见王治之无不贯。”❷名分与法治。《尹文子·

大道下》："政者，～～是也。以～～治国，万事所不能乱。"

【名分】 míngfèn 名位和身份。《商君书·定分》："故夫～～定，势治之道也；～～不定，势乱之道也。"《管子·幼官》："定府官，明～～。"

【名号】 mínghào ❶名称，称号。《荀子·赋》："～～不美，与暴为邻。"《后汉书·公孙述传》："宜改～～，以镇百姓。"❷名声，声誉。《吕氏春秋·劝学》："若此则～～显矣，德行彰矣。"《史记·鲁仲连邹阳列传》："臣闻盛饰入朝者不以利汙义，砥厉～～者不以欲伤行。"

【名讳】 mínghuì 旧时称人名字，生时曰"名"，死后曰"讳"。分用有别，合用则同。束皙《劝农赋》："条牒所领，注列～～。"

【名籍】 míngjí 登记姓名入册。《史记·汲郑列传》："高祖令诸故项籍臣～～，郑君独不奉诏。"也指名册。《后汉书·百官志三》："郡国岁因计上宗室～～。"

【名迹】 míngjì 名望与功业。《后汉书·桓鸾传》："后为巳吾、汲二县令，甚有～～。"《三国志·蜀书·王平传》："是时，邓芝在东，马忠在南，平在北境，咸著～～。"

【名家】 míngjiā ❶战国时期的一个学派。主张辨名实，代表人物是惠施、公孙龙等。《汉书·艺文志》："～～者流，盖出于礼官。"❷学有专长而自成一家的人。《汉书·艺文志》："传《齐论》者……惟王阳～～。"❸犹名门。《史记·樗里子甘茂列传》："昔甘茂之孙甘罗，年少耳，然～～之子孙，诸侯皆闻之。"

【名检】 míngjiǎn 犹名节。检，检束，规矩。《晋书·怀帝愍帝纪论》："谈者以虚荡为辨，而贱～～。"白居易《寄元九》诗："身为近密拘，心为～～缚。"

【名缰】 míngjiāng 名利缰绳。谓被名利所束缚。柳永《夏云峰》词："向此免～～利锁，虚费光阴。"

【名教】 míngjiào 以等级名分为核心的封建礼教。《世说新语·德行》："欲以天下～～是非为己任。"谢灵运《从游京口北固应诏》诗："玉玺戒诚信，黄屋示崇高。事为～～用，道以神理超。"

【名节】 míngjié 名誉和节操。《汉书·龚胜传》："二人相友，并著～～。"王安石《祭范颍州文》："呜呼我公！一世之师，由初迄终，～～无疵。"

【名理】 mínglǐ 辨名析理之学，是魏晋时期清谈的一种内容。《三国志·魏书·钟会传》："及壮，有才数技艺，而博学精练～～，以夜继昼，由是获声誉。"《晋书·范汪传》："博学多通，善谈～～。"

【名利】 mínglì 声誉与利益，功名与利禄。《庄子·盗跖》："～～之实，不顺于理，不监于道。"司空图《擢英集述》："～～之机，古今相轧。"

【名流】 míngliú 著名人物。《世说新语·品藻》："孙兴公、许玄度皆一时～～。"张说《洛州张司马集序》："当代～～，翕然崇尚。"

【名目】 míngmù ❶称扬。《三国志·魏书·王卫二刘传评》："昔文帝、陈王以公子之尊，博好文采，同声相应，才士并出，惟粲等六人最见～～。"❷名称。白居易《紫薇花》诗："紫薇花对紫薇翁，～～虽同貌不同。"

【名器】 míngqì ❶钟鼎等贵重宝器。《国语·鲁语上》："铸～～，藏宝财。"《战国策·东周策》："西周者，故天子之国也，多～～重宝。"❷名号与车服。等级的标志。干宝《晋纪总论》："～～崇于周公，权制严于伊尹。"苏轼《乞校正陆贽奏议进御劄子》："去小人以除民患，惜～～以待有功。"

【名声】 míngshēng 名誉声望。《荀子·王制》："是非不乱，则国家治。若是～～日闻。"《汉书·陆贾传》："贾以此游汉廷公卿间，～～籍甚。"（籍甚：盛大。）

【名胜】 míngshèng ❶名流。《晋书·王导传》："帝亲观禊，乘肩舆，具威仪。敦、导及诸～～皆骑从。"❷著名的风景胜地。《北齐书·韩轨传》："废人饮美酒，对～～，安能作刀笔吏返披故纸乎？"

【名实】 míngshí ❶名称与实际。《荀子·正名》："今圣王没，名守慢，奇辞起，～～乱。"《史记·太史公自序》："名家使人俭而善失真，然其正～～，不可不察也。"❷犹名利。《晏子春秋·问上》："倍仁义而贪～～者，不能服天下。"（倍：通"背"。）

【名士】 míngshì ❶知名而未出仕的人。《礼记·月令》："勉诸侯，聘～～。"《史记·魏其武安侯列传》："武安侯新欲用事为相，卑下宾客，进～～家居者贵之。"❷泛指知名之士。杜甫《陪李北海宴历下亭》诗："海内此亭古，济南～～多。"❸特指恃才放达、不拘礼法的人。《后汉书·方术传论》："汉世之所谓～～者，其风流可知矣。"

【名世】 míngshì 闻名于世，在社会上有名。《孟子·公孙丑下》："五百年必有王者兴，其间必有～～者。"陆游《书愤》诗："出师一表真～～，千载谁堪伯仲间！"

【名数】 míngshù 户籍。《汉书·高帝纪下》："民前或相聚保山泽，不书～～。"又

《孔光传》:“加赐黄金二百斤,第一区,徙～～于长安。”

【名宿】 míngsù 素有名望的人。《后汉书·朱浮传》:“浮年少有才能,颇欲厉风迹,收士心,辟召州中～～涿郡王岑之属,以为从事。”

【名田】 míngtián 以私人名义占有土地。《史记·平准书》:“贾人有市籍者,及其家属,皆无得籍～～,以便农。”《汉书·食货志上》:“古井田法虽难卒行,宜少近古,限民～～,以澹不足。”(澹:通“赡”。)

【名帖】 míngtiě 拜访时通姓名的名片。赵翼《陔馀丛考》卷三十:“古昔削木以书姓名,故谓之刺;后世以纸书,谓之～～。”

【名网】 míngwǎng 名利的罗网。刘禹锡《谒枉山会禅师》诗:“哀我堕～～,有如翾飞辈。”

【名望】 míngwàng 名誉和声望。也指有名望的人。《三国志·魏书·崔琰传》:“琰从弟林,少无～～。”《北史·崔瞻传》:“所与周旋,皆一时～～。”

【名问】 míngwèn 名誉声闻。《韩非子·亡徵》:“不以功伐课试,而好以～～举错,羁旅起贵,以陵故常者,可亡也。”《颜氏家训·书证》:“近有学士,～～甚高。”

【名物】 míngwù ❶名号和物类。《周礼·春官·司几筵》:“掌五几五席之～～。”❷辨别事物的名称。蔡邕《彭城姜肱碑》:“有～～定事之能。”

【名义】 míngyì ❶名声和节义。《韩非子·诡使》:“官爵所以劝民也,而好～～不进仕者,世谓之烈士。”❷名号,名位。程大昌《演繁露·自序》:“而《繁露》之书,事物～～,悉所研极。”

【名誉】 míngyù 声誉,名望。《史记·老子韩非列传》:“宽则宠～～之人,急则用介胄之士。”《汉书·李陵传》:“善骑射,爱人,谦让下士,甚得～～。”

【名约】 míngyuē 约定俗成的名称。《荀子·正名》:“迹长功成,治之极也,是谨于守～～之功也。”

【名字】 míngzì ❶名称。韩愈《送穷文》:“各有主张,私立～～。”❷名声,名誉。《汉书·陈遵传》:“[张]竦博学通达,以廉俭自守,而遵放纵不拘……俱著～～,为后进冠。”❸名与字的合称。一般指姓名或名。《潜夫论·卜列》:“～～者,盖所以别众猥而显此人尔。”

【名族】 míngzú ❶姓名。族,族姓。《战国策·秦策二》:“昔者曾子处费,费人有与曾子同～～者。”❷名门大族。《史记·项羽本纪》:“我倚～～,亡秦必矣。”

明 míng ❶明亮,光明。《诗经·齐风·鸡鸣》:“东方～矣,朝既昌矣。”《孟子·尽心上》:“日月有～,容光必照焉。”[引]白天。《国语·鲁语下》:“自庶人以下,～而动,晦而休,无日以怠。”[又]照亮。李白《宿五松山下荀媪家》诗:“跪进雕胡饭,月光～素盘。”❷显明,清楚。《战国策·齐策一》:“则秦不能害齐,亦已～矣。”《荀子·正论》:“故主道利～不利幽,利宣不利周。”❸明确,阐明。《孟子·公孙丑上》:“～其政刑,虽大国必畏之矣。”《后汉书·南匈奴传》:“宣示购赏,～其期约。”❹明白,懂得。《荀子·天论》:“故～于天人之分,则可谓至人矣。”《史记·礼书》:“御史大夫晁错～于世务刑名。”❺明白地。《孟子·梁惠王上》:“愿夫子辅吾志,～以教我。”《后汉书·和熹邓皇后纪》:“其～加检勑,勿相容护。”❻明净,洁净。《后汉书·马援传》:“为人～须发,眉目如画。”范仲淹《岳阳楼记》:“至若春和景～,波澜不惊。”❼明智,贤明。《老子·二十二章》:“不自见,故～。”《史记·李斯列传》:“～君知臣,～父知子。”[又]使明智。《老子·六十五章》:“古之善为道者,非以～民,将以愚之。”❽神灵,神明。《诗经·大雅·民劳》:“式遏寇虐,憯不畏～。”《左传·襄公十四年》:“敬之如神～。”❾敬。《国语·周语中》:“尊贵,～贤。”《管子·牧民》:“顺民之经,在～鬼神,祗山川。”❿视力。《孟子·梁惠王上》:“～足以察秋毫之末,而不见舆薪。”司马迁《报任少卿书》:“左丘失～,厥有《国语》。”⓫视力好。《史记·五帝本纪》:“聪以知远,～以察微。”[又]看得清楚。《荀子·劝学》:“目不能两视而～。”⓬今之次。第二天(月、年)。《论语·卫灵公》:“～日遂行。”王维《宿郑州》诗:“～当渡京水,昨晚犹金谷。”⓭姓。

【明白】 míngbái ❶确凿无疑。《史记·淮南衡山列传》:“淮南王安甚大逆无道,谋反～～,当伏诛。”《后汉书·和熹邓皇后纪》:“遂下掖庭考讯,辞证～～。”❷明显,清楚。东方朔《答客难》:“好学乐道之效,～～甚矣。”《论衡·偶会》:“削土免侯,罢退令相,罪法～～,禄秩适极。”❸清白。欧阳修《刘公墓志铭》:“公为人磊落～～,推诚自信。”

【明察】 míngchá 明细观察,透彻了解。《左传·昭公六年》:“犹求圣哲之上,～～之官。”《韩非子·孤愤》:“智术之士,必远见而～～,不～～不能烛私。”

【明蟾】 míngchán 指月亮。古代神话称月中有蟾蜍,因云。刘基《次韵和十六夜月再次韵》:“永夜凉风吹碧落,深秋白露洗～

～。"

【明达】 míngdá ❶明通，通达事理。《大戴礼记·哀公问五义》："闻志广博而色不伐，思虑～～而辞不争。"《汉书·高帝纪下》："高祖不修文学，而性～～，好谋，能听。"❷指通达事理的人。刘知幾《史通·摸拟》："后来～～，其鉴之哉！"

【明旦】 míngdàn ❶天明。《汉书·郑当时传》："夜以继日，至～～，常恐不遍。"扬雄《剧秦美新》："旁作穆穆，～～不寐。"❷明日，明晨。《论衡·吉验》："～～，视臼出水，即东走十里，顾其乡皆为水矣。"张说《钦州守岁》诗："故岁今宵尽，新年～～来。"

【明德】 míngdé 光明之德，美德。《尚书·君奭》："黍稷非馨，～～惟馨。"《左传·隐公八年》："寡君闻命矣，敢不承受君之～～。"

【明发】 míngfā ❶天亮，黎明。《诗经·小雅·小宛》："～～不寐，有怀二人。"《后汉书·曹褒传》："孝章永言前王，～～兴作，专命礼臣，撰定国宪。"❷早晨起程。陆机《招隐》诗："～～心不夷，振衣聊踯躅。"

【明分】 míngfèn ❶明确职分。《商君书·修权》："故立法～～，而不以私害法则治。"❷本分。《后汉书·庞淯母传》："怨塞身死，妾之～～。"

【明府】 míngfǔ ❶官府。《管子·君臣上》："而君发其～～之法，瑞以稽之。"❷汉魏以来对郡太守的尊称。《后汉书·张湛传》："主簿进曰：'～～位尊德重，不宜自轻。'"唐以后亦有称县令为明府者，如杜甫有《敬简王明府》诗。

【明公】 mínggōng 对位尊者的敬称。《后汉书·邓禹传》："禹曰：'但愿～～威德加于四海，禹得效其尺寸，垂功名于竹帛耳。'"（明公：指光武帝。）《三国志·魏书·吕布传》："～～所患，不过于布。今已服矣，天下不足忧。"（明公：指曹操。）

【明光】 míngguāng ❶汉宫殿名。汉武帝置。一在北宫，南与长乐宫相连。一在甘泉宫，为求仙而建。后亦泛指宫殿。张籍《节妇吟》："妾家高楼连苑起，良人执戟～～里。"❷光明，日光。鲍照《学刘公干体》诗："白日正中时，天下共～～。"

【明河】 mínghé 银河。欧阳修《秋声赋》："星月皎洁，～～在天。"

【明鉴】 míngjiàn ❶明镜。《新唐书·魏之忠传》："夫～～所以照形，往事所以知今。"❷明显的鉴戒。《后汉书·陈蕃传》："～～未远，覆车如昨，而近习之权，复相扇结。"❸见识高明。《三国志·魏书·杨俊传》："其～～行义多此类也。"

【明经】 míngjīng ❶通晓经术。汉代以明经射策取士。《汉书·刘向传》："［刘向］～～有行，擢为散骑宗正给事中。"《后汉书·耿弇传》："父况，字侠游，以～～为郎。"❷科举的科目之一。隋置明经、进士二科，唐增至六科，以经义取者为明经，以诗赋取者为进士。宋改以经义论策试进士，明经始废。❸明清对贡生的敬称。《儒林外史》十八回："此位是石门随岑庵先生，是老～～。"

【明旌】 míngjīng 又称"铭旌"。竖于棺柩前的旗幡，上记死者品级姓名。一般用于贵族。《礼记·檀弓下》："铭，～～也。以死者为不可别已，故以其旗识之。"

【明镜】 míngjìng 明亮的镜子。《淮南子·俶真训》："莫窥形于生铁而窥形于～～者，以覩其易也。"后用以比喻见识高明或明察。杜甫《洗兵马》诗："司徒清鉴悬～～，尚书气与秋天杳。"朱敬则《陈后主论》："听吾子之悬衡，任夫人之～～。"

【明朗】 mínglǎng ❶明亮。《淮南子·泰族训》："瑶碧玉珠，翡翠玳瑁，文彩～～，润泽若濡。"❷指人的品行光明磊落。《晋书·何曾传》："太傅～～高亮，执心弘毅。"

【明媚】 míngmèi 明丽悦目。鲍照《芙蓉赋》："烁彤辉之～～，粲雕霞之繁悦。"李成《山水诀》："春山～～，夏木繁隆。"

【明灭】 míngmiè 忽明忽暗，时隐时现。杜甫《北征》诗："回首凤翔县，旌旗晚～～。"范成大《吴船录》卷上："远山缥缈～～，烟云无际。"

【明明】 míngmíng ❶明察。多用以颂扬帝王、神灵。《诗经·小雅·小明》："～～上天，照临下土。"又《大雅·大明》："～～在下，赫赫在上。"❷明亮。曹操《短歌行·对酒》："～～如月，何时可掇？"❸犹黾黾。勉力。《诗经·鲁颂·有驳》："夙夜在公，在公～～。"《汉书·杨恽传》："～～求仁义，常恐不能化民者，卿大夫之义也。"

【明器】 míngqì ❶诸侯受封时天子赐给的宝器。《左传·昭公十五年》："诸侯之封也，皆受～～于王室，以镇抚其社稷。"❷即冥器。随葬的器物。《礼记·檀弓下》："其曰～～，神明之也。涂车刍灵，自古有之，～～之道也。"《论衡·对作》："光武皇帝草车茅马，为～～者不奸。"

【明睿】 míngruì 明智。《三国志·蜀书·诸葛亮传》："惟君体资文武，～～笃诚，受遗托孤，匡辅朕躬。"

【明审】 míngshěn 明察精审。《论衡·命禄》："才智之人，以吉盛时举事而福至，人谓才智～～。”《三国志·吴书·吴范传》：“其占验～～如此。”

【明时】 míngshí 政治清明的时代。曹植《求自试表》：“志欲自效于～～，立功于圣世。”王勃《滕王阁序》：“窜梁鸿于海曲，岂乏～～。”

【明视】 míngshì 兔的别名。《礼记·曲礼下》：“凡祭宗庙之礼……兔曰～～。”韩愈《毛颖传》：“毛颖者，中山人也。其先～～，佐禹治东方土，养万物有功，因封于卯地，死为十二神。”

【明爽】 míngshuǎng 明朗，光明磊落。曾巩《洪范传》：“人之为德高亢～～者，本于刚，而柔有不足也。”

【明水】 míngshuǐ 古代祭祀用的以铜镜所取的露水。《礼记·郊特牲》：“酒醴之美，玄酒～～之上，贵五味之本也。”《史记·周本纪》：“毛叔郑奉～～。”

【明台】 míngtái 传说为黄帝听政的地方。《三国志·魏书·文帝纪》：“轩辕有～～之议，放勋有衢室之问，皆所以广询于下也。”

【明堂】 míngtáng ❶古代天子宣明政教的地方。凡朝会、祭祀、庆赏、选士、养老、教学等大典，均在此举行。《孟子·梁惠王下》：“夫～～者，王者之堂也。”《三国志·魏书·武帝纪》：“二年春正月，郊祀天地、～～。”❷星宿名。《史记·天官书》：“东宫苍龙，房、心。心为～～。”

【明通】 míngtōng ❶明白通达。《荀子·不苟》：“知则～～而类，愚则端悫而法。”又《哀公》：“仁义在身而色不伐，思虑～～而辞不争。”❷精通。《搜神记》卷十七：“君～～五经，善《礼记》。”

【明驼】 míngtuó ❶骆驼。段成式《酉阳杂俎·毛篇》：“《木兰》篇‘～～千里脚’，多误作鸣字。驼卧，腹不贴地，屈足漏明，则行千里。”❷唐代驿使名。杨慎《丹铅总录》卷十三“明驼使”：“唐制：驿置有～～使，非边塞军机，不得擅发。”

【明习】 míngxí 清楚熟习。《汉书·张苍传》：“是时萧何为相国，而苍乃自秦时为柱下御史，～～天下图书计籍。”

【明星】 míngxīng 金星，亦称太白、启明。《诗经·郑风·女曰鸡鸣》：“子兴视夜，～～有烂。”《尔雅·释天》：“～～谓之启明。”郭璞注：“太白星也，晨见东方曰启明，昏见西方为太白。”也泛指众星。鲍照《咏史》：“～～晨未稀，轩盖已云至。”

【明扬】 míngyáng 显扬。多指举用人才。《三国志·魏书·武帝纪》：“二三子其佐我～～仄陋，唯才是举，吾得而用之。”《梁书·庾诜传》：“～～振滞，为政所先；旌贤求士，梦伫斯急。”

【明衣】 míngyī ❶洁净之衣，斋戒时沐浴后所穿的内衣。《论语·乡党》：“齐，必有～～，布。”（齐：斋。）❷死者洁身后所穿的干净内衣。《仪礼·士丧礼》：“～～裳用布。”

【明夷】 míngyí 六十四卦之一，卦形为离下坤上。《周易·明夷》：“～～，利艰贞。”“明夷”意谓日入地中，因用以比喻昏君当政，贤者被囚系或贬斥。曾巩《答王深父论扬雄书》：“当其辱于囚奴而就之，乃所谓～～也。”

【明允】 míngyǔn 清明诚信。《三国志·魏书·武帝纪》：“君以温恭为基，孝友为德，～～笃诚，感于朕思。”又《崔琰传》：“子之弟，聪哲～～，刚断英跱。”

【明哲】 míngzhé 明智。《尚书·说命》：“知之曰～～，～～实作则。”《三国志·魏书·武帝纪》：“夫以公之神武～～，而辅以大顺，何向而不济！”也作“明悊”。《汉书·韦贤传》：“赫赫天子，～～且仁。”

【明目张胆】 míngmùzhāngdǎn 有胆有识，无所畏忌。李白《上安州裴长史书》：“不然，投山窜海，转死沟壑，岂能～～～～，托书自陈耶？”苏舜钦《上孔待制书》：“能为阁下奋不顾身，～～～～，论列湔洗，破群毁而明忠节者，果何人哉？”后多用作贬义，指公然无所顾忌。《醒世姻缘传》三十一回：“后来以强凌弱，以众暴寡，～～～～的把活人杀吃。”

【明哲保身】 míngzhébǎoshēn 深明事理的人能保全自身。语出《诗经·大雅·烝民》：“既明且哲，以保其身。”梁肃《代太常答苏端驳杨绾谥议》：“而清俭厉俗，～～～～，曰文与贞，在我惟允。”

鸣（鳴） míng ❶鸟叫。《诗经·周南·葛覃》：“黄鸟于飞，集于灌木，其～喈喈。”《孟子·公孙丑上》：“鸡～狗吠相闻，而达乎四境。”[引]泛指兽、虫等的鸣叫。《诗经·小雅·鹿鸣》：“呦呦鹿～，食野之苹。”又《豳风·七月》：“四月秀葽，五月～蜩。”❷发声，使发声。《楚辞·卜居》：“黄钟毁弃，瓦釜雷～。”柳开《应责》：“吾以此道化于民，若～金石于宫中。”[又]发表意见。韩愈《送孟东野序》：“周之衰，孔子之徒～之，其声大而远。”❸著称，闻名。《元史·杨载传》：“[李桓]亦以文～江东。”

【鸣鞭】 míngbiān ❶挥鞭作响。刘长卿《少年行》：“荐枕青娥艳，～～白马骄。”❷皇帝的一种仪仗。鞭形，挥动使人肃静。《宋史·仪卫志二》：“上皇日常朝殿，差御龙直四十三人执仗排立,并设伞、扇、～～。”

【鸣镝】 míngdí 响箭。《史记·匈奴列传》:“冒顿乃作为～～,习勒其骑射。”曹植《名都篇》:“揽弓捷～～,长驱上南山。”

【鸣鸠】 míngjiū 鸟名。即斑鸠。《诗经·小雅·小宛》:“宛彼～～,翰飞戾天。”

【鸣珂】 míngkē 马身上的佩玉发出声响。徐陵《洛阳道》诗:“华轩翼葆吹,飞盖响～～。”

【鸣銮】 míngluán 指皇帝或贵官出行。銮,系在车马上的铃。班固《西都赋》:“大路～～,容与徘徊。”也作“鸣鸾”。王勃《滕王阁》诗:“滕王高阁临江渚,佩玉～～罢歌舞。”

【鸣谦】 míngqiān 谦德表露于外。《周易·谦》:“～～,贞吉。”后又指谦虚。沈约《齐故安陆昭王碑文》:“至公以奉上,～～以接下。”

【鸣条】 míngtiáo ❶风吹树枝发声。董仲舒《雨雹对》:“太平之世,则风不～～。”也指因风作响的树枝。陆机《猛虎行》:“崇云临岸骇,～～随风吟。”❷古地名。又名高侯原。相传商汤伐夏桀,战于鸣条之野。其地所在,说法不一。一说在今山西运城市安邑镇北。

【鸣玉】 míngyù 腰间佩玉发出声响。《国语·楚语下》:“王孙圉聘于晋,定公飨之。赵简子～～以相。”(相:相礼,作司仪。)

【鸣驺】 míngzōu 贵官出行时驺卒喝道。孔稚珪《北山移文》:“及其～～入谷,鹤书赴陇,形驰魄散,志变神动。”《南史·到溉传》:“恒～～枉道,以相存问。”

洺 míng 水名。即古寝水,一名南易水,一名千步水,又称漳水。源出太行山东麓,经河北永年县流入滏阳河。

茗 míng ❶茶的一种。杜甫《重过何氏》诗之三:“落日平台上,春风啜～时。”苏舜钦《涟水军新腊记》:“榦盐榷～,岁转数十百万。”❷通“酩”。见“茗艼”。❸通“冥”。见“茗邈”。

【茗艼】 míngdǐng 同“酩酊”。大醉的样子。《世说新语·任诞》:“山公时一醉,径造高阳池。日暮倒载归,～～无所知。”

【茗柯】 míngkē 茶树的枝干。《世说新语·赏誉》:“简文云:‘刘尹～～有实理。’”刘孝标注:“言如茗之柯小实,非外博而中虚也。”清张惠言书室名“茗柯堂”,即取此意。一说“柯”当为“朾”,“茗朾”即“茗艼”。

【茗邈】 míngmiǎo 高远的样子。茗,通“冥”。张协《七命》:“摇刖峻挺,～～岧峣。”

冥(冥、㝠) 1. míng ❶昏暗,幽深。《老子·二十一章》:“窈兮～兮,其中有精。”《史记·高祖本纪》:“是时雷电晦～,太公往视,则见蛟龙于其上。”[引]指幽深的海。《庄子·逍遥遊》:“北～有鱼,其名为鲲。”[又]指眼睛昏花。《后汉书·和熹邓皇后纪》:“夫人年高目～,误伤后额,忍痛不言。”❷黑夜,黑暗。《楚辞·天问》:“～昭瞢暗,谁能极之?”(昭:指白天。)《法言·修身》:“擿埴索涂,～行而已矣。”(擿埴:指盲人行路,以杖点地。)[引]暗中。柳宗元《骂尸虫文》:“～持札牍兮,摇动祸机。”[又]暗合,默契。高允《徵士颂》:“神与理～。”❸迷信说法指阴间。冯衍《显志赋》:“伤诚善之无辜兮,赍此恨而入～。”❹杳冥,消失。陶渊明《自祭文》:“候颜已～,聆音愈漠。”❺高远。《后汉书·蔡邕传》:“沈精重渊,抗志高～。”[又]远隔。陶渊明《辛丑岁七月赴假还江陵夜行途中》诗:“闲居三十载,遂与尘事～。”

2. mián ❻通“瞑”。眠。《庄子·列御寇》:“甘～乎无何有之乡。”

【冥报】 míngbào 死后相报。陶渊明《乞食》诗:“衔戢知何谢,～～以相贻。”(衔戢:指说不出话。)

【冥合】 mínghé 暗合。柳宗元《始得西山宴游记》:“苍然暮色,自远而至,至无所见,而犹不欲归。心凝形释,与万化～～。”

【冥鸿】 mínghóng 高飞的鸿雁。多用来比喻高才之士或隐居的人。李贺《高轩过》诗:“我今垂翅附～～,他日不羞蛇作龙。”陆龟蒙《奉和袭美寄题罗浮轩辕先生所居》诗:“暂应青词为穴凤,却思丹徼伴～～。”

【冥会】 mínghuì ❶暗合,默契。《南史·陶弘景传》:“弘景为人,员通谦谨,出处～～,心如明镜,遇物便了。”❷意会。王安石《答蒋颖叔书》:“此可～～,难以言了也。”

【冥晦】 mínghuì 昏暗。《论衡·雷虚》:“云雨～～,人不能见耳。”

【冥婚】 mínghūn 古时迷信,为已死的男女举行婚礼并合葬。《旧唐书·萧至忠传》:“韦庶人又为亡弟赠汝南王洵与至忠亡女为～～合葬。”

【冥灵】 mínglíng 传说中的树木名。《庄子·逍遥遊》:“楚之南有～～者,以五百岁为春,五百岁为秋。”

【冥昧】 míngmèi 幽暗。《论衡·书虚》:“置季子于～～之处,尚不取金,况以白日?”

【冥蒙】 míngméng 幽暗不明。左思《吴都赋》:“旷瞻迢递,迥眺～～。”王泠然《夜光篇》诗："游人夜到汝阳间，夜色～～不解颜。"江淹《杂体诗·颜特进侍宴》："青林结～～，丹巘被葱蒨。"

【冥迷】 míngmí 模糊不清。杜牧《阿房宫赋》："高低～～，不知西东。"

【冥冥】 míngmíng ❶昏暗，昏昧。《庄子·天地》："视乎～～，听乎无声。"《战国策·赵策二》："岂掩于众人之言，而以～～决事哉！"❷黑夜。《荀子·解蔽》："～～而行者，见寝石以为伏虎也。"❸高远。《法言·问明》："鸿飞～～，弋人何篡焉？"苏轼《喜雨亭记》："归之太空，太空～～，不可得而名。"❹谓精诚专一。《荀子·劝学》："是故无～～之志者，无昭昭之明。"

【冥漠】 míngmò 昏暗不见。颜延之《拜陵庙作》诗："衣冠终～～，陵邑转葱青。"王安石《祭欧阳文忠公文》："夫事有人力可致，犹不可期，况乎天理之～～，又安可得而推？"

【冥契】 míngqì ❶暗合，默契。《晋书·慕容垂载记》："宠逾宗旧，任齐懿藩，自古君臣～～之重，岂甚此邪？"❷意气相投的人。《世说新语·伤逝》："～～既逝，发言莫赏，中心蕴结，余其亡矣！"

【冥器】 míngqì 随葬的器物。后也指为死者焚化的纸制器物。吴兢《贞观政要·论俭约》："衣衾棺椁，极雕刻之华；灵輀～～，穷金玉之饰。"（灵輀：灵车。）赵彦卫《云麓漫钞》卷五："古之明器，神明之也。今之以纸为之，谓之～～。"

【冥顽】 míngwán 愚昧无知。韩愈《祭鳄鱼文》："不然，则是鳄鱼～～不灵，刺史虽有言，不闻不知也。"

【冥想】 míngxiǎng ❶深思。支遁《咏怀诗》之二："道会贵～～，网象掇玄珠。"❷思念。《聊斋志异·封三娘》："忽睹两艳，归涉～～。"

眳 míng 眉睫之间。张衡《西京赋》："～藐流眄，一顾倾城。"

铭（銘） míng ❶铭文。铸刻在器物上以称述功德或警戒自己的文字。古多铸于钟鼎，后或刻于碑石。《左传·僖公二十五年》："礼至为～曰：'余掖杀国子，莫余敢止。'"《后汉书·巴肃传》："刺史贾琮刊石立～以记之。"❷刻铭以记之，铭记。《国语·晋语七》："魏颗以其身却退秦师于辅氏，亲止杜回，其勋～于景钟。"《吕氏春秋·求人》："故功绩～乎金石，著于盘盂。"❸文体名。陆机《文赋》："～博约而温润，箴顿挫而清壮。"

【铭戴】 míngdài 感恩不忘。《周书·晋荡公护传》："草木有心，禽鱼感泽，况在人伦，而不～～？"

【铭旌】 míngjīng 又称明旌。竖在棺柩前的旗幡，上记死者品级姓名。一般用于贵族。《周礼·春官·司常》："大丧，共～～。"李白《上留田行》："昔之弟死兄不葬，他人于此举～～。"

【铭佩】 míngpèi 感恩不忘。江淹《为建平王谢玉环刀等启》："垂光既深，～～更积。"杜甫《送重表侄王砅评事使南海》诗："苟活到今日，寸心～～牢。"

【铭心】 míngxīn 铭记在心。《三国志·吴书·周鲂传》："鲂仕东典郡，始愿已获，～～立报，永矣无贰。"柳宗元《谢除柳州刺史表》："～～镂骨，无报上天。"

【铭篆】 míngzhuàn ❶铸刻在器物上的文字。《吕氏春秋·慎势》："功名著乎槃盂，～～著乎壶鉴。"❷感激不忘。顾云《谢徐学士启》："仰戴恩荣，已增～～。"

鄍 míng 古邑名。春秋时虞国的属邑。在今山西平陆县境。《左传·僖公二年》："冀为不道，入自颠軨，伐～三门。"

溟 1. míng ❶细雨濛濛。《说文·水部》："～，小雨溟溟也。"❷海。谢灵运《游赤石进帆海》诗："～涨无端倪，虚舟有超越。"王勃《滕王阁序》："地势极而南～深，天柱高而北辰远。"

2. mǐng ❸见"溟涬"。

【溟蒙】 míngméng 迷蒙不清的样子。沈约《八咏》："上瞻既隐轸，下睇亦～～。"张昱《船过临平湖》诗："只因一霎～～雨，不得分明看好山。"

【溟溟】 míngmíng ❶昏暗。邢居实《秋风三迭》："秋风淅淅兮云～～，鸱枭昼号兮蟋蟀夜鸣。"❷潮湿的样子。于鹄《早上凌霄第六峰入紫豁礼白鹤观祠》诗："渐近神仙居，桂花湿～～。"

【溟沐】 míngmù 迷蒙的样子。扬雄《太玄经·少》："密雨～～，润于枯渎。"

【溟涬】 mǐngxìng ❶古人所说的天地形成以前的自然元气。张衡《灵宪》："太素之前，幽清玄静，寂然寞然，不可为象。厥中为灵，厥外惟无。如是者永久焉，斯谓～～。"李白《日出入行》："吾将囊括大块，浩然与～～同科。"❷混沌不明的样子。《庄子·天地》："若然者，岂兄尧、舜之教民，～～然弟之哉？"❸茫然无际的样子。《淮南子·本经训》："江淮通流，四海～～。"

蓂 míng 见mì。

鸣（鳴） míng 即鸱明，传说中的神鸟名。韩愈等《城南联句》："荫庚森岭桧，啄场翔祥～。”

嫇 míng 见“姿嫇”。

榠 míng 果名。《玉篇·木部》：“～，榠樝，果也。”榠樝，木瓜的一种，果实长椭圆形，色淡黄，味酸涩，有香气。可食用，亦可入药。

暝 1. míng（又读 mìng） ❶日暮，黄昏。《世说新语·赏誉》：“因下共语，至～。”李白《自遣》诗：“对酒不觉～，落花盈我衣。”❷昏暗。李贺《河南府试十二月乐词》诗：“锦床晓卧玉肌冷，露睑未开对朝～。”（睑：上下眼皮。）欧阳修《醉翁亭记》：“若夫日出而林霏开，云归而岩穴～。”

2. mián ❸通“瞑”。眠。嵇康《养生论》：“内有殷忧，则达旦不～。”

【暝暝】 míngmíng 默默，寂寞的样子。刘孝绰《春宵》诗：“谁能对双燕，～～守空床。”

【暝色】 míngsè 暮色，夜色。谢灵运《石壁精舍还湖中作》诗：“林壑敛～～，云霞收夕霏。”李白《菩萨蛮》词：“～～入高楼，有人楼上愁。”

瞑 1. míng ❶合眼，闭眼。《战国策·楚策一》：“有断脰决腹，壹～而万世不视，不知所益，以忧社稷者。”《吕氏春秋·知接》：“～者目无由接也。”❷眼睛昏花。《晋书·山涛传》：“臣耳目聋～，不能自励。”

2. mián ❸通“眠”。睡眠。《庄子·德充符》：“倚树而吟，据槁梧而～。”陆游《代乞分兵取山东劄子》：“此臣所以夙夜忧惧，寝不能～，而为陛下力陈其愚也。”

3. miàn ❹见“瞑眩”。

【瞑瞑】 míngmíng 昏暗迷乱。《荀子·非十二子》：“酒食声音之中则瞒瞒然，～～然。”

【瞑目】 míngmù ❶闭眼。《六韬·军势》：“疾雷不及掩耳，迅电不及～～。”❷指死。《后汉书·马援传》：“常恐不得死国事，今获所愿，甘心～～。”刘孝标《广绝交论》：“及～～东粤，归骸洛浦。”

【瞑眩】 miànxuàn 使头昏目眩。《国语·楚语上》：“若药不～～，厥疾不瘳。”

螟 míng 螟蛾的幼虫，是一种食禾心的害虫。《诗经·小雅·大田》：“去其～螣，及其蟊贼。”（毛传：“食心曰螟，食叶曰螣，食根曰蟊，食节曰贼。”）《后汉书·鲁恭传》：“郡国～伤稼。”

【螟蛉】 mínglíng ❶螟蛾的幼虫。《诗经·小雅·小宛》：“～～有子，蜾蠃负之。”❷养子的代称。螟蛉常被细腰蜂负去喂养自己的幼虫，古人误以为细腰蜂视螟蛉为子，因称养子为螟蛉。《旧唐书·昭宗纪》：“太原李克用上章言王重荣有功于国，其子珂宜承袭，请赐节钺。邠州王行瑜、凤翔李茂贞、华州韩建各上章，言珂～～，不宜缵袭。”

酩 mǐng 见“酩酊”。

【酩酊】 mǐngdǐng 大醉。李商隐《道士胡君新井碣铭》：“酕醄过市，～～经垆。”（酕醄：大醉。）

诺（詺） mìng 为事物题名。《新唐书·于志宁传》：“昔陶弘景以《神农经》合杂家《别录》注～之。”

命 mìng ❶命令，教令。《左传·昭公十二年》：“今周与四国服事君王，将唯～是从。”《史记·五帝本纪》：“蚩尤作乱，不用帝～。”㊀辞命，文告。《论语·宪问》：“为～，裨谌草创之。”❷指派，差遣。《左传·隐公元年》：“～子封帅车二百乘以伐京。”《后汉书·史弼传》：“～左右引出，楚捶数百。”㊁使命。《左传·宣公二年》：“弃君之～，不信。”㊀役使。《国语·周语上》：“民不堪～矣。”❸教导，告。《诗经·大雅·抑》：“匪面～之，言提其耳。”《孟子·梁惠王下》：“他日君出，则必～有司所之。”❹古代帝王按等级赐给臣下仪物。《国语·周语上》：“太宰以王命～冕服，内史赞之。”参见“命圭”、“命服”。❺天命。《诗经·大雅·文王》：“永言配～，自求多福。”《汉书·董仲舒传》：“天令谓之～，～非圣人不行。”❻命运。《孟子·万章上》：“莫之为而为者，天也；莫之致而至者，～也。”《荀子·正名》：“节遇谓之～。”（节遇：偶然的遭遇。）❼生命。《论语·先进》：“有颜回者好学，不幸短～死矣。”《后汉书·献帝伏皇后纪》：“我亦不知～在何时！”㊀生活。李密《陈情表》：“母孙二人，更相为～。”❽命名。《左传·桓公二年》：“晋穆侯之夫人姜氏以条之役生太子，～之曰仇。”《史记·五帝本纪》：“官名皆以云～，为云师。”❾信，必。《左传·襄公十年》：“战而不克，为诸侯笑。克不可～，不如还也。”《国语·周语下》：“基，始也；～，信也。”

【命笔】 mìngbǐ 用笔。《陈书·鲁广达传》：“尚书令江总抚柩恸哭，乃～～题其棺头。”也指写作。《文心雕龙·养气》：“意得则舒怀以～～。”

【命夫】 mìngfū 曾受爵命的人。卿大夫和士均可称命夫。《左传·昭公四年》：“自～～命妇至于老疾，无不受冰。”《周礼·天官·阍人》：“凡外内～～命妇出入，则为之辟。”

【命服】 mìngfú 帝王按等级赐给臣下的车服。《诗经·小雅·采芑》：“服其～～，朱芾斯皇。"《左传·昭公四年》："若～～，生弗敢服，死又不以，将焉用之？"

【命妇】 mìngfù 有封号的妇女。也指命夫之妻。《左传·昭公四年》："大夫～～丧浴用冰。"《后汉书·安帝纪》："皇太后率大臣～～谒宗庙。"

【命圭】 mìngguī 帝王赐给臣下的玉圭。《国语·吴语》："夫～～有命，固曰吴伯，不曰吴王。"《周礼·考工记·玉人》："～～九寸，谓之桓圭，公守之；～～七寸，谓之信圭，侯守之；～～七寸，谓之躬圭，伯守之。"

【命驾】 mìngjià 命人驾车。《左传·哀公十一年》："退，～～而行。"也指驾车前往。《晋书·嵇康传》："东平吕安服康高致，每一相思，辄千里～～。"

【命脉】 mìngmài 性命与血脉。比喻极重要的事物。真德秀《史太师与通奉帖跋》："方其秉国时，护公道如～～，惜人才如体肤。"

【命世】 mìngshì 闻名于世，著名。《三国志·魏书·武帝纪》："天下将乱，非～～之才不能济也。"曾巩《上欧阳学士第一书》："非～～大贤，以仁义为己任者，畴能救而振之者？"（畴：谁。）

【命途】 mìngtú 生活经历。王勃《滕王阁序》："时运不齐，～～多舛。"

【命意】 mìngyì 寓意。为文或作画时的构思。穆脩《答乔适书》："近辱书并示文十篇，始终读之，其～～甚高。"《宣和画谱》卷三："[李升]心师造化，脱略旧习，～～布景，视前辈风斯在下。"

【命中】 mìngzhòng 射中目标。《汉书·李广传》："臣所将屯边者，皆荆楚勇士奇材剑客也，力扼虎，射～～。"

【命俦啸侣】 mìngchóuxiàolǚ 呼引同类、同伴。曹植《洛神赋》："众灵杂遝，～～～～。"

miu

谬（謬） miù ❶谬误，差错。《荀子·儒效》："故闻之而不见，虽博必～；见之而不知，虽识必妄。"《后汉书·蔡邕传》："邕以经籍去圣久远，文字多～。"❷差。《汉书·司马迁传》："故《易》曰：'差以毫厘，～以千里。'"❸违背。《史记·三代世表》："张夫子问褚先生曰：'《诗》言契、后稷皆无父而生。今案诸传记咸言有父，父皆黄帝子也，得无与《诗》～乎？'"《后汉书·班固传论》："彪、固讥迁，以为是非颇～于圣人。"❹抵触，不同于。《史记·李斯列传》："丞相～其说，绌其辞。"❺姓。

【谬舛】 miùchuǎn 谬误错乱。《新唐书·元载传》："时拟奏文武官功状多～～。"也作"缪舛"。白居易《祭乌江十五兄文》："何～～之若斯，谅圣贤之同病。"

【谬戾】 miùlì 错乱乖违。林逋《省心录》："得天地之至和者为君子，故温良慈俭；禀阴阳之～～者为小人，故凶诈奸邪。"也作"缪戾"、"缪盭"。《淮南子·本经训》："筑城而为固，拘兽以为畜，则阴阳～～，四时失叙。"《论衡·顺鼓》："以政令失道，阴阳～～者，人君也。"

【谬耄】 miùmào 因年老而糊涂。《晋书·马隆传》："年老～～，不宜服戎。"

【谬僻】 miùpì 谬误。《南史·宋南平王铄传》："铄常怀忧惧，每于眠中蹶起，坐与人语，亦多～～。"

【谬妄】 miùwàng 言行荒谬失当。《后汉书·刘玄传》："败材伤锦，所宜至虑，惟割既往～～之失，思隆周文济济之美。"《南史·曹景宗传》："酒后～～，或误称下官。"

【谬悠】 miùyōu 虚妄深远而不可捉摸。《庄子·天下》："以～～之说，荒唐之言，无端崖之辞，时恣纵而不傥，不以觭见之也。"曾巩《和贡甫送元考不至》："学问本宏博，言谈非～～。"也作"缪悠"。《新唐书·宗室传赞》："又举春秋二百四十二年之祸，亟于哀平桓灵，而诋曹元首、陆士衡之言以为～～。"

【谬语】 miùyǔ ❶错误的言论。陆贾《新论·明诫》："～～出于口，则乱及万里之外。"❷说假话。《旧五代史·湘阴公赟传》："吾生平不作～～人，今～～矣。"❸隐语。《左传·宣公十二年》注："军中不敢正言，故～～。"

缪 miù 见 móu。

mo

摸 1. mō ❶抚摩。《后汉书·蔡邕传》："邕读曹娥碑，能手～其文读之。"《三国志·魏书·华佗传》："故甘陵相夫人有娠六月，腹痛不安，佗视脉，曰：'胎已死矣。'使人手～知所在。"❷掏取。《太平广记》卷二十三引沈汾《续仙传》："又于遍身及袜上～钱。"

2. mó ❸通"摹"。描摹，临摹。《新唐书·李靖传》："又敕～诏本，还赐彦芳，并束帛衣服。"㊉仿效。袁宏《三国名臣序赞》："公琰殖根，不忘中正，岂曰～拟，实在雅性。"

无 mó 见 wú。

谟(謨、謩、譕) mó ❶谋划，谋议。《庄子·大宗师》："古之真人，不逆寡，不雄成，不～士。"(士：通"事"。事情。)㉛ 计谋，谋略。《尚书·君牙》："丕显哉文王～，丕承哉武王烈。"(烈：功业。)《诗经·大雅·抑》："讦～定命，远犹辰告。"(讦：大。)❷《尚书》文体名。"谟"记载的是有关君臣谋议政事的内容。孔安国《尚书序》："典、～、训、诰、誓、命之文，凡百篇。"❸(wú)通"无"。没有。马令《南唐书·查文徽传》："越人～信，未可速进。"

【谟训】 móxùn 谋略训诲。《尚书·胤征》："圣有～～，明征定保。"

【谟猷】 móyóu 谋略。李白《与韩荆州书》："白～～筹画，安能自矜？"

募 mó 见 mù。

嫫(蟇) mó 嫫母，传说中的丑女。白居易《杏园中枣树》诗："枣亦在其间，如～对西子。"㊟ 泛指丑女。杨守知《咂嘛酒歌》："盲娼丑似东家～。"

【嫫母】 mómǔ 传说中的古代丑妇名。《荀子·赋》："～～、力父，是之喜也。"(力父：或作"刁父"。)也作"嫫姆"、"侮母"。王褒《四子讲德论》："～～倭傀，善誉者不能掩其丑。"《汉书·古今人表》："～～，黄帝妃，生仓林。"

【嫫姆】 mómǔ 见"嫫母"。

麽(麼) mó ❶细微，微小。《列子·汤问》："江浦之生～虫，其名曰焦螟。"❷如此。刘克庄《答黄镛》诗："百年如夜何由旦，万古惟天只～青。"❸什么。寒山《无题》诗："皎然易解事，作～无精神？"

模(橅) mó ❶模子，制造器物的模型。左思《魏都赋》："傣拱木于林衡，授全～于梓匠。"(傣：同"僃"。具备。梓匠：木匠。)赵希鹄《洞天清禄集》："古者铸器，必先用蜡为～。"㉛ 楷模，法式。张衡《归田赋》："挥翰墨以奋藻，陈三皇之轨～。"左思《咏史》之八："巢林栖一枝，可为达士～。"㊟ 效法，以……为标准、规范。陆倕《石阙铭》："色法上圆，制～下矩。"(上圆：天。下矩：地。)❷树木名。《广群芳谱·木谱·淮南草木谱》："～木生周公冢上，其叶春青夏赤，秋白冬黑。"❸通"摹"。临摹。《北史·冀儁传》："[冀儁]善隶书，特工～写。"㉛ 描写。元稹《唐故工部员外郎杜君墓系铭并序》："予观其壮浪纵恣，摆去拘束，～写物象，及乐府歌诗，诚亦差肩于子美矣。"❹姓。

【模表】 móbiǎo 模范表率。《晋书·山涛传》："君以道德，为世～～。"

【模范】 mófàn ❶制造器物的模具。《论衡·物势》："今夫陶冶者初埏埴作器，必～～为形，故作之也。"㉛ 榜样。《法言·学行》："务学不如务求师，师者，人之～～也。"❷效法。《周书·王褒传》："褒少以姻戚，去来其家，遂相～～，俄而名亚子云，并见重于世。"(见：被。)

【模楷】 mókǎi 楷模，榜样。《后汉书·李膺传》："天下～～李元礼。"《三国志·魏书·管宁传》："初，[胡]昭善史书，与钟繇、邯郸淳、卫觊、韦诞并有名，尺牍之迹，动见～～焉。"

【模刻】 mókè 见"摹刻"。

【模样】 móyàng ❶(今读 múyàng)形状，容貌。杜荀鹤《长安道中有作》诗："子细寻思底～～，腾腾又过玉关东。"(底：何。)辛弃疾《鹊桥仙·为人庆八十席上戏作》词："不须更展画图看，自是个寿星～～。"㉛ 情况，样子。白居易《请罢兵第三状》："必待事不得已然后罢之，只使陛下威权转销，天下～～更恶。"朱熹《与袁寺丞书》："家中碎小，想见无人收拾，亦复不成～～。"❷描写。《太平广记》卷二八二引《异闻集》："其芳殊明媚，笔不可～～。"

【模则】 mózé 楷模，模范。《三国志·魏书·阮籍传》："[阮]瑀子籍，才藻艳逸，而倜傥放荡，行己寡欲，以庄周为～～。"

摹 mó ❶临摹，照着样子写画。《后汉书·蔡邕传》："及碑始立，其观视及～写者，车乘日千馀两，填塞阶陌。"(两：辆。)韩愈《画记》："余少时常有志乎此事，得国本，绝人事而～得之，游闽中而丧焉。"㉛ 依样谋划、规划。《汉书·高帝纪下》："虽日不暇给，规～宏远矣。"潘岳《西征赋》："于斯时也，乃～写旧丰，制造新邑。"(丰：地名。)❷效法。《后汉书·仲长统传》："若是，三代不足～，圣人未可师也。"❸描写。江淹《别赋》："虽渊云之墨妙，严乐之笔精，……谁能～暂离之状，写永诀之情者乎！"

【摹刻】 mókè 摹仿翻刻。苏轼《李君山房记》："近岁市人，转相～～，诸子百家之书，日传万纸。"也作"模刻"。《宋史·吕文仲传》："[上]召于崇政殿，读上草书、经史故实数十轴，诏～～于石。"

【摹印】 móyìn 秦书八体之一。用于印玺的一种字体。《说文·叙》："自尔秦书有八体:一曰大篆,二曰小篆,三曰刻符,四曰虫书,五曰～～,六曰署书,七曰殳书,八曰隶书。"

膜 1. mó ❶人或动物体内像薄皮样的组织。《素问·痺论》:"故循皮肤之中,分肉之间,熏于肓～,散于胸腹。"《礼记·内则》疏:"治肉,除其筋～,取好处。"㊀果皮内的薄膜。李商隐《石榴》诗:"榴枝婀娜榴实繁,榴～轻明榴子鲜。"㊁度,气度。魏了翁《次韵苏味父自郫见寄》:"况彼～外荣,皇皇复滋滋。"❷见"膜拜"。❸(mò)通"漠"。沙漠。《穆天子传》卷二:"甲申至于黑水,西～之所谓鸿鹭。"

2. mō ❹通"摸"。抚摩。《方言》卷十三:"～,抚也。"

【膜呗】 móbài 顶礼膜拜,歌赞佛功。《新唐书·韩愈传》:"宪宗遣使者往凤翔迎佛骨入禁中,……王公士人奔走～～。"(呗:梵音,义为歌咏。)

【膜拜】 móbài 跪在地上,合掌加额,伏地而礼。《梁书·武帝纪》:"北阙藁街之使,风车火徼之民,～～稽首,愿为臣妾。"

摩 mó ❶用手搓蹭。《礼记·内则》:"濯手以～之,去其皽。"(皽:皮肉上的薄膜。)㊀按摩。《史记·酷吏列传》:"汤自往视疾,为谒居～足。"㊁抚摸。《陈书·徐陵传》:"宝志手～其顶。"❷碰撞,摩擦。《战国策·齐策一》:"主者,循轶之途也,辖击～车而相过。"(主:齐国地名。)《史记·苏秦列传》:"临菑之涂,车毂击,人肩～,连衽成帷,举袂成幕。"❸接近,贴近。《左传·宣公十二年》:"吾闻致师者,御靡旌,～垒而还。"韦庄《又玄集序》:"云间分合璧之光,海上运～天之翅。"❹切磋,体会。《礼记·学记》:"相观而善之谓之～。"《管子·侈靡》:"能～故道新道,定国家,然后化时乎?"(化时:按时代变化而改变政策。)❺快,快意。《礼记·礼器》:"君子曰:'祭祀不祈,不～蚤,不乐葆大,不善嘉事。'"(摩:今本作"麾"。摩蚤:祭祀有时,不以先祭为快。蚤,通"早"。)❻通"磨"。磨蹭物体使之锋利或生光。《战国策·燕策一》:"其姊闻之,～笄以自刺也。"萧绎《相名》诗:"浮杯度池曲,～镜往河阴。"㊀磨损,磨灭。《韩非子·八说》:"先圣有言曰:'规有～而水有波,我欲更之,无奈之何。'"司马迁《报任少卿书》:"古者富贵而名～灭,不可胜记,唯倜傥非常之人称焉。"㊁磨练。《汉书·董仲舒传》:"渐民以仁,～民以谊,节民以礼。"(谊:通"义"。)

【摩肩】 mójiān ❶肩挨着肩,形容人多。《太平御览》卷七七六引桓谭《新论》:"楚之郢都,车挂毂,民～～,市路相交,号为朝衣新而暮衣弊。"刘峻《广绝交论》:"彯组云台者～～,趍走丹墀者叠迹。"❷同处,在一起。吕温《张荆州画赞序》:"君子小人,～～于朝,直声遂寝,邪气始胜。"

【摩厉】 mólì 见"磨砺"。

【摩娑】 mósuō 见"摩挲"。

【摩挲】 mósuō ❶抚摸。《汉书·蓟子训传》:"后人复于长安东霸城见之,与一老人共～～铜人。"也作"摩抄"、"摩娑"。白居易《寄皇甫宾客》诗:"食饱～～腹,心头无一事。"《琅邪王歌》之一:"一日三～～,剧于十五女。"(剧:甚。)❷摸索。洪仁玕等《劝瑜弃暗投明檄》:"暗中～～,不辨方位。"也作"摩娑"。《聊斋志异·狐嫁女》:"时值上弦,月色昏黄,门户可辨,～～数进,始抵后楼。"

【摩顶放踵】 módǐngfàngzhǒng 摩伤头顶直至脚跟,形容极度损害自身。《孟子·尽心上》:"墨子兼爱,～～～～利天下,为之。"

磨(礳) 1. mó ❶借助石料或其他器物来磨制石器。《诗经·卫风·淇奥》:"如切如磋,如琢如～。"《国语·周语下》:"如是,而铸之金,～之石。"㊀磨擦,使物锋利、变薄或生光。《论语·阳货》:"不曰坚乎,～而不磷;不曰白乎,涅而不缁。"《木兰诗》:"小弟闻姊来,～刀霍霍向猪羊。"陆游《古别离》诗:"粉绵～镜不忍照,女子盛时无十年。"❷磨去。《诗经·大雅·抑》:"白珪之玷,尚可～也。"㊀磨灭,消失。《后汉书·南匈奴传》:"呜呼!千里之差,兴自毫端,失得之源,百世不～矣。"韩愈《祭柳子厚文》:"富贵无能,～灭谁纪?"❸磨难,折磨。白居易《酬微之》诗:"由来才命相～折,天遣无儿欲怨谁。"㊁磨练。韩愈《南内朝贺归呈同官》诗:"法吏多少年,～淬出角圭。"(淬:淬火。)❹研究,琢磨。黄宗羲《明儒学案·太常王塘南先生时槐》:"高忠宪曰:'塘南之学八十年～勘至此,可谓洞彻心境者矣。'"❺通"馍"。见"磨磨"。

2. mò ❻石磨。陆翙《邺中记》:"石虎有指南车,……又有～车,置石～于车上,行十里辄磨麦一斛。"㊀把粮食磨碎。宋应星《天工开物·粹精·攻麦》:"荞麦则微加舂杵去衣,然后或舂或～以成粉。"

【磨砺】 mólì ❶磨刀剑戈矛,使之锋利。《尚书·费誓》孔传:"煅炼戈矛,～～锋刃,皆使无敢不功善。"也作"摩厉"。《左传·昭公十二年》:"子革曰:'～～以须,王出,吾刃将斩矣。'"(须:待。)❷磨练,锻炼。《论衡·率性》："孔子引而教之，渐渍～～，闿导牖进，猛气消损，骄节屈折，卒能政事，序在四科。"也作"摩厉"。《国语·越语上》："其达士，洁其居，美其服，饱其食，而～～之于义。"

【磨砻】 mólóng ❶磨擦，磨蹭。《汉书·枚乘传》："～～底厉，不见其损，有时而尽。"（砻：磨。）❷锻炼。韩愈《答吕毉山人书》："以吾子自山出，有朴茂之厚意，恐未～～以世事。"曾巩《王容季墓志铭》："其～～涵养而不止者，吾未能量其所至也。"❸钻研，研讨。陆游《示友》诗："学问更当穷广大，友朋谁与共～～。"

【磨鑢】 mólǜ 磨治。《诗经·大雅·抑》郑笺："玉之缺，尚可～～而平，人君政教一失，谁能反覆之？"《三国志·魏书·董卓传》："更铸为小钱，大五分，无文章，肉好无轮郭，不～～。"

【磨磨】 mómó 馍馍，馒头或其他面食。翟灏《通俗编·饮食》："今北人呼为波波，南人谓之～～。"（波波：即"饽饽"。）

【磨莹】 móyíng ❶磨治玉石。《颜氏家训·勉学》："修以学艺，犹～～雕刻也。"❷磨物，使光洁。《晋书·戴邈传》："不及盛年讲肄道义，使明珠加～～之功，荆璞发采琢之荣，不亦良可惜乎！"《隋书·高颎传》："独孤公犹镜也，每被～～，皎然益明。"

䃺 mó 见"酟䃺"。

靡 mó 见 mǐ。

蘑 mó 见"蘑菰"。

【蘑菰】 mógū 可供食用的蕈类。《本草纲目·菜·蘑菰蕈》："～～出山东、淮北诸处。"也作"蘑菇"。赵翼《西岩治具全用素食》诗："香菌自南～～北，菘必秋后笋未春。"

【蘑菇】 mógū 见"蘑菰"。

馍（饃） mó 见"馍馍"。

【馍馍】 mómó 馒头或其他面食。李卫等《畿辅通志·屾政三》："畿辅称～～，顺天称波波。"（波波：即"饽饽"。）

魔 mó ❶梵语"魔罗"的简称。意为能妨碍修行，破坏佛法，杀人致死的魔鬼。慧皎《高僧传·鸠摩罗什》："初得《放光经》，始就披读，～来蔽之，唯见空牍，什知～所为。"❷能施展法术的人或物。《南史·齐本纪下》："师巫～媪，迎送纷纭。"❸着迷。白居易《酬裴晋公》诗："客有诗～者，念哦不知疲。"❹难以排遣的外来事物。陆游《十五日云阴凉尤甚》诗："硙茶落雪睡～退，激水跳珠凉意生。"

【魔浆】 mójiāng 酒。萧衍《断酒肉文》之四："酒是～～，故不待言。"

【魔祟】 mósuì 灾祸。陆九渊《与侄孙濬》："不惟可使汝日进于学而无～～，因是亦可以解流俗之深惑也。"

劘 mó ❶磨。《论衡·明雩》："导才低仰，欲求裨也；砥石～厉，欲求铦也。"（铦：锋利。）[引]切磋。曾巩《范贯之奏议集序》："或矫拂情欲，或切～计虑，或辨别忠佞，而处其进退。"❷劝谏。《汉书·贾山传赞》："贾山自下～上，邹阳、枚乘游于危国，然卒免刑戮者，以其言正也。"❸迫近。罗隐《镇海军使院记》："左界飞楼，右～严城。"杜甫《壮游》诗："气～屈贾垒，目短曹刘墙。"

抹 1. mǒ ❶涂抹，涂上。苏鹗《杜阳杂编》卷上："上试制科于宣政殿，或有词理乖谬者，即浓笔～之至尾。"[引]化妆时涂抹脂粉。杜甫《北征》诗："学母无不为，晓妆随手～。"苏轼《饮湖上初晴后雨》诗："欲把西湖比西子，淡妆浓～总相宜。"[又]轻微的痕迹。秦观《泗州东城晚望》诗："林稍一～青如画，应是淮流转处山。"❷细切，砍割。苏轼《春菜》诗："茵陈甘菊不负渠，脍缕堆盘纤手～。"[引]灭，勾掉。韩愈《贞曜先生墓志铭》："唯其大翫于词，而与世～摋，人皆劫劫，我独有馀。"❸闪过，一掠而过。苏轼《宿野人舍》诗："溪上青山三百叠，快马轻衫来一～。"

2. mò ❹弹奏弦乐，顺手回拨的一种指法。白居易《琵琶行》："轻拢慢撚～复挑，初为霓裳后六幺。"❺紧贴。《京本通俗小说·西山一窟鬼》："侧手从～胸里取出一个贴子来。"❻绕。秦简夫《东堂老》一折："转弯～角，可早来到李家门首。"

【抹额】 mò'é 抹头，古代武士扎在额头上的巾带。李贺《画角东城》诗："水花沾～～，旗鼓夜迎潮。"

【抹月批风】 mǒyuèpīfēng 拿风月当菜肴。家贫没有东西待客的戏语。苏轼《和何长官六言次韵》："家贫何以娱客，但知～～～～。"（抹：细切。批：薄切。）

懡 mǒ 见"懡㦬"。

【懡㦬】 mǒluǒ ❶羞愧。王明清《挥麈后录》卷九："世修以劄子具陈其事，张徽不纳，世修～～而退。"❷寥落稀疏的样子。杨万里《小溪至新田》诗之一："人烟～～不成村，溪水微茫劣半分。"

万[2] mò 见“万俟”。

【万俟】 mòqí 复姓。北齐有万俟普。

末 1. mò ❶树梢。《左传·昭公十一年》：“～大必折，尾大不掉。”《吕氏春秋·先己》：“是故百仞之松，本伤于下，而～槁于上。”㊀物体的尖端，顶端。《孟子·梁惠王上》：“明足以察秋毫之～，而不见舆薪。”《史记·平原君虞卿列传》：“平原君曰：‘夫贤士之处世也，譬若锥之处囊中，其～立见。’”㊁指极其细微的状态。《老子·六十四章》：“合抱之木，生于毫～。”❷手足四肢。《左传·昭公元年》：“阴淫寒疾，阳淫热疾，风淫～疾，雨淫腹疾。”㊁比喻势力强大的诸侯或大夫。《史记·晋世家》：“君子曰：‘晋之乱其在曲沃矣。～大于本而得民心，不乱何待！’”柳宗元《封建论》：“余以为周之丧久矣，徒建空名于公侯之上。得非诸侯之盛强，～大不掉之咎欤！”❸脊背。《庄子·外物》：“有人于彼，修上而趋下，～偻而后耳。”（修上：上身长。趋下：下身短。）❹边，远。《荀子·哀公》：“君平明而听朝，日昃而退，诸侯之子孙必有在君之～庭者。”（末庭：朝庭上的边远位子。）杜甫《天末怀李白》诗：“凉风起天～，君子意如何？”❺最终，终于。《尚书·立政》：“时则勿有间之，自一话一言，我则～惟成德之彦，以乂我受民。”㊁事情的最终结果，结局。《韩非子·说林上》：“圣人见微而知萌，见端以知～。”《后汉书·丁鸿传》：“禁微则易，救～者难。”❻末节，微不足道的事情。《论语·子张》：“子夏之门人小子，当洒扫应对进退，则可矣，抑～也。”《战国策·齐策四》：“故有问，舍本而问～者耶？”❼晚年。《礼记·中庸》：“武王～受命。”❽末世，末年。《汉书·朱博传》：“今～俗之弊，政事繁多，宰相之材，不能及古。”《后汉书·刘玄传》：“王莽～，南方饥馑。”❾剩馀的，最后的。《战国策·秦策五》：“《诗》云：‘行百里者半于九十’，此言～路之难。”❿碎末，粉末。《晋书·鸠摩罗什传》：“乃以五色丝做绳结之，烧为灰～。”㊀轻微，稍微。《公羊传·宣公十五年》：“曷为不言入于郑？～言尔。”《左传·昭公十四年》：“三数叔鱼之恶，不为～减。”（减：减刑。）⓫浅薄。《陈书·沈不害传》：“～学小生，词无足算。”⓬卑微，卑下。江淹《从建平王游纪南城》诗：“恭承此嘉德，～官至南荆。”⓭末业，工商业。贾谊《论积贮疏》：“今背本而趋～，食者甚众，是天下之大残也。”（本：农业。）⓮通“茉”。见“末利②”。⓯通“莫”。1)没什么地方。《论语·阳货》：“～之也已，何必公山氏之之也？”2)无。《论语·子罕》：“虽欲从之，～由也已。”3)不。《墨子·公孟》：“吾～与子酒矣。”《论衡·治期》：“如命穷病困，则虽扁鹊～如之何。”4)勿，不要。《礼记·文王世子》：“食下，问所膳，命膳宰曰：‘～有原。’”⓰古代戏曲中扮演中年男子的一种角色。郑廷玉《后庭花》二折：“正～带酒上云：‘众兄弟少罪少罪，改日回席。’”⓱助词。无实义。《公羊传·哀公十四年》：“～不亦乐乎尧舜之知君子也？”⓲语气词。表疑问，相当于“吗”。无名氏《黄花峪》一折：“小二哥！有干净阁子～？”⓳姓。

2. mǒ ⓴通“抹”。消除。《汉书·谷永传》：“欲～杀灾异，满谰诬天。”

【末班】 mòbān 小官。潘岳《西征赋》：“皇鉴揆余之忠诚，俄命余以～～。”

【末产】 mòchǎn 末业，工商业。《管子·权修》：“故～～不禁，则野不辟；赏罚不信，则民无取。”

【末富】 mòfù 经商致富。《史记·货殖列传》：“是故本富为上，～～次之，奸富最下。”

【末光】 mòguāng ❶馀光。左思《魏都赋》：“彼桑榆之～～，逾长庚之初晖。”比喻皇帝皇后的薄爱。《史记·萧相国世家》：“及汉兴，依日月之～～，何谨守管籥，因民之疾秦法，顺流与之更始。”❷微光。刘峻《广绝交论》：“冀宵烛之～～，邀润屋之微泽。”

【末规】 mòguī 下策。《后汉书·马援传》：“岂甘心～～哉？悼巧言之伤类也。”

【末行】 mòháng 卑位。《晋书·王羲之传》：“古人处闾阎行阵之间，尚或干时图谋，评裁者不以为讥，况厕大臣～～，岂可默而不言哉？”

【末衡】 mòhéng 耳目平正，心地正直。《管子·宙合》：“謏充，言心也，心欲忠；～～，言耳目也，耳目欲端。中正者，治之本也。”

【末宦】 mòhuàn 卑官。任昉《上萧太傅固辞夺礼启》：“昉往从～～，禄不代耕，饥寒无甘旨之资，限役废晨昏之半。”

【末技】 mòjì ❶小技。班固《幽通赋》：“操～～犹必然兮，矧耽躬于道真。”❷指工商业。《汉书·龚遂传》：“遂见齐俗奢侈，好～～，不田作，乃躬率以俭约，劝民务农桑。”

【末季】 mòjì 末世。曹植《释愁文》：“子生～～，沈溺流俗。”

【末利】 mòlì ❶工商业。《史记·商君列传》：“事～～及怠而贫者，举以为收孥。”❷花名。见“茉莉”。

【末流】 mòliú ❶水的下游。《后汉书·傅燮传》:“臣之所惧,在于治水不自其源,～～弥增其广耳。”❷末列,后列。《汉书·孝成班倢伃传》:“奉共养于东宫兮,托长信之～～。”(长信:宫名。)❸末世。《后汉书·班彪传》:“昔周爵五等,诸侯从政,本根既微,枝叶彊大,故其～～有从横之事,势数然也。”❹乱世的不良风气。《汉书·游侠传序》:“惜乎不入于道德,苟放纵于～～,杀身亡宗,非不幸也。”❺先王的遗业。《汉书·司马迁传》:“惟汉继五帝～～,接三代绝业。”

【末民】 mòmín 从事工商业的人。《汉书·食货志下》:“以临万货,以调盈虚,以收奇羡,则官富实而～～困。”(奇:残馀。羡:饶馀。)

【末命】 mòmìng 君主临死前的遗命。《尚书·顾命》:“皇后凭玉几,道扬～～,命汝嗣训,临君周邦。”(道扬:宣布。)

【末契】 mòqì 尊者与后辈的交谊。陆机《叹逝赋》:“托～～于后生,余将老而为客。”沈辽《送夏八赴南陵》诗:“高堂老人八十一,不问衰微论～～。”

【末上】 mòshàng 首先。《景德传灯录》卷十:“入问和尚还入地狱否?师云:‘老僧～～入。’”

【末生】 mòshēng 末业,工商业。《管子·重令》:“菽粟不足,～～不禁,民必有饥饿之色。”

【末属】 mòshǔ 亲族,支族。《汉书·楚元王传》:“吾幸得同姓～～,累世蒙汉厚恩。”

【末涂】 mòtú ❶路程的终点。《韩非子·显学》:“授车就驾而观其～～,则臧获不疑驽良。”(良:良马。)❷末期。《汉书·晁错传》:“秦始乱之时,……及其～～,所侵者宗室大臣也。”❸人的晚年。谢灵运《拟魏太子邺中集诗》之四:“～～幸休明,栖集建薄质。”

【末衅】 mòxìn 后来的过错。《后汉书·窦宪传论》:“列其功庸,兼茂于前多矣,而后世莫称者,章～～以降其实也。”

【末行】 mòxíng 小节。《汉书·盖宽饶传》:“君不惟蘧氏之高踪,而慕子胥之～～。”(惟:想,思慕。)

【末业】 mòyè 工商业。《史记·货殖列传》:“夫用贫求富,农不如工,工不如商,刺绣文不如倚市门,此言～～,贫者之资也。”《颜氏家训·涉务》:“安可轻农事而贵～～哉?”

【末叶】 mòyè ❶后代子孙。蔡邕《司空杨秉碑》:“其先盖周武王之穆,晋唐叔之后也。～～以支子食邑于杨,因氏焉。”❷末期,末世。《汉书·徐乐传》:“何谓土崩?秦之～～是也。”

【末议】 mòyì 肤浅的,微不足道的议论。司马迁《报任少卿书》:“向者仆亦尝厕下大夫之列,陪外廷～～。”苏洵《上韩枢密书》:“昨因请见,求进～～。”

【末用】 mòyòng 指于国于民并不急需的楼台宫室、服饰珠宝等物。《管子·八观》:“本资少而～～多者,侈国之俗也。”

【末造】 mòzào ❶末世时产生。《仪礼·士冠礼》:“公侯之有冠礼也,夏之～～也。”❷不重要的东西。《文心雕龙·杂文》:“凡此三者,文章之枝派,暇豫之～～也。”

【末秩】 mòzhì 等级低下的小官。张籍《祭退之》诗:“念此委～～,不能力自扬。”

【末胄】 mòzhòu 后裔,后代子孙。《楚辞·九叹·逢纷》:“伊伯庸之～～兮,谅皇直之屈原。”

【末作】 mòzuò 工商业。《韩非子·五蠹》:“夫明王治国之政,使其商工游食之民少而名卑,以寡趣本务而趋～～。”(趋:当为“外”。)《三国志·魏书·司马芝传》:“后为大司农。先是诸典农各部吏民,～～治生,以要利人。”

【末学肤受】 mòxuéfūshòu 形容学问无根底,极其浅薄。张衡《东京赋》:“若客所谓～～～～,贵耳而贱目者也。”

百 mò 见 bǎi。

没 1. mò ❶沉没,淹没。《荀子·议兵》:“以桀诈尧,譬之若以卵投石,以指挠沸;若赴水火,入焉焦～耳。”(焦:烧焦。)《论衡·命义》:“而历阳之都男女俱～,长平之坑老少并陷。”[引]隐没。王昌龄《塞下曲》:“平沙日未～,黯黯见临洮。”[又]潜水。《史记·秦始皇本纪》:“始皇还,过彭城,斋戒祷祠,欲出周鼎泗水,使千人～水求之,弗得。”❷掩埋。《左传·隐公十一年》:“若寡人得～于地,天其以礼悔祸于许。”[又]盖没。《论衡·语增》:“汉诛王莽,兵顿昆阳,死者万数,军至渐台,血流～趾。”李华《吊古战场文》:“积雪～胫,坚冰在须。”❸覆没。《汉书·司马迁传》:“陵未～时,使有来报,汉公卿王侯皆奉觞上寿。”❹沦陷,陷落。《后汉书·度尚传》:“交阯刺史及苍梧太守望风逃奔,二郡皆～。”[又]陷身于……之中,沦为。《汉书·苏武传》:“缑王者,昆邪王姊子也,与昆邪王俱降汉,后随浞野侯～胡中。”❺完了,终了。《论语·乡党》:“～阶,趋进,翼如也。”(没阶:走完了台阶。)❻

极尽,尽头。《诗经·小雅·渐渐之石》:"山川悠远,曷其~矣。"⑤尽情地。《三国志·吴书·吴主传》注引《吴书》:"愿得美酒满五百斛船,以四时甘脆置两头,反覆~饮之。"⑥益,夸大。《论衡·艺增》:"著文垂辞,辞出溢其真,称美过其善,进恶~其罪。"❼消灭,消亡。《左传·襄公十四年》:"武子所施~矣。"《新五代史·一行传序》:"吾又以谓必有负材能,修节文,而沈沦于下,泯~而无所闻者。"❽删除。《论衡·自纪》:"~华虚之文,存敦庬之朴,拨流失之风,反宓戏之俗。"❾死亡,寿终。《孟子·滕文公上》:"昔者,孔子~,三年之外,门人治任将归。"《国语·晋语五》:"韩厥必不~矣,其主朝升之,而暮戮其车,其谁安之?"❿没收。《史记·孝文本纪》:"妾愿~入为官婢,赎父刑罪,使得自新。"(没入:没收罪人的家属或财产入官。)⓫贪,贪图。《国语·晋语二》:"穆公曰:'吾与公子重耳,重耳仁。……退而不私,不~于利也。'"⓬冒犯。《战国策·赵策四》:"老臣贱息舒祺,最少,不肖,……愿令得黑衣之数,以卫王宫,~死以闻。"⓭通"麼"。什么。敦煌本《燕子赋》:"不曾触犯豹尾,缘~横罹鸟灾!"(缘:因,因为。)⓮姓。

2. méi ⓯无,没有。《新五代史·任圜传》:"天下皆知崔协不识文字,而虚有仪表,号为~字碑。"

【没齿】 mòchǐ 终身,终生。《论语·宪问》:"人也,夺伯氏骈邑三百,饭疏食,~~无怨言。"《史记·梁孝王世家》:"是后成王~~不敢有戏言,言必行之。"

【没地】 mòdì ❶指人死葬于地下,寿终。江淹《恨赋》:"赍志~~,长怀无已。"❷覆没之地。《六韬·犬韬》:"所从入者隘,所从出者远,彼弱可以击我强,彼寡可以击我众,此骑之~~也。"

【没略】 mòlüè 掠夺。常璩《华阳国志·汉中志》:"安帝永初二年,阴平武都羌反,入汉中,杀太守董炳,~~吏民。"

【没没】 mòmò ❶无声无息。《南史·王僧达传》:"大丈夫宁可玉碎,安可以~~求活哉?"❷头脑不清,糊涂。《左传·襄公二十四年》:"诸侯贰,则晋国坏;晋国贰,则子之家坏,何~~也,将焉用贿?"

【没人】 mòrén 善于潜水的人。《庄子·达生》:"若乃夫~~,则未尝见舟而便操之也。"《吕氏春秋·精谕》:"孔子曰:'~~能取之。'"

【没身】 mòshēn ❶终生。《老子·十六章》:"~~不殆。"❷陷身。《隋书·东夷传》:"无财者~~为奴。"

【没世】 mòshì ❶到死,终身。《论语·卫灵公》:"君子疾~~而名不称焉。"《后汉书·冯衍传下》:"病~~之不称兮,愿横逝而无由。"❷永远。陆机《演连珠》:"是以贞女要名于~~,烈士赴节于当年。"(要:求。)

伯

mò 见 bó。

沫

mò ❶水泡。《淮南子·俶真训》:"人莫鉴于流~,而鉴于止水者,以其静也。"❷水沫,泡沫。吕温《三月三日茶宴序》:"香~浮素杯,殷凝琥珀之色。"❸河水溅起的水花或水珠。马融《长笛赋》:"澋瀑喷~,犇遯砀突。"❹口中黏液。《庄子·至乐》:"干馀骨之~为斯弥,斯弥为食醯。"(干馀骨:虫名。)❺停止。《楚辞·离骚》:"芳菲菲而难亏兮,芬至今犹未~。"❻通"末"。粉末。段成式《酉阳杂俎·物异》:"红~炼丹砂。"❼水名。即今四川省大渡河。《史记·河渠书》:"于蜀,蜀守冰凿离碓,辟~水之害,穿二江成都之中。"

【沫饽】 mòbō 沏茶时泛出的浮沫。陆羽《茶经》:"凡酌,置诸盌,令~~均。~~,汤之华也。华之薄者曰沫,厚者曰饽,细轻者曰花。"

【沫雨】 mòyǔ 使水面浮动水泡的暴雨。《淮南子·说山训》:"人莫鉴于~~,而鉴于澄水者,以其休止不荡也。"

茉

mò 见"茉莉"。

【茉莉】 mòlì 一种常绿灌木,夏季开白花,香味浓厚。魏源《江南吟》之一:"春风玫瑰夏杜鹃,午夏~~早秋莲。"也作"末利"。嵇含《南方草木状》卷上:"~~花,似蔷靡之白者,香愈于耶悉茗。"

歾

1. mò ❶同"殁"。死亡。《左传·僖公二十二年》:"叔詹曰:'楚王其不~乎?'"❷尽。扬雄《太玄经·灭》:"诎其节,执其术,共所~。"

2. wěn ❸通"刎"。割。《荀子·强国》:"人知贵生乐安而弃礼义,辟之是犹欲寿而~颈也。"

殁(歿)

mò ❶死亡。《战国策·韩策二》:"今死而无名,父母既~矣,兄弟无有,此为我故也。"《吕氏春秋·诚廉》:"至于岐阳,则文王已~矣。"❷杀。《史记·刺客列传》:"妾奈何畏~身之诛,终灭贤弟之名!"❸自刎。《吕氏春秋·高义》:"不去斧锧,~头乎王廷。"❹终。《战国策·秦策四》:"魏惧而复之,负刍必以魏~世事秦。"《史记·白起王翦列传》:"当是时,翦为宿将,始皇师之,然不能辅秦建德,固其根本，偷合取容，以至～身。"❺消灭，泯灭。《论衡·对作》："诗作民间，圣王可云'汝民也，何发作'，囚罪其身，～灭其诗乎？"

帕（帞、袹、袙）　1. mò　❶古代男子用于束发裹头的头巾。韩愈《送郑尚书序》："大府帅或道过其府，府帅必戎服，左握刀，右属弓矢，～首袴靴，迎郊。"㊀裹，用巾裹头。《新唐书·礼乐志十》："启殡之日，主人及诸子皆去冠，以衺巾～头。"㊁遮盖。《释名·释衣服》："帕腹，横～其腹也。"（帕腹：兜肚。一说裲裆，即坎肩。）

2. pà　❷通"帊"。佩巾。《太平广记》卷十引葛洪《神仙传》："但以八尺布～敷坐于此。"

【帕服】　mòfú　盛装打扮。《释常谈·鲜妆帕服》："妇人施粉黛花钿，著好衣服，谓之鲜妆～～。"

佰　mò　见 bǎi。

陌　1. mò　❶田间小路。《楚辞·九思·悯上》："逡巡兮圃薮，率彼兮畛～。"㊀路。陶渊明《咏荆轲》："素骥鸣广～，慷慨送我行。"❷通"帕"。束发的头巾。《太平御览·搜神记》："太康中，天下以毡为～头及带身袴口。"

2. bǎi　❸通"佰"。古代计钱单位。一百钱叫佰。《梁史·武帝纪》："自今通用足～钱。"曾巩《明州拟辞高丽送遗状》："检会熙宁六年高丽国进奉有副使，送明州知州、通判土物，共估钱二百贯以上九十九～。"

3. pāi　❹通"拍"。击。《唐六典·卫尉寺武库令》："刀之制有四：一曰仪刀，二曰鄣刀，三曰横刀，四曰～刀。"（陌刀：拍刀。一种长的双刃佩刀。佩时，因长击髀，故名拍刀。）

【陌额】　mò'é　头巾。《史记·绛侯周勃世家》索隐引《方言》："幪巾，南楚之间云～～也。"

【陌头】　mòtóu　❶田间，路旁。王昌龄《闺怨》诗："忽见～～杨柳色，悔教夫壻觅封侯。"❷束发的头巾。《释名·释首饰》："绡头……或谓之～～。"

冒　mò　见 mào。

脉　mò　见 mài。

袜[1]　mò　兜肚。刘缓《敬酬刘长史咏名士悦倾城》诗："钗长逐鬟发，～小称腰身。"杨广《喜春游歌》："锦袖淮南舞，宝～楚宫腰。"

【袜肚】　mòdù　缠腰的巾带。马缟《中华古今注·袜肚》："盖文王所制也，谓之腰巾，但以缯为之；宫女以彩为之，名曰腰彩。至汉武帝以四带，名曰～～。"

【袜腹】　mòfù　兜肚。《陈书·周迪传》："迪性质朴，不事威仪，冬则短身布袍，夏则紫纱～～。"

袜　mò　见 wà。

莫　1. mò　❶无，没有。《诗经·小雅·天保》："天保定尔，以～不兴。"《楚辞·离骚》："汤禹俨而祗敬兮，周论道而～差。"㊀虚无。《礼记·礼运》："君与夫人交献，以嘉魂魄，是谓合～。"❷没有谁，没有什么，没有哪里。《诗经·邶风·北门》："终窭且贫，～知我艰。"《史记·周本纪》："夏帝卜杀之与去之与止之，～吉。"《诗经·小雅·北山》："溥天之下，～非王土。"❸不。《诗经·小雅·小旻》："人知其一，～知其他。"《论语·阳货》："小子何～学夫《诗》？"❹不要。《庄子·则阳》："～为盗！～为杀人！"《史记·商君列传》："秦惠王车裂商君以徇，曰：'～如商鞅反者！'遂灭商君之家。"（徇：示众。）❺大约，约莫。《论语·述而》："文，～吾犹人也。躬行君子，则吾未之有得。"《宋史·岳飞传》："桧曰：'飞子云与张宪书虽不明，其事体～须有。'"❻见"莫莫"。❼通"漠"。广漠，空旷。《庄子·逍遥遊》："今子有大树，患其无用，何不树之于无何有之乡，广～之野？"❽通"漠"。1）寂静。《左传·昭公二十八年》："《诗》曰：'惟此文王，帝度其心。～其德音，其德克明。'"2）冷淡，持怀疑态度。《庄子·人间世》："凡溢之类妄，妄则其信之也～，～则传言者殃。"（类妄：类似说谎。）❾通"瘼"。疾苦。《诗经·大雅·皇矣》："监观四方，求民之～。"❿姓。

2. mó　⓫通"谟"。谋划。《诗经·小雅·巧言》："秩秩大猷，圣人～之。"⓬通"劘"。削。《管子·制分》："屠牛坦朝解九牛，而刀可以～铁，则刃游间也。"

3. mù　⓭一种蔬菜，有毛刺，嫩叶可食。《诗经·魏风·汾沮洳》："彼汾沮洳，言采其～。"⓮日落之时，傍晚。《荀子·乐论》："饮酒之节，朝不废朝，～不废夕。"《礼记·聘义》："日～人倦。"《战国策·齐策三》："乃约车而～去。"㊀晚。《诗经·周颂·臣工》："嗟嗟保介，维～之春。"《史记·李斯列传》："复请而后死，未～也。"孙因《蝗虫辞》："昔恨其来～，今惧其不去。"⓯夜。《尚书大传·洪范五行传》："星辰～同。"《楚辞·九叹·离世》："断镳衔以驰骛兮，～去次而敢止。"⓰年暮，年老。曹操《步出夏门行》："烈士～年，壮心不已。"王安石《谢宣医劄子》："臣迫于衰～。"⑰昏暗，昏黑。枚乘《七发》："于是榛林深泽，烟云闇～。"《后汉书·杨震传》："～夜无知者。"㉛昏庸。《荀子·成相》："门户塞，大迷惑，悖乱昏～不终极。"（按：⑭至⑰后来写作"暮"。）⑱通"幕"。幕帐。《史记·廉颇蔺相如列传》："以便宜置吏，市租皆输入～府，为士卒费。"⑲通"慔"。勉励。《淮南子·缪称训》："其谢之也，犹未之～与？"

【莫莫】 mòmò ❶茂密的样子。《诗经·周南·葛覃》："维叶～～，是刈是濩。"左思《蜀都赋》："黍稷油油，粳稻～～。"❷尘土飞扬的样子。《楚辞·九思·疾世》："时咄咄兮旦旦，尘～～兮未晞。"（晞：消散。）❸广大的样子。柳宗元《祭吕衡州文》："吾固知苍苍之无信，～～之非神。"❹暗暗地，不声不响地。扬雄《甘泉赋》："炕浮柱之飞榱兮，神～～而扶倾。"❺敬谨的样子。《诗经·小雅·楚茨》："君妇～～，为豆孔庶。"

【莫逆】 mònì 彼此情投意合，没矛盾。《庄子·大宗师》："四人相视而笑，～～于心，遂相与为友。"

【莫然】 mòrán ❶平静无事的样子。《庄子·大宗师》："～～有间，而子桑户死，未葬。"❷茫然。《庄子·在宥》："解心释神，～～无魂。"

【莫邪】 mòyé 古代宝剑名。《荀子·议兵》："故仁人之兵，聚则成卒，散则成列，延则若～～之长刃，婴之者断。"（婴：撄，触犯。）也作"莫耶"、"镆邪"、"镆铘"。《韩诗外传》卷八："～～虽利，不能独断。"《淮南子·修务训》："为此弃干将～～，而以手战，则悖矣。"《庄子·庚桑楚》："兵莫憯于志，～～为下；寇莫大于阴阳，无所逃于天地之间。"

【莫耶】 mòyé 见"莫邪"。

【莫府】 mùfǔ 见"幕府"。

眛 1. mò ❶目不明。《说文·目部》："～，目不明也。"❷（mào）通"冒"。冒着，不顾……危险。左思《吴都赋》："相与～潜险，搜瓌奇，摸蝳蝐，扪觜蠵，剖巨蚌于回渊，濯明月于涟漪。"

2. miè ❸通"蔑"。地名。在今山东省泗水东。《穀梁传·隐公元年》："三月，公及邾仪父盟于～。"

秣（餗） mò ❶喂马的谷物、饲料。《周礼·天官·大宰》："以九式均节财用，一曰祭祀之式，二曰宾客之式，……七曰刍～之式。"（刍：喂牲口的草。）杜甫《敬简王明府》诗："骥病思偏～，鹰秋怕苦笼。"❷喂养。《诗经·周南·汉广》："之子于归，言～其马。"《韩非子·外储说左下》："吾观国人尚有饥色，是以不～马。"❸食。《荀子·劝学》："昔者瓠巴鼓瑟，而流鱼出听；伯牙鼓琴，而六马仰～。"❹姓。

眽（脉） mò ❶斜视。《说文·目部》："～，目财视也。"（财，当作"邪"。邪，通"斜"。）❷见"眽眽"。

【眽眽】 mòmò ❶凝视的样子。《楚辞·九思·逢尤》："魂茕茕兮不遑寐，目～～兮寤终朝。"❷相视的样子。王延寿《鲁灵光殿赋》："齐首目以瞪眄，徒～～而狋狋。"也作"脉脉"。《古诗十九首》之十："盈盈一水间，～～不得语。"

漠 mò ❶沙漠。《楚辞·九怀·思忠》："历广～兮驰骛，览中国兮冥冥。"❷寂静无声。《楚辞·远遊》："山萧条而无兽兮，野寂～其无人。"❸见"漠然"。❹见"漠漠"。

【漠闵】 mòmǐn 混沌不清的样子。《淮南子·精神训》："古未有天地之时，惟象无形，窈窈冥冥，芒芠～～，澒濛鸿洞，莫知其门。"

【漠漠】 mòmò ❶寂静无声。《荀子·解蔽》："掩耳而听者，听～～而以为哅哅。"❷寂寞，孤单。高启《夜雨江馆写怀》诗："～～春寒水绕村，有愁无酒不开门。"❸烟尘弥漫的样子。韩愈《同水部张员外春游寄白二十二舍人》诗："～～轻阴晚自开，青天白日映楼台。"❹广大无际的样子。王维《积雨辋川庄作》诗："～～水田飞白鹭，阴阴夏木啭黄鹂。"❺纷乱密布的样子。陆机《君子有所思行》："廛里一何盛，街巷纷～～。"杨炯《群官寻杨隐居诗序》："寒山四绝，烟雾苍苍；古树千年，藤萝～～。"

【漠泊】 mòpò 茂密的样子。王褒《洞箫赋》："处幽隐而奥屏兮，密～～以獭猭。"

【漠然】 mòrán ❶静默不语的样子。《汉书·冯奉世传》："玄成等～～，莫有对者。"❷冷淡的样子。《庄子·天道》："老子～～不应。"❸孤寂的样子。欧阳修《释秘演诗集序》："曼卿死，秘演～～无所向。"❹暗淡、模糊的样子。刘禹锡《昏镜词》诗："昏镜非美金，～～丧其晶。"

寞 mò 见"寂寞"。

幕 mò 见mù。

蓦（驀） mò ❶上马，骑上。左思《吴都赋》："～六驳，追飞生，弹鸾鹓，射猱狿。"（飞生：鼯鼠。）❷越过，跨越。陆游《夜投山家》诗："～沟上坂到山家，牧竖膺门两髻丫。"（膺：同"应"。）㉛超越，不按规定的次序。俞汝楫《礼部志稿·学规颁镌学校卧碑》:"民间冤抑等事,自下而上陈诉,不许~越。"❸突然,忽然。辛弃疾《青玉案·元夕》词:"众里寻他千百度,~然回首,那人却在,灯火阑珊处。"❹径直。《景德传灯录·诸方杂举征拈代别语》:"时方收稻,次一僧问:'径山路何处去?'婆曰:'~直去。'"

嗼 mò 静默无声。《吕氏春秋·首时》:"饥马盈厩,~然,未见刍也;饥狗盈窖,~然,未见骨也。"《楚辞·哀时命》:"聊窜端而匿迹兮,~寂默而无声。"

貊(⿰犭百) mò ❶同"貘"。兽名。[引]古代对东北地区少数民族的称呼。《诗经·大雅·韩奕》:"王锡韩侯,其追其~。"《论语·卫灵公》:"子曰:'言忠信,行笃敬,虽蛮~之邦,行矣。'"❷通"莫"。清静。《诗经·大雅·皇矣》:"维此王季,帝度其心,~其德音。"

貉 mò 见hé。

靺 1. mò ❶见"靺鞨"。
2. wà ❷通"袜[2]"。袜子。《南齐书·徐孝嗣传》:"孝嗣登殿不著~,为治书御史蔡准所奏,罚金二两。"

【靺鞨】 mòhé ❶古代少数民族,居住在我国东北黑龙江、松花江一带。《隋书·东夷传》:"~~在高丽之北,邑落俱有酋长,不相统一。"❷靺鞨族居地所产的一种宝石。《旧唐书·肃宗纪》:"楚州刺史崔侁献定国宝玉十三枚:一曰玄黄天符,……七曰红~~,大如巨栗,赤如樱桃。"

瘼 mò ❶病,患病。《诗经·小雅·四月》:"乱离~矣,爰其适归?"[引]疾苦。《后汉书·循吏传序》:"广求民~,观纳风谣。"[又]毛病,错误。王安石《送郓州知府宋谏议》诗:"文明诚得主,政~尚须砭。"❷害,坑害。《诗经·大雅·桑柔》:"捋采其刘,~此下民。"

墨 1. mò ❶用石炭或松烟等材料制成的写字、作画用品。《庄子·田子方》:"宋元君将画图,众史皆至,受揖而立,舐笔和~,在外者半。"《后汉书·和熹邓皇后纪》:"岁时但供纸~而已。"[引]黑色。《左传·哀公十三年》:"肉食无~。"[又]变黑,呈现出黑色。《孟子·滕文公上》:"君薨,听于冢宰,歠粥,面深~,即位而哭,百官有司莫敢不哀,先之也。"[又]使变黑,染黑,熏黑。《左传·僖公三十三年》:"子~衰绖,梁弘御戎,莱驹为右。"沈括《梦溪笔谈·杂志一》:"石炭烟亦大,~人衣。"❷黑暗。《荀子·解蔽》:"《诗》云:'~以为明,狐狸而苍',此言上幽而下险也。"❸贪污,不廉洁。《左传·昭公十四年》:"己恶而掠美为昏,贪以败官为~,杀人不忌为贼。"[引]泛指行为污浊。《论衡·自纪》:"身贵而名贱,则居贵而行~。"❹木匠使用的墨线。《荀子·礼论》:"故绳~诚陈矣,则不可欺以曲直;衡诚县矣,则不可欺以轻重。"[引]计划。《孙子·九地》:"践~随敌,以决战事。"❺古代长度单位。五尺为一墨。《国语·周语下》:"其察色也,不过~丈寻常之间。"❻古代占卜时烧灼龟甲而呈现出的较粗的裂纹。《礼记·玉藻》:"卜人定龟,史定~,君定体。"❼打猎时烧田。枚乘《七发》:"驰骋角逐,慕味争先;徼~广博,观望之有圻。"(徼墨:烧田的范围。)❽古代五刑之一。即在犯人的额头、面颊、手臂诸处刺字,然后涂墨,作为惩处的标志。《尚书·伊训》:"臣下不匡,其刑~。"《汉书·刑法志》:"~者使守门。"❾墨家学派。《孟子·滕文公下》:"天下之言,不归杨则归~。"《荀子·礼论》:"故儒者将使人两得之者也,~者将使人两丧之者也,是儒~之分也。"❿通"默"。沉默。《荀子·解蔽》:"故口可劫而使~云,形可劫而使诎申,心不可劫而使易意。"(云:说话。诎申:屈伸。)⓫通"纆"。绳索。扬雄《解嘲》:"徽以纠~,制以锧铁。"(徽:捆。纠:绳索。)⓬姓。
2. méi ⓭见"墨杘"。

【墨车】 mòchē 古代大夫所乘的车子。车身墨漆,无彩绘。《周礼·春官·巾车》:"卿乘夏缦,大夫乘~~,士乘栈车,庶人乘役车。"

【墨坼】 mòchè 古代占卜,烧灼龟甲时所形成的裂纹。粗的叫墨,细的叫坼。《周礼·春官·大卜》郑注:"每体十繇,体有五色,又重之以~~也。"

【墨妙】 mòmiào 指精美的文辞、书法或绘画。江淹《别赋》:"虽渊云之~~,严乐之笔精,……谁能摹暂离之状,写永诀之情者乎?"孟浩然《还山贻湛法师》诗:"~~称古绝,词华惊世人。"岑参《刘相公中书江山画障》诗:"相府征~~,挥毫天地穷。"

【墨墨】 mòmò ❶极其昏暗的样子。《管子·四称》:"政令不善,~~若夜。"❷见"默默"。

【墨辟】 mòpì 墨刑。《尚书·吕刑》:"~~疑赦,其罚百锾,阅实其罪。"(锾:古圆形货币。阅实:核实。)

【墨绶】 mòshòu ❶黑色的印带。《汉书·百官公卿表上》:"县令、长……秩比六百石以上,皆铜印~~。"❷县令、县长的代称。《后汉书·左雄传》:"今之~~,犹古之诸侯。"

【墨义】 mòyì 唐宋以后科举考试的一种方

式。唐明经科有口义、墨义两种。墨义就是用笔对答以儒家经义为内容的试题。《新唐书·选举志上》:"明经停口义,复试～～十条。"

【墨妆】 mòzhuāng 妇女以墨化妆。《隋书·五行志上》:"朝士不得佩绶,妇人～～黄眉。"

【墨子】 mòzǐ ❶古代墨家学派的创始人。名翟,鲁国人,大约生活于春秋末、战国初。《韩非子·外储说左上》:"～～之说,传先王之道,论圣人之言,以宣告人。"❷墨家学派。《韩非子·外储说左上》:"～～者,显学也。"❸书名。是墨子及其弟子的著述。原书七十一篇,今本仅存五十三篇。

【墨杘】 méixì ❶狡诈,无赖。皮日休《反招魂》诗:"朝刀锯而暮鼎镬兮,上暧昧而下～～些。"(些:语气词。)也作"嚜杘"。《方言》卷十:"央亡、～～、婚,猞也。江湘之间或谓之无赖,或谓之㺑。凡小儿多诈而猞谓之央亡,或谓之～～,或谓之婚。"❷假托的人名。《列子·力命》:"～～、单至、啴咺、憋懯,四人相与游于世,胥如志也。"

嘿

mò 同"默①"。

【嘿嘿】 mòmò 见"默默"。

镆(鏌)

mò 见"镆干"、"镆邪"、"镆铘"。

【镆干】 mògān 剑名"干将"、"莫邪"的合称。引申指利剑。《庄子·达生》:"复仇者,不折～～,虽有忮心者,不怨飘瓦,是以天下平均。"(忮:忌恨。)

【镆邪】 mòyé 见"莫邪"。

【镆铘】 mòyé 见"莫邪"。

䒬(艒、䑃)

mò(又读 mù) 小船。《宋书·吴喜传》:"从西还,大艑小～,爰及草舫,钱米布绢,无船不满。"

【䒬艏】 mòsù 小船。《方言》卷九:"南楚江湘,凡船大者谓之舸。小舸谓之艖,艖谓之～～。"

默

mò ❶沉默不语。《周易·系辞上》:"君子之道,或出或处,或～或语。"《史记·秦始皇本纪》:"问左右,左右或～,或言马以阿顺赵高。"也作"嘿"。《战国策·齐策四》:"左右～然莫对。"《论衡·程材》:"阿意苟取容幸,将欲放失,低～不言者,率多文吏。"㊀不求闻达。扬雄《解嘲》:"是故知玄知～,守道之极。"❷昏黑。郑还古《博异志·张遵言》:"遵言与仆等隐大树下,于时昏晦,～无所睹。"❸暗中,心中。《论衡·实知》:"阴见～识,用思深秘。"❹无。《列子·力命》:"自然者～之成之,平之宁之,将之迎之。"❺通"墨"。贪污。《孔子家语·正论》:"贪以败官为～,杀人不忌为贼。"

【默默】 mòmò ❶沉默无言,无声无息。《韩诗外传》卷七:"昔者商纣～～而亡,武王谔谔而昌。"(谔谔:直言争辩的样子。)也作"墨墨"、"嘿嘿"。《史记·商君列传》:"武王谔谔以昌,殷纣～～以亡。"《汉书·匡衡传》:"衡～～不自安。"㊀寂静无声。《楚辞·九章·悲回风》:"登石峦以远望兮,路眇眇之～～。"❷空无,难见莫测的样子。《庄子·在宥》:"来,吾语汝至道:至道之精,窈窈冥冥;至道之极,昏昏～～。"❸因困惑而神志迷惘的样子。《庄子·天运》:"吾始闻之惧,复闻之怠,卒闻之而惑,荡荡～～,乃不自得。"也作"墨墨"。《淮南子·道应训》:"形若槁骸,心如死灰,直实不知,以故自持。～～恢恢,无心可与谋。"❹不得志的样子。《史记·魏其武安侯列传》:"魏其日～～不得志。"也作"墨墨"、"嘿嘿"、"嚜嚜"。《史记·屈原贾生列传》:"于嗟～～兮,生之无故。"《汉书·田蚡传》:"故婴～～不得意,而厚遇夫也。"《后汉书·桓谭传》:"皇后日已疏,晏～～不得意。"

蟆

mò 见 má。

藐

mò 见 miǎo。

貘(貊)

mò 长鼻短尾的一种哺乳动物。司马相如《上林赋》:"其兽则獑旄～犛,沈牛麈麋。"(犛:同"牦"。)白居易《貘屏赞序》:"～者,象鼻犀目,牛尾虎足,生南方山谷中。"也作"貊"。《后汉书·哀牢传》注引《南中八郡志》:"～大如驴,状颇似熊,多力,食铁,所触无不拉。"

蟔(蟔)

mò 毛虫名。《尔雅·释虫》:"～,蛅蟴。"

嚜

mò 见 mèi。

纆(纆、䌕)

mò 绳索。《管子·乘马》:"蓺,镰～得入焉,九而当一。"《庄子·骈拇》:"常然者,曲者不以钩,直者不以绳,……附离不以胶漆,约束不以～索。"(离:通"丽"。附着。)

【纆牵】 mòqiān 马缰绳。《战国策·韩策三》:"王良弟子曰:'马,千里之马也;服,千里之服也。而不能取千里,何也?'曰:'子～～长。'"《文心雕龙·总术》:"骥足虽骏,～～忌长。"

【纆缴】 mòzhuó 绳索。《庄子·天地》:"内支盈于柴栅,外重～～,睆睆然在～～之中而自以为得,则是罪人交臂历指而虎豹在于囊槛，亦可以为得矣。”

【缪徽】 mòhuī ❶井绳。《汉书·陈遵传》：“酒醪不入口，臧水满怀，不得左右，牵于～～。”❷墨绳。韩愈《送区弘南归》诗：“我念前人譬葑菲，落以斧引以～～。”

mou

毋 móu 见wú。

牟 1. móu ❶牛叫声。柳宗元《牛赋》：“～然而鸣，黄钟满脰。”（脰：脖子。）❷谋取，侵夺。《战国策·楚策四》：“今夫横人嚂口利机，上干主心，下～百姓，公举而私取利，是以国权轻于鸿毛，而积祸重于丘山。”《汉书·食货志下》：“如此，富商大贾亡所～大利。”㊂爱好。《韩非子·六反》：“语曲～知，伪诈之民也。”（知：智，智诈。）❸博大。《吕氏春秋·谨听》：“贤者之道，～而难知，妙而难见。”❹通“侔”。等同。《汉书·司马相如传下》：“德～往初，功无与二。”❺通“眸”。瞳人。《荀子·非相》：“禹跳汤偏，尧舜参～子。”（参：三。）❻通“麰”。大麦。《诗经·周颂·思文》：“贻我来～，帝命率育。”（来：小麦。）❼通“鍪”。土釜一类器具。《礼记·内则》：“敦、～、卮、匜，非馂莫敢用。”❽通“鍪”。头盔。《后汉书·祢衡传》：“更着岑～单绞之服。”❾国名。春秋时鲁国的附庸国，在今山东省莱芜市东。《左传·僖公五年》：“夏，公孙兹如～，娶焉。”❿姓。

2. wù ⓫通“务”。《荀子·成相》：“天乙汤，论举当，身让卞随举～光。”（牟光：即务光。人名。）

3. mù ⓬见“牟平”。

【牟平】 mùpíng 汉代县名，属东莱郡。即今山东省烟台东南的牟平。

侔 móu ❶等，齐，与……相等、相齐。《韩非子·五蠹》：“超五帝～三王者，必此法也。”《史记·孝文本纪》：“德厚～天地，利泽施四海，靡不获福焉。”❷势力相当，匹敌。《战国策·韩策三》：“韩与魏敌～之国也。”❸通“牟”。谋取。《管子·宙合》：“贤人之处乱世也，知道之不可行，则沉抑以辟罚，静默以～免。”《韩非子·五蠹》：“其商工之民，修治苦窳之器，聚弗靡之财，蓄积待时，而～农夫之利。”❹通“劺”。劝励。《方言》卷七：“～莫，强也。北燕之外郊，凡劳而相勉，若言努力者，谓之～莫。”（莫：通“勉”。努力。）❺姓。

【侔迹】 móujì 与……行迹、行为相同。《三国志·蜀书·杨戏传》：“～～韩耿，齐声双德。”

【侔踪】 móuzōng 与……行迹、行为相同。《三国志·蜀书·张飞传》：“以君忠毅，～～召、虎，名宣遐迩。”

【侔色揣称】 mósèchuǎichèn 形容诗文摹拟比量恰到好处。谢惠连《雪赋》：“抽子秘思，骋子妍辞，～～～～，为寡人赋之。”（揣：量。称：好。）

恈 móu ❶爱。《方言》卷一：“～，爱也。……宋鲁之间曰～或曰怜。怜，通语也。”❷见“恈恈”。

【恈恈】 móumóu 贪欲的样子。《荀子·荣辱》：“争饮食，无廉耻，不知是非，不辟死伤，不畏众强，～～然唯利饮食之见，是狗彘之勇也。”

谋（謀） móu ❶咨询，谋议。《诗经·小雅·皇皇者华》：“载驰载驱，周爰咨～。”《左传·襄公四年》：“臣闻之，访问于善为咨，咨亲为询，咨礼为度，咨事为诹，咨难为～。”㊀谋合，相接。柳宗元《钴鉧潭西小丘记》：“枕席而卧，则清泠之状与目～，潜潜之声与耳～，悠然而虚者与神～，渊然而静者与心～。”❷谋划，出主意。《左传·襄公三十一年》：“裨谌能～。”《孟子·梁惠王下》：“齐人伐燕，取之。诸侯将～救燕。”㊀图谋。《战国策·东周策》：“夫梁之君臣欲得九鼎，～之晖台之下，少海之上，其日久矣。”㊂调理，治理。《老子·六十四章》：“其安易持，其未兆易～。”❸计谋，计策。《左传·庄公十二年》：“得一夫而失一国，与恶而弃好，非～也。”《后汉书·南匈奴传》：“勿贪小功，以乱大～。”㊀有计谋，有智谋。《诗经·小雅·小旻》：“民虽靡朊，或哲或～。”❹谋求，营求。《论语·卫灵公》：“君子～道不～食。”❺检验，审察。张衡《思玄赋》：“神逵昧其难覆兮，畴克～而从诸？”（畴：谁。克：能。）❻姓。

【谋夫】 móufū 出谋划策的人。《诗经·小雅·小旻》：“～～孔多，是用不集。”

【谋府】 móufǔ 藏计谋的地方，智囊。《庄子·应帝王》：“无为名尸，无为～～，无为事任，无为知主。”（名尸：承受名声的人。）

【谋律】 móulǜ 出兵的谋划规则。陆机《辩亡论上》：“虽兵以义合，同盟勠力，然皆苞藏祸心，阻兵怙乱，或师无～～，丧威稔寇，忠规武节，未有如此其著者也。”

【谋面】 móumiàn ❶亲眼目睹，当面考查。《尚书·立政》：“～～用丕训德，则乃宅人。”（宅人：任命或使用官员。）❷见面。周亮工《〈袁周合刻稿〉序》：“吾邑袁圣衣太史与金陵周子仍叔，素未～～也。”

【谋谟】 móumó ❶运用计谋。《三国志·魏书·钟会传》："景王薨于许昌，文王总统六军，会～～帷幄。"❷计谋，谋略。《后汉书·南匈奴传》："窃见度辽将军马续素有～～。"

【谋桡】 móunáo 谋划削弱。《史记·留侯世家》："汉三年，项羽急围汉王荥阳，汉王恐忧，与郦食其～～楚权。"

【谋犹】 móuyóu 见"谋猷"。

【谋猷】 móuyóu 计谋，计策。《尚书·文侯之命》："越小大～～，罔不率从。"也作"谋犹"。《诗经·小雅·小旻》："～～回遹，何日斯沮。"

【谋主】 móuzhǔ 出谋划策的主要人物。《左传·襄公二十六年》："子仪之乱，析公奔晋，晋人置诸戎车之殿，以为～～。"《战国策·西周策》："周君，～～也。"

眸 móu ❶眼珠。刘桢《鲁都赋》："和颜扬～，眄风长歌。"白居易《长恨歌》："回～一笑百媚生，六宫粉黛无颜色。"㊀眼睛。曹植《洛神赋》："明～善睐，靥辅承权。"（权：两颊。）❷通"瞐"。低头细看。《荀子·大略》："今夫亡箴者，终日求之而不得。其得之，非目益明也，～而见之也。"（箴：同"针"。）

【眸瞯】 móuxián 眼睛向上看。张协《七命》："～～黑照，玄采绀发。"

【眸子】 móuzǐ 瞳人。《孟子·离娄上》："胸中正，则～～瞭焉。"

蛑 móu(又读 máo) ❶同"蟊"。食苗根的害虫。柳宗元《游南亭夜还叙志七十韵》："螟～愿亲燎，荼堇甘自薅。"❷蝤蛑。蟹的一种。欧阳修《怀嵩楼晚饮示徐无党无逸》诗："我为办酒肴，罗列蛤与～。"❸螳螂的别名。《尔雅·释虫》："莫貈、蟷蜋，～。"

堥(㺺、嵍) móu ❶前高后平的小山丘。班固《答宾戏》："今吾子处皇代而论战国，曜所闻而疑所觌，欲从～敦而度高乎泰山，怀氿滥而测深乎重渊，亦未至也。"❷土釜。《礼记·内则》疏："～，土釜也。"❸瓦壶。《周礼·天官·疡医》注："今医人有五毒之药，作之，合黄～，置石胆、丹砂、雄黄、礜石、慈石其中，烧之三日三夜。"

麰(𪌊、麳、麰) móu 大麦。《孟子·告子上》："今夫～麦，播种而耰之。"苏轼《奉诏减决囚禁记所经历》诗："近山～麦早，临水竹篁修。"

缪(繆) 1. móu ❶十捆麻。《说文·糸部》："～，枲之十絜也。"（枲：麻。）❷缠绵。见"绸缪"。

2. liáo ❸通"缭"。缠绕。贾谊《新书·容经》："威之与德，交若～缠。"苏轼《前赤壁赋》："西望夏口，东望武昌，山川相～，郁乎苍苍。"❹见"缪然"。

3. jiū ❺通"摎"。绞，绞结。《汉书·孝成赵皇后传》："我曹言愿自杀，即自～死。"

4. miù ❻通"谬"。谬误，差错。《战国策·秦策三》："今舍此而远攻，不亦～乎？"《吕氏春秋·贵生》："颜阖对曰：'恐听～而遗使者罪，不若审之。'"㊀伪诈，假装。《汉书·司马相如传上》："临邛令～为恭敬，日往朝相如。"㊁异，不同。王延寿《鲁灵光殿赋》："千变万化，事各～形。"

5. mù ❼通"穆"。1)古代宗庙的排列次序。始祖庙居中，以下按父子的辈分递相排列，左昭右穆。《荀子·王制》："分未定也，则有昭～。"2)古代君主死后常用的谥号之一。《孟子·公孙丑下》："昔者鲁～公无人乎子思之侧，则不能安子思。"《汉书·息夫躬传》："昔秦～公不从百里奚、蹇叔之言。"

6. miào ❽姓。

【缪然】 liáorán 深思的样子。《盐铁论·刺复》："大夫～～不言。"

【缪紾】 liáozhěn 缠结。《淮南子·本经训》："华虫疏镂，以相～～。"（华虫：木器上雕刻的花纹。）

【缪舛】 miùchuǎn 见"谬舛"。

【缪戾】 miùlì 见"谬戾"。

【缪盭】 miùlì 见"缪戾"。

【缪巧】 miùqiǎo 诈术巧计。《汉书·韩安国传》："意者有它～～可以禽之，则臣不知也。"

【缪悠】 miùyōu 见"谬悠"。

【缪缪】 mùmù 和美的样子。《荀子·哀公》："是故其事辨乎天地，明察乎日月，总要万物于风雨，～～肫肫，其事不可循。"（肫肫：精密的样子。）

鍪 móu ❶锅。古代用青铜制成的圆底敛口的镀类炊具。《说文·金部》："～，镀属。"❷头盔。《战国策·韩策一》："甲、盾、鞮、～、铁幕、革抉、㕹芮、无不毕具。"❸形似头盔的帽子。《荀子·礼论》："荐器则冠有～而毋縰，瓮庑虚而不实。"（縰：束发的头巾。）

蝥 móu 见 mù。

某 1. mǒu ❶指代不明说的人物、事件、时间、地点。《论语·卫灵公》："皆坐，子告之曰：'～在斯，～在斯。'"《战国策·秦策二》："张仪知楚绝齐也，乃出见使者曰：'从～至～，广从六里。'"（从：纵。）《韩非子·内储说上》："嗣公为关吏曰：'～时有客过而所，与汝金，而汝因遣之。'"❷自我谦称。我。《史记·高祖本纪》："高祖奉玉卮，起为太上皇寿，曰：'始大人常以臣无赖，不能治产业，不如仲力。今～之业所就孰与仲多？'"

2. méi ❸同"梅"。《说文·木部》："～，酸果也。"

mu

㙁 mú 见"㙁母"。

【㙁母】 múmǔ 见"嫫母"。

酶 mú 见"酶酴"。

【酶酴】 mútú 用榆树钱儿做的酱。贾思勰《齐民要术·种榆白杨》："二月榆荚成，及青收干以为旨蓄，色变白，将落，可做～～。"

母 mǔ ❶母亲。《左传·隐公元年》："小人有～，皆尝小人之食矣。"《战国策·赵策三》："威王勃然怒曰：'叱嗟，而～婢也。'"《汉书·隗嚣传》："盖天为父，地为～，祸福之应，各以事降。"㊀具有使他物滋生能力的事物。《礼记·内则》："煎醢加于黍食上，沃之以膏，曰淳～。"❷乳母。《国语·越语上》："生三人，公与之～。"❸女性长辈。《尔雅·释亲》："父之兄妻为世～，父之弟妻为叔～。"❹老年妇女的通称。《史记·淮阴侯列传》："信钓于城下，诸～漂，有一～见信饥，饭信。"《战国策·宋卫策》："车至门，扶，教送～：'灭灶，将失火。'"❺雌性。《孟子·尽心上》："五～鸡，二～彘，无失其时，老者足以无失肉矣。"❻根源。《商君书·说民》："慈仁，过之～也。"㊁道家认为的生成万物的宇宙本体。《老子·五十二章》："天下有始，以为天下～。"❼重币。货币有大小轻重之别。大的重的称母，小的轻的称子。《国语·周语下》："民患轻，则为作重币以行之，于是乎有～权子而行，民皆得焉。"❽通"亩"。田垄。《史记·鲁周公世家》："天降祉福，唐叔得禾，异～同颖。"（颖：禾穗。）

【母弟】 mǔdì 同母弟，胞弟。《左传·庄公八年》："僖公之～～曰夷仲年。"

【母猴】 mǔhóu 猕猴。《吕氏春秋·察传》："故狗似玃，玃似～～。"

【母后】 mǔhòu 皇太后，帝王之母。《三国志·魏书·后妃传序》："魏因汉法，～～之号，皆如旧制。"

【母艰】 mǔjiān 母丧。王俭《褚渊碑文》："又以居～～去官，虽事缘义感，而情均天属。"

【母昆】 mǔkūn 同胞兄弟。陈琳《为袁绍檄豫州》："又梁孝王，先帝～～，坟陵尊显，桑梓松柏，犹宜肃恭。"

【母母】 mǔmǔ 妯娌间，弟妻对兄妻的称呼。吕本中《紫薇杂记·家礼》："～～受婶房婢拜，以受其主母拜也，婶见～～房婢妮即答拜。"也作"姆姆"。《水浒传》四十九回："原来却是乐和舅，可知尊严和～～一般模样。"

【母氏】 mǔshì ❶母亲。《诗经·邶风·凯风》："棘心夭夭，～～劬劳。"❷皇帝母亲的家族。《后汉书·虞美人纪》："自汉兴，～～莫不尊崇。"

【母兄】 mǔxiōng 同母兄，胞兄。白居易《贫家女》诗："～～未开口，已嫁不须臾。"

【母仪】 mǔyí 母范，人母的典范。《后汉书·光武郭皇后纪》："郭主虽王家女，而好礼节俭，有～～之德。"

【母忧】 mǔyōu 母丧，母死。《后汉书·郭太传》："后遭～～，有至孝称。"王俭《褚渊碑文》："丁所生～～，谢职，毁疾之重，因心则至。"

亩（畒、晦、畮、畆、畂） mǔ ❶田垄。《诗经·齐风·南山》："艺麻如之何？衡从其～。"（衡从：横纵。）㊀整治田垄。《诗经·大雅·绵》："迺疆迺理，迺宣迺～。"（宣：疏导沟洫。）㊁专指垄埂。《吕氏春秋·任地》："上田弃～，下田弃甽。"（甽：垄沟。）❷田亩，农田。《诗经·小雅·采芑》："薄言采芑，于彼新田，于此菑～。"㊀田野，乡野。《战国策·齐策四》："故舜起农～，出于野鄙，而为天子。"❸土地面积单位。《诗经·魏风·十亩之间》："十～之间兮，桑者闲闲兮。"㊀亩数。《左传·宣公十六年》："初税～，非礼也。"（税亩：按亩数多少征税。）㊁按亩来计算产量。《诗经·大雅·生民》："恒之秬秠，是获是～。"

牡（牳） mǔ ❶雄性的鸟兽。《诗经·邶风·匏有苦叶》："济盈不濡轨，雉鸣求其～。"（牡：公山鸡。）又《齐风·还》："并驱从两～兮，揖我谓我好兮。"（牡：公狼。）《左传·哀公十七年》："良夫乘衷甸两～，紫衣狐裘至。"（牡：公马。）㊀雄性。《老子·五十五章》："未知牝～之合而全作，精之至也。"❷锁簧。古代锁可以插入和拔出的部件叫牡，被插入的部件叫牝。《汉书·五行志中之上》："成帝元延元年正月，长安章城门门～自亡。"（亡：丢失。）❸丘陵。《大戴礼记·易本命》："丘陵为～，溪谷为牝。"❹雄健，高大。《诗经·鲁颂·駉》："駉駉～马，在坰之野。"❺古代战争布阵的一种方法。把兵力布置在左叫牡，布置在右叫牝。《国语·越语下》："凡陈之道，设右以为牝，益左以为～。"（陈：通"阵"。布阵。）

【牡齿】 mǔchǐ 大牙，槽牙。《说文·牙部》："牙，～～也。"

【牡飞】 mǔfēi 门栓脱落。《汉书·谷永传》："关动～～，辟为无道，臣为非。"

拇(胟) mǔ 手或脚的大指。《庄子·骈拇》："骈～枝指出乎性哉，而侈于德。"《国语·楚语上》："且夫制城邑若体性焉，有首领股肱，至于手～毛脉。"㊀手指。江藩《汉学师承记·朱笥河先生》："～战分曹，杂以谐笑。"（拇战：饮酒猜拳。）

姆 mǔ ❶女师。《礼记·内则》："女子十年不出，～教婉娩听从。"也作"娒"。《集韵》："～，同姆，女师也。"❷服侍贵夫人或幼子的保姆。《左传·襄公三十年》："甲午，宋大灾。宋伯姬卒，待～也。"韩愈《殿中少监马君墓志》："～抱幼子立侧，眉眼如画。"❸见"姆姆"。

【姆姆】 mǔmǔ 见"母母"。

铒(鉧) mǔ 见"钴铒"。

娒 1. mǔ ❶同"姆"。
2. wǔ ❷通"侮"。侮辱、侮慢。《汉书·张良传》："四人年老矣，皆以上嫚～士，故逃匿山中。"

木 mù ❶树。《诗经·周南·汉广》："南有乔～，不可休思。"《孟子·梁惠王上》："以若所为，求若所欲，犹缘～而求鱼也。"❷木材，木料。《孟子·梁惠王下》："为巨室，则必使工师求大～。"《韩非子·外储说左上》："墨子为～鸢，三年而成，蜚一日而败。"㊀木头棍棒。《后汉书·西羌传论》："揭～为兵，负柴为械。"❸棺木。《左传·僖公二十三年》："我二十五年矣，又如是而嫁，则就～焉。"❹木制的刑具。司马迁《报任少卿书》："魏其，大将也，衣赭衣，关三～。"（三木：指加在颈手足三处的刑具，即枷及桎、梏。）❺木柝。柳宗元《种树郭橐驼传》："鸣鼓而聚之，击～而召之。"❻古代社坛中设立的板木。《韩非子·外储说右上》："树～而涂之，鼠穿其间，掘穴托其中，燻之则恐焚木，灌之则恐涂阤。"❼质朴。《论语·子路》："子曰：'刚、毅、～、讷近仁。'"（讷：不善言辞。）❽痴呆。《聊斋志异·促织》："但儿神气痴～，奄然思睡。"❾麻木。《水浒传》一回："浑身却如重风麻～，两腿一似斗败公鸡，口里连声叫苦。"❿五行之一。《尚书·洪范》："五行：一曰水，二曰火，三曰～，四曰金，五曰土。"⓫八音之一。指木制的乐器。韩愈《送孟东野序》："金石丝竹匏土革～者，物之善鸣者也。"⓬姓。

【木表】 mùbiǎo ❶树木的表面。《诗经·小雅·角弓》疏："桴谓～～之麤皮也。"❷木牌。《后汉书·盖勋传》："勋被三创，坚不动，乃指～～曰：'必尸我于此。'"

【木处】 mùchǔ 巢居，住在树上。《庄子·齐物论》："～～则惴栗恂惧，猨猴然乎哉？"

【木铎】 mùduó ❶用木做铃舌的大铃。《汉书·食货志上》："孟春之月，群居者将散，行人振～～徇于路，以采诗，献之大师，比其音律，以闻于天子。"❷宣扬某种政教、学说的人。《论语·八佾》："天下之无道也久矣，天将以夫子为～～。"

【木杮】 mùfèi 刨花。刨木料刨下的碎木片、木屑。《晋书·王濬传》："濬造船于蜀，其～～蔽江而下。"

【木阁】 mùgé 在悬崖峭壁之间凿石架木而成的栈道。《战国策·齐策六》："故为栈道～～，而迎王与后于城阳山中，王乃得反，子临百姓。"

【木馆】 mùguǎn 木制的车辖。《仪礼·既夕礼》："御以蒲菆、犬服、～～。"（馆：通"輨"。车辖。）

【木强】 mùjiàng 质朴倔强。《史记·绛侯周勃世家》："勃为人～～敦厚，高帝以为可属大事。"《汉书·尹齐传》："吏民益彫敝，轻齐～～少文，豪恶吏伏匿而善吏不能为治，以故事多废，抵罪。"又《周勃传》："勃为人～～敦厚，高帝以为可属大事。"又《周昌传赞》："周昌，～～人也。"

【木介】 mùjiè 树枝上的雨雪，遇冷结冰，有如披挂介胄。《汉书·五行志上》："今之长老名木冰为～～。"也作"木稼"。《旧唐书·睿宗诸子传》："开元二十九年冬，京城甚寒，凝霜封树，宁王宪见而叹曰：'此俗谓～～者也。'"（稼：通"介"。）

【木辂】 mùlù 古代帝王乘坐的一种车子。《晋书·礼志上》："于是乘舆御～～以耕，以太牢祀先农。"也作"木路"。《周礼·春官·巾车》："～～，前樊鹄缨，建大麾，以田，以封蕃国。"（路：通"辂"。）

【木杪】 mùmiǎo 树梢。谢灵运《山居赋》：

“蹲谷底而长啸，攀～～而哀鸣。”

【木禺】 mù'ǒu 见“木偶”。

【木偶】 mù'ǒu ❶木刻的人兽物偶像。《史记·田叔列传》：“今徒取富人子上之，又无智略，如～～人衣之绮绣耳，将奈之何？”也作“木禺”、“木寓”。《史记·孟尝君列传》：“～～人曰：‘天雨，子将败矣。’”《汉书·郊祀志》：“春夏用骍，秋冬用骝，畤驹四匹，～～龙一驷，～～车马一驷，各如其帝色。”❷无知或无用的人。《南史·鲍泉传》：“面如冠玉，还疑～～，须似蝟毛，徒劳绕喙。”

【木寓】 mù'ǒu 见“木偶”。

【木契】 mùqì 木制的符信。符信是古代传达命令、调动军队的凭证。《新唐书·百官志一》：“凡有诏者，降墨敕，勘铜鱼、～～，然后入。”(勘：核对。)

【木樵】 mùqiáo 木制的瞭望楼。《汉书·赵充国传》：“部曲相保，为堑、垒、～～，校联不绝。”(樵：通“谯”。谯楼。)

【木人】 mùrén ❶木制的人形，木偶。《战国策·燕策二》：“宋王无道，为～～以写寡人，射其面。”❷冷酷无情，麻木不仁的人。《晋书·夏统传》：“此吴儿是～～石心也。”

【木舌】 mùshé ❶木铎的铃舌。《尚书·胤征》传：“遒人，宣令之官。木铎，金铃～～，所以振文教。”❷沉默不敢言。《后汉书·黄琼传》：“忠臣惧死而杜口，万夫怖祸而～～。”(杜口：闭口。)

【木燧】 mùsuì 用于钻木取火的木头。《礼记·内则》：“左佩纷帨、刀、砺、小觿、金燧；右佩玦、捍、管、遰、大觿、～～。”

【木丸】 mùwán 古代一种球形的木制刑具。塞入犯人口中，防出声。《新唐书·郝处俊传》：“自是讫后世，将刑人，必先以～～窒口云。”

【木瘿】 mùyǐng 树节，树木上的瘤状物。陆游《夏日》诗之三：“竹根断作枕云眠，～～刳成贮酒尊。”

【木主】 mùzhǔ 神主。为死者立的木制牌位。《史记·伯夷列传》：“及至，西伯卒，武王载～～，号为文王，东伐纣。”《论衡·乱龙》：“孝子入庙，主心事之，虽知～～非亲，亦当尽敬。”

【木居士】 mùjūshì 木制的神像。韩愈《题木居士》诗之一：“偶然题作～～～，便有无穷求福人。”

【木牛流马】 mùniúliúmǎ 诸葛亮设计的一种运载工具。《三国志·蜀书·诸葛亮传》：“亮性长于巧思，损益连弩，～～～～，皆出其意。”李渊《定户口令》：“～～～～，非可转输。”

目

mù ❶眼睛。《诗经·卫风·硕人》：“巧笑倩兮，美～盼兮。”《老子·十二章》：“五色令人～盲；五音令人耳聋。”[引]目光，视线。《晋书·孙惠传》：“天下喁喁，四海注～。”[喻]为别人观察并提供情况的人。《左传·昭公九年》：“女为君～，将司明也。”❷网眼。《吕氏春秋·用民》：“壹引其纲，万～皆张。”❸树干或木材上的疖子。《礼记·学记》：“善问者如攻坚木，先其易者，后其节～。”❹条目，纲目。《论语·颜渊》：“颜渊曰：‘请问其～。’”❺名目，名称。《后汉书·王吉传》：“凡杀人者皆磔尸车上，随其罪～，宣示属县。”[引]称，言。《穀梁传·隐公元年》：“以其～君，知其为弟也。”[又]品评。《后汉书·许劭传》：“曹操微时，常卑辞厚礼，求为己～。”❻盯，注视。《史记·樊郦滕灌列传》：“项羽～之，问为谁？”[引]瞪，怒视。《史记·刺客列传》：“荆轲尝游过榆次，与盖聂论剑，盖聂怒而～之。”[又]用目示意。《国语·周语上》：“国人莫敢言，道路以～。”《汉书·高帝纪上》：“范增数～羽击沛公，羽不应。”[又]男女用目传情。《楚辞·九歌·少司命》：“满堂兮美人，忽独与余兮～成。”❼姓。

【目眙】 mùchì 眼睛直视。《史记·滑稽列传》：“若乃州闾之会，男女杂坐，行酒稽留，六博投壶，相引为曹，握手无罚，～～不禁，……髡窃乐此，饮可八斗而醉二参。”

【目精】 mùjīng ❶目光。宋玉《高唐赋》：“煌煌荧荧，夺人～～。”❷眼珠子。《世说新语·巧艺》：“顾长康画人，或数年不点～～。”

【目论】 mùlùn ❶像眼睛看不见睫毛一样的议论。比喻看不见自己的过失，无自知之明。《史记·越王句践世家》：“今王知晋之失计，而不自知越之过，是～～也。”❷肤浅之论。唐顺之《答洪方洲主事书》：“自叹草埜书生不能识知榷场事体，终为～～耳。”

【目色】 mùsè ❶视力。宋玉《神女赋》：“～～髣髴，乍若有记，见一妇人，状甚奇异。”❷亲眼所见。宋应星《天工开物序》：“事物而既万矣，必待口授～～而后识之，其与几何？”

【目摄】 mùshè 用严厉的目光看人，使人恐惧。《史记·刺客列传》：“盖聂曰：‘固去也，吾曩者～～之。’”(摄：通“慑”。使恐惧。)

【目听】 mùtīng ❶看着人的口形、语态，就知道说的什么。《列子·仲尼》：“老聃之弟子有亢仓子者，得聃之道，能以耳视而～～。”❷古代审理诉讼的办法之一。即根据人的眼神来察知其内心隐秘。《周礼·秋官·小司寇》:"以五声听狱讼,求民情。一曰辞听,二曰色听,三曰气听,四曰耳听,五曰～～。"

【目宿】 mùxù 见"苜蓿"。

【目眦】 mùzì 眼眶。《史记·项羽本纪》:"哙遂入,披帷西向立,瞋目视项王,头发上指,～～尽裂。"

牟 mù 见 móu。

沐 mù ❶洗头发。《诗经·小雅·采绿》:"予发曲局,薄言归～。"《论衡·讥日》:"且～者,去首垢也。"㊀洗发用的淘米水。《史记·外戚世家》:"姊去我西时,与我决于传舍中,丐～沐我,请食饭我,乃去。"㊁泛指洗浴。《史记·吴王濞列传》:"楚元王子、淮南三王或不～洗十馀年,怨入骨髓,欲一有所出之久矣。"㊁休假。《汉书·孔光传》:"～日归休,兄弟妻子燕语,终不及朝省政事。"❷润泽。《后汉书·明帝纪》:"京师冬无宿雪,春不燠～。"(燠:温暖。)❸蒙受。许敬宗《奉和初春登楼即目应诏》:"～恩空改鬓,将何谢夏成。"❹剪除。《管子·轻重戊》:"左右伯受,～涂树之枝,阔。"(阔:稀,枝叶稀疏。)❺整治。《礼记·檀弓下》:"孔子之故人原壤,其母死,夫子助之～椁。"❻姓。

【沐猴】 mùhóu 猴的一种,即猕猴。《诗经·小雅·角弓》疏引陆玑《毛诗草木鱼虫疏》:"猱,猕猴也,楚人谓之～～。"《汉书·项籍传》:"人谓楚人～～而冠,果然。"

【沐食】 mùshí 只受俸禄而无实职。《南齐书·王僧虔传》:"自古以来有～～侯,近代有王官。"

【沐浴】 mùyù ❶洗发洗身,洗浴。《孟子·离娄下》:"虽有恶人,齐戒～～,则可以祀上帝。"(齐:通"斋"。)《吕氏春秋·士节》:"北郭骚～～而出见晏子曰:'夫子将焉适?'"❷置身于某种环境之中。《论衡·累害》:"夫小人性患耻者也,含邪而生,怀伪而游,～～累害之中,何招召之有?"皇甫谧《三都赋序》:"二国之士,各～～所闻,家自以为我土乐,人自以为我民良。"❸蒙受恩惠。《史记·乐书》:"～～膏泽而歌咏勤苦,非大德谁能如斯!"李密《陈情表》:"逮奉圣朝,～～清化。"

苜 mù 见"苜蓿"。

【苜蓿】 mùxu 多年生草本植物,一种牧草。《史记·大宛列传》:"及天马多,外国使来众,则离宫别观旁尽种蒲萄、～～极望。"也作"目宿"。《汉书·西域传上》:"天子以天马多,又外国使来众,益种蒲陶、～～离宫馆旁,极望焉。"

牧 mù ❶放牧。《孟子·告子上》:"牛羊又从而～之,是以若彼濯濯也。"(濯濯:光秃秃的样子。)《论衡·吉验》:"王疑以为天子,令其母收取奴畜之,名东明,令～牛马。"㊀畜养,养殖。谭峭《化书·食化》:"二氏俱～鱼于池。"❷放牧的人。《诗经·小雅·无羊》:"尔～来思,何蓑何笠,或负其餱。"《左传·昭公七年》:"马有圉,牛有～,以待百事。"㊀古代最高统治者或地方州官。《孟子·梁惠王上》:"今夫天下之人～,未有不嗜杀人者也。"《后汉书·灵思何皇后纪》:"并州～董卓被征,将兵入洛阳,陵虐朝庭。"㊁指主管某一专业的官。《礼记·月令》:"命舟～覆舟。"❸整治,治理。《荀子·成相》:"请～基,贤者思,尧在万世如见之。"㊀古代统治者称对百姓的统治。《管子·牧民》:"凡有地～民者,务在四时,守在仓廪。"㊁自我修养。《后汉书·侯瑾传》:"常以礼自～,独处一房,如对严宾焉。"独孤及《吴季子札论》:"全身不顾其业,专让不夺其志,所去者忠,所存者节,善自～矣,谓先君何?"❹牧地,牧场。《孟子·公孙丑下》:"今有受人之牛羊而为之牧之者,则必为之求～与刍矣。"(刍:牧草。)㊀郊外。《诗经·邶风·静女》:"自～归荑,洵美且异。"《史记·周本纪》:"麋鹿在～,蜚鸿满野。"❺划分田界。《周礼·地官·遂师》:"经～其田野。"❻地名。牧野。在今河南省新乡市郊。《诗经·鲁颂·闷宫》:"致天之届,于～之野。"❼姓。

【牧伯】 mùbó 州牧、方伯的合称。汉代以后常用于州郡长官的尊称。《汉书·朱博传》:"居～～之位,秉一州之统。"李密《陈情表》:"臣之辛苦,非独蜀之人士及二州～～所见明知,皇天后土,实所共鉴。"

【牧夫】 mùfū 古代管理民政的官吏。《尚书·立政》:"文王罔攸兼于庶言、庶狱、庶慎,惟有司之～～,是训用违。"(庶慎:许多诉讼之事。慎,通"讯"。训:顺。)

【牧人】 mùrén ❶周代掌管放牧六畜的官。《周礼·地官·牧人》:"～～掌牧六牲,而阜蕃其物,以共祭祀之牲牷。"(阜:盛。蕃:息,繁殖。)❷放牧的人。王绩《野望》诗:"～～驱犊返,猎马带禽归。"

【牧守】 mùshǒu 州郡的长官。州官称牧,郡官称守。《后汉书·南蛮西南夷传》:"今但选明能～～,自然安集,不烦征伐也。"《三国志·魏书·文帝纪》:"朝士明制度,～～由政事。"

【牧竖】 mùshù 牧童。《论衡·物势》:"故十围之牛,为～～所驱。"

【牧司】 mùsī ❶监督，司察。《史记·酷吏列传》："吏苛察，盗贼恶少年投缿购告言奸，置伯格长以～～奸盗贼。"(缿：一种储存钱币或投放密告信的工具，口小，投进后不能取出。)❷相互检举、揭发。《史记·商君列传》："令民为什伍，而相～～连坐。"❸管理民政的官吏。《宋书·州郡志一》："自夷狄乱华，司、冀、雍、凉、青、并、兖、豫、幽、平诸州，一时沦没，遗民南渡，并侨置～～，非旧土也。"

【牧圉】 mùyǔ ❶牧养牛马的人。《左传·襄公十四年》："是故天子有公，诸侯有卿，卿置侧室，大夫有贰宗，士有朋友，庶人、工商、皁隶、～～皆有亲暱，以相辅佐也。"❷养牛马的场所。《左传·僖公二十八年》："不有居者，谁守社稷？不有行者，谁扞～～？"❸财物。《左传·襄公二十六年》："臣不佞，不能负羁绁以从扞～～，臣之罪一也。"

【牧宰】 mùzǎi 州官县官的合称。州官称牧，县官称宰。封建时代地方官的泛称。《旧唐书·韦仁寿传》："仁寿将兵五百人至西洱河，承制置八州十七县，授其豪帅为～～。"(豪帅：有权势的将帅。)

莫 mù 见 mò。

罿 mù 见"罿罿"。

【罿罿】 mùmù ❶谨慎老实的样子。《汉书·鲍宣传》："愿赐数刻之间，极竭～～之思，退入三泉，死亡所恨。"(三泉：三重泉，深泉，指死。)❷风吹动的样子。柳宗元《龙城录·上帝追摄王远知易总》："台人既辞去，舟回如飞羽，但觉风～～而过，明日至登州。"

募 1. mù ❶广泛征求。《史记·商君列传》："令既具，未布，恐民之不信，已乃立三丈之木于国都市南门，～民有能徙置北门者予十金。"柳宗元《捕蛇者说》："～有能捕之者，当其租入。"❷征集。《史记·平准书》："犹不足，又～豪富人相贷假。"《论衡·佚文》："今上即命，诏求亡失，购～以金，安得不有好文之声？"❸征召，招募。《汉书·苏武传》："武与副中郎将张胜及假吏常惠等～士、斥候百馀人俱。"(俱：一同前往。)曾巩《请西北择将东南益兵劄子》："天宝以后，彍骑立，而～兵之法行。"(彍骑：唐代宿卫兵的一种称号。)

2. mó ❹通"膜"。位于胸腹部的穴道。《素问·奇病论》："治之以胆～俞。"(俞：位于背脊的穴道。)

【募发】 mùfā 招募征发。《汉书·食货志上》："～～天下囚徒丁男甲卒转委输兵器，自负海江淮而至北边，使者驰传督趣，海内扰矣。"(趣：通"促"。)

【募格】 mùgé ❶为招募人材而先立下的赏格。《北史·魏敬宗纪》："班～～，收集忠勇。"(班：通"颁"。颁布。)❷写有募格的布告。《周书·韦孝宽传》："乃射～～于城中，云：'能斩城主降者，拜太尉，封开国郡公，邑万户，赏帛万匹。'"也作"募征格"。杨衒之《洛阳伽蓝记·城南大统寺》："孝昌初，妖贼北侵，州郡失据，朝廷设～～于堂之北，从戎者拜旷掖将军、偏将军、裨将军。"

【募征格】 mùzhēnggé 见"募格"。

墓 mù ❶没有土堆的坟墓。《礼记·檀弓上》："吾闻之，古也～而不坟。"《后汉书·王符传》："古者～而不坟，中世坟而不崇。"㉢泛指坟墓。《古诗十九首》之十四："古～犁为田，松柏摧为薪。"❷墓地。《礼记·曲礼上》："适～不登垄，助葬必执绋。"

【墓表】 mùbiǎo ❶墓碑。王芑孙《碑版文广例》："～～与神道碑异名同物。"❷文体名。其文体与碑碣同，如柳宗元的《文通先生陆给事墓表》等。

【墓工】 mùgōng 看风水，选择墓地的人。《南史·柳世隆传》："及卒，～～图墓，正取其坐处焉。"

【墓祭】 mùjì 扫墓。《后汉书·明帝纪》注引《汉官仪》："古不～～，秦始皇起寝于墓侧，汉因而不改。"《三国志·魏书·文帝纪》："骨无痛痒之知，冢非栖神之宅，礼不～～，欲存亡之不黩也。"

【墓碣】 mùjié 圆顶的墓碑。司马光《答刘蒙书》："凡当时王公大人，庙碑～～，靡不请焉。"

【墓厉】 mùlì 墓地界域的标志。《周礼·春官·墓大夫》："凡争墓地者，听其狱讼，帅其属而巡～～，居其中之室以守之。"

【墓志】 mùzhì 墓志铭。刻在石碑上埋在墓中的铭文。铭文记载死者姓名、世系、卒葬日月以及生前主要事迹等内容。文天祥《赠蒲阳卓大著顺宁精舍》诗："赵岐图寿藏，杜牧拟～～。"

幕(幙) 1. mù ❶帐幕，帐篷。《左传·庄公二十八年》："郑人将奔桐丘，谍告曰：'楚～有乌。'"㉢壳。《宋书·天文志》："天形穹隆如鸡子～，其际周接四海之表，浮乎元气之上。"㊋以……为帐幕。刘伶《酒德颂》："～天席地，纵意所如。"㊋覆盖。《左传·昭公十一年》："泉丘人有女，梦以其帷～孟氏之庙，遂奔僖子，其僚从之。”⑧笼罩。陆机《感时赋》：“天悠悠其弥高，雾郁郁而四～。”❷帷幕。岑参《白雪歌送武判官归京》：“散入珠帘湿罗～，狐裘不暖锦衣薄。”❸古代士兵的臂甲或腿甲。《史记·苏秦列传》：“当敌则斩坚甲铁～。”❹物体的表面。沈括《梦溪笔谈·技艺》：“盖钉板上下弥束，六～相联如胠箧，人履其板，六～相持，自不能动。”❺姓。

2. mò　❻通“漠”。沙漠。《汉书·武帝纪》：“夏四月，卫青复将六将军绝～，大克获。”

3. màn　❼通“漫”。钱币的背面。《汉书·西域传》：“以金银为钱，文为骑马，～为人面。”

【幕府】　mùfǔ　❶将帅在外临时设置作为府署的营帐。《史记·李将军列传》：“大将军使长史急责广之～～对簿。”也作“莫府”。《后汉书·五行志二》：“故火起～～，烧材木。”❷泛指官署。《魏书·崔休传》：“～～多事，辞讼盈几。”❸幕僚。韩愈《河南少尹李公墓志铭》：“崇文命～～唯公命从。”

【幕客】　mùkè　幕府中的僚属。黄滔《陈侍御新居》诗：“～～开新第，词人遍有诗。”《宋史·吴璘传》：“初璘病笃，呼～～草遗表。”

【幕幕】　mùmù　覆布周密的样子。张衡《思玄赋》：“建罔车之～～兮，猎青林之芒芒。”（罔车：毕星。青林：天苑。）

【幕庭】　mùtíng　幕帐外面的庭院。《左传·哀公八年》：“微虎欲宵攻王舍，私属徒七百人三踊于～～，卒三百人，有若与焉。”（卒：终，最后选定。）

【幕席】　mùxí　❶幕帐和席子。白居易《和[微之]新楼北园偶集……》：“天地为～～，富贵如泥沙。”❷在幕府中任职。陈师道《后山诗话》：“熙宁初，外学置官师，职简地亲，多在～～。”

【幕友】　mùyǒu　幕僚。古代将帅幕府中的参谋、书记等辅助人员。后引申指军政官署中办理文书及其他助理人员。汪辉祖《佐治药言·检点书吏》：“～～之为道，所以佐官而检吏也。”

【幕朔】　mòshuò　沙漠以北的地域。《汉书·叙传下》：“龙荒～～，莫不来庭。”

【幕庭】　mòtíng　沙漠中的少数民族栖居之地。储光羲《哥舒大夫颂德》诗：“韩魏多锐士，蹶张在～～。”

睦　mù　❶和睦，和好。《尚书·尧典》：“九族既～，平章百姓。”（平：辨别，区分。百姓：百官。）《国语·周语上》：“三十二年春，宣王伐鲁，立孝公，诸侯从是而不～。”❷亲睦，亲密。《礼记·坊记》：“～于父母之党，可谓孝矣。”《汉书·韦贤传》：“嗟嗟我王，汉之～亲。”❸顺从，服从。《左传·僖公二十二年》：“吾兄弟之不协，焉能怨诸侯之不～？”❹姓。

【睦睦】　mùmù　恭敬的样子。《史记·司马相如列传》：“旼旼～～，君子之能。”（旼旼：和悦的样子。）

【睦孰】　mùshú　风调雨顺，五谷丰收。《国语·越语下》：“不乱民功，不逆天时，五谷～～，民乃蕃滋。”

貉　mù　见 hé。

缪(繆)　mù　❶劣质的丝絮。《集韵·莫韵》：“～，恶絮也。齐人语。”❷通“幕”。网罗、覆盖。《后汉书·马融传》：“矰碆飞流，纤罗络～。”

慕　mù　❶依恋，想念。《孟子·万章上》：“人少，则～父母。”❷爱慕，贪恋。《孟子·万章上》：“知好色，则～少艾；有妻子，则～妻子。”❸羡慕。《三国志·蜀书·庞统传》：“方欲兴风俗，长道业，不美其谭即声名不足～企，不足～企而为善者少矣。”❹贪求，指望。《荀子·天论》：“故君子敬在己者，不～其在天者。”❺敬仰，仰慕。《战国策·齐策三》：“小国英桀之士，皆以国事累君，诚说君之义，～君之廉也。”《后汉书·班固传》：“性宽和容众，不以才能高人，诸儒以此～之。”❻讨好，趋附。《孟子·万章上》：“仕，则～君。”《战国策·齐策四》：“斶对曰：‘夫斶前为～势，王前为趋士，与使斶为～势，不如使王为趋士。’”❼效法。《汉书·王莽传上》：“莽因上书，愿出钱百万，献田三十顷，付大司农助给贫民。于是公卿皆～效焉。”《后汉书·张霸传》：“故长陵令张楷行～原宪，操拟夷、齐。”❽姓。

【慕化】　mùhuà　向往归化。《汉书·萧望之传》：“前单于～～乡善称弟，遣使请求和亲，海内欣然。”

【慕向】　mùxiàng　思慕向往。《汉书·公孙弘传赞》：“群士～～，异人并出。”

【慕义】　mùyì　仰慕正义。《史记·田儋列传》：“田横之高节，宾客～～而从横死，岂非至贤！”韩愈《送董邵南序》：“夫以子之不遇时，苟～～彊仁者，皆爱惜焉。”

暮　mù　❶日落时，傍晚。《国语·晋语五》：“范女子～退于朝。”杜甫《石壕吏》诗：“～投石壕村，有吏夜捉人。”❷迟，晚。《吕氏春秋·谨听》：“夫自念斯，学德未～。”丘迟《与陈伯之书》：“～春三月，江南草长。”❸夜。《汉书·郊祀志上》：“帝太戍有桑谷生于廷，一～大拱。”❹年暮，年老。《楚辞·离骚》：“惟草木之零落兮，恐美人之迟～。”

【暮霭】 mù'ǎi 傍晚时的云气。杜牧《题扬州禅知寺》诗：“～～生深树，斜阳下小楼。”

【暮蝉】 mùchán 傍晚时的蝉鸣。王维《辋川闲居赠裴秀才迪》诗：“倚仗柴门外，临风听～～。”

【暮齿】 mùchǐ 暮年，晚年。庾信《哀江南赋序》：“信年始二毛，即逢丧乱，藐是流离，至于～～。”《隋书·王劭传》：“爰自志学，暨乎～～。”

【暮晷】 mùguǐ 傍晚时的日影。傅亮《感物赋》：“在西成之～～，肃皇命于禁中。”

【暮气】 mùqì ❶日暮时的景象。陆游《访毛平仲……观王质烂柯遗迹》诗：“林峦巉绝秋风瘦，楼堞参差～～昏。”❷衰颓的士气。《孙子·军争》：“是故朝气锐，昼气惰，～～归。”

【暮序】 mùxù 一年最后一个月，农历十二月。杜甫《九日》诗：“客心惊～～，宾雁下襄州。”

【暮羽】 mùyǔ 傍晚时的飞鸟。王褒《和从弟祐山家》之一：“空林鸣～～，虚谷应朝钟。”

【暮月】 mùyuè 一季的最后一个月。傅亮《登陵嚣馆赋》：“岁九旻之～～，肃晨驾而北逝。”

【暮子】 mùzǐ ❶山鸡晚生的幼子。《尔雅·释鸟》：“雉之～～为鹨。”❷人晚年所生之子。王明清《挥麈馀话》卷二：“王仲嶷，字丰父，岐公～～。”

缪 mù 见 móu。

霂 mù ❶小雨。《魏书·楼毅传》：“夏～冬霰，四时恒节。”❷见“霡霂”。

穆 mù ❶美好。《尚书·酒诰》：“乃～考文王，肇国在西土。”（肇：开创。）《诗经·周颂·清庙》：“于～清庙，肃雍显相。”❷和畅。《诗经·大雅·烝民》：“吉甫作诵，～如清风。”❸和睦。《后汉书·臧洪传》：“袁曹方～，而洪为绍所用。”❹恭敬。《尚书·金縢》：“既克商二年，王有疾，弗豫。二公曰：‘我其为王～卜。’”《楚辞·九歌·东皇太一》：“吉日兮辰良，～将愉兮上皇。”❺讨好，逢迎。《管子·君臣下》：“倍其官，遗其事，～君之色，从其欲，阿而胜之，此臣人之大罪也。”（倍：通“背”。）❻古代宗庙的排列位次。始祖居中，以下父子递为昭穆，昭居左，穆居右。《左传·僖公五年》：“虢仲、虢叔，王季之～也。”❼通“曑”。细微。《荀子·赋》：“滑滑淑淑，皇皇～～，周流四海，曾不崇日。”（崇：尽。）扬雄《甘泉赋》：“阴阳清浊，～羽相和兮，若夔牙之调琴。”（穆羽：纤细的乐音。）❽(mò)通“默”。沉默。东方朔《非有先生论》：“于是吴王～然，俛而深惟。”❾(miù)通“谬”。错误。《论衡·福虚》：“～者，误乱之名；文者，德惠之表。”❿姓。

【穆忞】 mùmín 无形的样子。《淮南子·原道训》：“～～隐闵，纯德独存。”

【穆穆】 mùmù ❶和美的样子。《诗经·商颂·那》：“于赫汤孙，～～厥声。”❷指具有和美品德的君主。《尚书·吕刑》：“～～在上，明明在下，灼于四方，罔不惟德之勤。”❸清明柔和的样子。《楚辞·九思·守志》：“望太微兮～～，睨三阶兮炳分。”《汉书·礼乐志》：“月～～以金波，日华耀以宣明。”❹和睦的样子。李华《吊古战场文》：“饮至策勋，和乐且闲，～～棣棣，君臣之间。”❺庄重严肃的样子。《论语·八佾》：“子曰‘相维辟公，天子～～’，奚取于三家之堂？”《汉书·韦贤传》：“～～天子，临尔下土。”❻静默的样子。《世说新语·赏誉》：“太尉答曰：‘诚不如卿落落～～。’”

【穆清】 mùqīng ❶指天。《史记·太史公自序》：“汉兴以来，至明天子，获符瑞，封禅，改正朔，易服色，受命于～～。”吕温《张荆州画赞序》：“开元末，天子倦于勤而安其安，高视～～，霈然大满，于是乎有泰极之变。”❷时世太平。曹植《七启》之八：“至闻天下～～，明君莅国，览盈虚之正义，知顽素之迷惑。”

【穆行】 mùxíng 美德。《吕氏春秋·至忠》：“～～之意，人知之不为劝，人不知不为沮，行无高乎此矣。”

鞪（楘） 1. mù ❶缠在车辕或车轴上加固的皮带。《说文·革部》：“～，车轴束也。”《玉篇·革部》：“～，曲辕束也。”《诗经·秦风·小戎》：“小戎俴收，五～梁辀。”（梁辀：曲辕。）

2. móu ❷通“鍪”。头盔。《汉书·韩延寿传》：“命骑士兵车四面营陈，被甲鞮～居马上，抱弩负籣。”（籣：箭袋或箭筒。）

N

na

南 nā 见 nán。

挐(拏) 1. ná ❶执持。后作“拿”。《说文·手部》：“～，持也。”张衡《西京赋》：“熊虎升而～攫。”(今本《文选》作“拏”。《说文通训定声》引作“挐”。)孟汉卿《魔合罗》三折：“有合金押的，～来我金押。”㉤捉拿。《水浒传》十八回：“知县把一干～到的邻舍，当厅勘问。”❷按捺。笛子演奏法。马融《长笛赋》：“挼～捘臧，递相乘遭。”❸言语不清，絮絮叨叨。《方言》卷十：“嘟哰，謰謱，～也。……～，扬州、会稽之语也。”❹(又读 rú)牵引，连结。韩愈《岣嵝山》诗：“科斗拳身薤倒披，鸾飘凤泊～龙螭。”范成大《嘉陵江过合州汉初县下》诗：“木根～断岸，急雨沸中流。”㉢纷乱。《淮南子·览冥训》：“美人～首墨面而不容。”

2. ráo ❺通“桡”。船桨。《庄子·渔父》：“至于泽畔，方将杖～而引其船。”㉢撑(船)。韩愈《送区册序》：“有区生者，誓言相好，自南海～舟而来。”

【挐捏】 nániē 故意刁难。《荡寇志》八十九回：“不是我家～～，叵耐栾廷芳小觑我，玉郎又不许奴家做先锋。”

【挐音】 náyīn 桨声。《庄子·渔父》：“颜渊还车，子路授绥，孔子不顾，待水波定，不闻～～而后敢乘。”

【挐云】 náyún 上干云霄。比喻志向高远。李贺《致酒行》：“少年心事当～～，谁念幽寒坐鸣呃。”(鸣呃：悲叹。)

说(說) ná 窥伺。《墨子·经上》：“服执～，巧则求其故。”

拿 ná ❶执持。《水浒传》七回：“林冲～着刀，立在簷前。”❷捉拿，拘捕。《三国演义》六十六回：“操连夜点起甲兵三千，围住伏完私宅，老幼并皆～下。”❸用。《儒林外史》一回：“老爷～帖子请你，自然是好意。”

那(那、郍) 1. nǎ(旧读 nuó) ❶疑问代词。怎么。后作“哪”。古诗《为焦仲卿妻作》：“谢家事夫婿，中道还兄门，处分适兄意，～得自任专？”(谢：离别。)《三国志·魏书·田豫传》注引《魏略》：“会病亡，戒其妻子曰：‘葬我必于西门豹[祠]边。’妻子难之，言：‘西门豹古之神人，～可葬于其边乎？’”

2. nà(旧读 nuò) ❷指示代词。表远指，与“这”相对。辛弃疾《丑奴儿近·博山道中效李易安体》词：“青旗卖酒，山～畔别有人家。”❸梵语译音字。如称“龙”为“那伽”，称“地狱”为“那落迦”。

3. nuò ❹语气词。表疑问。《后汉书·韩康传》：“时有女子从康买药，康守价不移。女子怒曰：‘公是韩伯休～？乃不二价乎？’”

4. nuó ❺多。《诗经·小雅·桑扈》：“不戢不难，受福不～。”❻安适。《诗经·小雅·鱼藻》：“王在在镐，有～其居。”❼美。《国语·楚语上》：“使富都～竖赞焉，而使长鬣之士相焉，臣不知其美也。”❽“奈何”的合音。《左传·宣公二年》：“牛则有皮，犀兕尚多，弃甲则～？”李白《长干行》之二：“自怜十五馀，颜色桃花红。～作商人妇，愁水复愁风。”㉢奈。杜甫《北征》诗：“～无囊中帛，救汝寒凛栗。”又《季秋苏五弟缨江楼夜宴》诗之二：“对月～无酒，登楼况有江。”❾于，对于。《国语·越语下》：“吴人之～不穀，亦又甚焉。”❿通“挪”。移动。欧阳修《论乞赈救饥民劄子》：“只闻朝旨令～移近边马及于有官米处出粜。”陆游《代乞分兵取山东劄子》：“然后渐次～大兵前进。”

5. né ⓫见“那吒”。

6. nā ⓬姓。

【那吒】 nézhā 佛教护法神名。也作“哪吒”。《宋高僧传·道宣传》：“少年曰：‘某非常人，即毗沙门天王之子～～也，护法之故，拥护和尚。’”

内 nà 见nèi。

呐 nà 见nè。

妠 nà ❶同"纳"。《广雅·释诂》:"选、纳、～,入也。"(王念孙疏证:"妠,亦纳也。")❷姿态美好。见"婠妠"。

纳(納) nà ❶濡湿的样子。《说文·糸部》:"～,丝湿纳纳也。"见"纳纳"。❷入,使进入。《周易·坎》:"～约自牖。"《左传·僖公二十四年》:"秦伯～之。"❸归,藏。《诗经·豳风·七月》:"十月～禾稼。"《尚书·金縢》:"乃～册于金縢之匮中。"❹接纳,容受。《左传·文公十六年》:"诸侯谁～我?且既为人君,而又为人臣,不如死。"❺缴纳,交付。《尚书·禹贡》:"百里赋～总。"(总:全禾。)❻取。《诗经·邶风·新台序》:"《新台》,刺卫宣公也,～伋之妻。"(伋:宣公之子。)❼缔结。见"纳交"。❽通"衲"。补缀。《论衡·程材》:"～缕之工,不能织锦。"(缕:破衣。)❾通"軜"。驷马车上骖马的内侧缰绳。《荀子·正论》:"三公奉軶持～,诸侯持轮、挟舆、先马。"

【纳币】 nàbì 古代婚制六礼之一。定婚之后,男方择日具书,送聘礼给女方。《春秋·庄公二十二年》:"冬,公如齐～～。"

【纳陛】 nàbì 在殿基边上凿出台阶,使覆于屋檐下,登升时不露天。这是古代皇帝赏赐功臣的"九锡"之一。《汉书·王莽传上》:"朱户～～。"(颜师古注引孟康曰:"纳,内也。谓凿殿基际为陛,不使露也。")

【纳步】 nàbù 犹留步。主人送客时,客请主人止步的谦词。陶宗仪《辍耕录·先辈谦让》:"徐永之先生为江浙提举日,客往访之者,无间亲疏贵贱,必送之门外。凡客请～～,则曰:'不可,妇人送迎不逾阈。'"(阈:门槛。)

【纳采】 nàcǎi 古婚制六礼的第一礼。男方在媒人通辞得允之后,具送求婚礼物,称为"纳采",也叫"行聘"。《仪礼·士昏礼》:"下达～～,用雁。"(下达:纳采之前,男方遣媒人往女方通辞。)

【纳锡】 nàcì 依君命而贡献地方特产。《尚书·禹贡》:"九江～～大龟。"庾信《燕射歌辞·羽调曲》:"涤九川而赋税,乘三危而～～。"

【纳福】 nàfú 来祥致福。《三国志·魏书·明帝纪》:"初,青龙三年中,寿春农民妻自言为天神所下,命为登女,当营卫帝室,蠲邪～～。"后多用为见面或书信中的祝颂语。《红楼梦》六回:"刘姥姥只得蹭上来问:'太爷们～～。'"

【纳贡】 nàgòng ❶诸侯、藩王等向天子进献地方物产。司马相如《上林赋》:"夫使诸侯～～者,非为财币,所以述职也。"❷明代贡生的一种。由生员捐纳钱财而取得贡生资格的称"纳贡"。

【纳吉】 nàjí 古婚制六礼之一。"问名"之后,男方便到宗庙占卜,获得吉兆,再备礼品派人往女方家告知,表明婚事可成。《仪礼·士昏礼》:"～～用雁,如纳采礼。"

【纳谏】 nàjiàn 指天子、诸侯等听取臣下意见。《国语·晋语八》:"～～不忘其师,言身不失其友,事君不援而进、不阿而退。"

【纳交】 nàjiāo 结交。《宋史·张忠恕传》:"真德秀闻之,更～～焉。"

【纳款】 nàkuǎn 归顺,降服。王融《永明十一年策秀才文》:"朕思念旧民,永言攸济。故选将开边,劳来安集,加以～～通和,布德修礼。"(劳来:劝勉。)

【纳禄】 nàlù 归还俸禄。指辞去官爵。《国语·鲁语上》:"若罪也,则请～～与车服而违署,唯里人所命次。"

【纳麓】 nàlù 总揽大政。沈约《齐故安陆昭王碑文》:"时皇上～～在辰,登庸伊始。"(登庸:举用。)

【纳纳】 nànà ❶濡湿的样子。《楚辞·九叹》:"裳襜襜而含风兮,衣～～而掩露。"(襜襜:摇动的样子。)❷包容广大的样子。杜甫《野望》诗:"～～乾坤大,行行郡国遥。"

【纳征】 nàzhēng 古婚制六礼之一。"纳吉"之后,男方择日具书,遣人送聘礼与女方。《仪礼·士昏礼》:"～～,玄纁、束帛、俪皮,如纳吉礼。"

【纳贽】 nàzhì 馈送晋见礼物。《楚辞·九思·守志》:"谒玄黄兮～～,崇忠贞兮弥坚。"

軜(軜) nà 驷马车上骖马的内侧缰绳。《诗经·秦风·小戎》:"龙盾之合,鋈以觼～。"(鋈:白铜。觼:系辔的环。此言以白铜为觼之饰物。)

肭 nà 见"腽肭"。

衲 nà ❶缝补,缀合。钟嵘《诗品·总论》:"遂乃句无虚语,语无虚字,拘挛补～,蠹文已甚。"❷僧衣。僧徒衣服常用许多块碎布缝缀而成,故称。陆游《赠枫桥化成院老僧》诗:"毳～年年补,纱灯夜夜明。"㊂僧人的代称或自称。戴叔伦《题横山寺》诗:"老～供茶盌,斜阳送客舟。"

疒 nà 生疮。韩愈等《征蜀联句》:"念齿慰黴黧,视伤悼瘢～。"(齿:岁。黴黧:面黑。)

蒳(蒳) nà 植物名。棕榈科槟榔属的一种。左思《吴都赋》:“草则藿～豆蔻。”

捺 nà ❶下按。《太平广记》卷二四九引张鷟《朝野佥载》:“唐散乐高崔嵬善弄痴,太宗命给使～头向水下。良久出而笑之。”❷抑制。《儒林外史》二回:“周进只得～定性子,坐着教导。”❸汉字笔画名。指从上向右斜下的一笔。姜夔《续书谱》:“撇～者,字之手足。”

【捺钵】 nàbō 契丹语。指皇帝出行时所住的行营。《辽史·营卫志中》:“四时各有行在之所,谓之～～。”也作“纳钵”。朱有燉《元宫词》:“～～北来天气冷,只宜栽种牡丹花。”

【捺卷】 nàquān 禾穗肥硕饱满的样子。韩琦《观稼》诗:“便晴惟恐禾生耳,将熟偏宜谷～～。”

豽 nà ❶兽名。猴属。《后汉书·鲜卑传》:“又有貂、～、鼲子,皮毛柔蝡,故天下以为名裘。”❷同“貀”。兽名。《后汉书·东夷传》:“[夫馀国]出名马,赤玉,貂～。”(李贤注:“豽似豹,无前足。”)

貀 nà 兽名。《尔雅·释兽》:“～,无前足。”郭璞注:“晋太康七年,召陵扶夷县槛得一兽,似狗豹文,有角,两足,即此种类也。或说貀似虎而黑,无前两足。”

魶(魶) nà 人鱼,俗称娃娃鱼。《史记·司马相如列传》:“禺禺鱋～。”

nai

乃(廼) nǎi ❶人称代词。你,你们。《尚书·康诰》:“朕心朕德,惟～知。”《汉书·翟义传》:“今欲发之,～肯从我乎?”(发:出兵。)❷指示代词。这样,如此。《庄子·德充符》:“子无～称。”《世说新语·赏誉》:“真长性至峭,何足～重?”❸副词。1)表肯定。就是、原来是。《战国策·齐策四》:“孟尝君怪之曰:‘此谁也?’左右曰:‘～歌夫长铗归来者也。’”2)表示范围的限定。仅仅,只。《史记·项羽本纪》:“项王乃复引兵而东,至东城,～有二十八骑。”3)表示时间的紧相衔接。就。《后汉书·刘盆子传》:“众既寖盛,～相与为约:‘杀人者死,伤人者偿创。’”4)表示两事顺承相同。才。《论衡·案书》:“两刃相割,利钝～知。”5)表示两事情理相悖或事出意外。却、反而、竟然。《汉书·吴王刘濞传》:“不改过自新,～益骄恣。”陶渊明《桃花源记》:“问今是何世,～不知有汉,无论魏晋。”6)表示初、始。《大戴礼记·保傅》:“古之王者,太子～生,固举之礼。”❹连词。1)表示顺接。于是、便。《史记·平津侯主父列传》:“以为诸侯莫足游者,～西入关见卫将军。”2)表示他转。至于。《孟子·公孙丑上》:“～所愿,则学孔子也。”3)表示假设。如果。《尚书·费誓》:“～越逐,不复,汝则有常刑。”❺助词。无义。《尚书·大禹谟》:“帝德广运,～圣～神,～武～文。”

【乃诚】 nǎichéng 忠诚。《晋书·刘琨传》:“故太尉广武侯刘琨忠亮开济,～～王家,不幸遭难,志节不遂,朕甚悼之。”

【乃公】 nǎigōng 自称之辞,带傲慢意。《汉书·陈万年传》:“～～教戒汝,汝反睡,不听吾言,何也?”又《张良传》:“汉王辍食吐哺,骂曰:‘竖儒,几败～～事。’”

【乃今】 nǎijīn 现在,这才。《庄子·逍遥遊》:“而彭祖～～以久特闻,众人匹之,不亦悲乎!”《国语·晋语二》:“众谓虢亡不久,吾～～知之。”

【乃且】 nǎiqiě 将要。《战国策·楚策四》:“夫楚亦强大矣,天下无敌。～～攻燕。”

【乃情】 nǎiqíng 竭情,竭诚。《后汉书·袁安传论》:“袁公、窦氏之间,～～帝室,引义雅正,可谓王臣之烈。”

【乃始】 nǎishǐ ❶于是就,这才。《庄子·在宥》:“今世殊死者相枕也,桁杨者相推也,刑戮者相望也,而儒墨～～离跂攘臂乎桎梏之间。”❷刚刚,才开始。《韩诗外传》卷十:“吾～～壮耳,何老之有?”

【乃遂】 nǎisuì 于是,于是就。《史记·楚世家》:“白公胜怒,～～与勇力死士石乞等袭杀令尹子西、子綦于朝,因劫惠王,置之高府,欲弑之。”

【乃翁】 nǎiwēng ❶父亲自称。陆游《示儿》诗:“王师北定中原日,家祭无忘告～～。”❷称人之父。《汉书·项籍传》:“吾与若俱北面受命怀王,约为兄弟,吾翁即汝翁。必欲亨～～,幸分我一盃羹。”(亨:烹。)

【乃者】 nǎizhě 往日,从前。一般用于追叙往事。《汉书·宣帝纪》:“～～九月壬申地震,朕甚惧焉。”

【乃祖】 nǎizǔ ❶你(们)祖父。《尚书·盘庚上》:“古我先王,暨～～乃父,胥及逸勤,予敢动用非罚?”❷先祖。《艺文类聚·人部十九·贫》:“昔我～～,宣其明德,克佐帝尧,誓为典则。”

【乃心王室】 nǎixīnwángshì 忠于王室。语出《尚书·康王之诰》:“虽尔身在外,乃心罔不在王室。”《三国志·魏书·钟繇传》:“方今英雄并起,各矫命专制,唯曹兖州～～～

～,而逆其忠款,非所以副将来之望也。”(曹兖州:曹操,时为兖州牧。)

艿 nǎi 见 réng。

奶 nǎi ❶乳房;乳汁。《初刻拍案惊奇》卷三四:“闻人生又摸去,只见软团团两只～儿。”《红楼梦》十九回:“我的血变的～,噢的长这么大。”❷哺乳。《红楼梦》二十回:“把你～了这么大。”

【奶口】 nǎikǒu 奶妈。沈榜《宛署杂记·奶口》:“东安门外稍北,有礼仪房,乃选养～～以候内庭宣召之所。”

妳 1. nǎi ❶同“嬭”。乳。《晋书·桓玄传》:“～媪每抱诣温,辄易人而后至。”(妳媪:乳母。)

2. nǐ ❷你。指女性。柳永《殢人娇》词:“恨浮名牵系,无分得与～恣情睡睡。”

嬭 nǎi ❶同“奶”。乳。《玉篇·女部》:“～,乳也。”❷母亲。《广雅·释亲》:“～,母也。”

【嬭母】 nǎimǔ 乳母。《武王伐纣平话》卷上:“此人是东宫～～冯氏。”

【嬭嬭】 nǎinǎi ❶母亲。孔平仲《代小子广孙寄翁翁》诗:“爹爹与～～,无日不思尔。”❷对女子的爱称。柳永《玉女摇仙佩·佳人》词:“愿～～、兰心蕙性,枕前言下,表余深意。”

奈 nài ❶处置,对付。《淮南子·兵略训》:“唯无形者无可～也。”白居易《何处难忘酒》诗:“此时无一盏,何计～秋风?”❷怎奈,无奈。陈亮《中兴论》:“齐楚诚天下之两臂也,～虏人以为天设之险而固守之乎?”王实甫《西厢记》一本二折:“小生特谒长老,～路途奔驰,无以相馈。”❸通“耐”。经得起。杜甫《月》诗:“斟酌姮娥寡,天寒～九秋。”

【奈何】 nàihé ❶怎么办。《史记·廉颇蔺相如列传》:“王曰:‘取吾璧,不予我城,～?’”❷怎么,为什么。《老子·七十四章》:“民不畏死,～～以死惧之?”《史记·高祖本纪》:“～～令人主拜人臣?”

【奈……何】 nài……hé 对……怎么办,把……怎么样。《韩非子·八说》:“规有摩而水有波,我欲更之,无～之～。”《史记·项羽本纪》:“虞兮! 虞兮! ～若～?”

【奈向】 nàixiàng 等于说“奈何”、“如何”。梅尧臣《汝坟贫女》诗:“拊膺呼苍天,生死将～～。”黄庭坚《归田乐引》词:“前欢算未已,～～如今愁无计。”

佴 nài 见 èr。

柰 nài ❶果名。《说文·木部》:“～,果也。”曹植《谢赐柰表》:“即夕殿中虎贲宣诏,赐臣等冬～一奁。”❷茉莉。徐珂《清稗类钞·植物类》:“茉莉为常绿灌木……北土曰～。”❸通“奈”。处置,对付。刘向《说苑·贵德》:“武王克殷,召太公而问曰:‘将～其士众何?’”黄庭坚《和文潜舟中所题》:“谁～离愁得? 村醪或可尊。”

耐 1. nài ❶经得住,受得了。《荀子·仲尼》:“能～任之,则慎行此道也。”李煜《浪淘沙》词:“罗衾不～五更寒。”❷通“耏”。古代一种剃去须鬓的刑罚。《汉书·高帝纪下》:“春,令郎中有罪～以上,请之。”❸通“奈”。黄庭坚《奉谢泰亨送酒》诗:“非君送酒添秋睡,可～东池到晓蛙!”(可奈:无可奈何,无法对付。)❹宜,相称。杜甫《洗兵马》诗:“青春复随冠冕入,紫禁正～烟花绕。”王安石《芙蕖》诗:“芙蕖～夏复宜秋。”❺宁,愿。李白《送殷淑》诗:“惜别～取醉,鸣榔且长谣。”(榔:船板。)余桂《春日即事》诗:“半晴半雨春无准,燕怯轻寒不～飞。”

2. néng ❻通“能”。《论衡·无形》:“试令人损益苞瓜之汁,令其形如故,～为之乎?”(苞瓜:葫芦的一种。)

【耐罪】 nàizuì 判耐刑的罪犯。《后汉书·光武帝纪下》:“七年春正月丙申,诏中都官、三辅、郡、国出系囚,非犯殊死,皆一切勿案其罪。见徒免为庶人。～～亡命,吏以文除之。”

【耐可】 néngkě 哪可。李白《陪族叔刑部侍郎晔及中书贾舍人至游洞庭》诗之二:“南湖秋水夜无烟,～～乘流直上天。”②宁可。李白《秋浦歌》之十二:“水如一匹练,此地即平天。～～乘明月,看花上酒船。”

耏 nài 见 ér。

能 nài 见 néng。

榛 nài 同“柰”。果名。扬雄《蜀都赋》:“杏李枇杷,杜樼栗～。”

鼐 nài 大鼎。《诗经·周颂·丝衣》:“自羊徂牛,～鼎及鼒。”(鼒:小鼎。)《战国策·楚策四》:“故昼游乎江河,夕调乎鼎～。”

褦 nài 见“褦襶”。

【褦襶】 nàidài ❶避暑用的斗笠。竹笠蒙帛,戴以避日。陆游《夏日》诗:“孤舟正作笭箵梦,九陌难随～～忙。”❷比喻不晓事。程晓《嘲热客》诗:“闭门避暑卧,出入不相过。只今～～子,触热到人家。”

nan

囡 nān 吴语对小孩的称呼。王应奎《柳南续笔·太湖渔户》："间有生女莹白者，名曰白～。"

冉 nán 见 rǎn。

男 nán ❶男子。《战国策·秦策一》："荀息曰：'《周书》有言，美～破老。'乃遗之美～，教之恶宫之奇。"（破：毁。老：老成人。）❷男孩，儿子。《孟子·万章上》："帝使其子九～二女，百官牛羊仓廪备，以事舜于畎亩之中。"❸儿子对父母的自称。欧阳修《泷冈阡表》："～推诚保德崇仁翊戴功臣观文殿学士。"❹爵位名。五等爵的第五等。《礼记·王制》："王者之制禄爵，公、侯、伯、子、～，凡五等。"《汉书·贾谊传》："故古者圣王制为等列，内有公卿大夫士，外有公侯伯子～。"❺姓。

【男女】 nánnǚ ❶指房事。《礼记·礼运》："饮食～～，人之大欲存焉。"❷指男孩、女孩。杜甫《岁晏行》："况闻处处鬻～～，割慈忍爱还租庸。"❸宋元以后对奴仆的称呼。《清平山堂话本·简帖和尚》："只见一个～～托个盘儿。"《红楼梦》一〇七回："没良心的～～，怎么忘了我们贾家的恩了。"

南 1. nán ❶方位名称。南方。《诗经·小雅·南山有台》："～山有台，北山有莱。"（台：通"薹"。草名。）❷向南，往南。《诗经·小雅·信南山》："我疆我理，～东其亩。"（使田垄向南或向东。）曹操《短歌行》："月明星稀，乌鹊～飞。"❸古代南方的舞乐。《诗经·小雅·鼓钟》："以雅以～，以籥不僭。"（僭：乱。）❹通"男"。古代爵位名。《国语·周语中》："郑伯，～也。"❺姓。

2. nā ❻见"南无"。

【南词】 náncí ❶指南戏、南曲或昆曲。❷指弹词一类说唱故事。范祖述《抗俗遗风》："～～者，说唱古今书籍，编七字句，坐中开口弹弦子，打横者佐以洋琴。"

【南董】 nándǒng 春秋时两个"良史"的合称，即齐国南史氏，晋国董狐。两人都以直书不隐著称。他们的事迹分别见于《左传》襄公二十五年和宣公二年。《文心雕龙·史传》："辞宗丘明，直归～～。"后常作为良史的代称。《隋书·魏澹传》："但道武出自结绳，未师典诰，当须～～直笔，裁而正之。"

【南讹】 nán'é ❶夏时耕作及劝农之事。《尚书·尧典》："申命羲叔，宅南交，平秩～～，敬致。"（孔传："讹，化也。掌夏之官，平叙南方化育之事，敬行其教以致其功。"）也作"南为"、"南伪"。《史记·五帝本纪》："申命羲叔，居南交。便程～～，敬致。"《汉书·王莽传中》："予之南巡，必躬载耨，每县则薅，以劝～～。"❷火神。南方主夏属火，炎帝所司，因以为火神借称。王禹偁《火星中而寒暑退赋》："又若～～赫怒，人失其所，焦砂烂石以何盛，轻箑纤絺而曷御。"（箑：扇子。絺：细葛布。）

【南陔】 nángāi 《诗经·小雅》篇名。有目无诗。毛诗小序："《南陔》，孝子相戒以养也。"后借指侍奉父母。苏轼《送程建用》诗："空馀～～意，太息北堂冷。"（北堂：母亲。）

【南冠】 nánguān 楚人冠名。《左传·成公九年》："晋侯观于军府，见钟仪。问之曰：'～～而絷者，谁也？'有司对曰：'郑人所献楚囚也。'"后借指羁留异地或作为囚犯的代称。江总《遇长安使寄裴尚书》诗："北风尚嘶马，～～独不归。"骆宾王《在狱咏蝉》诗："西陆蝉声唱，～～客思侵。"

【南华】 nánhuá ❶《南华真经》（《庄子》）的省称。《唐会要·杂记》："天宝元年二月二十日敕文，追赠庄子南华真人，所著书为《南华真经》。"贾岛《病起》诗："灯下～～卷，祛愁当酒杯。"❷南华真人（庄子）的省称。苏轼《和归去来兮辞》："已矣乎！吾生有命归有时，我初无行亦无留，驾言随子听所之，岂以师～～而废从安期。"（安期：即安期生，仙人名。）

【南箕】 nánjī 星名，即箕宿。四星相联成梯形，形如簸箕，夏秋之间出现于南方，故称南箕。古人观星时附会人事，认为箕宿主口舌，因此常用它比喻谗佞之人。《诗经·小雅·巷伯》："哆兮侈兮，成是～～。彼谮人者，谁适与谋？"（哆：张口的样子。侈：大。）

【南徼】 nánjiào 南方边陲。宋之问《入泷江》诗："海穷～～尽，乡远北魂惊。"

【南吕】 nánlǚ ❶古乐律调名。十二律之一。《周礼·春官·大司乐》："乃奏姑洗，歌～～。"❷指农历八月。古人将十二律与十二个月相配，南吕与八月相应。《吕氏春秋·音律》："～～之月，蛰虫入穴，趣农收聚。"

【南面】 nánmiàn ❶南向，面向南。《战国策·魏策一》："魏之兵～～而伐，胜楚必矣。"❷指坐北朝南之位。古代天子、诸侯、卿大夫理政时皆南向坐，因此称居帝王之位或其他尊位为南面。《论语·雍也》："子曰：'雍也，可使～～。'"《战国策·楚策四》："王长而反政，不，即遂～～称孤，因而有楚国。”

【南冥】 nánmíng 南方大海。《庄子·逍遥遊》:“是鸟也,海运则将徙于～～。”也作“南溟”。王勃《滕王阁序》:“地势极而～～深,天柱高而北辰远。”

【南荣】 nánróng ❶房屋的南檐。司马相如《上林赋》:“偓佺之伦,暴于～～。”(偓佺:仙人名。)❷南方之地。《楚辞·九怀·思忠》:“玄武步兮水母,与吾期兮～～。”❸复姓。《庄子·庚桑楚》有南荣趎。

【南闱】 nánwéi ❶南门。沈约《直省学愁卧》诗:“秋风吹广陌,萧瑟入～～。”❷明、清科举,称江南乡试为南闱,应天(今北京)乡试为北闱。孔尚任《桃花扇·听稗》:“自去年壬午,～～下第,便侨寓这莫愁湖畔。”

【南薰】 nánxūn ❶指“南风歌”。相传为虞舜所作。其词为:“南风之薰兮,可以解吾民之愠兮。南风之时兮,可以阜吾民之财兮。”(薰:和煦。时:应时。)王维《大同殿赐宴乐敢书即事》诗:“陌上尧樽倾北斗,楼前舜乐动～～。”陆龟蒙《杂讽》诗之五:“永播～～音,垂之万年耳。”❷指和煦的南风。邬载《送萧颖士赴东府得君字》诗:“和风媚东郊,时物滋～～。”

【南越】 nányuè 古地名,即今广东广西一带。《通典·州郡·古南越》:“自岭而南,当唐虞三代,为蛮夷之国,是百越之地,亦谓之～～。”也作“南粤”。赵翼《啖荔戏书》诗:“昔啖荔支在～～,食不知味为忙碌。”

【南云】 nányún 南飞的云。古诗文中常借以表达思亲、怀乡之情。陆机《思亲赋》:“指～～以寄钦,望归风而效诚。”江总《于长安归还扬州九月九日行薇山亭赋韵》:“心逐～～逝,形随北雁来。”李白《大堤曲》:“佳期大堤下,泪向～～满。”

【南枝】 nánzhī 南向的树枝。后常借指故乡。《古诗十九首》之一:“胡马依北风,越鸟巢～～。”何逊《送韦司马别》诗:“予起～～怨,子结北风愁。”

【南无】 nāmó 梵文 Namas 的音译,意为归命、归敬。佛教敬语。杨衒之《洛阳伽蓝记·永宁寺》:“[菩提达摩]口唱～～,合掌连日。”也作“南膜”。薛季宣《记游诗》:“遐观梦中梦,～～佛因缘。”

【南北宗】 nánběizōng ❶我国佛教禅宗的两个派别。禅宗五祖弘忍有两个高徒:一名慧能,受衣钵传教于岭南,为六祖,主顿悟说,开创南宗;一名神秀,弘忍死后,武则天征他入京,传教于北方,主渐悟说,开创北宗。❷道教全真道的两派。金王重阳所传为北宗,宋张伯端所传为南宗。北宗修炼先修命功,南宗修炼先修性功。❸我国山水画自唐以后分为南北两宗。南宗源于王维,重渲染而少勾勒,即所谓淡赭山水;北宗源于李思训父子,重写实,用重彩,即所谓青绿山水。

【南柯梦】 nánkēmèng 比喻空幻和富贵得失无常。典出唐李公佐所作《南柯记》:淳于棼梦至槐安国,娶公主,任南柯太守,尽享荣华,后出征战败,被遣归。醒后方知槐安国是槐树下大蚁穴,南柯郡是槐树南枝下另一蚁穴。吕南公《西风》诗:“今虽未借邯郸枕,昔曾屡叹～～～。”

【南风不竞】 nánfēngbùjìng 《左传·襄公十八年》:“晋人闻有楚师,师旷曰:‘不害,吾骤歌北风,又歌南风,南风不竞,多死声,楚必无功。’”(风:曲调。竞:强。古人常以音乐占卜出兵的吉凶。)后借此表示力量衰弱,士气不振。《南齐书·明帝纪赞》:“沔阳失土,～～～～。”

【南箕北斗】 nánjīběidǒu 比喻徒有虚名。语出《诗经·小雅·大东》:“维南有箕,不可以簸扬;维北有斗,不可以挹酒浆。”(挹:舀。)《魏书·李崇传》:“今国子虽有学官之名,而无教授之实,何异兔丝燕麦,～～～～哉!”

【南金东箭】 nánjīndōngjiàn 古人以南方金石、东方竹箭为贵重之物,因以此比喻优秀人才。《晋书·顾荣纪瞻贺循薛兼传论》:“顾、纪、贺、薛等并～～～～,世胄高门。”

【南薰北鄙】 nánxūnběibǐ 兴盛之声和亡国之音。“南薰”指虞舜《南风》诗所表现的兴盛之声;“北鄙”指殷纣所为北方边鄙的亡国之音。司空图《成均讽》:“夫～～～～,祸福相淫,感物穷微,兴亡是系。”

难(難、鞋、鷬、鸛) 1. nán ❶鸟名。《说文·鸟部》:“鷬,鸟也。”❷不易,困难。《老子·六十三章》:“图～于其易,为大于其细。”李白《蜀道难》诗:“蜀道之～,～于上青天。”⊗使之为难,以之为难。《左传·哀公十二年》:“今吴不行礼于卫,而藩其君舍以～之。”《史记·樗里子甘茂列传》:“应侯欲攻赵,武安君～之。”

2. nàn ❸灾难,祸殃。《荀子·富国》:“其耕者乐田,其战士安～。”❹诘难。《汉书·公孙弘传》:“于是上乃使朱买臣等～[公孙]弘置朔方之便。”⊗责难,拒斥。《尚书·舜典》:“惇德允元,而～任人,蛮夷率服。”(元:善。任人:佞人。)❺仇怨。《周礼·地官·调人》:“调人掌司万民之～而谐和之。”⊗忌恨,嫌恶。《战国策·中山策》:“司马熹三相中山,阴简～之。”❻论说。

《史记·五帝本纪》："死生之说，存亡之～。"❼(nǎn)通"戁"。恐惧。《荀子·君道》："故君子恭而不～，敬而不巩。"（巩：通"蛩"。惧怕。）

3. nuó ❽茂盛的样子。《诗经·小雅·隰桑》："隰桑有阿，其叶有～。"（桑枝柔美，桑叶茂盛。）❾驱除疫鬼的仪式。后作"傩"。《周礼·夏官·方相氏》："方相氏掌蒙熊皮，黄金四目，玄衣朱裳，执戈扬盾，帅百隶而时～，以索室驱疫。"（"时难"指季春、季夏、季冬举行驱疫仪式。）❿"奈何"的合音。《左传·昭公十年》："忠为令德，其子弗能任，罪犹及之，～不慎也！"

【难荫】 nànyīn 父祖死于王事，其子孙依例获得入学或任职的权利，称为难荫。《清会典事例·吏部荫叙》："乾隆四十三年议准，原任刑部福建司主事王日杏前于乾隆三十八年川省军营阵亡，给予其子～～。"

湳 nán ❶水名。源出内蒙古东胜市境，流入黄河。❷羌族之姓。

楠(柟、枏) nán 常绿乔木。生南方，是建筑、造船、造器具的贵重木材。《后汉书·王符传》："或至金缕玉匣，橘梓梗～，多埋珍宝偶人车马。"

喃(諵) nán 见"喃喃"。

【喃喃】 nánnán ❶低语声。《北史·隋房陵王勇传》："乃向西北奋头，～～细语。"❷鸟语声。白居易《燕诗示刘叟》："～～教言语，一一刷毛衣。"

罱 nǎn 捕鱼网。皮日休《奉和鲁望渔具十五咏·罱》："烟雨晚来好，东塘下～去。"

赧(赮) nǎn ❶因惭愧而脸红。《孟子·滕文公下》："观其色～～然。"柳宗元《乞巧文》："大～而归，填恨低首。"❷忧惧。《国语·楚语上》："夫子践位则退，自退则敬，否则～。"

腩 nǎn 脯，干肉。《广雅·释器》："～，脯也。"㊀以调味品浸渍肉类。《齐民要术·肝炙》："亦以盐、豉汁～之。"

戁(戁) nǎn 恐惧。《诗经·商颂·长发》："敷奏其勇，不震不动，不～不竦，百禄是总。"

nang

囊 1. náng ❶(有底的)袋子。《诗经·小雅·公刘》："乃裹糇粮，于橐于～。"㊀像口袋的东西。宋玉《风赋》："盛怒于土～之口。"❷用口袋装。《韩非子·外储说右下》："引其纲而鱼已～矣。"马中锡《中山狼传》："策蹇驴，～图书。"❸覆盖，蒙住。《后汉书·范滂传》："滂等皆三木、～头，暴于阶下。"（三木：指脖子、手、足三处戴上刑具。）柳宗元《童区寄传》："二豪贼劫持反接，布～其口。"❹弱。《午时牌》二折："我着他拣个～的懦的，他恰好拣了个好的去。"

2. nāng ❺见"囊揣"。

【囊括】 nángkuò 包罗。贾谊《过秦论》："秦孝公据殽函之固，拥雍州之地，君臣固守，以窥周室，有席卷天下、包举宇内、～～四海之意，并吞八荒之心。"史承节《郑康成祠碑》："夫～～宇宙者文字，发明道业者坟典。"

【囊橐】 nángtuó ❶盛物的袋子。比喻才学博大精深。《论衡·案书》："案东番邹伯奇，临淮袁太伯、袁文术，会稽吴君高、周长生之辈，位虽不至公卿，诚能知之～～，文雅之英雄也。"（能知：才能智慧。）❷窝藏。《汉书·刑法志》："饥寒并至，穷斯滥溢，豪杰擅私，为之～～。"

【囊萤】 nángyíng 《晋书·车胤传》："胤恭勤不倦，博学多通。家贫不常得油，夏月则练囊盛数十萤火以照书，以夜继日焉。"后以"囊萤"比喻苦学。李中《送相里秀才之匡山国子监》诗："已能探虎穷骚雅，又欲～～就典坟。"

【囊揣】 nāngchuài 软弱。马致远《黄粱梦》二折："俺如今鬓发苍白，身体～～。"

瀼 nǎng 见 ráng。

曩 nǎng 从前。《汉书·贾谊传》："～之为秦者，今转而为汉矣，然其遗风馀俗，犹尚未改。"柳宗元《捕蛇者说》："～与吾祖居者，今其室十无一焉。"

【曩篇】 nǎngpiān 前人的文章。陆机《文赋》："必所拟之不殊，乃暗合乎～～。"

【曩昔】 nǎngxī 从前。王维《山中与裴秀才迪书》："此时独坐，僮仆静默。多思～～，携手赋诗，步仄迳临清流也。"

攮 nǎng ❶推，挤。《字汇·手部》："～，推攮也。"❷刺，扎。《儒林外史》六回："半夜里不见了枪头子——～到贼肚里。"

nao

侬(憹) nāo 见"懊侬"。

呶 náo 乱，喧哗。《诗经·大雅·民劳》："无纵诡随，以谨惽～。"

哓(譊) náo 喧呼。《魏书·高允传》："今之大会，内外相混，酒醉喧

～，罔有仪式。”

【谠谠】 náonáo ❶争辩声。《法言·寡见》：“～～之学，各习其师。”《三国志·蜀书·孟光传》：“好《公羊春秋》而讥呵《左氏》，每与来敏争此二义，光常～～讙咋。”（讙咋：喧呼。）❷喧闹声。古乐府《孤儿行》：“里中一何～～。”

呶（譊） náo 喧哗。《诗经·小雅·宾之初筵》：“宾既醉止，载号载～。”《宋史·高斯得传》：“时上封事言得失者众，或者恶其讙～，遂谓‘空言徒乱人听，无补国事’。”

【呶呶】 náonáo 喧嚷，唠叨。柳宗元《答韦中立论师道书》：“岂可使～～者早暮咈吾耳，骚吾心。”曾巩《答袁陟书》：“古之君子，法度备于身，而有仕有不仕者是也，岂为～～者邪？”

挠（撓） náo ❶扰乱。《左传·成公十三年》：“散离我兄弟，～乱我同盟。”韩愈《送孟东野序》：“草木之无声，风～之鸣。”❷搅动。《淮南子·说林训》：“使水浊者，鱼～之。”❸弯曲，屈服。《荀子·法行》：“折而不～，勇也。”《后汉书·孔融传》：“融陈对罪恶，言无阿～。”[引]邪曲，行为不正。《吕氏春秋·知度》：“上服性命之情，则理义之士至矣，法则之用植矣，枉辟邪～之人退矣，贪得伪诈之曹远矣。”❹削弱。苏轼《上皇帝书》：“古之英主，无出汉高，郦生谋～楚权 欲复六国，高祖曰善，趣刻印。”❺阻止。曾巩《抚州颜鲁公祠堂记》：“贼之不能直阚潼关，以公与杲卿～其势也。”❻搔，抓。秦简夫《东堂老》二折：“你这般挠耳～腮，可又便怎生？”

【挠北】 náoběi 败北。《吕氏春秋·忠廉》：“若此人也，有势则必不自私矣，处官则必不为污矣，将众则必不～～矣。”

【挠辞】 náocí 屈从之辞。《三国志·魏书·袁绍传》：“[审]配既无～～，而辛毗等号哭不已，乃杀之。”

【挠滑】 náogǔ 扰乱。《荀子·解蔽》：“案直将治怪说，玩奇辞，以相～～也。”

【挠弱】 náoruò 懦弱。《世说新语·方正》：“万石～～凡才，有何严颜难犯！”

【挠挑】 náotiāo 宛转、辗转。《庄子·大宗师》：“孰能登天游雾，～～无极，相忘以生，无所终穷。”

【挠心】 náoxīn 惑乱心志。《三国志·魏书·华歆传》注引孙盛曰：“歆既无夷、皓韬邈之风，又失王臣匪躬之操，故～～于邪儒之说。”

【挠志】 náozhì 屈己从人。《国语·晋语二》：“抑～～以从君，为废人以自利也。”

侬（儂） náo 盛多。《后汉书·崔骃传》：“若夫纷～塞路，凶虐播流，人有昏垫之厄，主有畴咨之忧。”

桡（橈） 1. náo ❶曲木。《说文·木部》：“～，曲木。”❷弯曲。《周礼·考工记·辀人》：“唯辕直且无～也。”[又]使之弯曲。《论衡·感虚》：“神农之～木为耒，教民耕耨，民始食谷。”❸屈服。《后汉书·酷吏传序》：“肆情刚烈，成其不～之威。”[又]枉屈。《史记·萧相国世家》：“上已～功臣，多封萧何，至位次未有以复难之，然心欲何第一。”❹通“挠”。1)扰乱，摧折。《周易·说卦》：“～万物者，莫疾乎风。”《左传·成公二年》：“畏君之震，师徒～败。”2)柔弱，削弱。司马相如《上林赋》：“柔～嫚嫚，妩媚孅弱。”《史记·留侯世家》：“汉三年，项羽急围汉王荥阳，汉王恐忧，与郦食其谋～楚权。”

2. ráo ❺船桨。《淮南子·主术训》：“夫七尺之～而制船之左右者，以水为资。”[又]借指船。贾岛《忆江上吴处士》诗：“兰～殊未返，消息海云端。”

【桡辞】 náocí 屈从之辞。《法言·重黎》：“越与亢眉，终无～～，可谓伎矣。”也作“桡词”。《新唐书·李华传》：“城陷见执，终无～～。”

猱 náo 山名。在今山东淄博南。《诗经·齐风·还》：“子之还兮，遭我乎～之间兮。”

硇（磠、碙、磠） náo 见“硇砂”。

【硇砂】 náoshā 矿物名。可以入药。《本草纲目·金石部·硇砂》：“～～性毒，服之使人硇乱，故曰～～。”

铙（鐃） náo ❶古代行军时用来指挥军队的乐器。似铃而大，无舌，有柄，敲击而鸣。《周礼·地官·鼓人》：“以金～止鼓。”❷一种铜质打击乐器。两片为一付，相击发声。《元史·刑法志四》：“诸俗人集众鸣～作佛事者，禁之。”❸通“挠”。扰乱。《庄子·天道》：“万物无足以～心者，故静也。”❹通“谠”。喧呼怒叫。《后汉书·五行志一》：“今年尚可后年～。”

【铙歌】 náogē 军中乐歌。汉乐府属《鼓吹曲》。用为激励士气和宴享功臣。所用乐器为鼓、钲、箫、笳等。何承天《朱路篇》：“三军且莫喧，听我奏～～。”

猱（獿、夒） náo ❶猿猴类动物。《诗经·小雅·角弓》：“毋教～升木。”李白《蜀道难》诗：“黄鹤之飞尚不得过，猿～欲度愁攀援。”❷涂抹墙壁。

《汉书·扬雄传下》："～人亡，则匠石辍斤而不敢妄斲。"

【猱儿】 náo'ér 妓女。关汉卿《谢天香》一折："早知道则做个哑～～。"

蛲(蟯) náo 人体大肠内的寄生虫。《史记·扁鹊仓公列传》："～瘕为病，腹大，上肤黄粗，循之戚戚然。"

【蛲动】 náodòng 蠕动。《淮南子·修务训》："蚑行～～之虫，喜而合，怒而斗。"

蝚 náo 见 róu。

恼(惱、嫐) nǎo ❶怨恨，恼怒。卢仝《寄男抱孙》诗："任汝～弟妹，任汝～姨舅。"《水浒传》十六回："老都管听了，也不着意，内心自～他。"❷撩拨，惹。王安石《夜直》诗："春色～人眠不得，月移花影上栏干。"❸烦恼。康进之《李逵负荆》一折："我自嫁我的女孩儿，为此着～。"

脑(腦、㛴、𠠇) nǎo ❶脑髓。《左传·僖公二十八年》："晋侯梦与楚子搏，楚子伏己而盬其～。"（盬：吸食。）❷指头部。杜甫《画鹘行》："侧～看青霄，宁为众禽没。"㊀击打头部。张衡《东京赋》："斩蝼蛇，～方良。"（方良：草泽之神。）❸物体的中心部分。道潜《次韵子瞻饭别》："铃阁追随半月强，葵心菊～厌甘凉。"

【脑华】 nǎohuá 头发。陆龟蒙《文谯招润卿博士辞以道侣将至一绝寄之》："仙客何时下鹤翎，方瞳如水～～清。"

瑙 nǎo 见"玛"。

闹(閙、鬧) nào ❶喧闹，扰乱。韩愈《潭州泊船呈诸公》诗："夜半眠未觉，鼓笛～嘈嘈。"柳宗元《答韦中立论师道书》："而谁敢衒怪于群目，以召～取怒乎？"❷浓，盛。宋祁《玉楼春》词："绿杨烟外晓寒轻，红杏枝头春意～。"❸热闹。张籍《寄元员外》诗："门巷不教当～市，诗篇转觉足工夫。"

【闹装】 nàozhuāng 杂缀金银珠宝的鞍辔。白居易《渭村退居寄礼部崔侍郎翰林钱舍人诗一百韵》："贵主冠浮动，亲王辔～～。"《宋史·舆服志》："仁宗景祐三年，诏官非五品以上，毋得乘～～银鞍。"

淖 1. nào ❶泥沼，泥泞。《左传·成公十六年》："有～于前，乃皆左右相违于～。"《汉书·韦玄成传》："后以列侯侍祀孝惠庙，当晨入庙，天雨～，不驾驷马车而骑至庙下。"❷和，柔和。《仪礼·少牢馈食礼》："嘉荐普～。"《管子·水地》："夫水，～弱以清。"

2. chuò ❸通"绰"。见"淖约"。

3. zhuō ❹姓。

【淖冰】 nàobīng 以药石化冰。《旧唐书·李德裕传》："臣所虑赴召者，必迂怪之士，苟合之徒，使物～～，以为小术，衒耀邪僻，蔽欺聪明。"

【淖糜】 nàomí 稀粥。陆游《龟堂独坐遣闷》诗："食有～～犹足饱，衣存短褐未全贫。"

【淖溺】 nàonì ❶柔软。《淮南子·原道训》："天下之物，莫柔弱于水……～～流遁，错缪相纷，而不可靡散。"❷消融。《汉书·郊祀志下》："坚冰～～。"

【淖约】 chuòyuē 柔弱。《庄子·在宥》："～～柔乎刚强。"㊀体态柔美。《庄子·逍遥遊》："肌肤若冰雪，～～若处子。"

臑 1. nào ❶动物的前肢。《史记·龟策列传》："取前足～骨穿佩之，取龟置室西北隅悬之，以入深山大林中，不惑。"

2. ér ❷通"胹"。煮，烂熟。《楚辞·招魂》："肥牛之腱，～若芳些。"（些：语气词。）枚乘《七发》："熊蹯之～，勺药之酱。"

3. rú ❸通"蠕"。微动的样子。《荀子·臣道》："喘而言，～而动，而一可以为法则。"

4. nuǎn ❹温暖。江淹《泣赋》："视左右而不～，具衣冠以自凉。"

ne

那 né 见 nǎ。

讷(訥) nè ❶说话迟钝，口齿不利。《老子·四十五章》："大巧若拙，大辩若～。"《史记·李将军列传》："广～口少言。"㊀说话谨慎，寡言。《论语·里仁》："君子欲～于言而敏于行。"《史记·太史公自序》："敦厚慈孝，～于言，敏于行，务在鞠躬，君子长者。"❷河豚腹中的脂肪。赵彦卫《云麓漫钞》卷五："河豚腹胀而斑，状甚丑。腹中有白曰～，有肝曰脂。"

【讷涩】 nèsè 说话艰难。《楚辞·七谏·初放》："言语～～兮，又无强辅。"

呐 1. nè ❶同"讷"。言语迟钝。《荀子·非相》："言而非仁之中也，则其言不若其默也，其辩不若其～也。"《汉书·李广传》："广～。少言。"

2. nà ❷喊叫。《徐霞客游记·滇游日记九》："四嶂瞭视者～声相应。"

【呐钝】 nèdùn 言语迟钝。《汉书·鲍宣传》："臣宣～～于辞，不胜惓惓，尽死节而已。”(惓惓:恳切。)

【呐吃】 nèjí 口吃,说话艰难。《三国志·吴书·韦曜传》:“被问寒战,形气~~。”

【呐呐】 nènè 形容言语迟钝。《礼记·檀弓下》:“其言~~然如不出其口。”

眲 nè 轻视。《列子·黄帝》:“子华之门徒……顾见商丘开年老力弱,面目黎黑,衣冠不检,莫不~之。”

鲵(鯢) nè (又读 nài)虫名。《淮南子·说林训》:“兔啮为~。”

nei

馁(餒) něi ❶饥饿。《孟子·尽心上》:“不暖不饱,谓之冻~。”《国语·楚语下》:“民之羸~,日已甚矣。”❷空虚,心虚。《孟子·公孙丑上》:“其为气也,配义与道;无是,~也。”《聊斋志异·红玉》:“荷戈遍索,竟无踪迹,心窃~。”❸鱼腐烂。《论语·乡党》:“鱼~而肉败,不食。”

腇 něi 见“萎腇”。

内 1. nèi ❶里边。与“外”相对。《论语·颜渊》:“四海之~皆兄弟也。”❷内心。《论语·阳货》:“色厉而~荏。”ⓧ内脏。蔡琰《悲愤诗》:“见此崩五~,恍惚生狂痴。”❸内室,卧房。《汉书·晁错传》:“先为筑室,家有一堂二~。”又《霍光传》:“皆拜卧~床下。”ⓧ皇宫,尊称大内。唐有“西内”(皇城)、“东内”(大明宫)、“南内”(兴庆宫)之称。白居易《长恨歌》:“西宫南~多秋草,落叶满阶红不扫。”❹妻妾,宫娥。《左传·僖公十七年》:“齐侯好~。”又《襄公二十八年》:“以其~实迁于卢蒲嫳氏。”(内实:指宝物妻妾。)又《襄公四年》:“[寒]浞行媚于~。”ⓧ泛指妇女。《周礼·天官·宫正》:“辨外~而时禁。”(外:指男子。)❺亲近。《周易·泰》:“~君子而外小人。”

2. nà ❻接纳,交纳。后作“纳”。李斯《谏逐客书》:“向使四君却客而不~。”《史记·秦始皇本纪》:“百姓~粟千石,拜爵一级。”ⓧ结纳,结交。《孟子·公孙丑上》:“非所以~交于孺子之父母也。”❼通“肭”。肥。《楚辞·大招》:“~鸧鸽鹄,味豺羹只。”

【内嬖】 nèibì 受君主宠幸。《左传·僖公十七年》:“齐侯好内,多内宠,~~如夫人者六人。”又指君主宠幸的人。《后汉书·皇甫规传》:“一除~~,再诛外臣。”

【内朝】 nèicháo ❶周时天子诸侯有三朝,外朝一,内朝二。内朝又分治朝、燕朝。外朝是询问众庶之朝,治朝是每日处理政务之朝,燕朝是休息和与宗人商议私事之所。汉时有外朝官、内朝官,内朝又叫中朝。❷后宫,皇后住处。《后汉书·和熹邓皇后纪》:“正位~~,流化四海。”

【内臣】 nèichén ❶属下的臣子。《左传·僖公七年》:“我以郑为~~,君亦无所不利焉。”❷天子近臣。《穀梁传·庄公二十三年》:“祭叔来聘。其不言使何也?天子之~~也。不正其外交,故不与使也。”❸宦官。《汉书·五行志上》:“阙在司马门中,~~石显之象也。”

【内典】 nèidiǎn 指佛教经典。《颜氏家训·归心》:“~~初门,设五种禁;外典仁义礼智信,皆与之符。”

【内府】 nèifǔ ❶皇家仓库。《史记·淮阴侯列传》:“夫锐气挫于险塞,而粮食竭于~~。”❷官名,掌皇室仓库。《周礼·天官·内府》:“~~掌受九贡、九赋、九功之货贿,良兵,良器,以待邦之大用。”

【内附】 nèifù 少数民族、藩国归顺中央政权。《汉书·萧望之传》:“[乌孙王上书]愿以汉外孙元贵靡为嗣,得复尚少主,结婚~~,畔去匈奴。”

【内傅】 nèifù 教养皇子王孙的保姆。《西京杂记》一:“赵王如意年幼,未能亲外傅,戚姬使旧赵王~~赵媪傅之。”

【内阁】 nèigé ❶明清时协助皇帝处理政务的机关。明洪武十五年,仿宋制,设诸殿阁大学士,因授餐大内,常侍天子殿阁之下,故名内阁。❷内堂,贵族妇女的卧室。刘长卿《观李凑所画美人障子》诗:“华堂翠幕春风来,~~金屏曙色开。”

【内官】 nèiguān ❶左右亲近之臣。《左传·宣公十二年》:“~~序当其夜,以待不虞。”(序:依次序。)❷女官,妃嫔。《国语·周语中》:“~~不过九御,外官不过九品。”❸太监,宦官。《史记·李斯列传》:“高固~~之厮役也,幸得以刀笔之文进入秦宫。”

【内讧】 nèihòng 内部互相争斗。《诗经·大雅·召旻》:“天降罪罟,蟊贼~~。”(罟:通“辜”。罪。)

【内家】 nèijiā ❶皇宫。李珣《浣溪沙》词:“晓出闲庭看海棠,风流学得~~妆,小钗横带一枝芳。”❷宫女。薛能《吴姬》诗:“身是三千第一名,~~丛里独分明。”

【内艰】 nèijiān 旧称遭母丧为内艰。陆游《曾文清公墓志铭》:“及遭~~,则既祥犹蔬食,凡十有四年,至得疾颠眴乃已。”

【内廉】 nèilián ❶宫殿西阶东侧角。《仪礼·聘礼》:“陪鼎当~~东面北上。”❷指人内有廉隅,不苟且,有原则。《史记·韩长孺列传论》："壶遂之～～行修，斯鞠躬君子也。"（壶遂：人名。）

【内女】　nèinǚ　与王同姓之女。《公羊传·隐公二年》："冬十月，伯姬归于纪，伯姬者何？～～也。"

【内人】　nèirén　❶宫人。《周礼·天官·寺人》："掌王之～～及妇宫之戒令。"❷宫中歌舞妓。《教坊记》："伎女入宜春院，谓之～～，亦曰前头人。"❸妻妾。《礼记·檀弓下》："今及其死也，朋友诸臣未有出涕者，而～～皆行哭失声，斯子也，必多旷于礼矣夫。"

【内省】　nèishěng　宫禁之内。《后汉书·和熹邓皇后纪》："宫禁至重，而使外舍久在～～，上令陛下有幸私之讥，下使贱妾获不知足之谤。上下交损，诚不愿也。"（外舍：外戚，皇后亲属。）

【内侍】　nèishì　官名。掌侍奉皇帝、宣传诏令等。自秦至隋，士人与宦者兼用。唐以后，专用宦官，因此内侍又为宦官专称。

【内竖】　nèishù　❶天子诸侯的小臣。《周礼·天官·内竖》："～～掌内外之通令，凡小事。"❷宦官之称。《后汉书·梁商传》："而性慎弱无威断，颇溺于～～。"

【内相】　nèixiàng　翰林学士的别称。《新唐书·陆贽传》："虽外有宰相主大议，而贽常居中参裁可否，时号～～。"

【内行】　nèixíng　私居时的品行。《吕氏春秋·下贤》："世多举桓公之～～，～～虽不修，霸亦可矣。"

【内省】　nèixǐng　省察内心，自我反省。《论语·颜渊》："～～不疚，夫何忧何惧。"

【内姓】　nèixìng　王之同姓。《左传·宣公十二年》："其君之举也，～～选于亲，外姓选于旧。"

【内兄】　nèixiōng　妻兄。《晋书·阮瞻传》："～～潘岳每令鼓琴，终日达夜，无忤色。"

【内训】　nèixùn　指对妇女的训诫。《后汉书·曹世叔妻传》："作《女诫》七篇，有助～～。"

【内言】　nèiyán　女子闺房之言。《礼记·曲礼上》："外言不入于梱，～～不出于梱。"（梱：门槛。）

【内志】　nèizhì　❶内心。《礼记·射义》："～～正，外体直，然后持弓矢审固。"❷内心深处较隐秘的思想。《史记·伍子胥列传》："伍胥知公子光有～～，欲杀王而自立。"

【内主】　nèizhǔ　❶古代诸侯夫人为内官之主，故称内主。《左传·昭公三年》："若惠顾敝邑，抚有晋国，赐之～～，岂唯寡君，举群臣实受其贶。"后来皇后也称内主。《北史·魏孝文废皇后冯氏传》："昭仪规为～～，谮构百端，寻废后为庶人。"❷内应。《国语·晋语三》："杀其～～，背其外赂，彼塞我施，若无天乎？"

【内传】　nèizhuàn　❶解释经义的文字叫内传，广引事例、推演本义的叫外传。如关于《诗经》的就有《韩诗内传》（已失传）和《韩诗外传》。❷传记的一种。以记述遗闻轶事为主。如《隋书·经籍志二》有《汉武内传》、《关令内传》、《南岳夫人内传》等。

【内子】　nèizǐ　古代称卿大夫的嫡妻为内子。《左传·僖公二十四年》："［赵姬］以叔隗为～～，而己下之。"后一般人的妻也可以称内子。《晏子春秋·杂下》："饮酒酣，公见其妻曰：'此子之～～邪？'"

【内圣外王】　nèishèngwàiwáng　内具圣人之德，外行仁政王道。《庄子·天下》："是故～～～～之道，暗而不明，郁而不发。"

【内视反听】　nèishìfǎntīng　❶指能省察自身听取他人意见。《后汉书·王充传》："夫～～～～，则忠臣竭诚。"❷古代养生之道。意察体内，不听外界之声。《抱朴子·论仙》："～～～～，尸居无心。"

nen

嫨　1. nèn　❶同"嫩"。柔嫩。《玉篇·女部》："～，与嫩同。"

2. ruǎn　❷柔美的样子。《说文·女部》："～，好貌。"段玉裁注："此谓柔耎之好也。"

【嫨嫨】　ruǎnruǎn　柔美的样子。朱有燉《元宫词》之二十八："帘前三寸宫鞵露，知是～～小妹来。"

嫩（嫰）　nèn　❶物初生时的柔弱娇嫩状态。萧衍《游钟山大爱敬寺》诗："萝短未中揽，葛～不任牵。"❷轻，微。白居易《秋凉闲卧》诗："残暑昼犹长，早凉秋尚～。"辛弃疾《念奴娇·戏赠善作墨梅者》词："还似篱落孤山，～寒清晓。"❸薄，淡。王安石《春风》诗："日借～黄初著柳，雨催新绿稍归田。"❹不老练，不成熟。钟嵘《诗品·晋徵士戴逵诗》："安道诗虽～弱，有清工之句。"

【嫩晴】　nènqíng　初晴。杨万里《宿小沙溪》诗："诸峰知我厌泥行，卷尽痴云放～～。"萨都剌《题淮安壁间》诗："满树～～春雨歇，行人四月过淮时。"

neng

而　néng　见ér。

耐 néng 见nài。

能 1. néng ❶兽名。《说文·能部》："～，熊属，足似鹿。"《国语·晋语八》："今梦黄～入于寝门。"❷才能。《史记·屈原贾生列传》："上官大夫与之同列，争宠而害其～。"（害：嫉妒。）《后汉书·胡广传》："不矜其～，不伐其功。"（伐：夸耀。）⊗有才能的人。《孟子·公孙丑上》："尊贤使～，俊杰在位，则天下之士皆悦，而愿立于其朝矣。"❸能够，胜任。《老子·七章》："天地所以～长且久者，以其不自生，故～长生。"《孟子·梁惠王上》："故王之不王，不为也，非不～也。"❹顺从，亲善。《诗经·大雅·民劳》："柔远～迩，以定我王。"❺容，得。《左传·襄公二十一年》："范鞅以其亡也，怨栾氏，故与栾盈为公族大夫而不相～。"《史记·萧相国世家》："［萧］何素不与曹参相～。"❻及，到。《战国策·燕策一》："于是不～期年，千里马之至者三。"《汉书·韩信传》："今韩信兵号数万，其实不～，千里袭我，亦以罢矣。"❼乃，就。《管子·权修》："二者不失，则民～可得而官也。"❽通"而"。《墨子·天志下》："今有人于此，～少尝之甘谓甘，多尝谓苦，必曰吾口乱，不知其甘苦之味。"（"能少"当作"少能"。）❾只，仅。杜甫《月》诗："只益丹心苦，～添白发明。"❿宁，宁可。纪君祥《赵氏孤儿》一折："～可在我身儿上讨明白，怎肯向贼子行捱推问。"吴文英《过秦楼·咏芙蓉》词："～西风老尽，羞趁东风嫁与。"⓫恁，这样，如此。张九龄《庭梅咏》："芳意何～早，孤荣亦自危。"⓬三足鳖。《尔雅·释鱼》："鳖三足，～。"《论衡·是应》："鳖三足曰～，龟三足曰贲。"

2. nài ⓭通"耐"。受得住。《汉书·赵充国传》："今虏朝夕为寇，土地寒苦，汉马不～冬。"杜牧《罪言》："故其人沈鸷多材力，重许可，～辛苦。"⓮姓。

3. tái ⓯通"台"。星名。《史记·天官书》："魁下六星，两两相比者，名曰三～。"

4. tài ⓰通"态"。形态。《素问·风论》："五脏风之形状不同者何？愿闻其诊及其病～。"《论衡·累害》："屈平洁白，邑犬群吠，吠所怪也，非俊疑杰，固庸～也。"（《楚辞·九章·怀沙》作"非俊疑杰兮，固庸态也"。）

【能品】 néngpǐn 古人评论书画的三品之一。次于神品、妙品，而能做到形似不失规矩者称能品。江藩《汉学师承记·阎若璩》："力臣书法唐贤，世称～～。"

【能仁】 néngrén 即释迦牟尼佛。意为"能仁寂默"，简称"能仁"。慧皎《高僧传·序录》："至若～～之为训也，考业果幽微，则循复三世；言至理高妙，则贯绝百灵。"

【能士】 néngshì 有才能的人。《战国策·魏策一》："公叔岂非长者哉！既为寡人胜强敌矣，又不遗贤者之后，不揜～～之迹，公叔何可无益乎？"《荀子·强国》："贤士愿相国之朝，～～愿相国之官，好利之民莫不愿以齐为归，是一天下也。"

【能事】 néngshì 能干的事，擅长的事。《周易·系辞上》："引而伸之，触类而长之，天下之～～毕矣。"崔融《嵩山启母庙碑》："金匮玉版，服皇王之～～；衢室庙堂，承祖宗之茂烈。"

ni

妮 nī 见"妮子"。

【妮子】 nīzǐ 对女孩子的昵称。《新五代史·晋高祖皇后李氏传》："吾有梳头～～，窃一药囊以奔于晋，今皆在否？"

尼 1. ní ❶近，亲近。后作"昵"。《说文·尸部》："～，从后近之。"段玉裁注："尼训近，故以为亲暱字。"《尸子》卷下："悦～而来远。"❷佛教出家修行的女子。全称为比丘尼，俗称尼姑。《新唐书·百官志三》："武后延载元年，以僧～隶祠部。"

2. nǐ ❸阻止，停止。《孟子·梁惠王下》："行，或使之；止，或～之。"陆游《祭张季长大卿文》："欲行复～，顿足噫喑。"

【尼父】 nífǔ 古代对孔子的称呼。"尼"是孔子的字（名丘，字仲尼），"父"同"甫"，是古代对男子的美称。《礼记·檀弓上》："鲁哀公诔孔丘曰：'天不遗耆老，莫相予位焉！呜呼哀哉，～～！'"

【尼丘】 níqiū 山名。在山东曲阜市东南。《史记·孔子世家》："［叔梁］纥与颜氏女野合而生孔子，祷于～～得孔子。"

泥 1. ní ❶泥土，和水的土。《韩非子·诡使》："今士大夫不羞污～丑辱而宦。"《后汉书·赵憙传》："憙责怒不听，因以～涂［韩］仲伯妇面。"❷软弱无力。《尔雅·释兽》："威夷，长脊而～。"（邢昺疏："泥，弱也。"威夷：兽名。）

2. nì ❸涂抹，粉刷。《世说新语·汰侈》："王以赤石脂～壁。"⊗糊。花蕊夫人《宫词》："内人承宠赐新房，红锦～窗绕画廊。"（泥窗：糊窗。）❹阻滞，胶滞。《论语·子张》："虽小道，必有可观者焉，致远恐～。"杜甫《冬至》诗："年年至日长为客，忽忽穷愁～杀人。"❺拘泥，固执。《荀子·君道》："知明制度权物称用之为不～也。"《论衡·书解》："问事弥多而见弥博，官弥剧而识弥～。"（官：官务。剧：繁忙。）❻软缠，软求。元稹《遣悲怀》诗："顾我无衣搜荩箧，～他沽酒拔金钗。"

3. niè ❼通"涅"。可作黑色染料的矿物。《大戴礼记·曾子制言上》："白沙在～，与之皆黑。"㊇染黑。《史记·屈原贾生列传》："皭然～而不滓者也。"

4. nǐ ❽见"泥泥"。

【泥犁】 nílí 佛教用语。即地狱。也作"泥梨"、"泥黎"。梁简文帝《大法颂序》："恶道蒙休，～～普息。"

【泥涂】 nítú ❶泥泞的道路。《后汉书·黄琼传》："所谓抵金玉于沙砾，碎珪璧于～～。"（抵：投。）❷比喻地位卑下。《左传·襄公三十年》："使吾子辱在～～久矣。"❸视为污浊。范仲淹《严先生祠堂记》："既而动星象，归江湖，得圣人之清，～～轩冕，天下孰加焉？"（轩冕：指高官。）

【泥丸】 níwán ❶泥做的弹丸。刘向《说苑·杂言》："随侯之珠，国之宝也；然用之弹，曾不如～～。"❷道家称上丹田为泥丸。皮日休《太湖诗·上真观》："羽客两三人，石上谭～～。"（羽客：道士。谭：谈。）

【泥滓】 nízǐ ❶污泥杂质。张彦远《历代名画记·论画六法》："今之画人，笔墨混于尘埃，丹青和其～～，徒污绢素，岂曰绘画？"❷比喻尘世。杜甫《奉先刘少府新画山水障歌》："若耶溪，云门寺，吾独胡为在～～，青鞋布袜从此始。"❸比喻卑下的地位。潘岳《西征赋》："或被发左衽，奋迅～～。"

【泥醉】 nízuì 烂醉如泥。陆游《自咏》："～～醒常少，贪眠起独迟。"

【泥首】 níshǒu 用泥涂首，以示服罪。任昉《为范尚书让吏部封侯第一表》："～～在颜，舆榇未毁。"也作"泥头"。《三国志·吴书·孙和传》："[孙]权沈吟者历年，后遂幽闭和。于是骠骑将军朱据、尚书仆射屈晃率诸将吏～～自缚，连日诣阙请和。"

【泥古】 nìgǔ 拘泥古法，不知变通。《宋史·刘几传》："其议乐律最善，以为……儒者～～，致详于形名度数间，而不知清浊轻重之用，故求于器虽合，而考于声则不谐。"

【泥饮】 nìyǐn ❶强留使饮（酒）。罗大经《鹤林玉露》卷二："步屧春风，～～田父，乐矣。"❷久饮不辍。陆游《怀青城旧游》诗："～～不容繁杏落，浩歌常送寒蝉没。"

【泥洹】 nièhuán 即"涅槃"。详见"涅槃"。郦道元《水经注·河水一》："阿育王起浮屠于佛～～处，双树及塔，今无复有也。"

【泥泥】 nǐnǐ ❶沾濡的样子。《诗经·小雅·蓼萧》："蓼彼萧斯，零落～～。"❷通"苨苨"。茂盛。《诗经·大雅·行苇》："方苞方体，维叶～～。"

怩 ní 见"忸怩"。

呢 1. ní ❶见"呢喃"。

2. ne ❷语气词。张国宾《合汗衫》三折："婆婆，俺那孩儿的～？"

【呢喃】 nínán ❶细语。《聊斋志异·于去恶》："兄于枕上教《毛诗》，诵声～～，夜尽四十馀行。"❷燕子叫声。刘兼《春燕》诗："多时窗外语～～，只要佳人卷绣帘。"

兒 ní ❶姓。汉有御史大夫兒宽。❷通"齯"。见"兒齿"。

【兒齿】 níchǐ 老人牙齿脱落后更生的细齿。《诗经·鲁颂·閟宫》："既多受祉，黄发～～。"

柅 ní（又读 nǐ） ❶树名。《说文·木部》："～，木也，实如梨。"❷止车的木块。《周易·姤》："系于金～，贞吉。"❸止，遏制。《新唐书·王彦威传》："楗～奸冒。"白居易《不能忘情吟序》："事来搅情，情动不可～。"

【柅杜】 nídù 制止，杜绝。《新唐书·牛徽传》："乾符中选滥，吏多奸，岁调四千员，[牛]徽治以刚明，～～干请，法度复振。"

【柅柅】 nínì 草木茂盛的样子。左思《蜀都赋》："总茎～～，裛叶蓁蓁。"（裛叶：沾满露水的叶子。）

郳 ní ❶古国名。故地在今山东滕州市境内。《春秋·庄公五年》："～犁来来朝。"❷姓。

倪 1. ní ❶幼儿。《旧唐书·玄宗纪下》："垂髫之～，皆知礼让。"❷端，头绪。韩愈《南海神庙碑》："乾端坤～，轩豁呈露。"❸边际。柳宗元《非国语·三川震》："又况天地之无～，阴阳之无穷。"❹傲慢。《管子·正世》："力罢，则不能毋堕～。"（戴望考正："倪，傲也。谓疲堕而傲从也。"）❺俾，益。《说文·人部》："～，俾也。"又："俾，益也。"❻姓。

2. nì ❼通"睨"。斜视。《新序·善谋》："死者什七，存者什三，行者垂泣而～于兵。"㊇斜。《吕氏春秋·序意》："以日～而西望知之。"

埿 1. ní ❶同"泥"。湿泥。杜甫《秋雨叹》诗："秋来未曾见白日，～污后土何时干？"

2. nì ❷同"泥"。粉刷，涂抹。《大唐西域记·三国》："室宇台观，板屋平头，～以石灰，覆以瓴甓。"

猊 ní 狮子。也称"狻猊"。袁宏道《百六诗为丘大赋》:"决～与怒蟒,无以喻吾嗔。"

【猊座】 nízuò 佛座。也指高僧所坐之处。戴叔伦《寄禅师寺华上人次韵》:"～～翻萧瑟,皋比喜接连。"

婗 ní 婴儿。《说文·女部》:"～,嫛婗也。"(《释名·释长幼》:"人始生曰婴儿,或曰嫛婗。")

棿 1. ní ❶同"輗"。大车辕端与衡相接处的关键。《说文·车部》:"輗,大车辕端持衡者……或从木。"❷(nǐ)通"拟"。比拟。扬雄《太玄经·棿》:"～,拟也,图象也,告其所由也。"(《汉书·扬雄传下》作"拟"。)

2. niè ❸通"陧"。杌棿,不安。扬雄《太玄经·阙》:"圜方杌～,内相失也。"

輗(輗) 1. ní ❶大车辕端与衡相接处的关键。《论语·为政》:"大车无～,小车无軏,其何以行之哉?"方孝孺《越车》:"辐朽而轮败,～折而辕毁。"

2. yì ❷见"辨輗"。

【輗軏】 níyuè 比喻事物的关键。扬雄《太玄经·闲》:"拔我～～,贵以信也。"韩愈《送文畅师北游》诗:"已穷佛根源,粗识事～～。"

跜 ní 见"蹑跜"。

貎 ní 兽名。《宋史·日本国传》:"鹿皮笼一,纳～裘一领。"

裞 ní ❶衣襟。《尔雅·释器》:"衣統谓之～。"(郭璞注:"衣褛也。"衣褛:衣襟。)❷袿衣饰物。《广韵·荠韵》:"～,統裞,袿衣饰也。"(袿衣:女上服。)

蜺 ní ❶寒蝉。《说文·虫部》:"～,寒蜩也。"❷通"霓"。副虹。《楚辞·天问》:"白～婴茀,胡为此堂。"

【蜺旌】 níjīng 装饰五彩羽毛的旌旗。仪仗的一种。司马相如《上林赋》:"拖～～,靡云旗。"

觬 ní 角不正。《说文·角部》:"～,角觬曲也。"

【觬是】 níshì 汉代县名。属西河郡。《汉书·地理志下》:"西河郡……～～,博陵,盐官。"

霓 ní 虹的外环,颜色较淡者称霓,亦称副虹;其内环,颜色鲜亮者称虹,亦称正虹。《孟子·梁惠王下》:"民望之,若大旱之望云～也。"李白《梦游天姥吟留别》:"～为衣兮风为马。"

【霓裳】 nícháng ❶以虹霓制作的衣裳,古人认为仙人着此裳,故常以喻仙人。庾信《车骑将军贺娄公神道碑铭》:"云盖低临,～～纷下。"❷指《霓裳羽衣曲》。杜牧《过华清宫》诗:"～～一曲千峰上,舞破中原始下来。"

【霓旌】 níjīng 缀以五彩羽毛的旗子。仪仗的一种。杜甫《滕王亭子》诗之二:"尚思歌吹入,千骑把～～。"

【霓裳羽衣曲】 níchángyǔyīqǔ 唐代乐曲名。本传自西凉,河西节度使杨敬述献给唐玄宗,玄宗加以润色,更名为《霓裳羽衣曲》。杨贵妃善霓裳羽衣舞。刘禹锡《三乡驿楼伏睹玄宗望女儿山诗小臣斐然有感》诗:"三乡陌上望仙山,归作～～～～～。"白居易《长恨歌》:"渔阳鼙鼓动地来,惊破～～～～～。"

齯(齯) ní 老人齿落复生。古人认为是长寿的表现。《尔雅·释诂》:"黄发、～齿……寿也。"

鯢(鯢) ní ❶鱼名。属两栖类动物。又称山椒鱼、娃娃鱼。《本草纲目·鳞部四》引陈藏器曰:"～生山溪中,似鲇。有四足,长尾,能上树……声如小儿啼。"❷雌鲸。左思《吴都赋》:"长鲸吞航,修～吐浪。"❸小鱼名。《庄子·外物》:"夫揭竿累,趣灌渎,守～鲋,其于得大鱼难矣。"(趣:通"趋"。灌渎:排灌的小水沟。)❹通"齯"。见"鯢齿"。

【鯢齿】 níchǐ 更生之齿。借指长寿者。张衡《南都赋》:"于是乎～～眉寿鲐背之叟,皤皤然被黄发者,喟然相与歌。"

麑 ní ❶幼鹿。《国语·鲁语上》:"鱼禁鲲鲕,兽长～麇。"《韩非子·五蠹》:"冬日～裘,夏日葛衣。"❷同"猊"。狻猊,狮子。《尔雅·释兽》:"狻～似虦猫,食虎豹。"

【麑鹿】 nílù 幼鹿。古代卿大夫用它做贽见的礼物。班固《白虎通·文质》:"卿大夫贽,古以～～,今以羔雁。"

臡 ní 带骨的肉酱。《周礼·天官·醢人》:"醢人掌四豆之实。朝事之豆,其实韭菹、醓醢、昌本、麋～。"(郑玄注:"麋臡,酱也,有骨为臡,无骨为醢。")

拟(擬) nǐ ❶揣度,斟酌。《周易·系辞上》:"～之而后言,议之而后动。"❷比照,模拟。《后汉书·张让传》:"宦官得志,无所惮畏,并起第宅,～则宫室。"《三国志·魏书·曹爽传》:"爽饮食车服,～于乘舆。"(乘舆:皇帝用的车子。)❸类似。《史记·管晏列传》:"管仲富～公室,有三归,反坫,齐人不以为侈。"《后汉书·张衡传》:"吾观《太玄》,方知子云妙极道数,乃与五经相～,非徒传记之属。"❹设计,打算。《文心雕龙·情采》:"夫能设模以位理,～地以置心。"杜甫《丈人山》诗:"丈人祠西佳气浓，缘云～住最高峰。”❺比划。《汉书·苏武传》：“复举剑～之，[苏]武不动。”《后汉书·冯衍传上》：“是以晏婴临盟，～以曲戟，不易其辞。”❻拟定。《后汉书·公孙瓒传》：“观绍所～，将必阶乱。”❼通“疑”。疑虑。《汉书·扬雄传上》：“猿狖～而不敢下。”

【拟斥】　nǐchì　摹拟。《后汉书·孔融传》：“遂乃郊祀天地，～～乘舆。”（乘舆：皇帝乘坐的车子。）

【拟古】　nǐgǔ　仿古。陈善《扪虱新话·文章拟古》：“～～之诗，难于尽似。”

【拟迹】　nǐjì　摹仿古人的行为。《三国志·魏书·管宁传》：“宁清高恬泊，～～前轨，德行卓绝，海内无偶。”

【拟圣】　nǐshèng　❶自比于圣人。《庄子·天地》：“子非夫博学以～～，於于以盖众，独弦哀歌以卖名声于天下者乎？”（於于：盛气呼号。）❷摹拟圣人。赵岐《〈孟子〉题辞》：“孟子退自齐梁，述尧舜之道而著作焉，此大贤～～而作者也。”

【拟主】　nǐzhǔ　僭越职分，把自己比作君主。《韩非子·说疑》：“内宠并后，外宠贰政，枝子配适，大臣～～，乱之道也。”

你（伱、伲）　nǐ　第二人称代词。《广韵·止韵》：“～，秦人呼傍人之称。”《隋书·五行志上》：“武平元年童谣曰：‘狐截尾，～欲除我我除～。’”

沵　nǐ　见mǐ。

苨（薾）　nǐ（又读 ěr）　❶花繁盛的样子。《说文·艸部》：“～，华盛……《诗》曰：‘彼～维何。’”❷疲困的样子。谢灵运《过始宁墅》诗：“缁磷谢清旷，疲～惭贞坚。”

苨　nǐ　❶荠苨，药草名。❷见“苨苨”。

【苨苨】　nǐnǐ　茂盛貌。也作“泥泥”。《诗经·大雅·行苇》：“方苞方体，维叶泥泥。”《经典释文》：“张揖作‘苨苨’，云草盛也。”

抳　1. nǐ　❶制止。陆游《朝奉大夫石公墓志铭》：“为主簿新城时，谨簿书，～吏奸，以善其职闻。”

2. ní　❷研磨。《齐民要术·羹臛法》：“豉汁于别铛中汤煮一沸，漉出滓，澄而用之，勿以杓～，～则美浊，过不清。”

狔　nǐ　见“猗狔”。

妳　nǐ　见nǎi。

柅（檷）　1. nǐ　❶络丝工具。《说文·木部》：“～，络丝柎也。”

2. mí　❷柅枸，山名。

祢（禰）　1. nǐ　❶父庙。《公羊传·隐公元年》“惠公者何？隐之考也”何休注：“生称父，死称考，入庙称～。”《汉书·韦贤传》：“祖～则日祭，曾高则月祀。”❷外出打仗时随行的父庙木主。《礼记·文王世子》：“其在军，则守于公～。”❸古地名。在今山东菏泽西。《诗经·邶风·泉水》：“出宿于泲，饮饯于～。”

2. mí　❹姓。

旎　nǐ　见“旖旎”。

【旎旎】　nǐnǐ　浓郁柔和。辛弃疾《御街行·无题》词：“冰肌不受铅华污，更～～，真香聚。”

掜　1. nǐ　❶拟，模拟。扬雄《太玄经·玄掜》：“～，拟也。”

2. yì　❷拳曲。《庄子·庚桑楚》：“终日握而手不～。”

3. niè　❸通“捏”。编造。王一鹗《条陈蓟镇未尽事宜疏》：“据其壮貌，似若精强，稽其贯籍，多属诡～。”❹姓。

睨（晲）　nǐ　日西斜。《淮南子·要略》：“所以使人不妄没于势利，不诱惑于事态，有符曮～。”（曮：日行。）

疑　nǐ　见yí。

儗　1. nǐ　❶僭越，超越本分。《汉书·梁孝王刘武传》：“[孝王]得赐天子旌旗，从千乘万骑，出称警，入言趩，～于天子。”❷比拟。《礼记·曲礼下》：“～人必于其伦。”《汉书·沟洫志》：“且褒、斜材木竹箭之饶，～于巴蜀。”㉢仿照。陆游《秋晚岁登戏作》诗：“菊花香满把，聊得～陶潜。”❸通“薿”。见“儗儗”。

2. yí　❹通“疑”。《荀子·儒效》：“卒然起于一方，则举统类而应之，无所～怍。”

3. yì　❺痴呆。如“佁儗”。

【儗儗】　nǐnǐ　茂盛的样子。《汉书·食货志上》：“故其诗曰：‘或芸或芓，黍稷～～。’”（今本《诗经·小雅·甫田》作“黍稷薿薿”。）

聻（聻）　1. nǐ　❶指示代词。相当于“那一”。《玉篇·耳部》：“～，指物皃。”❷语气词。相当于“呢”。《正字通·耳部》：“～，梵书～为语助，音你。如《禅录》云‘何故～’、云‘未见桃花时～’，皆语馀声。”

2. jiàn　❸旧称鬼死为聻。《聊斋志异·章阿端》：“人死为鬼，鬼死为～。”

逆　nì　❶迎接。《史记·楚世家》：“[楚庄王]入自皇门，郑伯肉袒牵羊以～。”《论衡·死伪》：“郑子产聘于晋。晋侯有疾，韩宣子～客。”❷受，接受。《仪礼·聘礼》：“众介皆～命不辞。"《史记·苏秦列传》:"且大王之地有尽而秦之求无已,以有尽之地而～无已之求,此所谓市怨结祸者也,不战而地已削矣。"❸揣测。《孟子·万章上》:"故说诗者,不以文害辞,不以辞害志。以意～志,是谓得之。"(以意逆志:用自己体会去推测诗的本意。)❹预先。诸葛亮《后出师表》:"至于成败利钝,非臣之明所能～睹也。"苏洵《管仲论》:"而又～知其将死,则其书诞谩不足信也。"❺迎战,抵抗。《国语·吴语》:"吴王夫差起师伐越,越王勾践起师～之。"❻忤逆。《国语·周语中》:"君若惠及之,唯官是征,其敢～命,何足以辱师。"❼叛乱。《史记·秦本纪》:"庶长壮与大臣、诸侯、公子为～,皆诛,及惠文后皆不得良死。"《后汉书·班固传》:"往者王莽作～,汉祚中缺。"❽反常,乖于常理。《荀子·非十二子》:"行辟而坚,饰非而好,玩奸而泽,言辩而～,古之大禁也。"《史记·伍子胥列传》:"伍子胥曰:'为我谢申包胥曰,吾日莫途远,吾故倒行而～施之。'"❾上书奏事。《周礼·天官·宰夫》:"诸臣之复,万民之～。"(郑玄注:"自下而上曰逆。逆,谓上书。")

【逆计】 nìjì ❶谋反的计划。《史记·淮南衡山列传》:"宾客来者,微知淮南、衡山有～～,日夜从容劝之。"❷预测。《宋史·晁迥传》:"自然之分,天命也。乐天不忧,知命也。推理安常,委命也。何必～～未然乎?"

【逆节】 nìjié ❶违背节义。《汉书·广川惠王刘越传》:"凡杀无辜十六人,至一家母子三人,～～绝理。"❷指背义之人。《三国志·魏书·武帝纪》:"君龙骧虎视,旁眺八维,掩讨～～,折冲四海。"

【逆鳞】 nìlín 龙颈上倒生的鳞片。比喻人君的威严。《韩非子·说难》:"夫龙之为虫也,柔可狎而骑也,然其喉下有～～径尺,若人有婴之者,则必杀人。人主亦有～～,说者能无婴人主之～～则几矣!"(婴:通"撄"。触。)《史记·刺客列传》:"柰何以见陵之怨,欲批其～～哉!"

【逆旅】 nìlǚ 迎客止宿之处,客舍。《后汉书·周防传》:"常修～～,以供过客,而不受其报。"李白《春夜宴桃李园序》:"夫天地者,万物之～～。"

【逆数】 nìshǔ ❶逆而数之。《周易·说卦》:"数往者顺,知来者逆,是故《易》～～也。"❷指推测未来。刘因《和饮酒》:"～～百年间,相会能几次。"

【逆数】 nìshù 不吉利的卦数。《论衡·卜筮》:"吉人钻龟,辄从善兆;凶人揲蓍,辄得～～。"(钻龟、揲蓍都是古人算卦的方法。)

【逆竖】 nìshù 叛逆的小人。文天祥《正气歌》:"或为击贼笏,～～头破裂。"

【逆曳】 nìyè 倒拖横扯。比喻不得正道而行。贾谊《吊屈原赋》:"圣贤～～兮,方正倒植。"

【逆诈】 nìzhà 事发之前即疑人欺诈。《论语·宪问》:"不～～,不亿不信。"

衵 nì ❶近身内衣。《左传·宣公九年》:"陈灵公与孔宁、仪行父通于夏姬,皆衷其～服以戏于朝。"(衷:怀藏。)❷穿内衣。毛奇龄《主客辞》:"内～凶衣,外披吉服。"

昵 1. nì ❶同"暱"。亲近。《左传·昭公二十五年》:"君若以社稷故,私降～宴,群臣弗敢知。"❷宠幸的人。《尚书·说命中》:"官不及私～,唯其能。"(官:任命官员。私昵:嬖臣。)

2. nǐ ❸通"祢"。父庙。《尚书·高宗肜日》:"典祀无丰于～。"

3. zhì ❹通"脂"。黏。《周礼·考工记·弓人》:"凡～之类不能方。"

【昵比】 nìbì 亲近,勾连。《尚书·泰誓中》:"今商王受,力行无度,播弃犁老,～～罪人。"

【昵昵】 nìnì 亲切细语的样子。韩愈《听颖师弹琴》诗:"～～儿女语,恩怨相尔汝。"

匿 1. nì ❶避,躲藏。《孟子·滕文公上》:"舜使益掌火,益烈山泽而焚之,禽兽逃～。"《史记·周本纪》:"厉王太子静～召公之家,国人闻之,乃围之。"㊀收留,暗藏。《史记·商君列传》:"不告奸者腰斩,告奸者与斩敌首同赏,～奸者与降敌同罚。"又《晋世家》:"始吾先君庄伯、武公之诛晋乱,而虢常助晋伐我,又～晋亡公子,果为乱。"❷隐瞒。《战国策·赵策二》:"是故不敢～意隐情,先以闻于左右。"《史记·吕不韦列传》:"姬自～有身,至大期时,生子政。"❸暗孔。《管子·立政》:"筑障塞～,一道路,抟出入。"

2. tè ❹"慝"的古字。1)邪恶。《管子·七法》:"百～伤上威,奸吏伤官法,奸民伤俗教,贼盗伤国众。"2)差错。《荀子·天论》:"故道之所善,中则可从,畸则不可为,～则大惑。"

【匿空】 nìkǒng 暗孔。《史记·五帝本纪》:"后瞽叟又使舜穿井,舜穿井为～～旁出。"

【匿犀】 nìxī 额骨隆起,隐于发际。《后汉书·李固传》:"固状貌有奇表,鼎角～～,足履龟文。"(李贤注:"匿犀,伏犀也。谓骨当额上,入发际隐起也。")

【匿瑕】 nìxiá 容纳缺点。指宽宏大量。

《左传·宣公十五年》:"川泽纳污,山薮藏疾,瑾瑜～～,国君含垢,天之道也。"

垷 nì 见"埤垷"。

惄(愵) nì 忧思。《诗经·小雅·小弁》:"我心忧伤,～焉如擣。"《后汉书·张衡传》:"温风翕其增热兮,～郁邑其难聊。"

縌(縌) nì 系佩玉的丝带。《后汉书·舆服志下》:"～者,古佩璲也。佩绶相迎受,故曰～。"

溺 1. nì ❶落水,淹没。《孟子·离娄上》:"男女授受不亲,礼也;嫂～,援之以手者,权也。"(权:变通。)⊗淹死的人。《礼记·檀弓上》:"死而不吊者三:畏、厌、～。"(畏:本非其罪,畏而自杀者。厌:通"压"。被物压死者。)❷陷入困境。《孟子·离娄上》:"天下～,援之以道。"❸沉迷。《礼记·乐记》:"奸声以滥,～而不止。"⊗拘泥。《商君书·更法》:"夫常人安于故习,学者～于所闻。"

2. niào ❹古"尿"字。《庄子·人间世》:"夫爱马者,以筐盛矢,以蜃盛～。"(矢:屎。)《汉书·韩安国传》:"其后,安国坐法抵罪,蒙狱吏田甲辱安国。安国曰:'死灰独不复然乎?'甲曰:'然即～之。'"(蒙:地名。然:古"燃"字。)

【溺溺】 nìnì 浸没。宋玉《高唐赋》:"巨石～～之瀺灂兮,沫潼潼而高厉。"

【溺音】 nìyīn 古人所谓淫乱的音乐。《礼记·乐记》:"今君之所好者,其～～乎!"

【溺志】 nìzhì 心志沉湎于某事某物之中。《礼记·乐记》:"郑音好滥淫志,宋音燕女～～。"

睨 nì ❶斜视。《楚辞·离骚》:"陟升皇之赫戏兮,忽临～夫旧乡。"《史记·廉颇蔺相如列传》:"相如持其璧～柱,欲以击柱。"❷斜,偏斜。《庄子·天下》:"日方中方～,物方生方死。"

膩(腻) nì ❶油脂,油腻。蔡邕《为陈留太守上孝子状》:"但用麦饭寒水,不食肥～。"❷滑润细密。潘岳《皇女诔》:"手泽未改,领～如初。"❸污垢。杜甫《北征》诗:"见爷背面啼,垢～脚不袜。"❹厌烦,腻烦。《红楼梦》十九回:"我往那里去呢? 见了别人就怪～的。"

【腻理】 nìlǐ 润滑细密的肌肤。理,皮肤的纹理。《楚辞·招魂》:"靡颜～～,遗视矊些。"

【腻壤】 nìrǎng 肥沃的土壤。范仲淹《和葛闳寺丞接花歌》:"金刀玉刀裁量妙,香膏～～弥密缝。"

嫟 nì ❶亲近。《正字通·女部》:"～,凡相狎近者谓之～。"❷女子人名用字。

樰 nì 古代神话中的木名。《神异经·南荒经》:"南方大荒之中,有树焉,名曰柤、稼、～。"

暱 nì ❶亲近,亲附。《左传·隐公元年》:"不义不～,厚将崩。"⊗指宠幸的人。《国语·晋语六》:"今我战又胜荆与郑,吾君将伐智而多力,怠教而重敛,大其私～而益妇人田,不夺诸大夫田,则焉取以益此?"❷私。《列子·汤问》:"魏黑卵以～嫌杀丘邴章。"

【暱就】 nìjiù 亲近靠拢。《左传·成公十三年》:"诸侯备闻此言,斯是用痛心疾首,～～寡人。"

䵒(䵑) nì 黏。《战国策·赵策三》:"夫胶漆,至～也,而不能合远;鸿毛,至轻也,而不能自举。"

嶷 nì 见 yí。

nian

拈 1. niān ❶用手指捏取东西。杜甫《题壁上韦偃画马歌》:"戏～秃笔扫骅骝,欻见骐驎出东壁。"

2. niǎn ❷通"撚"。用手指搓撚。范成大《上元纪吴下节物》诗:"～粉团栾意,熬稃膈膊声。"

3. diān ❸用手托物估量轻重。无名氏《大劫牢》一折:"也不索～斤播两显耀我这英雄猛将。"

【拈香】 niānxiāng 撮香焚烧以敬神佛。王实甫《西厢记》一本二折:"十五日请夫人、小姐～～。"

【拈掇】 diānduō 用手估量轻重。《景德传灯录·义玄禅师》:"黄檗将䦆䦆地曰:'我遮䦆,天下人～～不起,还有人拈得起么?'"

年(秊) nián ❶谷熟,收成。《春秋·宣公十六年》:"冬,大有～。"《史记·孝文本纪》:"有异物之神见于成纪,无害于民,岁以有～。"❷谷物,粮食。《左传·襄公十一年》:"凡我同盟,毋蕴～。"(毋蕴年:不要囤积粮食。)❸岁,载,地球绕太阳一周的时间。《孟子·滕文公上》:"禹八～于外,三过其门而不入。"❹年龄,岁数。《吕氏春秋·下贤》:"子户相郑,往见壶丘子林,与其弟子坐必以～,是倚其相于门也。"《列子·汤问》:"北山愚公者,～且九十。"㉑寿命。《庄子·养生主》:"缘督以为经,可以保身,可以全生,可以养亲,可以尽～。"又《逍遥遊》:"小～不及大～。"❺帝王年号。

《三国志·吴书·吴主传》："改～为延康。"❻姓。

【年伯】 niánbó 科举时代同榜登科的父之同年者称年伯。后泛指父辈。蒋士铨《空谷香·病侠》："小侄不幸，将罹大难，特求老～～相救。"

【年齿】 niánchǐ 年龄，年纪。《后汉书·孝顺帝纪》："初令郡国举孝廉，限年四十以上……其有茂才异行，若颜渊、子奇，不拘～～。"

【年庚】 niángēng 星命家将人诞生的年月日时所值的干支称为"年庚"，俗称"八字"。

【年腊】 niánlà 佛教用语。指和尚受戒以后的年龄。白居易《送文畅上人东游》诗："貌依～～老，心到夜禅空。"

【年韶】 niánsháo 美好的青春时代。《乐府诗集·郊庙歌辞六·唐五郊乐章》："笙歌籥舞属～～，鹭鼓凫钟展时豫。"

【年首】 niánshǒu 一年的第一个月。又称"岁首"。古代年首所指的月份不尽相同。夏朝以今农历一月为岁首，商朝以十二月为岁首，周朝以十一月为岁首，秦以十月为岁首，汉初仍以十月为岁首，至武帝改历，以一月为岁首。

【年所】 niánsuǒ 年数。朱浮《为幽州牧与彭宠书》："六国之时，其势各盛，廓土数千里，胜兵将百万，故能据国相持，多历～～。"

【年兄】 niánxiōng 科举时代同榜登科的互称年兄。后来同学亦称年兄。马永卿《懒真子》卷五："仆与～～何元幸会于钱塘江上。"

【年籥】 niányuè 记时的竹牌。比喻岁月、时光。孟浩然《荆门上张丞相》诗："四时～～尽，千里客程催。"李商隐《为李贻孙上李相公启》："某伏远墙藩，亟逾～～。"

【年祚】 niánzuò ❶人之寿命。《晋书·王沈传》："敬承明晦，服我初素，弹琴咏典，以保～～。"❷国之寿命。《南史·释宝志传》："梁武帝尤深敬事，尝问～～远近。"

【年高德卲】 niángāodéshào 年长德高。卲，亦作"劭"、"韶"，美好。《法言·孝至》："吾闻诸传'老则戒之在得'，年弥高而德弥卲者，是孔子之徒与！"秦观《代贺吕司空启》："～～～～而臣节益峻，功成名遂而帝眷愈隆。"

溓 nián 见 lián。

鲇（鮎） nián 鱼名。无鳞，皮黏滑，又名"鳀"。《楚辞·九思·哀岁》："鼋鼍兮欣欣，鳣～兮延延。"

黏（粘） nián ❶胶类物质所具有的特性。韩愈《苦寒》诗："雪霜顿销释，土脉膏且～。"❷胶合，粘接。王褒《僮约》："～雀张鸟，结网捕鱼。"

【黏牡】 niánmǔ 以饴糖粘在门闩上以便开门。《淮南子·说林训》："柳下惠见饴曰：'可以养老。'盗跖见饴曰：'可以～～。'见物同而用之异。"（牡：门闩。）

涊 niǎn 冒汗的样子。枚乘《七发》："～然汗出，霍然病已。"

淰 1. niǎn ❶浊。《说文·水部》："～，浊也。"段玉裁注："义与淀、淤、滓相类。"❷用工具挖取水底淤泥。《正字通·水部》："～，农具取水底淤泥曰淰。"❸水无波。《玉篇·水部》："～，水无波也。"❹见"淰淰"。

2. shěn ❺鱼惊走。《礼记·礼运》："故龙以为畜，故鱼鲔不～。"王安石《次韵酬仲元》："缘源静翳无鱼～，渡谷深追有鸟鸠。"

【淰淰】 niǎnniǎn 凝聚的样子。杜甫《放船》诗："江市戎戎暗，山云～～寒。"

捻 1. niǎn ❶用手指搓转。《水浒传》二十五回："王婆把这砒霜用手～为细末，把与那妇人将去藏了。"㊀搓成的条状物也叫捻。如"纸捻儿"。❷拈取。杜牧《杜秋娘》诗："金阶露新重，闲～紫箫吹。"❸弹奏琵琶的一种指法。黄姬水《听查八十弹琵琶》诗："抑扬按～擅奇妙，从此人间第一声。"❹量词。把。毛滂《粉蝶儿》词："褪罗衣楚腰一～。"

2. niē ❺捏。《红楼梦》十二回："贾瑞也～着一把汗，少不得回来撒谎。"❻闭塞。《晋书·五行志中》："昔年食白饭，今年食麦麸。天公诛谪汝，教汝～咙喉。"

辇（輦） niǎn ❶车名。用人推挽的车。秦以前，卿大夫皆可乘辇，秦以后，唯天子才得乘辇。因此，"辇"、"辇毂"、"辇下"常常成为天子、天子车驾、天子所居的宫廷、京师的代称。❷挽车，拉车。《左传·襄公十年》："孟氏之臣秦堇父～重如役。"（杜预注："步挽重车以从师。"）❸以车运物。《后汉书·张衡传》："或～贿而违车兮，孕行产而为对。"（贿：财物。违：逃避。车：人名，即张车子。）❹乘车而行。《史记·孔子世家》："秋，季桓子病，～而见鲁城。"

【辇毂】 niǎngǔ 皇帝的车驾。常用以指代天子。《三国志·魏书·陈思王植传》："出从华盖，入侍～～，承答圣问，拾遗左右，乃臣丹诚之至愿，不离于梦想者也。"

【辇下】 niǎnxià 谓京城。犹"辇毂下"。

【辇毂下】 niǎngǔxià 在皇帝车驾之下。指代京师。司马迁《报任少卿书》："仆赖先人绪业，得待罪～～～，二十馀年矣。"

跈 niǎn 践，踩。《庄子·外物》："凡道不欲壅，壅则哽，哽而不止则～，～则众害生。"

辗 niǎn 见 zhǎn。

碾 niǎn ❶滚轧谷物、药材等的器具。《魏书·崔亮传》："读《杜预传》，见为八磨，嘉其有济时用，遂教民为～。"❷碾轧，研磨。白居易《春来》诗："金谷蹋花香骑入，曲江～草钿车行。"司空图《暮春对柳》诗之二："正是阶前开远信，小娥旋拂～新茶。"

撚 1. niǎn ❶执，以手捏物。杜牧《重送》诗："手～金仆姑，腰悬玉辘轳。"（金仆姑：箭矢名。）董解元《西厢记诸宫调》卷二："～一柄丈二长枪，骋粗豪，妆就十分恶。"❷搓。杨万里《观雪》诗："倩谁细～成汤饼，换却人间烟火肠。"❸弹奏琵琶的一种指法。白居易《琵琶行》："轻拢慢～抹复挑。"❹践踏。《淮南子·兵略训》："前后不相～，左右不相干。"❺通"撵"。驱逐。萧德祥《杀狗劝夫》一折："这等人不长进，则待馋处着嘴，懒处着身，不～了他去待做甚么？"

2. yān ❻见"撚支"。

【撚支】 yānzhī 香草名。《楚辞·九叹·惜贤》："搴薜荔于山野兮，采～～于中洲。"

廿（卄） niàn 二十。李贺《公无出门》诗："鲍焦一世披草眠，颜回～九鬓毛斑。"

念 niàn ❶思考，思虑。《史记·李将军列传》："将军自～，岂尝有恨者乎？"《后汉书·明德马皇后纪》："吾反覆～之，思令两善。"㉑念头，想法。陶渊明《闲情赋》："惆惆不寐，众～徘徊。"❷惦念，怀思。《诗经·大雅·文王》："无～尔祖，聿修厥德。"李贺《老夫采玉歌》："村寒白屋～娇婴，古台石磴悬肠草。"（白屋：茅屋。悬肠草：一名思子草。）❸诵读。白居易《酬裴晋公》诗："客有诗魔者，～哦不知疲。"❹通"廿"。顾炎武《金石文字记·开业寺碑》："碑阴多宋人题名，有曰：'济南李致至道，王亢退之，沿檄过此，同宿承天佛舍。元祐辛未阳月念五日题。'以廿为念，始见于此。"林觉民《与妻书》："辛未三月～六夜四鼓，意洞手书。"❺姓。

【念旧】 niànjiù 怀念故交。徐度《却扫编》卷中："天阙梦回，必有感恩之泪；日边人至，常闻～～之言。"（日边：京城。）

【念念】 niànniàn ❶前后相续之念。《楞伽经》："～～相续，疾诣于彼。"❷刹那，极短的时间。苏轼《龟山辩才师》诗："此身～～浮云改，寄语长淮今好在。"

【念奴】 niànnú 唐天宝年间著名歌妓。后泛指歌女。元稹《连昌宫词》："力士传呼觅～～，～～潜伴诸郎宿。"陈维崧《眼儿媚·过城南小曲感归》词："态奴歌管，～～弦索，唱尽新词。"

【念秧】 niànyāng 故设骗局。《聊斋志异·念秧》："随机设阱，情状不一；俗以其言辞浸润，名曰～～。"

【念一】 niànyī 谓笃信于道。道家常称道为"一"，故有"抱一"、"守一"、"念一"之说。《水经注·涑水》："是以缁服思玄之士，鹿裘～～之夫，代往游焉。"苏辙《抱一颂》："真人告我，昼夜～～。"

【念兹在兹】 niànzīzàizī 《尚书·大禹谟》："帝念哉！念兹在兹，释兹在兹。"后用以表示念念不忘于所事。陶渊明《命子》诗："温恭朝夕，～～～～。"

埝 1. niàn ❶土筑成的小堤或副堤。
2. diàn ❷同"垫"。陷下。

惗 niàn 见 niè。

簽 niàn 竹索。白居易《初入峡有感》诗："苒蒻竹篾～，欹危檝师趾。"

niang

娘（孃） niáng ❶妇女通称。《唐宋传奇·任氏传》："鄽中有鬻衣之妇曰张十五～者，肌体凝洁，崟常悦之。"（鄽中：市中。）㉑特指少女。古乐府《子夜歌》："见～喜容媚，愿得结金兰。"❷母亲。《木兰辞》："旦辞耶～去，暮宿黄河边。"

【娘娘】 niángniáng ❶母亲。洪皓《使金上母书》："日夜忧愁，～～年高。"❷皇后，王妃。马致远《汉宫秋》一折："兀那弹琵琶的是那位～～？圣驾到来，急忙迎接者！"❸女神。如"娘娘庙"、"观音娘娘"等。

酿（釀） niàng ❶酿造。《后汉书·刘盆子传》："乃益～醇酒，买刀剑衣服。"❷酒。《世说新语·赏誉》："刘尹云：'见何次道饮酒，使人欲倾家～。'"❸杂合。《礼记·内则》："鹑羹、鸡羹、鴽～之蓼。"（蓼：辛苦味的调料。）❹酝酿而成。《论衡·率性》："善以化渥，～其教令，变更为善，善则且更宜反过于往善。"

蘸 niàng 腌制菹菜。

niao

鸟(鳥) 1. niǎo ❶飞禽的总称。柳宗元《江雪》诗:"千山～飞绝,万径人踪灭。"❷星名。指南方朱雀七宿。《史记·五帝本纪》:"日中,星～,以殷中春。"

2. diǎo ❸同"屌"。指男性生殖器。元明清戏曲小说中,常用为骂詈之词。《水浒传》七十一回:"招甚～安!"

3. dǎo ❹"岛"的古字。见"鸟夷"。

【鸟迹】 niǎojì ❶鸟爪印痕。《孟子·滕文公上》:"兽蹄～～之道交于中国,尧独忧之,举舜而敷治焉。"❷书法,文字。白居易《鸡距笔赋》:"挫万物而人文成,草八行而～～落。"

【鸟申】 niǎoshēn 古代气功的一种导引术,动作如鸟展翅。《庄子·刻意》:"吹呴呼吸,吐故纳新,熊经～～,为寿而已矣。"(呴:通"嘘"。经:悬吊。)

【鸟师】 niǎoshī 传说古帝少皞氏初立时,凤鸟飞来,人们以此为祥瑞,于是用各种鸟名作官名。所以少皞氏时的官就叫鸟师(师:官长)。详见《左传·昭公十七年》。

【鸟庭】 niǎotíng 额角突起。皇甫谧《帝王世纪》:"生尧于丹陵,名曰放勋,～～荷胜,眉有八采,丰上锐下。"

【鸟籀】 niǎozhòu 同"鸟篆"。《文心雕龙·练字》:"《仓颉》者,李斯之所辑,而～～之遗体也。"

【鸟篆】 niǎozhuàn ❶古文字名。篆书的一种,其形如鸟迹。《后汉书·蔡邕传》:"本颇以经学相招,后诸为尺牍及工书～～者,皆加引召,遂至数十人。"❷指鸟迹。陆游《新凉书事》诗:"卧看～～印苍苔,窗户凉生亦乐哉。"

【鸟庭】 dǎotíng 鸟夷之区。袁朗《饮马长城窟行》:"～～已向内,龙荒更凿空。"参见"鸟夷"。

【鸟夷】 dǎoyí 先秦时指东部沿海一带的居民。《史记·夏本纪》:"～～皮服。"(今本《尚书·禹贡》作"岛夷皮服"。)

【鸟虫书】 niǎochóngshū 王莽所定六种书体之一。篆书的变体,形如鸟虫。用为书写旗帜符信。

【鸟革翚飞】 niǎogéhuīfēi 形容宫室壮美。语出《诗经·小雅·斯干》:"如鸟斯革,如翚斯飞。"程允升《幼学琼林·宫室》:"～～～～,谓创造之尽善。"

【鸟面鹄形】 niǎomiànhúxíng 比喻瘦削不堪。《资治通鉴·梁简文帝大宝元年》:"时江南连年旱蝗,……富室无食,皆～～～～。"

茑(蔦) niǎo 一种蔓生植物,缠绕于桑榉等树之上。《诗经·小雅·頍弁》:"～与女萝,施于松柏。"

【茑萝】 niǎoluó ❶植物名。一年生蔓草,叶呈丝状,开红色小花。❷茑与女萝。比喻亲戚关系。《红楼梦》九十九回:"想蒙不尽卑寒,希望～～之附。"

袅(褭) niǎo ❶以丝带系马。《说文·衣部》:"～,以组带马也。"❷通"袅"。1)细长柔弱的样子。许浑《和常秀才寄简归州郑使君借猿》:"谢守携猿东路长,～藤穿竹似潇湘。"2)摇曳。沈约《十咏·领边绣》:"不声如动吹,无风自～枝。"

【袅袅】 niǎoniǎo ❶摇曳的样子。鲍令晖《拟青青河畔草》:"～～临窗竹,蔼蔼垂门桐。"❷声音回旋不绝。许浑《宿开元寺楼》诗:"谁家歌～～,孤枕在西楼。"❸风动的样子。白居易《送客》诗:"凉风～～吹槐子,却请行人劝一杯。"

【袅蹏】 niǎotí 马蹄形的铸金。《汉书·武帝纪》:"今更黄金为麟趾～～以协瑞焉。"亦作"袅蹄"。

袅(嫋、嬝、褭) niǎo ❶细长柔弱的样子。元稹《春馀遣兴》诗:"帘开斜照入,树～游丝上。"❷摇曳的样子。白居易《答元八宗简同游曲江后明日见赠》诗:"水禽翻白羽,风荷～翠茎。"❸缭绕。柳永《雪梅香》词:"渔市孤烟～寒碧,水村残叶舞愁红。"

【袅袅】 niǎoniǎo ❶细长柔弱的样子。魏收《晦日汎舟应诏》诗:"～～春枝弱,关关新鸟呼。"⊗女子体态细长柔美。左思《吴都赋》:"蔼蔼翠幄,～～素女。"❷摇曳的样子。李贺《老夫采玉歌》:"斜山柏风雨如啸,泉脚挂绳青～～。"❸风动的样子。形容柔风牵衣拂发等状。《楚辞·九歌·湘夫人》:"～～兮秋风,洞庭波兮木叶下。"❹烟气冉冉上升的样子。陆游《秋夜读书有感》诗:"清夜炷炉香,～～起孤云。"❺声音回旋不绝。杜甫《猿》诗:"～～啼虚壁,萧萧挂冷枝。"苏轼《前赤壁赋》:"馀音～～,不绝如缕。"

【袅娜】 niǎonuó ❶枝叶柔长摇曳的样子。李白《侍从宜春苑奉诏赋歌》:"池南柳色半青青,萦烟～～拂绮城。"❷形容体态轻盈柔美。《聊斋志异·红玉》:"女～～如随风欲飘去,而操作过农家妇;虽严冬自苦,而手腻如脂。"

【袅窕】 niǎotiǎo 摇曳。杜甫《渼陂行》:"半陂以南纯浸山,动影～～冲融间。"

嬲 niǎo ❶纠缠。嵇康《与山巨源绝交书》:"足下若～之不置,不过欲为官得人,以益时用耳。"❷戏弄。韩驹《送子飞弟归荆南》诗:"弟妹乘羊车,堂前走相～。"

【嬲恼】 niǎonǎo 烦扰。《隋书·经籍志四》:"释迦之苦行也,是诸邪道并来～～,以乱其心,而不能得。"

【嬲账】 niǎozhàng 赖账。《水浒传》三十八回:"世人无事不～～,直道只用在赌上。"

尿 1. niào ❶排小便。寒山《诗》之七十一:"快哉混沌身,不饭复不～。"

2. suī ❷小便。《百喻经·为王负扎喻》:"屎～不净,不以为丑。"

溺 niào 见 nì。

nie

捏(揑) niē ❶用手指将东西夹住。郑光祖《㑳梅香》一折:"俺～住这玉佩。"❷用手将软物做成某种形状的东西。如"捏沙成团"。❸虚构,编造。干宝《搜神记》卷二:"刺史阴谋欲夺我马,私～人诉,意欲杀我。"

捻 niē 见 niǎn。

苶(𦬁) nié 疲倦,精神不振。《庄子·齐物论》:"～然疲役而不知其所归,可不哀邪!"

乜 niè 见 miē。

泥 niè 见 ní。

隉(陧) niè 见"杌隉"。

涅(湼) niè ❶可做黑色染料的矾石。《淮南子·俶真训》:"今以～染缁,则黑于～。"❷黑泥。《荀子·劝学》:"蓬生麻中,不扶而直;白沙在～,与之俱黑。"❸以黑染料染物。《论语·阳货》:"不曰坚乎,磨而不磷;不曰白乎,～而不缁。"(磷:薄。)㊀身上刺字,以墨涂之。《新唐书·刘仁恭传》:"仁恭悉发男子十五以上为兵,～其面曰'定霸都',士人则～于臂曰'一心事主'。"❹填塞。《仪礼·既夕礼》:"隶人～厕。"❺水名。一在山西襄垣县西北,即沁水。一在河南镇平县西北,注入湍河。

【涅槃】 nièpán 梵语 nirvāna 的音译,义译则为灭度,圆寂。佛教称超脱一切烦恼,进入自由无碍的境界为"涅槃",也称死为"涅槃"。王安石《清秀长老疏》:"虽开方便之多门,同趣～～之一路。"

聂(聶) 1. niè ❶附耳私语。《说文·耳部》:"～,附耳私小语也。"❷姓。

2. zhé ❸合拢。《尔雅·释木》:"守宫槐,叶昼～宵炕。"(炕:张开。)❹通"牒"。切肉成薄片。《礼记·少仪》:"牛与羊鱼之腥,～而切之为脍。"

3. shè ❺通"摄"。抓握。《山海经·海外北经》:"为人出手～其耳。"

臬 niè ❶箭靶心。张衡《东京赋》:"桃弧棘矢,所发无～。"❷表,测日影的标杆。陆倕《石阙铭》:"陈圭置～,瞻星揆地。"❸法度,准则。《尚书·康诰》:"外事,汝陈时～。"(陈:公布。时:这。)❹终,极。王粲《游海赋》:"其深不测,其广无～。"❺通"闑"。门橛。《尔雅·释宫》:"橛谓之杙,……在地者谓之～。"注:"即门橛也。"

【臬司】 nièsī 指元时的肃政廉访司和明清时的提刑按察司,主管一省的刑狱和官吏考核。又称"臬台"。

【臬兀】 nièwù 同"鷍卼"。不安定的样子。杜甫《大历三年春白帝城放船出瞿塘峡有诗凡四十韵》:"生涯临～～,死地脱斯须。"

揑 niè 见 nǐ。

啮(嚙、齧、囓) niè ❶咬。《庄子·天运》:"今取猿狙而衣以周公之服,彼必龁～挽裂,尽去而后慊。"❷缺口。《淮南子·人间训》:"剑之折,必有～。"❸侵蚀。柳宗元《钴鉧潭记》:"其颠委势峻,荡击益暴,～其涯,故旁广而中深,毕至石乃止。"

【啮臂】 nièbì 咬臂出血,以示诚信。《史记·孙子吴起列传》:"[吴起]与其母诀,～～而盟曰:'起不为卿相,不复入卫!'"后称男女密约婚嫁为啮臂之盟。

【啮郄】 nièqī 良马名。《汉书·王褒传》:"及至驾～～,骖乘旦,王良执靶,韩哀附舆,纵骋驰骛,忽如景靡。"

【啮缺】 nièquē ❶古代传说中的人名。《庄子·天地》:"尧之师曰许由,许由之师曰～～,～～之师曰王倪。"❷刀刃的缺痕。《淮南子·修务训》:"今剑或绝侧羸文,～～卷铤,而称以顷襄之剑,则贵人争带之。"

嵲 niè 见"嵲屼"。

【嵲屼】 nièwù 不安的样子。李白《梁甫吟》:"风云感会起屠钓,大人～～当安之。"

笶(籋) niè ❶镊子。《周礼·夏官·司弓矢》郑玄注:"并夹,矢～也。"㊀夹取。苏轼《和孙叔静兄弟李端叔唱和》:"病骨瘦欲折,霜髯～更疏。"❷通"蹑"。践踏。《汉书·礼乐志》:"～浮云,晻上驰。"

饨（饇） 1. niè　❶熟食。《孔子家语·致思》："孔子曰：'吾闻诸惜其腐～而欲以务施者，仁人之偶也。'"

2. niàn　❷饨头，油煎饼类食物。孙光宪《北梦琐言》卷四："崔魏公铉好食新～头，以为珍美。"

棿　niè　见 ní。

嵲　1. niè　❶多言。《广韵·叶部》："～，多言。"

2. yán　❷同"岩"。谢朓《郡内登望》诗："威纡距遥甸，巉～带远天。"❸春秋时宋国地名。《左传·哀公十三年》："遂取宋师于～。"

敜　niè　填塞。《尚书·费誓》："～乃穽。"（填平陷阱。）

闑（闑）　niè　门橛。门中间竖的木柱。《礼记·玉藻》："君入门，介拂～。"（介：宾主之间传话的人。）⑤门。《汉书·冯唐传》："臣闻上古王者遣将也，跪而推毂曰：'～以内，寡人制之，～以外，将军制之。'"又《王尊传》："～内不理，无以整外。"

摄　niè　见 shè。

嗫（囁）　niè　见"嗫嚅"。

【嗫嚅】　nièrú　❶窃窃私语。东方朔《七谏·怨世》："改前圣之法度兮，喜～～而妄作。"❷欲言又止。韩愈《送李愿归盘谷序》："伺候于公卿之门，奔走于形势之途，足将进而趑趄，口将言而～～。"（形势：权势。）

【嗫嚅翁】　nièrúwēng　❶《新唐书·窦巩传》："平居与人言若不出口，世号'嗫嚅翁'。"后世以"嗫嚅翁"称因懦弱畏事而说话吞吞吐吐的人。❷指白居易。见范摅《云溪友议》卷四。

嵲　niè　见"嵽嵲"。

镊（鑷）　niè　小钗。古代妇女头上饰物。王粲《七释》："戴明中之羽雀，杂华～之葳蕤。"

缐（纙）　niè　计量丝的单位。刘歆《西京杂记》："五丝为～，倍～为升。"

蹑（驑）　niè　马奔驰。《晋书·刘曜载记》："～骢父马铁瑕鞍，七尺大刀奋如湍。"

槷　niè　❶木楔，插进榫子缝里的木片。《周礼·考工记·轮人》："牙得则无～而固。"（牙：轮的外周。得：辐端插入牙凿，大小合适。）❷测日影的标杆。《周礼·考工记·匠人》："置～以县，眡以景，为规识日出之景与日入之景。"（景：影。）❸通"臬"。箭靶心，准的。《小尔雅·广器》："射有张布谓之侯，侯中者谓之鹄，鹄中者谓之正，正方二尺；正中者谓之～，～方六寸。"❹通"闑"。门橛。《穀梁传·昭公八年》："以葛覆质以为～。"

【槷卼】　nièyuè　危险的样子。马融《长笛赋》："巅根跱之～～兮，感回飙而将颓。"

摰　niè　危，不安稳。《周礼·考工记·轮人》："毂小而长则柞，大而短则～。"（柞：狭窄。）

镊（鑷）　niè　❶镊子，夹取细小物件的工具。特指除毛发之器。《南史·齐郁林王纪》："高帝笑谓左右曰：'岂有为人作曾祖而拔白发者乎?'即掷镜、～。"❷镊去毛发。韦庄《镊白》诗："白发太无情，朝朝～又生。"❸首饰，簪端垂饰。《后汉书·舆服志下》："簪以瑇瑁为擿，长一尺，端为华胜，上为凤凰爵，以翡翠为毛羽，下有白珠，垂黄金～。"❹治丝的工具。徐陵《咏织妇》："振～开交缕，停梭续断丝。"

【镊白】　nièbái　拔去白发。李白《秋日炼药院镊白发赠元六兄林宗》诗："长吁望青云，～～坐相看。"

颞（顳）　niè　颞颥部的头骨，位于顶骨下方，状扁平。

【颞颥】　nièrú　❶头部的两侧靠近耳朵上方的部位。❷口腔张合时面部肌肉牵动的样子。《集韵·页部》："颞，～～，耳前动也。"

鯢　niè　见"鯢卼"。

【鯢卼】　nièwù　不安的样子。《周易·困》："困于葛藟，于～～。"韩愈《祭马仆射文》："适彼瓯闽，～～跋踬，颠而不踒，乃得其地。"（踒：跌。）也作"鯢𦤎"。柳宗元《寄许京兆孟容书》："末路孤危，阨塞～～。"

【鯢𦤎】　nièwù　见"鯢卼"。

躡（躡）　niè　❶踩，踏。《楚辞·九思·遭厄》："～天衢兮长驱，踵九阳兮戏荡。"《史记·张耳陈馀列传》："里吏尝有过笞陈馀，陈馀欲起，张耳～之，使受笞。"❷登，居。左思《咏史》之二："世胄～高位，英俊沉下僚。"❸追踵，追随。《三国志·魏书·邓艾传》："[杨]欣等追～于强川口，大战，[姜]维败走。"❹穿（鞋），趿拉（鞋）。《史记·春申君列传》："春申君客三千馀人，其上客皆～珠履以见赵使，赵使大惭。"晁补之《新城游北山记》："有僧布袍～履来迎，与之语，腭而顾，如麋鹿不可接。"（躡履：曳履，趿拉着鞋。）

【躡蹀】　nièdié　小步而行。张衡《南都赋》：

"修袖缭绕而满庭，罗袜～～而容与。"

【蹑跻】 nièjuē 穿着草鞋。《史记·孟尝君列传》："初，冯驩闻孟尝君好客，～～而见之。"

【蹑屣】 nièxǐ 指远行。《三国志·魏书·邴原传》注引《原别传》："郑君学览古今，博闻强识，钩深致远，诚学者之师模也。君乃舍之，～～千里，所谓以郑为东家丘者也。"

【蹑寻】 nièxún 追寻。《汉书·文三王传》："以三者揆之，殆非人情，疑有所迫切，过误失言，文吏～～，不得转移。"

【蹑景】 nièyǐng ❶追赶日影。形容疾速。曹植《七启》："忽～～而轻骛，逸奔骥而超遗风。"❷骏马名。谓其速能追赶日影。见崔豹《古今注·鸟兽》。

【蹑足】 nièzú 插足，置身。贾谊《过秦论》："［陈涉］～～行伍之间，俛仰仟佰之中，率罢散之卒，将数百之众，转而攻秦。"

【蹑跻檐簦】 nièjuēdàndēng 穿着草鞋，背着斗笠。比喻长途跋涉。《史记·平原君虞卿列传》："虞卿者，游说之士也。～～～～，说赵孝成王。"

巕 niè 见"屹巕"。

孽（孼、蠥） niè ❶庶子，非嫡妻所生之子。《吕氏春秋·慎势》："妻妾不分则家室乱，適～无别则宗族乱。"《史记·司马穰苴列传》："穰苴虽田氏庶～，然其人文能附众，武能威敌，愿君试之。"❷邪恶，妖孽。《后汉书·陈蕃传》："除妖去～，实在修德。"❸灾祸；戕害。《荀子·君道》："好女之色，恶者之～也。"（美女的姿色，是丑者的灾殃。）《吕氏春秋·遇合》："贤圣之后，反而～民，是以贼其身，岂能独哉？"（贼：残害。身：自身。独：独自受害。）❹不孝。贾谊《新书·道术》："子爱利亲谓之孝，反孝为～。"❺通"糵"。萌生；幼芽。韩愈《平淮西碑》："物众地大，～牙其间。"（孽牙：萌生。牙：通"芽"。）刘禹锡《畲田行》："下种暖灰中，乘阳坼牙～。"（坼：裂开。）❻通"糵"。酝酿。《汉书·司马迁传》："今举事一不当，而全躯保妻子之臣随而媒～其短，仆诚私心痛之。"

【孽类】 nièlèi 恶类。《三国志·吴书·孙权传》："天下未定，～～犹存，士民勤苦，诚所贯知。"

【孽孽】 nièniè 衣饰华贵的样子。《诗经·卫风·硕人》："庶姜～～，庶士有朅。"

【孽妾】 nièqiè 庶妾。《汉书·贾谊传》："天子之后以缘其领，庶人～～缘其履，此臣所谓舛也。"（缘：衣服等的边饰。）

【孽障】 nièzhàng 前世所作的恶，成为今世的障碍。李渔《慎鸾交·债饵》："前生～～有千斤重，致今世推移不动。"

【孽子】 nièzǐ 庶子。《孟子·尽心上》："独孤臣～～，其操心也危，其虑患也深，故达。"

櫱（㜸、栟、欟、栓） niè ❶树木砍伐后复生的枝条。《尚书·盘庚上》："若颠木之有由～。"（由：《说文》作"甹"，已倒之木更生的枝条。）《诗经·商颂·长发》："苞有三～，莫遂莫达。"❷泛指始生的草木及草木嫩芽。《国语·鲁语上》："且夫山不槎～，泽不伐夭。"《孟子·告子上》："非无萌～之生焉，牛羊又从而牧之，是以若彼濯濯也。"❸萌，始。苏舜钦《复辨》："阳之始生，则有～育万物之意。"❹通"孽"。妖孽，邪恶。柳宗元《赠王孙文》："群小遂兮君子违，大人聚兮～无馀。"❺通"糵"。酝酿。《汉书·李陵传》："今举事一不幸，全躯保妻子之臣随而媒～其短，诚可痛也。"❻姓。

【櫱栽】 nièzāi 初种的树苗。张衡《东京赋》："坚冰作于履霜，寻木起于～～。"

蠥 niè ❶妖怪。《说文·虫部》："衣服歌谣草木之怪谓之妖，禽兽虫蝗之怪谓之～。"❷忧。《楚辞·天问》："启代益作后，卒然离～。"

糵（糱） niè ❶牙米，即谷类所生之芽。《说文·米部》："～，牙米也。"❷酒母，制酒时所用的发酵物。《尚书·说命下》："若作酒醴，尔惟曲～。"（孔传："酒醴须曲糵以成，亦言我须汝以成。"）

轍（钀） niè 高。何晏《景福殿赋》："飞櫚翼以轩翥，反宇～以高骧。"（櫚：屋檐。轩翥：飞举。高骧：高昂。）

【轍轍】 nièniè 高大的样子。张衡《西京赋》："反宇业业，飞檐～～。"（宇：屋檐。业业：高大貌。）

nin

恁 nín 见 rèn。

ning

宁（寧、寍、甯） 1. níng ❶安定。《周易·乾》："首出庶物，万国咸～。"《孟子·滕文公下》："周公兼夷狄，驱猛兽，而百姓～。"❷平息。《国语·晋语八》："叔向闻之，见宣子曰：'闻子与和未～。'"（指范宣子与和大夫争田之事未平息。)《战国策·楚策一》:“昔者叶公子高,身获于表薄,而财于柱国;定白公之祸,～楚国之事。”❸省视。出嫁女子归省父母曰“归宁”。《诗经·周南·葛覃》:“归～父母。”❹居家服丧。《汉书·哀帝纪》:“博士弟子父母死,予～三年。”(予:准予。)

2. nìng ❺副词。1)宁可、宁愿。《尚书·大禹谟》:“与其杀不辜,～失不经。”《楚辞·九章·惜往日》:“～溘死而流亡兮,恐祸殃之有再。”2) 岂,难道。《周易·系辞下》:“介如石焉,～用终日,断可识矣!”《史记·孝文本纪》:“今大臣虽欲为变,百姓弗为使,其党～能专一邪?”3)竟,乃。《诗经·小雅·小弁》:“心之忧矣,～莫之知。”❻助词。无实义。《左传·襄公三十一年》:“宾至如归,无～灾害。”❼姓。

【宁耐】 níngnài 忍耐。董解元《西厢记诸宫调》卷五:“红娘劝道:‘且～～,有何喜事恁大惊小怪?’”

【宁帖】 níngtiē 安定平静。魏徵《十渐不克终疏》:“脱因水旱,谷麦不收,恐百姓之心,不能如前日之～～。”

【宁馨】 níngxīn 如此,这样。刘禹锡《赠日本僧智藏》诗:“为问中华学道者,几人雄猛得～～?”

【宁一】 níngyī 安宁齐一。治平之景象。《史记·曹相国世家》:“百姓歌之曰:‘萧何为法,顜若画一;曹参代之,守而勿失。载其清净,民以～～。’”(顜:明,直。)亦作“宁壹”。

【宁宇】 níngyǔ 安宅,安居之所。《国语·周语中》:“其馀以均分公侯伯子男,使各有～～,以顺及天地,无逢其灾害。”(其馀:指甸服以外的地方。)

【宁渠】 nìngjù 怎么,如何。犹“庸讵”。《史记·张仪列传》:“且苏君在,仪～～能乎!”

【宁许】 nìngxǔ 犹“如许”。如此,这般。陆畅《惊雪》诗:“天人～～巧,剪水作花飞。”杨万里《过招贤渡》诗:“柳上青虫～～劣,垂丝到地却回身。”

【宁馨儿】 níngxīn'ér 这样的孩子。晋宋时俚语。《晋书·王衍传》:“何物老妪,生～～!”(何物:什么。)后用为小孩的美称。

冰 níng 见 bīng。

佇(儜) níng ❶弱。《宋书·王微传》:“吾本～人,加疹意惛,一旦闻此,便惶怖矣。”(佇人:体弱之人。)❷困。韩愈、孟郊《城南联句》:“始知乐名教,何用苦拘～?”

【佇弱】 níngruò 懦弱。《旧唐书·刘仁轨传》:“何因今日募兵,如此～～?”

苧(薴) níng ❶纷乱。《楚辞·九思·悯上》:“须发～顇兮颢鬓白,思灵泽兮一膏沐。”(顇:疲顿。颢:发斑白貌。)❷荠苧,药草名。

拧(擰) 1. níng ❶扭住转动。《红楼梦》八回:“宝钗也忍不住,笑着把黛玉腮上一～。”

2. nǐng ❷错,反。《儿女英雄传》三十五回:“张姑娘才觉得这句话是说～了。”

3. nìng ❸固执。《儿女英雄传》四十回:“玉格这孩子真个的这么～呵!”

狞(獰) níng ❶凶猛。贯休《观怀素草书歌》:“醉来把笔～如虎,粉壁素屏不问主。”❷凶恶。李贺《感讽》诗之一:“县官骑马来,～色虬紫须。”

鸋(鸋) níng 见“鸋鴂”。

【鸋鴂】 níngjué 鸟名。多以喻贪恶之人。蔡邕《吊屈原文》:“～～轩翥,鸾凤挫翮。”

聍(聹) níng 见“耵聍”。

疑 níng 见 yí。

凝 níng ❶结冰。《礼记·乡饮酒义》:“天地严～之气,始于西南而盛于西北。”❷凝结,凝固。《周易·坤》:“象曰‘履霜坚冰’,阴始～也。”❸形成,完成。《尚书·皋陶谟》:“抚于五辰,庶绩其～。”(孔传:“凝,成也。言百官皆抚顺五行之时,众功皆成。”)❹团聚,保持。《荀子·议兵》:“兼并易能也,唯坚～之难焉。齐能并宋,而不能～也,故魏夺之。”❺集中,专注。鲍照《芜城赋》:“～思寂听,心伤已摧。”

【凝碧】 níngbì 浓绿。柳宗元《界围岩水簾》诗:“韵磬叩～～,锵锵彻岩幽。”

【凝睇】 níngdì 注视。白居易《长恨歌》:“含情～～谢君王,一别音容两渺茫。”

【凝冱】 nínghù 结冰。潘岳《怀旧赋》:“辙含冰以灭轨,水渐轫以～～。”

【凝眸】 níngmóu 注视。李商隐《闻歌》:“敛笑～～意欲歌,高云不动碧嵯峨。”李清照《凤凰台上忆吹箫》词:“惟有楼前流水,应念我终日～～。”

【凝雨】 níngyǔ 雪。沈约《雪赞》:“独有～～姿,贞晼而无殉。”

【凝脂】 níngzhī 凝冻的油脂。比喻肌肤洁白滑泽。《诗经·卫风·硕人》:“手如柔荑,肤如～～。”也比喻严密。《盐铁论·刑德》:

“昔秦法繁于秋荼，而网密于～～，然而上下相遁，奸伪萌生，有司法之，若救烂扑焦，不能禁非。”

【凝滞】níngzhì ❶停滞不行。江淹《别赋》：“舟～～于水滨，车委迟于山侧。”❷凝结。《淮南子·天文训》：“重浊者～～而为地。”❸拘泥。张怀瓘《评书药石论》：“圣人不～～于物，万法无定，殊途同归。”

【凝重】níngzhòng 庄重，稳重。徐陵《报德寺刹下铭》：“幼怀～～，未曾游陟。”

【凝伫】níngzhù 伫立凝望。赵长卿《念奴娇》词：“有人粧罢，对花～～愁绝。”柳永《竹马子》词：“凭高尽日～～，赢得销魂无语。”

【凝妆】níngzhuāng 盛妆，浓妆。韩愈《幽怀》诗：“～～耀洲渚，繁吹荡人心。”

狞（獰） níng 犬多毛的样子。《南史·袁湛传》：“此儿死后，灵庆常见儿骑大～狗戏如平常。”

【狞狞】níngníng 毛多的样子。《南齐书·卞彬传》：“四体～～，加以臭秽，故苇席蓬缨之间，蚤虱猥流。”

鬤 níng 发乱貌。《楚辞·大招》：“豕首纵目，被发～只。”

佞 nìng ❶有口才，能言善辩。《论语·公冶长》：“雍也仁而不～。”⊗才能。《左传·成公十三年》：“君若不施大惠，寡人不～，其不能以诸侯退矣。”（不佞：不才，不敏。）❷用巧言奉承人，奸伪。《论衡·答佞》：“贤者行道得尊官厚禄矣，何必为～以取富贵？”❸沉迷于。《新唐书·侯希逸传》：“后稍怠肆，好畋猎，～佛，兴广祠庐，人苦之。”

【佞哀】nìng'āi 为取媚而故作悲哀。潘岳《西征赋》：“驱吁嗟而妖临，搜～～以拜郎。”（拜郎：授予郎官。）

【佞给】nìngjǐ 能言善辩。《列子·仲尼》：“公孙龙之为人也，行无师，学无友，～～而不中，漫衍而无家，好怪而妄言。”

【佞巧】nìngqiǎo 善于察言观色，投人所好。《汉书·严安传》：“乡使秦缓刑罚，薄赋敛，省繇役，贵仁义，贱权利，上笃厚，下～～，变风易俗，化于海内，则世世必安矣。”

【佞人】nìngrén 花言巧语、阿谀奉承的人。《论语·卫灵公》：“放郑声，远～～。郑声淫，～～殆。”《史记·夏本纪》：“能知能惠，何忧乎驩兜，何迁乎有苗，何畏乎巧言善色～～？”

【佞史】nìngshǐ 歪曲事实满是谄词的历史记载。《宋史·陆佃传》：“数与史官范祖禹、黄庭坚争辨，大要多是安石，为之晦隐。庭坚曰：‘如公言，盖～～也。’”

【佞幸】nìngxìng 以巧言谄媚而得到宠幸。《论衡·幸偶》：“～～之徒，闳、藉孺之辈，无德薄才，以色称媚。”也作“佞倖”。王禹偁《乡老献能书赋》：“然后～～之风不起，激劝之道自彼。”

【佞倖】nìngxìng 见“佞幸”。

【佞兑】nìngyuè 巧言谄媚，取悦于人。兑，悦。《荀子·王制》：“立身则轻楛，事行则蠲疑，进退贵贱则举～～，之所以接下之人百姓者则好取侵夺，如是者危殆。”也作“佞说”。《荀子·臣道》：“内不足使一民，外不足使距难；百姓不亲，诸侯不信；然而巧敏～～，善取宠乎上，是态臣者也。”

【佞说】nìngyuè 见“佞兑”。

泞（濘） nìng 烂泥。《左传·僖公十五年》：“战于韩原。晋戎马还～而止。”（还：旋。）

【泞溺】nìngnì 泥泞滞陷。蔡邕《述行赋》：“路阻败而无轨兮，涂～～而难遵。”

niu

妞 niū 对女孩的昵称。《红楼梦》一〇一回：“把～～抱过来。”

牛 niú ❶家畜名。《孟子·梁惠王上》：“王坐于堂上，有牵～而过堂下者。”❷星宿名。牛宿，北方玄武七星的第二星。苏轼《前赤壁赋》：“月出于东山之上，徘徊于斗～之间。”❸姓。

【牛涔】niúcén 牛蹄印中的积水。《淮南子·氾论训》：“夫牛蹏之涔，不能生鳣鲔。”王勃《上武侍极启》：“吞九溟于笔海，若控～～；抗五岳于词峰，如临蚁垤。”

【牛喘】niúchuǎn 牛因暑热而喘。《汉书·丙吉传》：“吉又尝出，逢清道群斗者，死伤横道，吉过之不问，掾吏独怪之。吉前行，逢人逐牛，～～吐舌。吉止驻，使骑吏问：‘逐牛行几里矣？’掾吏独谓丞相前后失问，或以讥吉，吉曰：‘民斗相杀伤，长安令、京兆尹职所当禁备逐捕。……宰相不亲小事，非所当于道路问也。方春少阳用事，未可大热，恐牛近行，用暑故喘，此时气失节，恐有所伤害也。三公典调和阴阳，职（所）当忧，是以问之。’”后人用此典表恪尽职守、关心民事之意。包佶《奉和柳相公中书言怀》：“凤巢方得地，～～最关心。”

【牛刀】niúdāo 解牛刀。比喻大材。《论语·阳货》：“割鸡焉用～～。”苏轼《送欧阳主簿赴官韦城》诗之一：“读遍牙签三万轴，却来小邑试～～。”

【牛酒】niújiǔ 牛和酒。古代常用作赏赐、慰劳、祭祀之物。《三国志·魏书·徐晃传》："韩遂、马超等反关右，遣晃屯汾阴以抚河东，赐～～，令上先人墓。"

【牛女】 niúnǚ 神话中的牛郎、织女。织女是天帝的孙女，自嫁牛郎后，织锦中断，天帝大怒，责令分离，只准每年七月七日相会一次。相会时，乌鹊搭桥，使渡天河。故事最早见于《古诗十九首》之十"迢迢织女星"和《风俗通·佚文十四》。杜甫《天河》诗："～～年年渡，何曾风浪生？"

【牛衣】 niúyī 供牛御寒的披盖物。以乱麻编织而成。《汉书·王章传》："初，章为诸生学长安，独与妻居。章疾病，无被，卧～～中，与妻决，涕泣。"

【牛蚁】 niúyǐ 《世说新语·纰漏》："殷仲堪父病虚悸，闻床下蚁动，谓是牛斗。"后用"牛蚁"表示病虚。苏轼《次韵朱光庭初夏》："陶然一枕谁呼觉，～～新除病后聪。"也指无谓的争斗。陆游《蜀使归寄青城上官道人》诗："世间～～何劳问，输与云窗一粲然。"

【牛饮】 niúyǐn ❶如牛俯身就池而饮。《韩诗外传》卷二："昔者桀为酒池糟隄，纵靡靡之乐，一鼓而～～者三千人。"❷豪饮。梅尧臣《和韵三和戏示》："将学时人斗～～，还从上客舞娥杯。"

【牛鼎烹鸡】 niúdǐngpēngjī 以容牛之鼎烹鸡。比喻大材小用。《后汉书·边让传》："传曰：'函牛之鼎以亨鸡，多汁则淡而不可食，少汁则熬而不可熟。'此言大器之于小用，固有所不宜也。"（亨：即烹。）

【牛骥同皁】 niújìtóngzào 牛与良马同槽。比喻贤愚不分。文天祥《正气歌》："牛骥同一皁，鸡栖凤凰食。"

【牛溲马勃】 niúsōumǎbó 牛溲即车前草，马勃一名屎菰，都可入药。比喻至贱之物。韩愈《进学解》："玉札丹砂，赤箭青芝，～～～～，败鼓之皮，俱收并蓄，待用无遗者，医师之良也。"

忸 niǔ ❶惭愧。见"忸怩"。❷惯习。《荀子·议兵》："～之以庆赏，鳅之以刑罚。"（鳅：逼迫。）《后汉书·戴就传》："薛安庸骙，～行无义。"

【忸怩】 niǔní 羞愧的样子。《尚书·五子之歌》："郁陶乎予心，颜厚有～～。"《国语·晋语八》："君～～，乃趣赦之。"

【忸忕】 niǔshì 惯习。《后汉书·冯异传》："虏兵临境，～～小利，遂欲深入。"（注："忸忕，犹惯习也，谓惯习前事而复为之。"忕亦作"忲"。）

扭 niǔ ❶拧转。《红楼梦》三十二回："湘云红了脸，～过头去吃茶，一声也不答应。"❷揪住，扭结。《官场现形记》三十一回："大众见他二人～在一处，只得一齐住手，过来相劝。"❸违拗。《水浒传》九回："自此途中被鲁智深要行便行，要歇便歇，那里敢～他？"

【扭搜】 niǔsōu 挤。《西游记》三十九回："哭有几样：若干着口喊谓之嚎；～～出些眼泪儿来，谓之啕。"

狃 niǔ ❶习以为常而掉以轻心。《诗经·郑风·大叔于田》："将叔无～，戒其伤女。"（将：请。）《左传·桓公十三年》："莫敖～于蒲骚之役，将自用也。"❷惯习。王安石《上仁宗皇帝言事书》："又以久于其职，则上～习而知其事，下服驯而安其教。"苏轼《晁错论》："天下～于治平之安，而不吾信。"❸贪。《国语·晋语一》："嗛嗛之食，不足～也。"（嗛嗛：小小。）又《晋语三》："得国而～，终逢其咎。"❹充任。《国语·晋语七》："日君乏使，使臣～中军之司马。"

【狃忕】 niǔshì 惯习。《三国志·吴书·孙权传》："自以阻带江湖，负固不服，～～累世，诈伪成功。"（累世：几代。）也作"狃忲"。

纽（紐） niǔ ❶器物上可以提携或系带的部分。《淮南子·说林训》："龟～之玺，贤者以为佩。"㉑系挂。孔稚珪《北山移文》："至其～金章，绾墨绶。"（金章：铜印。）❷扣襻。《礼记·玉藻》："士锦带，弟子缟带，并～约用组。"（谓用丝带穿过纽襻儿打结。约：结。组：丝带。）㉑关键，根本。《庄子·人间世》："是万物之化也，禹、舜之所～也。"（是：此，指大道。）❸音韵学名称，即声母。❹赤脉。《史记·扁鹊仓公列传》："上有绝阳之络，下有破阴之～。"（正义："《素问》云：'纽，赤脉也。'"）❺姓。

钮（鈕） niǔ ❶印鼻。陶宗仪《辍耕录》卷三十："秦以前民皆以金玉为印，龙虎～，惟其所好。"❷通"纽"。扣襻。《红楼梦》二十一回："宝玉见他不应，便伸手替他解衣，刚解开～子，被袭人将手推开，又自扣了。"❸姓。

拗 niù 见 ǎo。

nong

农（農、辳、莀、䢉） nóng ❶耕种。《左传·襄公九年》："其卿让于善，其大夫不失守，其士竞于教，其庶人力于～穑，商工皁隶不知迁业。"《汉书·食货志上》："辟土植谷曰～。"❷农事，农业。《国语·周语上》："夫民之大事在～。”晁错《论贵粟疏》：“方今之务，莫若使民务～而已矣。”❸农民。《商君书·弱民》：“～辟地，商致物。”❹勤勉。《管子·大匡》：“耕者出入不应于父兄，用力不～，不事贤，行此三者，有罪无赦。”❺田官。《礼记·郊特牲》：“飨～。”❻通“酞”。厚。《尚书·洪范》：“次三曰～用八政。”

【农父】 nóngfǔ 官名。司徒的尊称。《尚书·酒诰》：“薄违～～。”

【农功】 nónggōng 农事。《国语·周充语上》：“是时也，王事唯农是务，无有求利于其官，以干～～。”《后汉书·和帝纪》：“兖、豫、荆州今年水雨淫过，多伤～～。”

【农力】 nónglì ❶勉力。《左传·襄公十三年》：“小人～～以事其上。”❷农业劳力。李觏《感事》诗：“役频～～耗，赋重女工寒。”

【农时】 nóngshí 指农事三时，即春耕、夏耘、秋收之时。《孟子·梁惠王上》：“不违～～，谷不可胜食也。”《荀子·富国》：“无夺～～。”

【农用】 nóngyòng 耕作用的田器。《国语·周语上》：“命农大夫，咸戒～～。”（戒：准备。）

【农月】 nóngyuè 立夏以后农事正忙之月。王维《新晴晚望》诗：“～～无闲人，倾家事南亩。”

【农战】 nóngzhàn ❶农业和战争。先秦法家主张两者结合，以为强国之本。《商君书·农战》：“国之所以兴者，～～也。”❷屯田。《后汉书·袁绍传》：“外结英雄，内修～～。”

【农正】 nóngzhèng 官名。掌农事及农祈。正，长官。《左传·昭公十七年》：“九扈为九～～。”

诶（譨） nóng(旧读 nóu) 见“诶诶”。

【诶诶】 nóngnóng 多言的样子。《楚辞·九思·怨上》：“令尹兮謷謷，群司兮～～。”（謷謷：妄语。群司：众僚。）

侬（儂） nóng ❶我。《晋书·会稽王道子传》：“道子颔曰：‘～知～知。’”《红楼梦》二十七回：“～今葬花人笑痴，他年葬～知是谁。”❷人。泛指一般人。韩愈《泷吏》诗：“比闻此州囚，亦有生还～。”汤显祖《牡丹亭·闹殇》：“为著谁～，俏样子等闲抛送？”❸你。杨维桢《西湖竹枝词》：“劝郎莫上南高峰，劝～莫上北高峰。”

【侬家】 nóngjiā 自称。晏殊《菩萨蛮》词：“人人尽道黄葵淡，～～解说黄葵艳。”㊁女子称自己的家。黄燮清《长水竹枝词》：“杏花村前流水斜，杏花村后是～～。”

浓（濃） nóng ❶密，厚。李白《清平调》词：“云想衣裳花想容，春风拂槛露华～。”苏轼《饮湖上初晴后雨》诗：“欲把西湖比西子，～粧淡抹总相宜。”❷程度深。李清照《如梦令》词：“昨夜雨疏风骤，～睡不消残酒。”

哝（噥） nóng ❶味浓。《吕氏春秋·本味》：“甘而不～，酸而不酷。”❷小声说话。无名氏《货郎旦》一折：“数量着～过，紧忙里做作。”

狫（獶） nóng 长毛犬。《说文·犬部》：“～，犬恶毛也。”

脓（膿） nóng ❶疮口所生黏液。《后汉书·华佗传》：“佗以为肠痈，与散两钱服之，即吐二升～血，于此渐愈。”❷腐烂。贾思勰《齐民要术·水稻》：“陈草复起，以镰侵水芟之，草悉～死。”❸肥。曹植《七启》：“玄熊素肤，肥豢～肌。”❹通“酞”。味厚之酒。枚乘《七发》：“甘脆肥～，命曰腐肠之药。”

袯（襛） nóng 衣厚貌。《说文·衣部》：“～，衣厚皃。”㊀丰满。宋玉《神女赋》：“振绣衣，被袿裳，～不短，纤不长。”㊁花木繁盛。《诗经·召南·何彼袯矣》：“何彼～矣，唐棣之华。”

秾（穠） nóng ❶（花木）繁盛。董解元《西厢记诸宫调》卷六：“帝里酒酽花～，万般景媚，休取次共别人，便学连理。”❷厚，深。苏轼《西江月·瑞香花》词：“知君却是为情～，怕见此花撩动。”

【秾华】 nónghuá ❶盛开的花朵。白居易《和梦游春》：“秀色似堪餐，～～如可掬。”❷喻公主。《诗经·召南·何彼袯兮》言王姬下嫁事。袯，通“秾”。故以秾华作公主代称。苏颋《授裴君士太子少詹事制》：“外以凝正，中惟雅实，地称垂棘之宝，门降～～之贵。”

【秾纤】 nóngxiān 犹胖瘦。曹植《洛神赋》：“～～得衷，修短合度。”

【秾艳】 nóngyàn 美艳。蒋防《霍小玉传》：“姿质～～，一生未见。”

酞（醲） nóng 味厚的酒。魏源《江南吟》之八：“不知何国香风过，醉我士女如醇～。”㊀厚，重。《后汉书·马援传》：“夫明主～于用赏，约于用刑。”陆游《辞免转太中大夫状》：“劳薄赏～，人微恩重。”

弄 1. nòng(又读 lòng) ❶用手把玩。《诗经·小雅·斯干》：“载衣之裳，载～之璋。”《汉书·周昌传》：“高祖持御史大夫印

～之。”㈦戏要。《左传·僖公九年》：“夷吾弱不好～。”（弱：幼小。）《后汉书·灵帝纪》：“帝著商估服，饮宴为乐。又于西园～狗，著进贤冠，带绶。”㊇玩赏。李白《别山僧》诗：“何处名僧到水西，乘舟～月宿泾溪。”❷欺侮，作弄。《战国策·赵策四》：“于是秦王乃见使者，曰：‘赵豹、平原君，数欺～寡人。’”❸演奏乐器。《史记·司马相如列传》：“乃饮卓氏，～琴，文君窃从户窥之，心悦而好之，恐不得当也。”㊇乐一曲为一弄。檀道鸾《续晋阳秋》：“［桓伊］既吹一～，乃放笛。”❹扮演，表演。段安节《乐府杂录·俳优》：“开元中黄幡绰、张野狐～参军。”（参军：唐宋时流行的一种滑稽表演。）❺做，搞。《水浒传》二回：“不想那厮们如此大～。”

2. lòng ❻巷。《南齐书·郁林王纪》：“出西～，杀之，时年二十二。”

【弄臣】 nòngchén 专为帝王狎玩取乐之臣。《汉书·佞幸传赞》：“主疾无嗣，～～为辅，鼎足不彊，栋干微挠。”

【弄儿】 nòng'ér 供人狎玩取乐的孩子。《汉书·金日磾传》：“日磾子二人皆爱，为帝～～，常在旁侧。”

【弄翰】 nònghàn 谓写文章画画。左思《咏史》之一：“弱冠弄柔翰，卓荦观群书。”苏轼《书太宗御书后》：“摛藻尺素之上，～～团扇之中。”

【弄口】 nòngkǒu 播弄是非。《汉书·文三王传》：“谗臣在其间，左右～～，积使上下不和，更相眄伺。”

【弄瓦】 nòngwǎ 《诗经·小雅·斯干》：“乃生女子，载寝之地，载衣之裼，载弄之瓦。”（瓦：原始的陶制纺锤。）后因称生女曰“弄瓦”。方回《五月旦抵归隐》诗：“长男近～～，累重讵足贺。”

【弄丸】 nòngwán ❶杂技名，谓抛接众丸。《庄子·徐无鬼》：“市南宜僚～～而两家之难解。”（市南宜僚：人名。）❷蜣螂别名。

【弄玉】 nòngyù 相传为秦穆公之女。萧史善吹箫，弄玉好之，穆公遂嫁女与萧史。弄玉每日学吹箫，作凤鸣，感凤来止。后夫妇飞升而去。

【弄璋】 nòngzhāng 《诗经·小雅·斯干》：“乃生男子，载寝之床，载衣之裳，载弄之璋。”（璋：玉制的礼器。）后因称生男为“弄璋”。沈受先《三元记·助纳》：“尚未～～弄瓦，一则以喜，一则以惧。”

【弄潮儿】 nòngcháo'ér ❶船夫。李益《江南曲》：“早知潮有信，嫁与～～～。”❷指钱塘江上执旗泅水与潮相搏的少年。

齈（齈） nòng 多鼻涕的病。尚仲贤《气英布》三折：“他是个～鼻子，一些香臭也不懂的。”

nou

䗫（䗫） 1. nōu ❶兔子。《魏书·江式传》：“小兔为～，神虫为蚕。”

2. wàn ❷姓。

鎒（鎒） 1. nòu ❶同“耨”。锄草农具。《庄子·外物》：“春雨日时，草木怒生，铫～于是乎始修。”（铫：大锄。）

2. hāo 同“薅”。除草。《淮南子·说山训》：“治国者若～田，去害苗者而已。”

耨（槈） nòu ❶除草的农具。《战国策·燕策一》：“［苏代］乃北见燕王哙曰：‘…… 鄙人不敏，窃释钼～而干大王。’”❷除草。《史记·高祖本纪》：“吕后与两子居田中～，有一老父过请饮，吕后因餔之。”

檽 nòu 树木名。《潜夫论·浮侈》：“其后京师贵戚必欲江南～梓、豫章楩柟，边远下土，亦竞相仿效。”

獳 1. nòu ❶犬怒。《山海经·中山经》：“［厘山］有兽焉，名曰獭，其状如～犬而有鳞，其毛如彘鬣。”

2. rú ❷朱獳，传说中异兽名。见《山海经·东山经》。

nu

奴 nú ❶奴隶。因罪没入官府或被掠卖的人。《史记·季布栾布列传》：“而［栾］布为人所略卖，为～于燕。”㊇奴仆。陆游《岁暮感怀》诗：“富豪役千～，贫老无寸帛。”❷自称的谦词。《敦煌变文集·王昭君变文》：“异方歌舞，不解～愁。”㊇宋以后，多是妇女的自称。孔尚任《桃花扇·拒媒》：“～是薄福人，不愿入朱门。”❸对人的鄙称。《晋书·刘曜载记》：“［陈］安引军追［石］武曰：‘叛逆胡～，要当生缚此～，然后斩刘贡！’”❹通“驽”。《论衡·累害》：“夫如是，岂宜更勉～下，循不肖哉？”（奴下：才能低下的人。）

【奴婢】 núbì 供剥削者役使无自由的人。男曰奴，女曰婢。《汉书·高帝纪下》：“民以饥饿自卖为人～～者，皆免为庶人。”

【奴才】 núcái ❶鄙贱之称。谓其才仅足为人奴仆。《晋书·刘元海载记》：“颖不用吾言，逆自奔溃，真～～也。”❷明代太监、清代八旗近臣及武臣对皇帝皆自称奴才。

【奴子】 núzǐ 僮仆。《魏书·温子昇传》："为广阳王渊贱客，在马坊教诸～～书。"

帑 1. nú ❶同"孥"。子。《诗经·小雅·常棣》："宜尔室家，乐尔妻～。"㊂指妻与子。《左传·文公六年》："宣子使臾骈送其～。"❷鸟尾。《左传·襄公二十八年》："以害鸟～。"❸俘虏。《后汉书·朱冯虞郑周传赞》："鲂用降～，延感归囚。"

2. tǎng ❹收藏钱财的库房。《汉书·匈奴传》："上由是难之，以问公卿，亦以为虚费府～。"《后汉书·邓训传》："转运之费，空竭府～。"❺金帛钱财。《韩非子·亡征》："羁旅侨士，重～在外。"（外：指国外。）

【帑僇】 núlù 罪及妻子儿女。《史记·夏本纪》："用命，赏于祖；不用命，僇于社，予则～～女。"

【帑藏】 tǎngzàng 国库。《后汉书·郑弘传》："人食不足，而～～殷积。"《新五代史·汉家人传》："～～不足充，欲敛于民。"

孥 nú ❶儿女。《诗经·小雅·常棣》："宜尔室家，乐尔妻～。"❷妻子儿女。《国语·晋语二》："以其～适西山，三月，虞乃亡。"❸奴婢。《后汉书·杨终传》："太宗至仁，除去收～。"

【孥戮】 núlù 没为奴婢或加刑戮。《尚书·汤誓》："尔不从誓言，予则～～汝，罔有攸赦。"颜师古《匡谬正俗》卷二："案孥戮者，或以为奴，或加刑戮，无有所赦耳。此非孥子之孥。"《三国志·魏书·何夔传》注引孙盛曰："故箕子安于～～，柳下夷于三黜，萧何、周勃亦在缧绁，夫岂不辱，君命故也。"

驽（駑） nú ❶马质性钝劣。《楚辞·七谏·谬谏》："～骏杂而不分兮，服罢牛而骖骥。"❷才能低下平庸。《荀子·修身》："庸众～散，则劫之以师友。"《史记·廉颇蔺相如列传》："相如虽～，独畏廉将军哉？"❸软弱，无力。嵇康《与山巨源绝交书》："性复疏懒，筋～肉缓。"

【驽铅】 núqiān 驽马铅刀。比喻才具平庸愚劣。张九龄《登郡城南楼》诗："～～虽自勉，仓廪素非实。"

【驽骀】 nútái ❶劣马。《楚辞·九辩》："却骐骥而不乘兮，策～～而取路。"❷比喻庸才。《晋书·荀崧传》："思竭～～，庶增万分。"

【驽下】 núxià 才能低下。多用作谦词。《三国志·蜀书·诸葛亮传》注引《汉晋春秋》："先帝每称操为能，犹有此失，况臣～～，何能必胜？"

簩 nú 鸟笼。《楚辞·九章·怀沙》："凤皇在～兮，鸡鹜翔舞。"

努 nǔ ❶勉，奋勉。《后汉书·王霸传》："颍川从我者皆逝，而子独留。～力，疾风知劲草。"❷凸出。唐彦谦《采桑女》诗："春风吹蚕细如蚁，桑芽才～青鸦嘴。"❸书法中称竖画为努。

【努目】 nǔmù 瞋目。萧德祥《杀狗劝夫》二折："他见我早揎拳捋袖，～～撑眉。"

弩 nǔ 用机械发矢的弓。《史记·高祖本纪》："项羽大怒，伏～射中汉王。"

砮 nǔ 石制的箭头。《国语·鲁语下》："仲尼在陈，有隼集于陈侯之庭而死，楛矢贯之，石～其长尺有咫。"

怒（怸、伖） nù ❶发怒，生气。《诗经·邶风·柏舟》："薄言往愬，逢彼之～。"《孟子·梁惠王下》："今王亦一～而安天下之民，民惟恐王之不好勇也。"㊂激怒。《吕氏春秋·至忠》："文挚对曰：'非～王则疾不可治，～王则挚必死。'"❷谴责。《礼记·内则》："子妇未孝未敬，勿庸疾怨，姑教之，若不可教，而后～之。"❸威武，勇健。《老子·六十八章》："善为士者不武，善战者不～。"（士：将帅。）《礼记·曲礼上》："行，前朱鸟而后玄武，左青龙而右白虎，招摇在上，急缮其～。"《后汉书·贾彪传》："故天下称曰：'贾氏三虎，伟节最～。'"❹旺盛；猛烈。《庄子·外物》："春雨日时，草木～生。"杜甫《茅屋为秋风所破歌》："八月秋高风～号，卷我屋上三重茅。"❺奋举，突起。《庄子·逍遥游》："～而飞，其翼若垂天之云。"又《人间世》："汝不知夫螳螂乎？～其臂以当车辙，不知其不胜任也，是其才之美者也。"❻超过。《荀子·君子》："刑罚不～罪，爵赏不逾德。"

【怒马】 nùmǎ ❶肥壮气盈的马。《后汉书·第五伦传》："蜀地肥饶，人吏富实，掾史家赀多至千万，皆鲜车～～，以财货自达。"❷鞭马使奋起。苏轼《方山子传》："方山子～～独出，一发得之。"

【怒目】 nùmù 张目怒视。刘伶《酒德颂》："乃奋袂攘襟，～～切齿。"顾况《从军行》："～～时一呼，万骑皆辟易。"

【怒蛙】 nùwā 鼓腮似怒之蛙。《韩非子·内储说上》："越王勾践见～～而式之。御者曰：'何为式？'王曰：'蛙有气如此，可无为式乎？'"（式：凭轼，表示敬意。）

【怒发冲冠】 nùfàchōngguān 头发竖直，顶起帽子。形容盛怒。《史记·廉颇蔺相如列传》："相如因持璧却立，倚柱，怒发上冲冠。"岳飞《满江红》词："～～～～，凭栏处，潇潇雨歇。"

nü

女 1. nǚ ❶女性。与"男"相对。《周易·序卦》:"有天地然后有万物,有万物然后有男~,有男~,然后有夫妇。"㊀特指未嫁之女。《孟子·万章上》:"帝使其子九男二~,百官牛羊仓廪备,以事舜于畎亩之中。"❷柔弱,矮小。《诗经·豳风·七月》:"蚕月条桑,取彼斧斨,以伐远扬,猗彼~桑。"参见"女墙"。❸星名。二十八宿之一。北方玄武七星的第三星。

2. nù ❹嫁女。《孟子·离娄上》:"齐景公曰:'既不能令,又不受命,是绝物也。'涕出而~于吴。"《后汉书·梁鸿传》:"埶家慕其高节,多欲~之。"

3. rǔ ❺通"汝"。你。《吕氏春秋·报更》:"宣孟曰:'斯食之,吾更与~。'"❻姓。

【女魃】 nǚbá 古神话中的旱神。《山海经·大荒北经》:"有人衣青衣,名曰黄帝~~。蚩尤作兵伐黄帝,黄帝乃令应龙攻之冀州之野。应龙畜水,蚩尤请风伯、雨师,纵大风雨。黄帝乃下天女曰魃,雨止,遂杀蚩尤。魃不得复上,所居不雨。"

【女德】 nǚdé ❶犹"妇德"。《国语·晋语八》:"故食谷者,昼选男德以象谷明,宵静~~以伏蛊慝。"❷女色。《三国志·魏书·三少帝纪》:"皇帝芳春秋已长,不亲万机,耽淫内宠,沈漫~~,日延倡优,纵其丑谑。"❸尼姑。宋徽宗宣和元年改女冠为女道,尼为女德。

【女弟】 nǚdì 妹妹。《史记·齐太公世家》:"二十七年,鲁湣公母曰哀姜,桓公~~也。"《汉书·霍光传》:"久之,[卫]少儿~~子夫得幸于武帝,立为皇后,[霍]去病以皇后姊子贵幸。"

【女丁】 nǚdīng 成年女子。《晋书·李雄载记》:"其赋男丁岁谷三斛,~~半之。"

【女工】 nǚgōng ❶从事手工劳动的女子。《墨子·辞过》:"~~作文采,男工作刻镂,以为身服。"❷犹"女功"、"女红"。《后汉书·顺烈梁皇后纪》:"少善~~,好《史书》,九岁能诵《论语》,治《韩诗》,大义略举。"

【女功】 nǚgōng 妇女纺织、缝纫之事。《史记·货殖列传》:"故太公望封于营丘,地潟卤,人民寡,于是太公劝其~~,极技巧,通鱼盐,则人物归之,繦至而辐凑。"(繦:钱贯,此指钱。)

【女红】 nǚgōng 犹"女功"。《汉书·哀帝纪》:"齐三服官、诸官织绮绣,难成,害~~之物,皆止,无作输。"

【女冠】 nǚguān 女道士。孔尚任《桃花扇·棲真》:"你看石墙四耸,昼掩了重门无缝;修真~~,怕遭俗客哄。"又称"女黄冠"。刘克庄《紫泽观》诗:"修持尽是~~~,自小辞家学住山。"

【女华】 nǚhuá 菊花别名。张贲《和鲁望白菊》:"雪彩冰姿号~~,寄声多是地仙家。"

【女君】 nǚjūn ❶妾称丈夫嫡妻为女君。《仪礼·丧服》:"妾之事~~,与妇之事舅姑等。"❷皇后。《三国志·魏书·文德郭皇后传》注引《魏书》:"诚不足以假充~~之盛位,处中馈之重任。"

【女闾】 nǚlǘ 《战国策·东周策》:"齐桓公宫中七市,~~七百,国人非之。""女闾"本是齐桓公淫乐之所,后因指妓院。《醒世恒言·赫大卿遗恨鸳鸯绦》:"然~~之遗,正人耻言。"

【女萝】 nǚluó 松萝。地衣类,常自树梢悬垂,丝状。《诗经·小雅·頍弁》:"茑与~~,施于松上。"也作"女罗"。《楚辞·九歌·山鬼》:"若有人兮山之阿,被薜荔兮带~~。"《汉书·礼乐志》:"半草蓤,~~施。"

【女妹】 nǚmèi 丈夫的妹妹。《后汉书·曹世叔妻传》:"[班]昭~~曹丰生,亦有才惠。"㊀妹妹。《潜夫论·本政》:"今世得位之徒,依~~之宠以骄士。"

【女墙】 nǚqiáng 城上短墙,有射孔,呈凹凸形。《释名·释宫室》:"城上垣,曰睥睨,……亦曰~~,言其卑小,比之于城。"杜甫《上白帝城》诗:"城峻随天壁,楼高望~~。"

【女师】 nǚshī ❶女子之师。《诗经·周南·葛覃》"言告师氏"毛亨传:"师,~~也。古者~~教以妇德、妇言、妇容、妇功。"宋玉《神女赋》:"顾~~,命太傅。"❷女子的楷模。《梁书·太宗王皇后传》:"后幼而柔明淑德,叔父暕见之曰:'吾家~~也。'"❸尼姑。《醒世恒言·赫大卿遗恨鸳鸯绦》:"却说非空庵原有两个房头,东院乃是空照,西院的是静真,也是个风流~~,手下只有一个女童,一个香公。"

【女史】 nǚshǐ ❶女官名。《周礼·天官·女史》:"~~掌王后之礼职,掌内治之贰,以诏后治内政。"《后汉书·皇后纪序》:"~~彤管,记功书过。"❷知识妇女的美称。❸星名。柱史北一星曰女史。

【女士】 nǚshì 古称有士人操行的女性。《诗经·大雅·既醉》:"其仆维何,厘尔~~。"

【女徒】 nǚtú 服劳役的女犯人。《后汉书·

光武帝纪上》："当验问者即就验，～～雇山归家。"

【女娲】 nǚwā ❶神话传说中的女帝、女神。相传为伏羲之妹，或谓伏羲之妇，风姓，人首蛇身，有神圣之德，代伏羲氏立为女帝，号曰女希氏。又传共工怒触不周山，天柱折，地维绝，女娲炼五色石以补天，断鳌足以立四极，聚芦灰以止洪水，以济冀州，于是地平天成。参见《淮南子·览冥训》、《太平御览》卷七十八"女娲氏"等。❷相传为夏禹妃，即涂山氏。

【女兄】 nǚxiōng 姐姐。《新唐书·长孙诠传》："诠～～为韩瑗妻。"

【女媭】 nǚxū 《楚辞·离骚》："女媭之婵媛兮，申申其詈予。""女媭"本为屈原之姊，后作为姐姐的代称。也作"女须"。姜夔《浣溪沙》词序："予～～家沔之山阳。"

【女谒】 nǚyè 通过宫廷宠姬干求请托。《后汉书·钟离意传》："昔成汤遭旱，以六事自责曰：'政不节邪？使人疾耶？宫室荣耶？～～盛邪？苞苴行邪？谗夫昌邪？"

【女夷】 nǚyí 传说中的神名。一为掌春夏万物生长之神。《淮南子·天文训》："～～鼓歌，以司天和，以长百谷、禽鸟、草木。"二为花神。《庶物异名疏》："花神名～～，乃魏夫人弟子。"

【女英】 nǚyīng 帝尧之女，娥皇之妹。与娥皇同为舜妃。

【女垣】 nǚyuán 即"女墙"。李贺《石城晓》诗："月落大堤上，～～棲乌起。"

【女乐】 nǚyuè 歌舞伎。《战国策·秦策一》："荀息曰：'《周书》有言，美女破舌。'乃遗之～～，以乱其政。"（舌：指谏臣。）

【女真】 nǚzhēn 古代少数民族的名称。满族的祖先。周朝时称肃慎氏，两汉、三国、魏晋时称挹娄，南北朝时称勿吉，隋唐称靺鞨，五代时始称女真，后避契丹主宗真讳，曾改名女直。北宋时灭辽，建立金国，后为蒙古族所灭。1644年入关，统一中国，建立清王朝。

【女主】 nǚzhǔ ❶家庭主妇。《礼记·丧大记》："其无～～，则男主拜女宾于寝门内；其无男主，则～～拜男宾于阼阶下。"❷皇后或太后。多指临朝执政者。《史记·吕太后本纪论》："高后～～称制。"《后汉书·皇后纪序》："东京皇统屡绝，权归～～。"

【女校书】 nǚjiàoshū 胡曾《赠薛涛》诗："万里桥边女校书，枇杷花下闭门居。"薛涛是唐代名妓，颇具文才，时人呼为女校书。后因以称才女。

【女怀清台】 nǚhuáiqīngtái 秦时，巴郡有寡妇名清，其夫得丹穴（硃砂矿）而致富，夫死，妇能守其业，以财自卫，人不敢犯。秦始皇以为贞妇，为筑女怀清台。台址在今重庆市长寿县南。

籹 nǚ 见"粔籹"。

恧 nù 惭愧。《后汉书·律历志中》："每见图书，中心～焉。"（图书：河图、洛书。）《三国志·魏书·武帝纪》："今君称丕显德，……功高于伊、周，而赏卑于齐、晋，朕甚～焉。"

【恧怩】 nùní 惭愧。鲍照《代贫贱愁苦行》："俄顷不相酬，～～面已赤。"

【恧恧】 nùnù 惭愧。《三国志·魏书·邴原传》注引《原别传》："子弱不才，惧其难正，贪欲相屈，以匡励之。虽云利贤，能不～～！"

【恧然】 nùrán 惭愧的样子。《三国志·吴书·周瑜传》："[孙]权答曰：'……今二君勤勤援引汉高河山之誓，孤用～～。'"

【恧缩】 nùsuō 羞惭畏缩。《新唐书·李石传》："士良等～～不得对，气益夺。"

衄（衂、䶊） nù ❶鼻孔出血。《伤寒论·辨脉法》："脉浮，鼻中燥者，必～也。"❷伤败。《后汉书·段颎传》："信叛羌之诉，饰润辞意，云臣兵累见折～。"❸缩。《韩非子·说林上》："夫死者，始死而血，已血而～，已～而灰，已灰而土。"

朒 nù ❶农历初一月出现于东方。谢庄《月赋》："～朓警阙，朏魄示冲。"㊀亏缺。《九章算术》卷七"盈不足"注："不足者谓之～。"❷缩。《后汉书·律历志下》："然后虽有变化万殊，赢～无方，莫不结系于此而禀正焉。"

衂 nù 忧戚。王褒《洞箫赋》："愤伊郁而酷～，愍眸子之丧精。"

絮 nù 见xù。

nuan

濡 nuán 见rú。

渜 nuǎn ❶热水。《说文·水部》："渜，汤也。"❷水名。今河北滦河古称"濡水"，濡为"渜"之误。

餪（餪） nuǎn 女儿出嫁后第三日娘家或亲戚馈送食物设酒祝贺。《聊斋志异·乐仲》："戚党闻之，皆～仲，两人皆乐受之。"

暖(暝、煖、㬉) 1. nuǎn ❶温暖。《孟子·尽心上》："五十非帛不～，七十非肉不饱。"《楚辞·天问》："何所冬～？何所夏寒？"

2. xuān ❷同"暄"、"煊"。《庄子·大宗师》："凄然似秋，～然似春。"《释文》："'暖然'音暄。"(暖然：温和的样子。)又见"暖姝"。

【暖尘】 nuǎnchén 轻软的尘土。虞集《次韵朱本初访李溉之学士不遇》："城南城北～～飞，伐木相求若未归。"杨基《寓江宁村居病起写怀》诗之九："十里吴堤踏～～，老怀忽忆故乡春。"

【暖翠】 nuǎncuì 春天晴明的山色。黄庭坚《湖口人李正臣蓄异石九峰……》诗："有人夜半持山去，顿觉浮岚～～空。"吴景奎《药房樵唱和韵春日》之一："江上数峰浮～～，日边繁杏倚春红。"

【暖房】 nuǎnfáng 迁居新屋或结婚前一日，亲朋送酒食贺喜叫暖房。王建《宫词》之七十四："太仪前日～～来，嘱向朝阳乞药栽。"

【暖轿】 nuǎnjiào 四周有帷幔的轿子。在封建时代，只有品官之家方可乘坐，帷幔或青或红，依品位而定。《警世通言·唐解元一笑姻缘》："解元立住脚看时，只见十来个仆人前引一乘～～，自东而来，女从如云。"

【暖寿】 nuǎnshòu 生日头一天预先祝寿。《官场现形记》三回："于是定了头一天～～，是本公馆众家人的戏酒。"

【暖姝】 xuānshū 心满意足浅见自喜的样子。《庄子·徐无鬼》："所谓～～者，学一先生之言，则暖暖姝姝而私自说也，自以为足矣，而未知未始有物也。"

臑 nuǎn 见nào。

nüe

疟(瘧) nüè 疟疾。《左传·昭公十九年》："夏，许悼公～。"

【疟鬼】 nüèguǐ 以疟疾作祟的恶鬼。干宝《搜神记》卷十六："昔颛顼氏有三子，死而为疫鬼：一居江水，为～～；一居若水，为魍魉鬼；一居人宫室，善惊人小儿，为小鬼。"韩愈《谴疟鬼》诗："如何不肖子，尚奋～～威？"

虐 nüè ❶残暴，酷虐。《国语·晋语五》："灵公～，赵宣子骤谏，公患之，使钽麑贼之。"❷残害，侵凌。《国语·楚语下》："下～上为弑，上～下为讨。"苏轼《东坡志林·鲁隐公》："里克不免于惠公之诛，李斯不免于二世之～，皆无足哀者。"❸灾害，祸害。《尚书·盘庚中》："殷降大～，先王不怀。"萧子良《密启武帝》："播植既周，继以旱～。"❹通"谑"。戏谑。《诗经·大雅·抑》："诲尔谆谆，听我藐藐；匪用为教，覆用为～。"(用：以。)

【虐疾】 nüèjí 暴病。《尚书·金縢》："惟尔元孙某，遘厉～～。"(遘：遇。)

【虐政】 nüèzhèng 暴政。《后汉书·郑兴传》："陛下起自荆楚，权政未施，一朝建号，而山西雄桀争诛王莽，开关郊迎者，何也？此天下同苦王氏～～，而思高祖之旧德也。"

nun

麐 nún 香气。李商隐《魏侯第东北楼堂郢叔言别》诗："疑穿花逶迤，渐近火温～。"

nuo

哪 nuó 驱鬼疫时傩人之声。《集韵·戈韵》："～，哪哪，傩人之声。"

娜 nuó(旧读nuǒ) 见"娜娜"。

【娜娜】 nuónuó 轻柔的样子。梅尧臣《依韵和永叔子履冬夕小斋联句见寄》："到时春怡怡，万柳枝～～。"

难 nuó 见nán。

傩(儺) nuó ❶行步有节度。《诗经·卫风·竹竿》："巧笑之瑳，佩玉之～。"❷古代驱逐疫鬼的迷信活动。《论语·乡党》："乡人～，朝服而立于阼阶。"

婀(娿) nuǒ ❶见"婀娜"。❷小的样子。扬雄《太玄经·瞢》："次六，瞢瞢之离，不宜荧且～。"

【婀娜】 nuǒwǒ 柔美的样子。同"娜婀"。《说文·女部》"娜"段注："娜婀与'旖施'音义皆同，俗作'婀娜'。"戴良《对菊联句》："秋荣恣～～，春橤失萎媞。"(萎媞：羞怯貌。)

那 nuò 见nǎ。

诺(諾) nuò ❶应答之声。《礼记·玉藻》："父命呼，唯而不～。"《史记·留侯世家》："父去里所，复还，曰：'孺子可教矣。后五日平明，与我会此。'[张]良因怪之，跪曰：'～。'"❷答应，应允。《论语·颜渊》："子路无宿～。"《史记·游侠列传》："今游侠，其行虽不轨于正义，然其言必信，其行必果，已～必诚，不爱其躯。"❸在文书末尾批字表示许可。《后汉书·党锢传序》："汝南太守范孟博，南阳宗资主画～。"

【诺诺】 nuònuò "诺"是应声，重复为应允，有顺从意。《史记·商君列传》："赵良曰：'千羊之皮，不如一狐之掖；千人之～～，不如一士之谔谔。'"（谔谔：直言貌。）

【诺已】 nuòyǐ 罢了，完了。《公羊传·僖公元年》："奚斯不忍反命于庆父，自南涘，北面而哭。庆父闻之曰：'嘻！此奚斯之声也，～～！'"

掿 nuò 握。《七国春秋平话》卷上："手～宣花月斧，腰悬打将铁鞭，乃齐将袁达，厉声高叫索战。"

喏 nuò 见 rě。

搦 nuò ❶按，抑。左思《魏都赋》："～秦起赵，威振八蕃。"❷捉，握持。《三国志·魏书·臧洪传》："每登城勒兵，望主人之旗鼓，感故友之周旋，抚弦～矢，不觉流涕之覆面也。"郭璞《江赋》："舟子于是～棹，涉人于是檥榜。"❸摩。班固《答宾戏》："～朽摩钝，铅刀皆能一断。"（朽、钝：皆指不才之人。）❹挑惹。见"搦战"。

【搦管】 nuòguǎn 握笔。白居易《紫毫笔》诗："～～趋入黄金阙，抽毫立在白玉除。"

【搦战】 nuòzhàn 挑战。《三国演义》七十三回："廖化出马～～，翟元出迎，二将战不多时，化诈败，拨马便走，翟元从后追杀，荆州兵退二十里。"

需 nuò 见 xū。

懦（愞、懧） nuò 软弱。《左传·僖公二年》："宫之奇之为人也，～而不能强谏。"《国语·鲁语下》："说侮不～，执政不贰，帅大雠以惮小国，其谁云惮之？"《战国策·齐策四》："文倦于事，愦于忧，而性～愚，沉于国家之事，开罪于先生。"《汉书·武帝纪》："秋，匈奴入雁门，太守坐畏～弃市。"（坐：因……而获罪。）

【懦孱】 nuòcàn 畏怯软弱。陆游《谢内翰启》："性本～～，辄妄希于骨鲠。"

【懦品】 nuòpǐn 怯懦之人。沈约《奏弹王源》："臣实～～，谬掌天宪；虽埋轮之志，无屈权右。"

糯（稬、穤） nuò ❶黏稻。可以酿米酒，做年糕、米糖。宋应星《天工开物·稻》："凡稻种最多：……黏者，禾曰秫，米曰～。"❷指糯米酿的酒。《聊斋志异·神女》："有客馈苦～，公子饮而美之。"

O

O

哦 ó 见 é。

OU

区 ōu 见 qū。

讴（謳） ōu ❶歌唱。《楚辞·大招》："～和扬阿，赵箫倡只。"（扬阿：楚地歌曲名。）《汉书·高帝纪上》："汉王既至南郑，诸将及士卒皆歌～思东归，多道亡还者。"❷歌曲，歌谣。《汉书·艺文志》："自孝武立乐府而采歌谣，于是有代、赵之～，秦、楚之风，皆感于哀乐，缘事而发。"

【讴歌】 ōugē ❶歌唱。《吕氏春秋·顺说》："管子得于鲁，鲁束缚而槛之，使役人载而送之齐，皆～～而引。"（引：拉车。）❷歌颂，赞颂。《史记·五帝本纪》："～～者不～～丹朱而～～舜。"

【讴鸦】 ōuyā 摇橹声。陆龟蒙《北渡》诗："江客柴门枕浪花，鸣机寒舻任～～。"

苉 ōu 见 qiū。

炬（熰） ōu　极热。《管子·侈靡》："古之祭……有时而～。"

瓯（甌） ōu　❶盆、盂一类的瓦器。《说文·瓦部》："～，小盆也。"《淮南子·说林训》："狗彘不择甂～而食，偷肥其体，而顾近其死。"❷地名。温州别名。

【瓯窭】ōulóu　高狭之地。《史记·滑稽列传》："今者臣从东方来，见道傍有禳田者，操一豚蹄，酒一盂，祝曰：'～～满篝，污邪满车，五谷蕃熟，穰穰满家。'"（禳田：祈祷丰收之祭。篝：竹笼。污邪：低洼的下等田。）

【瓯脱】ōutuō　匈奴语。边界屯守之处。《史记·匈奴列传》："[东胡]与匈奴间，中有弃地，莫居，千馀里。各居其边为～～。"后来用"瓯脱"泛指边地。

【瓯蚁】ōuyǐ　茶杯中的茶沫。用作茶的代称。陆龟蒙《甫里先生传》："先生嗜茶荈，置小园于顾渚山下，岁入茶租十许，薄为～～之费。"

【瓯臾】ōuyú　瓦器。臾，通"瓵"。比喻地势低洼不平。《荀子·大略》："流丸止于～～，流言止于知者。"

欧（歐） 1. ōu　❶（旧读ǒu）通"殴"。击打。《汉书·张良传》："良愕然，欲～之。"❷通"讴"。歌唱，歌颂。《隶释·三公山碑》："百姓～歌，得我惠君。"❸姓。

2. ǒu　❹通"呕"。吐。《后汉书·袁术传》："因愤慨结病，～血死。"《三国志·魏书·许褚传》："太祖崩，褚号泣～血。"

3. qū　❺赶走，驱使。《周礼·夏官·方相氏》："方相氏掌蒙熊皮，黄金四目，玄衣朱裳，执戈扬盾，帅百隶而时难，以索室～疫。"（难：傩，驱疫鬼的迷信活动。）

【欧刀】ōudāo　刑刀。《后汉书·冯绲传》："建光元年，怨者乃诈作玺书谴责焕、光，赐以～～。"

【欧欧】ōuōu　象声词。缪袭《尤射》："鸡鸣～～，明灯晢晢。"

【欧丝】ǒusī　吐丝。《山海经·海外北经》："一女子跪，据树～～。"

殴（毆、敺） 1. ōu（旧读ǒu）　❶击打。《史记·留侯世家》："[张]良鄂然，欲～之。"《论衡·感虚》："世称桀纣之恶，射天而～地。"《汉书·文三王传》："后数复～伤郎，夜私出宫。"

2. qū　❷赶走，驱使。《孟子·离娄上》："故为渊～鱼者獭也，为丛～爵者鹯也，为汤武～民者桀与纣也。"（爵：同"雀"。）

钷（鏂） ōu　古容量单位。二斗为一钷，或说一斗二升八合为一钷。《管子·轻重丁》："齐西之粟釜百泉，则～二十也。"（泉：古钱币名。）

鸥（鷗） ōu　水鸟名。羽毛多为白色，生活在湖海上。范仲淹《岳阳楼记》："沙～翔集，锦鳞游泳。"

【鸥波】ōubō　鸥鸟嬉戏水上，自由自在。借指隐居之地或隐居生活。陆游《杂兴》诗："得意～～外，忘归雁浦边。"方岳《道中连雨》诗："自知机事浅，或可共～～。"

吽 óu　见hǒu。

齵（齵） óu　牙齿不齐。《说文·齿部》："～，齿不正也。"⑤参差不齐。《周礼·考工记·轮人》："察其菑蚤不～，则轮虽敝不匡。"（菑：插入，车辐插入车毂。蚤：榫，车辐插入车毂之中的那部分。）

【齵差】óucī　参差不齐。《荀子·君道》："天下之变，境内之事，有弛易～～者矣。"

呕（嘔） 1. ǒu　❶吐。《史记·绛侯周勃世家》："[周亚夫]因不食五日，～血而死。"

2. ōu　❷通"讴"。歌唱。《后汉书·王常传》："民之～吟思汉，非一日也。"❸象声词。见"呕哑"、"呕轧"。

3. òu　❹通"怄"。怄气。《官场现形记》十回："谁知此时他二人，一个是动了真气，一个是有心～他。"

4. xū　❺和悦。见"呕呕"、"呕喻"。❻通"煦"。熏蒸。扬雄《剧秦美新》："玄黄剖判，上下相～。"

【呕哇】ōuwā　❶小儿说话声。《广韵·平韵》："～～，小儿语也。"❷鸟鸣声。文同《咏凫》："雨归别岛～～语，风度前滩翕呷飞。"

【呕哑】ōuyā　象声词。杜牧《阿房宫赋》："管弦～～，多于市人之言语。"欧阳修《赠无为军李道士》诗："李师一弹凤凰声，空山百鸟停～～。"

【呕鸦】ōuyā　同"呕哑"。象声词。苏轼《江行见桃花》诗："故复此微吟，聊和～～橹。"

【呕轧】ōuyà　象声词。司空图《冯燕歌》："故故推门掩不开，似教～～传言语。"王禹偁《东门送郎吏行》："醒来闻鸣橹，～～摇斜阳。"

【呕咐】xūfù　抚养，培育。《淮南子·本经训》："斟酌万殊，旁薄众宜，以相～～酝酿而成育群生。"

【呕呕】xūxū　和悦的样子。《史记·淮阴侯列传》："项王见人，恭敬慈爱，言语～～。"

【呕煦】 xūxǔ 养育。《易林·旅之巽》:"～～成熟,使我福德。"

【呕煦】 xūxù 和悦可亲的样子。邵长蘅《阎典史传》:"陈明选宽厚～～,每巡城,拊循其士卒,相劳苦,或至流涕。"(拊循:抚慰。劳苦:慰劳。)

【呕喻】 xūyú 和悦的样子。《汉书·王褒传》:"贤人君子,亦圣王之所以易海内也。是以～～受之,开宽裕之路,以延天下英俊也。"

禺 ǒu 见 yù。

偶 1. ǒu ❶偶像。用土木等制成的人像。《说文·人部》:"～,桐人也。"徐渭《昨见》诗:"昨见食～者,析～以为薪。"[又]泛指用土木等制成的其他象形物。《汉书·韩延寿传》:"百姓遵用其教,卖～车马下里伪物者,弃之市道。"❷配合,辅助。《尚书·君奭》:"汝明勖～王。"❸配偶。《论衡·骨相》:"使次公命贱,不得妇人为～,不宜为夫妇之时,则有二夫、赵王之祸。"[又]婚配;交配。班固《白虎通·嫁娶》:"七岁之阳也,八岁之阴也,七八十五,阴阳之数备,有相～之志。"《太平广记》卷四六一引《王轩传》:"一日,奴告曰:'蛇盘孔雀,且毒死矣。'轩令救之……卒云:'蛇与孔雀～。'"❹匹敌,对等,相当。《国语·越语上》:"有带甲五千人,将以致死,乃必有～。是以带甲万人事君也。"《论衡·案书》:"有人于此,文～仲舒,论次君山,终不同于二子者,姓名殊也。"[引]匹敌的人,对手。阮元《小沧浪笔谈》卷一:"[桂馥]学博而精,尤深于《说文》小学,诗才隶笔,同时无～。"❺相对。见"偶视"、"偶语"。❻伙伴,同伙。《史记·黥布列传》:"[布]迺率其曹～,亡之江中为群盗。"❼双数。《后汉书·桓谭传》:"其事虽有时合,譬犹卜数只～之类。"❽遇,遇合,适合。颜延之《五君咏·嵇中散》:"中散不～世,本自餐霞人。"綦毋潜《春泛若耶溪》诗:"幽意无断绝,此去随所～。"秦观《上吕晦叔书》:"器足以任天下之重……术足以～事物之变。"[又]迎合,投合。《后汉书·吴良传》:"每处大议,辄据经典,不希旨～俗,以徼时誉。"❾偶然,恰巧。《列子·杨朱》:"郑国之治,～耳。非子之功也。"《论衡·初禀》:"文王当兴,赤雀适来;鱼跃乌飞,武王～见。"

2. yù ❿通"寓"。寄托。《晏子春秋·杂上》:"若使不可得,则依物而～于政。"

【偶合】 ǒuhé ❶投合。《论衡·逢遇》:"夫以贤事贤君,君欲为治,臣以贤才辅之,趋舍～～,其遇固宜。"❷偶然相合,巧合。《论衡·偶会》:"非僮谣致斗竞,鸜鹆招君恶也,期数自至,人行～～也。"

【偶视】 ǒushì 相对而视。《荀子·修身》:"～～而先俯,非恐惧也。"

【偶行】 ǒuxíng 结伴同行。《战国策·楚策一》:"城浑出周,三人～～,南游于楚,至于新城。"

【偶语】 ǒuyǔ 相对私语。《史记·高祖本纪》:"父老苦秦苛法久矣,诽谤者族,～～者弃市。"

【偶坐】 ǒuzuò ❶陪坐。《礼记·曲礼上》:"～～不辞。"❷相对而坐。杜甫《题李尊师松树障子歌》:"松下丈人巾屦同,～～似是商山翁。"❸偶尔小坐。贺知章《题袁氏别业》诗:"主人不相识,～～为林泉。"

寓 ǒu 见 yù。

耦 ǒu ❶两人并耕。《论语·微子》:"长沮、桀溺～而耕。"[引]两个一组。《左传·襄公二十九年》:"射者三～。"《三国志·吴书·孙权传》:"车中八牛,以为四～。"❷匹敌之人。《汉书·董仲舒传》:"伊吕乃圣人之～,王者不得则不兴。"[又]与……匹敌。《韩非子·内储说上》:"卫嗣君重如耳,爱世姬,而恐其皆因其爱重以壅己也,乃贵薄疑以敌如耳,尊魏姬以～世姬。"❸配偶。《左传·桓公二年》:"嘉～曰妃,怨～曰仇。"❹合,适应。《汉书·杜周传》:"臣窃有所忧,言之则拂心逆指,不言则渐日长,为祸不细,然小臣不敢废道而求从,违忠而～意。"❺双数。与"奇"相对。《周易·系辞下》:"阳卦奇,阴卦～。"

【耦语】 ǒuyǔ 同"偶语"。相对私语。《汉书·高帝纪下》:"上居南宫,从复道上见诸将往往～～,以问张良。"

【耦世接俗】 ǒushìjiēsú 随顺世俗。《吕氏春秋·赞能》:"沈尹茎谓孙叔敖曰:'……～～～～,说义调均,以适主心,子不如我也。'"

藕(蕅) ǒu 莲荷的地下茎。孟郊《去妇》诗:"妾心～中丝,虽断犹连牵。"

【藕肠】 ǒucháng 藕中丝。沈亚之《为人撰乞巧文》:"细绡缕于～～兮,差莲跗以齿致。"

沤(漚) 1. òu ❶浸泡。《诗经·陈风·东门之池》:"东门之池,可以～麻。"《论衡·订鬼》:"颛顼氏有三子,生而亡去为疫鬼……一居人宫室区隅～库,善惊人小儿。"(区:小屋。)

2. ōu ❷水的气泡。苏轼《九日黄楼作》诗:"去年重阳不可说,南城夜半千～发。"(千沤发:雨点激起无数水泡。)❸通"鸥"。《列子·黄帝》:"海上之人有好～鸟者,每旦之海上,从～鸟游。"

怄(慪) òu 惹,逗人生气。《儿女英雄传》三十二回:"不是～老哥哥,要看你这老精神儿,只怕还赶的上见个侄儿,也不可知呢!"

P

pa

旳 pā 纷乱的样子。《灵枢经·卫气行》:"天与地同纪,纷纷～～,终而复始。"

葩 pā ❶花。嵇康《琴赋》:"远而听之,若鸾凤和鸣戏云中;迫而察之,若众～敷荣曜春风。"❷花形的装饰物。张衡《西京赋》:"骊驾四鹿,芝盖九～。"❸华丽。韩愈《进学解》:"《易》奇而法,《诗》正而～。"

【葩瑵】 pāzhǎo 花形装饰物,多用于车盖之上。瑵,车盖弓端伸出部分,形如爪。张衡《东京赋》:"羽盖威蕤,～～曲茎。"也作"葩爪"。

把 pá 见 bǎ。

杷 1. pá ❶农具。有齿,用以耙梳、收聚柴草谷物。王褒《僮约》:"屈竹作～。"❷用手扒。《汉书·贡禹传》:"农夫父子暴露中野,不避寒暑,捽草～土,手足胼胝。"❸见"枇杷"。❹姓。

2. bà ❺柄。《晋书·王濛传》:"临殡,刘惔以犀～麈尾置棺中,因恸绝久之。"

爬 pá ❶搔。韩愈《试大理评事王君墓志铭》:"栉垢～痒,民获苏醒。"(栉垢:用梳子梳去头上的污垢,喻革除弊政。)❷伏地而行。《水浒传》五回:"打闹里,那大王～出房门,奔到门前,摸着空马,树上折枝柳条,托地跳在马背上,把柳条便打那马,却跑不去。"

【爬罗】 páluó 搜罗。韩愈《进学解》:"～～剔抉,刮垢磨光。"

【爬梳】 páshū ❶梳理。陆游《行东山下至南岩》诗:"坐觉尘襟真一洗,正如头垢得～～。"❷整治。韩愈《送郑尚书序》:"蜂屯蚁杂,不可～～。"

钯(鈀) 1. pá ❶古兵器。虞喜《志林新书》:"贺齐性奢侈,尤好军事。兵甲器械,极为精好。干橹、戈矛、～爪……咸取上材。"❷平土除草的农具。《正字通·金部》:"～,钼属,五齿,平土除秽用之。"

2. bā ❸箭头。《方言》卷九:"[箭镞]其广长而薄镰[者]谓之錍,或谓之～。"《广雅·释器》:"～,镝也。"❹兵车。《说文·金部》:"～,兵车也……《司马法》曰:'晨夜内～车。'"

琶 pá 见"琵琶"。

筢 pá 竹筢。收集树叶柴草的工具。《字汇·竹部》:"～,五齿～,用以取草也。"

滟 pá 水名。源出广东佛冈县,注入北江。王士祯《滟江》诗:"～江流水远,洭口住人稀。"

帕 pà 手巾,手帕。《三国志·魏书·王粲传》:"观人围棊,局坏,粲为覆之。棊者不信,以～盖局,使更以他局为之。用相比较,不误一道。其强记默识如此。"

怕 1. pà ❶害怕。韩愈《县斋有怀》诗:"气象杳难测,声音吁可～。"❷恐怕。表示测度。关汉卿《窦娥冤》一折:"天若是知我情由,～不待和天瘦。"❸难道。表示反诘。王实甫《西厢记》三本四折:"红云:'你因甚便病得这般了!'生云:'你行～说的慌,却因小姐上来。'"❹倘若。表假设。关汉卿《拜月亭》楔子:"您昆仲各东西,俺子母两分离。～哥哥不嫌相辱呵!权为个妹。"

2. bó ❺淡泊。《说文·心部》:"～,无为也。"《文选·子虚赋》:"～乎无为,憺乎自持。”（按：《史记·司马相如列传》、《汉书·司马相如传》均作“泊乎无为”。）

帕 pà 见 mò。

pai

拍 1. pāi ❶轻击，拊拍。《玉篇·手部》：“～，拊也。”古诗《为焦仲卿妻作》：“举手～马鞍，嗟叹使心伤。”刘禹锡《竹枝词》：“山桃红花满上头，蜀江春水～山流。”❷迎合，奉承。《后汉书·赵壹传》：“妪媚名埶，抚～豪强。”❸乐曲的节拍。白居易《霓裳羽衣歌》：“中序擘騞初入～，秋竹竿裂春冰坼。”❹乐器名。即“拍板”。以坚木片做成，用来击节。张羽《席上听歌妓》诗：“浅按红牙～，轻和宝钿筝。”❺吟咏。吕岩《七夕》诗：“父子生来有两口，多好歌笙不好～。”（注：“拍，吟也。”）㊉说。汤显祖《牡丹亭·如杭》：“一点色情难坏，再世为人，话做了两头分～。”❻古兵器名。即狼牙拍。绳系方木，上布狼牙钉，用抛车甩出击敌。《南史·章昭达传》：“昭达乘平虏大舰，中流而进，先锋发～，中贼舰。”

2. bó ❼通“膊”。肩胛。《周礼·天官·醢人》：“馈食之豆，其实……豚～、鱼醢。”（豆：盛食器。醢：肉酱。）

【拍浮】 pāifú 游泳。《世说新语·任诞》：“毕茂世云：‘一手持蟹螯，一手持酒杯，～～酒池中，便足了一生。’”

【拍张】 pāizhāng 杂技名。《南齐书·王敬则传》：“年二十馀，善～～。补刀戟左右。”

陌 pāi 见 mò。

趙 pāi 越过。郭璞《江赋》：“鼓帆迅越，～涨截泂。”

俳 pái ❶杂戏，滑稽戏。《汉书·霍光传》：“大行在前殿，发乐府乐器，引内昌邑乐人，击鼓歌吹作～倡。”㊉演杂戏的艺人。《汉书·景十三王传》：“后去数置酒，令倡～裸戏坐中，以为乐。”❷诙谐，滑稽。《文心雕龙·论说》：“至如张衡《讥世》，韵似～说。”❸指俳体文或俳谐文。王世贞《书谢灵运集后》：“其体虽或近～，而其意有以合掌者。”❹痱痪。《素问·脉解》：“内夺则厥，则为瘖～，此肾虚也，少阴不至者厥也。”❺通“徘”。“徘徊”亦作“俳佪”。《楚辞·远遊》：“音乐博衍无终极兮，焉乃逝以～佪。”

【俳偶】 pái'ǒu 对偶，骈俪。指古代诗文中两两相对的句式。王世贞《艺苑卮言》卷三：“士衡、康乐已于古调中出～～，总持、孝穆不能于～～中出古思。”

【俳体】 páitǐ ❶骈体文。袁枚《随园诗话》卷一：“以昌黎之崛强，宜鄙～～矣。”❷俳谐文。内容诙谐，含讽谕之义的文字。如南朝《驴九锡》、《鸡九锡》、韩愈《毛颖传》等皆是。又称“俳谐体”。

【俳笑】 páixiào 戏笑。《史记·黥布列传》：“少年，有客相之曰：‘当刑而王。’及壮，坐法黥。布欣然笑曰：‘人相我当刑而王，几是乎？’人有闻者，共～～之。”

【俳优】 páiyōu 以乐舞谐戏为业的艺人。《荀子·王霸》：“乱世不然……～～、侏儒、妇女之请谒以悖之。”

排 1. pái ❶挤；推。《楚辞·远遊》：“命天阍其开关兮，～阊阖而望予。”（阍：守门者。阊阖：天门。）《晋书·王徽之传》：“尝从［桓］冲行，值暴雨，徽之因下马～入车中。”㊉摈斥，排挤。《后汉书·贾逵传》：“诸儒内怀不服，相与～之。”穆修《答乔适书》：“众又～诟之，罪毁之。”❷批，分开。贾谊《陈政事疏》：“屠牛坦一朝解十二牛，而芒刃不顿者，所～击剥割，皆众理解也。”❸排除，疏通。《战国策·赵策三》：“所贵于天下之士者，为人～患释难解纷乱而无所取也。”《孟子·滕文公上》：“决汝汉，～淮泗，而注之江。”❹排列。白居易《春题湖上》诗：“松～山面千重翠，月点波心一颗珠。”❺编次。白居易《编集拙诗成一十五卷因题卷末戏赠元九李二十》诗：“莫怪气粗言语大，新～十五卷诗成。”❻安置，张设。《庄子·大宗师》：“献笑不及～，安～而去化。”《红楼梦》十一回回目：“庆寿辰宁府～家宴。”❼盾牌。《周书·刘雄传》：“雄身负～，率所部二十馀人，据堑力战。”

2. bài ❽通“鞴”。吹火革囊，即鼓风机。《后汉书·杜诗传》：“造作水～，铸为农器。”

【排奡】 pái'ào 矫健的样子。韩愈《荐士》诗：“横空盘硬语，妥贴力～～。”

【排摈】 páibìn 排斥。《三国志·蜀书·先主传》：“及董和、黄权、李严等本［刘］璋之所授用也，吴壹、费观等又璋之婚亲也，彭羕又璋之所～～也，刘巴者宿昔之所忌恨也，皆处之显任，尽其器能。”

【排当】 páidàng ❶宫中饮宴。《古杭记》：“宫中饮宴名～～。”武衍《宫中词》：“圣主忧勤～～少，犀椎鱼拨总成闲。”❷泛指家庭料理饮宴。惠士奇《除夕写怀》诗：“今夕复何夕，洗手调羹汤，辛盘与椒酒，一一亲～～。”

【排阖】 páihé 推门。《礼记·少仪》：“～～

说履于户内者，一人而已矣。”（阖：门扇。说：通“脱”。）

【排檠】 páiqíng 辅正弓弩之器。《荀子·性恶》：“繁弱、巨黍，古之良弓也；然而不得～～，则不能自正。”

【排空】 páikōng 凌空。范仲淹《岳阳楼记》：“阴风怒号，浊浪～～。”

【排律】 páilǜ 律诗的一种。五律、七律只限八句，中间只有两个对偶句。八句以上，除首尾两联外，中间各联皆对偶句的就是排律，又称长律。排律之名始见于元杨士弘所编《唐音》。

【排闼】 páità 推门。闼，宫中小门。《史记·樊郦滕灌列传》：“哙乃～～直入，大臣随之。”

【排揎】 páixuān 数落，斥责。《红楼梦》二十回：“黛玉先笑道：‘……那袭人待他也罢了，你妈妈再要认真～～他，可见老背晦了。’”

【排拶】 páizā 挤压。韩愈《辛卯年雪》诗：“崩腾相～～，龙凤交横飞。”

【排迮】 páizé 困迫。《后汉书·窦融传》：“［隗］嚣势～～，不得进退，此必破也。”

【排抵】 páizhǐ 排斥，攻击。《后汉书·桓谭传》：“性嗜倡乐，简易不修威仪，而憙非毁俗儒，由是多见～～。”（憙：喜好，喜欢。）

【排訾】 páizǐ 排斥诋毁。《吕氏春秋·怀宠》：“辟远圣制，謷丑先王，～～旧典。”（辟：摒弃。謷：诋毁。）

徘 pái 见“徘徊”。

【徘徊】 páihuái 来来回回地走，回旋不进。《荀子·礼论》：“过故乡，则必～～焉，鸣号焉，踯躅焉，踟蹰焉，然后能去之也。”《汉书·高后纪》：“［吕］产不知禄已去北军，入未央宫欲为乱。殿门弗内，～～往来。”（内：同“纳”。）

牌 pái ❶起揭示或标记作用的板。如题榜、匾额之类。《儒林外史》三回：“次日，行香挂～，先考了两场生员。”❷用作符信凭证的东西。如功牌、金牌、银牌等。《宋史·舆服志六》：“唐有银～，发驿遣使，则门下省给之。”❸盾牌。曾巩《本朝政要策·南蛮》：“宋兴，尝设广捷之兵，习摽～之器。”❹木主，俗称牌位。吴自牧《梦粱录·郊祀年驾宿青城端诚殿行郊祀礼》：“板位系朱～金字。”❺词曲调名。刘熙载《艺概·词曲概》：“曲套中有～名，有名同而体异者，有体同而名异者。”❻博戏用具。《红楼梦》四十回：“鸳鸯道：‘如今我说骨～副儿，从老太太起，顺领下去，至刘老老止。’”❼同“簰”。木筏。张籍《江南曲》诗：“土地卑湿饶虫蛇，连木为～入江住。”❽军中小头领名。《水浒传》十二回：“我有心要抬举你做个军中副～，月支一份请受。”

箄 pái 见 bēi。

派 pài ❶江、河的支流。郭璞《江赋》：“源二分于崌崃，流九～乎浔阳。”皇甫冉《送李录事赴饶州》诗：“山从建业千峰远，江到浔阳九～分。”㉑事物的分支、流派。李邕《左羽林大将军臧公神道碑》：“其先～于后稷，演于周公，洎鲁孝公子臧，因而为氏。”❷差遣。《红楼梦》四十二回：“再～了宝兄弟帮着他。”❸指责。《红楼梦》三十回：“黛玉啐道：‘呸！你倒来～我的不是。’”❹量词。郝经《葡萄》诗：“一～玛瑙浆，倾注百千瓮。”

湃 1. pài ❶见“湃湃”。
2. bá ❷将物品放在凉水中浸，使之变冷。《红楼梦》三十一回：“才鸳鸯送了好些果子来，都～在那水晶缸里呢。叫他们打发你吃不好吗？”

【湃湃】 pàipài 波浪声。苏轼《又次前韵赠贾耘老》：“仙坛古洞不可到，空听馀澜鸣～～。”

渀 pài 见 fèi。

pan

扳 pān 见 bān。

拚 pān（又读 pīn） 舍弃，不顾一切地干。梅尧臣《昭亭潭上别弟》诗：“须～一日醉，便作数年期。”

番 pān 见 fān。

潘 1. pān ❶淘米水。《左传·哀公十四年》：“陈氏方睦，使疾，而遗之～沐，备酒肉焉。”（杜预注：“潘，米汁，可以沐头。”）《礼记·内则》：“五日则燂汤请浴，三日具沐，其间面垢，燂～请靧。”（燂：烧热。靧：洗脸。）❷水名。1）在河南荥阳市境。一说即汴水。《说文·水部》：“～，水名，在河南荥阳。”2）在浙江绍兴市境。《汉书·地理志上》：“萧山，～水所出，东入海。”❸姓。
2. pán ❹通“蟠”。回旋的水流。《列子·黄帝》：“鲵旋之～为渊。”
3. fān ❺溢。《管子·五辅》：“导水潦，利陂沟，决～渚。”

【潘鬓】 pānbìn 指中年鬓发初白。语出潘岳《秋兴赋》。元稹《酬翰林白学士代书一百韵》：“宁牛终夜永，～～去年衰。”

【潘郎】 pānláng 指晋朝潘岳。潘岳姿容秀美，每出行，妇女以果掷之。详见《世说新语·容止》。后常借指妇女倾慕的美男子。韦庄《江城子》词："缓揭绣衾抽皓腕，移凤枕，枕～～。"

【潘杨】 pānyáng 指潘岳、杨绥(仲武)。潘岳的妻子是杨绥的姑姑。两家又是世亲，代代和睦。后遂称姻亲为潘杨。孟浩然《送桓子之郢城过礼》诗："为结～～好，言过鄢郢城。"

【潘舆】 pānyú 潘岳曾因母病辞官，并作《闲居赋》，赋中有"太夫人乃御版舆，升轻轩，远览王畿，近周家园"之语。后因以"潘舆"为养亲之典。刘克庄《得家讯》诗："何时真宦达，处处奉～～。"

攀 pān ❶抓住东西向上爬。《庄子·马蹄》："乌鹊之巢可～援而窥。"《汉书·司马相如传上》："仰～榱而扪天。"(榱：屋椽。)《后汉书·和熹邓皇后纪》："尧梦～天而上，汤梦及天而咶之。"(咶：通"舐"。)㊀依附(权贵)。《汉书·韩安国传》："有如太后宫车即宴驾，大王尚谁～乎？"❷拉，牵，挽。《战国策·楚策四》："伯乐遭之，下车～而哭之，解纻衣以幂之。"(遭：遇。幂：覆。)《汉书·朱云传》："御史将云下，云～殿槛，槛折。"❸拉扯，牵连。《三国演义》二十三回："此人曾～下王子服等四人。"

【攀附】 pānfù ❶攀引而上。陈琳《为曹洪与魏文帝书》："设令守无巧拙，皆可～～，则公输已陵宋城，乐毅已拔即墨矣。"❷依附。《后汉书·寇恂传》："今闻大司马刘公，伯升母弟，尊贤下士，士多归之，可～～也。"

【攀桂】 pānguì 犹"折桂"。指科举应试得中。魏徵《赏旧左右议》："故～～之谨未绝，积薪之叹尚深。"

【攀恋】 pānliàn 牵挽车辕恋恋不舍。比喻不忍贤明长官去职。庾信《周车骑大将军赠小司空宇文显和墓志铭》："在州遘疾，解任还朝……吏人～～，刊石陉山。"

【攀髯】 pānrán 《史记·封禅书》："黄帝采首山铜，铸鼎于荆山下。鼎既成，有龙垂胡髯下迎黄帝。黄帝上骑，群臣后宫从上者七十馀人，龙乃上去。馀小臣不得上，乃悉持龙髯，龙髯拔，堕，堕黄帝之弓。百姓仰望黄帝既上天，乃抱其弓与胡髯号。"后因以为悲悼皇帝去世的典故。刘攽《集英殿观先帝御容》诗："未悟～～远，如闻奔屣音。"

【攀援】 pānyuán ❶抓住东西向上攀登。柳宗元《始得西山宴游记》："～～而登，箕踞而遨，则凡数州之土壤，皆在衽席之下。"❷引进，提携。《汉书·萧望之传》："时朱博尚为杜陵亭长，为[陈]咸、[萧]育所～～，入王氏。"(王氏：指大将军王凤。)❸趋附。王维《同卢拾遗过韦给事东山别业》诗："蹇步守穷巷，高驾难～～。"❹挽留。《汉书·杜钦传》："主上照然知之，故～～不遣。"

弁 pán 见 biàn。

审 pán 见 shěn。

胖 pán 见 pàng。

般 pán 见 bān。

盘(盤、槃、柈) pán ❶一种盛水盥洗、沐浴的用具。《礼记·内则》："进盥，少者奉～，长者奉水，请沃盥。"㊁盛物的敞浅底用具。苏轼《赤壁赋》："肴核既尽，杯～狼藉。"❷逸乐，游乐。《诗经·卫风·考槃》："考～在涧。"《后汉书·张衡传》："惟～逸之无斁兮，惧乐往而哀来。"(斁：度。)❸逗留，歇息。徐梦莘《三朝北盟会编》卷二十："是夜，行人皆野～。"❹纡曲。司马相如《子虚赋》："其山则～纡茀郁。"(茀郁：山高险的样子。)❺查点，查问。《醒世恒言·钱秀才错占凤凰俦》："且请先生和儿子出来相见，～他一～。"❻大。《古诗十九首》之六："良无～石固，虚名复何益？"❼磅礴，广大的样子。枚乘《七发》："沓杂似军行，訇隐匈磕，轧～涌裔，原不可当。"

【盘礴】 pánbó ❶磅礴，广大的样子。王安石《灵谷诗序》："至其淑灵和清之气，～～委积于天地之间，万物之所不能得者，乃属之于人，而处士君实生其址。"❷据持牢固的样子。白居易《有木诗》之四："心蠹已空朽，根深尚～～。"

【盘互】 pánhù 盘结交错，互相勾连。《汉书·刘向传》："兄弟据重，宗族～～。"

【盘桓】 pánhuán ❶滞留不进的样子。陶渊明《归去来兮辞》："景翳翳以将入，抚孤松而～～。"❷广大的样子。陆机《拟青青陵上柏》诗："名都一何绮，城阙郁～～。"

【盘马】 pánmǎ 骑者使马盘旋。韩愈《雉带箭》诗："将军欲以巧服人，～～弯弓惜不发。"

【盘拏】 pánná 屈曲强劲的样子。杜甫《李潮八分小篆歌》："八分一字直百金，蛟龙～～肉屈强。"

【盘囊】 pánnáng 同"鞶囊"。佩于腰带间的小囊。《晋书·邓攸传》:"梦行水边,见一女子,猛兽自后断其～～。"

【盘盘】 pánpán 曲折回旋的样子。李白《蜀道难》诗:"青泥何～～,百步九折萦岩峦。"

【盘飧】 pánsūn 饭食。《左传·僖公二十三年》:"乃馈～～,置璧焉。"杜甫《示从孙济》诗:"所来为宗族,亦不为～～。"

【盘陀】 pántuó ❶石不平的样子。苏轼《游金山寺》诗:"中泠南畔石～～,古来出没随涛波。"❷路曲折回旋。《水浒传》四十七回:"好个祝家庄,尽是～～路。"❸马鞍。杜甫《魏将军歌》:"星缠宝校金～～,夜骑天驷超天河。"

【盘郁】 pányù 曲折幽深。郭若虚《图画见闻志》卷五:"[王维]尝于清源寺壁画《辋川图》,岩岫～～,云水飞动。"

【盘龙癖】 pánlóngpǐ 晋刘毅,嗜赌成癖,曾在东府聚赌,下注达数百万。因刘毅小字盘龙,故后世称嗜赌为"盘龙癖"。

媻 1. pán ❶见"媻珊"。
2. pó ❷通"婆"。见"婆娑"。

【媻珊】 pánshān 行走艰难的样子。司马相如《子虚赋》:"～～教窣,上乎金隄。"

樊 pán 见 fán。

磐 pán ❶大而安稳的山石。《周易·渐》:"鸿渐于～。"❷盘桓,流连。《后汉书·宋意传》:"而室第相望,久～京邑,婚姻之盛,过于本朝,仆马之众,充塞城郭,骄奢僭拟,宠禄隆过。"

【磐礴】 pánbó 广大的样子。郭璞《江赋》:"虎牙嵘竖以屹崒,荆门阙竦而～～。"

【磐石】 pánshí ❶扁厚的大石。宋玉《高唐赋》:"～～险峻,倾崎崖隤。"❷比喻安稳,牢不可破。《史记·孝文本纪》:"高帝封王子弟,地犬牙相制,此所谓～～之宗也。"

【磐维】 pánwéi 指如屏障的藩国。《旧五代史·唐末帝纪上》:"离间骨肉,猜忌～～。"

縏 pán 小囊。《礼记·内则》:"施～袠。"

膰 pán 见 fán。

磻 pán 见 bō。

蹣(蹒) 1. pán ❶见"蹣跚"。
2. mán ❷逾越。《广韵·桓韵》:"～,逾墙。"《集韵·桓韵》:"～,逾也。"

【蹣跚】 pánshān 走路缓慢摇摆的样子。皮日休《太湖诗·上真观》:"天钧鸣响亮,天禄行～～。"(天钧:乐曲名。天禄:兽名。)

蟠 pán 见 fán。

繁 pán 见 fán。

鞶 pán ❶革带。张衡《思玄赋》:"辫贞亮以为～兮,杂技艺以为珩。"(辫:交织。珩:佩玉。)❷小囊。盛佩巾等物,束于腰带。《礼记·内则》:"男～革,女～丝。"

【鞶鉴】 pánjiàn 装饰铜镜的革带。《左传·庄公二十一年》:"郑伯之享王也,王以后之～～予之。"㊂指革带上的镜子。《文心雕龙·铭箴》:"及崔[骃]胡[广]补缀,总称百官,指事配位,～～可征,信所谓追清风于前古,攀辛甲于后代者也。"

【鞶囊】 pánnáng 佩在腰带上的小囊。《太平御览》卷七〇四引《曹瞒传》:"操性佻易,自佩小～～,盛手巾细物。"

反 pàn 见 fǎn。

片 pàn 见 piàn。

半 pàn 见 bàn。

判 pàn ❶分,分开。《论衡·艺增》:"闻一增以为十,见百益以为千,使夫纯朴之事,十剖百～,审然之语,千反万畔。"(畔:叛。)❷判合,两半相合。《周礼·地官·媒氏》:"掌万民之～。"❸区分,辨别。苏洵《六国论》:"故不战而强弱胜负已～矣。"❹裁决狱讼。《宋书·许昭先传》:"叔父肇之,坐事系狱,七年不～。"㊂判词。《旧唐书·李元纮传》:"南山或可改移,此～不可摇动。"❺唐代选拔人材的四条标准之一。唐代选拔人材须从身(体貌丰伟)、言(言辞辩正)、书(楷法遒美)、判(文理优长)四个方面去考察。❻古官制以高位兼任低职、以京官出任州郡官曰判。《宋史·韩琦传》:"除镇安武胜军节度使、司徒兼侍中,～相州。"❼通"拚"。不顾一切,豁出去。《吴越春秋·勾践伐吴外传》:"一夫～死兮而当百夫。"

【判官】 pànguān ❶地方长官的僚属。韩愈《后十九日复上宰相书》:"且今节度、观察使,及防御、营田诸小使等,尚得自举～～。"❷传说冥司掌管生死簿的官。孟元老《东京梦华录·除夕》:"教坊南河炭丑恶魁肥,装～～。"

【判合】 pànhé 两半相合。又特指两性结合。《汉书·翟方进传》:"天地～～,乾坤序德。"《抱朴子·弭讼》:"人纲始于夫妇,～～拟乎二仪。"

【判涣】 pànhuàn 广大,发扬光大。一说分散。《诗经·周颂·访落》:"将予就之,继犹～～。"

【判袂】 pànmèi 别离。范成大《大热泊乐温有怀商卿德称》诗:"故人新～～,得句与谁论。"

【判妻】 pànqī 指离异而再嫁的妇女。《周礼·地官·媒氏》:"凡娶～～入子者皆书之。"

【判然】 pànrán 区别显明的样子。吴武陵《遗吴元济书》:"三州,至狭也。万国,至广也。力不相侔,～～可知。"

【判书】 pànshū 契约,合同。《周礼·秋官·朝士》:"凡有责者,有～～以治则听。"(责:债。)

【判县】 pànxuán 东西两面悬挂乐器叫"判悬"。县,同"悬"。《周礼·春官·小胥》:"正乐县之位:王,宫县;诸侯,轩县;卿大夫,～～;士,特县。"(宫县:四面悬挂。轩县:三面悬挂。特县:一面悬挂。)

【判押】 pànyā 在文书上签字画押。朱熹《答黄直卿书》:"费了无限口颊,今方得州府～～。"

【判正】 pànzhèng 判别是非曲直。《后汉书·陈寔传》:"其有争讼,辄求～～。"

伴 pàn 见 bàn。

泮(沜) pàn ❶溶化,分解。《诗经·邶风·匏有苦叶》:"士如归妻,迨冰未～。"《老子·六十四章》:"其脆易～,其微易散。"❷指泮宫。《说文·水部》:"～,诸侯乡射之宫,西南为水,东北为墙。"❸岸,水边。《诗经·卫风·氓》:"淇则有岸,隰则有～。"

【泮宫】 pàngōng ❶周代诸侯国举行射礼或宴会的地方,也是培养贵族子弟的学校。《诗经·鲁颂·泮水》:"既作～～,淮夷攸服。"❷汉代称诸侯的学宫为"泮宫";明清时代,州县的学校也称"泮宫",生员入学称为"入泮"。

【泮汗】 pànhàn ❶水广大无涯的样子。左思《吴都赋》:"溃渱～～,滇澌淼漫。"❷流汗的样子。《盐铁论·散不足》:"黎民～～力作。"

【泮涣】 pànhuàn 消融,分散。王廙《春可乐》诗:"乐孟月之初阳,冰～～以微流。"《明史·刘宗周传》:"发政施仁,收天下～～之人心。"

拌 1. pàn ❶通"判"。分开。《吕氏春秋·论威》:"今以木击木则～,以水投水则散。"❷通"拚"。舍弃,不顾惜。《朱子语类》卷一一六:"如两军厮杀,两边擂起战鼓了,只得～命前进,有死无二,方有个生路,更不容放慢。"

2. bàn ❸搅和。《水浒传》四十三回:"把肉大块切了,却将些蒙汗药～在里面。"

叛 pàn ❶叛离,反叛。《国语·晋语六》:"若以吾意,诸侯皆～,则晋可为也。"《汉书·高帝纪上》:"此独其将欲～,恐其士卒不从,不如因怠懈击之。"㊀背叛者。《左传·宣公十二年》:"伐～,刑也;柔服,德也。"❷散乱。《文心雕龙·附会》:"约则义孤,博则辞～。"❸光彩焕发的样子。张衡《西京赋》:"譬众星之环极,～赫戏以辉煌。"

【叛涣】 pànhuàn 见"叛换"。

【叛换】 pànhuàn 跋扈,叛乱。左思《魏都赋》:"云撤～～,席卷虔刘。"也作"叛涣"。《陈书·高祖纪》:"岭南～～,湘、郢结连,贼帅既擒,凶渠传首。"

【叛戾】 pànlì 反叛。《三国志·魏书·袁绍传》注引《汉晋春秋》:"是时外为御难,内实乞罪,既不见赦,而屠各二三其心,临阵～～。"

【叛衍】 pànyǎn 漫衍。左思《蜀都赋》:"累毂叠迹,～～相倾。"

盼 pàn ❶眼珠黑白分明。常用来形容眼睛的美丽。《诗经·卫风·硕人》:"巧笑倩兮,美目～兮。"❷看。《后汉书·仲长统传》:"睇～则从其目之所视。"㊀照看。《宋书·谢晦传》:"与羡之、亮等同被齿～。"❸企望。邱逢甲《寄怀公度》诗:"北风吹雪昼纷纷,～得微晴日未曛。"

畔 pàn ❶田界。《论衡·是应》:"耕者让～,行者让路。"㊀疆界。《后汉书·杜笃传》:"昔在强秦,爰初开～。"❷边,旁侧。《后汉书·周燮传》:"有先人草庐结于冈～。"❸通"叛"。背叛,违背。《孟子·公孙丑下》:"寡助之至,亲戚～之。"《国语·鲁语下》:"卞人将～,臣讨之,既得之矣。"❹避开。赵翼《陔馀丛考》卷四十三:"吴语谓躲避曰～……陈后主创齐圣观,民谣曰:'齐圣观,寇来无处～。'"❺混乱的样子。《汉书·叙传上》:"～回冗其若兹兮,北叟颇识其倚伏。"❻通"般"。逸乐。《史记·吴太伯世家》:"夫子获罪于君以在此,惧犹不足,而又可以～乎?"

【畔岸】 pàn'àn ❶自纵的样子。《史记·司马相如列传》："放散～～骧以孱颜。"❷边际。苏轼《荀卿论》："茫乎不知其～～而非远也，浩乎不知其津涯而非深也。"

【畔敌】 pàndí 遇敌避而不战。《汉书·冯奉世传》："以将军材质之美，奋精兵诛不轨，百下百全之道也。今乃有～～之名，大为中国羞。"

【畔换】 pànhuàn 同"叛换"。跋扈。《汉书·叙传下》："项氏～～，黜我巴、汉。"

【畔散】 pànsàn 背叛而离散。《史记·吴王濞列传》："吴大败，士卒多饥死，乃～～。"

【畔援】 pànyuán 跋扈，暴横。《诗经·大雅·皇矣》："帝谓文王，无然～～。"

牉 pàn 从中一分为二。《楚辞·九章·惜诵》："背膺～以交痛兮，心郁结而纡轸。"㊁分离。《楚辞·九章·抽思》："有鸟自南兮，来集汉北。好姱佳丽兮，～独处此异域。"

【牉合】 pànhé 两性相合。《仪礼·丧服》："故父子首足也，夫妻～～也。"

頖（頖） pàn 见"頖宫"。

【頖宫】 pàngōng 古代设立的学宫。《礼记·王制》："天子曰辟廱，诸侯曰～～。"

闆（闆） 1. pàn ❶门中视。《玉篇·门部》："～，门中视也。"

2. bǎn ❷老闆。旧时对店东、作坊主人之称。今作"老板"。

鋬 pàn 器物的提梁。王黼《宣和博古图录》卷七："周凫尊……有流有～，阙盖无铭。"

襻 pàn 系衣裙的带子。今称"纽襻"。王筠《行路难》诗："～带虽安不忍缝，开孔裁穿犹未达。"

pang

汸 1. pāng ❶通"滂"。《字汇·水部》："～，与滂同。"见"汸汸"。

2. fāng ❷并船。《说文·方部》："方，并船也。～，方或从水。"❸泉名。元结《七泉铭·汸泉铭》："古之君子，方以全道。吾命～泉，方以终老。"（方：正直。）

【汸汸】 pāngpāng 形容水势浩大。《荀子·富国》："则财货浑浑如泉源，～～如河海。"

膀 pāng 浮肿。韩愈《病中赠张十八》诗："连日挟所有，形躯顿～肛。"（肛：浮肿，胀大。）

滂（雱） 1. pāng ❶水涌流的样子。《汉书·宣帝纪》："醴泉～流。"苏轼《韩文公庙碑》："公不少留我涕～，翩然被发下大荒。"㊁盛，满。《后汉书·崔骃传》："圣德～以横被兮，黎庶恺以鼓舞。"皇甫湜《韩文公墓志铭》："旷义～仁，耿照充天。"❷沾润。《列子·天瑞》："吾盗天地之时利，云雨之～润，山泽之产育，以生吾禾。"

2. pēng ❸见"滂湃"、"滂濞"、"滂浡"。

【滂沛】 pāngpèi ❶波澜壮阔。《楚辞·九叹·逢纷》："波逢汹涌，濆～～兮。"（濆：涌起的高浪。）《论衡·效力》："河发昆仑，江起岷山，水力盛多，～～之流，浸下益盛。"❷雨盛的样子。《汉书·扬雄传上》："云飞扬兮雨～～。"❸盛大，弘富。《论衡·效力》："文章～～，不遭有力之将援引荐举，亦将弃遗于衡门之下。"（衡门：横木当门，指穷寒之家。）

【滂霈】 pāngpèi 雨盛的样子。应璩《与广川长岑文瑜书》："言未发而水旋流，辞未卒而泽～～。"

【滂人】 pāngrén 掌池泽的官。《淮南子·时则训》："令～～入材苇。"

【滂沱】 pāngtuó ❶雨大的样子。《诗经·小雅·渐渐之石》："月离于毕，俾～～矣。"（月亮经过毕星，就要下大雨。）❷形容流泪或流血之多。《诗经·陈风·泽陂》："涕泗～～。"《三国志·蜀书·蒋琬传》："流血～～。"

【滂洋】 pāngyáng 饶广。《汉书·礼乐志》："神嘉虞，申贰觞，福～～，迈延长。"

【滂泽】 pāngzé 犹"甘霖"（救旱之雨），因以喻恩泽。闾丘均《为益州刺史贺赦表》："皇欢载纡，～～时降。"

【滂浡】 pēngbó 怒激的样子。《后汉书·冯衍传下》："泪汍澜而雨集兮，气～～而云披。"（此指怒气郁结。）也作"滂渤"。枚乘《七发》："观其两旁，则～～怫郁。"（此指水势郁积。）

【滂湃】 pēngpài 同"澎湃"。《水经注·渭水下》："山分流，至若山雨～～。"

【滂濞】 pēngpì ❶水流声。司马相如《上林赋》："～～沆溉。"❷雨水多。《汉书·司马相如传下》："涉丰隆之～～。"❸众多的样子。司马相如《大人赋》："～～泱轧，洒以林离。"（泱轧：弥漫。）

方 páng 见fāng。

仿 páng 见fǎng。

龙 páng 见máng。

夆 páng 见 fēng。

庞(龐、龎) páng ❶高屋。《说文·广部》:"~,高屋也。"㉑大,厚。《国语·周语上》:"敦~纯固,于是乎成。"❷多而杂乱。《新唐书·李吉甫传》:"方今置吏不精,流品~杂。"❸脸盘。《聊斋志异·章阿端》:"言讫不动,细审之,面~形质渐就澌灭矣。"❹姓。

【庞鸿】 pánghóng 犹"濛鸿"、"鸿濛"。宇宙形成前的元气的浑沌状态。古人认为元气是形成宇宙的原始物质。张衡《灵宪》:"有物浑成,先天地生,其气体固未可得而形,其迟速固未可得而纪也。如是者又永久焉,斯焉~~。"

【庞庞】 pángpáng ❶高大壮健的样子。《诗经·小雅·车攻》:"四牡~~,驾言徂东。"❷粗大,厚实。古乐府《涂山歌》:"绥绥白狐,九尾~~。"

【庞眉皓首】 pángméihàoshǒu 眉发花白。杜甫《戏为韦偃双松图歌》:"松根胡僧憩寂寞,~~~~无住著。"

房 páng 见 fáng。

旁(㫄) 1. páng ❶广大,普遍。《说文·上部》:"~,溥也。"《尚书·说命下》:"~招俊乂,列于庶位。"《史记·五帝本纪》:"尧又曰:'谁可者?'讙兜曰:'共丁~聚布功,可用。'"❷边,侧。《荀子·大略》:"欲近四~,莫如中央。故王者必居天下之中,礼也。"《汉书·高帝纪上》:"老父已去,高祖适从~舍来。"㉑边际。秦观《与子瞻会松江》诗:"松江浩无~,垂虹跨其上。"❸别的。杜甫《堂成》诗:"~人错比扬雄宅,懒惰无心作《解嘲》。"❹且,将近。《庄子·人间世》:"其可以为舟者,~十数。"❺辅佐。《楚辞·九章·惜诵》:"吾使厉神占之兮,曰'有志极而无~'。"❻邪,偏颇。《荀子·议兵》:"~辟私曲之属为之化而公。"❼妄,乱。《礼记·少仪》:"不窥密,不~狎。"

2. bàng ❽通"傍"。依傍,靠近。《庄子·齐物论》:"~日月,挟宇宙。"《汉书·赵充国传》:"匈奴大发十馀万骑,南~塞,至符奚庐山。"

【旁魄】 pángbó ❶广博。《荀子·性恶》:"齐给便敏而无类,杂能~~而无用。"❷广布。司马相如《封禅文》:"大汉之德,……~~四塞,云布雾散。"

【旁薄】 pángbó ❶广阔无垠。扬雄《太玄经·玄告》:"天穹隆而周乎下,地~~而向乎上。"陆机《挽歌诗》之二:"~~立四极,穹隆放苍天。"❷广被,遍及。《汉书·扬雄传下》:"今吾子乃抗辞幽说,闳意眇指,独驰骋于有亡之际,而陶冶大炉,~~群生。"(亡:同"无"。)❸混同。《淮南子·俶真训》:"浑浑苍苍,纯朴未散。~~为一,而万物大优。"

【旁礴】 pángbó 广被。《庄子·逍遥遊》:"之人也,之德也,将~~万物以为一世蕲乎乱。"(蕲:通"祈"。求。乱:治。)

【旁罗】 pángluó 遍布。《史记·五帝本纪》:"时播百谷草木,淳化鸟兽虫蛾,~~日月星辰水波,土石金玉,劳勤心力耳目,节用水火材物。"

【旁纽】 pángniǔ 旧诗八病之一。五言诗一句中有同声母的字,即犯旁纽。参见"八病"。

【旁旁】 pángpáng(又读 bāngbāng) 马强壮有力。《诗经·郑风·清人》:"清人在彭,驷介~~。"

【旁洽】 pángqià 普遍沾润。《三国志·魏书·三少帝纪》:"相国晋王诞敷神虑,光被四海;震耀武功,则威盖殊荒,流风迈化,则~~无外。"

【旁求】 pángqiú 广求,各方征寻。《尚书·太甲上》:"~~俊彦,启迪后人。"

【旁唐】 pángtáng 犹"磅礴"。广大。司马相如《上林赋》:"珉玉~~,玢豳文鳞。"(珉:似玉的美石。玢豳文鳞:指玉石纹理斑然鳞次。)

【旁通】 pángtōng 广通。《周易·乾》:"六爻发挥,~~情也。"

【旁午】 pángwǔ ❶交错。《汉书·霍光传》:"受玺以来二十七日,使者~~。"❷谓事务纷杂。权德舆《唐赠兵部尚书宣公陆贽翰苑集序》:"时车驾播迁,诏书~~。公洒翰即成,不复起草。"

【旁行】 pángxíng ❶遍行。《汉书·地理志上》:"昔在黄帝,作舟车以济不通,~~天下。"❷走路歪斜的样子。宋玉《登徒子好色赋》:"~~踽偻,又疥又痔。"❸指横行书写的文字。《史记·大宛列传》:"安息在大月氏西,可数千里……画革~~以为书记。"

【旁仄】 pángzè 旁侧。《汉书·五行志上》:"视近臣在国中处~~及贵而不正者,忍而诛之。"(国中:京城之中。)

【旁坐】 pángzuò 一人犯法,罪及他人。《新唐书·蒋乂传》:"故罪止[李]锜及子息,无~~者。"

【旁生魄】 bàngshēngpò 生魄,指农历每月望日(大月十六,小月十五)。旁生魄即指靠近望日的日子。《逸周书·世俘》:"惟一月丙辰，～～～。”参见“旁死魄”。

【旁死魄】 bàngsǐpò 指农历每月初二。《尚书·武成》：“惟一月壬辰，～～～。”

逢 páng 见 féng。

雱(雱) páng 雨雪下得很大的样子。《诗经·邶风·北风》：“北风其凉，雨雪其～。”

彭 páng 见 péng。

傍 páng 见 bàng。

骻(騯) páng(又读 péng) 见“骻骻”。

【骻骻】 pángpáng 马行的样子。《玉篇·马部》：“骻，～～，马行皃。今作彭。”

膀 1. páng ❶膀胱。贮尿器官。

2. bǎng ❷肩膀。束皙《饼赋》：“肉则羊～豕胁，脂肤相半。”

3. pāng ❸浮肿。《集韵·唐韵》：“膀，胀也。”也指嘴、腮帮向外努突。《金瓶梅》九十一回：“这玉簪儿登时把那付奴脸，～的有房梁高，也不搽脸了。”

磅 páng 见“磅礴”。

【磅礴】 pángbó ❶广大的样子。《宋史·乐志》：“坱圠无垠，～～罔极。”(坱圠：弥漫。)❷广被，充满。韩愈《送廖道士序》：“气之所穷，盛而不过，必蜿蟺扶舆～～而郁积。”(蜿蟺：屈曲盘旋。扶舆：盘旋而上。)文天祥《正气歌》：“是气所～～，凛烈万古存。”

螃 páng 动物名。螃蟹。《广韵·唐韵》：“螃蟹本只名蟹，俗加螃字。”

篣 1. páng ❶竹名。又名百叶竹。戴凯之《竹谱》：“百叶参差，生自南垂，伤人则死，医莫能治，亦曰～竹，厥毒若斯。”

2. péng ❷竹笼。《方言》卷十三：“笼，南楚江、沔之间谓之～。”❸用竹板打。《后汉书·袁绍传》：“故太尉杨彪历典二司，元纲极位。[曹]操因睚眦，被以非罪，～楚并兼，五毒俱至。”(楚：杖击。)又《陈宠传》：“断狱者急于～格酷烈之痛，执宪者烦于诋欺放滥之文。”(格：击。)

【篣妇公】 péngfùgōng 打岳丈。《后汉书·第五伦传》：“帝戏谓伦曰：‘闻卿为吏～～～……宁有之邪？’伦对曰：‘臣三娶妻皆无父。’”后因以为诬陷之称。

胖 1. pàng ❶肥大。《儒林外史》一回：“那穿宝蓝直裰的是个～子。”

2. pàn ❷古代祭祀时所用的半体牲。《玉篇·肉部》：“胖，牲之半体也。”《仪礼·少牢馈食礼》：“司马升羊右～。”❸胁侧薄肉，夹脊肉。《礼记·内则》：“鹄鸮～。”《周礼·天官·腊人》：“凡祭祀，共豆脯、荐脯、膴、～，凡腊物。”

3. pán ❹宽舒。《礼记·大学》：“富润屋，德润身，心广体～。”《新唐书·班宏传》：“后[窦]参～自安，不念前语。”

【胖肆】 pánsì 安逸恣肆。《新唐书·裴耀卿传》：“今酣呶朝夕，～～自安，非爱人忧国者，不可不察。”(酣呶：喧呼。)

徬 1. pàng ❶附行。《周礼·地官·牛人》：“凡会同军旅行役，共其兵车之牛，与其牵～，以载公任器。”(郑玄注：“牵徬，在辕外挽牛也。人御之，居其前曰牵，居其旁曰徬。”)

2. páng ❷通“彷”。见“徬徨”。

【徬徨】 pánghuáng 同“彷徨”。来回走动，心神不定。班固《西都赋》：“既惩惧于登望，降周流以～～。”

pao

抛(拋) pāo ❶撇弃。韩愈《戏题牡丹》诗：“长年是事皆～尽，今日栏边暂眼明。”❷掷。温庭筠《蔡中郎坟》诗：“今日爱才非昔日，莫～心力作词人。”

【抛车】 pāochē 古代军中发石击敌之车。又名“霹雳车”。《新唐书·高丽传》：“李勣列～～，飞大石，所当辄溃。”

胞 pāo 见 bāo。

脬 pāo 膀胱。《史记·扁鹊仓公列传》：“风瘅客～，难于大小溲，溺赤。”

包 páo 见 bāo。

刨 1. páo ❶挖掘。《西游记》一回：“～山药，劚黄精。”❷用刀子之类的工具刮削。《红楼梦》四十一回：“把皮～了，只要净肉。”

2. bào ❸削，削平。《玉篇·刀部》：“～，削也。”

庖 páo ❶厨房。《孟子·梁惠王上》：“～有肥肉，厩有肥马，民有饥色，野有饿莩，此率兽而食人也。”❷厨师。《庄子·养生主》：“良～岁更刀，割也。”《吕氏春秋·贵公》：“大匠不斫，大～不豆，大勇不斗，大兵不寇。”(不豆：不安置食器。)❸烹调。戴表元《许长卿诗序》：“酸咸甘苦之于食，各不胜其味也，而善～者调之，能使之无味。”❹肴馔。《晋书·石崇传》：“丝竹尽当时之选，～膳穷水陆之珍。”

【庖厨】 páochú 厨房。《楚辞·九章·惜往日》：“闻百里之为虏兮，伊尹烹于～～。”

(百里:指百里奚,曾为晋国俘虏。)

【庖丁】 páodīng 厨师。《庄子·养生主》:"～～为文惠君解牛。"

【庖鼎】 páodǐng 指贤臣。鼎,古代煮食物的炊具。伊尹曾做过有莘氏的厨师,后助商汤灭夏纣,是历史上有名的贤臣。故以庖鼎代指贤臣。《宋书·前废帝纪》:"每结梦～～,瞻言板筑。"

【庖人】 páorén ❶掌膳食的官。《周礼·天官·庖人》:"～～,掌共六畜、六禽,辨其名物。"(共:供。)❷厨师。《庄子·逍遥遊》:"～～虽不治庖,尸祝不越樽俎而代之矣。"《吕氏春秋·去私》:"～～调和而弗敢食,故可以为庖。"

【庖正】 páozhèng 掌膳食的官。正,长官。《左传·哀公元年》:"[少康]逃奔有虞,为之～～,以除其害。"

苞 páo 见 bāo。

咆 páo 嗥,猛兽叫。《楚辞·招隐士》:"虎豹斗兮熊罴～,禽兽骇兮亡其曹。"杜甫《课伐木》诗:"空荒～熊罴,乳兽待人肉。"

【咆勃】 páobó 发怒的样子。潘岳《西征赋》:"出申威于河外,何猛气之～～;入屈节于廉公,若四体之无骨。"(廉公:廉颇。)

【咆哮】 páoxiāo ❶猛兽怒吼。刘禹锡《壮士行》:"阴风振寒郊,猛虎正～～。"❷指人发怒时的叫喊。《抱朴子·清鉴》:"～～者不必勇,淳淡者不必怯。"❸急流受阻发出巨大声音。李白《公无渡河》诗:"黄河西来决昆仑,～～万里触龙门。"

【咆烋】 páoxiāo 骄矜气盛。左思《魏都赋》:"剋翦方命,吞灭～～。"(方命:违抗命令者。)

狍(麅) páo ❶鹿科动物。体长一米馀,尾很短,雄的有小角,分三叉。冬天毛长,棕褐色,夏天毛短,栗红色。《红楼梦》五十一回:"那些野鸡、獐、～各样野味,分些给他们就是了。"❷传说中的兽名。见"狍鸮"。

【狍鸮】 páoxiāo 神话中的兽名。《山海经·北山经》:"[钩吾之山]有兽焉,其状如羊身人面,其目在腋下,虎齿人爪,其音如婴儿,名曰～～,是食人。"

炮 1. páo ❶烧烤。《礼记·礼运》:"以～以燔,以亨以炙。"❷焚烧。《左传·昭公二十七年》:"令尹～之,尽灭郤氏之族党。"❸中药的一种制作方法。见"炮制"。

2. pào ❹武器名。本作"礮(砲)",一种投掷石块的机械。自从发明火药,便发展为火砲,于是砲亦写作"炮"。《水浒传》四十七回:"只听得祝家庄里一个号～,直飞起半天里去。"❺爆竹。《儒林外史》二十九回:"只见老和尚慢慢走进来,手里拿着一个锦盒子,打开来,里面拿出一串祁门小～煒。"

3. bāo ❻一种烹饪方法。《齐民要术·作脯腊法》:"食时,洗却盐,煮、蒸、～任意,美于常鱼。"

【炮格】 páogé 殷纣使用的一种酷刑。格,铜格,刑具。《史记·殷本纪》:"百姓怨望而诸侯有畔者,于是纣乃重刑辟,有～～之法。"(裴骃集解引《列女传》:"膏铜柱,下加之炭,令有罪者行焉,辄堕炭中。")

【炮烙】 páoluò 同"炮格"。《荀子·议兵》:"纣刳比干,囚箕子,为～～刑。"

【炮制】 páozhì 制作中药的一种方法,即烘焙生药,使干或使脱毒。苏轼《和桃花源诗》:"耘樵得甘芳,龁啮谢～～。"

飑(颮) páo 暴风。班固《答宾戏》:"游说之徒,风～电激,并起而救之。"

【飑飑】 páopáo 众多的样子。班固《西都赋》:"矢不单杀,中必叠双,～～纷纷,矰缴相缠,风毛雨血,洒野蔽天。"

炰 páo ❶同"炮"。烧烤。《集韵·爻韵》:"炮,《说文》:'毛炙肉也。'或作～。"《诗经·小雅·六月》:"饮御诸友,～鳖脍鲤。"❷通"咆"。见"炰烋"。

【炰烋】 páoxiāo 骄矜气盛,暴怒猛厉。《诗经·大雅·荡》:"女～～于中国,敛怨以为德。"

袍 páo ❶长衣。《急就篇》卷二:"～襦表里曲领裙。"颜师古注:"长衣曰～,下至足跗;短衣曰襦,自膝以上。"㊀特指内装绵絮的长衣。《礼记·玉藻》:"纩为茧,缊为～。"《论语·子罕》:"子曰:'衣敝缊～,与衣狐貉者立,而不耻者,其由也与?'"❷衣服的前襟。《公羊传·哀公十四年》:"反袂拭面,涕沾～。"❸外衣。《正字通·衣部》:"～者,表衣之称。"《说文·衣部》"袍"下段玉裁注:"～,古者～必有表,后代为外衣之称。"❹战袍。《六书故·工事一》:"按今谓戎衫曲领者为～。"《木兰诗》:"脱我战时～,着我旧时裳。"

爮 páo 见 bó。

匏 páo ❶葫芦的一种。《本草纲目》:"瓠之无柄而圆大形扁者为～。"《诗经·邶风·匏有苦叶》:"～有苦叶,济有深涉。"❷用匏做的酒器。《诗经·大雅·公刘》:"执豕于牢,酌之用～。"《宋史·乐志八》:"～爵斯陈，百味旨酒。"❸笙竽类乐器。古代八音之一。《国语·周语下》："～以宣之，瓦以赞之。"❹通"鞄"。制革工。《墨子·节用中》："凡天下群百工，轮车鞼～，陶冶梓匠，使各从事其所能。"❺姓。

【匏系】 páoxì 语出《论语·阳货》："吾岂匏瓜也哉！焉能系而不食？"❶比喻系滞一处。秦观《庆禅师塔铭》："出家儿当寻师访道，求脱生死，若～～一方，乃土偶人也。"❷比喻赋闲在家。苏辙《思归》诗："～～虽非愿，蠖屈当有竢。"❸比喻无用之物。钱泳《履园丛话·臆论·五福》："今有人寿至八九十过百者，人视之则羡为神仙，为人瑞，己视之则为～～，为赘疣。"

【匏樽】 páozūn 用匏做的盛酒器。苏轼《前赤壁赋》："驾一叶之扁舟，举～～以相属。"（樽亦作"尊"。）

麃 1. páo ❶兽名。鹿属，形似獐，牛尾，一角。《史记·孝武本纪》："其明年郊雍，获一角兽，若～然。"❷通"麅"。元稹《江边四十韵》："蛇虺吞檐雀，豺狼逐野～。"

2. biāo ❸见"麃麃"。❹通"穮"。耘田，除草。《诗经·周颂·载芟》："厌厌其苗，绵绵其～。"（毛亨传："麃，耘也。"）

【麃麃】 biāobiāo ❶勇武的样子。《诗经·郑风·清人》："清人在消，驷介～～。"（驷介：四马披甲。）❷雨雪下得很大的样子。《汉书·刘向传》："雨雪～～。"（按：《诗经·小雅·角弓》作"雨雪瀌瀌"。）

跑 1. pǎo ❶奔跑。马戴《边将》诗："红缰～骏马，金镞掣秋鹰。"

2. páo ❷兽用足刨地。《临安新志》："是夜二虎～地作穴，泉水涌出，因号虎～泉。"

泡 1. pào ❶浮沤，液体中的气泡。《汉书·艺文志》："杂山陵水～云气雨旱赋十六篇。"贾岛《寄令狐绹相公》诗："梦幻将～影，浮生事只如。"❷泡状物。《水浒传》八回："林冲走不到三二里，脚上～被新草鞋打破了，鲜血淋漓，正走不动。"❸以水浸物。吴自牧《梦粱录·诸州府得解士人赴省闱》："士人在贡院中，自有巡廊军卒赍砚水、点心、～饭、茶酒、菜肉之属货卖。"

2. pāo ❹古水名。《说文·水部》："～，水。出山阳、平乐，东北入泗。"

3. páo ❺盛多。《方言》卷二："～，盛也。"❻见"泡泡"。

【泡泡】 páopáo 水喷涌之声。《山海经·西山经》："东望泑泽，河水所潜也，其原浑浑～～。"

【泡溲】 páosōu 盛多的样子。王褒《洞箫赋》："又似流波，～～汎㴸。"

奅 pào ❶说大话。《正字通·大部》："《方言》：'以大言冒人曰～。'"❷虚大。《说文·大部》："～，大也。"❸砲石。韩愈等《征蜀联句》："投～闹碚礧，填隍傶傛倄。"（碚礧：石落声。）

窌 pào 见 jiào。

疱（皰、靤、鮑） pào 皮肤上所起的水泡或脓泡。《淮南子·说林训》："治鼠穴而坏里闾，溃小～而发痤疽。"

滮 pào 用水浸物。周辉《清波杂志》卷一："温汤～饭茅簷下。"

礟（礮、砲） pào 古代用机械投掷石块的战具。后来这种战具演变为火炮，于是"礟"、"砲"亦作火炮之"炮"。潘岳《闲居赋》："～石雷骇。"

pei

呸 pēi 叹词。表示鄙弃、斥责。《红楼梦》二十三回："～！原来也是个'银样镴枪头'。"

柸 pēi 见 bēi。

胚（肧） pēi 发育之初的生物体。见"胚胎"。

【胚胎】 pēitāi ❶由受精卵发育而成的早期的动物体。《说文·肉部》："胚，妇孕一月也。……胎，妇孕三月也。"❷本源。韩愈《清河郡公房公墓碣铭》："公～～前光，生长食息，不离典训之内。"

垺 pēi 见 póu。

衃 pēi 见 fǒu。

痦 pēi（又读 pèi） 弱。沈鲸《双珠记·避兵失侣》："形衰气～，难逃祸祟。"

醅 pēi ❶醉饱。《说文·酉部》："～，醉饱也。"❷未滤过的酒。白居易《问刘十九》诗："绿蚁新～酒，红泥小火炉。"（绿蚁：酒上浮起的绿色泡沫。）苏轼《谢郡人田贺二生献花》诗："玉腕揎红袖，金罇泻白～。"

【醅面】 pēimiàn 原指泛起碧色浮沫的酒表面。用来比喻泛着绿色的春水。范成大《立春日郊行》诗："曲尘欲暗垂垂柳，～～初明浅浅波。"（曲尘：黄色，此指嫩柳的颜色。）

阫 péi（又读 pēi） 墙。《庄子·庚桑楚》："民之于利甚勤，子有杀父，臣有杀君，正昼为盗，日中穴～。"

倍 péi 见bèi。

陪 péi ❶重叠的土堆。《说文·𨸏部》："～,重土也。"❷增益。《左传·僖公三十年》："焉用亡郑以～邻?"❸辅佐,副贰。《诗经·大雅·荡》："尔德不明,以无～无卿。"《史记·孝文本纪》："淮南王,弟也,秉德以～朕。"❹陪同,伴随。杜甫《至日遣兴奉寄两院补遗》诗："无路从容～语笑,有时颠倒著衣裳。"❺通"赔"。赔偿。苏轼《重游终南》诗："懒不作诗君错料,旧逋应许过时～。"(逋:拖欠的账。)❻通"倍"。背向。潘岳《闲居赋》："于是退而闲居于洛之涘,～京泝伊,面郊后市。"

【陪臣】 péichén 重叠之臣,臣子之臣。诸侯之臣对天子称陪臣,大夫家臣对诸侯也称陪臣。《史记·周本纪》："王以上卿礼管仲。管仲辞曰:'臣贱有司也,有天子之二守国、高在。若节春秋来承王命,何以礼焉。～～敢辞。'"

【陪鼎】 péidǐng 附加之鼎。《左传·昭公五年》："宴有好货,飧有～～。"

【陪都】 péidū 国都以外另设的都城。叶梦得《间事概然归不能寐因以写怀》诗："～～复来亦何有? 凛凛杀气浮高牙。"(牙:牙旗。)

【陪京】 péijīng 同"陪都"。毛奇龄《秦淮老人》诗："话到～～行乐处,尚疑身是太平人。"

【陪隶】 péilì 同"陪台"。《后汉书·袁绍传》："臣以负薪之资,拔于～～之中,奉职宪台,擢授戎校。"

【陪陵】 péilíng 古制,公卿大臣列将有功者得葬于帝王陵墓附近,此附配之陵称陪陵。《晋书·杜预传》："吾去春入朝,因郭氏丧亡,缘～～旧义,自表营洛阳城东首阳之南为将来兆域。"

【陪门】 péimén 陪嫁的妆奁。《新唐书·高俭传》："又诏后魏陇西李宝,太原王琼……凡七姓十家,不得自为昏;三品以上纳币不得过三百匹,四品五品二百,六品七品百,悉为归装,夫氏禁受～～财。"

【陪鳃】 péisāi 鸟羽奋张的样子。潘岳《射雉赋》："摛朱冠之赩赫,敷藻翰之～～。"

【陪乘】 péishèng ❶骖乘。《周礼·夏官·齐右》："王乘则持马,行则～～。"❷跟随备用的车。《国语·鲁语下》："大夫有贰车,备承事也;士有～～,告奔走也。"(承事:奉使。奔走:使令。)

【陪台】 péitái 逃亡而被擒获的仆隶。《左传·昭公七年》："逃而舍之,是无～～也。"

培 1. péi ❶培土,在根基部分堆土。《礼记·中庸》："故栽者～之。"❷培养,培植。苏轼《记游定惠院》："主虽市井人,然以予故,稍加～治。"❸凭借。《庄子·逍遥遊》："故九万里,则风斯在下矣,而后乃今～风。"❹通"坏"。屋的后墙。《吕氏春秋·听言》："某氏多货,其室～湿,守狗死,其势可穴也。"

2. pǒu ❺壁垒。《国语·晋语九》："必堕其垒～,吾将往焉。"❻见"培塿"。

【培塿】 pǒulǒu 小土丘。柳宗元《始得西山宴游记》："然后知是山之特出,不与～～为类。"亦作"部娄"。《左传·襄公二十四年》："～～无松柏。"

棓 péi 见bàng。

赔(賠) péi ❶补偿损失。关汉卿《裴度还带》二折："～赃三千贯。"❷亏耗。《三国演义》五十五回："周郎妙计安天下,～了夫人又折兵。"❸道歉,认错。《红楼梦》六十回："方才言语冒撞,姑娘莫嗔莫怪,特来～罪。"

毰 péi 见"毰毸"。

【毰毸】 péisāi 鸟翼奋张的样子。刘禹锡《养鸷词》："翅重飞不得,～～止林表。"

裴(裵、䯰) péi ❶长衣下垂的样子。《说文·衣部》："～,长衣貌。"❷见"裴回"。❸姓。

【裴回】 péihuí 犹"徘回"。萦绕淹留,往返回旋。《汉书·武五子传》："～～两渠间兮,君子独安居。"《后汉书·苏竟传》："或～～藩屏,或踯躅帝居。"

妃 pèi 见fēi。

浿(㴾) pèi 水名。《水经注·浿水》："～水出乐浪镂方县,东南过于临浿县,东入于海。"(按:浿水,即今朝鲜境内的大同江。)

沛 pèi ❶水名。《说文·水部》："～,沛水,出辽东番汗塞外,西南入海。"❷水草丰盛的沼泽地。《后汉书·崔骃传》："故英人乘斯时也,犹逸禽之赴深林,蝱蚋之趣大～。"《风俗通·山泽》："～者,草木之蔽茂,禽兽之所蔽匿也。"❸充沛,丰盛。《孟子·梁惠王上》："诚如是也,民归之,由水之就下,～然谁能御之。"(由:通"犹"。)《后汉书·耿纯传》："兢兢自危,犹惧不终,而况～然自足,可以成功者乎?"❹迅疾。《楚辞·九歌·湘君》："美要眇兮宜修,～吾乘兮桂舟。"《汉书·礼乐志》："灵之来,神哉～。"❺

通"旆"。旗帜。《周易·丰》："丰其～，日中见沬。"❻通"跋"。偃仆。《说文·水部》"沛"下段玉裁注："今字为'颠沛'，'跋'之假借也。《大雅·荡传》曰'～，拔也'是也。拔当作跋。"

【沛艾】　pèi'ài　马头摇动的样子。司马相如《大人赋》："～～赳螑，仡以佁儗兮，放散畔岸骧以孱颜。"

【沛涉】　pèihuì　水盛的样子。柳宗元《晋问》："抵值堤防，瀴瀛～～，偃然成渊，漭然成川。"（瀴瀛：水势浩淼。）

【沛沛】　pèipèi　水势浩大。《楚辞·九怀·尊嘉》："望淮兮～～，滨流兮则逝。"

【沛泽】　pèizé　❶水草茂密的沼泽。《孟子·滕文公下》："又作园囿污池，～～多而禽兽至。"❷沼泽名。指古代沛邑的大泽。骆宾王《上齐州张司马启》："蛇分～～，翼汉运于基皇。"

芨

pèi　见 bá。

帔

pèi　❶裙。《方言》卷四："裙，陈魏之间谓之～。"❷披肩。《南史·任昉传》："西华冬月著葛～练裙。"

佩

pèi　❶系于衣带的饰物。《左传·定公三年》："蔡昭侯为两～与两裘，以如楚，献一～一裘于昭王。"❷佩挂，系上。《国语·晋语一》："是故使申生伐东山，衣之偏裻之衣，～之以金玦。"《史记·吕太后本纪》："今太后崩，帝少，而足下～赵王印。"❸由钦敬而铭记于心。《素问·气调顺大论》："道者圣人行之，愚者～之。"杜甫《送重表侄王砅评事使南海》诗："苟活到今日，寸心铭～牢。"苏轼《与陈传道》："～荷此意，何时敢忘。"❹环绕。《水经注·渭水》："兰渠川水出自北山，带～众溪，南流注于渭。"

【佩服】　pèifú　❶佩挂。《论衡·自纪》："有宝玉于是，俗人投之，卞和～～，孰是孰非，可信者谁？"❷铭记。朱熹《答吕伯恭书》："此诚至论，～～不敢忘也。"❸遵循。白居易《祭李侍郎文》："代重名义，公能～～。"❹钦敬，悦服。杜甫《湘江宴饯裴二端公赴道州》诗："鄙人奉末眷，～～自早年。"

【佩弦】　pèixián　比喻自箴自戒。弦，弓弦。弦常紧绷，所以性缓的人佩以自警。《韩非子·观行》："西门豹之性急，故佩韦以自缓；董安于之性缓，故～～以自急。"白居易《何士乂可河南县令制》："然能～～以自导，带星以自勤。"

【佩紫怀黄】　pèizǐhuáihuáng　佩带紫色印绶，怀揣黄金之印。指高官显爵。《史记·范雎蔡泽列传》："吾持粱刺齿肥，跃马疾驱，怀黄金之印，结紫绶于要，揖让人主之前，食肉富贵，四十三年足矣！"丘迟《与陈伯之书》："今功臣名将，雁行有序，～～～～，讃帷幄之谋。"

肺

pèi　见 fèi。

茷

pèi　见 fá。

旆（斾）

pèi　❶古代续于旐末成燕尾形的旗。《诗经·小雅·六月》："织文鸟章，白～央央。"（织：通"帜"。旗帜。）❷旗帜总名。《诗经·小雅·车攻》："萧萧马鸣，悠悠～旌。"❸旗帜下垂的样子。见"旆旆"。❹军队的先行车。《左传·哀公二年》："吾车少，以兵车之～，与罕、驷兵车先陈。"张衡《东京赋》："殿未出乎城阙，～已反乎郊畛。"

【旆旆】　pèipèi　❶下垂的样子。《诗经·小雅·出车》："彼旟旐斯，胡不～～。"（旟：画有鸟隼图形的旗。）❷生长茂盛的样子。《诗经·大雅·生民》："蓺之荏菽，荏菽～～。"（荏菽：大豆。）

琊

pèi　❶佩带的饰物，专指玉佩。江淹《谢法曹惠连》诗："杂～虽可赠，疏华竟无陈。"❷佩带。《楚辞·九章·涉江》："被明月兮～宝璐。"

配

pèi　❶匹敌，相当。《庄子·天道》："故曰帝王之德～天地。"《荀子·修身》："以修身自强，则名～尧、禹。"❷婚配，结为夫妻。《汉书·韩安国传》："朕饰子女以～单于。"⊗配偶，妻子。《诗经·大雅·皇矣》："天立厥～，受命既固。"梅尧臣《元日》诗："岂意未几年，中路苦失～。"❸配享。祭祀时兼祀他神以配其所祭。《周易·豫》："殷荐之上帝，以～祖考。"曾巩《本朝政要策·郊配》："太祖已尊四祖之庙，郊祀以宣祖～天，宗祀以翼祖～帝。"❹分配，分发。《旧唐书·裴耀卿传》："耀卿躬自条理，科～得所。"苏轼《上皇帝书》："乃知青苗不许抑～之说，亦是空文。"❺流放。《旧唐书·敬宗纪》："河阳节度掌书记李仲言～流象州。"

【配隶】　pèilì　❶分属。《后汉书·冯异传》："及破邯郸，乃更部分诸将，各有～～。"❷流放服役。《宋史·刑法志三》："先是，犯死罪获贷者，多～～登州沙门岛及通州海岛。"

【配食】　pèishí　合祭；兼祀。《后汉书·光武帝纪下》："吕太后不宜～～高庙，同祧至尊。"苏轼《富郑公神道碑》："公既～～清庙，宜有颂诗以昭来世。"

【配天】　pèitiān　❶与天同德。《礼记·中庸》："博厚配地，高明～～。"❷祭天时以祖先配祭。《诗经·周颂·思文序》："思文，后稷～～也。"

淠 pèi 见pì。

哼 pèi 暗。左思《吴都赋》："宵露霮霸，旭日晻～。"

辔(轡) pèi 驭牲口的缰绳。《楚辞·离骚》："饮余马于咸池兮，总余～乎扶桑。"《后汉书·灵帝纪》："又驾四驴，帝躬自操～，驱驰周旋。"

霈 pèi ❶雨盛的样子。李白《明堂赋》："于斯之时，云油雨～。"㉿盛，充足。陆机《行思赋》："玄云～而垂阴，凉风凄其薄体。"韩愈《五箴·知名箴》："内不足者，急于人知。～焉有馀，厥闻四驰。"❷雨。沈璜《贺雨赋》："喜甘～之流滋。"㊀比喻恩泽。柳宗元《代李愬襄州谢上任表》："仁育为心，～泽无涯。"

pen

渍 pēn 见fén。

喷(噴、歕) 1. pēn ❶喷射。《庄子·秋水》："子不见乎唾者乎？～则大者如珠，小者如雾，杂而下者不可胜数也。"李白《古风》之三："连弩射海鱼，长鲸正崔嵬。额鼻象五岳，扬波～云雷。"（颏：鼻梁。）

2. pèn ❷见"喷鼻"。

【喷薄】 pēnbó ❶喷涌。陆游《云门寿圣院记》："破崖绝涧，奔泉迅流，喊呀而～～。"❷震荡。曹植《卞太后诔》："率土～～，三光改度。"

【喷喷】 pēnpēn 说话很快的样子。《韩诗外传》卷九："小人之论也，专意自是，言人之非，瞋目搤腕，疾言～～，口沸目赤。"

【喷鼻】 pènbí （气味）扑鼻。刘禹锡《西山兰若试茶歌》："悠扬～～宿酲散，清峭彻骨烦襟开。"

盆(瓮) pén ❶盛物器皿。司马迁《报任少卿书》："仆以为戴～何以望天。"❷量器名。《周礼·考工记·陶人》："～，实二鬴，厚半寸，唇寸。"《荀子·富国》："今是土之生五谷也，人善治之，则亩数～。"❸浸淹。《礼记·祭义》："夫人缫，三～手。"❹通"湓"。水上涌。《后汉书·陈忠传》："青冀之域淫雨漏河，徐、岱之滨，海水～溢。"❺姓。

湓 1. pén ❶水上涌。《汉书·沟洫志》："是岁，勃海、清河、信都河水～溢，灌县邑三十一，败官亭民舍四万馀所。"❷水名。湓水，流经江西九江城，入长江。今名龙开河。白居易《琵琶行》："住近～江地低湿，黄芦苦竹绕宅生。"

2. pèn ❸水声。郭璞《江赋》："～流雷响而电激。"

葐 1. pén ❶草名。蒛葐。也写作"缺盆"。《尔雅·释草》："茥，蒛～。"

2. fēn ❷见"葐蒀"。

【葐蒀】 fēnyūn 香气浓郁；烟气氤氲。左思《蜀都赋》："郁～～以翠微，崛巍巍以峨峨。"江淹《思北归赋》："雾～～兮半出，云杂错兮飞上。"

peng

亨 pēng 见hēng。

泙 pēng 水声。柳宗元《招海贾文》："其外大泊～奫沦，终古迴薄旋天垠。"（奫沦：水波深广。迴薄：动荡。）

【泙泙】 pēngpēng 水声。韩偓《李太舍池上翫红薇醉题》诗："花低池小水～～，花落池心片片轻。"

怦 pēng 见"怦怦"。

【怦怦】 pēngpēng 心跳的样子。《楚辞·九辨》："私自怜兮何极，心～～兮谅直。"

闬(閛) pēng 关门声。《法言·问道》："大哉圣人，言之至也。开之，廓然见四海；闭之，～然不睹墙之里。"

苹 pēng 见píng。

抨 1. pēng ❶弹，引绳使反弹。李贺《猛虎行》："长戈莫舂，强弓莫～。"㉿弹劾。《新唐书·阳峤传》："杨再思素与峤善，知其意不乐弹～事。"❷拍击。《梁书·沈约传》："翅～流而起沫，翼鼓浪而成珠。"

2. bēng ❸遣，使。《汉书·扬雄传上》："～雄鸩以作媒兮，何百离而曾不一耦？"

骈(駍) pēng 象声词。形容声音宏大。扬雄《羽猎赋》："猋拉雷厉，骈～聆磕。"（猋：暴风。）

【骈隐】 pēngyǐn 声音宏大。扬雄《甘泉赋》："声～～以陆离兮，轻先疾雷而驳遗风。"（陆离：分散。）

怦(㤟) pēng ❶慷慨。王粲《从军诗》之二："夙夜自～性，思逝若抽萦。"❷流露，表现。《淮南子·齐俗训》："故礼因人情而为之节文，而仁发～以见容。"

【怦怦】 pēngpēng 忠直。一说慷慨。《楚辞·七谏·怨世》："思比干之～～兮，哀子胥之慎事。"

軯(輧) pēng 象声词。张衡《思玄赋》:"丰隆～其震霆兮,列缺晔其照夜。"(丰隆:雷神。列缺:闪电。)

絣 pēng 见bēng。

砰(訇) pēng 象声词。形容宏大之声。《列子·汤问》:"～然闻之若雷霆之声。"

【砰訇】 pēnghōng 大声。李白《梁甫吟》:"我欲攀龙见明主,雷公～～震天鼓。"

【砰湃】 pēngpài 波涛互相撞击的样子。欧阳修《秋声赋》:"初淅沥以萧飒,忽奔腾而～～,如波涛夜惊,风雨骤至。"

【砰隐】 pēngyǐn 声音宏大。《汉书·礼乐志》:"休嘉～～溢四方。"亦作"軯隐"。

輧 pēng 见píng。

烹 pēng ❶煮。《孟子·万章上》:"昔者有馈生鱼于郑子产,子产使校人畜之池,校人～之。"❷古代酷刑名。即用鼎镬煮人。《国语·晋语四》:"郑人以詹予晋,晋人将～之。"

【烹灭】 pēngmiè 诛灭,铲除。《史记·秦始皇本纪》:"～～强暴,振救黔首。"

【烹鲜】 pēngxiān 比喻简易的治国之道。《老子·六十章》:"治大国若烹小鲜。"(河上公注:"鲜,鱼。烹小鲜,不去肠,不去鳞,不敢挠,恐其靡也。治国烦则下乱。")孙绰《丞相王导碑》:"存～～之义,殉易简之政。"

滂 pēng 见pāng。

硼 pēng ❶石名。《集韵·耕韵》:"～,石名。"❷见"硼隐"。❸碰。《红楼梦》二十九回:"不想黛玉将手帕子扔了来,正～在眼睛上。"

【硼隐】 pēngyǐn 象声词。形容鼓声。曹丕《述征赋》:"伐灵鼓之～～兮,建长旗之飘飖。"

澎 pēng 水波相击声。郭璞《江赋》:"砯岩鼓作,～湱泶灂。"(澎湱泶灂:皆大波相击声。)

磞 pēng 见"磞硠"。

【磞硠】 pēngláng 大声。成公绥《啸赋》:"众声繁奏,若笳若箫,～～震隐,訇磕啷嘈。"

芃 péng ❶禾、草生长旺盛。《说文·艸部》:"～,艸盛也。"叶清臣《悯农》诗:"膏泽叹苦晚,～苗惜遽衰。"❷兽毛蓬松的样子。《诗经·小雅·何草不黄》:"有～者狐,率彼幽草。"

【芃芃】 péngpéng 茂盛的样子。《诗经·鄘风·载驰》:"我行其野,～～其麦。"又《小雅·黍苗》:"～～黍苗,阴雨膏之。"

朋 péng ❶朋党。贾谊《过秦论》:"吴起、孙膑、带他、兒良、王廖、田忌、廉颇、赵奢之～制其兵。"欧阳修《朋党论》:"大凡君子与君子以同道为～,小人与小人以同利为党。"❷成群,结党。《山海经·北山经》:"有鸟焉,群居而～飞。"《楚辞·离骚》:"世并举而好～兮,夫何茕独而不予听。"❸一致,勾结。《后汉书·李固杜乔传赞》:"李杜司职,～心合力。"又《宦者传》:"扶风人孟佗,资产饶赡,与奴～结,倾竭馈问,无所遗爱。"❹比拟,比较。《诗经·唐风·椒聊》:"彼其之子,硕大无～。"❺朋友。王勃《滕王阁诗序》:"千里逢迎,高～满座。"❻古代货币单位。上古以贝壳为货币,相传五贝为一朋。一说五贝一系,两系为一朋。《诗经·小雅·菁菁者莪》:"既见君子,锡我百～。"❼姓。

【朋比】 péngbǐ 互相勾结,依附(权贵)。《新唐书·李绛传》:"趋利之人,常为～～,同其私也。"又《选举志》:"向闻杨虞卿兄弟,～～贵势,妨平进之路。"

【朋党】 péngdǎng 同类的人为私利结合成小集团。《汉书·楚元王传》:"昔孔子与颜渊、子贡更相称誉,不为～～。"《晋书·郤诜传》:"动则争竞,争竞则～～。"后世专指政治斗争中结合成的派别、团体。如唐中叶有牛僧孺、李德裕的朋党之争,宋仁宗时,欧阳修、尹洙、余靖等也被人视为朋党。

【朋酒】 péngjiǔ ❶两樽酒。《诗经·豳风·七月》:"～～斯飨。"(飨:以酒食款待人。)❷亲友聚饮。《晋书·陶潜传》:"每～～之会,则抚而和之。"

【朋友】 péngyǒu ❶同师同道之人。《周易·兑》:"君子以～～讲习。"《周礼·地官·大司徒》:"五曰联～～。"后则凡相交有情谊的都称朋友。❷群臣。《诗经·大雅·假乐》:"之纲之纪,燕及～～。"(燕:安。)

倗 1. péng ❶辅助。《说文·人部》:"～,辅也。"❷姓。

2. pěng ❸不肯。《广雅·释诂四》:"～,不也。"(王念孙疏证:"倗即不肯之合声。")

逢 péng 见féng。

堋 péng 见béng。

弸 1. péng ❶弓弦强劲。《说文·弓部》:"~,弓强皃。"⊗弓弦。扬雄《太玄经·止》:"绝~破车,终不偃。"元稹《纪怀赠李户曹》诗:"铩翮鸾栖棘,藏锋箭在~。"❷充满。扬雄《太玄经·养》:"阴~于野,阳茇万物。"

2. pēng ❸见"弸彋"。

【弸彋】 pēnghóng 象声词。扬雄《甘泉赋》:"惟~~其拂汨兮,稍暗暗而靓深。"

彭 1. péng ❶春秋时郑国地名。《诗经·郑风·清人》:"清人在~,驷介旁旁。"❷水名。"彭水"有二,一在湖北房县,一在河南鲁山县。❸姓。

2. páng ❹旁,近。《周易·大有》:"九四,匪在~,无咎。"❺通"搒"。古代刑法名。用板子捶打。《后汉书·戴就传》:"每上~考,因止饭食不肯下。"

3. bāng ❻见"彭彭"。

4. pēng ❼见"彭湃"。

【彭亨】 pénghēng 同"膨脝"。腹胀满的样子。韩愈等《石鼎联句》:"龙头缩菌蠢,豕腹涨~~。"

【彭铿】 péngkēng ❶即彭祖。传说中长寿的人。《楚辞·天问》:"~~斟雉,帝何飨?受寿永多,夫何久长?"❷象声词。苏轼《和蔡景繁海州石室》:"径寻我语觅馀声,拄杖~~叩铜鼓。"

【彭殇】 péngshāng 指寿夭。彭,彭祖。殇,未成年而夭亡。王羲之《兰亭集序》:"固知一死生为虚诞,齐~~为妄作。"

【彭尸】 péngshī 道家认为人体有三种有害的尸虫。上尸名彭倨,好宝物;中尸名彭质,好五味;下尸名彭矫,好美色。合称彭尸。参见《云笈七籤·庚申部》。范成大《不寐》诗:"~~不得去,罡骑无行色。"

【彭彭】 bāngbāng ❶盛多。《诗经·齐风·载驱》:"行人~~。"❷壮盛的样子。《诗经·大雅·烝民》:"四牡~~。"

【彭湃】 pēngpài 同"澎湃"。波浪相击的样子。《汉书·司马相如传上》:"沸乎暴怒,汹涌~~。"

棚 péng ❶楼阁。《隋书·柳彧传》:"高~跨路,广幕陵云。"❷用竹木搭成的篷架或简陋小屋。陶宗仪《辍耕录》卷八:"回至中途,夜黑,不良于行,暂憩一露~下。"❸清代军队编制单位。《清史稿·兵志三》:"每哨五~,每~什长一人,正兵九人。"

輣(軿) péng 战车。《史记·淮南衡山列传》:"王乃使孝客江都人救赫、陈喜作~车鍭矢。"(孝:人名,衡山王赐之子。救赫:人名。)《后汉书·光武帝纪上》:"或为地道,冲~橦城。积弩乱发,矢下如雨,城中负户而汲。"

【輣轧】 péngyà 波浪相激之声。张衡《南都赋》:"流湍投濈,砏汃~~。"(濈:水外流。砏汃:水冲击声。)

蓬 péng ❶草名。多年生草本植物,花白色,叶似柳叶,子实有毛。《诗经·卫风·伯兮》:"自伯之东,首如飞~。"《后汉书·舆服志》:"上古圣人,见转~始知为轮。"❷松,乱。《论衡·死伪》:"伊尹黑而短,~而髯。"❸地名。见"蓬莱"。

【蓬蒿】 pénghāo ❶飞蓬与蒿草。泛指杂草、荒草。《礼记·月令》:"[孟春]行秋令,则其民大疫,猋风暴雨总至,藜莠~~并兴。"❷草野,僻野。李白《南陵别儿童入京》诗:"仰天大笑出门去,我辈岂是~~人。"

【蓬弧】 pénghú "桑弧蓬矢"的略称。古礼国君世子生,使人以桑弧蓬矢六,射天地四方。后因以蓬弧比喻初生。张伯淳《木兰花慢·次唐格斋韵》词:"记我~~时候,寓情翰墨欢娱。"

【蓬户】 pénghù 编蓬为户(门)。比喻贫陋之室。《后汉书·王霸传》:"隐居守志,茅屋~~。"

【蓬颗】 péngkē 长蓬草的土块。也指坟墓。《汉书·贾山传》:"为葬薶之侈至于此,使其后世曾不得~~蔽冢而托葬焉。"王安石《东门》诗:"风流翳~~,故地使人嗟。"

【蓬莱】 pénglái ❶传说中的海中仙山名。《史记·封禅书》:"自威、宣、燕昭使人入海求~~、方丈、瀛洲。此三神山者,其传在勃海中。"《史记·孝武本纪》:"安期生仙者,通~~中,合则见人,不合则隐。"❷蓬蒿草莱。指隐者所居。《后汉书·边让传》:"举英奇于仄陋,拔髦秀于~~。"

【蓬门】 péngmén 同"蓬户"。秦韬玉《贫女》诗:"~~未识绮罗香,拟托良媒亦自伤。"

【蓬蓬】 péngpéng ❶生机盎然的样子。《诗经·小雅·采菽》:"维柞之枝,其叶~~。"司空图《二十四诗品·纤秾》:"采采流水,~~远春。"❷象声词。《庄子·秋水》:"蛇谓风曰:'……今子~~然起于北海,~~然入于南海。'"

【蓬心】 péngxīn 闇昧之心,肤浅之见。常用作谦词。颜延之《北使洛》诗:"~~既已矣,飞薄殊亦然。"

【蓬头历齿】 péngtóulìchǐ 头发蓬乱,牙齿稀疏。形容老态。庾信《竹杖赋》:"子老矣!鹤发鸡皮,~~~~。"

搒 1. péng ❶用板子捶打。《后汉书·朱晖传》："～掠割剥，强令充足。"❷碰，触。韩愈等《城南联句》："逗翳翅相筑，摆幽尾交～。"

2. bàng ❸同"榜"。撑船。《宋书·朱百年传》："或遇寒雪，樵箬不售，无以自资，辄自～船送妻还孔氏，天晴复迎之。"❹舟船中途停泊。苏辙《除夜泊彭蠡湖遇大风雪》诗："莫发鄱阳市，晓～彭蠡口。"

3. bǎng ❺标榜。《后汉书·党锢传序》："海内希风之流，遂共相摽～。"

傰 1. péng ❶姓。《汉书·王尊传》："会南山群盗～宗等数百人为吏民害。"

2. bēng ❷朋党。《鹖冠子·备知》："败则～，乱则阿，阿则理废，～则义不立。"❸通"绷"。拉紧，扳着。佚名《中吕·满庭芳》："不见钱便无亲热，把冷鼻凹～者，谁敢问俺娘赊？"

鹏(鵬) péng 传说中的大鸟名。《庄子·逍遥遊》："北冥有鱼，其名为鲲。鲲之大不知其几千里也。化而为鸟，其名为～。"

【鹏路】 pénglù 鹏飞之路。比喻仕宦之途。杜甫《入衡州》诗："柴荆寄乐土，～～观翱翔。"

澎 péng ❶见"澎湃"、"澎濞"。❷古地名。《汉书·王子侯表上》："～侯屈釐。"

【澎湃】 péngpài 波浪相击的样子。嵇康《琴赋》："沛汩～～，蚥蟺相纠。"《宋史·河渠志七》："惟是浙江东接海门，胥涛～～。"

【澎濞】 péngpì 水声。司马相如《上林赋》："～～沆瀣，穹隆云挠。"

韸 péng 见"韸韸"。

【韸韸】 péngpéng 同"逢逢"。鼓声。《吕氏春秋·季夏》"令渔师伐蛟取鼍，升龟取鼋"高诱注："《诗》曰：'鼍鼓～～。'"

篣 péng 见 páng。

篷(箻、芃) péng ❶遮蔽风雨日光的顶盖。汪元量《湖州歌》："靠着～窗垂两目，船头船尾烂弓刀。"❷船帆。《三国演义》四十九回："箭到处，射断徐盛船上～索。"㊇代指船。皮日休《寄怀南阳润卿》诗："何事对君犹有愧，一～冲雪返华阳。"

膨 péng 见"膨脝"。

【膨脝】 pénghēng 腹胀大的样子。陆游《朝饥食齑面甚美戏作》诗："一杯齑馎饦，老子腹～～。"

蟚(蟛) péng 长于海边的一种小蟹。韩愈等《城南联句》："惊魂见蛇蚓，触嗅值虾～。"

鬅(鬔、髼) péng 头发乱的样子。董解元《西厢记诸宫调》卷二："几个～头的行者，着铁褐直裰，走离僧房。"

【鬅鬙】 péngsēng 头发散乱的样子。曾巩《看花》诗："但知抖擞红尘去，莫问～～白发催。"

【鬅松】 péngsōng 头发松散的样子。黄机《菩萨蛮》词："双鬓绿～～，一簾花信风。"

捧 pěng ❶双手承托。李白《北风行》："黄河～土尚可塞，北风雨雪恨难裁。"㊀奉承人。《红楼梦》二十六回："仗着宝玉疼他们，众人就都～着他们。"❷搀扶。元稹《莺莺传》："俄而红娘～崔氏而至。"

【捧腹】 pěngfù 形容大笑的情态。《史记·日者列传》："司马季主～～大笑。"柳宗元《送独孤书记赴辟命序》："曳裾戎幕之下，专弄文墨，为壮夫～～。"

【捧袂】 pěngmèi 举起衣袖，拱手拜谒。王勃《滕王阁序》："今兹～～，喜托龙门。"

【捧日】 pěngrì 比喻衷心拥戴帝王。李峤《大周降禅碑》："末光幸煦，长倾～～之心；仙石徒攀，终愧陵云之笔。"

【捧檄】 pěngxí 谓奉召赴任。檄，征召文书。骆宾王《渡瓜步江》诗："～～辞幽径，鸣榔下贵洲。"

【捧心】 pěngxīn 用手捧着胸。比喻拙劣的摹仿，相当于"效颦"。《庄子·天运》："故西施病心而矉其里，其里之丑人，见而美之，归亦～～而矉其里。"(矉：同"颦"，蹙眉。)韩偓《香奁集自序》："粗得～～之态，幸无折齿之惭。"

皏 pěng 浅白色。《素问·风论》："肺风之状，多汗恶风，色～然白。"

摓 pěng 见 féng。

碰(掽、踫) pèng ❶相撞。《红楼梦》十九回："街上人挤车～。"❷突然相遇。《红楼梦》二十四回："前儿我出城去，～见你们三屋里的老四，坐着好体面的车。"

甏 pèng 小口大腹的瓦器。俞樾《右台仙馆笔记·父凶子狠》："苏州桃花坞有缸～阿縻者。"

pi

不 pī 见 bù。

丕(丕) pī ❶大。《尚书·大禹谟》:"嘉乃～绩。"《后汉书·和熹邓皇后纪》:"～功著于大汉,硕惠加于生人。"❷奉。《汉书·郊祀志下》:"～天之大律。"❸连词。乃,于是。《尚书·禹贡》:"三危既宅,三苗～叙。"(三危:地名。)❹语气词。《尚书·康诰》:"女～远惟商耇成人。"(惟:想。耇:老。)❺姓。

【丕革】 pīgé 大变革。柳宗元《天对》:"时之～～,由是而门。"

【丕烈】 pīliè 大功绩。《后汉书·冯衍传》:"衍上书陈八事……其二曰褒～～。"

【丕显】 pīxiǎn 大明。《尚书·君牙》:"～～哉,文王谟。"《三国志·魏书·武帝纪》:"袁术僭逆,肆于淮南,慑惮君灵,用～～谋。"

【丕丕基】 pīpījī 极大的基业。《尚书·立政》:"以并受此～～～。"后用"丕丕基"指帝位。

坏[1] 1. pī ❶土丘。山一重曰坏。范成大《长安闸》诗:"千车拥孤隧,万马盘一～。"❷没有烧过的砖瓦陶器。后作"坯"。《法言·先知》:"刚则甈,柔则～。"

2. péi ❸用泥土涂塞缝隙,修补墙垣。《礼记·月令》:"修宫室,～墙垣,补城郭。"❹通"阫"。屋的后墙。《汉书·扬雄传下》:"或凿～以遁。"杜甫《秋日荆南述怀三十韵》:"贤非梦傅野,隐类凿颜～。"

【坏冶】 pīyě 制坯冶炼。比喻培养人才。《后汉书·崔骃传》:"壹天下之众异,齐品类之万殊。参差同量,～～一陶。"

邳 pī ❶地名。在今江苏邳州境。《左传·定公元年》:"奚仲迁于～。"❷通"丕"。大。何晏《景福殿赋》:"櫺槛～张,钩错矩成。"❸姓。

批 pī ❶用手击打。《左传·庄公十二年》:"宋万弑闵公于濛泽。遇仇牧于门,～而杀之。"❷劈,削。《庄子·养生主》:"依乎天理,～大郤,导大窾,因其固然。"杜甫《房兵曹胡马》诗:"竹～双耳峻,风入四蹄轻。"❸排除。《史记·魏其武安侯列传》:"及魏其侯失势,亦欲倚灌夫引绳～根生平慕之后弃之者。"❹批示,写批语。《旧唐书·李藩传》:"制敕有不可,遂于黄敕后～之。"❺评论。《红楼梦》十九回:"只在老爷跟前,或在别人跟前,你别只管嘴里混～。"

【批点】 pīdiǎn 评批圈点文章。古人读书时往往在佳词佳句旁划圈或在行间、天地头写些评论文字叫"批"。又古书无标点,读者在句逗处划圈或点点叫"点"。杨慎《丹铅总录·诗话类》:"世以刘须溪为能赏音,为其于选诗李、杜诸家皆有～～也。"

【批扞】 pīhàn 恶。《墨子·修身》:"～～之声,无出之口。"

【批抵】 pīzhǐ 排挤。《后汉书·寇荣传》:"而臣兄弟独以无辜为专权之臣所见～～,青蝇之人所共搆会。"

【批亢捣虚】 pīgāngdǎoxū 打击敌人的要害和虚弱之处。亢,咽喉。《史记·孙子吴起列传》:"孙子曰:'夫解杂乱纷纠者不控卷,救斗者不搏撠,～～～～,形格势禁,则自为解耳。'"

伾 pī ❶见"伾伾"。❷山名。《尚书·禹贡》:"东过洛汭,至于大～。"

【伾伾】 pīpī 有力的样子。《诗经·鲁颂·駉》:"薄言駉者,有骓有駓,有骍有骐,以车～～。"

纰(紕) 1. pī ❶见"纰缪"。

2. pí ❷在衣、帽、旗帜上镶饰缘边。《礼记·玉藻》:"缟冠素～。"

3. bǐ ❸古代氐族人织的兽毛布。《逸周书·王会》:"请令以丹青、白旄、～罽……为献。"

【纰缪】 pīmiù 错误。裴骃《史记集解序》:"骃以为[班]固之所言,世称其当。虽时有～～,实勒成一家,总其大较,信命世之宏才也。"

坯 pī(又读 pēi) ❶山一重曰坯。《尔雅·释山》:"山:三袭,陟;再成,英;一成,～。"❷未烧的陶器砖瓦。扬雄《太玄经·干》:"或锡之～。"《淮南子·精神训》:"夫造化者既以我为～矣,将无所违之矣。"

披 1. pī ❶打开。《汉书·薛宣传》:"～抉其闺门而杀之。"❷分开,裂开。《左传·昭公五年》:"杀適立庶,又～其邑。"《战国策·秦策三》:"木实繁者～其枝。"❸翻开,翻阅。韩愈《进学解》:"先生口不绝吟于六艺之文,手不停～于百家之编。"❹袒露。《后汉书·和帝纪》:"昭岩穴,～幽隐,遣诣公车,朕将悉听焉。"苏轼《上皇帝书》:"惟当～露腹心,捐弃肝脑,尽力所至,不知其他。"❺散开。张衡《南都赋》:"风靡云～。"《南史·柳元景传》:"世隆随宜拒应,众皆～却。"❻穿着,覆衣于肩背。《后汉书·严光传》:"有一男子,～羊裘钓泽中。"曹植《杂诗》:"展转不能寐,～衣起彷徨。"❼剖析。《魏书·礼志一》:"臣等承旨,～究往说,各有其理。"董解元《西厢记诸宫调》卷八:"～味那其间意思,知你获青紫。"❽依傍,靠近。《史记·五帝本纪》:"～山通道,未尝宁居。"徐梦莘《三朝北盟会编》卷六十六:"～城统兵数千。"

2. bì ❾古代丧具。即从旁牵挽柩车以免倾覆之物,用帛做成,其数与色依等级而有别。《释名·释丧制》:"两旁引之曰～。

～，摆也。各于一旁引摆之，备倾倚也。”《礼记·檀弓上》：“孔子之丧，公西赤为志，饰棺墙，置翣，设～。”（志：标志。棺墙：障棺帷盖。翣：方形大扇。）

【披猖】 pīchāng ❶张狂。苏轼《次韵子由所居六咏》：“先生坐忍渴，群嚣自～～。”❷分散，飞扬。唐彦谦《春深独行马上有作》诗：“日烈风高野草香，百花狼籍柳～～。”

【披拂】 pīfú ❶吹拂，飘动。《庄子·天运》：“风起北方，一西一东，有上彷徨，孰嘘吸是？孰居无事而～～是？”柳宗元《至小丘西小石潭记》：“青树翠蔓，蒙络摇缀，参差～～。”❷分开，拨开。谢灵运《石壁精舍还湖中作》诗：“～～趋南径，愉悦偃东扉。”

【披怀】 pīhuái 犹“披心”。陆机《辨亡论下》：“～～虚己，以纳谟士之算。”

【披镜】 pījìng 披览，借鉴。唐太宗《帝范序》：“所以～～前踪，博采史籍，聚其要言，以为近诫云尔。”

【披离】 pīlí ❶分散的样子。宋玉《风赋》：“至其将衰也，被丽～～，冲孔动楗。”❷纷披的样子。吴均《共赋韵咏庭中桐》：“华晖实掩映，细叶能～～。”

【披沥】 pīlì 竭尽忠心。上官仪《为卢岐州请致仕表》：“～～丹愚，谅非矫饰。”（丹愚：丹心与愚诚。）参见“披肝沥胆”。

【披靡】 pīmí ❶草木随风偃伏。司马相如《上林赋》：“应风～～，吐芳扬烈。”❷比喻败军溃逃。《汉书·项籍传》：“于是羽大呼驰下，汉军皆～～。”

【披披】 pīpī ❶飘动的样子。崔融《嵩山启母庙碑》：“霜罗曳曳，云锦～～。”❷散乱的样子。刘向《九叹·思古》：“发～～以鬤鬤兮，躬劬劳而瘏悴。”（鬤鬤：毛发蓬乱的样子。）

【披攘】 pīrǎng 倒伏。柳宗元《憎王孙文》：“好践稼蔬，所过狼藉～～。”

【披涉】 pīshè 涉猎，泛览。《抱朴子·金丹》：“余考览养性之书，鸠集久视之方，曾所～～，篇卷以千计矣。”

【披心】 pīxīn 披露心腹。比喻坦诚。《晋书·慕容垂载记》：“卿既不容于本朝，匹马而投命，朕则宠卿以将位，礼卿以上宾，任同旧臣，爵齐勋辅，歃血断金，～～相付。”

【披缁】 pīzī 指出家修行。缁，缁衣，僧尼所服。蒋防《霍小玉传》：“妾便舍弃人事，剪发～～，夙昔之愿，于此足矣。”

【披肝沥胆】 pīgānlìdǎn 竭尽忠心，赤诚相见。司马光《体要疏》：“虽访问所不及，犹将～～～～，以效其区区之忠。”

【披沙简金】 pīshājiǎnjīn 沙里淘金，比喻汰劣求精。钟嵘《诗品·晋黄门郎潘岳诗》：“陆［机］文如～～～～，往往见宝。”也作“排沙简金”、“披沙拣金”。

【披榛采兰】 pīzhēncǎilán 比喻选拔人才。《晋书·皇甫谧传》：“陛下～～～～，并收蒿艾，是以皋陶振褐，不仁者远。”（振褐：抛弃褐衣，比喻做官。远：远离。）

狉 pī 见“狉狉”。

【狉狉】 pīpī 野兽成群奔跑的样子。柳宗元《封建论》：“草木榛榛，鹿豕～～。”

狓 pī 见“狓猖”。

【狓猖】 pīchāng 猖狂，跋扈。顾祖禹《读史方舆纪要·陕西十一·宁夏镇》：“广德初，仆固怀恩以朔方叛，与吐蕃、回纥共肆～～，戎马遂入于郊甸。”

駓（駓、䮠） pī ❶毛色黄白相间的马。《诗经·鲁颂·駉》：“有骓有～。”❷见“駓駓”。

【駓駓】 pīpī 奔跑的样子。《楚辞·招魂》：“敦脄血拇，逐人～～些。”（敦脄：隆起的脊肉。血拇：带血的爪子。）

【駓騃】 pīsì 形容奔跑。张衡《西京赋》：“众鸟翩翻，群兽～～。”

砒（磇） pī 砒石。剧毒的中药，生的叫砒黄，炼制过的叫砒霜。《老残游记》十六回：“我叫他买～的时候，只说为毒老鼠，所以他不知道。”

鈚（鈚、錍） pī 箭杆长、箭头薄而阔的箭镞。杜甫《七月三日戏呈元二十一曹长》诗：“长～逐狡兔，突羽当满月。”

被 pī 见 bèi。

怶 pī 错误。扬雄《解嘲》：“故有造萧何之律于唐虞之世，则～矣。”左思《魏都赋》：“兼重～以貤缪，偭辰光而罔定。”

伾（鉟） pī 同“铍”。兵器名。《汉书·高惠高后文功臣表》：“［周灶］以长～都尉击项籍。”

铍（鈹） pī ❶两边有刃的剑一类兵器。《左传·襄公十七年》：“贼六人以～杀诸卢门合左师之后。”❷大矛。《方言》卷九：“锬谓之～。”（郭璞注：“今江东呼大矛为铍。”）刘禹锡《壮士行》：“叱之使人立，一发如～交。”❸大针，医生用以破痈。《灵枢经·九鍼十二原》：“五曰～鍼，长四寸，广二分半。”㊋刺破。刘昼《新论·利害》：“瘕疾填胸而不敢～，虿尾螫跗而不敢斫。”❹刨土的工具，即镵。《广雅·释器》：

"镵谓之～。"❺通"披"。纷披。徐鼒《小腆纪年附考》卷十三:"公发种种矣,与髡何异?但稍加～掩众目,即可婉曲报闻耳。"

【铍滑】 pīgǔ 纷乱。《荀子·成相》:"吏谨将之无～～。"

秠 pī 黑黍的一种,一壳二米。《诗经·大雅·生民》:"诞降嘉种,维秬维～,维穈维芑。"

钚(鉟) pī 旗帜名。《左传·昭公十年》:"公卜使王黑以灵姑～率,吉,请断三尺焉而用之。"(杜预注:"灵姑钚,公旗名。")

铔(鉟、鎃) pī 破开。《方言》卷二:"～、摫,裁也。梁益之间,裁木为器曰～,裂帛为衣曰摫。"左思《蜀都赋》:"藏镪巨万,～摫兼呈。"

豼 pī 分开,剖开。《汉书·扬雄传上》:"～桂椒,郁移杨。"刘敞《观林洪范禹贡山川图》诗:"～山泻泽魑魅走。"

揊 pī 用手击打。《说文·手部》:"～,反手击也。"

髬 pī 见"髬髵"。

【髬髵】 pī'ér 猛兽发怒时颈毛竖起的样子。张衡《西京赋》:"及其猛毅～～,隅目高眶。"

劈 pī ❶破开。温庭筠《春江花月夜》词:"龙头～浪哀笳发。"❷正对着。《水浒传》三十一回:"武松早落一刀,～脸剁着。"

礔 pī 见"礔裂"。

【礔裂】 pīliè 象声词。《论衡·雷虚》:"试以一斗水,灌冶铸之火,气激～～,若雷之音矣。"

霹 pī 见"霹雳"。

【霹雳】 pīlì 迅猛的雷声。《尔雅·释天》"疾雷为霆霓"郭璞注:"雷之急击者谓～～。"杜甫《热》诗之一:"雷霆空～～,云雨竟虚无。"

【霹雳车】 pīlìchē 古代以机械发石的战车。《三国志·魏书·袁绍传》:"太祖乃为发石车,击绍楼,皆破。绍众号曰～～～。"

【霹雳木】 pīlìmù 雷电击过的木头。《资治通鉴·唐玄宗开元十二年》:"剖～～～,书天地字及上名,合而佩之,祝曰:'佩此有子,当如则天皇后。'"

【霹雳手】 pīlìshǒu 谓断案敏捷果断的能吏。唐代裴琰之任同州司户参军,刺史李崇义轻其年少,以积案数百以难之,琰之一日断毕,理当词平,文笔亦妙。由此知名,号"霹雳手"。详见《旧唐书·裴漼传》。楼钥《送制帅林和叔归》诗:"奸胥及强吏,时用～～～。"

比 pí 见 bǐ。

皮 pí ❶本指兽皮,引申为泛指物的表层。《左传·僖公十四年》:"～之不存,毛将安傅?"《汉书·高帝纪上》:"高祖为亭长,乃以竹～为冠。"㊀剥皮。《史记·刺客列传》:"聂政大呼,所击杀者数十人,因自～面决眼,自屠出肠,遂以死。"(皮面:剥去面上皮肤。)❷表面,肤浅。林则徐《密陈师道府考语摺》:"但就～面观之,鲜不被其掩饰。"❸裘,制过的兽皮。《公羊传·宣公十二年》:"古者杅不穿,～不蠹,则不出于四方。"(杅:饮水器。)❹兽皮制的箭靶。即皮侯。《仪礼·乡射礼》:"礼,射不主～。"❺姓。

【皮币】 píbì ❶古时诸侯聘享之物。皮,裘。币,束帛。《战国策·齐策三》:"卫君与文布衣交,请具车马～～,愿君以此从卫君游。"(文:田文,孟尝君。)❷汉武帝时货币名。《史记·平准书》:"乃以白鹿皮方尺,缘以藻缋为～～,直四十万。"

【皮弁】 píbiàn 古冠名。用白色鹿皮制成。《史记·礼书》:"故大路越席,～～布裳……所以防其淫侈,救其彫敝。"

【皮傅】 pífù 见解肤浅,牵强附会。《后汉书·张衡传》:"且河洛六艺,篇录已定,后人～～,无所容篡。"

【皮相】 píxiàng 从表面上看问题。《论衡·书虚》:"薪者曰:'子,～～之士也,何足语姓名。'"

【皮里阳秋】 pílǐyángqiū 《晋书·褚裒传》:"裒少有简贵之风,……谯国桓彝见而目之曰:'季野有皮里阳秋。'言其外无臧否,而内有所褒贬也。"皮里,心里。阳秋本作"春秋",因晋人避讳而改。"春秋"本书名,其记事原则是寓褒贬于字里行间,不外露。以此谓口不臧否人物而心含褒贬为"皮里阳秋"。

芘 1. pí ❶芘芣,又叫"荆葵",植物名。《诗经·陈风·东门之枌》"视尔如荍"毛亨传:"荍,～芣也。"

2. bì ❷通"庇"。荫庇。《庄子·人间世》:"结驷千乘,隐将～其所藾。"《宋史·李庭芝传》:"陈宜中请诛文虎,似道～之。"

阰 pí 山名。《楚辞·离骚》:"朝搴～之木兰兮,夕揽洲之宿莽。"

枇 1. pí ❶见"枇杷"。

2. bǐ ❷通"匕"。大木匙。古代祭祀时用它挑起鼎中的牲体,再置于俎上。《礼记·杂记上》："～以桑，长三尺，或曰五尺。"

3. bì　❸篦子，梳头用具。《后汉书·济北惠王寿传》："头不～沐，体生疮肿。"

【枇杷】　pípá　果树名。果实圆球形，黄色，味甜。司马相如《上林赋》："～～橪柿，楟柰厚朴。"

【枇杷门巷】　pípáménxiàng　指妓女所居之处。语出胡曾《赠薛涛》诗："万里桥边女校书，枇杷花下闭门居。扫眉才子知多少，管领春风总不如。"薛涛为蜀名妓。

毗(毘)　pí　❶辅助。《诗经·小雅·节南山》："天子是～，俾民不迷。"《后汉书·安帝纪》："朕以不明，统理失中，亦未获忠良以～阙政。"❷损伤。《庄子·在宥》："人大喜邪，～于阳；大怒邪，～于阴。"❸邻近，接连。章炳麟《读管子书后》："譬之行星与日之有离心～心也。"❹附合。王勃《广州宝庄严寺舍利塔碑》："讴歌有霸道之馀，～俗得华风之杂。"

【毗卢】　pílú　佛教用语。"毗卢舍那"、"毗卢遮那"的省称。指佛真身。意为光明遍照。苏辙《夜坐》诗："知有～～一径通，信脚直前无别巧。"

【毗尼】　píní　梵语。也译作"毗奈耶"、"毗那耶"。戒律。刘禹锡《唐故衡岳律大师湘潭唐兴寺俨公碑铭》："中有～～出尘士，以律视俨犹孙子。"

疲　pí　❶疲乏，劳倦。《左传·成公十六年》："奸时以动，而～民以逞。"❷厌倦。《后汉书·光武帝纪下》："我自乐此，不为～也。"❸怠惰。曹操《上书谢策命魏公》："受性～怠，意望毕足。"❹瘦弱，衰老。《管子·小匡》："桓公知诸侯之归己也，故使轻其币而重其礼，故使天下诸侯以～马犬羊为币。"王安石《思王逢原》诗："我～学更误，与世不相宜。"

【疲弊】　píbì　指人困财乏。《三国志·蜀书·诸葛亮传》："先帝创业未半而中道崩殂，今天下三分，益州～～，此诚危急存亡之秋也。"

【疲癃】　pílóng　衰老病残之人。《后汉书·殇帝纪》："诸官府、郡国、王侯家奴婢姓刘及～～羸老，皆上其名，务令实悉。"

【疲苶】　pínié　孱弱的样子。也作"疲薾"。杜甫《咏怀二首》之一："～～苟怀策，栖屑无所施。"（栖屑：奔走于道路。）

【疲驽】　pínú　衰劣的马。常用来比喻才能低下。《后汉书·东平宪王苍传》："臣苍～～，特为陛下慈恩覆护。"

【疲曳】　píyè　衰朽。《后汉书·冯衍传下》："贫而不衰，贱而不恨，年虽～～，犹庶几名贤之风。"

鸦(鵧)　pí　❶鸟名。即鹗，俗称鱼鹰。《广韵·脂韵》："～，鹗也。"❷钦鸦，神名。《山海经·西山经》："又西北四百二十里，曰钟山，其子曰鼓，其状如人面而龙身，是与钦～杀葆江于昆仑之阳，帝乃戮之钟山之东曰䍃崖，钦～化为大鹗。"

蚍　pí　见"蚍蜉"。

【蚍蜉】　pífú　大蚂蚁。韩愈《调张籍》诗："～～撼大树，可笑不自量。"

罴　pí　见 bà。

篦　1. pí　❶竹制捕虾器。《广韵·齐韵》："～，取虾竹器。"㉑泛指竹柳等编织的障碍物。《新唐书·南诏传》："置牢城兵，八将主之，树～格，夜列炬照城，守具雄新。"

2. bì　❷同"篦"。梳头用具。《字汇·竹部》："～，与篦同，去发垢者。"

庳　pí　见 bēi。

埤　1. pí　❶增益。《诗经·邶风·北门》："王事适我，政事一～益我。"鲍照《登大雷岸与妹书》："削长～短，可数百里。"❷矮墙。杜甫《题省中壁》诗："掖垣竹～梧十寻，洞门对霤常阴阴。"

2. pì　❸见"埤堄"。

3. bēi　❹通"卑"。低。《荀子·宥坐》："其流也～下，裾拘必循其理，似义。"

4. bì　❺低湿的地方。《国语·晋语八》："拱木不生危，松柏不生～。"

【埤雅】　píyǎ　《埤雅》，训诂书。宋陆佃撰。二十卷。分《释鱼》、《释兽》、《释鸟》、《释虫》、《释马》、《释木》、《释草》、《释天》等八篇。解释名物，略于形状而详于名义。引证广泛，但引书不注出处，且多穿凿附会之说。初名《物性门类》，后改今名，取增补《尔雅》之义。

【埤堄】　pìnì　女墙。城上呈凹凸形利于守者瞭望和掩身的矮墙。《孙膑兵法·陈忌问垒》："发者，所以当～～也。"也作"睥睨"。

【埤污】　bēiwū　鄙陋。《荀子·非相》："鄙夫反是，好其实，不恤其文，是以终身不免～～佣俗。"

崥　1. pí　❶见"崥崹"。

2. bǐ　❷峡崥，山脚。《玉篇·山部》："～，峡崥，山足也。"扬雄《太玄经·增》："崔嵬不崩，赖彼峡～。"

【崥崹】　pítí　山形渐平的样子。张协《七命》："既乃琼巘嶒崚，金岸～～。"

郫 pí ❶地名。1)春秋晋邑,在今河南省济源市西。《左传·文公六年》:"赵孟使杀诸~。"2)四川郫县,在成都市西北,相传古蜀望帝杜宇建都于此。《汉书·扬雄传上》:"汉元鼎间避仇复遡江上,处岷山之阳曰~。"❷江名。岷江支流。《水经注·江水》:"~江之右也,因山颓水,坐致竹木,以溉诸郡。"❸姓。

【郫筒】 pítǒng ❶盛酒器。四川郫县人截大竹为筒,用以盛酒。❷酒名。相传晋山涛为郫令,用竹筒酿酒,香闻百步。杜甫《将赴成都草堂途中有作》诗之一:"鱼知丙穴由来美,酒忆~~不用酤。"

陴 pí 女墙。城上呈凹凸形的矮墙。《三国志·魏书·武帝纪》注引《魏书》:"太祖乃令妇人守~,悉兵拒之。"

椑 1. pí ❶盛酒器。《太平御览》卷七六一引谢承《后汉书》:"陈茂为豫州别驾,与刺史周敞行部到颍川阳翟,传车有美酒一~。"❷椭圆形斧柄。《周礼·考工记·庐人》:"是故勾兵~,刺兵抟。"

2. bēi ❸椑梯,柿的一种,即今之油柿。

3. bì ❹内棺。《礼记·檀弓上》:"君即位而为~,岁壹漆之。"

琵 pí 见"琵琶"。

【琵琶】 pípá ❶乐器名。刳桐木制成,曲首长颈,腹椭圆,平面圆背,弦四或六。❷鱼名。左思《吴都赋》:"跃龙腾蛇,鲛鲻~~。"

【琵琶别抱】 pípábiébào 指女子再嫁。出自白居易《琵琶行》"门前冷落鞍马稀,老大嫁作商人妇"和"千呼万唤始出来,犹抱琵琶半遮面"句。

脾 pí ❶五脏之一,在胃左下方,是人和脊椎动物贮藏血液的重要器官和最大的淋巴器官,具有过滤血液、调节血量和产生淋巴细胞的功能。蔡琰《悲愤诗》:"还顾邈冥冥,肝~为烂腐。"❷通"膍"。牛胃。《诗经·大雅·行苇》:"嘉殽~臄。"(殽:通"肴"。臄:牛舌。)❸通"髀"。大腿。《庄子·在宥》:"鸿蒙方将拊~雀跃而遊。"

【脾析】 píxī 牛胃。《仪礼·既夕礼》:"东方之馔,四豆,~~、蜱醢、葵菹、蠃醢。"

魮(鮍) pí ❶鮨魮,鱼名。《山海经·西山经》:"滥水……多鮨~之鱼,其状覆铫,鸟首而鱼翼鱼尾,音如磬石之声,是生珠玉。"❷鮆鱼的别名。冯时可《雨航杂录》卷下:"鮆鱼即刀鱼也,一名~。"

裨 1. pí ❶古代祭祀大夫所穿的礼服。见"裨冕"。❷副贰,辅助。见"裨将"。❸附属。韩愈《寄崔二十六立之》诗:"观名计之利,讵足相陪~?"❹通"稗"。细小。见"裨王"。❺姓。

2. bì ❻增益。《国语·郑语》:"若以同~同,尽乃弃矣。"❼完补。《国语·晋语八》:"子若能以忠信赞君,而~诸侯之阙。"

【裨将】 píjiàng 副将。《史记·项羽本纪》:"于是梁为会稽守,籍为~~,徇下县。"

【裨冕】 pímiǎn 古代诸侯卿大夫觐见天子时,着裨衣,戴冕,称为"裨冕"。《仪礼·觐礼》:"侯氏~~释币于祢。"

【裨王】 píwáng 汉时匈奴小王之称。《史记·卫将军骠骑列传》:"汉轻骑校尉郭成等逐数百里,不及,得右贤~~十馀人。"

【裨补】 bìbǔ 增益补阙。《三国志·蜀书·诸葛亮传》:"愚以为宫中之事,事无大小,悉以咨之,然后施行,必能~~阙漏,有所广益。"

棍 pí 屋檐前板。张衡《西京赋》:"三阶重轩,镂槛文~。"

蜱(螷) pí ❶蚌的一种。《仪礼·既夕礼》:"东方之馔,四豆,脾析、~醢、葵菹、蠃醢。"❷壁虱。蜘蛛类动物,对人、畜等均有害。❸蜱蛸,螳螂卵。又名螵蛸。

罴(羆) pí 兽名。熊的一种,也叫马熊或人熊。《诗经·大雅·韩奕》:"有熊有~,有猫有虎。"《史记·赵世家》:"又有一~来,我又射之。"

膍(肶) pí ❶牛百叶,即牛胃。《庄子·庚桑楚》:"腊者又有~胲,可散而不可散也。"❷厚。《诗经·小雅·采菽》:"乐只君子,福禄~之。"

蕃 pí 见 fán。

螕 pí 见 bī。

篦 pí 见 bì。

鞞 pí 见 bǐng。

貔(豼) pí 传说中的猛兽名。似虎,或曰似熊。《诗经·大雅·韩奕》:"献其~皮,赤豹黄罴。"

【貔貅】 píxiū ❶传说中的猛兽名。《史记·五帝本纪》:"轩辕乃修德振兵……教熊罴~~貙虎,以与炎帝战于阪泉之野。"❷比喻勇猛的将士。《晋书·熊远传》:"命~~之士,鸣檄前驱。"

鼙 pí 小鼓,用来为大鼓击节。后亦作骑鼓(军中用鼓)。《礼记·乐记》:"君子听鼓~之声,则思将帅之臣。"

【鼙婆】　pípó　琵琶的别名。杨维桢《鼙婆引》："梅卿马上弹～～，鹍弦振柝金逻沙。"

匹　1. pǐ　❶量词。1)用于计算布帛的长度。《战国策·秦策二》："因以文绣千～，好女百人，遗义渠君。"2)用于计算骡马的头数。《后汉书·邳彤传》："彤闻世祖从蓟还，……选精骑二千馀～，缘路迎世祖军。"❷配偶，对手。曹植《洛神赋》："叹匏瓜之无～兮，咏牵牛之独处。"（匏瓜：星名。）曹丕《典论·论文》："王粲长于辞赋，徐幹时有齐气，然粲之～也。"㊂配合，成双。《文子·上德》："神龙不～，猛兽不群，鸷鸟不双。"王安石《秃山》诗："相～乃生子，子众孙还稠。"❸相比，相当。《庄子·逍遥遊》："而彭祖乃今以久特闻，众人～之，不以悲乎！"❹类，辈。《诗经·大雅·假乐》："无怨无恶，率由群～。"《后汉书·左雄传》："踊跃升腾，超等逾～。"❺通"鴄"。鸭。《礼记·曲礼下》："大夫雁，士雉，庶人之挚～。"

2. pì　❻通"譬"。见"匹如"。

【匹俦】　pǐchóu　❶配偶。《楚辞·九怀·危俊》："步余马兮飞柱，览可与兮～～。"❷相当的，同类。陶渊明《游斜川》诗："虽微九重秀，顾瞻无～～。"韩愈《应科目时与人书》："天池之滨，大江之濆，曰有怪物焉，盖非常鳞凡介之品汇～～也。"（濆：水边。）

【匹雏】　pǐchú　小鸡。《孟子·告子下》："有人于此，力不能胜一～～，则为无力人矣。"

【匹敌】　pǐdí　❶相比，相当。《左传·成公二年》："萧同叔子非他，寡君之母也；若以～～，则亦晋君之母也。"❷配偶。《汉书·晁错传》："其亡夫若妻者，县官买予之。人情非有～～，不能久安其处。"（若：和。）❸结成配偶。《聊斋志异·鸦头》："妾烟花下流，不堪～～。"

【匹夫】　pǐfū　❶平民百姓。《孟子·万章上》："身为天子，弟为～～，可谓亲爱之乎？"《吕氏春秋·本生》："上为天子而不骄，下为～～而不惽。"（惽：通"闷"，忧闷。）❷独夫。多指逞勇无谋之人。《汉书·韩信传》："项王意乌猝嗟，千人皆废，然不能任属贤将，此特～～之勇也。"（意乌猝嗟：怒声突发。）

【匹鸟】　pǐniǎo　成对的鸟。特指鸳鸯。《诗经·小雅·鸳鸯》"鸳鸯于飞"毛亨传："鸳鸯，～～。"（郑玄笺："匹鸟，言其止则相耦，飞则为双，性驯耦也。"）陆机《燕歌行》："白日既没明灯辉，夜禽赴林～～栖。"

【匹士】　pǐshì　即士。因其在统治阶层内地位低微，故称。《礼记·礼器》："君子大牢而祭，谓之礼；～～大牢而祭，谓之攘。"

【匹庶】　pǐshù　平民，庶人。《后汉书·祭祀志上》："皇天睠顾皇帝，以～～受命中兴。"

【匹亚】　pǐyà　❶相当的人。张戒《岁寒堂诗话》卷上："刘随州笔力豪赡，气格老成，与杜子美并峙。其得意处，子美之～～也。"❷配偶。黄庭坚《寄陈适用》诗："新晴百鸟语，各自有～～。"

【匹如】　pìrú　比如。白居易《九江春望》诗："此地何妨便终老，～～元是九江人。"

【匹夫匹妇】　pǐfūpǐfù　平民百姓。《论语·宪问》："岂若～～～～之为谅也。"

庀　pǐ　❶具备。《左传·襄公九年》："使乐遄～刑器。"❷治理。《左传·襄公二十五年》："楚蒍掩为司马，子木使～赋，数甲兵。"

疋　pǐ　见 shū。

圮　pǐ　毁坏。《尚书·尧典》："方命～族。"（方命：抗命，违命。族：类。）《后汉书·崔琦传》："陵长间旧，～剥至亲。"（剥：伤害。）

【圮地】　pǐdì　低洼之地。《孙子·九度》："～～无舍。"

【圮绝】　pǐjué　断绝。《后汉书·袁绍传》："分野殊异，遂用～～，不图今日乃相得也。"

仳　1. pǐ　❶别，分开。《说文·人部》："～，别也。"谢惠连《西陵遇风献康乐》诗："哲兄感～别，相送越坰林。"❷通"比"。并。《墨子·经说上》："～，两有端而后可。"

2. pí　❸见"仳倠"。

【仳离】　pǐlí　离弃；离别。《诗经·王风·中谷有蓷》："有女～～，嘅其叹矣。"康有为《大同书》："死生执别，永远～～。"

【仳胁】　pǐxié　骈胁，肋骨相连成片。仳，通"比"。《论衡·骨相》："晋公子重耳～～，为诸侯霸。"

【仳倠】　písuī　古丑女名。《淮南子·修务训》："虽粉白黛黑，弗能为美者，嫫母～～也。"

否　pǐ　见 fǒu。

吡　pǐ　诋毁。《庄子·列御寇》："中德也者，有以自好也，而～其所不为者也。"

痞　pǐ　❶病名。腹中结块之症。柳宗元《寄许京兆孟容书》："残骸馀魂，百病所集，～结伏积，不食自饱。"❷俗称无赖为痞。张耒《药戒》："商君见其～也，厉以刑法，威以斩伐……于是秦之政如建瓴，流荡四达,无敢或拒。”

癖 pǐ ❶病名。水浆停滞不散,遇寒积聚成块,塞于两胁之间曰癖。苏轼《圣散子叙》:“昔尝览千金方三建散云,风冷痰饮,症～瘤疟,无所不治。”❷嗜好,癖好。李清照《金石录后序》:“长舆、元凯之病,钱～与传～何殊。”(长舆:和峤。元凯:杜预。)

噽(嚭) pǐ 大。《说文·喜部》:“～,大也。”

屁(糟) pì 肛门排出之气。《水浒传》七十五回:“这一干人吓得～滚尿流,飞奔济州去了。”

淠 1. pì ❶水名。淠水有二:一在安徽省,今名淠河;一在河南省,又名白露河。❷船行的样子。《诗经·大雅·棫朴》:“～彼泾舟,烝徒楫之。”

2. pèi ❸见“淠淠”。

【淠淠】 pèipèi ❶摇动的样子。《诗经·小雅·采菽》:“其旂～～,鸾声嘒嘒。”❷形容多。《诗经·小雅·小弁》:“有漼者渊,萑苇～～。”

萆 1. pì ❶蓑衣。《说文·艸部》:“～,雨衣,一曰衰衣。”

2. bì ❷草名。见“萆荔”。❸通“蔽”。隐蔽。《史记·淮阴侯列传》:“选轻骑二千人,人持一赤帜,从间道～山而望赵军。”

3. bēi ❹药草名。《集韵·支韵》:“～,萆薢,药草。”(按:“萆薢”,又名“狗脊”。)

【萆荔】 bìlì 香草名。《山海经·西山经》:“又西八十里,曰小华之山……其草有～～,状如乌韭,而生于石上,亦缘木而生,食之已心痛。”(袁珂注:“萆荔,香草。《楚辞·离骚》作‘薜荔’。”)

副 pì 见fù。

鞞(鞞) pì 见“鞞輗”。

【鞞輗】 pìyì 支撑车盖的木杠。《释名·释车》:“～～,犹祕啮也。在车轴上正轮之祕啮前卻也。”

睥 pì 见“睥睨”。

【睥睨】 pìnì ❶斜视;窥伺。《淮南子·修务训》:“则布衣韦带之人过者,莫不左右～～而掩鼻。”《颜氏家训·诫兵》:“若居承平之世,～～宫阃,幸灾乐祸,首为逆乱,诖误善良……此皆陷身灭族之本也。”❷城上女墙。《水经注·谷水》:“城上西面列观,五十步一～～屋,台置一钟,以和漏鼓。”

辟 pì 见bì。

辟2(闢) pì ❶开,打开。《战国策·齐策六》:“且自天地之～,民人之治,为人臣之功者,谁有厚于安平君者哉?”❷开拓,开垦。《吕氏春秋·不广》:“～土安疆。”《后汉书·庞参传》:“田畴不得垦～,禾稼不得收入。”❸排除,驳斥。《荀子·解蔽》:“～耳目之欲,可谓能自强矣。”王安石《答司马谏议书》:“～邪说,难壬人,不为拒谏。”

媲 pì ❶配偶。《诗经·大雅·皇矣》“天立厥配”毛亨传:“配,～也。”❷相比。刘峻《广绝交论》:“比黔首以鹰鹯,～人灵于豺虎。”

【媲偶】 pì'ǒu 作伴,相伴。《梁书·刘孺传》:“所赖故人时相～～,而此子溘然,实可嗟痛!”

潎 1. pì ❶在水中击絮。《说文·水部》:“～,于水中击絮也。”❷鱼游水中。何大复《津市打鱼歌》:“呼童放鲤～波去,寄我素书向郎处。”

2. piè ❸见“潎洌”。

【潎潎】 pìpì 鱼游动的样子。潘岳《秋兴赋》:“澡秋水之涓涓兮,玩游儵之～～。”

【潎洌】 pièliè ❶水流轻疾的样子。司马相如《上林赋》:“横流逆折,转腾～～。”❷象声词。形容清脆之声。嵇康《琴赋》:“缥潦～～,轻行浮弹。”

擗(揊) pì 破开。《韩非子·显学》:“夫婴儿不剔首则腹痛,不～痤则寖益,剔首～痤,必一人抱之,慈母治之。”

僻 pì ❶偏僻,荒远。《史记·六国年表》:“秦始小国～远,诸夏宾之,比于戎、翟,至献公之后,常雄诸侯。”❷不正,偏离正轨。《庄子·胠箧》:“人含其德,则天下不～矣。”❸冷僻。洪迈《容斋随笔》卷七:“刘、白二尚书继为苏州刺史,皆赋《杨柳枝》词,世多传唱,虽有才语,但文字太～。”❹怪僻。杜甫《江上值水如海势聊短述》诗:“为人性～耽佳句,语不惊人死不休。”❺邪僻。《后汉书·张衡传》:“览蒸民之多～兮,畏立辟以危身。”❻歪斜。《本草纲目·百病主治药》:“枳茹,渍酒服,治中风身直,及口～目斜。”❼(pǐ)通“癖”。癖好。曹邺《对酒》诗:“爱酒知是～,难与性相舍。”

【僻介】 pìjiè ❶远在。柳宗元《邕州马退山茅亭记》:“是亭也,～～闽岭。”❷偏执耿介。周密《齐东野语·洪君畴》:“赋性～～,素不与内侍往还。”

【僻陋】 pìlòu 偏远鄙陋。《韩非子·十过》:“臣闻戎王之居,～～而道远,未闻中国之声，君其遗之女乐以乱其政……而后可图也。"

【僻脱】 pìtuō 轻捷。何晏《景福殿赋》："～～承便，盖象戎兵。"

【僻违】 pìwéi 邪僻，违反常理。《荀子·不苟》："小人能则倨傲～～以骄溢人。"

【僻行】 pìxíng 邪僻的行为。《韩非子·八说》："慈母之于弱子也，爱不可为前。然而弱子有～～，使之随师；有恶病，使之事医。"

【僻左】 pìzuǒ 指偏僻之地。曹丕《与朝歌令吴质书》："足下所治～～，书问致简，益用增劳。"

澼 pì 漂洗。《庄子·逍遥游》："宋人有善为不龟手之药者，世世以洴～绕为事。"

薜 pì 见 bì。

擗 pì ❶捶胸。任昉《齐竟陵文宣王行状》："俯～天伦，踊绝于地。"❷破开。《楚辞·九歌·湘夫人》："罔薜荔兮为帷，～蕙櫋兮既张。"

【擗摽】 pìpiāo 拊心捶胸。马融《长笛赋》："雷叹颓息，掐膺～～。"

【擗筭】 pìsuàn 破竹卜筮。《宋史·夏国传下》："每出兵，则先卜。卜有四……二擗竹于地，若揲蓍，以求数，谓之～～。"

【擗踊】 pìyǒng 捶胸顿足。形容哀痛之至。《孝经·丧亲》："～～哭泣，哀以送之。"

濞 1. pì ❶水暴至声。宋玉《高唐赋》："～汹汹其无声兮，溃淡淡而并入。"

2. bì ❷水名。在云南省境内，入澜沧江。《新唐书·吐蕃传上》："虏以铁絙梁漾～二水，通西洱蛮，筑城戍之。"

辟（轓） pì 见"辟輗盖"。

【辟輗盖】 pìnígài 曲柄车盖。崔豹《古今注·舆服》："武王伐纣，大风折盖。太公因折盖之形而制曲盖焉。战国常以赐将帅。自汉朝乘舆用四，谓为～～～。"

鼻 pì 喘息声。扬雄《羽猎赋》："飞廉、云师，吸～潚率。"

甓 pì 砖。《诗经·陈风·防有鹊巢》："中唐有～。"（唐：庙中路。）

鷿（鸊） pì 见"鷿鹈"。

【鷿鹈】 pìtī 野凫，似鸭而小。鹈又作"鹈"、"鹈"。张衡《南都赋》："其鸟则有……～～鹔鷞鵾鸬。"苏轼《谢曹子方惠新茶》诗："囊简久藏科斗字，铦锋新莹～～膏。"

副 pì 破开。王维《酬诸公见过》诗："箪食伊何，～瓜抓枣。"

【副辜】 pìgū 磔裂牲体。《周礼·春官·大宗伯》："以～～祭四方百物。"

譬 pì ❶比喻，比如。《老子·三十二章》："～道之在天下，犹川谷之于江海。"《史记·魏世家》："且夫以地事秦，～犹抱薪救火，薪不尽，火不灭。"❷知晓。《后汉书·鲍永传论》："若乃言之者虽诚，而闻之未～。"⊗晓谕。《后汉书·第五伦传》："今虽有精兵，难以赴敌，羽请往～降之。"

pian

扁 piān 见 biǎn。

偏 1. piān ❶边，侧。《左传·僖公十年》："七日，新城西～，将有巫者而见我焉。"❷边远。《列子·杨朱》："虽殊方～国，非齐土之所产育者，无不必致之。"❸不公正，偏颇。《尚书·洪范》："无～无颇，遵王之义。"⊗片面。王若虚《〈论语〉辨惑二》："其说皆～，而程氏尤甚。"❹半。《左传·闵公二年》："衣身之～。"❺部属。《左传·襄公三年》："举其～，不为党。"⊗辅佐。《左传·襄公三十年》："且司马，令尹之～，而王之四体也。"❻古时军队编制单位。见"偏伍"。❼副词。1）偏偏。《汉书·孝武李夫人传》："～何姗姗其来迟。"2）最。《庄子·庚桑楚》："老聃之役，有庚桑楚者，～得老聃之道。"（役：学徒弟子。）❽通"谝"。谄媚。见"偏辞②"。

2. biàn ❾通"遍"。普遍。《墨子·经说下》："伛宇不可～举。"

【偏安】 piān'ān 旧史指封建王朝不能统治全国而苟安于一方。诸葛亮《后出师表》："先帝虑汉贼不两立，王业不～～，故托臣以讨贼也。"

【偏驳】 piānbó ❶不周遍。《说苑·至公》："～～自私，不能以及人。"❷不纯正。《文心雕龙·史传》："袁张所制，～～不伦。"

【偏辞】 piāncí ❶片面之言。《汉书·文三王传》："傅致难明之事，独以～～成辜断狱，亡益于治道。"❷谄媚之言。《庄子·人间世》："故忿设无由，巧言～～。"

【偏宕】 piāndàng 偏激放纵，有违常规。《后汉书·孔融传》："既见[曹]操雄诈渐著，数不能堪，故发辞～～，多致乖忤。"

【偏裻】 piāndū 偏衣。以衣背缝为界，两边颜色各异。裻，衣背缝。《国语·晋语一》："是故使申生伐东山，衣之～～之衣。"

【偏阿】 piān'ē 偏袒一方。《后汉书·马严传》："不务奉事，尽心为国，而司察～～，取与自己，同则举为尤异，异则中以刑法。”

【偏方】 piānfāng ❶一个方面。《三国志·吴书·胡综传》：“遂受～～之任，总河北之军。”❷偏远之地。陈亮《上孝宗皇帝第一书》：“隋唐以来，遂为～～下州。”❸指不载于经典医著的中药方。

【偏房】 piānfáng 妾。《列女传·晋赵衰妻颂》：“生虽尊贵，不妒～～。”

【偏孤】 piāngū 早年丧父或丧母。潘岳《寡妇赋》：“少伶俜而～～兮，痛切怛以摧心。”

【偏讳】 piānhuì 尊长之名为两个字时，只举其中一个字，也要避讳，称为“偏讳”。《礼记·曲礼上》：“二名不～～。”《南齐书·薛渊传》：“［薛渊］本名道渊，避太祖～～改。”（太祖：齐高帝萧道成。）

【偏介】 piānjiè 偏执孤傲。《宋书·隐逸传论》：“夫独往之人，皆禀～～之性。”

【偏咎】 piānjiù 指双亲中一方丧亡。陶渊明《祭从弟敬远》：“相及龆齿，并罹～～。”

【偏露】 piānlù 指父死。谓失去保护。孟浩然《送莫甥兼诸昆弟从韩司马入西军》诗：“平生早～～，万里更飘零。”

【偏栖】 piānqī 独居。陆机《拟青青河畔草》诗：“良人游不归，～～独只翼。”后世孀居亦称偏栖。

【偏人】 piānrén ❶才行特出的人。谢灵运《拟魏太子邺中集诗八首·刘桢》诗序：“卓荦～～，而文最有气，所得颇经奇。”❷见闻孤陋的人。《抱朴子·仁明》：“皆大明之所为，非～～之所能也。”

【偏师】 piānshī 主力军之外的部分军队。《左传·宣公十二年》：“韩献子谓桓子曰：‘彘子以～～陷，子罪大矣。’”

【偏死】 piānsǐ 偏枯，半身不遂。《庄子·齐物论》：“民湿寝则腰疾～～。”

【偏衣】 piānyī 左右颜色不同的衣服。《左传·闵公二年》：“太子帅师，公衣之～～。”

媥 piān 见“媥姺”。

【媥姺】 piānxiān 同“翩跹”。轻盈飘舞的样子。司马相如《上林赋》：“～～徶㣯，与世殊服。”（徶㣯：飘动的样子。）

鶣（鶣） piān 见“鶣䳼”。

【鶣䳼】 piānpiāo 鸟飞轻快的样子。傅毅《舞赋》：“～～燕居，拉揩鹄惊。”

翩 piān 疾飞。《诗经·鲁颂·泮水》：“～彼飞鸮，集于泮林。”⑤飘扬，轻快。《诗经·大雅·桑柔》：“旟旐有～。”曹植《洛神赋》：“～若惊鸿，婉若游龙。”

【翩翻】 piānfān 翻飞的样子。张衡《西京赋》：“众鸟～～。”《红楼梦》十一回：“树头红叶～～，疏林如画。”

【翩翩】 piānpiān ❶鸟飞轻疾的样子。《诗经·小雅·四牡》：“～～者鵻，载飞载止，集于苞杞。”（鵻：鹁鸪。）❷动作轻盈的样子。李白《高句骊》诗：“～～舞广袖，似鸟海东来。”❸往来的样子。左思《吴都赋》：“缔交～～，傧从弈弈。”❹宫殿凌空的样子。班固《东都赋》：“～～巍巍，显显翼翼。”❺风度、文采优美的样子。《北史·祖莹传》：“洛中～～祖与袁。”（祖：祖莹。袁：袁翻。）曹丕《与吴质书》：“元瑜书记～～。”❻欣然自得的样子。张华《鷦鷯赋》：“～～然有以自乐也。”

【翩跹】 piānxiān 飘逸的样子。苏轼《后赤壁赋》：“梦一道士，羽衣～～，过临皋之下。”

【翩翾】 piānxuān 飞得轻快但不高远。翾，小飞。张华《鷦鷯赋》：“育～～之陋体，无玄黄以自贵。”（玄黄：指色彩鲜丽的羽毛。）

篇 piān ❶古代撰著的简册，由削制好的狭长竹片编连而成。《汉书·公孙弘传》：“其悉意正议，详具其对，著之于～。”❷首尾完整的诗文。韩愈《送灵师》诗：“少小涉书史，早能缀文～。”❸一部书中能独立成文的大段落。《史记·孟子荀卿列传》：“述仲尼之意，作《孟子》七～。”❹量词。杜甫《饮中八仙歌》：“李白一斗诗百～，长安市上酒家眠。”

【篇翰】 piānhàn 诗文。鲍照《拟古》诗之三：“十五讽诗书，～～靡不通。”

【篇什】 piānshí 指诗篇。刘克庄《还黄镛诗卷》诗：“源流不乱知归趣，～～无多见苦心。”

平 pián 见 píng。

便 pián 见 biàn。

骈（駢） pián ❶两马并列驾车。嵇康《琴赋》：“双美并进，～驰翼驱。”❷并列，并合。《庄子·骈拇》：“是故～于足者，连无用之肉也。”❸春秋时邑名。在山东临朐县东南。

【骈比】 piánbǐ 密集。《水经注·瀙水》：“池之四周，居民～～。”也作“骈坒”。左思《吴都赋》：“商贾～～。”

【骈肩】 piánjiān 肩并肩。形容人多拥挤。欧阳修《相州昼锦堂记》：“夹道之人，相与

～～累迹。"

【骈怜】 piánlián 也作"骈邻"。比邻。怜，通"邻"。《史记·高祖功臣侯者年表》："柏至，以～～从起昌邑，以说卫入汉，以中尉击[项]籍，侯，千户。"

【骈田】 piántián 见"骈阗"。

【骈阗】 piántián 罗布，接连。杨衒之《洛阳伽蓝记·城西永明寺》："奇花异草，～～堦砌。"也作"骈田"、"骈填"。刘桢《鲁都赋》："其园囿苑沼，～～接连。"《晋书·夏统传》："士女～～，车服烛路。"

【骈填】 piántián 见"骈阗"。

【骈文】 piánwén 又称"骈体文"。古代文体名。起于汉、魏，形成于南北朝，唐初尤盛，直至明清仍然通行。全篇以双句为主，讲究对仗、用典、藻饰和声律。

【骈胁】 piánxié 肋骨连成一片。《左传·僖公二十三年》："[重耳]及曹，曹共公闻其～～，欲观其裸。"

【骈拇枝指】 piánmǔzhīzhǐ 骈拇，足大拇指与二指并合为一指；枝指，手大拇指傍生一指成六指。《庄子·骈拇》："～～～～，出乎性哉，而侈于德；附赘县疣，出乎形哉，而侈于性。"后用来比喻多馀无用之物。

【骈四俪六】 piánsìlìliù 指骈文。骈文多以四字句、六字句相间组成。柳宗元《乞巧文》："～～～～，锦心绣口。"

胼 pián 见"胼胝"。

【胼胝】 piánzhī 手掌、脚掌上生的茧子。形容辛劳。《庄子·让王》："颜色肿哙，手足～～。"《荀子·子道》："手足～～以养其亲。"

谝(諞) pián 巧辩。《尚书·秦誓》："惟截截善～言，俾君子易辞。"

姬 pián 见"姬娟"。

【姬娟】 piánjuān ❶苗条的样子。沈约《湘夫人》诗："扬娥一含睇，～～好且修。"❷曲折回环的样子。王延寿《鲁灵光殿赋》："旋室～～以窈窕。"

缏 pián 见 biàn。

楄 pián ❶方木。何晏《景福殿赋》："爰有禁～，勒分翼张。"（勒分：如兽肋之分。勒，同"肋"。翼张：如鸟翼之张。）❷木屐板。《宋书·五行志一》："旧为屐者，齿皆达～上。"❸匾额。李宗昉《〈黔记〉后序》："嗤武臣之署～。"

【楄柎】 piánfū 棺中垫尸体的木板。《左传·昭公二十五年》："唯是～～所以藉幹者，请无及先君。"

楩 pián 一种名贵树木。《墨子·公输》："荆有长松、文梓、～、柟、豫章。"《新唐书·刘知幾传》："有才无学，犹巧匠无～柟，弗能成室。"

瓟(𤫭) pián 瓜名。《北史·郭祚传》："祚曾从幸东宫，明帝幼弱，祚持一黄～出奉之。"

瑸(璸) 1. pián ❶珠名。王勃《益州德阳县善寂寺碑》："金榜洞开，道～晖于帝幄。"

2. bīn ❷见"瑸斒"。

【瑸斒】 bīnbān 玉的纹理斑然纷陈。《史记·司马相如列传》："珉玉旁唐，～～文鳞。"（按：《汉书》、《文选》均作"玢豳"。）

辩 pián 见 biàn。

蹁 pián 不正。贾谊《新书·容经》："若夫立而跛，坐而～，体怠懈，……皆禁也。"

【蹁跹】 piánxiān 行走不正的样子。张衡《南都赋》："翘遥迁延，蹩躠～～。"

骿 pián ❶肋骨连成一片。刘昼《新论·命相》："帝喾戴肩，颛顼～骭。"见"骿胁"。❷通"胼"。手脚上长的老茧。见"骿胝"。

【骿胁】 piánxié 肋骨长成一片。《国语·晋语四》："[曹共公]闻其[晋文公]～～，欲观其状。"

【骿胝】 piánzhī 同"胼胝"。《汉书·司马相如传下》："躬傶～～无胈，肤不生毛。"

片 1. piàn ❶木头分为两半中的一半。《说文·片部》："～，判木也。"（段玉裁注："谓一分为二之木。"）㊀把东西分成两半或几部分。《南齐书·明帝纪》："我食此不尽，可四～破之。"陈鼎《滇游记》："瓠匏可盛粟二十斛，～之，可为舟航。"㊁半，半边。法振《月夜泛舟》诗："西塞长云尽，南湖～月斜。"❷扁平而薄的东西。白居易《太湖石》诗："削成青玉～，截断碧玉根。"❸单，只。左思《吴都赋》："双则比目，～则王馀。"（比目、王馀皆鱼名。谓双行者叫比目，单行者称王馀。）㊀小，短。李白《经乱离后天恩流夜郎忆旧游书怀赠江夏韦太守良宰》诗："～辞贵白璧，一诺轻黄金。"❹量词。用于计量平而扁的物体。刘禹锡《西塞山怀古》诗："千寻铁锁沈江底，一～降幡出石头。"

2. pàn ❺通"胖"。见"片合"。

【片帆】 piànfān 孤帆。苏轼《望湖亭》诗："西风～～急，暮霭一山孤。"

【片善】 piànshàn 小善。鲍照《代放歌行》："一言分珪爵，～～辞草莱。"

【片言折狱】　piànyánzhéyù　《论语·颜渊》："子曰：'片言可以折狱者，其由也与？'"《集解》："片，犹偏也。听讼必须两辞以定是非，偏信一言以折狱者，唯子路可。"形容听狱者能取信于人，人不敢欺。后多用为称颂官吏贤明之辞。《太平广记》卷一七二："咸通初，有天水赵和者任江阴令，以～～～～著声。"

【片合】　pànhé　两半相合而成一体。《庄子·则阳》："雌雄～～，于是庸有。"

骗(騙)　piàn　❶跃而上马。本作"騗"。张元一《嘲武懿宗》诗："长弓短度箭，蜀马临堦～。"（据《朝野佥载》）❷欺骗，哄骗。《红楼梦》四十八回："横竖有伙计帮着他，也未必好意思哄～他的。"

【骗石】　piànshí　上马石。《新唐书·李景让传》："李琢罢浙西，以同里访之，避不见，及去，命斸其～～焉。"（斸：掘取。）

piao

票　1. piāo　❶轻举。《汉书·礼乐志·郊祀歌》："～然逝，旗委蛇。"❷轻疾，敏捷。《汉书·王商传》："遣～轻吏微求人罪，欲以立威。"

2. piào　❸票据。用作凭证的书帖。顾起元《客座赘语·辨讹》："今官府有所分付勾取于下，其札曰～。"

3. biāo　❹通"熛"。火飞。扬雄《太玄经·沉》："见～如累，明利以正于王。"

【票姚】　piāoyáo　轻锐劲疾的样子。汉代用作武官名号。《汉书·霍去病传》："大将军受诏，予壮士，为～～校尉。"

剽　1. piāo　❶砭刺。《灵枢经·刺节真邪》："～其通，针其邪。"❷劫掠。《后汉书·西羌传论》："东犯赵魏之郊，南入汉蜀之鄙，塞湟中，断陇道，烧陵园，～城市，伤败踵系，羽书日闻。"❸攻击。见"剽剥"。❹轻疾。《周礼·考工记·弓人》："则其为兽必～。"㊀轻浮。《商君书·算地》："技艺之士用，则民～而易徙。"❺勇猛，强悍。《后汉书·史弼传》："外聚～轻不逞之徒。"曹植《白马篇》："勇～若豹螭。"❻削除。《后汉书·贾复传》："乃与高密侯、邓禹并～甲兵，敦儒学。"㊀分割。《史记·西南夷列传》："西夷后揃，～分二方，卒为七郡。"❼剽窃，抄袭。韩愈《南阳樊绍述墓志铭》："惟古于词必己出，降而不能乃～贼。"

2. piáo　❽古代乐钟名。《尔雅·释乐》："大钟谓之镛，其中谓之～；小者谓之栈。"

3. biāo　❾通"标"。标志。《周礼·春官·肆师》："表齍盛"郑玄注："故书'表'为～。～、表皆谓徽识也。"（齍：通"粢"。粢盛：黍稷类祭品。）

4. biǎo　❿末梢。《庄子·庚桑楚》："[道]出无本，入无窍，有实而无乎处，有长而无本～者。"《荀子·赋》："长其尾而锐其～者邪。"

【剽剥】　piāobō　❶攻击，指斥。《史记·老子韩非列传》："然善属书离辞，指事类情，用～～儒墨，虽当世宿学不能自解免也。"❷击杀。司马光《涑水记闻》卷十一："平乘马即入贼军中，从者不得入，皆见～～，信独脱归。"❸抄袭。陆游《曾文清公墓志铭》："时禁元祐学术甚厉，而以～～颓阘熟烂为文。"

【剽悍】　piāohàn　轻捷勇猛。独孤及《送王判官赴福州序》："闽中者，左溟海，右百越，岭外峭峻，风俗～～。"

【剽急】　piāojí　❶勇猛敏捷。《三国志·蜀书·张嶷传》："加吴、楚～～，乃昔所记，而太傅离少主，履敌庭，恐非良计长算之术也。"❷形容声音激越、水流湍急。潘岳《笙赋》："或浉踊～～。"刘献廷《广阳杂记》卷二："奔流～～。"

【剽疾】　piāojí　强悍敏捷。《汉书·张良传》："楚人～～，愿上慎毋与楚争锋。"

【剽轻】　piāoqīng　强悍轻捷。《汉书·淮南衡山济北王传赞》："夫荆楚～～，好作乱，乃自古记之矣。"

【剽遬】　piāosù　轻疾。遬，迅疾。《史记·礼书》："轻利～～，卒如熛风。"《聊斋志异·菱角》："有童子以骑授母，母急不暇问，扶肩而上，轻迅～～，瞬息至湖上。"

【剽姚】　piāoyáo　骁勇劲疾。汉代用作武官名号。《史记·卫将军骠骑列传》："[霍去病]善骑射，再从大将军，受诏与壮士，为～～校尉。"也作"票姚"、"嫖姚"。

漂　1. piāo　❶浮。《尚书·武成》："血流～杵。"《孙子·势》："激水之疾至于～石者，势也。"❷摇动。《汉书·中山靖王刘胜传》："夫众煦～山。"（煦：吹，呵气。）❸洒脱。《汉书·杨恽传》："～然皆有节概，知去就之分。"（节概：节操。）❹通"飘"。吹。《诗经·郑风·萚兮》："萚兮萚兮，风其～女。"

2. piǎo（旧读 piào）❺在水中冲洗衣物。见"漂母"。

3. piào　❻迅疾。王褒《洞箫赋》："迅～巧兮。"《南史·康绚传》："堰将合，淮水～疾，复决溃。"

【漂撇】　piāopiě　（馀音）飘扬相击。撇，击。王褒《洞箫赋》："吟气遗响，联绵～～，生微风兮。"

【漂萍】　piāopíng　像浮萍那样漂泊不定。杜甫《赠翰林张四学士》诗："此生任春草，垂老独～～。"

【漂母】　piǎomǔ　漂洗衣物的老母。《史记·淮阴侯列传》："信钓于城下，诸母漂，有一母见信饥，饭信，竟漂数十日。信喜，谓～～曰：'吾必有以重报母。'"后借指馈食之人。陶渊明《乞食》诗："感子～～惠，愧我非韩才。"

彯　piāo　❶飘带。张蒙《李元谅颂》："乃剔镂鼓为兵，撤氈～为甲。"❷轻捷的样子。见"彯摇"。❸飘卷。木华《海赋》："～沙礐石。"

【彯彯】　piāopiāo　飞扬的样子。左思《魏都赋》："增构峨峨，清尘～～。"

【彯撇】　piāopiě　轻飏。刘孝标《广绝交论》："若衡重锱铢，纩微～～。"

【彯摇】　piāoyáo　勇武轻捷的样子。王融《三月三日曲水诗序》："～～武猛，扛鼎揭旗之士。"

摽　1. piāo　❶击。《左传·哀公十二年》："长木之毙，无不～也。"❷高举的样子。《管子·侈靡》："～然若冬云之远，动人心之悲。"

2. biāo　❸挥去。《孟子·万章下》："～使者出诸大门之外。"❹抛弃。《公羊传·庄公十三年》："已盟，曹子～剑而去之。"❺通"标"。标志。《后汉书·皇甫嵩传》："一时俱起，皆着黄巾为～帜。"❻通"镖"。见"摽末"。

3. biào　❼落。《诗经·召南·摽有梅》："～有梅，其实七兮。求我庶士，迨其吉兮。"❽拊心，捶胸。《诗经·邶风·柏舟》："静言思之，寤辟有～。"

【摽搒】　biāobǎng　标榜，称扬。《后汉书·党锢传序》："海内希风之流，遂共相～～。"

【摽拂】　biāofú　抚按古琴的指法。《淮南子·修务训》："然而搏琴抚弦，参弹复徽，攫援～～，手若蔑蒙，不失一弦。"

【摽末】　biāomò　刀尖。比喻微末。《汉书·王莽传上》："及至青、戎，～～之功，一言之劳。"（青：卫青。戎：公孙戎。）

嘌　piāo　疾速。《诗经·桧风·匪风》："匪风飘兮，匪车～兮。"

嫖　1. piāo　❶见"嫖姚"。

2. piáo　❷旧时称男子玩弄妓女为嫖。

【嫖姚】　piāoyáo　轻锐劲疾的样子。汉代用作武官名号。《史记·建元已来王子侯者年表》："[霍去病]以～～校尉从大将军。"亦作"剽姚"、"票姚"。

飘（飃、飈）　piāo　❶旋风，暴风。《老子·二十三章》："故～风不终朝，骤雨不终日。"❷吹，吹动。曹植《侍太子坐》诗："寒冰辟炎景，凉风～我身。"《北史·杨侃传》："人多私铸，[钱]稍就薄小，乃至风～水浮。"❸轻疾。宋玉《风赋》："～忽淜滂，激飏熛怒。"《抱朴子·任命》："年期奄冉而不久，托世～迅而不再。"❹飞扬。白居易《长恨歌》："骊宫高处入青云，仙乐风～处处闻。"❺落。《庄子·达生》："虽有忮心者不怨～瓦，是以天下平均。"（忮心：猜忌之心。）

【飘泊】　piāobó　同"漂泊"。谓行止无定。范成大《元夜忆群从》诗："遥怜好兄弟，～～两江村。"亦作"飘薄"。

【飘曶】　piāohū　轻疾。曶，同"忽"。傅毅《舞赋》："蝼蛇姌嫋，云转～～。"

【飘零】　piāolíng　❶飘飞坠落的样子。庾信《哀江南赋》："将军一去，大树～～，壮士不还，寒风萧瑟。"❷犹"飘泊"。流落无所依。杜甫《衡州送李大夫七丈赴广州》诗："王孙丈人行，垂老见～～。"（行：辈。）

【飘眇】　piāomiǎo　隐隐约约，似有似无。常用以形容声音清悠。成公绥《啸赋》："横郁鸣而滔涸，冽～～而清昶。"

【飘邈】　piāomiǎo　轻飏邈远。常用以形容声音清扬悠长。嵇康《琴赋》："翩绵～～，微音迅逝。"

【飘蓬】　piāopéng　飘泊不定。蓬，蓬蒿。杜甫《铁堂峡》诗："～～逾三年，回首肝肺热。"

【飘飘】　piāopiāo　❶风吹的样子。陶渊明《归去来兮辞》："舟遥遥以轻飏，风～～而吹衣。"❷飞翔的样子。潘岳《秋兴赋》："蝉嘒嘒而寒吟兮，雁～～而南飞。"❸轻举、飞升的样子。《史记·司马相如列传》："天子大说，～～然有凌云之气。"

【飘萧】　piāoxiāo　飘动。杜甫《义鹘行》："～～觉素发，凛欲冲儒冠。"

【飘姚】　piāoyáo　见"飘摇"。

【飘遥】　piāoyáo　见"飘摇"。

【飘摇】　piāoyáo　随风飘荡的样子。《战国策·楚策四》："[黄鹄]～～乎高翔。"也作"飘遥"、"飘颻"、"飘姚"。张衡《思玄赋》："～～神举逞所欲。"曹植《洛神赋》："～～兮若流风之回雪。"《汉书·孝武李夫人传》："缥～～虖愈庄。"

【飘颻】　piāoyáo　见"飘摇"。

【飘逸】　piāoyì　❶轻疾的样子。王粲《浮淮赋》："苍鹰～～，递相竞轶。"❷形容超凡脱俗、俊逸潇洒的风度或文风。耶律楚材《西域从王君玉乞茶》诗之四："酒仙～～不知茶，可笑流涎见曲车。"严羽《沧浪诗话·诗评》："子美不能为太白之～～，太白不能为子美之沉郁。"

【飘茵落溷】 piāoyīnluòhùn 《南史·范缜传》："时竟陵王子良盛招宾客，缜亦预焉。尝侍子良，子良精信释教而缜盛称无佛。子良问曰：'君不信因果，何得富贵贫贱？'缜答曰：'人之生譬如一树花，同发一枝，俱开一蒂，随风而堕，自有拂帘幌坠于茵席之上，自有关篱墙落于粪溷之中。坠茵席者，殿下是也；落粪溷者，下官是也。贵贱虽复殊途，因果竟在何处？'"后以喻富贵贫贱出于偶然机缘，非由命定。

翲 piāo 见"翲忽"。

【翲忽】 piāohū 轻忽。《史记·太史公自序》："律历更相治，间不容～～。"

螵 piāo 见"螵蛸"。

【螵蛸】 piāoxiāo 螳螂的卵房。粘在桑树上的可入药，名桑螵蛸。

朴 piáo 见 pò。

彯 piáo 见 biāo。

瓢 piáo 剖开葫芦做成的酒器或舀水器。《战国策·秦策三》："百人诚舆～，～必裂。"（舆：负，载。）

【瓢饮】 piáoyǐn 《论语·雍也》："一箪食，一瓢饮，在陋巷，人不堪其忧，[颜]回也不改其乐。"后以"瓢饮"喻俭朴的生活。杜甫《赠特进汝阳王》诗："～～唯三径，岩栖在百层。"

薸 piáo 浮萍。仇远《新安郡圃》诗："古树巢空群鸟散，荒地沙满碎～干。"

莩 piǎo 同"殍"。饿死的人。《汉书·食货志赞》引《孟子·梁惠王上》："野有饿～而弗知发。"

莩 piǎo 见 fú。

殍 piǎo 饿死的人。《孟子·尽心下》："君子用其一，缓其二；用其二而民有～。"欧阳修《原弊》："不幸一水旱，则相枕为饿～，此甚可叹也夫！"

缥(縹) 1. piǎo ❶淡青色丝织物。王褒《九怀·通路》："翠～兮为裳，舒佩兮綝纚。"（綝纚：佩带下垂的样子。）⑤淡青色。吴均《与朱元思书》："水皆～碧，千丈见底。"

2. piāo ❷通"飘"。见"缥缥"、"缥缈"。

【缥囊】 piǎonáng 淡青色帛制成的书囊。《隋书·经籍志一》："总括群书……盛以～～。"

【缥瓦】 piǎowǎ 琉璃瓦。皮日休《奉和鲁望早春雪中作吴体见寄》："全吴～～十万户，惟君与我如袁安。"

【缥缃】 piǎoxiāng 书卷。缃，浅黄色。古代常用淡青色或浅黄色帛做书套，因以代书卷。关汉卿《窦娥冤》楔子："读尽～～万卷书，可怜贫杀马相如。"

【缥帙】 piǎozhì 书卷。古时多用淡青色丝织品作书套，因以代书卷。徐陵《玉台新咏·序》："方当开兹～～，散此绾绳。"（绾绳：丝带。）

【缥渺】 piāomiǎo 隐隐约约，似有似无的样子。白居易《长恨歌》："忽闻海外有仙山，山在虚无～～间。"也作"缥缈"。木华《海赋》："群仙～～，餐玉清涯。"

【缥缈】 piāomiǎo 见"缥渺"。

【缥缥】 piāopiāo 同"飘飘"。轻举的样子。《汉书·贾谊传》："凤～～其高逝兮，夫固自引而远去。"

膘(臕) 1. piǎo ❶牲畜小腹两旁的肉。《诗经·小雅·车攻》："大庖不盈"毛传："故自左～而射之，达于右腢，为上杀。"（腢：肩。）

2. biāo ❷指牲畜腹旁肉肥厚。《企喻歌》："放马大泽中，草好马着～。"也指人肥胖，脂肪厚。《古今杂剧·赵礼让肥》二折："骨崖崖欲行还倒，我是个饿损的人有甚么脂～？"

瞟 piǎo 邪视。《金瓶梅》五十八回："还拏眼儿～着我。"

【瞟眇】 piǎomiǎo 看不清的样子。王延寿《鲁灵光殿赋》："忽～～以响像，若鬼神之髣髴。"

顠(顠) piǎo 头发斑白。《楚辞·九思·悯上》："须发苧顇～鬓白。"

篻 piǎo 竹名。又叫筋竹。可制弩矢方戟。左思《吴都赋》："柚梧有篁，～簩有丛。"

醥 piǎo 清酒。左思《蜀都赋》："觞以清～，鲜以紫鳞。"

䴩 piǎo 鸟羽变色，失去色泽。《礼记·内则》："鸟～色而沙鸣，郁。"

僄 piào 轻捷。《荀子·修身》："怠慢～弃，则炤之以祸灾。"

【僄悍】 piàohàn 轻捷强悍。《史记·高祖本纪》："项羽为人，～～猾贼。"也作"慓悍"。

【僄佼】 piàojiǎo 勇猛轻疾。班固《西都赋》："虽轻迅与～～，犹愕眙而不敢阶。"

骠(驃) 1. piào ❶马疾行的样子。《集韵·笑韵》:"～,马行疾貌。"
2. biāo (旧读 piào)❷黄色有白斑的马。杜甫《徒步归行》:"妻子山中哭向天,须公枥上追风～。"

【骠骑】 piàojì 汉代将军的一种名号。如霍去病曾为骠骑将军。

pie

瞥 piē ❶目光一掠,很快地看一下。《后汉书·马融传》:"兽不得猭,禽不得～。"《聊斋志异·尸变》:"至东郊,～见兰若,闻木鱼声。"㉿短暂时间。白居易《与元微之书》:"～然尘念,此际暂生。"❷闪现。潘岳《河阳县作》之一:"颎如槁石火,～若截道飙。"

【瞥裂】 piēliè 迅疾掠过。也作"瞥列"。柳宗元《行路难》诗之一:"披霄决汉出沆漭,～～左右遗星辰。"

【瞥瞥】 piēpiē 闪现。《楚辞·九思·守志》:"日～～兮西没,道遐迥兮阻叹。"

馡 pié(又读 bié) 微香。《玉篇·香部》:"～,小香。"

丿 piě 汉字六种基本笔画之一,名为"撇"。又是汉字部首之一。

撇(擎) 1. piě ❶击。李贺《宫娃歌》:"愿君光明如太阳,放妾骑鱼～波去。"❷拂,拭。王褒《洞箫赋》:"～涕抆泪。"(抆:拭。)❸汉字笔画名。参见"丿"。❹嘴向外向下斜努。《红楼梦》二十六回:"宝蟾把嘴一～。"
2. piē ❺抛弃,丢下。康进之《李逵负荆》一折:"我自有～不下的烦恼哩。"

【撇莩】 piěfú 微末。柳宗元《答问》:"而仆乃单庸～～,离疏空虚。"

【撇捩】 piěliè 疾驰的样子。杜甫《荆南兵马使太常卿赵公大食刀歌》:"鬼物～～辞坑壕,苍水使者扪赤绦。"

潎 piè 见 pì。

嫳 piè 见"嫳屑"。

【嫳屑】 pièxiè 衣服飘动的样子。司马相如《上林赋》:"便姗～～,与世殊服。"

pin

拚 pīn 见 biàn。

拼 pīn ❶拼合。《官场现形记》五十回:"一桩是合人家开一个小小轮船公司,也～了六万。"❷(旧读 pàn)不顾一切,豁出去。《水浒传》一〇三回:"若是死了,～个庄客,偿他的命,便吃官司,也说不得。"

砏 pīn 见"砏汃"、"砏磤"。

【砏汃】 pīnpà 水波相击声。张衡《南都赋》:"流湍投濈,～～輣轧。"

【砏磤】 pīnyīn 石相击声。《楚辞·九怀·危俊》:"巨宝迁兮～～,雉咸雊兮相求。"

姘 pīn 男女私合,非夫妻而同居。《广韵·耕韵》:"～,《苍颉篇》曰:男女私合曰～。"

骈(驞) pīn 见"骈駍"。

【骈駍】 pīnpēng 形容声响众盛。扬雄《羽猎赋》:"猋拉雷厉,～～駖礚。"

玭(蠙) pín 蚌的别名。《庄子·至乐》:"得水土之际,则为蛙～之衣。"㉿蚌生的珠。何晏《景福殿赋》:"流羽毛之威蕤,垂环～之琳琅。"

【玭珠】 pínzhū 蚌生的珠。《大戴礼记·保傅》:"冲牙～～,以纳其间。"

贫(貧) pín ❶穷,缺乏财物。《老子·五十七章》:"天下多忌讳,而民弥～。"《庄子·让王》:"宪闻之,无财谓之～,学而不能行谓之病。"㉿使贫穷。《荀子·天论》:"强本而节用,则天不能～。"❷不足,缺乏。《文心雕龙·事类》:"有学饱而才馁,才富而学～。"

【贫窭】 pínjù 贫穷。《诗经·邶风·北门》:"终窭且贫,莫知我艰。"《管子·五辅》:"衣冻寒,食饥渴,匡～～,振罢露,资乏绝,此谓振其穷。"(罢露:羸弱。)

琕 pín 见 bǐng。

傧 pín 见 bìn。

频(頻) 1. pín ❶多次,连续。《后汉书·范升传》:"时莽～发兵役,征赋繁兴。"又《周磐传》:"～历三城,皆有惠政。"❷危急。《诗经·大雅·桑柔》:"於乎有哀,国步斯～。"(於乎:音义同"呜呼"。国步:国运。)❸并列。《国语·楚语下》:"百嘉备舍,群神～行。"❹通"颦"。皱眉。《周易·复》:"六三～复。"
2. bīn ❺通"濒"。水边。《诗经·大雅·召旻》:"池之竭矣,不云自～?"

【频蹙】 píncù 同"颦蹙"。皱眉。《孟子·滕文公下》:"他日归,则有馈其兄生鹅者,己～～曰:'恶用是鶂鶂者为哉?'"

【频频】 pínpín ❶成群结伙的样子。《法言·学行》:"～～之党,甚于鸴斯,亦贼夫粮食而已矣。"(鸴斯:鸟名。)❷犹"频仍"。连续不断。杜甫《秋日寄题郑监湖上亭》诗之三:"赋诗分气象,佳句莫～～。"

【频仍】 pínréng 连续不断,一再。李商隐《代仆射濮阳公遗表》:"光阴荏苒,迁授～～。"

【频伸】 pínshēn 呻吟。白居易《睡觉》诗:"转枕～～书帐下,披裘箕踞火炉前。"

嫔(嬪) pín ❶嫁人为妇。《尚书·尧典》:"厘降二女于妫汭,～于虞。"❷宫廷女官,亦即帝王侍妾。《左传·哀公元年》:"宿有妃嫱～御焉。"❸古代对已死妻子的美称。《礼记·曲礼下》:"生曰父、曰母、曰妻,死曰考、曰妣、曰～。"❹众多的样子。《汉书·王莽传上》:"～然成行。"

【嫔从】 píncóng 侍从女官。张说《安乐郡主花烛行》诗:"蔼蔼绮庭～～列,峨峨红粉扇中开。"

【嫔妇】 pínfù ❶即"九嫔世妇"。九嫔、世妇皆宫中女官,帝王侍妾。《周礼·天官·典妇功》:"掌妇式之法,以授～～。"❷古代妇人的美称。《周礼·天官·大宰》:"以九职任万民……七曰～～,化治丝枲。"《汉书·食货志下》:"～～桑蚕织纴纺绩补缝。"

【嫔俪】 pínlì 配偶。蔡邕《司空杨秉碑》:"夙丧～～,妾不嬖御。"

矉(矉) pín ❶恨而张目。《说文·目部》:"～,恨张目也。"❷同"顰"。皱眉。《庄子·天运》:"故西施病心而～其里。"

蘋(蘋) pín 一种生在浅水中的水草,叶有长柄,柄端四片小叶成一田字形。《诗经·召南·采蘋》:"于以采～,南涧之滨。"宋玉《风赋》:"夫风生于地,起于青～之末,侵淫溪谷,盛怒于土囊之口。"

嚬(嚬) pín 同"顰"。皱眉。见"嚬蹙"。

【嚬蹙】 píncù 皱眉。曹植《酒赋》:"或～～辞觞,或奋爵横飞。"

顰(顰) pín 皱眉。《韩非子·内储说上》:"吾闻明主之爱,一～一笑,～有为～,而笑有为笑。"

【顰蹙】 píncù 攒眉蹙额,形容忧愁。《论衡·自然》:"薄酒酸苦,宾主～～。"《颜氏家训·治家》:"闻之～～,卒无一言。"

【顰蛾】 pín'é 皱眉。蛾,蛾眉。李白《捣衣篇》:"闺里佳人年十馀,～～对影恨离居。"

【顰呻】 pínshēn 凄苦之声。李白《鸣皋歌送岑征君》:"寡鹤清唳,饥鼯～～。"

品 pǐn ❶众多。《后汉书·班固传》:"性类循理,～物咸亨。"❷种,类。《尚书·禹贡》:"厥贡惟金三～。"《论衡·辨祟》:"及其游于党类,接于同～,其知去就,与人无异。"[引]等级。《晋书·刘毅传》:"上～无寒门,下～无势族。"[又]特指官阶,官吏的等级。《国语·周语中》:"内官不过九御,外官不过九～。"❸品格,品德。黄庭坚《濂溪诗序》:"春陵周茂叔人～甚高。"❹评价。《南史·钟嵘传》:"嵘～古今诗,为评言其优劣。"❺吹奏乐器。高明《琵琶记·牛氏规奴》:"绣屏前～竹弹丝,摆列的是朱唇粉面。"❻标准。《汉书·咸宣传》:"群盗起不发觉,发觉而弗捕满～者,二千石以下至小吏主者皆死。"又《宣帝纪赞》:"枢机周密,～式备具。"

【品官】 pǐnguān ❶古代官分九品,品官指有品级的官。苏轼《上神宗皇帝书》:"～～形势之家,与齐民并事。"❷唐代称宦官为品官。韩愈《谢许受王用男人事物状》:"今日～～唐国珍到臣宅,奉宣进止。"

【品茗】 pǐnmíng 品茶。谢肇淛《西吴枝乘》:"余尝～～,以武夷虎丘第一,淡而远也。"

【品人】 pǐnrén 众人。《潜夫论·务本》:"今学问之士,好语虚无之事,争著彫丽之文,以求见异于世。～～鲜识,从而高之。"

【品庶】 pǐnshù 众人,百姓。《后汉书·赵咨传》:"圣主明王,其犹若斯,况于～～,礼所不及。"

【品题】 pǐntí ❶评论人物,定其高下。李白《与韩荆州书》:"今天下以君侯为文章之司命,人物之权衡,一经～～,便作佳士。"❷品味,玩赏。王九思《山坡羊·春游》曲:"春光细～～。"

【品藻】 pǐnzǎo 品评,鉴定。《汉书·扬雄传下》:"爰及名将尊卑之条,称述～～。"

【品制】 pǐnzhì 等级规定。王安石《风俗》:"下至物器馔具,为之～～以节之。"

【品子】 pǐnzǐ 品官子弟。孟郊《立德新居》诗:"～～懒读书,辕驹难服犁。"

牝 pìn ❶雌性(禽兽)。《吕氏春秋·孟春》:"乃修祭典,命祀山林川泽,牺牲无用～。"❷锁孔。《礼记·月令》"修键闭"郑玄注:"键,牡;闭,～也。"[又]溪谷。《大戴礼记·易本命》:"丘陵为牡,溪谷为～。"韩愈《赠崔立之评事》诗:"可怜无益费精神,有似黄金掷虚～。"

【牝鸡司晨】 pìnjīsīchén 本指母鸡报晓,古代常用以比喻女性掌权。《尚书·牧誓》:

"牝鸡无晨，牝鸡之晨，惟家之索。"（索：尽，完。）《新唐书·太宗长孙皇后传》："与帝言，或及天下事，辞曰：'～～～～，家之穷也，可乎？'"

【牝牡骊黄】 pìnmǔlíhuáng 《列子·说符》："穆公见之，使行求马。三月而反报曰：'已得之矣，在沙丘。'穆公曰：'何马也？'对曰：'牝而黄。'使人往取之，牡而骊。穆公不说，召伯乐而谓之曰：'败矣，子所使求马者！色物、牝牡尚弗能知，又何马之能知也？'伯乐喟然太息曰：'一至于此乎！是乃其所以千万臣而无数者也。若[九方]皋之所观天机也，得其精而忘其粗，在其内而忘其外……'马至，果天下之马也。"后以此谓察物略去表面现象，而窥其本质。

娉 pìn 见 pīng。

聘 pìn ❶访，探问。《诗经·小雅·采薇》："我戍未定，靡使归～。"⑵聘问，诸侯之间、诸侯与天子之间派使者问候致意。《国语·周语中》："晋侯使随会～于周。"《史记·吴太伯世家》："四年，吴使季札～于鲁，请观周乐。"❷聘请，招请。《战国策·齐策四》："于是，梁王虚上位，以故相为上将军，遣使者，黄金千斤，车百乘，往～孟尝君。"❸以礼物订婚。《战国策·楚策四》："[李园]对曰：'齐王遣使求臣女弟，与其使者饮，故失期。'春申君曰：'～入乎？'对曰：'未也。'……于是园乃进其女弟，即幸于春申君。"

【聘君】 pìnjūn 同"聘士"。《梁书·陶季直传》："及长好学，淡于荣利。起家桂阳王国侍郎，北中郎镇西行参军，并不起，时人号曰～～。"

【聘士】 pìnshì 有学行之士，得朝廷征聘者。应劭《风俗通·十反》："～～彭城姜肱伯淮……中常侍曹节秉国之权，大作威福，冀宠名贤，以弭己谤。于是起姜肱为犍为太守。"

【聘頫】 pìntiào 诸侯之间派使者探问修好。頫，视。《管子·小匡》："审吾疆场，反其侵地，正其封界，毋受其货财，而美为皮币，以极～～于诸侯。"

【聘享】 pìnxiǎng 派使者致意为聘，诸侯向天子进献方物为享。《史记·平准书》："有司言曰：'古者皮币，诸侯以～～。'"

ping

娉 1. pīng ❶见"娉婷"。
2. pìn ❷通"聘"。1)订婚。《后汉书·袁术传》："乃遣使以窃号告吕布，并为子～布女。"2)聘问。《后汉书·乌桓传》："然后送牛马羊畜，以为～币。"

【娉婷】 pīngtíng 姿态美好的样子。辛延年《羽林郎》诗："不意金吾子，～～过我庐。"

堋 pīng 见 bèng。

頩(頩) pīng ❶面目光泽艳美。《楚辞·远遊》："玉色～以脕颜兮，精醇粹而始壮。"（脕：光艳。）❷敛容。宋玉《神女赋》："～薄怒以自持兮，曾不可乎犯干。"岳珂《桯史·冰清古琴》："它日，遇诸途，～而过之。"

冯(馮) 1. píng ❶马行疾。《说文·马部》："～，马行疾也。"❷盛，大。《楚辞·天问》："康回～怒，地何故以东南倾？"（康回：即共工，神话中人物。）❸愤懑。《楚辞·九章·思美人》："独历年而离愍兮，羌～心犹未化。"（离愍：遭遇祸患。）❹侵犯，欺凌。《左传·襄公十三年》："小人伐其技以～君子。"（伐：夸耀。）《周礼·夏官·大司马》："～弱犯寡。"❺徒涉，蹚水。《诗经·小雅·小旻》："不敢暴虎，不敢～河。"（暴虎：徒手打虎。）❻"凭（凴）"的古字。倚靠。《战国策·楚策一》："昔者先君灵王好小要，楚士约食，～而能立，式而能起。"（要：同"腰"。约食：节食。式：通"轼"，扶着车前横木。）⑸依据，凭借。《左传·哀公七年》："～恃其众，而背君之盟。"⑵靠垫。《汉书·霍光传》："作乘舆辇，加画绣细～。"❼辅助。《诗经·大雅·卷阿》："有～有翼，有孝有德。"❽登临。《荀子·宥坐》："数仞之墙而民不逾也，百仞之山而竖子～而游焉，陵迟故也。"（竖子：小孩子。陵迟：缓坡。）
2. féng ❾姓。

【冯隆】 pínglóng 高大的样子。左思《吴都赋》："岛屿绵邈，洲渚～～。"

【冯冯】 píngpíng ❶象声词。《诗经·大雅·绵》："筑之登登，削屡～～。"（屡：镂。）❷盛满的样子。《汉书·礼乐志》："～～翼翼，承天之则。"❸马行疾的样子。苏辙《和子瞻司竹监烧苇园因猎园下》："骏马七尺行～～，晓出射兽霜为冰。"

【冯尸】 píngshī 死者将敛时，生者触摸尸体的一种仪式。《礼记·丧大记》："凡～～者，父母先，妻子后。君于臣抚之，父母于子执之，子于父母冯之，妇于舅姑奉之。"

【冯珧】 píngyáo 挟弓。《楚辞·天问》："～～利决，封豨是射。"（封豨：大野猪。）

【冯翼】 píngyì 空濛的样子。《楚辞·天问》："～～惟象，何以识之？"

【冯夷】 féngyí 传说中的黄河之神。《庄子·大宗师》:"～～得之,以游大川。"

【冯轼结靷】 píngshìjiéyǐn 谓驾车奔走。《史记·孟尝君列传》:"冯驩乃西说秦王曰:'天下之游士～～～～西入秦者,无不欲强秦而弱齐。'"

平 1. píng ❶平坦,无凹凸。《孟子·滕文公下》:"险阻既远,鸟兽之害人者消,然后人得～土而居之。"《论衡·命禄》:"器受一升,以一升则～,受之如过一升,则满溢也。"❷使平。铲平。《列子·汤问》:"吾与汝毕力～险,指通豫南,达于汉阴,可乎?"⑵平息,平定。《后汉书·光武帝纪上》:"寇贼未～,四面受敌,何遽欲正号位乎?"❸安定,太平。《荀子·仲尼》:"满则虑嗛,～则虑险。"(嗛:通"歉",不足。)❹治理。《后汉书·刘玄传》:"新市人王匡、王凤为～理诤讼遂推为渠帅,众数百人。"❺均平,齐一。《战国策·秦策三》:"夫商君为孝公～权衡,正度量,调轻重,决裂阡陌,教民耕战,是以兵动而地广,兵休而国富。"❻公正。《商君书·靳令》:"法～则吏无奸。"❼平服,服气。《史记·吕太后本纪》:"今吕氏王,大臣弗～。"《后汉书·蔡邕传》:"初,邕与司徒刘郃素不相～。"❽讲和。《史记·晋世家》:"齐师败走,晋师追北至齐。顷公献宝器以求～,不听。"❾普通,平常。《尚书·吕刑》:"蚩尤惟始作乱,延及～民。"❿通"评"。评议,衡量。《后汉书·马援传》:"愿下公卿～援功罪,宜绝宜续,以厌海内之望。"欧阳修《非非堂记》:"权衡之～物,动则轻重差,其于静也,锱铢不失。"

2. pián ⓫通"辩"。辩治。见"平平"、"平章"。

【平楚】 píngchǔ 平林。谢朓《宣城郡内登望》诗:"寒城一以眺,～～正苍然。"杨慎《升庵诗话》卷二:"楚,丛木也。登高望远,见木杪如平地,故云～～,犹《诗》所谓平林也。"

【平旦】 píngdàn 天刚亮。《汉书·韩信传》:"～～,信建大将旗鼓,鼓行出井陉口。"《论衡·调时》:"一日之中,分为十二时,～～寅,日出卯也。"(调:妄说。)

【平话】 pínghuà 宋元以来民间曲艺的一种。只说不唱。其底稿称为话本。现存宋元话本以讲史为主,多是长篇。明清人多写作"评话"。至今曲艺界仍把只说不唱的"大书"称为"评话"或"评书"。

【平画】 pínghuà 评议谋划。《商君书·更法》:"孝公～～,公孙鞅、甘龙、杜挚三大夫御于君。"

【平居】 píngjū 平时,平素。曾巩《司封员外郎蔡公墓志铭》:"公为人好自洁清,～～衣冠容貌肃然,及其临事,以沉默慎静为主。"

【平明】 píngmíng ❶天刚亮。《史记·留侯世家》:"后五日～～,与我会此。"❷公正明察。诸葛亮《出师表》:"若有作奸犯科及为忠善者,宜付有司论其刑赏,以昭陛下～～之理,不宜偏私,使内外异法也。"

【平平】 píngpíng 普通,平常。《后汉书·班超传》:"我以班君当有奇策,今所言～～耳。"

【平恕】 píngshù 公正宽和。曾巩《司封员外郎蔡公墓志铭》:"及为奉新、小溪、绛州,其政又以～～不扰闻。"

【平亭】 píngtíng 均调使平。《汉书·张汤传》:"汤决大狱,欲傅古义,乃请博士弟子治《尚书》、《春秋》,补廷尉史,～～疑法。"

【平文】 píngwén 散体文,与骈文相对而言的文体。沈括《梦溪笔谈·艺文一》:"往岁士人,多尚对偶为文,穆修、张景辈始为～～,当时谓之古文。"

【平午】 píngwǔ 犹"亭午"。正午。苏舜钦《丙子仲冬紫阁寺联句》:"日光～～见,雾气半天蒸。"

【平易】 píngyì ❶地势平坦开阔。《汉书·地理志下》:"河东土地～～,有盐铁之饶。"❷态度和蔼可亲。《新唐书·杜佑传》:"为人～～逊顺,与物不违忤。"❸平和简易。《管子·霸言》:"其立之也以整齐,其理之也以～～。"

【平章】 píngzhāng ❶品评。陆游《自笑》诗:"～～春韭秋菘味,拆补天吴紫凤图。"(天吴:水神。)❷筹划商量。岳珂《桯史·冰清古琴》:"门下客为～～,莫能定。"❸官名。《新唐书·百官志一》:"贞观八年,仆射李靖以疾辞位,诏疾小瘳,三两日一至中书、门下平章事。""平章事"之名始于此。"平章"义为筹商。唐中叶以后,凡非侍中(门下省首长)、中书令(中书省首长)而居宰相职者,都加"同中书门下平章事"或"平章军国重事"。宋承唐制,以"同平章事"为宰相之职,"参知政事"为副宰相之职,"平章军国重事"只授德劭老臣,地位在宰相之上。元朝在中书省、行中书省设"平章政事",为宰相副职。明初承之,旋废。

【平昼】 píngzhòu 平日,无事之日。《战国策·赵策二》:"武灵王～～间居,肥义侍坐。"

【平准】 píngzhǔn 官府转输物资、买进卖出、平抑物价的措施。《史记·平准书》索隐:"大司农属官有平准令丞者,以均天下郡国转贩，贵则卖之，贱则买之，贵贱相权输，归于京都，故命曰‘平准’。”苏舜钦《咨目三》：“运动四国，权衡万货，～～其价，移有足无，然后天下之务举矣。”

【平平】 piánpián 辩治。《尚书·洪范》：“无党无偏，王道～～。”

【平章】 piánzhāng 辨别显明。平，通“辩”，辨别。《尚书·尧典》：“九族既睦，～～百姓。”（百姓：百官。）《后汉书·蔡邕传》：“宜追定八使，纠举非法，更选忠清，～～赏罚。”

【平秩】 piánzhì 分别次序。平，通“辩”。《尚书·尧典》：“寅宾出日，～～东作。”（寅：敬。宾：迎。东作：耕作。）

【平原督邮】 píngyuándūyóu 比喻劣酒。《世说新语·术解》：“桓公[温]有主簿，善别酒，有酒辄令先尝。好者谓青州从事，恶者谓平原督邮。青州有齐郡，平原有鬲县。从事言到脐（齐），督邮言在鬲（膈）上住。”好酒下脐，劣酒凝于膈上。从事，美差；督邮，贱职。因以“青州从事”喻美酒，“平原督邮”喻劣酒。

评（評） píng 品论，评议。《后汉书·许劭传》：“初，劭与[许]靖俱有高名，好共覈论乡党人物，每月辄更其品题，故汝南俗有‘月旦～’焉。”

【评话】 pínghuà 见“平话”。

郱 píng 地名。在今山东临朐县境。

坪 píng 平坦的地方。《说文·土部》：“～，地平也。”

苹 1. píng ❶草名。一名藾蒿。《诗经·小雅·鹿鸣》：“呦呦鹿鸣，食野之～。”❷通“萍”。浮萍。《大戴礼记·夏小正》：“七月，湟潦生～。”❸通“軿”。可蔽矢石的战车。《周礼·春官·典路》：“～车之萃。”

2. pēng ❹见“苹萦”。

【苹苹】 píngpíng 草丛生的样子。宋玉《高唐赋》：“涉漭漭，驰～～。”

【苹萦】 pēngyíng 回旋的样子。马融《长笛赋》：“争湍～～。”

凭^1（凴） píng 倚，靠。《说文·几部》：“～，依几也。”（几：设于座侧以便凭倚的小桌。）辛弃疾《满江红·暮春》词：“～画栏，一线数飞鸿，沉空碧。”

凭^2（憑） píng ❶盛，大。《列子·汤问》：“帝～怒。”《后汉书·班固传》：“霆发昆阳，～怒雷震。”❷满，充满。《楚辞·离骚》：“众皆竞进以贪婪兮，～不厌乎求索。”❸烦闷，愤懑。《楚辞·离骚》：“依前圣以节中兮，喟～心而历兹。”张衡《西京赋》：“心犹～而未摅。”（摅：抒发。）❹欺陵，侵犯。《周礼·夏官·大司马》：“～弱犯寡。”参见“凭陵”。❺不用舟楫涉水。《论语·述而》：“子曰：‘暴虎～河，死而无悔者，吾不与也。’”杨衒之《洛阳伽蓝记·永宁寺》：“兆不由舟楫，～流而渡。”（兆：人名。）❻依倚，靠着。《尚书·顾命》：“相被冕服～玉几。”[引]依靠，依据，凭恃。《后汉书·史弼传》：“～至亲之属，恃偏私之爱。”韩愈《杂说》：“然龙弗得云无以神其灵矣。失其所～依，信不可欤！”❼登临。张九龄《登乐游春望书怀》诗：“～眺兹为美，离君方独愁。”❽任凭。王建《原上新居》诗之十一：“古碣～人搨，闲诗任客吟。”❾请，请求。辛弃疾《永遇乐·京口北固亭怀古》词：“～谁问，廉颇老矣，尚能饭否？”

【凭吊】 píngdiào 对遗迹发思古之幽情。王士禛《带经堂诗话·考证遗迹》：“房公弹琴处旧有竹亭，李卫公、刘宾客赋诗～～之地，不可识矣。”

【凭肩】 píngjiān 以手搭肩。白居易《新丰折臂翁》诗：“玄孙扶向店前行，左臂～～右臂折。”

【凭陵】 pínglíng ❶恃势凌人。《左传·襄公二十五年》：“介恃楚众，以～～我敝邑。”（介恃：凭恃。）❷凭借，依仗。李华《吊古战场文》：“～～杀气，以相剪屠。”（杀气：肃杀之气，指寒冷。）

【凭噫】 píngyī 愤懑抑郁。司马相如《长门赋》：“心～～而不舒兮，邪气壮而攻中。”

【凭由】 píngyóu 证明文书。范仲淹《上执政书》：“其京师寺观多招四方之人，宜给本买～～，乃许收录。”

【凭肩语】 píngjiānyǔ 亲昵密语，悄悄话。范成大《题赵昌四季花图海棠梨花》诗：“阿环不可招，空寄～～～。”（阿环：杨玉环。）

洴 píng 见“洴澼”。

【洴澼】 píngpì 在水上漂洗。《庄子·逍遥游》：“宋人有善为不龟手之药者，世世以～～绕为事。”（龟：通“皲”，皮肤开裂。）

荓 1. píng ❶草名。丛生，可以制帚。《管子·地员》：“蒌下于～，～下于萧。”

2. pīng ❷使，任用。《诗经·大雅·桑柔》：“民有肃心，～云不逮。”❸见“荓蜂”。

【荓蜂】 pīngfēng 牵引入于邪恶。《诗经·周颂·小毖》：“予其惩而毖后患，莫予～～，自求辛螫。”

枰 píng ❶木名。即平仲木。司马相如《上林赋》：“华枫～栌。”❷围棋盘。《晋书·杜预传》："时帝与中书令张华围棋，而预表适至，华推～敛手。"

帡 píng 见"帡幪"。

【帡幪】 píngméng 帐幕。在旁的叫帡，在上的叫幪。引申为覆盖、庇护。《法言·吾子》："震风陵雨，然后知夏屋之为～～也。"（陵雨：暴雨。夏屋：大屋。）

屏 1. píng ❶影壁，对着门的小墙。《荀子·大略》："天子外～，诸侯内～。"❷屏风。室内挡风或遮挡视线的东西。李贺《屏风曲》："月风吹露～外寒，城上乌啼楚女眠。"㉑屏障，捍卫。《国语·齐语》："君有此士也三万人，以方行于天下，以诛无道，以～周室，天下大国之君莫之能御。"（方行：横行。）

2. bǐng ❸摒弃，排除，撇开。《荀子·儒效》："周公～成王而及武王以属天下。"《史记·苏秦列传》："臣闻明主绝疑去谗，～流言之迹，塞朋党之门，故尊主广地强兵之计臣得陈忠于前矣。"❹退避，隐退。《史记·魏其武安侯列传》："魏其谢病，～居蓝田南山之下数月。"《晋书·阮籍传》："籍因以疾辞，～于田里。"㊀使退避。《史记·孟子荀卿列传》："客有见髡于梁惠王，惠王～左右，独坐而再见之，终无言也。"❺遮蔽，闭住。《左传·昭公二十七年》："～王之耳目，使不聪明。"《论语·乡党》："～气似不息者。"

3. bīng ❻见"屏营"。

4. bìng ❼见"屏当"。

【屏翰】 pínghàn 屏障，藩卫。《诗经·小雅·桑扈》："之屏之翰，百辟为宪。"后指镇守一方的军政长官。韩愈《楚国夫人墓志铭》："为王～～，有壤千里。"

【屏匽】 píngyǎn 厕所。《战国策·燕策二》："今宋王射天笞埊，铸诸侯之象，使侍～～，展其臂，弹其鼻，此天下之无道不义。"（埊：古"地"字。）

【屏黜】 bǐngchù 除去。《北史·李谔传》："～～浮词，遏止华伪。"

【屏语】 bǐngyǔ 避人密语。《后汉书·安思阎皇后纪》："京引显～～曰：'北乡侯病不解，国嗣宜时有定。'"（京、显：均人名。）

【屏营】 bīngyíng ❶仿徨。《国语·吴语》："王亲独行，～～仿徨于山林之中，三日乃见其涓人畴。"李白《献从叔当涂宰阳冰》诗："长叹即归路，临川空～～。"❷惶恐。《水浒传》八十九回："臣等不胜战栗～～之至。"

【屏当】 bìngdàng 收拾。《世说新语·雅量》："人有诣祖[士少]，见料视财物，客至，～～未尽，馀两小簏著背后，倾身障之，意未能平。"

瓶（缾） píng ❶汲水瓦器。扬雄《酒箴》："观～之居，居井之眉。"❷泛指小口腹大的容器。杜甫《少年行》："不通姓氏粗豪甚，指点银～索酒尝。"

【瓶罄罍耻】 píngqìngléichǐ 《诗经·小雅·蓼莪》："瓶之罄矣，维罍之耻。"（罄：空。罍：大的盛酒器，类似坛。）此言酒瓶子空了，乃是酒坛的耻辱。比喻人民穷了，是当政者的耻辱。后喻两者关系密切，休戚相关。庾信《思旧铭》："麟止星落，月死珠伤。～～～～，芝焚蕙叹。"

軿（辀） 1. píng ❶四面有衣蔽的车子。多供妇人乘用。《汉书·张敞传》："礼，君母出门则乘辎～。"《后汉书·陈忠传》："朱轩～马，相望道路。"

2. pēng ❷见"軿訇"。

【軿訇】 pēnghōng 象声词。张衡《西京赋》："奋隼归凫，沸卉～～；众形殊声，不可胜论。"

淜 píng ❶涉水过河。《说文·水部》："～，无舟渡河也。"❷象声词。淜淜，水声。淜滂，风击物声。

萍（蓱） píng ❶浮萍。一种水草，无根浮水而生。《礼记·月令》："虹始见，～始生。"❷通"苹"。藾蒿。谢灵运《拟魏太子邺中集诗·阮瑀》："自从食～来，唯见今日美。"

【萍合】 pínghé 比喻暂时聚合。沈亚之《万胜冈新城记》："吾士卒～～之众也，易散而难役。"

【萍踪】 píngzōng 比喻飘泊无定的行踪。汤显祖《牡丹亭·闹殇》："恨匆匆，～～浪影，风剪了玉芙蓉。"

【萍水相逢】 píngshuǐxiāngféng 比喻偶然遇合。王勃《滕王阁序》："～～～～，尽是他乡之客。"

铧 píng 见 bǐng。

屛 píng 同"屏"。屏风，室内用来挡风或遮挡视线的东西。元稹《江陵三梦》诗："分张碎针线，褶叠故～帏。"

箳 píng 见"箳篂"。

【箳篂】 píngxīng 车蕃。借指车。白居易《江州赴忠州至江陵已来舟中示舍弟五十韵》："～～州乘送，艛艓驿船迎。"

砯 pìng 象声词。水击山崖声。李白《蜀道难》诗："～崖转石万壑雷。"㊀车声。

韩愈等《城南联句》："驰门填偪仄，竞墅辗～砰。"

po

抪 pō　推，击。《淮南子·说林训》："游者以足蹷，以手～。"

陂 pō　见bēi。

泊 pō　见bó。

泺 pō　见luò。

泼（潑） 1. pō　❶用力倾洒或倾倒。苏轼《雪后书北台壁》诗："但觉衾裯如～水，不知庭院已堆盐。"《三国演义》七十四回："今使他为先锋，是～油救火也。"❷咒骂语。含恶劣、卑贱之意。《水浒传》十九回："量这一个～男女，腌臢畜生，终作何用，众豪杰且请宽心。"❸凶悍，不讲理。《水浒传》十二回："［牛二］专在街上撒～，行凶。"

2. bō　❹见"泼泼"、"泼剌"。

【泼泼】　bōbō　鱼甩尾的样子。范仲淹《临川羡鱼赋》："～～晴波，在彼中河。"

【泼剌】　bōlà　鱼跃声。沈与求《舟过北塘》诗："过雁参差影，跳鱼～～声。"

坡（岥） pō　倾斜的地形。《说文·土部》："～，阪也。"阮籍《咏怀》之二十六："朝登洪～顶，日夕望西山。"

【坡陀】　pōtuó　同"陂陀"。地不平的样子。韩愈《记梦》诗："石坛～～可坐卧，我手承颏肘拄座。"

钹（鏺） pō　❶割草的农具。《说文·金部》："～两刃，木柄，可以刈艸。"❷斩伐，讨平。韩愈《曹成王碑》："～广济，掀蕲春，撇蕲水，掇黄冈。"

颇（頗） 1. pō　❶头偏。《说文·页部》："～，头偏也。"㉑偏斜，不正。《荀子·臣道》："故正义之臣设，则朝廷不～。"❷副词。1)稍微，略微。柳宗元《愚溪诗序》："余虽不合于俗，亦～以文墨自慰。"2)很。《徐霞客游记·游白岳山日记》："五老比肩，不甚峭削，～似笔架。"

2. pǒ　❸通"叵"。见"颇奈"。❹姓。

【颇牧】　pōmù　战国时赵国名将廉颇、李牧的合称，后作大将的通称。白居易《除阎巨源充邠宁节度使制》："永维～～之能，宜授郇邠之寄。"

【颇僻】　pōpì　偏邪。张衡《思玄赋》："行～～而获志兮，循法度而离殃。"（获志：得意。离：遭。）

【颇奈】　pǒnài　同"叵奈"。可恨，可恶。卢仝《哭玉碑子》诗："～～穷相驴，行动如跛鳖。"

跛 pō　见bǒ。

婆 pó　❶对老年妇女的称呼。《魏书·汲固传》："［李宪］恒呼固夫妇为郎、～。"❷母亲。《乐府诗集·横吹曲辞五·折杨柳枝歌》："阿～许嫁女，今年无消息。"❸丈夫的母亲。《儒林外史》三回："～媳两个都来坐着吃了饭。"❹旧时称某些职业妇女。如"媒婆"。

【婆娑】　pósuō　❶跳舞。《诗经·陈风·东门之枌》："子仲之子，～～其下。"❷盘旋，徘徊。宋玉《神女赋》："既姽婳于幽静兮，又～～乎人间。"（姽婳：静好貌。）❸淹留。班固《答宾戏》："～～乎术艺之场，休息乎篇籍之囿。"（术艺：学术道艺。场、囿：讲经、艺之处。）❹枝叶扶疏、纷披。《世说新语·黜免》："槐树～～，无复生意。"❺肢体舒展。姚合《游阳河岸》诗："醉时眠石上，肢体自～～。"❻委婉曲折。嵇康《琴赋》："怫悁烦冤，纡馀～～。"

番 pó　见fān。

媻 pó　见pán。

猼 1. pó　❶通"蒪"。草名。见"猼且"。

2. bó　❷兽名。见"猼訑"。

【猼且】　pójū　草名。蘘荷。司马相如《子虚赋》："江离麋芜，诸蔗～～。"

【猼訑】　bótuó　兽名。《山海经·南山经》："［基山］有兽焉，其状如羊，九尾四耳，其目在背，其名曰～～，佩之不畏。"

鄱 pó　❶江名。婺江与昌江在江西波阳县合流之后称鄱江。❷湖名。即鄱阳湖。

繁 pó　见fán。

皤 pó　❶白。《周易·贲》："贲如～如。"❷大腹。《左传·宣公二年》："睅其目，～其腹，弃甲而复。"（睅：目大而突出。）

【皤皤】　pópó　❶形容头发雪白。班固《东都赋》："～～国老，乃父乃兄。"❷丰盛的样子。左思《魏都赋》："丰肴衍衍，行庖～～。"

叵 pǒ　❶"不可"二字的合音。范成大《黄罴岭》诗："白云～揽撷，但觉沾人衣。"❷遂，便。《后汉书·隗嚣传》："帝知其终不为用，～欲讨之。"

【叵罗】　pǒluó　盛酒器。戴复古《题壁》诗："朱门金～～，九酝葡萄春。"

【叵耐】 pǒnài 不可忍耐，可恨。白朴《梧桐雨》楔子："～～杨国忠这厮，好生无礼！"

驶(駊) pǒ 见"驶騀"。

【驶騀】 pǒ'ě ❶马摇头的样子。杜甫《扬旗》诗："庭空六马入，～～扬旗旌。"❷高大的样子。扬雄《甘泉赋》："崇丘陵之～～兮，深沟嵚岩而为谷。"（嵚：山高峻。）

朴 1. pò ❶树皮。崔骃《博徒论》："肤如桑～，足如熊蹄。"

2. pū ❷通"扑"。打人的器具。《后汉书·阳球传》："箠～交至，父子悉死杖下。"㊁击，打。《史记·刺客列传》："[高渐离]举筑～秦皇帝，不中。"（筑：乐器。）

3. pǔ ❸同"樸"。未加工的木材。《老子·十五章》："敦兮其若～，旷兮其若谷。"（一本作"樸"。）㊁质朴。《荀子·性恶》："所谓性善者，不离其～而美之。"❹大木材。《楚辞·九章·怀沙》："材～委积兮，莫知余之所有。"（王逸注："条直为材，壮大为朴。"）㊁大。《楚辞·天问》："恒秉季德，焉得夫～中。"❺未晾干的鼠肉。《战国策·秦策三》："郑人谓玉未理者璞，周人谓鼠未腊者～。"（腊：将肉晾干。）

4. pō ❻见"朴刀"。

5. piáo(旧读 pōu) ❼姓。

【朴刀】 pōdāo 一种刀身窄长柄短的刀。《水浒传》六回："这丘道人见他当不住，却从背后拿了条～～，大踏步搠将来。"

伯 pò 见 bó。

迫(廹) pò ❶逼近。司马迁《报任少卿书》："今少卿抱不测之罪，涉旬月，～季冬。"❷逼迫。《汉书·武帝纪》："建元元年……今天下孝子顺孙愿自竭尽以承其亲，外～公事，内乏资财，是以孝心阙焉。"❸危急；急促。《史记·项羽本纪》："此～矣！臣请入，与之同命。"仲长统《昌言·损益》："安宁勿懈堕，有事不～遽。"❹催促。杜甫《戏题王宰画山水图歌》："能事不受相促～，王宰始肯留真迹。"❺狭窄。《后汉书·窦融传》："当今西州地势局～，人兵离散，易以辅人，难以自建。"

【迫胁】 pòxié ❶威逼。《尚书·胤征》"歼厥渠魁，胁从罔治"疏："灭其为恶大帅，罪止羲和之身，其被～～而从距王师者皆无治责其罪。"❷促狭。张衡《西京赋》："狭百堵之侧陋，增九筵之～～。"

【迫措】 pòzé 夹击，围捕。措，通"笮"。挤，夹住。《汉书·王莽传下》："纳言将军严尤……亟进所部州郡兵凡十万众，～～前队丑虏。"

洦 pò 浅水的样子。《颜氏家训·勉学》："尝游赵州，见柏人城北有一小水，土人亦不知名。后读城西门徐整碑云：'～流东指。'众皆不识……～，浅水貌。此水汉来本无名矣，直以浅貌目之，或当即以～为名乎？"

【洦洦】 pòpò 翻动的样子。梅尧臣《十九日出曹门见水牛拽车》诗："卬头阔步尘蒙蒙，不似缓耕泥～～。"

珀 pò 见"琥珀"。

柏 pò 见 bǎi。

眦 pò(又读 pèi) 见"眦眦"。

【眦眦】 pòpò 日月始出而未大亮的样子。《楚辞·九思·疾世》："时～～兮旦旦，尘莫莫兮未晞。"

胉 pò 牲的两胁。《仪礼·士丧礼》："其实特豚，四鬄，去蹄、两～、脊、肺。"（鬄：剔。）

破 pò ❶碎裂，不完整。《荀子·劝学》："风至苕折，卵～子死。"❷毁坏，劈开。《诗经·豳风·破斧》："既～我斧，又缺我斨。"《晋书·杜预传》："譬如～竹，数节之后，皆迎刃而解。"❸攻克，打败。《史记·淮阴侯列传》："不终朝～赵二十万众，诛成安君。"❹揭穿；析解。《南齐书·王僧虔传》："谈故如射，前人得～，后人应解。"❺耗损。《韩非子·显学》："儒者～家而葬。"❻残破，破败。杜甫《春望》诗："国～山河在，城春草木深。"❼击中目标。《诗经·小雅·车攻》："不失其驰，舍矢如～。"

【破镝】 pòdí 见"破的②"。

【破的】 pòdì ❶箭中靶心。《晋书·谢尚传》："尝与翼共射，翼曰：'卿若～～，当以鼓吹相赏。'"❷发言中肯。元稹《酬白学士》诗："胜概争先到，篇章竞出奇。输赢论～～，点窜肯容丝。"也作"破镝"。苏轼《次韵王巩南迁初归》之一："归来貌如故，妙语仍～～。"

【破瓜】 pòguā 旧时文人称女子十六岁为破瓜。翟灏《通俗编·妇女》："宋谢幼槃词：'～～年纪小腰身。'按俗以女子破身为破瓜，非也。瓜字破之为二八字，言其二八十六岁耳。"

【破砄】 pòhuǐ 破毁。砄，毁。《列子·天瑞》："事之～～，而后有舞仁义者，弗能复也。"

【破啼】 pòtí 停止啼哭，转悲为喜。刘攽《和弟自京师来》："～～强为笑，意气徒衰翁。”

【破题】 pòtí 唐宋诗赋,开头几句点破题意,叫做破题。八股文开头两句必须点题,也称为破题。比喻事情的开端或第一次。王实甫《西厢记》四本三折:“却告了相思回避,~~儿又遭别离。”

【破心】 pòxīn 剖心以示人。《后汉书·孟尝传》:“区区~~,徒然而已。”

【破颜】 pòyán 开颜。形容笑。卢纶《落第后归终南别业》诗:“落羽羞言命,逢人强~~。”

【破甑】 pòzèng 《后汉书·郭太传》:“[孟敏]客居太原,荷甑堕地,不顾而去。郭林宗见而问其意。对曰:‘甑已破矣,视之何益?’”后以“堕甑不顾”喻事已过去,不必顾惜。又以“破甑”喻不值一顾之物。辛弃疾《玉蝴蝶·杜仲高来书戒酒用韵》词:“功名~~,交友抟沙。”(抟沙:喻易散。)

【破字】 pòzì ❶古代训诂方法之一,即用本字来说明假借之字。《诗经·鲁颂·泮水》“狄彼东南”郑笺:“狄当作剔,剔,治也。”孔颖达正义:“毛无~~之理,《瞻仰》传以狄为远,则北狄亦为远也。”孔颖达讥毛传释“狄”为远,不如郑笺用破字法,将“狄”释为“剔”。❷拆字。古代占卜法之一。

【破天荒】 pòtiānhuāng 唐代荆州每年解送举人,多不成名,号为天荒。天荒谓荒远之地。大中四年刘蜕以荆解及第,人称破天荒。参见《北梦琐言》卷四。后称前所未见者为破天荒。

【破壁飞去】 pòbìfēiqù 南朝画家张僧繇尝于金陵安乐寺画四龙,不点目睛,谓点即腾骧而去。人以为诞。固请点之,因为落墨。才及二龙,果雷电破壁。徐视画,已失之矣。参见张彦远《历代名画记》卷七、无名氏《宣和画谱》卷一。后据此喻人骤然显达。

【破釜沉舟】 pòfǔchénzhōu 《史记·项羽本纪》:“项羽乃悉引兵渡河,皆沉船,破釜甑,烧庐舍,持三日粮,以示士卒必死,无一还心。”后以“破釜沉舟”比喻下定决心,不顾一切地干下去。

【破觚为圜】 pògūwéiyuán 改方为圆。比喻破除严刑峻法。《汉书·酷吏传序》:“汉兴,破觚而为圜,斲琱而为朴,号为罔漏吞舟之鱼。”

【破镜重圆】 pòjìngchóngyuán 孟棨《本事诗·情感》载:南朝陈太子舍人徐德言,娶陈后主妹乐昌公主。时陈衰危。德言谓妻曰:“以君之才容,国破必入权豪家,斯永绝矣!倘情缘未断,尚冀相见,宜有以信之。”乃破镜各执其半,约他年正月望日卖于都市。及陈亡,妻果没入杨素家,宠嬖殊厚。德言依期至京,见苍头卖半镜,出半镜合之,题《破镜诗》曰:“镜与人俱去,镜归人不归。无复姮娥影,空留明月辉。”乐昌得诗,悲泣不食。杨素知之,召德言,还其妻。后以比喻夫妻失散或离婚后复归完聚。

粕 pò 见“糟粕”。

醱(醗) pò 见“醱醅”。

【醱醅】 pòpēi 重酿未滤之酒。李白《襄阳歌》:“遥看汉水鸭头绿,恰似蒲萄初~~。”

蒪 pò 见“蒪苴”。

【蒪苴】 pòjū 即蘘荷。多年生草本植物。《广雅·释草》:“蘘荷,~~也。”也称“苴蒪”。

魄 1. pò ❶依附形体而存在的精神。《左传·昭公七年》:“人生始化曰~。既生~,阳曰魂。”(古人认为魄是阴神,魂是阳神;魄是先天的,随形而生的,魂是后天的,随气而生的;魄为附形之灵,魂为附气之神。)❷月轮无光处。即月亮的亏缺部分。张衡《灵宪》:“故月光生于日之所照,~生于日之所蔽。”郭璞《游仙》诗之七:“晦朔如循环,月盈已见~。”㊀特指农历月初三的月光。《论衡·调时》:“月三日~,八日弦,十五日望。”❸通“粕”。《庄子·天道》:“然则君之所读者,古人之糟~已夫!”

2. bó ❹同“薄”。见“魄莫”。❺象声词。《史记·周本纪》:“有火自上复于下,至于王屋,流为乌,其色赤,其声~云。”

【魄门】 pòmén 肛门。魄,通“粕”。《素问·五藏别论》:“~~亦为五藏使,水谷不得久藏。”

【魄兆】 pòzhào 迹象,先兆。《国语·晋语三》:“公子重耳其入乎?其~~于民矣。”

【魄莫】 bómò 薄膜。魄,通“薄”。杨伯嵒《臆乘·魄莫》:“物之虚浮而不坚实者,俗谓之~~。”

皛 pò 见 xiǎo。

攊 pò 见“攊擈”。

【攊擈】 pòbó 箭射中物声。张衡《西京赋》:“流镝~~。”

礔 pò 痛切呼叫之声。《汉书·东方朔传》:“上令倡监榜舍人,舍人不胜痛,呼

～。"

霸 pò 见bà。

pou

剖 pōu ❶破开，分开。《荀子·强国》："刑范正，金锡美，火齐得，～刑而莫邪已。"（刑范：铸剑的模子。）㊀分割。柳宗元《封建论》："～海内而立宗子，封功臣。"❷分析，辨别。《北史·裴政传》："簿案盈几，～决如流。"

【剖符】 pōufú 符，凭信。古代分封诸侯或封赏功臣时，将符一分为二，一留帝王处，一授诸侯或功臣，称为"剖符"。《史记·高祖本纪》："乃论功，与诸列侯～～行封。"

【剖心】 pōuxīn ❶破胸掏心。《荀子·尧问》："桀纣杀贤良，比干～～。"❷谓祖示诚心。李白《驾去温泉后赠杨山人》诗："一朝君王垂拂拭，～～输丹雪胸臆。"

【剖腹藏珠】 pōufùcángzhū 《资治通鉴·唐太宗贞观元年》："上谓侍臣曰：'吾闻西域贾胡得美珠，剖身以藏之，有诸？'侍臣曰：'有之。'"后以此比喻自秘或惜物太过。李渔《闲情偶寄·词曲·结构》："以词曲相传者，犹不及什一，盖千百人一见者也。凡有能此者，悉皆～～～～，务求自秘。"《红楼梦》四十五回："黛玉道：'跌了灯值钱呢，是跌了人值钱……怎么忽然又变出这～～～～的脾气来！'"

【剖肝沥胆】 pōugānlìdǎn 坦诚相示。司马光《与范景仁书》："是以～～～～，手书缄封而进之。"

【剖肝泣血】 pōugānqìxuè 心意至诚而极悲苦。《后汉书·袁绍传》："臣出身为国，破家立事，至乃怀忠获衅，抱信见疑，昼夜长吟，～～～～，曾无崩城陨霜之应，故邹衍、杞妇何能感彻。"也作"剖心泣血"。

抔 póu 双手捧物。《礼记·礼运》："污尊而～饮。"（污尊：凿地为尊。）㊀量词。双手一掬为一抔。元好问《学东坡移居》诗之四："得损不相偿，～土填巨壑。"（抔土：一掬之土。）

垺 1. póu ❶大中之大。《庄子·秋水》："夫精，小之微也；～，大之殷也。"

2. pēi ❷制陶器的模型。也指陶坯。翁方纲《甘泉宫瓦歌》："丸铅净捣咸阳泥，拊～四转无角圭。"

3. fú ❸通"郛"。外城。《玉篇·土部》："～，郭也。正作郛。"

捊 póu 引聚，取而聚之。《礼记·礼运》"人情以为田"郑玄注："田，人所～治也。"

掊 1. póu ❶以手扒土。《汉书·郊祀志上》："见地如钩状，～视得鼎。"❷通"抔"。捧，掬。《论衡·调时》："河决千里，塞以一～之土，能胜之乎？"❸通"捊"。聚。见"掊克"、"掊敛"等。

2. pǒu ❹击破。《庄子·逍遥遊》："吾为其无用而～之。"又《胠箧》："～斗折衡，而民不争。"

3. pū ❺倾倒。《史记·吕太后本纪》："乃顾麾左右执戟者～兵罢去。"

【掊克】 póukè ❶聚敛，搜刮民财。《诗经·大雅·荡》："曾是彊御，曾是～～。"❷指聚敛者，贪官。《孟子·告子下》："遗老失贤，～～在位。"

【掊敛】 póuliǎn 聚敛。《旧五代史·李金全传》："天成中，授泾州节度使，在镇数年，以～～为务。"

【掊怨】 póuyuàn 积怨。《新唐书·封伦传》："[杨]素殚百姓力，为吾～～天下。"

裒 1. póu ❶聚。《诗经·小雅·常棣》："原隰～矣，兄弟求矣。"引申为众多。《诗经·周颂·般》："敷天之下，～时之对。"❷减少。《周易·谦》："君子以～多益寡，称物平施。"

2. bāo ❸通"褒"。衣襟宽大。《盐铁论·利议》："文学～衣博带，窃周公之服。"

【裒辑】 póují 汇编。陈傅良《跋御制至尊寿皇圣帝王政序记》："爰命史臣，～～圣政。"

【裒刻】 póukè 聚敛，搜刮。《宋书·晋平剌王休祐传》："在荆州，～～所在，多营财货。"

【裒敛】 póuliǎn 聚敛。《陈书·侯安都传》："推毂所镇，～～无厌。"

部 pǒu 见bù。

培 pǒu 见péi。

棓 pǒu 见bàng。

蔀 pǒu（又读bù） ❶为蔽夏日所搭之席棚。《周易·丰》："丰其～，日中见斗。"㊀以席棚覆盖。《周易·丰》："丰其屋，～其家。"❷古历法名。古代治历，十九年置七个闰月，谓之章，四章谓之蔀，二十蔀谓之纪，三纪谓之元。一蔀七十六年，九百四十月，二万七千七百五十九日。

【蔀家】 pǒujiā 深宅广院，架设席棚之家。

指富贵之家。《晋书·嵇绍传》:"夏禹以卑室称美,唐虞以茅茨显道,丰屋～～,无益危亡。"

【蔀屋】 pǒuwū 草席盖顶之屋。指贫者所居。王安石《寄道光大师》诗:"秋雨漫漫夜复朝,可嗟～～望重霄。"

踣 pòu 见bó。

pu

仆[1] pū 向前仆倒。《史记·项羽本纪》:"樊哙侧其盾以撞,卫士～地。"㊀泛指倒下。《后汉书·赵咨传》:"既已消～,还合粪土。"曾巩《常乐寺浮图碑》:"其碑文今～,在襄州开元寺塔院。"

【仆顿】 pūdùn 仆倒困顿,失败。《论衡·效力》:"颜氏之子,已曾驰过孔子于涂矣,劣倦罢极,发白齿落。夫以庶几之材,犹有～～之祸,孔子力优,颜渊不任也。"

【仆僵】 pūjiāng 死亡。《论衡·状留》:"非唯腹也,凡物～～者,足又在上。"

【仆灭】 pūmiè 覆灭,消亡。《汉书·董仲舒传》:"夫人君莫不欲安存而恶危亡,然而政乱国危者甚众,所任者非其人,而所繇者非其道,是以政日以～～也。"(繇:通"由"。)苏轼《私试策问七首》:"此四王者,皆不能终高帝之世,相继～～而不复续。"

【仆头】 pūtóu 叩头,撞头。《论衡·儒增》:"儒书言禽息荐百里奚,缪公未听,出,禽息当门～～碎首而死。"

扑[1] pū ❶鞭挞用的刑具。《史记·五帝本纪》:"鞭作官刑,～作教刑。"《汉书·刑法志》:"薄刑用鞭～。"㊀鞭挞。孔稚珪《北山移文》:"敲～喧嚣犯其虑,牒诉倥偬装其怀。"❷击。《吕氏春秋·安死》:"于是乎聚群多之徒,以深山广泽林薮,～击遏夺。"

扑[2](撲、擈) pū ❶用力向前冲压或向下覆压。《尚书·盘庚上》:"若火之燎于原,不可向迩,其犹可～灭。"《水浒传》二十三回:"原来那大虫拿人,只是一～,一掀,一剪。"❷向……袭来。刘基《卖柑者言》:"剖之,如有烟～口鼻。"❸扑打,拍击。扬雄《太玄经·格》:"郭其目,鱎其角,不庳其体～。"杜牧《秋夕》诗:"银烛秋光冷画屏,轻罗小扇～流萤。"❹通"仆"。倾覆,倒下。韩愈等《纳凉联句》:"危檐不敢凭,朽机惧倾～。"❺满,遍。见"扑地"。

【扑地】 pūdì 满地,遍地。鲍照《芜城赋》:"廛闬～～,歌吹沸天。"(廛闬:庶民居宅。)

【扑鹿】 pūlù 见"扑漉"。

【扑漉】 pūlù 拍翅之声。欧阳玄《逢江易艺芳干赋芳洲》诗:"王孙斗草归来晚,～～鸳鸯带水飞。"也作"扑鹿"。杨万里《春寒早朝》诗:"每闻～～初鸣处,正是鬔鬆好睡时。"(鬔鬆:睡眼朦胧。)

【扑落】 pūluò 触落。贯休《夜夜曲》:"孤灯耿耿征妇劳,更深～～金错刀。"

【扑卖】 pūmài 宋元民间流行的一种博戏卖物之法。以钱为赌具,掷钱之后,视其正反,以定输赢。买者赢则饶钱购物。

【扑满】 pūmǎn 蓄钱瓦器。《西京杂记》卷五:"～～者,以土为器,以蓄钱;具有入窍而无出窍,满则扑之。"陆游《自诒》诗:"钱能祸～～,酒不负鸱夷。"(鸱夷:革囊,可以盛酒。)

【扑朔迷离】 pūshuòmílí 《木兰诗》:"雄兔脚扑朔,雌兔眼迷离;双兔傍地走,安能辨我是雄雌!"扑朔,犹"扑腾",兔跑足缩之貌。迷离,犹"朦胧",捉摸不定貌。雄兔雌兔虽足、眼有异,然双双傍跑,难辨雌雄。后以"扑朔迷离"形容事情复杂,难辨真象。

剥 pū 见bō。

痡 pū 病,疲惫不堪。《诗经·周南·卷耳》:"我马瘏矣,我仆～矣。"李华《吊古战场文》:"汉倾天下,财殚力～。"

铺(鋪、舖) 1. pū ❶门上衔环的兽形底盘名铺,亦名铺首。何晏《景福殿赋》:"青琐银～,是为闺闼。"❷铺开,敷陈。《礼记·乐记》:"～筵席,陈尊俎。"白居易《与元九书》:"引笔～纸,悄然灯前,有念则书,言无次第。"㊁普遍,广泛。《后汉书·班固传》:"～观二代洪纤之度,其赜可探也。"❸通"痡"。病苦。《诗经·小雅·雨无正》:"若此无罪,沦胥以～。"

2. pù ❹店铺,商店。《警世通言·崔待诏生死冤家》:"再说崔宁两口在建康居住,既是间断了,如今也不怕有人撞见,依旧开个碾玉作～。"❺驿站。欧阳修《通进司上书》:"募置递兵为十五六～,则十馀州之物,日日入关而不绝。"(递兵:传送货物的兵丁。)顾炎武《日知录·驿传》:"今时十里一～,设卒以递公文。"❻床铺。古乐府《琅琊王歌辞》:"孟阳三四月,移～逐阴凉。"(按:❹❺❻义也作"舖"。"舖"是"铺"的俗字。)

【铺陈】 pūchén ❶铺叙。诗赋骈文的表现手法之一,对事物、景物进行详尽的描绘叙述。《周礼·春官·大师》"曰风、曰赋"郑玄注:"赋之言铺,其～～今之政教善恶。"❷

陈设，布置。高明《琵琶记·杏园春宴》："～～得整整齐齐，另是一般景象。"

【铺房】　pūfáng　婚前女方派人至婿家布置新房。《明史·礼志九》："亲迎前一日，女氏使人陈设于婿之寝室，俗谓之～～。"

【铺首】　pūshǒu　门环底盘。《汉书·哀帝纪》："孝元庙殿门铜龟蛇～～鸣。"

【铺递】　pùdì　驿站。《金史·世宗纪下》："朕尝欲得新荔支，兵部遂于道路特设～～。"

【铺张扬厉】　pūzhāngyánglì　敷陈渲染。韩愈《潮州刺史谢上表》："铺张对天之闳休，扬厉无前之伟绩。"（闳：大。休：美德。）

鯆（鯆、鱄）　pū　江豚。《吕氏春秋·本味》："鱼之美者，洞庭之～，东海之鲕。"

【鯆䱐】　pūfú　江豚。亦名䱐鲱。《晋书·夏统传》："统乃操柂正橹，折旋中流，初作鲻鳁跃，后作～～引。"（柂：同"舵"。鲻鳁跃、鯆䱐引：皆水中涡流状。）

镤（鏷）　pū　未冶炼的铜铁。张协《七命》："销逾羊头，～越锻成。"（销：生铁。羊头：三棱形箭镞。逾、越：超过。）

卜　pú　见bǔ。

仆²（僕）　pú　❶奴隶的一个等级。《左传·昭公七年》："人有十等。下所以事上，上所以共神也。故王臣公，公臣大夫，大夫臣士，士臣皁，皁臣舆，舆臣隶，隶臣僚，僚臣～，～臣台。"㊀泛指奴隶。《诗经·小雅·正月》："民之无辜，并其臣～。"❷奴仆，仆人。《聊斋志异·细柳》："但贫家无冗人，便更若衣，使与僮～共操作。"❸驾车的人。《吕氏春秋·知分》："晏子授绥而乘，其～将驰。"《史记·孔子世家》："将适陈，过匡，颜刻为～。"❹自身谦称。柳宗元《贺进士王参元失火书》："～始闻而骇，中而疑，终乃大喜。"❺附着。《庄子·人间世》："适有蚉蝱～缘，而拊之不时，则缺衔毁首破胸。"（蝱：同"虻"。）❻隐藏。见"仆区"。

【仆夫】　púfū　❶驾车的人。《诗经·小雅·出车》："召彼～～，谓之载矣。"❷管马的官。《周礼·夏官·校人》："校人掌王马之政。……六系为厩，厩一～～。"

【仆姑】　púgū　即金仆姑。箭名。《左传·庄公十一年》："乘丘之役，公以金～～射南宫长万。"后泛指良箭。黄河澂《边马》诗："殁无文梓榔，身有～～痕。"

【仆牛】　púniú　即服牛。驯养之牛。《山海经·大荒东经》："王亥托于有易、河伯～～。有易杀王亥，取～～。"王国维《观堂集林·殷卜辞中所见先公先王考》："服牛者，即《大荒东经》之'～～'，古'服'、'仆'同音。"

【仆区】　pú'ōu　春秋时楚国刑书名。《左传·昭公七年》："吾先君文王作《仆区》之法，曰'盗所隐器，与盗同罪'。"

【仆仆】　púpú　❶烦琐，屡屡。《孟子·万章下》："子思以为鼎肉使己～～尔亟拜也，非养君子之道也。"❷奔走劳顿。王安石《书李文公集后》："～～然忘其身之劳也。"

【仆妾】　púqiè　奴婢侍妾。《战国策·秦策一》："卖～～售乎闾巷者，良～～也。"

【仆遬】　púsù　同"朴樕"。丛生小杂树。比喻凡庸之材。《汉书·息夫躬传》："左将军公孙禄、司隶鲍宣皆外有直项之名，内实骇不晓政事，诸曹以下～～不足数。"

【仆射】　púyè　官名。秦始置。秦代重武，以善射者掌事，故称仆射，随所领之事以为号，如军屯吏则曰军屯仆射，永巷宫人则曰永巷仆射。详见《汉书·百官公卿表》。汉成帝时置尚书五人，一人为仆射，位仅次尚书令。汉献帝置左右仆射。唐宋以左右仆射为宰相之职。元废。

【仆御】　púyù　驾车。《汉书·樊郦滕灌傅靳周传赞》："樊哙、夏侯婴、灌婴之徒，方其鼓刀、～～、贩缯之时，岂自知附骥之尾，勒功帝籍，庆流子孙哉？"㊀驾车的人。韦应物《送令狐岫宰恩阳》诗："离人起视日，～～促前征。"

扶　pú　见fú。

匍　pú　见"匍伏"、"匍匐"。

【匍伏】　púfú　同"匍匐①"。伏地而行。《战国策·秦策一》："嫂虵行～～，四拜，自跪而谢。"

【匍匐】　púfú　❶伏地而行。《孟子·滕文公上》："赤子～～将入井，非赤子之罪也。"❷尽力。《诗经·邶风·谷风》："凡民有丧，～～救之。"

莆　pú　见fǔ。

菩　1. pú　❶见"菩提"、"菩萨"等。

2. bù（又读bèi）　❷草名。可以织席。《周礼·夏官·大驭》"犯軷"郑玄注："犯之者，封土为山象，以～刍棘柏为神主。"

【菩萨】　púsà　梵语音译。"菩提萨埵"的简称。"菩提"意为正觉，"萨埵"意为众生，合起来意思是既自身求得正觉，又普度众生。

罗汉修行精进，便成菩萨，再修则成佛。这是指佛教徒修行的一种理想境界。另外还有天界菩萨乃佛陀化身。中国内地普遍崇敬的菩萨是文殊师利、地藏、普贤和观世音。在中国西藏，观世音、文殊师利和金刚手是最受崇敬的三位菩萨。

【菩提】 pútí 梵语音译。意译为正觉，即明辨善恶、觉悟真理，它是结束生死轮回和导致涅槃的究竟觉悟。乔达摩·悉达多(释迦牟尼)因具有这种觉悟而成为佛陀。修成菩提是佛教徒的理想。

【菩提达摩】 pútídámó 简称达摩，古印度僧人。南朝梁大通元年到中国广州。后到梁京城南京受到梁武帝萧衍的接见。其后到洛阳，据说在少林寺面壁九年。他是中国禅宗的始祖。

葡 pú 见“葡萄”。

【葡萄】 pútáo 水果名。又写作“蒲萄”、“蒲陶”、“蒲桃”。汉代张骞出使西域，将其带入内地。或说前此陇西一带已有种植，至张骞时始传内地。

蒲 1. pú ❶水生植物名。有两种。1)香蒲。可以织席、扇、篓等，其嫩芽可食，根茎可以酿酒。《诗经·大雅·韩奕》：“其蔌维何？维笋及～。”(蔌：蔬菜。)2)菖蒲。其叶形似剑，故名蒲剑。旧俗端午节，悬蒲剑于门，据说可以避邪。❷蒲柳。又名水杨。萑苻。《诗经·王风·扬之水》：“扬之水，不流束～。”❸地名。一为春秋时卫国地名，在今河南长垣县境。一为春秋时晋国邑名，在今山西蒲县境。❹通“匍”。如“匍匐”又写作“蒲伏”、“蒲服”。《左传·昭公十三年》：“怀锦奉壶饮冰，以～伏焉。”《战国策·秦策三》：“［伍子胥］坐行～服，乞食于吴市。”❺姓。

2. bó ❻见“蒲姑”。

【蒲坂】 púbǎn 地名。相传为舜都故地。在今山西永济县境。

【蒲鞭】 púbiān 蒲草做的鞭子。用以表示薄罚宽仁。《后汉书·刘宽传》：“吏人有过，但用～～罚之，示辱而已，终不加苦。”

【蒲车】 púchē 用蒲草裹轮的车子。古代用于封禅和征聘贤士。《史记·封禅书》：“古者封禅为～～，恶伤山之土石草木。”

【蒲牢】 púláo 兽名。班固《东都赋》“于是发鲸鱼，铿华钟”李善注：“海中有大鱼曰鲸，海边又有兽名～～，～～素畏鲸，鲸鱼击～～，则大鸣。凡钟欲令声大者，故作～～于上，所以撞之者为鲸鱼。”(按：钟上兽纽，就是蒲牢形象。钟又以蒲牢为别名。)皮日休《寺钟暝》诗：“重击～～崦山日，冥冥烟树睹栖禽。”

【蒲柳】 púliǔ 植物名。即水杨。《古今注·草木》：“～～，水边生，叶似青杨，一名蒲杨。”《世说新语·言语》：“顾悦与简文同年而发蚤白。简文曰：‘卿何以先白？’对曰：‘～～之姿，望秋而落；松柏之质，经霜弥茂。’”后以“蒲柳”比喻人之早衰或人之微贱。李白《长歌行》：“秋霜不惜人，倏忽侵～～。”《红楼梦》五回：“觑看那，侯门艳质同～～；作践的，公府千金似下流。”

【蒲轮】 púlún 以蒲草裹轮，使车行不震。征聘贤士时用之，以示礼敬。《汉书·武帝纪》：“遣使者安车～～，束帛加璧，征鲁申公。”

【蒲梢】 púshāo 骏马名。《史记·乐书》：“后伐大宛，得千里马，马名～～。”

【蒲姑】 bógū 古国名。在今山东博兴东北。《左传·昭公九年》：“及武王克商，～～、商奄，吾东土也。”

蒱 pú 摴蒱，亦作樗蒱，古代博戏名，以掷骰决胜负。后泛称赌博为摴蒲。

【蒱博】 púbó 赌博。《续资治通鉴长编·宋太宗淳化二年》：“京城无赖辈相聚～～。”

【蒱酒】 pújiǔ 赌博和酗酒。《宋书·刘康祖传》：“在闾里不治士业，以浮荡～～为事。”

酺 pú ❶国有吉庆，皇帝特许臣民欢庆聚饮。《汉书·文帝纪》：“朕初即位，其赦天下，赐民爵一级，女子百户牛酒，～五日。”《旧唐书·严挺之传》：“先天元年大～，睿宗御安福门楼观百司～宴，以夜继昼。”❷能给人、物带来灾害的神。《周礼·地官·族师》：“春秋祭～亦如之。”

幞 pú(又读 fú) 见“幞头”。

【幞头】 pútóu 也作“襆头”。一种头巾。相传为北周武帝所制。后汉末，王公卿士以幅巾(一种包头的软巾)为雅，用全幅皁纱向后襆发，谓之头巾。北周武帝裁幅巾出四脚以幞头，故名。其二脚垂脑后，二脚反系头上，令曲折附顶，故又称“折上巾”。

璞 pú ❶含玉的石头，未经雕琢的玉。《韩非子·和氏》：“王乃使玉人理其～而得宝焉。”《战国策·秦策三》：“郑人谓玉未理者～，周人谓鼠未腊者朴。”❷质朴，古朴。《战国策·齐策四》：“归真反～，则终身不辱。”

【璞玉浑金】 púyùhúnjīn 璞玉，未琢之玉。浑金，未炼之金。比喻天然美质。《世说新语·赏誉》：“王戎目山巨源如～～～～，人皆钦其宝，莫知名其器。”

濮 pú ❶水名。濮水是古黄河、济水的支流之合流。一出河南封丘县境古济水，一出原阳县境古黄河，二水于山东境内合流，注入古巨野泽。❷古代西南地区民族名。《尚书·牧誓》："及庸、蜀、羌、髳、微、卢、彭、～人。"❸姓。

【濮上】 púshàng 濮水之滨。濮水一带地方春秋时流行靡靡之音，故后世以"濮上"为淫靡之地的代称。阮籍《咏怀》之十五："北里有奇舞，～～有微音。"

襆 pú 见"襆被"、"襆头"。

【襆被】 púbèi 用包袱包裹衣被。《晋书·魏舒传》："时欲沙汰郎官，非其才者罢之。舒曰：'吾即其人也。'～～而出。"

【襆头】 pútóu 见"幞头"。

蹼 pú(又读 pù) 见"蹼螺"。

【蹼螺】 púluó 即螺母。蜗牛类动物。

朴[2]（樸、樸） 1. pǔ ❶未经加工的木材。《论衡·量知》："无刀斧之断者谓之～。"❷本真，质朴。《汉书·礼乐志》："兆民反本，抱素怀～。"《吕氏春秋·上农》："民农则～，～则易用。"(农：从事农业。)❸成本。《商君书·垦令》："贵酒肉之价，重其租，令十倍其～。"

2. bú(也读 pú) ❹丛生之木。《诗经·大雅·棫朴》："芃芃棫～。"❺附着。《商君书·垦令》："农民不伤，奸民无～。"

【朴鄙】 pǔbǐ 朴素简约。《庄子·胠箧》："焚符破玺，而民～～。"

【朴马】 pǔmǎ 未调习的马。《荀子·臣道》："若驭～～，若养赤子，若食馁人。"(馁：同"馁"。)

【朴茂】 pǔmào 朴实淳美。韩愈《答吕毉山人书》："以吾子自山出，有～～之美意，恐未砻磨以世事。"

【朴学】 pǔxué 本谓质朴之学。汉时泛称经学为朴学。清代学者对古籍文字音义及典章名物制度进行考证，他们继承汉儒实事求是的学风，反对宋儒的空疏，因此清代考据之学亦称"朴学"。

【朴忠】 pǔzhōng 朴实忠诚。《史记·平准书》："上以为式～～，拜为齐王太傅。"(式：人名，卜式。)

【朴属】 búshǔ 附着。《周礼·考工记序》："凡察车之道，欲其～～而微至。不～～无以为完久也，不微至无以为戚速也。"

【朴樕】 búsù ❶小木，丛生杂木。《诗经·召南·野有死麕》："林有～～，野有死鹿。"❷凡庸之材。杜牧《贺平党项表》："臣僻左小郡，～～散材。"

甫 pǔ 见 fǔ。

浦 pǔ ❶水边。《战国策·秦策四》："吴之信越也，从而伐齐，既胜齐人于艾陵，还为越王禽于三江之～。"❷小水汇入江海之处。王粲《登楼赋》："挟清漳之通～兮，倚曲沮之长洲。"❸港汊，港口。陆游《秋思》诗："前山雨过云无际，别～潮回岸有痕。"❹姓。

埔 pǔ 地名用字。黄埔，在广东珠江口。大埔县，在广东东北部。

圃 pǔ ❶种植蔬菜瓜果花木的园子。《楚辞·九章·涉江》："驾青虬兮骖白螭，吾与重华遊兮瑶之～。"欧阳修《相州昼锦堂记》："乃作昼锦之堂于后～。"❷种园人。也指种植蔬菜瓜果的人。《论语·子路》："樊迟请学稼。子曰：'吾不如老农。'请学为～。曰：'吾不如老～。'"❸茂盛。《国语·周语中》："国有郊牧，疆有寓望，薮有～草，囿有林池，所以御灾也。"

普 pǔ ❶普遍，全面。《汉书·司马相如传下》："～天之下，莫非王土；率土之滨，莫非王臣。"(今本《诗经·小雅·北山》作"溥"。)❷广大。《老子·五十四章》："修之于天下，其德乃～。"❸姓。

【普度】 pǔdù ❶广行剃度。《宋史·孔承恭传》："又请于征战地修寺及～～僧尼。"❷广施法力以救济众生。寓山居士《鱼儿佛》三出："那里显得佛力～～，能使顽石点头。"

【普氾】 pǔfàn 普遍。《淮南子·本经训》："纪纲八极，经纬六合，覆露照导，～～无私。"

【普浃】 pǔjiā 遍及。狄仁杰《请曲赦河北诸州疏》："昔董卓之乱，神器播迁，及卓被诛，部曲无赦，事穷变起，毒害生人，京室丘墟，化为禾黍，此由恩不～～，失在机先。"

【普淖】 pǔnào 黍稷。《仪礼·士虞礼》："敢用絜牲刚鬣、嘉荐、～～。"

【普陀】 pǔtuó 山名。在今浙江舟山市。梵文音译。意译为小白花山。相传汉时梅福在此炼丹，故又名梅岑山。山上佛寺甚多，最著名的是普济寺。旧时与九华、峨眉、五台并称为佛教四大名山。

溥 1. pǔ ❶广大。《诗经·大雅·公刘》："逝彼百泉，瞻彼～原。"❷普遍。《诗经·小雅·北山》："～天之下，莫非王土；率土之滨，莫非王臣。"《汉书·董仲舒传》："故圣人法天而立道，亦～爱而亡私。"❸水边。《汉书·扬雄传上》："储与虖大～。"(《文选》作"浦"。)

2. fū ❹同"敷"。分布。《荀子·成相》："禹～土，平天下，躬亲为民行劳苦。"

谱（譜） pǔ ❶按事物类别或系统编辑的书、表。《汉书·艺文志》："历～者，序四时之位，正分至之节，会日月五星之辰，以考寒暑杀生之实。"（分至：春分、秋分、夏至、冬至。）❷编制谱册。《史记·三代世家》："自殷以前诸侯不可得而～，周以来乃颇可著。"❸乐谱、曲谱。白居易《霓裳羽衣歌和微之》："由来能事皆有主，杨氏创声君造～。"

【谱牒】 pǔdié 记录氏族宗族世系的书。《史记·太史公自序》："维三代尚矣，年纪不可考，盖取之～～旧闻，本于兹，于是略推，作《三代世表》第一。"《三国志·魏书·袁绍传》注引《汉晋春秋》："昔先公废绌将军以续贤兄，立我将军以为適嗣，上告祖灵，下书～～，先公谓将军为兄子，将军谓先公为叔父，海内远近，谁不备闻？"

墣 pǔ 土块。《淮南子·说林训》："土胜水者，非以一～塞江也。"

氆 pǔ 见"氆氇"。

【氆氇】 pǔlǔ 羊毛织物。产于西藏。

蹼 pǔ 禽鸟等动物脚趾间相连的皮膜。《尔雅·释鸟》："凫雁丑，其足～。"（丑：类。）

鳍（鰽） pǔ 鱼名。即江豚。《史记·伍子胥列传》"而抉吾眼县吴东门之上"张守节正义："东门，～门，谓鲟门也，今名葑门。……越军开示浦，子胥涛荡罗城，开此门，有～鲟随涛入，故以名门。顾野王云：'～鱼一名江豚，欲风则涌也。'"

暴 pù 见 bào。

瀑 pù 见 bào。

曝 pù 晒。《战国策·燕策二》："今者臣来，过易水，蚌方出～，而鹬啄其肉，蚌合而拑其喙。"

【曝芹】 pùqín 《列子·杨朱》："昔者宋国有田夫，常衣缊黂，仅以过冬。暨春东作，自曝于日，不知天下之有广厦隩室，绵纩狐貉。顾谓其妻曰：'负日之暄，人莫知者；以献吾君，将有重赏。'里之富室告之曰：'昔人有美戎菽，甘枲茎芹萍子者，对乡豪称之。乡豪取而尝之，蜇于口，惨于腹，众哂而怨之，其人大惭。子，此类也。'"后人本此，以"曝芹"、"曝献"等表示献礼微薄或建议不足取。常作送礼或贡献意见时的谦词。唐玉《翰府紫泥全书·谢冠宾赞》："漫有某物，少寓谢忱。愧非酬宾之礼，聊申～～之私。"

【曝鳃】 pùsāi 比喻挫折、困顿。《梁书·何敬容传》："且～～之鳞，不念杯杓之水。"

【曝献】 pùxiàn 见"曝芹"。

Q

qi

七 qī ❶数词。七。《左传·僖公二十六年》："桓公之子～人，为～大夫于楚。"又《文公十六年》："～遇皆北。"ⓧ序数。第七。《诗经·豳风·七月》："～月流火，九月授衣。"❷赋体的一种形式。西汉枚乘有《七发》，后世作家仿作的有《七启》、《七命》等，通称为"七"，或"七体"。《宋书·自序传》："所著赋、颂、赞、祭文、诔、～、吊、四五言诗、谏、笺、表，皆遇乱零失。"❸指西方。《素问·五常政大论》："炎光赫烈则冰雪霜雹，眚于～。"（王冰注："七，西方也。"）❹人死后，每七天一祭，俗称"七"，至四十九日为止，称"满七"。汤显祖《牡丹亭·遇母》："空和他做～做中元。"

【七步】 qībù 相传三国魏曹植七步成诗，后常以"七步"形容才思敏捷。任昉《齐竟陵文宣王行状》："淮南取贵于食时，陈思见称于～～，方斯蔑如也。"（陈思：曹植封陈王，卒，谥"思"，故称陈思。）李白《感时留别从兄徐王延年从弟延陵》诗："九卿领徐方，～～继陈思。"

【七尺】 qīchǐ ❶人身高大约古尺七尺，因以"七尺"代称身躯。沈约《齐太尉王俭碑铭》："倾方寸以奉国，忘～～以事君。"李颀《古意》诗："赌胜马蹄下，由来轻～～。"❷古代指二十岁。《周礼·地官·乡大夫》："国中自～～以及六十，野自六尺以及六十有五，皆征之。"

【七出】 qīchū 古代社会丈夫遗弃妻子的七种条款。《孔子家语·本命解》："妇有～～三不去。～～者：不顺父母者，无子者，淫僻者，嫉妒者，恶疾者，多口舌者，窃盗者。"也作"七去"。《大戴礼记·本命》："妇有～～：不顺父母，去；无子，去；淫，去；妒，去；有恶疾，去；多言，去；窃盗，去。"又作"七弃"。《公羊传·庄公二十七年》"大归曰来归"何休注："大归者，废弃来归也。妇人有～～……无子弃，绝世也；淫泆弃，乱类也；不事舅姑弃，悖德也；口舌弃，离亲也；盗窃弃，反义也；嫉妒弃，乱家也；恶疾弃，不可奉宗庙也。"（按："七出"是封建宗法制度为维护夫权而制定的迫害妇女的封建礼教。）

【七德】 qīdé ❶指武功或文治的七种德行。《左传·宣公十二年》："夫武，禁暴、戢兵、保大、定功、安民、和众、丰财者也。……武有～～，我无一焉，何以示子孙？"《国语·周语中》："尊贵、明贤、庸勋、长老、爱亲、礼新、亲旧……若～～离判，民乃携贰。"《梁书·武帝纪》："文洽九功，武苞～～。"杨慎《凤赋》："览～～，律五音，通天祉，应地灵。"❷指诗歌的七种特性。皎然《诗式·诗有七德》："一识理，二高古，三典丽，四风流，五精神，六质干，七体裁。"❸隋、唐时舞名。《隋书·音乐志上》："帝御茶果，太常丞跪请进舞《七德》，继之《九序》。"又指乐曲名。《旧唐书·音乐志一》："立部伎内《破阵乐》五十二遍，修入雅乐，祇有两遍，名曰《七德》。"

【七教】 qījiào 古指父子、兄弟、夫妇、君臣、长幼、朋友、宾客互相间各自应当遵从的伦理规范。《礼记·王制》："司徒修六礼以节民性，明～～以兴民德。"一说指敬老、尊齿、乐施、亲贤、好德、恶贪、廉让七种道德规范。《孔子家语·王言》："曾子问：'敢问何谓～～？'孔子曰：'上敬老则下益孝，上尊齿则下益悌，上乐施则下益宽，上亲贤则下择友，上好德则下不隐，上恶贪则下耻争，上廉让则下耻节，此之谓～～。'"

【七律】 qīlǜ ❶古乐中的七种基本音律。《国语·周语下》："以七同其数，而以律和其声，于是乎有～～。"❷七言律诗的省称。

【七庙】 qīmiào ❶古代宗法制度，天子设七庙供奉祖先。《礼记·王制》："天子～～，三昭三穆，与太祖之庙而七。"后泛指帝王供奉祖先的宗庙。杨炯《盂兰盆赋》："上可以荐元符于～～，下可以纳群动于三车。"❷代称封建王朝。徐陵《司空徐州刺史侯安都德政碑》："～～之基，于焉永固；万邦之本，由此克宁。"

【七魄】 qīpò 道家语。道家言人有七魄：第一魄名尸狗，第二魄名伏矢，第三魄名雀阴，第四魄名吞贼，第五魄名非毒，第六魄名除秽，第七魄名臭肺。见《云笈七籤》卷五十四。《抱朴子·地真》："欲得通神，当金水分形，形分则自见其身中之三魂～～。"

【七窍】 qīqiào ❶指眼、耳、口、鼻七孔。《庄子·应帝王》："人皆有～～，以视听食息。"《灵枢经·脉度》："五藏不和，则～～不通也。"❷古代相传心有七孔，称为七窍。《史记·殷本纪》："［比干］乃强谏纣，纣怒曰：'吾闻圣人心有～～。'剖比干，观其心。"唐寅《咏莲花》："凌波仙子斗新装，～～虚心吐异香。"

【七情】 qīqíng ❶人的七种感情或情绪。《礼记·礼运》："何谓～～？喜、怒、哀、惧、爱、恶、欲，七者弗学而能。"朱橚等《普济方·因论》："～～者，喜怒忧思悲恐惊，若将护得宜，怡然安泰；役冒非理，百病生焉。"❷中医指药物的七种本性。《本草纲目·序例上·神农本草经名例》："药有～～：独行者，单方不用辅也；相须者，同类不可离也，……相使者，我之佐使也；相恶者，夺我之能也；相畏者，受彼之制也；相反者，两不相合也；相杀者，制彼之毒也。"

【七始】 qīshǐ ❶古代乐论，以十二律中的黄钟、林钟、太簇为天地人之始，姑洗、蕤宾、南吕、应钟为春夏秋冬之始，合称"七始"。《隋书·音乐志上》："汉雅乐郎杜夔，能晓乐事，八音～～，靡不兼该。"❷乐曲名。《汉书·礼乐志》："《七始》、《华始》，肃倡和声。"

【七体】 qītǐ ❶指人体的眼、耳、口、鼻七孔。《国语·郑语》："和六律以聪耳，正～～以役心。"❷旧时指行为规范的七个部分。《管子·五辅》："义有～～。～～者何？曰孝悌慈惠以养亲戚，恭敬忠信以事君上，……和协辑睦以备寇戎。凡此七者，义之体也。"❸指沿袭西汉枚乘《七发》而成的一种文体。又称"七"。

【七襄】 qīxiāng ❶指织女星白昼移位七

次。《诗经·小雅·大东》:"跂彼织女,终日～～。虽则～～,不成报章。"康翊仁《鲛人潜织》诗:"～～牛女恨,三日大人嫌。"❷指织女星。杜审言《七夕》诗:"天街～～转,阁道二神过。"❸指精美的织锦。袁枚《随园诗话》卷八:"[何梦瑶]戏为《牛郎赠织女》云:'巧妻常为拙夫忙,多谢天孙制～～。'"❹形容反复推敲。范成大《新作景亭程咏之提刑赋诗次其韵》之二:"报章迟钝吾衰矣,终日冥搜谩～～。"

【七星】 qīxīng ❶二十八宿之一。南方朱鸟七宿的第四宿,有星七颗。《吕氏春秋·季春》:"季春之月,日在胃,昏～～中,旦牵牛中。"❷指北斗星。常璩《华阳国志·蜀志》:"长老传言,李冰造七桥,上应～～。"❸古乐器名,属管乐。《通典·乐四》:"～～,不知谁所作,其长盈寻。"

【七曜】 qīyào 也作"七耀"、"七燿"。❶指日、月和金、木、水、火、土五星。《后汉书·刘陶传》:"宜还本朝,挟辅王室,上齐～～,下镇万国。"张载《正蒙·参两》:"愚谓在天而运者,唯～～而已。"❷指北斗七星。王勃《益州夫子庙碑》:"述夫帝车南指,遁～～于中阶。"

【七音】 qīyīn ❶古乐理以宫、商、角、徵、羽、变宫、变徵为七音。《左传·昭公二十年》:"声亦如味,一气,二体,三类,四物,五声,六律,～～,八风,九歌,以相成也。"❷等韵之学,以唇音、舌音、牙音、齿音、喉音、半舌音、半齿音为七音。《通志·总序》:"天籁之本,自成经纬,纵有四声以成经,横有～～以成纬。"

【七元】 qīyuán ❶指日、月、五星运行的周期。《后汉书·律历志下》:"日、月、五纬各有终原,而～～生焉。"也指日、月、五星。杜光庭《又马尚书南斗醮词》:"三宫五纬,咸罄诚祈;六府～～,普申忏谢。"(六府:指文昌宫六星。)❷道家指耳、目、鼻、口七窍的元气。《黄庭内景经·肺部》:"～～之子主调气。"《宋史·王仔昔传》:"始学儒,自言遇许逊,得《大洞》、《隐书》,豁落～～之法。"❸旧律历家以二十八星宿中的七宿配六十甲子,一元甲子起虚,二元起奎,三元起毕,四元起鬼,五元起翼,六元起氐,七元起箕,凡四百二十日为一周始,共得甲子七次,故称"七元"。参阅《协纪辨方书》卷一引《考原》。

【七札】 qīzhā 七层铠甲。札,甲的叶片。《左传·成公十六年》:"潘尪之党,与养由基蹲甲而射之,彻～～焉。"后以箭穿七札形容射力强劲。吴兢《贞观政要·征伐》:"箭穿～～,弓贯六钧。"

【七政】 qīzhèng ❶也作"七正"。古天文术语。《尚书·舜典》:"在璇玑玉衡,以齐～～。""七政"说法不一。1)指日、月和金、木、水、火、土五星。《尚书·舜典》"以齐七政"孔颖达疏:"～～,谓日月与五星也。"2)指天、地、人和四时。《尚书大传》卷一:"～～者,谓春、秋、冬、夏、天文、地理、人道,所以为政也。"3)指北斗七星。《史记·天官书》:"北斗七星,所谓'旋、玑、玉衡以齐～～'。"❷古代兵法指人、正、辞、巧、火、水、兵七者。《司马法·定爵》:"一曰人,二曰正,三曰辞,四曰巧,五曰火,六曰水,七曰兵,是谓～～。"

【七佐】 qīzuǒ 《鬻子》:"汤之治天下也,得庆辅、伊尹、湟里且、东门虚、南门蜈、西门疵、北门侧七大夫,佐以治天下而天下治。""七佐"本指辅佐商汤的七个大臣,后用以称颂高官。许敬宗《唐并州都督鄂国公尉迟恭碑》:"抑扬～～,熔铸五臣。"

【七十二候】 qīshí'èrhòu 古代以五日为一候,一月六候,三候为一节气。一年二十四个节气,共七十二候。它是根据动物、植物或其它自然现象变化的征候,说明节气变化,作为农事活动的依据。"七十二候"之说最初见于《逸周书》、《吕氏春秋》十二纪,汉儒列于《礼记·月令》,又见于《淮南子·时则训》,《魏书》始入《律历志》。但各书所举月令物候互有出入。参阅李调元《月令气候图说》。

沏 qī 见 qiè。

妻 1. qī ❶妻子。旧指男子的嫡配。《战国策·秦策一》:"苏秦喟叹曰:'～不以我为夫,嫂不以我为叔,父母不以我为子,是皆秦之罪也。'"

2. qì ❷嫁给。《论衡·骨相》:"单父吕公善相,见高祖状貌,奇之,因以女～高祖。"㊂娶为配偶。《孟子·万章上》:"好色,人之所欲也,～帝之二女,而不足以解忧。"

【妻党】 qīdǎng 妻室的亲族。《汉书·谷永传》:"后宫亲属,饶之以财,勿与政事,以远皇父之类,损～～之权。"

【妻孥】 qīnú 妻子儿女。《后汉书·光武帝纪上》:"忧念～～,欲散归诸城。"也作"妻帑"。《诗经·小雅·常棣》:"宜尔室家,乐尔～～。"

【妻息】 qīxī 妻子儿女。《三国志·蜀书·先主传》注引《英雄记》:"九月,遂破沛城,[刘]备单身走,获其～～。"

【妻子】 qīzǐ ❶妻子。《诗经·小雅·常棣》:

"～～好合，如鼓瑟琴。"杜甫《新婚别》诗："结发为～～，席不暖君床。"❷妻子儿女。《孟子·梁惠王上》："是故明君制民之产，必使仰足以事父母，俯足以畜～～。"白居易《自喜》诗："身兼～～都三口，鹤与琴书共一船。"

【妻略】　qìlüè　奸淫霸占。《后汉书·窦宪传》："篡取罪人，～～妇女。"又《董卓传》："又奸乱公主，～～宫人。"

【妻娶】　qìqǔ　嫁娶。《后汉书·刘翊传》："乡族贫者，死亡则为具殡葬，嫠独则助营～～。"《晋书·范汪传》："生儿不复举养，鳏寡不敢～～。"

桼　qī　❶同"桼"、"漆"。漆树。《山海经·西山经》："又西百二十里，曰刚山，多～木。"也指漆树的胶汁。《金石萃编·范氏夫人墓志》："凝脂点～，独授天姿。"❷数字。"七"的大写。

凄(淒)　qī　❶寒凉。向秀《思旧赋》："余逝将西迈，经其旧庐，于时日薄虞渊，寒冰～然。"刘基《秋怀》诗之七："雨息残暑退，凉气何～而。"㊀冷清。杜甫《西阁雨望》诗："菊蕊～疏放，松林驻远情。"❷悲凉。谢庄《月赋》："若乃凉夜自～，风篁成韵。"卢照邻《秋霖赋》："莫不埋轮据鞍，衔～茹叹。"❸通"萋"。见"凄凄③"。

【凄沧】　qīcāng　寒冷。《素问·五常政大论》："～～数至，木伐草萎。"王褒《圣主得贤臣颂》："袭狐貉之暖者，不忧至寒之～～。"(《汉书·王褒传》引作"悽怆"。)

【凄恻】　qīcè　哀伤。江淹《别赋》："是以行子肠断，百感～～。"陆游《鹿头关过庞士元庙》诗："士元死千载，～～过遗祠。"也作"悽恻"。杜甫《别唐十五诫因寄礼部贾侍郎》诗："歌罢两～～，六龙忽蹉跎。"

【凄楚】　qīchǔ　凄凉悲哀。黄滔《送君南浦赋》："莫不撚嶰竹以～～，拨湘弦而激越。"沈和《赏花时·潇湘八景》曲："听山寺晚钟，声声～～。"也作"悽楚"。张缵《南征赋》："听寡鹤之偏鸣，闻孤鸿之慕侣。在客行而多思，独伤魂而～～。"

【凄怆】　qīchuàng　❶寒凉的样子。《论衡·道虚》："居月之旁，其寒～～。"❷凄凉悲伤。《论衡·变动》："《离骚》、《楚辞》～～，孰与一叹？"陆游《将离江陵》诗："《竹枝》本楚些，妙句寄～～。"(楚些：泛指楚地乐调和《楚辞》。)也作"悽怆"。《礼记·祭义》："霜露既降，君子履之，必有～～之心，非其寒之谓也。"❸凄惨。《论衡·恢国》："纣尸赴于火中，所见～～，非徒色之觳觫、袒之暴形也。"

【凄断】　qīduàn　言极度凄凉或伤心。晏几道《浣溪沙》词："午醉西桥夕未醒，雨花～～不堪听，归时应减鬓边青。"毛滂《烛影摇红·送会宗》词："老景萧条，送君归去添～～。"也作"悽断"。庾信《夜听捣衣》诗："风流响和韵，哀怨声～～。"

【凄洏】　qī'ér　悲伤流泪。李纲《次韵和渊明〈形赠影三首·形赠影〉》："常恐随物化，念此情～～。"也作"悽洏"。陶渊明《形赠影》诗："但馀平生物，举目情～～。"

【凄风】　qīfēng　❶寒风。《左传·昭公四年》："春无～～，秋无苦雨。"陆机《赠尚书郎顾彦先》诗之一："～～迕时序，苦雨遂成霖。"❷西南风。《吕氏春秋·有始》："西南曰～～。"

【凄紧】　qījǐn　形容寒风疾厉，寒气逼人。李白《北山独酌寄韦六》诗："川光昼昏凝，林气夕～～。"柳永《八声甘州》词："渐霜风～～，关河冷落，残照当楼。"

【凄厉】　qīlì　❶寒凉。陶渊明《咏贫士》之二："～～岁云暮，拥褐曝前轩。"苏轼《初秋寄子由》诗："西风忽～～，落日穿户牖。"❷悲凉惨淡。梁肃《送元锡赴举序》："自三闾大夫作《九歌》，于是有激楚之词流于后世，其音清越，其气～～。"洪迈《夷坚丙志·青城老泽》："日势薄晚，鸟鸣猿悲，境界～～。"

【凄戾】　qīlì　也作"凄唳"、"悽戾"。凄切悲凉。钟嵘《诗品》卷中："晋太尉刘琨、晋中郎卢谌诗，其源出于王粲，善为～～之词，自有清拔之气。"司空图《注愍征赋述》："瑶簧～～，羽磬玲珑。幽人啸月，杂珮敲风。"

【凄泪】　qīlì　寒凉。《汉书·孝武李夫人传》："秋气憯以～～兮，桂枝落而销亡。"

【凄凛】　qīlǐn　❶寒凉。苏轼《秋怀》诗之一："苦热念西风，常恐无来时。及兹遂～～，又作徂年悲。"❷寂寞冷落。方孝孺《题李白对月饮图》诗："江风吹人色～～，此时对月谁能寝。"

【凄迷】　qīmí　❶形容景物凄凉迷茫。陆游《夏中杂兴》诗之九："烟雨～～晚不收，疏簾曲几寄悠悠。"善住《送中上人归故里》诗："野花秋寂历，江草晚～～。"❷怅惘；迷惘。陆龟蒙《采药赋》："江仆射之孤灯向壁，不少～～。"郝经《营独山谷》诗："中夜几回还自惜，缺壶歌罢意～～。"

【凄凄】　qīqī　❶寒凉的样子。《诗经·郑风·风雨》："风雨～～，鸡鸣喈喈。"杜甫《出郭》诗："霜露晚～～，高天逐望低。"❷悲伤的样子。《楚辞·九章·悲回风》："涕泣交而

～～兮,思不眠而至曙。"王安石《勿去草》诗:"触目～～无故人,惟有芳草随草轮。"也作"悽悽"。谢灵运《道路忆山中》诗:"～～明月吹,恻恻《广陵散》。"❸通"萋萋"。茂盛的样子。无名氏《甘棠灵会录》:"春草～～春水绿,野棠开尽飘香玉。"

【凄其】 qīqí ❶寒凉的样子。其,词尾。《诗经·邶风·绿衣》:"絺兮綌兮,～～以风。"张养浩《长安孝子》诗:"退省百无有,满屋风～～。"❷伤感的样子。杜甫《晚登瀼上堂》诗:"～～望吕、葛,不复梦周、孔。"也作"悽其"。谢灵运《初发石首城》诗(《文选》本):"钦圣若旦暮,怀贤亦～～。"

【凄锵】 qīqiāng 象声词。有节奏的声响。沈约《乐将殚恩未已应诏》诗:"～～笙管遒,参差舞行乱。"黄滔《奉和翁文尧员外经过七林书堂见寄之什》:"定恐故园留不住,竹风松韵漫～～。"

【凄切】 qīqiè 凄凉悲切。《周书·王褒传》:"王褒曾作《燕歌行》,妙尽关塞寒苦之状,元帝及诸文士并和之,而竞为～～之词。"柳永《雨霖铃》词:"寒蝉～～,对长亭晚,骤雨初歇。"也作"悽切"。嵇康《与山巨源绝交书》:"吾新失母兄之欢,意常～～。"

【凄清】 qīqīng 寒凉。潘岳《秋兴赋》:"月朣胧以含光兮,露～～以凝冷。"杜甫《奉送二十三舅录事之摄郴州》诗:"郴州颇凉冷,橘井尚～～。"

【凄序】 qīxù 指秋天时节。庾信《和颍川公秋夜》:"泬寥空色远,叶黄～～变。"

栖(棲) 1. qī ❶鸟类停留、歇宿。杜甫《暮归》诗:"霜黄碧梧白鹤～,城上击柝复乌啼。"㊁停留,居住。《史记·伍子胥列传》:"越王勾践乃以馀兵五千人～于会稽之上。"陶渊明《丙辰岁八月中于下潠田舍获》诗:"遥谢荷蓧翁,聊得从君～。"❷栖息的地方。《论衡·辨祟》:"鸟有巢～,兽有窟穴,……犹人之有室宅楼台也。"郭璞《游仙》诗:"京华游侠窟,山林隐遁～。"❸床。古代坐卧之具。《孟子·万章上》:"二嫂使治朕～。"❹囤放,囤积。柳宗元《舜庙祈晴文》:"粢盛不害,馀粮可～。"宋祁《皇帝幸玉津园省敛颂》:"揉耒以识帝农之来,～粮而歌东户之泰。"

2. xī ❺见"栖遑"、"栖栖"、"栖屑"。

【栖泊】 qībó 停泊,栖身。高適《淇上酬薛三掾兼寄郭少府》诗:"酒肆或淹留,渔潭屡～～。"杜甫《客堂》诗:"～～云安县,消中内相毒。"(消中:病名。)

【栖薄】 qībó 栖憩,止宿。《水经注·鲍丘水》:"窟内有水,渊而不流,～～者取给焉。"谢灵运《登临海峤初发彊中作与从弟惠连见羊何共和之》:"日落当～～,系缆临江楼。"戴良《同子充濬仲游北山夜宿觉慈院》诗:"佛庐既～～,僧榻聊息偃。"

【栖迟】 qīchí ❶游玩休憩。《诗经·陈风·衡门》:"衡门之下,可以～～。"《后汉书·张衡传》:"淹～～以恣欲兮,耀灵忽其西藏。"(耀灵:指太阳。)❷淹留,隐遁。《后汉书·冯衍传下》:"久～～于小官,不得舒其所怀。"《晋书·简文帝纪》:"～～丘壑,徇匹夫之洁而忘兼济之大邪?"❸飘泊失意。杜甫《移居公安敬赠卫大郎》诗:"白头供宴语,乌几伴～～。"李贺《致酒行》:"零落～～一杯酒,主人奉觞客长寿。"❹耗散,遗弃。《荀子·王制》:"货财粟米者,彼将日日～～薛越之中野,我今将畜积并聚之于仓廪。"(薛越:糟蹋。)《三国志·魏书·臧洪传》:"谋计～～,丧忠孝之名;杖策携背,亏交友之分。"❺延续。《淮南子·俶真训》:"是故治而不能和下,～～至于昆吾、夏后之世。"

【栖遁】 qīdùn 隐居。《南史·虞寄传》:"性冲静,有～～志。"杜甫《发同谷县》诗:"平生懒拙意,偶值～～迹。"

【栖神】 qīshén ❶道家存养真性、保其元神的修炼之术。陶弘景《真诰·运象二》:"为道者常渊淡以独处,每～～以游闲。"《晋书·阮籍传》:"籍尝于苏门山遇孙登,与商略终古及～～导气之术。"❷佛教徒闭目静坐、使心定于一处的修行方法。慧皎《高僧传·习禅·帛僧光》:"光于南山见石室,乃止其中,安禅合掌,以为～～之处。"❸死后安息。《水经注·汝水》:"左右深松列植,筠柏交荫,尹公度之所～～处也。"《宋史·陈尧佐传》:"[尧佐]自志其墓曰:'寿八十一不为夭,官一品不为贱……粗可归息于父母～～之域矣。'"

【栖托】 qītuō 栖身,寄托。《宋书·谢灵运传》:"企山阳之游践,迟鸾鹥之～～。"罗隐《秋寄张坤》诗:"未知～～处,空羡圣明朝。"

【栖约】 qīyuē 安于俭约。任昉《为萧扬州荐士表》:"前晋安郡候官令东海王僧孺,……理尚～～,思致恬敏。"

【栖真】 qīzhēn 道家以本性、本原为"真"。存养真性,返其本元为"栖真"。陶弘景《真诰·运象二》:"宗道者贵无邪,～～者安恬愉。"《晋书·葛洪传》:"游德～～,超然事外。"

【栖跱】 qīzhì 伫立栖息。祢衡《鹦鹉赋》:

"故其嬉游高峻，～～幽深，飞不妄集，翔必择林。"

【栖遑】 xīhuáng ❶奔忙不定。《魏书·太祖纪》："虽冠履不暇，～～外土，而制作经谟，咸存长世。"陆机《演连珠》："德表生民，不能救～～之辱。"❷孤独窘迫。卢照邻《释疾文》："盖作《易》者其有忧患乎？删《书》者其有～～乎？"杜甫《秦州见敕目……兼述索居》诗："～～分半菽，浩荡逐流萍。"

【栖栖】 xīxī ❶忙碌而不能安居的样子。《论衡·语增》："若孔子～～，周流应聘，身不得容，道不得行。"《后汉书·徐穉传》："大树将颠，非一绳所维，何为～～不遑宁处？"❷孤寂零落的样子。白居易《胶漆契》诗："陋巷饥寒士，出门甚～～。"范成大《潺陵》诗："春草亦已瘦，～～晚花少。"

【栖屑】 xīxiè 往来奔波的样子。《北史·裴骏传》："但京师辽远，实惮于～～耳。"杜甫《咏怀》之一："疲苶苟怀策，～～无所施。"

桤(榿) qī 树名。落叶乔木。杜甫《堂成》诗："～林碍日吟风叶，笼竹和烟滴露梢。"

郪 qī ❶古县名。西汉置，因郪江得名。晋废。隋又置。唐为梓州治所。故址在今四川三台县南。《三国志·蜀书·李严传》："马秦、高胜等起事于～。"❷水名。郪江。在四川境内。

蚚 qī 虫名。米中小黑甲虫。《尔雅·释虫》："强，～。"

倛(頬、魌) qī 古代驱除疫鬼时用的面具，状狰狞丑恶。也叫"倛头"。《荀子·非相》："仲尼之状，面如蒙～。"《慎子·威德》："毛嫱、西施，天下之至姣也，衣之以皮～，则见者皆走。"

【倛丑】 qīchǒu 古代祈雨时用的状如鬼怪的土偶。喻丑恶的人。《淮南子·精神训》："是故视珍宝珠玉，犹石砾也。……视毛嫱西施，犹～～也。"

【倛头】 qītóu 古代驱除疫鬼时扮神的人所戴的面具，状狰狞丑恶。《周礼·夏官·方相氏》"掌蒙熊皮"郑玄注："冒熊皮者，以惊驱疫疠之鬼，如今～～也。"后也指凶神。汪价《三侬赘人广自序》："伯有、彭生，断不我厉，我岂畏～～恶刹者耶？"

悽 qī ❶悲伤。《后汉书·东平宪王苍传》："帝临送归宫，～然怀思。"杜甫《赠王二十四侍御契四十韵》："会面嗟黧黑，含～话苦辛。"❷寒冷。刘桢《赠从弟》诗："冰霜正惨～，终岁常端正。"

【悽怆】 qīcāng 见"凄沧"。

【悽恻】 qīcè 见"凄恻"。

【悽楚】 qīchǔ 见"凄楚"。

【悽怆】 qīchuàng 见"凄怆②"。

【悽断】 qīduàn 见"凄断"。

【悽洏】 qī'ér 见"凄洏"。

【悽厉】 qīlì 形容声音悲伤而尖锐。《世说新语·言语》："帝因诵庾仲初诗曰：'志士痛朝危，忠臣哀主辱。'声甚～～。"

【悽戾】 qīlì 见"凄戾"。

【悽悽】 qīqī ❶悲伤的样子。见"凄凄②"。❷不能安居的样子。《三国志·魏书·文帝纪》："昔仲尼资大圣之才，怀帝王之器，当衰周之末，无受命之运，在鲁、卫之朝，教化乎洙泗之上，～～焉，惶惶焉，欲屈己以存道，贬身以救世。"❸饥病的样子。《后汉书·申屠蟠传》："～～硕人，陵阿穷退。"

【悽其】 qīqí 见"凄其"。

【悽切】 qīqiè 见"凄切"。

【悽惘】 qīwǎng 伤感怅惘，若有所失。《世说新语·言语》："将别，既自～～，叹曰：'江山辽落，居然有万里之势。'"

萋 qī ❶草木茂盛的样子。《诗经·小雅·杕杜》："卉木～止，女心悲止。"《汉书·孝成班倢伃传》："华殿尘兮玉阶苔，中庭～兮绿草生。"❷文采交错的样子。见"萋斐"。

【萋斐】 qīfěi 《诗经·小雅·巷伯》："萋兮斐兮，成是贝锦；彼谮人者，亦已大甚。""萋斐"本是文采交错的样子，后用以比喻谗毁。《梁书·刘孝绰传》："兼逢匿怨之友，遂居司隶之官，交构是非，遂成～～。"刘昼《新论·伤谗》："吞决之情深，则～～之辞作。"

【萋迷】 qīmí 形容景物模糊迷茫。苏轼《西太一见王荆公旧诗偶次其韵》之二："闻道乌衣巷口，而今烟草～～。"

【萋萋】 qīqī ❶草木茂盛的样子。《楚辞·招隐士》："王孙游兮不归，春草生兮～～。"崔颢《黄鹤楼》诗："晴川历历汉阳树，芳草～～鹦鹉洲。"❷云气盛的样子。《诗经·小雅·大田》："有渰～～，兴雨祈祈。"❸华丽的样子。潘岳《藉田赋》："袭春服之～～兮，接游车之辚辚。"王俭《褚渊碑文》："眇眇玄宗，～～辞翰，义既川流，文亦雾散。"

桼 qī "漆"的本字。❶漆树。也指漆。《汉书·货殖传》："陈、夏千亩～。"又《贾山传》："冶铜锢其内，～涂其外。"❷黑色。马王堆汉墓帛书《老子甲本》及卷后古佚书："台室则崇高，污池则广深，其所以饬之者，有以丹、～、青、黄、银、玉。"❸通

"七"。扬雄《太玄经·摛》:"运诸～政。"范望注:"～政,日、月、五星也。"❹姓。

戚[1] 1. qī ❶古兵器名。大斧。《诗经·大雅·公刘》:"弓矢斯张,干戈～扬。"《韩非子·五蠹》:"乃修教三年,执干～舞,有苗乃服。"❷忧,忧伤。《战国策·赵策二》:"狂夫之乐,知者哀焉;愚者之笑,贤者～焉。"《后汉书·赵咨传》:"故其生也不为娱,亡也不知～。"又《皇甫规传》:"前变未远,臣诚～之。是以越职,尽其区区。"❸愤恚,愤怒。《礼记·檀弓下》:"舞斯愠,愠斯～。"❹亲,亲近。《列子·力命》:"管夷吾、鲍叔牙二人相友甚～。"㊀亲属。《管子·七法》:"世主所贵者,宝也;所亲者,～也;所爱者,民也。"《后汉书·李固传》:"今梁氏～为椒房,礼所不臣。"(椒房:代指皇后。)❺古地名。春秋卫邑。故址在今河南濮阳县北。《左传·文公元年》:"晋师围～。"

2. cù ❻通"促"。疾速。见"戚速"。❼通"促"。窘迫。王闿运《胡公祠碑》:"而以一旅之众,迫～数里之地。"

【戚促】 qīcù 窘迫,迫促。李白《空城雀》诗:"嗷嗷空城雀,身计何～～。"范成大《春前十日作》诗:"终朝～～成何事,今古纷纷一窖尘。"

【戚醮】 qījiào 烦恼。《庄子·盗跖》:"财积而无用,服膺而不舍,满心～～,求益而不止,可谓忧矣。"

【戚旧】 qījiù 亲戚故旧。《宋书·袁淑传》:"足以安民纾国,救灾恤患,则宜拔过宠贵之上,褒升～～之右。"《魏书·李栗传》:"时王业草创,爪牙心腹多任亲近,唯栗一介远寄,兼非～～。"

【戚里】 qīlǐ ❶帝王外戚聚居的地方。《汉书·石奋传》:"高祖召其姊为美人,以奋为中涓,受书谒,徙其家长安中～～。"后因借指外戚。《后汉书·张霸传》:"霸贵知止,辞交～～。"《宋史·高若讷传》:"因缘～～得官。"❷泛指亲戚邻里。《聊斋志异·婴宁》:"设鹘突官宰,必逮妇女质公堂,我儿何颜见～～?"

【戚戚】 qīqī ❶相亲的样子。《诗经·大雅·行苇》:"～～兄弟,莫远具迩。"曹植《求通亲亲表》:"退省诸王,常有～～具尔之心。"❷忧惧的样子。《汉书·扬雄传上》:"不汲汲于富贵,不～～于贫贱。"杜甫《严氏溪放歌》:"况我飘转无定所,终日～～忍羁旅。"❸心动的样子。《孟子·梁惠王上》:"夫子言之,于我心有～～焉。"

【戚施】 qīshī ❶佝偻,驼背。《诗经·邶风·新台》:"燕婉之求,得此～～。"《盐铁论·殊路》:"故良师不能饰～～,香泽不能化嫫母也。"❷比喻谄谀献媚的人。《论衡·累害》:"～～弥妒,蘧除多佞。"(蘧除:同"籧篨"。喻看人脸色行事的人。)李康《运命论》:"凡希世苟合之士,蘧蒢～～之人,俛仰尊贵之颜,逶迤势利之间。"

【戚属】 qīshǔ 亲属。贾谊《新书·六术》:"人之～～,以六为法。"《三国志·魏书·陈留王奂纪》:"伏惟燕王体尊～～,正位藩服。"

【戚畹】 qīwǎn 外戚。俞文豹《吹剑四录》:"汉之天下,弊于～～。"《宋史·李处耘传》:"处耘于创业之始,功参缔构,……幸联～～之贵,秉旄继世。"

【戚扭】 qīzhǒu 破败,破烂。扬雄《太玄经·礼》:"次八,冠～～,履全履。"

【戚速】 cùsù 疾速。《周礼·考工记序》:"凡察车之道,欲其朴(bú)属而微至。……不微至,无以为～～也。"(朴属:附着。微至:车轮正圆,着地处少。)

戚[2](慼、慽) qī ❶忧,忧伤。《左传·僖公五年》:"无丧而～,忧必雠焉。"(雠:应验。)杜甫《催宗文树鸡栅》诗:"不昧风雨晨,乱离减忧～。"❷通"戚[1]"。亲戚。《隶释·小黄门谯敏碑》:"寮朋亲～,莫不失声。"

【戚戚】 qīqī 忧虑的样子。谢灵运《游南亭》诗:"～～感物叹,星星白发垂。"韦应物《送杨氏女》诗:"永日方～～,出门复悠悠。"

娸 qī 诋毁,丑化。《汉书·枚乘传》:"故其赋有诋～东方朔,又自诋～。"又《叙传下》:"安昌货殖,朱云作～。"

緀(緀) qī 帛上文采交错的样子。《说文·糸部》:"～,帛文貌。《诗》曰:'～兮斐兮,成是贝锦。'"(按:今《诗经·小雅·巷伯》作"萋"。)

期 1. qī ❶规定的时日,期限。《诗经·卫风·氓》:"匪我愆～,子无良媒。"又《王风·君子于役》:"君子于役,不知其～。"❷极,限度。《诗经·小雅·白驹》:"尔公尔侯,逸豫无～。"苏轼《渔父四首》之一:"酒无多少醉为～,彼此不论钱数。"❸约定时日。《左传·僖公二十三年》:"～,期而不至,无赦。"《史记·周本纪》:"楚围雍氏,～三月也,今五月不能拔,是楚病也。"㊀约会,邀约。《诗经·鄘风·桑中》:"～我乎桑中,要我乎上宫。"《史记·周本纪》:"不～而会盟津者八百诸侯。"❹期望,要求。《管子·立政》:"期而致,使而往,百姓舍己以上为心者,教之所～也。"魏源《默觚》:"履不必同,～于适足;治不必同,～于利民。"❺等待,待命。《左传·昭公二十三年》："叔孙旦而立，～焉。"《孙子·行军》："奔走而陈兵车者，～也。"⑦待，对待。王绩《答刺史杜之松书》："兄弟以俗外相～，乡闾以狂生见待。"❻气运，气数。《晋书·宣帝纪》："宣皇以天挺之姿，应～佐命。"《南史·王茂传论》："若非天人启～，岂得若斯之速乎？"

2. jī ❼同"朞"、"稘"。一周年。《论语·阳货》："旧谷既没，新谷既升，钻燧改火，～可已矣。"《周易·系辞上》："凡三百有六十，当～之日。"❽古代的一种丧服，即"期服"的简称。也指穿这种丧服服丧。《墨子·公孟》："伯父、叔父、兄弟，～。"李密《陈情表》："外无～功强近之亲，内无应门五尺之僮。"（功：指大功和小功。大功服丧九月，小功服丧五月。）❾语气词。《诗经·小雅·頍弁》："有頍者弁，实为何～？"

【期度】 qīdù 一定的法度，限度。《汉书·霍光传》："而（妻）显及诸女，昼夜出入长信宫殿中，亡～～。"《后汉书·济南安王康传》："出入进止，宜有～～。"

【期会】 qīhuì ❶约期聚集。《汉书·高帝纪下》："与齐王信、魏相国越～～击楚，至固陵，不会。"❷按规定的期限施行政令。《史记·货殖列传》："故待农而食之，虞而出之，工而成之，商而通之。此宁有政教发征～～哉？"《汉书·王吉传》："其务在于～～簿书，断狱听讼而已，此非太平之基也。"

【期节】 qījié 期限，寿限。《论衡·无形》："体气与形骸相抱，生死与～～相须。"

【期期】 qīqī 形容口吃，说话蹇涩。《汉书·周昌传》："而昌庭争之强，上问其说，昌为人吃，又盛怒，曰：'臣口不能言，然臣～～知其不可。陛下欲废太子，臣～～不奉诏。'"

【期日】 qīrì 约定的日数、日期。《周礼·地官·山虞》："令万民时斩材，有～～。"《礼记·曾子问》："如将冠子而未及～～，而有齐衰、大功、小功之丧，则因丧服而冠。"

【期数】 qīshù 气数，运数。《论衡·偶会》："非僮谣致斗竞，鸜鹆招君恶也，～～自至，人行偶合也。"《后汉书·冯异等传论》："昔高祖忌柏人之名，违之以全福；征南恶彭亡之地，留之以生灾。岂几虑自有明惑，将～～使之然乎？"（柏人、彭亡：皆地名。）

【期要】 qīyāo ❶约定的事情。《三国志·魏书·毌丘俭传》注引文钦《与郭淮书》："夫当仁不让，况救君之难，度道远艰，故不果～～耳。"❷约定的日期。《唐律疏议·户婚·违律为婚》："即应为婚虽已纳娉，～～未至而强娶，及～～至而女家故违者，各杖一百。"

【期颐】 qīyí 称百岁之寿。人生以百年为极，故曰期；百岁之人生活起居须人养护，故曰颐。《礼记·曲礼上》："百年曰～～。"《三国志·魏书·管宁传》注引皇甫谧《高士传》："舍足于不损之地，居身于独立之处，延年历百，寿越～～。"

【期运】 qīyùn 运数，气数。《三国志·魏书·文昭甄皇后传》："大魏～～，继于有虞，然崇弘帝道，三世弥隆，庙祧之数，实与周同。"《晋书·羊祜传》："夫～～虽天所授，而功业必由人所成。"

【期服】 jīfú 丧服名。即齐衰一年之服。旧制，凡长辈如祖父母、伯叔父母、在室姑等之丧，平辈如兄弟、姊妹、妻之丧，小辈如侄、嫡孙等之丧，均服之。又子之丧，其父反服，也为期服。此外，如已嫁之女为祖父母、父母服丧，也服期服。服者用杖（丧礼中所执的）称"杖期"，不用杖称"不杖期"。

【期月】 jīyuè 也作"朞月"。❶一整月。《礼记·中庸》："择乎中庸，而不能～～守也。"《后汉书·耿纯传》："～～之间，兄弟称王。"❷一整年。《论语·子路》："苟有用我者，～～而已可也，三年有成。"《后汉书·左雄传》："观政于亭传，责成于～～。"

【期朝】 jīzhāo 一昼夜。《礼记·内则》："渍，取牛肉必新杀者，薄切之，必绝其理，湛诸美酒，～～而食之以醢若醷。"

欺 qī ❶骗，欺诈。《后汉书·隗嚣传》："鍉不濡血，歃不入口，是～神明也。"苏舜钦《杜公求退第一表》："伏念臣才虽至下，性本不～。"❷欺负，欺凌。柳宗元《哭连州凌员外司马》诗："废逐人所弃，遂为鬼神～。"杜甫《茅屋为秋风所破歌》："南村群童～我老无力，忍能对面为盗贼，公然抱茅入竹去。"❸压倒，胜过。杜牧《张好好诗》："飘然集仙客，讽赋～相如。"丘为《同咏左掖梨花》："冷艳全～雪，馀香乍入衣。"⑦遮掩。陆龟蒙《奉和袭美太湖诗·明月湾》："见说秋半夜，净无云物～。"❹通"䫏"。貌丑。见"欺魄"、"欺䫏"。

【欺绐】 qīdài 欺哄。《汉书·韩延寿传》："推其至诚，吏民不忍～～。"也作"欺诒"。《列子·黄帝》："既而狎侮～～，挡㧑挨扰，亡所不为。"（挡、㧑、挨、扰：捶打撞击之意。）

【欺诞】 qīdàn 以虚夸骗人。《后汉书·南匈奴传》:"今北匈奴见南单于来附,惧谋其国,故数乞和亲,又远驱牛马,与汉合市,重遣名王,多所贡献,斯皆外示富强,以相～～也。"

【欺负】 qīfù 欺诈背弃。《汉书·韩延寿传》:"接待下吏,恩施甚厚而约誓明。或～～之者,延寿痛自刻责:'岂其负之,何以至此?'"后多用为欺凌侮辱的意思。

【欺诳】 qīkuáng 欺骗蒙蔽。《尚书·无逸》"民无或胥诪张为幻"孔传:"君臣以道相正,故下民无有相～～幻惑也。"《颜氏家训·归心》:"俗之谤者大抵有五:其一以世界外事及神化无方为迂诞也;其二以吉凶祸福或未报应为～～也。"

【欺谩】 qīmán 欺骗蒙蔽。《史记·魏其武安侯列传》:"于是上使御史簿责魏其所言灌夫,颇不雠,～～。"《汉书·宣帝纪》:"上计簿,具文而已,务为～～,以避其课。"

【欺昧】 qīmèi 欺侮蒙蔽。贾谊《新书·先醒》:"当是时也,周室坏微,天子失制,宋、郑无道,～～诸侯。"

【欺魄】 qīpò 古代祈雨时用的状如鬼怪的土偶。《列子·仲尼》:"见南郭子,果若～～焉,而不可与接。"王安石《再用前韵寄蔡天启》:"始见类～～,寒暄粗酬接。"

【欺罔】 qīwǎng 欺骗蒙蔽。《后汉书·安帝纪》:"三司之职,内外是监,既不奏闻,又无举正。天灾至重,～～罪大。"《南史·朱异传》:"贪财冒贿,～～视听。"

【欺诬】 qīwū 犹"欺罔"。欺骗蒙蔽。《汉书·李寻传》:"日初出时,阴云邪气起者,法为牵于女谒,有所畏难;……日中,为大臣～～。"《后汉书·王符传》:"而欲任其私智,窃弄君威,反戾天地,～～神明。"

【欺猑】 qīxǐ 丑恶的样子。王延寿《鲁灵光殿赋》:"仡～～以雕眈,顣颔颡而睽睢。"(顣颔颡:大首深目的样子。)

攲 1. qī ❶斜,倾侧。陆贾《新语·怀虑》:"故管仲相桓公,诎节事君,专心一意,身无境外之交,心无～斜之虑。"元结《右溪记》:"～嵌盘屈,不可名状。"

2. yǐ ❷通"倚"。靠。苏轼《七月二十四日以久不雨出祷磻溪……》诗:"龛灯明灭欲三更,～枕无人梦自惊。"赵长卿《花心动·荷花》词:"半敛半开,斜立斜～,好似困娇无力。"

攱 1. qī ❶同"攲"。斜,倾侧。杜甫《奉先刘少府新画山水障歌》:"沧浪水深青溟阔,～岸侧岛秋毫末。"苏轼《上韩魏公论场务书》:"其势不足以久安,未可以随～而拄,随坏而补也。"

2. yī ❷同"猗"。叹词。见《玉篇·欠部》。

3. yǐ ❸通"倚"。杜甫《过南邻朱山人水亭》诗:"幽花～满树,小水细通池。"胡曾《妾薄命》诗:"～枕夜悲金屋雨,卷簾朝泣玉楼云。"

【攱侧】 qīcè 也作"攲侧"。倾斜。杜甫《阆水歌》:"巴童荡桨～～过,水鸡衔鱼来去飞。"又《过南岳入洞庭湖》诗:"～～风帆满,微冥水驿孤。"

【攱器】 qīqì 也作"攲器"。倾斜易覆之器。又叫宥坐器。其器注满则倒,空则侧,不多不少则正。饮酒时置于座右,提醒人不要过与不及。《荀子·宥坐》:"孔子观于鲁桓公之庙,有～～焉。……此盖为宥坐之器。"

【攱倾】 qīqīng 也作"攲倾"。倾斜。王延寿《鲁灵光殿赋》:"连拳偃蹇,崘菌踡嵼,傍～～兮。"(连拳、偃蹇、崘菌、踡嵼:皆屈曲、高大、险峻的样子。)杜甫《同元使君舂陵行》诗:"作诗呻吟内,墨淡字～～。"

【攱午】 qīwǔ 指太阳偏西。王之道《和因老游水寨府治东轩》诗:"我来与公偕,檠礴日～～。"

郪 1. qī ❶古地名。春秋齐邑。故址在今山东邹城市境内。《说文·邑部》:"～,齐地也。"

2. xī ❷同"厀"。膝。《史记·范雎蔡泽列传》:"～行蒲伏,稽首肉袒。"

漆 1. qī ❶古水名。漆水。源出陕西铜川县,西南流至耀州,与沮水会合,东南流入渭水。《尚书·禹贡》:"又东过～、沮,入于河。"❷树名。漆树。《诗经·鄘风·定之方中》:"树之榛栗,椅桐梓～。"㊂漆树树脂制成的涂料。《尚书·禹贡》:"厥贡～、丝,厥篚织文。"❸涂漆。《礼记·檀弓上》:"君即位而为椑,岁壹～之,藏焉。"《战国策·秦策三》:"～身而为厉,被发而为狂,不足以为臣耻。"(厉:癞。)❹黑色。《周礼·春官·巾车》:"～车藩蔽,豻複雀饰。"㊂染黑。杨孚《异物志》:"西屠国,在海水(外),以草～齿,用白作黑。"❺古地名。1)春秋邑名。故址在今山东邹城市境内。《左传·襄公二十一年》:"邾庶其以～、闾来奔。"2)汉县名。故址在今陕西彬县。《后汉书·李育传》:"李育字元春,扶风～人也。"❻通"七"。《墨子·贵义》:"昔者周公旦朝读书百篇,夕见～十士。"《岱岳观碑·晁自揣题记》:"奉敕于此东岳设金箓宝斋河图大醮～日。"

2. qiè ❼见"漆漆"。

【漆宅】 qīzhái 涂漆的棺材。陶穀《清异录·丧葬》："予尝临外氏之丧，正见漆工之髹裹凶器，予因言：棺椁甚如法。漆工曰：七郎中随身富贵，只赢得一座～～。"

【漆宫沙府】 qīgōngshāfǔ 指棺椁墓穴。漆宫，指涂漆的棺椁；沙府，指铺沙的墓穴。陶穀《清异录·丧葬》："苏司空禹珪薨，百官致祭，侍御史何登撰版文曰：漆宫永闷，沙府告成。"

【漆漆】 qièqiè 庄重恭谨的样子。《礼记·祭义》："子赣问曰：'子之言祭，济济～～然；今子之祭，无济济～～，何也？'子曰：'济济者，容也，远也；～～者，容也，自反也。'"

僛 qī 见"僛丑"、"僛僛"。

【僛丑】 qīchǒu 丑陋。庾信《竹杖赋》："是以忧干扶疏，悲条郁结，宿昔～～，俄然耆耋。"昭梿《啸亭杂录·书剑侠事》："所招徕者，皆峨冠奇服、相貌～～之辈。"

【僛僛】 qīqī ❶醉舞欹斜的样子。《诗经·小雅·宾之初筵》："宾既醉止，载号载呶。乱我笾豆，屡舞～～。"❷轻盈摇曳的样子。王安石《春雨》诗："城云如梦柳～～，野水横来强满池。"

踦 1. qī ❶一只脚。《管子·侈靡》："其狱，一～腓一～屦而当死。"[引]脚跛。《易林·归妹之睽》："兔跛鹿～，缘山坠堕。"❷偏，偏重一面。《韩非子·亡徵》："夫两尧不能相王，两桀不能相亡，亡王之机，必其治乱、其强弱相～也。"又《八经》："大臣两重，提衡而不～曰卷祸。"❸不足。扬雄《太玄经·莹》："或赢或～。"《元史·合刺普华传》："量之～赢，出于元降。"

2. jī ❹通"奇"。数奇。指事情不顺，运气不好。《汉书·段会宗传》："愿吾子因循旧贯，毋求其功，终更亟还，亦足以复雁门之～。"[又]单只。贾谊《新书·谕诚》："楚国虽贫，岂爱一～屦哉？"

3. jǐ ❺足胫。元稹《蜘蛛诗》序："巴蜘蛛，大而毒。其甚者，身运数寸，而～长数倍其身。"

4. yǐ ❻触，抵住。《庄子·养生主》："足之所履，膝之所～。"❼倚，靠。《公羊传·成公二年》："二大夫出，相与～闾而语。"[引]依据。《大戴礼记·子张入问官》："已过勿发，失言勿～。"

5. qí ❽见"踦跂"。

【踦跂】 qīqí 脚跛，行走不便。也指跛者。《国语·鲁语下》："使叔孙豹悉帅敝赋，～～毕行，无有处人，以从军吏。"

【踦校】 qīqiāo 残缺。校，通"骹"，器物的脚。《论衡·实知》："如知一不通二，达左不见右，偏驳不纯，～～不具，非所谓圣也。"

【踦岖】 qíqū 见"崎岖"。

觭 1. qī ❶角一低一昂的样子。《尔雅·释畜》："角一俯一仰，～。"[引]偏向一面。《战国策·赵策四》："齐、秦非复合也，必有～重者矣。"

2. jī ❷通"奇"。1）单数。《庄子·天下》："以坚白同异之辩相訾，以～偶不仵之辞相应。"2）单一。《汉书·五行志中之下》："遂要崤阸以败秦师，匹马～轮无反者。"❸（jǐ）通"掎"。得，所得。见"觭梦"。

【觭梦】 jīmèng（又读 jǐmèng） 殷人占梦之法。据梦之所得以占梦。《周礼·春官·大卜》："掌三梦之法：一曰致梦，二曰～～，三曰咸陟。"

钀（鏚） qī 古代兵器名。斧类。《左传·昭公十五年》："其后襄之二路，～钺、秬鬯，彤弓、虎贲，文公受之。"（襄：周襄王。二路：大路、戎路。路，车。秬，黑黍。鬯：香酒。）《隋书·李德林传》："虽时属大道，偃兵舞～。"

螆（蠀） qī 蟾蜍的别名。《集韵·锡韵》："～，虫名，蟾蜍也。"

蹊 qī 见 xī。

亓 qí ❶"其"的古字。《墨子·公孟》："夫知者必量～力所能至而从事焉。"❷姓。

示 1. qí ❶地神。《周礼·春官·大宗伯》："大宗伯之职，掌建邦之天神、人鬼、地～之礼。"又《春官·大司乐》："以六律、六同、五声、八音、六舞、大合乐，以致鬼、神、～，以和邦国，以谐万民。"

2. shí ❷姓。《史记·晋世家》："饿人，～眯明也。"

齐（齊） 1. qí ❶整齐，一致。《孙膑兵法·威王问》："威王曰：'地平卒～，合而北者，何也？'"《荀子·议兵》："民～者强。"[又]一齐，一同。《左传·昭公二十一年》："用少莫如～致死，～致死莫如去备。"❷相等，相同。《荀子·王制》："势～则不壹，众～则不使。"《后汉书·明德马皇后纪》："圣人设教，各有其方，知人情性莫能～也。"[又]平，高低一样。周邦彦《夜飞鹊》词："兔葵燕麦，向斜阳，影与人～。"❸整治。《礼记·大学》："欲治其国者，先～其家；欲～其家者，先修其身。"[又]戒敕。《尚书·洛诰》："予～百工，伻从王于周。"❹全，齐全。《史记·平准书》："民不～出于南亩。"韩翃《送客之潞府》诗："佳期别在春山里，应是人参五叶～。”❺疾速，敏捷。《商君书·弱民》：“～疾而均，速若飘风。”《荀子·臣道》：“应卒遇变，～给如响。”❻限，定限。《列子·杨朱》：“百年，寿之大～。”《晋书·羊琇传》：“琇性豪侈，费用无复～限。”㊀限制。仲长统《昌言下》：“情无所止，礼为之俭；欲无所～，法为之防。”❼辨别，分辨。《周易·系辞上》：“～小大者存乎卦。”❽肚脐。后作“脐”。《左传·庄公六年》：“若不早图，后君噬～，其及图之乎？”㊀中，中央。《列子·黄帝》：“华胥氏之国，不知斯～国几千万里。”（斯：离。）㊁漩涡。《庄子·达生》：“与～俱入，与汩偕出。”❾国名。周代诸侯国。战国时为七雄之一，故址在今山东北部。❿朝代名。1）南朝萧道成所建，史称“南齐（公元479—502年）”。2）北朝高洋所建，史称“北齐（公元550—577年）”。

2. jī ⓫升起，登。后作“跻”。《礼记·乐记》：“地气上～，天气下降。”嵇喜《答嵇康诗》之四：“永思伊何？思～大仪。”⓬酱菜。后作“齑”。《周礼·天官·醢人》：“掌共五～七菹。”

3. jì ⓭调配。后作“剂”。《韩非子·定法》：“夫匠者手巧也，而医者～药也。”㊀调味品。《礼记·少仪》：“凡～，执之以右，居之以左。”㊀药剂。《韩非子·喻老》：“扁鹊曰：‘在肠胃，火～之所及也。’”⓮份量，剂量。《吕氏春秋·本味》：“调和之事，必以甘酸苦辛咸，先后多少，其～甚微。”㊀特指合金配料比例。《周礼·考工记·辀人》：“金有六～：六分其金而锡居一，谓之钟鼎之～。”

4. jiǎn ⓯断，剪断。《仪礼·既夕礼》：“马不～髦。”

5. zhāi ⓰整洁身心，以示虔敬。后作“斋”。《汉书·高帝纪上》：“于是汉王～戒设坛场。”《论衡·吉验》：“乃与巴姬埋璧于太室之庭，令五子～而入拜。”㊀庄重，肃敬。《诗经·大雅·思齐》：“思～大任，文王之母。”《论语·乡党》：“虽疏食菜羹，瓜祭，必～如也。”

6. zī ⓱衣的下摆。《论语·乡党》：“摄～升堂，鞠躬如也，屏气似不息者。”《礼记·曲礼上》：“两手抠衣去～尺。”㊀将丧服下部的边折转缝起来。《仪礼·丧服》：“若～，裳内衰外。”⓲通“粢”。用于祭祀的谷物。见“齐盛”、“齐明”。

【齐娥】 qí'é 齐后，善歌。陆机《吴趋行》：“楚妃且勿叹，～～且莫讴。”后遂以“齐娥”为歌女的通称。杨师道《咏琴》：“～～初发弄，赵女正调声。”

【齐给】 qíjǐ ❶迅速敏捷。《荀子·性恶》：“～～便敏而无类，杂能旁魄而无用。”（旁魄：旁薄。广博，宏伟。）❷整饬完备。《国语·周语下》：“外内～～，敬也。”

【齐鲁】 qílǔ 齐、鲁有太公、周公的遗风，又是孔子、孟子降生的地方，儒家文化的发源地，后世遂以“齐鲁”指文化兴盛之地。苏辙《送排保甲陈祐甫》诗：“我生本西南，为学慕～～。”吴伟业《赠苍雪》诗：“洱水与苍山，佛教之～～。”

【齐眉】 qíméi 比喻夫妇相敬相爱。李白《窜夜郎于乌江留别宗十六璟》诗：“我非东床人，令姊忝～～。”

【齐民】 qímín 平民。《史记·平准书》：“汉兴，接秦之弊，……作业剧而财匮，自天子不能具钧驷，而将相或乘牛车，～～无藏盖。”《汉书·食货志下》：“世家子弟富人，或斗鸡走狗马，弋猎博戏，乱～～。”

【齐明】 qímíng 中正明智。《国语·周语上》：“国之将兴，其君～～、衷正、精洁、惠和。”《荀子·修身》：“～～而不竭，圣人也。”

【齐年】 qínián 同年登科。《南史·颜延之传》：“唯袁淑年倍小延之，不相推重。延之忿于众中折之曰：‘昔陈元方与孔元骏～～文学，元骏拜元方于床下，今君何得不见拜？’”《旧唐书·武元衡传》：“始元衡与吉甫～～，又同日为宰相。”

【齐女】 qínǚ 蝉的别名。崔豹《古今注·问答释义》：“牛亨问曰：‘蝉名～～者何？’答曰：‘齐王后忿而死，尸变为蝉，登庭树，嘒唳而鸣。王悔恨。故世名蝉曰～～也。’”

【齐齐】 qíqí 恭敬、整肃的样子。《礼记·玉藻》：“庙中～～，朝廷济济翔翔。”又《祭义》：“～～乎其敬也，愉愉乎其忠也。”

【齐契】 qíqì 心意相同，彼此投合。《晋书·桓温传》：“岂不允应灵休，天人～～。”也指心意相同、彼此投合的友人。桑世昌《兰亭考》引王羲之诗：“乃携～～，散怀一丘。”

【齐圣】 qíshèng 聪明圣哲。《诗经·小雅·小宛》：“人之～～，饮酒温克。”《左传·文公二年》：“子虽～～，不先父食久矣。”

【齐诗】 qíshī 《诗经》今文学派之一。汉初齐人辕固生所传。后传于夏侯始昌、后苍、翼奉、萧望之、匡衡、伏黯等。至三国魏时即已亡佚。《汉书·艺文志》有《齐后氏故》二十卷、《齐孙氏故》二十七卷、《齐后氏传》三十九卷、《齐孙氏传》二十八卷、《齐杂记》十八卷等，今皆不传。清人陈乔枞辑有《齐诗遗说考》。

【齐肃】 qísù 迅速敏捷。《左传·昭公十三年》:"从善如流,下善～～。"

【齐土】 qítǔ 中土。《列子·杨朱》:"虽殊方偏国,非～～之所产育者,无不必致之。"《北史·慕容白曜传》:"白曜一旬内频拔四城,威震～～。"

【齐谐】 qíxié ❶人名。《庄子·逍遥遊》:"～～者,志怪者也。"《抱朴子·论仙》:"虽有禹、稷、～～之智,而所尝食者未若所不识之众也。"❷书名。为齐国俳谐之书。后世志怪之书,多用"齐谐"为书名。《隋书·经籍志》有东阳无疑《齐谐记》七卷,吴均《续齐谐记》一卷。清袁枚《子不语》亦名《新齐谐》。

【齐一】 qíyī 划一,统一。《荀子·儒效》:"笞捶暴国,～～天下,而莫能倾也。"《论衡·变虚》:"何天佑善偏驳不～～也。"(驳:不纯正。)

【齐盟】 zhāiméng 盟誓。古人盟誓必先斋戒,故盟誓也称"斋盟"。《左传·成公十一年》:"～～,所以质信也。"《国语·晋语八》:"诸侯有盟,未退而鲁背之,安用～～?"

【齐明】 zhāimíng 斋戒沐浴,整洁身心。《礼记·中庸》:"～～盛服,以承祭祀。"《汉书·郊祀志上》:"家为巫史,享祀无度,黩～～而神弗蠲。"

【齐肃】 zhāisù 庄敬,虔诚。《汉书·郊祀志上》:"民之精爽不贰,～～聪明者,神或降之。"

【齐庄】 zhāizhuāng 恭敬庄重。《礼记·聘义》:"日莫人倦,～～正齐,而不敢解惰。"(莫:暮。)也作"斋庄"。柳宗元《南岳云峰和尚塔铭》:"行峻洁兮貌～～,气混溟兮德洋洋。"

【齐盛】 zīchéng 放在祭器中供祭祀的谷物。《礼记·祭义》:"是故昔者天子为藉千亩,……以为醴酪～～,于是乎取之。"又《祭统》:"诸侯耕于东郊,亦以共～～。"

【齐衰】 zīcuī 丧服名。为五服之一,次于"斩衰"。以粗麻布做成,因其缉边缝齐,故称"齐衰"。丧制,为祖父母、妻、庶母服齐衰一年,为曾祖父母服齐衰五月,为高祖父母服齐衰三月。《荀子·乐论》:"故～～之服、哭泣之声使人之心悲。"

【齐斧】 zīfǔ 同"资斧"。利斧,用于征伐。《汉书·王莽传下》:"此经所谓'丧其～～'者也。"陈琳《檄吴将校部曲文》:"要领不足以膏～～,名字不足以污简墨。"(要:腰。)

【齐明】 zīmíng 粢盛,放在祭器中供祭祀的谷物。《诗经·小雅·甫田》:"以我～～,与我牺羊,以社以方。"(社、方:都是祭名。)

【齐梁体】 qíliángtǐ 指南朝齐、梁时形成的一种诗体。齐、梁诗人作诗,讲求音律、对偶、词藻等,内容多贫乏,风格颓靡。后世称之为"齐梁体",也简称"齐梁"。杜甫《戏为六绝句》之五:"窃攀屈宋宜方驾,恐与～～作后尘。"

【齐大非耦】 qídàfēi'ǒu 《左传·桓公六年》:"齐侯欲以文姜妻郑大子忽,大子忽辞。人问其故,大子曰:'人各有耦,齐大,非吾耦也。'"耦,也作"偶"。旧时凡因门第不相当而辞婚的,常用此语,表示不敢仰攀。《南史·垣护之传》:"齐高帝辅政,使褚彦回为子晃求闳女,闳辞以'～～～～'。"

祁 qí ❶盛,大。《尚书·君牙》:"冬～寒,小民亦惟曰怨咨。"《诗经·小雅·吉日》:"瞻彼中原,其～孔有。"❷地名用字。如"祁山"、"祁县"、"祁连"。

【祁祁】 qíqí ❶众多的样子。《诗经·大雅·韩奕》:"诸娣从之,～～如云。"《汉书·韦贤传》:"～～我徒,戴负盈路。"❷舒缓合宜的样子。班固《两都赋·灵台诗》:"习习祥风,～～甘雨。"(《后汉书·班固传》引作"祈祈"。)

伎 qí 见jì。

圻 1. qí ❶方圆千里之地。《左传·昭公二十三年》:"今土数～而郢是城,不亦难乎?"㊀京畿。京城四周千里之地。《汉书·文帝纪》:"封～之内,勤劳不处。"㊁疆界,地域。陆机《辩亡论上》:"化协殊裔,风衍遐～。"❷通"碕"。曲岸。《论衡·死伪》:"栾水击滑山之尾,犹河、泗之流湍滨～也。"鲍照《代苦热行》:"汤泉发云潭,焦烟起石～。"

2. yín ❸同"垠"。边际。《淮南子·俶真训》:"四达无境,通于无～。"枚乘《七发》:"微墨广博,观望之有～。"

【圻父】 qífǔ 也作"祈父"。❶官名。即司马。掌京畿兵马。《尚书·酒诰》:"矧惟若畴～～。"(矧:又。)《诗经·小雅·祈父》:"～～,予王之爪牙。"❷《诗经·小雅》篇名。《左传·襄公十六年》:"[穆叔]见中行献子,赋《圻父》。"

【圻鄂】 yín'è 也作"垠堮"、"圻锷"。玉器上雕刻出来的凸起线纹。《周礼·春官·典瑞》"瑑圭璋璧琮"郑玄注:"瑑,有～～瑑起。"后因以指事物的痕迹。严遵《道德指归论·知不知》:"动无形旮,静无～～。"

芪 qí 药草名用字。中草药有"黄芪"、"芪母"。

岐 qí ❶山名。在今陕西省岐山县东北,山形如柱,故又名天柱山。《诗经·大雅·绵》:"率西水浒,至于～下。"❷开始懂事,能分辨事物。《诗经·大雅·生民》:"诞实匍匐,克～克嶷。"❸通"歧"。分支,分岔。蔡邕《琴赋》:"鸾凤翔其巅,玄鹤巢其～。"鲍照《舞鹤赋》:"指会规翔,临～矩步。"㉧岔出。《后汉书·邓彪等传论》:"故昔人明慎于所受之分,迟迟于～路之间也。"❹高低不平。陆机《谢平原内史表》:"阴蒙避回,～岖自列。"《后汉书·西南夷传》:"高山～峻,缘崖磻石。"

【岐黄】 qíhuáng 岐伯与黄帝。医家奉以为祖,并称"岐黄"。后因以"岐黄"为中医学术的代称。徐珂《清稗类钞·艺术》:"李畏斋,湘潭人,善～～,自号医隐。"

【岐路】 qílù ❶岔路。曹植《美女篇》诗:"美女妖且闲,采桑～～间。"❷比喻官场中险易难测的前途或不正当的途径。元稹《酬乐天得微之诗知通州事因成》诗之三:"甘受鬼神侵骨髓,常忧～～处风波。"张固《幽闲鼓吹》:"德裕为兵部尚书,自得～～,必当大拜,宗闵多方阻之未效。"

【岐嶷】 qínì 《诗经·大雅·生民》:"诞实匍匐,克岐克嶷。"后常用"岐嶷"形容幼年聪慧。《后汉书·桓荣传》:"夙智早成,～～也。"于邵《田司马传》:"生而～～,七岁能诵诗。"也作"歧嶷"。《北史·魏彭城王勰传》:"彭城王勰字彦和,少而～～,姿性不群。"

【岐岐】 qíqí 翘起的样子。梅尧臣《观拽龙舟怀裴宋韩李》诗:"尾矫矫,角～～,千夫推,万鳞随。"

祈 qí 向鬼神祷告恳求。《吕氏春秋·季春》:"荐鲔于寝庙,乃为麦～实。"《史记·孝武本纪》:"间者河溢,岁数不登,故巡祭后土,～为百姓育谷。"㉧请求。《南史·刘峻传》:"闻有异书,必往～借。"《新唐书·杜如晦传》:"蜀人～我诛虐帅,不能克,请陛下诛之。"

【祈父】 qífǔ 见"圻父"。

【祈年】 qínián ❶祈祷丰年。《诗经·大雅·云汉》:"～～孔夙,方社不莫。"江淹《杂体诗三十首》之二十七:"恭洁由明祀,肃驾在～～。"❷秦宫名。《汉书·地理志上》:"雍,秦惠公都之,……～～宫,惠公起。"

【祈祈】 qíqí 同"祁祁②"。

【祈禳】 qíráng 祈求福祥,祛除灾变。《汉书·孔光传》:"俗之～～小数,终无益于应天塞异,销祸兴福。"《三国志·魏书·高堂隆传》:"崇华殿灾,诏问隆:'此何咎?于礼,宁有～～之义乎?'"

【祈望】 qíwàng ❶春秋齐官吏名,掌渔盐水产之利。《左传·昭公二十年》:"海之盐蜃,～～守之。"❷祭名。应劭《风俗通·祀典》:"自高祖受命,郊祀～～,世有所增。"

【祈向】 qíxiàng 祈求向往。《庄子·天地》:"而今也以天下惑,予虽有～～,不可得也,不亦悲乎!"

【祈羊】 qíyáng 烹羊以祭。《管子·形势》:"山高而不崩,则～～至矣;渊深而不涸,则沉玉极矣。"

祇 1. qí ❶地神。《吕氏春秋·季冬》:"乃毕行山川之祀,及帝之大臣、天地之神～。"❷大。《周易·复》:"不远复,无～悔,元吉。"《后汉书·郎𫖮传》:"思过念咎,务消～悔。"❸通"疷"。病。《周易·坎》:"～既平,无咎。"《诗经·小雅·何人斯》:"壹者之来,俾我～也。"

2. zhǐ ❹仅仅,恰好。《诗经·小雅·无将大车》:"无将大车,～自尘兮。"《史记·项羽本纪》:"且为天下者不顾家,虽杀之,无益,～取祸耳。"

【祇洹精舍】 qíyuánjīngshè 印度佛教圣地之一。也作"祇园精舍",为"祇陀园林须达精舍"的省称。为古印度憍萨罗国舍卫城富商给孤独长者须达与祇陀太子共建,献给如来居之说法。后泛称寺院。《宋书·范泰传》:"暮年事佛甚精,于宅西立～～～～。"又省作"祇园"、"祇林"。白居易《题东武丘寺六韵》:"香刹看未远,～～入渐深。"《艺文类聚·相宫寺碑》:"鹿苑岂殊,～～何远。"

其 1. qí ❶代词。1)表第三人称领属关系。译为"他(她、它)的"或"他(她、它)们的"。《论语·卫灵公》:"工欲善～事,必先利～器。"《荀子·天论》:"天有～时,地有～财。"后也指代第三人称。译为"他"或"他们"。《晋书·王戎传》:"从子将婚,戎遗～一单衣,婚讫而更责取。"㉧其中的。《汉书·苏武传》:"虞常等七十馀人欲发,～一人夜亡,告之。"2)表指示。译为"那"或"那些"。朱熹《中庸集注》:"即以～人之道,还治～人之身。"❷副词。1)表推测、估计。译为"大概"、"或许"。《左传·襄公十八年》:"城上有乌,齐师～遁。"2)表祈使。译为"可要"、"当"。《左传·成公十六年》:"子～勉之!"3)表反诘。译为"岂"、"难道"。《左传·襄公二十九年》:"国无主,～能久乎?"4)表未来时。译为"将"。《尚书·微子》:"今殷～沦丧,若涉大水,其无津涯。"❸连词。1)表假设。译为"如果"。《吕氏春秋·慎势》："汤～无郗，武～无岐，贤虽十全，不能成功。"2)表选择。译为"或者"、"还是"。《孟子·万章下》："将比今之诸侯而诛之乎？～教之不改而后诛之乎？"3)表让步。译为"尚且"。《列子·力命》："天～弗识，人胡能觉？"❹助词。1)在形容词之后，相当于"然"。《诗经·郑风·溱洧》："溱与洧，浏～清矣。士与女，殷～盈矣。"2)在偏正短语之间，相当于"之"。《尚书·康诰》："朕～弟，小子封。"3)在单音节形容词(或象声词)之前，起加强形容、状态的作用。《诗经·邶风·北风》："北风～凉，雨雪～雱。"又《邶风·击鼓》："击鼓～镗，踊跃用兵。"(按："其凉"、"其雱"、"其镗"相当于"凉凉"、"雱雱"、"镗镗"。)4)在句中，无实义，起调整音节的作用。《诗经·唐风·扬之水》："既见君子，云何～忧？"

2. jì ❺助词。常附在代词"彼"、"何"之后。《诗经·王风·扬之水》："彼～之子，不与我戍申。"《史记·孔子世家》："赐！汝来何～晚也。"

3. jī ❻语气词。表疑问语气。《诗经·魏风·园有桃》："彼人是哉，子曰何～？"又《小雅·庭燎》："夜如何～？夜未央。"❼"朞"的古字。周年。《墨子·非儒下》："丧：父母三年，妻、后子三年，伯父、叔父、弟兄、庶子～，戚、族人五月。"❽地名用字。如"不其"。㊂人名用字。如汉代有"郦食其"。

【其雨】 qíyǔ 盼望下雨。《诗经·卫风·伯兮》："其雨其雨，杲杲出日。"阮籍《咏怀》之二："膏沐为谁施，～～怨朝阳。"

【其诸】 qízhū ❶相当于"或许"。表测度语气。《论语·学而》："夫子之求之也，～～异乎人之求之与？"《公羊传·桓公六年》："～～以病桓与？"(桓：桓公。)❷相当于"还是"。表选择。《公羊传·僖公二年》："寝不安与？～～侍御有不在侧者与？"

奇 1. qí ❶特异，罕见。《后汉书·西南夷传》："画山神海灵～禽异兽，以眩耀之。"王安石《游褒禅山记》："入之愈深，其进愈难，而其见愈～。"㊀美好。苏轼《饮湖上初晴后雨》诗："水光潋滟晴方好，山色空濛雨亦～。"㊂泛指特异的人或物。《论衡·偶会》："故仕且得官也，君子辅善；且失位也，小人毁～。"❷引以为奇，看重。《史记·田敬仲完世家》："太史敫女～法章状貌，以为非恒人。"(法章：人名。)《后汉书·明帝纪》："帝生而丰下，十岁能通《春秋》，光武～之。"❸出人意外，变幻莫测。《后汉书·袁绍传》："然后简其精锐，分为～兵，乘虚迭出。"㊂泛指出人意外、变幻莫测的策略、计谋。《汉书·艺文志》："权谋者，以正守国，以～用兵。"扬雄《解嘲》："留侯画策，陈平出～。"❹副词。极，甚。陶渊明《读山海经》诗之五："翩翩三青鸟，毛色～可怜。"郦道元《水经注·滱水》："济荡之音，～为壮猛。"

2. jī ❺单数，与"耦"、"偶"相对。《周易·系辞下》："阳卦～，阴卦耦。"《资治通鉴·唐敬宗宝历二年》："敬宗之世，每月视朝不过一二，上始复旧制，每～日未尝不视朝。"㊂命运不好。杜甫《西枝村寻置草堂地夜宿赞公土室》诗之二："数～谪关塞，道广存箕颍。"❻馀数，零数。《周易·系辞上》："归～于扐以象闰。"陆游《泰州报恩光孝禅寺最吉祥殿碑》："已而有居士刘洪首施钱五百万，施者不劝而集，积为四千万有～。"❼诡异不正。见"奇邪"。

3. jì ❽通"寄"。马王堆汉墓帛书《战国纵横家书·谓燕王章》："列在万乘，～质于齐，名卑而权轻。"马融《长笛赋》："惟𥫗笼之～生兮，于终南之阴崖。"

4. yǐ ❾通"倚"。依靠，倚恃。《史记·外戚世家》："臧儿卜筮之，曰两女皆当贵。因欲～两女，乃夺金氏。"

【奇觚】 qígū 奇书。觚，简策。《急就篇》卷一："急就～～与众异。"

【奇崛】 qíjué ❶奇特挺拔。何逊《渡连圻》诗之一："悬崖抱～～，绝壁驾崚嶒。"齐己《江上夏日》诗："无处清阴似剡溪，火云～～倚空齐。"❷独特不凡。陆贽《谢密旨因论所宣事状》："自揣凡庸之才，又无～～之效。"《旧五代史·周太祖纪》："形神魁壮，趣向～～。"

【奇门】 qímén 古代术数名。其术以十干中的乙、丙、丁为"三奇"，又以八卦的变相"休、生、伤、杜、景、死、惊、开"为"八门"，故称"奇门"。也称"遁甲"。参见"遁甲"。纪昀《阅微草堂笔记·如是我闻二》："问：'此何术？'曰：'～～法也。他人得之恐招祸，君真端谨，如愿学，当授君。'"

【奇涩】 qísè 奇特晦涩。《新唐书·封敖传》："敖属辞赡敏，不为～～。"《宋史·欧阳修传》："时士子尚为险怪～～之文。"

【奇数】 qíshù ❶术数。指星相卜祝等方术。《后汉书·王昌传》："时赵缪王子林，好～～，任侠于赵、魏间。"❷出奇制胜的方法。《三国志·吴书·薛综传》："如但中人，近守常法，无～～异术者，则群恶日滋，久远成害。"

【奇相】 qíxiàng ❶传说中的江神名。郭璞《江赋》："～～得道而宅神，乃协灵爽于湘娥。”❷异乎寻常的相貌。《金史·睿宗贞懿皇后传》:“尝密谓所亲曰:‘吾儿有～～,贵不可言。’”

【奇正】　qízhèng　古代兵法术语。古代作战以对阵交锋为正,设计邀截、袭击为奇。《孙子·势》:“三军之众,可使必受敌而无败者,～～是也。”左思《魏都赋》:“毕出征而中律,执～～以四伐。”

【奇字】　qízì　汉时文字六体之一。与孔子壁中书字体相异的古文为“奇字”。《汉书·艺文志》:“六体者,古文、～～、篆书、隶书、缪篆、虫书,皆所以通知古今文字,摹印章、书幡信也。”也泛指古文字。傅専《周鼎》诗:“腹中～～隐约见,刻画屈曲蟠虬龙。”

【奇咳】　jīgāi　也作“奇侅”、“奇胲”、“奇賌”。奇异,奇秘。多指医学或兵略。《史记·扁鹊仓公列传》:“臣意即避席再拜谒,受其脉书上下经、五色诊、～～术。”《淮南子·兵略训》:“明于星辰日月之运,刑德～～之数。”

【奇零】　jīlíng　不满整数的零数,零星。《宋史·食货志上二》:“旧尝收麊～～,如米不及十合,而收为升;绢不满十分,而收为寸之类。”又:“然茶盐榷酤～～绢布之征,自是为蜀之常赋。”也作“畸零”。倪元璐《国赋纪略·黄册》:“每里编为一册,册首总为一图。鳏寡孤独不任役者,带管于一百一十户之外而列于图后,名曰～～。”

【奇羡】　jīxiàn　赢馀。指积存的财物。《史记·货殖列传》:“中国委输,时有～～。”《汉书·食货志下》:“以临万货,以调盈虚,以收～～。”

【奇邪】　jīxié　也作“奇衺”。❶诡谲不正。《汉书·梁孝王刘武传》:“公孙诡多～～计,初见日,王赐千金,官至中尉。”《三国志·蜀书·郤正传》:“于是从横云起,狙诈如星,～～蜂动,智故萌生。”❷欺诈炫媚。《周礼·天官·内宰》:“禁其～～。”白居易《续古诗》之七:“冢妇独守礼,群妾互～～。”

【奇赢】　jīyíng　赢馀。《汉书·食货志上》:“而商贾大者积贮倍息,小者坐列贩卖,操其～～,日游都市,乘上之急,所卖必倍。”

【奇厖福艾】　qípángfú'ài　指相貌奇伟多福。厖,大。《新唐书·李勣传》:“临事选将,必訾相其～～～～者遣之。”蒲道源《赠传神李肖岩》诗:“京师摹写富箱箧,～～～～多王公。”

【奇经八脉】　jījīngbāmài　中医术语。人身十二经脉之外,另有八脉,因和脏腑没有直接联系,不受十二经拘制,故称“奇经八脉”。《史记·扁鹊仓公列传》“受其脉书上下经、五色诊、奇咳术”正义引《八十一难》云:“～～～～者,有阳维,有阴维,有阳跻,有阴跻,有冲,有督,有任,有带之脉。凡此八者,皆不拘于经,故云～～～～也。”

軝(軝)　qí　车毂末端用革缠束作为装饰的部分。泛指车毂。《诗经·小雅·采芑》:“约～错衡,八鸾玱玱。”

歧　qí　❶岔路。《列子·说符》:“大道以多～亡羊。”鲍照《舞鹤赋》:“指会规翔,临～矩步。”㉑非正式的途径。《旧唐书·韦澳传》:“吾不为时相所信,忽自宸旨,委以使务,必以吾他～得之,何以自明?”❷分岔,分叉。《论衡·率性》:“是故杨子哭～道,墨子哭练丝也。”《后汉书·张堪传》:“桑无附枝,麦穗两～。”㉑歧异,不一致。袁树《哭堂妹秋卿》诗:“书远摹多误,人稠语屡～。”❸聪颖。见“歧秀”、“歧嶷①”。

【歧嶷】　qínì　❶幼年聪慧。见“岐嶷”。❷指六、七岁。王闿运《王仲章碣》:“君天姿隽异,缉熙光明,曾未～～,堂堂神秀。”

【歧歧】　qíqí　飞行的样子。潘岳《笙赋》:“如鸟斯企,翾翾～～。”(翾翾:初起的样子。)

【歧秀】　qíxiù　聪慧出众。《新唐书·张仲方传》:“仲方,生～～,父友高郢见,异之。”

虮　qí　见jǐ。

肵　qí　恭敬。《礼记·郊特牲》:“祊之为言倞也,～之为言敬也。”

【肵俎】　qízǔ　古代祭祀时盛放牲体心舌的器物。《仪礼·特牲馈食礼》:“佐食升～～。”《礼记·曾子问》:“祭殇不举,无～～,无玄酒。”

疧　qí　病。《诗经·小雅·无将大车》:“无思百忧,祇自～兮。”又《小雅·白华》:“之子之远,俾我～兮。”

恓(懠)　qí(又读 jì)　愤怒。《诗经·大雅·板》:“天之方～,无为夸毗。”(夸毗:谄媚。)

尕　qí　参差,不合。洪昇《长生殿·制谱》:“这几声尚欠调匀,拍～怎下?”

【尕拍】　qípāi　❶不合节拍。王骥德《曲律·论板眼》:“盖凡曲,句有长短,字有多寡,调有紧慢,一视板以为节制,……其板先于曲者,病曰‘促板’;板后于曲者,病曰‘滞板’,古皆谓之‘～～’,言不中拍也。”❷喻弄错。王实甫《西厢记》三本三折:“猜诗谜的社家,～～了‘迎门户半开’。”

俟　qí　见sì。

斉 qí 见jī。

旂 qí 古代旗帜的一种。上画交龙图案，竿头系铃。《诗经·鲁颂·閟宫》："龙～承祀，六辔耳耳。"《周礼·春官·司常》："日月为常，交龙为～。……王建太常，诸侯建～。"㉒旗帜。韩愈《谴疟鬼》诗："呼吸明月光，手掉芙蓉～。"

【旂常】 qícháng ❶旗名。古代王用太常，诸侯用旂，以作纪功授勋的仪制。《晋书·王湛传论》："虽崇勋懋绩，有阙于～～，素德清规，足传于汗简矣。"❷代指功勋业绩。杨炯《群官寻杨隐居诗序》："以不贪为宝，均珠玉以咳唾；以无事为贵，比～～于粪土。"

耆 1. qí ❶老。《礼记·曲礼上》："六十曰～，指使。"王褒《四子讲德论》："厖眉～耇之老，咸爱惜朝夕。"❷强横。《左传·昭公二十三年》："不僭不贪，不懦不～。"❸憎恶。《诗经·大雅·皇矣》："上帝～之，憎其式廓。"❹古国名。在今山西黎城县东北。《竹书纪年》卷上："周师取～及邗。"

2. zhǐ ❺致。《诗经·周颂·武》："胜殷遏刘，～定尔功。"《国语·晋语九》："及臣之壮也，～其股肱以从司马，苛慝不产。"

3. shì ❻通"嗜"。嗜好。《左传·襄公二十八年》："齐庆封好田而～酒。"《汉书·孝成赵皇后传》："女主骄盛则～欲无极，少主幼弱则大臣不使。"

【耆艾】 qí'ài ❶年寿高。古称六十岁为耆，五十岁为艾。《后汉书·范升传》："二臣年并～～，经学深明。"《三国志·蜀书·秦宓传》："昔百里、蹇叔以～～而定策，甘罗、子奇以童冠而立功。"也指老年人。《汉书·武帝纪》："然则于乡里先～～，奉高年，古之道也。"❷师傅。《史记·周本纪》："百工谏，庶人传语，近臣尽规，亲戚补察，瞽史教诲，～～修之，而后王斟酌焉。"

【耆耋】 qídié 年寿高。六十岁以上称耋。《后汉书·黄琼传》："伏见处士巴郡黄错、汉阳任棠，年皆～～，有作者七人之志。"（作者七人：指伯夷、叔齐等七位高士。）也指老年人。《后汉书·明帝纪》："有司其存～～，恤幼孤，惠鳏寡。"

【耆旧】 qíjiù 年高而有声望的人，故老。《汉书·萧望之传》："上以育～～名臣，乃以三公使车，载育入殿中受策。"杜甫《病橘》诗："百马死山谷，到今～～悲。"

【耆腊】 qílà 佛家语。指高年之僧。僧以出家受戒之年计岁，称僧腊。《资治通鉴·宋武帝大明六年》："夫佛以谦卑自牧，忠虔为道，宁有屈膝四辈而简礼二亲，稽颡～～而直体万乘者哉！"

【耆老】 qílǎo 年寿高。《汉书·扬雄传赞》："及莽篡位，谈说之士用符命称功德获封爵者甚众，雄复不侯，以～～久次转为大夫。"也指年老德高的人，老年人。《后汉书·隗嚣传》："及更始败，三辅～～士大夫皆奔归嚣。"《三国志·吴书·吕蒙传》："蒙旦暮使亲近存恤～～，问所不足。"

【耆年】 qínián 老年人。王融《三月三日曲水诗序》："～～阙市井之游，稚齿丰车马之好。"陆游《北望》诗："～～死已尽，童稚日夜长。"

【耆寿】 qíshòu 年高而有才德的人。《尚书·文侯之命》："即我御事，罔或～～，俊在厥服。"宋濂《送和赞善北归养母诗序》："～～之朋，簪缨之俦。"后指高寿。苏轼《老饕赋》："愿先生之～～，分馀沥于两髦。"

【耆硕】 qíshuò 年高而有德望的人。韩愈《为韦相公让官表》："况今俊乂在朝，～～咸在，苟以登用，皆逾于臣。"《新唐书·卢钧传》："以钧～～长者，顾不任职。"

【耆宿】 qísù 年高而素有德望、学识的人。《后汉书·樊鯈传》："上言郡国举孝廉，率取年少能报恩者，～～大贤，多见废弃。"又《邓禹传》："时宫人出入，多能有所毁誉，其中～～皆称中大人。"

蚑 qí ❶虫名。《淮南子·原道训》："泽及～、蛲，而不求报。"枚乘《七发》："～、蟜、蝼、蚁闻之，拄喙而不能前。"㉒虫类。张协《七命》："于时昆～感惠，无思不扰。"❷动物爬行。《淮南子·脩务训》："～行蛲动之虫，喜而合，怒而斗。"嵇康《琴赋》："感天地以致和，况～行之众类。"

颀（頎） 1. qí ❶修长的样子。《诗经·卫风·硕人》："硕人其～，衣锦褧衣。"又《齐风·猗嗟》："猗嗟昌兮，～而长兮。"

2. kěn ❷哀痛。《礼记·檀弓上》："稽颡而后拜，～乎其至也。"

【颀颀】 qíqí 身材高大的样子。《诗经·卫风·硕人》"硕人其颀"孔颖达疏："有大德之人，其貌～～然长美。"王安石《忆昨诗示诸外弟》："当时髫儿戏我侧，于今冠佩何～～。"

【颀典】 kěntiǎn 坚韧的样子。《周礼·考工记·辀人》："是故辀欲～～。"

脐（臍） qí 肚脐。《后汉书·董卓传》："守尸吏然火置卓～中，光明达曙。"㉛物似脐之处。《博物广志》："北极如瓜蒂，南极如瓜～。"㊱螃蟹的腹部。黄庭坚《又借代二螯解嘲前韵见意》："想见霜～

当大嚼，梦回雪压摩围山。"

攲 1. qí ❶倾斜。刘商《袁德师求画松》诗："柏偃松～势自分，森梢古意出浮云。"陆龟蒙《秋日遣怀十六韵寄道侣》："冠～玄发少，书健紫毫尖。"

2. guǐ ❷重叠，累积。左思《魏都赋》："舆骑朝猥，蹀～其中。"

【攲岖】 qíqū ❶倾斜不平。庾信《小园赋》："～～兮狭室，穿漏兮茅茨。"❷喻危殆不安，患难。《宋书·庐江王祎传》："侥幸～～，仅得自免。"又《袁湛传》："[谯]纵之淫虐，日月增播，刑杀非罪，死以泽量。而待命寇仇之戮，～～豺狼之吻。"

淇 qí 淇水。在今河南省北部，源出淇山，古为黄河支流。《诗经·邶风·泉水》："毖彼泉水，亦流于～。"

埼 qí 弯曲的堤岸。司马相如《上林赋》："触穹石，激堆～，沸乎暴怒，汹涌滂湃。"陈著《南乡子·中秋无月》词："流景去难縻，浮世危如拍浪～。"

萁 1. qí ❶豆秸。《汉书·杨恽传》："田彼南山，芜秽不治，种一顷豆，落而为～。"

2. jī ❷草名。状似荻而细。《汉书·五行志下之上》："檿弧～服，实亡周国。"（服：箭袋。）❸树名。《淮南子·时则训》："爨～燧火。"❹语气词。《礼记·曲礼下》："凡祭宗庙之礼……黍曰芗合，粱曰芗～。"

跂 1. qí ❶多生出的脚趾。《庄子·骈拇》："故合者不为骈，而枝者不为～。"（骈：指脚的大拇指与二指连在一起。）㊁分歧，分岔。《诗经·小雅·大东》："～彼织女，终日七襄。"（按：跂，形容鼎足而成三角形的织女三星岔开的样子。）❷通"蚑"。虫爬行的样子。也泛指爬行。见"跂跂"、"跂行"。❸(jī)通"屐"。木屐。《庄子·天下》："使后世之墨者，多以裘褐为衣，以～蹻为服。"

2. qǐ(又读 qì) ❹踮起脚后跟。《诗经·卫风·河广》："谁谓宋远，～予望之。"《荀子·劝学》："吾尝～而望矣，不如登高之博见也。"

3. qì ❺见"跂坐"。

【跂跂】 qíqí 虫爬行的样子。《汉书·东方朔传》："～～脉脉善缘壁，是非守宫即蜥蜴。"（守宫：壁虎。）

【跂行】 qíxíng 虫爬行。泛称有足能行者。《史记·匈奴列传》："～～喙息蠕动之类，莫不就安利而辟危殆。"《汉书·礼乐志》："青阳开动，根荄以遂，膏润并爱，～～毕逮。"

【跂踵】 qǐzhǒng ❶传说中的鸟名。《山海经·中山经》："复州之山……有鸟焉，其状如鸮而一足，彘尾，其名曰～～。"❷传说中的国名。《山海经·海外北经》："～～国在拘缨东，其为人大，两足亦大，一曰大踵。"

【跂訾】 qǐzì 表示离群绝俗自鸣孤高的神态。訾，通"恣"。《荀子·非十二子》："今之所谓处士者，无能而云能者也，……以不俗为俗、离纵而～～者也。"

【跂坐】 qìzuò 垂足而坐，脚跟不着地。《南史·王敬则传》："敬则横刀～～。"

崎 qí 倾侧。《晋书·卫瓘传》："抑左扬右，望之若～。"颜延之《拜陵庙作》诗："发轫丧夷易，归轸慎～倾。"

【崎嶔】 qíqīn ❶形容山路险阻不平。江淹《扇上彩画赋》："山乃崭岩郁崒，路必嶢嵘～～。"❷比喻坎坷不顺。刘敞《种蔬》诗之一："聊以资素饱，身世实～～。"

【崎岖】 qíqū ❶形容山路高低不平。陶渊明《归去来兮辞》："既窈窕以寻壑，亦～～而经丘。"（窈窕：山道幽深的样子。）也作"碕岖"。《史记·司马相如列传》："民人登降移徙，～～而不安。"又作"踦跂"。潘岳《西征赋》："倦狭路之迫隘，轨～～以低仰。"❷比喻处境困难艰危。《史记·燕召公世家》："燕北迫蛮貉，内措齐晋，～～强国之间，最为弱小。"文天祥《平原》诗："～～坎坷不得志，出入四朝老忠节。"❸跋涉，奔波。《颜氏家训·杂艺》："～～碑碣之间，辛苦笔砚之役。"王安石《诸葛武侯》诗："～～巴汉间，屡以弱攻强。"❹辗转。《梁书·任孝恭传》："家贫无书，常～～从人假借。"❺形容情意缠绵或感情委婉曲折。古乐府《西乌夜飞》之五："感郎～～情，不复自顾虑。"孟郊《旅次湘沅有怀灵均》诗："《骚》文衒贞亮，体物情～～。"

【崎锜】 qíyǐ 不安的样子。陆机《文赋》："虽逝止之无常，固～～而难便。"

【崎屺】 qíyǐ ❶高峻险陡的样子。王延寿《鲁灵光殿赋》："下岪蔚以璀错，上～～而重注。"（岪蔚：突起的样子。）❷消瘦露骨的样子。卢照邻《五悲·悲穷通》："有幽岩之卧客，兀中林而坐思，形枯槁以～～，足联踡以缁厘。"

【崎崟】 qíyín ❶山不平处。杜甫《上后园山脚》诗："小园背高岗，挽葛上～～。"❷高峭的样子。纳兰性德《拟古》诗之十四："松生知何年，～～倚天碧。"

骐(騏) qí ❶有青黑色花纹的马，其纹状如棋盘。《诗经·秦风·小戎》："文茵畅毂，驾我～异。"（异：后左足白色的马。）㊂泛指骏马。《庄子·秋水》："～骥骅骝，一日而驰千里。"❷青黑色。《诗经·曹风·鸤鸠》："其带伊丝，其弁伊～。"

❸通“麒”。见“骐骥②”。

【骐骥】　qílín　❶骏马名。《商君书·画策》：“～～騄駬，每一日走千里。”也作“骐麟”。《战国策·齐策四》：“君子厩马百乘，无不被绣衣而食菽粟者，岂有～～騄耳哉?”❷传说中兽名。即“麒麟”。李贽《焚书·答耿司寇》：“～～与凡兽并走，凡鸟与凤凰齐飞。”

骑(騎)　qí　❶跨马。《后汉书·马严传》：“严少孤，而好击剑，习～射。”㊀分腿跨坐。杜甫《三川观水涨》诗：“举头向苍天，安得～鸿鹄?”㊀跨越。陆游《村社祷晴有应》诗：“爽气收回～月雨，快风散尽满天云。”❷倚，斜靠。《汉书·爰盎传》：“臣闻千金之子不垂堂，百金之子不～衡。”（衡：楼殿周围的栏干。）❸（旧读 jì）骑马的人，骑兵。《三国志·吴书·吕蒙传》：“～皆舍马步走。”㊂一人一马。《北史·于谨传》：“每朝参往来，不过从两三～而已。”㊂备有鞍辔的马。《战国策·赵策二》：“赵地方二千里，带甲数十万，车千乘，～万匹。”

【骑吹】　qíchuī（吹，旧读 chuì）乐名，铙歌的别称。行军时奏于马上，故名。《汉书·礼乐志》：“～～鼓员三人。”李白《鼓吹入朝曲》：“铙歌列～～，飒沓引公卿。”

【骑官】　qíguān　星宿名。《史记·天官书》：“房南众星曰～～。”《魏书·张渊传》：“库楼炯炯以灼明，～～腾骧而奋足。”（库楼：星名。）

【骑鲸】　qíjīng　扬雄《羽猎赋》：“乘巨鳞，骑京(鲸)鱼。”后用以指隐遁、游仙或死亡。苏轼《次韵张安道读杜诗》：“～～遁沧海，捋虎得绨袍。”陆游《七月一日夜坐舍北水涯戏作》诗：“斥仙岂复尘中恋，便拟～～返玉京。”赵蕃《挽周德友》诗：“此日～～去，它年化鹤还。”

【骑置】　qízhì　驿骑。《汉书·李陵传》：“从浞野侯赵破奴故道抵受降城休士，因～～以闻。”

【骑箕尾】　qíjīwěi　《庄子·大宗师》：“夫道，傅说得之，以相武丁，奄有天下，乘东维，骑箕尾，而比于列星。”箕、尾二星宿间有一星名“傅说”，相传为殷王武丁贤相傅说死后升天所化。后因谓大臣死为“骑箕尾”或“骑箕”。曾巩《韩魏公挽歌词》之一：“忽～～～精灵远，长誓山河宠数新。”《宋史·赵鼎传》：“身～～～归天上，气作山河壮本朝。”

祺(禥)　qí　吉，福。《诗经·大雅·行苇》：“寿考维～，以介景福。”《汉书·礼乐志》：“众庶熙熙，施及夭胎，群生啿啿，惟春之～。”《宋史·乐志十一》：“不涸不童，诞降～祥。”

【祺然】　qírán　安详的样子。《荀子·非十二子》：“士君子之容，……俨然，壮然，～～，蕼然，恢恢然，广广然，昭昭然，荡荡然，是父兄之容也。”

琪　qí　美玉。陆龟蒙《袭美先辈以龟蒙所献五百言……再抒鄙怀用伸酬谢》诗：“因知昭明前，剖石呈清～。”㊀美好，珍异。孙绰《游天台山赋》：“建木灭景于千寻，～树璀璨而垂珠。”王毂《梦仙谣》：“前程渐觉风光好，～花片片粘瑶草。”

琦　qí　❶美玉。《抱朴子·博喻》：“是以蟭螟之巢，无乘风之羽；沟浍之中，无宵朗之～。”㊀珍奇，珍贵。仲长统《昌言·理乱》：“～赂宝货，巨室不能容。”㊂卓异，美好。宋玉《对楚王问》：“夫圣人瑰意～行，超然独处。”❷诡异。《荀子·非十二子》：“不法先王，不是礼义，而好治怪说，玩～辞。”

【琦玮】　qíwěi　❶美玉。《鬼谷子·飞箝》：“其用或称财货、～～、珠玉、璧白、采色以事之。”❷珍奇瑰丽。王逸《楚辞章句·天问序》：“屈原放逐，……见楚有先王之庙及公卿祠堂，图画天地山川神灵，～～僪佹。”❸奇特诡异。陆贾《新语·术事》：“故舜弃黄金于崭嵓之山，禹捐珠玉于五湖之渊，将以杜淫邪之欲，绝～～之情。”（崭嵓：险峻的样子。）

棋(棊、碁)　1. qí　❶棋，棋子。《左传·襄公二十五年》：“弈者举～不定，不胜其耦。”《韩非子·外储说左上》：“秦昭王令工施钩梯而上华山，以松柏之心为博，箭长八尺，～长八寸。”（博：犹“棋”，弈具。箭：骰子。）㊂下棋。《三国志·魏书·王粲传》：“～者不信，以帊盖局，使更以他局为之。”

2. jī　❷根柢。《史记·律书》：“箕者，言万物根～，故曰箕。”

【棋布】　qíbù　像棋子般分布。形容多而密。《关尹子·三极》：“道虽丝分，事则～～。”陆游《禹祠》诗：“念昔平水土，～～画九区。”

【棋局】　qíjú　❶棋盘。古代多指围棋棋盘。杜甫《江村》诗：“老妻画纸为～～，稚子敲针作钓钩。”❷下棋一次曰一局，故以“棋局”称下棋之事。《后汉书·张衡传》：“弈秋以～～取誉，王豹以清讴流声。”

【棋槊】　qíshuò　古代一种博戏，犹后世的“双陆”。棋为子，槊为局。韩愈《示儿》诗：“酒食罢无为，～～以相娱。”陈樵《蔗庵赋》：“琴樽命客，～～交午。”

【棋峙】　qízhì　言处相持之势，如下棋互相对峙。高诱《淮南子叙》："会遭兵灾，天下～～。"《后汉书·郑泰传》："若恃众怙力，将各～～，以观成败。"也作"棋跱"。《三国志·魏书·郑浑传》注引张璠《汉纪》："王爵不相加，妇姑位不定，各恃众怙力，将人人～～，以观成败，不肯同心共胆，率徒旅进。"

蛴（蠐、蠀） qí 见"蛴螬"。

【蛴螬】 qícáo 虫名。金龟子的幼虫。《论衡·无形》："～～化而为无育，转而为蝉。"

鹡（鵸） qí 见"鹡鵌"。

【鹡鵌】 qítú 传说中的鸟名。❶有三头六尾的鸟。《山海经·西山经》："[翼望之山]有鸟焉，其状如乌，三首六尾而善笑，名曰～～，服之使人不厌。"❷有五彩及赤纹的鸟。《山海经·北山经》："[带山]有鸟焉，其状如乌，五采而赤文，名曰～～。是自为牝牡，食之不疽。"

碕 1. qí ❶曲折的堤岸。扬雄《羽猎赋》："探岩排～，薄索蛟螭。"苏舜钦《沧浪亭记》："坳隆胜势，遗意尚存，予爱而徘徊，遂以钱四万得之，构亭北～，号沧浪焉。"㉑曲折。鲍照《登大雷岸与妹书》："碪石为之摧碎，～岸为之齑落。"❷山漫长起伏的样子。郭璞《江赋》："～岭为之岩崿。"

2. qǐ ❸见"碕礒"。

【碕礒】 qǐyǐ 山石错落不平的样子。《楚辞·招隐士》："嵚崟～～兮，硱磳磈硊。"（硱磳、磈硊：皆山石高危的样子。）徐彦伯《淮亭吟》："山～～兮限曲，水涓涟兮洞汩。"

锜（錡） 1. qí ❶一种三只脚的锅。《诗经·召南·采蘋》："于以湘之，维～及釜。"❷一种凿类工具。《诗经·豳风·破斧》："既破我斧，又缺我～。"

2. yǐ ❸悬挂弩的兵器架。张衡《西京赋》："武库禁兵，设在兰～。"（兰：兵器架。）❹姓。《左传·定公四年》："殷民七族：陶氏、施氏、繁氏、～氏、樊氏、饥氏、终葵氏。"

鬿 qí ❶古星名。《楚辞·九叹·远逝》："合五岳与八灵兮，讯九～与六神。"❷见"鬿雀"。

【鬿堆】 qíduī 见"鬿雀"。

【鬿雀】 qíquè 传说中的恶鸟。《山海经·东山经》："[北号之山]有鸟焉，其状如鸡而白首，鼠足而虎爪，其名曰～～，亦食人。"柳宗元《天对》："～～峙北号，惟人是食。"也作"鬿堆"。《楚辞·天问》："鲮鱼何所？～～焉处？"

騏（鶀） qí 鸟名。雁属。《史记·楚世家》："小臣之好射～雁、罗鸗，小矢之发也，何足为大王道也。"

旗 qí ❶古代一种军旗，上画熊虎图案。《周礼·春官·司常》："熊虎为～。"㉒旗帜。《韩非子·外储说左下》："夫爵禄～章，所以异功伐别贤不肖也。"❷表识，标志。《左传·闵公二年》："衣，身之章也；佩，衷之～也。"❸古星名。左右两"旗"属天箭、天鹰两星座。《史记·天官书》："东宫苍龙，房、心。……东北曲十二星曰～。"

【旗纛】 qídào 用鸟羽装饰的大旗。韩愈《南海神庙碑》："～～旄麾，飞扬晻蔼。"（蔼：通"霭"。云气。）

【旗亭】 qítíng ❶市楼。古时建于集市之中，上立旗，为观察指挥集市之所。张衡《西京赋》："尔乃廓开九市，通阛带阓，～～五重，俯察百隧。"（阛：市垣。阓：市外门。）杨衒之《洛阳伽蓝记·城东龙华寺》："里有土台，高三丈，上有二精舍。赵逸云，此台是中朝～～也，上有二层楼，悬鼓击之，以罢市。"❷酒楼。范成大《揽辔录》："过相州市，有秦楼、翠楼、康乐楼、月白风清楼，皆～～也。"陆游《初春感事》诗："百钱不办～～醉，空爱鹅儿似酒黄。"

【旗志】 qízhì 旗帜。《史记·高祖功臣侯者年表》："留：以厩将从起下邳，以韩申徒下韩国，言上张～～，秦王恐，降。"（留：张良封国名。）《汉书·叔孙通传》："廷中陈车骑戍卒卫官，设兵，张～～。"

綦 qí ❶青灰色。《诗经·郑风·出其东门》："缟衣～巾，聊乐我员。"❷鞋带。《仪礼·士丧礼》："夏葛屦，冬白屦，……～系于踵。"《礼记·内则》："偪屦着～。"❸鞋上的纹饰。《汉书·孝成班倢伃传》："俯视兮丹墀，思君兮履～。"《后汉书·刘盆子传》："侠卿为制绛单衣、半头赤帻、直～履。"㉑履迹。左思《娇女》诗："务蹑霜雪戏，重～常累积。"❹(jí)通"极"。1)最高的。《荀子·王霸》："夫人之情，目欲～色，耳欲～声，口欲～味，鼻欲～臭，心欲～佚，此五～者，人情之所必不免也。"2)标准。《荀子·王霸》："～定而国定，国定而天下定。"❺(jì)通"忌"。戒慎。睡虎地秦墓竹简《为吏之道》："戒之戒之，材不可归；谨之谨之，谋不可遗；～之～[之]，食不可赏(偿)。"❻古国名。张华《博物志》："～国送鸾卵给太官。"

【綦弁】 qíbiàn 古代一种青灰色的皮冠。《尚书·顾命》："四人～～，执戈上刃。"

【綦卫】 qíwèi 綦地出产的利箭。《列子·仲尼》："引乌号之弓，～～之箭，射其目。"

也作“淇卫”。《抱朴子·广譬》：“～～忘归，不能无弦而远激。”

【綦谿】 jíxī 极深。《荀子·非十二子》：“忍情性，～～利跂，苟以分异人为高，不足以合大众，明大分。”（利跂：离世独立。）

蜞（蟿） qí ❶虫名。水蛭。《类篇·虫部》：“～，蟲虫。水蛭也。”❷“彭（蟚）蜞”的省称。蟹类。宋濂《潜溪录》卷五：“生甲必龟贝，勿生蝓与～。”

鮨（鮨） 1. qí ❶鱼酱。《尔雅·释器》：“肉谓之羹，鱼谓之～。”㊂切细的肉。《仪礼·公食大夫礼》：“牛胾醢牛～。”（胾：大块的肉。）

2. yì ❷鱼名。似鲵。《山海经·北山经》：“[北岳之山]诸怀之水出焉，而西流注于嚣水，其中多～鱼，鱼身而犬首，其音如婴儿，食之已狂。”

骐（驥） qí 同“骐”。有青黑色花纹的骏马。《荀子·性恶》：“骅骝、～骥、纤离、绿耳，此皆古之良马也。”

琪（璂） qí 古代皮冠上的玉饰。《周礼·夏官·弁师》：“王之皮弁会五采玉～，象邸玉笄。”（会：缝合处。）

蕲（蘄） 1. qí ❶草名。《说文·艸部》：“～，艸也。”❷马嚼子。张衡《西京赋》：“旗不脱扃，结驷方～。”❸古州名。北周始置。治所在今湖北蕲春县。❹通“祈”。求。《吕氏春秋·振乱》：“所以～有道、行有义者，为其赏也。”韩愈《答李翊书》：“抑不知生之志，～胜于人而取于人邪？将～至于古之立言者邪？”

2. jī ❺古县名。秦置。治所在今安徽宿州南。《史记·高祖本纪》：“秦二世元年秋，陈胜等起～。”

麡（麡） qí 兽名。“麡狼”的省称。《后汉书·冉駹传》：“地有碱土，煮以为盐，～羊牛马食之皆肥。”

【麡狼】 qíláng 兽名。左思《吴都赋》：“其下则有枭羊～～，猰㺄貙象。”《异物志》：“～～，大如麇，角前向，有枝下出反向上长者四五尺，广州有之。”

鳍（鰭） qí 鱼类在水中运动的器官。郭璞《江赋》：“扬～掉尾，喷浪飞唌。”（唌：涎。）

獱（獱） qí 犬生一子称“獱”。《尔雅·释畜》：“犬生三，猣；二，师；一，～。”

麒 qí 见“麒麟”。

【麒麟】 qílín ❶传说中的仁兽名，象征吉祥。《史记·孔子世家》：“丘闻之也，刳胎杀夭则～～不至郊。”❷比喻杰出的人物。《晋书·顾和传》：“和二岁丧父，总角便有清操，族叔荣雅重之，曰：‘此吾家～～，兴吾宗者，必此子也。’”❸汉阁名。班固《西都赋》：“金华玉堂，白虎～～。”

【麒麟阁】 qílíngé 汉阁名。在未央宫内，为汉代收藏图书、陈列功臣画像的地方。《三辅黄图·阁》：“～～～，萧何造，以藏秘书、处贤才也。”杜甫《投赠哥舒开府翰》诗：“今代～～～，何人第一功？”

【麒麟楦】 qílínxuàn 比喻虚有其表的人。冯贽《云仙杂记》卷九引张鷟《朝野佥载》：“唐杨炯每呼朝士为～～～。或问之，曰：‘今假弄麒麟者，必修饰其形，覆之驴上，宛然异物。及去其皮，还是驴耳。无德而朱紫，何以异是？’”陆游《斋中杂兴》诗：“薶骨亦何悲，吾非～～～。”（薶：埋。）

鬐 qí ❶马颈上的长毛。陈与义《赴陈留》诗之一：“岁晚陈留路，老马三振～。”㊀指彩虹的附着物。张衡《西京赋》：“瞰宛虹之长～，察云师之所凭。”（云师：星名。）❷鱼脊鳍。宋玉《对楚王问》：“鲲鱼朝发昆仑之墟，暴～于碣石。”

【鬐鬣】 qíliè ❶指鱼的脊鳍。木华《海赋》：“巨鳞插云，～～刺天。”❷大鱼。元稹《赋得鱼登龙门》诗：“风云潜会合，～～忽腾凌。”

几 qǐ 见 jǐ。

乞 1. qǐ ❶求，讨。《韩非子·内储说下》：“夷射叱曰：‘去！刑馀之人，何事乃敢～饮长者！’”《后汉书·西域传》：“广德～降，以其太子为质。”㊀讨饭。《韩非子·难言》：“伯里子道～。”❷贫穷。《宋书·明恭王皇后传》：“外舍家寒～，今共为笑乐，何独不视？”

2. qì ❸给予。《汉书·朱买臣传》：“妻自经死，买臣～其夫钱，令葬。”杜甫《戏简郑广文兼呈苏司业》诗：“赖有苏司业，时时～酒钱。”❹同“气”。气味。元稹《生春》诗之十：“蕊排难犯雪，香～拟来风。”❺同“气”。廪饩，官府供给的食物。《晏子春秋·杂下》：“以世之不足也，免粟之食饱，士之一～也；炙三弋，士之二～也；苔菜五卵，士之三～也。”

【乞贷】 qǐdài 求讨，求借。《史记·孔子世家》：“游说～～，不可以为国。”陆游《村饮》诗：“盐醯～～寻常事，恼乱比邻莫愧频。”

【乞丐】 qǐgài ❶求乞，请求。《汉书·西域传上》：“拥强汉之节，馁山谷之间，～～无所得。”元结《与李相公书》：“即日辞命担囊，～～复归海滨。”❷乞免，宽恕。《三国志·吴书·周瑜传》：“窃惟陛下钦明稽古，隆于兴继，为胤归诉，～～馀罪，还兵复爵，使失旦之鸡，复得一鸣，抱罪之臣，展其后效。”（胤：人名。）❸靠讨饭度日的人。《朱子语类》卷一三〇：“钞法之行，有朝为富商，暮为～～者矣。”

【乞寒】 qǐhán 古代外来杂戏。又叫“乞寒泼胡”。《周书·宣帝纪》：“甲子，还宫，御正武殿，集百官及宫人内外命妇，大列妓乐，又纵胡人～～，用水浇沃为戏乐。”

【乞活】 qǐhuó ❶到有粮之地就食谋生。《晋书·东海王越传》：“初，东嬴公腾之镇邺也，携并州将田甄、甄弟兰……等部众万馀人至邺，遣就谷冀州，号为～～。”❷指逃亡求食的饥民。《宋书·王镇恶传》：“时有一人邵平，率部曲及并州～～一千馀户屯城南。”

【乞火】 qǐhuǒ ❶求取火种。《淮南子·览冥训》：“是故～～不若取燧，寄汲不若凿井。”❷《汉书·蒯通传》：“里妇夜亡肉，姑以为盗，怒而逐之。妇晨去，过所善诸母，语以事而谢之。里母曰：‘女安行？我今令而家追女矣。’即束缊请火于亡肉家，曰：‘昨暮夜，犬得肉，争斗相杀，请火治之。’亡肉家遽追呼其妇。故里母非谈说之士也，束缊乞火非还妇之道也。然物有相感，事有适可。臣请乞火于曹相国。”后因用“乞火”为向人说情、推荐的典故。杜牧《酬张祜处士见寄长句四韵》：“荐衡昔日知文举，～～无人作蒯通。”（衡：祢衡。）徐铉《吴王陇西公墓志铭》：“投杼致慈亲之惑，～～无里妇之辞。”

【乞假】 qǐjiǎ 求借东西。《礼记·内则》：“外内不共井，不共湢浴，不通寝席，不通～～。”陆游《读王摩诘诗赋古风》之十：“住久邻好深，百事通～～。”

【乞假】 qǐjià 请假。杜牧《祭故处州李使君文》：“我有家事，～～南来。”陆游《病中戏书》诗：“免从官～～，且喜是闲身。”

【乞灵】 qǐlíng 求助于神灵或某种权威。《左传·哀公二十四年》：“寡君亦徼福于周公，愿～～于臧氏。”陆游《出游》诗：“拔山意气今何在，犹有遗祠可～～。”

【乞盟】 qǐméng ❶古代订立盟约，告盟于神，请求神明监督。《左传·僖公二十八年》：“用昭～～于尔大神，以诱天衷。”❷向敌国求和。陆游《德勋庙碑》：“河洛将平，虏畏～～。”

【乞巧】 qǐqiǎo 旧时风俗，农历七月七日夜妇女在庭院穿针，向织女星乞求智巧，称为“乞巧”。宗懔《荆楚岁时记》：“七月七日为牵牛织女聚会之夜。是夕，人家妇女结彩缕，穿七孔针，或以金银鍮石为针，陈瓜果于庭中以～～。有喜子网于瓜上则以为符应。”和凝《宫词》：“阑珊星斗缀珠光，七夕宫嫔～～忙。”

【乞人】 qǐrén ❶乞丐。《南齐书·武陵昭王晕传》：“冬月道逢～～，脱襦与之。”❷求人。张籍《赠王司马》诗：“藏得宝刀求主带，调成骏马～～骑。”

【乞身】 qǐshēn 古代认为做官是委身事君，因称请求退职为“乞身”。《后汉书·李通传》：“时天下略定，通思欲避荣宠，以病上书～～。”苏轼《玉堂栽花周正孺有诗次韵》：“故山桃李半荒榛，粗报君恩便～～。”

【乞言】 qǐyán 古代帝王及其嫡长子养一些德高望重的老人，以便向他们求教，叫“乞言”。《周书·于谨传》：“太傅、燕国公谨，执德淳固，为国元老，馈以～～，朝野所属，可为三老。”颜真卿《广平文贞公宋公神道碑铭》：“方崇～～之典，以极师臣之敬。”泛指请求教言。《抱朴子·君道》：“倾下以纳忠，闻逆耳而不讳，广～～于诽谤，虽委抑而不距。”

【乞丐】 qìgài 给，施与。《汉书·朱买臣传》：“待诏公车，粮用乏，上计吏卒更～～之。”《陈书·新安王伯固传》：“伯固性嗜酒，而不好积聚，所得禄俸，用度无节，酣醉以后，多所～～。”

【乞骸骨】 qǐháigǔ 古代官吏自请退职，常称“乞骸骨”，意谓使骸骨得归葬故乡。《汉书·楚元王传》：“是时名儒光禄大夫龚胜以歆移书上疏深自罪责，愿～～～罢。”也省作“乞骸”。荀悦《汉纪·哀帝纪下》：“大司空彭宣见莽专权，～～。”

【乞浆得酒】 qǐjiāngdéjiǔ 比喻所得超过所求。刘知幾《史通·书志》：“太岁在酉，～～～～。”陆游《对食作》诗：“～～～～岂嫌薄，卖马僦船常觉宽。”

邛 qǐ 古县名。秦置。汉为侯国。治所在今湖北宜城市北。《后汉书·泗水王歙传》：“封长子柱为～侯。”

芑 qǐ ❶一种谷类植物。又叫“白粱粟”。《诗经·大雅·生民》：“诞降嘉种，维秬维秠，维穈维～。”❷一种野菜，似苦菜。《诗经·小雅·采芑》：“薄言采～，于彼新田。”❸树名。《山海经·东山经》：“[东始之山]上多苍玉，有木焉，其状如杨而赤理，其汁如血，不实，其名曰～。”❹通“杞”。树名。《山海经·东山经》：“[馀峨之山]其上多梓楠，其下多荆～。”

岂（豈） 1. qǐ ❶副词。1)表示反问。译为“怎么”、“难道”。《诗经·小雅·采薇》：“～敢定居，一月三捷。”《史记·礼书》："仲尼没后，受业之徒沈湮而不举，或适齐、楚，或入河、海，～不痛哉！"2）表示揣度。译为"是否能"、"大概"。《庄子·外物》："我东海之波臣也，君～有斗升之水而活我哉？"《三国志·蜀书·诸葛亮传》："诸葛孔明者，卧龙也，将军～愿见之乎？"3）表示祈使。译为"当"。《国语·吴语》："天王～辱裁之！"《汉书·丙吉传》："愿将军详大议，参以蓍龟，～宜褒显，先使入侍。"❷连词。表示意思上的急转逼进。译为"况且"。曹操《上书让费亭侯》："臣自三省：先臣虽有扶辇微劳，不应受爵，～逮臣三叶；若录臣关东微功，皆祖宗之灵祐，陛下之圣德，～臣愚陋，何能克堪。"❸（jì）通"觊"。希冀。东方朔《七谏·沉江》："追悔过之无及兮，～尽忠而有功。"

2. kǎi ❹快乐，和乐。《诗经·小雅·蓼萧》："宜兄宜弟，令德寿～。"阮籍《咏怀》之二十三："～安通灵台，游漭去高翔。"

【岂乐】 kǎilè 和乐。《诗经·小雅·鱼藻》："王在在镐，～～饮酒。"也作"恺乐"。张衡《南都赋》："接欢宴于日夜，终～～之令仪。"

【岂弟】 kǎitì 同"恺悌"。和乐平易。《诗经·齐风·载驱》："鲁道有荡，齐子～～。"又《大雅·泂酌》："～～君子，民之父母。"

屺 qǐ 不长草木的山。《诗经·魏风·陟岵》："陟彼～兮，瞻望母兮。"元好问《谢邓州帅免从事之辟》诗："首丘自拟终残喘，陟～谁当辨苦音。"

【屺岵】 qǐhù 《诗经·魏风·陟岵》："陟彼岵兮，瞻望父兮……陟彼屺兮，瞻望母兮。"后因以"屺岵"代指父母。颜惟贞《萧思亮墓志》："未及庭闱之养，遂缠～～之悲。"

企 qǐ ❶踮起脚跟。《老子·二十四章》："～者不立，跨者不行。"《汉书·高帝纪上》："吏卒皆山东之人，日夜～而望归。"㉡站立。何晏《景福殿赋》："鸟～山峙。"❷盼望。《三国志·吴书·周鲂传》："不胜翘～，万里托命。"㉡仰望，仰慕。赵元一《奉天录》："忠臣义士，身死王事，可得而言者，咸悉载之，使后来英杰，贵风义而～慕。"❸企及，赶上。郭璞《江赋》："飞廉无以睎其踪，渠黄不能～其景。"（渠黄：骏马名。）《新唐书·王勃传》："勃文章宏放，非常人所及，[杨]炯、[卢]照邻可以～之。"

【企迟】 qǐchí（迟，旧读 zhì） 举踵而待，形容急切期待。《晋书·殷浩传》："自羯胡夭亡，群凶殄灭，而百姓涂炭，～～拯接。"《宋书·柳元景传》："大行届道，廓清惟始，～～面对，展雪哀情。"

【企及】 qǐjí ❶踮起脚跟来才够着。言勉力做到或勉力从事。《后汉书·陈蕃传》："圣人制礼，贤者俯就，不肖～～。"❷赶上，赶得上。《新唐书·杜甫传》："扬雄、枚皋，可～～也。"葛立方《韵语阳秋》卷十五："想其挡弹之妙，冠古绝今，人未易～～也。"

【企竦】 qǐsǒng 举踵而立，形容看得出神。曹植《求自试表》："夫临搏而～～，闻乐而窃抃者，或有赏音而识道也。"

【企望】 qǐwàng 举踵而望。形容急切盼望。《后汉书·袁绍传》："天子危迫，～～义兵，以释国难。"《三国志·魏书·卫觊传》："人民流入荆州者十万馀家，闻本土安宁，皆～～思归。"

【企羡】 qǐxiàn 仰慕。《北史·阳休之传》："休之始为行台郎，便坦然投分，文酒会同，相得甚款，乡曲人士莫不～～焉。"

【企予】 qǐyú 踮起脚跟。予，相当于"而"，助词。曹丕《秋胡行》："～～望之，步立踌躇。"陆机《叹逝赋》："望汤谷以～～，惜此景之屡戢。"

【企踵】 qǐzhǒng 踮起脚跟，多形容急切仰望之状。《三国志·魏书·崔琰传》："今邦国殄瘁，惠康未洽，士女～～，所思者德。"又《贾诩传》注引《九州春秋》："是以群雄回首，百姓～～，虽汤、武之举，未有高于将军者。"

【企伫】 qǐzhù 举踵久立。形容急切盼望。《三国志·魏书·陈思王植传》："是臣慺慺之诚，窃所独守，实怀鹤立～～之心。"也形容十分景仰。夏侯湛《东方朔画赞》："敬问墟坟，～～原隰；墟墓徒存，精灵永戢。"

【企踵可待】 qǐzhǒngkědài 形容很快就可以等到。《后汉书·王符传》："则萧、曹、周、韩之伦，何足不致，吴、邓、梁、窦之属，～～～～。"司马光《上皇帝疏》："治平之期，～～～～。"

启（啟、啓、啓） qǐ ❶开门，开。《左传·隐公元年》："夫人将～之。"《礼记·月令》："势中咸动。～户始出。"㉡分开。《诗经·小雅·信南山》："执其鸾刀，以～其毛。"《大戴礼记·夏小正》："～灌蓝蓼。～者，别也，陶尔疏之也。"㉢开拓，开创。《左传·成公八年》："夫狡焉思～封疆以利社稷者，何国蔑有？"沈约《梁武帝践祚与州郡敕》："故能～业垂统，光宅区夏。"❷萌芽。《荀子·天论》："繁～蕃长于春夏，畜积收藏于秋冬。"㊗指立春、立夏两个节气。见"启闭②"。❸开导，启发。《尚书·太甲上》："旁求俊彦，～迪后人。"《后汉书·丁鸿传》："君子立言，非苟显其理，将以～天下之方悟者。"㉢招致，引发。《后汉书·朱祐等传论》:“夫崇恩偏授,易~私溺之失;至公均被,必广招贤之路。”❹始,开始。潘岳《在怀县作》诗之一:“初伏~新节,隆暑方赫羲。”《颜氏家训·慕贤》:“齐亡之迹,~于是矣。”❺陈述,禀告。《商君书·开塞》:“非明主莫有能听也,今日愿~之以效。”古诗《为焦仲卿妻作》:“府吏得闻之,堂上~阿母。”❻泛指奏疏,公文,书函。沈作喆《寓简》卷八:“秦熺状元及第,汪彦章以~贺会之。”❼指军队的左翼。《左传·襄公二十三年》:“~,牢成御襄罢师,狼蘧疏为右。”⊗指军队的前锋。《周礼·地官·乡师》“巡其前后之屯”贾公彦疏:“军在前曰~,在后曰殿。”❽伸直腰股跪坐。见“启处”、“启居”。

【启白】 qǐbái 陈说,禀告。《释名·释书契》:“笏,忽也。君有教命及所~~,则书其上,备忽忘也。”薛用弱《集异记·丁岩》:“尔不若从吾,当~~太守,舍尔之命。”

【启闭】 qǐbì ❶开、关。《周礼·地官·司门》:“司门掌授管键,以~~国门。”❷节气名。立春、立夏为“启”,立秋、立冬为“闭”。《左传·僖公五年》:“凡分、至、~、~,必书云物,为备故也。”后也用以泛指节气。陆倕《新刻漏铭序》:“时乖~~,箭异锱铢。”

【启齿】 qǐchǐ ❶开口笑。《庄子·徐无鬼》:“奉事而大有功者不可为数,而吾君未尝~~。”❷开口,发言。《旧唐书·长孙无忌传》:“唐俭言辞俊利,善和解人,酒杯流行,发言~~,事朕三十载,遂无一言论国家得失。”

【启处】 qǐchǔ 指安居。处,指坐。《左传·襄公八年》:“敝邑之众,夫妇男女,不遑~~,以相救也。”王勃《益州绵竹县武都山净惠寺碑》:“造化之所偃薄,灵仙之所~~。”

【启发】 qǐfā ❶阐明事例,引起对方联想而有所领悟。应劭《风俗通·正失·彭城相袁元服》:“~~和帝,诛讨窦氏。”❷阐明,发挥。班固《西都赋》:“~~篇章,校理秘文。”

【启节】 qǐjié ❶古代使臣出行,执节以示信。后因以“启节”指侍从引驾或高级官吏起程。陶弘景《周氏冥通记》卷二:“神童~~,玉女侍轩。”❷喻星宿的运转和节令的更换。张协《安石榴赋》:“尔乃飞龙~~,扬飙扇埃。”阴行先《和张燕公湘中九日登高》:“重阳初~~,无射正飞灰。”

【启居】 qǐjū 跪和坐。指安居。《诗经·小雅·出车》:“王事多难,不遑~~。”江淹《萧骠骑让封第二表》:“静躬自察,~~匪地。”

【启明】 qǐmíng ❶开明,通达事理。《尚书·尧典》:“胤子朱,~~。”❷星名,即金星。因其在日出之前出现,故称。《诗经·小雅·大东》:“东有~~,西有长庚。”

【启乞】 qǐqǐ 开口索要。《南史·齐东昏侯纪》:“[潘妃]父宝庆与诸小共逞奸毒,富人悉诬为罪,田宅资财,莫不~~。”

【启颡】 qǐsǎng 即“稽颡”。以额触地。为居父母之丧时跪拜宾客之礼。《孔子家语·曲礼子贡问》:“子张有父之丧,公明仪相焉;问~~于孔子。”后也用于请罪。《新唐书·于休烈传》:“侍中裴光庭曰:‘吐蕃不识礼经,孤背国恩,今求哀~~,许其降附。’”

【启事】 qǐshì ❶陈述事情。多用于下对上。《三国志·魏书·董卓传》:“召呼三台尚书以下自诣卓府~~。”❷陈述事情的书函。庾肩吾《谢武陵王赉绢启》:“有谢笔端,无辞陈报,不任下情,谨奉~~谢闻。”

【启体】 qǐtǐ 犹“启手足”。言善终。《后汉书·崔骃传》:“贵~~之归全兮,庶不忝乎先子。”《宋书·谢瞻传》:“吾得~~幸全,归骨山足,亦何所多恨。”

【启沃】 qǐwò 《尚书·说命上》:“启乃心,沃朕心。”后遂以“启沃”言竭诚开导、忠告。刘蕡《对贤良方正直言极谏策》:“故低徊郁塞,以俟陛下感悟,然后尽其~~耳。”梅尧臣《送曾子固苏轼》诗:“正如唐虞时,元凯同~~。”(元、凯:“八元八凯”的省称。传说高辛氏有才子八人,称为“八元”;高阳氏有才子八人,称为“八凯”。他们都是尧舜的大臣,以政教称美。)

【启行】 qǐxíng 起程,出发。《诗经·小雅·六月》:“元戎十乘,以先~~。”又《大雅·公刘》:“弓矢斯张,干戈戚扬,爰方~~。”也指开路。陈子昂《为乔补阙论突厥表》:“臣请执殳先驱,为士卒~~。”

【启蛰】 qǐzhé 节气名。虫类冬天蛰伏,至春复出,叫作“启蛰”。《周礼·考工记·韗人》:“凡冒鼓必以~~之日。”《论衡·明雩》:“《春秋左氏传》曰:‘~~而雩。’”(按:启蛰,今称“惊蛰”。汉氏之始,以“启蛰”为正月中,在“雨水”之前;至太初以后,更改节气名,以“惊蛰”为二月节,在“雨水”之后,以至于今。)

【启手足】 qǐshǒuzú 《论语·泰伯》:“曾子有疾,召门弟子曰:‘启予足,启予手。’”儒家宣扬孝道,曾子有病,恐死,召弟子开衾视手足,以明临终前受于父母的身体完整无毁。后来“启手足”遂成为善终的代称。独孤及《独孤公故夫人京兆韦氏墓志》:“~~~之日,长幼号咷。”范仲淹《东染院使种君墓志铭》:“以庆历五年正月七日甲子,~

～～,神志不乱,享年六十一。"也作"启手启足"。《周书·明帝纪》:"朕得～～～～,从先帝于地下,实无恨于心矣。"

玘 qǐ 玉名。《说文·玉部新附》:"～,玉也。"

杞 qǐ ❶树名。枸杞。《诗经·小雅·四月》:"山有蕨薇,隰有～桋。"❷树名。杞柳。《诗经·郑风·将仲子》:"将仲子兮,无逾我里,无折我树～。"❸周代诸侯国,后为楚所灭,故址在今河南杞县。《史记·乐书》:"武王克殷,下车而封夏后氏之后于～。"

【杞梓】 qǐzǐ ❶杞和梓。皆优质木材。《左传·襄公二十六年》:"晋卿不如楚,其大夫则贤,皆卿材也。如～～、皮革,自楚往也。虽楚有材,晋实用之。"❷喻优秀的人材。《晋书·陆机陆云传论》:"观夫陆机、陆云,实荆衡之～～,挺珪璋于秀实,驰英华于早年。"江淹《效卢谌〈感交〉》诗:"自顾非～～,勉力在无逸。"

【杞人忧天】 qǐrényōutiān 《列子·天瑞》:"杞国有人,忧天地崩坠,身亡所寄,废寝食者。"后因称不必要的或无根据的忧虑为"杞人忧天"。邵长蘅《守城行纪时事也》诗:"纵令消息未必真,～～～～独苦辛。"或省作"杞忧"。赵翼《冬暖》诗:"阴阳调变何关汝,偏是书生易～～。"

莒(萱) qǐ 菜名。生在水中。即"水蕨"。《说文·艸部》:"菜之美者,云梦之～。"

起 qǐ ❶站起,坐起,起来。《庄子·齐物论》:"曩子坐,今子～。"《汉书·韩安国传》:"且臣闻之,冲风之衰,不能～毛羽。"㊕起床。《礼记·内则》:"孺子早寝晏～。"㊀病愈,治愈。《史记·扁鹊仓公列传》:"此自当生者,越人能使之～耳。"《后汉书·郑玄传》:"针膏肓,～废疾。"㊂竖立。《尚书·金縢》:"王出郊,天乃雨,反风,禾则尽～。"❷兴起,发生。《荀子·天论》:"一废一～,应之以贯,理贯不乱。"《史记·吕太后本纪》:"不然,祸且～。"㊂起事,起兵。《汉书·高帝纪上》:"秦二世元年秋七月,陈涉～蕲,至陈,自立为楚王。"《三国志·魏书·武帝纪》:"光和末,黄巾～。"❸出身。《史记·高祖本纪》:"群臣皆曰:'大王～微细,诛暴逆,平定四海,有功者辄裂地而封为王侯。大王不尊号,皆疑不信。'"《汉书·萧何曹参传赞》:"萧何、曹参皆～秦刀笔吏,当时录录未有奇节。"❹举用,征聘。《管子·法法》:"废人而复～,殆。"《论衡·语增》:"或时～白屋之士,以璧迎礼之。"㊂应聘,出仕。《东观汉记·李业传》:"公孙述欲征李业,业固不～。"㊂开征(赋役)。《管子·臣乘马》:"～一人之繇,百亩不举;～十人之繇,千亩不举。"❺兴建。《后汉书·光武帝纪》:"十四年春正月,～南宫前殿。"又《灵帝纪》:"～四百尺观于阿亭道。"㊀设置。《礼记·礼运》:"则礼虽先王未之有,可以义～也。"❻开始。《孙子算经》卷上:"度之所～,～于忽。"《史记·李斯列传》:"明法度,定律令,皆以始皇～。"❼启发。《论语·八佾》:"子曰:'～予者商也,始可与言诗已矣。'"(商:人名。)《论衡·感类》:"奚仲感蜚蓬,而仓颉～鸟迹也。"(蜚蓬:蓬草枯后根断,遇风飞旋,称"飞蓬"。蜚,通"飞"。)❽凸起,突起。《后汉书·张衡传》:"合盖隆～,形似酒尊。"慧远《庐山记略》:"东南有香炉山,孤峰秀～。"㊂升起。韦应物《园林晏起寄昭应韩明府卢主簿》诗:"田家已耕作,井屋～晨烟。"❾量词。伙。《金史·孟浩传》:"据田谷一～人除已叙用外,但未经任用身死,并与复旧官爵。"

【起废】 qǐfèi 重新振兴废弛的事物。《史记·太史公自序》:"幽、厉之后,王道缺,礼乐衰,孔子修旧～～,论《诗》、《书》,作《春秋》,则学者至今则之。"

【起复】 qǐfù ❶封建时代,官吏有丧,守丧尚未满期而重新起用,称作"起复"。《北齐书·清河王岳传》:"元象二年,遭母忧去职,寻～～本任。"《北史·李德林传》:"寻丁母艰,……裁百日,夺情～～,固辞不起。"(按:明、清两代,守丧期满而重新起用者为"起复",守丧期未满而重新起用者为"夺情"。与旧制不同。)❷降职或革职后重被起用。《宋史·向子諲传》:"初[张]邦昌为平章军国事,子諲乞致仕避之,坐言者降三官,～～知潭州。"

【起居】 qǐjū ❶作息,举止。言日常生活。《汉书·谷永传》:"～～有常,循礼而动。"曾巩《送李材叔知柳州序》:"～～不违其节,未尝有疾。"❷请安,问候。杜甫《奉送蜀州柏二别驾将中丞命赴江陵起居卫尚书太夫人》诗:"迁转五州防御使,～～八座太夫人。"❸宋代依后唐明宗制,每五日群臣随宰相入见,谓之"起居"。见《宋史·礼志十九》。❹大便。《吴越春秋·夫差内传》:"吴王曰:'何谓粪种?'左右曰:'盛夏之时,人食生瓜,～～道旁,子复生。'"

【起事】 qǐshì ❶办事。《管子·形势解》:"解惰简慢,……以之～～则不成。"❷倡义举兵。韩愈《张中丞传后叙》:"有于嵩者,少依于巡,及巡～～,嵩常在围中。"《新唐书·太宗纪》:"高祖寤曰:'～～者,汝也,成败惟汝!'"

【起溲】 qǐsōu 发酵。也指发酵饼。束皙《饼赋》:"高风既厉……肴馔尚温,则～～可施。"苏轼《真一酒歌》:"天旋雷动玉尘香,～～十裂照坐光。"

【起予】 qǐyú 《论语·八佾》:"子曰:起予者商也,始可与言诗已矣。"言启发我的志意。后以"起予"指得自他人的教益。应璩《与广川长岑文瑜书》:"想雅思所未及,谨书～～。应璩白。"杜甫《贻华阳柳少府》诗:"～～幸班白,因是托子孙。"(班:通"斑"。)

【起承转合】 qǐchéngzhuǎnhé 诗文结构章法方面的术语。"起"是开端;"承"是承接上文,加以申述;"转"是转折,从另一方面立论;"合"是结束全文。王应奎《柳南随笔·宋人论文》:"冯已苍批《才调集》,颇斤斤于～～～～之法。"

绮(綺) qǐ ❶平纹底上起花的丝织物。《史记·孟尝君列传》:"今君后宫蹈～縠而士不得(短)[裋]褐,仆妾馀粱肉而士不厌糟糠。"《古诗十九首》之十八:"客从远方来,遗我一端～。"❷华丽,美盛。《后汉书·宦者传序》:"嫱媛、侍儿、歌童、舞女之玩,充备～室。"江淹《学梁王兔园赋》:"乃有～云之馆,赪霞之台。"㊁精美,珍贵。李白《忆旧游寄谯郡元参军》诗:"琼杯～食青玉案,使我醉饱无归心。"❸纵横交错。见"绮错"、"绮陌"。

【绮错】 qǐcuò 纵横交错。《后汉书·班彪传》:"周庐千列,徼道～～。"何晏《景福殿赋》:"星居宿陈,～～鳞比。"

【绮井】 qǐjǐng 即"藻井"。有图案的天花板。曹植《七启》:"～～含葩,金墀玉箱。"左思《魏都赋》:"～～列疏以悬蒂,华莲重葩而倒披。"

【绮靡】 qǐmí 精妙,华丽,浮艳。陆机《文赋》:"诗缘情而～～,赋体物而浏亮。"《文心雕龙·辨骚》:"《九歌》、《九辩》,～～以伤情。"杜牧《感怀》诗:"至于贞元末,风流恣～～。"

【绮陌】 qǐmò 纵横交错的道路。梁简文帝《登烽火楼》诗:"万邑王畿旷,三条～～平。"王涯《游春词》之一:"才见春光生～～,已闻清乐动云韶。"

【绮年】 qǐnián 犹"华年"。青春少年。宇文逌《庾开府集序》:"～～而播华誉,龆岁而有俊名。"也作"绮岁"。《陈书·始兴王伯茂传》:"玉映觿辰,兰芬～～。"

【绮钱】 qǐqián 宫殿的窗饰。谢朓《直中书省》诗:"玲珑结～～,深沉映朱网。"《乐府诗集·子夜歌》:"朝日照～～,光风动纨素。"

【绮疏】 qǐshū 窗户上的镂空花纹。也指镂花的窗户。《后汉书·梁冀传》:"窗牖皆有～～青琐,图以云气仙灵。"《三国志·魏书·曹爽传》:"作窟室,～～四周,数以晏等会其中,饮酒作乐。"

【绮思】 qǐsī 华美的文思,美妙的想像。梁简文帝《赠张缵》诗:"～～暖霞飞,清文焕飙转。"罗隐《广陵李仆射借示近诗因投献》诗:"闲寻～～千花丽,静想高吟六义清。"

【绮纨】 qǐwán 华丽精美的丝织品。《后汉书·王符传》:"且其徒御仆妾,皆服文组彩牒、锦绣～～。""绮纨"为显贵豪门所服,因以指富贵人家子弟。柳宗元《送萧鍊登第后南归序》:"余幼时拜兄于九江郡,睹其乐嗜经书,慕山薮,凝和抱质,气象甚茂,虽在～～,而私心慕焉。"

【绮语】 qǐyǔ ❶华美的文词。韩愈、孟郊《城南联句》:"削缕穿珠缨,～～洗晴雪。"苏轼《登州海市》诗:"新诗～～亦安用,相与变灭随东风。"后来也称描摹叙记男女私情的香艳文词为"绮语"。❷佛家语。言一切杂秽不实之词。《四十二章经·善恶并明》:"众生以十事为善,亦以十事为恶。何等为十?身三,口四,意三。……口四者:两舌、恶口、妄言、～～。"

【绮札】 qǐzhá 辞藻华丽的书札。卢照邻《乐府杂诗序》:"云飞～～,代郡接于苍梧;泉涌华篇,岷波连于碣石。"

棨 qǐ ❶古代官吏所用的一种仪仗。木制,形如戟,外罩赤黑色缯衣,出行时执以前导。《晋书·羊祜传》:"尝欲夜出,军司徐胤执～当营门。"❷古代用木刻制的一种符信,过关津时执以为凭。《汉书·文帝纪》"除关无用传"颜师古注:"李奇曰:'传,～也。'～者,刻木为合符也。"❸制茶器具。陆羽《茶经·二之具》:"～,一曰锥。刀柄以坚木为之,用穿茶也。"㊁用棨穿茶。陆羽《茶经·九之略》:"于野寺山园丛手而掇,乃蒸,乃春,乃复以火干之,则又～、扑、焙、贯、棚、穿、育等七事皆废。"

【棨戟】 qǐjǐ 有缯衣或油漆的木戟,古代官吏出行时作前导的一种仪仗。《后汉书·舆服志上》:"公以下至二千石,骑吏四人,千石以下至三百石,县长二人,皆带剑,持～～为前列。"又《杜诗传》:"世祖召见,赐以～～。"

【棨信】 qǐxìn 传信的符证,符节。《后汉书·窦武传》:"取～～,闭诸禁门。"《宋书·谢庄传》:"于时世祖出行,夜还,敕开门。庄居守,以～～或虚,执不奉旨,须墨诏乃开。”

胥(膥) qǐ 小腿肚子。《山海经·海外北经》：“无～之国在长股东，为人无～。”又《海内北经》：“其为人，虎文，胫有～。”

綮(綮) 1. qǐ ❶细密的缯帛。《说文·糸部》：“～，致缯也。”❷赤黑缯制作的戟衣。也代指棨戟。姚燧《颍州万户邸公神道碑》：“上昭祖考，下传旄～。”

2. qǐng ❸筋肉结节处。《庄子·养生主》：“依乎天理，批大郤，导大窾，因其固然，技经肯～之未尝，而况大軱乎！”（肯：紧附在骨上的肉。軱：大骨。）苏轼《仇池笔记·众狗不悦》：“得微肉于牙～间，如食蟹螯。”

稽 qǐ 见jī。

䭬(䭬) qǐ “稽”的古字。叩。《汉书·诸侯王表》：“汉诸侯王厥角～首，奉上玺韨，惟恐在后。”

切 qì 见qiē。

气(氣) qì ❶云气。泛指一切气体。《吕氏春秋·观表》：“天为高矣，而日月星辰云～雨露未尝休也。”《列子·天瑞》：“虹蜺也，云雾也，风雨也，四时也，此积～之成乎天者也。”㊕气息。《汉书·苏武传》：“［苏］武～绝，半日复息。”❷指风雨、晦明等自然现象。《左传·昭公元年》：“天有六～……六～曰阴、阳、风、雨、晦、明也。”㊂节气。《论衡·无形》：“岁月推移，～变物态，虾蟆为鹑，雀为蜄蛤。”❸气味。曹植《洛神赋》：“～若幽兰。”㊂嗅。《礼记·少仪》：“洗盥，执食饮者，勿～。”❹气势，气概。《商君书·算地》：“勇士资在于～。”《孙子·军争》：“故三军可夺～，将军可夺心。”㊂意气，感情。《南史·傅縡传》：“然性木强，不持检操，负才使～，陵侮人物。”㊂气节。陶弘景《寻山志》：“轻死重～，名贵于身。”❺古代医学用语。1）指人的精气、元气。《左传·昭公元年》：“于是乎节宣其～，勿使有所壅闭湫底以露其体。”（露：使羸弱。）《吕氏春秋·尽数》：“形不动则精不流，精不流则～郁。郁处头则为肿、为风。”2）指某种病象。白居易《自叹》诗：“春来痰～动，老去嗽声深。”❻古代哲学概念。1）指形成宇宙万物的最根本的物质。《论衡·自然》：“天地合～，万物自生。”2）指主观精神。《孟子·公孙丑上》：“其为～也，至大至刚，以直养而无害，则塞于天地之间。”❼古代文论术语。多指作者的才能、气质及由此形成的作品的风格等。曹丕《典论·论文》：“文以～为主，～之清浊有体，不可力强而致。”《文心雕龙·风骨》：“故其论孔融，则云‘体～高妙’；论徐幹，则云‘时有齐～’；论刘桢，则云‘有逸～’。”❽风尚，风气。《华阳国志·巴志》：“俗素朴，无造次辨丽之～。”㊂气象。杜甫《秋兴》诗之一：“玉露凋伤枫树林，巫山巫峡～萧森。”❾通“器”。器具。《逸周书·月令》：“乃命大酋，秫稻必齐，曲蘖必时……水泉必香，陶～必良。”

【气调】 qìdiào ❶气概风度。《南史·蔡撙传》：“（蔡）撙风骨鲠正，～～英嶷，当朝无所屈让。”张鷟《游仙窟》：“～～如兄，崔季珪之小妹。”❷神韵与风格。《颜氏家训·文章》：“文章当以理致为心胸，～～为筋骨，事义为皮肤，华丽为冠冕。”

【气分】 qìfèn ❶气质。《孔子家语·执辔》：“子夏问于孔子曰：‘商闻《易》之生人及万物鸟兽昆虫，各有奇耦，～～不同。’”苏轼《法云寺礼拜石记》：“闻我佛修道时，刍泥巢顶，霑佛～～，后皆受报。”❷身份，体面。王实甫《西厢记》二本一折：“小梅香伏侍得勤，老夫人拘系得紧，则怕俺女孩儿折了～～。”

【气概】 qìgài ❶气派，气魄。《宋书·王玄谟传》：“此儿～～高亮，有太尉彦云之风。”耶律楚材《继孟云卿韵》：“开基～～鲸吞海，遁世生涯鼠饮河。”❷气节。《北史·崔光传》：“常慕胡广、黄琼为人，故为～～者所不重。”《宋史·萧贯传》：“俊迈能文，尚～～。”

【气干】 qìgàn ❶气血躯体。《列子·杨朱》：“行年六十，～～将衰，弃其家事，都散其库藏、珍宝、车服、妾媵。”❷犹“才干”。《三国志·吴书·孙韶传》注引《吴书》：“［孙］河质性忠直，讷言敏行，有～～，能服勤。”

【气骨】 qìgǔ 指诗文、书法的风格骨力。《梁书·丘迟传》：“迟八岁便属文，［父］灵鞠常谓～～似我。”黄庭坚《题颜鲁公帖》：“观鲁公此帖，奇伟秀拔，奄有魏晋隋唐以来风流～～。”

【气海】 qìhǎi ❶指胸腔。《旧唐书·柳公度传》：“公度善摄生，年八十馀，步履轻便。或祈其术，曰：‘吾初无术，但未尝以元气佐喜怒，～～常温耳。’”❷穴位名。朱肱《类证活人书·关元穴》：“脐下一寸五分，名～～；二寸，名丹田；三寸，名关元。”

【气候】 qìhòu ❶气象，天气。谢灵运《石壁精舍还湖中作》诗：“昏旦变～～，山水含清晖。”杜牧《阿房宫赋》：“一日之内，一宫之间，而～～不齐。”❷气度。《三国志·吴书·朱然传》：“然长不盈七尺，～～分明，内行修洁。”❸指人的态度。李光《与王彦恭书》:“自公行后,所传多端,不可具述,大抵幸灾乐祸者多。公～～却一向安乐,吾徒但能寡欲,自可无病。”

【气化】 qìhuà ❶指阴阳之气的变化。张载《正蒙·太和》:“由太虚,有天之名;由～～,有道之名;合虚与气,有性之名;合性与知觉,有心之名。”❷中医指人体气机的运行变化。《素问·至真要大论》:“(少阴)不司～～,居气为灼化。”

【气节】 qìjié ❶志气与节操。《后汉书·马援传》:“[王]磐拥富赀居故国,为人尚～～而爱士好施,有名江淮间。”❷节令。陶渊明《劝农》诗:“～～易过,和泽难久。”《尚书·尧典》“以闰月定四时成岁”孔颖达疏:“若以闰月补阙,令气朔得正,定四时之～～,成一岁之历象。”

【气结】 qìjié 郁闷,郁结。《后汉书·赵壹传》:“下笔～～,汗流竟趾。”曹植《送应氏》诗之一:“念我平生亲,～～不能言。”

【气决】 qìjué 气节。《后汉书·耿夔传》:“夔字定公,少有～～。”

【气类】 qìlèi ❶同类。《三国志·蜀书·蒋琬传》:“巴蜀贤智文武之士多矣,至于足下、诸葛思远,譬诸草木,吾～～也。”又《李严传》注引诸葛亮《与平子丰教》:“今虽解任,形业失故,奴婢宾客百数十人,君以中郎参军居府,方之～～,犹为上家。”❷意气相投的人;意气相投。《三国志·魏书·陈思王植传》:“不敢过望交～～,修人事,叙人伦。”《南史·陆厥传》:“吴兴沈约、陈郡谢朓、琅琊王融以～～相推毂。”

【气力】 qìlì ❶力气。《战国策·西周策》:“夫射柳叶者,百发百中,而不已善息,少焉,～～倦,弓拨矢钩,一发不中,前功尽矣。”《列子·汤问》:“内得于中心,而外合于马志,……取道致远而～～有馀。”❷实力,势力。《韩非子·五蠹》:“上古竞于道德,中世逐于智谋,当今争于～～。”韩愈《柳子厚墓志铭》:“既退,又无相知有～～得位者推挽。”❸才力。《文心雕龙·声律》:“～～穷于和韵。”

【气母】 qìmǔ ❶元气的本原。《庄子·大宗师》:“夫道,……狶韦氏得之,以挈天地;伏戏氏得之,以袭～～。”❷虹的别名。陶谷《清异录·天文》引《博学记》:“迷空布障,雾;……冰子,雹;～～,虹。”

【气色】 qìsè ❶脸色,神色。《荀子·劝学》:“不观～～而言谓之瞽。”白敏中《酒令》诗:“少年从事夸门第,莫向尊前～～粗。”❷色泽。白居易《答微之夸越州州宅》诗:“日出旌旗生～～,月明楼阁在空虚。”❸景象。谢惠连《西陵遇风献康乐》诗:“萧条洲渚际,～～少谐和。”

【气势】 qìshì ❶气派与声势。《淮南子·兵略训》:“有～～,有地势。”《论衡·物势》:“夫物之相胜,或以筋力,或以～～,或以巧便。”❷气象与形势。杜牧《长安秋望》诗:“南山与秋山,～～两相高。”

【气数】 qìshù ❶节气与运数。《宋史·乐志三》:“初,良辅在元丰中上《乐书》五卷,其书分为四类,以谓‘天地兆分,～～爰定。律厥～～,通之以声’。”(元丰:年号。)❷气运,命运。方回《读宣枢南山朱公遗集》诗:“功名拘～～,文字见精神。”

【气索】 qìsuǒ 意气索然,沮丧。刘琨《与丞相笺》:“不得进军者,实困无食。……夏则桑椹,冬则萱豆,视此哀叹,使人～～。”

【气味】 qìwèi ❶滋味。《隋书·王劭传》:“今温酒及炙肉,用石炭、柴火、竹火、草火、麻荄火,～～各不同。”❷喻意趣或情调。白居易《闲意》诗:“渐老渐谙闲～～,终身不拟作忙人。”范成大《元日山寺》诗:“少年豪壮今如此,略与残僧～～同。”

【气息】 qìxī 指呼吸时出入之气。《庄子·人间世》:“兽死不择音,～～茀然。”也指呼吸。《后汉书·寒朗传》:“母往视,犹尚～～,遂收养之。”

【气性】 qìxìng 气质,本性。《论衡·累害》:“火不苦热,水不痛寒,～～自然,焉招之?”韩愈《猛虎行》:“自矜无当对,～～纵以乖。”

【气序】 qìxù 犹“时序”。指季节的推移。《梁书·沈约传》:“公自至京邑,已移～～。”白居易《东南行一百韵》:“～～凉还热,光阴旦复晡。”

【气宇】 qìyǔ 气度,气概。陶弘景《寻山志》:“于是散发解带,盘旋岩上,心容旷朗,～～调畅。”

【气运】 qìyùn ❶气候的变迁,时序的流转。曹植《节游赋》:“感～～之和顺,乐时泽之有成。”❷指气数和命运。《世说新语·伤逝》:“戴公见林法师墓,曰:‘德音未远,而拱木已积,冀神理绵绵,不与～～俱尽耳。’”

【气韵】 qìyùn 神气和韵味。多用于书画、文章。陈善《扪虱新话》卷一:“文章以～～为主,～～不足,虽有辞藻,要非佳作也。”张彦远《历代名画记》卷一:“若～～不周,空陈形似,笔力未遒,空善赋彩,谓非妙也。”

【气食牛】 qìshíniú 《太平御览》卷八九一

引《尸子》："虎豹之驹，未成文而有食牛之气。"后因以"气食牛"比喻人年少而气概不凡。杜甫《徐卿二子歌》："小儿五岁～～，满堂宾客皆回头。"

讫(訖) qì ❶终止，完毕。《论衡·偶会》："关龙逢杀，箕子、比干囚死，当桀、纣恶盛之时，亦二子命～之期也。"《后汉书·张禹传》："祠谒既～，当南礼大江，会得君奏，临汉回舆而旋。"❷副词。1)尽，都。《后汉书·礼仪志上》："洁者，言阳气布畅，万物～出，始洁之矣。"2)竟，终。《汉书·王莽传中》："莽以钱币～不行，复下书。"《后汉书·和帝纪》："而宣布以来，出入九年，二千石曾不承奉，恣心从好，司隶、刺史～无纠察。"❸通"迄"。至，到。《尚书·禹贡》："声教～于四海。"《论衡·谢短》："从高祖至今朝几世？历年～今几载？"㊀近。苏轼《扬州谢到任表》："～者支郡养痾，裁能免咎。"

汔(汔) qì ❶干涸。《周易·井》："～至亦未繘井，羸其瓶，凶。"《抱朴子·诘鲍》："～渊剖珠，倾岩刊玉。"❷尽，竭尽。《吕氏春秋·听言》："老弱冻馁，夭膌壮狡，～尽穷屈，加以死虏。"（膌：通"瘠"。使瘦弱。）㊀完成。岳珂《桯史》卷五："君第～事，何庸知我。"❸副词。1)庶几，差不多。《诗经·大雅·民劳》："民亦劳止，～可小康。"赵南星《高邑县志序》："虽无蓄积，～可无饥。"2)终，竟。王安石《上扬州韩资政启》："～由恩临，得以理去。"❹介词。至。《新唐书·韩愈传赞》："自晋～隋，老佛显行，圣道不断如带。"又《田承嗣传》："两军相持，自秋～冬。"

迄 qì ❶至，到。《诗经·周颂·维清》："～用有成，维周之祯。"《汉书·艺文志》："～孝武世，书缺简脱，礼坏乐崩。"❷副词。竟，终。《后汉书·孔融传》："融负其高气，志在靖难，而才疏意广，～无成功。"岳珂《桯史》卷二："荆公无以答，～不为变。"

弃(棄) qì ❶抛弃，放弃。《诗经·小雅·谷风》："将安将乐，～予如遗。"《汉书·高帝纪上》："此两家常折券～责。"㊀违背。《韩非子·解老》："骄心生则行邪僻而动～理。"㊁离开。王粲《七哀诗》之一："复～中国去，远身适荆蛮。"㊁轻视。《左传·桓公六年》："汉东之国，随为大。随张，必～小国。"（张：自高自大。）❷废，废除。《左传·昭公二十九年》："水官～矣，故龙不生得。"朱敬则《请除滥刑疏》："～无用之费，捐不急之官。"❸忘记。《左传·昭公十三年》："南蒯子仲之忧，其庸可～乎？"王僧达《答颜延年》诗："结游略年义，笃顾～浮沉。"

【弃背】 qìbèi ❶婉言死亡。多用于尊亲。王羲之《杂帖一》："周嫂～～，再周忌日。"《颜氏家训·终制》："先夫人～～之时，属世荒馑，家涂空迫。"❷抛弃，遗弃。白居易《太行路》诗："古称色衰相～～，当时美人犹怨悔。"又《得景娶妻三年无子舅姑将出之诉云归无所从》："承家不嗣，礼许仳离。去室无归，义难～～。"

【弃觚】 qìgū 犹"投笔"。言放弃文墨之事。觚，竹简，古人用以作书。《西京杂记》卷三："傅子介年十四，好学书，尝～～而叹曰：'大丈夫当立功绝域，何能坐事散儒。'"

【弃稷】 qìjì 言废弃稷官，不再务农。《国语·周语上》："及夏之衰也，～～不务，我先王不窋用失其官，而自窜放戎翟之间。"张华《大司农箴》："～～勿修，不籍千亩。"

【弃捐】 qìjuān ❶抛弃，弃置不用。多指文人不得于时或妇女不得于其夫而言。《战国策·秦策五》："王使子诵，子曰：'少～～在外，尝无师傅所教学，不习于诵。'"《论衡·逢遇》："故至言～～，圣贤距逆，非憎圣贤，不甘至言也，圣贤务高，至言难行也。"❷婉言人死。《史记·扁鹊仓公列传》："有先生则活，无先生则～～填沟壑，长终而不得反。"李翱《右仆射杨公墓志》："公生六年，太保～～；未及成童，虢国又终。"

【弃人】 qìrén ❶被遗弃之人，废人。《老子·二十七章》："是以圣人常善救人，而无～～；常善救物，而无弃物。"也指因犯罪而被流放到荒远地区的人。《管子·问》："问国之～～，何族之子弟也？"❷遗弃人材。《左传·昭公元年》："莒展之不立，～～也夫！人可弃乎？"也指失去人心。《国语·晋语一》："～～失谋，天亦不赞。"

【弃世】 qìshì ❶摒绝俗务，超脱世外。《庄子·达生》："夫欲免为形者，莫如～～，～～则无累。"❷死的委婉说法。《三国志·魏书·陈思王植传》："臣窃感先帝早崩，威王～～，臣独何人，以堪长久。"李白《自溧水道中哭王炎》诗："王公希代宝，～～一何早！"

【弃市】 qìshì 古代在闹市执行死刑，并将尸体暴露街头示众，称"弃市"。《史记·高祖本纪》："父老苦秦苛法久矣，诽谤者族，偶语者～～。"《汉书·武帝纪》："四年冬，魏其侯窦婴有罪，～～。"

【弃繻】 qìxū 《汉书·终军传》："初，军从济南当诣博士，步入关，关吏予军繻。军问：'以此何为？'吏曰：'为复传，还当以合符。'军曰：'大丈夫西游，终不复传还。'弃繻而去。"繻,古时以帛制的出入关津的凭证。"弃繻"表示决心在关中创立事业。后"弃繻"遂用为少年立志的典故。杜甫《七月一日题终明府水楼》诗之二:"虙子弹琴邑宰日,终军～～英妙时。"

【弃言】 qìyán ❶违背诺言。《左传·宣公十五年》:"申犀稽首于王之马前曰:'无畏知死而不敢废王命,王～～焉。'王不能答。"❷废弃之言。《新唐书·黎幹传》:"盖郑玄所说不当于经,不质于圣,先儒置之不用,是为～～。"

【弃养】 qìyǎng 婉言父母死亡。父母去世,人子不得奉养父母,故称。苏颋《章怀太子良娣张氏神道碑》:"粤景龙二载孟夏之月,遘疾～～于京延康第之寝。"

【弃置】 qìzhì 抛弃不用。曹丕《杂诗》之二:"～～勿复陈,客子常畏人。"《后汉书·公孙瓒传》:"[袁]绍不能开设权谋,以济君父,而～～节传,迸窜逃亡,忝辱爵命,背违人主。"

泣 1. qì ❶眼泪。《吕氏春秋·长见》:"吴起抿～而应之。"《史记·吕太后本纪》:"发丧,太后哭,～不下。"❷无声流泪或低声地哭。《吕氏春秋·长见》:"今去西河而～,何也?"陆游《夜泊水村》诗:"老子犹堪绝大漠,诸君何至～新亭?"❸星座名。共二星,属虚宿。《晋书·天文志上》:"虚南二星曰哭,哭东二星曰～。"

2. lì ❹暴风迅猛的样子。《汉书·扬雄传上》:"虓虎之陈,从横胶輵,猋～雷厉。"

3. sè ❺通"涩"。滞涩不畅。《素问·五藏生成论》:"血凝于肤者为痺,凝于脉者为～,凝于足者为厥。"

【泣辜】 qìgū 犹"泣罪"。《南齐书·竟陵文宣王子良传》:"禹～～表仁,菲食旌约,服玩果粽,足以致诚。"《隋书·于仲文传》:"伏愿垂～～之恩,降云雨之施。"

【泣麟】 qìlín 《公羊传·哀公十四年》:"春,西狩获麟。……孔子曰:'孰为来哉!孰为来哉!'反袂拭面,涕沾袍。"后以"泣麟"为哀叹世衰道穷的典故。李商隐《赠送前刘五经映三十四韵》:"～～犹委吏,歌凤更佯狂。"王禹偁《酬赠田舍人》诗:"一车甘雨方建隼,万国淳风莫～～。"

【泣血】 qìxuè 泪尽继之以血,形容极度悲痛。《诗经·小雅·雨无正》:"鼠思～～,无言不疾。"(鼠:通"癙"。忧。)刘琨《劝进表》:"举哀朔垂,上下～～。"

【泣珠】 qìzhū 传说南海外有鲛人,水居如鱼,流泪成珠。见张华《博物志》卷九。左思《吴都赋》:"泉室潜织而卷绡,渊客慷慨而～～。"后用为蛮夷之民受恩施报的典故。王世贞《送刘比部恤刑云贵》诗:"～～恩自远,祝网面仍开。"

【泣罪】 qìzuì 《说苑·君道》:"禹出见罪人,下车问而泣之。"后以"泣罪"泛指帝王哀怜罪人。梁简文帝《昭明太子文集序》:"仁同～～,幽比推沟。"

炁 qì 同"气"。《周礼·春官·眡祲》"掌十辉之法"郑玄注:"郑司农云:'辉,谓日光～也。'"《关尹子·六匕》:"以神存～,以～存形。"

亟 qì 见jí。

湆 1. qì ❶细雨濛濛的样子。《说文·水部》:"～,小雨零貌。"

2. zì ❷通"渍"。浸渍。《齐民要术·蒸缹法》:"豉汁～馈作糁,令用酱清调味蒸之。"(缹:煮。馈:蒸。)

契 1. qì ❶用刀刻。《诗经·大雅·绵》:"爰始爰谋,爰～我龟。"《后汉书·张衡传》:"斯～船而求剑,守株而伺兔也。"❷古代龟卜时用以钻凿龟甲的工具。《周礼·春官·菙氏》:"菙氏掌共燋～,以待卜事。"㉠甲骨文字。《周易·系辞下》:"上古结绳而治,后世圣人易之以书～。"❸契约。古代把合同、总账、案卷、具结都称作"契"。契分两半,双方各执其一作为凭证。《左传·襄公十年》:"使王叔氏与伯舆合要,王叔氏不能举其～。"《老子·七十九章》:"是以圣人执左～,不责于人。"㉠兵符。唐太宗《执契定三边》诗:"执～定三边,持衡临万姓。"❹约,要约。繁钦《定情诗》:"时无桑中～,迫此路侧人。"李公佐《南柯太守传》:"时年四十七,将符宿～之限矣。"❺合,投合。钟嵘《诗品》:"少与道～,终与俗违。"苏轼《上皇帝书》:"以黄忠豪勇之姿,以先主君臣之～,尚复虑此,而况其他?"㉡志趣投合的人。陶渊明《桃花源诗》:"愿言蹑轻风,高举寻吾～。"❻契机。司空图《连珠》:"闻道三千,谁悟入神之～。"㉡领悟。苏轼《和桃花源诗》:"却笑逃秦人,有畏非真～。"

2. xiē ❼通"楔"。楔子。《齐民要术·种葱》:"两耧重耩,窍瓠下之,以批～系腰申之。"

3. xiè ❽人名。传说中商族的始祖,为帝喾之子。舜时佐禹治水有功,任司徒,封于商。《汉书·五行志上》:"相土,商祖～之曾孙。"

4. qiè ❾见"契阔"。❿通"挈"。取。《汉书·毋将隆传》:"而以天下公用给其私门,～国威器共其家备。"

【契分】 qìfèn 彼此投合的情分,缘分。王定保《唐摭言·师友》:"贞元十二年,李挚以大宏词振名,与李敏同姓、同年、同登第,又同甲子,又同门。挚尝答行敏诗曰:'因缘三纪异,~~四般同。'"《新唐书·裴寂传》:"唐公雅与厚,及留守太原,~~愈密。"

【契会】 qìhuì ❶约会,盟会。黄滔《周以龙兴赋》:"遂使盟津~~,此时莫愧于云从;羑里栖迟,昔日何伤于鱼服。"❷符合。薛用弱《集异记·李勉》:"傍有胡雏,质貌肖逝者。勉即询访,果与逝者所叙~~。"也指投合。陆深《豀山馀话》:"祖宗时君臣之间~~如此。"❸领悟。慧能《坛经·机缘品》:"让豁然~~。"(让:人名。)

【契勘】 qìkān ❶宋公文书用语。按查,审核。朱熹《延和奏札·贴黄》:"臣~~县狱,止是知县独员推鞫。"❷考订。朱熹《答周叔谨书》:"但所引熹说,亦有误字处,恐又错认了,更略~~为佳。"

【契需】 qìnuò ❶指马因蹄受伤怕走路。需,通"懦"。《周礼·考工记·辀人》:"行数千里,马不~~。"❷怯懦。黄宗羲《熊公雨殷行状》:"[熊公]身提孤旅,不满千人,从小亹渡江,札乔司倡率群帅,而皆~~观望,无一应者。"

【契契】 qìqì 忧愁苦闷的样子。《诗经·小雅·大东》:"~~寤叹,哀我惮人。"《楚辞·九叹·惜贤》:"孰~~而委栋兮,日晻晻而下颓。"

【契悟】 qìwù 犹"领悟"。慧能《坛经·顿渐品》:"弟子在秀大师处,学道九年,不得~~。"也指悟性。李贽《书应方卷后》:"先生亦深于道,人品略相似而~~胜之,才学胜之。"

【契阔】 qièkuò ❶离合,聚散。偏指离散。《诗经·邶风·击鼓》:"死生~~,与子成说。"《北史·李彪传》:"顷来~~,多所废离。"也指久别的情愫。《后汉书·范冉传》:"行路仓卒,非陈~~之所,可共前亭宿息,以叙分隔。"❷劳苦,勤苦。《后汉书·傅毅传》:"~~夙夜,庶不懈忒。"《魏书·慕容白曜传》:"辛勤于戎旅之际,~~于矢石之间。"❸相交,相约。《三国志·魏书·公孙渊传》注引《魏略》:"又[孙]权待[宿]舒、[孙]综,~~委曲,君臣上下,毕欢竭情。"《南齐书·张敬儿传》:"情存~~,义著断金。"

砌

1. qì ❶台阶。谢朓《直中书省》诗:"红药当阶翻,苍苔依~上。"白居易《与微之书》:"红榴白莲,罗生池~。"❷一层层垒起,堆积。《南史·萧业传》:"运私邸米,僦人作甓以~城。武帝善之。"苏轼《乞外补回避贾易札子》:"臣闻贾易购求臣罪,……必须收拾~累,以成臣罪。"

2. qiè ❸见"砌末"。

【砌末】 qièmò 戏曲舞台上所用的简单布景和道具。翟灏《通俗编·俳优》:"元杂剧中,凡出场所应有持设零杂统谓'砌末'。如《东堂老》、《桃花女》以银子为砌末,《两世姻缘》以镜画为砌末。"后也省作"切末"。王梦生《梨园佳话》:"西京百戏大兽陆梁,是为~~布景之滥觞。"

咠

qì 见"咠咠"。

【咠咠】 qìqì 交头接耳私语的声音。《说文·口部》:"咠,聂语也。从口耳。《诗》曰:'~~幡幡。'"也作"缉缉"。《诗经·小雅·巷伯》:"~~翩翩,谋欲谮人。"

挈

qì 见 qiè。

哄

qì 见"哄嶷"。

【哄嶷】 qìyì 形容吞吞吐吐。扬雄《太玄经·唫》:"~~,唫无辞。"

偈

qì 见 jié。

湆

qì ❶幽暗潮湿。《说文·水部》:"~,幽湿也。"❷肉汁。《仪礼·士昏礼》:"大羹~在爨。"王安石《得子固书因寄》诗:"时开识子意,如渴得美~。"

湇

qì 同"湆"。肉汁。《清史稿·席慕孔传》:"得馀羹,啜~,以肉归。"

愒

1. qì(又 qiè) ❶休息。《诗经·小雅·菀柳》:"有菀者柳,不尚~焉。"又《大雅·民劳》:"民亦劳止,汔可小~。"

2. kài ❷贪。曹操《气出唱》之一:"心恬淡,无所~欲。"❸荒废,苟安。《左传·昭公元年》:"主民,玩岁而~日,其与几何?"《宋史·真德秀传》:"此皆前权臣玩~之罪,今日措置之失。"❹急。《广韵·泰韵》:"《公羊传》云:'不及时而葬曰~。'~,急也。"(按:今《公羊传·隐公三年》作"不及时而日,渴葬也。")岳珂《桯史》卷十:"时蕴古家在幽燕,自知失言,内~不得对。"

3. hè ❺恐吓。《史记·苏秦列传》:"是故夫衡人日夜务以秦权恐~诸侯,以求割地。"

【愒阴】 kàiyīn 指衰暮之年。《周书·王褒传》:"吾已~~,弟非茂齿,禽尚之契,各在天涯,永念生平,难为胸臆。"《陈书·虞寄传》:"而寄沉痼弥留,~~将尽,常恐卒填沟壑,涓尘莫报。"

墄 qì 见"墄堪"。

【墄堪】 qìzhí 树木枝柯交错重叠的样子。左思《魏都赋》:"瓌材巨世,~~参差。"又《吴都赋》:"轮囷虬蟠,~~鳞接。"

葺 1. qì ❶用茅草覆盖(房屋等)。《左传·襄公三十一年》:"缮完~墙,以待宾客。"㉑修缮。苏舜钦《东京宝相禅院新建大悲殿记》:"大业于今,年祀虽远,阁与像甚完,是必少坏后人随而~之也。"㉑修改,修饰。《北史·许善心传》:"自入京邑以来,随见补~,略成七十卷。"❷整顿,治理。李存勖《南郊赦文》:"到官惟务于追求,在任莫思于~理。"❸累积,重叠。左思《吴都赋》:"~鳞镂甲,诡类舛错。"

2. jī ❹通"缉"。捉拿。苏轼《徐州上皇帝书》:"凡使人~捕盗贼,得以酒予之。"

【葺袭】 qìxí 重叠的样子。潘岳《笙赋》:"徘徊布濩,涣衍~~;舞既蹈而中辍,节将抚而弗及。"(布濩:散布。涣衍:声音缓慢。)

揭 qì 见 jiē。

猰 qì 见 yà。

缉(緝) 1. qì(又读 jī) ❶把麻析成缕搓捻成线。《后汉书·梁鸿传》:"女求作布衣、麻屦,织作筐~绩之具。"❷(今读 qī)横缝衣服下面的边。《仪礼·丧服》:"斩者何?不~也。"❸通"咠"。见"缉缉"。

2. jí ❹会聚。《后汉书·伏隆传》:"隆招怀绥~,多来降附。"颜延之《阳给事诔》:"立乎将卒之间,以~华裔之众。"❺和合,和睦。《后汉书·陈蕃传赞》:"人谋虽~,幽运未当。"又《蔡茂传》:"使执平之吏永申其用,以厌远近不~之情。"(厌:使协调。)❻收集编次。沈约《佛记序》:"适道以来,四十九载,妙应事多,宜加总~,共成区畛。"《晋书·陈寿等传赞》:"咸能综~遗文,垂诸不朽。"

3. jī ❼捉拿。沈德符《万历野获编·锦衣卫镇抚司》:"至本卫,则东西两司房访~之。"

【缉理】 qìlǐ 整顿治理。《南齐书·豫章文献王嶷传》:"旧楚萧条,仍岁多故,荒民散亡,实须~~。"《梁书·萧景传》:"扬州应须~~,宜得其人。"

【缉缉】 qìqì 见"咠咠"。

【缉熙】 qìxī ❶光明。《诗经·周颂·维清》:"维清~~,文王之典。"《三国志·魏书·王朗传》:"一以勤耕农为务,习戎备为事,则国无怨旷,户口滋息,民充兵强,而寇戎不宾,~~不足,未之有也。"❷发扬光大,积渐广大。《诗经·周颂·敬之》:"日就月将,学有~~于光明。"《三国志·魏书·高贵乡公髦纪》:"虽圣人之弘,犹有所未尽,故禹曰'知人则哲,惟帝难之',然卒能改授圣贤,~~庶绩,亦所以成圣也。"

【缉御】 qìyù 局促不安的样子。《诗经·大雅·行苇》:"肆筵设席,授几有~~。"

【缉穆】 jímù 协和,和睦。《三国志·蜀书·诸葛亮传》注引《汉晋春秋》:"彼贤才尚多,将相~~,未可一朝定也。"

【缉缀】 jízhuì 缉句缀文。《颜氏家训·文章》:"古人之文,宏材逸气,体度风格,去今实远;但~~疏朴,未为密致耳。"《南史·胡僧祐传》:"性好读书,爱~~,然文辞鄙野,多被嘲谑。"

碛(磧) qì 浅水中的沙石。张衡《西京赋》:"僵禽毙兽,烂若~砾。"㉑沙石地,沙漠。岑参《碛西头送李判官入京》诗:"寻河愁地尽,过~觉天低。"杜甫《送人从军》诗:"今君度沙~,累月断人烟。"

【碛历】 qìlì 沙石堆积而成的浅滩。《史记·司马相如列传》:"陵三嵕之危,下~~之坻。"(嵕:数峰相连的山。)

【碛卤】 qìlǔ 含盐碱的沙石地。班固《封燕然山铭》:"经~~,绝大漠。"《资治通鉴·唐德宗贞元十四年》:"士卒以夏州~~,又盛夏不乐徙居,辛酉,军乱。"

碶 qì 水闸外出入之处。《宋史·河渠志七》:"行春桥又名南石碶,~面石板之下,岁久损坏空虚,每受潮水,演溢奔突,出于石缝。"

摖 1. qì ❶挑取。《广韵·霁韵》:"~,挑取也。"❷祭。见"摖鬼"。

2. chá ❸推。《集韵·黠韵》:"~,推也。"

【摖鬼】 qìguǐ 民间祭毕聚饮。欧阳修《初至夷陵答苏子美见寄》诗:"俚歌成调笑,~~聚喧嚣。"

甈 qì ❶壶、缶类瓦器。柳宗元《井铭》:"始州之人,各以罂~负江水,莫克井饮。"❷干裂。《法言·先知》:"甄陶天下者,其在和乎?刚则~,柔则坯。"

碱 qì ❶似玉的美石。班固《西都赋》:"碝~采致,琳珉青荧。"(碝:似玉的石头。)❷通"砌"。台阶。《三辅黄图·未央宫》:"青琐丹墀,左~右平。"㉒堆砌。白居易《庐山草堂记》:"~阶用石,幂窗用纸。"

暩 qì 视，察。左思《魏都赋》："奔龟跃鱼，有～吕梁。"颜延之《赠王太常》诗："聆龙～九渊，闻凤窥丹穴。"

器（噐） qì ❶器具。《老子·三十一章》："兵者，不祥之～。"《韩非子·显学》："冰炭不同～而久，寒暑不兼时而至。"[特]古代标志名位、爵号的器物。《后汉书·刘玄传》："唯名与～，圣人所重。"[特]器官。范缜《神灭论》："比干之心七窍并列，伯约之胆其大如拳，此心～之殊也。"[喻]手段。《韩非子·喻老》："赏罚者，邦之利～也。"❷有形的具体事物。与"道"相对。《周易·系辞上》："形而上者谓之道，形而下者谓之～。"木华《海赋》："且其为～也，包乾之奥，括坤之区。"❸才能，本领。《礼记·王制》："瘖聋、跛躃、断者、侏儒、百工，各以其～食之。"《三国志·魏书·文帝纪》："昔仲尼资大圣之才，怀帝王之～……贬身以救世。"[引]认为有才能，器重。《后汉书·刘陶传》："同宗刘恺，以雅德知名，独深～[刘]陶。"王安石《泰州海陵县主簿许君墓志铭》："与其兄俱以智略为当世大人所～。"[引]人才。《三国志·蜀书·蒋琬传》："蒋琬，社稷之～，非百里之才也。"❹度量，胸怀。《论语·八佾》："管仲之～小哉。"范仲淹《桐庐郡严先生祠堂记》："盖先生之心，出乎日月之上；光武之～，包乎天地之外。"❺量词。《宋书·张邵传》："孝武遣送酒二～。"

【器观】 qìguān 度量，胸襟。《三国志·魏书·董二袁刘传评》："袁绍、刘表咸有威容～～，知名当世。"

【器局】 qìjú 才识和气度。《晋书·何充传》："何充～～方概，有万夫之望。"陆游《灵秘院营造记》："恭少尝学于四方，有～～。"

【器量】 qìliàng ❶器物的容量。《周礼·天官·酒正》："唯齐酒不贰，皆有～～。"❷指人的才能与度量。《三国志·吴书·王楼贺韦华传评》："薛莹称王蕃～～绰异，弘博多通。"

【器能】 qìnéng 才能。《汉书·东方朔传》："武帝既招英俊，程其～～，用之如不及。"《三国志·蜀书·诸葛亮传》："亮之～～政理，抑亦管[仲]、萧[何]之亚匹也。"

【器人】 qìrén 选择人才。《汉书·史丹传》："若乃～～于丝竹鼓鼙之间，则是陈惠、李微高于匡衡，可相国也。"刘禹锡《董氏武陵集纪》："兵兴以还，右武尚功，公卿大夫以忧济为任，不暇～～于文什之间。"

【器任】 qìrèn ❶器重信任。《后汉书·袁绍传》："绍乃以[田]丰为别驾，[审]配为治中，甚见～～。"❷才能。陆机《辩亡论上》："政事则顾雍、潘濬、吕范、吕岱以～～干职。"

【器识】 qìshí 度量与见识。《晋书·张华传》："勇于赴义，笃于周急，～～弘旷，时人罕能测之。"《新唐书·裴行俭传》："士之致远，先～～，后文艺。"

【器使】 qìshǐ 量材使用。董仲舒《春秋繁露·离合根》："人臣常竭情悉力，而见其短长，使主上得而～～之。"班固《车骑将军窦北征颂》："料资～～，采用先务。"也指重用。秦观《朋党下》："[韩]琦、[富]弼、[范]仲淹等，旋被召擢，复蒙～～，遂得成其功名。"

【器业】 qìyè ❶才能学识。《三国志·魏书·王烈传》注引《先贤行状》："时颍川荀慈明、贾伟节……皆就陈君学，见烈～～过人，叹服所履，亦与相亲。"《旧唐书·李德裕传》："德裕以～～自负，特达不群。"❷功名事业。李商隐《和刘评事永乐闲居见寄》："白社幽闲君暂居，青云～～我全疏。"陆游《贺叶提刑启》："必使备历于阻难，所以终成其～～。"

【器宇】 qìyǔ ❶度量，胸襟。《三国志·吴书·薛莹传》注引王隐《晋书》："莹子兼，字令长，清素有～～。"《魏书·刘懋传》："～～渊旷，风流甚美，时论高之。"❷仪表，气概。《晋书·安平献王孚传论》："安平风度宏邈，～～高雅。"杜光庭《虬髯客传》："观李郎仪形～～，真丈夫也。"

【器质】 qìzhì 器度和资质。《北史·周高祖纪》："帝幼而孝敬聪敏，有～～。"王安石《祭欧阳文忠公文》："如公～～之深厚，智识之高远，而辅学术之精微。"

憩（愒、憇） qì 休息。《后汉书·张衡传》："跻日中于昆吾兮，～炎天之所陶。"（陶：犹炎炽。）苏轼《记游定惠院》："既醉，往～于尚氏之第。"

蟿（螇） qì 见"蟿螽"。

【蟿螽】 qìzhōng 一种蝗类昆虫。《尔雅·释虫》："～～，螇蚸。"

鼜 1. qì ❶夜间警戒所击的鼓。《周礼·地官·鼓人》："凡军旅，夜鼓～。"

2. cào ❷击鼓巡夜警戒。《周礼·夏官·掌固》："夜三～以号戒。"

qia

掐 qiā ❶用指甲刺入或切断。《北史·齐孝昭帝纪》："帝立侍帷前，以爪～

手心,血流出袖。”《齐民要术·种兰香》:“六月连雨,拔栽之,～心着泥中,亦活。”❷用手指轻按。《三国志·魏书·苏则传》:“侍中傅巽～则曰:‘不谓卿也。’”❸用拇指点着别的指头,以计算或思考。晏几道《六么令》词之一:“新翻曲妙,暗许闲人带偷～。”❹比喻数量微少。曾觌《鹊桥仙》词:“温柔伶俐总天然,没半～教人看破。”

訠 qià 割裂脸皮。韩愈、孟郊《征蜀联句》:“劙肤浃疮痍,败面碎剠～。”(劙:刺。)

洽 1. qià ❶沾湿,浸润。《论衡·是应》:“[露]其下时,土地滋润流湿,万物～沾濡溥。”《后汉书·班固传》:“功德著于祖宗,膏泽～于黎庶。”❷和协,融洽。《诗经·大雅·板》:“辞之辑矣,民之～矣。”《汉书·贾谊传》:“谊以为汉兴二十馀年,天下和～。”⊗合。《诗经·小雅·宾之初筵》:“以～百礼,百礼既至。”❸周遍。《尚书·毕命》:“道～政治,泽润生民。”《汉书·终军传》:“是泽南～而威北畅也。”⊗广博。《后汉书·马融传》:“融才高博～,为世通儒。”

2. hé ❹古水名。也作“郃”。源出陕西合阳县北,东南流入黄河。今名金水河。《诗经·大雅·大明》:“在～之阳,在渭之涘。”

【洽比】 qiàbǐ 和谐亲近。《诗经·小雅·正月》:“～～其邻,昏姻孔云。”(按:《左传·僖公二十二年》引《诗》作“协比”。)

【洽化】 qiàhuà 普及教化。《南齐书·东南夷传》:“量广始登,远夷～～。”牛希济《文章论》:“今朝廷思尧舜～～之文,莫若退屈、宋、徐、庾之学。”

【洽欢】 qiàhuān 和睦欢乐。《史记·孝文本纪》:“上从代来,初即位,施德惠天下,填抚诸侯,四夷皆～～。”

【洽浃】 qiàjiā ❶周遍。《论衡·诘术》:“火气之祸,若夏日之热四方～～乎?”❷博通。《汉书·谷永传》:“永于经书,泛为疏达,与杜钦、杜邺略等,不能～～如刘向父子及扬雄也。”❸融洽。李渔《意中缘·诳姻》:“只是相逢未久,情意不曾～～。”

【洽平】 qiàpíng 天下协和太平。《汉书·萧望之传》:“将军以功德辅幼主,将以流大化,致于～～。”

【洽恰】 qiàqià 密集众多的样子。白居易《吴樱桃》诗:“～～举头千万颗,婆娑拂面两三株。”

【洽濡】 qiàrú 润泽,滋润。《论衡·自然》:“霈然而雨,物之茎叶根荄,莫不～～。”

【洽闻】 qiàwén 博闻多识。《后汉书·韦彪传》:“好学～～,雅称儒宗。”韦昭《〈国语〉解叙》:“建安、黄武之间,故侍御史会稽虞君、尚书仆射丹阳唐君皆英才硕儒、～～之士也。”

恰 qià ❶副词。1)才,刚刚。魏了翁《醉蓬莱》词:“倦客才归,新亭～就,萱径阴浓,菊林香发。”汪莘《点绛唇》词:“～向梅边,又向桃边觑。”2)只,仅。杜甫《南邻》诗:“秋水才深四五尺,野航～受两三人。”张炎《探春慢》词:“伴我微吟,～有梅花一树。”3)正,正好。杜甫《绝句漫兴》之九:“隔户杨柳弱嫋嫋,～似十五女儿腰。”白居易《勉闲游》诗:“唯有分司官～好,闲游虽老未能休。”4)却,岂。朱敦儒《菩萨蛮》词:“老人谙尽人间苦,近来～似心头悟。”张养浩《普天乐·闲居》:“说神仙～是真的,任鸡虫失得、夔蚿多寡、鹏鷃高低。”❷融洽。汤显祖《紫钗记·泪烛裁诗》:“做姊妹大家欢～。”❸量词。表示极少。董解元《西厢记诸宫调》卷四:“咱供养不曾亏了半～。”

【恰恰】 qiàqià 和谐,融合。杜甫《江畔独步寻花》诗:“留连戏蝶时时舞,自在娇莺～～啼。”陈造《春寒》诗:“小杏惜香春～～,垂杨弄影舞疏疏。”

帢(帢、帢) qià 古代一种用丝织品做的便帽,以不同颜色区别品级。《三国志·魏书·武帝纪》注引《傅子》:“魏太祖以天下凶荒,资财乏匮,拟古皮弁,裁缣帛以为～,合于简易随时之义,以色别其贵贱。”《晋书·舆服志》:“哀帝从博士曹弘之等议,立秋御读令,改用素白～。”

䯊 qià 劲。《广韵·黠韵》:“～,劲也。”

楬 qià 见 jié。

鲒(鮚) qià 见“鲒鲽”。

【鲒鲽】 qiàtà 鳞次众多的样子。潘岳《笙赋》:“骈田獦攦,～～参差。”(骈田:连属。獦攦:不齐的样子。)

髂 qià 腰部下面腹部两侧的骨。《汉书·扬雄传下》:“范雎,魏之亡命也,折胁拉～。”《齐民要术·养牛马驴骡》:“大～短胁。”

qian

千 qiān ❶数词。千。大写作“仟”。《左传·僖公二十八年》：“驷介百乘，徒兵～。”⑫表示多。贾谊《鵩鸟赋》：“～变万化兮，未始有极。”孙光宪《临江仙》词：“杳杳征轮何处去，离愁别恨～般。”❷通“阡”。田界，田间小路。见“千佰”。❸通“芊”。见“千眠”、“千千②”。

【千夫】 qiānfū ❶千人。《周礼·地官·遂人》：“十夫有沟，沟上有畛；百夫有洫，洫上有涂；～～有浍，浍上有道。”泛指很多的人。白居易《紫藤》诗：“岂知缠树木，～～力不如。”❷秦、汉武功爵秩名。《汉书·杨仆传》：“杨仆，宜阳人也。以～～为吏。”

【千古】 qiāngǔ ❶久远的年代。《水经注·睢水》：“是用追芳昔娱，神游～～。”李白《丁都护歌》：“君看石芒砀，掩泪悲～～。”❷死的婉辞，表示永别、不朽的意思。常用为哀挽死者之辞。《新唐书·薛收传》：“[收]卒，年三十三。王哭之恸，与其从兄子元敬书曰：‘吾与伯褒共军旅间，何尝不驱驰经略，款曲襟抱，岂期一朝成～～也。’”叶適《赠夏肯甫》诗：“忽传～～信，虚抱一生疑。”

【千金】 qiānjīn ❶极言钱财多。《后汉书·王丹传》：“家累～～，隐居养志，好施周急。”李白《将进酒》诗：“天生我材必有用，～～散尽还复来。”❷形容贵重，宝贵。《韩非子·外储说右上》：“虽有乎～～之玉卮，至贵，而无当，漏，不可盛水，则人孰注浆哉？”杜甫《哀王孙》诗：“豺狼在邑龙在野，王孙善保～～躯。”

【千虑】 qiānlǜ ❶极言思考次数之多。《史记·淮阴侯列传》：“智者～～，必有一失；愚者～～，必有一得。”❷极言忧虑之多。高適《人日寄杜二拾遗》诗：“自在南蕃无所预，心怀百忧复～～。”

【千眠】 qiānmián 通“芊眠”。❶幽深的样子。谢灵运《泰山吟》：“岞崿既崄巇，触石辄～～。”(岞崿、崄巇：皆山高峻险要的样子。)❷光色鲜明的样子。陆机《文赋》：“或藻思绮合，清丽～～。”

【千佰】 qiānmò 田界。千，通“阡”。《管子·四时》：“端险阻，修封疆，正～～。”

【千千】 qiānqiān ❶形容数量多。章碣《赠边将》诗：“～～铁骑拥尘红，去去平吞万里空。”❷通“芊芊”。青绿的样子。潘岳《藉田赋》：“蝉冕颎以灼灼兮，碧色肃其～～。”

【千秋】 qiānqiū ❶千年。形容岁月长久。王安石《望夫石》诗：“还似九嶷山上女，～～长望舜裳衣。”❷称人寿辰的敬辞。王建《楼前》诗：“天宝年前勤政楼，每年三日作～～。”❸婉言人死。《史记·魏其武安侯列传》：“梁孝王朝，因昆弟燕饮。是时上未立太子，酒酣，从容言曰：‘～～之后传梁王。’”❹药草乌头的别名。《太平御览》卷九九〇引吴普《本草》：“乌头一名茛，一名～～。”

【千乘】 qiānshèng ❶兵车千辆。古以一车四马为一乘。《左传·襄公十八年》：“鲁人、莒人皆请以车～～自其乡入。”❷指诸侯国或诸侯。《韩非子·孤愤》：“万乘之患，大臣太重；～～之患，左右太信。”《吕氏春秋·不侵》：“汤、武，～～也，而士皆归之。”(按：战国时期诸侯国，小者称千乘，大者称万乘。)

【千岁】 qiānsuì ❶千年。刘峻《辩命论》：“朝秀晨终，龟鹄～～，年之殊也。”❷祝寿之词。《诗经·鲁颂·閟宫》：“万有～～，眉寿无有害。”❸封建时代称皇后、太子、王公等为“千岁”。旧小说、戏曲中常用。

【千万】 qiānwàn ❶形容数目极多，或言差别极大。《商君书·定分》：“夫不待法令绳墨，而无不正者，～～之一也。”《韩非子·说疑》：“往世之主，有得人而身安国存者，有得人身危国亡者，得人之名一也，而利害相～～也。”❷犹“非常”，“十分”。齐己《谢人惠竹蝇拂》诗：“挥谈一无取，～～愧生公。”(生公：人名。)❸犹“务必”。用于叮咛嘱咐。元稹《莺莺传》：“～～珍重，珍重～～。”❹表示决然之辞。古诗《为焦仲卿妻作》：“念与世间辞，～～不复全。”

【千叶】 qiānyè ❶千代，千世。《晋书·赫连勃勃载记》：“孰能本枝于～～，重光于万祀。”《〈颜氏家训〉序》：“常雌黄朝廷，品藻人物，为书七卷，式范～～，号曰《颜氏家训》。”❷形容树叶或花瓣繁多。李颀《魏仓曹东堂柽树》诗：“爱君双柽一树奇，～～齐生万叶垂。”皮日休《惠山听松庵》诗：“～～红莲旧有香，半山金刹照方塘。”

【千里井】 qiānlǐjǐng 曹植《代刘勋妻王氏见出为诗》：“人言去妇薄，去妇情更重。千里不唾井，况乃昔所奉。”后因以“千里井”比喻念旧不忘。杜甫《风疾舟中伏枕书怀》诗：“畏人～～～，问俗九州箴。”

【千里足】 qiānlǐzú ❶指千里马。张鷟《朝野佥载》卷五：“马到新丰，向西鸣跃，帝得之甚喜。齿口并平，饲以钟乳，仍生五驹，皆～～～。”❷喻杰出人才。武元衡《安邑里中秋怀寄高员外》诗：“高德十年兄，异才～～～。”

【千牛刀】 qiānniúdāo 刀名。《庄子·养生主》："[庖丁]所解数千牛矣，而刀刃若新发于硎。"后世因称锋利的刀为"千牛刀"。《北史·魏纪五》："丙午，帝率南阳王宝炬……以五千骑宿于瀍西杨王别舍，沙门都维那惠臻负玺持～～～以从。"

【千金市骨】 qiānjīnshìgǔ 比喻招揽人才的迫切。战国时郭隗用马作比喻，劝说燕昭王招揽人材，说古代君王悬赏千金买千里马，三年后得一死马，用五百金买下马骨，于是不到一年，就得到三匹千里马。见《战国策·燕策一》。黄庭坚《咏李伯时摹韩幹三马次苏子由韵》："～～～～今何有，士或不价五羖皮。"

【千里莼羹】 qiānlǐchúngēng 《世说新语·言语》："陆机诣王武子，武子前置数斛羊酪，指以示陆曰：'卿江东何以敌此？'陆云：'有～～～～，但未下盐豉耳！'"（千里：湖名。莼羹：用莼菜煮的汤。）后世多以"千里莼羹"为思乡之辞。王渥《驿口桥看白莲》诗："百年蓬鬓关心切，～～～～与愿违。"也省作"千里莼"。杜甫《赠别贺兰铦》诗："我恋岷山芋，君思～～～。"

【千虑一得】 qiānlǜyīdé 《晏子春秋·杂下》："圣人千虑，必有一失；愚人千虑，必有一得。"言愚人谋虑多次也会有可取的地方。后常用为发表意见时的自谦之词。《陈书·虞寄传》："寄虽疾侵耄及，言无足采，～～～～，请陈愚算。"

【千秋万岁】 qiānqiūwànsuì ❶千年万年，形容岁月长久。鲍照《拟行路难》诗之九："一去无还期，～～～～无音词。"❷祝寿之辞。《新唐书·礼乐志九》："臣某等不胜大庆，谨上～～～～寿。"❸婉言帝王之死。《汉书·梁孝王刘武传》："是时，上未置太子，与孝王宴饮，从容言曰：'～～～～后传于王。'"也作"万岁千秋"。《战国策·楚策一》："于是楚王游于云梦……仰天而笑曰：'乐矣，今日之游也。寡人～～～～之后，谁与乐此矣？'"

仟 qiān ❶古代军制的千人单位。《史记·陈涉世家》："蹑足行伍之间，俛仰～佰之中。"❷数字"千"的大写。见"仟伯"。❸通"阡"。田间南北向小道。见"仟伯(mò)"。㊕墓道。《汉书·原涉传》："初，武帝时，京兆尹曹氏葬茂陵，民谓其道为'京兆～'。"❹通"芊"。见"仟眠"、"仟仟"。

【仟伯】 qiānbǎi 同"千百"。指千钱与百钱。《汉书·食货志上》："而商贾大者积贮倍息，小者坐列贩卖，操其奇赢……亡农夫之苦，有～～之得。"

【仟眠】 qiānmián 同"芊眠"。❶昏暗不明的样子。《楚辞·九怀·通路》："远望兮～～，闻雷兮阗阗。"❷草木蔓衍丛生的样子。《楚辞·九思·悼乱》："菅蒯兮野莽，雚苇兮～～。"

【仟伯】 qiānmò 同"阡陌"。田界，田间小路。《汉书·地理志下》："孝公用商君，制辕田，开～～，东雄诸侯。"

【仟仟】 qiānqiān 同"芊芊"。草木茂盛、葱绿的样子。潘岳《在怀县作》诗："稻栽肃～～，黍苗何离离。"

阡 qiān ❶田间南北向小路。泛指田间小路。潘岳《籍田赋》："遐～绳直，迩陌如矢。"陆游《花时遍游诸家园》诗："看花南陌复东～，晓露初干日正妍。"㊀田野。郭应祥《踏莎行》词之四："东～西陌稼如云，笑他齐量区兼豆。"❷墓道。欧阳修《泷冈阡表》："惟我皇考崇公卜吉于泷冈之六十年，其子修始克表于其～。"㊀泛指坟墓。杜甫《秋日夔府咏怀》："共谁论昔事？几处有新～。"❸通"芊"。见"阡阡"、"阡眠"、"阡绵"。

【阡眠】 qiānmián 同"芊眠"。草木蔓衍丛生、茂密的样子。陆机《赴洛道中作》诗："山泽纷纡馀，林薄杳～～。"谢朓《和王著作融八公山》："～～起杂树，檀栾荫修竹。"也作"阡绵"。萧督《游北山寺赋》："既嵳峩而荫映，亦峣岏而～～。"

【阡绵】 qiānmián 见"阡眠"。

【阡陌】 qiānmò 也作"千百"、"千伯"、"仟伯"。❶田界。《战国策·秦策三》："夫商君为孝公平权衡、正度量、调轻重，决裂～～，教民耕战。"❷田间小路。《汉书·成帝纪》："方东作时，其令二千石勉劝农桑，出入～～，致劳来之。"（东作：指耕种。）❸途径。《颜氏家训·风操》："故世号士大夫风操，而家门颇有不同，所见互称长短，然其～～，亦自可知。"

【阡阡】 qiānqiān 同"芊芊"。草木茂盛、葱绿的样子。谢朓《游东田》诗："远树暖～～，生烟纷漠漠。"

扦(攑) qiān 插。周密《癸辛杂识·白蜡》："树叶类茱萸叶，生水傍，可～而活。"钱易《南部新书》："隶人王义～刃而毙。"

芊 qiān 见"芊蘽"、"芊眠"等。

【芊蘽】 qiānliàn 草木茂盛、葱绿的样子。郭璞《江赋》："涯灌～～，潜荟葱茏。"

【芊眠】 qiānmián 也作"芊绵"、"千眠"、"仟眠"、"阡眠"、"阡绵"。❶草木蔓衍丛生、茂密的样子。李白《当涂赵炎少府粉图山水歌》:"东崖合沓蔽轻雾,深林杂树空～～。"陆游《出行湖山间杂赋》之四:"柳边烟掩苒,堤上草～～。"❷光色鲜明的样子。陆机《文赋》(《文选》六臣注本):"或藻思绮合,清丽～～。"❸昏暗的样子。王褒《九怀·通路》:"远望兮～(一本作'仟')～,闻雷兮阗阗。"

【芊绵】 qiānmián 见"芊眠"。

【芊芊】 qiānqiān 也作"千千"、"仟仟"、"阡阡"。草木茂盛、葱绿的样子。《列子·力命》:"美哉国乎,郁郁～～。"韦庄《长安清明》诗:"早是伤春梦雨天,可堪芳草正～～。"也单用。高似孙《剡录》卷一:"佳山清湍,～林古渡。"

【芊蔚】 qiānwèi 草木茂盛的样子。陈子昂《感遇》诗之二:"兰若生春夏,～～何青青。"

迁(遷、遷) qiān ❶向上移,迁移。《诗经·小雅·伐木》:"出自幽谷,～于乔木。"《史记·秦始皇本纪》:"～其民于临洮。"㉠变更,变易。《后汉书·西南夷传》:"始兴起学校,渐～其俗。"陆机《塘上行》:"天道有～易,人理无常全。"❷避开,离散。《诗经·小雅·巷伯》:"岂不尔受,既其女～。"《国语·晋语四》:"姓利相更,成而不～,乃能摄固,保其土房。"❸晋升或调动官职。《汉书·楚元王传》:"上数欲用[刘]向为九卿,辄不为王氏居位者及丞相御史所持,故终不～。"《论衡·命禄》:"命贵之人,俱学独达,并仕独～。"㉡贬谪,放逐。《史记·屈原贾生列传》:"令尹子兰闻之大怒,卒使上官大夫短屈原于顷襄王,顷襄王怒而～之。"《论衡·道虚》:"父长,以罪～蜀严道,至雍道死。"

【迁除】 qiānchú 官吏的升迁除授。《晋书·王沈传》:"高会曲宴,惟言～～消息,官无大小,问是谁力。"

【迁次】 qiāncì ❶迁移,移居。《左传·哀公十五年》:"废日共积,一日～～。"杜甫《入宅》诗之一:"客居愧～～,春色渐多添。"❷变更,变迁。白居易《感秋咏意》:"炎凉～～速如飞,又脱生衣著熟衣。"❸官吏升迁的次第。《三国志·魏书·毛玠传》:"文帝为五官将,亲自诣玠,属其亲眷。玠答曰:'老臣以能守职,幸得免戾,今所说人非～～,是以不敢奉命。'"

【迁鼎】 qiāndǐng 《左传·桓公二年》:"武王克商,迁九鼎于雒邑,义士犹或非之。"鼎为王者神器,故"迁鼎"意指迁都。王融《三月三日曲水诗序》:"革宋受天,保生万国,度邑静鹿丘之叹,～～息大坰之惭。"(大坰之惭:大坰,地名。相传汤即王位,迁九鼎于亳,至大坰,终感以臣伐君而有惭德。)

【迁讹】 qiān'é ❶辗转失真。《后汉书·方术传赞》:"如或～～,实乖玄奥。"❷变迁。《宋书·恩倖传序》:"岁月～～,斯风渐笃。"

【迁祔】 qiānfù 迁殡附葬。李百药《太穆皇后哀册文》:"背栎阳之神宇,指原陵之封树;悼虞妃之不从,遵周典而～～。"李华《祭亡友扬州功曹萧公文》:"避乱全洁,忠也;冒危～～,孝也。"

【迁复】 qiānfù 恢复到原来境况。李阳冰《上李大夫论古篆书》:"蔡中郎以'豐'同'豊',李丞相将'束'为'宋',鱼鲁一惑,泾渭同流,学者相承,靡所～～。"《新唐书·卢怀慎传》:"虽坐流黜,俄而～～,还为牧宰。"

【迁化】 qiānhuà ❶迁移变化。傅毅《舞赋》:"与志～～,容不虚生。"卢照邻《释疾文·悲夫》:"四时兮代谢,万物兮～～。"❷指人死。《汉书·孝武李夫人传》:"忽～～而不反兮,魄放逸以飞扬。"

【迁客】 qiānkè 被贬谪在外的官吏。李白《与史郎中饮听黄鹤楼上吹笛》诗:"一为～～去长沙,西望长安不见家。"范仲淹《岳阳楼记》:"～～骚人,多会于此。"

【迁贸】 qiānmào 变迁。任昉《为范始兴作求立太宰碑表》:"而藏诸名山,则陵谷～～;府之延阁,则青编落简。"庾信《拟连珠》之十:"市朝～～,山川悠远。"

【迁逡】 qiānqūn 犹"逡巡"。徘徊不前、欲进又止的样子。《楚辞·九章·思美人》:"～～次而勿驱兮,聊假日以须时。"

【迁染】 qiānrǎn 言性情为习俗所改变。《后汉书·党锢传序》:"孔子曰:'性相近也,习相远也。'言嗜恶之本同,而～～之涂异也。"李程《青出于蓝赋》:"被以纯深之色,总以～～之名。"

【迁善】 qiānshàn 改恶从善。《汉书·礼乐志》:"光辉日新,化上～～,而不知所以然。"《淮南子·泰族训》:"民交让争处卑,委利争受寡,力事争就劳,日化上～～。"

【迁神】 qiānshén ❶迁移灵柩。潘岳《寡妇赋》:"痛存亡之殊制兮,将～～而安厝。"❷僧人死的婉称。《续高僧传·释慧超》:"以普通七年五月十六日～～于寺房,行路陨涕,学徒奔赴。"

【迁徙】 qiānxǐ ❶迁移。《吕氏春秋·季夏》:"季夏行春令,则谷实解落,国多风欬,人乃～～。"❷变易。《荀子·非相》:"与时～～,与世偃仰。"《史记·李斯列传》:"盖闻圣人～～无常,就变而从时。"❸指官位提升。《论衡·诘术》:"或安官～～,或失位贬黜何?"

【迁延】 qiānyán ❶退却,逡巡。《战国策·楚策四》:"夫骥之齿至矣,服盐车而上太行。……中阪～～,负辕不能上。"《汉书·两龚传》:"使者入户,西行南面立,致诏付玺书,～～再拜奉印绶。"❷拖延。《晋书·愍怀太子传》:"不若～～却期,贾后必害太子,然后废贾后,为太子报仇。"《农政全书·营治下》:"～～过时,秋苗亦误锄治。"❸犹"倘佯"。逍遥。《淮南子·主术训》:"～～而入之。"

【迁莺】 qiānyīng 仕途升迁。唐人多指举试进士及第。李商隐《喜舍弟羲叟及第上礼部魏公》诗:"朝满～～侣,门多吐凤才。"李中《送夏侯秀才》诗:"况是清朝至公在,预知乔木定～～。"

【迁兰变鲍】 qiānlánbiànbào 《孔子家语·六本》:"与善人居,如入芝兰之室,久而不闻其香,即与之化矣;与不善人居,如入鲍鱼之肆,久而不闻其臭,亦与之化矣。"本此而化出"迁兰变鲍"之语,喻潜移默化。《南史·恩倖传论》:"探求恩色,习睹威颜,～～～～,久而弥信。"

纤

qiān 见 xiān。

汧

qiān ❶河水溢出而汇聚为水泽。《列子·黄帝》:"～水之潘为渊。"(潘:回旋的水流。)❷水名。即今陕西省千河。《竹书纪年·周平王》:"十年,秦还于～、渭。"❸同"岍"。山名。《史记·夏本纪》:"道九山:～及岐至于荆山,逾于河。"

岍

qiān 山名。在今陕西陇县西南。《尚书·禹贡》:"导～及岐,至于荆山。"

佥(僉)

qiān ❶皆,都。《后汉书·桓彬传》:"蔡邕等共论序其志,～以为彬有过人者四。"《三国志·魏书·郭淮传》:"淮军始到狄道,议者～谓宜先讨定枹罕,内平恶羌,外折贼谋。"❷众,众人。沈约《为齐帝作王亮王莹加授诏》:"时宗民誉,～望所归。"贾公彦《〈仪礼正义〉序》:"～谋已定,庶可施矣。"❸连枷。《方言》第五:"～,宋魏之间谓之欇殳。"(郭璞注:"佥,今连枷,所以打谷者。")❹签字画押。后作"签"。周密《志雅堂杂钞·图画碑帖》:"开宝四年九月,凡枢密院官皆只押字,不～名。"㊇签发,签派。《元史·兵志一》:"已～爨、僰人一万为军。"

【佥然】 qiānrán ❶和谐的样子。《大戴礼记·四代》:"(子曰:)抽然,首然,～～,湛然。"❷皆,都。《世说新语·言语》刘孝标注引《大智度论》:"诸三学人,～～不乐,郁伊交涕。"

【佥谐】 qiānxié ❶《尚书·尧典》记舜征询意见以任命臣工之事,多有"佥曰"、"汝谐"之语,后遂以"佥谐"言遴选、任命朝廷重臣。《梁书·江革传》:"广陵太守江革,才思通赡,出内有闻,在朝正色,临危不挠,首佐台铉,实允～～。"❷指一致认定。王禹偁《慰上大行皇帝谥号庙号表》:"懋建鸿名,永光清庙。礼官博士,讨论而无异辞;公卿大夫,～～而合旧典。"

【佥允】 qiānyǔn 公允。《旧唐书·长孙无忌传》:"违时易务,曲树私恩,谋及庶僚,义非～～。"胡应麟《诗薮·六朝》:"错综诸集,参伍群言,钟所剖裁,似难～～。"

【佥属】 qiānzhǔ 犹"众望"。沈约《王茂加侍中诏》:"显命载加,允副～～。"白居易《除韩皋东都留守制》:"非位望崇盛、加之勤旧者,则不足以允～～而副重寄也。"

掔(擊)

1. qiān ❶坚固,使牢固。《墨子·迎敌祠》:"令命昏纬狗纂马,～纬。"❷牵,挽引向前。《史记·郑世家》:"郑襄公肉袒～羊以迎。"㊄引去,除去。《庄子·徐无鬼》:"君将黜耆欲,～好恶。"

2. wàn ❸同"腕"。手腕。《汉书·郊祀志下》:"元鼎、元封之际,燕、齐之间方士瞋目扼～,言有神仙祭祀致福之术者以万数。"

盰

qiān 见"盰瞑"。

【盰瞑】 qiānmián 阴晦不明的样子。张衡《南都赋》:"攒立丛骈,青冥～～。"

牵(牽、掔)

1. qiān ❶挽引向前,拉。《左传·宣公十一年》:"～牛以蹊人之田。"杜甫《兵车行》:"～衣顿足拦道哭,哭声直上干云霄。"㊄移动,推移。《世说新语·方正》:"酒酣后,刘[惔]～脚加桓公颈。"㊅牛、羊、豕等牲畜。《左传·僖公三十三年》:"吾子淹久于敝邑,唯是脯资饩～竭矣。"❷系,牵连。张衡《西京赋》:"夫人在阳时则舒,在阴时则惨,此～乎天者也。"韦嗣立《论刑法多滥疏》:"杨豫之后,刑狱渐兴,用法之伍,务于穷竟,连坐相～,数年不绝。"❸牵制,牵累。《史记·鲁仲连邹阳列传》:"今人主沉于谄谀之辞,～于帷裳之制。"元结《招陶别驾家阳华作》诗:"无或毕婚嫁,竟为俗务～。"㊇拘束,拘泥。《史记·六国年表》:"学者～于所闻,见秦在帝位日浅,不察其终始,因举而笑之。"《汉书·贾谊传》:"故大人者,不～小行,以成大功。"❹强制,勉强。《礼记·学记》:"君子之教喻也,道而弗～。"陈亮《甲辰秋答朱元晦书》:"信斯言也,千五百年之间,天地亦是架漏过时，而人心亦是～补度日。”❺引发。王安石《与微之同赋梅花得香字》之二：“少陵为尔～诗兴，可是无心赋海棠。”杨基《长江万里图》诗：“烟波草色时～恨，风雨猿声欲断肠。”❻古地名。春秋时卫邑。故址在今河南浚县北。《春秋·定公十四年》：“公会齐侯、卫侯于～。”

2. qiàn ❼拉船用的绳索。后作“縴(纤)”。杨万里《竹枝歌七首·序》：“舟人及～夫终夕有声。”高启《赠杨荥阳》诗：“渡河自撑篙，水急船断～。”

【牵缠】 qiānchán 羁留，束缚。《陈书·姚察传》：“自入朝来，又蒙恩渥，既～～人世，素志弗从。”白居易《放言》诗之二：“世途倚伏都无定，尘网～～卒未休。”

【牵掣】 qiānchè ❶牵曳，束缚。《三国志·魏书·高贵乡公纪》：“洮西之战，至取负败，将士死亡，计以千数，或没命战场，冤魂不反；或～～虏手，流离异域。”❷牵制。《新唐书·张巡许远传赞》：“以疲卒数万，婴孤墉，抗方张不制之虏，鲠其喉牙，使不得搏食东南，～～首尾，豗溃梁、宋间。”

【牵复】 qiānfù 牵连反复。《周易·小畜》：“九二，～～，吉。”后指复原、复职。阮瑀《为曹公作书与孙权》：“愿仁君及孤虚心回意，以应诗人补衮之叹，而慎《周易》～～之义。”杜牧《张直方贬思州司户制》：“俟其拔拭旧痕，湔洗前过，必欲～～，用存始终。”

【牵钩】 qiāngōu 古游戏名。即拔河。《隋书·地理志下》：“二郡又有～～之戏，云从讲武所出，楚将伐吴，以为教战，流迁不改，习以相传。”

【牵拘】 qiānjū 拘泥。《史记·孝武本纪》：“群儒既以不能辩明封禅事，又～～于《诗》、《书》古文而不敢骋。”

【牵牛】 qiānniú 星名。即河鼓。俗称牛郎星。《吕氏春秋·季春》：“季春之月：日在胃，昏七星中，旦～～中。”曹丕《燕歌行》：“～～织女遥相望，尔独何辜限河梁。”(织女：织女星。)

【牵染】 qiānrǎn 牵连，株连。《后汉书·杨伦传》：“后有司奏[任]嘉臧罪千万，征考廷尉，其所～～将相大臣百有馀人。”(臧：赃。)

【牵帅】 qiānshuài 也作“牵率”。❶牵连。《左传·襄公十年》：“女既勤君而兴诸侯，～～老夫，以至于此。”❷邀约。《三国志·蜀书·张翼传》：“自翼建异论，[姜]维心与翼不善，然常～～同行，翼亦不得已而往。”❸勉强。谢瞻《答灵运》诗：“～～酬嘉藻，长揖愧吾生。”

【牵丝】 qiānsī ❶言初任官。丝，指印绶。谢灵运《初去郡》诗：“～～及元兴，解龟在景平。”(元兴、景平：年号。解龟：言辞官。)杨炯《大周明威将军梁公神道碑》：“既而从牒随班，～～祇务，起家拜朝议郎。”❷相传唐宰相张嘉贞欲纳郭元振为婿，因命五女各持一丝于幔后，使郭在幔前牵之。郭牵一红丝线，得第三女。见王仁裕《开元天宝遗事》。后因用以称缔结婚姻。

【牵挺】 qiāntǐng 织布机的踏板。《列子·汤问》：“纪昌归，偃卧其妻之机下，以目承～～。二年之后，虽锥末倒眦而不瞬也。”

【牵曳】 qiānyè 也作“牵拽”。拉拖。《后汉书·申屠刚传》：“时内外群官，多帝自选举，加以法理严察，职事过苦，尚书近臣，至乃捶扑～～于前，群臣莫敢正言。”

【牵引】 qiānyǐn ❶牵掣。《左传·襄公十三年》：“使归而废其使，怨其君以疾其大夫，而相～～也，不犹愈乎？”❷拉拢。《汉书·鲍宣传》：“窃见孝成皇帝时外亲持权，人人～～所私以充塞朝廷。”❸牵连。《后汉书·马援传》：“帝怒，乃下郡县收捕诸王宾客，更相～～，死者以千数。”

岍 qiān 见 lán。

悭(慳) qiān ❶吝啬。《南史·王玄谟传》：“刘秀之俭吝，常呼之老～。”谢肇淛《五杂俎》卷十一：“顾荣以分炙免难，庾悦以～炙取祸。”❷欠缺，少。陆游《怀昔》诗：“泽国气候晚，仲冬雪犹～。”李之仪《玉蝴蝶》词：“聚愁窠、蜂房未密，倾泪眼、海水犹～。”❸阻滞。杜甫《铜官渚守风》诗：“早泊云物晦，逆行波浪～。”❹乖舛。王实甫《西厢记》三本二折：“这的是先生命～，须不是红娘违慢。”

【悭囊】 qiānnáng 储钱器，口小，钱易入不易出，故称“悭囊”。范成大《催租行》：“床头～～大如拳，扑破正有三百钱。”

【悭涩】 qiānsè ❶吝啬。朱淑贞《雨中写怀》词：“东风吹雨苦生寒，～～春光不放宽。”❷欠缺，缺少。苏轼《与徐得之书》：“来日离此，水甚～～，不知趁得十五日上否？”

蚈 qiān 虫名。❶萤火虫。《吕氏春秋·季夏》：“腐草化为～。”❷百足虫，即马陆。《淮南子·氾论训》：“夫鸱目大而视不若鼠，～足众而走不若蛇。”

铅(鈆) 1. qiān ❶金属名。又名青金，也称黑锡。苏轼《怪石供》：“《禹贡》青州有～、松、怪石。”[喻]资质鲁钝。

见"铅钝"、"铅驽"。❷铅粉。化妆品。洪瑹《齐天乐·闺思》词:"但翠黛愁横,红～泪洗。"⊗点校书文或绘画的颜料。韩愈《秋怀诗》之七:"不如覷文字,丹～事点勘。"⊗铅粉笔。《西京杂记》卷三:"扬子云好事,常怀～提椠,从诸计吏访殊方绝域四方之语。"

2. yán ❸通"沿"。循,顺着。《荀子·荣辱》:"反～察之而俞可好也。"又《礼论》:"越月逾时,则必反～过故乡。"

【铅黛】 qiāndài 铅粉与黛墨。妇女涂面画眉用的化妆品。《文心雕龙·情采》:"夫～～所以饰容,而盼倩生于淑姿。"白居易《青冢》诗:"凝脂化为泥,～～复何有。"

【铅刀】 qiāndāo 铅质的刀,言其钝。喻才力微薄。王粲《从军诗》之四:"虽无～～用,庶几奋薄身。"《后汉书·隗嚣传》:"但驽马～～,不可强扶。"

【铅钝】 qiāndùn 铅刀钝刀。喻资质愚鲁。元稹《答姨兄胡灵之见寄五十韵》:"～～丁宁淬,芜荒展转耕。"李商隐《为舍人绛郡公上李相书》:"犹希磨淬～～,抚养疲羸。"

【铅汞】 qiāngǒng 道家以铅及汞入鼎炼丹,言服之可以长生。因称炼丹之事为"铅汞"。白居易《同微之赠别郭虚舟炼师五十韵》:"专心在～～,馀力工琴棋。"也用以比喻人的精血。《古文参同契集解上》:"《指玄篇》曰:'求仙不识真～～,闲读丹书千万篇。'盖丹书所谓～～,皆比喻也。在学者触类而长之尔,不当舍吾身而外求也。"

【铅华】 qiānhuá 铅粉。用于涂面的化妆品。曹植《七启》:"玄眉弛兮～～落,收乱发兮拂兰泽。"周邦彦《花犯·梅花》词:"疑净洗～～,无限清丽。"

【铅黄】 qiānhuáng 铅粉与雌黄。古人常用以点校书籍,故也称校勘之事为"铅黄"。陶翰《赠郑员外》诗:"何必守章句,终年事～～。"元稹《酬翰林白学士代书一百韵》:"鱼鲁非难识,～～自懒持。"

【铅驽】 qiānnú 铅刀驽马。喻才力低劣。《南齐书·王融传》:"思策～～,乐陈涓壒。"(涓壒:滴水微尘,犹言微末。)也作"驽铅"。张九龄《登郡城南楼》诗:"～～虽自勉,仓廪素非实。"

【铅椠】 qiānqiàn 铅粉笔与木板。古人记录文字的工具。常用以指著作和校雠。韩愈《送无本师归范阳》诗:"老懒无斗心,久不事～～。"李清照《金石录后序》:"连守两郡,竭其俸入,以事～～。"

【铅擿】 qiānzhāi 以铅粉校正书籍谬误。擿,通"摘"。萧绎《玄览赋》:"先～～于鱼鲁,乃纷定于陶阴。"

【铅刀一割】 qiāndāoyīgē 喻才能虽低劣,犹可一用。常用于自谦。《后汉书·班超传》:"昔魏绛列国大夫,尚能和辑诸戎,况臣奉大汉之威,而无～～～～之用乎?"又《陈龟传》:"臣至顽驽,器无～～～～之用,过受国恩,荣秩兼优,生年死日,永惧不报。"

谦(謙) 1. qiān ❶谦逊。《尚书·大禹谟》:"满招损,～受益。"《论衡·本性》:"性有卑～辞让,故制礼以适其宜。"㉤虚,丧失。《逸周书·武称》:"爵位不～,田宅不亏。"❷六十四卦之一。卦形为艮下坤上。《周易·谦》:"地中有山,～,君子以裒多益寡,称物平施。"❸(xián)通"嫌"。嫌疑。《荀子·仲尼》:"贵而不为夸,信而不处～。"❹(jiān)通"兼"。同时涉及。《墨子·明鬼下》:"此二子者,讼三年而狱不断。齐君由～杀之,恐不辜;犹～释之,恐失有罪。"

2. qiè ❺通"慊"。满足,满意。《礼记·大学》:"所谓诚其意者,毋自欺也,如恶恶臭,如好好色,此之谓自～。"

【谦冲】 qiānchōng 谦虚。《三国志·魏书·荀彧传》:"彧及[荀]攸并贵重,皆～～节俭。"杨炯《大周明威将军梁公神道碑》:"因心孝友,宜于自然;率志～～,得乎所性。"

【谦光】 qiānguāng 《周易·谦》:"谦尊而光。"指尊者因谦让而愈光明盛大。后以"谦光"形容谦逊礼让的风度。陆云《赠顾尚书》诗:"～～自抑,厥辉愈扬。"《三国志·吴书·虞翻传》注引《吴历》:"明府言不如王会稽,～～之谭耳。"(谭:通"谈"。)

【谦靖】 qiānjìng 谦逊恭敬。《三国志·蜀书·吕乂传》:"乂历职内外,治身俭约,～～少言,为政简而不烦。"

【谦克】 qiānkè 谦逊有节。蔡邕《故太尉乔公庙碑》:"雅性～～,不吝于利欲。"

【谦谦】 qiānqiān 谦逊的样子。曹植《箜篌引》:"～～君子德,磬折欲何求。"《后汉书·章帝纪》:"深执～～,自称不德。"也作"嗛嗛"。《汉书·艺文志》:"合于尧之克攘,《易》之～～,一谦而四益。"(攘:通"让"。)

【谦损】 qiānsǔn 谦逊。《三国志·吴书·吴主权步夫人传》:"朕以世难未夷,大统未一,缘后雅志,每怀～～。"《晋书·文帝纪》:"公远蹈～～,深履冲让。"

【谦退】 qiāntuì 谦让。《史记·乐书》:"君子以～～为礼,以损减为乐,乐其如此也。"《汉书·孔光传》:"霸为人～～,不好权势,常称爵位泰过,何德以堪之。"

【谦巽】 qiānxùn 谦逊。韩愈《答魏博田仆射书》:"仆射公忠贤德,内外所宗,位望益尊,～～滋甚。"

【谦挹】 qiānyì 谦逊退让。《北史·于谨传》:"名位虽重,愈存～～。"

骞(騫) 1. qiān ❶腹部低陷。《周礼·考工记·梓人》:"锐喙、决吻、数目、顧脰、小体、～腹,若是者谓之羽属。"❷亏,损。《诗经·小雅·天保》:"如南山之寿,不～不崩。"《后汉书·西羌传》:"朝规失绥御之和,戎帅～然诺之信。"❸举头。《楚辞·大招》:"鲷鳙短狐,王虺～只。"(只:语气词。)㊀高举,飞起。杜甫《寄岳州贾司马六丈巴州严八使君》诗:"如公尽雄俊,志在必腾～。"㊀高。杜牧《池州送孟迟先辈》诗:"寺楼最～轩,坐送飞鸟没。"❹惊惧。颜延之《车驾幸京口三月三日侍游曲阿后湖作》诗:"人灵～都野,鳞翰耸渊丘。"❺通"愆"。过失,延误。《荀子·正名》:"长夜漫兮,永思～兮。"刘琨《扶风歌》:"惟昔李～期,寄在匈奴庭。"❻通"搴"。拔取。《汉书·杨仆传》:"将军之功,独有先破石门、寻陿,非有斩将～旗之实也。"❼通"褰"。撩起。《汉书·王莽传上》:"方今天下闻[刘]崇之反也,咸欲～衣手剑而叱之。"

2. jiǎn ❽驽马。袁宏道《尺牍·冯琢菴师》:"贱体稍愈,便当策～扣门,与师共穷生死之奥、不朽之旨。"

【骞举】 qiānjǔ 飞动的样子。张怀瓘《书断·妙品》:"[梁萧子云]创造小篆、飞白,意趣飘然,点画之际,若有～～。"

【骞骞】 qiānqiān 放肆的样子。柳宗元《乞巧文》:"沓沓～～,恣口所言。"

【骞污】 qiānwū 损辱。《汉书·晁错传》:"使主内亡邪辟之行,外亡～～之名。"

【骞翥】 qiānzhù 展翅飞举的样子。张衡《西京赋》:"凤～～于甍标,咸遡风而欲翔。"《晋书·袁湛传》:"范泰赠湛及混诗云:'亦有后出隽,离群颇～～。'"

签(簽、籤、籖) qiān ❶作标志或记注的小条儿或小牌子。《新唐书·马怀素传》:"是时文籍盈漫,皆炱朽蟫断,～縢纷舛。"(縢:书囊。)❷(以记号)标识。《世说新语·文学》:"[殷浩]大读佛经,皆精解,唯至事数处不解。遇见一道人,问所～,便释然。"司马光《乞降臣民奏状劄子》:"委执政官择其可取者用黄纸～出。"㊀签注意见,署名画押。《南史·吕文显传》:"前直叙所论之事,后云谨～。"沈括《梦溪笔谈·故事》:"曾见唐人堂帖,宰相～押。"❸竹签,削尖的小棍儿。韩愈《苦寒》诗:"将持匕箸食,触指如排～。"㊁用签刺。《新唐书·酷吏传序》:"泥耳笼首,枷楔兼暴,拉胁～爪,县发熏目,号曰'狱持'。"❹卜具。旧时寺庙中以竹片编号贮筒中,置神像前,令迷信者抽之以卜吉凶,称作"签"。文莹《玉壶清话》卷三:"得一～,归示其父。"❺漏箭。古代滴水计时器中标示时刻的竹签。蔡伸《飞雪满群山》:"锦裀才展,琼～报曙。"

【签筹】 qiānchóu 漏箭。古代滴水计时器中标示时刻的竹签。李贺《崇义里滞雨》诗:"南宫古帘暗,湿景传～～。"

愆(僁、諐、𠍲) qiān ❶罪过,过失。《汉书·刘辅传》:"朝廷无谲谀之士,元首无失道之～。"《后汉书·和熹邓皇后纪》:"克己引～,显扬仄陋。"❷延误,失误。《诗经·卫风·氓》:"匪我～期,子无良媒。"《史记·历书》:"履端于始,序则不～。"㊀失,旷缺。《左传·昭公二十六年》:"至于幽王,天不吊周,王昏不若,用～厥位。"《旧五代史·唐明宗纪八》:"久～时雨,深疚予心。"㊀过分。见"愆伏"。❸患恶疾。《左传·昭公二十六年》:"至于夷王,王～于厥身,诸侯莫不并走其望,以祈王身。"

【愆痾】 qiān'ē 指疫疠等流行疾病。陶弘景《真诰》:"复使～～填籍,忧哀塞抱。"

【愆伏】 qiānfú 《左传·昭公四年》:"冬无愆阳,夏无伏阴。"古人用阴阳之说解释天气变化。愆阳,言阳气过盛,天气酷热;伏阴,言阴气过盛,天气严寒。后遂以"愆伏"言气候失常。《宋书·王弘传》:"荏苒推迁,忽及三载,遂令负乘之衅,彰著幽明;～～之灾,患缠氓庶。"《孔丛子·论书》:"是故阴阳清和,五星来备,烈风雷雨,各以其应,不有迷错～～。"

【愆家】 qiānjiā 指失治家之道。《晋书·礼志上》:"叔代浇讹,王风陵谢。事睽光国,礼亦～～。"《南史·孝义传序》:"至于风漓化薄,礼违道丧。忠不树国,孝亦～～。"

【愆面】 qiānmiàn 言久不见面。班固《汉武帝内传》:"天事劳我,致以～～。"

【愆晴】 qiānqíng 久雨未晴。文徵明《雨中杂述》诗:"雨从四月晦,数日尚～～。"

【愆位】 qiānwèi 失职。《左传·昭公二十七年》:"夫鄢将师矫子之命,以灭三族。三族,国之良也,而不～～。"

【愆序】 qiānxù 次序错乱，时序失调。《周书·达奚武传》：“比以阴阳～～，时雨不降，命公求祁，止言庙所。”白居易《祈皋亭神文》：“既逢～～，不敢宁居。”

【愆殃】 qiānyāng 过失，恶果。《列女传·母仪》：“化训内外，亦无～～。”曹植《九愁赋》：“谓内思而自策，算乃昔之～～。”

【愆义】 qiānyì 违反道义。《左传·定公十年》：“于德为～～，于人为失礼。”陆机《文赋》：“苟伤廉而～～，亦虽爱而必捐。”

【愆尤】 qiānyóu 罪过，过失。《颜氏家训·省事》：“或被发奸私，面相酬证，事途回穴，翻惧～～。”李白《古风》之十八：“功成身不退，自古多～～。”

【愆滞】 qiānzhì 失误耽搁。《三国志·蜀书·费祎传》注引《祎别传》：“董允代祎为尚书令，欲斅祎之所行，旬日之中，事多～～。”（斅：效法。）

搴（攓） qiān ❶拔取，取。《楚辞·离骚》：“朝～阰之木兰兮，夕揽洲之宿莽。”《汉书·贾谊传》：“盗者剟寝户之帘，～两庙之器。”❷提起，撩起。卢照邻《释疾文》：“于是裹粮寻师，～裳访古。”钱希言《狯园》卷十二：“携灯～帏。”❸姓。

膁 qiān 牲畜腰两侧凹软处。《齐民要术·养牛马驴骡》：“膁欲得小；～腹小则膁小，膁小则易养。”

諐 qiān “愆”的古字。罪过，过失。《宋书·孝武帝纪》：“若废务乱民，随～议罚。”陆羽《茶经·文学自传》：“及与人为信，虽冰雪千里，虎狼当道不～也。”

褰 qiān ❶套裤。《左传·昭公二十五年》：“公在乾侯，征～与襦。”❷提起，撩起。后作“攓”。《战国策·魏策四》：“四海之内，美人亦甚多矣，闻臣之得幸于王也，必～裳而趋王。”白居易《新昌新居书事》诗：“帘每当山卷，帷多待月～。”㊀开，散开。孙绰《游天台山赋》：“尔乃羲和亭午，游气高～。”❸折叠，缩。司马相如《子虚赋》：“襞积～绉，郁桡谿谷。”（襞积：衣裙上的皱褶。）

蹇 qiān 见 jiǎn。

攓 qiān “搴”的后起字。提起，撩起。见“褰②”。

攐 qiān ❶同“搴”。拔取。《列子·天瑞》：“从者见百岁髑髅，～蓬而指。”❷提起，撩起。《淮南子·人间训》：“江水之始出于岷山也，可～衣而越也。”❸简慢。《淮南子·齐俗训》：“望我而笑，是～也。”

臁 qiān 肉羹。《集韵·琰韵》：“～，羹也。”

髶（鬜） qiān 鬓发脱落的样子。韩愈《南山诗》：“或赤若秃～，或熏若柴槱。”（槱：聚积。）蒋之奇《澹岩》诗：“朝阳迫迮若就狴，石角秃～如遭髡。”

岒 qián ❶山名。《集韵·盐韵》：“～，山名。”❷见“岒峨”。

【岒峨】 qián'é 参差不齐的样子。《楚辞·七谏·怨世》：“世沉淖而难论兮，俗～～而嵾嵯。”

拑 qián 用手夹，夹住。《墨子·鲁问》：“夫鬼神岂唯擢季～肺之为欲哉？”（按：“季”盖“黍”字之讹。）《战国策·燕策二》：“蚌方出曝，而鹬啄其肉，蚌合而～其喙。”㊀闭（口）。《说苑·尊贤》：“哀公问于孔子曰：‘人何若而可取也？’孔子对曰：‘毋取～者，毋取健者，毋取口锐者。’”㊁以木衔马口，不使马食。颜延之《阳给事诔》：“卒无半菽，马实～秣。”

【拑口】 qiánkǒu 闭口，闭口不言。《汉书·晁错传》：“且臣恐天下之士～～不敢复言矣。”也作“钳口”。《淮南子·本经训》：“今至人生乱世之中，含德怀道，拘无穷之智，～～寝说，遂不言而死者众矣。”

【拑马】 qiánmǎ 以木衔马口，不使马食。庾信《哀江南赋》：“徒思～～之秣，未见烧牛之兵。”

前 1. qián ❶前进，上前。《史记·魏其武安侯列传》：“及出壁门，莫敢～。”《汉书·高帝纪上》：“乃～，拔剑斩蛇。”❷引导。《周礼·秋官·大司寇》：“及纳享，～王。”《仪礼·士虞礼》：“祝～尸出户，踊如初。”❸表示方位，与“后”相对。指正面的或位次在前的。《论语·子罕》：“瞻之在～，忽焉在后。”㊀面前。《孟子·梁惠王上》：“便嬖不足使令于～与？”❹表示时间，与“后”相对。指发生在前的，过去的。《战国策·赵策一》：“～事之不忘，后事之师。”㊁预先。《礼记·中庸》：“凡事豫则立，不豫则废。言～定则不跲，事～定则不困，行～定则不疚，道～定则不穷。”㊂指未来的。姚合《答韩湘》诗：“三十登高科，～涂浩难测。”

2. jiǎn ❺通“翦”。浅黑色。《周礼·春官·巾车》：“木路，～樊鹄缨。”

【前车】 qiánchē 喻可以引为教训的往事。《南齐书·王僧虔传》：“吾今悔无所及，欲以～～诫尔后乘也。”孙枝蔚《咏物体·蝗》：“雨螽于宋灾必记，盖以宋公为～～。”

【前尘】 qiánchén ❶佛家语。佛教称由六尘（色、声、香、味、触、法）构成的、非真实的境界为“前尘”。《楞严经》卷二：“佛告阿难，一切世间大小内外、诸所事业各属～～。”❷前人的遗迹，往事。欧阳修《归田录》卷二：“故景仁赠余云‘淡墨题名第一人，孤生何幸继～～’也。”二石生《十洲春语》：“回首～～，终入苦海。”

【前定】 qiándìng ❶预先确定，事前有所准备。《穀梁传·桓公十四年》：“来盟，～～也，不日。”❷宿命论者言凡事都有预定之数。苏轼《径山道中次韵答周长官兼赠苏寺丞》：“吾宗古遗直，穷达付～～。”

【前度】 qiándù ❶前人的法度。《史记·屈原贾生列传》：“章画职墨兮，～～未改。”❷前次，上回。刘禹锡《再游玄都观绝句》：“种桃道士归何处，～～刘郎今又来。”

【前恶】 qián'è ❶前人的罪过。《国语·晋语五》：“[晋臼季得冀芮之子冀缺]而进之曰：‘臣得贤人，敢以告。’文公曰：‘其父有罪，可乎？’对曰：‘国之良也，灭其～～。’”❷以前的过失。《左传·定公五年》：“王曰：‘善。使复其所，吾以志～～。’”❸旧有的嫌隙。《史记·匈奴列传》：“隋坏～～，以图长久。”

【前古】 qiángǔ 往古，古代。《吴越春秋·勾践入臣外传》：“今大王诚赦越王，则功冠于五霸，名越于～～。”《后汉书·西域传论》：“西域风土之载，～～未闻也。”

【前光】 qiánguāng 指祖先的功德。陆机《述先赋》：“应远期于已旷，昭～～于未戢。”韩愈《清河郡公房公墓碣铭》：“公胚胎～～，生长食息，不离典训之内。”

【前徽】 qiánhuī 前人的美德。徽，美善。颜延之《宋文皇帝元皇后哀策文》：“钦若皇姑，允迪～～。”沈约《奏弹王源》：“栾、郤之家，～～未远。”（栾、郤：皆春秋晋国的世族。）

【前矩】 qiánjǔ 前人遗留的规范。蔡邕《司空文烈侯杨公碑》：“乃及伊公，克光～～。”

【前拒】 qiánjù 第一线的方阵。《左传·昭公元年》：“为五阵以相离，两于前，伍于后，专为右角，参为左角，偏为～～，以诱之。”

【前烈】 qiánliè ❶前人的功业。《尚书·武成》：“公刘克笃～～。”❷先祖。班固《幽通赋》：“懿～～之纯淑兮，穷与达其必济。”❸前贤。任昉《齐竟陵文宣王行状》：“易名之典，请遵～～。”

【前马】 qiánmǎ 前驱，前导。《仪礼·士昏礼》：“从车二乘，执烛～～。”《国语·越语上》：“其身亲为夫差～～。”

【前茅】 qiánmáo 军中的前哨斥候。行军时以茅为旌，持旌先行，如遇变故，举旌以警告后军。《左传·宣公十二年》：“军行，右辕，左追蓐，～～虑无，中权，后劲。”（虑无：戒备意外。）庾信《周上柱国齐王宪神道碑》：“六军星陈，万骑雷动，中权始及，～～已战。”

【前愆】 qiánqiān 从前的过失。《孔丛子·论书》：“忧思三年，追悔～～。”《尚书·盘庚下》“罔罪尔众”孔颖达疏：“恕其～～，与之更始也。”

【前身】 qiánshēn 佛家语。犹前生。《晋书·羊祜传》：“时人异之，谓李氏子则祜之～～也。”王维《偶然作》诗之六：“宿世谬词客，～～应画师。”

【前武】 qiánwǔ 喻前人的典范。武，足迹。《宋书·王弘之传》：“前卫将军参军武昌郭希林素履纯洁，嗣徽～～。”苏辙《汝州谢雨文》：“顾惭昔贤，愿蹑～～。”

【前席】 qiánxí 移坐向前。《汉书·贾谊传》：“上因感鬼神事，而问鬼神之本。谊具道所以然之故。至夜半，文帝～～。”李商隐《贾生》诗：“可怜夜半虚～～，不问苍生问鬼神。”

【前星】 qiánxīng 《汉书·五行志下之下》：“心，大星，天王也；其前星太子，后星庶子也。”后“前星”遂为太子的别称。《隋书·音乐志上》：“皇太子出入，奏《胤雅》……置保置师，居前居后，～～北耀，克隆万寿。”

【前行】 qiánxíng ❶平素的行为。《荀子·议兵》：“武王之诛纣也，非以甲子之朝而后胜之也，皆～～素脩也，此所谓仁义之兵也。”❷唐、宋制，尚书省六部有前行、中行、后行三等。《唐会要·尚书省分行次第》：“故事，以兵吏及左右司为～～，刑户为中行，工礼为后行。”

【前修】 qiánxiū 也作“前脩”。前代的贤人。《后汉书·刘恺传》：“今恺景仰～～，有伯夷之节。”韩愈《闵己赋》：“勤祖先之所贻兮，勉汲汲于～～之言。”

【前绪】 qiánxù 前人的功业。《三国志·魏书·文帝纪》：“今王钦承～～，光于乃德，恢文武大业，昭尔考之弘烈。”

【前言】 qiányán ❶以前说过的话。《汉书·诸葛丰传》：“毁誉恣意，不顾～～，不信之大者也。”❷前人的言论。《周易·大畜》：“君子以多识～～往行，以畜其德。”

【前彦】 qiányàn 前代的贤人。徐陵《报尹义尚书》：“谷永之笔，无惭古人；盖延之功，高视～～。”

【前鱼】 qiányú 《战国策·魏策四》：“魏王与龙阳君共船而钓，龙阳君得十馀鱼而涕下。王曰：‘有所不安乎？如是，何不相告也？’……对曰：‘臣之始得鱼也，臣甚喜，后得又益大，今臣直欲弃臣前之所得矣。今以臣之凶恶，而得为王拂枕席。今臣爵至人君，走人于庭，辟人于途。四海之内，美人亦甚多矣，闻臣之得幸于王也，必褰裳而趋王。臣亦犹曩臣之前所得鱼也，臣亦将弃矣，臣安能无涕出乎？'"后遂以"前鱼"比喻失宠被遗弃的人。陆厥《中山王孺子妾歌》："子瑕矫后驾，安陵泣～～。"梁简文帝《怨歌行》："望檐悲双翼，窥沼泣～～。"

【前哲】 qiánzhé 前代的贤人。《国语·周语下》："单子朝夕不忘成王之德，可谓不忝～～矣。"《后汉书·张衡传》："盖闻～～首务，务于下学上达，佐国理民。"

【前志】 qiánzhì ❶前人的记述。《国语·晋语六》："夫成子导～～以佐先君，导法而卒以政，可不谓文乎！"❷先辈的遗志。《三国志·魏书·管宁传》："非所以奉遵明训、继成～～也。"苏辙《陈述古舍人辞庙文》："慨然顾瞻，思继～～。"❸平素的志向。许浑《寄契盈上人》诗："婚嫁乖～～，功名异夙心。"

【前躅】 qiánzhú 前人的遗范。躅，足迹。《宋书·谢灵运传》："钦仲舒之睟容，遵缝掖于～～。"

【前驺】 qiánzōu 在前引路的仆从。徐铉《奉和宫傅相公怀旧见寄四十韵》："不遣～～访野逸，别寻逋客互招延。"

柑 qián 见 gān。

钤(鈐) qián ❶锁。《隋书·天文志中》："房星……北二小星，曰钩钤；房之～键，天之管籥。"㉠锁闭。严遵《道德指归论》卷二："天地～结，阴阳隔闭。"❷车辖。车轴头上用以卡住车轮的铜键或铁键。《玉篇·金部》："～，车辖也。"㉠镇，管束。吕温《京兆韦府君神道碑》："仁护鳏惸，智～豪右。"❸星名。《汉书·天文志》"钩钤，天子之御也"晋灼注："上言房为天驷，其阴右骖，旁有二星曰～，故曰天子御也。"❹钤记，印章。㉡盖印。《清会典事例·礼部贡举》："即系寻常闲散图篆，亦不值于试卷纷纷～用。"❺兵法《玉钤篇》的省称。泛指兵法谋略。张说《将赴朔方军》诗："礼乐逢明主，韬～用老臣。"

【钤键】 qiánjiàn 锁钥。比喻事物的关键。郭璞《〈尔雅〉序》："夫《尔雅》者……诚九流之津涉，六艺之～～。"

【钤决】 qiánjué 泛指兵法谋略。决，兵书《玄女六韬要决》的省称。《后汉书·方术传序》："至乃《河》《洛》之文……～～之符，皆所以探抽冥赜，参验人区。"

【钤谋】 qiánmóu 计谋，谋略。《淮南子·诠言训》："有大地者，以有常术而无～～，故称平焉，不称智也。"《新唐书·崔圆传》："开元中，诏举遗逸，以～～对策甲科。"

【钤辖】 qiánxiá ❶管束，统辖。《旧五代史·梁太祖纪》："皇墙大内，本尚深严，宫禁诸门，岂宜轻易。……须加～～，用戒门闾。"欧阳修《司封员外郎许公行状》："荆南～～北路兵马，于荆湖为大府。"❷宋代武官名。《宋史·职官志七》："以太中大夫以上知州，置副总管，～～各一员。"

赶 qián 见 gǎn。

㪨 qián "前"的古字。梁元帝《燕歌行》："黄龙戍北花如锦，元菟城～月似蛾。"虞集《淮阳献武王庙堂之碑》："王转战而～，大兵继之，宋师溃。"

虔 qián ❶诚敬，恭敬。《左传·成公十六年》："～卜于先君也。"《三国志·魏书·文帝纪》："其令百官各～厥职，后有天地之眚，勿复劾三公。"❷截，削。《诗经·商颂·殷武》："是断是迁，方斲是～。"❸劫夺，杀戮。《汉书·武帝纪》："将百姓所安殊路，而挢～吏因乘势以侵蒸庶邪？"皮日休《忧赋》："入人之心也，如毒如螫，如～如刘。"❹古地名。在今江西赣县、信丰以东，兴国、宁都以南地区。王安石《虔州学记》："～于江南地最旷，大山长谷，荒翳险阻。"❺"虔婆"的省称。见"虔婆"。

【虔刘】 qiánliú 劫掠，杀戮。《后汉书·西羌传赞》："～～陇北，假僭泾阳。"《三国志·魏书·公孙渊传》注引《魏书》："然犹跋扈，～～边陲，烽火相望，羽檄相逮。"

【虔婆】 qiánpó 骂人话。犹"贼婆"。周祈《名义考》卷五："《方言》谓贼为虔，～～犹贼婆也。"也指妓院的鸨母。石君宝《曲江池》一折："虽然那爱钞的～～，他可也难恕免；争奈我心坚石穿，准备着从良弃贱。"省称"虔"。佚名《张协状元》三十三出："每岁村公称作主，曾与贫女做场～。"

【虔虔】 qiánqián 恭敬的样子。《逸周书·祭公》："王若曰：祖祭公，予小子～～在位。"王禹偁《藉田赋》："万国欢心而怿怿，百官供职以～～。"

【虔肃】 qiánsù 恭敬谨肃。《后汉书·黄琼传》："窃见陛下遵稽古之鸿业，体～～以应天。"《三国志·魏书·陈留王奂纪》："伏惟燕王体尊戚属，正位藩服，躬秉～～，率蹈恭德以先万国。"

钱(錢) 1. qián ❶金属货币，货币。《汉书·晁错传》："非谤不治，铸～者除。"（非：通"诽"。）杜甫《最能行》："富豪有～驾大舸，贫穷取给行艓子。"㊀像铜钱的东西。苏轼《雨中花》词："但有绿苔芳草，柳絮榆～。"❷重量单位。一两的十分之一。沈括《梦溪笔谈·药议》："煮散者，一啜不过三五～极矣。"

2. jiǎn ❸古农具名。类似铁铲。《诗经·周颂·臣工》："命我众人，庤乃～镈。"（庤：准备。）

【钱布】 qiánbù 金钱。布，古代货币名。《韩非子·外储说左上》："如是，羹且美，～～且易云也。"

【钱唇】 qiánchún 指铜钱的边缘。沈括《梦溪笔谈·技艺》："庆历中，有布衣毕昇，又为活板。其法用胶泥刻字，薄如～～，每字为一印，火烧令坚。"

【钱刀】 qiándāo 金钱。刀，指刀形钱币。《宋书·乐志三》："男儿欲相知，何用～～为！"

【钱文】 qiánwén 指钱币上铸的文字。《后汉书·光武帝纪论》："及王莽篡位，忌恶刘氏，以～～有金刀，故改为货泉。"

钳（鉗） qián ❶夹，夹住。《汉书·江充传》："辄收捕验治，烧铁～灼，强服之。"韩愈《蓝田县丞厅壁记》："吏抱成案诣丞，卷其前，～以左手，右手摘纸尾。"㊀闭，闭口。《论衡·祀义》："使鼻鼽不通，口～不开，则不能歆矣。"柳宗元《答问》："仆乃缄～塞默。"㊁钳子。张宪《北庭宣元杰西番刀歌》："七月七日授冶师，手作～锤股为砺。"❷古代一种刑罚。用铁圈束颈。《汉书·楚元王传》："醴酒不设，王之意怠，不去，楚人将～我于市。"㊁古刑具。束颈的铁圈。《汉书·陈万年传》："或私解脱～钛，衣服不如法，辄加罪笞。"❸强制，胁迫。《淮南子·精神训》："～阴阳之和，而迫性命之情，故终身为悲人。"方孝孺《与友人论井田》："富者之威，上足以持公府之柄，下足以～小民之财。"

【钳忌】 qiánjì 忌刻。《后汉书·梁冀传》："［孙］寿性～～，能制御冀。"

【钳噤】 qiánjìn 闭口不言。《新唐书·吴凑传》："顾左右～～自安耳，若反复启寤，幸一听之，则民受赐为不少。"

【钳口】 qiánkǒu 闭口不言。见"拑口"。

【钳勒】 qiánlè 钳制约束。《新唐书·则天武皇后传》："帝亦儒昏，举能～～，使不得专，久稍不平。"

【钳奴】 qiánnú 遭钳刑而为奴隶的人。司马迁《报任少卿书》："魏其，大将也，衣赭衣，关三木；季布为朱家～～。"

【钳钳】 qiánqián 胡乱说话的样子。《孔子家语·五仪》："事任于官，无取捷捷，无取～～，无取哼哼。捷捷，贪也；～～，乱也；哼哼，诞也。"

【钳徒】 qiántú 遭钳刑而为徒隶的人。《论衡·骨相》："［卫青］在建章宫时，～～相之，曰：'贵至封侯。'"

【钳子】 qiánzǐ 犹"钳徒"。《汉书·五行志上》："是岁，广汉～～谋攻牢。"

钻[1]（鑽） 1. qián ❶同"钳"。古刑具。1）束颈的铁圈。《集韵·盐韵》："钳，《说文》：'以铁有所劫束也。'或作～。"2）行刑的铁钳。见"钻钻"。㊁夹取。慧琳《一切经音义》卷十四："～，以铁镊夹取物也。"

2. chān ❷给车毂加油的器具。《说文·金部》："～，膏车铁～。"

【钻钻】 qiánzuān 古代酷刑。用铁钳夹肌肤，用钻凿去髌骨。《后汉书·章帝纪》："自往者大狱已来，掠考多酷，～～之属，惨苦无极。"《晋书·刑法志》："其后遂诏有司，禁绝～～诸酷痛旧制。"

渐 qián 见 jiàn。

乾（亁） 1. qián ❶八卦之一，卦形为☰。又为六十四卦之一，卦形为乾下乾上。《周易·乾》："～，元、亨、利、贞。"❷象征天、阳、日、君、父、夫等。《周易·说卦》："～为天，为圜，为君，为父，为玉，为金，为冰，为大赤，为良马。"㊁刚健，自强不息。孙奕《履斋示儿编·总说·天帝》："健而不息者，～也。"㊁指西北方位。郦道元《水经注·谷水》："水有二源，并导北山，东南流，合成一水，自～注巽入于谷。"㊁指午后八至十时。《旧唐书·吕才传》："若依葬书，多用～、艮二时，并是近半夜。"

2. gān ❸"干[2]"的繁体字。见"干[2]"。

【乾车】 qiánchē 即"乾文车"。画有天文图像的车。《汉书·王莽传下》："乘～～，驾巛马，左苍龙，右白虎，前朱雀，后玄武。"（巛："坤"的古字。）

【乾道】 qiándào 天道。《周易·乾》："～～变化，各正性命。"唐玄宗《春晚宴两相及礼官丽正殿学士探得风字》诗："～～运无穷，恒将人代工。"

【乾德】 qiándé ❶上天的恩德。《晋书·四夷传序》："夫恢恢～～，万类之所资始；荡荡坤仪，九区之所钧载。"❷帝王之德。焦赣《易林·升之艮》："西戎獯鬻，病于我国，扶陕之岐，以保～～。"❸刚健之德。曹植《鹖赋》："体贞刚之烈性，亮～～之所辅。"

【乾符】 qiánfú 指帝王受命于天的吉祥征兆。《后汉书·班固传下》："于是圣皇乃握

～～，阐坤珍，披皇图，稽帝文。”韩愈《贺册尊号表》：“陛下仰稽～～，俯顺人志。”

【乾覆】 qiánfù ❶天的覆盖。梁简文帝《南郊颂序》：“等～～之焘养，合坤载之灵长。”❷父亲的庇荫。慕容𬀩《答慕容恪慕容评》：“朕以不天，早倾～～，先帝所托，惟在二公。”

【乾刚】 qiángāng 形容帝王刚毅果断。《汉书·李寻传》：“唯陛下执～～之德，强志守度，毋听女谒邪臣之态。”引申指君主的威权。李纲《上渊圣皇帝实封言事奏状》：“伏望陛下运以～～，照以离明，为宗社生灵大计，断而行之。”

【乾纲】 qiángāng ❶天纲，天道。《晋书·华谭传》：“圣人之临天下也，祖～～以流化，顺谷风以兴仁。”❷君权，朝纲。范宁《〈春秋穀梁传〉序》：“昔周道衰陵，～～绝纽。”《旧唐书·恭懿太子佋传》：“惟天祚唐，累叶重光，中兴宸景，再纽～～。”❸夫权。《聊斋志异·马介甫》：“第阴教之旗帜日立，遂～～之体统无存。”

【乾光】 qiánguāng 日光。喻君王的恩泽。支遁《上书告辞哀帝》：“贫道野逸东山，与世异荣……不悟～～曲曜，猥被蓬荜，频奉明诏。”

【乾行】 qiánháng 犹“乾道”。天道。陆云《岁暮赋》：“夫何～～之变通兮，昏明迭而载路。”叶適《代薛端明上遗表》：“伏望皇帝陛下法泰道之裁成，体～～之变化。”

【乾衡】 qiánhéng 天柄。衡，玉衡，北斗星斗柄三星之一。《宋书·乐志四》：“抚～～，镇地机。”

【乾坤】 qiánkūn ❶《周易》的乾卦和坤卦。《周易》认为“乾坤”属于阴阳的范畴，是构成宇宙万物的原始物质。《论衡·对作》：“《易》之‘～～’，《春秋》之‘元’，杨氏之‘玄’，卜气号不均也。”（卜：赋予。）❷指天地。班固《东都赋》：“俯仰乎～～，参象乎圣躬。”❸指日月。杜甫《登岳阳楼》诗：“吴楚东南坼，～～日夜浮。”❹指国家。《敦煌曲子词·浣溪沙》：“竭节尽忠扶社稷，指山为誓保～～。”❺指帝、后。《后汉书·皇甫规传》：“梁太后临朝，规举贤良方正。对策曰：‘……陛下体兼～～，聪哲纯茂。’”

【乾乾】 qiánqián ❶自强不息的样子。《周易·乾》：“君子终日～～，夕惕若厉。”韦曜《博弈论》：“方今大吴受命，海内未平，圣朝～～，务在得人。”❷敬慎的样子。张衡《东京赋》：“勤屡省，懋～～。”

【乾维】 qiánwéi ❶天的纲维。李义府《在嶲州遥叙封禅》诗：“飞声总地络，腾化抚～～。”❷君权，朝纲。《晋书·刘琨祖逖传论》：“及金行中毁，～～失统；三后流亡，递萦居彘之祸；六戎横噬，交肆长蛇之毒。”❸指西北方。刘义恭《白马赋》：“是以周称逾轮，汉则天驷，体自～～，衍生坎位，伊赭白之为俊，超绝世而称骥。”（逾轮、天驷：皆骏马名。）

【乾文】 qiánwén ❶天文，天象。《三国志·蜀书·郤正传》：“俯宪坤典，仰式～～。”❷帝王的诗文。崔日用《奉和圣制送张说巡边》：“睿锡承优旨，～～复宠行。”

【乾象】 qiánxiàng 天象。乾卦象天，故称。《后汉书·和熹邓皇后纪》：“仰观～～，参之人誉。”《颜氏家训·归心》：“～～之大，列星之夥，何为分野止系中国？”

【乾曜】 qiányào 日光。《元史·顺帝答纳失里皇后传》：“月之道循右行，明同贞于～～。”

【乾荫】 qiányīn 父亲的庇荫。《梁书·袁昂传》：“孤子夙以不天，幼倾～～，资敬未奉，过庭莫承。”

【乾元】 qiányuán ❶指天。《陈书·高祖纪上》：“大哉～～，资日月以贞观；至哉坤元，凭山川以载物。”❷指帝王。《晋书·孝武定王皇后传》：“配德～～，恭承宗庙，徽音六宫，母仪天下。”❸形容天子的大德。范仲淹《四德说》：“尧舜率天下以仁，～～之君也。”

【乾闼婆】 qiántàpó 梵语译音，也作“健闼缚”、“犍闼婆”。❶佛教乐神。《法苑珠林》卷四：“黑山北有香山，其山常有歌舞唱妓音乐之声。……～～～王从五百～～～在其中止。”省作“乾闼”。齐己《赠持法华经僧》诗：“但恐天龙夜叉～～众，齀塞虚空耳皆聋。”❷古代西域的乐人。《法华经·玄赞》“有四乾闼婆王”窥基注：“西域由此呼散乐为健闼缚，专寻香气作乐乞求故。”❸指海市蜃楼。《大智度论》卷六：“～～～者，日初出时，见城门楼橹宫殿行人出入，日转高转灭，此城但可眼见而无有实，是名～～～城。”

掮 qián 用肩扛。李素甫《元宵闹》四：“他是个哑道童，有些蛮力，故尔用他～些行头。”

揵 1. qián ❶举，扬起。司马相如《上林赋》：“～鳍擢尾，振鳞奋翼。”❷竖立。《后汉书·冯衍传下》：“～六枳而为篱兮，筑蕙若而为室。”❸用肩扛。《后汉书·舆服志上》：“［卒］皆带剑持棨戟为前列，～弓韣九鞬。”

2. jiàn ❹连接。《汉书·贾谊传》：“梁起于新郪以北，著之河；淮阳包陈以南，～

之江。”❺通“楗”。门闩。张衡《南都赋》：“破坚摧刚，排～陷扃。”㉑闭，闭塞。《庄子·庚桑楚》：“夫外韄者不可繁而捉，将内～；内韄者不可缪而捉，将外～。”（捉：促，急迫。）㊁堵塞河堤决口的竹木土石材料。《汉书·沟洫志》：“上乃使汲仁、郭昌发卒数万人塞瓠子决河……而下淇园之竹以为～。”

媊 qián（又读 zī 或 jiǎn） 星名用字。星有“女媊”。《说文·女部》：“～，甘氏《星经》曰：太白上公妻曰女媊。女媊居南斗，食厉。天下祭之，曰明星。”

犍 qián 见 jiān。

黏 qián 见 shǎn。

梫 qián 木砧。《尔雅·释宫》：“椹谓之～。”

箝 qián ❶夹住。《战国策·燕策二》：“蚌方出曝，而鹬啄其肉，蚌合而～其喙。”㉑闭。元稹《开元观酬吴侍御》诗：“狂歌终此曲，情尽口长～。”❷控制，胁迫。苏舜钦《先公墓志铭》：“命拘而鞭之，以语～其帅，卒不敢动。”❸卜问。扬雄《太玄经·玄莹》：“于是圣人乃作蓍龟，钻精倚神，～知休咎。”㊁探测。《新唐书·崔弘礼传》：“弘礼为～揣贼情，部分张设，东部卒无患。”❹夹具。韩愈《苦寒》诗：“浊醪沸入喉，口角如衔～。”

【箝语】 qiányǔ 禁止相对私语。《汉书·异姓诸侯王表》：“[秦]堕城销刃，～～烧书。”

潜（濳、潛） qián ❶没入水中活动。《诗经·小雅·鹤鸣》：“鱼～在渊，或在于渚。”《淮南子·泰族训》：“水～陆行，各得其所宁焉。”㉑隐藏，深藏。《后汉书·淳于恭传》：“后州郡连召，不应，遂幽居养志，～于山泽。”范仲淹《岳阳楼记》：“日星隐曜，山岳～形。”㉑埋葬。《山海经·西山经》：“西望大泽，后稷所～也。”❷秘密地，偷偷地，悄悄地。《三国志·魏书·武帝纪》：“公乃多设疑兵，～以舟载兵入渭。”杜甫《哀江头》诗：“少陵野老吞声哭，春日～行曲江曲。”又《春夜喜雨》诗：“随风～入夜，润物细无声。”㊁秘密出动。《左传·僖公三十年》：“若～师以来，国可得也。”❸深，深处。曹植《七启》：“出山岫之～穴，倚峻崖而嬉游。”韩愈《苦寒》诗：“虎豹僵穴中，蛟螭死幽～。”❹专一。江淹《知己赋》：“～志百氏，沉神六经。”❺堆放在水中的柴。鱼类栖止其中，以便捕取。《诗经·周颂·潜》：“猗与漆、沮，～有多鱼。”❻古水名。汉水支流，在今四川境内。《尚书·禹贡》：“岷、嶓既艺，沱、～既道。”❼古地名。1）春秋鲁地。在今山东济宁市西南。《春秋·隐公二年》：“公会戎于～。”2）春秋楚邑。在今安徽霍山县东北。《左传·昭公二十七年》：“使公子掩馀、公子烛庸帅师围～。”

【潜邸】 qiándǐ 指天子即位前居住的宅第。欧阳修《代人辞官状》：“属～～之署官，首膺表擢。”郭若虚《图画见闻志》卷三：“太宗在～～，多访求名艺，[高]文进往依焉。”

【潜服】 qiánfú 指衣内藏甲者。《周礼·天官·阍人》：“掌守王宫之中门之禁，丧服凶器不入宫，～～贼器不入宫。”

【潜龙】 qiánlóng 喻圣人在下隐而未显，或贤才失时未遇。《周易·乾》：“初九，～～勿用。”《三国志·魏书·管宁传》注引《傅子》：“～～以不见成德，言非其时，皆招祸之道也。”

【潜心】 qiánxīn 心静而专注。《汉书·董仲舒传赞》：“仲舒遭汉承秦灭学之后，六经离析，下帷发愤，～～大业。”《三国志·蜀书·秦宓传》：“如扬子云～～著述，有补于世。”

【潜翳】 qiányì ❶隐藏。《三国志·魏书·管宁传》：“宁抱道怀贞，～～海隅。”❷昏暗。潘岳《籍田赋》：“黄尘为之四合兮，阳光为之～～。”

【潜玉】 qiányù 喻洁身避世。陶渊明《感士不遇赋序》：“怀正志道之士，或～～于当年；洁己清操之人，或没世以徒勤。”

羬 1. qián ❶六尺长的羊。《尔雅·释畜》：“羊六尺为～。”㊁神话传说中的怪兽。《山海经·西山经》：“[钱来之山]有兽焉，其状如羊而马尾，名曰～羊。”

2. xián ❷细角大山羊。《类篇·羊部》：“～，山羊奭者，细角。”

焀 qián 见 yàn。

燂 qián（又读 xún） ❶烧热，热。《礼记·内则》：“五日则～汤请浴。”卢仝《客淮南病》诗：“扬州蒸毒似～汤，客病清枯鬓欲霜。”❷烤烂。《周礼·考工记·弓人》：“挢角欲孰于火而无～。”

黔 qián ❶黑色，黑。孙因《蝗虫辞》：“喙刚而铦，目怒而～。”㊁弄黑。《淮南子·脩务训》：“孔子无～突，墨子无暖席。”沈括《梦溪笔谈·故事一》：“渴则饮砚水，人人皆～其吻。”❷贵州省的代称。柳宗元《三戒·黔之驴》：“～无驴，有好事者船载以入。”

【黔黎】 qiánlí 黎民百姓。黔，黔首。黎，黎民。潘岳《西征赋》：“愿～～其谁听，惟请死而获可。”唐文宗《上元日》诗之二：“不爱仙家登真诀，愿蒙四海福～～。”

【黔娄】 qiánlóu 战国时齐国隐士，不求仕进，一生贫困，死时衾不蔽体。陶渊明《咏贫士》之四：“安贫守贱者，自古有～～。”借指贫士。元稹《遣悲怀》诗：“谢公最小偏怜女，自嫁～～百事乖。”

【黔首】 qiánshǒu 战国及秦代对平民的称谓。《史记·秦始皇本纪》：“分天下以为三十六郡，郡置守、尉、监。更名民曰‘～～’。”《汉书·艺文志》：“至秦患之，乃燔灭文章，以愚～～。”

【黔嬴】 qiányíng 神名。《楚辞·远遊》：“召～～而见之兮，为余先乎平路。”也作“黔雷”。《汉书·司马相如传下》：“左玄冥而右～～兮，前长离而后矞皇。”(玄冥、长离、矞皇：皆神名。)

【黔驴之技】 qiánlǘzhījì 柳宗元《三戒·黔之驴》载：黔地无驴，有人载一驴至，放在山下。虎见其庞然大物，惧不敢近。久之，稍近渐狎，驴怒而踢之。虎喜道：“技止此耳！”于是扑上去，咬断驴的喉咙，尽食其肉才离去。后因以“黔驴之技”喻拙劣的技能。李曾伯《代襄阃回陈总领贺转官》：“虽长蛇之势若粗雄，而～～～～已尽展。”

鰬(鰬) qián 鱼名。鳗鲡。《史记·司马相如列传》：“鰅、鳙、～、魠。”

薟 1. qián ❶草名。《集韵·盐韵》：“～，草名，五原之韭曰～。”❷薟草，即荨麻。白居易《送客南迁》诗：“飓风千里黑，～草四时青。”

2. xián ❸菜名。《广韵·盐韵》：“～，山菜。”

灊(灊、灊) qián 也作“潜”。古水名。在今四川境内，即渠江。《汉书·地理志上》：“沱、～既道，云梦土作乂。”

浅(淺) 1. qiǎn ❶水不深。《诗经·邶风·匏有苦叶》：“深则厉，～则揭。”《左传·成公六年》：“郇、瑕氏土薄水～。”㉡从上到下或从外到内的距离小。王周《过宁武县》诗：“岸回惊水急，山～见天多。”❷肤浅，浅薄。《荀子·正论》：“夫曰尧舜擅让，是虚言也，是～者之传，陋者之说也。”《汉书·张禹传》：“性与天道，自子赣之属不得闻，何况～见鄙儒之所言。”㊀浅显。《论衡·自纪》：“何以为辩？喻深以～。何以为智？喻难以易。”㊀浮泛。《战国策·赵策四》：“今外臣交～而欲深谈可乎？”❸时间短暂。贾谊《过秦论》：“施及孝文王、庄襄王，享国之日～，国家无事。”李密《陈情表》：“人命危～，朝不虑夕。”❹狭，窄小。《管子·八观》：“夫国，城大而田野～狭者，其野不足以养其民。”《吕氏春秋·先己》：“吾地不～，吾民不寡，战而不胜，是吾德薄而教不善也。”㊀微小。王勃《上刘右相书》：“征实则效存，徇名则功～。”❺颜色淡。张华《鹪鹩赋》：“色～体陋，不为人用；形微处卑，物莫之害。”欧阳修《洛阳牡丹记》：“凡花近萼色深，至其末渐～。”❻毛不厚的兽皮。《诗经·大雅·韩奕》：“鞹鞃～幭。”《仪礼·既夕礼》：“荐乘车鹿～幦。”❼初，早。徐陵《侍宴》诗：“园林才有热，夏～更胜春。”畅当《早春》诗：“献岁春犹～，园林未尽开。”❽副词。略，微。《吕氏春秋·执一》：“[田]骈犹～言之也。”晏几道《采桑子》词：“～笑微颦，恨隔重帘看未真。”

2. jiān ❾见“浅浅”。

3. jiàn ❿见“浅浅”。⓫通“贱”。与“贵”相对。马王堆汉墓帛书《老子甲本·德经》：“不可(得)而贵，亦不可得而～。”(按：今本“浅”作“贱”。)⓬通“践”。灭除。银雀山汉墓竹简《孙膑兵法·见威王》：“武王伐纣，帝奄反，故周公～之。”

【浅薄】 qiǎnbó ❶见识狭隘，肤浅。《汉书·公孙弘传》：“愚臣～～，安敢比材于周公！”《后汉书·桓荣传》：“臣经术～～，不如同门生郎中彭闳、扬州从事皋弘。”❷鄙薄。《韩非子·亡征》：“见大利而不趋，闻祸端而不备，～～于争守之事，而务以仁义自饰者，可亡也。”❸浅露，不深沉持重。《韩非子·亡征》：“～～而易见，漏泄而无藏，不能周密而通群臣之语者，可亡也。”❹轻浮刻薄。董仲舒《春秋繁露·为人者天》：“好仁厚而恶～～，就善人而远僻鄙。”《后汉书·和熹邓皇后纪》：“时俗～～，巧伪滋生。”❺微薄，轻微。《三国志·吴书·吴主传》注引《魏略》：“虽致命虏廷，枭获关羽，功效～～，未报万一。”

【浅陋】 qiǎnlòu ❶见闻狭隘，肤浅鄙陋。《汉书·董仲舒传》：“前所上对，条贯靡竟，统纪不终，辞不别白，指不分明，此臣～～之罪也。”又《孔安国传》：“篇或数简，文意～～。”❷狭窄简陋。《诗经·陈风·衡门》“衡门之下”毛亨传：“衡门，横木为门，言～～也。”

【浅末】 qiǎnmò 肤浅。《后汉书·陈元传》：“时议欲立《左氏传》博士，范升奏以为《左氏》～～，不宜立。”曹植《上责躬诗表》：“词旨～～，不足采览。”

【浅浅】 qiǎnqiǎn ❶水不深的样子。王安石《与微之同赋梅花得香字》诗之三：“～～池塘短短墙，年年为尔惜流芳。”❷细小，微小。李纲《上渊圣皇帝实封言事奏状》：“冒宠尸禄，无补国家；噤默不言，致危宗社。其罪岂～～哉！"❸微微。吴融《个人三十韵》："鱼网徐徐襞，螺卮～～倾。"❹浅薄，肤浅。刘祁《归潜志》卷三："[刘琢]作诗甚工。有云：'吴蚕丝就方成茧，楚柳绵飞又作萍。'非～～者所能道也。"

【浅人】 qiǎnrén 言行浅薄的人。《孔丛子·抗志》："有龙穆者，徒好饰弄辞说，观于坐席，相人眉睫以为之意，天下之～～也。"

【浅鲜】 qiǎnxiǎn 微薄，轻微。《史记·刺客列传》："臣之所以待之，至～～矣，未有大功可以称者。"张居正《答台长陈楚石书》："此官若得其职，则诘盗察奸，功居地方有司之半，非～～也。"

【浅浅】 jiānjiān 水疾流的样子。《楚辞·九歌·湘君》："石濑兮～～，飞龙兮翩翩。"也作"溅溅"。王安石《初夏即事》诗："石梁茅屋有弯碕，流水～～度两陂。"

【浅浅】 jiànjiàn 犹"谗谗"。巧辩的样子。《盐铁论·论诽》："病小人～～面从，以成人之过也。"

【浅斟低唱】 qiǎnzhēndīchàng 慢慢地喝酒，低声歌唱。柳永《鹤冲天》词："青春都一饷，忍把浮名，换了～～～～。"陶穀《清异录·偎红倚翠大师》："[李]煜乘醉大书右壁曰：'～～～～偎红倚翠大师鸳鸯寺主，传持风流教法。'"

嗛 qiǎn 见 xián。

遣 qiǎn ❶派遣，使离去。《战国策·齐策四》："～使者黄金千斤，车百乘，往聘孟尝君。"《后汉书·班固传》："欲示以威信，释而～之。"㊀放逐，贬谪。《汉书·孔光传》："上免官，～归故郡。"韩愈《柳子厚墓志铭》："中山刘梦得禹锡亦在～中。"❷排除，排遣。任昉《出郡传舍哭范仆射》诗："将乖不忍别，欲以～离情。"王禹偁《黄冈竹楼记》："手执《周易》一卷，焚香默坐，消～世虑。"❸使，令。李白《劳劳亭》诗："春风知别苦，不～柳条青。"元稹《琵琶歌》："努力铁山勤学取，莫～后来无所祖。"❹（旧读qiàn）殉葬之物。《仪礼·既夕礼》："书～于策。"❺运用。陆机《文赋》："譬犹舞者赴节以投袂，歌者应弦而～声。"苏洵《上欧阳内翰书五首》之一："陆贽之文，～言措意，切近的当。"❻久雨暂停。《农政全书·农事·占候》："在正午～，或可晴；午前～，则午后雨不可胜。"

【遣车】 qiǎn(旧读 qiàn)chē 送葬时载牲体用的车。也称"鸾车"。《周礼·春官·巾车》："大丧，饰～～，遂廞之行之。"（廞：陈列。）《礼记·檀弓下》："～～一乘，及墓而反。"

【遣奠】 qiǎn(旧读 qiàn)diàn 发灵之日所设的祭奠。《周礼·春官·巾车》"大丧，饰遣车，遂廞之行之"贾公彦疏："此时当在朝庙之时，于始祖庙陈器之明旦、大～～之后。"

【遣戍】 qiǎnshù 旧制，遣送犯人戍边，使效力赎罪，称"遣戍"。《史记·秦始皇本纪》："三十三年，发诸尝逋亡人、赘婿、贾人略取陆梁地，为桂林、象郡、南海，以適～～。"

【遣昼】 qiǎnzhòu 犹放晴。《农政全书·农事·占候》："凡久雨至午少止，谓之～～。在正午遣，或可晴；午前遣，则午后雨不可胜。"

谴（譴） qiǎn ❶责问，责备。《论衡·福虚》："惠王不忍～蛭，恐庖厨监食法皆诛也。"《后汉书·和熹邓皇后纪》："太后闻之，即～怒。"❷贬谪，谪戍。王昌龄《寄穆侍御出幽州》诗："一从恩～度潇湘，塞北江南万里长。"韦嗣立《奉和张岳州王潭州别诗序》："后承朝～，各自东西。"❸罪过。《后汉书·蔡邕传》："欲以改政思～，除凶致吉。"《北史·李彪传》："臣有大～……造室而请死。此臣之所以知罪而不敢逃刑也。"

【谴告】 qiǎngào 西汉董仲舒所宣扬的"天人感应"论的中心论点。言上天通过降下灾异以谴责、警告人君。《论衡·谴告》："论灾异者，谓古之人君为政失道，天用灾异～～之也。"《后汉书·桓帝纪》："灾异日食，～～累至。"

【谴让】 qiǎnràng 责备，责问。《汉书·丙吉传》："御史大夫卒遽不能详知，以得～～。"（卒：通"猝"。）《三国志·吴书·顾雍传》："[吕壹等]毁短大臣，排陷无辜，雍等皆见举白，用被～～。"

缱（繾） qiǎn ❶见"缱绻"。❷牵系。汤显祖《牡丹亭·寻梦》："偶然间心似～，梅树边。"❸同"纤"。纤绳。《天工开物·舟车·杂舟》："来往不凭风力，归舟挽～多至二十馀人。"

【缱绻】 qiǎnquǎn ❶牢固不离的样子。《左传·昭公二十五年》："～～从公，无通内外。"❷情意缠绵、难舍难分的样子。《楚辞·九思·疾世》："望江汉兮濩渃，心～～兮伤怀。"韩愈《赠别元十八协律》诗："临当背面时，裁诗示～～。"

欠 qiàn ❶倦时张口打呵欠。白居易《江上对酒》诗："坐稳便箕踞，眠多爱～伸。"（伸：指伸懒腰。）《太平御览》卷三八七引《元嘉起居注》："尚书仆射孟顗于后堂敕见，亢声大～，有违仪礼。"❷亏欠。《旧唐书·宣宗纪》:"今后凡隐盗～负,请如官典犯赃例处分。"苏轼《论积欠状》:"自小民以上,大率皆有积～。"㊀缺少,不足。陆游《老学庵笔记》卷一:"甚妙,但似～四字耳。"❸身体上部稍为抬起前伸。《宋史·赵普传》:"太祖～身徐起。"

伣(俔) 1. qiàn(又读 xiàn) ❶譬如,好比。《诗经·大雅·大明》:"大邦有子,～天之妹。"❷古代船上用以观测风向的羽毛。《淮南子·齐俗训》:"辟若～之见风也,无须臾之间定矣。"

2. xiàn ❸间谍。《尔雅·释言》:"间,～也。"(郭璞注:"《左传》谓之谍,今之细作也。")

【伣天】 qiàntiān 《诗经·大雅·大明》:"大邦有子,伣天之妹。"意谓大国有一个女儿,好比天上的仙子。本为赞美文王所聘之女太姒之语,后遂以"伣天"借指皇后、公主。《旧唐书·哀帝纪》:"皇太后慈惠临人,宽仁驭物,早叶～～之兆,克彰诞圣之符。"王谠《唐语林·补遗一》:"主于驸马,大义敦肃,不恃～～之贵,每极家人之礼。"

纤[2](縴) qiàn 绳索,多指拉船前进的绳索。刘禹锡《观市》:"马牛有～,私属有闲。"赵翼《归途阻风》诗:"水撑两篙弯,岸挽一～直。"

芡 qiàn 一种水生植物,又名鸡头,种子名芡实,供食用或入药。柳宗元《陪永州崔使君游宴南池序》:"其下多～芰蒲蕖、腾波之鱼。"

茜 qiàn ❶茜草,根可作红色染料,并可入药。《史记·货殖列传》:"若千亩卮～、千畦姜韭,此其人皆与千户侯等。"㊀大红色。李群玉《黄陵庙》诗:"黄陵庙前莎草春,黄陵女儿～裙新。"❷犹"倩"。美,生动。周德清《中原音韵·作词十法》:"前辈云:街市小令,唱尖新～意。"

倩 1. qiàn ❶笑靥美好的样子。《诗经·卫风·硕人》:"巧笑～兮,美目盼兮。"㊀俏丽。梅尧臣《五倩篇》诗:"～然五娥眉,妙曲动金弦。"❷古时男子的美称。《汉书·朱邑传》:"昔陈平虽贤,须魏～而后进;韩信虽奇,赖萧公而后信。"

2. qìng ❸女婿。《史记·扁鹊仓公列传》:"黄氏诸～见[宋]建家京下方石,即弄之。"❹使,请。王褒《僮约》:"有一奴名便了,～行酤酒。"黄庭坚《即席》诗:"不当爱一醉,倒～路人扶。"㊁借助。白居易《虎丘山》诗:"酒熟凭花劝,诗成～鸟吟。"

【倩浰】 qiànliàn 疾速的样子。《汉书·司马相如传上》:"乘遗风,射游骐,倏胂～～,雷动猋至。"(按:《史记·司马相如列传》作"凄浰"。)刘昌诗《芦浦笔记》引宋徽宗《白玉楼赋》:"霓旌羽节,光～～而目眩。"

【倩盼】 qiànpàn 语本《诗经·卫风·硕人》:"巧笑倩兮,美目盼兮。"形容美好动人。张耒《次韵秦观》:"婵娟守重闺,倚市争～～。"陆游《养生》诗:"～～作妖狐未惨,肥甘藏毒酖犹轻。"

【倩倩】 qiànqiàn 笑靥美好的样子。杜甫《风疾舟中伏枕书怀三十六韵奉呈湖南亲友》:"披颜争～～,逸足竞骎骎。"(骎骎:马行疾速的样子。)

【倩俏】 qiànqiào 俏丽动人。卢炳《少年游》词:"～～精神,风流情态,惟有粉郎知。"

堑(塹、壍、壍) qiàn 壕沟,护城河。《后汉书·袁绍传》:"操乃凿～围城,周回四十里。"陆游《观长安城图》诗:"横戈上马嗟心在,穿～环城笑虏孱。"㊁挖沟,挖掘。《左传·昭公十七年》:"环而～之,及泉。"《史记·秦本纪》:"简公六年,令吏初带剑。～洛,城重泉。"(洛:洛水。)

【堑垒】 qiànlěi 深沟高垒的防御工事。《三国志·魏书·郭淮传》:"～～未成,蜀兵大至。"

绮(綪) 1. qiàn ❶赤色的缯。张衡《东京赋》:"通帛～旆。"

2. zhēng ❷屈曲。《礼记·玉藻》:"齐则～结佩而爵韠。"

【绮缴】 zhēngzhuó 卷收弋射的丝绳。指射猎。《史记·楚世家》:"王～～兰台,饮马西河,定魏大梁,此一发之乐也。"

嵌 qiàn 见 xīn。

輤(輤) qiàn 古代灵车的饰物。《礼记·杂记上》:"其～有裧,缁布裳帷,素锦以为屋而行。"㊀灵车,灵柩。刘禹锡《祭柳员外文》:"初托遗嗣,知其不孤;末言归～,从祔先域。"

【輤车】 qiànchē 运载灵柩的车。刘禹锡《祭虢州杨庶子文》:"彭彭～～,来葬洛滨。"曾巩《胡太傅挽词》之二:"～～俄就路,瑞节始还乡。"

椠(槧) qiàn ❶古代备书写用的木板、木片。《论衡·量知》:"断木为～,枏之为板,力加刮削,乃成奏牍。"(枏:析。)《西京杂记》卷三:"[扬雄]常怀铅提～,从诸计吏访殊方绝域四方之语。"(按:印刷术发明后,"椠"也指书的版本,或刻成的书籍,如宋椠、古椠。)㊀简札,书信。王令《赠别晏成绩懋父太祝》诗:"幸因西南风,时作寄我～。"㊁书籍。无可《李常侍书堂》诗："涂油窗日早，阅～幌风轻。"❷指树根下生的木耳。《齐民要术·羹臛法》："白汤别煮～……～者，树根下生木耳。"

【椠本】 qiànběn 刻本。黄伯思《东观馀论·跋洛阳所得杜少陵诗后》："所录杜子美诗，颇与今行～～小异。"

嵌 qiàn(旧读 qiān) ❶张开的样子。扬雄《甘泉赋》："金人仡仡其承钟虡兮，～岩岩其龙鳞。"（仡仡：高大、勇壮的样子。虡：悬挂编钟、编磬的木架。）❷险峻。韦应物《游西山》诗："挥翰题苍峭，下马历～丘。"㊀深。武元衡《兵行褒斜谷作》诗："集旅布～谷，驱马历层涧。"❸下陷。姚合《恶神行雨》诗："风击水凹波扑凸，雨淙山口地～坑。"㊀洞穴。韦庄《李氏小池亭十二韵》："引泉疏地脉，扫絮积山～。"❹镶嵌。赵希鹄《古钟鼎彝器辨》："余尝见夏琱戈，于铜上相～以金，其细如发。"

【嵌巉】 qiànchán 险峻的样子。白居易《亭西墙下伊渠水中置石激流潺湲成韵颇有幽趣以诗记之》："～～嵩石峭，皎洁伊流清。"

【嵌空】 qiànkōng 也作"嵌崆"。❶空阔。沈佺期《过蜀龙门》诗："长窦亘五里，宛转复～～。"❷凹陷。范成大《吴船录》卷下："沿江石壁下，忽～～为大石屋，即石凿为像。"❸玲珑的样子。杜甫《铁堂峡》诗："修纤无限竹，～～太始雪。"

【嵌岩】 qiànyán ❶山洞。卢照邻《五悲·悲昔游》诗："因～～以为室，就芬芳以列筵。"❷险峻的山岩。孟郊《吊卢殷》诗："磨一片～～，书千古光辉。"❸鳞甲张开的样子。达奚珣《太常观乐器赋》："猛兽赫怒而擎钟，金人～～以负虡。"

傔 1. qiàn ❶侍从。《旧唐书·裴度传》："先是监军使刘承偕恃宠凌节度使刘悟，三军愤发大噪，擒承偕，欲杀之。已杀其二～，悟救之获免。"❷（又读 qiè）满足。《吕氏春秋·知士》："划而类，揆吾家，苟可以～剂貌辨者，吾无辞为也。"（划：铲除。而：尔。揆：通"睽"，离散。）

2. jiān ❸同"兼"。加倍。《敦煌变文集·伍子胥变文》："～奏（走）偷路而行，游奕经馀一月，行逞（程）向尽，欲至楚邦。"

【傔力】 qiànlì 仆从。《太平广记》卷二二〇引徐铉《稽神录·陶俊》："江南吉州刺史张曜卿，有～～者陶俊，性谨直。"又卷三七八引《稽神录·张谨》："谨尝独行，既有重赀，须得～～。"

【傔人】 qiànrén 随从佐吏。《旧唐书·职官志二》："凡诸军镇使，副使已下，皆有～～，别奏以从之。"《金史·熙宗纪》："丁卯，诏文武官五品以上致仕，给俸禄之半，职三品者仍给～～。"

慊 1. qiàn ❶不满足，遗憾。《孟子·公孙丑下》："彼以其爵，我以吾义，吾何～乎哉？"《淮南子·齐俗训》："衣若县衰而意不～。"《明史·毛澄传》："顾帝虽勉从廷议，意犹～之。"❷不足，少。陆机《辩亡论》："宫室舆服，盖～如也。"㊀贫乏。《淮南子·原道训》："不以康为乐，不以～为悲。"❸诚意。陈子昂《谏用刑书》："发号施令，出于诚～。"

2. qiè ❹惬意，满足。《吕氏春秋·本生》："今有声于此，耳听之必～已，听之则使人聋，必弗听。"《史记·乐毅列传》："先王以为～于志，故裂地而封之。"

3. xián ❺嫌疑，疑。《汉书·赵充国传》："媮得避～之便，而亡后咎馀责，此人臣不忠之利，非明主社稷之福也。"（媮：通"偷"。苟且。）《论衡·感类》："贤圣感类，～惧自思，灾变恶征，何为至乎？"

4. qiān ❻通"谦"。见"慊慊"。

【慊慊】 qiànqiàn 不满足或遗憾的样子。《后汉书·五行志一》："'石上～～春黄粱'者，言永乐虽积金钱，～～常恐不足，使人舂黄粱而食之也。"柳宗元《梦归赋》："夕余寐于荒陬兮，心～～而莫违。"

【慊慊】 qiānqiān 谦敬的样子。《后汉书·耿弇传赞》："～～伯宗，枯泉飞液。"（伯宗：耿恭字。）

蒨 qiàn ❶同"茜"。茜草。《文心雕龙·通变》："夫青生于蓝，绛生于～。"㊀绛色。范成大《四时田园杂兴》之七："寒食花枝插满头，～裙青袂几扁舟。"❷青翠茂盛的样子。左思《吴都赋》："夏晔冬～。"曹毗《湘中赋》："萋～陵丘，菱逮重谷。"❸树名。《山海经·中山经》："［放岸之山］北望河林，其状如～如举。"（举：树名。）

【蒨蒨】 qiànqiàn ❶鲜明的样子。束皙《补亡》诗之一："～～士子，涅而不渝。"杨载《遣兴偶作》诗："春蔬茂前畦，～～有颜色。"❷青翠茂盛的样子。湛方孙《庭前植稻苗赞》："～～嘉苗，擢擢阶侧。"韩愈《庭楸》诗："夜月来照之，～～自生烟。"

【蒨蔚】 qiànwèi 青翠茂盛的样子。叶適《题张声之友于丛居记》："山回水明，葱秀～～，如善画者。"

歉 qiàn ❶收成不好。《管子·枢言》："一日不食，比岁～；三日不食，比岁饥；五日不食，比岁荒。"《宋史·黄廉传》："久饥初稔，累给并偿，是使民遇丰年而思～岁也。"㊀吃不饱。李商隐《行次西郊作一百韵》："健儿立霜雪，腹～衣裳单。"❷缺乏，不足。

《宋书·明帝纪》:"皇室多故,糜费滋广,且久岁不登,公私～敝。"[又]欠缺。《论衡·答佞》:"聪明蔽塞,推行谬误,人之所～也。"❸遗憾,不安。孙光宪《北梦琐言·中书蕃人事》:"天水叹曰:'本以毕[诚]白[敏中]待之,何乖于所望!'～其不大拜,而亦讥当时也。"

qiang

抢(搶) 1. qiāng ❶触,撞。《战国策·魏策四》:"布衣之怒,亦免冠徒跣,以头～地尔。"也作"枪"。《庄子·逍遥遊》:"我决起而飞,～榆枋。"❷逆,挡。见"抢风"。

2. chéng ❸见"抢攘"。

3. qiàng ❹同"戗"。在器物上嵌镶金银。周密《武林旧事·西湖游幸》:"理宗时亦尝制一舟,悉用香楠木～金为之。"❺生硬。汤显祖《邯郸记·生寤》:"老夫人言词太～。"[又]数落人。杨梓《霍光鬼谏》一折:"倒把我迎头阻,劈面～。"

4. qiǎng ❻争夺,强夺。《水浒传》六回:"那几个老和尚都来～粥吃。"康进之《李逵负荆》一折:"他平白地把我女孩儿强～将去。"❼抢白,当面讽刺或指斥。董解元《西厢记诸宫调》卷一:"花言巧语～了俺一顿。"

【抢风】 qiāngfēng ❶迎风行船。庾阐《扬都赋》:"艇子～～,榜人逸浪。"《三国演义》四十九回:"徐盛教拽起满帆,～～而使。"❷挡风。李文蔚《燕青博鱼》楔子:"则我这白毡帽半～～,则我这破搭膊落可的权遮雨。"

【抢捍】 qiānghàn 见"跄捍"。

【抢攘】 chéngrǎng 纷乱的样子。《汉书·贾谊传》:"本末舛逆,首尾衡决,国制～～,非甚有纪,胡可谓治?"柳宗元《吊屈原文》:"支离～～兮,遭世孔疚。"也作"怆囊"。《庄子·在宥》:"乃始脔卷～～而乱天下也。"

呛(嗆) qiāng ❶愚怯。见"呛哼"。❷鸟吃食。见《玉篇》。❸食物进入气管而引起咳嗽(后起义)。

【呛哼】 qiāngtūn 也作"呛哼"。愚怯的样子。《晋书·王沈传》:"～～怯畏于谦让,阘茸勇敢于饕诤。"(阘茸:懦弱的样子。)

羌(羗、羌) qiāng ❶我国古代西部少数民族之一。《后汉书·西羌传》:"及武帝征伐四夷,开地广境,北却匈奴,西逐诸～。"❷助词。曹植《洛神赋》:"嗟佳人之信修,～习礼而明诗。"《后汉书·冯衍传下》:"行劲直以离尤兮,～前人之所有。"

【羌亥】 qiānghài 古人名。以奔跑迅速著称。荀悦《申鉴·俗嫌》:"或问:'有数百岁人乎?'曰:'力称乌获,捷言～～,勇期贲、育,圣云仲尼,寿称彭祖,物有俊杰,不可诬也。'"

玱(瑲) qiāng 玉相互撞击声。《诗经·小雅·采芑》:"服其命服,朱芾斯皇,有～葱珩。"

【玱玱】 qiāngqiāng 也作"鈋鈋"、"锵锵"、"将将"。象声词。《诗经·小雅·采芑》:"约軝错衡,八鸾～～。"象鸾铃之声。《荀子·富国》:"撞钟扣鼓而和,《诗》曰:'钟鼓喤喤,管磬～～。'"象乐器之声。

枪(槍) 1. qiāng ❶长柄一端有尖头的刺击兵器。《旧五代史·王彦章传》:"常持铁～,冲坚陷阵。"[泛]枪形之物。见"枪累"。[特]茶树初萌的嫩芽。见"枪旗"。❷掘土除草的农具。《国语·齐语》:"时雨既至,挟其～、刈、耨、镈,以旦暮从事于田野。"❸突,触,撞。《庄子·逍遥遊》:"我决起而飞,～榆枋。"《汉书·司马迁传》:"见狱吏则头～地,视徒隶则心惕息。"

2. chēng ❹星名。又名"欃星",即彗星。《管子·轻重丁》:"国有～星,其君必辱。"

【枪累】 qiānglěi 用尖竹木相累而成的栅栏。《汉书·扬雄传下》:"木雍～～,以为储胥。"也作"枪垒"。《新唐书·浑瑊传》:"瑊引众据险,设～～自营。"

【枪旗】 qiāngqí 茶叶名。由带顶芽的小叶制成,以其芽尖似枪,叶展如旗,故称。欧阳修《蝦蟆碚》诗:"共约试春芽,～～几时绿。"王千秋《生查子》词:"花飞锦绣香,茗碾～～嫩。"也作"旗枪"。齐己《闻道林诸友尝茶因有寄》诗:"～～冉冉绿丛园,谷雨初晴叫杜鹃。"

【枪手】 qiāngshǒu ❶持枪的士兵。《宋史·兵志五》:"熙宁元年,诏广州～～十之三教弓弩手。"❷科举时代冒名代考的人。也称"枪替手"。《官场现形记》五十六回:"凡是考试,都可以请～～冒名顶替进场。"

矼 qiāng 见gāng。

戕 qiāng 残杀,残害。《周易·小过》:"九三:弗过防之,从或～之,凶。"《公羊传·宣公十八年》:"～鄫子于鄫者何?残贼而杀之也。"[又]特指他国之臣杀本国君主。《左传·宣公十八年》:"凡自内虐其君曰弑,自外曰～。"[又]毁坏。《左传·襄公二十八年》:"陈无宇济水,～舟而发梁。"(发:掀开,撤去。)

【戕风】 qiāngfēng 暴风。木华《海赋》："决帆摧橦，～～起恶。"刘禹锡《韩十八侍御见示因令属和故足成六十二韵》："～～忽震荡，惊浪迷津涘。"

【戕虐】 qiāngnüè 残暴。《新唐书·史思明传》："[史]朝清喜田猎，～～似思明，淫酗过之。"

【戕忍】 qiāngrěn 残忍。南卓《羯鼓录》："此人大逆～～，不日间兼即抵法。"王谠《唐语林·补遗一》："此人～～，当即去，不宜在尊前。"

【戕贼】 qiāngzéi 摧残，伤害。《孟子·告子上》："如将～～杞柳而以为杯棬，则亦将～～人以为仁义与？"欧阳修《删正黄庭经序》："以自然之道养自然之生，不自～～夭阏而尽其天年。"

【戕折】 qiāngzhé 指急难，突发事变。《后汉书·卢植传论》："当植抽白刃严阁之下，追帝河、津之间，排戈刃，赴～～，岂先计哉？"

斨 qiāng 方柄孔的斧子。《诗经·豳风·七月》："蚕月条桑，取彼斧～，以伐远扬。"又《破斧》："既破我斧，又缺我～。"

将 qiāng 见 jiāng。

铊(鎗) 1. qiāng ❶(又读 chēng)同"锵"。金石声。《淮南子·说山训》："范氏之败，有窃其钟负而走者，～然有声。"❷同"枪①"。古代兵器。张宪《君马篇》诗："君撚箭，臣臂～，马上各垂双白狼。"㊕茶叶的嫩芽。吕岩《大云寺茶诗》："玉蕊一～称绝品，僧家造法极功夫。"

2. qiàng ❸髹漆工艺的一种。在器物上填嵌金银等饰物。陶宗仪《辍耕录·铊金银法》："凡器用什物，先用黑漆为地，以针刻画……然后用新罗漆，若～金，则调雌黄。"

3. chēng ❹同"铛"。温酒器。《南齐书·萧赤斧传》："陛下前欲坏酒～，恐宜移在此器也。"㊋鼎类炊具。《南史·陈遗传》："母好食～底饭。"

【铊锽】 qiānghuáng 金属声。枚乘《柳赋》："弱丝清管，与风霜而共雕，～～啾唧，萧条寂寥。"

【铊铊】 qiāngqiāng ❶象声词。钟鼓声。《后汉书·马融传》："锽锽～～，奏于农郊大路之衢，与百姓乐之。"❷从容有节、行列整齐的样子。见"跄跄①"。

鸧 qiāng 见 cāng。

控 qiāng 见 kòng。

跄(蹌) 1. qiāng ❶步履从容有节。《诗经·齐风·猗嗟》："美目扬兮，巧趋～兮。"❷起舞。鲍照《舞鹤赋》："始连轩以凤～，终宛转而龙跃。"

2. qiàng ❸见"踉跄"。

【跄捍】 qiānghàn 也作"抢捍"。骏马疾驰的样子。傅毅《舞赋》："良骏逸足，～～凌越。"

【跄跄】 qiāngqiāng ❶步履从容有节的样子。《诗经·大雅·公刘》："～～济济，俾筵俾几。"也作"铊铊"。《荀子·大略》："朝廷之美，济济～～。"❷起舞的样子。《尚书·益稷》："笙镛以间，鸟兽～～。"❸飞跃奔腾的样子。《汉书·扬雄传上》："秋秋～～，入西园，切神光。"

椌 1. qiāng ❶古代打击乐器名，即"柷"。《史记·乐书》："然后圣人作为鞉、鼓、～、楬、埙、篪，此六者，德音之音也。"

2. kōng ❷古代塔下宫室的名称。李诫《营造法式·总释上·宫》："塔下室谓之龛，龛谓之～。"

嶈(嶈) qiāng 见"嶈嶈"。

【嶈嶈】 qiāngqiāng ❶象声词。激流冲撞山石声。班固《西都赋》："扬波涛于碣石，激神岳之～～。"❷高高的样子。《正字通·山部》："嶈，高貌。崔琰《述初赋》：'倚高间以周眄，观秦门之～～。'"

腔 qiāng ❶人体和物体内部空的部分。皮日休《忆洞庭观步十韵》："岩根瘦似壳，杉腹破如～。"❷曲调，唱腔。邵雍《依韵和王安之少卿六老诗仍见率成诗》之七："林下狂歌不帖～，帖～安得谓之狂。"❸量词。多指牲口。庾信《谢滕王赉猪启》："奉教垂赉肥豕一～。"❹相马术中指马腰两侧虚软处。《齐民要术·养牛马驴骡》："腹欲充，～欲小。"

【腔窠】 qiāngkē 犹窍门。朱熹《答方宾王书》："近觉朋友未说见得如何，且是做工夫未入～～。"

蜣 qiāng 虫名用字。虫有"蜣蜋"，又名"蛣蜣"、"蜣螂"。

锵(鏘) qiāng 金、玉相击声。柳宗元《愚溪诗序》："清莹秀澈，～鸣金石。"

【锵锵】 qiāngqiāng ❶也作"将将"、"玱玱"。象声词。《诗经·大雅·烝民》："四牡彭彭，八鸾～～。"象鸾铃声。《左传·庄公二十二年》："是谓凤皇于飞，和鸣～～。"象凤凰和鸣声。《吕氏春秋·古乐》："其音若熙熙凄凄～～。"象乐声。卢照邻《对蜀父老问》："当其时也，袭珩珮之～～。"象玉石相击声。❷高高的样子。张衡《思玄赋》："命王良掌策驷兮，逾高阁之～～。"❸步履有节奏的样子。左思《吴都赋》："出车槛槛，被练～～。"《颜氏家训·序致》："～～翼翼，若朝严君焉。"❹众多的样子。《文中子·述史》："子将之陕，门人从者～～焉被于路。"

蹡（蹡、蹩） 1. qiāng ❶见"蹡蹡"。2. qiàng ❷见"踉蹡"。

【蹡蹡】 qiāngqiāng 也作"将将"。有节奏的样子。《说文》"蹩"引《诗》："管磬～～。"（按：今《诗经·周颂·执竞》作"磬管将将"。）

爿 qiáng 劈开成片的木柴。段玉裁《说文解字注》"牀"："《九经字样》'鼎'字注云：下象析木以炊，篆文𣎳析之两向，左为～，音墙，右为片。"

强[1] qiáng 虫名，即"强蚌"。《说文·虫部》："姑螿，强羊也。"

强[2]**（強、彊）** 1. qiáng ❶弓有力。《史记·苏秦列传》："天下之～弓劲弩皆从韩出。"㊀强劲有力的弓。《后汉书·第五伦传》："有贼，辄奋厉其众，引～持满以拒之。"❷壮健，强盛。《荀子·劝学》："蚓无爪牙之利，筋骨之～。"《韩非子·有度》："国无常～，无常弱。"㊀使壮健，使强盛，增强。《老子·三章》："是以圣人之治，虚其心，实其腹，弱其志，～其骨。"《商君书·更法》："是以圣人苟可以～国，不法其故。"《荀子·天论》："～本而节用，则天不能贫。"❸坚硬。卫铄《笔阵图》："其墨，取庐山之松烟，代郡之鹿胶，十年已上，～如石者为之。"《齐民要术·种谷》引《氾胜之书》："三月榆荚时雨，高地～土可种禾。"❹有馀，略多。《木兰辞》："策勋十二转，赏赐百千～。"杨万里《雪晓舟中生火》诗："窗外雪深三尺～，窗里雪深一寸香。"❺故意，特意。卢肇《戏题》诗："知道相公怜玉腕，～将纤手整金钗。"李煜《柳枝》词："多谢长条似相识，～垂烟穗拂人头。"❻甚，多。王绩《建德破后入长安咏秋蓬示辛学士》："孤根何处断，轻叶～能飞。"杨泽民《蝶恋花》词："走马章台还举首，可人标韵～如旧。"

2. qiǎng ❼竭力，勉力。《左传·僖公二年》："宫之奇之为人也，懦而不能～谏。"《淮南子·修务训》："名可务立，功可～成。"㊀勉强，强迫。《老子·十五章》："夫唯不可识，故～为之容。"《孟子·滕文公上》："子夏、子张、子游，以有若似圣人，欲以所事孔子事之，～曾子。"❽通"襁"。见"强葆"。

3. jiàng ❾僵硬。《世说新语·文学》："殷仲堪云：三日不读《道德经》，便觉舌本间～。"㊀倔强，不随和。《史记·绛侯周勃世家》："勃为人木～敦厚。"

【强白】 qiángbái 能干清廉。白居易《张彻宋申锡可并监察御史制》："今御史中丞［牛］僧孺奏，某官张彻某官宋申锡皆方直～～，可中御史。"

【强半】 qiángbàn 过半，大半。白居易《冬夜对酒寄皇甫十》诗："十月苦长夜，百年～～时。"范成大《玉麟堂会诸司观牡丹酴醿三绝》之三："浮生满百今～～，岁岁看花得几回。"

【强臣】 qiángchén 擅权的大臣。《史记·仲尼弟子列传》："是君上无～～之敌，下无民人之过。"《晋书·阎缵传》："～～专制，奸邪矫诈。"

【强丁】 qiángdīng 壮丁。《梁书·昭明太子传》："今征戍未归，～～疏少。"

【强对】 qiángduì 相抗衡的强敌，劲敌。《三国志·吴书·陆逊传》："刘备天下知名，曹操所惮，今在境界，此～～也。"又："今臣所统千里，受敌四处，外御～～，内怀百蛮。"

【强济】 qiángjì 精强干练。《宋书·庾登之传》："登之少以～～自立。"《南史·毛惠素传》："惠素吏才～～，而临事清刻。"

【强立】 qiánglì ❶临事不惑，果断。《礼记·学记》："九年知类通达，～～而不反。"❷恃强而立。银雀山汉墓竹简《孙膑兵法·见威王》："战胜而～～，故天下服矣。"

【强戾】 qiánglì 强横凶暴。《晋书·赵王伦传》："荂浅薄鄙陋，馥、虔闇狠～～，诩愚嚚轻訬，而各乖异，互相憎毁。"（荂、馥、虔、诩：四人皆伦之子。）

【强良】 qiángliáng ❶强横，强悍果决。见"强梁①"。❷古代神话中的神名。见"强梁②"。❸强壮多力。《墨子·公孟》："有游于子墨子之门者，身体～～，思虑徇通。"

【强梁】 qiángliáng ❶强横，强悍果决。《老子·四十二章》："～～者不得其死。"《三国志·魏书·董昭传》："且［关］羽为人～～，自恃二城守固，必不速退。"也作"强良"。《汉魏南北朝墓志集释·元茂墓志》："复使～～餐化，无礼移风。"❷古代神话中的神名。《后汉书·礼仪志中》："～～、祖明共食磔死寄生。"

【强强】 qiángqiáng 鸟雌雄相随而飞的样子。《诗经·鄘风·鹑之奔奔》："鹑之奔奔，鹊之～～。"泛指相随的样子。枚乘《七发》："六驾蛟龙，附从太白，纯驰浩蜺，前后骆驿，颙颙卬卬，椐椐～～。"（颙颙卬卬：波高的样子。椐椐：相随的样子。）

【强人】 qiángrén ❶贤人。《论衡·效力》：

“《梓材》曰：‘～～有王开贤，厥率化民。’此言贤人亦壮强于礼义，故能开贤，其率化民。”（有：通“宥”。辅佐。）❷宋代乡兵的一种。《宋史·兵志四》：“咸平四年，募河北民谙契丹道路、勇锐可为间伺者充～～，置都头、指挥使。”❸强盗。《水浒传》六回：“俺猜这个撮鸟是个剪径～～，正在此间等买卖。”

【强仕】 qiángshì 《礼记·曲礼上》：“四十曰强而仕。”言男子年四十，智虑气力皆强盛，可以出仕。后遂以“强仕”为四十岁的代称。《后汉书·胡广传》：“甘、奇显用，年乖～～；终、贾扬声，亦在弱冠。”（甘：甘罗。奇：子奇。终：终军。贾：贾谊。）《梁书·张缅传》：“且年甫～～，方申才力，摧苗落颖，弥可伤惋。”

【强死】 qiángsǐ 无病而死，指死于非命。《论衡·死伪》：“匹夫匹妇～～，其魂魄犹能凭依人以为淫厉。”又：“春秋之时，弑君三十六。君为所弑，可谓～～矣。”

【强阳】 qiángyáng ❶运动的样子。《庄子·寓言》：“彼来则我与之来，彼往则我与之往，彼～～则我与之～～。”❷阳气。苏轼《上神宗皇帝书》：“厌上药而用下品，伐真气而助～～。”

【强毅】 qiángyì 坚强果毅。《礼记·儒行》：“慎静而尚宽，～～以与人。”《周书·崔谦传》：“[崔]说莅政～～，百姓畏之。”

【强梧】 qiángyǔ 见“强圉③”。

【强圉】 qiángyǔ ❶强壮有力。《楚辞·离骚》：“浇身被服～～兮，纵欲而不忍。”（浇：人名。）❷强暴。《汉书·王莽传上》：“《诗》曰：‘柔亦不茹，刚亦不吐，不侮鳏寡，不畏～～。’”（按：今《诗经·大雅·烝民》作“强御”。）❸天干中丁的别称。李峤《神龙历序》：“序临安宁，岁次～～，皇帝抚天下之三载也。”也作“强梧”。《史记·历书》：“～～大悲落四年。”

【强御】 qiángyù ❶强悍果决。《国语·周语中》：“是有五胜也，有辞一也，得民二也，军帅～～三也，行列治整四也，诸侯辑睦五也。”❷强暴霸道。《汉书·盖宽饶传》：“明主知君洁白公正，不畏～～。”参见“强圉②”。

【强宗】 qiángzōng 豪门大族。《后汉书·郭伋传》：“～～右姓，各拥众保营，莫肯先附。”又《庞参传》：“水者，欲吾清也；拔大本薤者，欲吾击～～也。”

【强葆】 qiǎngbǎo 见“襁褓”。

【强饭】 qiǎngfàn 言努力加餐。《史记·外戚世家》：“子夫上车，平阳主拊其背曰：‘行矣，～～，勉之！即贵，无相忘。’”《汉书·贡禹传》：“生其～～慎疾以自辅。”（生：指贡禹。）

【强丐】 qiǎnggài 强行乞讨，仗势勒索。《左传·昭公六年》：“禁刍牧采樵，不入田，不樵树，不采蓺，不抽屋，不～～。”

【强力】 qiǎnglì 勉力。《论衡·书虚》：“盖以精神不能若孔子，～～自极，精华竭尽，故早夭死。”曹丕《典论·论文》：“而人多不～～，贫贱则慑于饥寒，富贵则流于逸乐。”

【强起】 qiǎngqǐ ❶强迫人出来作官。《史记·白起王翦列传》：“秦王闻之，怒，～～武安君，武安君遂称病焉。”《晋书·郭翻传》：“安西将军庾翼以帝舅之重，躬往造翻，欲～～之。”❷勉强起身。《后汉书·崔骃传》：“乃遂单车到官，称疾不视事，三年不行县。门下掾倪敞谏，[崔]篆乃～～班春。”

【强食】 qiǎngshí 同“强饭”。《周礼·考工记·梓人》：“强饮～～，诒女曾孙，诸侯百福。”《汉书·赵充国传》：“将军～～，慎兵事，自爱。”

【强颜】 qiǎngyán ❶脸皮厚，不知羞耻。司马迁《报任少卿书》：“及以至是，言不辱者，所谓～～耳，曷足贵乎？”苏轼《乞常州居住表》：“与其～～忍耻，干求于众人，不若归命投诚，控告于君父。”❷勉强表示欣悦。李玉《一捧雪·势索》：“曲背逢迎，～～欢笑。”《聊斋志异·邵女》：“柴始～～为笑。”

【强志】 qiǎngzhì 记忆力强。《汉书·刘歆传》：“父子俱好古，博见～～，过绝于人。”也作“强识”。《吕氏春秋·君守》：“故博闻之人、～～之士阙矣。”

廧（廧） 1. qiáng ❶同“墙①”。垣墙。《管子·地员》：“地润数毁，难以立邑置～。”《汉书·邹阳传》：“今人主沉谄谀之辞，牵帷～之制。”㉧筑墙。《战国策·赵策一》：“公宫之垣，皆以狄蒿苦楚～之。”㊀屏障，屏蔽。《战国策·楚策一》：“王苟无以五国用兵，请效列城五，请悉楚国之众也，以～于齐。”

2. sè ❷通“啬”。《战国策·东周策》：“～夫空曰。”（按：廧夫，即啬夫，官名。）

墙（墻、牆） qiáng ❶用土或砖石等物筑成的屏障。《韩非子·说难》：“天雨～坏。”㉧筑墙。《韩非子·十过》：“公宫之垣，皆以荻蒿楛楚～之。”❷古代出殡时，用以遮蔽灵柩的帏幔。《仪礼·既夕礼》：“奠席于柩西，巾奠乃～。”《礼记·杂记上》：“至于庙门，不毁～，遂入，适所殡。”

【墙东】　qiángdōng　东汉王君公遭乱侩牛自隐，时人称之"避世墙东王君公"。后因以"墙东"为避世不仕的典故。庾信《和乐仪同苦热》诗："寂寥人事屏，还得隐～～。"陆游《秋稼渐登识喜》诗："老翁自笑无它事，欲隐～～学侩牛。"

【墙面】　qiángmiàn　言以面向墙，目无所见。喻不学无术。《尚书·周官》："不学～～，莅事惟烦。"任昉《天监三年策秀才文》："九流七略，颇常观览；六艺百家，庶非～～。"

【墙衣】　qiángyī　墙上的青苔。白居易《营闲事》诗："暖变～～色，晴催木笔花。"

【墙宇】　qiángyǔ　❶住宅，建筑物。孔融《修郑公宅教》："必缮治～～，以俟还。"杜甫《课伐木》诗："～～资屡修，衰年怯幽独。"❷比喻人的气度、风格。袁宏《三国名臣序赞》："邈哉崔生，体正心直，天骨疏朗，～～高嶷。"《晋书·王湛等传论》："坦之～～凝旷，逸操金贞。"

蔷（薔、蘠）　1. qiáng　❶花名用字。花有"蔷薇"、"蔷蘼"。

2. sè　❷草名。水蓼。《尔雅·释草》："～，虞蓼。"《管子·地员》："山之材，其草兢与～。"

嫱（嬙）　qiáng　古代宫廷女官名，位次于妃，实即帝王侍妾。《左传·哀公元年》："今闻夫差，次有台榭陂池焉，宿有妃～嫔御焉。"《后汉书·宦者传序》："～媛、侍儿、歌童、舞女之玩，充备绮室。"

樯（檣、艢）　qiáng　桅杆。范仲淹《岳阳楼记》："商旅不行，～倾楫摧。"㉢借指船。《宋书·谢灵运传》："灵～千艘，雷辎万乘。"

疆　qiáng　见 jiāng。

缰（繈）　qiǎng　❶绳索。特指穿钱的绳索。《汉书·兒宽传》："大家牛车，小家担负，输租～属不绝。"㉑成串的钱。《汉书·食货志下》："千室之邑必有千钟之臧，臧～百万。"❷同"襁"。背婴儿用的宽带。《墨子·明鬼下》："鲍幼弱，在荷～之中。"

【缰緥】　qiǎngbǎo　见"襁褓"。

【缰抱】　qiǎngbào　见"襁抱"。

【缰负】　qiǎngfù　见"襁负"。

襁　qiǎng　背负婴儿用的宽带。见"襁褓"、"襁抱"、"襁负"。㉢用襁背负。《大戴礼记·保傅》："成王生，仁者养之，孝者～之。"

【襁褓】　qiǎngbǎo　也作"缰褓"、"缰緥"、"强葆"。包裹、背负婴儿用的布、被之类。《史记·鲁周公世家》："其后武王既崩，成王少，在～～之中。"《汉书·宣帝纪》："曾孙虽在～～，犹坐收系郡邸狱。"也指在襁褓之中。比喻年纪幼小。陆游《杨夫人墓志铭》："二子：伯始学步，踉跄不逾阈；仲尚～～。"

【襁抱】　qiǎngbào　也作"缰抱"。❶犹"襁褓"。《汉书·贾谊传》："昔者成王幼在～～之中，召公为太保，周公为太傅，太公为太师。"❷比喻年纪幼小。《后汉书·清河孝王庆传》："邓太后以殇帝～～，远虑不虞，留庆长子祐与嫡母耿姬居清河邸。"

【襁负】　qiǎngfù　也作"缰负"。用布幅把婴儿兜负在背上。《后汉书·杨震传》："天下～～归之。"《三国志·魏书·王烈传》："曩遭王道衰缺，浮海遁居，大魏受命，则～～而至。"

镪（鏹）　qiǎng　钱贯。引申为成串的钱。左思《蜀都赋》："货殖私庭，藏～巨万。"白居易《赎鸡》诗："与尔～三百，小惠何足论！"后多指银子或银锭。《聊斋志异·宫梦弼》："窖～数百，惟恐人知。"

qiao

垸（墝、墽）　1. qiāo　❶土地瘠薄。《管子·六观》："耕者不必肥，荒者不必～。"《淮南子·要略》："韩晋别国也，地～民险，而介于大国之间。"

2. qiào　❷土地不平。刘向《说苑·建本》："丰墙～下，未必崩也；流行潦至，壤必先矣。"

【垸瘠】　qiāojí　土地瘠薄。《三国志·魏书·卢毓传》："帝以谯旧乡，故大徙民充之以为屯田，而谯土地～～，百姓穷困。"也作"垸堉"。《周书·李彦传》："今可敛以时服，葬于～～之地。"

【垸埆】　qiāoquè　❶土地瘠薄。《论衡·率性》："夫肥沃～～，土地之本性也。"《后汉书·西南夷传》："荒服之外，土地～～。"❷险要之地。《后汉书·南匈奴传》："～～之人，屡婴涂炭，父战于前，子死于后。"

绔（繑）　qiāo　套裤的带子。《管子·轻重戊》："鲁、梁郭中之民，道路扬尘，十步不相见，绁～而踵相随。"

校　qiāo　见 jiào。

窒　qiāo　见 guī。

硗（磽）　qiāo　❶土地多石瘠薄。《管子·宙合》："高下肥～，物有所宜，故曰地不一利。”《汉书·贾山传》：“地之～者，虽有善种，不能生焉。”❷坚硬。舒元舆《坊州按狱》诗：“风冷木长瘦，石～人亦劳。”❸恶，败坏。《后汉书·窦武传》注引《续汉志》：“桓帝末，京师童谣曰：‘……嚼复嚼，今年尚可后年～。’”

【硗薄】 qiāobó 土质瘠薄。梁肃《通爱敬陂水门记》：“旱暵得其溉，霖潦得其归，化～～为膏腴者，不知几千万亩。”

【硗确】 qiāoquè 同“墝埆①”。土地瘠薄。《韩诗外传》卷三：“俙衍之财有所流，故丰膏不独乐，～～不独苦。”

帩 qiāo 见 shān。

鄗 qiāo 见 hào。

毳 qiāo 见 cuì。

趬（趬） qiāo 举足轻捷。《后汉书·马融传》：“或轻訬～悍，廋疏娄领，犯历嵩峦。”（轻訬：轻捷。廋疏：搜索。）

跷（蹺） qiāo ❶举足，踮起脚后跟。司马光《司马温公诗话》引丁谓《蹴踘》诗：“蹑来行数步，～后立多时。”❷行步轻捷。见“跷捷”。❸扣除。黄庭坚《江城子·忆别》词：“一贯一文～十贯，千不足，万不足。”

【跷捷】 qiāojié 轻灵敏捷。《金史·礼志八》：“已而击毬，各乘所常习马，持鞠杖……皆所以习～～也。”也作“跻捷”。曹植《七启》：“～～若飞，蹈虚远蹠。”

【跷敧】 qiāoqī 事违常理，欠缺，奇怪。陈亮《甲辰答朱元晦书》：“曹孟德本领一有～～，便把捉天地不定，成败相寻，更无着手处。”也作“跷蹊”。王实甫《西厢记》五本四折：“有这般～～的事！”

跻（蹻） 1. qiāo ❶同“跷①”。举足。《汉书·高帝纪下》：“大臣内畔，诸将外反，亡可～足待也。”❷同“跷②”。行步轻捷。见“跻捷”。❸通“橇”。曹植《苦寒行》：“乘～追术士，速在蓬莱山。”

2. jiǎo ❹见“跻跻”、“跻勇”。

3. juē ❺不坚固的样子。《吕氏春秋·情欲》：“意气易动，～然不固。”❻通“屩”。草鞋，鞋。《史记·平原君虞卿列传》：“虞卿者，游说之士也，蹑～担簦，说赵孝成王。”《汉书·卜式传》：“式既为郎，布衣草～而牧羊。”

【跻捷】 qiāojié 见“跷捷”。

【跻跻】 jiǎojiǎo ❶强壮威武的样子。《诗经·大雅·崧高》：“四牡～～，钩膺濯濯。”又《周颂·酌》：“～～王之造，载用有嗣，实维尔公允师。”❷骄傲的样子。《诗经·大雅·板》：“老夫灌灌，小子～～。”

【跻勇】 jiǎoyǒng 勇武多力。《新唐书·宋之问传》：“既之问以文章起，其弟之悌以～～闻。”《新五代史·史弘肇传》：“为人～～，走及奔马。”

郻（鄡） qiāo ❶古县名。治所在今河北辛集市东。《后汉书·光武帝纪上》：“光武击铜马于～。”❷姓。《史记·仲尼弟子列传》有郻单。

敲 qiāo ❶击，击打。《左传·定公二年》：“夺之杖以～之。”韦应物《送孙徵赴云中》诗：“～石军中传夜火，斧冰河畔汲朝浆。”㊀推敲，琢磨。任曾贻《百字令》：“～诗午夜，弹指成今昔。”㊁杀。马致远《任风子》二折：“谁待要宰马～牛，杀狗屠驴。”❷短杖。贾谊《过秦论》：“履至尊而制六合，执～朴以鞭笞天下。”

锹（鍫） qiāo 掘土工具。《北齐书·赵郡王琛传》：“～锸裁下，泉源涌出。”㊁用锹挖掘。魏源《圣武记·守御中》：“急募善檝，载～载划，衔枚夜出，决堰囊沙。”

磝 qiāo 见 áo。

骹 1. qiāo ❶胫部近足处的较细部分。也指脚。梅尧臣《潘歙州话庐山》诗：“坐石浸两～，炎肤起芒粟。”㊀物体的较细的末端。《周礼·考工记·轮人》：“参分其股围，去一以为～围。”《南史·王诞传》：“当作无～尊傍犬？为犬傍无～尊？”（按：指“猷”、“猶”二字。）❷胸胁交分的扁骨。《灵枢经·本藏》：“广胸反～者肝高，合胁兔～者肝下。”

2. xiāo ❸鸣镝，响箭。元稹《江边四十韵》：“隐锥雷震蛰，破竹箭鸣～。”《渊鉴类函·武功·矢》引《唐六典》：“骨镞曰骲，铁镞曰镝，鸣箭曰～。”

【骹䯪】 qiāojiā 喻交织不解。柳宗元《解祟赋》：“独凄己而燠物，愈沸腾而～～。”

橇 qiāo 古代在泥路上使用的交通工具。《史记·夏本纪》：“陆行乘车，水行乘船，泥行乘～，山行乘檋。”（按：《史记·河渠书》作“毳”。）

幧 qiāo 见“幧头”。

【幧头】 qiāotóu 古代男子束发的头巾。《玉台新咏·日出东南隅行》：“少年见罗敷，脱帽著～～。”（按：《宋书·乐志》引《艳歌罗敷行》作“帩头”。）

乔（喬） 1. qiáo ❶高。《史记·夏本纪》：“其草惟夭，其木惟～。”江淹《杂体诗》三十首之二十："青松挺秀萼，惠色出～树。"❷树名。见"乔梓"。❸矛柄靠近矛头悬羽毛处。《诗经·郑风·清人》："二矛重～，河上乎逍遥。"❹假装（后起义）。王实甫《西厢记》三本三折："不是俺一家儿～坐衙，说几句衷肠话。"❺无赖，狡诈（后起义）。杨景贤《刘行首》二折："这先生好～也！我二十一岁，可怎生是你二十年前的故交？"

2. jiāo ❻通"骄"。骄纵。《礼记·表记》："～而野，朴而不文。"又《乐记》："齐音敖辟～志。"

3. jiǎo ❼见"乔诘"。

【乔桀】 qiáojié 俊逸。潘岳《射雉赋》："何调翰之～～，邈畴类而殊才。"

【乔迁】 qiáoqiān 《诗经·小雅·伐木》："伐木丁丁，鸟鸣嘤嘤。出自幽谷，迁于乔木。"后因以"乔迁"贺人迁居或官职升迁。张籍《赠殷山人》诗："满堂虚左待，众目望～～。"

【乔松】 qiáosōng ❶高大的松树。《诗经·郑风·山有扶苏》："山有～～，隰有游龙。"❷古代传说中仙人王子乔与赤松子的并称。《汉书·王吉传》："大王诚留意如此，则心有尧舜之志，体有～～之寿。"也作"侨松"。《汉书·王褒传》："何必偃卬诎信若彭祖，呴嘘呼吸如～～，眇然绝俗离世哉！"

【乔岳】 qiáoyuè 也作"峤岳"。高山。曹植《七启》："河滨无洗耳之士，～～无巢居之民。"杨载《寄维扬贾侯》诗："气蒸云雾藏～～，声转沧溟放大河。"《淮南子·泰族训》："《诗》云：'怀柔百神，及河～～。'"（按：今本《诗经·周颂·时迈》作"乔岳"。）

【乔陟】 qiáozhì 重叠的高山。《列子·汤问》："四方悉平，周以～～。"

【乔梓】 qiáozǐ 也作"桥梓"。《尚书大传·梓材》载：伯禽、康叔见周公，三见而三笞。乃见商子而问。商子曰：南山之阳有木名乔，二子往观。见乔实高高然向上。反以告商子。商子曰：乔者，父道也。南山之阴有木名梓。二子复往观，见梓实晋晋然下俯。反以告商子。商子曰：梓者，子道也。后因以"乔梓"喻父子。许月卿《次韵黄玉如大章携先集来访》之二："～～风流满腹经，桂花香里识魁名。"宋应星《怜愚诗》之二十四："时日若能催富贵，伊家～～岂长贫。"

【乔诘】 jiǎojié 意气不平。《庄子·在宥》："于是乎天下始～～卓鸷，而后有盗跖、曾、史之行。"一说，诈伪诘责。

招

qiáo 见 zhāo。

侨（僑）

1. qiáo ❶高。《说文·人部》："～，高也。"❷寄居异乡。鲍照《拟行路难》诗之十四："我初辞家从军～，荣志溢气干云霄。"㊂寄居异乡的人。见"侨旧"。❸通"趫"。轻捷。见"侨蹴"。

2. jiǎo ❹通"矫"。假托。睡虎地秦墓竹简《法律答问》："～丞令，可（何）殹（也）？"

【侨旧】 qiáojiù 东晋、南朝时，北方徙居江南的侨人与本地人的合称。《晋书·桓宣传》："宣久在襄阳，绥抚～～，甚有称绩。"《宋书·刘康祖传》："东海人徐道期流寓广州，无士行，为～～所陵侮。"

【侨蹴】 qiáojù 运转轻捷。侨，通"趫"。扬雄《太玄经·告》："天强健而～～，一昼一夜自复而有馀。"

【侨人】 qiáorén 东晋、南北朝时称流亡江南的北方人为侨人。《隋书·食货志》："晋自中原丧乱，元帝寓居江左，百姓之自拔南奔者，并谓之～～。"也作"侨民"。《宋书·孝武帝纪》："是岁，始课南徐州～～租。"

【侨士】 qiáoshì 旅居的士人。《韩非子·亡征》："羁旅～～，重帑在外，上间谋计，下与民事者，可亡也。"

【侨札】 qiáozhā 春秋郑国大夫公孙侨（子产）与吴国公子季札的并称。《左传·襄公二十九年》载：季札至郑，与子产一见如故，互赠缟带、纻衣。后因以"侨札"比喻朋友缔交。《三国志·吴书·鲁肃传》："肃家有两囷米，各三千斛，肃乃指一囷与周瑜，瑜益知其奇也，遂相亲结，定～～之分。"又《陆抗传》注引孙盛《晋阳秋》："抗与羊祜推～～之好，抗尝遗祜酒，祜饮之不疑，抗有疾，祜馈之药，抗亦推心服之。"

【侨置】 qiáozhì 六朝时南北分裂，诸朝遇有州郡沦陷敌手，则往往暂借别地重置，仍用旧名，称为"侨置"。《宋书·州郡志一》："自夷狄乱华，司、冀、凉、青、并、兖、豫、幽、平诸州一时沦没，遗民南渡，并～～牧司，非旧土也。"

荍

qiáo 植物名。即荆葵，又名锦葵。《诗经·陈风·东门之枌》："视尔如～，贻我握椒。"

峤（嶠、嶠）

qiáo（又读 jiào） ❶尖峭的高山。江淹《赤虹赋序》："东南～外，爰有九石之山。"《徐霞客游记·游黄山日记》："下盼诸峰，时出为碧～，时没为银海。"㊁岭。《后汉书·郑弘传》："弘奏开零陵、桂阳～道，于是夷通。"㊂五岭。范成大《次韵陈仲思经属西峰观雪》："从来～南北，人谓将无同。"❷举步的样子。《汉书·扬雄传上》："陿三王之阨薜，

～高举而大兴；历五帝之寥廓，涉三皇之登闳。”（陿：狭。薜：通“僻”。）❸古曲名。《逸周书·太子晋》：“王子歌《峤》。”❹同“乔”。高。郭璞《江赋》：“衡、霍磊落以连镇，巫、庐嵬崛而比～。”

【峤外】 qiáowài 即“岭外”，指五岭以南的地区。江淹《知己赋》：“仆乃得罪～～，遐路窈然。”沈遘《广南西路钤辖皇城使宋定可兼知宜州》：“～～夷獠，数叛不宾。”

桥（橋） 1. qiáo ❶桥梁。《史记·秦本纪》：“初作河～。”㊀架桥。柳宗元《石渠记》：“自渴西南行，不能百步，得石渠。民～其上。”❷器物上的横梁。《仪礼·士昏礼》：“笲缁被纁里，加于～。”王安石《胡笳十八拍》：“几回抛鞚抱鞍～，往往惊堕马蹄下。”❸树名。见“桥梓”。❹通“乔”。高。《诗经·郑风·山有扶苏》：“山有～松，隰有游龙。”

2. jiāo ❺井上汲水工具桔槔的横梁。或指桔槔。《淮南子·主术训》：“～直植立而不动，俛仰取制焉。”刘向《说苑·反质》：“为机，重其前轻其后曰～。”❻通“骄”。骄傲。见“桥泄”。

3. jiǎo ❼古代在山上使用的交通工具。《史记·河渠书》：“陆行载车，水行载舟，泥行蹈毳，山行即～。”（按：《史记·夏本纪》作“檋”，《汉书·沟洫志》作“梮”。）❽劲疾。《庄子·则阳》：“欲恶去就，于是～起。”❾通“矫”。纠正。《荀子·儒效》：“行法至坚，好修正其所闻，以～饰其情性。”（饰：通“饬”。）睡虎地秦墓竹简《为吏之道》：“审智（知）民能，善度民力，劳以衛（率）之，正以～之。”❿乖戾，虚伪。见“桥言”。

【桥梓】 qiáozǐ 见“乔梓”。

【桥泄】 jiāoxiè 傲慢。桥，通“骄”。《荀子·荣辱》：“～～者，人之殃也。”

【桥言】 jiǎoyán 乖戾不通的话。《吕氏春秋·离谓》：“听言而意不可知，其与～～无择。”

盉（喬） qiáo 碗、盂类器皿。《方言》卷十三：“椀谓之～。”

翘（翹、蹺） qiáo ❶鸟尾上的长羽毛。《楚辞·招魂》：“砥室翠～。”㊀古时女子戴的、形似鸟尾长羽的首饰。曹植《七启》之五：“戴金摇之熠燿，扬翠羽之双～。”㊁鸟尾，尾巴。《楚辞·九叹·远逝》：“摇～奋羽，驰风骋雨。”郭璞《江赋》：“蜛蝫森衰以垂～。”（蜛蝫：虫名。森衰：下垂（一说“足多”）的样子。）❷举起。陈琳《檄吴将校部曲文》：“是以立功之士，莫不～足引领，望风响应。”左思《吴都赋》：“～关扛鼎，拚射壶博。”（关：门闩。）㊀举发，揭露。《礼记·儒行》：“上弗知也，粗而～之，又不急为也。”罗大经《鹤林玉露》丙编卷四：“好尽言以～人之过，此国武子所以见杀也。”❸特出，杰出。见“翘楚”、“翘秀”。❹茂盛的样子。陆机《叹逝赋》：“步寒林以悽恻，翫春～而有思。”

【翘车】 qiáochē 《左传·庄公二十二年》：“《诗》云：‘翘翘车乘，招我以弓。’”后因称礼聘贤士的使者之车为“翘车”。陆机《演连珠》：“是以俊乂之薮，希蒙～～之招。”韦庄《寄从兄遵》诗：“江上清风正钓鲈，九重天子梦～～。”

【翘楚】 qiáochǔ 《诗经·周南·汉广》：“翘翘错薪，言刈其楚。”本指高出杂树丛的荆树，后用以比喻杰出的人材。孔颖达《春秋正义序》：“刘炫于数君之内，实为～～。”辛弃疾《贺新郎》词：“王郎健笔夸～～，到如今，落霞孤鹜，竞传佳句。”

【翘陆】 qiáolù 《庄子·马蹄》：“龁草饮水，翘足而陆，此马之真性也。”翘足而陆，言举足跳跃。后省作“翘陆”。《晋书·慕容垂载记》：“失笼之鸟，非罗所羁；脱网之鲸，岂罟所制！～～任怀，何须闻也。”也作“翘踛”。郭璞《江赋》：“夔㸬～～于夕阳，鸳雏弄翮乎山东。”

【翘企】 qiáoqǐ 翘首企足。形容盼望急切。《后汉书·袁绍传》：“～～延颈，待望仇敌，委慈亲于虎狼之牙，以逞一朝之志。”《晋书·温峤传》：“州之文武，莫不～～。”

【翘翘】 qiáoqiáo ❶高出的样子。《诗经·周南·汉广》：“～～错薪，言刈其楚。”又为出群的样子。潘岳《关中诗》：“～～赵王，请徒三万。”❷危险的样子。《诗经·豳风·鸱鸮》：“予室～～，风雨所漂摇。”张衡《东京赋》：“常～～以危惧，若乘奔而无辔。”❸遥远的样子。《左传·庄公二十二年》：“～～车乘，招我以弓。”❹众人翘首而望的样子。刘禹锡《彭阳侯令狐氏先庙碑》：“汴人闻公之东，近而愈怀，～～瞿瞿，尽西其首。”（瞿瞿：神情激动的样子。）

【翘勤】 qiáoqín 奋发勤苦。慧皎《高僧传·释僧盛》：“少而神情聪敏，加又志学～～，遂大明数论，兼善众经，讲说为当时元匠。”

【翘首】 qiáoshǒu 抬头而望。形容盼望殷切。任昉《到大司马记室笺》：“府朝初建，俊贤～～。”欧阳修《上范司谏书》：“拜命以来，～～企足，伫乎有闻而卒未也。”

【翘心】 qiáoxīn 犹悬想。沈约《贺齐明帝登祚章》：“日月以冀，遐迩～～。”

【翘秀】 qiáoxiù 杰出，出众。《颜氏家训·文章》：“凡此诸人，皆其～～者。”《宋史·熊克传》："克幼而～～。既长，好学，善属文。"

【翘英】 qiáoyīng 美丽的尾羽。《后汉书·班固传》："发皓羽兮奋～～，容洁朗兮于淳精。"《宋史·乐志九》："洁白容与，～～奋扬。"

【翘足而待】 qiáozú'érdài 言极短的时间内即可到来。翘足，举足。《史记·商君列传》："君之危若朝露，……亡可～～～～。"《后汉书·陈球传》："政出圣主，天下太平可～～～～也。"也作"跻足而待"。《史记·高祖本纪》："大臣内叛，诸侯外反，亡可～～～～也。"

焦 qiáo 见 jiāo。

趫(趫) qiáo ❶敏捷，灵活，善于爬树登高。张衡《西京赋》："非都卢之轻～，孰能超而究升。"（都卢：国名。）❷矫健。颜延之《赭白马赋》："岂不以国尚威容，军駼～迅而已。"（駼：马名。）㊁壮盛。《吕氏春秋·悔过》："袭国邑，以车不过百里，以人不过三十里，皆以其气之～与力之盛至。"

【趫才】 qiáocái 轻捷勇健之士。《新唐书·姜确传》："太宗选～～，衣五色袍，乘六闲马，直屯营，宿卫仗内，号曰'飞骑'。"也作"趫材"。左思《吴都赋》："～～悍壮，此焉比庐。"

【趫悍】 qiáohàn 勇猛强悍。李白《雉子班》诗："双雌同饮啄，～～谁能争。"《新唐书·柴绍传》："幼～～，有武力，以任侠闻。"

【趫捷】 qiáojié 矫健敏捷。《后汉书·朱儁传》："贼帅常山人张燕轻勇～～，故军中号曰'飞燕'。"《隋书·长孙晟传》："善弹工射，～～过人。"

谯(譙) 1. qiáo ❶谯楼。《新唐书·马燧传》："为二门，设～橹。"（橹：望楼。）❷古县名。秦置，在今安徽亳州市。《史记·陈涉世家》："攻铚、酂、苦、柘、～，皆下之。"❸见"谯谯"。

2. qiào ❹同"诮"。责备。《管子·小匡》："择其寡功者而～之。"《韩非子·外储说左上》："人为婴儿也，父母养之简，子长而怨；子盛壮成人，其供养薄，父母怒而诮之。子、父，至亲也，而或～或怨者，皆挟相为而不周于为己也。"

【谯楼】 qiáolóu 城门上的瞭望楼，俗称鼓楼。《三国志·吴书·孙权传》："诏诸郡县治城郭，起～～，穿堑发渠，以备盗贼。"陈孚《彰德道中》诗："偶逐征鸿过邺城，～～鼓角晚连营。"

【谯门】 qiáomén 建有谯楼的城门。《汉书·陈胜传》："攻陈，陈守令皆不在，独守丞与战～～中。"柳宗元《永州韦使君新堂记》："外之连山高原，林麓之崖，间厕隐显，迩延野绿，远混天碧，咸会于～～之内。"

【谯谯】 qiáoqiáo 羽毛稀疏脱落的样子。《诗经·豳风·鸱鸮》："予羽～～，予尾翛翛。"（翛翛：羽毛干枯凋敝的样子。）

【谯让】 qiàoràng 同"诮让"。责备。《史记·万石张叔列传》："子孙有过失，不～～，为便坐，对案不食。"《汉书·黥布传》："项王由此怨布，数使使者～～召布，布愈恐，不敢往。"

劁 1. qiáo ❶割。《齐民要术·收种》："选好穗纯色者，～刈高悬之。"㊁断。贯休《观怀素草书歌》："天台古杉一千尺，崖崩～折何峥嵘。"

2. qiāo ❷阉割。如：劁猪。

憔(癄、顦) qiáo 见"憔悴"。

【憔悴】 qiáocuì 也作"憔瘁"、"憔顇"、"焦瘁"。❶困顿萎靡的样子，忧愁的样子。《史记·屈原贾生列传》："颜色～～，形容枯槁。"《后汉书·清河孝王庆传》："杨失志～～，卒于家。"❷枯萎、衰败的样子。《汉书·班固传》："朝为荣华，夕而～～。"阮籍《咏怀》之三："繁华有～～，堂上生荆杞。"❸劳苦，困苦。《左传·昭公七年》："或燕燕居息，或～～事国。"《淮南子·主术训》："今人主急兹无用之功，百姓黎民～～于天下。"❹形容乐声蹙急。《汉书·礼乐志》："是以纤微～～之音作，而民思忧。"

撬 1. qiáo ❶举起，翘起。《醒世恒言·勘皮靴单证二郎神》："拨断了两股线，那皮就有些～起来。"

2. qiào ❷把棍棒等一头插入缝中，用力扳另一头。《西游记》二十五回："众仙～开门板。"

蕉 qiáo 见 jiāo。

嫶 qiáo 见"嫶妍"。

【嫶妍】 qiáoyán 因忧伤而消瘦的样子。《汉书·孝武李夫人传》："～～太息，叹稚子兮。"

燋 qiáo 见 jiāo。

樵 qiáo ❶木柴。《左传·桓公十二年》："绞小而轻，轻则寡谋，请无扞采～者以诱之。"（绞：国名。）《资治通鉴·隋恭帝义宁元年》："请伐六街及苑中树为～。"㊁砍伐以为柴薪，打柴。《左传·昭公六年》："不入田，不～树。"《北史·燕凤传》："军无辎重～

爨之苦,轻行速捷。"ⓧ打柴的人。柳宗元《田家》诗之三:"是时收获竟,落日多～牧。"❷用柴烧,焚烧。《公羊传·桓公七年》:"'焚'之者何?～之也。"❸通"谯"。谯楼。《汉书·赵充国传》:"为堑、垒、木～,校联不绝。"❹(jiào)通"醮"。酌酒给人。《墨子·备梯》:"子墨子其哀之,乃管酒块脯,寄于大山,昧菜坐之,以～禽子。"(昧菜:犹"灭茅",拔去茅草。)

【樵采】　qiáocǎi　打柴。《三国志·魏书·董卓传》:"饥穷稍甚,尚书郎以下自出～～,或饥死墙壁间。"张协《杂诗》之八:"投耒循岸垂,时闻～～音。"也指打柴的人。林逋《西村晚泊》诗:"田园向野水,～～语空林。"

【樵苏】　qiáosū　❶打柴割草。《三国志·魏书·王肃传》:"前志有之,'千里馈粮,士有饥色,～～后爨,师不宿饱',此谓平涂之行军者也。"又为打柴割草的人。鲍照《登大雷岸与妹书》:"～～一叹,舟子再泣。"也指柴草。潘岳《马汧督诔》:"木石将尽,～～乏竭,刍荛罄绝。"❷泛指日常生计。曹松《己亥岁》诗之一:"泽国江山入战图,生民何计乐～～!"

【樵苏不爨】　qiáosūbùcuàn　打柴割草,却无食为炊。比喻贫困。应璩《与侍郎曹长思书》:"幸有袁生,时步玉趾,～～～～,清谈而已,有似周党之过闵子。"(周党、闵子:皆人名。据《东观汉记》载:闵贡与周党相遇,因没有菜吃,只得含菽饮水。)

瞧　qiáo　❶眼目昏蒙。嵇康《难张辽叔自然好学论》:"睹文籍则目～,修揖让则变伛,袭章服则转筋,谭礼典则齿龋。"❷看。关汉卿《新水令》曲:"怕别人～见咱,掩映在酴醾架。"

醮　qiáo　见jiào。

巧　qiǎo　❶技巧,技艺。《周礼·考工记序》:"天有时,地有气,材有美,工有～。"《韩非子·大体》:"古之牧天下者,不使匠石极～以败太山之体。"ⓧ技艺高明,灵巧。《韩非子·难势》:"车马非异也,或至乎千里,或为人笑,则～拙相去远矣。"又《定法》:"夫匠者手～也。"㉑擅长,善于。《荀子·哀公》:"昔舜～于使民,而造父～于使马。"❷美好。见"巧笑"。❸虚浮不实。《诗经·小雅·雨无正》:"～言如流,俾躬处休。"《战国策·西周策》:"君为多～,[周]最为多诈,君何不买信货哉?"❹恰好,恰巧。韩愈《符读书城南》诗:"两家各生子,孩提～相如。"

【巧诋】　qiǎodǐ　以不实之言进行诋毁诬陷。《史记·汲郑列传》:"而[汲]黯常毁儒,而触[公孙]弘等徒怀诈饰智以阿人主取容,而刀笔吏专深文～～,陷人于罪,使不得反其真,以胜为功。"

【巧法】　qiǎofǎ　❶为巧诈以逃避法律制裁。《汉书·食货志下》:"百姓抏敝以～～,财赂衰耗而不澹。"❷枉法,玩弄法令。《论衡·程材》:"长大成吏,舞文～～,徇私为己,勉赴权利。"

【巧故】　qiǎogù　伪诈。《吕氏春秋·论人》:"适耳目,节嗜欲,释智谋,去～～。"《淮南子·俶真训》:"杂道以伪,俭德以行,而～～萌生。"

【巧宦】　qiǎohuàn　善于钻营趋奉的官吏。潘岳《山居赋序》:"岳尝读《汲黯传》,至司马安四至九卿,而良史书之,题以～～之目,未尝不慨然废书而叹。"陈子昂《题祀山烽树赠乔十二侍御》诗:"汉庭荣～～,云阁薄边功。"

【巧捷】　qiǎojié　❶灵巧敏捷。曹植《名都篇》:"连翩击鞠壤,～～惟万端。"❷灵巧方便。袁褧《枫窗小牍》卷上:"蜀人张思训制上浑仪,其制与旧仪不同,最为～～。"

【巧老】　qiǎolǎo　深而空的样子。马融《长笛赋》:"庨窌～～,港洞坑谷。"(庨窌:深而空的样子。)

【巧历】　qiǎolì　精于历算的人。《庄子·齐物论》:"一与言为二,二与一为三,自此以往,～～不能得,而况其凡乎?"钱起《秋夜作》诗:"浮生竟何穷,～～不能算。"

【巧梅】　qiǎoměi　精于贪求。梅,贪。《楚辞·天问》:"穆王～～,夫何为周流?"(一说精于驱车策马之术。梅,通"枚",马鞭。)

【巧媚】　qiǎomèi　❶善于谄媚。《新唐书·皇甫镈传》:"镈乃益以～～自固,建损内外官禀佐国用。"❷美好娇媚。朱长文《墨池编》卷二引无名氏《草书势》:"百体千形,～～争呈。"

【巧敏】　qiǎomǐn　❶花言巧语。《荀子·臣道》:"～～佞说,善取宠乎上,是态臣者也。"也作"巧繁"。《荀子·富国》:"故非有一人之道也,直将～～拜请而畏事之,则不足以持国安身。"❷灵巧敏捷。《淮南子·主术训》:"仁以为质,智以行之。两者为本,而加之以勇力辩慧,捷疾劬录,～～迟利,聪明审察,尽众益也。"(劬录:勤劳。迟利:犀利。)

【巧佞】　qiǎonìng　机巧奸诈,阿谀奉承。《管子·立政》:"谄谀饰过之说胜,则～～者用。"《史记·五宗世家》:"彭祖为人～～卑谄,足恭而心刻深。"也指巧诈的人。《吕氏春秋·情欲》："～～之近，端直之远，国家大危。"

【巧舌】　qiǎoshé　犹"巧言"，取悦于人的花言巧语。卢仝《感古》诗之二："苍蝇点垂棘，～～成锦绮。"

【巧士】　qiǎoshì　❶擅长某种技艺的人。《墨子·杂守》："有～～，有使士。"马融《长笛赋》："工人～～，肄业脩声。"❷聪明机敏的人。《战国策·楚策三》："寡人闻韩侈～～也，习诸侯事，殆能自免也。"

【巧饰】　qiǎoshì　❶巧于装饰。《潜夫论·务本》："百工者，以致用为本，以～～为末。"❷诈伪粉饰。杜预《上黜陟课法略》："法令滋章，～～弥多。"

【巧丸】　qiǎowán　善用弹丸。韩愈《病鸱》诗："今者命运穷，遭逢～～儿。"也用以比喻设谋中伤。陆游《自述》诗："早畏危机避～～，长安未到意先阑。"

【巧文】　qiǎowén　擅长文辞。《国语·晋语九》："～～辩惠则贤，强毅果敢则贤。"引申为舞文弄墨。《汉书·刑法志》："间者吏用法，～～寖深，是朕之不德也。"

【巧夕】　qiǎoxī　即七夕。旧时农历七月七日夜有乞巧的风俗，故称。刘克庄《即事》诗之三："粤人重～～，灯火到天明。"

【巧笑】　qiǎoxiào　美好的笑。《诗经·卫风·硕人》："～～倩兮，美目盼兮。"又《竹竿》："～～之瑳，佩玉之傩。"

【巧不可阶】　qiǎobùkějiē　巧妙得不可企及。《梁书·庾肩吾传》："又时有效谢康乐、裴鸿胪文者，亦颇有惑焉……谢故～～～～，裴亦质不宜慕。"

【巧发奇中】　qiǎofāqízhòng　比喻善于发表见解，并每能应验。《史记·孝武本纪》："少君资好方，善为～～～～。尝从武安侯饮，坐中有年九十馀老人，少君乃言与其大父游射处，老人为儿时从其大父行，识其处，一坐尽惊。"苏轼《东坡志林·单骧孙兆》："蜀人单骧者举进士不第，顾以医闻。其术虽本于《难经》、《素问》，而别出新意，往往～～～～。"

【巧言令色】　qiǎoyánlìngsè　指用花言巧语和谄媚的神色取悦于人。《尚书·皋陶谟》："能哲而惠，何忧乎驩兜，何迁乎有苗，何畏乎～～～～孔壬？"《论语·学而》："～～～～，鲜矣仁。"

【巧言如簧】　qiǎoyánrúhuáng　指花言巧语美妙动听，有如笙中之簧。《诗经·小雅·巧言》："～～～～，颜之厚矣。"《后汉书·陈蕃传》："夫谗人似实，～～～～，使听之者惑，视之者昏。"

钞（鈔）　qiǎo　美好。《方言》卷二："～、嫽，好也。青、徐、海、岱之间曰～，或谓之嫽。"

悄　qiǎo　❶忧愁的样子。《诗经·陈风·月出》："舒窈纠兮，劳心～兮。"谢庄《月赋》："～焉疚怀。"❷寂静无声。张说《夕宴房主簿舍诗序》："～群动之俱息，感孤鸿之远音。"白居易《琵琶行》："东船西舫～无言，唯见江心秋月白。"㊀声音小。苏轼《蝶恋花》词："笑渐不闻声渐～，多情却被无情恼。"❸副词。简直，全然。刘禹锡《送李策秀才还湖南》诗："～如促柱弦，掩抑多不平。"卢祖皋《摸鱼儿》词："慵荷倦柳，～不似黄花。"

【悄怆】　qiǎochuàng　❶忧伤的样子。江淹《哀千里赋》："既而～～成忧，悯默自怜。"❷冷清。柳宗元《至小丘西小石潭记》："坐潭上，四面竹树环合，寂寥无人，凄神寒骨，～～幽邃。"

【悄悄】　qiǎoqiǎo　❶忧愁的样子。《后汉书·张衡传》："天不可阶仙夫希，柏舟～～吝不飞。"曾巩《福州上执政书》："及其还也，既休息之，又追念其～～之忧，而及于仆夫之瘁。"❷寂静的样子。韦应物《晓至园中忆诸弟崔都水》诗："山郭恒～～，林月亦娟娟。"白居易《西楼夜》诗："～～复～～，城隅隐林杪。"

【悄切】　qiǎoqiè　凄切，忧伤。潘岳《笙赋》："诀厉～～，又何磬折。"

愀　qiǎo　❶容色变得忧惧或严肃。《三国志·蜀书·诸葛亮传》注引郭冲语："人皆贺亮，亮颜色～然有戚容。"苏轼《前赤壁赋》："苏子～然，正襟危坐而问客。"王安石《日出堂上饮》诗："主人笑而歌，客子叹以～。"❷萧条的样子。《后汉书·马融传》："山谷萧条，原野嵺～。"

【愀怆】　qiǎochuàng　忧伤的样子。嵇康《琴赋》："是故怀戚者闻之，莫不憯懔惨凄，～～伤心。"潘岳《笙赋》："～～恻减。"（恻减：悲伤的样子。）

壳（殼、殻、壳、散）　qiào（又读 ké）　坚硬的外皮。《后汉书·张衡传》："玄武缩于～中兮，螣蛇蜿而自纠。"（玄武：指乌龟。）

诮（誚）　qiào　❶责备。《吕氏春秋·疑似》："丈人归，酒醒而～其子。"《后汉书·冯衍传下》："～始皇之跋扈兮，投李斯于四裔。"㊀讥讽。孔稚珪《北山移文》："列壑争讥，攒峰竦～。"❷副词。全然，简直。杨无咎《于中好》词："欲知占尽春明媚，～无意，看桃李。"周紫芝《好事近》词："自恨老来肠肚，～不堪摧折。"

【诮让】 qiàoràng 责备,责问。《后汉书·盖勋传》:"乃~~章等,责以背叛之罪。"(章:人名。)《三国志·魏书·袁绍传》注引《魏氏春秋》:"若迷而不反,违而无改,则胡夷将有~~之言,况我同盟,复能戮力为君之役哉?"

削 qiào 见 xuē。

俏 1. qiào ❶容态美好轻盈。柳永《小镇西》词:"芳颜二八,天然~。"白行简《三梦记》:"鬟梳嫽~学宫妆,独立闲庭纳夜凉。"❷副词。简直,全然。卢炳《贺新郎》词:"惹起新愁无着处,细与端相未足。~不忍游蜂飞扑。"

2. xiào ❸通"肖"。像,似。《列子·力命》:"佹佹成者,~成也,初非成也;佹佹败者,~败者也,初非败也;故迷生于~。"(佹佹:将要。)

窍(竅) qiào ❶孔,洞。《韩非子·解老》:"孔~虚,则和气日入。"陆游《雪歌》:"初闻万~号地籁,已见六出飞天花。"㊀穿孔,凿洞。《礼记·礼运》:"天秉阳,垂日星;地秉阴,~于山川。"❷通,贯通。《淮南子·俶真训》:"神农黄帝,剖判大宗,~领天地。"邓云霄《重刻空同先生集序》:"诗者,人籁也,而~于天。"

【窍窕】 qiàotiǎo 贯通。《淮南子·要略》:"《说山》《说林》者,所以~~穿凿百事之壅遏,而通行贯扃万物之窒塞者也。"

哨 qiào 见 shào。

峭(陗) qiào ❶陡直,险峻。《论衡·累害》:"风冲之物不得育,水湍之岸不得~。"苏轼《和寄天选长官》:"公诗拟南山,雄拔千丈~。"㊀陡峭的山岩。傅亮《演慎论》:"临渊登~,莫不惴栗。"❷严峻,严厉。《韩非子·五蠹》:"故明主~其法而严其刑也。"柳宗元《与吕道州温论非国语书》:"其或切于事,则苛~刻覈。"❸急,尖利。姚合《除夜》诗之一:"寒犹近北~,风渐向东生。"孟郊《秋怀》诗:"冷露滴梦破,~风梳骨寒。"❹形容诗文词句奇险、秀拔。《论衡·自纪》:"言奸辞简,指趋妙远;语甘文~,务意浅小。"(奸:通"干"。直率。)王安石《寄慎伯筠》诗:"多为~句不姿媚,天骨老硬无皮肤。"❺俊俏,美好。柳永《传花枝》词:"解刷扮,能哄嗽,表里都~。"

【峭拔】 qiàobá ❶高而陡。沈括《梦溪笔谈·杂志一》:"予观雁荡诸峰,皆~~险怪,上耸千尺。"❷形容性格孤高,超脱不凡。欧阳炯《贯休应梦罗汉画歌》:"西岳高僧名贯休,孤情~~凌清秋。"❸形容笔墨遒劲挺秀。夏文彦《图绘宝鉴》卷三:"落笔清驶,行笔劲峻,~~而秀,绚丽而雅。"

【峭薄】 qiàobó 刻薄。柳宗元《辩鬼谷子》:"汉时刘向、班固录书无《鬼谷子》。《鬼谷子》后出,而险盭~~。"(盭:乖违。)

【峭诋】 qiàodǐ 恶言诋毁。《新唐书·裴胄传》:"炎遣员寓蔓劾~~,贬汀州司马。"(炎、员寓:皆人名。)又《杨国忠传》:"国忠乃惨文~~,逮系连年,诬蔑被诛者百馀族。"

【峭格】 qiàogé 捕兽的木笼。左思《吴都赋》:"~~周施,罿罻普张。"(罿罻:捕鸟的网。)也作"削格"。《庄子·胠箧》:"~~、罗落、罝罘之知多,则兽乱于泽矣。"

【峭鲠】 qiàogěng 严正刚直。《新唐书·韩休传》:"休~~,时政所得失,言之未尝不尽。"又《李翱传》:"翱性~~,论议无所屈。"

【峭寒】 qiàohán 料峭的寒意。形容微寒。徐积《杨柳枝》诗:"清明前后~~时,好把香绵闲抖擞。"高明《琵琶记·蔡宅祝寿》:"簾幕风柔,庭帏昼永,朝来~~轻透。"

【峭覈】 qiàohé 峻急而苛刻。《后汉书·第五伦传论》:"第五伦~~为方,非夫恺悌之士,省其奏议,惇惇归诸宽厚,将惩苛切之敝使其然乎?"

【峭急】 qiàojí 严厉急躁。《三国志·吴书·朱治传》:"[孙]权弟翊,性~~,喜怒快意。"又《魏书·袁绍传》注引《魏氏春秋》:"今青州天性~~,迷于曲直。"(青州:指青州刺史袁谭。)

【峭峻】 qiàojùn ❶陡直高峻。《汉书·严助传》:"其入中国必下领水,领水之山~~,漂石破舟。"❷严厉苛刻。《后汉书·冯衍传下》:"澄德化之陵迟兮,烈刑罚之~~。"❸高标不凡。韩愈《感春》诗之四:"孔丞别我适临汝,风骨~~遗尘埃。"

【峭刻】 qiàokè ❶陡峭。宋濂《看松庵记》:"山益高,峰峦益~~,气势欲连霄汉。"❷严厉苛刻。柳宗元《故银青光禄大夫……宜城县开国伯柳公行状》:"处事详谛,无依违故纵之败;奉法端审,无隐忌~~之文。"《宋史·郑清之传》:"孝宗之英明,本于仁厚,能涵养士气,而无矫励~~之习。"

【峭丽】 qiàolì 峭拔秀美。《新唐书·庞严传》:"辞章~~,累迁驾部郎中、知制诰。"张表臣《珊瑚钩诗话》卷二:"《阆中歌》辞致~~,语脉新奇。"

【峭蒨】 qiàoqiàn ❶高耸挺拔。夏完淳《咏怀》之一:"孤生岑上竹,~~不改移。"❷鲜明的样子。左思《招隐诗》之二:"~~青葱间，竹柏得其真。”

【峭直】 qiàozhí 严峻刚直。《史记·袁盎晁错列传》：“错为人～～刻深。”《北史·刘贵传》：“性～～，攻讦无所回避。”

帩 qiào 见“帩头”。

【帩头】 qiàotóu 古代男子束发的头巾。见“幧头”。

潲（潚） qiào 见“潲澥”。

【潲澥】 qiàotān 巨浪。木华《海赋》：“盘盓激而成窟，～～滐而为魁。”

箾 qiào 见 shuò。

擻（擎） qiào 旁击，击。《庄子·至乐》：“庄子之楚，见空髑髅，髋然有形，～以马捶。”谢阶树《养生论》：“金与金相～则缺。”

鞘（鞘） 1. qiào ❶刀剑套。王维《塞上曲》：“天骄远塞行，出～宝刀鸣。”

2. shāo ❷鞭梢。《晋书·苻坚载记下》：“又为谣曰：‘长～马鞭击左股，太岁南行当复虏。’”

噭 qiào 见 jiào。

躈 qiào 马的肛门。《史记·货殖列传》：“马蹄～千。”

qie

切 1. qiē ❶用刀分割，截断。《礼记·少仪》：“牛与羊鱼之腥，聂而～之为脍。”长孙佐辅《陇西行》：“四月草不生，北风劲如～。”❷磨，特指骨器加工工艺。《论衡·量知》：“骨曰～，象曰瑳，玉曰琢，石曰磨，～瑳琢磨，乃成宝器。”㊀比喻学问、道德上切磋相正。《后汉书·桓荣传》：“习与智长，则～而不勤；化与心成，则中道若性。”韩愈《答冯宿书》：“朋友道缺绝久，无有相箴规磨～之道，仆何幸乃得吾子！”

2. qiè ❸切近，靠近。《荀子·劝学》：“《礼》《乐》法而不说，《诗》《书》故而不～。”叶适《湖州胜赏楼记》：“吴兴三面～太湖，涉足稍峻伟，浸可几席尽也。”㊀切合。《后汉书·崔寔传》：“指～时要，言辩而确。”《文心雕龙·物色》：“故巧言～状，如印之印泥。”㊀切要，要领。扬雄《长杨赋》：“仆尝倦谈，不能一二其详，请略举凡，而客自览其～焉。”❹深切。嵇康《与阮德如》诗：“念哀还旧庐，感～伤心肝。”㊀恳切率直。《史记·万石张叔列传》：“建为郎中令，事有可言，屏人恣言，极～。”㊀激烈。韩愈《为裴相公让官表》：“旋以论事过～，为宰臣所非。”❺急切。杜甫《狂歌行赠四兄》：“兄将富贵等浮云，弟～功名好权势。”㊀急促。辛弃疾《贺新郎》词：“更那堪鹧鸪声住，杜鹃声～？”㊀悲凄，凄凉。杜甫《十二月一日》诗之二：“新亭举目风景～，茂陵著书消渴长。”❻严厉，严酷。《文子·尚礼》：“故为政以苛为察，以～为明……大败大裂之道也。”㊀使严酷。《新唐书·朱敬则传》：“故不设钩距，无以顺人；不～刑罚，无以息暴。”❼责，责备。《史记·三王世家》：“陛下让文武，躬自～，及皇子未教。”《后汉书·陈忠传》：“时三府任轻，机事专委尚书，而灾眚变咎，辄～免公台。”❽按脉诊病。《史记·扁鹊仓公列传》：“齐王中子诸婴儿小子病，召臣意诊～其脉。”（意：人名。）❾汉语传统注音方法，以二字切合而成一音。唐以前韵书称“反”，宋以后称“切”，合称“反切”。❿同“窃”。犹言私下。谦词。《战国策·燕策三》：“今王使赵北并燕，燕、赵同力，必不复受于秦矣。臣～为王患之。”何光远《鉴诫录·鬼传书》：“～以赵氏之冤，搏膺入梦；良夫之枉，披发叫天。”

3. qì ⓫通“砌”。门槛；阶石。《汉书·孝成赵皇后传》：“～皆铜沓黄金涂，白玉阶。”张衡《西京赋》：“刊层平堂，设～厓隒。”

【切磋】 qiēcuō 也作“切瑳”。骨角玉石等加工工艺。《论衡·量知》：“～～琢磨，乃成宝器。”阮侃《答嵇康诗》之一：“良玉须～～，玙璠就其形。”后用以比喻道德学问方面相互研讨勉励。《汉书·董仲舒传》：“今子大夫待诏百有馀人……各悉对，著于篇，毋讳有司。明其指略，～～究之，以称朕意。”《后汉书·马援传》：“言君臣邪，固当谏争；语朋友邪，应有～～。”

【切劘】 qiēmó ❶切磋相正。王安石《与王深父书》之一：“自与足下别，日思规箴～～之补，甚于饥渴。”❷琢磨，磨擦。刘禹锡《砥石赋》：“沃之草腴，杂以乌膏。～～上下，真质焯见。”

【切切】 qiēqiē 相互敬重、切磋勉励的样子。《大戴礼记·曾子立事》：“导之以道而勿强也，宫中雍雍，外焉肃肃，兄弟憘憘，朋友～～。”

【切偲】 qiēsī 《论语·子路》：“朋友切切偲偲。”省作“切偲”。切磋勉励的样子。谢朓《酬德赋》：“指代匠而～～，比治素而引喻。”吕南公《与傅公济书》：“聊申蠢言，以备～～，听之怒之，惟命而已。”

【切倚】 qiēyǐ 耳鬓厮磨，互相偎依。形容十分亲昵。《吕氏春秋·先识》:"中山之俗,以昼为夜,以夜继日,男女～～,固无休息。"也作"切踦"。《淮南子·齐俗训》:"今之国都,男女～～,肩摩于道。"

【切正】 qiēzhèng 切磋相正。《诗经·小雅·伐木》"伐木丁丁,鸟鸣嘤嘤"郑玄笺:"言昔日未居位在农之时,与友生于山岩伐木,为勤苦之事,犹以道德相～～也。"

【切直】 qiēzhí 切磋相正。徐幹《中论·贵验》:"言朋友之义,务在～～,以升于善道者也。"

【切齿】 qièchǐ 咬紧牙齿,表示极端痛恨。《史记·张仪列传》:"是故天下之游谈士莫不日夜搤腕瞋目～～,以言从之便,以说人主。"《汉书·邹阳传》:"如此,则太后怫郁泣血,无所发怒,～～侧目于贵臣矣。"

【切促】 qiècù 迫促。《后汉书·张奂传》:"恩诏分明,前以写白,而州期～～,郡县惶惧。"

【切骨】 qiègǔ 深入于骨。极言程度之深。萧统《锦带书十二月启·黄钟十一月》:"酌醇酒而据～～之寒,温兽炭而袪透心之冷。"白居易《酬严十八郎中见示》诗:"夜酌满容花色煖,秋吟～～玉声寒。"

【切谏】 qièjiàn 直言极谏。《三国志·魏书·明帝纪》:"百姓失农时,直臣杨阜、高堂隆等各数～～,虽不能听,常优容之。"张鷟《朝野佥载》卷四:"[狄仁杰]箴规～～有古人之风,剪伐淫词有烈士之操。"

【切峻】 qièjùn 严厉,严峻。李密《陈情表》:"诏书～～,责臣逋慢,郡县逼迫,催臣上道。"《北齐书·刘贵传》:"修营城郭,督责～～,非理杀害,视下如草芥。"

【切切】 qièqiè ❶急迫的样子。《盐铁论·国疾》:"夫辩国家之政事,论执政之得失,何不徐徐道理相喻,何至～～如此乎?"❷恳切的样子。《后汉书·窦武传》:"而诏书～～,犹以舅氏田宅为言。"❸忧伤的样子。韦夏卿《别张贾》诗:"～～别思缠,萧萧征骑烦。"❹深切怀念的样子。张九龄《西江夜行》诗:"悠悠天宇旷,～～故乡情。"❺象声词。1）形容声音轻细。白居易《琵琶行》:"大弦嘈嘈如急雨,小弦～～如私语。"2）形容声音凄切。皇甫冉《魏十六还苏州》诗:"秋夜沉沉此送君,阴虫～～不堪闻。"

【切问】 qièwèn ❶恳切求教。《论语·子张》:"博学而笃志,～～而近思。"❷急切问难。《新唐书·陈少游传》:"有媢者欲对广众～～以屈少游。及升座,音吐清辩,据引淹该,问穷而对有馀。"

【切响】 qièxiǎng 指与平声相对而言的仄声。齐梁人写诗注重声律,特别讲究四声平仄,五字一句,平仄要有变换,两句相对,平仄要互有不同。《宋书·谢灵运传论》:"欲使宫羽相变,低昂互节,若前有浮声,则后须～～。"

【切要】 qièyào ❶要领,纲要。嵇康《明胆论》:"今子之论,乃引浑元以为喻,何辽辽而坦谩也。故直答以人事之～～焉。"❷确切扼要。谷神子《博异志·李序》:"言词～～,宛畅笑咏。"❸紧要,紧要的事。《新唐书·张廷珪传》:"羊非军国～～,假令蕃滋,不可射利。"陈善《扪虱新话》卷五:"古人于临事～～处,未尝不自留一著也。"

【切云】 qièyún 上与云接。形容极高。严忌《哀时命》:"冠崔嵬而～～兮,剑淋漓而从横。"李商隐《昭肃皇帝挽歌辞》之一:"玉律朝惊露,金茎夜～～。"

【切责】 qièzé ❶严词斥责。《汉书·淮南厉王刘长传》:"厉王以此归国益恣,不用汉法……文帝重自～～之。"《三国志·魏书·夏侯惇传》注引《魏略》:"其后群弟不遵礼度,楙数～～。"❷急切索求。元结《舂陵行》:"军国多所需,～～在有司。"

【切正】 qièzhèng 切要平正。《后汉书·周举传》:"举后举茂才,为平丘令。上书言当世得失,辞甚～～。"

【切直】 qièzhí 切要率直。《汉书·贾山传》:"臣闻忠臣之事君也,言～～则不用而身危,不～～则不可以明道。"《三国志·吴书·楼玄传》:"应对～～,数迕[孙]晧意,渐见责怒。"

【切至】 qièzhì ❶切要精到。《汉书·刘辅传》:"窃见谏大夫刘辅,前以县令求见,擢为谏大夫,此其言必有卓诡～～、当圣心者,故得拔至于此。"❷切直尽理。《三国志·魏书·管辂传》:"辂还邑舍,具以此言语舅氏,舅氏责辂言太～～。"❸恳切周至。苏舜钦《答范资政书》:"训爱～～,情义并隆。"

【切中】 qièzhòng ❶切要中肯。干宝《晋纪·论晋武帝革命》李善题注引何法盛曰:"[干宝]撰《晋纪》,起宣帝迄愍五十三年,评论～～,咸称善之。"❷正好击中。欧阳修《尚书兵部员外郎知制诰谢公墓志铭》:"及其临事敢言,何其壮也!虽或听或否,或论高而不能行,或后果如其言,皆传经据古,～～时病。"

【切祝】 qièzhù 犹"切望"。旧时书信中嘱人的敬语。苏轼《与知县书》之九:"儿子遂获托庇,知幸。鲁钝多不及事,惟痛与督励也。～～～～。"

伽 qié ❶茄子。扬雄《蜀都赋》:"盛冬育筍,旧菜增～。"❷梵语译音用字。见"伽蓝"。

【伽蓝】 qiélán ❶梵语僧伽蓝摩的略称,意译为"众园"或"僧院",即僧众居住的园林。后因称佛寺为"伽蓝"。杨衒之《洛阳伽蓝记·法云寺》:"～～之内,花果蔚茂,芳草蔓合,嘉木被庭。"玄奘《大唐西域记·乌仗那国》:"旧有一千四百～～,多已荒芜。"❷"伽蓝神"的省称。《敕修百丈清规》卷二:"～～土地,护法护人。"

且 1. qiě ❶此。《诗经·周颂·载芟》:"匪～有～,匪今斯今,振古如兹。"❷连词。连接前后两项。1)表示并列,可译为"又"。《诗经·魏风·伐檀》:"河水清～涟猗。"《史记·淮阴侯列传》:"居一二日,[萧]何来谒上,上～怒～喜。"㈡与,及。马王堆汉墓帛书《十六经·前道》:"知此道,地～天,鬼～人。"2)表示递进,可译为"而且"、"况且"。《史记·陈涉世家》:"～壮士不死即已,死即举大名耳。"3)表示抉择,可译为"抑或"、"还是"。《史记·魏世家》:"子击因问曰:'富贵者骄人乎? ～贫贱者骄人乎?"4)表示让步,可译为"尚且"。《史记·项羽本纪》:"臣死～不避,卮酒安足辞!"㈡即使,纵然。杜安世《胡捣练》词:"狂风横雨～相饶,又恐有彩云迎去。"5)表示假设,可译为"如果"。《吕氏春秋·知士》:"～静郭君听辨而为之也,必无今日之患也。"(辨:人名。)6)表示转折,可译为"却"。皇甫枚《三水小牍·王公直》:"王公直虽无杀人之事,～有坑蚕之咎;法或可恕,情在难容。"❸副词。1)将要。《战国策·秦策二》:"甘茂亡秦,～之齐,出关遇苏子。"2)姑且,暂且。《史记·伍子胥列传》:"民劳,未可,～待之。"3)几近。《后汉书·刘玄传》:"三年,大疾疫,死者～半,乃各散引去。"4)但,只。杜甫《送高三十五书记》诗:"崆峒小麦熟,～愿休王师。"❹助词。用在句首,犹"夫"。《史记·魏世家》:"李克曰:'～子之言克于子之君者,岂将比周以求大官哉?'"

2. jū ❺众多的样子。《诗经·大雅·韩奕》:"笾豆有～,侯氏燕胥。"❻语气词。《诗经·小雅·巧言》:"悠悠昊天,曰父母～。"韩愈《符读书城南》诗:"君子与小人,不系父母～。"❼阴历六月的别称。《尔雅·释天》:"六月为～。"

3. cú ❽往。《诗经·郑风·溱洧》:"女曰观乎,士曰既～。"曹操《薤露》:"号泣而～行。"

4. cū ❾见"且苴"。

【且苴】 cūjū 指粗麻。《墨子·兼爱下》:"当文公之时,晋国之士,大布之衣,牂羊之裘,练帛之冠,～～之屦,入见文公。"

沏 1. qiè ❶波浪相冲击。木华《海赋》:"飞涝相磢,激势相～。"李白《明堂赋》:"锦烂霞驳,星错波～。"

2. qī ❷用开水冲泡。如:沏茶。

【沏迭】 qièdié 水疾涌的样子。木华《海赋》:"渭溃沦而滀潔,郁～～而隆颓。"

妾 qiè ❶女奴隶。《吕氏春秋·察微》:"鲁国之法,鲁人为人臣～于诸侯,有能赎之者,取其金于府。"(臣:男奴隶。)❷男子在正妻之外另娶的女人。《吕氏春秋·当务》:"有妻之子,而不可置～之子。"❸女子自称的谦词。《后汉书·梁鸿传》:"妻曰:'以观夫子之志耳,～自有隐居之服。'"

【妾媵】 qièyìng 侍妾。媵,古代诸侯贵族女子出嫁时,从嫁的妹妹或侄女。《后汉书·杨赐传》:"今～～、嬖人、阉尹之徒,共专国朝,欺罔日月。"《列子·杨朱》:"行年六十,气干将衰,弃其家事,都散其库藏、珍宝、车服、～～。"

怯 qiè ❶胆小,畏缩。《史记·齐太公世家》:"孔丘知礼而～,请令莱人为乐,因执鲁君,可得志。"《汉书·贾谊传》:"众掩寡,智欺愚,勇威～,壮陵衰,其乱至矣。"㈡害怕。吴昌龄《东坡梦》一折:"你不～我师父,我师父也不～你。"❷舍弃。董解元《西厢记诸宫调》卷八:"得莺莺便把残生～。"❸土气,俗气。汤显祖《紫钗记·回求仆马》:"客装寒～,实难壮观。"

【怯劣】 qièliè 犹怯弱,胆小懦弱。《晋书·刘隗传》:"至乃贪污者谓之清勤,慎法者谓之～～,何反古道一至于此!"

【怯懦】 qiènuò 胆小怕事。《史记·廉颇蔺相如列传论》:"方蔺相如引璧睨柱,及叱秦王左右,势不过诛,然士或～～而不敢发。"《晋书·苏峻传》:"温峤怒曰:'诸君～～,乃是誉贼。'"

【怯耎】 qièruǎn 畏缩懦弱。《汉书·司马迁传》:"仆虽～～欲苟活,亦颇识去就之分矣。"

【怯慑】 qièshè 胆小畏缩。《韩非子·亡征》:"～～而弱守,蚤见而心柔懦,知有谓可,断而弗敢行者,可亡也。"陆龟蒙《纪梦游甘露寺》诗:"～～不敢前,荷襟汗沾霡。"

窃(竊) qiè ❶偷,盗。《吕氏春秋·当务》:"父～羊而谒之,不亦信乎?"李商隐《月夜重寄宋华阳姊妹》诗:"偷桃～药事难兼,十二城中锁彩蟾。"㈡非分占有。《后汉书·梁统传》:"梁竦作《七序》而～位素餐者惭。"[又]抄袭。《通志·选举略》:"诸生竞利……或～成文,虚冒名氏。"[特]男女私通。皮日休《鹿门隐书》:"寒浞～室,子顽通母,乱甚也。"❷副词。偷偷地,暗地里。《韩非子·内储说上》:"荆南之地,丽水之中生金,人多～采金。"《史记·吕太后本纪》:"赵王至,置邸不见,令卫围守之,弗与食。其群臣或～馈,辄捕论之。"❸谦词。私自,私下。《战国策·东周策》:"敝邑固～为大王患之。"《三国志·魏书·孙礼传》:"～闻众口铄金,浮石沉木。"❹颜色浅。《尔雅·释鸟》:"夏扈,～玄;秋扈,～蓝;冬扈,～黄。"(扈:鸟名。)

【窃𫓧】　qièfū　指窃取王权。𫓧,𫓧钺,刑戮之具,王权的象征。《汉书·诸侯王表》:"自幽、平以后,日以陵夷,至虖陀阸河、洛之间,分为二周,有逃责之台,被～～之言。"

【窃命】　qièmìng　指盗用国家的权柄。《三国志·蜀书·先主传》:"高后称制而诸吕～～。"陆机《辩亡论》:"昔汉氏失御,奸臣～～。"

【窃窃】　qièqiè　❶形容声音细微。《列子·汤问》:"其所触也,～～然有声。"《金史·唐括辩传》:"辩等因间每～～偶语,不知议何事。"❷明察的样子。《庄子·齐物论》:"且有大觉而后知此大梦也,而愚者自以为觉,～～然知之。"

契　qiè　见 qì。

砌　qiè　见 qì。

挈　1. qiè　❶提,拎。《战国策·东周策》:"夫鼎者,非效醯壶酱甀耳,可怀挟提～以至齐者。"《论衡·效力》:"夫一石之重,一人～之,十石以上,二人不能举也。"[引]携,带领。《穀梁传·僖公二年》:"～其妻子以奔曹。"沈约《齐故安陆昭王碑文》:"～妻荷子,负戴成群。"❷接(界)。《战国策·赵策一》:"秦尽韩、魏之上党,则地与国都邦属而壤～者七百里。"

2. qì　❸(又读 qiè)通"契"。刻。《汉书·叙传上》:"妫巢姜于孺筮兮,旦算祀于～龟。"(妫、姜:姓。旦:周公姬旦。)[又]断,绝。《汉书·司马相如传下》:"～三神之欢,缺王道之仪,群臣恧焉。"❹通"契"。契约,书契。《汉书·沟洫志》:"今内史稻田租～重,不与郡同,其议减。"

【挈领】　qièlǐng　❶《荀子·劝学》:"若挈裘领,诎五指而顿之,顺者不可胜数也。"本为提起衣领,后比喻抓住纲要。李渔《奈何天·忧嫁》:"要晓得妇德虽多,提纲～～,只在一个顺字。"❷断颈,引颈受戮。《晏子春秋·内篇谏下》:"皆反其桃,～～而死。"《战国策·秦策三》:"臣战,载主契国,以与王约,必无患矣。若有败之者,臣请～～。"

【挈瓶】　qièpíng　古代汲水用的容器。《战国策·赵策一》:"人有言,～～之知,不失守器。"言仅有汲水者的小智,也能谨守其汲器而不失。后以"挈瓶"比喻知识浅薄。陆机《文赋》:"患～～之屡空,病昌言之难属。"

【挈令】　qì(又读 qiè)lìng　刻在木板上的法令。《汉书·张汤传》:"奏谳疑,必奏先为上分别其原,上所是,受而著谳法,廷尉～～,扬主之明。"

惬(愜、㥦)　qiè　❶快意,满足。《论衡·艺增》:"故誉人不增其美,则闻者不快其意;毁人不益其恶,则听者不～于心。"嵇康《答难养生论》:"不足者虽养以天下,委以万物,犹未～然。"❷恰当,合适。《晋书·李重传论》:"李重言因革之利,驳田产之制,词～事当。"牛希济《生查子》词:"一对短金钗,轻重都相～。"

【惬当】　qièdàng　恰当,恰如其分。《颜氏家训·文章》:"一事～～,一句清巧,神厉九霄,志凌千载。"王若虚《议论辨惑》:"其言～～,出人意表。"

【惬惬】　qièqiè　忧惧。潘岳《马汧督诔》:"～～穷城,气若无假。"

【惬情】　qièqíng　❶合乎情理。《南史·顾恺之传》:"常谓中都之制,允理～～。"❷称心,满意。张九龄《使还湘水》诗:"于役已弥岁,言旋今～～。"

【惬心】　qièxīn　快意,快心。《后汉书·杨震传》:"司隶校尉阳球因此奏诛[王]甫,天下莫不～～。"陆机《文赋》:"故夫夸目者尚奢,～～者贵当。"

【惬志】　qièzhì　快心,满意。《汉书·文帝纪》:"朕既不德,上帝神明未歆飨也,天下人民未有～～。"

捷　qiè　见 jié。

唼　qiè　见 shà。

缇(緁)　qiè　缝衣边。《汉书·贾谊传》:"而庶人得以衣婢妾白縠之表,薄纨之里,～以偏诸,美者黼绣,是古天子之服。"(偏诸:衣服的花边。)[又]衣边。汤显祖《紫箫记·征途》:"腰锦～,跨雕鞍。"

【缇猎】　qièliè　前后相次的样子。《汉书·扬雄传上》:"徽车轻武,鸿絧～～,殷殷轸轸，被陵缘阪。”

谦 qiè 见 qiān。

趄 qiè 见 jū。

慊 qiè 见 qiàn。

箧（篋、匧） qiè 小箱子。《后汉书·和熹邓皇后纪》：“宫中亡大珠一～。”陈亮《跋》：“距今能几时，发故～读之，已如隔世。”

【箧衍】 qièyǎn 竹箱。《庄子·天运》：“夫刍狗之未陈也，盛以～～，巾以文绣，尸祝齐戒以将之。”（齐：斋。）

锲（鍥、契） qiè ❶镰刀一类农具。《方言》卷五：“刈钩……自关而西或谓之钩，或谓之镰，或谓之～。”❷用刀刻。《荀子·劝学》：“～而舍之，朽木不折；～而不舍，金石可镂。”《淮南子·本经训》：“镌山石，～金玉。”[又]截断。《左传·定公九年》：“尽借邑人之车，～其轴，麻约而归之。”《战国策·宋卫策》：“～朝涉之胫。”

【锲薄】 qièbó 锉薄铜钱以取其屑。《后汉书·刘陶传》：“愿陛下宽～～之禁，后冶铸之议。”引申为刻薄。《新唐书·魏徵传》：“故道德之旨未弘，而～～之风先摇。”

緁（緁） qiè ❶缝缀衣边。《广雅·释诂下》：“～，缉也。”❷见“缇緁”。

踥 qiè 见“踥蹀”。

【踥蹀】 qièdié 小步奔跑的样子。《楚辞·九章·哀郢》：“众～～而日进兮，美超远而逾迈。”（形容奔走钻营的样子。）秦韬玉《紫骝马》诗：“生狞弄影风随步，～～冲尘汗满沟。”

qin

亲（親） 1. qīn ❶父母。《后汉书·明德马皇后纪》：“夫至孝之行，安～为上。”韩愈《柳子厚墓志铭》：“播州，非人所居，而梦得～在堂，吾不忍梦得之穷。”[引]亲戚，亲人。《论语·泰伯》：“君子笃于～，则民兴于仁。”杜甫《登岳阳楼》诗：“～朋无一字，老病有孤舟。”❷爱，宠爱。《孟子·梁惠王下》：“君行仁政，斯民～其上，死其长矣。”《韩非子·外储说右上》：“薄子曰：‘疑之母～疑。’”（疑：薄子之名。）[引]近，亲密。《论语·学而》：“泛爱众而～仁。”《韩非子·爱臣》：“爱臣太～，必危其身；人臣太贵，必易主位。”[又]亲近可靠的人。李白《蜀道难》诗：“所守或匪～，化为狼与豺。”❸接触。《孟子·公孙丑下》：“且比化者无使土～肤，于人心独无恔乎？”（化者：指死者。）又《离娄上》：“男女授受不～，礼也。”《韩非子·难一》：“今师旷非平公之行，不陈人臣之谏，而行人主之诛，举琴而～其体。”❹亲自。《诗经·大雅·韩奕》：“王～命之，缵戎祖考。”《后汉书·和熹邓皇后纪》：“乃～阅宫人，观察颜色。”[又]躬亲，亲自治理。《汉书·晁错传》：“臣闻五帝神圣，其臣莫能及，故自～事。”《后汉书·杜根传》：“根以安帝年长，宜～政事。”

2. qìng（旧读 qìn） ❺姻亲。见“亲家”。

【亲比】 qīnbǐ 亲近。《荀子·王霸》：“身不能、不知恐惧而求能者，安唯便僻左右～～己者之用，如是者危削。”《诗经·唐风·羔裘》“自我人居居”毛传：“居居，怀恶不相～～之貌。”

【亲串】 qīnchuàn（旧读 guàn） 亲近的人。谢惠连《秋怀》诗：“因歌遂成赋，聊用布～～。”后引申为亲戚。侯开国《将归青齐先送云岩兄返大梁》诗：“欲去恐劳～～望，将归翻使弟兄愁。”

【亲故】 qīngù 亲戚故旧。《后汉书·冯衍传上》：“西归故郡，闭门自保，不敢复与～～通。”白居易《寄微之》诗之二：“此去更相思，江西少～～。”

【亲贵】 qīnguì ❶亲近贵幸。《汉书·叔孙通传》：“公所事者且十主，皆面谀～～。”❷指王室至亲。《晋书·武帝纪》：“宠爱后党，～～当权，旧臣不得专任。”

【亲交】 qīnjiāo ❶亲友。《庄子·山木》：“吾犯此数患，～～益疏，徒友益散，何与？”曹植《赠丁仪》诗：“子其宁尔心，～～义不薄。”❷亲近交往。《汉书·翟方进传》：“皆知陈汤奸佞倾覆，利口不轨，而～～赂遗，以求荐举。”

【亲旧】 qīnjiù 犹“亲故”。《三国志·蜀书·费诗传》：“昔萧、曹与高祖少小～～，而陈、韩亡命后至。”陶渊明《五柳先生传》：“～～知其如此，或置酒而招之。”

【亲类】 qīnlèi 亲属。《魏书·崔辩传》：“初，[崔]巨伦有姊，明惠有才行，因患眇一目，内外～～莫有求者。”

【亲庙】 qīnmiào 古称帝王的高、曾、祖、祢四庙为“亲庙”。《汉书·韦玄成传》：“盖闻明王制礼，立～～四，祖宗之庙，万世不毁，所以明尊祖敬宗，著亲亲也。”又：“周之所以七庙者，以后稷始封，文王、武王受命而王，是以三庙不毁，与～～四而七。”

【亲戚】 qīnqī ❶内外亲属。《国语·晋语四》："昭旧族，爱～～，明贤良，尊贵宠。"《战国策·秦策一》："苏秦曰：'嗟乎！贫穷则父母不子，富贵则～～畏惧。'"（按：上古的"亲戚"所指较广，父母兄弟皆可得称。《大戴礼记·曾子疾病》："～～既殁，虽欲孝，谁为孝？"此指父母。《史记·五帝本纪》："尧二女不敢以贵骄，事舜～～，甚有妇道。"此指父母弟妹等。）❷亲爱。阮籍《鸠赋》："何依恃以育养，赖兄弟之～～。"

【亲亲】 qīnqīn ❶爱亲族。《吕氏春秋·先己》："～～长长，尊贤使能。"《礼记·中庸》："～～，则诸父昆弟不怨。"❷亲戚。《世说新语·贤媛》："汝若不与吾家作～～者，吾亦不惜馀年。"《宋书·王镇恶传》："镇恶军人与刘毅东来将士，或有是父兄、子弟、中表～～者。"

【亲土】 qīntǔ 以尸触土。即裸葬。《三国志·魏书·王凌传》："乃发[王]凌、[令狐]愚冢，剖棺，暴尸于所近市三日，烧其印绶、朝服，～～埋之。"

【亲委】 qīnwěi ❶犹言自认。《国语·吴语》："句践用帅二三之老，～～重罪，顿颡于边。"❷宠信。《旧唐书·丘和传》："寻复入为左金吾卫大将军，深见～～。"

【亲习】 qīnxí 亲近熟悉。《吕氏春秋·举难》："疏贱者知，～～者不知，理无自然。"也指亲近熟悉的人。《战国策·秦策三》："臣无诸侯之援，～～之故，王举臣于羁旅之中。"

【亲幸】 qīnxìng ❶宠幸。《后汉书·朱祐传》："及世祖为大司马，讨河北，复以祐为护军，常见～～，舍止于中。"也作"亲倖"。《后汉书·宦者传序》："文帝时，有赵谈、北宫伯子，颇见～～。"❷帝王亲自临幸。《北史·王盟传》："及隋受禅，顾遇弥厚，帝～～其第，与之极欢。"

【亲懿】 qīnyì 至亲。谢庄《月赋》："～～莫从，羁孤递进。"李白《淮阴书怀寄王宗城》诗："复此～～会，而增交道荣。"

【亲遇】 qīnyù 信任厚待。《北史·崔辩传》："[崔]士谦随贺拔胜之在荆州也，虽被～～，而名位未显。"

【亲展】 qīnzhǎn ❶会晤。陆云《与陆典书》："无因～～，书以言心。"❷亲自拆阅。

【亲政】 qīnzhèng 旧制，君主幼年即位，由太后听政，或由近亲大臣摄政，待君主成年后，始亲自裁决政务，称"亲政"。《汉书·王莽传上》："皇帝年在襁褓，未任～～。"

【亲知】 qīnzhī 亲友。谢朓《和王著作融八公山》诗："浩荡别～～，连翩戒征轴。"白居易《山中问月》诗："如归旧乡国，似对好～～。"

【亲炙】 qīnzhì 言亲受教益熏陶。《论衡·知实》："百世之下闻之者，莫不兴起，非圣而若是乎？而况～～之乎？"陆九渊《与吴显仲》："况朝夕得～～黄丈，又得与济先相处，不可谓乏师友也。"

【亲家】 qìng（旧读 qìn）jiā ❶泛指有亲戚关系之家。《潜夫论·思贤》："自春秋之后，战国之制，将相权臣必以～～。"❷夫妻双方父母互称。《新唐书·萧瑀传》："[萧嵩]子衡，尚新昌公主。嵩妻入谒，帝呼为～～，仪物贵甚。"

钦（欽）

qīn ❶敬，敬重。《尚书·尧典》："乃命羲和，～若昊天，历象日月星辰，敬授人时。"（羲和：羲氏、和氏。若：顺。）《后汉书·冯衍传下》："～真人之德美兮，淹踌躇而弗去。"❷封建社会对皇帝所行事的敬称。如：钦命、钦定、钦赐。❸通"顉"。下巴上曲的样子。《后汉书·周燮传》："燮生而颐～折頞，丑状骇人。"㊀弯曲。王琚《射经·钦身开弓》："开弓发矢，要～身弝外，分明认帖真。"

【钦迟】 qīnchí 敬仰。《晋书·陶潜传》："刺史王弘以元熙中临州，甚～～之，后自造焉。"

【钦钦】 qīnqīn ❶忧思的样子。《诗经·秦风·晨风》："未见君子，忧心～～。"❷恭谨的样子。《三国志·吴书·朱然传》："终日～～，常在战场，临急胆定，尤过绝人。"❸象声词。钟声。《诗经·小雅·鼓钟》："鼓钟～～，鼓瑟鼓琴。"

【钦恤】 qīnxù 语出《尚书·舜典》："钦哉钦哉，惟刑之恤哉。"言慎重使用刑罚，恤悯为怀。《宋史·刑法志一》："可申明条令，以称～～之意。"

【钦挹】 qīnyì 敬佩推重。《晋书·乐广传》："裴楷尝引广共谈，自夕申旦，雅相～～，叹曰：'我所不如也。'"

【钦崟】 qīnyín 见"嵚崟"。

【钦伫】 qīnzhù 敬仰。《隋书·炀帝纪上》："周称多士，汉号得人，常想前风，载怀～～。"

侵（侵）

1. qīn ❶越境进犯，侵犯。《诗经·小雅·六月》："～镐及方，至于泾阳。"《孟子·梁惠王下》："昔者大王居邠，狄人～之，去之岐山之下居焉。"㊕不设钟鼓的进犯。《左传·庄公二十九年》："夏，郑人～许。凡师有钟鼓曰伐，无曰～，轻曰袭。"❷欺凌，迫害。《庄子·渔父》："专知擅事，～人自用，谓之贪。"《史记·李斯列传》："今行逆于昆弟，不顾其咎；～杀忠臣，不畏其殃。"⊗冒犯。《史记·魏其武安侯列传》:"及饮酒酣,[灌]夫起舞属丞相,丞相不起,夫从坐上语~之。"❸侵蚀。《魏书·李崇传》:"加以风雨稍~,渐致亏坠。"❹指荒年。《墨子·七患》:"五谷不熟谓之大~。"⊗荒歉。叶適《沈元诚墓志铭》:"复石冈斗门,浚九乡河渠,年以不~。"❺渐渐,逐渐。《列子·汤问》:"帝凭怒,~减龙伯之国使阨,~小龙伯之民使短。"❻到,临近。陆游《秋夜读书每以二鼓尽为节》诗:"白发无情~老境,青灯有味似儿时。"❼照,映。裴迪《华子冈》诗:"云光~履迹,山翠拂人衣。"欧阳修《望江南》词:"江南月,如镜复如钩。似镜不~红粉面,似钩不挂画簾头。"❽(病)重。《汉书·史丹传》:"上疾稍~。"王安石《酬裴如晦》诗:"二年羁旅越人吟,乞得东南病更~。"

2. qǐn ❾短小丑陋。《史记·魏其武安侯列传》:"武安者,貌~,生贵甚。"

【侵晨】 qīnchén 破晓,拂晓。《三国志·吴书·吕蒙传》:"~~进攻,蒙手执枹鼓,士卒皆腾踊自升,食时破之。"

【侵渎】 qīndú 也作"侵黩"。侵犯侮慢。《史记·历书》:"颛顼受之,乃命南正重司天以属神,命火正黎司地以属民,使复旧常,无相~~。"(重、黎:皆人名。)

【侵官】 qīnguān 侵犯其他官员的职权。《左传·成公十六年》:"国有大任,焉得专之。且~~,冒也;失官,慢也。"王安石《答司马谏议书》:"某则以谓受命于人主,议法度而修之于朝廷,以授之于有司,不为~~。"

【侵陵】 qīnlíng 也作"侵凌"。侵犯欺凌。《汉书·礼乐志》:"朝聘之礼废,则君臣之位失,而~~之渐起。"《魏书·泾州贞女兕先氏传》:"老生不仁,~~贞淑,原其强暴,便可戮之。"

【侵牟】 qīnmóu 也作"侵侔"、"侵蛑"。侵害掠夺。《淮南子·时则训》:"乃命水虞渔师,收水泉池泽之赋,毋或~~。"《汉书·景帝纪》:"吏以货赂为市,渔夺百姓,~~万民。"

【侵削】 qīnxuē 欺凌,侵夺。《荀子·正论》:"甚者诸侯~~之,攻伐之。"《汉书·元帝纪》:"公卿大夫好恶不同,或缘奸作邪,~~细民,元元安所归命哉!"

【侵寻】 qīnxún 也作"侵浔"、"浸寻"、"浸浔"、"寖寻"。渐进,渐次发展。《史记·孝武本纪》:"是岁,天子始巡郡县,~~于泰山矣。"司马相如《大人赋》:"𬺈~~而高纵兮,纷鸿涌而上厉。"归有光《乞致仕疏》:"见今病势~~,不能前迈,伏乞圣恩,容臣休致。"

【侵轶】 qīnyì 也作"侵佚"。❶突袭。《左传·隐公九年》:"彼徒我车,惧其~~我也。"陈亮《上孝宗皇帝第一书》:"常以江淮之师为虏人~~之备。"❷越权行事。元稹《告畬三阳神文》:"农劝事时,赏信罚必,市无欺夺,吏不~~。"

【侵淫】 qīnyín 也作"浸淫"。渐进,积渐扩展。宋玉《风赋》:"夫风生于地,起于青蘋之末,~~谿谷,盛怒于土囊之口。"《后汉书·虞诩传》:"议者喻以补衣犹有所完,诩恐其疽食~~而无限极。"

【侵渔】 qīnyú 侵吞牟利,侵夺。《论衡·状留》:"俗吏无以自修,身虽拔进,利心摇动,则有下道~~之操矣。"柳开《代王昭君谢汉帝疏》:"今用臣妾以和于戎,朝廷息轸顾之忧,疆埸无~~之患。"

【侵早】 qīnzǎo 凌晨,破晓。杜甫《赠崔十三评事公辅》诗:"天子朝~~,云台仗数移。"华岳《骤雨》诗:"牧童家住溪西曲,~~骑牛牧溪北。"

浸 qīn 见 jìn。

衾 qīn 大被。潘岳《悼亡》诗之二:"凛凛凉风升,始觉夏~单。"⊗敛尸的包被。《韩非子·内储说上》:"齐国好厚葬,布帛尽于衣~,材木尽于棺椁。"曾巩《太子宾客致仕陈公神道碑铭》:"棺椁衣~,皆豫自制。"

【衾裯】 qīnchóu 《诗经·召南·小星》:"肃肃宵征,抱衾与裯。"(衾,大被。裯,床帐。)后"衾裯"连用泛指被褥床帐等卧具。潘岳《寡妇赋》:"归空馆而自怜兮,抚~~以叹息。"也作"衾帱"。曹植《赠白马王彪》诗:"何必同~~,然后展殷勤。"

【衾影无惭】 qīnyǐngwúcán 刘昼《刘子·慎独》:"独立不惭影,独寝不愧衾。"后因谓无丧德败行之事为"衾影无惭"或"无惭衾影"。

绹(綅) 1. qīn ❶线。《诗经·鲁颂·閟宫》:"公徒三万,贝胄朱~。"

2. xiān ❷黑经白纬的织物。《礼记·杂记下》"朝服"孔颖达疏:"禫讫,朝服,~冠。"

骎(駸) qīn ❶见"骎骎"。❷副词。逐渐。赵南星《明太学张公合葬墓志铭》:"俾无废业,以是文学~盛焉。"

【骎骎】 qīnqīn ❶马疾行的样子。《诗经·小雅·四牡》:"驾彼四骆,载骤~~。"阮籍《咏怀》之十七:"皋兰被径路,青骊逝~~。"❷疾速,急迫。梁简文帝《如影》诗:

“朝光照皎皎，夕漏转～～。”范成大《大暑行含山道中雨骤至》诗：“～～失高丘，扰扰暗古县。”❸兴盛的样子。杨涟《修复高贵山灵境小引》：“寺宇～～，金碧映岚霭间矣。”

渗 qīn 见 shèn。

锓 qīn 见 hàn。

嵚（嶔、𡾊） qīn 高峻，高险。木华《海赋》：“若乃岩坻之隈，沙石之～。”㊁高峻的山峰。张九龄《赴使泷峡》诗：“谿路日幽深，寒空入两～。”

【嵚崟】 qīnqī 倾斜的样子。《玉枢宝经》：“五行奇蹇，九曜～～。”文天祥《跋诚斋锦江文稿》：“惟亭阁尚留其名，而屋亦化为乌有矣；有则～～老压，亦未知其为当时屋否也。”

【嵚崎】 qīnqí 也作“嵚奇”、“嵚嶔”、“嵚嵜”。❶高峻的样子。王延寿《王孙赋》：“生深山之茂林，处崭岩之～～。”谢灵运《山居赋》：“上～～而蒙笼，下深沉而浇激。”❷比喻品格卓异超群。秦观《南都新亭行寄王子发》诗：“亭下～～淮海客，末路逢公诗酒共。”李沂《赠魏子》诗：“魏生～～目如电，董子祠旁忽相见。”

【嵚巇】 qīnxī 也作“嵚巇”。山峰对峙而险峻的样子。张衡《南都赋》：“岝峉嶵嵬，～～屹嶵。”（岝峉：山势不齐的样子。嶵嵬：高峻的样子。屹嶵：山断绝的样子。）刘禹锡《伤我马词》：“夷则沮洳，高则～～。”

【嵚岩】 qīnyán ❶险峻的山岩。《公羊传·僖公三十三年》：“尔即死，必于殽之～～，是文王之所辟风雨者也。”❷倾斜的样子。《汉书·司马相如传上》：“磐石裖崖，～～倚倾。”❸深邃的样子。扬雄《甘泉赋》：“崇丘陵之駊騀兮，深沟～～而为谷。”

【嵚岑】 qīnyín 同“嵚崟”。高大险峻的样子。陆厥《京兆歌》：“逦迤傍无界，～～郁上干。”元结《望仙府》诗：“山凿落兮眇～～，云溶溶兮木棽棽。”也指高险的山峰。成鹫《登太科峰顶》诗：“爱山登陟不辞劳，直上～～振敝袍。”

【嵚崟】 qīnyín 高大险峻的样子。郦道元《水经注·江水二》：“南岸有青石，夏没冬出，其石～～。”杜甫《白沙渡》诗：“高壁抵～～，洪涛越凌乱。”也作“钦崟”。《后汉书·张衡传》：“嘉曾氏之归耕兮，慕历陵之～～。”

溱 qīn（又读 qìn） 古水名。溱水，即今河南泌阳、遂平境内的沙河。《汉书·地理志上》：“中阴山，～水所出，东至蔡入汝。”

芹（靳） qín 菜名。又名楚葵。《诗经·鲁颂·泮水》：“思乐泮水，薄采其～。”㊁比喻贡士。见“芹藻②”。

【芹曝】 qínpù 谦言所献、所赠之物微薄，不足道。刘克庄《居厚弟和七十四吟再赋》诗之二：“批涂曾举词臣职，～～终怀野老心。”也作“曝芹”。唐玉《谢冠宾赞》：“愧非酬宾之礼，聊申～～之私。”

【芹献】 qínxiàn 《列子·杨朱》：“昔人有美戎菽、甘枲茎、芹萍子者，对乡豪称之。乡豪取而尝之，蜇于口，惨于腹。众哂而怨之，其人大惭。”后自谦言不足取，或所献非薄、不足当意，称“芹献”。唐玉《节序·送礼翰·岁节》：“春归俟第，正举椒觞；时有野人，不忘～～。”也作“献芹”。高適《自淇涉黄河途中作》诗之九：“尚有～～心，无因见明主。”

【芹意】 qínyì 谦词。微薄的情意。屠隆《彩毫记·汾阳报恩》：“敕命以下，郭老爷特差山官星夜前来报喜，且具有薄礼，聊表～～。”《红楼梦》一回：“邀兄到敝斋一饮，不知可纳～～否？”

【芹藻】 qínzǎo ❶水草。用作祭品。《宋史·乐志十二》：“我洁尊罍，陈兹～～。”❷《诗经·鲁颂·泮水》：“思乐泮水，薄采其芹。……思乐泮水，薄采其藻。”颂扬僖公能修泮宫。泮宫为教化之所，后遂以“芹藻”比喻有才学之士或贡士。江淹《奏记诣南徐州新安王》：“淹幼乏乡曲之誉，长匮～～之德。”简称“芹”。《聊斋志异·狐谐》：“幼业儒，家少有而运殊蹇，行年二十有奇，尚不能掇一～。”

芩 qín 草名。《诗经·小雅·鹿鸣》：“呦呦鹿鸣，食野之～。”

肣 qín 古代灼龟甲以卜，甲上裂纹末端向内敛收称“肣”。《史记·龟策列传》：“卜求财物，其所当得。得，首仰足开，内外相应；即不得，呈兆首仰足～。”

矜 qín 见 jīn。

秦 qín ❶周代诸侯国，嬴姓，战国时为七雄之一，故址在今陕西中部和甘肃东南一带。《史记·秦本纪》：“～用由馀谋伐戎王，益国十二，开地千里，遂霸西戎。”❷朝代名（公元前 221 年—前 206 年）。嬴政（秦始皇）所建。王昌龄《出塞》诗：“～时明月汉时关，万里长征人未还。”❸汉时西域诸国称中国为秦。《汉书·西域传下》：“匈奴缚马前后足，置城下，驰言：‘～人，我丐若马。’”❹春秋时鲁地名。《春秋·庄公三十一年》：“秋筑台于～。”

【秦火】 qínhuǒ 指秦始皇焚书之事。孟郊《秋怀》诗：“～～不爇舌，～～空爇文。”李翱《陵庙日时朔奏议》：“盖遭～～，《诗》、

《书》、《礼经》烬灭,编残简缺。"

【秦晋】 qínjìn 春秋时秦晋两国世为婚姻,后因称两姓联姻为秦晋之好。《世说新语·言语》注引《卫玠别传》:"妻父有冰清之姿,婿有璧润之望,所谓～～之匹也。"王实甫《西厢记》二本一折:"倒陪家门,情愿与英雄结婚姻,成～～。"

【秦赘】 qínzhuì 春秋时秦俗家富子壮即分户,家贫子壮即出赘。后因称赘婿为"秦赘"。杜甫《遣闷》诗:"倚着如～～,过逢类楚狂。"

【秦庭之哭】 qíntíngzhīkū 春秋时吴国军队攻陷楚都,楚大夫申包胥赴秦求援,倚立秦庭,号哭七天七夜,秦哀公深为感动,即出兵救楚。见《左传·定公四年》。后因言向别国请求救兵为"秦庭之哭"。庾信《哀江南赋》:"鬼同曹社之谋,人有～～～～。"或作"哭秦庭"。杜甫《秦州见敕目……喜迁官兼述索居凡三十韵》:"独惭投汉阁,俱议～～～。"

聆 qín 地名用字。古地有聆隧。

堇 1. qín ❶黏土。《资治通鉴·唐僖宗光启三年》:"城中无食,米斗直钱五十缗,草根木实皆尽,以～泥为饼食之,饿死者太半。"❷犹"时"。《管子·五行》:"修概水土,以待乎天～。"一说,诚。

2. jǐn ❸野菜名。又名苦堇、旱芹。《诗经·大雅·绵》:"周原朊朊,～荼如饴。"❹药名。即乌头,有毒。《国语·晋语二》:"公田,骊姬受福,乃置鸩于酒,置～于肉。"(福:祭祀用的酒肉。)❺同"槿"。木槿。《吕氏春秋·仲夏》:"半夏生,木～荣。"❻通"僅"。少。见"堇堇"。

【堇堇】 jǐnjǐn 仅仅。言极少。《汉书·地理志下》:"豫章出黄金,然～～物之所有。"陆游《书室杂兴》诗:"衰疾虽向平,不死亦～～。"

琴(栞、珡) qín ❶古弦乐器,用梧桐木等制成,古作五弦,周初增为七弦。《诗经·周南·关雎》:"窈窕淑女,～瑟友之。"《韩非子·外储说右下》:"田连、成窍,天下善鼓～者也。"㉦弹琴。《孟子·万章上》:"象往入舜宫,舜在床～。"❷古方言。种植。《山海经·海内经》:"百谷自生,冬夏播～。"❸古方言。墓冢。《水经注·泚水》:"今县都陂中有大冢,民传曰公琴者,即皋陶冢也。楚人谓冢为～矣。"

【琴材】 qíncái 代指桐树。桐木可制琴,故称。雍陶《孤桐》诗:"岁晚～～老,天寒桂叶凋。"

【琴床】 qínchuáng 安放琴的器具。孟郊《怀南岳隐士》诗:"枫梩揞酒瓮,鹤虱落～～。"(梩:同"相",锸。)

【琴高】 qíngāo ❶仙人名。传说为战国赵人,善鼓琴,学修炼长生之术,后乘赤鲤升仙。《抱朴子·对俗》:"是以萧史偕翔凤以凌虚,～～乘朱鲤于深渊。"❷借指鲤鱼。黄庭坚《送舅氏野夫之宣城》诗:"霜林收鸭脚,春网荐～～。"

【琴鹤】 qínhè 琴与鹤。古代高士常以琴鹤相随,后因以喻清高、清廉。郑谷《赠富平李宰》诗:"夫君清且贫,～～最相亲。"苏轼《题李伯时画赵景仁琴鹤图》诗之一:"清献先生无一钱,故应～～是家传。"

【琴瑟】 qínsè ❶琴和瑟,两种乐器名。《韩非子·难三》:"且中期之所官,～～也。"(中期:人名。)❷琴瑟同时弹奏,其音和谐,故以比喻夫妇间感情和谐或兄弟、朋友间情谊融洽。王融《和南海王殿下咏秋胡妻诗》之一:"且协金兰好,方愉～～情。"也作"瑟琴"。《诗经·小雅·常棣》:"妻子好合,如鼓～～。"潘岳《夏侯常侍诔》:"子之友悌,和如～～。"陈子昂《春夜别友人》诗:"离堂思～～,别路绕山川。"

【琴署】 qínshǔ 犹"琴堂"。指县衙。范仲淹《与睢阳戚寺丞》:"自至～～,谅敦清适。"

【琴堂】 qíntáng ❶《吕氏春秋·察贤》:"宓子贱治单父,弹鸣琴,身不下堂而单父治。"后以称颂县令德治,遂言其公署为"琴堂"。萧统《锦带书十二月启·太簇正月》:"敬想足下神游书帐,性纵～～;谈丛发流水之源,笔阵引崩云之势。"刘长卿《出丰县界寄韩明府》诗:"音容想在眼,暂若升～～。"❷琴室。李白《题江夏修静寺》诗:"书带留青草,～～幂素尘。"

【琴心】 qínxīn ❶寄托心意的琴声。《史记·司马相如列传》:"是时卓王孙有女文君新寡,好音,故相如缪与令相重,而以～～挑之。"李群玉《戏赠魏十四》诗:"兰浦秋来烟雨深,几多情思在～～。"❷书名。1)相传涓子所著。王俭《褚渊碑文》:"参以《酒德》,间以《琴心》。"(酒德:指刘伶所作《酒德颂》。)2)《黄庭内景经》的别名。张仲深《金华洞》诗:"黄冠秀玉飘,《琴心》语胎仙。"❸喻柔情,儒雅。吴莱《去岁留杭德兴傅子建梦得句……为续此诗却寄董》诗:"小榻～～展,长缨剑胆舒。"

禽 qín ❶兽的总名。《周易·师》:"田有～。"(田:猎。)《后汉书·华佗传》:"吾有一术,名五～之戏,一曰虎,二曰鹿,三曰熊,四曰猿,五曰鸟。”[又]鸟类。李白《古风》之六:“代马不思越,越～不恋燕。”[特]雁。古代订婚时的聘定之物。《左传·昭公元年》:“郑徐吾犯之妹美,公孙楚聘之矣,公孙黑又使强委～焉。”❷捕捉,捉住。后作“擒”。《左传·哀公二十三年》:“齐师败绩,知伯亲～颜庚。”《史记·五帝本纪》:“遂～杀蚩尤。”[引]战胜,制服。《新序·善谋》:“虞、虢共守之,晋不能～也。”曹操《让县自明本志令》:“推弱以克强,处小而～大。”

【禽荒】 qínhuāng 沉迷于畋猎。《尚书·五子之歌》:“内作色荒,外作～～。”《国语·越语下》:“吾年既少,未有恒常,出则～～,入则酒荒。”

【禽色】 qínsè 畋猎与女色。《新唐书·元稹传》:“愿令皇太子……行严师闻道之礼,辍～～之娱。”《资治通鉴·后唐庄宗同光元年》:“荒于～～,何能久长。”

【禽言】 qínyán ❶鸟语,鸟鸣。宋之问《谒禹庙》诗:“猿啸有时答,～～常自呼。”❷诗体之一。宋代诗人梅尧臣所创,以鸟鸣象声取义,用以喻意抒情。苏轼《〈五禽言〉序》:“春夏之交,鸣鸟百族,士人多以其声之似者名之,遂用圣俞体作《五禽言》。”

【禽困覆车】 qínkùnfùchē 禽兽困急能抵触倾覆人车,言不可轻忽。《史记·樗里子甘茂列传》:“韩公仲使苏代谓向寿曰:‘～～～～。’”

【禽息鸟视】 qínxīniǎoshì 比喻养尊处优而无益于世。曹植《求自试表》:“虚荷上位而忝重禄,～～～～,终于白首,此徒圈牢之养物,非臣之所志也。”

勤(懃) qín ❶劳累,辛苦。《孟子·滕文公上》:“将终岁～动,不得以养其父母。”王建《赛神曲》:“新妇上酒勿辞～,使尔舅姑无所苦。”[又]使……劳苦。《国语·周语下》:“～百姓以为已名,其殃大矣。”[又]劳苦的事。陶渊明《咏三良》:“服～尽岁月,常恐功愈微。”❷尽心尽力做,尽力。《国语·鲁语上》:“夫圣王之制祀也,法施于民则祀之,以死～事则祀之。”诸葛亮《劝将士勤攻己阙教》:“自今已后,诸有忠虑于国,但～攻吾之阙,则事可定,贼可死,功可跻足而待矣。”[又]为……尽力,帮助。《左传·僖公三年》:“齐方～我,弃德不祥。”[又]功绩。《宋书·王景文传》:“殊绩显朝,策～王府。”❸慰劳。《诗经·小雅·采薇序》:“《出车》以劳还,《杕杜》以～归。”(出车、杕杜:皆《诗经》篇名。)扬雄《羽猎赋》:“加劳三皇,勖～五帝,不亦至乎!”❹穷尽,枯竭。《老子·六章》:“绵绵若存,用之不～。”《文子·上仁》:“力～财尽,有旦无暮。”❺忧愁,担心。《楚辞·七谏·自悲》:“居愁～其谁告兮,独永思而忧悲。”《法言·修身》:“圣人乐天知命。乐天则不～,知命则不忧。”❻急切盼望。《穀梁传·僖公二年》:“‘不雨’者,～雨也。”[又]殷切。欧阳修《与韩忠献王书》:“某以病目,艰于执笔,稍阙拜问。其为倾向之～,则未始少怠也。”❼(次数)多,经常。白居易《送杨八给事赴常州》诗:“须～念黎庶,莫若忆交亲。”

【勤毖】 qínbì 勤苦操劳。《尚书·大诰》:“天亦惟用～～我民,若有疾。”归有光《季母陶硕人墓志铭》:“家常乏,以女工佐其费,至于充裕,母～～不休。”

【勤瘁】 qíncuì 劳苦困病。钟会《檄蜀文》:“比年已来,曾无宁岁,征夫～～,难以当子来之民。”也作“勤悴”。《宋书·五行志五》:“太元十五年七月,兖州大水,是时缘河纷争,征戍～～。”

【勤剧】 qínjù 勤苦辛劳。《宋书·竟陵王诞传》:“父饶,司空诞取为府史,恒使入山图画道路,～～备至。”《南齐书·顾宪之传》:“窃寻民之多伪,实由宋季军旅繁兴,役赋殷重,不堪～～,倚巧祈优,积习生常,遂迷忘反。”

【勤恪】 qínkè ❶勤勉谨慎。《后汉书·袁绍传》:“～～之功,不见书列,而州郡牧守,竞盗声名。”《晋书·任恺传》:“恺素有识鉴,加以在公～～,甚得朝野称誉。”❷殷勤恭谨。《三国志·吴书·士燮传》:“刺史丁宫征还京都,[士]壹侍送～～,宫感之。”

【勤恳】 qínkěn ❶诚挚恳切。柳宗元《柳常侍行状》:“词旨切直,意气～～。”❷犹勤奋。陈师道《书旧词后》:“独杜氏子～～不已,且云所得诗词满箧,家多畜纸笔墨,有暇则学书。”

【勤劳】 qínláo ❶辛劳,忧劳。《尚书·无逸》:“厥父母～～稼穑。”《汉书·文帝纪》:“夫四荒之外不安其生,封圻之内～～不处,二者之咎,皆自于朕之德薄而不能达远也。”❷犹疲劳。《吴子·料敌》:“敌人远来新至,行列未定可击,既食未设备可击,奔走可击,～～可击。”❸功劳。《汉书·卫青传》:“臣青子在襁褓中,未有～～。”《后汉书·冯勤传》:“职事十五年,以～～赐爵关内侯。”

【勤厉】 qínlì 也作“勤励”。勤奋,勤勉。《宋书·王韶之传》:“韶之在郡,常虑为弘所绳,夙夜～～,政绩甚美。”《旧唐书·令狐楚传》:“每遣退藏,更令～～。”

【勤企】 qínqǐ 殷切的思念。韩愈《答渝州李使君书》："钦想所为，益深～～。"王安石《与孟逸秘校手书》之一："事物之役，少休息时，不得驰问，但增～～。"

【勤勤】 qínqín ❶勤苦不倦。《汉书·王莽传上》："晨夜屑屑，寒暑～～，无时休息，孳孳不已者，凡以为天下，厚刘氏也。"王通《中说·关朗》："然夫子今何～～于述也。"❷殷勤，诚挚。沈约《六忆》诗："～～叙别离，慊慊道相思。"王禹偁《对雪》诗："空作对雪吟，～～谢知己。"

【勤拳】 qínquán 恳切真诚。李商隐《为举人献韩郎中琮启》："虽佩恩私，竟乖陈谢，光阴荏苒，诚抱～～。"王禹偁《籍田赋序》："谨上《籍田赋》一章，虽不足形容盛德，亦小臣～～之至也。"

【勤恁】 qínrèn 勤思。班固《典引》："若然受之，亦宜～～旅力，以充厥道。"王安石《酬王伯虎》诗："徂年幸未暮，此意可～～。"也作"勤任"。《三国志·吴书·张温传》："吴国～～旅力，清澄江浒，愿与有道平一宇内。"

【勤王】 qínwáng 为王事尽力。《晋书·谢安传》："夏禹～～，手足胼胝。"特指起兵救援王朝。骆宾王《为徐敬业讨武曌檄》："倘能转祸为福，送往事居，共立～～之勋，无废大君之命，凡诸爵赏，同指山河。"

【勤恤】 qínxù 忧虑体恤。《尚书·召诰》："上下～～。"《史记·周本纪》："是故先王非务武也，～～民隐而除其害也。"

靲 qín ❶古代用皮革制成的鞋。《说文·革部》："～，鞮也。"❷青竹篾。《仪礼·士丧礼》："幂用疏布，久之，系用～。"

廑 qín 见 jǐn。

墐 qín 见 jìn。

擒(捦) qín 捉拿，捉住。古作"禽"。《史记·高祖本纪》："项羽有一范增而不能用，此其所以为我～也。"

噙 qín 含。《西游记》十一回："口～药物。"

嶜 qín 见"嶜岑"、"嶜崟"。

【嶜岑】 qínyín 高峻幽深的样子。张衡《南都赋》："幽谷～～，夏含霜雪。"

【嶜崟】 qínyín 又高又尖的样子。《汉书·扬雄传上》："玉石～～，眩耀青荧。"玄奘《大唐西域记·伊烂拏钵伐多国》："国西界殑伽河南，至小孤山，重巘～～。"

瘽 qín ❶因劳成疾。《说文·疒部》："～，病也。"❷通"勤"。劳苦。《汉书·文帝纪》："农，天下之本，务莫大焉。今～身从事，而有租税之赋，是谓本末者无以异也。"苏舜钦《并州新修永济桥记》："人忘劬～，周岁告就。"

檎 qín 果名用字。左思《蜀都赋》："其园则有林～枇杷，橙柿梬楟。"

螓 qín 蝉的一种。沈括《梦溪笔谈·杂志一》："蟭蟟之小而绿色者，北人谓之～，即《诗》所谓'～首蛾眉'者也，取其顶深且方也。"

【螓首】 qínshǒu 螓额广而方，故以"螓首"形容女子容貌之美。《诗经·卫风·硕人》："～～蛾眉，巧笑倩兮。"

穫 qín 同"矜①"。矛柄。《汉书·陈胜项籍传赞》"钼耰棘矜，不敌于钩戟长铩"颜师古注："言往者秦销兵刃，陈涉起时但用钼耰及戈戟之～以相攻战也。"

玪 qǐn 地洞。《仪礼·既夕礼》："甸人筑～坎。"

梫 qǐn 树名。即肉桂。左思《蜀都赋》："其树则有木兰～桂，杞槺椅桐。"

寝(寑、寢、㝲) qǐn ❶躺着休息，睡觉。《论语·公冶长》："宰予昼～。"《战国策·秦策四》："郢威王闻之，～不寐，食不饱。"㊀卧病。见"寝疾"。㊁横卧。《荀子·解蔽》："冥冥而行者，见～石以为伏虎也。"❷寝宫，卧室。《诗经·商颂·殷武》："松桷有梴，旅楹有闲，～成孔安。"《左传·宣公二年》："晨往，～门辟矣。"㊀特指古代宗庙的后殿，放置祖先衣冠的地方。见"寝庙"。㊀特指古帝王陵墓上的正殿、寝宫。《汉书·韦贤传》："又园中各有～、便殿。"《后汉书·祭祀志》："汉诸陵皆有园～。"❸伏，隐藏。《左传·定公九年》："载葱灵，～于其中而逃。"❹止，息。《论衡·儒增》："能使刑错不用，则能使兵～不施。"《后汉书·马融传》："遂～蒐狩之礼，息战陈之法。"㊁搁置，扣压。《汉书·礼乐志》："乃草具其仪，天子说焉，而大臣绛灌之属害之，故其议遂～。"《晋略·桓温传》："朝廷方忌温平蜀功大，任殷浩以抗温，～温疏不报。"❺容貌丑恶。《吴越春秋·勾践阴谋外传》："不以鄙陋～容，愿纳以供箕箒之用。"《三国志·魏书·王粲传》："[刘]表以粲貌～而体弱通侻，不甚重也。"❻古地名。即寝丘。在今河南沈丘县东南。《史记·白起王翦列传》："蒙恬攻～。"❼通"寖"。渐渐。《汉书·刑法志》："二伯之后，～以陵夷。"《后汉书·李固传》："刑罚不能复禁，化导以之～坏。"

【寝兵】 qǐnbīng 停息干戈。《史记·匈奴列传》："愿～～休士卒养马，除前事，复故约，以安边民。"《后汉书·章帝纪》:"甲辰晦,日有食之。于是避正殿,～～,不听事五日。"

【寝戈】 qǐngē ❶近身护卫用的武器。《左传·襄公二十八年》:"二人皆嬖,使执～～而先后之。"❷犹"枕戈"。独孤授《碎琥珀枕赋》:"况无用于～～之日,固非全于枕簪之时。"

【寝疾】 qǐnjí 卧病。《战国策·赵策二》:"不佞～～,不能趋走,是以不先进。"《汉书·杜周传》:"昭帝末,～～,征天下名医。"

【寝迹】 qǐnjì 隐迹。言隐居。陶渊明《癸卯十二月中作与从弟敬远》诗:"～～衡门下,邈与世相绝。"

【寝陋】 qǐnlòu 容貌丑陋。《新唐书·郑注传》:"貌～～,不能远视。"

【寝庙】 qǐnmiào 古代宗庙中的寝和庙的合称。庙为祭祀祖先之处,在前;寝为放置祖先衣冠之处,在后。《吕氏春秋·季春》:"荐鲔于～～,乃为麦祈实。"《史记·秦始皇本纪》:"二世下诏,增始皇～～牺牲及山川百祀之礼。"

【寝嘿】 qǐnmò 沉默。嘿,同"默"。《后汉书·袁安传》:"盖事以议从,策以众定,訚訚衎衎,得礼之容,～～抑心,更非朝廷之福。"又《王允传》:"[允]责轻罚重,有亏众望,臣等备位宰相,不敢～～。"

【寝息】 qǐnxī ❶睡觉安息。潘岳《悼亡诗》之一:"～～何时忘,沉忧日盈积。"❷止息。《三国志·魏书·崔林传》:"在官一期,寇窃～～。"

【寝园】 qǐnyuán 陵园。《汉书·韦玄成传》:"而昭灵后、武哀王……各有～～,与诸帝合,凡三十所。"许浑《凌歊台》诗:"行殿有基荒荠合,～～无主野棠开。"

【寝苫枕块】 qǐnshānzhěnkuài 睡在草席上,以土块为枕。这是古代礼教规定的居父母之丧的礼节。《仪礼·既夕礼》:"居倚庐,～～～～。"又作"寝苫枕草"。《左传·襄公十七年》:"齐晏桓子卒,……[晏婴]居倚庐,～～～～。"

螼 qǐn 蚯蚓的别名。《尔雅·释虫》:"～,蚓,蜸蚕。"

沁 qìn ❶水名。源出山西沁源东北的羊头山,南流至河南武陟县入黄河。《说文·水部》:"～,水。出上党羊头山,东南入河。"❷渗入。唐彦谦《咏竹》:"醉卧凉阴～骨清,石床冰簟梦难成。"陈澧《百字令词序》:"飞雨忽来,凉～肌骨。"❸汲水。韩愈、孟郊《同宿联句》:"义泉虽至近,盗索不敢～。"

梫 qìn 见 chèn。

qing

青 qīng ❶蓝色。《荀子·劝学》:"～,取之于蓝,而～于蓝。"(蓝:一种草本植物,叶子可提取蓝色染料。)㊀深绿色。庾信《春赋》:"麦才～而覆雉。"刘禹锡《陋室铭》:"草色入簾～。"㊁青色之物。《汉书·司马相如传上》:"其土则丹～赭垩。"苏辙《记岁首乡俗寄子瞻诗》之一:"江上冰消岸草青,三三五五踏～行。"❷黑色。李白《将进酒》诗:"君不见高堂明镜悲白发,朝如～丝暮成雪。"❸东方的代称。《宋书·符瑞志》:"有景云之瑞,有赤方气与～方气相连。"❹春的代称。江淹《别赋》:"镜朱尘之照烂,袭～气之烟煴。"❺古州名。见"青州"。

【青春】 qīngchūn ❶指春季。《楚辞·大招》:"～～受谢,白日昭只。"何晏《景福殿赋》:"结实商秋,敷华～～。"❷喻少壮之年。潘尼《赠陆机出为吴王郎中令》:"予涉素秋,子登～～。"刘长卿《戏题赠二小男》诗:"欲并老容羞白发,每看儿戏忆～～。"也指年龄。只用于青少年。司空曙《送曹同椅》诗:"～～三十馀,众艺尽无如。"

【青词】 qīngcí 道士斋醮祈天时用朱笔写在青藤纸上的奏文。也称"绿章"。李肇《翰林志》:"凡太清宫道观荐告词文,用青藤纸朱字,谓之～～。"后遂为文体之一。

【青骢】 qīngcōng 毛色青白相杂的马。杜甫《高都护骢马行》:"安西都护胡～～,声价欻然来向东。"

【青灯】 qīngdēng 指油灯。其光青莹,故名。李商隐《杨本胜说于长安见小男阿衮》诗:"语罢休边角,～～两鬓丝。"陆游《雨夜》诗:"幽人听尽芭蕉雨,独与～～话此心。"

【青帝】 qīngdì 天帝名,东方之神;又为司春之神。《史记·封禅书》:"秦宣公作密畤于渭南,祭～～。"

【青娥】 qīng'é ❶指少女。曹松《夜饮》诗:"席上未知帘幕晓,～～低语指东方。"也指美好的容颜。白居易《长恨歌》:"梨园子弟白发新,椒房阿监～～老。"❷同"青蛾"。女子用青黛画的眉。韦应物《拟古》诗之二:"娟娟双～～,微微启玉齿。"温庭筠《赠知音》诗:"窗间谢女～～敛,门外萧郎白马嘶。"

【青蚨】 qīngfū 昆虫名。干宝《搜神记》卷十三:"[南方有虫]名～～,形似蝉而稍大,……生子必依草叶,大如蚕子。取其子,母即飞来,不以远近。虽潜取其子,母必知处。以母血涂钱八十一文,以子血涂钱八十一文。每市物,或先用母钱,或先用子钱,皆复飞归,轮转无已。”后因称钱为“青蚨”。华岳《秋宵有感》诗:“木耳有才持紫橐,楮皮无计换～～。”谷子敬《城南柳》一折:“则你那尊中无绿蚁,皆因我囊里缺～～。”(绿蚁:指酒。)

【青宫】 qīnggōng 指太子宫。太子居东宫,东方色为青,故称。于仲文《侍宴东宫应令》诗:“～～列绀幰,紫陌结朱轮。”白居易《寄杨六》诗:“～～官冷静,赤县事繁剧。”

【青黄】 qīnghuáng ❶青色和黄色。《楚辞·九章·橘颂》:“～～杂糅,文章烂兮。”借指未熟和已熟的庄稼。范成大《晚步东郊》诗:“水墨依林寺,～～负郭田。”也指新禾与陈谷。《元典章·户部·仓库》:“即目正是～～不接之际,各处物斛涌贵,百姓艰粜。”❷汉代郊祀时的乐歌。《汉书·礼乐志》:“灵安留,吟～～,遍观此,眺瑶堂。”

【青简】 qīngjiǎn 竹简。《后汉书·吴祐传》:“[父]恢欲杀～～,以写经书。”后为书籍的代称。白居易《秘书省中忆旧山》诗:“厌从薄宦校～～,悔别故山思白云。”

【青金】 qīngjīn 即铅。《周礼·考工记·玉人》:“黄金勺,～～外,朱中。”《淮南子·地形训》:“青澒八百岁生～～。”

【青衿】 qīngjīn 《诗经·郑风·子衿》:“青青子衿,悠悠我心。”青衿,学子之服。后因称读书人为“青衿”。杜甫《题衡山县新学堂呈陆宰》诗:“金甲相排荡,～～一憔悴。”也借指少年。庾信《周柱国大将军纥干弘神道碑铭》:“公始～～,风神世载。”

【青藜】 qīnglí 指拐杖。刘言史《山中喜崔补阙见寻》诗:“鹿袖～～鼠耳巾,潜夫岂解拜朝臣?”

【青帘】 qīnglián 古时酒店挂的青布幌子。郑谷《旅寓洛南村舍》诗:“白鸟窥鱼网,～～认酒家。”杨万里《晨炊横塘桥酒家小窗》诗:“饥望炊烟眼欲穿,可人最是一～～。”

【青莲】 qīnglián ❶青色莲花。以其青白分明,佛书多以为眼目之喻。《维摩诘所说经》卷上:“目净修广如～～。”也借指僧、寺等。宋之问《宿云门寺》诗:“夤缘绿篆岸,遂得～～宫。”杨巨源《夏日苦热同长孙主簿过仁寿寺纳凉》诗:“因投竹林寺,一问～～客。”❷李白号青莲居士,故也以“青莲”指李白。陆游《感兴》诗:“离堆太史公,～～老先生。”

【青龙】 qīnglóng ❶传说中的祥瑞之物。《三国志·魏书·明帝纪》:“青龙元年春正月甲申,～～见郏之摩陂井中。”❷太岁的别名。《后汉书·律历志下》:“～～移辰,谓之岁。”❸东方星宿名。古代行军以画青龙的旗帜示东方之位。《礼记·曲礼上》:“行,前朱鸟而后玄武,左～～而右白虎。”

【青楼】 qīnglóu ❶指显贵之家豪华精致的楼房。《晋书·麴允传》:“麴允,金城人也,与游氏世为豪族。西州为之语曰:‘麴与游,牛羊不数头,南开朱门,北望～～。’”王昌龄《青楼曲》之二:“驰道杨花满御沟,红妆缦绾上～～。”❷指妓院。刘邈《万山见采桑人》诗:“倡妾不胜愁,结束下～～。”李白《在水军宴韦司马楼船观妓》诗:“对舞～～妓,双鬟白玉童。”

【青庐】 qīnglú 青布搭成的棚。古代举行婚礼,交拜迎妇之所。古诗《为焦仲卿妻作》:“其日牛马嘶,新妇入～～。”段成式《酉阳杂俎·礼异》:“北朝婚礼,青布幔为屋,在门内外,谓之～～,于此交拜。”

【青陆】 qīnglù 即青道。月亮运行的轨道。颜延之《三月三日曲水诗序》:“日躔胃维,月轨～～。”也借指明月。卢照邻《双槿树赋》:“～～至而莺啼,朱阳升而花笑。”

【青鸾】 qīngluán ❶传说中的神鸟。范传正《谢真人还旧山》诗:“白鹿行为卫,～～舞自闲。”❷銮铃。《南齐书·武帝纪》:“鸣～～于东郊,冕朱纮而莅事。”也借指车。江淹《倡妇自悲赋》:“侍～～以云耸,夹丹辇以霞飞。”❸指镜子。刘敬叔《异苑》卷三载:罽宾国王买得一鸾,三年不鸣,后悬镜照之,鸾睹影悲鸣,冲霄一奋而绝。后因以“青鸾”借指镜子。徐夤《上阳宫词》:“妆台尘暗～～掩,宫树月明黄鸟啼。”

【青冥】 qīngmíng ❶蓝天。张九龄《将至岳阳》诗:“湘岸多深林,～～昼结阴。”也作“青溟”。杜甫《奉先刘少府新画山水障歌》:“沧浪水深～～阔,欹岸侧岛秋毫末。”❷古剑名。崔豹《古今注·舆服》:“吴大皇帝有宝刀三,宝剑六……五曰～～。”

【青眸】 qīngmóu ❶指瞳仁。梅尧臣《次韵景彝赴省宿马上》:“乌纱帽底～～转,朱雀街头玉辔摇。”❷同“青眼①”。器重。黄裳《与南京留守》诗:“泽国旌麾十几秋,一封曾去辱～～。”

【青囊】 qīngnáng ❶古代医生、卜筮之人盛书及用具的口袋。因借指医术、卜筮之术。陈子昂《酬田逸人见寻不遇题隐居里壁》诗:“传道寻仙友,～～卖卜来。”沈绎《宣德中寄太医院判以潜侄》诗:“白发至亲惟叔婶,～～传业有儿孙。”❷印囊。崔豹《古今注·舆服一》:“～～,所以盛印也。”

【青霓】 qīngní 指道服。因其色与青霓色相似,故称。也借指道士。李贺《绿章封事》诗:"～～扣额呼宫神,鸿龙玉狗开天门。"

【青鸟】 qīngniǎo 传说中的神鸟。班固《汉武故事》:"七月七日,上于承华殿斋。日正中,忽见有～～从西来。上问东方朔,朔对曰:'西王母暮必降尊像。'……有顷,王母至,乘紫车,玉女夹驭,载七胜,青气如云,有二～～如鸾,夹侍王母旁。"后多借指使者。李贺《恼公》诗:"符因～～送,囊用绛纱缝。"李商隐《无题》诗:"蓬山此去无多路,～～殷勤为探看。"

【青女】 qīngnǚ 神话中的霜雪之神。《淮南子·天文训》:"至秋三月,……～～乃出,以降霜雪。"李商隐《霜月》诗:"～～素娥俱耐冷,月中霜里斗婵娟。"也作霜的代称。杨万里《霜寒辘轳体诗》之二:"只缘～～降,便与管城疏。"

【青萍】 qīngpíng ❶浮萍。辛弃疾《水调歌头·盟鸥》词:"破～～,排翠藻,立苍苔。"❷古剑名。陈琳《答东阿王笺》:"君侯体高世之才,秉～～、干将之器。"

【青钱】 qīngqián ❶青铜钱。苏轼《山村》诗:"杖藜裹饭去匆匆,过眼～～转手空。"❷喻荷叶、榆钱等。杜甫《漫兴》诗之七:"糁径杨花铺白毡,点溪荷叶叠～～。"李贺《残丝曲》:"榆荚相催不知数,沈郎～～夹城路。"

【青琴】 qīngqín 古代神女。《汉书·司马相如传上》:"若夫～～、虙妃之徒,绝殊离俗。"也指宫女。李贺《唐王饮酒》诗:"仙人烛树蜡烟轻,～～醉眼泪泓泓。"

【青青】 qīngqīng ❶茂盛的样子。《后汉书·五行志一》:"小麦～～大麦枯,谁当获者妇与姑。"❷青色。《诗经·郑风·子衿》:"～～子衿,悠悠我心。"❸黑色。多指黑色鬓发。《宋书·谢灵运传》:"陆展染鬓发,欲以媚侧室。～～不解久,星星行复出。"

【青丘】 qīngqiū ❶传说中东方海外之国。《吕氏春秋·求人》:"禹东至榑木之地,……鸟谷、～～之乡,黑齿之国。"❷传说中神仙所居,地处南海之中。《海内十洲记》:"长洲一名～～,……有紫府宫,天真仙女游于此地。"❸古星名。属长蛇座。《晋书·天文志上》:"～～七星在轸东南。"

【青社】 qīngshè 祭祀东方土神处。借指东方。《史记·三王世家》:"皇帝使御史大夫汤庙立子闳为齐王。曰:'於戏! 小子闳,受兹～～!'"(按:古代天子以五色土为太社,分封四方诸侯。封东方诸侯,则割青土,藉以白茅,授之以立社。齐在东方,故云"青社"。)潘岳《杨荆州诔》:"用锡土宇,膺兹显秩;～～白茅,赤朱其绂。"

【青史】 qīngshǐ 指史书。古代在竹简上记事,因称史书为"青史"。江淹《诣建平王上书》:"俱启丹册,并图～～。"岑参《轮台歌奉送封大夫出师西征》:"古来～～谁不见,今见功名胜古人。"

【青士】 qīngshì 指竹。陆游《晚到东园》诗:"岸帻寻～～,凭轩待素娥。"

【青霜】 qīngshuāng ❶袍名。班固《汉武帝内传》:"[上元夫人]服～～之袍,云彩乱色,非锦非绣,不可名字。"❷指宝剑。也作"清霜"。剑刃锋利,青莹若霜雪,故称。王勃《秋日登洪府滕王阁饯别序》:"紫电～～,王将军之武库。"

【青琐】 qīngsuǒ 门窗上镂刻的青色图纹。《汉书·元后传》:"曲阳侯根骄奢僭上,赤墀～～。"《后汉书·梁冀传》:"窗牖皆有绮疏～～,图以云气仙灵。"后也借指刻镂成格的窗户或宫门。《世说新语·惑溺》:"[贾]充每聚会,贾女于～～中看,见[韩]寿,说之,恒怀存想,发于吟咏。"杜甫《秋兴》诗之五:"一卧沧江惊岁晚,几回～～点朝班。"

【青童】 qīngtóng ❶指仙童。也指道童。李白《游泰山》诗之三:"偶然值～～,绿发双云鬟。"❷肝神名。《云笈七籤·上清黄庭内景经》:"肝部之中翠重里,下有～～神公子。"

【青土】 qīngtǔ ❶指东方之地。班固《白虎通·社稷》:"东方色青,……故将封东方诸侯,～～苴以白茅,谨敬洁清也。"❷指青州之境。曹植《责躬诗》:"帝曰尔侯,君兹～～,奄有海滨,方周于鲁。"

【青乌】 qīngwū 古代相地术士。相传其善葬术,著《相冢书》,后世相地风水的术士奉为祖师。《抱朴子·极言》:"相地理则书～～之说。"刘禹锡《湖南观察使故相国袁公挽歌》之三:"地得～～相,宾惊白鹤飞。"也指相地风水之术。庾信《周柱国大将军纥干弘神道碑》:"～～甲乙之占,白马星辰之变。"

【青箱】 qīngxiāng 《宋书·王准之传》:"自是家世相传,并谙江左旧事,缄之青箱,世人谓之王氏青箱学。"后因以"青箱"指世传家学。张读《宣室志》卷四:"[沈]约指谓[陆]乔:'此吾爱子也。少聪敏,好读书,吾甚怜之,因以～～为名焉,欲使继吾学也。'"

【青玄】 qīngxuán 犹"青天"。碧空。《汉书·礼乐志》:"忽乘～～,熙事备成。"

【青眼】 qīngyǎn ❶《晋书·阮籍传》载:阮

籍不拘礼教,能为青白眼。见凡俗之士,以白眼对之。嵇康赍酒挟琴造访,籍大悦,乃对以青眼。青眼,眼睛正视,黑眼珠在中间。后因以"青眼"称对人的器重或喜爱。杜甫《短歌行》:"仲宣楼头春色深,~~高歌望吾子。"也借指朋友。权德舆《送卢评事婺州省觐》诗:"客愁~~别,家喜玉人归。"❷有青晕的砚石。无名氏《端溪砚谱》:"盖自唐以来,便以~~为上,黄赤为下。"

【青阳】 qīngyáng ❶指春天。潘岳《射雉赋》:"于时~~告谢,朱明肇授。"(朱明:指夏天。)❷青春。喻青年容貌。李贺《赠陈商》诗:"黄昏访我来,苦节~~皱。"❸天子居住的东向明堂。《吕氏春秋·孟春》:"天子居~~左个。"(按:古代天子居住及宣布政教的明堂,按五行构筑,东向的叫"青阳",南向的叫"明堂",西向的叫"总章",北向的叫"玄堂",中央的叫"太庙"。除太庙只有一个太室之外,其馀的在正堂两侧各有一个侧室,叫"个"。天子按四时、五行的运行,每月换一个居室,以顺应时气。)❹汉代郊祀歌名。见《汉书·礼乐志》。❺古县名。唐置。故址在今安徽省境内。

【青衣】 qīngyī ❶古代帝王、后妃春天的礼服。《吕氏春秋·孟春》:"天子居青阳左个,……衣~~,服青玉。"《晋书·礼志上》:"蚕将生,择吉日,皇后著十二笄步摇,依汉魏故事,衣~~。"❷自汉以后青衣为卑贱者之服。婢女多穿青衣,后因用为婢女的代称。白居易《懒放》诗:"~~报平旦,呼我起盥栉。"❸古县名。西汉置。故址在今四川雅安北。

【青蝇】 qīngyíng ❶苍蝇的一种,也叫"金蝇"。《论衡·累害》:"清受尘,白取垢,~~所污,常在练素。"❷《诗经·小雅·青蝇》:"营营~~,止于樊,岂弟君子,无信谗言。"后因以"青蝇"比喻进谗言的佞人。《三国志·魏书·毛玠传》:"~~横生,为臣作谤,谤臣之人,势不在他。"❸《诗经·小雅》篇名。《诗经·小雅·青蝇序》:"《青蝇》,大夫刺幽王也。"

【青云】 qīngyún ❶指高空。《三国志·魏书·陈思王植传》:"徒独望~~而拊心,仰高天而叹息耳。"❷喻高官显爵。《汉书·扬雄传下》:"当涂者入~~,失路者委沟渠,旦握权则为卿相,夕失势则为匹夫。"❸喻隐逸,清高。《南史·衡阳元王道度传》:"身处朱门,而情游江海;形入紫闼,而意在~~。"❹指春官。《汉书·百官公卿表上》注引应劭曰:"黄帝受命,有云瑞,故以云纪事也。由是而言,故春官为~~,夏官为缙云,秋官为白云,冬官为黑云,中官为黄云。"

【青毡】 qīngzhān 《晋书·王献之传》:"夜卧斋中,而有偷人入其室,盗物都尽,献之徐曰:'偷儿,青毡我家旧物,可特置之。'群偷惊走。"后以"青毡"为士人故家旧物的代词。杜甫《与任城许主簿遊南池》诗:"晨朝降白露,遥忆旧~~。"袁宏道《与焦弱侯座主》之二:"宏株守~~,又东城去人远,得一意读书,差易度日。"

【青冢】 qīngzhǒng 指王昭君墓。在内蒙呼和浩特市南。相传冢上草色常青,故名。杜甫《咏怀古迹》之三:"一去紫台连朔漠,独留~~向黄昏。"泛指坟墓。于武陵《有感》诗:"四海故人尽,九原~~多。"

【青州】 qīngzhōu ❶古九州之一。在今山东省及辽宁省辽河以东。《汉书·地理志上》:"水土既平,更制九州,……海、岱惟~~。"(海:指渤海。岱:泰山。)❷州府名。汉置青州,治所在山东临淄,隋废。明、清改置青州府,治所在山东青州。

【青紫】 qīngzǐ 汉制,丞相、太尉皆金印紫绶,御史大夫银印青绶。因以"青紫"借指高官显爵。《汉书·刘向传》:"今王氏一姓乘朱轮华毂者二十三人,~~貂蝉充盈幄内,鱼鳞左右。"王僧孺《从子永宁令谦诔》:"容与学丘,徘徊词府,~~已拾,大夫斯取。"

【青女月】 qīngnǚyuè 指阴历九月。杜审言《重九日宴江阴》诗:"降霜~~~,送酒白衣人。"

【青钱万选】 qīngqiánwànxuǎn 《新唐书·张荐传》:"员外郎员半千数为公卿,称[张]鷟文辞犹青铜钱,万选万中。时号鷟青钱学士。"后遂以"青钱万选"喻文辞出众。晏殊《假中示判官张寺丞王校勘》诗:"游梁赋客多风味,莫惜~~~~才。"

【青云干吕】 qīngyúngānlǚ 指庆云翔集。古人看作吉祥之兆。旧题东方朔《十洲记》:"臣国去此三十万里。国有常占。东风入律,百旬不休,~~~~,连月不散者,当知中国时有好道之君。"梁简文帝《大法颂序》:"川岳呈祥,风烟效祉。~~~~,黄气出翼。"

【青州从事】 qīngzhōucóngshì 美酒的隐语。《世说新语·术解》:"桓公有主簿,善别酒,有酒辄令先尝。好者谓'青州从事',恶者谓'平原督邮'。青州有齐郡,平原有鬲县。从事,言到脐;督邮,言在鬲上住。"(鬲:通"膈"。从事、督邮:皆官名。)苏轼《真一酒》诗:"人间真一东坡老,与作~~

～～名。"

轻(輕) qīng ❶分量小，与"重"相对。《楚辞·卜居》："蝉翼为重，千钧为～。"司马迁《报任少卿书》："人固有一死，或重于泰山，或～于鸿毛。"㊀小，薄，微。《韩非子·难势》："贤人而诎于不肖者，则权～位卑也。"诸葛亮《与参军掾属教》："任重才～。"辛弃疾《八声甘州》词："纱窗外，斜风细雨，一阵～寒。"❷轻快。《淮南子·原道训》："末世之御，虽有～车良马，劲策利锻，不能与之争先。"《三国志·魏书·武帝纪》："作～舟，治水军。"❸轻易，随便。《孟子·梁惠王上》："乐岁终身饱，凶年免于死亡，然后驱而之善，故民之从之也～。"《盐铁论·刑德》："千仞之高，人不～凌。"❹轻佻，轻浮。《国语·周语中》："师～而骄。～则寡谋，骄则无礼。"《论衡·知实》："宾如闻其家有～子泊孙，必教亲彻馔退膳，不得饮食。"（泊：通"薄"。刻薄。）❺减少，减轻。《荀子·富国》："～田野之税，平关市之征。"范景文《遗疏》诗："亲贤远奸以用人，～徭薄赋以抚民。"❻轻视。《战国策·魏策四》："而君逆寡人者，～寡人与？"《汉书·高帝纪上》："秦兵尚强，未可～。"

【轻㶿】 qīngbiāo 松脆的土壤。《周礼·地官·草人》："凡粪种……～～用犬。"

【轻薄】 qīngbó ❶轻而薄。《史记·平准书》："钱益～～而物贵。"❷轻佻浮薄。《后汉书·和熹邓皇后纪》："每览前代外戚宾客，假借威权，～～谑詷。"（谑詷：夸诞。）《三国志·吴书·甘宁传》："少有气力，好游侠，招令～～少年，为之渠帅。"后多指以轻佻态度对待妇女。❸轻视鄙薄。《汉书·王尊传》："摧辱公卿，～～国家。"《三国志·魏书·夏侯尚传》："杜袭之～～尚，良有以也。"

【轻訬】 qīngchāo ❶轻捷。《后汉书·马融传》："或～～趫悍，廋疏嵝领，犯历嵩峦。"（廋疏：犹搜索。）❷轻狡。左思《吴都赋》："其邻则有任侠之靡，～～之客。"❸浮躁。《南史·晋熙王昶传》："昶～～褊急，不能事孝武。"

【轻肥】 qīngféi "轻裘肥马"的略语。萧子范《东亭极望》诗："从君采萝葛，宁复想～～？"

【轻赍】 qīngjī 轻装。《史记·卫将军骠骑列传》："骠骑将军去病率师，躬将所获荤粥之士，约～～，绝大幕。"

【轻举】 qīngjǔ ❶指得道升仙。《汉书·张良传》："良乃称曰：'……愿弃人间事，欲从赤松子遊耳。'乃学道，欲～～。"潘岳《笙赋》："子乔～～，明君怀归。"❷喻致身高位。《三国志·蜀书·彭羕传》："其惟主公有霸王之器，可与兴业致治，故乃翻然有～～之志。"张华《上巳篇》："高飞舞凤翼，～～攀龙鳞。"❸轻率行事。《韩非子·难四》："明君不悬怒，悬怒，则罪臣～～以行计，则人主危。"❹轻装疾进。《三国志·吴书·吕岱传》："今[士]徽虽怀逆计，未虞吾之卒至，若我潜军～～，掩其无备，破之必也。"

【轻吕】 qīnglǚ 古剑名。《逸周书·克殷解》："而击之以～～，斩之以黄钺。"

【轻民】 qīngmín 指没有正当职业的游民。《管子·七法》："百姓不安其居，则～～处而重民散。"（重民：指务农的人。）

【轻暖】 qīngnuǎn ❶指轻而暖的衣服。曹植《求自试表》："身被～～，口厌百味。"❷微暖。黄庚《修竹宴客东园》诗："酒当半醉半醒处，春在轻寒～～中。"

【轻僄】 qīngpiāo 轻浮。《辽史·宋王喜隐传》："喜隐～～无恒，小得志即骄。"

【轻趫】 qīngqiāo 轻捷矫健。张衡《西京赋》："非都卢之～～，孰能超而究升？"（都卢：国名。其人善攀高。）高適《睢阳酬别畅大判官》诗："军中多燕乐，马上何～～。"

【轻容】 qīngróng 无花的薄纱。李贺《恼公》诗："蜀烟飞重锦，峡雨溅～～。"也作"轻褣"。白居易《元九以绿丝布白轻褣见寄制成衣服以诗报知》："绿丝文布素～～，珍重京华手自封。"

【轻佻】 qīngtiāo 轻浮，不稳重。《后汉书·何进传》："帝以辩～～无威仪，不可为人主。"《三国志·吴书·孙坚孙策传评》："然皆～～果躁，陨身致败。"也作"轻窕"。《左传·襄公二十六年》："楚师～～，易震荡也。"

【轻脱】 qīngtuō ❶轻佻，轻率。《三国志·蜀书·李譔传》："然体～～，好戏啁，故世不能重也。"《晋书·羊祜传》："尝欲夜出，军司徐胤执棨当营门曰：'将军都督万里，安可～～。'"❷轻忽，轻视。《三国志·吴书·吴主传》注引《吴録》："今仁义陵迟，圣道渐坏，先生衔命，将以裨补先王之教，整齐风俗，而～～威仪，犹负薪救火，无乃更崇其炽乎！"

【轻裘缓带】 qīngqiúhuǎndài 形容风度雍容闲适。《晋书·羊祜传》："在军常～～～～，身不被甲。"王安石《次韵酬子玉同年》："塞垣高垒深沟地，幕府～～～～时。"

倾(傾) 1. qīng ❶斜，侧，偏斜。《管子·牧民》："国有四维，一维绝则～，二维绝则危，三维绝则覆，四维绝则灭。"《礼记·曲礼下》："凡视，上于面则敖，下于带则忧，～则奸。"㊀邪恶。《荀子·不苟》："小人则不然：大心则慢而暴，小心则淫而～。"叶适《宋邹卿墓志铭》："淳心之成，其行不～。"❷倒塌，倾覆。桓谭《新论》："千秋万岁之后，宗庙必不血食，高台既已～，曲池又已平，坟墓生荆棘，狐狸穴其中。"《汉书·五行志下之上》："其后崔氏专齐，栾盈乱晋，良霄～郑，阍杀吴子，燕逐其君。"㊀死，丧。韦璞玉《京兆功曹韦希损墓志》："开元七年八月九日，～于新昌里第之中堂。"张凤翼《灌园记·王蠋死节》："堪怜一命～，抵死辞征聘。"㊁伤，残。吴均《采莲曲》："叶卷珠难溜，花舒红易～。"❸倾尽，全部倒出。陶渊明《乞食》诗："谈谐终日夕，觞至则～杯。"李白《赠崔秋浦》诗之二："见客但～酒，为官不爱钱。"㊁倾泻，倾吐。王安石《寄曾子固》诗："高论几为衰俗废，壮怀难值故人～。"张孝祥《六州歌头》词："使行人到此，忠愤气填膺，有泪如～。"㊀尽，竭尽。《后汉书·来歙传》："歙乃～仓廪，转运诸县，以赈赡之。"曾巩《本朝政要策·军赏罚》："所破郡县，当～帑藏，为朕赏战士。"❹压倒，胜过。《汉书·田蚡传》："蚡新用事，卑下宾客，进名士家居者贵之，欲以～诸将相。"韩愈《江陵途中寄翰林三学士》诗："三贤推侍从，卓荦～枚、邹。"㊁排挤，倾轧。苏轼《杭州召还乞郡状》："其党无不切齿，争欲～臣。"《宋史·苏辙传》："则～陷安石，甚于仇雠。"❺钦佩，倾慕。《汉书·司马相如传上》："临邛令不敢尝食，身自迎相如，相如为不得已而强往，一坐尽～。"㊁使钦佩，使倾慕。曾巩《库部员外郎范君墓志铭》："以其故能～士大夫，以干天下之誉。"

2. qǐng ❻顷，不久。《吕氏春秋·执一》："故胜于西河，而困于王错，～造大难，身不得死焉。"《后汉书·庞萌传》："诸将请进，帝不听，知五校乏食当退，敕各坚壁以待其敝。～之，五校粮尽，果引去。"

【倾背】 qīngbèi 去世。《魏书·北海王详传》："北海叔奄至～～，痛慕抽恸，情不自任。"苏轼《与蒲诚书》："近得山南书，报伯母于六月十日～～。"

【倾侧】 qīngcè 也作"倾仄"。❶偏斜，倾斜。杜甫《虎牙行》："洞庭扬波江、汉回，虎牙、铜柱皆～～。"❷邪僻不正。《论衡·程材》："儒生不习于职，长于匡救，将相～～，谏难不惧。"❸崎岖不平。《汉书·晁错传》："险道～～，且驰且射，中国之骑弗与也。"❹随顺，依附。《后汉书·来历传》："耿宝托元舅之亲，荣宠过厚，不念报国恩，而～～奸臣，诬奏杨公，伤害忠良。"❺困顿，颠沛。《汉书·张陈王周传赞》："陈平之志，见于社下，～～扰攘楚、魏之间，卒归于汉，而为谋臣。"❻覆灭。《宋书·傅亮传》："祸福之具，内充外斥，陵九折于邛僰，泛冲波于吕梁，～～成于俄顷，性命哀而莫救。"

【倾城】 qīngchéng ❶倾覆邦国。《北史·后妃传论》："灵后淫恣，卒亡天下。～～之诫，其在兹乎！"❷形容女子容貌绝美。陶渊明《闲情赋》："表～～之艳色，期有德于传闻。"又指美女。苏轼《咏温泉》："虽无～～浴，幸免亡国污。"❸全城。杜甫《高都护骢马行》："长安壮儿不敢骑，走过掣电～～知。"

【倾倒】 qīngdǎo ❶倒塌，倒仆。《三国志·魏书·公孙瓒传》注引《英雄记》："烧所施之柱，楼辄～～。"李白《白头吟》："兔丝故无情，随风任～～。"❷佩服，心折。杜甫《苏大侍御访江浦赋八韵记异诗序》："书箧几杖之外，殷殷留金石声，赋八韵记异，亦见老夫～～于苏至矣。"

【倾倒】 qīngdào ❶形容痛饮。杜甫《雨过苏端》诗："苏侯得数过，欢喜每～～。"❷比喻畅谈。朱熹《答王才臣书》："若得会面，彼此～～，以判所疑，幸何如之！"

【倾夺】 qīngduó 竞争，争夺。《史记·春申君列传》："是时齐有孟尝君，赵有平原君，魏有信陵君，方争下士致宾客，以相～～，辅国持权。"柳珵《上清传》："陆贽久欲～～吾权位。"

【倾风】 qīngfēng 钦慕风采。颜延之《皇太子释奠会作》诗："庶士～～，万流仰镜。"

【倾覆】 qīngfù ❶颠覆，覆灭。《左传·成公十三年》："散离我兄弟，挠乱我同盟，～～我国家。"❷倒塌。杜甫《通泉县署壁后薛少保画鹤》诗："高堂未～～，常得慰嘉宾。"❸陷害。《荀子·不苟》："小人能则倨傲僻违以骄溢人，不能则妬嫉怨诽以～～人。"❹邪僻不正，反复无常。《荀子·王制》："权谋～～之人退，则贤良知圣之士案自进矣。"司马光《同范景仁寄修书诸同舍》诗："小人势利合，～～无常心。"❺竭尽。《北齐书·安德王延宗传》："～～府藏及后宫美女，以赐将士。"

【倾盖】 qīnggài 言行道相遇，停车交谈，车盖靠在一起。常用以形容初交相得，一见如故。储光羲《贻袁三拾遗谪作》诗："～～洛之滨，依然心事亲。"苏轼《富郑公神道碑》："英等见公～～，亦不复隐其情。"

【倾宫】 qīnggōng 巍峨的宫殿。倾，形容高得似要倾坠。《后汉书·郎顗传》："昔武王下车，出～～之女，表商容之间，以理人伦，以表圣德。”也指宫女。《后汉书·陈蕃传》：“是以～～嫁而天下化，楚女悲而西宫灾。”

【倾国】 qīngguó ❶倾覆国家。《晏子春秋·谏上》：“此离树别党，～～之道也，婴不能受命。”❷耗尽国力。荀悦《汉纪·哀帝纪下》：“故未服之时，劳师远攻，～～殚货，伏尸流血，披坚败敌如此之难也。”❸形容女子容貌绝美。唐玄宗《好时光》词：“莫倚～～貌，嫁取个、有情郎。”又指容貌绝美的女子。白居易《长恨歌》：“汉皇重色思～～，御宇多年求不得。”❹全国。《聊斋志异·金和尚》：“当是时，～～瞻仰，男女喘汗属于道。”

【倾骇】 qīnghài 惊骇。《史记·大宛列传》：“见汉之广大，～～之。”韩愈《谢自然诗》：“观者徒～～，踯躅讵敢前。”

【倾藿】 qīnghuò 曹植《求通亲亲表》：“若葵藿之倾叶太阳，……诚也。臣窃自比葵藿。”后因以“倾藿”比喻忠君。曾巩《襄州到任表》：“常存～～之诚，虽知向日；居有戴盆之势，何以望天？”

【倾襟】 qīngjīn 也作“倾衿”。推诚相待。陶弘景《周氏冥通记》卷三：“我昔微游于世，数经诣之，乃能～～。”《魏书·彭城王勰传》：“勰～～礼之，常参坐席。”

【倾巧】 qīngqiǎo 狡诈。《汉书·刘向传》：“[杨]兴者～～士，谓上疑[周]堪，因顺指曰：‘堪非独不可于朝廷，自州里亦不可也。’”司马光《言王广渊劄子》：“王广渊以小人之质，有～～之材，苟求进身，无所不至。”

【倾身】 qīngshēn ❶身体前倾。多形容待人谦恭。《后汉书·隗嚣传》：“嚣素谦恭爱士，～～引接为布衣交。”❷竭尽全力。《后汉书·郭太传》：“乡里有忧患者，[贾]淑辄～～营救，为州间所称。”

【倾危】 qīngwēi ❶险诈。《史记·张仪列传论》：“夫张仪之行事甚于苏秦……要之此两人真～～之士哉！”也指险诈的人。杜甫《石笋行》：“政化错迕失大体，坐看～～受厚恩。”❷倾覆，危殆。贾谊《新书·过秦下》：“借使秦王论上世之事，并殷周之迹，以御其政，后虽有淫骄之主，犹未有～～之患也。”《三国志·吴书·鲁肃传》：“今汉室～～，四方云扰，孤承父兄馀业，思有桓、文之功。”❸倾斜欲倒。李澄叟《画山水诀》：“山高峻无使～～，水深远勿教穷涸。”

【倾羲】 qīngxī 落日。羲，羲和，借指日。谢惠连《秋怀》诗：“颓魄不再圆，～～无两旦。”

【倾下】 qīngxià 指待人谦恭。韩愈《李公墓志铭》：“公宗室子，生而贵富，能学问，以中科取名，善自～～，以交豪杰。”又指恭敬折服。叶適《沈元诚墓志铭》：“初入太学，司业，博士皆～～之。”

【倾邪】 qīngxié ❶邪僻不正。《后汉书·冯衍传下》：“事君无～～之谋，将帅无虏掠之心。”苏辙《龙川别志》卷下：“吾知端愿～～，故以逵当之。”（端愿、逵：均人名。）❷歪斜。苏轼《乞赐度牒修廨宇状》：“臣自熙宁中通判本州，已见在州屋宇例皆～～，日有覆压之惧。”

【倾心】 qīngxīn ❶向往，仰慕。王勃《送白七序》：“天下～～，尽当年之意气。”❷尽心，诚心诚意。《后汉书·袁绍传》：“既累世台司，宾客所归，加～～折节，莫不争赴其庭。”

【倾迟】 qīngzhì 殷切期待。《晋书·贺循传》：“谨遣参军沈祯衔命奉授，望必屈临，以副～～。”《太平广记》卷八七引《高僧传·支遁》：“谢安在吴，与遁书曰：思君日积，计辰～～，知欲还剡自治，甚以怅然。”

卿 1. qīng ❶官阶名，爵位名。周制，天子及诸侯都有卿，分上、中、下三等。秦汉三公以下设九卿，为中央政府各部行政长官。《孟子·告子上》：“公～大夫，此人爵也。”《汉书·霍光传》：“自先帝时，桀已为九～，位在光右。”❷古代对男子的敬称。《汉书·孟喜传》：“父号孟～，善为《礼》、《春秋》，授后苍、疏广。”㊀君对臣的称谓。韩愈《凤翔陇州节度使李公墓志铭》：“上曰：‘～有母，可随我耶？’曰：‘臣以死从卫。’”㊁夫妻、朋友间的爱称。古诗《为焦仲卿妻作》：“～但暂还家，吾今且报府。”杜甫《惜别行送向卿进奉端午御衣之上都》：“逆胡冥寞随烟烬，～家兄弟功名震。”

2. qìng ❸通“庆”。见“卿云”。

【卿老】 qīnglǎo 上卿。《礼记·曲礼下》：“国君不名～～、世妇，大夫不名世臣、侄娣，士不名家相、长妾。”

【卿卿】 qīngqīng 《世说新语·惑溺》：“王安丰妇常卿安丰，安丰曰：‘妇人卿婿，于礼为不敬，后勿复耳。’妇曰：‘亲卿爱卿，是以卿卿，我不卿卿，谁当卿卿？’”（按：上“卿”字为动词，言以卿称之；下“卿”字为代词，犹言你。）后两“卿”字连用，作为亲昵之称。温庭筠《偶题》诗：“自恨青楼无近信，不将心事许～～。”李贺《休洗红》诗：“～～骋少年，昨日殷桥见。”

【卿士】 qīngshì ❶指卿、大夫。《尚书·牧誓》：“是信是使，是以为大夫～～。”❷周王朝的执政大臣。《诗经·小雅·十月之交》："皇父～～，番为司徒。"（番：姓。）

【卿寺】 qīngsì 九卿的官署。《左传·隐公七年》"初，戎朝于周，发币于公卿，凡伯弗宾"杜预注："如今计献，诣公府、～～。"

【卿月】 qīngyuè 月亮的美称。也借指百官。语出《尚书·洪范》："王省惟岁，卿士惟月，师尹惟日。"岑参《西河太守杜公挽歌》："惟馀～～在，留向杜陵悬。"杜甫《暮春江陵送马大卿赴阙下》诗："～～升金掌，王春度玉墀。"

【卿云】 qìngyún ❶即"庆云"，也作"景云"。五色彩云，古人视为祥瑞之气。《史记·天官书》："若烟非烟，若云非云，郁郁纷纷，萧索轮囷，是谓～～，～～见，喜气也。"❷歌名。传说为舜将禅位给禹时和百官一起唱的歌。元稹《郊天日五色祥云赋》："昔者《卿云》作歌于虞舜，《白云》著词于汉武。"

清 qīng ❶清澈，与"浊"相对。《诗经·小雅·四月》："相彼泉水，载～载浊。"㊇清水。《论衡·龙虚》："龙食于～，游于～。"❷洁净。《诗经·大雅·凫鹥》："尔酒既～，尔殽既馨。"《论衡·累害》："～受尘，白取垢，青蝇所污，常在练素。"㊀单一，单纯。张协《七命》："若乃追～哇，赴严节。"❸清洗，清除。《战国策·秦策一》："父母闻之，～宫除道，张乐设饮。"刘肃《大唐新语·文章》："岂不厌艰险，只思～国仇。"❹高洁。《论语·公冶长》："崔子弑齐君，陈文子有马十乘，弃而违之，至于他邦，……子曰：'～矣。'"㊀敬词。见"清诲"。㊇清白。李商隐《蝉》诗："烦君最相警，我亦举家～。"㊇清廉，公正。《后汉书·孔融传》："吏端刑～，政无过失。"《三国志·魏书·毛玠传》："少为县吏，以～公称。"❺清平，太平。《孟子·万章下》："当纣之时，居北海之滨，以待天下之～也。"《吕氏春秋·序意》："盖闻古之～世，是法天地。"❻清爽，寒凉。《诗经·大雅·烝民》："吉甫作诵，穆如～风。"《吕氏春秋·功名》："大热在上，民～是走。"❼清闲。《庄子·在宥》："必静必～，无劳女形，无摇女精，乃可以长生。"㊇清静。杜甫《大云寺赞公房》诗之三："灯影照无睡，心～闻妙香。"㊉清静自然的处世原则或境界。《吕氏春秋·不二》："老耽贵柔，孔子贵仁，墨翟贵廉，关尹贵～。"范仲淹《严先生祠堂记》："既而动星象，归江湖，得圣人之～。"❽清越。左思《招隐诗》："非必丝与竹，山水有～音。"钱起《宴郁林观张道士房》诗："竹坛秋月冷，山殿夜钟～。"❾鲜明，秀美。《山海经·西山经》："丹木五岁，五色乃～。"杜甫《与李十二白同寻范十隐居》诗："入门高兴发，侍立小童～。"㊀清新。殷璠《河岳英灵集·李颀》："颀诗发调既～，修辞亦绣，杂歌咸善，玄理最长。"❿厕所。后作"圊"。应劭《风俗通·怪神》："女孙年三四岁亡之，求不能得，二三日乃于～中粪下啼。"⓫古邑名。1）春秋郑邑。在今河南省中牟县西。《诗经·郑风·清人》："～人在彭，驷介旁旁。"2）春秋齐邑。在今山东长清县东南。《左传·哀公十一年》："国书、高无丕帅师伐我，及～。"3）春秋齐邑。在今山东聊城市西。《左传·成公十七年》："待命于～。"4）春秋卫邑。在今山东东阿县东阿旧治西。《春秋·隐公四年》："公及宋公遇于～。"5）春秋晋邑。在今山西稷山县东南。《左传·宣公十三年》："赤狄伐晋，及～。"⓬朝代名。1636年，女真人皇太极即皇帝位，改后金国号为清。

【清拔】 qīngbá 形容文词清秀脱俗。《南史·刘孝绰传》："[徐]悱妻文尤～～，所谓刘三娘者也。"《梁书·吴均传》："均文体～～有古气，好事者或敩之，谓为吴均体。"

【清白】 qīngbái ❶言操行纯洁，没有污点。《论衡·非韩》："案古篡畔之臣，希～～廉洁之人。"《后汉书·邓彪传》："彪在位～～，为百僚式。"❷封建社会中，凡未从事所谓卑贱职业（倡优、皂隶、奴仆等）的，称"清白"。《清会典事例·吏部·书吏》："考职铨选，俱令确查身家～～之人充任。"

【清跸】 qīngbì ❶皇帝出行，清除道路，禁止行人。颜延之《应诏观北湖田收》诗："帝晖膺顺动，～～巡广廛。"唐玄宗《早登太行山中言志》诗："～～度河阳，凝笳上太行。"❷借指帝王的车辇。文莹《玉壶清话》卷一："大名河朔之咽喉，或暂驻～～，扬天威以壮军声。"

【清标】 qīngbiāo ❶犹风采。《南齐书·杜栖传》："贤子学业～～，后来之秀。"柳宗元《为李京兆祭杨凝郎中文》："惟灵～～霜洁，馨德兰薰，冲和茂著，孝友彰闻。"❷清美脱俗。郎瑛《七修类稿·义理·四雪》："园林中植此四花，以四雪取名为亭，可谓～～之至。"❸借指明月。范成大《次诸葛伯山瞻军赠别韵》："～～照人寒，玉笋森积雪。"

【清才】 qīngcái ❶品行高洁的人。《世说新语·赏誉》："太傅府有三才：刘庆孙长才，潘阳仲大才，裴景声～～。"❷卓越的才能。潘岳《杨仲武诔序》："若乃～～俊茂，盛德日新，吾见其进，未见其已也。"《三国志·魏书·崔琰传》注引《魏氏春秋》："融有高名～～，世多哀之。"

【清尘】 qīngchén ❶拂除尘垢。班固《东都赋》:"雨师汎洒,风伯~~。"❷车后扬起的尘埃。清,敬词。《汉书·司马相如传下》:"犯属车之~~。"后用为对人的敬称。卢谌《赠刘琨并书》:"因缘运会,得蒙接事,自奉~~,于今五稔。"❸喻指清静无为的境界或清亮的遗风和高尚的品德。《楚辞·远遊》:"闻赤松之~~兮,愿承风乎遗则。"《北齐书·颜之推传》:"尧舜不能荣其素朴,桀纣无以污其~~。"

【清泚】 qīngcǐ ❶清澈明净。谢朓《始出尚书省》诗:"邑里向疏芜,寒流自~~。"卢照邻《释疾文》:"南山巃嵸兮树轮囷,北津~~兮石嶙嶙。"❷清澈的水。徐牧《省试临渊》诗:"~~濯缨处,今来喜一临。"❸形容诗文辞句清丽。王安石《伤杜醇》诗:"谈辞足诗书,篇咏又~~。"

【清旦】 qīngdàn 清晨。《吕氏春秋·去宥》:"~~,被衣冠,往鬻金者之所。"谢灵运《石室山》诗:"~~索幽异,放舟越坰郊。"

【清涤】 qīngdí ❶古代称祭祀用的清水。《礼记·曲礼下》:"凡祭宗庙之礼……水曰~~,酒曰清酌。"权德舆《祭独孤台州文》:"柔嘉~~,用寄单诚。"❷清除。张九龄《岁除陪王司马登薛公逍遥台序》:"盖因丘陵而视远,必有以~~孤愤,舒啸佳辰。"

【清耳】 qīng'ěr ❶言专心倾听。清,静。班固《答宾戏》:"若乃牙、旷~~于管弦,离娄眇目于毫分。"陆机《演连珠》之二十一:"是以轮匠肆目,不乏奚仲之妙;瞽叟~~,而无伶伦之察。"❷犹"净耳"。表示不愿让污浊的话语污染耳朵。周密《澄怀录》卷上:"公尝出玉磬尺馀……客有谈及猥俗之事语者,则急起击玉数声,曰:'聊代~~。'"

【清芬】 qīngfēn 清香。韩琦《夜合诗》:"所爱夜合者,~~逾众芳。"喻高洁的德行。陆机《文赋》:"咏世德之骏烈,诵先人之~~。"骆宾王《与博昌父老书》:"昔吾先君,出宰斯邑,~~虽远,遗爱犹存。"

【清浮】 qīngfú 言轻清之气上浮。庾阐《海赋》:"高明澄气而~~,厚载势广而盘礴。"也指天空。陈琳《为曹洪与魏文帝书》:"陵厉~~,顾眄千里。"

【清歌】 qīnggē ❶不用乐器伴奏歌唱。曹植《洛神赋》:"冯夷鸣鼓,女娲~~。"《晋书·乐志下》:"宋识善击节唱和,陈左善~~。"❷清亮的歌声。《晋书·乐志下》:"说功德,吐~~。"王勃《三月上巳祓禊序》:"~~绕梁,白云将红尘并落。"

【清贯】 qīngguàn ❶清贵的官职。指侍从文翰之官。《南齐书·张欣泰传》:"卿不乐为武职驱使,当处卿以~~。"柳宗元《为樊左丞让官表》:"臣实谀才,谬登~~。"❷对人籍贯的敬称。《梁书·钟嵘传》:"臣愚谓军官是素族士人,自有~~。"

【清光】 qīngguāng ❶敬词。清雅的风采。李白《赠潘侍御论钱少阳》诗:"君能礼此最下士,九州拭目瞻~~。"陈亮《中兴五论序》:"有司以为不肖,竟从黜落,不得进望~~以遂昔愿。"❷明亮柔和的光辉。江淹《望荆山》诗:"寒郊无留影,秋日悬~~。"白居易《八月十五日夜禁中独直对月忆元九》诗:"犹恐~~不同见,江陵卑湿足秋阴。"

【清规】 qīngguī ❶美好的规范。《三国志·魏书·邴原传》注引《邴原别传》:"邴原名高德大,~~邈世,魁然而峙,不为孤用。"❷喻明月。月满如规,皎洁明亮,故称。齐已《中秋月》诗:"空碧无云露湿衣,群星光外涌~~。"❸佛家语。指僧人应守的规则。唐代百丈山怀海禅师为寺院定正规式,人称"百丈清规",或省称"清规"。黄溍《百丈山大智寿寺天下师表阁记》:"诏开山大沂领其徒而以禅师所制~~为日用动作威仪之节。"

【清汉】 qīnghàn ❶银河。陆机《拟迢迢牵牛星》诗:"昭昭~~晖,粲粲光天步。"❷霄汉,天空。《南史·齐高帝纪》:"是以秬草腾芳于郊园,景星垂晖于~~。"

【清和】 qīnghé ❶清静和平。多形容国家的升平气象。《汉书·贾谊传》:"海内之气,~~咸理。"也形容人的品德或性情。王融《三月三日曲水诗序》:"绍~~于帝猷,联显懿于王表。"《世说新语·赏誉》:"世称王苟子秀出,阿兴~~。"❷清明和暖。曹丕《槐赋》:"天~~而温润,气恬淡以安治。"白居易《初夏闲吟兼呈韦宾客》:"孟夏~~月,东都闲散官。"后也以"清和"为农历四月的别称。❸清越和谐。王逸《九思·伤时》:"声噭誂兮~~,音晏衍兮要婬。"❹清新平和。袁枚《随园诗话补遗》卷七:"海刚峰严厉孤介,而诗却~~。"

【清华】 qīnghuá ❶形容景物清幽美丽。《南史·隐逸传论》:"岩壑闲远,水石~~。"也形容文词清丽华美。《晋书·左贵嫔传》:"帝每游华林,辄回辇过之,言及文义,辞对~~,左右侍听,莫不称美。"❷指清高显贵的门第或官职。《南史·到㧑传》:"[王]晏先为国常侍,转员外散骑郎,此二职,~~所不为。"《北齐书·袁聿修传》:"[聿修]以名家子历任~~,时望多相器待,许其风鉴。"❸指清新之气。苏辙《贺赵少保启》:

"优游空寂,有以知万物之轻;呼吸～～,有以期百年之寿。"

【清化】 qīnghuà 清明的教化。《后汉书·邓骘传》:"不能宣赞风美,补助～～,诚惭诚惧,无以处心。"李密《陈情表》:"逮奉圣朝,沐浴～～。"

【清徽】 qīnghuī ❶高洁美好的风操。谢朓《休沐重还丹阳道中》诗:"问我劳何事,沾沐仰～～。"钱起《酬陶六辞秩归旧居见柬》诗:"靖节昔高尚,令孙嗣～～。"❷清美的音声。喻高雅的谈吐。潘尼《答杨士安》诗:"俊德贻妙诗,敷藻发～～。"

【清诲】 qīnghuì 犹言明教。称他人教诲的敬词。《后汉书·赵壹传》:"侧闻仁者愍其区区,冀承～～,以释遥悚。"陶渊明《感士不遇赋》:"承前王之～～,曰天道之无亲。"

【清甲】 qīngjiǎ 清门甲族的省称。指高贵的世家大族。郑仁表《左拾遗鲁国孔府君墓志铭》:"公娶京兆韦氏,山东～～家也。"

【清鉴】 qīngjiàn 高明的鉴别力、判断力。《隋书·高构传》:"河东薛道衡才高当世,每称构有～～,所为文笔,必先以草呈构,而后出之。"《旧唐书·高季辅传》:"凡所铨叙,时称允当。太宗尝赐金背镜一面,以表其～～焉。"

【清介】 qīngjiè 清高耿介。《宋书·王僧绰传》:"从兄微,～～士也,惧其太盛,劝令损抑。"元结《自箴》:"处世～～,人不汝害。"

【清禁】 qīngjìn ❶指皇宫。宫禁之中清静整肃,故称。应劭《风俗通·十反》:"臣愿陛下思周旦之言,详左右～～之内,谨供养之官,严宿卫之身。"崔颢《赠怀一上人》诗:"说法金殿里,焚香～～中。"❷清除污秽,禁止闲杂窥伺。《宋书·礼志三》:"阳路整卫,正途～～。"

【清静】 qīngjìng ❶清朗。《汉书·宣帝纪》:"东济大河,天气～～,神鱼舞河。"❷清虚宁静,无欲无为。《老子·四十五章》:"～～,为天下正。"刘向《列女传·弃母姜嫄》:"姜嫄之性,～～专一。"也指为政清简,无为而治。《汉书·汲黯传》:"黯学黄老言,治官民,好～～。"❸太平安定。《汉书·何並传》:"郡中～～,表善好士。"《后汉书·明德马皇后纪》:"若阴阳调和,边境～～,然后行子之志。"❹安静,不嘈杂。王褒《洞箫赋》:"详察其素体兮,宜～～而弗喧。"

【清狂】 qīngkuáng ❶痴颠。《汉书·昌邑哀王刘髆传》:"察故王衣服言语跪起,～～不惠。"❷放逸不羁。范仲淹《中元夜百花洲作》诗:"南阳太守～～发,未到中秋先赏月。"

【清厉】 qīnglì ❶清高耿介。《三国志·蜀书·吕乂传》:"[吕]雅～～有文才,著《格论》十五篇。"❷凄清,凄厉。《宋书·乐志三》:"悲风～～秋气寒,罗帷徐动经秦轩。"❸清越高亢。马融《长笛赋》:"激朗～～,随、光之介也。"(随、光:古代高士卞随、务光。)

【清泠】 qīnglíng ❶清凉寒冷。王褒《洞箫赋》:"朝露～～而陨其侧兮,玉液浸润而承其根。"刘桢《黎阳山赋》:"云兴风起,萧瑟～～。"❷清秀俊美。庾信《周上柱国齐王宪神道碑》:"仪范～～,风神轩举。"❸纯净清洁。萧衍《净业赋》:"心～～其若冰,志皎洁其如雪。"❹清越。陈允平《酹江月·赋水仙》词:"一曲～～声渐杳,月高人在珠宫。"❺传说中的水泽名。《山海经·中山经》:"丰山,神耕父处之,常游～～之渊,出入有光。"

【清令】 qīnglìng 高洁美好。《世说新语·赏誉》:"王弥有俊才美誉,……既至,天锡见其风神～～,言话如流,陈说古今,无不贯悉。"也形容文辞清新美好。黄鹭来《题高价人坐石小像》诗:"酒酣出一篇,词采讶～～。"

【清流】 qīngliú ❶清澈的流水。王羲之《兰亭集序》:"此地有崇山峻岭,茂林修竹,又有～～激湍,映带左右。"❷喻负有时望、清高的士大夫。《三国志·魏书·陈群传评》:"陈群动仗名义,有～～雅望。"欧阳修《朋党论》:"及昭宗时,尽杀朝之名士,或投之黄河,曰:'此辈～～,可投浊流。'"❸喻政治清明。《后汉书·杨震传》:"欲令远近咸知政化之～～,商邑之翼翼也。"

【清门】 qīngmén ❶清寒之家。杜甫《丹青引赠曹将军霸》:"将军魏武之子孙,于今为庶为～～。"❷清贵的门第。白居易《博陵崔府君神道碑铭》:"长源远派,大族～～,珪组贤俊,准绳济美,斯崔氏所以绵千祀而甲百族也。"

【清庙】 qīngmiào ❶宗庙。宗庙肃穆清静,故称。《吕氏春秋·报更》:"薛不量其力,而为先王立～～。"《汉书·艺文志》:"墨家者流,盖出于～～之守。"❷《诗经·周颂》篇名。《诗经·周颂·清庙序》:"《清庙》,祀文王也。"

【清明】 qīngmíng ❶清澈明朗。《礼记·乐记》:"是故～～象天,广大象地,终始象四时。"欧阳修《秋声赋》:"盖夫秋之为状也,其色惨淡,烟霏云敛;其容～～,天高日晶。"❷清察明审。李德裕《上尊号玉册文》:"伏惟皇帝陛下,～～溥鬯,光耿四海。"也指纯正而光明的道德。《礼记·孔子闲居》:"～～在躬,气志如神。"❸有法度,有条理。《汉书·礼乐志》:"[世祖]即位三十年,四夷宾服,百姓家给,政教～～。"❹清越嘹亮。羊士谔《郡中即事》诗之一:"鼓角～～如战垒,梧桐摇落似贫居。"❺冷肃。《素问·六元正纪大论》:"金发而～～,火发而曛昧,何气使然?"❻农历二十四节气之一。《淮南子·天文训》:"春分后十五日,斗指乙为～～。"❼指东南方。《淮南子·天文训》:"明庶风至四十五日,～～风至。"

【清平】 qīngpíng ❶太平。班固《两都赋序》:"臣窃见海内～～,朝庭无事。"又澄清,使太平。庾信《周大将军赵公墓志铭》:"有品藻人伦之志,有～～天下之心。"❷廉洁公正。《后汉书·杜诗传》:"性节俭而政治～～,以诛暴立威。"元稹《连昌宫词》:"长官～～太守好,拣选皆言由相公。"❸清和平允。苏轼《〈王定国诗集〉叙》:"[王定国]以其岭外所作诗数百首寄余,皆～～丰融,蔼然有治世之音。"

【清切】 qīngqiè ❶指官职清贵而接近皇帝。杜甫《赠献纳使起居田舍人》诗:"献纳司存雨露边,地分～～任才贤。"白居易《晚春重到集贤院》诗:"官曹～～非人境,风日清明似洞天。"❷形容声音清亮激越。杜甫《乐游园歌》:"拂水低徊舞袖翻,缘云～～歌声上。"陈师道《晚泊》诗:"～～临风笛,深明隔水灯。"❸真切。严羽《沧浪诗话·答出继叔临安吴景仙书》:"以禅喻诗,莫此～～。"❹指脉象。《素问·常政大论》:"其候～～。"

【清商】 qīngshāng ❶古五音之一,商声。其调凄清悲凉,故称。《韩非子·十过》:"平公问师旷曰:'此所谓何声也?师旷曰:'此所谓～～也。'"❷指秋风。潘岳《悼亡诗》之二:"～～应秋至,溽暑随节阑。"

【清劭】 qīngshào 高洁,美好。《晋书·庾峻传》:"山林之士,被褐怀玉,……彼其～～足以抑贪污,退让足以息鄙事。"潘岳《杨仲武诔》:"弱冠流芳,俊声～～。"

【清谈】 qīngtán ❶清雅的言谈、议论。李白《与韩荆州书》:"必若接之以高宴,纵之以～～,请日试万言,倚马可待。"❷指魏晋时期崇尚老庄、空谈玄理的风气。又称"玄谈"、"谈玄"、"玄言"、"清言"。《宋书·蔡廓传论》:"世重～～,士推素论。"❸犹"清议"。《梁书·沈约传》:"自负才高,昧于荣利,乘时藉世,颇累～～。"

【清听】 qīngtīng ❶静听。陆机《吴趋行》:"四坐并～～,听我歌《吴趋》。"❷明察善听。《后汉书·申屠蟠传》:"[缑]玉之节义,……不遭明时,尚当表旌庐墓,况在～～,而不加哀矜!"后引申为请人听纳意见的敬词。❸指人的听觉。孟浩然《宿来公山房期丁大不至》诗:"松月生夜凉,风泉满～～。"

【清问】 qīngwèn 明审详问。《汉书·梁怀王刘揖传》:"诏廷尉选上德通理之吏,更审考～～。"元结《忝官引》:"公车诣魏阙,天子垂～～。"

【清修】 qīngxiū ❶指操行高洁美好。《后汉书·宋弘传》:"太中大夫宋汉,～～雪白,正直无邪。"又《刘陶传》:"其宦者子弟宾客,虽贪污秽浊,皆不敢问,而虚纠边远小郡～～有惠化者二十六人。"(纠:检举。)❷佛家语。指在家修行。《续传灯录·空空道人智通》:"未几厌世相,还家求祝发,父难之,遂～～。"❸指清白显贵的门第。《北史·魏宣武帝纪》:"～～出身:公,从八下;侯,正九上。"

【清虚】 qīngxū ❶清净虚无。《汉书·艺文志》:"然后知秉要执本,～～以自守,卑弱以自持,此君人南面之术也。"❷清高淡泊。《三国志·魏书·王烈传》:"太中大夫管宁,耽怀道德,服膺六艺,～～足以侔古,廉白可以当世。"❸指清虚府或清虚殿。即月宫。谭用之《江边秋夕》诗:"七色花虬一声鹤,几时乘兴上～～。"❹太空,天空。《抱朴子·勖学》:"令抱翼之凤,奋翮于～～。"❺指风露。孟郊《北郭贫居》诗:"欲识贞静操,秋蝉饮～～。"

【清序】 qīngxù 指朝官的班列。《南史·殷景仁传》:"[殷]恒因愚习惰,久妨～～,可除散骑常侍。"

【清选】 qīngxuǎn ❶精选。《后汉书·刘焉传》:"乃建议改置牧伯,镇安方夏,～～重臣,以居其任。"也指精选出来的人才。《三国志·魏书·高柔传》:"然今博士皆经明行修,一国～～。"❷清贵之官。《梁书·庾於陵传》:"旧事,东宫官属,通为～～,洗马掌文翰,尤其清者。"❸太常官的别称。白居易《陈中师除太常少卿制》:"今之太常,兼掌其事,贰兹职者,不亦重乎?历代迄今,谓之～～。"

【清颜】 qīngyán ❶清秀的容貌。指美人。陆机《日出东南隅行》:"高台多妖丽,濬房出～～。"❷对人容颜的敬称。犹言丰采。谢朓《答王世子》诗:"有酒招亲朋,思与～～会。"《梁书·孔休源传》:"不期忽觏～～,顿祛鄙吝,观天披雾,验之今日。"

【清晏】 qīngyàn 也作"清宴"。❶太平安宁。《晋书·杜预传》:"陛下圣明神武,朝野

～～，国富兵强。”❷清净明朗。《陈书·高祖纪下》：“先是氛雾，昼夜晦冥，至于是日，景气～～。”❸清闲。《汉书·诸葛丰传》：“臣窃不胜愤懑，愿赐～～，唯陛下裁幸。”❹清新雅致的宴集。成公绥《延宾赋》：“延宾命客，集我友生，高谈～～，讲道研精。”

【清扬】 qīngyáng ❶指眉目之间。《诗经·郑风·野有蔓草》：“有美一人，～～婉兮。”也指眉目清秀。《诗经·鄘风·君子偕老》：“子之～～，扬且之颜也。”后引申为对人容颜的称颂之词，犹言丰采。蒋防《霍小玉传》：“今日幸会，得睹～～。”❷清越高扬。《荀子·法行》：“扣之，其声～～而远闻，其止缀然，辞也。”也作“清阳”。《周礼·考工记·梓人》：“其声～～而远闻。”

【清要】 qīngyào ❶清简得要。《尚书·周官》“夏、商官倍，亦克用乂”孔传：“禹、汤建官二百，亦能用治。言不及唐、虞之～～。”❷指地位清显、职司重要而政务不繁的官职。《新唐书·李素立传》：“以亲丧解官，起授七品～～。有司拟雍州司户参军，帝曰：‘要而不清。’复拟秘书郎，帝曰：‘清而不要。’乃授侍御史。”也指清显重要的政务。《三国志·吴书·王蕃贺邵等传评》：“贺邵厉志高洁，机理～～。”

【清夷】 qīngyí ❶清平，太平。《后汉书·王涣传》：“境内～～，商人露宿于道。”王禹偁《待漏院记》：“皇风于是乎～～，苍生以之而富庶。”❷清净恬淡。曾巩《知制诰授中司制》：“某志行～～。”

【清议】 qīngyì 指对时政的议论。《三国志·吴书·张温传》：“[暨]艳性狷厉，好为～～，见时郎署混浊淆杂，多非其人，欲臧否区别，贤愚异贯。”也指社会舆论。《三国志·魏书·邴原传》注引《邴原别传》：“是时海内～～，云青州有邴、郑之学。”

【清英】 qīngyīng ❶清洁明净。班固《西都赋》：“轶埃堨之混浊，鲜颢气之～～。”❷精萃，精华。萧统《文选序》：“自非略其芜秽，集其～～，盖欲兼功太半，难矣。”也指精英。谢灵运《无量寿佛颂》：“净土一何妙，来者皆～～。”❸清新秀美。《文心雕龙·时序》：“然晋虽不文，人才实盛……并结藻～～，流韵绮靡。”❹指清酒。《太平御览》卷八二三引《淮南子》：“～～之美，始于耒耜。”

【清约】 qīngyuē ❶清廉节俭。《宋书·朱修之传》：“修之治身～～，凡所赠贶，一无所受。”❷清明简约。《三国志·蜀书·杨戏传》：“拜护军监军，出领梓潼太守，入为射声校尉，所在～～不烦。”❸清静自守。《东观汉记·马廖传》：“马廖少习《易经》，～～沉静。”

【清越】 qīngyuè ❶清亮高扬。苏轼《石钟山记》：“扣而聆之，南声函胡，北音～～。”❷清秀拔俗。《南史·梁贞惠世子方诸传》：“幼聪警博学，明《老》、《易》，善谈玄，风采～～。”韩愈《送文畅师北游》诗：“出其囊中文，满听实～～。”

【清真】 qīngzhēn ❶纯真质朴。《世说新语·赏誉》：“山公举阮咸为吏部郎，目曰：‘～～寡欲，万物不能移也。’”李白《送韩准裴政孔巢父还山》诗：“韩生信英彦，裴子含～～。”❷中国伊斯兰教的别称。

【清秩】 qīngzhì 清贵的官职。苏颋《授李寮太子中允制》：“勉奉～～，无旷厥官。”《宋史·杨亿传》：“亿以丞吏之贱，不宜任～～，即封诏还。”

【清酌】 qīngzhuó 古代祭祀用的清酒。《礼记·曲礼下》：“凡祭宗庙之礼，……酒曰～～。”柳宗元《祭吕衡州温文》：“奉～～庶羞之奠，敬祭于吕八兄化光之灵。”

圊 qīng ❶厕所。《新唐书·高骈传》：“骈之自将出屯也，突将乱，乘门以入，骈匿于～，求不得。”❷排除(污秽)。张仲景《伤寒论·辨厥阴病脉证并治全篇》：“下利脉数而渴者，令自愈；设不差，必～脓血，以有热故也。”

【圊溷】 qīnghùn 厕所。《三国志·蜀书·诸葛亮传评》注引《袁子》：“所至营垒、井灶、～～、藩篱、障塞皆应绳墨。”文天祥《正气歌序》：“或～～，或毁尸，或腐鼠，恶气杂出，时则为秽气。”

蜻 1. qīng ❶虫名。蜻蜓。《吕氏春秋·精谕》：“海上之人有好～者，每居海上，从～游。”

2. jīng ❷虫名用字。见“蜻蛚”。

【蜻蛉】 qīnglíng 虫名。即蜻蜓。《战国策·楚策四》：“王独不见乎～～乎？六足四翼，飞翔乎天地之间，俯啄蚊虻而食之，仰承甘露而饮之。”

【蜻蛚】 jīngliè 虫名。即蟋蟀。张协《杂诗》之一：“～～吟阶下，飞蛾拂明烛。”

鼜(鼜) qīng 用一只脚跳行。陆龟蒙《江南秋怀寄华阳山人》诗：“项岂重瞳圣，夔犹一足～。”

鲭(鯖) 1. qīng ❶鱼名。青鱼。左思《吴都赋》：“䲝鼊～鳄，涵泳乎其中。”(䲝鼊：龟属。)

2. zhēng ❷鱼和肉合烧的菜肴。刘歆《西京杂记》卷二：“娄护丰辩，传食五侯间，各得其欢心，竟致奇膳，护乃合以为～，世称‘五侯～’。”

鼜(鑋、鏨) qīng ❶金声。《说文·金部》："～，金声。"❷通"蹬"。用一只脚跳行。《左传·昭公二十六年》："苑子刜林雍，断其足，～而乘于他车以归。"

剠 1. qíng ❶同"黥"。古代墨刑。《易林·睽之贲》："～刖髡劓，人所贱弃。"
2. lüè ❷同"掠"。抢劫。蒋济《合肥移城议》："劫～无限。"

勍 qíng ❶强，强劲。《左传·僖公二十二年》："且今之～者，皆吾敌也。"司空图《与王驾评诗书》："元、白力～而气孱，都市豪估耳。"❷竞，竞争。皮日休《霍山赋》："岳之大，与地角壮，与天～势。"

【勍敌】 qíngdí ❶强敌。曹丕《与钟繇书》："真君侯之～～，左右之深忧也。"❷才艺相当的对手。司马光《续诗话》："李长吉歌'天若有情天亦老'，人以为奇绝无对。曼卿对'月如无恨月长圆'，人以为～～。"

葝(葝) 1. qíng ❶草本植物名。山薤。《尔雅·释草》："～，山䪥。"
2. jìng ❷草名。鼠尾草。《尔雅·释草》："～，鼠尾。"

情 qíng ❶感情，情绪。《论衡·本性》："性，生而然者也，在于身而不发；～，接于物而然者也，出形于外。"范仲淹《岳阳楼记》："迁客骚人，多会于此，览物之～，得无异乎！"㊕爱情。陈鸿《长恨歌传》："定～之时，授金钗钿合以固之。"❷真情，实情。《国语·鲁语上》："余听狱虽不能察，必以～断之。"《汉书·邹阳传》："鲁公子庆父使仆人杀子般，狱有所归，季友不探其～而诛焉。"㊀情况，情态。《后汉书·西域传论》："莫不备写～形，审求根实。"卢照邻《长安古意》诗："鸦黄粉白车中出，含娇含态～非一。"❸志向，意志。《南史·刘湛传》："弱年便有宰物～，常自比管、葛。"㊂主观愿望。《齐民要术·种谷》："任～返道，劳而无获。"

【情地】 qíngdì ❶指亲族地位。《晋书·哀帝纪》："琅邪王丕，中兴正统，明德懋亲。……今义望～～，莫与为比，其以王奉大统。"❷处境。《宋书·毛修之传》："臣闻在生所以重生，实有生理可保，臣之～～，生途已竭。"

【情窦】 qíngdòu 《礼记·礼运》："故礼义也者，……所以达天道、顺人情之大窦也。"言礼义为通达天道、顺畅人情的通道。后以"情窦"多指情意或男女爱情萌发的通道。郭印《次韵正纪见贻之什》："～～欲开先自窒，心田已净弗须锄。"张居正《请皇太子出阁讲学疏》："盖人生八岁，则知识渐长，～～渐开。"

【情好】 qínghǎo 交好，交谊。《三国志·蜀书·诸葛亮传》："[先主]于是与亮～～日密。"

【情好】 qínghào 心中喜好。《史记·礼书》："口甘五味，为之庶羞酸咸以致其美；～～珍善，为之琢磨圭璧以通其意。"

【情核】 qínghé 实情。《后汉书·张宗传论》李贤注："肤受，谓得皮肤之言而受之，不深知其～～者也。"

【情节】 qíngjié ❶节操。殷仲文《解尚书表》："名义以之俱沦，～～自兹兼挠。"❷事情的变化和经过。戚继光《将官到任宝鉴》："备言其事之始末～～、利害缘由。"《水浒传》四十一回："饮酒中间，说起许多～～。"

【情款】 qíngkuǎn 情意融洽。枚乘《杂诗》之七："愿言追昔爱，～～感四时。"《宋书·陶潜传》："先是，颜延之为刘柳后军功曹，在寻阳，与潜～～。"

【情貌】 qíngmào ❶情感与外表。《后汉书·宦者传论》："然真邪并行，～～相越，故能回惑昏幼，迷瞀视听。"（越：违。）❷情感的外在表现。《韩非子·解老》："礼为～～者也，文为质饰者也。"

【情巧】 qíngqiǎo 犹机谋，智略。阮瑀《为曹公作书与孙权》："夫水战千里，～～万端。"

【情人】 qíngrén ❶友人，故人。鲍照《翫月城西门廨中》诗："迴轩驻轻盖，留酌待～～。"李白《春日独坐寄郑明府》诗："～～道来竟不来，何人共醉新丰酒？"❷恋人。《晋乐府·子夜歌》："～～不还卧，冶遊步明月。"

【情赏】 qíngshǎng 犹心赏，言内心所爱。《梁书·徐勉传》："中年聊于东田闲营小园者，非在播艺以要利入，正欲穿池种树，少寄～～。"

【情实】 qíngshí ❶实情，真相。《史记·吕不韦列传》："于是秦王下吏治，具得～～，牵连相国吕不韦。"《汉书·邹阳传》："乡使济北见～～，示不从之端，则吴必先历齐毕济北，招燕、赵而总之。"❷真心实意。《管子·形势解》："与人交，多诈伪无～～。"《史记·平津侯主父列传》："齐人多诈而无～～。"

【情数】 qíngshù 情况。《后汉书·班超传》："自孤守疏勒，于今五载，胡夷～～，臣颇识之。"

【情素】 qíngsù 衷诚，真情实意。《汉书·王褒传》："虽然，敢不略陈愚而抒～～。"也作"情愫"。陈亮《中兴五论序》："尝欲输肝胆，效～～，上书于北阙之下。"

【情田】 qíngtián 《礼记·礼运》:“故圣王修义之柄,礼之序,以治人情。故人情者,圣王之田也。”情生于心,后因以“情田”指心地、心田。《晋书·王湛等传论》:“混暗识于心镜,开险路于～～。”齐己《喻吟》:“江花与芳草,莫染我～～。”

【情条】 qíngtiáo 情理,情绪。王僧达《祭颜光禄文》:“心悽目泫,～～云互。”(互:交错,纷乱。)

【情伪】 qíngwěi ❶真伪。《吕氏春秋·论人》:“内则用六戚四隐,外则用八观六验,人之～～贪鄙美恶无所失矣。”《后汉书·循吏传序》:“初,光武长于民间,颇达～～。”❷弊病。《管子·七法》:“言实之士不进,则国之～～不竭于上。”陈亮《问答》:“以至于尧,而天下之～～日起,国家之法度亦略备矣。”

【情文】 qíngwén ❶质与文。《史记·礼书》:“故至备,～～俱尽;其次,～～代胜;其下,复情以归太一。”(按:情,犹内容,这里指礼意,如丧主哀,祭主敬之类;文,犹形式,这里指礼仪,礼物威仪之类。)❷《世说新语·文学》:“孙子荆除妇服,作诗以示王武子。王曰:‘未知文生于情,情生于文。’”后以“情文”指情思与文采。袁枚《随园诗话补遗》卷十:“前年,蒙其在西藏军中通书问讯,见怀四诗,～～双美。”

【情慉】 qíngxù 犹“情愫”。真情。《三国志·蜀书·许靖传》注引《魏略》:“久阔～～,非夫笔墨所能写陈,亦想足下同其志念。”

【情致】 qíngzhì 情趣风致。《世说新语·赏誉》:“[康伯]发言遣辞,往往有～～。”李清照《词论》:“秦[少游]即专主～～,而少故实。譬如贫家美女,虽极妍丽丰逸,而终乏富贵态。”

殑 1. qíng ❶旧称魂魄出体。刘基《赠道士蒋玉壶长歌》:“洞晃晄朗眩遥瞪,瘁肌砭髓魂欲～。”

2. jìng ❷译音字。见“殑伽”。

【殑殑】 qínglíng 病困的样子。元稹《纪怀赠李六户曹、崔二十功曹五十韵》:“荒居邻鬼魅,羸马步～～。”

【殑伽】 jìngjiā 梵文 Gaṅgā 的音译。古印度河名。即恒河。玄奘《大唐西域记·窣禄勤那国》:“阎牟那河东行八百馀里至～～河,河源广三四里,……水色沧浪,波涛浩汗。”

晴(姓、暒) qíng 雨止云散,晴朗。潘岳《闲居赋》:“微雨新～,六合清朗。”苏轼《饮湖上初晴后雨》诗之一:“水光潋滟～方好,山色空濛雨亦奇。”㊀比喻泪止或泪干。苏轼《南乡子·送述古》词:“今夜残灯斜照处,荧荧,秋雨晴时泪不～。”

【晴岚】 qínglán 晴日山中的雾气。郑谷《华山》诗:“峭仞耸巍巍,～～染近畿。”周邦彦《渡江云》词:“～～低楚甸,暖回雁翼,阵势起平沙。”

【晴丝】 qíngsī 虫类所吐的、飘荡在空中的游丝。杜甫《春日江村》诗之四:“燕外～～卷,鸥边水叶开。”范成大《初夏》诗之二:“～～千尺挽韶光,百舌无声燕子忙。”

精 qíng 见 jīng。

擏 1. qíng ❶通“檠”。矫正弓的器具。《淮南子·说山训》:“～不正,而可以正弓。”

2. jǐng ❷同“儆”。戒。赵南星《答饶北宗》:“引其所不逮,而～其谬戾,以不忝为人。”

檠(檄) 1. qíng ❶矫正弓的器具。《韩非子·外储说左上》:“且张弓不然:伏～一日而蹈弦,三旬而犯机。”(且:人名。)㊀用檠矫正。《汉书·苏武传》:“武能网纺缴,～弓弩。”❷灯架。韩愈《短灯檠歌》:“长～八尺空自长,短～二尺便且光。”㊀借指灯。庾信《对烛赋》:“莲帐寒～窗拂曙,筠笼熏火香盈絮。”❸通“擎”。举,托。灵一《妙乐观》诗:“忽见一人～茶碗,篸花昨夜风吹满。”

2. jìng ❹有脚的盘碟之类器皿。《汉书·地理志下》“其田民饮食以笾豆”颜师古注:“以竹曰笾,以木曰豆,若今之～也。”

擎 qíng 举,向上托住。李贺《送秦光禄北征》诗:“今朝～剑去,何日刺蛟回?”陈亮《甲辰答朱元晦书》:“亮非假人以自高者也,～拳撑脚,独往独来于人世间。”

鲸 qíng 见 jīng。

黥 qíng 在人体上刺刻花纹,并涂上颜料。《后汉书·东夷传》:“男子无大小皆～面文身。”㊕墨刑。用刀刺刻犯人的面额,再涂上墨。《史记·秦本纪》:“君必欲行法,先于太子。太子不可～,～其傅师。”《汉书·贾谊传》:“今自王侯三公之贵,皆天子之所改容而礼之也,……而令与众庶同～劓髡刖笞傌弃市之法。”

【黥首】 qíngshǒu ❶在面额上刺刻花纹,并涂上颜料。王褒《四子讲德论》:“剪发～～文身裸袒之国。”❷古刑法之一,在额上刺字。《后汉书·蔡邕传》:“邕陈辞谢,乞～～刖足,继成汉史。”

顷(頃) 1. qǐng ❶土地面积单位。百亩为一顷。《史记·平准书》:

"召拜[卜]式为中郎，爵左庶长，赐田十～。"《汉书·灌夫传》："蚡事魏其无所不可，爱数～田？"（蚡：田蚡。）❷少时，片刻。《庄子·秋水》："夫不为～久推移，不以多少进退者，此亦东海之大乐也。"《论衡·道虚》："置人寒水之中，无汤火之热，鼻中口内不通于外，斯须之～，气绝而死矣。"❸近来，不久前。《后汉书·和熹邓皇后纪》："～以废病沉滞，久不得侍祠。"白居易《与元微之书》："～所牵念者，今悉置在目前。"

2. qīng ❹"倾"的古字。斜，侧。《诗经·周南·卷耳》："采采卷耳，不盈～筐。"《汉书·王褒传》："不单～耳而听已聪。"

3. kuǐ ❺通"跬"。半步。《礼记·祭义》："故君子～步而弗敢忘孝也。"范成大《与时叙现老纳凉池上》诗："会心不在远，～步便得之。"

【顷亩】 qǐngmǔ ❶百亩，概言地积之广。《史记·淮南衡山列传》："暴兵露师常数十万，死者不可胜数，僵尸千里，流血～～。"❷指土地面积。《后汉书·光武帝纪下》："诏下州郡检核垦田～～及户口年纪。"也泛指田地。《抱朴子·极言》："登稼被垄，不获不刈，～～虽多，犹无获也。"

【顷年】 qǐngnián 近年。《三国志·吴书·贺邵传》："自～～以来，朝列纷错，真伪相贸，上下空任，文武旷位。"

【顷之】 qǐngzhī 不久。之，助词，无义。《史记·李将军列传》："居～～，石建卒。"《后汉书·庞萌传》："～～，五校粮尽，果引去。"

【顷宫】 qǐnggōng 巍峨的宫殿。《吕氏春秋·过理》："作为璇室，筑为～～。"也作"倾宫"。《晏子春秋·谏下》："昔者楚灵王作～～，三年未息也。"

【顷刻花】 qǐngkèhuā 喻飞雪。苏轼《谢人见和雪后书北堂壁》诗之二："也知不作坚牢玉，无奈能开～～～。"黄庭坚《咏雪奉呈广平公》："风回共作婆娑舞，天巧能开～～～。"

请（請） 1. qǐng ❶请求。《汉书·高帝纪上》："吕后与两子居田中，有一老父过～饮，吕后因餔之。"㉑请求给予。《史记·吕太后本纪》："朱虚侯～卒，太尉予卒千馀人。"（按：有时"请求"之义虚化，主要表示敬意。《史记·张仪列传》："惠王曰：'善，寡人～听子。'"又《魏公子列传》："侯生曰：'臣宜从，老不能。～数公子行日，以至晋鄙军之日，北乡自刭，以送公子。'"）❷谒见，拜见。《荀子·成相》："下不私～，各以宜，舍巧拙。"《汉书·张汤传》："其造～诸公，不避寒暑。"❸询问。《仪礼·士昏礼》："摈者出～事。"㉑问候。《汉书·梁孝王刘武传》："病时，任后未尝～疾；薨，又不侍丧。"❹告，告诉。《仪礼·乡射礼》："主人答，再拜，乃～。"《礼记·投壶》："～宾曰：'顺投为入，比投不释。'"❺邀请。《汉书·霍光传》："乃谋令长公主置酒～光。"㉑聘请。《后汉书·鲁恭传》："郡数以礼～，谢不肯应，母强遣之，恭不得已而西，因留新丰教授。"

2. qìng ❻古代朝会名。汉制，春曰朝，秋曰请。《史记·吴王濞列传》："及后使人为秋～。"

3. qíng ❼通"情"。实情。《荀子·成相》："听之经，明其～，参伍明谨施赏刑。"㉑实在。《墨子·明鬼下》："鬼神者固～无有，是以不共其酒醴、粢盛、牺牲之财。"❽受，领受。《唐语林·补遗》："大历中，～俸有至百万者。"

【请安】 qǐng'ān ❶自请安息。《左传·昭公二十七年》："乃饮酒，使宰献而～～。"❷古燕礼的安宾之仪，即请客安坐。《仪礼·乡饮酒礼》："主人曰：'～～于宾。'"❸清代见面问安的一种仪式。

【请急】 qǐngjí 犹请假，告假。《宋书·谢灵运传》："出郭游行，或一日百六七十里，经旬不归，既无表闻，又不～～。"杜甫《偪侧行赠毕曜》："已令～～会通籍，男儿性命绝可怜。"

【请寄】 qǐngjì 犹"请托"。私相嘱托。《史记·郅都传》："都为人勇，有气力，公廉，不发私书，问遗无所受，～～无所听。"《汉书·鲍宣传》："～～为奸，群小日进。"

【请老】 qǐnglǎo 告老，古代官吏请求退休。《左传·襄公三年》："祁奚～～，晋侯问嗣焉。"《新唐书·唐休璟传》："明年，复～～，给一品全禄。"

【请命】 qǐngmìng ❶代他人祈请保全生命或解除疾苦。《三国志·吴书·吕蒙传》："[孙]权自临视，命道士于星辰下为之～～。"❷犹言请示。《仪礼·聘礼》："几筵既设，摈者出～～。"❸请求任命。《新五代史·卢光稠传》："[谭]全播乃起，遣使～～于梁，拜防御使。"

【请平】 qǐngpíng 请和，求和。《左传·文公十三年》："公还，郑伯会公于棐，亦～～于晋。"

【请期】 qǐngqī 古代婚礼"六礼"之一。男家纳征后，择定婚期，备礼告女家，求其同意。《仪礼·士昏礼》："～～，用雁。主人辞，宾许告期。如纳征礼。"

【请室】 qǐngshì 汉代囚禁有罪官吏的牢

狱。《汉书·爰盎传》："及绛侯就国，人上书告以为反，征系～～，诸公莫敢为言，唯盎明绛侯无罪。"后以称刑部狱。高兆《与周减斋先生书》："～～风雪，夜更多寒。"

【请闲】 qǐngxián 请求于闲暇之时言事，表示不愿当着众人谈。《汉书·叔孙通传》："[惠帝]作复道，方筑武库南，通奏事，因～～。"《后汉书·耿弇传赞》："往收燕卒，来集汉营。～～赵殿，酾酒齐城。"

【请业】 qǐngyè 向师长请教学业。《礼记·曲礼上》："～～则起，请益则起。"

【请谒】 qǐngyè 私下告求。《管子·八观》："～～得于上，则党与成于下。"《韩非子·八奸》："故财利多者买官以为贵，有左右之交者～～以成重。"

【请益】 qǐngyì 受教后仍不明了，再去请教。《礼记·曲礼上》："请业则起，～～则起。"后泛指向人请教。

【请缨】 qǐngyīng 《汉书·终军传》："[汉武帝]乃遣军使南越，说其王，欲令入朝，比内诸侯。军自请，愿受长缨，必羁南越王而致之阙下。"缨，绳子。后因用"请缨"指自请击敌报国。王勃《滕王阁序》："无路～～，等终军之弱冠。"杜甫《岁暮》诗："天地日流血，朝廷谁～～？"

【请罪】 qǐngzuì ❶外交辞令。犹问罪，声讨。《尚书·汤诰》："敢用玄牡，敢昭告于上天神后，～～有夏。"《左传·僖公二年》："敢请假道，以～～于虢。"❷自认有罪，请求惩处。《汉书·李广传》："若乃免冠徒跣，稽颡～～，岂朕之指哉！"《三国志·蜀书·麋竺传》："[麋芳]叛迎孙权，羽因覆败。竺面缚～～。"❸请求免罪。《资治通鉴·汉桓帝延熹二年》："吏民赍货求官～～者，道路相望。"

【请自隗始】 qǐngzìwěishǐ 《史记·燕召公世家》载：燕昭王卑身厚币以招贤，以求报齐雪耻，谋于郭隗。隗曰："王必欲致士，先从隗始；况贤于隗者，岂远千里哉！"后常作为自荐之词。韩愈《与于襄阳书》："古人有言，～～～～，愈今者惟朝夕刍米仆赁之资是急，不过费阁下一朝之享而足也。"

庼(廎)

1. qǐng ❶也作"高"。小厅堂。《集韵·迥韵》："高，小堂也。或作～。"

2. qīng ❷通"倾"。倒。《汉司隶校尉杨孟文石门颂》："～泻输渊。"⊗偏，屈。《繁敏碑》："能无挠～。"

檾

qǐng 见qǐ。

苘(苘、蘔)

qǐng 苘麻。通称"青麻"。苏轼《浣溪沙·徐门石潭谢雨道上作》词："麻叶层层～叶光，谁家煮茧一村香。"

謦

qǐng 轻声咳嗽。《说文·言部》："～，欬也。"

【謦欬】 qǐngkài ❶咳嗽。《吕氏春秋·顺说》："惠盎见宋康王，康王蹀足～～。"❷言笑。《庄子·徐无鬼》："夫逃虚空者，……闻人足音跫然而喜矣，又况乎昆弟亲戚之～～其侧者乎！久矣夫，莫以真人之言～～吾君之侧乎！"

庆(慶)

1. qìng ❶祝贺。《国语·鲁语下》："夫义人者，固～其喜而吊其忧，况畏而服焉？"《史记·苏秦列传》："见齐王，再拜，俯而～，仰而吊。"⊗可庆贺的事。《新唐书·郭弘霸传》："比有三～：旱而雨，洛桥成，弘霸死。"❷善。《汉书·贾谊传》："《书》曰：'一人有～，兆民赖之。'此时务也。"⊗福，幸福。《周易·坤·文言》："积善之家，必有馀～。积不善之家，必有馀殃。"❸赏赐。《孟子·告子下》："入其疆，土地辟，田野治，养老尊贤，俊杰在位，则有～，～以地。"《吕氏春秋·孟夏》："还，乃行赏，封侯～赐，无不欣说。"（说：悦。）

2. qiāng ❹助词。多用于句首。《汉书·叙传上》："恐罔蛃之责景兮，～未得其云已。"又《扬雄传上》："～夭顇而丧荣。"

3. qīng ❺通"卿"。见"庆士"。

【庆抃】 qìngbiàn 因喜庆而鼓掌。旧文书表示祝贺的套语。刘禹锡《谢冬衣表》："～～失图，捧戴相贺。"宋濂《〈春秋本末〉序》："臣幸生盛时，遭逢两宫之圣，不胜～～之至。"

【庆父】 qìngfǔ 春秋时鲁庄公之弟共仲。《左传·闵公元年》载：庄公死，子般立为国君。庆父杀子般立闵公，后又杀闵公而奔莒。齐大夫仲孙湫去鲁国吊问，回来对国君说："不去庆父，鲁难未已。"后常以"庆父"泛言祸根。《晋书·李密传》："尝与人书曰：'～～不死，鲁难未已。'"

【庆赏】 qìngshǎng ❶奖赏。《周礼·地官·族师》："刑罚～～，相及相共。"《荀子·王制》："勉之以～～，惩之以刑罚。"❷欣赏。睢景臣《六国朝·催拍子》曲："六桥云锦，十里风花，～～无厌。"

【庆问】 qìngwèn 庆贺通问。曹植《求通亲亲表》："愿陛下沛然垂诏，使诸国～～，四节得展，以叙骨肉之欢恩，全怡怡之笃义。"常璩《华阳国志·刘后主志》："吴主孙权称尊，[后主]遣卫尉陈震～～。"

【庆霄】 qìngxiāo 犹"庆云"。五色彩云。谢瞻《经张子房庙诗》："明两烛河阴，～～薄汾阳。"也指云霄。权德舆《齐成碑铭》：

"鹏起扶摇，鸾翔～～。"

【庆绪】 qìngxù 美好的事业。庾信《周宗庙歌·皇夏》："～～千重秀，洪源万里长。"

【庆裔】 qìngyì 《周易》有"积善之家，必有馀庆"语。后遂以"庆裔"为称他人家庭门第的敬词。于劭《送从叔南游序》："叔父乃相国东海公犹子之～～。"

【庆云】 qìngyún ❶五色彩云。古人视为祥瑞之气。《列子·汤问》："景风翔，～～浮，甘露降，澧泉涌。"陆机《汉高祖功臣颂》："～～应辉，皇阶授木。"❷喻显位或长辈。《楚辞·九怀·思忠》："贞枝抑兮枯槁，枉车登兮～～。"潘岳《寡妇赋》："承～～之光覆兮，荷君子之惠渥。"

【庆士】 qīngshì 同"卿士"。卿、大夫、士的泛称。《礼记·祭统》："作率～～，躬恤卫国。"

亲 qìng 见 qīn。

凊 qìng 冷，凉。《管子·宙合》："辟之犹夏之就～，冬之就温焉。"《墨子·辞过》："古之民，未知为衣服时，衣皮带茭，冬则不轻而温，夏则不轻而～。"㊁使凉。《礼记·曲礼上》："凡为人子之礼，冬温而夏～。"

倩 qìng 见 qiàn。

濲 qìng 见 hōng。

靘 qìng ❶青黑色。《天工开物·甘嗜》："色至于～，味至于甘。"㊁使成青黑色。周密《齐东野语》卷十七："笙簧必用高丽铜为之，～以绿蜡。"❷(又读 jìng)艳丽。韩愈《东都遇春》诗："川原晓服鲜，桃李晨妆～。"❸(又读 jìng)竹树幽深。李华《寄赵七侍御》诗："玄猿啼深～，白鸟戏葱蒙。"

磬 qìng ❶一种打击乐器。以玉、石等材料制成，形如曲尺，悬挂在架上。《楚辞·大招》："叩钟调～，娱人乱只。"《史记·乐书》："然后钟～竽瑟以和之，干戚旄狄以舞之。"㊕制磬之石。《尚书·禹贡》："泗滨浮～。"❷佛寺中用的一种铜制打击乐器。卢纶《宿定陵寺》诗："古塔荒台出禁墙，～声初尽漏声长。"❸缢杀。《礼记·文王世子》："公族其有死罪，则～于甸人。"(甸人：掌郊野之官。)❹通"罄"。空，尽。《淮南子·览冥训》："金积折廉，璧袭无理，～龟无腹。"❺(chěng)通"骋"。放马疾驰。见"磬控"。

【磬控】 qìng(又读 chěng)kòng 言善御马，操纵自如。《诗经·郑风·大叔于田》："抑～～忌，抑纵送忌。"(忌：语气词。)一说御者驾车驰逐的样子。

【磬折】 qìngzhé ❶弯腰如磬之形。形容十分恭敬。《史记·滑稽列传》："西门豹簪笔～～，向河立待良久。"阮籍《咏怀》之四："悦怿若九春，～～似秋霜。"也作"罄折"。曹植《箜篌引》："谦谦君子德，～～何所求。"❷形容乐声婉转。潘岳《笙赋》："诀厉悄切，又何～～。"

罄(窒) qìng ❶器皿中空。《诗经·小雅·蓼莪》："瓶之～矣，维罍之耻。"㊁尽，用尽。范缜《神灭论》："粟～于惰游。"欧阳修《准诏言事上书》："所以～天下之所生，竭万民之膏血，而用不足也。"❷显现。《韩非子·外储说左上》："齐王问曰：'画孰最难者？'曰：'犬马难。……夫犬马，人所知也，旦暮～于前，不可类之，故难。'"❸严肃整饬。《逸周书·太子晋》："师旷～然。"❹通"磬"。古代一种打击乐器。《国语·鲁语上》："室如悬～，野无青草，何恃而不恐？"㊁刑名。将人悬挂如磬而绞杀。《新唐书·刑法志》："自隋以前，死刑有五，曰：～、绞、斩、枭、裂。"

【罄折】 qìngzhé 见"磬折"。

【罄竹难书】 qìngzhúnánshū 《吕氏春秋·明理》："乱国所生之物，尽荆越之竹，犹不能书也。"《旧唐书·李密传》："罄南山之竹，书罪无穷；决东海之波，流恶难尽。"后以"罄竹难书"形容罪恶极多，书写不尽。

qiong

跫 qiōng 脚步声。《庄子·徐无鬼》："夫逃虚空者……闻人足音～然而喜矣。"

【跫跫】 qiōngqiōng 踏地声。苏辙《次韵子瞻宿南山蟠龙寺》："～～深径马蹄响，落落稀星著疏木。"

邛(卭) qióng ❶土丘。《诗经·陈风·防有鹊巢》："中唐有甓，～有旨鹝。"❷弊病，忧患。《诗经·小雅·小旻》："我视谋犹，亦孔之～。"又《巧言》："匪其止共，维王之～。"❸古代西南少数民族国名。司马相如《难蜀父老》："定筰存～。"《后汉书·杜笃传》："捶驱氐、僰，寥狼～、莋。"❹"邛邛距虚"的省称。《楚辞·九思·疾世》："从～遨兮栖迟。"(邛邛距虚：兽名。一说"邛邛"、"距虚"是两种异兽。)❺古州名。南朝梁置。辖境相当今四川邛崃市、大邑县、蒲江县等。《新唐书·李德裕传》："德裕命转～、雅粟。"

【邛邛】 qióngqióng 见"蛩蛩①"。

穷(窮) qióng ❶阻塞不通。《楚辞·天问》："阻～西征，岩何越焉？"㊁走投无路。《颜氏家训·省事》："～鸟入怀，仁人所悯，况死士归我，当弃之乎？”❷极，尽。《吕氏春秋·下贤》：“以天为法，以德为行，以道为宗，与物变化而无所终～。”《史记·刺客列传》：“秦王发图，图～而匕首见。”㊀寻根究源，穷尽。《后汉书·班彪传》：“及长，遂博贯载籍，九流百家之言，无不～究。”欧阳修《祭尹师鲁文》：“嗟乎师鲁！辩足以～万物，而不能当一狱吏。”㊀彻底，极力。任昉《奏弹曹景宗》：“遂令孤城～守，力屈凶威。”❸困厄，处于困境。《吕氏春秋·慎人》：“孔子～于陈、蔡之间，七日不尝食。”《后汉书·臧宫传》：“匈奴贪利，无有礼信，～则稽首，安则侵盗。”㊂不得志，不能显贵。《战国策·赵策二》：“为人臣者，～有弟长辞让之节，通有补民益主之业。”《史记·魏世家》：“达视其所举，～视其所不为。”㊂全无生业，贫困。《左传·昭公十四年》：“分贫，振～，长孤幼，养老疾。”柳开《应责》：“纵我～饿而死，死即死矣。”❹止，息。《礼记·儒行》：“儒有博学而不～，笃行而不倦。”魏徵《理狱听谏疏》：“不服其心，但～其口，欲加之罪，其无辞乎？”❺终，自始至终的整段时间。《楚辞·大招》：“～身永乐，年寿延只。”王安石《上徐兵部书》：“暮春三月，登舟而南……～两月乃抵家。”❻荒僻。见“穷巷”。❼通“穹”。中间高起成拱形。《淮南子·齐俗训》：“譬若舟车楯肆～庐，固有所宜也。”《汉书·扬雄传上》：“香芬茀以～隆兮，击薄栌而将荣。”

【穷蹙】 qióngcù 困窘，困迫。《三国志·魏书·刘晔传》：“[刘]勋～～，遂奔太祖。”钟会《檄蜀文》：“[孙]壹等～～归命，犹加上宠，况巴蜀贤智见机而作者哉！”

【穷发】 qióngfà 指极荒远的不毛之地。《庄子·逍遥遊》：“～～之北，有冥海者，天池也。”谢灵运《游赤石进帆海》诗：“周览倦瀛壖，况乃陵～～。”

【穷谷】 qiónggǔ ❶幽邃的山谷。《左传·昭公四年》：“深山～～，固阴沍寒。”❷春秋周地。故址在今洛阳市东。《左传·定公七年》：“单武公、刘桓公败尹氏于～～。”

【穷交】 qióngjiāo 指患难之交。《汉书·游侠传序》：“赵相虞卿弃国捐君，以周～～魏齐之厄。”刘峻《广绝交论》：“是以伍员濯溉于宰嚭，张王抚翼于陈相，是曰～～。”苏轼《和刘贡甫登黄楼见寄并寄子由》之二：“好士馀刘表，～～忆灌夫。”

【穷井】 qióngjǐng 枯井。骆宾王《灵泉颂序》：“昔汉臣忠烈，～～飞于一时；姜妇孝思，潜波移于七里。”

【穷老】 qiónglǎo ❶老而贫。《三国志·魏书·王朗传》：“～～者得仰食仓廪，则无馁饿之殍。”❷垂老。鲍照《东武吟》：“少壮辞家去，～～还入门。”❸犹“终老”。养老。郭璞《山海经图赞·蓇》：“爰有苹草，青华白实，食之无夭，虽不增龄，可以～～。”

【穷露】 qiónglù 指贫穷无依靠的人。露，孤露。《楞严经》：“惟愿如来，哀愍～～，发妙明心，开我道眼。”

【穷民】 qióngmín ❶无依无靠的人。《孟子·梁惠王下》：“老而无妻曰鳏，老而无夫曰寡，老而无子曰独，幼而无父曰孤。此四者，天下之～～而无告者。”❷穷苦的人。《庄子·天道》：“吾不敖无告，不废～～。”（敖：通“傲”，傲慢。无告：指无处诉苦的人。）

【穷奇】 qióngqí ❶神名。《淮南子·地形训》：“～～，广莫风之所生也。”❷传说中的兽名。《山海经·西山经》：“邽山，其上有兽焉，其状如牛，蝟毛，名曰～～，音如獆狗，是食人。”❸古帝少皞氏子。尧时四凶之一。《左传·文公十八年》：“舜臣尧，宾于四门，流四凶族，浑敦、～～、梼杌、饕餮投诸四裔，以御螭魅。”后泛指恶人。方回《拟咏贫士》之七：“末季尚贪欲，高位多～～。”

【穷泉】 qióngquán ❶掘地及泉。谢惠连《祭古冢文》：“忝揔徒旅，板筑是司，～～为堑，聚壤成基。”也指探寻到水源。谢灵运《山居赋》：“入涧水涉，登岭山行，陵顶不息，～～不停。”❷泉下。指人死后埋葬的地方。潘岳《哀永逝文》：“委兰房兮繁华，袭～～兮朽壤。”骆宾王《过张平子墓》诗：“唯叹～～下，终郁羡鱼心。”

【穷日】 qióngrì ❶穷尽白天。韦曜《博弈论》：“废事弃业，忘寝与食，～～尽明，继以脂烛。”❷指癸亥日。古人用干支纪日，自甲子日始，至癸亥为终一甲，故称。迷信的说法以此日为忌。《后汉书·邓禹传》：“明日癸亥，[王]匡等以六甲～～不出，禹因得更理兵勒众。”

【穷桑】 qióngsāng ❶古帝少皞氏之号。传说少皞氏居于穷桑，故称。《左传·昭公二十九年》：“世不失职，遂济～～。”皇甫谧《帝王世纪》：“少昊邑于穷桑以登帝位，都曲阜，故或谓之～～帝。”（少昊：即“少皞”。）❷传说中的巨桑。王嘉《拾遗记·少昊》：“～～者，西海之滨有孤桑之树，直上千寻，叶红椹紫，万岁一食，食之，后天而老。”

【穷天】 qióngtiān 指季冬。颜延之《北使洛》诗：“阴风振凉野，飞雪瞀～～。”

【穷通】 qióngtōng ❶困穷与显达。李白《笑歌行》：“男儿～～当有时，曲腰向君君不知。”❷通晓奥秘。《三国志·吴书·虞翻传》：“又观象云物，察应寒温，原其祸福，与神合契，可谓探赜～～者也。”

【穷途】 qióngtú ❶路尽。王勃《滕王阁序》：“阮籍猖狂，岂效～～之哭。”（按：《世说新语·栖逸》注引《魏氏春秋》载，阮籍驾车出游，率意而行，不由径路，路尽辄痛哭而返。）❷指困窘之境。《吴越春秋·王僚使公子光传》：“[伍子胥]乞食溧阳，适会女子……子胥曰：‘夫人赈～～，少饭亦何嫌哉？’”苏轼《丙子重九》诗之二：“～～不择友，过眼如乱云。”

【穷巷】 qióngxiàng 陋巷，僻巷。《吕氏春秋·下贤》：“周公旦，文王之子也……所朝于～～之中、瓮牖之下者七十人。”陶渊明《读山海经》诗：“～～隔深辙，颇回故人车。”

【穷阴】 qióngyīn 犹“穷冬”。指季冬岁尽之时。鲍照《舞鹤赋》：“于是～～杀节，急景凋年。”李华《吊古战场文》：“至若～～凝闭，凛冽海隅，积雪没胫，坚冰在须。”

【穷治】 qióngzhì 言追根究源，予以审理。《史记·淮南衡山列传》：“[公孙]弘乃疑淮南有畔逆计谋，深～～其狱。”《汉书·食货志下》：“自[公]孙弘以《春秋》之义绳臣下取汉相，张汤以峻文决理为廷尉，于是见知之法生，而废格沮诽～～之狱用矣。”

【穷兵黩武】 qióngbīngdúwǔ 言竭尽兵力，好战不止。孙光宪《北梦琐言》卷十七：“王氏今降心纳质，愿修旧好，明公乃欲～～～～，残灭同盟，天下其谓公何？”也作“穷兵极武”。吴兢《贞观政要·议征伐》：“自古以来，～～～～，未有不亡者也。”

【穷神知化】 qióngshénzhīhuà 深入探究事物的精微道理。《周易·系辞下》：“～～～～，德之盛也。”也作“穷神观化”。陆机《汉高祖功臣颂》：“永言配命，因心则灵。～～～～，望影揣情。”

【穷鼠啮狸】 qióngshǔnièlí 比喻被逼迫得无路可走，虽力不敌，也必会拼命反抗。《盐铁论·诏圣》：“死不再生，～～～～。”

【穷源竟委】 qióngyuánjìngwěi 《礼记·学记》：“三王之祭川也，皆先河而后海，或源也，或委也，此之谓务本。”后因以“穷源竟委”比喻深究事物的始末。也作“穷原竟委”。张穆《与陈颂南书》：“愿稍敛征逐之迹，发架上书，择其切于实用者一二端，～～～～，殚心研贯。”

穹 qióng ❶像天空那样中间隆起四周下垂的形状。见“穹隆①”。㊀天。李中《下蔡春偶作》诗：“采兰扇枕何时遂，洗虑焚香叩上～。”❷大，高。《汉书·司马相如传上》：“触～石，激堆埼。”周密《武林旧事·观潮》：“饮食百物，皆倍～常时。”❸深。班固《西都赋》：“其阳则崇山隐天，幽林～谷。”柳宗元《永州韦使君新堂记》：“将为～谷嵁岩渊池于郊邑之中，则必辇山石，沟涧壑。”❹穷尽。《诗经·豳风·七月》：“～窒熏鼠，塞向墐户。”㊀终。《宋史·种师道传》：“师道翻阅案牍，～日力不竟。”❺贫困。《逸周书·籴匡解》：“刑罚不修，舍用振～。”❻穹庐，帐。《晋书·刘曜传》：“惟皇不范，迩甸居～。”李如璧《明月》诗：“昭君失宠辞上宫，娥眉婵娟卧毡～。”

【穹苍】 qióngcāng 指天。成公绥《啸赋》：“南箕动于～～，清飙振乎乔木。”古乐府《伤歌行》：“伫立吐高吟，舒愤诉～～。”

【穹昊】 qiónghào 指天。《北齐书·文宣帝纪》：“是以仰协～～，俯从百姓，敬以帝位式授于王。”杜甫《送长孙九侍御赴武威判官》诗：“西极柱亦倾，如何正～～。”

【穹灵】 qiónglíng 天神。《北史·魏孝明帝纪》：“～～降佑，麟趾众繁。”

【穹隆】 qiónglóng 也作“穹窿”。❶中央隆起而四周下垂。扬雄《太玄经·玄告》：“天～～而周乎下，地旁薄而向乎上。”陆机《挽歌》之二：“旁薄立四极，～～放苍天。”❷长而屈曲的样子。张衡《西京赋》：“于是钩陈之外，阁道～～。”孙绰《游天台山赋》：“跨～～之悬磴，临万丈之绝冥。”❸充溢腾涌的样子。扬雄《甘泉赋》：“香芬茀以～～兮，击薄栌而将荣。”《汉书·司马相如传上》：“滂濞沆溉，～～云桡。”

【穹庐】 qiónglú 毡子制成的圆顶帐篷。《汉书·苏武传》：“三岁馀，王病，赐[苏]武马畜服匿～～。”《三国志·魏书·乌丸传》注引《魏书》：“居无常处，以～～为宅，皆东向。”也作“穷庐”。《淮南子·齐俗训》：“譬若舟车、楯肆、～～，固有所宜也。”

【穹闾】 qiónglǘ 犹“穹庐”。毡帐。《史记·天官书》：“故北夷之气，如群畜～～。”

【穹旻】 qióngmín 指天。柳宗元《憎王孙文》：“毁成败实兮更怒喧，居民怨苦兮号～～。”王禹偁《和杨遂贺雨》：“稚老无所诉，嗷嗷望～～。”

【穹冥】 qióngmíng 指天。贯休《山居》诗之十六：“一庵冥目在～～，菌枕松床藓阵青。”《宋史·乐志十》：“荐号～～，登名祖祢。”

【穹嵌】 qióngqiàn 山高险处。王昌龄《奉赠张荆州》诗：“邑西有路缘石壁，我欲从之卧～～。”陶翰《仲春群公游田司直城东别业序》：“出迴塘而入苍翠，更指深亭；因曲岸而扪～～，忽升绝顶。”

【穹壤】 qióngrǎng 天地。沈约《齐故安陆昭王碑》：“思所以克播遗尘，弊之～～，乃刊石图徽，寄情铭颂。”尹洙《答光化军致仕李康伯率府书》：“某泊于风波，自取放逐，阁下齿发未衰，遗荣养高，同处兹世，其识虑相去，何～～之异也。”

茕（煢、惸） qióng ❶同“惸”。孤独。曹植《闺情》诗之一：“佳人在远道，妾身单且～。”《三国志·蜀书·郤正传》：“少以父死母嫁，单～只立。”❷骰子。《颜氏家训·杂艺》：“古为大博则六箸，小博则二～。”❸忧思。见“茕茕”。

【茕独】 qióngdú 也作“惸独”。孤独无依的人。《诗经·小雅·正月》：“哿矣富人，哀此～～。”也形容孤独无依。《后汉书·灵思何皇后纪》：“死生路异兮从此乖，柰我～～兮心中哀。”（柰：奈。）张协《杂诗》之一：“君子从远役，佳人守～～。”

【茕嫠】 qiónglí 也作“惸嫠”。寡妇。张协《七命》：“～～为之擗摽，孀老为之呜咽。”引申为孤苦无依的人。岑参《过梁州奉赠张尚书大夫公》诗：“百堵创里闾，千家恤～～。”

【茕茕】 qióngqióng 也作“惸惸”。❶忧思的样子。《诗经·小雅·正月》：“忧心～～，念我无禄。”《汉书·匡衡传》：“《诗》云‘～～在疚’，言成王丧毕思慕，意气未能平也。”❷孤独无依的样子。《楚辞·九章·思美人》：“独～～而南行兮，思彭咸之故也。”《后汉书·郑玄传》：“咨尔～～一夫，曾无同生相依。”

【茕子】 qióngzǐ 孤独无依之子。《晋书·慕容儁载记》：“自顷中州丧乱，连兵积年，……孤孙～～，十室而九。”

蒡（藭） qióng 药草名。即“芎䓖”。梅尧臣《次韵永叔乞药有感》：“亦莫如学钓，缗钩悬香～。”

筇（笻） qióng 竹名。可做杖。戴凯之《竹谱》：“竹之堪杖，莫尚于～。”㊀竹杖。黄庭坚《次韵德孺新居病起》：“稍喜过从近，扶～不驾车。”

惸 qióng ❶无兄弟的人。《周礼·秋官·大司寇》：“凡远近～、独、老、幼之欲有复于上，而其长弗达者，立于肺石，三日。”㊂泛指孤苦无依的人。岳珂《经进百韵诗》：“岳阳还旧号，岭表返诸～。”❷忧愁。韩愈等《城南联句》：“猛毙牛马乐，妖残枭鸱～。”

琼（瓊） qióng ❶美玉。《诗经·卫风·木瓜》：“投我以木李，报之以～玖。”㊃美好的事物。郭璞《蜜蜂赋》：“吮～液于悬峰，吸赮津乎晨景。”元稹《献荥阳公五十韵》：“句句推～玉，声声播管弦。”❷博具。与后世的骰子类似。范成大《上元纪吴中节物》诗：“酒垆先叠鼓，灯市早投～。”❸做丹药的材料。《云笈七籤·黄庭内景经·肝气》：“唯待九转八～丹。”（八琼：指丹砂、雄黄、雌黄、空青、硫黄、云母、戎盐、消石等物。）

【琼钩】 qiónggōu 弯月。庾信《灯赋》：“～～半上，若木全低。”（若木：树名。古称日没之处。）

【琼瑰】 qióngguī ❶美石，玉珠。《诗经·秦风·渭阳》：“何以赠之，～～玉佩。”《左传·成公十七年》：“济洹之水，赠我以～～。”❷喻美好的诗文。罗隐《县斋秋晚酬友人朱瓒见寄》诗：“中秋节后捧～～，坐读行吟数月来。”也比喻珍贵的赠物。宋祁《送梵上人归天台》诗：“嗟予投报乏～～，目睇金园剩九回。”

【琼华】 qiónghuā ❶有光华的美石。东方朔《十洲记·昆仑》：“碧玉之堂，～～之室。”❷琼树之花。《汉书·司马相如传下》：“呼吸沆瀣兮餐朝霞，咀噍芝英兮叽～～。”喻雪花。辛弃疾《上西平·会稽秋风亭观雪》词：“九衢中，杯逐马，带随车，问谁解爱惜～～。”❸喻美好的诗文。耶律楚材《和北京张天佐见寄》：“～～赠我将何报，聊寄江南古梓弦。”

【琼琚】 qióngjū 玉佩。《诗经·郑风·有女同车》：“将翱将翔，佩玉～～。”比喻华美的诗文。韩愈《祭柳子厚文》：“玉佩～～，大放厥辞。”

【琼茅】 qióngmáo ❶灵草。古时用以占卜。《汉书·扬雄传上》：“费椒稰以要神兮，又勤索彼～～，违灵氛而不从兮，反湛身于江皋。”（灵氛：古时善占吉凶的人。）❷菁茅。春秋时为楚国贡物。后泛指贡品。刘禹锡《为武中丞谢柑子表》：“果实既成，南方有贵；～～合贡，中禁为珍。”

【琼树】 qióngshù ❶传说中的仙树。《汉书·司马相如传下》“咀噍芝英兮叽琼华”注引张揖曰：“～～生昆仑西流沙滨，大三百围，高万仞。”❷犹“玉树”。喻白雪覆盖的树。谢惠连《雪赋》：“庭列瑶阶，林挺～～。”❸喻品格高洁的人。李白《三山望金陵寄殷淑》诗：“耿耿忆～～，天涯寄一颜。”苏轼《次韵赵令铄》：“故人年少真～～，落笔风生战堵墙。”

【琼田】 qióngtián ❶传说中能生灵草的田。东方朔《十洲记》：“东海祖洲上有不死之草，生～～中。”❷形容肥沃的田地。朱熹《公济惠山蔬四种……芹》诗："～～何日种，玉本一时生。"也形容白雪覆盖的田地。夏竦《雪后赠雪苑师》诗："玉界～～万顷平，一年光景一番新。"

【琼瑶】　qióngyáo　❶美玉。《诗经·卫风·木瓜》："投我以木桃，报之以～～。"❷喻雪。白居易《西楼喜雪命宴》诗："四郊铺素缟，万室甃～～。"❸比喻美好的诗文。司空曙《酬张芬有赦后见赠》诗："劳君故有诗相赠，欲报～～恨不如。"

【琼音】　qióngyīn　❶喻清越之音。萧纲《玄圃园讲颂》："鸟颉颃于～～，树葳蕤于妙叶。"❷形容美好的言辞、诗文。孟郊《上包祭酒》诗："～～独听时，尘韵固不同。"

【琼英】　qióngyīng　❶似玉的美石。《诗经·齐风·著》："俟我于堂乎而，充耳以黄乎而，尚之以～～乎而。"何晏《景福殿赋》："楯类腾蛇，槢似～～。"❷比喻雪花。裴夷直《和周侍御洛城雪》："天街飞辔踏～～，四顾全疑在玉京。"也比喻美丽的花。宋璟《梅花赋》："若夫～～缀雪，绛萼著霜，俨如傅粉，是谓何郎。"周邦彦《水龙吟·梨花》词："恨玉容不见，～～谩好，与何人比。"❸比喻美妙的诗文。苏轼《南歌子·送行甫赴余姚》词："且将新句琢～～。"

【琼莹】　qióngyíng　似玉的美石。《诗经·齐风·著》："俟我于庭乎而，充耳以青乎而，尚之以～～乎而。"

【琼腴】　qióngyú　浆液的美称。梅尧臣《尹子渐归华产茯苓若人形者赋以赠行》诗："外凝石棱紫，内蕴～～白。"侯寘《瑞鹤仙·为刘信叔太尉寿》词："遥想芗菲凫暖，翠拥屏深，晓风传乐，～～缓酌。"

【琼章】　qióngzhāng　喻美好的诗文。宋之问《奉和春日玩雪应制》："～～定少千人和，银树长芳六出花。"张孝祥《鹧鸪天·上元设醮》词："咏彻～～夜向阑，天移星斗下人间。"

【琼枝】　qióngzhī　❶传说中的玉树枝。《楚辞·离骚》："溘吾游此春宫兮，折～～以继佩。"❷喻贤才。李商隐《送千牛李将军赴阙五十韵》："照席～～秀，当年紫绶荣。"❸喻皇室子孙。萧颖士《为扬州李长史贺立皇太子表》："～～挺秀，玉叶资神。"❹喻美女。韦应物《鼋头山神女歌》："皓雪～～殊异色，北方绝代徒倾国。"

【琼舟】　qióngzhōu　玉制的托盘。借指酒杯。苏轼《玉盘盂》诗之二："但持白酒劝佳客，直待～～覆玉彝。"

【琼珠】　qióngzhū　❶玉珠。刘勰《文心雕龙·事类赞》："文梓共采，～～交赠。"❷喻露珠、水珠、雪珠等。杨万里《清晓趋郡早炊幽居延福寺》诗："危峰上金镜，远草乱～～。"也比喻荔枝、龙眼等干果。陈达叟《本心斋疏食谱》："～～，圆眼干荔也。"

蛩　1. qióng　❶蝗虫。《淮南子·本经训》："飞～满野。"❷蟋蟀。王维《早秋山中作》诗："草间～响临秋急，山里蝉声薄暮悲。"

2. gǒng　❸虫名。即马陆。又名百足虫。《集韵·肿韵》："～，虫名。百足也。"

【蛩蛩】　qióngqióng　❶古代传说中的异兽。《山海经·海外北经》："北海内有素兽焉，状如马，名曰～～。"也作"邛邛"。崔时佩等《西厢记·尺素缄愁》："恨不得如鹣鹣比翼，～～并驱。"❷忧思的样子。《楚辞·九叹·离世》："心～～而怀顾兮，魂眷眷而独逝。"

傑　qióng　见"傑偢"。

【傑偢】　qióngsōng　瘦小可憎的样子。汉时燕地骂人之语。《方言》卷七："～～，骂也。燕时北郊曰～～。"

舼（舿、艂）　qióng　一种身长舱深的小船。《后汉书·马融传》："然后方馀皇，连～舟。"方以智《通雅·器用·杂用》："今皖之太湖，呼舟之小而深者曰～艚。"

瞏（睘）　qióng　❶惊恐地瞪大眼睛的样子。《素问·诊要经终论》："少阳终者，耳聋，百节皆纵，目～绝系。"❷见"瞏瞏"。

【瞏瞏】　qióngqióng　孤独无依的样子。《诗经·唐风·杕杜》："独行～～，岂无他人。"

銎　1. qióng　❶斧头上安柄的孔。《诗经·豳风·七月》"取彼斧斨"毛亨传："斨，方～也。"又《破斧》"既破我斧"毛亨传："隋～曰斧。"（隋：椭。）

2. xiōng　❷矛刃下口。《方言》卷九："骹谓之～。"

銎（銎）　qióng　见"銎銎"。

【銎銎】　qióngqióng　恭谨的样子。《史记·鲁周公世家》："[周公]还政成王，北面就臣位，～～如畏然。"柳宗元《佩韦赋》："刿拔刃于霸侯兮，退～～而畏服。"

璚　1. qióng　❶同"琼"。美玉。《茅山志》载《茅君九锡玉册文》："可以寿同三光，刻简丹～也。"

2. jué　❷同"玦"。一种环形有缺口的佩玉。《集韵·屑韵》："玦，《说文·玉部》：'玉佩也。'或作～。"❸古占星术用语。指日旁如带状的光气。《晋书·天文志中》："～者如带，～在日四方。"

嬛 qióng 見 xuān。

藑 qióng 草名。《尔雅·释草》"葍，藑茅"郭璞注："葍，华而赤者为～。～、葍，一种耳。"

簭 qióng 见"簭笼"。

【簭笼】 qiónglóng 形似穹窿的车篷。《方言》卷九："车枸篓，宋、魏、陈、楚之间谓之篏，或谓之～～……南楚之外谓之篷。"

伷 qiòng 细小的样子。张衡《思玄赋》："恕高阳之相寓兮，～颛顼而宅幽。"

qiu

区 qiū 见 qū。

丘(邱) qiū ❶小土山。《诗经·鄘风·载驰》："陟彼阿～，言采其蝱。"柳宗元《钴鉧潭西小丘记》："梁之上有～焉，生竹树。"❷坟墓。《吕氏春秋·安死》："又视名～大墓葬之厚者，求舍便居，以微抇之。"《论衡·四讳》："世俗信而谓之皆凶，其失至于不吊乡党尸，不升佗人之～，惑也。"❸废墟。《楚辞·九章·哀郢》："曾不知夏之为～兮，孰两东门之可芜。"元结《闵荒》诗："不知新都城，已为征战～。"❹居邑，村落。鲍照《结客少年场行》："去乡三十载，复得还旧～。"范成大《余与陆务观自圣政所分袂留此为赠》诗："宦途流转几沉浮，鸡黍何年共一～。"❺古代田里区划单位。《汉书·刑法志》："地方一里为井，有税有赋。……故四井为邑，四邑为～。～，十六井也。"❻传说中的古代典籍《九丘》的简称。《宋书·礼志三》："《丘》《索》著明者，尚有遗炳。"(索：指古籍《八索》。)❼大，长(zhǎng)。《管子·侈靡》："乡～老不通。"《汉书·楚元王传》："高祖微时，常避事，时时与宾客过其～嫂食。"❽空。《汉书·息夫躬传》："躬归国，未有第宅，寄居～亭。"《后汉书·庞参传》："故县～城，可居者多。"

【丘樊】 qiūfán 山林。多指隐居的地方。谢庄《月赋》："臣东鄙幽介，长自～～。"白居易《中隐》诗："大隐住朝市，小隐入～～。"

【丘坟】 qiūfén ❶丘陵之地。《史记·司马相如列传》："而况涉乎蓬蒿，驰乎～～。"❷坟墓。韩愈《题楚昭王庙》诗："～～满目衣冠尽，城阙连云草树荒。"❸传说中的古籍《九丘》、《三坟》的简称。陈子昂《谏政理书》："历观～～，旁览代史。"

【丘封】 qiūfēng 坟墓。大者曰丘，小者曰封。《周礼·春官·冢人》："以爵等为～～之度与其树数。"也指丘封之制。蔡邕《文范先生陈仲弓铭》："宜有铭勒表坟墓，俾后生之歌咏德音者知～～之存也。"

【丘赋】 qiūfù 春秋郑国的军赋制度，即按丘征发军赋。《左传·昭公四年》："郑子产作～～。"

【丘盖】 qiūgài 不知，阙如。《汉书·王式传》："试诵说，有法，疑者～～不言。"也作"区盖"。《荀子·大略》："言之信者，在乎～～之间，疑则不言，未问则不立。"

【丘壑】 qiūhè ❶山陵和溪谷。王安石《九井》诗："山川有理有崩竭，～～自古相盈虚。"泛指幽僻之地。《北史·魏收传》："不养望于～～，不待价于城市。"❷隐者居住的地方。谢灵运《斋中读书》诗："昔余游京华，未尝废～～。"也指隐逸。王若虚《茅先生道院记》："虽寄迹市朝，而～～之念未尝一日忘。"❸喻困境。范仲淹《进故朱寀所撰春秋文字及乞推恩与弟置状》："伏望圣慈，特霈一命……使其幼孤，不堕～～。"❹喻深远的意境。黄庭坚《题子瞻枯木》诗："胸中元自有～～，故作老木蟠风霜。"

【丘甲】 qiūjiǎ 春秋鲁国的兵赋制度。《春秋·成公元年》："三月，作～～。"(按：关于"丘甲"，众说纷纭，主要有二说：1) 杜预注言《周礼》九夫为井，四井为邑，四邑为丘，四丘为甸。古制规定每甸出长毂一乘，戎马四匹，牛十二头，甲士三人，步卒七十二人。鲁成公时，推行丘甲制，就是要丘担负甸的赋税总量。2)《穀梁传》言古代农工分职，制甲为"工民"之事，鲁违常制，使"丘民"作甲。)

【丘井】 qiūjǐng ❶古代田里区划单位。《北史·魏纪三》："诏依准～～之式，遣使与州郡宣行条制。"❷泛指乡村。《旧唐书·懿宗纪上》："编甿失业，～～无人。"❸枯井。佛家常以喻衰老而不堪任事之身。苏轼《送参寥师》诗："颇怪浮屠人，视身如～～。"

【丘里】 qiūlǐ 乡里。《庄子·则阳》："～～者，合十姓百名而以为风俗也。"王俭《褚渊碑文》："餐舆诵于～～，瞻雅咏于京国。"

【丘陵】 qiūlíng ❶连绵起伏的山丘。《汉书·晁错传》："土山～～，曼衍相属。"也比喻高大或多。《抱朴子·广譬》："凡夫朝为蜩翼之善，夕望～～之益，犹立植黍稷坐索于丰收也。"❷坟墓。聂夷中《劝酒》诗之一："人无百年寿，百年复如何……岁岁松柏茂，日日～～多。"

【丘垄】 qiūlǒng 也作"丘陇"。❶坟墓。

《吕氏春秋·孟冬》："审棺椁之厚薄，营～～之小大高卑薄厚之度。"《汉书·吴王刘濞传》："烧残民家，掘某～～。"❷垄亩，田园。鲍照《代边居行》："长松何落落，～～无复行。"《旧唐书·萧至忠传》："险利之辈，冒进而莫识廉隅；方雅之流，知难而敛分～～。"

【丘落】 qiūluò 村落。《盐铁论·散不足》："名宫之旁，庐舍～～，无生苗立树。"

【丘民】 qiūmín 丘甸之民。《公羊传·成公元年》"讥始丘使也"何休注："讥始使～～作铠也。"泛指众民。《孟子·尽心下》："民为贵，社稷次之，君为轻。是故得乎～～而为天子。"

【丘木】 qiūmù 植于墓地以庇兆域的树木。《礼记·曲礼下》："君子虽贫……为宫室，不斩于～～。"《后汉书·崔骃传》："吴札结信于～～，展季效贞于门女。"

【丘墟】 qiūxū 也作"丘虚"。❶废墟，荒地。《史记·李斯列传》："纣杀亲戚，不听谏者，国为～～，遂危社稷。"也指变为废墟。《后汉书·冯衍传上》："庐落～～，田畴芜秽，疾疫大兴，灾异蜂起。"❷陵墓，坟墓。《水经注·浊漳水》："中状若～～，盖遗囿故窖处也。"陆游《叹老》诗："朋侪什九堕～～，自笑身如脱网鱼。"❸形容魁伟。庾信《周柱国大将军长孙俭神道碑》："公状貌～～，风神磊落。"

【丘园】 qiūyuán ❶指隐居的地方。蔡邕《处士圂叔则铭》："洁耿介于～～，慕七人之遗风。"也指隐逸。范仲淹《与翰长学士书》："或稍宁息，或得将帅，即有～～之请，以全苦节。"❷陵墓。《资治通鉴·后唐明宗长兴三年》："乃遣供奉李存瓌赐［孟］知祥诏曰：'董璋狐狼，自贻族灭。卿～～亲戚皆保安全，所宜成家世之美名，守君臣之大节。'"

【丘兆】 qiūzhào 祭坛。兆，界域。《逸周书·作雒》："乃设～～于南郊，以祀上帝，配以后稷。"

苣（蓲） 1. qiū ❶草名用字。荻别称"乌苣"。《尔雅·释草》"荻，苣"郭璞注："似苇而小，实中，江东呼为乌～。"

2. ōu ❷树名，即刺榆。《山海经·海内南经》："其木若～。"也作"蓲"。见《尔雅·释木》。

3. xū ❸和煦，温暖。扬雄《太玄经·养》："阳～万物，赤之于下。"左思《蜀都赋》"阳苣阴敷"李善注："言阳气～煦生万物也。"

4. fū ❹见"苣蕍"。

【苣蕍】 fūyù 花盛开的样子。左思《吴都赋》："异荂～～，夏晔冬蒨。"

龟 qiū 见 guī。

秋（秌、龝、穐） qiū ❶谷物成熟，收成。《尚书·盘庚上》："若农服田力穑，乃亦有～。"㊁谷物成熟的时期。蔡邕《月令章句》："百谷各以其初生为春，熟为～，故麦以孟夏为～。"❷秋季。《左传·昭公四年》："春无凄风，～无苦雨。"㊁指三个月的时间。《诗经·王风·采葛》："一日不见，如三～兮。"❸年。鲍照《拟行路难》诗之九："一去无还期，千～万岁无音词。"㊉日子，时期。曹植《七启》："此宁子商歌之～。"《后汉书·冯衍传下》："于今遭清明之时，饬躬力行之～，而怨雠丛兴，讥议横世。"❹飞翔的样子，腾跃的样子。《汉书·礼乐志》："飞龙～，游上天。"刘禹锡《祭虢州杨庶子文》："席势驰声，龙～鸟佡（xiān）。"（佡：轻扬的样子。）❺五行说，五行以金为秋。董仲舒《春秋繁露·五行对》："水为冬，金为～。"㊁五色以白为秋。李白《古风》之十一："慷慨心犹壮，蹉跎鬓已～。"㊉容颜衰老。庾信《竹杖赋》："并皆年华未暮，容貌先～。"㊁五音以商为秋。谢庄《月赋》："聆皋禽之夕闻，听朔管之～引。"㊁方位以西为秋。张衡《东京赋》："飞云龙于春路，屯神虎于～方。"

【秋波】 qiūbō ❶秋水之波。元稹《酬郑从事四年九月宴望海亭次用旧韵》："雪花布遍稻陇白，日脚插入～～红。"❷比喻美女的眼睛，言其清如秋水。苏轼《百步洪》诗之二："佳人未肯回～～，幼舆欲语防飞梭。"朱德润《对镜写真》诗："两面～～随彩笔，一奁冰影对钿花。"

【秋官】 qiūguān 周设六官，以司寇为"秋官"。《周礼·秋官·序官》："乃立～～司寇，使帅其属而掌邦禁，以佐王刑邦国。"唐武后以刑部为"秋官"。后世多习称刑部为"秋官"。

【秋毫】 qiūháo ❶鸟兽在秋天新长出的细毛。《孟子·梁惠王上》："明足以察～～之末，而不见舆薪。"常以喻极纤小的事物。《孙子·形》："故举～～不为多力，见日月不为明目。"又形容纤小。《后汉书·董扶传》："董扶褒～～之善，贬纤介之恶。"也作"秋豪"。《汉书·高帝纪上》："吾入关，～～无所敢取，籍吏民，封府库，待将军。"❷指毛笔。朱逵《怀素草书歌》："转腕摧锋增崛崎，～～茧纸常相随。"

【秋河】 qiūhé 天河。韩翃《宿石邑山中》诗："晓月暂飞千树里，～～隔在数峰西。"

【秋驾】 qiūjià 驾驭马的技术。阮籍《咏怀》之七十五："～～安可学，东野穷路旁。"王融《三月三日曲水诗序》："念负重于春冰，怀御奔于～～。"

【秋罗】 qiūluó 一种丝织物，质薄而轻，有条纹，产于吴江等处。温庭筠《张静婉采莲曲》："～～拂水碎光动，露重花多香不销。"

【秋娘】 qiūniáng 唐代歌妓女伶多以"秋娘"为名，后遂为青楼美妓的通称。白居易《琵琶行》："曲罢曾教善才伏，妆成每被～～妬。"

【秋请】 qiūqǐng 汉制，诸侯秋季朝见皇帝称"秋请"。《史记·吴王濞列传》："吴王恐，为谋滋甚。及后使人为～～。"

【秋秋】 qiūqiū 飞翔的样子，腾跃的样子。《荀子·解蔽》："《诗》曰：'凤凰～～，其翼若干，其声若箫。'"《汉书·扬雄传上》："～～跄跄，入西园，切神光。"

【秋社】 qiūshè 古人于立秋后第五戊日立社设祭，以酬土神，称"秋社"。吴自牧《梦粱录·八月》："～～日，朝廷及州县差官祭社稷于坛，盖春祈而秋报也。"

【秋事】 qiūshì 指秋收之事。《管子·幼官》："十二期风至，戒～～。"《大戴礼记·千乘》："方秋三月，收敛以时，于时有事，尝新于皇祖皇考，食农夫九人，以成～～。"

【秋霜】 qiūshuāng ❶秋天的霜。卢纶《冬夜赠别友人》诗："侵阶暗草～～重，遍郭寒山夜月明。"❷喻高洁。傅毅《舞赋》："气若浮云，志若～～。"❸喻凛然肃杀，令人敬畏。王俭《褚渊碑文》："君垂冬日之温，臣尽～～之戒。"《后汉书·广陵思王荆传》："当为～～，无为槛羊。"（槛羊：喻受制于人。）❹喻白发。李白《秋浦歌》之十五："不知明镜里，何处得～～。"

【秋水】 qiūshuǐ ❶秋天的水。杜甫《刘九法曹郑瑕邱石门宴集》诗："～～清无底，萧然静客心。"❷比喻清澈的事物。杜甫《徐卿二子歌》："大儿九龄色清澈，～～为神玉为骨。"（喻神色。）白居易《筝》诗："双眸剪～～，十指剥春葱。"（喻眼波。）白居易《李都尉古剑》诗："湛然玉匣中，～～澄不流。"（喻剑。）鲍溶《古鉴》诗："曾向春窗分绰约，误回～～照蹉跎。"（喻镜。）❸《庄子》篇名。庾信《周车骑大将军贺娄公神道碑》："至如禅河清论，～～高谈。"

【秋荼】 qiūtú 荼至秋则花叶繁密，以喻刑法繁苛。王融《永明九年策秀才文》："伤～～之密网，恻夏日之严威。"温庭筠《病中书怀呈友人》诗："威容尊大树，刑法避～～。"

【秋闱】 qiūwéi 科举时代，乡试例于八月举行，故称"秋闱"。闱，指科举考场。黄溍《试院同诸公为主试官作》诗："右辖升庸日，～～献艺初。"

【秋颜】 qiūyán 衰老的容颜。李白《春日独酌》诗："但恐光景晚，宿昔成～～。"又《秋日炼药院镊白发赠元六兄林宗》诗："～～入晓镜，壮发凋危冠。"

蚯 qiū 虫名用字。见"蚯蚓"。

【蚯蚓】 qiūyǐn 也作"蚯螾"。虫名。崔豹《古今注·鱼虫》："～～，一名蜿蟺，一名曲蟮，善长吟于地中。江东谓之歌女，或谓之吟砌。"

湫 1. qiū ❶空洞。《吕氏春秋·审分》："此之谓定性于大～，命之曰无有。"（性：命。无有：无形。指"道"而言。）❷凝滞。《左传·昭公元年》："于是乎节宣其气，勿使有所壅闭～底，以露其体。"❸凉的样子。宋玉《高唐赋》："～兮如风，～兮如雨。"❹尽。《淮南子·俶真训》："精有～尽，而行无穷极。"

2. jiǎo ❺低下。《左传·昭公三年》："景公欲更晏子之宅，曰：'子之宅近市，～隘嚣尘，不可以居，请更诸爽垲者。'"（隘：狭小。）❻湖名。在今宁夏固原县。《史记·封禅书》："～渊，祠朝那。"❼春秋楚地名。在今湖北钟祥市北。《左传·庄公十九年》："败黄师于踖陵，还及～，有疾。"

3. chóu ❽通"愁"。《左传·昭公十二年》："南蒯之将叛也，其乡人或知之，过之而叹，且言曰：'恤恤乎，～乎攸乎！深思而浅谋，迩身而远志，家臣而君图，有人矣哉！'"

【湫戾】 qiūlì 卷曲的样子。《楚辞·九叹·思古》："风骚屑以摇木兮，云吸吸以～～。"

【湫漻】 qiūliáo 清静。《淮南子·原道训》："其魂不躁，其神不娆，～～寂寞，为天下枭。"

【湫阨】 jiǎo'ài 低下狭小。左思《吴都赋》："国有郁鞅而显敞，邦有～～而踡跼。"（阨：通"隘"。狭小。）

【湫湄】 jiǎoméi 小水。左思《魏都赋》："况河冀之爽垲，与江介之～～。"

萩（莜） 1. qiū ❶通"楸"。树名。《左传·襄公十八年》："十二月戊戌，及秦周，伐雍门之～。"

2. qiú ❷草名。蒿类。《说文·艸部》："～，萧也。"

橚 qiū 见 sù。

缙（緧） qiū 同"鞦"。驾车时套在牲口股后的皮带。《周礼·考工记·辀人》："不援其邸，必～其牛后。"

【缉缩】 qiūsuō 收缩，收敛。《晋书·乐志上》："八月之辰谓为酉，酉者缉也，谓时物皆～～也。"

楸 qiū 树名。木材致密，供建筑、造船及制家具等用，种子可入药。杜甫《韦讽录事宅观曹将军霸画马图》诗："霜蹄蹴踏长～间，马官厮养森成列。"㊉棋盘。李洞《对棋》诗："侧～敲醒睡，片石夹吟诗。"

【楸局】 qiūjú 楸木制的棋盘。郑谷《寄棋客》诗："松窗～～稳，相顾思皆凝。"

【楸枰】 qiūpíng 棋盘。古代多用楸木做成，故名。苏轼《席上代人赠别》诗："莲子擘开须见忆，～～著尽皆无期。"（按：忆，"薏"的谐声字；期，"棋"的谐声字。）陆游《自嘲》诗："遍游竹院寻僧语，时拂～～约客棋。"

鹙（鶖、鵚） qiū 水鸟名。又名"秃鹙"。《诗经·小雅·白华》："有～在梁，有鹤在林。"

篍（箓） qiū 吹筒。古代用于警戒或督役的哨子。《急就篇》卷四："篍～起居课后先。"

蹭 qiū ❶踏。《庄子·秋水》"鳝我亦胜我"成玄英疏："以脚～踏于风，风亦不能折脚。"陆德明《释文》："鳝，本又作～。"❷鱼名。冯时可《雨航杂录》卷下："鲅鱼，即石首鱼也，小者曰鳑鱼，又名～鱼。"

鳝（鰌、鰍） qiū ❶鱼名。鳅科鱼类的统称。《庄子·齐物论》："麋与鹿交，～与鱼游。"❷通"蹭"。踏。《庄子·秋水》："然而指我则胜我，～我亦胜我。"㊉逼迫，钳制。《荀子·强国》："巨楚县我前，大燕～吾后。"又《尧问》："孙卿迫于乱世，～于严刑。"

鞦（鞧） qiū 驾车时套在牲口股后的皮带。《宋史·日本国传》："螺钿鞍辔一副，铜铁镫、红丝～、泥障。"㊉尾部。潘岳《射雉赋》："青～莎靡，丹臆兰绛。"㊥在后。《晋书·潘岳传》："时尚书仆射山涛、领吏部王济、裴楷等并为帝所亲遇，岳内非之，乃题阁道为谣曰：'阁道东，有大牛，王济鞅，裴楷～。'"

厹 qiú 见 róu。

厹 1. qiú ❶兵器名。见"厹矛"。
2. róu ❷踩。《集韵·宥韵》："～，践也。"

【厹矛】 qiúmáo 有三棱锋刃的矛。《诗经·秦风·小戎》："～～鋈錞，蒙伐有苑。"

【厹由】 qiúyóu 也作"仇由"、"厹繇"、"仇犹"。春秋时国名。故址在今山西阳泉市。《战国策·西周策》："昔智伯欲伐～～。"

仇 qiú 见 chóu。

艽 1. qiú ❶荒远。见"艽野"。❷禽兽巢穴中的垫草。也指巢穴。《淮南子·修务训》："野彘有～莦槎栉，堀虚连比，以像宫室。"又《原道训》："禽兽有～，人民有室。"
2. jiāo ❸草名用字。草有"秦艽"。见《本草纲目·秦艽》。

【艽野】 qiúyě 荒远之地。《诗经·小雅·小明》："我征徂西，至于～～。"谢灵运《撰征赋》："面～～兮悲桥梓，溯急流兮苦碛沙。"

囚 qiú ❶拘系，幽禁。《国语·鲁语上》："文子以告孟献子，献子～之七日。"《史记·吕太后本纪》："吕后最怨戚夫人及其子赵王，乃令永巷～戚夫人，而召赵王。"㊉束缚。孟郊《冬日》诗："万事有何味，一生虚自～。"❷俘获。《左传·宣公十二年》："［知庄子］射连尹襄老，获之，遂载其尸；射公子谷臣，～之，以二者还。"㊈俘虏。《诗经·鲁颂·泮水》："在泮献～。"❸囚犯。《史记·高祖本纪》："七月，太上皇崩栎阳宫。楚王、梁王皆来送葬。赦栎阳～。"《后汉书·百官志五》："秋冬遣无害吏案讯诸～，平其罪法，论课殿最。"㊈指囚犯的罪案。《太平御览》卷八八引《汉武故事》："廷尉上～：防年继母陈杀父，因杀陈；依律，年杀母，大逆论。"

【囚拘】 qiújū ❶囚禁。萧颖士《仰答韦司业垂访》诗之四："岂知晋叔向，无罪婴～～。"比喻受羁绊。韩愈《同冠峡》诗："羁旅感和鸣，～～念轻矫。"❷俘虏。柳宗元《铙歌鼓吹曲·高昌》："臣靖执长缨，智勇伏～～。"比喻受羁绊之人。元稹《听庾及之弹乌夜啼引》："谪官诏下吏驱遣，身作～～妻在远。"

【囚首】 qiúshǒu 头发蓬乱，形同囚犯。何景明《何子·严治》："毁冠而～～，人不让席矣。"也指不束发。陈衍《元诗纪事·陈孚》："家居～～，见客乃巾。"

【囚首丧面】 qiúshǒusāngmiàn 头不梳如囚犯，脸不洗如居丧。苏洵《辨奸论》："～～～～而谈诗书，此岂情也哉？"

氽 qiú ❶兵器名。《广韵·尤韵》引《诗经》："～矛鋈錞。"也作"厹"。❷见"氽氽"。

【氽氽】 qiúqiú 傲气逼人的样子。刘侗、于奕正《帝京景物略·慈寿寺》："四壁金刚，振臂拳胷，瞀瞲据踏，如有气～～，如叱叱有声。"

犰 qiú 兽名用字。见"犰狳"。

【犰狳】 qiúyú 古代传说中的兽名。《山海经·东山经》:"[馀峨之山]有兽焉,其状如兔而鸟喙,鸱目蛇尾,见人则眠,名曰~~。"

纨(紈) qiú ❶幼小。《逸周书·王会》:"卜卢以~牛,~牛者,牛之小者也。"❷同"绿"。急。《集韵·尤韵》:"绿,《说文》:'急也。'引《诗》:'不竞不绿。'或从九。"

机 1. qiú ❶树名。即山楂。又称"檕梅"。见《尔雅·释木》。

2. guǐ ❷"簋"的古字。古代祭祀时盛黍稷的器皿。《春秋繁露·祭义》:"宗庙之祭,物之厚无上也。春上豆实,夏上尊实,秋上~实,冬上敦实。"

求 qiú ❶寻找,寻求。《孟子·梁惠王下》:"为巨室,则必使工师~大木。"《后汉书·冯衍传下》:"鸾回翔索其群兮,鹿哀鸣而~其友。"㊂探索,探求。范仲淹《岳阳楼记》:"予尝~古仁人之心,或异二者之为。"❷乞求,请求。《周易·蒙·彖传》:"匪我~童蒙,童蒙~我。"《后汉书·窦融传》:"融以兄弟并受爵位,久专方面,惧不自安,数上书~代。"㊂责求,要求。《尚书·君陈》:"尔无忿疾于顽,无~备于一夫。"❸索取。《国语·鲁语下》:"晋乐王鲋~货于穆子,曰:'吾为子请于楚。'穆子不予。"㊂贪图。《后汉书·乐羊子妻传》:"妾闻志士不饮盗泉之水,廉者不受嗟来之食,况拾遗~利,以污其行乎!"❹感应,招致。《周易·乾》:"同声相应,同气相~。"赵晔《吴越春秋·夫差内传》:"且与贼居,不知其祸,外复~怨,侥幸他国。"❺选择,选取。《论衡·讥日》:"作车不~良辰,裁衣独~吉日,俗人所重,失轻重之实也。"❻通"逑"。1)聚。《诗经·小雅·桑扈》:"彼交匪敖,万福来~。"2)匹,配。《诗经·大雅·下武》:"王配于京,世德作~。"(一说:终。)

【求成】 qiúchéng ❶媾和。《左传·桓公七年》:"冬,纪侯来朝,请王命以~~于齐。"陈亮《论励臣之道》:"越王~~于吴而归。"❷希求成功。《庄子·天地》:"吾闻之夫子:事求可,功~~。"

【求盗】 qiúdào 古代的亭卒。掌逐捕盗贼,故名。《史记·淮南衡山列传》:"计未决,又欲令人衣~~衣,持羽檄,从东方来。"《汉书·高帝纪上》:"高祖为亭长,乃以竹皮为冠,令~~之薛治,时时冠之。"

【求化】 qiúhuà 犹募化。指僧人、道士等求人施舍财物。孟元老《东京梦华录·天晓诸人入市》:"每日交五更,诸寺院行者,打铁牌子或木鱼,循门报晓,亦各分地分,日间~~。"又《河道》:"有瞽者在桥上念经~~。"

【求凰】 qiúhuáng 也作"求皇"。相传汉代司马相如作《琴歌》二章,向卓文君求爱,歌中有"凤兮凤兮归故乡,遨遊四海求其凰"之句。后因称男子求偶为"求凰"。刘克庄《风入松·癸卯至石塘》词:"绝笔无~~曲,痴心有返魂香。"《聊斋志异·婴宁》:"[王子服]聘萧氏女未嫁而夭,故~~未就也。"

【求媚】 qiúmèi 讨好。《左传·成公二年》:"郑人惧于邲之役,而欲~~于晋。"陆贽《奉天请数对群臣兼许令论事状》:"趣和~~,人之甚利存焉。"

【求牛】 qiúniú 供祭祀用的牛。《周礼·地官·牛人》:"掌养国之公牛,以待国之政令。凡祭祀,共其享牛、~~,以授职人而刍之。"(按:周制,祭祀有正祭,正祭次日有绎祭,供正祭用的牛称"享牛",供绎祭用的牛称"求牛"。)

【求全】 qiúquán ❶希求完美无缺。《孟子·离娄上》:"有不虞之誉,有~~之毁。"❷祈求保全名位、性命等。《汉书·王嘉传》:"中材苟容~~,下材怀危内顾。"

【求田问舍】 qiútiánwènshè 只知置家产而无远大志向。王安石《幕次忆汉上归居》诗:"如何忧国忘家日,尚有~~~~心?"辛弃疾《水龙吟·登建康赏心亭》词:"~~~~,怕应羞见,刘郎才气。"

虬(虯) qiú ❶传说中的龙类动物。谢灵运《登池上楼》诗:"潜~媚幽姿,飞鸿响远音。"晁补之《新城游北山记》:"旁皆大松,曲者如盖,直者如幢,立者如人,卧者如~。"㊂指蛇。李贺《公无出门》诗:"毒~相视振金环,狻猊猰貐吐馋涎。"❷蜷曲。《新五代史·皇甫遇传》:"为人有勇力,~髯善射。"杜甫《八哀诗·赠太子太师汝阳郡王琎》:"~须似太宗,色映塞外春。"

【虬虎】 qiúhǔ 龙虎。常以比喻英雄人物。袁宏《三国名臣序赞》:"~~虽惊,风云未和。"

【虬箭】 qiújiàn 古计时器。漏壶中箭有虬纹,故称。王勃《乾元殿颂序》:"~~司更,银漏与三辰合运。"杜审言《除夜有怀》诗:"冬氛恋~~,春色候鸡鸣。"

【虬蟠】 qiúpán 像虬龙一样盘屈缠绕。左思《吴都赋》:"轮囷~~,埔堁鳞接。"杜牧《题青云馆》诗:"~~千仞剧羊肠,天府由来百二强。"

绒(絨) qiú 蜀锦名。扬雄《蜀都赋》:"尔乃其人,自造奇锦,~缫缍缬,缘缘庐中。"

泅(汓) qiú 游水。《列子·说符》:"人有滨河而居者,习于水,勇于~。"《旧五代史·王延传》:"其父善~,子必无溺。"

酋 qiú ❶久酿之酒,陈酒。《周礼·天官·酒正》"昔酒"郑玄注:"昔酒,今之~,久白酒。"[引]积久成熟。《国语·郑语》:"毒之~腊者,其杀也滋速。"(腊:极。)❷掌管酿酒的官。《吕氏春秋·仲冬》:"乃命大~,秫稻必齐,曲蘖必时。"[又]从事造酒、掌酒的女奴。《墨子·天志下》:"丈夫以为仆圉、胥靡,妇人以为舂、~。"❸终,终结。《诗经·大雅·卷阿》:"岂弟君子,俾尔弥尔性,似先公~矣。"[又]就,完成。《汉书·叙传上》:"《说难》既~,其身乃囚。"❹积聚。扬雄《太玄经·玄图》:"阴~西北,阳尚东南。"❺酋长,部族之长。颜延之《三月三日曲水诗序》:"穹居之君,内首禀朔;卉服之~,回面受吏。"

【酋耳】 qiú'ěr 传说中的兽名。《逸周书·王会》:"央林以~~。~~者,身若虎豹,尾长参其身,食虎豹。"

【酋豪】 qiúháo 部族的首领。《后汉书·来歙传》:"初王莽世,羌虏多背叛,而隗嚣招怀其~~,遂得为用。"丘迟《与陈伯之书》:"部落携离,~~猜贰。"

【酋长】 qiúzhǎng ❶部族的首领。吴兢《贞观政要·安边》:"~~悉授大官,禄厚位尊。"❷首领,头目。《汉书·张敞传》:"敞既视事,求问长安父老,偷盗~~数人,居皆温厚,出从童骑,闾里以为长者。"

俅 qiú 见"俅俅"。

【俅俅】 qiúqiú 冠饰华美的样子。《诗经·周颂·丝衣》:"丝衣其紑,载弁~~。"一说恭顺的样子。

訄 qiú 逼迫。《说文·言部》:"~,迫也。"

觓 qiú 兽角弯曲的样子。《穀梁传·成公七年》:"郊牛日,展~角而知伤。"

莱 qiú 椒、椒等果实聚生的房。《埤雅·释木》:"栗味咸,北方之果也。有~蝟自裹。"

逑 qiú ❶匹配,匹偶。《汉书·扬雄传上》:"乃搜~索耦皋、伊之徒。"[特]配偶。《诗经·周南·关雎》:"窈窕淑女,君子好~。"❷聚集,聚合。《诗经·大雅·民劳》:"惠此中国,以为民~。"

捄 qiú 见jū。

绿(絿) qiú 急,急躁。《诗经·商颂·长发》:"不竞不~,不刚不柔。"《鹖冠子·王𫓧》:"下情不上闻,上情不下究,谓之~政。"

球 qiú ❶美玉。《尚书·禹贡》:"厥贡惟~、琳、琅玕。"《礼记·玉藻》:"笏,天子以~玉,诸侯以象,大夫以鱼须文竹。"[特]玉磬。《尚书·益稷》:"戛击鸣~。"李善《上文选注表》:"~钟愈畅,舞咏方滋。"❷今借作"毬",如星球。

【球琳】 qiúlín 比喻俊美的人材。琳,美玉。李白《送杨少府赴选司》诗:"夫子有盛才,主司得~~。"

【球球】 qiúqiú 角弯曲的样子。《穀梁传·成公七年》"展觓角而知伤"范宁注:"觓,~~然,角貌。"

梂 qiú 栎树的果实。《诗经·唐风·椒聊》"椒聊之实,蕃衍盈升"郑玄笺:"椒之性芬香而少实,今一~之实,蕃衍满升,非其常也。"

赇(賕) qiú 贿赂。《汉书·刑法志》:"及吏坐受~枉法,守县官财物而即盗之,已论命复有笞罪者,皆弃市。"《后汉书·刘瑜传》:"奸情~赂,皆为吏饵。"《明史·胡松传》:"伊王欲拓其洛阳府第,计直十万金,以十二~严嵩,期必得。"[又]受贿。周密《齐东野语》卷一:"官闇而吏~,故冤不得直也。"

毬 qiú 今作"球"。古代一种习武用的皮球。革制,中间以毛填实,足踢或杖击为戏。白居易《洛桥寒日作》诗:"蹴~尘不起,泼火雨新晴。"[又]击毬。古代一种游戏运动。《新唐书·仇士良传》:"两军~猎宴会绝矣。"[比]圆形物体。姚合《对月》诗:"一片黑云何处起,皂罗笼却水精~。"

湭 qiú 水源。黄香《九宫赋》:"即蹴缩以檝橅,坎鋋援以~炀。"

遒 qiú ❶迫,迫近。《楚辞·招魂》:"分曹并进,~相迫些。"《后汉书·张衡传》:"冀一年之三秀兮,~白露之为霜。"[又]尽,终。潘岳《秋兴赋》:"悟时岁之~尽兮,慨俯首而自省。"❷刚健,强劲。《三国志·魏书·王粲传》:"公幹有逸气,但未~耳。"鲍照《浔阳还都道中》诗:"鳞鳞夕云起,猎猎晚风~。"❸聚集。《诗经·商颂·长发》:"敷政优优,百禄是~。"❹坚固,安定。《诗经·豳风·破斧》:"周公东征,四国是~。"

【遒紧】 qiújǐn 刚健严谨。韩愈《赠崔立之评事》诗:"朝为百赋犹郁怒,暮作千诗转~~。"

【遒劲】 qiújìng 刚劲有力。多指书画运笔而言。张彦远《法书要录·叙书录》:"褚遂良下笔~~,甚得王逸少之体。"曾巩《襄州偏学寺禅院碑》:"其字画妍媚~~有法,诚少与为比。”

【遒媚】 qiúmèi 刚健美丽。李商隐《太尉卫公会昌一品集序》：“王子敬之隶法～～，皇休明之草书沉着。”

【遒人】 qiúrén 古代宣布政令之官。《左传·襄公十四年》：“～～以木铎徇于路。”（徇：巡行而宣令。）

【遒上】 qiúshàng 挺拔，出众拔俗。《世说新语·赏誉》：“王右军道谢万石在林泽中，为自～～。”

【遒逸】 qiúyì 刚健飘逸。《梁书·周捨传》：“尚书仆射江祏招[吴]包讲，捨造坐，累折包，辞理～～。”《北齐书·祖珽传》：“珽神情机警，词藻～～，少驰令誉，为世所推。”

崷（崺） qiú 高峻的样子。欧阳修《二室道》诗：“二室对岧峣，群峰耸～直。”

【崷崒】 qiúzú 也作“崷崪”。高峻的样子。班固《西都赋》：“岩峻～～，金石峥嵘。”黄滔《福州雪峰山故真觉大师碑铭》：“府之西二百里有山焉，环控四邑，峭拔万仞，～～以支圆碧，培塿以觑群青。”（觑：察视。）

銶（銶） qiú 凿子或斧子一类的工具。《诗经·豳风·破斧》：“既破我斧，又缺我～。”

裘 qiú ❶皮衣。《论语·乡党》：“羔～玄冠不以吊。”㊂穿上皮衣。杜甫《西山》诗之二：“风动将军幕，天寒使者～。”❷通“求”。追求。《诗经·小雅·大东》：“舟人之子，熊罴是～。”

【裘葛】 qiúgé ❶泛指四季衣服。葛，夏服。韩愈《答崔立之书》：“故凡仆之汲汲于进者，其小得，盖欲以具～～，养穷孤。”宋濂《送东阳马生序》：“父母岁有～～之遗，无冻馁之患矣。”❷喻寒暑的变迁。柳贯《睡馀偶题》诗之三：“简书方厉禁，～～屡催年。”

【裘褐】 qiúhè ❶粗陋的衣服。《说苑·敬慎》：“见衣～～之士，则为之礼。”《后汉书·梁鸿传》：“吾欲～～之人，可与俱隐深山者尔。”❷御寒之衣。《晋书·郗超传》：“且北土早寒，三军～～者少，恐不可以涉冬。”

【裘马】 qiúmǎ 《论语·雍也》：“乘肥马，衣轻裘。”后因以“裘马”形容生活豪华。范云《赠张徐州稷》诗：“傧从皆珠玳，～～悉轻肥。”杜甫《壮游》诗：“放荡齐赵间，～～颇清狂。”

蛷（蠤） qiú ❶多足虫。即蠼螋。韩愈等《城南联句》：“瘿颈闹鸠鸽，蜿垣乱～蝾。”❷患蠼螋疮。《淮南子·说林训》：“曹氏之裂布，～者贵之。”（按：古人烧曹布，以灰治疗蠼螋疮。）

摎 qiú 见 jiū。

觩 qiú ❶同“觓”。兽角弯曲的样子。《诗经·周颂·丝衣》：“兕觩其～，旨酒思柔。”（思：助词。）❷弓绷紧的样子。《诗经·鲁颂·泮水》：“角弓其～，束矢其搜。”一说弓松弛的样子。

【觩觺】 qiúliú 形容器皿弯曲如角的样子。《汉书·扬雄传上》：“玄瓒～～，秬鬯泔淡。”（瓒：玉杓。）

璆 qiú ❶美玉。《史记·夏本纪》：“贡～、琳、琅玕。”《汉书·礼乐志》：“～磬金鼓，灵其有喜，百官济济，各敬厥事。”㊕玉磬。《国语·晋语四》：“官师之所材也，戚施直镈，蘧蒢蒙～。”❷佩玉相击声。《史记·孔子世家》：“夫人自帷中再拜，环珮玉声～然。”

樛 qiú 见 jiū。

蝤 1. qiú ❶虫名用字。见“蝤蛴”。

2. jiū ❷虫名用字。蟹类中有“蝤蛑”，即梭子蟹。见《本草纲目·介·蟹》。

3. yóu ❸同“蝣”。虫名用字。《汉书·王褒传》：“蟋蟀俟秋唫，蜉～出以阴。”

【蝤蛴】 qiúqí 天牛、桑牛的幼虫。其虫色白如脂，丰洁而长。《诗经·卫风·硕人》：“领如～～，齿如瓠犀。”

鼽 qiú ❶鼻孔堵塞。《论衡·祀义》：“使鼻～不通，口钳不开，则不能歆矣。”❷面颊，颧骨。《素问·气府论》：“足阳明脉气所发者六十八穴……面～骨空各一。”

糗 qiǔ 炒熟的米麦等干粮。《左传·哀公十一年》：“道渴，其族辕咺进稻醴、粱～、腶脯焉。”曾巩《上欧阳学士第二书》：“觊得水浆藜～，窃活旦暮。”

【糗糒】 qiǔbèi 干粮。《后汉书·隗嚣传》：“嚣病且饿，出城餐～～，恚愤而死。”

【糗芳】 qiǔfāng 芳香的干粮。《楚辞·九章·惜诵》：“播江离与滋菊兮，愿春日以为～～。”

qu

区（區） 1. qū ❶隐匿。《左传·昭公七年》：“吾先君文王作仆～之法，曰：‘盗所隐器，与盗同罪。’”（仆：隐。）❷区别，划分。《论语·子张》：“譬诸草木，～以别矣。”《晋书·挚虞传》：“又撰古文章，类聚～分为三十卷，名《流别集》。”❸区域，地域。潘岳《籍田赋》：“笋虡嶷以轩翥兮，洪钟越乎～外。”（笋虡：古代悬钟磬的架。轩翥:高举。)徐世隆《广寒殿上梁文》:"北襟山势,真广寒之～。"[引]范畴。《文心雕龙·杂文》:"总括其名,并归杂文之～;甄别其义,各入讨论之域。"❹居处,住所。《汉书·张敞传》:"敞以耳目发起贼主名～处,诛其渠帅。"又《食货志下》:"工匠医巫卜祝及它方技商贩贾人坐肆列里～谒舍。"[又]特指小屋。《汉书·胡建传》:"穿北军垒垣以为贾～。"❺量词。1) 所,处。《汉书·苏武传》:"赐钱二百万,公田二顷,宅一～。"苏轼《陈公弼传》:"毁淫祠数百～,勒巫为农者七十余家。"2) 座,尊。姚兴《遗僧朗书》:"今遣使者送浮图三级,经一部,宝台一～。"卢照邻《益州至真观主黎君碑》:"观中先有天尊真人石像,大小万馀～,年代寖深,仪范凋缺。"

2. ōu ❻古代量器名。四升为豆,四豆为区。《左传·昭公三年》:"齐旧四量:豆、～、釜、钟。"《韩非子·外储说右上》:"[田成氏]下之私大斗斛～釜以出贷,小斗斛～釜以收之。"❼古代播种时挖的小坑。《齐民要术·种谷》:"～,方七寸,深六寸,相去二尺,一亩千二十七～,用种一升,收粟五十一石。"

3. gōu ❽通"勾"。弯曲。见"区萌"。

4. kòu ❾见"区霿"。

5. qiū ❿见"区盖"。

【区处】 qūchǔ 分别处置,筹划安排。《汉书·黄霸传》:"鳏寡孤独有死无以葬者,乡部书言,霸具为～～。"

【区处】 qūchù 居处,处所。《论衡·辨祟》:"鸟有巢栖,兽有窟穴,虫鱼介鳞,各有～～,犹人之有室宅楼台也。"《新唐书·杜羔传》:"[杜羔]而不知父墓～～,昼夜哀恸。"

【区寰】 qūhuán 人世,尘世。谢灵运《宋武帝诔》:"皇之遁世,屯难方阻,眷此～～,闵尔沦胥。"钱起《裴仆射东亭诗》:"则知真隐逸,未必谢～～。"

【区理】 qūlǐ 分别调治,处理。《资治通鉴·唐禧宗光启三年》:"高令公坐自聋瞽,不能～～。"苏舜钦《两浙路转运使司封郎中王公墓表》:"公之～～事物,穷奸恤隐,如是者甚众,不可具道。"

【区落】 qūluò 部落。班固《封燕然山铭序》:"蹑冒顿之～～,焚老上之龙庭。"(老上:冒顿之子立,号曰"老上单于"。)李德裕《幽州纪圣功碑铭》:"～～萧然,阴燐青荧。"

【区区】 qūqū ❶小,少。形容微不足道。《汉书·邹阳传》:"夫以～～之济北而与诸侯争强,是以羔犊之弱而扞虎狼之敌也。"李商隐《为李贻孙上李相公启》:"是则陈曲逆之六奇,翻成屑屑;葛武侯之八阵,更觉～～。"❷诚挚的样子。《论衡·感虚》:"如不闻其言,虽至诚～～,终无得也。"也指真情挚意。《后汉书·窦融传》:"谨遣同产弟[窦]友诣阙,口陈～～。"❸自得的样子。《商君书·修权》:"今乱世之君臣,～～然皆擅一国之利,而管一官之重,以便其私。"《吕氏春秋·务大》:"母子相哺也,～～焉相乐也。"❹形容拘泥、局限。《汉书·杨王孙传》:"且《孝经》曰'为之棺椁衣衾',是亦圣人之遗制,何必～～独守所闻?"《抱朴子·百家》:"狭见之徒,～～执一。"❺愚拙,凡庸。古诗《为焦仲卿妻作》:"阿母谓府吏,何乃太～～!"卢照邻《对蜀父老问》:"吾闻'克为卿,失则烹',何故～～冗冗,无所成名?"❻自称的谦词。《后汉书·窦融传》:"～～所献,唯将军省焉。"李纲《象州答吴元中书》:"～～自过象郡,颇觉为岚气所中,饮食多呕。"❼指国家。《新唐书·李揆常衮赵憬等传赞》:"昔齐桓、秦坚任管仲、王猛,兴～～,霸天下。"❽形容奔走辛劳。《汉书·窦田灌韩传论》:"凶德参会,待时而发,藉福～～其间,恶能救斯败哉!"杜甫《赠王二十四侍御契四十韵》:"～～甘累趼,稍稍息劳筋。"又形容匆匆。欧阳修《与韩忠献王》之八:"自去春初到维扬……自后～～不觉踰岁。"

【区土】 qūtǔ 土地,国土。嵇康《琴赋》:"详观其～～之所产毓,奥宇之所宝殖。"何景明《渡泸赋》:"想夫汉炎既烬,蜀都始家,～～未辟,士马不加。"

【区夏】 qūxià 诸夏之地,指华夏、中国。《后汉书·宦者传序》:"所以海内嗟毒,志士穷栖,寇剧缘间,摇乱～～。"《三国志·魏书·钟会传》:"太祖武皇帝神武圣哲,拨乱反正,拯其将坠,造我～～。"

【区有】 qūyǒu 指大地。区,区宇;有,九有,即九州。沈约《梁宗庙登歌》之五:"猗与至德,光被黔首;铸镕苍昊,甄陶～～。"

【区宇】 qūyǔ ❶疆土境域,宇内。唐高祖《劝农诏》:"有隋丧乱,～～分离。"陈亮《重建紫霄观记》:"本朝混一～～,是观因以不废。"也作"伛宇"。《墨子·经说下》:"～～不可偏举。"❷殿宇。班固《西都赋》:"清凉、宣温、神仙、长年、金华、玉堂,白虎、麒麟,～～若兹,不可殚论。"(清凉……麒麟:皆宫殿名。)

【区中】 qūzhōng 人世间,宇内。王昌龄《裴六书堂》诗:"窗下长啸客,～～无遗想。"范仲淹《老子犹龙赋》:"圣人之道也,无幽不通,一则致霖雨于天下,一则宣教化于～～。"

【区宙】 qūzhòu 犹"宇宙"。江淹《为萧骠骑上顿表》:"窃闻金火告耀,昏明代卷,云电溉凑,经纶相袭,所以草昧县宇,昭晰～～。"

【区陬】 qūzōu 角落。引申指偏僻。张衡《东京赋》:"目察～～,司执遗鬼。"也作"区娵"。冯涓《自嘲绝句》:"早知蜀地～～与,悔不长安大比丘。"

【区脱】 ōutuō 也作"瓯脱"。匈奴语。指汉时与匈奴连界的边塞所立的土堡哨所。也指边境地区。《汉书·苏武传》:"～～捕得云中生口。"后泛指边境哨所。张孝祥《六州歌头》词:"隔水毡乡,落日牛羊下,～～纵横。"

【区萌】 gōuméng 草木抽芽。曲出曰区,直出曰萌。《管子·五行》:"然则冰解而冻释,草木～～。"《史记·乐书》:"天地欣合,阴阳相得,煦妪覆育万物,然后草木茂,～～达。"

【区霿】 kòumòu 也作"区瞀"。昏昧。《汉书·五行志下之上》:"心～～则冥晦,故有脂夜之妖。"《宋书·五行志五》:"是时曹爽～～自专,骄僭过度,天戒数见,终不改革。"

【区盖】 qiūgài 见"丘盖"。

曲[1] 1. qū ❶蚕箔。用苇或竹编的养蚕器具。《吕氏春秋·季春》:"[是月也]具栚～籧筐。后妃斋戒,亲东乡躬桑。"❷弯曲。《荀子·劝学》:"木直中绳,輮以为轮,其～中规。"常建《题破山寺后禅院》诗:"～径通幽处,禅房花木深。"㊀折,弯。《礼记·间传》:"大功之哭,三～而偯。"《后汉书·郑弘传》:"每正朔朝见,弘～躬而自卑。"❸邪僻不正。《战国策·秦策五》:"赵王之臣有韩仓者,以～合于赵王。"《韩非子·孤愤》:"朋党比周以弊主,常～以便私者,必信于重人矣。"㊀理屈。《左传·僖公二十八年》:"背惠食言,以亢其仇,我～楚直。"《史记·廉颇蔺相如列传》:"秦以城求璧,而赵不许,～在赵。"❹曲折,宛转。《周易·系辞下》:"其旨远,其辞文,其言～而中。"㊀周遍,多方面,详尽。《吕氏春秋·怀宠》:"问其丛社大祠,民之所不欲废者而复兴之,～加其祀礼。"《论衡·实知》:"虽审一事,～辩问之,辄不能尽知。"❺水流弯曲处。《诗经·魏风·汾沮洳》:"彼汾一～,言采其蒉。"㊀偏僻之所。《史记·游侠列传序》:"诚使乡～之侠,予季次、原宪比权量力,效功于当世,不同日而论矣。"(予:与。)㊀深隐之处。《诗经·秦风·小戎》:"在其板屋,乱我心～。"❻局部,部分。《礼记·中庸》:"其次致～,～能有诚。"《荀子·解蔽》:"凡人之患,蔽于一～,而闇于大理。"❼古代军队的编制单位。《后汉书·百官志一》:"部下有～,～有军候一人,比六百石。"❽量词。用于水湾处。王安石《泛舟清溪》诗:"十围但见诸营柳,九～难寻故国溪。"全祖望《桃花堤记》:"徙宅湖上,买得竹洲一～。"

2. qǔ ❾歌曲,乐曲。宋玉《对楚王问》:"是其～弥高,其和弥寡。"杜甫《咏怀古迹》之三:"千载琵琶作胡语,分明怨恨～中论。"❿量词。用于歌曲或乐曲。《魏书·乐志》:"得古雅乐一部,正声歌五十～。"

【曲笔】 qūbǐ ❶史家编史记事有所顾忌或徇情避讳,而不据事直书,称之曲笔。《后汉书·臧洪传》:"昔晏婴不降志于白刃,南史不～～以求存,故身传图像,名垂后世。"❷指枉法定案。《魏书·游明根传》:"[游]肇之为廷尉也,世宗尝私敕肇有所降恕。肇执而不从,曰:'陛下自能恕之,岂足令臣～～也。'其执意如此。"

【曲畅】 qūchàng 周尽而畅达。韦处厚《上宰相荐皇甫湜书》:"征会理轴,遣训词波,无不蹈正超常,～～精旨。"朱熹《中庸章句序》:"而凡诸说之同异得失,亦得以～～旁通,而各极其趣。"

【曲成】 qūchéng 多方设法以成全。《周易·系辞上》:"～～万物而不遗。"《荀子·臣道》:"推类接誉,以待无方,～～制象,是圣臣者也。"

【曲当】 qūdàng 委曲变通,皆得其宜。《荀子·儒效》:"其言有类,其行有礼,其举事无悔,其持险应变～～。"又《王制》:"三节者当,则其馀莫不当矣;三节者不当,则其馀虽～～,犹将无益也。"

【曲阿】 qū'ē ❶屋的曲角。陆机《吴趋行》:"重栾承游极,回轩启～～。"❷曲意阿附。《魏书·赵郡王幹传》:"尚书～～朕意,实伤皇度。"❸县名。秦置,汉因之。在今江苏丹阳市。见《汉书·地理志上》"会稽郡"。❹湖名,即练湖。在今丹阳市北。颜延之《车驾幸京口三月三日侍遊曲阿后湖作》诗李善注:"陈敏引水为湖,水周四十里,号曰'～～后湖'。"

【曲房】 qūfáng 深邃幽隐的密室,内室。枚乘《七发》:"往来游醼,纵恣于～～隐间之中。"陆机《拟明月何皎皎》诗:"凉风绕～～,寒蝉鸣高柳。"岑参《敦煌太守后庭歌》:"城头月出星满天,～～置酒张锦筵。"

【曲局】 qūjú ❶卷曲。《诗经·小雅·采绿》:“予发～～,薄言归沐。”❷邪曲不正。苏轼《庞公》诗:“杜口如今不复言,庞公为人不～～。”

【曲礼】 qūlǐ ❶《仪礼》的别名。《仪礼·士冠礼》“仪礼”贾公彦疏:“且《仪礼》亦名《曲礼》,故《礼器》云:‘经礼三百,曲礼三千。’”❷《礼记》篇名。以其委曲详尽述说吉、凶、宾、军、嘉五礼之事,故名。

【曲录】 qūlù 弯曲的样子,屈曲的样子。欧阳炯《贯休应梦罗汉画歌》:“～～腰身长欲动,看经子弟拟闻声。”《续传灯录·慧和禅师》:“拈起拄杖曰:‘孤根自有擎天势,不比寻常～～枝。’”也指曲录木,即刻成屈曲状的木料。陆游《新作火阁》诗之二:“中安煮药膨脝鼎,傍设安禅～～床。”

【曲挠】 qūnáo 也作“曲桡”。❶弯曲。《齐民要术·种榆白杨》:“白杨,性甚劲直,堪为屋材,折则折矣,终不～～。”《礼记·明堂位》“殷以椇”孔颖达疏:“椇枳之树,其枝多～～。”❷不正直。《论衡·答佞》:“人操行无恒,权时制宜,信者欺人,直者～～。”❸退缩,屈从。《战国策·齐策一》:“战不胜,田忌不进,战而不死,～～而诛。”《晋书·刘毅传》:“言议切宜,无所～～,为朝野所式瞻。”❹枉法曲断。《礼记·月令》“是察阿党”郑玄注:“阿党,谓治狱吏以私恩～～相为也。”

【曲全】 qūquán ❶委曲求全。《庄子·天下》:“人皆求福,己独～～。”《后汉书·张衡传》:“虽老氏～～,进道若退,然行亦以需。”❷曲意保全,偏袒。王世贞《蔺相如完璧归赵论》:“所以能完赵者,天固～～之哉。”

【曲拳】 qūquán 躬身拜伏。《庄子·人间世》:“擎跽～～,人臣之礼也。”(擎:指执笏。)

【曲赦】 qūshè 因特殊情况而赦免。江淹《曲赦丹阳等四郡诏》:“京辅及二吴昔岁水灾……可～～扬州所统丹阳吴兴、南徐州所统义兴等四郡。”

【曲士】 qūshì 乡曲之士。喻囿于一隅、孤陋寡闻的人。《庄子·秋水》:“～～不可以语于道者,束于教也。”《后汉书·马融传论》:“既而羞～～之节,惜不赀之躯。”

【曲室】 qūshì 犹“曲房”。深邃隐秘之室。阮籍《达庄论》:“且烛龙之光,不照一堂之上;钟山之口,不谈～～之内。”《世说新语·赏誉》:“许掾尝诣简文,尔夜风恬月朗,乃共作～～中语。”(简文:晋简文帝。)

【曲水】 qūshuǐ 古代风俗,于农历三月上旬巳日(魏以后始固定为三月三日)就水滨宴乐,以祓除不祥,后人因引水环曲成渠,流觞取饮为乐,称为“曲水”。王羲之《兰亭集序》:“又有清流激湍,映带左右,引以为流觞～～。”

【曲说】 qūshuō ❶片面说解。《管子·宙合》:“是故辩于一言,察于一治,攻于一事者,可以～～而不可以广举。”❷邪曲之说。《后汉书·桓谭传》:“屏群小之～～,述五经之正义,略雷同之俗语,详通人之雅谋。”

【曲席】 qūxí 座席相连。《史记·秦本纪》:“[缪公]因与由余～～而坐,传器而食。”

【曲学】 qūxué ❶囿于一隅之学。也指孤陋寡闻的人。《战国策·赵策二》:“穷乡多异,～～多辨。”❷背离或歪曲自己所学。《史记·儒林列传》:“公孙子务正学以言,无～～以阿世。”❸指做学问不入正道。陆九渊《与张辅之书》:“古之所谓～～诐行者,不必淫邪放僻,显显狼狈,如流俗人不肖子者也。”

【曲宴】 qūyàn 私人饮宴。曹植《赠丁翼》诗:“吾与二三子,～～此城隅。”《南史·陈武帝纪》:“[帝]恒崇宽简,雅尚俭素,常膳不过数品,私飨～～,皆瓦器蚌盘。”

【曲踊】 qūyǒng 跳跃之名。向上跳,折体,转身而下。一说横跳。《左传·僖公二十八年》:“魏犨束胸见使者曰:‘以君之灵,不有宁也。’距跃三百,～～三百。”后泛指跳跃,形容勇厉的气概。陆龟蒙《江南秋怀寄华阳山人》诗:“匹夫能～～,万骑可横行。”

【曲折】 qūzhé ❶弯曲。《通典·州郡十三》:“今县北有山,～～似巴字,因以为名。”也指道路等弯曲回转的情况。《论衡·程材》:“盖足未尝行,尧、禹问～～;目未尝见,孔、墨问形象。”喻复杂的情况、事情的原委。《史记·李将军列传》:“[卫]青欲上书报天子军～～。”❷曲意承顺。《后汉书·赵典传》:“朝廷每有灾异疑议,辄谘问之。典据经正对,无所～～。”❸委婉周至。苏舜钦《答杜公书》:“伏捧十一月十七日病告中所遣书教,笔墨精劲,慰谕～～,深开忧灼烦苦之抱。”❹指曲调的高低上下,曲调的谱式。《隋书·音乐志下》:“今人犹唤《大观》为《前舞》,故知乐名虽随代而改,声韵～～,理应相同。”

【曲知】 qūzhī 见解片面。《荀子·解蔽》:“～～之人,观于道之一隅,而未之能识也。”

【曲引】 qūyǐn 乐曲。引,乐曲。马融《长笛赋》:“故聆～～者,观法于节奏,察变于句投。”(句投:即句读,指乐曲的休止和停顿处。)嵇康《琴赋》:“～～向阑,众音将歇。"

【曲突徙薪】　qūtūxǐxīn　《汉书·霍光传》："臣闻客有过主人者，见其灶直突，傍有积薪。客谓主人，更为曲突，远徙其薪，不者且有火患。主人嘿然不应。俄而家果失火，邻里共救之，幸而得息。于是杀牛置酒，谢其邻人，灼烂者在于上行，馀各以功次坐，而不录言曲突者。人谓主人曰：'乡使听客之言，不费牛酒，终亡火患。今论功而请宾，曲突徙薪亡恩泽，燋头烂额为上客耶？'"（突：烟囱。嘿：默。）后因以"曲突徙薪"喻防患于未然。黄遵宪《福州大水行同张樵野丈龚蔼人丈作》："～～～～广恩泽，愿亟靖海安天骄。"

【曲终奏雅】　qǔzhōngzòuyǎ　《汉书·司马相如传赞》："相如虽多虚辞滥说，然要其归，引之于节俭，此亦《诗》之风谏何异？扬雄以为靡丽之赋，劝百而风一，犹骋郑、卫之声，曲终而奏雅，不已戏乎！"意为乐曲到终结时才奏出雅正的乐音。本为扬雄非难相如辞赋之语，后多以"曲终奏雅"作为文章或艺术表现结尾精彩的赞语。

曲²（麯、麴）　qū　酒母。《列子·杨朱》："聚酒千钟，积～成封。"刘伶《酒德颂》："衔杯漱醪，奋髯踑踞，枕～藉糟。"㊀指酒。元稹《解秋》诗之六："亲烹园内葵，凭买家家～。"

【曲尘】　qūchén　酒曲上生的菌，色淡黄如尘。因以"曲尘"指淡黄色。白居易《山石榴寄元九》诗："千芳万叶一时新，嫩紫殷红鲜～～。"刘禹锡《杨柳枝》词："凤阙轻遮翡翠帏，龙池遥望～～丝。"

【曲糵】　qūniè　也作"曲蘖"。酒母。《论衡·率性》："是故酒之泊厚，同一～～；人之善恶，共一元气。"㊀指酒。韩愈《送王含秀才序》："其于外也固不暇，尚何～～之托而昏冥之逃邪？"袁宏道《徐文长传》："文长既已不得志于有司，遂乃放浪～～，恣情山水。"

【曲生】　qūshēng　唐人郑棨《开天传信记》载：道士叶法善，居玄真观。有朝客十馀人来访，思酒饮。突有一少年傲睨直入，自称曲秀才，抗声谈论，一坐皆惊。良久暂起，如风旋转。法善疑为妖魅，密以小剑击之，坠于阶下，化为一瓶美酒。众人大笑，饮之，其味甚佳。因揖其瓶曰："曲生风味，不可忘也。"后因以"曲生"或"曲秀才"作酒的拟人之称。陆游《初春怀成都》诗："病来几与～～绝，禅榻茶烟双鬓丝。"

【曲王】　qūwáng　指酒神。皮日休《临顿为吴中偏胜之地……奉题屋壁》诗之三："尽日留蚕母，移时祭～～。"

岖（嶇）　qū　不平坦，不安定。《汉书·诸侯王表》："自幽、平之后，日以陵夷，至虖阸～河、洛之间，分为二周。"（幽、平：周幽王、周平王。）

诎（詘）　1. qū　❶言语钝拙。《史记·李斯列传》："辩于心而～于口。"《论衡·定贤》："丘能仁且忍，辩且～，勇且怯。"❷屈曲。《荀子·劝学》："若挈裘领，～五指而顿之，顺者不可胜数也。"㊀折卷。《礼记·丧服大记》："凡陈衣不～。"㊀短缩。《周髀算经》卷下："往者～，来者信也……从夏至南往，日益短，故曰～。"❸屈服，折服。《韩非子·难一》："行之而非法者，虽大吏～乎民萌。"《吕氏春秋·论威》："故曰其令强者其敌弱，其令信者其敌～。"（信：通"伸"。畅行无阻。）㊀使屈服。《战国策·秦策一》："今欲并天下，凌万乘，～敌国，制海内……非兵不可。"❹枉，冤曲。《吕氏春秋·壅塞》："宋王因怒而～杀之。"㊀委屈。《汉书·张冯汲郑传赞》："扬子以为孝文亲～帝尊以信亚夫之军，曷为不能用颇、牧？"（颇、牧：廉颇、李牧。）曾巩《唐论》："太宗之为君也，～已从谏，仁心爱人。"❺穷尽，匮乏。《墨子·公输》："公输盘之攻械尽，子墨子之守圉有馀，公输盘～。"《荀子·正论》："故百事废，财物～，而祸乱起。"❻声音戛然而止的样子。《礼记·聘义》："叩之，其声清越以长，其终～然。"白居易《小童薛阳陶吹觱篥歌》："翕然声作疑管裂，～然声尽疑刀截。"❼副词。反，反而。《战国策·秦策四》："一举众而注地于楚，～令韩魏归帝重于齐，是王失计也。"

2. chù　❽贬黜。《晋书·何曾传》："然于考课之限，罪亦不至～免。"

【诎申】　qūshēn　屈伸。《汉书·陈汤传》："汤击郅支时中寒病，两臂不～～。"也作"诎伸"。《汉书·匈奴传赞》："～～异变，强弱相反。"又作"屈信"。《史记·乐书》："执其干戚，习其俯仰～～，容貌得庄焉。"

【诎折】　qūzhé　曲折。《史记·司马相如列传》："低卬夭蟜据以骄骜兮，～～隆穷蠼以连卷。"《汉书·天文志》："有流星出文昌……～～委曲，贯紫宫西。"

【诎指】　qūzhǐ　❶屈指。用手指计算。《汉书·陈汤传》："～～计其日，曰：'不出五日，当有吉语闻。'"❷曲意，屈己下人。《战国策·燕策一》："～～而事之，北面而受学，则百己者至。"

岖（嶇）　qū　❶见"岖崎"。❷见"岖嵚"、"岖嵚"。

【岖崎】　qūqí　崎岖。庾信《周车骑大将军贺娄公神道碑》："马援亡于武溪，尸柩返于槐里……呜呼哀哉，～～远矣。"

【岖嵚】 qūqīn 险峻的样子。王褒《洞箫赋》："徒观其旁山侧兮，则～～岿崎。"也指险峻的高山。谢灵运《登池上楼》诗："倾耳聆波澜，举目眺～～。"

【岖崯】 qūyín 同"岖嵚"。险峻的样子。嵇康《琴赋》："玄岭巉岩，岞崿～～。"

佉 qū 梵书译音字。见"佉沙"。

【佉沙】 qūshā 古西域国名。即疏勒。《新唐书·西域传》："疏勒，一曰～～，环五千里，距京师九千里而赢。"

阹 qū 依山谷作栏圈。司马相如《上林赋》："江河为～，泰山为橹。"（橹：望楼。）扬雄《长杨赋》："以网为周～，纵禽兽其中。"⊗利用山谷围猎禽兽。左思《吴都赋》："～以九疑，御以沅、湘。"

驱（驅、駈、駆、敺、毆） qū ❶鞭马疾行。《诗经·鄘风·载驰》："载驰载～，归唁卫侯。"《吕氏春秋·察微》："遂～入于郑师。"㊀奔驰。《仪礼·既夕礼》："卒窆而归，不～。"⊗行，走。《史记·孟子荀卿列传》："邹子如燕，昭王拥篲先～。"❷驱逐，赶走。《左传·桓公十二年》："绞人争出，～楚役徒于山中。"《孟子·滕文公下》："周公兼夷狄，～猛兽，而百姓宁。"㊀驱使，役使。《汉书·贾谊传》："故世主欲民之善同，而所以使民善者或异。或道之以德教，或～之以法令。"⊗迫使。陶渊明《乞食》诗："饥来～我去，不知竟何之。"

【驱策】 qūcè 驱使。《三国志·魏书·蒋济传》："当今柱石之士虽少，至于行称一州，智效一官，忠信竭命，各奉其职，可并～～。"王湾《秋夜寓直即事》诗："卑吏夙～～，微涓效斗升。"

【驱驰】 qūchí 策马疾驰。《汉书·周勃传》："将军约，军中不得～～。"《后汉书·安思阎皇后纪》："行四日，～～还宫。"引申为奔走效力。《论衡·程材》："材能之士，随世～～；节操之人，守隘屏窜。"《三国志·蜀书·诸葛亮传》："由是感激，遂许先帝以～～。"

【驱鸡】 qūjī 荀悦《申鉴·政体》："睹孺子之驱鸡也，而见御民之方。"后遂以"驱鸡"喻做官。许浑《送上元王明府赴任》诗："莫言名重懒～～，六代江山碧海西。"韦庄《赠云阳裴明府》诗："暴客至今犹战鹤，故人何处尚～～。"

【驱遣】 qūqiǎn ❶驱逐。古诗《为焦仲卿妻作》："仍更被～～，何言复来还？"❷驱使，差遣。《颜氏家训·风操》："［诸子］不敢宁宅，动经旬日，官司～～，然后始退。"❸逼迫，迫使。王建《行见月》诗："不缘衣食相～～，此身谁愿长奔波。"

【驱煽】 qūshān 唆使煽惑。《宋书·刘湛传》："及至晚节，～～义康，凌轹朝廷。"（义康：人名。）也作"驱扇"。《南齐书·陈显达传》："凶丑剽狡，专事侵掠，～～异类，蚁聚西偏。"

【驱役】 qūyì ❶驱使。《论衡·对作》："案《六略》之书万三千篇，增善消恶，割截横拓，～～游慢，期便道善，归正道焉。"㊀指为内廷服役供驱遣的人。《后汉书·桓帝邓皇后纪》："帝多内幸，博采宫女至五六千人，及～～从使复兼倍于此。"❷指作官。潘岳《在怀县作》诗之一："～～宰两邑，政绩竟无施。"

欧 qū 见 ōu。

殴 qū 见 ōu。

抾 qū（又读 qiè） ❶捕取。《汉书·扬雄传上》："蹈獱獭，据鼋鼍，～灵蠵。"（蠵：大龟。）《后汉书·马融传》："狱𪊨熊，～封狶。"❷驱除。《太平寰宇记·北狄十二·杂说并论》："譬蚊虻螫人，～之而已。"

呿 qū 口张开。《庄子·秋水》："公孙龙口～而不合，舌举而不下。"《吕氏春秋·重言》："君～而不唫，所言者'莒'也。"

【呿嗟】 qūjuē 皮带。白居易《蛮子朝》诗："清平官持赤藤杖，大将军系金～～。"也作"呿嵯"。元稹《蛮子朝》诗："清平官系金～～，求天叩地持双珙。"

【呿吟】 qūyín 呼吸。《素问·宝命全形论》："～～至微，秋毫在目。"也作"呿唫"。《淮南子·泰族训》："高宗谅闇，三年不言，四海之内，寂然无声，一言声然，大动天下，是以天心～～者也。"

屈 1. qū ❶弯曲。《老子·四十五章》："大直若～，大巧若拙，大辩若讷。"《孟子·告子上》："今有无名之指，～而不信。"（信：通"伸"。）❷屈折，屈服。《左传·襄公二十九年》："直而不倨，曲而不～。"《新唐书·张巡传》："不可为不义～。"⊗使屈服，征服，摧折。《诗经·鲁颂·泮水》："顺彼长道，～此群丑。"《孟子·滕文公下》："富贵不能淫，贫贱不能移，威武不能～。"❸委屈，受委屈。《三国志·魏书·文帝纪》："［昔仲尼］栖栖焉，遑遑焉，欲～己以存道，贬身以救世。"刘崇远《金华子·杂编下》："呼绅至第而慰勉曰：'苗十大是～人。'"❹理亏。《晋书·唐彬传》："又使彬难言吴未可伐者，而辞理皆～。”⑧亏损。李康《运命论》：“其身可抑，而道不可～。”❺穷困，困窘。《法言·先知》：“若污人老，～人孤，病者独，死者逋，田亩荒，杼轴空之谓敎。”《逸周书·武纪》：“百姓～急，无藏畜矣。”⑧身处困境的人。韩愈《上兵部李侍郎书》：“[阁下]尚贤而与能，哀穷而悼～。”❻集中，聚。《元史·河渠志一》：“自世祖～群策，济万民，疏河渠。”戚继光《练兵实纪·练将》：“必广询博访，集众思，～群策。”❼断绝。《汉书·司马相如传下》：“亦各并时而荣，咸济厥世而～。”❽敬词。犹请。王谠《唐语林·补遗三》：“卫公不悦，遣马～白员外至。”王禹偁《张屯田弄璋期以满月开筵》诗：“洗儿已过三朝会，～客应须满月筵。”❾古地名。春秋晋地，产良马。在今山西吉县北。《韩非子·十过》：“～产之乘，寡人之骏马也。”

2. jué ❿短。《韩非子·说林下》：“鸟有翢翢者，重首而～尾。”⓫竭，竭尽。《汉书·食货志》：“生之有时而用之亡度，则物力必～。”苏轼《省试策问三首》：“则天下骚然，财～力殚，而民始病矣。”⓬通“倔”。见“屈强”。⓭通“崛”。见“屈起”。

【屈草】 qūcǎo 古代传说中的一种草。言其太平之世生于庭前，能指识佞人。也叫“屈轶”、“指佞草”。谢朓《三日侍华光殿曲水宴代人应诏》诗之五：“～～戒谀，阶蓂纪日。”

【屈厄】 qū'è 困窘。《后汉书·郎𫖮传》：“陛下乃者，潜龙养德，幽隐～～。”李康《运命论》：“以仲尼之智也，而～～于陈、蔡。”

【屈伏】 qūfú ❶屈服，屈身顺从。《晋书·刘曜载记》：“为之拜者，～～于人也。”❷曲折起伏。李白《宿虾湖》诗：“明晨大楼去，冈陇多～～。”❸犹潜伏。《素问·至真要大论》：“所谓胜至，报气～～而未发也。”

【屈蠖】 qūhuò 《周易·系辞下》：“尺蠖之屈，以求信也。”（尺蠖：一种昆虫。）后用“屈蠖”比喻不得志的人。王禹偁《酬种放征君》诗：“相府一张纸，唤起久～～。”也比喻委屈不得志。方文《送钱而介归檇李》诗：“蹇予～～归南都，君亦蟠龙卧东海。”

【屈节】 qūjié ❶失节。《汉书·苏武传》：“～～辱命，虽生，何面目以归汉？”《后汉书·臧洪传》：“以为～～而苟生，胜守义而倾覆也。”❷犹“折节”。降身相从。《盐铁论·殊路》：“故子路解长剑，去危冠，～～于夫子之门。”《世说新语·贤媛》：“我所以～～为汝家作妾，门户计耳。”

【屈挠】 qūnáo ❶退缩，屈服。《淮南子·氾论训》：“夫今陈卒设兵，两军相当，将施令曰：‘斩首拜爵，而～～者要斩。’”（要：腰。）《后汉书·杨政传》：“政每共言论，常切磋恳至，不为～～。”❷阻挠。张居正《答边镇督抚》：“正功罪，明赏罚，惩奸核实，此督抚事也，仆辈何敢～～焉。”

【屈蟠】 qūpán 屈曲盘绕。《晋书·束皙传》：“徒～～于坞井，眄天路而不游。”欧阳修《吴学士石屏歌》：“空林无人鸟声乐，古木参天枝～～。”也作“屈盘”。左思《吴都赋》：“洪桃～～，丹桂灌丛。”

【屈伸】 qūshēn 也作“屈申”、“屈信”。屈曲与伸展。《淮南子·修务训》：“使未尝鼓瑟者，虽有离朱之明，攫掇之捷，犹不能～～其指。”引申指往来、进退、出处、得意与失意等。《周易·系辞下》：“往者屈也，来者信也；～～相感而利生焉。”《后汉书·冯衍传下》：“用之则行，舍之则臧，进退无主，～～无常。”杜甫《寄张十二山人彪三十韵》：“自古皆悲恨，浮生有～～。”

【屈戌】 qūxū 门窗上的环纽，搭扣。李商隐《魏侯第东北楼堂》诗：“锁香金～～，带酒玉昆仑。”也作“屈膝”。李贺《宫娃歌》：“啼蛄吊月钩阑下，～～铜铺锁阿甄。”又作“曲须”。周祈《名义考·物部》：“京师人谓门环曰～～，当为‘屈膝’……言形如膝之屈也。”

【屈笮】 qūzé 困厄。《三国志·魏书·和洽传》：“高祖每在～～，二相恭顺，臣道益彰，所以祚及后世也。”

【屈滞】 qūzhì ❶指屈处下位、久不升迁的人。《三国志·吴书·步骘传》：“骘前后荐达～～，救解患难，书数十上。”❷形容语言艰涩。玄奘《大唐西域记·摩揭陀国下》：“果而有娠，母忽聪明，高论剧谈，言无～～。”

【屈强】 juéjiàng 倔强，不顺从。屈，通“倔”。陈琳《檄吴将校部曲文》：“及吴王濞，骄恣～～，猖猾始乱。”《后汉书·王常传》：“下江诸将虽～～少识，然素敬常。”

【屈矫】 juéjiǎo 壮捷的样子。杜甫《朝献太清宫赋》：“凤凰威迟而不去，鲸鱼～～以相吸。”

【屈奇】 juéqí 怪异，奇异。《淮南子·诠言训》：“圣人无～～之服，无瑰异之行。”潘岳《西征赋》：“门磁石而梁木兰兮，构阿房之～～。”

【屈起】 juéqǐ 屈，通“崛”。❶崛起，兴起。扬雄《剧秦美新》：“独秦～～西戎，邠荒岐雍之疆。”《后汉书·朱景王杜等传论》：“降自秦、汉，世资战力，至于翼扶王运，皆武人～～。”❷言突然起身。《太平御览》卷二五三引《列异传》：“夜时有异物稍稍转近，忽来覆伯夷，伯夷～～，以袂掩之。”

【屈桥】　juéqiáo　壮捷的样子。《汉书·扬雄传上》:“千乘霆乱,万骑～～。”

袪　qū　❶除去。殷仲文《南州桓公九井作》诗:“伊余乐好仁,惑～吝亦泯。”陆九渊《与侄孙濬》:“至所以～尹士充虞之惑者,其自述至详且明。”❷开,启。《汉书·兒宽传》:“然享荐之义,不著于经,以为封禅告成,合～于天地神祇,祇戒精专以接神明。”孔通《春秋左氏传义诂序》:“发伏阐幽,赞明圣祖之道,以～后学。”

【袪袪】　qūqū　疾驱的样子。《诗经·鲁颂·駉》:“有驔有鱼,以车～～。”

苗　qū　用苇或竹编成的饲蚕的器具。《说文·艸部》:“～,蚕薄也。”(按:经典通作“曲”,或作“笛”。)

胠　qū　❶腋下胁上部分。《素问·欬论》:“甚则不可以转,转则两～下满。”❷从旁边打开,打开。《庄子·胠箧》:“将为～箧、探囊、发匮之盗而为守备。”欧阳修《释秘演诗集序》:“已老,～其橐,尚得三四百篇,皆可喜者。”❸古代阵法中军队的右翼。《左传·襄公二十三年》:“启:牢成御襄罢师,狼蘧疏为右。～:商子车御侯朝,桓跳为右。”(启:左翼。)❹搁浅,困。《荀子·荣辱》:“[浮阳之鱼]～于沙而思水,则无逮矣。”

袪　qū　❶袖口。泛指衣袖。《诗经·唐风·羔裘》:“羔裘豹～,自我人居居。”《国语·晋语四》:“初,献公使寺人勃鞮伐公于蒲城,文公逾垣,勃鞮斩其～。”❷举起,撩起。《吕氏春秋·知分》:“次非攘臂～衣,拔宝剑。”班固《西都赋》:“建华旗,～黼帷。”❸分开。扬雄《剧秦美新》:“权舆天地未～,睢睢吁吁。”❹除去。蔡邕《郭有道碑文》:“尔乃潜隐衡门,收朋勤诲,童蒙赖焉,用～其蔽。”

诎(詘)　qū　❶屈,弯曲。《淮南子·氾论训》:“～寸而伸尺,圣人为之。”❷见“诎诡”。

【诎诡】　qūguǐ　谲诡,诡异。左思《吴都赋》:“倜傥之极异,～～之殊事,藏埋于终古,而未寤于前觉也。”

漏　qū　见 gǔ。

焌　qū　见 jùn。

蛆(胆)　1. qū　❶蝇类的幼虫。韩愈《符读书城南》诗:“一为马前卒,鞭背生虫～。”❷酒面浮滓。苏轼《三月十九日携白酒鲈鱼过詹史君食槐叶冷淘》诗:“枇杷已熟粲金珠,桑落初尝滟玉～。”[喻]废话,坏话。《魏书·甄琛传》:“琛谓峦曰:‘卿何处放～来?今晚始顾。’”(峦:人名。)

2. jū　❸见“蝍蛆”。

躯(軀)　qū　❶身体。《史记·游侠列传》:“今游侠,其行虽不轨于正义,然其言必信,其行必果,已诺必诚,不爱其～。”[特]身孕。《三国志·魏书·华佗传》:“其母怀～,阳气内养。”❷量词。用于佛像等。杨衒之《洛阳伽蓝记·平等寺》:“寺门外有金像一～,高二丈八尺。”

趋(趨)　1. qū　❶跑,疾走。《孟子·公孙丑上》:“其子～而往视之,苗则槁矣。”《吕氏春秋·安死》:“孔子径庭而～,历级而上。”[特]礼貌性的小步快走,表示恭敬。《战国策·赵策四》:“入而徐～,至而自谢曰:‘老臣病足,曾不能疾走。’”《三国志·魏书·武帝纪》:“天子命公赞拜不名,入朝不～,剑履上殿,如萧何故事。”(按:“入朝不趋”为秦汉以来皇帝对大臣的特殊恩宠和礼遇。)❷奔向,奔赴。《荀子·议兵》:“故近者歌讴而乐之,远者竭蹷而～之。”《韩非子·难一》:“夫仁义者,忧天下之害,～一国之患。”[引]遵循。苏舜钦《启事上奉宁军陈侍郎》:“幼～先训,苦心为文,十年馀矣。”[又]趋向,方向。《论衡·本性》:“水潦不同,故有清浊之流,东西南北之～。”❸追逐。《吕氏春秋·必己》:“于是相与～之,行三十里,及而杀之。”[又]追求。《韩非子·忠孝》:“毁廉求财,犯刑～利,忘身之死者,盗跖是也。”

2. qù　❹宗旨,旨趣。《孟子·告子下》:“三子者不同道,其～一也。”《论衡·定贤》:“文丽而务巨,言眇而～深。”(眇:通“妙”。)

3. cù　❺催促。《汉书·食货志上》:“使者驰传督～。”柳宗元《时令论上》:“～人牧敛。”❻急速,赶快。《荀子·哀公》:“定公越席而起,曰:‘～驾召颜渊。’”《汉书·高帝纪上》:“若不～降汉,今为虏矣。”❼短。《庄子·外物》:“有人于彼,修上而～下。”

【趋风】　qūfēng　疾行如风。恭敬的样子。《左传·成公十六年》:“郤至三遇楚子之卒,见楚子,必下,免胄而～～。”李白《梁甫吟》:“入门不拜骋雄辩,两女辍洗来～～。”

【趋附】　qūfù　❶趋炎附势。张鷟《朝野佥载》卷四:“[魏]元忠文武双阙,名实两空,外示贞刚,内实～～。”❷相聚附随。《宋史·李昭玘传》:“与今之人友,或～～而陷于祸,吾宁与十者友,久益有味也。”

【趋跄】　qūqiāng　步履有节奏的样子。《诗经·齐风·猗嗟》:“巧～～兮,射则臧兮。”白居易《和微之春日投简阳明洞天五十韵》:"捧拥罗将绮,～～紫与朱。"也作"趋翔"。《吕氏春秋·士容》:"进退中度,～～闲雅,辞令逊敏。"

【趋热】 qūrè 趋炎附势。《晋书·王沈传》:"融融者皆～～之士,其得炉冶之门者,唯挟炭之子,苟非其人,不如其已。"

【趋时】 qūshí 言顺应时势,随时势变通。《淮南子·原道训》:"禹之～～也,履遗而弗取,冠挂而弗顾,非争其先也,而争其得时也。"班彪《王命论》:"从谏如顺流,～～如响起。"

【趋厮】 qūsī 供奔走的僮仆。皮日休《郢州孟亭记》:"焉有贤者之名为～～走养,朝夕言于刺史前耶?"

【趋庭】 qūtíng 《论语·季氏》:"[孔子]尝独立,鲤趋而过庭。曰:'学诗乎?'对曰:'未也。''不学诗,无以言。'鲤退而学诗。"鲤,孔子之子伯鱼。后因以"趋庭"为承受父教的代称。王勃《滕王阁序》:"他日～～,叨陪鲤对。"杜甫《登兖州城楼》诗:"东郡～～日,南楼纵目初。"

【趋走】 qūzǒu ❶疾走。《战国策·赵策一》:"不佞寝食,不能～～。"也作"趣走"。《韩非子·扬权》:"腓大于股,难以～～。"又指供奔走。《荀子·儒效》:"周公屏成王而及武王,履天子之籍,负扆而坐,诸侯～～堂下。"❷指仆役。《吴越春秋·勾践入臣外传》:"愿得入备扫除,出给趋走,臣之愿也。"后遂以"趋走"作仆役的别名。《资治通鉴·宋文帝元嘉元年》引裴子野曰:"居中则任仆妾,处外则近～～。"杜甫《官定后戏赠》诗:"老夫怕～～,率府且逍遥。"

【趋趋】 cùcù 行走迅速的样子。《礼记·祭义》:"其行也,～～以数。"

【趋数】 cùsù 犹"促速"。急速。《礼记·乐记》:"宋音燕女溺志,卫音～～烦志。"白居易《留北客》诗:"楚袖萧条舞,巴弦～～弹。"

趍 qū 同"趋"。❶奔跑。《淮南子·兵略训》:"猎者逐禽,车驰人～,各尽其力。"❷奔赴,奔向。《战国策·赵策三》:"军战不胜,尉复死,寡人使卷甲而～之,何如?"《元史·瑠求传》:"漈者,水～下而不回也。"

鲑(鱋) 1. qū ❶鱼名。比目鱼。《汉书·司马相如传上》:"禺禺～鳎。"

2. xié ❷鱼胁。杨慎《异鱼图赞》:"异哉鯆鱼,～有两乳。"

鶌(鶌) qū 鸟名用字。见"鶌鶋"。

【鶌鶋】 qūjū 鸟名。《山海经·北山经》:"[马成之山]有鸟焉,其状如乌,首白而身青,足黄,是名曰～～。"

蝠 qū 蛣蝠。虫名。

趣 1. qū ❶跑,疾走。《战国策·秦策五》:"遇司空马门,～甚疾,出諔门也。"《列子·汤问》:"泰豆乃立木为涂……履之而行,～走往还,无跌失也。"❷奔赴,奔向。《吕氏春秋·为欲》:"犯白刃,冒流矢,～水火,不敢却也。"《三国志·魏书·三少帝纪》:"今使征西将军邓艾督帅诸军,～甘松、沓中以罗取[姜]维。"❸追逐,追求。《列子·力命》:"农赴时,商～利。"⑤赶上,顺应。王安石《王深父墓志铭》:"然真知其人者不多,而多见谓迂阔,不足～时合变。"❹取。见"趣舍"。

2. qù ❺旨趣,意味。《列子·汤问》:"曲每奏,钟子期辄穷其～。"《晋书·陶潜传》:"但识琴中～,何劳弦上声?"⑤志向。《三国志·魏书·臧洪传》:"且以子之才,穷该典籍,岂将闇于大道,不达馀～哉!"❻乐趣,趣味。陶渊明《归去来兮辞》:"园日涉以成～,门虽设而常关。"杜甫《重过何氏》诗之四:"颇怪朝参懒,应耽野～长。"

3. cù ❼催促。《吕氏春秋·音律》:"南吕之月,蛰虫入穴,～农收聚,无敢懈怠。"《汉书·张耳陈馀传》:"使使者贺赵,～兵西入关。"⑤促使。《墨子·非儒下》:"知人不忠,～之为乱,非仁义之也。"❽副词。急速,赶快。《后汉书·耿弇传》:"弇乃令军中～修攻具。"苏轼《上皇帝书》:"乃闻留侯之言,吐哺而骂之,曰～销印。"

【趣舍】 qūshě 取舍。《荀子·修身》:"～～无定,谓之无常。"《三国志·魏书·臧洪传》:"而以～～异规,不得相见。"也作"趋舍"。《韩非子·解老》:"人无愚智,莫不有～～。"

【趣势】 qūshì ❶顺应形势。《后汉书·窦融传论》:"窦融始以豪侠为名,拔起风尘之中,以投天隙。遂蝉蜕王侯之尊,终膺卿相之位,此则徼功～～之士也。"❷趋附权势。《后汉书·第五伦传》:"诐险～～之徒,诚不可亲近。"也作"趋势"。《三国志·魏书·董昭传》:"国士不以孝悌清修为首,乃以～～游利为先。"

【趣向】 qūxiàng 趋向,奔向。《三国志·魏书·陈泰传》:"审其定问,知所～～,须东西势合乃进。"

【趣向】 qùxiàng 志趣,志向。《新唐书·陈子昂传》:"智者尚谋,愚者所不听;勇者徇死,怯者所不从,此～～之反也。"

【趣装】 cùzhuāng 赶紧整理行装。《聊斋志异·宫梦弼》："早走～～，则管钥未启，止于门中，坐襆囊以待。" qū

劬 qú ❶劳苦。张衡《归田赋》："极般游之至乐，虽日夕而忘～。"陶渊明《和刘柴桑》："谷风转凄薄，春醪解饥～。"❷慰劳。《礼记·内则》："食子者，三年而出，见于公宫则～。"

【劬劳】 qúláo 辛苦，劳累。《诗经·邶风·凯风》："棘心夭夭，母氏～～。"《荀子·富国》："或佚乐，或～～。"

【劬力】 qúlì ❶勤劳尽力。贾谊《新书·退让》："梁之边亭～～而数灌，其瓜美；楚窳而稀灌，其瓜恶。"❷费力。《新唐书·陆贽传》："斯道甚易知，甚易行，不耗神，不～～。"

【劬录】 qúlù 也作"劬禄"。勤劳，劳苦。《淮南子·主术训》："两者为本，而加之以勇力辩慧、捷疾～～。"又《泰族训》："虽察惠捷巧，～～疾力，不免于乱也。"又作"軥录"。《荀子·荣辱》："孝弟原悫，～～疾力，以敦比其事业。"又作"拘录"。《荀子·君道》："材人，愿悫～～，计数纤啬，而无敢遗丧。"

【劬劬】 qúqú 劳苦的样子。贾岛《义雀行和朱评事》："双雀抱人义，哺食劳～～。"梅尧臣《赠陈孝子庸》诗："果生陈子孝且仁，终日～～在民伍。"

约(絇) qú ❶用布麻丝缕搓成绳索。皇甫湜《论业》诗："浅辟庸种无嘉苗，颡～疏织无良帛。"❷古代鞋头上的装饰，有孔，可以穿系鞋带。《礼记·檀弓上》："葛要绖，绳屦无～。"《后汉书·明帝纪》："帝及公卿列侯始服冠冕、衣裳、玉佩、～屦以行事。"❸网的别名。《穀梁传·襄公二十七年》："织～邯郸，终身不言卫。"❹重量单位。丝五两（后起义）。王安石《促织》诗："只向贫家促机杼，几家能有一～丝？"

軥(軥) qú（又读 gōu） 车辕端用以夹马颈的曲木。《左传·襄公十四年》："射两～而还。"㊁指轭。独逸窝退士《笑笑录·牛宏》："尝闻陇西牛，千石不用～。"

【軥录】 qúlù 见"劬录"。

【軥牛】 qúniú 挽轭的小牛。《汉书·朱家传》："家亡馀财，衣不兼采，食不重味，乘不过～～。"

钩 qú 见 gōu。

朐 qú ❶屈曲的干肉。《礼记·曲礼上》："以脯脩置者，左～右末。"《仪礼·士虞礼》："荐脯醢，设俎于荐东，～在南。"❷同"軥"。车辕端用以夹马颈的曲木。《左传·昭公二十六年》："射之，中楯瓦，繇～汰辀，匕入者三寸。"（汰：过。）

斪 qú 锄类农具。《玉篇·斤部》："～，锄属。"

鸲(鴝) 1. qú ❶见"鸲鹆"。
2. gòu ❷同"雊"。雉鸣。《逸周书·时训》："又五日，雉始～。"

【鸲鹆】 qúyù ❶鸟名。八哥。段成式《酉阳杂俎·羽篇》："～～，旧言可使取火，效人言胜鹦鹉。"❷古代舞蹈名，"鸲鹆舞"的省称。白居易《和梦游春诗一百韵》："酩酊歌鹧鸪，颠狂舞～～。"

惧 qú 见 jù。

蚼 1. qú ❶虫名用字。虫有"蚼蠋"（一种危害禾苗的害虫）。
2. gǒu ❷见"蚼犬"。

【蚼犬】 gǒuquǎn 神话中的兽名。《说文·虫部》："蚼，北方有～～，食人。"

渠 1. qú ❶人工开凿的水道。《史记·河渠书》："引渭穿～起长安，并南山下，至河三百馀里。"《后汉书·西羌传》："因～以溉，水舂河漕。"㊁堑濠。《国语·晋语二》："景霍以为城，而汾、河、涑、浍以为～。"（景霍：山名。）㊁开凿沟渠。李翱《平赋书》："丘墓乡井之所聚，畎遂沟渎之所～。"❷古代指车轮的外圈。《周礼·考工记·车人》："车人为车，柯长三尺……～三柯者三。"❸盾。《国语·吴语》："奉文犀之～。"左思《吴都赋》："家有鹤膝，户有犀～。"（鹤膝：指矛。）❹古代守城器械。《墨子·备城门》："城上二步一～，～立程，丈三尺。"❺代词。表示第三人称。白居易《答户部崔侍郎书》："～从事东川，近得书，且知无恙矣。"杨万里《读元白长庆二集诗》："再三不晓～何意，半是交情半是私。"❻大。见"渠冲"、"渠魁"、"渠帅"等。❼副词。很，极。王弼《老子指略》："其为害也，岂可记乎？故百倍之利，未～多也。"又："故绝仁弃义以及孝慈，未～弘也。"❽古地名。春秋时周地。在今河南巩义市西。《左传·昭公二十六年》："刘子以王出。庚午，次于～。"

2. jù ❾通"讵"。岂。《史记·张仪列传》："且苏君在，仪宁～能乎！"《汉书·孙宝传》："掾部～有其人乎？"❿通"遽"。就。《史记·郦生陆贾列传》："尉他大笑曰：'吾不起中国，故王此。使我居中国，何～不若汉？'"（按：《汉书》作"遽"。）⓫通"遽"。匆遽。见"渠央"。

【渠冲】 qúchōng 古代攻城的大车。《荀子·强国》:"为人臣者,不恤己行之不行,苟得利而已矣,是～～入穴而求利也。"

【渠答】 qúdá 古代守城御敌的器具,即铁蒺藜。《尉缭子·攻权》:"城险未设,～～未张,则虽有城无守矣。"《汉书·晁错传》:"高城深堑,具蔺石,布～～。"

【渠股】 qúgǔ 跰脚。即罗圈腿。《山海经·海内经》:"韩流擢首,谨耳人面,豕喙麟身,～～豚止。"

【渠魁】 qúkuí 首领。旧称武装反抗集团或敌对方面的首脑。《尚书·胤征》:"歼厥～～,胁从罔治。"陆游《董逃行》:"～～赫赫起临洮,僵尸自照脐中膏。"

【渠弭】 qúmǐ 小海。《国语·齐语》:"反其侵地棠、潜,使海于有蔽,～～于有渚,环山于有牢。"也作"渠弥"。《管子·小匡》:"～～于有陼。"

【渠侬】 qúnóng 古吴方言。他,他们。曾几《次忧字韵》:"惟有埙篪发清吹,～～无厌亦无求。"《通俗编·称谓》:"吴俗自称我侬,指他人亦曰～～。"

【渠渠】 qúqú ❶高大、深广的样子。《诗经·秦风·权舆》:"于我乎,夏屋～～。"❷殷勤的样子。苏舜钦《上孔待制书》:"古人诩诩而汲善,～～而下士。"

【渠帅】 qúshuài 魁首。《汉书·张敞传》:"敞以耳目发起贼主名区处,诛其～～。"《后汉书·刘玄传》:"新市人王匡、王凤为平理诤讼,遂推为～～,众数百人。"也作"渠率"。《汉书·孙宝传》:"～～皆得悔过自出,遣归田里。"

【渠渠】 jùjù 局促不安的样子。《荀子·修身》:"人无法则伥伥然,有法而无志其义,则～～然。"

【渠央】 jùyāng 匆促完结。渠,通"遽",促。陶渊明《读山海经》诗之八:"方与三辰遊,寿考岂～～。"范成大《马鞍驿饭罢纵步》诗:"好晴才数日,岁事未～～。"

鼅(𪓰、鼩、鼁) 1. qú ❶水虫名。《说文·黽部》:"～,䵷属,头有两角,出辽东。"

2. gōu ❷见"鼅鼊"。

【鼅鼊】 gōubì 龟类动物。左思《吴都赋》:"～～鲭鳄,涵泳乎其中。"

蕖 qú ❶芙蕖。荷花的别名。陶渊明《杂诗》之三:"昔为三春～,今作秋莲房。"杜甫《狂夫》诗:"风含翠筿娟娟静,雨裛红～冉冉香。"❷芋头。《广雅·释草》:"～,芋也。"

磲(磲) qú "砗磲"的略称。蚌类,其壳莹洁如玉。萧统《将进酒》诗:"宜城溢～盌,中山浮酒卮。"

蠼 qú 虫名用字。见"蠼螋"。

【蠼螋】 qúlüè 也作"渠略"、"蜾蠃"。蜉蝣的别名。《说文·虫部》:"螋,～～也。一曰蜉游。"

璩 qú 玉环。《说文新附·玉部》:"～,环属。"ⓧ玉名。邹阳《酒赋》:"绡绮为席,犀～为镇。"

瞿 1. qú ❶兵器名。戟类。《尚书·顾命》:"一人冕,执～,立于西垂。"❷通"衢"。四通八达的地方。银雀山汉墓竹简《孙子兵法·九地》:"有～地,有重地,有泛地。"

2. jù ❸瞪眼惊视的样子。《汉书·吴王刘濞传》:"胶西王～然骇曰:'寡人何敢如是!'"《埤雅·释鸟》:"雀俯而啄,仰而四顾,所谓～也。"㉛惊惧,惊悸。《礼记·檀弓下》:"公～然失席,曰:'是寡人之罪也。'"又《杂记下》:"见似目～,闻名心～。"

【瞿昙】 qútán 梵语 Gautama 的音译。佛教创始人释迦牟尼的姓。后为佛的代称。苏辙《还颍川》诗:"平生事～～,心外知皆假。"也借指和尚。蒲松龄《聊斋自志》:"先大人梦一病瘠～～偏袒入室。"

【瞿瞿】 jùjù ❶张目四视的样子。《诗经·齐风·东方未明》:"折柳樊圃,狂夫～～。"《礼记·檀弓上》:"既殡,～～如有求而弗得。"❷谨慎、勤勉的样子。《诗经·唐风·蟋蟀》:"好乐无荒,良士～～。"《新唐书·吴凑传》:"凑为人强力,劬俭～～,未尝扰民。"

镰 qú 见 jù。

鼩 qú 鼠名。宋濂《燕书》:"～之在田也,弹丸欲击,卢犬欲磔,山狸欲啖。"

蘧 1. qú ❶蘧麦,即瞿麦。石竹科草本植物,以子形如麦而名。❷荷花。张衡《西京赋》:"～藕拔,蜃蛤剥。"

2. jù ❸惊喜的样子。《庄子·大宗师》:"成然寐,～然觉。"

【蘧车】 qúchē 蘧伯玉的车。刘向《列女传·卫灵夫人》载:"卫灵公与夫人夜坐,闻车声辚辚,至阙而止。过阙,复闻声。夫人曰:'此蘧伯玉也。君子不以冥冥堕行,伯玉贤大夫,必不以闇昧废礼,故知之。'"后因以"蘧车"喻行止守礼不苟。何逊《早朝车中听望》诗:"～～响北阙,郑履入南宫。"(郑履:汉臣郑崇的履声。借指敢于谏争的大臣。)

【蘧篨】 qúchú 也作"籧篨"、"籧蒢"。❶用苇或竹编的粗席。《晋书·皇甫谧传》:"气绝之后,便即时服幅巾故衣,以～～裹尸。"

王安石《独饭》诗："窗明两不借，榻净一～～。"❷身有残疾不能俯身的人。《国语·晋语四》："～～不可使俯，戚施不可使仰。"(戚施：驼背的人。)❸谄佞，看人脸色行事、巴结奉承的人。《汉书·叙传下》："舅氏～～，几陷大理。"又作"蘧除"。《论衡·累害》："戚施弥妒，～～多佞。"(戚施：凭借媚态以争宠的人。)

【蘧庐】 qúlú 旅舍。《庄子·天运》："仁义，先王之～～也，止可以一宿，而不可久处。"苏轼《李杞寺丞见和前篇复用元韵答之》："人生何者非～～，故山鹤怨秋猿孤。"

【蘧蘧】 jùjù ❶惊疑动容的样子。《庄子·齐物论》："昔者庄周梦为胡蝶，栩栩然胡蝶也……俄然觉，则～～然周也。"❷情景宛然的样子。苏轼《腊日游孤山访惠勤惠思二僧》诗："兹游淡薄欢有馀，到家恍如梦～～。"❸高耸的样子。王延寿《鲁灵光殿赋》："飞梁偃蹇以虹指，揭～～而腾凑。"

灈 qú 古水名。源出今河南遂平县西北。《说文·水部》："～，灈水，出汝南吴房，入瀙。"

欋 qú ❶农具名。《释名·释道》："齐鲁谓四齿杷为～。"《资治通鉴·唐则天后长寿元年》："补阙连车载，拾遗平斗量，～推侍御史，盌脱校书郎。"(欋推：用四齿耙推，言授官之多。)❷树根盘错。《淮南子·说林训》："木大者根～，山高者基扶。"(按：一本作"擢"。)

戵 qú 古兵器名。戟类。张说《大唐封禅颂》："干戚钑殳，钩戟戣～，周位于四门之外。"

氍(毹、𣰦) qú 见"氍毹"。

【氍毹】 qúyú(又读 shū) 纯毛或毛麻混织的毛布、毛毯。《三辅黄图·未央宫》："规地以罽宾～～。"(罽宾：汉代西域国名。)古乐府《陇西行》："请客北堂上，坐客毡～～。"

籧 1. qú ❶见"籧篨"。
2. jǔ ❷同"筥"。养蚕用的圆形竹器。《礼记·月令》："[是月也]具曲、植、～筐，后妃斋戒，亲东乡躬桑。"(曲、植：皆养蚕器具。)

【籧篨】 qúchú 见"蘧蒢"。

臞 qú 同"癯"。消瘦。《论衡·语增》："不愁则身体不～。"《汉书·司马相如传下》："相如以为列仙之儒居山泽间，形容甚～，此非帝王之仙意也。"㉁瘠薄。《农政全书·农本·诸家杂论上》："五殖之状，甚泽以疏，离坼以～埆。"

癯 qú 瘦。沈约《齐故安陆昭王碑文》："独居不御酒肉，坐卧泣涕霑衣，若此移年，～瘠改貌。"柳宗元《国子司业阳城遗爱碣》："～者既肥。"

【癯惙】 qúchuò 消瘦疲乏。《新唐书·丁公著传》："父丧，负土作冢，貌力～～。"

【癯仙】 qúxiān ❶骨相清癯的仙人。苏轼《余与李廌方叔相知久矣……作诗送之》："归家但操凌云赋，我相夫子非～～。"❷比喻梅花。陆游《射的山观梅》诗之二："凌厉冰霜节愈坚，人间乃有此～～。"

鸜(鸜) qú 见"鸜鹆"。

【鸜鹆】 qúyù 也作"鸲鹆"。鸟名，即八哥。《楚辞·九思·疾世》："鸲雀列兮哗讙，～～鸣兮聒余。"杜甫《冬狩行》："有鸟名～～，力不能高飞逐走蓬。"

衢 qú 四通八达的道路，大路。《吕氏春秋·离俗》："每朝与其友俱立乎～，三日不得，却而自殁。"《楚辞·九思·遭厄》："蹑天～兮长驱，踵九阳兮戏荡。"㊙树枝分岔。《山海经·中山经》："[少室之山]其上有木焉，其名曰帝休，叶状如杨，其枝五～。"《齐民要术》卷十引沈怀远《南越志》："博罗县有合成树，十围，去地二丈，分为三～。"

【衢道】 qúdào 犹歧路。《荀子·劝学》："行～～者不至。"也作"衢涂"。《荀子·王霸》："杨朱哭～～。"又作"衢路"。《后汉书·冯衍传下》："杨朱号乎～～兮，墨子泣乎白丝。"

【衢地】 qúdì 四通八达的地方。《孙子·九变》："凡用兵之法……～～合交，绝地无留。"又《九地》："诸侯之地三属，先至而得天下之众者为～～。"

【衢柯】 qúkē 向四方伸展的树枝。段成式《穗柏联句序》："上座璘公院，有穗柏一株，～～偃覆，下坐十馀人。"

【衢室】 qúshì 相传尧筑室于衢，以听民言。《三国志·魏书·文帝纪》："轩辕有明召之议，放勋有～～之问，皆所以广询于下也。"(放勋：尧的号。)后泛指帝王听政之所。江淹《萧太尉上便宜表》："太祖文皇帝恭己明台之上，听政～～之下，九官咸静，万绩惟凝。"

【衢尊】 qúzūn 也作"衢樽"。《淮南子·缪称训》："圣人之道，犹中衢而致尊邪，过者斟酌，多少不同，各得其所宜，是故得一人，所以得百人也。"后因用"衢尊"比喻恩泽。《晋书·刑法志》："念室后刑，～～先惠。"贯休《上孙使君》诗："为君整～～，为君戢蕃塞。"

浾(詓) qǔ 见"浾浾"。

【诎诎】 qǔqǔ 安静沉稳的样子。《白虎通·号》:"古之时未有三纲六纪,民人但知其母,不知其父,能覆前而不能覆后,卧之~~,起之吁吁。"(按:《庄子·盗跖》作"居居"。)

取 1. qǔ ❶割下(耳朵)。《周礼·夏官·大司马》:"大兽公之,小禽私之,获者~左耳。"㊀捕捉,俘获。《诗经·豳风·七月》:"~彼狐狸,为公子裘。"《吕氏春秋·无义》:"公孙鞅因伏卒与车骑以~公子卬。"❷拿,索取。《诗经·魏风·伐檀》:"不稼不穑,胡~禾三百廛兮。"《后汉书·华陀传》:"萍齑甚酸,可~三升饮之。"㊀获得。《左传·僖公二十八年》:"子犯曰:'子玉无礼哉! 君~一,臣~二。'"《楚辞·天问》:"女岐无合,夫焉~九子?"㊁招致。《左传·昭公十三年》:"大福不再,只~辱焉。"杜甫《上水遣怀》诗:"中间屈贾辈,谗毁竟自~。"❸轻易征服城邑和战败敌军。《左传·襄公十三年》:"师救邿,遂~之。凡书'~',言易也。"㊀战胜,夺取。《史记·高祖本纪》:"沛公引兵攻丰,不能~。"韩愈《曹成王碑》:"大小之战,三十有二,~五州十九县。"❹提取。《荀子·劝学》:"青~之于蓝而青于蓝。"㊀采取,择取。《老子·七十二章》:"是以圣自知不自见,自爱不自贵,故去彼~此。"《孟子·尽心下》:"吾于《武成》,~二三策而已矣。"(武成:《尚书》篇名。)㊀选拔,录用。《韩非子·五蠹》:"夫离法者罪,而诸先生以文学~。"曾巩《本朝政要策·任将》:"~董遵诲于仇雠,~姚内斌于俘虏,皆用之不惑。"❺娶。《国语·越语上》:"令壮者无~老妻,令老者无~壮妻。"《史记·淮南衡山列传》:"王后生太子迁,迁~王皇太后外孙修成君为妃。"❻副词。表示范围。仅仅。《北齐书·武成十二王传》:"武平末年,仁邕已下始得出外,供给俭薄,~充而已。"司马光《训俭示康》:"平生衣~蔽寒,食~充腹,亦不敢服垢弊以矫俗干名,但顺吾性而已。"❼助词。表动态。犹"着","得"。李白《短歌行》:"歌声苦,词亦苦,四座少年君听~。"杜甫《客至》诗:"肯与邻翁相对饮,隔篱呼~尽馀杯。"❽(jù)通"聚"。聚集。《左传·昭公二十年》:"郑国多盗,~人于萑苻之泽。"

2. qū ❾通"趣"。趋,疾走。古乐府《孤儿行》:"上高堂,行~殿下堂。"《南史·齐武陵昭王晔传》:"冬节问讯,诸王皆出,晔独后来。……问之,晔称牛羸不能~路。"

3. cù ❿通"趣"。催促。见"取办"。

【取次】 qǔcì ❶随便,任意。《抱朴子·祛惑》:"此儿当兴卿门宗,四海将受其赐,不但卿家,不可~~也。"晏几道《鹧鸪天》词:"殷勤自与行人语,不似流莺~~飞。"❷次序。斛律羡《北齐乐歌》:"日日饮酒醉,国计无~~。"也指次第。揭傒斯《山市晴岚》诗:"近树参差出,行人~~多。"❸草草,仓促。朱庭玉《青杏子·送别》曲:"肠断处,~~作别离。"

【取法】 qǔfǎ 取以为法则,效法。《庄子·天道》:"水静则明烛须眉,平中准,大匠~~焉。"《汉书·魏相传》:"天子之义,必纯~~天地,而观于先圣。"

【取告】 qǔgào 告假。《汉书·严延年传》:"义愈益恐,自筮得死卦,忽忽不乐,~~至长安。"(义:人名。)《新唐书·狄仁杰传》:"时太学生谒急,后亦报可。仁杰曰:'……学徒~~,丞、簿职耳,若为报可,则胄子数千,凡几诏耶?'"

【取会】 qǔhuì ❶迎合。《颜氏家训·书证》:"潘、陆诸子《离合诗》、《赋》……皆~~流俗,不足以形声论之也。"❷古代公文用语。犹核实,勘对。蔡絛《铁围山丛谈》卷一:"[徽宗]亲笔为诏,谓:~~到本库,称自建隆以来,不曾有支遣。"(建隆:年号。)

【取急】 qǔjí 言在职官员以赶办私事而请假。陆机《思归赋序》:"余以元康六年冬~~归。"《北史·杨愔传》:"愔闻之悲惧,因哀感发疾,后~~就雁门温汤疗疾。"

【取给】 qǔjǐ 取得其物以供需用。《史记·货殖列传》:"不窥市井,不行异邑,坐而待收,身有处士之义,而~~焉。"《旧唐书·狄仁杰传》:"今不树稼,来岁必饥,役在其中,难以~~。"

【取遣】 qǔqiǎn ❶犹"取舍"。《后汉书·方术传序》:"意者多迷其统,~~颇偏。"❷遣发。王羲之《云子帖》:"昨信未即~~,适得孔彭祖书。"

【取容】 qǔróng 曲从讨好,取悦于人。《史记·郦生陆贾列传》:"行不苟合,义不~~。"《新唐书·崔元翰传》:"[元翰]性刚褊,不能~~于时,孤特自恃。"

【取室】 qǔshì 娶妻。《史记·仲尼弟子列传》:"商瞿年长无子,其母为~~。"

【取燧】 qǔsuì 用铜制的凹镜向日取火。《淮南子·览冥训》:"乞火不若~~,寄汲不若凿井。"

【取笑】 qǔxiào 招致讥笑。《国语·晋语二》:"章父之恶,~~诸侯,吾谁乡而入?"刘长卿《负谪后登干越亭作》诗:"独醒空~~,直道不容身。"(按:今"取笑"为耍笑,开玩笑的意思。）

【取兴】　qǔxìng　犹“任兴”。白居易《移家入新宅》诗：“～～或寄酒，放情不过诗。”朱敦儒《鹧鸪天》词：“不系虚舟～～颠，浮河泛海不知年。”

【取义】　qǔyì　❶求义。指就义而死。《孟子·告子上》：“生，亦我所欲也；义，亦我所欲也，二者不可得兼，舍生而～～者也。”文天祥《自赞》：“孔曰成仁，孟云～～，惟其义尽，所以仁至。”❷节取其中的意义。《文心雕龙·章句》：“寻诗人拟喻，虽断章～～，然章句在篇，如茧之抽绪，原始要终，体必鳞次。”

【取盈】　qǔyíng　言取足所定赋税之额。《孟子·滕文公上》：“凶年，粪其田而不足，则必～～焉。”《聊斋志异·韩方》：“各州县如数～～，甚费敲扑。”

【取庸】　qǔyōng　雇佣工。《淮南子·缪称训》：“媒妁誉人，而莫之德也；～～而强饭之，莫之爱也。”《汉书·景帝纪》：“吏发民若～～采黄金、珠玉者，坐赃为盗。”

【取办】　cùbàn　催促供应，责令置办。《汉书·王莽传下》：“乘传使者经历郡国，日且十辈，仓无见谷以给，传车马不能足，赋取道中车马，～～于民。”《资治通鉴·唐德宗建中元年》：“及至德兵起，所在赋敛，迫趣～～，无复常准。”（至德：年号。）

【取青妃白】　qǔqīngpèibái　也作“取青媲白”。以青配白，比喻讲求对仗。柳宗元《读韩愈所著毛颖传后题》：“世之模拟窜窃，～～～～，肥皮厚肉，柔筋脆骨，而以为辞者之读之也，其大笑固宜。”王鏊《震泽长语·文章》：“唐人虽为律诗，犹以韵胜……后世～～～～，区区以对偶为工。”

竘　qǔ　高大雄壮的样子。《淮南子·人间训》：“[匠人]受令而为室，其始成，～然善也。”

娶　qǔ　古作“取”。迎接女子过门成亲。《孟子·万章上》：“舜不告而～，何也？”《国语·周语上》：“昔昭王～于房，曰房后。”

麮（麴）　qǔ（又读 qù）　❶麦粥。《荀子·富国》：“冬日则为之饘粥，夏日则与之瓜～。”❷米，麦炒熟后制成的干粮。《急就篇》卷二：“甘～殊美奏诸君。”

蝺　1. qǔ　❶美好的样子。《吕氏春秋·应言》：“以惠子之言～焉美，无所可用。”

2. yǔ　❷见“蝺偻”。

【蝺偻】　yǔlǚ　同“伛偻”。腰背弯曲的样子。宋玉《登徒子好色赋》：“旁行～～，又疥且痔。”

齲（齲）　qǔ　（牙齿）蛀蚀。嵇康《难自然好学论》：“袭章服则转筋，谭礼典则齿～。”㊀蛀牙。《淮南子·说山训》：“坏塘以取龟，发屋而求狸，掘室而求鼠，割唇而治～……用智如此，岂足高乎！”

【齲齿笑】　qǔchǐxiào　一种做作的笑。《后汉书·五行志一》：“桓帝元嘉中，京都妇女作愁眉、啼妆、堕马髻、折要步、～～～。……～～～者，若齿痛，乐不欣欣。”（要：腰。）

去　1. qù　❶离开。《楚辞·九章·哀郢》：“～故乡而就远兮，遵江夏以流亡。”《史记·高祖本纪》：“十馀日，高祖欲～，沛父兄固请留高祖。”㊀使离开，驱赶。《吕氏春秋·功名》：“以茹鱼～蝇，蝇愈至，不可禁。”《汉书·五行志下之上》：“夏帝卜杀之，～之，止之，莫吉。”㊁去世。陶渊明《杂诗》之三：“日月还复周，我～不再阳。”❷除去，去掉。《左传·隐公六年》：“见恶，如农夫之务～草焉。”《孟子·滕文公下》：“～关市之征，今兹未能，请轻之。”㊀舍弃，抛弃。《孟子·告子下》：“今居中国，～人伦，无君子，如之何其可也。”《吕氏春秋·贵公》：“桓公行公～私恶，用管子而为五伯长。”❸损失，失去。《后汉书·梁鸿传》：“鸿乃寻访烧者，问所～失，悉以豕偿之。”孟云卿《悲哉行》：“孤儿～慈亲，远客丧主人。”❹距，距离。《孟子·公孙丑上》：“纣之～武丁未久也，其故家遗俗，流风善政，犹有存者。”《后汉书·彭宠传》：“营相～百里，其势岂可得相及？”❺过去的。白居易《与元微之书》：“长兄～夏自徐州至。”韩愈《进〈顺宗实录〉表状》：“～八年十一月，臣在史职。”㊀后，以后。《三国志·吴书·吕岱传》：“自今已～，国家永无南顾之虞。”陶渊明《游斜川》诗：“未知从今～，当复如此不？”❻赴，前往。李白《与史郎中饮听黄鹤楼上吹笛》诗：“一为迁客～长沙，西望长安不见家。”辛弃疾《摸鱼儿·淳熙己亥自湖北漕移湖南同官王正之置酒小山亭为赋》词：“休～倚危栏，斜阳正在，烟柳断肠处。”❼表示行为的趋向。苏轼《海棠》诗：“只恐夜深花睡～，高烧银烛照红妆。”梅尧臣《绝句》之二：“上～下来船不定，自飞自语燕争忙。”❽去声。汉语四声之一。钟嵘《诗品序》：“至平上～入，则余病未能。”

2. jǔ　❾“弆”的古字。收藏。《史记·周本纪》：“龙亡而漦在，椟而～之。”《汉书·苏武传》：“武既至海上，廪食不至，掘野鼠～草实而食之。”

3. qū　❿通“驱”。驱逐。《左传·僖公十五年》：“千乘三～，三～之馀，获其雄狐。”一说通“呿”，遮拦。

【去妇】　qùfù　犹“弃妇”。被遗弃的妻子。

《汉书·王吉传》："东家有树，王杨妇去；东家枣完，～～复还。"王宋《杂诗》："谁言～～薄，～～情更重。"

【去国】 qùguó 离开本国。《礼记·曲礼下》："～～三世，爵禄有列于朝，出入有诏于国。"也指离开京都或朝廷。颜延之《和谢灵运》："～～还故里，幽门树蓬藜。"又指离开故乡。苏轼《胜相院经藏记》："有一居士，其先蜀人……～～流浪，在江淮间。"

【去就】 qùjiù 去留，取舍，进退，举止。《庄子·秋水》："宁于祸福，谨于～～。"《汉书·楚元王传》："察昌邑之不终，视孝宣之绍起，天之～～，岂不昭昭然哉！"谷神子《博异志·吕乡筠》："忽见波上有渔舟而来者，渐近，乃一老父，鬓眉皤然，～～异常。"

【去来】 qùlái ❶往来。《商君书·垦令》："商劳则～～赍送之礼，无通于百县，则农民不饥，行不饰。"❷离去。来，语气词。孟郊《古意》诗："荡子守边戍，佳人莫相从。～～年月多，苦愁改形容。"❸犹言"左右"，表示概数。郑光祖《㑳梅香》一折："至少啊，有三十柱杖～～波。"❹佛家语。指过去与未来。范成大《二偈呈似寿老》诗："法法刹那无住，云何见在～～。"

【去去】 qùqù ❶远去，越去越远。苏武《古诗》之三："参辰皆已没，～～从此辞。"柳永《雨霖铃》词："念～～千里烟波，暮霭沉沉楚天阔。"㊀特指永别；死。陶渊明《和刘柴桑》："～～百年外，身名同翳如。"❷催人速去之词。《世说新语·任诞》："～～！无可复用相报。"

【去事】 qùshì ❶往事。陆贾《新语·至德》："斯乃～～之戒，来事之师也。"❷离职。邵雍《去事吟》："君子～～，民有馀祥；小人～～，民有馀殃。"

【去思】 qùsī 言地方士民对离职官吏的怀念。语出《汉书·何武传》："去后常见思。"沈约《齐故安陆昭王碑文》："攀车卧辙之恋，追涂忘远；～～一借之情，愈久弥结。"欧阳修《与韩忠献王书》："广陵尝得明公镇抚，民俗～～未远。"

【去住】 qùzhù 犹言"去留"。蔡琰《胡笳十八拍》："十有二拍兮哀乐均，～～两情兮难具陈。"司空曙《峡口送友人》诗："峡口花飞欲尽春，天涯～～泪霑巾。"

耝 1. qù ❶犁地翻土。《集韵·御韵》："～，耕而土起谓之～。"❷古地名。故址在今河南滑县东。罗泌《路史·国名记》："～，羿邑。"

2. chú ❸同"耡"。锄。薛时雨《短歌》之四："大憝未平小丑起，櫌～棘矜谁氏子？"

阒（闃） qù ❶寂静，空寂。王粲《登楼赋》："原野～其无人兮，征夫行而未息。"王禹偁《黄冈竹楼记》："远吞山光，平挹江濑，幽～辽夐，不可具状。"㊀寂静、空虚的地方。王士禛《仙人洞访无用和尚》诗："老僧坐深～，猨鸟绝攀跻。"❷断绝。陈廷焯《白雨斋词话》卷五："古乐虽亡，流风未～，好古之士，庶几得所宗焉。"

觑（覷、覰、覻） qù ❶窥伺。张鷟《朝野佥载》卷四："黄门侍郎卢怀慎好视地，目为～鼠猫儿。"《新唐书·张说传》："胡寇～边。"❷细看。韩愈《秋怀》诗之七："不如～文字，丹铅事点勘。"辛弃疾《祝英台近·晚春》词："鬓边～，试把花卜归期，才簪又重数。"❸距，离。秦简夫《东堂老》楔子："眼见的～天远，入地近，无那活的人也。"

【觑步】 qùbù 边行边看的样子。引申为探刺。元稹《答子蒙》诗："强梁御史人～～，安得夜开沽酒户。"朱翌《猗觉寮杂记》卷上："京师以探刺者为～～。"

quan

桊 quān 弩弓。《汉书·司马迁传》："张空～，冒白刃，北首争死敌。"辛弃疾《美芹十论》："解杂乱纷纠者不控～，救斗者不搏战。"

悛 1. quān ❶改，悔改。《国语·楚语上》："若是而不从，动而不～，则文咏物以行之，求贤良以翼之。"《韩非子·难四》："过而不～，亡之本也。"㊀止。《晏子春秋·内篇谏上》："［晏子］把政，改月而君病～。"❷次序。《左传·哀公三年》："蒙葺公屋，自大庙始，外内以～。"

2. xún ❸见"悛悛"。

【悛革】 quāngé 悔改。《宋书·颜延之传》："延之昔坐事屏斥，复蒙抽进，而曾不～～，怨诽无已。"《南齐书·垣崇祖传》："特加遵养，庶或～～。"

【悛容】 quānróng 表示悔改的神色。《韩非子·难四》："孙子无辞，亦无～～。"

【悛心】 quānxīn ❶悔改之心。《宋书·王僧达传》："僧达屡经狂逆，上以其终无～～，因高阁事陷之。"❷悔改其心。苏舜钦《论五事》："惟此辈凶人，唯利是嗜，每纠以严宪，尚不～～，何况纵之使乱正法。"

【悛悛】 xúnxún 也作"恂恂"。诚谨忠厚的样子。《史记·李将军列传》："余睹李将军，～～如鄙人，口不能道辞。"（按：《汉书》作"恂恂"。）

圈 quān 见 juàn。

棬 1. quān ❶曲木制成的盂类饮器。《孟子·告子上》："以人性为仁义，犹以杞柳为杯～。"《旧唐书·中宗纪》："幸临渭亭修禊饮，赐群官柳～以辟恶。"㊀特指制茶的器具。陆羽《茶经·二之具》："规，一曰模，一曰～，以铁制之，或圆，或方，或花。"

2. juàn ❷同"桊"。牛鼻环。《吕氏春秋·重己》："使五尺竖子引其～，而牛恣所以之，顺也。"

3. quán ❸见"棬棬"。

【棬枢】 quānshū 用枝条作门枢，形容居处简陋。《战国策·秦策一》："且夫苏秦，特穷巷掘门桑户～～之士耳。"

【棬棬】 quánquán 用力的样子。《吕氏春秋·离俗》："～～乎后之为人也，葆力之士也。"（按：《庄子·让王》作"捲捲"。）

权(權) 1. quán ❶树名。《说文·木部》："～，黄华木也。"❷秤锤，秤。《吕氏春秋·仲春》："日夜分，则同度量，钧衡石，角斗桶，正～概。"《汉书·律历志上》："～者，铢、两、斤、钧、石也，所以称物平施、知轻重也。"❸称量。《孟子·梁惠王上》："～，然后知轻重；度，然后知长短。"㊀衡量。《汉书·艺文志》："言其当～事制宜，受命而不受辞，此其所长也。"㊀均衡。苏轼《上皇帝书》："古者建国，使内外相制，轻重相～。"❹权力，权势。《战国策·秦策三》："善为国者，内固其威，而外重其～。"苏轼《上皇帝书》："事少而员多，人轻而～重。"㊀威势。梅尧臣《途中寄尚书晏相公二十韵》："秋～摧物不见迹，但使万古生愁悲。"❺权宜，变通。《孟子·离娄上》："男女授受不亲，礼也；嫂溺援之以手者，～也。"柳宗元《断刑论》："经非～则泥，～非经则悖。"（经：原则。）㊀权谋，权诈。《孙子·计》："势者，因利而制～也。"《后汉书·虞诩传》："兵不猒～。"❻副词。姑且，暂且。左思《魏都赋》："～假日以馀荣，比朝华而庵蔼。"《三国志·魏书·王基传》注引司马彪《战略》："寻勅诸君已上道者，且～停住所在，须后节度。"❼权摄，暂代官职（后起义）。王君玉《国老谈苑》："列郡以京官～知，三年一替，则无虞。"（知：主管。）《宋史·李纲传上》："积官至监察御史，兼～殿中侍御史。"❽周列国名。故都在今湖北当阳市东南。《左传·庄公十八年》："楚武王克～。"❾通"颧"。面颊。曹植《洛神赋》："明眸善睐，靥辅承～。"颜延之《赭白马赋》："双瞳夹镜，两～协月。"

2. guàn ❿通"爟"。权火，烽火。《逸周书·大明武》："旁隧外～，隳城湮溪。"

【权变】 quánbiàn 机变，随机应变。《史记·六国年表》："然战国之～～亦有可颇采者，何必上古。"《汉书·韩彭英卢吴传赞》："［张耳等］皆徼一时之～～，以诈力成功，咸得裂土，南面称孤。"

【权典】 quándiǎn 法律。《隋书·刑法志》："梁武帝承齐昏虐之馀，刑政多僻，既即位，乃制～～。"

【权衡】 quánhéng ❶称量物体重量的器具。衡，秤杆。《战国策·秦策三》："夫商君为孝公平～～，正度量，调轻重。"❷衡量。刘禹锡《祭韩吏部文》："手持文柄，高视寰海，～～低昂，瞻我所在。"㊀指衡量标准。李白《与韩荆州书》："今天下以君侯为文章之司命，人物之～～，一经品题，便作佳士。"❸喻权力。《晋书·潘岳传》："虽居高位，飨重禄，执～～，握机秘……不得与之比逸。"㊀喻法度。《韩非子·守道》："明于尊位必赏，故能使人尽力于～～，死节于官职。"❹二星名。《史记·天官书》："南宫朱鸟，～、～。衡，太微……权，轩辕。"❺借指南北二方。《史记·龟策列传褚少孙论》："规矩为辅，副以～～。四维以定，八封相望。"

【权家】 quánjiā ❶豪门权贵。《新唐书·郑覃传》："女孙适崔皋，官裁九品卫佐，帝重其不昏～～。"❷兵家。曹植《又赠丁仪王粲》诗："～～虽爱胜，全国为令名。"

【权藉】 quánjiè 权力，权柄。《战国策·齐策五》："夫～～者，万物之率也；而时势者，百事之长也。故无～～，倍时势，而能成事者寡矣。"又："矢非不铦，而剑非不利也，何则？～～不在焉。"

【权谲】 quánjué 机巧诡诈，权谋机变。《汉书·王吉传》："其欲治者，不知所繇，以意穿凿，各取一切，～～自在，故一变之后，不可复修也。"《三国志·魏书·公孙瓒传》注引《典略》："［董］卓既入雒而主见质，［袁］绍不能～～以济君父，而弃置节传，迸窜逃亡，忝辱爵命。"

【权略】 quánlüè 随机应变的谋略。《后汉书·祭肜传》："肜有～～，视事五岁，县无盗贼，课为第一。"《晋书·祖逖传》："又多～～，是以少长咸宗之。"

【权门】 quánmén 权贵豪门。《后汉书·阳球传》："～～闻之，莫不屏气。"陈琳《为袁绍檄豫州》："舆金辇璧，输货～～。"

【权奇】 quánqí 奇特，卓异。颜延之《赭白马赋》："禀灵月驷祖云螭兮，雄志倜傥精～～兮。"李觏《书松陵唱和》："天命相逢陆与皮,当年才调两～～。"(陆、皮:唐诗人陆龟蒙和皮日休。)

【权时】 quánshí ❶审时度势。《论衡·答佞》:"人操行无恒,～～制宜。"《后汉书·梁统传》:"伏惟陛下包元履德,～～拨乱,功逾文武,德侔高皇。"❷暂时。《后汉书·耿弇传》:"今使人于危难之地,急而弃之……诚令～～后无边事可也,匈奴如复犯塞为寇,陛下将何以使将?"又《曹节传》:"陛下即位之初,未能万机,皇太后念在抚育,～～摄政。"❸犹权宜。《后汉书·梁商传》:"虽云礼制,亦有～～。"

【权实】 quánshí 佛家语。指佛法中的权实二教。权教为凡夫小乘说法,义取权宜;实教为大乘菩萨说法,显示真要。梁简文帝《大法颂》:"将欲改权教,示实道……二谛现空有之津,二智包～～之底。"

【权首】 quánshǒu 主谋,首先起事的人。《汉书·吴王刘濞传赞》:"毋为～～,将受其咎。"《后汉书·刘玄传论》:"夫为～～,鲜或不及。陈、项且犹未兴,况庸庸者乎!"

【权数】 quánshù ❶指权能的类别。《管子·山权数》:"桓公问管子曰:'请问～～。'管子对曰:'天以时为权,地以财为权,人以力为权,君以令为权。'"❷谋略,权术。《三国志·魏书·武帝纪》:"太祖少机警,有～～。"张齐贤《洛阳搢绅旧闻记·梁太祖优待文士》:"至于刚猛英断,以～～御物,遂成兴王之业。"

【权幸】 quánxìng 指得帝王宠幸、有权势的人。《宋书·孔觊传》:"僚类之间,多所凌忽,尤不能曲意～～,莫不畏而疾之。"也作"权倖"。沈约《恩倖传论》:"～～之徒,慴惮宗威,欲使幼主孤立,永窃国权。"

【权要】 quányào ❶有权势、居于枢要地位。《后汉书·安思阎皇后纪》:"于是景为卫尉,耀城门校尉,晏执金吾,兄弟～～,威福自由。"(景、耀、晏:皆人名。)也指权贵。《陈书·陆琼传》:"暮年深怀止足,思避～～,恒谢病不视事。"❷精义要旨。《西京杂记》卷四:"京兆有古生者……为都掾史四十馀年,善訑谩,二千石随以谐谑,皆握其～～,而得其欢心。"

【权右】 quányòu 权门右族,即显贵。《三国志·魏书·仓慈传》:"抑挫～～,抚恤贫羸,甚得其理。"沈约《奏弹王源》:"臣实儒品,谬掌天宪,虽埋轮之志,无屈～～,而狐鼠微物,亦蠹大猷。"

【权舆】 quányú ❶草木萌芽。《后汉书·鲁恭传》:"今始夏,百谷～～,阳气胎养之时。"引申为起始。《汉书·扬雄传上》:"万物～～于内,徂落于外。"❷《诗经·秦风》篇名。《诗经·秦风·权舆序》:"～～,刺康公也。"

【权制】 quánzhì ❶犹"权柄"。《商君书·修权》:"～～独断于君则威。"❷临时制定的法令。《晋书·刘毅传》:"夫～～不可以经常,政乖不可以守安。"❸权威和法制。《三国志·蜀书·诸葛亮传评》:"诸葛亮之为相国也,抚百姓,示仪轨,约官职,从～～。"

【权轴】 quánzhóu 犹言"枢机"。指宰辅职位。《梁书·范缜传》:"缜自迎王师,志在～～,既而所怀未满,亦常怏怏。"《北史·宇文护传》:"久当～～,所任皆非其人。"

【权火】 guànhuǒ 同"爟火"。古祭祀时所举的燎火。《汉书·郊祀志上》:"秦以十月为岁首,故常以十月上宿郊见,通～～,拜于咸阳之旁。"

全 quán ❶纯色玉。《周礼·考工记·玉人》:"天子用～,上公用龙,侯用瓒,伯用将。"(龙:通"尨"。指杂色玉。)王安石《估玉》诗:"众工让口无敢先,嗟我岂识尨与～。"❷完整,完备,完美。《墨子·明鬼下》:"是何珪璧之不满度量,酒醴粢盛之不净洁也,牺牲之不～肥,春秋冬夏选失时?"《孟子·离娄上》:"有不虞之誉,有求～之毁。"《韩非子·难言》:"故度量虽正,未必听也;义理虽～,未必用也。"❸保全。《史记·魏世家》:"信陵君无忌矫夺将军晋鄙兵以救赵,赵得～。"《汉书·邹阳传》:"济北王亦欲自杀,幸～其妻子。"⊗成全。《史记·司马相如列传》:"天下之壮观,王者之丕业,不可贬也。愿陛下～之。"❹整个的,全部的。《吕氏春秋·高义》:"越王不听吾言,不用吾道,虽～越以与我,吾无所用之。"《新唐书·仪卫志上》:"朔望及朝及蕃客辞见,加纛、矟队,仪仗减半。凡千牛仗立,则～仗立。"(千牛仗:由千牛备身等侍卫组成的帝王仪仗。)❺副词。1)都,全都。杜甫《腊日》诗:"腊日常年暖尚遥,今年腊日冻～消。"2)很,非常。周邦彦《丑奴儿·咏梅》词:"南枝度腊开～少,疏影当轩。"❻通"痊"。病愈。《周礼·天官·医师》:"岁终则稽其医事,以制其食,十～为上,十失一次之。"❼通"朘"、"峻"。男孩的生殖器。《老子·五十五章》:"未知牝牡之合而～作,精之至也。"

【全兵】 quánbīng ❶指军队仅有弓矛而无铠甲盾牌。《汉书·韩王信传》:"胡者～～,请令强弩傅两矢外乡,徐行出围。"❷指军队不受损伤。潘岳《关中诗》:"夫岂无谋,戎士承平。守有完郛,战无～～。"

【全德】 quándé 道德上完美无缺。《吕氏春秋·本生》:"上为天子而不骄,下为匹夫而不惛，此之谓～～之人。《后汉书·桓荣传论》："而[张]佚廷议戚援，自居～～，意者以廉不足乎？"

【全丁】 quándīng 古代称对国家有完纳赋税、承担徭役义务的成年男子。《晋书·范宁传》："今以十六为～～，则备成人之役矣；以十三为半丁，所任非复童幼之事矣。"

【全归】 quánguī 《礼记·祭义》："父母全而生之，子全而归之，可谓孝矣。不亏其体，不辱其身，可谓全矣。"后遂以"全归"言保身而得善名以终。元结《夏侯岳州表》："公既寿而贵，保家～～。"

【全活】 quánhuó ❶保全，救活。《汉书·成帝纪》："流民欲入关，辄籍内，所之郡国，谨遇以理，务有以～～之。"（内：纳。）❷指寿终，尽其天年。《论衡·祸虚》："若此言之，颜回不当早夭，盗跖不当～～也。"

【全甲】 quánjiǎ ❶全部军队。《史记·卫将军骠骑列传》："杀折兰王，斩卢胡王，诛～～。"❷指军中之甲毫无损失。《汉书·霍去病传》："杀折兰王，斩卢侯王，锐悍者诛，～～获丑。"

【全交】 quánjiāo 保持友谊。《礼记·曲礼上》："君子不尽人之欢，不竭人之忠，以～～也。"《抱朴子·交际》："敢问～～之道，可得闻乎？"

【全器】 quánqì 全才。江淹《为萧骠骑让封第二表》："且麟阁之臣，尚有位不及铉；～～之侯，犹或任不并台。"李商隐《为尚书渤海公举人自代状》："不徇物以沽名，善推诚而立断，浑若～～，宜乎在庭。"

【全人】 quánrén ❶道家指善于契合天然、又能顺应人为、道德高尚完备的人。《庄子·庚桑楚》："圣人工乎天而拙乎人，夫工乎天而俍乎人者，唯～～能之。"后指道德完美的人。❷肢体齐全、形貌正常的人。《庄子·德充符》："瓮盎大瘿说齐桓公，桓公说之，而视～～，其脰肩肩。"（脰：脖子。肩肩：细小的样子。）❸保全人的身体和生命。荀悦《汉纪·成帝纪》："今之除肉刑者，本欲以～～也。"也指保全百姓。《后汉书·郅恽传》："昔伊尹自鬻辅商，立功～～。"

【全生】 quánshēng ❶保全天性，顺应自然。《庄子·养生主》："可以保身，可以～～，可以养亲，可以尽年。"《吕氏春秋·贵生》："子华子曰：'～～为上，亏生次之，死次之，迫生为下。'"❷保全生命。《管子·立政》："～～之说胜，则廉耻不立。"卢纶《代员将军罢战后归旧里赠朔北故人》诗："结发事疆场，～～俱到乡。"

【全宥】 quányòu 保全，宽赦。《后汉书·陈寔传》："及后复诛党人，[张]让感[陈]寔，故多所～～。"又《华佗传》："佗方术实工，人命所悬，宜加～～。"

【全羽】 quányǔ 完整的彩色鸟羽。《周礼·春官·司常》："～～为旞，析羽为旌。"代指旌旗，甲士。江淹《慰劳雍州文》："刺史张敬，义气云腾，秣马星驱，～～十万，殄兹氛鲸，曾不旋踵。"

【全真】 quánzhēn ❶保全天性。嵇康《幽愤诗》："志在守朴，养素～～。"《旧唐书·高祖纪》："且老氏垂化，本贵冲虚，养志无为，遗情物外，～～守一，是谓玄门。"❷道教的一派，即全真教。金王嚞（号重阳子）创立。以"澄心定意，包元守一，存神固气"为真功；"济贫拔苦，先人后己，与物无私"为真行；功行俱全，叫"全真"。也指出家的道士。岳伯川《铁拐李》楔子："油镬虽热，～～不傍，苦海无边，回头是岸。"

【全烝】 quánzhēng 古代祭祀，把整头牲畜作为祭品放在俎上奉祭，称为"全烝"。《国语·周语中》："禘郊之事，则有～～。"赵与时《宾退录》卷七："若禘祭宗庙，郊祭天地，全其牲体而升于俎，则谓之～～。"

纯
quán 见 chún。

卷
quán 见 juǎn。

诠（詮）
quán ❶说明，解释，阐明。元稹《解秋》诗之十："我怀有时极，此意何由～。"杜之松《答王绩书》："其丧礼新义，颇有所疑，谨用条问，具如别帖。想荒宴之馀，为～释也。"㊀事理，真理。《淮南子·兵略训》："发必中～，言必合数。"❷选择。殷璠《河岳英灵集序》："其应～拣不精，玉石相混。"

【诠次】 quáncì 选择和编次。陶渊明《饮酒诗序》："既醉之后，辄题数句自娱，纸墨遂多，辞无～～。"韩愈《进顺宗皇帝实录表状》："～～不精，致有差误。"

【诠言】 quányán 阐明事理的言论。《淮南子·要略》："～～者，所以譬类人事之指，解喻治乱之体也，差择微言之眇，诠以至理之文，而补缝过失之阙者也。"

佺
quán 仙人名。见"偓佺"。

荃
quán ❶香草名。即昌蒲。颜延之《夏夜呈从兄散骑车长沙》诗："岁候初过半，～蕙岂久芬。"❷用竹、草编制的捕鱼器具。又作"筌"。《庄子·外物》："～者，所以在鱼，得鱼而忘～。"❸通"绘"。细布。《汉书·江都易王刘非传》:"繇王闽侯亦遗建～、葛、珠玑、犀甲、翠羽。"(建:人名。)

【荃宰】 quánzǎi 《楚辞·离骚》:"荃不察余之中情兮,反信谗而斋怒。"以荃喻怀王。后因以"荃宰"喻君臣。任昉《宣德皇后令》:"夫功在不赏,故庸勋之典盖阙;施侔造物,则谢德之途已寡也。要不得不强为之名,使～～有寄。"

泉 quán ❶泉水,地下水。《左传·隐公元年》:"若阙地及～,隧而相见,其谁曰不然?"王安石《游褒禅山记》:"其下平旷,有～侧出。"借指地下冥间。白居易《十年三月三十日别微之于澧上……》诗:"往事渺茫都似梦,旧游零落半归～。"❷古代钱币的名称。《管子·轻重丁》:"凡称贷之家,出～参千万,出粟参数千万锺。"《周礼·地官·泉府》贾公彦疏:"～与钱,今古异名。"❸春秋戎邑名。故址在今河南洛阳市西南。《左传·僖公十一年》:"夏,扬、拒、～、皋、伊、雒之戎,同伐京师。"

【泉布】 quánbù 古代钱币的别称。《汉书·食货志下》:"私铸作～～者,与妻子没入为官奴婢。"司马光《乞罢免役钱状》:"钱者,流通之物,故谓之～～。"

【泉府】 quánfǔ ❶官名。《周礼》地官的属官,掌管国家税收、收购市上的滞销货物等。《汉书·食货志下》:"周有～～之官。"❷储备钱财的府库。《魏书·高谦之传》:"莫不腐红粟于太仓,藏朽贯于～～。"

【泉路】 quánlù 犹"泉下"。指地下,冥途。杜甫《送郑十八虔贬台州司户……》诗:"便与先生应永诀,九重～～尽交期。"赵嘏《悼亡》诗:"明月萧萧海上风,君归～～我飘蓬。"

【泉壤】 quánrǎng 指黄泉之下,地下。《晋书·谢玄传》:"伏愿陛下矜其所诉,霈然垂恕,不令微臣衔恨～～。"借指生死。骆宾王《与博昌父老书》:"呜呼! ～～殊途,幽明永隔。人理危促,天道奚言?"

【泉石】 quánshí ❶指山水。《南史·陶弘景传》:"有时独遊～～,望见者以为仙人。"杨万里《送刘惠卿》诗:"旧病诗狂与酒狂,新来～～又膏肓。"❷犹黄泉,地下。高明《琵琶记·一门旌奖》:"岂独奴心知感德,料你也衔恩～～里。"

【泉台】 quántái ❶台名。春秋时鲁庄公所筑。《公羊传·文公十六年》:"秋八月,辛未,夫人姜氏薨,毁～～。～～者何?郎台也。"❷墓穴,黄泉之下。骆宾王《乐大夫挽词》之五:"忽见～～路,犹疑水镜悬。"黄滔《伤翁外甥》诗:"应作芝兰出,～～月桂分。"

【泉下】 quánxià 黄泉之下,地下。《周书·晋荡公护传》:"死若有知,冀奉见于～～尔。"《新唐书·李景让传》:"岂特上负天子,亦使百岁母衔羞～～,何面目见先大夫乎!"

【泉石膏肓】 quánshígāohuāng 言爱好山水成癖,如病入膏肓。《新唐书·田游岩传》:"高宗幸嵩山……谓曰:'先生比佳否?'答曰:'臣所谓～～～～,烟霞痼疾者。'"胡仔《苕溪渔隐丛话前集·王摩诘》:"余顷年登山临水,未尝不读王摩诘诗,固知此老胸次,定有～～～～之疾。"

绘(絟) quán ❶细布。《汉书·江都易王刘非传》"繇王闽侯亦遗建荃、葛"颜师古注:"[荃]字本作～。……盖今南方筩布之属。"㊀细麻,细丝。《本草纲目·草部·苎麻》:"凡麻丝之细者为～,粗者为纻。"❷用作"拴"。李致远《折桂令·春闺》曲:"奇兵破愁城酒盏,离情～恨锁眉山。"

拳 1. quán ❶拳头。杜甫《秋日夔州咏怀寄郑监李宾客一百韵》:"色好梨胜颊,穰多栗过～。"㊀握拳。《汉书·孝武钩弋赵倢伃传》:"女两手皆～,上自披之,手即时伸。"㊀拳术,拳法。《北史·齐高祖纪》:"元子干攘臂击之,谓腾曰:'语尔高王,元家儿～正如此。'"❷屈曲。柳宗元《种树郭橐驼传》:"他植者则不然,根～而土易。"刘禹锡《始闻秋风》诗:"马思边草～毛动,雕眄青云睡眼开。"❸力气。《诗经·小雅·巧言》:"无～无勇,职为乱阶。"❹见"拳拳"。

2. quān ❺通"弮"。弩弓。《汉书·李广传》:"士张空～,冒白刃,北首争死敌。"

【拳捷】 quánjié 勇武迅捷。《三国志·魏书·吕布传》:"[董卓]尝小失意,拔手戟掷布,布～～避之。"《南齐书·桓康传》:"[王]宜兴～～,善舞刀楯。"

【拳局】 quánjú 局促不得伸展。《世说新语·排调》注引张敏《头责子羽文》:"嗟乎子羽,何异槛中之熊,深穽之虎……事力虽勤,见功甚苦,宜其～～剪蹙,至老无所希也。"也作"拳跼"。李白《答王十二寒夜独酌有感》诗:"骅骝～～不能食,蹇驴得志鸣春风。"

【拳曲】 quánqū 屈曲的样子。《庄子·人间世》:"仰而视其细枝,则～～而不可以为栋梁。"苏辙《礼论》:"伛偻～～,劳苦于宗庙朝廷之中。"

【拳拳】 quánquán ❶忠谨恳切的样子。《汉书·贡禹传》:"臣禹不胜～～,不敢不尽悫心。”也指至诚之心。《后汉书·明德马皇后纪》：“今数遭变异，谷价数倍，忧惶昼夜，不安坐卧，而欲先营外封，违慈母之～～乎！”❷拳曲的样子。范成大《三湘怨》诗：“～～新荷叶，愁绝烟水暮。”

【拳勇】 quányǒng 勇力，勇武。《国语·齐语》：“于子之乡，有～～股肱之力秀出于众者，有则以告。”白居易《博陵崔府君碑》：“～～之旅，归之如云。”

辁（輇） quán ❶斫圆木制成的无辐车轮。《说文·车部》：“轮，有辐曰轮，无辐曰～。”❷见“辁才”。

【辁才】 quáncái 小才。《庄子·外物》：“已而后世～～讽说之徒皆惊而相告也。”也作“辁材”。朱鹤龄《吴弘人示余汉槎秋笳集感而有作》诗：“方今网罗开，～～咸得试。”

牷 quán 古代用作祭品的毛色纯一的牛。《左传·桓公六年》：“吾牲～肥腯，粢盛丰备。”《说文·牛部》：“牷，牛纯色。”一说用作祭品的肢体完具的牛。

痊 quán 痊愈。《庄子·徐无鬼》：“今予病少～，予又且复游于六合之外。”㊂治愈。《抱朴子·用刑》：“是以灸刺惨痛而不可止者，以～病也。”

惓 1. quán ❶见“惓惓”。
2. juàn ❷危急。《淮南子·人间训》：“患至而后忧之，是犹病者已～而索良医也。”❸怠倦。扬雄《太玄经·玄文》：“仰天而天不～，俯地而地不怠。”

【惓惓】 quánquán 恳切的样子，忠谨的样子。《论衡·明雩》：“故共馨香，奉进旨嘉，区区～～，冀见答享。”《汉书·鲍宣传》：“臣宣呐钝于辞，不胜～～，尽死节而已。”

埢 quán 弯曲。见“埢垣”。

【埢垣】 quányuán 圆圆的样子。《汉书·扬雄传上》：“崇崇圜丘，隆隐天兮，登降峛崺，单～～兮。”（峛崺：上下的道路。）

铨（銓） quán ❶称量轻重的器具。《汉书·王莽传中》：“考量以～。”㊂称量。《论衡·答佞》：“无患斗斛过，所量非其谷；不患无铨衡，所～非其物故也。”㊀衡量。《国语·吴语》：“不智，则不知民之极，无以～度天下之众寡。”《论衡·调时》：“说岁、月食之家，必～功之大小，立远近之步数。”❷选授官职，量才授官。《新唐书·百官志》：“吏部掌文选，以三～之法官天下之材。”陈亮《上孝宗皇帝第三书》：“选人之在～者，殆以万计，而侥幸之原未有穷已。”❸通“跧”。卑屈。《晏子春秋·内篇问下》：“庄敬而不狡，和柔而不～。”

【铨衡】 quánhéng ❶称量轻重的器具。《论衡·答佞》：“无患斗斛过，所量非其谷；不患无～～，所铨非其物故也。”《抱朴子·审举》：“夫～～不平则轻重错谬，斗斛不正则多少混乱。”❷衡量斟酌。陆机《文赋》：“苟～～之所裁，固应绳其必当。”也指衡量标准。李峤《神龙历序》：“历祀之所纰缪，异端之所穿凿，莫不裁之绳准，格以～～。”❸量才授官。《三国志·魏书·夏侯玄传》：“夫官才用人，国之柄也，故～～专于台阁，上之分也。”也指执掌铨选的职位。《晋书·吴隐之传》：“[韩康伯母]谓康伯曰：‘汝若居～～，当举如此辈人。’”

【铨简】 quánjiǎn 选授官职。《三国志·吴书·孙登传》：“立登为太子，选置师傅，～～秀士，以为宾友。”

【铨廷】 quántíng 指吏部。吏部专司铨选官吏，故称。《资治通鉴·唐玄宗天宝十二载》：“借使周公、孔子今处～～，考其辞华，则不及徐庾。”

【铨序】 quánxù 也作“铨叙”。❶按照官吏的资历和劳绩，确定其级别、职位。《晋书·张骏传》：“陈寓等冒险远至，宜蒙～～。”《宋书·武帝纪中》：“府州久勤将吏，依劳～～。”❷排列等第，评定高下。《文心雕龙·序志》：“夫～～一文为易，弥纶群言为难。”也指序次。《宋书·臧焘传》：“凝之词韵～～，兼有理证，上甚赏焉。”

婘 1. quán ❶美好的样子。《诗经·齐风·还》“揖我谓我儇兮”《释文》注：“儇……《韩诗》作‘～’，音权，好貌。”
2. juàn ❷同“眷”。见“婘属”。

【婘属】 juànshǔ 同“眷属”。家属，亲属。《史记·樊郦滕灌列传》：“高后崩，大臣诛诸吕、吕须～～。”

筌 quán ❶捕鱼的竹器。郭璞《江赋》：“栫淀为涔，夹潨罗～。”泛指捕鱼用具。陆龟蒙《渔具诗序》：“缗而竿者总谓之～；～之流，曰筒，曰车。”❷通“诠”。解释，阐明。王中《头陀寺碑文》：“然爻系所～，穷于此域；则称谓所绝，形乎彼岸矣。”（爻：构成《周易》卦体的长短横画。系：指《周易》系辞。）刘禹锡《大唐曹溪第六祖大鉴禅师第二碑》：“我立真～，揭起南国，无修而修，无得而得。”❸通“诠”。排列次序。左思《魏都赋》：“阐钩绳之～绪，承二分之正要。”

【筌蹄】 quántí ❶《庄子·外物》：“荃者所以在鱼，得鱼而忘荃；蹄者所以在兔，得兔而忘蹄。”荃，同“筌”。蹄，捕兔器具。后以“筌蹄”比喻达到某种目的的工具或手段。《尚书序》疏：“是言者意之～～，书言相生者也。”骆宾王《晦日楚国寺宴序》：“夫天下通交，忘～～者盖寡；人间行乐，共烟霞者几何?”❷南朝贵族、士大夫讲经说法时所执的用具。《南史·侯景传》:“床上常设胡床及～～。”

觠 quán (兽角)卷曲。《尔雅·释畜》:“角三～,羷。”(《释文》:“觠,卷也,羊角卷三匝者名羷。”)

跧 quán ❶蹲。罗泌《路史·后纪》:“华胥决履以～之。”❷蜷曲,屈伏。刘禹锡《祭福建桂尚书文》:“悍鳌鼓舞,强悍低～。”范成大《离堆行》:“潭渊油油无敢唾,下有猛龙～铁锁。”

【跧伏】 quánfú 蜷伏。刘祁《归潜志》卷三:“吾～～陷穽,不自得。”柳宗元《为裴中丞伐黄贼转牒》:“恃狡兔之穴,～～偷安;凭孽狐之丘,跳踉见怪。”

【跧缩】 quánsuō 蜷缩。陆贽《论替换李楚琳状》:“颇同狐鼠,乘夜睢盱,晨光既升,势自～～。”

齤(𪘲) quán ❶缺齿。一说曲齿。见《说文·齿部》。❷笑而露齿的样子。《淮南子·道应训》:“若士者～然而笑。”

啳 quán 见“啳璇”。

【啳璇】 quánxuán 古代的一种棋。《方言》卷五:“(簙)吴楚之间……或谓之～～,或谓之棋。”

蜷 quán 虫形屈曲。《广韵·仙韵》:“～,虫形诘屈。”[引] 拳曲。《伤寒论》卷六:“少阴病,下利,若利自止,恶寒而～卧。”

【蜷局】 quánjú 拳曲不伸的样子。《楚辞·离骚》:“仆夫悲余马怀兮,～～顾而不行。”孟郊《西斋养病夜怀多感因呈上从叔子云》诗:“如何骐骥迹,～～未能行。”

【蜷蜿】 quánwān 盘旋的样子。刘基《戏为雪鸡篇寄詹同文》诗:“冰蛇雪鼠相～～,味如饧饴色如乳。”

踡 quán 拳曲不伸。《素问·举痛论》:“脉寒则缩～。”康海《中山狼》:“缩的头,～的胯。”

【踡嵼】 quánchǎn 崛起的样子,险峻的样子。王延寿《鲁灵光殿赋》:“岑崟～～,傍欹倾兮。”

【踡跼】 quánjú 拳曲不伸,局促。《淮南子·精神训》:“病疵瘕者……～～而谛,通夕不寐。”左思《吴都赋》:“国有郁鞅而显敞,邦有湫阨而～～。”(郁鞅:茂盛。湫阨:低下狭小。)

鬈 quán ❶头发美好的样子。泛指美好。《诗经·齐风·卢令》:“卢重镮,其人美且～。”❷头发卷曲。李贺《龙夜吟》:“～发胡儿眼睛绿,高楼夜静吹横竹。”❸束发为结,垂在两侧。《礼记·杂记下》:“女虽未许嫁,年二十而笄,礼之,妇人执其礼,燕则～首。”

巏 quán 山名用字。山有“巏务”。在今河北唐山市北。

颧(顴) quán 颧骨。《北齐书·神武帝纪上》:“目有精光,长颈高～。”

蠸 quán 一种黄色甲虫。又名“守瓜”。《列子·天瑞》:“九猷生乎瞀芮,瞀芮生乎腐～。”

犬 quǎn 狗。《老子·八十章》:“邻国相望,鸡～之声相闻,民至老死不相往来。”[喻]用于谦称或蔑称。《汉书·孔光传》:“臣光智谋浅短,～马齿臷,诚恐一旦颠仆,无以报称。”(臷:老。)张孝祥《鹧鸪天·为老母寿》词:“同～子,祝龟龄,天教二老鬓长青。”《三国演义》七十三回:“吾虎女安肯嫁～子乎!”

【犬戎】 quǎnróng ❶古戎族的一支,在殷、周时居于我国西部。《左传·闵公二年》:“二年春,虢公败～～于渭汭。”❷古代对异族的蔑称。杜甫《扬旗》诗:“三州陷～～,但见西岭青。”❸古神话中的人种。《山海经·大荒北经》:“大荒之中,有山名曰融父山,顺水入焉。有人名曰～～。”

【犬牙】 quǎnyá ❶喻形如犬牙之物。赵沨《秋郊晚望》诗:“地坼成龟兆,林枯出～～。”❷ 喻地形或地势参差交错之状。《汉书·文帝纪》:“高帝王子弟,地～～相制,所谓盘石之宗也。”《后汉书·鲁恭传》:“建初七年,郡国螟伤稼,～～缘界,不入中牟。”

甽(𤰝、𤰡、畎) quǎn ❶田间的水沟。《周礼·考工记·匠人》:“一耦之伐,广尺深尺谓之～。”《史记·夏本纪》:“浚～浍,致之川。”《后汉书·杜笃传》:“～渎润淤,水泉灌溉,渐泽成川,粳稻陶遂。”[又] 垄沟。《吕氏春秋·任地》:“上田弃亩,下田弃～。”《汉书·食货志上》:“一亩三～,一夫三百～,而播种于～中。”❷山谷。《史记·夏本纪》:“贡维土五色,羽～夏狄。”(羽:山名。夏狄:一种色彩美丽的鸟。)《汉书·地理志上》:“贡盐、絺,海物惟错,岱～丝、枲、铅、松、怪石。”(岱:山名。)❸疏通。《易纬乾坤凿度》卷上:“圣人凿开虚无,～流大道,万汇滋溢,阴阳成数。”

【甽亩】 quǎnmǔ 田间,田地。《国语·周语下》:“天所崇之子孙,或在～～,由欲乱民也。”欧阳修《丰乐亭记》:“民生不见外事,而安于～～衣食。”

绻(綣) quǎn ❶屈，屈服。《淮南子·氾论训》："古者有鍪而～领，以王天下者矣。"又《人间训》："兵横行天下而无所～，威服四方而无所诎。"❷殷勤，恳切。王守仁《长沙答周生》诗："愧子勤～意，何以相规讽。"❸见"缱绻"。

【绻绻】 quǎnquǎn 犹"拳拳"。忠谨恳切的样子。韩愈《答殷侍御书》："非先生好之乐之，味于众人之所不味，务张而明之，孰能勤勤～～若此之至。"

劝(勸) quàn ❶勉励，奖励。《管子·权修》："然后申之以宪令，～之以庆赏，振之以刑罚。"《汉书·艺文志》："播百谷，～耕桑，以足衣食。"⊗受到鼓励，奋勉，勤勉。《管子·八观》："赏庆信必，则有功者～。"又《轻重乙》："若是则田野大辟，而农夫～其事矣。"《庄子·徐无鬼》："商贾无市井之事则不比，庶人有旦暮之业则～。"❷劝说，劝导。《史记·高祖本纪》："亚父～项羽击沛公。"《后汉书·邓禹传》："军事韩歆及诸将见兵势已摧，皆～禹夜去，禹不听。"❸坚决有力。《战国策·宋卫策》："齐攻宋，宋使臧子索救于荆。荆王大说，许救甚～。"

【劝酬】 quànchóu 互相劝酒，敬酒。楼钥《王成之给事囿山堂》诗："樽酒屡～～，棋枰更胜败。"《资治通鉴·梁敬帝绍泰元年》："薛嫔有宠于帝，久之，帝忽思其与岳通，无故斩首，藏之于怀，出东山宴饮。～～始合，忽探出其首，投于柈上。"(岳：人名。)

【劝分】 quànfēn 劝导人们有无相济。《国语·晋语四》："懋穑～～，省用足财。"《三国志·魏书·武帝纪》："君～～务本，穑人昏作。"

【劝功】 quàngōng 努力建功立业。《礼记·王制》："民咸安其居，乐事～～，尊君亲上，然后兴学。"《汉书·朱博传》："故事：居部九岁举为守相，其有异材功效著者辄登擢，秩卑而赏厚，咸～～乐进。"

【劝化】 quànhuà 佛家语。❶宣传教义，使人感悟向善。《宋书·蛮夷传》："务～～之业，结师党之势，苦节以要厉精之誉，护法以展陵竞之情。"❷犹"募化"。劝人施舍财物。《释氏要览》卷中引《罪福决疑经》："僧尼白衣，或自财，或～～得财，拟作佛像。"

【劝驾】 quànjià 《汉书·高帝纪下》："贤士大夫有肯从我游者，吾能尊显之。布告天下，使明知朕意……御史中执法下郡守，其有意称明德者，必身劝，为之驾。"言有贤者，郡守亲往劝勉，并派人驾车送至京师。后称促请别人起行或担任某职为"劝驾"。苏轼《叶嘉传》："亲至山中，为之～～，始行。"

【劝进】 quànjìn ❶鼓励促进。《汉书·王莽传中》："几上下同心，～～农业。"袁宏《后汉纪·光武帝纪》："前者选择诸侯为公卿，所以砥砺藩屏，～～忠信。"❷劝即帝位。《南史·宋武帝纪》："于是陈留王虔嗣等二百七十人及宋台群臣并上表～～，犹不许。"《北史·许谦传》："及慕容垂死，谦上书～～。"(按：魏晋六朝时，篡位之君每假"禅让"之名夺权。让国的"诏书"下达后，又故作逊让，由诸臣上表歌功颂德，请登帝位，美其名曰"劝进"。)

【劝沮】 quànjǔ 鼓励和禁止。《韩非子·八经》："设法度以齐民，信赏罚以尽能，明诽誉以～～。"《抱朴子·崇教》："坚堤防以杜决溢，明褒贬以彰～～。"

【劝农】 quànnóng ❶鼓励农耕。《三国志·魏书·高堂隆传》："是以帝耕以～～，后桑以成服，所以昭事上帝，告虔报施也。"❷官名。负责鼓励督促农业生产。束皙《劝农赋》："惟百里之置吏，各区别而异曹；考治民之贱职，美莫当乎～～。"

【劝率】 quànshuài 勉励引导。《论衡·率性》："凡人君父，审观臣子之性，善则养育～～，无令近恶；恶则辅保禁防，令渐于善。"《三国志·蜀书·黄忠传》："[夏侯]渊众甚精，忠推锋必进，～～士卒，金鼓振天，欢声动谷，一战斩渊。"

【劝相】 quànxiāng 劝助，劝勉。《周易·井》："君子以劳民～～。"《清史稿·礼志二》："康熙时，圣祖尝临丰泽园～～。"

【劝学】 quànxué ❶鼓励勤于学习。《史记·儒林列传序》："今陛下昭至德，开大明，配天地，本人伦，～～修礼，崇化厉贤。"❷古代官职名。犹后代的"侍讲"、"侍读"。《汉书·叙传上》："伯少受《诗》于师丹。大将军王凤荐伯宜～～，召见宴昵殿。"(伯：人名。)❸《荀子》等书的篇名。

观 quàn 见 guān。

券 quàn ❶契据。古代的券由竹、木刻成，分为两半，双方各执其一，作为凭证。后世多用纸为券。《战国策·齐策四》："～遍合，起，矫命以责赐诸民，因烧其～。"《魏书·释老志》："或偿利过本，或翻改～契，侵蠹贫下，莫知纪极。"㉒票据，凭证。《金史·食货志三》："今千钱之～仅直数钱。"高启《赠杨荥阳》诗："客中虽无钱，自写赊酒～。"❷契合。《庄子·庚桑楚》："～内者行乎无名，～外者志乎期会。"❸状写，描写。刘昌诗《芦浦笔记·白玉楼赋》："若夏革谈妙，《齐谐》志怪，～宇宙之无极，状鶗鹏之变态。”（夏革：人名。）

桊 quàn 见 juàn。

桊（韏） quàn 皮革面上的皱叠。《尔雅·释器》：“革中绝谓之辨，革中辨谓之～。”一说，卷曲。一说，将皮革分割成细皮条。

絭 1. quàn ❶束袖的绳。《说文·糸部》：“～，攘臂绳也。”㉑束缚。扬雄《太玄经·爻守》：“全爻守～其首尾，临于渊。”

2. quān ❷通“弮”。弩弦。《汉书·李陵传》“陵发连弩射单于”注引张晏曰：“三十～共一臂也。”潘岳《闲居赋》：“谿子巨黍，异～同机。”（谿子、巨黍：古良弓名。）

縓（縓） quàn ❶浅红色。《仪礼·既夕礼》：“～绠緆。”《礼记·檀弓上》：“练，练衣黄里，～缘。”❷帛赤黄色。《说文·糸部》：“～，帛赤黄色。一染谓之～，再染谓之䞓，三染谓之纁。”

que

决 quē 见 jué。

缺（缺） quē ❶残缺，破损。《汉书·贾谊传》：“今诸侯王皆众髋髀也，释斤斧之用，而欲婴以芒刃，臣以为不～则折。”杜甫《秋日夔州咏怀寄郑监李宾客一百韵》：“～篱将棘拒，倒石赖藤缠。”㉗使残缺，毁坏。《诗经·豳风·破斧》：“既破我斧，又～我斨。”《论衡·谈天》：“当共工～天之时，天非坠于地也。”❷缺少，不足。杜甫《自京赴奉先县咏怀五百字》：“当今廊庙具，构厦岂云～。”《新唐书·裴漼传》：“世俭素，而晚节稍畜伎妾，为奢侈事，议者以为～。”㉗缺点，过失。苏轼《岐亭》诗：“吾非固多矣，君岂无一～。”㉗空缺。《史记·萧相国世家》：“汉王数失军遁去，［萧］何常典关中卒辄补～，上以此专任何关中事。”《汉书·韩安国传》：“居无几，梁内史～，汉使使者拜安国为梁内史。”❸衰微，废弃。《汉书·礼乐志》：“周道始～，怨刺之诗起。王泽既竭，而诗不能作。”《后汉书·灵帝纪赞》：“征亡备兆，《小雅》尽～。”

【缺蟾】 quēchán 犹言缺月。范成大《晚步吴故城下》诗：“却向东皋望烟火，～～先映槲林丹。”

【缺啮】 quēniè 缺折，破损。江淹《到功曹参军诣竟陵公子良笺》：“漏越之琴，窃庄文之价；～～之剑，盗顷襄之名。”陈陶《宿岛径夷山舍》诗：“～～心未理，寥寥夜猿哀。”

【缺缺】 quēquē ❶抱怨，不满足。《老子·五十八章》：“其政闷闷，其人醇醇；其政察察，其人～～。”❷狡诈，小聪明。柳宗元《桐叶封弟辩》：“是直小丈夫～～者之事，非周公所宜用，故不可信。”

瘸 qué 跛。王闢之《渑水燕谈录·杂录》：“［钱塘］谚谓跛为～。”

矍（矍） qué（又读 jué） 见“矍矍”。

【矍矍】 quéqué 游移的样子。扬雄《太玄经·养》：“燕食扁扁，其志～～，利用征贾。”

芍 què 见 sháo。

却（卻、却） 1. què ❶退。《史记·田敬仲完世家》：“不如听之以退秦兵，不听则秦兵不～。”㉗使退。《后汉书·西羌传》：“武帝征伐四夷，开地广境，北～匈奴，西逐诸羌。”㉑回，返。李白《下终南山过斛斯山人宿置酒》诗：“～顾所来径，苍苍横翠微。”《云笈七籤》卷七五：“五年，白发～黑，形体轻强。”㉗后。《北史·杜弼传》：“及将有沙苑之役，弼又请先除内贼，～讨外寇。”❷拒绝，推辞。《孟子·万章下》：“～之～之为不恭。”王安石《答曾公立书》：“始以为不请，而请者不可遏；终以为不纳，而纳者不可～。”❸除，消除。《论衡·变虚》：“高宗消桑谷之变，以政不以言；景公～荧惑之异，亦宜以行。”㉗撤去。杜甫《昔游》诗：“暮升艮岑顶，巾几犹未～。”❹止息，停止。《韩非子·外储说右上》：“然而驱之不前，～之不止，左之不左，右之不右，则臧获虽贱，不托其足。”《续资治通鉴·元顺帝至正十九年》：“帝以天下多故，诏～天寿节朝贺。”❺副词。1）还，再。李商隐《夜雨寄北》诗：“何当共剪西窗烛，～话巴山夜雨时。”辛弃疾《鹧鸪天·徐衡仲抚幹惠琴不受》词：“不如～付骚人手，留和《南风》解愠诗。”2）反，反而。李白《江夏行》：“谁知嫁商贾，令人～愁苦。”韩愈《早春呈水部张十八员外》诗：“天街小雨润如酥，草色遥看近～无。”3）岂，难道。李商隐《富平少侯》诗：“不收金弹抛林外，～惜银床在井头！”杨万里《自嘲白须》诗：“涅髭只诳客，～可诳妻儿！”❻助词。用在动词后，表示完成。杜甫《一百五日夜对月》诗：“斫～月中桂，清光应更多。”白居易《送萧处士游黔南》诗：“生计抛来诗是业，家园忘～酒为乡。”

2. xì ❼通“隙”。1）空隙，机会。《论衡·验符》：“太守以下思省诏书，以为疑隐，言之不实，苟饰美也，即复因～上得黄金实状如前章。”2）嫌隙，隔阂。《史记·项羽本纪》：“夫将军居外久，多内～，有功亦诛，无功亦诛。”又《绛侯周勃世家》：“由此梁孝王与太尉有～。”

【却冠】 quèguān 鱼皮帽。《史记·赵世家》：“黑齿雕题，～～秫绌，大吴之国也。”(按：今本《战国策·赵策二》作“鳀冠”。)

【却还】 quèhuán ❶返回。封演《封氏闻见记·查谈》：“会有中使至州，琯使昌藻郊外接候，须臾～～。”❷退还。元稹《弹奏剑南东川节度使状》：“伏乞圣慈勒本道长吏及诸州刺史，招缉疲人，一切～～产业，庶使孤穷有托，编户再安。”

【却老】 quèlǎo ❶避免衰老。《史记·孝武本纪》：“[李少君]匿其年及所生长，常自谓七十，能使物～～。”桓谭《新论·形神》：“言老子用恬惔养性，致寿数百岁。今行其道，宁能延年～～乎?”❷枸杞的别名。《抱朴子·仙药》：“象柴，一名纯卢是也……或名～～，或名地骨，或名苟杞也。”

【却粒】 quèlì 不食谷粒。即道家所说的“辟谷”。陆机《汉高祖功臣颂》：“托迹黄、老，辞世～～。”孔平仲《续世说·栖逸》：“～～之辈，餐霞之人，乃可暂致，不宜久羁。”

【却略】 quèlüè ❶山背隆起的样子。杜甫《桥陵诗三十韵因呈县内诸官》：“坡陁因厚地，～～罗峻屏。”范成大《自石林回过小玲珑》诗：“～～岩岫杳，黝纠石床怪。”❷退身。表示谦恭。《世说新语·方正》：“周、王既入，始至阶头，帝逆遣传诏遏使就东厢。周侯未悟，即～～下阶。”顾况《酬本部韦左司》诗：“～～欲一言，零涕和酒饮。”

【却曲】 quèqū 屈曲，曲折。《庄子·人间世》：“迷阳迷阳，无伤我行；吾行～～，无伤吾足。”(迷阳：棘刺。)陈椁《岁晚倦游言归故园别春航》诗之一：“～～迷阳路，纵横乱石蹲。”

【却扫】 quèsǎo 不再扫径迎客。言闭门谢客。苏轼《乐全先生文集叙》：“公今年八十一，杜门～～，终日危坐，将与造物者游于无何有之乡。”范成大《秋日杂兴》之一：“我友蓬蒿士，～～谢四邻。”

【却生】 quèshēng ❶死而复生。牛僧孺《玄怪录·古元之》：“弼怜之特甚，三日殓毕，追思，欲与再别，因命斲棺，开已～～矣。”❷贪生后退。《南史·梁临川靖惠王宏传》：“天子扫境内以属王，有前死一尺，无～～一寸。”

【却苏】 quèsū 死而复苏。干宝《搜神记》卷十五：“文合卒已再宿，停丧将殓，视其面，有色，扪心下，稍温，少顷，～～。”

【却行】 quèxíng ❶倒退而行。《后汉书·周举传》：“陛下所行，但务其华，不寻其实，犹缘木希鱼，～～求前。”㊀表示极其恭敬的样子。《汉书·高帝纪下》：“后上朝，太公拥彗，迎门～～。上大惊，下扶太公。”❷指能倒退而行的小动物，如蚯蚓之类。《周礼·考工记·梓人》：“～～、仄行、连行、纡行……谓之小虫之属。”

【却月】 quèyuè 半月形。《南史·侯景传》：“城内作迁城，形如～～以捍之。”杜牧《闺情》诗：“娟娟～～眉，新鬓学鸦飞。”

【却坐】 quèzuò ❶退后而坐。白居易《琵琶行》：“感我此语良久立，～～促弦弦转急。”特指离位。皇甫澈《赋四相诗·礼部尚书门下侍郎平章事李岘》：“宦官既～～，权奸亦移职。”❷犹静坐。叶適《朝议大夫蒋公墓志铭》：“公既休，扃小室，缪篆郁芬，竟日～～。”

岩(礐) què ❶山多大石。《尔雅·释山》：“[山]多大石，～。”❷水激石声。木华《海赋》：“影沙～石，荡飏岛滨。”❸坚硬，坚定。贾谊《新书·道德说》：“～乎坚哉谓之命。”黄道周《进士策·学术》：“凡古之贤士，皆菲其身，澹其知，坚～其志谊。”

【岩硞】 quèkù 水激石汹涌起伏的样子。郭璞《江赋》：“幽涧积岨，～～硞礭。”一说江浪激石，石撞击声。

嗀 què ❶从上击下。《齐民要术·种瓠》：“以马箠～其心，勿令蔓延。”❷坚硬的外壳。后作“殻”。贾收《和沈君与送蟹》：“独怜盘内秋脐实，不比溪边夏～空。”❸(hù)同“嗀”。呕吐。《左传·哀公二十五年》：“臣有疾，异于人，若见之，君将～之。”

埆 què ❶土地贫瘠。《三国志·吴书·薛综传》：“然其方土寒～，谷稼不殖，民习鞍马，转徙无常。”杨亿《受诏修书述怀感事三十韵》：“讲学情田～，谈经腹笥虚。”❷考校。应劭《风俗通·五岳》：“岳者，～功考德，黜陟幽明也。”

【埆墝】 quèjí 土地瘠薄。蔡邕《京兆樊惠渠颂》：“而地有～～，川有垫下。”也作“埆瘠”。《宋史·食货志上一》：“其田制为三品……～～而无水旱之虑者为中品，既～～复患于水旱者为下品。”

【埆埆】 quèquè 土地瘠薄的样子。元稹《田家词》：“牛吒吒，田～～，旱块敲牛蹄趵趵。”

猎 què 战国时宋国良犬名。见《广韵》。后泛指狗。王禹偁《酬种放徵君》诗：“方号骙骙龙，已困狺狺～。”

悫(慤、愨) què 恭谨，诚实。《汉书·刑法志》：“朕闻之，法正则民～，罪当则民从。”《后汉书·承宫传》:“数纳忠言,陈政,论议切～。”

【悫士】 quèshì 诚谨之士。《荀子·不苟》:“庸言必信之,庸行必慎之,畏法流俗而不敢以其所独甚,若是则可谓～～矣。”

【悫愿】 quèyuàn 谨慎老实。《管子·八观》:“故形势不得为非,则奸邪之人～～。”《论衡·讲瑞》:“且人有佞猾而聚者,鸟亦有佼黠而从群者,当唐虞之时凤～～,宣帝之时佼黠乎?”(当:若。)

雀 què ❶麻雀。《国语·晋语九》:“～入于海为蛤,雉入于淮为蜃。”[泛]小鸟。《左传·襄公二十五年》:“见不仁者,诛之,如鹰鹯之逐鸟～也。”❷赤黑色。见“雀弁①”、“雀饰”。❸燕麦。《天工开物·乃粒·麦》:“杂麦曰～,曰荞。”

【雀弁】 quèbiàn 同“爵弁”。❶古代礼冠之一,色如雀头,赤而微黑。《尚书·顾命》:“二人～～执惠,立于毕门之内。”(惠:一种矛类兵器。)❷草名,即蒀。《尔雅·释草》:“蒀,～～。”

【雀屏】 quèpíng 《新唐书·太穆窦皇后传》载:窦毅为其女择婿,于屏上画二孔雀,求婚者使射二箭,暗中约定中目则许之。李渊两箭各中一目,遂得窦后。后因以“雀屏”为择婿之喻。唐玉《翰府紫泥全书·婚礼·聘定》:“幸～～之中选,宜龟筮之叶谋。”高明《琵琶记·奉旨招婿》:“丝牵绣幕,射中～～。”

【雀舌】 quèshé 茶芽。刘禹锡《病中一二禅客见问因以谢之》诗:“添炉烹～～,洒水净龙须。”沈括《梦溪笔谈》卷二十四:“茶芽,古人谓之～～、麦颗,言其至嫩也。”

【雀饰】 quèshì 以赤黑色牛皮为饰。《周礼·春官·巾车》:“漆车,藩蔽、豻祻、～～。”

【雀息】 quèxī 如雀吐息。喻气力衰弱,苟延残喘。《三国志·吴书·韦曜传》:“追惧浅蔽,不合天听,抱怖～～,乞垂哀省。”陶弘景《请雨词》:“亢旱积旬,苗稼焦涸,远近嗷嗷,瞻天～～。”也比喻因恐惧而噤默无声。《北史·高丽传》:“[崔]柳张目叱之,拳击成,坠于床下。成左右～～不敢动。”

阕(闋) què ❶祭祀完毕,把门关上。《说文·门部》:“～,事已闭门也。”[引]终,完毕。《后汉书·马融传》:“礼乐既～,北辕反旆,至自新城,背伊阙,反洛京。”张协《七命》:“繁肴既～,亦有寒羞。”❷止息。《诗经·小雅·节南山》:“君子如届,俾民心～。”《后汉书·张法滕冯度杨传论》:“寇攘寖横,缘隙而生,剽人盗邑者不～时月。”[特]乐曲终止。苏源明《秋夜小洞庭离宴席》:“曲～,袁子曰:‘君公行当挥翰右垣,岂止典胄米廪邪!’”[又]乐曲每一次终止为一阕。《吕氏春秋·古乐》:“昔葛天氏之乐,三人操牛尾投足以歌八～。”❸量词。用于词或歌曲。1)名量。陈亮《又乙巳秋书》:“小词一～,香两片,川笔十枝,川墨一挺,蜀人以为绝品,不能别也。”2)动量。李复言《续玄怪录·杨恭政》:“乐作三～,青衣引白鹤来。”❹空,空虚。《庄子·人间世》:“瞻彼～者,虚室生白。”❺(quē)通“缺”。空缺。《潜夫论·边议》:“传子孙者,思安万世;寄其身者,各取一～。”[又]少,缺乏。江淹《拜中书郎表》:“智罕効官,志～从政。”[又]过失。戴名世《汪武曹稿序》:“俗学纷起,讲解讹谬,于是正其～失,明其旨趣。”

确[1] 1. què ❶同“埆①”。瘠薄。《资治通鉴·唐宪宗元和八年》:“况天德故城,僻处～瘠,去河绝远。”[引]薄,欠。左思《吴都赋》:“庸可共世而论巨细,同年而议丰～乎!”❷坚硬。虞集《刘琼彦温字说》:“顽～而不化,琢磨无所施,非所谓坚也。”❸通“碻”。符合事实。《后汉书·崔寔传》:“论当世便事数十条,名曰《政论》,指切时要,言辩而～。”[又]证实。《后汉书·寇恂传》:“尚书背绳墨,案空劾,不复质～其过,寘于严棘之下,便奏正臣罪。”❹通“推”。敲,击。《世说新语·文学》:“乐[广]亦不复剖析文句,直以麈尾柄～几。”

2. jué ❺通“角”。角逐,较量。《汉书·李广传》:“李广材气,天下亡双,自负其能,数与虏～,恐亡之。”《新唐书·张巡传》:“君世受官,食天子粟,奈何从贼,关弓与我～?”

【确荦】 quèluò 山石不平的样子。也指不平的山石。刘禹锡《吊马文》:“结为～～,融为坳堂。”也作“荦确”。韩愈《山石》诗:“山石～～行径微,黄昏到寺蝙蝠飞。”

确[2]**(碻、塙)** què ❶坚固,刚强。《汉书·师丹传》:“关内侯师丹端诚于国……～然有柱石之固,临大节而不可夺,可谓社稷之臣矣。”《三国志·魏书·公孙度传》注引《魏书》:“[公孙]渊执节弥固,不为利回,守志匪石,～乎弥坚。”[又]坚决。《新唐书·郭子仪传》:“进拜尚书令,子仪～让。”❷符合事实,真实。《梁书·武帝纪》:“可申敕诸州,月一临讯,博询择善,务在～实。”《新唐书·卢从愿传》:“数充校考使,升退详～。”[又]精确。《魏书·羊深传》:“且魏武在戎,尚修学校;宣尼～论,造次必儒。”

【确斗】 quèdòu 指两军硬拼酣战。《资治通鉴·后梁末帝贞明三年》:“闻晋王与梁人

～～,骑兵死伤不少。"

潅 què ❶浇,沃灌。《说文·水部》:"～,灌也。"❷沾湿,浸渍。《玉篇·水部》:"～,霑也;渍也。"

阙(闕) 1. què ❶古代王宫、祠庙门前两边的高建筑物。左右各一,中间为通道。又名"观(guàn)"。《战国策·齐策六》:"人有当～而哭者,求之则不得,去之则闻其声。"《古诗十九首》之三:"两宫遥相望,双～百馀尺。"㊥墓道前两边的石牌坊。《水经注·颍水》:"冢有石～,～前有二碑。"《新五代史·张全义传》:"铲去墓～。"㊀帝王所居之处,朝廷。《后汉书·董卓传》:"[曹]操乃诣～贡献,禀公卿以下,因奏韩暹、张杨之罪。"王安石《上仁宗皇帝言事书》:"今又蒙恩召还～廷,有所任属。"

2. quē ❷空隙,豁口。《左传·昭公二十年》:"使华寅肉袒执盖,以当其～。"《水经注·江水二》:"自三峡七百里中,两岸连山,略无～处。"㊀空缺,空额。曾巩《战国策目录序》:"刘向所定《战国策》三十三篇,《崇文总目》称第十一篇者～。"《宋史·选举志四》:"铨曹之患,员多～少,注拟甚难。"❸残缺,亏损。《礼记·礼运》:"是以三五而盈,三五而～。"㊀使亏损,损伤。《左传·僖公三十年》:"若不～秦,将焉取之?"《吕氏春秋·孝行》:"父母生之,子弗敢杀;父母置之,子弗敢废;父母全之,子弗敢～。"❹缺少。杜甫《暮归》诗:"南渡桂水～舟楫,北归秦川多鼓鞞。"㊀欠缺。《三国志·魏书·袁绍传》:"吾受袁公父子厚恩,今其破亡,智不能救,勇不能死,于义～矣。"㊀过失,弊病。《左传·宣公二年》:"又曰:'衮职有～,惟仲山甫补之。'能补过也。"《论衡·累害》:"乡原之人,行全无～,非之无举,刺之无刺也。"白居易《与元九书》:"有可以救济人病,裨补时～。"

3. jué ❺掘。《左传·隐公元年》:"若～地及泉,隧而相见,其谁曰不然?"《国语·吴语》:"～为深沟,通于商、鲁之间。"❻通"厥"。其。陈亮《上孝宗皇帝第二书》:"匹夫匹妇,不获自尽,民主罔与成～功。"

【阙里】 quèlǐ 地名。相传为春秋时孔子授徒之所。故址在今山东曲阜城内。《论衡·幸偶》:"舜尚遭尧受禅,孔子已死于～～。"

【阙门】 quèmén ❶两观之间。《穀梁传·桓公三年》:"礼送女,父不下堂,母不出祭门,诸母兄弟不出～～。"《史记·魏世家》:"臣闻之,卑不谋尊,疏不谋戚。臣在～～之外,不敢当命。"❷复姓。汉有邹人胶东内史阙门庆忌。见《汉书·儒林传》。

【阙下】 quèxià 帝王宫阙之下。《后汉书·南蛮西南夷传》:"下令之后,槃瓠遂衔人头造～～。"(槃瓠:犬名。)韩愈《争臣论》:"庶岩穴之士,闻而慕之,束带结发,愿进于～～而伸其辞说。"

【阙翦】 quējiǎn 削弱,损害。《左传·成公十三年》:"[秦]康公,我之自出,又欲～～我公室,倾覆我社稷。"

【阙略】 quēlüè 缺漏。《新唐书·太宗纪赞》:"虽《诗》、《书》所载,时有～～。"也指疏忽大意。《论衡·雷虚》:"圣王有天下,制刑不备此法。圣王～～,有遗失也。"

【阙文】 quēwén 缺疑不书或遗漏的文句。《后汉书·独行传序》:"庶备诸～～,纪志漏脱云尔。"李峤《神龙历序》:"兴百代之～～,复千龄之大统。"

【阙疑】 quēyí 对疑惑不解的东西不妄加评论。《论语·为政》:"多闻～～,慎言其馀,则寡尤。"《汉书·艺文志》:"后世经传既已乖离,博学者又不思多闻～～之义,而务碎义逃难,便辞巧说,破坏形体。"

鹊(鵲、䧿) què ❶鸟名。又叫喜鹊。杜甫《夜》诗之二:"斗斜人更望,月细～休飞。"❷通"猎"。犬名。《礼记·少仪》"乃问犬名"郑玄注:"畜养者当呼之名,谓若韩卢、宋～之属。"

【鹊巢】 quècháo ❶《诗经·召南》篇名。《左传·昭公元年》:"穆叔赋《鹊巢》。"❷指妇人之德。《诗经·召南·鹊巢序》:"鹊巢,夫人之德也。国君积行累功以致爵位,夫人起家而居有之,德如鸤鸠,乃可以配焉。"后遂以"鹊巢"指妇人之德。苏轼《韩维三代妻祖母郭氏周氏赠鲁国太夫人》:"允蹈家人之正,居有～～之福。"

【鹊起】 quèqǐ ❶言见机远引。《太平御览》卷九二一引《庄子》:"鹊上高城之垝,而巢高榆之颠,城坏巢折,陵风而起。故君子之居世也,得时则蚁行,失时则～～也。"❷乘时奋起。《晋书·孙惠传》:"今时至运集,天与神助,复不能～～于庆命之会,拔剑于时哉之机,恐流滥之祸,不在一人。"

【鹊喜】 quèxǐ 鹊噪兆喜。宋之问《发端州初入西江》诗:"破颜看～～,拭泪听猿啼。"

【鹊印】 quèyìn 指公侯之位。干宝《搜神记》载:汉张颢为梁相时,有鸟如鹊,飞翔入市,忽然堕地。人争取之,化为圆石。颢椎破之,得一金印,文曰"忠孝侯印"。颢以上闻,藏之秘府。后因借指公侯之位。王勃

《上绛州上官司马书》:“鳞轩羽殿,瑶台降卿相之荣,～～蝉簪,金社发公侯之始。”

皵 què(又读 qì) 树皮粗厚坼裂。《尔雅·释木》:“大而～,楸;小而～,榎。”李咸用《览友生古风》诗:“皴～老松根,晃朗骊龙窟。”

碏 què ❶石杂色。《集韵·药韵》:“～,石杂色。”❷人名用字。春秋时卫有大夫石碏。

推 què(旧读 jué) ❶敲击。《汉书·五行志中之上》:“高后鸩杀如意,支断其母戚夫人手足,～其眼,以为人彘。”(颜师古注:“谓敲击去其精也。”)❷同“榷”。专,独占。班固《答宾戏》:“逢蒙绝技于弧矢,般输～巧于斧斤。”《新唐书·食货志》:“～利借商,进奉献助。”❸同“榷”。研讨。左思《吴都赋》:“剖判庶士,商～万俗。”韩愈、孟郊《纳凉联句》:“儒庠恣游息,圣籍饱商～。”

【推扬】 quèyáng 推敲,商讨。《梁书·刘孺传》:“酒阑耳热,言志赋诗,校覆忠贤,～～文史。”

毃 què(又读 qiāo) 同“敲”。击。《吕氏春秋·当务》:“故死而操金椎以葬,曰:‘下见六王、五伯,将～其头矣!’”

榷(搉) què ❶独木桥。《初学记》卷七引《广志》:“独木之桥曰～。”❷专利,专卖。《汉书·昭帝纪》:“议罢盐铁～酤。”苏舜钦《涟水军新牐记》:“其间县官立四场,斡盐～茗,岁转数十百万。”❸税,征税。韩愈《论变盐法事宜状》:“国家榷盐,粜与商人,商人纳～,粜与百姓,则是天下百姓无贫富贵贱,皆已输钱于官矣。”沈括《贺枢密薛侍郎启》:“～六路之饶,转江淮之粟,而用不屈。”❹商讨,研讨。《北史·崔孝芬传》:“商～古今,间以嘲谑,听者忘疲。”刘知几《史通·书志》:“～而为论,未见其宜。”❺专一。《隶释·汉玄儒先生娄寿碑》:“乐天知命,～乎其不可拔也。”

【榷会】 quèkuài 总计商人财货而征税。《汉书·赵敬肃王刘彭祖传》:“使使即县为贾人～～,入多于国租税。”

【榷利】 quèlì 国家通过专卖以增加收入。《法言·寡见》:“或曰:‘[桑]弘羊～～而国用足,盍榷诸?’”

碻 1. què ❶同“确[2]”。坚固。《广韵·觉韵》:“确,靳固也。或作～。”㊀符合实际情况。陈作霖《养和轩随笔》:“张文和公谓此论甚～,能发杜诗之神髓。”

2. qiāo ❷见“碻磝”。

【碻磝】 qiāo'áo ❶古津渡名。故址在今山东茌平西南古黄河南岸。又为城名。城在津东。《北史·魏孝文帝纪》:“戊辰,行幸～～。”❷多石不平的样子。黄简《犁春操为谢耕道作》:“水淫兮石啮,田～～兮一跬九折。”

踖 què 见 jí。

㲉 què 蛋。韩愈、孟郊《纳凉联句》:“簏实摘林珍,盘肴馈禽～。”㊀蛋壳。王建《雉将雏》诗:“雉咿喔,雏出～,毛斑斑,觜啄啄。”

觳 què 见 hú。

爵 què 见 jué。

擢 què 见 huò。

礭 què ❶坚强,刚强。《隶续·晋右将军郑烈碑》:“秉～然之大节。”❷水激石汹涌起伏的样子。❸通“推”。敲,击。《北堂书钞·郭子》:“丞相以麈尾～床,呼何[充]共坐。”

礐 què 见“礐确”。

【礐确】 quèquè 水激石声。江淹《学梁王兔园赋》:“硉碻～～,紫芜丹骏,苔点绮缛,若断若续。”

qun

囷 qūn ❶圆形谷仓。《战国策·秦策一》:“今天下府库不盈,～仓空虚。”㊀圆形。《山海经·中山经》:“又东五十里,曰少室之山,百草木成～。”❷见“囷囷”。

【囷京】 qūnjīng 粮仓。《管子·轻重丁》:“今者夷吾过市,有新成～～者二家。”

【囷鹿】 qūnlù 粮仓。鹿,方形谷仓。《国语·吴语》:“今吴民既罢,而大荒荐饥,市无赤米,而～～空虚。”也作“囷簏”。苏轼《密州祭常山文》:“自秋不雨,霜露杀菽。黄糜黑黍,不满～～。”

【囷轮】 qūnlún 屈曲的样子。张说《岳阳石门墨山二山相连有禅堂观天下绝境》诗:“～～江上山,近在华容县。”

【囷囷】 qūnqūn 曲折回旋的样子。杜牧《阿房宫赋》:“盘盘焉,～～焉,蜂房水涡,矗不知乎几千万落。”王安石《忆昨诗示诸外弟》:“短垣～～冠翠岭,踯躅万树红相围。”

峮(宭) qūn 见“峮嶙”、“峮峋”。

【峮嶙】 qūnlín 山相连的样子。张衡《南都赋》:“或～～而缅联,或豁尔而中绝。”

【峮峋】 qūnqūn 山相连的样子。元结《说楚何荒王赋上》："则有～～峻束，喷渍触沃。"

逡 qūn 退。《汉书·王莽传上》："增修雅素，以命下国；～俭隆约，以矫世俗。"一说通"遵"。循。

逡 1. qūn ❶退让，退却。《汉书·公孙弘传》："有功者上，无功者下，则群臣～。"《宋书·袁淑传》："如有决罜漏网，～窜逗穴，命淮、汝戈船遏其还径，兖部劲卒梗其归涂。"❷指月亮运行的度次。《方言》卷十二："日运为躔，月运为～。"❸通"鵔"。兔名。《战国策·齐策三》："东郭～者，海内之狡兔也。"

2. jùn ❹疾速，急。《礼记·大传》："遂率天下诸侯执豆笾，～奔走。"

【逡次】 qūncì 徘徊不进的样子。《楚辞·九章·思美人》："迁～～而勿驱兮，聊假日以须时。"

【逡逡】 qūnqūn 谦恭的样子。《史记·游侠列传》："然关中长安樊仲子……虽为侠而～～有退让君子之风。"

【逡巡】 qūnxún ❶迟疑徘徊、欲行又止的样子。《后汉书·隗嚣传》："舅犯谢罪文公，亦～～于河上。"也作"逡循"、"逡遁"。白居易《重赋》诗："里胥迫我纳，不许暂～～。"❷后退的样子。《三国志·魏书·东夷传》："下户与大人相逢道路，～～入草。"也作"逡循"、"逡遁"。苏舜钦《答杜公书》："苟不得已，则荐贤代己，～～而退，亦不失古人去就之道。"❸时间短暂，顷刻。王安石《送别韩虞部》诗："京洛风尘嗟阻阔，江湖杯酒惜～～。"陆游《除夜》诗："相看更觉光阴速，笑语～～即隔年。"

【逡遁】 qūnxún 见"逡巡①②"。

【逡循】 qūnxún 见"逡巡①②"。

遁 qūn 见 dùn。

踆 qūn 见 cún。

鵔 qūn 狡兔。李白《留别于十一兄逖裴十三游塞垣》诗："钓周猎秦安黎元，小鱼～兔何足言。"陈基《桂林谣》："雪～持杵敲丁东，警落瑸玑银阙空。"

宭 qún ❶群居。《说文·宀部》："～，群居也。"引申为荟萃之处。❷(jiǒng)通"窘"。困窘。马王堆汉墓帛书《经法·论》："不处外内之立(位)，不应动静之化，则事～于内而举～于[外]。"

輑(輑) 1. qún ❶相连的样子。张衡《南都赋》："沟浍脉连，堤塍相～。"

2. yǐn ❷车前横木。《说文·车部》："～，轺车前横木也。"

裙(帬、裠) qún 下裳。《周书·长孙俭传》："日晚，俭乃著～襦纱帽，引客宴于别斋。"杜甫《陪诸贵公子丈八沟携妓纳凉晚际遇雨》诗之二："越女红～湿，燕姬翠黛愁。"㊂鳖甲边缘的肉质部分。陶岳《五代史补》："老僧无他愿，但愿鹅生四脚，鳖生两～足矣。"

【裙屐】 qúnjī 六朝贵族子弟的衣着。《北史·邢峦传》："萧深藻是～～少年，未洽政务。"㊂指注重衣着、修饰华美的年轻人。黄景仁《王述庵先生招集蒲褐山房》诗："～～都饶晋代风，风流更属王家事。"

【裙介】 qúnjiè 鳖背甲边缘的肉质部分，似裙边，故称。黄庭坚《食笋十韵》："烹鹅杂股掌，炮鳖乱～～。"

群(羣) qún ❶聚在一起的禽兽。《韩非子·扬权》："虎成其～，以弑其母。"《战国策·楚策四》："其飞徐而鸣悲。飞徐者，故疮痛也；鸣悲者，久失～也。"㊂人群，朋辈。《韩非子·问辩》："其观行也，以离～为贤，以犯上为抗。"❷聚合成群。《诗经·小雅·吉日》："儦儦俟俟，或～或友。"(儦儦：兽奔跑的样子。俟俟：兽行走的样子。)《荀子·王制》："人何以能～？曰：分。分何以能行？曰：义。"㊂会合，聚集。《荀子·非十二子》："壹统类而～天下之英杰。"班固《西都赋》："总礼官之甲科，～百郡之廉孝。"㊂与之为伍。李白《送王屋山人魏万还王屋》诗："虽为江宁宰，好与山公～。"❸众，众多。《吕氏春秋·召类》："《易》曰：'涣其～，元吉。'涣者，贤也；～者，众也；元者，吉之始也。"《后汉书·顺帝纪》："内外～僚莫不哀之。"❹类。《周易·系辞上》："方以类聚，物以～分。"《荀子·劝学》："草木畴生，禽兽～焉，物各从其类也。"

【群辟】 qúnbì 指诸侯。《尚书·周官》："六服～～，罔不承德。"㊁指群臣。张衡《西京赋》："正殿路寝，用朝～～。"

【群丑】 qúnchǒu ❶指人群或兽群。丑，众，类。《周易·渐》："夫征不复，离～～也。"《诗经·小雅·吉日》："升彼大阜，从其～～。"❷众凶，众恶。《晋书·陶侃传》："无征不克，～～破灭。"

【群从】 qúncóng 指族中兄弟子侄辈。《三国志·魏书·陈留王奂传》："诸～～子弟，其未有侯者皆封亭侯，赐钱千万，帛万匹。"白居易《喜敏中及第》诗："自知～～为儒少，岂料词场中第频。"

【群方】 qúnfāng 诸方，指天下。《后汉书·逸民传序》："～～咸遂，志士怀仁，斯固所谓'举逸民天下归心'者乎！"范仲淹《从谏如流赋》:"我后光被～～,柔怀多士。"

【群季】 qúnjì 诸弟。李白《春夜宴从弟桃李园序》:"～～俊秀,皆为惠连;吾人咏歌,独惭康乐。"(惠连、康乐:皆人名。)

【群黎】 qúnlí 众庶,黎民。《汉书·叙传上》:"上圣寤而后拔兮,岂～～之所御。"陆机《赠冯文罴迁斥丘令》诗:"～～未绥,帝用勤止。"

【群匹】 qúnpǐ ❶指众贤臣。《诗经·大雅·假乐》:"无怨无恶,率由～～。"❷指同类。《荀子·礼论》:"今夫大鸟兽则失亡其～～,越月踰时,则必反铅;过故乡,则必徘徊焉,鸣号焉。"(则:若。铅:沿,循。)

【群生】 qúnshēng ❶众生,指一切生物。《汉书·礼乐志》:"众庶熙熙,施及夭胎,～～嘽嘽,惟春之祺。"张华《答何劭》诗之二:"洪钧陶万类,大块禀～～。"❷指众儒生。柳宗元《国子司业阳城遗爱碣》:"～～闻礼,后学知孝。"李商隐《为李贻孙上李相公启》:"伏惟相公,丹青元化,冠盖中州。～～指南,命代先觉。"

【群士】 qúnshì ❶众掌管刑狱之官。《周礼·秋官·乡士》:"～～司刑皆在,各丽其法,以议狱讼。"❷众士人。《后汉书·董卓传》:"虽行无道,而犹忍性矫情,擢用～～。……幽滞之士,多所显拔。"

【群司】 qúnsī 众官吏,百官。《左传·襄公十年》:"子产闻盗,为门者,庀～～,闭府库,慎闭藏。"《后汉书·明帝纪》:"～～勉修职事,极言无讳。"

【群枉】 qúnwǎng 指众奸邪。《汉书·楚元王传》:"谗邪进则众贤退,～～盛则正士消。"《抱朴子·刺骄》:"扬清波以激浊流,执劲矢以厉～～。"

【群下】 qúnxià 众僚属。《庄子·渔父》:"～～荒怠,功美不有,爵禄不持,大夫之忧也。"《汉书·礼乐志》:"然德化未流洽者,礼乐未具,～～无所诵说,而庠序尚未设之故也。"

【群小】 qúnxiǎo ❶众小人。《汉书·五行志下之下》:"臣闻三代所以丧亡者,皆繇妇人～～,湛湎于酒。"㊂用作蔑称,指庶人百姓。《世说新语·容止》:"庾长仁与诸弟入吴,欲住亭中宿。诸弟先上,见～～满屋,都无相避意。"❷众小国。《史记·平准书》:"有国强者或并～～以臣诸侯,而弱国或绝祀而灭世。"❸众小儿。《世说新语·贤媛》:"武子乃令兵儿与～～杂处,使母帷中察之。"

【群有】 qúnyǒu 指万物。王中《头陀寺碑文》:"行不舍之檀,而施洽～～;唱无缘之慈,而泽周万物。"李白《赠僧崖公》诗:"一风鼓～～,万籁各自鸣。"

【群元】 qúnyuán 众百姓。《汉书·兒宽传》:"陛下躬发圣德,统楫～～,宗祀天地,荐礼百神。"

痻 qún 肢体麻痹。《素问·五常政大论》:"皮～肉苛,筋脉不利。"柳宗元《酬韶州裴曹长使君寄道州吕八大使……》诗:"夙志随忧尽,残肌触瘴～。"

麇 qún 见 jūn。

R

ran

呥(呥) rán 见"呥呥"。

【呥呥】 ránrán 咀嚼的样子。《荀子·荣辱》:"亦～～而嚼,乡乡而饱已矣。"(嚼:嚼。)

袡(衻) rán ❶衣裳的边缘。《仪礼·士昏礼》:"纯衣纁～。"❷妇人出嫁时的上服。《礼记·丧大记》:"妇人复,不以～。"(复:招魂复魂。)❸蔽膝。《礼记·杂记》:"子羔之袭也,茧衣裳,与税衣、纁～为一。"(纁:绛色。)

蚺(蚦) rán 蟒蛇。《说文·虫部》:"～,大蛇,可食。"嵇康《答难养生论》："～蛇珍于越土。"

蚺(𧍸、𧎘) rán 龟甲的边。《说文·龟部》："～，龟甲边也。"

然 rán ❶"燃"的本字。燃烧。《汉书·韩安国传》："死灰独不复～乎？"❷指示代词。如此，这样，那样。《孟子·梁惠王上》："河内凶，则移其民于河东，移其粟于河内，河东凶亦～。"（凶：庄稼收成不好。）❸表肯定。对的，是的。《论语·雍也》："雍之言～。"《庄子·养生主》："弟子曰：'非夫子之友邪？'曰：'～。'"㊀认为对的。《史记·吕太后本纪》："吕禄诚～其计，欲归将印，以兵属太尉。"❹副词。竟，便。《庄子·天地》："始也我以女为圣人邪，今～君子也。"又《外物》："鲋鱼忿然作色曰：'吾失我常与，我无所处，我得斗升之水～活耳。'"❺连词。表示转折。可是，但，却。曹丕《典论·论文》："王粲长于辞赋，徐幹时有齐气，～粲之匹也。"欧阳修《泷冈阡表》："自吾为汝家妇，不及事吾姑，～知汝父之能养也。"❻助词。用于句尾，表示比拟。……一般，……似的。《礼记·大学》："人之视己，如见其肺肝～。"《汉书·贾谊传》："其视杀人如艾草菅～。"（艾：同"刈"。割。）❼助词。用在形容词、副词之后，表示状态。《孟子·梁惠王上》："天油～作云，沛～下雨，则苗浡～兴之矣。"❽助词。表肯定语气。相当于"焉"。《论语·先进》："若由也，不得其死～。"

【然故】 rángù 承上启下之词，相当于"这样"、"那末"。《荀子·大略》："从士以上皆羞利而不与民争业，乐分施而耻积臧，～～民不困财，穷窭者有所窜其手。"

【然诺】 ránnuò 许诺。韩愈《柳子厚墓志铭》："行立有节概，重～～，与子厚结交，子厚亦为之尽，竟赖其力。"

【然物】 ránwù 制物。《鹖冠子·度万》："所谓天者，言其～～而无胜者也。"

【然疑】 rányí 将信将疑。《楚辞·九歌·山鬼》："饮石泉兮荫松柏，君思我兮～～作。"

【然赞】 ránzàn 同意。《三国志·蜀书·彭羕传》："公亦宿虑明定，即相～～，遂举事焉。"

髯(髥、䫇、𩓞、𩓜、𩯄) rán ❶两颊长的胡子。《汉书·高帝纪上》："高祖为人，隆准而龙颜，美须～。"（隆准：高鼻梁。龙颜：眉骨圆起。）❷多髯。柳宗元《故襄阳丞赵君墓志》："乙巳于野，宜遇西人。深目而～，其得实因。"

【髯蛇】 ránshé 大蛇。《淮南子·精神训》："越人得～～，以为上肴。"

繎(䌹) rán ❶深红色。《急就篇》卷二："烝栗绢绀缙红～。"（颜师古注："繎者，红色之尤深，言若火之然也。"）❷丝纠缠在一起。《说文·糸部》："～，丝劳也。"（劳，依段玉裁注，当为"䕭"。）

燃 rán 燃烧。本作"然"。《旧唐书·毕诚传》："少孤贫，～薪读书，刻苦自励。"

䕼 rán 古"燃"字。燃烧。《后汉书·侯瑾传》："性笃学，恒佣作为资，暮还辄～柴以读书。"

冉(冄) 1. rǎn ❶柔弱下垂的样子。《说文·冄部》："～，毛冄冄也。"段玉裁注："冄冄者，柔弱下垂之貌。"见"冉冉"。❷通"蚺"。龟甲的边。《汉书·食货志下》："元龟岠～，长尺二寸。"❸姓。

2. nán ❹古代西南地区部族名。《史记·西南夷列传》："自筰以东北，君长以十数，～駹最大。"

3. dān ❺同"聃"。人名用字。《史记·仲尼弟子列传》："秦～字开。"

【冉冉】 rǎnrǎn ❶柔弱下垂的样子。曹植《美女篇》："柔条纷～～，落叶何翩翩。"❷渐进的样子。《楚辞·离骚》："老～～其将至兮，恐修名之不立。"《后汉书·冯衍传下》："岁忽忽而日迈兮，寿～～其不与。"❸形容缓慢移动或飘忽迷离。邵伯温《闻见前录》卷十三："有大蛇～～而至，草木皆披靡。"《红楼梦》九十一回："黛玉带着雪雁，～～而来。"黄机《喜迁莺》词："～～波光，辉辉烟影。"范成大《秋日杂兴》之二："西山在何许？～～紫翠间。"

【冉弱】 rǎnruò 柔弱而长。成公绥《啸赋》："或～～而柔挠，或澎濞而奔壮。"

苒 rǎn 草茂盛的样子。《广韵·琰韵》："～，草盛貌。"

【苒苒】 rǎnrǎn ❶草茂盛的样子。唐彦谦《移莎》诗："～～齐芳草，飘飘笑断蓬。"❷轻柔的样子。王粲《迷迭赋》："布萋萋之茂叶兮，挺～～之柔茎。"❸渐进的样子。刘禹锡《酬窦员外旬休早凉见示》诗："四时～～催容鬓，三爵油油忘是非。"

【苒惹】 rǎnrě 犹"袅袅"。缭绕升腾的样子。杜牧《望故园赋》："长烟～～，寒水注湾。"

【苒弱】 rǎnruò 轻柔的样子。张说《东都酺宴五首序》："是日六乐振作，万舞～～。"

呥 rǎn 口动的样子。王延寿《王孙赋》："嚼呥～而嗫唲。"（嗫唲：强笑的样子。）

染 rǎn ❶使物着色。《墨子·所染》："～于苍则苍，～于黄则黄；所入者变，其色亦变。"❷沾染，感染。《后汉书·卫飒传》："郡与交州接境，颇～其俗，不知礼则。"陈亮《与章德茂侍郎》:"亮岁之二日扶病东渡,诸弟接之江头,相与携手而归。一庶弟竟～病以死,亮亦轗轲一月方能复常。"(轗轲:同"坎坷"。)❸玷污,牵连。《后汉书·杨伦传》:"是时邵陵令任嘉在职贪秽,因迁武威太守,后有司奏嘉臧罪千万,征考廷尉,其所牵～将相大臣百有馀人。"(臧罪:贿赂之罪。)又《郑众传》:"及梁氏事败,宾客多坐之,唯众不～于辞。"(坐:受牵连而获罪。辞:狱讼。)❹豆豉酱。《吕氏春秋·当务》:"于是具～而已。因抽刀相啖,至死而止。"❺姓。

【染逮】 rǎndài 牵连。《资治通鉴·汉桓帝延熹九年》:"时党人狱所～～者,皆天下名贤。"

【染服】 rǎnfú 僧衣。亦名缁衣。色紫而浅黑。《南史·刘之遴传》:"先是,平昌伏挺出家,之遴为诗嘲之曰:'传闻伏不斗,化为支道林。'及之遴遇乱,遂披～～,时人笑之。"

【染翰】 rǎnhàn 以笔蘸墨,指绘画作文。翰,笔。《梁书·萧介传》:"介～～便成,文无加点。"

【染豪】 rǎnháo 同"染翰"。《古画品录·顾骏之》:"天和气爽之日,方乃～～。"

【染夏】 rǎnxià 染五彩。夏,夏翟,五色野鸡。《周礼·天官·染人》:"染人掌染丝帛。凡染,春暴练,夏纁玄,秋～～,冬献功。"

【染指】 rǎnzhǐ ❶用手指蘸着。《左传·宣公四年》:"及食大夫鼋,召子公而弗与也。子公怒,～～于鼎,尝之而出。"❷比喻沾取非分利益。《元史·郝经传》:"病民诸奸各持两端,观望所立,莫不觊觎神器,～～垂涎。"

熯 rǎn 见 hàn。

橪 1. rǎn ❶酸小枣。《说文·木部》:"～,酸小枣。"司马相如《上林赋》:"枇杷～柿。"

2. yān ❷见"橪支"。

【橪支】 yānzhī 香草名。《楚辞·九叹·惜贤》:"搴薜荔于山野兮,采～～于中州。"

rang

勷 1. ráng ❶见"劻勷"。

2. xiāng ❷同"襄"。助,成全。《水浒传》一〇一回:"惟赖杰宏股肱,赞～大业。"

儴 1. ráng ❶因循,沿袭。《新语·至德》:"～道者众归之,恃刑者民畏之。"❷惶急不安的样子。《聊斋志异·珠儿》:"忽一小孩,伛～入室。"

2. xiāng ❸见"儴佯"。

【儴佯】 xiāngyáng 同"徜徉"。徘徊。司马相如《上林赋》:"招摇乎～～,降集乎北纮。"陆云《登台赋》:"聊乐近游,薄言～～。"

瀼 1. ráng ❶露浓的样子。《玉篇·水部》:"～,露盛貌。"

2. ràng ❷通江河的山溪。陆游《入蜀记》卷五:"土人谓山间之流通江者曰'瀼'云。"❸水名。重庆夔州城东有大瀼水,注入长江。故又称夔州(今奉节县)为瀼西。

3. nǎng ❹泱瀼。水停蓄的样子。一说水流的样子。木华《海赋》:"涓流泱～,莫不来注。"

【瀼瀼】 rángráng ❶露浓的样子。《诗经·小雅·蓼萧》:"蓼彼萧斯,零露～～。"❷波涛汹涌的样子。木华《海赋》:"惊浪雷奔,骇水迸集,开合解会,～～湿湿。"

蘘 ráng ❶见"蘘荷"。❷通"穰"。稿秆。贾思勰《齐民要术·收种》:"还以所治～草蔽窖。"

【蘘荷】 ránghé 草名。又称"阳藿"、"覆苴"。多年生草本植物,生于荫蔽处,嫩芽可食用,根可入药。潘岳《闲居赋》:"～～依荫,时藿向阳。"

獽 ráng 古代西南地区少数民族名。《隋书·南蛮传》:"南蛮虽杂,与华人错居,曰蜒,曰～,曰俚……俱无君长,随山洞而居。"

禳 ráng 祭名。祭祀鬼神以祈求消除灾祸。《史记·李斯列传》:"高乃谏二世曰:'天子无故贼杀不辜人,此上帝之禁也,鬼神不享,天且降殃,当远避宫以～之。'"又《郑世家》:"六年,郑火,公欲～之。子产曰:'不如修德。'"

瓤 ráng 瓜果皮壳之内的部分。傅玄《瓜赋》:"细肌密理,多～少瓣。"

镶 ráng 见 xiāng。

穰 1. ráng ❶禾茎,稻麦秸。《齐民要术·杂说》:"场上所有～、谷穢等,并须收贮一处。"《新唐书·礼乐志》:"～稾以食牲。"❷丰收。《韩非子·五蠹》:"～岁之秋,疏客必食。"《汉书·食货志》:"世之有饥～,天之行也。"❸通"瓤"。果类的肉。纪昀《阅微草堂笔记·滦阳续录五》:"肌肉虚松,似莲房之～。"❹通"禳"。祭祀鬼神以求福免灾。《新序·杂事四》:"齐有彗星,齐侯使祝～之。"

2. rǎng ❺盛,众多。《汉书·张敞传》:"京兆典京师,长安中浩～,于三辅尤为剧。"《水浒传》五十二回："高唐州城池虽小，人物稠～，军广粮多。"❻通"攘"。烦乱。孟汉卿《魔合罗》三折："又不是公事忙，不由咱心绪～。"❼古地名。在今河南邓州。《史记·楚世家》："其秋，复与秦王会～。"

【穰穰】 rángráng ❶五谷丰饶。《诗经·商颂·烈祖》："自天降康，丰年～～。"（康：安乐。）《史记·滑稽列传》："五谷蕃熟，～～满家。"❷盛，多。《诗经·周颂·执竞》："降福～～。"《汉书·礼乐志》："～～复正直往宁。"

【穰田】 rángtián 祭祀鬼神祈求禾谷丰登。《史记·滑稽列传》："今臣从东方来，见道旁有～～者。"

【穰穰】 rǎngrǎng 纷乱的样子。《盐铁论·毁学》："天下～～，皆为利往。"

壤 1. rǎng ❶土，松软的土。《汉书·地理志上》："厥土惟白～。"《论衡·率性》："深耕细锄，厚加粪～。"《后汉书·马援传》："其田土肥～，灌溉流通。"❷土地，耕地。《管子·巨乘马》："一农之量，～百亩也。"韩愈《楚国夫人墓志铭》："为王屏翰有～千里。"❸地，与天相对。《庄子·应帝王》："乡吾示之以天～，名实不入，而机发于踵。"李白《南都行》："陶朱与五羖，名播天～间。"❹地域，地区。《吕氏春秋·知化》："夫吴之与越也，接土邻境，～交通属。"（通：当作"道"。属：连接。）《汉书·沟洫志》："天下常备匈奴而不忧百越者，以其水绝～断也。"❺通"攘"。纷乱。见"壤壤"。

2. ráng ❻通"穰"。五谷丰熟。《庄子·庚桑楚》："居三年，畏垒大～。"（畏垒：山名。）

【壤地】 rǎngdì 土地，国土。《国语·鲁语上》："岂其贪～～，而弃先王之命？"

【壤奠】 rǎngdiàn 贡献土产之物。《尚书·康王之诰》："一二臣卫，敢执～～。"（臣卫：诸侯。因在四方，为天子藩卫，故称。）

【壤父】 rǎngfǔ 传说中人。皇甫谧《高士传》卷上："帝尧之世，天下太和，百姓无事。～～年八十馀，而击壤于道中。观者曰：'大哉！帝之德也。'～～曰：'吾日出而作，日入而息，凿井而饮，耕田而食，帝何德于我哉？'"

【壤壤】 rǎngrǎng 往来纷乱的样子。《史记·货殖列传》："天下熙熙，皆为利来；天下～～，皆为利往。"

【壤室】 rǎngshì 土室。凿土而成之室。《孔丛子·论书》："作～～，编蓬户。"

【壤树】 rǎngshù 壤，封土为坟；树，植树为记。后以之代坟墓。刘禹锡《上杜司徒书》："小人祖先～～在京索间。"

【壤子】 rǎngzǐ ❶爱子。《汉书·邹阳传》："～～王梁、代，益以淮阳。"（颜师古注引晋灼曰："扬雄《方言》：梁、益之间，所爱谓其肥盛曰壤。"）❷灶神名。段成式《酉阳杂俎·诺皋记上》："灶神名隗……一曰灶神名～～也。"

攘（𢹲） 1. rǎng ❶排斥，排除。《史记·天官书》："其后秦遂以兵灭六王，并中国，外～四夷，死人如乱麻。"韩愈《进学解》："牴排异端，～斥佛老。"❷偷盗，窃取。《史记·鲁周公世家》："无敢寇～，逾墙垣。"归有光《沧浪亭记》："钱镠因乱～窃，保有吴越，国富兵强。"❸侵夺，夺取。《战国策·赵策一》："［秦］今攻楚休而复之，已五年矣，～地千馀里。"《汉书·景帝纪》："彊毋～弱，众毋暴寡，老耆以寿终，幼孤得遂长。"❹捋起，撩起。《汉书·邹阳传》："臣窃料之，能历西山，径长乐，抵未央，～袂而正议者，独大王耳。"（西山：崤山、华山。长乐、未央：宫殿名。袂：衣袖。）刘伶《酒德颂》："奋袂～襟，怒目切齿。"❺容忍。《楚辞·离骚》："屈心而抑志兮，忍尤而～诟。"❻扰乱。《淮南子·兵略训》："故至于～天下，害百姓。"关汉卿《双赴梦》一折："没日不心劳意～。"❼通"禳"。祷除灾祸。《后汉书·灵帝宋皇后纪》："此何祥？其可～乎？"

2. ràng ❽"让"的古字。《说文·手部》："～，推也。"（段玉裁注："推手使前也。古推让字如此作。"）《礼记·曲礼上》："君出就车，则仆并辔授绥，左右～辟。"

【攘臂】 rǎngbì 捋袖露臂。常表示振奋或愤怒。《老子·三十八章》："上礼为之而莫之应，则～～而扔之。"《后汉书·刘陶传》："诚恐卒有役夫穷匠，起于板筑之间，投斤～～，登高远呼，使愁怨之民，响应云合，八方分崩，中夏鱼溃。"

【攘攘】 rǎngrǎng 多，盛。《盐铁论·论菑》引《诗》："降福～～。"（今本《诗经·周颂·执竞》作"穰穰"。）《太平御览》卷四四九引《周书》："容容熙熙，皆为利谋；熙熙～～，皆为利往。"

【攘善】 rǎngshàn 掠人之美。攘，窃取。《汉书·五行志下之上》："经曰'良马逐'。逐，进也，言大臣得贤者谋，当显进其人，否则为下相～～，兹谓盗明。"（经：指《易经》。"良马逐"为《易·大畜》九三爻辞。）

【攘羊】 rǎngyáng 偷羊。《论语·子路》："吾党有直躬者，其父～～，而子证之。"后以"攘羊"比喻扬亲之过。《周书·萧大圜传》："隐则非实，记则～～。"

【攘揄】 rǎngyú 掠美。语出《左传·僖公四年》"且其繇曰：'专之渝，攘公之羭。'"（攘：窃，夺。羭：肥美的绵羊，引申为美。）李商隐《为荥阳公桂州谢上表》："敢伐善以～～，固尽诚以养栋。"

嚷 rǎng 喊叫，吵。《西游记》三回："是我显神通，一直～到森罗殿。"《红楼梦》二回："那些人只～：'快请出甄爷来！'"

躟 rǎng 疾行的样子。《玉篇·足部》："～，行疾貌。"傅毅《舞赋》："扰～就驾，仆夫正策。"

让（讓） 1. ràng ❶责问，责备。《孟子·告子下》："入其疆，土地荒芜，遗老失贤，掊克在位，则有～。"（掊克：搜刮民财的人。）《后汉书·赵咨传》："征拜议郎，辞疾不到，诏书切～。"❷谦让，退让，辞让。《国语·周语下》："宴好享赐，不逾其上，～也。"《荀子·非十二子》："不知则问，不能则学，虽能必～，然后为德。"❸转让。《荀子·成相》："尧～贤，以为民，泛利兼爱德施均。"《吕氏春秋·慎人》："信贤而任之，君之明也；～贤而下之，臣之忠也。"

2. rǎng ❹通"攘"。窃取，夺取。《管子·君臣下》："治轩冕者，不敢～赏。"

【让畔】 ràngpàn 耕者推让共有的田界。古代常以此宣扬统治者的德政。《史记·五帝本纪》："舜耕历山，历山之人皆～～。"

【让王】 ràngwáng ❶《庄子》篇名。此篇多借辞让王位故事阐述重生思想。❷让位不居的帝王。庾信《哀江南赋》："输我神器，居为～～。"

懹 ràng 畏惧。《方言》卷七："～，惮也。"元结《思元极》："思不从兮空自伤，心慅惧兮意惶～。"

rao

荛（蕘） ráo ❶柴草。银雀山汉墓竹简《孙膑兵法·十阵》："薪～既积，营窟未谨。"❷割柴草。《孟子·梁惠王下》："文王之囿方七十里，刍～者往焉，雉兔者往焉。"柳宗元《童区寄传》："童寄者，郴州荛牧儿也，行牧且～。"❸割柴草的人。《诗经·大雅·板》："先民有言，询于刍～。"后多代指草野之人。《汉书·艺文志》："如或一言可采，此亦刍～狂夫之议也。"❹菜名。即芜菁。《方言》卷三："蘴～，芜菁也。"

饶（饒） ráo ❶饱。《说文·食部》："～，饱也。"❷物产丰富。《史记·苏秦列传》："南有碣石、雁门之～，北有枣栗之利。"《后汉书·公孙述传》："蜀地肥～，兵力精强，远方士庶多往归之。"㊀丰足，多。《管子·五辅》："于是财用足而饮食薪柴～。"《后汉书·鲍昱传》："昱乃上作方梁石洫，水常～足，溉田倍多，人以殷富。"（石洫：水渠石门。）李白《古风》之十四："胡关～风沙，萧索竟终古。"❸增加，添加。《战国策·赵策三》："中山听之，是我以王因～中山而取地也。"（王因：当作"三国"。）《说文通训定声》："《广雅·释诂一》：'饶，益也。'汉时谣曰：'今年尚可后年～。'今苏俗买物请益谓之讨饶头。"❹宽松。《荀子·富国》："凡主相臣下百吏之属，其于货财取与计数也，宽～简易。"㊀宽容，饶恕。杜甫《立秋后题》诗："日月不相～，节序昨夜隔。"李贽《与耿克念》："我若告～，即不成李卓老矣。"❺让，比……差。李白《上皇西巡南京歌》："柳色未～秦地绿，花光不减上阳红。"李商隐《宋玉》诗："《楚辞》已不～唐勒，《风赋》何曾让景差。"❻怜爱，怜惜。白居易《喜小楼西新柳抽条》诗："为报金堤千万树，～伊未敢苦争春。"和凝《河满子》词："正是破瓜年纪，含情惯得人～。"❼任凭，尽管。徐凝《鹦鹉》诗："任～长被金笼阖，也免栖飞雨雪难。"赵长卿《探春令·赏梅》词："便～他百计千方做就，酝藉如何学。"❽通"娆"。娇娆，妖娆。杜甫《春日戏题恼郝使君》诗："细马时鸣金騕褭，佳人屡出董娇～。"（騕褭：骏马名。）元稹《哭女樊四十韵》："为占娇～分，良多眷恋诚。"❾姓。

【饶侈】 ráochǐ 富足。《论衡·量知》："贫人好滥而富人守节者，贫人不足而富人～～。"

【饶乐】 ráolè 逸乐。《荀子·修身》："劳苦之事则争先，～～之事则能让。"司马相如《子虚赋》："楚亦有平原广泽、游猎之地，～～若此者乎？楚王之猎孰与寡人？"

【饶先】 ráoxiān 让人居先。陆游《幽事》诗："才尽赋诗愁压倒，气衰对奕怯～～。"

【饶羡】 ráoxiàn 富足。《论衡·量知》："知之者，知贫人劣能共百，以为富人～～有奇馀也。"（奇馀：多馀。）

【饶衍】 ráoyǎn 富庶。衍，富饶。《三国志·魏书·乌丸传》："是以屡遣卫、霍之将，深入北伐，穷追单于，夺其～～之地。"

娆（嬈） 1. ráo ❶娇媚。元好问《古意》诗："桃李弄娇～，梨花淡丰容。"

2. rǎo ❷烦扰，扰乱。《淮南子·原道训》："其魂不躁，其神不～。"《汉书·晁错传》："废去淫末，除苛解～。"

【娆娆】 ráoráo 柔弱的样子。王褒《洞箫赋》："风鸿洞而不绝兮，优～～以婆娑。"

桡 ráo 见náo。

挐 ráo 见ná。

襓(䙪) ráo 剑衣，刀鞘。《礼记·少仪》："剑则启椟，盖袭之，加夫～与剑焉。"

扰(擾、㩖) rǎo ❶乱，烦乱，纷乱。《庄子·人间世》："夫道不欲杂，杂则多，多则～，～则忧，忧而不救。"《吕氏春秋·情欲》："耳不可以听，目不可以视，口不可以食，胸中大～。"《汉书·高帝纪上》："天下方～，诸侯并起。"㊀搅乱，打扰，侵扰。《汉书·曹参传》："参去，属其后相曰：'以齐狱市为寄，慎勿～也。'"《三国志·吴书·吴主传》："当农桑时，以役事～民者，举正以闻。"《新唐书·秦宗权传》："遂围陈州，树壁相望，～敚梁、宋间。"（敚：夺。）❷驯，顺。《荀子·性恶》："以～化人之情性而导之也。"㊀安。《史记·夏本纪》："治而敬，～而毅。"《周礼·地官·大司徒》："以佐王安～邦国。"❸驯养的牲畜家禽。《周礼·夏官·职方氏》："其畜宜六～。"（六扰：指六种驯养的动物，即马、牛、羊、豕、犬、鸡。）㊀驯养。《论衡·龙虚》："[董父]乃～畜龙，以服事舜，而锡之姓曰董，氏曰豢龙。"参见"扰龙"。❹受人财物、款待时说的客套话。《儒林外史》三十二回："昨日～了世兄这一席酒。"

【扰龙】 rǎolóng 驯养龙。《史记·夏本纪》："陶唐既衰，其后有刘累，学～～于豢龙氏，以事孔甲。"

【扰攘】 rǎorǎng ❶纷乱。《论衡·答佞》："[张]仪、[苏]秦，排难之人也，处～～之世，行揣摩之术。"❷扰乱。《三国志·魏书·三少帝纪》："昔南阳郡山贼～～，欲劫质故太守东里衮，功曹应余独身捍衮，遂免于难。"

【扰扰】 rǎorǎo 纷乱的样子。《列子·周穆王》："存亡得失，哀乐好恶，～～万绪起矣。"

绕(繞、遶) rào ❶缠绕。《韩非子·内储说下》："晋平公觞客，少庶子进炙而发～之，平公趣杀炮人，毋有反令。"（炮人：庖人。反：犹赦。）❷环绕。《后汉书·西域传》："河水分流～城，故号交河。"㊀迂回。《汉书·高帝纪上》："沛公引兵～峣关，逾蒉山。"❸弯曲。傅毅《舞赋》："眉连娟以增～兮，目流涕而横波。"❹姓。

【绕梁】 ràoliáng 形容歌声优美，馀音不绝。语出《列子·汤问》："昔韩娥东之齐，匮粮，过雍门，鬻歌假食。既去，而馀音绕梁欐，三日不绝。"陆机《演连珠》："～～之音，实萦弦所思。"

【绕绕】 ràorào 形容弯曲。缠绕。谢朓《思归赋》："夜索绹而～～，旦乘屋而芃芃。"（索绹：搓绳子。）

【绕朝策】 ràocháocè 《左传·文公十三年》载：晋大夫士会逃秦，为秦所用，晋君臣患之，乃使魏寿馀伪以魏叛，亦逃秦，诱士会归晋。秦大夫绕朝知其谋，行前，赠士会以策（马鞭），曰："子无谓秦无人，吾谋适不用也。"后以"绕朝策"喻事先洞察他人之谋。李白《赠宣城宇文太守兼呈崔侍御》诗："敢献～～～，思同郭泰船。"

re

若 rě 见ruò。

惹 1. rě ❶招引。罗邺《芳草》诗："微香暗～游人步，远绿才分斗雉踪。"❷牵住。张先《减字木兰花·咏舞》词："拟倩游丝～住伊。"❸触犯。关汉卿《窦娥冤》一折："只是我那媳妇儿气性最不好～的。"

2. ruò ❹通"偌"。如此。高明《琵琶记》二本十一折："媒婆挑着～多东西做甚么？"

【惹惹】 rěrě 轻盈的样子。韩偓《闲步》诗："庄南纵步游荒野，独鸟寒烟轻～～。"

喏 1. rě ❶古人相见时，双手作揖，口念颂词，称"唱喏"，亦称"喏"。陆游《老学庵笔记》卷八："按古所谓揖，但举手而已。今所谓'～'，乃始于江左诸王。"

2. nuò ❷同"诺"。应答声。《聊斋志异·荷花三娘子》："女见人～～，似口不能道辞。"

热(熱) rè ❶温度高。《老子·四十五章》："躁胜寒，静胜～，清静，为天下正。"《孟子·梁惠王下》："如水益深，如火益～。"❷身体发烧。《汉书·梁武王刘武传》："六月中，病～，六日薨。"❸情绪热烈，感情浓烈。陶渊明《影答形》诗："身没名亦尽，念之五情～。"❹热闹。杨万里《雪夜寻梅》诗："腊前欲雪竟未雪，梅花不惯人间～。"❺形容地位显赫，权威势重。白居易《初授赞善大夫早朝寄李二十助教》诗："寂寞曹司非～地，萧条风雪是寒天。"陆游《感遇》诗："仕宦五十年，终不慕～官。"

【热孝】 rèxiào 旧时父母或丈夫死后百日内居丧为热孝。热孝期禁忌最多，犯者罪亦大。《儒林外史》十二回："多谢你家老爷厚爱，但我～～在身，不便出门。"

【热中】 rèzhōng ❶躁急心热。《孟子·万章上》："仕，则慕君；不得于君，则～～。"❷病名。内热之病。《素问·异法方宜论》："鱼者使人～～。"

渃 rè 见 ruò。

ren

人 rén ❶能制造并使用工具进行劳动、能运用语言进行思维和交际的高等动物。《尚书·泰誓上》："惟～万物之灵。"㊁人氏。《汉书·高帝纪上》："高祖，沛丰邑中阳里～也，姓刘氏。"❷别人，他人。《荀子·荣辱》："自知者不怨～。"《后汉书·刘玄传》："弟为～所杀，圣公结客欲报之。"❸民，百姓。《孟子·告子下》："先名实者，为～也；后名实者，自为也。"（朱熹注："名，声誉也；实，事功也。言以名实为先而为之者，是有志于救民也。"）韩愈《原道》："～其人，火其书，庐其居。"（第一个"人"字本当是"民"字，唐人避李世民讳而改用。民其人：使道士和尚返回人民队伍之中。）❹人材。《管子·形势》："有闻道而好为家者，一家之～也；有闻道而好为乡者，一乡之～也；有闻道而好为国者，一国之～也。"《汉书·爰盎传》："汉虽乏～，陛下独奈何与刀锯之馀共载？"❺人品。《孟子·万章下》："颂其诗，读其书，不知其～可乎？"王安石《祭欧阳文忠公》："无问乎识与不识，而读其文，则其～可知。"❻人的性行为。《汉书·樊哙传》："荒侯市人病，不能为～。"《聊斋志异·巧娘》："适毛家小郎子病阉，十八岁而不能～。"❼果核或果核之仁。《齐民要术·种枣》："服枣核中～二七枚，辟疾病，能常服枣核中～及其刺，百邪不复干矣。"❽人事；人世，尘世。《史记·扁鹊仓公列传》："简子疾，五日不知～。"《南史·孔淳之传》："缅想～外三十年矣。"❾通"仁"。仁爱。《荀子·修身》："体恭敬而心忠信，术礼义而情爱～。"《吕氏春秋·举难》："故君子责人则以～，责己则以义。"❿姓。

【人道】 réndào ❶指做人的道德规范。《周易·系辞下》："有天道焉，有～～焉。"《史记·礼书》："～～经纬万端，规矩无所不贯。"❷指人与人的等级关系，相当于人伦。《礼记·丧服小记》："亲亲、尊尊、长长、男女之有别，～～之大者也。"❸指男女交合。《诗经·大雅·生民》"以弗无子，履帝武敏歆"郑玄笺："如有～～感己者也。"《醒世姻缘传》四四回："古人男子三十而取，女子二十而嫁，使其气血充足，然后行其～～。"❹指男性生殖器。冯梦龙《智囊补·明智·唐六如》："唐六如知其必反，遂佯狂以处。宸濠遣人馈物，则倮形箕踞，以手弄其～～，讥呵使者。"❺佛教用语。指人界。《业报差别经》："由先适增上下品身语妙意妙行，故生～～。"

【人丁】 réndīng ❶成年男子。《新唐书·食货志二》："租庸调之法，以～～为本。"❷人口。《红楼梦》二回："只可惜这林家支庶不盛，～～有限。"

【人定】 réndìng 夜深人静之时。《后汉书·来歙传》："臣夜～～后，为何人所贼伤，中臣要害。"（何人：不知何人。）古诗《为焦仲卿妻作》："淹淹黄昏后，寂寂～～初。"

【人和】 rénhé 人事和谐，民心和乐。《孟子·公孙丑下》："天时不如地利，地利不如～～。"《荀子·富国》："上失天时，下失地利，中失～～。"范仲淹《岳阳楼记》："越明年，政通～～，百废具兴，乃重修岳阳楼。"

【人寰】 rénhuán 人间，人世。鲍照《舞鹤赋》："去帝乡之岑寂，归～～之喧卑。"白居易《长恨歌》："回头下望～～处，不见长安见尘雾。"

【人皇】 rénhuáng 天地人三皇之一。传说中远古部落的酋长。《史记·三皇本纪》："～～九头，乘云车，驾六羽，出谷口。兄弟九人，分掌九州，各立城邑。"王嘉《拾遗记·春皇庖牺》："昔者～～蛇身九首，肇自开辟。"

【人纪】 rénjì 人之纲纪，即立身处世之道。《尚书·伊训》："先王肇修～～。"

【人镜】 rénjìng 《贞观政要·任贤》："太宗后尝谓侍臣曰：'夫以铜为镜，可以正衣冠；以古为镜，可以知兴替；以人为镜，可以明得失。朕常保此三镜，以防己过。今魏徵殂逝，遂亡一镜矣！'"后以"人镜"比喻直言无讳规劝他人的人。元稹《崔鄘授谏议大夫制》："昔我太宗文皇帝，以魏徵为～～，而奸胆形于下，逆耳闻于上。"

【人籁】 rénlài ❶人吹排箫发出的声音。籁，排箫。《庄子·齐物论》："女闻～～而未闻地籁；女闻地籁而未闻天籁夫。"❷泛指人发出的声音。袁枚《随园诗话》卷七："无题之诗，天籁也；有题之诗，～～也。"

【人伦】 rénlún ❶人与人之间的特定关系。伦，序次。封建礼教关于人伦有其特定的内涵，即《孟子·滕文公上》所言"父子有亲，君臣有义，夫妇有别，长幼有序，朋友有信"。《三国志·魏书·三少帝纪》："迎六宫家人留止内房，毁～～之叙，乱男女之节。"❷人类。《荀子·富国》："～～并处，同求而异道，同欲而异知，生也。"（生：通"性"。）❸人材。《北史·杨愔传》："典选二十馀年，奖擢～～，以为己任。”❹品评人的流品或选拔人材。《后汉书·郭太传》：“林宗虽善～～，而不为危言覈论，故宦官擅政而不能伤也。”《北史·崔浩传》：“浩有鉴识，以～～为己任。”❺相面术。《续资治通鉴·宋徽宗宣和元年》：“[王]黼闻画学正陈尧臣善丹青，精～～，因荐尧臣使辽。”《宋史·艺文志五》有周辅《人伦宝鉴·卜法》一卷、陈抟《人伦风鉴》一卷，皆为相面之书。

【人牧】 rénmù 人君。《孟子·梁惠王上》：“今夫天下之～～，未有不嗜杀人者也。”

【人偶】 rén'ǒu 相敬相亲。《仪礼·聘礼》郑玄注：“每门辄揖者以相～～为敬也。”

【人情】 rénqíng ❶人的感情。《礼记·礼运》：“何谓～～？喜、怒、哀、惧、爱、恶、欲，七者弗学而能。”㊁人与人之间的感情。苏舜钦《谘目五》：“聚敛之事，古皆为之，但不伤～～，可谓之术。”❷人之常情。《庄子·逍遥遊》：“大有径庭，不近～～焉。”王粲《登楼赋》：“～～同于怀土兮，岂穷达而异心。”❸人心，民情。《汉书·文帝纪》：“今万家之县，云无应令，岂实～～？”（云无应令：言无人可应察举之令。）《北齐书·卢文伟传》：“文伟性轻财，爱宾客，善于抚接，好行小惠，是以所在颇得～～。”❹交情，情面。《朱子语类》卷一三四：“那张仪与你有甚～～？”李渔《奈何天·计左》：“～～留一线，日后好相见。”❺应酬。关汉卿《鲁斋郎》三折：“父亲母亲～～去了，这早晚敢待来也。”❻馈赠，礼物。杜甫《戏作俳谐体遣闷》：“於菟侵客恨，粔籹作～～。”（粔籹：一种油炸面食。）

【人区】 rénqū 人间。《后汉书·西域传论》：“神迹诡怪，则理绝～～。”

【人人】 rénrén ❶每个人。《孟子·离娄上》：“～～亲其亲，长其长，而天下平。”❷对亲昵者的称呼。欧阳修《蝶恋花》词：“翠被双盘金缕凤，忆得前春，有个～～共。”

【人日】 rénrì 农历正月初七日。《北齐书·魏收传》：“[魏帝]问何故名～～，皆莫能对。收对曰：‘晋议郎董勋《答问礼俗》云：正月一日为鸡，二日为狗，三日为猪，四日为羊，五日为牛，六日为马，七日为人。’”《太平御览》卷九七六引宗懔《荆楚岁时记》：“正月七日谓为～～，采七种菜以为羹。”

【人瑞】 rénruì 人事方面的吉祥征兆。王褒《四子讲德论》：“今海内乐业，朝廷淑清。天符既章，～～又明。”（天符：上天的符命。章：明。）后亦指德行高的人或年寿特高的人。白居易《祭微之文》：“生为国桢，出为～～。”

【人身】 rénshēn ❶人的身体。李渔《闲情偶寄·词曲·宾白》：“就～～论之，则如肢体之于血脉。”❷当事人。沈约《南郊恩诏》：“～～及家口质系，悉散还私家。”❸人品才学。《世说新语·贤媛》：“王郎，逸少之子，～～亦不恶，汝何以恨乃尔？”

【人胜】 rénshèng 妇女的首饰。人日剪彩为人形花胜，称人胜。温庭筠《菩萨蛮》词之二：“藕丝秋色浅，～～参差剪。”

【人士】 rénshì ❶有名望的人。《诗经·小雅·都人士》：“彼都～～，狐裘黄黄。”（黄：通“煌”。明亮的样子。）❷文人，士人。姚鼐《送余伯扶重游武昌》诗：“皖中山远～～稀，爱咏清辞长面壁。”❸民众。《后汉书·邓骘传》：“时遭元二之灾，～～荒饥，死者相望。”

【人事】 rénshì ❶人之所为，人力所能及之事。《孟子·告子上》：“虽有不同，则地有肥硗，雨露之养、～～之不齐也。”（硗：土地瘠薄。）柳宗元《故襄阳丞赵君墓志》：“来章日哭于野，凡十九日，惟～～之穷，则庶于卜筮。”❷人世间事，人情事理。《战国策·齐策三》：“孟尝君曰：‘～～者，吾已尽知之矣；吾所未闻者，独鬼事耳。’”韩愈《题李生壁》：“始相见，吾与之皆未冠，未通～～。”❸人为的动乱。《国语·越语下》：“～～不起，弗为之始。”（韦昭注：“人事，谓怨叛、逆乱之萌也。”）❹仕途。陶渊明《归去来兮辞·序》：“尝从～～，皆口腹自役。”❺说情，馈赠礼品。《后汉书·黄琼传》：“时权富子弟，多以～～得举。”《水浒传》二回：“写了一封书札，收拾些～～盘缠，赍发高俅回东京。”❻谓男女间情爱之事。《红楼梦》七四回：“或者年纪大些的，知道了～～。”

【人徒】 réntú ❶庶民。《墨子·非攻中》：“以攻战之故，土地之博，至有数千里也；～～之众，至有数百万人。”❷服徭役的人。《汉书·沟洫志》：“孝武元光中，河决于瓠子，东南注巨野，通于淮、泗。上使汲黯、郑当时兴～～塞之。”❸指奴仆。《管子·立政》：“饮食有量，衣服有制，宫室有度，六畜～～有数，舟车陈器有禁。”

【人望】 rénwàng ❶众人的愿望。《后汉书·王昌传》：“郎以百姓思汉，既多言翟义不死，故诈称之，以从～～。”❷众人仰望的人。朱熹《策问》：“乃咨～～，使任斯职。”❸声望。《北史·崔休传》：“休少孤贫，矫然自立……尚书王嶷钦其～～。”

【人文】 rénwén ❶指人类社会制度和各种文化现象。《周易·贲》：“《彖》曰：‘观乎天文，以察时变；观乎～～，以化成天下。'"❷指人事，与自然相对。韩愈《毛颖传》："召左右庶长与军尉，以《连山》筮之，得天与～～之兆。"

【人妖】 rényāo ❶人事方面的反常现象，人为的灾祸。《韩诗外传》卷二："夫万物之有灾，～～最可畏也。曰何谓～～？曰枯耕伤稼，枯耘伤岁，政险失民，田秽稼恶，籴贵民饥，道有死人，寇贼并起，上下乖离，邻人相暴，对门相盗，礼义不修，牛马相生，六畜作妖，臣下杀上，父子相疑，是谓～～。"（《荀子·天论》作"人祆"。）❷伪装异性或生理变态的人。《南史·崔慧景传》："东阳女子娄逞变服诈为丈夫……仕至扬州议曹从事。事发，明帝驱令还东。逞始作妇人服而去，叹曰：'如此之伎，还为老妪，岂不惜哉。'此～～也。"

【人主】 rénzhǔ 人君。《老子·三十章》："以道佐～～者，不以兵强于天下。"《史记·孝文本纪》："～～不德，布政不均，则天示之菑，以戒不治。"（菑：同"灾"。）

【人生如寄】 rénshēngrújì 人生短促，如同暂时寄居世间。曹丕《善哉行》："～～～～，多忧何为！"

【人微言轻】 rénwēiyánqīng 人地位低微，言论则不为人重视。苏轼《上执政乞度牒赈济及因修廨宇书》："某已三奏其事，至今未报，盖～～～～，理自当尔。"

壬 rén ❶天干的第九位。❷大。《诗经·小雅·宾之初筵》："百礼既至，有～有林。"（有：又。林：盛。）❸佞，巧言谄媚。《尚书·皋陶谟》："何畏乎巧言令色孔～。"王安石《答司马谏议书》："辟邪说，难～人，不为拒谏。"（辟：排除。难：批驳。）

仁 rén ❶古代一种道德观念，其核心是人与人相亲相爱。《礼记·中庸》："～者人也，亲亲为大。"《论语·颜渊》："樊迟问～。子曰：'爱人。'"《墨子·经说下》："～，仁爱也。"《庄子·天地》："爱人利物之谓～。"《孟子·告子上》："恻隐之心，～也。"《韩非子·诡使》："少欲宽惠行德谓之～。"❷仁人。《论语·学而》："汎爱众，而亲～。"❸存念，思慕。《礼记·仲尼燕居》："郊社之义，所以～鬼神也。"（郑玄注："仁，犹存也。"）❹果核中较柔软的部分。《颜氏家训·养生》："邺中朝士有单服杏～、枸杞、黄精木、车前，得益者甚多。"❺敬词。赵壹《报皇甫规书》："实望～兄，昭其悬迟。"❻感觉灵敏。失去感觉叫"不仁"。《后汉书·班超传》："头发无黑，两手不～，耳目不聪明，扶杖乃能行。"❼通"人"。《论语·雍也》："仁者，虽告之曰：'井有～焉。'其从之也？"❽姓。

【仁里】 rénlǐ 仁者居住的地方。《论语·里仁》："里仁为美。"何晏《集解》引郑玄曰："里者，民之所居，居于仁者之里，是为美。"❷称风俗淳朴的乡里。萧统《诒明山宾》诗："筑室非道旁，置宅归～～。"

【仁鸟】 rénniǎo 指鸾凤。《汉书·梅福传》："夫鸢鹊遭害，则～～增逝；愚者蒙戮，则知士深退。"

【仁术】 rénshù ❶实现仁政的策略。《孟子·梁惠王上》："无伤也，是乃～～也。"❷指医术。如明张浩著的《仁术便览》，就是医书。

【仁王】 rénwáng 佛教徒对佛的尊称。王勃《益州德阳县善寂寺碑》："握～～之宝镜，日月重光；驱梵帝之金轮，雷霆静袯。"

【仁宇】 rényǔ ❶言在仁德覆庇之下。沈约《瑞石像铭》："惟圣～～，宝化潜融。"❷犹仁里。对他人住处的尊称。李直方《白苹亭记》："道出公之～～，目览亭之崇构。"

鈓（鈓） rén 卷曲。《淮南子·修务训》："今剑或绝侧羸文，啮缺卷～，而称以顷襄之剑，则贵人争带之。"

魜（魜） rén 人鱼。张融《海赋》："鳞～鳙鲟。"

鵀（鵀） rén 戴鵀，鸟名。《初学记》卷三引蔡邕《月令章句》："季春戴～降于桑。"

忍 rěn ❶忍耐，忍受，克制。《国语·晋语六》："过由大，而怨由细，故以惠诛怨，以～去过。"《后汉书·和熹邓皇后纪》："夫人年高目冥，误伤后额，～痛不言。"《国语·鲁语下》："今既免大耻，而不～小忿，可以为能乎？"❷忍害，狠心加害。《吕氏春秋·去私》："子，人之所私也。～所私以行大义，钜子可谓公矣。"（钜子：大师，首领。）又《明理》："故至乱之化，君臣相贼，长少相杀，父子相～，弟兄相诬，知交相倒，夫妻相冒。"《史记·楚世家》："观从谓初王比曰：'不杀弃疾，虽得国犹受祸。'王曰：'余不忍。'从曰：'人将～王。'"❸残忍。《汉书·高帝纪上》："君王为人不～，汝入以剑舞，因击沛公，杀之。"《论衡·本性》："恻隐不～，仁之气也。"❹忍心，狠心。《孟子·梁惠王上》："王曰：'舍之！吾不～其觳觫，若无罪而就死地。'"（觳觫：因恐惧而发抖。）王安石《上仁宗皇帝言事书》："加小罪以大刑，先王所以～而不疑者，以为不如是，不足以一天下之俗而成吾治。"❺愿意。《潜夫论·忠贵》："宁见朽贯千万，而不～赐人一钱。"

【忍垢】 rěngòu ❶忍辱。《庄子·让王》：

“汤曰：‘伊尹何如?’[督光]曰：‘强力～～。’”也作“忍诟”。《荀子·解蔽》：“强钳而利口，厚颜而～～。”❷忍受不洁。黄庭坚《戏答荆州王充道烹茶》诗：“何须～～不濯足，苦学梁州阴子春。”

【忍忌】 rěnjì 残忍猜忌。《后汉书·梁冀传》：“冀诸～～，皆此类也。”

【忍俊】 rěnjùn 含笑。《修箫谱传奇》：“我～～想从前，有这般恩爱，那般愁怨。”

【忍人】 rěnrén 残忍的人。《史记·楚世家》：“且商臣蜂目而豺声，～～也，不可立也。”

【忍忍】 rěnrěn 不忍。《后汉书·崔琦传》：“[刺]客哀其志，以实告[崔]琦，曰：‘将军令吾要子，今见君贤者，情怀～～，可亟自逃，吾亦于此亡矣。’”(要子：刺杀你。)

【忍心】 rěnxīn ❶狠心，残忍之心。《诗经·大雅·桑柔》：“维彼～～，是顾是复。”❷耐心。白居易《酬皇甫十早春对雪见赠》诗：“～～三两日，莫作破斋人。”

【忍俊不禁】 rěnjùnbùjīn ❶热中某事不能自已。崔致远《答徐州时溥书》：“足下去年，～～～～，求荣颇切。”❷忍不住要笑。《续传灯录》卷七：“僧问：‘饮光正见，为甚么见拈花却微笑?’师曰：‘～～～～。’”

荏 rěn ❶一种一年生草本植物。又名白苏、苏子。《齐民要术·种谷》：“区种～，令相去三赤。”❷软弱，怯懦。《论语·阳货》：“色厉而内～。”《后汉书·郎顗传》：“今三公皆令色足恭，外厉内～，以虚事上，无佐国之实。”

【荏苒】 rěnrǎn ❶渐进，推移。张华《励志》诗：“日欤月欤，～～代谢。”陶渊明《杂诗》之五：“～～岁月颓，此心稍已去。”❷柔弱。傅咸《羽扇赋》：“体～～以轻弱，侔缟素于齐鲁。”司空图《二十四诗品·冲淡》：“犹之惠风，～～在衣。”

【荏染】 rěnrǎn 柔软的样子。《诗经·小雅·巧言》：“～～柔木，君子树之。”

【荏弱】 rěnruò 柔弱的样子。《楚辞·九章·哀郢》：“外承欢之汋约兮，谌～～而难持。”(汋约：美好。谌：的确。)

【荏菽】 rěnshū 大豆。或称胡豆。《诗经·大雅·生民》：“艺之～～，～～旆旆。”(艺：种植。旆旆：茂盛的样子。)

荵 rěn 见“荵冬”。

【荵冬】 rěndōng 草名，即金银花。《说文·艸部》：“荵，～～艸。”(桂馥义证：“荵当为忍……《本草》‘忍冬’陶注云：今处处皆有，藤生，凌冬不凋，故名忍冬。”)

棯 rěn 木名。枣的一种。《尔雅·释木》：“还味，～枣。”(邢昺疏：“还味者，短味也，名棯枣。”)

腍 rěn 煮熟。《礼记·郊特牲》：“腥、肆、爓、～祭，岂知神之所飨也。”

稔 rěn ❶谷物成熟。《后汉书·许杨传》：“[许]杨因高下形势，起塘四百馀里，数年乃立。百姓得其便，累岁大～。”又《明德马皇后纪》：“天下丰～，方垂无事。”(垂：通“陲”。边境。)㉤事物酝酿成熟。《论衡·偶会》：“夏、殷之朝适穷，桀、纣之恶适～，商、周之数适起，汤、武之德适丰。”权德舆《两汉辨亡论》：“致使群盗世权，迭执魁柄，祸～毒流，至于新都，不可遏也，斯可愤也。”❷年。因庄稼一年一熟，故以稔称年。《国语·晋语八》：“国无道而年谷龢熟，鲜不五～。”王禹偁《黄冈竹楼记》：“吾闻竹工云，竹之为瓦，仅十～。”❸熟，熟悉。孙传庭《报收发甘兵晋兵日期疏》：“于兵之利钝，用兵之得失，窥之颇～。”❹素常。苏轼《与康公曹都官三首》：“某～闻才业之美，尚淹擢用。”

【稔色】 rěnsè 美丽，漂亮。王实甫《西厢记》一本四折：“～～人儿，可意冤家。”白朴《墙头马上》二折：“掷果的潘郎～～。”

刃(刄) rèn ❶刀剑之锋。《尚书·费誓》：“砺乃锋～。”《老子·五十章》：“盖善摄生者，陆行不遇兕虎，入军不被甲兵；兕无所投其角，虎无所用其爪，兵无所容其～。”(摄生：养生。)❷泛指刀剑一类有锋刃的武器。《孟子·梁惠王上》：“孟子对曰：‘杀人以梃与～，有以异乎?’曰：‘无以异也。’”(梃：木棒。)《战国策·秦策一》：“白～在前，斧质在后。”(斧质：刑具。)❸杀。《史记·赵世家》：“他日，简子出，有人当道，辟之不去，从者怒，将～之。”柳宗元《驳复仇议》：“臣伏见天后时，有同州下邽人徐元庆者，父爽为县吏赵师韫所杀，卒能手～父仇，束身归罪。”❹通“牣”。满。扬雄《太玄经·失》：“刺虚灭～。”❺通“仞”。长度单位。《盐铁论·诏圣》：“严墙三～，楼季难之。”

认(認) rèn ❶识认，辨识。《后汉书·承宫传》：“后与妻子之蒙阴山，肆力耕种。禾黍将孰，人有～之者，宫不与计，推之而去，由是显名。”❷认为，当作。刘克庄《答妇兄林公遇》诗：“梦回残月在，错～是天明。”❸承认。杨衒之《洛阳伽蓝记·龙华寺》：“及综生，～为己子。”

讱(訒) rèn 言语迟滞，话不轻易说出。《论语·颜渊》：“子曰：‘仁者其言也～。’”《荀子·正名》：“故名足以指实，辞足以见极，则舍之矣。外是者谓之～。”

仞 rèn ❶长度单位。古以八尺或七尺为一仞。《尚书·旅獒》：“为山九～，功亏一篑。”《吕氏春秋·贵生》：“今有人于此，以随侯之珠弹千～之雀，世必笑之。”❷测量深度。《左传·昭公三十二年》：“计丈数，揣高卑，度厚薄，～沟洫。”（沟洫：田间水道。）❸通“牣”。满。《史记·殷本纪》：“益收狗马奇物，充～宫室。”《后汉书·张让传》：“又造万金堂于西园，引司农金钱缯帛，～积其中。”❹通“韧”。结实。《周易·革》“巩用黄牛之革”王弼注：“中之革坚～不可变也。”❺通“认”。承认。《淮南子·人间训》：“非其事者勿～也。”❻古地名。在今湖北十堰市东。《左传·文公十六年》：“子贝自～以伐庸。”

任 1. rèn ❶抱。《国语·齐语》：“负～担荷，服牛轺马，以周四方。”郭璞《江赋》：“悲灵均之～石。”（灵均：屈原。任石：抱石投江。）⊗泛指背、担、载。《诗经·小雅·黍苗》：“我～我辇。”《荀子·宥坐》：“三尺之岸，虚车不能登也；百仞之山，～负车登焉。何则？陵迟故也。”（任负车：载重的车。陵迟：指渐渐升高的缓坡。）❷负荷，担子。《战国策·赵策二》：“故过～之事，父不得于子；无已之求，君不得于臣。”《荀子·儒效》：“故能小而事大，辟之是犹力之少而～重也，舍粹折无适也。”《史记·田敬仲完世家》：“淳于髡曰：‘大车不较，不能载其常～；琴瑟不较，不能成其五音。’”(引)责任，职责。《吕氏春秋·审分》：“壅塞之～，不在臣下，在于人主。”《后汉书·马援传》：“此丞、掾之～，何足相烦。”❸担当，担任。《孟子·万章上》：“其自～以天下之重如此。”《史记·齐太公世家》：“晏婴立崔杼门外，曰：‘君为社稷死则死之，为社稷亡则亡之。若为己死己亡，非其私暱，谁敢～之。”❹堪，胜任。《史记·周本纪》：“成王将崩，惧太子钊之不～，乃命召公、毕公率诸侯以相太子而立之。”《后汉书·左雄传》：“皆用儒生清白～从政者。”又《李固传》：“但选留～战者百余人。”⊗能力。《后汉书·陈蕃传》：“授位不料其～，裂土莫纪其功。”⊗能者。《韩非子·心度》：“故赏功爵～，而邪无所关。”❺用，任用。《战国策·秦策一》：“齐桓～战而伯天下。”《吕氏春秋·乐成》：“此二君者，达乎～人也。”《后汉书·刘玄传》：“方今贼寇始诛，王化未行，百官有司宜慎其～。”❻信任，相信。《史记·屈原贾生列传》：“入则与王图议国事，以出号令；出则接遇宾客，应对诸侯。王甚～之。”《汉书·艺文志》：“及拘者为之，则牵于禁忌，泥于小数，舍人事而～鬼神。”❼凭借。《孙子·势》：“～势者，其战人也，如转木石。”《史记·平津侯主父列传》：“昔秦皇帝～战胜之威，蚕食天下，并吞战国，海内为一，功齐三代。”❽听凭，听任。《三国志·魏书·明帝纪》：“明帝沉毅断识，～心而行。”陶渊明《归去来兮辞》：“曷不委心～去留。”⊗放纵，不拘束。《后汉书·杨终传》：“黄门郎年幼血气方盛……纵而莫诲，视成～性。”❾担保，保举。《管子·大匡》：“召忽曰：‘子固辞无出，吾权～子以死亡，必免子。’”《论衡·祸虚》：“［司马迁］身～李陵，坐下蚕室。”❿人质。《晋书·石勒载记上》：“王师退还，河北诸堡壁大震，皆请降送～于勒。”参见“任子”。⓫通“妊”。怀孕。《汉书·叙传上》：“初，刘媪～高祖，而梦与神遇。”

2. rén ⓬佞，奸佞。《后汉书·郅恽传》：“昔虞舜辅尧，四罪咸服，谗言弗庸，孔～不行。”⓭女子爵位名。《汉书·王莽传中》：“其女皆为～。”⓮周代诸侯国名。在今山东济宁市。《左传·僖公二十一年》：“～、宿、须句、颛臾，风姓也。”⓯姓。

【任气】 rènqì 任性使气。《论衡·自纪》：“祖世～～，至蒙、诵滋甚。”

【任人】 rènrén ❶委人官职。《吕氏春秋·知度》：“人主之患，必在～～而不能用之，用之而与不知者议之也。”❷保举他人。《后汉书·杨震传》：“是时宦官方炽，～～及子弟为官，布满天下，竞为贪淫，朝野嗟怨。”❸信任别人。李翱《平赋书》：“其自任太多，而～～太少。”

【任士】 rènshì 有能力的人。《庄子·秋水》：“仁人之所忧，～～之所劳，尽此矣。”

【任数】 rènshù ❶施用心计。《文子·道原》：“体道者佚而不穷，～～者劳而无功。”❷听凭天数，顺应天数。《三国志·蜀书·郤正传》：“进退～～，不矫不诬。”

【任率】 rènshuài 任性率真，不做作。《晋书·王戎传》：“为人短小，～～不修威仪，善发谈端，赏其要会。”

【任算】 rènsuàn 运用计谋。《三国志·魏书·武帝纪》：“［太祖］矫情～～，不念旧恶。”

【任土】 rèntǔ 依据土地的具体情况。《尚书·禹贡序》：“禹别九州，随山浚川，～～作贡。”《周礼·地官·载师》：“载师掌～～之法。”

【任侠】 rènxiá ❶指见义勇为，扶助弱小。《汉书·季布传》：“季布，楚人也，为～～有名。”《三国志·魏书·武帝纪》：“太祖少机警，有权数，而～～放荡，不治行业。”❷指任侠之士，侠客。卢思道《游梁城》诗：“宾游多～～，台苑盛簪裾。”

【任刑】 rènxíng 滥用刑罚。《论衡·谴告》：“周缪王～～，《甫刑》篇曰：‘报虐用威。’威、虐皆恶也。”

【任属】 rènzhǔ 信任托付。《汉书·韩信传》：“项王意乌猝嗟，千人皆废，然不能～～贤将，此特匹夫之勇也。”

【任子】 rènzǐ ❶因父兄的功绩，得保举授予官职的人。汉制，二千石以上官员，任满三年，可保任子弟一人为郎。《汉书·王吉传》：“宜明选求贤，除～～之令。”❷人质。为取信于对方作抵押的人。《三国志·魏书·武帝纪》：“［马超］固请割地，求送～～。”又《吴书·孙权传》：“魏欲遣侍中辛毗、尚书桓阶往与盟誓，并征～～。”

【任人】 rénrén 佞人，行为不端的人。《尚书·舜典》：“惇德允元，而难～～，蛮夷率服。”（元：善。难：拒斥，疏远。）

【任公子】 réngōngzǐ 古代传说中善于捕鱼的人。亦称“任公”、“任父”、“任子”。其事详见《庄子·外物》。后来诗文中多用指超世的高士。李贺《苦昼短》诗：“谁似～～～，云中骑碧驴。”

纫（紉） rèn ❶搓绳，捻线。贾谊《惜誓》：“伤诚是之不察兮，并～茅丝以为索。”[引]抚摩。《管子·霸形》：“狄伐邢、卫，桓公不救，裸体～胸称疾。”❷将线穿过针鼻。《礼记·内则》：“衣裳绽裂，～箴请补缀。”（箴：针。）❸连缀，缝缀。《楚辞·离骚》：“扈江离与辟芷兮，～秋兰以为佩。”（扈：披。佩：佩饰。）《聊斋志异·侠女》：“见母作衣履，便代缝～。”❹通“韧”。古诗《为焦仲卿妻作》：“蒲苇～如丝，盘石无转移。”

韧（韌、靭） rèn 柔韧而坚固。《诗经·郑风·将仲子》“无折我树檀”毛传：“檀，彊～之木。”

轫（軔） rèn ❶刹车的支轮木。《楚辞·离骚》：“朝发～苍梧兮，夕余至乎县圃。”（发轫：撤去支轮木，使车开动，即发车。）[引]阻挡，顶住。《后汉书·申屠刚传》：“光武尝欲出游，刚以陇蜀未平，不宜宴安逸豫。谏不见听，遂以头～乘舆轮，帝遂为止。”❷通“韧”。坚韧。《管子·制分》：“故凡用兵者，攻坚则～，乘瑕则神。”[又]懒散。《荀子·富国》：“其礼义节奏也，芒～僈楛，是辱国已。”（芒：同“茫”。昏暗。僈：同“慢”。怠慢。楛：粗劣。）❸通“仞”。长度单位。《孟子·尽心上》：“掘井九～而不及泉，犹为弃井也。”

肕 rèn ❶坚肉。《玉篇·肉部》：“～，坚肉也。”❷通“韧”。柔韧。《管子·心术下》：“人能正静者，筋～而骨强。”

牣 rèn ❶满。《诗经·大雅·灵台》：“王在灵沼，於～鱼跃。”（於：叹美声。）苏轼《富郑公神道碑》：“虽虏获金币，充～诸臣之家，而壮士健马，物故大半。”❷通“韧”。柔韧。《吕氏春秋·别类》：“相剑者曰：‘白所以为坚也，黄所以为～也，黄白杂则坚且～，良剑也。’”

饪（飪、餁、餘） rèn 烹饪，煮熟。《论语·乡党》：“失～不食。”

妊（姙、妷） rèn 怀孕。《论衡·吉验》：“传言黄帝～二十月而生，生而神灵，弱而能言。”（弱：年幼。）《后汉书·东夷传》：“初，北夷索离国王出行，其侍儿于后～身，王还，欲杀之。”

【妊娠】 rènshēn 怀孕。《论衡·命义》：“遭命者初禀气时遭凶恶，谓～～之时遭得恶也。”

纴（紝、絍） rèn 织布帛的丝缕。《礼记·内则》：“执麻枲，治丝茧，织～组紃，学女事，以共衣服。”（枲：麻。紃：绦。）[引]纺织。《易林·需之小畜》：“～绩独居。”

恁 1. rèn ❶念。《后汉书·班固传》：“宜亦勤～旅力，以充厥道。”❷这，那。姜夔《疏影》词：“等～时，重觅幽香，已入小窗横幅。”❸如此，这般。欧阳修《玉楼春》词：“已去少年无计奈，且愿芳心长～在。”

2. nín ❹你，您。《古今小说·滕大尹鬼断家私》：“［倪善继］连声应道：‘爹休忧虑，～儿一一依爹分付便了。’”

【恁地】 rèndì ❶如此。《水浒传》一回：“既然～～，依着你说，明日绝早上山。”❷怎么。《警世通言·崔待诏生死冤家》：“崔宁认得像是秀秀的声音，赶将来又不知～～，心下好生疑惑！”

【恁么】 rènmò 这么，如此。《古今小说·张古老种瓜娶文女》：“恭人说：‘公公也少不得个婆婆相伴。’大伯应道：‘便是没～～巧头脑。’”

reng

扔 rēng ❶引，强力牵拽。《老子·三十八章》：“上礼为之而莫之应，则攘臂而～之。”❷摧毁。《后汉书·马融传》：“窜伏～轮，发作梧辖。”（扔轮：指野兽为车轮所摧。）❸抛，掷。《红楼梦》九十三回：“便从靴掖儿里头拿出那个揭帖来，～与他瞧。”❹抛弃，丢掉。《红楼梦》十四回：“每日大家早来晚散，宁可辛苦这一个月，过后再歇息，别把老脸面～了。”

仍 réng ❶因，就。《诗经·大雅·常武》："铺敦淮濆，～执丑虏。"《汉书·艺文志》："故与左丘明观其史记，据行事，～人道，因兴以立功，就败以成罚。"❷沿袭，依循。《后汉书·皇后纪序》："汉～其谬，知患莫改。"《魏书·食货志》："夏殷之政，九州贡金，以定五品，周～其旧。"❸频繁，一再。《汉书·谷永传》："灾异娄降，饥馑～臻。"(娄：古"屡"字。)《后汉书·章帝纪》："乃者凤皇～集，麒麟并臻。"又《赵典传》："朝廷～下明诏，欲令和解。"❹接续，连续。《后汉书·张衡传》："夫吉凶之相～兮，恒反侧而靡所。"❺仍然，依然。白居易《早兴》诗："半销宿酒头～重。"❻乃，于是。《世说新语·忿狷》："王蓝田性急，尝食鸡子，以筯刺之，不得，便大怒，举以掷地，鸡子于地圆转未止，～下地以屐齿蹍之。"❼更，并且。《旧唐书·贺知章传》："天宝三载，知章因病恍惚，乃上疏请度为道士，求还乡里，～舍本乡宅为观。"❽姓。

【仍几】 réngjī　死者生前使用的几案。《尚书·顾命》："华玉～～。"《周礼·春官·司几筵》："凡吉事变几，凶事～～。"沈初明《陈武帝哀策文》："哭～～之将撤，恸祖鬯之虚斟。"(鬯：祭祀用的香酒。)

【仍仍】 réngréng　❶怅惘失意的样子。《淮南子·精神训》："今夫穷鄙之社也，叩盆拊瓴，相和而歌，自以为乐矣。尝试为之击建鼓，撞巨钟，乃性～～然，知其盆瓴之足羞也。"❷频频。戴良《咏雪三十二韵赠友》："罅隙～～掩，高低故故平。"(故故：屡屡。)

【仍世】 réngshì　累世，世世。《后汉书·杨震传》："杨氏载德，～～柱国。"

【仍孙】 réngsūn　从自身下数至第八世孙为仍孙，亦称耳孙。《旧唐书·白居易传》："白居易，字乐天，太原人。北齐五兵尚书建之～～。"

【仍旧贯】 réngjiùguàn　依照旧例办事。《论语·先进》："鲁人为长府。闵子骞曰：'～～～，如之何？何必改作。'"《盐铁论·散不足》："古者凶年不备，丰年补败，～～～而不改作。"

艿 1. réng ❶草。《说文·艸部》："～，草也。"《新唐书·裴延龄传》："长安、咸阳间，得陂～数百顷，愿以为内厩牧地，水甘草荐与苑厩等。"❷草新陈相因。《逸周书·商誓》："百姓献民，其有缀～。"(献：贤。缀艿：接续不断。)

2. nǎi ❸植物名。芋亦称芋艿。

陾 réng　见"陾陾"。

【陾陾】 réngréng　众多。《诗经·大雅·緜》："捄之～～，度之薨薨。"

礽 rèng ❶割后再生的新草。方干《赠玛瑙山禅者》诗："～草不停兽，因师山更灵。"❷杂乱的草。《列子·黄帝》："赵襄子率徒十万狩于中山，藉～燔林，扇赫百里。"

【礽荏】 rèngrěn　杂乱茂密的丛草。《乐府诗集·读曲歌序》："硕仙歌曰：'一忆所欢时，缘山破～～，山神感依意，盘石锐锋动。'"

ri

日 rì ❶太阳。《周易·乾》："夫大人者与天地合其德，与～月合其明。"❷白昼，白天。《周易·乾》："君子终～乾乾，夕惕若，厉无咎。"❸一昼夜，一天。《诗经·王风·采葛》："一～不见，如三秋兮。"❹每天，一天天。《周易·大畜》："大畜。刚健笃实辉光，～新其德。"《论语·子张》："子夏曰：'～知其所亡，月无忘其所能，可谓好学也已矣。'"❺往日，从前。《左传·襄公三年》："～君乏使，使臣斯司马。"❻他日。《列子·汤问》："穆王曰：'～与俱来，吾与若俱观之。'"(若：你。)❼日子，某一时间。《诗经·豳风·七月》："一之～觱发，二之～栗烈。"(一之日、二之日：周历一月二月的日子。)韩愈《此日足可惜赠张籍》诗："此～足可惜，此酒不足尝。"❽时光，光阴。《左传·昭公元年》："后子出，告人曰：'赵孟将死矣。主民，翫岁而愒～，其与几何？'"(主民：主持百姓的事务，即执政。翫岁：玩忽岁月。愒日：旷废光阴。)《后汉书·王符传》："圣人深知力者民之本、国之基也，故务有劳力，使之爱～。"❾忌日，指日辰的吉凶禁忌。柳宗元《三戒·永某氏之鼠》："永有某氏者，畏～，拘忌异甚。"

【日边】 rìbiān　❶犹"天边"。比喻极远处。李白《望天门山》诗："两岸青山相对出，孤帆一片～～来。"❷比喻天子左右。李白《行路难》诗之一："闲来垂钓碧溪上，忽复乘舟梦～～。"

【日表】 rìbiǎo　❶古代测日影的仪器。又称"日晷"。《后汉书·律历志上》："记称大桡作甲子，隶首作数。二者既立，以比～～，以管万事。"❷犹言天外，比喻极远之地。《宋书·符瑞志下》："～～地外，改服请教。"❸指帝王仪容。杨宗瑞《辟雍赋》："～～渊穆，天颜冲邃。"

【日晡】 rìbū　申时，下午三点至五点。《南齐书·垣崇祖传》："至～～时，决小史埭。水势奔下，虏攻城之众，漂坠堑中。"(埭：土坝。)亦作“日铺”。《史记·吕太后本纪》:“～～时,遂击[吕]产,产走。”

【日躔】 rìchán 古人为了观察日月运行的轨迹以定季节的变化,把黄道附近一周天由西向东分成十二等分,叫做十二次,每次都有二十八宿中的某些星宿作为标志,因为这些星宿都是由恒星组成的,它们在天空中的距离是不变的。太阳运行所经星宿度次称为日躔。躔,践,经历。颜延之《三月三日曲水诗序》:“～～胃维,月轨青陆。”(胃维:胃宿之隅。季春之月,日在胃宿。)

【日昳】 rìdié 同“日昃”。太阳偏西。《尚书·无逸》“自朝至于日中昃”孔安国传:“从朝至～～不暇食。”

【日富】 rìfù 犹“一醉”,谓耽于饮酒。语出《诗经·小雅·小宛》:“人之齐圣,饮酒温克;彼昏不知,壹醉～～。”陆龟蒙《对酒》诗:“且须谋～～,不要道家贫。”

【日旰】 rìgàn 日晚,日暮。《左传·襄公十四年》:“卫献公戒孙文子、宁惠子食,皆服而朝,～～不召,而射鸿于囿。”

【日家】 rìjiā 算命术士。陶宗仪《辍耕录·日家安命法》:“～～者流,以日月五星及计罗炁孛四馀气躔度过宫迟留伏逆,推人之生年月日时,可以知休咎,定寿夭。”

【日角】 rìjiǎo 旧时星相家称额骨中央隆起,形状如日为日角,并认为是帝王之相。《后汉书·光武帝纪上》:“[刘秀]身长七尺三寸,美须眉,大口,隆准,～～。”后以“日角”比喻帝王。李商隐《隋宫》诗:“玉玺不缘归～～,锦帆应是到天涯。”

【日脚】 rìjiǎo 从云缝中射下的日光。杜甫《羌村》诗之一:“峥嵘赤云西,～～下平地。”

【日精】 rìjīng ❶太阳的精华。宋之问《王子乔》诗:“白虎摇瑟凤吹笙,乘骑云气噏～～。”❷菊花的别名。《说文·艸部》:“蘜,～～也,以秋华。”(蘜:同“菊”。)

【日景】 rìjǐng 日光。班固《西都赋》:“上反宇以盖载,激～～而纳光。”

【日廪】 rìlǐn 古代官吏每日所得的廪食禄米。《晋书·会稽文孝王道子传》:“于时军旅荐兴,国用虚竭,自司徒已下,～～七升。”亦作“日禀”。《后汉书·仲长统传》:“今田无常主,民无常居,吏食～～,班禄未定。”

【日母】 rìmǔ 太阳。枚乘《七发》:“流揽无穷,归神～～。”

【日食】 rìshí ❶即日蚀。月亮运行至太阳与地球之间,成一直线,太阳被月亮遮掩而成。古人迷信,以日食附会人事的变化。《左传·昭公七年》:“四月甲辰朔,日有食之。晋侯问于士文伯曰:‘谁将当～～?’”❷每天的饮食。欧阳修《送唐生》诗:“～～不自饱,读书依主人。”

【日夕】 rìxī ❶傍晚。陶渊明《饮酒》诗之五:“山气～～佳,飞鸟相与还。”❷朝夕,日夜。韩愈《潮州刺史谢上表》:“毒雾瘴氛,～～发作。”

【日下】 rìxià ❶太阳落下去。白居易《和梦遊春》:“月流春夜短,～～秋天速。”❷指京都。旧以日比帝王,因谓帝王脚下为日下。《世说新语·排调》:“荀鸣鹤、陆士龙二人未相识,俱会张茂先坐。张令其语,以其并有大才,可勿作常语。陆举手曰:‘云间陆士龙。’荀答曰:‘～～荀鸣鹤。’”❸目前,现在。吴自牧《梦粱录》卷十二:“～～拆毁屋宇,开辟水港。”

【日省】 rìxǐng ❶每日考查。《礼记·中庸》:“～～月试,既廪称事,所以劝百工也。”❷每日探望。《新唐书·姚南仲传》:“今国人皆曰后陵在迩,陛下将～～而时望焉。”

【日晏】 rìyàn 日暮。《吕氏春秋·慎小》:“卫献公戒孙林父、宁殖食,鸿集于囿,虞人以告。公如囿射鸿。二子待君,～～,公不来至。”

【日景】 rìyǐng 日影。景,影的本字。《后汉书·律历志下》:“历数之生也,乃立仪表以校～～,景长则日远。”

【日御】 rìyù ❶官名,掌天文历数。《左传·桓公十七年》:“天子有日官,诸侯有～～。”❷为太阳驾车的神,名为羲和。《楚辞·离骚》“吾令羲和弭节兮”王逸注:“羲和,～～也。”

【日域】 rìyù ❶日初出之处。扬雄《长杨赋》:“西厌月䏲,东震～～。”(厌:服。月䏲:月所生之处。)❷日照之处,天下。《魏书·李孝伯传》:“伏惟世祖太武皇帝,英睿自天,笼罩～～。”

【日月】 rìyuè ❶光阴。《楚辞·离骚》:“～～忽其不淹兮,春与秋其代序。”❷比喻君与后。《史记·魏其武安侯列传论》:“魏其之举在吴楚,武安之贵在～～之际。”

【日昃】 rìzè 太阳偏西,约未时(下午一点至三点)。《周易·离》:“～～之离,不鼓缶而歌,则大耋之嗟,凶。”亦作“日仄”、“日侧”。《汉书·萧望之传》:“兴周召之遗业,亲～～之兼德。”《仪礼·既夕礼》:“有司请祖期,曰～～。”

【日者】 rìzhě ❶古时占候卜筮的人。《墨子·贵义》:“子墨子北之齐,遇～～。”❷往日，从前。《汉书·高帝纪下》："～～，荆王兼有其地。"

【日至】 rìzhì 冬至或夏至。《礼记·杂记下》："正月～～，可以有事于上帝；七月～～，可以有事于祖。"（正月：指周历正月，相当于夏历十一月。七月：指周历七月，相当于夏历五月。）

【日中】 rìzhōng ❶日居中天，正午。《周易·系辞下》："～～为市。"《史记·司马穰苴列传》："穰苴既辞，与庄贾约曰：'旦日～～会于军门。'"❷春分与秋分之日。《左传·庄公二十九年》："凡马，～～而出，～～而入。"❸一日之内。《荀子·议兵》："赢三日之粮，～～趋百里。"

【日逐】 rìzhú ❶匈奴王号，位次于左贤王。《汉书·宣帝纪》："秋，匈奴～～王先贤掸将人众万馀来降。"❷每日。王仁裕《开元天宝遗事·销恨花》："帝与贵妃～～宴于树下。"

【日铸】 rìzhù 茶名。因产于浙江绍兴县日铸山而得名。陆游《游洞前岩下小潭水甚奇取以煎茶》诗："囊中～～传天下，不是名泉不合尝。"亦作"日注"。苏轼《钱安道寄惠建茶》诗："粃糠团凤友小龙，奴隶～～臣双井。"

【日南至】 rìnánzhì 即冬至。《左传·僖公五年》："五年春王正月辛亥朔，～～～。"（周历正月相当于夏历十一月，故交冬至。）

【日不暇给】 rìbùxiájǐ 谓事多而时不足。《汉书·高帝纪下》："虽～～～～，规摹弘远矣。"

【日就月将】 rìjiùyuèjiāng 日有所成，月有所进。谓日积月累。《诗经·周颂·敬之》："～～～～，学有缉熙于光明。"李清照《金石录后序》："～～～～，渐益堆积。"

【日居月诸】 rìjūyuèzhū 本指日月，后谓岁月流逝。《诗经·邶风·日月》："～～～～，照临下土。"（居、诸：语气词。）陆贽《贞元改元大赦制》："～～～～，岁聿云暮。"

【日暮途远】 rìmùtúyuǎn 日已向晚而道途犹远。比喻计穷力尽。《史记·伍子胥列传》："吾～～～～，吾故倒行而逆施之。"

【日下无双】 rìxiàwúshuāng 才学超群，京师无二。《梁书·伏挺传》："及长，有才思，好属文，为五言诗，善效谢康乐体。父友人乐安任昉深相叹异，常曰：'此子～～～～。'"

【日削月朘】 rìxuēyuèjuān 指执政者连续不断地搜刮民财。朘：缩，减。《汉书·董仲舒传》："～～～～，寖以大穷。"亦作"日朘月削"。《新唐书·萧至忠传》："若公器而私用之，则公义不行而劳人解体，私谒开而正言塞，～～～～，卒见凋弊。"

【日中必彗】 rìzhōngbìhuì 正午阳光最强，正好晒物。彗，曝晒。比喻做事须及时。《六韬·文韬·守土》："～～～～，操刀必割。"

【日中则昃】 rìzhōngzézè 日到中天必西斜。比喻盛极必衰。《周易·丰》："～～～～，月盈则食，天地盈虚，与时消息。"

驲（馹） rì 驿传。《左传·文公十六年》："楚子乘～，会师于临品。"又《昭公五年》："楚子以～至于罗汭。"

【驲骑】 rìjì 驿马。元稹《酬乐天东南行诗一百韵》："～～来千里，天书下九衢。"

rong

讼 róng 见 sòng。

戎 róng ❶兵器。《礼记·月令》："是月也，天子乃教于田猎，以习五～。"（五戎：弓矢、殳、矛、戈、戟。）❷军队，士兵。《周易·同人》："伏～于莽。"《国语·晋语一》："有男～必有女～。若晋以男～胜戎，而戎亦必以女～胜晋。"❸战争，征伐。《尚书·泰誓中》："～商必克。"《吕氏春秋·孟春》："兵～不起，不可以从我始。"❹兵车。《诗经·小雅·六月》："元～十乘，以先启行。"（元：大。）❺大。《诗经·周颂·烈文》："念兹～功，继序其皇之。"❻汝，你。《诗经·大雅·民劳》："～虽小子，而式弘大。"❼相助。《诗经·小雅·常棣》："每有良朋，烝也无～。"❽古代我国西部少数民族的泛称。《礼记·王制》："西方曰～。"《国语·周语上》："我先王不窋用失其官，而自窜于～狄之间。"❾古国名。在今山东曹县东南。《春秋·隐公二年》："公会～于潜。"❿姓。

【戎丑】 róngchǒu 大众。《诗经·大雅·绵》："乃立冢土，～～攸行。"

【戎服】 róngfú 军服。《左传·襄公二十五年》："郑子产献捷于晋，～～将事。"《汉书·匈奴传赞》："是以文帝中年，赫然发愤，遂躬～～，亲御鞍马，从六郡良家材力之士，驰射上林，讲习战阵。"

【戎公】 rónggōng 大事。《诗经·大雅·江汉》："肇敏～～，用锡尔祉。"

【戎行】 rónghàng 军队。《左传·成公二年》："下臣不幸，属当～～。"《三国志·魏书·武帝纪》："昔者董卓初兴国难，群后释位以谋王室，君则摄进，首启～～，此君之忠于本朝也。”

【戎机】 róngjī ❶战争。《木兰辞》:“万里赴～～,关山度若飞。”❷军机。杜甫《遣愤》诗:“自从收帝里,谁复总～～。”

【戎疾】 róngjí 大病,恶疾。《诗经·大雅·思齐》:“肆～～不殄,烈假不遐。”

【戎路】 rónglù 兵车。路,车。《周礼·春官·车仆》:“车仆掌～～之萃。”《吕氏春秋·孟秋》:“天子居总章左个,乘～～。”亦作“戎辂”。《左传·僖公二十八年》:“赐之大辂之服、～～之服。”

【戎马】 róngmǎ ❶军马。《后汉书·顺帝纪》:“立秋之后,简习～～。”(简:选。)❷军事,战争。杜甫《登岳阳楼》诗:“～～关山北,凭轩涕泗流。”❸胡马。司马迁《报任少卿书》:“且李陵提步卒不满五千,深践～～之地。”

【戎幕】 róngmù 将帅幕府。杜甫《到村》诗:“老去参～～,归来散马蹄。”

【戎器】 róngqì 兵器。《礼记·王制》:“～～不粥于市。”(粥:同“鬻”。卖。)

【戎戎】 róngróng 茂盛浓密的样子。张衡《冢赋》:“乃树灵木,灵木～～。”杜甫《放船》诗:“江市～～暗,山云淰淰寒。”

【戎士】 róngshì 将士。《国语·齐语》:“～～冻馁。”

【戎首】 róngshǒu ❶战争的主谋;挑起争端的人。《礼记·檀弓下》:“毋为～～,不亦善乎,又何反服之礼之有?”《晋书·向雄传》:“刘河内于臣不为～～,亦已幸甚,安复为君臣之好!”❷主帅。《晋书·谢安传》:“复命臣荷戈前驱,董司～～。”(董:督察。)

【戎菽】 róngshū 大豆。《诗经·大雅·生民》“蓺之荏菽”毛传:“荏菽,～～也。”郑玄笺:“～～,大豆也。”亦作“戎叔”。《管子·戒》:“北伐山戎,出冬葱与～～,布之天下。”

【戎轩】 róngxuān ❶兵车。陆机《汉高祖功臣颂》:“～～肇迹,荷策来附。”❷军事,战争。魏徵《出关》诗:“中原还逐鹿,投笔事～～。”

【戎殷】 róngyīn 大殷。周人对殷商的惯称。《尚书·康诰》:“天乃大命文王殪～～。”《左传·宣公六年》:“《周书》曰:‘殪～～。’”

【戎右】 róngyòu 在战车上立于右侧执戈戟为护卫及执杂役的人。《左传·僖公二十八年》:“立舟之侨以为～～。”《国语·晋语七》:“知荀宾之有力而不暴也,使为～～。”

【戎御】 róngyù 驾驭兵车的人。《国语·晋语七》:“[君]知栾纠之能御以和于政也,使为～～。”

【戎旃】 róngzhān 军旗。借指战事、军队。梁元帝《将归建业先遣军东下诏》:“顷～～既息,关柝无警。”

肜 róng 商代祭名。正祭之次日又祭。《尔雅·释天》:“～,又祭也。周曰绎,商曰～。”《论衡·明雩》:“虽有灵星之祀,犹复雩,恐前不备,～绎之义也。”

【肜日】 róngrì 肜祭之日。《尚书·高宗肜日》:“高宗～～,越有雊雉。”

【肜肜】 róngróng 同“融融”。和乐的样子。张衡《思玄赋》:“聆广乐之九奏兮,展泄泄以～～。”

荣(榮) róng ❶梧桐。《说文·木部》:“～,桐木也。”陶渊明《荣木》诗:“采采～木,结根于兹。”❷花。《楚辞·九章·橘颂》:“绿叶素～,纷其可喜兮。”《礼记·月令》:“仲秋行春令,则秋雨不降,草木生～,国乃有大恐。”㊀开花。《梦溪笔谈·药议》:“诸越则桃李冬实,朔漠则桃李夏～。”❸茂盛。《汉书·礼乐志》:“霆声发～。”陶渊明《归去来兮辞》:“木欣欣以向～,泉涓涓而始流。”❹华美。《国语·晋语六》:“华则～,实之不知,请务实乎。”《素问·刺热论》:“太阳之脉色～颧骨,热病也。”❺光荣,荣耀。《管子·牧民》:“仓廪实则知礼节,衣食足则知～辱。”《史记·孔子世家》:“天下君王至于贤人众矣,当时则～,没则已焉。”㊀声名。《汉书·扬雄传下》:“四皓采～于南山。”❻屋檐两头上翘的部分。也称屋翼、抟风。《仪礼·士冠礼》:“夙兴,设洗直于东～。”扬雄《甘泉赋》:“列宿乃施于上～兮。”❼中医称血气为“荣卫”。血为荣,气为卫。《素问·热论》:“三阴三阳,五脏六腑皆受病,～卫不行,五脏不通,则死矣。”❽通“营”。惑乱。《韩非子·内储说下》:“遗哀公女乐,以骄～其意。”❾姓。

【荣齿】 róngchǐ 荣宠之列。指处高位。《宋书·王僧达传》:“臣虽得免墙面,书不入于学伍,行无愆戾,自无近于才能,直以荫托门世,夙列～～。”

【荣宠】 róngchǒng 荣耀恩宠。顾云《题致仕武宾客嵩山旧隐诗序》:“圣历中,弃官隐居嵩山,避～～也。”

【荣悴】 róngcuì 兴衰。多指荣宠与失意。《后汉书·邓禹传论》:“～～交而下无二色,进退用而上无猜情。”

【荣公】 rónggōng 即荣启期,或省称荣期。春秋时隐士。陶渊明《饮酒》诗之十一:“颜生称为仁，～～言有道。”白居易《晚起》诗：“～～三乐外，仍弄小男儿。”（三乐：指为人、又为男子，且行年九十。）

【荣观】 róngguān ❶荣誉。《颜氏家训·名实》：“惧～～之不显，非所以让名也。”❷繁荣的景象。司马光《论上元游幸劄子》：“臣等窃惟上元观灯，本非典礼，正以时和年丰，欲与百姓同乐，为太平之～～而已。”

【荣观】 róngguàn 华丽的宫阙。《老子·二十六章》：“虽有～～，燕处超然。”

【荣光】 róngguāng ❶五色云气。古人以为祥瑞之兆。《太平御览》卷八十引《尚书中候》：“～～起河，休气四塞。”（休气：美善喜瑞之气。）李白《西岳云台歌送丹丘子》：“～～休气纷五彩，千年一清圣人在。”❷荣耀。李白《大猎赋》：“方将延～～于后昆，轶玄风于邃古。”

【荣华】 rónghuá ❶草木开花；草木之花。《荀子·王制》：“草木～～滋硕之时，则斧斤不入山林。”《论衡·本性》：“酆文茂记，繁如～～；恢谐剧谈，甘如饴蜜，未必得实。”❷比喻青春容颜。《楚辞·离骚》：“及～～之未落兮，相下女之可诒。”❸兴盛，茂盛。《论衡·别通》：“是故气不通者，强壮之人死，～～之物枯。”❹华丽的辞藻。《庄子·齐物论》：“道隐于小成，言隐于～～。”❺荣显，荣耀。《汉书·文三王传》：“污蔑宗室，以内乱之恶披布宣扬于天下，非所以为公族隐讳，增朝廷之～～，昭圣德之风化也。”

【荣怀】 rónghuái 指国家繁荣则民归附。《尚书·秦誓》：“邦之杌陧，曰由一人；邦之～～，亦尚一人之庆。”

【荣利】 rónglì 名位利禄。《后汉书·舆服志上》：“～～在己，虽死不悔。”陶渊明《五柳先生传》：“闲静少言，不慕～～。”

【荣禄】 rónglù 名位利禄。李白《送贺监归四明应制》诗：“久辞～～遂初衣，曾向长生说息机。”（初衣：做官之前穿的衣服。）王安石《乞改三经义劄子》：“幸蒙大恩，休息田里，坐窃～～，免于事累。”

【荣路】 rónglù 做官的途径。《后汉书·左周黄传论》：“～～既广，觖望难裁。”（觖望：企望。）

【荣施】 róngshī 称美别人施惠之辞。《左传·昭公三十二年》：“其委诸伯父，使伯父实重图之，俾我一人无征怨于百姓，而伯父有～～，先王庸之。”

【荣问】 róngwèn 犹“令闻”。美名。李陵《答苏武书》：“子卿足下：勤宣令德，策名清时，～～休畅，幸甚幸甚。”王安石《吕公弼改尚书工部侍郎余如故》：“保身慎行，旧有～～。”

【荣养】 róngyǎng 指儿女奉养父母。《晋书·赵至传》：“至年十三……诣师受业。闻父耕叱牛声，投书而泣。师怪问之，至曰：‘吾小未能～～，使老父不免勤苦。’”

茸 1. róng ❶草初生时细嫩柔软的样子。韩愈等《有所思联句》：“台镜晦旧晖，庭草滋新～。”❷柔细的毛。杜牧《扬州》诗之一：“喧阗醉年少，半脱紫～裘。”高启《效香奁》诗之一：“青琐初空别恨长，绣～留得唾痕香。”❸鹿茸的简称。黄庭坚《夏日梦伯兄寄江南》诗：“河天月晕鱼生子，槲叶风微鹿养～。”❹树名。《管子·地员》：“其桑其松，其杞其～。”❺杂乱的样子。《左传·僖公五年》：“狐裘尨～，一国三公，吾谁适从。”

2. rǒng ❻推入。《汉书·司马迁传》：“而仆又～以蚕室，重为天下观笑。”

【茸茸】 róngróng ❶柔细浓密的样子。卢仝《喜逢郑三游山》诗：“相逢之处花～～，石壁攒峰千万重。”❷比喻小人群聚。皮日休《九讽·舍慕》：“彼群小之～～兮，如慕晃之鳖蜉。”

【茸阘】 rǒngtà 同“阘茸”。卑贱，驽钝。蔡邕《再让高阳侯印绶符策表》：“况臣蝼蚁无功德，而散怠～～，何以居之。”

狨 róng ❶动物名。即金丝猴。杜甫《石龛》诗：“我后鬼长啸，我前～又啼。”❷狨皮做的鞍垫。黄庭坚《次韵宋楙宗三月十四日到西池都人盛观翰林公出遊》：“金～系马晓莺边，不比春江上水船。”❸通“绒”。细布。《广韵·东韵》：“～，细布。绒，同狨。”

【狨鞍】 róng'ān 狨皮制成的鞍垫。侯寘《阮郎归·为张丞寿》词：“～～长傍九重城，年年双鬓青。”

绒（絨） róng ❶细布。孙周卿《殿前欢·楚云》曲：“绿窗闲数唾窗～，一春心事和谁共。”❷有绒毛的纺织品。《天工开物·乃服·褐毡》：“凡绵毛剪毳，粗者为毡，细者为～。”❸刺绣用的丝线。陈丁佩《绣谱·绒线》：“前人多用散～，后乃剖而为线。”

容 róng ❶容纳，盛受。《荀子·王霸》：“故百里之地，其等位爵服，足以～天下之贤士矣。”《史记·屈原贾生列传论》：“及见贾生吊之，又怪屈原以彼其材，游诸侯，何国不～，而自令若是。”㊀容积。《论衡·骨相》：“察表候以知命，犹察斗斛以知～矣。”❷宽容，包容，容忍。《荀子·不苟》：“[君子]恭敬谨慎而～。”《后汉书·和熹邓皇后纪》：“其明加检敕，勿相～护。”又《侯霸传》:"[韩歆]好直言,无隐讳,帝每不能～。"⊗容许,允许。《荀子·荣辱》:"夫贵为天子,富有天下,是人情之所同欲也,然则从人之欲,则势不能～,物不能赡也。"《汉书·高帝纪上》:"夫为人臣而杀其主,杀其已降,为政不平,主约不信,天下所不～,大逆无道,罪十也。"❸容貌。《国语·周语下》:"吾见晋君之～,而听三郤之语矣,殆必祸者也。"《荀子·非十二子》:"士君子之容:其冠进,其衣逢,其～良。"(冠进:帽子高。进:通"峻"。衣逢:衣服宽大。)⊗特指符合礼节法度的仪容。《史记·乐书》:"夫淫佚生于无礼,故圣人使人耳闻雅、颂之音,目视威仪之礼,足行恭敬之～,口言仁义之道。"❹范模,法式。《周礼·考工记·函人》:"凡为甲,必先为～。"《吕氏春秋·士容》:"此国士之～也。"❺雕饰,打扮。《史记·鲁仲连邹阳列传》:"蟠木根柢,轮囷离诡,而为万乘器者,何则?以左右先为之～也。"又《刺客列传》:"士为知己者死,女为悦己者～。"❻屏风类的屏蔽物。《荀子·正论》:"[天子]居则设张～,负依而坐。"(张:帐。)❼副词。或许。《后汉书·杨厚传》:"诸王子多在京师,～有非常,宜亟发遣各还本国。"苏洵《辨奸论》:"由是言之,二公之料二子,亦～有未必然也。"❽副词。表反问。犹"岂"。《后汉书·杨震传》:"以此观之,～可近乎?"❾可,当。《左传·昭公元年》:"五降之后,不～弹矣。"❿通"庸"。用。《老子·五十章》:"盖闻善摄生者,陆行不遇兕虎,入军不被甲兵;兕无所投其角,虎无所用其爪,兵无所～其刃。"《管子·大匡》:"非夷吾,莫能～小白。"⓫姓。

【容车】 róngchē ❶有帷裳的车。车盖四周施以帷幕,障蔽乘者,既防尘,又有装饰作用。古代多为妇女乘用。《史记·秦本纪》:"武王谓甘茂曰:'寡人欲～～通三川,窥周室,死不恨矣。'"《汉书·邹阳传》:"王又尝上书,愿赐～～之地径至长乐宫,自使梁国士众筑作甬道朝太后。"❷载死者衣冠、画像等物的车,又叫魂车。《后汉书·祭遵传》:"至葬,车驾复临,赠以将军、侯印绶,朱轮～～,介士军陈送葬,谥曰成侯。"

【容贷】 róngdài 宽容,饶恕。《三国志·魏书·陶谦传》注引《吴书》:"或说温曰:'陶恭祖本以材略见重于公,一朝以醉饮过失,不蒙～～,远弃不毛,厚德不终,四方人士安所归望!'"

【容刀】 róngdāo 佩刀。《诗经·大雅·公刘》:"何以舟之?维玉及瑶,鞞琫～～。"(舟:通"周"。环绕,佩带。)《释名·释兵》:"佩刀,在佩旁之刀也,或曰～～,有刀形而无刃,备仪容而已。"

【容典】 róngdiǎn 礼容的法则。《后汉书·张纯曹褒传论》:"汉初天下创定,朝制无文,叔孙通颇采经礼,参酌秦法,虽适物观时,有救崩敝,然先王之～～盖多阙矣。"

【容范】 róngfàn 容貌风范。《晋书·魏舒传》:"舒～～闲雅,发无不中,举座愕然,莫有敌者。"文莹《玉壶清话·李先主传》:"先主第四女……贤明温淑,～～绝世。"

【容观】 róngguān 容貌仪表。《三国志·蜀书·刘封传》:"魏文帝善[孟]达之姿才～～,以为散骑常侍、建武将军。"《南史·韦粲传》:"[粲]身长八尺,～～甚伟。"

【容光】 róngguāng ❶小隙。《孟子·尽心上》:"日月有明,～～必照焉。"❷仪容风采。元稹《莺莺传》:"崔知之,潜赋一章,词曰:'自从消瘦减～～,万转千回懒下床。不为旁人羞不起,为郎憔悴却羞郎。'"⊗景物风貌。刘禹锡《谢乐天闻新蝉见赠》诗:"碧树有蝉后,烟云改～～。"❸光彩,光辉。张华《情诗》:"佳人处遐远,兰室无～～。"

【容华】 rónghuá ❶宫中女官名。《三国志·魏书·后妃传》:"太祖建国,始命王后,其下五等:有夫人,有昭仪,有倢伃,有～～,有美人。"❷容颜。曹植《美女篇》:"～～耀朝日,谁不希令颜。"又《杂诗》之四:"南国有佳人,～～若桃李。"

【容貌】 róngmào ❶相貌。《论语·泰伯》:"动～～,斯远暴慢矣。"❷装饰仪容之物。《左传·宣公十四年》:"朝而献功,于是有～～彩章,嘉淑而有加货。"❸样式。《管子·乘马》:"工治～～功能。"

【容媚】 róngmèi ❶逢迎谄媚。《论衡·非韩》:"奸人外善内恶,色厉内荏,作为操止,象类贤行,以取升进,～～于上。"❷容貌美好可爱。杜牧《晚晴赋》:"窥此美人兮,如慕悦其～～。"

【容彭】 róngpéng 容成公与彭祖的合称,二人皆长寿,后因以为长寿者的代称。刘孝标《辨命论》:"此则宰衡之与皁隶,～～之与殇子,猗顿之与黔娄,阳文之与敦洽,咸得之于自然,不假道于才智。"(猗顿:春秋时鲁国的富商。黔娄:战国时齐国的贫士。阳文:楚国美女。敦洽:陈国丑女。)

【容曲】 róngqū 包庇偏袒。《三国志·魏书·夏侯玄传》:"畏督监之～～,设司察以纠之。"

【容容】 róngróng ❶纷乱动荡,飞扬飘动。《楚辞·九歌·山鬼》:"表独立兮山之上,云～～兮而在下。"又《九章·悲回风》:"纷～～之无经兮,罔芒芒之无纪。"《汉书·礼乐志》:"神之行,旌～～。"❷随众附和。《后汉书·左雄传》:"白璧不可为,～～多后福。"又《陈球传》:"岂得雷同～～无违而已。"❸盛多的样子。《汉书·扬雄传上》:"野尽山穷,囊括其雌雄,沈沈～～,遥噱虖纮中。"

【容色】 róngsè 容貌神色。《论衡·变虚》:"国且亡,身且死,妖气见于天,容色见于面。"沈既济《任氏传》:"偶值三妇人行于道中,中有白衣者,～～姝丽。"

【容身】 róngshēn ❶存身,安身。《庄子·盗跖》:"子自谓才士圣人邪?则再逐于鲁,削迹于卫,穷于齐,围于陈、蔡,不～～于天下。"《淮南子·精神训》:"若夫至人,量腹而食,度形而衣,～～而游,适情而行。"❷保全自身。《汉书·朱云传》:"[朱]云数上疏,言丞相韦玄成～～保位。《三国志·魏书·杜恕传》:"若尸禄以为高,拱默以为智,当官苟在于免负,立朝不忘于～～,洁行逊言以处朝廷者,亦明主所察也。"

【容台】 róngtái ❶演礼之台。《淮南子·览冥训》:"～～振而掩覆。"❷礼部的别称。洪迈《容斋随笔·京师老吏》:"～～之职,唯当秉礼。"

【容物】 róngwù ❶度量大,能容人。《庄子·田子方》:"缘而葆真,清而～～。"《三国演义》二十三回:"操曰:'此人素有虚名,远近所闻。今日杀之,天下必谓我不能～～。'"❷死者仪容衣物。谢庄《宋孝武宣贵妃诔》:"恸皇情于～～。"颜延之《拜陵庙作》诗:"皇心凭～～,民思被歌声。"

【容膝】 róngxī 仅容双膝。形容地方狭小。陶渊明《归去来兮辞》:"倚南窗以寄傲,审～～之易安。"

【容臭】 róngxiù 香囊。臭,香气。《礼记·内则》:"总角衿缨,皆佩～～。"

【容许】 róngxǔ ❶或许。李商隐《赠送前刘五经映三十四韵》:"莫逾巾屦念,～～后升堂。"❷许可。王建《初到昭应呈同僚》诗:"同官若～～,长借老僧房。"

【容仪】 róngyí ❶容貌举止,仪表。《汉书·成帝纪赞》:"臣之姑充后宫为婕妤,父子昆弟侍帷幄,数为臣言成帝善修～～,升车正立,不内顾,不疾言,不亲指,临朝渊嘿,尊严若神,可谓穆穆天子之容者矣!"《后汉书·郑玄传》:"[郑玄]身长八尺,饮酒一斛,秀眉明目,～～温伟。"❷礼仪。贾谊《新书·辅佐》:"典方典～～,以掌诸侯、远方之君。"

【容易】 róngyì ❶不难。《汉书·东方朔传》:"吴王曰:'可以谈矣,寡人将竦意而览焉。'[非有]先生曰:'於戏!可乎哉?可乎哉?谈何～～!'"(於戏:同"呜呼"。)❷轻易,轻率。陈瓘《蝶恋花·调邹志全长髭》词:"莫向细君～～说,恐他嫌你将伊摘。"❸疏忽。欧阳炯《木兰花》词:"儿家夫壻心～～,身又不来书不寄。"❹轻慢,放肆。《旧唐书·韩愈传》:"然愈为人臣,不当言人主事佛乃年促也。我以是恶其～～。"

【容裔】 róngyì ❶飘动的样子。张衡《东京赋》:"建辰旒之太常,纷焱悠以～～。"❷水波动荡的样子。曹丕《济川赋》:"临济川之层淮,览洪波之～～。"❸从容的样子。曹植《洛神赋》:"六龙俨其齐首,载云车之～～。"储光羲《同王十三维偶然作》诗之五:"凤凰飞且鸣,～～下天津。"

【容隐】 róngyǐn 包庇隐瞒。《后汉书·徐防传》:"伏见太学试博士弟子,皆以意说,不修家法,私相～～,开生奸路。"

【容与】 róngyǔ ❶徘徊,踌躇不进。《楚辞·九章·涉江》:"船～～而不进兮,淹回水而疑滞。"又《思美人》:"固朕形之不服兮,然～～而狐疑。"❷舒闲自适的样子。《楚辞·九辩》:"淡～～而独倚兮,蟋蟀鸣此西堂。"《汉书·礼乐志》:"淡～～,献嘉觞。"❸纵放自适。《庄子·人间世》:"以求～～其心。"

【容悦】 róngyuè 逢迎取悦。《孟子·尽心上》:"孟子曰:'有事君人者,事是君则为～～者也。'"《后汉书·陈蕃传》:"臣闻有事社稷者,社稷是为;有事人君者,～～是为。"亦作"容说"。《论衡·自纪》:"偶合～～,身尊体佚,百载之后,与物俱殁。"

【容止】 róngzhǐ ❶动静举止,威仪。《礼记·月令》:"先雷三日,奋木铎以令兆民曰:'雷将发声,有不戒其～～者,生子不备,必有凶灾。'"《汉书·董仲舒传》:"进退～～,非礼不行,学士皆师尊之。"❷收留。《魏书·释老志》:"自王公以下,有私养沙门者,皆送官曹,不得隐匿。……～～者诛一门。"

【容质】 róngzhì 容貌姿质。《晋书·王广女传》:"王广女者,不知何许人也。～～甚美,慷慨有丈夫之节。"

【容足】 róngzú 仅能立足。形容所处之地极小。《新唐书·食货志二》:"今富者万亩,贫者无～～之居。"王世贞《即事书怀》诗:"我自安排～～处,裁诗先属太茅君。"

【容城侯】 róngchénghóu 镜子的别名。司空图撰《容城侯传》,以镜拟人,称镜为容城侯金炯,又称寿光先生。后遂以"容城侯"指镜子。艾性夫《剩语·古镜词》:"古哉～

～～，作我眼外眼。”

【容头过身】 róngtóuguòshēn 只图苟安一时，如兽钻穴，头可容，即谓其身可过。《后汉书·西羌传》：“今三郡未复，园陵单外，而公卿选懦，～～～～，张解设难，但计所费，不图其安。”

毧 róng 细毛。费信《星槎胜览·榜葛剌国》：“铺～毯于殿地，待我天使。”

颂 róng 见 sòng。

羢 róng 羊的细毛。武汉臣《玉壶春》三折：“我使了三十车羊～潞绸。”

嵘（嶸） róng （又读 hóng）见“峥嵘”。

傛 1. róng ❶见“傛华”。❷见“傛傛”。
2. yǒng ❸动荡不安的样子。《说文·人部》：“～，不安也。”（段玉裁注：“与‘水波溶溶’意义略同，皆动荡貌也。”）

【傛华】 rónghuá 汉代宫中女官名。《汉书·外戚传序》：“至武帝制倢伃、娙娥、～～、充依，各有爵位，而元帝加昭仪之号，凡十四等云。……～～视真二千石，比大上造。”（注：“真二千石，月得百五十斛，一岁凡得千八百石耳。大上造，第十六爵。”）

【傛傛】 róngróng 轻盈美好的样子。《集韵·钟韵》：“～～，便习意。”《汉书·外戚传序》颜师古注：“～～，犹言奕奕也。”

溶 róng ❶水盛。《楚辞·九叹·远逝》：“波淫淫而周流兮，鸿～溢而滔荡。”㉄盛，广大。张衡《思玄赋》：“氛旄～以天旋兮，蜺旌飘而飞扬。”❷闲暇的样子。扬雄《甘泉赋》：“览樛流于高光兮，～方皇于西清。”❸溶化，溶解。孔贞瑄《泰山纪胜一》：“［瀑布］珠迸玉～，下与龙文石相濯映。”

【溶滵】 róngkū 泉水涌流的样子。《论衡·自纪》：“笔泷漉而雨集，言～～而泉出。”

【溶溶】 róngróng ❶水盛的样子。《楚辞·九叹·逢纷》：“扬流波之潢潢兮，体～～而东回。”❷宽广、盛大的样子。《楚辞·九叹·愍命》：“心～～其不可量兮，情淡淡其若渊。”刘禹锡《松滋渡望峡中》诗：“渡头轻雨洒寒梅，云际～～雪水来。”❸水缓缓流动的样子。杜牧《阿房宫赋》：“二川～～，流入宫墙。”❹月光荡漾的样子。许浑《冬日宣城开元寺赠元孚上人》诗：“林疏霜摵摵，波静月～～。”

【溶漾】 róngyàng 波光浮动的样子。苏轼《凤翔八观·李氏园》诗：“春光水～～，雪阵风翻扑。”

【溶滴】 róngyì 水波动荡的样子。宋玉《高唐赋》：“水澹澹而盘纡兮，洪波淫之～～。”

蓉 róng ❶见“芙蓉”。❷四川省成都市的简称。五代后蜀孟昶于宫苑城上遍植木芙蓉，因而得名。

【蓉幕】 róngmù 同“莲幕”。幕府的别称。幕宾亦称蓉幕。舒頔《酹江月》词：“人磊落，移赞高邮～～。”

瑢 róng 见“玐瑢”。

榕 róng ❶一种常绿乔木，树形高大，有气根。柳宗元《柳州二月榕叶落尽偶题》诗：“山城过雨百花尽，～叶满庭莺乱啼。”❷福建省福州市的别称。

嵤 róng 见 hóng。

镕（鎔） róng ❶熔化，冶炼。《隋书·食货志》：“私家多～钱。”韩愈《镜潭》诗：“非铸复非～，泓澄忽此逢。”㉄融会。《文心雕龙·辨骚》：“虽取～经意，亦自铸伟辞。”❷铸器的模型。《汉书·董仲舒传》：“夫上之化下，下之从上……犹金之在～，唯冶者之所铸。”❸矛一类的兵器。《急就篇》卷三：“钑戟铍～剑镡鍭。”

褣 róng 即“襱褣”。一种宽松的直襟单衫。白居易《元九以绿丝布白轻褣见寄制成衣服以诗报知》：“绿丝文布素轻～，珍重京华手自封。”

蝾（蠑） róng 见“蝾螈”。

【蝾螈】 róngyuán 两栖动物。形状像蜥蜴。背和体侧都呈黑色，有蜡光。腹面朱红色，有黑斑。头扁平，尾侧扁，四肢细长。生活于静水池沼中。古人常将它和蜥蜴类动物混同。崔豹《古今注·鱼虫》：“蝘蜓……善上树捕蝉食之，其长细五色者名为蜥蜴，短大者名～～。”

髶 róng 乱发。《说文·髟部》：“～，乱发也。”张衡《东京赋》：“～髦被绣。”（髶髦：帝王仪仗中披发的前驱骑士。）

融（螎） róng ❶炊气上出。顾凯之《风赋》：“惠风扬以送～，尘霄霏以将雨。”❷大明，大亮。《左传·昭公五年》：“明而未～，其当旦乎？”《史记·楚世家》：“重黎为帝喾高辛居火正，甚有功，能光～天下，帝喾命曰祝融。”❸融化，消溶。孙绰《游天台山赋》：“～而为川渎，结而为山阜。”贺铸《画楼空》词：“吴门春水雪初～。”❹通，遍。何晏《景福殿赋》：“云行雨施，品物咸～。”❺长。《诗经·大雅·既醉》：“昭明有～，高朗令终。”（昭明：光明。高朗：高明。令终：善终。）蔡邕《郭有道碑文》：“禀命不～，享年四十有二。”❻和乐，恬适。

《晋书·陶潜传》："每一醉，则大适～然。"❼火神祝融的省称。《墨子·非攻》："天命～隆火。"❽姓。

【融风】 róngfēng 东北风。《左传·昭公十八年》："丙子，风。梓慎曰：'是谓～～，火之始也；七日，其火作乎！'"《淮南子·地形训》"东北曰炎风"高诱注："艮气所生，一曰～～也。"

【融丘】 róngqiū 尖顶高丘。陆机《白云赋》："兴曜曾泉，升迹～～。"

【融融】 róngróng ❶和乐的样子。《左传·隐公元年》："大隧之中，其乐也～～。"❷和暖的样子。杜牧《阿房宫赋》："歌台暖响，春光～～。"❸光润晶莹。李白《拟古》诗："～～白玉辉，映我青蛾眉。"

【融泄】 róngyì 飘动的样子。何晏《景福殿赋》："若乃高甍崔嵬，飞宇承霓，绵蛮黮霨，随云～～。"

【融裔】 róngyì 声音悠长。潘岳《笙赋》："郁捋劫悟，泓宏～～。"

瀜 róng 见"沖瀜"。

冗(宂) rǒng ❶闲散。荀悦《申鉴·时事》："必也正贪禄，省闲～，与时消息。"韩愈《进学解》："三年博士，～不见治。"❷多馀，繁杂。陆机《文赋》："要辞达而理举，故无取乎～长。"《红楼梦》四回："因见王夫人事情～杂，姊妹们遂出来，至寡嫂李氏房中来了。"❸忙，繁忙。刘宰《走笔谢王去非》诗："知君束装～，不敢折简致。"❹逃散，转徙。《后汉书·顺帝纪》："太原郡旱，民庶流～。"又《曹褒传》："其秋大孰，百姓给足，流～皆还。"❺平庸。《后汉书·蔡邕传》："臣之愚～，职当咎患。"《宋书·刘穆之传》："荫籍高华，人品～末。"

【冗官】 rǒngguān 无固定职事的散官。后泛指闲散的官吏。《后汉书·虞诩传》："其牧守令长子弟皆除为～～。"(除：授予官职。)

【冗冗】 rǒngrǒng ❶繁多。张鷟《朝野佥载》卷一："检校之官……皆不事学问，唯求财贿，是以选人～～，甚于羊群。"❷众人。王僧孺《忏悔礼佛文》："岂有度元元于苦海，拔～～于畏途？"❸纷乱。乔吉《折桂令·西岩所见》曲："正落絮飞花～～，又夕阳流水溶溶。"

【冗散】 rǒngsǎn 闲散，赋闲。《后汉书·刘陶传》："以所举将为尚书，难与齐列，乞从～～，拜侍中。"陆游《辞免赐出身状》："欲望敷奏，特赐追寝，以安～～之分。"

【冗食】 rǒngshí ❶官吏因事由公家供给饮食。《周礼·地官·槁人》："槁人掌共外内朝～～者之食。"后亦泛指由公家发给粮食。《汉书·成帝纪》："避水它郡国，在所～～之。"❷坐食，吃闲饭。《资治通鉴·汉桓帝延熹八年》："嬖女充积，～～空宫，伤生费国。"

【冗员】 rǒngyuán 无专职备使令的官员。《新唐书·萧至忠传》："今列位已广，～～复倍。"后多指闲散人员。薛福成《代李伯相复陈叠奉寄谕分别筹议疏》："严汰～～，整顿厘榷。"

【冗从】 rǒngzòng 散职侍从官。《汉书·枚乘传》："年十七，上书梁共王，得召为郎。三年，为王使，与～～争，见谗恶遇罪，家室没入。"

【冗作】 rǒngzuò 散作，干杂活。《汉书·食货志》："民浮游无事，出夫布一匹。其不能出布者，～～，县官衣食之。"(夫布：一夫之税。布，钱币。)

軵(輴、䡆、軏) 1. rǒng ❶推。《汉书·冯奉世传》："再三发～，则旷日烦费，威武亏矣。"《淮南子·览冥训》："厮徒马圉，～车奉饷。"(厮徒：仆役。马圉：养马的人。)

2. róng ❷碰挤，推开。《淮南子·氾论训》："相戏以刃者，太祖～其肘。"

3. fù ❸车箱外的立木。《史记·司马穰苴列传》"车之左駙"司马贞索隐："駙当作～，并音附，谓车循外立木，承重较之材。"

氄(毴、毧) rǒng 鸟兽为过冬而生长的细毛。《尚书·尧典》："厥民隩，鸟兽～毛。"陆游《初寒对酒》诗："晨起常教置一壶，色如鹅～滑如酥。"

rou

内(厹) 1. róu ❶兽足著地，践踏。今作"蹂"。《说文·内部》："～，兽足蹂地也。"

2. qiú ❷通"仇"。如"仇由"(春秋时国名)，亦作"内繇"、"厹由"。

厹 róu 见 qiú。

柔 róu ❶草木始生，稚嫩。《诗经·小雅·采薇》："采薇采薇，薇亦～止。"又《豳风·七月》："遵彼微行，爰求～桑。"❷柔软，柔弱。与"刚"相对。《老子·十章》："专气致～，能婴儿乎？"《荀子·劝学》："强自取柱，～自取束。"《后汉书·光武帝纪下》："吾理天下，亦欲以～道行之。"❸和，顺。《管子·四时》："然则～风甘雨乃至，百姓乃寿，百虫乃蕃。"《汉书·地理志下》:"然东夷天性~顺,异于三方之外。"❹安抚。《国语·齐语》:"宽惠~民,弗若也。"《后汉书·左雄传》:"臣闻~远和迩,莫大宁人。"❺通"辋"。车轮轮圈。《盐铁论·散不足》:"古者,椎车无~。"

【柔翰】 róuhàn 毛笔。左思《咏史》之一:"弱冠弄~~,卓荦观群书。"

【柔惠】 róuhuì 和柔仁惠。《诗经·大雅·崧高》:"申伯之德,~~且直。"

【柔嘉】 róujiā 温柔而美善。《诗经·大雅·烝民》:"仲山甫之德,~~维则。"(则:法度。)《国语·郑语》:"祝融亦能昭显天地之光明,以生~~材者也。"

【柔甲】 róujiǎ 草木初生的皮。梅尧臣《答水丘》诗:"虽怜~~长,只恐艳条稀。"

【柔克】 róukè 以和柔之道取胜。克,胜。《尚书·洪范》:"六、三德:一曰正直,二曰刚克,三曰~~。"《后汉书·郑兴传》:"宜留思~~之政,垂意《洪范》之法。"

【柔曼】 róumàn 柔媚艳丽。《汉书·佞幸传赞》:"~~之倾意,非独女德,盖亦有男色焉。"

【柔毛】 róumáo ❶祭祀用的羊。《礼记·曲礼下》:"凡祭宗庙之礼,牛曰一元大武,豕曰刚鬣,豚曰腯肥,羊曰~~。"❷指毛柔细的羔裘。《列子·杨朱》:"一朝处以~~绨幕,荐以粱肉兰橘,心痟体烦,内热生病矣。"(痟:忧烦。)

【柔祇】 róuqí 地的别称。祇,地神。古人认为地道阴柔,故称柔祇。谢庄《月赋》:"~~雪凝,圆灵水镜。"

【柔桡】 róuráo 柔弱的样子。司马相如《上林赋》:"~~嬛嬛,妩媚姌嫋。"亦作"柔扰"。成公绥《啸赋》:"或冉弱而~~,或澎濞而奔壮。"

【柔日】 róurì 古人以干支纪日,谓每十日有五刚五柔,亦即五阳五阴。以奇日(甲、丙、戊、庚、壬日)为刚日,以偶日(乙、丁、己、辛、癸日)为柔日。《礼记·曲礼上》:"外事以刚日,内事以~~。"

【柔茹】 róurú 柔懦。茹,通"懦"。《韩非子·亡徵》:"缓心而无成,~~而寡断。"

【柔握】 róuwò 美人纤柔的手。陶渊明《闲情赋》:"愿在竹而为扇,含凄飙于~~。"(凄飙:凉风。)

【柔远】 róuyuǎn 安抚远方的民族,使归顺。《尚书·舜典》:"~~能迩,惇德允元。"

【柔则】 róuzé 以柔顺为准则。古指女子的道德准则。《晋书·列女传赞》:"从容阴礼,婉娩~~。"

葇 róu 香草名,即香葇。《玉篇·艸部》:"~,香葇菜,苏类也。"

揉 róu ❶使木变形,或使曲,或使直。字亦作"煣"。《周易·系辞下》:"~木为耒。"《汉书·公孙弘传》:"臣闻~曲木者不累日,销金石者不累月。"⊗特指使直者变曲。《管子·七法》:"犹朝~轮而夕欲乘车。"❷使顺服,安抚。《诗经·大雅·崧高》:"~此万邦,闻于四国。"❸搓摩,揉搓。王建《照镜》诗:"暖手~双目,看图引四肢。"❹错杂,纷杂。《世说新语·文学》:"皆粲然成章,不相~杂。"

楺 róu 同"揉①"。使木变形。《战国策·秦策三》:"三人成虎,十夫~椎。"

辋(輮) róu ❶车轮外周。《周礼·考工记·车人》:"行泽者反~。"王褒《僮约》:"持斧入山,断~裁辕。"❷通"煣"。使木弯曲。《荀子·劝学》:"木直中绳,~以为轮,其曲中规。"㊀使物弯曲变形。《周易·说卦》:"坎为水,为沟渎,为隐伏,为矫~,为弓轮。"❸通"蹂"。践踏。《汉书·李广传》:"且[李]陵提步卒不满五千,深~戎马之地,抑数万之师。"

【辋轹】 róulì 车轮碾轧。《晋书·孙楚传》:"自以控弦十万,奔走之力,信能右折燕齐,左震扶桑,~~沙漠,南面称王。"

锞(鍒) róu 软铁,熟铁。《说文·金部》:"~,铁之耎也。"㊀弱。《抱朴子·疾谬》:"利口者扶强而党势,辩给者借~以刺瞂。"(瞂:盾。)

鶔(鶔) róu 鹂鶔。鸟名。

粿(粈、鈕) róu ❶杂饭。枚乘《七发》:"滋味杂陈,肴~错该。"❷混杂,错杂。《国语·楚语下》:"及少皞之衰也,九黎乱德,民神杂~,不可方物。"《楚辞·九章·怀沙》:"同~玉石兮,一概而相量。"

【粿莒】 róujǔ 混编。莒,通"旅",陈列。《战国策·刘向书录》:"所校中《战国策》书,中书馀卷,错乱相~~。"(中书:皇宫中的藏书。)

蝚 1. róu ❶昆虫名。属蝼蛄类。《尔雅·释虫》:"~,蛖蝼。"

2. náo ❷通"猱"。猴类动物。《管子·形势》:"夫虑事定物,辩明礼义,人之所长,而~猿之所短也。"

蹂 róu ❶践踏。《论衡·佚文》:"~蹈文锦于泥涂之中,闻见之者莫不痛心。"李格非《书〈洛阳名园记〉后》:"兵车~蹴,废而为丘墟。"❷通"揉"。以手揉搓。《诗经·大雅·生民》:"或簸或~。"

【蹂辚】 róulìn 同“蹂躏”。践踏。辚，同“躏”，车轮辗压。《后汉书·杜笃传》：“东攡乌桓，～～涉貊。”（攡：灭。乌桓、涉貊：均少数民族名。）

【蹂躏】 róulìn 践踏。《汉书·王商传》：“京师民无故相惊，言大水至，百姓奔走相～～。”亦作“蹂蹸”。《后汉书·班固传》：“～～其十二三，乃拗怒而少息。”（拗：抑制。）

【蹂若】 róuruò 践踏。司马相如《上林赋》：“徒车之所辚轹，乘骑之所～～，人民之所蹈籍。”（辚轹：辗轧。籍：践踏。）

鞣 róu ❶柔软。《说文·革部》：“～，耎也。”❷柔革，熟皮。《广韵·尤韵》：“～，熟皮。”

煣 rǒu 以火烤木使之弯曲。《汉书·食货志上》：“斲木为耜，～木为耒。”

肉（宍、宂） ròu ❶动物的肉。《孟子·梁惠王上》：“君子之于禽兽也，见其生，不忍见其死；闻其声，不忍食其～。”《古诗源·弹歌》：“断竹续竹，飞土逐～。”❷人体的肌肉。《国语·晋语四》：“若无所济，吾食舅氏之～，其知餍乎！”❸某些蔬菜水果去皮核后可食部分。白居易《荔枝图序》：“瓤～莹白如冰雪。”❹古代圆形有孔的钱币、玉器的边体。《汉书·律历志上》：“圜而环之，令之～倍好者，周旋无端，终而复始，无穷已也。”（颜师古注：“体为肉，孔为好。”）曾巩《本朝政要策·正量衡》：“以开元通宝钱～好周均者校之，十分为钱，十钱为两。”❺指乐音的浑厚圆润。《礼记·乐记》：“使其曲直、繁瘠、廉～、节奏足以感动人之善心而已矣。”欧阳修《书梅圣俞稿后》：“然抱其器，知其声，节其廉～而调其律吕，如此者工之善也。”❻指人的歌声。张岱《陶庵梦忆·西湖七月半》：“名妓闲僧，浅斟低唱，弱管轻丝，～竹相发。”（竹：管乐。）

【肉骨】 ròugǔ 使白骨上再生肌肉，即起死回生。常喻厚恩。《左传·襄公二十二年》：“吾见申叔，夫子所谓生死而～～也。”欧阳修《代辞胥学士启》：“永怀～～之私，宁指捐躯之报。”

【肉好】 ròuhào ❶乐音宏美。《史记·乐书》：“宽裕～～顺成和动之音作，而民慈爱。”❷圆形有孔的玉器和钱币的体与孔。《尔雅·释器》：“肉倍好谓之璧，好倍肉谓之瑗，～～若一谓之环。”

【肉角】 ròujiǎo 传说麒麟头上生肉角，故称麒麟为肉角之兽。扬雄《剧秦美新》：“来仪之鸟，～～之兽。”（来仪之鸟：凤凰。）

【肉糜】 ròumí 肉粥。《晋书·惠帝纪》：“及天下荒乱，百姓饿死，帝曰：‘何不食～～？’其蒙蔽皆此类也。”

【肉袒】 ròutǎn 脱去上衣，露出肢体，以示降服或谢罪。《史记·宋微子世家》：“周武王伐纣克殷，微子乃持其祭器造于军门，～～面缚，左牵羊，右把茅，膝行而前以告。”（面缚：反手缚于背而面向前。）又《廉颇蔺相如列传》：“廉颇闻之，～～负荆，因宾客至蔺相如门谢罪。”

【肉刑】 ròuxíng 摧残肉体的刑罚，分墨（在额上刺字后涂以墨）、劓（割鼻）、刖（断足）、宫（破坏生殖器官）等类。《史记·孝文本纪》：“今法有～～三，而奸不止，其咎安在？”

ru

如 rú ❶遵从，依照。《史记·夏本纪》：“不～言，刑从之。”又《周本纪》：“成王在丰，使召公复营洛邑，～武王之意。”又《绛侯周勃世家》：“高皇帝约‘非刘氏不得王，非有功不得侯。不～约，天下共击之’。”㊀依归。《庄子·人间世》：“轻用民死，死者以国量乎泽，若蕉，民其无～矣！”（国：衍文。蕉：草芥。）❷往，到……去。《国语·周语中》：“陈灵公与孔宁、仪行父南冠以～夏氏。”《管子·大匡》：“公将～齐，与夫人皆行。”《史记·封禅书》：“天子亲～五利之第。”❸像，如同。《国语·周语上》：“川壅而溃，伤人必多，民亦～之。”《汉书·高帝纪上》：“高祖乃谢曰：‘诚～父言，不敢忘德。’”❹及，比得上。《老子·五章》：“多言数穷，不～守中。”《汉书·高帝纪上》：“臣少好相人，相人多矣，无～季相，愿季自爱。”（季：指刘邦。）㊀不如。《公羊传·隐公元年》：“母欲立之，已杀之，～勿与而已矣。”（杜预注：“如即不如，齐人语也。”）❺宜，应当。《左传·昭公二十一年》：“君若爱司马，则～亡。”《孟子·公孙丑下》：“孟子将朝王，王使人来曰：‘寡人～就见者也，有寒疾，不可以风。’”❻奈。《诗经·齐风·南山》：“析薪～之何？匪斧不克。”《孟子·梁惠王下》：“君～彼何哉？强为善而已矣。”❼连词。假如。《孟子·梁惠王上》：“王～知此，则无望民之多于邻国也。”❽连词。通“而”。《荀子·儒效》：“乡是～不臧，倍是～不亡者，自古及今，未尝有也。”❾连词。与，和。《仪礼·乡饮酒礼》：“公～大夫入。”《史记·平原君虞卿列传》：“予秦地～毋予，孰吉？”❿连词。或者。《论语·先进》：“宗庙之事，～会同，端章甫，愿为小相焉。”⓫形容词词尾。相当于“……的样子”。《汉书·石奋传》:"子孙胜冠者在侧,虽燕必冠,申申～也。"⑫介词。于。《吕氏春秋·爱士》:"人之困穷,甚～饥寒。"⑬姓。

【如干】 rúgān 犹若干。表示不定数。任昉《王文宪集序》:"是用缀缉遗文,永贻世范,为～～帙,～～卷。"

【如何】 rúhé ❶怎样。《诗经·小雅·庭燎》:"夜～～其?夜未央。"(其:表疑问语气的助词。)❷怎么办。《诗经·豳风·伐柯》:"伐柯～～?匪斧不克,取妻～～?匪媒不得。"❸为什么。《左传·僖公二十二年》:"伤未及死,～～勿重?"

【如簧】 rúhuáng ❶如笙鼓簧。簧,乐器里边的能震颤的发声薄片。比喻巧舌。《诗经·小雅·巧言》:"巧言～～,颜之厚矣。"❷同"茹黄"。猎犬名。《抱朴子·君道》:"烹～～以谥司原之箴。"

【如来】 rúlái 佛的十种法号之一。梵语云多陀阿伽陀。义为如实道来而成正觉。谢灵运《庐山慧远法师诔》:"仰弘～～,宣扬法雨。"

【如如】 rúrú ❶佛家语。犹"真如"。谓永恒常在的实体、实性。引申为常在。贾岛《寄无得头陀》诗:"落涧水声来远远,当空月色自～～。"❷恭顺儒雅的样子。陈所闻《玉抱肚·怀李玉真》曲:"～～风范,幸龙门当年得攀。"

【如是】 rúshì 如此,这样。《孟子·公孙丑下》:"其尊德乐道,不～～,不足与有为也。"

【如馨】 rúxīn 同"宁馨"。如此,这样。《世说新语·方正》:"桓大司马诣刘尹,卧不起。桓弯弹弹刘枕,丸迸碎床褥间。刘作色而起,曰:'使君～～地,宁可斗战求胜!'桓甚有恨容。"

【如许】 rúxǔ ❶如此,这样。朱熹《观书有感》诗:"问渠那得清～～,为有源头活水来。"(渠:它。)❷这么些。姚燧《凭阑人》曲:"这些兰叶舟,怎装～～愁。"

【如台】 rúyí 犹"奈何"。怎么办,为什么。《尚书·西伯戡黎》:"今王其～～?"《后汉书·班固传》:"今其～～而独阙也!"

【如意】 rúyì ❶满意,如愿。《汉书·京房传》:"臣疑陛下虽行此道,犹不得～～。"❷器物名。古代如意亦名搔杖,柄端作手指形,用以搔痒,可如人意,故名如意。近代如意柄端多作芝形、云形,以供玩赏,名如意,取其吉祥之意。又和尚所持如意,柄端作云叶状,记经文,备宣讲佛经之用。《南史·韦叡传》:"虽临阵交锋,常缓服乘舆,执竹～～以麾进止。"

【如字】 rúzì 训诂术语。一字有两个或两个以上读音,依本音读叫"如字"。《庄子·逍遥遊》:"且适南冥也。"陆德明《释文》:"'且适'如字,旧子馀反。"(此谓"且"读本音,旧读"且"为子馀反。)

【如椽笔】 rúchuánbǐ 犹言大手笔。指重要的文字,如朝廷诏令文书。语出《晋书·王珣传》:"珣梦人以大笔如椽与之。既觉,语人云:'此当有大手笔事。'俄而帝崩,哀册谥议,皆珣所草。"又指文章大家,喻其笔力雄健。程钜夫《和寅夫惠教游鼓山诗》:"烦公更泚～～～,摹写云天不尽容。"

【如夫人】 rúfūrén 原意指地位如同夫人,后作为妾的别称。《左传·僖公十七年》:"齐侯好内,多内宠,内嬖～～～者六人。"《儒林外史》二十三回:"他第七位～～～有病,医生说是寒症。"

【如律令】 rúlǜlìng 汉代公文用语。表示要对方按公文所示办理,按律令行事。《史记·三王世家》:"御史大夫[张]汤下丞相,丞相下中二千石,二千石下郡太守、诸侯相,丞书从事下当用者。～～～。"后道士画符念咒亦仿官方文书,末用"如律令"或"急急如律令"。

【如汤沃雪】 rútāngwòxuě 比喻办事容易。汤,热水。沃,浇。枚乘《七发》:"小饭大歠,～～～～。"(歠:饮,啜。)

【如坐云雾】 rúzuòyúnwù 比喻昏聩。《颜氏家训·勉学》:"及有吉凶大事,议论得失,蒙然张口,～～～～;公私宴集,谈古赋诗,塞默低头,欠伸而已。"

茹 rú ❶吃。《三国志·蜀书·许靖传》:"行经万里,不见汉地,漂薄风波,绝粮～草,饥殍荐臻,死者大半。"㉄含。《颜氏家训·文章》:"衔酷～恨,彻于心髓。"❷蔬菜的总称。《后汉书·杜林传》:"果桃菜～之馈,集以成臧,小事无妨于义,以为大戮,故国无廉士,家无完行。"(臧:通"赃"。)❸相牵引的样子。《周易·泰》:"拔茅～以其汇,征吉。"(以:及。汇:类。征:征兆。)❹柔软。《韩非子·亡徵》:"缓心而无成,柔～而寡断。"❺度量,估计。《诗经·邶风·柏舟》:"我心匪鉴,不可以～。"(鉴:镜。)又《小雅·六月》:"猃狁匪～,整居焦获。"(焦获:地名。)❻腐臭。《吕氏春秋·功名》:"以～鱼去蝇,蝇愈至,不可禁。"❼姓。

【茹笔】 rúbǐ 制毛笔。茹,含。旧时制笔须含毫,使笔毫浑圆有锋,故称制笔为茹笔。梁同书《笔史》:"制笔谓之～～,盖言其含豪终日也。"

【茹黄】 rúhuáng 猎犬名。《吕氏春秋·直谏》："先王卜以臣为葆，吉。今王得～～之狗，宛路之矰，畋三月不反。"

【茹荤】 rúhūn 吃辛辣食物或鱼肉。《庄子·人间世》："[颜]回之家贫，唯不饮酒不～～者数月矣。"《宋史·郭琮传》："居常不过中食，绝饮酒～～者三十年，以祈母寿。"

【茹藘】 rúlǘ 即茜草。亦名"茅蒐"。根可作绛色染料。《诗经·郑风·东门之墠》："东门之墠，～～在坂。"（墠：清除过的供祭祀用的地面。）

【茹古涵今】 rúgǔhánjīn 通晓古今。皇甫湜《韩文公墓志铭》："～～～～，无有端涯，浑浑灏灏，不可窥校。"

【茹毛饮血】 rúmáoyǐnxuè 指远古之时不知熟食，捕到鸟兽则连毛带血而食。萧统《文选序》："冬穴夏巢之时，～～～～之世。"

帤 rú ❶大巾。《方言》卷四："大巾谓之帉。嵩岳之南，陈、颍之间谓之～。"㊀破旧的巾。《新唐书·李叔明传》："僧尼～秽，皆天下不逞，苟避征役，于乱人甚。"❷弓干正中的衬木。《周礼·考工记·弓人》："厚其～则木坚，薄其～则需。"

挐 1. rú ❶牵连，连续。《汉书·严安传》："祸～而不解，兵休而复起。"《新唐书·回鹘传下》："回鹘遣宰相伐之，不胜，～斗二十年不解。"❷纷乱，杂乱。《楚辞·九辩》："叶菸邑而无色兮，枝烦～而交横。"（菸邑：枯萎的样子。）《淮南子·览冥训》："美人～首墨面而不容。"（挐首：头发蓬乱。）㊀糅，掺杂。《楚辞·招魂》："稻粢穱麦，～黄粱些。"❸姓。

2. ná ❹通"拿"。执持。扬雄《羽猎赋》："熊罴之～攫，虎豹之凌遽。"《梁书·滕昙恭传》："宣城宛陵有女子与母同床寝，母为猛虎所搏，女号叫～虎。"

袽 rú 败絮。《周易·既济》："繻有衣～，终日戒。"

鴽（鴽） rú 鸟名。即"鹌鹑"。《礼记·月令》："桐始华，田鼠化为～。"

蒘 rú 见"藘蒘"。

鮋（鮋） rú 见"鮋魮"。

【鮋魮】 rúpí 鱼名。《山海经·西山经》："滥水出于其西，西流注于汉水。多～～之鱼，其状如覆铫，鸟首而鱼翼鱼尾，音如磬石之声，是生珠玉。"

濡 rú ❶同"濡"。沾湿。《庄子·大宗师》："相～以沫，不如相忘于江湖。"❷通"儒"。儒家。《隶释·修尧庙碑》："滋滋汲汲，诲人不倦，海内称之曰～术之宗。"

蕠 rú ❶草名。"茹藘"亦作"蕠藘"。参见"茹藘"。❷粘著。《史记·张释之冯唐列传》："以北山石为椁，用纻絮斫陈，～漆其间，岂可动哉！"（斫陈：将纻絮敲塞于棺椁之间。）

儒 rú ❶周代掌握诗书礼乐射御等知识技艺，担任教育、礼仪等方面职务的人。《周礼·天官·太宰》："四曰～，以道得民。"《论语·雍也》："女为君子～，无为小人～。"秦汉时亦称术士为儒。《汉书·司马相如传》："相如以为列仙之～居山泽间，形容甚臞，此非帝王之仙意也，乃遂奏《大人赋》。"（注："儒，柔也，术士之称也。凡有道术者皆为儒。"）㊀泛指读书人、学者。刘禹锡《陋室铭》："谈笑有鸿～，往来无白丁。"❷孔子创立的学派。《墨子·公孟》："～之道足以丧天下者，四政焉。"（四政：指儒家的不敬鬼神、厚葬久丧、弦歌鼓舞、相信天命等主张。）《孟子·尽心下》："逃墨必归杨，逃杨必归～。"㊀指信奉儒家学说的人。《荀子·儒效》："用雅～，则千乘之国安；用大～，则百里之地久。"❸柔顺。《素问·皮部论》："少阴之阴，名曰枢～。"❹通"懦"。懦弱。《荀子·修身》："劳苦之事，则偷～转脱。"❺姓。

【儒儿】 rú'ér 强颜欢笑的样子。《楚辞·卜居》："宁超然高举以保真乎？将哫訾栗斯，喔咿～～，以事妇人乎？"

【儒冠】 rúguān ❶儒生戴的帽子。《史记·郦生陆贾列传》："沛公不好儒，诸客冠～～来者，沛公辄解其冠，溲溺其中。"❷指儒生。杜甫《奉赠韦左丞丈二十二韵》："纨袴不饿死，～～多误身。"

【儒家】 rújiā 在我国封建社会占统治地位的以孔子为宗师的学派。《汉书·艺文志》："～～者流……游文于六经之中，留意于仁义之际，祖述尧舜，宪章文武，宗师仲尼。"

【儒将】 rújiàng 有儒士风度的将领。苏辙《次韵王君北都偶成》之一："千夫奉～～，百兽伏麒麟。"

【儒巾】 rújīn 古代读书人戴的一种头巾。明代通称方巾，为生员的服饰。林景熙《元日得家书喜》诗："爆竹声残事事新，独怜临镜尚～～。"

【儒吏】 rúlì 儒生出身的吏员。《汉书·朱博传》："文学～～时有奏记称说云云。"

【儒林】 rúlín ❶儒家学者之群。《后汉书·儒林传序》："今但录其能通经名家者，以为～～篇。"❷儒家著作。曹植《魏德论》："既游精于万机，探幽洞深；复逍遥乎六艺，兼览～～。”❸学官。《南史·朱文济传》：“自卖以葬母，太守谢瀹命为～～，不就。”

【儒人】 rúrén 犹儒士。《史记·郦生陆贾列传》：“沛公敬谢先生，方以天下为事，未暇见～～也。”

【儒儒】 rúrú 局促的样子。杨奂《东游记》：“吁！二三千里之远，今一举而至，与其终身拘拘～～于二百里内者，不亦异乎？”

【儒生】 rúshēng 通晓儒家经书的人。《论衡·程材》：“谓文吏更事，～～不习，可也；谓文吏深长，～～浅短，知妄矣。”参见“儒士”。

【儒士】 rúshì 信奉孔子学说的人。后泛称读书人。《抱朴子·审举》：“兵兴之世，武贵文寝，俗人视～～如仆虏，见经诰如芥壤者，何哉？由于声名背乎此也。”

【儒术】 rúshù 儒家学术。《史记·孝武本纪》：“会窦太后治黄老言，不好～～，使人微得赵绾等奸利事，召案［赵］绾、［王］臧，绾、臧自杀，诸所兴为者皆废。”

【儒素】 rúsù ❶儒者的品德操行。《三国志·魏书·袁涣传》：“［袁］霸弟徽，以～～称。”❷宿儒，名儒。《晋书·徐邈传》：“邈即东州～～，太傅谢安举以应选。”❸儒学。《宋书·自序》：“仪笃学有雅才，以～～自业。”

【儒酸】 rúsuān 形容读书人贫窘、迂腐之态。陆游《客自凤州来言岐雍间事怅然有感》诗：“会须一洗～～态，猎罢南山夜下营。”

【儒先】 rúxiān ❶儒学先生。《史记·匈奴列传》：“匈奴俗，见汉使非中贵人，其～～，以为欲说，折其辩；其少年，以为欲刺，折其气。”❷先儒，儒家先辈。李贽《题孔子像于芝佛院》：“父师非真知大圣与异端也，以所闻于～～之教者熟也；～～亦非真知大圣与异端也，以孔子有是言也。”

【儒行】 rúxíng ❶儒家的道德规范、行为准则。刘峻《辨命论》：“［刘］瓛则关西孔子，通涉六经，循循善诱，服膺～～。”（则：以为榜样。关西孔子：指后汉杨震。）❷斯斯文文地行走。班固《奕旨》：“逡巡～～，保角依旁。”

【儒学】 rúxué ❶儒家学说。《史记·老子韩非列传》：“世之学老子者绌～～，～～亦绌老子。”韩愈《唐故河南令张君墓志铭》：“皇考讳郇，以～～进，官至侍御史。”❷元、明、清在各府、州、县设立的学校。汤显祖《牡丹亭·腐叹》：“自家南安府～～生员陈最良，表字伯粹。”（生员：俗称秀才。）

【儒雅】 rúyǎ ❶博学的儒士。《后汉书·章帝纪》：“朕咨访～～，稽之典籍，以为王者生杀，宜顺时气。”❷儒家学术。《汉书·张敞传》：“其政颇杂～～，往往表贤显善，不醇用诛罚。”❸风度温文尔雅。《三国志·魏书·刘表传》：“表虽外貌～～，而心多疑忌，皆此类也。”❹文辞典雅。《文心雕龙·史传》：“其十志该富，赞序弘丽，～～彬彬，信有遗味。”

【儒医】 rúyī 儒生行医者。洪迈《夷坚甲志》卷二：“有蕲人谢与权，世为～～。”

【儒宗】 rúzōng 儒者的宗师，即被尊崇的儒家学者。《汉书·萧望之传赞》：“望之堂堂，折而不桡，身为～～，有辅佐之能，近古社稷臣也。”

【儒林丈人】 rúlínzhàngrén 对博学儒生的尊称。《三国志·魏书·高贵乡公髦纪》注引《晋诸公赞》：“帝常与中护军司马望、侍中王沈、散骑常侍裴秀、黄门侍郎钟会等讲宴于东堂，并属文论。名［裴］秀为～～～～，［王］沈为文籍先生，望、会亦各有名号。”

濡 1. rú ❶沾湿，浸渍。《诗经·邶风·匏有苦叶》：“济盈不～轨，雉鸣求其牡。”《史记·刺客列传》：“以试人，血～缕，人无不立死者。”❷潮湿。《韩非子·内储说上》：“人涂其体、被～衣而走火者，左三千人，右三千人。”《礼记·曲礼上》：“～肉齿决，干肉不齿决。”❸迟缓，滞留。《孟子·公孙丑下》：“千里而见王，不遇故去，三宿而后出昼，是何～滞也。”江淹《郊外望秋答殷博士》诗：“云精无永滞，水碧岂惭～？”❹柔软，柔顺。《淮南子·说山训》：“厉利剑者必以柔砥，击钟磬者必以～木。”❺尿。《史记·扁鹊仓公列传》：“病方今客肾～，此所谓肾痹也。”❻水名。1)北濡水。发源于河北省易县西北，下与易水会合。后湮。《左传·昭公七年》：“二月戊午，盟于～上。”2)南濡水。发源于河北省顺平县西北。《汉书·地理志下》：“蒲阳山，蒲水所出，东入～。”3)广西修江的支流，发源于荔浦县北，南流入修江。

2. ér ❼同“胹”。烹煮食物。《礼记·内则》：“～鸡，醢酱实蓼。”

3. nuán ❽水名。今河北滦河。《汉书·地理志下》：“玄水东入～水。”

【濡迹】 rújì 滞留。陆机《门有车马客行》：“念君久不归，～～涉江湘。”

【濡忍】 rúrěn 柔顺含忍。《史记·刺客列传》：“乡使政诚知其姊无～～之志，不重暴骸之难，必绝险千里以列其名，姊弟俱僇于韩市者，亦未必敢以身许严仲子也。”

【濡首】 rúshǒu 沉湎于酒。《周易·未济》：“象曰：‘饮酒～～，亦不知节也。’”谓饮酒过度，使酒湿首。后以濡首谓沉湎于酒致失本性。《晋书·庾纯传》：“《易》戒～～，《论》诲酒困，而臣闻义不服，过言盈庭，黩慢台司，违犯宪度，不可以训。”

【濡需】 rúxū 苟安。《庄子·徐无鬼》：“～～者，豕虱者是也。”

薷 rú 草名。即香薷。茎叶有香味，种子可榨油，全草可入药。《集韵·尤韵》：“葇，香葇，菜名。或作～。”

嚅 rú 见“嚅唲”、“嚅嗫”。

【嚅唲】 rú'ér 强笑的样子。屈原《卜居》：“将哫訾慄斯，喔咿～～以事妇人乎!”（依《文选》。）参见“儒儿”。

【嚅嗫】 rúniè 同“嗫嚅”。欲言又止的样子。沈辽《德相送荆公三诗用元韵戏为之》：“世人所钦慕，有口空～～。”

獳 rú 见 nòu。

繻（繻） rú （又读 xū） ❶彩色的缯。《说文·糸部》：“～，缯采也。”❷古代作通行证用的帛制凭证。《汉书·终军传》：“[终]军从济南当诣博士，步入关，关吏予军～。”❸通“襦”。短袄。《周易·既济》：“～有衣袽，终日戒。”《南史·康绚传》：“在省每寒月，见省官有繿缕者，辄遣遗以～衣。”

孺 1. rú ❶幼童。见“孺子”。❷亲睦。《诗经·小雅·常棣》：“兄弟既具，和乐且～。”❸见“孺人”。

2. rù ❹通“乳”。孵生。《庄子·天运》：“乌鹊～，鱼傅沫。”

【孺人】 rúrén ❶大夫的妻。《礼记·曲礼下》：“天子之妃曰后，诸侯曰夫人，大夫曰～～，士曰妇人，庶人曰妻。”宋代用为通直郎以上官员之母或妻的封号，明清为七品官之母或妻的封号。❷妻的通称。江淹《恨赋》：“左对～～，顾弄稚子。”

【孺子】 rúzǐ ❶儿童。《尚书·金縢》：“武王既丧，管叔及其群弟乃流言于国，曰：‘公将不利于～～。’”❷贵族妾的称号。《韩非子·外储说右上》：“薛公相齐，齐威王夫人死，有十～～，皆贵于王，薛公欲知王所欲立，而请置一人以为夫人。”《汉书·王子侯表上》：“东城侯遗为～～所杀。”

臑 rú 见 nào。

襦 rú ❶短袄，短衣。古诗《陌上桑》：“缃绮为下裙，紫绮为上～。”苏轼《喜雨亭记》：“使天而雨珠，寒者不得以为～。”❷小儿涎衣，俗称围嘴。白居易《阿崔》诗：“腻剃新胎发，香绷小绣～。”❸细密的罗网。《周礼·夏官·罗氏》：“蜡则作罗～。”（蜡：蜡祭之月，即农历冬十二月。）

颥（顬） rú 见“颞颥”。

蠕（蝡） rú（旧读 ruǎn） 虫爬行的样子。《史记·匈奴列传》：“元元万民，下及鱼鳖，上及飞鸟，跂行喙息，～动之类，莫不就安利而辟危殆。”㉃微动。《荀子·劝学》：“端而言，～而动，一可以为法则。”

【蠕蠕】 rúrú ❶虫爬行的样子。李贺《感讽》诗之一：“越妇未织作，吴蚕始～～。”❷古代北方少数民族名。《魏书》有《蠕蠕传》。

醹 rú 酒味醇厚。《诗经·大雅·行苇》：“曾孙维主，酒醴维～。”（曾孙：周代贵族对神自称曾孙。维主：做主人。）

女 rǔ 见 nǚ。

汝 rǔ ❶水名。源出河南鲁山县，流经上蔡、汝南等，入淮水。《左传·成公十七年》：“楚公子申救郑，师于～上。”❷第二人称代词，你。《战国策·秦策一》：“长者詈～，少者和～，～何为取长者?”

【汝曹】 rǔcáo 你们。多用于长辈称呼后辈。杜甫《渡江》诗：“戏问垂纶客，悠悠见～～。”

【汝坟】 rǔfén 汝水上的堤防。《诗经·周南·汝坟》：“遵彼～～，伐其条枚。”（枚：枝。）

乳 rǔ ❶产子。《汉书·刑法志》：“年八十以上，八岁以下，及孕者未～，师，侏儒当鞠系者，颂系之。”（颂系：入狱而不加刑具。颂，宽容。）㉃刚产子的，哺乳期的。见“乳虎”。㉃刚生出的，幼小的。鲍照《咏采桑》：“～燕逐草虫，巢蜂拾花药。”❷乳房。魏学洢《核舟记》：“佛印绝类弥勒，袒胸露～。”㉃像乳房的。《徐霞客游记·滇游日记》：“上多倒垂之～。”（乳：钟乳石。）❸乳汁。王安石《后元丰行》：“鲥鱼出网蔽洲渚，荻笋肥甘胜牛～。”❹哺乳，喂奶。《汉书·张骞传》：“还，见狼～之。”❺饮，服食。《后汉书·王允传》：“吾为人臣，获罪于君，当伏大辟以谢天下，岂有～药求死乎!”

【乳媪】 rǔ'ǎo 乳母。《新唐书·元德秀传》：“兄子襁褓丧亲，无资得～～，德秀自乳之。”

【乳保】 rǔbǎo ❶幼小。《旧唐书·郭承嘏传》："承蝦生而秀异，～～之年，即好笔砚。"❷乳母。李德林《天命论》："幼在～～之怀，忽睹为龙，惧而失抱。"

【乳虎】 rǔhǔ ❶刚产子的母虎。《后汉书·樊晔传》："宁见～～穴，不入冀府寺。"（冀：地名，指天水。府寺：太守官署。）❷幼虎。陆游《秋晚》诗："老罴尚欲身当道，～～何疑气食牛。"

【乳女】 rǔnǚ 幼女。杜牧《题村舍》诗："三树稚桑春未到，扶床～～午啼饥。"

【乳气】 rǔqì 稚气。白居易《阿崔》诗："～～初离壳，啼声渐变雏。"

【乳人】 rǔrén 乳母。《南齐书·宣孝陈皇后传》："太祖年二岁，～～乏乳。"

【乳臭】 rǔxiù 奶腥气，指年幼无知。《汉书·高帝纪上》："王曰：'是口尚～～，不能当韩信。'"

【乳医】 rǔyī 接生婆。《汉书·霍光传》："显爱小女成君，欲贵之，私使～～淳于衍行毒药杀许后。"

辱 rǔ ❶耻辱。《荀子·荣辱》："先义而后利者荣，先利而后义者～。"❷侮辱。《汉书·高帝纪上》："楚军不出，使人～之数日。"❸屈辱，辱没。《左传·襄公三十年》："使吾子～在泥涂久矣。"㊀谦词。承蒙。穆修《答乔适书》："近～书并示文十篇，始终读之，其命意甚高。"（辱书：蒙你写信给我。）❹通"黷"。垢黑。《老子·四十一章》："上德若谷，大白若～。"❺通"缛"。繁。《管子·版法》："民不足，令乃～；民若殃，令不行。"

鄏 rǔ 郏鄏，地名。即周之雒邑，春秋时称王城，在今洛阳市。《左传·宣公三年》："成王定鼎于郏～。"

擩 1. rǔ ❶染，浸染。《周礼·春官·大祝》："六曰～祭。"（郑玄注："以肝肺菹擩盐醢中以祭也。"）韩愈《清河郡公房公墓碣铭》："目～耳染，不学以能。"

2. ruán ❷两手相揉摩。见"擩哜"。

【擩哜】 ruánjì 比喻研求，品味。哜，尝。《新唐书·文艺传序》："大历、贞元间，美才辈出，～～道真，涵泳圣涯。"

入 rù ❶进入，与"出"相对。《史记·孝文本纪》："后六年冬，匈奴三万人～上郡，三万人～云中。"❷纳入，使进入。《孙子·九地》："敌人开阖，必亟～之。"《史记·周本纪》："四年，晋率诸侯～敬王于周，子朝为臣，诸侯城周。"❸交纳，进献。《史记·平准书》："[桑]弘羊又请令吏得～粟补官及罪人赎罪。"又《秦本纪》："三十二年，相穰侯攻魏，至大梁，破暴鸢，斩首四万，鸢走，魏～三县请和。"❹收入。《韩非子·难二》："丈夫尽于耕农，妇人力于织纴，则～多。"柳宗元《捕蛇者说》："竭其庐之～。"❺与"出"并用，"入"言内，"出"言外。《孟子·告子下》："～则无法家拂士，出则无敌国外患者，国恒亡。"❻合乎。朱庆馀《闺意献张水部》诗："妆罢低声问夫婿，画眉深浅～时无？"❼入声。古汉语四声之一。音短促而急，一发即收。今普通话无入声，古入声字分化为阴平、阳平、上声、去声。部分方言仍保留入声。

【入耳】 rù'ěr 悦耳，中听。萧统《文选序》："众制锋起，源流间出，譬陶、匏异器，并为～～之娱。"

【入贡】 rùgòng ❶向朝廷进献土产方物。《史记·孝文本纪》："朕闻古者诸侯建国千馀，各守其地，以时～～，民不劳苦，上下欢欣，靡有遗德。"❷贡士入京参加会试。齐己《荆州贯休大师旧房》诗："～～文儒来请益，出官卿相驻过寻。"

【入彀】 rùgòu ❶进入弓箭的射程之内。比喻就范，入其网罗。《唐摭言·述进士上篇》："[唐太宗]尝私幸端门，见新进士缀行而出，喜曰：'天下英雄入吾彀中矣！'"后称科举应试中式为入彀。范仲淹《赠户部郎中许公墓志铭》："翘翘～～，郁郁登瀛。"❷比喻中圈套。李渔《凰求凤·先醋》："怕甚么良缘难遂，只要你赚鸳鸯，引他～～，便是良媒。"❸入神。《老残游记》十回："子平本会弹十几调琴曲，所以听得～～。"

【入官】 rùguān ❶做官。《尚书·周官》："学古～～，议事以制，政乃不迷。"❷没收罪犯财物。即充公。《梁书·明山宾传》："有司追责，籍其宅～～。"

【入话】 rùhuà 宋元话本在讲主要故事之前插讲的，用以引入正题的诗词、小故事，叫入话。《醒世恒言·徐老仆义愤成家》："适来小子道这段故事，原是～～，还未曾说到正传。"

【入流】 rùliú ❶列入流品。《南齐书·王僧虔传》："谢灵运书乃不伦，遇其合时，亦得～～。"（书：书法。）❷旧时官阶在九品以内的叫流内，九品以外的叫流外。由九品以外进入九品以内称"入流"。《新唐书·刘祥道传》："今取士多且滥：～～岁千四百，多也；杂色～～，未始铨汰，滥也。"

【入泮】 rùpàn 明、清时学童考进县学为生员（即考中秀才）称入泮。《聊斋志异·婴宁》："[王子服]早孤，绝慧，十四～～。"

【入室】 rùshì 学问技艺入于精深的境界。语出《论语·先进》："由也升堂矣，未入于室也。”(由:仲由,孔子学生。)《汉书·艺文志》:“如孔氏之门人用赋也,则贾谊登堂,相如～～矣。”杜甫《丹青引》:“弟子韩幹早～～,亦能画马穷殊相。”

【入手】 rùshǒu ❶到手。白居易《闻杨十二新拜省郎遥以诗贺》:“官职声名俱～～,近来诗客似君稀。”❷着手,下手。纪君祥《赵氏孤儿》楔子:“俺二人文武不和,常有伤害赵盾之心,争奈不能～～。”❸起始。曹伯启《寄高文甫治书略寓自勉之意》诗:“新春将～～,归计定如何?”

【入务】 rùwù ❶着手处理。白居易《晚兴》诗:“将吏随衙散,文书～～稀。”❷止酒不饮。宋代掌税之官名酒务,因亦称酒店为酒务,谓止酒不饮为入务。苏轼《七月五日》诗:“避谤诗寻医,畏病酒～～。”

【入庠】 rùxiáng 明清时儒生经考试进入府、县学为生员,谓之入庠。沈德符《万历野获编·征梦·甲戌状元》:“杏源自梦谴后,即得心疾,亦～～为诸生,而性理狂错。”

【入月】 rùyuè ❶女子月经来临。张泌《妆楼记》:“红潮,谓桃花癸水也,又名～～。”王建《宫词》之四六:“密奏君王知～～,唤人相伴洗裙裾。”❷妇女怀孕足月。吴自牧《梦粱录·育子》:“杭城人家育子,如孕妇～～期将届,外舅姑家以银盆或彩盆,盛粟秆一束,上以锦或纸盖之……送至婿家。”

【入直】 rùzhí 旧时官吏入宫值班。《梁书·昭明太子传》:“时太子年幼,依旧居于内,拜东宫官属,文武皆～～永福省。”杜甫《送顾八分适洪吉州》诗:“三人并～～,恩泽各不二。”

【入子】 rùzǐ 指随母再嫁到后父家中的子女。《周礼·地官·媒氏》:“凡娶判妻～～者皆书之。”(判妻:指离婚妇女。)

【入木三分】 rùmùsānfēn 指笔力劲健。《说郛》卷八七引张怀瓘《书断·王羲之》:“王羲之书祝板,工人削之,笔～～～～。”(祝板:祭祀时写祝词的木板。笔:此指笔墨痕迹。)后以喻议论深刻。赵翼《杨雪珊自长垣归来出示近作叹赏不足诗以志爱》:“～～～～诗思锐,散霞五色物华新。”

【入主出奴】 rùzhǔchūnú 尊崇一种说法,必然排斥另一种说法。语出韩愈《原道》:“其言道德仁义者,不入于杨,则入于墨;不入于老,则入于佛。入于彼,必出于此。入者主之,出者奴之。”后用以指门户之见。《明史·马孟祯传》:“臣子分流别户,～～～～,爱憎由心,雌黄信口,流言蜚语,腾入禁庭,此士习可虑也。”

洳 rù ❶低湿的地方。司马光《稷下赋》:“譬若兰芷蒿莎,布濩于云梦之～。”❷水名。源出于北京密云县,经河北三河县入泃河。《水经注·鲍丘水》:“泃水又东南径平谷县故城东南与～河会。”

傉 rù 姓氏用字。鲜卑族有复姓库傉官。《玉篇·人部》:“～,虏三字姓有库傉官。”

溽 rù ❶湿,润。郭璞《江赋》:“林无不～,岸无不津。”⑵湿热,闷热。袁桷《上京杂咏》:“午～曾持扇,朝寒却衣绵。”❷(味)浓厚。《礼记·儒行》:“其饮食不～。”

【溽暑】 rùshǔ 又湿又热的气候。《后汉书·张衡传》:“～～至而鹑火栖,寒冰沍而鼋鼍蛰。”(沍:冻。)

蓐 rù ❶陈草复生。《说文·茻部》:“～,陈草复生也。”❷草垫子。《韩非子·外储说左上》:“文公反国,至河,令笾豆捐之,席～捐之。”(捐:弃。)⑵垫着。《战国策·楚策一》:“大王万岁千秋之后,愿得以身试黄泉,～蝼蚁。”❸通“褥”。褥子。李密《陈情表》:“而刘夙婴疾病,常在床～。”❹春秋时诸侯国名。在汾水流域。《左传·昭公元年》:“帝用嘉之,封诸汾川,沈、姒、～、黄,实守其祀。”

【蓐母】 rùmǔ 接生婆。《宋史·五行志一下》:“宣和六年,都城有卖青果男子,孕而生子,～～不能收。”

【蓐食】 rùshí 未起而早食于寝蓐。《左传·文公七年》:“训卒利兵,秣马～～,潜师夜起。”《后汉书·耿弇传》:“至期夜半,弇敕诸将皆～～,会明至临淄城。”

【蓐收】 rùshōu 古官名,职掌五行之金;古神名,掌管秋天万物的收藏。《左传·昭公二十九年》:“木正曰句芒,火正曰祝融,金正曰～～,水正曰玄冥,土正曰后土。”(正:官长。)《礼记·月令》:“孟秋之月……其帝少皞,其神～～。”

嗕 rù 古代北方部族名。《汉书·匈奴传上》:“匈奴前所得西～居左地者。”(颜师古注引孟康曰:“嗕音辱,匈奴种也。”)

缛(縟) rù ❶繁密的花纹、采饰。张衡《西京赋》:“故其馆室次舍,采饰纤～。”⑸繁密,繁琐。《后汉书·舆服志上》:“顺则上下有序,德薄者退,德盛者～。”欧阳修《秋声赋》:“丰草绿～而争茂,佳木葱茏而可悦。”《宋史·李若水传》:“而有司循常习故,欲加～礼,非所以靖公议也。”(靖:平息。)❷通“褥”。褥垫。谢惠连《雪赋》:“携佳人兮披重幄,援绮衾兮坐芳～。”

褥 rù 坐卧时铺在身下的垫子。《颜氏家训·勉学》:“贵游子弟,多无学术……坐棋子方～，凭斑丝隐囊，列器玩于左右。”白居易《红绣毯》诗：“太原毯涩毳缕硬，蜀都～薄锦花冷。”

ruan

堧(壖) ruán ❶空地。《史记·河渠书》：“五千顷故尽河～弃地。”《汉书·翟方进传》：“奏请一切增赋，税城郭～及园田。”❷宫殿的外墙。《史记·张丞相列传》：“[晁]错为内史，门东出，不便，更穿一门南出。南出者，太上皇庙～垣。”

阮 1. ruǎn ❶商代诸侯国名。《诗经·大雅·皇矣》：“密人不恭，敢距大邦，侵～徂共。”（密：国名。共：国名。）❷乐器名。形似月琴。相传为阮籍之侄阮咸造，故称“阮咸”，简称“阮”。孙璜《江干月夜》诗：“沙寒洲冷渔灯灭，倦听邻舟摘～声。”❸姓。

2. yuán ❹通“原”。汉朝代郡有五原关，亦作五阮关。在今河北宣化县西南。《汉书·成帝纪》：“秋，关东大水，流民欲入函谷、天井、壶口、五～关者，勿苛留。”

软(軟、輭) ruǎn ❶柔软，柔弱。杜甫《陪王使君晦日泛江就黄家亭子》诗：“有径金沙～，无人碧草芳。”《论衡·气寿》：“人之禀气，或充实而坚强，或虚劣而～弱。”❷柔和。魏源《秦淮灯船引》：“风～潮平夜将半，回舟更逐星光乱。”❸疲软，无力。韩愈《祭十二郎文》：“比得～脚病，往往而剧。”

【软尘】 ruǎnchén 软红尘。车马扬起的尘土。形容都市的繁华。陆游《仗锡平老自都城回见访索怡云堂》诗：“东华～～飞扑帽，黄金络马人看好。”参见“软红”。

【软脚】 ruǎnjiǎo 唐代宴饮远归之人叫软脚，犹今“接风”。《新唐书·杨国忠传》：“出有赐，曰‘饯路’，返有劳，曰‘～～’。”

【软红】 ruǎnhóng 软红尘。车马扬起的尘土。形容都市的繁华。苏轼《次韵蒋颖叔钱穆父从驾景灵宫》之一：“半白不羞垂领发，～～犹恋属车尘。”（属车：皇帝的侍从车子。）

【软轮】 ruǎnlún 安车之轮。轮上裹以蒲草，使车行安稳。安车，古代征聘长者之车。《后汉书·明帝纪》：“尊事三老，兄事五更，安车～～，供绥执授。”

耎 ruǎn 柔，弱。《汉书·王尊传》：“[王]尊子伯亦为京兆尹，坐～弱不胜任免。”《战国策·楚策一》：“郑、卫者，楚之～国；而秦，楚之强敌也。”[引]退缩。《史记·天官书》：“其已出三日而复，有微入，入三日乃复盛出，是谓～。”

偄 ruǎn 懦弱。《潜夫论·救边》：“今不厉武以诛虏，选材以全境，而云边不可守，欲先自割，示～寇敌，不亦惑乎？”

䓴 ruǎn 木耳。《说文·艸部》：“～，木耳也。”

媆 ruǎn 见nèn。

緛(緛) ruǎn ❶衣服皱褶。《说文·糸部》：“～，衣戚也。”（段玉裁注：“戚，今之蹙字也。……衣戚，衣部所谓襞。”）❷缩。《素问·生气通天论》：“大筋～短，小筋弛长。”

㮕 ruǎn 果名。即梬枣。似柿而小。司马相如《子虚赋》“樝梨梬栗”李善注引《说文》：“梬，枣，似柿而小，名曰～。”

需 ruǎn 见xū。

碝(瑌、礝、瓀) ruǎn 似玉的美石。《说文·石部》：“～，石次玉者。”司马相如《子虚赋》：“～石碔砆。”（《汉书·司马相如传上》作“礝石”，《史记》作“瑌石”。）《山海经·中山经》：“扶猪之山，其上多礝石。”

rui

绥 ruī 见suí。

桵 ruí 树名。白桵，即棫。《尔雅·释木》：“棫，白桵。”（注：“桵，小木。丛生有刺，实如耳珰，紫赤可啖。”）

𫄨(緌) ruí ❶帽带打结后下垂的部分。《礼记·内则》：“冠～缨。”（孔颖达疏：“结缨颔下以固冠，结之馀者，散而下垂，谓之緌。”）❷旌旗上下垂的装饰物，以牦牛尾为之。曹植《七启》：“垂宛虹之长～，抗招摇之华旍。”（宛虹：弧形之虹，形容旌旗。）❸蝉喙。《礼记·檀弓下》：“范则冠而蝉有～。”（孔颖达疏：“緌谓蝉喙长在口下，似冠之緌也。”）虞世南《蝉》诗：“垂～饮清露，流响出疏桐。”

【緌緌】 ruíruí 下垂的样子。杜牧《杜秋娘》诗：“燕禖得皇子，壮发绿～～。”

𫗪(䬐) ruí 风迟缓的样子。郭璞《江赋》：“徐而不～，疾而不猛。”

蕤(甤) ruí ❶花草下垂的样子。《说文·艸部》：“～，草木华（花）垂貌。”❷下垂的花。陆机《文赋》：“播芳～之馥馥，发青条之森森。”刘基《司马季主论卜》：“荒榛断梗，昔日之琼～玉树也。”[引]下垂的饰物。《礼记·杂记上》：“大白冠、缁布之冠皆不～。”左思《吴都赋》：“羽旄扬～，雄戟耀芒。”

【蕤宾】 ruíbīn ❶古乐十二律之一。《汉书·律历志上》：“律以统气类物，一曰黄钟，二曰太族，三曰姑洗，四曰～～，五曰夷则，六曰亡射。”按此为六阳律，另有六阴律。❷古以十二律应十二月，蕤宾应五月，故又为农历五月别称。《三国志·魏书·王粲传》注引《魏略》：“方今～～纪辰，景风扇物，天气和暖，众果具繁。”

惢 ruǐ 见suǒ。

蕊(蘂、橤、蕋、蘃) ruǐ ❶花蕊，花心。《楚辞·离骚》：“揽木根以结茝兮，贯薜荔之落～。”(揽：持。贯：连结成串。薜荔：香草。)温庭筠《惜春词》：“蜂争粉～蝶分香，不似垂杨惜金缕。”❷花苞；花。谢朓《咏蒲》：“新花对白日，故～逐行风。”杜甫《江畔独步寻花七绝句》之七：“繁枝容易纷纷落，嫩～商量细细开。”❸丛聚的样子。潘岳《籍田赋》：“琼钑入～，云罕晻蔼。”(琼钑：镶玉的铁杷短矛。云罕：车。晻蔼：荫蔽。)❹下垂的样子。《左传·哀公十三年》：“佩玉～兮，余无所系之。”❺花飘落的样子。卢谌《时兴》诗：“摵摵芳叶零，～～芬华落。”(摵摵：落叶声。)

【蕊宫】 ruǐgōng 即“蕊珠宫”。道家传说中的宫殿。神仙所居。亦指道士所居宫观。皮日休《扬州看辛夷花》诗：“一枝拂地成瑶圃，数树参庭是～～。”

【蕊珠】 ruǐzhū ❶同“蕊宫”。元稹《清都春霁寄胡三吴十一》诗：“～～宫殿轻微雨，草树无尘耀眼光。”❷道经。白居易《白发》诗：“八戒夜持香火印，三元朝念～～篇。”

汭 ruì ❶河流会合处。《尚书·禹贡》：“东过洛～。”《左传·庄公四年》：“随侯且请为会于汉～而还。”❷水边。木华《海赋》：“若乃云锦散文于沙～之际，绫罗被光于螺蚌之节。”❸水名。一在山西省永济市境。《水经注·河水四》：“[蒲坂历山]有舜井，妫、～二水出焉。”一在陕西省。《周礼·夏官·职方氏》：“正西曰雍州，其川泾、～。”

兑 ruì 见duì。

芮 ruì ❶小的样子。见“芮芮①”。❷絮。粗的丝绵。《吕氏春秋·必己》：“单豹好术，离俗弃尘，不食谷实，不衣～温，身处山林岩堀，以全其生。”(单豹：鲁国隐士。衣：穿。温：通“缊”。旧絮。堀：同“窟”。)❸系盾的带子。《史记·苏秦列传》：“坚甲铁幕，革抉咙～，无不毕具。”(咙：同“瞂”。盾。)❹通“汭”。水边。《诗经·大雅·公刘》：“止旅迺密，～鞫之即。”(止：停住。旅：众人。密：安。)❺通“蚋”。蚊虫。《庄子·至乐》：“瞀～生乎腐蠸。”(瞀蚋：蚊蚋。腐蠸：瓜中黄甲虫。)❻古国名。在今陕西大荔县南。《史记·秦本纪》：“[缪公]二十年，秦灭梁、～。”❼姓。

【芮芮】 ruìruì ❶草短小的样子。陶弘景《名医别录》：“生于石上，其叶～～短小，故名。”❷古族名。即柔然。南北朝时北人称为蠕蠕，南人称为芮芮。《资治通鉴·宋文帝元嘉二十七年》：“～～亦遣间使远输诚款，誓为掎角。”

枘 ruì 榫头。《楚辞·离骚》：“不量凿而正～兮，固前修以菹醢。”

【枘凿】 ruìzáo “圆凿方枘”的省称。亦作“凿枘”。谓圆孔难以插进方榫，喻两不相合。《史记·孟子荀卿列传》：“持方枘欲内圜凿，其能入乎?”(内：同“纳”。)陈亮《勉强行道大有功》：“故仲舒欲以渊源正大之理，而易其胶胶扰扰之心，如～～之不相入，此武帝所以终弃之诸侯也。”

蚋(蜹) ruì 蚊子。《国语·晋语九》：“～蚁蜂虿，皆能害人。”《荀子·劝学》：“醯酸而～聚焉。”

锐(鋭) 1. ruì ❶锋利。《管子·七法》：“故聚天下之精财，论百工之～器，春秋角试，以练精锐为右。”(右：上。)❷锐器，兵器。《战国策·楚策一》：“吾被坚执～，赴强敌而死。”(坚：铠甲。)❸锋芒，锐气。《老子·五十六章》：“挫其～，解其纷。”❹精锐。《后汉书·来歙传》：“[隗]嚣尽～攻之，自春至秋，其士卒疲弊。”❺精明，锐敏。《汉书·晁错传》：“晁错～于为国远虑，而不见身害。”《论衡·超奇》：“[周]长生之才，非徒～于牒牍也，作《洞历》十篇，……与太史公《表》、《纪》相似类也。”❻尖，上小下大曰锐。《尔雅·释丘》：“再成～上为融丘。”杜甫《久雨期王将军不至》诗：“～头将军来何迟，令我心中苦不足。”⑧细小。《左传·昭公十六年》：“且吾以玉贾罪，不亦～乎?”(贾罪：获罪。)❼急速。《孟子·尽心上》：“其进～者其退速。”

2. duì ❽矛一类的武器。《尚书·顾命》：“一人冕，执～立于侧阶。”

【锐悍】 ruìhàn 勇猛强悍。《汉书·霍去病传》：“转战六日……杀折兰王，斩卢侯王，～～者诛，全甲获丑。”(丑：俘虏。)

【锐身】 ruìshēn 挺身向前。《史记·魏其武安侯列传》：“魏其～～为救灌夫。”

【锐师】 ruìshī 精锐的军队。《战国策·赵策一》："日者秦、楚战于蓝田，韩出～～以佐秦。"

【锐士】　ruìshì　犹"锐卒"。《荀子·议兵》："秦之～～，不可以当桓、文之节制，桓、文之节制不可以敌汤、武之仁义。"

【锐意】　ruìyì　专心致志。《论衡·状留》："～～于道，遂无贪仕之心。"

【锐志】　ruìzhì　一意进求，势不可遏。《汉书·礼乐志》："是时，上方征讨四夷，～～武功，不暇留意礼文之事。"

【锐卒】　ruìzú　精锐的士兵。《史记·孙子吴起列传》："今梁、赵相攻，轻兵～～必竭于外，老弱罢于内。"

【锐头儿】　ruìtóu'ér　尖头小脸的人。杜甫《遣兴》诗之二："长陵～～～，出猎待明发。"

莈　ruì　草初生的样子。左思《吴都赋》："郁兮～茂，晔兮菲菲。"

瑞　ruì　❶瑞玉。可作凭证的玉器。《周礼·春官·典瑞》："典瑞，掌玉～玉器之藏。"《后汉书·张衡传》："服衮而朝，介圭作～。"（介圭：大圭。）❷符瑞，祥瑞。象征吉祥的瑞物。《论衡·初禀》："朱草之茎如针，紫芝之栽如豆，成为～矣。"《后汉书·曹褒传》："今皇天降祉，嘉～并臻。"

【瑞禾】　ruìhé　一茎多穗的禾。亦称嘉禾。《宋史·高宗纪七》："[十四年]八月癸未，抚州献～～。"

【瑞节】　ruìjié　❶符信。《左传·文公十二年》："不腆先君之敝器，使下臣致诸执事，以为～～，要结好命。"（腆：丰厚。敝器：指使者所执圭、璋。要：约。好命：友好之命。）❷吉庆时节。江淹《建平王庆改号启》："嘉生蠲庆，风云～～。"

【瑞像】　ruìxiàng　佛像。张说《先天应制奉和同皇太子过荷恩寺》之二："朗朗神居峻，轩轩～～威。"

【瑞雪】　ruìxuě　冬雪。因其能杀虫利农事，故称。罗邺《梅花》诗："繁如～～压枝开，越岭吴溪免用栽。"

【瑞叶】　ruìyè　雪花。刘攽《中山诗话》："何事月娥欺不在，乱飘～～落人间。"

【瑞应】　ruìyìng　祥瑞的感应。古人认为帝王修德，时代清平，就会有祥瑞之物出现。《论衡·书虚》："天祐至德，故五帝三王招致～～。"又《是应》："儒者论太平～～，皆言气物卓异，朱草、醴泉、翔凤、甘露、景星、嘉禾……之属。"

【瑞玉】　ruìyù　❶诸侯或藩国朝聘时所执的玉制信物。《仪礼·觐礼》："以～～有缫。"（缫：同"璪"。玉器的彩色垫板。）苏轼《坤成节功德疏文》："群方仰德，执～～以来宾。"❷美玉。庾信《周柱国大将军长孙俭神道碑》："直似贞筠，温如～～。"

睿（叡）　ruì　通达，思虑广远。《尚书·洪范》："貌曰恭，言曰从，视曰明，听曰聪，思曰～。"（貌：仪表，态度。从：顺，合理。）柳宗元《愚溪诗序》："颜子'终日不违如愚'，～而为愚者也。"

【睿化】　ruìhuà　帝王的教化。沈约《贺齐明帝登祚启》："道风遐被，～～神行。"

【睿圣】　ruìshèng　思虑深远，事无不通。古多用作称颂帝王的谀词。《国语·楚语上》："子实不～～，于倚相何害？"（倚相：人名，楚国左史。）《汉书·叙传下》："遭文～～，屡抗其疏。"（文：汉文帝。）

【睿知】　ruìzhì　思虑深广，明智。《战国策·赵策二》："中国者，聪明～～之所居也。"苏轼《贾谊论》："是故非聪明～～不惑之主，则不能全其用。"

run

瞤（瞤）　rún　（又读 shùn）❶眼皮跳动。刘歆《西京杂记》卷三："目～得酒食。"❷肌肉抽动。《素问·气交变大论》："肌肉～酸。"

犉　rún　黄毛黑唇的牛。《诗经·小雅·无羊》："谁谓尔无牛，九十其～。"

闰（閏）　rùn　❶馀数。地球公转一周的时间为365天5小时48分46秒，阴历一年为354天或355天，前者与后者之间有一定的差数，将所差之数累积起来，设置闰日、闰月，这在历法上叫做闰。《梦溪笔谈·象数一》："[熙宁十年]～十二月改为～正月。"❷偏。对正而言。《宋史·宋庠传》："又辑《纪年通谱》，区别正～，为十二卷。"

【闰位】　rùnwèi　非正统的帝位。《汉书·王莽传赞》："紫色蛙声，馀分～～，圣王之驱除云尔。"（颜师古注引服虔曰："言莽不得正王之命，如岁月之馀分为闰也。"）

润（潤）　rùn　❶滋润。《论衡·雷虚》："天施气，气渥为雨，故雨～万物，名曰澍。"（渥：厚。澍：及时雨。）❷潮湿。《淮南子·说林训》："山云蒸，柱础～。"❸润泽，光润。柳宗元《红蕉》诗："晚英值穷节，绿～含朱光。"（英：花。）❹雨水。《后汉书·钟离意传》："而比日密云，遂无大～，岂政有未得应天心者邪？"

【润笔】　rùnbǐ　《隋书·郑译传》："上令内史令李德林立作诏书，高颎戏谓[郑]译曰：'笔干。'译答曰：'出为方岳，杖策言归，不得一钱，何以～～。'上大笑。"后以"润笔"指请人作诗文书画的酬劳。欧阳修《归田录》卷二："蔡君谟既为余书《集古录》自序……余以鼠须栗尾笔、铜绿笔格、大小龙茶、惠山泉等物为～～。"

【润色】 rùnsè 修饰加工，使有光彩。多指修饰文字。《论语·宪问》："为命，裨谌草创之，世叔讨论之，行人子羽修饰之，东里子产～～之。"（为命：制定政令。行人：外交官。）

【润身】 rùnshēn 润泽其身，使有光荣。《礼记·大学》："富润屋，德～～。"

【润屋】 rùnwū 润泽其屋，使有光辉。《礼记·大学》："富～～，德润身。"又指家室富有。刘孝标《广绝交论》："则有穷巷之宾，绳枢之士，冀宵烛之末光，邀～～之微泽。"

【润泽】 rùnzé 雨露滋润草木。喻恩泽。《史记·李斯列传》："群臣莫不被～～，蒙厚德。"

ruo

挪（撋） ruó 同"挼"。搓摩，按摩。苏轼《东坡酒经》："投之糟中，熟～而再酿之。"王实甫《西厢记》四本二折："～之以去其污。"

【挪就】 ruójiù ❶迁就。秦观《满园花》词："我当初不合苦～～，惯纵得软顽，见底心先有。"刘克庄《满江红·中秋》词："说与行云，且～～嫦娥今夕。"❷温存。杨无咎《雨中花令》词："欠我温存，少伊～～，两处悬悬地。"赵以夫《青玉案》词："天然娇韵，十分～～，唱尽黄金缕。"

挼（挼） 1. ruó ❶揉搓。韩愈《咏雪赠张籍》："片片匀如剪，纷纷碎若～。"

2. huī ❷见"挼祭"。

【挼莎】 ruósuō 搓摩。《礼记·曲礼上》"共饭不泽手"郑玄注："泽谓～～也。"元稹《酬孝甫见赠》诗之三："十岁荒狂作博徒，～～五木掷枭卢。"（五木：赌博工具。斫木为子，一具五子，故称五木。枭卢：古代博戏摴蒲的两种胜采名。）

【挼祭】 huījì 尸未食前之祭。尸，代死者受祭的人。《仪礼·特牲馈食礼》："祝命～～。"（祝：男巫，司祭礼的人。命：诏尸。）

若 1. ruò ❶选择。《国语·晋语二》："夫晋国之乱，吾谁使先，～夫二公子而立之，以为朝夕之急。"❷顺从。《诗经·大雅·烝民》："天子是～，明命使赋。"（赋：通"敷"。布也。）❸香草名，即杜若。宋玉《神女赋》："沐兰泽，含～芳。"❹海神名。《庄子·秋水》："于是焉河伯始旋其面目，望洋向～而叹。"❺如同，像。《老子·八章》："上善～水。"《孟子·梁惠王上》："～寡人者，可以保民乎哉？"张籍《上韩昌黎书》："执事聪明文章，与孟轲、扬雄相～。"❻犹"奈"。常与"何"配合使用，含有处置意义。《左传·成公二年》："此车一人殿之，可以集事。～之何其以病败君之大事也？"（殿：镇。集事：成事。）《吕氏春秋·制乐》："～何其移之？"❼代词。你，你的。《庄子·齐物论》："既使吾与～辩矣，～胜我，我不～胜，～果是也？我果非也邪？"柳宗元《捕蛇者说》："更～役，复～赋，则何如？"❽代词。如此，这样；这个，这些。《孟子·梁惠王上》："王曰：'舍之！吾不忍其觳觫，～无罪而就死地。'"（觳觫：因恐惧而发抖。）《论语·宪问》："南宫适出，子曰：'君子哉～人！尚德哉～人！'"❾连词。假如。《孟子·梁惠王上》："王～隐其无罪而就死地，则牛羊何择焉？"（隐：怜恤。）❿连词。或。《汉书·高帝纪上》："以万人～一郡降者，封万户。"⓫连词。与，和。刘禹锡《河东先生集序》："凡子厚名氏与仕与年暨行已之大方，有退之志～祭在。"⓬连词。而。表示承接。《周易·夬》："君子夬夬独行，遇雨～濡。"⓭连词。至于。表示他转或提起。《左传·哀公十四年》："臣之罪大，尽灭桓氏可也。若以先臣之故，而使有后，君之惠也。～臣，则不可以入矣。"⓮副词。乃，才。《国语·周语上》："必有忍也，～能有济也。"（必须有容忍之心，才能成功。）《老子·十三章》："爱以身为天下，～可以托天下。"⓯助词。犹"然"。用在形容词或副词之后，表示状态。《诗经·卫风·氓》："桑之未落，其叶沃～。"㊁用在句首，无义。《尚书·吕刑》："～古有训，蚩尤惟始作乱，延及于平民。"⓰姓。汉代有若章。

2. rě ⓱干草。《广韵·马韵》："～，干草。"⓲用于复姓。如若干。后周有若干惠。

【若而】 ruò'ér 若干。《左传·襄公十二年》："天子求后于诸侯，诸侯对曰：'夫妇所生～～人，妾妇之子～～人。'"

【若干】 ruògān 表约数。《仪礼·乡射礼》"以纯数告，若有奇者亦曰奇"郑玄注："右贤于左～～纯～～奇。"（纯：全，成双成对。）

【若个】 ruògè 谁，那个。吴镇《辋川图》诗："当年满朝士，～～在林泉？"

【若华】 ruòhuā 若木之花。《楚辞·天问》："羲和之未扬，～～何光？"

【若木】 ruòmù 古代神话中的树名。生于日落之处，青叶赤花。《楚辞·离骚》："折～～以拂日兮，聊逍遥以相羊。"（相羊：同"徜徉"。徘徊。）

【若若】 ruòruò 长长的样子。《汉书·石显传》："印何累累，绶～～邪！"

【若时】 ruòshí ❶顺应天道。时，四时，天运。《尚书·尧典》："帝曰：'畴，咨，～～登庸。'"❷此时。《公羊传·定公四年》："君如有忧中国之心，则～～可矣。"❸彼时。《三国志·魏书·高堂隆传》："今无～～之急。"

【若属】 ruòshǔ 你们这些人。属，类，辈。《史记·项羽本纪》："不者，～～皆且为所虏。"

【若为】 ruòwéi ❶怎样，如何。《南齐书·明僧绍传》："僧远问僧绍曰：'天子若来，居士～～相对？'"❷哪堪。王维《送杨少府贬郴州》诗："明到衡山与洞庭，～～秋月听猿声。"

【若许】 ruòxǔ 犹"如许"。如此。李曾伯《思归偶成》诗："春来便拟问归津，转眼江流～～深。"

【若英】 ruòyīng ❶杜若之花。《楚辞·九歌·云中君》："浴兰汤兮沐芳，华采衣兮～～。"❷若木之花。谢庄《月赋》："擅扶光于东沼，嗣～～于西冥。"

鄀 ruò 春秋时国名。1）上鄀。后被楚所灭，为楚邑。春秋后期楚徙都于此。在今湖北宜城市东南。《左传·定公六年》："迁郢于～，而改纪其政，以定楚国。"2）下鄀。后为晋灭，为晋邑。在今河南淅川县西南。《左传·僖公二十五年》："秋，秦、晋伐～。"

偌 ruò 如此，这般。《水浒传》二回："～大一个少华山，恁地广阔，不信没有个獐儿、兔儿。"

弱 ruò ❶力量小，软弱。与"强"相对。《孟子·梁惠王上》："然则小固不可以敌大，寡固不可以敌众，～固不可以敌强。"❷年幼，年少。《史记·五帝本纪》："生而神灵，～而能言。"《国语·楚语上》："昔庄王方～，申公子仪父为师，王子燮为傅。"❸丧失。《左传·昭公三年》："二惠竞爽犹可，又～一个焉，姜其危哉！"（二惠：指齐惠公二孙子雅、子尾。竞：强。爽：明。）❹不足，差一点。《晋书·天文志上》："与赤道东交于角五少～，西交于奎十四少强。"

【弱冠】 ruòguàn 二十岁体犹未壮，故曰弱；古代男子二十岁行冠礼，以示成人，故曰冠。后人用"弱冠"称二十岁左右的男子。《后汉书·贾逵传》："逵悉传父业，～～能诵《左氏传》及五经本文。"王勃《滕王阁序》："无路请缨，等终军之～～。"（终军：汉朝人，十八岁请缨。）

【弱翰】 ruòhàn 毛笔。陆云《答大将军祭酒顾令文》诗之五："岂无～～，才不克赡。"

【弱毫】 ruòháo 毛笔。陶渊明《答庞参军》诗："物新人唯旧，～～多所宜。"

【弱龄】 ruòlíng 年少。陶渊明《始作镇军参军经曲阿》诗："～～寄事外，委怀在琴书。"

【弱丧】 ruòsàng 年少流亡在外。《庄子·齐物论》："予恶乎知说生之非惑邪？予恶乎知恶死之非～～而不知归者邪？"（说：同"悦"。归：指归故里。）

【弱水】 ruòshuǐ ❶水名。古书中所载弱水甚多，所指不一。如《尚书·禹贡》"导弱水至于合黎"之弱水，即今甘肃张掖河，俗称黑河。《山海经·西山经》"弱水出焉，而西流注于洛"之弱水，即今陕西北洛河上游支流。❷传说中的水名。其水不能负芥，鸿毛不浮。东方朔《十洲记》："凤麟洲在西海之中央……洲四面有～～绕之，鸿毛不浮。"

【弱湍】 ruòtuān 舒缓的流水。陶渊明《游斜川》诗："～～驰文鲂，闲谷矫鸣鸥。"

【弱息】 ruòxī 称自己的子女，犹言"小儿"、"小女"。《聊斋志异·婴宁》："～～仅存，亦为庶产。"

【弱緆】 ruòxī 细布。《淮南子·齐俗训》："有诡文繁绣，～～罗纨，必有菅屩跐踦，短褐不完者。"

【弱行】 ruòxíng 行走不便。《左传·昭公七年》："孟絷之足不良，～～。"

【弱颜】 ruòyán 柔嫩的容颜。《楚辞·招魂》："～～固植，謇其有意些。"（固植：坚立，指性格坚贞。）

【弱约】 ruòyuē 柔弱。《大戴礼记·劝学》："夫水者……深渊不测似智，～～危通似察。"

【弱植】 ruòzhí 根基不固，难以树立。《左传·襄公三十年》："陈，亡国也，不可与也。聚禾粟，缮城郭，恃此二者，而不抚其民。其君～～，公子侈，大子卑，政多门，以介于大国，能无亡乎？"

【弱足】 ruòzú 跛足。《左传·昭公七年》："～～者居。"

【弱肉强食】 ruòròuqiángshí 弱者为强者所欺，弱国为强国吞并。韩愈《送浮屠文畅师序》："弱之肉，强之食。"刘基《秦女休行》诗："有幸不幸遭乱世，～～～～官无诛。"

渃 1. ruò ❶古水名。在四川省境内。《读史方舆纪要·四川三·通江县》："～水，在县治西，源出南郑县之青石关，经众山中，流入县界，南流而东，折注于达州之渠江。”❷水大的样子。见“濩渃”。

2．rè　❸古地名。《字汇补·水部》：“～城在成都县近天彭关。”

婼　ruò　见 chuò。

楉　ruò　见“楉榴”。

【楉榴】　ruòliú　即石榴。《广雅·释木》：“～～，石榴。”亦作“若留”。张衡《南都赋》：“樗枣～～。”

挼　ruò　浸，染。《仪礼·特牲馈食礼》：“尸左执觯，右取菹～于醢。”（尸：代死者受祭的人。）

蒻　ruò　❶嫩香蒲。欧阳修《洛阳牡丹记》：“以泥封裹，用软土拥之，以～叶作庵子罩之，不令见风日，唯南向留一小户以达气。”（庵子：圆形覆盖物。）❷蒲席。《盐铁论·散不足》：“古者皮毛草蓐，无茵席之加，旃～之美。”❸藕，荷茎的下部。《本草纲目·莲藕》：“藕芽种者最易发，其芽穿泥成白～。”

箬（篛）　ruò　❶竹之一种。叶阔大，可以编笠。《南史·徐伯珍传》：“伯珍少孤贫，学书无纸，常以竹箭、～叶、甘蕉及地上学书。”❷箬竹的叶。《宋书·朱百年传》：“百年少有高情，亲亡服阕，携妻孔氏入会稽南山，以伐樵采～为业。”

爇（焫）　ruò　烧，点燃。《左传·僖公二十八年》：“魏犨、颠颉怒……～僖负羁氏。”《汉书·礼乐志》：“～膋萧，延四方。”陈琳《为袁绍檄豫州》：“若举炎火以～飞蓬，覆沧海以沃熛炭，有何不灭者哉？”

【爇榇】　ruòchèn　榇，棺材。古代兵败者舆榇乞降，胜者焚榇以示宽大免死。徐陵《陈公九锡文》：“～～以表其含宏，焚书以安其反侧。”

【爇燋】　ruòqiáo　占卜时点燃用以灼龟的紫枝。《周礼·春官·華氏》：“凡卜，以明火～～。”

S

sa

撒　1．sā　❶张开，放开。揭傒斯《渔父》诗：“夫前～网如飞轮，妇后摇橹青衣裙。”《红楼梦》四十七回：“说着就先～马前去。”❷尽情施展，耍出。关汉卿《窦娥冤》二折：“浪荡乾坤，怎敢行凶～泼，擅自勒死平民。”《水浒传》六十五回：“李巧奴～娇～痴倒在安道全怀里。”

2．sǎ　❸散布，洒落。《世说新语·言语》：“公欣然曰：‘白雪纷纷何所似？’兄子胡儿曰：‘～盐空中差可拟。’”刘基《二鬼》诗：“手摘桂树子，～入大海中。”

洒[1]　1．sǎ　❶撒水于地。《诗经·唐风·山有枢》：“子有廷内，弗～弗埽。”《后汉书·陈蕃传》：“孺子何不～埽以待宾客？”❷散落。《礼记·内则》：“屑桂与薑，以～诸上而盐之。”❸表示自称的代词。咱，我。《张协状元》戏文：“你伏事～辛苦。”《水浒传》三回：“～家是经略府提辖，姓鲁，讳个达字。”

2．xǐ　❹洗，洗涤。《左传·襄公二十一年》：“在上位者～濯其心。”⊗洗雪。《孟子·梁惠王上》：“愿比死者壹～之。”

3．xiǎn　❺肃敬。《礼记·玉藻》：“君子之饮酒也，受一爵而色～如也。”《史记·范睢蔡泽列传》：“是日观范睢之见者，群臣莫不～然变色易容者。”❻寒栗。见“洒洒”。

4．sěn　❼惊异。《庄子·庚桑楚》：“庚桑子之始来，吾～然异之。”

5．cuǐ　❽高峻。《诗经·邶风·新台》：“新台有～，河水浼浼。”

【洒削】　sǎxuē　洒水磨刀。《汉书·货殖传》：“质氏以～～而鼎食。”

【洒心】　xǐxīn　悔过自新。《汉书·平帝纪》：“往者有司多举奏赦前事，累增罪过，诛陷亡辜，殆非重信慎刑，～～自新之意也。”

【洒洒】　xiǎnxiǎn　寒栗的样子。《素问·诊要经终论》：“秋刺冬分病不已，令人～～时寒。”

洒[2]（灑）　1. sǎ　❶撒水于地。《楚辞·九歌·大司命》：“令飘风兮先驱，使冻雨兮～尘。”《史记·魏其武安侯列传》：“魏其与其夫人益市牛酒，夜～埽，早帐具至旦。”❷散落，抛落。郭璞《江赋》：“骇浪暴～，惊波飞薄。”潘岳《西征赋》：“徒观其鼓枻回轮，～钓投网。”❸挥写。《文心雕龙·养气》：“秉牍以驱龄，～翰以伐性。”李白《献从叔当涂宰阳冰》诗：“落笔～篆文，崩云使人惊。”❹大瑟。《尔雅·释乐》：“大瑟谓之～。”

2. xǐ　❺通“洗”。洗涤。枚乘《七发》：“于是澡概胸中，～练五藏。”《三国志·魏书·管宁传》：“夏时诣水中澡～手足。”❻分流。《史记·河渠书》：“九川既疏，九泽既～，诸夏艾安，功施于三代。”张衡《南都赋》：“其水则开窦～流，浸彼稻田。”

【洒落】　sǎluò　潇洒，不拘束。慧皎《高僧传·竺法雅》：“雅风彩～～，善于枢机，外典佛经，递互传说。”

【洒泣】　sǎqì　挥泪。何逊《王尚书瞻祖日》诗：“已矣将何如，宾驭皆～～。”杜甫《公安县怀古》诗：“～～君臣契，飞腾战伐名。”

【洒脱】　sǎtuō　举止自然高雅，不拘束。《聊斋志异·鬼令》：“教谕展先生，～～有名士风。”

缅　sǎ　见 shǐ。

靸　1. sǎ　❶小孩的鞋。《说文·革部》：“～，小儿履也。”❷拖鞋。陶宗仪《南村辍耕录》卷十八：“西浙之人，以草为履而无跟，名曰～鞋。”❸轻疾飘忽的样子。《汉书·司马相如传下》：“汩淢～以永逝兮。”（颜师古注：“靸然，轻举意也。”）

2. tā　❹同“趿”。把鞋后跟踏在脚下，拖着鞋走。《儒林外史》十回：“他～了一双钉鞋。”

卅（卌）　sà　数词，三十。《说文·卅部》：“～，三十并也。”惠栋《读说文记》：“今古文《春秋》二十、三十皆作廿、～，唐石经犹然。”

杀　sà　见 shā。

驭（馺）　sà　马疾驰。《汉书·扬雄传上》：“声駍然以陆离兮，轻先疾雷而～遗风。”

钑（鈒）　sà（又读 sè）　❶短矛。古代兵器之一。《急就篇》卷三：“～戟铍镕剑镡鍭。”（颜师古注：“钑，短矛也。”）《北史·周武帝纪》：“令武贲持～马上。”❷镂刻嵌饰金银。贺知章《答朝士》诗：“～镂银盘盛蛤蜊。”（钑镂：比喻豪富。）

飒（颯、颭）　sà　❶象声词。风声。苏辙《黄州快哉亭记》：“有风～然而至者，王披襟当之，曰：‘快哉，此风！’”❷衰落，衰老。陆倕《思田赋》：“岁聿忽其云暮，庭草～以萎黄。”杜甫《夔府书怀》诗：“翠华森远矣，白首～凄其。”

【飒戾】　sàlì　清凉。《楚辞·九叹·远逝》：“游清灵之～～兮，服云衣之披披。”

【飒洒】　sàsǎ　飘动的样子。班固《东都赋》：“凤盖～～，和鸾玲珑。”

【飒飒】　sàsà　象声词。风雨声。《楚辞·九歌·山鬼》：“风～～兮木萧萧，思公子兮徒离忧。”杜甫《乾元中寓居同谷县作歌》之五：“四山多风溪水急，寒雨～～枯树湿。”苏舜钦《依韵和伯镇中秋见月九日遇雨之作》：“最怜小雨洒疏竹，爽籁～～吹醉腮。”

【飒缅】　sàshǐ　长袖飘舞的样子。张衡《西京赋》：“振朱屣于盘樽，奋长袖之～～。”

【飒爽】　sàshuǎng　神采飞动、矫健的样子。杜甫《丹青引赠曹将军霸》：“褒公鄂公毛发动，英姿～～来酣战。”

摋（撒）　1. sà　❶侧手击。《公羊传·庄公十二年》：“万臂～仇牧，碎其首。”❷抹杀，勾销。韩愈《贞曜先生墓志铭》：“唯其大玩于词而与世抹～，人皆劫劫，我独有馀。”

2. shā　❸杂糅。《淮南子·俶真训》：“不与物相弊～。”

蔡　sà　见 cài。

sai

思　sāi　见 sī。

蓑　sāi　见 suō。

腮（顋）　sāi　两颊的下半部。李贺《南园》诗：“花枝草蔓眼中开，小白长红越女～。”苏舜钦《依韵和伯镇中秋见月九日遇雨之作》：“最怜小雨洒疏竹，爽籁飒飒吹醉～。”

赛（賽）　sài　❶古代祭祀酬神。《论衡·辨祟》：“项羽攻襄安，襄安无噍类，未必不祷～也。”（噍类：活人。）白居易《春村》诗之十三：“黄昏林下路，鼓笛～神归。”❷比赛，争优劣胜负。《魏书·任城王传》:"特令[元]澄为七言连韵,与高祖往复赌～。"❸完了。马致远《新水令·题西湖》曲:"自～了儿婚女嫁,却归来林下。"❹姓。

【赛愿】　sàiyuàn　祭神还愿。永亨《搜采异闻录》卷四:"予顷使金国时,辟景孙弟辅行,弟妇在家许斋醮,及还家～～,予为作青词云。"

僿　sài　不诚恳,轻薄。《史记·高祖本纪》:"文之敝,小人以～,故救～莫若以忠。"

簺　sài　❶古代的一种赌博游戏。《说文·竹部》:"竹棋相塞谓之～。"范成大《灯市行》:"酒垆博～杂歌呼,夜夜长如正月半。"❷用竹木编成的捕鱼具。《隋书·乞伏慧传》:"曾见人以～捕鱼者,出绢买而放之。"

san

三　sān　❶数词。三。大写作"叁",亦作"参"。《庄子·齐物论》:"二与一为～。"⊗表序数。第三。《商君书·修权》:"国之所以治者三:一曰法,二曰信,～曰权。"❷三次。《左传·桓公九年》:"～逐巴师,不克。"⊗多次。《左传·定公三年》:"～折肱,知为良医。"《战国策·赵策三》:"鲁仲连辞让者～。"

【三拜】　sānbài　❶跪下,拱手至地为拜,重复三次。拜时头低垂触地,并停留一会儿,叫稽首。古人相见以再拜稽首为常礼。如遇特殊情况,也有变常礼为三拜稽首的。《左传·僖公十五年》:"晋大夫～～稽首。"又《襄公四年》:"歌鹿鸣之三,～～。"❷向众宾客施礼,表示周遍。《仪礼·乡射礼》:"主人西南面,～～宾客。"

【三晡】　sānbū　傍晚的时候。晡,申时;三,指上中下三刻。庾信《春赋》:"百丈山头日欲斜,～～未醉莫还家。"

【三才】　sāncái　❶天、地、人。《周易·系辞下》:"有天道焉,有人道焉,有地道焉,兼～～而两之。"❷指三个有才能的人。《晋书·刘舆传》:"时称越府有～～,潘滔大才,刘舆长才,裴邈清才。"

【三仓】　sāncāng　书名,也称《三苍》。汉初将李斯的《仓颉篇》、赵高的《爰历篇》、胡毋敬的《博学篇》合为一书,断六十字为一章,共五十五章,称作《仓颉篇》,又称《三仓》。魏晋时,又把《仓颉篇》和扬雄的《训纂篇》、贾魴的《滂喜篇》三种字书合为一书,也叫《三仓》。《隋书·经籍志》:"《三仓》三卷,郭璞注。秦相李斯作《仓颉篇》,汉扬雄作《训纂篇》,后汉郎中贾魴作《滂喜篇》,故曰《三仓》。"

【三朝】　sāncháo　❶古代天子或诸侯听政议事的地方。《周礼·秋官·朝士》"朝士掌建邦外朝之法"郑玄注:"周天子、诸侯皆有～～:外朝一,内朝二。"❷三个朝代或三个帝王。李德裕《离平泉马上作》诗:"十年紫殿掌洪钧,出入～～一品身。"刘长卿《送徐大夫赴广州》诗:"远人来百越,元老事～～。"

【三辰】　sānchén　日、月、星。《左传·昭公十七年》:"～～有灾,于是乎百官降物。"《国语·鲁语上》:"及天之～～,民之所瞻仰也。"

【三尺】　sānchǐ　❶指剑。剑长约三尺,故名。《汉书·高帝纪下》:"吾以布衣提～～取天下。"❷指法律。古代把法律刻写在三尺长的竹简上,故名。《史记·酷吏列传》:"～～安出哉?前主所是著为律,后主所是疏为令。"又称"三尺法"。《明史·翟銮传》:"不合～～～,何以信天下。"

【三黜】　sānchù　三次被罢官。后人常用三黜形容官场失意。《论语·微子》:"柳下惠为士师,～～。"《魏书·常景传》:"柳下～～,不愠其色;子文三陟,不喜其情。"

【三川】　sānchuān　❶三条河流的合称。西周以泾、渭、汭为三川。《国语·周语上》:"幽王二年,西周～～皆震。"(韦昭注:"三川,泾渭汭,出于岐山也。")东周以伊、洛、河为三川。《战国策·秦策一》:"亲魏善楚,下兵～～。"❷秦代以三川为郡名。《史记·秦本纪》:"秦界至大梁,初置～～郡。"❸唐朝中叶以后以剑南西川,剑南东川及山南西道三镇合称三川。《新唐书·杜甫传》:"禄山乱,天子入蜀,甫避走～～。"

【三春】　sānchūn　❶春季的三个月。农历正月叫孟春,二月叫仲春,三月叫季春,合称三春。孟郊《游子吟》:"谁言寸草心,报得～～晖。"也指春天的第三个月。岑参《临洮龙兴寺玄上人院同咏青木香丛》诗:"六月花新吐,～～叶已长。"❷三个春季,即三年。陆机《答贾谧》诗:"游跨～～,情固二秋。"

【三刺】　sāncì　审理重案,广泛征询意见,经三次问讯然后判决。《周礼·秋官·司刺》:"司刺掌～～、三宥、三赦之法,以赞司寇听狱讼。壹刺曰讯群臣,再刺曰讯群吏,～～曰讯万民。"

【三从】　sāncóng　封建社会歧视和压迫妇女的教条。与"四德"合称"三从四德"。《仪礼·丧服》:"妇人有～～之义,无专用之道。故未嫁从父,既嫁从夫,夫死从子。”

【三代】 sāndài ❶夏、商、周三个朝代。《孟子·离娄上》：“～～之得天下也以仁。”❷祖、父、子三辈。《汉书·李广传赞》：“然～～之将，道家所忌，自广至陵，遂亡其宗。”❸指曾祖、祖、父三辈。《宋史·选举志一》：“缀行期集，列叙名氏、乡贯、～～之类书之，谓之小录。”

【三党】 sāndǎng 父族、母族、妻族。《尔雅·释亲》“父之党为宗族，母与妻之党为兄弟”郝懿行义疏：“此总释～～之称号也。”

【三典】 sāndiǎn 轻、中、重三类刑法。《周礼·秋官·大司寇》：“大司寇之职，掌建邦之～～，以佐王刑邦国，诘四方。一曰刑新国，用轻典；二曰刑平国，用中典；三曰刑乱国，用重典。”（新国：指新立之国。）《宋书·明帝纪》：“夫愆有小大，宪随宽猛，故五刑殊用，～～异施。”

【三冬】 sāndōng ❶三个冬季，即三年。《汉书·东方朔传》：“年十三学书，～～，文史足用。”❷指冬季三个月。杜甫《遣兴》诗之一：“蛰龙～～卧，老鹤万里心。”

【三坟】 sānfén 传说中我国最早的典籍。《左传·昭公十二年》：“是能读～～、五典、八索、九丘。”（杜预注：“皆古书名。”）伪孔安国《尚书序》：“伏羲、神农、黄帝之书，谓之～～。”

【三伏】 sānfú 一年中最热的日子。农历夏至后第三个庚日起为初伏，第四个庚日起为中伏，立秋后第一个庚日为末伏。一伏十天。萧统《十二月启·林钟六月》：“～～渐终，九夏将谢。”（九夏：指夏季的九十天。）杜甫《阻雨不得归瀼西甘林》诗：“～～适已过，骄阳化为霖。”

【三釜】 sānfǔ 六斗四升为一釜。古代一个成年人每月的食米数量。又指低级官员的俸禄。《庄子·寓言》：“彼视～～、三千钟，如观雀蚊虻相过乎前也。”

【三辅】 sānfǔ 汉景帝时，把京畿官内史分为左右内史，与主爵都尉同治京城长安，称三辅。武帝时，改右内史为京兆尹，治长安以东；左内史为左冯翊，治长陵以北；都尉为右扶风，治渭城以西。三辅所辖地区也称三辅。《汉书·景帝纪》：“～～举不如法令者皆上丞相、御史请之。”《盐铁论·园池》：“～～迫近于山河，地狭人众，四方并臻。”

【三竿】 sāngān 太阳已升至三竿，表示时已近午。《南齐书·天文志上》：“日出高～～。”刘禹锡《竹枝词》之四：“日出～～春雾消，江头蜀客驻兰桡。”

【三纲】 sāngāng 指君臣、父子、夫妇之道。这是封建社会中三种主要的道德关系准则。班固《白虎通·三纲六纪》：“～～者，何谓也？谓君臣、父子、夫妇也……故《含文嘉》曰：‘君为臣纲，父为子纲，夫为妻纲。’”《春秋繁露·基义》：“天为君而覆露之，地为臣而持载之；阳为夫而生之，阴为妇而助之；春为父而生之，夏为子而养之，王道之～～，可求于天。”

【三革】 sāngé ❶皮革制的甲、胄、盾。《国语·齐语》：“定～～。”❷犀甲、兕甲、牛甲。《荀子·儒效》：“反而定～～，偃五兵。”

【三公】 sāngōng ❶国君手下负责军政事务的最高长官。周代以太师、太傅、太保为三公；西汉以大司徒、大司马、大司空为三公；东汉至魏晋以太尉、司徒、司空为三公。三公又叫三司。《世说新语·规箴》：“何晏、邓飏令管辂作卦，云：‘不知位至～～不？’”❷星名。《晋书·天文志上》：“～～在北三星曰九卿内坐，主治万事。”

【三宫】 sāngōng ❶古代天子六宫，诸侯之夫人减半，称三宫。《礼记·祭义》：“卜～～之夫人、世妇之吉者，使入蚕于蚕室。”《穀梁传·桓公十四年》：“甸粟而纳之～～。”❷皇帝、太后和皇后的合称。《汉书·王嘉传》：“自贡献宗庙～～，犹不至此。”❸明堂，辟雍，灵台。张衡《东京赋》：“乃营～～，布教颁常。”参见“三雍”。❹三个星座。《楚辞·远遊》“后文昌使掌行兮”王逸注：“天有～～，谓紫宫、太微、文昌也。”

【三古】 sāngǔ 上古、中古、下古三个时代。具体所指不同。《礼记·礼运》“夫礼之初，始诸饮食”孔颖达疏：“伏羲为上古，神农为中古，五帝为下古。”《汉书·艺文志》：“人更三圣，世历～～。”（颜师古注引孟康曰：“伏羲为上古，文王为中古，孔子为下古。”）后多泛指古代。《魏书·律历志上》：“～～所共行，百王不能易。”

【三鼓】 sāngǔ ❶古代作战击鼓进军，鸣金收兵。三鼓指击鼓三次。《左传·庄公十年》：“齐人～～。”❷三更，也叫丙夜。《颜氏家训·书证》：“汉魏以来，谓为甲夜、乙夜、丙夜、丁夜、戊夜；又云鼓，一鼓、二鼓、～～、四鼓、五鼓；亦云一更、二更、三更、四更、五更，皆以五为节。”

【三顾】 sāngù 三国时，刘备三次去诸葛亮住所请他出山。旧时常比喻君主的知遇之恩。诸葛亮《出师表》：“先帝不以臣卑鄙，猥自枉屈，～～臣于草庐之中。”杜甫《蜀相》诗：“～～频烦天下计，两朝开济老臣心。"

【三官】 sānguān ❶古代三种职责相关的官职的合称。《礼记·王制》:"大乐正、大司寇、司市～～以其成,从质于天子。大司徒、大司马、大司空齐戒受质,百官各以其成,质于～～。大司徒、大司马、大司空以百官之成,质于天子。"《国语·齐语》:"参国起案,以为～～,工立三族,市立三乡,泽立三虞,山立三衡。"❷道教奉天、地、水为三官,也叫三元。《三国志·魏书·张鲁传》注引《典略》:光和中,汉中有张修,为五斗米道,为病者请祷之法,"书病人姓名,说服罪之意。作三通,其一上之天,著山上;其一埋之地;其一沈之水,谓之～～手书。"❸人身上的三种器官。《吕氏春秋·任教》:"凡耳之闻也藉于静;目之见也藉于昭;心之知也藉于理。君臣易操,则上之～～者废矣。"此指耳、目、心。《淮南子·诠言训》:"～～交争。"此指口、目、耳。

【三光】 sānguāng ❶日、月、星。班固《白虎通·封公侯》:"天有～～,日、月、星。"又日、月、五星合称三光。《史记·天官书》:"衡、太微,～～之廷。"(司马贞索隐:"三光,日、月、五星也。")❷指房、心、尾三星宿。《礼记·乡饮酒义》:"立三宾以象～～。"(郑玄注:"三光,三大辰也。"《尔雅·释天》:"大辰,房、心、尾也。")

【三圭】 sānguī 指诸侯五等爵位中的公、侯、伯。《楚辞·大招》:"～～重侯,听类神只。"(王逸注:"三圭,谓公、侯、伯也。公执桓圭,侯执信圭,伯执躬圭。")

【三行】 sānháng 春秋时晋国军制名称。古代车战,晋国为抵御狄人,在三军之外增设三支步兵,叫三行。《左传·僖公二十八年》:"晋侯作～～以御狄,荀林父将中行,屠击将右行,先蔑将左行。"

【三后】 sānhòu 三个君主或诸侯。古代天子或诸侯都称后。"三后"的具体所指不同。《楚辞·离骚》:"昔～～之纯粹兮。"(王逸注:"后,君也,谓禹、汤、文王也。")《诗经·大雅·下武》:"～～在天,王配于京。"(毛传:"三后,大王、王季、文王也。")《左传·昭公三十二年》:"～～之姓,于今为庶。"(杜预注:"三后,虞、夏、商。")

【三桓】 sānhuán 指春秋时鲁大夫孟孙氏、叔孙氏、季孙氏。他们都是鲁桓公的后代,故称。自鲁文公死后,三桓势力日益加强,分统三军,实际掌握了鲁国的政权。《韩非子·内储说下》:"鲁～～偪公。"《史记·鲁周公世家》:"鲁由此公室卑,～～强。"

【三皇】 sānhuáng 传说中的上古部落酋长。三皇的名称有许多种:伏羲、神农、燧人(祝融);伏羲、神农、女娲;天皇、地皇、泰皇;伏羲、神农、黄帝;天皇、地皇、人皇。

【三极】 sānjí 天、地、人。《周易·系辞上》:"六爻之动,～～之道也。"(孔颖达疏:"是天、地、人三才至极之道。")

【三季】 sānjì ❶指夏商周三代的末期。季,末。《国语·晋语一》:"虽当～～之王,亦不可乎?"(韦昭注:"三季王,桀、纣、幽王也。")❷指春秋时鲁国的季孙氏、仲孙氏、叔孙氏。《吕氏春秋·察微》:"以鲁国恐不胜一季氏,况于～～同恶。"参见"三桓"。

【三家】 sānjiā ❶即三皇。《后汉书·马融传》:"轶越～～,驰骋五帝。"❷即三桓。《论语·八佾》:"～～者,以雍彻。"参见"三桓"。❸春秋末年晋国的智氏、韩氏、魏氏。《左传·定公十三年》:"～～未睦,可尽克也。"❹汉代传授《诗经》和《周易》的三个经学流派。《汉书·艺文志》:"《诗经》二十八卷,鲁、齐、韩～～。""《易经》十二篇,施、孟、梁丘～～。"

【三甲】 sānjiǎ ❶宋代科举考试,进士殿试分为三甲录取,第一甲取三名,赐进士及第;第二甲赐进士出身;第三甲赐同进士出身。《宋史·选举志一》:"[太平兴国]八年,进士诸科,始试律义……进士始分～～。"❷术数家术语。三甲是寿相之征。《三国志·魏书·管辂传》:"背无～～,腹无三壬,此皆不寿之验。"

【三监】 sānjiān 指周武王的三个弟弟管叔、蔡叔、霍叔。武王灭纣后,派他们三人监管商遗民。参见"三叔"条。《毛诗正义·邶鄘卫谱》:"庶殷顽民被纣化日久,未可以建诸侯,乃分其地,置～～,使管叔、蔡叔、霍叔尹而教之。"

【三监】 sānjiàn 唐代官署国子监、少府监、将作监的合称。《旧唐书·职官志一》:"贞观元年,改国子学为国子监,分将作监为少府监,通将作监为～～。"

【三节】 sānjié ❶战国韩非提出的国君控制大臣的三种手段。《韩非子·八经》:"其位至而任大者,以～～持之,曰质、曰镇、曰固。亲戚妻子,质也;爵禄厚而必,镇也;参伍贵帑,固也。"❷古代君王召见臣下以玉为符节,分三节以区别缓急。《礼记·玉藻》:"凡君召以～～,二节以走,一节以趋。"王安石《知江宁府谢上表》:"延之以～～之严,付之以十城之重。"

【三戒】 sānjiè ❶指戒色、戒斗、戒得。《论语·季氏》:"孔子曰:'君子有～～:少之时,血气未定,戒之在色;及其壮也,血气方刚,戒之在斗；及其老也，血气既衰，戒之在得。'"❷文章篇名。唐代柳宗元作《三戒》，分《临江之麋》、《黔之驴》、《永某氏之鼠》三段。

【三晋】 sānjìn 指战国时韩、赵、魏三国。春秋末，晋国被韩、赵、魏三家卿大夫瓜分，各立为国，史称三晋。《史记·燕召公世家》："韩、赵、魏灭智伯，分其地，～～强。"

【三经】 sānjīng ❶管子认为君主立国必须具备的三个条件。《管子·版法》："凡将立事，正彼天植，风雨无违，远近高下，各得其嗣。～～既饬，君乃有国。"❷儒家的三部经典。所指因文而异。《汉书·五行志下之下》："是故圣人重之，载于～～。"此指《易》、《诗》、《春秋》。王安石著《三经新义》，指《诗》、《书》、《周礼》。《宋史·艺文志一》有刘元刚《三经演义》，指《孝经》、《论语》、《孟子》。

【三荆】 sānjīng 一株三枝的荆树。常用来比喻同胞兄弟。周景式《孝子传》："古有兄弟，忽欲分异，出门见～～同株，接叶连阴，叹曰：'木犹欣聚，况我而殊哉！'还为雍和。"陆机《豫章行》："～～欢同株，四鸟悲异林。"

【三精】 sānjīng 日、月、星。《后汉书·光武帝纪赞》："～～雾塞。"

【三径】 sānjìng 西汉末年王莽专权，兖州刺史蒋诩称病还乡隐居，在院中辟三径。后常用"三径"来指归隐后的住所。陶渊明《归去来兮辞》："～～就荒，松菊犹存。"杜甫《赠特进汝阳王二十二韵》："瓢饮唯～～，岩栖在百层。"

【三九】 sānjiǔ ❶指三公九卿，封建王朝中央的高级官职。《后汉书·郎顗传》："陛下践祚以来，勤心众政，而～～之位，未见其人。"❷指三九天。从冬至的第二天起，每九天为一"九"，共九九八十一天。三九即第三个九，是一年中最冷的时候。徐光启《农政全书·农事·占候》："～～廿七，篱头吹觱篥。"❸三种韭菜(九是韭的谐音)。比喻生活贫穷。《南齐书·庾杲之传》："清贫自业，食唯有韭葅，瀹韭，生韭杂菜。或戏之曰：'谁谓庾郎贫，食鲑常有二十七种。'言～～也。"

【三军】 sānjūn ❶周代天子六军，诸侯之大国三军。一军为一万二千五百人。《左传·襄公十四年》："成国不过半天子之军，周为六军，诸侯之大者，～～可也。"❷步、车、骑三种兵种。《六韬·战车》："步贵知变动，车贵知地形，骑贵知别径奇道，～～同名而异用也。"❸军队的通称。《论语·子罕》："～～可夺帅也，匹夫不可夺志也。"杜甫《遣兴》诗之一："安得廉耻将，～～同晏眠。"

【三恪】 sānkè 古代新的统治王朝加封前代三个王朝的子孙为王侯，称三恪。恪，恭敬。《左传·襄公二十五年》："而封诸陈，以备～～。"(杜预注："周得天下，封夏殷二王后，又封舜后，谓之恪，并二王后为三国。其礼转降，示敬而已，故曰三恪。")

【三窟】 sānkū 三个洞穴。比喻人有很多办法逃避灾祸。《战国策·齐策四》："狡兔有～～，仅得免其死耳。"陆游《幽居》诗："平生本不营～～，此日何须直一钱。"

【三老】 sānlǎo ❶古代设三老五更之位，以示养老之意。《礼记·文王世子》："遂设～～五更，群老之席位焉。"❷掌教化的乡官。战国魏有三老之官，秦置乡三老，汉置县、郡三老，以帮助推行政令。《汉书·高帝纪上》："举民年五十以上，有修行，能帅众为善，置以为～～，乡一人。择乡～～一人为县～～。"❸指上寿、中寿、下寿。《左传·昭公三年》："公聚朽蠹而～～冻馁。"(杜预注："三老，谓上寿、中寿、下寿，皆八十以上。")❹船工。川江峡中称舵工为三老。杜甫《拨闷》诗："长年～～遥怜汝，棙柁开头捷有神。"

【三礼】 sānlǐ ❶《仪礼》、《周礼》、《礼记》三书的合称。汉代郑玄为三礼作注，"三礼"之称由此而兴。《后汉书·董钧传》："中兴，郑众传《周官经》，后马融作《周官传》，授郑玄，玄作《周官注》。玄本习《小戴礼》，后以古经校之，取其义长者，故为郑氏学。玄又注小戴所传《礼记》四十九篇，通为～～焉。"《经学通论·三礼》："～～之名，起于汉末。"❷祭祀天、地、宗庙之礼。《尚书·舜典》："咨四岳，有能典朕～～。"

【三灵】 sānlíng ❶天、地、人。《魏书·孙绍传》："事恢～～，仁洽九服。"❷日、月、星。扬雄《羽猎赋》："方将上猎～～之流，下决醴泉之滋。"❸指灵台，灵囿，灵沼。《诗经·大雅·灵台序》"以及鸟兽昆虫焉"孔颖达疏："《大雅·灵台》一篇之诗，有灵台，有灵囿，有灵沼，有辟雍。其如是，则辟雍及～～，皆同处在郊矣。"

【三论】 sānlún 《论语》在汉代初年有《鲁论语》、《齐论语》、《古文论语》三种，合称《三论》。何晏《论语注疏解经序》："《齐论》有《问王》、《知道》，多于《鲁论》二篇，《古论》亦无此二篇，分《尧曰》下章《子张问》以为一篇，有两《子张》凡二十一篇，篇次不与《齐》、《鲁》论同。"邢昺疏："此辨～～篇章之异也。"

【三命】 sānmìng ❶周代官爵分九个等级。

称九命。三命是公、侯、伯之卿。《礼记·王制》:"大国之卿不过~~。"❷指上中下三等寿数。孙楚《征西官属送于陟阳侯作》诗:"~~皆有极,咄嗟安可保。"(李善注引《养生经》:"黄帝曰:上寿百二十,中寿百年,下寿八十。")❸多次教诫。三,多次;命,教诫。皇甫谧《女怨诗》:"施衿结帨,~~丁宁。"❹旧时星命术士以人出生的年月日所属的干支推算命数,称三命。洪迈《夷坚志补·汴岸术士》:"适术士过前,共坐旅舍,询其技,曰:'能论~~。'乃书年月日时示之。"

【三木】 sānmù 古代刑具,枷在犯人颈、手、足三处。司马迁《报任少卿书》:"魏其,大将也,衣赭衣,关~~。"《后汉书·马援传》:"可有子抱~~,而跳梁妄作,自同分羹之事乎?"

【三农】 sānnóng ❶住在三类不同地区的农人。《周礼·天官·大宰》:"一曰~~,生九谷。"(郑玄注:"郑司农曰:'三农,平地、山、泽也。'玄谓三农,原、隰及平地。")❷春、夏、秋三个农时。张衡《东京赋》:"~~之隙,曜威中原。"

【三辟】 sānpì 夏、商、周三代的刑法。《左传·昭公六年》:"夏有乱政而作禹刑;商有乱政而作汤刑;周有乱政而作九刑。~~之兴,皆叔世也。"(叔世:末年。)谢朓《三日侍宴曲水代人应诏》诗:"九畴式序,~~载清。"

【三品】 sānpǐn ❶三类。《周易·巽》:"田获~~。"(王弼注:"三品者,一曰干豆,二曰宾客,三曰充君之庖厨也。")《尚书·禹贡》:"厥贡,惟金~~。"(孔颖达疏:"金银铜也。")❷上中下三等。《四库全书总目·集部·诗品》:"[钟]嵘学通《周易》,词藻兼长,所品古今五言诗,自汉魏以来一百有三人,论其优劣,分为上、中、下~~。"

【三器】 sānqì 三种治理国家的手段。指号令、刑法、禄赏。《管子·版法解》:"治国有~~……曰:号令也,斧钺也,禄赏也。"

【三亲】 sānqīn 指父子、夫妻、兄弟。《颜氏家训·兄弟》:"自兹以往,至于九族,皆本于~~。"

【三秦】 sānqín 地名。故地在今陕西一带。秦亡以后,项羽三分秦关中之地。后来泛称陕西关中一带。杜甫《冬至》诗:"心折此时无一寸,路迷何处是~~。"

【三秋】 sānqiū ❶三个季度,共九个月。《诗经·王风·采葛》:"一日不见,如~~兮!"(孔颖达疏:"年有四时,时皆三月,三秋谓九月也。")❷三个秋季,指代三年。李白《江夏行》:"只言期一载,谁谓历~~!"❸秋季的三个月。王融《永明十一年策秀才文》:"幸四境无虞,~~式稔。"❹秋季的第三个月,即九月。王勃《滕王阁序》:"时维九月,序属~~。"杜甫《茅堂检校收稻》诗之一:"香稻~~末,平田百顷间。"

【三仁】 sānrén 三个仁人。指殷代末年纣的贤臣微子、箕子、比干。《论语·微子》:"微子去之,箕子为之奴,比干谏而死。孔子曰:'殷有~~焉。'"王安石《推命对》:"桀纣之世,飞廉进而~~退,是天人之道悖也。"

【三善】 sānshàn 亲亲、尊君、长长,封建社会的三种道德标准。《礼记·文王世子》:"行一物而~~皆得者,唯世子而已。……父子、君臣、长幼之道得而国治。"

【三商】 sānshāng 即三刻。古代以漏刻计时,叫作商。因日落后三刻为昏时,又以三商为昏。《诗经·齐风·东方未明》"折柳樊圃,狂夫瞿瞿"孔颖达疏:"《尚书纬》谓刻为商。郑(玄)作《士昏礼目录》云:'日入~~为昏',举全数以言耳。"苏舜钦《答韩持国书》:"~~而眠,高春而起。"

【三少】 sānshào ❶三公的副职。也称"三孤"。《大戴礼·保傅》:"于是为置~~,皆上大夫也,曰少保、少傅、少师,是与太子宴者也。"❷同时代的三个著名少年。《晋书·王羲之传》:"时陈留阮裕有重名,为敦主簿……目羲之与王承、王悦为王氏~~。"❸三度返老还童。《列女传》:"夏姬得道,鸡皮~~。"

【三舍】 sānshè ❶一舍三十里,三舍九十里。《左传·僖公二十三年》:"晋楚治兵,遇于中原,其辟君~~。"(治兵:交战。辟:避。)❷二十八宿中三座星宿的位置。《淮南子·览冥训》:"鲁阳公与韩构难,战酣日暮,援戈而㧑之,日为之反~~。"(㧑:挥。)❸宋代太学和地方学分为三舍:上舍、内舍、外舍。初入学为外舍,由外舍升内舍,由内舍升上舍。《宋史·选举志三》:"崇宁建辟雍于郊,以处贡生,而~~考选法,乃遍天下。"(辟雍:指太学。)

【三牲】 sānshēng 祭祀用的牛、羊、猪。《礼记·祭统》:"~~之俎,八簋之实,美物备矣。"《礼记·宰夫》"凡朝覲会同宾客以牢礼之法"郑玄注:"~~,牛羊豕具为一牢。"

【三省】 sānshěng 指中书省、门下省、尚书省。三省同为最高政务机构,三省长官同为宰相职位。《新唐书·百官志一》:"唐因隋制,以~~之长,中书令、侍中、尚书令,共议国政，此宰相职也。”

【三时】　sānshí　❶指春、夏、秋三个务农季节。时，季。《左传·桓公六年》：“谓其～～不害而民和年丰也。”《国语·周语上》：“～～务农而一时讲武。”❷夏至后半个月为三时，头时三天，中时五天，三时七天。《农圃六书》：“夏至后半月为～～，头时三日，中时五日，三时七日。”❸佛教分一年为热时、雨时、寒时。玄奘《大唐西域记·三国》：“如来圣教，岁为～～：正月十六日至五月十五日，热时也；五月十六日至九月十五日，雨时也；九月十六日至正月十五日，寒时也。”

【三史】　sānshǐ　魏晋南北朝时以《史记》、《汉书》、《东观汉记》为三史，唐以后《东观汉记》失传，以《史记》、《汉书》、《后汉书》为三史。《三国志·蜀书·孟光传》：“博物识古，无书不览，尤锐意～～。”唐孙华《赠赵松一》诗：“六经贮巾箱，～～供点窜。”

【三始】　sānshǐ　阴历正月初一。也叫三朝。《汉书·鲍宣传》：“今日蚀于～～，诚可畏惧。”（颜师古注引如淳曰：“正月初一为岁之朝，月之朝，日之朝。始，犹朝也。”）

【三世】　sānshì　❶祖孙三代。《礼记·曲礼下》：“医不～～，不服其药。”❷儒家公羊学派关于历史演变的解释，即所见世，所闻世，所传闻世。《公羊传·隐公元年》：“所见异辞，所闻异辞，所传闻异辞。”何休注：“于所传闻之世，见治起于衰乱之中，用心尚粗觕，故内其国而外诸夏”；“于所闻之世，见治升平，内诸夏而外夷狄”；“至所见之世，著治太平，夷狄进至于爵，天下远近大小若一。”清代康有为据此推演出据乱世，升平世，太平世，作为变法的理论根据。❸佛教以过去、现在、未来为三世。《集异门论》卷三：“～～者，谓过去世，未来世，现在世。”

【三事】　sānshì　❶三件事，具体内容随文意而定。《尚书·大禹谟》：“六府～～允治。”孔颖达疏：“正身之德、利民之用、厚民之生，此～～惟当谐和之。”《国语·楚语下》：“王曰：‘～～者，何也?’对曰：‘天事武，地事文，民事忠信。’”❷指春、夏、秋三季的农事。《诗经·大雅·常武》：“不留不处，～～就绪。”❸指三公。《汉书·韦贤传》：“天子我监，登我～～。”（颜师古注：“三事，三公之位，谓丞相也。”）

【三叔】　sānshū　周武王灭商后，把商的旧都封给纣的儿子武庚，为防止商的遗民叛乱，武王派自己的三个弟弟管叔、蔡叔、霍叔监管商遗民，叫做“三叔”，又叫“三监”。《毛诗正义·邶鄘卫谱》孔颖达疏：“《古文尚书·蔡仲之命》曰：‘惟周公位冢宰，正百工。群叔流言，乃致辟管叔于商，囚蔡叔于郭邻，降霍叔于庶人，三年不齿。’则以管、蔡、霍～～为三监明矣。”

【三司】　sānsī　古代的三个官署。东汉以太尉、司徒、司空为三司，也称三公；唐代以御史大夫、中书、门下为三司，主管刑狱；五代、北宋称盐铁、户部、度支为三司；金以劝农、盐铁、度支户部为三司，主管财赋等。《后汉书·顺帝纪》：“令刺史二千石之选，归任～～。”《新唐书·百官志》：“凡冤而无告者，～～诘之。”

【三颂】　sānsòng　《诗经》中《周颂》、《鲁颂》、《商颂》的合称。共四十篇。是祭祀时的乐歌舞曲。《毛诗正义·周颂谱》孔颖达疏：“《商谱》云：孔子录诗，列之以备～～。”

【三肃】　sānsù　古代致敬的一种礼节。肃，揖拜。《左传·成公十六年》：“～～使者而退。”

【三体】　sāntǐ　❶《诗经》的风、雅、颂叫三体。《诗经·豳风·七月》孔颖达疏：“诸诗未有一篇之内备有风、雅、颂，而此篇独有～～者。”❷指唐诗的七绝、七律、五律三体。❸三种字体。真书流行前，古文、篆、隶称三体，后来真书、行书、草书也称三体。《新唐书·柳公权传》：“真宗召至御座前，书纸三番，作真、行、草～～。”❹指史书的编年体、纪传体和纪事本末体。《四库全书总目·史部·纪事本末类》：“古之史策，编年而已，周已前无异轨也。司马迁作《史记》，遂有纪传一体，唐以前无异轨也。至宋袁枢，以《通鉴》旧文每事为篇，各排比其次第，而详叙其始终，命曰纪事本末，史遂又有此一体。”

【三统】　sāntǒng　❶夏、商、周三代的正朔。夏正建寅，以正月为岁首，叫人统；商正建丑，以十二月为岁首，叫地统；周正建子，以十一月为岁首，叫天统。也叫“三正”。《汉书·律历志上》：“故数历～～，天以甲子，地以甲辰，人以甲申。”❷古历法名，汉刘歆所造。《汉书·律历志上》：“～～者，天施、地化、人事之纪也。”又叫“三统历”。

【三推】　sāntuī　古代帝王为了表示劝农，每年春天都到郊区举行一次籍田典礼，典礼开始时，天子掌犁推三下（有人说推三周），叫三推。历代帝王都有这种三推仪式。《礼记·月令》：“孟春之月……率三公、九卿、诸侯、大夫，躬耕帝籍。天子～～，三公五推，卿大夫九推。”潘岳《籍田赋》：“～～而舍，庶人终亩。”

【三畏】　sānwèi　儒家认为君子应当敬畏的三件事。《论语·季氏》：“君子有～～：畏天命，畏大人，畏圣人之言。”

【三五】 sānwǔ ❶指二十八星宿中的心宿和柳宿。《诗经·召南·小星》："嘒彼小星，～～在东。"（毛传："三心五噣，四时更见。"噣：即柳宿。）❷三辰五星。《史记·天官书》："为天数者，必通～～。"索隐："三谓三辰，五谓五星。"参见"三辰"、"五星"。❸三乘五之积，即十五。《礼记·礼运》："播五行于四时，和而后月生也，是以～～而盈，～～而阙。"《古诗十九首》之十八："～～明月满，四五蟾兔缺。"❹指三王五霸或三皇五帝。《楚辞·九章·抽思》："望～～以为象兮。"❺三五个。表约举之数。《国语·晋语一》："是以谗口之乱，不过～～。"

【三牺】 sānxī 三种祭品。《左传·昭公二十五年》："为六畜、五牲、～～，以奉五味。"（孔颖达疏引服虔曰："三牺，雁、鹜、雉也。"）

【三夏】 sānxià ❶夏季的三个月。《乐府诗集·子夜四时歌·夏歌》："情知～～热，今日偏独甚。"❷三个夏季，即三年。《墨经·新故》："凡新墨不过～～殆不堪用。"❸古乐曲《肆夏》、《韶夏》、《纳夏》的合称。《左传·襄公四年》："～～，天子所以享元侯也。"

【三献】 sānxiàn ❶郊祭时陈祭品后要献酒三次，即初献爵、亚献爵、终献爵。《后汉书·百官志二》："光禄勋……郊祀之事，掌～～。"❷三种祭品。沈括《梦溪笔谈·辩证》："祭礼有腥、焊、熟～～。"

【三星】 sānxīng 三颗明亮而相近的星。有参宿三星，心宿三星，河鼓三星。《诗经·唐风·绸缪》："绸缪束薪，～～在天。"此指参宿三星。

【三省】 sānxǐng 从三个方面反省。《论语·学而》："曾子曰：'吾日～～吾身：为人谋而不忠乎？与朋友交而不信乎？传不习乎？'"

【三宿】 sānxiǔ ❶指三天三夜。贾思勰《齐民要术·水稻》："渍经～～，漉出，内草篅中裛之，复经～～，芽生长二分。"（裛：缠裹。）❷留住三夜。《后汉书·襄楷传》："浮屠不～～桑下，不欲久生恩爱，精之至也。"

【三秀】 sānxiù 灵芝草的别名。《楚辞·九歌·山鬼》："采～～兮于山间。"

【三玄】 sānxuán 《周易》、《老子》、《庄子》三书的统称。魏晋南北朝时玄学大兴，以这三本书为经典。《颜氏家训·勉学》："洎于梁世，兹风复阐，《庄》《老》《周易》，总谓～～。"

【三巡】 sānxún ❶环绕周行三遍。《左传·桓公十二年》："伐绞之役，楚师分涉于彭，罗人欲伐之，使伯嘉谍之，～～数之。"❷斟酒三遍。《水浒传》二十四回："一连斟了～～酒，那婆子便去烫酒来。"

【三阳】 sānyáng ❶春天开始。冬至时，白昼最短，冬至后，白昼渐长，古人认为是阴气渐去阳气渐生，称冬至所在的十一月为一阳生，十二月为二阳生，正月为三阳开泰。《尚书·洪范》"三曰木"孔颖达疏："正月为春，木位也，～～已生，故三为木数。"❷《周易》中的卦爻以九为阳，三阳指初九、九二、九三。《周易·需》"三人来，敬之，终吉"孔颖达疏："以一阴而为～～之主。"❸中医以太阳、少阳、阳明三经脉为三阳。《史记·扁鹊仓公列传》："厉针砥石，以取外～～五会。"

【三曜】 sānyào 指日、月、星。张华《游仙》诗："亭馆笼云构，修梁流～～。"

【三揖】 sānyī ❶三次行礼拱手。《仪礼·士冠礼》："至于庙门，揖；入，～～。"韩愈《送穷文》："～～穷鬼而告之。"❷古礼规定，卿、大夫、士向君王行礼时，君王须还揖，故称卿、大夫、士为三揖。《左传·哀公二年》："～～在下。"

【三仪】 sānyí ❶天、地、人。扬雄《太玄经·玄摛》："～～同科。"❷古代观察天文的仪器，即黄道仪。合六合仪、三辰仪、四游仪而成。唐代天文学家李淳风设计制造。《辽史·历象志下》："设～～以明度分。"

【三翼】 sānyì 船。古代船分大翼、中翼、小翼，合称三翼。张协《七命》："尔乃浮～～，戏中沚。"骆宾王《晚泊江镇》诗："四运移阴律，～～泛阳侯。"（阳侯：水神，指水。）

【三淫】 sānyín 三种罪过。淫，过错。《吕氏春秋·古乐》："周文王处岐，诸侯去殷～～而翼文王。"（高诱注："三淫，谓剖比干之心，断材士之股，刳孕妇之胎者，故诸侯去之而佐文王也。"）

【三雍】 sānyōng 辟雍、明堂、灵台，合称三雍，是封建帝王举行祭祀、典礼的场所。《后汉书·儒林传序》："中元元年，初建～～。明帝即位，亲行其礼。"又叫三雍宫。《汉书·河间献王传》："武帝时，献王来朝，献雅乐，对三雍宫。"（颜师古注引应劭曰："辟雍、明堂、灵台也。"）

【三友】 sānyǒu ❶三种交友之道。《论语·季氏》："益者～～，损者～～。友直、友谅、友多闻，益矣。友便辟，友善柔，友便佞，损矣。"秦观《送少章弟赴仁和主簿》诗："投闲数访之，可得～～益。"❷以三种事物为友，如称松竹梅为"岁寒三友"。白居易《北窗三友》诗："～～者为谁？琴罢辄饮酒，酒罢辄吟诗，～～递相引。”

【三宥】 sānyòu ❶从宽处理犯罪者的三种情况。《周礼·秋官·司刺》：“司刺掌三刺～～三赦之法，以赞司寇听狱讼……壹宥曰不识，再宥曰过失，三宥曰遗忘。”❷宽恕三次。《礼记·文王世子》：“公族无宫刑。狱成，有司谳于公。其死罪，则曰某之罪在大辟；其刑罪，则曰某之罪在小辟。公曰：‘宥之。’有司又曰：‘在辟。’公又曰：‘宥之。’有司又曰：‘在辟。’及～～不对，走出，致刑于甸人。”(谳，议罪。辟，罪。)宥也写作“又”。《礼记·王制》：“王～～，然后制刑。”也作“三侑”。《管子·法法》：“文有～～，武毋一赦。”❸古代贵族劝食的礼节。宥，同“侑”。《周礼·春官·大司乐》：“王大食，～～，皆令奏钟鼓。”

【三馀】 sānyú 三国时魏人董遇常教学生利用冬天、夜间、阴雨天这“三馀”的时间读书，后来就以“三馀”为闲暇时间。《三国志·魏书·王肃传》注引《魏略》：“[董]遇言‘当以～～’。或问～～之意，遇言‘冬者岁之馀，夜者日之馀，阴雨者时之馀也。’”陶渊明《感士不遇赋序》：“余尝以～～之日，讲习之暇，读其文。”

【三元】 sānyuán ❶农历正月初一。这一天为年、季、月之始，故称“三元”。颜师古《奉和正月临朝》：“七府璇衡始，～～宝历新。”❷唐人以正月十五为上元，七月十五为中元，十月十五为下元，合称三元。卢拱《中元日观法事》诗：“四孟逢秋序，～～得气中。”(孟，每季的第一个月为孟月，四孟指四季。)❸指天、地、人。王昌龄《夏月花萼楼酺宴应制》诗：“土德～～正，尧心万国同。”❹指日、月、星。《云笈七籤》卷十一：“上睹～～如连珠。”❺封建科举考试的乡试、会试、殿试的第一名解元、会元、状元叫三元。明代又以殿试的前三名状元、榜眼、探花为三元。

【三朝】 sānzhāo ❶农历正月初一。是日为年、月、日的开始，故称“三朝”。班固《东都赋》：“春王～～，会同汉京。”(李善注：“三朝，岁首朔日也。”农历每月初一叫朔日。)《汉书·孔光传》：“岁之朝，曰～～。”(颜师古注：“岁之朝，月之朝，日之朝，故曰三朝。”)❷三个早晨，也指三天。李白《上三峡》诗：“～～上黄牛，三暮行太迟。”❸旧时风俗，以结婚、生子的第三天为三朝。吴自牧《梦粱录·育子》：“～～与儿落脐炙顋。”

【三正】 sānzhēng 我国古代有三种历法，夏历以建寅之月为岁首；殷历以建丑之月(即夏历十二月)为岁首；周历以冬至所在的建子之月(即夏历十一月)为岁首。这三种历法就叫三正。《尚书·甘誓》：“有扈氏威侮五行，怠弃～～。”陆德明《释文》引马融曰：“建子、建丑、建寅，～～也。”

【三正】 sānzhèng ❶夏、商、周三代。班固《幽通赋》：“匝～～而灭姬。”(李善注引曹大家曰：“三正，谓夏殷周也。”)❷指天、地、人之正道。《史记·周本纪》：“今殷王纣乃用其妇人之言，自绝于天，毁坏其～～，离逷其王父母弟。”

【三至】 sānzhì ❶三条原则。《荀子·议兵》：“所以不受命于主有三：可杀而不可使处不完；可杀而不可使击不胜；可杀而不可使欺百姓。夫是之谓～～。”❷指谣言三至，终于产生影响。《战国策·秦策二》说曾参之母织布，有人告诉她说曾参杀了人，起初她不信，后来又有两人来告，她吓得投杼越墙而走。《后汉书·班超传》：“身非曾参而有～～之谗，恐见疑于当时矣。”

【三陟】 sānzhì ❶旅途劳顿。《诗经·周南·卷耳》有“陟彼崔嵬”、“陟彼高冈”、“陟彼砠矣”的话，所以后人合称为“三陟”。颜延之《秋胡诗》：“嗟余怨行役，～～穷晨暮。”❷三次升官。《魏书·常景传》：“柳下三黜，不愠其色；子文～～，不喜其情。”(柳下：春秋鲁人柳下惠；子文：楚国令尹。)

【三传】 sānzhuàn 即《左传》、《公羊传》、《穀梁传》。杨士勋《春秋穀梁传注疏·序》：“乃帅门生故吏、我兄弟子侄，研讲六籍，次及～～。”

【三族】 sānzú ❶父族、母族、妻族。《荀子·君子》：“故一人有罪而～～皆夷。”❷父、子、孙。《礼记·仲尼燕居》：“故～～和也。”❸父母、兄弟、妻子。《史记·秦本纪》：“法初有～～之罪。”集解引张晏曰：“父母、兄弟、妻子也。”

【三组】 sānzǔ 组是印章上的丝带，三组即三颗印，指兼三种官职。《汉书·杨仆传》：“怀银黄，垂～～，夸乡里。”杜牧《上周相公启》：“杨仆～～垂腰，苏秦六印在手。”

【三俎】 sānzǔ 指豕、鱼、腊三种祭品。《礼记·玉藻》：“又朝服以食，特牲～～，祭肺。”

【三尊】 sānzūn 君、父、师。班固《白虎通·封公侯》：“人有～～，君、父、师。”

【三翮六翼】 sānhéliùyì 九鼎的别名。参见“九鼎”。《史记·楚世家》：“吞～～～～以高世主。”(索隐：“三翮六翼，亦谓九鼎也。”)

【三教九流】 sānjiàojiǔliú ❶三教指儒、佛、道；九流指儒、道、阴阳、法、名、墨、纵横、杂、农九家。泛指宗教、学术中各种流派。

赵彦卫《云麓漫钞》卷五："帝问～～～～及汉朝旧事，了如目前。"❷旧社会称各色人物及各种行当。《水浒传》六十九回："原来董平心机灵巧，～～～～，无所不通。"

【三体石经】 sāntǐshíjīng 也叫熹平石经。东汉熹平四年，灵帝诏令正定五经，命蔡邕用隶体字写下刻在碑上，立在太学门外。因用古文、篆书、隶书三种字体参校，所以叫三体石经。赵明诚《金石录》："《后汉书·儒林传叙》云：'为古文、篆、隶三体者'，非也。盖邕所书乃八分，而～～～～乃魏时所建也。"

【三阳开泰】 sānyángkāitài 《周易》十月是坤卦，纯阴之象。十一月是复卦，一阳生。十二月是临卦，二阳生。正月为泰卦，三阳生。故正月为三阳开泰。冬去春来，阴消阳长，有吉亨之象。旧时以"三阳开泰"或"三阳交泰"为一年开头的吉祥语。张居正《贺元旦表》之二："兹者，当～～～～之候，正万物出震之时。"

【三昭三穆】 sānzhāosānmù 周代礼制，天子设七庙祭祀祖先。太祖之庙在中。二、四、六世的庙在左，叫"昭"。三、五、七世的庙在右，叫"穆"。参见"昭穆"条。《礼记·王制》："天子七庙，～～～～，与大祖之庙而七。"

【三十六字母】 sānshíliùzìmǔ 宋代汉语语音三十六个声母的代表字。相传是宋代和尚守温拟定的。最初为三十个字母，后代等韵学家又增定六个。历代学者对三十六字母评价都很高，把它作为研究中古语音系统的重要依据。守温原书今不存，现按《七音略》和《切韵指掌图》等书的记载，将三十六字母及分属七音排列如下：

牙音		见	溪	群	疑	
舌音	舌头	端	透	定	泥	
	舌上	知	彻	澄	娘	
唇音	重唇	帮	滂	並	明	
	轻唇	非	敷	奉	微	
齿音	齿头	精	清	从	心	邪
	正齿	照	穿	床	审	禅
喉音		影	晓	匣	喻	
半舌		来				
半齿		日				

叁 sān "三"的大写。见"三"。

参 sān 见 cān。

蔘 sān 见 shēn。

毵(毿) sān 见"毵毵"。

【毵毵】 sānsān 细长的样子。白居易《除夜寄微之》诗："鬓毛不觉白～～，一事无成百不堪。"施肩吾《春日钱塘杂兴》诗之一："酒姥溪头桑袅袅，钱塘郭外柳～～。"

伞(傘、繖) sǎn 挡雨、遮阳的用具。《南史·王缙传》："以笠～覆面。"杨万里《雨作抵暮复晴》诗之一："栖鹊无阴庇湿衣，行人仄～避斜丝。"

椮 sǎn 见 shēn。

糁(糝) sǎn ❶用米和羹。《荀子·宥坐》："七日不火食，藜羹不～，弟子皆有饥色。"《礼记·内则》："析稌犬羹兔羹，和～不蓼。"（蓼，调味品。）郑玄注："凡羹齐宜五味之和米屑之～。"❷饭粒。贾思勰《齐民要术·作鱼鲊》："炊秫米饭为～。"㊀散粒，颗粒。周邦彦《大酺》词："红～铺地，门外荆桃如菽。"❸散开，散落。元好问《骤雨打新荷》曲："骤雨过，珍珠乱～，打遍新荷。"㊁混杂。《格物粗谈·瓜蓏》："冬瓜切碎者，以石灰～之则不烂。"

散(散) 1. sàn ❶分开，分散。《战国策·赵策四》："天下～而事秦，秦必据宋。"《史记·周本纪》："命南宫括～鹿台之财，发巨桥之粟，以振贫弱萌隶。"㊀纷乱。《后汉书·庞萌传》："三日，复大破之，众皆奔～。"❷驱散，排解。《后汉书·冯衍传下》："诵古今以～思兮，览圣贤以自镇。"❸罢休。《后汉书·王龚传》："会赦，事得～。"

2. sǎn ❹研成细末的药。《后汉书·华陀传》："乃令先以酒服麻沸～。"❺懒散，不检束。《荀子·修身》："庸众驽～，则劫之以师友。"❻闲散。韩愈《进学解》："投闲置～，乃分之宜。"❼酒器名。《礼记·礼器》："贵者献以爵，贱者献以～。"❽琴曲名。潘岳《笙赋》："辍张女之哀弹，流《广陵》之名～。"❾姓。周代有散宜生。

【散地】 sàndì 兵家谓在自己的领地内作战，士卒于危急时容易溃散，故称散地。《孙子·九地》："诸侯自战其地，为～～。"（杜佑注："战其境内之地，士卒意不专，有溃散之心，故曰散地。"）

【散施】 sànshī 疏财施惠，与吝啬相对。《战国策·韩策一》："公仲好内，率曰好士；仲啬于财，率曰～～；公仲无行，率曰好义。"

【散亡】 sànwáng 离散亡失。《史记·高祖功臣侯者年表》："天下初定，故大城名都～～，户口可得而数者十二三。"

【散逸】 sànyì 散失，流散。潘岳《西征赋》："街里萧条，邑居～～。"

【散越】 sànyuè 消散。《国语·周语下》："气不沈滞、而亦不～～。"

【散兵】 sǎnbīng ❶溃败散逃之兵。《后汉书·孔融传》："乃收～～保朱虚县。"❷古指没有正式编制而在军中服役的人。《隋书·礼仪志三》："其安营之制……其马步队与军中～～，交为两番，五日而代。"

【散诞】 sǎndàn ❶逍遥自在。范成大《步入衡山》诗："更无骑吹喧相逐，～～闲身信马蹄。"❷怪诞放纵。陶弘景《题所居壁》诗："夷甫任～～，平叔坐谈空。"（夷甫，王衍的字。平叔，何晏的字。）

【散地】 sǎndì 闲散的位置。《资治通鉴·唐穆宗长庆二年》："时未偃兵，裴度有将相全才，不宜置之～～。"

【散官】 sǎnguān 有官名但无固定职事的官员，与职事官相对。始于汉代。杜佑《通典·职官》："开府仪同三司，隋文官并以为～～。"

【散吏】 sǎnlì 闲散的官吏。《后汉书·胡广传》："广少孤贫……长大，随辈入郡为～～。"

【散略】 sǎnlüè 粗疏，不完备。《后汉书·曹褒传》："此制～～，多不合经。"

【散漫】 sǎnmàn ❶弥漫纷乱。谢惠连《雪赋》："其为状也，～～交错，氛氲萧索。"❷随便，无拘束。李白《怀仙歌》："一鹤东飞过沧海，放心～～知何在？"

【散曲】 sǎnqǔ 曲的一种，盛行于元明两代。因为没有故事情节，没有科白，所以和戏曲相对而言叫散曲。和诗词一样，散曲可用来抒情、写景、叙事，便于清唱。散曲有散套和小令两种。散套通常用同一宫调的若干曲子组成，长短不论，一韵到底。小令通常用一支曲子，但可以重复，和词里的小令不同。

【散人】 sǎnrén ❶疏散无用之人。《墨子·非儒下》："～～焉知良儒？"❷闲散不为世用之人。陆龟蒙《江湖散人传》："～～者，散诞之人也。"

【散儒】 sǎnrú ❶无礼法的儒生。《荀子·劝学》："不隆礼，虽察辩，～～也。"❷不成材，平庸无用的儒生。刘歆《西京杂记》卷三："大丈夫当立功绝域，何能坐事～～。"

【散逸】 sǎnyì 闲散隐逸。《梁书·世祖二子方等传》："性爱林泉，特好～～。"

【散卒】 sǎnzú 溃败的士卒。《战国策·魏策一》："臣闻越王勾践以～～三千，禽夫差于干遂。"（禽：擒。）

sang

桑 sāng ❶树名。落叶乔木。叶可喂蚕，皮可制纸，果实叫桑椹，可以吃，可以酿酒。《诗经·豳风·七月》："女执懿筐，遵彼微行，爰求柔～。"《孟子·尽心上》："五亩之宅，树墙下以～。"《后汉书·献帝纪》："九月，～复生椹，人得以食。"❷采桑。《汉书·元后传》："春幸茧馆，率皇后列侯夫人～。"[又]指蚕桑之事。《潜夫论·浮侈》："一妇～，百人衣之。"❸姓。汉有桑弘羊。

【桑海】 sānghǎi "桑田沧海"的省略。比喻世事变迁很大。李商隐《一片》诗："人间～～朝朝变，莫遣佳期更后期。"

【桑户】 sānghù 桑条编的门。指贫者所居。《战国策·秦策一》："且夫苏秦特穷巷掘门～～棬枢之士耳。"

【桑井】 sāngjǐng ❶家乡。《魏书·高谦之传》："况且频年以来，多有征发，民不堪命，动致流离，苟保妻子，竞逃王役，不复顾其～～，惮比刑书。"❷指井田制度。因孟子所提出的井田制度中包括"五亩之宅，树之以桑"，所以叫桑井。《资治通鉴·齐武帝永明三年》："虽～～难复，宜更均量。"

【桑麻】 sāngmá ❶桑和麻，是古代纺织的主要原料。《汉书·董仲舒传》："生五谷以食之，～～以衣之。"❷泛指农事。孟浩然《过故人庄》诗："开轩面场圃，把酒话～～。"

【桑枢】 sāngshū 用桑树枝做门的转轴。比喻贫寒。《世说新语·言语》："原宪～～，不易有官之宅。"

【桑土】 sāngtǔ ❶宜于种桑树的土地。《尚书·禹贡》："～～既蚕，是降丘宅土。"❷桑根。土，通"杜"。树根。《诗经·豳风·鸱鸮》："迨天之未阴雨，彻彼～～，绸缪牖户。"

【桑榆】 sāngyú ❶日暮时，太阳的馀光在桑榆树间，因以指日暮。王融《三月三日曲水诗序》："～～之阴不居，草露之滋方渥。"❷比喻晚年。曹植《赠白马王彪》诗："年在～～间，影响不能追。"刘禹锡《酬乐天咏老见示》诗："莫道～～晚，为霞尚满天。"

【桑中】 sāngzhōng 《诗经·鄘风·桑中》有"期我乎桑中，要我乎上宫，送我乎淇之上矣"的话，古人认为是男女私奔淫乱。后因以"桑中"比喻男女幽会。《左传·成公二年》："异哉！夫子有三军之惧，而又有～～之喜，宜将窃妻以逃者也。"

【桑主】 sāngzhǔ 用桑木制做的神主。《国语·周语上》:“及期,命于武宫,设～～,布几筵,大宰莅之,晋侯端委以入。”

【桑梓】 sāngzǐ 桑树和梓树是古代宅边常种的树,因以比喻家乡。《三国志·蜀书·赵云传》注引《赵云别传》:“须天下都定,各反～～,归耕本土,乃其宜耳。”柳宗元《闻黄鹂》诗:“乡禽何事亦来此,令我生心忆～～。”

【桑弧蓬矢】 sānghúpéngshǐ 古代男子出生时,用桑木作弓,蓬草作箭,使人射天地四方,象征男子志在四方。《礼记·内则》:“国君世子生……射人以～～～～六,射天地四方。”李白《上安州裴刺史书》:“士生则～～～～,射天地四方。”

【桑间濮上】 sāngjiānpúshàng 桑间,地名,在濮水之上,是古卫国之地。古人认为卫地民风不古,男女淫乱。后以桑间濮上之音为靡靡之音,桑间濮上为男女幽会之地。《礼记·乐记》:“～～～～之音,亡国之音也。”(郑玄注:“濮水之上,地有桑间者,亡国之音,于此之水出也。昔殷纣使师延作靡靡之乐,已而自沈于濮水。”)《汉书·地理志下》:“卫地有～～～～之阻,男女亦亟聚会,声色生焉,故俗称郑卫之音。”

颡(顙) sǎng ❶额。《史记·孔子世家》:“郑人或谓子贡曰:‘东门有人,其～似尧,其项类皋陶,其肩类子产。’”❷稽颡的简称。《公羊传·昭公二十五年》:“再拜～。”(何休注:“颡者,犹今叩头矣。”)参见“稽颡”。

磉 sǎng 柱下的石礅。《梁书·扶南国传》:“可深九尺许,方至石～,～下有石函。”

丧(喪、丧) 1. sàng ❶失去。《论语·子路》:“一言而～邦,有诸?”《孟子·梁惠王上》:“及寡人之身,东败于齐,长子死焉,西～地于秦七百里。”❷死亡。《礼记·檀弓上》:“公仪仲子之～,檀弓免焉。”陶渊明《归去来兮辞序》:“寻程氏妹～于武昌。”(寻:不久。)❸灭亡,失败。《吕氏春秋·长攻》:“非吴～越,越必～吴。”又《遇合》:“兴师伐陈,三月然后～。”❹沮丧。《商君书·更法》:“狂夫之乐,贤者～焉。”

2. sāng ❺丧礼,丧事。《孟子·万章上》:“舜既为天子矣,又帅天下诸侯以为尧三年～。”《左传·宣公十年》:“公如齐奔～。”❻死者的遗体,灵柩。《史记·魏其武安侯列传》:“军法,父子俱从军,有死事,得与～归。”《三国志·魏书·武帝纪》:“[鲍]信力战斗死,仅而破之。购求信～不得,众乃刻木如信形状,祭而哭焉。”

【丧胆】 sàngdǎn 恐惧到极点。李商隐《为李贻孙上李相公德裕启》:“亘绝幕以消魂,委穷沙而～～。”

【丧气】 sàngqì 意气颓丧不能自振。《后汉书·杜乔传》:“先是李固见废,内外～～,群臣侧足而立。”陆机《辨亡论》:“由是二邦之将,～～挫锋。”

【丧人】 sàngrén 逃亡之人。《公羊传·昭公二十五年》:“～～不宁,失守鲁之社稷,执事以羞。”

【丧心】 sàngxīn 丧失理智。《左传·昭公二十五年》:“哀乐而乐哀,皆～～也。”

【丧元】 sàngyuán 被杀头。元,人头。曹植《杂诗》之六:“国仇亮不塞,甘心思～～。”

【丧服】 sāngfú 居丧时所穿的衣服。依与死者的关系分为五等。参见“五服”。《周礼·天官·阍人》:“～～凶器不入宫。”

【丧纪】 sāngjì 丧事的总称。《左传·僖公二十七年》:“不废～～,礼也。”

【丧具】 sāngjù 丧葬用具,衣棺之类。《礼记·檀弓上》:“子游问～～。”

【丧乱】 sāngluàn 死丧战乱等灾祸。《诗经·小雅·常棣》:“～～既平,既安且宁。”杜甫《茅屋为秋风所破歌》:“自经～～少睡眠,长夜沾湿何由彻。”

【丧人】 sāngrén 居丧之人。《礼记·檀弓下》:“～～无宝,仁亲以为宝。”

【丧主】 sāngzhǔ 主持丧事的人。丧主应是嫡长子,如无嫡长子,则由嫡长孙充任。《穆天子传》卷六:“～～即位,周室父兄子孙倍之。”《礼记·少仪》:“为～～,则不手拜。”

sao

溞 sāo 淘米声。见“溞溞”。

【溞溞】 sāosāo 象声词,淘米声。《尔雅·释训》:“～～,淅也。”(郭璞注:“洮米声。”)《诗经·大雅·生民》作“叟叟”,即“溞溞”的假借。

慅 1. sāo ❶骚动。《说文·心部》:“～,动也。”《魏书·杨播传》:“城中～扰,不敢出战。”㊀见“慅慅”。

2. cǎo ❷忧愁。《诗经·陈风·月出》:“劳心～兮。”❸通“草”。《荀子·正论》:“治古无肉刑,而有象刑、墨黥、～婴。”(草婴:让犯人用草绳做帽带代替劓刑。)

【慅慅】 sāosāo 骚动不安。《隋书·李德林传》:“军中～～,人情大异。”

搔 1. sāo ❶轻刮,抓挠。《礼记·内则》:“寒不敢袭,痒不敢～。”枚乘《上书谏吴王》："夫十围之木，始生如蘖，足可～而绝，手可擢而拔。"❷通"骚"。骚动，扰乱。《淮南子·兵略训》："贪昧饕餮之人，残杀天下，万人～动。"王安石《上五事劄子》："苟不得其人而行之，则～之以追呼，骇之以调发，而民心摇矣。"

2. zhǎo　❸通"爪"。手指甲。《仪礼·士虞礼》："沐浴栉～剪。"

【搔首】　sāoshǒu　抓头，是心绪烦乱有所思虑时的动作。《诗经·邶风·静女》："爱而不见，～～踟蹰。"

【搔头】　sāotóu　❶挠头发。刘歆《西京杂记》卷二："武帝过李夫人，就取玉簪～～。"❷簪的别名。白居易《长恨歌》："花钿委地无人收，翠翘金雀玉～～。"

骚(騷)　1. sāo　❶骚动，扰乱。《诗经·大雅·常武》："徐方绎～。"柳宗元《答韦中立论师道书》："岂可使呶呶者早暮咈吾耳，～吾心？"❷忧愁。《国语·楚语上》："德义不乂，则迩者～离而远者距违。"❸屈原《离骚》的省称。杜甫《陈拾遗故宅》诗："有才继《骚》《雅》，哲匠不比肩。"❹通"臊"。臭。《山海经·北山经》："食之不骄。"郭璞注："骄或作～。～，臭也。"

2. sǎo　❺通"扫"。打扫。《史记·李斯列传》："夫以秦之强，大王之贤，由灶上～除，足以灭诸侯，成帝业，为天下一统。"㊙归拢在一起。《史记·黥布列传》："大王宜～淮南之兵渡淮，日夜会战彭城下。"

【骚动】　sāodòng　不安宁，动乱。《史记·汲郑列传》："何至令天下～～？"《汉书·张耳陈馀传》："内外～～，百姓罢敝。"《后汉书·李通传》："及下江，新市兵起，南阳～～。"

【骚人】　sāorén　骚体诗人，指《离骚》的作者屈原等。泛指诗人、文人。李白《古风》之一："正声何微茫，哀怨起～～。"卢梅坡《雪梅》诗："梅雪争春未肯降，～～阁笔费评章。"范仲淹《岳阳楼记》："迁客～～，多会于此。"

【骚骚】　sāosāo　❶行动急促鲁莽的样子。《礼记·檀弓上》："故丧事虽遽不陵节……故～～尔则野。"❷象声词。风声。吴融《风雨吟》："风～～，雨涔涔，长洲苑外荒居深。"

【骚杀】　sāoshā　❶飘动的样子。张衡《东京赋》："驸承华之蒲梢，飞流苏之～～。"❷即萧瑟。鲍照《园中秋散》诗："流枕商声苦，～～年志阑。"

【骚坛】　sāotán　诗坛，诗界。袁宏道《徐文长传》："文长既雅不与时调合，当时所谓～～主盟者，文长皆叱而怒之。"

【骚体】　sāotǐ　也叫"楚辞体"。起于战国时楚国，以屈原《离骚》为代表。《文心雕龙·乐府》："朱、马以～～制歌。"（朱：朱买臣。马：司马相如。）

榎　sāo（又读 sōu）　量词。后写作"艘"。《汉书·沟洫志》："谒者二人发河南以东漕河五百～。"

缫(繅、繰)　1. sāo　❶缫丝。将丝从蚕茧中抽出、合并成生丝。《孟子·滕文公下》："诸侯耕助，以供粢盛；夫人蚕～，以为衣服。"《礼记·祭义》："及良日，夫人～，三盆手。"

2. zǎo　❷通"藻"。五彩丝绳。用来系玉。《周礼·夏官·弁师》："五采～十有二就。"（郑玄注："合五采丝为之绳。"）❸同"璪"。玉器的垫子。《仪礼·聘礼》："圭与～皆九寸。"

臊　1. sāo　❶肉类发出的腥臊气味。《韩非子·五蠹》："民食果蓏蚌蛤，腥～恶臭，而伤腹胃。"《吕氏春秋·本味》："夫三群之虫，水居者腥，肉玃者～，草食者膻。"

2. sào　❷害羞，不好意思。《儿女英雄传》三十七回："便啐了一口道：'呸，不害～！'"

【臊声】　sāoshēng　丑闻。《魏书·抱嶷传》："风闻前洛州刺史阴平子石荣、积射将军抱老寿恣荡非轨，易室而奸，～～布于朝野，丑音被于行路。"

扫(掃)　sǎo　❶扫除尘秽。《战国策·秦策二》："妾以无烛，故常先至，～室布席。"《周礼·天官·阍人》："掌～门庭。"㊀清除，消灭。《汉书·路温舒传》："唯阶下除诽谤以招切言，开天下之口，广箴谏之路，～亡秦之失，尊文武之德。"张衡《东京赋》："～项军于垓下。"㊁平定。《南史·宋武帝纪》："～定荆楚。"❷抹，画。张祜《集灵台》诗："淡～蛾眉朝至尊。"❸掠过。杜甫《别张十三建封》诗："羽人～碧海，功业竟何如？"❹尽其所有。《新唐书·杨行密传》："[孙]儒～境以来，利速战。"❺祭拜。《国语·晋语二》："亡人苟入～宗庙，定社稷，亡人何国之与有？"白居易《天坛峰下赠杜录事》诗："他日药成分一粒，与君先去～天坛。"

【扫拜】　sǎobài　扫墓祭奠。《魏书·高阳王传》："又任事之官，吉凶请假，定省～～，动历十旬。"

【扫地】　sǎodì　❶清扫地上尘秽。《孔子家语·致思》："使弟子～～，将以享祭。"❷破坏无余，完全丧失。杜甫《哭台州郑司户苏少监》诗："豪俊何人在？文章～～无。"李商隐《为李贻孙上李相公启》："提枹于绝艺之场，班杨～～。”❸尽数。《隋书·食货志》：“时帝将事辽碣，增置军府，～～为兵。”

【扫迹】 sǎojì ❶自然，无痕迹。左思《娇女诗》：“明朝弄梳台，黛眉类～～。”❷扫除足迹，指闭门谢客。孔稚珪《北山移文》：“或飞柯以折轮，乍低枝而～～。”

【扫眉】 sǎoméi 画眉。司空图《灯花》诗之二：“明朝斗草多应喜，剪得灯花自～～。”

【扫榻】 sǎotà 拂除榻上的尘土，表示对宾客欢迎。陆游《寄题徐载叔东庄》诗：“南台中丞～～见，北门学士倒屣迎。”

【扫眉才子】 sǎoméicáizǐ 旧称有文才的女子。王建《寄蜀中薛涛校书》诗：“～～～～知多少，管领春风总不如。”

埽 1. sǎo ❶同“扫”。扫除。《诗经·大雅·抑》：“夙兴夜寐，洒～廷内。”《汉书·灌夫传》：“[窦]婴与夫人益市牛酒，夜洒～张具至旦。”⊗清除，平定。李白《古风》之三：“秦王～六合，虎视何雄哉！”

2. sào ❷治水工程用以护岸和堵决口的器材。一般用秫秸、芦苇捆绑而成。沈括《梦溪笔谈》卷十一：“凡塞河决，垂合，中间一～，谓之合龙门。”❸用埽料筑成的堤坝、工事。《金史·河渠志》：“沿河上下凡二十五～。”

【埽地】 sǎodì 彻底扫除，无遗迹。《汉书·魏豹田儋韩信传赞》：“秦灭六国，而上古遗烈，～～尽矣。”

【埽轨】 sǎoguǐ 扫除辙迹。表示不与人交往。《后汉书·杜密传》：“同郡刘胜，亦自蜀郡告归乡里，闭门～～，无所干及。”

毴 sào 见“毴毴”。

矂 sào 见“眊矂”。

se

色 sè ❶颜色。《老子·十二章》：“五～令人目盲，五音令人耳聋。”❷神态，气色。《论语·学而》：“巧言令～，鲜矣仁。”《论衡·变虚》：“人病且死，～见于面。”❸作色，变色。《左传·昭公十九年》：“谚所谓室于怒、市于～者，楚之谓也。”（杜预注：“犹人忿于室家而作色于市人。”）❹美色，女色。《孟子·梁惠王下》：“王曰：‘寡人有疾，寡人好～。’”《史记·高祖本纪》：“好酒及～。”❺景色，样子。《庄子·盗跖》：“车马有行～。”苏轼《饮湖上初晴后雨》诗：“水光潋滟晴方好，山～空蒙雨亦奇。”❻品类，种类。梅尧臣《吕晋叔著作遗新茶》诗：“其赠几何多，六～十五饼。”❼佛教把有形质的能感触到的东西称为“色”，把属于精神领域的东西称作“心”。陈子昂《感遇》诗之八：“空～皆寂灭，缘业亦何名！”❽戏曲里的角色。夏庭芝《青楼集·周人爱》：“周人爱，京师旦～，姿艺并佳。”

【色荒】 sèhuāng 迷乱于女色。《尚书·五子之歌》：“内作～～，外作禽荒。”

【色目】 sèmù ❶名目，品类。《资治通鉴·唐德宗建中元年》：“赋敛之司增数，而莫相统摄，自立～～，新故相仍，不知纪极。”❷人品，身份。蒋防《霍小玉传》：“有一仙人，谪在下界，不邀财货，但慕风流，如此～～，共十郎足矣。”❸元代指西域人。《元史·选举志》：“蒙古、～～人作一榜，汉人、南人作一榜。”

【色禽】 sèqín 指女色和田猎。语出《尚书·五子之歌》：“内作色荒，外作禽荒。”《旧五代史·唐庄宗纪》：“忘栉沐之艰难，徇～～之荒乐。”

【色色】 sèsè ❶分辨对方的容色。《荀子·哀公》：“所谓庸人者，口不能道善言，心不知～～。”（杨倞注：“谓以己色观彼之色，知其好恶也。”）❷各种，各色。《新唐书·选举志一》：“敦厚浮薄，～～有之。”

【色斯】 sèsī 《论语·乡党》有“色斯举矣，翔后集”的话，马融认为是因颜色不善而离去，后以“色斯”指代离去。《三国志·魏书·崔琰传》：“袁族富强，公子宽放，盘游滋侈，义声不闻，哲人君子，俄有～～之志。”

【色听】 sètīng 察颜观色以听狱讼。《周礼·秋官·小司寇》：“以五声听狱讼，求民情，一曰辞听，二曰～～，三曰气听，四曰耳听，五曰目听。”（郑玄注：“观其颜色，不直则赧然。”）

【色养】 sèyǎng 以愉悦的颜色尽奉养之道。也泛称尽孝。《三国志·魏书·吕虔传》注引孙盛《杂语》：“后母苛虐，每欲危害祥，祥～～无怠。”刘长卿《送严维尉诸暨》诗：“退公兼～～。”

【色智】 sèzhì 自矜才智，外形于色。刘向《说苑·杂言》：“孔子曰：‘夫～～而有能者，小人也。’”

【色厉内荏】 sèlìnèirěn 外表矜庄强硬，内心怯懦。语出《论语·阳货》：“色厉而内荏，譬诸小人，其犹穿窬之盗也与！”《论衡·非韩》：“奸人外善内恶，～～～～。”

【色授魂与】 sèshòuhúnyǔ 比喻见貌而动情，心往而神交。司马相如《上林赋》：“长眉连娟，微睇绵藐，～～～～，心愉于侧。”

泣 sè 见 qì。

涩(澀、歰、濇、澁) sè ❶不光滑，不润滑。《淮南子·要略》："以内洽五藏，瀸~肌肤。"柳宗元《蝜蝂传》："其背甚~，物积因不散。"❷不通畅，阻塞。潘尼《迎大驾》诗："世故尚未夷，崤函方险~。"❸味不甘滑，苦涩。李咸用《和吴处士题村叟壁》："秋果楂梨~，晨羞笋蕨鲜。"❹文字生硬或语言不通。柳开《应责》："古文者，非在辞~言苦，使人难读诵之。"

【涩讷】 sènè 说话迟钝，不流利。《世说新语·轻诋》："王右军少时甚~~。"

啬(嗇) sè ❶收获谷物。亦泛指农事。后来写作"穑"。《仪礼·少牢馈食礼》："宰夫以笾受~黍，主人尝之，纳诸内。"《论衡·明雩》："修城郭，贬食省用，务~劝分。"❷爱惜。《吕氏春秋·情欲》："论早定则知早~，知早~则精不竭。"《后汉书·周磐传》："昔方回、支父~神养和，不以荣利滑其生术。"❸节俭。《老子·五十九章》："治人事天莫若~。"《韩非子·解老》："圣人之用神也静，静则少费，少费之谓~。"❹吝啬，小气。《管子·版法》："故用财不可以~，用力不可以苦。"《史记·五宗世家》："初好音舆马，晚节~，惟恐不足于财。"❺缺少，贫乏。魏源《默觚上·学篇》："人之智愚亦然，丰于此则必~于彼。"❻贪求。《左传·襄公二十六年》："夫小人之性，衅于勇，~于祸。"❼不滑利。中医脉象的一种。《史记·扁鹊仓公列传》："诊其脉时，切之，贤脉也，~而不属。"

【啬夫】 sèfū ❶农夫。《说文·啬部》："故田夫谓之~~。"《韩非子·说林下》："此~~，公之故人，公奚不休舍？"❷古代官名。各时代的啬夫职责不相同。1) 掌管币礼的官员。《尚书·胤征》："瞽奏鼓，~~驰。"2) 司空的属官。《仪礼·觐礼》："~~承命，告于天子。"3) 检束群吏百姓的官员。《管子·君臣上》："吏~~任事，人~~任教。"4) 乡官。《汉书·百官公卿表上》："十亭一乡，乡有三老、有秩、~~……~~职听讼，收赋税。"

【啬事】 sèshì ❶农事。《史记·殷本纪》："我君不恤我众，舍我~~而割政。"❷精简事务。《新唐书·牛仙客传》："[牛仙客]始在河西，~~省用，仓库积巨万，器械犀锐。"

塞 1. sè(又读 sāi) ❶隔阻，堵。《诗经·豳风·七月》："穹窒熏鼠，~向墐户。"《孟子·尽心下》："山径之蹊间，介然用之而成路；为间不用，则茅~之矣。"(为间：有间，时间不长。)❷充满，充实。《孟子·公孙丑上》："其为气也，至大至刚，以直养而无害，则~于天地之间。"❸弥补。《后汉书·赵苞传》："唯当万死，无以~罪。"❹困厄，时运不佳。与"通"相对。韩愈《驽骥》诗："敦云时与命，通~皆自由？"

2. sài ❺边关，险要处。《史记·周本纪》："今又将兵出~攻梁，梁破则周危矣。"曾巩《再乞登对状》："盖官日益众，而守~之臣有未称其任者。"❻祭祀名。与"赛"同。《韩非子·外储说右下》："秦襄王病，百姓为之祷；病愈，杀牛~祷。"《汉书·郊祀志上》："冬~祷祠。"❼通"簺"。赌博游戏。《庄子·骈拇》："问谷奚事，则博~以游。"杜甫《今夕行》："咸阳客舍一事无，相与博~为欢娱。"

【塞门】 sèmén ❶屏，影壁。《论语·八佾》："邦君树~~，管氏亦树~~。"(何晏注："人君别内外，于门树屏以蔽之。")❷关门。《新唐书·食货志》："每中官出，沽浆卖饼之家，皆彻市~~。"

【塞渊】 sèyuān 诚实而深远。塞，实；渊，深。《诗经·邶风·燕燕》："仲氏任只，其心~~。"

【塞责】 sèzé ❶尽责任。《史记·酷吏列传》："汤乃为书谢曰：'汤无尺寸功，起刀笔吏，陛下幸致为三公，无以~~。'"《后汉书·冯衍传上》："将军受国重任，不捐身于中野，无以报恩~~。"❷弥补罪责。《汉书·项籍传》："彼赵高素谀日久，今事急，亦恐二世诛之。故欲以法诛将军以~~，使人更代以脱其祸。"柳宗元《哭连州凌员外司马》诗："盖棺未~~，孤旐凝寒飔。"

【塞职】 sèzhí 称职，尽职。韩愈《蓝田县丞厅壁记》："官无卑，顾才不足~~。"元稹《授裴注等侍御史制》："安可回惑顾虑于豪黠，而姑以揖让步趋之际为~~乎？"

【塞北】 sàiběi 长城以北的边疆地区。江淹《侍始安王石头城》诗："何如~~阴，云鸿尽来翔。"江总《赠贺左丞萧舍人》诗："江南有桂枝，~~无萱草。"

【塞门】 sàimén 边关。颜延之《赭白马赋》："简伟~~，献状绛阙。"

【塞雁】 sàiyàn 边塞之雁。比喻远离家乡的人。杜甫《登舟将适汉阳》诗："~~与时集，樯乌终岁飞。"

【塞翁失马】 sàiwēngshīmǎ 《淮南子·人间训》中说，住在边塞上的一个老人一天丢了马，别人来安慰他，他说："怎么能说这不是福呢?"过了几个月,这匹马带回一匹好马,别人都来向他祝贺,他说:"怎么又能说这不是祸呢?"后来他的儿子骑这匹好马摔断了腿,别人又来安慰他。他说:"这怎么就不是福呢?"过了一年,敌人来进攻,边塞上的青壮年都被征去打仗,而他的儿子却因腿伤而不能当兵,幸免于难。后来就用"塞翁失马,安知非福"来比喻虽然暂时吃亏,却因此得到好处。陆游《长安道》诗:"士师分鹿真是楚,～～～～犹为福。"

瑟 sè ❶弦乐器。通常是二十五弦,每弦有柱,柱可以移动以定音。《诗经·周南·关雎》:"窈窕淑女,琴～友之。"《史记·孝武本纪》:"泰帝使素女鼓五十弦～,悲,帝禁不止,故破其～为二十五弦。"❷众多的样子。《诗经·大雅·旱麓》:"～彼柞棫,民所燎矣。"❸庄严的样子。《诗经·卫风·淇奥》:"～兮僩兮,赫兮咺兮。"❹洁静鲜明的样子。《诗经·大雅·旱麓》:"～彼王瓒,黄流在中。"《水经注·济水》:"左右楸桐,负日俯仰,目对鱼鸟,水木明～。"

【瑟瑟】 sèsè ❶象声词。风声。白居易《题清头陀》诗:"烟月苍苍风～～,更无杂树对山松。"❷宝珠。杜甫《石笋行》:"雨多往往得～～,此事恍惚难明论。"《新唐书·于阗国传》:"德宗即位,遣内给事朱如玉之安西,求玉于于阗,得……～～百斤,并它宝等。"❸碧绿色。白居易《暮江吟》:"一道残阳铺水中,半江～～半江红。"

【瑟缩】 sèsuō ❶象声词。风声。苏轼《与述古自有美堂乘月夜归》诗:"凄风～～经弦柱,香雾凄迷着髻鬟。"❷收缩,收敛。《吕氏春秋·古乐》:"民气郁阏滞著,筋骨～～不达,故作为舞以宣导之。"❸发抖。姚燮《卖菜妇》诗:"棉衣已典无钱不可赎,娇儿～～抱娘哭。"

【瑟柱】 sèzhù 瑟上架弦的码子,又叫弦柱。《淮南子·氾论训》:"譬犹师旷之施～～也,所推移上下者,无尺寸之度,而靡不中音。"

廧 sè 见 qiáng。

薔 sè 见 qiáng。

轖(轖、轖) sè ❶古代车箱旁用皮革缠缚的蔽障物。《急就篇》卷三:"革～髹漆油黑苍。"(颜师古注:"革轖,车藩之交革也。")㉂ 指代车。《陈书·沈不害传》:"～驾列庭,青紫拾地。"❷塞,气结。枚乘《七发序》:"邪气袭逆,中若结～。"汪沆《山游集序》:"每托歌咏以舒其郁～困苦之思。"

譅(譅) sè 言语不流顺。《楚辞·七谏·初放》:"言语讷～兮,又无强辅。"

穑(穡) sè ❶收获谷物。《诗经·魏风·伐檀》:"不稼不～,胡取禾三百廛兮?"㉂ 指收获的粮食。《诗经·小雅·信南山》:"曾孙之～,以为酒食。"❷通"啬"。吝惜。《左传·昭公元年》:"大国省～而用之。"❸互相钩连。《管子·度地》:"树以荆棘上相～著者,所以为固也。"(尹知章注:"穑,钩也,谓荆棘刺条相钩连也。")

【穑夫】 sèfū 农夫。《尚书·大诰》:"若～～,予曷敢不终朕亩!"

【穑人】 sèrén 农夫。《左传·襄公四年》:"边鄙不耸,民狎其野,～～成功。"《三国志·魏书·武帝纪》:"君劝分务本,～～昏作。"(注:郑玄云:"昏,勉也。")

sen

摻 sēn 见 shǎn。

森 sēn ❶树木丛生繁密的样子。左思《蜀都赋》:"鸓鼯氓于蘡草,弹言鸟于～木。"陶渊明《归鸟》诗:"游不旷林,宿则～标。"㉑ 众多的样子。张衡《思玄赋》:"百神～其备从兮,屯骑罗而星布。"❷幽暗阴森。顾况《游子吟》:"浈寥群动异,眇默诸境～。"苏轼《石钟山记》:"大石侧立千尺,如猛兽奇鬼,～然欲搏人。"❸森严。杜甫《李潮八分小篆歌》:"况潮小篆逼秦相,快剑长戟～相向。"❹耸立。范成大《青青涧生松》诗:"松～上曾云,拍踢抱幽石。"(曾:同"层"。)

【森列】 sēnliè 排列繁密、森严。李白《古风》之五:"太白何苍苍,星辰上～～。"韩愈《与孟尚书书》:"天地神祇,昭布～～,非可诬也。"

【森罗】 sēnluó 密密排列。陶弘景《茅山长沙馆碑》:"夫万象～～,不离两仪所育。"(两仪:天地。)道原《景德传灯录·池州嵇山章禅师》:"～～万象,总在遮一碗茶里。"(遮:这。)

【森森】 sēnsēn ❶繁密的样子。张协《杂诗》之四:"翳翳结繁云,～～散雨足。"杜甫《蜀相》诗:"丞相祠堂何处寻,锦官城外柏～～。"❷高耸的样子。《世说新语·赏誉》:"庾子嵩目和峤～～如千丈松。"

【森竖】 sēnshù 恐怖而毛发耸立。《新唐书·李德裕传》:"宣宗即位,德裕奉册太极殿。帝退,谓左右曰:'向行事近我者,非太尉耶？每顾我，毛发为～～。'"（顾：回头看。）

洒 sěn 见sǎ。

seng

僧 sēng 和尚，梵文译词"僧伽"的省称。《魏书·释老志》："谓之沙门，或曰桑门，亦声相近，总谓之～，皆胡言也。"杜甫《太平寺泉眼》诗："取供十方～，香美胜牛乳。"

髩 sèng 见"鬅髩"。

sha

杀（殺） 1. shā ❶杀死，弄死。《公羊传·僖公十年》："骊姬者，国色也，献公爱之甚，欲立其子，于是～世子申生。"《孟子·梁惠王上》："今夫天下之人牧，未有不嗜～人者也。"❷灭除，败坏。《庄子·大宗师》："～生者不死，生生者不生。"参见"杀风景"。❸死。《老子·七十三章》："勇于敢则～，勇于不敢则活。"《韩非子·内储说上》："［叔孙］不食而饿～。"❹交战，相杀。《三国演义》五十九回："马超直～到壕边，操兵折伤大半。"❺表示程度深。杜甫《清明》诗之二："春水春来洞庭阔，白蘋愁～白头翁。"❻收束，结束。见"杀字"。

2. shài ❼凋落，凋零。《诗经·豳风·鸱鸮》"予羽谯谯，予尾翛翛"郑玄笺："羽尾又～敝。"《吕氏春秋·应同》："及禹之时，天先见草木秋冬不～。"❽减少，减省。《周礼·地官·廪人》："诏王～邦用。"《荀子·正论》："故赏以富厚，而罚以～损也。"❾衰败，衰微。《仪礼·士冠礼》："德之～也。"《吕氏春秋·长利》："是故地日削，子孙弥～。"

3. sà ❿暗淡的样子。《史记·扁鹊仓公列传》："故伤脾之色也，望之～然黄。"

【杀机】 shājī 杀伐的念头。司空图《歌者》诗之六："胸中免被风波挠，肯为螳螂动～～。"

【杀气】 shāqì ❶肃杀之气，寒气。《礼记·月令》："孟秋之月……～～浸盛，阳气日衰。"❷战争气氛。李华《吊古战场文》："凭陵～～，以相剪屠。"高適《燕歌行》："～～三时作阵云，寒声一夜传刁斗。"❸凶恶的气势。杜甫《姜楚公画角鹰歌》："楚公画鹰鹰戴角，～～森森到幽朔。"

【杀青】 shāqīng 古人在竹简上写字，用火烤去竹简的水分，以便书写和防虫蛀。这道工序称为杀青。后来泛指书籍定稿。《后汉书·吴祐传》："［吴］恢欲～～简以写经书。"（李贤注："以火炙简令汗，取其青易书，复不蠹，谓之杀青。亦谓汗简。"）陆游《读书》诗："《三苍》奇字已～～，九译旁行方著录。"

【杀身】 shāshēn 牺牲生命。《国语·晋语二》："～～以成志，仁也。"《战国策·秦策三》："故君子～～以成名，义之所在。"

【杀生】 shāshēng ❶宰杀。《管子·海王》："桓公问于管子曰：'……吾欲藉于六畜。'管子对曰：'此～～也。'"《战国策·秦策三》："制～～之威之谓王。"❷砍伐。《荀子·王制》："～～时，则草木殖。"❸杀与不杀。《韩非子·三守》："使～～之机、夺予之要在大臣。"

【杀矢】 shāshǐ 箭的一种。《周礼·夏官·司弓矢》："～～，鍭矢，用诸近射田猎。"

【杀止】 shāzhǐ 停止。《荀子·大略》："霜降逆女，冰泮～～。"

【杀字】 shāzì 收笔。《晋书·卫瓘传》："杜氏～～甚安，而书体微瘦。"

【杀哀】 shài'āi 减省丧葬礼仪。古十二荒政之一。《周礼·地官·大司徒》："以荒政十有二聚万民……七曰眚礼，八曰～～。"（郑玄注："眚礼，谓杀吉礼也；杀哀，谓省凶礼。"）

【杀风景】 shāfēngjǐng 败人兴致。苏轼《次韵林子中春日新堤书事》："为报年来～～～，连江梦雨不知春。"

沙 shā ❶细碎的石粒。《战国策·齐策六》："过菑水，有老人涉菑而寒，出不能行，坐于～中。"❷沙滩、沙漠、沙洲等。《诗经·大雅·凫鹥》："凫鹥在～。"《汉书·匈奴传》："幕北地平，少草木，多大～。"苏轼《自金山放船至焦山》诗："云霾浪打人迹绝，时有～户祈春蚕。"（自注："吴人谓水中可田者为沙。"）❸声音嘶哑。《礼记·内则》："鸟皫色而～鸣。"❹通"唦"。语助词。石君宝《曲江池》一折："不因你个小名儿～，他怎肯误入桃源！"❺"纱"的古字。《周礼·天官·内司服》："内司服掌王后之六服：袆衣，揄狄，阙狄，鞠衣，展衣，缘衣。素～。"❻姓。

【沙场】 shāchǎng 平沙旷野，常指战场。应璩《与满炳书》："～～夷敞，清风肃穆。"王翰《凉州词》："醉卧～～君莫笑，古来征战几人回。"

【沙汰】 shātài 淘汰。《晋书·孙绰传》："沙之汰之，瓦石在后。"《北齐书·文襄帝纪》："又～～尚书郎，妙选人地以充之。"

纱(紗) 1. shā ❶轻细的缯绢。古代作"沙"。《汉书·江充传》:"充衣～縠禅衣。"(颜师古传:"纱縠,纺丝而织之也。轻者为纱,绉者为縠。"❷棉麻等纺成的细缕。王维《洛阳女儿行》:"谁怜越女颜如玉,贫贱江头自浣～。"

2. miǎo ❸细微。《广雅·释诂》:"几尾总～纡细麽,微也。"

【纱幮】 shāchú 纱帐。又作"纱厨"。李清照《醉花阴》词:"佳节又重阳,玉枕～～,半夜凉初透。"

【纱帽】 shāmào 古代君主或贵族、官员所戴的一种帽子,用纱制成,故称纱帽。明代定为官员的常礼服,以后泛指官帽,或指官职。《宋史·符昭寿传》:"昭寿以贵家子,日事游宴,简倨自恣,常～～素氅衣,偃息后圃,不理戎务。"《红楼梦》一回:"因嫌～～小,致使锁枷扛。"

【纱纱】 miǎomiǎo 细微。扬雄《太玄经·坚》:"蛾蟖～～,县于九州。"

挲 shā 见 sà。

莎 shā 见 suō。

桬(樧) shā 植物名。即茱萸。《楚辞·离骚》:"椒专佞以慢慆兮,～又欲充夫佩帏。"

铩(鎩) shā ❶兵器名。一种长刃的矛。贾谊《过秦论》:"锄櫌棘矜,非铦于句戟长～也。"(铦:锐利。)陆机《辩亡论上》:"长棘劲～,望飙而奋。"❷残伤。左思《蜀都赋》:"鸟～翮,兽废足。"

【铩翼】 shāyì 羽毛摧落。《淮南子·览冥训》:"飞鸟～～,走兽废脚。"

【铩羽】 shāyǔ 羽翼摧折。也比喻失意、受挫折。鲍照《拜侍郎上疏》:"～～暴鳞,复见翻跃。"刘峻《与宋玉山元思书》:"是以贾生怀琬琰而挫翮,冯子握玙璠而～～。"

煞 1. shā ❶同"杀"。弄死,杀伤。《鹖冠子·备和》:"比干、子胥好忠谏,而不知其主之～之也。"《白虎通·五行》:"金味所以辛何? 西方～伤成物,辛所以～伤之也。"❷结束,止住。周密《齐东野语·降仙》:"年年此际一相逢,未审是甚时结～。"

2. shà ❸凶神。纪君祥《赵氏孤儿》一折:"多咱是人间恶～,可什么阃外将军。"❹副词。极,很。罗邺《嘉陵江》诗:"嘉陵南岸雨初收,江似秋岚不～流。"马致远《汉宫秋》一折:"这个～容易。"❺疑问代词。相当于"啥"。《红楼梦》六回:"这是什么东西,有～用处呢?"

【煞风景】 shāfēngjǐng 败兴。楼钥《次韵沈使君怀浮冈梅花》:"毋庸高牙～～～,为著佳句增孤妍。"

鲨 shā ❶一种小鱼。《诗经·小雅·鱼丽》:"鱼丽于罶,鲿、～。"《尔雅·释鱼》:"～,鮀。"(郭璞注:"今吹沙小鱼,体圆而有点文。")❷海中大鱼,也叫"沙"或"鲛"。《正字通》:"海～,青目赤颊,背上有鬣,腹下有翅,味肥美。"

奢 shá 见 shē。

萐 shà ❶一种瑞草,叶大。《说文·艸部》:"～,萐莆,瑞草也。"❷扇子的别名。《论衡·是应》:"人夏月操～,须手摇之,然后生风。"

啑 1. shà ❶同"唼"。水鸟或鱼吃食。《玉篇·口部》:"～,～喋,鸭食也。亦作唼。"梅尧臣《双野凫》诗:"惊飞带波起,行～拂萍开。"❷通"歃"。见"啑血"。

2. dié ❸同"喋"。践踏。见"啑血"。

【啑血】 shàxuè 同"歃血"。会盟时以牲血涂于口,表示诚信。《史记·吕太后本纪》:"始于高帝～～盟,诸君不在邪?"

【啑血】 diéxuè 同"喋血"。踏血而行,形容杀人之多。《史记·孝文本纪》:"今已诛诸吕,新～～京师。"

唼 1. shà ❶水鸟或鱼吃食。《楚辞·九辩》:"凫雁皆～夫粱藻兮,凤愈飘翔而高举。"陆游《题斋壁》诗:"隔叶晚莺啼谷口,～花雏鸭聚塘坳。"❷通"歃"。见"唼血"。

2. qiè ❸见"唼佞"。

【唼喋】 shàdié 水鸟或鱼吃食。司马相如《上林赋》:"～～菁藻,咀嚼菱藕。"

【唼唼】 shàshà 象声词。形容水鸟和鱼吃食的声音。陆游《长歌行》:"鸭鸭觜～～,朝浮杜若洲,暮宿芦花夹。"

【唼血】 shàxuè 同"歃血"。古代会盟杀牲涂血于口,表示诚信。《汉书·王陵传》:"始与高帝～～而盟。"

【唼佞】 qiènìng 谗言。扬雄《反离骚》:"灵修既信椒兰之～～兮,吾累忽焉而不蚤睹?"

厦(廈) 1. shà ❶房屋。杜甫《茅屋为秋风所破歌》:"安得广～千万间,大庇天下寒士俱欢颜。"❷门庑,廊屋。《玉篇·广部》:"～,今之门庑也。"

2. xià ❸地名。厦门。

【厦屋】 shàwū 高大的房屋。左思《魏都赋》:"～～一揆,华屏齐荣。"

唼 1. shà ❶同"歃"。用嘴吸取。吴隐之《饮贪泉》诗:"古人云此水,一～怀千金。"

2. dié ❷见"唼血"。

【唼血】 shàxuè 同"歃血"。古代订盟涂牲血于口,以示诚信。《后汉书·窦武传》:"～～共盟诛武等。"

【唼血】 diéxuè 同"喋血"。踏血而进。《后汉书·冯衍传上》:"～～昆阳,长驱武关。"

嗄 1. shà ❶声音嘶哑。《庄子·庚桑楚》:"儿子终日嗥而嗌不～。"(嗌:喉。)贯休《寄栖白大师》诗之一:"月苦蝉声～,钟清柿叶干。"❷疑问代词。相当于"啥"。《儒林外史》三十六回:"又老远的路来告诉我做～。"

2. á ❸叹词。表示疑问或醒悟。《五灯会元·临济义玄禅师》:"师曰:'大善知识,岂无方便?'光瞪目曰:'～!'师以手指曰:'这老汉今日败缺也。'"汤显祖《邯郸记·生寤》:"～! 好怪,好怪,连我白须胡子那里去了?"

3. ā ❹语气词。同"啊"。《红楼梦》一百零四回:"宝玉道:'就是他死,也该叫我见见,说个明白,他死了也不抱怨我～!'"

4. xià ❺见"嗄饭"。

【嗄饭】 xiàfàn 下饭的菜肴,也作"下饭"。高文秀《襄阳会》一折:"俺这里安排一席好酒,多着些汤水,多着几道～～。"

歃 shà 饮血或涂血于口旁。古代会盟,杀牲歃血,表示信誓。《国语·吴语》:"吴公先～,晋侯亚之。"《后汉书·隗嚣传》:"锟不濡血,～不入口,是欺神明也,厥罚如盟。"

【歃盟】 shàméng 歃血结盟。《战国策·魏策三》:"今赵不救魏,魏～～于秦。"

【歃血】 shàxuè 会盟时饮血或涂血在口旁,以示诚信。《孟子·告子下》:"葵丘之会诸侯,束牲载书而不～～。"《淮南子·齐俗训》:"故胡人弹骨,越人契臂,中国～～也。所由各异,其于信一也。"

箑 shà(又读 jié) 扇子。《方言》卷五:"扇自关而东谓之～。"㊁搧扇子。陆游《上殿劄子》:"饥必食,渴必饮,疾必药,暑必～,岂容以他物易之也哉!"

翣 shà ❶棺饰。《礼记·丧服大记》:"黼～二,黻～二,画～二。"(郑玄注:"翣,以木为筐,广三尺,高二尺四寸,方两角;高衣以白布画者,画云气,其余各如其象;柄长五尺。")《后汉书·赵咨传》:"复重以墙～之饰,表以旌铭之仪。"❷钟鼓架上的装饰。《礼记·明堂位》:"周之璧～。"(郑玄注:"周又画缯为翣,戴以璧,垂五采羽于其下,树于簨之角上。")❸扇子。《礼记·少仪》:"手无容,不～也。"❹仪仗中的大掌扇。《仪礼·既夕礼》:"燕器,杖、笠、～。"《宋史·仪卫志一》:"古者扇～,皆编次雉羽或尾为之,故于文从羽。唐开元改为孔雀。"

【翣柳】 shàliǔ 棺饰。《周礼·天官·缝人》:"丧缝棺饰焉,衣～～之材。"

霎 shà ❶小雨。《说文·雨部》:"～,小雨也。"❷时间短,瞬间。孟郊《春后雨》诗:"昨夜一～雨,天意苏万物。"杨万里《小雨》诗:"雨才放脚又还无,叶上萧萧半～馀。"

【霎霎】 shàshà 象声词。风雨声。韩偓《夏夜》诗:"猛风飘电黑云生,～～高林簇雨声。"韩琦《春霖》诗:"楼迴昏昏雾,窗寒～～风。"

【霎时】 shàshí 时间短,片刻。黄雨村《解连环·春梦》词:"似不似,雾阁云窗,拥绝妙灵君,～～曾见。"

【霎雨】 shàyǔ 阵雨。欧阳修《渔家傲》词:"六月天时～～,行云涌出奇峰露。"

嗮 shà 见 shài。

shai

筛(篩、簏) 1. shāi ❶筛子。用竹条编成,底部多小孔,用来分别粗细。李洞《喜鸾公自蜀归》诗:"扫石月盈箒,滤泉花满～。"㊀用筛子筛东西。《汉书·贾山传》:"～土筑阿房之宫。"❷穿过孔隙。董解元《西厢记诸宫调》卷一:"淅淅风～一岸蒲。"❸斟酒。《水浒传》五回:"便唤几个小喽罗近前～酒吃。"❹敲击。见"筛锣"。

2. shī ❺竹名。《广韵·脂部》:"～,竹,一名太极,长百丈,南方以为船。"

【筛锣】 shāiluó 敲锣。赵彦卫《云麓漫钞》卷九:"中原人以击锣为～～。"《西游记》六回:"摇旗擂鼓各齐心,呐喊～～都助兴。"

簁 shāi 筛子。《急就篇》卷三:"～箄箕帚筐箧篓。"

【簁簁】 shāishāi 鱼甩尾声。卓文君《白头吟》:"竹竿何嫋嫋,鱼尾何～～。"

杀 shài 见 shā。

晒(曬) shài ❶太阳光照射。《汉书·中山靖王刘胜传》:"臣闻白日～光,幽隐皆照。"陆游《客来自上皋》诗:"日～霜融作浅池,酒家都在断桥西。"❷在太阳光下曝干东西或取暖。杜甫《独坐》诗之二:"～药安垂老,应门试小童。"李商隐《自桂林奉使江陵途中感怀寄献尚书》诗:"乱鸦冲～网,寒女簇遥砧。"

【晒书】 shàishū 形容满腹经纶。自负之语。《世说新语·排调》:"郝隆七月七日,出日中仰卧,人问其故,答曰:'我～～。'"

噘 1. shài ❶同"晒"。晾晒。白居易《游悟真寺》诗:"其西～药台,犹对芝术田。"

2. shà ❷通"煞"。极,很。蔡伸《虞美人·甲辰入燕》词:"乱山无数水茫茫,谁念寒垣风物～栖惶。"❸虽,虽然。董解元《西厢记诸宫调》卷三:"这书房里往日～曾来,不曾见这般物事。"

shan

山 shān ❶陆地上由土石构成的隆起高耸部分。《周易·说卦》:"天地定位,～泽通气。"《左传·成公五年》:"～有朽壤而崩。"❷坟墓。任昉《为范始兴作求立太宰碑表》:"瞻彼景～。"《水经注·渭水三》:"秦名天子冢曰～,汉曰陵。"❸蚕簇。供蚕结茧的用具。宋应星《天工开物·乃服·结茧》:"[蚕]初上～时,火分两略轻少,引他成绪。"❹姓。

【山带】 shāndài 环绕山顶的带状白云。韩翃《送客归江州》诗:"风吹～～遥知雨,露湿荷裳已报秋。"

【山丁】 shāndīng 山区的壮年男子。范成大《大扶撙》诗:"珍重～～扶我过,人间踽踽独行难。"

【山东】 shāndōng ❶战国、秦、汉时称崤山或华山以东地区为山东,也叫关东。《史记·苏秦列传》:"秦欲已得乎～～,则必举兵而向赵矣。"❷战国时除秦外,六国都在崤山函谷关之东,故称六国为山东。《韩非子·忠孝》:"～～之言纵横未尝一日而止也,然而功名不成,霸王不立者,虚言非所以治也。"❸指太行山以东地区。《史记·晋世家》:"冬十二月,晋兵先下～～。"❹省名,因在太行山之东而得名。

【山斗】 shāndǒu 泰山北斗的合称。等于说"泰斗"。比喻德高望重为人崇敬之人。陈亮《与章德茂侍郎》:"惟是～～崇仰之心,与日俱积而不自禁。"

【山阿】 shān'ē 山中曲折处。嵇康《幽愤诗》:"采薇～～,散发岩岫。"

【山房】 shānfáng 山中房舍。常指书房和僧舍。苏轼《宿临安净土寺》诗:"明朝入～～,石镜炯当路。"《宋史·李常传》:"少读书庐山白石僧舍,既擢第,留所抄书九千卷,名舍曰李氏～～。"

【山河】 shānhé ❶大山大河。多指某一地区的地势优越。《左传·僖公二十八年》:"子犯曰:'战也。战而捷,必得诸侯;若其不捷,表里～～,必无害也。'"《晋书·姚襄载记》:"洛阳虽小,～～四塞之固,亦是用武之地。"❷指国土、疆域。《世说新语·言语》:"过江诸人,每至美日,辄相邀新亭,藉卉饮宴。周侯中坐而叹曰:'风景不殊,正自有～～之异!'"杜甫《春望》诗:"国破～～在,城春草木深。"

【山呼】 shānhū 古代臣下对皇帝颂祝的礼仪,三叩头,三呼万岁。张说《大唐祀封禅颂》:"五色云起,拂马以随人;万岁～～,从天而至。"

【山君】 shānjūn ❶山神。《史记·孝武本纪》:"泰一,皋山～～,地长用牛。"(张守节正义:"三并神名。")❷老虎的别名。《说文·虎部》:"虎,山兽之君。"王安石《次韵酬宋玘》之三:"游衍水边追野马,啸歌林下应～～。"

【山陵】 shānlíng ❶山岳。《礼记·月令》:"可以远眺望,可以升～～。"❷比喻帝王。《战国策·秦策五》:"王之春秋高,一旦～～崩,君危于累卵,而不寿于朝生。"❸帝王的坟墓。《水经注·渭水三》:"秦名天子冢曰山,汉曰陵,故通曰～～矣。"杜甫《赠特进汝南王二十二韵》:"自多亲棣萼,谁敢问～～。"

【山龙】 shānlóng 古人衮服和旌旗上画的山和龙。《尚书·益稷》:"予欲观古人之象,日月星辰,～～华虫,作会宗彝。"

【山冕】 shānmiǎn ❶古代帝王的冠服。《荀子·大略》:"天子～～,诸侯玄冠,大夫裨冕,士韦弁。"❷指通天冠。因冠梁前有山而得名。萧纲《南郊颂序》:"被太裘,服～～。"

【山人】 shānrén ❶即"山虞"。掌管山林的官员。《左传·昭公四年》:"～～取之。"❷山居者,多指隐士。庾信《幽居知春》诗:"～～久陆沉,幽径忽春临。"苏轼《放鹤亭记》:"～～欣然而笑曰:'有是哉!'"❸指从事卜卦、算命的人。石君宝《秋胡戏妻》一折:"你也可曾量忖,问～～,怎生的不拣择个吉日良辰?"

【山薮】 shānsǒu ❶深山密林。《左传·宣公十五年》:"川泽纳污,～～藏疾。"❷山林湖泽。《后汉书·梁冀传》:"多拓林苑,禁同王家,包含～～,远带丘荒,周旋封域,殆将千里。"

【山庭】 shāntíng ❶山家的庭院。庾信《思旧铭》:"嵇叔夜之～～,尚多杨柳。"❷鼻子。任昉《王文宪集序》:"况乃渊角殊祥,

～～异表。”(李善注:“《摘辅象》曰:‘子贡山庭斗绕口。’谓面有三庭,言山在中,鼻高有异相也。”

【山委】 shānwěi 堆积如山。委,堆积。《新唐书·永王璘传》:“时江淮租赋巨亿万,在所～～。”

【山西】 shānxī ❶战国、秦、汉时称崤山或华山以西地区为山西。又称关西。后来称太行山以西为山西。《史记·太史公自序》:“萧何填抚～～。”❷省名,因在太行山以西得名。

【山野】 shānyě ❶山陵原野。《楚辞·九叹·惜贤》:“搴薜荔于～～兮,采撚支于中洲。”❷对朝市而言,指民间。《三国志·蜀书·杜微传》:“怪君未有相诲,便欲求还于～～。”❸行为粗鄙。《宋史·万適传》:“举止～～人皆笑之。”

【山藻】 shānzǎo 山节藻棁的简称。山节,是雕成山形的斗拱;藻棁,是画着水草的短柱。二者都是天子的庙饰。任昉《齐竟陵文宣王行状》:“华衮与缊绪同归,～～与蓬茨俱逸。”

【山寨】 shānzhài 在山中构筑工事驻守的营寨。《宋史·岳飞传》:“张浚曰:‘飞措画甚大,令已至伊洛,则太行一带～～必有应者。’”《水浒传》二回:“如今近日上面添了一伙强人,扎下个～～。”

【山众】 shānzhòng 指僧侣。《南史·张孝秀传》:“有田数十顷,部曲数百人,率以力田,尽供～～。”

【山资】 shānzī 隐居所需的费用。比喻归隐。《南齐书·王秀之传》:“出为晋平太守。至郡期年,谓人曰:‘此邦丰壤,禄俸常充。吾～～已足,岂可久留以妨贤路?’”陆游《览镜有感》诗:“阅世久应书鬼录,强颜那复乞～～。”

【山上有山】 shānshàngyǒushān “出”字的隐语。语出自《玉台新咏·古绝句》之一:“藁砧今何在,山上复有山。”用来比喻出门在外。孟迟《闺情》诗:“～～～～归不得,湘江暮雨鹧鸪飞。”

【山珍海错】 shānzhēnhǎicuò 指山海出产的珍馐美味。八珍之中多山野之物,又很珍贵,所以叫山珍;海产品滋味错综,所以《尚书·禹贡》说“海物惟错”。韦应物《长安道》诗:“～～～～弃藩篱,烹犊炰羔如折葵。”

彡 1. shān ❶毛饰。《说文·彡部》:“彡,毛饰画文也,象形。”
2. xiān ❷姓。

芟 shān ❶除草。《诗经·周颂·载芟》:“载～载柞,其耕泽泽。”柳宗元《永州韦使君新堂记》:“始命～其芜,行其涂。”㉛删除,删削。见“芟正”。❷镰刀。《国语·齐语》:“察其四时,权节其用,耒、耜、枷、～。”(韦昭注:“芟,大镰,所以芟草也。”)

【芟夷】 shānyí ❶除草。《周礼·地官·稻人》:“凡稼泽,夏以水殄草而～～之。”杜甫《除草》诗:“～～不可阙,疾恶信如仇。”❷削除,除去。孔安国《尚书序》:“～～烦乱,剪截浮辞。”

【芟刈】 shānyì 残害。《后汉书·刘陶传》:“使群丑刑隶,～～小民,凋敝诸夏。”

【芟正】 shānzhèng 删改订正。《宋史·王觌传》:“今法令已行,可以适轻之时,愿择质厚通练之士,载加～～。”

杉 shān 木名。常绿乔木,木材白色,质轻,供建筑和制器具用。杜甫《咏怀古迹》之四:“古庙～松巢水鹤,岁时伏腊走村翁。”

删 shān ❶削除。多指去掉文辞中不必要的字句。《汉书·律历志上》:“故～其伪辞,取正义,著于篇。”❷节取,删繁就简。《史记·司马相如列传》:“故～取其要,归正道而论之。”《汉书·艺文志》:“今～其要,以备篇籍。”❸消除。韩愈《雪后寄崔二十六丞公》诗:“归来殒涕掩关卧,心之纷乱谁能～?”

【删拾】 shānshí 取舍、汰选文章。《史记·十二诸侯年表》:“吕不韦者,秦庄襄王相,亦上观尚古,～～《春秋》,集六国时事,以为八览、六论、十二纪,为《吕氏春秋》。”

【删述】 shānshù 著述的谦称。相传孔子删《书》《诗》,并且自称“述而不作”,因而这样说。李白《古风》之一:“我志在～～,垂辉映千春。”

【删约】 shānyuē 删削使之简洁。《晋书·刑法志》:“命司空陈群、散骑常侍刘邵、给事黄门侍郎韩逊、议郎庾嶷、中郎黄休、荀诜等～～旧科,傍采汉律,定为魏法。”

苫 shān ❶用草编成的遮盖物。《左传·襄公十四年》:“乃祖吾离被～盖,蒙荆棘,以来归我先君。”(被:同“披”。)《晋书·郭文传》:“倚木于树,～覆其上而居焉。”❷(今读 shàn)以苫遮盖。陆游《潜亭记》:“潜山道人广勤庐于会稽之下,伐木作亭,～之以茅,名之曰潜亭。”❸草编的垫子。古人居丧时睡在草垫上。《礼记·问丧》:“寝～枕块哀亲之在土也。”

【苫次】 shāncì 居丧所住的地方。《新唐书·郑元玮传》:“会突厥提精骑数十万,身自将攻太原,诏即～～起元玮持节往劳。”

【苫块】 shānkuài ❶草垫和土块。古礼居丧时寝苫枕块。应劭《风俗通·愆礼》："孝子寝伏～～。"❷指居丧。司马光《谢检讨启》："旋属家艰，零丁～～。"

衫 shān 短袖的单衣。束皙《近游赋》："系明襦以御冬，胁汗～以当热。"②泛指衣服。杜光庭《虬髯客传》："既而太宗至，不～不履，裼裘而来。"

姗(姍) shān ❶讥笑。"讪"的古字。《说文·女部》："～，诽也。"《汉书·石显传》："显恐天下学士～己，病之。"❷见"姗姗"。

【姗姗】 shānshān 走路从容缓慢的样子。《汉书·孝武李夫人传》："立而望之，偏何～～其来迟。"

【姗笑】 shānxiào 讥笑。《汉书·诸侯王表》："～～三代，荡灭古法。"

珊 shān 见"珊瑚"、"珊珊"。

【珊瑚】 shānhú 热带海中的腔肠动物，形如树枝，质地细腻，柔和又富韧性，属于高档玉石，古人以为珍玩。班固《西都赋》："～～碧树，周阿而生。"曹植《美女篇》："明珠交玉体，～～间木难。"（木难：宝珠。）《本草纲目·金石部》："～～生海底，五七株成林，谓之～～林。居水中，直而软，见风日则曲而硬，变红色者为上，汉赵佗谓之火树是也。"

【珊珊】 shānshān ❶象声词。形容清脆悦耳舒缓的声音。宋玉《神女赋》："动雾縠以徐步兮，拂墀声之～～。"杜甫《郑驸马宅宴洞中》诗："自是秦楼压郑谷，时闻杂佩声～～。"❷同"姗姗"。形容步履缓慢。《聊斋志异·连琐》："有女子～～自草中出。"

埏 shān 见 yán。

挻 shān ❶取，夺取。《方言》卷一："自关而西，秦晋之间，凡取物而逆谓之篡，楚部或谓之～。"《汉书·贾谊传》："主上有败，则因而～之矣。"❷同"埏"。揉和。《老子·十一章》："～埴以为器。"

【挻取】 shānqǔ 摘取。陆游《泰州报恩光孝禅寺最吉祥殿碑》："会王公去，而后使者韩公～～《华严经》语，书殿之颜，曰最吉祥殿。"

舢 shān 见"舢板"。

【舢板】 shānbǎn 便捷的小木船。《清会典事例·工部·船政》："每～～十只为一营。"也作"三板"。钱起《江行无题》诗之九十："一弯斜照水，～～顺风船。"

痁 shān 疟疾的一种。《左传·昭公二十年》："齐侯疥遂～。"（孔颖达疏："痎是小疟，痁是大疟。"）《新唐书·姚崇传》："崇病～移告。"李清照《金石录后序》："病～或热，必服寒药，疾可忧。"

蕲 shān 见 jiàn。

幓(幓) 1. shān ❶旌旗的旒。《史记·司马相如列传》："垂旬始以为～兮，抴彗星而为髾。"

2. shēn ❷见"幓缅"。

3. qiāo ❸见"幓头"。

【幓缅】 shēnshǐ 同"襂缅"。下垂的样子。《汉书·扬雄传上》："蠖略蕤绥，漓虖～～。"

【幓头】 qiāotóu 同"幧头"。古代男子束发的头巾。赵晔《吴越春秋》："王衣独鼻～～。"

缕(縿) 1. shān ❶旌旗上旒（下垂饰条）的正幅。《尔雅·释天》："素锦绸杠，纁帛～。"（邢昺疏："缕，即众旒所著者。"）

2. xiāo ❷通"绡"。生丝。《礼记·檀弓上》："布幕，卫也；～幕，鲁也。"梁元帝《筝赋》："五色之～虽乱，八熟之绪方治。"

跚 shān 见"蹒跚"。

猭 shān 见 chuān。

襂 shān 见 shēn。

搧 shān ❶用手批击。《集韵·仙韵》："～，批也。"无名氏《争报恩》二折："你的女，恼了我，～你那贼弟子孩儿！"❷摇扇。柳永《女冠子·夏景》词："去年今夜，扇儿～我，情人何处！"李石《捣练子·送别》词："扇儿～，瞥见些。"③施展。汤显祖《牡丹亭·惊梦》："看他似虫儿般蠢动把风情～。"《聊斋志异·红玉》："大～虐威。"

煽 shān（又读 shàn） ❶炽盛。《诗经·小雅·十月之交》："楀维师氏，艳妻～方处。"《新唐书·郑肃传》："然内宠方～，太子终以忧死。"❷煽动，鼓动。《旧五代史·明宗纪四》："～摇军众。"陆游《排闷》诗："幺然性命微，日畏谗口～。"

【煽炽】 shānchì 炽盛，猛烈。潘岳《马汧督诔》："声势沸腾，种落～～。"（种落：少数民族部落。）

【煽孽】 shānniè 传播邪恶。柳宗元《湘源二妃庙碑》："潜火～～，炖于融风。"

【煽诱】 shānxù 扇动诱惑。《新唐书·苏瓌传》："中宗复政，郑普思以妖幻位秘书员外监，支党遍岐陇间，相～～为乱。"

潸(潸) shān ❶流泪的样子。《说文·水部》："～，涕流貌。"《诗经·小雅·大东》："睠言顾之，～焉出涕。"项斯《送友人游河东》诗："停车晓烛前，一语几～然。"❷流泪。柳宗元《酬韶州裴曹长使君》诗："御魅恩犹贷，思贤泪自～。"⊗眼泪，泪痕。陆游《楼上醉书》诗："中原机会嗟屡失，明日茵席留馀～。"

【潸泫】 shānxuàn 流泪的样子。《隋书·杨玄感传》："谁谓国家一旦至此，执笔～～，言无所具。"

膻（羶、羴） 1. shān ❶羊膻气。《庄子·徐无鬼》："羊肉不慕蚁，蚁慕羊肉，羊肉～也。"㊀类似羊膻气的臭味。《列子·周穆王》："王之嫔御，～恶而不可亲。"❷羊脂。《周礼·天官·庖人》："冬行鲜羽膳膏～。"《礼记·祭义》："燔燎，～芗。"

2. dàn ❸袒露。《说文·肉部》："～，肉膻也。"徐锴系传："袒衣见肉也。"❹见"膻中"。

【膻荤】 shānhūn 肉食或气味浓烈的食物。韩愈《醉赠张秘书》诗："长安众富儿，盘馔罗～～。"

【膻行】 shānxíng 使人仰慕的德行。《庄子·徐无鬼》："舜有～～，百姓悦之。"

【膻中】 dànzhōng 中医学名词。指胸腹间横膈膜。《灵枢经·经脉》："入缺盆，布～～，散落心包。"

襳 shān 见 xiān。

埏 shán 见 yàn。

闪（閃） shǎn ❶从门中窥视。《说文·门部》："～，阒头门中也。"❷忽隐忽现，闪烁。《礼记·礼运》"鱼鲔不谂"郑玄注："谂之言～也。"刘禹锡《七夕》诗："馀霞张锦障，轻电～红绡。"❸突然出现。《三国演义》一回："为首～出一将，身长七尺，细眼长髯。"❹侧身躲避。《水浒传》十二回："林冲赶将去，那里赶得上！那汉子～过山坡去了。"❺抛撇，抛弃。马致远《青衫泪》二折："你好下得白解元，～下我，女少年。"❻扭伤。王实甫《西厢记》四本二折："夫人休～了手。"❼姓。

【闪尸】 shǎnshī 暂现的样子。木华《海赋》："天吴乍见而仿佛，蝄象暂晓而～～。"

【闪揄】 shǎnyú 阿谀逢迎的样子。《后汉书·赵壹传》："荣纳由于～～，孰知辨其蚩妍。"

夾 shǎn 把东西藏在怀里。《说文·亦部》："～，盗窃怀物也。俗谓蔽人俾夾是也。"

㴸（潣） shǎn 水流疾迅。木华《海赋》："～泊柏而迤扬，磊訇訇而相豗。"

掺（摻） 1. shǎn ❶执，持。《诗经·郑风·遵大路》："遵大路兮，～执子之手兮。"《战国策·燕策三》："拔剑，剑长，～其室。"（室：剑鞘。）

2. xiān ❷通"纤"。见"掺掺"。

3. càn ❸鼓曲调名。李商隐《听鼓》诗："欲问渔阳～，时无祢正平。"

4. sēn ❹众多的样子。《淮南子·俶真训》："有有者，言万物～落。"马融《广成赋》："旃旝～其如林。"

【掺掺】 xiānxiān 通"纤纤"。纤细的样子。《诗经·魏风·葛屦》："～～女手，可以缝裳。"《韩诗》作"纤纤"。

睒 shǎn ❶暂视。《说文·目部》："～，暂视貌。"柳宗元《又祭崔简旅榇归上都文》："～眒欺苟，睉贱暗冒。"❷窥视。扬雄《太玄经·瞢》："瞢复～天，不睹其轸。"❸闪烁。《元包经·仲阳》："电炟炟，其光～也。"梁武帝《孝思赋》："年挥忽而莫反，时瞬～其如电。"

【睒睒】 shǎnshǎn 晶莹闪烁的样子。《元包经·孟阴》："晴～～，步趸趸。"

【睒睗】 shǎnshì ❶疾视。左思《吴都赋》："忘其所以～～，失其所以去就。"❷闪烁。韩愈《寄崔二十六立之》诗："雷电生～～，角鬣相撑披。"

煔 1. shǎn ❶光亮闪烁。《说文·炎部》："～，火行也。"

2. qián ❷煮肉。《楚辞·大招》："炙鸹烝凫，～鹑陈只。"（洪兴祖补注："煔，沉肉于汤也。"）

3. shān ❸通"杉"。《尔雅·释木》："被，～。"（郭璞注："煔似松，生江南，可以为船及棺材，作柱埋之不腐。"）

讪（訕） shàn ❶诽谤，讥笑。《荀子·大略》："为人臣下者，有谏而无～。"王安石《上仁宗皇帝言事书》："非其资序，则相议而～之。"❷羞愧的样子。见"讪讪"。

【讪讪】 shànshàn 害羞、难为情的样子。《红楼梦》三十六回："自己便～～的红了脸。"

【讪笑】 shànxiào ❶讥笑。《新唐书·韩愈传赞》："虽蒙～～，跲而复奋。"❷勉强装出笑容。《红楼梦》十六回："贾琏此时不好意思，只是～～道……"

汕 shàn ❶鱼在水中游动的样子。《说文·水部》："～，鱼游水貌。"见"汕汕"。❷一种鱼网。王士禛《池北偶谈·谈异七》："彝陵风俗，渔人春则起～，秋则丫系。"

【汕汕】 shànshàn 鱼在水中游动的样子。

《诗经·小雅·南有嘉鱼》："南有嘉鱼，烝然～～。"

单 shàn　见dān。

钐(釤) 1. shàn　❶大镰刀。《玉篇·金部》："～，大镰也。"《抱朴子·逸民》："推黄钺以适～镰之持。"❷砍，劈。《抱朴子·博喻》："犹～木以讨蝗虫，伐木以杀蠹蝎。"

2. shān　❸姓。

3. xiān　❹通"铦"。锋利。杜牧《自宣州赴官入京路遇裴坦》诗："我初到此未三十，头脑～利筋骨轻。"

剡 shàn　见yán。

扇 1. shàn　❶用竹或苇编的门。泛指门扇，窗扇。《说文·户部》："～，扉也。"《资治通鉴·梁武帝太清二年》："贼又以长柯斧斫东掖门，门将开，羊侃凿～为孔，以槊刺杀二人，斫者乃退。"❷古代障尘蔽日的用具，多用在仪仗中。崔豹《古今注·舆服》："雉尾～……周制以为王后夫人之车服。"程大昌《演繁露》："今人呼乘舆所用～为掌～，殊无义，盖障～之讹也。"❸扇子，用于取凉拂尘等。《世说新语·轻诋》："大风扬尘，王[导]以～拂尘。"晏几道《鹧鸪天》词："舞低杨柳楼心月，歌尽桃花～底风。"❹量词。《农桑辑要·蒸馏茧法》："用笼三～，用软草扎一圈，加于釜口。"《京本通俗小说·碾玉观音》："只见两～门关着，一把锁锁着。"❺通"骟"。阉割牲畜。

2. shān　❻通"搧"。摇扇生风。《淮南子·人间训》："武王荫暍人于樾下，左拥而右～之，而天下怀其德。"㉁吹动，吹。束皙《补亡诗》之四："四时递谢，八风代～。"❼通"煽"。炽盛。《梁书·谢举传》："逮乎江左，此道弥～。"张协《七命》之四："丰隆奋椎，飞廉～炭。"

【扇荡】shāndàng　煽惑震动。《宋书·武帝纪中》："刘毅叛换，负衅西夏，凌上罔主，志肆奸暴，附丽协党，～～王畿。"

【扇动】shāndòng　鼓动，怂恿。《后汉书·袁绍传》："贼害忠德，～～奸党。"

【扇构】shāngòu　造谣陷害。《晋书·谢安传》："时会稽王道子专权，而奸谄颇相～～，安出镇广陵之步丘，筑垒田新城以避之。"

【扇惑】shānhuò　煽动蛊惑。《晋书·郭璞传》："小人愚崄，共相～～。"

【扇扬】shānyáng　❶鼓动，张扬。阮瑀《为曹公作书与孙权》："加刘备相～～，事结衅连，推而行之，想畅本心，不愿于此也。"❷传播，宣扬。《三国志·吴书·张温传》："又殷礼者，本占候召，而温先后乞将到蜀，～～异国，为之谭论。"

墠(壇) shàn　❶郊外经过平整的土地。《诗经·郑风·东门之墠》："东门之～，茹藘在阪。"❷祭祀用的场地。《礼记·祭法》："是故王立七庙，一坛一～。"《论衡·死伪》："周武王有疾不豫，周公请命，设三坛同一～，植璧秉圭，乃告于太王、王季、文王。"㉆清除场地筑墠。《左传·昭公元年》："以敝邑褊小，不足以容从者，请～听命。"❸古代的一种祭名。《后汉书·光武帝纪下》："甲午，～于梁父。"李观《吊韩弇没胡中文》："乃命上将往～阴山而听其誓言。"

撣 shàn　见dǎn。

掞 1. shàn　❶发舒，铺张辞藻。左思《蜀都赋》："幽思绚道德，摛藻～天庭。"《新唐书·上官昭容传》："自通天以来，内掌诏命，～丽可观。"❷尽。刘知幾《史通·自叙》："上穷王道，下～人伦。"❸通"赡"。富足。《管子·侈靡》："山不同而用～。"（同：通"童"。秃。）

2. yǎn　❹通"剡"。削。《周易·系辞下》："剡木为楫。"（楫：桨。）集解本作"～木为楫"。马融《长笛赋》："刬～度拟。"

3. yàn　❺通"焰"。光照。《汉书·礼乐志》："长丽前～光耀明，寒暑不忒况皇章。"（颜师古注引晋灼曰："掞即光炎字也。"）

【掞藻】shànzǎo　铺张词藻，发挥文才。《梁书·昭明太子统传》："摛文～～，飞觞汎醳。"萧颖士《赠韦司业书》："今朝野之际，文场至广，～～飞声，森然林植。"

【掞张】shànzhāng　言辞浮夸。《三国志·蜀书·邓芝传》："丁厷～～，阴化不尽。"

【掞天】yàntiān　光耀照天。宋之问《扈从登封途中作》诗："扈从良可赋，终乏～～材。"

善 shàn　❶美好。与"恶"相对。《荀子·非相》："术正而心顺之，则形相虽恶而心术～，无害为君子也。"《后汉书·董扶传》："任安记人之～，忘人之过。"㉆认为好。《楚辞·离骚》："亦余心之所～兮，虽九死其犹未悔。"❷友好，亲爱。《战国策·秦策二》："齐楚之交～。"《汉书·高帝纪上》："单父人吕公～沛令。"❸喜好，爱惜。《荀子·强国》："～日者王，～时者霸。"《史记·孝武本纪》："上有嬖臣李延年以好音见，上～之，下公卿议。"❹擅长，善于。《孟子·梁惠王上》："古之人所以大过人者，无他焉，

～推所为而已矣。"《史记·淮阴侯列传》："故～用兵者不以短击长。"❺容易，常。《汉书·沟洫志》："岸～崩，乃凿井，深者四十余丈。"❻熟悉。《吕氏春秋·贵公》："夷吾～鲍叔牙。"《三国演义》十九回："武士拥张辽至，操指辽曰：'这人好生面～。'"❼揩拭。《庄子·养生主》："～刀而藏之。"❽改善。王弼《易略例》："故有～迩而远至。"❾"膳"的古字。《庄子·至乐》："具太牢以为～。"❿姓。

【善败】 shànbài ❶成败。《国语·周语上》："口之宣言也，～～于是乎兴。"❷失败后有善后措施。张儗《棋经·合战》："善战者不败，～～者不乱。"

【善本】 shànběn ❶经过详细校勘，错讹较少，或精印、精抄的书。《宋史·王钦臣传》："钦臣平生为文至多，所交尽名士，性嗜古，藏书数万卷，手自雠正，世称～～。"❷珍贵难得的刻本、抄本。欧阳修《记旧本韩文后》："凡三十年间，闻人有～～者，必求而改正之。"

【善贾】 shàngǔ 善于做买卖。《韩非子·五蠹》："鄙谚曰：'长袖善舞，多钱～～。'此言多资之易为工也。"

【善后】 shànhòu 妥善料理遗留问题。李纲《与秦相公书》："今并与岳飞一军，后屯他路……不知所以～～矣。"

【善怀】 shànhuái 多忧思。《诗经·鄘风·载驰》："女子～～，亦各有行。"

【善贾】 shànjià 高价。贾，同"价"。《论语·子罕》："有美玉于斯，韫椟而藏诸？求～～而沽诸？"（沽：卖。）

【善邻】 shànlín 同邻人或邻国友好相处。《左传·隐公六年》："亲仁～～，国之宝也。"

【善人】 shànrén ❶有道德的人。行为善良的人。《论语·述而》："～～，吾不得而见之矣，得见有恒者，斯可矣。"《世说新语·文学》："殷中军问：'自然无心于禀受，何以正～～少，恶人多。'"❷健康正常的人。《论衡·订鬼》："狂痴独语，不与～～相得者，病困精乱也。"

【善柔】 shànróu 阿谀逢迎的人。《论语·季氏》："损者三友……友便辟，友～～，友便佞，损矣。"亦指阿谀逢迎。李贽《答李如真》："便佞者，～～者，皆我之损，不敢亲也。"

【善详】 shànxiáng 谋事详细谨慎。《宋书·武帝纪上》："常日事无大小，必赐与谋之，此宜～～之，云何卒尔便答！"

【善意】 shànyì ❶好意。《后汉书·南匈奴传》："北单于惶恐，颇还所略汉人，以示～～。"❷喜欢猜测。《论衡·知实》："君子善谋，小人～～。"

【善政】 shànzhèng ❶好的法则政令。《孟子·尽心上》："～～民畏之，善教民爱之。"❷好的政绩。《新五代史·史圭传》："[史圭]为宁晋、乐寿县令，有～～，县人立碑以颂之。"

【善终】 shànzhōng ❶人不遭横祸，自然老死。《晋书·魏舒传》："时论以为晋兴以来，三公能辞荣～～者，未之有也。"❷好的结局。《三国志·魏书·王昶传》："夫物速成则疾亡，晚就则～～。"

禅（禪） 1. shàn ❶祭天之名。祭山川土地亦称"禅"。《说文·示部》："～，祭天也。"《广雅·释天》："～，祭也。"《大戴礼·保傅》："封泰山而～梁甫。"❷传授，相代。《庄子·寓言》："万物皆种也，以不同形相～。"❸把帝位让给别人。《孟子·万章上》："唐、虞～，夏后、殷、周继。"《论衡·正说》："尧老求～，四岳举舜。"

2. chán ❹佛教用语。"禅那"的略称，"静思"的意思。《顿悟入道要门论》卷上："问：云何为～，云何为定？答：妄念不生为～，坐见本性为定。"❺泛指有关佛教的事物。《洛阳伽蓝记·景林寺》："中有～房一所，内置祇洹精舍。"

【禅让】 shànràng 把帝位让给贤者。如尧传舜、舜传禹等。《后汉书·逸民传论》："颖阳洗耳，耻闻～～。"

樿（樿） shàn 木名，又叫白理木。白纹，坚硬，古代用来制栉、杓等。《礼记·礼器》："～杓，此以素为贵也。"

偏 shàn 炽盛。《说文·人部》："～，炽盛也。从人，扇声。《诗》曰：'艳妻～方处。'"（今本《诗经·小雅·十月之交》作"艳妻扇方处"。）

詹 shàn 见 zhān。

骟（騸） shàn ❶阉割牲口。《西游记》三十九回："他是个～了的狮子。"❷截去树的主根。这是整治树木的一种方法。冯应京《月令广义·春令授时》："～树：于诸色果木未生时，于春初根旁深掘开，将钻心钉地根截去，惟留四边乱根勿动。"

儃 shàn 见 chán。

缮（繕） shàn ❶修补，整治。《吕氏春秋·孟秋纪》："是月也，命有司，修法制，～囹圄，具桎梏，禁止奸，慎罪邪，务搏执。"《战国策·中山策》："昭王既息民～兵，复欲伐赵。"❷保养，保持。《庄子·缮性》："～性于俗，俗学以求复其初。"❷抄写。曾巩《列女传目录序》："今校雠其八篇及十五篇者已定，可～写。"❸强劲。《礼记·曲礼上》："急～其怒。"

【缮完】 shànwán 修治完善。《左传·成公元年》："臧宣叔令修赋～～，具守备。"

【缮治】 shànzhì 修理整治。《史记·孝武本纪》："于是郡国各除道，～～宫观名山神祠所，以望幸矣。"《汉书·高帝纪上》："～～河上塞。"

澹 shàn 见 dàn。

擅 shàn ❶独揽。《韩非子·孤愤》："当涂之人～事要，则外内为之用矣。"《汉书·文帝纪》："立诸吕为三王，～权专制。"㊀擅自，任意。《国语·晋语三》："不闻命而～进退，犯政也。"《吕氏春秋·贵生》："譬之若官职，不得～为，必有所制。"❷专长，善于。《管子·法法》："故明君知所～，知所患。国治而民务积，此所谓～也。"陆游《世事》诗："何人今～丹青艺，为画苏门长啸图。"❸占有，独有。《战国策·秦策三》："且昔者中山之地，方五百里，赵独～之。"《汉书·食货志上》："爵者，上之所～，出于口而亡穷。"❹通"禅"。《荀子·正论》："尧舜～让。"

【擅兵】 shànbīng 独揽兵权。《战国策·燕策三》："彼大将～～于外，而内有大乱，则君臣相疑。"

【擅场】 shànchǎng 压倒全场，超出众人。张衡《东京赋》："秦政利觜长距，终得～～。"杜甫《冬日洛城北谒玄元皇帝庙》诗："画手看前辈，吴生远～～。"

【擅朝】 shàncháo 独揽国政。《汉书·王子侯表下》："元始之际，王莽～～。"

【擅宠】 shànchǒng 独得宠信。刘向《说苑·杂言》："夫处重～～，专事妒贤，愚者之情也。"

【擅断】 shànduàn 专权，独断专行。《韩非子·和氏》："主用术，则大臣不得～～，近臣不敢卖重。"《后汉书·袁绍传上》："及臻吕后，禄、产专政，～～万机。"

【擅功】 shàngōng 独占功劳。《管子·枢言》："先王不独举，不～～。"

【擅国】 shànguó 独揽国政，专权。《史记·范雎蔡泽列传》："夫～～之谓王，能利害之谓王，制杀生之威之谓王。"

【擅利】 shànlì 独占利益。《潜夫论·务本》："故为政者，明督工商，勿使淫伪，困辱游业，勿使～～。"

【擅美】 shànměi 独有之美。《宋书·谢灵运传论》："相如巧为形似之言，班固长于情理之说，子建仲宣以气质为体，并标能～～，独映当时。"

【擅名】 shànmíng 独占名誉，享有名望。《韩非子·外储说右下》："人主者不操术，则威势轻而臣～～。"《晋书·孙盛传》："于时殷浩～～一时，与抗论者，惟盛而已。"

【擅命】 shànmìng 擅自发号施令。《后汉书·光武帝纪上》："是时长安政乱，四方背叛。梁王刘永～～睢阳，公孙述称王巴蜀。"

【擅杀】 shànshā 未经批准而擅自杀人。《国语·晋语九》："夫以回鬻国之中，与绝亲以买直，与非司寇而～～，其罪一也。"（回：奸邪。中：准则。）

【擅主】 shànzhǔ 大臣专权，权倾主上。《韩非子·难一》："臣重之实，～～也。有～～之臣，则君令不下究，臣情不上通。"

膳（饍） shàn ❶饭食。多指王公贵族的饭食。《庄子·至乐》："具太牢以为～。"《后汉书·伏湛传》："夫一谷不登，国君彻～。"❷奉食，进食。《仪礼·公食大夫礼》："宰夫～稻于梁西。"

【膳食】 shànshí 日常的饭食。《论衡·别通》："古贤文之美善可甘，非徒器中之物也；读观有益，非徒～～有补也。"

【膳羞】 shànxiū 美食。《后汉书·孝仁董皇后纪》："舆服有章，～～有品。"

鳝（鱓） 1. shàn ❶同"鳝"。《淮南子·说林训》："今～之与蛇，蚕之与蠋，状相类而爱憎异。"

2. tuó ❷通"鼍"。一种爬行动物。李斯《上秦始皇书》："建翠凤之旗，灵～之鼓。"（此据《文选》，《史记》作"鼍"。）

嬗 shàn ❶更替，演变。《史记·秦楚之际月表序》："五年之间，号令三～。"《汉书·贾谊传》："形气转续，变化而～。"❷通"禅"。禅让。《汉书·文帝纪》："今纵不能博求天下贤圣有德之人而～天下焉，而曰豫建太子，是重吾不德也。"

赡（贍） 1. shàn ❶供给，供养。《史记·齐太公世家》："设轻重鱼盐之利，以～贫穷，禄贤能，齐人皆说。"欧阳修《原弊》："今以不勤之农，～无节之用故也。"❷丰足，充裕。《墨子·节葬下》："亦有力不足，财不～，智不智，然后已矣。"《史记·酷吏列传》："九卿碌碌奉其官，救过不～，何暇论绳墨之外乎？"㊁充满。《盐铁论·本议》："故川源不能实漏卮，山海不能～溪壑。"❸姓。

2. dàn ❹通"澹"。安定。《史记·司马相如列传》："决江疏河，漉沈～灾。"

【赡养】 shànyǎng 供养。《元史·世祖纪一》："河南民王四妻靳氏一产三男，命有司量给～～。"

蟺 shàn ❶屈曲盘旋。王延寿《鲁灵光殿赋》："虬龙腾骧以蜿～。"❷同"鳝"。鱼名。《荀子·劝学》："非蛇～之穴无可寄托者。"又为蚯蚓的别名。崔豹《古今注·鱼虫》："蚯蚓，一名蜿～，一名曲～。"❸通"嬗"。蜕变。贾谊《鹏鸟赋》："形气转续兮，变化而～。"(此据《文选》，《史记》《汉书》都作"嬗"。)

鳝(鱓) shàn 鱼名。又名"黄鳝"。体细长，黄褐色，有黑斑，肉可以吃。

鳣 shàn 见 zhān。

shang

汤 shāng 见 tāng。

惕 shāng 见 dàng。

场 shāng 见 cháng。

伤(傷、慯) shāng ❶创伤，伤口。《说文·人部》："～，创也。"《韩非子·备内》："医善吮人之～，含人之血。"《礼记·月令》："命理瞻～，察创，视折。"(理：狱官。)❷伤害，受伤。《国语·楚语上》："若跣不视地，厥足用～。"(跣：赤脚。)《后汉书·刘盆子传》："杀人者死，～人者偿创。"㉡指受伤的人。司马迁《报任少卿书》："虏救死扶～不给。"❸损害。诸葛亮《出师表》："恐托付不效，以～先帝之明。"❹中伤，诋毁。《吕氏春秋·举难》："人～尧以不慈之名。"❺妨害。《孟子·梁惠王上》："无～也。是乃仁术也，见牛未见羊也。"《战国策·楚策三》："且魏臣不忠不信，于王何～？"❻悲伤，哀愁。《论衡·逢遇》："吾仕数不遇，自～年老失时，是以泣也。"❼丧祭。《管子·君臣下》："明君饰食饮吊～之礼。"

【伤怀】 shānghuái 伤心，悲痛。《诗经·小雅·白华》："啸歌～～，念彼硕人。"《史记·高祖本纪》："高祖乃起舞，慷慨～～，泣数行下。"

【伤廉】 shānglián 损害廉洁。《孟子·离娄下》："可以取，可以无取，取～～。"

【伤气】 shāngqì 挫伤志气。宋玉《高唐赋》："感心动耳，廻肠～～。"司马迁《报任少卿书》："夫中材之人，事关于宦竖，莫不～～，况忼慨之士乎？"

【伤泣】 shāngqì 伤心哭泣。《史记·孝文本纪》："其少女缇萦自～～，乃随其父至长安。"

【伤生】 shāngshēng ❶伤害生命。《庄子·让王》："君固愁身～～，以忧戚不得也。"❷伤害活人。《盐铁论·散不足》："丧祭无度，～～之蠹也。"

【伤逝】 shāngshì 哀念死者。庾信《周赵国公夫人纥豆陵氏墓志铭》："孙子荆之～～，怨起秋风。"

【伤心】 shāngxīn 心灵受伤。形容极其悲痛。司马迁《报任少卿书》："悲莫痛于～～。"李贺《送韦仁实兄弟入关》诗："何物最～～，马首鸣金环。"

【伤痍】 shāngyí 创伤。《史记·刘敬叔孙通列传》："哭泣之声未绝，～～者未起。"也作"伤夷"。《汉书·娄敬传》："哭泣之声不绝，～～者未起。"

禓(裼) 1. shāng ❶旧指强鬼，即死于非命之鬼。《礼记·郊特牲》："乡人～。"(郑玄注："禓，强鬼也。谓时傩，索室驱疫，逐强鬼也。"傩：驱鬼疫的仪式。)

2. yáng ❷道上之祭。《说文·示部》："～，道上祭。"

殇(殤) shāng ❶未成年而死。《仪礼·丧服》："年十九至十六为长～，十五至十二为中～，十一至八岁为下～。不满八岁以下，皆为无服之～。"❷战死者。鲍照《出自蓟北门行》："投躯报明主，身死为国～。"

商 shāng ❶计算，计度。《汉书·沟洫志》："[许]商、延年皆明计算，能～功利。"韩愈《进学解》："若夫～财贿之有亡，计班资之崇庳。"❷商量，商略。《周易·兑》王弼注："～，商量裁制之谓也。"❸贩卖货物，商业。《韩非子·五蠹》："其～工之民，修治苦窳之器，聚浮靡之财。"㉡指商人。《国语·周语上》："庶人、工、～各守其业，以共其上。"❹五音(宫、商、角、徵、羽)之一。《礼记·月令》："孟秋之月……其音～。"㉡指代秋天。古人认为商声属秋。《楚辞·七谏·沉江》："～风肃而害生兮，百草育而不长。"❺古代计时的漏壶中箭上的刻度。《诗经·齐风·东方未明》孔颖达疏："《尚书纬》谓刻为～。"❻星名。二十八宿中的心宿，又叫"辰"、"大火"。《左传·昭公元年》："故辰为～星。"❼朝代名。约当公元前十七世纪到公元前十一世纪。商汤灭夏，建立商朝，定都亳，后迁都到殷，因此商朝又叫殷。传到纣，被周武王灭。❽古地名。在现在河南商丘，商的始祖契所居。《史记·殷本纪》："[契]封于～。"❾通"章"。篇章。《荀子·王制》:"修宪命,审诗～。"❿姓。

【商飙】 shāngbiāo 秋风。陆机《园葵》诗:"时逝柔风戢,岁暮～～飞。"李白《登单父半月台》诗:"置酒望白云,～～起寒梧。"

【商舶】 shāngbó 商船。《南齐书·东夷传》:"～～远届,委输南州。"

【商兑】 shāngduì 商酌。《周易·兑》:"～～未宁。"

【商歌】 shānggē 悲凄之歌,商音悲凉凄厉,故称。《淮南子·氾论训》:"夫百里奚之饭牛,伊尹之负鼎,太公之鼓刀,宁戚之～～,其美有存焉者矣。"后以"商歌"比喻自荐求官。陶渊明《辛丑岁七月赴假江陵夜行涂口》诗:"～～非吾事,依依在耦耕。"

【商贾】 shānggǔ 商人的统称。《周礼·天官·太宰》:"六曰～～,阜通货贿。"(郑玄注:"行曰商,坐曰贾。")《孟子·梁惠王上》:"～～皆欲藏于王之市。"

【商较】 shāngjiào 研究比较。《晋书·伏滔传》:"试～～而论之。"《宋书·袁湛传》:"[袁]豹善言雅俗,～～古今,兼以诵咏,听者忘疲。"

【商量】 shāngliáng 商讨裁决。《魏书·食货志》:"臣等～～,请依先朝之诏,禁之为便。"

【商旅】 shānglǚ 长途贩卖的商人。《周礼·考工记·总序》:"通四方之珍异以资之,谓之～～。"

【商略】 shānglüè ❶商量讨论。《晋书·阮籍传》:"籍尝于苏门山遇孙登,与～～终古及栖神导气之术,登皆不应。"❷放任不羁。《三国志·蜀书·杨戏传评》:"杨戏～～,意在不群,然智度有短,殆罹世难云。"❸估计。黄庭坚《醇道得蛤蜊复索舜泉》诗:"～～督邮风味恶,不堪持到蛤蜊前。"

【商女】 shāngnǚ 歌女。杜牧《泊秦淮》诗:"～～不知亡国恨,隔江犹唱《后庭花》。"

【商秋】 shāngqiū 秋天。古以五音配合四季,商声为秋。商声凄厉,与秋天肃杀之气相应,故称秋天为商秋。何晏《景福殿赋》:"结实～～,敷华青春。"陆机《行思赋》:"～～肃其发节,玄云霈而垂阴。"

【商榷】 shāngquè 商讨,斟酌。《北史·崔孝芬传》:"～～古今,间以嘲谑,听者忘疲。"刘知几《史通·自叙》:"然自淮南以后,作者无绝,必～～而言,则其流又众。"

【商声】 shāngshēng 秋声,凄怆之声。阮籍《咏怀》之十:"素质游～～,凄怆伤我心。"

【商颂】 shāngsòng 《诗经》中的"颂"分为周颂、鲁颂、商颂。商颂共五篇,近人考证是公元前七、八世纪宋国宗庙祭祀的乐歌。

【商羊】 shāngyáng 传说中的鸟名。《论衡·变动》:"～～者,知雨之物也,天且雨,屈其一足起舞矣。"

觞(觴) shāng ❶酒杯。《史记·魏其武安侯列传》:"起行酒,至武安,武安膝席曰:'不能满～。'"颜延之《陶徵士诔》:"念昔宴私,举～相诲。"❷向人敬酒。《战国策·韩策二》:"于是严遂乃具酒,～聂政母前。"㊂自己饮酒。范成大《宿胥口始闻雁》诗:"把酒不能～,送目问行李。"

【觞豆】 shāngdòu 觞酒豆肉的简称,泛指饮食。张衡《东京赋》:"执銮刀以袒割,奉～～于国叟。"

【觞咏】 shāngyǒng 饮酒赋诗。白居易《老病幽独偶吟所怀》:"～～罢来宾阁闭,笙歌散后妓房空。"

【觞政】 shāngzhèng 酒令。刘向《说苑·善说》:"魏文侯与大夫饮酒,使公乘不仁为～～。"

觞(鬺) shāng 烹煮以祭祀。《汉书·郊祀志》:"禹收九牧之金,铸九鼎,象九州。皆尝～亨上帝鬼神。"(颜师古注:"觞亨一也。觞亨,煮而祀也。")

晑 shǎng 见 xiàng。

饷 shǎng 见 xiǎng。

赏(賞) 1. shǎng ❶奖赏,赐给财物、官爵等。《荀子·王制》:"无功不～,无罪不罚。"《国语·晋语九》:"～善罚奸,国之宪法也。"❷称扬,赞赏。《左传·襄公十四年》:"善则～之,过则匡之。"《韩非子·五蠹》:"故令尹诛而楚奸不上闻,仲尼～而鲁民易降北。"❸欣赏,赏玩。陶渊明《移居》诗之一:"奇文共欣～,疑义相与析。"杜甫《越王楼歌》:"君王旧迹今人～,转见千秋万古情。"❹姓。

2. shàng ❺通"尚"。崇尚,尊重。《荀子·王霸》:"致忠信以爱之,～贤使能以次之。"

【赏格】 shǎnggé 悬赏所定的报酬数。《南史·陈后主纪》:"重立～～,分兵镇守要害。"

【赏鉴】 shǎngjiàn 赏识鉴别。张说《赠太尉裴行俭神道碑》:"凡所进拔,皆为名将,此则有道之人伦,武侯之～～也。"《儒林外史》四回:"既然～～令郎,一定是英才可贺。"

【赏进】 shǎngjìn 奖赏提拔。《后汉书·孝质帝纪》:"其高第者上名牒,当以次～～。"

【赏口】 shǎngkǒu 供赏赐为奴仆之人。《新唐书·毕构传》:“炕生坰,始四岁,与其弟增以细弱得不杀,为～～。”

【赏庆】 shǎngqìng 奖赏,奖励。《管子·八观》:“～～信必,则有功者劝。”

【赏识】 shǎngshí 识别并加以重视或赞赏。权德舆《唐赠兵部尚书宣公陆贽翰苑集序》:“刺史张镒,有名于时,一获晤言,大加～～。”《宋史·欧阳修传》:“奖引后进,如恐不及;～～之下,率为闻人。”

【赏首】 shǎngshǒu 因功受赏的人中排在第一的。《论衡·定贤》:“高祖得天下,赏群臣之功,萧何为～～。”

【赏田】 shǎngtián 赏赐之田。《战国策·魏策一》:“魏公叔痤为魏将,而与韩、赵战浍北,禽乐祚。魏王说,迎郊,以～～百万禄之。”(禽:擒。说:悦。)

【赏玩】 shǎngwán 欣赏玩味。《世说新语·任诞》:“刘尹云:孙承公狂士,每至一处,～～累日,或回至半路却返。”

【赏心】 shǎngxīn 心意欢娱。谢灵运《拟魏太子邺中集诗序》:“天之良辰、美景、～～、乐事,四者难并。”杜甫《送严侍郎到绵州同登杜使君江楼宴》诗:“野兴每难尽,江楼延～～。”

【赏遇】 shǎngyù 受到赏识和礼遇。《颜氏家训·勉学》:“后被～～,赐名敬宣,位至侍中开府。”

上

1. shàng ❶位置高的,上面。《诗经·小雅·斯干》:“下莞～簟,乃安其寝。”《后汉书·西域传》:“条支国城在山～,周回四十馀里。”❷时间次序在前的。《韩非子·爱臣》:“故～比之殷周,中比之燕、宋,莫不从此术也。”陈琳《饮马长城窟行》:“～言加餐饭,下言长相忆。”❸上等,上品。《老子·八章》:“～善若水。”《后汉书·明德马皇后纪》:“夫至孝之行,安亲为～。”❹尊长,上级。《老子·七十五章》:“民之饥,以其～食税之多。”《国语·楚语下》:“下虐～为弑,～虐下为讨,而况君乎!”❺君主,帝王。《管子·君臣下》:“民之制于～,犹草木之制于时也。”《史记·魏其武安侯列传》:“是时,～未立太子。”❻指天。古诗《上邪》:“～邪!我欲与君相知,长命无绝衰。”❼登上,升上。《战国策·楚策四》:“夫骥之齿至矣,服盐车而～太行。”王维《辋川闲居赠裴秀才》诗:“渡头馀落日,墟里～孤烟。”❽向前,上前。《战国策·秦策二》:“甘茂攻宜阳,三鼓而卒不～。”❾进献,送上。《庄子·说剑》:“宰人～食。”❿上奏。《史记·高祖本纪》:“十二月,人有～变事告楚王信谋反。”⓫方位词。可指时间、处所等。《史记·孔子世家》:“孔子葬鲁城北泗～,弟子皆服三年。”《张协状元》二十七出:“三岁～读得书,五岁～属得对。”⓬通“尚”。崇尚,提倡。《战国策·赵策三》:“彼秦者,弃礼义而～首功之国也。”(首功:按斩得敌人头颅的数量计功。)《汉书·地理志下》:“夏人～忠,其敝鄙朴。”⓭通“尚”。凌驾于上。《左传·桓公五年》:“君子不欲多～人。”《国语·周语中》:“民可近也,而不可～也。”⓮表示命令、劝勉。《诗经·魏风·陟岵》:“～慎旃哉!犹来无死。”⓯姓。

2. shǎng ⓰汉语的声调之一。钟嵘《诗品序》:“至平～去入,则余病未能。”

【上邦】 shàngbāng 大国,常用来尊称别国。左思《吴都赋》:“刁其弊邑而不睹～～者,未知英雄之所躔也。”

【上币】 shàngbì ❶指珠玉。《管子·国蓄》:“以珠玉为～～,以黄金为中币,以刀布为下币。”❷指黄金。《史记·平准书》:“黄金以镒名,为～～;铜钱识曰半两,重如其文,为下币。”

【上变】 shàngbiàn 向朝廷告发紧急事变。《汉书·黥布传》:“赫至,～～,言布谋反有端,可先未发诛也。”

【上辰】 shàngchén 农历每月上旬的辰日。《西京杂记》卷三:“正月～～,出池边盥濯,食蓬饵,以祓妖邪。”

【上乘】 shàngchéng ❶上品,上等。李贽《杂说》:“杂剧院本,游戏之～～也。”王世贞《题三吴楷法十册第七册》:“所谓大巧若拙,书家之～～也。”❷佛教用语。即大乘。《积宝经》:“诸佛如来,正真正觉,所行之道,彼乘名为大乘,名为～～。”

【上春】 shàngchūn 农历正月。泛指初春。《周礼·天官·内宰》:“～～,诏王后帅六宫之人而生穜稑之种而献之于王。”江淹《别赋》:“珠与玉兮艳暮秋,罗与绮兮娇～～。”

【上达】 shàngdá ❶通达仁义,懂大道理。《论语·宪问》:“君子～～,小人下达。”❷下情达于上。《新唐书·魏徵传》:“在贞观初,遇下有礼,群情～～。”❸上进。朱熹《李先生行状》:“盖其～～不已,日新如此。”

【上德】 shàngdé ❶最高的道德,与下德相对。《老子·三十八章》:“～～不德是以有德;不德不失德,是以无德。”《韩非子·解老》:“德盛之谓～～。”❷君王的功德。班固《西都赋序》:“或以抒下情而通讽喻,或以宣～～而尽忠孝。”❸崇尚道德。《左传·僖公二十八年》:“原轸将中军,胥臣佐下军,～～也。”《汉书·文三王传》:“诏廷尉选

～～通理之吏，更审考清问。”

【上地】 shàngdì ❶上等土地。《宋书·孔羊沈传论》：“膏腴～～，亩直一金。”❷上游之地，地势高之地。《战国策·赵策一》：“且秦以牛田，水通粮，其死士皆列之于～～，令严政行，不可与战。”❸古地区名。《荀子·议兵》：“韩之～～，方数百里。”《史记·张仪列传》：“秦下甲据宜阳，韩之～～不通。”

【上帝】 shàngdì ❶天帝。《诗经·大雅·生民》：“其香始升，～～居歆。”《吕氏春秋·孟春纪》：“是日也，天子乃以元日祈谷于～～。”❷古代帝王。《论衡·自然》：“周公曰：‘～～引佚。’～～，谓舜、禹也。”❸星名。《宋史·天文志》：“紫微垣东蕃八星……第二星为～～。”

【上第】 shàngdì ❶最好的，上等。《后汉书·梁冀传》：“其四方调发，岁时贡献，皆先输～～于冀。”《晋书·杜预传》：“每岁言优者一人为～～，劣者一人为下第。”❷考试中的第一等。《后汉书·献帝纪》：“九月甲午，试儒生四十馀人，～～赐位郎中。”

【上丁】 shàngdīng 农历每月上旬的丁日。《礼记·月令》：“～～，命乐正习舞，释菜。”唐以后，历代王朝规定每年农历二月、八月的上丁为祭祀孔子的日子。《旧唐书·礼乐志》：“其中春中秋释奠于文宣王、武成王，皆以～～上戊。”

【上冬】 shàngdōng 冬季的第一个月，即农历十月。谢灵运《游岭门山》诗：“协以～～月，晨游肆所喜。”

【上番】 shàngfān 轮番值勤。《贞观政要·慎终》：“杂匠之徒，下日悉留和雇；正兵之辈，～～多别驱使。”

【上番】 shàngfàn 初番，多指植物初生。元稹《赋得春雪映早梅》诗：“飞舞先春雪，因依～～梅。”

【上风】 shàngfēng 风向的上方。《庄子·天运》：“虫，雄鸣于～～，雌应于下风而风化。”《汉书·李陵传》：“抵大泽葭苇中，虏从～～纵火，陵亦令军中纵火以自救。”（虏：指匈奴。）

【上服】 shàngfú ❶施在犯人脸上的刑罚。《周礼·秋官·小司寇》：“听民之所刺宥，以施～～下服之刑。”（郑玄注：“上服，劓墨也；下服，宫刖也。”贾公彦疏：“墨劓施于面，故为上服。”）❷重刑。《尚书·吕刑》：“上刑适轻，下服；下刑适重，～～。”❸上衣。司马相如《美人赋》：“女乃弛其～～，表其亵衣。”❹上等服装。《元史·塔出传》：“入朝，世祖嘉其功……复赐珍珠～～。”

【上辅】 shàngfǔ ❶宰相的尊称。《元史·伯颜传》：“诏为大丞相，加号元德～～。”❷星名。《宋史·天文志二》：“其紫微垣西蕃近阊阖门……第三星为～～。”

【上衮】 shànggǔn 指宰相。《后汉书·伏湛牟融等传赞》：“牟公简帝，身终～～。”

【上国】 shàngguó ❶春秋时称中原诸国为上国，对当时的夷狄而言。《国语·吴语》：“越灭吴，上征～～，宋郑鲁卫陈蔡执玉之君皆入朝。”《论衡·祭意》：“延陵季子过徐，徐君好其剑，季子以当使于～～，未之许与。”❷诸侯国称皇室为上国。《后汉书·陈蕃传》：“夫诸侯上象四七，垂耀在天，下应分土，藩屏～～。”❸国都。苏轼《送曾仲锡通判如京师》诗：“应为王孙朝～～，珠幢玉节与排衙。”

【上皇】 shànghuáng ❶天帝。《楚辞·九歌·东皇太一》：“吉日兮辰良，穆将愉兮～～。”❷上古的帝王。郑玄《诗谱序》：“诗之兴也，谅不于～～之世。”（孔颖达疏：“上皇，谓伏羲，三皇之最先者。”）❸太上皇。李白《上皇西巡南京歌》：“剑阁重关蜀北门，～～归马若云屯。”《新唐书·肃宗纪》：“即皇帝位于灵武，尊皇帝为～～天帝。”

【上计】 shàngjì ❶上策。《战国策·西周策》：“赵之～～，莫如令秦、魏复战。”❷战国、秦汉时考核地方官员政绩的方法。官员在年终须将户口、赋税、狱讼等编造计簿，呈送国君考核，叫上计。《吕氏春秋·知度》：“赵襄子之时，以任登为中牟令。～～，言于襄子。”

【上交】 shàngjiāo ❶地位低的人同地位高的人结交。《周易·系辞下》：“君子～～不谄，下交不渎。”❷上等的友好关系。《战国策·赵策一》：“秦与韩为～～，秦祸安移于梁矣。”

【上界】 shàngjiè 天上。道教、佛教称神仙住的地方为上界。贾岛《题戴胜》诗：“能传～～春消息，若到蓬山莫放归。”

【上九】 shàngjiǔ ❶《周易》的卦爻，在第六位的阳爻叫上九。韩愈《争臣论》：“在《易·蛊》之～～云：‘不事王侯，高尚甚事。’”❷农历九月初九为重阳，古称上九。《太平御览》卷九九一引周处《风土记》：“俗尚九月九日，谓为～～。”❸古称农历每月二十九日为上九。伊世珍《嫏嬛记》：“九为阳数。古人以二十九日为～～，初九日为中九，十九日为下九。”

【上考】 shàngkǎo 官吏考绩的最高等级。《旧唐书·卢迈传》：“属校定考课，迈固让。以授官日近，未有政绩，不敢当～～。”

【上口】 shàngkǒu 读书纯熟，顺口而出。《三国志·蜀书·关羽传》注引《江表传》："羽好《左氏传》，讽诵略皆～～。"

【上礼】 shànglǐ ❶上等待遇。江淹《萧相国拜齐王表》："业不题于宗器，声靡记于彝曲，而超居～～，邈乘峻爵。"❷送礼。《晋书·石勒载记上》："勒晨至蓟，叱门者开门，疑有伏兵，先驱牛羊数千头，声言～～。"

【上列】 shàngliè ❶高官之列。《后汉书·赵典传》："身在衣褐之中，致位～～。"❷上席，受尊敬的席位。杜甫《后出塞》诗之一："斑白居～～，酒酣进庶羞。"

【上流】 shàngliú ❶水的上游。《史记·淮阴侯列传》："信乃夜令人为万余囊，满盛沙，壅水～～。"❷上等，上品。罗隐《题方干》诗："顾我论佳句，推君最～～。"❸有权势的社会阶层。《南史·谢晦传论》："加以身处～～，兵权总己。"

【上戮】 shànglù 重刑。《韩诗外传》卷七："令诸大夫曰：'闻过而不以告我者，为～～。'"

【上略】 shànglüè 上策。《三国志·魏书·陈留王奂纪》："夫兼弱攻昧，武之善经，致人而不致于人，兵家之～～。"

【上门】 shàngmén ❶豪门，贵族人家。《北齐书·冯子琮传》："又专营婚媾，历选～～，例以官爵许之，旬日便验。"❷登门。王实甫《西厢记》五本三折："我明日自～～去，见俺姑娘，只做不知。"

【上年】 shàngnián 大丰年。《管子·大匡》："～～什取三，中年什取二，下年什取一。"

【上农】 shàngnóng ❶生产条件较好、收益较多的农民。《管子·揆度》："～～挟五，中农挟四，下农挟三。"❷重视农业。《史记·秦始皇本纪》："～～除末，黔首是富。"

【上品】 shàngpǐn ❶上等。王闢之《渑水燕谈录》卷八："建茶盛于江南，近岁制作尤精。龙凤团茶最为～～。"❷魏晋南北朝时，统治阶层中门阀最高的等级。《晋书·刘毅传》："是以～～无寒门，下品无势族。"

【上卿】 shàngqīng ❶周代天子诸侯皆有卿，最尊贵的称上卿。《史记·廉颇蔺相如列传》："既罢归国，以相如功大，拜为～～。"《吕氏春秋·介立》："有能得介子推者，爵～～，田百万。"❷泛指朝廷大臣。高適《崔司录宅燕大理李卿》诗："～～才大名不朽，早朝至尊慕求友。"

【上穹】 shàngqióng 上天。曹植《武帝诔》："兆民号咷，仰诉～～。"

【上人】 shàngrén ❶道德高尚的人。贾谊《新书·修政语下》："闻道志而藏之，知道善而行之，～～矣。"❷居于上位的人。马王堆汉墓帛书《十大经·正乱》："～～正一，下人静之。"❸佛教称德智善行的人，后用作对僧人的敬称。《摩诃般若经》："一心行阿耨菩提多罗三藐三菩提，心不散乱，是名～～。"苏轼《吉祥寺僧求阁名》诗："～～宴坐观空阁，观色观空色即空。"

【上日】 shàngrì ❶即朔日，农历每月初一。《尚书·舜典》："正月～～，受终于文祖。"❷佳日，佳节。李乂《和人日清晖阁宴群臣遇雪应制》："～～登楼赏，中天御辇飞。"

【上色】 shàngsè ❶美女。江淹《山中楚辞》："舞燕赵之～～，激河淇之名讴。"❷品级高贵的服色。韩愈《送区弘南归》诗："腾蹋众骏事鞍鞿，佩服～～紫与绯。"

【上上】 shàngshàng 最好，最上等。《史记·夏本纪》："其土白壤，赋～～错，田中中。"（错：杂。指上等赋中杂二等赋。）辛文房《唐才子传·王维》："维诗入妙品～～，画思亦然。"

【上舍】 shàngshè ❶招待宾客的上等房舍。《战国策·齐策一》："于是舍之～～。"❷宋代太学分外舍、内舍和上舍，学生按一定的条件依次而升。后因以"上舍"为监生的别称。戴名世《先君序略》："面峰府君之幼子为默斋府君，始以国子～～为处州经历。"

【上乘】 shàngshèng ❶古代一车四马为上乘，二马为中乘。《左传·哀公十七年》"衷甸"孔颖达疏："四马为～～，两马为中乘。"❷上等好马。《左传·哀公六年》："阳生驾而见南郭且于曰：'尝献马于季孙，不入于～～，故又献此，请与子乘之。'"

【上士】 shàngshì ❶古代官阶之一。周代有上士、中士、下士。《孟子·万章下》："大夫倍～～，～～倍中士，中士倍下士。"（倍，指俸禄多少。）❷道德高尚之人。《老子·四十一章》："～～闻道，勤而行之。"❸佛教用语。菩萨又叫上士。《释氏要览·称谓》引《瑜珈论》："无自利利他行者，名下士；有自利无他利者，名中士；有二利，名～～。"

【上世】 shàngshì ❶上古之世。《孟子·滕文公上》："盖～～尝有不葬其亲者。"❷前代，先代。《汉书·司马迁传》："予先，周室之太史也。自～～尝显功名虞夏，典天官事。"

【上事】 shàngshì 向朝廷上书言事。《后汉书·隗嚣传》："嚣宾客、掾史多文学生，每所～～，当世士大夫皆讽诵之。"

【上寿】 shàngshòu ❶高寿，高龄。《庄子·盗跖》："人～～百岁，中寿八十，下寿六十。"嵇康《养生论》:"～～百二十。"❷祝寿。《史记·滑稽列传》:"居有顷,殿上～～呼万岁。"

【上书】 shàngshū 用书面形式向君主陈述意见。《战国策·齐策一》:"[威王]乃下令:'群臣吏民,能面刺寡人之过者,受上赏;～～谏寡人者,受中赏。'"

【上孰】 shàngshú 上等收成。孰,通"熟"。《汉书·食货志上》:"～～其收自四,馀四百石;中孰自三,馀三百石;下孰自倍,馀百石。"《辽史·食货志》:"唐古率众田胪朐河侧,岁登～～。"

【上司】 shàngsī ❶汉代对三公的称呼。《后汉书·杨震传》:"吾蒙恩居～～。"后用作高级官员的通称。《三国志·魏书·钟会传》:"往者吴将孙壹,举众内附,位为～～,宠秩殊异。"❷下级对上级的称呼。《三国志·魏书·崔林传》:"犹以不事～～,左迁河间太守。"

【上巳】 shàngsì 古代节日名。汉以前以农历三月上旬巳日为上巳,魏晋以后定为三月三日,不必取巳日。《后汉书·礼仪志上》:"是月～～,官民皆絜于东流水上,曰洗濯祓除,去宿垢疢,为大絜。"(絜:洁。)

【上驷】 shàngsì ❶最好的马。《史记·孙子吴起列传》:"今以君之下驷,与彼～～;取君～～,与彼中驷。"韩愈《入关咏马》诗:"岁老岂能充～～,力微当自慎前程。"❷比喻优秀。况周颐《蕙风词话》卷三:"许文忠《圭塘乐府》,元词中～～也。"

【上嗣】 shàngsì 君王的嫡长子,后来叫太子。《礼记·文王世子》:"宗人授事,以爵以官,其登馂献受爵,则以～～。"

【上算】 shàngsuàn ❶上策,好主意。《周书·异域传论》:"举无遗策,谋多～～。"《隋书·梁睿传》:"所以周无～～,汉收下策。"❷中计,上当。《儒林外史》十五回:"他原来结交我,是要借我骗胡三公子,幸得胡家时运高,不得～～。"

【上堂】 shàngtáng ❶升堂。《礼记·曲礼上》:"将～～,声必扬。"颜延之《秋胡行》之七:"～～拜嘉庆,入室问何之。"❷高堂,殿堂。《后汉书·赵岐传》:"迎入～～,飨之,极欢。"

【上头】 shàngtóu ❶古代女子十五岁加笄,表示成人,叫上头。花蕊夫人《宫词》:"年初十五最风流,新赐云鬟便～～。"❷上边,高处。白居易《游悟真寺》诗:"我来登～～,下临不测渊。"杜甫《奉同郭给事汤东灵湫作》诗:"东山气濛鸿,宫殿居～～。"❸地位高,前列。古乐府《陌上桑》:"东方千馀骑,夫婿居～～。"

【上尾】 shàngwěi 南朝梁沈约提出作诗的八病之一。凡是上句最后一个字和下句最后一个字,或第一句最后一个字和第三句最后一个字为双声的,都叫上尾。刘知几《史通·杂说下》:"自梁室云季,雕虫道长,平头～～尤忌于时,对语俪辞盛行于俗。"

【上位】 shàngwèi ❶高官的位置。《战国策·齐策四》:"于是梁王虚～～,以故相为上将军,遣使者黄金千斤,车百乘,往聘孟尝君。"❷特指君位。《管子·牧民》:"杀戮众而心不服,则～～危矣。"❸贵宾的座位。刘向《新序·杂事一》:"秦使者至,昭奚恤曰:'君,客也,请就～～。'"

【上闻】 shàngwén 向君上呈报。《韩非子·难三》:"故季氏之乱成而不～～,此鲁君之所以劫也。"《汉书·谷永传》:"臣闻王天下有国家者,患在上有危亡之事,而危亡之言不得～～。"

【上下】 shàngxià ❶尊卑,长幼。《国语·楚语下》:"～～有序,则民不慢。"❷天上地下。《楚辞·离骚》:"路曼曼其修远兮,吾将～～而求索。"❸高处和低处。《史记·五帝本纪》:"舜曰:'谁能驯予～～草木鸟兽?'皆曰益可。"❹程度、等级的差异。《周礼·地官·廪人》:"以岁之～～数邦用。"❺古今。裴骃《史记集解序》:"驰骋古今～～数千载间。"❻指增减。韩愈《圬者王承福传》:"视时屋食之贵贱,而～～其圬之佣以偿之。"❼六朝隋唐人对父母的称呼。《南史·郭原平传》:"今岁过寒,而建安绵好,以此奉尊～～耳。"❽宋元以后对公差的称呼。《水浒传》八回:"前日方才吃棒,棒疮举发,这般炎热,～～只得担待一步。"

【上仙】 shàngxiān ❶升天成仙。《庄子·天地》:"千岁厌世,去而～～。"❷道家分仙人为九个等级,第一等为上仙。《云笈七籤·道教本始部》:"其九仙者,第一～～。"❸天上的神仙。皮日休《和鲁望怀杨台文杨鼎文二秀才》:"为说风标曾入梦,～～初著翠霞裙。"

【上贤】 shàngxián ❶道德、才能最高的人。《荀子·正论》:"故～～禄天下,次贤禄一国,下贤禄田邑。"❷尊崇贤人。上,通"尚"。《韩非子·忠孝》:"上法而不～～。"

【上弦】 shàngxián 指上弦月。农历每月初七初八,太阳跟地球的联线和地球跟月亮的联线成直角时,地球上看到的月亮形状约为月亮的一半,亮面朝西,就叫上弦。《诗经·小雅·天保》"如月之恒"孔颖达疏:"弦有上下……八日、九日,大率月体正半,昏而中,似弓之张而弦直,谓～～也。"王褒《咏月赠人》:"～～如半璧,初魄似蛾眉。"

【上庠】 shàngxiáng 古代的大学。《礼记·王制》:"有虞氏养国老于～～。"

【上相】 shàngxiàng ❶周代天子举行大典时,主持礼仪的官员。《周礼·春官·大宗伯》:"朝觐会同,则为～～。"❷宰相的尊称。《尚书·咸有一德》"伊尹既复政厥辟"孔颖达疏:"伊尹,汤之～～,位为三公。"❸宋代称居首位的宰相为上相。《宋史·职官志一》:"宋承唐制,以同平章事为真相之任,无常员;有二人则分日知印,以承郎以上至三师为之。其～～为昭文馆大学士,监修国史,其次为集贤殿大学士。"❹星名。有东上相和西上相。《晋书·天文志上》:"东蕃四星,南第一星曰～～。"又:"西蕃四星……第四星曰～～。"

【上选】 shàngxuǎn 挑选出的上等品。《后汉书·舆服志序》:"及秦并天下,揽其舆服,～～以供御,其次以锡百官。"

【上谒】 shàngyè 通报姓名请求进见。《史记·张仪列传》:"张仪于是之赵～～,求见苏秦。"《汉书·隽不疑传》:"盛服至门～～。"

【上仪】 shàngyí ❶隆重的礼仪。班固《东都赋》:"盛三雍之～～,修衮龙之法服。"❷最高的法则。班固《典引》:"洋洋乎若德,帝者之～～,诰誓所不及已。"

【上雨】 shàngyǔ 好雨,及时雨。《公羊传·僖公三年》:"其言六月者何? ～～而不甚也。"

【上元】 shàngyuán ❶节日名。农历正月十五日叫上元节,也叫元宵节。王仁裕《开元天宝遗事·百枝灯树》:"韩国夫人置百枝灯树,高八十尺,竖之高山,～～夜点之,百里皆见。"❷讲阴阳五行的人以一百八十年为一周,以其中的第一个甲子六十年为"上元"。《晋书·苻坚载记下》:"从～～人皇起,至中元,穷于下元,天地一变。"❸指帝王。张居正《寿严少师三十韵》:"握斗调元化,持衡佐～～。"

【上宰】 shàngzǎi ❶宰相。枣据《杂诗》:"天子命～～,作蕃于汉阳。"潘岳《河阳县作》诗之一:"在疚妨贤路,再升～～朝。"❷上帝,上天。《隋书·高祖纪》:"一阴一阳,调其气者～～。"

【上则】 shàngzé 上策。扬雄《剧秦美新》:"斯天下之～～已,庶可试哉。"

【上章】 shàngzhāng ❶向皇帝上书。《后汉书·百官志二》:"掌宫南阙门,凡吏民～～,四方贡献,及征诣公车者。"❷道士上表给天神,祈求免灾除难的迷信活动。《晋书·王献之传》:"献之遇疾,家人为～～。"❸古代以甲子纪年,大岁在庚叫上章。《淮南子·天文训》:"申在庚曰～～。"

【上知】 shàngzhì 智力杰出的人。知,同"智"。《论语·阳货》:"子曰:'唯～～与下愚不移。'"《韩非子·五蠹》:"今新治之政,民间之事,夫妇所明知者不用,而慕～～之论,则其于治反矣。"也作"上智"。《韩非子·有度》:"～～捷举中事,必以先王之法为比。"

【上足】 shàngzú ❶高足弟子的美称。王勃《彭州九陇县龙怀寺碑》:"四上人者,并禅师之～～,而法门之领袖也。"❷指好马。《南史·梁武帝诸子圆正传》:"马八千匹,～～者置之内厩。"

【上声】 shǎngshēng 汉语的声调之一。古汉语分平、上、去、入四声;现代汉语分阴平、阳平、上声、去声四声。李清照《词论》:"本押仄声韵,如押～～则协,如押入声,则不可歌矣。"真空《玉钥匙歌诀》:"～～高呼猛烈强。"

【上下其手】 shàngxiàqíshǒu 《左传·襄公二十六年》载:楚国的穿封戌俘虏了郑国的皇颉,王子围跟穿封戌争功,请伯州犁裁处,伯州犁让俘虏来作证,貌似公正,却对俘虏有意提示,"上其手曰:'夫子为王子围,寡君之贵介弟也。'下其手曰:'此子为穿封戌,方城外之县尹也。谁获子?'皇颉曰:'颉遇王子,弱焉。'"后来称串通舞弊为上下其手。《旧唐书·魏徵传》:"昔州黎～～～～,楚国之法遂差;张汤轻重其心,汉朝之刑以弊。"

尚 1. shàng ❶推崇,尊重。《老子·三十一章》:"吉事～左,凶事～右。"《后汉书·朱祐传》:"祐为人质直,～儒学。"㉑崇尚,喜好。《国语·晋语八》:"其为人也,刚而～宠。"嵇康《幽愤诗》:"抗心希古,任其所～。"❷加,超过。《论语·里仁》:"好仁者无以～之。"《后汉书·马援传》:"浩大之福,莫～于此。"❸上。《孟子·万章下》:"舜～见帝。"❹时间久远。《史记·三代世表》:"太史公曰:'五帝、三代之记,～矣。'"❺主,主管。《汉书·高后纪》:"襄平侯纪通～符节,乃令持节矫内勃北军。"❻佑助。《诗经·大雅·抑》:"肆皇天弗～。"❼匹配。多指高攀婚姻。《史记·绛侯周勃世家》:"公主者,孝文帝女也,勃太子胜之～之。"❽副词。表示祈求、命令等。《尚书·汤誓》:"尔～辅予一人。"《国语·楚语上》:"子～良食,吾归子。"❾副词。还,仍然。《左传·宣公二年》:"盛服将朝,～早,坐而假寐。"《战国策·秦策二》:“有顷焉,人又曰:‘曾参杀人。’其母～织自若也。”⑩副词。尚且。《老子·二十三章》:“天地～不能久,而况于人乎?”⑪姓。

2. cháng ⑫见“尚羊”。⑬通“常”。《淮南子·主术训》:“～与人化,知不能得。”

【尚齿】 shàngchǐ 尊重老年人。《礼记·祭义》:“是故朝廷同爵则～～。”

【尚方】 shàngfāng ❶官署名。秦置,属少府,掌管供应制造帝王所用器物。《论衡·骨相》:“其子为亚父买工官～～甲盾五百被可以为葬者。”(被:套。)❷复姓。

【尚父】 shàngfù 周武王称吕望为尚父,意谓可尊尚的父辈。《诗经·大雅·大明》:“维师～～,时维鹰扬。”后世用以尊称大臣。《三国志·魏书·董卓传》:“卓至西京,为太师,号曰～～。”

【尚古】 shànggǔ 上古。《史记·十二诸侯年表》:“吕不韦者,秦庄襄王相,亦上观～～,删拾《春秋》,集六国时事,以为八览、六论、十二纪,为《吕氏春秋》。”

【尚论】 shànglùn 向上追论。《孟子·万章下》:“以友天下之善士为未足,又～～古之人。”

【尚年】 shàngnián 推尊年长者。《左传·定公四年》:“武王之母弟八人,周公为太宰,康叔为司寇,聃季为司空,五叔无官,岂～～哉!”

【尚气】 shàngqì ❶意气用事。《南史·袁粲传》:“粲负才～～,爱好虚远,虽位任隆重,不以事务经怀。”❷重气节。王若虚《王氏先茔之碑》:“好古乐善而～～,务周人之急。”

【尚书】 shàngshū ❶书名。也叫《书》、《书经》,儒家经典之一。是现存最早的关于上古典章文献的汇编。相传由孔子选编,但有一些篇章是由后代儒家补充进去的。有“今文尚书”和“古文尚书”之别。《史记·儒林列传序》:“言～～自济南伏生。”❷官名。始置于战国,是掌管文书的官。后来权势渐大。汉成帝设尚书五人,开始分曹办事。隋代始分六部,是中央行政机构,以尚书为各部长官。以后历代相承。

【尚武】 shàngwǔ 崇尚武事。《诗经·小雅·鼓钟》郑玄笺:“雅,万舞也。周乐～～,故谓万舞为雅。雅,正也。”杜甫《寄张十二山人彪三十韵》:“此邦今～～,何处且依仁。”

【尚贤】 shàngxián 尊崇贤人。《荀子·王制》:“欲立功名,则莫若～～使能矣。”《庄子·天道》:“乡党尚齿,行事～～。”

【尚飨】 shàngxiǎng 旧时祭文常用的结语,意为希望死者来享用祭品。《仪礼·士虞礼》:“卒辞曰:哀子某,来曰某隮祔尔于皇祖某甫,～～。”也作“尚享”。袁枚《祭程元衡文》:“哀哉～～。”

【尚友】 shàngyǒu 上与古人为友。尚,通“上”。《孟子·万章下》:“以友天下之善士为未足,又尚论古之人。颂其诗,读其书,不知其人可乎?是以论其世也,是～～也。”

【尚远】 shàngyuǎn 久远。《论衡·福虚》:“尧、舜、桀、纣犹为～～,且近难以秦穆公、晋文公。”

【尚志】 shàngzhì 使心志高尚。《孟子·尽心上》:“王子垫问曰:‘士何事?’孟子曰:‘～～。’”《庄子·刻意》:“贤人～～。”

【尚主】 shàngzhǔ 娶公主为妻。《后汉书·荀淑传》:“今汉承秦法,设～～之仪。”权德舆《古乐府》:“身年二八婿侍中,幼妹承恩兄～～。”

【尚羊】 chángyáng 同“徜徉”。逍遥,悠闲地徘徊。《淮南子·俶真训》:“与其有说也,不若～～物之终始也。”也作“尚佯”。《淮南子·览冥训》:“邅回蒙汜之渚,～～冀州之际。”

【尚方剑】 shàngfāngjiàn 皇帝封赐大臣的剑。有尚方剑可以先斩后奏,便宜行事。刘基《赠周宗道》诗:“先封～～～,按法诛奸赃。”

shao

烧(燒) 1. shāo ❶燃烧,焚烧。《战国策·齐策四》:“以责赐诸民,因～其券。”(责:债。)《后汉书·刘玄传》:“昏时,～门入,战于宫中,更始大败。”❷耀,照射。王建《江陵即事》诗:“寺多红药～人眼,地足青苔染马蹄。”

2. shào ❸放火烧野草来增加土地肥力。《管子·轻重甲》:“齐之北泽～,火光照堂下。”苏轼《正月三十日往岐亭》诗:“稍闻决决流冰谷,尽放青青没～痕。”

【烧丹】 shāodān 炼丹。徐陵《答周处士书》:“比夫煮石纷纭,终年不烂;～～辛苦,至老方成。”李贺《白虎行》:“～～未得不死药,拿舟海上寻神仙。”

【烧灯】 shāodēng 点灯。王建《宫词》之八十九:“院院～～如白日,沈香火底坐吹笙。”

【烧掇】 shāoduō 侵掠焚烧。《史记·张仪列传》:“中国无事,秦得～～焚杅君之国。”

【烧炼】 shāoliàn 道教徒烧炉炼丹。李商隐《杂纂·不如不解》:“子弟解～～,则贫。”

【烧焫】 shāoruò 焚烧,毁坏。《战国策·秦策二》:“中国无事于秦,则秦且～～获君之国。”

【烧薙】 shāotì 古代一种肥田的方法。将田间除下的杂草晒干后焚烧,草灰由雨水渗入土壤中,增加土地肥力。《礼记·月令》:“[季夏之月]土润溽暑,大雨时行,～～行水,利以杀草,如以热汤。”

【烧尾】 shāowěi ❶唐代大臣新授官时向皇帝献食,叫烧尾。《旧唐书·苏瓌传》:“公卿大臣初拜官者,例许献食,名为～～。”❷唐代士子新登第或升迁的庆贺宴席叫烧尾。封演《封氏闻见记》卷五:“士子初登荣进及迁除,朋僚慰贺,必盛置酒馔音乐,以展欢宴,谓之～～。”

【烧砚】 shāoyàn 焚烧笔砚,自谦文章不如别人,以此表示不敢妄作。庾信《谢滕王集序启》:“非有班超之志,遂已弃笔,未见陆机之文,久同～～。”

【烧夷】 shāoyí 烧成平地。《汉书·田儋传》:“项羽遂～～齐城郭,所过尽屠破。”

【烧葬】 shāozàng 焚烧送葬的物品。《魏书·高允传》:“前朝之世,屡发明诏,禁诸婚娶不得作乐;及葬送之日,歌谣鼓舞,杀牲～～,一切禁断。”

捎 1. shāo ❶拂掠。张耒《春阴》诗之一:“风～檐滴难开幌,润引炉香易着衣。”❷芟除。《史记·龟策列传》:“以夜～兔丝去之。”《后汉书·马融传》:“～罔两,拂游光。”❸顺便带去。白朴《东墙记》二折:“既蒙小姐垂念,小生也写一简,烦小娘子～去。”

2. xiāo ❹清除。《周礼·考工记·轮人》:“以其围之防～其薮。”

【捎云】 shāoyún ❶云气的形状。《汉书·天文志》:“～～精白者,其将悍,其士怯。”❷拂云。形容极高。刘孝先《咏竹》:“竹生荒野外,～～耸百寻。”

弰 shāo 弓的末梢。庾信《拟咏怀》之十五:“轻云飘马足,明月动弓～。”

绡 shāo 见 xiāo。

梢 1. shāo ❶树枝的末端。庾信《枯树赋》:“森～百顷,槎蘖千年。”杜甫《堂成》诗:“桤林碍日吟风叶,笼竹和烟滴露～。”[引]泛指事物的末端或结尾。颜延之《赭白马赋》:“徒观其附筋树骨,垂～植发。”《宋史·宋琪传》:“阵～不可轻动,盖防横骑奔冲。”❷短木小柴。《淮南子·兵略训》:“曳～肆柴,扬尘起堨。”❸竿子。《汉书·礼乐志》:“饰玉～以舞歌,体招摇若永望。”❹船尾。柳宗元《游朝阳岩遂登西亭》诗:“所赖山水客,扁舟枉长～。”[引]指船夫。《续资治通鉴·宋高宗绍兴三十年》:“时浙西及通州皆有海舟,兵～合万人。”❺通“箾”。以竿打击。《汉书·扬雄传上》:“属堪舆以壁垒合,～夔魖而抶獝狂。”❻通“捎”。捎带。陈与郊《麒麟罽·室家谇语》:“韩官人便未得回,雁往鱼来,定～音信。”

2. xiāo ❼冲激。《周礼·考工记·匠人》:“～沟三十里而广倍。”(郑玄注引郑司农曰:“梢读为桑螵蛸之蛸,蛸谓水漱啮之沟。”)

【梢棒】 shāobàng 巡哨、防身用的短棒。《水浒传》二十三回:“这武松提了～～,大着步自过景阳冈来。”

【梢公】 shāogōng 舵工,船夫。郑廷玉《楚昭公》三折:“自家是个～～,每日在这江边捕鱼为生。”也称“梢人”、“梢子”。《古今小说·张舜美灯宵得丽女》:“数日之间,虽水火之事,亦自谨慎,～～亦不知其为女人也。”

【梢梢】 shāoshāo ❶象声词。风声。鲍照《野鹅赋》:“风～～而过树,月苍苍而照台。”❷劲挺的样子。谢朓《酬王晋安》诗:“～～枝早劲,涂涂露晚晞。”杜甫《雕赋》:“～～劲翮,肃肃逸响。”❸下垂的样子。李贺《唐儿歌》:“竹马～～摇绿尾,银莺睒光踏半臂。”

【梢头】 shāotóu 尽头。《水浒传》三十二回:“二人出得店来,行到市镇～～三岔路口。”

【梢云】 shāoyún 高云,瑞云。左思《吴都赋》:“～～无以逾,嶰谷弗能连。”郭璞《江赋》:“骊虬摎其址,～～冠其嵘。”

稍 shāo ❶禾的末梢。《周礼·天官·大府》:“四郊之赋,以待～秣。”[引]泛指事物的末端。欧阳修《生查子》词:“月上柳～头,人约黄昏后。”❷小。《周礼·天官·膳夫》:“凡王之～事,设荐脯醢。”(郑玄注:“稍事,有小事而饮酒。”)❸逐渐。《史记·绛侯周勃世家》:“勃恐,不知置辞。吏～侵辱之。”《论衡·初禀》:“草木生于实核,出土为栽蘖,～生茎叶。”苏轼《范增论》:“项羽疑范增与汉有私,～夺其权。”❹甚,很。江淹《恨赋》:“紫台～远,关山无极。”韦应物《休沐东还胄贵里示端》诗:“竹木～摧翳,园场亦荒芜。”❺禀食,官府发给的粮食。《仪礼·聘礼》:“赴者至,则衰而出,惟～受之。”❻周代离王城三百里的地域。《周礼·地官·序官》:“～人下士四人。”(郑玄注:“距王城三百里曰稍。”)❼通“捎”。捎带。

关汉卿《救风尘》二折："他如今去汴梁做买卖，我写一封书～将去。"

【稍地】 shāodì 周代距王城三百里的地域为稍地。《周礼·地官·载师》："以公邑之田任甸地，以家邑之田任～～。"（贾公彦疏："名三百里地为稍者，以大夫地少，稍稍给之，故云稍也。"）

【稍礼】 shāolǐ 古代朝聘宾客因故不能及时返回，在停留期间供给饮食，叫做稍礼。《周礼·天官·浆人》："共宾客之～～。"《仪礼·聘礼》"既致饔旬而稍"贾公彦疏："以其宾客之道，十日为正，行聘礼既讫，合归，一旬之后，或逢凶变，或主人留之，不得时反，即有～～。"

【稍侵】 shāoqīn 逐渐加重。常指病情。《汉书·史丹传》："上疾～～，意忽忽不平。"

【稍稍】 shāoshāo ❶渐渐，逐渐。《战国策·齐策四》："及汤之时，诸侯三千。当今之世，南面称寡者，乃二十四。由此观之，非得失之策与？～～诛灭，灭亡无族之时，欲为监门、闾里，安可得而有乎哉?"《后汉书·王霸传》："宾客从霸者数十人，～～引去。"❷随即。李白《送王屋山人魏万还王屋》诗："～～来吴都，徘徊上姑苏。"❸才，仅仅。顾况《李供奉弹箜篌歌》："李供奉，仪容质，身才～～六尺一。"杜甫《赠王二十四侍御契》诗："区区甘累趼，～～息劳筋。"

【稍食】 shāoshí 按月发给的官俸。《周礼·天官·宫正》："几其出入，均其～～。"

旓 shāo 旌旗上的飘带。扬雄《甘泉赋》："建光耀之长～兮，昭华覆之威威。"

蛸 1. shāo ❶虫名，见"蟏蛸"。
2. xiāo ❷虫名，见"螵蛸"。❸姓。

筲（籍） shāo 古代盛饭或粮食的竹器。《论衡·定贤》："家贫无斗～之储者。"《礼记·杂记上》："醴者，稻醴也；瓮甀～衡实见间而后折入。"

艄 shāo 船尾，船舵。王周《志峡船具诗序》："俗称操舟者，男曰艄公，女曰艄婆，盖以其掌～也。"

【艄公】 shāogōng 船上掌舵的人；亦泛指船家。《水浒传》四十一回："那摇官船的～～只顾下拜。"

鞘 shāo 见 qiào。

髾 shāo ❶头发梢。《宋史·占城国传》："撮发为髻，散垂馀～于后。"❷古代妇女衣服上的装饰物，像燕尾。《汉书·司马相如传上》："衯衯裶裶，扬袘戌削，蜚襳垂～。"傅毅《舞赋》："珠翠的皪而炤耀兮，华袿飞～而杂纤罗。"❸旌旗上垂挂的羽毛。《史记·司马相如列传》："垂旬始以为幓兮，扭彗星而为～。"

勺 1. sháo ❶舀东西的器具。《左传·定公四年》："立依于庭墙而哭，日夜不绝声，～饮不入口。"《仪礼·少牢馈食礼》："～爵觚实于篚。"❷容量单位。《孙子算经》卷上："十撮为一抄，十抄为一～，十～为一合。"

2. zhuó ❸舀取。《汉书·礼乐志》："～椒浆，灵已醉。"❹古代乐舞名。《礼记·内则》："十有三年，学乐，诵诗，舞～。"❺调和。《楚辞·招魂》："瑶浆蜜～，实羽觞些。"

【勺药】 sháoyào ❶即芍药。香草名。《诗经·郑风·溱洧》："维士与女，伊其将谑，赠之以～～。"❷五味调料的总称。《汉书·司马相如传上》："～～之和具，而后御之。"（颜师古注："勺药，药草名。其根主和五藏，又辟毒气，故合之于兰桂以助诸食，因呼五味之和为勺药耳。"）❸调和。《论衡·谴告》："时或咸苦酸淡不应口者，犹人～～失其和也。"

【勺灤】 zhuóshuò 同"灼烁"。很热的样子。张衡《思玄赋》："抚軨轵而还睨兮，心～～其若汤。"

芍 1. sháo ❶见"芍药"。
2. xiào ❷荸荠。《尔雅·释草》："～，凫茈。"（凫茈，即荸荠。）
3. què ❸见"芍陂"。

【芍药】 sháoyào ❶植物名。花大而美丽，有白、红等色，似牡丹，供观赏，根可入药。江淹《别赋》："惟世间兮重别，谢主人兮依然，下有～～之诗，佳人之歌。"❷调料。张衡《南都赋》："归雁鸣鵽，黄稻鲜鱼，以为～～，酸甜滋味，百种千名。"

【芍陂】 quèbēi 蓄水陂池名。是古代著名的水利工程。在今安徽寿县南。又名期思陂。《后汉书·王景传》："[庐江]郡界有楚相孙叔敖所起～～稻田。"

杓 1. sháo ❶杓子，舀东西的器具。《汉书·息夫躬传》："霍显之谋，将行于杯～。"苏轼《汲江煎茶》诗："大瓢贮月归春瓮，小～分江入夜瓶。"⊗用杓舀。《徐霞客游记·滇游日记》："中有蝌蚪跃跳，～水而干之则不见。"

2. biāo ❷星名，指北斗七星的第五、六、七颗星，又叫斗柄。《汉书·律历志》："玉衡～建，天之纲也。"李商隐《送从翁从东川弘农尚书幕》诗："少减东城饮，时看北斗～。"❸拉开。《淮南子·道应训》："孔子劲～国门之关，而不肯以力闻。"❹击。《淮南子·兵略训》："故凌人者胜，待人者败，为人～者死。"

3. zhuó ❺横木桥。《山水纯全集》卷三：“通船曰桥，不通船曰～。～，以横木渡于溪涧之上，但使人迹可通也。”

招 sháo 见zhāo。

韶 sháo ❶舜乐名。《论语·述而》：“子在齐闻～，三月不知肉味。”❷继承。《礼记·乐记》：“～，继也。”（郑玄注：“韶之言绍也，言舜能继绍尧之德。”）❸美好。梁简文帝《答湘东王书》：“暮春美景，风光～丽。”

【韶艾】 sháo'ài 年轻貌美。洪迈《夷坚甲志·孟蜀宫人》：“有女子十馀，皆～～好容色，而衣服结束颇与世俗异。”

【韶光】 sháoguāng 美好的时光。多指春光。温庭筠《春洲曲》：“～～染色如蛾翠，绿湿红鲜水容媚。”

【韶华】 sháohuá ❶美好的时光。多指春光。戴叔伦《暮春感怀》诗：“东皇去后～～尽，老圃寒香别有秋。”（东皇：司春之神。）❷比喻青春年华。白居易《香山居士写真》诗：“勿叹～～子，俄成皤叟仙。”秦观《江城子》词之一：“～～不为少年留，恨悠悠，几时休。”

【韶景】 sháojǐng 美景。多指春景。谢朓《赠王主簿》诗之二：“徘徊～～暮，惟有洛城隅。”

【韶举】 sháojǔ 优雅的举止。《世说新语·容止》：“林公道：‘王长史敛衿作一来，何其轩轩～～。’”

【韶曼】 sháomàn 美色。刘敞《公是集·谕客》：“目无～～，耳绝金石，抱瓮而汲，不知用力。”

【韶箾】 sháoxiāo 舜时乐曲名。《左传·襄公二十九年》：“见舞～～者。”（孔颖达疏：《尚书》曰：‘箫韶九成，凤皇来仪。’此云韶箾，即彼箫韶是也。”）

少 1. shǎo ❶数量小，不多。《孟子·万章上》：“益之相禹也，历年～。”《汉书·高帝纪上》：“刘季固多大言，～成事。”❷薄弱，减少。《韩非子·亡徵》：“力～而不畏强。”贾谊《陈政事疏》：“欲天下之治安，则莫若众建诸侯而～其力。”❸缺少，不够。《史记·平原君虞卿列传》：“今～一人，愿君即以[毛]遂备员而行矣。”王维《九月九日忆山东兄弟》诗：“遥知兄弟登高处，遍插茱萸～一人。”❹轻视，贬低。《史记·曹相国世家》：“惠帝怪相国不治事，以为岂～朕与？”《论衡·程材》：“世俗共短儒生，儒生之徒亦自相～。”❺稍，略微。《战国策·赵策四》：“太后之色～解。”❻不多时，一会儿。《孟子·万章上》：“始舍之，圉圉焉，～则洋洋焉，攸然而逝。”（圉圉：没有精神的样子。洋洋：舒展活泼的样子。）苏轼《赤壁赋》：“～焉，月出于东山之上。”

2. shào ❼年幼，与“老”相对。《庄子·养生主》：“有老者哭之如哭其子，～者哭之如哭其母。”㊉指年轻人。韩愈《寄卢仝》诗：“昨晚长须来下状，隔墙恶～恶难似。”❽副职，辅佐。《尚书·周官》：“～师、～傅、～保，曰三孤，贰公弘化。”❾小。《史记·扁鹊仓公列传》：“齐中尉潘满如病～腹痛。”❿姓。

【少间】 shǎojiān ❶稍微停息。《国语·晋语八》：“枝叶益长，本根益茂，是以难已也。今若大其柯，去其枝叶，绝其本根，可以～～。”❷病情好转一些。枚乘《七发》：“伏闻太子玉体不安，亦～～乎？”❸一会儿，不久。《晏子春秋·内篇谏上》：“～～，公出，晏子不起。”

【少间】 shǎojiàn ❶小的嫌隙。《新唐书·惠文太子范传》：“然帝于范无～～也。”❷暂时让人离开。《史记·淮阴侯列传》：“[蒯通]对曰：‘愿～～。’信曰：‘左右去矣！’”

【少顷】 shǎoqǐng 一会儿，片刻。《荀子·荣辱》：“行其～～之怒，而丧终身之躯然且为之，是忘其身也。”陆佃《适南亭记》：“～～百变，殆词人画史不能写也。”

【少时】 shǎoshí 一会儿，不久。任昉《奏弹刘整》：“苟奴隐僻～～，伺视人买龙牵售五千钱。”《世说新语·惑溺》：“妇亡，奉倩后～～亦卒。”

【少许】 shǎoxǔ 一点儿，不多。陶渊明《饮酒》诗之十：“倾身营一饱，～～便有馀。”

【少选】 shǎoxuǎn 不多久，一会儿。《吕氏春秋·音初》：“二女爱而争搏之，覆以玉筐，～～，发而视之，燕遗二卵，北飞，遂不反。”卢照邻《益州至真观主黎君碑》：“～～之间，所疾便愈。”

【少艾】 shào'ài 年轻漂亮的女子。《孟子·万章上》：“知好色，则慕～～。”

【少府】 shàofǔ ❶官名。九卿之一。始于战国，秦汉相沿，掌管国家的山海池泽收入和皇家手工业制造。东汉时掌管宫中御服，宝货，珍膳等。❷县尉的别称。唐代称县令为明府，县尉为县令之佐，故称少府，后世沿用之。❸人体的经穴名。在手小指第三节后骨缝陷中。

【少君】 shàojūn ❶周代称诸侯之妻。《左传·定公十四年》：“从我而朝～～。”❷幼年之主。《左传·哀公六年》：“～～不可以访，是以求长君。”❸旧时对别人儿子的尊称。《红楼梦》一百一十四回：“弟那年在江西粮道任时，将小女许配与统制～～。"

【少牢】　shàoláo　古代祭祀燕享用的羊和猪。《仪礼·少牢馈食礼》："～～馈食之礼。"（郑玄注："羊、豕曰少牢，诸侯之卿大夫祭宗庙之牲。"）《礼记·王制》："天子社稷皆太牢，诸侯社稷皆～～。"（社稷：土神，谷神。）

【少小】　shàoxiǎo　年幼之时。贺知章《回乡偶书》诗之一："～～离乡老大回，乡音未改鬓毛衰。"

【少壮】　shàozhuàng　年轻力壮。《论衡·道虚》："鲜腥犹～～，焦熟犹衰老也。"杜甫《渼陂行》："～～几时奈老何，向来哀乐何其多。"

【少成若性】　shàochéngruòxìng　从小养成的习惯，就像天性一样。《大戴礼记·保傅》："～～～～，习贯之为常。"

搜　shǎo　见 sōu。

邵　shào　高尚，美好。《说文·卩部》："～，高也。"《法言·孝至》："年弥高而德弥～。"（弥：越，更加。）

邵　shào　❶古地名。在今河南济源市西。《左传·襄公二十三年》："齐侯遂伐晋，取朝歌……戍郫～。"❷姓。

劭　shào　❶鼓励，勉力。《汉书·成帝纪》："先帝～农，薄其租税。"《三国志·魏书·韩暨传》："年逾八十，守道弥固，可谓纯笃，老而益～者也。"❷美好。潘岳《河阳县作》诗："谁谓邑宰轻，令名患不～。"《南史·宋文帝纪》："或雅量高～，风鉴明远。"

绍（紹）　1. shào　❶接续，承继。《国语·晋语二》："谗言繁兴，延及寡君之～续昆裔。"《后汉书·蔡邕传》："今大汉～陶唐之洪烈。"❷介绍，引荐。《吕氏春秋·问下》："诸侯之交，～而相见。"❸缠绕。古诗《有所思》："双珠玳瑁簪，用玉～缭之。"❹姓。

2. chāo　❺舒缓。《诗经·大雅·常武》："王舒保作，匪～匪游。"

【绍世】　shàoshì　继世。《三国志·蜀书·诸葛亮传》："今曹氏篡汉，天下无主，大王刘氏苗族，～～而起，今即帝位，乃其宜也。"

【绍述】　shàoshù　继承。宋哲宗亲政，改年号为"绍圣"，表示继承神宗的新法。旧史称"～～之政"。《宋史·章惇传》："于是专以～～为国是，凡元祐所革，一切复之。"（元祐：哲宗的第一个年号，其时由高太后主政，尽废新法。）

袑　shào　裤裆。《汉书·朱博传》："又敕功曹，官属多褒衣大～，不中节度。"

哨　1. shào　❶狭小，细窄。《后汉书·马融传》："若夫鸷兽毅虫，倨牙黔口，大匈～后。"（匈：胸。）❷担任警戒的哨位。《徐霞客游记·滇游日记五》："有～当涧东坡上，是为龙马～，有～无人。"㊀巡逻。《元史·李桢传》："宪宗命桢率师巡～襄樊。"❸古代军队编制单位。《宋史·宋琪传》："左右～各十指挥。"❹吹出尖声，打口哨。《水浒传》三十八回："到得江边，张顺略～一声，只见江上渔船都撑拢来到岸边。"❺吹。白朴《梧桐雨》四折："顺西风低把纱窗～，送寒气频将绣户敲。"

2. qiào　❻不正。《礼记·投壶》："某有枉矢～壶，请以乐宾。"

3. xiāo　❼见"哨哨"。

【哨马】　shàomǎ　军队中担任巡逻、通讯的骑兵。关汉卿《拜月亭》二折："当日天色又昏暗，刮着大风，下着大雨，早是赶不上大队，又被～～赶上轰散俺子母二人。"

【哨探】　shàotàn　侦察。《三国演义》七十回："黄忠连日～～路径。"

【哨哨】　xiāoxiāo　琐碎。《法言·问道》："匪伏匪尧，礼义～～，圣人不取也。"

睄　shào　见"睄窕"。

【睄窕】　shàotiǎo　幽暗。《楚辞·九思·疾世》："日阴曀兮未光，阒～～兮靡睹。"

燿　shào　见 yào。

she

奢　1. shē　❶奢侈，不节俭。《论语·八佾》："礼，与其～也，宁俭。"《韩非子·十过》："常以俭得之，以～失之。"❷过分。《老子·二十九章》："是以圣人去甚，去～，去泰。"❸夸大。司马相如《子虚赋》："～言淫乐，而显侈靡。"

2. shá　❹姓。

【奢侈】　shēchǐ　挥霍浪费。《墨子·辞过》："富贵者～～，孤寡者冻馁。"《汉书·昭帝纪赞》："承孝武～～馀敝师旅之后，海内虚耗，户口减半。"

【奢僭】　shējiàn　奢侈到超过自己的名分地位。《汉书·江充传》："贵戚近臣多～～，充皆举劾。"

【奢靡】　shēmí　奢侈浪费。《汉书·地理志下》："矜夸功名，报仇过直，嫁取送死～～。"《后汉书·明帝纪》："今百姓送终之制，竞为～～。"

【奢泰】　shētài　奢侈过度。《论衡·非韩》：

"廉则约省无极，贪则～～不止。"也作"奢汰"。《荀子·仲尼》："闺门之内，般乐～～。"也作"奢怢"。《晋书·何曾传》："性亦～～。"

【奢溢】 shēyì 奢侈过分。《史记·礼书》："循法守正者见侮于世，～～僭差者谓之显荣。"

赊(賒) shē ❶赊欠。《后汉书·刘盆子传》："少年来酤者，皆～与之。"(酤：买酒。)❷宽，缓。骆宾王《晚度天山有怀京邑》诗："行叹戎麾远，坐怜衣带～。"❸远，长。何逊《秋夕仰赠从兄寘南》诗："寸心怀是夜，寂寂漏方～。"李白《送王屋山人魏万还王屋》诗："眷然思永嘉，不惮海路～。"❹稀少，欠缺。张说《岳州作》诗："物土南州异，关河北信～。"叶適《修路疏》："尚～甃砌之功，难免颠跻之患。"❺迟。杜甫《喜晴》诗："甘泽不犹愈，且耕今未～。"❻通"奢"。奢侈。《后汉书·王充王符仲长统传论》："楚楚衣服，戒在穷～。"❼通"唦"。句尾语气词。杨万里《多稼亭看梅》诗："先生次第即还家，更上城头一望～。"

【赊贷】 shēdài 借人财物可延期偿还。《汉书·王莽传中》："又令市官收贱卖贵，～～予民，收息百月三。"

【赊贳】 shēshì 赊欠。《周礼·地官·司市》"以泉府同货而敛赊"郑玄注："民无货，则～～而予之。"《三国志·吴书·吕蒙传》："蒙阴～～，为兵作绛衣行縢。"

畲 shē 见 yú。

舌 shé ❶舌头。《庄子·盗跖》："摇唇鼓～，擅生是非。"《史记·仲尼弟子列传》："痛入于骨髓，日夜焦唇干～。"❷样子像舌头的东西。《诗经·小雅·大东》："维南有箕，载翕其～。"《盐铁论·利议》："吴铎以其～自破。"(铎：大铃。)❸借指言语。《论语·颜渊》："惜乎，夫子之说君子也，驷不及～。"❹姓。

【舌耕】 shégēng ❶靠教授学生谋生。王嘉《拾遗记·后汉》："[贾]逵非力耕所得，诵经口倦，世所谓～～也。"❷形容读书勤奋。晁载之《续谈助》卷一引《洞冥记》："黄安，代郡人也，早自卑猥，不处人间，执鞭荆而欲书，乃画地以记其数。一夕，地成池。时人曰：黄安～～。"

【舌人】 shérén 古代主管翻译的官员。《国语·周语中》："故坐诸门外，而使～～体委与之。"

【舌思】 shésī 言语思虑。柳宗元《贺进士王参元失火书》："自以幸为天子近臣，得奋其～～，以发明足下之郁塞。"

【舌音】 shéyīn ❶话音。苏轼《闻正辅表兄将至以诗迎之》："～～渐獠变，面汗尝骍羞。"❷音韵学把声母分为五音，舌音是其中之一。又分为舌头和舌上两类。参见"五音"。

【舌敝耳聋】 shébì'ěrlóng 指议论繁杂，说的人舌头破了，听的人耳朵聋了。《战国策·秦策一》："～～～～，不见成功。"

阇 shé 见 dū。

蛇(虵) 1. shé ❶一种爬行动物。《左传·成公二年》："丑父寝于辗中，～出于其下，以肱击之。"(辗：棚车。)曹植《与杨德祖书》："人人自谓握灵～之珠，家家自谓抱荆山之玉。"

2. yí ❷见"蛇蛇"、"委蛇"。

【蛇弓】 shégōng 即弓。因弓形弯曲，如蛇之状，故称蛇弓。萧纲《九日侍皇太子乐游苑》诗："横飞鸟箭，半转～～。"

【蛇虺】 shéhuǐ 泛指蛇类。比喻凶残狠毒之人。《颜氏家训·文章》："陈孔璋居袁[绍]裁书，则呼[曹]操为豺狼；在魏制檄，则目绍为～～。"杜甫《雨》诗："兵戈浩未息，～～反相顾。"

【蛇矛】 shémáo 长矛，古代一种兵器。《晋书·刘曜载记》："七尺大刀奋如湍，丈八～～左右盘。"

【蛇年】 shénián 即巳年。十二生肖蛇属巳，故称。李商隐《行次西郊》诗："～～建午月，我自梁还秦。"

【蛇蜕】 shétuì 蛇脱下的皮。《庄子·寓言》："予蜩甲也，～～也，似之而非也。"

【蛇行】 shéxíng ❶像蛇一样在地上爬行。《战国策·秦策一》："嫂～～匍伏，四拜，自跪而谢。"❷蜿蜒曲折。柳宗元《至小丘西小石潭记》："潭西南而望，斗折～～，明灭可见。"

【蛇珠】 shézhū 宝珠。相传隋侯救活了一条受伤的大蛇，一年后蛇衔来一颗明珠报恩，故又叫隋珠。常用来比喻卓越的才华。刘禹锡《送周鲁儒赴举》诗："自握～～辞白屋，欲凭鸡卜谒金门。"(白屋：没有做官的读书人住的房子。鸡卜：古代一种占卜法。)

【蛇足】 shézú 比喻多馀无用的事物。韩偓《安贫》诗："谋身拙为安～～，报国危曾捋虎须。"

【蛇蛇】 yíyí 轻率，大言欺人。《诗经·小雅·巧言》："～～硕言，出自口矣。"

揲 1. shé(又读 dié) ❶用蓍草占卦。《论衡·卜筮》："故钻龟～蓍，兆见数著。"王度《古镜记》："便顾豹生取蓍，苏公自～布卦。"❷取。《史记·扁鹊仓公列传》："～荒爪幕，湔浣肠胃。"❸积。《淮南子·俶真训》："横廓六合，～贯万物。"

2. yè ❹箕舌。簸箕口外伸的部分。《管子·弟子职》："执箕膺～，厥中有帚。"❺棰之使薄。《淮南子·说山训》："～挺其土而不益厚。"

舍²（捨） shě ❶发射。《诗经·小雅·车攻》："不失其驰，～矢如破。"❷放下，放弃。《国语·晋语六》："然战而擅～国君，而受其问，不亦大罪乎？"《后汉书·献帝伏皇后纪》："君若能相辅，则厚；不尔，幸垂恩相～。"《宋书·殷淳传》："爱好文义，未尝违～。"❸施舍。《梁书·到溉传》："初与弟洽共居一斋，洽卒后，便～为寺。"❹离开。韩愈《示爽》诗："座中悉亲故，谁肯～汝眠？"❺姓。

【舍生】 shěshēng 为正义或理想牺牲生命。卢谌《览古》诗："～～岂不易，处死诚独难。"

设（設） shè ❶陈列，设置。《国语·楚语下》："于是乎每朝～脯一束，糗一筐，以羞子文。"《礼记·内则》："子生，男子～弧于门左，女子～帨于门右。"㊀设立，建立。《孟子·滕文公上》："～为庠序学校以教之。"《韩非子·八经》："～法度以齐民，信赏罚以尽民能。"❷完备。《战国策·韩策二》："［韩］傀又韩君之季父也，宗族盛，兵卫～，臣使人刺之，终莫能就。"❸模拟，假装。《战国策·秦策五》："请为大王～秦、赵之战，而亲观其孰胜。"《论衡·答佞》："是故诈善～节者可知，饰伪无情者可辨。"❹用。《荀子·臣道》："故正义之臣～，则朝廷不颇。"❺适合。《礼记·礼器》："礼也者，合于天时，～于地财，顺于鬼神，合于人心理万物者也。"❻连词。假设，假如。《法言·重黎》："～秦得人，如何？"柳宗元《桐叶封弟辩》："～未得其当，虽十易之不为病。"

【设备】 shèbèi 制定措施防备意外。《史记·孝文本纪》："朕既不能远德，故憪然念外人之有非，是以～～未息。"

【设法】 shèfǎ 筹划。《尚书·禹贡》"禹敷土"孔颖达疏："禹必身行九州，规谋～～。"

【设伏】 shèfú 设置伏兵。《三国志·魏书·武帝纪》："时太祖兵少，～～，纵奇兵击，大破之。"

【设计】 shèjì 筹划计策。《三国志·魏书·三少帝纪》："此儿具闻，自知罪重，便图为弑逆，赂遗吾左右人，令因吾服药，密因酖毒，重相～～。"

【设色】 shèsè 着色，上色。虞集《题春田乐图》诗："尺素自是高唐物，莹如秋水宜～～。"

【设施】 shèshī 布置，安排。《三国演义》一百零二回："孔明如此～～，其中有计。"

【设使】 shèshǐ ❶假如。刘知几《史通·申左》："然～～世人习《春秋》而唯取两《传》也，则当其时二百四十年行事茫然阙如，俾后来学者成聋瞽者矣。"❷即使。《后汉书·王昌传》："～～成帝复生，天下不可得，况诈子舆者乎！"

社 shè ❶土地神。《左传·昭公二十九年》："后土为～。"《礼记·祭法》："共工氏之霸九州也，其子曰后土，能平九州，故祀以为～。"㊀祭土地神。《诗经·小雅·甫田》："以我齐明，与我牺羊，以～以方。"❷祭祀土地神的地方。班固《白虎通·社稷》："封土立～，示有土也。"《吕氏春秋·贵直》："亡国之～不得见于天。"❸祭祀土地神的节日。欧阳修《洛阳牡丹记》："接时须用～后重阳前，过此不堪矣。"赵善庆《山坡羊·燕子》曲："来时春～，去时秋～。"❹古代基层行政单位，二十五家为社。《左传·昭公二十五年》："自莒疆以西，请致千～。"㊁地区单位，六里为社。《管子·乘马》："方六里，名之曰～。"❺群体，组织。陆游《老甚自咏》诗："身入儿童斗草～，心如太古结绳时。"《红楼梦》三十七回："要起诗～，我自举我掌坛。"❻古代江淮地区称母亲为社。《淮南子·说山训》："～何爱速死，吾必悲哭～。"

【社公】 shègōng ❶土地神。《后汉书·费长房传》："此狸也，盗～～马耳。"❷蜘蛛的别名。扬雄《方言》卷十一"蜘蛛，蛛蝥也"郭璞注："齐人又呼～～。"

【社火】 shèhuǒ ❶旧时村社迎神所扮演的杂戏。范成大《上元纪吴中节物俳谐体三十二韵》自注："民间鼓乐谓之～～，不可悉记，大抵以滑稽取笑。"❷指同伙。《水浒传》五十八回："但来寻山寨头领，必然是～～中人故旧交友，岂敢有失祗应？"

【社稷】 shèjì ❶土神和谷神。《左传·僖公四年》："君惠徼福于敝邑之～～，辱收寡君，寡君之愿也。"《汉书·高帝纪下》："又加惠于诸王有功者，使得立～～。"❷国家。《韩非子·难一》："晋阳之事，寡人危，～～殆矣。"《史记·吕太后本纪》："夫全～～，定刘氏之后，君亦不如臣。"

【社日】 shèrì 古代祭祀土地神的日子。分春秋两次，一般在立春、立秋后的第五个戊日。汉代以前只有春社，汉以后有春秋两社日。宗懔《荆楚岁时记》:"～～,四邻并结综会社,牲醪,为屋于树下,先祭神,然后飨其胙。"张籍《吴楚歌》:"今朝～～停针线,起向朱樱树下行。"

【社鼠】 shèshǔ 社庙中的老鼠。比喻有所依恃的坏人。《三国志·魏书·三少帝纪》:"季末暗主,不知损益,斥远君子,引近小人,忠良疏远,便辟亵狎,乱生近暱,譬之～～。"

【社燕】 shèyàn 即燕子。燕子春社时飞来,秋社时飞去,故称社燕。周邦彦《满庭芳》词:"年年,如～～,飘流瀚海,来寄修椽。"

【社友】 shèyǒu 志趣相同者结社,同在一社为社友。苏轼《次韵刘景文送钱蒙仲》之二:"寄语竹林～～,同书桂籍天伦。"

【社长】 shèzhǎng ❶即里正。古代乡官。顾况《田家》诗:"县帖取～～,嗔怪见官迟。"❷结社的主持人。《红楼梦》三十七回:"我一个～～自然不够,必要再请两位副～～。"

舍[1] 1. shè ❶客舍,宾馆。《史记·仲尼弟子列传》:"越王除道郊迎,身御至～而问曰:'此蛮夷之国,大夫何以俨然辱而临之?'"❷房屋,住宅。《汉书·高帝纪上》:"老父已去,高祖适从旁～来。"柳宗元《田家》诗之一:"尽输助徭役,聊就空～眠。"❸住宿。《庄子·山木》:"夫子出于山,～于故人之家。"㊈安排住宿。《史记·田敬仲完世家》:"驺忌子以鼓琴见威王,威王说而～之右室。"❹休息,停留。《诗经·小雅·何人斯》:"尔之安行,亦不遑～。"❺军队住一宿叫舍。《左传·庄公三年》:"凡师,一宿为～,再宿为信,过信为次。"❻行军三十里为一舍。《国语·晋语四》:"晋楚治兵,会于中原,其避君三～。"(治兵:交战。)《战国策·宋卫策》:"墨子闻之,百～重茧,往见公输般。"❼星次,二十八宿,一宿叫一舍。《史记·律书》:"七正二十八舍。"《论衡·变虚》:"是夕也,火星果徙三～。"❽宋元称官僚富家子弟为舍。关汉卿《救风尘》一折:"自家郑州人氏,周同知的孩儿周～是也。"❾通"赦"。《汉书·朱博传》:"常刑不～。"❿见"舍利"。⓫姓。

2. shì ⓬通"释"。消释。《列子·天瑞》:"其人～然大喜。"

【舍弟】 shèdì 对人称自己的弟弟。谦词。曹丕《与钟大理书》:"恐传言未审,是以令～～子建因荀仲茂时从容喻鄙旨。"

【舍利】 shèlì ❶梵文 sarira 的译音,佛火化后的骨灰。又叫舍利子。杨衒之《洛阳伽蓝记·法云寺》:"西域所赍～～骨及佛牙经像皆在此寺。"❷复姓。

【舍匿】 shènì 窝藏。《史记·季布栾布列传》:"高祖购求布千金,敢有～～,罪及三族。"

【舍人】 shèrén ❶官名。始见于《周礼·地官》。历代都置,至清废。各代舍人职权大小不一样。《周礼·地官·舍人》:"～～掌平宫中之政,分其财守,以法掌其出入。"❷战国至汉初,王公贵族的侍从宾客、左右亲近之人。《史记·廉颇蔺相如列传》:"蔺相如者,赵人也,为赵宦者令缪贤～～。"❸宋元以来称显贵子弟为舍人。白朴《墙头马上》一折:"教张千伏侍～～,在一路上休教他胡行。"

【舍采】 shìcài 古代读书人入学时持菜以为贽礼。《周礼·春官·大胥》:"春入学,～～,合舞。"也作"舍菜"。李觏《袁州州学记》:"～～且有日,盱江李觏谂于众曰……。"

【舍法任智】 shěfǎrènzhì 抛弃法律而专用人的智力治理国家。《韩非子·忠孝》:"是废常上贤则乱,～～～～则危。"

拾 shè 见 shí。

涉 1. shè ❶徒步渡水,趟水。《尚书·泰誓下》:"斮朝～之胫,剖贤人之心。"《战国策·齐策六》:"过菑水,有老人～菑而寒,出不能行,坐于沙中。"㊈渡水。《楚辞·九章·哀郢》:"惟郢路之辽远兮,江与夏之不可～。"❷通过,经历。《后汉书·景鸾传》:"少随师学经,～七州之地。"白居易《与元微之书》:"仆自到九江,已～三年。"❸进入。《左传·僖公四年》:"不虞君之～吾地也,何故?"《国语·吴语》:"吾谓吴王将遂～吾地。"❹涉猎,学习。《后汉书·陈球传》:"球少～儒学,善律令。"李商隐《为张周封上杨相公启》:"某价乏琳琅,誉轻乡曲。粗沾科第,薄～艺文。"❺关连,牵涉。何承天《上历新法表》:"新故相～。"❻姓。

2. dié ❼通"喋"。见"涉血"。

【涉笔】 shèbǐ 动笔,下笔。韩愈《蓝田县丞厅壁记》:"丞～～占位,署惟谨。"

【涉猎】 shèliè 广泛地阅读而不求深入钻研。《汉书·贾山传》:"山受学祛,所言～～书记,不能为醇儒。"《三国志·蜀书·向朗传》:"初,朗少时虽～～文学,然不治素检,以吏能见称。"

【涉世】 shèshì 经历世事。《论衡·自纪》:"今吾子～～落魄,仕数黜斥。"

【涉事】 shèshì 谈论事情。《宣和画谱·杨日言》:"喜经史,尤得于《春秋》之学,吐辞

～～，虽词人墨卿，皆愿从之游。"

【涉想】 shèxiǎng 设想，想像。何逊《为衡山侯与妇书》："帐前微笑，～～犹存。"

【涉血】 diéxuè 流血。形容杀人多。丘迟《与陈伯之书》："朱鲔～～于友于。"

聂 shè 见 niè。

射（䠶） 1. shè ❶用弓放箭。《孟子·告子上》："羿之教人～，必志于彀。"《国语·晋语八》："平公～鴳，不死。"㊉射箭的技术。《礼记·射义》："是故古者天子，以～选诸侯、卿、大夫、士。"❷用压力或弹力送出。鲍照《苦热行》："含沙欲～影，吹蛊痛行晖。"陆龟蒙《奉和袭美太湖诗·练渎》："弹～尽高鸟，杯觥醉潜鱼。"❸照射。马祖常《琉璃簾》诗："月华远～离离白，灯影斜穿细细红。"❹指责，攻击。张衡《西京赋》："街谈巷议，弹～臧否。"《三国志·蜀书·孟光传》："吾好直言，无所回避，每弹～利病，为世人所讥嫌。"❺追求，逐取。《宋史·种师道传》："今～一时之利，弃百年之好。"❻猜测。《韩非子·难三》："人有设桓公隐者，曰：'一难，二难，三难，何也？'桓公不能～。"❼打赌，比赛。枚乘《七发》："于是使～千镒之重，争千里之逐。"欧阳修《醉翁亭记》："～者中，弈者胜。"❽姓。

2. yè ❾见"射干"。

3. yì ❿通"斁"。厌，厌弃。《诗经·大雅·抑》："神之格思，不可度思，矧可～思？"（思：语气词。）

【射策】 shècè 汉代考试取士的方式。由主考者出题写在简策上，分为甲乙科，应试者随意取试题回答，然后由主考者确定优劣。《汉书·萧望之传》："望之以～～甲科为郎。"《论衡·别通》："自武帝以至今朝，数举贤良，令人～～甲乙之科。"

【射覆】 shèfù ❶猜测预先覆盖隐匿之物。古代的一种游戏。《汉书·东方朔传》："上尝使诸数家～～。"《论衡·别通》："末有东方朔、翼少君能达占～～。"❷一种酒令。用字句隐物为谜让人猜测。李商隐《无题》诗之一："隔座送钩春酒暖，分曹～～蜡灯红。"

【射侯】 shèhóu 用箭射靶。侯，箭靶，用布或兽皮制成。《诗经·齐风·猗嗟》："终日～～，不出正兮。"（正：靶心。亦指箭靶。）《韩非子·八说》："狸首～～，不当强弩趋发。"

【射礼】 shèlǐ 古代尚武，常举行射礼。射礼有四种：将祭择士为大射；诸侯来朝或诸侯相朝而射为宾射；宴饮之射为燕射；卿大夫举士后所行之射为乡射。

【射利】 shèlì 追逐财利。杜甫《负薪行》："筋力登危集市门，死生～～兼盐井。"《新唐书·食货志四》："盐估益贵，商人乘时～～。"

【射隼】 shèsǔn 《周易·解》："公用～～于高墉之上，获之，无不利。"后以"射隼"形容顺势而为，容易。《战国策·燕策二》："寡人积甲宛，东下随，知者不及谋，勇者不及怒，寡人如～～矣。"

【射御】 shèyù 射箭和驾御车马。古人尚武，射御为六艺中的两种。《国语·楚语上》："使其子狐庸为行人于吴，而教之～～，导之伐楚。"《礼记·月令》："天子乃命将帅讲武，习～～、角力。"

【射干】 yègān 多年生草本植物。根可入药。《荀子·劝学》："西方有木焉，名曰～～，茎长四寸，生于高山之上，而临百仞之渊。"《后汉书·冯衍传下》："攒～～杂蘼芜兮，构木兰与新夷。"

【射姑山】 yègūshān 古地名。《后汉书·顺帝纪》："六年春正月丙子，征西将军马贤与且冻羌战于～～～，贤军败没。"

赦 shè ❶减轻或免除对罪犯的刑罚。《论语·子路》："先有司，～小过，举贤才。"《战国策·齐策四》："有敢去柳下季垄五十步而樵采者，死不～。"㊀释放，舍弃。《国语·周语中》："能获郑伯而～之，仁也。"杨万里《迓使客夜归》诗："笔下何知有前辈，醉中未肯～空瓶。"❷减免租赋。《汉书·食货志上》："［边食］足支一岁以上，可时～，勿收农民租。"❸姓。

慑（慴、慴） shè ❶恐惧，害怕。《后汉书·窦宪传》："由是朝臣震～，望风承旨。"❷威胁，使害怕。《吕氏春秋·论威》："行凶德必威，威，所以～之也。"陆游《上殿劄子》："狄青气～岭海，故南征而智高殄灭。"❸悲戚。《荀子·礼论》："其立哭泣哀戚也，不至于隘～伤生。"

【慑惮】 shèdàn 害怕。《后汉书·李固传》："自胡广、赵戒以下，莫不～～之。"

【慑服】 shèfú 因恐惧而屈服。《史记·律书》："百战克胜，诸侯～～，权非轻也。"《三国志·魏书·王脩传》："由是豪强～～。"也作"慑伏"。《汉书·陈汤传》："万夷～～，莫不惧震。"

【慑怯】 shèqiè 胆小，害怕。《荀子·不苟》："与时屈伸，柔从若蒲苇，非～～也。"

【慑慴】 shèshè 因恐惧而丧失勇气。《史记·卫将军骠骑列传》："辎重人众～～者弗取。"

【慑息】 shèxī 因害怕而屏住呼吸。《南史·茹法珍传》："乃至骑马入殿，诋诃天子，公卿见之,莫不～～。"

韘(韘) shè 扳指。古代射箭时戴在右手大拇指上用来钩弦的用具,用骨制成。《诗经·卫风·芄兰》:"芄兰之叶,童子佩～。"

摄(攝) 1. shè ❶拉,牵引。《左传·襄公二十三年》:"～车从之。"《战国策·楚策四》:"不知夫公子王孙,左挟弹,右～丸,将加己乎十仞之上。"㉠提起。《战国策·赵策三》:"天子巡狩,诸侯辟舍,纳管键,～衽抱几,视膳于堂下。"《史记·高祖本纪》:"于是沛公起,～衣谢之。"㉡持,拿。《左传·昭公十八年》:"郏人羊罗～其首焉。"❷收拢,收紧。《庄子·胠箧》:"将为胠箧探囊发匮之盗而为守备,则必～缄縢,固扃鐍。"陶渊明《闲情赋》:"起～带以伺晨。"❸吸引。顾况《广陵白沙大云寺碑》:"磁石～铁,不～鸿毛。"❹拘捕。《国语·吴语》:"～少司马兹与王士五人,坐于王前。"❺保养。沈约《神不灭论》:"虚用损年,善～增寿。"❻整理,整顿。王粲《七哀》诗之二:"独夜不能寐,～衣起抚琴。"《后汉书·铫期传》:"被创中额,～帻复战。"❼统辖。桓谭《新论·识通》:"汉文帝总～纪纲,故遂褒增隆为太宗也。"《隋书·郭荣传》:"请于州镇之间更筑一城,以相控～。"❽辅佐。《诗经·大雅·既醉》:"朋友攸～,～以威仪。"❾代理。《左传·成公二年》:"臣辱戎士,敢告不敏,～官承乏。"❿夹。《汉书·五行志》:"郑以小国～乎晋楚之间。"⓫通"慑"。恐惧,威胁。《史记·刺客列传》:"固去也,吾曩者目～之。"⓬姓。

2. niè ⓭安静,安定。《汉书·严助传》:"近者亲附,远者怀德,天下～然,人安其生。"

【摄固】 shègù 维护,巩固。《国语·鲁语上》:"其为后世昭前之令闻也,使长监于世,故能～～不解以久。"又《晋语四》:"姓利相更,成而不迁,乃能～～,保其土房。"

【摄敛】 shèliǎn 收拾,聚拢。《三国志·蜀书·刘焉传》:"州从事贾龙领家兵数百人在犍为东界,～～吏民,得千馀人。"

【摄生】 shèshēng ❶养生,调养。《韩非子·解老》:"动无死地,而谓之善～～。"张华《鷦鷯赋》:"惟鷦鷯之微禽兮,亦～～而受气。"❷维持生命。左思《吴都赋》:"土壤不足以～～,山川不足以周卫。"

【摄提】 shètí ❶星名,属亢宿,共六星。《史记·天官书》:"其两旁各有三星,鼎足句之,曰～～。"❷"摄提格"的简称。即寅年。《楚辞·离骚》:"～～贞于孟陬兮,惟庚寅吾以降。"

【摄统】 shètǒng 统领。《三国志·魏书·钟会传》:"今镇西奉辞衔命,～～戎重。"(镇西:钟会是魏国镇西将军。)

【摄位】 shèwèi 代理国政。《汉书·诸侯王表》:"高祖创业日不暇给,孝惠享国又浅,高后女主～～而海内晏如。"

【摄养】 shèyǎng 养生。《世说新语·夙惠》:"圣体直令有常,陛下昼过冷,夜过热,恐非～～之术。"

【摄政】 shèzhèng 代君主处理国政。《礼记·文王世子》:"周公～～,践阼而治。"

【摄制】 shèzhì 统治,控制。柳宗元《封建论》:"据天下之雄图,都六合之上游,～～四海,运于掌握之中。"

【摄主】 shèzhǔ ❶古代国君死,上卿代掌国政叫摄主。《礼记·曾子问》:"卿、大夫、士,从～～,北面于西阶南。"❷代理主祭者。《礼记·曾子问》:"～～不厌祭,不旅不假,不绥祭,不配。"

【摄篆】 shèzhuàn 代掌官印,即代理官职。古代官印用篆文,故称。《聊斋志异·考城隍》:"不妨令张生～～九年,瓜代可也。"

【摄齐】 shèzī 提起衣服下摆,以防走路上堂时跌倒失礼。齐,通"齍"。《论语·乡党》:"～～升堂,鞠躬如也。"

搣 shè ❶捎,拂掠。《说文·手部》:"～,捎也。"朱庭玉《梁州第七·妓门庭》曲:"子弟每殊无相搀～。"❷树叶凋落的样子。潘岳《秋兴赋》:"庭树～以洒落兮,劲风戾而吹帷。"王维《送衡岳瑗公南归诗序》:"秦地草木,～然已黄。"

【搣搣】 shèshè 象声词。形容落叶声或风声。卢谌《时兴》诗:"～～芳叶零,蕊蕊芬华落。"贡师泰《巡按松州虎贲分司》诗:"秋风～～衣绵薄,夜雨萧萧烛焰低。"

歙 shè 见xī。

麝 shè ❶一种鹿,又叫香獐。腹部有香腺,发出香气。其香腺分泌的麝香可入药,亦可作香料。《山海经·西山经》:"翠山,其阴多旄牛麢～。"❷麝香的简称。陶渊明《杂诗》之十:"沉阴拟熏～,寒气激我怀。"㉠泛指香气。杜甫《江头五咏·丁香》:"晚堕兰～中,休怀粉身念。"

【麝煤】 shèméi 制墨的原料。代指好墨。韩偓《横塘》诗:"蜀纸～～添笔媚,越瓯犀液发茶香。"

【麝墨】 shèmò 香墨。陆龟蒙《采药赋》:"烟分而～～犹湿,绮断而龙刀合知。"

【麝香】 shèxiāng 雄麝腹部香腺中的分泌物,干燥而成为香料。保香力极强,是极名贵的香料。可入药。又叫“麝脐香”。《本草纲目·兽部》：“中风不省：～～二钱研末，入清油二两和匀，灌之，其人自苏也。”

【麝月】 shèyuè 月亮。徐陵《玉台新咏序》：“金月与婺女争华，～～共嫦娥竞爽。”

shen

申 shēn ❶伸展，舒展。后作“伸”。《战国策·魏策四》：“衣焦不～，头尘不去。”《后汉书·冯衍传下》：“进退无主，屈～无常。”❷表达，说明。《荀子·正名》：“故明君临之以势，道之以道，～之以命，章之以论，禁之以刑。”《史记·孙子吴起列传》：“约束既布，乃设铁钺，即三令五～之。”❸明，明白。《后汉书·邓骘传》：“罪无～证，狱不讯鞫。”⊗表白。《新唐书·徐有功传》：“使～其冤。”❹向上陈述，申报。沈括《梦溪笔谈·官政一》：“须先具价～禀。”❺重复，加上。《孟子·梁惠王上》：“谨庠序之教，～之以孝悌之义。”《楚辞·九辩》：“秋既先戒以白露兮，冬又～之以严霜。”❻约束。《淮南子·道应训》：“约车～辕，留于秦。”❼十二地支的第九位。古人以地支记时，申时为下午三时至五时。❽古诸侯国名，姜姓。《左传·隐公元年》：“初，郑武公娶于～，曰武姜。”❾姓。

【申报】 shēnbào 向上级陈报。《旧唐书·宪宗纪上》：“自今已后，所有祥瑞，但令准式～～有司，不得上闻。”

【申饬】 shēnchì 告诫，约束。王安石《本朝百年无事劄子》：“兵士杂于疲老，而未尝～～训练。”亦作“申敕”。《汉书·元帝纪》：“公卿其明察～～之。”《三国志·魏书·明帝纪》：“～～郡国，贡士以经学为先。”

【申旦】 shēndàn 通宵达旦。《楚辞·九辩》：“独～～而不寐兮，哀蟋蟀之宵征。”

【申结】 shēnjié 申情结好。秦观《婚书》：“既事契之久敦，宜婚姻之～～。”

【申解】 shēnjiě ❶申说解释。《左传·庄公二十六年》“虢人又侵晋”杜预注：“或策书虽存，而简牍散落，不究其本末，故传不复～～，但言传事而已。”❷明辩。《后汉书·马援传》：“[马]严数荐达贤能，～～冤结，多见纳用。”

【申戒】 shēnjiè 反复告诫。《后汉书·郑兴传》：“天子贤圣之君，犹慈父之于孝子也，丁宁～～，欲其反政。”

【申救】 shēnjiù 替人申辩冤曲，并予营救。《新唐书·苏安恒传》：“于是魏元忠为张易之兄弟所构，狱方急，安恒独～～。”

【申理】 shēnlǐ ❶治理。张衡《应闲》：“重黎又相颛顼而～～之。”❷给受冤的人申辩昭雪。《后汉书·冯异传》：“怀来百姓，～～枉结。”

【申令】 shēnlìng 发布命令。《南史·樊毅传》：“击鼓～～，众乃定焉。”⊗号令。《史记·孙子吴起列传》：“约束既明，～～不熟，将之罪也。”

【申明】 shēnmíng 说明，陈述。《魏书·高允传》：“允事事～～，皆有条理。”

【申命】 shēnmìng 再次命令。《尚书·尧典》：“～～和叔，宅朔方。”

【申申】 shēnshēn ❶反复，一再。《楚辞·离骚》：“女媭之婵媛兮，～～其詈予。”（詈：骂。）❷安详舒适的样子。《论语·述而》：“子之燕居，～～如也，夭夭如也。”❸衣冠整齐的样子。《汉书·石奋传》：“子孙胜冠者在侧，虽燕必冠，～～如也。”

【申示】 shēnshì 申明，显示。《后汉书·张皓传》：“求得与长老相见，～～国恩。”

【申守】 shēnshǒu 告诫加强守备。《左传·成公十六年》：“将行，姜又命公如初，公又～～而行。”《管子·幼官》：“～～不慎，不过七日而内有谗谋。”

【申宪】 shēnxiàn 依法处置。《世说新语·规箴》：“汉武帝乳母尝于外犯事，帝欲～～，乳母求救东方朔。”

【申奏】 shēnzòu 向君主上书。《宋书·孝武帝纪》：“自今百辟庶尹，下民贱隶，有怀诚抱志，拥郁衡间，失理负谤，未闻朝听者，皆听躬自～～，大小以闻。”

伸 shēn ❶舒展，伸开。司马迁《报任少卿书》：“乃欲仰首～眉，论列是非。”欧阳修《苏氏文集序》：“子美屈于今世犹若此，其～于后世宜如何也！”⊗伸直，弄直。《论衡·效力》：“奡、育，古之多力者，身能负荷千钧，手能决角～钩。”❷伸张。《战国策·秦策四》：“是王不用甲，不～威，而出百里之地，王可谓能矣。”《宋史·韩绛传》：“小事尚不～，况大事乎？”❸表白，申说。杜甫《兵车行》：“长者虽有问，役夫敢～恨？”❹姓。

【伸吭】 shēnháng 伸长脖子，表示期待。柳宗元《上门下李夷简相公陈情书》：“然犹仰首～～，张目而视。”

【伸欠】 shēnqiàn 打呵欠。秦观《遣疟鬼文》：“邗沟处士秋得痎疟之疾，发以景中，起于毛端，～～乃作。”

身 1. shēn ❶身孕。《诗经·大雅·大明》：“大任有～，生此文王。”《史记·高祖本纪》：“已而有～，遂产高祖。”❷人和动物的躯体。《楚辞·九歌·国殇》：“带长剑兮挟秦弓，首～离兮心不惩。”㉝物体的躯干或主要部分。杜甫《海棕行》：“自是众木乱纷纷，海棕焉知～出群。”❸自身，本身。《韩非子·五蠹》：“兔不可复得，而～为宋国笑。”刘禹锡《学阮公体》诗之三：“昔贤多使气，忧国不谋～。”❹自己，我。《三国志·蜀书·张飞传》：“飞据水断桥，瞋目横矛，曰：‘～是张翼德也。’”❺亲自，亲身。《韩非子·五蠹》：“禹之王天下也，～执耒臿以为民先。”《后汉书·赵憙传》：“因以泥涂仲伯妇面，载以鹿车，～自推之。”❻亲自体验、实行。《孟子·尽心上》：“尧舜性之也，汤武～之也。”《淮南子·缪称训》：“～君子之言，信也。”❼生命。《楚辞·卜居》：“宁正言不讳以危～乎，将从俗富贵以偷生乎？”《国语·晋语八》：“是以没平公之～无内乱也。”❽自身的品德、才力等。《国语·晋语四》：“不能修～而又不能宗人，人将焉依？”《后汉书·李寻传》：“士厉～立名者多。”❾佛教轮回说的一世。《晋书·羊祜传》：“谓李氏子，祜之前～也。”

2. yuān ❿“身毒”，国名，即印度。

【身后】 shēnhòu 死后。陆机《晋平西将军孝侯周处碑》：“徇高位于生前，思垂名于～～。”元稹《遣悲怀》诗：“昔日戏言～～意，今朝皆到眼前来。”

【身世】 shēnshì 人的经历和境遇。文天祥《过零丁洋》诗：“山河破碎风飘絮，～～浮沉雨打萍。”

【身手】 shēnshǒu 本领，武艺。杜甫《哀王孙》诗：“朔方健儿好～～，昔何勇锐今何愚。”

【身外】 shēnwài 自身之外。旧多指功名利禄之类。杜甫《绝句漫兴》之四：“莫思～～无穷事，且尽生前有限杯。”

【身体力行】 shēntǐlìxíng 亲身体验，努力实践。章懋《答东阳徐子仁书》：“但不能～～～～，则虽有所见，亦无所用。”

诜（詵） shēn 见“诜诜”。

【诜诜】 shēnshēn 众多的样子。《诗经·周南·螽斯》：“螽斯羽，～～兮。宜尔子孙，振振兮。”

呻 shēn ❶吟诵，诵读。《礼记·学记》：“今之教者，～其佔毕。”（郑玄注：“呻，吟也；占，视也；简谓之毕。”）❷疾痛劳苦时发出的声音。韩愈《郓州谿堂诗》：“孰～孰叹？孰冤不问？”

【呻毕】 shēnbì 诵读书简。范成大《藻侄比课五言诗》：“学业荒～～，欢悰隔笑盐。”

【呻呼】 shēnhū 因痛苦而发出呼唤声。《列子·周穆王》：“有老役夫，筋力竭矣，而使弥勤，昼则～～而即事，夜则昏惫而熟寐。”

【呻恫】 shēntōng 因病苦而发出低哼。颜师古《匡谬正俗·恫》：“今痛而呻者，江南俗谓之呻唤，关中俗谓之～～。”

【呻吟】 shēnyín ❶诵读，吟咏。《庄子·列御寇》：“郑人缓也，～～裘氏之地，只三年，而缓为儒。”《论衡·案书》：“刘子政玩弄《左氏》，童仆妻子皆～～之。”❷因痛苦而发出的声音。《三国志·魏书·华佗传》：“佗闻其～～，驱车往视。”

侁 shēn ❶见“侁侁”。❷古国名。

【侁侁】 shēnshēn 众多的样子。《楚辞·招魂》：“豺狼从目，往来～～些。”

参 shēn 见 cān。

绅（紳） shēn ❶士大夫束在衣外的大带子。《论语·卫灵公》：“子张书诸～。”欧阳修《相州昼锦堂记》：“至于临大事，决大议，垂～正笏，不动声色。”❷指束绅的人，绅士。朱之瑜《舜水遗书·阳九述略》：“乡～受赂，操有司狱讼之权。”❸用带子约束。《韩非子·外储说左上》：“～之束之。”

【绅衿】 shēnjīn 泛指地方绅士和在学的人。《儒林外史》四十七回：“两家～～共有一百四五十人。”

信 shēn 见 xìn。

胂 shēn 夹脊肉。《急就篇》卷三：“～腴胸胁喉咽髃。”

駪（駪） shēn 见“駪駪”。

【駪駪】 shēnshēn 众多的样子。《诗经·小雅·皇皇者华》：“～～征夫，每怀靡及。”

莘 1. shēn ❶长。《诗经·小雅·鱼藻》：“鱼在在藻，有～其尾。”❷古代诸侯国名。❸姓。

2. xīn ❹一种多年生草本中药，又叫细辛。可入药。

【莘莘】 shēnshēn 众多的样子。《国语·晋语四》：“周诗曰：‘～～征夫，每怀靡及。’”《后汉书·班固传》：“献酬交错，俎豆～～。”

眒 1. shēn ❶疾速。见“眒忽”。

2. shèn ❷张目。柳宗元《又祭崔简旅榇归上都文》：“躁戾佻险，睒～欺苟。”

【眒忽】 shēnhū 形容极快。左思《娇女诗》：“贪华风雨中，～～数百适。”

甡 shēn 见“甡甡”。

【甡甡】 shēnshēn 众多的样子。《诗经·大雅·桑柔》:“瞻彼中林,~~其鹿。”

娠 shēn 怀孕,身孕。《左传·哀公元年》:“后缗方~。”《论衡·吉验》:“有气大如鸡子,从天而下,我故有~。”

深 shēn ❶水深。和“浅”相对。《诗经·邶风·谷风》:“就其~矣,方之舟之。”李白《赠汪伦》诗:“桃花潭水~千尺,不及汪伦送我情。”㊀挖深。《汉书·高帝纪上》:“郎中郑忠说止汉王,高垒~堑勿战。”❷从上到下或从里到外的距离大。《诗经·小雅·十月之交》:“高岸为谷,~谷为陵。”《荀子·哀公》:“寡人生于~宫之中。”❸深入。《左传·僖公十五年》:“寇~矣,若之何?”❹深刻,精到。《论衡·书解》:“~于作文,安能不浅于政治?”曹操《〈孙子〉序》:“吾观兵书战策多矣,孙武所著~矣。”❺程度深,重大。《战国策·秦策二》:“夫三晋相结,秦之~仇也。”《三国志·魏书·陈思王植传》:“位益高者责益~。”❻颜色浓。欧阳修《洛阳牡丹记》:“凡花近萼色~,至其末渐浅。”❼时间久。白居易《琵琶行》:“夜~忽梦少年事,梦啼妆泪红阑干。”李贺《龙夜吟》:“蜀道秋~云满林,湘江半夜龙惊起。”❽探测。《列子·黄帝》:“彼将处乎不~之度,而藏乎无端之纪。”

【深壁】 shēnbì 加高军营的壁垒。指加强防务。《史记·绛侯周勃世家》:“太尉引兵东北走昌邑,~~而守。”

【深薄】 shēnbó “深渊薄冰”的省略,比喻险境。《晋书·石勒载记上》:“孤猥以寡德,忝荷崇宠,夙夜战惶,如临~~,岂可假尊窃号,取讥四方!”

【深沉】 shēnchén ❶深刻,不浮躁。《汉书·王嘉传》:“[梁]相计谋~~。”❷极深。李白《鲁郡尧祠送窦明府薄华还西京》诗:“~~百丈洞海底,那知不有蛟龙蟠。”❸幽深隐蔽。庾信《咏树》:“幽居对蒙密,蹊径转~~。”

【深拱】 shēngǒng 拱手安居。指无为而治。《汉书·蒯通传》:“足下按齐国之故,有淮泗之地,怀诸侯以德,~~揖让,则天下君王相率而朝齐矣。”

【深故】 shēngù 酷吏用法苛严,故意陷人于罪。《汉书·刑法志》:“缓~~之罪,急纵出之诛。”

【深痼】 shēngù 经久难治的毛病。苏轼《子玉家宴用前韵见寄复答之》:“诗病逢春转~~,愁魔得酒暂奔忙。”

【深刻】 shēnkè ❶严峻苛刻。多指刑罚严厉。《汉书·宣帝纪》:“举冤狱,察擅为苛禁~~不改者。”《后汉书·光武帝纪上》:“顷狱多冤人,用刑~~,朕甚愍之。”❷镂刻得深。王恪《石鼓》诗:“当日岐阳猎火红,大书~~配《车攻》。”

【深垒】 shēnlěi 义同“深壁”。加高壁垒。《左传·文公十二年》:“请~~固军以待之。”

【深冥】 shēnmíng 深奥幽昧。《论衡·道虚》:“世见其书~~奇怪。”

【深墨】 shēnmò 颜色深黑如墨。形容哀痛的样子。《孟子·滕文公上》:“君薨,听于冢宰,歠粥,面~~,即位而哭。”

【深切】 shēnqiè 深刻确切。《汉书·五行志中》:“其宿留告晓人,具备~~,虽人道相戒,何以过是。”《论衡·问孔》:“盖起问难,此说激而~~,触而著明也。”

【深室】 shēnshì ❶指囚室。《左传·僖公二十八年》:“执卫侯,归之于京师,置诸~~。”❷隐居之所。储光羲《终南幽居拜苏侍郎》诗之一:“灵阶曝仙书,~~炼金英。”

【深邃】 shēnsuì ❶深远,深广。杜甫《题衡山县文宣王庙新学堂呈陆宰》诗:“下可容百人,墙隅亦~~。”❷意旨深奥。梁简文帝《庄严旻法师成实论义疏序》:“慧门~~,入之者固希。”

【深文】 shēnwén ❶法律条文苛细。《汉书·张汤传》:“与赵禹共定诸律令,务在~~。”❷利用法律条文的苛细,给人加罪。《史记·汲郑列传》:“而刀笔吏专~~巧诋陷人入罪。”

【深渥】 shēnwò 深厚。《三国志·魏书·袁绍传》注引《献帝春秋》:“汉家君天下四百许年,恩泽~~,兆民戴之来久。”

【深省】 shēnxǐng 深切的思考。杜甫《游龙门奉先寺》诗:“欲觉闻晨钟,令人发~~。”

【深衣】 shēnyī 古代诸侯、大夫、士家居闲暇时穿的衣服,上衣下衣相连。《礼记·玉藻》:“朝玄端,夕~~,~~三袪。”

【深懿】 shēnyì 深奥精美。《论衡·自纪》:“故鸿丽~~之言,关于大而不通于小。”

【深造】 shēnzào ❶达到精深的境地。《孟子·离娄下》:“君子~~之以道,欲其自得之也。”❷进一步学习。王令《答束徽之索诗》:“惟诗素所嗜,决切欲~~。”

【深湛】 shēnzhàn 深远。《汉书·扬雄传上》:“为人简易佚荡,口吃不能剧谈,默而好~~之思。”

【深致】 shēnzhì 深远的意味、情趣。《晋书·王凝之妻谢氏传》:“[谢安]谓有雅人~~。”

【深中】 shēnzhōng 内心廉明正直。《汉书·韩安国传》:"其人～～笃行君子。"

【深阻】 shēnzǔ ❶水深山隔。杜甫《宿青溪驿奉怀张员外十五兄之绪》诗:"中夜怀友朋,乾坤此～～。"❷人性情深沉不外露。干宝《晋纪总论》:"性～～有如城府,而能宽绰以容纳。"

【深藏若虚】 shēncángruòxū 善于做买卖的人不轻易让人看见宝货。后比喻有真才实学的人不自我炫耀。《史记·老子韩非列传》:"良贾～～～～,君子盛德,容貌若愚。"

蓡(蓡) 1. shēn ❶同"蔘"。人参。《玉篇·艸部》:"蔘,人蔘药。～,同上。"沈括《梦溪笔谈·人事一》:"王荆公病喘,药用紫团山人～,不可得。"❷同"槮"。木长的样子。《集韵·侵韵》:"槮,《说文》:'木长貌。'或作～。"《史记·司马相如列传》:"纷容萧～,旖旎从风。"

2. sān ❸下垂的样子。《鹖冠子·道论》:"白～明起。"陆佃解:"白～于下,明起于上。～,垂貌也。"

【蓡绥】 sānsuí 广大的样子。《方言》卷二:"恒慨、～～、羞绎、纷毋,言既广又大也。"

幓 shēn 见 shān。

綝 shēn 见 chēn。

槮(槮) 1. shēn ❶树木高耸的样子。马融《长笛赋》:"林箫蔓荆,森～柞朴。"

2. sǎn ❷在水中堆柴捕鱼。《尔雅·释器》:"～谓之涔。"(郭璞注:"今之作槮者,聚积柴木于水中,鱼得寒入其里藏隐,因以箄围捕取之。")王安石《次韵昌叔岁暮》:"～密鱼虽暖,巢危鹤更阴。"

兟 shēn ❶进。《说文·先部》:"～,进也。"❷见"兟兟"。❸哥哥的别称。元结《五规·处规》:"季川问曰:'～终不复二论,～有意乎?'"(季川:元结之弟。)

【兟兟】 shēnshēn 众多的样子。卢照邻《释疾文》:"野有鹿兮其角～～,林有鸟兮其羽习习。"范仲淹《明堂赋》:"于是～～旅进,锵锵肆觐。"

襂(襂) 1. shēn ❶见"襂缅"。

2. shān ❷同"衫"。《尔雅·释器》:"复～谓之裀。"

【襂缅】 shēnshǐ 毛羽下垂的样子。木华《海赋》:"履阜乡之留舄,被羽翮之～～。"也作"襂襹"。欧阳修《答梅圣俞》诗:"羽毛～～眼睛活,若动不动如风吹。"

震 shēn 见 zhèn。

什 shén 见 shí。

神 1. shén ❶神灵。传说中的天地万物的创造者和主宰者。《论语·述而》:"子不语怪、力、乱、～。"《后汉书·西域传》:"西方有～,名曰佛。"㉑人死后的灵魂。《楚辞·九歌·国殇》:"身既死兮～以灵,魂魄毅兮为鬼雄。"❷精神,意识。《庄子·达生》:"用志不分,乃凝于～。"《淮南子·原道训》:"耳目非去之也,然而不能应者何也?～失其守也。"❸玄妙,神奇。《孟子·尽心下》:"大而化之之谓圣,圣而不可知之之谓～。"《宋史·岳飞传》:"生有～力,未冠,挽弓三百斤,弩八石。"❹表情,脸神。沈约《齐太尉王俭碑》:"精神外朗,～彩傍映。"❺肖像。苏轼《传神记》:"南都程怀立,众称其能,于传吾～,大得其全。"❻姓。

2. shēn ❼见"神荼郁垒"。

【神帛】 shénbó 招魂幡。古时招魂所用的布帛。《文献通考·王礼十七》:"然古之复者以衣,今用～～招魂,其意盖本于此。"

【神策】 shéncè ❶神书。《史记·封禅书》:"黄帝得宝鼎～～。"❷神奇的计策。《三国志·魏书·武帝纪》:"君执大节,精贯白日,奋其武怒,运其～～。"❸唐代禁卫军名。《新唐书·兵志》:"唯羽林、龙武、神武、～～、神威最盛,总曰左右十军矣。"

【神道】 shéndào ❶神妙莫测的自然之理。《周易·观》:"观天之～～,而四时不忒,圣人以～～设教,而天下服矣。"❷神异之术。《后汉书·左慈传》:"左慈字元放,庐江人也。少有～～。"❸墓道。《三国志·魏书·文帝纪》:"寿陵因山为体,无为封树,无立寝殿,造园邑,通～～。"

【神鼎】 shéndǐng ❶鼎的美称。《史记·封禅书》:"闻昔泰帝兴～～一。"《抱朴子·金丹》:"取九转之丹,内～～中。"❷鼎是国之重器,故以神鼎喻国命。《宋书·袁觊传》:"王室不造,昏凶肆虐,～～将沦,宗稷几泯。"

【神都】 shéndū ❶京都。杜甫《秋风》诗之一:"吴樯楚柂牵百丈,暖向～～寒未还。"❷地名。即洛阳。武则天光宅元年改洛阳为神都。

【神峰】 shénfēng 指人的风度神采。《南史·王规传》:"王威明风韵遒上,～～标映,千里绝迹,百尺无枝,实俊人也。"也作"神锋"。《世说新语·赏誉》:"阿兄形似道而～～太俊。"

【神父】 shénfù 敬之如神,尊之如父。古指为人民爱戴的地方官吏。《后汉书·宋登传》："登为汝阴令，政为明能，号称～～。"

【神工】 shéngōng 形容技艺极其精巧。苏轼《海市》诗："心知所见皆幻影，敢以耳目烦～～。"

【神功】 shéngōng ❶神人的功绩。刘峻《辩命论》："睹汤武之龙跃，谓龛乱在～～。"❷神奇的功效。杜甫《送重表侄王殊评事使南海》诗："番禺亲贤领，筹运～～操。"

【神后】 shénhòu ❶土地神。《尚书·汤诰》："敢昭告于上天～～。"❷神明的君主。《尚书·盘庚中》："予念我先～～之劳尔先。"

【神奸】 shénjiān 鬼神兴灾作害。《论衡·儒增》："故入山泽不逢恶物，用辟～～。"

【神鉴】 shénjiàn 明察如神。《晋书·王珣传》："其崎岖九折，风霜备经，虽赖明公～～，亦识会居之故也。"

【神交】 shénjiāo ❶精神上相交往。指相知。《晋书·嵇康传》："所与～～者，惟陈留阮籍，河内山涛。"❷未曾见面而仰慕其人，自引为朋友。《儒林外史》十七回："可惜有位牛布衣，只是～～，未曾会面。"❸灵魂相交会。形容思念之深。沈约《和谢宣城朓》："～～疲梦寐，路远隔思存。"

【神解】 shénjiě ❶极强的理解力。《南齐书·张融传》："融玄义无师法，而～～过人。"❷道家称灵魂脱离肉体而升仙。《云笈七籤·内丹》："心为出世之宗，丹为延年之药，服之阳宫，即阴司落名，已后纵往，亦～～上仙。"

【神京】 shénjīng 首都。谢朓《齐敬皇后哀策文》："怀丰沛之绸缪兮，背～～之弘敞。"

【神经】 shénjīng 记载奇异之事的书。多指道家典籍。《后汉书·方术传序》："～～怪牒，玉策金绳，关扃于明灵之府，封縢于瑶坛之上者，靡得而窥也。"

【神君】 shénjūn ❶神灵的敬称。《韩非子·说林上》："人以我为～～也。"❷巫。古人认为巫有神附身，故称。《史记·孝武本纪》："乃病，使人问～～。"❸对贤明官吏的敬称。《南史·孔奂传》："奂清白自守，妻子并不之官，唯以单船临郡。所得秩俸，随即分赡孤寡。郡中号曰～～。"

【神俊】 shénjùn 姿质不凡。江淹《伤爱子赋序》："生而～～，必为美器。"杜甫《画鹘行》："写此～～姿，充君眼中物。"

【神骏】 shénjùn ❶好马。王嘉《拾遗记·魏》："帝引洪上马共济，行数百里，瞬息而至，马足毛不湿，时人谓之乘风而行，亦一代～～也。"❷马的神采骏逸。杜甫《韦讽录事宅观曹将军画马图》诗："可怜九马争～～，顾视清高气深稳。"

【神灵】 shénlíng ❶神异灵敏。《论衡·吉验》："传言皇帝妊二十月而生，生而～～，弱而能言。"❷灵魂。《大戴礼记·曾子天圆》："阳之精气曰神，阴之精气曰灵。～～者，品物之本也。"❸泛指神。《汉书·郊祀志》："～～之休，佑福兆祥。"

【神明】 shénmíng ❶天地间神的总称。《周易·系辞下》："以通～～之德。"孔颖达疏："万物变化，或生或成，是～～之德。"李白《与韩荆州书》："君侯制作侔～～，德行动天地。"❷道德修养的最高境界。《荀子·劝学》："积善成德，而～～自得。"❸人的精神。《庄子·齐物论》："劳～～为一，而不知其同也。"《楚辞·远遊》："保～～之清澄兮，精气入而粗秽除。"

【神农】 shénnóng ❶传说中的远古帝王。又称炎帝、烈山氏。始制耒耜，教民务农，故称神农。《孟子·滕文公上》："有为～～之言者许行，自楚之滕。"❷土神。《礼记·月令》："毋发令而待，以妨～～之事也。"❸农官。《吕氏春秋·季夏》："水潦盛昌，命～～将巡功，举大事则有天殃。"

【神女】 shénnǚ ❶女神。宋玉《神女赋》："夫何～～之姣丽兮，含阴阳之渥饰。"❷借指妓女。李商隐《无题》诗："～～生涯原是梦，小姑居处本无郎。"

【神祇】 shénqí 天神地祇。《史记·孝武本纪》："公卿曰：'古者祀天地皆有乐，而～～可得而礼。'"也作"神祗"。《论衡·感虚》："诔曰：'祷尔于上下～～。'"

【神气】 shénqì ❶灵异的云气。《史记·封禅书》："长安东北有～～。"❷自然的元气。《论衡·论死》："人用～～生，其死复归～～。"❸人的精神、气魄。《晋书·刘曜载记》："此儿～～，岂同义真乎？"《世说新语·豪爽》："振袖而起，扬槌奋击，音节谐捷，～～豪上，傍若无人。"❹神韵，气度。夏文彦《图绘宝鉴》卷三："[董源]善画山水，树石幽润，峰峦清深，得山水之～～。"

【神器】 shénqì ❶帝位，国家。《后汉书·章帝八王传》："云与中大夫赵王谋图不轨，窥觎～～，怀大逆心。"骆宾王《为李敬业传檄天下文》："犹复包藏祸心，窥窃～～。"❷神异的器物。指宝剑之类。张协《七命》："～～化成，阳文阴缦。"

【神人】 shénrén ❶道家理想中的得道之人。《庄子·逍遥遊》："至人无己，～～无功，圣人无名。"❷才貌出众之人。《南史·

宋顺帝纪》："帝姿貌端华，眉目如画，见者以为～～。"

【神圣】 shénshèng ❶圣明。《汉书·晁错传》："臣闻五帝～～，其臣莫及。"❷对帝王的尊称。扬雄《羽猎赋》："丽哉～～，处于玄宫。"❸神仙。《水浒传》四十二回："口里声声都只叫道：'～～救命则个。'"

【神守】 shénshǒu ❶神情。《三国志·蜀书·蒋琬传》："时新丧元帅，远近危悚，琬出类拔萃，处群僚之右，既无戚容，又无喜色，～～举止，有如平日。"❷鳖的别名。《本草纲目·介部》："《淮南子》曰：'鳖无耳而守神。'～～之名以此。"

【神思】 shénsī ❶指文学创作中的思维、想像。《文心雕龙·神思》："形在江海之上，心存魏阙之下，～～之谓也。"❷指思绪。《晋书·刘寔传》："吾与刘颍川兄弟语，使人～～清发，昏不假寐。"

【神算】 shénsuàn 神机妙算。《后汉书·王涣传》："又能以谲数发擿奸伏，京师称叹，以为涣有～～。"

【神武】 shénwǔ ❶非常勇武。《三国志·魏书·武帝纪》："夫以公之～～明哲而辅以大顺，何向而不济！"❷唐代禁卫军名。《新唐书·兵志》："唯羽林、龙武、～～、神策、神威最盛，总曰左右十军矣。"

【神物】 shénwù ❶神奇灵异的东西。《周易·系辞上》："天生～～，圣人则之。"李白《梁甫吟》："张公两龙剑，～～合有时。"❷神仙，神灵。《史记·孝武本纪》："上即欲与神通，宫室被服不象神，～～不至。"

【神县】 shénxiàn 中国的别称。赤县神州的省称。江淹《杂体诗·颜特进侍宴》："太微凝帝宇，瑶光正～～。"

【神鸦】 shényā 乌鸦，因栖息于神祠，故称神鸦。辛弃疾《永遇乐·京口北固亭怀古》词："可堪回首，佛貍祠下，一片～～社鼓。"

【神游】 shényóu ❶精神或梦魂往游其境。《列子·周穆王》："吾与王～～也，形奚动哉？"❷即神交。江淹《自序传》："所与～～者唯陈留袁叔明而已。"❸死的讳称。王安石《八月一日永昭陵旦表》："率土方涵于圣化，宾天遽怆于～～。"

【神宇】 shényǔ ❶供奉神灵的屋宇。潘岳《寡妇赋》："仰～～之寥寥兮，瞻灵衣之披披。"❷义同"神州"。郭璞《南郊赋》："廓清紫衢，电扫～～。"❸神情气宇，指人的风度。《世说新语·雅量》："世以此定二王～～。"（二王：王徽之、王献之。）陆游《夫人陈氏墓志铭》："诸子方就试，驰归省疾，颔之而已，～～泰定，超然就蜕。"

【神韵】 shényùn ❶人的神采气度。《宋书·王敬弘传》："敬弘～～冲简，识宇标峻。"❷诗文书画的风格韵味。陈琰《蚕尾续集·序》："味外味者何？～～也。诗得古人之～～，即昌谷所云：'骨重神寒天庙器。'诗品之贵，莫过于此矣。"

【神州】 shénzhōu ❶中国的别称。刘琨《答卢谌》诗："火燎～～，洪流华域。"❷指京都。左思《咏史》之五："皓天舒白日，灵景耀～～。"

【神主】 shénzhǔ ❶为已死君主所立的牌位。用木或石做成，设于宗庙之内。《后汉书·光武帝纪上》："大司徒邓禹入长安，遣府掾奉十一帝～～，纳于高庙。"❷帝王。《史记·夏本纪》："于是天下皆宗禹之明度数声乐，为山川～～。"❸人民。《左传·襄公十八年》："弃好背盟，陵虐～～。"

【神荼郁垒】 shēnshūyùlǜ 传说中能治鬼的两个神，后世奉为门神，以避鬼邪。《论衡·订鬼》："《山海经》又曰：'沧海之中，有度朔之山，上有大桃木，其屈蟠三千里，其枝间东北曰鬼门，万鬼所出入也。上有二神人，一曰神荼，一曰郁垒，主阅领万鬼。'"《后汉书·礼仪志》、蔡邕《独断》、应劭《风俗通》等都有记载，也作"荼与郁雷"、"荼与郁垒"。

沈 1. shěn ❶古诸侯国名。《春秋·文公三年》："三年春……郑人伐～，～溃。"❷通"渖"。汁液。《礼记·檀弓下》："为榆～，故设拨。"❸姓。
2. chén ❹见"沉"。
3. tán ❺见"沈沈"。

【沈沈】 tántán 深邃的样子。《史记·陈涉世家》："入宫，见殿屋帷帐，客曰：'夥颐！涉之为王～～者！'"陆游《关山》诗："朱门～～按歌舞，厩马肥死弓断弦。"

弞 shěn ❶同"哂"。微笑。《宋书·王弘传》："昔孙叔未进，优孟见～，展喜在下，臧文贻讥。"❷见"弞杻"。

【弞杻】 shěnniǔ 木名。《山海经·中山经》："[丙山]其木多梓檀，多～～。"

审（審） 1. shěn ❶周密，详细。《礼记·中庸》："博学之，～问之。"《世说新语·赏誉》："刘尹语～细。"❷仔细考察、研究。《吕氏春秋·察传》："闻而～则为福矣，闻而不～，不若无闻矣。"《后汉书·王龚传》："未～其事深浅何如。"㉑讯问，审讯。《后汉书·灵帝宋皇后纪》："陛下曾不证～，遂伏其辜。"❸清楚，明白。《旧唐书·元行冲传》："当局称迷，傍观见～。"❹慎重，审慎。《管子·权修》："授官不～，则民闲其治。"❺确实，果真。《战国策·秦策一》："为人臣不忠当死，言不～亦当死。"

《论衡·奇怪》:"尧,高祖～龙之子。"❻姓。

2. pán ❼通"潘"。水回流处。《庄子·应帝王》:"鲵桓之～为渊。"

【审察】 shěnchá 详细考察。《战国策·楚策四》:"疠人怜王,此不恭之语也。虽然,不可不～～也。"魏徵《十渐不克终疏》:"陛下不～～其根源,而轻为之臧否。"

【审处】 shěnchǔ 慎重处置。《战国策·齐策六》:"二者显名厚实也,愿公熟讨而～～一也。"

【审谛】 shěndì ❶谨慎周密。《尚书大传》卷五:"举错～～。"❷仔细考查。程大昌《演繁露·寝庙游衣冠》:"但知搜剔其过,不复～～其自也。"

【审谛】 shěndì 周密详细。谛,同"谛"。班固《白虎通·封禅》:"亭亭者,制度～～,道德著明也。"

【审定】 shěndìng ❶详细考究而决定。《史记·张仪列传》:"积羽沉舟,群轻折轴,众口铄金,积毁销骨,故愿大王～～计议。"❷谨慎稳重。《北史·裴侠传》:"建神情～～,当无异心。"

【审画】 shěnhuà 慎重谋划。《汉书·邹阳传》:"故愿大王～～而已。"

哂

shěn 微笑。《论衡·雷虚》:"如天之喜,亦宜～然而笑。"㊀讥笑。《论语·先进》:"为国以礼,其言不让,是故～之。"李清照《词论》:"名士忽指李曰:'请表弟歌。'众皆～,或有怒者。"

【哂笑】 shěnxiào 讥笑。戴表元《少年行赠袁养直》:"僮奴～～妻子骂,一字不给饥寒躯。"

矧

shěn ❶况且,何况。《尚书·大诰》:"厥子乃弗肯播,～肯获?"柳宗元《敌戒》:"智能知之,犹卒以危,～今之人,曾不是思?"❷亦,又。《尚书·康诰》:"元恶大憝,～惟不孝不友。"❸牙龈。《礼记·曲礼上》:"笑不至～。"《三国志·魏书·袁绍传》注引《先贤行状》:"[田]丰天恣瑰杰,权略多奇,少丧亲,居丧尽哀,日月虽过,笑不至～。"

谂(諗)

shěn ❶规劝。《国语·鲁语上》:"吾过而里革匡我,不亦善乎!是良罟也,为我得法。使有司藏之,使吾无忘～。"❷思念。《诗经·小雅·四牡》:"岂不怀归,是用作歌,将母来～。"❸通"沴"。鱼受惊躲藏。《孔子家语·礼运》:"故龙以为畜,而鱼鲔不～。"❹通"审"。详细了解。钮琇《觚賸·雪遘》:"徐～其姓氏里居。"

沛(瀋)

shěn ❶汁。《新唐书·崔仁师传》:"悉去囚械,为具食饮汤～。"陶宗仪《南村辍耕录》卷二十九:"所以晋人多用凹心砚者,欲磨墨贮～耳。"❷地名用字,今简化为"沈"。如"沈阳"。

沴

shěn 见 niǎn。

婶(嬸)

shěn ❶叔母。王楙《野客丛书·前辈与叔手帖》:"仆家有富郑公一帖,正与晏元献一同,前后皆云弼再拜,几叔几～。"❷兄、嫂称弟之妻。吕祖谦《紫微杂记·家礼》:"吕氏母母受～房婢拜。"(母母:弟妻称兄嫂。)

櫁(櫁)

shěn 木名。其汁可为酒。《广韵·寝韵》:"～,木名。《山海经》云:煮其汁,味甘,可为酒。"㊁指用櫁木汁酿的酒。《宋书·谢灵运传》:"苦以术成,甘以～热。"

甚

shèn ❶厉害,严重。《孟子·梁惠王上》:"物皆然,心为～,王请度之。"《穀梁传·文公三年》:"其～奈何?茅茨尽矣。"㊀盛,大。《后汉书·齐武王縯传》:"自是兄弟威名益～。"❷过分。《老子·二十九章》:"是以圣人去～,去奢,去泰。"《国语·晋语一》:"且吾闻之,～精必愚。"❸超过,胜过。《孟子·告子上》:"生亦我所欲,所欲有～于生者,故不为苟得。"❹很。《史记·高祖本纪》:"上曰:'豨尝为吾使,～有信。'"❺什么,怎么。周邦彦《西河》词:"酒旗戏鼓～处市。"辛弃疾《满江红》词:"～当年,寂寞贾长沙,伤时哭?"

【甚口】 shènkǒu 大口。一说"善骂"。《左传·昭公二十六年》:"有君子,白皙鬒须眉,～～。"

【甚雨】 shènyǔ 急骤的大雨。《庄子·天下》:"禹亲自操槁耜,而九杂天下之川,腓无胈,胫无毛,沐～～,栉疾风,置万国。"《论衡·须颂》:"望夜～～,月光不暗,人不睹曜者,隐也。"

渗(滲)

1. shèn ❶液体慢慢地透入或漏出。《梁书·豫章王综传》:"闻俗说以生者血沥死者骨,～即为父子。"《徐霞客游记·黔游日记一》:"水盈而不～。"㊁干涸。《南史·到彦之传》:"自淮入泗,泗水～,日裁行十里。"

2. qīn ❷见"渗淫"。

【渗濑】 shènlài 丑陋、凶恶得吓人。《水浒传》四回:"那打铁的看见鲁智深腮边新剃暴长短须,戗戗地好～～人。"

【渗沥】 shènlì 向下滴流。元稹《大觜乌》诗:"～～脂膏尽,凤皇那得知。"

【渗漉】 shènlù ❶水往下渗透。《汉书·司马相如传下》:"滋液～～,何生不育?"❷比喻渗透到各方面。杨炯《王勃集序》:"观览旧章，翾翔群艺，随方～～，于何不尽？”

【渗淫】 qīnyín 少量渗透的水。木华《海赋》：“沥滴～～，荟蔚云雾。”

脤（祳） shèn 古代祭祀社稷之神所用的生肉。《国语·晋语五》：“受命于庙，受～于社，甲胄而效死，戎之政也。”《后汉书·皇甫嵩朱儁传论》：“皇甫嵩、朱儁并以上将之略，受～仓卒之时。”

【脤膰】 shènfán 古代祭祀用的肉，生的叫脤，熟的叫膰。《周礼·春官·大宗伯》：“以～～之礼，亲兄弟之国。”

葚 shèn 桑树的果实。《诗经·卫风·氓》：“于嗟鸠兮，无食桑～。”

慎 1. shèn ❶小心谨慎，慎重。《孟子·梁惠王下》：“国君进贤，如不得已，将使卑逾尊，疏逾戚，可不～与？”《荀子·劝学》：“故言有招祸也，行有招辱也，君子～其所立乎！”❷表示禁戒，相当于“千万”，常和“勿”、“毋”、“莫”等连用。《汉书·高帝纪上》：“即汉王欲挑战，～勿与战，勿令得东而已。”。杜甫《丽人行》：“炙手可热势绝伦，～莫近前丞相嗔。”❸诚然，确实。《诗经·小雅·巧言》：“昊天已威，予～无罪。”❹姓。

2. shùn ❺通“顺”。顺应，顺从。《墨子·天志中》：“天之意不可不～也。”

3. yǐn ❻通“引”。用大绳牵引灵柩。《史记·孔子世家》：“孔子母死，乃殡五父之衢，盖其～也。”

【慎独】 shèndú 在独居时能谨慎不苟。曹植《卞太后诔》：“祗畏神明，敬惟～～。”《宋史·詹体仁传》：“少从朱熹学，以存诚～～为主。”

【慎始】 shènshǐ 小心谨慎地开始。《汉书·路温舒传》：“臣闻《春秋》正即位，大一统而～～也。”

【慎微】 shènwēi 注意事物的细微之处。《后汉书·陈忠传》：“是以明者～～，智者知几。”

【慎终】 shènzhōng ❶小心谨慎到终了。泛指谨慎从事。《老子·六十四章》：“～～如始，则无败事。”《史记·楚世家》：“君其～～！”❷丧尽其哀。指对父母的丧事要依礼尽哀。《论语·学而》：“～～追远，民德归厚矣。”

椹 shèn 见 zhēn。

蜃（蜄） shèn ❶大蛤蜊。《周礼·天官·鳖人》：“春献鳖～。”❷蚌壳烧成的灰，也叫“蜃炭”。《周礼·地官·掌蜃》：“以共闉圹之～。”❸祭器。画有蜃形的漆尊。《周礼·地官·鬯人》：“凡山川四方用～。”❹传说中一种能吐气成海市蜃楼的蛟。王维《送秘书晁监还日本国序》：“黄雀之风动地，黑～之气成云。”

【蜃楼】 shènlóu “海市蜃楼”的简称。白居易《游湓水诗》：“城雉映水见，隐隐如～～。”李时珍《本草纲目·鳞部》：“能吁气成楼台城郭之状，将雨即见，名～～，亦曰海市。”

【蜃气】 shènqì 海市蜃楼。一种大气光学现象，古人误以为是蜃吐气所成。《史记·天官书》：“海旁～～象楼台，广野气成宫阙然。云气各象其山川人民所聚积。”

【蜃市】 shènshì 即“海市蜃楼”，也叫“蜃景”。大气中因为光线的折射作用把远处的景物如城郭楼台显现在空中或地面的奇异幻景，古人误认为是蜃吐气而成。朱彝尊《逢姜给事》诗：“东莱～～易沉沦，南国相逢泪满巾。”

【蜃炭】 shèntàn 古代用蚌蛤壳烧成的灰叫“蜃炭”，可以用来防御潮湿。《左传·成公二年》：“宋文公卒，始厚葬，用～～。”

黮 shèn 见 dǎn。

sheng

升[1] shēng ❶容量单位，一斗的十分之一。贾思勰《齐民要术·种谷》：“良地一亩，用子五～。”《新唐书·食货志一》：“上田亩税六～，下田亩四～。”杜甫《醉时歌》：“日籴太仓五～米，时赴郑老同衾期。”㊂量酒单位。《墨子·号令》：“赐酒日二～，肉二斤。”❷古代布八十缕为一升。《国语·鲁语上》：“自是，子服之妾衣不过七～之布，马饩不过稂莠。”《礼记·杂记上》：“朝服十五～。”❸登上，上升。《论衡·实知》：“世俗传颜渊年十八岁～太山，望见吴昌门外有系白马。”㊃官职得到提拔，升官。柳宗元《祭吕敬叔文》：“摈辱非耻，～扬非贤。”白居易《祭卢虔文》：“名因文著，位以才～。”❹成熟。《论语·阳货》：“旧谷既没，新谷既～。”《穀梁传·襄公二十四年》：“五谷不～为大饥。”❺进奉，进献。《吕氏春秋·孟夏》：“是月也，驱兽无害五谷，无大田猎，农乃～麦。”又《孟秋》：“是月也，农乃～谷，天子尝新。”❻六十四卦之一。卦形为巽下坤上。❼姓。

【升沉】 shēngchén ❶登进和沦落。旧时指宦途得失进退或际遇的幸与不幸。张世南《游宦纪闻》卷三：“何自闲人无籍在，不妨冷眼看～～。”庄季裕《鸡肋编》卷下：“出处～～，动静语默，悉皆前定也。”❷褒贬，评论好坏。刘祁《归潜志》卷十："凡宴谈会集间，诸公皆以分别流品，～～人物为事。"

【升第】 shēngdì 晋升或录用。刘孝标《辩命论》："主父偃、公孙弘，对策不～～，历说而不入，牧豕淄原，见弃州郡。"也作"昇第"。黄滔《酬徐正字寅》诗："名从两榜考～～，官自三台追起家。"

【升斗】 shēngdǒu ❶比喻微薄的俸禄。《汉书·梅福传》："言可采取者，秩以～～之禄，赐以一束之帛。"❷指极少的粮食。《聊斋志异·红玉》："瓮无～～，孤影对四壁。"❸借指酒。杜甫《遭田父饮美严中丞》诗："月出遮我留，仍嗔问～～。"

【升陑】 shēng'ér 指创业之始。许敬宗《贺隰州等龙见表》："伏惟皇帝陛下，道登邃古，功济怀生，发轸～～，垦灾除害。"也作"陞陑"。李商隐《送从翁东川弘农尚书幕》诗："刊木方隆禹，～～始创殷。"

【升恒】 shēnggèng 称颂事业发达的套语。唐孙华《寿座主讲学仇先生二十六韵》："师恩惭报效，祗是祝～～。"

【升华】 shēnghuá 官职晋升。欧阳修《回吕内翰书》："被召禁林，～～内阁。"

【升越】 shēnghuó 古代一种细布。《潜夫论·浮侈》："从奴仆妾，皆服葛子～～，筩中女布。"

【升济】 shēngjì 超度。苏轼《书金光明经后》："要当口诵而心通，手书而身履之，乃能感通佛祖，～～神明。"周辉《清波杂志》卷十："岂二公自信平生践履，必可～～。"

【升平】 shēngpíng 太平。《后汉书·郎顗传》："故孝文皇帝绨袍革舄，木器无文，约身薄赋，时致～～。"刘蕡《对贤良方正直言极谏策》："今纲纪未绝，典刑犹在，人谁不欲致身为王臣，致时为～～？"

【升迁】 shēngqiān 官职得到提拔。《论衡·治期》："长吏秩贵，当阶平安以～～，或命贱不任，当由危乱以贬诎也。"

【升荣】 shēngróng 指晋升官位。庾信《周安昌公夫人郑氏墓志铭》："序戚～～，从夫有秩。"武平一《加命杜审言表》："～～粉署，擢秀兰台。"

【升遐】 shēngxiá ❶升天，上升到高远的地方。张衡《思玄赋》："涉清霄而～～兮，浮蔑蒙而上征。"也作"升假"。《淮南子·齐俗训》："其不能乘云～～亦明矣。"❷帝王之死的委婉说法。潘岳《西征赋》："武皇忽其～～。"王俭《褚渊碑文》："太祖～～。"王安石《本朝百年无事劄子》："～～之日，天下号恸，如丧考妣。"❸指离世隐居或学道修行。阮籍《咏怀》之二八："岂若遗耳目，～～去殷忧。"苏轼《辨道歌》："一丹休别内外砂，长修久饵须～～。"

【升引】 shēngyǐn 提拔，任用。《宋书·雷次宗传》："自绝招命，守志隐约。宜加～～，以旌退素。"

【升中】 shēngzhòng ❶古代帝王祭天上告成功。《礼记·礼器》："因名山，～～于天。"❷指祭天。《旧唐书·裴守真传》："况～～大事，华夷毕集，九服仰垂拱之安，百蛮怀率舞之庆。"

【升注】 shēngzhù 提升官职。《金史·宣宗纪》："命违限者止夺三官，降职三等，仍永不～～。"

【升转】 shēngzhuǎn 官吏的擢升和调动。《宋史·兵志十》："积习既久，往往超躐～～，后名反居前列，高下不伦，甚失公平之意。"

【升堂入室】 shēngtángrùshì 登上厅堂，进入内室。原意是比喻学问造诣深浅程度的差别。后用以赞扬人的学问或技能达到很高的境界。潘岳《杨荆州诔》："游目典坟，纵心儒术，祁祁搢绅，～～～～。"卢照邻《乐府杂诗序》："君～～～～，践龟字以长驱；藏翼蓄鳞，展龙图以高视。"

升²（昇） shēng ❶太阳上升。江淹《石劫赋》："日照水而东～，山出波而隐没。"❷登上。韩愈《山石》诗："～堂坐阶新雨足，芭蕉叶大支子肥。"❸升官，晋级。杜甫《寄岳州贾司马六丈巴州严八使君两阁老五十韵》："每觉～元辅，深期列大贤。"《旧唐书·马周传》："欲有擢～宰相，必先试以临人。"

升³（陞） shēng ❶登，登上。《大唐三藏取经诗话·入大梵天王宫》："便请下界法师玄奘～座讲经。"❷提升，晋级。王安石《本朝百年无事劄子》："～擢之任，虽不皆得人，然一时之所谓才士亦罕蔽塞而不见收举者。"

生 shēng ❶草木生长，长出。《荀子·劝学》："蓬～麻中，不扶而直。"李贺《河南府试十二月乐词·七月》："好花～木末，衰蕙愁空园。"《齐民要术·种兰香》："三月中，候枣叶始～，乃种兰香。"[引] 生育。《诗经·大雅·生民》："不康禋祀，居然～子。"[又] 出生，诞生。《史记·孟尝君列传》："文以五月五日～。"（文：田文，即孟尝君。）❷产生，发生。《左传·僖公三十三年》："敌不可纵，纵敌患～。"《国语·鲁语下》："夫民劳则思，思则善心～。"[又] 出产。《国语·晋语四》："羽旄齿革，则君地～焉。"❸活，活的。《孟子·万章上》："昔者有馈～鱼于郑子产，子产使校人畜之池。"《国语·晋语九》："三奸同罪，请杀其～者而戮其死者。”（戮：陈尸示众。）《后汉书·景丹传》：“会陕贼苏况攻破弘农，～获郡守。”❹生命。《孟子·告子上》：“～亦我所欲也，义亦我所欲也。”《管子·立政》：“全～之说胜，则廉耻不立。”㊀一生，一辈子。杜甫《曲江》诗之三：“自断此～休问天，杜曲幸有桑麻田。”❺生活。《楚辞·离骚》：“长太息以掩涕兮，哀民～之多艰。”王安石《寓言》诗之三：“耕收孰不给？倾粟助之～。”❻生的，未煮过的。《史记·项羽本纪》：“项王曰：‘赐之彘肩。’则与一～彘肩。”（彘肩：猪腿。）❼生疏，不熟悉。王建《村居即事》诗：“因寻寺里熏辛断，自别城中礼数～。”❽对读书人的称呼。《史记·秦始皇本纪》：“今诸～不师今而学古，以非当世。”《汉书·贡禹传》：“朕以～有伯夷之廉，史鱼之直。”❾学生，弟子。《后汉书·马融传》：“常坐高堂，施绛纱帐，前授～徒，后列女乐。”❿传统戏曲中扮演男子的角色。余怀《板桥杂记·丽品》：“专工戏剧排场，兼擅～旦。”⓫甚，很。杜甫《送路六侍御入朝》诗：“不分桃花红胜锦，～憎柳絮白于绵。”⓬生硬，勉强。关汉卿《蝴蝶梦》二折：“把三个未迹小秀士，～扭做吃勘问死囚徒。”贯云石《斗鹌鹑·忆别》套曲：“客万里，人九嶷，遥岑十二远烟迷，～隔断武陵溪。”⓭句尾语气助词。李白《戏杜甫》诗：“借问别来太瘦～，总为从前作诗苦。”《聊斋志异·婴宁》：“此女亦太憨～。”⓮通“性”。天性，资质。《荀子·劝学》：“君子～非异也，善假于物也。”⓯通“狌”（xīng）。见“生生⑤”。⓰姓。

【生产】 shēngchǎn 谋生之业。《史记·高祖本纪》：“常有大度，不事家人～～作业。”《汉书·陆贾传》：“有五男，乃出所使越橐中装，卖千金，分其子，子二百金，令为～～。”

【生成】 shēngchéng ❶抚育，生养。姚鹄《将归蜀留献恩地仆射》诗之一：“蒿莱讵报～～德，犬马空怀感恋心。”❷长成。杜甫《白小》诗：“～～犹拾卵，尽取义何如。”

【生齿】 shēngchǐ ❶长出牙齿。古人以男孩八个月长牙齿，女孩七个月长牙齿。因以指代婴儿。《后汉书·寇荣传》：“自～～以上，咸蒙德泽。”❷指人口。权德舆《赠太傅马公行状》：“～～益息，庶物蕃阜。”

【生刍】 shēngchú ❶新割的青草。后指吊丧的礼物。《诗经·小雅·白驹》：“～～一束，其人如玉。”《后汉书·徐穉传》：“林宗有母忧，穉往吊之，置～～一束于庐前而去。”❷指生死交情。吴均《赠周兴嗣》诗之一：“愿持江南蕙，以赠～～人。”

【生祠】 shēngcí 为活人立的祠庙。陆游《庐帅田侯生祠记》：“相与筑～～于城中，而移书于予，请书岁月。”

【生地】 shēngdì ❶军事上称可以保全生命的地方为生地。《史记·淮阴侯列传》：“今予之～～皆走，宁尚可得而用之乎？”❷中药名，即“地黄”。

【生放】 shēngfàng 放债。洪迈《容斋五笔·俗语放钱》：“今人出本钱以规利入，俗语谓之放债，又名～～。”钟嗣成《骂玉郎过感皇恩采茶歌》：“钱财广盛根基壮，快斡旋，会攒积，能～～。”

【生分】 shēngfèn ❶疏远，冷淡。《红楼梦》三十回：“要等他们来劝咱们，那时候儿，岂不咱们倒觉～～了。”❷忤逆，不孝。贾仲名《对玉梳》一折：“别人家女儿孝顺，偏我家～～。”也作“生忿”。石君宝《秋胡戏妻》二折：“嚷这许多做甚么？你这～～忤逆的小贱人！”

【生阜】 shēngfù 生长。《国语·鲁语上》：“鸟兽孕，水虫成，兽虞于是乎禁罝罗，矠鱼鳖以为夏犒，助～～也。”

【生活】 shēnghuó ❶生存。《孟子·尽心上》：“民非水火不～～。”裴启《语林》：“阮光禄闻何次道为宰相，叹曰：‘我当何处～～？’”❷境况。《北史·胡叟传》：“家于密云，蓬室草筵，惟以酒自适，谓友人金城宗舒曰：‘我此～～，似胜焦先。’”❸工作，手艺活儿。翟灏《通俗编·服饰》：“《元典章》工部段匹条：‘本年合造～～，比及年终，须要齐足。’”《水浒传》四回：“师父稳便，小人赶趁些～～，不及相陪。”

【生计】 shēngjì 谋生之计。白居易《首夏》诗：“料钱随月用，～～逐日营。”刘沧《罢华原尉上座主尚书》诗：“自怜～～事悠悠，浩渺沧浪一钓舟。”

【生聚】 shēngjù 繁殖人口，积聚物力。《左传·哀公元年》：“越十年～～，而十年教训，二十年之外，吴其为沼乎？”

【生口】 shēngkǒu ❶指俘虏、奴隶或被贩卖的人口。《汉书·匈奴传下》：“捕得虏～～验问，皆曰孝单于咸子角数为寇。”《宋史·光宗纪》：“禁邕州左右两江贩鬻～～。”❷用来帮助人干活的家畜。即牲口。《三国志·魏书·王昶传》注引《任嘏别传》：“又与人共买～～，各雇八匹。”

【生圹】 shēngkuàng 生前为自己造的墓穴。冯登府《金石综例》：“唐《高延福墓志》云：‘谋龟筮，相川原，经兆域，畚封墜，自为安神之所。’此叙延福自为～～之事，～～始此。”

【生类】 shēnglèi 有生命的物类。张衡《东京赋》:"方其用财取物,常畏～～之殄也。"《宋史·食货志上一》:"其或昆虫未蛰,草木犹蕃,辄纵燎原,则伤～～。"

【生理】 shēnglǐ ❶养生的道理。嵇康《养生论》:"是以君子知形恃神以立,神须形以存,悟～～之易失,知一过之害生。"❷人生的道理。杜甫《自京赴奉先县咏怀五百字》:"以兹悟～～,独耻事干谒。"❸生活,生计。杜甫《客居》诗:"我在路中央,～～不得论。"《水浒传》六十九回:"害民州官,已自杀戮,汝等良民,各安～～。"

【生利】 shēnglì 产生利益。《韩非子·六反》:"力作而食,～～之民也,而世少之曰'寡能之民'也。"(少:贬低。)

【生灵】 shēnglíng ❶生命。沈约《与徐勉书》:"而开年以来,病增虑切,当由～～有限,劳役过差,总此凋竭,归之暮年。"❷人民,百姓。《晋书·苻丕载记》:"神州萧条,～～涂炭。"李华《吊古战场文》:"秦起长城,竟海为关,荼毒～～,万里朱殷。"

【生虏】 shēnglǔ 俘虏。《战国策·韩策一》:"山东之卒,被甲冒胄以会战,秦人捐甲徒裎以趋敌,左挈人头,右挟～～。"

【生面】 shēngmiàn ❶新的面貌,新的境界。杜甫《丹青引赠曹将军霸》:"凌烟功臣少颜色,将军下笔开～～。"❷陌生。杨万里《读渊明诗》诗:"渊明非～～,稚岁识已早。"

【生民】 shēngmín ❶人,人民。《孟子·公孙丑上》:"自有～～以来,未有能济者也。"《新五代史·唐明宗纪论》:"在位七年,于五代之君最为长世,兵革粗息,年屡丰登,～～实赖以休息。"❷教养人民。《国语·晋语四》:"夫德义,～～之本也。"《荀子·王霸》:"～～则致宽,使民则綦理。"

【生年】 shēngnián ❶有生之年,寿命。《古诗十九首》之十五:"～～不满百,常怀千岁忧。"谢灵运《登江中孤屿》诗:"始信安期术,得尽养～～。"❷平生。《后汉书·吕布传》:"术～～以来,不闻天下有刘备,备乃举兵与术对战。"

【生狞】 shēngníng 凶猛。李觏《俞秀才山风亭小饮》诗:"雨意～～云彩黑,秋容细碎树枝红。"

【生怕】 shēngpà 只怕,唯恐。朱熹《答范伯崇书》:"伯恭讲论甚好,但每事要鹘囵图说作一块,又～～人说异端俗学之非。"李清照《凤凰台上忆吹箫》词:"～～闲愁暗恨,多少事,欲说还休。"

【生平】 shēngpíng ❶平生,平时,平素。《史记·魏其武安侯列传》:"～～毁程不识不直一钱,今日长者为寿,乃效女儿呫嗫耳语!"(为寿:祝酒。)❷一生。陈子昂《题居延古城赠乔十二知之》诗:"无为空自老,含叹负～～。"

【生魄】 shēngpò ❶古人称农历十六日为生魄。《尚书·康诰》:"惟三月哉～～,周公初基。"❷活人的魂魄。韩偓《惆怅》诗:"身情长在暗相随,～～随君君岂知。"

【生气】 shēngqì ❶使万物生长发育的自然气象。《吕氏春秋·季春》:"是月也,～～方盛,阳气发泄,萌者尽达。"《汉书·礼乐志》:"合～～之和,导五常之行。"❷活力,生命力。《世说新语·品藻》:"懔懔恒如有～～。"❸指斗志旺盛,意气风发。《国语·晋语四》:"未报楚惠而抗宋,我曲楚直,其众莫不～～,不可谓老。"❹发怒,不愉快。范仲淹《与中舍》:"今既病深,又忧家及顾儿女,转更～～,何由得安。"

【生全】 shēngquán 保全生命。《吕氏春秋·适音》:"胜理以治身则～～,以～～则寿长矣。"

【生人】 shēngrén ❶活人。班固《东都赋》:"于时之乱,～～几亡。"《论衡·卜筮》:"如使死人问～～,则必不能相答。"❷指人民。白居易《初加朝散大夫又转上柱国》诗:"柱国勋成私自问,有何功德及～～?"❸陌生的人。陆灼《艾子后语》:"艾子畜羊两头于囿,羊牡者好斗,每遇～～,则逐而触之。"

【生色】 shēngsè ❶脸部气色发生变化。《孟子·尽心上》:"其～～也,睟然见于面,盎于背,施于四体。"(睟然:表情很丰富的样子。盎:洋溢。)❷色彩鲜明,形象如生。李贺《秦宫》诗:"桐阴永巷调新马,内屋屏风～～画。"❸增添光彩。《儒林外史》四十八回:"他生这样的好女儿,为伦纪～～。"

【生生】 shēngshēng ❶指旧事物不断变化,新事物不断产生。《周易·系辞上》:"～～之谓易。"周敦颐《太极图说》:"二气交感,化生万物,万物～～而变化无穷焉。"❷依顺性命的自然,养生。《老子·五十章》:"人之～～,动皆之死地。"《庄子·大宗师》:"杀生者不死,～～者不生。"❸世世,佛教指轮回。庾信《陕州弘农郡五张寺经藏碑》:"盖闻如来说法,万万恒沙,菩萨转轮,～～世界。"❹活活地。《古今小说·沈小官一鸟害七命》:"你道只因这个画眉,～～的害了几条性命。"❺同"狌狌",即"猩猩"。《逸周书·王会》:"都郭～～,……若黄狗,人面,能言。"

【生事】 shēngshì ❶古代丧礼之一,人死后下葬前用生人之礼供奉死者。《礼记·檀弓下》:"卒哭而讳,~~毕而鬼事始已。"❷惹起麻烦,制造事端。《公羊传·桓公八年》:"遂者何? ~~也。"❸生计,生活中的事。王维《偶然作》诗:"~~不曾问,肯愧家中妇。"❹世事,人事。杜甫《秦州杂诗》:"满目悲~~,因人作远游。"

【生受】 shēngshòu ❶辛苦,受苦。马致远《四块玉》曲:"命里无来莫刚求,随时过遣休~~。"《元典章·兵部·使臣》:"使臣每到外头,非理骚扰,各处官司取受钱物,更有多吃祇应,没体例,交百姓~~底。"❷为难,麻烦。黄庭坚《宴桃源》词:"~~,~~,更被养娘催绣。"《水浒传》二十四回:"恁地时,却~~嫂嫂。"无名氏《冻苏秦》三折:"~~哥哥,替我报复去,道有苏秦在于门首。"

【生书】 shēngshū 没读过的书。杜荀鹤《秋日山中寄池州李常侍》诗:"出为羁孤营粝食,归同弟姊读~~。"

【生徒】 shēngtú 学生,门徒。《后汉书·寇恂传》:"恂素好学,乃修乡校,教~~。"

【生物】 shēngwù ❶产生万物。《庄子·天地》:"留动而~~,物成生理谓之形。"《管子·幼官》:"六会诸侯,令曰:以尔壤~~共玄官,请四辅,将以礼上帝。"❷自然界中有生命的物体。《礼记·乐记》:"土敝则草木不长,水烦则鱼鳖不大,气衰则~~不遂。"

【生息】 shēngxī ❶生长繁殖。韩愈《潮州刺史谢上表》:"大宇之下,~~理极。"❷生活,生存。李觏《惜鸡》诗:"行行求饮食,欲以助~~。"

【生小】 shēngxiǎo 幼小,童年。古诗《为焦仲卿妻作》:"昔作女儿时,~~出野里。"

【生心】 shēngxīn 产生异心。《左传·昭公二十五年》:"众怒不可蓄也。蓄而弗治将蕰,蕰畜民将~~。"

【生刑】 shēngxíng 非死刑之类的刑罚,多指笞杖等刑。《汉书·刑法志》:"死刑既重,而~~又轻,民易犯之。"《晋书·刑法志》:"令死刑重,故非命者众;~~轻,故罪不禁奸。"

【生涯】 shēngyá ❶生活。刘长卿《过湖南羊处士别业》诗:"杜门成白首,湖上寄~~。"崔融《嵩山启母庙碑》:"天道幽秘,~~纠错。"❷生计,谋生之道。马致远《汉宫秋》楔子:"正是:番家无产业,弓矢是~~。"

【生业】 shēngyè 产业,职业。《史记·封禅书》:"常馀金钱衣食,人皆以为不治~~而饶给。"曾巩《秘书丞知成都府双流县事周君墓志铭》:"君少孤力学,不问~~,事母以孝称。"

【生衣】 shēngyī 绢制的夏衣。白居易《秋热》诗:"犹道江州最凉冷,至今九月著~~。"(著:穿。)

【生意】 shēngyì ❶生机,生命力。《晋书·殷仲文传》:"府中有老槐树,顾之良久而叹曰:'此树婆娑,无复~~。'"❷拿主意,定计。《三国志·魏书·武帝纪》注引《献帝春秋》:"恨吾不自~~,竟为群儿所误耳!"❸经商,做买卖。《京本通俗小说·错斩崔宁》:"先前读书,后来看看不济,却去改业做~~。"

【生人妇】 shēngrénfù 有夫之妇。陆游《老学庵笔记》卷八:"汤岐公初秉政,偶刑寺奏牍有云~~~者。"

【生栋覆屋】 shēngdòngfùwū 用新伐的木材做栋梁,容易变形,致使房屋倒塌,比喻祸由自取,无须怨人。《管子·形势》:"~~~~,怨怒不及。弱子下瓦,慈母操棰。"

声(聲) shēng ❶声音,声响。《孟子·梁惠王上》:"君子之于禽兽也,见其生,不忍见其死;闻其~,不忍食其肉。"范成大《次韵许季韵通判水乡席上》:"休兵幕府乌鸢乐,稻熟边城鼓笛~。"❷乐音,音乐。《孟子·告子上》:"至于~,天下期于师旷。"(师旷:春秋时的著名乐师。)《史记·五帝本纪》:"诗言意,歌长言,~依永,律和~。"❸宣扬,宣布。《国语·周语上》:"为令闻嘉誉以~之。"《三国志·吴书·孙权传》:"夫讨恶剪暴,必~其罪。"❹话语,音讯。《汉书·赵广汉传》:"界上亭长,寄~谢我,何以不为致问?"❺名声,声誉。《后汉书·杜根传》:"位至巴郡太守,政甚有~。"孔稚珪《北山移文》:"希踪三辅豪,驰~九州牧。"❻声势。《战国策·齐策一》:"吾三战而三胜,~威天下。"❼声调。李清照《词论》:"《玉楼春》本押平~韵,又押上~,又押入~。"❽声母。《南史·谢庄传》:"又王玄谟问庄何者为双~,何者为叠韵。"❾量词。表示发声的次数。苏轼《有美堂暴雨》诗:"游人脚底一~雷,满座顽云拨不开。"

【声病】 shēngbìng ❶指做诗犯有不合声律的毛病。元稹《叙诗寄乐天书》:"年十五六,初识~~。"❷指违反按词赋取士所规定的声律标准。《新唐书·选举志上》:"因以谓按其~~,可以为有司之责。"

【声称】 shēngchēng 名声,名誉。《史记·司马相如列传》:"故休烈显乎无穷,~~浃乎于兹。"

【声华】 shēnghuá 美好的声誉。杜甫《桥陵诗三十韵因呈县内诸官》:“官属果称是,～～真可听。”张说《梁国公姚文贞公神道碑》:“弱冠补孝敬挽郎,又制举高第,历佐濮郑,并有～～。”

【声价】 shēngjià 声望和地位。《后汉书·北海靖王兴传》:“中兴初,禁网尚阔,而睦性谦恭好士,千里交结,自名儒宿德,莫不造门,由是～～益广。”李白《与韩荆州书》:“一登龙门,则～～十倍。”

【声教】 shēngjiào 声威与教化。《尚书·禹贡》:“～～讫于四海。”班固《东都赋》:“考～～之所被。”江淹《杂体诗·袁太尉从驾》:“文轸薄桂海,～～烛冰天。”

【声利】 shēnglì 名利。鲍照《咏史》:“五都矜财雄,三川养～～。”杜甫《送顾八分文学适洪吉州》诗:“文学与我游,萧疏外～～。”

【声律】 shēnglǜ ❶音乐,五声六律的总称。《汉书·礼乐志》:“汉兴,乐家有制氏,以雅乐～～世世在大乐官。”❷指诗赋的声韵格律。骆宾王《和闺情诗启》:“自兹以降,～～稍精。”

【声明】 shēngmíng ❶声音和光彩。《左传·桓公二年》:“文物以纪之,～～以发之。”❷声教文明。李宏皋《溪州铜柱记》:“天人降止,备物在庭,方振～～,又当昭泰。”❸古代印度的文法训诂之学。《大唐西域记·印度总述·教育》:“七岁之后,渐授五明大论:一曰～～,释诂训字,诠目疏别。”

【声诺】 shēngnuò 唱诺,古代作揖致敬时口中同时发出的应答声。胡寅《上皇帝万言书》:“故事,宰相坐待漏院,三衙管军于帘外倒杖～～而过。”《京本通俗小说·碾玉观音》:“当时虞候～～,来寻这个看郡王的人。”也作“声喏”。《辽史·仪卫志三》:“勘契官～～,跪受契。”

【声色】 shēngsè ❶音乐和女色。《淮南子·时则训》:“去～～,禁嗜欲。”《汉书·中山靖王刘胜传》:“王者当日听音乐,御～～。”李康《运命论》:“冒其货贿,淫其～～。”❷说话时的声音和脸色。《礼记·中庸》:“～～之于以化民,末也。”韩愈《司徒兼侍中中书令赠太尉许国公神道碑铭》:“其罪杀人,不发～～,问法何如,不自为轻重,故无敢犯者。”

【声诗】 shēngshī 乐歌。《礼记·乐记》:“乐师辨乎～～,故北面而弦。”皮日休《鲁望作以五百言见贻》诗:“被此文物盛,由乎～～宣。”

【声闻】 shēngwèn ❶名誉,名声。《韩非子·内储说上》:“魏惠王谓卜皮曰:‘子闻寡人之～～亦何如焉?’”也作“声问”。《吕氏春秋·赞能》:“～～不知,修行不闻。”❷音讯。《北史·刘炫传》:“炫与妻子,相去百里,～～断绝。”也作“声问”。《汉书·苏武传》:“前发匈奴时,胡妇适产一子通国,有～～来,愿因使者致金帛赎之。”

【声训】 shēngxùn ❶声威和教化。《梁书·武帝纪》:“今～～所渐,戎夏同风。”❷训诂学术语。取声音相同或相近的字来解释字义。汉代刘熙的《释名》是我国最早的一部以声训为主的专书。

狌 1. shēng ❶鼬鼠,俗称黄鼠狼。《庄子·秋水》:“骐骥骅骝,一日而驰千里,捕鼠不如狸～。”刘禹锡《天论》中:“彼狸、～、犬、鼠之目,庸谓晦为幽邪?”

2. xīng ❷同“猩”。见“狌狌”。

【狌狌】 xīngxīng 即猩猩。《论衡·龙虚》:“物性亦有自然,～～知往,乾鹊知来,鹦鹉能言。三怪比龙,性变化也。”

牲 shēng 供食用和祭祀用的家畜。《孟子·万章上》:“或曰百里奚自鬻于秦养～者。”《后汉书·隗嚣传》:“牵马操刀,奉盘错鍉,遂割～而盟。”

【牲币】 shēngbì 牲畜币帛,泛指祭祀用的祭品。《礼记·曾子问》:“凡告用～～,反亦如之。”陆游《成都府江渎庙碑》:“今尹敷文阁待制范公之始至也,躬执～～,祗肃祀事。”

【牲牢】 shēngláo 祭祀用的牲畜。李商隐《代李玄为京兆公祭萧侍郎文》:“～～粗洁,酒醴非多。”

【牲牷】 shēngquán 供祭祀用的毛色纯而肢体完整的牲畜。《左传·桓公六年》:“吾～～肥腯,粢盛丰备,何则不信?”

【牲玉】 shēngyù 祭祀用的牲畜和瑞玉。《左传·昭公十八年》:“郑国有灾,晋君大夫不敢宁居,卜筮走望不爱～～。”《国语·鲁语上》:“余不爱衣食于民,不爱～～于神。”

笙 shēng ❶一种簧管乐器。《诗经·小雅·鹿鸣》:“我有嘉宾,鼓瑟吹～。”鲍照《代白纻舞歌词》:“秦筝赵瑟挟～竽。”杜甫《成都府》诗:“喧然名都会,吹箫间～簧。”❷竹席。左思《吴都赋》:“桃～象簟。”❸细小。《敦煌变文集·伍子胥变文》:“一寸之草,岂合量天;一～毫毛,拟拒炉炭。”

【笙磬同音】 shēngqìngtóngyīn 像笙、磬之音和谐相合。比喻朋友之间情谊相投,关系融洽。《旧唐书·房玄龄杜如晦传赞》:“～～～～,惟房与杜。”

甥 shēng ❶外甥,姐姐或妹妹的子女。《诗经·小雅·颊弁》:“岂伊异人,兄弟～

舅。"《世说新语·赏誉》："不有此舅，焉有此～。"王世贞《送妻弟魏生还里》诗："阿姊扶床泣，诸～绕膝啼。"❷女儿之子。《诗经·齐风·猗嗟》："不出正兮，展我～兮。"（毛传："外孙曰甥。"）

【甥馆】 shēngguǎn ❶女婿的住所。黄庭坚《奉和王世弼寄上七兄先生》："念嗟叔母刘，穷年寄～～。"❷指女婿。陈亮《祭叶正则外母高恭人翁氏文》："恭人～～，第一辈人，亮忝交久，义同弟昆。"

渑 shéng 见 miǎn。

绳（繩） 1. shéng ❶绳索，绳子。《老子·八十章》："使人复结～而用之。"❷木匠用以取直的墨线。《荀子·劝学》："木直中～，𫐓以为轮，其曲中规。"《史记·礼书》："故～者，直之至也；衡者，平之至也。"㉑直，正。《淮南子·说林训》："出林者不得直道，行险者不得履～。"《后汉书·王涣传》："～正部郡，风威大行。"㉒准则，法令。《荀子·王霸》："若是，则百吏莫不畏法而遵～矣。"《论衡·状留》："遵礼蹈～，修身守节。"❸纠正。《尚书·冏命》："～愆纠谬。"《史记·张释之冯唐列传》："终日力战，斩首捕虏，上功莫府，一言不相应，文吏以法～之。"㉒约束，制裁。《盐铁论·大论》："～之以法，断之以刑，然后寇止奸禁。"《旧唐书·陆长源传》："欲以峻法～骄兵。"❹衡量。《史记·乐书》："然后立之学等，广其节奏，省其文采，以～德厚也。"《后汉书·冯衍传下》："以文帝之明而魏尚之忠，～之以法则为罪，施之以德则为功。"❺继承。《诗经·大雅·下武》："～其祖武。"❻称誉，赞美。《吕氏春秋·古乐》："周公旦乃作诗曰：'文王在上，於昭于天，周虽旧邦，其命维新。'以～文王之德。"

2. yìng ❼（草）结子。《周礼·秋官·薙氏》："秋～而芟之。"

3. mǐn ❽见"绳绳"。

【绳表】 shéngbiǎo 标准，准绳。《论衡·程材》："世俗共短儒生，儒生之徒亦自相少，何则？并好仕学宦，用吏为～～也。"

【绳尺】 shéngchǐ ❶木匠用的绳墨和尺子。谭峭《谭子化书·道化》："斲削不能加其功，～～不能规其象，何化之速也！"❷法度。《金史·元好问传》："为文有～～，备众体。"

【绳河】 shénghé 即银河。江淹《建平王庆安城王拜封表》："丽采～～，映萼璇圃。"

【绳检】 shéngjiǎn 约束。杜牧《念昔游》诗之一："十载飘然～～外，樽前自献自为酬。"《宋史·韩世忠传》："家贫无产业，嗜酒尚气，不可～～。"

【绳纠】 shéngjiū "绳愆纠谬"的省称。举发和纠正错误。《新唐书·韦凑传》："～～吏治，所至震畏。"

【绳墨】 shéngmò ❶木匠打直线的工具。《庄子·逍遥遊》："吾有大树，人谓之樗，其大本拥肿而不中～～。"《吕氏春秋·离俗》："故以～～取木，则宫室不成矣。"❷比喻规矩、法度。《楚辞·离骚》："背～～以追曲兮，竞周容以为度。"《后汉书·寇荣传》："尚书背～～，案空劾。"

【绳枢】 shéngshū 用绳子系门轴。形容贫穷，住很简陋的房子。枢，门上的转轴。贾谊《过秦论》："陈涉，瓮牖～～之子，甿隶之人。"刘孝标《广绝交论》："则有穷巷之宾，～～之士。"

【绳瓮】 shéngwèng "绳枢瓮牖"的简称，用绳子系门轴，用破瓮口作窗户。形容家贫。陆九渊《送毛元善序》："问其室庐，则不至～～之陋。"参见"瓮牖绳枢"。

【绳责】 shéngzé 纠正，责备。《论衡·自然》："时人愚蠢，不知相～～也。"《汉书·石奋传》："君不～～长吏，而请以兴徙四十万口，摇荡百姓。"

【绳逐】 shéngzhú 检举揭发别人的过失而斥逐之。《梁书·贺琛传》："但务吹毛求疵，擘肌分理，运挈瓶之智，徼分外之求，以深刻为能，以～～为务，迹虽似于奉公，事更成其威福。"

【绳祖】 shéngzǔ 语出自《诗经·大雅·下武》："绳其祖武。"后人称继承祖先为"绳祖"或"绳武"。袁桷《次鲁子翚御史五十韵》："曲学惭～～，孤闻赖得朋。"

【绳绳】 mǐnmǐn ❶谨慎戒惧的样子。《诗经·大雅·抑》："子孙～～，万民靡不承。"《管子·宙合》："故君子～～乎慎其所先。"《汉书·礼乐志》："帝临中坛，四方承宇，～～意变，备得其所。"❷众多的样子。左思《魏都赋》："殷殷寰内，～～八区。"❸长长的样子。卢照邻《释疾文》："夏日长兮～～，炎风暑雨兮相蒸。"

【绳趋尺步】 shéngqūchǐbù 形容循规蹈矩，举止合法度。《宋史·朱熹传》："方是时，士之～～～～，稍以儒名者，无所容其身。"

省 shěng 见 xǐng。

眚 shěng ❶眼睛上长了翳子。陆游《岁暮风雨》诗："眼～灯花晕，衣弊虱可扪。"范成大《晚步宣华旧苑》诗："归来更了程书债，目～昏花烛穗垂。"㉑日食，月蚀。《左传·庄公二十五年》："非日月之～

不鼓。”(日月之眚:《说文系传·目部》“谓日月有蚀若目有翳也。”)❷疾病,疾苦。《国语·楚语下》:“夫谁无疾～,能者早除之。”张衡《东京赋》:“勤恤民隐,而除其～。”❸灾异。《后汉书·杨震传》:“上天降威,灾～屡作。”权德舆《两汉辩亡论》:“永始、元延之间,天地之～屡见,言事者皆讥切王氏颛政,时成帝亦悔惧天变,而未有以决。”(颛:专。)❹过失,错误。《左传·僖公三十三年》:“且吾不以一～掩大德。”《后汉书·祭肜传论》:“而一～之故,以致感愤。”❺通“省”。减省。《周礼·地官·大司徒》:“七曰～礼。”

【眚沴】 shěnglì 灾害。《后汉书·郎𫖮传》:“如是,则景云降集,～～息矣。”

【眚灾】 shěngzāi 因过失造成灾害。《史记·五帝本纪》:“～～过,赦;怙终贼,刑。”

瘠 shěng 瘦。《新唐书·李百药传》:“[百药]侍父母丧还乡,徒跣数千里,服虽除,容貌癯～者累年。”

圣(聖) shèng ❶通达事理。《尚书·大禹谟》:“乃～乃神,乃武乃文。”《诗经·邶风·凯风》:“母氏～善,我无令人。”㊟聪明,才智超群。《老子·十九章》:“绝～弃智,民利百倍。”《韩非子·外储说右上》:“虽有～智,莫尽其术。”❷具有最高智慧和道德的人。《韩非子·五蠹》:“然则有美尧舜鲧禹汤武之道于当今之世者,必为新～笑矣。”《战国策·齐策三》:“千里而一士,是比肩而立;百世而一～,若随踵而至也。”❸旧称学问技能达到极高水平的人。《抱朴子·辨问》:“故善围棋之无比者,则谓之棋～。”《南史·王志传》:“齐游击将军徐希秀亦号能书,常谓志为书～。”杜甫《饮中八仙歌》:“自称臣是酒中仙,张旭三杯草～传。”叶燮《原诗》:“诗～推杜甫。”❹古人对当代皇帝的尊称。杜甫《秋兴》诗之五:“云移雉尾开宫扇,日绕龙鳞识～颜。”❺刁钻,精灵。《北齐书·斛律光传》:“人心亦大～,我前疑其欲反,果然。”杨万里《夜离零陵以避同僚追送之劳留二绝简诸友》诗:“夜浮一叶逃盟去,已被沙鸥～得知。”❻清酒的代称。李白《赠孟浩然》诗:“醉月频中～,迷花不事君。”李適之《罢相作》诗:“避贤初罢相,乐～且衔杯。”

【圣臣】 shèngchén 才智出众的臣子。刘向《说苑·臣术》:“君不用宾相而得社稷之～～,君之禄也。”

【圣聪】 shèngcōng 圣上听觉灵敏。指臣下对皇帝明察的称颂。《汉书·谷永传》:“臣前幸得条对灾异之效,祸乱所极,言关于～～。”

【圣代】 shèngdài 封建社会称当代为圣代。曹植《求通亲亲表》:“窃不愿于～～使有不蒙施之物。”陆云《晋故豫章内史夏府君诔》:“熙光～～,迈勋九区。”杜甫《大历三年春白帝城放船出瞿塘峡有诗凡四十韵》:“此生遭～～,谁分哭穷途。”

【圣旦】 shèngdàn 指皇帝的生日。杨万里《舟中追和张功父贺赴召之句》:“宾日扶桑遭～～,客星钓濑愧天文。”

【圣典】 shèngdiǎn 圣人的经典。《论衡·自纪》:“以～～而示小雅,以雅言而说丘野,不得所晓,无不逆者。”

【圣功】 shènggōng ❶至高无上的功业德行。《周易·蒙》:“蒙以养正,～～也。”❷对皇帝功德的称颂。韩愈《平淮西碑序》:“既还奏,群臣请纪～～,被之金石。”

【圣历】 shènglì ❶指帝王的更迭命运。《文心雕龙·时序》:“今～～方兴,文思光被。”❷指皇帝。江淹《诣建平王上书》:“方今～～钦明,天下乐业。”

【圣明】 shèngmíng ❶贤哲明达。《论衡·命义》:“以～～之德,而有囚厄之变,可谓遭矣。”《后汉书·和熹邓皇后纪》:“臣闻《易》载羲农而皇德著,《书》述唐尧而帝道崇,故虽～～,必书功于竹帛,流音于管弦。”❷旧时称颂皇帝、皇后的套语。《抱朴子·释滞》:“～～御世,唯贤是宝。”韩愈《左迁至蓝关示侄孙湘》诗:“欲为～～除弊事,肯将衰朽惜残年。”

【圣人】 shèngrén ❶出类拔萃的人。《周易·乾》:“～～作而万物睹。”《史记·礼书》:“～～者,道之极也。”❷旧时对帝王的尊称。王建《宫词》:“殿头传语金阶远,只进词来谢～～。”❸清酒的别称。《三国志·魏书·徐邈传》:“度辽将军鲜于辅进曰:‘平日醉客谓酒清者为～～,浊者为贤人,邈性修慎,偶醉言耳。’”

【圣上】 shèngshàng 皇帝的尊称。班固《东都赋》:“于是～～睹万方之欢娱,又沐浴于膏泽。”何晏《景福殿赋》:“然而～～犹孜孜靡忒,求天下之所以自悟。”潘岳《籍田赋》:“今～～昧旦丕显,夕惕若栗。”

【圣听】 shèngtīng 指臣下称颂皇帝明察。《三国志·蜀书·诸葛亮传》:“诚宜开张～～,以光先帝之德。”羊祜《让开府表》:“然臣等不能推其德,进有功,使～～知胜臣者多。”

【圣哲】 shèngzhé ❶超凡的道德才智。《楚辞·离骚》:“夫维～～以茂行兮,苟得用此下土。”陆机《豪士赋序》:“又况乎饕大名以冒道家之忌,运短才而易～～所难者哉。”❷才德出类拔萃的人。扬雄《解嘲》:“故世乱则～～驰骛而不足,世治则庸夫高枕而有馀。”杜甫《承闻河北诸道节度入朝欢喜口号绝句》之六:“英雄见事若通神,～～为心小一身。”

甸 shèng 见diàn。

胜[2](勝) 1. shèng ❶胜利。《战国策·东周策》:“公爵为挂圭,官为柱国,战而～,则无加焉矣;不～,则死。”❷制服,战胜。《孟子·告子上》:“仁之～不仁也,犹水之～火。”《韩非子·内储说上》:“救火而不死者,比～敌之赏。”❸超过,胜过。白居易《忆江南》词:“日出江花红～火,春来江水绿如蓝。”❹美好,优美。王勃《滕王阁序》:“～地不常,盛筵难再。”柳宗元《永州崔中丞万石亭记》:“见怪石特出,度其下必有殊～。”❺古代妇女的首饰。《汉书·司马相如传下》:“暠然白首戴～而穴处兮,亦幸有三足乌为之使。”李商隐《人日即事》诗:“镂金作～传荆俗,剪彩为人起晋风。”❻姓。

2. shēng ❼经得住,能承担。《管子·法法》:“凡赦者,小利而大害者也,故久而不～其祸。”《国语·周语下》:“其察清浊也,不过一人之所～。”❽尽。《吕氏春秋·当染》:“孔墨之后学显于天下者众矣,不可～数。”王安石《上皇帝万言书》:“天下之人材不～用矣。”

【胜残】 shèngcán 制服残暴之人,使不能作恶。柳宗元《伊尹五就桀赞》:“庶狂作圣,一日～～。”

【胜常】 shèngcháng 唐宋时妇女之间互致问好的客套用语。王建《宫词》:“新睡起来思旧梦,见人忘却道～～。”苏轼《与滕达道书》:“兼审比来尊体～～,以慰下情。”

【胜地】 shèngdì ❶有名的风景优美的地方。江总《修心赋》:“实豫章之旧圃,成黄金之～～。”杜甫《陪李金吾花下饮》诗:“～～初相引,徐行得自娱。”❷形势有利的地方。《六韬·犬韬·战车》:“凡车之死地有十,其～～有八。”

【胜概】 shènggài 优美的景色,美好的境界。李白《宴姑熟亭序》:“此亭跨姑熟之水,可称为姑熟亭焉,嘉名～～,自我作也。”白居易《修香山寺记》:“灵迹～～,靡不周览。”王禹偁《黄冈竹楼记》:“待其酒力醒,茶烟歇,送夕阳,迎素月,亦谪居之～～也。”

【胜国】 shèngguó ❶被灭亡的国家。《周礼·地官·媒氏》:“凡男女之阴讼,听之于～～之社。”❷前朝。袁枚《题史阁部遗像》诗:“～～衣冠古,孤臣鬓发星。”

【胜会】 shènghuì ❶即盛会。章碣《癸卯岁毗陵登高》诗:“流落常嗟～～稀,故人相遇菊花时。”❷极高的兴致。《晋书·谢尚传》:“始到府通谒,[王]导以其有～～,谓曰:‘闻君能作鸲鹆舞,一坐倾想,宁有此理不?’尚曰:‘佳。’便著衣帻而舞。”

【胜迹】 shèngjì 名胜古迹。孟浩然《与诸子登岘山》诗:“江山留～～,我辈复登临。”杜甫《秦州杂诗》之二:“秦州城北寺,～～隗嚣宫。”

【胜境】 shèngjìng 优美的景地。权德舆《许氏吴兴溪亭记》:“曷若此亭,与人寰不相远,而～～自至。”元结《右溪记》:“此溪若在山野,则宜逸民退士之所游处;在人间可为都邑之～～,静者之林亭。”

【胜流】 shèngliú 名流。《南史·曹景宗传》:“唯以韦叡年长,且州里～～,特相敬重。”《北史·白建传》:“男女婚嫁,皆得～～。”

【胜事】 shèngshì 美好的事情。杜甫《阆水歌》:“阆中～～可肠断,阆州城南天下稀。”又《春日梓州登楼》诗之二:“厌蜀交游冷,思吴～～繁。”

【胜算】 shèngsuàn 能够取得胜利的计划和安排。唐顺之《答曾石塘总制书》:“而雄略～～,又得窃闻一二。”

【胜友】 shèngyǒu 良友,好友。王勃《滕王阁序》:“十旬休假,～～如云;千里逢迎,高朋满座。”

【胜语】 shèngyǔ 精辟的语言。钟嵘《诗品·序》:“观古今～～,多非补假,皆由直寻。”

【胜状】 shèngzhuàng 美景,佳境。范仲淹《岳阳楼记》:“予观夫巴陵～～,在洞庭一湖。”

【胜冠】 shēngguàn 指能加冠的成年男子。古代男子二十岁举行冠礼,表示已经成人。《史记·万石张叔列传》:“子孙～～者在侧,虽燕居必冠,申申如也。”

【胜衣】 shēngyī 能穿着成人的衣服。指小孩逐渐长大。《后汉书·光武帝纪下》:“今皇子赖天,能～～趋拜,陛下恭谦克让,抑而未议,群臣百姓,莫不失望。”钟嵘《诗品》卷上:“才能～～,甫就小学。”(甫:始。)

晟 shèng(又读chéng) ❶光明。郝经《原古上元学士》诗:“昂头冠三山,俯瞰旭日～。”❷兴盛,兴旺。《西垂石刻录·周李君修佛龛碑》:“自秦创兴,于周转～。”

乘 shèng 见chéng。

盛 1. shèng ❶众,多。《史记·廉颇蔺相如列传》:"赵亦～设兵以待秦,秦不敢动。"《后汉书·张步传》:"步拓地寖广,兵甲日～。"❷兴旺,旺盛。《庄子·山木》:"见大木枝叶～茂。"《韩非子·解老》:"有生死,有～衰。"❸盛大。《汉书·高帝纪下》:"存亡定危,救败继绝,以安万民,功～德厚。"王勃《滕王阁序》:"胜地不常,～筵难再。"❹极点,顶点。《庄子·德充符》:"平者,水停之～也。"❺赞美。《史记·屈原贾生列传》:"内直质重兮,大人所～。"张衡《东京赋》:"～夏后之致美,爰敬恭于神明。"❻抚育。《尚书大传·金縢》:"周公～养成王。"❼姓。

2. chéng ❽放在器皿中用于祭祀的谷物。《左传·桓公六年》:"奉～以告。"《国语·楚语下》:"诸侯宗庙之事,必自射牛、刲羊、击豕,夫人必自舂其～。"❾把东西放到器皿中。《诗经·召南·采蘋》:"于以～之,维筐及筥。"《韩非子·外储说右上》:"夫瓦器,至贱也,不漏,可以～酒。"⑩容物之器。《礼记·丧大记》:"食粥于～。"

【盛编】 shèngbiān 称誉别人的著作。曾巩《答孙都官书》:"～～尚且借观,而先以此谢。"

【盛德】 shèngdé ❶指天地间旺盛之气。《礼记·月令》:"某日立春,～～在木。"(孔颖达疏:"四时各有盛时,春则为生,天之生育盛德在于木位,故云盛德在木。")❷指盛美之事。《左传·僖公七年》:"夫诸侯之会,其德刑礼义无国不记,记奸之位,君盟替矣。作而不记,非～～也。"❸高尚的品德,也指有德之人。《周易·系辞上》:"日新之谓～～。"《世说新语·企羡》:"下官希见～～,渊源始至,犹贪与少日周旋。"

【盛典】 shèngdiǎn ❶盛大的仪式。《隋书·音乐志上》:"～～弗愆,群望咸秩。"❷隆盛的恩泽。田艺蘅《留青日札摘抄·宅》:"许令子孙永远居住,如此不惟厉仕者廉谨之心,亦祖父舍宅门荫子孙之～～也。"

【盛服】 shèngfú ❶衣冠整齐端正。《左传·宣公二年》:"～～将朝,尚早,坐而假寐。"《荀子·子道》:"子路～～见孔子。"❷华美的服饰。薛道衡《和许给事善心戏场转韵》:"假面饰金银,～～摇碧玉。"

【盛介】 shèngjiè 对来使的尊称。李光《与胡邦衡书》:"～～至,辱真翰,三复感叹,不容于怀。"

【盛流】 shèngliú 名流。《宋书·向靖传》:"[子柳]字玄季,有学义才能,立身方雅,无所推先,诸～～并容之。"

【盛门】 shèngmén 豪门。《晋书·夏侯湛传》:"湛族为～～,性颇豪侈。"

【盛名】 shèngmíng 很大的名气。《世说新语·品藻》:"诸葛瑾弟亮,及从弟诞,并有～～,各在一国。"杜甫《丹青引赠曹将军霸》:"但看古来～～下,终日坎壈缠其身。"

【盛明】 shèngmíng 昌盛而修明。《后汉书·曹世叔妻传》:"妾昭得以愚朽,身当～～,敢不披露肝胆,以效万一。"杜甫《奉同郭给事汤东灵湫作》诗:"百祥奔～～,古先莫能俦。"

【盛年】 shèngnián 壮年。《汉书·张敞传》:"今天子以～～初即位,天下莫不拭目倾耳,观化听风。"吴质《答魏太子笺》:"游宴之欢,难可再遇;～～一过,实不可追。"

【盛怒】 shèngnù ❶大怒。《国语·鲁语上》:"寡君不佞,不能事疆埸之司,使君～～,以暴露于弊邑之野,敢犒舆师。"❷指风。语出自宋玉《风赋》。杜甫《北风》诗:"今晨非～～,便道即长驱。"

【盛气】 shèngqì ❶旺盛之气。《礼记·玉藻》:"～～颠实扬休。"❷怒气,骄气。《战国策·赵策四》:"左师触詟愿见太后,太后～～而揖之。"楼钥《敷文阁学士奉大夫致仕赠特进汪公行状》:"时户部侍郎李公椿年建议行经界,选公为龙游县覆实官,约束严峻,已量之田隐藏亩步,不以多寡率至黥配,～～临人,无敢忤者。"

【盛事】 shèngshì 大事,美事。曹丕《典论·论文》:"文章经国之大业,不朽之～～。"杜甫《陈拾遗故宅》诗:"～～会一时,此堂岂千年。"

【盛饰】 shèngshì 衣冠整齐。《汉书·邹阳传》:"臣闻～～入朝者,不以私污义,底厉名号者,不以利伤行。"(底厉:砥砺。)

【盛王】 shèngwáng 大德之王。《礼记·祭义》:"虞夏殷周,天下之～～也,未有遗年者。"

【盛位】 shèngwèi 重要的官职。《汉书·楚元王传》:"今将军当～～,帝富春秋。"

【盛颜】 shèngyán 少壮时的容颜。鲍照《代贫贱苦愁行》:"～～当少歇,鬓发先生白。"

【盛馔】 shèngzhuàn 丰盛的饭食。《论语·乡党》:"有～～,必变色而作。"

【盛族】 shèngzú 名门望族。《宋书·刘穆之传》:"时晋纲宽弛,威禁不行,～～豪右,负势陵纵。"

【盛食厉兵】 shèngshílìbīng 吃饱饭,磨好兵器,指作好战斗准备。《商君书·兵守》:"壮男之军,使～～～～,陈而待敌。"(陈:列阵。)

剩 shèng ❶多馀，剩馀。杜佑《通典·选举五》："官员有数，入流无限，以有数供无限，人随岁积，岂得不～？"韩愈《唐故江西观察使韦公墓志铭》："公好施与，家无～财。"❷多。柳宗元《种木槲花》诗："只因长作龙城守，～种庭前木槲花。"方岳《最高楼》词："且容侬，多种竹，～种梅。"关汉卿《单刀会》一折："你则索多披上几副甲，～穿上几层袍。"❸很，更。欧阳修《蝶恋花》词："老去风情应不到，凭君～把芳尊倒。"辛弃疾《西江月·春晚》词："～欲读书已懒，只因多病长闲。"❹阉割。贾思勰《齐民要术·养羊》："拟供厨者，宜～之。"

賸（賸） shèng ❶增，增加。陈岘《依缘亭》诗："净扫莓苔分径岸，～添桃李结亭台。"❷剩馀，馀下。《新唐书·杜甫传赞》："它人不足，甫乃厌馀，残膏～馥，沾丐后人多矣。"❸多。韩偓《咏浴》："岂知侍女帘帷外，～取君王几饼金。"❹送。张缵《谢东宫赉园启》："每～春迎夏，华卉竞发。"❺很，更。李商隐《景阳井》诗："景阳宫井～堪悲，不尽龙鸾誓死期。"戴复古《秋日病馀》诗："秋来～有山行兴，病后全无涉世心。"

【賸语】 shèngyǔ 多馀的话。邵博《邵氏闻见后录》卷十六："李邦直追作神道碑，至三百馀言，其文无一～～。"

shi

尸[1] shī ❶古代祭祀时代表死者受祭的人。《仪礼·士虞礼》："祝延～。"（延：迎接。）《国语·鲁语下》："祭养～，飨养上宾。"⊗神主，神像。《盐铁论·复古》："武王继之，载～以行，破商擒纣，遂成王业。"揭傒斯《敕赐汉昭烈帝庙碑》："凡有功烈于民者，宜不限以地，使天下皆得～而祝之。"❷主持，执掌。《左传·襄公二十七年》："且诸侯盟，小国固必有～盟者。"王安石《老子》："盖生者～之于自然，非人力之所得预矣。"龙启瑞《鲁隐公论》："吾～其事矣，不急居其名可也。"❸尸体。《庄子·则阳》："伏～数万。"《礼记·曲礼下》："在床曰～，在棺曰柩。"❹陈列尸体。《国语·晋语八》："其身～于朝，其宗灭于绛。"❺占据位置，不作事情。《庄子·逍遥遊》："夫子立而天下治，而我犹～之，吾自视缺然。"白居易《纳粟》诗："连授四命官，坐～十年禄。"❻古代阵法。《左传·庄公四年》："楚武王荆～，授师孑焉。"❼姓。

【尸臣】 shīchén ❶主事的大臣。《汉书·郊祀志下》："今鼎出于郊东，中有刻书曰：王命～～，官此栒邑，赐尔旂鸾黼黻琱戈。"❷指徒居其位而无所作为的臣子。荀悦《申鉴·杂言上》："导臣诛，阿臣刑，～～绌。"

【尸宠】 shīchǒng 白受俸禄而不尽职。荀悦《申鉴·杂言》："人臣有三罪：一曰导非，二曰阿失，三曰～～。以非引上谓之导，从上之非谓之阿，见非不言谓之尸。"

【尸官】 shīguān 像尸一样的官。指徒居官位而不尽职。《汉书·孝成许皇后传》："涔移不修，旷职～～。"

【尸解】 shījiě 道教认为修道者死后魂魄离开形骸散去成仙，叫做尸解。《论衡·道虚》："所谓～～者，何等也？谓身死精神去乎？谓身不死得免去皮肤也……如谓不死免去皮肤乎，诸学道死者骨肉俱在，与恒死之尸无以异也。"施肩吾《谢自然升仙》诗："分明得道谢自然，古来漫说～～仙。"《花月痕》四十八回："成仙的～～，成佛的坐化，总是一死。"

【尸居】 shījū ❶像死尸一样安居。比喻安居而无为。《庄子·天运》："然则人固有～～而龙见，雷声而渊默，发动如天地者乎？"《抱朴子·博喻》："至人～～，心遗乎毁誉。"❷指徒居其位而不尽职。欧阳修《送韩子华》诗："谏垣～～职业废，朝事汲汲劳精神。"❸形容人暮气沉沉无所作为或即将死去。《晋书·宣帝纪》："司马公～～馀气，形神已离，不足虑。"《太平广记》卷十九引《神仙拾遗》："五神奔散，～～旦夕耳。"

【尸利】 shīlì 像尸一样只享受祭祀。比喻白受利禄不尽职守。《孔丛子·论势》："言不当于主而居人之官，食人之禄，是～～也。～～素飧，吾罪深矣。"

【尸禄】 shīlù 比喻空食俸禄而不尽职。《汉书·鲍宣传》："以苟容曲从为贤，以拱默～～为智。"《三国志·魏书·陈思王植传》："虚授谓之谬举，虚受谓之～～，《诗》之'素餐'所由作也。"

【尸素】 shīsù "尸位素餐"的简称，比喻居位食禄而不尽职。常用作自谦。潘岳《关中诗》："愧无献纳，～～以甚。"白居易《让绢状》："臣食国家厚禄，居陛下清官，每月俸钱，尚惭～～，无名之货，岂合苟求。"岳飞《奏辞开府劄子》："每怀～～之忧，未效毫分之报。"

【尸位】 shīwèi 只居其位不尽其职。《论衡·量知》："无道艺之业，不晓政治，默坐朝庭，不能言事，与尸无异，故曰～～。"龙启瑞《何雨人家传》："今君死，而～～者存焉，顾无人以越职议君。"

【尸祝】 shīzhù ❶古代祭祀时对尸主持祝

告的人。《庄子·逍遥遊》："庖人虽不治庖，～～不越樽俎而代之矣。"（成玄英疏："尸者，太庙之神主也；祝者，则今太常太祝是也。执祭版对尸而祝之，故谓之尸祝也。"）❷立尸而祝祷，表示崇敬。归有光《吴山图记》："异时吾民将择胜于岩峦之间，～～于浮屠老子之宫也，固宜。"《聊斋志异·褚遂良》："祈告姓氏，以便～～。"❸崇拜。钱谦益《赵叙州六十序》："［赵君］中蜚语，挂冠以归，蜀人迄今～～之。"

尸2（屍） shī 人或动物死后的躯体。《国语·齐语》："杀而以其～授之。"张衡《西京赋》："睚眦虿芥，～僵路偶。"

【尸谏】 shījiàn ❶用陈尸的方式来规劝君主，使之改正错误和过失。《韩诗外传》卷七："卫大夫史鱼病且死，谓其子曰：'我数言蘧伯玉之贤而不能进，弥子瑕不肖而不能退。为人臣生不能进贤而退不肖，死不当治丧正堂，殡我于室足矣。'卫君问其故，子以父言闻，君造然召蘧伯玉而贵之，而退弥子瑕，徙殡于正堂，成礼而后去。生以身谏，死以～～，可谓直矣。"❷泛指以死谏君。《后汉书·虞诩传》："臣将从史鱼死，即以～～耳。"文天祥《瑞州三贤堂记》："杨公当权奸用事，屡召不起，报国丹心，竟以忧死，凛然古人～～之风。"

失 1. shī ❶失掉，丧失。《庄子·大宗师》："故圣人之用兵也，亡国而不～人心。"《后汉书·西羌传》："故得不酬～，功不半劳。"㉠迷失，找不着。王安石《舒州七月十七日雨》诗："淅沥未生罗豆水，苍忙空～皖公山。"马中锡《中山狼传》："夙行～道，望尘惊悸。"㉡不见，消失。庾信《彭城公夫人朱氏墓志铭》："烟霾杳嶂，雾～遥村。"苏轼《次韵孔毅父久旱甚雨》之一："饥人忽梦饭甑溢，梦中一饱百忧～。"❷背离，放弃。《孟子·尽心上》："故士穷不～义，达不离道。"《汉书·高帝纪上》："足下前则～咸阳之约，后有强宛之患。"❸耽误，错过。《孟子·梁惠王上》："鸡豚狗彘之畜，无～其时，七十者可以食肉矣。"《战国策·秦策四》："臣闻敌不可易，时不可～。"❹过失，错误。《墨子·非攻中》："古者王公大人为政于国家者，情欲誉之审，赏罚之当，刑政之不过～。"《吕氏春秋·决胜》："凡兵之胜，敌之～也。"❺控制不住，不自禁。见"失喜"、"失笑"。

2. yì ❻通"逸"。奔逃。《吕氏春秋·爱士》："昔者，秦缪公乘马而车为败，右服～而野人取之。"（服：古代一车四马，中间两匹叫服。）❼通"佚"。放纵。《管子·五辅》："贫富无度则～。"《国语·周语下》："虞于湛乐，淫～其身。"

【失策】 shīcè 谋划不当，策略上有错误。《盐铁论·刺议》："故谋及下者无～～，举及众者无顿功。"《后汉书·胡广传》："国有大政，必议之于前训，谘之于故老，是以虑无～～，举无过事。"

【失出】 shīchū 指重罪轻判或应判刑而不判。《旧唐书·徐有功传》："［武］则天览奏，召有功诘之曰：'卿比断狱，～～何多？'"《宋史·徽宗纪一》："罢理官～～之罚。"

【失辞】 shīcí 言辞失当。《史记·秦始皇本纪》："受命应对，吾未尝敢～～也。"《抱朴子·疾谬》："激雷不能追既往之～～，班输不能磨斯言之既玷。"

【失措】 shīcuò 因惊慌而举动失常，不知所措。《北齐书·元晖业传》："孝友临刑，惊惶～～，晖业神色自若。"《宋史·夏国传》："闻夏人至，茫然～～，欲作书召燕达，战怖不能下笔。"

【失当】 shīdàng 不恰当，不适宜。《宋史·太祖纪三》："翰林学士、知贡举李昉，坐试人～～，责授太常少卿。"

【失道】 shīdào ❶迷失道路。《韩非子·说林上》："管仲、隰朋从于桓公而伐孤竹，春往冬反，迷惑～～。"❷违背道义。《穀梁传·文公十六年》："丧不贰事，贰事缓丧也。以文为多～～也。"《孟子·公孙丑下》："得道者多助，～～者寡助。"

【失德】 shīdé 丧失德行。指罪过。《穀梁传·昭公十三年》："变之不葬有三：～～不葬，弑君不葬，灭国不葬。"《宣和遗事》前集："南朝天子～～，我兴兵来此吊伐。"

【失度】 shīdù ❶丧失常度，失去分寸。《资治通鉴·周赧王三十一年》："遂进军深入，齐人果大乱～～，湣王出走。"文莹《玉壶清话》卷八："古之诫者，但恐湎淫～～尔。"《警世通言·崔衙内白鹞招妖》："语言～～，错呼圣上为郎君。"❷失去法度。《颜氏家训·治家》："治家～～，而过严刻。"

【失候】 shīhòu ❶错过时机。贾思勰《齐民要术·造神曲并酒》："但候曲香沫起，便下酿。过久曲生衣，则为～～；～～则酒重钝，不复轻香。"❷失于问候。梁辰鱼《浣纱记·谈义》："只因多事，～～起居。"

【失魂】 shīhún 形容极度惊慌。《盐铁论·诛秦》："北略至龙城，大围匈奴，单于～～，仅以身免。"《官场现形记》五十三回："终不免～～落魄，张皇无措。"

【失机】 shījī ❶错过时机，失误事机。陆机《文赋》："如～～而后会，恒操末以续颠。"侯白《启颜录·卢思道》:"隋令思道聘陈,陈主敕在路诸处不得共语,致令～～。"❷贻误军机。《警世通言·钝秀才一朝交泰》:"谁知正值北虏也先为寇,大掠人畜,陆总兵～～,扭解来京问罪。"洪昇《长生殿·骂贼》:"唉,安禄山! 你本是～～边将,罪应斩首。"

【失计】 shījì 计谋错误。《大戴礼记·保傅》:"故成王中立而听朝,则四圣维之,是以虑无～～。"《史记·越王句践世家》:"今王知晋之～～,而不自知越之过。"

【失节】 shījié ❶丧失节操。《南齐书·褚贲传》:"世以为贲恨渊～～于宋室,故不复仕。"《宋史·杨震仲传》:"从之则～～,何面目在世间?"❷封建社会称女子失身或改嫁为失去贞节。程颐《伊川先生语》八:"然饿死事小,～～事大。"《京本通俗小说·冯玉梅团圆》:"宁为短命全贞鬼,不作偷生～～人。"❸违反礼节。《史记·秦始皇本纪》:"廊庙之位,吾未尝敢～～也。"❹失去调节,违反节令。《吕氏春秋·知分》:"晏子援绥而乘,其仆将驰,晏子抚其仆之手曰:'安之,毋～～,疾不必生,徐不必死。'"《魏书·天象志一》:"皆雨旸～～,万物不成候也。"❺不合节奏。叶盛《水东日记·王忠毅打得胜鼓》:"王忠毅公为京尹时,公退即坐后堂,召鼓手打得胜鼓以为乐,鼓～～者有罚。"

【失鹿】 shīlù 失去天下。鹿,比喻帝位。高启《感旧酬宋君咨见寄》诗:"中原未～～,东海方横鲸。"石为崧《秋日坐秦淮水榭闻故老谈金陵遗事》诗:"荆榛曾记从龙日,鼙鼓还传～～年。"

【失路】 shīlù ❶迷路。《楚辞·九章·惜诵》:"欲横奔而～～兮,坚志而不忍。"方干《初归镜中寄陈端公》诗:"云岛采茶常～～,雪龛中酒不关扉。"❷比喻不得志。王勃《滕王阁序》:"关山难越,谁悲～～之人;萍水相逢,尽是他乡之客。"钱起《送邬三落第还乡》诗:"十年～～谁知己,千里思亲独远归。"

【失律】 shīlǜ ❶行军无纪律。《周易·师》:"师出以律,～～,凶也。"❷军队出战失利。《南史·张永传》:"以北行～～,固求自贬。"文莹《玉壶清话》卷六:"王师～～于西河好水川,亡没数巨将刘平、葛怀敏、任福等。"昭梿《啸亭杂录·台湾之役》:"有旨以～～诛郝壮猷。"

【失粘】 shīnián 也作"失黏"。声律用语。广义的失粘指平仄失调。狭义的失粘指后联出句的第二字与前联对句第二字的平仄不一致,违反了"粘"的规则。陈鹄《耆旧续闻》卷四:"四声分韵,始于沈约。至唐以来,乃以声律取士,则今之律赋是也。凡表、启之类,近代声律尤严,或乖平仄,则谓之～～。"徐师曾《文体明辨序说·拗体》:"按律诗平顺稳帖者,每句皆以第二字为主,如首句第二字用平声,则二句、三句当用仄声,四句、五句当用平声,六句、七句当用仄声,八句当用平声;用仄反是。若一～～,皆为拗体。"

【失期】 shīqī 超过规定的期限。《战国策·楚策四》:"李园求事春申君为舍人。已而谒归,故～～。"《史记·陈涉世家》:"公等遇雨,皆已～～,～～当斩。"《汉书·公孙敖传》:"后二岁,以将军出北地,后票骑,～～当斩,赎为庶人。"

【失气】 shīqì ❶停止呼吸。《荀子·解蔽》:"比至其家,～～而死,岂不哀哉?"❷灰心丧气。《淮南子·兵略训》:"胜在德威,败在～～。"《晋书·周浚传》:"前破张悌,吴人～～。"叶適《寄王正言书》:"奄人侍宦,股栗～～。"❸中医指过多损耗精气或气体从肛门漏泄。《灵枢经·终始》:"津液不化,脱其五味,是谓～～也。"《素问·欬论》:"小肠欬状,欬而～～,气与欬俱失。"

【失人】 shīrén ❶失去民心。《国语·晋语七》:"劳师于戎而失诸华,虽有功,犹得兽而～～也,安用之?"《管子·霸言》:"夫争天下者,必先争人。明大数者得人,审小计者～～。"❷错过人才,错用人才。《论语·卫灵公》:"可与言而不与言,～～。"刘基《杂解》:"有天下未尝无人也,有人未尝无用也,用得其当谓之得人,用失其当谓之～～。"

【失饪】 shīrèn 烹调失当,过生或过熟。《论语·乡党》:"～～不食,不时不食。"《聊斋志异·马介甫》:"脱粟～～,殊不甘旨。"

【失入】 shīrù 罪轻重判或不应判刑而判刑。《新唐书·刑法志》:"律,～～减三等,失出减五等。今～～无辜,而失出为大罪,故吏皆深文。"《资治通鉴·后周太祖广顺二年》:"大理卿萧俨恶延巳为人,数上疏攻之,会俨坐～～人死罪,钟谟、李德明辈必欲杀之。"

【失身】 shīshēn ❶丧失生命。《周易·系辞上》:"君不密则失臣,臣不密则～～。"❷失去操守,沦落。《三国演义》二十八回:"[周]仓乃一粗莽之夫,～～为盗,今遇将军,如重见天日。"❸特指妇女失去贞操。《史记·司马相如列传》:"今文君已～～于司马长卿。"❹身体失去控制。李肇《唐国史补》卷上:"跃出槛外,～～而坠。"

【失时】 shīshí ❶错过时机。《论语·阳货》："好从事而亟～～，可谓知乎？"《荀子·王制》："春耕、夏耘、秋收、冬藏，四者不～～，故五谷不绝。"❷不按时，无定时。《左传·庄公二十年》："哀乐～～，殃咎必至。"《墨子·非攻下》："天不序其德，祀用～～。"

【失手】　shīshǒu　❶因手不慎而造成不良后果。《后汉书·蓟子训传》："尝抱邻家婴儿，故～～堕地而死。"杜牧《破镜》诗："佳人～～镜初分，何日团圆再会君。"❷指考试落第。陈师道《送孝忠落解南归》诗："妙年～～未须恨，白璧深藏可自妍。"

【失守】　shīshǒu　❶丧失所守之志。《管子·七臣七主》："故人主～～则危，臣吏～～则乱。"❷所守之地被敌人攻陷。《三国演义》三十九回："今江夏～～，黄祖遇害，故请贤弟共议报复之策。"

【失所】　shīsuǒ　❶失当。《左传·哀公十六年》："礼失则昏，名失则愆；失志为昏，～～为愆。"❷失去存身之地。曾巩《存恤外国人请著为令劄子》："中国礼义所出，宜厚加抚存，令不～～。"

【失体】　shītǐ　❶不合礼节，有失体统。《淮南子·氾论训》："恭王惧而～～。"❷不合标准。《北史·刘库仁传》："性好文字，吏书～～，便加鞭挞。"

【失图】　shītú　❶没有主意。《宋书·南郡王义宣传》："是用悼心～～，忽忘寝食。"《世说新语·言语》注引《向秀别传》："后康被诛，秀遂～～，乃应岁举到京师。"❷保不住。《古今小说·陈御史巧勘金钗钿》："一时间失脱了，抓寻不见，这一场烦恼非小，连性命都～～了，也不可知。"

【失伍】　shīwǔ　落伍，掉队。《孟子·公孙丑下》："子之持戟之士，一日而三～～，则去之否乎？"

【失喜】　shīxǐ　大喜不能自制。宋之问《牛女》诗："～～先临镜，含羞未解罗。"

【失笑】　shīxiào　忍不住发笑。《三国志·吴书·步骘传》注引《吴录》："后有吕範、诸葛恪为说骘所言云：每读步骘表，辄～～。"苏轼《文与可画筼筜谷偃竹记》："发函得诗，～～，喷饭满案。"

【失心】　shīxīn　神经错乱，有心病。《国语·晋语二》："君子～～，鲜不夭昏。"

【失序】　shīxù　次序错乱，违反常规。《荀子·成相》："舜授禹以天下，尚得推贤不～～。"《汉书·元帝纪》："间者阴阳不调，五行～～，百姓饥馑。"也作"失叙"。《三国志·吴书·吴主传》："天降丧乱，皇纲～～。"

【失言】　shīyán　❶指不该对某些人说某些话。《论语·卫灵公》："不可与言而与之言，～～。"❷说错了话。《国语·晋语二》："申生甚好信而强，又～～于众矣，众将责焉。"《红楼梦》六十二回："黛玉自悔～～。"

【失业】　shīyè　❶失去谋生之业。《汉书·谷永传》："百姓～～流散，群辈守关。"《后汉书·仲长统传》："徭役并起，农桑～～。"❷失去官职。《三国志·吴书·蒋钦传》："[蒋]壹无子，弟休领兵，后有罪～～。"

【失意】　shīyì　❶不如意，不得志。《汉书·盖宽饶传》："宽饶自以行清能高，有益于国，而为凡庸所越，愈～～不快。"《三国志·魏书·吕布传》："然[董]卓性刚而褊，忿不思难，尝小～～，拔手戟掷布。"❷意见不相合。鲍照《代结客少年场行》："～～杯酒间，白刃起相仇。"杜甫《两当县吴十侍御江上宅》诗："上官权许与，～～见迁斥。"

【失政】　shīzhèng　政治混乱，无度。《国语·晋语一》："～～而害国，不可忍也。"《汉书·五行志下之下》："天星既然，又四国～～相似，及为王室乱皆同。"

【失职】　shīzhí　❶不尽职守，怠惰。《左传·昭公二十五年》："臣之～～，常刑不赦。"❷失所，失去常业。《史记·燕召公世家》："召公巡行乡邑，有棠树，决狱政事其下，自侯伯至庶人，各得其所，无～～者。"《汉书·韩信传》："王～～之蜀，民亡不恨者。"（之：往；亡：无。）

【失志】　shīzhì　轻率，欠思虑。《左传·成公十六年》："其行速，过险而不整，速则～～，不整丧列。"

【失中】　shīzhōng　不得当，不合标准。《荀子·儒效》："事行～～，谓之奸事；知说～～，谓之奸道。奸事奸道，治世之所弃，而乱世之所以服也。"《宋史·查道传》："[查]陶持法深刻，用刑多～～，前后坐罚金百馀斤，皆以失入，无误出者。"

【失坠】　shīzhuì　出现过失或差错。《后汉书·梁统传》："宣帝聪明正直，总御海内，臣下奉宪，无所～～。"杜甫《题衡山县文宣王庙新学堂呈陵宰》诗："高歌激宇宙，凡百慎～～。"

【失足】　shīzú　❶举止不庄重。《礼记·表记》："君子不～～于人。"王安石《礼乐论》："不～～者，行止精也。"❷失败，堕落。《聊斋志异·聂小倩》："略一～～，廉耻道丧。"

师（師）

shī　❶古代军队编制单位之一，以二千五百人为师。《周礼·地官·小司徒》："五人为伍，五伍为两，四两为卒，五卒为旅，五旅为～。"㉛泛指军队。《国语·周语上》："战于千亩，王～败绩于姜氏之戎。”❷众人。《诗经·大雅·韩奕》:“溥彼韩城,燕～所完。”《汉书·元帝纪》:“震惊朕～。”❸老师。《孟子·滕文公上》:“子之兄弟,事之数十年,～死而遂倍之。”(倍:背。)《国语·晋语一》:“父生之,～教之,君食之。”㊀以……为师。《吕氏春秋·尊师》:“汤～小臣,文王、武王～吕望、周公旦。”㊁榜样。《战国策·赵策一》:“前事之不忘,后事之～。”王夫之《读通鉴论》卷六:“述往以为来者～也。”㊂效法,学习。《史记·秦始皇本纪》:“今诸生不～今而学古。”❹有专门技艺的人。《汉书·礼乐志》:“典者自卿大夫～瞽以下,皆选有道德之人,朝夕习业,以教国子。”苏轼《石钟山记》:“而渔工水～,虽知而不能言,此世所以不传也。”❺官,长。《尚书·益稷》:“州十有二～。”《管子·权修》:“乡置～以说道之。”❻六十四卦之一,卦形为坎下坤上。《周易·师》:“地中有水,～。”❼通“狮”。《后汉书·顺帝纪》:“疏勒国献～子,封牛。”❽姓。

【师保】 shībǎo ❶官名,负责辅佐帝王和教导贵族子弟,有师和保,统称师保。《尚书·太甲中》:“既往背～～之训,弗克于厥初。”❷辅佐。《左传·襄公三十年》:“有叔向、女齐以～～其君。”《吕氏春秋·自知》:“故天子立辅弼,设～～,所以举过也。”❸教养,教导。《尚书·君陈》:“昔周公～～万民,民怀其德。”

【师表】 shībiǎo 学习的榜样,表率。《史记·太史公自序》:“国有贤相良将,民之～～也。”《三国志·魏书·荀攸传》:“太祖谓曰:‘荀公达,人之～～也,汝当尽礼敬之。’”

【师承】 shīchéng 效法并继承某一流派或传统。宋祁《宋景文公笔记》:“王弼注《易》,直发胸臆,不如郑玄等～～有来也。”黄庭坚《次韵秦觏过陈无已书院观鄙句之作》:“我学少～～,坎井可窥底。”

【师道】 shīdào ❶学问有所承继,师法。《汉书·匡衡传》:“[萧]望之奏衡经学精习,说有～～。”❷从师之道,为师之道。《后汉书·桓荣传》:“皇太子以聪睿之姿,通明经义,……臣～～已尽,皆在太子。”韩愈《师说》:“～～之不传也久矣,欲人之无惑也难矣。”

【师法】 shīfǎ ❶老师传授的学问或技艺。《荀子·性恶》:“今人之性恶,必将待～～然后正,得礼义然后治。”《论衡·别通》:“其为百世之圣,～～祖修,盖不虚矣。”❷效法。《尚书·皋陶谟》“师汝昌言”孔传:“言禹功甚当,可～～。”❸汉人传经,某人立为博士后,其学说便叫师法。《汉书·胡毋生传》:“惟嬴公守学,不失～～。”

【师范】 shīfàn 学习的榜样。《后汉书·杨震传》:“～～之功,昭于内外,庶官之务,劳亦勤止。”《北史·杨播传论》:“恭德慎行,为世～～。”

【师傅】 shīfù ❶老师的通称。《穀梁传·昭公二十九年》:“羁贯成童,不就～～,父之罪也。”曾巩《说内治》:“先王之制,闺门之内,姆保～～,车服珮玉,升降进退,起居奉养,皆有条法。”❷太师和太傅的合称。《史记·梁孝王世家》:“天子曰:‘李太后有淫行,而梁王襄无良～～,故陷不义。’”

【师干】 shīgàn 军队士气旺盛,足以抵御敌人。指军队的防御力量。后泛指军队。《诗经·小雅·采芑》:“其车三千,～～之试。”

【师祭】 shījì 古代出兵时举行祭祀祷告。《礼记·王制》“祃于所征之地”郑玄注:“祃,～～也。为兵祷,其礼亦亡。”

【师匠】 shījiàng ❶宗师巨匠,可以为人师表者。范宁《春秋穀梁传集解序》:“释《穀梁传》者虽近十家,皆肤浅末学,不经～～。”❷工匠。《金石续编·魏氏造像碑侧》:“遂取名石,延及～～,造像一区。”

【师旷】 shīkuàng 春秋时晋国乐师,字子野。目盲,善弹琴,善辨音乐。《孟子·告子上》:“至于声,天下期于～～。”

【师旅】 shīlǚ 古代军队五百人为旅,二千五百人为师,故以师旅为军队的通称,也指战争。《左传·襄公二十五年》:“赂晋侯以宗器乐器,自六正、五吏、三十帅、三军之大夫、百官之正长、～～及处守者皆有赂。”《论语·先进》:“加之以～～,因之以饥馑。”《汉书·昭帝纪赞》:“～～之后,海内虚耗,户口减半。”

【师人】 shīrén 士卒和徒役。《左传·襄公十四年》:“秦人毒泾上流,～～多死。”

【师师】 shīshī ❶互相师法。《尚书·皋陶谟》:“百僚～～,百工惟时。”❷端庄严整的样子。贾谊《新书·容经》:“朝廷之容,～～然翼翼然整以肃。”

【师式】 shīshì 师表,法式。《三国志·蜀书·秦宓传》:“乃自先汉以来,其爵位者或不如馀州耳,至于著作为世～～,不负于馀州也。”

【师事】 shīshì 以师礼相待。《左传·昭公七年》:“故孟懿子与南宫敬叔～～仲尼。”《后汉书·明帝纪》:“～～博士桓荣,学通尚书。”

【师徒】 shītú ❶兵士、军队。《国语·吴语》："今大夫国子兴其众庶，以犯猎吴国之～～。"《吕氏春秋·察微》："公怒不审，乃使郈昭伯将～～以攻季氏。"❷师傅徒弟的合称。《韩非子·说难》："言听事行，则如～～之势。"

【师锡】 shīxī 众人说，后指舆论。《尚书·尧典》："～～帝曰：'有鳏在下，曰虞舜。'"(孔传："师，众；锡，与也。")陆贽《奉天论前所答奏未施行状》："虽复例对使臣，别延宰辅，既殊～～，且异公言。"

【师心】 shīxīn 以己心为师，不拘泥成法，有独立见解。《梁书·何佟之传》："佟之少好三《礼》，～～独学，强力专精，手不辍卷。"晁无咎《跋董元画》："乃知自昔学者皆～～而不蹈迹。"

【师役】 shīyì 军役。军队从事大规模的劳役。《管子·八观》："课凶饥，计～～，观台榭，量国费，而实虚之国可知也。"又《幼官》："一会诸侯令曰：非玄帝之命，毋有一日之～～。"

【师尹】 shīyǐn ❶众官之长。《国语·鲁语下》："日中考政，与百官之政事，～～维旅、牧、相宣序民事。"❷周太师尹氏。《诗经·小雅·节南山》："赫赫～～，民具尔瞻。"

【师友】 shīyǒu ❶可以请教、帮助自己的人称师友。《后汉书·李膺传》："膺性简亢，无所交接，唯以同郡荀淑、陈寔为～～。"❷官名。诸王属官，在王左右陪侍辅导。《隋书·百官志下》："皇伯叔昆弟、皇子为亲王，置～～各一人，文学二人。"

【师长】 shīzhǎng ❶老师和长者。《韩非子·五蠹》："今有不才之子，父母怒之弗为改，乡人谯之弗为动，～～教之弗为变。"❷众官之长。《尚书·盘庚下》："邦伯～～，百执事之人，尚皆隐哉！"《三国志·魏书·贾诩传》："尚书仆射，官之～～，天下所望。"

【师众】 shīzhòng 军队。《左传·襄公三年》："臣闻～～以顺为武，军事有死无犯为敬。"《三国志·蜀书·廖立传》："是羽怙恃勇名……故前后数丧～～也。"

【师资】 shīzī ❶可以效法的人和可以引为戒鉴的事。《后汉书·廉范传》："以为汉等皆已伏诛，不胜～～之情，罪当万坐。"李商隐《道士胡君新井碣铭》："燕齐宾客，杨许～～。养生著论，招隐裁诗。"❷老师。范仲淹《代人奏乞王洙充南京讲书状》："臣闻三代盛王，致治天下，必先崇学校，立～～，陈正道。"

【师心自用】 shīxīnzìyòng 本指以己心为师，后指固执己见，自以为是。陆贽《奉天请数对群臣兼许令论事状》："又况不及中才，～～～～，肆于人上，以遂非拒谏，孰有不危者乎？"陆九渊《与张辅之》："学者大病，在于～～～～。"

【师直为壮】 shīzhíwéizhuàng 为正义而战的军队就能够士气旺盛。《左传·僖公二十八年》："～～～～，曲为老。"

诗(詩) shī ❶一种文体，有韵律，可歌咏。《尚书·舜典》："～言志，歌永言。"白居易《与元九书》："～者，根情，苗言，华声，实义。"❷书名。即《诗经》。《论语·为政》："～三百，一言以蔽之，曰'思无邪。'"《韩非子·说林上》："臣少也诵～曰：'普天之下，莫非王土；率土之滨，莫非王臣。'"❸奉承。《礼记·内则》："国君世子生……三日，卜士负之，吉者宿斋，朝服寝门外，～负之。"❹同"邿"。春秋时国名。在今山东省济宁市东南。《公羊传·襄公十三年》："夏，取～。"

【诗病】 shībìng 作诗的癖好。裴说《寄曹松》诗："莫怪苦吟迟，诗成鬓亦丝。鬓丝犹可染，～～却难医。"

【诗伯】 shībó 大诗人，诗坛领袖。杜甫《石砚》诗："平公今～～，秀发吾所羡。"

【诗肠】 shīcháng 作诗的情思。朱熹《见梅用攀字韵》："只有颠狂无告诉，～～欲断酒肠宽。"

【诗格】 shīgé ❶诗的体例、格式。《颜氏家训·文章》："～～既无此例，又乖制作本意。"❷指诗的风格。王禹偁《寄毗陵刘博士》诗："官散道古～～老，不应双鬓更皤然。"欧阳修《六一诗话》："石曼卿……其气貌伟然，～～奇峭。"

【诗豪】 shīháo 杰出的诗人。《新唐书·刘禹锡传》："素善诗，晚节尤精。与白居易酬复颇多。居易以诗自名者，尝推为～～。"

【诗祸】 shīhuò 因作诗遭祸殃。刘克庄《宋自达梅谷序》："[鲁]景建以～～谪春陵，不以其身南行万里为戚。"

【诗经】 shījīng 我国最早的诗歌总集。本称《诗》，到汉代，儒家尊为经典，故称《诗经》。大概是周初至春秋中叶的作品，编成于春秋时代。共三百零五篇，分为风、雅、颂三部分。风有十五国风，共一百六十篇；雅分大雅、小雅，共一百零五篇；颂有周颂、鲁颂、商颂，共四十篇。《诗经》经秦火后，汉代复传。汉代传诗者有齐人辕固、鲁人申培公、燕人韩婴、鲁人毛亨四家。其中齐、鲁、韩为今文学诗，毛为古文学诗。毛诗经郑玄作"笺"后大兴，而齐、鲁、韩诗都失传了。现在流传的《诗经》就是《毛诗》。

【诗酒】 shījiǔ 吟诗饮酒。《南史·袁粲传》："粲负才尚气，爱好虚远，虽位任隆重，不以事务经怀。独步园林，～～自适。"

【诗料】 shīliào 作诗的资料、素材。杨万里《过太湖石塘》诗："松江是物皆～～，兰桨穿湖即水仙。"

【诗流】 shīliú 诗人。杜甫《送长孙九侍御赴武威判官》诗："樽前失～～，塞上得国宝。"

【诗律】 shīlǜ 诗的格律。杜甫《遣闷戏呈路十九曹长》诗："晚节渐于～～细，谁家数去酒杯宽。"《新唐书·宋之问传》："魏建安后迄江左，～～屡变。"

【诗魔】 shīmó ❶比喻诗兴不能自制，就像着魔一样。白居易《与元九书》："知我者以为诗仙，不知我者以为～～。何则？劳心灵，役声气，连朝接夕，不自知其苦，非魔而何？"❷指诗的格调怪僻，如诗中之魔道。严羽《沧浪诗话·诗辩》："夫学诗者，以识为主，入门须正，立志须高，以汉魏晋盛唐为师，不作开元天宝以下人物。若自退屈，即有下劣～～，入其肺腑之间。"

【诗囊】 shīnáng 装诗稿的袋子。唐代诗人李贺有古锦囊，得到佳句就放进去。陆游《春日杂赋》之二："退红衣焙熏香冷，古锦～～觅句忙。"

【诗奴】 shīnú 为诗的格律所束缚，成为诗的奴隶，借指拙劣的诗人。苏轼《赠诗僧道通》诗："为报韩公莫轻许，从今岛可是～～。"（岛：贾岛；可：无可，贾岛的从弟。）

【诗癖】 shīpǐ 对诗的癖好。《梁书·简文帝纪》："余七岁有～～，长而不倦。"

【诗囚】 shīqiú 写诗时陷入艰难困窘之中，有如被拘囚，形容苦吟的诗人。元好问《论诗》诗之十八："东野穷愁死不休，高天厚地一～～。"（东野：唐代诗人孟郊的字。）

【诗人】 shīrén ❶指《诗经》的作者。《楚辞·九辩》："窃慕～～之遗风兮，愿托志乎素餐。"《文心雕龙·情采》："昔～～什篇，为情而造文；辞人赋颂，为文而造情。"❷泛指写诗的人。白居易《与元九书》："唐兴二百年，其间～～不可胜数。"

【诗社】 shīshè 诗人为作诗而定期聚会的组织。苏轼《次韵答马忠玉》："河梁会作看云别，～～何妨载酒徒。"《红楼梦》三十七回："黛玉笑道：'既然定要起～～，咱们就是诗翁了。'"

【诗史】 shīshǐ 能反映某一历史时期时事的诗，如杜甫的诗，称为诗史。孟棨《本事诗·高逸》："杜[甫]逢[安]禄山之难，流离陇蜀，毕陈于诗，推见至隐，殆无遗事，故当时号为～～。"吴之振《宋诗钞·水云诗钞小序》："诗多纪国亡北徙事，与文丞相狱中倡和作，周详恻怆，人谓之～～。"

【诗思】 shīsī 作诗的动机和情思。贾岛《酬慈恩寺文郁上人》诗："闻说又寻南岳去，无端～～忽然生。"韦应物《休日访人不遇》诗："怪来～～清人骨，门对寒流雪满山。"

【诗翁】 shīwēng 对诗人的尊称。王安石《寄张襄州》诗："遥忆习池寒夜月，几人谈笑伴～～。"

【诗仙】 shīxiān 诗才飘逸如仙的人，如李白，称为诗仙。白居易《待漏入阁书奉赠元九学士阁老》诗："～～归洞里，酒病滞人间。"牛僧孺《李苏州遗太湖石因题》诗："～～有刘白，为汝数逢迎。"（刘白：指刘禹锡和白居易。）

【诗兴】 shīxìng 写诗的情趣，灵感。杜甫《和裴迪登蜀州东亭送客逢早梅相忆见寄》："东阁官梅动～～，还如何逊在扬州。"

【诗序】 shīxù 指《毛诗序》，分大序、小序。在《毛诗》每篇之前解释各篇主题的是小序，在第一篇《关雎》的小序之后概论全诗的是大序。《诗序》的作者是谁，说法不一。参见《四库全书总目提要》。

【诗眼】 shīyǎn ❶诗人的眼识、艺术鉴别力。范成大《次韵乐先生除夜三绝》："道眼已空～～在，梅花欲动雪先稀。"❷指一句诗中最精炼传神的一个字，也指全诗中最关键的一句。

【诗妖】 shīyāo 指某些预言祸福征兆的歌谣。《论衡·订鬼》："～～童谣石言之属，明其言者也。"《晋书·五行志》："魏明帝太和中，京师歌《兜铃曹子》，其唱曰：'其奈汝曹何'，此～～也。"

【诗馀】 shīyú 词的别名。词在形式上是由诗演变而来的。如南宋何士信编的《草堂诗馀》，收集宋人词，间有唐、五代人的作品。

【诗狱】 shīyù 因作诗而引起的文字狱。张舜民《画墁录》卷八："子瞻坐～～，谪此已数年。"

【诗韵】 shīyùn ❶指诗的声韵。白居易《继之尚书自余病来……今以此篇，用伸酬谢》诗："交情郑重金相似，～～清锵玉不如。"❷作诗押韵所根据的韵书。宋以前的韵书都根据《切韵》分为二百零六韵，元以来用《平水韵》，分为一百零六韵。

【诗债】 shīzhài 别人求诗或诗友求和诗，未能满足，就像欠了债一样。白居易《晚春欲携酒寻沈四著作先以六韵寄之》："顾我酒狂久，负君～～多。"

【诗宗】 shīzōng ❶汉代传《诗经》各派的宗师。《汉书·王式传》:"博士江公世为鲁～～。"❷对著名诗人的尊称。姚合《寄陕州王司马》诗:"自当台直无因醉,一别～～更懒吟。"

邿 shī ❶古代国名,春秋时被鲁所灭。《左传·襄公十三年》:"夏,取～。"❷地名。故地在今山东平阴县西。《左传·襄公十八年》:"魏绛栾盈以下军克～。"

鸤(鳲) shī 见"鸤鸠"。

【鸤鸠】 shījiū ❶鸟名。即布谷鸟。《尔雅·释鸟》:"～～,鴶鵴。"也作"尸鸠"。《山海经·西山经》:"[南山]兽多猛豹,鸟多～～。"❷《诗经·曹风》中的一首诗。赞美鸤鸠用心均一,讥刺用心不一者。《汉书·鲍宣传》:"陛下上为皇天子,下为黎庶父母,为天牧养元元,视之当如一,合《尸鸠》之诗。"

虱(蝨) shī ❶寄生在人畜身上吸血的小虫。阮籍《大人先生传》:"独不见群～之处裈中,逃乎深缝,匿乎坏絮,自以为吉宅也。"❷比喻寄生作恶的人和事。《商君书·靳令》:"国贫而务战,毒生于死,无六～,必强;国富而不战,偷生于内,有六～,必弱。"❸比喻寄生。韩愈《泷吏》诗:"得无～其间,不武亦不文。"

【虱官】 shīguān 指害国害民的人或弊病。《商君书·去强》:"国无礼乐～～,必强。"

绝(絁) shī 粗绸。《旧唐书·食货志上》:"调则随乡土所产,绫绢～各二丈,布加五分之一。"《旧五代史·晋高祖纪论》:"以～为衣,以麻为履。"

施 1. shī ❶散布。《周易·乾》:"云行雨～,品物流形。"《孟子·尽心上》:"其生色也,睟然见于面,盎于背,～于四体。"㉠摆放,铺陈。《荀子·劝学》:"～薪若一,火就燥也。"❷加,施加。《论语·颜渊》:"己所不欲,勿～于人。"贾谊《陈政事疏》:"德可远～,威可远加。"❸给,给予。《国语·吴语》:"～民所欲,去民所恶。"《汉书·苏武传》:"武所得赏赐,尽以～予昆弟、故人。"㉠施舍。范缜《神灭论》:"务～不关周急。"㉡恩惠,好处。《左传·僖公二十八年》:"楚有三～,我有三怨,怨仇已多,将何以战?"《国语·晋语三》:"君有～于晋君,晋君无～于其众。"❹实行,实施。《荀子·天论》:"有齐而无畸,则政令不～。"王安石《上皇帝万言书》:"欲有所～为变革。"㉠用。《荀子·臣道》:"爪牙之士～,则仇雠不作。"《后汉书·贾复传》:"大司马刘公在河北,必能相～,第持我书往。"❺设置。《三国志·蜀书·诸葛亮传》:"立法～度,整理戎旅。"❻陈尸示众。《国语·楚语上》:"及文公入,秦人杀冀芮而～之。"❼尺度名。《管子·地员》:"夫管仲之匡天下也,其～七尺。"❽姓。

2. yì ❾延续,延及。《左传·隐公元年》:"颍考叔,纯孝也,爱其母,～及庄公。"《后汉书·窦融传》:"修成淑德,～及子孙。"

3. yí ❿通"迤"。斜行。《孟子·离娄下》:"蚤起,～从良人之所之。"

4. shǐ ⓫通"弛"。解脱。《后汉书·光武帝纪下》:"遣骠骑大将军杜茂将众郡～刑屯北边。"⓬通"弛"。遗弃。《论语·微子》:"君子不～其亲。"

【施报】 shībào 施惠和酬答。《礼记·曲礼上》:"太上贵德,其次务～～,礼尚往来。"

【施劳】 shīláo 夸耀自己的功劳。《论语·公冶长》:"颜渊曰:'愿无伐善,无～～。'"(朱熹注:"施,亦夸大之意;劳,谓有功。")

【施舍】 shīshě ❶给人财物。《吕氏春秋·原乱》:"文公～～,振废滞,匡乏困,救灾患,禁淫慝,薄赋敛,宥罪戾。"❷兴废。《国语·周语中》:"故圣人之～～也议之,其喜怒取与亦议之。"《后汉书·王充传论》:"～～之道,亦无殊典。"❸旅客休息之处。《国语·周语中》:"国无寄寓,县无～～。"

【施身】 shīshēn 舍身。公乘亿《魏州故禅大德奖公塔碑》:"汉明推入梦之祥,梁武显～～之愿。"

【施生】 shīshēng 给人生路。《汉书·楚元王传》:"[刘]德宽厚,好～～,每行京兆尹事,多所平反罪人。"

【施施】 shīshī 行走舒缓的样子。《诗经·王风·丘中有麻》:"彼留子嗟,将其来～～。"柳宗元《始得西山宴游记》:"其隙也,则～～而行,漫漫而游。"

【施斋】 shīzhāi 给出家人食物。韦蟾《道林寺》诗:"他方居士来～～,彼岸上人投结夏。"

【施靡】 yìmí 连绵不断的样子。扬雄《甘泉赋》:"迣迣离宫般以相烛兮,封峦石关～～乎延属。"

【施行】 yìxíng ❶实行,付诸实施。《世说新语·政事》注引《续晋阳秋》:"文帝命荀勖、贾充、裴秀等分定礼仪律令,皆先咨郑冲,然后～～也。"❷流行。韩愈等《石鼎联句》:"愿君莫嘲诮,此物方～～。"

【施施】 yíyí 喜悦自得的样子。《孟子·离娄下》:"而良人未之知也,～～从外来。"

【施舍】 shǐshě 免除赋役。《周礼·天官·小宰》:"令百官府共其财用,治其～～,听其治讼。"

湿(濕、溼) 1. shī ❶低下潮湿。《周易·乾》:"水流～,火就燥。"《左传·襄公三十一年》:"不畏寇盗,而亦不患燥～。"❷湿润,水分多。《庄子·大宗师》:"泉涸,鱼相与处于陆,相呴以～,相濡以沫。"(呴:吐气。)❸通"㬤"。欲干。《诗经·王风·中谷有蓷》:"中谷有蓷,叹其～矣。"

2. tà ❹古水名。古黄河下游支流,在今山东省境内。《说文·水部》:"～,水,出东郡武阳县,入海。"

【湿垫】 shīdiàn 潮湿。元稹《虫豸诗·虻之一》:"阴深山有瘴,～～草多虻。"

【湿姑】 shīgū 蝼蛄的别名。李贺《昌谷》诗:"嘹嘹～～声,咽源惊溅起。"

【湿梢】 shīshāo 活埋。《旧唐书·李希烈传》:"其攻汴州,驱百姓,令运木土筑垒道,又怒其未就,乃驱以填之,谓之～～。"

【湿湿】 shīshī ❶牛反刍时耳朵摇动的样子。《诗经·小雅·无羊》:"尔牛来思,其耳～～。"❷浪涛开合的样子。木华《海赋》:"惊浪雷奔,骇水迸集,开合解会,瀼瀼～～。"

【湿银】 shīyín 形容月下水波。范成大《顷乾道辛卯岁三月望夜……赋诗纪事》:"三更半醉吹笛去,櫂入～～天镜中。"

簁 shī 见 shāi。

蓍 shī 草名。可入药。古代用来占卜。张衡《思玄赋》:"文君为我端～兮。"《本草纲目·草四》:"～乃蒿属,神草也。"

【蓍蔡】 shīcài 蓍草和龟甲,均为卜筮所用之物,此指卜筮。袁淑《吊古文》:"书余言于子绅,亦何劳乎～～?"袁宏《三国名臣序赞》:"公达(荀攸)潜朗,思同～～。"

【蓍龟】 shīguī 指卜筮。蓍草和龟甲,都是卜筮所用之物。《史记·龟策列传》:"五者决定诸疑,参以卜筮,断以～～。"《汉书·艺文志》:"～～者,圣人之所用也。"

【蓍簪】 shīzān ❶蓍草做的簪子。宋庠《蚕说》:"里有织妇,～～葛帔,颜色憔悴。"❷比喻故旧。《韩诗外传》卷九:"弟子曰:'刈蓍薪而亡～～,有何悲焉?'妇人曰:'非伤亡簪也,吾所以悲者,盖不忘故也。'"

釃(釃) 1. shī(又读 shāi) ❶滤酒。《诗经·小雅·伐木》:"伐木许许,～酒有萸。"❷斟酒。苏轼《赤壁赋》:"～酒临江,横槊赋诗。"❸疏导,分流。《说苑·君道》:"[禹]～五湖而定东海。"《汉书·沟洫志》:"乃～二渠以引其流。"

2. lí ❹通"醨"。薄酒。《楚辞·渔父》:"何不餔其糟而歠其～?"《史记·屈原贾生列传》、《文选》"釃"作"醨"。

鍦(鍦、鉈、釶) shī 矛。《荀子·议兵》:"宛钜铁～,惨如蜂虿。"左思《吴都赋》:"藏～于人,去畝自闾。"

褷 shī 见"褷褵"。

【褷褵】 shīlí 羽毛初生的样子。韩愈《寄崔二十六立之》诗:"玄花著两眼,视物隔～～。"

十 shí ❶数词。大写作"拾"。《汉书·律历志上》:"数者,一、～、百、千、万也。"特指十倍。《孙子·谋攻》:"故用兵之法,～则围之,五则攻之,倍则分之。"《汉书·韩安国传》:"利不～者不易业,功不百者不变常。"❷表示齐全、完备的意思。《周礼·天官·医师》:"岁终,则稽其医事,以制其食。～全为上,～失一次之。"❸极言数量多。《韩非子·难势》:"夫尧、舜生而在上位,虽有～桀,纣不能乱者,则势治也。"诸葛亮《与群下教》:"事有不至,至于～反来相启告。"❹古代户籍单位,指十户。后作"什"。《管子·君臣下》:"上稽之以数,下～伍以数。"

【十半】 shíbàn 一半,十分之五。《汉书·枚乘传》:"今大王还兵疾归,尚得～～。……不然,大王虽欲反都,亦不得已。"

【十成】 shíchéng ❶十层,十重。《楚辞·天问》:"璜台～～,谁所极焉?"❷十分,极度。许月卿《多谢》诗:"园林富贵何千万,花柳功勋已～～。"

【十德】 shídé 古代称玉有十种品质,比喻君子十种美德。指仁、知、义、礼、乐、忠、信、天、地、德。唐太宗《执契静三边》诗:"戢戈荣～～,升文辉九功。"白行简《沽美玉赋》:"蕴～～以光代。"

【十反】 shífǎn 形容反复或往返多次。《列子·黄帝》:"尹生闻之,以列子居,数月不省舍,因间请蕲其术者,～～而十不告。"

【十方】 shífāng 佛教指东、西、南、北、东南、西南、东北、西北、上、下十个方位。徐陵《为贞阳侯重与王太尉书》:"菩萨之化行于～～,仁寿之功沾于万国。"唐太宗《三藏圣教序》:"弘济万品,典御～～。"

【十夫】 shífū 十人。《周礼·地官·遂人》:"～～有沟,沟上有畛。"韩愈《论淮西事宜状》:"譬如有人,虽有～～之力,自朝及夕,常自大呼跳跃,初虽可畏,其势不久必自委顿,乘其力衰,三尺童子,可使制其死命。"

【十家】 shíjiā 指先秦十个学术派别,即儒、道、阴阳、法、名、墨、纵横、杂、农、小说十家。《汉书·艺文志》："诸子～～，其可观者九家而已。"

【十尖】 shíjiān 指女子纤细的十指。杨维桢《染甲》诗："夜捣守宫金凤蕊，～～尽换红鸦觜。"

【十教】 shíjiào 儒家所谓的十种伦理道德的教化。《荀子·大略》："立大学，设庠序，修六礼，明～～，所以导之也。"参见"十义"。

【十锦】 shíjǐn 杂取同类诸物配合成各式各色。白珽《西湖赋》："亭连栋为～～，碑蚀苔以千言。"《红楼梦》三十六回："[宝钗]转过～～槅子，来至宝玉的房内。"

【十九】 shíjiǔ 十分之九。也指绝大多数。《庄子·则阳》："旧国旧都，望之畅然，虽使丘陵草木之缗，入之者～～。"韩愈《平淮西碑文》："凡蔡卒三万五千，其不乐为兵，愿归为农者～～，悉纵之。"

【十酒】 shíjiǔ 清酒，经十旬酿成，故称十酒。庾肩吾《谢东宫赉槟榔启》："无劳朱实，兼荔支之五滋；能发红颜，类芙蓉之～～。"庾信《咏画屏风诗》之五："定须催～～，将来宴五侯。"

【十裂】 shíliè 晋代何曾生活奢侈，蒸饼上面不裂开十字形的不吃，后把熟透裂开成十字的炊饼叫作十裂。苏轼《真一酒歌》："天旋雷动玉尘起，起搜～～照坐光。"

【十母】 shímǔ ❶指十天干。与"十二地支"相对而言。《史记·律书》："其于～～为甲乙。"(张守节正义："十干：甲、乙、丙、丁、戊、己、庚、辛、壬、癸。")❷旧时对母辈的十种称谓。即亲母，谓生我者；出母，谓生我而被父离异者；嫁母，谓亲母因父亡改适者；庶母，谓生母非正室者；嫡母，妾生子称父正室；继母，谓亲母已亡，父再娶者；慈母，谓妾无子，及妾之子无母，而父命为母者；养母，谓出继他人为子者；乳母，谓曾乳哺我者；诸母，对伯叔母的通称。

【十千】 shíqiān 一万，形容多。《诗经·小雅·甫田》："倬彼甫田，岁取～～。"王维《少年行》之一："新丰美酒斗～～，咸阳游侠多少年。"

【十日】 shírì ❶指十天干所表示的日子，从甲至癸为十日。《周礼·秋官·硩蔟氏》："以方书～～之号。"《左传·昭公七年》："天有～～，人有十等。"❷古代神话传说天原有十个太阳，尧命后羿射落九日。《山海经·海外东经》："汤谷上有扶桑，～～所浴，在黑齿北。"《淮南子·地形训》："末有～～，其华照下地。"

【十时】 shíshí 上古分一天一夜为十时。秦汉始分为十二时。《左传·昭公五年》："日之数十，故有～～，亦当十位。"

【十袭】 shíxí 把物品一层一层地包起来。表示珍重收藏。同"什袭"。欧阳修《谢赐汉书表》："～～珍藏，但誓传家而永宝。"陈师道《谢寇十一惠端砚》诗："琢为时样供翰墨，～～包藏百金贵。"

【十叶】 shíyè 十代。潘岳《西征赋》："逾～～以逮赧，邦分崩而为二。"(赧：周赧王。)

【十一】 shíyī 十分之一。《周礼·地官·载师》："圆廛二十而一；近郊～～；远郊二十而三。"《庄子·达生》："五六月累丸二而不坠，则失者锱铢；累三而不坠，则失者～～。"

【十义】 shíyì 儒家提倡的十种伦理道德。《礼记·礼运》："父慈、子孝、兄良、弟悌、夫义、妇听、长惠、幼顺、君仁、臣忠，十者谓之～～。"

【十八公】 shíbāgōng "松"字拆开来为十、八、公，因称松树为十八公。苏轼《夜烧松明火》诗："坐看～～～，俯仰灰烬残。"方回《七月三日朱用和罗弘道同访南山无竭师》诗："临轩～～～，老寿藤萝缠。"

【十二律】 shí'èrlǜ 古代音乐的十二调。分阳律和阴律。阳律六：黄钟、太簇、姑洗、蕤宾、夷则、亡射。阴律六：大吕、夹钟、中吕、林钟、南吕、应钟。《汉书·律历志上》："至治之世，天地之气合以生风，天地之风气正～～～定。"《资治通鉴·后周世宗显德六年》："昔黄帝吹九寸之管，得黄钟正声，半之为清声，倍之为缓声，三分损益之以生～～～。"

【十二门】 shí'èrmén 古代长安城共十二门，因称长安为十二门。李贺《李凭箜篌引》："～～～前融冷光，二十三丝动紫皇。"

【十二支】 shí'èrzhī 指十二地支。即子、丑、寅、卯、辰、巳、午、未、申、酉、戌、亥。《史记·律书》"焉逢摄提格太初元年"索隐："《尔雅·释天》云岁阳者，甲、乙、丙、丁、戊、己、庚、辛、壬、癸十干是也。岁阴者，子、丑、寅、卯、辰、巳、午、未、申、酉、戌、亥～～～是也。"

【十二子】 shí'èrzǐ 从子到亥十二地支。《史记·律书》："其于～～～为辰。辰者，言万物之蜄也。"韩愈《送幽州李端公序》："国家失太平，于今六十年矣。夫十日、～～～相配，数穷六十，其将复平。"

【十日饮】 shírìyǐn 《史记·范睢蔡泽列传》载秦昭王与平原君书曰："寡人闻君之高义，愿与君为布衣之交，君幸过寡人，寡人愿与君为十日之饮。”后比喻朋友连日尽情欢聚。陆厥《奉答内兄希叔》诗：“平原～～～，中散千里游。”韩翃《赠兖州孟都督》诗：“愿学平原～～～，此日不忍歌《骊驹》。”（骊驹：古代离别之歌。）

【十三经】 shísānjīng 十三部儒家经典著作。即《周易》、《尚书》、《诗经》、《周礼》、《仪礼》、《礼记》、《春秋左传》、《春秋公羊传》、《春秋穀梁传》、《论语》、《孟子》、《孝经》、《尔雅》。

【十三月】 shísānyuè ❶农历正月。《后汉书·陈宠传》：“～～～阳气已至，天地已交，万物皆出，蛰虫始振，人以为正，夏以为春。”❷指殷商所置闰月。因其都放在岁末，故称。《史记·历书》索隐：“岁有十二月，有闰则云～～～。”

什 1. shí ❶以“十”为一个单位的计数。《管子·立政》：“十家为～，五家为伍，～伍皆有长焉。”《韩非子·显学》：“恃人之为吾善也，境内不～数。”❷《诗经》的大雅、小雅和周颂每十篇编成一组，叫做什，如《鹿鸣之什》。㊀泛指诗篇文卷。《宋书·谢灵运传论》：“升降讴谣，纷披风～。”茅坤《〈青霞先生文集〉序》：“而以其所忧郁发之于诗歌文章，以泄其怀，即集中所载诸～是也。”❸同“十”。《史记·淮南衡山列传》：“～事九成，公独以为有祸无福，何也？”《周书·文帝纪下》：“齐神武攻围六旬不下，其士卒死者～二三。”㊁十倍。《潜夫论·浮侈》：“今察洛阳，浮末者～于农夫。”❹杂。见“什物”、“什具”等。

2. shén ❺见“什么”。

【什百】 shíbǎi 十倍百倍。《孟子·滕文公上》：“夫物之不齐，物之情也：或相倍蓰，或相～～，或相千万。”也作“什伯”。《老子·八十章》：“小国寡民，使有～～之器而不用，使民重死而不远徙。”

【什伯】 shíbó ❶古代军队编制，十人为什，百人为伯。《淮南子·兵略训》：“正行伍，连～～，明旗鼓，此尉之官也。”泛指军队。《论衡·量知》：“不晓～～之阵，不知击刺之术，强使之军，军覆师败，无其法也。”❷十倍，百倍。同“什百”。

【什二】 shí'èr 十分之二。《史记·苏秦列传》：“周人之俗，治产业，力工商，逐～～以为务。”又《货殖列传》：“佗杂业不中～～。”

【什具】 shíjù 各种日用器具。《新唐书·崔圆传》：“圆锐功名，初闻难，刺国忠意，乃治城浚隍，列馆宇，储～～。”

【什器】 shíqì 日常生活用具。《史记·五帝本纪》：“舜耕历山，渔雷泽，陶河滨，作～～于寿丘，就时于负夏。”《汉书·平帝纪》：“天下吏民亡得置～～储偫。”

【什三】 shísān 十分之三。《管子·八观》：“什一之师，～～毋事，则稼亡三之一。”《史记·货殖列传》：“故关中之地于天下三分之一，而人众不过～～。”

【什伍】 shíwǔ ❶古代户籍的基层编制。五家为伍，十家为什，互相担保。《周礼·秋官·士师》：“掌乡合州、党、族、闾、比之联，与其民人之～～。”《史记·商君列传》：“令民为～～，而相牧司连坐。”❷军队的基层编制。五人为伍，二伍为什。《礼记·祭义》：“军旅～～，同爵则尚齿。”泛指军队。柳宗元《贞符》：“然后强有力者出而治之，往往为曹于险阻，用号令起，而君臣～～之法立。”

【什物】 shíwù 各种日用杂物器具。《后汉书·宣秉传》：“即赐布帛帐帷～～。”《颜氏家训·风操》：“若寻常坟典，为生～～，安可悉废之乎？”

【什袭】 shíxí 把物品层层包裹起来。表示郑重珍藏。张守《跋唐千字帖》：“此书无一字刓缺，当与夏璜赵璧～～珍藏。”《聊斋志异·神女》：“设当日赠我万镒之宝，直须卖作富家翁耳。～～而甘贫贱，何为乎？”

【什一】 shíyī 十分之一。《孟子·滕文公上》：“夏后氏五十而贡，殷人七十而助，周人百亩而彻，其实皆～～也。”《战国策·秦策五》：“赵攻燕，得上谷三十六县，与秦～～。”

【什长】 shízhǎng 旧时兵制，十人为什，置一长，称为什长。《墨子·备城门》：“城上十人一～～，属一吏士，一帛尉。”《史记·匈奴列传》：“亦各自置千长、百长、～～。”

【什么】 shén·me 疑问代词。王定保《唐摭言·公荐》：“韩［愈］始见题而掩卷问之曰：‘且以拍板为～～？’”

石 shí ❶石头，岩石。《诗经·小雅·鹤鸣》：“它山之～，可以攻玉。”《荀子·议兵》：“譬之若以卵投～。”❷古代战争中用作武器的石块。《左传·襄公十年》：“荀偃、士匄帅卒攻偪阳，亲受矢～。”《商君书·慎法》：“且先王能令其民蹈白刃，被矢～。”❸碑石。《墨子·兼爱下》：“书于竹帛，镂于金～，琢于盘盂。”《史记·秦始皇本纪》：“立～，与鲁诸生议，刻～颂秦德。”❹治病用的石针、药石。《左传·襄公二十三年》：“孟孙之恶我，药～也。”《战国策·秦策二》：“扁鹊怒而投其～。”❺八音之一，石制的乐器磬。《国语·周语下》：“臣闻之：琴瑟尚宫，钟尚羽，～尚角，匏竹利制，大不逾宫，细不过羽。”《史记·五帝本纪》：“夔曰：‘於！予击～拊～，百兽率舞。”❻坚实。《素问·示从容论》：“沉而～者，是肾气内著也。”❼古代重量单位，一百二十市斤。今读dàn。《汉书·律历志》：“三十斤为钧，四钧为～。”❽古代容量单位，十斗为石。今读dàn。《汉书·食货志上》：“治田百亩，岁收亩一～半。”❾通“硕”。大。见“石画”。

【石本】 shíběn 石刻的拓本。夏文彦《图绘宝鉴》：“杨简喜作墨竹，有～～横枝传世。”

【石肠】 shícháng 石一样的心肠，比喻坚强。范成大《惜交赋》：“虽君子之～～兮，固将徇乎市虎。”

【石城】 shíchéng 垒石为城。比喻坚固。晁错《论贵粟疏》：“有～～十仞，汤池百步，带甲百万，而亡粟，弗能守也。”

【石窗】 shíchuāng ❶山中石穴。陆龟蒙《四明山诗》之一：“～～何处见，万仞倚晴虚。”❷石砌的窗户。姚合《寄元绪上人》诗：“～～紫藓墙，此世此清良。”

【石埭】 shídài 石筑的水坝。林逋《上湖闲泛舣舟石函因过下湖小墅》诗：“青山连～～，春水入柴扉。”苏轼《再过超然台赠太守霍翔》诗：“愿公谈笑作～～，坐使城郭生溪湾。”

【石黛】 shídài 古代女子画眉用的黑石脂，又叫画眉石。徐陵《玉台新咏序》：“南都～～，最发双蛾；北地燕支，偏开两靥。”李益《府试古镜》诗：“～～曾留殿，朱光适在宫。”

【石发】 shífà 水边石上的青苔。也叫“石衣”。陆龟蒙《苔赋》：“高有瓦松，卑有泽葵，散岩窦者～～，补空田者垣衣。”李贺《假龙吟歌》：“崖磴苍苍吊～～，江君掩帐篔筜折。”

【石妇】 shífù ❶妇女石像。白居易《蜀路石妇》诗：“道傍一～～，无记复无铭。”❷指望夫石。杨维桢《石妇操引》：“～～即望夫石也，在处有之。”

【石杠】 shígàng 一种石桥，两边用石头堆积，用木头横架，可以行走。左思《魏都赋》：“～～飞梁，出控漳渠。”

【石闺】 shíguī 传说中仙女居住的岩洞。苏轼《留题仙游潭中兴寺》诗：“独攀书室窥岩窦，还访仙姝款～～。”

【石椁】 shíguǒ 古墓葬中置棺的石室。《庄子·则阳》：“掘之数仞，得～～焉。”《礼记·檀弓上》：“昔者夫子居于宋，见桓司马自为～～，三年而不成。”

【石泓】 shíhóng ❶石头凹处积水而成小潭。欧阳修《幽谷晚饮》诗：“山势抱幽谷，谷泉含～～。”❷砚。黄庭坚《次韵王斌老所画横竹》诗：“晴窗影落～～处，松煤浅染饱霜兔。”

【石华】 shíhuá 海中的介类动物，肉可食，附生于海中石上，其壳可装饰窗户。郭璞《江赋》：“王珧海月，土肉～～。”谢灵运《游赤石进帆海》诗：“扬帆采～～，挂席拾海月。”

【石画】 shíhuà 石通“硕”，石画指有大略。《汉书·匈奴传下》：“时奇谲之士、～～之臣甚众，卒其所以脱者，世莫得而言也。”王安石《送郓州知府宋谏议》诗：“庙谟资～～，兵略倚珠钤。”

【石火】 shíhuǒ ❶敲击石头发出的火星。李贺《南园》诗之十三：“沙头敲～～，烧竹照渔船。”❷比喻人生短暂。白居易《对酒》诗之二：“蜗牛角上争何事？～～光中寄此身。”

【石矶】 shíjī 水边突出的石滩、石块。张旭《桃花溪》诗：“隐隐飞桥隔野烟，～～西畔问渔船。”李贺《南园》诗之八：“窗含远色通书幌，鱼拥香钩近～～。”

【石交】 shíjiāo 牢固的友谊或挚友。《三国志·蜀书·杨洪传》：“～～之道，举雠以相益，割骨肉以相明，犹不相谢也。”王世贞《赠吴文定行卷山水》：“白石翁生平～～独吴文定公。”

【石角】 shíjiǎo ❶石制武器名。《北史·齐平秦王归彦传》：“魏时山崩，得～～二，藏在武库。”❷突出如角的石头。苏辙《游庐山山阳七咏三峡石桥》：“江声磅礴瞿塘口，～～参差滟滪前。”

【石鲸】 shíjīng 石刻的鲸鱼。相传秦始皇在宫中引渭水作昆明池，刻石为鲸鱼。《三辅黄图·池沼》：“[昆明]池中有……～～，刻石为鲸鱼，长三丈，每至雷雨，常鸣吼。”江总《秋日昆明池》诗：“蝉噪金堤柳，鹭饮～～波。”

【石菌】 shíjūn 生在石上的菌类，灵芝的一种。张衡《西京赋》：“浸～～于重涯，濯灵芝以朱柯。”

【石濑】 shílài 水冲击石头而形成的急流。《楚辞·九歌·湘君》：“～～兮浅浅，飞龙兮翩翩。”左思《魏都赋》：“兰渚莓莓，～～砀砀。”

【石兰】 shílán 香草名。兰草的一种。《楚辞·九歌·山鬼》：“被～～兮带杜衡，折芳馨兮遗所思。”又《湘夫人》：“白玉兮为镇，疏～～以为芳。”

【石泐】 shílè 石刻。欧阳修《石篆》诗：“山中老僧忧～～，印之以纸磨松煤。”

【石鳞】 shílín 水从石上流过，波涟如鱼鳞。苏轼《八月七日初入赣过惶恐岭》诗：“长风送客添帆腹，积雨浮舟减～～。”

【石溜】 shíliū ❶贫瘠之地。《战国策·韩策一》：“韩王曰：‘成皋，～～之地也，寡人无所用之。’”也作“石留”。左思《魏都赋》：“隰壤瀸漏而沮洳，林薮～～而芜秽。”❷山中流水的石沟。谢朓《游山》诗：“杳杳云窦深，渊渊～～浅。”

【石脉】 shímài 石头的纹理。韦应物《龙门远眺》诗：“花树发烟华，淙流散～～。”李贺《南山田中行》诗：“～～水流泉滴沙，鬼灯如漆点松花。”

【石民】 shímín 像柱石那样的人民，指能坚守本业，对国家有重要作用的人。《管子·小匡》：“士农工商四民者，国之～～也。”

【石墨】 shímò 古人用煤（石炭）当墨，所以叫石墨。陆云《与兄平原书》：“一日上三台，曹公藏～～数十万斤，云烧此消复可用，然烟中人不知，兄颇见之不？今送二螺。”

【石泥】 shíní 古代封禅时作封泥用的石粉末与泥土的混合物。班固《白虎通·封禅》：“或曰封者，金泥银绳，或曰～～金绳，封之以印玺。”

【石砮】 shínǔ 石制的箭头。《国语·鲁语下》：“有隼集于陈侯之庭而死，楛矢贯之，～～其长尺有咫。”

【石癖】 shípǐ 爱石成癖。杜绾《云林石谱·袁石》：“临江士人鲁子明有～～，尝亲访其处，以渔舟载归潇滩，列置所居。”

【石屏】 shípíng ❶山石陡峭如屏而立。高適《宴韦司户山亭院》诗：“苔径试窥践，～～可攀倚。”❷古州名。公元1913年改为石屏县，属云南省。

【石漆】 shíqī 即石油。张华《博物志》卷九：“酒泉延寿县南有山出泉，水大如筥，注地为沟，其水有脂，如煮肉汁，挹取若著器中，始黄后黑，如不凝膏，然之极明，与膏无异，膏车及水碓缸甚佳，但不可食，彼方人谓之～～。”

【石圻】 shíqí 石岸。鲍照《代苦热行》：“汤泉发云潭，焦烟起～～。”孙逖《江行有怀》诗：“秋水明川路，轻舟转～～。”

【石钱】 shíqián 石头上长的圆形苔藓。李贺《昌谷诗五月二十七日作》：“～～差复藓，厚叶皆蟠腻。”

【石人】 shírén ❶石雕的人像。古墓前多设石人。王芑孙《碑版文广例》卷六：“墓前～～，不知制所以始。”❷比喻人无主见，如木石之人。《汉书·灌夫传》：“且帝宁能为～～邪？”

【石师】 shíshī 大师，贤师。《庄子·外物》：“婴儿生，无～～而能言，与能言者处也。”

【石室】 shíshì ❶宗庙中藏神主的石函。《新唐书·礼乐志三》：“建～～于寝园，以藏神主。”❷藏图书档案的地方。《史记·太史公自序》：“卒三岁而迁为太史令，细史记～～金匮之书。”左思《魏都赋》：“窥玉策于金縢，案图箓于～～。”❸石造的墓冢。《宋书·礼志二》：“汉以后天下送死奢靡，多作～～、石兽、碑铭等物。”❹山洞，石窟。《后汉书·南蛮传》：“槃瓠得女，负而走入南山，止～～中，所处险绝，人迹不至。”也指隐士所居之处。张协《七命》：“临重岫而揽辔，顾～～而迴轮。”❺比喻极为稳固。《三国志·吴书·贺邵传》：“近刘氏据三关之险，守重山之固，可谓金城～～，万世之业。”

【石笋】 shísǔn 直立挺直的大石，样子像竹笋。杜甫《石笋行》：“君不见益州城西门，陌上～～双高蹲。”李贺《五粒小松歌》：“月明白露秋泪滴，～～溪云肯寄书。”

【石炭】 shítàn 煤。《水经注·漳水》：“石墨可书，又燃之难尽，亦谓之～～。”贯休《寄怀楚和尚》诗：“铁盂汤雪早，～～煮茶迟。”

【石田】 shítián 多石不可耕种之田，比喻无用之物。《史记·吴太伯世家》：“越在腹心，今得于齐，犹～～，无所用。”后因以指贫瘠之地。杜甫《醉时歌》：“先生早赋归去来，～～茅屋荒苍苔。”

【石洫】 shíxù 石砌的水渠。《后汉书·鲍昱传》：“郡多陂池，岁岁决坏，年费常三千馀万，［鲍］昱乃上作方梁～～，水常饶足，灌田倍多，人以殷富。”

【石言】 shíyán 石头发出声音。古人附会有物凭借石头说话。《左传·昭公八年》：“今宫室崇侈，民力彫尽，怨讟并作，莫保其性，～～不亦宜乎？”

【石燕】 shíyàn 形状像燕，有花纹的石头，传说遇风雨即飞，雨止还化为石，出零陵（今湖南省永州市）。徐陵《移齐文》：“长沙鹏鸟，靡复为妖。湘川～～，自然还舞。”许浑《金陵怀古》诗：“～～拂云晴亦雨，江豚吹浪夜还风。”

【石衣】 shíyī 青苔。《尔雅·释草》：“薄，～～。”沈约《郊居赋》：“其水草则蘋萍芡芰，菁藻蒹菰，～～海发，黄荇绿蒲。”

【石尤】 shíyóu 石尤风。传说石氏女嫁给尤郎，感情甚笃。尤郎行商远出，妻阻之不听。尤郎不归，其妻伤怀而死。临死前说愿化作大风阻止商旅远行，故逆风、顶头风称为“石尤”或“石尤风”。刘裕《丁督护歌》之一：“愿作～～风，四面断行旅。”元稹《遭风》诗：“罔象睢盱频逞怪，～～翻动忽成灾。”

【石友】 shíyǒu ❶情谊如金石一样坚贞的朋友。杜牧《奉和门下相公送西川相公出镇金蜀》：“同心真～～，写恨蔑河梁。”❷指砚。王炎《题童寿卿博雅堂》诗：“剡溪来楮生，歙穴会～～。”

【石栈】 shízhàn 在山险处凿石架木为路。李白《蜀道难》诗：“地崩山摧壮士死，然后天梯～～相钩连。”柳宗元《法华寺石门精舍》诗：“松溪窈窱入，～～夤缘上。”

【石竹】 shízhú 草名，又叫洛阳花。可供观赏。六朝至唐常用作衣饰上的图案。李白《宫中行乐词》：“山花插宝髻，～～绣罗衣。”王建《题花子赠渭州陈判官》诗：“点录斜蒿新叶嫩，添红～～晚花鲜。”

【石主】 shízhǔ 石制的神主，古代祭祀社稷用石主。《新唐书·张齐贤传》：“后魏天平中，迁太社～～，其来尚矣。”《宋史·礼志五》：“礼部以谓社稷不屋而坛，当受霜露风雨……故用～～，取其坚久。”

【石榴裙】 shíliúqún 红裙。指美人的衣饰。何思澄《南苑逢美人》诗：“风卷葡萄带，日照～～～。”梁元帝《乌栖曲》：“交龙成锦斗凤纹，芙蓉为带～～～。”

识（識） 1. shí ❶知道，懂得。《老子·十五章》：“古之善为士者，微妙玄通，深不可～。”陶渊明《桃花源诗》：“草荣～节和，木衰知风厉。”㊀体会，了解。辛弃疾《丑奴儿·书博山道中壁》词：“而今～尽愁滋味，欲说还休。”❷认识。《史记·刺客列传》：“［豫让］行乞于市，其妻不～也。”李白《与韩荆州书》：“生不用封万户侯，但愿一～韩荆州。”㊀知己的朋友。《梁书·王茂传》：“茂年数岁，为大父深所异，常谓亲～曰：‘此吾家之千里驹。’”刘禹锡《元日感怀》诗：“异乡无旧～，车马到门稀。”❸知识，见识。张衡《东京赋》：“鄙夫寡～，而今而后，乃知大汉之德馨，咸在于此。”《晋书·谢鲲传》：“鲲少知名，通简有事～，不修威仪，好《老》、《易》。”❹思想意识。《后汉书·马融传》：“固知～能匡欲者鲜矣。”颜延之《五君咏·阮步兵》：“阮公虽沦迹，～密鉴亦洞。”❺通“适”。刚才。《左传·成公十六年》：“～见不穀而趋，无乃伤乎？”

2. zhì ❻通“志”。记，记住。《论衡·超奇》：“好学勤力，博闻强～，世间多有。”《后汉书·祢衡传》：“吾虽一览，犹能～之。”❼通“帜”。标志，记号。《汉书·王莽传下》：“讫无文号旌旗表～。”《论衡·问孔》：“明文以～之，流言以过之。”❽刻在古代钟鼎等古器物上的文字，通称款识。详“款识”。

【识拔】 shíbá 赏识提拔。《三国志·魏书·崔林传》注引《晋诸公传》：“初，林～～同郡王经于民户之中，卒为名士。”

【识达】 shídá 聪颖有见识。《三国志·魏书·邓哀王冲传》：“［曹］冲仁爱～～，皆此类也。”

【识丁】 shídīng 识字。《元史·许有壬传》：“若曰惟德行之择，其名固佳，恐皆貌厚深情，专意外饰，或懵不能～～矣。”

【识见】 shíjiàn 见识，见地。《世说新语·栖逸》：“郗尚书与谢居士善，常称谢庆绪～～虽不绝人，可以累心处都尽。”

【识鉴】 shíjiàn 有赏识人才、辨别是非的能力。《晋书·桓彝传》：“有人伦～～，拔才取士，或出于无闻，或得之孩抱，时人方之许、郭。”（方：相比。）《梁书·武帝纪上》：“［王］融俊爽，～～过人。”

【识荆】 shíjīng 荆指韩朝宗，当时任荆州长史，李白《与韩荆州书》中说“生不用封万户侯，但愿一识韩荆州”，后以“识荆”为景仰而初次见面的敬词。鲁贞《次程仲京韵》：“避地曾来银岭居，～～已是二年馀。”《水浒传》七十二回：“～～之初，何故以厚礼见赐？”

【识具】 shíjù 见地，才略。《三国志·魏书·裴潜传》注引《晋诸公赞》：“谢鲲为《乐广传》，称［裴］楷俊朗有～～，当时独步。”

【识量】 shíliàng 见识和度量。傅亮《为宋公求加赠刘前军表》：“抚宁之勋，实洽朝野，～～局致，栋干之器也。”《晋书·裴楷传》：“楷明悟有～～，弱冠知名，尤精《老》、《易》，少与王戎齐名。”

【识略】 shílüè 见识和胆略。《新唐书·封伦传》：“伦年方少，舅卢思道曰：‘是儿～～过人，当自致卿相。’”

【识面】 shímiàn 相见，见面。杜甫《奉赠韦左丞丈二十二韵》：“李邕求～～，王翰愿卜邻。”

时（時、旹） shí ❶季，季节。《荀子·不苟》：“四～不言而百姓期焉。”《国语·周语上》：“三～务农，一～讲武。”❷时辰。我国古代以一昼夜为十二时辰，每一时辰为两小时。王维《送杨长史赴果州》诗：“鸟道一千里，猿声十二～。”㊀光阴，岁月。《吕氏春秋·首时》：“天不再兴，～不久留。”❸时间，时候。《孟子·告子上》：“其地同，树之～又同。”嵇康《幽愤诗》:"实耻讼冤,～不我与。"❹时代,时期。《韩非子·心度》:"～移而治不易者乱。"《汉书·司马相如传上》:"朕独不得与此人同～哉!"❺时机,时势。《论语·阳货》:"好从事而亟失～,可谓智乎?"《史记·淮阴侯列传》:"夫功者,难成而易败;～者,难得而易失也。"❻按时,合于时宜。《庄子·秋水》:"秋水～至,百川灌河。"《孟子·万章下》:"孔子,圣之～者也。"❼当时,那时。《后汉书·景丹传》:"丹～病,帝以其旧将,欲令强起领郡事。"《三国志·吴书·周瑜传》:"～曹公军众已有疾病。"❽时常,时时。《史记·吕太后本纪》:"～与出游猎。"❾时尚,时髦。朱庆馀《近试上张籍水部》诗:"妆罢低声问夫婿,画眉深浅入～无?"❿掌管。见"时夜"。⓫通"伺"。窥伺。《论语·阳货》:"孔子～其亡也而往拜之。"⓬通"是"。此。《诗经·大雅·生民》:"厥初生民,～为姜嫄。"《楚辞·天问》:"明明暗暗,惟～何为?"⓭姓。

【时辈】 shíbèi 当时的知名人物。《三国志·魏书·孙礼传》:"礼与卢毓同郡～～,而情好不睦。"杜甫《毒热寄简崔评事十六弟》诗:"蕴藉异～～,检身非苟求。"

【时弊】 shíbì 社会弊病。《晋书·姚苌载记》:"苌还安定,修德政,布惠化,省非急之费,以救～～。"苏舜钦《乞纳谏书》:"目睹～～,口不敢论。"

【时病】 shíbìng 当时的社会弊病。《新唐书·陆贽传赞》:"观贽论谏数十百篇,讥陈～～,皆本仁义,可为后世法。"

【时乘】 shíchéng 《周易·乾》中有"时乘六龙,以御天也"的话,后以"时乘"指帝王即位。谢朓《三日侍宴曲水代人应诏》诗之二:"于皇克圣,～～御辩。"王融《三月三日曲水诗序》:"～～既位,御气之驾翔焉。"

【时分】 shífēn 时间,时刻。《宋书·历志中》:"漏所以节～～,定昏明。"

【时风】 shífēng 应时的风。《尚书·洪范》:"曰圣,～～若。"也比喻教化。《后汉书·杜笃传》:"今国家躬修道德,吐惠含仁,湛恩沾洽,～～显宣。"

【时光】 shíguāng ❶时间,光阴。张祜《破阵乐》诗:"千里不辞行路远,～～早晚到天涯。"❷当时的景物。韦应物《西郊燕集》诗:"济济众君子,高宴及～～。"

【时候】 shíhòu 季节,节气。黄裳《菊花》诗:"意静气清～～好,醉归日月更相寻。"

【时会】 shíhuì ❶古代帝王不定期地会见诸侯。《周礼·秋官·大行人》:"～～,以发四方之禁。"❷时运,机遇。班彪《北征赋》:"故～～之变化兮,非天命之靡常。"

【时疾】 shíjí 季节性流行病。《周礼·夏官·司爟》:"掌行火之政令,四时变国火,以救～～。"

【时几】 shíjǐ 时期。几,同"幾"。《墨子·尚同中》:"春秋祭祀,不敢失～～。"

【时忌】 shíjì 当时的忌讳。《后汉书·李云谢弼传赞》:"弼忤宦情,云犯～～。成仁丧己,同方殊事。"

【时既】 shíjì 时尽,指寿终。《淮南子·俶真训》:"是故伤死者其鬼娆,～～者其神漠。"

【时艰】 shíjiān 时世的艰难。颜延之《从军行》:"苦哉远征人,毕力干～～。"《梁书·沈约传》:"伊皇祖之弱辰,逢～～之孔棘。"

【时见】 shíjiàn ❶帝王不定期会见诸侯。《周礼·春官·大宗伯》:"春见曰朝,夏见曰宗,秋见曰觐,冬见曰遇,～～曰会,殷见曰同。"郑玄注:"时见者,曰无常期。"❷定期会见。《左传·昭公四年》:"寡君有社稷之事,是以不获春秋～～。"

【时匠】 shíjiàng 指当时掌权的大臣。《南史·范晔传》:"孔熙先有美才,地胄犹可论,而翳迹仕流,岂非～～失乎?"

【时节】 shíjié ❶四季的顺序。《史记·天官书》:"摄提者,直斗杓所指,以建～～,故曰摄提格。"❷时间,时候。孔融《论盛孝章书》:"岁月不居,～～如流。"❸合时宜而有节制。《国语·晋语八》:"夫德广远而有～～,是以远服而迩不迁。"

【时禁】 shíjìn 有关季节的禁令。《荀子·王制》:"污池渊沼川泽,谨其～～,故鱼鳖优多而百姓有馀用也。"《汉书·李寻传》:"夫以喜怒赏罚,而不顾～～,虽有尧舜之心,犹不能致和。"

【时力】 shílì 古代强弩名。《史记·苏秦列传》:"天下之强弓劲弩皆从韩出,溪子、少府～～、距来者,皆射六百步之外。"

【时令】 shílìng ❶按季节制定的关于农事等政令。《礼记·月令》:"天子乃与公卿大夫共饬国典,论～～,以待来岁之宜。"❷季节。白居易《赠友》诗:"～～一反常,生灵受其病。"

【时流】 shíliú 当时的名流。《世说新语·文学》:"裴郎作《语林》始出,大为远近所传,～～年少,无不传写,各有一通。"《宋书·蔡廓传》:"廓年位并轻,而为～～所推重。"

【时律】 shílǜ 古人以音乐十二律配十二个月,合于季节的音律叫时律。《后汉书·明帝纪》:"望元气,吹～～,观物变。"

【时论】 shílùn 当时的舆论。《三国志·魏书·常林传》:"～～以林节操清峻,欲致之公辅。"白居易《牛僧孺监察御史制》:"访诸～～,宜当朝选。"

【时髦】 shímáo 指当时的杰出人物。《后汉书·顺帝纪赞》:"孝顺初立,～～允集。"谢灵运《拟魏太子邺中集诗·徐幹》:"华屋非蓬居,～～岂余匹。"今指新颖趋时为时髦。

【时命】 shímìng ❶不定期的索取。《左传·昭公三十年》:"事大,在共其～～。"❷朝廷的命令。《晋书·杜夷传》:"皇太子三至夷第,执经问义。夷虽逼～～,亦未尝朝谒。"❸命运。岑参《陪狄员外早秋登府西楼》诗:"～～难自知,功业岂暂忘。"

【时难】 shínàn 当时的灾难。《三国志·魏书·管宁传》:"遂避～～,乘桴越海。"

【时鸟】 shíniǎo 应时而鸣的鸟。曹植《节游赋》:"凯风发而～～欢,微波动而水虫鸣。"陆机《悲哉行》:"蕙草饶淑气,～～多好音。"

【时女】 shínǚ 处女。《庄子·逍遥遊》:"是其言也,犹～～也。"

【时难】 shínuó 古代根据不同时节举行的驱疫仪式。难,通"傩"。《周礼·夏官·方相氏》:"帅百隶而～～,以索室驱疫。"

【时牌】 shípái 报时辰的象牙牌,刻字填金,从卯到酉七时共七块牌。王禹偁《有伤》诗:"壁上～～催昼夜,案头朝报见存亡。"《宋史·律历志三》:"国朝复挈壶之职,专司辰刻……其制有铜壶、水称、渴乌、漏箭、～～、契之属。"

【时气】 shíqì ❶节令,气候。《论衡·是应》:"尧候四时之中,命曦和察四星以占～～。"《后汉书·明帝纪》:"其敕有司务顺～～,使无烦扰。"❷时疫,即流行病。《汉书·鲍宣传》:"～～疾疫,七死也。"

【时日】 shírì 时间,日子。多指良时吉日。《国语·晋语四》:"～～及矣,公子几矣。"《汉书·礼乐志》:"练～～,侯有望。"(颜师古注:"练,选也。")

【时食】 shíshí 时新的食物。《礼记·中庸》:"设其裳衣,荐其～～。"

【时世】 shíshì 时代。《荀子·尧问》:"～～不同,誉何由生。"《楚辞·九辩》:"窃美申包胥之盛气兮,恐～～之不固。"

【时事】 shíshì ❶在各个季节里应该做的事情。《荀子·王制》:"论百工,审～～,辨功苦,上完利。"❷诸侯、大夫对帝王四时贡职。《左传·襄公二十八年》:"郑悼公来朝,～～也。"❸当时的事。《史记·十二诸侯年表》:"吕不韦者,秦庄襄王相,亦上观尚古,删拾《春秋》,集六国～～,以为八览、六论、十二纪,为《吕氏春秋》。"

【时势】 shíshì 当时的形势,趋势。《庄子·秋水》:"当尧舜而天下无穷人,非知得也;当桀纣而天下无通人,非知失也,～～适然。"《战国策·齐策五》:"夫权藉者,万物之率也;而～～者,百事之长也。"

【时水】 shíshuǐ 雨季的雨水。《管子·立政》:"决水潦,通沟渎,修障防,安水藏,使～～虽过度,无害于五谷。"

【时谈】 shítán 时人的称道,品评。《世说新语·赏誉》:"王长史[王濛]与大司马[桓温]书,道渊源[殷浩]识致安处,足副～～。"《魏书·崔休传》:"休聪明强济,雅善断决……加之公平清洁,甚得～～。"

【时田】 shítián 指四时田猎。《大戴礼记·夏小正》:"十有一月,王狩。狩者,言王之～～。冬猎为狩。"

【时望】 shíwàng 当代有声望的人。《晋书·孝怀帝纪》:"二相经营王室,志宁社稷,储贰之重,宜归～～,亲贤之举,非大王而谁?"

【时文】 shíwén ❶当代的文明、文化。陆机《皇太子宴玄圃宣猷堂有令赋诗》:"～～惟晋,世笃其圣。"❷当时流行的文体,指科举应试之文。欧阳修《苏氏文集序》:"其后天子患～～之弊,下诏书讽勉学以近古。"

【时务】 shíwù ❶指农事。《国语·楚语上》:"民不废～～,官不易朝常。"陶渊明《癸卯岁始春怀古田舍》诗:"秉耒欢～～,解颜劝农人。"❷世事,当代大事。班固《答宾戏》:"商鞅挟三术以钻孝公,李斯奋～～而要始皇。"《汉书·昭帝纪》:"[霍]光知～～之要,轻繇薄赋,与民休息。"

【时鲜】 shíxiān 应时的美味。张华《游猎篇》:"鹰隼始击鸷,虞人献～～。"白居易《和微之春投简阳明洞天五十韵》:"乡味珍蟛蜞,～～贵鹧鸪。"

【时贤】 shíxián 当代的贤哲之人。《论衡·逢遇》:"或～～而辅恶,或以大才从于小才。"杜甫《哭韦大夫之晋》诗:"冲融标世业,磊落映～～。"

【时宪】 shíxiàn 当时的教令。潘岳《许由颂》:"通于～～,顷匡不盈。"

【时享】 shíxiǎng 宗庙四时的祭祀。《国语·周语上》:"日祭、月祀、～～、岁贡、终王,先王之训也。"也作"时飨"。柳宗元《寄许京兆孟容书》:"每当春秋～～,孑立捧奠,顾眄无后继者。"

【时行】 shíxíng ❶中医病名。指气候发生异常变化时引起的流行病。《伤寒论·伤寒例》："凡～～者，春时应暖而复大寒，夏时应大热而反大凉，秋时应凉而反大热，冬时应寒而反大温，此非其时而有其气，是以一岁之中长幼之病多相似者，此则～～之气也。"❷当时流行的。孟元老《东京梦华录·宣德楼前省府宫宇》："街北都亭驿，相对梁家珠子铺，馀皆卖～～纸画，花果铺席。"

【时羞】 shíxiū 应时的美味。羞同"馐"。《魏书·崔光传》："丰厨嘉醴，罄竭～～。"韩愈《祭十二郎文》："季父愈闻汝丧之七日，乃能衔哀致诚，使建中远具～～之奠，告汝十二郎之灵。"

【时序】 shíxù 时间、季节的先后次序。《史记·五帝本纪》："舜举八恺，使主后土，以揆百事，莫不～～。"陆机《赠尚书郎顾彦先》诗："凄风迕～～，苦雨遂成霖。"

【时巡】 shíxún 指帝王按时巡狩。《尚书·周官》："又六年，王乃～～，考制度于四岳。"张说《扈从南出雀鼠谷》诗："豫动三灵赞，～～四海威。"

【时彦】 shíyàn 当代的俊贤之才。《世说新语·文学》："张凭举孝廉，出都，负其才气，谓必参～～，欲诣刘尹，乡里及同举者共笑之。"

【时夜】 shíyè 指鸡。《庄子·齐物论》："且女亦大早计，见卵而求～～，见弹而求鸮炙。"

【时宜】 shíyí 时势所需或时代风尚。《汉书·韩安国传》："昔秦缪公都雍，地方三百里，知～～之变，攻取西戎，辟地千里，并国十四。"《世说新语·方正》："[司马]冏设宰会，召葛旟董艾等共论～～。"

【时雍】 shíyōng 和善。《尚书·尧典》："百姓昭明，协和万邦，黎民于变～～。"《汉书·高惠高后文功臣表》："昔唐以万国致～～之政，虞夏以多群后飨共己之治。"

【时雨】 shíyǔ ❶应时、及时之雨。《庄子·逍遥游》："～～降矣而犹浸灌，其于泽也，不亦劳乎！"《史记·赵世家》："甘露降，～～至，年谷丰孰。"❷比喻恩泽教化之行，如时雨润泽万物。《孟子·尽心上》："君子之所以教者五，有如～～化之者。"

【时誉】 shíyù 声誉，当时人的称誉。《后汉书·吴良传》："后迁司徒长史，每处大议，辄据经典，不希旨偶俗，以徼～～。"

【时运】 shíyùn ❶四时的运行。《淮南子·要略》："知逆顺之变，避忌讳之殃，顺～～之应。"陶渊明《时运》诗："迈迈～～，穆穆良朝。"❷气运，命运。《后汉书·荀彧传论》："方～～之屯邅，非雄才无以济其溺。"王勃《滕王阁序》："～～不齐，命途多舛。"

【时宰】 shízǎi 当时的执政大臣。《晋书·谢安传论》："并阶～～，无堕家风。"李绰《尚书故实》："又说顾况志尚疏逸，近于方外，有～～曾招致，将以好官命之。"

【时哲】 shízhé 当代贤哲。谢灵运《九日从宋公戏马台集送孔令诗》："鸣葭戾朱宫，兰卮献～～。"

【时珍】 shízhēn ❶应时珍品。柳宗元《为武中丞谢赐樱桃表》："天睠特深，～～荐降，宠惊里巷，恩溢圆方。"❷当代俊贤。韦应物《送陆侍御还越》诗："英声颇籍甚，交辟乃～～。"

【时政】 shízhèng ❶适应季节变化的政令。《左传·文公六年》："不告闰朔，弃～～也，何以为民？"❷当时的政治局势，政治设施。《后汉书·梁慬传》："～～平则文德用，而武略之士无所奋其力能。"《宋史·太祖纪一》："诏自今百官朝对，须陈～～利病，无以触讳为惧。"

【时中】 shízhōng 儒家认为人立身行事，应该随时合乎时宜，无过与不及为时中。《礼记·中庸》："君子之中庸也，君子而～～。"

实(實) shí ❶富裕。《汉书·食货志上》："食足货通，然后国～民富。"《三国志·魏书·杜畿传》："百姓劝农，家家丰～。"❷财富，财物。《礼记·表记》："君子尊仁畏义，耻费轻～。"《淮南子·本经训》："～不聚而名不立。"㊁物资，器物。《左传·隐公五年》："若夫山林、川泽之～，器用之资，皁隶之事，官司之守，非君所及也。"辛弃疾《论荆襄上流为东南重地》："资～居扬州，兵甲居上流。"❸充实，充满。《孟子·梁惠王下》："而君之仓廪～，府库充。"《楚辞·九歌·湘夫人》："合百草兮～庭，建芳馨兮庑门。"㊀容纳，填塞。《庄子·逍遥游》："魏王贻我大瓠之种，我树之成，而～五石。"《三国志·吴书·周瑜传》："乃取蒙冲斗舰数十艘，～以薪草，膏油灌其中。"❹果实，种子。《诗经·周南·桃夭》："桃之夭夭，有蕡其～。"《荀子·富国》："民富则田肥以易，田肥以易则出～而倍。"㊁结果实。《论语·子罕》："苗而不秀者有矣夫，秀而不～者有矣夫。"李白《古风》之四十七："岂无佳人色？但恐花不～。"❺实际，实在内容。《国语·晋语四》："华而不～，耻也。"《论衡·讥日》："作车不求良辰，裁衣独求吉日，俗人所重，失轻重之～也。"㊁事实，事迹。《国语·周语上》："赋事行刑，必问于遗训，而咨于故～。"《北齐书·崔暹传》："岁馀，奴告暹谋反，锁赴晋阳，无～，释而劳之。”❻真实，诚实。《三国志·魏书·陈群传》：“毁誉无端，则真伪失～。”韩愈《与祠部陆员外书》：“其为人，淳重方～，可以任事。”❼坚实，坚强。《孙子·虚实》：“兵之形，避～而击虚。”❽实在，其实。《左传·庄公八年》：“我～不德，齐师何罪？”《汉书·高帝纪上》：“乃给为谒曰：‘贺万钱。’～不持一钱。”❾证明，核实。《列子·汤问》：“汤又问曰：‘四海之外奚有？’革曰：‘犹齐州也。’汤曰：‘汝奚以～之？’”《淮南子·精神训》：“众人以为虚言，吾将举类而～之。”❿实行，实践。《左传·宣公十二年》：“栾伯善哉！～其言，必长晋国。”又：“于是卿不书，不～其言也。”⓫古算书称被乘数、被除数为实数，简称实。《九章算术·方田》：“术曰：以人数为法，钱数为～。”⓬通“寔”。确实，实在。《国语·晋语五》：“逆公子黑臀而立之，～为成公。”⓭通“寔”。是，此。《诗经·小雅·頍弁》：“有頍者弁，～维伊何？”《左传·隐公六年》：“宋卫～难，郑何能为？”⓮助词。用于前置宾语之后。《左传·僖公五年》：“鬼神非德～亲，惟德是依。”韩愈《衢州徐偃王庙碑》：“王之闻孙，世世多有，唯临兹邦，庙土～守。”

【实柴】 shíchái 古代祭礼，祭祀时把牺牲放在柴上烧烤，以为享祀。《周礼·春官·大宗伯》：“以～～祀日月星辰。”

【实官】 shíguān 指有实际职务的官职，对虚衔而言。《魏书·孝庄帝纪》：“诏诸有私马仗从戎者，职人优两大阶，亦授～～。”

【实际】 shíjì 佛教用语。犹言实相。“实”是佛家法性境界；“际”指境界之边沿。《中岳嵩阳寺碑》：“化息双林，终归～～。”陆游《周元吉蟠室》诗：“～～正如此，切忌错商量。”

【实廪】 shílǐn 根据实数赈济粮食。《后汉书·和帝纪》：“三月庚寅，诏流民所过郡国皆～～之，其有贩卖者勿出租税。”

【实年】 shínián 实际年龄。古代官方册籍，登记年龄加“实”字，以区别虚报的“官年”。白居易《照镜》诗：“岂复更藏年，～～君不信。”《儒林外史》三回：“范进道：‘童生册上写的是三十岁，童生～～五十四岁。’”

【实实】 shíshí ❶广大的样子。《诗经·鲁颂·閟宫》：“閟宫有侐，～～枚枚。”❷充实的样子。扬雄《百官箴·少府箴》：“～～少府，奉养是供。”❸确实，的确。杜光庭《第二上表》：“但以道途险阻，水陆严凝，遐迩群心，～～忧灼。”张国宾《罗李郎》一折：“～～的少这些，我不说谎。”

【实事】 shíshì ❶真实存在的事实和情况。《韩非子·外储说右下》：“虚名不以借人，况～～乎！”《论衡·对作》：“世俗之性，好奇怪之语，说虚妄之文。何则？～～不能快意，而华虚惊耳动心也。”❷切实有益的事。《韩非子·显学》：“明主举～～，去无用，不道仁义者故，不听学者之言。”欧阳修《议学状》：“教学之意在乎敦本而修其～～。”❸指尊重事实。《论衡·道虚》：“葬不死之衣冠，与卖死者无以异，非臣子～～之心，别生于死之意也。”

【实望】 shíwàng 犹满目。任昉《为庾杲之与刘居士虬书》：“妙域筵山河，虚馆带川渎，～～贲然，少酬侧迟。”《水经注·睢水》：“睢水又东流，历千竹圃，水次绿竹荫渚，菁菁～～，世人言梁王竹园也。”

【实相】 shíxiàng 佛教用语。指宇宙事物的真相或本然状态。《法华经·方便品》：“惟佛与佛，乃能究尽诸法～～。”王安石《寄国清处谦》诗：“我欲相期谈～～，东林何必谢刘雷。”

【实心】 shíxīn ❶充满内心。《国语·周语上》：“今晋侯即位而背外内之赂，虐其处者，弃其信也；不敬王命，弃其礼也；施其所恶，弃其忠也；以恶～～，弃其精也。”❷真心实意。《韩非子·饰邪》：“竖谷阳之进酒也，非以端恶子反也。～～以忠爱之，而适足以杀之而已矣。”

【实验】 shíyàn ❶实际的效验。《论衡·遭虎》：“等类众多，行事比肩，略举较著，以定～～也。”❷实有其事。《颜氏家训·归心》：“昔在江南，不信有千人毡帐；及来河北，不信有二万斛船；皆～～也。”

【实字】 shízì 即实词，与“虚字”相对。有词汇意义的是实词，旧称实字。张炎《词源·虚字》：“若堆叠～～，读且不通，况付之雪儿乎？”（雪儿：唐李密的歌姬，此泛指歌伶。）

祏 shí 宗庙中藏神主的石盒。《左传·哀公十六年》：“使贰车反～于西圃。”《三国志·魏书·韩暨传》：“宗庙主～，皆在邺都。暨奏请迎邺四庙神主，建立洛阳庙。”

拾 1. shí ❶捡取，捡起来。《列子·天瑞》：“林类年且百岁，底春被裘，～遗穗于故畦。”《后汉书·李恂传》：“徙居新安关下，～橡实以自资。”㉛收，敛。《论衡·别通》：“萧何入秦，收～文书。”❷射韝，古代射箭时戴在左臂上的皮制护袖。《国语·吴语》：“夫一人善射，百夫决～，胜未可成也。”《战国策·楚策一》：“其君好发者，其臣抉～。”❸十的大写。《敦煌变文集·伍子胥变文》：“手垂过膝，～指纤长。”

2. shè ❹蹑足而上。见"拾级"。

3. jiè ❺挨次轮流;更递。《礼记·投壶》:"左右告矢具,请~投。"《汉书·叙传上》:"匪党人之敢~兮,庶斯言之不玷。"

【拾尘】 shíchén 颜渊做饭时有灰尘落于甑中,担心饭食不干净,就用手抓出来吃了,孔子看见了,误以为他偷吃。后比喻因误会而引起怀疑。陆机《君子行》:"掇蜂灭天道,~~惑孔颜。"

【拾掇】 shíduō 拾取,采集。陆龟蒙《杞菊赋序》:"及夏五月,枝叶老硬,气味苦涩,旦暮犹责儿童辈~~不已。"王令《原蝗》诗:"寒禽冬饥啄地食,~~谷种无馀遗。"

【拾芥】 shíjiè 拾取地上的小草,形容极容易。卢思道《北齐兴亡论》:"取晋阳如~~,攻邺宫犹振槁。"《元史·成遵传》:"以此取科第,如~~耳。"

【拾青】 shíqīng 指获取官职。青指贵官印绶或服饰上的青紫色。骆宾王《秋日饯尹大往京序》:"尹大官三冬悬畅,指兰台而~~。薛六郎四海情深,飞桂樽而举白。"高適《奉酬北海李太守丈人夏日平阴亭》诗:"从此日闲放,焉能怀~~。"

【拾沈】 shíshěn 拾捡汁水,比喻不可能办到。《左传·哀公三年》:"无备而官办者,犹~~也。"《三国志·吴书·张昭传》注引《风俗通》:"言声一放,犹~~也,过辞在前,悔其何追。"

【拾袭】 shíxí 同"什袭"。层层包裹。表示郑重收藏。王迈《墨歌寄林明叔》:"昔我得之于异人,使我~~藏为珍。"

【拾遗】 shíyí ❶拾取别人遗失的东西。《战国策·秦策一》:"期年之后,道不~~,民不妄取,兵革大强,诸侯畏惧。"❷比喻容易办到。《论衡·齐世》:"光武皇帝,龙兴凤举,取天下若~~,何以不及殷汤周武?"❸补录缺漏。《史记·太史公自序》:"序略,以~~补蓺,成一家之言。"❹纠正皇帝的过失。《汉书·汲黯传》:"臣愿为中郎,出入禁闼,补过~~,臣之愿也。"❺唐代官名,掌谏议。

【拾紫】 shízǐ 义同"拾青",获取官职。骆宾王《叙寄员半千》诗:"钓名劳~~,隐迹自谈玄。"

【拾级】 shèjí 逐级登阶。《礼记·曲礼上》:"~~聚足,连步而上。"《聊斋志异·锦瑟》:"生~~而入。"

食 1. shí ❶吃。《诗经·魏风·硕鼠》:"硕鼠硕鼠,无~我苗。"《孟子·梁惠王上》:"见其生,不忍见其死;闻其声,不忍~其肉。"㉡受。《汉书·谷永传》:"不听浸润之谮,不~肤受之诉。"❷食物。《韩非子·内储说下》:"公子甚贫,马甚瘦,王何不受之马~?"《汉书·高帝纪上》:"秦民大喜,争持牛羊酒~献享军士。"特指粮食。《韩非子·外储说左上》:"群臣左右谏曰:'夫原之~竭力尽矣,君姑待之。'"曹操《置屯田令》:"夫定国之术,在于强兵足~。"❸俸禄。《论语·卫灵公》:"君子谋道不谋~。"《礼记·坊记》:"故君子与其使~浮于人也,宁使人浮于~。"❹祭祀。《管子·幼官》:"修春秋冬夏之常祭,~天壤山川之故祀,必以时。"《史记·陈涉世家》:"至今血~。"❺垦殖。《韩非子·诡使》:"女妹有色,大臣左右无功者,择宅而受,择田而~。"《礼记·檀弓上》:"我死则择不~之地而葬我焉。"❻通"蚀"。亏缺。特指日食或月食。《孟子·公孙丑下》:"古之君子,其过也,如日月之~,民皆见之。"❼疑惑,迷乱。《管子·君臣下》:"明君在上,便僻不能~其意。"

2. sì ❽给吃,喂养。《战国策·齐策四》:"左右以君贱之也,~以草具。"《史记·商君列传》:"夫五羖大夫,荆之鄙人也。闻秦缪公之贤而愿望见,行而无资,自粥于秦客,被褐~牛。"

3. yì ❾用于人名。汉代有郦食其、审食其。

【食采】 shícǎi 采地,即食邑。《汉书·地理志下》:"周宣王弟友为周司徒,~~于宗周畿内,是为郑。"

【食道】 shídào ❶运粮食的道路。《战国策·赵策二》:"韩绝~~,赵涉河漳,燕守常山之北。"❷饮食之道。《礼记·檀弓下》:"饭用米贝,弗忍虚也,不以~~,用美焉尔。"

【食德】 shídé 享受先人的馀荫。杜甫《奉送苏州李二十五长史之任》诗:"~~见从事,克家何妙年。"

【食货】 shíhuò 《尚书·洪范》:"八政:一曰食,二曰货,三曰祀,四曰司空,五曰司徒,六曰司寇,七曰宾,八曰师。"后因以食货为国家经济财政的统称。《汉书·叙传下》:"厥初生民,~~惟先。"

【食忌】 shíjì 忌口,忌吃某些食物。张祜《秋日病中》诗:"无端忧~~,开镜倍萎黄。"

【食客】 shíkè ❶寄食于王公贵族门下并为其服务的人。多有一技之长。《汉书·灌夫传》:"家累数千万,~~日数十百人。"❷饮食店中的顾客。吴自牧《梦粱录·茶肆》:"汴京熟食店,张挂名画,所以勾引观者,留连~~。"

【食口】 shíkǒu 人口。《商君书·垦令》:

"禄厚而税多，～～众者，败农事也。"《论衡·辨祟》："夫使～～十人，居一宅之中。"

【食力】 shílì ❶自食其力。《国语·晋语四》："公食贡，大夫食邑，士食田，庶人～～。"也指自食其力的人。《礼记·礼器》："天子一食，诸侯再，大夫士三，～～无数。"❷依靠租税生活。《礼记·曲礼下》："问大夫之富，曰有宰～～。"

【食贫】 shípín 生活贫困。《诗经·卫风·氓》："自我徂尔，三岁～～。"

【食顷】 shíqǐng 吃一顿饭的时间。言时间之短。《史记·孟尝君列传》："出如～～，秦追果至关，已后孟尝君出，乃还。"《汉书·吴王刘濞传》："吴反兵且至，屠下邳不过～～。"

【食色】 shísè ❶食欲与性欲。泛指人的生理本能。《孟子·告子上》："～～，性也。"❷健康的气色，指不饥饿。《左传·昭公十五年》："围鼓三月，鼓人或请降，使其民见，曰：'犹有～～，姑修而城。'"

【食性】 shíxìng 口味，对食物的好恶。王建《新嫁娘》诗："三日入厨下，洗 手作羹汤，未谙姑～～，先遣小姑尝。"

【食言】 shíyán 不履行诺言，言而无信。《史记·殷本纪》："女毋不信，朕不～～。"《汉书·匈奴传》："朕闻古之帝王，约分明而不～～。"

【食邑】 shíyì 卿大夫的封地，即采邑，收其赋税而食，故名食邑。《汉书·张安世传》："尊为公侯，～～万户。"《后汉书·铫期传》："光武即位，封安成侯，～～五千户。"

【食舆】 shíyǔ 轿子。《汉书·张耳传》"上使泄公持节问之箯舆前"颜师古注："箯舆者，编竹木以为舆形，如今之～～矣。"

【食指】 shízhǐ ❶手第二个指头。《左传·宣公四年》："子公之～～动。"❷家中人口。钱子正《溪上所见》诗："家贫～～众，谋生拙于人。"《聊斋志异·小二》："～～数百无冗口。"

【食母】 sìmǔ 乳母。《礼记·内则》："大夫之子有～～。"

【食牛】 shíniú 《尸子》："虎豹之驹未成文，而有食牛之气。"后以食牛比喻年幼而有豪气。杜甫《徐卿二子歌》："小儿五岁气～～，满堂宾客皆回头。"

【食宪章】 shíxiànzhāng 称名贵可作规范的食谱为食宪章。陶縠《清异录·馔羞》："段文昌尤精馔事，自编食经五十卷，时称邹平公～～～。"

奓 shí 见chǐ。

埘（塒） shí 在墙上凿洞做成的鸡窝。《诗经·王风·君子于役》："鸡栖于～，日之夕矣，羊牛下来。"杜牧《商山麻涧》诗："雉飞鹿过芳草远，牛巷鸡～春日斜。"

榯（榯） shí 木竹直立的样子。宋玉《高唐赋》："其始出也，晰兮若松～。"欧阳修《戕竹记》："洛最多竹，樊圃棋错，包箨～笱之赢，岁尚十数万缗。"

硕 shí 见shuò。

湜 shí 水清。《说文·水部》："～，水清见底也。"

【湜湜】 shíshí 水清澈的样子。《诗经·邶风·谷风》："泾以渭浊，～～其沚。"

寔 1. shí ❶代词。此，这。《公羊传·桓公六年》："～来者何？犹曰是人来也。"张衡《西京赋》："～为咸阳。"❷通"实"。确实，实在。《尚书·仲虺之诰》："～繁有徒。"《国语·楚语上》："用之～难，已之易矣。"

2. zhì ❸通"置"。《周易·坎》"寘于丛棘"陆德明释文："姚[信]作～。～，置也。张[璠]作置。"

提 shí 见tí。

鲥（鰣） shí 鲥鱼。一种名贵的食用鱼。形扁而长，背部黑绿色，腹部银白色。鳞下有丰富的脂肪，肉鲜嫩。王安石《后元丰行》："～鱼出网蔽洲渚，荻笋肥甘胜牛乳。"

鼫 shí ❶鼠的一种，也叫石鼠。《尔雅·释兽》："～鼠。"(郭璞注："形大如鼠，头似兔，尾有毛，青黄色，好在田中食粟豆。")❷梧鼠，也叫五技鼠。《荀子·劝学》："螣蛇无足而飞，～鼠五技而穷。"

史 shǐ ❶官名。殷商时代，为驻守边疆的武官。❷春秋时有外史、左史、南史等。为掌管法典和记事的官。《国语·楚语上》："～不失书，矇不失诵，以训御之。"《礼记·玉藻》："动则左～书之，言则右～书之。"❸官员的助手或属员。《诗经·小雅·宾之初筵》："既立之监，或佐之～。"《后汉书·百官志一》："汉初掾～辟，皆上言之，故有秩比命士。"❹历史。《史记·太史公自序》："自获麟以来，四百有馀岁，而诸侯相兼，～记放绝。"㊈记载历史的书籍。《孟子·离娄下》："其文则～。"谢灵运《山居赋》："国～以载前纪，家传以申世模。"❺文辞繁多。《仪礼·聘礼》："辞多则～，少则不达。"《论语·雍也》："质胜文则野，文胜质则～。"❻姓。

【史笔】 shǐbǐ ❶历史记载的代称。《三国志·魏书·陈思王植传》:"必效须臾之捷,以灭终身之愧,使名挂~~,事列朝策。"王禹偁《郑善果非正人论》:"史臣谓郑善果幼事贤母,长为正人。予以善果行事验之,见~~之失。"❷指史官按史实记载历史的笔法。《晋书·曹毗传》:"既登东观,染~~;又据太学理儒功。"岑参《佐郡思旧游》诗:"~~众推直,谏书人莫窥。"

【史部】 shǐbù 我国古代图书分经、史、子、集四部,"史"为第二类的名称,又称乙部。凡正史、编年史、纪事本末、别史、杂史、传记以及地理、时令、职官、政书等都属于史部。

【史臣】 shǐchén 即史官。潘岳《马汧督诔序》:"亦命~~班固而为之诔。"杜甫《八哀诗·故司徒李公光弼》:"直笔在~~,将来洗箱箧。"

【史宬】 shǐchéng 即皇史宬。古代的档案馆。始建于明嘉靖年间。

【史牒】 shǐdié 指历史书籍。《晋书·辛谧传》:"伯夷去国,子推逃赏,皆显~~,传至无穷。"王安石《送江宁彭给事赴阙》诗:"流传入~~,后人争诋諆。"

【史汉】 shǐhàn 《史记》和《汉书》的合称。《晋书·何遵传》:"遵子嵩,博观坟籍,尤善《史》、《汉》。"高適《遇卢明府有赠》诗:"胸怀豁清夜,~~如流泉。"

【史皇】 shǐhuáng 指苍颉。古代传说最早发明文字的人。《吕氏春秋·勿躬》:"~~作图。"《淮南子·修务训》:"~~产而能书。"

【史记】 shǐjì ❶泛称古代各国史官所记史事。《史记·十二诸侯年表》:"是以孔子明王道,干七十馀君莫能用,故西观周室,论~~旧闻,兴于鲁而次春秋。"又《六国年表》:"秦既得意,烧天下诗书,诸侯~~尤甚,为其有所刺讥也。"❷西汉司马迁所著,原名《太史公书》。是我国第一部纪传体通史,共一百三十篇。

【史匠】 shǐjiàng 注重修饰文字的文人叫史匠。《论衡·量知》:"能雕琢文书,谓之~~。"

【史君】 shǐjūn 即使君。史,通"使"。对州郡长官的尊称。范仲淹《绛州园池》诗:"绛台~~府,亭阁参园圃。"王安石《送潘景纯》诗:"赖有~~能好士,方看一鹗在秋天。"

【史乘】 shǐshèng 记载历史的书。《孟子·离娄下》:"晋之《乘》,楚之《梼杌》,鲁之《春秋》,一也。"《乘》、《梼杌》、《春秋》本为这三国的史籍名,后因泛称史书为史乘。

【史传】 shǐzhuàn 史册,历史。《晋书·郑方传》:"博涉~~。"韩愈《顺宗实录三》:"历代~~,无不贯通。"

矢 shǐ ❶箭。以竹为箭,以木为矢。《楚辞·九歌·国殇》:"旌蔽日兮敌若云,~交坠兮士争先。"《史记·礼书》:"古者之兵,戈矛弓~而已。"㉄正直。《法言·五百》:"圣人~口而成言,肆笔而成书。"❷古代投壶用的筹。《礼记·投壶》:"投壶之礼,主人奉~。"㉄计数的筹码。《晋书·胡贵嫔传》:"帝尝与之樗蒱,争~,遂伤上指。"❸陈述,陈列。《尚书·大禹谟》:"皋陶~厥谟。"《后汉书·马融传》:"川衡泽虞,~鱼陈罟。"❹通"誓"。《诗经·鄘风·柏舟》:"之死~靡它。"《史记·孔子世家》:"孔子~之曰:'予所不者,天厌之!天厌之!'"❺通"屎"。《庄子·人间世》:"夫爱马者,以筐盛~。"《史记·廉颇蔺相如列传》:"廉将军虽老,尚善饭,然与臣坐,顷之,三遗~矣。"

【矢石】 shǐshí 箭和垒石,是守城的武器。借指战争。《战国策·齐策六》:"明日,乃厉气循城,立于~~之所,乃援枹鼓之,狄人乃下。"《史记·晋世家》:"~~之难,汗马之劳,此复受次赏。"

【矢心】 shǐxīn 把心中的话陈述出来。韩愈《祭柳子厚文》:"设祭棺前,~~以辞。"

【矢言】 shǐyán 正直之言。《尚书·盘庚上》:"盘庚迁于殷,民不适有居,率吁众戚,出~~。"潘岳《西征赋》:"扞~~而不纳,反推怨以归咎。"

豕 shǐ 猪。《诗经·大雅·公刘》:"乃造其曹,执~于牢。"《墨子·鲁问》:"取其狗~食粮衣裘。"

【豕喙】 shǐhuì 猪嘴。比喻贪婪之相。《国语·晋语八》:"叔鱼生,其母视之,曰:'是虎目而~~,鸢肩而牛腹。溪壑可盈,是不可餍也,必以贿死。'"

【豕牢】 shǐláo ❶猪圈。《后汉书·夫馀传》:"王令置于~~,豕以口气嘘之,不死。"❷厕所。《国语·晋语四》:"臣闻昔者大任娠文王不变,少溲于~~,而得文王不加疾焉。"

【豕突】 shǐtū 像猪受惊一样奔突乱窜,比喻人的横冲直撞,流窜侵扰。《后汉书·刘陶传》:"今果已攻河东,恐遂转更~~上京。"陆游《德勋庙碑》:"氛祲内侵,戎马~~,公则奋却敌御侮之奇略。"

【豕心】 shǐxīn 猪贪食,比喻人贪婪。《左传·昭公二十八年》:"生伯封,实有~~,贪惏无厌。"

使 shǐ ❶命令,派遣。《国语·鲁语上》:"宣公~仆人以书命季文子。"《后汉书·

顺帝纪》:“乃召公卿百僚,～虎贲、羽林士屯南、北宫诸门。”❷致使,让。《诗经·郑风·狡童》:“维子之故,～我不能餐兮。”杜甫《蜀相》诗:“出师未捷身先死,长～英雄泪满襟。”❸支配,使用。《老子·五十五章》:“益生曰祥,心～气曰强。”王安石《上皇帝万言书》:“诚贤能也,然后随其德大小,才之高下而官～之。”❹放任,纵使。见“使酒”、“使气”。❺出使。《论语·子路》:“～于四方,不辱君命,可谓士矣。”《史记·韩世家》:“晋平公十四年,吴季札～晋。”㊂使者。《史记·项羽本纪》:“数使～趣齐兵,欲与俱西。”《后汉书·刘盆子传》:“会更始都洛阳,遣～降崇。”❻官名,唐以后朝廷特派负责某种政务的官员称使,如节度使、转运使等。明清的常设官职有的也称使,如道政使、按察使等。❼连词。假使,假如。《论语·泰伯》:“如有周公之才之美,～骄且吝,其馀不足观也已。”杜牧《阿房宫赋》:“～六国各爱其人,则足以拒秦。”

【使车】 shǐchē 使者所乘之车。《战国策·楚策一》:“[楚王]乃遣～～百乘,献鸡骇之犀、夜光之璧于秦王。”《汉书·萧育传》:“上以育耆旧名臣,乃以三公～～载育入殿中受策。”

【使臣】 shǐchén ❶奉君命出使的人。《诗经·小雅·皇皇者华序》:“皇皇者华,君遣～～也。”李肇《唐国史补》卷下:“开元以前,有事于外,则命～～,否则止。”❷朝廷派遣负责专门政务的官员。《后汉书·张酺传》:“张酺反作色大言,怨让～～。”

【使典】 shǐdiǎn 官府中办理文书的小吏。即胥吏。李商隐《行次西郊作一百韵》:“～～作尚书,厮养为将军。”《新唐书·张九龄传》:“又将以凉州都督牛仙客为尚书,九龄执曰:‘不可。尚书,古纳言,唐家多用旧相……仙客,河、湟一～～耳! 使班常伯,天下其谓何!’”

【使乎】 shǐhū 本为赞叹使者的话,后遂用作使者的代称。《论语·宪问》:“蘧伯玉使人于孔子,孔子与之坐而问焉,曰:‘夫子何为?’对曰:‘夫子欲寡其过而未能也!’使者出,子曰:‘～～! ～～!’”《晋书·张骏传》:“遣参军王骘聘于刘曜……曜顾谓左右曰:‘此凉州高士,～～得人!’”岑参《送杨录事充使》诗:“～～仍未醉,斜月隐吟窗。”

【使华】 shǐhuá 《诗经·小雅·皇皇者华》一诗是送使者上路的礼乐,后称朝廷的使者为使华。孔平仲《送马朝请使广西》诗:“海水扬波今合清,秋风千里～～行。”

【使节】 shǐjié ❶使者所持的符信。《周礼·地官·掌节》:“凡邦国之～～,山国用虎节,土国用人节,泽国用龙节。”❷指使者。《史记·淮南衡山列传》:“作皇帝玺,……汉～～法冠,欲如伍被计。”王安石《张工部庙》诗:“～～纷纷下禁中,几人曾到此城东?”

【使介】 shǐjiè 使者的辅佐,副使。周煇《清波别志》卷下:“煇顷出疆,～～病,皆委顿扶持而归。”亦指奉命出使的官员。《元史·世祖纪五》:“爰有太祖皇帝以来,与宋～～交通。”

【使酒】 shǐjiǔ 借酒使性。《史记·魏其武安侯列传》:“灌夫为人刚直,～～,不好面谀。”《汉书·赵充国传》:“汤～～,不可典蛮夷。不如汤兄临众。”

【使君】 shǐjūn ❶汉代称刺史为使君,汉代以后尊称州郡长官为使君。古诗《陌上桑》:“～～从南来,五马立踟蹰。”《三国志·蜀书·刘璋传》:“刘豫州,～～之肺腑,可与交通。”❷尊称使者为使君。《汉书·龚胜传》:“胜对曰:‘素愚,加以年老被病,命在朝夕,随～～上道,必死道路。’”

【使客】 shǐkè 使者。《史记·樊郦滕灌列传》:“[夏侯婴]为沛厩司御,每送～～还,过沛泗上亭,与高祖语,未尝不移日也。”曾巩《齐州二堂记》:“～～至,则常发民调材木为舍以寓,去则彻之,既费且陋。”

【使令】 shǐlìng ❶使唤。《孟子·梁惠王上》:“便嬖不足～～于前与?”❷指备使唤的人。《汉书·孝昭上官皇后传》:“左右及医皆阿意,言宜禁内,虽宫人～～皆为穷绔,多其带。”

【使命】 shǐmìng ❶差遣,命令。《左传·昭公十六年》:“会朝之不敬,～～之不听。”《三国演义》八回:“适间贱妾曾言:‘但有～～,万死不辞。’”❷使者所奉的命令。古诗《为焦仲卿妻作》:“下官奉～～,言谈大有缘。”❸奉命出使的人。《汉书·叙传下》:“姼姼公主,乃女乌孙,～～乃通,条支之濒。”《梁书·贺琛传》:“东境户口空虚,皆由～～繁数。”

【使气】 shǐqì ❶意气用事。《宋书·刘穆之传》:“[刘]瑀～～尚人,为宪司,甚得志。”苏鹗《杜阳杂编》卷上:“鱼朝恩专权～～,公卿不敢仰视。”❷伸张或抒发正气。刘禹锡《学阮公体》诗之三:“昔贤多～～,忧国不谋身。”❸发抒志气或才气。《文心雕龙·才略》:“嵇康师心以遣论,阮籍～～以命诗。”

【使人】 shǐrén 奉命出使之人。《左传·襄公二十七年》:“赵孟曰:‘床笫之言不逾阈,况在野乎? 非～～之所得闻也。’”陆游《老学庵笔记》卷六:"沙糖中国本无之。唐太宗时,外国贡至,问其～～:'此何物?'云:'以甘蔗汁煎。'"

【使事】 shǐshì ❶使者的事情。《战国策·赵策三》:"辛垣衍曰:'吾闻鲁连先生,齐国之高士也。衍,人臣也,～～有职,吾不愿见鲁连先生也。'"❷用事,指诗文中引用典故。严羽《沧浪诗话·诗法》:"不必太著题,不必多～～。"

【使星】 shǐxīng 使者。王禹偁《送罗著作奉使湖湘》诗:"～～躔次入长沙,晓别延英去路赊。"

【使牙】 shǐyá 使衙,节度使办公的地方。"牙",官署之称。后写作"衙"。《资治通鉴·唐文宗太和四年》:"众怒,大噪,掠库兵,趋～～。"

【使指】 shǐzhǐ 使用手指。比喻皇帝、朝廷的指挥调动。《汉书·贾谊传》:"令海内之势,如身之使臂,臂之～～,莫不制从。"王安石《酬冲卿见别》诗:"朝伦孰与君材似,～～将如我病何?"也指皇帝的意旨命令。《史记·司马相如列传》:"相如欲谏,业已建之,不敢,乃著书,籍以蜀父老为辞,而己诘难之,以风天子,且因宣其～～,令百姓知天子之意。"苏辙《张士澄通判定州告词》:"尔昔以才敏,尝奉～～,兹予命尔佐中山守。"

【使主】 shǐzhǔ ❶出使人员中的正职。《周书·陆逞传》:"初修邻好,盛选行人。诏逞为～～,尹公正为副以报之。"❷指节度使。唐代节度使为一道之主,故称。封演《封氏闻见记·迁善》:"[刘位]曰:'判官是幕宾,～～无受拜之礼。'"

【使作】 shǐzuò ❶犹作弄。董解元《西厢记诸宫调》卷一:"胆狂心醉,～～得不顾危亡,便胡作。"❷支配,摆布。罗大经《鹤林玉露》卷四:"陛下只是被数文腥钱～～,何不试打算了得几番犒赏?"马致远《任风子》三折:"则是这三寸元气,贯串着凡胎浊骨,～～着肉眼愚眉。"

驶(駛) shǐ ❶马行迅疾。梁简文帝《春日想上林》诗:"香车云母幰,～马黄金羁。"泛指迅疾。王维《赠从弟司库员外绿》诗:"欲缓携手期,流年一何～!"韩愈《送廖道士序》:"衡之南八九百里,地益高,山益峻,水清而益～。"❷行驶,驾驭。梅尧臣《送新安张尉乞侍养归淮甸》诗:"任意归舟～,风烟亦自如。"

【驶河】 shǐhé 犹急流。《法苑珠林》卷三:"天久不雨,所种不生,依水泉源,乃至四大～～,皆悉枯竭。"

【驶雨】 shǐyǔ 急雨,大雨。《北史·窦泰传》:"初,泰母梦风雷暴起,若有雨状,出庭观之,见电光夺目,～～沾洒。"

始 shǐ ❶开始,开端。《孟子·梁惠王上》:"养生丧死无憾,王道之～也。"《国语·晋语六》:"冬,难作,～于三郤,卒于公。"❷最初,当初。与"今"相对。《论语·公冶长》:"～吾于人也,听其言而信其行;今吾于人也,听其言而观其行。"韩愈《贺雨表》:"～闻其语,今见其真。"❸才,方才。《列子·汤问》:"寒暑易节,～一反焉。"辛弃疾《西江月·遣兴》词:"近来～觉古人书,信着全无是处。"❹只,仅。李白《梁园吟》:"天长水阔厌远步,访古～及平台间。"刘禹锡《吏隐亭》诗:"外来～一望,写尽平生心。"❺曾经。柳宗元《始得西山宴游记》:"以为凡是州之山水有异态者,皆我有也;而未～知西山之怪特。"❻姓。

【始春】 shǐchūn 立春日。《素问·六节藏象论》:"求其至也,皆归～～。"也泛指初春。左思《蜀都赋》:"若其旧俗:终冬～～,吉日良辰,置酒高堂,以御嘉宾。"

【始黄】 shǐhuáng 指刚出生。刘禹锡《谪九年赋》:"窦弁之夫,我来～～。合抱之木,我来犹芒。"

【始末】 shǐmò ❶始终,从头到尾。《晋书·谢安传》:"安虽受朝寄,然东山之志,～～不渝。"刘知几《史通·浮词》:"夫人枢机之发,亹亹不穷,必有徐音足句,为其～～。"❷原委,底细。归有光《题仕履重光册》:"是卷备载二先生致政～～。"《新唐书·武平一传》:"日用谢曰:'吾不知,君能知乎?'平一条举～～,无留语。"

【始年】 shǐnián 指青年。《新唐书·沈既济传》:"况中宗以～～即位,季年复祚,虽尊名中夺,而天命未改。"

【始室】 shǐshì 元配之妻。陶渊明《怨诗楚调示庞主簿邓治中》:"弱冠逢世阻,～～丧其偏。"

【始愿】 shǐyuàn 最初的愿望。《左传·成公十八年》:"周子曰:'孤～～不及此。'"《三国志·吴书·周鲂传》:"鲂仕东典郡,～～已获。"

【始卒】 shǐzú 始终。《庄子·寓言》:"万物皆种也,以不同形相禅,～～若环,莫得其伦。"《后汉书·傅毅传》:"密勿朝夕,聿同～～。"

【始祖】 shǐzǔ 最早的有世系可考的祖先。《仪礼·丧服》:"诸侯及其大祖,天子及其～～所自出。"

屎 1. shǐ ❶粪。《韩非子·内储说上》:"市门之外何多牛～?"梅尧臣《宣州杂诗》:"鸟～常愁污,虫丝几为扣。"❷泛指渣滓或分泌物。何薳《春渚纪闻·丹阳化铜》:"即投药甘锅中,须臾铜中恶类如铁～者,胶著锅面。"又如耳屎、眼屎等。❸比喻低劣。见"屎诗"、"屎棋"。❹排泄。《水经注·沔水》引来敏《本蜀论》:"秦惠王欲伐蜀,而不知道,作五石牛,以金置尾下,言能～金。"

2. xī ❺象声词。见"殿屎"。

【屎溺】 shǐniào 屎和尿。《庄子·知北遊》:"东郭子问于庄子曰:'所谓道,恶乎在?'庄子曰:'无所不在……在～～。'"

【屎棋】 shǐqí 低劣的棋艺。也指棋艺低劣的人。朱凯《昊天塔》四折:"呀,这和尚不老实,你只好关门杀～～。"《儒林外史》五十三回:"邹泰来因是有彩,又晓得他是～～,也不怕他恼,摆起九个子,足足赢了三十多着。"

【屎诗】 shǐshī 讥讽极拙劣的诗。翟灏《通俗编·艺术》引《唐诗纪事》:"顾著作况在茅山,有一秀才行吟得句云:'驻马上山阿。'久不得属。顾云:'风来屎气多。'秀才审知是况,惭惕而退。今嘲恶诗为'～～',此其出典。"

狶 shǐ 见 xī。

纚(纚) 1. shǐ ❶束发的帛。《汉书·江充传》:"冠禅～步摇冠。"《宋书·礼志》:"古者有冠无帻,冠下有～;以缯为之。后世施帻于冠,因裁～为帽。"❷群行的样子。《汉书·司马相如传上》:"车案行,骑就队～乎淫淫,班乎裔裔。"❸见"纚纚"。

2. sǎ ❹网。张衡《西京赋》:"然后钓魴鳢,～鰋鲉。"

3. lí ❺通"缡"。维系。《诗经·小雅·采菽》:"泛泛杨舟,绋～维之。"《后汉书·张衡传》:"前祝融使举麾兮,～朱鸟以承旗。"❻连续。见"纚属"。

【纚纚】 shǐshǐ 长而好看的样子。《楚辞·离骚》:"矫菌桂以纫蕙兮,索胡绳之～～。"

【纚纚】 sǎsǎ 有次序。《韩非子·难言》:"言顺比滑泽,洋洋～～然,则见为华而不实。"

【纚属】 lízhǔ 连续,相连。《汉书·司马相如传上》:"华榱璧珰,辇道～～。"

縰(縰) shǐ ❶束发的缁帛。同"纚"。《礼记·内则》:"子事父母,鸡初鸣,咸盥漱,栉,～、笄、总。"左思《魏都赋》:"岌岌冠～,累累辫发。"❷见"縰縰"。

【縰縰】 shǐshǐ 众多的样子。宋玉《高唐赋》:"～～莘莘,若生于鬼,若出于神。"苏轼《裙靴铭》:"百叠漪漪,风皱六铢,～～云轻。"

士 shì ❶男子的通称。《周易·归妹》:"女承筐,无实;～刲羊,无血。"后用为对男子的美称。《诗经·郑风·女曰鸡鸣》:"女曰鸡鸣,～曰昧旦。"韩愈《送董邵南序》:"燕赵古称多感慨悲歌之～。"❷武士,兵士。《吕氏春秋·报更》:"晋灵公欲杀宣孟,伏～于房中以待之。"《后汉书·张奂传》:"[曹节等]矫制使奂与少府周靖率五营～围武,武自杀,蕃因见害。"❸古代四民之一。指农工商以外,位于庶民之上的人。《管子·小匡》:"～农工商四民者,国之石民也。"❹先秦时期贵族的最低等级,位次于大夫。《礼记·王制》:"诸侯之上大夫卿、下大夫、上～、中～、下～,凡五等。"《左传·昭公七年》:"王臣公,公臣大夫,大夫臣～,～臣皁。"㉑官吏的通称。《仪礼·丧服》:"公～大夫之众臣,为其君布带绳屦。"《管子·八观》:"乡毋长游,里毋～舍。"❺掌刑狱之官。《尚书·舜典》:"帝曰:'皋陶,蛮夷猾夏,寇贼奸宄。汝作～,五刑有服。'"《孟子·告子下》:"舜发于畎亩之中,傅说举于版筑之间,胶鬲举于鱼盐之中,管夷吾举于～。"❻知识分子的通称。《论衡·实知》:"故智能之～,不学不成,不问不知。"❼通"事"。事情,职事。《论语·述而》:"子曰:'富而可求也,虽执鞭之～,吾亦为之。'"《管子·君臣上》:"官谋～,量实义美,匡请所疑。"㉒担任职务。《尚书·康诰》:"侯甸男邦采卫,百工播民和,见～于周。"㉒从事。《诗经·豳风·东山》:"制彼裳衣,勿～行枚。"《荀子·致士》:"然后～其刑赏而还与之。"❽通"仕"。做官。《周礼·地官·载师》:"以宅田、～田、贾田,任近郊之地。"《论衡·刺孟》:"有～于此,而子悦之。"《孟子·公孙丑下》"士"作"仕"。❾姓。

【士夫】 shìfū ❶少年男子。《周易·大过》:"枯杨生华,老妇得其～～。"亦通称男子。元好问《聂孝女墓铭》:"不于～～,一女之畀。"❷士大夫。《潜夫论·交际》:"内见谪于妻子,外蒙讥于～～。"罗大经《鹤林玉露》卷一:"至于荷艳桂香,妆点湖山之清丽,使～～流连于歌舞嬉游之乐,遂忘中原,是则深可恨耳!"

【士官】 shìguān ❶即士师,掌刑狱之官。荀悦《汉纪·惠帝纪》:"契作司徒,训五品;皋陶作～～,正五刑。"❷监狱的别名。蔡邕《独断》:"四代狱之别名,唐虞曰～～。《史记》曰'皋陶为理',《尚书》曰'皋陶作士'。夏曰均台,周曰囹圄,汉曰狱。"❸犹言作官。士,通“仕”。《韩非子·五蠹》:“今则不然。以其有功也爵之,而卑其～～也。”

【士家】 shìjiā 魏晋时,职业士兵的家庭称为士家,其子弟世代为兵。《三国志·魏书·辛毗传》:“帝欲徙冀州～～十万户实河南。时连蝗民饥,群司以为不可。”

【士检】 shìjiǎn 士大夫的操守。卢琳《晋八王故事·董艾》:“艾少好功名,不修～～。”张纲《驳汪若海差遣指挥状》:“臣伏见数内汪若海浮躁轻脱,素无～～。”

【士节】 shìjié 士大夫的节操。司马迁《报任少卿书》:“传曰:‘刑不上大夫。’此言～～不可不勉励也。”陆游《自责》诗:“未挂衣冠惭～～,免输薪粲荷君恩。”

【士类】 shìlèi 统称读书人。《后汉书·郭太传》:“性明知人,好奖训～～。”《三国志·蜀书·邓艾传》:“性刚简,不饰意气,不得～～之和。”

【士林】 shìlín ❶文人士大夫阶层,知识界。陈琳《为袁绍檄豫州》:“自是～～愤痛,民怨弥重。”罗隐《寄前户部陆郎中》诗:“出驯桑雉入朝簪,萧洒清名映～～。”❷馆名,梁武帝立。庾信《哀江南赋》:“天子方删《诗》《书》、定《礼》《乐》,设重云之讲,开～～之学。”《南史·梁武帝纪》:“丙辰,于官城西立～～馆,延集学者。”

【士流】 shìliú ❶出身士族的人。《南史·王僧孺传》:“竞行奸货,以新换故,昨日卑细,今日便成～～。”❷泛指文士。《北齐书·元遥传》:“齐因魏朝,宰县多用厮滥,至于～～,耻居百里。”陆游《老学庵笔记》卷九:“又士人家子弟,无贫富皆着芦心布衣,红勒帛狭如一指大,稍异此则共嘲笑,以为非～～也。”

【士甿】 shìméng 士人和庶民。甿,民。梁简文帝《图雍州贤能刺史教》:“或有留爱～～,或有传芳史籍。”

【士民】 shìmín ❶古时四民中学道艺或习武勇的人。《穀梁传·成公元年》:“古者有四民:有～～,有商民,有农民,有工民。”《韩非子·五蠹》:“～～纵恣于内,言谈者为势于外,外内称恶,以待强敌,不亦殆乎!”❷士大夫和庶民。《荀子·致士》:“川渊者,龙鱼之居也;山林者,鸟兽之居也;国家者,～～之居也。”《后汉书·孟尝传》:“隐处穷泽,身自耕佣,邻县～～慕其德就居止者,百余家。”

【士女】 shìnǚ ❶青年男女。《诗经·小雅·甫田》:“以介我稷黍,以谷我～～。”《孟子·滕文公下》:“东征,绥厥～～。”❷泛指人民,百姓。《后汉书·王畅传》:“郡为旧都侯甸之国,园庙出于章陵,三后生自新野,～～沾教化,黔首仰风流,自中兴以来,功臣将相,继世而隆。”《三国志·魏书·崔琰传》:“今邦国殄瘁,惠康未洽,～～企踵,所思者德。”❸指贵族妇女。《敦煌曲子词·菩萨蛮》之二:“清明节近千山绿,轻盈～～腰如束。”也指美人画。苏轼《题张子野诗集后》:“昔周昉画人物皆入神品,而世俗但知有周昉～～,皆所谓未见好德如好色者欤。”也作“仕女”。

【士气】 shìqì ❶军队的战斗意志。《汉书·李陵传》:“连战,士卒中矢伤,三创者载辇,两创者将车,一创者持兵战。陵曰:‘吾～～少衰而鼓不起者,何也?’”《宋史·徐禧传》:“军锋～～,固已百倍。”❷士大夫的气概。陆游《送芮国器司业》诗:“人才衰靡方当虑,～～峥嵘未可非。”又《寄别李德远》诗:“中原乱后儒风替,党禁兴来～～孱。”

【士师】 shìshī ❶古时掌禁令刑狱的官名。亦作“士史”。《论语·微子》:“柳下惠为～～。”《论衡·刺孟》:“彼如曰:‘孰可以杀之?’则应之曰:‘为～～则可以杀之。’”❷指军队。《礼记·曲礼上》:“前有车骑,则载飞鸿;前有～～,则载虎皮。”颜延之《阳给事诔》:“～～奔扰,弃军争免。”

【士庶】 shìshù ❶士大夫和庶民,也泛指百姓。《后汉书·公孙述传》:“蜀地肥饶,兵力精强,远方～～多往归之。”元稹《阳城驿》诗:“我实唐～～,食唐之田畴。”❷士族和庶族。《宋书·恩幸传序》:“魏晋以来,以贵役贱～～之科,较然有辨。”沈约《奏弹王源》:“风闻东海王源,嫁女与富阳满氏……窃寻[满]章之姓族,～～莫辨。”

【士素】 shìsù 士人与庶民。同“士庶”。《晋书·郗鉴传》:“归乡里。于时所在饥荒,州中之～～……遂共推鉴为主。”

【士望】 shìwàng ❶指门第。《新唐书·严砺传》:“即拜本道节度使。诏下谏议大夫、给事中、补阙、拾遗合议,皆以为‘砺资浅,～～轻,不宜授节制’,帝不从。”❷犹众望。《续资治通鉴·宋仁宗庆历四年》:“仲淹放逐数年,陕西用兵,帝以仲淹～～所属,拔用护边。”

【士伍】 shìwǔ 秦汉制度,夺其官爵,使其与士卒为伍,称士伍。《史记·秦本纪》:“武安君白起有罪,为～～,迁阴密。”《汉书·丙吉传》:“元帝时,长安～～尊上书。”

【士息】 shìxī 魏晋时指士兵之子。《三国志·魏书·陈思王植传》:“被鸿胪所下发～～书,期会甚急。”

【士行】 shìxíng 士大夫的操行。多含褒义。《汉书·到洽传》:“洽少知名,清警有才学～～。”《旧唐书·崔颢传》:“崔颢者,登进士第,有俊才,无～～,好蒱博饮酒。”

【士姓】 shìxìng 士族。指在政治、经济上享有特权的豪门大姓。《南史·刘昙净传》:“会有诏～～各举四科,昙净叔父慧斐举以应孝行,武帝用为海宁令。”

【士子】 shìzǐ ❶青壮年男子。《诗经·小雅·北山》:“偕偕～～,朝夕从事。”❷学子,读书人。杜甫《别董颋》诗:“～～甘旨阙,不知道里寒。”❸士大夫。《宋书·恩幸传论》:“～～居朝,咸有职业。”

【士卒】 shìzú 士指甲士,卒指步卒,泛指战士。《史记·高祖本纪》:“汉王病创卧,张良强请汉王起行劳军,以安～～。”《汉书·高帝纪上》:“大破汉军,多杀～～,睢水为之不流。”

【士族】 shìzú ❶东汉以后在地主阶级内部形成的大姓豪族。在政治经济方面都享有特权。《晋书·许迈传》:“家世～～,而迈少恬静,不慕仕进。”《资治通鉴·后唐庄宗同光元年》:“晋王下教置百官,于四镇判官中选前朝～～,欲以为相。”❷犹士类。泛指读书人。《颜氏家训·文章》:“近在并州,有一～～,好为可笑诗赋。”

氏 1. shì ❶姓的分支,是标志宗族系统的称号。古代女子称姓,男子称氏。《左传·隐公八年》:“天子建德,因生以赐姓,胙之土而命之～。”也有以邑、以官、以祖父的谥号或字为氏的。因此只有贵族有氏,平民则无。班固《白虎通·姓名》:“所以有～者何?所以贵功德,贱伎力。或～其官,或～其事……或～王父字者何?所以别诸侯之后,为兴灭国继绝世也。”汉魏以后,姓与氏合,姓也称氏。《后汉书·马援传》:“其先赵奢为赵将,号曰马服君,子孙因为～。”柳宗元《捕蛇者说》:“有蒋～者,专其利三世矣。”❷远古传说中的人物、国名或国号、或朝代,均系以氏。《左传·昭公十七年》:“少皞～以鸟名官。”白居易《采诗官》诗:“周灭秦兴至随～,十代采诗官不置。”❸古代对已婚女子的称呼。常于其父姓之后称氏。《左传·隐公元年》:“姜～欲之,焉辟害?”《世说新语·贤媛》:“贾充妻李～,作《女训》,行于世。”❹古代少数民族支系的称号。如鲜卑族有慕容氏、拓跋氏、宇文氏等。❺古代官名。世业职官的称氏,如保氏、职方氏、太史氏。后泛用作对人的敬称。❻姓。

2. zhī ❼月氏。汉代有月氏国。《史记·天官书》:“其西北则胡、貉、～～诸衣旃裘引弓之民,为阴。”❽阏氏。匈奴单于嫡妻的名号。《史记·韩信卢绾列传》:“匈奴骑围上,上乃使人厚遗～～。”

市 shì ❶交易,做买卖。《周易·系辞下》:“日中为～,致天下之民,聚天下之货。”《史记·晋世家》:“兵至滑,郑贾人弦高将～于周,遇之,以十二牛劳秦师。”❷市场,集市。《论衡·别通》:“入都必欲见～,～多异货也。”陆游《溪行》诗:“买鱼寻近～,觅火就邻船。”❸购买。《国语·齐语》:“以其所有,易其所无,～贱鬻贵。”李白《宣城送刘副使入秦》诗:“千金～骏马,万里逐王师。”❹卖。《韩非子·外储说右上》:“故～木之价不加贵于山。”李德裕《亳州圣水状》:“其水斗价三千,而取者益之他水,沿路转以～人,老病饮之,多至危笃。”❺求,求得。《老子·六十二章》:“美言可以～尊,美行可以加人。”《战国策·齐策三》:“君何不留楚太子,以～其下东国。”❻官名。即司市,掌管市场的官吏。《礼记·王制》:“命～纳贾。”《尉缭子·武议》:“夫～也者,百货之官也。”❼集镇,城镇。温飞卿《途中偶作》诗:“鸡犬夕阳喧县～,凫鹭秋水曝城壕。”陆游《马上》诗:“荒陂噫噫已度雁,小～喔喔初鸣鸡。”❽市制,度量单位之一。《隋书·律历志上》:“甄鸾《算术》云:周朝～尺,得玉尺九分二厘。”❾姓。

【市舶】 shìbó ❶来往贸易的中外海船,唐宋后多指外国商船。《新唐书·卢奂传》:“污吏敛手,中人之～～者亦不敢干其法,远俗为安。”亦指海外贸易。《资治通鉴·唐玄宗开元四年》:“有胡人上言海南多珠翠奇宝,可往营致,因言～～之利。”❷官名。市舶使的简称。负责对外贸易事务。《宋史·食货志下八》:“九年,集贤撰程师孟请罢杭、明州～～,诸舶皆隶属广州一司。”

【市步】 shìbù 码头上的集市。步,通“埠”。陆游《早春出游》诗:“酒垆日暮收青旆,～～人归拥画桡。”

【市曹】 shìcáo ❶集市上商店集中的地方。《魏书·常山王遵传》:“迁吏部尚书,纳货用官,皆有定价,大郡二千匹,次郡一千匹,下郡五百匹,其余受职各有差,天下号曰‘～～’。”❷市中通衢。古代常于此处决人犯。《京本通俗小说·错斩崔宁》:“押赴～～,行刑示众。”

【市廛】 shìchán 指商店集中的地方。谢灵运《山居赋》:“山居良有异乎～～。”《宣和遗事》前集:“由后载门出市私行,可以恣观～～风景。”

【市朝】 shìcháo ❶市,集市,交易的场所;朝,朝廷。指人群聚集、争名夺利的场所。

《战国策·齐策一》:"能谤讥于～～,闻寡人之耳者,受下赏。"《孟子·公孙丑上》:"思以一豪挫于人,若挞之于～～。"陆游《岳池农家》诗:"农家农家乐复乐,不比～～争夺恶。"❷集市贸易之地。《论语·宪问》:"吾力犹能肆诸～～。"《盐铁论·本议》:"～～以一其求,致士民,聚万货,农商工师,各得所欲,交易而退。"❸指朝廷,官府。陶渊明《岁暮和张常侍》:"～～凄旧人,骤骥感悲泉。"《旧唐书·隐逸传赞》:"结庐泉石,投绂～～。"

【市尘】 shìchén 比喻城市的喧嚣。陆游《东窗小酌》诗:"～～远不到林塘,嫩暑轩窗昼漏长。"

【市道】 shìdào ❶市中道路。《汉书·韩延寿传》:"百姓遵用其教,卖偶车马下里伪物者,弃之～～。"《后汉书·隗嚣传》:"吏民昏乱,不知所从,商旅穷窘,号泣～～。"❷市中或道上之人,泛指一般人。《宋书·刘秀之传》:"时赊市百姓物,不还钱,～～嗟怨。"《新唐书·皇甫镈传》:"镈以吏道进,既由聚敛句剥为宰相,至虽～～皆嗤之。"❸交易逐利之道。《史记·廉颇蔺相如列传》:"廉颇之免长平归也,失势之时,故客尽去。乃复用为将,客又复至。廉颇曰:'客退矣。'客曰:'吁,君何见之晚也?夫天下以～～交。君有势,我则从君;君无势,则去。此固其理也,有何怨乎?'"陆游《上虞丞相书》:"上持禄与位以御下,下挟才与功以望其上,非～～乎?"

【市恩】 shì'ēn 给人好处以讨好别人。《新唐书·裴耀卿传》:"今朕有事岱宗,而怀州刺史王丘饩牵外无它献,我知其不～～也。"《宋史·吕大防传》:"不～～嫁怨,以邀声誉,凡八年,始终如一。"

【市贾】 shìgǔ 商人。《左传·昭公十三年》:"同恶相求,如～～焉。"《新唐书·王缙传》:"性贪冒,纵亲戚尼姏招纳财贿,猥屑相稽,若～～然。"

【市骨】 shìgǔ 指战国时燕昭王用千金买死千里马的骨头,后以此比喻招揽人才。《南史·郑鲜之传》:"昔叶公好龙而真龙见,燕昭～～而骏足至。"柳宗元《斩曲几文》:"昭王～～,乐毅归燕。"

【市虎】 shìhǔ 市中的老虎。市本无虎,因以比喻流言蜚语。《论衡·累害》:"夫如是～～之讹、投杼之误不足怪,则玉变为石,珠化为砾,不足诡也。"《抱朴子·嘉遁》:"夫渐渍之久,则胶漆解坚;浸润之至,则骨肉乖析;尘羽之积,则沉舟折轴;三至之言,则～～以成。"

【市欢】 shìhuān 搏取他人的欢心。《新唐书·裴胄传》:"是时,方镇争剥下希恩,制重锦异绫,名贡奉。有中使者,即悉公帑～～。"

【市暨】 shìjì 船只停泊处,码头。杜甫《秋日夔府咏怀奉寄郑监李宾客一百韵》:"陈图沙北岸,～～瀼西巅。"陆游《答交代杨通判启》:"舟艑轲峨,弗获往迎于～～。"

【市贾】 shìjià 市场价格。《墨子·贵义》:"商人之四方,～～倍徙,虽有关梁之难,盗贼之危,必为之。"《孟子·滕文公上》:"从许子之道,则～～不贰,国中无伪。"

【市井】 shìjǐng ❶城中集中买卖货物的场所。《管子·小匡》:"处商必就～～。"❷市街,城邑。《孟子·万章下》:"在国曰～～之臣。"《后汉书·刘宠传》:"山民愿朴,乃有白首不入～～者。"❸指商人。《史记·平准书》:"孝惠、高后时,为天下初定,复弛商贾之律,然～～之子孙亦不得仕宦为吏。"《颜氏家训·治家》:"近世嫁娶,遂有卖女纳财,买妇输绢……责多还少,～～无异。"

【市聚】 shìjù 市集。王褒《僮约》:"往来～～,慎护奸偷。"陆游《寄朱元晦提举》诗:"～～萧条极,村墟冻馁稠。"

【市骏】 shìjùn 同"市骨"。买骏马之骨,比喻求贤。萧统《答湘东王求文集诗苑书》:"爱贤之情,与时而笃,冀同～～,庶匪畏龙。"骆宾王《与程将军书》:"燕昭为～～之资,郭隗居礼贤之始。"

【市侩】 shìkuài 经纪人,买卖的中间介绍人。《淮南子·氾论训》"段干木,晋国之大驵也"高诱注:"驵,骄怚。一曰:驵,～～也。"《新唐书·食货志四》:"鬻两池盐者,坊市居邸主人、～～皆论坐。"后指唯利是图的商人。

【市里】 shìlǐ 城市里巷。《三国志·魏书·华歆传》:"高唐为齐名都,衣冠无不游行于～～。"叶適《刘建翁墓志铭》:"～～寒人,必知名数,雨雪冻仆,计口与钱米。"

【市列】 shìliè 集市中的商店。《汉书·食货志下》:"今弘羊令吏坐～～,贩物求利。"《潜夫论·劝将》:"故荀有土地,百姓可富也;苟有～～,商贾可来也。"

【市平】 shìpíng ❶市场物价稳定。《周礼·地官·司市》"以陈肆辨物而平市"郑玄注:"陈犹列也。辨物,物异肆也。肆异则～～。"❷王莽新朝时在各地市场所规定的标准价格。在每季度的中月定出货物的上中下三级三等称为市平。《汉书·食货志下》:"诸司市常以四时中月实定所掌,为物上中下之贾,各自用为其～～,毋拘它所。"❸旧时民间授受银两所用的一种衡量标准。

《儒林外史》三十二回："他这银子是九五兑九七色的，又是～～，比钱平小一钱三分半。"

【市人】 shìrén 城市居民。《史记·淮阴侯列传》："且信非得素拊循士大夫也，此所谓'驱～～而战之'，其势非置之死地，使人自为战。"《宋史·食货志上》："庆历三年，诏民犯法可矜者别为赎令，乡民以谷麦，～～以钱帛。"也指商人。杜甫《述古》诗之二："～～日中集，于利竞锥刀。"苏轼《与陈传道书》之三："某方病～～逐利，好刊某拙文，欲毁其板，矧欲更令人刊邪？"

【市日】 shìrì 集市交易之日。《后汉书·孔奋传》："时天下扰乱，唯河西独安，而姑臧称为富邑，通货羌胡，～～四合。"

【市声】 shìshēng 市中的喧闹声。陆游《幽居戏赠邻曲》诗："～～不闻耳差静，车辙扫空身转暇。"

【市肆】 shìsì 市中店铺。《后汉书·王充传》："常游洛阳～～，阅所卖书，一见辄能诵忆。"《世说新语·文学》："康僧渊初过江，未有知者，恒周旋～～，乞索以自营。"

【市头】 shìtóu ❶市上。元稹《酬乐天江楼夜吟稹诗因成三十韵》："才从鱼里得，便向～～悬。"施肩吾《途中逢少女》诗："～～日卖千般镜，知落谁家新匣中？"❷卖艺人等会聚的茶肆。吴自牧《梦粱录·茶肆》："又有茶肆专是五奴打聚处，亦有诸行借工卖伎人会聚行老，谓之'～～'。"

【市喧】 shìxuān 市场上的喧闹声。杜甫《自瀼西荆扉且移居东屯茅屋》诗之二："～～宜近利，林僻此无蹊。"

【市牙】 shìyá 市场牙侩。旧指以介绍买卖赚取佣金为职业的人。《旧唐书·食货志下》："～～各给印纸，人有买卖，随自署记，翌日合算之。有自贸易不用～～者，验其私簿，无私簿者，投状自集。"

【市义】 shìyì 收买人心，获取名声。《战国策·齐策四》："臣窃矫君命，以责赐诸民，因烧其券，民称万岁，乃臣所以为君～～也。"杨炯《唐昭武校尉曹君神道碑》："家僮有礼，皆使拜宾；门客多才，咸能～～。"

【市隐】 shìyǐn 在闹市中隐居。皎然《五言酬崔侍御见赠》诗："～～何妨道，禅栖不废诗。"张养浩《久雨初霁书所寓壁》诗："～～静于野，客居闲似家。"亦指在城市中隐居的隐士。陆游《忆昨》诗："先主庙中逢～～，丈人观里识巢仙。"

【市佣】 shìyōng 集市上的雇工，手工业劳动者。《荀子·议兵》："是其去赁～～而战之，几矣。"也作"市庸"。《管子·山至数》："大夫高其垄，美其室，此夺农事及～～，此非便国之道也。"

【市语】 shìyǔ ❶指市井俗语。周紫芝《竹坡诗话》卷三："李瑞叔尝为余言，东坡云：'街谈～～，皆可入诗，但要人熔化耳。'"❷不同行业的行话、隐语。田汝成《西湖游览志馀·委巷丛谈》："乃今三百六十行各有～～，不相通用，仓猝聆之，竟不知为何等语也。"《水浒传》六十一回："亦是说的诸路乡谈，省的诸行百艺的～～。"

【市狱】 shìyù ❶市中监狱。《晋书·刘琨传》："造府曹，建～～。"《宋书·孝武帝纪》："故沿情察讼，鲁师致捷；～～勿扰，汉史飞声。"❷行贿买脱罪名。《新唐书·李景略传》："李怀光为朔方节度使，署巡官，五原将张光杀其妻，以赀～～，前后不能决，景略核实，论杀之。"

【市怨】 shìyuàn 招致怨恨。《史记·苏秦列传》："且大王之地有尽而秦之求无已，以有尽之地而逆无已之求，此所谓～～结祸者也，不战而地已削矣。"

【市政】 shìzhèng 集市的事务。《周礼·地官·司市》："凡会同师役，市司帅贾师而从，治其～～。"

【市租】 shìzū 货物的税款。《晏子春秋·杂下》："使吏致千金与～～，请以奉宾客。"刘禹锡《武陵观火》诗："下令阛里布，指期轻～～。"

【市卒】 shìzú 城市中守门的人。《晋书·郭璞传》："严平澄漠于尘肆，梅真隐沦乎～～。"元稹《估客乐》诗："～～酒肉臭，县胥家舍成。"

示 1. shì ❶自然界某种征象的显现。古人迷信，把这种显现看作是上天垂示吉凶祸福的征象。《周易·系辞下》："夫乾确然，～人易也；夫坤隤然，～人简矣。"《三国演义》八十回："此是上天～瑞，魏当代汉之象也。"❷摆出来给人看或指出来使人知道。《尚书·武成》："归马于华山之阳，放牛于桃林之野，～天下弗服。"《新序·杂事一》："秦欲观楚之宝器，吾和氏之璧，随侯之珠，可以～诸？"《史记·高祖本纪》："汉王引诸侯兵北，～鲁父老项羽头，鲁乃降。"❸告诉，告知。《战国策·秦策二》："医扁鹊见秦武王，武王～之病。"❹教，教导。《盐铁论·本议》："夫导民以德，则民归厚；～民以利，则民俗薄。"❺(shī)通"施"。《荀子·赋》："皇天隆物，以～下民。"

2. zhì ❻通"寘"。置。《诗经·小雅·鹿鸣》："人之好我，～我周行。"

【示疾】 shìjí 佛家称得病为示疾。刘轲

《玄奘塔铭》:"自～～至于升神,奇应不可弹纪。"

世 shì ❶古代以三十年为一世。《管子·幼官》:"三千里之外,诸侯～一至。"《史记·孝文本纪论》:"孔子言'必～然后仁。善人之治国百年,亦可以胜残去杀'。诚哉是言!"❷一生,一辈子。《左传·成公十六年》:"不可以当吾～而失诸侯,必伐郑。"《论语·卫灵公》:"君子疾没～而名不称焉。"❸父子相继为一世,一代。《孟子·离娄下》:"君子之泽,五～而斩。"贾谊《过秦论》:"及至秦王,续六～之馀烈,振长策而御宇内。"❹继承。《史记·周本纪》:"昔我先王～后稷以服虞夏。"《后汉书·杨震传》:"奉子敷,笃志博闻,议者以为能～其家。"❺后代,后嗣。《列子·杨朱》:"卫端木叔者,子贡之～也。"《史记·三代世表》:"蜀王,黄帝后～也。"❻世系,世族。《国语·鲁语上》:"夫宗庙之有昭穆也,以次～之长幼,而等胄之亲疏也。"《荀子·君子》:"以族论罪,以～举贤。"⊗世世代代,累代。《三国志·吴书·陆逊传》:"～江东大族。"韩愈《唐故监察御史卫府君墓志铭》:"家～习儒学词章。昆弟三人,俱传父祖业。"❼朝代。《诗经·大雅·荡》:"殷鉴不远,在夏后之～。"陶渊明《桃花源记》:"问今是何～,乃不知有汉,无论魏晋。"❽时代。《孟子·告子下》:"殃民者不容于尧舜之～。"《法言·问道》:"鸿荒之～,圣人恶之,是以法始乎伏羲而成乎尧。"❾世间,人世。《楚辞·渔父》:"举～皆浊我独清,众人皆醉我独醒。"韩愈《杂说》之四:"～有伯乐然后有千里马。"❿生长,生。《逸周书·本典》:"帝乡在地,曰本,本生万物,曰～。"《列子·天瑞》:"损盈成亏,随～随死。"⓫没世,死。《后汉书·陈球传》:"迁居空宫,不幸早～。"韩愈《祭十二郎文》:"吾上有三兄,皆不幸早～。"⓬年,岁。《左传·昭公三年》:"早～陨命。"《汉书·食货志上》:"～之有饥穰,天之行也。"⓭姓。

【世表】 shìbiǎo ❶世人的表率。《三国志·魏书·管宁传》注引陈群曰:"伏见征士北海管宁,行为～～,学为人师。"《北史·卢昌衡传》:"德为～～,行为士则。"❷尘世之外。陆机《叹逝赋》:"精浮神沦,忽在～～。"苏轼《与范元长书》之八:"其超然～～,如仙佛之所云必矣。"❸指历史世系表。《史记·太史公自序》:"维三代尚矣,年纪不可考,盖取之谱牒旧闻,本于兹,于是略推,作《三代世表》第一。"

【世臣】 shìchén 历代有功业的旧臣。《孟子·梁惠王下》:"所谓故国者,非谓有乔木之谓也,有～～之谓也。"苏轼《私试策问》之二:"夫周之世,诸侯为政之卿,皆其～～之子孙,则夫布衣之士,其进盖亦有所止也。"

【世尘】 shìchén 尘世间,世俗之事。王昌龄《题朱炼师山房》诗:"叩齿焚香出～～,斋坛鸣磬步虚人。"杜甫《别赞上人》诗:"还为～～婴,颇带憔悴色。"

【世程】 shìchéng 世人的法式,楷模。岑参《仆射裴公挽歌》之一:"盛德资邦杰,嘉谟作～～。"刘禹锡《代郡开国公王氏先庙碑》:"大和二年,增新室即成,祔显考于尊位,告飨由礼,观之者以为～～。"

【世次】 shìcì 世系相承的先后。韩愈《贞曜先生墓志铭》:"初,先生所与俱学同姓简,于～～为叔父。"欧阳修《归田录》卷二:"[赵志忠]既而脱身归国,能述虏中君臣～～、山川风物甚详。"

【世道】 shìdào ❶社会风气。沈约《与何胤敕》:"兼以～～浇暮,争诈繁起。"陈子昂《感遇》诗:"临歧泣～～,天命良悠悠。"❷人世道路,指纷繁的社会状态。《列子·杨朱》:"方其荒于酒也,不知～～之安危,人理之悔吝。"苏轼《和李太白》:"～～如弈棋,变化不容复。"

【世德】 shìdé 世代留传的功德。《诗经·大雅·下武》:"王配于京,～～作求。"曾巩《上欧阳学士第二书》:"及一日有文移发召之警,则又承藉～～,不蒙矢石,备战守,驭车仆马,数千里馈饷。"

【世谛】 shìdì ❶佛家称世间的事理为世谛。高適《同马太守听九思法师讲金刚经》诗:"途经～～间,心到空王外。"❷指世俗之见。王维《与苏卢二员外期游方丈寺而苏不至因有是作》诗:"共仰头陀行,能忘～～情。"

【世典】 shìdiǎn ❶世间的典籍。《后汉书·列女传序》:"若夫贤妃助国君之政,哲妇隆家人之道,高士弘清淳之风,贞女亮明白之节,则其徽美未殊也,而～～咸漏焉。"❷佛家称佛教经典以外的书为世典。《维摩诘经·方便品》:"虽明～～,常乐佛法。"慧远《答何镇南书》:"至言隔于～～,谈士发殊途之论。"

【世调】 shìdiào 处世的才干。《南齐书·刘悛传》:"悛强济有～～,善于流俗。"

【世度】 shìdù ❶超凡而成仙。嵇康《答秀才》诗之二:"纵躯任～～,至人不私己。"❷指整个封域。李商隐《无愁果有愁曲北齐歌》:"东有青龙西白虎,中含福星包～～。"

【世阀】 shìfá 祖先有功绩名望。《旧唐书·

李知本传》："初，孝端与族弟太冲俱有～～，而太冲官宦最高，孝端方之为劣。"

【世法】 shìfǎ ❶世世效法。《国语·齐语》："昔吾先王昭王、穆王，～～文、武远绩以成名。"❷世人的楷模，沿用的习惯、常规。《盐铁论·相刺》："居则为人师，用则为～～。"俞文豹《吹剑录外集》："酬酢事机，区分利害，必用～～。"❸佛教称世间一切生灭无常的事物为世法。《华严经·世主妙严品》："佛观～～如光影。"

【世纷】 shìfēn 世人追逐名利的纷乱状态。《后汉书·班彪传赞》："彪识皇命，[班]固迷～～。"陆游《幽居杂题》诗之四："独往成初志，安居谢～～。"

【世风】 shìfēng 社会风气。苏舜钦《检书》诗："～～随日俭，俗态逐势热。"《聊斋志异·夏雪》："～～之变也，下者益谄，上者益骄。"

【世父】 shìfù 大伯父。后为伯父的通称。《汉书·王莽传上》："阳朔中，～～大将军凤病，莽侍疾，亲尝药。"黄庭坚《送彦孚主簿》诗："～～盛文藻，如陆海潘江。"

【世妇】 shìfù 宫中女官。相当于妃嫔之类。《周礼·天官·世妇》："～～掌祭祀、宾客、丧纪之事。"《三国志·魏书·后妃传》："封俨～～刘为东乡君，又追封逸～～张为安喜君。"

【世干】 shìgàn 经世之才。《魏书·崔秉传》："长子忻，字伯悦，有～～。"

【世纲】 shìgāng 比喻社会的法制礼教、伦理道德对人的束缚。嵇康《答向子期难养生论》："奉法循理，不绊～～。"苏舜钦《春睡》诗："嗒尔暂能离～～，陶然直欲见天机。"

【世故】 shìgù ❶指生计。《列子·杨朱》："卫端木叔者，子贡之世也。藉其先赀，家累万金，不治～～，放意所好。"❷世间的事情。嵇康《与山巨源绝交书》："机务缠其心，～～烦其虑。"❸变故，变乱。潘尼《迎大驾》诗："～～尚未夷，崤函方崄涩。"❹待人接物的处事经验，也指世俗人情。叶適《故大宋丞高公墓志铭》："干敏强力，老练～～，审动而果，虑远而成。"高启《玉漏迟》词："只为微知～～，比别个倍添烦恼。"❺世交，故人。卢纶《赴虢州留别故人》诗："～～相逢各未闲，百年多在离别间。"

【世官】 shìguān 某一官职由一族世代承袭，称世官。《孟子·告子下》："[齐桓公]葵丘之会，……四命曰：'士无～～，官事无摄，取士必得，无专杀大夫。'"徐陵《为王仪同致仕表》："虚名靡实，～～非才。"

【世国】 shìguó 世袭所封之国。《礼记·王制》："诸侯世子～～，大夫不世爵。"

【世好】 shìhǎo 世交。陆游《送子虡赴金坛丞》诗："汝虽登门晚，～～亦牵联。"《儒林外史》三回："你我年谊～～，就如至亲骨肉一般，若要如此，就是见外了。"

【世好】 shìhào 世俗所爱好的，时尚。苏轼《题王逸少帖》诗："颠张醉素两秃翁，追逐～～称书工。"(张，张旭；素，怀素。)揭傒斯《处士杨君墓志铭》："邪说不能乱，～～不能惑。"

【世华】 shìhuá 世俗的荣华。王绩《策杖寻隐士》诗："岁岁长如此，方知轻～～。"

【世及】 shìjí 父传子叫世，兄传弟叫及。泛指世袭。《礼记·礼运》："大人～～以为礼。"《后汉书·朱景王杜马刘傅坚马传论》："缙绅道塞，贤能蔽壅，朝有～～之私，下多抱关之怨。"

【世济】 shìjì 世代继承。《左传·文公十八年》："～～其美，不陨其名。"《周书·文帝纪上》："其州镇郡县，率土人黎，或州乡冠冕，或勋庸～～，并宜舍逆归顺，立效军门。"

【世家】 shìjiā ❶世代显贵的家族或大家。《孟子·滕文公下》："仲子，齐之～～也。"梅尧臣《川上田家》诗："醉歌秋草间，颇与～～寡。"❷《史记》中把用来记述王侯的传记称为世家。但秦末农民起义领袖陈涉，儒家宗师孔丘，虽不是王侯，也列入世家。

【世匠】 shìjiàng 当代掌权之人。沈约《七贤论》："自嵇[康]阮[籍]之外，山[涛]向[秀]五人，止是风流器度，不为～～所骇。"

【世教】 shìjiào 指当代的正统思想。《汉书·叙传上》："既系挛于～～矣，何用大道为自眩曜？"嵇康《与山巨源绝交书》："又每非汤武而薄周孔，在人间不止，此事会显，～～所不容。"

【世界】 shìjiè ❶佛教用语。世指时间，界指空间，世界即宇宙。《楞严经》卷四："何名为众生～～？世为迁流，界为方位。"❷人间，世间。《颜氏家训·归心》："以～～外事及神化无方，为虚诞也。"今泛称地球上所有地方为世界。

【世旧】 shìjiù 世交，旧谊。《旧唐书·杜甫传》："[严]武与甫～～，待遇甚隆。"苏轼《辨举王巩劄子》："巩与臣～～，幼小相知。"

【世累】 shìlěi 世俗的拖累。嵇康《六言·东方朔至清》诗："不为～～所撄，所欲不足无营。"陆游《夜坐园中至夜分》诗："渐近秋清知病减，尽捐～～觉心平。"

【世类】 shìlèi 犹言出身。《汉书·樊郦滕灌傅靳周传赞》:"仲尼称:'犁牛之子骍且角;虽欲勿用,山川其舍诸?'言士不系于～～也。"

【世吏】 shìlì 世代为吏的人。《汉书·赵广汉传》:"所居好用～～子孙新进年少者。"

【世禄】 shìlù 世代享有禄位。《尚书·毕命》:"～～之家,鲜克有礼。"《史记·六国年表》:"是后陪臣执政,大夫～～。"

【世路】 shìlù ❶人世间的经历、遭遇等。《后汉书·崔骃传》:"子苟欲勉我以～～,不知其跌而失吾之度也。"杜甫《春归》诗:"～～虽多梗,吾生亦有涯。"❷世事,世道。刘禹锡《酬乐天偶题酒瓮见寄》诗:"从君勇断抛名后,～～荣枯见几回?"《红楼梦》四十八回:"这么大人了,若只管怕他不知～～,出不得门,干不得事,今年关在家里,明年还是这个样儿。"

【世谟】 shìmó 治理国家的谋略。元结《乱风诗·至荒》:"国有～～,仁信勤欤?"

【世母】 shìmǔ 伯母。《仪礼·丧服》:"～～叔母何以亦期也?"《周书·王庆传》:"以齐人许送皇姑及～～,朝廷遂与通和。"

【世念】 shìniàn 俗念。陆游《自嘲老态》诗:"～～秋毫尽,浑如学语儿。"

【世契】 shìqì 犹世交。范仲淹《依韵答韩侍御》:"虽叨～～与邻藩,东道瞻风御史尊。"苏舜钦《荐王景仁启》:"某资虽颛庸,心辄喜善,敢缘～～,上布公言。"

【世器】 shìqì 经世之才。张居正《述怀诗》:"臃肿非～～,缅怀南山原。"

【世亲】 shìqīn 世代有通婚关系的亲属。潘岳《杨仲武诔》:"既藉三叶～～之恩,而子之姑,余之伉俪焉。"武元衡《送崔判官使太原》诗:"劳君车马此逡巡,我与刘君本～～。"

【世卿】 shìqīng 世代承袭的卿大夫。《公羊传·隐公三年》:"尹氏者何?天子之大夫也。其称尹氏何?贬。曷为贬?讥～～。～～,非礼也。"董仲舒《春秋繁露·王道》:"观乎～～,知移权之败。"

【世情】 shìqíng ❶世态人情。陆机《文赋》:"练～～之常尤,识前修之所淑。"杜甫《佳人》诗:"～～恶衰歇,万事随转烛。"❷时代风气。《文心雕龙·时序》:"文变染乎～～,兴废系乎时序。"

【世曲】 shìqū 犹世情。《淮南子·要略》:"知道德而不知～～,则无以耦万方。"

【世儒】 shìrú ❶俗儒。《史记·律书》:"岂与～～暗于大较,不权轻重。"曹植《赠丁廙》诗:"君子通大道,无愿为～～。"❷讲授经学的人。《论衡·书解》:"著作者为文儒,说经者为～～。"

【世士】 shìshì ❶文士,读书人。《论衡·儒增》:"～～相激,文书传称之,莫谓不然。"曾巩《上蔡学士书》:"自汉降戾后,～～之盛,未有若唐也。"❷世俗之士。《孔丛子·陈士义》:"夫君子之交于～～,亦取其一节而已。"刘基《招隐》诗之四:"世语我不接,～～我不逢。"

【世事】 shìshì ❶士农工商各有的技艺。《周礼·地官·大司徒》:"以～～教能,则民不失职。"❷世务尘俗之事。张衡《归田赋》:"超埃尘以遐逝,与～～乎长辞。"《晋书·阮籍传》:"籍由是不与～～,遂酣饮为常。"❸时势,形势。《战国策·赵策二》:"王虑～～之变,权甲兵之用,念简、襄之迹,计胡、狄之利乎?"❹时事,时政。《史记·屈原贾生列传》:"上称帝喾,下道齐桓,中述汤武,以刺～～。"陆游《书愤》诗:"早岁那知～～艰,中原北望气如山。"

【世室】 shìshì 即明堂,天子祭祀用的太庙。《周礼·考工记·匠人》:"夏后氏～～,堂修二七,广四修一。"《公羊传·文公十三年》:"～～者何?鲁公之庙也。周公称大庙,鲁公称～～,群公称宫。"

【世数】 shìshù ❶帝王传代之数。《世说新语·言语》:"晋武帝始登阼,探策得一。王者～～,系此多少。帝既不说,群臣失色,莫能有言者。"❷世系的辈数。《颜氏家训·风操》:"凡宗亲～～,有从父,有从祖,有族祖。"❸寿数。裴铏《传奇·文箫》:"姝因题笔作诗曰:'一斑与两斑,引入越王山,～～今逃尽,烟萝得再还。'"

【世态】 shìtài 世俗的情态。常带贬义。戴叔伦《旅次寄湖南张郎中》诗:"却是梅花无～～,隔墙分送一枝春。"赵禹圭《雁儿落·美河南王》曲:"浊酒一壶天地阔,～～都参阅。"

【世统】 shìtǒng 家族世代相传的系统。《文心雕龙·书记》:"注序～～,事资周普。"曾巩《陈书目录序》:"高祖以自魏以来二百馀岁,～～数更,史事放逸,乃诏论次。"

【世味】 shìwèi 人世滋味,犹言人情。韩愈《示爽》诗:"吾老～～薄,因循致留连。"唐珏《摸鱼儿》词:"悠然～～浑如水,千里旧怀谁省?"

【世务】 shìwù ❶时务,时局。《盐铁论·论儒》:"孟轲守旧术,不知～～,故困于梁、宋。"《三国志·吴书·陆逊传》:"[孙]权以兄策女配逊,数访～～。"❷出家、隐居之人称尘世的事务为世务。《抱朴子·自叙》:"自非绝弃～～,则曷缘修习玄静哉?"陆龟蒙

《四明山诗》序:“谢遗尘者,有道之士也。尝隐于四明之南雷,一旦访余来,语不及~~。”

【世兄】 shìxiōng 明清科举,称座师、房师的儿子为世兄。后对有世交的同辈或晚辈的称呼。《红楼梦》二十六回:“因冯~~来了,就混忘了。”《儒林外史》十四回:“二位~~,为何驾着一只小船在河里?”

【世雄】 shìxióng ❶佛家对释迦牟尼的尊称。《无量寿经》卷上:“今日~~,住佛所住。”❷世代称雄。《周书·泉企传》:“泉企字思道,上洛丰阳人也。~~商洛。”

【世喧】 shìxuān 尘世的喧嚣。王维《口号又示裴迪》诗:“安得舍尘网,拂衣辞~~。”曾巩《过介甫》诗:“淡尔非外乐,恬然忘~~。”

【世学】 shìxué 即家学,世代相传的学问。陈师道《次韵晁无敎除日述怀》:“~~违从众,名家最近天。”

【世业】 shìyè ❶世代相传的事业,功绩。班固《幽通赋》:“岂余身之足殉兮,违~~之可怀。”元结《自释》:“~~载国史,世系在家牒。”❷祖先遗留的产业。《南史·张融传》:“箪食瓢饮,不觉不乐,但~~清贫,人生多待。”❸犹世事。《资治通鉴·汉献帝建安十三年》:“今为君计,莫若遣腹心自结于东,以共济~~。”

【世议】 shìyì 世人的评论,舆论。鲍照《代白头吟》:“人情贱恩旧,~~逐兴衰。”《南史·颜延之传》:“兼行阙于家,早负~~,天伦怨毒,亲交震骇。”

【世役】 shìyì 人世间的事务。白居易《观稼》诗:“~~不我牵,身心常自若。”

【世庸】 shìyōng 世代的功绩。《新唐书·令狐德棻传》:“陛下受禅于隋,隋承周,二祖功业多在周,今不论次,各为一王史,则先烈~~不光明,后无传焉。”

【世用】 shìyòng ❶世间所常用。《管子·宙合》:“~~器械,规矩绳准,称量数度,品有所成。”❷指处世的才能。《北史·崔康传》:“康弟习,字贵礼,有~~。”

【世誉】 shìyù 当时的声誉。崔瑗《座右铭》:“~~不足慕,唯仁为纪纲。”岑参《送薛播擢第归河东》诗:“弟兄负~~,词赋超人群。”

【世缘】 shìyuán 佛教用因缘来解释人事,因称人世间事为世缘。白居易《早梳头》诗:“年事渐蹉跎,~~方缴绕。”苏轼《次韵绝句各述所怀》之四:“定似香山老居士,~~终浅道根深。”

【世运】 shìyùn 时代盛衰治乱的气运。《汉书·叙传上》:“验行事之成败,稽帝王之~~。”元稹《楚歌》之七:“梁业雄图尽,遗孙~~消。”

【世韵】 shìyùn 世俗的气质。张居正《寄有道李中溪言求归未遂》:“正少无~~,宿有道缘。”

【世职】 shìzhí 世代承袭的官职。《宋史·范纯仁传》:“过阙入对,神宗曰:‘卿父在庆[州]著威名,今可谓~~。’”《红楼梦》一百一十九回:“珍大爷不但免了罪,仍袭了宁国三等~~。”

【世胄】 shìzhòu 贵族的后裔,世家子弟。左思《咏史》之二:“~~蹑高位,英俊沈下僚。”《旧唐书·高祖纪》:“隋右骁卫大将军李金才、左光禄大夫李敏,并鼎族高门,元功~~,横受屠杀,朝野称冤。”

【世主】 shìzhǔ 国君。《庄子·渔父》:“上以忠于~~,下以化于齐民。”《论衡·逢遇》:“~~好文,已为文则遇。”

【世资】 shìzī ❶处世办事的才能。《汉书·叙传下》:“用合时宜,器周~~。”任昉《为萧扬州作荐士表》:“诚言以人废而才实~~。”❷人世间的资财。左思《魏都赋》:“同赈大内,控引~~。”❸因先代的功业而享有的特殊身份。《宋书·恩幸传论》:“而举世人才,升降盖寡,徒以凭藉~~,用相陵驾。”

【世子】 shìzǐ 帝王和诸侯的嫡长子,也叫太子。《礼记·文王世子》:“文王为~~。”《三国志·魏书·武帝纪》:“天子命公~~丕为五官中郎将。”

【世族】 shìzú 泛指世代显贵的家族。《列子·黄帝》:“子华之门徒皆~~也。”韩愈《卢氏墓志铭》:“夫人本宗,~~之后。”

【世尊】 shìzūn 佛家对释迦牟尼的尊称。《四十二章经》:“尔时~~既成道已,作是思维。”慧远《无量寿经义疏》卷上:“佛备众德,为世钦仰,故号~~。”

【世祚】 shìzuò ❶同“世胙”。世代享有封爵。徐幹《中论·爵禄》:“五侯九伯,汝实征之;~~太师,抚宁东夏。”❷指国运。《后汉书·卢植传》:“又比~~不竞,仍外求嗣,可谓危矣。”《北齐书·李浑传》:“吾每观齐之分野,福德不多,国家~~,终于四七。”

【世胙】 shìzuò 世代享有封爵。《左传·襄公十四年》:“~~大师,以表东海。”《北史·魏咸阳王禧传》:“冀州人苏僧瓘等三千人称禧清明,有惠政,请~~冀州。”

【世外交】 shìwàijiāo 超脱世俗的交往。孟浩然《张七及辛大见访》诗:“~~~初得,林中契已并。”叶绍翁《四朝闻见录·径山大慧》："尝与妙喜往来，然不过为～～～。"

仕 shì ❶做官。《论语·子张》："子夏曰：'～而优则学，学而优则～。'"《后汉书·鲁恭传》："恭怜丕小，欲先就其名，托疾不～。"❷审察，考察。《诗经·小雅·节南山》："弗问弗～，勿罔君子。"❸通"事"。《诗经·大雅·文王有声》："武王岂不～？"

【仕宦】 shìhuàn 做官。《史记·鲁仲连邹阳列传》："鲁仲连者，齐人也。好奇伟俶傥之画策，而不肯～～任职，好持高节。"王安石《祭欧阳文忠公文》："自公～～四十年，上下往复。"

【仕进】 shìjìn 做官。《后汉书·崔骃传》："少游太学，与班固、傅毅同时齐名。常以典籍为业，未遑～～之事。"韩愈《上考功崔虞部书》："愈不肖，行能诚无可取，行已颇僻，与时俗异态，抱愚守迷，固不识～～之门。"

【仕流】 shìliú 一般的官职。《南史·范晔传》："孔熙先有美才，地胄犹可论，而翳迹～～，岂非时匠失乎？"

【仕路】 shìlù 进身为官之路。《论衡·自纪》："罢州家居，年渐七十，时可悬舆，～～隔绝，志穷无如。"《北史·胡叟传》："叟孤飘坎壈，未有～～，遂入汉中。"

【仕门】 shìmén 官宦之家。《隋书·刑法志》："是后法令明审，科条简要，又敕～～之子弟常讲习之。"

【仕女】 shìnǚ ❶官宦人家的妇女。孟元老《东京梦华录·潘楼东街巷》："又接东则旧曹门街北山子茶坊，内有仙洞、仙桥，～～往往夜游，吃茶于彼。"❷画中的美女。汤垕《古今画鉴·唐画》："张萱工～～人物，尤长于婴儿，不在周昉之右。"

【仕途】 shìtú 官吏晋升之路。《新唐书·隐逸传序》："然放利之徒，假隐自名，以诡禄仕，肩相摩于道，至号终南嵩少为～～捷径，高尚之节丧焉。"又作"仕涂"。《后汉书·皇甫规传》："规为人多意筭，自以连在大位，欲退身避第……因令客密告并州刺史胡芳，言规擅远军营，公违禁宪，当急举奏。芳曰：'威明欲避第～～，故激发我耳。'"

【仕子】 shìzǐ 做官的人。陆机《五等论》："企及进取，～～之常志；修己安民，良士之所希及。"鲍照《咏史》诗："～～影华缨，游客竦轻辔。"

忕（忲） 1. shì ❶习惯。《后汉书·冯异传》："虏兵临境，忸～小利，遂欲深入。"❷察。《管子·小匡》："曹孙宿其为人也，小廉而苛～。"

2. tài ❸通"汰"。奢侈过度。《左传·昭公五年》："楚王～侈已甚。"

式 shì ❶标准，榜样。《老子·二十二章》："圣人抱一为天下～。"《三国志·魏书·后妃传》："陛下以圣德应运受命，创业革制，当永为后～。"⊗以……为榜样，效法。《后汉书·崔骃传》："必欲行若言，当大定其本，使人主师五帝而～三王。"耶律楚材《为子铸作诗三十韵》："汝父不足学，汝祖真宜～。"❷用。《诗经·小雅·南有嘉鱼》："君子有酒，嘉宾～燕以乐。"《后汉书·张衡传》："立功立事，～昭德音。"❸句首语气词。《诗经·大雅·荡》："～号～呼，俾昼作夜。"❹通"轼"。古代车箱前扶手的横木。《周礼·考工记·舆人》："为人为车……参分其隧，一在前，二在后，以揉其～。"《礼记·曲礼上》："国君抚～，大夫下之；大夫抚～，士下之。"⊗低头抚轼，表示敬意也叫式。《荀子·大略》："禹见耕者，耦立而～，过十室之邑必下。"《汉书·薛宣传》："礼，下公门，～路马，君畜产且敬也。"❺通"拭"。擦。《荀子·礼论》："不浴则濡巾，三～而止。"❻通"栻"。古代占卜用具。《史记·龟策列传》："渔者举网而得神龟，龟自见梦宋元王，元王召博士卫平告以梦龟状，平运～，定日月，分衡度，视吉凶。"

【式遏】 shì'è ❶遏制，制止。《诗经·大雅·民劳》："～～寇虐，憯不畏明。"《三国志·魏书·三少帝纪》："臣等备位，不能匡救祸乱，～～奸逆，奉令震悚，肝心悼栗。"❷防卫，抵御。《抱朴子·释滞》："尹生委衿带之职，违～～之任，而有周不罪之以不忠。"

【式榖】 shìgǔ ❶任用善人。《诗经·小雅·小明》："神之听之，～～以女。"❷用善道教子，使之为善。《诗经·小雅·小宛》："教诲尔子，～～似之。"

【式好】 shìhǎo 《诗经·小雅·斯干》："兄及弟矣，式相好矣。"后常以"式好"谓骨肉相好。《儒林外史》四十四回："兄弟相传，真耽～～之情；朋友交推，又见同声之义。"

【式闾】 shìlǘ 《尚书·武成》："释箕子囚，封比干墓，式商容闾。"式，通"轼"。车子前面的横木；闾，里门。车过里门，人立车中，俯凭车前横木，用以表示敬意。引申为登门拜访。《梁书·何胤传》："太守衡阳王元简深加礼敬，月中常命驾～～，谈论终日。"

【式权】 shìquán 使平均。《国语·齐语》："昔吾先王昭王、穆王，世法文、武远绩以成名，合群叟，比校民之有道者，设象以为民纪，～～以相应，比缀以度。"（韦昭注："式，用也。权，平也。治政、用民，使平均相应也。")

【式望】 shìwàng 仰望,盼望。《三国志·蜀书·先主传》:"率土~~,在备一人。"

【式微】 shìwēi 指事物衰落、衰微。微,衰落。《诗经·邶风·式微》:"~~,~~,何不归?"《聊斋志异·柳生》:"仆即~~,犹是世裔,何至下昏于市侩?"

【式闻】 shìwén 指名望。白居易《乌行初授卫佐制》:"乌行初,重胤之子,早禀义方,诗礼弓裘,~~不坠。"

【式序】 shìxù 按次序,有礼仪的样子。《诗经·周颂·时迈》:"明昭有周,~~在位。"王融《曲水诗序》:"晬容有穆,宾仪~~。"

【式燕】 shìyàn 宴饮。《诗经·小雅·鹿鸣》:"我有旨酒,嘉宾~~以敖。"亦作"式宴"。张衡《东京赋》:"上下通情,~~且盘。"

【式仰】 shìyǎng 仰望。《三国志·蜀书·先主传》:"今上无天子,海内惶惶,靡所~~。"

戺(户巳) shì 台阶两边砌的斜石。《尚书·顾命》:"四人綦弁,执戈上刃,夹两阶~。"张衡《西京赋》:"金~玉阶,彤庭辉辉。"

泽 shì 见zé。

试(試) shì ❶用,任用。《诗经·小雅·大东》:"私人之子,百僚是~。"《荀子·宥坐》:"是以威厉而不~,刑错而不用。"❷尝试。《周易·无妄》:"无妄之药不可~也。"《穀梁传·僖公十年》:"食自外来者,不可不~也。"[引]试验。《国语·齐语》:"美金以铸剑戟,~诸狗马。"❸试探。《韩非子·外储说左下》:"主贤明则悉心以事之,不肖则饰奸以~之。"❹考试。《汉书·艺文志》:"太史~学童,能讽书九千字以上,乃得为吏。"《新唐书·选举志上》:"凡秀才,~方略策五道。"

【试儿】 shì'ér 古代预测小孩志趣的一种习俗。《颜氏家训·风操》:"江南风俗,儿生一期,为制新衣,盥浴装饰,男则用弓矢纸笔,女则刀尺针缕,并加饮食之物及珍宝服玩,置之儿前,观其发意所取,以验贪廉愚智,名之为~~。"

【试守】 shìshǒu 在正式任用之前试用。《汉书·朱云传》:"平陵朱云兼资文武,忠正有智略,可使以六百石秩~~御史大夫,以尽其能。"

【试帖】 shìtiě ❶唐代科举考试明经科的一种试卷,相当于填空题。《新唐书·选举志上》:"乃诏自今明经~~,粗十得六以上,进士试杂文二篇,通文律者,然后试策。"❷科举考试中的一种诗体。以古人诗句命题,或五言或七言,或八韵或六韵。

【试晬】 shìzuì 周岁试儿。孟元老《东京梦华录·育子》:"至来岁生日,谓之周晬,罗列盘盏于地,盛果木、饮食、官诰、笔研、算秤等经卷针线应用之物,观其所先拈者,以为征兆,谓之~~。此小儿之盛礼也。"

视(視、眎、眡、眂) shì ❶看。《孟子·梁惠王上》:"抑采色不足~于目与?声音不足听于耳与?"《礼记·大学》:"心不在焉,~而不见,听而不闻。"[引]观察,考察。《论语·为政》:"~其所以,观其所由。"王安石《上皇帝万言书》:"然后~时势之可否……变更天下之弊法。"❷看待,对待。《左传·成公三年》:"贾人如晋,荀罃善~之。"《论语·先进》:"[颜]回也~予犹父也。"[又]照看。《后汉书·刘虞传》:"皆收~温恤,为安立生业。"❸比照,同……一样。《孟子·万章下》:"天子之卿受地~侯。"《后汉书·张纯传》:"中元元年,帝乃东巡岱宗,以纯~御史大夫从。"[又]比。孙樵《书褒城驿壁》:"盖当时~他驿为壮。"❹活着,生存。《老子·五十九章》:"有国之母,可以长久。是谓深根固柢,长生久~之道。"潘岳《西征赋》:"命有始而必终,孰长生而久~?"❺通"示"。把东西给人看。《汉书·叔孙通传》:"夫天下为一家,毁郡县城,铄其兵,~天下弗复用。"

【视草】 shìcǎo 奉旨修正、起草诏谕一类公文。《汉书·淮南厉王刘长传》:"时武帝方好艺文,以[刘]安属为诸父,辩博善为文辞,甚尊重之。每为报书及赐,常召司马相如等~~乃遣。"

【视朝】 shìcháo 君王临朝听政。《孟子·公孙丑下》:"孟子将朝王,王使人来曰:'寡人如就见者也,有寒疾,不可以风。朝,将~~,不识可使寡人得见乎?'"

【视日】 shìrì ❶看日影测时间。《礼记·曲礼上》:"君子欠伸,撰杖屦,~~蚤莫,侍坐者请出矣。"(蚤莫:早暮。)❷占候时日。是占卜吉凶的一种方式。《史记·陈涉世家》:"尝为项燕军~~。"

【视膳】 shìshàn 侍候尊长吃饭。是古代一种礼节。《战国策·赵策三》:"天子巡狩,诸侯避舍,纳筦键,摄衽抱几,~~于堂下。天子已食,退而听朝也。"

【视事】 shìshì 治事,任职。《汉书·游侠传》:"是时,茂陵守尹公新~~。"《后汉书·耿纯传》:"时东郡未平,纯~~数月,盗贼清宁。”

【视朔】 shìshuò 天子诸侯每月初一祭告于祖庙，然后治理政事。《左传·文公十六年》：“夏五月，公四不～～。”

【视息】 shìxī 视，看；息，呼吸。仅能看和喘息，有隐忍苟活的意思。蔡琰《悲愤诗》之一：“为复强～～，虽生何聊赖？”《宋书·徐湛之传》：“靦然～～，忍此馀生。”

【视效】 shìxiào 效法，仿效。《汉书·董仲舒传》：“天子大夫者，下民之所～～，远方之所四面而内望也。”

【视遇】 shìyù 看待，对待。《汉书·宣帝纪》：“私给衣食，～～甚有恩。”

【视篆】 shìzhuàn 古代官印用篆文，官吏到任掌印治事叫视篆。方回《七月十日有感》诗：“十年前此日，～～上严州。”

事 1. shì ❶官职，职务。《说文·史部》：“～，职也。”《韩非子·五蠹》：“无功而受～，无爵而显荣。”㊀职业。《汉书·樊哙传》：“樊哙，沛人也，以屠狗为～。”❷事情。《诗经·邶风·北门》：“王～适我，政～一埤益我。”《礼记·大学》：“物有本末，～有终始。”❸事故，变故。《韩非子·五蠹》：“是故无～则国富，有～则兵强。”贾谊《过秦论》：“天下多～，吏不能纪。”❹从事。《商君书·开塞》：“今也强国～兼并，弱国务力守。”《史记·高祖本纪》：“常有大度，不～家人生产作业。”❺服事，侍奉。《老子·五十九章》：“治人～天莫若啬。”《汉书·高帝纪上》：“天下共立义帝，北面～之。”❻典故。钟嵘《诗品·总论》：“至乎吟咏情性，亦何贵于用～？”❼量词。件，样。白居易《张常侍池凉夜闲燕赠诸公》诗：“对月五六人，管弦三两～。”

2. zì ❽通“刺”。刺入。《汉书·蒯通传》：“慈父孝子，不敢～刃于公之腹者，畏秦法也。”

【事本】 shìběn ❶从事根本的事业。本，指农业或农战。《商君书·壹言》：“能～～而禁末者，富。”❷事情的原委。叶適《上韩提刑启》：“忽被郡除，莫知～～。”

【事柄】 shìbǐng 权力，权柄。《汉书·石显传》：“显内自知擅权，～～在掌握，恐天子一旦纳用左右耳目，有以间己。”

【事典】 shìdiǎn 治事的法则。《左传·文公六年》：“宣子于是乎始为国政，制～～。”

【事端】 shìduān ❶事情的真相。《史记·周本纪》：“不若令卒为周城，以匿～～。”❷纠纷，乱子。《晋书·文明王皇后传》：“[钟]会见利忘义，好为～～。”

【事功】 shìgōng ❶为国做事的功劳。《周礼·夏官·司勋》：“～～曰劳。”❷功绩，事业。范成大《外舅挽词》之一：“～～才止此，物理故难量。”❸功利。叶適《上殿劄子》：“王之望、尹穑，翕然附和，更为务实黜虚、破坏朋党、趋附～～之说。”

【事故】 shìgù ❶事情。《周礼·秋官·小行人》：“凡此五物者，治其～～。”❷事变，变故。《世说新语·容止》：“石头～～，朝廷倾覆，温忠武与庾文康投陶公求救。”韩愈《上张仆射书》：“非有疾病～～，辄不许出。”

【事会】 shìhuì ❶时机。《三国志·蜀书·先主传》注引《汉晋春秋》：“今天下分裂，日寻干戈，～～之来，岂有终极乎？”❷关键。《新唐书·马周传》：“周善敷奏，机辩明锐，动中～～，裁处周密。”

【事机】 shìjī 时机。《三国志·魏书·邓艾传》：“今吴未宾，势与蜀连，不可拘常以失～～。”

【事件】 shìjiàn ❶事情，事项。范仲淹《论复并县劄子》：“若转运使等定夺不当，亦乞朝廷驳下不当～～，特行堪问。”❷鸟兽的内脏，下水。吴自牧《梦粱录·天晓诸人出市》：“御街铺店，闻钟而起，卖早市点心，如煎白肠、羊鹅～～。”

【事力】 shìlì ❶从事体力劳动，用力。《韩非子·五蠹》：“不～～而养足，人民少而财有馀，故民不争。”❷从事体力劳动的人。《宋书·萧惠开传》：“有舫十馀，～～二三百人。”

【事例】 shìlì 前例，可资借鉴的前事。《南史·褚彦回传》：“彦回让司徒，乃与仆射王俭书，欲依蔡谟～～。”

【事目】 shìmù ❶摘要，概况。马永卿《元城语录》卷中：“金陵请～～，神宗曰：‘置之，谗言不足道也。’”❷名目，事项。《新唐书·李峤传》：“今所察按，准汉六条而推广之，则无不包矣，乌在多张～～也？”

【事情】 shìqíng 事实，真情。《汉书·公孙弘传》：“去无用之言，则～～得。”刘禹锡《苏州谢上表》：“竟坐飞语，贬在遐藩。宪宗皇帝后知～～，却授刺史。”

【事权】 shìquán ❶指军事上的权宜处理。《淮南子·兵略训》：“左右不相干，受刃者少，伤敌者众，此谓～～。”❷指权力。梅尧臣《送邵郎中知潭州》诗：“且谕汉家绥抚厚，莫言湘守～～轻。”

【事戎】 shìróng 从事战争。柳宗元《封建论》：“列侯骄盈，黩武～～。”

【事事】 shìshì ❶办事，治事。《韩非子·内储说上》：“吾之吏不～～也，求簪三日不得之。”《史记·夏本纪》：“始～～，宽而栗，柔而立，愿而共，治而敬，扰而毅，直而温，简而廉，刚而实，强而义，章其有常，吉哉。”❷每件事。《世说新语·赏誉》：“主非尧舜，何得～～皆是。”古诗《为焦仲卿妻作》：“鸡鸣外欲曙，新妇起严妆。著我绣夹裙，～～四五通。”

【事势】　shìshì　❶情势，情况。《史记·田敬仲完世家论》：“田乞及常所以比犯二君，专齐国之政，非必～～之渐然也，盖若遵厌兆祥云。”❷权势。《韩非子·亡徵》：“大臣两重，父兄众强，内党外援以争～～者，可亡也。”

【事心】　shìxīn　用心。《庄子·天地》：“君子明于此十者，则韬乎其～～之大也。”《吕氏春秋·论人》：“游意乎无穷之次，～～乎自然之涂。”

【事业】　shìyè　❶成就，功业。《北史·拓跋澄传》：“若非任城，朕～～不得就也。”❷事务，工作。《荀子·君道》：“故明主有私人以金石珠玉，无私人以官职～～。”

【事宜】　shìyí　❶事理。《汉书·兒宽传》：“总百官之职，各称～～。”刘禹锡《为容州窦中丞谢上表》：“识昧通变，动乖～～。”❷事情。李德裕《赐回鹘可汗书》：“朕当许公主朝觐，亲问～～。”

【事主】　shìzhǔ　❶事情的决策者。《晋书·何无忌传》：“无忌曰：‘桓氏强盛，其可图乎？’[刘]毅曰：‘天下自有强弱，虽强易弱，正患～～难得耳！’”❷旧时称刑事案件中的受害者。王恽《玉堂嘉话》卷七：“既盗其物，又伤～～，可乎？”

势(勢、埶)　shì　❶力，力量。《孟子·告子上》：“今夫水，搏而跃之可使过颡，激而行之可使在山，是岂水之性哉？其～则然也。”《三国志·蜀书·诸葛亮传》：“此所谓强弩之末，～不能穿鲁缟者也。”❷势力，权势。《荀子·正论》：“天子者～位至尊，无敌于天下。”《史记·萧相国世家》：“母为～家所夺。”❸形势，趋势。《吕氏春秋·怀宠》：“暴虐奸诈之与义理反也，其～不俱胜，不两立。”《商君书·开塞》：“周不法商，商不法虞，三代异～。”⊗地位，位置。《韩非子·孤愤》：“处～卑贱，无党孤特。”❹姿势。《周易·坤》：“地～坤。”❺男性生殖器。《晋书·刑法志》：“淫者，割其～。”

【势居】　shìjū　地位。《史记·秦始皇本纪》：“岂世世贤哉？其～～然也。”

【势利】　shìlì　❶权势和财利。《汉书·张耳陈馀传》：“～～之交，古人羞之。”韩愈《答李翊书》：“将蕲至于古之立言者，则无望其速成，无诱于～～。”❷指形势有利。《荀子·议兵》：“兵之所贵者～～也。”

【势胜】　shìshèng　形势有利。《汉书·诸侯王表》：“秦据～～之地，骋狙诈之兵。”

【势要】　shìyào　有权势，居要职。《北齐书·路去病传》：“～～之徒，虽厮养小人，莫不惮其风格。”韩愈《赠别元十八协律》诗之四：“～～情所重，排斥则埃尘。”

【势族】　shìzú　有权势的大族。《宋书·恩幸传论》：“郡县掾吏，并出豪家，负戈宿卫，皆由～～。”

侍　shì　❶陪从在尊长身边。《论语·公冶长》：“颜渊、季路～。”《汉书·文帝纪》：“遂即天子位，群臣以次～。”❷服侍，侍奉。《国语·晋语四》：“且晋公子敏而有文，约而不谄，三材～之，天祚之矣。”陈琳《饮马长城窟行》：“善～新姑嫜，时时念我故夫子。”❸进献，进言。《史记·赵世家》：“明日，荀欣～以选练举贤，任官使能。”❹通“恃”。依靠。马王堆汉墓帛书《经法·亡论》：“守国而～其地险者削，用国而～其强者弱。”

【侍祠】　shìcí　陪祭。《后汉书·和熹邓皇后纪》：“顷以废病沈滞，久不得～～。”韩愈《元和圣德诗》：“戚见容色，泪落入俎。～～之臣，助我恻楚。”

【侍丁】　shìdīng　因留侍父母而免服徭役的男子。《新唐书·食货志一》：“诏十丁以上免二丁，五丁以上免一丁。～～孝者免徭役。”

【侍读】　shìdú　❶陪帝王、太子读书，并为之讲学。高承《事物纪原·法从清望》：“唐明皇开元三年七月，敕每读史籍中有阙，宜选耆儒博硕一人，每日～～。”❷官名。职务是给帝王讲学。

【侍儿】　shì'ér　婢女，侍妾。《史记·袁盎晁错列传》：“袁盎自其为吴相时，有从史尝盗爱盎～～。”白居易《长恨歌》：“～～扶起娇无力，始是新承恩泽时。”

【侍疾】　shìjí　侍候、护理病人。《汉书·王莽传上》：“世父大将军凤病，莽～～，亲尝药。”苏轼《刘夫人墓志铭》：“夫人事其姑，能委曲顺其意，尝～～不解衣累月。”

【侍讲】　shìjiǎng　❶跟从老师读书。《后汉书·卢植传》：“植～～积年，未尝转眄。”❷给皇帝或太子讲学。《后汉书·和帝纪》：“诏长乐少府桓郁～～禁中。”❸官名。

【侍面】　shìmiàn　当面侍奉。敬语。陆云《与陆典书书》：“不知从事今在州，得假归耳。想今来得行，有缘～～耳。”

【侍人】　shìrén　宫中近侍。《左传·襄公二十五年》：“公鞭～～贾举而又近之，乃为崔子间公。”

【侍子】 shìzǐ ❶入朝侍奉天子的诸侯之子或属国国王之子称侍子。《后汉书·光武帝纪下》:“帝以中国初定,未遑外事,乃还其～～,厚加赏赐。”《资治通鉴·宋文帝元嘉十三年》:“燕王遣使入贡于魏,请送～～。”❷侍奉父母的儿子。于鹄《送迁客》诗之一:“白头无～～,多病向天涯。”

【侍坐】 shìzuò 坐在尊长旁边陪伴侍奉。《礼记·曲礼上》:“～～于所尊,敬毋馀席。”《史记·乐书》:“宾牟贾～～于孔子,孔子与之言。”

舍 shì 见 shè。

饰(飾、餝) shì ❶刷,擦洗。《说文·巾部》:“～,刷也。”《周礼·地官·封人》:“凡祭祀,～其牛牲。”❷打扮,装饰。《国语·越语上》:“越人～美女八人纳之太宰嚭。”《后汉书·顺帝纪》:“是岁,起西苑,修～宫殿。”❸掩饰,粉饰。《战国策·楚策一》:“夫从人者,～辩虚辞,高主之节行,言其利而不言其害。”《后汉书·左雄传》:“下～其诈,上肆其残。”❹通“饬”。整治,修。《管子·牧民》:“守国之度,在～四维。”贾谊《过秦论》:“以～法设刑而天下治。”

【饰车】 shìchē 有文饰的车。古代大夫以上乘饰车。《周礼·考工记·舆人》:“栈车欲弇,～～欲侈。”

【饰辞】 shìcí 粉饰言辞,修饰文辞。《韩非子·显学》:“儒者～～曰:‘听吾言,则可以霸、王。’”《论衡·对作》:“故论衡者,所以铨轻重之言,立真伪之平,非苟调文～～为奇伟之观也。”

【饰非】 shìfēi 文饰过失。《荀子·成相》:“拒谏～～,愚而上同,国必祸。”《史记·田敬仲完世家》:“于是齐国震惧,人人不敢～～,务尽其诚。”

【饰过】 shìguò 掩饰过失。《管子·立政》:“谄谀～～之说胜,则巧佞者用。”

【饰说】 shìshuō 文饰不实之辞。《战国策·赵策三》:“虞卿曰:‘此～～也。’”《文心雕龙·谐隐》:“谲辞～～。”

【饰伪】 shìwěi 粉饰作假。《盐铁论·散不足》:“世俗～～行诈,为民巫祝,以取釐谢。”欧阳修《再辞给事中劄子》:“非敢～～,上烦圣聪。”

【饰擢】 shìzhuó 奖饰其才,提拔任用。《新唐书·王毛仲传》:“毛仲始见～～,颇持法不避权贵,为可喜事。”

【饰非遂过】 shìfēisuìguò 掩饰错误从而促成过失。《吕氏春秋·审应》:“公子食我之辩,适足以～～～～。”

室 shì ❶内室。《管子·牧民》:“言～满～,言堂满堂,是谓圣王。”《礼记·问丧》:“入门而弗见也,上堂又弗见也,入～又弗见也。”❷房屋。《诗经·小雅·斯干》:“筑～百堵,西南其户。”《孟子·梁惠王下》:“为巨～,则必使工师求大木。”❸家。《孟子·滕文公下》:“丈夫生而愿为之有～,女子生而愿为之有家。”杜甫《石壕吏》诗:“～中更无人,惟有乳下孙。”㈠家资,财产。《国语·楚语上》:“夒及仪父施二帅而分其～。”(韦昭注:“室,家资也。”)❹妻。《礼记·曲礼上》:“三十曰壮,有～。”㈠娶妻,或以女嫁人。《韩非子·外储说右下》:“丈夫二十而～。”《左传·宣公十四年》:“卫人以为成劳,复～其子。”❺家族,王朝。《孟子·万章下》:“周～班爵禄也,如之何?”《三国志·蜀书·诸葛亮传》:“将军既帝～之胄,信义著于四海。”❻坟墓,墓穴。《诗经·唐风·葛生》:“百岁之后,归于其～。”❼刀剑的鞘。《史记·春申君列传》:“赵使欲夸楚,为玳瑁簪,刀剑～以珠玉饰之。”刘禹锡《砥石赋》:“始余有佩刀甚良,至是涩而不可拔,剖其～乃出。”❽星名。也称“营星”。二十八宿之一。❾姓。

【室家】 shìjiā ❶房屋,居处。《尚书·梓材》:“若作～～,既勤垣墉,惟其涂塈茨。”❷家庭,夫妇。《诗经·周南·桃夭》:“之子于归,宜其～～。”《世说新语·惑溺》:“孙秀降晋,晋武帝厚存宠之,妻以姨妹蒯氏,～～甚笃。”

【室老】 shìlǎo 家臣之长。《仪礼·丧服》:“公、卿、大夫、～～、士,贵臣;其馀皆众臣也。”

【室女】 shìnǚ 未出嫁的女子。《盐铁论·刑德》:“～～童妇,咸知所避,是以法令不犯,而狱犴不用也。”

【室人】 shìrén ❶家中之人。《诗经·邶风·北门》:“我入自外,～～交遍谪我。”❷已婚妇女称丈夫家中的平辈妇女为室人。《礼记·昏义》:“妇顺者,顺于舅姑,和于～～。”❸妻妾。《孔丛子·记义》:“公父文伯死,～～有从死者。”❹指主人。《诗经·小雅·宾之初筵》:“宾载手仇,～～入又。”

恃 shì ❶依赖,依仗。《楚辞·离骚》:“余以兰为可～兮,羌无实而容长。”《史记·吕太后本纪》:“今高后崩,而帝春秋富,未能治天下,固～大臣诸侯。”(春秋富:年轻。)❷母亲的代称。语出《诗经·小雅·蓼莪》:“无父何怙?无母何恃?”后以“怙恃”代表父母。《聊斋志异·公孙九娘》:“生有甥女，早失～。”

【恃爱】 shì'ài 依仗别人的宠爱。后用作自谦的套话。梁武帝《子夜歌》：“～～如欲进，含羞未肯前。”王之道《与无为宰李廷吉书》：“古人有言，士诎于不知己而伸于知己之道，故敢～～，肆所欲言而忘其交浅言深之戒。”

【恃才傲物】 shìcái'àowù 仗着自己的才能看不起别人。《南史·萧子显传》：“～～～～，宜谥曰骄。”

贳（貰） shì ❶赊欠，赊买。《史记·高祖本纪》：“常从王媪、武负～酒。”又《汲郑列传》：“县官无钱，从民～马。”㊀买。《徐霞客游记·滇游日记十》：“余乃就火炙衣，～烧酒饮四五杯乃行。”❷借贷。王安石《上五事劄子》：“今以百万缗之钱，权物价之轻重，以通商而～之，令民以岁入数万缗息。”❸赦免，宽免。《论衡·感虚》：“父母怒，子不改过，瞋目大言，父母肯～之乎？”《汉书·张敞传》：“敞皆召见责问，因～其罪。”❹古地名。故地在今河北省巨鹿县东南。

柹（梼） shì 果树名。果实可食，也可入药。《礼记·内则》：“枣、栗、榛、～。”

拭 shì 揩，擦。《公羊传·哀公十四年》：“反袂～面。”杜甫《羌村》诗之一：“妻孥怪我在，惊定还～泪。”

【拭目】 shìmù 擦亮眼睛。多表示殷切期待。杨修《答临淄侯笺》：“观者骇视而～～，听者倾首而竦耳。”王勃《上吏部裴侍郎启》：“牧童顿颡，思进皇谋；樵夫～～，愿谈王道。”

是 shì ❶直，正。《说文·是部》：“～，直也。”《周易·未济》：“濡其首，有孚失～。”❷正确。《战国策·楚策四》：“以瞽为明，以聋为聪，以～为非，以吉为凶。”《史记·夏本纪》：“天下皆以舜之诛为～。”❸认为正确，肯定。《荀子·修身》：“～我而当者，吾友也。”《论衡·奇怪》：“儒生～古，因生其说。”❹指示代词。此。《荀子·王霸》：“若～则百吏莫不畏法而遵绳矣。”《史记·五帝本纪》：“而诸侯咸尊轩辕为天子，代神农氏，～为黄帝。”❺判断词。《史记·刺客列传》：“襄子至桥，马惊，襄子曰：‘此必～豫让也。’”《世说新语·简傲》：“谢中郎～王蓝田女婿。”❻任何，凡。姚合《赠张籍太祝》诗：“古风无手敌，新语～人知。”陆龟蒙《记事》诗：“都缘新卜筑，～事皆草创。”❼助词。用于前置宾语之后。《左传·襄公二十八年》：“小国将君～望，敢不唯命～听。”❽姓。

【是非】 shìfēi ❶对的和错的。《庄子·天道》：“～～已明，而赏罚次之。”《论衡·命禄》：“前世明～～，归之于命也，命审然也。”❷纠纷，争执。《庄子·盗跖》：“摇唇鼓舌，擅生～～。”

【是月】 shìyuè ❶这个月。《礼记·月令》：“～～也，以立春。”❷指月末。《公羊传·僖公十六年》：“～～者何？仅逮是月也。”

【是正】 shìzhèng 审定，订正。韦昭《国语解序》：“始更考校，～～疑谬。”曾巩《金石录跋尾·汉武都太守汉阳阿阳李翕西狭颂》：“永叔于学博矣，其于～～文字尤审。”

【是古非今】 shìgǔfēijīn 认为古代的东西是好的，而今天的东西不好。《汉书·元帝纪》：“且俗儒不达时宜，好～～～～，使人眩于名实，不知所守，何足委任！”

咶 shì 见 huá。

适[1]（適） 1. shì ❶到……去。《庄子·天地》：“三人行而一人惑，所～者犹可致也，惑者少也。”《孟子·滕文公上》：“虽使五尺之童～市，莫之或欺。”❷出嫁。潘岳《寡妇赋序》：“少丧父母，～人而所天又殒。”《世说新语·方正》：“诸葛恢大女～太尉庾亮儿，次女～徐州刺史羊忱儿。”❸适合，适宜。《吕氏春秋·重己》：“凡生之长也，顺之也；使生不顺者，欲也；故圣人必先～欲。”《论衡·自然》：“政之～也，君臣相忘于治，鱼相忘于水，兽相忘于林，人相忘于世，故曰天也。”㊀调节使合适。《史记·日者列传》：“四时不和不能调，岁谷不孰不能～。”《素问·上古》：“～嗜欲于世俗之间。”❹满足，畅快。《汉书·贾山传》：“秦王贪狼暴虐，残贼天下，穷困万民，以～其欲也。”李商隐《登乐游原》诗：“向晚意不～，驱车登古原。”❺恰好，正巧。《战国策·赵策三》：“此时鲁仲连～游赵，会秦围赵。”《史记·魏其武安侯列传》：“[灌]夫身中创十馀，～有万金良药，故得无死。”❻刚刚，才。《汉书·贾谊传》：“陛下之臣虽有悍如冯敬者，～启其口，匕首已陷其匈矣。”（匈：胸。）《后汉书·费长房传》：“自谓去家～经旬日，而已十馀年矣。”❼偶然。《庄子·养生主》：“～来，夫子时也；～去，夫子顺也。”❽连词。假如，倘若。《韩非子·内储说下》：“王～有令，必亟听从。”《后汉书·逸民传序》：“～使矫易去就，则不能相为矣。”

2. dí ❾通“嫡”。正妻所生长子，正妻。《左传·文公十八年》：“仲为不道，杀～立庶。”《史记·鲁周公世家》：“初，惠公～夫人无子，公贱妾声子生子息。”㊀嫡传的。

《史记·吕太后本纪》:"推本言之,高帝～长孙可立也。"❿主,专主。《韩非子·心度》:"故贤君之治国也,～于不乱之术。"⓫通"敌"。匹敌,相当。《史记·晋世家》:"重耳去之楚,楚成王以～诸侯礼待之,重耳谢不敢当。"《论衡·物势》:"若人之在世,势不与～,力不均等,自相胜服。"

3. zhé ⓬通"谪"。谴责,惩罚。《史记·陈涉世家》:"二世元年七月,发闾左～戍渔阳九百人。"⊗贬职外放。《汉书·贾谊传》:"谊既以～去,意不自得,乃度湘水,为赋以吊屈原。"

4. tì ⓭惊恐的样子。见"适适"。

【适会】 shìhuì 正好,恰巧。《战国策·赵策三》:"～～魏公子无忌夺晋鄙军以救赵击秦,秦军引而去。"

【适然】 shìrán ❶偶然。《庄子·秋水》:"当桀纣而天下无通人,非知失也,时势～～。"❷当然。《汉书·礼乐志》:"至于风俗流溢,恬而不怪,以为是～～耳。"

【适意】 shìyì 顺心,合意。《古诗十九首》之十六:"眄睐以～～,引领遥相睎。"

【适莫】 dímò 厚薄,亲疏。《后汉书·李燮传》:"时颍川荀爽贾彪,虽俱知名而不相能,燮并交二子,情无～～,世称其平正。"

【适室】 díshì ❶正寝之室,正屋。《仪礼·士丧礼》:"死于～～,幠用敛衾。"❷指正妻。《三国志·魏书·夏侯尚传》:"尚有爱妾嬖幸,宠夺～～。"

【适嗣】 dísì 嫡子。《史记·赵世家》:"赵衰既反晋,晋之妻固要迎翟妻,而以其子盾为～～。"《论衡·命禄》:"此时代王非太子,亚夫非～～,逢时遇会,卓然卒至。"

【适适】 tìtì 惊恐失状。《庄子·秋水》:"于是坎井之蛙闻之,～～然惊,规规然自失也。"

狧 shì 见tà。

耆 shì 见qí。

莳(蒔) 1. shì ❶移植,分种。贾思勰《齐民要术·种谷楮》:"楮移栽者,二月～之。"杨万里《插秧歌》:"秧根未牢～未匝,照管鹅儿与雏鸭。"❷栽种。柳宗元《种树郭橐驼传》:"其～也若子,其置也若弃。"

2. shí ❸见"莳萝"。

【莳萝】 shíluó 植物名。也称小茴香。多年或一年生草本。果实可提芳香油,可入药。

栻 shì 古代占卜用的器具。也叫星盘。《汉书·王莽传下》:"天文郎按～于前。"

轼(軾) shì ❶车箱前面供人凭依的横木。《左传·僖公二十八年》:"君冯～而观之。"《楚辞·九辩》:"倚结軨兮长太息,涕潺湲兮下沾～。"❷扶轼表示敬意。《吕氏春秋·期贤》:"段干木盖贤者也,吾安敢不～?"《后汉书·高获传》:"每行县,辄～其闾。"

逝 shì ❶去,往。《楚辞·九章·抽思》:"惟郢路之辽远兮,魂一夕而九～。"《后汉书·王霸传》:"颍川从我者皆～,而子独留。"❷死去。曹丕《与吴质书》:"徐、陈、应、刘,一时俱～,痛可言邪!"❸通"誓"。《诗经·魏风·硕鼠》:"～将去汝,适彼乐国。"

【逝波】 shìbō 逝去的流水。比喻流水般过去的时光。杜甫《少年行》:"黄衫年少宜来数,不见堂前东～～。"苏舜钦《游洛中内》诗:"洛阳宫殿郁嵯峨,千古荣华逐～～。"

【逝川】 shìchuān 逝去的流水。比喻岁月流失。语出《论语·子罕》:"子在川上曰:'逝者如斯夫! 不舍昼夜。'"李白《古风》之十一:"～～与流光,飘忽不相待。"

筓 shì 钥匙。李商隐《日高》诗:"镀镮故锦縻轻拖,玉～不动便门锁。"

舐(䑛、舓、𦧇) shì 用舌头舔。《庄子·田子方》:"受揖而立,～笔和墨。"

【舐犊】 shìdú 比喻人爱其子女之情。《后汉书·杨彪传》:"子修为曹操所杀。操见彪问曰:'公何瘦之甚?'对曰:'愧无日磾先见之明,犹怀老牛～～之爱。'"

【舐痔】 shìzhì 比喻极卑劣的谄媚行为。《庄子·列御寇》:"秦王有病召医,破痈溃痤者得车一乘,～～者得车五乘。"

【舐糠及米】 shìkāngjímǐ 从外到里。比喻逐渐蚕食。《史记·吴王濞列传》:"里语有之:～～～～。"

谡(諟) shì 正,订正。《尚书·太甲上》:"先王顾～天之明命,以承上下神祇。"

【谡正】 shìzhèng 审查校正。《陈书·姚察传》:"尤好研核古今,～～文字。"

匙 shì 见chí。

谥(謚、諡) shì ❶古代帝王、贵族、大臣或其他有地位的人死后加给的带有褒贬意义的称号。《国语·楚语上》:"王卒,及葬,子囊议～。"《史记·乐书》:"故观其舞而知其德,闻其～而知其行。"⊗加给谥号。《左传·宣公十年》:"改葬幽公,～之曰灵。"❷称,号。司马相如

《喻巴蜀檄》:"身死无名,~为至愚,耻及父母,为天下笑。"

醉 shì 见 yì。

弑 shì 杀。古代专指臣杀君、下杀上。《孟子·梁惠王上》:"万乘之国,~其君者,必千乘之家。"(诸侯称国,大夫称家。)《汉书·高帝纪下》:"赵相贯高等耻上不礼其王,阴谋欲~其上。"

释(釋) 1. shì ❶放下,舍弃。《楚辞·离骚》:"勉远逝而无狐疑兮,孰求美而~女?"《史记·郦生陆贾列传》:"农夫~耒,工女下机。"㊀释放,赦免。《史记·周本纪》:"已而命召公~箕子之囚。"《三国志·蜀书·诸葛亮传》:"服罪输情者,虽重必~。"❷消除,解脱。《国语·晋语四》:"请复卫侯而封曹,臣亦~宋之围。"《三国志·魏书·武帝纪》:"~其缚而用之。"❸解说,解释。《左传·襄公二十九年》:"春,王正月,公在楚,~不朝正于庙也。"❹溶化,消散。《论衡·感虚》:"寒不累时则霜不降,温不兼日则冰不~。"《后汉书·西南夷传》:"在盛夏冰犹不~。"❺淘米。《诗经·大雅·生民》:"~之叟叟,烝之浮浮。"㊁浸渍。《礼记·内则》:"欲濡肉,则~而煎之以醢。"❻佛教创始人释迦牟尼的省称,后泛指佛教。《周书·武帝纪》:"集百僚、道士、沙门等讨论~、老义。"

2. yì ❼通"怿"。高兴,喜悦。嵇康《琴赋》:"其康乐者闻之,则欨愉欢~。"

【释菜】 shìcài 古代入学时以蘋蘩之类祭祀先师。《礼记·文王世子》:"始立学者,既兴器用币,然后~~。"

【释典】 shìdiǎn 佛教经典。《晋书·何充传》:"而性好~~,崇修佛寺,供给沙门以百数。"

【释奠】 shìdiàn 古代学校陈设酒食祭奠先圣先师的典礼。《礼记·文王世子》:"凡学,春官~~于其先师,秋冬亦如之。"《周书·冀儁传》:"遂启太祖,~~仓颉及先圣先师。"

【释服】 shìfú ❶脱下朝服。《仪礼·乡射礼》:"主人~~,乃息司正。"❷解除丧服。《史记·孝文本纪》:"其令天下吏民,令到出临三日,皆~~。"

【释绂】 shìfú 脱去官服。指辞官。陆云《晋故散骑常侍陆府君诔》:"投弁~~,皓恩东岳。"

【释憾】 shìhàn 解恨,借事报复。《左传·隐公五年》:"宋人取邾田,邾人告于郑曰:'请君~~于宋,敝邑为道。'"

【释褐】 shìhè 脱掉粗布衣服。指做官。扬雄《解嘲》:"夫上世之士,或解缚而相,或~~而傅。"王安石《给事中赠尚书工部侍郎孔公墓志铭》:"初以进士~~,补宁州军事推官。"

【释教】 shìjiào 即佛教。《梁书·庾诜传》:"晚年以后,尤遵~~,宅内立道场,环绕礼忏,六时不辍。"

【释例】 shìlì 解释本人及他人著作的条例。《晋书·杜预传》:"既立功之后,从容无事,乃耽思经籍,为《春秋左氏经传集解》。又参考众家谱第,谓之~~。"

【释然】 shìrán 疑虑消除的样子。《世说新语·言语》:"由是~~,无复疑虑。"韩愈《与陈给事书》:"今则~~悟,翻然悔。"

【释文】 shìwén ❶放下书本,停止学习。潘岳《杨荆州诔》:"足不辍行,手不~~。"❷解释文字,注疏。唐代陆德明有《经典释文》。

【释言】 shìyán 用言词自行解释。《国语·吴语》:"吴王夫差既胜齐人于艾陵,乃使行人奚斯~~于齐。"

【释宥】 shìyòu 宽赦。《三国志·魏书·陶谦传》注引《吴书》:"足下轻辱三公,罪自己作,今蒙~~,德莫厚矣。"

【释子】 shìzǐ 和尚,僧徒。韦应物《寄皎然上人》诗:"吴兴老~~,野雪盖精庐。"归有光《沧浪亭记》:"而子美之亭,乃为~~所钦重如此。"

【释然】 yìrán 高兴的样子。《庄子·齐物论》:"南面而不~~,其故何也?"韩愈《送孟东野序》:"东野之役于江南也,有若不~~者。"

睗 shì 疾视。《说文·目部》:"~,目疾视也。"左思《吴都赋》:"忘其所以睒~,失其所以去就。"

嗜 shì ❶爱好,特别喜欢。《楚辞·天问》:"胡维~不同味,而快鼌饱?"《后汉书·刘宽传》:"宽简略~酒,不好盥浴,京师以为谚。"❷贪。《宋书·颜延之传》:"廉~之性不同。"柳宗元《蝜蝂传》:"今世之~取者,遇货不避,以厚其室。"

【嗜欲】 shìyù 嗜好和欲望。《荀子·性恶》:"~~得而信衰于友。"《史记·孝文本纪》:"减~~,不受献,不私其利也。"

筮 shì 用蓍草占卦。《诗经·卫风·氓》:"尔卜尔~,体无咎言。"《吕氏春秋·尽数》:"今世上卜~祷祠,故疾病愈来。"

【筮仕】 shìshì 古人将出门做官,先占吉凶。《左传·闵公元年》:"初,毕万~~于晋。"王禹偁《除夜》诗:"~~已十年,明朝三十九。"

誓 shì ❶古代告诫将士的言辞。《周礼·秋官·士师》:"一曰～,用之于军旅。"㊀出征前告诫将士,表示决心。班固《东都赋》:"勒三军,～将帅。"❷盟约,誓约。《左传·成公十三年》:"昔逮我献公及穆公相好,戮力同心,申之以盟～,重之以婚姻。"曹植《武帝诔》:"张陈背～,傲帝虐民。"❸发誓,立誓。《左传·隐公元年》:"遂置姜氏于城颍,而～之曰:'不及黄泉,无相见也。'"❹接受爵命。《周礼·春官·典命》:"凡诸侯之適子,～于天子,摄其君,则下其君之礼一等。"㊀爵命。《汉书·高惠高后孝文功臣表》:"封爵之～曰:'使黄河如带,泰山如厉。'"❺谨慎。《礼记·文王世子》:"曲艺皆～之。"

【誓墓】 shìmù 辞官归隐,誓不再出。陆游《上书乞祠》诗:"～～那因一怀祖,人间处处是危机。"

奭 shì ❶盛,大。《说文·皕部》:"～,盛也。"《商君书·垦令》:"民不能喜酣～,则农不慢。"❷无阻碍的样子。《庄子·秋水》:"无南无北,～然四解。"❸通"螫"。恼怒。《汉书·窦婴传》:"有如两宫～将军,则妻子无类矣。"❹通"赩"。赤色。《诗经·小雅·采芑》:"四骐翼翼,路车有～。"❺姓。

澨 shì ❶水滨,水边。《楚辞·九歌·湘夫人》:"朝驰余马兮江皋,夕济兮西～。"潘岳《秋兴赋》:"泉涌湍于石间兮,菊扬芳于崖～。"❷堤坝。《左传·成公十五年》:"则决睢～,闭门登陴矣。"❸水名。源出今湖北京山县,流入汉水。

噬 shì ❶咬。《论衡·吉验》:"使入大麓之野,虎狼不搏,蝮蛇不～。"《三国志·魏书·吕布传》:"登见曹公言:'待将军譬如养虎,当饱其肉,不饱则将～人。'"㊀侵吞。狄仁杰《檄告西楚霸王文》:"自祖龙御宇,横～诸侯。"❷涉及。《诗经·唐风·有杕之杜》:"彼君子兮,～肯来游。"(陆德明《经典释文》:"《韩诗》作逝。逝,及也。")

【噬脐】 shìqí 自噬腹脐。比喻后悔已晚。扬雄《太玄赋》:"将～～之不及。"陆游《上二府论都邑劄子》:"今不为,后且～～。"也作"噬齐"。《左传·庄公六年》:"若不早图,后君～～,其及图之乎?"(杜预注:"若啮腹齐(脐),喻不可及也。")

【噬指】 shìzhǐ 咬手指。比喻母子眷念。语出《后汉书·周磐传》:"[蔡顺]尝出求薪,有客卒至,母望顺不还,乃噬其指,顺即心动,弃薪驰归。"骆宾王《上吏部裴侍郎书》:"故寝食梦想,～～之恋徒深。"

螫 shì ❶毒虫刺人,毒蛇咬人。《史记·淮阴侯列传》:"猛虎之犹豫,不如蜂虿之致～。"苏轼《东坡志林·鲁隐公》:"乱臣贼子,犹蝮蛇也,其所～草木,犹足以杀人,况其所噬啮者欤?"❷毒害。《韩非子·用人》:"有刑法而死,无～毒,故奸人服。"❸恼怒。《史记·魏其武安侯列传》:"有如两宫～将军,则妻子毋类矣。"

shou

收 shōu ❶逮捕,拘押。《诗经·大雅·瞻卬》:"此宜无罪,女反～之。"《后汉书·张奋传》:"帝以奋违诏,敕～下狱。"❷收拾,收敛。《左传·僖公三十二年》:"余～尔骨焉。"《汉书·高帝纪上》:"东阳甯君、沛公引兵西,与战萧西,不利,还～兵聚留。"❸收取,征收。《战国策·东周策》:"公东～宝于秦,南取地于韩。"曹操《抑兼并令》:"其～田租亩四升。"❹收获,收成。《史记·太史公自序》:"夫春生、夏长、秋～、冬藏,此天道之大经也。"《后汉书·崔骃传》:"彼采其华,我～其实。"❺结束,停止。《礼记·月令》:"雷始～声。"《汉书·韩安国传》:"至如猋风,去如～电。"❻车箱下的横木。《诗经·秦风·小戎》:"小戎俴～。"❼古冠名。《仪礼·士冠礼》:"周弁,殷冔,夏～。"《史记·五帝本纪》:"黄～纯衣,彤车乘白马。"

【收齿】 shōuchǐ 录用。《北史·李谔传》:"学必典谟,交不苟合,则摈落私门,不加～～。"

【收谷】 shōugǔ 收藏谷物。《后汉书·班超传》:"但当～～坚守,彼饥穷自降,不过数十日决矣。"

【收縠】 shōugǔ 收养。《资治通鉴·周赧王三十六年》:"王朝日宜召田单而揖之于庭,口劳之。乃布令求百姓之饥寒者,～～之。"

【收举】 shōujǔ 检举并拘捕。《后汉书·周举传》:"其刺史、二千石有臧罪显明者,驿马上之;墨绶以下,便辄～～。"

【收科】 shōukē 结局,收场。杨万里《送薛子才下第归永嘉》诗:"趁取春风双鬓绿,～～谁后复谁先。"

【收敛】 shōuliǎn ❶收获农作物。《庄子·让王》:"秋～～,身足以休食。"陆游《荞麦初熟刈者满野喜而有作》诗:"霜晴～～少在家,饼饵今冬不忧窄。"❷聚集财富。《墨子·尚贤中》:"～～关市山林泽梁之利,以实官府。"❸收聚,收藏。《论衡·效力》:"萧何所以能使樊郦者,以入秦～～文书也。"❹约束身心,不放纵。《汉书·陈汤传赞》:"陈汤傥募,不自～～,卒用困穷,议者闵之。"❺收殓。《汉书·宣帝纪》:"父母丧者勿繇事,使得～～送终,尽其子道。"

【收孥】 shōunú 一人犯法,其妻子没入官府做奴婢。《史记·商君列传》:"事末利及怠而贫者,举以为～～。"也作"收帑"。《史记·孝文本纪》:"今犯法已论,而使毋罪之父母妻子同产坐之,及为～～,朕甚不取。"

【收杀】 shōushā 收场,结局。章懋《与侄以道》之三:"吾尝论人之处世,如舟在江中,或遇安,或遭风浪,任其飘荡,皆未知如何～～。"

【收拾】 shōushí ❶收聚,整理。《论衡·别通》:"萧何入秦,～～文书。"《后汉书·徐防传》:"～～缺遗,建立明经。"㊀整治。岳飞《满江红》词:"待从头～～旧山河,朝天阙。"❷摆脱,结束。王实甫《西厢记》三本三折:"毕罢了牵挂,～～忧愁。"

【收司】 shōusī 监督检举。《史记·商君列传》:"令民为什伍,而相～～连坐。"

【收系】 shōuxì 拘禁。《汉书·苏建传》:"单于壮其节,朝夕遣人候问[苏]武,而～～张胜。"

【收恤】 shōuxù 收容救济。《史记·孝文本纪》:"除诽谤,去肉刑,赏赐长老,～～孤独,以育群生。"

【收责】 shōuzé 引咎自责。《后汉书·隗嚣传》:"范蠡～～勾践,乘偏舟于五湖;舅犯谢罪文公,亦逡巡于河上。"

【收视反听】 shōushìfǎntīng 不听不看。形容专心致志。陆机《文赋》:"其始也,皆～～～～,耽思傍讯,精骛八极,心游万仞。"

手 shǒu ❶人体上肢的总称。一般指腕以下的指掌部分。《诗经·邶风·简兮》:"左～执籥,右～秉翟。"《国语·楚语上》:"且夫制城邑若体性焉,有首领股肱,至于～拇毛脉。"❷亲手。《战国策·魏策四》:"～受大府之宪 。"《晋书·纪瞻传》:"好读书,或～自抄写。"❸执,持。《公羊传·庄公十二年》:"庄王亲自～旌,左右㧑军,退舍七里。"㊀掌握之中。《后汉书·吴祐传》:"李公之罪,成于公～。"❹用手打击。司马相如《上林赋》:"～熊罴。"❺手迹,笔迹。《汉书·郊祀志上》:"天子识其～,问之,果为书。"❻精通某种技艺的人。《北齐书·崔季舒传》:"季舒大好医术……更锐意研精,遂为名～。"杜甫《遭田父泥饮美严中丞》诗:"回头指大男,渠是万弩～。"

【手版】 shǒubǎn 即笏。古代臣子上朝时所执的狭长木板,用来记事备忘。《周礼·天官·司书》贾公彦疏:"若在君前,以笏记事,后代用簿,簿,今～～。"也作"手板"。《晋书·谢安传》:"坦之流汗沾衣,倒执～～。"

【手本】 shǒuběn ❶诉状。钟嵘《诗品》卷下:"《行路难》是东阳柴廓所造。宝月尝憩其家,会廓亡,因窃而有之。廓子赍～～出都,欲讼此事,乃厚赂止之。"❷公文。张居正《明制体以重王言疏》:"凡官员应给诰敕,该部题奉钦依～～到阁。"❸明清时下属见上司或门生见老师用的名帖。刘銮《五石瓠》卷三:"官司移会用六扣白柬,谓之～～;万历间士夫刺亦用六扣,然称名帖;后以青壳粘前后叶而绵纸六扣,称～～,为下官见上官所投。其门生初见座师,则用红绫壳为～～。"

【手笔】 shǒubǐ ❶亲手所写的书信。《后汉书·赵壹传》:"仁君忽一匹夫,于德何损?而远辱～～,追路相寻,诚足愧也。"❷亲自写的诗文。陆云《与兄平原书》:"今送苗君《登台赋》,为佳～～。"❸排场。《官场现形记》五十九回:"这是二舍妹,她自小～～就阔,气派也不同。"

【手毕】 shǒubì 书信,手书。黄庭坚《山谷题跋》:"子京别纸多云'伏奉～～'。"

【手刺】 shǒucì 官场中互相拜谒用的亲手写的名帖。陆游《老学庵笔记》卷三:"元丰后又盛行～～,前不具衔,上云某谨上谒某官,某月日,结衔姓名。"

【手工】 shǒugōng 手艺人。《三国志·吴书·孙休传》:"[孙]谞先是科郡上～～千馀人送建业。"

【手滑】 shǒuhuá 办事随意,不慎重。《资治通鉴·唐武宗会昌元年》:"户部尚书杜悰奔马见李德裕曰:'天子年少,新即位,兹事不宜～～。'"

【手迹】 shǒujì ❶亲手去作。《后汉书·曹世叔妻传》:"所作必成,～～整理,是谓执勤也。"❷亲手写的墨迹。《颜氏家训·慕贤》:"吾雅爱其～～,常所宝持。"(雅:很。)

【手记】 shǒujì ❶手书。《后汉书·公孙述传》:"诏书～～,不可数得。"❷笔记,日记。《元史·宇文公谅传》:"尝挟～～一册,识其编首曰:'昼有所为,暮则书之,其不可书,即不敢为,天地鬼神,实闻斯言。'"

【手技】 shǒujì ❶手艺。《汉书·张汤传》:"家童七百人,皆有～～作事。"❷杂技。也作"手伎"。孟元老《东京梦华录·京瓦伎艺》:"张臻妙、温奴哥、真个强、没勃脐、小掉刀,筋骨上索杂～～。"

【手简】 shǒujiǎn 书牍,信札。陆游《老学庵笔记》卷三:"予淳熙末还朝,则朝士乃以小纸高四五寸阔尺馀相往来,谓之～～。"

【手脚】 shǒujiǎo ❶指动作、举动。韦庄《逢李氏弟兄》诗:"巡街趁蝶衣裳破,上屋探雏～～轻。”❷指武艺。《水浒传》七回：“俺且走向前去，教那厮看洒家～～。”

【手卷】 shǒujuàn 书画长幅。因只能用手展阅，不能悬挂，所以叫手卷。纪君祥《赵氏孤儿》四折：“我如今将从前屈死的忠臣良将画成一个～～。”

【手力】 shǒulì ❶亲手劳作。《三国志·魏书·常林传》注引《魏略》：“虽贫，自非～～，不取之于人。”❷官府中做杂役的小吏。《宋书·孔琳之传》：“尚书令省事倪宗又牵威仪～～，击臣下人。”

【手民】 shǒumín 指木工。陶穀《清异录·人事》：“木匠总号运金之艺，又曰～～、手货。”后又指雕板排印工人。葛元煦《清嘉录跋》：“亟付～～，重为锓板。”（锓板：刻板。）

【手命】 shǒumìng 亲笔书信。吴质《答魏太子笺》：“奉读～～，追亡虑存，恩哀之隆，形于文墨。”

【手墨】 shǒumò 亲手所写，手迹。《新唐书·李靖传》：“家故藏高祖太宗赐靖诏书数函……皆太宗～～。”

【手刃】 shǒurèn ❶亲手杀。柳宗元《驳复仇议》：“卒能～～父仇，束身归罪。”❷持刀，用刀。《三国志·蜀书·费祎传》：“祎欢饮沉醉，为[郭]循～～所害。”

【手书】 shǒushū ❶亲手所写，手迹。《史记·封禅书》：“天子识其～～，问其人，果是伪书。”❷亲手写的信。韩愈《与孟尚书书》：“得吾兄二十四日～～。”

【手械】 shǒuxiè 手铐。《隋书·刑法志》：“死罪将决，乘露车，著三械加壶手，至市，脱～～及壶手焉。”

【手语】 shǒuyǔ ❶弹奏琴瑟之类弦乐器。李白《春日行》：“佳人当窗弄白日，弦将～～弹鸣筝。”❷作手势示意。冯延巳《昆仑奴传》：“知郎君颖悟，必能默识，所以～～耳。”

【手泽】 shǒuzé 手汗。《礼记·玉藻》：“父没而不能读父之书，～～存焉尔。”后称先人或前辈的遗墨或遗物。李清照《金石录后序》：“今～～如新，而墓木已拱，悲夫！”

【手札】 shǒuzhá 亲笔信，手书。白居易《宿香山寺酬广陵牛相公见寄》诗：“～～八行诗一篇，无由相见但依然。”

【手战】 shǒuzhàn ❶亲身战斗。《论衡·定贤》：“群臣～～，其犹狗也；萧何持重，其犹人也。”❷手发抖。杜甫《元日示宗武》诗：“汝啼吾～～，吾笑汝身长。”

【手足】 shǒuzú ❶比喻关系亲密。《孟子·离娄下》：“君之视臣如～～，则臣之视君如腹心。”❷指兄弟。苏辙《为兄轼下狱上书》：“臣窃哀其志，不胜～～之情。”

【手零脚碎】 shǒulíngjiǎosuì 小偷小摸，手脚不干净。杨显之《潇湘雨》四折：“怎肯便～～～～窃金资，这都是崔通来妄指。”

守 1. shǒu ❶守卫，防守。《墨子·公输》：“杀臣，宋莫能～，可攻也。”《国语·齐语》：“政既成矣，以～则固，以征则强。”[引]看守，守候。《韩非子·五蠹》：“因释其耒而～其株，冀复得兔。”（冀：希望。）[又]守护者。《国语·晋语四》：“从者为羁绁之仆，居者为社稷之～，何必罪居者？”❷遵守，奉行。《史记·商君列传》：“以此两者居官～法可也。”《盐铁论·论儒》：“孟轲～旧术，不知世务。”❸保持，保有。《战国策·魏策四》：“受地于先王，愿终～之。”《后汉书·献帝伏皇后纪》：“自帝都许，～位而已。”❹节操，操守。《周易·系辞下》：“失其～者其辞屈。”《吕氏春秋·论人》：“喜之以验其～。”❺掌管。《左传·昭公二十年》：“山林之木，衡鹿～之；泽之萑蒲，舟鲛～之。”《后汉书·翟酺传》：“朕为天下～财耳，岂得妄用之哉！”❻暂时署理职务。多指官阶低的人署理官阶高的职务。《汉书·尹翁归传》：“以高第入～右扶风，满岁为真。”《新唐书·百官志一》：“至于检校、兼、～、判、知之类，皆非本制。”❼请求。《汉书·孝昭上官皇后传》：“数～大将军光，为丁外人求侯。”（颜师古注：“守，求请之。”）《后汉书·窦融传》：“融于是日往～萌，辞让钜鹿，图出河西。”（李贤注：“守犹求也。”）❽（旧读 shòu）职守，官职。《孟子·公孙丑下》：“我无官～，我无言责也。”《汉书·艺文志》：“墨家者流，盖出于清庙之～。”❾（旧读 shòu）秦汉时郡的长官，后来用作刺史、太守的简称。《史记·屈原贾生列传》：“吴廷尉为河南～，闻其秀才，召置门下，甚幸爱。”

2. shòu ❿通“狩”。《尚书·舜典》：“岁二月，东巡～。”

【守常】 shǒucháng 遵守常法，保持常态。嵇康《养生论》：“谓商无十倍之价，农无百斛之望，此～～而不变者。”郦道元《水经注·鲍丘水》：“山洪暴发，则乘遏东下；平流～～，则自门北入。”

【守臣】 shǒuchén 诸侯对天子自称守臣，意为守土之臣。《礼记·玉藻》：“诸侯之于天子，曰某土之～～某。”

【守成】 shǒuchéng 保持已有的成就和业绩。《史记·刘敬叔孙通列传》：“夫儒者难与进取，可与～～。”《汉书·公孙弘传》：“～～上文，遭祸右武，未有易此者也。”

【守雌】 shǒucí 以柔自守，不与人争。《老子·二十八章》:"知其雄,守其雌,为天下谿。"(吴澄注:"雄谓刚强;雌谓柔弱。")杜甫《赠崔十三评事公辅》诗:"黠吏因封已,公才或~~。"

【守刺】 shǒucì 指太守和刺史。《宋史·胡寅传》:"遴选~~,久于其官。"

【守贰】 shǒu'èr 州县长官及副手。马端临《文献通考·田赋》:"诏江浙诸州县帛及折帛钱,并以七月中旬到行在,不足者~~窜黜。"

【守藩】 shǒufān 驻守封地。《史记·吕太后本纪》:"今太后崩,帝少,而足下佩赵王印,不急之国~~,乃为上将,将兵留此,为大臣诸侯所疑。"

【守府】 shǒufǔ 保持前代已成的事业。府,指先王之府藏。《国语·周语中》:"今天降祸灾于周室,余一人仅亦~~。"

【守龟】 shǒuguī ❶占卜用的龟甲。《左传·哀公二十三年》:"君告于天子,而卜之以~~于宗祧,吉矣,吾又何卜焉。"❷占卜的人。《国语·鲁语下》:"老请~~卜室之族。"

【守候】 shǒuhòu 防守。《汉书·严助传》:"边城~~诚谨。"

【守兼】 shǒujiān 官吏出缺,由职位低的官吏代理官职。《汉书·王莽传中》:"县宰缺者,数年~~,一切贪残日甚。"

【守经】 shǒujīng 遵守常法,固守经典。《汉书·贡禹传》:"~~据古,不阿当世。"

【守节】 shǒujié ❶保持节操,不做非礼的事。《国语·周语上》:"~~不淫,信也。"《史记·绛侯周勃世家》:"足己而不学,~~不逊,终以穷困。"❷夫死不嫁。《汉书·五行志上》:"宋恭公卒,伯姬幽居~~三十馀年。"

【守令】 shǒulìng 指太守、刺史、县令等地方官。《汉书·游侠传》:"是时茂陵~~尹公新亲事。"《新唐书·张九龄传》:"臣愚谓欲治之本,莫若重~~。"

【守器】 shǒuqì ❶国家所守护的重器。《左传·昭公十六年》:"宣子有环,其一在郑商,宣子谒诸郑伯,子产弗与,曰:'非官府之~~也,寡君不知。'"❷指太子。太子主宗庙之器,故称。王褒《皇太子箴》:"文昌著于前星,秬鬯由于~~。"

【守舍】 shǒushè ❶看守居所。《史记·酷吏列传》:"其父为长安丞,出,[张]汤为儿~~。"❷供守卫用的庐舍。《墨子·杂守》:"阁通~~,相错穿室。"

【守身】 shǒushēn 保持自身的名节。《孟子·离娄上》:"孰不为守?~~,守之本也。"韩愈《唐故朝散大夫尚书库部郎中郑君墓志铭》:"其治官~~,又极谨慎。"

【守时】 shǒushí 顺时,适时。《荀子·富国》:"~~力民,进事长功,和齐百姓,使人不偷,是将率之事也。"

【守死】 shǒusǐ 坚持到底,至死不变。《论语·泰伯》:"笃信好学,~~善道。"《后汉书·伏湛传》:"自行束脩,讫无毁玷,笃信好学,~~善道,经为人师,行为仪表。"

【守岁】 shǒusuì 农历除夕终夜不睡,以待天明。孟浩然《岁除夜有怀》诗:"~~家家应未卧,相思那得梦魂来。"苏轼《岁晚三首序》:"岁晚相与馈问为'馈岁';酒食相邀为'别岁';至除夜达旦不眠为'~~'。"

【守土】 shǒutǔ ❶守卫疆土。亦指治理一方的政事。《尚书·舜典》"岁二月,东巡守"孔传:"诸侯为天子~~,故称守。"苏辙《代歙州贺登极表》:"臣~~南服,亲被鸿恩。"❷指地方官。韩愈《袁州祭神文》之一:"若~~有罪,宜被疾殃于其身。"❸晋代为受封而未到所封之国的王侯特置的护卫部队。《晋书·职官志》:"其未之国者,大国置~~百人,次国八十人,小国六十人。"

【守望】 shǒuwàng ❶守卫瞭望。《孟子·滕文公上》:"乡田同井,出入相友,~~相助,疾病相扶持,则百姓亲睦。"❷等待盼望。王闿运《哀江南赋》:"禾桑坐槁,~~非真。"

【守文】 shǒuwén ❶遵守先王之法。《汉书·董仲舒传》:"夫五百年之间,~~之君,当涂之士,欲则先王之法,以戴翼其世者众。"❷墨守成规。《后汉书·张曹郑传论》:"而~~之徒,滞固所禀,异端纷纭,互相诡激,遂令经有数家,家有数说,章句多者或乃百万馀言。"

【守学】 shǒuxué 操守和学识。《国语·晋语四》:"文公问元帅于赵衰,对曰:'郤縠可,行年五十矣,~~弥惇。'"

【守要】 shǒuyào ❶掌握重权。《韩非子·有度》:"上尊而不侵则主强而~~,故先王贵而传之。"❷把握关键。《尸子》卷上:"明王之治民也,事少而功立,身逸而国治,言寡而令行,事少而功多,~~也。"

【守一】 shǒuyī 专一,执守定规。《汉书·严安传》:"故~~而不变者,未睹治之至也。"

【守宇】 shǒuyǔ 疆土。《左传·昭公四年》:"或无难以丧其国,失其~~。"

【守圉】 shǒuyǔ 防守,防御。《墨子·公输》:"然臣之弟子禽滑釐等三百人已持臣~~之器在宋城上而待楚寇矣。"

【守约】 shǒuyuē 保持节俭。《三国志·吴书·蒋钦传》："权尝之其堂内，母疏帐缥被，妻妾布裙。权叹其在贵～～，即敕御府为母作锦被，改易帷帐，妻妾衣服悉皆锦绣。"

【守战】 shǒuzhàn ❶防御。《商君书·兵守》："四战之国贵～～，负海之国贵攻战。"❷指防守和进攻。《韩非子·亡徵》："无～～之备，而轻攻伐者，可亡也。"

【守长】 shǒuzhǎng 郡守、县令等地方官吏的统称。《后汉书·循吏传序》："然建武、永平之间，吏事刻深，亟以谣言单辞，转易～～。"

【守真】 shǒuzhēn 保持本性。《后汉书·申屠蟠传》："安贫乐潜，味道～～，不为燥湿轻重，不为穷达易节。"

【守正】 shǒuzhèng 坚守正道。《史记·礼书》："循法～～者见侮于世，奢溢僭差者谓之显荣。"《汉书·韦玄成传》："玄成为相七年，～～持重不及父贤，而文采过之。"

【守冢】 shǒuzhǒng 为王公贵族守护坟墓的人。《史记·陈涉世家》："高祖时，为陈涉置～～三十家砀，至今血食。"

【守拙】 shǒuzhuō 以愚拙为安，不投机取巧。韦应物《答侗奴重阳二甥》诗："弃职曾～～，玩幽遂忘喧。"

首 shǒu ❶头。《楚辞·九歌·国殇》："带长剑兮挟秦弓，～身离兮心不惩。"《史记·魏世家》："三年，秦拔我四城，斩～四万。"㊀首领。贾谊《陈政事疏》："凡天子者，天下之～。"㊁要领，首要的事。《尚书·泰誓》："予誓告汝群言之～。"❷第一，首先。《国语·晋语四》："得晋国而讨无礼，曹其～诛也。"《史记·陈涉世家》："且楚～事，当令于天下。"（事：起事。）❸开始，开端。《老子·三十八章》："夫礼者，忠信之薄而乱之～。"❹朝，向。《楚辞·九叹·远遊》："登昆仑而北～兮，悉灵圉而来谒。"孔颖达《礼记正义序》："此是木落不归其本，狐死不～其丘。"㊀方，面。《清平山堂话本·洛阳三怪记》："只见上～一个青衣女童，认得这潘松。"❺出头认罪或揭发，自首。《三国志·魏书·武帝纪》："顷之，亡民有诣门～者。"《旧唐书·谢叔方传》："明日出～，太宗命释之。"❻量词。诗文等一篇为一首。苏洵《送石昌言北使行》："出文十数～，昌言甚喜称善。"

【首唱】 shǒuchàng ❶最先发起。《三国志·魏书·荀彧传》："自天子播越，将军～～义兵。"❷诗文第一句为首唱，随后的是媵句。《文心雕龙·附会》："若～～荣华，而媵句憔悴，则遗势郁湮，馀风不畅。"❸诗歌唱和，先作者为首唱。白居易《令狐相公拜尚书后有喜从镇归朝之作刘郎中先和因以继之》诗："尚书～～郎中和，不计官资只计才。"

【首恶】 shǒu'è ❶首当其罪。《公羊传·僖公二年》："虞师、晋师灭夏阳。虞，微国也，曷为序乎大国之上？使虞～～也。"❷罪魁。《汉书·主父偃传》："偃本～～，非诛偃无以谢天下。"

【首服】 shǒufú ❶指冠。《周礼·天官·追师》："掌王后之～～。"❷自首认罪。《后汉书·刘隆传》："帝令虎贲将诘问吏，吏乃实～～。"《三国志·魏书·华佗传》："于是传付许狱，考验～～。"

【首告】 shǒugào 出头认罪或告发。《宋史·真宗纪》："有司请违法贩茶者许同居～～。"《水浒传》二十七回："今去县里～～，休要管小人罪重，只替小人从实证一证。"

【首公】 shǒugōng 以公为重，奉公。《汉书·王尊传》："臣等窃痛尊修身洁己，砥节～～。"

【首过】 shǒuguò 自己承认并陈述过失。《后汉书·刘焉传》："皆校以诚信，不听欺妄，有病但令～～而已。"

【首禾】 shǒuhé 比喻不忘本。《淮南子·缪称训》："夫子见禾之三变也，滔滔然，曰：'狐乡邱而死，我其～～乎？'"（高诱注："禾穗垂而向根，君子不忘本也。"）

【首肯】 shǒukěn 点头同意。苏轼《司马温公行状》："时仁宗简默不言，虽执政奏事，～～而已。"

【首领】 shǒulǐng ❶头和颈。《管子·法法》："进无敌，退有功，是以三军之众，皆得保其～～。"张溥《五人墓碑记》："令五人者保其～～，以老于户牖之下，则尽其天年，人皆得以隶使之。"❷为首的人。《周书·辛昂传》："秩满还京，～～皆随昂诣阙朝觐。"《隋书·郭荣传》："黔安～～田罗驹阻清江作乱。"

【首虏】 shǒulǔ 斩获敌人的首级。《史记·平准书》："明年，大将军将六将军仍再出击胡，得～～万九千级。"

【首路】 shǒulù 出发上路。《三国志·魏书·武帝纪》："王师～～，威风先逝，百城八郡，交臂屈膝。"杜甫《木皮岭》诗："～～栗亭西，尚想凤凰村。"

【首免】 shǒumiǎn 犯罪者因自首而得从轻处罚。苏轼《应诏集·策别》："夫律有罪而得以～～者，所以开盗贼小人自新之涂。"

【首难】 shǒunàn 最先发难。《战国策·中山策》："夫割地以赂燕赵，是强敌也；出兵以攻中山，～～也。”《汉书·项籍传》：“夫秦失其政，陈涉～～。”

【首匿】 shǒunì 主谋藏匿罪犯。《论衡·谴告》：“汉正～～之罪，制亡从之法，恶其随非而与恶人为群党也。”《盐铁论·周秦》：“自～～相坐之法立，骨肉之恩废而刑罪多。”

【首妻】 shǒuqī 元配夫人。应劭《汉官仪》卷下：“三老五更，皆娶有～～，男女完具。”

【首丘】 shǒuqiū 传说狐狸死时头向着巢穴所在的山。后指怀恋故乡。《楚辞·九章·哀郢》：“鸟飞反故乡兮，狐死必～～。”《后汉书·寇荣传》：“不胜狐死～～之情。”

【首事】 shǒushì ❶最重要的事。《战国策·魏策三》：“攻皮氏，此王之～～也。”❷事前的准备工作。《管子·立政》：“～～既布，然后可以举事。”❸首先起事，首倡其事。《汉书·陈胜传》：“且楚～～，当令于天下。”❹开始。《宋史·河渠志一》：“皆以正月～～，季春而毕。”

【首饰】 shǒushì 本指男女头上的装饰品，后专指妇女的饰物，包括头饰、手镯、戒指等。《后汉书·舆服志下》：“秦雄诸侯，乃加其武将～～为绛帕，以表贵贱。”曹植《洛神赋》：“戴金翠之～～，缀明珠以耀躯。”

【首鼠】 shǒushǔ 迟疑不定。《三国志·吴书·诸葛恪传》：“缓则～～，急则狼顾。”

【首岁】 shǒusuì 指农历正月。《汉书·萧望之传》：“今～～日月少光，咎在臣等。”

【首途】 shǒutú 出发，上路。杜甫《敬寄族弟唐十八使君》诗：“登陆将～～，笔札枉所申。”也作“首涂”。沈约《齐故安陆昭王碑文》：“威令～～，仁风载路。”

【首尾】 shǒuwěi ❶前后。《后汉书·西羌传》：“驰骋东西，奔救～～。”《三国志·魏书·吕布臧洪传》：“方～～不救，何能恤人？”❷从始到终。《宋书·谢晦传》：“到任以来，～～三载。”韩愈《张中丞传后叙》：“然尚恨有阙者：不为许远立传，又不载雷万春事～～。”❸勾结，勾搭。《水浒传》二十六回：“原来县吏都是与西门庆有～～的，官人自不必说。”

【首选】 shǒuxuǎn 科举考试第一名。《宋史·选举志二》：“帝曰：‘士人初进，便须别其忠佞，[张]九成所对，无所畏避，宜擢～～。’”

【首义】 shǒuyì ❶最先倡起义兵。杜甫《别张十三建封》诗：“刘裴建～～，龙见尚踌躇。”韩愈《平淮西碑》：“魏将～～，六州降从。”❷揭示要旨。《论衡·正说》：“夫《春秋》之有年也，犹《尚书》之有章。章以～～，年以纪事。”

【首子】 shǒuzǐ 长子。《史记·宋微子世家》：“微子开者，殷帝乙之～～而帝纣之庶兄也。”

【首罪】 shǒuzuì 自首认罪。《三国志·魏书·邓哀王冲传》：“太祖马鞍在库，而为鼠所啮，库吏惧必死，议欲面缚～～，犹惧不免。”

【首鼠两端】 shǒushǔliǎngduān 迟疑不定。《史记·魏其武安侯列传》：“与长孺共一老秃翁，何为～～～～？”亦作“首施两端”。《后汉书·邓训传》：“虽～～～～，汉亦收其用。”

寿（壽、夀） shòu ❶长久。《说文·老部》：“～，久也。”《诗经·小雅·天保》：“如南山之～，不骞不崩。”❷长寿。《论语·雍也》：“知者乐，仁者～。”曹操《步出夏门行·龟虽寿》：“神龟虽～，犹有竟时。”㉛寿命，寿数。《吕氏春秋·尊师》：“由此为天下名士显人，以终其～。”《汉书·礼乐志》：“内则致疾损～，外则乱政伤民。”❸老年人。《诗经·鲁颂·閟宫》：“三～作朋，如冈如陵。”张衡《东京赋》：“送迎拜乎三～。”❹敬酒献物，祝人长寿。《战国策·赵策三》：“平原君乃置酒，酒酣，起，前，以千金为鲁连～。”《汉书·高帝纪上》：“～毕，曰：‘军中无以为乐，请以剑舞。’”❺生前准备死后装殓品的婉称。见“寿器”、“寿材”。❻姓。

【寿材】 shòucái 人没死时预制的棺材。王巩《随手杂录》：“先是十年前，有富人治～～。”

【寿发】 shòufà 老人头发脱落后再生的头发。方回《老矣》诗：“浪许满头生～～，几堪落叶见秋风。”

【寿宫】 shòugōng ❶神祠。《楚辞·九歌·云中君》：“蹇将憺兮～～，与日月兮齐光。”❷宫中的寝室。《吕氏春秋·知接》：“蒙衣袂而绝乎～～。”❸春秋时齐国的离宫。《晏子春秋·杂上》：“景公游于～～。”❹墓冢。洪朋《寄题胡公祠堂》诗：“堂后～～閟日月，堂前荒草横古今。”

【寿骨】 shòugǔ 人的头骨。苏轼《表弟程德孺生日》诗：“长身自古传甥舅，～～遥知是弟兄。”

【寿国】 shòuguó 延长国命，使国家久存。《吕氏春秋·求人》：“今～～有道，而君人者而不求，过矣。”

【寿纪】 shòujì 寿数。程俱《自宽吟戏效白乐天体》：“人言病压身，往往延～～。”

【寿考】 shòukǎo 长寿，高寿。《楚辞·九章·思美人》:“宁隐闵而～～兮,何变易之可为?”《汉书·艺文志》:“乐而有节,则和平～～。”

【寿木】 shòumù 传说中的仙木,人吃其果实可长生不老。《吕氏春秋·本味》:“菜之美者,昆仑之苹,～～之华。”

【寿器】 shòuqì 棺材。《后汉书·孝崇匽皇后纪》:“敛以东园画梓～～。”

【寿堂】 shòutáng ❶祭祀死者的地方。陆机《挽歌》:“～～延螭魅,虚无自相宾。”❷寿冢。苏轼《东坡志林》卷七:“古今之葬者皆为一室,独蜀人为同坟而异葬,其间为通道,高不及眉,广不能容人。生者之室,谓之～～。”❸称别人的母亲为寿堂。孙奕《履斋示儿编·寿堂》:“今士人尺牍中称人之母曰～～。”

【寿域】 shòuyù 比喻太平盛世,人人得尽天年。杜甫《上韦左相》诗:“八荒开～～,一气转洪钧。”

【寿元】 shòuyuán 寿命。吴昌龄《东坡梦》四折:“爇龙涎一炷透穹苍,祝吾王～～无量。”

【寿岳】 shòuyuè 指南岳衡山。齐己《回雁峰》诗:“状堪扶～～,灵合置仙坛。”

【寿藏】 shòuzàng 生前所筑的墓穴。《后汉书·赵岐传》:“年九十馀,建安六年卒,先自为～～。”

【寿冢】 shòuzhǒng 生前自造备用的墓穴。《后汉书·侯览传》:“又豫作～～,石椁双阙,高庑百尺。”

受 shòu ❶接受,承受。《孟子·滕文公下》:“如其道,则舜～尧之天下,不以为泰。”《后汉书·南匈奴传》:“我老矣,～汉家恩,宁死不能相随。”㊀禀受。苏轼《乞常州居住表》:“臣～性刚褊,赋命奇穷。”㊁受学。《后汉书·光武帝纪上》:“王莽天凤中,乃之长安,～《尚书》,略通大义。”❷遭受。《战国策·秦策二》:“～欺于张仪,王必惋之。”贾谊《论积贮疏》:“一夫不耕,或～之饥。”❸收买。《管子·海王》:“雠盐于吾国,釜十五吾～,而官出之以百。”❹收回。《周礼·春官·司干》:“舞者既陈,则授舞器,既舞则～之。”❺容纳。《周易·咸》:“君子以虚～人。”杜甫《南邻》诗:“秋水才添四五尺,野航恰～两三人。”❻应和。《吕氏春秋·圜道》:“宫徵商羽角,各处其处,音皆调均,不可以相违,此所以无不～也。”❼授予,付给。后作“授”。《战国策·齐策四》:“昔先君桓公所好者,九合诸侯,一匡天下,天子～籍,立为大伯。”

【受成】 shòuchéng 接受已确定的谋略。《礼记·王制》:“天子将出征……受命于祖,～～于学。”

【受辞】 shòucí 出使时接受君主的辞令。《公羊传·庄公十九年》:“聘礼,大夫受命不～～。”《管子·形势》:“衔命者君之尊也,～～者名之运也。”

【受代】 shòudài 受人替代。指官吏去职,由新官代替。《宋史·河渠志一》:“是年诏缘河官吏,虽秩满,须水落～～。”

【受绐】 shòudài 受欺骗。王安石《同昌叔赋雁奴》诗:“偷安与～～,自古有亡国。”

【受俘】 shòufú 一种礼仪。战争胜利后有俘获,先向宗庙和社稷行献俘礼,再行受俘礼,由皇帝接受战俘。也叫受俘馘。

【受福】 shòufú 接受天地神明所降之福。《诗经·大雅·假乐》:“～～无疆,四方之纲。”

【受戒】 shòujiè ❶受训诫。《汉书·薛宣传》:“长吏莫不喜惧,免冠谢宣归恩～～者。”❷佛教用语。佛教信徒接受师傅授与的戒条,出家为僧尼。姚合《赠卢沙弥小师》诗:“年小未～～,会解如老师。”

【受箓】 shòulù 古代皇帝自称受命于天,假造图书符命,称为天赐符命,叫受箓。(箓:图书符命。)《诗经·大雅·文王序》孔颖达疏:“二十九年,伐崇,作灵台,改正朔,布王号于天下,～～应河图。”

【受命】 shòumìng ❶受天之命。古代帝王假托神权自称受命于天,借以巩固其统治。《汉书·外戚恩泽侯表》:“自古～～及中兴之君,必兴灭继绝,修废举逸。”《后汉书·明帝纪》:“先帝～～中兴,德侔帝王。”❷接受命令。《左传·成公十三年》:“君来赐命曰:‘吾与女伐狄。’寡君不敢顾昏姻,畏君之威而～～于吏。”❸领教,受教诲。刘向《说苑·敬慎》:“敬～～,愿闻馀教。”

【受气】 shòuqì 禀受自然之气。陶渊明《感士不遇赋》:“咨大块之～～,何斯人之独灵。”(大块:大地。)

【受禅】 shòushàn 王朝换代,新王朝的皇帝接受禅让的帝位。《汉书·王莽传中》:“予之皇始祖考虞帝～～于唐。”《孔丛子·杂训》:“夫～～于人者,则袭其统。”亦作“受坛”。

【受脤】 shòushèn 出兵时祭社,祭毕,以社肉颁赐众人。《左传·成公十三年》:“国之大事在戎与祀,祀有执膰,戎有～～。”《国语·晋语五》:“受命于庙,～～于社,甲胄而致死,戎之政也。”

【受生】 shòushēng ❶禀性。陆机《豪士赋序》:“～～之分,唯此而已。”❷迷信谓人死后，再托生人世。乐史《杨太真外传》："帝曰：'愿妃子善地～～。'"

【受事】 shòushì ❶接受职事。《国语·晋语七》："韩献子老，使公族穆子～～于朝。"❷接受老师的教诲。刘向《说苑·正谏》："先生就衣，今愿～～。"

【受室】 shòushì 娶妻。《左传·桓公六年》："今以君命奔齐之急，而～～以归，是以师昏也。"方苞《武季子哀辞》："次子某年二十有一，将～～而卒也。"

【受岁】 shòusuì ❶佛教用语。僧徒夏日安居修学，完毕增一法腊，叫做受岁。《增壹阿含经·善聚品》："今七月十五日，是～～之日。"❷长一岁。李嘉祐《元日无衣冠入朝寄皇甫拾遗冉从弟补阙舒》诗："白髭空～～，丹陛不朝天。"

【受釐】 shòuxī 汉制祭天地五畤，皇帝派人行祀或诸侯国祭祀后把祭馀之肉归致皇帝，以示受福。《史记·屈原贾生列传》："孝文帝方～～，坐宣室。"

【受业】 shòuyè ❶从师学习。《国语·鲁语下》："士朝～～，昼而讲贯，夕而习复，夜而计过无憾，而后即安。"《史记·礼书》："仲尼没后，～～之徒沈湮而不举。"❷传授学业。韩愈《师说》："师者，所以传道～～解惑也。"

【受用】 shòuyòng ❶接受资财以供给官府用度。《周礼·天官·大府》："颁其货于受藏之府，颁其贿于～～之府。"❷受益，享受。《朱子语类》卷九："今只是要理会道理，若理会得一分，便有一分～～；理会得二分，便有二分～～。"徐经孙《水调歌头·致仕得请》词："书数册，棋两局，酒三瓯。此是日中～～，谁劣又谁优？"

【受知】 shòuzhī 得人知遇。欧阳修《送荥阳魏主簿广》诗："～～固不易，知士诚尤难。"

【受终】 shòuzhōng 承受帝位。《尚书·舜典》："正月上日，～～于文祖。"（孔颖达疏："故知终谓尧终帝位之事，终言尧终舜始也。"）《隋书·地理志上》："高祖～～，惟新朝政，开皇三年，遂废诸郡。"

狩 shòu ❶冬天打猎。《左传·隐公五年》："故春蒐、夏苗、秋猕、冬～。"《国语·周语上》："猕于既烝，～于毕时。"[引]泛指打猎。《诗经·秦风·驷驖》："公之媚子，从公于～。"❷帝王出外巡视。《孟子·梁惠王下》："天子适诸侯曰巡～。"[又]讳称帝王被迫外出。陈亮《上孝宗皇帝第一书》："二圣北～之痛，汉唐之所未有也。"

【狩田】 shòutián 冬季练兵打猎。《周礼·夏官·大司马》："中冬教大阅……遂以～～。"

兽（獸） shòu 野兽。《老子·五十五章》："毒虫不螫，猛～不据，攫鸟不搏。"《孟子·梁惠王上》："为民父母行政，不免于率～而食人，恶在其为民父母也？"

【兽臣】 shòuchén 掌管山泽、田猎的官。《左传·襄公四年》："～～司原，敢告仆夫。"

【兽侯】 shòuhóu 画有兽形的箭靶。《周礼·考工记·梓人》："张～～，则王以息燕。"

【兽环】 shòuhuán 金属制作的兽头衔着的门环。孙棨《北里志·杨妙儿》："鱼钥～～斜掩门，萋萋芳草忆王孙。"

【兽锦】 shòujǐn 织有兽形图案的锦绣。杜甫《寄李十二白二十韵》："龙舟移棹晚，～～夺袍新。"

【兽睡】 shòushuì 比喻暗中蓄谋，伺机以动。《晋书·杜有道妻严氏传》："[何]晏等骄侈，必当自败，司马太傅～～耳。"

授 shòu ❶授给，付予。《国语·晋语七》："言终，魏绛至，～仆人书而伏剑。"《论衡·逢遇》："若天～地生，鬼助神辅……若是者乃遇耳。"[又]交还。《国语·晋语四》："及河，子犯～公子载璧。"《韩非子·难二》："周公旦假为天子七年，成王壮，～之以政。"❷授职，任命。《荀子·儒效》："若夫谲德而定次，量能而～官。"❸教授，传授。《汉书·儒林传序》："自鲁商瞿子木受《易》孔子，以～鲁桥庇子庸。子庸～江东馯臂子弓。"❹通"受"。接受。《韩非子·难二》："惠公没，文公～之。"❺姓。

【授兵】 shòubīng 古代由政府收藏和保管武器，有战争时祭告祖庙后发给士兵，叫授兵。《周礼·夏官·司兵》："掌五兵五盾，各辨其物与其等，以待军事。及～～，从司马之法以颁之。"

【授馆】 shòuguǎn 为宾客安排休息的地方。《国语·周语中》："膳宰不致饩，司里不～～。"

【授命】 shòumìng 献出生命，拼命。《论语·宪问》："见利思义，见危～～。"《国语·吴语》："夫谋必素见成事焉，而后覆之，不可以～～。"

【授室】 shòushì 把家事交付给新妇。后称为子娶妻。《礼记·郊特牲》："舅姑降自西阶，妇降自阼阶，授之室也。"朱熹《答吕伯恭》："此儿长大，鄙意欲早为～～。"

【授手】 shòushǒu ❶投降。《左传·襄公二十五年》："陈知其罪，～～于我。"❷伸手援助。《后汉书·崔骃传》："于是乎贤人～～，援世之灾，跋涉赴俗，急斯时也。”

【授首】 shòushǒu ❶投降。《战国策·秦策四》：“秦楚合而为一，临以韩，韩必～～。”韩云卿《平蛮颂》：“统外一十八州牧守，羁縻及覆，历代不宾，皆～～请罪，愿为臣妾。”❷被杀。诸葛亮《后出师表》：“举兵北征，夏侯～～。”

【授业】 shòuyè ❶讲授学业。《汉书·董仲舒传》：“下帷讲诵，弟子传以久次相～～，或莫见其面。”❷给予产业。《宋史·高丽传》：“国无私田，民计口～～。”

【授衣】 shòuyī 古代农历九月制备冬衣，称授衣。《诗经·豳风·七月》：“七月流火，九月～～。”杜甫《雨》诗之三：“多病久加饭，衰容新～～。”

【授政】 shòuzhèng 继承帝位。《史记·伯夷列传》：“典职数十年，功用既兴，然后～～。”

售 shòu ❶卖出去。《荀子·儒效》：“卖之，不可偻～也。”（偻：快。）刘基《卖柑者言》：“吾～之，人取之，未闻有言。”㉖指嫁出去。杜甫《负薪行》：“更遭丧乱嫁不～，一生抱恨长咨嗟。”㉘指考试得中。《聊斋志异·促织》：“邑有成名者，操童子业，久不～。”❷实现，实行。张衡《西京赋》：“挟邪作蛊，于是不～。”陆游《书安济法后》：“越州有庸医曰林彪，其技不～，乃冒法代它医造安济。”❸买。柳宗元《钴鉧潭西小丘记》：“问其价，曰：‘止四百。’余怜而～之。”沈括《梦溪笔谈·书画》：“藏书画者多取空名，偶传为钟、王、顾、陆之笔，见者争～。”

【售谤】 shòubàng 散布诽谤的话。《宋史·昭怀刘皇后传》：“时孟后位中宫，后不循列妾礼，且阴造奇语以～～。”

绶（綬） shòu ❶系帷幕的丝带。《周礼·天官·幕人》：“掌帷幕幄帟～之事。”❷系印章或玉饰的丝带。《论衡·书虚》：“周公居摄，带天子之～，戴天子之冠，负扆南面而朝诸侯。”《后汉书·灵思何皇后纪》：“病卒，赠前将军印～。”《礼记·玉藻》：“天子佩白玉而玄组～。”

瘦（瘦） shòu ❶肌肉不丰满。《韩非子·内储说下》：“中山有贱公子，马甚～，车甚弊。”杜甫《九日寄岑参》诗：“所向泥浩浩，思君令人～。”❷峭削，细小。柳宗元《游黄溪记》：“自是又南数里，地皆一状，树益壮，石益～，水鸣皆锵然。”白居易《茅城驿》诗：“地薄桑麻～，树贫屋舍低。”❸土地瘠薄。叶適《戴肖望挽词》之二：“水肥应返钓，田～合归犁。”

【瘦龙】 shòulóng 墨上刻的龙纹。也代指墨。黄庭坚《谢景文惠浩然所作廷珪墨》诗：“柳枝～～印香字，十袭一日三摩挲。”元好问《陈德元竹石》诗之一：“～～不见金书字，试就宣和石谱看。”

【瘦诗】 shòushī 意境清淡之诗。杨万里《病后觉衰》诗：“山意凄寒日，秋光染～～。”

【瘦损】 shòusǔn 消瘦。苏轼《红梅》诗之二：“细雨浥残千颗泪，轻寒～～一分肌。”高观国《柳梢青·柳》词：“为怜张绪风流，正～～，宫腰褪碧。”

【瘦雪】 shòuxuě 残雪，逐渐融化的雪。王庭筠《谒金门》词：“～～一痕墙角，青子已妆残萼。”

【瘦硬】 shòuyìng 笔画细削有力。杜甫《李潮八分小篆歌》：“苦县光和尚骨立，书贵～～方通神。”

雠 shòu 见 chóu。

shu

殳（杸） shū ❶古代一种兵器，有棱无刃，长一丈二尺。《诗经·卫风·伯兮》：“伯也执～，为王前驱。”《左传·昭公二十一年》：“张匄抽～而下，射之，折股。”左思《吴都赋》：“干卤～铤，旸夷勃卢之旅。”❷姓。

【殳书】 shūshū 秦代八种字体之一。许慎《说文解字·叙》：“自尔秦书有八体：一曰大篆，二曰小篆，三曰刻符，四曰虫书，五曰摹印，六曰署书，七曰～～，八曰隶书。”

【殳杖】 shūzhàng 唐代宫廷仪仗之一。《新唐书·仪卫志上》：“又有～～，步甲队将军各一人……。”

书（書） shū ❶书写，记载。《论语·卫灵公》：“子张～诸绅。”《汉书·艺文志》：“古之王者世有史官，君举必～。”❷文字。《荀子·解蔽》：“故好～者众矣，而仓颉独创者，壹也。”《论衡·奇怪》：“苍颉作～，与事相连。”㉖字体。《汉书·艺文志》：“六体者，古文、奇字、篆～、隶～、缪篆、虫～。”㉘书法，书法作品。《颜氏家训·杂艺》：“王逸少风流才士，萧散名人，举世但知其～，翻以能自蔽也。”曾巩《金石录跋尾·襄州遍学寺禅院碑》：“惟善～，家藏王羲之、献之、褚遂良～至数百卷。”❸书籍。《孟子·万章下》：“颂其诗，读其～，不知其人，可乎？”《后汉书·王充传》：“家贫无～，常游洛阳市肆，阅所卖～。”㉘《尚书》的专称。《荀子·劝学》：“《书》者，政事之纪也。”❹书信。《韩非子·内储说下》：“宋石遗卫君～。”穆修《答乔适书》：“近辱～并示文十篇，始终读之，其命意甚高。”㊿告示鬼神的书策。《左传·昭公五年》：“以～使杜洩告于殡。”❺文书，文件。《尚书·金縢》：“启籥见～。”《汉书·刑法志》：“昼断狱，夜理～。”㊿盟约。《左传·僖公二十五年》：“宵，坎血加～，伪与子仪、子边盟者。”《孟子·告子下》：“葵丘之会，诸侯束牲，载～而不歃血。”（歃：用口微吸。）

【书策】 shūcè ❶书籍，简册。《韩非子·显学》：“藏～～，习谈论，聚徒役，服文学而议说。”（服：习。）《战国策·秦策一》：“～～稠浊，百姓不足。”❷考试时夹带书籍进考场。李肇《唐国史补》卷下：“挟藏入试，谓之～～。”

【书抄】 shūchāo 抄书，资料辑录。《文心雕龙·论说》：“孔融孝廉，但谈嘲戏；曹植辨道，体同～～。”也作“书钞”。钟嵘《诗品·总论》：“大明、泰始中，文章殆同～～。”

【书钞】 shūchāo 同“书抄”。见“书抄”。

【书痴】 shūchī 嗜书成癖的人，书呆子。《旧唐书·窦威传》：“威家世勋贵，诸昆弟并尚武艺，而威耽玩文史，介然自守，诸兄哂之，谓为～～。”

【书尺】 shūchǐ 书信，尺牍。韩驹《送范叔器次路公弼韵》：“小驻鄱阳未宜远，欲凭～～问寒温。”

【书虫】 shūchóng 虫吃树叶的痕迹形同文字，故称书虫。苏轼《宿余杭法喜寺……》诗：“稻凉初吠蛤，柳老半～～。”

【书厨】 shūchú ❶藏书的橱柜。比喻学识渊博。《宋史·吴时传》：“时敏于为文，未尝属稿，落笔已就，两学目之曰‘立地～～’。”❷讽刺读书虽多，但不能应用的人。《南史·陆澄传》：“澄当世称为硕学，读《易》三年，不解文义，欲撰《宋书》竟不成，王俭戏之曰：‘陆公，～～也。’”

【书丹】 shūdān 古人刻碑之前，先用朱笔把字写在碑石上，叫书丹。《后汉书·蔡邕传》：“熹平四年，奏求正定六经文字，灵帝许之，邕乃自～～于碑，使工镌刻。”

【书滴】 shūdī ❶磨墨时用的水滴。刘歆《西京杂记》卷一：“以酒为～～，取其不冰；以玉为砚，亦取其不冰。”❷指供磨墨用的储水小盆。刘歆《西京杂记》卷六：“唯玉蟾蜍一枚，大如拳，腹空，容五合水，光润如新，王取以为～～。”（合：容量单位，一升的十分之一。）

【书颠】 shūdiān ❶指唐代书法家张旭。张旭好于醉酒后下笔，有时以头蘸墨书写，时人称之为书颠。张彦远《历代名画记·论顾陆张吴用笔》：“张既号～～，吴宜为画圣。”（吴：吴道子。）❷形容读书着迷忘形，类似颠狂。陆游《寒夜读书》诗之二：“不是爱书即欲死，任从人笑作～～。”

【书牍】 shūdú 书信文书的总称。《梁书·范云传》：“及居选官，任守隆重，～～盈案，宾客满门，云应答如流，无所壅滞。”

【书法】 shūfǎ ❶古代史官写史时所遵循的体例、原则。《左传·宣公二年》：“董狐，古之良史也，～～不隐。”❷汉字的书写艺术。《南齐书·周颙传》：“少从外氏车骑将军臧质家得卫恒散隶～～，学之甚工。”

【书工】 shūgōng ❶专门从事缮写的人。《新唐书·崔行功传》：“初，太宗命秘书监魏徵写四部群书，将藏内府，置雠正二十员，～～百员。”❷指书法家。苏轼《题王逸少帖》：“颠张醉素两秃翁，追逐世好称～～。”（张：张旭。素：怀素。）

【书翰】 shūhàn 书札翰墨，借指文辞或文章。《宋书·王弘传》：“凡动止施为及～～仪体，后人皆依仿之。”《陈书·后主沈皇后传》：“聪敏强记，涉猎经史，工～～。”

【书笈】 shūjí 书箱。葛洪《神仙传·封衡》：“有二侍者，一负～～，一携药笥。”李贺《送沈亚之歌》：“白藤交穿织～～，短策齐裁如梵夹。”

【书记】 shūjì ❶书籍、奏记一类的文字资料。《后汉书·应劭传》：“时始迁都于许，旧章堙没，～～罕存。”又《马援传》：“援数以～～责譬于嚣。”曹丕《典论·论文》：“琳瑀之章表～～，今之隽也。”❷官府中掌管文书、记录的官吏。杜甫《送高三十五书记》诗：“借问今何官，触热向武威。答云一～～，所愧国士知。”

【书简】 shūjiǎn 书册、简牍。《韩非子·五蠹》：“故明主之国，无～～之文，以法为教。”

【书可】 shūkě 批阅公文，签字认可。《三国志·吴书·孙亮传》注引《吴历》：“先帝数有特制，今大将军问事，但令我～～邪？”

【书客】 shūkè ❶文友。张籍《和左司元郎中秋居》之五：“～～多呈帖，琴僧与合弦。”❷书商。《儒林外史》一回：“［王冕］走到村学堂里，见那闯学堂的～～，就买几本旧书。”

【书空】 shūkōng ❶用手指在空中虚划字形。李贺《唐儿歌》：“东家娇娘求对值，浓笑～～作唐字。”❷雁在空中列行而飞，其行如字，故叫书空。赵师侠《菩萨蛮·春陵迎阳亭》词：“残角起江城，～～征雁横。”

【书侩】 shūkuài 倒买倒卖书画的商人。李绰《尚书故实》:“京师～～孙盈者,名甚著。”

【书林】 shūlín ❶文人学者的群体。扬雄《长杨赋》:“今朝廷纯仁,遵道显义,并包～～,英华沉浮,洋溢八区。”❷书多如林,指群书。《东观汉记》卷二:“亲幸东观,览～～,阅篇籍。”

【书簏】 shūlù ❶藏书的竹箱。皮日休《醉中即席赠润卿博士》诗:“茅山顶上携～～,笠泽心中漾酒船。”❷讽刺读书虽多而又不解其义的人。《晋书·刘柳传》:“卿读书虽多而无所解,可谓～～矣。”李商隐《咏怀寄秘阁旧僚二十六韵》:“自哂成～～,终当祝酒卮。”

【书启】 shūqǐ 下级给上级陈述事情的简短书信。泛指信札。欧阳修《与陈员外书》:“下吏以私自达于其属长,而有所候问请谢者,则曰笺记～～。”

【书契】 shūqì ❶指文字。《汉书·古今人表》:“自～～之作,先民可得而闻者,经传所称,唐虞以上,帝王有号谥。”㊀指有文字记载的历史。《三国志·魏书·董二袁刘传》:“董卓狼戾贼忍,暴虐不仁,自～～已来,殆未之有也。”❷契约一类的文字凭证。《周礼·地官·质人》:“掌稽市之～～,同其度量,壹其淳制,巡而考之。”(稽:考,治。)

【书裙】 shūqún 晋代书法家王献之乘羊欣睡觉时,在羊欣的新绢裙上题书数幅,羊欣得此书后,着意揣摩,书法大为进步。后人常用“书裙”作文士酬应的典故。苏轼《客有美堂周邠长官与数僧同泛湖……》诗之二:“载酒无人过子云,掩关昼卧客～～。”

【书社】 shūshè ❶古代二十五家为一社,把社内人姓名写在簿册上,叫书社。后借指按社登记入册的人口和土地。《荀子·仲尼》:“与之～～三百,而富人莫之敢距也。”《吕氏春秋·慎大》:“与谋之士封为诸侯,诸大夫赏以～～。”❷读书作诗的文学社团。苏轼《杭州故人信至齐安》诗:“相期结～～,未怕供诗帐。”

【书生】 shūshēng ❶指读书人。《后汉书·樊宏传》:“～～不习兵事。”王勃《滕王阁序》:“勃,三尺微命,一介～～。”❷专事缮写的人。唐临《冥报记》卷上:“大起房廊为写经之室,庄严清净,供给丰厚,～～常数十人。”

【书史】 shūshǐ ❶记事的史官。王嘉《拾遗记·周穆王》:“穆王即位三十二年,巡行天下,……有～～十人,记其所行之地。”❷经史一类的书籍。江淹《杂体诗·颜特进侍宴》:“揆日粲～～,相都丽闻见。”杜甫《大历三年春白帝城放船出瞿塘峡有诗凡四十韵》:“～～全倾挠,装囊半压濡。”❸书名。北宋米芾著,书法品鉴著作。

【书疏】 shūshū 奏疏、信札等。《三国志·魏书·三少帝纪》:“昔援立东海王子髦,以为明帝嗣,见其好～～文章,冀可成济。”杜甫《潭州送韦员外迢牧韶州》诗:“洞庭无过雁,～～莫相忘。”

【书肆】 shūsì 书店。《法言·吾子》:“好书而不要诸仲尼,～～也。”刘肃《大唐新语·劝励》:“文远每阅～～,不避寒暑,遂通五经。”

【书田】 shūtián 书耕,把读书比作种田,故称读书为书田。王迈《送族侄千里归漳浦》诗:“愿子继自今,～～勤种播。”

【书问】 shūwèn ❶书信,音讯。曹丕《与朝歌令吴质书》:“足下所治僻左,～～致简,益用增劳。”❷写信问候。杜预《岁中帖》:“岁忽已终,别久益兼其劳,远道～～又简。”

【书檄】 shūxí 军队和官府中的文书。《三国志·魏书·王粲传》:“军国～～,多琳、瑀所作也。”

【书香】 shūxiāng 古人用芸香草藏书驱蠹,故以书香指读书风气或读书家风。林景熙《述怀次柴主簿》诗:“～～剑气具寥落,虚老乾坤父母身。”

【书业】 shūyè 著述之事。《三国志·吴书·韦曜传》:“曜年已七十,馀数无几。乞赦其一等之罪,为终身徒,使成～～,永足传示,垂之百世。”

【书谒】 shūyè 求见通报的名帖。《史记·万石张叔列传》:“于是高祖召其姊为美人,以奋为中涓,受～～,徙其家长安中戚里,以姊为美人故也。”(中涓:官名。)

【书淫】 shūyín 嗜书成癖的人。《晋书·皇甫谧传》:“谧耽玩典籍,忘寝与食,时人谓之～～。”皮日休《和鲁望早秋》:“～～传癖穷欲死,谗谗何必频相仍。”

【书囿】 shūyòu 书海。李商隐《为李贻孙上李相公启》:“重以心游～～,思托文林。”

【书鱼】 shūyú 蠹鱼,蛀书的小虫。苏轼《次韵曹子方运判雪中同游西湖》:“尊前侑酒只新诗,何异～～餐蠹简。”

【书云】 shūyún ❶观察天象,加以记录,以占人事吉凶,叫书云。《文心雕龙·书记》:“占者,觇也。星辰飞伏,伺候乃见,登观～～。”❷冬至的别称。李曾伯《雪夜不寐偶成》诗:“底事阳和尚未回,～～已久未逢梅。"

【书札】 shūzhá 信札,信函。《三国志·蜀书·谯周传》:"研精六经,尤善～～。"杜甫《别蔡十四著作》诗:"若冯南辕使,～～到天垠。"(冯:凭。)

【书帙】 shūzhì ❶书的外套。王嘉《拾遗记·秦始皇》:"二人每假食于路,剥树皮编以为～～,以盛天下良书。"杜甫《严郑公宅同咏竹》:"色侵～～晚,阴过酒樽凉。"❷指书籍,书卷。张渭《湘中有怀》诗:"不用开～～,偏宜上酒楼。"

【书种】 shūzhǒng 世代相传的读书人。杨万里《送李待制季允擢第皈蜀》诗:"高文大册传～～,怨句愁吟恼化工。"戴复古《见名园荒废有感》诗:"墙头有寒士,～～世相传。"

【书祖】 shūzǔ 指某种书法的创始人或艺术成就极高的书法家。董逌《广川书跋·唐经生字》:"世称王逸少为～～,观其遗文,可以得之。"

【书记翩翩】 shūjìpiānpiān 指文笔轻举敏捷。曹丕《与吴质书》:"元瑜～～～～,致足乐也。"

疋 1. shū ❶脚。《说文·疋部》:"～,足也。……《弟子职》曰:'问～何止。'"

2. yǎ ❷同"雅"。正。《尔雅·序》陆德明《释文》:"雅字,亦作～。"

3. pǐ ❸同"匹"。量词。《战国策·魏策一》:"今窃闻大王之卒,武力二十馀万,……车六百乘,骑五千～。"

4. pì ❹见"疋似"。

【疋似】 pìsì 譬如,好像。范成大《春来风雨无一日好晴因赋瓶花二绝》之二:"三分春色三分雨,～～东风本不来。"

朱 shū 见 zhū。

抒 shū ❶舀取。《诗经·大雅·生民》毛传:"揄,～臼也。"(抒臼:从臼中取出舂过的谷物。)《管子·禁藏》:"～井易水。"(抒井:淘井,清除污物泥沙。)❷抒发,表达。《汉书·刘向传》:"一～愚意。"卢谌《赠崔温》诗:"良俦不获偕,～情将焉诉。"❸发泄。《汉书·王褒传》:"敢不略陈愚而～情素。"❹通"纾"。解除。《左传·文公六年》:"有此四德者,难必～矣。"

纾(紓) shū ❶舒缓,迟缓。《诗经·小雅·采菽》:"彼交匪～,天子所予。"❷延缓,宽缓。《左传·文公十六年》:"子,身之贰也,姑～死焉。"《宋史·李蘩传》:"民力稍～,得以尽于田亩。"❸解除。《左传·庄公三十年》:"斗榖於菟为令尹,自毁其家,以～楚国之难。"㉑排遣。《北史·王肃传》:"二十二年平汉阳,瑶起为辅国将军,特诏以付肃,使～泄哀情。"

枢(樞) shū ❶门上的转轴。《吕氏春秋·尽数》:"流水不腐,户～不蝼。"㉑重要或中心的部分。《史记·范雎蔡泽列传》:"今夫韩魏,中国之处,而天下之～也。"❷本源,原始。《淮南子·原道训》:"经营四隅,反还于～。"❸国家大权。王融《永明十一年策秀才文》:"朕秉箓御天,握～临极。"❹机会,时机。《三国志·蜀书·先主传》注:"今同盟无故自相攻伐,借～于操。"(借:给。)❺木名,也叫刺榆。《诗经·唐风·山有枢》:"山有～,隰有榆。"❻星名,北斗第一星,也叫天枢。《后汉书·蔡邕传》:"地将震而～星直。"❼姓。

【枢奥】 shū'ào 古代中央政权的要害部门。《晋书·陆云传》:"初慕圣门,栖心重仞,启涂及阶,遂升～～。"

【枢柄】 shūbǐng 政柄,大权。《南齐书·崔祖思传》:"礼诰者,人伦之襟冕,帝王之～～。"《新唐书·文德长孙皇后传》:"妾家以恩泽进,无德而禄,易以取祸,无属～～,以外戚奉朝请足矣。"

【枢臣】 shūchén 宰相一类的权臣。王禹偁《赠密直张谏议》诗:"先皇忧蜀辍～～,独冒兵戈出剑门。"

【枢府】 shūfǔ 主掌政权的中枢机构。枢密院的别称。苏辙《贺欧阳副枢启》:"而况位在～～,才为文师。"《宋史·李谘传》:"在～～,专务革滥赏,抑侥幸,人以为称职。"

【枢衡】 shūhéng 政权的中枢。《北史·李冲传》:"仆射执我～～,总厘朝务,使我无后顾之忧。"《魏书·韩子熙传》:"职综～～,位居输道。"

【枢机】 shūjī ❶枢与机。比喻事物的关键部位。《国语·周语下》:"夫耳目,心之～～也,故必听和而视正。"《周易·系辞上》:"言行,君子之～～,～～之发,荣辱之主也。"❷朝廷中的重要部门和职位。《汉书·魏相传》:"今光死,子复为大将军,兄子秉～～,昆弟诸婿据权势,在兵官。"

【枢极】 shūjí 天枢星和北极星。比喻中枢权力。刘歆《遂初赋》:"备列于钩陈兮,拥太常之～～。"《后汉书·梁统传论》:"夫宰相运动～～,感会天人。"

【枢近】 shūjìn 朝廷中接近皇帝的或中央政权的机要职位。李峤《陈情表》:"升之家司,握九流之铨要;委以～～,参万里之损益。"《新唐书·陆象先传》:"象先人望,宜斡～～。"

叔(尗) shū ❶拾取。《诗经·豳风·七月》:"九月～苴。"❷古人用伯、仲、叔、季表示排行，叔是行三。《仪礼·士冠礼》："伯某甫仲～季，唯其所当。"柳宗元《哭连州凌员外司马》诗："仲～继幽沦，狂叫唯童儿。"（仲叔：指二弟、三弟。）㉑末，同辈中的年少者。《诗经·郑风·萚兮》："～兮伯兮，倡予和女。"❸丈夫的弟弟。《战国策·秦策一》："妻不以我为夫，嫂不以我为～，父母不以我为子。"❹父亲的弟弟，叔父。《晋书·郑袤传》："宣帝谓袤曰：'贤～大匠，垂称于阳平。'"❺衰，末。《左传·昭公六年》："三辟之兴，皆～世也。"❻通"菽"。豆类。《庄子·列御寇》："衣以文绣，食以刍～。"❼通"淑"。美，善。杜甫《汉川王大录事宅作》诗："忆尔才名～，含悽意有馀。"❽姓。

【叔季】 shūjì ❶幼年时。《淮南子·缪称训》："始乎～～，归乎伯孟，必此积也。"❷末世，国家衰乱将亡的时代。朱熹《白鹿洞赋》："世～～而且然，矧休明之景运。"

【叔郎】 shūláng 丈夫的弟弟，小叔子。任昉《奏弹刘整》："刘氏丧亡，抚养孤弱，～～整，恒欲伤害侵夺。"

【叔妹】 shūmèi 丈夫的妹妹，小姑。《后汉书·曹世叔妻传》："舅姑之爱己，由～～之誉己也。"

【叔末】 shūmò 国家衰敝的年代。《后汉书·党锢传序》："～～浇讹，王道陵缺。"

【叔母】 shūmǔ 叔父之妻，婶母。《宋书·谢瞻传》："瞻幼孤，～～刘抚养有恩纪。"

【叔叶】 shūyè 衰世，末世。《后汉书·西域传论》："道闭往运，数开～～。"陆九渊《荆国王文公祠堂记》："夏商～～，去治未远，公卿之间，犹有典刑。"

洙 shū（又读 zhū） 水名。《说文·水部》："～，水。出泰山，盖临乐山北入泗。"

徐 shū 见 xú。

姝（姝） shū ❶美丽，美好。《诗经·邶风·静女》："静女其～。"陆机《拟古诗》之五："皎皎彼～女，阿那当轩织。"❷美女。《战国策·楚策四》："闾～子都，莫知媒兮。"宋玉《登徒子好色赋》："此郊之～，华色含光。"

【姝丽】 shūlì ❶美丽，漂亮。《后汉书·和熹邓皇后纪》："后长七尺二寸，姿颜～～，绝异于众，左右皆惊。"❷指美女。柳永《玉女摇仙珮》词："有得许多～～，拟把名花比。"

【姝姝】 shūshū ❶柔顺的样子。《庄子·徐无鬼》："所谓暖姝者，学一先生之言，则暖暖～～而私自说也。"❷美好的样子。扬雄《太玄经·视》注："为小人之道，不饰其心，饰其面，犹～～之好而遇雨，故视无好也。"

【姝妖】 shūyāo 美丽妖冶。蔡邕《检逸赋》："夫何～～之媛女，颜炜烨而含荣。"

荼 shū 见 tú。

殊 shū ❶死。《汉书·淮南厉王刘长传》："太子自刑，不～。"《后汉书·来歙传》："蜀人大惧，使刺客刺歙，未～。"㉑受到致命的创伤。《史记·苏秦列传》："其后齐大夫多与苏秦争宠者，而使人刺苏秦，不死，～而走。"❷绝，断。《左传·昭公二十三年》："武城人塞其前，断其后之木而弗～。"❸差异，不同。《后汉书·王良传》："事实未～而誉毁别议。"❹区别。《论衡·书虚》："圣人以天下为家，不别远近，不～内外。"❺特出，出众。古乐府《陌上桑》："坐中数千人，皆言夫婿～。"❻超过。《后汉书·梁竦传》："妾父既冤不可复生，母氏年～七十。"❼副词。甚，很。《战国策·赵策四》："老臣今者～不欲食，乃自强步，日三四里，少益耆食。"《史记·魏其武安侯列传》："丞相特前戏许灌夫，～无往意。"❽副词。犹，尚。白居易《早蝉》诗："西风～未起，秋思先秋生。"

【殊恩】 shū'ēn 皇恩，异常的恩惠。《后汉书·杜诗传》："八年上书乞避功德，陛下～～，未许放退。"杜甫《建都十二韵》："牵裾恨不死，漏网荷～～。"

【殊方】 shūfāng ❶他乡，异域。《汉书·董仲舒传》："夜郎、康居，～～万里。"杜甫《奉待严大夫》诗："～～又喜故人来，重镇还须济世才。"❷不同的方术、旨趣。《汉书·艺文志》："时君世主，好恶～～。"又《董仲舒传》："今师异道，人异论，百家～～，指意不同。"

【殊服】 shūfú ❶服饰不同。司马相如《上林赋》："便姗嫳屑，与俗～～。"❷指异邦、外族。张衡《司空陈公诔》："万邦既协，～～来同。"

【殊瑰】 shūguī 奇异瑰丽。《吕氏春秋·侈乐》："俶诡～～，耳所未尝闻，目所未尝见。"

【殊阶】 shūjiē 优异的官职。《南史·刘善明传》："忠贞孝悌，宜擢以～～。"

【殊绝】 shūjué ❶断绝。《后汉书·曹褒传论》："夫三王不相袭礼，五帝不相沿乐，所以《咸》、《茎》异调，中都～～。"❷超常，异常出众。《汉书·张汤传》："宠爱～～。"诸葛亮《后出师表》："曹操智计～～于人。"

【殊量】 shūliàng 非凡的器量、才能。《三国志·蜀书·诸葛亮传》："时左将军刘备以亮有～～，乃三顾亮于草庐。"

【殊伦】 shūlún ❶不寻常之辈。杜甫《奉赠鲜于京兆二十韵》："异才应间出，爽气必～～。"❷不同类。李白《嘲鲁儒》诗："君非叔孙通，与我本～～。"

【殊胜】 shūshèng ❶绝好，特异。薛用弱《集异记·蔡少霞》："居处深僻，俯近龟蒙，水石云霞，境象～～。"❷绝好的胜境。朱熹《梅花词》："天然～～，不关风露冰雪。"

【殊死】 shūsǐ ❶古代斩首之刑。《后汉书·光武帝纪上》："罪非犯～～，一切勿案。"《三国志·魏书·明帝纪》："赦系囚～～以下。"❷拼死，决死。《汉书·韩信传》："军皆～～战，不可败。"

【殊俗】 shūsú ❶不同的习俗。《吕氏春秋·论大》："禹欲帝而不成，既足以正～～矣。"❷远方，异邦。贾谊《过秦论》："始皇既没，馀威振于～～。"《后汉书·和帝纪》："文加～～，武畅方表。"❸异于流俗。《宋书·郭启玄传》："志操～～。"

【殊庭】 shūtíng 神仙的住处。《史记·孝武本纪》："上亲禅高里，祠后土，临渤海，将以望祠蓬莱之属，冀至～～焉。"

【殊渥】 shūwò 特殊的恩宠。杜甫《寄李十二白二十韵》："文彩承～～，流传必绝伦。"

【殊行】 shūxíng 高尚的品德。《三国志·魏书·三少帝纪》："其特拜简为忠义都尉，以旌～～。"

【殊裔】 shūyì 边远之地。《三国志·魏书·三少帝纪》："今国威远震，抚怀六合，方包举～～，混一四表。"陆机《辨亡论上》："化协～～，风衍遐圻。"

【殊尤】 shūyóu 特别，特殊。司马相如《封禅文》："未有～～绝迹可考于今者也。"

【殊遇】 shūyù 特殊的知遇。多指帝王的恩宠。《三国志·蜀书·诸葛亮传》："盖追先帝之～～，欲报之于陛下也。"

【殊途同归】 shūtútóngguī 采用不同方法，达到相同目的。张怀瓘《评书药石论》："圣人不凝滞于物，万法无定，～～～～。"也作"殊涂同归"。《抱朴子·任命》："～～～～，其致一也。"

捈 shū 见 tú。

透 shū 见 tòu。

倏（倐、儵） shū 迅疾。《楚辞·九歌·少司命》："荷衣兮蕙带，～而来兮忽而逝。"陆九渊《与朱元晦》："不得嗣问，～又经时。"

【倏尔】 shū'ěr 迅疾，短暂。裴次元《赋得亚父碎玉斗》："～～霜刃挥，飒然春冰碎。"

【倏忽】 shūhū 转眼之间，极快。《吕氏春秋·君守》："故至神逍遥～～而不见其容。"苏辙《黄州快哉亭记》："变化～～，动心骇目，不可久视。"

【倏闪】 shūshǎn ❶瞬息之间。曾巩《一鹗》诗："社中神狐～～内，脑尾分磔垂弓橐。"❷闪动不定。元稹《秋堂夕》诗："萧条帘外雨，～～案前灯。"

【倏呻】 shūshēn 迅疾。左思《蜀都赋》："鹰犬～～，尉罗络幕。"叶適《送刘德修》诗："一日期万年，～～展长策。"

【倏烁】 shūshuò 光亮闪烁不定。谢灵运《长歌行》："～～夕星流，昱奕朝露团。"李白《梁甫吟》："三时大笑开电光，～～晦冥起风雨。"

【倏煜】 shūyù 鲜明灿烂。阮籍《清思赋》："服～～以缤纷兮，绛众采以相绥。"

【倏爚】 shūyuè 鲜明灿烂的样子。张衡《西京赋》："璇弁玉缨，遗光～～。"刘允济《经庐岳回望江州想洛川有作》诗："二门几迢递，三宫何～～。"

练（練） shū 粗麻布。《晋书·王导传》："时帑藏空竭，库中惟有～数千端。"周邦彦《齐天乐·秋思》词："尚有～囊，露萤清夜照书卷。"

淑 shū ❶水清澈。《说文·水部》："～，清湛也。"❷美好，漂亮。《盐铁论·非鞅》："～好之人，戚施之所妬也。"㉠好好地。《诗经·大雅·抑》："～慎尔止，不愆于仪。"㉡善于。《诗经·鲁颂·泮水》："～问如皋陶，在泮献囚。"

【淑湫】 shūjiǎo 寂静无声。《管子·水地》："耳之所听，非特雷鼓之闻也，察于～～。"

【淑景】 shūjǐng ❶春光。柳宗元《迎长日赋》："～～初延，幽阳潜起。"❷良辰。谢朓《七夕赋》："嗟斯灵之～～，招好俅于服箱。"❸美景。鲍照《代悲哉行》："羁人感～～，缘感欲回辙。"

【淑均】 shūjūn 善良公正。《三国志·蜀书·诸葛亮传》："将军向宠，性行～～。"

【淑离】 shūlí 善良美丽。《楚辞·九章·橘颂》："～～不淫，梗其有理兮。"（离：通"丽"。美丽。）

【淑茂】 shūmào 善美，美好。《汉书·刘向传》："河东太守堪，先帝贤之，命而傅朕，资质～～，道术通明。"（茂：美。）

【淑气】 shūqì 春日的温和气息。杜审言《和晋陵陆丞早春游望》："～～催黄鸟，晴光转绿蘋。"杜甫《八哀诗·故右仆射相国张公九龄》:"一阳发阴管,～～含公鼎。"

【淑清】 shūqīng ❶明净。《淮南子·本经训》:"四时不失其叙,风雨不降其虐,日月～～而扬光,五星循轨而不失其行。"❷比喻政治清明。王褒《四时讲德论》:"今海内乐业,朝廷～～。"

【淑慝】 shūtè 善恶,好坏。《尚书·毕命》:"旌别～～,表厥宅里。"《宋史·赵普传》:"赏罚匪当,～～莫分。"

【淑懿】 shūyì 美德。《论衡·自纪》:"宗祖无～～之基,文墨无篇籍之遗。"曹植《王仲宣诔》:"君以～～,继此洪基。"

【淑景】 shūyǐng 日影。杜甫《紫宸殿退朝口号》诗:"香飘合殿春风转,花覆千官～～移。"

【淑尤】 shūyóu 特别善美。《楚辞·远遊》:"绝氛埃而～～兮,终不反其故都。"

【淑郁】 shūyù 香气浓烈。司马相如《上林赋》:"芬香沤郁,酷烈～～。"朱熹《柚花》诗:"～～丽芳远,悠扬风日迟。"

菽(尗) shū 豆,豆类。《诗经·小雅·小宛》:"中原有～,庶民采之。"《孟子·尽心上》:"圣人治天下,使有～粟如水火。"

【菽水】 shūshuǐ 豆和水,形容生活清贫。后常用来指清贫者对长辈的供养。《荀子·天论》:"楚王后车千乘,非知也;君子啜菽饮水,非愚也。"陆游《湖堤暮归》诗:"俗孝家家供～～,农勤处处筑陂塘。"

梳 shū ❶梳子。《新唐书·吴兢传》:"朝有讽谏,犹发之有～。"❷梳理,梳头。扬雄《长杨赋》:"头蓬不暇～。"苏轼《江城子·乙卯正月二十日夜记梦》词:"小轩窗,正～妆。"㊀鸟类用嘴鸽理羽毛。温庭筠《游南塘》诗:"白鸟～翎立岸莎,藻花菱刺汎微波。"

鄃 shū 汉县名,故地在今山东夏津县。《史记·河渠书》:"是时武安侯田蚡为丞相,其奉邑食～。"

渝 shū 见 yú。

揄 shū 见 yú。

倏 shū 见 xiāo。

舒 shū ❶展开。《史记·乐书》:"延颈而鸣,～翼而舞。"曹操《军令》:"始出营,竖矛戟,～幡旗,鸣鼓。"㊀散开,分散。《战国策·赵策一》:"三月不能拔,因～军而围之,决晋水而灌之。"❷宣泄,排遣。《楚辞·九章·哀郢》:"登大坟以远望兮,聊以～吾忧心。"司马迁《报任少卿书》:"是仆终已不得～愤懑以晓左右。"❸迟缓。《穀梁传·桓公十四年》:"听远音者,闻其疾而不闻其～。"《后汉书·律历志下》:"日月相推,日～月速。"㊀傲慢。《史记·五帝本纪》:"富而不傲,贵而不～。"❹春秋国名。在今安徽庐江县西南。《春秋经·僖公三年》:"徐人取～。"

【舒迟】 shūchí 闲雅从容。《礼记·玉藻》:"君子之容～～。"

【舒舒】 shūshū 舒缓,安详。韩愈《此日足可惜》诗:"淮之水～～,楚山直丛丛。"孟郊《靖安寄居》诗:"役生皆促促,心竟谁～～。"

【舒啸】 shūxiào 放声长啸。陶渊明《归去来兮辞》:"登东皋以～～,临清流而赋诗。"

【舒雁】 shūyàn 鹅的别名。因鹅步行舒缓,故名。《仪礼·聘礼》:"私觌愉愉焉,出如～～。"

疏(疎) shū ❶疏导,开通。《史记·孝武本纪》:"昔禹～九江,决四渎。"柳宗元《天说》:"～为川渎、沟洫、陂池。"㊀敞通。《荀子·赋》:"志爱公利,重楼～堂。"㊁梳理,整理。《汉书·扬雄传下》:"蓬头不暇～。"㊂(旧读 shù)古注的一种。曾巩《陈书目录序》:"其疑者亦不敢损益,特各～于篇末。"❷清洗,清除。《国语·楚语上》:"教之乐,以～其秽,而镇其浮。"㊀搜索。《汉书·赵充国传》:"卬以闻,有诏将八校尉与骁骑都尉、金城太守合～捕山间虏。"❸分散,分给。《淮南子·道应训》:"知伯围襄子于晋阳,襄子～队而去之,大败知伯。"《盐铁论·毁学》:"～爵分禄以褒贤。"㊀撤退。《国语·晋语四》:"三日而原不降,公令～军而去。"❹雕刻,刻画。《礼记·明堂位》:"殷以～勺,周以蒲勺。"《韩非子·外储说左上》:"赵主父令工施钩梯而缘播吾,刻～人迹其上。"❺稀。《论衡·气寿》:"妇人～字者子活,数乳者子死。"(字:生育。)《后汉书·郎顗传》:"所谓大网～,小网数。"❻疏远,生疏。《老子·五十六章》:"故不可得而亲,不可得而～。"《论衡·程材》:"苟有忠良之世,～拙于事,无损于高。"㊀疏忽。《韩非子·五蠹》:"有～,则为强国制也。"❼粗疏,粗粝。《论语·述而》:"饭～食饮水,曲肱而枕之。"㊀糙米。韩愈《山石》诗:"铺床拂席置羹饭,～粝亦足饱我饥。"❽长。《淮南子·氾论训》:"体大者节～。"❾窗子。《史记·礼书》"疏、房、床、第、几、席,所以养体也"索隐:"～,谓窗也。"❿陈列。《楚辞·九歌·湘夫人》:"白玉兮为镇,～石兰兮为芬。”⑪(旧读 shù)分条陈述。《汉书·苏武传》:“初桀、安与大将军霍光争权,数～光过失于燕王。”⑫上给皇帝的奏章。《汉书·匡衡传》:“上问以政治得失,衡上～。”⓫书信。《晋书·陶侃传》:“远近书～,莫不手答。”⓬通“疋”。赤脚。《淮南子·道应训》:“子佩～揖,北面立于殿下。”⓭通“蔬”。蔬菜。《荀子·富国》:“然后荤菜百～以泽量。”⓮姓。

【疏迟】 shūchí 迟钝。《三国志·吴书·陆逊传》:“仆书生～～,忝所不堪。”

【疏数】 shūcù 疏密。指远近、亲疏。《周礼·夏官·大司马》:“以教坐作进退疾徐～～之节。”《礼记·哀公问》:“非礼无以别男女、父子、兄弟之亲,昏姻～～之交也。”

【疏达】 shūdá ❶通达。《史记·乐书》:“广大而静,～～而信者宜歌《大雅》。”《吕氏春秋·诬徒》:“弟子居处修洁,身状出伦,闻识～～,就学敏疾,本业几终者。”❷不周密。《三国志·魏书·杜畿传》注引《魏略》:“尝嫌其～～,不助留意于诸事。”

【疏诞】 shūdàn 怪诞不羁。《北齐书·许遵传》:“自言禄命不富贵,不横死,是以任性～～,多所犯忤。”

【疏宕】 shūdàng 洒脱,不拘小节。《北史·薛憕传》:“憕早丧父,家贫,躬耕以养祖母,有暇则览文籍,～～不拘,时人未之奇也。”

【疏附】 shūfù ❶使疏远的人亲近。《诗经·大雅·緜》:“予曰有～～,予曰有先后。”❷县名,在今新疆喀什地区。

【疏观】 shūguān 通观。《荀子·解蔽》:“处于今而论久远,～～万物而知其情。”

【疏越】 shūhuó ❶疏通瑟的底孔,使声音舒缓。《礼记·乐记》:“清庙之瑟,朱弦而～～,壹倡而三叹,有遗音者矣。”(越:瑟底小孔。)❷疏导流畅。《后汉书·马融传》:“所以洞荡匈臆,发明耳目,～～蕴慉,骇恫底伏。”

【疏记】 shūjì 分条记录。《汉书·匈奴传上》:“于是[中行]说教单于左右～～,以记识其人众畜牧。”

【疏节】 shūjié ❶植物枝节稀疏。《亢仓子·农道》:“得麻之时,～～而色阳。”❷礼节简略。《礼记·玉藻》:“亲痞,色容不盛,此孝子之～～也。”(痞:病。)《三国志·吴书·虞翻传》:“自恨～～,骨体不媚。”

【疏举】 shūjǔ 列举。贾谊《陈政事疏》:“若其它背理而伤道者,难遍以～～。”

【疏狂】 shūkuáng 狂放不羁。白居易《代书诗一百韵寄微之》:“～～属年少,闲散为官卑。”

【疏阔】 shūkuò ❶简略,不周密。《汉书·沟洫志》:“御史大夫尹忠对方略～～,上切责之,忠自杀。”《三国志·吴书·虞翻传》:“前人通讲,多玩章句,虽有秘传,于经～～。”❷关系疏远。《三国志·蜀书·张嶷传》:“广汉太守蜀郡何祗,名为通厚,嶷宿与～～。”❸时间相隔久远。《颜氏家训·慕贤》:“古人云:千载一圣,犹旦暮也;五百年一贤,犹比髆也。言圣贤难得,～～如此。”❹久别。虞集《次韵阿荣存初参议秋夜见寄》:“～～思良会,淹留到不才。”

【疏朗】 shūlǎng ❶面目俊伟、舒展。《三国志·魏书·崔琰传》:“琰声姿高畅,眉目～～,须长四尺,甚有威重。”❷敞亮。《徐霞客游记·滇游日记五》:“有堂三楹横其前,下临绝壁,其堂窗棂～～。”

【疏亮】 shūliàng 开明通达。《三国志·魏书·崔琰传》:“孙～～亢烈,刚简能断。”

【疏镂】 shūlòu 雕刻绘饰。《后汉书·马融传》:“乘舆乃以吉月之阳朔,登于～～之金路。”(路:车。)《淮南子·本经训》:“华虫～～,以相缪纱。”

【疏凝】 shūníng 懒散固执。《梁书·张充传》:“充生平少偶,……所以摈迹江皋,阳狂陇畔者,实由气岸～～,情涂狷隔。”

【疏疏】 shūshū ❶服饰整齐鲜亮。《韩诗外传》卷三:“子路盛服以见孔子。孔子曰:‘由～～者何也?’”❷稀疏。陆游《渔翁》诗:“江烟淡淡雨～～,老翁破浪行捕鱼。”

【疏率】 shūshuài 不拘礼法,行动轻率。《北史·祖珽传》:“珽性～～,不能廉慎守道。”

【疏俗】 shūsú 远方异俗。扬雄《长杨赋》:“是以遐方～～殊邻绝党之域,自上仁所不化,茂德所不绥,莫不跻足抗首,请献厥珍。”(绝:远。)

【疏索】 shūsuǒ ❶稀疏,少。温庭筠《酒泉子》词:“近来音信两～～,洞房空寂寞。”❷冷淡,冷漠。高適《邯郸少年行》:“君不见今人交态薄,黄金用尽还～～。”

【疏逖】 shūtì 疏远。《史记·司马相如列传》:“将博恩广施,远抚长驾,使～～不闭,阻深暗昧得耀乎光明。”

【疏脱】 shūtuō ❶粗心大意。《北史·孙绍传》:“绍性亢直,不惮犯忤,但天性～～,言乍高下,时人轻之。”❷法律术语。因疏忽,致使犯人逃脱。《清会典事例·刑部》:“凡军犯脱逃,……其失察之该管官,交部照～～流犯例议处。”

【疏香】 shūxiāng 清香,指散发清香的花。赵伯成《腊梅》诗:“冷艳～～寂寞滨,欲持何物向时人。"

【疏野】 shūyě ❶粗略草率。《颜氏家训·音辞》:"阳休之造切韵,殊为～～。"❷性情旷达。柳宗元《上权德舆补阙温卷决进退启》:"性颇～～,窃又不能,是以有今兹之问。"

【疏音】 shūyīn 轻松明快的乐音。元稹《华原磬》诗:"泗滨浮石裁为磬,古乐～～少人听。"

【疏影】 shūyǐng ❶物影稀疏,暗淡模糊。杜甫《西枝村寻置草堂地夜宿赞公土室》诗之二:"土室延白光,松门耿～～。"林逋《山园小梅》诗:"～～横斜水清浅,暗香浮动月黄昏。"❷词牌名。南宋姜夔自制。又名《绿意》、《解佩环》,双调一百一十字,仄韵。

【疏慵】 shūyōng 懒散。白居易《闲夜咏怀因招周协律刘薛二秀才》:"世名检束为朝士,心性～～是野夫。"

【疏虞】 shūyú 疏忽,失误。苏轼《徐州谢奖谕表》:"以臣去岁修城捍水,粗免～～,特赐奖谕者。"

【疏跃】 shūyuè 舒展,散布。《淮南子·俶真训》:"今夫万物之～～枝举,百事之茎叶条梓,皆本于一根,而条循千万也。"

【疏瀹】 shūyuè 洗涤。《庄子·知北遊》:"汝齐戒,～～而心,澡雪而精神。"(齐:斋。)

【疏直】 shūzhí 开朗正直。《三国志·吴书·虞翻传》:"翻性～～,数有酒失。"

榆 shū 见 yú。

输(輸) shū ❶运输,输送。《国语·晋语三》:"秦饥,公令河上～之粟。"杜牧《阿房宫赋》:"一旦不能有,～来其间。"㊀转运。《左传·襄公九年》:"魏绛请施舍,～积聚以贷。"㊁通报,告诉别人事情或消息。《战国策·秦策一》:"张仪谓秦王:'陈轸为王臣,常以国情～楚。'"❷交纳,献纳。《后汉书·顺帝纪》:"诏以疫疠水潦,令人半～今年田租。"《盐铁论·本议》:"往者,郡国诸侯各以其物贡～。"杜甫《秋日荆南送石首……》诗:"努力～肝胆,休烦独起予。"❸灌注。苏轼《庐山二胜栖贤三峡桥》诗:"险出三峡右,长～不尽溪。"❹堕,坏。《诗经·小雅·正月》:"载～尔载,将伯助予。"《荀子·成相》:"春申道缀基毕～。"❺负,在双方较量中失败。《世说新语·任诞》:"桓宣武少家贫,戏,大～。"杜甫《遣怀》诗:"百万攻一城,献捷不云～。"❻不及,比不上。黄遵宪《下水船歌》:"平生奇绝～此游。"❼(yú)通"渝"。更改,改变。《公羊传·隐公六年》:"六年春,郑人来～平。"(渝平:改变旧怨,重修新好。)❽姓。

【输诚】 shūchéng 表达诚心。《三国志·蜀书·先主传》:"尽力～～,奖励六师,率齐群义,应天顺时。"

【输将】 shūjiāng 运送,转运。《汉书·晁错传》:"陛下幸募民相徙以实塞下,使屯戍之事益省,～～之费益寡。"

【输实】 shūshí 竭力效忠。《晋书·皇甫谧传》:"臣闻上有明圣之主,下有～～之臣。"

【输赎】 shūshú 交纳赎金。《后汉书·虞诩传》:"是时长吏、二千石听百姓谪罚者～～,号为'义钱'。"

【输写】 shūxiě 倾吐,宣泄。《汉书·赵广汉传》:"吏见者皆～～心腹,无所隐匿。"

【输心】 shūxīn 输诚,表示真心。杜甫《莫相疑行》:"晚将末契托年少,当面～～背面笑。"

【输作】 shūzuò 因罪而降职罚作苦役。蔡邕《上汉书十志疏》:"顾念元初中尚书郎张俊坐漏泄事,当复重刑,已出毂门,复听读鞫,诏书驰救,一等～～左校。"《后汉书·李燮传》:"燮以谤毁宗室,～～左校。"

摅(攄) shū ❶抒发。傅毅《舞赋》:"～予意以弘观兮,绎精灵之所束。"《宋书·谢晦传》:"复王室之仇,～义夫之愤。"❷奔腾,腾跃。张衡《思玄赋》:"仆夫俨其正策兮,八乘～而超骧。"❸姓。

蔬 1. shū ❶蔬菜。《国语·鲁语上》:"昔烈山氏之有天下也,其子曰柱,能殖百谷百～。"韩愈《送石处士序》:"食朝夕,饭一盂,～一盘。"

2. xū ❷通"糈"。米粒。《庄子·天道》:"鼠壤有馀～。"

【蔬食】 shūshí ❶以粗米、草菜为食。《孟子·万章下》:"虽～～菜羹,未尝不饱,盖不敢不饱也。"❷草木的果实。《礼记·月令》:"山林薮泽,有能取～～田猎禽兽者,野虞教道之。"

毹 shū 见"毹昱"。

【毹昱】 shūyù 迅疾。木华《海赋》:"～～绝电,百色妖露。"

术 shú 见 zhú。

秫 1. shú ❶黏黄米,可酿酒。古代谷物中有黏性的叫秫。萧统《陶渊明传》:"公田悉令吏种～。"苏轼《超然亭记》:"撷园疏,取池鱼,酿～酒。"

2. shù ❷通"鉥"。长针。《战国策·赵策二》:"黑齿雕题,鳀冠～缝,大吴之国也。"(题:额。)

孰 shú ❶"熟"的古字。烹煮到可食的程度。《礼记·礼运》："腥其俎，～其殽。"㊀谷物等成熟。《礼记·乐记》："五谷时～。"《后汉书·承宫传》："禾黍将～。"❷深思熟虑。《吕氏春秋·慎行》："行不可不～。不～，如赴深溪，虽悔无及。"《后汉书·明德马皇后纪》："吾计之～矣，勿有疑也。"㊀仔细地、详细地。《庄子·知北遊》："光曜不得问，而～视其状貌。"❸反复。《新唐书·韦述传》："行冲异之，试与语前世事，～复详谛，如指掌然。"❹疑问代词。谁，什么，怎么。《论语·微子》："四体不勤，五谷不分，～为夫子？"又《八佾》："孔子谓季氏，八佾舞于庭，是可忍也，～不可忍也？"《楚辞·离骚》："何方圜之能周兮，夫～异道而相安？"（圜，同"圆"。周：合。）

【孰何】 shúhé　盘问，责问。《汉书·卫绾传》："及景帝立，岁馀，不～～绾，绾日以谨力。"

【孰若】 shúruò　何如。两者抉择，倾向肯定后一种。柳宗元《童区寄传》："与其杀是童，～～卖之？与其卖而分，～～吾得专焉？"

【孰谁】 shúshuí　什么人。《战国策·楚策一》："秦王身问之：'子～～也？'"

【孰与】 shúyǔ　❶表比较，两者相比，询问哪个更甚。《战国策·齐策一》："我～～城北徐公美？"《史记·曹相国世家》："陛下观臣能～～萧何贤？"❷何如。表抉择，倾向肯定后一种。《荀子·天论》："从天而颂之，～～制天命而用之？"诸葛亮《后出师表》："惟坐待亡，～～伐之？"

赎（贖） 1. shú　❶用财物换回人或抵押品。《左传·宣公二年》："宋人以兵车百乘，文马百驷，以～华元于郑。"❷以财物或人身自由为代价求得减免刑罚。《国语·齐语》："制重罪～以犀甲一袭，轻罪～以鞼盾一戟。"《诗经·秦风·黄鸟》："如可～兮，人百其身。"《史记·孝文本纪》："妾愿没入为官婢，～父刑罪，使得自新。"

2. xù　❸通"续"。接合。《史记·扁鹊仓公列传》："刑者不可复～。"

【赎生】 shúshēng　买别人捉住的鱼、鸟等生物放生。《新唐书·姚崇传》："近孝和皇帝发使～～，太平公主，武三思等度人造寺，身婴夷戮，为天下笑。"（武三思：人名。）

【赎刑】 shúxíng　用钱财赎罪。《史记·五帝本纪》："象以典刑，流宥五刑，鞭作官刑，扑作教刑，金作～～。"

塾 shú　❶宫门外东西两侧的房屋。《仪礼·士冠礼》："摈者玄端负东～。"《后汉书·礼仪志中》："太史令与八能之士即坐于端门之左～。"❷旧时私人设立的学堂。《礼记·学记》："古之教者，家有～，党有庠，术有序，国有学。"陆游《杨夫人墓志铭》："二子未从外～，而于幼学之事，各已通贯精习。"

熟 shú　❶烹煮到可食的程度。《左传·宣公二年》："宰夫胹熊蹯不～。"㊀谷物等成熟。《孟子·告子上》："五谷者，种之美者也，苟为不～，不如荑稗。"杜甫《百忧集行》："庭前八月梨枣～，一日上树能千回。"❷深思熟虑。《战国策·秦策二》："秦王明而～于计。"㊀仔细地、详细地。《战国策·齐策一》："国一日被攻，虽欲事秦，不可得也，是故愿大王～计之。"❸反复。《论衡·率性》："试取东下直一金之剑，更～锻炼，足其火，齐其铦，犹千金之剑也。"❹熟练，熟悉。《论衡·超奇》："博览多闻，学问习～。"韩愈《送石处士序》："若驷马驾轻车，就～路。"㊀习惯。《新唐书·选举志》："目～朝廷之事。"❺酣睡，睡得香。《宋书·檀道济传》："道济入领军府就谢晦宿，晦其夕竦动不得眠，道济就寝便～。"❻热。《素问·疏五过》："五脏菀～。"❼土质松软、熟化。贾思勰《齐民要术·耕田》："耕不深，地不～。"❽深知。《吕氏春秋·重己》："此论不可不～。"❾美言，好话。《史记·大宛列传》："汉使者往既多，其少从率多进～于天子。"

【熟谙】 shú'ān　熟悉，深知。杜荀鹤《自叙》诗："酒瓮琴书伴病身，～～时事乐于贫。"

【熟精】 shújīng　熟习精通。杜甫《宗武生日》诗："～～《文选》理，休觅彩衣轻。"

【熟念】 shúniàn　仔细思考。《汉书·谷永传》："唯陛下省察～～，厚为宗庙计。"

【熟暑】 shúshǔ　酷暑。范成大《次韵马少伊郁舜举示同游石湖》之四："红皱黄团～～风，甘瓜削玉藕玲珑。"

【熟醉】 shúzuì　大醉。杜甫《晦日寻崔戢李封》诗："至今阮籍等，～～为身谋。"

【熟羊胛】 shúyángjiǎ　烹煮羊胛。近北极处，夏夜短，日落煮羊胛，天明则熟，喻时光飞逝。欧阳修《谢观文王尚书惠西京牡丹》诗："尔来不觉三十年，岁月才如～～～。"

暑 shǔ　❶天气炎热。晁错《言守边备塞疏》："其性能～。"（能：耐。）《后汉书·马援传》："会～甚，士卒多疫死。"㊀炎热的天气或季节。《周易·系辞下》："寒往则～来，～往则寒来。"❷节气名。《礼记·月令》："小～至。"❸医学名。中暑。《素问·热论》注："阳热大盛，寒不能制，故为病曰～。"

【暑气】 shǔqì　盛夏的热气。《淮南子·地形训》:"～～多夭,寒气多寿。"杜甫《夏日李公见访》诗:"远林～～薄,公子过我游。"

【暑溽】 shǔrù 暑天又湿又热的气候。《宋史·朱昂传》:"愿在地而为簟,当～～而冰寒。"

稌 shǔ 见tú。

黍 shǔ ❶黍子,去皮后叫黏黄米。《诗经·王风·黍离》:"彼～离离,彼稷之苗。"《论语·微子》:"止子路宿,杀鸡为～而食之。"❷古代重量单位。十黍为一累,十累为一铢,二十四铢为一两。《汉书·律历志上》:"权轻重者不失～累。"❸酒器名,可容三升。《吕氏春秋·权勋》:"司马子反渴而求饮,竖阳谷操～酒而进之。"(高诱注:"酒器受三升曰黍。")

【黍民】 shǔmín 蚊蚋的别名。崔豹《古今注·问答释义》:"河内人并河而见人马数千万,皆如黍米,游动往来,从旦至暮;家人以火烧之,人皆是蚊蚋,马皆是大蚁。故今人呼蚊蚋曰～～,名蚁曰玄驹也。"

【黍醅】 shǔpēi 用黍酿成的酒。陆游《杂题》诗之四:"～～新压野鸡肥,茅店酣歌送落晖。"

属 shǔ 见zhǔ。

藷 shǔ 见zhū。

署 shǔ ❶安排,部署。《楚辞·远遊》:"后文昌使掌行兮,选～众神以并毂。"《汉书·高帝纪上》:"部～诸将。"❷官署,衙门。《世说新语·简傲》:"王子猷作桓车骑骑兵参军。桓问曰:'卿何～?'答曰:'不知何～。'"《新唐书·李程传》:"学士入～,常视日影为候。"❸委任。《后汉书·第五伦传》:"褒见而异之,～为吏。"韩愈《独孤府君墓志铭》:"杨於陵为华州,～君镇国军判官。"❹暂任、代理官职。《后汉书·盖延传》:"彭宠为太守,召延～营尉,行护军。"《明史·宋礼传》:"成祖即位,命～礼部事。"❺官爵的标记。《国语·鲁语上》:"夫位,政之建也;～,位之表也。"❻署名,题字。《战国策·齐策四》:"后孟尝君出记,问门下诸客,谁习计会能为文收责于薛乎?冯谖～曰:能。"陆游《族叔父元焘传》:"寇为感动,乃～其门,使其属勿犯。"❼姓。

【署书】 shǔshū 秦书八体之一,用于封检、题字。许慎《说文解字·叙》:"自尔秦书有八体:……六曰～～,七曰殳书,八曰隶书。"

【署衔】 shǔxián 在名字上加写官衔。陆游《老学庵笔记》卷一:"孙仲益亦坐以赃罪去左字,则但自称晋陵孙某而已。至绍兴末复左朝奉郎,乃～～。"

【署置】 shǔzhì 部署,布置。多指设置官职,任用官吏。《汉书·淳于长传》:"长见将军久病,意喜,自以当代辅政,至对衣冠议语～～。"《后汉书·桓帝纪》:"长平陈景自号'黄帝子',～～官属。"

蜀 shǔ ❶"蠋"的古字,蛾蝶类的幼虫。《说文·虫部》:"～,葵中蚕也。"《韩非子·说林上》:"鳣似蛇,蚕似～。"❷独,单一。《方言》卷十二:"一,～也。"❸古族名。《尚书·牧誓》:"嗟,我友邦君,御事、司徒,……及庸、～、羌、髳、微、卢、彭、濮人。"❹汉末三国之一。汉末,刘备据益州称帝,国号汉。史称蜀汉。刘禹锡《蜀先主庙》诗:"凄凉～故妓,来舞魏宫前。"❺古地名。今四川省的一部分。故四川简称蜀。

【蜀魂】 shǔhún 相传战国时蜀王杜宇死后魂魄化为子规(杜鹃)。日夜悲啼,所以后人称杜鹃为蜀魂。姚揆《村行》诗:"乱山啼～～,孤棹宿巴陵。"也作"蜀魄"。李商隐《哭遂州萧侍郎二十四韵》:"遗音和～～,易箦对巴猿。"

【蜀魄】 shǔpò 见"蜀魂"。

【蜀艇】 shǔtǐng 小船。《淮南子·俶真训》:"越舲～～,不能无水而浮。"

【蜀犬吠日】 shǔquǎnfèirì 蜀地多雨雾,见日少,所以狗见日出则狂吠。后比喻少见多怪。柳宗元《答韦中立论师道书》:"仆往闻庸蜀之南恒雨少日,日出则犬吠。"

鼠 shǔ ❶老鼠。《左传·襄公二十三年》:"夫～昼伏夜出,不穴于寝庙,畏人故也。"㊀古代剥削者。《诗经·魏风·硕鼠》:"硕～硕～,无食我黍。"㊁像老鼠那样地。《汉书·蒯通传》:"常山王奉头～窜以归汉王。"❷通"癙"。忧愁。《诗经·小雅·雨无正》:"～思泣血,无言不疾。"

襡(襹) shǔ 同"襡"。见"襡①"。

曙 shǔ ❶破晓,天刚亮的时候。《楚辞·九章·悲回风》:"涕泣交而凄凄兮,思不眠以至～。"㊀明白,知晓。王夫之《读通鉴论·宪宗》:"惜乎公之未～于此也。"㊁某一天,某一时候。《吕氏春秋·重己》:"论其安危,一～失之,终身不复得。"(一曙:一旦。)❷日出。《淮南子·天文训》:"日入于虞渊之氾,～于蒙谷之浦。"❸月亮初升。司空图《二十四诗品·清奇》:"如月之～,如气之秋。"

【曙戒】 shǔjiè 早晨警戒一日之事。《管子·形势》:"～～勿怠。"

【曙月】 shǔyuè 晓月,残月。王维《过沈居士山居哭之》诗："～～孤罾啭，空山五柳春。"钱起《江宁春夜送萧员外》诗："～～稀星里，春烟紫禁馀。"

【曙后星孤】 shǔhòuxīnggū "夜来双月满，曙后一星孤"是唐代崔曙《奉试明堂火珠诗》中的句子。诗成传颂，因而成名。次年，崔曙死，身后仅留一女名星星，因此后来称人死后仅遗一孤女为曙后星孤。朱祖谋《减字木兰花·八哀》词："～～～～，留得传家一砚无？"

瘋 shǔ 忧，愁。《诗经·小雅·正月》："哀我小心，～忧以痒。"（痒：病。）

襡 1. shǔ ❶长襦，连腰衣。《晋书·夏统传》："[贾充]又使妓女之徒服袿～，炫金翠。"也作"褔"。《释名·释衣服》："～，属也，衣裳上下相连属也。"

2. dú ❷通"韣"。装，收藏。《礼记·内则》："敛簟而～之。"

术[1]（術） 1. shù ❶城邑中的道路。左思《蜀都赋》："亦有甲第，当衢向～。"王勃《秋晚入洛于毕公宅别道王宴序》："高扃向～，似元礼之龙门。甲第临衢，有当时之驿骑。"㊀田间小路。《吕氏春秋·孟春》："王布农事，命田舍东郊，皆修封疆，审端径～。"❷途径，方法，策略。《左传·襄公二十七年》："废兴、存亡、昏明之～，皆兵之由也，而子求去之，不亦诬乎？"《荀子·议兵》："此用兵之要～也。"❸技艺，专门知识。《韩非子·喻老》："子之教我御，～未尽也。"沈括《梦溪笔谈·技艺》："淮南人卫朴，精于历～。"❹学术，学业。韩愈《师说》："闻道有先后，～业有专攻。"❺学说，理论。《盐铁论·论儒》："孟轲守旧～，不知世务。"❻学习。《礼记·学记》："记曰：'蛾（yǐ）子时～之'，其此之谓乎？"（蛾：通"蚁"。蚂蚁。）❼通"述"。传承。《汉书·贾山传》："今陛下念思祖考，～追厥功。"（厥：其。）❽通"述"。追忆，回忆。《礼记·祭义》："结诸心，形诸色，而～省之，孝子之志也。"（省：反省。）❾通"遂"。古代行政区划，一万二千五百家为遂。《礼记·学记》："家有塾，党有庠，～有序，国有学。"

2. suì ❿姓。

【术家】 shùjiā 古代掌管律历的人。《后汉书·律历志上》："～～以其声微而体难知，其分数不明，故作准以代之。"

【术阡】 shùqiān 道路。谢灵运《入华子冈是麻源第三谷》诗："险径无测度，天路非～～。"

【术人】 shùrén ❶有才能、有办法之人。《论衡·定贤》："～～能因时以立功，不能逆时以致安。"❷能使幻术的人。《聊斋志异·偷桃》："少顷复下，命取桃子，～～应诺。"

【术士】 shùshì ❶儒生。《史记·儒林列传序》："及至秦之季世，焚诗书，坑～～，六艺从此缺焉。"❷有道术，有技艺的人。《汉书·夏侯胜传》："其与列侯中二千石博问～～，有以应变补朕之缺。"

【术数】 shùshù ❶权术，计谋。《管子·形势解》："言辞动作，皆中～～。"《论衡·答佞》："谗人无诈虑，佞人有～～。"❷治理国家的策略、办法。《汉书·晁错传》："人主所以尊显功名，扬于万世之后者，以知～～也。"❸指以占候、卜筮、星命等办法推知人事吉凶祸福的迷信行为。《三国志·吴书·吴范传》："募三州有能举知～～如吴范赵达者，封千户侯。"

【术知】 shùzhì 学问和才智。《孟子·尽心上》："人之有德慧～～者，恒存乎疢疾。"（知：智。）也作"术智"。虞集《御史中丞杨襄愍公神道碑》："方其盛时，宦寺固结于内，～～为用于外。"

【术智】 shùzhì 见"术知"。

戍 shù ❶驻守，守边。《诗经·王风·扬之水》："彼其之子，不与我～申。"《战国策·赵策一》："三晋相亲相坚，出锐师以～韩、梁西边。"㊀防守，警卫。《左传·桓公六年》："于是诸侯之大夫～齐。"❷戍卒，驻军。《左传·襄公二十六年》："殖绰伐茅氏，杀晋～三百人。"❸边防地区的营垒，城堡。《北史·齐武成帝纪》："筑～于轵关。"

【戍漕】 shùcáo 从水道运输边防物资。《史记·秦始皇本纪》："盗多，皆以～～转作事苦，赋税大也。"

【戍鼓】 shùgǔ 守边军队的鼓声。杜甫《月夜忆舍弟》诗："～～断人行，秋边一雁声。"

【戍客】 shùkè 戍卒，守边的士兵。《尉缭子·攻权》："远堡未入，～～未归。"李白《关山月》诗："～～望边色，思归多苦颜。"

【戍傜】 shùyáo 戍役和劳役。《史记·李斯列传》："赋敛愈重，～～无已。"（傜：同"徭"。）

束 shù ❶捆，缚。《诗经·鄘风·墙有茨》："墙有茨，不可～也。"❷包扎。《左传·僖公二十八年》："魏犨～胸见使者。"❸卷束，聚集。《汉书·食货志下》："故货宝于金，利于刀，流于泉，布于布，～于帛。"❹收藏。《吕氏春秋·悔过》："过天子之城，宜櫜甲～兵，左右皆下，以为天子礼。"❺收拾，整理。陆游《晓发金牛》诗："客枕何时稳，匆匆又～装。"❻约束，限制。《庄子·秋水》："曲士不可以语于道者，～于教也。"李白《留别广陵诸公》诗："空名～壮士，薄俗弃高贤。”❼狭窄。陆游《将离江陵》诗：“地险多崎岖，峡～少平旷。”❽量词。一捆儿，一束。《诗经·小雅·白驹》：“生刍一～，其人如玉。”❾姓。

【束阨】 shù'ài 群山聚合而形成的险要之处。阨，狭隘，险要。左思《魏都赋》：“由重山之～～，因长川之裾势。”

【束帛】 shùbó 将帛捆成一束，作为聘问、婚丧、相馈赠的礼品。帛一束为五匹。《左传·哀公七年》：“邾茅夷鸿以～～乘韦自请救于吴。”《仪礼·士昏礼》：“纳征，玄纁、～～、俪皮，如纳吉礼。”

【束带】 shùdài 整饰衣冠系上腰带。《论语·公冶长》：“～～立于朝，可使与宾客言也。”杜甫《早秋苦热堆案相仍》诗：“～～发狂欲大叫，簿书何急来相仍。”

【束发】 shùfà 古代男孩束发为髻，以示成童。《大戴礼记·保傅》：“～～而就大学。”《汉书·叙传下》：“～～修学，偕列名臣。”

【束躬】 shùgōng 自我约束，不放纵。刘向《说苑·修文》：“修德～～，以自申饬。”

【束甲】 shùjiǎ ❶卷起甲衣，表示轻装直前决一死战。《史记·平原君虞卿列传》：“军战不胜，尉复死，寡人使～～而趋之，何如？”❷收起甲衣。表示投降。《三国志·蜀书·诸葛亮传》：“若不能当，何不案兵～～，北面而事之？”

【束湿】 shùshī 捆缚湿物。湿物易束，故急捆之。指行为急切，旧时比喻官吏对下属严急苛刻。《汉书·宁成传》：“为人上，操下急如～～。”苏轼《刚说》：“驭吏如～～，不复以礼遇士大夫。”

【束修】 shùxiū 见“束脩①④”。

【束脩】 shùxiū ❶十条干肉。古代相馈赠的一种礼物。《论语·述而》：“自行～～以上，吾未尝无诲焉。”《后汉书·第五伦传》：“大夫无境外之交，～～之馈。”也作“束修”。《魏书·徐遵明传》：“不远千里，～～受业，编录将逾万人。”❷古代儿童入学必用束脩作为拜师的礼物，所以后来用束脩借指入学。《盐铁论·贫富》：“余结发～～，年十三。”❸教师的酬金。陆九渊《陆脩职墓表》：“公授徒家塾，以～～之馈补其不足。”❹约束整饰。《后汉书·王龚传》：“王公～～厉节，敦乐艺文。”也作“束修”。《后汉书·刘般传》：“太守荐言般～～至行，为诸侯师，帝闻而嘉之。”

【束帛加璧】 shùbójiābì 重礼，束帛之上又加玉璧。《史记·儒林列传》：“于是天子使使～～～～，安车驷马迎申公。”

【束马悬车】 shùmǎxuánchē 包裹马蹄，挂牢车子，以行山路。形容山路艰险难行。《管子·封禅》：“～～～～，上卑耳之山。”

述 shù ❶遵循，依照。《尚书·五子之歌》：“～大禹之戒以作歌。”《诗经·邶风·日月》：“胡能有定，报我不～。”❷传承，传述。《论语·述而》：“～而不作，信而好古。”苏轼《书吴道子画后》：“知者创物，能者～焉，非一人而成也。”❸记述，陈述。《史记·屈原贾生列传》：“上称帝喾，下道齐桓，中～汤武，以刺世事。”范仲淹《岳阳楼记》：“前人之～备矣。”❹通“鹬”。冠饰的一种。《后汉书·舆服志下》：“［通天冠］前有山，展筒为～。”

【述圣】 shùshèng ❶陈述圣人之道。钱起《奉和中书常舍人晚秋集贤院即事》诗：“～～鲁宣父，通经汉仲舒。”❷孔子孙子思的封号。《元史·文宗纪》：“至顺元年秋七月戊申，加封子思沂国～～公。”

【述职】 shùzhí ❶诸侯向天子陈述职守，报告施政情况。《孟子·告子下》：“天子适诸侯曰巡狩，诸侯朝于天子曰～～。”❷就职，到任。《魏书·崔楷传》：“初楷将之州，人咸劝留家口，单身～～。”

【述遵】 shùzūn 遵循。《后汉书·顺烈梁皇后纪》：“～～先世。”王融《永明九年策秀才文》：“清畎泠风，～～无废。”

【述作】 shùzuò ❶传承和创新。述，传承；作，创新。《礼记·乐记》：“作者之谓圣，述者之谓明。明圣者，～～之谓也。”❷著述，写作。任昉《王文宪集序》：“公自幼及长，～～不倦。”杜甫《风疾舟中伏枕书怀三十六韵奉呈湖南亲友》：“哀伤同庾信，～～异陈琳。”❸著作，作品。刘长卿《送薛据宰涉县》诗：“夫君多～～，而我常讽味。”

杼 shù 见 zhù。

树（樹） shù ❶栽种。《左传·襄公四年》：“季孙为己～六檟于蒲圃东门之外。”《孟子·梁惠王上》：“五亩之宅，～之以桑，五十者可以衣帛矣。”㊀泛指种植。《管子·权修》：“一年之计，莫如～谷。”《楚辞·离骚》：“余既滋兰之九畹兮，又～蕙之百亩。”㊁培植，培养。《左传·僖公十五年》：“姑～德焉，以待能者。”《管子·权修》：“终身之计，莫如～人。”❷扎根。《淮南子·原道训》：“夫萍～根于水，木～根于土。”❸立，建立。《论语·八佾》：“邦君～塞门，管氏亦～塞门。”㊀插置。《诗经·周颂·有瞽》：“设业设虡，崇牙～羽。”❹设置，设立。《左传·文公十三年》：“天生民而～之君。”❺门屏，照壁。《尔雅·释宫》：“屏谓之～。”❻树木。《左传·昭公二年》：“有嘉～焉，宣子誉之。"《庄子·逍遥遊》:"吾有大～,人谓之樗。"❼量词。株,棵。刘禹锡《元和十年自朗州承召至京戏赠看花诸君子》诗:"玄都观里桃千～,尽是刘郎去后栽。"❽姓。

【树鸡】 shùjī 木耳的别名。苏轼《和陶诗·和丙辰岁中于下潠田舍获》:"黄崧养土羔,老楮生～～。"

【树稼】 shùjià ❶种植庄稼。《论衡·率性》:"肥而沃者性美,～～丰茂。"❷见"树介"。

【树介】 shùjiè 寒冬雨雪或雾气在树上凝结成冰,状似披挂甲胄,故名。《旧唐书·让皇帝宪传》:"二十九年冬,京城寒甚,凝霜封树,时学者以为《春秋》'雨木冰'即是,亦名～～,言其象介胄也。"也作"树稼"。《唐会要·杂录》:"[让帝]宪见而叹曰:'此俗为～～者也。'"

【树萱】 shùxuān 种植萱草。相传萱草能使人忘忧,后遂以"树萱"为消忧之词。鲍照《代贫贱愁苦行》:"空庭惭～～,药饵愧过客。"

【树艺】 shùyì 种植,栽培。《孟子·滕文公上》:"后稷教民稼穑,～～五谷。"《管子·五辅》:"庶人耕农～～,则财用足。"《荀子·王制》:"顺州里,定廛宅,养六畜,闲～～。"(闲:习。)

【树子】 shùzǐ 已经立为世子的诸侯嫡长子。《孟子·告子下》:"诛不孝,无易～～,无以妾为妻。"

竖(竪、豎) shù ❶立,竖立。《后汉书·灵帝纪》:"槐树自拔倒～。"李华《吊古战场文》:"野～旄旗,川迴组练。"㊀栽种。《国语·晋语二》:"夫～树在始,始不固本,终必槁落。"❷童仆。《史记·卫康叔世家》:"孔氏之～浑良夫美好,孔文子卒,良夫通于悝母。"㊀对人的蔑称,犹称"小子"。《后汉书·袁术传》:"群～不吾从,而从吾家奴乎!"❸宫中役使小臣。《周礼·天官·内竖》:"内～,掌内外之通令。"《国语·晋语四》:"文公之出也,～头须,守藏者也,不从。"❹通"裋"。粗布衣服。《荀子·大略》:"古之贤人,贱为布衣,贫为匹夫,食则饘粥不足,衣则～褐不完。"

【竖宦】 shùhuàn 宫中小臣、宦官。《后汉书·黄琼传》:"诸梁秉权,～～充朝。"

【竖毛】 shùmáo 形容愤怒或恐惧。杜甫《无家别》诗:"但对狐与狸,～～怒我啼。"

【竖儒】 shùrú 对儒者的蔑称或儒者自谦之词。《汉书·张良传》:"汉王辍食吐哺,骂曰:'～～,几败乃公事!'"《后汉书·马援传》:"惟陛下留思～～之言,无使功臣怀恨黄泉。"

【竖子】 shùzǐ ❶童子。《左传·成公十年》:"公梦疾为二～～。"❷童仆。《吕氏春秋·必己》:"故人喜,具酒肉,令～～为杀雁飨之。"❸愚弱无能的人。《史记·项羽本纪》:"～～不足与谋。"又《刺客列传》:"荆轲怒,叱太子曰:'何太子之遣? 往而不返者,～～也。'"《晋书·阮籍传》:"时无英雄,使～～成名。"

俞 shù 见 yú。

钵(銶) 1. shù ❶长针。《管子·轻重乙》:"一女必有一刀、一锥、一箴、一～。"❷刺。韩愈《贞曜先生墓志铭》:"及其为诗,刿目～心。"宋濂《故诗人徐方舟墓铭》:"方舟悉取而讽咏之,～肝刿肾,期超迈之乃已。"

2. xù ❸引导。《国语·晋语二》:"子盍入乎? 吾请为子～。"柳宗元《梦归赋》:"若有～余以往路兮,驭儗儗以回复。"

恕 shù ❶仁爱,推己及人。《论语·卫灵公》:"子贡问曰:'有一言可以终身行之者乎?'子曰:'其～乎! 己所不欲,勿施于人。'"《左传·隐公十一年》:"～而行之,德之则也,礼之径也。"❷原谅,宽恕。《左传·僖公十五年》:"君子～,以为必归。"《三国志·魏书·高柔传》:"虽为凶族,原心可～。"❸通"庶"。庶几,几乎,差不多。嵇康《养生论》:"若此以往,～可与羡门比寿、王乔争年,何为其无有哉?"

【恕思】 shùsī 用宽容体谅之心去思考。《左传·襄公二十四年》:"～～以明德,则令名载而行之。"

【恕直】 shùzhí 为人宽厚正直。《周书·杨绍传》:"绍性～～,兼有威惠,百姓安之。"

庶 1. shù ❶众,多。《诗经·小雅·小明》:"念我独兮,我事孔～。"❷平民,百姓。《左传·昭公三十二年》:"三后之姓,于今为～。"《史记·秦始皇本纪》:"～心咸服。"❸与"嫡"相对。非正妻所生之子,家族的旁支。《左传·昭公三十二年》:"鲁文正薨而东门遂杀適立～。"(適:通"嫡"。嫡长子。)❹副词。差不多。表示可能。《左传·桓公六年》:"君姑修政而亲兄弟之国,～免于难。"❺副词。但愿。表示希望。诸葛亮《出师表》:"～竭驽钝,攘除奸凶。"❻姓。

2. zhù ❼见"庶氏"。

【庶邦】 shùbāng 众诸侯国。《尚书·武成》:"既生魄,～～冢君暨百工受命于周。"

【庶功】 shùgōng 各种事功。《淮南子·主术训》:"奸邪灭迹,～～日进。"《三国志·魏书·武帝纪》:"简恤尔众,时亮～～,用终尔显德,对扬我高祖休命。"

【庶国】 shùguó 众国,各诸侯国。《墨子·天志下》:"是以天下之～～,莫以水火毒药兵刃以相害也。"《盐铁论·论儒》:"文学曰:天下不平,～～不宁,明王之忧也。"

【庶几】 shùjī ❶或许,可能,差不多。表示可能。《庄子·庚桑楚》:"～～其圣人乎!"《孟子·梁惠王上》:"王之好乐甚,则齐国其～～乎!"❷但愿。表示希望。《左传·襄公二十六年》:"惧而奔郑,引领南望曰:'～～赦余!'"曹植《与杨德祖书》:"～～戮力上国。"❸借指贤者。语出自《周易·系辞下》:"颜氏之子,其殆～～乎!"(颜氏之子,指孔子的学生颜回。)韩愈《潮州请置乡校牒》:"今此州户万有馀,岂无～～者邪?"

【庶绩】 shùjì 各种事功。《尚书·尧典》:"允厘百工,～～咸熙。"《三国志·魏书·三少帝纪》:"然卒能改授圣贤,缉熙～～。"

【庶老】 shùlǎo 士之老者,又称庶人老。《礼记·王制》:"有虞氏养国老于上庠,养～～于下庠。"

【庶类】 shùlèi 各种物类,万物。《后汉书·郎颛传》:"顺助元气,含养～～。"《三国志·魏书·三少帝纪》:"至于爱国全民,康惠～～,必先修文教,示之轨仪。"

【庶母】 shùmǔ 父之妾。《尔雅·释亲》:"父之妾为～～。"

【庶男】 shùnán 妾生的儿子。《史记·齐悼惠王世家》:"齐悼惠王刘肥,高祖长～～也。"

【庶孽】 shùniè 庶子,妾生之子。《公羊传·襄公二十七年》:"则是臣仆～～之事也。"方孝孺《深虑论》:"汉惩秦之孤立,于是大建～～而为诸侯。"

【庶人】 shùrén ❶春秋时对农业劳动者的称呼。《国语·鲁语下》:"自～～以下,明而动,晦而休,无日以怠。"❷泛指平民,百姓。《荀子·王制》:"君子,舟也;～～者,水也。水则载舟,水则覆舟。"《史记·梁孝王世家》:"公卿请废襄为～～。"❸古代官府中的吏役。《仪礼·丧服》:"～～为国君。"

【庶士】 shùshì ❶众士。《诗经·召南·摽有梅》:"求我～～,迨其吉兮。"《礼记·祭法》:"～～庶人无庙。"❷指军士。《荀子·正论》:"～～介而夹道。"

【庶务】 shùwù 各种政务。陆机《辩亡论下》:"故百官苟合,～～未遑。"《隋书·百官志中》:"次置六卿,以分司～～。"

【庶物】 shùwù 万物。《庄子·渔父》:"且道者,万物之所由也。～～失之者死,得之者生。"张衡《东京赋》:"阴阳交和,～～时育。"

【庶姓】 shùxìng 与天子或诸侯国君不同姓。《左传·隐公十一年》:"薛,～～也。"

【庶羞】 shùxiū 诸多佳肴。《仪礼·公食大夫礼》:"上大夫～～二十。"杜甫《后出塞》诗:"斑白居上列,酒酣进～～。"

【庶尹】 shùyǐn 众官之长。《尚书·益稷》:"～～允谐。"《汉书·韦贤传》:"～～群后,靡扶靡卫。"

【庶狱】 shùyù 各种诉讼之事。《晋书·武帝纪》:"先帝深愍黎元,哀矜～～,乃命群后,考正典刑。"潘岳《杨荆州诔》:"～～明慎,刑辟端详。"

【庶长】 shùzhǎng ❶妾生的长子。班固《白虎通·姓名》:"适长称伯,伯禽是也;～～称孟,鲁大夫孟氏是也。"(适长:嫡长。)❷秦国的爵位名。《史记·秦本纪》:"乃拜[商]鞅为左～～。"

【庶征】 shùzhēng 事情发生前的诸多征兆、迹象。《旧唐书·天文志上》:"是故古之哲王,法垂象以施化,考～～以致理。"

【庶正】 shùzhèng 众官之长。《诗经·大雅·云汉》:"何求为我,以戾～～。"(戾:定,安定。)

【庶政】 shùzhèng 各种政务。《国语·鲁语下》:"卿大夫朝考其职,昼讲其～～,夕序其业,夜庀其家事,而后即安。"《三国志·魏书·陈思王植传》:"臣闻天地协气而万物生,君臣合德而～～成。"

【庶子】 shùzǐ ❶妾生的儿子。《礼记·内则》:"适子,～～,见于外寝。"(适子:嫡子。)《史记·万石张叔列传》:"御史大夫张叔者,名欧,安丘侯说之～～也。"❷正妻所生的长子以外的其他之子。《仪礼·丧服》:"大夫之～～为適昆弟。"❸官名。掌诸侯、卿大夫的庶子教育事务。晋以后为太子官属。❹战国时秦魏等国的家臣也叫庶子。《商君书·境内》:"其无役事也,其～～役其大夫月六日,其役事也,随而养之。"

【庶氏】 zhùshì 官名。《周礼·秋官·庶氏》:"～～掌除毒蛊。"

裋 shù 粗布上衣。《韩非子·五蠹》:"～褐不完者不待文绣。"《史记·孟尝君列传》:"今君后宫蹈绮縠而士不得～褐,仆妾馀粱肉而士不厌糟糠。"

尌 shù ❶通"树"。树立,建立。《易纬乾坤凿度·圣人象卦》:"庖牺氏曰:'上山增艮,定风～信。'"❷姓。

数(數) 1. shù ❶数目,数量。《左传·隐公五年》:"公问羽～于众仲。"王安石《上皇帝万言书》:"计之以～。"

❷几，几个。《左传·僖公三十三年》："一日纵敌，～世之患也。"《孟子·梁惠王上》："～口之家，可以无饥矣。"❸算术，古代属六艺之一。《周礼·地官·大司徒》："三曰六艺：礼、乐、射、御、书、～。"❹技艺。《论衡·非韩》："使王良持辔，马无欲奔之心，御之有～也。"《后汉书·王昌传》："时赵缪王子林好奇～。"❺权术，方略。《商君书·算地》："故为国之～，务在垦草。"❻规律，道理。《管子·幼官》："存亡之～九。"❼命运，气数。《汉书·诸侯王表》："历载八百馀年，～极德尽。"

2. shǔ ❽计算，查点。《吕氏春秋·当染》："孔墨之后学显荣天下者众矣，不可胜～。"《后汉书·祢衡传》："余子碌碌，不足～。"❾责备，列举罪状。《左传·僖公二十八年》："～之以其不用僖负羁，而乘轩者三百人也。"《汉书·项籍传》："汉王～羽十罪。"❿辩解。《史记·陈涉世家》："宫门令欲缚之，自辩～，乃置。"

3. shuò ⓫多次，屡次。《史记·陈涉世家》："扶苏以～谏故，上使外将兵。"《汉书·高帝纪上》："范增～目羽击沛公。"⓬过多，超过常度。《礼记·祭义》："祭不欲～，～则烦。"

4. cù ⓭密，细密。《孟子·梁惠王上》："～罟不入洿池，鱼鳖不可胜食也。"《论衡·气寿》："妇人疏字者子活，～乳者子死。"(字：生育。)

5. sù ⓮通"速"。快。《尔雅·释诂》："～，疾也。"《礼记·曾子问》："不知其己之迟～，则岂如行哉？"

【数奇】 shùjī 命运不好，诸事不顺。《史记·李将军列传》："以为李广老，～～，毋令当单于，恐不得所欲。"袁宏道《徐文长传》："然～～，屡试辄蹶。"

【数家】 shùjiā 擅长术数之人。《史记·十二诸侯年表》："历人取其年月，～～隆于神运。"

【数术】 shùshù 术数，关于天文、历法、占卜的学问。《汉书·艺文志》："盖有因而成易，无因而成难，故因旧书以序～～为六种。"

【数四】 shùsì 三四个，指数量不多。《三国志·吴书·孙皓传》注引《晋纪》："疆界虽远，而其险要必争之地，不过～～。"

【数让】 shǔràng 数说，责备。《后汉书·献穆曹皇后纪》："后乃呼使者入，亲～～之。"

【数息】 shǔxī 佛教的静修之法。数呼吸的次数，从一到十，循环往复，达到摄伏乱心，恬静宁一的目的。江总《摄山栖霞寺山房夜坐》诗："梵宇调心易，禅庭～～难。"

【数数】 shuòshuò ❶屡次，常常。韩愈《送幽州李端公序》："今李公既朝夕左右，必～～为上言，元年之言殆合矣。"白居易《醉后走笔酬刘五主簿长句之赠》诗："张贾弟兄同里巷，乘闲～～来相访。"❷急迫的样子。《庄子·逍遥遊》："彼其于世，未～～然也。"

【数四】 shuòsì 多次，多个。《三国志·魏书·田畴传》："太祖不听，欲引拜之，至于～～，终不受。"裴度《岁寒知松柏后凋赋》："杀菽之霜再三，断蓬之风～～。"

腧 shù 穴位。《灵枢经·九铖十二原》："五藏五～，五五二十五～。"

漱 shù ❶漱口。《礼记·内则》："凡内外，鸡初鸣，咸盥～。"㊀漱口水。刘峻《广绝交论》："吐～兴云雨，呼噏下霜露。"㊁水冲刷。《周礼·考工记·匠人》："善沟者水～之。"❷倾泻。《水经注·江水二》："绝巘多生怪柏，悬泉瀑布，飞～其间。"❸洗涤。《礼记·内则》："冠带垢，和灰清～。"

【漱涤】 shùdí 洗涤。柳宗元《愚溪诗序》："～～万物，牢笼百态。"

【漱玉】 shùyù 山泉飞溅，晶莹如玉。刘长卿《过包尊师山院》诗："～～临丹井，围棋访白云。"

墅 shù ❶庐，田野间的房屋。沈约《少年新婚为之咏》："山阴柳家女，薄言出田～。"❷家宅之外另建的游息之所。《晋书·谢安传》："又于土山营～，楼馆林竹甚盛。"《南史·王骞传》："有旧～在钟山，八十馀顷。"

嗽 shù 见 sòu。

澍 1. shù ❶时雨。《论衡·雷虚》："天施气，气渥为雨，故雨润万物，名曰～。"《后汉书·杨厚传》："太守宗湛使统为郡求雨，亦即降～。"㊀润泽。《淮南子·泰族训》："若春雨之灌万物也，浑然而流，沛然而施，无地而不～，无物而不生。"

2. zhù ❷通"注"。灌注。王褒《洞箫赋》："扬素波而挥连珠兮，声礚礚而～渊。"

【澍濡】 shùrú 雨水润泽。比喻恩泽。《史记·司马相如列传》："群生～～，洋溢乎方外。"

【澍雨】 shùyǔ 时雨。《后汉书·曹褒传》："褒到，乃省吏并职，退去奸残，～～数降。"

【澍泽】 shùzé 雨水滋润万物。《论衡·自然》："程量～～，孰与汲井决陂哉？"

儵 shù ❶黑色。《广雅·释器》："～，黑也。"❷通"倏"。疾速。《楚辞·九歌·少司命》："荷衣兮蕙带，～而来兮忽而逝。"❸假想的南海帝名。《庄子·应帝王》："南海之帝为～，北海之帝为忽，中央之帝为浑沌。"❹姓。

【倏忽】 shùhū 疾速的样子。《楚辞·天问》："雄虺九首，～～焉在？"（雄虺：大毒蛇。）《吕氏春秋·决胜》："怯勇无常，～～往来。"

【倏烁】 shùshuò 闪烁。《楚辞·九思·悯上》："云蒙蒙兮电～～，孤雌惊兮鸣呴呴。"

【倏爚】 shùyuè 雷电闪光的样子。张衡《西京赋》："璇弁玉缨，遗光～～。"

籔(籔) 1. shù ❶古代容量单位。《仪礼·聘礼》："十六斗曰～，十～曰秉。"

2. sǒu ❷淘米的竹器。《广韵·厚韵》："～，漉米器也。"

瀟 shù 水流漂疾的样子。郭璞《江赋》："潏湟淴泱，～沏涸瀹。"

鱲 shù 黑虎。左思《吴都赋》："戱超～，颣麋麖，蓦六驳，追飞生。"

shua

刷 shuā ❶用刷子除垢，刷洗。左思《魏都赋》："洗兵海岛，～马江州。"㊀洗雪。《史记·楚世家》："王虽东取地于越，不足以～耻。"《汉书·货殖传》："推此类而修之，十年国富，厚赂战士，遂报强吴，～会稽之耻。"㊁梳理。李白《赠黄山胡公求白鹇》诗："照影玉潭里，～毛琪树间。"❷刷子。嵇康《养生论》："劲～理鬓，醇醴发颜。"（劲刷：梳子。）❸搜刮。王安石《乞制置三司条例》："至遇军国郊祀之大费，则遣使铲～，殆无途藏。"❹查究。关汉卿《窦娥冤》四折："随处审囚～卷，体察滥官污吏。"

涮 shuā 见 shuàn。

耍 shuǎ ❶玩耍，游戏。周邦彦《意难忘》词："长颦知有恨，贪～不成妆。"《西游记》一回："一群猴子～了一会，却去那山涧中洗澡。"❷戏弄，捉弄。《水浒传》六回："等他来时，诱他到粪窖边，只做参贺他，双手抢住脚，翻筋斗，攧那厮下粪窖去，只是小～他。"

shuai

衰 1. shuāi ❶与"盛"相对，衰微。《周易·杂卦》："《损》《益》，盛～之始也。"《论语·季氏》："及其老也，血气既～，戒之在得。"❷衰弱，衰老。《论语·述而》："子曰：'甚矣吾～也！'"《淮南子·主术训》："年～志悯。"❸衰败。《汉书·刑法志》："圣王乘～拨乱而起。"李格非《洛阳名园记》："洛阳盛～，天下治乱之候也。"❹凋落，凋谢。李商隐《赠荷花》诗："此花此叶长相映，翠减红～愁杀人。"❺（旧读 cuī）衰减，减少。《战国策·赵策四》："日食饮得无～乎？"㊀人的意志、兴趣衰退、减弱。《楚辞·九章·涉江》："余幼好此奇服兮，年既老而不～。"❻减产，歉收。贾思勰《齐民要术·杂说》："故无道之君及无道之民不能积其盛有馀之时以待其～不足也。"

2. cuī ❼次序，等级。《左传·昭公三十二年》："迟速～序，于是焉在。"㊀按等级。见"衰征"。❽通"缞"。丧服。《左传·僖公六年》："大夫～绖。"

3. suō ❾通"蓑"。蓑衣。《国语·越语》："譬如～笠，时雨既至，必求之。"

【衰薄】 shuāibó ❶指世风、道德颓败衰落。《诗经·王风·中谷有蓷序》："夫妇日以～～，凶年饥馑，室家相弃尔。"❷微薄。祢衡《鹦鹉赋》："嗟禄命之～～，奚遭时之险巇。"李商隐《上河东公启》："自安～～，微得端倪。"

【衰齿】 shuāichǐ 老年。杜甫《回棹》诗："几杖将～～，茅茨寄短椽。"

【衰耗】 shuāihào 衰减。《史记·孝武本纪》："昔东瓯王敬鬼，寿至百六十岁，后世谩怠，故～～。"沈约《致仕表》："气力～～，不自支持。"

【衰红】 shuāihóng ❶凋零的花。白居易《惜牡丹花》诗之一："明朝风起应吹尽，夜惜～～把火看。"❷比喻女子年老色衰。李贺《感讽》诗之五："秋凉经汉殿，班子泣～～。"（班子：汉成帝宠妃班倢伃。）

【衰飒】 shuāisà 萧索，衰落。张九龄《登古阳云台》诗："庭树日～～，风霜未云已。"王安石《韩持国从富并州辟》诗："安能孤此意，颠倒就～～。"

【衰衰】 shuāishuāi 瘦瘠的样子。扬雄《太玄经·众》："兵～～，见其病，不见舆尸。"

【衰涕】 shuāitì 老泪。元好问《过三乡望女儿郁追怀溪南诗老辛敬之》诗之二："欲就溪南问遗事，不禁～～落烟霞。"

【衰息】 shuāixī ❶减少。《汉书·贾谊传》："百姓素朴，狱讼～～。"❷停息。杜甫《送韦讽上阆州录事参军》诗："国步犹艰难，兵革未～～。"

【衰宗】 shuāizōng 衰落的家族。《三国志·蜀书·张裔传》："抚恤故旧，振赡～～，行义甚至。”

【衰绖】　cuīdié　古代丧服。《左传·僖公三十三年》：“子墨～～，梁弘御戎。”《史记·秦本纪》：“遂墨～～，发兵遮秦兵于殽，击之。”

【衰征】　cuīzhēng　按土地的产量多少征税。《国语·齐语》：“相地而～～，则民不移。”也作“衰政”。《荀子·王制》：“相地而～～，理道之远近而致贡。”

【衰政】　cuīzhēng　见“衰征”。

摔　shuāi　❶使物体下落而破损。康进之《李逵负荆》一折：“一把火将你那草团瓢烧做腐炭，盛酪瓮～破了碎磁瓯。”❷掷，丢弃。《红楼梦》三回：“摘下那玉，就狠命～去。”

瘥　shuāi　❶疾病。《广韵·脂韵》：“～，疾也。”❷通“衰”。减。《说文·疒部》：“～，减也。”玄应《一切经音义·大方广佛华严经》引《礼》：“年五十始～。”

帅(帥)　shuài　❶佩巾。《说文·巾部》：“～，佩巾也。”❷军队的统帅，主将。《论语·子罕》：“三军可夺～也，匹夫不可夺志也。”《汉书·赵充国传》：“为人沈勇有大略，少好将～之节。”㊂起主导作用的事物。《孟子·公孙丑上》：“夫志，气之～也。”❸诸侯之长。《礼记·王制》：“十国以为连，连有～。”❹通“率”。率领，带领。《孟子·万章上》：“舜南面而立，尧～诸侯北面而朝之。”《国语·鲁语下》：“天子作师，公～之，以征不德。”❺通“率”。遵循。《国语·鲁语上》：“以正班爵之义，～长幼之序，训上下之则，制财用之节。”王安石《上仁宗皇帝言事书》：“有一不～者，法之加必自此始。”❻姓。

【帅教】　shuàijiào　遵循政教。《礼记·王制》：“命乡简不～～者以告。”（乡：乡官。简：通“检”。检举。）王安石《上仁宗皇帝言事书》：“然而亦尝教之以道艺，而有不～～之刑以待之乎？”

【帅厉】　shuàilì　见“率励”。

【帅励】　shuàilì　见“率励”。

【帅意】　shuàiyì　见“率意”。

率　1. shuài　❶捕鸟的网。《说文·率部》：“～，捕鸟毕也。”（毕：捕捉鸟兽的长柄网。）㊀用网捕鸟。张衡《东京赋》：“悉～百禽。”❷循，沿着。《诗经·小雅·沔水》：“鴥彼飞隼，～彼中陵。”《孟子·梁惠王下》：“《诗》云：‘古公亶父，来朝走马，～西水浒，至于岐下。’”㊀遵从，服从。《诗经·小雅·采菽》：“平平左右，亦是～从。”《后汉书·光武十王传》：“克慎明德，～礼不越。”㊂随着，顺从。《晋书·阮籍传》：“时～意独驾，不由径路。”❸率领，带领。《春秋·僖公十五年》：“公孙敖～师及诸侯之大夫救徐。”《孟子·梁惠王上》：“此～兽而食人也。”❹表率，楷模。《汉书·何武传》：“刺史，古之方伯，上所委任，一州表～也。”㊀给……做榜样。《后汉书·和熹邓皇后纪》：“菲薄衣食，躬～群下。”❺做，从事。《左传·昭公十二年》：“～事以信为共。”❻急速。古诗《凛凛岁云暮》：“凉风～已厉，游子寒无衣。”（厉：猛烈。）❼坦率。《魏书·张衮传》：“～心奉上，不顾嫌疑。”❽轻率。见“率然①”。❾由于，因为。《孟子·离娄上》：“争地以战，杀人盈野；争城以战，杀人盈城，此所谓～土地而食人肉。”❿类似。《史记·老子韩非列传》：“故其著书十万馀言，大抵～寓言也。”㊀相类似的事物。《论衡·奇怪》：“感于龙，梦与神遇，犹此～也。”⓫副词。大抵，一般。《汉书·韩安国传》：“汉与匈奴和亲，～不过数岁即背约，不如勿许。”⓬副词。一概，全都。韩愈《进学解》：“占小善者～以录，名一艺者无不庸。”⓭通“帅”。军中统帅、主将。《荀子·富国》：“将～不能则兵弱。”㊀起主导作用的事物。《战国策·齐策五》：“夫权藉者，万物之～也；而时势者，百事之长也。”⓮姓。

2. lǜ　⓯一定的标准或比率。《史记·商君列传》：“有军功者，各以其～受上爵。”⓰通“锊”。古代重量单位，六两为率。《史记·周本纪》：“黥辟疑赦，其罚百～，阅实其罪。”

【率蹈】　shuàidǎo　遵循。《三国志·魏书·三少帝纪》：“伏惟燕王体尊戚属，正位藩服，躬秉虔肃，～～恭德，以先万国。”

【率厉】　shuàilì　见“率励”。

【率励】　shuàilì　激励，勉励。《后汉书·祭肜传》：“肜乃～～偏何，遣往讨之。”潘岳《马汧督诔》：“～～有方，固守孤城。”也作“率厉”、“帅励”、“帅厉”。《三国志·魏书·曹仁传》：“仁～～将士，甚奋，太祖壮之。”又《魏书·高柔传》：“惧非所以崇显儒术，～～怠惰也。”又《吴书·韩当传》：“～～将士，同心固有。”

【率勉】　shuàimiǎn　引导激励。《论衡·率性》：“三军之士，非能制也，勇将～～，视死如归。”

【率然】　shuàirán　❶轻率的样子。《后汉书·贾复传》：“复～～对曰：‘臣请击郾。’”❷轻捷的样子。《汉书·东方朔传》：“今先生～～高举，远集吴地。”❸蛇名。《孙子·九地》：“故善用兵者，譬如～～。～～者，常山之蛇也。”

【率素】 shuàisù 朴素。《晋书·羊祜传》："祜立身清俭，被服～～。"

【率土】 shuàitǔ 整个境内。《诗经·小雅·北山》："～～之滨，莫非王臣。"《三国志·魏书·武帝纪》："群凶觊觎，分裂诸夏，～～之民，朕无获焉。"

【率性】 shuàixìng ❶依循本性而行。《礼记·中庸》："天命之谓性，～～之谓道，修道之谓教。"❷天性。《北史·辛庆之传》："庆之位遇虽隆，而～～俭素，车马衣服，亦不尚华侈。"

【率易】 shuàiyì 直率平易。《南史·孙玚传》："而处己～～，不以名位骄物。"

【率意】 shuàiyì 悉意，尽意。陆机《文赋》："或竭情而多悔，或～～而寡尤。"《新唐书·王绍宗传》："常精心～～，虚神静思以取之。"也作"帅意"。《汉书·元帝纪》："相将九卿，其～～毋怠，使朕获观教化之流焉。"

【率由】 shuàiyóu ❶遵循。《尚书·微子之命》："慎乃服命，～～典常，以蕃王室。"《诗经·大雅·假乐》："不愆不忘，～～旧章。"❷指遵循成规旧章。《后汉书·梁统传》："它皆～～，无革旧章。"

蟀 shuài 见"蟋蟀"。

shuan

闩（閂） shuān 关门后，插在门内的横木。范成大《桂海虞衡志·杂志》："～，门横关也。"

拴 shuān ❶捆，绑。《红楼梦》一百零四回："众衙役答应，～了倪二，拉着就走。"❷通"闩"。门闩。《水浒传》四回："门子只得捻脚捻手把～拽了，飞也似闪入房里躲了。"⑤上门闩。王实甫《西厢记》三本二折："我将这角门儿也不曾牢～。"

栓 shuān ❶木钉。《广雅·释器》："～，钉也。"❷盂。《广雅·释器》："～，盂也。"

涮 1. shuàn ❶洗。《广韵·谏韵》："～，洗也。"

2. shuā ❷水名。《集韵·薛韵》："～，水名。"

腨 shuàn 腿肚子。《素问·阴阳别论》："痿厥～痟。"（痟：酸痛。）

踹 1. shuàn ❶足跟。《玉篇·足部》："～，足跟也。"❷顿足。《淮南子·人间训》："追者至，～足而怒。"

2. chuài ❸踏，踩。无名氏《鸳鸯被》三折："我便死呵，是张家妇名，怎肯～刘家门径。"

shuang

双（雙、雙、隻） shuāng ❶鸟两只叫双。《说文·雔部》："～，隹二枚也。"❷两个，一对。《左传·襄公二十八年》："公膳日～鸡。"《史记·项羽本纪》："我持白璧一～，欲献项王。"❸偶数。《宋史·礼志》："唐朝故事，只日视事，～日不坐。"（只日：单日。）❹地五亩为双。《新唐书·南诏传》："凡田五亩曰～。"❺匹敌。《汉书·李广传》："李广材气，天下无～。"❻姓。

【双蛾】 shuāng'é ❶女子双眉。白居易《赠同座》诗："春黛～～嫩，秋蓬两鬓侵。"❷借指美女。李白《春日行》："三千～～献歌笑，挝钟考鼓宫殿倾。"

【双凤】 shuāngfèng ❶一双凤凰。白居易《梦得相过，援琴命酒……》诗："～～栖梧鱼在藻，飞沈随分各逍遥。"❷比喻两位德才并佳的人。《北史·魏兰根传》："景义、景礼并有才行，乡人呼为～～。"❸曲名。刘歆《西京杂记》卷二："庆安世年十五为成帝侍郎，善鼓琴，能为～～离鸾之曲。"❹钱名。洪遵《泉志·奇品双凤钱》："～～钱，径寸二分，唐六铢，轮廓重厚，面文为双凤翔舞之状。"

【双鲤】 shuānglǐ ❶一对鲤鱼。《晋书·王祥传》："时天寒地冻，祥解衣将剖冰求之，冰忽自解，～～跃出。"❷借指书信。无名氏《饮马长城窟行》中有"客从远方来，遗我双鲤鱼。呼儿烹鲤鱼，中有尺素书"的句子，后人因以"双鲤"借指书信。刘禹锡《途中送崔司业使君扶持赴唐州》诗："相思望秋水，～～不应稀。"也作"双鱼"。王安石《次韵酬吴秀珍见寄》之一："君作新诗故起予，一吟聊复报～～。"

【双栖】 shuāngqī ❶雌雄同栖一处。曹植《种葛篇》："下有交颈兽，仰见～～禽。"沈佺期《古意》诗："卢家少妇郁金堂，海燕～～玳瑁梁。"❷喻夫妻或朋友感情深厚。陆倕《以诗代书别后寄赠》："～～成独宿，俱飞忽异翔。"贯休《寄郑道士》诗："不知玉质～～处，两个仙人是阿谁。"

【双丸】 shuāngwán 指太阳和月亮。赵秉文《栗》诗："未折棕榈封万壳，乍分混沌出～～。"

【双星】 shuāngxīng 指牵牛星和织女星。杜甫《奉酬薛十二丈判官见赠》诗："相如才调逸，银汉会～～。"

【双鸦】 shuāngyā 小女孩头上扎的双髻。

苏轼《杂诗》之一："昔日～～照浅眉，如今婀娜绿云垂。"

【双鱼】 shuāngyú 义同"双鲤"。见"双鲤"。

舣(艭) shuāng 小船。袁宏道《和小修》："露梢千缕扑斜窗，黄生藤枕梦吴～。"

霜 shuāng ❶接近地面的水气在气温降至摄氏零度以下时在地面或物体上凝结成细微的白色颗粒。《诗经·秦风·蒹葭》："蒹葭苍苍，白露为～。"《汉书·韩安国传》："夫草木遭～者不可以风过，清水明镜不可以形逃。"㉑果实表面色白如霜的粉末。《本草纲目·白柿》："白柿即干柿生～者。"❷喻白色。范成大《寒亭》诗："老农～须鬓，矍铄黄犊健。"❸喻高洁。陆机《文赋》："心懔懔以怀～，志眇眇而临云。"❹喻冷酷、威严。《南史·陆慧晓传》："王思远恒如怀冰，暑月亦有～气。"❺锋利而泛着白光。杜甫《观打鱼歌》："饔子左右挥～刀，鲙飞金盘白雪高。"❻年的代称。贾岛《渡桑干》诗："客舍并州已十～，归心日夜忆咸阳。"❼通"孀"。寡妇。《金石萃编·大唐故雁门郡解府君墓志铭》："～妻李氏，偕老愿违。"❽姓。

【霜操】 shuāngcāo 高洁的节操。《南齐书·沈麟士传》："玉质逾洁，～～日严。"

【霜毛】 shuāngmáo ❶形容羽毛洁白。杜甫《八哀诗·故右仆射相国曲江张公九龄》："仙鹤下人间，独立～～整。"鲍照《舞鹤赋》："叠～～而弄影，振玉羽而临霞。"❷指白发。韩愈《答张十一功曹》诗："吟君诗罢看双鬓，斗觉～～一半加。"杜牧《长安杂题》诗："四海一日无事日，将军携镜泣～～。"

【霜威】 shuāngwēi ❶寒霜肃杀之力。谢朓《高松赋》："岂凋贞于岁暮，不受令于～～。"❷喻人的威严。《晋书·索綝传》："孤恐～～一震，玉石俱毁。"

【霜信】 shuāngxìn 降霜前的征兆。元好问《药山道中》诗："白雁已衔～～过，青林间送雨声来。"

孀 shuāng ❶寡妇。《淮南子·修务训》："吊死问疾，以养孤～。"❷寡居。《列子·汤问》："邻人京城氏之～妻有遗男。"李白《双燕离》诗："憔悴一身在，～雌忆故雄。"❸见"孀单"。

【孀单】 shuāngdān 指孤寡，孤独无依的人。《新唐书·萧复传》："鬻先人墅以济～～。"

骦(驦、騻) shuāng 见"骕骦"。

爽(塽) shuǎng ❶明亮。《左传·昭公三年》："子之宅近市，湫隘嚣尘，不可以居，请更诸～垲者。"（垲：干燥。）❷开朗，直爽。《晋书·桓温传》："温豪～有风概。"❸清爽。《世说新语·简傲》："西山朝来致有～气。"❹豪放。《世说新语·文学》："林公辩答清析，辞气俱～。"❺差错。《诗经·卫风·氓》："女也不～，士贰其行。"❻违背，触犯。李商隐《为张周封上杨相公启》："郭伋还州，尚不欺于童子；文侯校猎，宁～约于虞人。"《新唐书·蒋乂传》："安有释縗服，衣冕裳，去垩室，行亲迎，以凶渎嘉，为朝廷～法？"❼伤害，破坏。《老子·十二章》："五音令人耳聋，五味令人口～。"❽迷惑，迷惘。《列子·黄帝》："黄帝即位十有五年，喜天下戴己，养正命，娱耳目，……昏然五情～惑。"（正命：性命。正，通"性"。）❾助词。《尚书·康诰》："王曰：'封！～惟民，迪吉康。'"（迪：引导。）❿姓。

【爽德】 shuǎngdé 失德。《尚书·盘庚中》："故有～～，自上其罚汝，汝罔能迪。"（迪：逃脱。）《国语·周语上》："昔昭王娶于房，曰房后，实有～～。"

【爽籁】 shuǎnglài 秋天大自然发出的各种声响。殷仲文《南州桓公九井作》诗："～～警幽律，哀壑叩虚牝。"王勃《滕王阁序》："～～发而清风生，纤歌凝而白云遏。"

【爽然】 shuǎngrán ❶茫然若失的样子。《史记·屈原贾生列传》："读《鵩鸟赋》，同生死，轻去就，又～～自失矣。"❷开朗舒畅的样子。王阮《龙塘久别乘月再到》诗："龙塘畴昔擅云烟，破月重来倍～～。"

【爽爽】 shuǎngshuǎng 高明卓越的样子。《南史·何思澄传》："子朗早有才思，周舍每与谈，服其精理。世人语曰：'人中～～有子朗。'"

磢(瓾) shuǎng 磨擦，碰撞。木华《海赋》："飞涝相～，激势相沏。"（涝：大波。）

鷞(鸘) 1. shuǎng ❶见"鷞鸠"。
2. shuāng ❷见"鹔鷞"。

【鷞鸠】 shuǎngjiū ❶鸟名，鹰的一种。《广韵·养韵》："鷞，～～。"❷相传古帝少皞时官名，掌司寇职。《左传·昭公十七年》："我高祖少皞之立也，凤鸟适至，故纪于鸟，为鸟师而鸟名：……鳲鸠氏，司空也，～～氏，司寇也。"

艭 shuàng 一种固定船只的木制用具。翟灏《通俗编·杂字》："～，……今江船所用以代缆，住则下、行则起者是也。"

shui

谁(誰) shuí ❶疑问代词。谁,何人。《诗经·邶风·简兮》:"云～之思,西方美人。"《左传·僖公四年》:"君若以德绥诸侯,～敢不服?"❷哪个。王绩《在京思故园见乡人问》诗:"院果～先熟? 林花那后开?"❸什么。贾谊《治安策》:"一动而五业附,陛下～惮而久不为此?"❹征询。《汉书·眭弘传》:"汉帝宜～差天下,求索贤人。"(差:选择。)❺助词。无义。《诗经·陈风·墓门》:"知而不已,～昔然也。"❻姓。

【谁何】 shuíhé ❶谁,什么人。《庄子·应帝王》:"吾与之虚而委蛇,不知其～～。"《淮南子·本经训》:"兼包海内,泽及后世,不知为之者～～。"❷诘问,责问。《六韬·虎韬·金鼓》:"凡三军以戒为固,以怠为败,令我垒上,～～不绝。"

脽 shuí ❶臀部。《汉书·东方朔传》:"结股脚,连～尻。"❷小土山。郦道元《水经注·汾水》:"《汉书》谓之汾阴～。应劭曰:～,丘类也。"

水 shuǐ ❶水。《诗经·魏风·伐檀》:"河～清且涟猗。"《老子·八章》:"上善若～。"❷水灾。《汉书·食货志上》:"故尧禹有九年之～。"㊀发生水灾。《左传·昭公二十四年》:"梓慎曰:'将～。'"㊂水涝。《荀子·富国》:"高者不旱,下者不～。"㊂用水淹灌。《战国策·魏策三》:"秦有郑地,得垣雍,决荧泽,而～大梁,大梁必亡矣。"❸河流。李白《江上吟》:"功名富贵若长在,汉～亦当西北流。"❹水域。《国语·越语上》:"陆人居陆,水人居～。"(水人:水乡居民。)❺五行之一。《尚书·洪范》:"五行:一曰～,二曰火,三曰木,四曰金,五曰土。"❻姓。

【水滨】 shuǐbīn 水边。《左传·僖公四年》:"昭王之不复,君其问诸～～。"《三国志·吴书·陆抗传》:"焚烁流漂,弃之～～。"

【水伯】 shuǐbó 水神。《山海经·海外东经》:"朝阳之谷,神曰天吴,是为～～。"

【水沈】 shuǐchén 树名。又叫沈水香,常绿乔木,著名薰香材料。杜牧《为人题赠》诗之一:"桂席尘瑶珮,琼炉烬～～。"陆游《岁暮》诗:"浅色染成官柳丝,～～熏透野梅枝。"

【水次】 shuǐcì 水边。刘禹锡《和西川李尚书汉州微月游房太尉西湖》:"旌旗环～～,舟楫泛中流。"

【水德】 shuǐdé 秦汉方士以金、木、水、火、土五行相克相生的道理来解释王朝的兴衰,水德为"五德"之一,以水德王。《史记·孝文本纪》:"丞相推以为今～～,始明正十月上黑事,以为其言非是,请罢之。"

【水碓】 shuǐduì 古代用水力舂米的设备。《三国志·魏书·张既传》:"既假三郡人为将吏者休课,使治屋宅,作～～,民心遂安。"《世说新语·俭啬》:"司徒王戎既贵且富,区宅、僮牧、膏田、～～之属洛下无比。"

【水厄】 shuǐ'è ❶指溺死之灾。《南史·梁武烈世子方等传》:"汝有～～,深宜慎之。"❷以饮茶为苦。三国魏晋以后,渐渐流行饮茶,有人初饮不惯,戏为水厄。《太平御览》卷八六七引《世说》:"晋司徒长史王濛好饮茶,人至辄命饮之,士大夫皆患之,每欲往候,必云:'今日有～～。'"

【水发】 shuǐfà 水中青苔。梅尧臣《上巳日午桥石濑中得双鳜鱼》诗:"～～粘篙绿,溪毛映渚春。"

【水府】 shuǐfǔ ❶水神居住之处。木华《海赋》:"尔其～～之内,极深之庭,则有崇岛巨鳌。"杜甫《陪郑广文游何将军山林》诗之七:"石水蟠～～,百里独苍苍。"❷指水底。韩愈《贞女峡》诗:"悬流轰轰射～～,一泻百里翻云涛。"❸星名。《晋书·天文志上》:"东井西南四星曰～～,主水之官也。"

【水国】 shuǐguó 水乡,河流湖泊众多地区。杜甫《送李功曹之荆州充郑侍御判官重赠》诗:"此地生涯晚,遥悲～～秋。"孟浩然《洛中送奚三还扬州》诗:"～～无边际,舟行共使风。"

【水脚】 shuǐjiǎo 水路运输的费用。《宋史·赵开传》:"除成都路转运判官,遂奏罢宣和六年所增上供认额纲布十万匹,减绵州下户支移利州～～钱十分之三。"

【水镜】 shuǐjìng ❶映在水中的明月。谢庄《月赋》:"柔祇雪凝,圆灵～～。"❷水平镜明,喻无私。《三国志·蜀书·李严传》注:"夫水者至平,邪者取法;镜者至明,丑者无怒,～～所以能穷物无怨者,以其无私也。"《魏书·张衮传》:"圣德昭明,殷鉴～～。"❸喻识见高明或性格爽朗的人。《三国志·蜀书·庞统传》注引《襄阳记》:"诸葛孔明为卧龙,庞士元为凤雏,司马德操为～～,皆庞德公语也。"《世说新语·赏誉》:"此人,人之～～也,见之若披云雾睹青天。"

【水君】 shuǐjūn 水神。皮日休《太湖诗·投龙潭》:"下有～～府,贝阙光比栉。"

【水客】 shuǐkè ❶船夫,渔民。梅尧臣《杂诗》:"买鱼问～～,始得鲫与鲂。"❷菱花的别名。程棨《三柳轩杂识》:"菱花为～～。"

【水潦】 shuǐlǎo ❶大雨,大雨水。《左传·

襄公十年》："～～将降。"《后汉书·庞参传》："～～不休，地力不复。"❷雨后积水。《管子·立政》："决～～，通沟渎，修障防，安水藏。"《列子·汤问》："地不满东南，故百川～～归焉。"

【水帘】　shuǐlián　瀑布水下流如垂帘，故称水帘。范成大《下岩》诗："不用苦求毫相现，只教长挂～～看。"

【水龙】　shuǐlóng　❶水中龙。《宋史·聂冠卿传》："～～夜号，夕鸡骇飞。"❷战船。庾信《周柱国楚国公岐州刺史慕容公神道碑》："～～竟双刀之势，步奇陈四分之威。"

【水弩】　shuǐnǔ　蜮，传说中的毒虫，能从水中含沙射人。白居易《送人贬信州判官》诗："溪畔毒沙藏～～，城头枯树下山魈。"张祜《寄迁客》诗："溪行逢～～，野店避山魈。"

【水曲】　shuǐqū　水流的曲折处。刘铄《拟行行重行行》诗："寒螀翔～～，秋兔依山基。"萧纲《晚春》诗："～～文鱼聚，林暝鸦鸟飞。"

【水人】　shuǐrén　水乡之民。《国语·越语上》："陆人居陆，～～居水。"

【水师】　shuǐshī　❶官名。《国语·周语中》："火师监燎，～～监濯。"❷水兵，水军。《宋书·武帝纪》："可克日于玄武湖大阅～～，并巡江右。"❸船夫，水手。《宋史·谢景温传》："朝廷下六路捕逮篙工～～穷其事。"

【水宿】　shuǐsù　❶宿于舟中。谢灵运《游赤石进帆海》诗："～～淹晨暮，阳霞屡兴没。"王昌龄《太湖秋夕》诗："～～烟雨寒，洞庭霜落微。"❷宿于水中或水边。萧纲《七励》诗："文鱼～～，锦鸟云翔。"杜甫《倦夜》诗："暗飞萤自照，～～鸟相呼。"

【水榭】　shuǐxiè　建在水中或水边，供人游憩的亭阁。杜甫《春夜峡州田侍御长史津亭留宴得筵字》诗："杖藜登～～，挥翰宿春天。"

【水宿】　shuǐxiù　星宿名，北方七宿的总称。《后汉书·崔骃传》："阴事终而～～臧。"

【水阳】　shuǐyáng　水的北岸。江淹《赤虹赋》："绝赫山顶，照燎～～。"

【水衣】　shuǐyī　青苔。张协《杂诗》之十："阶下伏泉涌，堂上～～生。"杜甫《重题郑氏东亭》诗："崩石欹山树，清涟曳～～。"

【水驿】　shuǐyì　水路的转运站。杜甫《过南岳入洞庭湖》诗："欹侧风帆满，微冥～～孤。"白居易《送刘郎中赴任苏州》诗："～～路穿儿店月，花船棹入女湖春。"

【水裔】　shuǐyì　水边。《楚辞·九歌·湘夫人》："麋何食兮庭中？蛟何为兮～～？"

【水淫】　shuǐyín　指洁癖。《南史·何佟之传》："性好洁，一日之中洗涤者十馀过，犹恨不足，时人称为～～。"

【水虞】　shuǐyú　掌管川泽禁令的官。《吕氏春秋·孟冬》："是月也，乃命～～渔师收水泉池泽之赋。"

【水玉】　shuǐyù　❶水晶。《山海经·南山经》："堂庭之山，多棪木，多白猿，多～～。"（郭璞注："水玉，今水精也。"）❷玻璃的别名。《本草纲目·玻璃》："本作颇黎。颇黎，国名也。其莹如水，其坚如玉，故名～～，与水精同名。"

【水月】　shuǐyuè　❶水中的月影。李绅《宿扬州水馆》诗："轻楫过时摇～～，远灯繁处隔秋烟。"❷明月，明净如水的月亮。郑谷《南康郡牧陆肱郎中辟许棠先辈为郡从事因有寄赠》诗："夜清僧伴宿，～～在松梢。"

【水云】　shuǐyún　❶水上的云气。《吕氏春秋·应同》："山云草莽，～～鱼鳞，旱云烟火，雨云水波。"❷泛指云雾。孟浩然《晓入南山》诗："瘴气晓氛里，南山没～～。"

【水斋】　shuǐzhāi　建在船上或水边的屋舍。《南史·羊侃传》："初赴衡州，于两艖䑧起三间通梁～～，饰以珠玉，加之锦缋，盛设帷屏，列女乐。"白居易《宴后题府中水堂赠卢尹中丞》诗："～～岁久渐荒芜，自惭甘棠无一株。"

【水渚】　shuǐzhǔ　水中的小块陆地。《楚辞·哀时命》："凿山楹而为室兮，下被衣于～～。"司马相如《上林赋》："与波摇荡，掩薄～～。"

瘀　shuì　肿病。《灵枢经·四时气》："风～肤胀。"

说　shuì　见 shuō。

涚　shuì　❶温水。《说文·水部》："～，财温水也。……《周礼》曰：'以～沤其丝。'"（财：通"才"。仅。）❷滤。《礼记·郊特牲》："盏酒～于清。"❸拭，揩拭。《周礼·春官·司尊彝》："～酌。"

捝　shuì　见 tuō。

帨　shuì　❶古代女子的佩巾。用以擦拭不洁，在家时挂在门右，外出时系在身左。《诗经·召南·野有死麕》："舒而脱脱兮，无感我～兮。"《礼记·内则》："女子设～于门右。"❷通"捝"。拭，用巾擦手。《礼记·内则》"盥卒授巾"注："巾以～手。"㊂手巾。陆游《费夫人墓志铭》："以时进馈，奉盥授

～,比平日加谨。”

【帨缡】 shuìlí 佩巾和五彩丝绳,古代女子出嫁的装饰。后用作嫁妆的代称。韩愈《寄崔二十六立之》诗:“长女当及事,谁助出～～?”

祱 shuì 赠给死者的衣被。《汉书·朱建传》:“辟阳侯乃奉百金～。”㉛向死者赠送。《汉书·鲍宣传》:“[郇越]病死,莽太子遣使～以衣衾。”

税 1. shuì ❶国家按税率征收的货币或实物。《老子·七十五章》:“民之饥,以其上食～之多。”《盐铁论·非鞅》:“收山泽之～。”㉛收税,征税。《春秋经·宣公十五年》:“初～亩。”《后汉书·左雄传》:“视民如寇仇,～之如豺虎。”❷租用。白行简《李娃传》:“闻兹地有隙院,愿～以居。”❸赠送。《礼记·檀弓上》:“未仕者不敢～人。”(孔颖达疏:“税人,谓以物遗人也。”)❹姓。

2. tuō ❺通“脱”。脱去,脱掉。《孟子·告子下》:“不～冕而行。”㉛释放。《左传·成公九年》:“有司对曰:‘郑人所献楚囚也。’使～之。”

3. tuì ❻追补服丧之礼。《礼记·檀弓上》:“小功不～。”郑玄注:“日月已过,闻丧而服曰～。”

4. tuàn ❼通“褖”。镶边的黑衣。《礼记·玉藻》:“士～衣。”

5. huì ❽通“繐”。一种用细纱缝制的丧服。《左传·襄公二十七年》:“公丧之,如～服,终身。”

6. yuè ❾通“悦”。和悦。《史记·礼书》:“凡礼始乎脱,成乎文,终乎～。”

【税屋】 shuìwū 租赁房屋。薛调《无双传》:“仙客～～,与鸿、蘋居。”

【税甲】 tuōjiǎ 见“税介”。

【税驾】 tuōjià 解下驾车的马,停车,即休息或归宿之意。《史记·李斯列传》:“物极则衰,吾未知所～～也。”曹植《洛神赋》:“尔乃～～乎蘅皋,秣驷乎芝田。”

【税介】 tuōjiè 解甲,脱去铠甲。《汉书·叙传下》:“叔孙奉常,与时抑扬,～～免胄,礼义是创。”也作“税甲”。曹植《求自试表》:“顾西尚有违命之蜀,东有不臣之吴,使边境未得～～,谋士未得高枕者,诚与混同宇内,以致太和也。”

睡 shuì ❶坐着打瞌睡。《汉书·陈万年传》:“万年尝病,召咸教戒于床下,语至夜半,咸～,头触屏风。”欧阳修《秋声赋》:“童子莫对,垂头而～。”❷睡觉。柳宗元《骂尸虫文》:“幸其人之昏～。”李频《宰辛明府》诗:“晓鼓愁方乱,春山～正酣。”

【睡觉】 shuìjué 睡醒。白居易《长恨歌》:“云髻半偏新～～,花冠不整下堂来。”程颢《秋日偶成》诗:“闲来无事不从容,～～东窗日已红。”

【睡媒】 shuìméi 催人入睡的媒介。陆游《遣兴》诗:“酒杯不解为愁敌,书卷才开作～～。”

【睡鸭】 shuìyā 古代香炉名,造形为鸭入睡形。李商隐《促漏》诗:“舞鸾镜匣收残黛,～～香炉换夕熏。”黄庭坚《有惠江南帐中香者戏答六言》:“欲雨鸣鸠日永,下帷～～春闲。”

shun

吮 shǔn 用嘴吮吸。《韩非子·外储说左上》:“军人有病疽者,吴起跪而自～其脓。”李白《蜀道难》诗:“磨牙～血,杀人如麻。”

【吮墨】 shǔnmò 用嘴吮笔。形容写作的样子。《梁书·刘孝绰传》:“由此而谈,又何容易,故韬翰～～,多历寒暑。”李商隐《会昌一品集序》:“～～摛词,咏日月之光华。”(摛词:遣词造句,即指写作。)

楯 1. shǔn ❶栏干上的横木。司马相如《上林赋》:“宛虹扡于～轩。”晁补之《新城游北山记》:“顶有屋数十间,曲折依崖壁为栏～。”❷拔擢。《淮南子·俶真训》:“引～万物,群美萌生。”

2. dùn ❸(旧读 shǔn)通“盾”。盾牌。《韩非子·难一》:“楚人有鬻～与矛者。”

3. chūn ❹通“輴”。灵车。《庄子·达生》:“自为谋,则苟生有轩冕之尊,死得于腞～之上、聚偻之中则为之。”

【楯轩】 shǔnxuān 有栏杆的长廊。《史记·司马相如列传》:“奔星更于闺闼,宛虹拖于～～。”

【楯墨】 dùnmò 在盾牌上磨墨作檄文。苏轼《送曹辅赴闽漕》诗:“诗成横槊里,～～何曾干。”

【楯瓦】 dùnwǎ 楯脊,楯牌中间突起部位。《左传·昭公二十六年》:“师及齐师战于炊鼻,齐子渊捷从洩声子,射之中～～。”

恂 shùn 见 xún。

顺(順) shùn ❶顺着。《荀子·劝学》:“～风而呼,声非加疾也,而闻者彰。”❷顺从,顺应。《管子·牧民》:“政之所兴,在～民心。”㉛使顺从、顺服。《礼记·月令》:“诘诛暴慢,以明好恶,～彼远方。”㉜曲从。《孟子·公孙丑下》:“且古之君子,过则改之;今之君子,过则～之。”❸顺理,合理。《论语·子路》:“名不正则言不～。”㉿顺理的人。《诗经·大雅·桑柔》:“维彼不～,征以中垢。”㊂认为……是合理的。《左传·文公十四年》:“齐公子元不～懿公之为政也。”❹和顺,柔爱。《诗经·郑风·女曰鸡鸣》:“知子之～之,杂佩以问之。”❺(shèn)通“慎”。谨慎。《韩非子·六反》:“山者大,故人～之;垤微小,故人易之也。”❻姓。

【顺比】 shùnbǐ ❶和顺亲近,顺从。《荀子·王制》:“使天下莫不～～从服。”❷投合。《庄子·徐无鬼》:“遭时有所用,不能无为也,此皆～～于岁,不物于易者也。”(顺比于岁:投合于一时。)

【顺成】 shùnchéng ❶农时和顺,谷物丰收。《礼记·郊特牲》:“四方年不～～,八蜡不通,以谨民财也。”❷办事顺理而获成功。《左传·宣公十二年》:“执事～～为臧,逆为否。”❸宫中女官名。《三国志·魏书·后妃传序》:“文帝增贵嫔、淑媛、修容、～～、良人。”

【顺修】 shùnxiū 整理修订。《荀子·王制》:“修宪命,审诗商,禁淫声,以时～～,使夷俗邪音不敢乱雅,大师之事也。”

【顺职】 shùnzhí 尽职。《盐铁论·忧边》:“吾闻为人臣者,尽忠以～～。”

眣 shùn ❶同“瞬”。目动,眨眼。《集韵》:“瞚,《说文》:‘开阖目数摇也’,或作～。”❷同“眴”。以目示意,使眼色。《公羊传·成公二年》:“郤克～鲁卫之使,使以其辞而为之请。”

眴 1. shùn ❶同“瞬”。目动,眨眼。《说文》:“～,目摇也。”(《说文·目部》“眴”作“旬”。)❷以目示意,使眼色。《史记·项羽本纪》:“须臾,梁～籍曰:‘可行矣!’”❸惊慌的样子。《庄子·德充符》:“丘也曾使于楚矣,适见㹠子食于其死母者。少焉～若,皆弃之而走。”(㹠:通“豚”。小猪。食:吃奶。)

2. xuàn ❹通“眩”。眼睛眩晕。《后汉书·班固传》:“攀井干而未半,目～转而意迷。”

3. xún ❺见“眴卷”。

【眴焕】 xuànhuàn 灿烂鲜明的样子。宋玉《风赋》:“～～粲烂,离散转移。”

【眴眴】 xuànxuàn 眼花。《素问·刺疟》:“肾疟者……目～～然。”

【眴卷】 xúnjùn 汉代县名,故城在今宁夏中卫县东。《汉书·地理志下》:“安定郡,户四万二千七百二十五,口十四万三千二百九十四,县二十一:高平、复累,……爰得、～～。”

舜 shùn ❶传说中的远古帝王,号有虞氏,“五帝”之一。《韩非子·五蠹》:“然则今有美尧～鲧禹汤武之道于今之世者,必为新圣笑矣。”❷通“蕣”。木槿。《诗经·郑风·有女同车》:“有女同车,颜如～华。”❸姓。

蕣 shùn 木槿。郭璞《游仙诗》之七:“～荣不终朝,蜉蝣岂见夕?”

瞚 shùn 同“瞬”。1)目动,眨眼。《说文·目部》:“～,开阖目数摇也。”《庄子·庚桑楚》:“终日视而目不～。”2)瞬间,一眨眼工夫。《吕氏春秋·安死》:“夫死,其视万岁犹一～。”

瞬 shùn ❶目动,眨眼。《列子·汤问》:“尔先学不～,而后可言射矣。”《金匮要略·惊悸》:“直视,不能～。”❷瞬间,一眨眼工夫。陆机《文赋》:“观古今于须臾,抚四海于一～。”苏轼《赤壁赋》:“盖将自其变者而观之,则天地曾不能以一～。”

鬊 shùn 乱发。《礼记·丧大记》:“君大夫～爪,实于绿中,士埋之。”(爪:死者剪下的指甲。绿:角,棺内四隅。)

shuo

说(說) 1. shuō ❶解释,说明。《孟子·离娄下》:“博学而详～之,将以反～约也。”《荀子·正名》:“～不喻然后辨。”❷告诉。《国语·吴语》:“夫差将死,使人～于子胥曰:‘使死者无知,则已矣;若其有知,吾何面目以见员也。’遂自杀。”❸主张,学说。《战国策·秦策五》:“阳泉君避席,请闻其～。”《论衡·问孔》:“伐孔子之～,何逆于理?”❹相约的誓言。《诗经·邶风·击鼓》:“死生契阔,与子成～。”❺古代解释经文的一种文体。《汉书·河间献王刘德传》:“献王所得书皆古文先秦旧书,《周官》、《尚书》、《礼》、《礼记》、《孟子》、《老子》之属,皆经传～记,七十子徒所论。”

2. shuì ❻劝说,说服。《史记·高祖本纪》:“汉王使郦生～豹,豹不听。”《论衡·逢遇》:“商鞅三～秦孝公。”❼停止,歇息。《诗经·鄘风·定之方中》:“星言夙驾,～于桑田。”

3. yuè ❽通“悦”。喜悦,高兴。《诗经·召南·草虫》:“亦既觏止,我心则～。”《吕氏春秋·孟夏》:“还,乃行赏,封侯庆赐,无不欣～。”㉿取悦,讨好。《左传·僖公七年》:“郑杀申侯以～于齐。”

4. tuō ❾通“脱”。脱落。《左传·僖公十五年》："车～其輹。"㉛卸车。《左传·宣公十二年》："日中而～。"㉜开脱，赦免。《诗经·大雅·瞻卬》："彼宜有罪，女覆～之。"《左传·定公四年》："初罪必尽～。"

【说铃】　shuōlíng　细碎琐屑的言论。《法言·吾子》："好说而不要诸仲尼，～～也。"（李轨注："铃以喻小声，犹小说不合大雅。"）

【说引】　shuōyǐn　解说援引。《颜氏家训·后娶》："婢仆求容，助相～～。"

【说夫】　shuìfū　说客。《后汉书·张衡传》："从往则合，横来则离，安危无常，要在～～。"

【说士】　shuìshì　游说之士。《史记·绛侯周勃世家》："勃不好文学，每诏诸生～～，东乡坐而责之。"

【说辐】　tuōfú　车辐脱落。车辐脱落，车不能行，喻夫妻不和。《周易·小畜》："舆～～，夫妻反目。"

妁　shuò　见"媒妁"。

烁(爍)　1. shuò　❶闪光；发光。《新唐书·天文志》："中夜有大流星长数丈，光～如电。"❷热，烤灼。枚乘《七发》："衣裳则杂遝曼煖，燂～热暑。"❸通"铄"。熔化。《庄子·胠箧》："上悖日月之明，下～山川之精，中堕四时之施。"《论衡·无形》："若夫冶者用铜为柈杅，柈杅虽已成器，犹可复～。"

2. luò　❹见"爆烁"。

【烁烁】　shuòshuò　闪光的样子。韩愈《芍药》诗："浩态狂香昔未逢，红灯～～绿盘龙。"

朔(𦚔)　shuò　❶农历每月初一日叫朔。《左传·昭公十七年》："夏六月甲戌～，日有食之。"《管子·立政》："正月之～，百吏在朝，君乃出命，布宪于国。"苏轼《答秦太虚书》："每月～便取四千五百钱，断为三十块，挂屋梁上。"❷始，初。《礼记·礼运》："皆从其～。"❸月出。《后汉书·马融传》："大明生东，月～西陂。"❹北，北方。《三国志·魏书·荀彧传》："［袁］绍既并河～，天下畏其强。"❺姓。

【朔吹】　shuòchuī　指北风。张正见《寒树晚蝉疏》诗："寒蝉噪杨柳，～～犯梧桐。"孟浩然《渡扬子江》诗："海尽边阴静，江寒～～生。"

【朔管】　shuòguǎn　指羌笛。谢庄《月赋》："聆皋禽之夕闻，听～～之秋引。"

【朔客】　shuòkè　北部边境地区的豪士。李贺《申胡子觱篥歌》："～～骑白马，剑弝悬兰缨。"

【朔漠】　shuòmò　北方沙漠地区。谢惠连《雪赋》："河海生云，～～飞沙。"杜甫《咏怀古迹》之三："一去紫台连～～，独留青冢向黄昏。"

【朔食】　shuòshí　古代帝王贵卿农历每月初一所进膳食比平日丰盛，叫朔食。《礼记·内则》："男女夙兴，沐浴衣服，具视～～。"

【朔望】　shuòwàng　农历每月的初一日和十五日。《三国志·魏书·文帝纪》："五月，有司以公卿朝～～日，因奏疑事，听断大政，论辨得失。"

【朔裔】　shuòyì　北部边境。曹丕《连珠》："是以申胥流音于南极，苏武扬声于～～。"

铄(鑠)　shuò　❶销，熔化。《楚辞·九章·惜诵》："故众口其～金兮，初若是而逢殆。"《淮南子·兵略训》："故割革而为甲，～铁而为刃。"㉛销毁。《庄子·胠箧》："擢乱六律，～绝竽瑟，塞瞽旷之耳，而天下始人含其明矣。"㉜消损，削弱。《战国策·秦策五》："秦先得齐宋则韩氏～，韩氏～则楚孤而受兵也。"❷日光晃耀刺眼。沈括《梦溪笔谈·异事》："立涧之东西望，则为日所～，都无所睹。"❸光辉美盛。《诗经·周颂·酌》："于～王师，遵养时晦。"《后汉书·窦宪传》："～王师兮征荒裔。"

【铄铄】　shuòshuò　鲜明耀眼的样子。何晏《景福殿赋》："故其华表则镐镐～～。"

硕(碩)　1. shuò　❶大。《诗经·小雅·大田》："既庭且～，曾孙是若。"《荀子·富国》："礼节将甚文，珪璧将甚～。"

2. shí　❷通"石"。坚实，牢不可破。阮瑀《为曹公作书与孙权》："而忍绝王命，明弃～交，实为佞人所构会也。"（交：交情，友谊。）❸通"石"。容量单位。韩愈《河南令舍池台》诗："欲将层级压篱落，未许波澜量斗～。"

【硕德】　shuòdé　大德。《后汉书·左雄等传论》："及孝桓之时，～～继兴。"

【硕辅】　shuòfǔ　贤良的辅佐大臣。陈亮《与叶丞相》："亮敬惟相公以～～之尊，镇抚坤维，经理关陇。"

【硕画】　shuòhuà　远大的谋划。左思《魏都赋》："～～精通，目无匪制。"

【硕茂】　shuòmào　高大，繁茂。柳宗元《种树郭橐驼传》："视驼所种树，或移徙，无不活，且～～，蚤实以蕃。"

【硕女】　shuònǚ　贤德之女。《诗经·小雅·车舝》："辰彼～～，令德来教。"

【硕人】　shuòrén　❶贤德之人。《诗经·卫风·考槃》："考槃在涧，～～之宽。"❷指美人。《诗经·卫风·硕人》："～～其颀，衣锦褧衣。"

【硕士】　shuòshì　贤能博学之士。欧阳修《五代史宦者传论》："虽有忠臣～～列于朝廷，而人主以为去已疏远。"曾巩《与杜相公书》："当今内自京师，外至岩野，宿师～～，杰立相望。"

【硕言】　shuòyán　大话，言过其实。《诗经·小雅·巧言》："蛇蛇～～，出自口矣。"

数　shuò　见 shù。

搠　shuò　刺，戳。《三国演义》十回："等他马近，举枪刺来，超将身一闪，李蒙～个空。"《西游记》四十回："他的嘴长耳大，脑后鬃硬，～得我慌。"

槊（**槊**、**矟**）　shuò　兵器。马上用的长矛。苏轼《赤壁赋》："酾酒临江，横～赋诗。"

嗽　shuò　见 sòu。

箾　1. shuò　❶跳舞者手执之竿。《左传·襄公二十九年》："见舞象～南籥者，曰：'美哉！犹有憾。'"（象：舞蹈名。箾：一说同"箫"。）❷舞曲名。《荀子·礼论》："故钟鼓管磬，琴瑟竽笙，韶、夏、护、武、汋、桓、～、简象，是君子之所以为愅诡其所喜乐之文也。"（简：衍文，当删。）

2. xiāo　❸见"韶箾"。

3. qiào　❹同"鞘"。刀剑套子。李贺《公莫舞歌》："腰下三看宝玦光，项庄掉～拦前起。"

【箾蔘】　shuòshēn　树木高大的样子。司马相如《上林赋》："纷溶～～，猗狔从风。"

燿　shuò　见 yào。

sī

厶　1. sī　❶"私"的古字。《说文·厶部》："～，奸邪也。韩非曰：'仓颉作字，自营为～。'"

2. mǒu　❷通"某"。《穀梁传·桓公二年》"蔡侯、郑伯会于邓"注："邓，～地。"（陆德明《经典释文》："本又作某。不知其国，故云厶地。"）

司　1. sī　❶掌管，主管。《尚书·高宗肜日》："王～敬民。"《史记·律书》："各～其序，不相乱也。"㊀指主管的工作。《尚书·胤征》："惟时羲和，颠覆厥德，沈乱于酒，畔官离次，俶扰天纪，遐弃厥～。"（俶：始。）❷官职名。《管子·小匡》："制五家有轨，轨有长；十轨为里，里有～。"❸官署。李商隐《上翰林萧侍郎启》："图书之府，鼎鼐之～。"苏轼《上皇帝书》："今者无故又创一～，号曰制置三～条例。"❹姓。

2. sì　❺通"伺"。探察，侦察。《汉书·灌夫传》："平明，令门下候～。"

【司察】　sīchá　督察。《后汉书·千乘贞王伉传》："王甫～～，以为有奸。"

【司晨】　sīchén　❶雄鸡报晓。陶渊明《述酒》诗："流泪抱中叹，倾耳听～～。"❷喻妇人乱政。《旧五代史·唐庄宗纪论》："外则伶人乱政，内则牝鸡～～。"

【司铎】　sīduó　❶古代颁布政令时要敲木铎以警众，后称主持教化者为司铎。张衡《东京赋》："次和树表，～～授钲。"❷指司铎所在的官署。《左传·哀公三年》："夏五月辛卯，～～火。"（火：着火。）❸复姓。

【司方】　sīfāng　❶主持一方之事。曹植《大暑赋》："炎帝掌节，祝融～～。"❷指南车。指示方向的工具。徐整《数术记遗》："数不识三，妄谈知十，犹川人事迷其指归，乃恨～～之手爽。"

【司分】　sīfēn　历法官。《左传·昭公十七年》："玄鸟氏～～者也。"（分：指"春分"、"秋分"。）

【司寒】　sīhán　传说中的寒冷之神。《左传·昭公四年》："黑牡秬黍以享～～。"

【司空】　sīkōng　❶官名。西周始设，主管土建工程。西汉成帝绥和元年改御史大夫为大司空，后称"司空"。《左传·襄公十年》："子耳为～～。"❷主管囚徒之官。《汉书·百官公卿表上》："宗正属官有都～～令丞。"❸监狱名。《礼记·月令》"命有司省囹圄，去桎梏"疏："囹圄，……秦狱名也。汉曰若庐，魏曰～～。"❹复姓。

【司寇】　sīkòu　❶官名。西周始置，主管刑法狱讼。《左传·庄公二十年》："夫～～行戮，君为之不举。"❷刑罚名。罪人被罚往边疆，防御外敌。《汉书·刑法志》："隶臣妾满二岁为～～，～～一岁，及作如～～二岁，皆免为庶人。"❸复姓。

【司马】　sīmǎ　❶官名。西周始置，掌管军政和军赋，职权大小不定。汉武帝时，罢太尉，设大司马。从隋代始，不再设大司马。《左传·桓公二年》："孔父嘉为～～。"❷复姓。

【司牧】　sīmù　❶管理，统治。《左传·襄公十四年》："天生民而立之君，使～～之。"《后汉书·杨震传》："臣闻天生蒸民，不能自理，故立君长使～～之。"❷官吏。《三国志·魏书·夏侯玄传》："～～之主，欲一而专，一则官任定而上下安，专则职业修而事不烦。"

【司南】 sīnán ❶指南，指南针、指南车一类指示方向的工具。《韩非子·有度》："故先王立～～以端朝夕。"《论衡·是应》："～～之杓，投之于地，其柢指南。"《鬼谷子·谋》："故郑人之取玉也，载～～之车，为其不惑也。"❷指示学习的途径。杨齐宣《晋书音义序》："足以畅先王旨趣，为学者～～。"❸准则，标准。李商隐《会昌一品集序》："为九流之华盖，作百度之～～。"

【司徒】 sītú ❶官名。周代始置，主管民事、户口、籍田、徒役和财赋诸事。秦代省司徒而置丞相，汉哀帝元寿二年将丞相改称大司徒，东汉时又改称司徒，主管教化。《左传·文公七年》："鳞矔为～～。"❷复姓。

【司武】 sīwǔ 司马的别称。《左传·襄公六年》："～～而梏于朝，难以胜矣。"

丝(絲) sī ❶蚕丝。《左传·隐公四年》："以乱，犹治～而棼之也。"《论衡·异虚》："～成帛，缕成布。"聂夷中《咏田家》："二月卖新～，五月粜新谷。"㊀丝织品。《盐铁论·散不足》："古者庶人耋老而后衣～。"《汉书·公孙弘传》："食不重肉，妾不衣～。"❷纤细如丝的东西。温庭筠《更漏子》词："柳～长，春雨细。"❸细微。《礼记·缁衣》："王言如～。"❹八音之一，指弦乐器。左思《招隐》诗之一："非必～与竹，山水有清音。"❺古代计量单位。十忽为丝，十丝为毫，即千分之一。庾信《为晋阳公进玉律秤尺斗升表》："至于分粟累黍，量～数龠，实以仰禀圣规，详参神思。"㊀极其微小的事物。《新唐书·辛云京传》："云京治谨于法，下有犯，虽～毫比不肯贷。"

【丝纶】 sīlún ❶《礼记·缁衣》："王言如丝，其出如纶。"后以"丝纶"称天子之言，帝王的诏书。任昉《齐竟陵文宣王行状》："献纳枢机，～～允缉。"杜甫《奉和贾至舍人早朝大明宫》："欲知世掌～～美，池上于今有凤毛。"❷钓丝。范成大《戏题药里》诗："卷却～～扬却竿，莫随鱼鳖弄腥涎。"

【丝萝】 sīluó 兔丝和女萝。两者都是蔓生植物，纠结在一起，不易分开，古代诗文常用来比喻结成婚姻。《古诗十九首·冉冉孤生竹》："与君为新婚，兔丝附女萝。"范仲淹《祭陕府王待制文》："仰万石之家声，结～～以相维。"

【丝禽】 sīqín 鹭鸶的别名。陆龟蒙《丹阳道中寄友生》诗："锦鲤冲风掷，～～掠浪飞。"

【丝桐】 sītóng 琴。古代琴多用桐木制成，故名。王粲《七哀诗》之二："～～感人情，为我发悲音。"李白《怨歌行》："寒苦不忍言，为君奏～～。"

【丝竹】 sīzhú ❶弦乐器和竹管音乐。《礼记·乐记》："金石～～，乐之器也。"❷泛指音乐。《三国志·魏书·陈思王植传》："而窃位东藩，爵在上列，身被轻暖，口厌百味，目极华靡，耳倦～～者，爵重禄厚之所致也。"刘禹锡《陋室铭》："无～～之乱耳，无案牍之劳形。"

私 sī ❶禾，庄稼。《说文·禾部》："～，禾也。"❷私人，个人。《战国策·秦策三》："吴起事悼王，使～不害公，谗不蔽忠。"贾谊《论积贮疏》："公～之积，犹可哀痛。"㊀个人的财产、利益、欲望等等。《诗经·小雅·大田》："雨我公田，遂及我～。"(私：私田。)《韩非子·五蠹》："借于外力，以成其～。"(私：私利。)《老子·十九章》："见素抱朴，少～寡欲。"(私：私欲。)㊁我，个人的谦称。《晋书·荀勖传》："若欲省官，～谓九寺可并于尚书，兰台宜省付三府。"❸家臣。《仪礼·士相见礼》："某也夫子之贱～。"❹家族。《左传·宣公十七年》："请以其～属，又弗许。"(私属：家众，家丁。)❺女子的姐妹之夫。《诗经·卫风·硕人》："邢侯之姨，谭公维～。"❻私人占有、掠夺。《诗经·豳风·七月》："言～其豵，献豜于公。"《左传·僖公元年》："师无～焉。"❼偏爱。《楚辞·离骚》："皇天无～阿兮，览民德焉错辅。"❽私下商议。《左传·隐公元年》："郑子使～于公子豫。"㊀密谋之事。《史记·项羽本纪》："项王乃疑范增与汉有～，稍夺之权。"❾私下，私自。《左传·僖公二十八年》："不如～许复曹、卫以携之。"《后汉书·灵帝纪》："～令左右卖公卿，公千万，卿五百万。"❿贴身衣服。《诗经·周南·葛覃》："薄污我～，薄澣我衣。"⓫人身的隐秘处，生殖器。伶玄《赵飞燕外传》："早有～病，不近妇人。"⓬小便。《左传·襄公十五年》："师慧过宋朝，将～焉。"⓭私通，非夫妇的男女发生性关系。《战国策·齐策六》："太史敫女，奇法章之状貌，以为非常人，怜而常窃衣食之，与～焉。"⓮姓。

【私白】 sībái 阉者的别称。《新唐书·吐突承璀传》："是时诸道岁进阉儿，号'～～'，闽、岭最多。"

【私房】 sīfáng ❶大家庭中兄弟同居，称自己的住室为私房。《北史·崔昂传》："一钱尺帛，不入～～，吉凶有须，聚对分给。"❷个人私下的积蓄。无名氏《神奴儿》一折："又说俺两口儿积儹～～。"

【私憾】 sīhàn 私怨，私仇。《左传·宣公二年》："以其～～，败国殄民。"

【私讳】 sīhuì 子孙讳言父亲、祖父的名字。也称“家讳”。《礼记·曲礼上》：“君所无～～。”《颜氏家训·风操》：“又临文不讳，庙中不讳，君所无～～。”

【私惠】 sīhuì ❶私人恩惠。《韩非子·诡使》：“上有～～，下有私欲。”❷私自赠送。《礼记·缁衣》：“～～不归德，君子不自留焉。”

【私忌】 sījì 私族、私家的忌日，指父母、祖父母死的日子。《左传·昭公三年》：“惠伯曰：‘公事有公利，无～～。’”《北齐书·毕义云传》：“义云乃乖例，署表之日，索表就家先署，临日遂称～～不来。”

【私家】 sījiā ❶谋私利，以利自家。《尚书·吕刑》：“无或～～于狱之两辞。”❷古代指大夫以下之家。《礼记·礼运》：“冕弁兵革，藏于～～，非礼也。”❸自家。《墨子·号令》：“释守事而治～～事，……皆断无赦。”《旧唐书·李巽传》：“巽精于吏职，盖性使然也。虽在～～，亦置案牍簿书，勾检如公署焉。”❹私人，个人。《北史·李彪传》：“国之大籍，成于～～，末世之弊，乃至于此。”

【私艰】 sījiān 父母之丧。潘岳《怀旧赋序》：“余既有～～，且寻役于外。”

【私剑】 sījiàn 暗杀，行刺。《韩非子·五蠹》：“犯禁者诛，而群侠以～～养。”（养：被养。）

【私累】 sīlèi 家庭负担。《南齐书·豫章文献王嶷传》：“臣～～不少，未知将来罢州之后，或当不能不试学营觅以自赡。”

【私门】 sīmén ❶行私请托的门路。《战国策·秦策三》：“吴起为楚悼罢无能，废无用，损不急之官，塞～～之请，壹楚国之俗。”❷权贵之家。李斯《谏逐客书》：“昭王得范雎，废穰侯，逐华阳，强公室，杜～～，蚕食诸侯，使秦成帝业。”《淮南子·氾论训》：“～～成党。”❸家门。皇甫冉《谢赐冬衣表》：“发辉陋质，焕赫～～。”《世说新语·品藻》注引《中兴书》：“[谢]安在～～之时，名称居[阿]万上也。”❹指暗娼。《儒林外史》四十一回：“这些地方，都是开～～的女人住。”

【私面】 sīmiàn 古代使者以私人身份或因私事而拜见。《礼记·聘礼》：“宾～～私觌，致饔饩，还圭璋。”《三国志·吴书·诸葛瑾传》：“权遣瑾使蜀通好刘备，与其弟亮俱公会相见，退无～～。”

【私昵】 sīnì 亲近喜爱之人。《尚书·说命中》：“官不及～～，惟其能。”《国语·晋语六》：“急教而重敛，大其～～而益妇人田。”也作“私暱”。《左传·襄公二十五年》：“非其～～，谁敢任之？”

【私暱】 sīnì 见“私昵”。

【私曲】 sīqū ❶邪曲，不公正。《韩非子·说疑》：“隐正道而行～～。”❷私衷。《后汉书·郎顗传》：“尚书职在机衡，宫禁严密，～～之意，羌不得通。”（羌：助词，无实义。）

【私人】 sīrén ❶为自己谋利益的人。《韩非子·五蠹》：“是以公民少而～～众矣。”❷公卿、大夫或王室的家臣。《诗经·大雅·崧高》：“王命傅御，迁其～～。”《礼记·玉藻》：“大夫私事使～～摈则称名。”❸有权势人的亲朋、私交。《诗经·小雅·大东》：“～～之子，百僚是试。”

【私谥】 sīshì 古人死后由亲友或门生立的谥号。王芑孙《碑版文广例》：“～～始于周末，讫汉寖盛。”宋濂《渊颖吴先生私谥议》：“文辞贞敏非颖而何，于是～～曰渊颖先生。”

【私淑】 sīshū ❶私自向所敬仰的人学习，没有直接受教。《孟子·离娄下》：“予未得为孔子徒也，予～～诸人也。”（淑：通“叔”。取。）❷独善其身。范成大《寄题新昌小道院》诗：“勿云～～小邑，可以匹休大邦。”（匹休：配合天所赐予的福祥。）

【私帑】 sītǎng 皇帝的私有财产。《新唐书·王鉷传》：“鉷迎帝旨，岁进钱巨亿万，储禁中，以为岁租外物，供天子～～。”

【私田】 sītián ❶古代井田制度，方里而井，每井九百亩，中间百亩为“公田”，其馀为私田，分给劳动者耕种。《穀梁传·宣公十五年》：“～～稼不善则非吏，公田稼不善则非民。”❷私人所有的土地。《汉书·五行志中》：“诸侯梦得土田，为失国祥，而况王者畜～～家物，为庶人之事乎！”

【私燕】 sīyàn 私人宴会。《论衡·语增》：“如～～赏赐饮酒乎？则赏赐饮酒，宜与下齐。”《汉书·孝成赵皇后传》：“乃反覆校省内，暴露～～。”

【私铸】 sīzhù 私人铸钱或铸铁。《史记·平准书》：“敢～～铁器煮盐者，钛左趾，没入其器物。”《后汉书·卫飒传》：“飒乃起铁官，罚斥～～。”

析 sī 见xī。

思 1. sī ❶想，思考。《孟子·告子上》：“心之官则～。～则得之，不～则不得也。”《潜夫论·梦列》：“昼有所～，夜梦其事。”㊀思想，想法。《诗经·大雅·下武》：“永言孝～，孝～维则。”❷思慕，怀念。《诗经·鄘风·桑中》：“云谁之～，美孟姜矣。”张衡《四愁》诗：“我所～兮在太山，欲往从之梁父艰。”❸悲感，悲伤。《诗经·大序》：“亡国之音哀以～,其民困。”张华《励志》诗:“吉士～秋,实感物化。”❹(旧读 sì)心绪,愁思。曹操《短歌行》:“慨当以慷,忧～难忘。”柳宗元《登柳州城楼》诗:“城上高楼接大荒,海天愁～正茫茫。”❺助词。无义。《诗经·鲁颂·駉》:“～马斯臧。”又《小雅·桑扈》:“旨酒～柔。”又《小雅·采薇》:“今我来～,雨雪霏霏。”

2. sāi ❻通“鬛”。多须。《左传·宣公二年》:“于～于～,弃甲复来。”

【思存】 sīcún 存想,思念。《诗经·郑风·出其东门》:“出其东门,有女如云,虽则如云,匪我～～。”沈约《和谢宣城》:“神交疲梦寐,路远隔～～。”

【思服】 sīfú 思念。《诗经·周南·关雎》:“求之不得,寤寐～～。”(服:思。)《后汉书·章帝纪赞》:“～～帝道,弘此长懋。”

【思理】 sīlǐ 思维能力。《抱朴子·勖学》:“才性有优劣,～～有修短,或有夙知而早成,或有提耳而后喻。”《资治通鉴·宋文帝元嘉二十八年》:“好学有～～。”

【思量】 sīliáng 思念,考虑。元稹《和乐天梦亡友刘太白同游》:“闲坐～～小来事,只应元是梦中游。”苏轼《水龙吟·和章质夫杨花韵》词:“～～却似,无情有思。”

【思量】 sīliàng 志趣和器量。《三国志·蜀书·黄权李恢等传评》:“黄权弘雅～～,李恢公亮志业。”

【思士】 sīshì ❶思恋异性的男子。《列子·天瑞》:“～～不妻而感,思女不夫而孕。”❷深思多感之士。苏辙《黄州快哉亭记》:“此皆骚人～～之所以悲伤憔悴而不能胜者,乌睹其为快也!”

【思致】 sīzhì 思想情趣。任昉《为萧扬州荐士表》:“理尚栖约,～～恬敏。”黄庭坚《题宗室大年永年画》:“大年学东坡先生作小山丛竹,殊有～～。”

虒 sī 传说中兽名。《说文·虎部》:“～,委虒,虎之有角者也。”

鸶(鷥) sī 鹭鸶,水鸟名。

菥 1. sī ❶麦的一种,状似燕麦。司马相如《子虚赋》:“其高燥则生葴～苞荔。”

2. xī ❷见“菥蓂”。

【菥蓂】 xīmíng 草名。张衡《南都赋》:“若其园圃,则有蓼蕺、蘘荷、藷蔗、薑蟠、～～、芋瓜。”

偲 sī 见 cāi。

徙 sī 见 xǐ。

斯 sī ❶析,劈开。《诗经·陈风·墓门》:“墓门有棘,斧以～之。”㊁离开。《列子·黄帝》:“不知～齐国几千万里。”❷尽。《吕氏春秋·报更》:“宣孟曰:‘～食之,吾更与女。’”❸指示代词。此,这。《楚辞·渔父》:“何故至于～。”《后汉书·冯衍传上》:“～四战之地,攻守之场也。”❹连词。就,则。《老子·二章》:“天下皆知美之为美,～恶已;皆知善之为善,～不善已。”《荀子·大略》:“治民不以礼,动～陷矣。”❺助词。《诗经·大雅·皇矣》:“王赫～怒。”《国语·晋语三》:“孰是人～,而有是臭也?”❻见“斯须”。❼通“厮”。卑贱。《后汉书·左雄传》:“乡官部吏,职～禄薄。”❽姓。

【斯文】 sīwén ❶古代的礼乐教化,典章制度。《论语·子罕》:“天之将丧～～也,后死者不得与于～～也。”李清照《词论》:“五代干戈,四海瓜分豆剖,～～道熄。”❷指文人学者。杜甫《壮游》诗:“～～崔魏徒,以我似班扬。”❸文雅。《西游记》五十六回:“我俊秀,我～～,不比师兄撒泼。”

【斯须】 sīxū 片刻,一会儿。《荀子·非相》:“先虑之,早谋之,～～之言而足听。”《史记·乐书》:“君子曰:‘礼乐不可以～～去身。’”

【斯螽】 sīzhōng 见“蜇螽”。

缌(緦、總) sī 细麻布。多用来做丧服。《周礼·天官·典枲》:“掌布～缕纻之麻草之物。”

【缌麻】 sīmá 丧服的一种,在五服中为最轻,服期三个月。《仪礼·丧服》:“～～三月者。”白居易《与元九书》:“中朝无～～之亲。”

禠 sī 见“禠禠”。

【禠禠】 sīsī 不安的样子。《汉书·礼乐志》:“灵～～,象舆轪。”

飔(颸) sī ❶急风。曹植《盘石篇》:“一举必千里,乘～举帆幢。”江淹《杂体诗·张黄门苦雨》:“燮燮凉叶夺,戾戾～风举。”❷凉,凉爽。《乐府诗集·鼓吹曲辞一·有所思》:“秋风肃肃晨风～,东方须臾高知之。”❸泛指风。谢朓《在郡卧病呈沈尚书》诗:“珍簟清夏室,轻扇动凉～。”

澌 sī 解冻时随水流动的冰块。《楚辞·九歌·河伯》:“与女游兮河之渚,流～纷兮将来下。”

禠 sī 福。张衡《东京赋》:“冯相观祲,祈～禳灾。”又《思玄赋》:“汤蠲体以祷祈兮,蒙庬～以拯人。”

蜇 1. sī ❶见“蜇螽”。

2. xī ❷通“蜥”。见“蜥蜴”。

【螔螽】 sīzhōng 俗名蚱蜢，蝗类昆虫。《尔雅·释虫》：“～～，蜙蝑。”也作“斯螽”。《诗经·豳风·七月》：“五月～～动股，六月莎鸡振羽。”也作“螽斯”。《诗经·周南·螽斯》：“～～羽，诜诜兮。”

榹 sī ❶盘子。《急就篇》卷三：“槫榼椑～匕箸籫。”❷见“榹桃”。

【榹桃】 sītáo 毛桃。左思《蜀都赋》：“～～函列，梅李罗生。”（函列：行列。）

厮（廝） sī ❶古代权贵家中从事杂役的人。《史记·楚世家》：“是以敝邑之王不得事王，而令仪亦不得为门阑之～也。”❷对人的蔑称，等于说“家伙”。《水浒传》十六回：“杨志那～，强杀只是我们相公门下一个提辖，直这般做大。”❸互相。米芾《画史》：“华堂之上，一群驴子～咬。”❹通“斯”。分开。《史记·河渠书》：“乃～二渠，以引其河。”

【厮勾】 sīgòu ❶接近。周密《探春慢》词：“～～元宵，灯前共谁携手？”❷接着，接应。谭宣子《谒金门》词：“门外东风吹绽柳，海棠花～～。”黎廷瑞《眼儿媚·寓城思归竹庵留行赋呈》词：“燕儿知否？莺儿知否？～～春回。”❸相昵，亲近。黄庭坚《归田乐引》词：“看承幸～～，又是尊前眉峰皱。”

【厮搅】 sījiǎo 捣乱。欧阳修《谢梅圣俞简》：“家人见诮，好时节将诗去人家～～，不知吾辈用以为乐。”

【厮杀】 sīshā ❶相拼杀。王实甫《西厢记》二本二折：“老僧不会～～，请秀才别换一个。”❷抵挡，减弱。《新唐书·李昭德传》：“洛有二桥，司农卿韦机徙其一，直长夏门，民利之，……然洛水岁淙啮之，缮者告劳，昭德始累石代柱，锐其前，～～暴涛，水不能怒，自是无患。”

【厮舍】 sīshè 仆役的住处。《后汉书·桓帝纪》：“今京师～～，死者相枕，郡县阡陌，处处有之，甚违周文掩胔之义。”

【厮说】 sīshuō 互相说长道短。庄季裕《鸡肋编》卷上：“浙西谚曰：‘苏杭两浙，春寒秋热，对面厮啜，背地～～。’”（厮啜：吃喝。）

【厮台】 sītái 服贱役的奴仆。《后汉书·党锢传序》：“片言违正，则～～解情。”（台：原作“臺”。臺，通“儓”。儓，最下层的干杂务的奴隶。）

【厮徒】 sītú 干杂活、供驱使的奴仆。《战国策·魏策一》：“今窃闻大王之卒，武力二十馀万，苍头二十万，奋击二十万，～～十万，车六百乘，骑五千疋。”

【厮养】 sīyǎng 服贱役之人。《汉书·路温舒传》：“温舒上书，愿给～～，暴骨方外，以尽臣节。”《三国志·魏书·臧洪传》：“洪辞气慷慨，涕泣横下，闻其言者，虽卒伍～～，莫不激扬，人思致节。”

【厮役】 sīyì 供人驱使的奴仆。《论衡·命禄》：“人臣犹以鸿才为～～。”《后汉书·郑玄传》：“去～～之吏，游学周、秦之都。”

【厮舆】 sīyú 泛指做粗活的仆役。《吕氏春秋·决胜》：“善用兵者，诸边之内，莫不与斗，虽～～白徒，方数百里，皆来会战。”

罳 sī ❶见“罘罳”。❷见“罳顶”。

【罳顶】 sīdǐng 天花板。《埤雅·释草》：“今屋上覆橑，谓之藻井，……亦谓之绮井，又谓之覆海，亦或谓之～～。”

澌 sī ❶细细的水流。曹松《信州闻通寺题僧砌下泉》诗：“秏痕延黑藓，静罅吐微～。”❷竭尽，消失。《方言》卷三：“～，尽也。”欧阳修《送徐无党南归序》：“其为生虽异，其为死则同，一归于腐坏～尽泯灭而已。”恽敬《三代因革论》：“井田之废也，自春秋战国渐～渐泯。”❸通“凘”。解冻时流动的冰块。张说《蒲津桥赞》：“又疏其舟间，画其鹢首。必使奔～不突，积凌不溢。”❹通“嘶”。声音沙哑。《周礼·天官·内饔》“鸟皫色而沙鸣狸”疏：“鸟毛失色而鸣又～。”❺见“澌澌”。

【澌澌】 sīsī 象声词。雪声，风雨声。王建《宫词》之五十五：“月冷江清近腊时，玉阶金瓦雪～～。”李商隐《肠》诗：“隔树～～雨，通池点点荷。”高启《题黄大痴天池石壁图》诗：“饮猿忽下藤袅袅，浴鹤乍立风～～。”

蕬 sī ❶水蕨别名。《集韵·支韵》：“～，草名，生水中，华可食。”❷同“菥”。麦的一种，状似燕麦。《正字通》：“～，作菥，义同。”

嘶 sī ❶马、驴等牲口叫。李贺《平城下》诗：“风吹枯蓬起，城中～瘦马。”苏轼《和子由渑池怀旧》：“往日崎岖还记否，路长人困蹇驴～。”❷虫鸟凄切的鸣叫。褚云《蝉》诗：“天寒响屡～，日暮声愈促。”苏轼《青溪辞》：“雁南归兮寒蜩～。”❸声音沙哑。《汉书·王莽传中》：“露眼赤精，大声而～。”《北史·高允传》：“崔公声～股战，不能一言。”

【嘶酸】 sīsuān 声音凄凉、幽咽。李颀《听董大弹胡笳声》诗：“～～雏雁失群夜，断绝胡儿恋母声。”

【嘶喝】 sīyè 声音沙哑无力。《论衡·气寿》：“儿生号啼之声，鸿朗高畅者寿，～～湿下者夭。”

【嘶噪】 sīzào ❶喧闹的马叫声。元稹《阴山道》诗:"臣闻平时七十万匹马,关中不省闻～～。"❷噪耳的蝉鸣。《陈书·江总传》:"风引蝉而～～,雨鸣林而修飒。"

死 sǐ ❶死亡。《诗经·王风·大车》:"榖则异室,～则同穴。"《孟子·梁惠王上》:"见其生,不忍见其～。"㊀死者。《左传·襄公二十二年》:"夫子所谓生～而肉骨也。"㊁死罪。《左传·哀公十五年》:"苟使我入获国,服冕、乘轩,三～无与。"《史记·高祖本纪》:"杀人者～。"❷丧失,失去。《荀子·大略》:"流言止焉,恶言～焉。"❸亏损。《孙子·虚实》:"日有短长,月有～生。"❹拼死,敢死。《史记·吴太伯世家》:"越使～士挑战。"❺不灵活,不通行。杜甫《乾元中寓居同谷县作歌》之一:"中原无书归不得,手脚冻皴皮肉～。"《水浒传》四十七回:"不问路道阔狭,但有白杨树的转弯,便是活路,没那树时,都是～路。"❻形容到了极点。杨文奎《儿女团圆》三折:"这添添小哥哥,今年十三岁,天生的甚是聪明,父亲欢喜～他。"❼(shī)通"尸"。尸体。《左传·昭公十九年》:"劳罢～转。"《论衡·恢国》:"光武入长安,刘圣公已诛王莽,乘兵即害,不刃王莽之～。"❽姓。

【死臣】 sǐchén　效死之臣。《管子·大匡》:"子为生臣,[召]忽为～～。"

【死国】 sǐguó　为国而死。《史记·陈涉世家》:"今亡亦死,举大计亦死。等死,～～可乎?"

【死交】 sǐjiāo　至死不渝的友情。《北齐书·宋游道传》:"与顿丘李奖一面,便定～～。"

【死节】 sǐjié　为守节义而死。《管子·幼官》:"明名章实,则士～～。"《史记·平准书》:"愚以为贤者宜～～于边,有财者宜输委。"

【死句】 sǐjù　❶佛教启示学者的用语。佛家认为佛经中语句浅显,一看就懂的是死句。普济《五灯会元·圆明禅师》:"但参活句,莫参～～。"❷指意境浅陋、一览无遗的诗句。陆游《赠应秀才》诗:"我得茶山一转语,文章切忌参～～。"

【死权】 sǐquán　为争权夺势而死。《史记·伯夷列传》:"贪夫徇财,烈士徇名,夸者～～,众庶冯生。"

【死市】 sǐshì　死而弃市。《淮南子·说山训》:"拘囹圄者以日为修,当～～者以日为短。"(修:长。)

【死悌】 sǐtì　为兄弟之情而死。张说《赠陈州刺史义阳王碑》:"[行]芳啼号抱行远,乞代兄命。既不见听,固求同尽。西南伤之,称为～～。"

【死义】 sǐyì　为节义而死。《史记·汲郑列传》:"淮南王谋反,惮黯,曰:'好直谏,守节～～,难惑以非。'"

【死友】 sǐyǒu　交情笃厚、至死不变的朋友。《后汉书·范式传》:"元伯临尽叹曰:'恨不见吾～～!'"

【死职】 sǐzhí　死于职守。《荀子·议兵》:"将死鼓,御死辔,百吏～～,士大夫死行列。"

【死志】 sǐzhì　必死的决心。《左传·定公四年》:"楚瓦不仁,其臣莫有～～。"

巳 sì ❶十二地支的第六位。十二生肖以巳为蛇。《论衡·言毒》:"～为蛇。"❷巳时,十二时辰之一,上午九时到十一时。《水浒传》二十三回:"可教过往客人结伙成队,于～、午、未三个时辰过冈。"❸通"祀"。祭祀。《周易·损》:"初九,～事遄往,无咎,酌损之。"(遄:速。)

四 sì ❶基数。四,四个。《左传·昭公元年》:"今君内实有～姬焉。"❷序数。第四。《诗经·小雅·四月》:"～月维夏,六月徂暑。"《左传·文公六年》:"故班在～。"❸四月。《诗经·豳风·七月》:"～之日其蚤,献羔祭韭。"❹分成四份。《左传·昭公五年》:"～分公室。"❺姓。

【四表】 sìbiǎo　四方极远之地。泛指天下。《汉书·萧望之传》:"陛下圣德充塞天地,光被～～。"《论衡·验符》:"帝宅长远,～～为界。"

【四部】 sìbù　❶古代图书分类的名称,即经、史、子、集四类。《新唐书·艺文志一》:"两都各聚书～～,以甲、乙、丙、丁为次,列经、史、子、集四库。"❷泛指群书。刘敞《六月二十六雨阁昼寝》诗:"食有万钱膳,架多～～书。"

【四垂】 sìchuí　四境。《汉书·韦贤传》:"～～无事。"(垂:陲。)

【四聪】 sìcōng　❶广开四方视听。《尚书·尧典》:"询于四岳,辟四门,明四目,达～～。"❷四位聪明人。指曹魏时的夏侯玄等四人。《三国志·魏书·诸葛诞传》注:"当世俊士,散骑常侍夏侯玄、尚书诸葛诞、邓飏之徒,共相题表,以玄、畴四人为～～。"

【四大】 sìdà　❶道家称道、天、地、王为四大。《老子·二十五章》:"故道大、天大、地大、王亦大。域中有～～,而王居其一焉。"❷佛教以地、水、火、风为四大。《晋书·鸠摩罗什传》:"罗什未终,少日觉～～不豫。"❸古人以大功、大名、大德、大权为四大。

《晋书·王豹传》:"明公挟大功、抱大名、怀大德、执大权,此～～者,域中所不能容。"

【四代】 sìdài 指虞、夏、殷、周。《礼记·学记》:"三王～～唯其师。"

【四德】 sìdé ❶《周易》以元、亨、利、贞为四德。《周易·乾》:"君子行此～～者,故曰乾,元、亨、利、贞。"❷儒家以孝、悌、忠、信为四德。《大戴礼记·卫将军文子》:"孝,德之始也;弟,德之序也;信,德之厚也;忠,德之正也。参也,中夫～～者矣哉!"(弟:悌。)❸指置善、事长、立爱、结旧四种德行。《左传·文公六年》:"置善则固,事长则顺,立爱则孝,结旧则安,……有此～～者,难必抒矣。"

【四渎】 sìdú ❶长江、黄河、淮河、济水的总称。《尔雅·释水》:"江淮河济为～～。～～者,发原注海者也。"❷星名。属二十八宿中井宿。《晋书·天文志》:"东井南垣之东四星曰～～,江、河、淮、济之精也。"

【四端】 sìduān 儒家称人应有的四种德性。《孟子·公孙丑上》:"恻隐之心,仁之端也;羞恶之心,义之端也;辞让之心,礼之端也;是非之心,智之端也。人之有是～～也,犹其有四体也。"

【四方】 sìfāng ❶东南西北。《礼记·曲礼下》:"天人祭天地,祭～～。"❷指天下各地、四方之国。《诗经·大雅·民劳》:"惠此中国,以绥～～。"《汉书·高帝纪上》:"～～归心焉。"

【四封】 sìfēng 四境。《管子·大匡》:"乃令～～之内修兵,关市之政侈之。"《史记·张仪列传》:"守～～之内,愁居慑处,不敢动摇。"

【四辅】 sìfǔ ❶古代帝王身边的四个辅佐之臣。《管子·幼官》:"以尔壤生物共玄官,请～～,将以礼上帝。"❷京城附近的四个郡州。《宋史·徽宗纪二》:"[崇宁四年秋七月]辛丑置荧惑坛,置～～郡,以颍昌府为南辅,襄邑县为东辅,郑州为西辅,澶州为北辅。"

【四关】 sìguān ❶指关中的函谷关、武关、散关、萧关。《后汉书·光武帝纪下》:"三河未澄,～～重扰。"❷指人的耳、目、心、口。《淮南子·本经训》:"故闭～～,止五遁,则与道沦。"

【四海】 sìhǎi ❶四方之海。陆云《答孙显世》诗:"百川总纪,～～合源。"❷四方,天下。《论语·颜渊》:"～～之内,皆兄弟也。"《孟子·梁惠王上》:"故推恩足以保～～,不推恩无以保妻子。"《史记·高祖本纪》:"且夫天子以～～为家,非壮丽无以重威。"

【四荒】 sìhuāng 四方极远之地。《楚辞·九思·哀岁》:"升车兮命仆,将驰兮～～。"《汉书·文帝纪》:"夫～～之外不安其生,封圻之内勤劳不处。"

【四教】 sìjiào ❶孔子教育学生的四个重要内容,即文、行、忠、信。《论语·述而》:"子以～～:文、行、忠、信。"❷后代儒者以诗、书、礼、乐为四教。《礼记·王制》:"乐正崇四术,立～～,顺先王诗、书、礼、乐以造士。"❸四德,即妇德、妇言、妇容、妇功。干宝《晋纪总论》:"而其妃后躬行～～。"

【四科】 sìkē ❶孔子门徒的四种科目,即指德行、言语、政事、文学。《后汉书·郑玄传》:"仲尼之门,考以～～。"《论衡·率性》:"卒能政事,序在～～。"❷四种文体名,即奏议、书论、铭诔、诗赋。曹丕《典论·论文》:"夫文本同而末异,盖奏议宜雅,书论宜理,铭诔尚实,诗赋欲丽。此～～不同,故能之者偏也,唯通才能备其体。"

【四库】 sìkù ❶宫廷收藏图书的地方。古代分古籍为四部,按经、史、子、集四类分藏于四库。《新唐书·艺文志一》:"两都各聚书四部,以甲、乙、丙、丁为次,列经、史、子、集～～。"❷《四库全书》的简称。

【四立】 sìlì 立春、立夏、立秋、立冬。《周髀算经》卷下:"～～者,生长收藏之始。"《宋史·律历志一》:"各因～～,大小余秒命之。"

【四灵】 sìlíng ❶指麟、凤、龟、龙四种灵物。《礼记·礼运》:"麟、凤、龟、龙,谓之～～。"❷传说中的四帝。指苍帝、黄帝、白帝、黑帝。张衡《东京赋》:"尊赤氏之朱光,～～懋而允怀。"❸指掌东、西、南、北四方之神的苍龙、白虎、朱雀、玄武。《三辅黄图·未央宫》:"苍龙、白虎、朱雀、玄武,天之～～,以正四方。"

【四六】 sìliù 即骈体文。因骈体文多用四字或六字为对偶句,故名。杨万里《与张严州敬夫书》:"鄙性生好为文,而尤喜～～。"《宋史·司马光传》:"臣不能为～～。"

【四履】 sìlǚ 四境边界。《左传·僖公四年》:"管仲对曰:'昔召康公……赐我先君履:东至于海,西至于河,南至于穆陵,北至于无棣。'"后遂以"四履"指四境所至。任昉《宣德皇后令》:"地狭乎～～,势卑乎九伯。"杜牧《原十六卫》:"～～所治,指为别馆。"

【四美】 sìměi ❶治、安、显、荣。贾谊《新书·修政语上》:"故治安不可以虚成也;显荣不可以虚得也。故明君敬士,察吏爱民,以参其极,非此则～～不附矣。"❷音、味、文、言。刘琨《答卢谌》诗："音以赏奏，味以殊珍。文以明言，言以畅神。之子之往，～～不臻。"❸良辰、美景、赏心、乐事。王勃《滕王阁序》："～～具，二难并。"❹仁、义、忠、信。柳宗元《天爵论》："仁、义、忠、信，犹春、秋、冬、夏也。……宜无隐之明，著不息之用，所以备～～而富道德也。"

【四孟】 sìmèng 孟春、孟夏、孟秋、孟冬。四季中每一季第一个月的合称。《汉书·刘向传》："日月薄蚀，山陵沦亡，辰星出于～～。"

【四民】 sìmín 士、农、工、商。《穀梁传·成公元年》："古者有～～：有士民，有商民，有农民，有工民。"《国语·齐语》："～～者，勿使杂处。"嵇康《与山巨源绝交书》："故～～有业，各以得志为乐。"

【四目】 sìmù ❶四只眼。《淮南子·说山训》："孕妇见兔而子缺唇，见麋而子～～。"❷使视觉达于四方。《尚书·尧典》："询于四岳，辟四门，明～～，达四聪。"

【四难】 sìnán 良辰、美景、赏心、乐事四件难以同时得到的事。谢灵运《拟魏太子邺中集诗序》："天下良辰、美景、赏心、乐事，四者难并。"后遂以"四难"指代良辰、美景、赏心、乐事四件难并之事。秦观《题澄碧轩》诗："风流公子～～并，更引清漪作小亭。"

【四七】 sìqī ❶隐语，指二十八。《后汉书·光武帝纪上》："刘秀发兵捕不道，四夷云集龙斗野，～～之际火为主。"❷指二十八宿。《后汉书·陈蕃传》："夫诸侯上象～～，垂耀在天；下应分土，藩屏上国。"

【四气】 sìqì 一年四季温热冷寒之气。《礼记·乐记》："动～～之和，以著万物之理。"曹植《朔风》诗："～～代谢，县景运周。"

【四扰】 sìrǎo 四种家养的牲口，即马牛羊猪。《周礼·夏官·职方氏》："其畜宜～～。"

【四塞】 sìsài ❶国境四周都有天险屏障。《史记·苏秦列传》："秦，～～之国，被山带渭，东有关河，西有汉中，南有巴蜀，北有代马。"❷指四方屏藩之国。《礼记·明堂位》："～～世告至。"（郑玄注："四塞，谓夷服、镇服、蕃服，在四方为蔽塞也。"）

【四塞】 sìsè ❶堵塞，不流通。《三国志·蜀书·许靖传》："迫于袁术方命圮族，扇动群逆，津涂～～，虽县心北风，欲行靡由。"文天祥《正气歌序》："乍晴暴热，风道～～。"❷遍布，充满。《汉书·元后传》："黄雾～～终日。"

【四史】 sìshǐ ❶《史记》、《汉书》、《后汉书》、《三国志》合称四史。张之洞《輶轩语·语学·读史》："正史中，宜先读～～。"❷相传黄帝时的四个史官，即沮诵、苍颉、隶首、孔甲。王嘉《拾遗记·黄帝》："置～～，以主图籍。"

【四术】 sìshù ❶指《诗》、《书》、《礼》、《乐》四种经术。《礼记·王制》："乐正崇～～，立四教。"❷通向四方的道路。左思《咏史》之四："冠盖荫～～，朱轮竟长衢。"

【四维】 sìwéi ❶鱼网上的四条大绳子。《汉书·陈胜传》"乃丹书帛曰'陈胜王'，置人所罾鱼腹中"注："罾，鱼网也，形如仰伞盖，～～而举之。"❷古代统治者以礼、义、廉、耻为治国的四纲，叫四维。《管子·牧民》："何谓～～？一曰礼，二曰义，三曰廉，四曰耻。"《史记·管晏列传》："～～不张，国乃灭亡。"❸四角，指东南、西南、西北、东北。《论衡·难岁》："其移东西，若徙～～，相之如者，皆吉。"❹古代一种棋艺游戏。李秀《四维赋序》："～～戏者，卫尉挚侯所造也。"

【四勿】 sìwù 即"非礼勿视，非礼勿听，非礼勿言，非礼勿动"，简称"四勿"。朱熹《斋居感兴》之十三："颜生躬～～，曾子日三省。"

【四乡】 sìxiāng 四方。《国语·越语下》："皇天后土，～～地主正之。"

【四虚】 sìxū 四方空虚。《庄子·天运》："傥然立于～～之道。"

【四序】 sìxù 四季。《魏书·律历志上》："然～～迁流，五行变易。"杜甫《宿花石戍》诗："～～本平分，气候何回互。"

【四筵】 sìyán 四座，满座之人。谢瞻《九日从宋公戏马台集送孔令》诗："～～沾芳醴，中堂起丝桐。"杜甫《饮中八仙歌》："焦遂五斗方卓然，高谈雄辩惊～～。"

【四业】 sìyè 指《诗》、《书》、《礼》、《乐》。《后汉书·法真传》："体兼～～，学穷典奥。"

【四夷】 sìyí 古代统治者对四方少数民族的蔑称，即指东夷、西戎、南蛮、北狄。《孟子·梁惠王上》："欲辟土地，朝秦楚，莅中国，而抚～～也。"《论衡·变虚》："～～入诸夏，因译而通。"

【四裔】 sìyì 四方边远之地。《论衡·订鬼》："《左氏春秋》曰：投之～～，以御魑魅。"《后汉书·冯衍传下》："诮始皇之跋扈兮，投李斯于～～。"

【四隐】 sìyǐn 四种亲近的人。《吕氏春秋·论人》："何谓～～？交友、故旧、邑里、门郭。"

【四印】 sìyìn ❶四金印，即天士将军、地士将军、大通将军、天道将军之印。《史记·封禅书》:"居月馀,得～～。"❷忍、默、平、直,封建士大夫提倡的四种养生之法。黄庭坚《赠送张叔和》诗:"我提养生之～～,君家所有更赠君。"

【四奥】 sìào 见"四隩"。

【四隩】 sìào 四方边远地区。《尚书·禹贡》:"九州攸同,～～既定。"颜延之《赭白马赋序》:"五方率职,～～入贡。"也作"四奥"。《史记·夏本纪》:"于是九州攸同,～～既居。"

【四载】 sìzǎi 古代的四种交通工具,即舟、车、辅、樏。《尚书·益稷》:"予乘～～。"

【四仲】 sìzhòng 仲春、仲夏、仲秋、仲冬,合称"四仲"。《史记·封禅书》:"五月尝驹,及～～之月祠。"

汜 sì ❶由主流分出又汇入主流的支流。《诗经·召南·江有汜》:"江有～,之子归。"李华《岳州西城》诗:"西江三～合,南浦二湖连。"❷不流通的小沟渠。《尔雅·释丘》:"穷渎,～。"❸通"涘"。水边。枚乘《七发》:"临朱～而远逝兮,中虚烦而益怠。"❹河流名,在河南汜水县西。

寺 sì ❶近侍,常指宦官。《诗经·大雅·瞻卬》:"匪教匪诲,时维妇～。"王谠《唐语林》卷七:"命仆～辈作乐。"❷官署。《后汉书·左雄传》:"或官～空旷,无人案事。"❸寺庙。杨衒之《洛阳伽蓝记序》:"～观灰烬,庙塔丘墟。"柳宗元《岳州圣安寺无姓和尚碑》:"岳州大和尚终于圣安～。"

【寺人】 sìrén 宫中近侍,类似后代的宦官。《左传·襄公二十七年》:"～～御而出。"《周礼·天官·寺人》:"～～掌王之内人及女宫之禁令。"

【寺舍】 sìshè ❶官舍。《后汉书·马援传》:"晓狄道长归守～～。"❷僧舍。《宋书·天竺迦毗黎国传》:"诸～～中皆七宝形象,众妙供具,如先王法。"

似(佀) sì ❶相像,类似。《左传·宣公十年》:"征舒～女。"《孟子·尽心上》:"此非吾君也,何其声之～我君也?"白居易《新乐府·新丰折臂翁》:"新丰老翁八十八,头发眉须皆～雪。"❷似乎,好像。《左传·襄公三十一年》:"延州来季子其果立乎?巢陨诸樊,阍戕戴吴,天～启之,何如?"《世说新语·品藻》:"吾～有一日之长。"❸表示比较,超过。刘克庄《风入松》词:"逆旅主人相问,今回老～前回?"《西游记》二十回:"一个丑～一个的和尚。"❹与,给。贾岛《剑客》诗:"今日把～君,谁为不平事。"❺通"嗣"。继承。《诗经·大雅·江汉》:"无曰予小子,召公是～。"

【似类】 sìlèi 类似,相像。《韩非子·内储说下》:"～～之事,人主之所以失诛,而大臣之所以成私也。"《吕氏春秋·慎势》:"知无敌则～～嫌疑之道远矣。"

【似续】 sìxù 继承。《诗经·小雅·斯干》:"～～妣祖,筑室百堵。"柳宗元《对贺者》:"上不得自列于圣朝,下无以奉宗祀,近丘墓,徒欲苟生幸存,庶几～～之不废。"

祀(禩) sì ❶祭祀。《左传·成公十三年》:"国之大事在～与戎。"《史记·孝武本纪》:"古者～天地皆有乐,而神祇可得而礼。"[引]被祭祀的神。《左传·襄公十一年》:"或间兹命,……群神、群～、先王、先公……明神殛之。"(间:违犯。)❷祭神之所。《礼记·檀弓下》:"过墓则式,过～则下。"❸年。《尚书·洪范》:"惟十有三～,王访于箕子。"苏舜钦《东京宝象禅院新建大悲殿记》:"大业于今,年～虽远,阁与象甚完。"

【祀典】 sìdiǎn ❶有关祭祀的礼仪和制度。杜甫《望岳》诗:"邦家用～～,在德非馨香。"❷记载有关祭祀礼仪、制度方面的典籍。《北史·周武帝纪》:"并禁诸淫祀,非～～所载者,尽除之。"

兕 sì 犀牛一类的野兽。一说雌性犀牛。《诗经·小雅·何草不黄》:"匪～匪虎,率彼旷野。"《左传·宣公二年》:"牛则有皮,犀～尚多。"《国语·晋语八》:"昔吾先君唐叔射～于徒林,殪,以为大甲,以封于晋。"

【兕觥】 sìgōng 用兕角做的酒器。或形状像兕的酒器。《诗经·豳风·七月》:"跻彼公堂,称彼～～,万寿无疆。"(称:举。)

伺 sì ❶窥探,探望。《荀子·儒效》:"～强大之间,承强大之敝。"《史记·魏其武安侯列传》:"平明,令门下候～。"司马光《进士策问》之二:"夫圣人之道,正直无隐,岂～人颜色而言邪!"❷等待,守候。《后汉书·张衡传》:"斯契船而求剑,守株而～兔也。"柳宗元《罴说》:"～其至,发火而射之。"韩愈《送李愿归盘谷序》:"～候于公卿之门,奔走于形势之途,足将进而趑趄,口将言而嗫嚅。"❸(今读 cì)服侍,照料。《太平广记》卷三三一引戴君孚《广异记》:"众人于庭～候。"

【伺晨】 sìchén ❶等待天明。陶渊明《闲情赋》:"起摄带以～～,繁霜粲于素阶。"❷水星别名。《太平御览》卷七:"辰星,……一名～～。"❸报晓。陆机《拟今日良夜会》诗:"譬彼～～鸟,扬声当及旦。"

【伺间】 sìjiàn 窥探可乘之机。《后汉书·陈王传论》:"分权不为苟冒,～～不为狙诈。"

【伺望】 sìwàng 窥察,观察。《后汉书·王乔传》:"帝怪其来数,而不见车骑,密令太史～～之。"

【伺隙】 sìxì 窥测时机。《艺文类聚》卷五九引吾丘寿王《骠骑论功论》:"内用商鞅、李斯之谋,外用白起、王翦之兵,窥间～～。"刘禹锡《有獭吟》:"鸥鸟知～～,遥噪莫敢前。"

【伺衅】 sìxìn 等待可乘之机。《资治通鉴·晋孝武帝太元十二年》:"今康宁在南,～～而动。"

【伺应】 sìyìng 伺机策应。《新唐书·张荐传》:"周曾奋发于外,韦清～～于内。"

【伺诈】 sìzhà 伺机捏词陷害。《荀子·富国》:"不然而已矣,有掎挈～～,权谋倾覆,以相颠倒,以靡敝之。"

姒 sì ❶妯娌中年长者称姒。《左传·昭公二十八年》:"子容之母走谒诸姑曰:'长叔～生男。'"❷同夫诸妾中年长者称姒。《尔雅·释亲》:"女子同出,谓先生为～,后生为娣。"(同出,谓俱嫁事一夫也。)❸姊。《列女传·鲁公乘姒》:"鲁公乘～者,鲁公乘子皮之～也。"❹姓。

【姒娣】 sìdì ❶同夫诸妾的互称。《新唐书·太穆窦皇后传》:"诸～～皆畏,莫敢侍。"❷妯娌。《镜花缘》四十回:"～～和睦,妯娌同心。"

【姒妇】 sìfù 妯娌间弟妻称兄妻为姒妇。《尔雅·释亲》:"娣妇谓长妇为～～。"曾巩《德清县君周氏墓志铭》:"陈氏有～～,寡居当家事。"

泗 sì ❶鼻涕。《诗经·陈风·泽陂》:"寤寐无为,涕～滂沱。"韩愈《祭张员外文》:"颠于马下,我～君咷。"❷泗水,发源于山东泗水县陪尾山。《左传·哀公十一年》:"陈瓘、陈庄涉～。"

【泗上】 sìshàng ❶泗水之滨。《左传·哀公八年》:"明日,舍于庚宗,遂次于～～。"❷因春秋时孔子在泗上讲学授徒,后以泗上借指学术之乡。《南齐书·刘善明传》:"令～～归业,稷下还风,君欲谁让邪?"

柶 1. sì ❶砧板。《后汉书·钟离意传》:"家贫为郎,常独直台上,无被,枕～。"

2. xǐ ❷同"樲"。树名。《集韵·纸韵》:"～,木名,可以为器。"

饴 sì 见yí。

饲(飼、飤) sì 拿食物给人吃或用草料喂牲畜。贾思勰《齐民要术·养羊》:"既至冬寒,多饶风霜,或春初雨落,青草未生时,则须～,不宜出放。"《旧唐书·陆贽传》:"屈指计归,张颐待～。"

驷(駟) sì ❶同驾一辆车的四匹马。《诗经·秦风·驷驖》:"～驖孔阜,六辔在手。"㉛四匹马拉一辆车。《诗经·小雅·采薇》:"载骖载～,君子所届。"❷四匹马拉的车。《左传·僖公二十八年》:"～介百乘,徒兵千。"❸量词。匹,辆。用于计算以四为单位的马匹或四马所驾的车辆。《论语·季氏》:"齐景公有马千～。"(千驷:四千匹。)《孙子·作战》:"驰车千～,革车千乘。"(千驷:千辆。)❹星名,房宿。苍龙七宿中的第四宿。《国语·周语中》:"～见而陨霜。"❺通"四"。《礼记·乐记》:"天子夹振之,而～伐,盛威于中国也。"❻姓。

【驷乘】 sìchéng 四人共乘一辆战车,其中第四人叫驷乘。其职务是车右的副手。《左传·文公十一年》:"彨班御皇父充石,公子穀生为右,司寇牛父～～,以败狄于长丘,获长狄缘斯。"

【驷介】 sìjiè 四匹披甲的马所驾的战车。《诗经·郑风·清人》:"清人在彭,～～旁旁。"《史记·晋世家》:"献楚俘于周,～～百乘,徒兵千。"

柶 sì 古代的礼器。一种舀食用具,形状如匙。《仪礼·聘礼》:"宰夫实觯以醴,加～于觯。"

食 sì 见shí。

俟 1. sì ❶等待。《孟子·万章下》:"孔子君命召,不～驾而行。"《后汉书·杜诗传》:"陛下诚宜虚缺数郡,以～振旅之臣。"❷见"俟俟"。

2. qí ❸见"万俟"。

【俟命】 sìmìng ❶等待天命,听天由命。《国语·晋语二》:"吾将伏以～～。"《孟子·尽心下》:"君子行法,以～～而已矣。"《礼记·中庸》:"上不怨天,下不尤人,故君子居易以～～,小人行险以侥幸。"❷等候命令。叶適《运使直阁郎中王公墓志铭》:"或谓吴氏世扞蜀,故名吴家军,当暂置其子弟以～～,不然变生。"

【俟俟】 sìsì 野兽慢走的样子。《诗经·小雅·吉日》:"儦儦～～,或群或友。"(儦儦:疾行的样子。)

【俟罪】 sìzuì 待罪。谦词。指自己做官。《史记·屈原贾生列传》:"共承嘉惠兮,～～长沙。"

涘 sì 水边。《诗经·秦风·蒹葭》:"所谓伊人,在水之～。"谢翱《登西台恸哭记》:"午,雨未止,买榜江～。"

肂 sì ❶棺柩暂埋地中,待以后安葬。《吕氏春秋·先识》:"威公薨,～九月不得葬。”❷临时埋棺柩的墓穴。《仪礼·士丧礼》：“掘～见衽。”

铂(鉑)　sì　❶铤，箭头插入箭杆的部分。《广韵·止韵》：“～，铤～。”❷同“耜”。一种农具。《管子·轻重己》：“耜耒耨，怀铝～。”

骀　sì　见ái。

耜(梠、枱)　sì　古代一种农具，安在耒的下端，形状如锹，用于翻土。《孟子·滕文公上》：“陈良之徒陈相，与其弟辛，负耒～而自宋之滕。”《周礼·考工记·匠人》：“～广五寸，二～为耦。”

笥　sì　盛东西的方形竹器。《吕氏春秋·士节》：“著衣冠，令其友操剑奉～而从。”《后汉书·刘盆子传》：“又以两空札置～中。”

竢　sì　同“俟”。等待。《国语·晋语四》：“质将善，而贤良赞之，则济可～也。”

肆　1. sì　❶陈设，陈列。《诗经·小雅·楚茨》：“或剥或亨，或～或将。”（将：送，捧持进献。）❷罪犯处死后陈尸示众。《周礼·秋官·掌戮》：“凡杀人者，踣诸市，～之三日。”《三国志·魏书·和洽传》：“玠信有谤上之言，当～之市朝。”❸体现，表现。《左传·宣公十二年》：“武王克商，作《颂》曰：‘载戢载戈，载櫜弓矢。我求懿德，～于时夏。’”（时：此。夏：夏乐。）❹手工业作坊。《论语·子张》：“百工居～以成其事，君子学以致其道。”❺店铺。《汉书·王吉传》：“得百钱以自养，则闭～下帘而授《老子》。”❻讲堂。杜甫《题新学堂》诗：“我行洞庭野，欻得文翁～。”❼量词。组，排。《国语·晋语七》：“郑伯嘉来纳女、工、妾三十人，女乐二八，歌钟二～，及宝镈，辂车十五乘。”（二肆：两组，两排。悬钟十六枚为一组。）❽扩展，扩充。《左传·僖公三十年》：“夫晋何厌之有？既东封郑，又欲～其西封。”❾展布。《左传·昭公三十三年》：“伯父若～大惠，复二文之业，……则余一人有大愿矣。”❿显明。《周易·系辞下》：“其言曲而中，其事～而隐。”⓫放纵，恣意而行。《左传·昭公十二年》：“昔穆王欲～其心，周行天下。”又《襄公十四年》：“岂其使一人～于民上？”⓬纵兵冲击、征伐。《诗经·大雅·大明》：“～伐大商，会朝清明。”⓭宽恕，赦免。《尚书·尧典》：“眚灾～赦，怙终贼刑。”⓮尽，尽力。《三国志·魏书·钟毓传》：“开荒地，使民～力于农事。”陶渊明《桃花源诗》：“相命～农耕，日入从所憩。”⓯极，很。《诗经·大雅·崧高》：“其风～好，以赠申伯。”⓰遂，于是。《尚书·尧典》：“～觐东后。”⓱故，所以。《尚书·无逸》：“治民祗惧，不敢荒宁，～中宗之享国七十有五年。”⓲“四”大写字。⓳姓。

2. tì　⓴通“剔”。解剖牲体。《集韵·至韵》：“剔，解也，或作～。”[引]解剖完的牲体。《周礼·春官·大宗伯》：“以～献祼享先王，以馈食享先王。”

3. yì　㉑通“肄”。馀。《礼记·玉藻》：“～束及带，勤者有事则收之。”

【肆暴】　sìbào　任意使用暴力。《三国志·魏书·袁术传》：“昔秦末世，～～恣情，虐流天下，毒被生民。”

【肆大】　sìdà　❶形容品德深厚。刘向《说苑·至公》：“德积而不～～。”❷形容水流壮阔。苏辙《黄州快哉亭记》：“江出西陵，始得平地，其流奔放～～。”

【肆力】　sìlì　尽力。《后汉书·承宫传》：“后与妻子之蒙阴山，～～耕种。”陆机《辩亡论下》：“是以忠臣竞尽其谋，志士咸得～～。”

【肆虐】　sìnüè　肆意暴虐。《尚书·泰誓中》：“淫酗～～，臣下化之。”《旧唐书·王义方传》：“辇毂咫尺，奸臣～～。”

【肆勤】　sìqín　竭力劳苦。《后汉书·周燮传》：“有先人草庐结于冈畔，下有陂田，常～～以自给。”《宋书·袁豹传》：“游食省而～～众，则东作繁矣。”

【肆眚】　sìshěng　宽赦有罪之人。《后汉书·王符传》：“久不赦则奸轨炽而吏不制，宜数～～以解散之。”柳宗元《代韦中丞贺元和大赦表》：“纪元示布和之令，～～见恤人之心。”

【肆言】　sìyán　言谈无所顾忌；陈言。苏轼《郭忠恕画赞》：“盖纵酒～～时政，颇有谤讟。”曾巩《范子贯奏议集序》：“事有阴争独陈，或悉引谏官御史合议～～。”

【肆直】　sìzhí　直率，正直。《史记·乐书》：“～～而慈爱者宜歌《商》。”

【肆志】　sìzhì　❶快意。《庄子·缮性》：“故不为轩冕～～，不为穷约趋俗，其乐彼与此同，故无忧而已矣。”《后汉书·冯衍传下》：“正身直行，恬然～～。”❷纵情。《史记·李斯列传》：“群臣莫不被润泽，蒙厚德，陛下则高枕～～宠乐矣。”

嗣　sì　❶继承，接续。《吕氏春秋·乐成》：“子产若死，其使谁～之？”[引]继承人。《国语·周语上》：“夫晋侯非～也，而得其位。”[又]子孙，后代。《尚书·大禹谟》：“罚弗及～，赏延于世。”柳宗元《封建论》：“其德在人者，死必求其～而奉之。”❷延续，延长。《诗经·小雅·杕杜》：“王事靡盬，继～

我日。”❸随后。曹操《蒿里行》:“势力使人争,～还自相戕。”❹来,次,表示次序的下一个。《诗经·大雅·生民》:“载燔载烈,以兴～岁。”(嗣岁:来年。)❺(yí)通“贻”。给,寄。《诗经·郑风·子衿》:“纵我不往,子宁不～音?”

【嗣服】 sìfú 继承前人的事业。《诗经·大雅·下武》:“永言孝思,昭哉～～。”(服:事。)

【嗣徽】 sìhuī 继承发扬前人的美德。《诗经·大雅·思齐》:“大姒～～音,则百斯男。”《宋书·王敬弘传》:“陛下～～,特蒙眷齿。”

【嗣君】 sìjūn 继位之君,也指太子。《左传·成公十八年》:“公如晋,朝～～也。”孔尚任《桃花扇·草檄》:“公然弃妃囚～～。”

【嗣息】 sìxī ❶儿子,继承父位的嫡长子。《旧五代史·符习传》:“臣缘故使未葬,又无～～,臣合服斩缞。”❷子孙后代。王世贞《与俞仲蔚书》:“此君婆娑,政坐宦薄,著书未成,～～中绝。”

【嗣响】 sìxiǎng 继承先人的事业如声响相应。《宋书·谢灵运传论》:“若夫平子艳发,文以情变,绝唱高踪,久无～～。”

【嗣续】 sìxù ❶继承。《国语·晋语四》:“～～其祖,如谷之滋。”❷后嗣,后代。柳宗元《与杨京兆凭书》:“尝有一男子,然无一日之命,至今无以托～～,恨痛常在心目。”

【嗣子】 sìzǐ ❶诸侯居丧时自称嗣子。《左传·哀公二十年》:“今越围吴,～～不废旧业而敌之。”❷嫡嗣,指当继承父位的嫡长子。《史记·吕太后本纪》:“建成康侯释之卒,～～有罪,废,立其弟吕禄为胡陵侯,续康侯后。”❸旧时宗法制度,本人无子,把兄弟或亲戚之子过继为己子,称嗣子。

麕 sì 两岁的鹿。扬雄《蜀都赋》:“糝米肥赌,麢～不行。”

儩(儩) sì 尽,完。《新唐书·李密传》:“敖庾之藏,有时而～。”

蕼 sì ❶草名。《玉篇·艸部》:“～,堇也。”❷通“肆”。宽舒。《荀子·非十二子》:“俨然,壮然,祺然,～然。”

song

松[1](枀) sōng ❶松树。《诗经·郑风·山有扶苏》:“山有乔～,隰有游龙。”杨万里《刘村渡》诗之一:“落～满地金钗瘦,远树粘天菌子孤。”❷姓。

【松钗】 sōngchāi 松树的枝叶。汪藻《龟山上方》诗:“僧盂收柏子,樵径扫～～。”

【松肪】 sōngfáng 松脂,松树分泌的胶汁,点燃可照明。陆游《初春书怀》诗之六:“半池墨渖临章草,一碗～～读隐书。”

【松羔】 sōnggāo 小松树。元好问《种松》诗:“百钱买～～,植之我东墙。”

【松黄】 sōnghuáng 松花粉。苏辙《次韵毛君松花》之二:“饼杂～～二月天,盘敲松子早霜寒。”

【松槚】 sōngjiǎ 松树和槚树。古代墓地常种松槚,因以松槚指代墓地。刘禹锡《上杜司邦书》:“得奉安舆而西拜先人～～。”

【松明】 sōngmíng 俗称松树明子。松树枝干有油脂,点燃可照明。苏轼《夜烧松明火》诗:“夜烧～～火,照室红龙鸾。”陆游《杂题》诗之一:“朝甑米空烹芋粥,夜缸油尽点～～。”

【松乔】 sōngqiáo ❶赤松子和王子乔,古代传说中的仙人。张衡《西京赋》:“美往昔之～～,要羡门乎天路。”❷隐者的代称。《南史·刘善明传》:“今朝廷方相委待,讵得便学～～邪?”白居易《早冬游王屋》诗:“若不为～～,即须作皋夔。”❸长寿,长生不老。曹操《芙蓉池作》诗:“寿命非～～,谁能得神仙。”

【松楸】 sōngqiū 松树和楸树。松楸是墓地上常种的树木,因以指代墓地。骆宾王《答博昌父老书》:“耆年宿德,但见～～。”李远《过旧游见双鹤怆然有怀》诗:“谢公何岁掩～～,双鹤依然傍玉楼。”

【松筠】 sōngyún 松树和竹子。松竹材质坚韧,常用来比喻坚贞。《隋书·柳庄传》:“而今已后,方见～～之节。”

松[2](鬆) sōng ❶头发散乱。陆龟蒙《自怜赋》:“首蓬～以半散,支棘瘠而枯疏。”❷松散,不紧。陆游《春晚出游》诗之一:“风急名花纷绛雪,土～香草出瑶簪。”

娀 sōng 古代氏族名。相传有娀氏女简狄,是帝喾次妃,吞燕卵而生契,此为商祖。《诗经·商颂·长发》:“有～方将,帝立子生商。”

凇 sōng 水气凝成的冰花。曾巩《咏雾凇》:“园林初日静无风,雾～花开处处同。”

淞 sōng 吴淞江,发源于江苏太湖。《集韵·锺韵》:“～,江名,在吴郡。”

菘 sōng 蔬菜名。一般指大白菜。陆游《菘》诗:“可怜遇事常迟钝,九月区区种晚～。”

崧 sōng ❶山高大。《诗经·大雅·崧高》:“～高维岳,骏极于天。”❷指嵩山。韩愈《送侯参谋赴河中幕》诗："三月～少步，踯躅红千层。"（少：少室山。）

嵩 sōng ❶山高而大。《释名·释山》："山大而高曰～。"❷高大。《尔雅·释诂》："～，高也。"❸中岳嵩山，在河南登封市北。陆游《登千峰榭》诗："他年吊古凭高处，想见请伊照碧～。"❹姓。

【嵩高】 sōnggāo 即嵩山。《汉书·武帝纪》："翌日亲登～～，御史乘属在庙旁。"

【嵩呼】 sōnghū 汉元封元年春，汉武帝登临嵩山，吏卒听到三呼万岁之声，后遂以祝颂帝王万岁为嵩呼。《宋史·乐志》："都人欢乐～～震，圣寿总天齐。"张昱《辇下曲》："羽仗执金班控鹤，千人鱼贯振～～。"

【嵩京】 sōngjīng 河南洛阳。因嵩山在其东南，故名。《魏书·李平传》："～～创构，洛邑俶营，虽年跨十稔，根基未就。"

蜙 sōng 见"蜙蝑"。

【蜙蝑】 sōngxū 蝗类昆虫名。《尔雅·释虫》："蜇螽，～～。"

从 sǒng 见 cóng。

倯（㧐） sǒng 见"倯倯"。

【倯倯】 sǒngsǒng ❶急走的样子。《汉书·扬雄传上》："风～～而扶辖兮，鸾凤纷其御蕤。"❷众多的样子。《汉书·礼乐志》："神之行，旌容容，骑沓沓，般～～。"

愯（㦝） sǒng ❶同"悚"。恐惧。《汉书·刑法志》："故悔之以忠，～之以行。"❷通"耸"。耸立。刘敞《雪意》诗："林林～群木，栗栗抱寒魄。"

摗（㩳） sǒng ❶推。《醒世恒言·两县令竞义婚孤女》："你一推，我一～，～他出了大门。"❷通"耸"。挺立。杜甫《画鹰》诗："～身思狡兔，侧目似愁胡。"

苁 sǒng 见 cōng。

㧐（嵸） sǒng 见"崆㧐"。

纵 sǒng 见 zòng。

怂（慫） sǒng ❶见"怂兢"。❷见"怂恿"。

【怂兢】 sǒngjīng 惊恐。张衡《西京赋》："将乍往而未半，怵悼栗而～～。"

【怂恿】 sǒngyǒng 从旁鼓动。王安石《雪》诗："填空忽汗漫，造物谁～～？"

悚 sǒng 恐惧，惊惧。《晋书·齐王冏传》："百官震～，无不失色。"

【悚怛】 sǒngdá 惊恐。《三国志·吴书·张温传》："以荣自惧，～～若惊。"

【悚栗】 sǒnglì 惊恐战栗。《后汉书·钟离意传》："朝廷莫不～～，争为严切，以避诛责。"

【悚恧】 sǒngnǜ 惶恐惭愧。萧纲《上大法颂表》："曾无连类，伏兼～～，不胜喜悦之情。"骆宾王《和闺情诗启》："未近咏歌，伏深～～。"

【悚悚】 sǒngsǒng 恐惧的样子。王延寿《鲁灵光殿赋》："魂～～其惊斯，心猥猥而发悸。"

【悚息】 sǒngxī 惊恐喘息。《三国志·吴书·周鲂传》："谨拜表以闻，并呈笺草，惧于浅局，追用～～。"也作"竦息"。《三国志·魏书·王烈传》："光宠并臻，优命屡至，怔营～～，悼心失图。"

耸（聳） sǒng ❶聋，听不清。《国语·周语下》："立无跛，视无还，听无～，言无远。"《后汉书·马融传》："子野听～，离朱目眩。"❷高起，高耸。陶渊明《和郭主簿》之二："陵岑～逸峰，遥瞻皆奇绝。"王勃《滕王阁序》："层峦～翠，上出重霄。"㊀（向上）抬，举。杨万里《寒食雨作》诗："双燕冲帘报禁烟，唤惊昼梦～诗肩。"❸恭敬，严肃。《国语·楚语上》："昔殷武丁能～其德，至于神明。"《吕氏春秋·谨听》："故见贤者而不～，则不惕于心。"❹鼓励，劝说。《国语·楚语上》："教之春秋，而为之～善而抑恶焉。"❺通"悚"。惊恐。《韩非子·内储说上》："于是吏皆～惧。"

【耸昧】 sǒngmèi 耳聋眼瞎，引申指昏聩。《隶释·汉繁阳令杨君碑》："有司～～，莫能职察。"

【耸慕】 sǒngmù 敬慕。刘禹锡《彭阳侯令狐氏先庙碑》："先夫人亦四徙封，密印累累，邦族～～。"

【耸秀】 sǒngxiù 高峻秀美。《宋书·刘穆之传》："既而至一山，峰岫～～，林树繁密，意甚悦之。"

駷（騻） sǒng 摇动马嚼，驱马行走。《公羊传·定公八年》："阳越下取策，临南～马，而由乎孟氏。"

竦 sǒng ❶伸长脖子，踮起脚跟站着。《汉书·韩王信传》："士卒皆山东人，～而望归。"《后汉书·张衡传》："～余身而顺止兮，遵绳墨而不跌。"㊀企待。曹植《求自试表》："夫临搏而企～，闻乐而窃者，或者赏音而识道也。"❷高起，高耸。江淹《从征》诗："乔松日夜～，红霞旦夕生。"❸举，执。《楚辞·九歌·少司命》："～长剑兮拥幼艾,荪独宜兮为民正。"鲍照《咏史》:"仕子彯华缨,游客～轻辔。"❹肃敬。《后汉书·黄宪传》:"颍川荀淑至慎阳,遇宪于逆旅,时年十四,淑～然异之。"❺通"悚"。恐惧。《诗经·商颂·长发》:"不震不动,不戁不～。"《荀子·君道》:"夫无礼则恐惧而自～也。"❻通"耸"。震动,惊动。张协《七命》:"举戈林～,挥锋电灭。"杜甫《骢马行》:"夙昔传闻思一见,牵来左右神皆～。"❼通"怂"。劝说。《汉书·扬雄传下》:"乃时以有年出兵,整舆～戎。"

【竦动】 sǒngdòng 震动,惊动。《后汉书·南匈奴传》:"昭君丰容靓饰,光明汉宫,顾景裴回,～～左右。"《新五代史·李严传》:"音辞清亮,蜀人听之皆～～。"

【竦企】 sǒngqǐ 企望,企待。张九龄《荔枝赋》:"闻者欢而～～,见者讶而惊仡。"

【竦神】 sǒngshén 振作精神。《汉书·礼乐志》:"听者无不虚己～～,说而承流。"

【竦望】 sǒngwàng 企望。《三国志·魏书·公孙瓒传》注引《汉晋春秋》:"是故战夫引领,～～旌旆。"

【竦息】 sǒngxī 见"悚息"。

【竦秀】 sǒngxiù ❶耸立秀出。《宋书·谢灵运传》:"孤岸～～,长洲芊绵。"❷飘逸,出众。《北史·王肃传》:"诵宣读诏书,言制抑扬,风神～～,百僚倾属,莫不叹美。"

【竦峙】 sǒngzhì 耸立,屹立。曹操《步出夏门行》:"水何澹澹,山岛～～。"

漎 sǒng 见 cóng。

讼(訟) 1. sòng ❶争辩,争论。《盐铁论·利议》:"辩～公门之下,讻讻不可胜听。"《后汉书·曹褒传》:"会礼之家,名为聚～。"❷诉讼,打官司。《论语·颜渊》:"子曰:'听～,吾犹人也,必也使无～乎!'"《荀子·宥坐》:"孔子为鲁司寇,有父子～者,孔子拘之。"《后汉书·鲁恭传》:"亭长从人借牛而不肯还之,牛主～于恭。"❸为人辩冤。《汉书·谷永传》:"太中大夫谷永上疏～汤。"❹责备,埋怨。《论语·公冶长》:"吾未见能见其过而内自～者也。"《汉书·东方朔传》:"因自～独不得大官,欲求试用。"❺六十四卦之一。卦形为坎下乾上。《周易·讼》:"～,有孚,窒惕,中吉。"❻通"颂"。颂扬。《汉书·王莽传上》:"深～莽功德。"

2. gōng ❼通"公"。公开。《史记·吕太后本纪》:"太尉尚恐不胜诸吕,未敢～言诛之。"

3. róng ❽通"容"。容纳。《淮南子·泰族训》:"～缪胸中。"

【讼学】 sòngxué 诉讼之学。周密《癸辛杂识·讼学业觜社》:"江西人好讼,……往往有开～～以教人者,如金科之法。"

【讼狱】 sòngyù 打官司。《孟子·万章上》:"～～者不之尧之子而之舜。"

宋 sòng ❶周代诸侯国名。《左传·襄公十年》:"君若犹辱镇抚～国,而以偪阳光启寡君,群臣安矣。"❷朝代名(公元420—479年)。刘裕所建,史称"刘宋",南朝之一。❸朝代名(公元960—1279年)。赵匡胤所建,史称"赵宋"。❹姓。

【宋株】 sòngzhū 《韩非子·五蠹》:"宋人有耕者,田中有株,兔走触株,折颈而死,因释其耒而守株,冀复得兔。兔不可复得,而身为宋国笑。"后用"宋株"比喻没有前途的职位。杜牧《新转南曹……出守吴兴书此篇以自见志》:"～～聊自守,鲁酒怕旁围。"

送 sòng ❶送行。《诗经·秦风·渭阳》:"我～舅氏,曰至渭阳。"杜甫《新安吏》诗:"肥男有母～,瘦男独伶俜。"㊀遣送。《汉书·高帝纪上》:"高祖为县～徒骊山,徒多道亡。"❷放鹰追捕猎物。《诗经·郑风·大叔于田》:"抑磬控忌,抑纵～忌。"㊀追赶。江淹《恨赋》:"巡海右以～日。"❸运送,输送。《汉书·食货志下》:"干戈日滋,行者赍,居者～,中外骚扰相奉。"❹赠送。《仪礼·聘礼》:"宾再拜稽首～币。"《宋书·沈道虔传》:"乃令人买大笋～之。"❺断送,了结。杜甫《水槛遣心》诗之二:"浅把涓涓酒,深凭～此生。"管鉴《满江红》词:"十日狂风,都断～,杏花红去。"

【送敬】 sòngjìng 致谢,致敬。《后汉书·周燮传》:"因自载到颍川阳城,遣生～～,遂辞疾而归。"

【送任】 sòngrèn 送去当人质。《资治通鉴·魏明帝景初二年》:"[公孙]渊复遣侍中卫演乞克日～～。"

【送往事居】 sòngwǎngshìjū 安葬死者,事奉生者。《左传·僖公九年》:"～～～～,耦俱无猜,贞也。"

诵(誦) sòng ❶朗读。《礼记·文王世子》:"春～,夏弦,大师诏之。"《汉书·朱买臣传》:"常艾薪樵,卖以给食,担束薪,行且～书。"❷陈述,述说。《史记·秦始皇本纪》:"群臣～功,请刻于石。"韩愈《答陈生书》:"聊为足下～其所闻。"❸背诵。《汉书·贾谊传》:"以能～诗书属文称于郡中。"《后汉书·荀悦传》:"所见篇牍,一览多能～记。"❹诗篇。《诗经·小雅·节南山》:"家父作～,以究王讻。"❺通"讼"。公开。《汉书·高后纪》:"未敢～言诛之。"

【诵弦】 sòngxián 诵读诗歌。引申指读书。李觏《袁州州学记》："或连数城，亡～～声。"

颂(頌) 1. sòng ❶歌颂，赞美。此义本作"讼"。《说文·言部》："讼，争也。……一曰歌讼。"段玉裁注："讼、颂古今字，古作讼，后人假颂(róng)皃字为之。"《荀子·天论》："从天而～之，孰与制天命而用之？"❷古代占卜的卦辞。《周礼·春官·太卜》："其～皆千有二百。"❸《诗经》六义之一，即"风、雅、颂、赋、比、兴"之"颂"，包括周颂、鲁颂、商颂，是统治者祭祀时配有舞乐的歌辞。❹古代的一种文体。萧统《文选序》："～者，所以游扬德业，褒赞成功。"《文心雕龙·颂赞》："～者，容也，所以美盛德而述形容也。"❺通"诵"。朗读。《孟子·万章下》："～其诗，读其书，不知其人可乎？"

2. róng ❻仪容之"容"的本字。籀文作"𩔈"。《汉书·王式传》："唐生、褚生应博士弟子选，诣博士，抠衣登堂，～礼甚严。"(注："抠衣，谓以手内举之，令离地也。颂读曰容。"颂礼：仪容礼节。)❼通"容"。收容。《汉书·吴王刘濞传》："它郡国吏欲来捕亡人者，～共禁不与。"(注："～读曰容。")⑧宽容。见"颂系"。

【颂琴】 sòngqín 琴名。亦称雅琴。《左传·襄公二年》："夏，齐姜薨。初，穆姜使择美檟，以自为榇与～～，季文子取以葬。"

【颂磬】 sòngqìng 古代大射礼时西面的磬叫颂磬。《周礼·春官·眡瞭》："击～～、笙磬。"(注："磬在东方曰笙，笙，生也；在西方曰颂，颂，或作庸，庸，功也。"疏："以东方是生长之方，故云笙；西方是成功之方，故云庸，庸，功也。谓之颂者，颂者美盛德之形容，以其成功告于神明，故云颂。")

【颂声】 sòngshēng 赞美之声。《公羊传·宣公十五年》："什一行而～～作矣。"(什一：十分抽一分的税制。)

【颂系】 róngxì 颂，宽容。系，拘禁。指对特定的犯人拘禁时不加刑具。《汉书·惠帝纪》："爵五大夫、吏六百石以上及宦皇帝而知名者，有罪当盗械者，皆～～。"又《刑法志》："年八十以上，八岁以下，及孕者未乳，师、朱儒当鞠系者，～～之。"

sou

涑 sōu 见sù。

鄋 sōu 见"鄋瞒"。

【鄋瞒】 sōumán 春秋时国名。在今山东境内。《左传·文公十一年》："～～侵齐，遂伐我。"

廋(㢝) sōu ❶隐藏，藏匿。《孟子·离娄上》："听其言也，观其眸子，人焉～哉？"苏轼《贫家》诗："德人抱衡石，铢黍安可～？"❷隈曲的地方。《楚辞·九叹·忧苦》："遵野莽以呼风兮，步从容于山～。"❸通"搜"。搜索，搜查。《汉书·赵广汉传》："广汉……至光子博陆侯禹第，直突入其门，～索私屠酤。"

【廋辞】 sōucí 隐语。《国语·晋语五》："有秦客～～于朝，大夫莫之能对也。"

【廋伏】 sōufú 埋伏，伏兵。《新唐书·段秀实传》："秀实曰：'贼出羸师，饵我也，请大索。'悉得其～～。"

【廋疏】 sōushū 搜索，搜查。《后汉书·马融传》："或轻沙趬悍，～～嵝领，犯历嵩峦。"

【廋语】 sōuyǔ 隐语。《新五代史·李业传》："时天下旱蝗，黄河决溢……而帝方与业及聂文进、后赞、郭允明等狎昵，多为～～相诮戏。"

蒐 sōu ❶同"狩"。春天打猎。《国语·齐语》："春以～振旅，秋以狝治兵。"《后汉书·马融传》："遂寝～狩之礼，息战阵之法。"❷检阅，阅兵。《左传·僖公二十七年》："于是乎～于被庐。"❸茜草。《山海经·中山经》："[釐山]其阴多～。"❹通"廋"。隐蔽，隐藏。《左传·文公十八年》："服谗～慝，以诬盛德。"❺通"搜"。搜寻，寻求。《宋史·李植传》："～选强壮，以重军势。"

【蒐田】 sōutián 打猎。曾巩《请西北择将东南益兵劄子》："其于四时～～，则又率之从事。"

搜(搜) 1. sōu ❶寻求，搜罗。《世说新语·纰漏》："王安丰选女婿，从挽郎～其胜者。"韩愈《进学解》："独旁～而远绍。"❷搜索，搜查。《庄子·秋水》："于是惠子恐，～于国中三日三夜。"❸象声词。形容急速的声音。《诗经·鲁颂·泮水》："角弓其觩，束矢其～。"

2. shǎo ❹搅乱。韩愈《岳阳楼别窦司直》诗："炎风日～搅，幽怪多冗长。"

【搜括】 sōukuò ❶寻求。《梁书·刘之遴传》："晚冬晷促，机事罕暇，夜分求衣，未遑～～，须待夏景，试取推寻。"❷搜刮，掠夺。李玉《一捧雪·婪贿》："休想，纵然～～尽脂膏，怎肯把大盈支放。"

【搜牢】 sōuláo 抢掠。《后汉书·董卓传》：

“卓纵放兵士,突其庐舍,淫略妇女,剽虏资物,谓之～～。”

【搜讨】 sōutǎo ❶寻求。韩琦《答陈舜俞推官惠诗求全瓦古砚》诗:“求者如麻几百年,宜乎今日难～～。”❷研求,探讨。《魏书·李琰之传》:“吾所以好读书,不求身后之名,但异见异闻,心之所愿,是以孜孜～～,欲罢不能。”

【搜扬】 sōuyáng 访求推举。《三国志·蜀书·谯周传》注引《晋阳秋》:“访诸故老,～～潜逸。”曾巩《请令长贰自举属官劄子》:“非特～～下位而已,亦以阅试大官。”

【搜岩采干】 sōuyáncǎigàn 多方寻求隐居的人材。段承根《赠李宝》诗之二:“剖蚌求珍,～～～～,野无投纶,朝盈逸翰。”

獀 sōu 春天打猎。《礼记·祭义》:“颁禽隆诸长者,而弟达乎～狩矣。”

骙(騪) sōu ❶马名。《广韵·尤韵》:“驹～,蕃中大马。”❷通“搜”。《汉书·百官公卿表上》:“～粟都尉,武帝军官,不常置。”(骙粟都尉:武官名。)

馊(餿、餕) sōu 食物变质,发出酸臭味。《集韵·尤韵》:“～,饭坏也。”《续传灯录·广慧宝琳禅师》:“举古提今,残羹～饭。”

飕(颼、飀) sōu ❶小风。应劭《风俗通》:“微风曰飀,小风曰～。”❷象声词。形容风雨声或快如风声。《水浒传》四十一回:“望着为头领的一个马军,～地一箭,只见翻筋斗射下马去。”

【飕飗】 sōuliú 象声词。风雨声。刘禹锡《始闻秋风》诗:“五夜～～枕前觉,一年颜状镜中来。”

【飕飕】 sōusōu ❶象声词。风雨声。赵壹《迅风赋》:“啾啾～～,吟啸相求。”白居易《效陶潜体诗》:“闲立春塘烟淡淡,静眠寒苇雨～～。”❷寒冷的样子。王安石《画子美像》诗:“宁愿吾庐独破受冻死,不忍四海赤子寒～～。”

锼(鎪) sōu ❶刻,镂刻。左思《魏都赋》:“木无雕～,土无绨锦。”李商隐《富平少侯》诗:“彩树转灯珠错落,绣檀迴枕玉雕～。”❷侵蚀。陆游《醉中步月湖上》诗:“霜风～病骨,林月写孤影。”

艘(艘) sōu(又读 sāo) ❶船的总称,船只。《抱朴子·勖学》:“欲凌洪波而遐济,必因～楫之器。”王安石《收盐》诗:“尔来盗贼往往有,劫杀贾客沉其～。”❷量词。用于计算船只。王粲《从军》诗之四:“连舫逾万～,带甲千万人。”

醙(醙) sōu 白酒。《仪礼·聘礼》:“～黍清皆两壶。”

溲 1. sóu ❶淘洗。《晋书·戴逵传》:“总角时以鸡卵汁～白瓦屑作郑玄碑。”❷泡,浸。贾思勰《齐民要术·种谷》:“先种二十日时,以～种,如麦饭状。”

2. sōu ❸大小便,也专指小便。《史记·扁鹊仓公列传》:“令人不得前后～。”《后汉书·张湛传》:“湛至朝堂,遗失～便。”

【溲勃】 sōubó “牛溲(车前草)马勃(又名马屁菌)”的省略,泛指微贱之物。赵鼎臣《上许冲元启》:“笼中丹桂,并～～以兼收。”

【溲溺】 sōuniào 小便。《史记·郦生陆贾列传》:“沛公不好儒,诸客冠儒冠来者,沛公辄解其冠,～～其中。”

【溲矢】 sōushǐ 大小便。邓文元《苏府君墓表》:“事大父孝,疾病汤药必亲,虽躬～～不厌。”(矢:通“屎”。)

叟 1. sǒu ❶老年人。《列子·汤问》:“河曲智～亡以应。”韩愈《元和圣德诗》:“黄童白～,踊跃欢呀。”❷对老年人的尊称。《孟子·梁惠王上》:“王曰:‘～,不远千里而来,亦将有以利吾国乎?’”

2. sōu ❸见“叟叟”。❹汉朝以叟为蜀的别名。《后汉书·刘焉传》:“焉遣～兵五千助之。”(李贤注:“汉世谓蜀为叟。”)

【叟叟】 sōusōu 象声词。淘米的声音。又作“溲溲”。《诗经·大雅·生民》:“释之～～,烝之浮浮。”

傁(俊) sǒu 同“叟”。老人。《左传·宣公十二年》:“赵～在后。”

嗾 sǒu ❶唤狗咬人的声音。《左传·宣公二年》:“公～夫獒焉。”刘禹锡《连州腊日观莫徭猎西山》诗:“张罗依道口,～犬上山腰。”❷唆使,怂恿。《北史·宋弁传》:“尔如狗耳,为人所～。”查继佐《徐光启传》:“～台臣论劾。”

瞍(瞍) sǒu 瞎子。《诗经·大雅·灵台》:“矇～奏公。”《国语·晋语四》:“矇～不可使视。”

薮(藪) 1. sǒu ❶水少草木多的湖泽,水草地。《诗经·郑风·大叔于田》:“叔在～,火烈具举。”《吕氏春秋·安死》:“于是乎聚群多之徒,以深山广泽林～,扑击遏夺。”❷指人或物聚集的地方。《晋书·慕容德载记》:“关西为豺狼之～。”

2. sōu ❸通“搜”。搜求。《晋书·李重传》:“耽道穷～,老而弥新。”

【薮幽】 sǒuyōu 草泽深处。《楚辞·九章·惜往日》:“君无度而弗察兮,使芳草为～～。”

【薮泽】 sǒuzé 低湿多水草之地。《管子·幼官》:“毋征～～,以时禁发之。”贾思勰

《齐民要术·序》："盖食鱼鳖而～～之形可见。"

擞(擻) sǒu 见"抖擞"。

櫢(櫢) sǒu 见"櫢槈"。

【櫢槈】 sǒunòu 林木茂盛的样子。黄香《九宫赋》："即蹴缩以～～，坎埏援以湇汤。"

籔 sǒu 见 shù。

嗽(嗽) 1. sòu ❶咳嗽。《周礼·天官·疾医》："冬时有～，上气疾。"

2. shuò ❷吸吮。《论衡·验符》："四年，甘露下泉陵……民～吮之，甘如饴蜜。"《后汉书·桓帝邓皇后纪》："后尝梦扪天，荡荡正青，若有钟乳状，乃仰～饮之。"

3. shù ❸通"漱"。漱口。《史记·扁鹊仓公列传》："即为苦参汤，日～三升。"

【嗽获】 sòuhuò 中风时嘴角抽动的样子。宋玉《风赋》："啗齰～～，死生不卒。"

su

苏[1](甦) sū 死而复活，苏醒。陆九渊《与曾宅之》："比日少～，始得发视，气力倦惫，又未能作复。"

苏[2](蘇、穌) 1. sū ❶植物名。紫苏。枚乘《七发》："秋黄之～，白露之茹。"❷打草，取草。《庄子·天运》："行者践其首脊，～者取而爨之而已。"《史记·淮阴侯列传》："樵～后爨。"㊀取。《楚辞·离骚》："～粪壤以充帏兮，谓申椒其不芳。"❸死而复生。《左传·宣公八年》："杀诸绛市，六日而～。"《后汉书·杜根传》："既而载出城外，根得～。"㊀困顿后得到恢复。《孟子·梁惠王下》："后来其～。"柳宗元《骂尸虫文》："尸虫诛，祸无所庐，下民其～。"❹觉醒。《楚辞·九章·橘颂》："～世独立，横而不流兮。"

2. sù ❺通"傃"。朝向。《荀子·议兵》："以故顺刃者生，～刃者死。"

【苏功】 sūgōng 夺取功劳。《管子·法禁》："故莫敢超等逾官，渔利～～，以取顺其君。"

【苏苏】 sūsū 恐惧不安。《周易·震》："震～～，位不当也。"

【苏息】 sūxī ❶苏醒，死而复生。《后汉书·梁统传》："妾得～～，拭目更视，乃敢昧死自陈所天。"杜甫《喜雨》诗："谷根少～～，沴气终不灭。"❷休养生息。《后汉书·樊宏传》："[樊]准到部，开仓廪食，慰问生业，流人咸得～～。"

【苏援】 sūyuán 探索，分析。《淮南子·修务训》："追观上古及贤大夫，学问讲辩，日以自娱，～～世事，分白黑利害。"

苏[3](囌) sū 见"罗苏"。

酥 sū ❶古代指酥油，即牛羊奶制成的食品。《北史·真腊国传》："饮食多～酪沙糖，粳粟米饼。"萨都剌《上京杂咏》："院院烧灯有咒僧，垂帘白日点～灯。"㊁比喻滑腻。韩愈《早春呈水部张十八员外》诗："天街小雨润如～，草色遥看近却无。"❷松脆香软的食品。苏轼《戏刘监仓求米粉饼》诗之二："已倾潘子错著水，更觅君家为甚～。"❸酥软无力。关汉卿《救风尘》三折："休道冲动那厮，这一会儿连小闲也～倒了。"❹酒。苏轼《送碧香酒与赵明叔教授》诗："碧香近出帝王家，鹅儿破壳～流盎。"

【酥胸】 sūxiōng 形容妇人之胸。周邦彦《浣溪沙》词："强整罗衣抬皓腕，更将纨扇掩～～。"

窣 sū ❶突然出来。《说文·穴部》："～，从穴中卒出。"(卒：猝。)❷突然，忽然。唐玄宗《初入秦川路逢寒食》诗："洛川芬树映天津，灞岸垂杨～地新。"❸拂。岑参《卫节度赤骠马歌》："谓君鞴出看君骑，尾长～地如红丝。"❹象声词。多形容磨擦声。李贺《南园》诗之二："宫北田塍晓气酣，黄桑饮露～宫帘。"

【窣堵波】 sūdǔbō 梵语 stupa 的译音。佛塔。玄奘《大唐西域记·缚喝国》："伽蓝北有～～～，高二百馀尺，金刚泥涂，众宝厕饰，中有舍利。"又省作"窣堵"。王安石《北山三咏·宝公塔》："道林真骨葬青霄，～～千秋未寂寥。"

㾯 sū 见"㾪㾯"。

俗 sú ❶风俗，习俗。《老子·八十章》："甘其食，美其服，安其居，乐其～。"《孟子·告子下》："华周杞梁之妻，善哭其夫，而变国～。"㊀同流合污，苟同。《荀子·性恶》："上不循于乱世之君，下不～于乱世之民。"❷世俗，一般人。《商君书·更法》："论至德者不和于～，成大功者不谋于众。"《后汉书·冯衍传下》："惟吾志之所庶兮，固与～其不同。"❸平庸，庸俗。《后汉书·朱晖传》："～吏苟合，阿意面从。"杜甫《李鄠县丈人胡马行》："始知神龙别有种，不比～马空多肉。"❹佛教称未出家为俗。《宋书·徐湛之传》："世祖便命还～。"《水浒传》十七回："如今寺里住持还了～，养了头发。"

【俗本】 súběn 民间流行的书籍版本。《颜氏家训·书证》:“《左传》:‘为鱼丽之陈。’～～多作阜傍车乘之车。”

【俗操】　súcāo　世俗推崇的操行。《晋书·王接传》:“性简率,不修～～,乡里大族多不能善之,唯裴頠雅知焉。”

【俗尘】　súchén　尘世间的事情。李颀《题璿公山池》诗:“此外～～都不染,惟余玄度得相寻。”

【俗谛】　súdì　佛教用语。易为世俗人理解的道理。与“真谛”相对。宋濂《重塐释迦文佛卧像碑铭》:“本则真谛,迹则～～,真俗混融,皆不思议之事,乌可以异观哉?”

【俗耳】　sú'ěr　世俗之耳,指琐屑的听闻。韩愈《县斋读书》诗:“哀狖醒～～,清泉洁尘襟。”

【俗纷】　súfēn　尘世间的纷扰。卢照邻《赤谷安禅师塔》诗:“独坐岩之曲,悠然无～～。”宋之问《绿竹引》:“妙年秉愿逃～～,归卧嵩丘弄白云。”

【俗氛】　súfēn　庸俗的气氛。惠洪《冷斋夜话·满城风雨近重阳》:“秋来景物,件件是佳句,恨为～～所蔽翳。”

【俗父】　súfù　❶平庸的父亲。《论衡·四讳》:“夫田婴～～,而田文雅子也。”❷出家人称生父为俗父。刘克庄《辉上人携其父所作偈求跋》:“学佛在以师为父,以父为～～。”

【俗阜】　súfù　民众富庶。崔铉《进宣宗收复河湟》诗:“共遇圣明千载运,更观～～与时和。”

【俗格】　súgé　世俗的格调、情趣。梅尧臣《胡公踈示祖择之卢氏石诗和之》:“今知贤人趣向同,玩好托情忘～～。”

【俗骨】　súgǔ　庸俗的气质或禀性。苏轼《辨道歌》:“肠中澄结无馀粗,～～变换颜如葩。”

【俗忌】　sújì　世俗的忌讳。《北史·李绘传》:“绘字敬文,六岁便求入学,家人以偶年～～,不许,遂窃其姊笔牍用之。”

【俗家】　sújiā　❶出家人称自己出家前的家庭。段成式《酉阳杂俎续集·支诺皋中》:“太和七年,上都青龙寺僧契宗,～～在樊川。”❷世俗人家。苏轼《与大觉禅师琏公书》:“以此益不欲于～～收藏。”

【俗阃】　súkǔn　尘世的束缚、牵累。阃,门槛。高彦休《唐阙史·丁约剑解》:“某非碌碌求食者,尚萦～～耳。”

【俗累】　súlěi　世俗琐事的牵累。沈约《东武吟行》:“霄辔一永矣,～～从此休。”杜甫《桥陵诗三十韵因呈县内诸官》:“何当摆～～,浩荡乘沧溟。”

【俗流】　súliú　❶庸俗,不高雅。《旧唐书·柳玭传》:“以衔杯为高致,以勤事为～～,习之易荒,觉已难悔。”❷习俗。谢镇之《与顾道士书》:“但久迷生死,随染～～,暂失正路,未悟前觉耳。”

【俗侣】　súlǚ　尘世间的友人。戴叔伦《游道林寺》诗:“佳山路不远,～～到常稀。”

【俗目】　súmù　平庸的眼力,浅陋的见识。韩琦《和袁陟节推龙兴寺芍药》:“不论姚花与魏花,只供～～陪妖姹。”

【俗儒】　súrú　浅陋迂腐的儒士。《荀子·儒效》:“其穷也,～～笑之。”《汉书·元帝纪》:“且～～不达时宜,好是古非今,使人眩于名实,不知所守。”

【俗尚】　súshàng　世俗的风尚。陆游《跋花间集》之二:“久而自厌,然梏于～～,不能拔出。”

【俗士】　súshì　❶庸俗不高尚的人。孔稚珪《北山移文》:“请迴～～驾,为君谢逋客。”❷见识浅陋的人。何薳《春渚纪闻·记砚》:“其制巧妙,非～～所能为。”

【俗思】　súsī　追求利禄的世俗思想。《庄子·缮性》:“缮性于俗学,以求复其初,滑欲于～～,以求致其明:谓之蔽蒙之民。”

【俗网】　súwǎng　世俗的罗网。比喻复杂的社会关系及各种事务的拖累。郑愕《送萧颖士赴东府得住字》诗:“繄君曲得引,使我缨～～。”

【俗物】　súwù　❶对平庸之人的蔑称。薛用弱《集异记·王涣之》:“此辈皆潦倒乐官,所唱皆《巴人》、《下俚》之词耳,岂《阳春》、《白雪》之曲～～敢近哉!”❷不高雅的物品。苏轼《与徐得之书》:“不敢以～～为贺,所用石砚一枚送上,须是学书时矣。”

【俗缘】　súyuán　道家、佛家称尘世各种人事关系为俗缘。许浑《记梦》诗:“尘心未尽～～在,十里下山空月明。”司马光《寄清逸魏处士》诗:“徒嗟～～重,端使素心违。”

【俗状】　súzhuàng　俗人的举止。孔稚珪《北山移文》:“尔乃眉轩席次,袂耸筵上,焚芰制而裂荷衣,抗尘容而走～～。”

僳(僳)　sú　见“僳伥”。

【僳伥】　súchāng　古代西域国名。《后汉书·杜笃传》:“获昆弥,虏～～。”

夙　sù　❶早,早晨。《诗经·齐风·东方未明》:“不能辰夜,不～则莫。”(莫:同“暮”。)《国语·晋语四》:“～夜征行,不遑启处,犹惧无及。”㊀早年。李密《陈情表》:“臣以险衅,～遭闵凶。”❷向来,往日。《后汉书·郭伋传》:“伋知卢芳～贼,难卒以力制。”《宋史·苏辙传》:“欲稍引用,以平～怨。”❸通“肃”。肃敬。《诗经·大雅·生民》:“载震载～,载生载育。”

【夙成】 sùchéng 早熟。《后汉书·袁术传》:“又闻幼主明智聪敏,有～～之德。”韩愈《祭窦司业文》:“惟君文行～～,有声江东。”

【夙龄】 sùlíng ❶少年。沈约《早发定山》诗:“～～爱远壑,晚莅见奇山。”骆宾王《灵隐寺》诗:“～～尚遐异,搜对涤烦嚣。”❷早亡的委婉说法。郦道元《水经注·河水五》:“望新台于河上,感二子于～～。”

【夙儒】 sùrú 指饱学之儒士。《后汉书·张霸传》:“自父党～～,偕造门焉。”

【夙素】 sùsù 平素的志向。陈造《至喜铺》诗:“是役固已劳,端复酬～～。”

【夙昔】 sùxī ❶往日,从前。杜甫《骢马行》:“～～传闻思一见,牵来左右神皆竦。”❷一向,平素。陈子昂《遂州南江别乡曲故人》诗:“平生亦何恨,～～在林丘。”

【夙御】 sùyù 早起驾车。颜延之《拜陵庙作》诗:“～～严清制,朝驾守禁城。”

【夙怨】 sùyuàn 旧怨。《宋史·苏辙传》:“吕大防、刘挚患之,欲稍引用,以平～～。”

【夙陨】 sùyǔn 早死,早凋零。《三国志·魏书·吕布臧洪传》:“陈登、臧洪并有雄气壮节,登降年～～,功业未遂。”也作“夙殒”。陆机《叹逝赋》:“痛灵根之～～,怨具尔之多丧。”

【夙兴夜寐】 sùxīngyèmèi 早起晚睡。形容辛苦勤劳。《史记·孝文本纪》:“今朕～～～～,勤劳天下,忧苦万民。”王安石《上仁宗皇帝言事书》:“～～～～,无一日之懈。”

诉(訴、愬) sù ❶诉说,告诉。《诗经·邶风·柏舟》:“薄言往～,逢彼之怒。”杜甫《又呈吴郎》诗:“已～征求贫到骨,正思戎马泪盈巾。”❷控告,告状。《汉书·成帝纪》:“刑罚不中,众冤失职,趋阙告～者不绝。”《旧唐书·张镒传》:“自此奴婢复顺,狱～稍息。”❸诽谤,进谗言。《论语·宪问》:“公伯寮～子路于季孙。”《后汉书·桓帝邓皇后纪》:“与帝所幸郭贵人更相谮～。”❹向,向着。谢庄《月赋》:“～皓月而长歌。”❺辞酒不饮。陆游《蝶恋花》词:“鹦鹉杯深君莫～,他时相遇知何处!”❻惊恐。《公羊传·宣公六年》:“灵公望见赵盾,～而再拜。”

泝(溯) sù ❶逆流而上。后作“溯”。《左传·文公十年》:“[子西]沿汉～江,将入郢。”《新唐书·窦建德传》:“运粮～河西上,舟相属不绝。”❷追溯,向上推求。文天祥《对策·御试策》:“臣请～太极动静之根,推圣神功化之验。”❸流向。《史记·司马相如列传》:“上畅九垓,下～八埏。”(埏:边际。)㊂朝向。张衡《东京赋》:“～洛背河,左伊右瀍。”❹航行。文天祥《真州杂赋》之四:“便把长江作界河,负舟半夜～烟波。”

肃(肅) sù ❶恭敬。《左传·僖公二十三年》:“其从者～而宽。”《韩非子·难三》:“广廷严居,众人之所～也。”㊂恭敬地引进。《礼记·曲礼上》:“主人～客而入。”❷揖拜。《左传·成公十六年》:“为事之故,故～使者。”《国语·晋语六》:“不敢当拜君命之辱,为使者故,敢三～之。”❸严肃,庄重。《礼记·玉藻》:“色容厉～。”《三国志·蜀书·诸葛亮传》:“赏罚～而号令明。”㊀严厉,严峻。《礼记·礼运》:“刑～而俗敝,则法无常。”《后汉书·蔡邕传》:“元首宽则望舒朓,侯王～则月侧匿。”㊂整饬。《国语·周语中》:“宽～宣惠,君也。”(注:“肃,整也。宣,遍也。”)❹凋落,萎缩。《吕氏春秋·孟秋纪》:“天地始～,不可以赢。”王安石《桂枝香·金陵怀古》词:“登临送目,正故国晚秋,天气初～。”❺通“速”。敏捷。《国语·楚语下》:“敬不可久,民力不堪,故齐～以承之。”❻姓。

【肃给】 sùjǐ 敏捷,伶俐。《国语·晋语七》:“知羊舌职之聪敏～～也,使佐之。”刘禹锡《彭阳侯令狐氏先庙碑》:“次子从,端实～～。”

【肃括】 sùkuò 庄严有度。《法言·修身》:“其为中也弘深,其为外也～～。”

【肃清】 sùqīng ❶清平。《后汉书·樊宏传》:“八方～～,上下无事。”❷削平。骆宾王《兵部奏姚州破贼设蒙俭等露布》:“一戎而荒景～～,再鼓而边隅底定。”❸冷清,宁静。嵇康《琴赋》:“冬夜～～,朗月垂光。”

【肃杀】 sùshā 严酷萧瑟。《论衡·寒温》:“阴道～～,阴气寒,故寒气应之。”欧阳修《秋声赋》:“是谓‘天地之义气’,常以～～而为心。”

【肃霜】 sùshuāng 凝露成霜。《诗经·豳风·七月》:“九月～～,十月涤场。”

【肃爽】 sùshuǎng 骏马名。《左传·定公三年》:“唐成公如楚,有两～～马。”也作“骕骦”。

【肃肃】 sùsù ❶恭敬,严正。《诗经·小雅·黍苗》:“～～谢功,召伯营之。”(谢:邑名。功:指工程。)《史记·乐书》:“夫～～,敬也。”❷迅疾,急忙。《诗经·召南·小星》:“～～宵征,夙夜在公,实命不同。”(征:行。)❸萧条,萧瑟。潘岳《寡妇赋》:“墓门兮～～。”崔融《嵩山启母庙碑》:“～～习习,天媛来西风;雾雾霏霏,神姬下霜雪。”❹象声词。《诗经·小雅·鸿雁》:“鸿雁于飞,～～其羽。”古诗《有所思》:“秋风～～晨风飔。”

【肃艾】 sùyì 恭谨安宁。《汉书·谷永传》:“济济谨孚,无敖戏骄恣之过,则左右～～,群僚仰法,化流四方。”

【肃雍】 sùyōng 庄重和谐。《诗经·召南·何彼襛矣》:“曷不～～,王姬之车。”又《周颂·有瞽》:“喤喤厥声,～～和鸣。”

【肃祗】 sùzhī 恭敬庄重。《汉书·郊祀志上》:“由是观之,始未尝不～～,后稍怠慢也。”

素 sù ❶白色的生绢。《礼记·玉藻》:“大夫～带,辟重。”郦道元《水经注·庐江水》:“飞湍林表,望若悬～。”㊀本色,白色。《楚辞·九歌·少司命》:“绿叶兮～华。”《国语·吴语》:“万人以为方阵,皆白裳、白旗、～甲、白羽之矰,望之如荼。”㊁空,白。见“素餐”、“素封”。❷质朴,朴素。《汉书·礼乐志》:“兆民反本,抱～怀朴。”《后汉书·班固传》:“昭节俭,示大～。”❸本,始。《吕氏春秋·知度》:“行其情,不雕其～;蒙厚纯朴,以事其上。”刘向《说苑·反质》:“是谓伐其根～,流于华叶。”❹蔬菜、瓜果类食品。与“荤”相对。《荀子·王制》:“养山林薮泽草木鱼鳖百～。”❺一向,平素。《史记·陈涉世家》:“吴广～爱人,士卒多为用者。”《汉书·韩信传》:“且信非得～拊循士大夫。”❻预先。《国语·吴语》:“夫谋,必～见成事焉,而后履之。”潘岳《关中》诗:“将无专策,兵不～肄。”❼真情。后作“愫”。曹植《洛神赋》:“愿诚～之先达兮,解玉佩以要之。”苏轼《徐州谢上表》:“惟有朴忠之～,既久而犹坚。”

【素餐】 sùcān 白吃饭,不劳而食。《诗经·魏风·伐檀》:“彼君子兮,不～～兮。”《论衡·量知》:“素者,空也,空虚无德,餐人之禄,故曰～～。”《后汉书·乐恢传》:“吾何忍～～立人之朝乎!”

【素车】 sùchē 用白土涂刷的车。古代凶丧事所用。《礼记·玉藻》:“年不顺成,则天子素服,乘～～,食无乐。”《后汉书·范式传》:“乃见有～～白马,号哭而来。”

【素尘】 sùchén ❶灰尘,积灰。李白《门有车马客行》:“雄剑藏玉匣,阴符生～～。”❷指雪。李商隐《残雪》诗:“旭日开晴色,寒空失～～。”

【素诚】 sùchéng 一向积蓄的诚意。姚合《寄陕府内兄郭冏端公》诗:“睽违逾十年,一会豁～～。”

【素娥】 sù'é 月宫仙女嫦娥的别名。也指月亮。谢庄《月赋》:“引玄兔于帝台,集～～于后庭。”陆游《晚到东园》诗:“岸帻寻青士,凭轩待～～。”

【素风】 sùfēng 质朴纯洁的风尚。傅亮《为宋公修楚元王墓教》:“～～道业,作范后昆。”苏轼《题永叔会老堂》诗:“嘉谋定国垂青史,盛事传家有～～。”

【素封】 sùfēng 没有官爵封邑的富豪。《史记·货殖列传》:“无秩禄之奉,爵邑之入,而乐与之比者,命曰～～。”

【素服】 sùfú 白色冠服。凶丧事所用。《礼记·郊特牲》:“～～,以送终也。”《汉书·高帝纪上》:“三军之众为之～～,以告之诸侯,为此东伐。”

【素故】 sùgù 旧交情。《后汉书·冯鲂传》:“我与季虽无～～,士穷相归,要当以死任之,卿为何言?”

【素侯】 sùhóu 没有侯爵之位的富人。苏轼《和刘长安题薛周逸老亭周善饮未七十致仕》:“虽辞功与名,其乐实～～。”

【素怀】 sùhuái 平素的思想、怀抱。《颜氏家训·终制》:“聊书～～,以为汝诫。”

【素交】 sùjiāo ❶情谊纯洁的友情。刘峻《广绝交论》:“斯贤达之～～,历万古而一遇。”❷旧友。杜甫《过故斛斯校书庄》诗之二:“～～零落尽,白首泪双垂。”

【素节】 sùjié ❶秋天。张协《七命》:“若乃白商～～,月既授衣。”王绩《九月九日赠崔使君善为》诗:“忽见黄花吐,方知～～回。”❷清白的操守。乔知之《羸骏篇》:“丹心～～本无求,长鸣向君君不留。”❸平素的行为。陈子昂《梓州陈居士墓铭》:“椎埋胠箧之类,斗鸡走狗之豪,莫不靡下风、驯～～。”

【素门】 sùmén 平常人家。与“豪门”相对。任昉《为范尚书让吏部封侯第一表》:“臣～～凡流,轮翮无取。”

【素魄】 sùpò 月亮,月光。鲍照《煌煌京洛行》之二:“夜轮悬～～,朝天荡碧空。”

【素秋】 sùqiū 即秋季。五行以金配秋,金色尚白,故称素秋。张华《励志》诗:“星火既夕,忽焉～～。”杜甫《秋兴》之六:“瞿唐峡口曲江头,万里风烟接～～。”

【素沙】 sùshā ❶白绢。《周礼·天官·内司服》:“掌王后之六服:袆衣……～～。”❷白沙。杜甫《曲江》诗之一:“白石～～亦相荡,哀鸿独叫求其曹。”

【素商】 sùshāng 秋季的别称。古代五行以金配秋，金色尚白，五音又以商配秋，故称秋季为素商。马祖常《秋夜》诗："～～凄清扬微风，草根知秋有鸣蛩。"

【素身】 sùshēn 无官爵的人。《魏书·孝明帝纪》："可令第一品以下五品以上，人各荐其所知，不限～～居职。"

【素食】 sùshí ❶不劳而食，白吃。《诗经·魏风·伐檀》："彼君子兮，不～～兮。"黄庭坚《赣上食莲有感》诗："甘餐恐腊毒，～～则怀惭。"❷蔬食。《汉书·王莽传上》："每有水旱，莽辄～～。"❸生食。《墨子·辞过》："古之民未知为饮食时，～～而分处。"《管子·禁藏》："果蓏～～当十石。"

【素士】 sùshì 贫寒之士。《宋书·谢瞻传》："臣本～～，父祖位不过二千石。"

【素室】 sùshì ❶不加装饰的居室。《新唐书·司空图传》："作亭观～～，悉图唐兴节士文人。"❷平常人家。《南史·后妃传论》："衣不文绣，色无红采，永巷贫空，有同～～。"

【素书】 sùshū 书信。古代在白绢上写信，故称。杜甫《登舟将适汉阳》诗："中原戎马盛，远道～～稀。"

【素王】 sùwáng ❶有帝王之德而未居王位的人。《庄子·天道》："以此处下，玄圣、～～之道也。"❷儒家称孔子为素王。《论衡·超奇》："然则孔子之《春秋》，～～之业也。"《三国志·魏书·文帝纪》："于时王公终莫能用之，乃退考五代之礼，修～～之业。"❸指远古帝王。《史记·殷本纪》："言～～及九主之事。"

【素心】 sùxīn ❶心地纯朴。陶渊明《移居》诗之一："闻多～～人，乐与数晨夕。"❷本心。江淹《杂体诗·陶徵君田居》："～～正如此，开径望三益。"李白《赠从弟南平太守之遥》诗之二："～～爱美酒，不是顾专城。"

【素业】 sùyè ❶清高之业。多指儒学。《颜氏家训·勉学》："有志尚者，遂能磨砺，以就～～。"❷清高的操守。《晋书·陆纳传》："汝不能光益父叔，乃复秽我～～耶?"

【素一】 sùyī 纯朴不杂。江淹《齐太祖高皇帝诔》："迹去繁多，情归～～。"

【素蚁】 sùyǐ 指酒面的泡沫。张华《轻薄篇》："浮醪随觞转，～～自跳波。"

【素友】 sùyǒu 感情真诚淳朴的朋友。王僧达《祭颜光禄文》："清交～～，比景共波。"

【素质】 sùzhì ❶本质。张华《励志》诗："如彼梓材，弗勤丹漆，虽劳朴斲，终负～～。"❷白色质地。《逸周书·克殷》："及期，百夫荷～～之旗于王前。"杜甫《白丝行》："已悲～～随时染，裂下鸣机色相射。"

涑 1. sù ❶水名。在山西省南部。源出绛县，流经闻喜、临猗，至永济市入黄河。《左传·成公十三年》："康犹不悛，入我河曲，伐我～川。"

2. sōu ❷洗涤。《广韵·侯部》："～，澣也。"

速 sù ❶快，迅速。《孟子·尽心上》："其进锐者其退～。"《国语·晋语五》："传为～也，若俟吾避，则加迟矣。"❷召请。《周易·需》："有不～之客三人来。"张衡《南都赋》："从～远朋，嘉宾是将。"❸招致。《国语·楚语下》："是之不恤，而蓄积不厌，其～怨于民多矣。"苏洵《权书·六国》："至丹以荆卿为计，始～祸焉。"

【速速】 sùsù ❶疏远不亲的样子。《楚辞·九叹·逢纷》："心慌慌其不我与兮，躬～～其不吾亲。"❷粗陋的样子。《后汉书·蔡邕传》："～～方毂，夭夭是加。"

【速藻】 sùzǎo 文辞敏捷。《宋书·自序》："[沈]璞尝作《旧宫赋》，久而未毕。滔与璞疏曰：'卿常有～～，《旧宫》何其淹耶，想行就耳。'"

莤 1. sù ❶洒酒在束茅之上以祭神。《说文·酉部》："～，礼祭，束茅加于裸圭而灌鬯酒，是为～，象神歆之也……《春秋传》曰尔贡包茅不入，王祭不供，无以～酒。"(今《左传·僖公四年》"莤"作"缩"。)

2. yóu ❷草名。《尔雅·释草》："～，蔓于。"

饻(餗) sù 鼎中的食物。《周易·鼎》："鼎折足，覆公～。"《后汉书·谢弼传》："必有折足覆～之凶。"

潚(潚) sù ❶水深清的样子。《说文·水部》："～，深清也。"❷迅疾的样子。张衡《思玄赋》："迅飙～其媵我兮，鹜翩飘而不禁。"❸姓。

【潚率】 sùshuài 象声词。风声。《汉书·扬雄传上》："飞廉云师，吸嗃～～。"

宿(宿) 1. sù ❶住宿，过夜。《楚辞·九章·涉江》："朝发枉陼兮，夕～辰阳。"李白《宿五松山下荀媪家》诗："我～五松下，寂寞无所欢。"㉛住宿的地方。《周礼·地官·遗人》："三十里有～，～有路室。"《国语·楚语下》："一夕之～，台榭陂池必成，六畜玩好必从。"❷留，停留。《汉书·严安传》："～兵于无用之地。"杜甫《宿江边阁》诗："薄云岩际～，孤月浪中翻。"❸隔夜，头天晚上。《荀子·大略》："无留善，无～问。"(杨倞注："当时即问，不俟隔夜。")

苏轼《和公济饮湖上》:"昨夜醉归还独寝,晓来～雨鸣孤枕。"⊗隔年,前一年。见"宿草"。❹往日,平素。《后汉书·樊儵传》:"耆～大贤,多见废弃。"嵇康《幽愤》诗:"内负～心,外恧良朋。"(恧:惭愧。)❺早先,预先。《管子·地图》:"～定所征伐之国。"《后汉书·刘陶传》:"灵帝～闻其名,数引纳之。"❻通"肃"。儆戒。《礼记·祭统》:"宫宰～夫人。"❼古国名,在今山东东平县东。《春秋·隐公元年》:"及宋人盟于～。"❽姓。

2. xiǔ ❾夜。贾思勰《齐民要术·水稻》:"净淘种子,渍经三～,漉出。"

3. xiù ❿列星。如:二十八宿。《列子·天瑞》:"日月星～不当坠也。"

【宿逋】 sùbū 久欠的债务。一般指滞纳的赋税。《新唐书·李珏传》:"迁河阳节度使,罢横税、～～百馀万。"赵翼《连日笔墨应酬书此一笑》诗:"言情篇什贵隽永,岂比～～可催讨。"

【宿草】 sùcǎo ❶隔年的草。《礼记·檀弓上》:"朋友之墓,有～～而不哭焉。"江淹《杂体诗》三十首之十二:"殂没多拱木,～～凌寒烟。"❷借指坟墓或人死多时。周亮工《祭福建按察使程公仲玉文》:"以生刍一束,告公于～～之前。"宋荦《吴汉槎归自塞外作歌以赠》:"归来两公已～～,惟君怀抱犹豪雄。"

【宿酲】 sùchéng 宿醉,酒醉后隔夜未醒。徐幹《情诗》:"忧思连相属,中心如～～。"陆游《柳林酒家小楼》诗:"微倦放教成午梦,～～留得伴春愁。"

【宿齿】 sùchǐ ❶年高。《晋书·武陔传》:"陔以～～旧臣,名位隆重。"❷指年高的人。《隋书·苏威传》:"先皇旧臣,朝之～～。"

【宿储】 sùchǔ 积储的粮食。《后汉书·桓帝纪》:"蝗灾为害,水变仍至,五谷不登,人无～～。"韦应物《观田家》诗:"仓廪无～～,徭役犹未已。"

【宿德】 sùdé ❶年高望重。应璩《与侍郎曹长思书》:"王肃以～～显授。"❷指年高望重的人。《东观汉记·北海敬王睦传》:"而睦谦恭好士,名儒～～,莫不造门。"

【宿蠹】 sùdù ❶一贯作恶的人。柳宗元《零陵三亭记》:"逋租匿役,期月办理,～～藏奸,披露首服。"❷积久之弊。陆游《送曾学士赴行在》诗:"诏书已屡下,～～或未革。"

【宿分】 sùfèn 命中注定的缘分。康骈《剧谈录·严史君遇终南山隐者》:"汝得至此,当有～～。"

【宿构】 sùgòu 预先谋划准备。《三国志·魏书·王粲传》:"善属文,举笔便成,无所改定,时人常以为～～。"

【宿好】 sùhǎo 老交情。《三国志·吴书·刘繇传》:"康宁之后,常愿渝平更成,复践～～。"

【宿好】 sùhào 素来所爱好的。陶渊明《辛丑岁七月赴假还江陵夜行涂口》诗:"诗书敦～～,林园无俗情。"

【宿将】 sùjiàng 有经验的老将。《战国策·魏策二》:"太子年少,不习于兵。田盼,～～也。"

【宿戒】 sùjiè ❶古代举行重大礼仪之前斋戒两次,第二次斋戒在事前三日举行,故称。《周礼·春官·世妇》:"世妇掌女宫之～～。"❷事先警戒。《明史·陶鲁传》:"羽书狎至,戎装～～,声色不动。"

【宿来】 sùlái 昨夜,夜来。范成大《初发太城留别田父》诗:"路逢田翁有好语,竟说～～三尺雨。"

【宿留】 sùliú ❶停留。《汉书·孝武本纪》:"遂至东莱～～之。"❷容忍,庇护。《三国志·吴书·陆逊传》:"逊书与[全]琮曰:'卿不师日磾,而～～阿寄,终为足下门户致祸矣。'"(寄:全琮之子。)

【宿麦】 sùmài 隔年成熟的麦子。即冬小麦。《汉书·食货志上》:"愿陛下幸诏大司农,使关中民益种～～,令毋后时。"《淮南子·时则训》:"乃命有司,趣民收敛畜采,多积聚,劝种～～。"

【宿名】 sùmíng 素有的名望。《宋史·王旦传》:"初[王]祐以～～,久掌书命,旦不十年继其任,时论美之。"

【宿诺】 sùnuò 久不履行的诺言。《论语·颜渊》:"子路无～～。"陈子昂《堂弟孜墓志铭》:"故言不～～,行不苟从。"

【宿儒】 sùrú 博学老成的儒士。《后汉书·班固传》:"窃见故司空掾桓梁,～～盛名,冠德州里。"《旧唐书·郑覃传》:"请召～～奥学,校定六籍。"

【宿素】 sùsù ❶素来,一向。《后汉书·郑玄传》:"入此岁来,已七十矣,～～衰落,仍有失误。"❷年高望重。《宋史·张秉传》:"虽久践中外,然无仪检,好谐戏,人不以～～称之。"

【宿卫】 sùwèi ❶在宫禁中值宿警卫。《盐铁论·贫富》:"余结发束修,年十三,幸得～～,给事辇毂之下。"《后汉书·耿秉传》:"帝每巡郡国及幸宫观,秉常领禁兵～～左右。"❷皇帝的警卫人员。王安石《本朝百年无事劄子》:"~~则聚卒伍无赖之人。"

【宿夕】 sùxī 一夜。形容时间短。《战国策·赵策三》:"内无孟贲之威,荆庆之断,外无弓弩之御,不出~~,人必危之矣。"

【宿昔】 sùxī ❶从前,向来。《论衡·感虚》:"其初受学之时,~~习弄,非直一再奏也。"阮籍《咏怀》之四:"携手等欢爱,~~同衣裳。"❷旦夕。形容时间短暂。《晋书·裴楷传》:"每游荣贵,辄取其珍玩,虽车马器服,~~之间,便以施诸穷乏。"

【宿习】 sùxí ❶长期学习和积累。《论衡·逢遇》:"学不~~,无以明名;名不素著,无以遇主。"❷旧日的积习。陆游《永日无一事作诗自诒》:"扫除尽~~,使得终日闲。"

【宿嫌】 sùxián 旧怨。《三国志·魏书·高柔传》:"帝以~~,欲枉法诛治书执法鲍勋,而柔固执不从诏命。"

【宿学】 sùxué 博学之士。《史记·老子韩非列传》:"然善属书离辞,指事类情,用剽剥儒墨,虽当世~~不能自解免也。"

【宿忧】 sùyōu 一夕之忧,微小之忧。《战国策·齐策五》:"故夫善为王业者,在劳天下而自佚,乱天下而自安,诸侯无成谋,则其国无~~也。"

【宿缘】 sùyuán 佛教称前世的因缘。姚合《寄主客刘郎中》诗:"汉朝共许贾生贤,迁谪还应是~~。"

【宿怨】 sùyuàn ❶积恨在心。《孟子·万章上》:"仁人之于弟也,不藏怒焉,不~~焉,亲爱之而已矣。"《汉书·邹阳传》:"夫仁人之于兄弟,无臧怒,无~~,厚亲爱而已,是以后世称之。"❷旧怨,旧仇。《新唐书·江夏王道宗传》:"长孙无忌、褚遂良与道宗有~~。"

【宿直】 sùzhí 夜间值夜。《南齐书·周颙传》:"宋明帝颇好言理,以颙有辞义,引入殿内,亲近~~。"《辽史·百官志一》:"~~司,掌轮直官员~~之事。"

【宿治】 sùzhì 隔夜办理。形容拖沓。《商君书·去强》:"以日治者王,以夜治者强,以~~者削。"

【宿醉】 sùzuì 隔夜犹存的馀醉。沈佺期《奉和春日幸望春宫应制》:"定是风光牵~~,来晨复得幸昆明。"白居易《洛桥寒食日作十韵》:"~~头仍重,晨游眼乍明。"

骕(驌) sù 见"骕骦"。

【骕骦】 sūshuāng 骏马名。《晋书·郭璞传》:"昆吾挺锋,~~轩髦。"

谡(謖) sù ❶起,起来。《仪礼·士虞礼》:"祝入尸~。"柳宗元《起废答》:"十有一人,~足以进,列植以庆。"❷肃敬整饬的样子。《后汉书·蔡邕传》:"公子~尔敛袂而兴,曰:'胡为其然也?'"❸见"谡谡"。

【谡谡】 sùsù ❶劲挺的样子。王僧孺《从子永宁令谦诔》:"~~万寻,昂昂千里。"❷象声词。风声。苏轼《西湖寿星院此君轩》诗:"卧听~~碎龙鳞,俯看苍苍立玉身。"

樕(橚) 1. sù ❶树高的样子。《说文·木部》:"~,长木皃。"左思《吴都赋》:"~矗森萃,蓊茸萧瑟。"

2. qiū ❷木名。即楸树。《山海经·中山经》:"[阳华之山]其草多藷藇,多苦辛,其状如~。"

【樕爽】 sùshuǎng 草木茂盛的样子。张衡《西京赋》:"郁蓊萲苅,~~槮橚。"

粟 sù ❶谷子。去皮后称小米。晁错《论贵粟疏》:"~米布帛生于地,长于时,聚于力,非可一时成也。"李贺《长歌续短歌》:"渴饮壶中酒,饥拔陇头~。"❷泛指粮食。李斯《谏逐客书》:"臣闻地广者~多,国大者人众。"《史记·平准书》:"太仓之~,陈陈相因。"❸像粟一样的小粒东西。《山海经·南山经》:"[柜山]其中多白玉,多丹~。"⊗比喻微小。苏轼《赤壁赋》:"渺沧海之一~。"❹皮肤上因寒冷或害怕而起的小疙瘩。杨万里《初秋戏作山居杂兴俳体》:"月色如霜不~肌,月光如水不沾衣。"

【粟错】 sùcuò 细微的差错。《旧唐书·僖宗纪》:"吏部选人~~及除驳放者,除身名渝滥欠考外,并以比远残阙收注。"

【粟金】 sùjīn 小粒金子。王建《宫词》之三十四:"~~腰带象牙锥,散插红翎玉突支。"

傃 sù 朝向,向着。颜延之《陶徵士诔》:"~幽告终,怀和长毕。"苏轼《放鹤亭记》:"暮则~东山而归。"

溯(遡) sù ❶逆流而上。《国语·吴语》:"率师沿海~淮以绝吴路。"欧阳修《送田画秀才宁亲万州序》:"由此而上~江湍,入三峡。"❷向上推求。许宗彦《莲子居词话序》:"文章体制,惟词~李唐而止,似为不古。"

【溯洄】 sùhuí 逆着弯曲的水道。也指弯曲的水流。《诗经·秦风·蒹葭》:"~~从之,道阻且长。"苏舜钦《苏州洞庭山水月禅院记》:"水程~~,七十里而远。"

愫 sù 真情,诚意。《汉书·邹阳传》:"披心腹,见情~。"

数 sù 见 shù。

塑 sù 用泥土制成人或物的形状。苏轼《凤翔八观·维摩像唐杨惠之塑在天柱寺》诗："今观古～维摩像，病骨磊嵬如枯龟。"潘耒《游雁荡山记》："他山所拟物象，约略似之而已，此山乃如刻如～。"

硥(𥗊) sù 磨刀石。《山海经·北山经》："[京山]其阴有玄～。"

嗉(膆) sù 鸟类食管下端盛食物的囊。潘岳《射雉赋》："当味值胸，裂～破背。"白居易《秦吉了》诗："岂无雕与鹗，～中肉饱不肯搏。"

鹔(鷫) sù 鸟名。即鹔鹴。《史记·司马相如列传》："鸿鹄～鸨。"

【鹔鹴】 sùshuāng ❶一种水鸟。《楚辞·大招》："鸿鹄代游，曼～～只。"❷传说中的神鸟。《说文·鸟部》："鹔，～～也，五方神鸟也。"

缨(纓) sù 见"缨缨"。

【缨缨】 sùsù 高挺的样子。《晋书·王戎传》："谓裴頠拙于用长，荀勖工于用短，陈道宁～～如束长竿。"

蔌 sù 蔬菜。《诗经·大雅·韩奕》："其～维何？维笋及蒲。"欧阳修《醉翁亭记》："山肴野～，杂然而前陈者，太守宴也。"

【蔌蔌】 sùsù ❶鄙陋的样子。《诗经·小雅·正月》："佌佌彼有屋，～～方有谷。"❷风声疾劲的样子。鲍照《芜城赋》："棱棱霜气，～～风威。"❸花、叶坠落的样子。杨万里《书斋夜坐》诗："寒生更点当当里，雨在梅花～～边。"❹水流动的样子。苏轼《食柑》诗："清泉～～先流齿，香露霏霏欲噀人。"

遬(遫) sù ❶同"速"。迅速。《荀子·议兵》："轻利僄～，卒如飘风。"《管子·侈靡》："水平而不流，无源则～竭。"❷局促不安的样子。《礼记·玉藻》："君子之容舒迟，见所尊者齐～。"❸密。《管子·小匡》："别苗莠，列疏～。"

觫 sù 见"觳觫"。

樕 sù 见"朴樕"。

鱐(鱐) sù 干鱼。《周礼·天官·庖人》："夏行腒～，膳膏臊。"陆游《雪夜小酌》诗："地炉对火得奇温，兔醢鱼～穷旨蓄。"

簌 sù 抖动，摇动。王祯《农书》卷十六："堈既圆滑，米自翻倒，～于笃内。一捣一～，既省人搅，米自匀细。"白朴《墙头马上》二折："待月帘微～，迎风户半开。"

【簌簌】 sùsù ❶象声词。苏辙《喜雪赠李公择》诗："沉沉夜未眠，～～声初落。"❷纷纷坠落的样子。李璟《摊破浣溪沙》词："～～泪珠多少恨，倚栏干。"

艏 sù 见"䱐艏"。

蹜 sù 见"蹜蹜"。

【蹜蹜】 sùsù 脚步促狭的样子。《论语·乡党》："勃如战色，足～～如有循。"《礼记·玉藻》："执龟玉，举前曳踵，～～如也。"

suan

狻 suān 见"狻猊"。

【狻猊】 suānní 即狮子。《穆天子传》卷一："～～野马，走五百里。"

痠 suān ❶酸痛。《素问·刺热》："肾热病者，先腰痛骱～。"《灵枢·癫狂病》："骨～体重，懈惰不能动。"❷石名。《山海经·中山经》："[风伯之山]其下多～石。"

酸 suān ❶醋。《说文·酉部》："～，酢也……关东谓酢曰～。"❷醋味，酸味。《周礼·天官·食医》："凡和，春多～，夏多苦，秋多辛，冬多咸。"《后汉书·华佗传》："向来道隅有卖饼人，萍齑甚～。"❸酸痛。《晋书·皇甫谧传》："四肢～重。"❹辛酸，悲痛。江淹《恨赋》："亦复含～茹叹，销落湮沉。"韩愈《八月十五夜赠张功曹》诗："君歌声～辞且苦，不能听终泪如雨。"❺迂腐，寒酸。苏轼《约公择饮是日大风》诗："要当啖公八百里，豪气一洗儒生～。"陆游《客自凤州来》诗："会须一洗儒～态，猎罢南山夜不营。"

【酸鼻】 suānbí 悲伤的表现。宋玉《高唐赋》："孤子寡母，寒心～～。"《后汉书·公孙述传》："一旦放兵纵火，闻之可为～～。"

【酸楚】 suānchǔ 悲痛凄恻。李白《望木瓜山》诗："客心自～～，况对木瓜山。"

【酸怆】 suānchuàng 悲痛凄怆。《后汉书·皇甫规妻传》："跪自陈请，辞甚～～。"

【酸寒】 suānhán 形容读书人贫困潦倒。韩愈《赴江陵途中》诗："～～何足道，随事生疮疣。"苏轼《次韵答邦直子由》之二："老弟东来殊寂寞，故人留饮慰～～。"

【酸怀】 suānhuái 伤心，痛心。《晋书·王濬传》："遐迩～～，臣窃悼之。"

【酸切】 suānqiè 悲切，痛切。任昉《王文宪集序》："表启～～，义感人神。"

【酸嘶】 suānsī 哀叹，悲鸣。杜甫《无家别》诗："生我不得力，终身两～～。"苏轼

《秧马歌》："腰如箜篌首啄鸡，筋烦骨殆声～～。"

【酸辛】 suānxīn 悲痛，辛酸。杜甫《自京赴奉先县咏怀五百字》："抚迹犹～～，平人固骚屑。"

【酸削】 suānxuē 酸痛到极点。梅尧臣《和刘原甫复雨寄永叔》："浑身～～懒能出，莫怪与公还往稀。"

【酸噎】 suānyē 因悲痛而哽咽气结。《晋书·温峤传》："每一思述，未尝不中夜抚膺，临饭～～。"

匴 suǎn ❶淘米用具。《说文·匚部》："～，渌米籔也。"❷竹制的装帽子的盛器。《仪礼·士冠礼》："爵弁、皮弁、缁布冠各一～。"

簨 1. suǎn ❶古代的一种食器。《礼记·明堂位》："荐用玉豆雕～。"

2. zhuàn ❷通"馔"。供设饮食。《汉书·元后传》："独置孝元庙故殿，以为文母～食堂。"

3. zuǎn ❸通"纂"。编纂，撰写。《汉书·艺文志》："故《书》之所起远矣，至孔子～焉。"

选 suàn 见 xuǎn。

蒜 suàn 蔬菜名。多用做作料。《急就篇》卷三："芸～荠芥茱萸香。"延笃《与李文德书》："折张骞大宛之～，歃晋国郇瑕之盐。"

【蒜发】 suànfà 斑白的头发。张淏《云谷杂记补编》二："今人言壮而发白者目之曰～～，犹言宣发也。"

筭（祘、笇） suàn ❶计算用的筹码。《山海经·海外东经》："竖亥右手把～，左手指青丘山。"《世说新语·文学》："如筹～，虽无情，运之者有情。"❷同"算"。计算。《后汉书·翟酺传》："费用赏赐已不可～。"《新唐书·杨国忠传》："计～钩画，分铢不误。"❸筹谋，谋画。陆机《吊魏武帝文》："长～屈于短日，远迹顿于促路。"张君《贞节君碣》："稽四海之风俗，～九州之险易。"❹同"算"。秦汉时的人头税。《后汉书·左雄传》："宽其负～，增其秩禄。"

【筭录】 suànlù 计算在内，记载。《后汉书·黄香传》："臣江淮孤贱，愚矇小生，经学行能，无可～～。"

算 suàn ❶计算。《论语·子路》："斗筲之人，何足～也。"《汉书·律历志上》："数者，一、十、百、千、万也，所以～数事物，顺性命之理也。"⊗数。《北史·崔浩传》："人畜无～。"❷筹谋，计划。诸葛亮《绝盟好议》："使北贼得计，非～之上者也。"魏徵《十渐不克终疏》："恐非兴邦之至言，岂安人之长～？"❸推算，料想。姜夔《扬州慢》词："杜郎俊赏，～而今重到须惊。"❹秦汉时的人头税。《汉书·贾山传》："礼高年，九十者一子不事，八十者二～不事。"❺竹器。《史记·汲郑列传》："然其馈遗人不过～器食。"

【算发】 suànfà 斑白的头发。陶宗仪《辍耕录·宣发》："人之年壮而发斑白者，俗曰～～，以为心多思虑所致。"

【算赋】 suànfù 汉代的人头税。《汉书·高帝纪上》："八月，初为～～。"

sui

尿 suī 见 niào。

虽（雖） suī ❶虫名。《说文·虫部》："～，似蜥易而大。"❷连词。表示假设或让步关系。《孟子·梁惠王上》："民欲与之皆亡，～有台池鸟兽，岂能独乐哉？"《史记·高祖本纪》："今高祖～子，人主也；太公～父，人臣也。"❸通"唯"。只。《管子·君臣》："～有明君，能决之，又能塞之。"

【虽然】 suīrán 虽然如此。《墨子·公输》："王曰：'善哉！～～，公输盘为我为云梯，必取宋。'"《战国策·魏策四》："大王加惠，以大易小，甚善；～～，受地于先王，愿终守之，弗敢易。"

荽 suī 芫荽、胡荽。通称香菜。贾思勰《齐民要术·种葱》："葱中亦种胡～，寻手供食，乃至孟冬。"

葰 suī ❶花蕊。《汉书·孝武李夫人传》："函～荴以俟风兮。"❷同"荽"。香菜。潘岳《闲居赋》："堇荠甘旨，蓼～芬芳。"

倠 suī 见"仳倠"。

眭 suī 见 huī。

葰 1. suī ❶姜类植物。《说文·艸部》："～，姜属，可以香口。"

2. jùn ❷大。司马相如《上林赋》："夸条直畅，实叶～茂。"

3. suǒ ❸见"葰人"。

【葰人】 suǒrén 汉代县名，属太原郡。故城在今山西繁峙县境。《汉书·地理志上》："太原郡，县二十一……～～。"

滖 suī 见"滖濔"。

【滖濔】 suīmǐ 霜雪弥漫的样子。《淮南子·原道训》："雪霜～～，浸潭菰蒋。"

眭 1. suī　❶水名。《左传·定公四年》："楚子涉～济江。"❷(旧读 huī)恣意，肆意。《荀子·非十二子》："纵情性，安恣～，禽兽行。"曾巩《范子贯奏议集序》："至于奇邪恣～，有为之者，亦辄败悔。"❸姓。

2. huī　❹仰视的样子。《说文·目部》："～，仰目也。"见"眭眭"。❺自得的样子。刘禹锡《竹枝词并引》："歌者扬袂～舞，以曲多为贤。"

【眭眭】　huīhuī　仰视的样子。《汉书·五行志中之下》："万众～～，惊怪连日。"

【眭剌】　huīlà　乖离。张衡《南都赋》："方今天地之～～，帝乱其政，豺虎肆虐。"

【眭盱】　huīxū　❶张目仰视。张衡《西京赋》："迥卒清候，武士赫怒，缇衣韎韐，～～拔扈。"韩愈《谒衡岳庙遂宿岳寺题门楼》诗："庙令老人识神意，～～侦伺能鞠躬。"❷质朴的样子。王延寿《鲁灵光殿赋》："鸿荒朴略，厥状～～。"❸喜悦的样子。苏轼《浣溪沙·徐州石潭谢雨》词："黄童白叟聚～～。"

嗺 1. suī　❶催人饮酒，劝酒。叶梦得《石林燕语》卷五："公宴合乐，每酒行一终，伶人必唱～酒，然后乐作，此唐人送酒之辞。"魏了翁《水调歌头·李参政璧生日》词："禁陌清时钟鼓，～送紫霞觞。"

2. zuī　❷撮口发声。《淮南子·主术训》："聋者可令～筋而不可使有闻也。"

绥(綏) 1. suí　❶登车时拉手用的绳子。《左传·哀公二年》："子良授太子～而乘之。"《吕氏春秋·贵生》："王子搜援～登车。"❷安，安抚。《诗经·大雅·民劳》："惠此京师，以～四国。"《三国志·蜀书·诸葛亮传》："思靖百姓，惧未能～。"[引]止息，平定。《国语·齐语》："使民以劝，～谤言。"❸退军，临阵逃脱。《左传·文公十二年》："秦以胜归，我何以报，乃皆出战，交～。"任昉《奏弹曹景宗》："臣闻将军死～，咫步无却。"❹祭名。《礼记·曾子问》："摄主不厌祭，不旅不假，不～祭。"

2. tuǒ　❺通"妥"。下垂。《礼记·曲礼下》："执天子之器则上衡，国君则平衡，大夫则～之，士则提之。"

3. ruí　❻通"緌"。旌旗名。《礼记·明堂位》："有虞氏之旗，夏后氏之～。"

【绥定】　suídìng　安定。《尚书·毕命》："惟周公左右先王，～～厥家。"

【绥服】　suífú　❶古代王畿之外的疆域分为五服，侯服之外五百里为绥服。《史记·夏本纪》："侯服外五百里～～：三百里揆文教，二百里奋武卫。"❷安抚，平定。苏轼《赐河西军节度使……进奉回诏》："元恶俘获，馀党散亡，山后底平，河南～～。"

【绥怀】　suíhuái　安抚关怀。《三国志·魏书·杜袭传》："拜袭驸马都尉，留督汉中军事，～～开导。"

【绥缉】　suíjī　安抚。《三国志·蜀书·刘禅传》："朕永惟祖考遗志，思在～～四海，率土同轨。"也作"绥辑"。曾巩《越州赵公救灾记》："所以经营～～，先后始终之际，委曲纤悉，无不备者。"

【绥集】　suíjí　安抚。《后汉书·西域传序》："时军司马班超留于寘，～～诸国。"

【绥靖】　suíjìng　安抚平定。《三国志·吴书·陆逊传》："敬服王命，～～四方。"

【绥静】　suíjìng　安抚平定。《左传·成公十三年》："文公恐惧，～～诸侯。"《后汉书·和熹邓皇后纪》："永安汉室，～～四海。"

【绥宁】　suíníng　❶安定，安宁。《三国志·魏书·三少帝纪》："三祖～～中夏，日不暇给。"❷县名，在湖南。

【绥绥】　suísuí　❶并行相随的样子。《诗经·卫风·有狐》："有狐～～，在彼淇梁。"❷安泰的样子。《荀子·儒效》："～～兮其有文章也。"

【绥御】　suíyù　安抚控制。《后汉书·西羌传论》："朝规失～～之和，戎帅骞然诸之信。"

【绥视】　tuǒshì　垂视。《礼记·曲礼下》："天子视不上于袷，不下于带，国君～～，大夫衡视，士视五步。"

隋 suí　见 tuǒ。

随(隨) suí　❶跟从，跟随。《老子·十四章》："迎之不见其首，～之不见其后。"《战国策·楚策一》："吾为子先行，子～我后。"[引]照着样子办。《法言·渊骞》："萧也规，曹也～。"（萧：萧何。曹：曹参。）❷沿着，顺着。《尚书·禹贡》："禹敷土，～山刊木。"《韩非子·用人》："则下得循法而治，望表而动，～绳而斲，因攒而缝。"[引]依，靠。《韩非子·安危》："赏罚～是非。"《后汉书·乌桓传》："～水草放牧，居无常处。"❸听任，任从。《史记·魏世家》："听使者之恶之，～安陵氏而亡之。"《后汉书·冯衍传下》："弃衡石而意量兮，～风波而飞扬。"❹追寻，追逐。《庄子·则阳》："睹道之人，不～其所废，不原其所起。"阮籍《咏怀》之五十六："婉娈佞邪子，～利来相欺。"❺接着，随即。《史记·留侯世家》："[张]良殊大惊，～目之。"《汉书·邓通传》："长公主赐邓通，吏辄～没入之。"❻足趾。《周易·艮》："艮其腓，不拯其～。”❼六十四卦之一。卦形为震下兑上。《周易·随》：“泽中有雷，～。”❽古国名。姬姓，在今湖北随州市。《左传·桓公六年》：“汉东之国，～为大。”❾古邑名。在今山西介休县。《左传·隐公五年》：“翼侯奔～。”❿姓。

【随辈】 suíbèi 随同众人。《后汉书·胡广传》：“广少孤贫，亲执家苦。长大，～～入郡为散吏。”

【随分】 suífèn ❶随意，随处。朱敦儒《临江仙》词：“～～盘筵供笑语，花间社酒新篘。”陆游《蓦山溪·游三荣龙洞》词：“啸台龙岫，～～有云山。”黄庭坚《呻吟斋睡起五首呈世弼》诗：“蔓蒿～～种，杞菊未须锄。”❷照例，照样。姚合《武功县中作》诗之八：“只应～～过，已是错弥深。”郭应祥《好事近·丁卯元夕》词：“今岁度元宵，～～点些灯火。”

【随和】 suíhé ❶随声附和的人。《汉书·梅福传》：“及山阳亡徒苏令之群，蹈藉名都大郡，求党与，索～～，而亡逃匿之意。”❷随侯珠与和氏璧的省称。《史记·李斯列传》：“今陛下致昆山之玉，有～～之宝。”

【随蓝】 suílán 从师学习。取青出于蓝而青于蓝之意。张鷟《龙筋凤髓判》卷二：“～～改质，实藉招携；题竹书名，良资教授。”

【随时】 suíshí ❶顺应时势。《国语·越语下》：“夫圣人～～以行，是谓守时。”❷适应季节变化。《宋书·谢灵运传》：“夏凉寒燠，～～取适。”

【随手】 suíshǒu ❶随即，马上。《史记·淮阴侯列传》：“吾今日死，公亦～～亡矣。”❷信手，随便。杜甫《北征》诗：“学母无不为，晓妆～～抹。”

【随喜】 suíxǐ ❶佛教用语。见人作善事而生欢喜心，随人为善称随喜。又谓游览寺庙为随喜。《胜鬘经》：“尔时世尊于胜鬘所说摄受正法大精进力，起～～心。”杜甫《望兜率寺》诗：“时应清盥罢，～～给孤园。”❷随意。杨万里《待家酿未至且买姜店村酒》诗：“那能待竹叶，～～唤茅柴。”

【随宜】 suíyí 根据实际情况采取相宜的措施。《后汉书·质帝纪》：“今遣使者案行，若无家属及贫无资者，～～赐恤，以慰孤魂。”

【随踵】 suízhǒng 接踵，前后相随。《战国策·齐策三》：“千里而一士，是比肩而立；百士而一圣，若～～而至也。”

【随坐】 suízuò 连坐，因别人犯法而被牵连获罪。《史记·廉颇蔺相如列传》：“王终遣之，即有如不称，妾得无～～乎？”

瀡 suǐ ❶滑。《玉篇·水部》：“～，滑也。”❷见“瀡瀡”。

髓 suǐ ❶骨头中的胶状物。《史记·扁鹊仓公列传》：“乃割皮解肌，诀脉结筋，搦～脑。”❷像骨髓的东西。《晋书·嵇康传》：“［王］烈尝得石～如饴，即自服半，馀半与康。”❸比喻精华。李咸用《读睦修上人歌篇》：“意下纷纷造化机，笔头滴滴文章～。”

靃 suǐ 见 huò。

队 suì 见 duì。

岁（歲、嵗） suì ❶木星。《国语·晋语四》：“～在寿星及鹑尾，其有此土乎！”孟浩然《田家元日》诗：“昨夜斗回北，今朝～起东。”❷年。《吕氏春秋·长见》：“故圣人上知千～，下知千～也。”《后汉书·顺帝纪》：“令郡国守相视事未满～者，一切得举孝廉吏。”⑸时间，光阴。《论语·阳货》：“日月逝矣，～不我与。”❸年龄。《孟子·告子上》：“乡人长于伯兄一～，则谁敬？”陆游《雪夜感旧》诗：“晚～犹思事鞍马，当时那信老耕桑？”❹年成，年景。《荀子·王制》：“～虽凶败水旱，使民有所耘矣。”《管子·乘马》：“则所市之地六步一斗，命之曰中～。”

【岁币】 suìbì 两国议和后一方向另一方每年交纳的钱币。《宋史·食货志一》：“战则军需浩繁，和则～～重大，国用常恐不足。”

【岁除】 suìchú 年终之日，除夕。孟浩然《岁暮归南山》诗：“白发催年老，青阳逼～～。”

【岁次】 suìcì 岁星每年所在的星次和干支。也叫年次。陆倕《石阙铭》：“于是～～天纪，月旅太簇。”白居易《祭庐山文》：“维元和十二年，～～丁酉。”

【岁功】 suìgōng 一年的收成。陶渊明《癸卯岁始春怀古田舍》诗之二：“虽未量～～，即事多所欣。”

【岁贡】 suìgòng ❶诸侯郡国每年向朝廷进贡的礼品。《国语·周语上》：“日祭月祀，时享～～。”《汉书·贾山传》：“陛下即位，亲自勉以厚天下，损食膳，不听乐，减外徭，止～～。”❷诸侯郡国每年向朝廷推荐人才。《汉书·食货志上》：“诸侯～～少学之异者于天子。”

【岁华】 suìhuá 岁月。孟浩然《除夜》诗：“那堪正漂泊，来日～～新。”

【岁课】 suìkè ❶按年交纳的赋税。《史记·平准书》：“令封君以下至三百石以上吏，以差出牝马天下亭，亭有畜牸马，～～息。"❷汉代每年从太学中选拔官员的考试。《汉书·儒林传序》："～～甲科四十人为郎中，乙科二十人为太子舍人。"

【岁阑】 suìlán 一年将尽的时候。司空图《有感》诗："～～悲物我，同是冒霜萤。"

【岁暮】 suìmù ❶一年将尽时。《古诗十九首》之十二："四时更变化，～～一何速。"杜甫《垂老别》诗："老妻卧路啼，～～衣裳单。"❷比喻年老。《后汉书·冯衍传下》："年衰～～，悼无成功。"

【岁事】 suìshì ❶一年中应该办的事。《礼记·王制》："成～～，制国用。"❷一年的时序。苏轼《再过泗上》诗之二："客行有期日月疾，～～欲晚霜雪骄。"

【岁夕】 suìxī 一年之末。除夕。《晋书·曹摅传》："狱有死囚，～～，摅行狱，愍之。"

【岁夜】 suìyè 年末之夜，除夕。刘长卿《岁夜喜魏万成郭夏雪中相寻》诗："～～犹难尽，乡春又独归。"

【岁朝】 suìzhāo 一年之始。农历正月初一。《后汉书·周磐传》："～～会集诸生，讲论终日。"

【岁猪】 suìzhū 年终祭祀用的猪。陆游《北园杂咏》之七："林际已看春雉起，屋头还听～～鸣。"

谇(誶) suì ❶责骂。《国语·吴语》："吴王还自伐齐，乃～申胥。"《汉书·贾谊传》："借父耰鉏，虑有德色；母取箕箒，立而～语。"❷责问，诘问。《庄子·山木》："捐弹而反走，虞人逐而～之。"❸告知。班固《幽通赋》："既～尔以吉象兮，又申之以炯戒。"❹谏诤。《楚辞·离骚》："余虽好修姱以鞿羁兮，謇朝～而夕替。"

祟 suì ❶鬼神作怪害人。《管子·权修》："上恃龟筮，好用巫医，则鬼神聚～。"《后汉书·王乔传》："吏人祈祷，无不如应；若有违犯，亦立能为～。"❷灾祸。《史记·田叔列传》："久乘富贵，祸积为～。"《汉书·江充传》："奏言上疾～在巫蛊。"

遂 suì ❶田间水沟。《周礼·考工记·匠人》："广二尺，深二尺，谓之～。"❷水道。《荀子·大略》："迷者不问路，溺者不问～。"《管子·宙合》："阻其路，塞其～，守而物修。"❸通达。《管子·立政》："二曰沟渎不～于隘。"《淮南子·精神训》："何往而不～？"❹成功，顺遂。《老子·九章》："功～身退，天之道。"《国语·晋语二》："夫二国士之所图，无不～也。"⊗既成的。《论语·八佾》："成事不说，～事不谏。"❺成长，养育。《汉书·景帝纪》："除诽谤，去肉刑，赏赐长老，收恤孤独，以～群生。"《论衡·气寿》："天地生物，物有不～。"❻称心，如意。《诗经·曹风·候人》："彼其之子，不～其媾。"杜甫《羌村》诗之一："世乱遭飘荡，生还偶然～。"❼因循。《荀子·儒效》："因天下之和，～文、武之业。"《吕氏春秋·下贤》："文王造之而未～，武王～之而未成。"❽放任，任从。《商君书·算地》："夫弃天物，～民淫者，世主之务过也。"❾进，荐。《周易·大壮》："不能退，不能～。"《吕氏春秋·孟夏纪》："命太尉，赞杰俊，～贤良，举长大。"❿射韝，射箭时戴在左臂的袖套。《仪礼·大射礼》："袒决～。"⓫远郊。《尚书·费誓》："鲁人三郊三～。"⓬副词。终于，竟。《汉书·高帝纪上》："及高祖贵，～不知老父处。"《三国志·蜀书·诸葛亮传》："曹操比于袁绍，则名微而众寡，然操～能克绍以弱为强者，非惟天时，抑亦人谋也。"⓭副词。就，于是。《战国策·秦策一》："舟之侨谏而不听，～去。"《史记·淮阴侯列传》："韩信已定临菑，～东追[田]广，至高密西。"⓮通"隧"。钟下体正中受敲击的地方。《周礼·考工记·凫氏》："为～，六分其厚，以其一为之深而圜之。"⓯通"邃"。深远。见"遂古"。⓰(zhuì)通"坠"。坠落。《周易·震》："震～泥。"《荀子·正论》："国虽不安，不至于废易～亡。"⓱古诸侯国名。妫姓。故地在今山东宁阳县西北。《春秋·庄公十三年》："齐人灭～。"

【遂成】 suìchéng 成就，完成。《楚辞·天问》："纂就前绪，～～考功。"

【遂初】 suìchū 实现夙愿。《晋书·孙绰传》："少与高阳许询俱有高尚之志，居于会稽，游放山水十有馀年，乃作《遂初赋》以致其意。"徐铉《寄江都路员外》诗："县斋晓闭多移病，南亩秋荒忆～～。"

【遂非】 suìfēi 坚持错误。《后汉书·蔡邕传》："董公性刚而～～，终难济也。"

【遂功】 suìgōng 成功。《荀子·富国》："故君国长民者，欲趋时～～。"

【遂古】 suìgǔ 远古，上古。《楚辞·天问》："～～之初，谁传道之？"班固《典引》："伊考自～～，万降戾爰兹。"

【遂过】 suìguò 放任错误，坚持错误。《吕氏春秋·怀宠》："若此而犹有忧恨冒疾～～不听者，虽行武焉亦可矣。"柳宗元《桐叶封弟辨》："若戏而必行之，是周公教王～～也。"

【遂祸】 suìhuò 酿成祸殃。《管子·大匡》："夫君以怒～～，不畏恶亲闻容，昏生无丑也。"

【遂路】 suìlù 通达的道路。《商君书·算地》："都邑～～，足以处其民。"

【遂事】 suìshì ❶既成的事。《淮南子·要略》："揽掇～～之踪，追观往古之迹。"❷专断。《公羊传·襄公十二年》："大夫无～～。"《汉书·冯奉世传》："《春秋》之义亡～～，汉家之法有矫制。"

【遂遂】 suìsuì 随行的样子。《礼记·祭义》："及祭之后，陶陶～～，如将复入然。"

【遂心】 suìxīn 称心，遂意。庾信《谢赵王示新诗启》："犍为舍人，实有诚愿；碧鸡主簿，无由～～。"

【遂隐】 suìyǐn 实现隐遁的愿望。李中《庐山》诗："他年如～～，五老是知音。"

【遂长】 suìzhǎng 成长。《淮南子·修务训》："禾稼春生，人必加功焉，故五谷得～～。"《汉书·景帝纪》："强毋攘弱，众毋暴寡，老耆以寿终，幼孤得～～。"

【遂字】 suìzì 成长蕃育。《汉书·严安传》："五谷蕃孰，六畜～～。"

䜣(䜣) suì 资财。《韩非子·说疑》："故为人臣者，破家残～，内构党与，外接巷族以为誉，从阴约结以相固也。"

碎 suì ❶破碎，粉碎。《史记·廉颇蔺相如列传》："臣头今与璧俱～于柱矣。"《晋书·石崇传》："崇便以铁如意击之，应手而～。"㊀使破碎，摧破。《汉书·赵充国传》："且羌虏易以计破，难以兵～。"李白《秋浦歌》："君莫向秋浦，猿声～客心。"❷琐碎。《后汉书·韦彪传》："恐职事烦～，重有损焉。"《旧唐书·元稹传》："唯杯酒光景间屡为小～篇章以自吟畅。"❸衰败。王安石《还自舅家书所感》诗："黄焦下泽稻，绿～短樊蔬。"

【碎务】 suìwù 琐屑的事务。《晋书·刘毅传》："尚书以毅悬车致仕，不宜劳以～～。"

【碎义】 suìyì 支离破碎的释义。《汉书·艺文志》："后世经传既已乖离，博学者又不思多闻阙疑之义，而务～～逃难，便辞巧说，破坏形体。"

【碎职】 suìzhí 处理杂务的官职。《北史·刘桃符传》："历～～，累迁中书舍人，以勤明见知。"

睟 suì ❶视。《玉篇·目部》："～，视也。"祁骏佳《遁翁随笔》："三月即能走，～而能言。"❷润泽的样子。《孟子·尽心上》："其生色也，～然见于面。"左思《魏都赋》："魏国先生，有～其容。"❸颜色纯一。《法言·君子》："牛玄骍白，～而角。"

【睟容】 suìróng 容貌温和，光润。王融《三月三日曲水诗序》："～～有穆，宾仪式序。"元稹《莺莺传》："常服～～，不加新饰。"

粹 suì 见 cuì。

隧 1. suì ❶隧道，地道。《左传·隐公元年》："大～之中，其乐也融融。"《庄子·天地》："凿～而入井。"㊀指墓道。《国语·周语中》："晋文公既定襄王于郏，王劳之以地，辞，请～焉。"❷道路，通道。《左传·襄公二十五年》："陈侯会楚子伐郑，当陈～者，井堙木刊。"《礼记·曲礼上》："出入不当门～。"❸旋转。《庄子·天下》："若磨石之～。"❹钟下体正中受敲击之处。《周礼·考工记·凫氏》："于上之攠谓之～。"❺通"遂"。远郊。《史记·鲁周公世家》："鲁人三郊三～。"❻通"燧"。烽火台。《汉书·匈奴传》："建塞徼，起亭～，筑外城。"❼通"邃"。深，指车箱的深度。《周礼·考工记·舆人》："参分其～，一在前，二在后。"

2. zhuì ❽通"坠"。《汉书·王莽传上》："危亡之祸，不～如发。"《淮南子·说林训》："悬垂之类，有时而～。"

维(䌲) suì 收丝，把丝收在收丝器上。《说文·糸部》："～，著丝于筟车也。"(《六书故·工事六》："筟车，纺车也。著丝于筳，著筳于车，踏而转之，所谓纺也。")

繐(繐) suì ❶细而疏的麻布。多用作丧服。《礼记·檀弓上》："绤衰～裳，非古也。"李贺《汉唐姬饮酒歌》："无处张～帷，如何望松柏。"❷穗子。《二十年目睹之怪现状》五十六回："[夏作人]匆忙之间，又没有辫～子，将就用一根黑头绳打了结，换上衣冠，出来相见。"

【繐帐】 suìzhàng ❶灵帐，灵幔。陆机《吊魏武帝文》："于台堂上施八尺床～～。"❷麻布做的帐子。苏轼《夜烧松明火》诗："幽人忽富贵，～～芬椒兰。"

燧(㸂、㒸) suì ❶古代取火之具。《韩非子·五蠹》："有圣人作，钻～取火以化腥臊。"《战国策·齐策三》："譬若挹水于河，而取火于～也。"❷边关上用来告警的烽火。《墨子·号令》："与城上烽～相望。"周邦彦《汴都赋》："障垒熄～而摧橹。"㊀烽火台。《盐铁论·本议》："故修障塞，饬烽～，屯戍以备之。"❸火炬，火把。《左传·文公十年》："命夙驾载～，宋公违命。"曹植《应诏》："前驱举～，后乘抗旌。"❹燃。《金史·谋衍传》："忽大风，不能～火，路暗莫相辨。"

【燧改】 suìgǎi 古代钻木取火，按季节改变取火的木头叫燧改。元稹《春六十韵》：

"～～鲜研火，阴繁晻澹桐。"

【燧人氏】 suìrénshì 传说中发明钻木取火的古帝。《韩非子·五蠹》："有圣人作，钻燧取火以化腥臊，而民悦之，使王天下，号之曰～～～。"杜甫《写怀》诗之二："祸首～～～，历阶董狐笔。"

璲 suì 随身佩带的瑞玉。《诗经·小雅·大东》："鞙鞙佩～.不以其长。"

檖 suì ❶树名。又叫山梨。《诗经·秦风·晨风》："山有苞棣，隰有树～。"❷通"邃"。深邃。《荀子·礼论》："疏房～貇越席床第几筵，所以养体也。"（貇：通"庙"。指宫室。）

鐩（鐩） suì（又读 wèi） 鼎的一种。《淮南子·说林训》："水火相憎，～在其间。"

邃 suì ❶深，远。《楚辞·招魂》："高堂～宇，槛层轩些。"柳宗元《愚溪诗序》："幽～浅狭，蛟龙不屑。"❷精深。《汉书·任敖传》："苍尤好书，无所不观，无所不通，而尤～律历。"《新唐书·韦夏卿传》："少～于学。"

【邃古】 suìgǔ 远古，上古。《后汉书·班固传》："伊考自～～，乃降戾爰兹。"骆宾王《和闺情诗启》："窃维诗之兴作，肇基～～。"

【邃密】 suìmì ❶精细。朱熹《鹅湖寺和陆子寿》："旧学商量加～～，新知培养转深沉。"❷幽深，幽暗。《晋书·五行志下》："屋宇～～，非龙所处。"

【邃远】 suìyuǎn 深远，深长。《楚辞·离骚》："闺中既以～～兮，哲王又不寤。"

襚 suì ❶给死者穿衣。《说文·衣部》："～，衣死人也。"《左传·襄公二十九年》："楚人使公亲～，公患之。"❷向死者赠衣被。《左传·文公九年》："秦人来归僖公、成风之～。"《后汉书·赵咨传》："丰赀重～，以昭恻隐。"❸泛指向人赠送衣服。刘歆《西京杂记》卷一："今日嘉辰，贵姊懋膺洪册，谨上～三十五条，以陈踊跃之心。"

穟 suì ❶禾穗成熟。见"穟穟"。❷禾穗上的芒刺。岳珂《桯史》卷三："古语有之，投机之会，间不容～。"❸通"穗"。谷穗。陶渊明《酬刘柴桑》诗："新葵郁北牖，嘉～养南畴。"李贺《艾如张》诗："陇东卧～满风雨，莫信笼媒陇西去。"

【穟穟】 suìsuì 禾穗成熟的样子。《诗经·大雅·生民》："荏菽旆旆，禾役～～。"

穗 suì ❶谷类植物的花或果实生长的部分。《诗经·王风·黍离》："彼黍离离，彼稷之～。"《后汉书·蔡茂传》："茂初在广汉，梦坐大殿，极上有三～禾。"[引]泛指穗状的花。谢良辅《荔枝赋》："绿～靡靡，青英苾苾。"❷像穗的东西。白居易《江州雪》诗："城柳方缀花，檐冰才结～。"范成大《晚步宣华旧苑》诗："归来更了程书债，目眚昏花烛～垂。"❸用丝、线或布扎成的下垂的装饰物。《红楼梦》三回："束着五彩攒花结长～宫绦。"

旞（旞） suì 系有完整的彩色鸟羽，用来导车的旌旗。《周礼·春官·司常》："全羽为～，析羽为旌。"柳宗元《岭南节度飨堂记》："旆旗旃～，咸饰于下。"

鐆（鐩、鐩） suì 利用日光取火的铜凹镜。《玉篇·金部》："～，阳鐆，可取火于日中。"

sun

孙（孫） 1. sūn ❶孙子，儿子的儿子。《尔雅·释亲》："子之子为～。"《诗经·鲁颂·閟宫》："后稷之～，实维大王。"[又]与孙子同辈的亲属。《汉书·司马迁传》："宣帝时，迁外～平通侯杨恽祖述其书，遂宣布焉。"❷植物的再生或蘖生者。苏轼《煮菜》诗："秋来霜露满东园，芦菔生儿芥有～。"

2. xùn ❸通"逊"。恭顺，谦恭。《史记·晋世家》："王遇晋公子至厚，今重耳言不～，请杀之。"❹通"逊"。流亡，逃遁。《左传·昭公二十五年》："己亥，公～于齐。"

【孙络】 sūnluò 人体中的细小脉络。《素问·气穴论》："余已知气穴之处，游针之居，愿闻～～溪谷，亦有所应乎？"

【孙息】 sūnxī 子孙后代。黄庭坚《寄老庵赋》："寄吾老于～～，厌群雏之嗷嗷。"

【孙枝】 sūnzhī 新生的嫩枝。嵇康《琴赋》："乃斫～～。"白居易《谈氏外孙生三日》诗："芣苢春来盈女手，梧桐老去长～～。"

【孙竹】 sūnzhú 竹子根部蘖生的嫩枝。《周礼·春官·大司乐》："～～之管，空桑之琴瑟。"

荪（蓀） sūn 香草名。也叫荃。《楚辞·九歌·湘君》："薜荔拍兮蕙绸，～桡兮兰旌。"《旧唐书·崔慎由传》："挺松筠之贞姿，服兰～之懿行。"

搎（搎） sūn 见"扪搎"。

狲（猻） sūn 见"猢狲"。

飧（飱、飡） sūn ❶晚餐。用晚餐。《孟子·滕文公上》："贤者与民并耕而食，饔～而治。"《国语·晋语二》："优施出，里克辟奠，不～而寝。"[引]泛指熟食。《左传·僖公二十三年》:"乃馈盘～。"白居易《宿紫阁山北村》诗:"夺我席上酒,掣我盘中～。"❷水泡饭。《礼记·玉藻》:"君未覆手,不敢～。"(孔颖达疏:"飧谓用饮浇饭于器中也。")

栒 sǔn 见 xún。

损(損) sǔn ❶减少。《老子·四十二章》:"故物或～之而益,或益之而～。"《史记·平准书》:"陛下～膳省用,出禁钱,以振元元。"❷伤,损害。《汉书·礼乐志》:"内则致疾～寿,外则乱政伤民。"刘禹锡《崔元受少府自贬所还遗蕈花以诗答之》:"驿马～筋骨,贵人滋齿牙。"❸丧失。《商君书·慎法》:"以战,必～其将。"《晋书·杜预传》:"不成,不过费～日月之间,何惜而不一试之?"❹贬损,谦退。《三国志·魏书·管辂传》:"未有～已而不光大,行非而不伤败。"《宋史·文天祥传》:"痛自贬～,尽以家赀为军费。"(赀:资。)❺六十四卦之一,卦形为兑下艮上。《周易·损》:"～。有孚,元吉。"❻煞,极。形容极甚。辛弃疾《鹧鸪天》词:"桃李漫山过眼空,也曾恼～杜陵翁。"

【损惠】 sǔnhuì 感谢别人馈赠的敬词。《颜氏家训·勉学》:"人馈羊肉,答书云:'～～蹲鸱。'举朝惊骇,不解事义。"

【损年】 sǔnnián ❶少报年龄。《淮南子·说林训》:"～～则嫌于弟,益年则疑于兄。"❷减少寿命。庾信《小园赋》:"崔骃以不乐～～,吴质以长愁养病。"

【损书】 sǔnshū 称别人来信的敬词。意谓给我写信降低了你的身份。刘琨《答卢谌书》:"～～及诗,备辛酸之苦言,畅经通之远旨。"

【损抑】 sǔnyì 谦退。《宋书·王僧绰传》:"惧其太盛,劝令～～。"也作"损挹"。《后汉书·光武帝纪下》:"情存～～,推而不居。"

【损益】 sǔnyì ❶增减,改动。《论语·为政》:"殷因于夏礼,所～～可知也。"《吕氏春秋·察今》:"虽人弗～～,犹若不可得而法。"❷指利弊。诸葛亮《出师表》:"至于斟酌～～,进尽忠言,则攸之、祎、允之任也。"

笋(筍) 1. sǔn ❶竹笋,竹的嫩芽。可食。《诗经·大雅·韩奕》:"其蔌维何?维～及蒲。"周邦彦《浣溪沙》词:"新～已成堂下竹,落花都上燕巢泥。"⊗竹子。陆游《天竺晓行》诗:"～舆咿轧水云间,惭愧忙身得暂闲。"❷竹轿。《公羊传·文公十五年》:"～将而来也。"❸芦荻的嫩芽。张籍《凉州词》:"边城暮雨雁飞低,芦～初生渐欲齐。"王安石《后元丰行》:"鲥鱼出网蔽洲渚,荻～肥甘胜牛乳。"❹悬挂钟磬的横木。《周礼·考工记·梓人》:"梓人为～虡。"❺通"榫"。榫头。《史记·孟子荀卿列传》"持方枘而内圆凿"司马贞索隐:"方枘是～也,圆凿是孔也。"

2. yún ❻篾青,竹的青皮。后作"筠"。《尚书·顾命》:"西夹南向,敷重～席。"

【笋鞭】 sǔnbiān 竹根。陆游《对食喜咏》:"洗鬴烹蔬甲,携钼劚～～。"

【笋枯】 sǔnkū 笋干。陆游《以莱茹饮酒自嘲》诗:"海客留苔脯,山僧饷～～。"

隼 sǔn 猛禽。鹰类。《国语·鲁语下》:"仲尼在陈,有～集于陈侯之庭而死。"李商隐《重有感》诗:"岂有蛟龙愁失水,更无鹰～与高秋?"

【隼质】 sǔnzhì 比喻凶残的本性。《晋书·慕容云载记》:"然而～～难羁,狼心自野。"

榫 sǔn 榫头,器物利用凹凸方式相接处凸出的部分。《集韵·準韵》:"～,剡木相入。"翟灏《通俗编·杂字》引《程子语录》:"枘凿者,～卯也。"

簨 sǔn 古代挂钟磬的横木。《礼记·明堂位》:"夏后氏之龙～虡,殷之崇牙。"《旧唐书·音乐志二》:"乐县,横曰～,竖曰虡。"

潠 sùn 喷出。《后汉书·郭宪传》:"宪在位,忽回向东北,含酒三～。"李贺《画角东城》诗:"淡菜生寒日,鲕鱼～白涛。"

suo

娑 suō ❶舞蹈。《说文·女部》:"～,舞也。"参见"婆娑"。❷逗弄。无名氏《小张屠》二折:"舞东风剪尾～人。"

【娑娑】 suōsuō 轻扬的样子。《后汉书·张衡传》:"修初服之～～兮,长余佩之参参。"皮日休《桃花赋》:"微动轻风,～～暖红。"

衰 suō 见 shuāi。

莎 1. suō ❶莎草。又名香附子。郑谷《咏怀》:"香锄抛药圃,烟艇忆～坡。"

2. shā ❷见"莎鸡"。

【莎鸡】 shājī 虫名,即纺织娘。《诗经·豳风·七月》:"五月斯螽动股,六月～～振羽。"李白《独不见》诗:"春蕙忽秋草,～～鸣西池。"

唆 suō 怂恿,嗾使。《三国演义》二十三回:"量汝是个医人,安敢下毒害我?必有人～使你来。"

挲(抄) suō 见"摩挲"。

梭 1. suō ❶梭子，织布时牵引纬线的工具。《晋书·谢鲲传》："女投～，折其两齿。"白居易《朱陈村》诗："机～声札札，牛驴走纷纷。"

2. xùn ❷木名。《说文·木部》："～，木也。"

傞 suō ❶舞动。欧阳修《思二亭送光禄谢寺丞归滁阳》诗："石泉咽然鸣，野艳笑而～。"❷龇。《西游记》九十三回："被行者喝一声，把牙～一～，把腰躬一躬，长了有三丈高。"

【傞俄】 suō'é 醉态。周紫芝《鹧鸪天·重九登醉山堂》词："年少登高意气多，黄花压帽醉～～。"

【傞傞】 suōsuō 醉舞、飘舞的样子。《诗经·小雅·宾之初筵》："侧弁之俄，屡舞～～。"罗隐《京口见李侍郎》诗："～～江柳欲矜春，铁瓮城边见故人。"

蓑（簑） 1. suō ❶蓑衣。《诗经·小雅·无羊》："尔牧来思，何～何笠。"柳宗元《江雪》诗："孤舟～笠翁，独钓寒江雪。"❷用草覆盖。《公羊传·定公元年》："仲几之罪何？不～城也。"

2. sāi ❸见"蓑蓑"。

【蓑蓑】 sāisāi 下垂的样子。张衡《南都赋》："布绿叶之萋萋，敷华蕊之～～。"欧阳修《桐花》诗："猗猗井上桐，花叶何～～。"

献 suō 见 xiàn。

趖 suō 走。《说文·走部》："～，走意。"㊀指移动。欧阳炯《南乡子》词："铺葵席，豆蔻花间～晚日。"

缩（縮） suō ❶捆束。《诗经·大雅·绵》："其绳则直，～版以载。"❷收缩，缩减。《淮南子·时则训》："孟春始赢，孟秋始～。"杜甫《前苦寒行》之一："汉时长安雪一丈，牛马毛寒～如猬。"㊀收藏。《战国策·楚策二》："其～甲则可，不然，则愿待战。"❸退缩。《史记·屈原贾生列传》："风漂漂其高遰兮，夫固自～而远去。"❹亏，少。张衡《东京赋》："土圭测景，不～不盈。"❺滤酒，把酒倒在茅上渗下去。《左传·僖公四年》："尔贡包茅不入，王祭不共，无以～酒。"❻直，理直。《礼记·檀弓上》："棺束，～二，衡三。"《孟子·公孙丑上》："自反而不～，虽褐宽博，吾不惴焉。"❼取。《战国策·秦策五》："武安君北面再拜赐死，～剑将自诛。"❽姓。

【缩鼻】 suōbí 形容鄙视的样子。《北史·崔暹传》："［崔㥄］素与魏收不协，收后专典国史，㥄恐被恶言，乃悦之曰：'昔有班固，今则魏子。'收～～笑之，憾不释。"

【缩窜】 suōcuàn 逃窜，退走。《三国志·吴书·吴主传》："今北虏～～，方外无事。"

【缩地】 suōdì 旧指将距离缩短的法术。王建《闻故人自征戍回》诗："安得～～经，忽使在我傍。"

【缩栗】 suōlì 震怖畏缩。《新唐书·李渤传》："干纪之奸不战而拘累，强梁之凶销铄～～，迎风而委伏。"

【缩恧】 suōnǜ 羞愧退缩。柳宗元《乞巧文》："叩稽匍匐，言语谲诡，令臣～～，彼则大喜。"

【缩朒】 suōnǜ 退缩不前。《汉书·五行志下之下》："肃者，王侯～～不任事，臣下弛纵，故月行迟也。"

【缩气】 suōqì 收敛骄盛之气。《新唐书·魏徵传》："发驸马都尉杜中立奸赃，权威～～。"

【缩缩】 suōsuō 畏缩的样子。杜牧《李甘》诗："森森明庭士，～～循墙鼠。"

【缩项】 suōxiàng 缩脖子。形容畏缩的样子。《新唐书·徐有功传》："当此时，左右及卫仗在廷陛者数百人，皆～～不敢息。"

【缩天补地】 suōtiānbǔdì 改天换地。《旧唐书·音乐志一》："高祖～～～～，重张区宇；返魂肉骨，再造生灵。"

所 suǒ ❶处所，地方。《楚辞·离骚》："何～独无芳草兮，尔何怀乎故宇？"《汉书·高帝纪上》："后人来至蛇～，有一老妪夜哭。"㊁位置。《左传·襄公二十三年》："为人子者，患不孝，不患无～。"㊀适宜，适当的处所或位置。《诗经·魏风·硕鼠》："乐土乐土，爰得我～。"诸葛亮《出师表》："必能使行阵和睦，优劣得～。"❷量词。多用来计算建筑物。《后汉书·顺帝纪》："令扶风、汉阳筑陇道坞三百～，置屯兵。"《宋书·沈庆之传》："居清明门外，有宅四～。"❸用在动词之前，构成名词性的词组，指代人或事物。《孟子·公孙丑上》："管仲，曾西之～不为也。"《庄子·养生主》："始臣之解牛之时，～见无非牛者。"❹如，若。多用在誓词或咒语中表假设。《左传·宣公十七年》："献子怒，出而誓曰：'～不此报，无能涉河。'"《国语·晋语四》："～不与舅氏同心者，有如河水。"❺和"为"字配合使用，表示被动。《史记·项羽本纪》："先即制人，后则为人～制。"❻约略估计之数。相当于"许"。《史记·滑稽列传》："从弟子女十人～，皆衣缯单衣，立大巫后。"《后汉书·天文志中》："彗星出天市，长二尺～。"❼数，次数。《尚书·君奭》："故殷礼陟配天，多历年～。"❽意态，意思。《汉书·董贤传》："上有酒～，从容视贤笑。”又《周亚夫传》：“此非不足君～乎？”❾元明军队的一种建制。《元史·兵志二》：“睿宗在潜邸，尝于居庸关立南北口屯军，徼巡盗贼，各设千户～。”《明史·兵志二》：“度要害地，系一郡者设～，连郡者设卫。”

【所欢】 suǒhuān 指情人。刘桢《赠五官中郎将》诗之三：“涕泣洒衣裳，能不怀～～？”

【所生】 suǒshēng ❶指父母。《诗经·小雅·小宛》：“夙兴夜寐，毋忝尔～～。”❷出生地。应劭《风俗通·十反》：“是故伯夷让国以采薇，展禽不去于～～。”

【所所】 suǒsuǒ 象声词，砍树声。《说文·斤部》：“所，伐木声也，从斤，户声。《诗》曰：伐木～～。”

【所天】 suǒtiān 旧称所依靠为生的人（如帝王、父或夫）。《后汉书·梁统传》：“乃敢昧死自陈～～。”潘岳《寡妇赋》：“少丧父母，适人而～～又殒。”

【所在】 suǒzài ❶处所，地方。《史记·魏公子列传》：“公子闻～～，乃间步往从此两人游。”❷处处。《后汉书·陈蕃传》：“致令赤子为害，岂非～～贪虐，使其然乎？”

索 suǒ ❶粗绳子。《墨子·备蛾傅》：“以木为上衡，以麻～大遍之。”司马迁《报任少卿书》：“其次关木～，被箠楚受辱。”㉠绳状的东西。苏轼《菩萨蛮·述古席上》词：“娟娟缺月西南落，相思拨断琵琶～。”汪元量《莺啼序》词：“铁～千寻，漫沉江底。”❷搓，使成绳状。《诗经·豳风·七月》：“昼尔于茅，宵尔～绹。”《论衡·语增》：“传语又称纣力能～铁伸钩，抚梁易柱。”❸法度。《左传·定公四年》：“皆启以商政，疆以周～。”❹求取。《战国策·赵策三》：“秦～六城于王，王以五城赂齐。”《楚辞·离骚》：“众皆竞进以贪婪兮，凭不厌乎求～。”㉧搜索，寻求。《史记·留侯世家》：“秦始皇大怒，大～天下，求贼甚急。”《后汉书·杜林传》：“吹毛～疵，诋欺无限。”❺离散，孤独。《后汉书·袁绍传》：“［韩］馥自怀猜惧，辞绍～去。”陆机《叹逝赋》：“亲落落而日稀，友靡靡而愈～。”❻尽，完。《论衡·偶会》：“粮尽食～，春雨适作，避热北去，复之碣石。”韩愈《司徒兼侍中中书令赠太尉许国公神道碑铭》：“师古诈穷变～，迁延旋军。”❼须，得。王实甫《西厢记》四本四折：“不～踌躇，何须忧虑。”无名氏《冻苏秦》三折：“点汤是逐客，我则～起身。”❽古地名。故地在今河南荥阳市。《史记·项羽本纪》：“与汉战荥阳南京、～间。”❾姓。

【索合】 suǒhé 寻找志同道合的人。《楚辞·九怀·昭世》：“历九州兮～～，谁可与兮终生。”

【索居】 suǒjū 独居。《论衡·祸虚》：“吾离群而～～，亦以久矣。”白居易《与元稹书》：“～～则以诗相慰，同处则以诗相娱。”

【索虏】 suǒlǔ 对外族的蔑称。《资治通鉴·魏文帝黄初二年》：“南谓北为～～，北谓南为岛夷。”陆游《闻虏乱有感》诗：“近闻～～自相残，秋风抚剑泪汍澜。”

【索寞】 suǒmò 孤寂、沮丧的样子。鲍照《行路难》诗之九：“今朝见我颜色衰，意中～～与先异。”冯延巳《鹊踏枝》词：“休向尊前情～～。”曾巩《繁昌县兴造记》：“政事愈以疵，市区愈以～～，为乡老吏民者羞且憾之。”也作“索莫”、“索漠”。《文心雕龙·风骨》：“思不环周，～～乏气。”李白《赠范金卿》诗：“只应自～～，留舌示山妻。”

【索强】 suǒqiáng 争强。毛滂《浣溪沙·咏梅》词：“月样婵娟雪样清，～～先占百花春。”

【索然】 suǒrán ❶离散、零落的样子。《晋书·羊祜传》：“至刘禅降服，诸营堡者～～俱散。”苏轼《超然亭记》：“而斋厨～～，日食杞菊。”❷流泪的样子。《庄子·徐无鬼》：“子綦～～出涕曰：‘吾子何为以至于是极也？’”

【索索】 suǒsuǒ ❶恐惧的样子。《周易·震》：“震～～。”❷冷落无生气的样子。庾信《拟咏怀》之一：“～～无真气，昏昏有俗心。”❸象声词。形容细碎的声音。江总《贞女峡赋》：“山苍苍以坠叶，树～～而摇枝。”

【索笑】 suǒxiào 取笑。陆游《梅花》诗：“不愁～～无多子，惟恨相思太瘦生。”

【索隐】 suǒyǐn 寻求隐深的意义或道理。《汉书·艺文志》：“孔子曰：‘～～行怪，后世有述焉，吾不为之矣。’”《后汉书·顺帝纪》：“诏大将军、公、卿举贤良方正、能探赜～～者各一人。”（赜：深奥。）

【索战】 suǒzhàn 求战，挑战。杜甫《即事》诗：“群凶犹～～，回首意多违。”

唢（嗩） suǒ 见“唢呐”。

【唢呐】 suǒnà 一种吹奏乐器。波斯语sunan的音译。《清文献通考·乐考·夷部乐》：“其乐器有大鼓、小鼓、铜号、铰子、～～……。”

琐（瑣、瑣、璅） suǒ ❶细碎的玉声。《说文·玉部》：“～，玉声也。”参见“琐琐”。❷细小，细碎。《诗经·邶风·旄丘》：“～兮尾兮，流离之子。"柳宗元《读韩愈所著〈毛颖传〉后题》:"而贪常嗜～者犹呫呫然动其喙。"⑤仔细。《汉书·丙吉传》:"召东曹案边长史～科条其人。"❸连环,链索。后作"锁"。《后汉书·仲长统传》:"古来绕绕,委曲如～。"⑤拘系。《资治通鉴·后晋高祖天福元年》:"[契丹主]遂～德钧、延寿,送归其国。"❹门窗上镂刻的连环形花纹。《楚辞·离骚》:"欲少留此灵～兮,日忽忽其将暮。"庾信《小园赋》:"赤墀青～,西汉王根之宅。"

【琐才】 suǒcái 细小的才能,庸材。《后汉书·吕强传》:"陛下或其～～,特蒙恩泽。"也作"琐材"。《汉书·叙传下》:"[晁]错之～～,智小谋大,祸如发机,先寇受害。"

【琐琐】 suǒsuǒ ❶声音细碎。《颜氏家训·书证》引《道经》:"合口诵经声～～,眼中泪出珠子碟。"杜牧《送刘三复郎中赴阙》诗:"玉珂声～～,锦帐梦悠悠。"❷卑微、细小的样子。《诗经·小雅·节南山》:"～～姻亚,则无朊仕。"《三国志·魏书·陈矫传》:"馀子～～,亦焉足录哉?"

【琐闼】 suǒtà 刻有连琐图案的宫门。《乐府诗集·汉宗庙乐舞辞·章庆舞》:"雾集瑶阶～～,香生绮席华茵。"也泛指宫禁。毛杰《与卢藏用书》:"擢为近侍,所以从容禁省,出入～～。"

【琐闱】 suǒwéi 雕刻连环形图案的宫中门。王维《酬郭给事》诗:"晨摇玉佩趋金殿,夕奉天书拜～～。"

【琐屑】 suǒxiè 细碎,烦琐。韩愈《送灵师》诗:"纵横杂谣俗,～～咸罗穿。"梅尧臣《送苏子美》诗:"壳物怪～～,蠃蚬固无数。"

【琐言】 suǒyán 琐细之言。刘知几《史通·书事》:"乃专访州闾细事,委巷～～,聚而编之。"

惢 1. suǒ ❶心疑。《说文·惢部》:"～,心疑也。"卫元嵩《元包经·孟阴》:"内有～,下有事。"

2. ruǐ ❷沮丧的样子。左思《魏都赋》:"有靦瞢容,神～形茹。"

葰 suǒ 见 suī。

锁(鎖、鎻、鏁) suǒ ❶门锁。用锁锁。杜甫《忆昔行》:"弟子谁依白茅屋,卢老独启青铜～。"卢仝《忆金鹅山沈山人》诗之二:"夜叉喜欢动关～,～声掾地生风雷。"⊗锁上。杜甫《哀江头》诗:"江头宫殿～千门,细柳新蒲为谁绿。"❷封闭,幽闭。李白《宫中行乐词》之二:"玉楼巢翡翠,珠殿～鸳鸯。"刘禹锡《城东闲游》诗:"斜阳众客散,空～一园春。"❸锁链。《汉书·王莽传下》:"以铁～琅当其颈。"苏轼《上蔡省主论放欠书》:"日与小民结为嫌恨,鞭笞～系。"❹拘系,囚禁。东方朔《与友人书》:"不可使尘网名缰拘～。"《梁书·鲍泉传》:"鲍郎有罪,令旨使我～卿。"❺皱(眉)。高明《琵琶记》二十九出:"你有甚么不足,只管～了眉头也。"

鞢 suǒ 见"鞢䩠"。

【鞢䩠】 suǒduó 古代西域少数民族所穿无前壅的靴。《新唐书·西域传上》:"足曳～～。～～,履也。"

些 suò 见 xiē。

溹 suò 水名,今称溹河。源出河南荥阳市南,流入贾峪河。《山海经·北次三经》:"～水出于其阳,而东流注于泰陆之水。"

T

ta

它 tā 见 tuō。

他(佗) 1. tā ❶别的,其他的。《诗经·小雅·巧言》:"～人有心,予忖度之。"《左传·隐公元年》:"～邑唯命。"《孟子·梁惠王上》:"古之人所以大过人者无～焉,善推其所为而已矣。"❷第三人称代词。张鷟《游仙窟》："计时应拒得，佯作不禁～。"《大唐三藏取经诗话》卷上："外有一库，可令～守库。"

2. tuó 见"他他藉藉"。

【他肠】 tācháng 异心，恶意。《史记·万石张叔列传》："上以为廉，忠实无～～，乃拜绾为河间王太傅。"也作"它肠"。《汉书·卫绾传》："上以为廉，忠实无～～。"

【他端】 tāduān 别的办法或对策。《史记·魏公子列传》："今有难，无～～，而欲赴秦军，譬若以肉投馁虎，何功之有哉！"

【他故】 tāgù ❶别的缘故、理由。《楚辞·离骚》："岂其有～～兮，莫好修之害也。"《史记·龟策列传》："王行仁义，其罚必来。此无～～，其祟在龟。"《后汉书·冯绲传》："大人在州，志欲去恶，实无～～，必是凶人妄诈，规肆奸毒。"❷另一件事。《韩非子·说难》："彼显有所出事，而乃以成～～。"

【他日】 tārì ❶往日，过去的某一天或某一个时期。《左传·襄公二十五年》："～～，吾见蔑之面而已，今吾见其心矣。"（蔑：人名。）《礼记·檀弓上》："～～不败绩而今败绩，是无勇也。"❷平日。《孟子·梁惠王下》："～～君出，则必命有司所之，今乘舆已驾矣，有司未知所之，敢请。"❸别日，某一天。《孟子·滕文公下》："～～，子夏、子张、子游，以有若似圣人，欲以所事孔子事之，强曾子。"苏轼《日喻》："或告之曰：'日之状如铜盘，……'～～闻钟，以为日也。"

【他山】 tāshān 也作"它山"。❶指异国。《诗经·小雅·鹤鸣》："～～之石，可以攻玉。"（攻：治。郑玄笺："它山喻异国。"）❷别处的山。李材《游山寺》诗："细泉分别涧，小径入～～。"

【他生】 tāshēng 来生。白居易《香山寺二绝》之二："且共云泉结缘境，～～当作此山僧。"

【他志】 tāzhì 别的意图、打算。《左传·襄公三十一年》："令尹似君矣，将有～～。"《史记·吴太伯世家》："伍员知光有～～，乃求勇士专诸，见之光。"（见：现。）

【他他藉藉】 tuótuójíjí 交横错乱的样子。也作"它它藉藉"。司马相如《上林赋》："不被创刃而死者，～～～～，填坑满谷，掩平弥泽。"

鞁 tā 见sǎ。

塌 1. tā ❶下陷，倒坍。杜甫《苏端薛复筵简薛华醉歌》："忽忆雨时秋井～，古人白骨生青苔，如何不饮令心哀。"（井：指贵者之墓。）❷垂下，垂落。温庭筠《鸿胪寺偶成四十韵》："败荷～作泥，死竹森如枪。"❸精神委顿的样子。见"塌然"。❹农田初种。王祯《农书》卷二："初耕曰～，再耕曰转。"

2. dā ❺下垂的样子。见"塌翼"。

【塌房】 tāfáng 货栈，仓库。《明史·食货志五》："帝乃命于三山诸门外，濒水为屋，名～～，以贮商货。"

【塌然】 tārán 失意委顿的样子。杜甫《垂老别》诗："弃绝蓬室居，～～摧肺肝。"苏舜钦《遣闷》诗："白鹄翅翼伤，～～困泥涂。"

【塌飒】 tāsà 失意的样子。范成大《阊门初泛二十四韵》："生涯都～～，心曲漫峥嵘。"

【塌翼】 dāyì 垂下翅膀。比喻失意不振。陈琳《讨曹操檄》："垂头～～。"杜甫《别苏徯赴湖南幕》诗："十年犹～～，绝倒为惊呼。"

獭（獺） tǎ 兽名。水居食鱼，毛皮可作大衣、帽子等。《孟子·离娄上》："为渊驱鱼者，～也。"《后汉书·南蛮西南夷传》："有邑君长，皆赐印绶，冠用～皮。"

【獭祭鱼】 tǎjìyú 獭性贪，捕鱼时常将所捕之鱼陈列水边，如人之祭祀，称之獭祭鱼。《礼记·月令》："东风解冻，蛰虫始振，鱼上冰，～～～，鸿雁来。"比喻堆积成文，罗列典故。孔平仲《谈苑》："李商隐为文，多检阅书册，左右鳞次，号～～～。"

达 tà 见dá。

拓 tà 见tuò。

沓 1. tà ❶话语多。《诗经·小雅·十月之交》："噂～背憎，职竞由人。"❷重叠。《庄子·田子方》："适矢复～，方矢复寓。"参见"沓合"。㊃纷乱，繁杂。见"沓杂"。❸会合。《楚辞·天问》："天何所～，十二焉分？"扬雄《羽猎赋》："出入日月，天与地～。"❹轻慢，松懈。《国语·郑语》："唯谢、郑之间，其冢君侈骄，其民怠～其君。"❺水沸涌。枚乘《七发》："发怒庢～，清升逾跇。"❻在行进中击鼓。庾信《哀江南赋》："伐秦车于畅毂，～汉鼓于雷门。"❼贪得无厌。《国语·郑语》："其民～贪而忍，不可因也。"❽量词。用于成套的器物。《世说新语·任诞》："定是二百五十～乌樏。"（乌樏：黑色分成格的食盘。一具为一沓。）

2. dá ❾量词。用于叠起来的纸张或其他薄的东西。陶宗仪《辍耕录》卷二十："外包五色绒，朱书符命一～。"

【沓合】 tàhé 重叠，重合。江淹《横吹赋》：

"石硿硥而成象,山～～而为一。"

【沓墨】 tàmò 贪污。《新唐书·王绯传》:"始,部中首领～～,民诣府诉,府曹素相饷谢,未尝治。"

【沓沓】 tàtà ❶话多,喋喋不休的样子。《孟子·离娄上》:"事君无义,进退无礼,言则非先王之道者,犹～～也。"❷行动急速的样子。《汉书·礼乐志》:"神之行,旌容容,骑～～,般纵纵。"(颜师古注:"沓沓,疾行也。")❸重叠的样子。张循之《巫山高》诗:"巫山高不极,～～状奇新。"

【沓杂】 tàzá 繁多杂乱。枚乘《七发》:"壁垒重坚,～～似军行。"

【沓至】 tàzhì 连续不断地来,纷纷到来。周密《齐东野语·洪景卢》:"洪景卢居翰苑日,尝入直,值制诰～～,自早至晡,凡视二十馀草。"

汰(澾)

tà 滑,滑动。韩愈《答张彻》诗:"石剑攒高青,磴藓～拳跼。"(拳跼:局促不得伸展。)

闼(闥)

tà ❶门与屏之间。《诗经·齐风·东方之日》:"彼姝者子,在我～兮。"❷宫中小门。泛指门。《汉书·高后纪》:"高后女主制政,不出房～。"《后汉书·王闳传》:"即带剑至宣德后～。"(宣德:宫殿名。)❸急速的样子。嵇康《琴赋》:"～尔奋逸,风骇云乱。"

挞(撻)

tà ❶用鞭、杖等物打人。《礼记·内则》:"父母怒,不说,而～之流血。"(说:悦。)《世说新语·文学》:"郑玄家奴婢皆读书,尝使一婢,不称旨,将～之。"❷拍打。李贺《上之回》诗:"悬红云,～凤尾。"❸疾速的样子。《诗经·商颂·殷武》:"～彼殷武,奋伐荆楚。"

【挞罚】 tàfá 鞭打处罚。《周礼·地官·闾胥》:"凡事,掌其比,觵～～之事。"

狧(狯)

1. tà ❶犬食物。《说文·犬部》:"～,犬食也。"

2. shì ❷通"舐"。用舌去舔物。《汉书·吴王刘濞传》:"语有之曰:'～糠及米。'"

【狧狧】 tàtà 贪欲的样子。扬雄《太玄经·䛇》:"荧䛇～～,不利有攸往。"

【狧糠及米】 shìkāngjímǐ 比喻由外入内,逐步侵蚀渐至全体。《史记·吴王濞列传》:"里语有之,'～～～～。'吴与胶西,知名诸侯也,一时见察,恐不得安肆矣。"

谵(譫)

tà ❶妄语,荒诞的话。《魏书·安定王休传》:"谭～明昏,有亏礼教。"(谭:聚议。)❷议论纷纭。见"谵谵"。

【谵谵】 tàtà 众说纷纭。《荀子·正名》:"愚者之言,芴然而粗,啧然而不类,～～然而沸。"(芴然:没有根据。啧:争吵。)

涾

tà 水沸腾溢出来。鲍照《登大雷岸与妹书》:"轻烟不流,华鼎振～。"李白《化城寺大钟铭》:"金精转～以融熠,铜液星荧而璀熿。"

【涾沲】 tàduò 水波重叠的样子。木华《海赋》:"长波～～,迤涎八裔。"(迤涎:曲折连绵。)杜甫《有事于南郊赋》:"～～乎涣汗,纡馀乎经营。"

湿

tà 见 shī。

荅

tà 见 dá。

搭

tà 见 dā。

嗒

1. tà ❶见"嗒然"。

2. dā ❷舐。《玉篇·口部》:"～,舐也。"

【嗒然】 tàrán 忘怀的样子。《广韵·盍韵》:"嗒,～～,忘怀也。"白居易《隐几赠客》诗:"有时犹隐几,～～无所偶。"

【嗒焉】 tàyān 失魂落魄的样子。《庄子·齐物论》:"仰天而嘘,～～似丧其耦。"

阘(闒)

tà ❶楼上小门。《说文·门部》:"～,楼上户。"㊀卑下。《玉篇·门部》:"～,下意也。"参见"阘茸"。❷通"鞈"。鼓声。《周礼·夏官·大司马》"中军以鼙鼓令"郑玄注引《司马法》:"鼓声不过阊,鼙声不过～。"(鼙:军鼓。)❸通"榻"。长狭而低的坐卧用具。《盐铁论·散不足》:"中者獏皮代旃,～坐平莞。"❹通"塌"。下垂。孙柚《琴心记·夜亡成都》:"簪儿坠,云鬓～。"

【阘鞠】 tàjū 古代一种习武的游戏,类似于今天踢足球。也作"踏鞠"、"蹴鞠"。《资治通鉴·周显王三十六年》:"临淄甚富而实,其民无不斗鸡、走狗、六博、～～。"

【阘茸】 tàróng ❶卑贱,卑贱之人。《史记·屈原贾生列传》:"～～尊显兮,谗谀得志。"《盐铁论·非鞅》:"贤知之士,～～所恶也。"(知:智。)❷才能低下。《三国志·魏书·公孙瓒传》注引《典略》:"臣虽～～,名非先贤,蒙被朝恩,当此重任。"❸懦弱,遇事不振作。诸葛亮《弹廖立表》:"立奉先帝无忠孝之心,守长沙则开门就敌,领巴郡则有阘昧～～其事。"陈亮《上孝宗皇帝第一书》:"胥吏坐行条令,而百官逃责,人才日以～～。"❹指劣马。《楚辞·九叹·忧苦》:"同驽骡与乘驵兮,杂斑驳与～～。"(斑驳:

混杂。)

镕(錔) tà ❶用金属包裹器物,犹今之金属套。《元史·舆服志二》:"鞘以沙鱼皮,饰絛革鞈~。"❷套。《史记·鲁周公世家》:"郈氏金距。"裴骃《集解》引服虔曰:"以金~距。"

搨 tà ❶下垂,牵拉。陈琳《为袁绍檄豫州文》:"皆垂头~翼。"❷同"拓"。把碑刻、铜器等文物的形状和上面的文字、图像拓印下来。王建《原上新居》诗之十一:"古碣凭人~。"⊗将书画依样描摹。张彦远《历代名画记》:"古时才子~画,十得七八不失神采笔踪。"

緆(緆) tà 用绳索去套物或人。《资治通鉴·唐则天后万岁通天元年》:"契丹设伏横击之,飞索以~玄遇、仁节,生获之。"(玄遇、仁节:人名。)

漯 1. tà ❶水名。故道在今山东省。《尚书·禹贡》:"浮于济~,达于河。"(浮:顺流。河:黄河。)《孟子·滕文公上》:"禹疏九河,瀹济~,而注诸海。"(瀹:疏导。)

2. luò ❷地名。漯河市,在今河南省。

3. lěi ❸同"灅"。古水名,发源于山西省代县。《集韵·旨韵》:"~,水名,出雁门。或作灅。"

榻(榻) tà ❶长狭而低的坐卧用具。刘熙《释名·释床帐》:"长狭而卑曰~。"(卑:低。)《后汉书·徐稺传》:"蕃在郡不接宾客,唯稺来特设一~,去则县之。"(县:悬。)欧阳修《非非堂记》:"设一几一~,架书数百卷,朝夕居其中。"❷几案。《三国志·吴书·鲁肃传》:"众宾罢退,肃亦辞出,[孙权]乃独引肃还,合~对饮。"❸通"搨"。摹印。汤显祖《牡丹亭·训女》:"闲~着鸳鸯绣谱。"

【榻布】 tàbù 粗厚的布。也作"荅布"。《史记·货殖列传》:"~~皮革千石。"

毾(毾) tà 见"毾㲪"。

【毾㲪】 tàdēng 有彩纹的细毛毯。《后汉书·西域传》:"又有细布,好~~、诸香、石蜜、胡椒、薑、黑盐。"

舓(䑜) tà 喝,饮。《说文·舌部》:"~,歠也。"⑸吞没。韩愈《曹成王碑》:"标光之北山,~随光化。"(标:劫。光:光州。)

阘 tà 见xī。

鞈 tà 见gé。

踏(蹋、躢、蹹) 1. tà ❶足着地。《玉篇·足部》:"~,足著地。"❷踩,践踏。《汉书·武五子传》:"山阳男子张富昌为卒,足~开户,新安令史李寿趋抱解太子,主人公遂格斗死。"《后汉书·曹节传》:"作乱王室,撞~省闼。"贾思勰《齐民要术·种葵》:"足~使坚平。"❸勘验,实地察看。《元史·刑法志》:"诸郡县灾伤,过时不申,或申不以实,及按治官不以时检~,皆罪之。"(治官:考查实情的官吏。)❹迈步。王安石《春怨》诗:"游人少春恋,~去却寻春。"❺吞咽。李贺《感讽》诗之一:"县官~飧去,簿吏复登堂。"

2. tā ❻切实。见"踏实"。

【踏碓】 tàduì 用足踩碓舂米。碓,捣米的器具,用木、石制成。陆游《农家歌》:"腰镰卷黄云,~~舂白玉。"

【踏歌】 tàgē 以足踏地为节奏歌唱。李白《赠汪伦》诗:"李白乘舟将欲行,忽闻岸上~~声。"

【踏鞠】 tàjū 同"阘鞠"。古代一种习武的游戏。《汉书·霍去病传》:"其在塞外,卒乏粮,或不能自振,而去病尚穿域~~也。"

【踏青】 tàqīng 春日郊游。刘禹锡《竹枝词》之五:"昭君坊中多女伴,永安宫外~~来。"苏辙《踏青》诗:"江上冰消岸草青,三三五五~~行。"

【踏月】 tàyuè 月下散步。温庭筠《秘书刘尚书挽歌》:"折花兼~~,多歌柳郎词。"

【踏实】 tāshí 切实,不浮躁。朱熹《答包详道》:"观古人为学,只是升高自下,步步~~。"

艡 tà 大船。梁元帝《吴趋行》:"莲花逐床返,何时乘~归。"

嚃 tà 不嚼而咽。《禮記·曲禮上》:"毋~羹。"(鄭玄注:"嚃,為不嚼菜。")

誻 tà 堆积,累积。《广韵·合韵》:"誻,积厚。"《颜氏家训·书证》:"俗间又有~~语,盖无所不施,无所不容之意也。"

【誻伯】 tàbó 分不清好歹的人。《新唐书·常衮传》:"惩元载败,窒卖官之路,然一切以公议格之,非文词者,皆摈不用,故世谓之~~,以其誻誻无贤不肖之辨云。"

䵬 tà 志气消沉,行为放纵。见"䵬伯"。

【䵬伯】 tàbó 原作"誻伯"。意志消沉,行为放纵而好打抱不平的人。《颜氏家训·书证》:"《晋中兴书》:'太山羊曼,常颓纵任侠,饮酒诞节,兖州号为誻伯。'此字皆无音训。……顾野王《玉篇》误为黑傍沓。吾所见数本,并无作黑者。"(《晋书·羊曼传》"百衲本"作"䵬伯","标点本"作"誻伯"。)

tai

胎 tāi ❶人及哺乳动物母体内孕而未生的幼体。《说文·肉部》:"～,妇孕三月也。"《战国策·赵策四》:"刳～焚夭。"(夭:胎已出者。)《汉书·礼乐志》:"众庶熙熙,施及夭～,群生啿啿,惟春之祺。"(啿啿:丰厚的样子。)㊀事物的根源或肇始。《汉书·枚乘传》:"福生有基,祸生有～。"段成己《题张郎中明皇小决图》诗:"志在驱驰祸已～。"❷器物的坯子。《新五代史·慕容彦超传》:"铁为质而包以银,号铁～银。"

【胎发】 tāifà ❶婴儿刚出生时的头发。白居易《阿崔》诗:"腻剃新～～,香绷小绣襦。"❷比喻年老头发脱落疏稀。陆游《旅舍偶题》诗:"童颜几岁已辞镜,～～今朝还入梳。"❸指用胎毛制作的笔。齐己《送胎发笔寄仁公》诗:"内惟～～外秋毫,绿玉新裁管束牢。"

【胎教】 tāijiào 妇女怀胎后,要注意自身的修养,谨言慎行,给胎儿以良好的影响。《论衡·命义》:"性命在本,故《礼》有～～之法。"《韩诗外传》卷九:"吾怀妊是子,席不正不坐,割不正不食,～～之也。"

【胎息】 tāixī 古代道家的一种修养之术,类似今天的气功。《抱朴子·释滞》:"其大要者,～～而已。得～～者,能不以鼻口嘘吸,如在胞胎之中,则道成矣。"

台[1] 1. tái ❶星名,即三台。《晋书·天文志上》:"三～六星,两两而居。"又《郗鉴传论》:"方回踵武,奕世登～。"㊂表示对人的尊称。欧阳修《与程文简公书》:"某顿首,伏承～诲。"❷通"鲐"。见"台背"。

2. yí ❸第一人称代词。我,我的。《史记·殷本纪》:"匪～小子,敢行举乱。"❹疑问代词。何。《尚书·汤誓》:"今汝其曰:'夏罪其如～?'"(夏:指夏桀。)❺通"怡"。愉快。《史记·太史公自序》:"诸吕不～。"

3. tāi ❻地名。唐代改海州为台州,因天台山得名。地辖在今浙江临海、黄岩、宁海等市县。

【台背】 táibèi 即"鲐背"。指年老长寿的人。老年人背上生有斑纹似鲐鱼之纹故称。《诗经·鲁颂·閟宫》:"黄发～～,寿胥与试。"

【台鼎】 táidǐng 称三公或宰相。星有三台,鼎有三足,以"台鼎"称之,以示地位显贵。《后汉书·陈球传》:"公出自宗室,位登～～,天下瞻望。"

【台辅】 táifǔ 指三公或宰相之位。《后汉书·周举传》:"明公年过八十,位为～～,不于今时竭忠报国,惜身安宠,欲以何求?"

【台阶】 táijiē 星名。即"三台"与"泰阶"的并称。比喻三公之位。《后汉书·崔骃传》:"不以此时攀～～,阙紫闼,据高轩,望朱阙,夫欲千里而咫尺未发,蒙窃惑焉。"(李贤注:"三台谓之三阶,三公之象也。")《资治通鉴·汉顺帝阳嘉二年》:"三公上应～～,下同元首。"

【台宿】 táixiù 星名,即三台。古时比拟三公。《后汉书·刘玄传》:"夫三公上应～～,九卿下括河海。"

台[2]**(臺)** tái ❶高而平的建筑物。《尔雅·释宫》:"四方而高曰～。"《老子·六十四章》:"九层之～,起于累土。"《国语·齐语》:"昔吾先君襄公筑～以为高位。"❷官署名,汉设御史台、兰台。《汉书·百官公卿表》:"御史大夫……有两丞,秩千石。一曰中丞,在殿中兰～,掌图籍秘书。"❸奴隶中最低的一个等级。《左传·昭公七年》:"人有十等,下所以事上,……故王臣公,公臣大夫,大夫臣士,士臣皁,皁臣舆,舆臣隶,隶臣僚,僚臣仆,仆臣～。"㊂卑贱的职位。《后汉书·济南安王康传》:"明其典法,出入进止,宜有期度,舆马～隶,应为科品。"(李贤注:"台、隶,贱职也。")❹对人的尊称,古代下属称上级为宪台、堂台,朋友间尊称为兄台、台下。洪昇《长生殿·进果》:"望～下轻轻放手。"❺通"薹"。草名,莎草。《诗经·小雅·南山有台》:"南山有～,北山有莱。"❻持,支。《淮南子·俶真训》:"其所居神者,～简以游太清。"(高诱注:"臺,犹持也。")❼姓。

【台臣】 táichén 谏官。《元史·张起岩传》:"今～～坐谴,公论杜塞,何谓法祖宗耶?"

【台端】 táiduān ❶官名,唐代称侍御史为台端。《新唐书·百官志》:"侍御史号～～,人称之曰端公。"《通典·职官六》:"侍御史之职有四……台内之事悉主之,号为～～,他人称之曰端公。"❷旧时对人的尊称。

【台阁】 táigé ❶尚书。《三国志·魏书·夏侯尚传》:"夫官才用人,国之柄也,故铨衡专于～～,上之分也。"❷指尚书台等官府。古诗《为焦仲卿妻作》:"汝是大家子,仕宦于～～。"❸亭台楼阁。《后汉书·梁冀传》:"～～周通,更相临望,飞梁石磴,陵跨水道。"

【台官】 táiguān 尚书或御史的别称。《宋书·百官志上》:"汉制,公卿御史中丞以下,遇尚书令、仆、丞、郎皆辟车豫相迴避,～～过乃得去。"

【台笠】 táilì 用薹草编制的斗笠。《诗经·

小雅·都人士》：“彼都人士，～～缁撮。”

【台门】　táimén　❶门楼，用以瞭望守卫之用。《礼记·礼器》：“不藏圭，不～～，言有称也。”❷城门。崔豹《古今注·都邑》：“城门皆筑土为之，累土曰台，故亦谓之～～也。”❸南朝称朝廷禁省为台，因称禁城城门谓台门。

【台省】　táishěng　官署名称，汉代尚书办公地点叫中台，在禁省中，故称台省。《三国志·魏书·夏侯玄传》注引《魏略》：“[李]丰在～～，常多托疾。”唐代尚书省称中台，门下省称东台，中书省称西台，统称台省。韩愈《柳子厚墓志铭》：“使子厚在～～时，自持其身，已能如司马刺史时，亦自不斥。”

【台谢】　táixiè　见“台榭”。

【台榭】　táixiè　积土高而为台，台上筑屋为榭。也泛指楼台亭阁。《左传·襄公三十一年》：“宫室卑庳，无观～～。”（庳：义同卑，低下。）《史记·苏秦列传》：“秦成，则高～～，美宫室，听竽瑟之音。”也作“台谢”。《荀子·王霸》：“～～甚高。”

【台沼】　táizhǎo　高台与池沼，帝王游乐之所。《孟子·梁惠王上》：“文王以民力为台为沼，而民欢乐之。”李贺《梁台古愁》诗：“梁王～～空中立，天河之水夜飞入。”

苔（菭）　1. tái　❶苔藓类隐花植物，常贴地面生长，根、茎、叶不明显。刘禹锡《再游玄都观绝句》：“百亩庭中半是～，桃花净尽菜花开。”

2. tāi　❷舌苔，舌头上的垢腻。

【苔花】　táihuā　成花形的苔。王禹偁《游虎丘山寺》诗：“剑池草色经冬在，石座～～自古斑。”

【苔钱】　táiqián　圆形的苔点，因形似钱，故称苔钱。李贺《巫山高》诗：“楚魂梦寻风飔然，晓风吹雨生～～。”（飔然：风声急的样子。）

【苔衣】　táiyī　❶青苔。林逋《翠微亭》诗：“秋阶响松子，雨壁上～～。”❷泛指苔藓类的植物。《本草纲目·陟厘》：“～～之类有五，在水曰陟厘，在石曰石濡，在瓦曰屋游，在墙曰垣衣，在地曰地衣。”

【苔纸】　táizhǐ　用水苔制作的纸，又名侧理纸。陆游《破阵子》词：“～～闲题谿上句，菱唱遥闻烟外声。”

抬（擡）　tái　❶举，提高。见“抬举”。❷几人共举一物，或用肩扛。《开元天宝遗事·步辇召学士》：“上令侍御者～步辇召学士来。”（步辇：车。）《京本通俗小说·碾玉观音》：“叫两个当直的轮番～一顶轿子。”❸提起，提高。王建《宫词》之二十七：“金砌雨来行步滑，两人～起隐花裙。”❹扬起，向上。岳飞《满江红》词：“～望眼，仰天长啸，壮怀激烈。”《朱子语类·大学四》：“先生略～身，露出两手，如闪出之状。”

【抬举】　táijǔ　❶高举，举。元稹《高荷》诗：“亭亭自～～，鼎鼎难藏擪。”（擪：以手指按捺。）❷奖赏，提拔。白居易《霓裳羽衣曲》诗：“妍蚩优劣宁相远，大都衹在人～～。”《水浒传》十二回：“梁中书见他勤谨，有心要～～他。”

骀（駘）　1. tái　❶劣马。《后汉书·蔡邕传》：“骋驽～于修路，慕骐骥而增驱。”[引]比喻庸才。庾信《代人乞致仕表》：“驱奔效驾，先辍于羸～。”[又]（能力）低下。米芾《天马赋》：“色妙才～。”❷马嚼子脱落。《后汉书·崔骃传》：“驭委其辔，马～其衔。”❸见“骀籍”。❹通“鲐”。见“骀背”。

2. dài　❺疲钝。《孙膑兵法·十问》：“压其～，攻其疑。”❻放荡。见“骀荡”。

3. tāi　❼古地名，春秋时齐地，故址在今山东诸城市东南。《左传·哀公六年》：“使毛迁孺子于～。”

【骀背】　táibèi　即“鲐背”。指长寿。梅尧臣《元日》诗：“举杯更相酬，各尔祝～～。”

【骀籍】　táijí　同“跆籍”。践踏。《史记·天官书》：“三十年之间，兵相～～，不可胜数。”《后汉书·冯衍传上》：“于是江湖之上，海岱之滨，风腾波涌，更相～～。”

【骀荡】　dàidàng　❶放纵，放荡。《庄子·天下》：“惜乎！惠施之才，～～而不得，逐万物而不反。”❷舒缓荡漾。马融《长笛赋》：“安翔～～，从容阐缓。”

炱　tái　❶凝聚的烟尘。《吕氏春秋·任数》：“向者煤～入甑中，弃食不祥，[颜]回攫而饭之。”（甑：古代的炊具。）❷黑色。《素问·风论》：“肾风之状……其色～。”

【炱朽】　táixiǔ　积满灰尘而腐朽。《新唐书·马怀素传》：“是时，文籍盈漫，皆～～蟫断，签縢纷舛。”（蟫：咬书的小虫。签縢：书签和书袋。）

能　tái　见néng。

箬²（薹）　tái　斗笠的一种，用以挡日遮雨。谢朓《在郡卧病呈沈尚书》诗：“连阴盛农节，～笠聚东菑。”（菑：已开垦的田地。）

跆　tái　见“跆籍”。

【跆籍】　táijí　❶践踏。《汉书·天文志》：“兵相～～，秦遂以亡。”❷冒犯。夏侯湛

《东方朔画赞》:"～～贵势。"

鲐(鮐) tái ❶鱼名。《史记·货殖列传》:"～鲎千斤。"(鲎:刀鱼。)❷老年人的代称。见"鲐背"。❸河豚的别名。《正字通·鱼部》:"～,河豚别名。"左思《吴都赋》:"王鲔鯸～,鲫龟鳝鳍。"

【鲐背】 táibèi 也作"台背。"指老年人。《尔雅·释诂》:"鲐背,耇老,寿也。"(郭璞注:"鲐背,背皮如鲐鱼。")张衡《南都赋》:"于是乎鲵齿、眉寿、～～之叟,皤皤然被黄发者,喟然相与歌。"(鲵齿、眉寿、黄发:均指老年人。)

【鲐稚】 táizhì 老人与儿童。《宋书·谢灵运传》:"驱～～于淮曲,暴鳏孤于泗溢。"(溢:水滨。)

薹 tái ❶菜名,即油菜。《玉篇·艸部》:"～,芸薹,菜名。"❷草名。薹草,莎草科,茎、叶可制蓑、笠。《集韵·咍韵》:"～,草名,夫须也。"

大 tài 见dà。

太 tài ❶大。《广雅·释诂一》:"～,大也。"《说文·水部》"夳,古文泰如此"段玉裁注:"后世凡言大而以为形容未尽则作太。"❷身份或辈分高的。《汉书·高帝纪下》:"今上尊太公曰～上皇。"(颜师古注:"太上,极尊之称也。")❸副词。表示程度过分。《韩非子·亡徵》:"出军命将～重,边地任守～尊。"《战国策·秦策一》:"大臣～重者国危,左右～亲者身危。"

【太白】 tàibái ❶金星的别称,又名启明星。传说太白主征伐,古书中多以此喻兵事。《史记·天官书》:"荧惑从～～,军忧;离之,军却。"(荧惑:火星。)❷山名。在今陕西省周至县南。李白《蜀道难》诗:"西当～～有鸟道,可以横绝峨眉巅。"❸旗名。《战国策·赵策三》:"卒断纣之头而悬于～～者,是武王之功也。"❹河神名。枚乘《七发》:"六驾蛟龙,附从～～。"❺唐诗人李白,字太白。

【太半】 tàibàn 过半数,大半,多半。《史记·赵世家》:"五年,代地大动……台屋墙垣～～坏,地坼东西百三十步。"《汉书·高帝纪上》:"今汉有天下～～,而诸侯皆附。"

【太保】 tàibǎo ❶官名,周代始置,为辅佐国君的官。古称三公(太师、太傅、太保)之一,位次于太傅。《尚书·周官》:"立太师、太傅、～～,兹惟三公。"《汉书·百官公卿表》:"太师、～～皆古官。平帝元始元年皆初置。"又:"～～次太傅。"东汉废除,以后历代均设置,多为大官加衔,无实权。❷宋元时称庙祝、巫者为太保。《水浒传》三十九回:"次日早饭罢,烦请戴院长打扮做～～模样。"

【太卜】 tàibǔ 官名。掌管占卜,为卜筮官之长,又名卜正。《吕氏春秋·孟冬》:"是月也,命～～祷祠龟策,占兆审卦吉凶。"《汉书·百官公卿表》:"景帝中六年更名太祝为祠祀,武帝太初元年更曰庙祀,初置～～。"北魏有太卜博士,北齐有太卜丞,北周有太卜大夫,唐设太卜署令,宋以后不设专官。

【太仓】 tàicāng ❶京城储粮的仓库。《史记·平准书》:"～～之粟陈陈相因,充溢露积于外。"《汉书·高帝纪下》:"萧何治未央宫,立东阙、北阙、前殿、武库、～～。"❷官名。掌管仓廪出纳。《汉书·百官公卿表》:"治粟内史,秦官,掌谷货……武帝太初元年更名大司农,属官有～～、均输、平准。"❸胃的别名,道家用语。《上清黄庭内景经·脾长章》:"脾长一尺掩～～。"

【太常】 tàicháng ❶官名。九卿之一,掌管礼乐郊庙社稷事宜。《汉书·百官公卿表》:"奉常,秦官,掌宗庙礼仪,有丞。景帝中六年更名为～～。"后历代沿置,设太常寺。❷旗名。《尚书·君牙》:"惟乃祖乃父,世笃忠贞,服劳王家,厥有成绩,纪于～～。"

【太初】 tàichū ❶未形成天地时的元气。《列子·天瑞》:"～～者,气之始也。"❷太古时期。崔融《嵩山启母庙碑》:"滋萌元气,开辟～～。"❸道家所谓道的本源。《庄子·知北遊》:"若是者,外不观乎宇宙,内不知乎～～。"❹年号。汉武帝年号(公元前104至前101);东晋列国前秦苻登年号(公元386至394)、西秦乞伏乾归年号(公元388至400)、南凉秃发乌孤年号(公元397至399);南朝宋刘劭年号(公元453年)。

【太簇】 tàicòu 也作"太蔟"、"太族"、"泰簇"。❶音律名,十二律之一。律有十二,阳六为律,即黄钟、太簇、姑洗、蕤宾、夷则、无射;阴六为吕,即大吕、夹钟、中吕、林钟、南吕、应钟。《史记·历书》:"黄钟为宫,林钟为徵,～～为商,南吕为羽,姑洗为角。"❷农历正月的别称。《史记·律书》:"正月也,律中～～,～～者,言万物蔟生也。"《吕氏春秋·音律》:"～～之月,阳气始生,草木繁动,令农发土,无或失时。"

【太傅】 tàifù 官名。古代三公(太师、太傅、太保)之一,位次于太师。《史记·吕太后本纪》:"梁王不之国,为帝～～。"《汉书·百官公卿表》:"～～,古官,高后元年初置,金印紫绶。"后历代沿置,多为赠官、加衔之用,无实权。

【太公】 tàigōng ❶尊称父亲或祖父,也尊称他人之父。《史记·高祖本纪》:"高祖五日一朝～～,如家人父子礼。"《后汉书·李固传》:"李氏灭矣！自～～已来,积德累仁,何以遇此?"❷对老年人的尊称。高明《琵琶记·蔡公逼试》:"说话之间,早见张～～来了。"❸周代吕尚的称号,即太公望。《史记·齐太公世家》:"周西伯猎,果遇～～于渭之阳,与语大说,曰:'……吾太公望子久矣。'故号之曰'太公望'。"❹复姓。春秋时有太公调、太公任。

【太古】 tàigǔ 远古,上古。《列子·黄帝》:"～～神圣之人,备知万物情态。"《汉书·艺文志》:"～～有岐伯、俞拊,中世有扁鹊、秦和,盖论病以及国,原诊以知政。"

【太皓】 tàihào ❶传说为古帝名。也作"太皞"。见"太皞"。❷天。《后汉书·郎𫖮传》:"～～悦和,雷声乃发。"

【太皞】 tàihào 也作"太昊"。传说中的古帝名,即伏羲氏。《荀子·正论》:"何世而无嵬,何世而无琐,自～～、燧人莫不有也。"

【太后】 tàihòu 国君或皇帝的母亲。《战国策·赵策四》:"赵～～新用事,秦急攻之。"《汉书·外戚传序》:"汉兴,因秦之称号,帝母称皇～～,祖母称太皇～～,適称皇后,妾皆称夫人。"(適:通"嫡"。)

【太极】 tàijí ❶古称天地原始混沌之气。《周易·系辞上》:"易有～～,是生两仪。"❷天地刚形成之时。《淮南子·览冥训》:"然以掌握之中,引类于～～之上。"《后汉书·蔡邕传》:"昔自～～,君臣始基。"❸指天宫,仙界。《抱朴子·吴失》:"园囿拟上林,馆第僭～～。"

【太牢】 tàiláo 古代祭祀宴会时,牛、羊、豕三牲具备为太牢。《吕氏春秋·仲春》:"是月也,玄鸟至。至之日,以～～祀于高禖。"(高禖:郊禖。禖:主管嫁娶的媒神。)《礼记·王制》:"天子社稷皆～～,诸侯社稷皆少牢。"(少牢:羊豕具备。)《史记·鲁仲连邹阳列传》:"鲁人曰:'吾将以十～～待子之君。'"

【太庙】 tàimiào ❶天子的祖庙。《论语·八佾》:"子入～～,每事问。"《礼记·礼器》:"～～之内敬矣,君亲牵牲,大夫赞币而从。"❷春秋时,鲁国称周公的庙为太庙。《公羊传·文公十三年》:"周公称～～,鲁公称世家。"

【太寝】 tàiqǐn 帝王的祖庙。《吕氏春秋·孟春》:"执爵于～～,三公九卿诸侯大夫皆御,命曰劳酒。"(劳:慰劳。)

【太清】 tàiqīng ❶天空。《楚辞·九叹·远遊》:"譬若王侨之乘云兮,载赤霄而凌～～。"《后汉书·仲长统传》:"敖翔～～,纵意容冶。"❷天道,自然。《淮南子·精神训》:"抱其～～之本,而无所容与,而物能无营。"(营:营惑,乱。)❸道家三清(玉清、太清、上清)之一。《抱朴子·杂应》:"上升四十里,名为～～,～～之中,其气甚刚。能胜人也。"❹年号。东晋列国前凉张天锡年号(公元363—376年)。梁武帝(萧衍)年号(公元547—549年)。

【太上】 tàishàng ❶最高,最上的。《左传·襄公二十四年》:"～～有立德,其次有立功,其次有立言。"《汉书·司马迁传》:"～～不辱先,其次不辱身。"❷太古,远古时代。《礼记·曲礼上》:"～～贵德,其次务施报。"❸皇帝,天子。《汉书·淮南厉王刘长传》:"大王不察古今之所以安国便事,而欲以亲戚之意望于～～,不可得也。"❹太上皇之省称。干宝《晋纪总论》:"至乃易天子以～～之号,而有免官之谣。"❺年号。东晋列国南燕慕容超年号(公元405—410年)。

【太师】 tàishī ❶官名。古代三公(太师、太傅、太保)之最尊者。《尚书·周官》:"立～～、太傅、太保,兹惟三公,论道经邦,燮理阴阳。"《汉书·百官公卿表》:"～～位于太傅上。"汉置,后历代沿称太师。❷乐官之长。周置大师、小师,列国均有此官。《荀子·乐论》:"使夷俗邪音不敢乱雅,～～之事也。"❸复姓。商有太师挚,周有太师疵。

【太史】 tàishǐ ❶官名。史官之长。管修史及天文历法等。秦设太史令,汉代太史为太常之属官,掌管天文历法。《吕氏春秋·孟春》:"先立春三日,～～谒之天子曰:'某日立春,盛德在木。'"❷水名,古代九河之一。❸复姓。汉有太史禀,三国吴国有太史慈。

【太室】 tàishì ❶太庙的中央室。《吕氏春秋·古乐》:"归,乃荐俘馘于京～～。"(京:国都。)❷山名,即嵩山。《史记·楚世家》:"幽王为～～之盟。"

【太岁】 tàisuì ❶星名。古代天文学中假设的一个星名,与岁星(木星)相对应,也称岁阴或太阴。古代天文学家认为岁星十二年一周天,就把黄道分为十二个等次,命名为星纪、玄枵等十二个星次,岁星由西向东每年行经一个星次,十二年周而复始。因为岁星是由西向东运转,与人们所熟悉的由东向西运转的方向不同,古人便设想出一个假岁星,名曰太岁,使其由东向西运转,也命名为十二个星次,以每年太岁所在的星次来纪年,即所谓太岁纪年。❷指太岁之神,表示不吉利。古代方士以太岁所在的方位为凶，禁忌搬迁、兴建房舍等。《论衡·难岁》："方今行道路者，暴疾仆死，何以知非触遇～～之出也？"

【太息】 tàixī ❶长叹。《楚辞·离骚》："长～～以掩涕兮，哀民生之多艰。"《汉书·陈胜传》："胜～～曰：'嗟乎！燕雀安知鸿鹄之志哉。'"❷深呼吸。《史记·苏秦列传》："于是韩王勃然作色，攘臂瞋目，按剑仰天～～。"

【太学】 tàixué ❶古代的大学。相传庠、序、瞽宗、辟廱均为古代大学。汉武帝元朔五年，始置太学，立五经博士。隋初置国子寺，隋炀帝改为国子监。唐设国子、太学、广文、四门，隶属国子监。明以后只设国子监，不设太学。在国子监读书的学生叫太学生。《汉书·董仲舒传》："～～者，贤士之所关也，教化之本原也。"韩愈《进学解》："国子先生晨入～～，招诸生立馆下。"❷明堂，帝王宣明政教的地方。《吕氏春秋·尊师》："天子入～～祭先圣，则齿尝为师者弗臣，所以见敬学与尊师也。"（齿：并列。弗臣：不作为臣子看待。）

【太阳】 tàiyáng ❶日的通称，太阳系的中心天体，恒星。曹植《洛神赋》："远而望之，皎若～～升朝霞。"❷极盛的阳气。《论衡·论死》："气之害人者，～～之气，为毒者也。"❸人体经脉名。《素问·阴阳离合论》："太冲之地，名曰少阴。少阴之上，名曰～～。"《史记·扁鹊仓公列传》："～～色干，肾部上及界要以下者枯四分所。"❹人体穴名，位于眉梢与目外眦后约一寸处。《水浒传》三回："只一拳，～～上正着。"

【太一】 tàiyī ❶古称天地未分之前的混沌之气。古人看作天地万物之本。《淮南子·诠言训》："洞同天地，浑沌为朴，未造而成物，谓之～～。"《礼记·礼运》："必本于～～，分而为天地，转而为阴阳，变而为四时。"❷古代哲学术语。"道"的别名。《庄子·天下》："建之以常无有，主之以～～。"《吕氏春秋·大乐》："万物所出，造于～～，化于阴阳。"❸天神名。也作"泰一"。《史记·封禅书》："古者天子以春秋祭～～东南郊。"❹山名。也作"太乙"、"太壹"，即终南山。王维《终南山》诗："～～近天都，连山到海隅。"

【太阴】 tàiyīn ❶北方，北极。《淮南子·道应训》："卢敖游乎北海，经乎～～，入乎玄阙，至于蒙毂之上。"《汉书·司马相如传》："邪绝少阳而登～～兮，与真人乎相求。"❷指代冬季。曹植《蝉赋》："盛阳则来，～～逝兮。"又指代水。杜甫《滟滪》诗："滟滪既没孤根深，西来水多愁～～。"❸指月亮。杨炯《盂兰盆赋》："～～望兮圆魄皎，阊阖开兮凉风翳。"❹太岁的别称。《广雅·释天》："青龙、天一、～～，太岁也。"❺人体经脉名。《史记·扁鹊仓公列传》："肾气有时间浊，在～～脉口而希，是水气也。"

【太宰】 tàizǎi ❶官名。王室事务总管，位列六卿，相传殷置太宰，周名冢宰，春秋列国名太宰，隋唐以后废置。《韩非子·说林下》："宋～～贵而主断。"❷掌膳食之官。《汉书·百官公卿表》："诸庙寝园食官令长丞，有廱～～、太祝令丞。"

【太祝】 tàizhù 官名。也作大祝、泰祝，掌祝辞祈祷之事。殷置，位列六卿（太乐、太祝、太宰、太史、太卜、太医），历代沿置，清代废。《史记·孝武本纪》："凡六祠，皆～～领之。"《汉书·礼乐志》："～～迎神于庙门，奏嘉至，犹古降神之乐也。"

【太上皇】 tàishànghuáng 皇帝之父，本为追尊死者之号，汉高祖尊其生父为太上皇，后皆为皇帝之父生时的尊号。《史记·高祖本纪》："于是高祖乃尊太公为～～～。"

忕 tài 见 shì。

汏（汰） tài ❶水波。《楚辞·九章·涉江》："乘舲船余上沅兮，齐吴榜以击～。"（榜：划船的桨。）❷冲洗，淘汰。《晋书·孙绰传》："沙之～之，瓦石在后。"苏舜钦《先公墓志铭》："～亢兵，罢非业之作。"❸通"泰"。1)滑，掠过。《左传·宣公四年》："伯棼射王，～辀及鼓跗。"（辀：车辕。鼓跗：鼓架。）2)骄奢，自大。《左传·昭公三年》："君子曰：'礼，其人之急也乎！伯石之～也。'"《礼记·檀弓上》："～哉叔氏，专以礼许人。"

【汏侈】 tàichǐ 骄奢过分。《左传·昭公二十年》："～～，无礼已甚，乱所在也。"又《昭公五年》："～～已甚，身之灾也。"

忲 tài 奢侈。《后汉书·西南夷传》："人俗豪～，居官者皆富及累世。"曾巩《刑部郎中张府君神道碑》："府君平生端重不～，燕间未尝见其懈容。"

态（態） tài ❶态度，情状。《楚辞·离骚》："宁溘死以流亡兮，余不忍此～也。"（溘：忽然。）《战国策·秦策一》："科条既备，民多伪～。"（科条：法令规则。）《国语·晋语一》："天强其毒，民疾其～，其乱生哉！"❷姿态，神情。《史记·老子韩非列传》："～色与淫志，是皆无益于子之身。"陆游《秋思》诗之二："山晴更觉云含～，风定闲看水弄姿。"

【态臣】 tàichén 佞媚奸诈之臣。《荀子·臣道》："然而巧敏佞说，善取宠于上，是～～

者也。”

【态度】 tàidù ❶人的举止状态。《列子·说符》：“人有亡铁者，意其邻人之子。视其行步，窃铁也；颜色，窃铁也；言语，窃铁也。动作～～，无为而不窃铁也。”❷形态。《荀子·非相》：“今世俗之乱君，乡曲之儇子，莫不美丽姚冶，奇衣妇饰，血气～～拟于女子。”唐太宗《指法论》：“夫字以神为精魄，神若不和，则字无～～也。”

泰 tài ❶通达，通畅。《广雅·释诂》：“～，通也。”《周易·序卦》：“履而泰，然后安，故受之以～。～者，通也。”白居易《采诗官》诗：“言者无罪闻者诫，下流上通上下～。”❷安宁。《潜夫论·慎微》：“政教积德，必致安～之福。”颜延之《庭诰文》：“所谓贤鄙处宜，华野同～。”[又]安舒。《论语·子路》：“君子～而不骄，小人骄而不～。”❸好，美好。《抱朴子·疾谬》：“以同此者为～，以不尔者为劣。”刘知几《史通·载文》：“夫国有否～，世有污隆。”❹宽裕。《荀子·议兵》：“凡虑事欲孰，而用财欲～。”[又]奢侈。《论语·述而》：“亡而为有，虚而为盈，约而为～，难乎有恒矣。”《国语·晋语八》：“夫郤昭子其富半公室，其家半三军，恃其富宠，以～于国。”❺骄纵，傲慢。《论语·子罕》：“拜下，礼也；今拜乎上，～也。”❻大，极大。常用作赞美之词。《汉书·礼乐志》：“扬金光，横～河。”《礼记·曲礼上》：“假尔～龟有常，假尔～筮有常。”❼副词。表示程度，同“太”。《论衡·自纪》：“今不曰所言非，而云～多；不曰世不好善，而云不能领。”《三国志·魏书·王朗传》：“且少小常苦被褥～温，～温则不能便柔肤弱体，是以难可防护。”❽六十四卦之一。卦形为乾下坤上。《周易·泰》：“天地交，～。”❾古代的酒器。《礼记·明堂位》：“～，有虞氏之尊也。”❿山名。见“泰山”。

【泰半】 tàibàn 同“太半”。大半。《汉书·食货志上》：“收～～之赋，发闾左之戍。”又《召信臣传》：“又奏省乐府黄门倡优诸戏，及宫馆兵弩什器，减过～～。”

【泰初】 tàichū 道家指形成天地万物的元气。《庄子·天地》：“～～有无，无有无名。”参见“太初”。

【泰阿】 tài'ē 古宝剑名。相传春秋时楚王命欧冶子、干将所铸。《汉书·梅福传》：“倒持～～，授楚其柄。”也作“太阿”。张载《泰阿剑铭》：“～～之剑，世载其美。”

【泰然】 tàirán 安然镇定、若无其事的样子。曾巩《本朝政要策·契丹》：“当此之时，疆境～～，无北顾之忧。”《元史·许衡传》：“家贫躬耕，粟熟则食粟，不熟则食糠核菜茹，处之～～。”

【泰山】 tàishān ❶山名，在山东省泰安市境内，古称东岳，为五岳之一。又名岱宗、岱山、岱岳。古代帝王常到此祭祀天地。《诗经·鲁颂·閟宫》：“～～岩岩，鲁邦其詹。”（岩岩：高峻的样子。詹：即“瞻”，仰望。）《论语·八佾》：“季氏旅于～～。”（旅：祭山。）❷旧时称妻之父为泰山。❸比喻重大的或有价值的。司马迁《报任少卿书》：“人固有一死，或重于～～，或轻于鸿毛。”扬雄《解嘲》：“功若～～，响若坻隤。”

【泰元】 tàiyuán 天的别称。《汉书·礼乐志》：“惟～～尊，媪神蕃釐。”（媪神：地。釐：福。）

【泰山北斗】 tàishānběidǒu 比喻为当世所敬仰的人。《新唐书·韩愈传赞》：“自愈没，其言大行，学者仰之如～～～～云。”

能 tài 见 néng。

tan

贪（貪） 1. tān ❶不择手段地追求财物。《左传·襄公二十三年》：“～货弃命，亦君所恶也。”《战国策·齐策四》：“左右皆恶之，以为～而不知足。”[引]贪图，贪求。《左传·文公十八年》：“～于饮食。”《庄子·盗跖》：“～得忘亲，不顾父母兄弟。”❷贪恋，欲。《诗经·大雅·桑柔》：“民之～乱，宁为荼毒。”（宁：乃。）《后汉书·安思阎皇后纪》：“太后欲久专国政，～立幼年。”

2. tàn ❸通“探”。探求。《后汉书·郭躬传》：“若乃推己以议物，舍状以～情，法家之延庆于世，盖由此也。”

【贪残】 tāncán 贪婪残暴。《汉书·刑法志》：“至于末世，苟任诈力，以快～～，争城杀人盈城，争地杀人满野。”《后汉书·鲁恭传》：“讲柔良，退～～，奉时令。”陆机《五等论》：“鬻官之吏，以货准才，则～～之萌，皆如群后也。”王安石《本朝百年无事劄子》：“废强横之藩镇，诛～～之官吏。”

【贪婪】 tānlán 贪得不知足。《楚辞·离骚》：“众皆竞进以～～兮，凭不厌乎求索。”也作“贪惏”。《后汉书·南蛮西南夷传》：“知其兽心～～，难率以礼。”

【贪狼】 tānláng 贪狠如狼。《汉书·贾山传》：“秦王～～暴虐，残贼天下，穷困万民，以适其欲也。”《淮南子·要略》：“秦国之俗，～～强力，寡义而趋利。”

【贪戾】 tānlì ❶贪婪凶暴。《吕氏春秋·贵公》：“日醉而饰服，私利而立公，～～而求王，舜弗能为。"《史记·秦始皇本纪》："六王专倍，～～憿猛，率众自彊。"❷贪婪凶暴的人。权德舆《两汉辨亡论》："初梁冀席外戚之重，～～当国。"

【贪陵】 tānlíng 贪婪欺陵。《国语·周语中》："若～～之人来而盈其愿，是不赏善也。"

【贪冒】 tānmào 贪图财利。《左传·昭公三十一年》："若窃邑叛君以徼大利而无名，～～之民，将置力焉。"（无名：不写人名。置力：尽力。）《国语·周语上》："国之将亡，其君～～、辟邪、淫佚、荒怠、粗秽、暴虐。"

【贪墨】 tānmò ❶贪污。邱樬《陈吏治积弊八事疏》："～～成风，生民涂炭。"❷指贪官污吏。徐彦伯《登长城赋》："朝则～～比肩，野则庶人钳口。"

【贪叨】 tāntāo 贪婪，贪得。《论衡·遭虎》："[虎]秉性狂勃，～～饥饿，触自来之人，安能不食。"《后汉书·顺烈梁皇后纪》："其～～罪慝，多见诛废。"

【贪饕】 tāntāo 贪得无厌。《汉书·礼乐志》："民渐渍恶习，～～险诐，不闲义理。"（诐：邪僻。）《淮南子·原道训》："～～多欲之人，漠睧于势利，诱慕于名位。"（漠睧：不知足的样子。）王安石《风俗》："淳朴之风散，则～～之行成；～～之行成，则上下之力匮。"

【贪枉】 tānwǎng 贪赃枉法。《楚辞·九思·悯上》："～～兮党比，贞良兮茕独。"《吕氏春秋·审分》："任以公法，而处以～～。"

【贪污】 tānwū ❶贪得卑下。《韩非子·奸劫弑臣》："我不以清廉方正奉法，乃以～～之心枉法以取私利。"《汉书·贡禹传》："孝文皇帝时，贵廉洁，贱～～。"❷非法取得财物。《汉书·尹赏传》："一坐软弱不胜任免，终身废弃无有赦时，其羞辱甚于～～坐臧。"

【贪天功】 tāntiāngōng 把天所成就的功劳归于自己。《左传·僖公二十四年》："窃人之财，犹谓之盗，况贪天之功以为己乎？"后泛指贪他人之功为己有。《聊斋志异·张鸿渐》："胜则人人～～～，一败则纷然瓦解。"

䑙（䑥） tān （又读 tiàn）见"䑙舕"。

【䑙舕】 tāntàn 吐舌头的样子。王延寿《鲁灵光殿赋》："玄熊～～以断断，却负载而蹲跠。"（断断：露出牙齿的样子。跠：坐。）

滩（灘、灕） 1. tān ❶水中的沙石堆或水浅多石而水流很急的地方。张籍《贾客乐》："水工持檝防暗～，直过山边及前侣。"郦道元《水经注·江水》："江水又东经文阳～，～险难上。"❷江河湖海边上泥沙淤积成的平地。白居易《游悟真寺》诗："手拄青竹杖，足踏白石～。"《宋史·河渠志三》："黄河北岸生～，水趋南岸。"

2. nàn ❸水奔流的样子。《集韵·换韵》："～，水奔流貌。"

【滩子】 tānzǐ 在河边上牵船而行的船工，即纤夫。范成大《爱雪歌》："棹夫披蓑舞白凤，～～挽纤拖素虬。"

摊（攤） tān ❶铺开，摆开。杜甫《又示宗武》诗："觅句新知律，～书解满床。"❷分担。张九龄《处分十道朝集使敕》："人苦均～。"

【摊饭】 tānfàn 午睡。陆游《春晚村居杂赋》诗："浇书满挹浮蛆瓮，～～横眠梦蝶床。"（自注："东坡先生谓晨炊为浇书，李黄门谓午睡为摊饭。"）

【摊破】 tānpò 对原有的词谱有所突破，别成一体，叫摊破，又名摊声。如采桑子，原词谱在字数、句数、平仄、用韵上都有定式，填词即按照一定的词谱填写。如突破原有的定式，并自成一体，就叫摊破采桑子。

沈 tán 见 shěn。

坛[1]（壇） 1. tán ❶土筑的高台。古时用以朝会、盟誓、祭神、封拜等。《左传·襄公二十八年》："大适小，则为～；小适大，苟舍而已，焉用～。"（大：大国；小：小国。）《庄子·山木》："北宫奢为卫灵公赋敛以为钟，为～乎郭门之外。"（北宫奢：卫国大夫。）《史记·陈涉世家》："为～而盟，祭以尉首。"❷土筑成的屋基。《左传·哀公元年》："居不重席，室不崇～。"（杜预注："平地作室，不起坛也。"）❸庭院中的土台。《楚辞·九章·涉江》："燕雀乌鹊，巢堂～兮。"[引]庭院。《淮南子·说林训》："腐鼠在～，烧薰于宫。"❹场所。《淮南子·要略》："人间者，所以观祸福之变，察利害之反，钻脉得失之迹，标举终始之～也。"❺指从事相同职业的社会成员活动的总体。如文坛，诗坛。欧阳修《答梅圣俞》诗："文会忝予盟，诗～推子将。"❻通"廛"。古代一般百姓的住宅。《管子·五辅》："所谓六兴者何？曰：辟田畴，利～宅，修树艺，劝士民，勉稼穑，修墙屋。"

2. dàn ❼见"坛曼"。

【坛场】 tánchǎng 古代举行祭祀、继位、盟会、拜将等大典的场所。《韩非子·内储说上》："齐人有谓齐王曰：'河伯，大神也。王何不试与之遇乎？……乃为～～大水之上。'"《史记·淮阴侯列传》："王必欲拜之，择良日，斋戒，设～～，具礼，乃可耳。"《后汉书·刘盆子传》:"遂于郑北设~~,祠城阳景王。"

【坛卷】 tánjuǎn 曲折,不舒展。《淮南子·要略》:"万物至众,故博为之说,以通其意,辞虽~~连漫,绞纷远缓,所以洮汰涤荡至意,使之无凝竭底滞,卷握而不散也。"(洮汰:即淘汰。)

【坛列】 tánliè 天子(或国君)在野外告诫公卿士大夫的处所。《国语·吴语》:"王乃之~~,鼓而行之,至于军,斩有罪者以循。"

【坛壝】 tánwěi 平地为坛,周围筑以短墙,叫坛壝。《周礼·天官·掌舍》:"为~~宫,棘门。"

【坛宇】 tányǔ ❶祭祀的坛场。《汉书·礼乐志》:"神之揄,临~~。"(揄:拉,引。)❷范围,界限。《荀子·儒效》:"君子言有~~,行有防表。"

【坛域】 tányù 界限,范围。《淮南子·诠言训》:"天下皆流,独不离其~~。"

【坛曼】 dànmàn 平坦而宽广。扬雄《甘泉赋》:"平原唐其~~兮,列新荑于林薄。"(唐:路。)

坛[2](壜、罈、罎) tán 一种口小腹大的陶器。《正字通·土部》:"~,盛酒器。"

昙(曇) tán ❶密布的云彩。杨慎《雨后见月》诗:"雨气敛青霭,月华扬采~。"❷梵语的译音用字,多见于佛经。《正字通·日部》:"~,梵音译,佛法曰~。"

【昙昙】 tántán 乌云密布的样子。陆云《愁霖赋》:"云~~而叠结兮,雨淫淫而未散。"

【昙花一现】 tánhuāyīxiàn 比喻事物一出现即消失。昙花是梵语优昙钵花的简称,此花开后很快就凋谢。《妙法莲华经》卷一:"佛告舍利弗,如是妙法,诸佛如来,时乃说之,如优昙钵花时一现耳。"

谈(談) tán ❶互相对话。《孟子·离娄下》:"蚤起,施从良人之所之,遍国中,无与立~者。"《世说新语·文学》:"诸葛厷年少不肯学问,始与王夷甫~,便已超诣。"(厷:即"宏"。)❷说话,谈论。《庄子·天运》:"孔子见老聃归,三日不~。"李白《梦游天姥吟留别》:"海客~瀛洲,烟涛微茫信难求。"❸言论,主张。《荀子·儒效》:"慎、墨不得进其~,惠施、邓析不得窜其察。"(慎:慎到。墨:墨翟。)《韩非子·外储说左上》:"今世之~也,皆道辩说文辞之言,人主览其文而忘有用。"(辩说:漂亮动听的话。)

【谈柄】 tánbǐng 古人清谈,多手执麈尾,僧人讲经,多执如意,称为谈柄。后指可供谈话的资料。白居易《论严绶状》:"天下之人,以为~~。"

【谈客】 tánkè ❶说客。《三国志·蜀书·简雍传》:"先主至荆州,雍与麋竺、孙乾同为从事中郎,常为~~,往来使命。" ❷擅长言谈之客。《世说新语·文学》:"何晏为吏部尚书,有位望,时~~盈坐。"

【谈士】 tánshì 游说之士。《史记·日者列传》:"公见夫~~辨人乎?虑事定计,必是人也。"《论衡·说日》:"通人~~,归于难知,不肯辨明。"

【谈天】 tántiān ❶齐人邹衍善辩论天地宇宙之事,称之为谈天衍。《史记·孟子荀卿列传》:"~~衍,雕龙奭。"裴骃《集解》引刘向《别录》:"邹衍之所言五德终始,天地广大,尽言天事,故曰~~。"后群居闲谈谓之谈天。❷谈论天文。《晋书·天文志上》:"自虞喜、虞耸、姚信皆好奇徇异之说,非极数~~者也。"

【谈玄】 tánxuán 谈论哲理。《世说新语·容止》:"王夷甫容貌整丽,妙于~~。"(玄:魏晋时指老、庄哲学。)

【谈助】 tánzhù 谈话的资料。《后汉书·王充传》注引《袁山松书》:"充所作《论衡》,中土未有传者,蔡邕入吴始得之,恒秘玩以为~~。"

【谈何容易】 tánhéróngyì 原指臣下向君王进言很不容易。《汉书·东方朔传》:"吴王曰:'可以谈矣,寡人将竦意而览焉。'先生曰:'於戏!可乎哉!可乎哉!~~~~。'"《盐铁论·箴石》:"贾生有言曰:'恳言则辞浅而不入,深言则逆耳而失指。'故曰~~~~。"后泛指事情做起来不像说的那样容易。

【谈言微中】 tányánwēizhòng 言辞委婉而切中事理。《史记·滑稽列传》:"~~~~,亦可以解纷。"

倓 1. tán ❶安然。见"倓然"。
2. dàn ❷动。《集韵·阚韵》:"~,动也。"
3. tàn ❸同"赕"。见"倓钱"。

【倓然】 tánrán 安然不疑。《荀子·仲尼》:"~~见管仲之能足以托国也,是天下之大知也。"

【倓钱】 tànqián 古代南方少数民族用以赎罪的钱。《后汉书·南蛮西南夷传》:"杀人者得以~~赎死。"

淡 tán 见 dàn。

惔 1. tán ❶焚烧。《诗经·小雅·节南山》："忧心如～，不敢戏谈。"又《大雅·云汉》："旱魃为虐，如～如焚。"（魃：古代传说中能造成旱灾的怪物。）

2. dàn ❷通"憺"。淡泊。《庄子·刻意》："平易则恬～矣。"

撢 tán 见 dǎn。

倓（餤） 1. tán ❶进食。《尔雅·释诂》："～，进也。"㉛增进，加剧。《诗经·小雅·巧言》："盗言孔甘，乱是用～。"

2. dàn ❷同"啖"。吃。杜牧《罪言》："至于有围急，食尽，～尸以战。"㉛引诱，以利诱人。《史记·赵世家》："秦非爱赵而憎齐也，欲亡韩而吞二周，故以齐～天下。"❸饼类。《正字通·食部》："～，饼属。唐赐进士有红绫～，南唐有玲珑～，皆饼也。"

弹 tán 见 dàn。

覃 1. tán ❶长，悠长。《诗经·大雅·生民》："实～实讦，厥声载路。"（讦：大。）❷蔓延，延伸。《诗经·大雅·荡》："内奰于中国，～及鬼方。"（奰：愤怒。鬼方：指北方的猃狁族。）宋濂《阅江楼记》："此朕德绥威服，～及内外之所及也。"❸广施。见"覃恩"。❹姓。

2. yǎn ❺通"剡"。锋利，锐利。《诗经·小雅·大田》："以我～耜，俶载南亩。"（俶：作。）❻深入。见"覃思"。

【覃恩】 tán'ēn 广施恩惠。《旧唐书·王承宗传》："顺阳而布泽，因雷雨以～～。"

【覃思】 yǎnsī 深思。《后汉书·郑玄传》："将闲居以安性，～～以终身。"又《侯瑾传》："而徙入山中，～～著述。"《三国志·魏书·中山恭王衮传》："每兄弟游娱，衮独～～经典。"

锬（錟） 1. tán ❶长矛。《说文·金部》："～，长矛也。"

2. xiān ❷通"铦"。锐利，锋利。贾谊《过秦论》："锄櫌棘矜，非～于句戟长铩也。"（锄櫌：农具。锄，同"锄"。棘、矜：兵器。棘，同"戟"。句：通"钩"。长铩：长矛。）

谭（譚） tán ❶延及。《管子·侈靡》："而祀～次祖。"❷宏大。《大戴礼记·子张问入官》："富恭有本能图，修业居久而～。"❸春秋时国名，故地在山东省济南市历城区。《左传·庄公十年》："齐师灭～。"❹通"谈"。《三国志·蜀书·庞统传》："先主见与善～，大器之，以为治中从事。"❺姓。

潭 1. tán ❶深水，深渊。《楚辞·九章·抽思》："长濑湍流，泝江～兮。"㉛深水池。李白《赠汪伦》诗："桃花～水深千尺，不及汪伦送我情。"柳宗元《小石潭记》："～中鱼可百许头，皆若空游无所依。"❷通"覃"。深。《管子·侈靡》："～根之毋伐，固事之毋入。"

2. xún ❸通"浔"。水边。扬雄《解嘲》："或倚夷门而笑，或横江～而渔。"

【潭奥】 tán'ào 幽深的内室。引申为深奥之处。郭璞《尔雅序》："夫《尔雅》者，……诚九流之津涉，六艺之钤键，学览者之～～，摛翰者之华苑也。"（钤键：锁钥，关键。摛翰者：执笔为文的人。）

【潭沲】 tánduò 水随风波动的样子。郭璞《江赋》："随风猗萎，与波～～。"

【潭府】 tánfǔ ❶深渊。郭璞《江赋》"若乃曾潭之府，灵湖之渊"李善注曰："楚人名渊曰～～。"❷指深宅大院或对别人府第的尊称。《红楼梦》三十三回："下官此来，并非擅造～～。"❸潭州府的简称。

【潭潭】 tántán ❶水深的样子。秦观《春日杂兴》："～～故邑井，猗猗上宫阑。"❷宽深，宽大。陈亮《与叶丞相》："亮积忧多畏，～～之府所不敢登。"黄庭坚《送范德孺知庆州》诗："～～大度卧如虎，边人耕桑长儿女。"❸鼓声。欧阳修《黄牛峡祠》诗："～～村鼓隔溪闻，楚巫歌舞送迎神。"

憛 tán 贪欲。见"憛悇"。

【憛悇】 tántú 贪爱，贪图。《淮南子·修务训》："今夫毛嫱、西施，天下之美人……则虽王公大人有严志颉颃之行者，无不～～痒心而悦其色矣。"

澹 tán 见 dàn。

缠 tán 见 chán。

檀 tán ❶树名。一种落叶乔木，木质坚硬。《诗经·郑风·将仲子》："将仲子兮，无逾我园，无折我树～。"❷浅红色。罗隐《牡丹》诗："艳多烟重欲开难，红蕊当心一抹～。"❸姓。

【檀槽】 táncáo ❶用檀木做的弦乐器上架弦的格子。李商隐《定子》诗："～～一抹广陵春，定子初开睡脸新。"（定子：人名，侍女。）❷指弦乐器。苏轼《至真州再和》之一："小院～～闹，空庭桦烛烟。"

【檀车】 tánchē 古代车轮多用檀木制成，故泛指役车或兵车为檀车。《诗经·小雅·杕杜》："～～幝幝，四牡痯痯。"（幝幝：破旧的样子。痯痯：疲劳的样子。）《后汉书·刘陶传》："目不视鸣条之事，耳不闻～～之声。"（鸣条：地名，汤伐桀战于此。）

【檀口】 tánkǒu 浅红色的嘴唇。韩偓《余作探使以缭绫手帛子寄贺因而有诗》："黛眉印在微微绿，～～消来薄薄红。"

【檀林】 tánlín 指佛寺。庾信《秦州天水郡麦积崖佛龛铭》："芝洞秋房，～～春乳。"李绅《杭州天竺灵隐二寺》诗："近日尤闻重雕饰，世人遥礼二～～。"

【檀栾】 tánluán ❶秀美。多用来形容竹子。枚乘《梁王菟园赋》："修竹～～。"谢朓《和王著作融八公山》："阡眠起杂树，～～荫修竹。"❷指竹子。白居易《题卢秘书夏日新栽竹二十韵》："几声清淅沥，一簇绿～～。"

【檀心】 tánxīn 浅红色的花心。苏轼《蜡梅一首赠赵景贶》："君不见万松岑上黄千叶，玉蕊～～两奇绝。"

【檀晕】 tányùn 浅红色。苏轼《次韵杨公济奉议梅花》之九："鲛绡剪碎玉簪轻，～～妆成雪月明。"陆游《和谭德称送牡丹》："洛阳春色擅中州，～～鞓红总胜流。"

镡（鐔） tán ❶剑鼻。又叫剑口、剑环、剑珥。指剑柄手握处两边突出的部分。《庄子·说剑》："诸侯之剑……以忠圣士为～，以豪杰士为夹。"（夹：通"铗"。剑把。）❷比喻地势险要。张衡《东京赋》："底柱辍流，～以大岯。"（李善注："言大岯之险同乎剑口也。"）❸兵器，形似剑而小。《汉书·韩延寿传》："延寿又取官铜物，候月蚀铸作刀剑钩～。"

醰 tán ❶酒味长。《广韵·感韵》："～，长味。"❷醇，浓。见"醰醰"。❸美。见"醰粹"。

【醰粹】 táncuì 纯美。左思《魏都赋》："沐浴福应，宅心～～。"

【醰醰】 tántán 醇厚。王褒《洞箫赋》："哀悁悁之可怀兮，良～～而有味。"

忐 tǎn 见"忐忑"。

【忐忑】 tǎntè 心神不定。洪昇《长生殿·侦报》："那禄山见了此本呵，也不免脚儿跌，口儿嗟，意儿中～～，心里儿怯。"

坦 tǎn ❶平，广阔。张衡《西京赋》："虽斯宇之既～，心犹凭而未摅。"《世说新语·言语》："其地～而平，其水淡而清。"韩愈《将归赠孟东野房蜀客》诗："颍水清且寂，箕山～而夷。"㊂使平。韩愈《太原王公神道碑》："～之敞之，必绝其径。"❷宽舒。《论语·述而》："君子～荡荡，小人长戚戚。"❸明显，坦露。《后汉书·孔僖传》："政之美恶，显在汉史，～如日月。"❹直率，开朗。苏轼《留题峡州甘泉寺》诗："民风～和平，开户夜无钞。"

【坦荡】 tǎndàng ❶坦率，心胸开朗。《论衡·命禄》："知者归之于天，故～～恬忽。"沈约《伤王谌》诗："长史体闲任，～～无外求。"❷坦率放达。《晋书·阮籍传》："兵家女有才色，未嫁而死。籍不识其父兄，径往哭之，尽哀而还，其外～～而内淳至，皆此类也。"

【坦腹】 tǎnfù 《世说新语·雅量》："郗太傅在京口，遣门生与王丞相书，求女婿。丞相语郗信：'君往东厢，任意选之。'门生归，白郗曰：'王家诸郎，亦皆可嘉，闻来觅婿，咸自矜持。唯有一郎，在东床上坦腹卧，如不闻。'郗公云：'正此好！'访之，乃是逸少，因嫁女与焉。"（逸少：即王羲之。）后称女婿为"坦腹"。《玉溪编事·参军》："幕府若容为～～，愿天速变作男儿。"也称为"令坦"或"东床"。

【坦然】 tǎnrán ❶平稳，平坦的样子。阮瑀《为曹公作书与孙权》："高位重爵，～～可观。"《淮南子·主术训》："尧舜禹汤文武，皆～～天下而南面焉。"❷心地平静。苏轼《黄州快哉亭记》："使中～～，不以物伤性，将何适而非快？"陈亮《复吕子阳》："吾人之用心，若果～～明白，虽时下不净洁，终当有净洁时。"❸显然。嵇康《明胆论》："此理～～，非所宜滞。"

【坦坦】 tǎntǎn ❶宽平的样子。《周易·履》："履道～～，幽人贞吉。"《淮南子·原道训》："大道～～，去身不远。"❷普通，平易。《管子·枢言》："～～之利不以功，～～之备不为用。"❸安定、泰然的样子。韩愈《曹成王碑》："王之遭诬在理，念太妃老，将惊而戚，出则囚服就辩，入则拥笏垂鱼，～～施施。"（施施：喜悦的样子。）

【坦涂】 tǎntú 宽广平坦的大道。《庄子·秋水》："明乎～～，故生而不说，死而不祸。"（说：悦。）

袒 1. tǎn ❶脱去上衣，露出身体的一部分。《礼记·曲礼上》："冠毋免，劳毋～。"《管子·大匡》："费～而示之背。"（费：人名。）❷解开上衣，露出左臂。《仪礼·乡射礼》："司射适堂西，～决遂。"（决：骨制的套子，射箭时戴在右手大拇指上。遂：皮制的护袖，射箭时套在左臂上。）《汉书·高帝纪上》："于是汉王为义帝发丧，～而大哭，哀临三日。"❸脱去上身的外衣，露出里面的短衣。《仪礼·乡射礼》："大夫与士射，～熏襦。"㊂袒开，袒露。《礼记·少仪》："～櫜奉胄。"黄庭坚《子瞻诗句妙一世……次韵道之》："～怀相识察。"❹偏袒。柳宗元《平淮夷雅》："士获厥心，大～高骧。"

2. zhàn　❺衣服裂开。《说文·衣部》："～，衣缝解也。"

【袒免】　tǎnwèn　古代一种较轻的丧服，即露出左臂，脱去帽子用白布缠头。《礼记·大传》："五世～～，杀同姓也。"《仪礼·丧服》："朋友皆在他邦，～～，归则已。"《左传·哀公十四年》："孟懿子卒，成人奔丧，弗内，～～哭于衢。"（成：孟氏封邑。内：纳。）

【袒裼】　tǎnxī　❶脱去上衣，露出内衣，以示有礼。《礼记·内则》："不有敬事，不敢～～。"❷脱去上衣，露出上身。《韩非子·十过》："昔者晋公子重耳出亡，过于曹，曹君～～而观之。"《汉书·晁错传》："兵不完利，与空手同；甲不坚密，与～～同。"苏洵《心术》："～～而案剑，则乌获不敢逼。"（案：通"按"。乌获：秦国的力士。）

【袒右】　tǎnyòu　解开上衣露出右肩，以示赞成或与众不同。《战国策·齐策六》："王孙贾乃入市中，曰：'淖齿乱齐国，杀闵王，欲与我诛者，～～。'市人从者四百人。"《汉书·陈胜传》："乃诈称公子扶苏、项燕，从民望也。～～，称大楚。为坛而盟。"

【袒裼裸裎】　tǎnxīluǒchéng　脱去衣服，赤身露体，指粗野无礼貌。《孟子·公孙丑上》："尔为尔，我为我，虽～～～～于我侧，尔焉能浼我哉！"（浼：沾污。）

菼　tǎn　初生的荻，其茎比芦苇细而中实。《诗经·卫风·硕人》："鳣鲔发发，葭～揭揭。"（揭揭：高高的样子。）又《王风·大车》："大车槛槛，毳衣如～。"（毳衣：细毛织成的上衣。）

啖（嗿）　tǎn　众人吃饭的响声。《诗经·周颂·载芟》："有～其馌，思媚其妇。"

亶　tǎn　见 dǎn。

儃　tǎn　见 chán。

醓　tǎn　肉酱的汁。《诗经·大雅·行苇》："～醢以荐，或燔或炙。"《周礼·天官·醢人》："朝事之豆，其实韭菹～醢。"

襢　1. tǎn　❶通"袒"。裸露，露出。《史记·吕太后本纪》："太尉将之入军门，行令军中曰：'为吕氏右～，为刘氏左～。'"

2. zhàn　❷见"襢衣"。

【襢衣】　zhànyī　古代王后及卿大夫之妻所穿的一种没有文采的礼服。《礼记·玉藻》："再命袆衣，一命～～。"（袆衣：王后的祭服。）《礼记·丧大记》："世妇以～～。"

叹（嘆、歎）　tàn　❶叹息，叹气。《诗经·豳风·东山》："鹳鸣于垤，妇～于室。"（垤：小土堆。）《战国策·赵策三》："文王闻之，喟然而～。"❷赞叹。《汉书·高惠高后文功臣表》："至其没也，世祖～其功，无民而不思。"《三国志·吴书·吴主传》："曹公望权军，～其整齐，乃退。"❸赞和，多指继声和唱。《吕氏春秋·適音》："清庙之瑟，朱弦而疏越，一唱而三～，有进乎音者矣。"（清庙：宗庙。疏越：镂刻的小孔。）

【叹嗟】　tànjiē　感慨叹息。《吕氏春秋·精通》："钟子期～～曰：'悲夫！悲夫！'"苏辙《苏虢夫人走马图》诗："盼睐生羽翼，～～回雪霜。"

【叹息】　tànxī　❶叹气。《史记·刺客列传》："襄子喟然～～而泣曰：'嗟乎！豫子，子之为智伯，名既成矣。'"宋玉《高唐赋》："秋思无已，～～垂泪。"❷赞叹。《后汉书·光烈阴皇后纪》："后在位恭俭，少嗜玩……帝见，常～～。"《晋书·桓石虔传》："石虔跃马赴之，拔冲于数万众之中而还，莫敢抗者。三军～～，威震敌人。"（冲：人名。）

【叹咤】　tànzhà　怨恨而叹气。《三国志·蜀志·杨仪传》："于是怨愤形于声色，～～之音发于五内。"

炭　tàn　❶木炭。《礼记·月令》："是月也，草木黄落，乃伐薪为～。"《后汉书·和熹邓皇后纪》："离宫别馆储峙米糒薪～，悉令省之。"（储峙：蓄积。糒：干粮。）㊀炭火。《韩非子·显学》："夫冰～不同器而久，寒暑不兼时而至。"❷灰。《周礼·秋官·赤发氏》："赤发氏掌除墙屋，以蜃～攻之。"❸墨。喻污秽。《孟子·公孙丑上》："立于恶人之朝，与恶人言，如以朝衣朝冠坐于涂～。"㊀比喻灾难、困苦。《尚书·仲虺之诰》："民坠涂～。"❹石炭，即煤。苏轼《石炭》诗："岂料山中有遗宝，磊落如䃜万车～。"（䃜：黑色的琥珀。）

探　tàn　❶用手去摸取。《韩非子·扬权》："～其怀，夺之威，主上用之，若电若雷。"《后汉书·刘盆子传》："盆子最幼，后～得符。"❷试探，探测。《商君书·禁使》："～渊者知千仞之深。"李白《送羽林陶将军》诗："万里横戈～虎穴，三杯拔剑舞龙泉。"❸探寻，寻究。《汉书·邹阳传》："鲁公子庆父使仆人杀子般，狱有所归，季友不～其情而诛焉。"（狱：罪。）《三国志·魏书·董昭传》："志士不～乱以侥幸。"❹侦探。《穀梁传·隐公元年》："己～先君之邪志。"《水浒传》六十六回："小人累累使人去北京～

听消息。”❺探望，看望。何良俊《四友斋丛说·史四》：“对山妻家在华州，适来～亲，吾造之。”❻伸出。《史记·张仪列传》：“秦马之良……～前趹后，蹄间三寻腾者，不可胜数。”❼预先。皮日休《新秋即事》诗之一：“酒坊吏到常先见，鹤料符来每～支。”

【探筹】 tànchóu 抽签。《荀子·君道》：“～～投钩者，所以为公也。”《淮南子·诠言训》：“临货分财，必～～而定分。”

【探刺】 tàncì ❶暗中侦察。《后汉书·安思阎皇后纪》：“互作威福，～～禁省，更为唱和。”❷探索，多方寻求。宋濂《送徐大年还淳安序》：“入馆之后，俛首～～。”

【探囊】 tànnáng ❶取袋中之物。指盗窃。《庄子·胠箧》：“将为胠箧、～～、发匮之盗而为守备，则必摄缄縢，固扃鐍。”李商隐《送刘五经》诗：“诗书资破冢，法制困～～。”❷抄袭。《文心雕龙·指瑕》：“全写则揭箧，旁采则～～。”❸喻得之容易。杜牧《郡斋独酌》诗：“谓言大义小不义，取易卷席如～～。”

【探汤】 tàntāng 因探沸水而把手烫伤。比喻戒惧。《论语·季氏》：“见善如不及，见不善如～～。”《后汉书·范升传》：“驰骛覆车之辙，～～败事之后。”

【探讨】 tàntǎo ❶访寻山水，寻求幽静。孟浩然《登龙门山怀古》诗：“～～意未穷，回舻夕阳晚。”❷深入研究学问。曾巩《秋夜露坐偶作》诗：“恨无同声人，诗义与～～。”

【探赜索隐】 tànzésuǒyǐn 探寻深奥、隐秘的道理。《后汉书·顺帝纪》：“诏大将军、公、卿举贤良方正、能～～～～者各一人。”《三国志·魏书·杜畿传》注引《杜氏新书》：“以名臣门户，少长京师，而笃志博学，绝于世务，其意欲～～～～，由此显名。”（赜：深奥，幽深。隐：隐秘。）

赕（賧） tàn 古代少数民族拿钱财赎罪。《魏书·刘裕传》：“凡蛮夷不受鞭罚，输财赎罪谓之～。”

啖 tàn 见“䴙啖”。

tang

汤（湯） 1. tāng ❶热水，开水。《孟子·告子上》：“冬日则饮～，夏日则饮水。”《楚辞·九章·悲回风》：“存仿佛而不见兮，心踊跃其若～。”《吕氏春秋·尽数》：“夫以～止沸，沸愈不止，去其火则止矣。”㊀特指沐浴时用的热水。《楚辞·九歌·云中君》：“浴兰～兮沐芳，华采衣兮若英。”《韩非子·内储说下》：“僖侯浴，～中有砾。”❷汤剂，中药加水煎制而成。《史记·扁鹊仓公列传》：“但服～二旬而复故。”《三国志·魏书·华佗传》：“又精方药，其疗疾，合～不过数种。”❸商朝第一个君王。《楚辞·天问》：“～谋易旅，何以厚之。”（旅：众。）《庄子·秋水》：“～之时，八年七旱，而崖不加损。”

2. tàng ❹通“烫”。温之使热。《山海经·西海经》：“～其酒百樽。”

3. dàng ❺通“荡”。游荡。《诗经·陈风·宛丘》：“子之～兮，宛丘之上兮。”❻碰，碰撞。关汉卿《金线池》二折：“休想我指甲儿～着你皮肉。”

4. shāng ❼见“汤汤”。

5. yáng ❽同“旸”。见“汤谷”。

【汤池】 tāngchí ❶护城河。《汉书·食货志上》：“有石城十仞，～～百步。”《世说新语·文学》：“便若～～铁城，无可攻之势。”陆游《庐州帅田侯生祠记》：“修复古城，则庐州有金城～～之固。”❷温泉。李白《安州应城玉女汤作》诗：“神女殁幽境，～～流大川。”

【汤鼎】 tāngdǐng ❶指宰相。据《史记·殷本纪》所载，伊尹欲求汤而无由，乃负鼎俎，为汤烹调而说汤以王道，汤乃委尹以国政。后以“汤鼎”作为对宰相的称呼。贺知章《送张说集贤学士应制》诗：“三叹承～～，千欢接舜壶。”❷煮茶的器具。陆游《雨中睡起》诗：“松鸣～～茶初熟，雪积炉灰水渐低。”

【汤火】 tānghuǒ ❶热汤与烈火。《列子·杨朱》：“践锋刃，入～～，得所志矣。”❷比喻战争，战乱。《汉书·晁错传》：“故能使其众蒙矢石，赴～～，视死如生。”《史记·律书》：“文帝时，会天下新去～～，人民乐业。”

【汤镬】 tānghuò 古代一种酷刑，即把人投入烧着开水的锅中烫死。《史记·范雎蔡泽列传》：“贾有～～之罪，请自屏于胡貉之地，唯君死生之。”《汉书·苏武传》：“今得杀身自效，虽蒙斧钺～～，诚甘乐之。”

【汤沐】 tāngmù 沐浴，即用热水洗身洗发。《仪礼·既夕礼》：“燕养馈羞，～～之馔如他日。”（汤沐：洗去污垢。燕养：平时的供养。）《史记·苏秦列传》：“楚必致橘柚之园，韩、魏、中山皆可使致～～之奉，而贵戚父兄皆可以受封侯。”

【汤雪】 tāngxuě 用滚烫的水浇雪。比喻事情极易解决。《后汉书·皇甫嵩传》：“摧强易于折枯，消坚甚于～～。”

【汤汤】 shāngshāng ❶水势浩大的样子。

《诗经·卫风·氓》："淇水～～，渐车帷裳。"《楚辞·七谏·初放》："高山崔巍兮，水流～～。"《汉书·沟洫志》："河～～兮激潺湲。"❷指琴声。《吕氏春秋·本味》："善哉乎鼓琴，～～乎若流水。"贾至《虑子贱颂碑》："鸣琴～～，虑子之堂。"

【汤谷】 yánggǔ 即旸谷。太阳升起的地方。《楚辞·天问》："出自～～，次于蒙汜，自明及晦，所行几里？"《淮南子·天文训》："日出于～～，浴于咸池，拂于扶桑。"

【汤沐邑】 tāngmùyì 供诸侯斋戒沐浴的封邑。汉制，皇帝、皇后、公主皆有汤沐邑。《史记·平准书》："自天子以至于封君～～～，皆各为私奉养焉。"《汉书·文三王传》："乃分梁为五国，尽立孝王男五人为王，女五人皆令食～～～。"《三国志·魏书·武帝纪》："天子命王女为公主，食～～～。"

荡 tāng 见 dàng。

阊 tāng 见 chāng。

铛 tāng 见 dāng。

镗(鏜) tāng 象声词。鼓声。《诗经·邶风·击鼓》："击鼓其～，踊跃用兵。"虞世基《讲武赋》："曳虹旗之正正，振夔鼓之～～。"

【镗鞳】 tāngtà 象声词。钟鼓声。苏轼《石钟山记》："空中而多窍，与风水相吞吐，有窾坎～～之声。"陆游《入蜀记》："旗帜精明，金鼓～～。"

饧 táng 见 xíng。

唐 táng ❶大话。《说文·口部》："～，大言也。"㊀大，广大。《论衡·正说》："～之为言荡荡也。"《汉书·扬雄传上》："平原～其坛曼兮，列新雉于林薄。"❷空，虚空。《庄子·田子方》："彼已尽矣，而女求之以为有，是求马于～肆也。"《百喻经·为妇贸鼻喻》："～使其妇受大痛苦。"❸堂下至门的通道。《诗经·陈风·防有鹊巢》："中～有甓，邛有旨鹝。"张衡《东京赋》："植华平于春圃，丰朱草于中～。"❹草名，蔓生植物，俗名"菟丝"。《诗经·鄘风·桑中》："爰采～矣，沬之乡矣。"❺朝代名。1)帝尧的封号。《论衡·书虚》："～虞之前也，其发海中之时，漾驰而已。"2)唐朝，李渊所建，都长安。3)五代之一，后唐，李存勖继后梁称帝，简称唐。4)五代十国之一，李昪所建，史称南唐，简称唐。❻通"塘"。1)堤。《淮南子·人间训》："且～有万穴，塞其一，鱼何遽无由出？"2)池。《楚辞·九叹·远遊》："枉玉衡于灾火兮，委两馆于咸～。"(王逸注："咸唐，咸池也。")❼通"螗"。蝉的一种。《大戴礼记·夏小正》："～蜩鸣。"❽姓。

【唐碧】 tángbì 石似玉而坚硬。《淮南子·修务训》："～～坚忍之类，犹可刻镂，揉以成器用，又况心意乎？"

【唐棣】 tángdì 植物名。属蔷薇科，花白色，有芳香。《诗经·召南·何彼襛矣》："何彼襛矣，～～之华。"(华：花。)《论语·子罕》："～～之华，偏其反而。岂不尔思，室是远而。"(而：语气词。)

【唐捐】 tángjuān 落空，白白丢弃。《法华经·观世音菩萨普门品》："若有众生，恭敬礼拜观世音菩萨，福不～～。"王安石《再用前韵寄蔡天启》："昔功恐～～，异味今得馌。"

【唐圃】 tángpǔ 园地，场圃。《吕氏春秋·尊师》："治～～，疾灌寝，务种树。"

【唐人】 tángrén ❶唐代人。《宋史·米芾传》："芾冠服效～～，风神萧散。"❷指中国人。王士祯《池北偶谈·谈异二》："昔予在礼部，见四译讲贡之使，或谓中国为汉人，或曰～～。"

【唐突】 tángtū ❶乱闯。《诗经·小雅·渐渐之石》："有豕白蹢，烝涉波矣。"郑玄笺："豕之性能水，又～～难禁制。"❷冒犯，触犯。《后汉书·段颎传》："转相招结，～～诸郡。"《三国志·魏书·王粲传》注引《典略》："融为九列，不遵朝仪，秃巾微行，～～宫掖。"(融：孔融。)

【唐园】 tángyuán 园地，田园。《晏子春秋·问下》："治～～，考菲履。"《盐铁论·未通》："丁者治其田里，老者修其～～。"

堂 táng ❶方形的土台。《礼记·檀弓上》："吾见封之若～者矣。"(封：筑土为垄。)❷前室，正厅。《诗经·唐风·蟋蟀》："蟋蟀在～，岁聿其莫。"(聿：语气词。莫：暮。)《楚辞·招魂》："经～入奥，朱尘筵些。"(奥：室的西南角。)《论语·先进》："由也升～矣，未入于室也。"《老子·九章》："金玉满～，莫之能守。"❸公堂，庙堂。《诗经·周颂·丝衣》："自～徂基，自羊徂牛。"(徂：往，到。基：墙根。)又《桧风·羔裘》："羔裘翱翔，狐裘在～。"❹尊称别人的母亲。如"令堂"、"尊堂"。❺同祖父的亲属称堂。如"堂兄"，"堂妹"。❻通"棠"。《诗经·秦风·终南》："终南何有？有纪有～。"(纪：通"杞"。)❼古地名。在今河南省滑县附近。《诗经·鄘风·定之方中》："望楚与～，景山与京。"

【堂除】 tángchú ❶堂下的台阶。潘岳《怀旧赋》："陈荄被于～～，旧圃化而为薪。"（荄：草根。）❷指任命官吏。堂是唐宋时中书省、门下省的议事机关，除是授官衔。陈亮《吏部侍郎章公德文行状》："至于荫补初出官者法当铨试，今有～～免试者。"

【堂构】 tánggòu ❶筑堂基，建房舍。《尚书·大诰》："若考作室，既底法，厥子乃弗肯堂，矧肯构。"后以"堂构"喻祖先的遗业。《后汉书·章帝纪》："圣迹滂流，至于海表。不克～～，朕甚惭焉。"《三国志·吴书·张昭传》："夫为人后者，贵能负荷先轨，克昌～～，以成勋业也。"❷殿堂，房舍。陆机《叹逝赋》："悼～～之隤瘁兮，愍城阙之丘荒。"（愍：通"悯"。哀怜。）

【堂皇】 tánghuáng ❶广大的殿堂。《三辅皇图》："孝武帝为太子，立思贤苑以招宾客，苑中有～～六所。"❷官府办公的厅堂。《汉书·胡建传》："监御史与护军诸校列坐～～上，建从走卒趋至～～下拜谒。"❸气势宏大。张耒《大礼庆成赋》："～～二仪，拓落八极，以定万世之业。"

【堂廉】 tánglián ❶堂基的四周。《仪礼·乡饮酒礼》："设席于～～，东上。"《礼记·丧大记》："卿大夫即位～～楹西。"❷借指朝廷。龚自珍《明良论四》："将见～～之地，所图者大，所议者远，所见者深。"

【堂前】 tángqián ❶厅堂的前面。杜甫《江南逢李龟年》诗："岐王宅里寻常见，崔九～～几度闻。"❷泛指官僚的宅第。刘禹锡《乌衣巷》诗："旧时王谢～～燕，飞入寻常百姓家。"❸对妇女的尊称。《宋史·陈堂前传》："陈～～，汉州雒县王氏女，节操行义为乡人所敬，但呼曰～～，犹私家尊其母也。"

【堂上】 tángshàng ❶宫殿大堂之上，多为尊者所居。《孟子·梁惠王上》："王坐于～～。"《管子·法法》："～～有事，十日而君不闻。"古诗《为焦仲卿妻作》："府吏得闻之，～～启阿母。"❷称父母为堂上。吴骞《扶风传信录》："君归为我谢～～。"

【堂堂】 tángtáng ❶仪容庄严大方。《论语·子张》："～～乎张也，难与并为仁矣。"袁宏《三国名臣序赞》："～～孔明，基宇宏邈。"❷盛大或强大的样子。《韩非子·外储说右上》："景公与晏子游于少海，登柏寝之台，还望其国曰：'美哉！泱泱乎，～～乎。后世将孰有此？'"陈亮《上孝宗皇帝第一书》："～～中国，而蠢尔丑虏安坐而据之。"❸高大或显耀的样子。《史记·齐太公世家》："彗星见，景公坐柏寝，叹曰：'～～！谁有此乎？'"何晏《景福殿赋》："尔乃丰层覆之耽耽，建高基之～～。"❹公然地，毫无顾及地。陆游《涉白马渡慨然有怀》诗："袁曹百战相持处，犬羊～～自来去。"

【堂屋】 tángwū 正房，正屋。干宝《搜神记》卷三："金五百斤，盛以青罂，覆以铜柈，埋在～～东头。"

【堂庑】 tángwǔ 堂及四周的廊屋。《列子·杨朱》："庖厨之下不绝烟火，～～之上不绝声乐。"刘向《新序·杂事》："试之～～之上，庐室之间。"

【堂下】 tángxià ❶殿堂之下。《楚辞·九歌·湘君》："鸟次兮屋上，水周兮～～。"《孟子·梁惠王上》："王坐于堂上，有牵牛而过～～者。"《史记·高祖本纪》："萧何为主吏，主进，令诸大夫曰：'进不满千钱，坐之～～。'"❷指堂下的人，特指侍从。《韩非子·内储说下》："'～～得无有疾臣者乎？'公曰：'善。'乃召其～～而谯之，果然，乃杀之。"（谯：责备。）

【堂萱】 tángxuān 指母亲。范成大《致政承奉卢君挽词》："眼看庭玉成名后，身及～～未老时。"

【堂堂正正】 tángtángzhèngzhèng 形容军容强大整齐。语出《孙子·军争》："无邀正正之旗，无击堂堂之陈。"（邀：阻留。陈：阵。）后用以形容光明正大。

棠(樀) táng ❶树名，有红白两种。红者木质坚韧，白者果实可食，又名甘棠、棠梨。《史记·燕召公世家》："召公巡行乡邑，有～树，决狱政事其下。"❷地名。春秋时鲁邑，在今山东省鱼台县北。《左传·隐公五年》："五年春，公将如～观鱼者。"❸通"樘"。车两边控制车进退的横木。《释名·释车》："～，樘也。在车两旁樘轪使不得进卻也。"

塘 táng ❶堤岸。《淮南子·说山训》："坏～以取龟，发屋而求狸。"《后汉书·许杨传》："起～四百馀里。"❷水池，古代方者为池，圆者为塘。王勃《采莲赋》："枕箕岫之孤石，泛磻溪之小～。"朱熹《观书有感》诗："半亩方～一鉴开，天光云影共徘徊。"❸土筑的路。王安石《乘日》诗："乘日塞垣入，御风～路归。"

【塘坳】 táng'ào 池塘或低洼聚水的地方。杜甫《茅屋为秋风所破歌》："高者挂罥长林梢，下者飘转沉～～。"（罥：结。）陆游《题斋壁》诗："隔叶晚莺啼谷口，唼花雏鸭聚～～。"（唼：水鸟或鱼吃食。）

搪 táng ❶挡。李渔《意中缘·露丑》："命梅香做个护身牌，好把箭来～。"❷冲，突。韩愈《送郑尚书序》："机毒矢以待将吏，撞～呼号以相和应。"

【搪挨】 táng'āi 挨近，接连。王安石《和王微之登高斋》:"魏王兵马接踵出,旗纛千里相～～。"

【搪撑】 tángchēng 抵挡。韩愈《月蚀诗效玉川子作》:"赤龙黑乌烧口热,翎鬣倒侧相～～。"(翎:乌羽。鬣:须毛。)

【搪揬】 tángtū 同"唐突"。冒犯,触犯。杜甫《敬寄族弟唐十八使君》诗:"我能泛中流,～～鼍獭嗔。"(鼍:鼍龙,鳄鱼的一种。)

闛(闛) 1. táng ❶盛。《说文·门部》:"～,闛闛,盛貌。"

2. tāng ❷鼓声。见"闛鞈"。

3. chāng ❸门。见"闛阖"。

【闛鞈】 tāngtà 鼓声。司马相如《上林赋》:"金鼓迭起,铿铊～～。"

【闛阖】 chānghé 同"阊阖"。传说中的天门。也指门。《汉书·扬雄传上》:"东延昆邻,西驰～～。"

瑭 táng 玉器名。《玉篇·玉部》:"～,玉也。"

榶 táng ❶树名。《玉篇·木部》:"～,棣也。"❷碗。《荀子·正论》:"鲁人以～,卫人用柯。"(柯:盂。古代盛食物的器具。)

樘 táng 见 chēng。

糖(餹) táng 饴。从甘蔗、甜菜及米、麦中提炼出来供食用的甜味物质。《说文新附·米部》:"～,饴也。"《南齐书·周颙传》:"蟹之将～,躁扰弥甚。"

【糖霜】 tángshuāng 经熬制形成的糖。唐代始制作糖霜,有红白两种。苏轼《送金山乡僧归蜀开堂》诗:"冰盘荐琥珀,何似～～美。"黄庭坚《在戎州作颂答梓州雍熙长老寄糖霜》诗:"遥寄～～知有味,胜于崔子水晶盐。"

螗 táng 蝉的一种。《诗经·大雅·荡》:"如蜩如～,如沸如羹。"

【螗娘】 tángniáng 昆虫名。即螳螂。陈琳《为袁绍檄豫州》:"欲以～～之斧,御隆车之隧。"

螳 táng 见"螳娘"。

【螳娘】 tángniáng 即螳螂。又名"螗娘"。《礼记·月令》:"仲夏之月,小暑至,～～生。"《晋书·石崇传论》:"所谓高蝉处乎轻阴,不知～～袭其后也。"

【螳臂挡车】 tángbìdǎngchē 螳螂举起前腿欲挡住车轮前进。比喻不自量力。《庄子·天地》:"若夫子之言,于帝王之德,犹螳娘之怒臂以当车轶,则必不胜矣。"《韩诗外传》卷八:"齐庄公出猎,有螳娘举足将搏其轮,问其御曰:'此何虫也?'御曰:'此是螳娘也。其为虫,知进而不知退,不量力而轻就敌。'"

帑 tǎng 见 nú。

党 tǎng 见 dǎng。

倘 1. tǎng ❶惊疑欲止的样子。见"倘然"。❷连词。假使,假若。庾信《寄徐陵》诗:"故人～思我,及此平生时。"马中锡《中山狼传》:"异时～得脱颖而出,先生之恩,生死而肉骨也。"❸副词。或许,可能。《三国志·魏书·武帝纪》注引《魏武故事》:"多兵意盛,与强敌争,～更为祸始。"苏轼《方山子传》:"余闻光、黄间多异人,往往佯狂垢污,不可得而见,方山子～见之与?"

2. cháng ❹通"徜"。见"倘佯"。

【倘或】 tǎnghuò 假如,如果。《三国志·魏书·董卓传》注引《典略》:"妻曰:'食从外来,～～有故。'遂摘药示之。"《红楼梦》一百〇八回:"他的病才好,～～撞着什么,又闹起来,那可怎么好?"

【倘然】 tǎngrán ❶惊疑欲止的样子。《庄子·在宥》:"云将见之,～～止,贽然立。"(云将:人名。)❷假如。《老残游记》三回:"～～西北风一起,立刻便要穿棉了。"

【倘佯】 chángyáng 同"徜徉"。徘徊。《楚辞·九叹·思古》:"临深水而长啸兮,且～～而氾观。"左思《吴都赋》:"徘徊～～,寓目幽蔚。"

傥(儻) 1. tǎng ❶精神恍惚、自失的样子。《庄子·天地》:"怊乎若婴儿丧其母,～乎若行而失其道也。"(怊:惆怅。)❷无思无虑。《庄子·山木》:"侗乎其无识,～乎其怠疑。"❸副词。或许、可能。《史记·孔子世家》:"盖周文武起丰镐而王,今费虽小,～庶几乎?"《后汉书·顺烈梁皇后纪》:"若大位不究,而积德必报。若庆流子孙者,～兴此女乎?"❹连词。倘若,假使。《颜氏家训·慕贤》:"～遭不世明达君子,安可不攀附景仰之乎?"《资治通鉴·汉献帝建安十三年》:"～能屈威,诚副其所望。"

2. tàng ❺侥幸,意外。见"傥来"。❻希望。张华《永怀赋》:"～皇灵之垂仁,长收欢于永已。"

【傥荡】 tǎngdàng 放任,不检点。《汉书·史丹传》:"丹为人足知,恺弟爱人,貌若～～不备,然心甚谨密。"

【傥或】 tǎnghuò 连词。倘若,假使。《三国志·吴书·鲁肃传》注引《江表传》:"～～

可采,瑜死不朽矣。”

【傥莽】 tǎngmǎng ❶旷远的样子。王褒《洞箫赋》:“弥望～～,联延旷荡。”❷暗昧不明的样子。阮籍《清思赋》:“时～～而阴曀兮,忽不识乎旧宇。”

【傥然】 tǎngrán ❶怅然失意的样子。《庄子·天运》:“～～立于四虚之道,倚于槁梧而吟。”❷不关心不在意的样子。《庄子·天地》:“以天下非之,失其所谓,～～不受。”❸倘若。《颜氏家训·终制》:“今年老疾侵,～～奄忽,岂求备礼乎?”

【傥若】 tǎngruò 连词。同“倘若”。谢灵运《酬从弟惠连》诗:“～～果言归,共陶暮春时。”

【傥来】 tànglái 意外而来,偶然而至。《庄子·缮性》:“轩冕在身,非性命也,物之～～,寄者也。”《新唐书·纪王慎传》:“况荣宠贵盛,～～物也,可恃以陵人乎?”

惝(儻) tǎng 同“惝”。见“惝慌”。

【惝慌】 tǎnghuǎng 失意的样子。《楚辞·九叹·远逝》:“横舟航而济湘兮,耳聊啾而～～。”又《九叹·逢纷》:“心～～其不我与兮,躬速速其不吾亲。”也作“惝怳”。王安石《梦黄吉甫》诗:“舟舆来何迟,北望屡～～。”

挡(攩) 1. tǎng ❶推,槌打。《列子·黄帝》:“既而狎侮欺诒,～挖挨扰,亡所不为。”(诒:欺骗。挖:推击。扰:击背。)

2. dǎng ❷抵挡,阻拦。《西游记》七回:“他看大圣纵横,掣金鞭近前～住。”❸通“党”。朋党。《说文·手部》:“～,朋群也。”

曭(曭) tǎng 不明。《玉篇·日部》:“～,不明也。”

【曭莽】 tǎngmǎng 昏暗,曚昽。《楚辞·远游》:“时暧曃其～～兮,召玄武而奔属。”(暧曃:昏暗不明。)也作“曭漭”。陆机《感时赋》:“望八极以～～。”

瞠(矘) tǎng 眼睛无神、直视的样子。《说文·目部》:“～,目无精直视也。”参见“瞠眄”。

【瞠眄】 tǎngmiàn 眼睛无神、直视的样子。《后汉书·梁冀传》:“为人鸢肩豺目,洞精～～,口吟舌言。”

镋(鎲、钂) tǎng 古兵器名,跟叉相似。见“镋钯”。

【镋钯】 tǎngpá 古兵器名,简称镋,形似马叉。《武备志·镋钯图说》:“～～,上用利刃,横从弯股,刃用两锋,中有一脊。”

tao

叨 1. tāo ❶同“饕”。贪。《后汉书·卢植传》:“岂横～天功以为己力乎?”❷犹忝。谦词,表示受之有愧。《后汉书·蔡邕传》:“并～时幸,荣富优足。”苏舜钦《京兆求罢表》:“臣本以孤直,误～奖知,久留滞于外藩。”❸残。见“贪叨”。

2. dāo ❹话多,啰嗦。见“叨叨”。

【叨名】 tāomíng 虚有其名。《文心雕龙·诔碑》:“陈思～～,而体实繁缓,文皇诔末,旨言自陈,其乖甚矣。”

【叨陪】 tāopéi 谦称陪从或追随。王勃《滕王阁序》:“他日趋庭,～～鲤对。”(鲤对:孔子的儿子孔鲤在孔子的面前回答问题,并接受教导。)《红楼梦》三十七回:“妹虽不才,幸～～泉石之间,兼慕薛林雅调。”

【叨窃】 tāoqiè 自谦之词,即才不能胜其任却居其位。《三国志·蜀书·诸葛亮传》:“臣以弱才,～～非据。”《宋书·谢晦传》:“缪蒙时私,～～权要。”

【叨沓】 tāotà 贪婪而又怠惰。《新唐书·李光颜传》:“初田缙镇夏州,以～～开边隙。”

【叨贪】 tāotān 贪婪。《后汉书·袁术吕布传赞》:“术既～～,布亦翻覆。”

【叨懫】 tāozhì 贪婪而残暴。《尚书·多方》:“亦惟有夏之民～～,日钦劓割夏邑。”(钦:崇尚。)

【叨叨】 dāodāo 话多。吴昌龄《东坡梦》一折:“心地自然明,何必～～说。”

弢 tāo ❶弓套。《国语·齐语》:“～无弓,服无矢。”(服:矢套。)❷套子。《左传·成公十六年》:“乃内旌于～中。”《新唐书·李靖传》:“其旧物有佩笔,以木为管～。”❸通“韬”。掩藏。陆机《汉高祖功臣颂》:“～迹匿光。”

涛(濤) tāo ❶大波浪。郭璞《江赋》:“激逸势以前驱,乃鼓怒而作～。”苏轼《念奴娇·赤壁怀古》词:“乱石穿空,惊～拍岸,卷起千堆雪。”❷类似波涛的声音。王世贞《沸水岩》诗:“风岩昼激诸天雨,阴壑寒生万树～。”

【涛濑】 tāolài 波涛急流。《论衡·感类》:“江起岷山,流为～～,相～～之流,孰与初起之源?”苏轼《韩子华石淙庄》诗:“泉流知人意,屈折作～～。”

【涛澜】 tāolán 波涛,巨浪。陆游《秋冬之交》诗:“此心如井枯,无地起～～。”

【涛水】 tāoshuǐ 大水。扬雄《羽猎赋》:“涣若天星之罗,浩如～～之波。”

绦(縧、絛) tāo 用丝线编织成的带子。苏轼《送李公恕》诗："愿随壮士斩蛟蜃,不愿腰间缠丝～。"

绸 tāo 见 chóu。

谄(諂) tāo ❶疑惑,可疑。《荀子·性恶》:"其言也～,其行也悖,其举事多悔,是小人之知也。"《管子·五辅》:"以上～君上,而下惑百姓。"❷隐瞒。《晏子春秋·内篇问下》:"和于兄弟,信于朋友,不～过,不责得。"

滔 tāo ❶大水弥漫。《尚书·益稷》:"洪水～天。"《论衡·感虚》:"尧之时,洪水～天,怀山襄陵。"㊀使大水弥漫、泛滥。《淮南子·本经训》:"共工振～洪水。"㊀漫。《汉书·石奋传》:"间者,河水～陆,泛滥十馀郡。"❷广大,漫长。《淮南子·精神训》:"孔乎莫知其所终极,～乎莫知其所止息。"又《诠言训》:"自死而天下无穷尔～矣。"❸聚,趋。《庄子·田子方》:"夫子不言而信,不比而周,无器而民～乎前。"(器:指权位。)❹怠慢,放任。《左传·昭公二十六年》:"士不滥,官不～。"❺通"谄"。疑惑。张衡《西京赋》:"天命不～,畴敢以渝。"

【滔荡】 tāodàng ❶浩荡。《楚辞·九叹·远逝》:"波淫淫而周流兮,鸿溶溢而～～。"❷比喻心胸宽大。曹植《赠丁翼》诗:"～～固大节,世俗多所拘。"❸放荡无羁。《吕氏春秋·音初》:"流辟逃越慆滥之音出,则～～之气、邪慢之心感矣。"(逃越:声音飞荡。)

【滔乱】 tāoluàn 大乱,扰乱。《后汉书·袁绍传》:"常侍张让等～～天常。"

【滔滔】 tāotāo ❶水广大的样子。《诗经·齐风·载驱》:"汶水～～,行人儦儦。"(儦儦:众多。)陆机《叹逝赋》:"水～～而日度。"❷喻遍地皆是。《论语·微子》:"～～者,天下皆是也。"❸同"陶陶"。阳光和暖的样子。《楚辞·九章·怀沙》:"～～孟夏兮,草木莽莽。"

慆 tāo ❶悦,喜悦。《尚书大传》卷三:"师乃～,前歌后舞。"《左传·昭公元年》:"君子之近琴瑟,以仪节也,非以～心也。"❷傲慢。《楚辞·离骚》:"椒专佞以慢～兮,榝又欲充夫佩帏。"(椒:花椒。榝:木本植物,又名茱萸。)❸通"韬"。掩藏。《左传·昭公三年》:"君日不悛,以乐～忧。"❹通"谄"。怀疑。《左传·昭公二十七年》:"天命不～久矣,使君亡者,必此众也。"❺过去,消失。《诗经·唐风·蟋蟀》:"今我不乐,日月其～。"❻同"叨"。贪。《资治通鉴·宋文帝元嘉二十九年》:"不敢～天之功,以干大赏。"

【慆滥】 tāolàn 放荡过分。《吕氏春秋·音初》:"流辟逃越～～之音出,则滔荡之气、邪慢之心感矣。"(流辟:淫邪放纵。逃越:声音飞荡。)

【慆慢】 tāomàn 怠慢。诸葛亮《诫子书》:"～～则不能研精,险躁则不能治性。"《三国志·吴书·孙权传》:"～～天命。"

【慆慆】 tāotāo ❶时间长久。《诗经·豳风·东山》:"我徂东山,～～不归。"❷纷乱的样子。班固《幽通赋》:"安～～而不葩兮,卒陨身乎世祸。"(葩:躲避。)

【慆淫】 tāoyín 怠惰。《国语·周语中》:"凡我造国,无从非彝,无即～～。"(造:为。彝:常。)《国语·鲁语下》:"夜儆百工,无使～～。"(百工:百官。)

掏 tāo ❶取,挖取。同"掏"。韩愈《贞曜先生墓志铭》:"钩章棘句,～擢胃肾。"(钩:曲。)❷叩,击。《国语·鲁语下》:"无～膺,无忧容。"

【掏膺】 tāoyīng 捶胸。表示哀痛。《国语·鲁语下》:"请无瘠色,无洵涕,无～～,无忧容。"马融《长笛赋》:"雷叹颓息,～～擗摽。"(擗摽:拊心,表示悲痛。)

韬(韜) 1. tāo ❶剑套。《说文·韦部》:"～,剑衣也。"❷弓袋。《广雅·释器》:"～,弓藏也。"❸将弓装入弓袋。《诗经·周颂·时迈》"载櫜弓矢"孔颖达疏:"故内弓于衣谓之～弓。"❹包藏,隐藏。方孝孺《答阕乡叶教论》:"峰润由于～玉,叶茂本于根深。"㊀包容。《庄子·天地》:"君子明于此十者,则～乎其事,心之大也。"《三国志·魏书·管宁传》:"～古今于胸怀,包道德之机要。"❺谋略。李德裕《寒食奉进》诗:"不劳孙子法,自得太公～。"

2. tào ❻臂套。元稹《阴山道》诗:"从骑爱奴丝布衫,臂鹰小儿云锦～。"

【韬晦】 tāohuì 深藏不露,隐藏踪迹。《三国演义》二十一回:"玄德也防曹操谋害,就下处后园种菜,亲自浇灌,以为～～之计。"

【韬略】 tāolüè 指用兵的谋略。古代兵书有《六韬》、《三略》,故称。《三国演义》二十九回:"此人胸怀～～,腹隐机谋。"

【韬隐】 tāoyǐn 隐匿不外露。《三国志·吴书·陆逊传》:"若用之,当令外自～～,内察形便,然后可克。"

【韬韫】 tāoyùn 蓄藏。《三国志·魏书·管宁传》:"～～儒墨,潜化傍流,畅于殊俗。"

饕 tāo ❶贪。《庄子·骈拇》:"不仁之人,决性命之情而～贵富。"❷凶猛。韩愈《祭张员外文》:"岁弊寒凶,雪虐风～。"

【饕戾】 tāolì 贪残暴虐,也指贪戾之人。蔡邕《司空杨秉碑》："～～是黜，英才是列。"

【饕餮】 tāotiè ❶恶兽名，古代钟鼎铭器多铸此兽形作为装饰。《吕氏春秋·先识》："周鼎著～～，有首无身，食人未咽，害及其身，以言报更也。"❷贪婪残暴。《后汉书·袁绍传》："～～放横，伤化虐人。"❸贪婪凶暴之人。《左传·文公十八年》："缙云氏有不才子，贪于饮食，冒于货贿……天下之民以比三凶，谓之～～。"

洮 1. táo ❶盥洗。《尚书·顾命》："甲子，王乃～靧水。"（靧：洗脸。）❷通"淘"。见"洮汰"。❸水名。洮河，黄河上游的支流。源出甘肃、青海边境的西倾山东。王昌龄《从军行》之五："前军夜战～河北，已报生擒吐谷浑。"❹古地名。《左传·僖公八年》："盟于～。"

2. yáo ❺湖名。又名长荡湖、长塘湖，在江苏省溧阳、金坛两市内。《广韵·宵韵》："～，五湖名。"

3. dào ❻古水名，在江淮间。《史记·高祖本纪》："汉将别击布军～水南北。"

【洮汰】 táotài 同"淘汰"。清除。《后汉书·陈元传》："解释先王之积结，～～学者之累惑。"

逃（迯） táo ❶逃跑，逃走。《韩非子·外储说左下》："卫君欲执孔子，孔子走，弟子皆～。"《战国策·齐策六》："太子乃解衣免服，～太史之家为溉园。"❷躲避，回避。《史记·吴太伯世家》："季子今～位，则王馀昧后立。"（王馀昧：人名。）㊂离去。《国语·晋语一》："与其勤而不入，不如～之。"《韩非子·说林下》："尧以天下让许由，许由～之。"㊃逃窜藏匿。《楚辞·大招》："冥凌浃行，魂无～只。"

【逃避】 táobì 躲避。《论衡·命禄》："天命当然，虽～～之，终不得离。"

【逃禅】 táochán ❶逃出佛教的戒律。杜甫《饮中八仙歌》："苏晋长斋绣佛前，醉中往往爱～～。"❷避世参禅。王实甫《西厢记》二本二折："我经文也不会谈，～～也懒去参。"

【逃军】 táojūn 弃军而逃走。《穀梁传·文公七年》："辍战而奔秦，以是为～～也。"

【逃禄】 táolù ❶做官不受俸禄。《后汉书·何敞传》："使百姓歌诵，史官纪德，岂但子文～～，公仪退食之比哉！"（公仪：人名。）❷不做官。陶渊明《感士不遇赋》："彼达人之善觉，乃～～而归耕。"

【逃名】 táomíng 不求名声，避名而不居。《后汉书·法真传》："友人郭正称之曰：'法真名可得闻，身难得而见，～～而名我随，避名而名我追，可谓百世之师者矣！'"

【逃难】 táonàn ❶逃避祸难。《国语·鲁语下》："椒既言之矣，敢～～乎？椒请从。"（椒：人名。）❷回避他人的责难。《汉书·艺文志》："后世经传既已乖离，博学者又不思多闻阙疑之义，而务碎义～～，便辞巧说，破坏形体。"

【逃席】 táoxí 酒席间不辞而去。元稹《黄明府诗序》："有一人后至，频犯语令，连飞十二觥，不胜其困，～～而去。"

【逃刑】 táoxíng 逃避刑罚。《左传·定公十四年》："不敢～～，敢归死。"又《襄公三年》："有罪不～～。"

挑 táo 见 tiǎo。

咷（啕） 1. táo ❶见"嚎咷"。❷号哭。韩愈《祭张员外文》："颠于马下，我泗君～。"

2. tiào ❸高声歌唱。《汉书·韩延寿传》："歌者先居射室，望见延寿车，噭～楚歌。"（噭：高呼声。）

駣（騊） táo 三岁或四岁的马。《周礼·夏官·庾人》："教～攻驹。"

桃 táo ❶果树名。《诗经·周南·桃夭》："～之夭夭，灼灼其华。"（华：通"花"。）❷桃树结的果实。《韩非子·说难》："异日，与君游于果园，食～而甘，不尽，以其半啖君。"❸桃花。李白《古风五十九首》之四："～李何处开，此花非我春。"❹桃花开放的时节。《齐民要术·大小麦》："小麦生于～。"❺古地名。春秋时鲁邑，在今山东省汶上县北。《左传·襄公十七年》："齐侯伐我北鄙，围～。"❻姓。

【桃梗】 táogěng 用桃木制作的木偶。旧俗认为桃木可以避邪，往往置桃梗于门前。《战国策·齐策三》："今者臣来，过于淄上，有土偶人与～～相与语。"《晋书·礼志上》："岁旦，常设苇茭、～～，磔鸡于宫及百寺之门，以禳恶气。"（苇茭：用蒲苇编成的绳索，年节时挂于门上，以袪除邪鬼。磔：分祭牲以祭神。）

【桃李】 táolǐ ❶桃树和李树。《韩非子·内储说上》："～～冬实。"李白《箜篌谣》："多花必早落，～～不如松。"❷桃李树结的果实。《礼记·内则》："瓜～～梅杏。"❸比喻所栽培的门生或所推荐的贤士。白居易《春和令公绿野堂种花》："令公～～满天下，何用堂前更种花。"《资治通鉴·唐则天皇后久视元年》："或谓仁杰曰：'天下～～，悉在公门矣。'"

【桃茢】 táoliè 用桃树枝编的扫帚，传说桃木可以避邪，故用以扫除不祥。韩愈《论佛骨表》:"古之诸侯行吊于其国,尚令巫祝先以～～祓除不祥,然后进吊。"

【桃花水】 táohuāshuǐ 即桃花汛。黄河春汛,正值桃花开时,故名。又称"桃花浪"。《汉书·沟洫志》:"如使不及今冬成,来春～～～盛,必羡溢,有填淤反壤之害。"杜甫《南征》诗:"春岸～～～,云帆枫树林。"

【桃李年】 táolǐnián 指女子的青春时期。武元衡《代佳人赠张郎中》诗:"洛阳佳丽本神仙,冰雪容颜～～～。"

【桃弧棘矢】 táohújíshǐ 桃木制作的弓,棘枝制作的箭,古人以此避邪。《左传·昭公四年》:"～～～～,以除其灾。"《史记·楚世家》:"跋涉山林以事天子,唯是～～～～以共王事。"

【桃李不言,下自成蹊】 táolǐbùyán xiàzì chéngxī 桃树、李树不会说话,但因它的果实吸引人,树下自然就踩出了一条路。喻重事实不尚虚名。《史记·李将军列传》:"谚曰:'～～～～,～～～～。'此言虽小,可以喻大。"

陶 1. táo ❶瓦器,用黏土烧制而成。《汉书·郊祀志》:"牲用茧栗,玄酒～匏。"《礼记·郊特牲》:"器用～匏,以象天地之性也。"㊀烧制瓦器。《孟子·告子下》:"万室之国,一人～,则可乎?"《吕氏春秋·慎人》:"舜耕于历山,～于河滨。"❷造就,培育。《法言·先知》:"圣人乐～成天下之化,使人有士君子之器者也。"王安石《上皇帝万言书》:"～成天下之才。"❸喜悦,欢喜。谢灵运《酬从弟惠连》诗:"倘若果归言,共～暮春时。"李觏《袁州州学记》:"天下治,则谭礼乐以～吾民。"(谭:通"谈"。)❹炽热。《后汉书·张衡传》:"路日中于昆吾兮,憩炎天之所～。"❺地名。在今山东省定陶县境内。❻畅茂。见"陶遂"。❼姓。

2. yáo ❽人名。见"皋陶"。❾通"谣"。虚谎。见"陶诞"。

3. dào ❿见"陶陶"。

【陶化】 táohuà 陶冶培育。《三国志·魏书·和洽传》注引孙盛曰:"夫矫枉过正则巧伪滋生,以克训下则民志险隘,非圣王所以～～民物,闲邪存诚之道。"

【陶钧】 táojūn ❶制作陶器用的转轮。比喻对事物的运转、控制。《史记·鲁仲连邹阳列传》:"是以圣王制世御俗,独化于～～之上,而不牵于卑乱之语,不夺于众多之口。"❷比喻造物者。杜甫《瞿唐怀古》诗:"疏凿功虽美,～～力大哉。"

【陶令】 táolìng 指称陶渊明。陶渊明弃官归隐前曾任彭泽令,故称陶令。李白《留别龚处士》诗:"柳深～～宅,竹暗辟疆园。"(辟疆:吴郡人,有名园。)刘禹锡《杨柳枝》词之二:"～～门前四五树,亚夫营里百千条。"

【陶染】 táorǎn 熏陶,陶冶。《颜氏家训·序致》:"虽读礼传,微爱属文,颇为凡人之所～～。"(礼传,指《大戴礼记》。)

【陶遂】 táosuì 畅茂,茂盛。《后汉书·杜笃传》:"畎渎润淤,水泉灌溉,渐泽成川,粳稻～～。"

【陶唐】 táotáng 指帝尧。尧初居于陶,后封于唐,故称陶唐。《尚书·五子之歌》:"惟彼～～,有此冀方。"《汉书·司马相如传上》:"奏～～氏之舞,听葛天氏之歌。"

【陶陶】 táotáo (旧读 yáoyáo)❶欢乐、舒畅的样子。《诗经·王风·君子阳阳》:"君子～～,左执翿。"(翿:一种舞具。)刘伶《酒德颂》:"无忧无虑,其乐～～。"❷前后相随。《礼记·祭义》:"及祭之后,～～遂遂,如将复入然。"❸漫长。《楚辞·九思·哀岁》:"冬夜兮～～,雨雪兮冥冥。"❹阳光和暖的样子。《史记·屈原贾生列传》:"～～孟夏兮,草木莽莽。"

【陶写】 táoxiě 陶冶性情,宣泄忧闷。《世说新语·言语》:"年在桑榆,自然至此,正赖丝竹～～。"

【陶冶】 táoyě ❶烧制陶器,冶铸金属。《孟子·滕文公上》:"许子何不为～～?"❷指烧制陶器和冶铸金属的人。《孟子·滕文公上》:"以粟易械器者,不为厉～～;～～亦以其械器易粟者,岂为厉农夫哉!"❸培育,造就。《汉书·贡禹传》:"调和阴阳,～～万物,化正天下。"王安石《上仁宗皇帝言事书》:"由此观之,人之才未尝不自人主～～而成之者也。"❹熏陶。《颜氏家训·文章》:"至于～～性灵,从容讽谏,入其滋味,亦乐事也。"

【陶朱】 táozhū 陶朱公的简称。据《史记·货殖列传》记载,春秋时范蠡,助越王勾践灭吴后,逃走,至陶,改姓易名,叫陶朱公,后经商致富,财产巨万,后称富者为陶朱或陶朱公。《论衡·命禄》:"积金累玉,未必～～之智。"

【陶铸】 táozhù ❶烧制陶器和铸造金属。《墨子·耕柱》:"昔者夏后开,使蜚廉折金于山川,而～～之于昆吾。"(夏后开:夏禹之子夏启。折金:开发金矿。)❷造就,培养。《庄子·逍遥遊》:"是其尘垢粃糠,将犹～～尧舜者也。"

【陶诞】 yáodàn 欺诈荒诞。《荀子·强国》:"今已有数万之众者也,～～比周以争与。"(与:与国,即盟国。)又《荣辱》:"饰邪说,文奸言，～～突盗，惕悍桥暴。”（惕：通“荡”。放荡。）

【陶陶】 dàodào 马奔驰的样子。《诗经·郑风·清人》：“清人在轴，驷介～～。”（郑玄笺：“陶陶，驱驰之貌。”）

淘 táo ❶冲刷，冲洗。刘禹锡《浪淘沙》词之九：“流水～沙不暂停，前波未灭后波生。”㊂冲洗去杂质。刘禹锡《浪淘沙》词之八：“千～万漉虽辛苦，吹尽狂沙始到金。”❷挖掘使疏通。孟元老《东京梦华录·诸色杂卖》：“每遇春时，官中差人夫监～在城渠，别开坑盛～出者泥，谓之泥盆。”

【淘汰】 táotài 清除杂质。白居易《赋赋》：“今吾君网罗六艺，～～九流。”《齐民要术·作酱法》：“作热汤，于大盆中浸豆黄，良久～～，挼去黑皮。”参见“洮汰”。

梼 táo 见 chóu。

绹（綯） táo 绳索。《诗经·豳风·七月》：“昼尔于茅，宵尔索～。”

骟（騊） táo 见“骟駼”。

【骟駼】 táotú 马名。北方之良马。《淮南子·主术训》：“伊尹，贤相也，而不能与胡人骑騵马而服～～。”（騵马：骏马。）《盐铁论·未通》：“珍怪异物充于后宫，～～駃騠实于外厩。”

跳 táo 见 tiào。

匋 táo 见“酕匋”。

鞉（鼗、鞀、鞀） táo 乐器名。一种有柄的小鼓，犹今之拨浪鼓。《诗经·周颂·有瞽》：“～磬柷圉，既备乃奏。”（磬、柷、圉：均为乐器。）《后汉书·礼仪志中》：“皆赤帻皂制，执大～。”（帻：头巾。）

讨（討） tǎo ❶声讨，谴责。《左传·宣公二年》：“亡不越竟，反不～贼。”（竟：境。贼：指大逆不道的人。）㊀征伐，征讨。《国语·周语下》：“及范、中行之难，苌弘与之，晋人以为～，二十八年，杀苌弘。”《后汉书·灵思何皇后纪》：“明年，山东义兵大起，～董卓之乱。”❷研究。《论语·宪问》：“为命，裨谌草创之，世叔～论之。”㊀治理，整治。《左传·宣公十二年》：“楚自克庸以来，其君无日不～国人而训之，于民生之不易。”❸寻究，探求。《商君书·更法》：“虑世事之变，～正法之本。”陆机《文赋》：“或因枝以振叶，或沿波以～源。”❹寻访，寻找。李白《江上望皖公山》诗：“但爱兹岭高，何由～灵异。”杜甫《忆昔行》：“更～衡阳董炼师，南浮早鼓潇湘舵。”❺索取，乞求。陈造《吟诗自笑》：“投荒忍死经人鲊，～饭充肠上岳阳。”

【讨论】 tǎolùn 研究评论。刘知幾《史通·言语》：“虽有～～润色，终不失其梗概者也。”曾巩《类要序》：“左右前后之臣，非工儒学，妙于语言，能～～古今，润色太平之业者，不能称其位。”

【讨平】 tǎopíng 讨伐平乱。《后汉书·卢植传》：“及车骑将军皇甫嵩～～黄巾，盛称[卢]植行师方略，[皇甫]嵩皆资用规谋，济成其功。”《三国志·吴书·钟离牧传》：“会建安、鄱阳、新都三郡山民作乱，出牧为监军使者，～～之。”

【讨谪】 tǎozhé 寻究指责。《后汉书·王符传》：“其指讦时短，～～物情，足以观见当时风政。”（讦：揭发隐私。）

te

螣 1. té ❶同“蟘”。昆虫名，一种害虫。《诗经·小雅·大田》：“去其螟～，及其蟊贼，无害我田稚。”

2. téng ❷见“螣蛇”。

【螣蛇】 téngshé 传说中一种兴云驾雾而飞的蛇，又名“飞蛇”。《荀子·劝学》：“～～无足而飞，梧鼠五技而穷。”也作“腾蛇”。

忒 tè ❶变更。《诗经·大雅·瞻卬》：“鞫人忮忒，谮始竟背。”柳宗元《祭吕衡州温文》：“推而下之，法度不～。”❷差错，差误。《吕氏春秋·孟春》：“乃命太史，守典奉法，司天日月星辰之行，宿离不～，无失经纪。”《三国志·魏书·三少帝纪》：“关内侯郑小同，温恭孝友，帅礼不～。”❸疑。《诗经·曹风·鸤鸠》：“淑人君子，其仪不～。”❹邪恶。陈琳《为袁绍檄豫州》：“而操遂承资跋扈，肆行凶～。”❺副词。太，过于。关汉卿《窦娥冤》四折：“后嫁婆婆～心偏，守志烈女意自坚。”

忑 tè ❶见“忐忑”。❷惊。汤显祖《牡丹亭·寻梦》：“～一片撒花心的红影儿吊将来半天。”

贷（貣） tè ❶向人乞求物品。《荀子·儒效》：“虽行～而食，人谓之富矣。”❷借贷。《后汉书·桓帝纪》：“若王侯吏民有积谷者，一切～十分之三。”❸宽恕。《新唐书·崔器传》：“李岘等执奏，乃以六等定罪，多所厚～。”❹通“忒”。差错。《管子·正》：“如四时之不～，如星辰之不变。”

貣 tè 见 èr。

贷 tè 见dài。

匿 tè 见nì。

特 tè ❶公的。多指雄性牲畜。《周礼·夏官·校人》："凡马，～居四之一。"❷三岁或四岁之兽。《诗经·魏风·伐檀》："不狩不猎，胡瞻尔庭有县～兮。"（县："悬"的古字。）❸一头（牲口）。《史记·孝武本纪》："祭日以牛，祭月以羊彘～。"《三国志·魏书·明帝纪》："八月辛巳，行东巡，遣使者以～牛祠中岳。"❹单独。《战国策·秦策四》："三国且去，吾～以三城从之。"《后汉书·张衡传》："感鸾鹥之～栖兮，悲淑人之稀合。"❺配偶。《诗经·鄘风·柏舟》："髧彼两髦，实维我～。"（髧：头发下垂。）❻杰出的，非常优秀的。《诗经·秦风·黄鸟》："维此奄息，百夫之～。"❼副词。1）特地，特意，特别。《韩非子·存韩》："秦～出锐师取地而韩随之。"《后汉书·马援传》："光为人小心周密，丧母过哀，帝以是～亲爱之。"又《西域传》："故蒲萄酒～有名焉。"2）仅、只、不过。《史记·魏其武安侯列传》："丞相～前戏许灌夫，殊无意往。"《汉书·高帝纪下》："今天下贤者智能岂～古之人乎？"3）徒然，白白地。《汉书·高帝纪上》："夜驰见张良，具告其实，欲与俱去，毋～俱死。"

【特拜】 tèbài 单个地拜，与泛拜相对。《礼记·丧大记》："大夫内子士妻～～命妇，泛拜众宾于堂上。"（命妇：受有封号的妇女。泛拜：合众宾一次拜之。）

【特操】 tècāo 独特的操守。《庄子·齐物论》："曩子行，今子止；曩子坐，今子起，何其无～～与？"

【特达】 tèdá ❶古时行聘礼时，只拿圭璋，不加束帛，能独行通达，谓之特达。《礼记·聘义》："圭璋～～，德也。"（疏："以聘享之礼，有圭、璋、璧、琮。璧、琮则有束帛加之乃得达，圭、璋则不用束帛，故云特达。"）❷指自我通达，自我推荐。王褒《四子讲德论》："夫～～而相知者，千载之一遇也。"❸突出于众。《三国志·吴书·孙权传》注引《江表传》："惟将军天姿～～，兼包文武。"李观《上贾仆射书》："观江东一布衣耳，客游长安五年，以文艺求容，而无～～之操，籍甚之名。"（籍甚：盛大。）

【特地】 tèdì ❶特别。韩愈《夕次寿阳驿题吴郎中诗后》诗："风光欲动别长安，春半边城～～寒。"❷特意，故意。杨万里《寒雀》诗："～～作团喧杀我，忽然惊散寂无声。"

【特将】 tèjiàng 独当一面的将领。《汉书·霍去病传》："其裨将及校尉侯者九人，为～～者十五人。"

【特立】 tèlì ❶有独特的见地，与众不同。韩愈《与于襄阳书》："侧闻阁下抱不世之才，～～而独行。"欧阳修《苏氏文集序》："其始终自守，不牵世俗趋舍，可谓～～之士也。"❷独立。王延寿《鲁灵光殿赋》："层曲九成，屹然～～。"

【特起】 tèqǐ 崛起，兴起。《史记·项羽本纪》："少年欲立婴便为王，异军苍头～～。"（苍头：以青巾裹头的士卒。）《后汉书·杜林传》："杜独以为周室之兴，祚由后稷，汉业～～，功不缘尧。"

【特牲】 tèshēng 祭祀时只用一头牲畜。《礼记·郊特牲》："郊～～，而社稷大牢。"《国语·楚语下》："大夫举以～～，祀以为牢。"

【特异】 tèyì ❶特殊，怪异。《汉书·楚元王传》："大星如月西行，众星随之，此为～～。"❷特别优异。《新唐书·陈京传》："夫褒大节，恤贤臣，天下所以安，况卓卓～～者乎？"

犆 tè 见zhí。

慝 1. tè ❶恶，邪恶。《孟子·尽心下》："庶民兴，斯无邪～矣。"《史记·五帝本纪》："昔帝鸿氏有不才子，掩义隐贼，好行凶～。"《管子·小匡》："是故农之子常为农，朴野而不～。"❷阴气。《左传·庄公二十五年》："唯正月之朔，～未作。"《后汉书·马融传》："至于阳月，阴～害作。"❸灾害，祸患。《国语·晋语八》："昼选男德以象谷明，宵静女德以伏蛊～。"《汉书·叙传下》："既成宠禄，亦罗咎～。"❹通"忒"。1）变更。《诗经·鄘风·柏舟》："之死矢靡～。"2）差错。董仲舒《雨雹对》："以此推移，无有差～。"

2. nì ❺隐瞒真情掩饰错误。《集韵·职韵》："～，隐情饰非曰～。"

teng

誊（謄） téng 抄写。《玉篇·言部》："～，传写也。"《红楼梦》三十八回："没有顿饭工夫，十二题已完，各自～出来，都交与迎春。"

【誊录】 ténglù ❶科举时代防止作弊的一种方法。宋代先置誊录院，考生的试卷交印封官糊名封卷。后又为防止笔迹作弊，又规定考卷交誊录所用朱笔誊写，以誊本送交考官评阅。曾巩《请令州县特举士劄子》："其课试不用糊名～～之法，使之通一艺以上者，非独采用汉制而已。"❷誊写。

《红楼梦》三十八回:"另拿了一张雪浪笺过来,一并~~出来。"

幐 téng 囊,口袋。《战国策·赵策一》:"赢~负书担囊。"《管子·山国轨》:"梩笼累箕,~籯屑糗。"

腾(騰) téng ❶跳跃。《战国策·齐策三》:"韩子卢逐东郭逡,环山者三,~山者五,兔极于前,犬废于后。"(卢:犬名。逡:狡兔名。)《汉书·李广传》:"广阳死,睨其旁有一儿骑善马,暂~而上胡儿马。"(阳:通"佯"。假装。)❷奔驰。《楚辞·大招》:"~驾步游,猎春囿只。"(只:语气词。)❸骑。《楚辞·九叹·愍命》:"卻骐骥以转运兮,~驴骡以驰逐。"❹升,扬,飞扬。《吕氏春秋·孟春》:"是月也,天气下降,地气上~。"《后汉书·马援传论》:"马援~声三辅,遨游二帝。"❺传,传递。《后汉书·隗嚣传》:"因数~书陇、蜀,告示祸福。"㊀传播,流传。李白《留别金陵诸公》诗:"地扇邹鲁学,诗~颜谢名。"❻凌驾。《管子·君臣下》:"为人臣者,变故易常,而巧官以谄上,谓之~。"(尹知章注:"腾,谓凌驾于君。")❼挪移,使空。王建《贫居》诗:"蠹生~药箧,字暗换书签。"❽通"媵"。送。《仪礼·公食大夫礼》:"众人~羞者,尽阶不升堂。"

【腾沸】 téngfèi 动乱,纷扰。《后汉书·荀彧传》:"自迁帝西京,山东~~,天下之命倒县矣。"(县:"悬"的古字。)

【腾黄】 ténghuáng 神马名。《抱朴子·对俗》:"~~之马,吉光之兽,皆寿三千。"

【腾降】 téngjiàng 升降。欧阳修《原弊》:"夫阴阳在天地间,~~而相推,不能无愆伏。"

【腾马】 téngmǎ 马交配。《吕氏春秋·季春》:"是月也,乃合累牛~~,游牝于牧。"

【腾蛇】 téngshé ❶传说中一种能飞的蛇。《慎子·威德》:"~~游雾,飞龙乘云,云罢雾霁,与蚯蚓同。"参见"螣蛇"。❷星宿名。《晋书·天文志》:"~~二十二星,在营室北,天蛇也,主水虫。"(营室:星名。)

【腾骞】 téngqiān 飞腾。比喻发迹。李白《书情赠蔡舍人雄》诗:"层飙振六翮,不日思~~。"(层飙:高风。)韩愈《和侯协律咏笋》:"得时方张王,狭势欲~~。"

【腾踊】 téngyǒng ❶跳跃,奔腾。《三国志·吴书·吕蒙传》:"侵晨进攻,蒙手执枹鼓,士卒皆~~自升,食时破之。"❷指物价骤涨。苏轼《上皇帝书》:"商贾不行,物价~~。"

【腾跃】 téngyuè ❶飞腾。《庄子·逍遥游》:"斥鴳笑之曰:'彼且奚适也?我~~而上,不过数仞而下。'"❷指物价上涨。《后汉书·光武帝纪下》:"往岁水旱蝗虫为灾,谷价~~,人用困乏。"

【腾翥】 téngzhù 飞腾升举。《三国志·吴书·太史慈传》注引《江表传》:"龙欲~~,先阶尺木者也。"韩愈《送惠师》诗:"金鸦既~~,六合俄清新。"(金鸦:太阳。)

【腾蛟起凤】 téngjiāoqǐfèng 蛟龙腾飞,凤凰起舞,比喻才华横溢。王勃《滕王阁序》:"~~~~,孟学士之词宗。"

滕 téng ❶水向上涌起。《说文·水部》:"~,水超涌也。"❷周代诸侯国名。《孟子·梁惠王下》:"~,小国也。"❸姓。

【滕口】 téngkǒu 张口放言。《周易·咸》:"象曰:咸其辅颊舌,~~说也。"韦瓘《宣州南陵县大农陂记》:"范君独判于心,不畏~~。"

【滕六】 téngliù 雪神。范成大《正月六日风雪大作》诗:"~~无端巽二痴,翻天作恶破春迟。"(巽二:风神。)

【滕室】 téngshì 指墓穴。张九龄《故太仆卿上柱国华容县男王府君墓志》:"合如防墓,开彼~~。"

螣 téng 见 té。

縢 téng ❶封缄。《论衡·顺鼓》:"成王开金~之书,求索行事;见周公之功,执书以泣过。"❷缠,捆。《诗经·秦风·小戎》:"交韔二弓,竹闭绲~。"(绲:绳。)《后汉书·阳球传》:"诸奢饰之物皆各缄~,不敢陈设。"❸绳索。《庄子·胠箧》:"将为胠箧探囊发匮之盗而为守备,则必摄缄~,固扃鐍。"❹绑腿布。《战国策·秦策一》:"[苏秦]赢~履蹻,负书担囊。"(蹻:通"屩",草鞋。)❺边饰。《仪礼·士丧礼》:"无~。"(郑玄注:"縢,缘也。")❻通"幐"。袋。《后汉书·儒林传序》:"大则连为帷盖,小则制为~囊。"

【縢履】 ténglǚ 用绳编织的鞋。《晏子春秋·内篇谏下》:"布衣~~,元冠茈武。"(茈:紫色。武:冠上的结带。)

藤 téng ❶植物名,有白藤、紫藤多种。韩愈《感春》诗之一:"偶坐~树下,暮春下旬间。~阴已可庇,落蕊还漫漫。"❷泛指蔓生植物攀援匍匐的茎。杜甫《解闷》诗之八:"不见高人王右丞,蓝田丘壑蔓寒~。"❸姓。

【藤纸】 téngzhǐ 以古藤制成的纸。梅尧臣《得曾秀才所附滁州欧阳永叔书答意》诗:"袖衔~~书,题字远已认。"

䲢(䲢) téng　鱼名。又名瞻星鱼。《山海经·中山经》:"合水出于其阴,而北流注于洛,多～鱼,状如鳜,居逵,苍文赤尾。"

籐 téng　❶竹制的器具。《集韵·登韵》:"～,竹器。"❷通"藤"。谢朓《别江水曹》诗:"花枝聚如雪,垂～散似网。"

tì

剔 1. tī　❶分解骨肉。《尚书·泰誓上》:"焚炙忠良,刳～孕妇。"《淮南子·要略》:"刳谏臣,～孕妇,天下同心而苦之。"❷剔除,剪除。《诗经·大雅·皇矣》:"攘之～之,其檿其柘。"(檿、柘:树名。)《后汉书·王涣传》:"纠～奸盗,不得旋踵。"❸挑。赵孟頫《老态》诗:"扶衰每借齐眉杖,食肉先寻～齿㩙。"唐彦谦《无题》诗:"满园芳草年年恨,～尽灯花夜夜心。"❹疏导。《淮南子·要略》:"～河而道九岐,凿江而通九路。"

2. tì　❺通"惕"。警惕。潘岳《射雉赋》:"亦有目不步体,邪眺旁～,靡闻而惊。"❻通"剃"。刮去头发。《北史·齐幼主纪》:"妇人皆剪～,以着假髻。"

【剔灯】 tīdēng　拨去灯芯已烧成灰的部分。范成大《晓枕闻雨》诗:"～～寒作伴,添被厚如埋。"

【剔抉】 tījué　挑选抉择。韩愈《进学解》:"爬罗～～,刮垢磨光。"

梯 tī　❶梯子。《孙子·九地》:"如登楼而去～阶。"《三国志·蜀书·诸葛亮传》:"饮宴之间,令人去～。"㉑事故的起因。《国语·越语下》:"无旷其众,以为乱～。"《史记·赵世家》:"毋为怨府,毋为祸～。"❷凭、靠。《山海经·海内北经》:"西王母～几而戴胜。"(胜:王饰。)❸通"体"。见"梯己"。❹攀登。陆机《晋平西将军孝侯周处碑》:"莫不～山架壑,襁负来归。"杜牧《感怀》诗:"取之难～天,失之易反掌。"

【梯冲】 tīchōng　云梯和冲车,攻城的工具。《后汉书·公孙瓒传》:"袁氏之攻,状若鬼神,～～舞吾楼上,鼓角鸣于地中。"庾信《长孙俭神道碑》:"粮运久积,～～立备。"

【梯航】 tīháng　❶登山航海的工具。吕温《与族兄皋请学春秋书》:"翘企圣域,莫知所从,如仰高山,临大川,未获～～,而欲济乎深而臻乎极也。"❷比喻长途跋涉。李吉甫《上元和郡县图志序》:"吾国家肇自贞观,至于开元,兼夏商之职贡,掩秦汉之文轨。～～累乎九译,厩置通乎万里。"(九译:异方远国的通称。)

【梯己】 tījǐ　同"体己"。❶不为人知的贴身的财物。《通俗编·货财》:"元人谓自己物则曰～～物。"❷贴近,亲近的人。《水浒传》三十回:"不知你肯与我做亲随～～人么?"

【梯媒】 tīméi　引荐或引荐的人。杜荀鹤《投崔尚书》诗:"闭户十年寻笔砚,仰天无处认～～。"

睼 tī　也作"睇"。失意而相视的样子。左思《魏都赋》:"吴蜀二客,矆焉相顾,～焉失所。"(矆:惊视。)

踢 tī　抬腿用脚击物。《正字通·足部》:"～,以足蹴物。"

【踢达】 tīdá　错过。《楚辞·九思·遭厄》:"御者迷兮失轨,遂～～兮邪造,与日月兮殊道。"

鹈(鵜) tí　见"鸊鹈"。

荑 1. tí　❶茅草的嫩芽。《诗经·邶风·静女》:"自牧归～,洵美且异。"(归:通"馈"。)又《卫风·硕人》:"手如柔～,肤如凝脂。"㉑泛指草木的嫩芽。郭璞《游仙》诗之一:"临源挹清波,陵岗掇丹～。"❷通"稊"。形似稗子的草。见"荑稗"。

2. yì　❸刈,割。《周礼·地官·稻人》:"夏以水殄草而芟～之。"

【荑稗】 tíbài　草名,一种类似稗子的草。《孟子·告子上》:"五谷者,种之美者也。苟为不熟,不如～～。"

桋 tí　见yí。

绨(綈) 1. tí　❶质地粗且厚、平滑有光泽的丝织品。《汉书·贡禹传》:"孝文皇后衣～履革。"曾巩《自福州召判太常寺上殿劄子》:"食菲衣～,务遵节俭。"(菲:蔬菜。)

2. tì　❷丝为经棉为纬的纺织品,如"线绨"。

【绨袍】 típáo　❶质地粗厚的衣服。《后汉书·郎𫖮传》:"孝文皇帝～～革舄,木器无文,约身薄赋,时致升平。"❷据《史记·范雎蔡泽列传》记载:战国时魏人范雎被魏大夫须贾诬陷,几乎丧了性命。后化名张禄,逃往秦国。由于他的胆识和谋略过人,深得秦王喜爱,并拜为秦相。可是魏国对这些情况,一无所知,还以为范雎早已不在人世了。有一次须贾出使秦国,范雎故意装作穷困的样子前往宾馆看望,须贾见了既惊讶而又怜悯地说:"范叔一寒如此哉!"于是取出一件绨袍送给范雎。后遂以"绨袍"一词作为眷念故旧的典故。白居易《醉后狂言酬赠萧殷二协律》诗:"宾客不见～～惠,黎庶未霑襦袴恩。"

谛 tí 见dì。

瑅 tí 玉名,佩玉。曹植《洛神赋》:"抗琼～以和予兮,指潜渊而为期。"

偍 tí 同"媞"。行动弛缓。《荀子·修身》:"难进曰～,易忘曰漏。"

鹈(鵜、鶙) tí 水鸟名。即鹈鹕,生活于水泽中,嘴长尺馀,食鱼,好群飞。《诗经·曹风·候人》:"维～在梁,不濡其翼。"(梁:用以捕鱼的坝。)

【鹈鴂】 tíjué 杜鹃鸟。《楚辞·离骚》:"恐～～之先鸣兮,使夫百草为之不芳。"

【鹈翼】 tíyì 比喻居官不称职。刘禹锡《代谢赐春衣表》:"在身不称,恐招～～之讥。"

提 1. tí ❶垂手拿着。《韩非子·十过》:"平公～觞而起为师旷寿。"《后汉书·费长房传》:"翁闻,笑而下楼,以一指～之而上。"❷持,持举。《诗经·大雅·抑》:"匪面命之,言～其耳。"㉛提拔。《后汉书·钟离意传》:"近臣尚书以下至见～拽。"《北史·魏收传》:"～奖后辈。"❸举出,提出。《汉书·黥布传》:"大王～空名以乡楚,而欲厚自托,臣窃为大王不取也。"韩愈《进学解》:"记事者必～其要,纂言者必钩其玄。"❹率领,携带。司马迁《报任少卿书》:"且李陵～步卒不满五千,深践戎马之地。"《汉书·张耳陈馀传》:"夫以一赵尚易燕,况以两贤王左～右挈,而责杀王,灭燕易矣。"❺鼓名。《周礼·夏官·大司马》:"师帅执～。"(注:"谓马上鼓。")❻量词。《水浒传》八十五回:"封宋江为镇国大将军,赐与金一～,银一秤。"

2. dǐ ❼投掷。《史记·刺客列传》:"是时侍医夏无且以其所奉药囊～荆轲也。"《汉书·吴王刘濞传》:"博争道,不恭,皇太子引博局～吴太子,杀之。"❽断绝。《礼记·少仪》:"牛羊之肺,离而不～心。"

3. shí ❾见"提提"。❿姓。

【提耳】 tí'ěr 耳提面命,恳切教训。《汉书·刘矩传》:"民有争讼,矩常引之于前,～～训告。"

【提封】 tífēng ❶总共,通共。班固《西京赋》:"衣食之源,～～五千。"《汉书·地理志下》:"～～田一万万四千五百一十三万六千四百五顷。"❷管辖的范围。《旧唐书·东夷传》:"魏晋以前,近在～～之内,不可许以不臣。"

【提纲】 tígāng ❶提住网的总绳,举网,拉网。杜甫《又观打鱼》诗:"苍江渔子清晨集,设网～～取鱼急。"❷提要,要领。见"提纲挈领"。

【提孩】 tíhái 孩童,小孩。韩愈《咏雪赠张籍》:"莫烦相属和,传示及～～。"

【提衡】 tíhéng 抗衡,平衡。《韩非子·有度》:"贵贱不相逾,愚知～～而立,治之至也。"(知:通"智"。)《汉书·杜周传赞》:"而俱有良子,德器自过,爵位尊显,继世立朝,相与～～。"

【提僈】 tímàn 弛缓怠惰。《荀子·修身》:"凡用血气,志意,知虑,由礼则治通,不由礼则勃乱～～。"

【提挈】 tíqiè ❶提携,带领。《墨子·兼爱下》:"奉承亲戚,～～妻子。"❷手提东西。《史记·循吏列传》:"为相一年,竖子不戏狎,斑白不～～,僮子不犁畔。"❸扶持,扶助。《后汉书·袁术传》:"禄去汉室久矣,天下～～,政在家门。"

【提提】 títí ❶通"媞媞"。安详的样子。《诗经·魏风·葛屦》:"好人～～,宛然左辟。"《淮南子·说林训》:"的的者获,～～者射。"❷有所扬举。《管子·白心》:"为善乎,毋～～;为不善乎,将陷于刑。"

【提携】 tíxié ❶牵引,牵扶。《礼记·曲礼上》:"长者与之～～,则两手奉长者之手。"欧阳修《醉翁亭记》:"前者呼,后者应,伛偻～～,往来而不绝者,滁人游也。"(伛偻:弯腰驼背。)❷提拔,照顾。《三国志·魏书·牵招传》注引荀绰《冀州记》:"秀有隽才,性豪侠有气,弱冠得美名。于太康中为卫瓘、崔洪、石崇等所～～,以新安令博士为司空从事中郎。"白居易《伤友》诗:"昔年洛阳社,贫贱相～～。"

【提提】 shíshí 鸟成群飞翔的样子。《诗经·小雅·小弁》:"弁彼鸒斯,归飞～～。"(弁:通"昪",快乐的样子。鸒:鸟名。)

【提纲挈领】 tígāngqièlǐng 举起网的纲绳,提着衣服的领子,比喻抓住要领。《朱子全书》卷五十六:"而～～～～,提示学者用力处,亦卓然非他书所及。"

啼(嗁、謕) tí ❶哭,出声地哭。《吕氏春秋·忠廉》:"呼天而～,尽哀而止。"《后汉书·第五伦传》:"老小攀车叩马,～呼相随。"❷鸟兽鸣叫。李白《早发白帝城》诗:"两岸猿声～不尽,轻舟已过万重山。"又《扶风豪士歌》:"东方日出～早鸦,城门人开扫落花。"

【啼眼】 tíyǎn 泪眼。李贺《苏小小墓》诗:"幽兰露,如～～。无物结同心,烟花不堪剪。"

【啼珠】 tízhū 水珠,露珠。元稹《月临花》诗:"夜久清露多,～～坠还洁。"

【啼妆】 tízhuāng ❶汉代妇女的妆饰,把粉涂在眼下，像啼痕，故叫啼妆。《后汉书·五行志一》："桓帝元嘉中，京都妇女作愁眉、～～、堕马髻、折要步、龋齿笑。所谓愁眉者，细而曲折，所谓～～者，薄拭目下，若啼处。"❷借指美人的泪痕。韦庄《闺怨》诗："～～晓不干，素面凝香雪。"

媞 1. tí ❶见"媞媞"。
2. shì ❷审谛。《说文·女部》："～，谛也。"❸母亲。《广韵·纸韵》："～，江淮呼母也。"

【媞媞】 títí ❶美貌。《楚辞·七谏·怨世》："西施～～而不得见兮，嫫母勃屑而日侍。"（嫫母：丑女。）❷安详的样子。张九龄《酬通事舍人》诗："飞鸣复何远，相顾幸～～。"

缇（緹） tí ❶橘红色的丝织品。《后汉书·宦者传序》："狗马饰雕文，土木被～绣。"苏舜钦《送外弟王靖序》："今贵人之胄，以～纨肥味泽厥身，一无达者之困肆焉。"㊀黄赤色，橘红色。《史记·滑稽列传》："为治斋宫河上，张～绛帷，女居其中。"❷古代军服的颜色，用以指代武士。见"缇骑"。

【缇骑】 tíqí ❶古代宫廷的前导和随从的骑士，因着黄赤色的衣服，故名缇骑。《后汉书·百官志四》："～～二百人。"刘禹锡《送李中丞赴楚州》诗："～～朱旗入楚城，士林皆贺振家声。"❷明代锦衣卫校尉的别称。张溥《五人墓碑记》："～～按剑而前。"

【缇缙】 tíqiè ❶鲜明的服装。《楚辞·九怀·昭世》："袭英衣兮～～，披华裳兮芳芬。"❷赤色而厚的丝织品。《后汉书·应劭传》："宋愚夫亦宝燕石，～～十重。夫睹之者掩口卢胡而笑。"

【缇帷】 tíwéi 橘红色的车帷，指代车。《后汉书·王符传》："其嫁娶者，车骈数里，～～竟道，骑奴侍童，夹毂并引。"

【缇衣】 tíyī 武士的服装。张衡《西京赋》："～～韎韐，睢盱拔扈。"（韎：袜子。韐：头巾。）

【缇油】 tíyóu 橘红色的漆料。《汉书·黄霸传》："居官赐车盖，特高一丈，别驾主簿车，～～屏泥于轼前，以章有德。"（屏泥：在车轼的前面用以挡泥的东西。章：彰。）

鹈（鵜） tí 见"鹈鴂"。

【鹈鴂】 tíguì 鸟名。即杜鹃鸟。《汉书·扬雄传上》："徒恐～～之将鸣兮，顾先百草为不芳。"

禔 1. tí ❶安。见"禔福"。❷福，喜。《方言》卷十三："～，福也，喜也。"
2. zhī ❸通"祇"。只，仅。《史记·韩长孺列传》："臣以三万人众不敌，～取辱耳。"

【禔福】 tífú 安福。《汉书·司马相如传下》："遐迩一体，中外～～，不亦康乎？"

【禔身】 tíshēn 安身。《法言·修身》："或问：'士何如则可以～～？'曰：'其为中也弘深，其为外也肃括，则可以～～矣。'"曾巩《说内制》："妇人少习而长安焉，故～～正家莫有过也。"

鶗（鴺、鶙） 1. tí ❶见"鶗鴂"。
2. chí ❷鹞。《集韵·支韵》："～、鶗鷉，鹞也。"

【鶗鴂】 tíjué 杜鹃鸟。阮籍《咏怀》之八："鸣雁飞南征，～～发哀音。"刘禹锡《鶗鴂吟》："～～催众芳，晨间先入耳。"

题（題） 1. tí ❶额头。《韩非子·解老》："是黑牛也而白～。"《山海经·北山经》："有兽焉，其状如豹，文～白身，名曰孟极。"㊀物体的一端。《孟子·尽心下》："堂高数仞，榱～数尺。"❷题目。《世说新语·文学》："谢[安]看～，便各使四坐通。"《宋史·晏殊传》："臣尝私习此赋，请试他～。"❸标签，书签。李白《感兴》之三："委之在深箧，蠹鱼坏其～。"杜甫《西郊》诗："旁架齐书帙，看～检药囊。"❹标志。《韩非子·外储说右上》："夫马似鹿者，而～之千金。"《晋书·郭翻传》："欲垦荒田，先立表～。"❺写上，题写。《拾遗记·后汉》："观书有合意者，～其衣裳以记其事。"李白《秋浦歌》之九："～诗留万古，绿字锦苔生。"❻品评，评论。李白《上韩荆州书》："一经品～，便作佳士。"参见"题拂"。❼奏章，题本。《旧五代史·唐明宗纪四》："缄～罔避于嫌疑，情旨颇彰于怨望。"❽通"提"。说起。《西游记》二十五回："晚斋已毕，尽皆安寝不～。"❾通"啼"。鸣，叫。汤显祖《牡丹亭·惊梦》："遍青山，～红了杜鹃。"
2. dì ❿通"睇"。视，看。《诗经·小雅·小宛》："～彼脊令，载飞载鸣。"（脊令：鸟名。）

【题凑】 tícòu 古代天子的椁制（也赐予有功之大臣），即椁室用大圆木垒成，圆木的头端都向内，形成像四面有檐的房子，叫题凑。《吕氏春秋·节丧》："～～之室，棺椁数袭，积石积炭，以环其外。"《汉书·霍光传》："[赐]便房、黄肠～～各一具。"（黄肠：黄心的柏木。）

【题拂】 tífú 评论，褒贬。《后汉书·党锢传序》："故匹夫抗愤，处士横议，遂乃激扬名声，互相～～，品核公卿，裁量执政，婞直之风，于斯行矣。"

【题目】 tímù ❶品评，评论。《三国志·魏书·臧霸传》注："此《百官名》，不知谁所撰也，皆有～～，称舜'才颖条畅，识赞时宜'也。"（舜：人名。）《晋书·山涛传》："甄拔人物，各为～～。"❷书籍的标目。《南史·杜之伟传》："与学士刘陟等抄撰群书，各为～～。"❸题识，标志。《北史·念贤传》："时行殿初成，未有～～，帝诏近侍各名之，对者非一，莫允帝心。"❹诗文的命题。杜甫《奉留赠集贤殿崔、于二学士》诗："天老书～～，春官验讨论。"❺名义，借口。白居易《送吕漳州》诗："独醉似无名，借君作～～。"

醍 1. tí ❶见"醍醐"。
2. tǐ ❷较清的浅红色酒。《礼记·礼运》："粢～在堂，澄酒在下。"

【醍醐】 tíhú ❶从酥酪中提制的奶油。《集韵·模韵》："醐，～～，酥之精液。"韦庄《又玄集序》："所以金盘饮露，唯采沆瀣之精；花界食珍，但享～～之味。"❷比喻人品美。《新唐书·穆宁传》："兄弟皆和粹，世以珍味目之：赞少俗，然有格，为'酪'；质美而多入，为'酥'；员为'～～'；赏为'乳腐'云。"（赞、质、员、赏：均人名。）❸佛教以醍醐比喻最高佛法。杜甫《大云寺赞公房》诗之一："～～长发性，饮食过扶衰。"

【醍醐灌顶】 tíhúguàndǐng 佛教用语。把奶酪浇到头上，比喻给人以智慧，使人醒悟，又比喻清凉舒畅。顾况《行路难》诗之二："岂知灌顶有醍醐，能使清凉头不热。"《西游记》三十一回："那沙僧一闻孙悟空三个字，便好似～～～～，甘露滋心。"

蹄（蹏） 1. tí ❶马、牛、羊、猪等动物生在趾端的角质物，也指具有这种角质物的脚。《孟子·滕文公上》："兽～鸟迹之道，交于中国。"《韩非子·外储说右上》："马～践霤者，廷理斩其辀，戮其御。"（霤：屋檐滴水处。）❷捕兔子的工具，即兔网。《庄子·外物》："～者所以在兔，得兔而忘～。"《战国策·赵策三》："人有置系～者而得虎。"❸量词。计算兽蹄的单位。《史记·货殖列传》："陆地放马二百～。"
2. dì 通"踶"。踢。柳宗元《三戒·黔之驴》："驴不胜怒，～之。"

【蹄涔】 tícén 牛马足迹中积下的水。形容容量很小。郭璞《游仙》诗："东海犹～～，崑仑若蚁堆。"

【蹄轮】 tílún 指车马。韩愈《酬裴十六功曹西巡府驿途中见寄》诗："四海日富庶，道途隘～～。"

【蹄噭】 tíqiào 马蹄与马嘴，古代用以计算马匹。《汉书·货殖传》："马～～千。"（颜师古注："噭，口也。蹄与口共千，则为马二百匹也。"）

【蹄啮】 tíniè 蹄踏口咬。表示互相倾轧。《三国志·吴书·诸葛瑾传》："自古至今，安有四五人把持刑柄，而不离刺转相～～者也。"

鳀（鯷） tí ❶鱼名。即大鲇鱼。也作鮧、鮷。《战国策·赵策二》："黑齿雕题，～冠秫缝，大吴之国也。"（鳀冠：用鲇鱼皮为冠。）❷古代东方海中种族名。《汉书·地理志下》："会稽海外有东～人，分为二十馀国，以岁时来献见云。"

体（體） 1. tǐ ❶人和动物全身的总称。《孟子·梁惠王上》："轻暖不足于～与？"《韩非子·喻老》："马～安于车，人心调于马。"《后汉书·和熹邓皇后纪》："三年秋，太后～不安。"ⓧ身体的某一部分。《论语·微子》："四～不勤，五谷不分。"ⓨ身份，地位。《孟子·告子上》："～有贵贱，有大小。"❷事物的形体、形状。《诗经·邶风·谷风》："采葑采菲，无以下～。"《荀子·富国》："万物同宇而异～。"《论衡·初禀》："王者一受命，内以为性，外以为～。"ⓧ占卜时的兆象。《诗经·卫风·氓》："尔卜尔筮，～无咎言。"❸事物的主体，本体。《吕氏春秋·情欲》："万物之形虽异，其情一～也。"《论衡·自然》："地以土为～。"❹政体。《汉书·贾谊传》："使管子愚人也则可，管子而少知治～，则是岂可不为寒心哉！"《后汉书·梁统传》："谨表其尤害于～者，傅奏于左。"❺规则，格式。《管子·枢言》："先王取天下，远者以礼，近者以～。"曾巩《相国寺维摩院听琴序》："书非能肆笔而已，又当辨其～而皆通其意。"❻体裁，风格。《文心雕龙·通变》："夫设文之～有常，变文之数无方。"欧阳修《隋太平寺碑》："以唐太宗之致，几乎三王之盛，独于文章，不能少变其～。"❼表现，体现。《后汉书·班固传》："～弘懿之姿，据高明之势。"梁肃《代太常答苏端驳杨绾谥议》："杨文贞～淳素之质，协时中之德。"❽分解，划分。《礼记·礼运》："～其犬豕牛羊。"《周礼·天官·序官》："～国经野，设官分职。"❾体察，体谅。曾巩《代曾侍中乞退劄子》："伏望察臣素守，～臣至诚，早回圣慈，许从罢黜。"❿实践，履行。《荀子·修身》："笃志而～，君子也。"《淮南子·氾论训》："故圣人以身～之。"（高诱注："体，行。"）
2. tī ⓫贴身的，亲近的。见"体己"。

【体道】 tǐdào 包含仁道。《后汉书·张衡传》："吾子性德～～，笃信安仁。"《三国志·魏书·三少帝纪》："太尉～～正直，尽忠三世。"

【体肤】 tǐfū 指身体。《孟子·告子下》:"故天将降大任于是人也,必先苦其心志,劳其筋骨,饿其～～,空乏其身。"

【体解】 tǐjiě ❶分解牲畜的肢体。《国语·周语中》:"敬其祓除,～～节析而共饮食之。"(祓除:斋戒扫除。)❷古代的一种酷刑,分解人体。《楚辞·离骚》:"虽～～吾犹未变兮,岂余心之可惩。"《论衡·语增》:"秦王觉之,～～轲以徇。"(轲:荆轲。)

【体貌】 tǐmào ❶体态相貌。《汉书·车千秋传》:"千秋长八尺馀,～～甚丽,武帝见而说之。"(说:悦。)《三国志·蜀书·谯周传》:"身长八尺,～～素朴。"❷以礼相待。《战国策·齐策三》:"孟尝君令人～～而亲郊迎之。"《汉书·贾谊传》:"此所以为主上豫远不敬也,所以～～大臣而厉其节也。"

【体面】 tǐmiàn ❶体统,体例。朱熹《与魏元履书》:"朝廷每事如此降指挥,恐不是～～。"《朱子全书·易》:"此书～～与他经不同。"❷面子,光彩。《红楼梦》九回:"人家的奴才,跟主子赚个～～,我们这些奴才,白陪着挨打受骂的。"

【体气】 tǐqì 气质。《论衡·无形》:"～～与体骸相抱,生死与期节相须。"《三国志·蜀书·王蕃传》:"蕃～～高亮,不能承颜顺指。"

【体器】 tǐqì 气量,胸怀。《三国志·吴书·士燮传》:"燮～～宽厚,谦虚下士。"

【体行】 tǐxíng ❶身体力行。《汉书·东方朔传》:"太公～～仁义,七十有二设用于文武。"❷品行。《后汉书·朱穆传》:"及穆卒,蔡邕复与门人共述其～～,谥为文忠先生。"

【体要】 tǐyào ❶切实,简要。《尚书·毕命》:"政贵有恒,辞尚～～。"《文心雕龙·序志》:"《周书》论辞,贵乎～～。尼父陈训,恶乎异端。"❷大体,纲要。柳宗元《梓人传》:"彼将舍其手艺,专其心智,而能知～～者与?"

【体元】 tǐyuán 体法天地之善德。《左传·隐公元年》"元年春王正月"杜预注:"凡人君即位,欲其～～以居正。"《汉书·班固传》:"～～立制,继天而作。"

【体质】 tǐzhì ❶身体的素质。《晋书·王泰传》:"保～～丰伟,尝自称重八百斤。"❷气质。《三国志·吴书·陆凯传》:"祎～～方刚,器干强固,董率之才,鲁肃不过。"

【体己】 tǐjǐ 又作"梯己"。❶贴身的人,亲近的人。杨瑀《山居新语》:"余尝见周草窗家藏徽宗在五国城写归御批数十纸,中间有云'可付～～人'者,即今之所谓梯己人。"❷个人的私房钱财。《红楼梦》六十五回:"贾琏又将自己积年所有的～～,一并搬来交给尤二姐收着。"❸私自。《水浒传》六十二回:"来日宋江～～聊备小酌。"

达[2]**(达、达)** 1. tì ❶滑。王褒《洞箫赋》:"其妙声则清静厌瘱,顺叙卑～。"(瘱:安静。)❷迭。《玉篇·辵部》:"～,迭也。"

2. tà ❸同"仛"。逃。《字汇补·辵部》:"～,仛也。"

弟 tì 见dì。

狄 tì 见dí。

屉 tì ❶马鞍垫子。《宋史·舆服志一》:"马有金面……青绣～,锦包尾。"❷抽屉。庾信《镜赋》:"暂设妆奁,还抽镜～。"❸窗格子。《红楼梦》八十二回:"那窗上的纸,隔着～子,渐渐的透进清光来。"

剃(鬀) tì 刮去头发或胡须。《淮南子·说山训》:"刀便～毛,至伐大木非斧不克。"

【剃度】 tìdù 佛教用语。剃发出家。《旧唐书·高祖纪》:"浮惰之人,苟避徭役,妄为～～,托号出家。"

适 tì 见shì。

涕 tì ❶眼泪。《楚辞·离骚》:"长太息以掩～兮,哀民生之多艰。"《论衡·逢遇》:"昔周人有仕数不遇,年老白首,泣～于涂者。"❷鼻涕。韩愈《寄皇甫湜》诗:"坼书放床头,～与泪垂四。"

【涕零】 tìlíng 落泪。《诗经·小雅·小明》:"念彼共人,～～如雨。"潘岳《西征赋》:"丘去鲁而顾叹,季过沛而～～。"(丘:孔丘。季:刘邦。)

【涕泣】 tìqì 哭泣。《史记·田单列传》:"即墨人从城上望见,皆～～,俱欲出战。"《后汉书·耿恭传》:"开门,共相持～～。"

【涕泗】 tìsì 眼泪与鼻涕。形容悲痛之极。《颜氏家训·风操》:"贬瘦枯槁,～～滂沱。"杜甫《登岳阳楼》诗:"戎马关山北,凭轩～～流。"

【涕唾】 tìtuò ❶鼻涕与唾液。刘峻《广绝交论》:"颔颐蹙頞,～～流沫。"❷喻卑贱之物。韩愈《上留守郑相公启》:"不啻如弃～～,无一分顾藉心。"(不啻:不只。)

悌 tì ❶敬爱兄长。《论语·学而》:"弟子入则孝,出则～。"《孟子·梁惠王上》:"谨庠序之教,申之以孝～之义,颁白者不负戴于道路矣。"❷平易。《左传·僖公十二年》"恺悌君子"杜预注:"恺,乐也;～,易

也。”

俶 tì 见chù。

倜 1. tì ❶卓异。《后汉书·百官志一》:“诸文～说,较略不究。”❷见“倜然”。

2. zhōu ❸见“倜倡”。

【倜然】 tìrán ❶超然远离的样子。《荀子·强国》:“俄而天下～～,举去桀纣而奔汤武。”❷疏阔,不切实际的样子。《荀子·非十二子》:“终日言成文典,反紃察之,则～～无所归宿。”(紃:同“循”。)

【倜傥】 tìtǎng 也作“俶傥”。❶卓越。司马迁《报任少卿书》:“古者富贵而名摩灭,不可胜记,唯～～非常之人称焉。”《论衡·超奇》:“衍传书之意,出膏腴之辞,非～～之才不能任也。”❷洒脱不拘。《三国志·魏书·司马朗传》注引司马彪《序传》:“朗祖父儁,字元异,博学好古,～～有大度。”陈子昂《堂弟孜墓志铭》:“性严简而尚～～之奇,爱廉贞而不拘介独之操。”

【倜倡】 zhōuchāng 乖张,不顺。扬雄《太玄经·去》:“阳去其阴,阴去其阳,物咸～～。”(王涯注:“倜与侜同,万物倡狂而离散也。”)

【倜傥不羁】 tìtǎngbùjī 洒脱豪爽,不拘于俗。《晋书·袁耽传》:“少有才气,～～～～。”

逖(逷) tì ❶远。《尚书·牧誓》:“～矣,西土之人。”《左传·襄公十四年》:“岂敢离～。”《隋书·音乐志》:“百蛮非众,八荒非～。”❷使之远离。《汉书·谷永传》:“诛逐仁贤,离～骨肉。”❸通“剔”。治。《左传·僖公二十八年》:“敬服王命,以绥四国,纠～王慝。”

惕 tì ❶警惕,谨慎小心。《左传·襄公二十二年》:“无日不～,岂敢忘职。”《国语·周语下》:“夫见乱而不～,所残必多,其饰弥章。”(章:彰。)❷惊动。《吕氏春秋·谨听》:“故见贤者而不耸,则不～于心。”❸急速。《国语·吴语》:“既而皆入其地,王安挺志,一日～,一日留,以安步王志。”❹忧伤。柳宗元《乞巧文》:“抱拙终身,以死谁～。”❺姓。

【惕惧】 tìjù 恐惧。《吕氏春秋·慎大》:“汤乃～～,忧天下之不宁。”

【惕然】 tìrán 忧惧的样子。《列子·黄帝》:“怛然内热,～～震悸。”《吕氏春秋·离俗》:“～～而寤,徒梦也。”

【惕惕】 tìtì 担心或忧惧的样子。《诗经·陈风·防有鹊巢》:“谁侜予美,心焉～～。”《国语·晋语四》:“君若恣志以用重耳,四方诸侯,其谁不～～以从命。”

【惕息】 tìxī 提心吊胆。司马迁《报任少卿书》:“见狱吏则头枪地,视徒隶则心～～。”

惖 tì 同“惕”。戒惧。《汉书·王商传》:“于是退勃使就国,卒无怵～忧。”(勃:周勃。)

【惖惖】 tìtì 同“惕惕”,也作“逖逖”。忧惧、担心的样子。《楚辞·九章·悲回风》:“吾怨往昔之所冀兮,悼来者之～～。”

替 tì ❶废弃。《楚辞·九章·怀沙》:“刓方以为圜兮,常度未～。”《国语·郑语》:“臣闻之,天之所启,十世不～。”《后汉书·礼仪志上》:“若君亡君之威,臣亡臣之仪,上～下陵,此谓大乱。”❷止,停止。《后汉书·郑玄传》:“其勖求君子之道,研钻勿～。”❸衰败,衰落。《旧唐书·魏徵传》:“以古为镜,可以知兴～。”王安石《故乐安郡君翟氏墓志铭并序》:“夫人伤其家～,每独叹息。”❹替代。《木兰辞》:“愿为市鞍马,从此～爷征。”❺通“屉”。抽屉。《南史·宋宣贵妃传》:“及薨,帝常思见之,遂为通～棺,欲见,辄引～睹尸。”

【替坏】 tìhuài 衰败。白居易《立部伎》诗:“雅音～～一至此,长令尔辈调宫徵。”

棣 tì 见dì。

揥 1. tì ❶古时用以搔头的簪子。《诗经·鄘风·君子偕老》:“玉之瑱也,象之～也。”(象:象牙。)

2. dì ❷舍弃,捐弃。陆机《文赋》:“心牢落而无偶,意徘徊而不能～。”

裼 tì 见xī。

肆 tì 见sì。

锡 tì 见xī。

擿 tì 见zhāi。

薙 1. tì ❶芟除,除去。杜甫《草堂》诗:“不忍竟舍此,复来～榛芜。”❷删去。《晋书·束皙传》:“～圣籍之荒芜,总群言之一至。”❸通“剃”。庄季裕《鸡肋编》卷中:“既～度,乃成礼。”

2. zhì ❹辛薙,木兰。《广韵·旨韵》:“～,辛薙,辛夷别名。”

擿 tì 见zhì。

嚏 tì 打喷嚏。刘基《司马季主论卜》:“久卧者思起,久蛰者思启,久懑者思～。”

鬄 1. tì ❶同“剃”。剃发。司马迁《报任少卿书》：“其次～毛发、婴金铁受辱。”
2. tī ❷通“剔”。肢解牲畜。《仪礼·士丧礼》：“其实特豚，四～去蹄。”

籊 tì 见“籊籊”。

【籊籊】 tìtì 竹竿长而尖的样子。《诗经·卫风·竹竿》：“～～竹竿，以钓于淇。”

趯 1. tì ❶跳。见“趯趯”。❷踢。《续传灯录·慧空禅师》：“一拳拳倒黄鹤楼，一～～翻鹦鹉洲。”
2. yuè ❸通“跃”。跳跃。《后汉书·班固传》：“北动幽崖，南～朱垠。”

【趯然】 tìrán 超然远去的样子。苏轼《贾谊论》：“观其过湘，为赋以吊屈原，萦纡郁闷，～～有远举之志。”

【趯趯】 tìtì 跳跃很快的样子。《诗经·召南·草虫》：“喓喓草虫，～～阜螽。”（阜螽：蚱蜢。）

tian

天 tiān ❶天空。《诗经·小雅·大东》：“维～有汉，监亦有光。”（汉：银河。）《论语·子张》：“夫子之不可及也，犹～之不可阶而升也。”❷天生的，自然的现象。《荀子·解蔽》：“庄子蔽于～而不知人。”柳宗元《种树郭橐驼传》：“橐驼非能使木寿且孳也，能顺木之～，以致其性焉尔。”❸天神，古代人们想像中的万物万事的主宰者。《诗经·邶风·北门》：“终窭且贫，莫知我艰。已焉哉！～实为之，谓之何哉！”（窭：穷得没法讲求礼节。）《韩非子·内储说下》：“昔～以越与吴，吴不受。”❹天命，命运。《论语·颜渊》：“死生有命，富贵在～。”《孟子·梁惠王下》：“吾之不遇鲁侯，～也。”❺所依存、所依靠的。《汉书·郦食其传》：“王者以民为～，而民以食为～。”❻天气。《史记·高祖本纪》：“高祖自往击之。会～寒，士卒堕指者什二三，遂至平城。”⑦季节。杜甫《春日忆李白》诗：“渭北春～树，江东日暮云。”❼时间单位，一昼夜谓一天。❽特指某一空间。《汉书·西域传下》：“吾家嫁我兮～一方，远托异国兮乌孙王。”❾刑罚。古代的墨刑，即在人的前额上刺字涂上墨。《周易·睽》：“其人～且劓。”

【天宝】 tiānbǎo ❶天然的珍宝。王勃《滕王阁序》：“物华～～，龙光射斗牛之墟。”❷神名。李白《大猎赋》：“获～～于陈仓，载非熊于渭滨。”❸年号。1）唐玄宗年号（公元742至755年）。2）五代吴越武肃王（钱镠）年号（公元908至923年）。

【天步】 tiānbù ❶国运，时运。《诗经·小雅·白华》：“～～艰难，之子不犹。”（犹：可。）杜甫《喜闻官军已临贼境二十韵》：“～～艰方尽，时和运更遭。”❷天空星象的运行、推演。《后汉书·张衡传》：“察三辰于上，迹祸福乎下，经纬历数，然后～～有常。”（三辰：日、月、星。）

【天才】 tiāncái ❶天赋的才能，卓越的创造力。《颜氏家训·文章》：“必乏～～，勿强操笔。”❷天然的资材。嵇康《与山巨源绝交书》：“足下见直木必不可以为轮，曲者不可以为桷，盖不欲以枉其～～，令得其所也。”（桷：方形的椽子。）

【天材】 tiāncái ❶自然资源物产。《荀子·强国》：“山林川谷美，～～之利多。”《管子·乘马》：“因～～，就地利，故城郭不必中规矩，道路不必中准绳。”❷天才，天赋的才能。元稹《酬孝甫见赠》诗之二：“杜甫～～颇绝伦，每寻诗卷以情亲。”

【天财】 tiāncái ❶自然财富。《管子·国蓄》：“千乘之国封，～～之所殖。”❷天下的财物。《后汉书·南匈奴传论》：“至于穷竭武力，单用～～。”

【天常】 tiāncháng ❶自然界的常规。《吕氏春秋·大乐》：“浑浑沌沌，离则复合，合则复离，是谓～～。”❷封建社会所谓的人伦之道。《三国志·魏书·武帝纪》：“后及黄巾，反易～～，侵我三州，延及平民。”韩愈《原道》：“今也欲治其心，而外天下国家，灭其～～。”

【天池】 tiānchí ❶海。《庄子·逍遥遊》：“南冥者，～～也。”（冥：通“溟”。）《列子·汤问》：“穷发之北，有冥海者，～～也。”❷星名。《晋书·天文志上》：“九坎间十星，曰～～，一曰三池，一曰天海，主灌溉田畴事。”

【天道】 tiāndào ❶自然界运动的规律。《庄子·天道》：“～～运而无所积，故万物成。”《论衡·命禄》：“日朝出而暮入，非求之也，～～自然。”❷天意，天象。《汉书·文帝纪》：“乃～～有不顺，地利或不得，人事多失和，鬼神废不享与？”《后汉书·灵思何皇后纪》：“～～易兮我何艰，弃万乘兮退守蕃。”❸天理。《国语·周语中》：“～～赏善而罚淫。”《论衡·初禀》：“当汉祖斩大蛇时，谁使斩者？岂有～～先至，而乃敢斩之哉？”❹气候，天气。郑廷玉《看钱奴》二折：“正值暮冬～～，下着连日大雪。”石君宝《秋胡戏妻》四折：“第一来怕鸦飞～～黑，第二来又则怕蚕老麦焦黄。”❺佛教用语。佛教六道（天道、人道、阿修罗道、饿鬼道、畜生道、地狱道）之一。

【天地】 tiāndì ❶天与地。指自然界。《老子·三十二章》:"~~相合,以降甘露。"《荀子·天论》:"星队木鸣,国人皆恐,是何也?……是~~之变,阴阳之化,物之罕至者也。"(队:"坠"的古字。)《列子·天瑞》:"~~之道,非阴即阳。"❷天下。《老子·三章》:"~~不仁,以万物为刍狗;圣人不仁,以百姓为刍狗。"(刍狗:用茅草扎成狗形用来祭祀,祭祀完了即丢弃。)张衡《南都赋》:"方今~~之睢剌,帝乱其政,豺虎肆虐,真人革命之秋也。"(睢剌:乖离。)❸某种境界,李白《山中问答》诗:"桃花流水窅然去,别有~~非人间。"

【天帝】 tiāndì ❶上帝,上天。《战国策·楚策一》:"子无敢食我也。~~使我长百兽,今子食我,是逆~~命也。"❷皇帝。叶适《通直郎致仕总干黄公行状》:"今以蓬门被云汉之章,野人致~~之问,吾为赖宠乎?"

【天都】 tiāndū ❶天空。《淮南子·泰族训》:"视~~若盖,江河若带。"❷帝王之都。即京师。王维《终南山》诗:"太乙近~~,连山到海隅。"❸星名。《晋书·天文志上》:"七星七星,一名~~,主衣裳文绣,又主急兵盗贼。"

【天罚】 tiānfá ❶上天的惩罚。《三国志·蜀书·先主传》:"群臣将士以为社稷堕废,备宜修之,嗣武二祖,龚行~~。"❷遇父母之丧。陶渊明《祭程氏妹文》:"昔在江陵,重罹~~。"

【天符】 tiānfú 上天的符命。《吕氏春秋·知度》:"唯彼~~,不周而周。"《三国志·吴书·鲁肃传》:"当其历数,终搆帝业,以协~~,是烈士攀龙附凤驰骛之秋。"

【天府】 tiānfǔ ❶周代的官名。掌管祖庙的守护及保管。《周礼·春官·天府》:"~~掌祖庙之守藏与其禁令。"❷朝廷的仓库。《晋书·武帝纪》:"朝以制币,告于太庙,藏之~~。"❸富庶肥沃之地。《史记·留侯世家》:"此所谓金城千里,~~之国也。"杨衒之《洛阳伽蓝记》卷一:"部落八千馀,家有马数万匹,富等~~。"❹星名。《汉书·天文志》:"房为~~,曰天驷。"❺人体经穴名。《素问·至真要大论》:"~~绝,死不治。"

【天干】 tiāngān ❶甲、乙、丙、丁、戊、己、庚、辛、壬、癸的总称。❷星名。《吕氏春秋·明理》:"其星有荧惑,有彗星……有~~,有贼星。"

【天公】 tiāngōng ❶天,天帝。《晋书·五行志》:"百姓谣云:'昔年食白饭,今年食麦麸,~~诛谪汝,教汝捻咙喉。'"❷指天子。《后汉书·南匈奴传论》:"遂复更立北虏,反其故庭,并恩两护,以私己福,弃蔑~~,坐树大鲠。"❸指司徒。司马称人公,司空称地公,故司徒称天公。《论衡·顺鼓》:"烟氛郊社不修,山川不祝,风雨不时,霜雪不降,责于~~。"

【天功】 tiāngōng ❶指自然界的功能。《荀子·天论》:"天职既立,~~既成,形具而神生。"❷上天的功绩。《后汉书·卢植传》:"岂横叨~~以为己力乎?"❸帝业,功业。《汉书·高惠高后文功臣表》:"自古帝王之兴,曷尝不建辅弼之臣所与共成~~者乎?"

【天官】 tiānguān ❶官名。周代六官(天官冢宰、地官司徒、春官宗伯、夏官司马、秋官司寇、冬官司空)之一,为百官之长。《周礼·天官·序官》:"乃立~~冢宰,使帅其属,而掌邦治。"❷天文,天象。《史记·天官书》:"终始古今,深观时变,察其精粗,则~~备矣。"❸人的器官。《荀子·天论》:"耳、目、鼻、口、形,能各有接而不相能也,夫是之谓~~。"❹道教所奉的三官(天官、地官、水官)之一。

【天汉】 tiānhàn ❶天河,银河。《诗经·小雅·大东》:"维天有汉,监亦有光。"陆机《拟明月皎夜光》诗:"招摇西北指,~~东南倾。"❷星名。《晋书·天文志上》:"天津九星,横河中,一曰~~。"❸对汉代的美称。李陵《答苏武书》:"出~~之外,入强胡之域。"

【天荒】 tiānhuāng 边远荒僻。《论衡·恢国》:"匈奴时扰,正朔不及,~~之地,王功不加兵,今皆内附,贡献牛马。"

【天火】 tiānhuǒ ❶因雷电所引起的火。《史记·孝景本纪》:"~~燔雒阳东宫大殿城室。"❷病名。也称"丹毒"。

【天机】 tiānjī ❶天赋之灵性。《庄子·大宗师》:"其耆欲深者,其~~浅。"陈琳《柳赋》:"~~之运旋,夫何逝之速也。"苏轼《书李伯时山庄图后》:"醉中不以鼻饮,梦中不以趾捉,~~之所合,不强而自记也。"❷天的机密,造物者的奥妙。陆游《醉中草书因戏作此诗》:"稚子问翁新悟处,欲言直恐泄~~。"❸国家的机要之事。《三国志·吴书·孙权传》:"君临万国,秉统~~。"❹星名。《晋书·天文志上》:"南斗六星,天庙也……又主兵,一曰~~。"

【天极】 tiānjí ❶自然的准则。《庄子·盗跖》:"若枉若直,相而~~。面观四方,与时消息。"❷天道的极限。《国语·越语下》:"臣闻古之善用兵者,赢缩以为常,四时以为纪,无过~~,究数而止。"❸天的南北两极。《楚辞·天问》:"斡维焉系?~~焉加?"❹星名。即北极星。《史记·天官书》:"中宫,~~星,其一明者,太一常居也。"

【天骄】 tiānjiāo 天之骄子。汉代称匈奴为天之骄子。后以"天骄"称边疆强盛的民族。李白《塞下曲》之三:"弯弓辞汉月,插羽破~~。"杜甫《诸将》诗之二:"韩公本意筑三城,拟绝~~拔汉旌。"

【天街】 tiānjiē ❶京城的街道。韩愈《早春呈水部张十八员外》诗:"~~小雨润如酥,草色遥看近却无。"❷星名。《史记·天官书》:"昴、毕间为~~。"《后汉书·苏竟传》:"镇星绕带~~,岁星不舍氐、房。"(氐、房:东方之星宿。)

【天津】 tiānjīn ❶天河。又名银河。《楚辞·离骚》:"朝发轫于~~兮,夕余至乎西极。"❷指天津桥。在河南洛阳市。李白《扶风豪士歌》:"~~流水波赤血,白骨相撑如乱麻。"❸星名。《晋书·天文志上》:"~~九星,横河中。"

【天经】 tiānjīng ❶天之常道。《庄子·在宥》:"乱天之经,逆物之情,玄天弗成。"班固《典引》:"躬奉~~,惇睦辨章之化洽。"❷天象,天空。鲍照《游思赋》:"仰尽兮~~,俯穷兮地络。"

【天井】 tiānjǐng ❶四周高、中央低下之地。《孙子·行军》:"凡地有绝涧、~~、天牢、天罗、天陷、天隙,必亟去之,勿近也。"❷犹今之天花板,也称"藻井"。温庭筠《长安》诗:"宝题斜翡翠,~~倒芙蓉。"❸星名。即井宿。庾信《周大将军司马裔碑》:"降帝子之重,镇~~之星。"❹庭院。俗称院子为天井。

【天君】 tiānjūn ❶心。《荀子·天论》:"心居中虚,以治五官,夫是之谓~~。"范浚《心箴》:"君子存诚,克念克敬;~~泰然,百体从令。"❷主祭天神的人。《后汉书·东夷传》:"诸国邑各以一人主祭天神,号为~~。"

【天钧】 tiānjūn 也作"天均"。❶自然的均平,调和。《庄子·寓言》:"万物皆种也,以不同形相禅,始卒若环,莫得其伦,是谓~~。"又《齐物论》:"是以圣人和之以是非,而休乎~~。"❷北极。《淮南子·俶真训》:"处玄冥而不暗,休于~~而不砀。"(砀:同"毁"。)❸音乐,传说天上的音乐。皮日休《太湖诗·上真观》:"~~鸣响亮,天禄行蹒跚。"

【天爵】 tiānjué ❶天然的爵位。古代称不居官因德高而受人尊敬者为天爵。《孟子·告子上》:"有~~者,有人爵者。仁义忠信,乐善不倦,此~~也。公卿大夫,此人爵也。"刘禹锡《彭阳侯令狐氏先庙碑》:"恺悌以肥家,信谊以急人,德充齿耋,独享~~。"❷天子封的爵位。《后汉书·吕强传》:"高祖重约非功臣不侯,所以重~~明劝戒也。"

【天籁】 tiānlài ❶自然界的声响,如风声、鸟声、流水声等。《庄子·齐物论》:"女闻人籁而未闻地籁,女闻地籁而未闻~~夫!"吕温《终南精舍月中闻磬声》诗:"~~疑难辨,霜钟谁可分。"❷称诗文自然流畅不雕琢,具有自然之趣。袁枚《随园诗话》卷五:"~~不来,人力亦无如何。"

【天牢】 tiānláo ❶三面绝壁、易进难出之地。《孙子·行军》:"凡地有绝涧、天井、~~、天罗、天陷、天隙,必亟去之,勿近也。"❷设在京城由朝廷直接管辖的牢狱。陆采《明珠记·江会》:"奸谋陷入~~内,遇赦差来锦水西。"❸星名。《晋书·天文志上》:"~~六星,在北斗魁下。"

【天理】 tiānlǐ ❶天然法则。《庄子·养生主》:"依乎~~,批大郤,导大窾,因其固然。"❷天性。《韩非子·大体》:"不逆~~,不伤情性。"《史记·卫将军骠骑列传》:"匈奴逆~~,乱人伦,暴长虐老。"

【天禄】 tiānlù ❶天所赐予的禄位。《论语·尧曰》:"四海困穷,~~永终。"《史记·西南夷列传》:"楚之先岂有~~哉!"❷帝位。《后汉书·桓帝纪赞》:"桓自宗支,越跻~~。"(跻:升,登。)❸兽名,汉代多用作雕刻的装饰品。《后汉书·灵帝纪》:"复修玉堂殿,铸铜人四,黄钟四,及~~、蝦蟆。"❹阁名,汉代藏书的地方。班固《两都赋》:"又有~~、石渠,典籍之府。"《汉书·扬雄传下》:"时雄校书~~阁上。"❺酒的别名。《汉书·食货志下》:"酒者,天之美禄。"《清异录·酒浆》:"所以辅朕和气者,唯酒功耳,宜封~~大夫。"

【天伦】 tiānlún ❶指兄弟。言兄先弟后是天然的伦次。《穀梁传·隐公元年》:"兄弟,~~也。"李白《春夜宴桃李园序》:"会桃李之芳园,序~~之乐事。"❷自然之理。《庄子·刻意》:"一之精通,合于~~。"

【天马】 tiānmǎ ❶骏马名。《史记·大宛列传》:"得乌孙马好,名曰'~~'。及得大宛汗血马,益壮,更名乌孙马曰'西极',名大宛马曰'~~'云。"阮籍《咏怀》:"~~出西北,由来从东道。"❷传说中的兽名。《山海经·北山经》:"又东北二百里,曰马成之山……有兽焉,其状如白犬而黑头,见人则飞,其名曰~~。"❸神马。《汉书·礼乐志》:"太一况,~~下,沾赤汗,沫流赭。"❹螳螂的别名。

【天门】 tiānmén ❶心。《庄子·天运》:"其心以为不然者,～～弗开矣。"❷鼻孔。《老子·十章》:"～～开阖,能为雌乎?"❸指前额中央。《黄庭内景经》:"上合～～,入明堂。"❹天宫之门。《楚辞·九歌·大司命》:"广开兮～～,纷吾乘兮玄云。"❺帝王宫殿门。杜甫《宣政殿退朝晚出左掖》诗:"～～日射黄金榜,春殿晴曛赤羽旗。"❻塔顶。俗称塔顶为天门。❼星名。《史记·天官书》:"苍帝行德,～～为之开。"❽泰山山峰名。李白《游泰山》诗之一:"～～一长啸,万里清风来。"

【天命】 tiānmìng ❶上天的意旨。《论语·季氏》:"君子有三畏:畏～～,畏大人,畏圣人之言。"《史记·三代世表》:"～～难言,非圣人莫能见。"❷自然规律。《荀子·天论》:"从天而颂之,孰与制～～而用之。"《韩非子·大体》:"淡然闲静,因～～,持大体。故使人无离法之罪,鱼无失水之祸。"❸人的自然寿命。《汉书·枚乘传》:"今欲极～～之寿,敝无穷之乐。"❹天性,天赋。《礼记·中庸》:"～～之谓性,率性之谓道。"

【天末】 tiānmò 天边,天际。陆机《拟行行重行行》诗:"游子眇～～,还期不可寻。"杜甫《天末怀李白》诗:"凉风起～～,君子意何如。"

【天难】 tiānnàn 天降之祸难。《庄子·在宥》:"云将曰:'吾遇～～,愿闻一言。'"潘岳《寡妇赋》:"嗟予生之不造兮,哀～～之匪忱。"

【天年】 tiānnián 自然的寿命。《战国策·韩策二》:"聂政曰:'……老母今以～～终,政将为知己者用。'"《史记·孝文本纪》:"今乃幸～～,得复供养于高庙。"《汉书·张汤传》:"愿将军强餐食,近医药,专精神,以辅～～。"

【天葩】 tiānpā 非凡的花。常用以比喻诗文秀逸非常。韩愈《醉赠张秘书》诗:"东野动惊俗,～～吐奇芬。"(东野:唐诗人孟郊。)

【天然】 tiānrán ❶自然形成的。《论衡·率性》:"夫铁石～～,尚为锻炼者变易故质。"❷天赋,天性。《史记·平津侯主父列传》:"臣窃以为陛下～～之圣,宽仁之资,而诚以天下为务。"《后汉书·邓禹传》:"陛下躬～～之姿,体仁义之德。"

【天壤】 tiānrǎng ❶天地。《管子·幼官》:"～～山川之故祀,必以时。"❷喻事物经久不衰。张协《咏史》:"清风激万代,名与～～俱。"❸喻事物相差悬殊。《抱朴子·论仙》:"耳目所欲,其为不同,已有～～之觉。"

【天时】 tiānshí ❶时序的自然运行。《周易·乾》:"先天而天弗违,后天而奉～～。"❷自然的气候条件。《孟子·公孙丑下》:"～～不如地利,地利不如人和。"《管子·牧民》:"不务～～则财不生,不务地利则仓廪不盈。"❸天命。《三国志·蜀书·诸葛亮传》:"以弱为强者,非惟～～,抑亦人谋也。"

【天授】 tiānshòu 上天所授与。《史记·孝文本纪》:"此乃～～,非人力也。"《论衡·命禄》:"陛下所谓～～,非智力所得。"

【天数】 tiānshù ❶指一、三、五、七、九等奇数。《周易·系辞上》:"～～五,地数五。"❷自然的规则。《荀子·王制》:"夫两贵之不能相事,两贱之不能相使,是～～也。"❸天命。《后汉书·公孙述传赞》:"～～有违,江山难恃。"❹天文。《史记·天官书》:"为～～者,必通三五。终始古今,深观时变,察其精粗,则天官备矣。"

【天廷】 tiāntíng 星名。见"天庭"。

【天庭】 tiāntíng ❶星名。《礼记·月令》:"太微在～～,中有五帝座。"也作"天廷"。《史记·天官书》:"客星出～～,有奇令。"❷传说中天神居住的地方。扬雄《甘泉赋》:"选巫咸兮叫帝阍,开～～兮延群神。"班固《答宾戏》:"所谓见世利之华,闇道德之实,守窔奥之荧烛。未仰～～,而睹白日也。"(窔:屋的东南角;奥:屋的西南角。)❸帝王的住所。沈佺期《奉和洛阳玩雪应制》:"洒瑞～～里,惊春御苑中。"❹人的两眉之间,额部中央。《三国志·魏书·管辂传》:"此二人～～及口耳之间同有凶气,异变俱起。"

【天统】 tiāntǒng ❶周历以建子之月为正月,称天统。《礼记·檀弓上》"周人尚赤"孔颖达疏:"建子之月为正者,谓之～～。"❷天之正统,天子之位。《史记·高祖本纪》:"故汉兴,承敝易变,使人不倦,得～～矣。"《史记·三王世家》:"陛下奉承～～,明开圣绪。"❸天道,天理。《后汉书·郎颉传》:"不用之,则逆～～,违人望。逆～～则灾眚降,违人望则化不行。"(眚:过错。)

【天王】 tiānwáng ❶指周天子。《左传·隐公元年》:"秋七月,～～使宰咺来归惠公、仲子之赗。"(宰:官名。咺:人名。归:通"馈",赠送。赗:助丧之物。)顾炎武《日知录·天王》:"《尚书》之文,但称王;《春秋》则曰～～。以当时楚、吴、徐、越僭称王,则加天以别之也。"❷泛指帝王,天子。《荀子·王制》:"使天下莫不顺比从服,～～之事也。"《史记·孝文本纪》："所谓～～者乃天子。"❸大王，以示尊位。《国语·吴语》："昔者越国见祸，得罪于～～，～～亲趋玉趾，以心孤句践，而又宥赦之。"❹星名。《史记·天官书》："大星～～，前后星子属。"

【天网】　tiānwǎng　❶上天布下的罗网。比喻国家的法规。《老子·七十三章》："～～恢恢，疏而不漏。"《后汉书·朱穆传》："穆张理～～，补缀漏目。"❷比喻朝廷的统治。《三国志·魏书·陈思王植传》注引《典略》："吾王于是设～～以该之，顿八纮以掩之，今尽集兹国矣。"

【天位】　tiānwèi　❶王位，帝位。《诗经·大雅·大明》："～～殷適，使不挟四方。"（適：通"嫡"。）《三国志·魏书·王淩传》："淩、愚密协计，谓齐王不任～～，楚王彪长而才，欲迎立彪都许昌。"（愚：人名。）❷天帝之位。《礼记·礼运》："祭帝于郊，所以定～～也。"

【天文】　tiānwén　天体在宇宙间运行等现象。古人把风云雨露等也看作天文。《周易·贲》："观乎～～，以察时变。"《论衡·订鬼》："凡天地之间，气皆统于天，～～垂象于上，其气降而生物。"

【天物】　tiānwù　自然界的物产，如鸟兽草木等。《尚书·武成》："今商王受无道，暴殄～～，害虐烝民。"《后汉书·和熹邓皇后纪》："览总大麓，经营～～。"（麓：通"录"。大麓：万机之政。）

【天隙】　tiānxì　❶山涧险要之处。《孙子·行军》："凡地有绝涧、天井、天牢、天罗、天陷、～～，必亟去之，勿近也。"❷天时的间隙，即时机。《后汉书·窦融传》："窦融始以豪侠为名，拔起风尘之中，以投～～。"又《公孙述传》："若奋威德以投～～，霸王之业成矣。"

【天宪】　tiānxiàn　王法，朝廷的法令。《后汉书·朱穆传》："手握玉爵，口含～～。"曹邺《续幽愤》诗："惟公执～～，身是台中杰。"

【天刑】　tiānxíng　❶上天的法则。《国语·周语下》："上非～～，下非地德。"《三国志·魏书·武帝纪》："君纠虔～～，章厥有罪，犯关干纪，莫不诛殛。"❷天降的刑罚。韩愈《答刘秀才论史书》："夫为史者，不有人祸，则有～～。"❸指宫刑。《后汉书·襄楷传》："今黄门常侍，～～之人。"

【天行】　tiānxíng　❶天体的运行。《荀子·天论》："～～有常，不为尧存，不为桀亡。"❷自然而行。《庄子·刻意》："圣人之生也～～，其死也物化。"

【天性】　tiānxìng　本性，先天具有的品性。《史记·平津侯主父列传》："行盗侵驱，所以为业也，～～固然。"《汉书·邹阳传》："故父子之道，～～也。"《后汉书·南蛮西南夷传》："～～劲勇，初为汉前锋，数陷陈。"（陈：通"阵"。）

【天休】　tiānxiū　天佑，天赐福佑。《左传·宣公三年》："用能协于上下，以承～～。"《国语·周语中》："天道赏善而罚淫，故凡我造国，无从非彝，无即慆淫，各守尔典，以承～～。"《汉书·礼乐志》："承保～～，令问不忘。"

【天绪】　tiānxù　天子的继嗣。《后汉书·孝顺孝冲孝质帝纪赞》："陵折在运，～～三终。"（陵折：陵迟夭折。）《三国志·魏书·三少帝纪》："恭孝日亏，悖慠滋甚，不可以承～～，奉宗庙。"

【天狱】　tiānyù　❶星名。《晋书·天文志上》："参十星……又为～～，主杀伐。"❷喻地形险恶。《三国志·魏书·刘放传》注引《孙资别传》："昔武皇帝征南郑……数言'南郑直为～～，中斜谷道为五百里石穴耳。'"

【天运】　tiānyùn　❶天体的运转。《史记·天官书》："夫～～，三十岁一小变，百年中变，五百载大变；三大变一纪，三纪而大备，此其大数也。"❷天命。《后汉书·公孙瓒传论》："舍诸～～，征乎人文，则古之休烈！"陶渊明《责子》诗："通子垂九龄，但觅梨与栗，～～苟如此，且进杯中物。"

【天章】　tiānzhāng　❶天文，即分布在天空中的日月星辰。苏轼《潮州韩文公庙碑》："公昔骑龙白云乡，手抉云汉分～～。"❷指帝王的诗词文章。徐陵《丹阳上庸路碑》："御纸风飞，～～海溢，皆紫庭黄竹之词，晨路卿云之藻。"

【天职】　tiānzhí　❶自然界的职能。《荀子·天论》："不为而成，不求而得，夫是之谓～～。"❷天授与的职分。《孟子·万章下》："弗与共天位也，弗与治～～也，弗与食天禄也。"王迈《题赵别驾委斋》诗："一或负所委，是谓～～亏。"

【天植】　tiānzhí　❶心。《管子·版法解》："凡将立事，正彼～～。～～者，心也。～～正，则不私近亲，不孽疏远。"❷自然所赋予的。高攀龙《侪鹤赵先生小传》："先生敏慧～～，见人望形而别其臧否，闻言而悉其底里。"

【天衷】　tiānzhōng　天意，上天的善意。《左传·定公四年》："君若顾报周室，施及寡人，以奖～～，君之惠也。"（奖：成。）《三国志·

魏书·武帝纪》："乃诱～～，诞育丞相，保乂我皇家，弘济于艰难，朕实赖之。"

【天姿】 tiānzī ❶容貌，姿态。《三国志·魏书·明帝纪》注引孙盛曰："明帝～～秀出，立发垂地。"❷同"天资"。天赋，资质。《三国志·吴书·陆胤传》："胤～～聪明，才通行絜。"李商隐《为李贻孙上李相公书》："虽有谢于～～，或无惭于力学。"

【天资】 tiānzī 天赋，天性。《史记·商君列传》："商君，其～～刻薄人也。"《三国志·魏书·文帝纪评》："文帝～～文藻，下笔成章，博闻强识，才艺兼该。"

【天子】 tiānzǐ ❶天之子，不同于常人。《论衡·吉验》："后产子，捐于猪溷中，猪以口气嘘之不死，……王疑，以为～～，令其母收取奴畜之。"❷君主。帝王。古人认为君主是秉承天意的，故称天子。《礼记·曲礼下》："君天下曰～～。"《韩非子·初见秦》："昔者纣为～～。"《后汉书·王霸传》："～～有所不臣，诸侯有所不友。"

【天雨粟】 tiānyǔsù ❶天降米粮，表示事情不能发生。《史记·刺客列传》："世言荆轲，其称太子丹之命，'～～～，马生角'也，太过。"❷喻天予赞助。《淮南子·本经训》："昔者仓颉作书，而～～～，鬼夜哭。"

【天人之际】 tiānrénzhījì 指天道与人意之间的关系，也作"天人际"。《史记·司马相如列传》："～～～～已交，上下相发允答。圣王之德，竞竞翼翼也。"《世说新语·文学》："何平叔注《老子》，始成，诣王辅嗣。见王注精奇，乃神伏曰：'若斯人，可与论～～～～矣。'"

【天作之合】 tiānzuòzhīhé 天生的配偶，原指周文王娶大姒是天所配合，后来多用作祝颂婚姻美满之词。《诗经·大雅·大明》："文王初载，～～～～。"也用来表示关系密切，特殊。《儒林外史》七回："年长兄，我同你是～～～～，不比寻常同年兄弟。"

吞 tiān 见 tūn。

添 1. tiān ❶加，增加。杜甫《东楼》诗："但～新战骨，不返旧征魂。"又《复愁》诗之八："任转江淮粟，休～苑囿兵。"❷生育。见"添丁"。❸姓。

2. tiàn ❹下酒具。李翊《俗呼小录》："呼下酒具为～。"

【添丁】 tiāndīng 生育男孩。唐制男子二十一岁服丁役，故生男孩子叫添丁。陆游《卧病杂题》诗："身叨乡祭酒，孙为国～～。"

【添线】 tiānxiàn 魏晋时，宫中以红线量日影，冬至后白天渐长，每日添长一线，叫添线。唐代宫中女工刺绣，冬至后白天可多绣一根线，亦叫添线。均比喻冬至后白昼渐长。朱德润《十一月二十七日冬至》诗："日光绣户初～～，雪意屏山欲放梅。"

酟 tiān ❶调和，调味。《论衡·别通》："甘酒醴不～饴蜜，未为能知味也。"❷同"沾"。溢。张协《七命》："燀以秋橙，～以春梅。"

䪥 tiān 见"䪥䪰"。

【䪥䪰】 tiānchán 言语不正。皮日休《鲁望昨以五百言见贻》诗："昌黎道未著，文教如欲骞，其中有声病，于我如～～。"

舚 tiān （又读 tiàn）吐舌。韩愈《喜侯喜至赠张籍张彻》诗："杂作承间骋，交惊舌互～。"

田 tián ❶田地，土地。《老子·五十三章》："～甚芜，仓甚虚。"《韩非子·五蠹》："宋人有耕～者，～中有株。"❷古代主管农事的官。《吕氏春秋·孟春》："王布农事，命～舍东郊，皆修封疆。"❸耕种田地。后写作"佃"。《战国策·秦策五》："今力～疾作，不得暖衣馀食；今建国立君，泽可遗世。"《汉书·高帝纪上》："故秦苑囿园池，令民得～之。"❹打猎。后写作"畋"。《左传·宣公二年》："初，宣子～于首山，舍于翳桑。"《管子·大匡》："五月，襄公～于贝丘。"❺古代一种地积单位和生产活动的单位。《管子·乘马》："四聚为一离，五离为一制，五制为一～，二～为一夫，三夫为一家。"《国语·鲁语下》："季康子欲以～赋。"（韦昭注引贾侍中云："田，一井也。"）❻鼓名。一种大鼓。《诗经·周颂·有瞽》："应～县鼓，鞉磬柷圉。"（应：小鼓。县：即"悬"。）❼姓。

【田畴】 tiánchóu 已耕种的田地。《战国策·秦策一》："～～荒，囷仓虚，四邻诸侯不服，伯王之名不成。"（伯：通"霸"。）《孟子·尽心上》："易其～～，薄其税敛，民可使富也。"《管子·五辅》："～～垦而国邑实。"

【田地】 tiándì ❶种植农作物的土地。《汉书·陆贾传》："贾自度不能争之，乃病免。以好畤～～善，往家焉。"（好畤：地名。）《后汉书·宣秉传》："其孤弱者，分与～～，自无担石之储。"❷地方，地面。陆龟蒙《奉酬苦雨见寄》诗："不如驱入醉乡中，只恐醉乡～～窄。"❸地步，程度。《朱子全书·学六》："百世以俟圣人而不惑，直到这个～～，方是。"

【田父】 tiánfù 农夫。《战国策·齐策三》："犬兔俱罢，各死其处；～～见之，无劳倦之苦，而擅其功。”（罢：通“疲”。）《三国志·蜀书·张裔传》：“君还，必用事西朝，终不作～～于闾里也。”

【田赋】 tiánfù 按土地多少征收的赋税。《公羊传·哀公十二年》：“十有二年春，用～～。”《管子·山国轨》：“去其～～，以租其山。”

【田畯】 tiánjùn ❶监督农奴劳动的农官。《诗经·小雅·甫田》：“以其妇子，馌彼南亩，～～至喜。”❷农神。《周礼·春官·籥章》：“吹豳雅，击土鼓，以乐～～。”❸泛指农民。《宋书·袁湛传》：“增贾贩之税，薄畴亩之赋，则末技抑而～～喜矣。”

【田莱】 tiánlái 荒芜不耕之田。《周礼·地官·县师》：“县师掌邦国、都鄙、稍甸、郊里之地域，而辨其夫家、人民、～～之数。”陆游《监丞周公墓志铭》：“命公恤民隐，修武备，辟～～，并究鼓铸利害。”

【田里】 tiánlǐ ❶田地与住宅。《孟子·尽心上》：“所谓西伯善养老者，制其～～，教之树畜，导其妻子，使养其老。”❷故乡。《史记·汲郑列传》：“上贤而释之，迁为荥阳令。黯耻为令，病归～～。”（黯：汲黯。）

【田猎】 tiánliè 打猎。《吕氏春秋·情欲》：“荆庄王好周游～～，驰骋弋射，欢乐无遗。”苏轼《教战守策》：“秋冬之隙，致民～～以讲武。”

【田舍】 tiánshè ❶土地与房舍。《史记·苏秦列传》：“地名虽小，然而～～庐庑之数，曾无所刍牧。”❷田间的房舍。《史记·黥布列传》：“番阳人杀布兹乡民～～，遂灭黥布。”（兹乡：地名。）❸泛指村舍，农家。高適《古歌行》：“～～老翁不出门，洛阳少年莫论事。”

【田师】 tiánshī 官名，掌管田地农事之官。《荀子·解蔽》：“农精于田，而不可以为～～。”

【田叟】 tiánsǒu 老农夫。《后汉书·韩康传》：“至亭，亭长以韩征君当过，方发人牛修道桥，及见康柴车幅巾，以为～～也，使夺其牛。”（韩征君：即韩康。）

【田田】 tiántián ❶象声词。哀痛之声。《礼记·问丧》：“妇人不宜袒，故发胸，击心，爵踊，殷殷～～，如坏墙然，悲哀痛疾之至也。”❷荷叶饱满挺秀的样子。《汉乐府·相和歌辞·江南》：“江南可采莲，莲叶何～～。”

【田邑】 tiányì 封地，采邑。《荀子·荣辱》：“上则能顺上，下则能保其职，是士大夫之所以取～～也。”《管子·问》：“馀子仕而有～～，今入者几何人？”（馀子：嫡长子以外的诸子。）

【田作】 tiánzuò 耕作，治理田地。《战国策·燕策一》：“南有碣石、雁门之饶，北有枣栗之利；民虽不由～～，枣栗之食，足食于民矣。”《史记·韩长孺列传》：“安国捕生虏，言匈奴远去，即上书言方～～时，请且罢军屯。”

【田舍儿】 tiánshè'ér 农家子弟，带有轻视之意。《世说新语·文学》：“殷中军尝至刘尹所。清言良久，殷理小屈，游辞不已，刘亦不复答。殷去后，乃云：‘～～～，强学人作尔馨语。’”

佃 1. tián ❶耕作。见“佃作”。❷打猎。《周易·系辞下》：“以～以渔。”

2. diàn ❸农民向地主或官府租种土地。《宋史·食货志上》：“私租额重而纳轻，承～犹可；公租额重而纳重，则～不堪。”

【佃器】 tiánqì 农具。《后汉书·羊续传》：“赋与～～，使就农业。”

【佃作】 tiánzuò 耕作，治理田地，同“田作”。《史记·苏秦列传》：“南有碣石、雁门之饶，北有枣栗之利，民虽不～～而足于枣栗矣。”《三国志·魏书·高句丽传》：“无良田，虽力～～，不足以实口腹。”

甸 tián 见 diàn。

沺 tián 见“沺沺”。

【沺沺】 tiántián 水势浩大的样子。郭璞《江赋》：“溟漭渺湎，汗汗～～。察之无象，寻之无边。”

恬 tián ❶安静，清静。《庄子·在宥》：“昔尧之治天下也，使天下欣欣焉人乐其性，是不～也。”《世说新语·赏誉》：“许掾尝诣简文，尔夜风～月朗，乃共坐曲室中语。”❷安然，坦然。《荀子·王霸》：“譬之是由好声色而～无耳目也。”（由：犹。）❸淡漠，淡泊。《后汉书·韦彪传》：“安贫乐道，～于进趣，三辅诸儒莫不慕仰之。”❹安逸，舒适。白居易《问秋光》诗：“身心转～泰，烟景弥淡泊。”❺习惯。苏轼《书柳子厚牛赋后》：“岭外俗皆～杀牛，而海南为甚。”

【恬安】 tián'ān 淡泊，安静。《后汉书·严安传》：“心既和平，其性～～；～～不营，则盗贼销。”

【恬泊】 tiánbó 淡泊。《后汉书·法真传》：“幽居～～，乐以忘忧。”《三国志·魏书·管宁传》：“宁清高～～，拟迹前轨，德行卓绝，海内无偶。”

【恬淡】 tiándàn 安静闲适，淡泊寡欲。《老子·三十一章》：“～～为上。”也作“恬惔”。

《韩非子·解老》："～～有趋舍之义，平安知祸福之计。"又作"恬惔"。《论衡·道虚》："人见其面状少，性又～～，不好仕宦。"

【恬澹】 tiándàn 安静。《论衡·自纪》："充性～～，不贪富贵。"也作"恬憺"。《淮南子·俶真训》："静漠～～，所以养性也。"

【恬漠】 tiánmò 安静淡漠。《墨子·非儒下》："～～待问而后对。虽有君亲之大利，弗问不言。"《淮南子·俶真训》："通洞条达，～～无事。"

【恬然】 tiánrán 安然的样子。袁宏《三国名臣序赞》："虽遇履虎，神气～～。"（履虎：即履虎尾，比喻处于险境。）权德舆《两汉辨亡论》："上下～～，晻忽亡国。"

【恬逸】 tiányì 清静安逸。《国语·吴语》："今大夫老，而又不自安～～，而处以念恶。"

【恬而不怪】 tián'érbùguài 安然处之，不以为怪。《汉书·贾谊传》："至于俗流失，世坏败，因恬而不知怪，虑不动于耳目，以为是适然耳。"又《礼乐志》："至于风俗流溢，～～～～，以为是适然耳。"

眴 tián 眼珠转动。《庄子·德充符》："适见㹠子食于其死母者，少焉～若，皆弃之而走。"《大戴礼记·本命》："三月而彻～，然后能有见。"

畋 tián ❶耕种。《尚书·多方》："今尔尚宅尔宅，～尔田。"❷打猎。《吕氏春秋·直谏》："荆文王得茹黄之狗，宛路之矰，以～于云梦，三月不反。"《论衡·指瑞》："焚林而～，漉池而渔，龟龙为之不游。"（漉池：使池水干涸。）

【畋猎】 tiánliè 打猎。《老子·十二章》："驰骋～～，令人心发狂。"《论衡·答佞》："禽兽藏山，～～者见其脉。"

钿（鈿） 1. tián ❶用金银镶制成的花形首饰。《新唐书·礼乐志四》："皇后～钗礼衣，乘舆诣寝宫。"❷贴在鬓角上的花形薄金片。白居易《长恨歌》："花～委地无人收，翠翘金雀玉搔头。"

2. diàn ❸以金银贝壳等镶嵌器物。《北史·赤土国传》："王榻后作一木龛，以金银五香木杂～之。"

【钿车】 diànchē 用嵌金来装饰的车子。皮日休《洛中寒食》诗："远近垂杨映～～，天津桥影压神霞。"

【钿带】 diàndài 镶金银花饰之带。白居易《对酒吟》："金衔嘶五马，～～无双姝。"

轫（軥） tián 见"轫轫"。

【轫轫】 tiántián 欢喜的样子。皮日休《鲁望昨以五百言见贻》诗："日晏朝不罢，龙姿欢～～。"

輷（輷） tián 见"輷輷"。

【輷輷】 tiántián 象声词。车辆很多的声音。左思《魏都赋》："振旅～～，反旆悠悠。"

緂（緂） 1. tián ❶纺织品。范成大《桂海虞衡志·志器》："～，亦出两江州峒，如中国线罗，上有遍地小方胜文。"❷搓麻。《淮南子·氾论训》："～麻索缕，手经指挂，其成犹网罗。"

2. tǎn ❸同"缫"。青黄色。《广韵·敢韵》："～，青黄色。"

甜 tián 像糖或蜜一样的滋味。杜甫《绝句漫兴》之七："人生几何春已夏，不放香醪如蜜～。"又《解闷》诗之九："京中旧见君颜色，红颗酸～只自知。"㊂比喻舒适，美好。杨万里《夜雨不寐》诗："更长酒力短，睡～诗思苦。"董解元《西厢记诸宫调》卷一："曲儿～，腔儿雅。"

湉 tián 见"湉湉"。

【湉湉】 tiántián 水流平缓的样子。杜牧《怀钟陵旧游》诗："白鹭烟分光的的，微涟风定翠～～。"

滇 tián 见 diān。

寘 tián 见 zhì。

阗（闐） tián ❶填塞，充满。《史记·汲郑列传》："翟公为廷尉，宾客～门。"《后汉书·班固传》："命荆州使起鸟，诏梁野而驱兽，毛群内～，飞羽上覆，接翼侧足，集禁林而屯聚。"❷盛大。见"阗阗①"。❸象声词。见"阗阗②"。

【阗阗】 tiántián ❶盛大的样子。薛逢《上白相公启》："飞龙在天，云雨～～。"❷象声词。1)雷声。《楚辞·九怀·通路》："望远兮仟眠，闻雷兮～～。"2)车马声。左思《蜀都赋》："车马雷骇，轰轰～～。"

【阗溢】 tiányì 充满。《韩诗外传》卷一："贤者不然，精气～～而后伤，时不可过也。"

填 1. tián ❶塞，充塞。《战国策·楚策四》："不知夫穰侯方受命乎秦王，～黾塞之内，而投己乎黾塞之外。"《后汉书·崔骃传》："所至之县，狱犴～满。"（犴：牢狱。）❷满，充满。见"填门"。❸涂抹，在雕刻花纹的器物上加色。韩愈《谒衡岳庙遂宿岳寺题门楼》诗："粉墙丹柱动光彩，鬼物图画～青红。"❹填写。《文体明辨·诗馀》："然诗馀谓之～词，则调有定格，字有定数，韵有定声。”❺顺着，沿着。班固《东都赋》：“外则因原野以作苑，～流泉而为沼。”❻象声词。见“填然”。

2. zhèn ❼通“镇”。安定。《汉书·高帝纪下》：“～国家，抚百姓，给饷馈，不绝粮道，吾不如萧何。”又《张耳陈馀传》：“今将军下赵数十城，独介居河北，不王无以～之。”

3. chén ❽久，长久。《诗经·大雅·桑柔》：“不殄心忧，仓兄～兮。”（仓兄：怆怳。失意的样子。）

4. tiǎn ❾通“殄”。穷困，困苦。《诗经·小雅·小宛》：“哀我～寡，宜岸宜狱。”（岸：通“犴”。乡间牢狱。）

5. diàn ❿通“奠”。祭奠。《礼记·檀弓上》：“曾子吊于负夏，主人既祖，～池，推柩而反之。”（郑玄注：“填池，当为奠彻，声之误也；奠彻，谓彻遣奠，设祖奠。”）

【填门】 tiánmén 满门。《汉书·郑当时传》：“先是下邽翟公为廷尉，宾客亦～～，及废，门外可设爵罗。”

【填然】 tiánrán 象声词。形容鼓声大。《孟子·梁惠王上》：“王好战，请以战喻。～～鼓之，兵刃既接，弃甲曳兵而走。”

【填填】 tiántián ❶象声词。隆隆。形容雷声。《楚辞·九歌·山鬼》：“雷～～兮雨冥冥，猨啾啾兮狖夜鸣。”（狖：长尾猿。）❷悠闲稳重的样子。《庄子·马蹄》：“故至德之世，其行～～，其视颠颠。”❸严整的样子。《淮南子·兵略训》：“当击其乱，不攻其治，是不袭堂堂之寇，不击～～之旗。”

【填噎】 tiányē 堵塞。《抱朴子·疾谬》：“欲令人士立门以成林，车骑～～于闾巷，呼谓尊贵，不可不尔。”左思《吴都赋》：“冠盖云荫，闾阎～～。”

【填膺】 tiányīng 充满胸膛。《论衡·程材》：“孰与通于神明，令人～～也。”江淹《恨赋》：“置酒欲饮，悲来～～。”

【填抚】 zhènfǔ 镇抚。《荀子·君道》：“其德音足以～～百姓。”《汉书·五行志上》：“王曰：‘诸侯皆有以～～王室，晋独无有，何也？’”

【填沟壑】 tiángōuhè 言尸首填塞山沟。指死。《战国策·赵策四》：“愿及未～～～而托之。”《汉书·汲黯传》：“黯泣曰：‘臣自以为～～～，不复见陛下，不意陛下复收之。’”

搷 1. tián ❶用力打，急击。《楚辞·招魂》：“竽瑟狂会，～鸣鼓些。”❷扬。《方言》卷十二：“～，扬也。”

2. shēn ❸同“伸”。伸展。《集韵·真韵》：“伸，申也，……或作～。”

嗔 1. tián ❶盛大。《说文·口部》：“～，盛气也，从口，真声。《诗》曰：‘振旅～～。’”

2. chēn ❷生气。《世说新语·德行》：“王长豫为人谨顺，事亲尽色养之孝。丞相见长豫辄喜，见敬豫辄～。”❸责怪，埋怨。李贺《野歌》：“男儿屈穷心不穷，枯荣不等～天公。”

嵮 tián 山巅。见“嵮如”。

【嵮如】 tiánrú 高起的样子。《荀子·大略》：“孔子曰：‘望其圹，皋如也，～～也，鬲如也，此则知所息矣。’”（圹：坟墓。）

寘 1. tián ❶填塞。《楚辞·天问》：“洪泉极深，何以～之。”❷填满的样子。见“寘然”。❸放置。《国语·鲁语上》：“藏罟，不如～里革于侧之不忘也。”

2. chǎn ❹声缓慢。见“寘赧”。

【寘灭】 tiánmiè 堵塞，淤塞。《汉书·沟洫志》：“九河今皆～～，按经义治水，有决河深川，而无堤防雍塞之文。”

【寘然】 tiánrán 填满的样子。扬雄《太玄经·盛》：“阳气隆盛充塞，物物～～尽满厥意。”

【寘赧】 chǎnnǎn 乐声缓慢。马融《长笛赋》：“惆怅怨怼，窳圔～～。”（窳圔：乐声低回。）

磌 tián ❶象声词。石落声。见“磌然”。❷柱子下的石基。班固《西都赋》：“雕玉～以居楹，裁金璧以饰珰。”（李善注：“《广雅》曰：‘磌，石质也。’瑱与磌古字通。”珰：屋子椽头的装饰。）

【磌然】 tiánrán 象声词。石落下的声音。《公羊传·僖公十六年》：“霣石记闻，闻其～～，视之则石。”（霣：同“陨”。坠落。）

颠 tián 见diān。

镆（鏌） tián 同“钿”。金花首饰。《晋书·舆服志》：“九嫔及公主、夫人五～，世妇三～。”

忝 tiǎn 辱，辱没。《国语·周语上》：“奕世载德，不～前人。”《后汉书·赵典传》：“夫无功而赏，劳者不劝，上～下辱，乱象干度。”②谦词。愧，有愧于。《后汉书·刘般传》：“臣父宠，前～司空。”高适《人日寄杜二拾遗》诗：“龙钟还～二千石，愧尔东西南北人。”韩愈《送杨少尹序》：“予～在公卿后，遇病不能出，不知杨侯去时，城门外送者几人？”

【忝辱】 tiǎnrǔ 羞辱。《后汉书·公孙瓒传》:"~~爵命,背违人主,绍罪二也。"(绍:袁绍。)

殄 tiǎn 见 zhěn。

殄 tiǎn ❶断,断绝,灭绝。《诗经·大雅·绵》:"肆不~厥愠,亦不陨厥问。"(肆:既。厥:其。问:聘问。)《荀子·大略》:"币厚则伤德,财侈则~礼。"柳宗元《箕子碑》:"当其周时未至,殷祀未~,比干已死,微子已去。"ⓧ消灭,灭亡。《史记·律书》:"成汤有南巢之伐,以~夏乱。"柳宗元《封建论》:"遂判为十二,合为七国,威分于陪臣之邦,国~于后封之秦。"❷昏迷。《论衡·论死》:"人~不悟,则死矣。"❸通"腆"。善,好。《诗经·邶风·新台》:"燕婉之求,籧篨不~。"(籧篨:喻残疾。)❹病。《周礼·地官·稻人》:"凡稼泽,夏以水~草而芟夷之。"

【殄瘁】 tiǎncuì ❶病困,困穷。《诗经·大雅·瞻卬》:"人之云亡,邦国~~。"《三国志·魏书·崔琰传》:"今邦国~~,惠康未洽,士女企踵,所思者德。"《世说新语·贤媛》:"门户~~,何惜一女。"❷枯萎,凋谢。白居易《养竹记》:"见丛竹于斯,枝叶~~,无声无色。"

【殄废】 tiǎnfèi 废弃。《史记·周本纪》:"殷之末孙季纣,~~先王明德,侮蔑神祇不祀。"

【殄绝】 tiǎnjué 灭绝,断绝。《吕氏春秋·明理》:"其残亡死丧,~~无类,流散循饥无日矣。"

【殄灭】 tiǎnmiè 消灭,灭绝。《国语·周语下》:"唯不帅天地之度,不顺四时之序,不度民神之义,不仪生物之则,以~~无胤,至于今不祀。"《汉书·赵充国传》:"分散其心意,离其党与,虽不能~~,当有瓦解者。"

【殄破】 tiǎnpò 消灭,败亡。《后汉书·阳球传》:"球到,设方略,凶贼~~。"

铦(餂) tiǎn ❶诱取,勾引。《孟子·尽心下》:"士未可以言而言,是以言~之也。"陆九渊《与刘淳叟》:"以言~人,以不言~人,均为穿窬之数。"❷以舌取物。后作"舔"。《西游记》八十七回:"[哈巴狗儿]~那面吃。"

栝 tiǎn 见 guā。

淟 tiǎn 见"淟涊"。

【淟涊】 tiǎnniǎn ❶污浊,污秽。《楚辞·九叹·惜贤》:"拨谄谀而匡邪兮,切~~之流俗。"刘黻《率太学诸生上书》:"以谄谀承风旨,以倾险设机阱,以~~盗官爵。"❷温暖的样子。王安石《病起》诗:"桃枝暖~~,散发晞晓捉。"(桃枝:手杖。)

忝 tiǎn 惭愧。《方言》卷六:"~,惭也。"

【忝墨】 tiǎnmò 面羞惭而色变。左思《魏都赋》:"弛气离坐,~~而谢。"

觍(靦) tiǎn 羞愧的样子。《聊斋志异·辛十四娘》:"女~然曰:'还以告之父母。'"又《聂小倩》:"~颜向人,实非所乐。"

腆 tiǎn ❶厚,丰厚。《左传·僖公三十三年》:"不~敝邑,为从者之淹,居则具一日之积,行则备一夕之卫。"(淹:淹留。)陶渊明《咏贫》之七:"惠孙一晤叹,~赠竟莫酬。"❷善,美好。《仪礼·士昏礼》:"辞无不~。"苏轼《留侯论》:"是故倨傲鲜~而深折之。"(折:折辱。)❸国主。《尚书·大诰》:"殷小~,诞敢纪其叙。"(诞:大。叙:绪,指事业。)❹挺起。《儒林外史》三回:"屠户横披了衣服,~着肚子去了。"

【腆颜】 tiǎnyán 厚颜。沈约《奏弹王源》:"明目~~,曾无愧畏。"

靦(靦) 1. tiǎn ❶形容人的面目的样子。《诗经·小雅·何人斯》:"有~面目,视人罔极。"(视:通"示"。)《后汉书·乐成靖王党传》:"苌有~其面,而放逸其心。"(苌:人名。)❷羞愧。《三国志·吴书·薛综传》:"日南郡男女倮体,不以为羞。由此言之,可谓虫豸,有~面目耳。"

2. miǎn 见"靦腆"。

【靦冒】 tiǎnmào 惭愧冒昧。《颜氏家训·终制》:"计吾兄弟,不当仕进……无复资荫;使汝等沉沦厮役,以为先世之耻;故~~人间不敢坠失。"

【靦然】 tiǎnrán 不以为羞的样子。方孝孺《豫让论》:"彼朝为仇敌,暮为君臣,~~而自得者,又让之罪人也。"(让:豫让。人名。)

【靦颜】 tiǎnyán 面有惭愧之色。丘迟《与陈伯之书》:"将军独~~借命,驱驰毡裘之长,宁不哀哉!"杜甫《去矣行》:"野人旷荡无~~,岂可久在王侯间。"

【靦腆】 miǎntiǎn 害羞难为情的样子。王实甫《西厢记》一本一折:"未语人前先~~,樱桃红绽,玉梗白露,半晌恰方言。"

舔 1. tiǎn ❶以舌取物。《字汇·舌部》:"~,以舌舔物。"

2. tān ❷见"舔舕"。

【舔舕】 tāntàn 吐舌头的样子。李白《鸣皋歌送岑征君》:"玄猿绿罴,~~崟岌。"

（崟岌：山高奇伟。）

掭 tiàn ❶轻轻拨动。《聊斋志异·促织》："遽捕之，入石穴中，～以尖草，不出；以筒灌水，始出。"❷用毛笔蘸墨汁。《西游记》三回："那判官慌忙捧笔，饱～浓墨。"

瑱 1. tiàn ❶古代垂挂在冠冕两侧用来塞耳的玉质饰物。《战国策·齐策四》："北宫之女婴儿子无恙耶？彻其环～，至老不嫁，以养父母。"《荀子·礼论》："充耳而设～。"❷填。郭璞《江赋》："金精玉英～其里，瑶珠怪石碎其表。"❸同"磌"。柱下石础。班固《西都赋》："雕玉～以居楹，裁金璧以饰珰。"❹玉名。江淹《杂体诗·颜特进侍宴》："荣重馈兼金，巡华过盈～。"

2. zhèn 通"镇"。压。《楚辞·九歌·东皇太一》："瑶席兮玉～，盍将把兮琼芳。"

【瑱圭】 zhènguī 帝王朝会时所执的玉。《周礼·考工记·玉人》："～～，尺又二寸，天子守之。"

睼 tiàn 视。班固《东都赋》："弦不～禽，辔不诡遇。"

tiao

佻 1. tiāo ❶轻薄，轻佻。《左传·昭公十年》："《诗》曰：'德音孔昭，视民不～。'"《后汉书·袁绍传》："至乃愚～短虑，轻进易退。"❷偷，窃取。《国语·周语中》："而郤至～天之功以为己力，不亦难乎？"

2. tiáo ❸见"佻佻"。

3. tiào ❹轻快，轻急。见"佻然"。

4. diǎo ❺悬挂。《方言》卷七："～，县也。"（县：即"悬"。）

5. yáo ❻延缓，宽限。《荀子·王霸》："百工将时斩伐，～其期日，而利其巧任。"（巧任：技巧。）

6. zhào ❼通"肇"。始。《汉书·礼乐志》："～正嘉吉弘以昌。"

【佻巧】 tiāoqiǎo 轻薄巧诈。《楚辞·离骚》："雄鸠之鸣逝兮，余犹恶其～～。"

【佻易】 tiāoyì 轻薄，放纵。《三国志·魏书·武帝纪》注引《曹瞒传》："太祖为人，～～无威重。"

【佻佻】 tiáotiáo 独行的样子。《诗经·小雅·大东》："～～公子，行彼周行。"

【佻然】 tiàorán 轻快轻急的样子。白居易《苏州南禅院千佛堂转轮经藏石记》："～～巽风，一变至道。"

恌 1. tiāo ❶同"佻"。轻薄，轻佻。《诗经·小雅·鹿鸣》："视民不～，君子是则是效。"（则：法则。）李商隐《送从翁从东川弘农尚书幕》诗："薄俗谁其激？斯民已甚～。"

2. yáo ❷同"愮"。忧。王安石《祭张安国检正文》："人～莫知，乃恻我心。"

祧 tiāo ❶远祖的庙。《礼记·祭法》："远庙为～。"《后汉书·光武帝纪下》："吕太后不宜配食高庙，同～至尊。"❷把隔了几代远的祖宗的神主迁入远祖的庙。《周礼·春官·守祧》："掌守先王先公之庙～。"❸超越，超过。顾炎武《与友人论学书》："是必其道之高于夫子，而其门弟子贤于子贡，～东鲁而直接二帝之心传者也。"

倐 tiāo 见 xiū。

艻 tiáo 同"苕"。芦苇花穗。见"苕③"。

条（條） 1. tiáo ❶树名。楸树。《诗经·秦风·终南》："终南何有？有～有梅。"❷枝条，细而长的树枝。《诗经·周南·汝坟》："遵彼汝坟，伐其～枚。"左思《咏史》之二："以彼径寸茎，荫此百尺～。"❸斩截，修剪枝条。《诗经·豳风·七月》："蚕月～桑。"干宝《搜神记》卷九："因～桑为斧伤而死。"❹长。《史记·夏本纪》："其土黑坟，草繇木～。"❺条理。《尚书·盘庚上》："若网若纲，有～而不紊。"❻条目，项目。《战国策·秦策一》："科～既备，民多伪态。"❼理，整理。《汉书·董仲舒传》："夫帝王之道，岂不同～共贯与？"又《艺文志序》："每一书已，[刘]向辄～其篇目，撮其指意，录而奏之。"❽分条列举或陈述。《后汉书·张纯传》："谨～礼乐异议三事，愿下有司，以时考定。"又《蔡邕传》："谨～宜所施行七事表左。"❾达。《汉书·礼乐志》："声气远～凤鸟翔。"❿量词。《旧唐书·刑法志》："约法为二十～。"

2. dí ⓫通"涤"。清洗，清除。见"条狼氏"。

【条鬯】 tiáochàng 畅达。《汉书·律历志》："指顾取象，然后阴阳万物靡不～～该成。"

【条畅】 tiáochàng ❶畅达，通畅。《论衡·实知》："孔子～～增益，以表神怪，或后人诈记以明效验。"《后汉书·冯衍传下》："苗裔纷其～～兮，至汤武而勃兴。"❷繁衍茂盛。潘岳《西征赋》："华实纷敷，桑麻～～。"❸达观。《晋书·谢安传》："及总角，神识沉敏，风宇～～，善行书。"

【条达】 tiáodá ❶条理通达，畅达。《韩非子·八经》："县令，约其辟吏；郎中，约其左右；后姬，约其宫媛。此之谓～～之道。"《淮南子·本经训》："目明而不以视，耳聪而不以听，心～～而不以思虑。"❷臂饰。见

"条脱"。

【条对】 tiáoduì 条答,按条逐一对答。《汉书·梅福传》:"数因县道上言变事,求假轺传(zhuàn),诣行在所~~急政。"

【条风】 tiáofēng ❶春天的东北风。《史记·律书》:"~~居东北,主出万物,条之言条治万物而出之,故曰~~。"王融《三月三日曲水诗序》:"于时青鸟司开,~~发岁,粤上斯已,惟暮之春。"❷东风。《淮南子·地形训》:"东风曰~~。"

【条贯】 tiáoguàn 条理,贯通。《汉书·董仲舒传》:"由此观之,帝王之~~同,然而劳逸异者,所遇之时异也。"又《梅福传》:"若此,则天下之士发愤懑,吐忠言,嘉谋日闻于上,天下~~,国家表里,烂然可睹矣。"

【条苗】 tiáomiáo 苗条,细长柔美。史达祖《临江仙》词:"草脚青回细腻,柳梢绿转~~。"

【条品】 tiáopǐn 逐条品定。《论衡·程材》:"五曹自有~~,簿书自有故事。"《后汉书·刘表传》:"使~~州人优劣,皆擢而用之。"

【条脱】 tiáotuō 手镯、腕钏之类的臂饰。也作"条达"。李商隐《中元作》诗:"羊权虽得金~~,温峤终虚玉镜台。"

【条遥】 tiáoyáo 同"迢遥"。遥远。苏源明《秋夜小洞庭离宴序》:"浮涨湖兮莽~~,川后礼兮扈予桡。"

【条狼氏】 dílángshì 官名。掌管避除行人,清洁道路。《周礼·秋官·条狼氏》:"~~~掌执鞭以趋辟,王出入则八人夹道。"

苕 tiáo ❶草名。紫葳,又名凌霄花,花入药。《诗经·小雅·苕之华》:"~之华,其叶青青。"(华:花。)❷苕菜,豆科,作菜蔬或饲料。《诗经·陈风·防有鹊巢》:"防有鹊巢,邛有旨~。"❸芦苇的花穗。《荀子·劝学》:"南方有鸟焉,名曰蒙鸠,以羽为巢,而编之以发,系之苇~。风至~折,卵破子死。"

【苕荣】 tiáoróng 苕花。《史记·赵世家》:"美人荧荧兮,颜若苕之荣。"王粲《七释》:"红颜照曜,晔若~~。"

【苕苕】 tiáotiáo ❶高高的样子。司马彪《赠山涛》诗:"~~椅桐树,寄生于南岳。"❷遥远的样子。江淹《杂体诗·许徵君》:"~~寄意胜,不觉陵虚上。"

【苕峣】 tiáoyáo 很高很远的样子。张协《七命》:"摇刖峻挺,茗邈~~。"(摇刖:危险的样子。茗邈:高高的样子。)

岧(岹) tiáo 见"岧嵽"、"岧嶢"。

【岧嵽】 tiáodì 高远的样子。王延寿《鲁灵光殿赋》:"浮注~~以星悬,漂峣峴而枝柱。"

【岧峣】 tiáoyáo ❶高峻的样子。曹植《九愁赋》:"践蹊径之危阻,登~~之高岑。"❷比喻品德高尚。李白《赋宣城宇文太守兼呈崔侍郎》诗:"~~广成子,倜傥鲁仲连。"

迢 tiáo 见下。

【迢递】 tiáodì 也作"迢遰"。❶遥远的样子。王勃《春思赋》:"帝乡~~关河里,神皋欲暮风烟起。"杜甫《八哀诗·赠秘书监江夏李公邕》:"钟律俨高悬,鲲鲸喷~~。"❷高高的样子。谢灵运《田南树园激流植楥》诗:"靡迤趋下田,~~瞰高峰。"

【迢迢】 tiáotiáo ❶高高的样子。《古诗十九首·迢迢牵牛星》:"~~牵牛星,皎皎河汉女。"陶渊明《拟古》诗之四:"~~百尺楼,分明望四荒。"(荒:方。)❷遥远的样子。谢灵运《初发石首城》诗:"~~万里帆,茫茫终何之。"

【迢遥】 tiáoyáo 遥远。江淹《横吹赋》:"~~衡山,崎曲抱津。"

调(調) 1. tiáo ❶和谐,协调。《荀子·议兵》:"弓矢不~,则羿不能以中微。"《史记·历书》:"明时正度,则阴阳~,风雨节,茂气至,民无夭疫。"❷音律和谐。《吕氏春秋·长见》:"晋平公铸为大钟,使工听之,皆以为~矣。师旷曰:'不~,请更铸之。'"《汉书·董仲舒传》:"譬之琴瑟不~,甚者必解而更张之。"❸调试,调和音调。《后汉书·刘赵淳于江刘周赵传序》:"~器以和声,乐之成也。"⊗演奏。《楚辞·大招》:"叩钟~磬,娱人乱只。"❹烹调,调味。《战国策·楚策四》:"故昼游乎江河,夕~乎鼎鼐。"❺调节,调剂。《汉书·食货志下》:"以临万货,以~盈虚。"《盐铁论·本议》:"故盐铁均输,所以通委财而~缓急。"❻驯养,调教。《史记·秦本纪》:"大费拜受,佐舜~驯鸟兽。"(大费:人名。)《盐铁论·论儒》:"无鞭策,虽造父不能~驷马。"❼调笑,嘲弄。《世说新语·排调》:"康僧渊目深而鼻高,王丞相每~之。"

2. diào ❽选调,调遣。《史记·袁盎晁错列传》:"然袁盎亦以数直谏,不得久居中,~为陇西都尉。"《汉书·张释之传》:"事文帝,十年不得~,无所知名。"❾征调,调集。《汉书·食货志下》:"卒掌者关中不足,乃~旁近郡。"《三国志·蜀书·诸葛亮传》:"使督零陵、桂阳、长沙三郡,~其赋税,以充军实。"❿计算,统计。《汉书·晁错传》:"要害之处,通川之道,~立城邑,毋下千家。"⓫古代的一种赋税。汉末、魏晋有户调,即按户征税。《三国志·魏书·赵俨传》:"都尉李通急录户～。"唐代建立租、庸、调制度,仍按户征调。⓬乐律,音调。《晋书·律历志》:"魏武始获杜夔,使定乐器声～。"又《嵇康传》:"因索琴弹之,而为《广陵散》,声～绝伦,遂以授康。"⓭风格,情调。庾信《七里濑》诗:"谁谓古今殊,异世可同～。"

3. zhōu ⓮早晨。见"调饥"。

【调鼎】 tiáodǐng 调和鼎中之味。比喻治理国家,又比喻宰相之职。孟浩然《都下送辛大之鄂》诗:"未逢～～用,徒有济川心。"

【调和】 tiáohé ❶协调,调节。《荀子·修身》:"血气刚强,则柔之以～～。"《论衡·物势》:"燃炭生火,必～～炉灶,故为之也。"❷调味。《吕氏春秋·本味》:"～～之事,必以甘酸苦辛咸,先后多少,其齐甚微。"(齐:剂量。)

【调护】 tiáohù 调养保护。《汉书·张良传》:"上曰:'烦公幸卒～～太子。'"又《张汤传》:"于故人子弟为吏及贫昆弟,～～之尤厚。"

【调人】 tiáorén 官名,掌管调解民事争端。《周礼·地官·调人》:"～～,掌万民之难而谐和之。"柳宗元《驳复仇议》:"《周礼》:'～～,掌司万人之仇。'"

【调调】 tiáotiáo 摇动的样子。《庄子·齐物论》:"泠风则小和,飘风则大和,厉风济则众窍为虚。而独不见之～～之刁刁乎?"

【调谐】 tiáoxié 协调,调和。《史记·礼书》:"耳乐钟磬,为之～～八音以荡其心。"

【调饥】 zhōujī 朝饥,即早上饥饿思食。比喻一种渴望的心情。《诗经·周南·汝坟》:"未见君子,惄如～～。"(惄:忧思。)

苕 tiáo 见 diào。

铫 tiáo 见 yáo。

鯈 tiáo 见"鯈蛹"。

【鯈蛹】 tiáoyōng 古代传说中的动物名。《山海经·东山经》:"末涂之水出焉,而东南流注于沔,其中多～～,其状如黄蛇,鱼翼,出入有光。"

蓨 tiáo ❶羊蹄菜。❷古地名,在今河北省景县南。曹操《爵封田畴令》:"～令田畴,至节高尚。"

龆(齠) tiáo ❶儿童换牙。古称毁齿。《韩诗外传》卷一:"故男生八月生齿,八岁～齿。"❷幼童。白居易《送毛仙翁》诗:"绀发丝并致,～容花共妍。"❸通"髫"。儿童下垂的短发。张协《七命》:"玄～巷歌,黄发击壤。"

【龆龀】 tiáochèn ❶垂发换牙,表示童年。《颜氏家训·序致》:"昔在～～,便蒙诱诲。"杨炯《中书令汾阴公薛振行状》:"～～之际,羞言霸道,词赋之间,已成王佐。"❷指儿童。王实甫《西厢记》二本一折:"将俺一家儿不留一个～～,待从军又怕辱没家门。"

【龆年】 tiáonián 幼年。庾信《周上柱国宿国公河州都督普屯威神道碑》:"结发嶷然,～～成德。"

稠 tiáo 见 chóu。

蜩 1. tiáo ❶蝉的一种。《诗经·豳风·七月》:"四月秀葽,五月鸣～。"《庄子·逍遥遊》:"～与学鸠笑之曰……。"❷兽名。《史记·司马相如列传》:"蛭～蠼蝚,蜥胡豰蛫,栖息乎其间。"

2. diào ❸见"蜩蟉"。

【蜩甲】 tiáojiǎ 蝉的外壳。《庄子·寓言》:"予～～也,蛇蜕也,似之而非也。"元稹《感逝》诗:"～～暗枯秋叶坠,燕雏新去夜巢空。"

【蜩蟉】 diàoliú 头摇动。《汉书·司马相如传下》:"～～偃蹇怵臬以梁倚。"

【蜩螗沸羹】 tiáotángfèigēng 蝉鸣如水开汤沸。比喻声音喧杂。《诗经·大雅·荡》:"如蜩如螗,如沸如羹。"元稹《春蝉》诗:"松风不成韵,蜩螗沸如羹。"钱谦益《贺文司理诗册序》:"于是小人抵隙,遂如～～～～。"

髫 tiáo 儿童下垂的短发。陶渊明《桃花源记》:"黄发垂～,并怡然自乐。"戴名世《姚符御诗序》:"与余垂～相识。"

【髫髫】 tiáoduǒ 童年。《后汉书·周燮传》:"始在～～,而知廉让。"

【髫儿】 tiáo'ér 小孩。王安石《忆昨诗示诸外弟》:"当时～～戏我侧,于今冠佩何颀颀。"(颀颀:高。)

【髫发】 tiáofà 幼儿的头发,指童年。《后汉书·伏湛传》:"～～厉志,白首不衰。"

鞗(鋚) tiáo 马辔头上的铜饰物,也指马缰绳。《诗经·小雅·蓼萧》:"既见君子,～革忡忡。"(忡忡:饰物下垂的样子。)《字汇·革部》:"～,革辔也,御者所执,以丝曰辔,以革曰～。"

诡(誂) 1. tiǎo ❶引诱,用言语挑逗人。《战国策·秦策一》:"楚人有两妻者,人～其长者,詈之;～其少者,少者许之。"《史记·吴王濞列传》:"诸齐皆惮畏,于是乃使中大夫应高～胶西王。"❷戏弄。《颜氏家训·文章》:"有一士族,好为可笑诗赋,～撇邢魏诸公。"❸通"佻"。轻佻。

见“誂越”。

2. diào ❹突然，仓猝之间。《淮南子·兵略训》：“虽～合刃于天下，谁敢在于上者。”

【誂越】 tiǎoyuè 声音轻佻。《吕氏春秋·音初》：“流辟、～～、慆滥之音出，则滔荡之气、邪慢之心感矣。”

挑 1. tiǎo ❶挑拨，挑动。《战国策·中山策》：“以今伐之，赵必固守，～其军战，必不肯出。”又《齐策五》：“魏王身被甲底剑，～赵索战。”❷挑逗，引诱。《史记·司马相如列传》：“是时卓王孙有女文君新寡，好音，故相如缪与令相重，而以琴心～之。”❸张扬，显露。《韩非子·说难》：“贵人有过端，而说者明言礼义以～其恶，如是者身危。”❹挖，掘。《抱朴子·备阙》：“～耳则栋梁不如鷦鷯之羽。”干宝《搜神记》卷十四：“高辛氏有老妇人，居于王宫，得耳疾历时，医为～治，得顶虫，大如茧。”《明史·河渠志一》：“请因决口改～一河以接旧道。”❺弄，舞弄。见“挑刀”。❻弹奏乐器时反手回拨叫挑。白居易《琵琶行》：“轻拢慢捻抹复～，初为《霓裳》后《六幺》。”❼通“佻”。轻佻。《荀子·强国》：“入境，观其风俗，其百姓朴，其声乐不流污，其服不～。”

2. tiāo ❽用肩担。陆游《自题传神》诗：“担～双草屦，壁倚一乌藤。”❾拣，挑选。《红楼梦》十二回：“像你这样的人，十个里也～不出一个来。”❿挑剔。《红楼梦》二十回：“你敢～宝姐姐的短处，就算你是个好的。”

3. tiáo ⓫宛转，循环。《集韵·萧韵》：“～，挠挑，宛转也。”

4. táo ⓬舀。《红楼梦》三十四回：“一碗水里，只用～上一茶匙，就香的了不得呢。”⓭见“挑达”。

5. diào ⓮同“掉”。摇。《集韵·啸韵》：“掉，《说文·手部》：摇也，或从兆。”

【挑刀】 tiǎodāo 舞刀。《资治通鉴·晋惠帝太安二年》：“～～走戟，其锋不可挡。”

【挑战】 tiǎozhàn 挑动敌人出战。《国语·晋语三》：“公令韩简～～。”《史记·高祖本纪》：“若汉～～，慎勿与战，无令得东而已。”

【挑达】 táotà ❶走来走去的样子。《诗经·郑风·子衿》：“挑兮达兮，在城阙兮。”❷轻薄，放纵。干宝《搜神记》卷五：“蒋子文者，广陵人也。嗜酒，好色，～～无度。”

朓 tiǎo ❶农历每月月底月亮在西方出现。《后汉书·卢植传》：“日晦而月见谓之～。”又《蔡邕传》：“并无景则日阴食，元首宽则望舒～。”❷快速。《玉篇·月部》：“～，疾貌。”

窕 1. tiǎo ❶有间隙，不充实。《荀子·赋》：“充盈大宇而不～，入郄穴而不偪者与？”《吕氏春秋·适音》：“不充则不詹，不詹则～。”（高诱注：“窕，不满密也。”）❷细，小。《左传·昭公二十一年》：“器以锺之，舆以行之，小者不～，大者不摦。”（摦：大。）❸虚浮。见“窕言”。❹美色。《方言》卷二：“～，美也。……自关而西，秦晋之间，凡美色或谓之好，或谓之～。”❺过分。《韩非子·外储说右上》：“疑之母亲疑，以疑为能相万乘，所不～也。”❻通“挑”。挑逗。枚乘《七发》：“杂裾垂髾，目～心与。”

2. tiāo ❼通“佻”。轻佻。《左传·成公十六年》：“楚师轻～，固垒而待之，三日必退。”

3. yáo ❽通“姚”。妖美。见“窕冶”。

【窕货】 tiǎohuò 虚浮之财。《韩非子·难二》：“无山林泽谷之利而入多者，谓之～～。君子不听窕言，不受～～。”

【窕言】 tiǎoyán 虚浮不实之言。《韩非子·难二》：“夫言语辩，听之说，不度于义者，谓之～～。”

【窕冶】 yáoyě 同“姚冶”。艳美。《荀子·礼论》：“故其立文饰也，不至于～～。”

窱 tiǎo 深邃。《广韵·啸韵》：“～，窅窱，深邃貌。”

【窱窱】 tiǎotiǎo 声音悠扬宛转。李贺《洛姝真珠》诗：“玉喉～～排空光，牵云曳雪留陆郎。”

嬥 tiǎo ❶身材匀称美好。《说文·女部》：“～，直好貌。一曰娆也。”❷古代巴蜀一带流行的歌舞。见“嬥歌”。

【嬥歌】 tiǎogē 古代巴蜀间的一种歌舞，手牵手，边跳边唱。左思《魏都赋》：“或明发而～～，或浮泳而卒岁。”

咷 tiào 见 táo。

覜（覜） tiào ❶诸侯每三年行聘问相见之礼。《说文·见部》：“诸侯三年大相见曰～。”《左传·昭公五年》：“朝聘有珪，享～有璋。”❷同“眺”，远望。《后汉书·张衡传》：“流目～夫衡阿兮，睹有黎之圮坟。”

眺 tiào ❶视。《国语·齐语》：“而重为之皮币，以骤聘～于诸侯，以安四邻，则四邻之国亲我矣。”㊀视不正。潘岳《射雉赋》：“亦有目不步体，邪～旁剔。”❷远望。《汉书·礼乐志》：“灵安留，吟青黄，遍观此，～瑶堂。”

【眺望】 tiàowàng 自高处四望。《礼记·月令》：“可以居高明，可以远～～，可以升山陵,可以处台榭。"

【眺瞩】 tiàozhǔ 远望注视。《世说新语·轻诋》:"桓公入洛,过淮、泗,践北境,与诸僚登平乘楼,～～中原,慨然曰……。"

粜(糶) tiào 卖出粮食。曾巩《越州赵公救灾记》:"能自食者,为之告富人,无得闭～。又为之出官粟……平其价予民,为～粟之所凡十有八。"

粜頫 tiào 见fǔ。

跳 1. tiào ❶两脚或单脚离地全身向上或向前的动作。《列子·汤问》:"邻人京城氏之孀妻,有遗男,始龀,～往助之。"❷跃,越过。《楚辞·九辩》:"见执辔者非其人兮,故驹～而远去。"杜甫《漫成》诗:"沙头宿鹭联拳静,船尾～鱼拨剌鸣。"❸舞弄,挥舞。见"跳丸"。❹跛脚。《荀子·非相》:"禹～,汤偏,尧舜参牟子。"❺疾走。见"跳驱"。

2. táo ❻通"逃"。逃跑。《史记·高祖本纪》:"汉王～,独与滕公共车出成皋玉门。"

【跳梁】 tiàoliáng ❶跳跃。《庄子·逍遥遊》:"东西～～,不辟高下,中于机辟,死于罔罟。"《汉书·陈遵传》:"遵起舞～～,顿仆坐上。"❷跋扈,强横。《后汉书·马援传》:"夫孝于其亲,岂不慈于其子?可有子抱三木,而～～妄作,自同分羹之事乎?"(三木:指刑具。)

【跳驱】 tiàoqū 疾驰,快跑。《史记·荆燕世家》:"至梁,闻汉遣灌将军屯荥阳,[王]泽还兵备西界,遂～～至长安。"

【跳脱】 tiàotuō 同"条脱"。手镯、腕钏一类的装饰品。繁钦《定情诗》:"何以致契阔,绕腕双～～。"

【跳丸】 tiàowán ❶古代百戏之一,以掷丸上下挥舞为戏。《三国志·魏书·王粲传》注引《魏略》:"时天暑热,[曹]植因呼常从取水自澡讫,傅粉。遂科头拍袒,胡舞五椎锻,～～击剑,诵俳优小说数千言讫。"❷比喻时光飞逝。韩愈《秋怀》诗之九:"忧愁费晷景,日月如～～。"

tie

怗(貼) 1. tiē ❶平服,平定。《公羊传·僖公四年》:"桓公救中国而攘夷狄,卒～荆。"❷稳定,安宁。《南齐书·刘系宗传》:"百姓安～。"

2. zhān ❸见"怗懘"。

【怗怗】 tiētiē 恬静的样子。元稹《高荷》诗:"不学着水荃,一生长～～。"

【怗懘】 zhānchì 不和谐。《礼记·乐记》:"宫为君,商为臣,角为民,徵为事,羽为物,五者不乱,则无～～之音矣。"

帖 1. tiē ❶安定,顺服。《世说新语·假谲》:"女哭詈弥甚,……后观其意转～。"❷稳妥。韩愈《石鼓歌》:"剜苔剔藓露节角,安置妥～平不颇。"❸贴近,紧挨着。《世说新语·假谲》:"魏武揆之,其后来必高,因～卧床上。"《梁书·羊侃传》:"孙荆玉,能反腰～地,衔得席上玉簪。"❹粘。《木兰辞》:"当窗理云鬓,对镜～花黄。"❺砌,垒。杜甫《早起》诗:"～石防隤岸,开林出远山。"❻添,补。《资治通鉴·陈长城公祯明元年》:"更～精兵,密营度计。"❼兼领,兼管。《晋书·温峤传》:"寻阳滨江,都督应镇其地。今以州～府,进退不便。"❽下垂。见"帖耳"。❾箭靶。《隋书·萧琮传》:"[萧琮]兼善弓马,遣人伏地著～,琮驰马射之,十发十中。"❿量词。药一剂谓一帖。叶绍翁《四朝闻见录·宁皇进药》:"宁皇每命尚医止进一药,戒以不用分作三、四～。"

2. tiě ⓫文书,文告。杜甫《新安吏》诗:"府～昨夜下,次选中男行。"⓬试帖。唐代明经科试士的一种方法。在试卷上抄录一段经文,另用一纸覆在上面,中开一行,露出字句,被试者就此补出上文或下文。《封氏闻见记·贡举》:"名高而～落者,时或试诗放过,谓之赎～。"⓭票据。《南史·齐临汝侯坦之传》:"家赤贫,惟有质钱～子数百。"⓮古代妇女用以放针线用品的纸夹。孟郊《古意》诗:"启～理针线,非独学裁缝。"

3. tiè ⓯石刻、木刻的拓本,书画临摹的样本。苏轼《虔州吕倚承事……至食不足》诗:"家藏古今～,墨色照箱筥。"

【帖耳】 tiē'ěr 耳朵下垂,比喻驯服的样子。韩愈《祭张员外文》:"侧肩～～,有舌如刀。"又《应科目时与人书》:"若俯首～～,摇尾而乞怜者,非我之志也。"

【帖服】 tiēfú 顺从。王安石《彰武军节度使侍中曹穆公行状》:"后遂～～,皆为用。"陆游《监丞周公墓志铭》:"公徐晓之,如所以告卓,辞指明辩,卒皆～～,无敢欢者。"

【帖然】 tiērán 安定的样子。《晋书·谢鲲传》:"周顗、戴若思,南北人士之望,明公举而用之,群情～～矣。"

【帖泰】 tiētài 安宁,安定。杜牧《罪言》:"唯山东不服,亦再攻之,皆不利以返。岂天使生人未至于～～邪?"陆龟蒙《江南秋怀》诗:"相欢时～～,独坐岁峥嵘。"

【帖帖】 tiētiē ❶收敛顺从的样子。苏舜钦《先公墓志铭》:"一切以法绳之,皆～～俯首,不敢相干犯。"❷安稳的样子。杜牧《燕将录》:"唯燕未得一日之劳为子孙寿,后世岂能～～无事事乎?"❸逼近的样子。韩偓《雨中》诗:"独自上西楼,风襟寒～～。"❹温顺服帖的样子。韩愈《施先生墓志铭》:"贵游之子弟,时先生之说二经,来太学,～～坐诸生下,恐不卒得闻。"

【帖息】　tiēxī　❶安定平息。《宋史·张咏传》:"时民间讹言有白头翁午后食人儿女,一郡嚣然。至暮,路无行人;既而得造讹者戮之,民遂～～。"❷驯伏,平服。《明史·熊概传》:"悉捕豪恶数十辈,众皆～～,乃散。"

贴(貼)　tiē　❶典当,典押。《南齐书·虞愿传》:"陛下起此寺,皆是百姓卖儿～妇钱。"《旧唐书·李峤传》:"卖舍～田,以供王役。"❷粘附。欧阳修《日本刀歌》:"鱼皮装～香木鞘,黄白间杂鍮与铜。"(鍮:自然铜,色似金。)《宋史·高宗纪》:"书之屏风,以时揭～。"❸挨近,贴近。晏殊《拂霓裳》词:"风日好,数行新雁～寒烟。"❹补贴。《西游记》三十五回:"多多～些盘费。"❺量词。中药一剂叫一贴。❻戏剧角色,元曲中别于正旦的次要角色称贴。

【贴黄】　tiēhuáng　❶用黄纸贴在敕书的更改之处。唐制,皇帝的敕书用黄纸,如有更改,用黄纸贴上,谓之"贴黄"。李肇《唐国史补》卷下:"黄敕既行,下有小异同,曰～～。"❷宋制,奏状、劄子用白纸,如有遗缺,则摘其要点,用黄纸书写,附于正文之后,亦谓之"贴黄"。❸摘取奏疏中的要点,贴附于奏疏之后。明清时,如奏疏冗长,则令本官摘其要旨,限百字之内,贴附于奏尾,以便省阅。顾炎武《日知录》卷十八:"命内阁为～～之式,即令本官自撮疏中大要,不过百字,粘附牍尾,以便省览。"

【贴墨】　tiēmò　唐代科举考试方法之一,自经书中取出一行,将前后文贴上,令考生接读。苏轼《议学校贡举劄子》:"或欲罢经生朴学,不用～～,而考大义。"

【贴职】　tiēzhí　也作"帖职"。兼职。宋制,直馆、直院谓之馆职,以他官兼者谓之贴职。《宋史·职官志》:"凡直馆院则设主馆职,以他官兼者,谓之～～。"

跕　1. tiē　❶脚尖轻着地而行。《汉书·地理志下》:"女子弹弦～蹝,游媚富贵,遍诸侯之后宫。"❷贴近。宋之问《为韦特进已下祭汝南王文》:"鸢忌南而～水,雁爱北而随车。"

2. dié　❸见"跕跕"。

3. zhàn　❹同"站"。1)立。《醒世恒言·施润泽滩阙遇友》:"主人家～在柜身里,展看绸匹。"2)驿站。《水浒传》一回:"夜宿邮亭,朝行驿～。"

【跕跕】　diédié　从高处向下坠落的样子。《后汉书·马援传》:"毒气重蒸,仰视飞鸢～～堕水中。"

铁(鐵、鐡、銕)　tiě　❶黑色金属。《盐铁论·错幣》:"文帝之时,纵民得铸钱、冶～、煮盐。"❷铁制的农具、兵器。《孟子·滕文公上》:"许子以釜甑爨,以～耕乎?"刘长卿《从军行》:"手中无尺～,徒欲突重围。"❸像铁的颜色。杜甫《泥功山》诗:"白马为～骊,小儿成老翁。"❹比喻坚固,坚定,坚硬。《文心雕龙·祝盟》:"刘琨～誓,精贯霏霜。"苏轼《钱安道席上令歌者道服》诗:"乌府先生～作肝,霜风卷地不知寒。"❺姓。

【铁冠】　tiěguān　古代御史戴的法冠。又名柱后,獬豸冠。《后汉书·高获传》:"师事司徒欧阳歙,歙下狱当断,获冠～～,带铁锧,诣阙请歙。"岑参《送魏升卿擢第归东都》诗:"将军金印䡎紫绶,御史～～重绣衣。"(䡎:下垂。)

【铁甲】　tiějiǎ　铁制的铠甲。《吕氏春秋·贵卒》:"赵氏攻中山,中山之人多力者曰吾丘鸩,衣～～操铁杖以战。"杜甫《惜别行送刘仆射判官》诗:"衹收壮健胜～～,岂因格斗求龙驹。"

【铁君】　tiějūn　铁手杖。苏轼《铁拄杖》诗:"归来见君未华发,问我～～无恙否。"

【铁马】　tiěmǎ　❶披着铁甲的战马。陆倕《石阙铭》:"～～千群,朱旗万里。"杜甫《行次昭陵》诗:"玉衣晨自举,～～汗常趋。"❷檐马,即风铃,悬于屋檐下,风起则有声。王实甫《西厢记》二本四折:"莫不是～～儿檐前骤风。"

【铁面】　tiěmiàn　❶铁制的面具,战时用以自卫。《晋书·朱伺传》:"夏口之战,伺用～～自卫。"❷比喻刚正无私。《宋史·赵抃传》:"为殿中侍御史,弹劾不避权贵,京师号为～～御史。"❸黑赤色的面孔。陆游《乐郊记》:"予官峡中,始与晋寿相识,长身～～,音吐鸿畅。"

【铁幕】　tiěmù　铁制的臂胫衣,作战时以御敌人的刀剑。《战国策·韩策一》:"甲、盾、鞮鍪、～～……无不毕具。"《史记·苏秦列传》:"陆断牛马,水截鹄雁,当敌则斩,坚甲～～,革抉㕹芮,无不毕具。"(革:甲衣。抉:射箭时的用具,戴在右拇指上,用以钩弦。㕹:盾。芮:结在盾上的丝带。)

【铁骑】　tiějì　披甲的战马,精锐的骑兵。《三国志·魏书·阎温传》:"别遣～～二百,迎吏官属。"白居易《琵琶行》："银瓶乍破水浆迸，～～突出刀枪鸣。"

【铁券】 tiěquàn 铁契，古时帝王颁赐功臣，世代可据此享受某些特权。《后汉书·祭遵传》："死则畴其爵邑，世无绝嗣，丹书～～，传于无穷。"

【铁室】 tiěshì 以铁为室，比喻全身铁甲，刀剑不入。《韩非子·内储说上》："矢来无乡，则为～～以尽备之。"（乡：向，方向。）

【铁殳】 tiěshū 兵器名，属戟类，一端有棱。《韩非子·南面》："说在商君之内外而～～、重盾而豫戒也。"

【铁鹞】 tiěyào 契丹人称精锐的骑兵。《资治通鉴·后晋齐王开运二年》："命～～四面下马。"

【铁衣】 tiěyī ❶铁甲。《木兰辞》："朔气传金柝，寒光照～～。"王昌龄《从军行》："长风金鼓动，白露～～湿。"❷铁锈。刘长卿《古剑》诗："～～今正涩，宝刀犹可试。"

【铁柱】 tiězhù ❶亦名"柱卷"。法冠后部上端卷曲的两根铁栓。《后汉书·舆服志下》："法冠，一曰柱后。高五寸，以纚为展筩，～～卷，执法者服之，侍御史、廷尉正监平也。或谓之獬豸冠。"（纚：丝织品。筩：竹筒。）❷铁铸的柱子。苏轼《西新桥》诗："千年谁在者，～～罗浮西。"

【铁门限】 tiěménxiàn ❶以铁叶裹门槛，形容出入门庭的人非常多。语出唐张彦远《法书要录》，据载唐智永禅师为王羲之后人，积年学书，一时推重，人来求师者如市，所居户限为之穿穴，乃以铁叶裹之，人谓为铁门限。❷比喻长久打算。范成大《重九日行营寿藏之地》诗："纵有千年～～～，终须一个土馒头。"

【铁中铮铮】 tiězhōngzhēngzhēng 比喻才能出众之人。《后汉书·刘盆子传》："卿所谓～～～～，佣中佼佼者也。"

载 tiě 见 dié。

驖（驖） tiě 赤黑色的马。《诗经·秦风·驷驖》："驷～孔阜，六辔在手。"（孔：甚。阜：肥大。）

呫 1. tiè ❶尝。《玉篇·口部》："～，尝也。"

2. chè ❷见"呫呫"。

【呫呫】 chèchè ❶低声小语。黄庭坚《次韵正仲三丈》："昏昏市井气，～～儿女语。"❷说话絮叨。柳宗元《读韩愈所著毛颖传后题》："而贪常嗜琐者，犹～～然动其喙，彼亦甚劳矣乎？"

【呫嗫】 chènìè 低声说话声。《史记·魏其武安侯列传》："生平毁程不识不直一钱，今日长者为寿，乃效女儿～～耳语。"

鉆（鞊） tiè （又读 diē）见"鉆鞢"。

【鉆鞢】 tièshè 唐代武官佩用的装饰用具。《旧唐书·舆服志》："武官五品以上佩～～七事，七谓佩刀、刀子、砺石、契苾真、哕厥、针筒、火石袋等也。"

飻 tiè ❶贪，贪食。《广韵·屑韵》："～，贪食。"苏舜钦《悲二子联句》："斯民乃食～，高亢世弗亲。"❷见"飻切"。

【飻切】 tièqiè 微微而动的样子。潘岳《射雉赋》："忌上风之～～，畏映日之傥朗。"（傥朗：暗昧不明。）

ting

厅（廳、廰） tīng ❶官府办公之处。白居易《司马厅独宿》诗："府吏下～簾，家僮开被幞。"❷政府机构名称。清代官制，府下设厅，其所管辖之地区亦称厅。《清史稿·职官志》："厥后各府、～、州、县有仿而效之者。"❸会客或从事其他工作的房间。《儒林外史》二回："把席摆在黄老爹家大～上。"

【厅事】 tīngshì 官府办公的地方。《三国志·魏书·曹爽传》注引《魏略》："[李]胜前后所宰守，未尝不称职，为尹岁馀，～～前屠苏坏，令人更治之。"司马光《训俭示康》："又闻昔李文靖公为相，治居第于封丘门内，～～前仅容旋马。"

汀 1. tīng ❶水平。《说文·水部》："～，平也。"㉑水边平地。王勃《滕王阁序》："鹤～凫渚，穷岛屿之萦回。"陆游《城西晚眺》诗："静看船归浦，遥闻雁落～。"

2. tìng ❷见"汀滢"。

3. dìng ❸见"汀泞"。

【汀洲】 tīngzhōu ❶水中小平地。庾信《哀江南赋》："就～～之杜若，待芦苇之单衣。"李商隐《安定城楼》诗："迢递高城百尺楼，绿杨枝外尽～～。"❷地名，即汀州，在今福建省长汀县，唐代设置。

【汀滢】 tìngyíng ❶小的水流。《抱朴子·极言》："不测之渊起于～～，陶朱之资必积百千。"❷水清澈的样子。韩愈《奉酬卢给事云夫四兄曲江荷花行见寄》诗："玉山前却不复来，曲江～～水平杯。"

【汀泞】 dìngnìng 稀泥浆。张协《七命》："何异促鳞之游～～，短羽之栖翳荟。"

艼 1. tīng ❶草名。《说文·艸部》："～，艼荧，朐也。"

2. dǐng ❷醉酒的样子。见"茗艼"。

町　1. tīng(又读 tǐng)　❶田界，田间小路。《说文·田部》："田践处曰～。"❷田亩，田地。张衡《西京赋》："编～成篁。"(编：连。篁：竹田。)❸古代地积单位名，用作动词。划分成町。《左传·襄公二十五年》："～原防，牧隰皋，井衍沃，量入修赋。"(孔颖达疏："原防之地，九夫为町，三町而当为一井也。")

2. dīng　❹地名，畹町。

【町畦】　tīngqí　❶田界。比喻规矩，约束。《庄子·人间世》："彼且为无～～，亦与之为无～～。"❷威仪，仪节。韩愈《南内朝贺归呈同官》诗："文才不如人，行又无～～。"曾巩《卫尉寺丞致仕金君墓志铭》："君为人简易无～～。"

【町町】　tīngtīng　平坦的样子。《论衡·语增》："传语曰：'～～若荆轲之闾。'"

【町疃】　tīngtuǎn　屋旁的空地，禽兽践踏的地方。《诗经·豳风·东山》："～～鹿场，熠耀宵行。"(熠耀：萤火。)吕温《由鹿赋》："望林峦兮非远，顾～～兮未灭。"

听[1](聽、聼、聴)　tīng　❶用耳朵接受声音。《孟子·梁惠王上》："抑采色不足视于目与？声音不足～于耳与？"《汉书·文三王传》："是故帝王之意，不窥人闺门之私，～闻中冓之言。"❷听从，接受。《战国策·西周策》："周君大悦曰：'子苟能，寡人请以国～。'"《国语·周语上》："是以近无不～，远无不服。"❸探听。《战国策·东周策》："秦欲知三国之情，公不如遂见秦王曰：'请为王～东方之处。'"㊇探听消息从事侦探的人。《荀子·议兵》："且仁人之用十里之国，则将有百里之～。"(用：治理。)❹治理，处理。《荀子·王霸》："士大夫分职而～。"韩愈《送温处士赴河阳军序》："夫南面而～天下，其所托重而恃力者，惟相与将耳。"❺断决，判决。《礼记·王制》："司寇正刑明辟，以～狱讼。"❻听任，听凭。《庄子·徐无鬼》："匠石运斤成风，～而斲之。"《后汉书·度尚传》："中令军中，恣～射猎。"❼通"厅"。厅堂。《世说新语·黜免》："大司马府～前，有一老槐，甚扶疏。"

【听朝】　tīngcháo　治理朝政。《荀子·哀公》："君昧爽而栉冠，平明而～～。"(栉：梳头。)《史记·赵世家》："周舍死，简子每～～，常不悦，大夫请罪。"

【听断】　tīngduàn　判决，判断。《荀子·荣辱》："政令法，举措时，～～公。"《三国志·魏书·文帝纪》："五月，有司以公卿朝朔望日，因奏疑事，～～大政，论辨得失。"

【听事】　tīngshì　❶处理政事。《战国策·楚策一》："夫公孙郝之于秦王，亲也。少与之同衣，长与之同车，被王衣以～～，真大王之相已。"《后汉书·章帝纪》："于是避正殿，寝兵，不～～五日。"❷厅堂，官府办公的地方。《三国志·蜀书·许靖传》注引《魏略》："是时侍宿武皇帝于江陵刘景升～～之上，共道足下于通夜，拳拳饥渴，诚无已也。"《世说新语·政事》："值积雪始晴，～～前除雪后犹湿，于是悉用木屑覆之。"

【听受】　tīngshòu　❶听从，听信。《汉书·艺文志》："《书》者，古之号令，号令于众，其言不立具，则～～施行者弗晓。"《后汉书·延笃传》："近取诸身，则耳有～～之用，目有察见之明。"❷听随，随和。《三国志·吴书·孙策传》："策为人，美姿颜，好笑语，性阔达～～，善于用人。"

【听讼】　tīngsòng　审理诉讼，判案。《论语·颜渊》："子曰：'～～，吾犹人也。必也，使无讼乎！'"《后汉书·南匈奴传》："主断狱～～，当决轻重。"

【听荧】　tīngyíng　疑惑。也作"听莹"。《庄子·齐物论》："是黄帝之所～～也，而丘也何足以知之？"韩愈《送文畅师北游》诗："僧时不～～，若饮水救暍。"(暍：中暑。)

【听政】　tīngzhèng　处理政务。《国语·周语上》："故天子～～，使公卿至于列士献诗，瞽献曲，史献书。"《史记·吕太后本纪》："代王遂入而～～。"

【听治】　tīngzhì　❶处理政事。《韩非子·十过》："不务～～而好五音者，则穷身之事也。"❷处罚，处置。《汉书·文帝纪》："自今以来，有犯此者勿～～。"又《武帝纪》："诸逋贷及辞讼在孝景后三年以前，皆勿～～。"(逋贷：犹今之逃债。)《三国志·魏书·文帝纪》："初令谋反大逆乃得相告，其馀皆勿～～。"

桯　1. tīng　❶床前几。《说文·木部》："～，床前几。"

2. yíng　❷通"楹"。厅堂前部的柱子。《集韵·清韵》："楹，《说文》：'柱也。'……或从呈。"❸古代车盖柄下较粗的一段。《周礼·考工记·轮人》："轮人为盖，达常围三寸，～围倍之，六寸。"

鞓(鞕)　tīng　腰带，皮带。《宋史·舆服志》："大观二年，诏中书舍人、谏议大夫、待制、殿中少监许系红～犀带。"杜牧《分司东都寓居履道四十韵》："胫细摧新履，腰羸减旧～。"㊇泛指带子。汤显祖《牡丹亭·遇母》："不载香车稳，跛的鞋～断。"

廷　tíng　❶朝廷，古代帝王接受朝拜和施政的地方。《韩非子·孤愤》："而听左右近习之言，则无能之士在～，而愚污之吏处官矣。”《史记·伍子胥列传》：“包胥立于秦～，昼夜哭，七日七夜不绝其声。”⑫地方官吏办事的地方，官署。《史记·高祖本纪》：“及壮，试为吏，为泗水亭长，～中吏无所不狎侮。”❷庭院，院子。《诗经·唐风·山有枢》：“子有～内，弗洒弗扫。”《论衡·别通》：“开户内光，坐高堂之上，眇升楼台，窥四邻之～，人之所愿也。”（内：纳。）

【廷理】 tínglǐ 楚国官名，掌刑法，职同廷尉。《韩非子·外储说右上》：“荆庄王有茅门之法，曰：‘群臣大夫、诸公子入朝，马蹄践霤者，～～斩其辀，戮其御。’”

【廷论】 tínglùn 在朝廷上论辩是非曲直。《汉书·灌夫传》：“公平生数言魏其、武安长短，今日～～，局趣效辕下驹，吾并斩若属矣。”（局趣：局促，拘束。）

【廷辱】 tíngrǔ 在朝廷上当众侮辱人。《汉书·张释之传》：“人或让王生：‘独奈何～～张廷尉如此？’”

【廷试】 tíngshì 科举时代，会试中试后，皇帝在宫殿上亲自策问。也称“殿试”。《明史·选举志》：“中试者，天子亲策于廷，曰～～，亦曰殿试。”

【廷尉】 tíngwèi 官名，掌刑狱，秦置，为九卿之一，汉承秦制，后改为大理。《史记·孝景本纪》：“更命～～为大理。”

【廷争】 tíngzhēng 在朝廷上当面向皇帝谏诤。《史记·吕太后本纪》：“于今面折～～，臣不如君。夫全社稷，定刘氏之后，君亦不如臣。”《后汉书·郅恽传》：“子～～繇延，君犹不纳。”（繇延：人名。）

亭 tíng ❶路旁供行人停留食宿的处所。《后汉书·西域传》：“十里一～，三十里一置。”❷窥视敌情的哨所。《韩非子·内储说上》：“吴起为魏武侯西河之守，秦有小～临境，吴起欲攻之。”❸秦汉时基层行政单位。《汉书·百官公卿表》：“大率十里一～，～有长，十～一乡。”《后汉书·百官志五》：“功大者食县，小者食乡～。”❹亭子，一种有顶无墙的小型建筑，设于路边或公园内，供人休息。欧阳修《醉翁亭记》：“峰回路转，有～翼然临于泉上者，醉翁～也。”❺公平处理。《汉书·张汤传》：“汤决大狱，欲傅古义，乃请博士弟子治《尚书》、《春秋》，补廷尉史，平～疑法。”❻调节，均衡。《史记·秦始皇本纪》：“禹凿龙门，通大夏，决河～水，放之海。”《淮南子·原道训》：“味者，甘立而五味～矣。”❼正，正值。见“亭午”。❽通“渟”。水静止。见“亭居”。❾同“梈”。山梨。《汉书·司马相如传上》：“枇杷橪柿，～柰厚朴。”

【亭传】 tíngzhuàn 驿站，供行人或传递公文的人中途歇宿的处所。《后汉书·陈忠传》：“发人修道，缮理～～。”《三国志·魏书·张鲁传》：“诸祭酒皆作义舍，如今之～～，又置义米肉，悬于义舍。”

【亭毒】 tíngdú 源出《老子·五十一章》：“亭之毒之，养之覆之。”后引申为养育，化育。张说《梁国公姚文贞公神道碑》：“八柱承天，高明之位定；四时成岁，～～之功存。”

【亭侯】 tínghóu 汉代爵位名。汉代食禄于乡、亭的列侯叫亭侯，魏晋相沿。《后汉书·桓帝纪》：“其封[单]超等五人为县侯，[尹]勋等七人为～～。”《三国志·魏书·文帝纪》：“初制封王之庶子为乡公，嗣之庶子为～～。”

【亭候】 tínghòu 监视敌人的岗亭。《后汉书·光武帝纪下》：“筑～～，修烽燧。”

【亭户】 tínghù 古代的盐户。古代煮盐的地方叫亭场，故称亭户。《旧唐书·食货志》：“游民业盐者为～～，免杂役。”

【亭徼】 tíngjiào 边境驻兵设防的地方。《史记·平准书》：“新秦中，或千里无～～。”尹洙《息戍》：“国家割弃朔方，西师不出三十年，而～～千里，环重兵以戍之。”

【亭居】 tíngjū 水静止不动。《汉书·西域传》：“蒲昌海，一名盐泽者也……其水～～，冬夏不增减。”

【亭燧】 tíngsuì 边境报警的信号亭。古代边境设亭障，遇敌情则举烽火为信号。《后汉书·西羌传》：“于是障塞～～出长城外数千里。”颜延之《从军行》：“卧伺金柝响，起候～～烟。”

【亭亭】 tíngtíng ❶高高耸立的样子。曹丕《杂诗》：“西北有浮云，～～如车盖。”左思《魏都赋》：“藐藐标危，～～峻趾。”（趾：基。）❷遥远的样子。司马相如《长门赋》：“淡偃蹇而待曙兮，荒～～而复明。”（偃蹇：伫立。）❸高洁的样子。《后汉书·蔡邕传》：“和液畅兮神气宁，情志泊兮心～～。”❹山名。在今山东省泰安市南。《史记·封禅书》：“黄帝封泰山，禅～～。”

【亭午】 tíngwǔ 正午。李白《古风》之二十四：“大车扬飞尘，～～暗阡陌。”朱熹《百丈山记》：“皆苞藤古木，虽盛夏～～无暑气。”

【亭长】 tíngzhǎng 官名。秦汉时，十里一亭，设亭长一人，管诉讼等。《史记·高祖本纪》：“及壮，试为吏，为泗水～～。”又《淮阴侯列传》：“常数从其下乡南昌～～寄食，数月，～～妻患之。”（常：通“尝”。曾经。）

【亭障】 tíngzhàng 边塞险要地设置的堡垒。《史记·大宛列传》：“于是酒泉列～～

至玉门矣。"《后汉书·南匈奴传》:"父战于前,子死于后,弱女乘于~~,孤儿号于道路。"

庭 tíng ❶厅堂,正室。《诗经·魏风·伐檀》:"不狩不猎,胡瞻尔~有县狟兮?"《论语·季氏》:"尝独立,鲤趋而过~。"❷堂阶前的平地,院子。《后汉书·高凤传》:"妻尝之田,曝麦于~,令凤护鸡。"《古诗十九首》之九:"~中有奇树,绿叶发华滋。"❸朝廷。《周易·夬》:"扬于王~。"❹官署。《管子·明法解》:"任官而不责其功,故愚污之吏在~。"《旧唐书·李適之传》:"尽决公务,~无留事。"❺朝觐,朝贡。《诗经·大雅·常武》:"四方既平,徐方来~。"王安石《上仁宗皇帝言事书》:"于是内修政事,外讨不~,而复有文、武之境土。"❻古称边疆少数民族所辖地区,也泛指边疆地区。《汉书·李广传》:"臣愿以少击众,步兵五千人涉单于~。"杜甫《兵车行》:"边~流血成海水,武皇开边意未已。"❼指额部中央。见"天庭"。❽直。《诗经·小雅·大田》:"既~且硕,曾孙是若。"❾通"逞"。快意。《庄子·山木》:"庄周反入,三月不~。"❿通"亭"。正。见"庭午"。

【庭除】 tíngchú ❶庭阶。曹摅《思友人》诗:"密云翳阳景,霖潦淹~~。"❷庭院。李绅《忆东郭居》诗:"笙磬谅谐和,~~还洒扫。"陆游《大雨》诗:"几席乱蛙黾,~~泳鹅鸭。"

【庭燎】 tíngliáo 古代庭中照明用的火炬。《诗经·小雅·庭燎》:"夜如何其?夜未央,~~之光。"《论衡·书虚》:"桓公思士,作~~而夜坐,以思致士。"

【庭实】 tíngshí 把礼品陈列于中庭。《左传·庄公二十二年》:"~~旅百,奉之以玉帛,天地之美具焉。"(旅:陈列。)《吕氏春秋·权勋》:"献公许之,乃使荀息以屈产之乘为~~,而加以垂棘之璧。"

【庭闱】 tíngwéi ❶内舍。多指父母的住处。束皙《补亡》诗:"眷恋~~,心不遑安。"❷借指父母。杜甫《送韩十四江东省觐》诗:"我已无家寻弟妹,君今何处访~~。"王安石《忆昨诗示诸外弟》:"刻章琢句献天子,钓取薄禄欢~~。"

【庭午】 tíngwǔ 同"亭午"。正午。项斯《忆朝阳峰前居》诗:"雪残猿到阁,~~鹤离松。"

【庭训】 tíngxùn 指父训,父教。《论语·季氏篇》记孔子教其子学诗、学礼。后以父教为"庭训"。刘知幾《史通·自序》:"予幼奉~~,早游文学。"

【庭宇】 tíngyǔ ❶房舍。《后汉书·陈蕃传》:"蕃年十五,尝闲处一室,而~~芜秽。"潘岳《西征赋》:"街衢如一,~~相袭。"❷庭院。《抱朴子外篇序》:"荆棘丛于~~,蓬莠塞乎阶霤,披榛出门,排草入室。"

莛 tíng ❶草本植物的茎。《庄子·齐物论》:"故为是举~与楹,厉与西施,恢恑憰怪,道通为一。"(厉:丑陋的女子。恑:狡猾。憰:欺诈。)《汉书·东方朔传》:"语曰:'以管窥天,以蠡测海,以~撞钟。'"❷通"梃"。棍棒。欧阳修《钟莛说》:"铸铜为钟,削木为~,以~叩钟,则铿然而鸣。"

猑 tíng 兽名。属猿类。张衡《南都赋》:"虎豹黄熊游其下,彀玃猱~戏其巅。"左思《吴都赋》:"弹鸾鹓,射猱~。"

綎(綎) tíng 系佩玉的丝带。《后汉书·蔡邕传》:"济济多士,端委缙~。"(缙:浅赤色。)

停 tíng ❶静止,停止。《庄子·德充符》:"平者,水~之盛也。"《后汉书·赵岐传》:"时安丘孙嵩年二十馀,游市见岐,察非常人,~车呼与共载。"韩愈《赠郑兵曹》诗:"杯行到君莫~手,破除万事无过酒。"❷停留,暂时住下。《世说新语·宠礼》:"许玄度~都一月,刘尹无日不往。"❸存留,保存。《齐民要术·造神曲并酒等》:"此曲得三年~,陈者弥好。"❹放置,停放。《后汉书·质帝纪》:"或支骸不敛,或~棺莫收,朕甚愍焉。"❺总数分成几份,一份为一停。《三国演义》五十回:"三~人马,一~落后,一~填了沟壑,一~跟随曹操。"❻妥贴,见"停当"。

【停当】 tíngdàng 妥贴,妥当。《晋书·庾亮传》:"臣等以九月十九日发武昌,以二十四日达夏口,辄简卒搜乘,~~上道。"《朱子全书》卷十四:"夫子言文质彬彬,自然~~恰如,不少了些子意思。"

【停立】 tínglì 肃立,伫立。《三国志·吴书·华覈传》:"[孙]皓以覈年老,敕令草表,覈不敢。又敕作草文,~~待之。"

【停午】 tíngwǔ 同"亭午"。正午。《水经注·江水二》:"重岩叠嶂,隐天蔽日,自非~~夜分,不见曦月。"

【停蓄】 tíngxù ❶停留积聚。也作"渟蓄"。王安石《祭欧阳文忠公文》:"其积于中者,浩如江河之~~,其发于外者,烂如日星之光辉。"❷深沉。韩愈《柳子厚墓志铭》:"居闲,益自刻苦,务记览,为词章,泛滥~~,为深博无涯涘,而自肆于山水间。"

【停阴】 tíngyīn ❶聚结不散的阴云。陆机《赠尚书郎顾彦先》诗之二:"~~结不解,通衢化为渠。"❷指光阴停滞。陆机《豫章行》："寄世将几何？日昃无～～。"

【停辛伫苦】 tíngxīnzhùkǔ 历尽艰辛。也作"停辛贮苦"。李商隐《河内》诗之二："栀子交加香蓼繁，～～～～留待君。"

渟 1. tíng ❶水聚积而不流动。《三国志·魏书·董卓传》："卓伪欲捕鱼，堰其还道当所渡水为池，使水～满数十里，默从堰下过其军而决堰。"柳宗元《游黄溪记》："溪水积焉，黛蓄膏～，来若白虹，沈沈无声。"（膏：指水深而静。）❷深。扬雄《剧秦美新》："崇岳～海通渎之神，咸设坛场，望受命之臻焉。"

2. tīng ❸通"汀"。水边平地。《集韵·青韵》："汀，《说文·水部》：'平也。'谓水际平地。或从亭。"

【渟渟】 tíngtíng 水清澈平静的样子。白居易《冷泉亭记》："夏之夜，我爱其泉～～，风泠泠，可以蠲烦析酲，起人心情。"

【渟蓄】 tíngxù ❶含蓄。司空图《与李生论诗书》："诗贯六义，则讽谕抑扬，～～渊雅，皆在其中矣。"❷积聚的才识。陆游《答刘主簿书》："足下亦宜尽发所～～，以与朋友共之。"

【渟滢】 tíngyíng ❶池水。《后汉书·杜笃传》："彼坎井之潢污，固不容夫吞舟；且洛邑之～～，曷足以居乎万乘哉？"❷水回旋不进的样子。《水经注·泚水》："然则是水，即谢水也，岸下深，浚流徐平，时人目之为～～水。"

筳 tíng ❶小竹枝，小竹片。东方朔《答客难》："以～撞钟。"柳宗元《天对》："折篿剡～，午施旁竖。"（篿：占卜用的竹枝。剡：削。午施旁竖：纵横交错。）❷小簪。《玉篇·竹部》："～，小簪也。"

婷（娗） tíng 见"婷婷"。

【婷婷】 tíngtíng 美好的样子。陈师道《黄梅》诗之三："冉冉梢头绿，～～花下人。"

楟 tíng 果树名，山梨树。左思《蜀都赋》："其园则有林檎枇杷，橙柿梬～。"（林檎：沙果。梬：枣。）

霆 tíng ❶雷，疾雷。《后汉书·仲长统传》："暴风疾～，不足以方其怒。"又《董卓传》："大风雨，～震卓墓。"❷电，闪电。《淮南子·兵略训》："疾雷不及塞耳，疾～不暇揜目。"❸震动。《管子·七臣七主》："天冬雷，地冬～，草木夏落而秋荣。"

【霆击】 tíngjī 迅速猛烈地打击。《汉书·匈奴传下》："今既发兵，宜纵先至者，令臣尤等深入～～，且以创艾胡虏。"（尤：人名。创艾：受惩戒后而畏惧。）

侹 tǐng 平直。见"侹侹"。

【侹侹】 tǐngtǐng 平而直的样子。韩愈《答张彻》诗："石梁平～～，沙水光泠泠。"

挺 tǐng ❶拔，拔出。《战国策·魏策四》："［唐且］～剑而起，秦王色挠。"《国语·吴语》："吾先君阖庐，不贯不忍。被甲带剑，～铍搢铎，以与楚昭王毒逐于中原柏举。"（铍：大矛。搢：摇。）❷生。生出。《吕氏春秋·仲冬》："芸始生，荔～出，蚯蚓结。"（芸：苜蓿。荔：草名。）《后汉书·杨震传》："故司空临晋侯赐，华岳所～，九德纯备。"❸突出，杰出。《后汉书·黄琼传》："光武以圣武天～，继统兴业。"孔稚珪《祭张长史文》："惟君之德，高明秀～。"❹直，伸直。《荀子·劝学》："木直中绳，𫐓以为轮，其曲中规，虽有槁暴，不复～者，𫐓使之然也。"❺动，动摇。《吕氏春秋·忠廉》："虽名为诸侯，实有万乘，不足以～其心矣。"❻宽，缓。《吕氏春秋·仲夏》："～重囚，益其食。"《后汉书·傅燮传》："贼得宽～，必谓我怯。"❼进。见"挺身"。❽量词。陈亮《又乙巳秋书》："小词一阕，香两片，川笔十支，川墨一～，蜀人以为绝品，不能别也。"❾通"莛"。草茎。《说苑·善说》："子路曰：'建天下之鸣钟，而撞之以～，岂能发其声乎哉！'"❿通"筳"。小竹枝。《后汉书·方术传序》："其流又有风角、遁甲……逢占、日者、～专、须臾、孤虚之术。"⓫通"梃"。棍棒。《汉书·诸侯王表》："陈、吴奋其白～，刘、项随而毙之。"

【挺拔】 tǐngbá 优异突出，杰出。《文心雕龙·明诗》："景纯《仙篇》，～～而为俊矣。"杜甫《奉赠太常张卿垍二十韵》："友于皆～～，公望各端倪。"

【挺身】 tǐngshēn ❶挺直身躯。《三国志·魏书·庞淯传》注引皇甫谧《列女传》："娥亲乃～～奋手，左抵其额，右桩其喉，反覆盘旋，应手而倒。"❷引身后退。《汉书·刘屈氂传》："其秋，戾太子为江充所谮，杀充，发兵入丞相府，屈氂～～逃，亡其印绶。"

【挺率】 tǐngshuài 卓越突出。《世说新语·赏誉》："桓宣武《表》云：'谢尚神怀～～，少致民誉。'"

【挺特】 tǐngtè 挺拔突出。《后汉书·谢夷吾传》："窃见钜鹿太守会稽谢夷吾，出自东州，厥土涂泥，而英姿～～，奇伟秀出。"曾巩《上欧阳学士第二书》："其文章、智谋、材力之雄伟～～，信韩文公以来一人而已。"

【挺挺】 tǐngtǐng 正直的样子。《左传·襄公五年》："周道～～，我心扃扃。"《新唐书·魏徵传赞》："暮之论议～～，有祖风烈。"

（謩：魏徵五世孙。）

珽 tǐng　玉笏，长三尺，上端呈锥形，帝王所持。《荀子·大略》："天子御～，诸侯御荼，大夫服笏，礼也。"（御：用。荼：通"舒"。上圆下方的玉笏。）

梃 tǐng　❶木棒。《孟子·梁惠王上》："孟子对曰：'杀人以～与刃有以异乎？'曰：'无以异也。'"苏洵《六经论·礼论》："吾一旦而怒，奋手举～而搏逐之，可也。"❷量词。杆状的计量单位。《魏书·李孝伯传》："义恭献蜡烛十～。"韩愈《蓝田县丞厅壁记》："庭有老槐四行，南墙巨竹千～。"

脡 tǐng　❶条状的干肉。《公羊传·昭公二十五年》："高子执箪食，与四～脯。"❷直。《礼记·曲礼下》："槁鱼曰商祭，鲜鱼曰～祭。"（孔颖达疏："脡，直也。祭有鲜鱼，必须鲜者，煮熟则脡直。"）

艇 tǐng　轻便的小船。《淮南子·俶真训》："越舲蜀～，不能无水而浮。"（舲：有窗的小船。）杜牧《秋岸》诗："数帆旗去疾，一～箭回初。"

颋（頲） tǐng　正直。见"颋颋"。

【颋颋】 tǐngtǐng　正直的样子。龚自珍《送广西巡抚梁公序三》："公有肃德，其躬～～。"

tong

侗 1. tōng　❶大。《说文·人部》："～，大貌。"《论衡·齐世》："语称上世之人，～长佼好，坚强老寿，百岁左右。"

2. tóng　❷无知，幼稚。《论语·泰伯》："狂而不直，～而不愿。"《庄子·山木》："～乎其无识，傥乎其怠疑。"❸轻佻的样子。《史记·三王世家》："毋～好轶。"❹通"僮"。年幼，幼童。《尚书·顾命》："在后之～，敬迓天威。"（迓：迎。）

3. tǒng　❺直，通达无阻。见"侗然"。

4. dòng　❻我国少数民族名。

【侗然】 tǒngrán　通达无挂碍的样子。《庄子·庚桑楚》："能舍诸人而求诸己乎！能翛然乎！能～～乎！"（翛然：无牵挂的样子。）

恫 1. tōng　❶哀痛，悲伤。《诗经·大雅·桑柔》："哀～中国，具赘卒荒。"张衡《思玄赋》："尚前良之遗风兮，～后辰而无及。"

2. dòng　❷惧。见"恫恐"。

【恫瘝】 tōngguān　痛苦，疾苦。《后汉书·和帝纪》："朕瘝瘝～～，思弭忧衅。"

【恫恐】 dòngkǒng　害怕，恐惧。《史记·燕召公世家》："因搆难数月，死者数万，众人～～，百姓离志。"

【恫疑虚喝】 dòngyíxūhè　虚作声势，恐吓威胁。也作"恫疑虚猲"。《战国策·齐策一》："秦虽欲深入，则狼顾，恐韩、魏之议其后也。是故～～～～，高跃而不敢进。"

通 tōng　❶达，到达。《庄子·天下》："昔禹之湮洪水，决江河而～四夷九州也。"《后汉书·西域传》："三面路绝，唯西北隅～陆道。"[引]交往，往来。《史记·魏其武安侯列传》："灌夫亦倚魏其而～列侯宗室为名高。"《汉书·张骞传》："大宛闻汉之饶财，欲～不得。"❷畅通，来往无阻。《孙子·地形》："我可以往，彼可以来，曰～。"《韩非子·存韩》："城固守，则秦必兴兵而围王一都，道不～。"❸通达，通顺。《荀子·儒效》："～则一天下，穷则独立贵名。"范仲淹《岳阳楼记》："越明年，政～人和，百废俱兴。"[又]特指官位显达。《战国策·赵策二》："为人臣者，穷有弟长辞让之节，～有补民益主之业。"《荀子·修身》："事乱君而～，不如事穷君而顺焉。"❹流通，交换。《国语·齐语》："～齐国之鱼盐于东莱，使关市几而不征。"韩愈《原道》："为之贾以～其有无。"❺通报，传告。《韩非子·说林下》："靖郭君谓谒者曰：'毋为客～。'"《吕氏春秋·爱士》："谒者入～。"❻通晓，懂得。《史记·孔子世家》："孔子以诗书礼乐教，弟子盖三千焉，身～六艺者七十有二人。"《后汉书·刘盆子传》："徐宣故县狱吏，能～《易经》。"❼陈述，叙述。《汉书·夏侯胜传》："朝廷每有大议，上知胜素直，谓曰：'先生～正言，无惩前事。'"❽通婚。《楚辞·天问》："焉得彼涂山女，而～之于台桑。"[又]私通，通奸。《国语·晋语一》："公之优曰施，～于骊姬。"《战国策·楚策四》："齐崔杼之妻美，庄公～之。"❾共同的，普遍的。《战国策·赵策二》："子不反亲，臣不逆主，先王之～谊也。"（谊：通"义"。）《史记·平津侯主父列传》："智、仁、勇，此三者天下之～德。"❿全，整个。《楚辞·招魂》："肴羞未～，女乐罗些。"《孟子·告子上》："弈秋，～国之善弈者也。"⓫副词。1）皆。《三国志·魏书·文帝纪》："昔尧葬谷林，～树之。"2）共，总共。《汉书·文三王传》："武为代王，四年徙为淮阳王，十二年徙梁，自初王～历已十一年矣。"⓬量词。1）表示动量，鼓一曲为一通。《后汉书·光武帝纪上》："传吏疑其伪，乃椎鼓数十～，绐言邯郸将军至。"2）表示名量，相当于篇、卷。刘禹锡《唐故尚书礼部员外郎柳君集纪》："禹锡执书以泣，遂编次为三十～行于世。"欧阳修《答祖择之书》："秀才人至，蒙示书一～，并诗赋杂文两策。"⓭古代土地区划单位。《汉书·刑法志》："地方一里为井，井十为～，～十为成。"

【通称】 tōngchēng ❶一般的称号。赵岐《孟子题辞》："子者，男子之～～也。"❷一般的说法。嵇康《养生论》："夫田种者，一亩十斛，谓之良田，此天下之～～也。"

【通刺】 tōngcì 通报名片以求见。《论衡·骨相》："韩生谢遣相工，～～倪宽，结胶漆之交。"（相工：相面之人。）李商隐《为张评事谢辟并聘钱启》："办装无阙，～～有期。"

【通达】 tōngdá ❶舟车人迹所到之处。《荀子·儒效》："四海之内若一家，～～之属，莫不从服，夫是之谓人师。"❷洞明事理。《汉书·楚元王传》："更生以～～，能属文辞，与王褒、张子侨等并进对，献赋颂凡数十篇。"韩愈《柳子厚墓志铭》："子厚少精敏，无不～～。"

【通道】 tōngdào ❶开通道路。《史记·五帝本纪》："天下有不顺者，黄帝从而征之，平者去之，披山～～，未尝宁居。"❷畅通之道，大道。《汉书·陈汤传》："被冤构囚，不能自明，卒以无罪，老弃敦煌，正当西域～～。"❸通行的道理。《史记·平津侯主父列传》："臣闻天下之～～五，所以行之者三。"

【通侯】 tōnghóu 爵位名，即彻侯，汉时因避讳汉武帝名，改为通侯。《史记·高祖本纪》："高祖至雒阳，举～～籍召之，而利几恐，故反。"（利几：人名。）杨恽《报孙会宗书》："位在列卿，爵为～～。"

【通籍】 tōngjí ❶记名于门籍。籍，二尺长的竹片，刻姓名于上，挂于宫门外，可以进出宫门。《汉书·元帝纪》："令从官给事宫司马中者，得为大父母、父母、兄弟～～。"❷允许出入。《汉书·陈汤传》："宜以时解县～～，除过勿治，尊宠爵位，以劝有功。"❸指进士初及第。刘禹锡《洲元九院长江陵见寄》诗："金门～～真多士，黄纸除书每日闻。"

【通家】 tōngjiā ❶世交，世代有交谊之家。《后汉书·孔融传》："河南尹李膺，以简重自居，不妄接士宾客，敕外自非当世名人及与～～，皆不得白。"❷姻亲。《宋书·颜延之传》："妹适东莞刘宪之，穆之子也。穆之既与延之～～，又闻其美，将仕之。"

【通见】 tōngjiàn 总观，总览。《墨子·尚同下》："岂能一视而～～千里之外哉！"《论衡·谢短》："晓知其事，当能究达其义，～～其意否？"

【通明】 tōngmíng 通达事理。《汉书·孝成赵皇后传》："知陛下有贤圣～～之德，仁孝子爱之恩。"《论衡·别通》："使人～～博见，其为可荣，非徒缣布丝棉也。"

【通人】 tōngrén ❶学识渊博的人。《史记·田敬仲完世家》："《易》之为术，幽明远矣，非～～达才孰能注意焉。"《论衡·超奇》："通书千篇以上，万卷已下，弘畅雅闲，审定文读，而以教授为人师者，～～也。"❷推荐贤达之人。《汉书·李寻传》："人人自贤，不务于～～，故世陵夷。"

【通儒】 tōngrú 学识渊博的儒者。《后汉书·卓茂传》："究极师法，称为～～。"卢照邻《乐府杂诗序》："～～作相，征博士于诸侯；中使驱车，访遗编于四海。"

【通士】 tōngshì 知识渊博、通达事理的读书人。《吕氏春秋·爱类》："圣王～～不出于利民者无有。"《韩诗外传》卷一："此四子者，皆天下之～～也。"

【通体】 tōngtǐ ❶合为一体。《淮南子·本经训》："～～于天地，同精于阴阳，一和于四时，照明于日月。"❷指文章的整个体例、格式。杜预《春秋左氏传序》："仲尼从而修之，以成一经之～～。"❸全身。韩偓《寒食日沙县雨中看蔷薇》诗："～～全无力，酡颜不自持。"

【通侻】 tōngtuō 旷达不拘小节。也作"通脱"。《三国志·魏书·王粲传》："[刘]表以粲貌寝而体弱～～，不甚重也。"《北史·李文博传》："～～不持威仪。"

【通昔】 tōngxī 通宵，整夜。《庄子·天运》："蚊虻噆肤，则～～不寐矣。"（噆：咬。）

【通知】 tōngzhī 通晓。《汉书·律历志上》："元始中王莽秉政，欲耀名誉，征天下～～钟律者百馀人，使羲和刘歆等典领条奏，言之最详。"韩愈《张中丞传后叙》："两家子弟材智下，不能～～二父志，以为巡死而远就虏，疑畏死而辞服于贼。"

【通功易事】 tōnggōngyìshì 分工合作，即各从事一业，以所有易所无。《孟子·滕文公下》："子不～～～～，以羡补不足，则农有馀粟，女有馀布。"（功：行业，工作。）

痌 tōng 同"恫"。哀痛。皇甫湜《故吏部侍郎赠礼部尚书昌黎韩先生墓志铭并序》："令望绝邪，～此四方。"

稠 tōng 禾穗的总梗。《吕氏春秋·审时》："得时之稻，大本而茎葆，长～疏机。"

同（仝） tóng ❶聚集，会合。《诗经·豳风·七月》："我稼既～，上入执宫功。"❷相同，一样。《孟子·滕文公上》："布帛长短～，则贾相若。"（贾：即"价"。）

《韩非子·奸劫弑臣》:“此夫名～而实有异者也。”❸共,共同。《诗经·郑风·有女同车》:“有女～车,颜如舜华。”《汉书·文三王传》:“入则侍帝～辇,出则～车游猎上林中。”❹统一,齐一。《诗经·大雅·文王有声》:“四方攸～,王后维翰。”《国语·周语上》:“其德足以昭其馨香,其惠足以～其民人。”《吕氏春秋·仲春》:“日夜分,则～度量,钧衡石,角斗桶,正权概。”❺共同参与。《孙子·谋攻》:“不知三军之事,而～三军之政者,则军士惑矣。”《晋书·卢循传》:“我今将自杀,谁能～者?”❻古代诸侯共同朝见天子。《论语·先进》:“宗庙之事,如会～,愿为小相焉。”《周礼·春官·大宗伯》:“时见曰会,殷见曰～。”❼同盟之国。《左传·僖公八年》:“凡夫人,不薨于寝,不殡于庙,不赴于～。”❽随合,附合。《论语·子路》:“君子和而不～,小人～而不和。”❾和谐,和睦,太平。《吕氏春秋·君守》:“离世别群,而无不～。”《礼记·礼运》:“是故谋闭而不兴,盗窃乱贼而不作,故外户而不闭,是谓大～。”❿偕同。《诗经·豳风·七月》:“～我妇子,馌彼南亩。”⓫赞同,同意。嵇康《答难养生论》:“遗世坐忘,以宝性全真,吾所不能～也。”⓬古代土地面积单位,方百里为一同。《左传·昭公二十三年》:“土不过～,慎其四竟。”《国语·楚语上》:“是以其入也,四封不备一～。”⓭古代乐律的阴律。也叫“吕”。《周礼·春官·典同》:“典同,掌六律六～之和,以辨天地四方阴阳之声,以为乐器。”⓮副词。一齐,一起。《韩非子·存韩》:“主辱臣苦,上下相与～忧久矣。”《汉书·高帝纪上》:“天下～苦秦久矣。”

【同才】 tóngcái 同辈,相同才能的人。《论衡·祸虚》:“传书李斯妒～～,幽杀韩非于秦,后被车裂之罪。”

【同产】 tóngchǎn 同母所生。《史记·五宗世家》:“其太子丹与其女及～～姊奸,与其客江充有郤。”《汉书·晁错传》:“错当要斩,父母妻子～～无少长皆弃市。”

【同出】 tóngchū ❶出处相同。《老子·一章》:“此两者～～而异名。”❷同生,同父所生。《国语·晋语四》:“～～九人,唯重耳在。”

【同甲】 tóngjiǎ ❶同等坚固的铠甲。《管子·大匡》:“四年,修兵,～～十万,车五千乘。”❷同龄,同岁。欧阳修《与知县寺丞书》:“杜漳州有事,令人感涕不已。与之～～,内顾身世,可谓凛凛。”

【同科】 tóngkē ❶同等,同类。《论语·八佾》:“为力不～～,古之道也。”《论衡·幸偶》:“邪人反道而受恩宠,与此～～。”❷科举时代同榜考中。苏轼《与苏世美夜饮》诗:“临安老令况～～,相逢岂厌樽中醁。”

【同寮】 tóngliáo 即“同僚”。旧指同朝同官署做官的人。《诗经·大雅·板》:“我虽异事,及尔～～。”陈亮《与叶丞相》:“此固～～之义,而相公之志亦可从是而展矣。”

【同盟】 tóngméng ❶共同在神前杀牲歃血发誓结盟者为同盟。《左传·庄公十年》:“谭子奔莒,～～故也。”《孟子·告子下》:“凡我～～之人,既盟之后,言归于好。”❷指共结盟约者。《左传·隐公元年》:“天子七月而葬,同轨毕至。诸侯五月,～～至。”❸指好朋密友。张居正《七贤咏》序:“[司马父子]于是芟除异己,树植～～。”

【同命】 tóngmìng ❶同样的命运。《战国策·赵策四》:“秦起中山与胜,而赵、宋～～,何暇言阴。”(阴:地名。)❷同死。《三国志·蜀志·马超传》注引《典略》:“超捶胸吐血曰:‘阖门百口,一旦～～,今二人相贺邪?’”❸同一命令。《颜氏家训·序致》:“夫同言而信,信其所亲;～～而行,行其所服。”

【同年】 tóngnián ❶同岁,年龄相同。《韩非子·外储说左上》:“郑人有相与争年者,一人曰:‘吾与尧～～。’”苏轼《送章子平诗叙》:“余于子平为～～友,众以为宜为此文,故不得辞。”❷同一年。杜甫《哭李尚书》诗:“漳滨与蒿里,逝水竟～～。”❸科举时代同榜考中的人。顾炎武《生员论中》:“同榜之士,谓之～～。”

【同袍】 tóngpáo ❶共穿一战袍。《诗经·秦风·无衣》:“岂曰无衣,与子～～。”❷古代夫妻间的互称。《古诗十九首》之十六:“锦衾遗洛浦,～～与我违。”❸指兄弟。曹植《朔风》诗:“昔我～～,今永乖别。”❹泛指朋友,同僚等。王昌龄《长歌行》:“所是～～者,相逢尽衰老。”

【同体】 tóngtǐ ❶同一形体,共一形体。《庄子·大宗师》:“假于异物,托于～～。”《论衡·物势》:“目与头同形,手与足～～。”❷地位相当,结为一体。《后汉书·皇后纪序》:“后正位后宫,～～天王。”❸一体,无区别。《吕氏春秋·诬徒》:“善教者则不然,视徒如己,反己以教,则得教之情也。所加于人,必可行于己,若此,则师徒～～。”❹指同胞兄弟。《晋书·陶瞻传》:“骨肉至亲,亲运刀锯以刑～～,伤父母之恩,无恻隐之心,应加放黜,以惩暴虐。”

【同志】 tóngzhì ❶志向相同。《国语·晋语四》:“同德则同心,同心则～～。”《后汉书·刘陶传》:“所与交友,必也～～。”❷志趣相同的人。《晋书·王羲之传》:"尝与～～宴集会稽山阴之兰亭。"❸同心人,指夫妻。鲍照《代悲哉行》:"览物怀～～,何如复乖别。"

【同宗】 tóngzōng 同一宗族,宗法社会中称出于同一祖先的。《左传·襄公十二年》:"同姓于宗庙,～～于祖庙。"《史记·吴王濞列传》:"至吴,吴王愠曰:'天下～～,死长安即葬长安,何必来葬为?'"后指同族或同姓。

【同门生】 tóngménshēng 同师受业者。《后汉书·王丹传》:"丹子有～～～丧亲。"

【同工异曲】 tónggōngyìqǔ 也作"异曲同工"。不同的曲调演得同样的精彩。比喻不同人的辞章却能达到同样高的造诣。韩愈《进学解》:"子云相如,～～～～。"今多用来比喻形式或做法不同,却能达到同样的效果。

【同日而论】 tóngrì'érlùn 相提并论。《史记·苏秦列传》:"夫破人之与破于人也,臣人之与臣于人也,岂可～～～～哉!"

【同心戮力】 tóngxīnlùlì 齐心合力。也作"戮力同心"。《后汉书·窦融传》:"不～～～～,则不能自守。"

【同舟而济】 tóngzhōu'érjì 同乘一条船过河。比喻利害患难相共。也作"同舟共济"。《后汉书·朱穆传》:"夫将相大臣,均体元首,共舆而驰,～～～～,舆倾舟覆,患实共之。"

彤 tóng ❶朱红色。《尚书·顾命》:"太保、太史、太宗皆麻冕～裳。"㊂用红色涂饰器物。《国语·楚语上》:"不闻以土木之崇高～镂为美。"《盐铁论·散不足》:"唯瑚琏觞豆,而后彫文～漆。"❷彤管(毛笔)的简称。王融《三月三日曲水诗序》:"书笏珥～,纪言事于仙室。"❸姓。

【彤墀】 tóngchí 同"丹墀"。赤红色的台阶。借指朝廷。皮日休《送羊振文先辈往桂阳归觐》诗:"桂阳新命下～～,彩服行当欲雪时。"韩愈《归彭城》诗:"我欲进短策,无由至～～。"

【彤弓】 tónggōng ❶红色的弓。古代天子用来赏赐有功的诸侯或大臣,使专用于征伐。《诗经·小雅·彤弓》:"～～弨兮,受言藏之。"(弨:放松弓弦。)《荀子·大略》:"天子雕弓,诸侯～～,大夫黑弓,礼也。"❷《诗经·小雅》的篇名。《左传·文公四年》:"卫宁武子来聘,公与之宴,为赋《湛露》及《彤弓》。"

【彤管】 tóngguǎn 红管的笔。据传为古代女史官记事用。《后汉书·皇后纪序》:"女史～～,记功书过。"

【彤闱】 tóngwéi 用红漆涂饰的宫门。庾信《谨赠司寇淮南公》诗:"传呼拥绛节,交戟映～～。"又指皇宫。谢朓《酬王晋安》诗:"拂雾朝清阁,日旰坐～～。"

【彤云】 tóngyún ❶红云,彩云。陆机《汉高祖功臣颂》:"～～昼聚,素灵夜哭。"❷阴云。宋之问《奉和春日玩雪应制》:"北阙～～掩曙霞,东风吹雪舞山家。"《水浒传》十回:"正是严冬天气,～～密布,朔风渐起。"

洞 tóng 见 dòng。

峒(峝) 1. tóng ❶见"崆峒"。
2. dòng ❷古代对南方少数民族的统称。柳宗元《柳州峒氓》诗:"青箬裹盐归～客,绿荷包饭趁虚人。"陆游《书驿壁》诗:"～民无地习耕稼,射麋捕虎连昼夜。"❸山洞。《集韵·送韵》:"～,山穴。通作洞。"

桐 1. tóng ❶树名,梧桐。《诗经·鄘风·定之方中》:"其～其椅,其实离离。"《后汉书·王符传》:"～木为棺,葛采为缄。"❷春秋时国名。《左传·定公二年》:"我伐～。"❸古地名。《尚书·太甲上》:"伊尹放诸～。"❹姓。
2. tōng ❺轻佻。《汉书·广陵王刘胥传》:"毋～好逸,毋迩宵人。"(宵人:小人。)❻通"通"。通达。《汉书·礼乐志》:"～生茂豫,靡有所诎。"(颜师古注:"……言草木皆通达而生。")
3. dòng ❼水名。在今安徽省广德县。《左传·哀公十五年》:"夏,楚子西、子期伐吴,及～汭。"

【桐棺】 tóngguān 桐木做成的棺材。表朴素。《韩非子·显学》:"墨者之葬也,冬日冬服,夏日夏服,～～三寸,服丧三月,世主以为俭而礼之。"

【桐人】 tóngrén 桐木做的木偶,用以殉葬。也叫"俑"。《盐铁论·散不足》:"匹夫无貌领,～～衣纨绨。"

【桐孙】 tóngsūn 梧桐树的小枝。庾信《咏树》:"枫子留为式,～～待作琴。"

【桐竹】 tóngzhú 指管弦乐器。李贺《公莫舞歌》:"华筵鼓吹无～～,长刀直立割鸣筝。"

【桐子】 tóngzǐ ❶桐树的果实。白居易《云居寺孤桐》诗:"自云手种时,一颗青～～。"❷童子,未成年的人。《法言·学行》:"师哉!师哉!～～之命也。"

铜(銅) tóng ❶一种金属元素。班固《汉武故事》:"上起神屋,以～

为瓦。"《汉书·食货志下》:"今农事弃捐而采～者日蕃。"❷铜制品的省称。《法言·孝至》:"由其德,舜禹受天下不为泰;不由其德,五两之纶,半通之～亦泰矣。"(铜:指铜印。)《新书·胎教》:"太子生而泣,太师吹～。"(铜:铜制乐器。)❸姓。

【铜壶】 tónghú 古代计时之器,置水壶中,下开孔,滴漏以计时。刘禹锡《初夏曲》:"～～方促夜,斗柄暂南回。"欧阳炯《更漏子》词:"丁丁玉漏咽～～,明月上金铺。"

【铜辇】 tóngniǎn 太子所乘之车。陆机《赴洛》诗之二:"抚剑遵～～,振缨尽祗肃。"又借指太子。李贺《还自会稽歌》:"台城应教人,秋衾梦～～。"

【铜人】 tóngrén 铜铸的人像,古代置于宫庙里。《汉书·郊祀志下》:"建章、未央、长乐宫钟虡～～皆生毛,长一寸所,时以为美祥。"(虡:悬挂钟的木架。)《后汉书·灵帝纪》:"复修玉堂殿,铸～～四。"

【铜虎符】 tónghǔfú 汉代调发军队时所用的一种凭证,用铜铸成虎形,又称铜虎、铜符。《史记·孝文本纪》:"九月,初与郡国守相为～～～,竹使符。"

童 1. tóng ❶未成年的奴仆或奴隶。《汉书·货殖传》:"富至～八百人,田池射猎之乐拟于人君。"❷未成年的人。小孩。《孟子·尽心上》:"孩提之～,无不知爱其亲者。"❸浅陋,无知。见"童昏"。❹没有长角或无角的牛羊。扬雄《太玄经·更》:"～牛角马,不今不古。"❺山无草木。《汉书·公孙弘传》:"山不～,泽不涸。"❻没有头发。韩愈《进学解》:"头～齿豁,竟死何裨。"❼通"瞳"。瞳孔。《汉书·项籍传》:"周生亦有言,'舜盖重～子',项羽又重～子,岂其苗裔邪?"❽通"同"。相同。《列子·黄帝》:"状与我～者,敬而爱之;状与我异者,疏而畏之。"❾姓。

2. zhōng ❿地名用字。夫童,古地名,在今山东汶上县北。《公羊传·桓公十一年》:"公会宋公于夫～。"

【童龀】 tóngchèn 儿童,小孩。《三国志·魏书·邴原传》注引《邴原别传》:"自在～～之中,嶷然有异。"又《吴书·钟离牧传》注引《会稽典录》:"牧～～时号为迟讷,[兄]骃常谓人曰:'牧必胜我,不可轻也。'"

【童昏】 tónghūn ❶年幼无知。《国语·晋语四》:"～～不可使谋。"❷知识浅陋。陆机《演连珠》之二十八:"是以利尽万物,不能睿～～之心;德表生民,不能救栖遑之辱。"

【童蒙】 tóngméng ❶幼稚不懂事的孩童。《周易·蒙》:"匪我求～～,～～求我。"❷知识少。《淮南子·齐俗训》:"古者,民～～不知东西,貌不羡乎情,而言不溢乎行。"❸愚昧无知。《三国志·吴书·陆绩传》:"绩虽～～,窃所未安也。"《韩诗外传》卷八:"智而教愚,则～～者弗恶也。"

【童然】 tóngrán 没有头发的样子。欧阳修《张子野墓志铭》:"平居酒半,脱冠垂头,～～秃且白矣。"

【童童】 tóngtóng ❶树枝叶下垂的样子。《三国志·蜀书·先主传》:"舍东南角篱上有桑树生高五丈馀,遥望见～～如小车盖。"❷光洁的样子。高诱《淮南子叙》:"一尺缯,好～～;一升粟,饱蓬蓬。"❸树枝光秃的样子。梅尧臣《杨公蕴之华亭宰》诗:"今年拗都尽,秃株立～～。"

【童土】 tóngtǔ 不长草木之地。《庄子·徐无鬼》:"舜举乎～～之地,年齿长矣,聪明衰矣,而不得休归。"

【童子】 tóngzǐ ❶儿童,未成年的人。《论语·先进》:"冠者五六人,～～六七人,浴乎沂,风乎舞雩,咏而归。"《左传·成公十六年》:"国之存亡,天也,～～何知焉?"❷同"瞳子"。瞳孔。《晋书·赵至传》:"卿头小而锐,～～黑白分明,有白起之风矣。"

【童男女】 tóngnánnǚ 未婚的青少年。《汉书·礼乐志》:"以正月上辛用事甘泉圜丘,使～～～七十人俱歌,昏祠至明。"

衕 1. tóng ❶巷道,通道。楼钥《小溪道中》诗:"后～环村尽溯游,凤山寺下换轻舟。"

2. dòng ❷呕吐,腹泻。《山海经·北山经》:"有鸟焉……名曰嚣,其音如鹊,食之已腹痛,可以止～。"

艟 tóng 船的一种。《新唐书·黎幹传》:"幹密具～船,作倡优水嬉,冀以媚帝。"

赨 1. tóng ❶赤色。《管子·地员》:"其种大苗细苗,～茎,黑秀,箭长。"

2. xióng ❷同"雄"。《字汇补·赤部》:"～,古雄字。"

僮 tóng ❶未成年者。《左传·哀公十一年》:"公为与其嬖～汪锜乘,皆死皆殡。"《史记·乐书》:"使～男～女七十人俱歌。"❷奴婢,仆役。《史记·平准书》:"敢犯令,没入田～。"又《司马相如列传》:"临邛中多富人,而卓王孙家～八百人。"❸无知,蒙昧。见"僮然"。

【僮儿】 tóng'ér 小孩。《汉书·礼乐志》:"高祖……作《风起》之诗,令沛中～～百二十人习而歌之。"《后汉书·皇甫嵩传》:"虽～～可使奋拳以致力,女子可使褰裳以用命。"(褰裳:提起衣裳。)

【僮妇】 tóngfù 平民妇女。《后汉书·冯衍传上》:"匹夫～～,咸怀怨怒。"

【僮客】 tóngkè 奴仆。《汉书·司马相如传上》:"临邛多富人,卓王孙～～八百人。"

【僮然】 tóngrán 蒙昧无知的样子。扬雄《太玄经·童》:"阳气始窥,物～～,咸未有知。"

【僮僮】 tóngtóng 盛多的样子。《诗经·召南·采蘩》:"彼之～～,夙夜在公。"(彼:头髻。指头上的装饰。)

【僮谣】 tóngyáo 即童谣。《论衡·偶会》:"～～之语当验,斗鸡之变适生。"

【僮子】 tóngzǐ 同"童子"。未成年的人。《国语·鲁语下》:"使～～备官而未之闻邪?"《史记·循吏列传》:"斑白不提挈,～～不犁畔。"

潼 1. tóng ❶水名。1)源出陕西华阴市,北流入黄河。潘岳《西征赋》:"发阌乡而警策,愬黄巷而济～。"2)在四川梓潼县境内,南流注入垫江。《说文·水部》:"～,水,出广汉梓潼北界,南入垫江。"3)在安徽省五河县境。《水经注·淮水》:"淮水又东至巉石山,～水注之。"❷关名。在陕西省潼关县境。《广韵·东韵》:"～,关名。"

2. chōng ❸通"冲"。撞击。《水经注·河水四》:"河在关内,南流～激关山,因谓之～关。"

【潼潼】 tóngtóng 高高的样子。宋玉《高唐赋》:"巨石溺溺之瀺灂兮,沫～～而高厉。"

氃 tóng 见"氃氋"。

【氃氋】 tóngméng 羽毛张开的样子。《世说新语·排调》:"昔羊叔子有鹤善舞,尝向客称之。客试使驱来,～～而不肯舞。"

橦 1. tóng ❶树名,即草棉,花可以纺绩织布。左思《蜀都赋》:"布有～华,面有桄榔。"

2. zhōng ❷量词。木一截(段)曰橦。《集韵·锺韵》:"～,一截也。《唐式》柴方三尺五寸曰一～。"

3. chōng ❸通"幢"。一种战车,冲锋陷阵时用。《晋书·宣帝纪》:"楯橹钩～,发矢石雨下。"❹冲击。《后汉书·光武帝纪上》:"或为地道,冲𫐐～城。"(𫐐:战车。)

4. chuáng ❺柱,竿。张衡《西京赋》:"乌获扛鼎,都卢寻～。"(都卢:地名。寻橦:爬竿。一种杂技。)又指旗竿。《后汉书·马融传》:"建雄虹之旌夏,揭鸣鸢之修～。"又指桅竿。木华《海赋》:"决帆摧～,戕风起恶。"

【橦布】 tóngbù 用草棉花织成的布。王维《送梓州李使君》诗:"汉女输～～,巴人讼芋田。"

曈 tóng 见"曈昽"。

【曈昽】 tónglóng ❶日将出渐明的样子,比喻由隐而显。陆机《文赋》:"其致也,情～～而弥鲜,物昭晰而互进。"❷不分明的样子。李白《明堂赋》:"观夫明堂之宏壮也,则突兀～～,乍明乍蒙。"

【曈曈】 tóngtóng 日初出渐渐明亮的样子。杜牧《感怀》诗:"荡荡乾坤大,～～日月明。"

朣 tóng 见"朣胧"、"朣朦"。

【朣胧】 tónglóng ❶月初出似明非明的样子。潘岳《秋兴赋》:"月～～以含光兮,露凄清以凝冷。"❷击鼓声。左延年《秦女休行》:"刀未下,～～击鼓赦书下。"

【朣朦】 tóngméng 不分明的样子。《后汉书·张衡传》:"吉凶纷错,人用～～。"

瞳 tóng ❶瞳孔。《史记·项羽本纪》:"舜目盖重～子,又闻项羽亦重～子。"❷无知的样子。《庄子·知北遊》:"汝～焉如新生之犊而无求其故。"

【瞳矇】 tóngméng 愚昧无知。《论衡·自然》:"纯德行而民～～,晓惠之心未形生也。"《后汉书·蔡邕传》:"童子不问疑于老成,～～不稽谋于先生。"

罿 tóng ❶设有机关的捕鸟兽的网,又名覆车网。《诗经·王风·兔爰》:"有兔爰爰,雉离于～。"(爰爰:犹缓缓。离:通"罹"。遭。)❷捕鱼网。《篇海类编·网部》:"～,捕鱼网。"

穜 tóng ❶一种早种晚熟的谷。潘岳《籍田赋》:"后妃献～稑之种,司农撰播殖之器。"(稑:晚种早熟的谷。)❷木棉。陈高《穜花》诗:"炎方有～树,衣被代蚕桑。"

甬 tǒng 见 yǒng。

统(統) tǒng ❶丝的头绪。《淮南子·泰族训》:"茧之性为丝,然非得工女煮以热汤而抽其～纪,则不能成丝。"[引]一脉相承的系统,传统,事物的头绪。《战国策·秦策三》:"天下继其～,守其业,传之无穷。"《史记·太史公自序》:"今天子接千岁之～,封泰山,而余不得从行。"《汉书·董仲舒传》:"是以夙夜不皇康宁,永惟万事之～,犹惧有阙。"(永惟:深思。)❷首领。刘歆《新序论》:"藉使孝公遇齐桓晋文得诸侯之～。"❸纲纪,纲要。《荀子·不苟》："推礼义之～，分是非之分，总天下之要，治海内之众。"韩愈《进学解》："今先生学虽勤而不由其～，言虽多而不要其中。"❹总括，综合。《荀子·儒效》："法先王，～礼义，一制度。"❺摄理，治理。《战国策·齐策四》："愿君顾先王之宗庙，姑反国～万人乎？"《后汉书·章帝八王传》："讹言清河王当～天下，欲共立蒜。"❻总管，统率。《尚书·周官》："冢宰掌邦治，～百官。"《论衡·书虚》："诸侯知[管]仲为君讳而欺己，必恚怒而畔去，何以能久～会诸侯，成功于霸。"《三国志·蜀书·诸葛亮传》："今将军诚能命猛将～兵数万，与豫州协规同力，破操军必矣。"❼量词。用以纪年，一千五百三十九年为一统。《论衡·调时》："千五百三十九岁为一～。"

【统纪】 tǒngjì ❶纲纪。《汉书·董仲舒传》："邪辟之说灭息，然后～～可一而法度可明，民知所从矣。"❷统治，治理。《晋书·文帝纪》："公缓援有众，分命兴师，～～有方，用缉宁淮浦。"

【统类】 tǒnglèi 大纲和目类。《荀子·解蔽》："故学者以圣王为师，案以圣王之制为法，法其法以求其～～，以务象效其人。"《汉书·武帝纪》："诏曰：'公卿大夫，所使总方略，壹～～，广教化，美风俗也。'"

【统理】 tǒnglǐ 治理，统摄。《史记·天官书》："三光者，阴阳之精，气本在地，而圣人～～之。"《后汉书·章帝纪》："朕以眇身，托于王侯之上，～～万机，惧失厥中。"

【统一】 tǒngyī 归属于一，统属于一。《汉书·西域传赞》："西域诸国，各有君长，兵众分弱，无所～～。"《后汉书·刘玄传》："众虽多而无所～～，将遂共议立更始为天子。"

桶 tǒng ❶量器名，方形的斛，容量为六升。《史记·商君列传》："平斗～，权衡丈尺。"❷泛指圆形的容器。《水浒传》十六回："众军看见了，便问那汉子道，你～里是什么东西。"

筒（筩） tǒng ❶管，竹管。《韩非子·说疑》："不能饮者以～灌其口。"《论衡·量知》："截竹为～。"❷筒状的器物。《汉书·律历志上》："黄帝使泠纶，自大夏之西，昆仑之阴，取竹之解谷生，其窍厚均者，断两节间而吹之，以为黄钟之宫。制十二～以听凤之鸣。"又《赵广汉传》："又教吏为缿～，及得投书，削其主名。"（缿、筒：均为接受信件的器具。）❸捕鱼的工具。苏轼《夜泛西湖》诗："渔人收～及未晓，船过惟有菰蒲声。"❹竹名，射筒竹。左思《吴都赋》："其竹则筼筜箖箊，桂箭射～。"

恸（慟） tòng 悲哀过度，大哭。《论语·先进》："颜渊死，子哭之～。"孔稚珪《北山移文》："泪翟子之悲，～朱公之哭。"（翟子：墨翟。朱公：杨朱。）王安石《本朝百年无事劄子》："天下号～，如丧考妣。"

【恸哭】 tòngkū 痛哭。《世说新语·任诞》："王长史登茅山，大～～曰：'琅邪王伯舆，终当为情死。'"李白《古风》之五十四："晋风日已颓，穷途方～～。"

痛 tòng ❶疼痛。《后汉书·和熹邓皇后纪》："夫人年高目冥，误伤后额，忍～不言。"又《华佗传》："故甘陵相夫人有娠六月，腹～不安。"❷悲痛，伤心。《史记·礼书》："仲尼没后，受业之徒沈湮而不举，或适齐、楚，或入河海，岂不～哉！"《汉书·路温舒传》："夫人情安则乐生，～则思死。"❸恨，怨恨。《左传·昭公二十年》："神怒民～，无悛于心。"《国语·周语上》："民神怨～，无所依怀。"❹狠狠地，尽情地。《史记·魏其武安侯列传》："[田蚡]又以为诸侯王多长，上初即位，富于春秋，蚡以肺腑为京师相，非～折节以礼诎之，天下不肃。"《世说新语·任诞》："王孝伯言：'名士不必须奇才。但使常得无事，～饮酒，熟读《离骚》，便可称名士。'"❺爱惜。孟郊《古兴》诗："～玉不～身，抱璞求所归。"

【痛楚】 tòngchǔ 痛苦。《后汉书·陆续传》："诸吏不堪～～，死者大半。"《颜氏家训·归心》："一脔入口，便下皮内，周行遍体，～～号叫。"

【痛愍】 tòngmǐn 悲痛怜悯。《三国志·魏书·三少帝纪》："将士死亡，计以千数……吾深～～，为之悼心。"

【痛切】 tòngqiè 沉痛而恳切。《汉书·楚元王传》："向自见得信于上，故常显讼宗室，讥刺王氏及在位大臣，其言多～～，发于至诚。"

【痛定思痛】 tòngdìngsītòng 悲痛的心情平静下来再想当时痛苦的情景。表示痛苦之沉重，含有警惕未来的意思。文天祥《指南录后序》："而境界危恶，层见错出，非人世所堪。～～～～，痛何如哉！"

【痛心入骨】 tòngxīnrùgǔ 伤痛进入骨髓。形容伤心到了极点。《后汉书·袁绍传》："是以智达之士，莫不～～～～，伤时人不能相忍也。"

tou

偷 tōu ❶苟且，怠惰。《国语·齐语》："政不旅旧，则民不～。"《管子·幼官》："执务明本，则士不～。"《管子·中匡》："臣闻壮者无怠,老者无～,顺天之道,必以善终者也。”❷淡薄,不庄重。《论语·泰伯》:“故旧不遗,则民不～。”张衡《东京赋》:“敬慎威仪,示民不～。”❸偷盗,偷窃。《后汉书·陈元传》:“专操国柄,以～天下。”《世说新语·言语》:“大儿谓曰:‘何以不拜?’答曰:‘～,那得行礼?’”❹窃贼,小偷。《晋书·殷浩传》:“蔡裔者,有勇,声若雷震。尝有二～入室,裔拊床一呼而盗俱殒。”❺抽出。见“偷闲”。❻暗中,悄悄地。元稹《酬乐天登乐游原见忆》诗:“夸游宰相第,～入常侍门。”

【偷薄】 tōubó 轻薄,不庄重。《后汉书·酷吏传论》:“叔世～～,上下相蒙。”《三国志·蜀书·法正传》注引孙盛语:“若乃～～斯荣,则秉直仗义之士,将何以礼之?”

【偷合】 tōuhé 苟且迎合。《楚辞·惜誓》:“或～～而苟进兮,或隐居而深藏。”

【偷乐】 tōulè 只图眼前安逸。《楚辞·离骚》:“惟夫党人之～～兮,路幽昧以险隘。”《韩非子·六反》:“仁之为道,～～而后穷。”

【偷忍】 tōurěn 盗窃。《后汉书·杜笃传上》:“逮及亡新,时汉之衰,～～渊囿,篡器慢违。”(渊囿:指秦中。)

【偷儒】 tōurú 苟且,懒惰。也作“偷懦”。《荀子·修身》:“劳苦之事则～～转脱,饶乐之事则佞兑而不曲。”又《非十二子》:“～～惮事,无廉耻而耆饮食。”

【偷生】 tōushēng 苟且求生。《国语·晋语八》:“畜其心而知其欲恶,人孰～～?”《后汉书·张晧传》:“不堪侵枉,遂复相聚～～。”

【偷食】 tōushí 苟且度日。《左传·昭公元年》:“吾侪～～,朝不谋夕,何其长也。”

【偷闲】 tōuxián 抽出空闲的时间。白居易《岁假内命酒赠周判官萧协律》诗:“闻健此时相劝醉,～～何处共寻春。”程颢《偶成》诗:“时人不识余心乐,将谓～～学少年。”

【偷幸】 tōuxìng 侥幸,苟且侥幸。《韩非子·饰邪》:“主过予,则臣～～。”(过予:不应给予的而给予。)《管子·权修》:“有无积而徒食者,则民～～。”

【偷壹】 tōuyī 侥幸一时之得,不从长考虑。《管子·牧民》:“不处不可久者,不偷取一世也。”又《权修》:“上好诈谋闲欺,臣下赋敛竞得,使民～～,则百姓疾怨,而求下之亲上,不可得也。”

【偷合苟迎】 tōuhégǒuyíng 苟且迎合,以求存身。《荀子·臣道》:“不恤君之荣辱,不恤国之臧否,～～～～以持禄养交而已耳,谓之国贼。”也作“偷合取容”。《史记·白起王翦列传》:“～～～～,以至殁身。”(殁:同“殁”,死。)又作“媮合苟容”。《汉书·贾山传》:“是以道谀～～～～,比其德则贤于尧舜,课其功则贤于汤武,天下已溃而莫之告也。”

愉 tōu 见yú。

媮 tōu 见yú。

头(頭) tóu ❶人或动物的脑袋。《韩非子·内储说上》:“人有自刭死以其～献者。”《后汉书·灵帝纪》:“洛阳女子生儿,两～四臂。”汉乐府《陌上桑》:“青丝系马尾,黄金络马～。”❷物体的顶或两端。《晋书·顾恺之传》:“矛～淅米剑～炊。”《世说新语·赏誉》:“三间瓦屋,士龙住东～,士衡住西～。”❸指头发。《世说新语·赏誉》:“桓诣谢,值谢梳～。”❹首领,头目。《国语·吴语》:“行～皆官师,拥铎拱稽。”(官师:大夫。拱:执。稽:戟。)韩愈《论淮西事宜状》:“或被分割队伍,隶属诸～。”❺初,始。岳飞《满江红》词:“待从～,收拾旧山河,朝天阙。”❻量词。多用于牲畜。《汉书·苏武传》:“[李]陵恶自赐武,使其妻赐武牛羊数十～。”❼表示方位。张籍《蛮州》诗:“瘴水蛮中入洞流,人家多住竹棚～。”(棚头:棚中。)杜甫《兵车行》:“君不见,青海～,古来白骨无人收。”(头:边。)章孝标《梦乡》诗:“家住吴王旧苑东,屋～山水胜屏风。”(屋头:屋前。)

【头角】 tóujiǎo ❶头绪,端绪。《礼记·学记》:“开而弗达。”孔颖达疏:“开而弗达者,开为开发事端,但为学者开发大义～～而已。”《三国志·吴书·张温传》:“艳所进退,皆温所为～～,更相表里,共为腹背。”(艳、温:人名。)❷比喻超群的才华。韩愈《柳子厚墓志铭》:“时虽少年,已自成人,能取进士第,崭然见～～。”(见:现。)

【头面】 tóumiàn ❶脸面。嵇康《与山巨源绝交书》:“性复疏懒,筋驽内缓,～～常一月十五日不洗。”❷头饰,首饰。孟元老《东京梦华录·相国寺内万姓交易》:“诸寺师姑卖绣作、领抹、花朵、珠翠～～,生色销金花样幞头帽子、特髻冠子、絛线之类。”

【头脑】 tóunǎo ❶头颅。《后汉书·酷吏传序》:“碎裂～～而不顾,亦为壮也。”❷脑筋,思维能力。杜牧《自宣州赴官入京路逢裴判官归宣州因题赠》诗:“我初到此未三十,～～钐利筋骨轻。”(钐利:爽利。)范成大《冬日田园杂兴》诗之十:“长官～～冬烘甚,乞汝青钱买酒廻。”(冬烘:胡涂。)❸首领,领头人。《红楼梦》九回:“太爷不在家里，你老人家就是这学里的～～了，众人看你行事。”

【头首】 tóushǒu 首级，头颅。《后汉书·南蛮西南夷传》：“有能反间致～～者，许以封侯列土之赏。”

【头绪】 tóuxù ❶事情的条理。绪，丝头。蔡邕《上汉书十志疏》：“故臣表上[刘]洪与共参思图牒，寻绎度数，适有～～，会臣被罪。”❷比喻人的心思，心绪。李白《荆州歌》：“荆州麦熟茧成蛾，缲丝忆君～～多。”

【头会箕敛】 tóukuàijīliǎn 按人头征税，用簸箕装收。指赋税繁重苛刻。《史记·张耳陈馀列传》：“～～～～，以供军费。”

投 tóu ❶掷，扔。《荀子·王霸》：“日欲司间而相与～藉之，去逐之。”（司间：伺其间隙。）《战国策·楚策四》：“不知夫穰侯方受命乎秦王，填黾塞之内，而～己乎黾塞之外。”❷投入，跳进。《吕氏春秋·离俗》：“自～于苍领之渊。”《汉书·贾谊传》：“屈原，楚贤臣也，被谗放逐……遂自～江而死。”❸赠予，送给。《诗经·卫风·木瓜》：“～我以木瓜，报之以琼琚。”❹投向，奔向。《史记·淮阴侯列传》：“当今二王之事，权在足下。足下右～则汉王胜，左～则项王胜。”王安石《秃山》诗：“嗟此海中山，四顾无所～。”❺投宿，住宿。杜甫《石壕吏》诗：“暮～石壕村，有吏夜捉人。”❻置放。《孙子·九地》：“～之亡地然后存，陷之死地然后生。”❼丢弃，扔掉。《战国策·秦策二》：“扁鹊怒而～其石。”魏徵《述怀》诗：“中原初逐鹿，～笔事戎轩。”❽合，迎合。《楚辞·大招》：“二八接舞，～诗赋只。”孔稚珪《北山移文》：“虽情～于魏阙，或假步于山扃。”王安石《王深父墓志铭》：“故不为小廉曲谨，以～众人耳目。”❾骰子，投骰子。《战国策·秦策三》：“君独不观博者乎？或欲分(大)～，或欲分功。”

【投策】 tóucè ❶犹如今之抽签。《慎子·威德》：“夫投钩以分财，～～以分马，非钩策为均也。”❷投杖，丢掉手杖。张协《七命》：“阳乌为之顿羽，夸父为之～～。”陶渊明《始作镇军参军经曲阿》诗：“～～命晨装，暂与园田疏。”

【投刺】 tóucì ❶投递名帖求见。《北齐书·杨愔传》：“既潜窜累载，属神武至信都，遂～～辕门，便蒙引见。”❷丢弃名帖，以示弃官隐退。梁武帝《孝思赋序》：“先君体有不安……方寸烦乱，容身无所，便～～解职，以遵归路。”

【投戈】 tóugē 放下武器。指休兵。《后汉书·樊准传》：“东西诛伐，不遑启处，然犹～～讲艺，息马论道。”《三国志·蜀书·姜维传》：“寻被后主敕令，乃～～放甲，诣会于涪军前。”

【投壶】 tóuhú 古代宴会时的一种游戏。以矢投壶中，投中多者为胜。《三国志·魏书·张郃传》：“昔祭遵为将，奏置五经大夫居军中，与诸生雅歌～～。”

【投迹】 tóujì 举足，举步。《庄子·天地》：“且若是，则其自为处危，其观台多物，将往～～者众。”扬雄《解嘲》：“是以欲谈者卷舌而同声，欲步者拟足而～～。”

【投袂】 tóumèi 挥袖，表示奋发之状。《左传·宣公十四年》：“楚子闻之，～～而起。”

【投暮】 tóumù 垂暮，傍晚。《后汉书·任光传》：“世祖遂与光等～～入堂阳界。”

【投簪】 tóuzān 丢下头饰。比喻弃官。孔稚珪《北山移文》：“昔闻～～逸海岸，今见解兰缚尘缨。”

【投杼】 tóuzhù 丢下织布的梭。《战国策·秦策二》：“昔者曾子处费，费人有与曾子同名族者而杀人，人告曾子母曰：‘曾参杀人。’曾子之母曰：‘吾子不杀人。’织自若。有顷焉，人又曰：‘曾参杀人。’其母尚织自若也。顷之，一人又告之曰：‘曾参杀人。’其母惧，～～逾墙而走。”后表示多谤能动摇信念。《论衡·累害》：“夫如是，市虎之讹，～～之误，不足怪。”

【投足】 tóuzú 踏步。《吕氏春秋·古乐》：“昔葛天氏之乐，三人操牛尾～～以歌八阕。”《淮南子·览冥训》：“马为整齐而敛谐，～～调均，劳逸若一。”

【投鼠忌器】 tóushǔjìqì 要打老鼠，又怕毁了旁边的器物。比喻要除害又有所顾忌。《汉书·贾谊传》：“里谚曰：‘欲投鼠而忌器。’此善论也。鼠近于器，尚惮不投，恐伤其器，况于贵臣之近主乎？”《北齐书·樊逊传》：“至如～～～～之说，盖是常谈，文德怀远之言，岂识权道。”

【投闲置散】 tóuxiánzhìsǎn 安置在闲散的职位上，表示有才能的人得不到重用。韩愈《进学解》：“动而得谤，名亦随之；～～～～，乃分之宜。”

腧 tóu 见 yú。

褕 tóu 见 yú。

骰 1. tóu ❶见“骰子”。
2. gǔ ❷同“股”。

【骰盘】 tóupán 投掷骰子的盘。白居易《就花枝》诗：“醉翻衫袖抛小令，笑掷～～呼大采。”

【骰子】 tóuzǐ 赌具。即色子。用象牙或兽骨做成立体的正方形，六面分别刻上一至六个点数，掷之盘中以决胜负。《新五代史·吴越世家》："董昌素愚，不能决事，临民讼，以～～掷之，而胜者为直。"

黈 tǒu ❶黄色。《穀梁传·庄公二十三年》："礼，天子黝垩，大夫苍，士～。"（黝垩：黑柱白壁。）❷增加。见"黈益"。㊀堵塞。贾至《旌儒庙碑》："～众耳以前闻，遏私欲于当代。"

【黈纩】 tǒukuàng 黄色丝绵球，悬在冕的两边，以示不听无益之言。《淮南子·主术训》："冕而前旒，所以蔽明也；～～塞耳，所以掩听。"《后汉书·舆服志下》："旁垂～～。"

【黈益】 tǒuyì 增益。马融《长笛赋》："六器者，犹以二皇圣哲～～。"（六器：琴、瑟、簧、埙、钟、磬。二皇：指伏牺氏、神农氏。）

透 1. tòu ❶跳。《南史·梁元帝徐妃传》："妃知不免，乃～井死。"❷通过，穿过。李商隐《对雪》诗之一："寒气先侵玉女扉，清光旋～省郎闱。"于谦《晓行》诗："风～重裘寒不耐，邮亭驻节候天明。"❸至，到。刘潜《天仙子》曲："百舌搬春春已～，长驿短亭芳草昼。"❹极度，达到充分的程度。郝经《青州山行》诗："酒散身逾困，饥～食有味。"㊀周遍，充分。《水浒传》三十一回："却得施恩上下使钱～了，不曾受害。"

2. shū ❺惊慌。左思《吴都赋》："惊～沸乱，牢落翚散。"

【透彻】 tòuchè ❶透明，通明。杜牧《题白蘋洲》诗："溪光初～～，秋色正清华。"❷熟悉通达。《朱子语类》卷一二一："今公辈看文字，大概都有个生之病，所以说得来不～～。"

tu

凸 tū 高出，与"凹"相对。杜牧《羊栏浦夜陪宴会》诗："球来香袖依稀暖，酒～觥心泖滟光。"苏轼《有美堂暴雨》诗："十分潋滟金樽～，千杖敲铿羯鼓催。"

秃 tū ❶头上没发。《穀梁传·成公元年》："冬十月，季孙行父～……聘于齐，齐使～者御～者。"韩愈《毛颖传》："因免冠谢，上见其发～。"㊀山无草木。《淮南子·道应训》："石上不生五谷，～山不游麋鹿。"刘克庄《蒜岭》诗："烧余山顶～，潮至海波浑。"㊀树无枝叶或顶梢。白居易《和梦游春》："全凋蕣花折，半死梧桐～。"❷物体磨去尖端。梅尧臣《次韵和永叔饮余家咏枯菊》："诸公醉思索笔吟，吾儿暗写千毫～。"

【秃节】 tūjié 古代使者持作凭证的竹棍上所缀的牦牛尾因岁月长久而脱落尽叫"秃节"。《后汉书·张衡传》："贯高以端辞显义，苏武以～～效贞。"

【秃巾】 tūjīn 戴巾（冠的一种）不加帻（包头布）称秃巾。《后汉书·孔融传》："融为九列，不遵朝仪，～～微行，唐突宫掖。"

【秃翁】 tūwēng 头秃的老翁。实指年老而无官势的人。《汉书·灌夫传》："［田蚡］怒曰：'与长孺共一～～，何为首鼠两端？'"

【秃友】 tūyǒu 秃笔，毛笔久用毛脱，称秃友。《清异录·文用》："～～退锋郎，功成鬓发伤。"

怢 tū 忽略，忽视。《后汉书·崔寔传》："习乱安危，～不自睹。"

突 tū ❶猝然，突然。《诗经·齐风·甫田》："未几见兮，～而弁兮。"《吕氏春秋·贵卒》："力贵～，智贵卒。"❷突击，突然进攻。《左传·襄公二十五年》："六月，郑子展、子产帅车七百乘伐陈，宵～陈城，遂入之。"《后汉书·西羌传》："迷吾乃伏兵三百人，夜～育营。"❸撞入，冲击。《后汉书·桓帝纪》："惊马逸象～入宫殿。"又《五行志三》："河南新城山水虣出，～坏民田。"（虣：通"暴"。）❹欺凌，触犯。《荀子·王霸》："乱世不然，污漫～盗以先之。"《三国志·吴书·吴主传》："知有科禁，公敢干～。"❺凸出，鼓起。《庄子·说剑》："剑士皆蓬头～鬓垂冠。"《吕氏春秋·任地》："子能以窐为～乎？"（窐：洼。）❻烟囱。《吕氏春秋·慎小》："～泄一熛，而焚宫烧积。"韩愈《争臣论》："孔席不暇暖而墨～不得黔。"❼隧道。《三国志·魏书·明帝纪》注引《魏略》："亮又为地～，欲踊出于城里，昭又于城内穿地横截之。"❽恶马。《汉书·刑法志》："是犹以鞿而御駻～。"❾通"涂"。涂抹。《后汉书·夏馥传》："亲～烟炭，形貌毁瘁，积二三年，人无知者。"

【突奥】 tū'ào 屋的东南角谓突，西南角谓奥，比喻隐暗之处。《汉书·叙传上》："守～～之荧烛，未卬天庭而睹白日也。"（荧烛：小光之烛。）《三国志·蜀书·郤正传》注引《淮南子》："此犹光乎日月而戴列星，阴阳之所行，四时之所生，此其比夫不名之地，犹～～也。"

【突骑】 tūjì 冲锋陷阵的精锐骑兵。《后汉书·光武帝纪上》："会上谷太守耿况，渔阳太守彭宠，各遣其将吴汉、寇恂等将～～来助击王郎。"《三国志·魏书·公孙瓒传》："凉州贼起，发幽州～～三千人，假瓒都督行事传，使将之。"

【突将】 tūjiàng 冲锋陷阵之勇将。杜甫

《送蔡希鲁都尉还陇右因寄高三十五书记》诗："上公犹宠锡，～～且前驱。"（锡：通"赐"。）

【突门】 tūmén 城下小门，也称守城之门，敌来时，可出敌不意进行突击。《墨子·备突》："城百步，一～～，～～各为窑灶。"《后汉书·袁绍传》："配将冯礼开～～，内太祖兵三百馀人。"（内：纳。）

【突怒】 tūnù ❶激怒。枚乘《七发》："有似勇壮之卒，～～而无畏。"❷高出耸起的样子。柳宗元《钴鉧潭西小丘记》："其石之～～偃蹇，负土而出，争为奇状者，殆不可数。"

【突梯】 tūtī 随俗，圆滑。《楚辞·卜居》："将～～滑稽如脂如韦以絜楹乎？宁昂昂若千里之驹乎？"

【突兀】 tūwù ❶高耸的样子。李白《明堂赋》："观夫明堂之宏壮也，则～～曈昽，乍明乍曚，若太古元气之结空。"❷猝然。杜甫《茅屋为秋风所破歌》："呜呼！何时眼前～～见此屋，吾庐独破受冻死亦足。"

堗 tū 烟囱。刘向《说苑·权谋》："曲其～，远其积薪。"

裢 tū 开裆裤。《广雅·释器》："裈无裆者谓之～。"（裈：同"裈"。裤。）

嵞 tū 山名，在今浙江嵊州市北。江淹《杂体诗·谢法曹惠连赠别》："今行～嵊外，衔恩至海滨。"

鼵 tū 鼠名。《尔雅·释鸟》："鸟鼠同穴，其鸟为鵌，其鼠为～。"郭璞《山海经图赞·西山经》："鵌～二虫，殊类同归。"

图（圖、圗、啚） tú ❶考虑，计议。《左传·僖公三十年》："阙秦以利晋，唯君～之。"《国语·周语上》："是事也，诛亦失，不诛亦失，天子其～之。"❷谋取，对付。《史记·田敬仲完世家》："晋、楚合必议齐、秦，齐、秦合必～晋、楚，请以此决事。"《后汉书·马武传》："及世祖拔邯郸，请躬及武等置酒高会，因欲以～躬，不剋。"《南史·何尚之传》："官当～人，人安能～官？"❸预料，料想。《论语·述而》："子在齐闻《韶》，三月不知肉味，曰：'不～为乐之至于斯也。'"《论衡·知实》："人实难知，吉凶难～。"❹地图。《周礼·夏官·职方氏》："职方氏掌天下之～，以掌天下之地。"《史记·刺客列传》："秦王发～，～穷而匕首见。"㊀图表，图册。《汉书·苏武传》："自丞相黄霸、廷尉于定国、大司农朱邑……等，皆以善终，著名宣帝之世，然不得列于名臣之～，以此知其选矣。"❺绘画，描绘。《淮南子·氾论训》："今夫图工好画鬼魅而憎～狗马者何也？"《论衡·儒增》："儒书言夏方之盛也，远方～物，贡金九牧。"❻摹拟，模仿。鲍照《尺蠖赋》："高贤～之以隐沦，智士以之而藏见。"《水经注·漯水》："[骏马]齿四十九矣，而俊逸不亏。儁奇之，比鲍氏骢，命铸铜以～其像。"❼河图(附会经义，以符命占验为主要内容的书)的简称。《论语·子罕》："子曰：'凤鸟不至，河不出～，吾已矣夫！'"《周易·系辞上》："河出～，洛出书，圣人则之。"❽浮图之省称。《水经注·清水》："东岩西谷，又是刹灵之～。"❾通"度"。法度。《楚辞·九章·怀沙》："章画志墨兮，前～未改。"

【图谶】 túchèn 符命占验之书。《后汉书·光武帝纪上》："宛人李通等以～～说光武云：'刘氏复起，李氏为辅。'"又《谢夷吾传》："时博士勃海郭凤亦好～～。"

【图法】 túfǎ 法令，法典。《吕氏春秋·先识》："夏太史令终古出其～～，执而泣之。"

【图画】 túhuà ❶绘画。《史记·外戚世家》："上居甘泉宫，召画工～～周公负成王也。"《汉书·孝武李夫人传》："李夫人少而蚤卒，上怜闵焉，～～其形于甘泉宫。"❷画像，图像。《论衡·乱龙》："夫～～，非母之实身也，因见形象，泣涕辄下。"❸谋划，图谋。《汉书·东方朔传》："发愤毕成，～～安危，揆度得失。"《论衡·实知》："见兆闻象，～～祸福，贤圣共之。"

【图籍】 tújí ❶地图与户籍。《史记·张仪列传》："据九鼎，案～～，挟天子以令于天下，天下莫敢不听。"《汉书·王吉传》："陛下躬圣质，总万方，帝王～～日陈于前，惟思世务，将兴太平。"❷文籍，图书。《韩非子·难三》："法者，编著之～～，设之于官府，而布之于百姓者也。"《魏书·安丰王延明传》："延明既博极群书，兼有文藻，鸠集～～万有馀卷。"

【图书】 túshū ❶书籍。《韩非子·大体》："豪杰不著名于～～，不录功于盘盂。"郑谷《赠文士王雄》诗："～～长在手，文学老于身。"❷图籍(疆域版图与户籍等簿册)。《史记·萧相国世家》："沛公至咸阳，诸将皆争走金帛财物之府分之，何独先入收秦丞相御史律令～～藏之……汉王所以具知天下阸塞，户口多少，强弱之处，民所疾苦者，以何具得秦～～也。"❸指河图、洛书。传说伏羲氏时，黄河有龙马负河图出现，有神龟负洛书从洛水出现。《论衡·实知》："不案～～，不闻人言，吹律精思，自知其世。"（律：律管，乐器。）《汉书·武帝纪》："麟凤在郊薮，河洛出～～。"❹图章，印章。《儒林外史》二十一回："要费先生的心，刻两方～～。"

【图像】　túxiàng　❶给人或物画像。《论衡·雷虚》:"如无形,不得为之～～。"❷画成的人物像,肖像。《三国志·魏书·臧洪传》:"昔晏婴不降志于白刃,南史不曲笔以求身,故身著～～,名垂后世。"

【图议】　túyì　计议,计划。《史记·屈原贾生列传》:"入则与王～～国事,以出号令。"韩愈《与鄂州柳中丞书》:"丞相公卿士大夫劳于～～。"

涂[1]　1. tú　❶水名。1)古水名,即今云南省之牛栏江。《汉书·地理志上》:"[益州郡]南山腊[谷]～水所出,西北至越巂入绳。"2)洞涡水支流,在今山西省榆次市境。《水经注·洞过水》:"洞过津泽,而～水注之。"❷通"途"。道路。《周礼·地官·遂人》:"百夫有洫,洫上有～。"《汉书·礼乐志》:"大朱～广,夷石为堂。"❸姓。

2. chú　❹水名,即今安徽省合肥市东北部之滁河,至江苏省六合县东流入长江。《三国志·魏书·王淩传》:"吴贼塞～水。"❺农历腊月的别称。《尔雅·释天》:"十二月为～月。"

涂[2](塗)　1. tú　❶泥,泥巴。《荀子·正论》:"譬之是犹塼～塞海也。"(塼:当作"抟"。)《韩非子·外储说左上》:"夫婴儿相与戏也,以尘为饭,以～为羹。"⊗特指封泥。古代公私简牍的封闭处盖有印章的泥块。《吕氏春秋·适威》:"故民之于上也,若玺之于～也,抑之以方则方,抑之以圜则圜。"(圜:通"圆"。)❷涂抹,涂饰。《战国策·赵策一》:"乃变姓名,为刑人,入宫～厕,欲以刺襄子。"《后汉书·赵憙传》:"因以泥～仲伯妇面,载以鹿车,身自推之。"《论衡·幸偶》:"均之土也,或基殿堂,或～轩户。"❸玷污,污染。《庄子·让王》:"今天下暗,殷德衰,其并乎周以～吾身也。"班固《西都赋》:"雷奔电激,草木～地"。❹塞,堵住。《庄子·天运》:"～郤守神,以物为量。"王守仁《尊经阁记》:"习训诂,传记诵,没溺于浅闻小见,以～天下之耳目。"❺道路。《孟子·梁惠王上》:"狗彘食人食而不知检,～有饿莩而不知发。"《论衡·逢遇》:"昔周人有仕数不遇,年老白首,泣涕于～者。"❻姓。

2. dù　❼通"镀"。以金饰物。《汉书·孝成赵皇后传》:"切皆铜沓,黄金～。"(切:门下横木。)

【涂车】　túchē　泥车。古代送葬之物。《论衡·乱龙》:"～～、刍灵,圣人知其无用,示象生存,不敢无也。"《三国志·魏书·文帝纪》:"无施苇炭,无藏金银铜铁,一以瓦器,合古～～刍灵之义。"

【涂泥】　túní　❶湿润的泥土。《史记·夏本纪》:"其草惟夭,其木惟乔,其土～～。"❷泥泞地。《后汉书·阴兴传》:"兴每从出入,常操持小盖,障翳风雨,躬履～～,率先期门。"

【涂炭】　tútàn　❶烂泥与炭火。比喻困苦灾难,如同陷泥坠火之中。《后汉书·赵典传》:"今与郭汜争睚眦之隙,以成千钧之仇,人在～～,各不聊生。"又《杨震传》:"宫室焚荡,民庶～～。"❷比喻肮脏、污秽。《孟子·公孙丑上》:"立于恶人之朝,与恶人言,如以朝衣朝冠坐于～～矣。"

【涂涂】　tútú　浓厚的样子。《楚辞·九叹·逢纷》:"白露纷以～～兮,秋风浏以萧萧。"谢朓《酬王晋安》诗:"梢梢枝早劲,～～露晚晞。"

【涂巷】　túxiàng　小街小巷。《荀子·劝学》:"学也者,固学一之也。一出焉,一入焉,～～之人也。"陆机《辩亡论》:"束帛旅于丘园,旌命交于～～。"

途　tú　❶道,道路。《吕氏春秋·精谕》:"弊邑寡君使下臣愿藉～而祈福焉。"(藉:借。)杜甫《石壕吏》诗:"天明登前～,独与老翁别。"❷途径。《盐铁论·本议》:"古之立国家者,开本末之～,通有无之用。"❸职位。《韩非子·人主》:"且法术之士,与当～之臣,不相容也。"

馀　tú　见"馀憛"。

【馀憛】　tútán　忧虑不安的样子。《后汉书·冯衍传下》:"并日夜而幽思兮,终～～而洞疑。"

荼　1. tú　❶菜名,苦菜。《诗经·邶风·谷风》:"谁谓～苦,其甘如荠。"《楚辞·九章·悲回风》:"故～荠不同亩兮,兰茝幽而独芳。"❷茅、苇一类植物所开的白花。《国语·吴语》:"万人以为方阵,皆白裳、白旂、素甲、白羽之矰,望之如～。"《汉书·礼乐志》:"颜如～,兆逐靡。"❸草名。见"荼蓼①"。❹通"涂[2]"。见"荼炭"。

2. shū　❺玉器名。玉板,朝会时所执。《荀子·大略》:"诸侯御～。"❻通"舒"。徐缓。《周礼·考工记·弓人》:"析干必伦,析角无邪,斲目必～。"

3. yé　❼姓。

【荼毒】　túdú　毒害,残害。《后汉书·赵壹传》:"春秋时祸败之始,战国愈复增其～～。"李华《吊古战场文》:"秦起长城,竟海为关,～～生灵,万里朱殷。"

【荼酷】　túkù　苦难深重,痛苦之极。《三国志·吴书·陆逊传》裴松之注:"俘馘千人,未足损魏,徒使无辜之民横罹～～。”

【荼蓼】 túliǎo ❶草名,荼为旱田的草,蓼为水田的草。《诗经·周颂·良耜》:“其镈斯赵,以薅～～。”(镈:锄。赵:刺。)❷苦辛的恶味。《抱朴子·微旨》:“甘于～～而不识粭蜜。”(粭:饴。)❸比喻处境艰苦。《后汉书·陈蕃传》:“今帝祚未立,政事日蹙,诸君奈何委～～之苦,息偃在床?于义不足,焉得仁乎?”

【荼炭】 tútàn 同“涂炭”。比喻苦难灾祸。孙楚《为石仲容与孙皓书》:“豺狼抗爪牙之毒,生人陷～～之艰。”

捈 1. tú ❶引。《集韵·模韵》:“～,《博雅》:‘引也。’”❷锐。《广雅·释诂四》:“～,锐也。”

2. shū ❸抒发。《法言·问神》:“～中心之所欲,通诸人之嚍嚍者,莫如言。”(嚍嚍:犹愤愤。)

徒 tú ❶步行。《周易·贲卦》:“舍车而～。”《国语·吴语》:“～遽来告孤,日夜相继。”❷步兵。《诗经·鲁颂·閟宫》:“公～三万。”《左传·昭公二十五年》:“帅～以往,陷西北隅以入。”❸党徒,同类或同一派别的人。《论语·微子》:“鸟兽不可与同群,吾非斯人之～与而谁与?”《孟子·尽心上》:“鸡鸣而起,孳孳为善者,舜之～也。”㊁随从,部下。《左传·宣公二年》:“倒戟以御公～而免之。”❹门徒,弟子。《论语·先进》:“子曰:‘非吾～也,小子鸣鼓而攻之可也。’”《吕氏春秋·诬徒》:“善教者则不然,视～如己。”❺刑名,古代五刑之一,即徒刑。陶宗仪《南村辍耕录·五刑》:“国初立法以来,有笞、杖、～、流、死之制。”❻刑徒,即被判服劳役的犯人。《史记·高祖本纪》:“高祖以亭长为县送～郦山,～多道亡。”《汉书·路温舒传》:“是以死人之血流离于市,被刑之～比肩而立。”❼空。《孟子·离娄上》:“～善不足为政,～法不能以自行。”❽副词。1)白白地,徒然。《国语·晋语三》:“吾岂将～杀之?吾将以公子重耳代之。”《史记·晋世家》:“妾愿子母辟之他国,若早自杀,毋～使母子为太子所鱼肉也。”2)只,仅仅。《战国策·魏策四》:“夫韩魏灭亡,而安陵以五十里之地存者,～以有先生也。”《后汉书·刘盆子传》:“～以县宰不道,枉杀吾子,欲为报仇耳。”3)乃,竟。《荀子·子道》:“吾以夫子为无所不知,夫子～有所不知。”❾通“途”。道路。《老子·七十六章》:“故坚强者死之～,柔弱者生之～。”

【徒兵】 túbīng ❶步兵。《史记·晋世家》:“五月丁未,献楚俘于周,驷介百乘,～～千。”❷步卒所执的兵器。《左传·襄公二十五年》:“赋车籍马,赋车兵、～～、甲楯之数。”

【徒步】 túbù ❶步行。《后汉书·邓禹传论》:“邓公嬴粮～～,触纷乱而赴光武,可谓识所从会矣。”❷平民的代称。《汉书·公孙弘传》:“弘自见为举首,起～～,数年至宰相封侯。”

【徒杠】 túgàng 步行可通过的小便桥。《孟子·离娄下》:“岁十一月,～～成;十二月,舆梁成,民未病涉也。”苏舜钦《并州新修永济桥记》:“权为～～,犹号便利,春则撤去,以避奔冲。”

【徒歌】 túgē 无乐器伴奏的歌。《晋书·乐志》:“凡此诸曲,始皆～～,既而被之管弦。”

【徒隶】 túlì 刑徒,服劳役的犯人。司马迁《报任少卿书》:“当此之时,见狱吏则头枪地,视～～则心惕息。”《史记·孝景本纪》:“春,免～～作阳陵者。”

【徒裸】 túluǒ 赤身裸体。《淮南子·齐俗训》:“虽之夷狄～～之国,结轨乎远方之外,而无所困矣。”

【徒然】 túrán ❶仅此,仅仅如此。《史记·春申君列传》:“今君相楚二十馀年,而王无子,即百岁后将更立兄弟,则楚更立君后,亦各贵其故所亲,君又安得长有宠乎?非～～也,君贵用事久,多失礼于王兄弟,兄弟诚立,祸且及身。”❷无根据,偶然。《后汉书·窦融传》:“毁誉之来,皆不～～,不可不思。”李格非《书洛阳名园记后》:“则《名园记》之作,予岂～～哉!”❸枉然,白白地。任昉《为范始兴作求立太宰碑表》:“瞻彼景山,～～望慕。”

【徒食】 túshí 坐食,也指无功受禄。《管子·权修》:“有无积而～～者,则民偷幸。”《礼记·王制》:“庶人耆老不～～。”

【徒首】 túshǒu 空首,身无甲胄。李陵《答苏武书》:“兵尽矢穷,人无尺铁,犹复～～奋呼,争为先登。”

【徒属】 túshǔ 门徒,部下。《韩非子·五蠹》:“其带剑者,聚～～,立节操,以显其名。”《史记·陈涉世家》:“～～皆曰:‘敬受命。’”

【徒裼】 túxī 赤脚露身。《史记·张仪列传》:“秦人捐甲～～以趋敌,左挈人头,右挟生虏。”

【徒跣】 túxiǎn 赤脚。《战国策·魏策四》:“布衣之怒,亦免冠～～,以头抢地尔。”《后汉书·臧洪传》:“洪始闻超围,乃～～号泣。”

【徒行】 túxíng 步行。《礼记·王制》:“君子耆老不～～。”《论衡·问孔》:“为大夫不可以～～也。”

【徒役】 túyì ❶服劳役的人，古代多为有罪之人。《史记·孔子世家》：“于是乃相与发～～围孔子于野，不得行，绝粮。”❷指门徒弟子。《论衡·问孔》：“诸入孔子门者，皆有善行，故称备～～。”

【徒与】 túyǔ 徒众，门徒。《荀子·尧问》：“是其所以名声不白，～～不众，光辉不博也。”

駼(騟) tú 见“騊駼”。

屠 tú ❶宰杀牲畜。《史记·樊郦滕灌列传》：“樊哙者，沛人也。以～狗为事，与高祖俱隐。”❷指屠宰牲畜的人。《史记·刺客列传》：“荆轲既至燕，爱燕之狗～及善击筑者高渐离。”❸杀戮，残杀。《吕氏春秋·察微》：“吴人往报之，尽～其家。”《三国志·魏书·武帝纪》：“冬十月，～彭城。”❹割裂，分裂。陆机《辩亡论上》：“西～庸益之郊，北裂淮汉之涘。”❺通“瘏”。病。《诗经·豳风·鸱鸮》：“予所蓄租，予口卒～。”❻通“荼”。见“屠毒”。❼古地名，在今陕西省长安县东南。《诗经·大雅·韩奕》：“韩侯出祖，出宿于～。”❽姓。

【屠伯】 túbó 屠夫，后用以比喻残杀人民的酷吏。《后汉书·酷吏传序》：“致温舒有虎冠之吏，延年有～～之名，岂虚也哉！”《晋书·荀晞传》：“流血成川，人不堪命，号曰～～。”

【屠毒】 túdú 同“荼毒”。杀害，毒害。文天祥《葬无主墓碑》诗：“大河流血丹，～～谁之罪？”

【屠酤】 túgū 杀牲和卖酒，泛指职位微贱。《淮南子·氾论训》：“夫发于鼎俎之间，出于～～之肆。”《后汉书·郭太传》：“召公子、许伟康并出～～。”

【屠裂】 túliè ❶宰割，屠杀肢解。曹植《求自试表》：“身虽～～，而功勋著于景钟，名称垂于竹帛。”《三国志·魏书·陈群传》：“经叹曰：粮不至旬，向不应机，举城～～，覆丧一州矣。”❷比喻悲痛至极。陈子昂《谏灵驾入京书》：“万国震惊，百姓～～。”

【屠戮】 túlù 屠杀，杀戮。曹冏《六代论》：“奸谋未发，而身已～～。”陈子昂《谏用刑书》：“遂使兵部尚书樊子盖专行～～，大穷党与，海内豪士，无不罹殃。”

【屠肆】 túsì 屠宰场，肉市。《论衡·讥日》：“海内～～，六畜死者日数千头，不择吉凶，早死者，未必屠工也。”《后汉书·胡广传》：“值王莽居摄，刚解其衣冠，悬府门而去，遂亡命交阯，隐于～～之间。”（刚：人名。）

【屠苏】 túsū ❶草名。王褒《日出东南隅行》：“飞甍雕翡翠，绣桷画～～。”（桷：方形的椽子。）❷罘罳，室内的屏风。《三国志·魏书·曹爽传》注引《魏略》：“厅事前～～坏，令人更治之。”❸平屋，茅庵。《宋书·索虏传》：“焘所住～～为疾雷击，～～倒。”❹酒名。也作“屠酥”、“酴酥”。卢照邻《长安古意》诗：“汉代金吾千骑来，翡翠～～鹦鹉杯。”苏辙《除日》诗：“年年最后饮～～，不觉年来七十馀。”❺一种有檐的帽子。也作“涂苏”。刘孝威《结客少年场行》：“插腰铜匕首，障日锦～～。”

【屠维】 túwéi 天干中“己”的别称。也作“徒维”。《尔雅·释天》：“［太岁］在己曰～～。”《史记·历书》：“～～敦牂天汉元年。”（敦牂：太岁在午之年。）

稌 1. tú ❶稻，粳稻，也指糯稻。《诗经·周颂·丰年》：“丰年多黍多～。”《周礼·天官·食医》：“凡会膳食之宜，牛宜～，羊宜黍。”

2. shǔ ❷山药。《集韵·鱼韵》：“～，药草，署预也。”

䅷(鵌) tú 鸟名。《广韵·鱼韵》：“～，鸟名，与鼠同穴。”

瘏 tú 病，疲极致病。《诗经·周南·卷耳》：“陟彼砠矣，我马～矣。”（砠：有土的石山。）《楚辞·九叹·思古》：“发披披以鬤鬤兮，躬劬劳而～悴。”

腯 tú 猪肥。《礼记·曲礼下》：“豚曰～肥，羊曰柔毛。”㊁泛指肥胖。《左传·桓公六年》：“吾牲牷肥～，粢盛丰备，何则不信？”左思《吴都赋》：“草木节解，鸟兽～肤。”

廜 tú 见“廜廯”。

【廜廯】 túsū ❶草屋。即屠苏。袁桷《次韵继学途中竹枝词》之四：“土屋苫草成～～，前床翁媪后小姑。”❷酒名。即屠苏酒。古时元旦常饮。

酴 tú ❶酒曲。《说文·酉部》：“～，酒母也。”❷酒名，即酒酿。《玉篇·酉部》：“～，麦酒不去滓饮也。”

【酴醾】 túmí ❶植物名，蔷薇科，观赏植物。苏轼《杜沂游武昌以酴醾花菩萨泉见饷》诗之一：“～～不争春，寂寞开最晚。”❷酒名。《白孔六帖》卷十五：“帝入，谓左右曰：‘［李］绛言骨鲠，真宰相也。’遣使赐～～酒。”

跿 tú 见“跿跔”。

【跿跔】 tújū 赤脚。一说跳跃。《战国策·

韩策一》："秦带甲百万，车千乘，骑万匹，虎挚之士，～～科头，贯颐奋戟者，至不可胜计也。"（科头：不戴头盔。贯颐：弯弓。）

土 1. tǔ ❶土壤，泥土。《尚书·禹贡》："厥～惟白壤。"《老子·六十四章》："九层之台，起于累～。"❷土地，田地。《国语·周语上》："民之有口，犹～之有山川也。"《孟子·尽心上》："广～众民，君子欲之，所乐不存焉。"㊀本土，乡土。《论语·里仁》："君子怀德，小人怀～。"《后汉书·南蛮西南夷传》："外痴内黠，安～重归。"❸国土，领土。《国语·晋语一》："其～又小，大国在侧，虽欲纵惑，未获专也。"王安石《上仁宗皇帝言事书》："于是诸侯王之子弟，各有分～。"❹社神。《公羊传·僖公三十一年》："诸侯祭～。"❺五行之一。《尚书·洪范》："五行，一曰水，二曰火，三曰木，四曰金，五曰～。"❻指土星。《史记·天官书》："木星与～合，为内乱，饥。"❼古代八音之一。指用土烧制的乐器。韩愈《送孟东野序》："金石丝竹匏～革木八者，物之善鸣者也。"❽度，测量。《周礼·地官·大司徒》："以土圭～其地而制其域。"（郑玄注："土其地，犹言度其地也。"）❾用土筑城。《诗经·邶风·击鼓》："～国城漕，我独南行。"

2. dù ❿通"杜"。1)根。《诗经·豳风·鸱鸮》："迨天之未阴雨，彻彼桑～，绸缪牖户。"2)古水名。《诗经·大雅·绵》："民之初生，自～沮漆。"

3. chǎ ⓫见"土苴"。

4. tú ⓬土门，北方少数民族。《字汇补·土部》："～，～门，北方之族也。"

【土德】 tǔdé 五德（金木水火土）之一，古以五行相生相克附会王朝的命运，土胜者为得土德。《史记·历书》："至孝文时，鲁人公孙臣以终始五德上书，言'汉得～～，宜更元，改正朔，易服色'。"《汉书·贾谊传赞》："以汉为～～，色上黄，数用五。"参见"五德"。

【土地】 tǔdì ❶土壤，田地。《汉书·晁错传》："尝其水泉之味，审其～～之宜，观其草木之饶，然后营邑立城。"❷领土，国土。《孟子·梁惠王上》："欲辟～～，朝秦楚，莅中国，而抚四夷也。"❸用土圭（测日影的工具）测量地形方位。《周礼·夏官·土方氏》："以～～相宅而建邦国都鄙。"❹神名。土地之神（社神），又名土地。孟元老《东京梦华录·除夕》："又装钟馗小妹、～～、灶神之类，共千馀人。"

【土方】 tǔfāng ❶地势。《左传·昭公三十二年》："物～～，议远迩。"（物：相、考察。）❷官名。《周礼·夏官·土方氏》："～～氏掌土圭之法，以致日景。"（景：影。）

【土风】 tǔfēng ❶乡土的歌谣乐曲。《左传·成公九年》："乐操～～，不忘旧也。"❷当地的风俗习惯。陈子昂《白帝城怀古》诗："日落沧江晚，停桡问～～。"

【土膏】 tǔgāo ❶土壤中所含宜于植物生长的养分。《国语·周语上》："自今至于初吉，阳气俱蒸，～～其动。"❷肥沃的土地。苏轼《柏石图》诗："～～杂粪壤，成坏几何耳。"

【土梗】 tǔgěng ❶土偶，泥塑的偶像。《战国策·赵策一》："夜半，～～与木梗斗曰：'汝不如我，我者乃土也。'"❷比喻无用之物。《庄子·田子方》："吾形解而不欲动，口钳而不欲言。吾所学者，直～～耳。"刘孝标《广绝交论》："视若游尘，遇同～～。"

【土功】 tǔgōng 治水、筑城、建宫殿等工程。《国语·周语中》："营室之中，～～其始。"《吕氏春秋·孟夏》："是月也……无起～～，无发大众，无伐大树。"

【土境】 tǔjìng 领土，边界内的土地。《三国志·魏书·夏侯尚传》："分疆画界，各守～～。"杜甫《前出塞》诗之一："君已富～～，开边一何多。"

【土增】 tǔliù 盛饭食的瓦器。《史记·秦始皇本纪》："尧舜采椽不刮，茅茨不翦，饭～～，啜土形，虽监门之养，不觳于此。"（觳：菲薄。）陆游《夏末野兴》诗："～～饭香供晚饷，布帘字大卖新醅。"

【土毛】 tǔmáo 土地生长出的五谷桑麻菜蔬等，泛指土产。《左传·昭公七年》："食土之毛，谁非君臣。"《后汉书·马融传》："其～～则推牧荐草，芳茹甘荼。"《北史·高丽传》："地产～～，无愆王贡。"

【土木】 tǔmù ❶土木工程。《国语·晋语九》："今～～胜，臣惧其不安人也。"《韩诗外传》卷三："不高台榭，非无～～也；不大钟鼎，非无金锡也。"❷指不加修饰的本来面目。《晋书·嵇康传》："身长七尺八寸，美词气，有风仪，而～～形骸，不自藻饰。"❸指坟墓棺材。颜延之《庭诰》："柔丽之身亟委～～，刚清之才遽为丘壤。"❹地名。土木堡，在今河北省怀来县西。

【土气】 tǔqì ❶地气。《国语·周语上》："阳瘅愤盈，～～震发。"（瘅：盛。）❷气候。《后汉书·东夷传》："处于山林之间，～～极寒，常为穴居。"❸五气（金木水火土）之一。《吕氏春秋·应同》："～～胜，故其色尚黄。"参见"五气"。❹当地的习俗。《论衡·谴告》："汉朝称苏武而毁赵他之性，习越～～，畔冠带之制。"

【土壤】 tǔrǎng ❶土地。《战国策·秦策二》："故楚之～～士民非削弱，仅以救亡者，计失于陈轸，过听于张仪。"❷封地，领地。《史记·孔子世家》："今孔丘得据～～，贤弟子为佐，非楚之福也。"❸泥土。《汉书·沟洫志》："城郭所居尤卑下，～～轻脆易伤。"❹乡里。《汉书·孙宝传》："我与稺季幸同～～，素无睚眦，顾受将命，分当相直。"

【土形】 tǔxíng 用土烧制的盛汤羹的器皿。也作"土刑"、"土型"。《史记·秦始皇本纪》："尧舜采椽不刮，茅茨不翦，饭土熘，啜～～，虽监门之养，不觳于此。"（觳：菲薄。）《盐铁论·通有》："古者采椽不斲，茅屋不翦，衣布褐，饭～～。"

【土著】 tǔzhù 世代常居一地，不迁徙。《史记·大宛列传》："安息在大月氏西可数千里。其俗～～耕田，田稻麦，蒲陶酒。"《后汉书·东夷传》："东夷率皆～～，喜饮酒歌舞。"后亦称世代居住本地的人。《聊斋志异·田子成》："少君姓江，此间～～。"

【土苴】 chǎzhǎ 渣滓，糟粕，比喻微贱之物。《吕氏春秋·贵生》："道之真，以持身；其馀绪，以为国家；其～～，以治天下。"

【土崩瓦解】 tǔbēngwǎjiě 如土之崩坠，如瓦之破碎，形容彻底崩溃，不可收拾。《史记·秦始皇本纪论》："秦之积衰，天下～～～～。"

吐 1. tǔ ❶使东西从口中吐出。《荀子·赋》："食桑而～丝。"《世说新语·德行》："公于是独往食，辄含饭著两颊边。还，～与二儿。"❷唾弃，舍弃。《左传·僖公五年》："若晋取虞，而明德以荐馨香，神其～之乎？"《荀子·正论》："故盗不窃，贼不刺，狗豕～菽粟，而农贾皆能以货财让。"❸说出，发出。《荀子·正名》："故能处道而不贰，～而不夺，利而不流。"（不夺：不受外力的胁迫而改变。）《三国志·魏书·三少帝纪》："前逆臣钟会构造反乱，聚集征行将士，劫以兵威，始～奸谋。"白居易《慈乌夜啼》诗："慈乌失其母，哑哑～哀音。"❹放出，开放。《楚辞·九思·守志》："桂树列兮纷敷，～紫华兮布条。"张衡《南都赋》："晻暖蓊蔚，含芬～芳。"（晻暖：昏暗。蓊蔚：茂盛。）❺姓。

2. tù ❻呕吐。《魏书·高凉王传》："子华母房氏，曾就亲人饮食，夜还大～，人以为中毒。"

【吐蕃】 tǔbō 我国古代藏族所建立的地方政权。

【吐哺】 tǔbǔ ❶吐出口中的食物。《汉书·高帝纪上》："汉王辍饭～～，曰：'竖儒，几败乃公事！'"❷形容殷勤待士。《史记·鲁周公世家》："然我一沐三捉发，一饭三～～，起以待士，犹恐失天下之贤人。"

【吐辞】 tǔcí 发表言论，也指写作诗文。《论衡·问孔》："使此言意不解而文不分，是谓孔子不能～～也。"李白《献从叔当涂宰阳冰》诗："～～又炳发，五色罗华星。"

【吐纳】 tǔnà ❶吐故纳新，古代道家的养生之术。嵇康《养生论》："又呼吸～～，服食养身，使形神相亲，表里俱济也。"❷吞吐。郭璞《江赋》："呼吸万里，～～灵潮。"❸言谈，谈吐。《魏书·元翼传》："美姿貌，善～～，兼有将略。"孙愐《唐韵序》："卓尔好古，博通内外，遁禄岩岭，～～自然。"

【吐葩】 tǔpā ❶花开。张衡《西京赋》："～～飏荣，布叶垂阴。"❷呈现花形的图案。张协《七命》："方疏含秀，圆井～～。"

【吐文】 tǔwén 写文章。《论衡·效力》："贤者有云雨之知，故其～～万牒以上，可谓多力矣。"

【吐握】 tǔwò 吐哺握发的简称。比喻求贤之心切。《汉书·萧望之传》："今士见者皆先露索挟持，恐非周公相成王躬～～之礼，致白屋之意。"（露索：露出形体来搜查。白屋：茅屋。表示贱人所居。）李白《与韩荆州书》："岂不以有周公之风，躬～～之事，使海内豪俊，奔走而归之。"

【吐捉】 tǔzhuō 同"吐握"。吐哺捉发的简称。《汉书·王褒传》："昔周公躬～～之劳，故有圄空之隆。"

【吐谷浑】 tǔyùhún 我国古代西北的一个民族，是鲜卑族的一支。曾建立吐谷浑国。

【吐刚茹柔】 tǔgāngrúróu 吐出硬的，吞下软的，比喻怕硬欺软。《诗经·大雅·烝民》："柔则茹之，刚则吐之。"《汉书·薛宣传》："前为御史中丞，执宪毂下，不～～～～，举错时当。"

【吐故纳新】 tǔgùnàxīn 吐出浊气，吸进新鲜空气，本指道家的一种养生方法。比喻新陈代谢。《论衡·道虚》："食气者必谓'吹呴呼吸，～～～～'也。"

兔（兎、兔） 1. tù ❶动物名，兔子。《诗经·王风·兔爰》："有～爰爰，雉离于罗。"（离：罹，遭遇。罗：网。）《韩非子·五蠹》："～走触株，折颈而死。"❷古代车子横轴上的附件，又名伏兔。《周礼·考工记·辀人》："十分其辀之长，以其一为之当～之围，参分其～围，去一以为颈围。"❸月亮的别称。黄颇《闻宜春诸举子陪郡主登河梁玩月》诗："虹影迴分银汉上，～辉全写玉筵中。”

2. chān ❹辰星的别名。《史记·天官书》：“～过太白。”

【兔目】 tùmù 槐树新生的嫩芽，因大小形似兔目，故称。《齐民要术·栽树》：“枣鸡口，槐～～。”李贺《春归昌谷》诗：“春热张鹤盖，～～官槐小。”

【兔罝】 tùjū 捕兔子的网。《诗经·周南·兔罝》：“肃肃～～，椓之丁丁。”

【兔魄】 tùpò 月亮的别称。刘基《怨王孙》词：“～～又满，天长雁短。”

【兔丝】 tùsī 植物名，一种药草，即菟丝。《淮南子·说山训》：“千年之松，下有茯苓，上有～～，～～无根而生。”

【兔丝燕麦】 tùsīyànmài 比喻有名无实。《魏书·李崇传》：“今国子虽有学官之名，而无教授之实，何异～～～～，南箕北斗哉！”

【兔死狗烹】 tùsǐgǒupēng 兔子死了，猎狗也就被人烹食。比喻事成之后就把尽心效力的人丢弃或杀害。《史记·淮阴侯列传》：“信曰：‘果若人言：狡兔死，良狗烹；高鸟尽，良弓藏；敌国破，谋臣亡。’天下已定，我固当烹。”《西游记》二十七回：“这才是鸟尽弓藏，～～～～。”

菟 1. tù ❶植物名，药草，见“菟丝”。❷通“兔”。《汉书·司马相如传上》：“掩～辚鹿，射麋格麟。”

2. tú ❸见“於菟”。

【菟丝】 tùsī 药草，又名女萝，也作“兔丝”。蔓生植物，缠结生长在其他植物上，结子，子可入药。《古诗十九首》之八：“～～生有时，夫妇会有宜。”

tuan

涒（溥） 1. tuān （又读 tuán）❶露水多的样子。《诗经·郑风·野有蔓草》：“野有蔓草，零露～兮。”陆游《园中小饮》诗：“高柳阴浓烟欲暝，丛花红湿露初～。”

2. zhuān ❷同“湍”。水名。《集韵·仙韵》：“湍，水名，出郦县，或从专。”

湍 1. tuān ❶急流的水。《楚辞·九章·抽思》：“长濑～流，泝江潭兮。”杜甫《玉华宫》诗：“阴房鬼火青，坏道哀～泻。”❷水势很急。《论衡·本性》：“譬之～水，决之东则东，决之西则西。”《后汉书·孝女叔先雄传》：“乘船堕～水物故。”（物故：死。）❸水冲击，冲刷。《论衡·书虚》：“此言孔子之德，能使水却，不～其墓也。”又《累害》：“风冲之物不得育，水～之岸不得峭。”

2. zhuān ❹水名，源出河南省内乡县熊耳山。《水经注·湍水》：“～水出郦县北芬山。”

【湍悍】 tuānhàn 水势凶猛。《史记·河渠书》：“于是禹以为河所从来者高，水～～，难以行平地。”

【湍濑】 tuānlài 水浅急流之处。《淮南子·原道训》：“[舜]钓于河滨，期年而渔者争处～～，以曲隈深潭相予。”《论衡·状留》：“是故～～之流，沙石转而大石不移。”

猯（貒） tuān 兽名，猪獾。《世说新语·品藻》：“人皆如此，便可结绳而治，但恐狐狸～貉啖尽。”

黇 tuān ❶黄黑色。《说文·黄部》：“～，黄黑色也。”❷明亮。《商君书·禁使》：“今夫幽夜，山陵之大，而离娄不见；清朝日～，则上别飞鸟，下察秋豪。”（离娄：传说古代视力最好的人。）

专 tuán 见 zhuān。

剸（剬、㓻） 1. tuán ❶截去，割断。王褒《圣主得贤臣颂》：“水断蛟龙，陆～犀革。”《后汉书·杜笃传》：“盖夫燔鱼～蛇，莫之方斯。”

2. zhuān ❷专，专一。《汉书·司马迁传》：“名家苛察缴绕，使人不得反其意，～决于名，时失人情。”又《萧何传》：“上以此～属任何关中事。”

【剸繁】 tuánfán 统领裁处繁剧的事务。苏轼《贺孙枢密启》：“～～京兆，遂令鸣鼓之稀。”唐顺之《与陈后冈参议书》：“兄在湖藩，清修之节，～～之才，自与时流迥别。”

【剸治】 tuánzhì 裁处，治理。曾巩《奏乞复吴中复差遣状》：“欲乞召至左右，使典司献纳，或委以藩镇，使～～烦剧，必能上副忧勤，不负寄任。”

【剸行】 zhuānxíng 专行，独断而行。同“专行”。《荀子·荣辱》：“信而不见敬者，好～～也。”

团（團） tuán ❶圆。骆宾王《秋月》诗：“云披玉绳净，潮满镜轮～。”❷凝聚成圆形的东西。杨万里《三山荔枝》诗：“甘露落来鸡子大，晓风冻作水晶～。”❸聚集。张说《东都酺宴》诗：“争驰群鸟散，斗伎百花～。”❹环绕，萦绕。李贺《屏风曲》诗：“～迴六曲抱膏兰，将鬟镜上掷金蝉。”❺猜度，估计。韩愈《南山》诗：“～辞试提挈，挂一念万漏。”❻古代地方行政单位名。《资治通鉴·后周世宗显德五年》：“诏诸州并乡村，率以百户为～，～置耆长三人。”❼军队编制单位的名称。《隋书·礼仪志三》:"骑兵四十队,队百人置一纛。十队为～,～有偏将一人。"❽量词。陆游《岁暮》诗:"啖饭著衣常苦懒,为谁欲理一～丝。"

【团焦】 tuánjiāo 圆形的草屋,又称作"团茅"、"团瓢"、"团标"。《北齐书·神武帝纪上》:"每从外归,主人遥闻行响动地。苍鹰母数见～～赤气赫然属天。"

【团结】 tuánjié ❶唐宋地方武装的组织,亦指该组织的土兵。《资治通鉴·唐代宗大历十二年》:"又定诸州兵,皆有常数,其召募给家粮、春冬衣者,谓之官健。差点土人,春夏归农,秋冬追集、给身粮酱菜者,谓之～～。"❷组织,集结。苏轼《乞增修弓箭社条约状》之一:"自澶渊讲和以来,百姓自相～～为弓箭社。"

【团团】 tuántuán ❶圆圆的样子。韩愈《柳州罗池庙碑》:"鹅之山兮柳之水,桂树～～兮白石齿齿。"❷凝聚簇聚的样子。苏轼《沁园春》词:"晨霜耿耿,云山摛锦,朝露～～。"❸回绕旋转的样子。苏轼《送安节》诗之十四:"应笑谋生拙,～～如磨驴。"❹忧苦不安的样子。李贺《汉唐姬饮酒歌》:"妾身昼～～,君魂夜寂寂。"

抟(慱) tuán ❶见"抟抟"。❷通"团"。圆,满。《字汇·心部》:"～,古作团字。"扬雄《太玄经·中》:"月阙其～。"

【抟抟】 tuántuán 忧愁不安的样子。《诗经·桧风·素冠》:"庶见素冠兮,棘人栾栾兮,劳心～～兮。"(素冠:丧服。)

抟(塼) 1. tuán ❶捏聚,捏成团。《荀子·正论》:"譬之是犹以～涂塞江海也。"(涂:泥。)

2. zhuān ❷通"砖"。《晋书·吴逵传》:"昼则佣赁,夜烧～瓦。"❸陶制的纺锤。《类篇·土部》:"～,纺锤。"

抟(摶) 1. tuán ❶把碎的捏成团。《齐民要术·和齑》:"～作丸,大如李或饼子。"❷集聚。《管子·内业》:"～气如神,万物备存。"❸圆。《楚辞·九章·橘颂》:"曾枝剡棘,圆果～兮。"❹环绕,盘旋。《庄子·逍遥游》:"鹏之徙于南冥也,水击三千里,～扶摇而上者九万里。"

2. zhuān ❺同"专"。1)专一。集中。《史记·秦始皇本纪》:"普天之下,～心揖志。"2)统率,总领。《史记·田敬仲完世家》:"冯因～三国之兵,乘屈丐之獘,南割于楚。"(屈丐:楚将。)

3. zhuàn ❻量词。束,捆。《周礼·地官·羽人》:"十羽为审,百羽为～,十～为缚。"❼把东西卷紧。《周礼·考工记·鲍人》:"卷而～之,欲其无迆也。"

【抟黍】 tuánshǔ ❶捏成团的黄米饭。《吕氏春秋·异宝》:"今以百金与～～以示儿子,儿子必取～～矣。"(儿子:小孩。)❷黄莺的别名。陆游《农家歌》:"二月鸣～～,三月号布谷。"

【抟埴】 tuánzhí 用黏土制成陶器的土坯。《周礼·考工记总序》:"刮摩之工五,～～之工二。"

篿(篿) 1. tuán ❶圆形的竹器。《说文·竹部》:"～,圜竹器也。"

2. zhuān ❷折竹占卜。《楚辞·离骚》:"索藑茅以筳～兮,命灵氛为余占之。"(藑茅:灵草,即以草占卜。)

剬 tuán 见duān。

敦 tuán 见dūn。

揣 tuán 见chuǎi。

圌 tuán 见chuán。

鹑 tuán 见chún。

蓴 tuán 见chún。

疃(畽) tuǎn ❶禽兽践踏的地方。见"町疃"。❷屯,村庄。陆游《入蜀记》:"自出城,即黄茅弥望,每十馀里,有村～数家而已。"孟汉卿《魔合罗》四折:"怎把走村串～货郎儿,屈勘做了图财致命杀人贼?"

畽(疃) tuǎn 见"畽畽"。

【畽畽】 tuǎntuǎn 野兽的足迹,践踏处。《楚辞·九思·悼乱》:"鹿蹊兮～～,貒貉兮蟫蟫。"(蟫蟫:前后相随的样子。)

彖 tuàn ❶猪跑掉。《说文·彑部》:"～,豕走也。"❷《周易》用以断定卦义之辞,附于经文之下。《周易·乾》:"～曰,大哉乾元。"❸断,判断。欧阳修《新营小斋凿地炉辄成》诗:"周公～凶吉。"

税 tuàn 见shuì。

褖 tuàn 见"褖衣"。

【褖衣】 tuànyī ❶有边缘装饰的衣服。《仪礼·士丧礼》:"～～,缁带。"(郑玄注:"黑衣裳赤缘谓之褖,褖之言缘也。")❷王后的便服。《周礼·天官·内司服》"掌王后之六服:袆衣、揄狄、阙狄、鞠衣、展衣、缘衣"郑玄注:"此缘衣者,实作～～也。～～,御于王之服,亦以燕居。"

tui

哼 tuī 见 tūn。

推 tuī ❶从后面用力使物体前移。《韩非子·外储说右下》:“请造父助我～车。”《汉书·高帝纪上》:“楚骑追汉王,汉王急,～堕二子。”[引] 移,转移。《战国策·赵策四》:“臣请为王～其怨于赵。”《汉书·贾谊传》:“万物变化,固亡休息,斡流而迁,或～而还。”❷排去,除去。《诗经·大雅·云汉》:“旱既大甚,则不可～。”❸实行,推行。《孟子·梁惠王上》:“古之人所以大过人者,无他焉,善～其所为而已矣。”《韩非子·五蠹》:“州部之吏,操官兵,～公法,而求索奸人。”❹举荐,推选。《国语·晋语四》:“让,～贤也。”《荀子·性恶》:“贤者敢～而尚之,不肖者敢援而废之。”[又] 尊崇,称誉。《史记·平津侯主父列传》:“国人固～弘,弘至太常。”(弘:人名。)《汉书·灌夫传》:“婴东朝,盛～夫善。”❺推算,推知。《荀子·不苟》:“天不言而人～高焉,地不言而人～厚焉。”《史记·孝文本纪》:“丞相～以为今水德,始明正十月上黑事,以为其言非是,请罢之。”[又] 推断,推求。《荀子·富国》:“故自天子通于庶人,事无大小多少,由是～之。”《史记·十二诸侯年表》:“上大夫董仲舒～《春秋》义,颇著文焉。”❻推让,让给别人。《史记·淮阴侯列传》:“[汉王]解衣衣我,～食食我,言听计用,故吾得以至于此。”《宋史·范仲淹传》:“尝～其奉以食四方游士。”❼刺。《晏子春秋·内篇杂上》:“曲刃钩之,直兵～之。”《抱朴子·诘鲍》:“～无仇之民,攻无罪之国。”

【推本】 tuīběn 推究根本。《史记·齐悼惠王世家》:“齐悼惠王高皇帝长子,～～言之,而大王高皇帝適长孙也,当立。”《汉书·楚元王传赞》:“《七略》剖判艺文,总百家之绪;《三统历谱》考步日月五星之度。有意其～～之也。”

【推步】 tuībù ❶推算日月星辰的运行。《论衡·是应》:“古质不能～～五星,不知岁星、太白何如状,见大星则谓景星矣。”《三国志·吴书·鲁肃传》:“吾闻先哲秘论,承运代刘氏者,必兴于东南,～～事势,当其历数,终构帝基,以协天符,是烈士攀龙附凤驰骛之秋。”❷推算天文历法之学。《后汉书·冯绲传》:“绲弟允……善～～之术。”

【推诚】 tuīchéng 以诚意待人。《三国志·蜀书·谯周传》:“体貌素朴,性～～不饰。”又《魏书·刘馥传》注引《晋阳秋》:“[弘]值王室多难,得专命一方,尽其器能。～～群下,厉以公义,简刑狱,务农桑。”

【推读】 tuīdú 推求研究。《论衡·宣汉》:“唐虞夏殷,同载在二尺四寸,儒者～～,朝夕讲习。”

【推夺】 tuīduó 推移,转移。韩愈《送孟东野序》:“四时之相～～,其必有不得其平者乎!”

【推恩】 tuī'ēn 施恩惠于人。《孟子·梁惠王上》:“故～～足以保四海,不～～无以保妻子。”《史记·平津侯主父列传》:“愿陛下令诸侯得～～分子弟,以地侯之。”欧阳修《石曼卿墓表》:“曼卿少举进士,不中,真宗～～,三举进士皆补奉职。”

【推锋】 tuīfēng 手持兵器冲锋。《汉书·燕刺王刘旦传》:“樊、郦、曹、灌,携剑～～,从高帝垦灾除害。”《后汉书·虞诩传》:“其土人所以～～执锐,无反顾之心者,为臣属于汉故也。”

【推服】 tuīfú 推崇佩服。任昉《王文宪集序》:“见公弱龄,便望风～～。叹曰:‘衣冠礼乐在是矣。’”韩愈《欧阳生哀辞》:“詹于时独秀出,衮加敬爱,诸生皆～～。”(詹:欧阳詹。衮:常衮,曾任宰相。)

【推毂】 tuīgǔ ❶助人推车前进,比喻助人成事。《汉书·燕王刘泽传》:“今吕氏雅故本～～高帝就天下,功至大,又有亲戚太后之重。”❷比喻推荐人才。《汉书·田蚡传》:“婴、蚡俱好儒术,～～赵绾为御史大夫。”

【推揆】 tuīkuí 推算度量。《三国志·蜀书·先主传》:“《经》曰:‘帝星处之,众邪消亡。’圣讳预睹,～～期验,符合数至,若此非一。”

【推类】 tuīlèi 同“类推”。以类相推。《论衡·别通》:“世人慕富不荣通,羞贫不贱不贤,不～～以况之也。”

【推让】 tuīràng 辞让,谦让。《汉书·楚元王传》:“崇～～之风,以销分争之讼。”《论衡·本性》:“一岁婴儿,无～～之心,见食,号欲食之。”《三国志·蜀书·费诗传》:“昔高祖与楚约,先破秦者王。及屠咸阳,获子婴,犹怀～～,况今殿下未出门庭,便欲自立邪!”

【推任】 tuīrèn 推重,信任。《三国志·蜀书·费祎传》:“自琬及祎,虽自身在外,庆赏刑威,皆遥先咨断,然后乃行,其～～如此。”(琬:蒋琬。)

【推实】 tuīshí 同“推诚”。以诚实相待。《三国志·魏书·刘馥传》注引《晋阳秋》:“夫统天下者当与天下同心,治一国者当与一国～～。”

【推体】 tuītǐ 委身，以身托之。《战国策·中山策》："主折节以下其臣，臣～～以下死士。"

【推挽】 tuīwǎn 推荐扶植。也作"推輓"。韩愈《柳子厚墓志铭》："既退，又无相知有气力得位者～～，故卒死于穷裔。"杨万里《与张严州敬夫书》："某无似之迹，直阁～～不少矣，其如命何？"

【推问】 tuīwèn 推求寻问。《晋书·鲍靓传》："［靓］年五岁，语父母云：'本是曲阳李家儿，九岁坠井死。'其父母寻访得李氏，～～皆符验。"

【推移】 tuīyí ❶指时间、时势的变化。《楚辞·渔父》："圣人不凝滞于物，而能与世～～。"《论衡·无形》："岁月～～，气变物类，虾蟆为鹑，雀为蜃蛤。"❷形容水势抑扬变化。《汉书·司马相如传上》："其西则有涌泉清池，激水～～。"

【推挹】 tuīyì 推重，推崇。《南史·任昉传》："昉起草即成，不加点窜，沈约一代辞宗，深所～～。"

【推择】 tuīzé 推选。《汉书·韩信传》："家贫无行，不得～～为吏。"

【推襟送抱】 tuījīnsòngbào 比喻真诚相待。《南史·张充传》："所以通梦交魂，～～～～者，惟丈人而已。"

焞 tuī 见 tūn。

蓷 tuī 草名，益母草。《诗经·王风·中谷有蓷》："中谷有～，暵其干矣。"（暵：干枯。）

弟 tuí 见 dì。

隤（隤） tuí ❶坠下，崩塌。班固《西都赋》："巨石～，松柏仆。"❷使倒塌。司马相如《上林赋》："～墙填堑，使山泽之民得至焉。"㊀败坏。司马迁《报任少卿书》："李陵既生降，～其家声。而仆又佴之蚕室，重为天下观笑。"（佴：居。）㊁落。阮籍《咏怀》之八："灼灼西～日，馀光照我衣。"❸降，降下。《汉书·扬雄传上》："发祥～祉，钦若神明者，盛哉铄乎，越不可载已。"（祉：福。）❹倒，跌倒。《淮南子·原道训》："先者～陷，则后者以谋；先者败绩，则后者违之。"❺安顺。见"隤然"。❻水地下流动。《汉书·沟洫志》："井下相通行水，水～以绝商颜，东至山领十馀里间。"

【隤岸】 tuí'àn 塌岸。杜甫《早起》诗："帖石防～～，开林出远山。"

【隤然】 tuírán 安顺的样子。《周易·系辞下》："夫乾，确然示人易矣；夫坤，～～示人简矣。"《后汉书·黄宪传论》："余曾祖穆侯，以为宪～～其处顺，渊乎其似道。"

颓（頹、穨） tuí ❶头秃。《广韵·灰韵》："～，秃。"❷崩塌，倒塌。《后汉书·灵思何皇后纪》："皇天崩兮后土～，身为帝兮命夭摧。"又《桓帝纪》："岱山及博尤来山并～裂。"❸坠落，落下。《论衡·累害》："～坠之类，常在悬垂。"陶弘景《答谢中书书》："夕日欲～，沉鳞竞跃。"㊀衰败，败落。《后汉书·崔琦传》："爰暨末叶，渐已～亏。"李白《古风》之五十四："晋风日已～，穷途方恸哭。"❹水下流。《史记·河渠书》："水～以绝商颜，东至山岭十馀里间。"（商颜：山名。）曹植《王仲宣诔》："经历山河，泣涕如～。"❺暴风从上而下。《诗经·小雅·谷风》："习习谷风，维风及～。"❻恭顺的样子。《礼记·檀弓上》："拜而后稽颡，～乎其顺也。"（稽颡：以头触地。）❼恶劣，多用于詈辞。王实甫《西厢记》三本二折："今日～天百般的难得晚。"

【颓波】 tuíbō ❶水波向下奔流。《水经注·圣水》："～～泻涧。"❷比喻衰败。李白《古风》之一："扬、马激～～，开流荡无垠。"（扬、马：扬雄和司马相如。）

【颓风】 tuífēng 颓废败坏的风气。李汉《唐吏部侍郎昌黎先生韩愈文集序》："洞视万古，愍恻当世，遂大拯～～，教人自为。"

【颓废】 tuífèi 倒塌，荒废。《后汉书·翟酺传》："而顷者～～，至为园采刍牧之处。宜更修缮。"后引申为意志消沉，萎靡不振。

【颓陵】 tuílíng 衰败。《后汉书·赵咨传》："自成康以下，其典稍乖。至于战国，渐至～～。"

【颓靡】 tuímí 颓废萎靡。贾至《工部侍郎李公集序》："而公当～～之中，振洋洋之声，可谓深见尧舜之道，宣尼之旨，鲜哉希矣！"（宣尼：孔子。）

【颓暮】 tuímù 衰老之年。谢灵运《永初三年七月十六日之郡初发都》诗："辛苦谁为情，游子值～～。"

【颓魄】 tuípò 残月。谢惠连《秋怀》诗："～～不再圆，倾羲无两旦。"

【颓颜】 tuíyán 容颜衰老。欧阳修《送张生》诗："一别相逢十七春，～～衰发互相询。"

【颓垣】 tuíyuán 断墙。苏轼《凌虚台记》："然而数世之后，欲求其仿佛，而破瓦～～，无复存者。"汤显祖《牡丹亭·惊梦》："姹紫嫣红开遍，似这般都付与断井～～。"

蹪（蹪） tuí 跌倒。《淮南子·人间训》："人莫～于山而～于垤，是故人皆轻小害，易微事以多悔。”（垤：小土堆。）

魋 1. tuí ❶神兽。《说文·鬼部》：“～，神兽也。”❷兽名，似小熊，毛浅而赤黄。《尔雅·释兽》：“～，如小熊，窃毛而黄。”❸魁梧，高大。陆云《赠顾尚书》诗：“丽容～翕，孔好已张。”❹姓。

2. chuí ❺通“椎”。见“魋结”。❻突出。见“魋颜”。

【魋结】 chuíjié 同“椎髻”。发髻形如椎。《史记·郦生陆贾列传》：“尉他～～箕倨见陆生。”也作“魋髻”。左思《魏都赋》：“或～～而左言。”

【魋颜】 chuíyán 额部高大突出。《史记·范雎蔡泽列传》：“唐举孰视而笑曰：‘先生曷鼻、巨肩、～～、蹙齃、膝挛，吾闻圣人不相，殆先生乎？’”（蹙齃：小鼻梁。挛：蜷曲不能伸开。）

僓（僓） 1. tuǐ ❶娴雅。《说文·人部》：“～，娴也。”

2. tuí ❷通“隤”。崩坏。见“僓然”。

【僓然】 tuírán 崩坏的样子。《庄子·外物》：“月固不胜火，于是乎有～～而道尽。”（月：比喻人清静的本性。道：指人的天性。）

腿（骽） tuǐ 胫（小腿）与股（大腿）的统称。韩愈《嘲鼾睡》诗：“铁佛闻皱眉，石人战摇～。”

退 tuì ❶向后移动，与“进”相对。《韩非子·初见秦》：“引军而～，复与魏氏为和。”《老子·六十九章》：“用兵者有言：‘吾不敢为主而为客，不敢进寸而～尺。’”㉿归，返回原处。《论语·季氏》：“鲤～而学诗。”（鲤：孔鲤。）《国语·鲁语下》：“虢之会，诸侯之大夫寻盟未～。”《史记·孔子世家》：“故孔子不仕，～而修诗书礼乐，弟子弥众。”❷离去，使之离去。《韩非子·亡征》：“亲臣进而故人～，不肖用事而贤良伏。”《管子·五辅》：“仓廪实而囹圄空，贤人进而奸民～。”㊁使之退却。《国语·晋语一》：“敌入而凶，救败不暇，谁能～敌？”❸退职，引退。《孟子·万章下》：“治则进，乱则～。”《老子·九章》：“功遂身～，天之道。”范仲淹《岳阳楼记》：“居庙堂之高，则忧其民；处江湖之远，则忧其君。是进亦忧，～亦忧。”❹谦退，谦逊。《国语·楚语上》：“夫子践位则～，自～则敬，否则赧。”《后汉书·光武帝纪上》：“大王虽执谦～，奈宗庙社稷何？”❺退缩不前。《论语·先进》：“求也～，故进之；由也兼人，故～之。”❻衰退，减退。《南史·江淹传》：“淹少以文章显，晚节才思微～。”白居易《新秋喜凉因寄兵部杨侍郎》诗：“外强火未～，中锐金方战。”❼柔和。见“退然”。❽改悔。《国语·晋语二》：“虽欲有～，众将责焉。”❾停止。《吕氏春秋·仲夏》：“薄滋味，无致和，～嗜欲，定心气。”❿（毛笔）秃。范成大《次韵李子永雪中长句》：“手龟笔～不可捉，墨泓龃龉冰生衣。”（龟：通“皲”。皮肤冻裂。）

【退步】 tuìbù 引退，不与人争。李之彦《东谷所见·贪欲》：“予年近七旬，尽宜省事乐闲，息心～～，何必贪欲！”

【退朝】 tuìcháo 朝见完毕返回原处。《国语·鲁语下》：“公父文伯～～，朝其母，其母方绩。”《论语·乡党》：“厩焚，子～～，曰：‘伤人乎？’不问马。”

【退耕】 tuìgēng 辞官归农。谢灵运《登池上楼》诗：“进德智所拙，～～力不任。”

【退老】 tuìlǎo 年老辞官。《论衡·气寿》：“武王崩，周公居摄七年，复政～～，出入百岁矣。”白居易《池上篇并序》：“西闬北垣第一第，即白氏叟乐天～～之地。”（闬：门。）

【退然】 tuìrán 柔和的样子。《礼记·檀弓下》：“文子，其中～～，如不胜衣。”（中：指身。）欧阳修《张子野墓志铭》：“而尧夫、子野～～其间，不动声气，众皆指为长者。”

侻 tuì 见tuō。

骁（駾） tuì 马奔驰。《说文·马部》：“～，马行疾来貌。”引申为奔突，奔窜。《诗经·大雅·绵》：“混夷～矣，维其喙矣。”（混夷：昆夷。古代西方少数民族。喙：通“瘃”。窘困。）李华《润州丹阳县复谏塘颂》：“西域既～矣，生人舒息。”

脱 tuì 见tuō。

税 tuì 见shuì。

蜕 tuì ❶蝉、蛇等脱下的皮。《庄子·寓言》：“予，蜩甲也，蛇～也，似之而非也。”㊁指兽类的皮。《聊斋志异·田七郎》：“虎皮狼～，悬布楹间。”❷蝉、蛇等脱皮去壳。《淮南子·说林训》：“蝉饱而不食，三十日而～。”《后汉书·仲长统传》：“飞鸟遗迹，蝉～亡壳。”❸退掉。任昉《述异记》卷上：“道家云：虎千年，则牙～而角生。”❹道家认为修道者死去如蝉之脱壳，故称死为蜕，后成为死的讳称。苏轼《咏二疏》：“已～则两忘，身后谁毁誉？”

【蜕骨】 tuìgǔ 脱骨，指死亡。李绅《灵蛇见少林寺》诗：“已应～～风雷后，岂效衔珠草莽间。”

褪 1. tuì ❶减色，颜色变淡。陈允平《恋绣衾》词："细桃红浅柳～黄，燕初来，宫漏渐长。"❷退。沈与求《泛舟阻风》诗："十篙八九～，逆势何乃尔？"

2. tùn ❸脱去衣装。辛弃疾《江神子·和人韵》词："可惜行云春不管，裙带～，鬓云松。"❹枯萎，凋谢。苏轼《蝶恋花》词："花～残红青杏小，燕子飞时，绿水人家绕。"❺消除。陆游《蔬饭》诗："春事已阑珊，山村未～寒。"❻宽松。秦观《点绛唇》词之二："美人愁闷，不管罗衣～。"

tun

吞 1. tūn ❶咽下去。《战国策·燕策三》："今子且致我，我且言子之夺我珠而～之，燕王当杀子。"❷吞并，消灭。《战国策·楚策一》："夫秦，虎狼之国也，有～天下之心。"❸容纳，包纳。王禹偁《黄冈竹楼记》："远～山光，平挹江濑，幽阒辽敻，不可具状。"范仲淹《岳阳楼记》："余观夫巴陵胜状，在洞庭一湖，衔远山，～长江。"

2. tiān ❹姓。

【吞敌】 tūndí 吞灭敌人。《魏书·薛虎子传》："匪直戍士有丰饱之资，于国有～～之势。"（匪直：不只，不仅。）李为《蔺相如秦庭返璧赋》："誓杀人而报主，欲张胆而～～。"

【吞风】 tūnfèng 比喻文才之美。李商隐《为濮阳公陈许举人自代状》："人惊～～之才，士切登龙之誉。"

【吞航】 tūnháng 吞舟。左思《吴都赋》："于是乎长鲸～～，修鲵吐浪。"

【吞声】 tūnshēng ❶不说话，不作声。《三国志·吴书·陆凯传》："是以狱无冤囚，死者～～。"❷无声地悲泣。鲍照《拟行路难》之四："心非木石岂无感，～～踯躅不敢言。"杜甫《哀江头》诗："少陵野老～～哭，春日潜行曲江曲。"

【吞食】 tūnshí ❶吞吃，不咀嚼就咽下去。《论衡·效力》："渊中之鱼，递相～～，度口所能容，然后咽之。"❷吞并，吞噬。《孔丛子·执节》："今秦有～～天下之心。"❸淹没。《水经注·濡水》："昔在汉世，海水波襄，～～地广。"

涒 1. tūn ❶见"涒滩"。

2. jūn ❷见"涒邻"。

【涒滩】 tūntān 即申年，太岁在申曰涒滩。《吕氏春秋·序意》："维秦八年，岁在～～。"（岁：岁星。）

【涒邻】 jūnlín 水流回旋曲折的样子。郭璞《江赋》："泓汯洞潩，～～圜潾。"

哼 1. tūn ❶见"哼哼"。

2. zhūn ❷通"谆"。见"哼哼"。

3. tuī ❸言语不正。《集韵·灰韵》："～，一曰哼谆，语不正。"

【哼哼】 tūntūn 车行迟重的样子。《诗经·王风·大车》："大车～～，毳衣如璊。"

【哼哼】 zhūnzhūn ❶同"谆谆①"。教诲人的样子。《庄子·胠箧》："释夫恬淡无为而悦夫～～之意。"❷多言的样子。《孔子家语·五仪》："无取钳钳，无取～～。"

焞 1. tūn ❶光明。《说文·火部》："～，明也。《春秋传》曰：'～耀天地。'"

2. tuī ❷盛多。见"焞焞"。

3. jùn ❸灼龟壳的火。《仪礼·士丧礼》："楚～置于燋。"

【焞焞】 tūntūn 无光耀的样子。《左传·僖公五年》："天策～～。"（天策：星名。）

【焞焞】 tuītuī 盛多的样子。《诗经·小雅·采芑》："戎车啴啴，啴啴～～，如霆如雷。"

暾 tūn ❶初升的太阳。《楚辞·九歌·东君》："～将出兮东方，照吾槛兮扶桑。"❷照射。李商隐《道士胡君新井碣铭》："玄鹤华表，仙人棋局。我刻斯铭，永～朝旭。"❸渐出的样子。潘岳《射雉赋》："～出苗以入场，愈情骇而神悚。"

【暾暾】 tūntūn ❶日光明亮温暖的样子。岑参《春寻河阳闻处士别业》诗："风暖日～～，黄鹂飞近村。"❷火光炽盛的样子。《新唐书·五行志》："州人先见物赤而～～飞来，旋即火发。"

屯 1. tún ❶聚集；积聚。《楚辞·离骚》："～余车其千乘兮，齐玉轪而并驰。"韩愈《送郑尚书序》："蜂～蚁杂，不可爬搜。"❷驻扎，驻守。《史记·陈涉世家》："发闾左適戍渔阳九百人，～大泽乡。"《三国志·吴书·吴主传》："使鲁肃以万人～巴丘以御关羽。"❸土阜，土山。《庄子·至乐》："生于陵～，则为陵舄。"❹古地名。❺见"屯屯"。

2. zhūn ❻六十四卦之一。卦形为震下坎上。《周易·屯》："～，刚柔始交而难生。"❼艰难。《后汉书·班彪传》："绍百王之荒～，因造化之荡涤。"刘禹锡《子刘子自传》："重～累厄，数之奇兮。"❽姓。

【屯候】 túnhòu 哨兵，犹斥候。《三国志·吴书·吕蒙传》："昼夜兼行，至[关]羽所置江边～～，尽收缚之。"

【屯戍】 túnshù 派兵驻守。《盐铁论·本议》："故修障塞，饬烽燧，～～以备之。"范仲淹《奏乞拣选往边上屯驻兵士》："自京差拨禁军，往陕西边上～～。"

【屯田】 túntián 汉代以来历代政府利用地

方驻军或召募农民开荒种地，以取得军饷。《三国志·魏书·武帝纪》："是岁用枣祗、韩浩等议，始兴～～。"

【屯屯】 túntún ❶丰盈的样子。《盐铁论·国疾》："文景之际，建元之始，民朴而归本，吏廉而自重，殷殷～～，人衍而家富。"❷聚集的样子。柳宗元《答周君巢书》："昧昧而趍，～～而居。"

【屯云】 túnyún 积聚的云团。谢惠连《西陵遇风献康乐》诗："～～蔽曾岭，惊风涌飞流。"杜甫《与李十二白同寻范十隐居》诗："落景闻寒杵，～～对古城。"

【屯厄】 zhūn'è 困苦，危难。《三国志·魏书·管宁传》："行遇～～，遭罹疾病。"《资治通鉴·梁敬帝太平元年》："愔风表鉴裁，为朝野所重，少历～～。"

【屯奇】 zhūnjī 困顿不顺。秦观《辞史官表》："臣少而愚贱，长更～～。"

【屯难】 zhūnnàn 艰难，祸乱。谢灵运《撰征赋》："民志应而愿税，国～～而思抚。"《新唐书·戴叔伦传》："叔伦劝以～～未靖，安之者莫先于兵。"

【屯邅】 zhūnzhān 行进艰难的样子，比喻处境艰难。《周易·屯》："屯如邅如。"《后汉书·荀彧传论》："方时运之～～，非雄才无以济其溺。"

【屯屯】 zhūnzhūn ❶恭谨忠恳的样子。董仲舒《春秋繁露·五行相生》："[孔子]为鲁司寇，断狱～～，与众共之，不敢自专。"❷行进艰难的样子。柳宗元《天对》："曶黑晰眇，往来～～，厖昧革化，唯元气存，而何为焉！"

忳 1. tún ❶忧伤苦闷。《楚辞·离骚》："～郁邑余侘傺兮，吾独穷困乎此时也。"(侘傺：不得志的样子。)又《九辩》："邅翼翼而无终兮，～惛惛而愁约。"(邅：小心。)

2. zhūn ❷诚恳的样子。见"忳忳"。

3. dùn ❸无知的样子。见"忳忳"。

【忳忳】 túntún 忧愁的样子。《楚辞·九章·惜诵》："申侘傺之烦惑兮，中闷瞀之～～。"

【忳忳】 zhūnzhūn 诚恳的样子。《楚辞·九辩》："纷～～之愿忠兮，妒被离而障之。"

【忳忳】 dùndùn 无知的样子。《新书·先醒》："不知治乱存亡之所由，～～然犹醉也。"

芚 1. tún ❶草木初生的样子。《法言·寡见》："春木之～兮，援我手之鹑兮。"

2. chūn ❷谨厚的样子。《庄子·齐物论》："众人役役，圣人愚～。"

囤 tún 见dùn。

纯 tún 见chún。

炖(燉) 1. tún ❶火旺盛。《玉篇·火部》："～，火盛貌。"柳宗元《湘源二妃庙碑》："潜火煽孽，～于融风。"

2. dùn ❷把食物煨煮。白居易《别毡帐、火炉》诗："婉软蛰鳞苏，温～冻肌活。"

軘(軘) tún 见"軘车"。

【軘车】 túnchē 兵车的一种。《左传·宣公十二年》："晋人惧二子之怒楚师也，使～～逆之。"

豚 1. tún ❶小猪。《孟子·梁惠王上》："鸡～狗彘之畜，无失其时。"《左传·昭公十三年》："牛虽瘠，偾于～上，其畏不死？"(偾：倒覆。)㊀指豚形的器物。《论衡·率性》："世称子路无恒之庸人，未入孔门时，戴鸡佩～，勇猛无礼。"

2. dūn ❷通"墩"。土堆。《三国志·魏书·蒋济传》："豫作土～，遏断湖水，皆引后船，一时开遏入淮中。"

3. dùn ❸通"遯"。隐遁。《管子·枢言》："沌沌乎博而圜，～～乎莫得其门。"

【豚犬】 túnquǎn 猪和狗。也用以谦称自己的儿子。《三国志·吴书·孙权传》注引《吴历》："[曹]公见舟船器仗军伍整肃，喟然叹曰：'生子当如孙仲谋，刘景升儿子若～～耳！'"(刘景升：刘表。)岳珂《宝真斋法书赞·刘锜书简》："～～辈岂非椎钝不足教耶？"

敦 tún 见dūn。

鲀(魨) tún 鱼名，即"河豚"。

臀(臋) tún ❶臀部，俗称屁股。《国语·周语下》："且吾闻成公之生也，其母梦神规其～以墨。"《汉书·刑法志》："当笞者笞～。"❷器物的底部。《周礼·考工记·㮚氏》："其～一寸，其实一豆。"

褪 tùn 见tuì。

tuo

它 1. tuō ❶古"蛇"字。《说文·它部》："～，虫也。"

2. tuó ❷通"驼"。《汉书·扬雄传下》："驱橐～。"《文选》扬雄《长杨赋》作"驱橐驼"。❸交错的样子。见"它它藉藉"。

3. tā ❹同"他"。别的。《诗经·小雅·鹤鸣》："～山之石，可以为错。"(错：磨制玉器的石头。)❺第三人称代词。《朱子语类》卷三二:"若冯异乃是战时有功,到后来事定,诸将皆论功,～却不自信也。"

【它它藉藉】 tuótuójíjí 同"他他藉藉"。交错杂乱。《汉书·司马相如传上》:"不被创刃而死者,～～～～,填坑满谷。"

他 tuō 见tā。

托[1] tuō ❶用手掌承物。《西游记》四十二回:"右手轻轻地提起,～在左手掌上。"❷承托器皿的座子。见"托子"。❸寄托。辛弃疾《瑞鹤仙·赋梅》词:"瑶池归约,邻翁更仗谁～?"

【托子】 tuōzǐ 承托盏碗盘状器具的底座儿。《景德传灯录·松山和尚》:"一日命庞居士吃茶,居士举起～～。"

托[2]**(託)** tuō ❶寄托,寄居。《楚辞·招魂》:"魂兮归来,东方不可以～些。"(些:语气词。)《史记·吕不韦列传》:"愿得子楚立以为適嗣,以～终身。"《后汉书·隗嚣传》:"而苍蝇之飞,不过数步,即～骥尾,得以绝群。"㊀凭借。《管子·形势》:"虎豹～幽,而威可载也。"❷托付,委托。《孟子·梁惠王下》:"王之臣有～其妻子于其友而之楚游者。"《战国策·秦策二》:"王曰:'寡人～国于子,焉更得贤相?'"❸请托。《后汉书·陈蕃传》:"大将军梁冀威震天下,时遣书诣蕃,有所请～,不得通。"❹假托。《后汉书·鲁恭传》:"恭怜丕小,欲先就其名,～疾不仕。"又《卓茂传》:"遂欧血～病,杜门自绝。"

【托处】 tuōchǔ 寄居。《汉书·贾山传》:"为宫室之丽至于此,使其后世曾不得聚庐而～～焉。"

【托大】 tuōdà ❶超脱,超出。《世说新语·赏誉》:"时人目庾中郎:'善于～～,长于自藏。'"❷疏忽大意。《水浒传》四回:"你从今日难比往常,凡事自宜省戒,切不可～～。"

【托孤】 tuōgū 把遗孤托付于人。《三国志·蜀书·先主传》:"先主疾笃,～～于丞相亮。"陈亮《酌古论·诸葛孔明》:"挺身～～,不放不摄,而人无间言。"

【托名】 tuōmíng ❶依托他人的名声。《后汉书·赵壹传》:"往造河南尹羊陟,不得见。壹以公卿中非陟无足以～～者,乃日往到门,陟自强许通,尚卧未起。"❷假借名义。《三国志·吴书·周瑜传》:"[曹]操虽～～汉相,其实汉贼也。"

【托命】 tuōmìng 把自己的命运寄托于人。《汉书·霍光传》:"中孺扶服叩头,曰:'老臣得～～将军,此天力也。'"

【托寓】 tuōyù ❶寄居于外。《墨子·非儒下》:"周公旦非其人也邪?何为舍其家室而～～也。"❷寄意于他物。司马相如《封禅文》:"依类～～,喻以封峦。"

【托足】 tuōzú 立足,安身。《汉书·贾山传》:"为驰道之丽至于此,使其后世曾不得邪径而～～焉。"

拕 tuō 见chǐ。

饦(飥) tuō 饼。《方言》卷十三:"饼谓之～。"

迤 tuō 见yǐ。

拖(拕) tuō ❶垂下来,拖着。扬雄《解嘲》:"纡青～紫,朱丹其毂。"(纡:缠绕。青、紫:印绶。)《汉书·龚胜传》:"胜称病笃,为床室中户西南牖下,东首加朝服～绅。"❷牵引,拉。《汉书·严助传》:"～舟而入水。"李白《丁都护歌》:"吴牛喘月时,～船一何苦。"❸夺。《淮南子·人间训》:"秦牛缺径于山中而遇盗,夺之车马,解其橐笥,～其衣被。"❹拖延。苏轼《论积欠状》:"运转司窘于财用,……所以逐县例有～欠。"

说 tuō 见shuō。

侻 1. tuō ❶简易。《淮南子·本经训》:"其言略而循理,其行～而顺情。"❷轻率,洒脱。《三国志·魏书·王粲传》:"[刘]表以粲貌寝而体弱通～,不甚重也。"《新唐书·李百药传》:"性疏～,好剧饮。"❸通"脱"。脱离。《老子·三十六章》:"鱼不可～于渊。"(马叙伦校诂:"各本及《淮南·道应训》引作脱。")

2. tuì ❹相宜,适可。宋玉《神女赋》:"婧被服,～薄装,沐兰泽,含若芳。"《法言·君子》:"孙卿非数家之书,～也。"

【侻陋】 tuōlòu 丑陋。《新唐书·陆羽传》:"貌～～,口吃而辩。"

挩 1. tuō ❶通"脱"。脱落。《老子·五十四章》:"善建者不拔,善抱者不～。"❷捶打。《穀梁传·宣公十八年》:"秋,七月,邾人戕缯子于缯,戕,犹残也,～杀也。"(范宁注:"挩谓捶打残贼而杀。")

2. shuì ❸擦拭。《仪礼·乡饮酒礼》:"坐～手,遂祭酒。"

棁 tuō 见zhuó。

脱 1. tuō ❶将肉去掉皮骨。《礼记·内则》:"肉曰～之,鱼曰作之。"❷去掉,解下。《国语·齐语》:"～衣就功。"《木兰诗》:"～我战时袍,着我旧时裳。"❸脱离,离开。

《论衡·幸偶》:"蜘蛛结网,蜚虫过之,或～或获。"《后汉书·光烈阴皇后纪》:"幸得安全,俱～虎口。"❹逃脱,免于祸。《史记·吕太后本纪》:"问,知其酖,齐王恐,自以为不得～长安,忧。"《汉书·高帝纪上》:"滕公下收载,遂得～。"❺出,发出。《管子·霸形》:"言～于口,而令行乎天下。"❻轻慢,疏略。《国语·周语中》:"无礼则～,寡谋自陷。"《史记·礼书》:"凡礼始乎～,成乎文,终乎税。"❼散落,遗漏。《汉书·艺文志》:"迄孝武世,书缺简～,礼坏乐崩。"❽副词。或许,偶尔。《后汉书·李通传》:"事既未然,～可免祸。"欧阳修《读李翱文》:"余行天下,见人多矣,～有一人能如翱忧者,又皆贱远,与翱无异。"❾连词。倘若,倘使。《新唐书·魏徵传》:"～因水旱,谷麦不收,恐百姓之心不能如前日之宁贴。"穆修《唐柳先生集后序》:"～有一二废字,由其陈故劘灭,读无甚害,更资研证就真耳。"(劘灭:磨灭。)

2. tuì ⓾舒展。见"脱脱"。⓫通"蜕"。蛇、蝉等脱皮去壳。《庄子·至乐》:"蝴蝶胥也化而为虫,生于灶下,其状若～。"

【脱光】 tuōguāng ❶日月因遇蚀而失去光辉。《晋书·天文志中》:"……五曰暗,谓日月蚀,或曰～～也。"❷刀神名。《艺文类聚·太公兵法》:"刀子之神,名曰～～。"

【脱甲】 tuōjiǎ 解去铠甲,比喻停战。《三国志·魏书·陈思王植传》:"东有不臣之吴,使边境未得～～,谋士未得高枕者。"

【脱简】 tuōjiǎn 竹简的简片散失。《汉书·楚元王传》:"经或～～,传或间编。"

【脱落】 tuōluò ❶掉下,散落。《世说新语·德行》:"饭粒～～盘席间,辄拾以啖之。"❷轻慢。任昉《王文宪集序》:"时司徒袁粲,有高世之度,～～尘俗。"

【脱略】 tuōlüè 轻慢,不拘束。《晋书·谢尚传》:"及长,开率颖秀,辨悟绝伦,～～细行,不为流俗事。"陈亮《又乙巳春书之二》:"至于畔弃绳墨,～～规矩,无乃通国皆称其不孝而因谓之不孝乎?"

【脱谬】 tuōmiù 文字有脱漏及谬误。曾巩《礼阁新仪目录序》:"既正其～～,因定著从目录,而《礼阁新仪》三十篇复完。"

【脱然】 tuōrán 轻松的样子。《淮南子·精神训》:"今夫繇者……盐汗交流,喘息薄喉,当此之时,得茠越下,则～～而喜矣。"(茠越下:在树阴下休息。)韩愈《答张籍书》:"今乃大得所图,～～若沈痾去体,洒然若执热者之濯清风也。"

【脱素】 tuōsù 简朴。《后汉书·向栩传》:"及之官,时人谓其必当～～从俭,而栩更乘鲜车,御良马,世疑其始伪。"

【脱兔】 tuōtù 逃脱的兔子,比喻行动迅速。《史记·田单列传》:"夫始如处女,適人开户;后如～～,適不及距,其田单之谓邪!"(適:通"敌"。距:通"拒"。)

【脱屣】 tuōxǐ 脱鞋,比喻把事情看得很容易。《史记·封禅书》:"于是天子曰:'嗟乎!吾诚得如黄帝,吾视去妻子如～～耳。'"又《魏世家》:"贫贱者,行不合,言不用,则去之楚、越,若～～然。"

【脱脱】 tuìtuì 从容缓慢的样子。《诗经·召南·野有死麕》:"舒而～～兮,无感我帨兮,无使尨也吠。"(帨:佩巾。尨:长毛狗。)

税 tuō 见 shuì。

讬 tuó 见 yí。

池 tuó 见 chí。

驮(馱、駄) 1. tuó ❶牲口负载物品。张籍《凉州词》:"无数铃声遥过碛,知～白练到安西。"欧阳修《洛阳牡丹记》:"自青州以骆驼～其种,遂传洛中。"㊂泛指用背负物。《京本通俗小说·错斩崔宁》:"我的父亲昨日明明把十五贯钱与他～来。"

2. duò ❷牲口驮载的货物。陆游《短歌示诸稚》诗:"再归又六年,疲马欣解～。"❸量词。薛调《无双传》:"乃装金银罗锦二十～。"

佗 1. tuó ❶通"驮"。负荷。《汉书·赵充国传》:"以一马自～负三十日食。"❷交错的样子。见"佗佗藉藉"。❸姓。

2. tuō ❹通"他"、"它"。1)别的,其他的。陶渊明《挽歌》诗:"亲戚或余悲,～人亦已歌。"2)第三人称代词。参见"他"。

3. tuò ❺加。《诗经·小雅·小弁》:"舍彼有罪,予之～矣。"

4. yí ❻见"委佗"。

【佗佗藉藉】 tuótuójíjí 同"他他藉藉"。参见"他他藉藉"。

陀 1. tuó ❶山冈。吴昌龄《东坡梦》一折:"山高巇崄崄嵯峨,凛冽林峦乱石～。"❷不平坦。见"陂陀"。❸团形的东西。《西游记》七十二回:"可怜就砑得像个肉～。"❹量词。曾瑞《端正好·自序》曲:"黄菊东篱栽数科,野菜西山锄几～。"

2. duò ❺塌陷。《淮南子·缪称训》:"城峭者必崩,岸崝者必～。"(崝:同"峭"。)

沱 1. tuó ❶江水的支流，水湾。《诗经·召南·江有汜》："江有～，之子归，不我过。"庾信《将命使北始渡瓜步江》诗："辅轩临碛岸，旌旗映江～。"❷古水名。一指四川省境内的古湔水。《尚书·禹贡》："华阳、黑水惟梁州，岷、嶓既艺，～、潜既道。"一指湖北省境内的古夏水。《尚书·禹贡》："荆及衡阳惟荆州，江汉朝宗于海，九江孔殷，～、潜既道。"❸泪下流。见"沱若"。

2. chí ❹同"池"。《集韵·支韵》："～，穿地钟水。亦作池。"

【沱若】 tuóruò 泪流如雨的样子。《周易·离》："出涕～～，戚嗟若。"

驼（駝、駞） 1. tuó ❶骆驼。《齐民要术·煮胶》："煮胶法：……沙牛皮、水牛皮、猪皮为上，驴、马、～、骡皮为次。"杜甫《自京赴奉先县咏怀五百字》："劝客～蹄羹，霜橙压香橘。"❷脊背弯曲如驼峰。萨都剌《宫人图》诗："一女浅步腰半～，小扇轻扑花间蛾。"❸通"驮"。[引]背负。《镜花缘》三十七回："到了夜晚，妹夫将俺～上。"❹量词。块。《续资治通鉴·宋理宗宝庆三年》："耶律楚材独取书数部，大黄两～而已。"

2. chí ❺通"驰"。驰翔。《楚辞·九歌·东君》："撰余辔兮高～翔，杳冥冥兮以东行。"

𬘘（紽） tuó 古代用来计算丝缕的量词，五丝或二丝称紽。《诗经·召南·羔羊》："羔羊之皮，素丝五～。"

砣（碢） tuó ❶碾砣，即碾磙子。《字汇·石部》："～，碾轮石也。"❷同"堶"。古时用作抛掷游戏的砖块。《集韵·戈韵》："堶，飞砖戏也。或作～。"

𫘨（驒） tuó 有鳞状斑文的青毛马。《诗经·鲁颂·駉》："薄言駉者，有～有骆。"（駉：马肥壮的样子。）

【𫘨𫘦】 tuóxī 野马名。《史记·匈奴列传》："其奇畜则橐驼、驴、骡、駃騠、騊駼、～～。"

堶 tuó 古时用作抛掷游戏的砖块。梅尧臣《依韵和禁烟近事之什》："窈窕踏歌相把袂，轻浮赌胜各飞～。"

酡 1. tuó ❶酒后脸发红。《楚辞·招魂》："美人既醉，朱颜～些。"李白《前有樽酒行》之一："落花纷纷稍觉多，美人欲醉朱颜～。"

2. duò ❷将醉。汤显祖《紫钗记·狂朋试喜》："客贺新婚饮半～。"

【酡颜】 tuóyán ❶脸色红润，醉容。白居易《与诸客空腹饮》诗："促膝才飞白，～～已渥丹。"（渥丹：红而有光泽。）❷指红脸。《水浒传》五十三回："苍然古貌，鹤发～～。"

跎 tuó ❶见"蹉跎"。❷驼背。汤显祖《牡丹亭·诀谒》："镇日里似醉汉扶头，甚日的和老～伸背。"

𬶍（鮀、鱓） tuó ❶鱼名，鲇类鱼。《齐民要术·鱓臛》："～臛，汤燖，去腹中，净洗。中解，五寸断之。煮沸，令变色。"❷吹沙小鱼。《尔雅·释鱼》："鲨，～。"（郭璞注："今吹沙小鱼，体圆而有点文。"）❸动物名，即扬子鳄。

橐（槖） tuó ❶口袋的一种。《左传·宣公二年》："而为之箪食与肉，置诸～而与之。"《史记·田敬仲完世家》："田乞盛阳生～中，置坐中央。"❷用袋子装，收藏。《吕氏春秋·悔过》："过天子之城，宜～甲束兵。"❸古代冶铁时用来鼓风的装置，犹今之风箱。《淮南子·本经训》："鼓～吹埵，以销铜铁。"（埵：冶炼炉的吹风管。）

【橐驼】 tuótuó ❶骆驼。也作"橐佗"、"橐它"、"橐他"。《战国策·楚策一》："赵、代良马～～，必实外厩。"《汉书·司马相如传上》："其兽则麒麟角端，騊駼～～。"❷指驼背的人。柳宗元《种树郭橐驼传》："郭橐驼，不知始何名。病瘘，隆然伏行，有类～～者，故乡人号之驼……因舍其名，亦自谓～～云。"（瘘：脊背弯曲的病。隆然：形容脊背突起。伏行：弓着腰走路。）

【橐橐】 tuótuó 象声词。夯土声。《诗经·小雅·斯干》："约之阁阁，椓之～～。"（椓：击。阁阁：象声词。）

【橐籥】 tuóyuè ❶犹今之风箱。《老子·五章》："天地之间，其犹～～乎？虚而不屈，动而愈出。"（籥：风箱中的吹风管。）❷比喻天地间无穷尽之物，即大自然。陆机《文赋》："同～～之罔穷，与天地乎并育。"

【橐中装】 tuózhōngzhuāng 比喻质轻价贵的宝物。《史记·郦生陆贾列传》："赐陆生～～～值千金，他送亦千金。"

𫚒 tuó 见 shàn。

鼍（鼉） tuó 爬行动物，鳄鱼的一种，又名扬子鳄。《国语·晋语九》："鼋～鱼鳖，莫不能化，唯人不能。"张籍《白鼍吟》："天欲雨，有东风，南溪白～鸣窟中。"

【鼍鼓】 tuógǔ 用鼍皮蒙制的鼓。《诗经·大雅·灵台》："～～逢逢，矇瞍奏公。"（矇、瞍：盲人。古代的乐师。）

妥 tuǒ ❶安坐。《诗经·小雅·楚茨》："以～以侑，以介景福。"[引]安定，稳定。《汉书·武五子传》："薰鬻徙域，北州以～。"

❷落下。杜甫《重过何氏》诗之一："花～莺捎蝶，溪喧獭趁鱼。"

【妥帖】 tuǒtiē 稳当，妥当。也作"妥怗"。陆机《文赋》："或～～而易施，或岨峿而不安。"（岨峿：不安的样子。）韩愈《荐士》诗："横空盘硬语，～～力排奡。"（排奡：指诗文刚劲有力。）

【妥贴】 tuǒtiē 安定，稳定。张逊《上隋文帝表》："幅员暂宁，千里～～。"杜甫《八哀诗·故司徒李公光弼》："拥兵镇汴河，千里初～～。"

绥 tuǒ 见 suí。

庹 tuǒ ❶量词。成年人两臂左右伸直的长度。《字汇补·广部》："两腕引长谓之～。"❷姓。

隋 1. tuǒ ❶通"椭"。椭圆形。《诗经·豳风·破斧》"既破我斧，又缺我斨"毛亨传："～銎曰斧。"（銎：安斧柄的孔。）

2. duò ❷残馀的祭品。《周礼·春官·守祧》："既祭，则藏其～与其服。"❸通"堕"。坠落，垂下。《史记·天官书》："廷藩西有～星五。"❹通"惰"。懒惰。《淮南子·时则训》："行春令，故暖风至，民气解～也。"

3. suí ❺诸侯国名。在今湖北省随州市。《左传·桓公八年》："楚子伐～。"❻朝代名。隋朝（公元 581 至 618 年），为杨坚所建。❼姓。

【隋和】 suíhé ❶隋侯之珠与和氏之璧的略称，两者都是宝器。也作"随和"。《法言·问明》："久幽而不改其操，虽～～何以加诸？"❷比喻纯洁，纯正。《盐铁论·殊路》："今仲由冉求，无檀柘之材，～～之璞。"（璞：淳朴。）

【隋珠】 suízhū 宝珠。也作"随珠"。据传隋侯救活一条受伤的蛇，后来大蛇衔了一颗明珠给他，后世称隋侯之珠。《战国策·楚策四》："宝珍～～不知佩兮，袆布与丝不知异兮。"

堕 tuǒ 见 duò。

椭（楕、橢、㯐） 1. tuǒ ❶长圆形。《楚辞·天问》："南北顺～，其衍几何？"《淮南子·修务训》："其方圆锐～不同，盛水各异，其于灭火钧也。"

2. duǒ ❷秃，枯。扬雄《太玄经·穷》："土不和，科～。"

媠（嫷） 1. tuǒ ❶美，好。见"媠服"。

2. duò ❷通"惰"。不敬，懈怠。《汉书·孝武李夫人传》："妾不敢以燕～见帝。"

【媠服】 tuǒfú 美丽的衣服。曹植《七启》："收乱发兮拂兰泽，形～～兮扬幽若。"

【媠谩】 duòmàn 轻慢，不严饬。《汉书·龚胜传》："疾言辩讼，～～亡状，皆不敬。"

撱 tuǒ 通"椭"。椭圆形。使成椭圆形。《史记·平准书》："二曰以重差小，方之……三曰复小，～之。"

拓 1. tuò ❶举，托起。《列子·说符》："孔子之劲能～国门之关，而不肯以力闻。"杜甫《醉为马坠诸公携酒相看》诗："甫也诸侯老宾客，罢酒酣歌～金戟。"❷开辟，扩展。《后汉书·窦宪传》："下以安固后嗣，恢～境宇，振大汉之天声。"又《杜笃传》："～地万里，感震八荒。"❸潦倒。失意。见"拓落①"。

2. zhí ❹同"摭"。拾取。《说文·手部》："～，拾也。陈、宋语，或从庶。"❺折。《后汉书·张衡传》："躔建木于广都兮，～若华而踌躇。"（躔：践。建木：神木名。）

3. tà ❻将石碑或器物上的文字或图案摹印在纸上。《隋书·经籍志一》："其相承传～之本，犹在秘府。"

【拓定】 tuòdìng 开辟并安定。《三国志·魏书·武帝纪》："济师洪河，～～四州。"又《三少帝纪》："爰发四方，～～庸、蜀。"

【拓境】 tuòjìng 刚开辟的领土。《后汉书·庞参传》："夫～～不宁，无益于疆。"

【拓落】 tuòluò ❶潦倒、失意的样子。《汉书·扬雄传下》："意者玄得无尚白乎？何为官之～～也？"❷广大、宽广的样子。左思《魏都赋》："或嵬垒而复陆，或黋朗而～～。"（黋朗：宽而明的样子。）

柝（㯤、欜） tuò ❶梆子，古代巡夜时用以报更的木梆。《左传·哀公七年》："鲁击～闻于邾。"《孟子·万章下》："辞尊居卑，辞富居贫，恶乎宜乎，抱关击～。"❷通"拓"。开拓。《淮南子·原道训》："夫道者，覆天载地，廓四方，～八极。"

萚（蘀） tuò ❶草木脱落的叶或皮。《诗经·豳风·七月》："八月其获，十月陨～。"又《郑风·萚兮》："～兮～兮，风其吹女。"❷草名。《山海经·中山经》："［甘枣之山］其下有草焉，葵本而杏叶，黄华而荚实，名曰～。"

唾 tuò ❶唾液，唾沫。杜甫《醉歌行》："汝身已见～成珠，汝伯何由发如漆。"❷吐唾沫，多表示鄙弃。《史记·孟尝君列传》："如复见文者，必～其面而大辱之。"（文：田文。）❸吐。《韩非子·外储说左上》："鲁人有自喜者，见长年饮酒不能釂则～之，亦效～之。"（釂：喝干杯中酒。）《后汉书·和熹邓皇后纪》："自力上原陵，加欬逆～血，遂至不解。"

【唾弃】 tuòqì 鄙弃，厌恶。李商隐《行次西郊作一百韵》："公卿辱嘲叱，～～如粪丸。"

【唾掌】 tuòzhǎng 吐唾液于手掌上，极言其易。《后汉书·公孙瓒传》注引《九州春秋》："瓒曰：'始天下兵起，我谓～～而决。'"

跅 tuò 见"跅弛"。

【跅弛】 tuòchí 放纵，不循规矩。《汉书·武帝纪》："夫泛驾之马，～～之士，亦在御之而已。"陈亮《戊申再上孝宗皇帝书》："才者以～～而弃，不才者以平稳而用。"

毻（㲞） tuò 蜕，换。见"毻毛"。

【毻毛】 tuòmáo 鸟兽换毛。庾信《至老子庙应诏》诗："～～新鹄小，盘根古树低。"

箨（籜） tuò 竹笋皮，笋壳。李贺《昌谷北园新笋》诗之一："～落长竿削玉开，君看母笋是龙材。"魏源《默觚下·治篇五》："君子学古之道，犹食笋而去其～也。"

W

wa

洼（窪） 1. wā ❶小水坑，低凹积水处。《老子·二十二章》："～则盈，蔽则新。"《庄子·齐物论》："大木百围之窍穴，似鼻，似口，……似臼，似～者，似污者。"❷深池。《方言》卷三："～，洿也。自关而东或曰～。"❸凹下的样子。见"洼然"。❹滞积。见"洼水"。

2. guī ❺姓。

【洼然】 wārán 凹下的样子。柳宗元《始得西山宴游记》："其高下之势，岈然～～，若垤若穴。"

【洼水】 wāshuǐ 积滞不流动的水。《淮南子·览冥训》："山无峻干，泽无～～。"

哇 1. wā ❶吐，吐出。《孟子·滕文公下》："其兄自外至，曰：'是鶃鶃之肉也。'出而～之。"（鶃鶃：鹅叫的声音，指鹅。）❷靡曼的乐音。《法言·吾子》："中正则雅，多～则郑。"（郑：指郑地的俗乐。）❸哭声或叫喊。王安石《董伯懿示裴晋公平淮右题名碑诗用其韵和酬》："空城竖子已可缚，中使尚作啼儿～。"

2. guī ❹唱歌，也指歌曲或歌声。梁武帝《戏作》诗："长袂必留客，清～咸绕梁。"

3. huá ❺哽塞不通。《庄子·大宗师》："屈服者，其嗌言若～。"（嗌：咽喉窒塞。）

4. wá ❻同"娃"。小孩。汤显祖《牡丹亭·闺塾》："有指证，姜嫄产～。"

【哇咬】 wāyǎo ❶俗乐，民间的乐曲。傅毅《舞赋》："眄般鼓则腾清眸，吐～～则发皓齿。"柳宗元《吊屈原文》："～～环观兮，蒙耳大吕。"（大吕：指高尚的音乐。）❷声音细小繁杂。潘岳《笙赋》："～～嘲哳，壹何察惠。"

窊 wā ❶低凹，低下。元结《杯樽铭序》："石有～颠者，因修之以藏酒。"㉛下。《后汉书·桓荣传》："辞隆从～，絜操也。"❷比喻衰落。陶渊明《命子》诗："时有语默，运因隆～。"❸卷缩的样子。梅尧臣《次韵和永叔尝新茶杂言》："味久回甘竟日在，不比苦硬令舌～。"

【窊隆】 wālóng ❶地势低凹高出。苏舜钦《送王纬赴选序》："地形～～，以机激水，上下环回无不通。"❷水势起伏。《晋书·索靖传》："骐骥暴怒逼其辔，海水～～扬其波。"

娲（媧） wā ❶女娲，神话传说中的人物。《说文·女部》："～，古之神圣女，化万物者也。"《淮南子·览冥训》："于是女～炼五色石以补苍天。"❷姓。

【娲皇】　wāhuáng　女娲氏，传说中的古帝王。湛贲《日五色赋》："光浮石璧，谓～～之补天；影入词林，疑江淹之梦笔。"

窐　wā　见 guī。

哫　wā　见 ér。

蛙（鼃、黽）　wā　❶两栖动物。种类很多，青蛙是常见的一种。《庄子·秋水》："子独不闻夫埳井之～乎？"《国语·晋语九》："晋师围而灌之，沈灶产～，民无叛意。"❷通"哇②"。非正统的淫邪乐曲。班固《答宾戏》："淫～而不可听者，非韶夏之乐也。"参见"蛙声"。

【蛙吹】　wāchuī　蛙鸣，蛙叫。韦庄《夏夜》诗："～～鸣还息，蛛罗灭又光。"范成大《积雨作寒》诗之一："养成～～无谓，扫尽蚊雷却奇。"

【蛙黾】　wāměng　蛙的一种。杜甫《八哀诗·故右仆射相国张公九龄》诗："碣石岁峥嵘，天地日～～。"韩愈《河南令舍池台》诗："长令人吏远趋走，已有～～助狼藉。"

【蛙声】　wāshēng　淫邪之声。《汉书·王莽传赞》："紫色～～，馀分闰位，圣王之驱除云尔！"

漥　wā　同"窊"。低凹。见"漥瀤"。

【漥瀤】　wāhuái　水波起伏的样子。郭璞《江赋》："迾沦～～，乍浥乍堆。"

鲑　wā　见 guī。

娃　1. wá　❶美，好。《说文·女部》："吴楚之间谓好曰～。"❷美女。李白《经离乱后赠江夏韦太守良宰》诗："吴～与越艳，窈窕夸铅红。"（铅：粉。）❸小孩。陆龟蒙《陌上桑》诗："邻～尽着绣裆襦，独自提筐采蚕叶。"

2. guì　❹姓。

【娃馆】　wáguǎn　宫女的馆舍。王勃《七夕赋》："～～疏兮绿草积，欢房寂兮紫苔生。"白居易《秋寄微之十二韵》："～～松江北，稽城浙水东。"

瓦　1. wǎ　❶用土烧成的器物。《荀子·性恶》："夫陶人埏埴而生～。"《韩非子·外储说右上》："有～器而不漏，可以盛酒乎？"⊗指纺锤。《诗经·小雅·斯干》："乃生女子，……载弄之～。"❷盾中间拱起的部分，盾脊。《左传·昭公二十六年》："射子，中楯～。"（子：人名。）❸覆盖屋顶的陶类建筑材料。《史记·廉颇蔺相如列传》："秦军鼓噪勒兵，武安屋～尽震。"杜甫《秦州杂诗》之十二："对门藤盖～，映竹水穿沙。"❹地名。春秋时卫地，在今河南省滑县南。《左传·定公八年》："公会晋师于～。"❺宋元时代城市中的游艺场所。见"瓦子"。❻古代"八音"中"土"的别称。《国语·周语下》："金石以动之，丝竹以行之，……匏以宣之，～以赞之，革木以节之。"❼姓。

2. wà　❽将瓦加在屋顶上。陆游《抚州广寿禅院经藏记》："予之始至也，才屹立十馀柱，其上未～，其下未甃，其旁未垣。"

【瓦钵】　wǎbō　用土烧制的容器。《周书·卢光传》："掘基一丈，得～～、锡杖各一。"

【瓦卜】　wǎbǔ　古代占卜的一种方法，击瓦观其文理以断吉凶。杜甫《戏作俳谐体遣闷》诗之二："～～传神语，畬田费火耕。"

【瓦池】　wǎchí　用土烧制的墨盆。苏轼《孙莘老寄墨》诗之三："～～研灶煤，苇管书柿叶。"

【瓦缶】　wǎfǒu　一种口小腹大的陶制容器。李商隐《行次西郊作一百韵》："浊酒盈～～，烂谷堆荆囷。"

【瓦釜】　wǎfǔ　❶陶土烧制的锅。《墨子·号令》："葆之宫墙，必三重，墙之垣，守者皆累～～墙上。"❷比喻小人。《楚辞·卜居》："黄钟毁弃，～～雷鸣。"

【瓦合】　wǎhé　❶勉强凑合。《礼记·儒行》："举贤而容众，毁方而～～。"❷临时拼凑起来的。《汉书·郦食其传》："足下起～～之卒，收散乱之兵。"又《陈汤传》："汤知乌孙～～，不能久攻。"

【瓦解】　wǎjiě　如瓦的分解，形容彻底崩溃。《史记·匈奴列传》："其困败则～～云散矣。"《汉书·晁错传》："上下～～，各自为制。"

【瓦全】　wǎquán　比喻苟且偷生。《北齐书·元景安传》："大丈夫宁可玉碎，不能～～。"

【瓦兆】　wǎzhào　即瓦卜，古代的一种占卜方法。《周礼·春官·太卜》："太卜掌三兆之法，一曰玉兆，二曰～～，三曰原兆。"

【瓦埴】　wǎzhí　制作瓦器的坯子。《荀子·性恶》："夫陶人埏埴而生瓦，然则～～岂陶人之性也哉！"

【瓦子】　wǎzǐ　❶宋元时代游艺、贸易的场所，也叫"瓦舍"、"瓦市"。孟元老《东京梦华录》卷二："南街桑家～～，近北则中瓦，次里瓦，其中大小勾栏五十馀座。"❷瓦片。《酉阳杂俎·怪术》："元和中，江南术士王琼尝在段君秀家，令坐客取一～～画作龟甲怀之，一食顷取出，乃一龟。"

【瓦釜雷鸣】　wǎfǔléimíng　比喻低庸之人处于高位。《楚辞·卜居》："黄钟毁弃，～～

～～，谗人高张，贤士无名。"

【瓦解土崩】 wǎjiětǔbēng 形容彻底崩溃。也作"土崩瓦解"。《汉书·邹阳传》："使吴失与而无助，跬步独进，～～～～，破败而不救者，未必非济北之力也。"

袜²（襪、韈、韤、絉） 1. wà ❶袜子，古称足衣。《史记·张释之冯唐列传》："王生老人，曰'吾～解'，顾谓张廷尉：'为我结～。'"《后汉书·鲁恭传》："特赐冠帻履～衣一袭。"㊁穿袜子。《左传·哀公二十五年》："褚师声子～而登席。"杜甫《北征》诗："见耶背面啼，垢腻脚不～。"

2. mò ❷兜肚。《陈书·周迪传》："冬则短衣布袍，夏则紫纱～腹。"❸束衣的带子。《列女传·鲁季敬姜》："昔者武王罢朝而结丝～绝，左右顾无可使结之者，俯而自申之。"

【袜材】 wàcái 苏轼《筼筜谷偃竹记》："与可以书遗余曰：'……吾墨竹一派近在彭城，可往求之。袜材当萃于子矣。'"（与可：文与可，北宋大画家，善画竹。）后因以"袜材"戏称作画用的细绢。张远《题黄山山人墨竹》诗："～～挥尽世莫知，撑肠拄肚徒尔为。"

【袜系】 wàxì 袜带。《韩非子·外储说左下》："文王伐崇，至凤黄虚，～～解，因自结。"

唱 wà 见下。

【唱噱】 wàjué 大笑。嵇康《琴赋》："留连澜漫，～～终日。"

【唱咽】 wàyàn 吞咽。陆龟蒙《奉酬袭美先辈吴中苦雨一百韵》："低头增叹诧，到口复～～。"

【唱哕】 wàyuě 吹奏乐器时先调理一下嗓子。潘岳《笙赋》："援鸣笙而将吹，先～～以理气。"

腽 wà 见"腽肭"。

【腽肭】 wànà 肥胖的样子。皮日休《二游》诗："猿眠但～～，凫食时唼喋。"（唼喋：水鸟咬咂吃食。）

靺 wà 见 mò。

wai

咼（咼） 1. wāi ❶歪。见"咼斜"。

2. hé ❷通"和"。见"咼氏"。

3. wǒ ❸见"咼堕"。

4. wō ❹古国名。《清异录·蔬》："～国使者来汉，隋人求得菜种，酬之甚厚，因名千金菜，今莴苣。"

5. guǎ ❺通"剐"。割肉离骨，古代的一种酷刑。又称凌迟。《龙龛手鉴·口部》："～，割也。"

6. guō ❻姓。南唐有咼拯。

【咼斜】 wāixié 歪斜不正。《法华经·随喜功德品第十八》："亦不缺坏，亦不～～。"

【咼氏】 héshì 即和氏。《淮南子·说山训》："～～之璧，夏后之璜，揖让而进之以合欢。"

【咼堕】 wǒduò 即咼堕髻，古代一种斜垂的发式。也作"倭堕"。白居易《寄微之》诗："何处琵琶弦似语，谁家～～髻如云？"

外 wài ❶外面，外部，与"内"、"里"相对。《左传·昭公十二年》："～强内温，忠也。"《国语·周语中》："利内则福，利～则取祸。"㊕外国。《周礼·夏官·大司马》："暴内陵～，则坛之。"㊕外地，异乡。《孟子·滕文公上》："禹八年于～，三过其门而不入。"曹植《求自试表》："今臣居～，非不厚也，而寝不安席，食不遑味者，伏以二方未尅为念。"❷外表，外貌。《荀子·大略》："小人不诚于内而求之～。"《法言·修身》："其为中也弘深，其为～也肃括。"❸置……于外。《吕氏春秋·知士》："此剂貌辨之所以～生乐、趋患难故也。"《韩非子·五蠹》："以其耕作也赏之，而少其家业也；以其不收也～之，而高其轻世也。"❹疏远。《战国策·赵策二》："奉阳君妒，大王不得任事，是以～宾客游谈之士，无敢尽忠于前者。"《荀子·王霸》："人主则～贤而偏举。"❺除去。《淮南子·精神训》："～此，其馀无足利矣。"❻背离，背叛。《管子·版法》："骤令不行，民心乃～。"参见"外心"。❼抛弃，鄙弃。《吕氏春秋·有度》："许由非强也，有所乎通也，有所通则贪汙之利～矣。"向秀《难养生论》："有生则有情，称情则自然得，若绝而～之，则与无生同。"❽以前。《荀子·非相》："五帝之～无传人，非无贤人，久故也。"❾非正式的，非正规的。见"外传"。❿母家、妻家及出嫁的姐妹、女儿家的亲属。见"外翁"。⓫另外，别的。见"外人"。⓬传统戏曲的角色名称，有外旦、外末、外净等。关汉卿《窦娥冤》三折："～扮监斩官上。"王实甫《西厢记》楔子："～扮老夫人上开。"

【外嬖】 wàibì 宫禁外帝王所宠幸的臣子。《左传·昭公九年》："初，公欲废知氏而立其～～，为是悛而止。"又《庄公二十八年》："骊姬嬖，欲立其子，赂～～梁五与东关嬖五。”

【外编】 wàibiān 正书之外带有补遗补缺性质的文章另编成册。《宋史·艺文志一》：“程回《易章句》十卷，又～～一卷。”

【外朝】 wàicháo ❶天子、诸侯听政议事的地方。相传周时天子诸侯有三朝，外朝一，内朝二。外朝在皋门之内，库门之外。《国语·鲁语下》：“天子及诸侯合民事于～～，合神事于内朝。”❷指在外朝参政议事之人。《列子·仲尼》：“尧治天下五十年，不知天下治与？不治与？……问～～，～～不知。”

【外臣】 wàichén ❶诸侯国的臣子对别国君主的自称。《左传·成公十六年》：“君之～～至从寡君之戎事，以君之灵，间蒙甲胄，不敢拜命。”（至：郤至，人名。间：参与。）《国语·鲁语上》：“～～之言不越境，不敢及君。”❷藩臣。《汉书·西南夷两粤朝鲜传》：“老夫故粤吏也，高皇帝幸赐臣佗玺，以为南粤王，使为～～，时内贡职。”❸指隐居不做官的人。白居易《游丰乐招提佛光三寺》诗：“汉容黄绮为逋客，尧放巢由作～～。”

【外宠】 wàichǒng 宠臣，对“内宠”而言，义同“外嬖”。《左传·闵公二年》：“内宠并后，～～二政，嬖子配嫡，大都耦国，乱之本也。”《晏子春秋·内篇谏上》：“故内宠之妾，迫夺于国；～～之臣，矫夺于鄙。”

【外弟】 wàidì ❶同母异父弟。《左传·成公十一年》：“声伯以其～～为大夫。”❷表弟，即姑舅家的兄弟。《三国志·蜀书·蒋琬传》：“弱冠与～～泉陵刘敏俱知名。”❸妻弟。《资治通鉴·齐明帝建武四年》：“晏～～尉氏阮孝绪亦知晏必败，晏屡至其门，逃匿不见。”

【外藩】 wàifān ❶指有封地的诸侯王。《三国志·魏书·明帝纪》：“哀帝以～～援立，而董宏等称引亡秦，惑误时朝。”❷指国家的屏障。《三国志·魏书·陈矫传》：“矫说太祖曰：‘鄙郡虽小，形便之国也，若蒙救援，使为～～，则吴人剉谋，徐方永安。’”

【外方】 wàifāng ❶远方。《南齐书·王琨传》：“～～小郡，当乞寒贱。”❷山名。即嵩山，五岳之一。《汉书·地理志上》：“古文以崇高为～～山。”

【外府】 wàifǔ ❶周代官职名，掌管财物的出纳。《周礼·天官·外府》：“～～掌邦布之入出，以共百物，而待邦之用。”❷外库。《韩非子·十过》：“若受我币而假我道，则是宝犹取之内府而藏之～～也。”❸指京城之外的州郡。王融《三月三日曲水诗序》：“兴廉举孝，岁时于～～。”

【外妇】 wàifù 外妻，古指未正式结婚而同居者。《汉书·高五王传》：“齐悼惠王肥，其母高祖微时～～也。”

【外官】 wàiguān ❶指九卿，外朝的卿大夫。《国语·周语中》：“内官不过九御，～～不过九品。”（九御：九嫔。）❷宫外的百官，与宫内之官相对。《周礼·春官·世妇》：“凡内事有达于～～者，世妇掌之。”❸地方官，与京城之官相对。《后汉书·章帝纪》：“建武诏书又曰，尧试臣以职，不直以言语笔札。今～～多旷，并可以补任。”《魏书·高祖纪》：“夏四月甲寅，从征武直之官进位三阶，文官二阶，～～一阶。”

【外馆】 wàiguǎn ❶古时公主出嫁时，迁出宫外所居之处叫外馆。宋之问《宴安乐公主宅得空字》诗：“英藩筑～～，爱主出王宫。”❷客舍。《新五代史·汉家人传》：“郭崇幽赟于～～，杀贾正及判官董裔……等。”

【外户】 wàihù 从外面关闭的门。《吕氏春秋·慎大》：“故周明堂～～不闭，示天下不藏也。”欧阳詹《赠鲁山李明府》诗：“～～通宵不闭关，抱孙弄子万家闲。”又泛指大门。《宋书·索虏传》：“边城之下，～～不闭。”

【外家】 wàijiā ❶泛指外戚。《史记·吕太后本纪》：“吕氏以～～恶而几危宗庙，乱功臣。”《汉书·楚元王传》：“禄去公室，权在～～。”❷外祖父母家、舅家。《后汉书·刘永传》：“元始中，立与平帝～～卫氏交通，为王莽所诛。”杜甫《入衡州》诗：“江总～～养，谢安乘兴长。”❸女子出嫁后称娘家为外家。刘瞻《春郊》诗：“寒食归宁红袖女，～～纸上看蚕生。”

【外交】 wàijiāo ❶人臣私见诸侯。《礼记·郊特牲》：“为人臣者无～～，不敢贰君也。”❷私自与国外交往。《韩非子·八奸》：“是以吏偷官而～～，弃事而亲财。”《战国策·魏策一》：“夫为人臣，割其主之地以求～～，偷取一旦之功而不顾其后。”❸与朋友交往，交际。《史记·佞幸列传》：“通亦愿谨，不好～～，虽赐洗沐，不欲出。”

【外厩】 wàijiù 宫外的马棚。《战国策·齐策四》：“狗马实～～，美人充下陈。”《史记·苏秦列传》：“大王诚能用臣之愚计，则韩、魏、齐、燕、赵、卫之妙音美人必充后宫，燕、代橐驼良马必实～～。”

【外妹】 wàimèi ❶同母异父之妹。《左传·成公十一年》：“声伯以其外弟为大夫，而嫁其～～于施孝叔。”❷表妹，舅或姨之女。干宝《搜神记》卷十五：“女弱，独行，岂当有伴耶？是吾～～，幸为便安之。”

【外内】 wàinèi 外部和内部。其对象因所指而异。《左传·僖公二十三年》：“晋侯无亲，～～恶之。”此指国之内外。《韩非子·亡徵》：“后妻淫乱，主母畜秽，～～混通，男女无别。”此指宫禁内外。外为外朝，内为后宫。《礼记·祭统》：“夫祭也者，必夫妇亲之，所以备～～之官也。”此指男女。《穀梁传·庄公十六年》：“不言公，～～僚一疑之也。”此指远近。

【外篇】 wàipiān 对“内篇”而言，古人因事理有别，故分内外篇。内篇概括本书的纲领宗旨，外篇则为馀论或附论。《晋书·葛洪传》：“故予所著子言黄白之事，名曰内篇，其馀驳难通释，名曰～～，大凡内外一百一十六篇。”

【外戚】 wàiqī 帝王母、妻家的亲属。《史记·外戚世家》：“自古受命帝王及继体守文之君，非独内德茂也，盖亦有～～之助焉。”《后汉书·吴良传》：“信阳侯就倚恃～～，干犯乘舆，无人臣礼，为大不敬。”

【外亲】 wàiqīn ❶古代指母系亲属，如母、祖母的亲族，女儿、孙女、姐妹、侄女、姑母的子孙。《白虎通·宗族》：“母昆弟者，男女皆在～～。”《后汉书·李膺传》：“张孟卓与吾善，袁本初汝～～，虽尔勿依，必归曹氏。”❷同“外戚”。《汉书·鲍宣传》：“窃见孝成皇帝时，～～持权，人人牵引所私以充塞朝廷。”❸表面亲善。《晋书·宣帝纪》：“孙权刘备，～～内疏，羽之得意，权所不愿也。”

【外人】 wàirén ❶别人，他人。《孟子·滕文公下》：“公都子曰：‘～～皆称夫子好辩，敢问何也？’”❷外邦人，本国以外的人。《汉书·文帝纪》：“朕既不能远德，故憪然念～～之有非，是以设备未息。”（憪然：不安的样子。）❸外面的人。杜甫《宿昔》诗：“宫中行乐秘，少有～～知。”

【外舍】 wàishè ❶外宿，住宿于外。《管子·戒》：“桓公～～，而不鼎馈。”❷指外戚。《后汉书·和熹邓皇后纪》：“后言于帝曰：‘宫禁至重，而使～～久在内省，上令陛下有幸私之讥，下使贱妾获不知足之谤，上下交损，诚不愿也。’”又指皇后的娘家。《北齐书·神武娄后传》：“后高明严断，雅遵俭约，往来～～，侍从不过十人。”❸古代指小学为外舍。《大戴礼记·保傅》：“古者年八岁而出就～～，学小艺焉。”又宋代太学分三舍：外舍、内舍、上舍。初学者入外舍，而后升内舍、上舍。《宋史·选举志三》：“三舍法行，则太学始定置～～生二千人，内舍生三百人，上舍生百人。”

【外史】 wàishǐ ❶官职名。《周礼·春官·外史》：“～～掌书王令。”《左传·襄公二十三年》：“将盟臧氏，季孙召～～掌恶臣而问盟首焉。”（恶臣：逃亡在外之臣。）❷稗史的别称。如吴敬梓的《儒林外史》等。

【外市】 wàishì 勾通外人以谋私利。《韩非子·内储说下》：“敌主争事，～～树党，下乱国法，上以劫主，而国不危者，未尝有也。”《史记·平津侯主父列传》：“将吏相疑而～～，故尉佗、章邯得以成其私也。”

【外事】 wàishì ❶指外土诸侯奉行王事。《尚书·康诰》：“王曰：‘～～，汝陈时臬，司师兹殷罚有伦。’”❷指外交事务。《左传·文公十三年》：“中行桓子曰：‘请复贾季，能～～，且由旧勋。’”❸指郊外祭祀、田猎之事。《礼记·曲礼上》：“～～以刚日，内事以柔日。”（刚日：单日。柔日：双日。）❹指朝廷政事，与宫内之事相对。韩愈《顺宗实录一》：“太子职当侍膳问安，不宜言～～。”❺世事，家庭、个人以外的事。白居易《寄十一》诗：“～～牵我形，外物诱我情。”

【外饰】 wàishì 粉饰外表，表面装饰。《周易·履》“履道坦坦”注：“履道尚谦，不喜处盈，务在致诚，恶夫～～者也。”《韩非子·解老》：“礼者，～～之所以谕内也。”杜甫《郑典设自施州归》诗：“终然备～～，驾驭何所益。”

【外私】 wàisī ❶士对本国大夫的自称。《礼记·玉藻》：“士曰传遽之臣，于大夫曰～～。”❷士、大夫对别国士、大夫的自称。《礼记·杂记上》：“讣于大夫，曰吾子之～～某死。讣于士，亦曰吾子之～～某死。”❸私通外国。司马相如《上林赋》：“今齐列为东藩，而～～肃慎。”

【外祀】 wàisì 郊祀，祭祀国内的山川等。《墨子·明鬼下》：“使亲者受内祀，疏者受～～。”《周礼·春官·典祀》：“典祀掌～～之兆。”

【外廷】 wàitíng 皇帝听政的地方，同“外朝”，也作“外庭”。司马迁《报任少卿书》：“向者仆尝厕下大夫之列，陪～～末议。”李清照《金石录后序》：“余大惶怖，不敢言，遂尽将家中所有铜器等物，欲赴～～投进。”

【外翁】 wàiwēng ❶外祖父。元稹《答友封见赠》诗：“扶床小女君先识，应为些些似～～。”❷岳父。王逢《送杨生遂出赘》诗：“～～朴茂质，新妇玉雪如。”

【外物】 wàiwù ❶身外之物，多指利欲功名。《荀子·修身》："内省而～～轻矣。"《韩非子·解老》："所以然者，引于～～，乱于玩好也。"杜甫《寄题江外草堂》诗："古来贤达士，宁受～～牵？"❷置身于物外，超脱于物欲之外。《庄子·大宗师》："吾又守之，七日而后能～～。"《抱朴子·明本》："～～弃智，涤荡机变，忘富逸贵，杜遏劝沮，不恤乎穷，不荣乎达，不戚乎毁，不悦乎誉，道家之业也。"❸指外界的人与物。元稹《赠乐天》诗："不是眼前无～～，不关心事不经心。"

【外心】 wàixīn ❶用心于外界。《礼记·礼器》："礼之以多为贵者，以其～～者也。"❷二心，背叛之心。《吕氏春秋·遇合》："为我妇而有～～，不可畜。"《史记·赵世家》："群臣皆有～～，礼益慢，唯高共不敢失礼。"

【外姓】 wàixìng 异姓。《左传·宣公十二年》："其君之举也，内姓选于亲，～～选于旧。"（旧：世臣。）

【外徭】 wàiyáo 征发戍边的徭役。《汉书·昭帝纪》："日者省用，罢不急官，减～～。"又《卜式传》："乃赐式～～四百人，式又尽复与官。"

【外虞】 wàiyú 外患。柳宗元《送杨凝郎中使还汴宋诗后序》："将诛卒削，而～～实生，非所以扞城而固圉也。"

【外传】 wàizhuàn ❶古称广引事语、推演本义的书为"外传"，与专解释经义的"内传"相对。《论衡·案书》："《国语》，《左氏》之～～也。《左氏》传经，辞语尚略，故复选录《国语》之辞以实。"❷为正史所不载的人物立传。又于正史外另作传记录传闻轶事，也称外传。如《汉武帝外传》、《飞燕外传》等。张齐贤《洛阳搢绅旧闻记序》："与正史差异者，并存而录之，则别传、～～比也。"

【外孙齑臼】 wàisūnjījiù "好辞"二字的隐语。《世说新语·捷悟》："魏武尝过曹娥碑下，杨修从，碑背上见题作'黄绢幼妇，～～～～'八字。魏武谓修曰：'解不?'答曰：'解。'……修曰：'黄绢，色丝也，于字为绝。幼妇，少女也，于字为妙。外孙，女子也，于字为好。齑臼，受辛也，于字为辞。所谓'绝妙好辞'也。'"

wan

关 wān 见 guān。

贯 wān 见 guàn。

弯（彎） wān ❶开弓，拉弓。司马相如《上林赋》："～蕃弱，满白羽。"（蕃弱：良弓。）曹丕《典论·自叙》："使弓不虚～，所中必洞胸，斯则妙矣。"❷弯曲。王安石《初夏即事》诗："石梁茅屋有～碕，流水溅溅度两陂。"❸同"湾"。水流弯曲之处。庾信《应令》诗："望别非新馆，开舟即旧～。"❹停泊靠岸。《儒林外史》四十三回："这日将到大姑塘，风色大作。大爷吩咐急急收了口子，～了船。"❺量词。范成大《雪霁独登南楼》诗："坐久天容却温丽，一～新月对长庚。"

【弯蛾】 wān'é 眉毛的别称。温庭筠《江南曲》："横波巧能笑，～～不识愁。"

【弯弓】 wāngōng 拉弓，开弓。《汉书·匈奴传》："士力能～～，尽为甲骑。"杜甫《送蔡希鲁都尉还陇右因寄高三十五书记》诗："蔡子勇成癖，～～西射胡。"

【弯环】 wānhuán 弯曲如环。李贺《河南府试十二月乐词·十月》："金凤刺衣著体寒，长眉对月斗～～。"范成大《独游虎跑泉小庵》诗："苔径～～入，茅斋取次成。"

剜 wān 用刀挖，刻。《抱朴子·博喻》："刻目以广明，～耳以开聪也。"韩愈《和裴仆射相公假山十一韵》："有洞若神～，有岩类天划。"

【剜肉医疮】 wānròuyīchuāng 比喻为救眼前之急而不顾一切。语本聂夷中《咏田家》："二月卖新丝，五月粜新谷。医得眼前疮，剜却心头肉。"也作"剜肉补疮"。朱熹《乞蠲减星子县税钱第二状》："必从其说，则势无从出，不过～～～～，以欺天罔人。"

婠 wān 体态美好。《说文·女部》："～，体德好也。"

【婠妠】 wānnà 体态美好的样子。韩愈等《征蜀联句》："邛文裁斐亹，巴艳收～～。"

湾（灣） wān ❶水流弯曲的地方。柳宗元《酬韶州裴曹长使君寄道州吕八大使因以见示二十韵》："疑山看积翠，滇水想澄～。"ⓧ特指海岸向陆地凹入的地方。《南史·中天竺国传》："从扶南……循海大～中正西北入，历～边数国，可一年馀，到天竺江口。"❷停泊。《水浒传》二十回："且把船来分作两路，去那芦花荡中～住。"❸同"弯"。弯曲。见"湾环"。

【湾环】 wānhuán 弯曲如环，同"弯环"。白居易《玩沚水》诗："广狭八九丈，～～有涯涘。"

【湾澴】 wānhuán 水流回旋聚集之处。杜甫《万丈潭》诗："黑如～～底，清见光炯碎。"

【湾洄】 wānhuí 水流弯曲之处。黄庭坚《出迎使客质明放船自瓦窑归》诗："楼阁人家卷帘幕,菰蒲鸥鸟乐～～。"

【湾然】 wānrán 水流弯曲的样子。柳宗元《陪永州崔使君游宴南池序》:"其崖谷之委会,则泓然为池,～～为溪。"(委会:水聚处。)

豌

wān 见"豌豌"。

【豌豌】 wānwān 眼睛深陷的样子。《晋书·石季龙载记》:"太子詹事孙珍问侍中崔约曰:'吾患目疾,何方疗之?'约素狎珍,戏之曰'溺中则愈'。珍曰:'目何可溺?'约曰:'卿目～～,正耐溺中。'"

圝(㘤)

wān 见"圝潾"。

【圝潾】 wānlín 水流回旋的样子。郭璞《江赋》:"泓汯洞潒,涒邻～～。"

蜿(蜒)

wān (又读 wǎn)❶屈曲行走的样子。《楚辞·大招》:"山林险隘,虎豹～只。"❷弯曲。张衡《思玄赋》:"玄武缩于壳中兮,螣蛇～而自纠。"❸盘旋屈曲。见"蜿蟺"。

【蜿蟺】 wānshàn ❶盘旋屈曲的样子。王延寿《鲁灵光殿赋》:"虬龙腾骧以～～,颔若动而躨跜。"韩愈《送廖道士序》:"气之所穷,盛而不过,必～～扶舆磅礴而郁积。"❷蚯蚓的别名。崔豹《古今注·鱼虫》:"蚯蚓,一名～～。"

【蜿蜿】 wānwān 宛延屈伸的样子。《楚辞·离骚》:"驾八龙之～～兮,载云旗之委蛇。"

【蜿蜒】 wānyán 屈曲盘旋的样子。曹植《九愁赋》:"御飞龙之～～,扬群电之华旌。"

潫

wān 见"淯潫"。

丸

wán ❶小而圆的物体。《庄子·达生》:"我有道也。五六月累～二而不坠,则失者锱铢;累三而不坠,则失者十一。"㊇指弹丸。《战国策·楚策四》:"不知夫公子王孙,左挟弹,右摄～,将加己乎十仞之上。"《后汉书·皇甫嵩传》:"是犹逆坂走～,迎风纵棹。"❷药丸。《梦溪笔谈·药议》:"汤、散、～,各有所宜。"❸卵。《吕氏春秋·本味》:"流沙之西,丹山之南,有凤之～。"❹量词。曹植《善哉行》:"仙人王乔,奉药一～。"

【丸剑】 wánjiàn 一种杂技,表演时用铃和剑。张衡《西京赋》:"跳～～之挥霍,走索上而相逢。"(跳:弄。挥霍:上下舞动的样子。)鲍照《舞鹤赋》:"巾拂两停,～～双止。"

【丸兰】 wánlán 茂盛的样子。扬雄《太玄经·密》:"万物～～,咸密无间。"

【丸泥】 wánní ❶将泥揉成丸。《三国志·吴书·吴主传》注引《江表传》:"粮食乏尽,妇女或～～而吞之。"❷一粒泥丸。《抱朴子·安贫》:"夫～～已不能遏彭蠡之沸腾,独贤亦焉能反流遁之失正。"❸比喻守险拒敌。陆游《书悲》诗:"何当受诏出,函谷封～～。"

【丸丸】 wánwán ❶高大挺直的样子。《诗经·商颂·殷武》:"陟彼景山,松柏～～。"❷一团团。《晋书·戴洋传》:"案《河图徵》云:'地赤如丹血～～,当有下反上者。'"

刓

wán ❶削去棱角。《楚辞·九章·怀沙》:"～方以为圜兮,常度未替。"(圜:通"圆"。圆形。)㊀圆。白居易《大巧若拙赋》:"必将考广狭以分寸,审～方以规模。"❷磨损,消耗。柳宗元《与友人论为文书》:"家修人励,～精竭虑者,几千年矣。"元稹《箭镞》诗:"帅言发硎罪,不使刃稍～。"❸雕镂,凿刻。苏舜钦《检书》诗:"器成必～琢,德盛资澡刷。"❹剜,挖。《金史·海陵诸嬖传》:"诚宫中给使男子,于妃嫔位举其首者～其目。"❺陡峭如刀削的样子。白居易《游悟真寺》诗:"危石叠四五,磊嵬欹且～。"❻古地名,在今陕西省澄城县南,大荔县东北。《左传·文公四年》:"晋侯伐秦,围～新城。"❼通"玩"。摩挲。《史记·郦生陆贾列传》:"为人刻印,～而不能授;攻城得赂,积而不能赏。"

【刓敝】 wánbì 也作"刓弊"。❶磨损,摩挲致损。《史记·淮阴侯列传》:"至使人有功当封爵者,印～～,忍不能予。"❷凋敝。柳宗元《愈膏肓疾赋》:"余能理亡国之～～,愈膏肓之患难。"

【刓缺】 wánquē ❶磨损残缺。李清照《金石录后序》:"遇书史百家,字不～～、本不讹谬者,辄市之,储作副本。"❷败坏。韩偓《春阴独酌寄同年李郎中》诗:"诗道揣量疑可进,宦情～～转无多。"

芄

wán ❶草名。见"芄兰"。❷垫草,草垫子。《淮南子·原道训》:"禽兽有～,人民有室。"

【芄兰】 wánlán 一种多年生的蔓草,又名"萝摩"。《诗经·卫风·芄兰》:"～～之叶,童子佩韘。"(韘:扳指,射箭时戴在右手大拇指上用以钩弦。)

纨(紈)

wán ❶白色的细绢。《战国策·齐策四》:"田需对曰:'士三食不得厌,而君鹅鹜有馀食,下宫糅罗～,曳绮縠。'"刘基《司马季主论卜》:"丹枫白荻,昔日之蜀锦齐～也。"❷幼小。王融

《三月三日曲水诗序》:"～牛露犬之玩,乘黄兹白之驷。"

【纨绔】 wánkù 细绢做的裤子。同"纨袴"。古代贵族子弟的服装,借指贵族子弟。任昉《奏弹刘整》:"直以前代外戚,仕因～～。"杜甫《奉赠韦左丞丈二十二韵》:"～～不饿死,儒冠多误身。"

【纨绮】 wánqǐ ❶华丽的服饰。潘岳《秋兴赋序》:"高阁连云,阳景罕曜,珥蝉冕而袭～～之士。"❷指少年。刘知幾《史通·自叙》:"予幼奉庭训,早游文学,年在～～,便受古文《尚书》。"

【纨素】 wánsù 洁白精致的细绢。《后汉书·董卓传》:"锦绮缋縠～～奇玩,积如丘山。"

完 1. wán ❶完整,没有损坏。《战国策·齐策五》:"死者破家而葬,夷伤者空财而共药,～者内酺而华乐,故其费与死伤者钧。"《汉书·张耳陈馀传》:"吏榜笞数千,刺爇,身无～者,终不复言。"❷完美,完善。《论衡·累害》:"陈留焦君贶,名称兖州,行～迹洁,无纤芥之毁。"❸保全。《国语·晋语九》:"民罢力以～之,又毙死以守之,其谁与我?"《汉书·高帝纪上》:"吾非敢自爱,恐能薄,不能～父兄子弟。"❹坚固。《战国策·赵策一》:"吾城郭之～,府库足用,仓廪实矣,无矢奈何?"《管子·八观》:"大城不可以不～,周廓不可以外通。"❺修缮,修筑。《左传·隐公元年》:"大叔～聚,缮甲兵,具卒乘。"《吕氏春秋·孟冬》:"～要塞,谨关梁,塞蹊径。"❻古代一种较轻的刑罚。因其不残伤肢体,故曰"完"。《汉书·刑法志》:"昔周之法,……～者使守积。"❼缴纳(赋税)。方文《喜雨》诗:"私廪尚不实,公税何以～。"❽充足,充实。见"完给"。❾水名,即黑龙江。《魏书·乌洛侯传》:"其国西北有～水,东北流合于难水,其地小水皆注于难,东入于海。"❿通"羦"。山羊。见"完羝"。⓫姓。

2. kuān ⓬宽。《说文·宀部》:"～,古文以为宽字。"

【完采】 wáncǎi 多种色彩,华美。《史记·游侠列传》:"家无馀财,衣不～～,食不重味,乘不过軥牛。"

【完羝】 wándī 即羦羝,野羊。《后汉书·马融传》:"钬特肩,脰～～,抙介鲜,散毛族。"

【完给】 wánjǐ 充实,丰足。《韩非子·显学》:"无丰年旁人之利而独以～～者,非力则俭也。"《风俗通·正失》:"然文帝本修黄、老之言,不甚好儒术,其治尚清静无为。以故礼乐庠序未修,民俗未能大化,苟温饱～～,所谓治安之国也。"

【完计】 wánjì 周全的计谋。《汉书·张敞传》:"夫近臣自危,非～～也。"又《主父偃传》:"靡敝中国,甘心匈奴,非～～也。"

【完具】 wánjù 完备,完整。《论衡·率性》:"急之与缓,俱失中和,然而韦弦附身,成为～～之人。"《汉书·王莽传下》:"府藏～～,独未央宫烧攻莽三日,死则案堵复故。"

【完牢】 wánláo 坚固。《后汉书·马援传》:"破羌以西城多～～,易可依固。"(破羌:少数民族。)《魏书·源怀传》:"譬如为屋,但外望高显,楹栋平正,基壁～～,风雨不入,足矣。"

【完利】 wánlì ❶坚固适用。《管子·立政》:"论百工,审时事,辨功苦,上～～。"(功苦:产品的好坏。上:通"尚"。)❷坚固锋利。《汉书·晁错传》:"兵不～～,与空手同;甲不坚密,与袒裼同。"

【完卵】 wánluǎn 完整的禽蛋。《世说新语·言语》:"大人岂见覆巢之下,复有～～乎?"后因以"完卵"比喻幸得保全。

【完强】 wánqiáng 强壮,强健。《论衡·治期》:"夫贤人有被病而早死,恶人有～～而老寿。"

【完全】 wánquán ❶完美无缺,完善。《论衡·累害》:"身～～者谓之洁,被毁谤者谓之辱。"❷保全。《后汉书·李固传》:"夫妃后之家所以少～～者,岂天性当然?"

【完然】 wánrán 自得的样子。《后汉书·袁术传》:"而舍是弗恤,～～有自取之志。"

【完完】 wánwán 完整无缺的样子。韩愈《月蚀诗效玉川子作》:"月形如白盘,～～上天东。"

【完行】 wánxíng ❶使品行完美。《论衡·佚文》:"治身～～,循利为私,无为主者。"❷完美的品行。《后汉书·杜林传》:"故国无廉士,家无～～"

【完璧归赵】 wánbìguīzhào 语出《史记·廉颇蔺相如列传》:"城入赵而璧留秦;城不入,臣请～～～～。"后用以比喻原物完整无损地归还原主。

忨 wán 苟安,贪爱。《国语·晋语八》:"今～日而潵岁,怠偷甚矣。"

抏 wán ❶损耗,消耗。司马相如《上林赋》:"若夫终日驰骋,劳神苦形,罢车马之用,～士卒之精。"参见"抏敝"。❷按摩。《史记·扁鹊仓公列传》:"镵石挢引,案～毒熨。"❸通"玩"。《荀子·王霸》:"齐桓公闺门之内,县乐奢泰游～之修。"

【抏敝】 wánbì 消耗凋敝。《汉书·食货志下》:"百姓～～以巧法,财赂衰耗而不澹。"(澹:充足。)又《吾丘寿王传》:"海内～～,

巧诈并生。”

园[2] 1. wán ❶同“刓”。削去(棱角)。《后汉书·孔融传论》:“岂有员~委屈,可以每其生哉!”(每:贪。)

2. yuán ❷同“圜”。现简化为“园”。

岏 wán 见“巑岏”。

玩(翫) wán ❶玩弄。《吕氏春秋·博志》:“今有宝剑良马于此,~之不厌,视之无倦。”《汉书·贾谊传》:“~细娱而不图大患,非所以为安也。”❷玩物。《国语·楚语下》:“若夫白珩,先王之~也,何宝焉。”(珩:佩玉上的横玉。)《后汉书·循吏传序》:“耳不听郑卫之音,手不持珠玉之~。”❸欣赏,观赏。《荀子·非十二子》:“不法先王,不是礼义,而好治怪说,~琦辞。”(琦:通“奇”。)《论衡·佚文》:“~扬子云之篇,乐于居千石之官。”《文心雕龙·镕裁》:“虽~其采,不倍领袖。”❹研习,玩味。《周易·系辞上》:“是故君子居则观其象而~其辞,动则观其变而~其占。”《汉书·艺文志》:“古之学者耕且养,三年而通一艺,存其大体,~经文而已。”❺演习。《后汉书·吴盖陈臧传论》:“斯诚雄心尚武之几,先志~兵之日。”❻忽视,轻慢。《左传·僖公五年》:“晋不可启,寇不可~。”《史记·周本纪》:“夫兵戢而时动,动则威,观则~,~则无震。”❼通“刓”。摩挲。《汉书·郦食其传》:“为人刻印,~而不能授。”

【玩敌】 wándí ❶轻敌。《三国志·吴书·孙策传》注引《吴录》:“今四方之人,皆~~而便战斗矣,可得而胜者,以彼乱而我治,彼逆而我顺也。”❷玩弄、麻痹敌人。《三国志·吴书·朱然传》:“虽世无事,每朝夕严鼓,兵在营者,咸行装就队,以此~~,使不知所备,故出辄有功。”

【玩好】 wánhào ❶供玩赏的物品。《战国策·楚策四》:“衣服~~,择其所喜而为之。”《韩非子·解老》:“明君贱~~而去淫丽。”《史记·李斯列传》:“则是夜光之璧不饰朝廷,犀象之器不为~~。”❷玩赏,爱好。《周礼·天官·大府》:“凡式贡之馀财,以共~~之用。”

【玩弄】 wánnòng ❶供玩赏的器物。袁宏《后汉纪·和帝纪下》:“[阴]后不好~~,珠玉之物,不过于目。”❷研习,玩味。《论衡·佚文》:“孝成~~众书之多,善扬子云,出入游猎,子云乘从。”又《案书》:“刘子政~~《左氏》,童仆妻子皆呻吟之。”❸戏弄,耍弄。苏轼《万石君罗文传》:“蒙召见文德殿,上望见,异焉。因~~之曰:‘卿久居荒土,得彼漏泉之泽,涵濡浸渍久矣,不自枯槁也。’”

【玩世】 wánshì ❶轻视人生世事,对人生世事采取不严肃的态度。《法言·渊骞》:“依隐~~,诡时不逢,其滑稽之雄乎?”陆游《北窗》诗:“老无功名未足叹,滑稽~~亦非昔。”❷游乐于人世。唐寅《荷花仙子》诗:“不教轻踏莲花去,谁识仙娥~~来?”

【玩习】 wánxí 玩味研习。《三国志·魏书·三少帝纪》:“群臣皆当~~古义,修明经典。”又《吴书·士燮传》:“官事小阕,辄~~书传。”

【玩世不恭】 wánshìbùgōng 对世事轻蔑、消极,不严肃对待。《聊斋志异·颠道人》:“予乡殷生文屏,毕司农之妹夫也,为人~~~~。”

【玩岁愒日】 wánsuìkàirì 贪图安乐,虚度岁月。愒:荒废。语本《左传·昭公元年》:“后子出,而告人曰:‘赵孟将死矣。主民,玩岁而愒日,其与几何?’”朱熹《壬午应诏封事》:“无不晓然知陛下之志,必于复雠启土,而无~~~~之心。”

【玩物丧志】 wánwùsàngzhì 沉迷于所好之物,消磨了理想志气。《尚书·旅獒》:“玩人丧德,~~~~。”

顽(頑) wán ❶愚钝,愚妄无知。《左传·僖公二十四年》:“即聋、从昧、与~,用嚚,奸之大者也。”《论衡·命禄》:“贫富在禄,不在~慧。”❷顽固,坚硬。杜甫《除草》诗:“~根易滋蔓,敢使依旧丘。”陆游《野饮》诗:“堪笑此翁~似铁,还山又食一番新。”❸强暴,凶恶。《明史·云南土司传一》:“近郡之罗罗,性虽~狠,然恭敬上官。”也指强暴、凶恶之人。李白《豫章行》:“岂惜战斗死,为君扫凶~。”❹坚强。陆游《示二子》诗:“耄期尚有江湖兴,~健人言见未曾。”❺通“忨”。贪。《吕氏春秋·慎大》:“桀为无道,暴戾~贪,天下颤恐而患之。”

【顽鄙】 wánbǐ 愚蠢无知。《论衡·别通》:“故多闻博识,无~~之訾;深知道术,无浅暗之毁也。”《三国志·魏书·夏侯玄传》:“此为亲民之吏,专得底下,吏者民命,而常~~,今如并之,吏多选清良者造职,大化宣流,民物获宁。”

【顽蔽】 wánbì 愚昧寡闻。常用作自谦之词。《三国志·吴书·周鲂传》:“此臣得以经年之冀愿,逢值千载之一会,辄自督竭,竭尽~~,撰立笺草以诳诱休者,如别纸。”(休:曹休。)潘岳《杨荆州诔》:“余以~~,覆露重阴。”

【顽钝】 wándùn ❶不锋利(的器物)。《说苑·杂言》："子贡曰：'夫隐括之旁多枉木，良医之门多疾人，砥砺之旁多～～。'"❷迟顿，愚妄。张籍《上韩昌黎书》："籍诚知之，以材识～～，不敢窃居作者之位。"❸圆滑，无节操。《史记·陈丞相世家》："陈平曰：'……大王能饶人以爵邑，士之～～嗜利无耻者亦多归汉。'"

【顽夫】 wánfū 贪婪之人。《孟子·万章下》："故闻伯夷之风者，～～廉，懦夫有立志。"

【顽鲁】 wánlǔ 顽劣无知。《论衡·命禄》："或时下愚而千金，～～而典城。"(典：主管。)《颜氏家训·教子》："贤俊者自可赏爱，～～者亦当矜怜。"

【顽民】 wánmín 不顺服之民。《尚书·毕命》："毖殷～～，迁于洛邑。"

【顽躯】 wánqū 强健之躯。谦称自身。苏轼《宝山画睡》诗："七尺～～走世尘，十围便腹贮天真。"

【顽童】 wántóng 愚昧无知之人。《国语·郑语》："今王弃高明昭显，而好谗慝暗昧，恶角犀丰盈，而近～～穷固。"《潜夫论·德化》："近～～而远贤才，亲谄谀而疏正直。"

【顽嚚】 wányín 愚昧奸诈。《左传·文公十八年》："好行凶德，丑类恶物，～～不友，是与比周。"《论衡·艺增》："夫不肖者皆怀五常，才劣不逮，不成纯贤，非狂妄～～身中无一知也。"

【顽廉懦立】 wánliánnuòlì 使贪婪的人廉洁，使懦弱的人坚强。形容感化影响之大。语出《孟子·万章下》："故闻伯夷之风者，顽夫廉，懦夫有立志。"

捖 wán ❶刮磨。《周礼·考工记总序》"刮摩之工五"注："刮作～。郑司农云：'～摩之工谓玉工也。'～读为刮，其事亦是也。"❷打，击。《玉篇·手部》："～，打也。"

宛 1. wǎn ❶弯曲，屈卷。《汉书·扬雄传下》："是欲谈者～舌而固声，欲行者拟足而投迹。"杜牧《长安送友人游湖南》诗："楚南饶风烟，湘岸苦萦～。"❷委曲顺从的样子。见"宛然"。❸细小的样子。《诗经·小雅·小宛》："～彼鸣鸠，翰飞戾天。"欧阳炯《浣溪沙》词之二："～风如舞透香肌。"❹仿佛。《诗经·秦风·蒹葭》："溯游从之，～在水中沚。"苏轼《放鹤亭记》："翻然敛翼，～将集矣。"❺清楚地，真切可见。杜光庭《虬髯客传》："及期访焉，～见二乘。"❻通"苑"。枯萎的样子。《诗经·唐风·山有枢》："～其死矣，他人是愉。"《淮南子·俶真训》："形～而神壮。"❼姓。

2. yuān ❽古地名，在今河南省南阳。《汉书·地理志下》："～，西通武关，东受江、淮，一都之会也。"

3. yùn ❾通"蕴"。聚积。见"宛财"、"宛藏"、"宛暍"。

4. yù ❿通"郁"。郁结，郁滞。《史记·扁鹊仓公列传》："寒湿气～笃不发。"

【宛曼】 wǎnmàn 渺茫广远。《韩非子·外储说左上》："请许学者而行～～于先王，或者不宜今乎？"

【宛然】 wǎnrán ❶委曲顺从的样子。《诗经·魏风·葛屦》："好人提提，～～左辟。"(提提：安舒的样子。辟：避。)❷清晰依旧的样子。《关尹子·五鉴》："记忆～～，此不可忘，不可遣。"李肇《唐国史补》卷上："山川～～，原野未改。"❸仿佛。鲍照《字谜》诗之三："坤之二六，～～双宿。"

【宛若】 wǎnruò 仿佛，好像。《世说新语·赏誉》："长和兄弟五人，幼孤。祜来哭，见长和哀容举止，～～成人，乃叹曰：'从兄不亡矣！'"

【宛潬】 wǎnshàn 回旋盘曲，也作"宛亶"、"宛澶"。司马相如《上林赋》："穹隆云桡，～～胶盭。"(胶盭：水势回旋的样子。)谢朓《游山》诗："坚崿既崚嶒，迴流复～～。"

【宛宛】 wǎnwǎn ❶屈曲盘旋的样子。《史记·司马相如列传》："～～黄龙，兴德而升。"柳宗元《哭连州凌员外司马》诗："～～临江羽，来栖翰林枝。"❷蜿蜒曲折的样子。张祜《车遥遥》诗："碧川迢迢山～～，马蹄在耳轮在眼。"❸柔细的样子。陆羽《小苑春望宫池柳色》诗："～～如丝柳，含黄一望新。"❹徘徊缠绵的样子。岑参《龙女祠》诗："祠堂青林下，～～如相语。"❺清晰可见的样子。李格非《洛阳名园记·东园》："渊映、瀍水二堂，～～在水中。"

【宛延】 wǎnyán 曲折延伸的样子，也作"宛蜒"。扬雄《甘泉赋》："曳红采之流离兮，扬翠气之～～。"

【宛转】 wǎnzhuǎn ❶相应变化，随和。《庄子·天下》："椎拍輐断，与物～～；舍是与非，苟可以免。"《晋书·皇甫谧传》："～～万情之形表，排托虚寂以寄身。"❷含蓄，委婉。钟嵘《诗品》卷中："范诗清便～～，如流风回雪。"❸转动，翻来覆去。《后汉书·张霸传》："则边章之徒～～股掌之上矣。"卢照邻《释疾文》："余羸卧不起，行已十年，～～匡床，婆娑小室。"❹光阴流逝。鲍照《拟行路难》诗之一："红颜零落岁将暮，寒光～～时欲沉。"李德裕《鸳鸯篇》："春光兮～～，嬉游兮未反。"❺辗转多次。欧阳修《归田录》卷下："圣俞在时，家甚贫，余或至其家,饮酒甚醇,非常人家所有。问其所得,云皇亲家有好学者,～～致之。”

【宛若】 yuānruò 汉代女子名。《汉书·郊祀志上》:“神君者,长陵女子,以乳死,见神于先后～～。”(颜师古注:“兄弟妻相谓先后。”)后以“宛若”作为妯娌的代称。《聊斋志异·堪舆》:“如闺中～～,真雅而可传者矣。”

【宛财】 yùncái 聚积财物。《孔子家语·五仪》:“富则天下无～～,施则天下不病贫。”

【宛藏】 yùncáng 积聚,蓄藏。《史记·律书》:“虚者,能实能虚,言阳气冬则～～于虚,日冬至则一阴下藏,一阳上舒,故曰虚。”

【宛暍】 yùnyē 中暑。《荀子·富国》:“使民夏不～～,冬不冻寒。”

婴 wǎn 见“婴胡”。

【婴胡】 wǎnhú 兽名。《山海经·东山经》:“有兽焉,其状如麋而鱼目,名曰～～,其鸣自讠。”(讠:叫。)

莞 wǎn 见 guān。

涴 1. wǎn ❶见“涴潢”。

2. yuàn ❷古水名。《山海经·西山经》:“英鞮之山,……～水出焉,而北流注于陵羊之泽。”

3. wò ❸污。污染。韩愈《题合江亭寄刺史邹君》诗:“愿书岩上石,勿使泥尘～。”❹玷污。苏舜钦《答宋太祝见赠》诗:“雅意返愿交,得无自卑～?”

【涴潢】 wǎnhuáng 水流回转曲折的样子。郭璞《江赋》:“阳侯砐硪以岸起,洪澜～～而云回。”(阳侯:波神。砐硪:高耸的样子。)

惋 wǎn ❶怨恨,叹惜。《战国策·秦策二》:“受欺于张仪,王必～之。”《后汉书·袁绍传》:“海内伤心,志士愤～。”陶渊明《桃花源记》:“此人一一为具言所闻,皆叹～。”❷内热,中医学术语。《素问·阳明脉解篇》:“阳明厥则喘而～,～则恶人。”

【惋怛】 wǎndá 怅恨忧伤。《晋书·王羲之传》:“知安西败丧,公私～～,不能须臾去怀。”

【惋愕】 wǎn'è 叹息惊讶。《世说新语·赏誉》:“后聊试问近事,答对甚有音辞,出济意外,济极～～。”

【惋伤】 wǎnshāng 叹息悲伤。杜甫《观公孙大娘弟子舞剑器行》:“与余问答既有以,感时抚事增～～。”

【惋惜】 wǎnxī 可惜。《世说新语·汰侈》:“武帝尝以一珊瑚树高二尺许赐恺。恺以示崇,崇视讫,以铁如意击之,应手而碎,恺既～～,又以疾己之宝,声色甚厉。”

菀 1. wǎn ❶草名,即紫菀,可入药。《玉篇·艸部》:“～,紫菀,药名。”

2. yuàn ❷通“苑”。古代养禽兽种植树木的地方。《管子·水地》:“地者,万物之原本,诸生之根～也。”《汉书·王嘉传》:“诏书罢～,而以赐贤二千馀顷,均田之制从此堕坏。”

3. yùn ❸通“蕴”。聚积,郁结。《素问·生气通天论》:“大怒则形气绝而血～于上。”

4. yù ❹茂盛的样子。《诗经·小雅·小弁》:“～彼柳斯,鸣蜩嘒嘒。”《楚辞·九叹·忧苦》:“～彼青青,泣如颓兮。”

【菀菀】 wǎnwǎn 柔顺的样子。常建《春词》之一:“～～黄柳丝,濛濛杂花垂。”

【菀结】 yùnjié 郁结。《诗经·小雅·都人士》:“我不见兮,我心～～。”

【菀柳】 yùliǔ 茂密的柳树。应璩《与从弟君苗君胄书》:“逍遥陂塘之上,吟咏～～之下。”

挽 wǎn ❶拉,牵引。《后汉书·卓茂传》:“茂有马数年,心知其谬,嘿解与之,～车而去。”杜甫《乾元中寓居同谷县作》诗之二:“黄独无苗山雪盛,短衣数～不掩胫。”❷卷。苏轼《送周朝议守汉州》诗:“召还当有诏,～袖谢邻里。”❸哀悼(死者)。《文心雕龙·乐府》:“至于斩伎鼓吹,汉世铙～,虽戎丧殊事,而并总入乐府。”❹编结。柳宗元《贞符》:“雪霜风雨雷雹暴其外,于是乃知架巢空穴,～草木,取皮革。”

【挽歌】 wǎngē 哀歌,古时哀悼死者时所唱之歌。《晋书·段丰妻慕容氏传》:“及葬,……路经余炽宅前,炽闻～～之声,恸绝良久。”《世说新语·任诞》:“张驎酒后,～～甚凄苦。”

【挽毂】 wǎngǔ 拉车,比喻荐引人才。《新唐书·沈传师传》:“时给事中许孟容、礼部侍郎权德舆乐～～士,号‘权、许’。”

【挽满】 wǎnmǎn 拉满弓。《后汉书·梁冀传》:“性嗜酒,能～～、弹棋。”

【挽强】 wǎnqiáng 拉硬弓。杜甫《前出塞》诗之六:“挽弓当～～,射箭当用长。”

晚 wǎn ❶日暮,傍晚。《战国策·秦策五》:“臣恐其皆有怨心,使边境早闭～开。”杜甫《陪王使君晦日泛江就黄家亭子》诗之二:“日～烟花乱,风生锦绣香。”孟郊

《游终南龙池寺》诗："～磬送归客，数声落遥天。"❷比规定的或合适的时间靠后，迟。《韩非子·说林上》："君不如～救之以敝晋，齐实利。"《汉书·高帝纪上》："其舍人陈恢曰：'死未～也。'"❸老年。《史记·田敬仲完世家》："盖孔子～而喜《易》。"欧阳修《江邻几文集序》："仕宦久而不进，～而朝廷方将用之，未及而卒。"❹时间靠后的，后来的。见"晚世"。

【晚成】 wǎnchéng 年岁较大才有成就。《老子·四十一章》："大器～～。"《后汉书·马援传》："汝大器，当～～，良工不示人以朴，且从所好。"

【晚吹】 wǎnchuī 晚风。王勃《与蜀城父老书》："轻蝉送夏，惊～～于风园。"杜牧《伤猿》诗："无端～～惊高树，似袅长枝欲下来。"

【晚发】 wǎnfà 白发。杜牧《李给事》诗之二："～～闷还梳，忆君秋醉馀。"

【晚节】 wǎnjié ❶晚年。《史记·魏其武安侯列传》："孝景～～，蚡益贵幸，为太中大夫。"杜甫《送李校书二十六韵》："小来习性懒，～～慵转剧。"❷末世，一代将终之时。《汉书·邹阳传》："至其～～末路，张耳、陈胜连从兵之据，以叩函谷，咸阳遂危。"《新唐书·选举志》："进士科，当唐之～～，尤为浮薄。"❸晚年的节操。苏轼《谢翰林学士表》之一："敢不激昂～～，砥砺初心。"

【晚暮】 wǎnmù 也作"晚莫"。❶迟暮，末途。《后汉书·杨震传》："常客居于湖，不答州郡礼命数十年，众人谓之～～，而震志愈笃。"❷比喻年迈。曹植《种葛篇》："行年将～～，佳人怀异心。"

【晚色】 wǎnsè 傍晚的天色。杜甫《曲江对雨》诗："城上春云覆苑墙，江亭～～静年芳。"苏舜钦《晚意》诗："～～微茫至，前山次第昏。"

【晚生】 wǎnshēng ❶晋人称自己的儿子。《晋书·元四王传》："诏曰：'哀王无嗣，国统将绝，朕所哀怛，其以小～～奕继哀王为东海王。'"❷后辈对先辈的自谦之称。《剪灯馀话·幔亭遇仙录》："～～不及承教训。"

【晚世】 wǎnshì ❶近世。《后汉书·冯衍传下》："逮至～～，董仲舒言道德，见妒于公孙弘，李广奋节于匈奴，见排于卫青，此忠臣之常所为流涕也。"《淮南子·本经训》："～～学者，不知道之所一体，德之所总要。"❷末世。《淮南子·本经训》："～～之时，帝有桀纣。"《抱朴子·吴失》："吴之～～，尤剧之病，贤者不用，滓秽充序。"

【晚岁】 wǎnsuì ❶晚年。杜甫《羌村》诗之二："～～迫偷生，还家少欢趣。"陆游《雪夜感旧》诗："～～犹思事鞍马，当时那信老耕桑。"❷晚熟的庄稼。也比喻不得志。曹植《赠徐幹》诗："良田无～～，膏泽多丰年。"《北史·杨侃传》："苟有良田，何愁～～？但恨无才具耳。"

【晚学】 wǎnxué ❶后学，晚辈。《后汉书·蔡邕传》："奏求正定《六经》文字。……邕乃自书于碑，使工镌刻立于太学门外。于是后儒～～，咸取正焉。"❷晚年求学。《颜氏家训·勉学》："然人有坎壈，失于盛年，犹当～～，不可自弃。"苏洵《送石昌言为北使引》："吾～～无师，虽日为文，中心自惭。"

婉 wǎn ❶美，美好。《诗经·郑风·野有蔓草》："有美一人，清扬～兮。"❷温顺，顺从。《左传·襄公二十六年》："嬖，生佐，恶而～。"（恶：面貌丑。）《国语·晋语七》："文敏者导之，则～而入。"❸委婉，婉转。《左传·昭公元年》："叔孙绞而～，宋左师简而礼。"曹植《洛神赋》："其形也，翩若惊鸿，～若游龙。"❹亲爱，亲密。阮瑀《为曹公作书与孙权》："～彼二人，不忍加罪。"嵇康《酒会》诗之三："～彼鸳鸯，戢翼而游。"❺简约。《左传·襄公二十九年》："美哉！沨沨乎！大而～，俭而易行。"

【婉丽】 wǎnlì ❶温顺美丽。《晋书·段丰妻慕容氏传》："慕容氏姿容～～，服饰光华。"❷形容文辞委婉华美。贾至《工部侍郎李公集序》："时有～～之什，浮艳之句。"

【婉娈】 wǎnluán ❶美好的样子。《晋书·左贵嫔传》："昔伯瑜之～～兮，每彩衣以娱亲。"❷比喻亲信，群小。《后汉书·杨震传》："惟陛下绝～～之私，割不忍之心，留神万机，诚慎拜爵。"韩愈《祭张员外文》："彼～～者，实惮吾曹。"❸眷恋，依恋。潘尼《赠陆机出为吴王郎中令》："～～二宫，徘徊殿闼。"❹缠绵。陆机《于承明作与士龙》诗："～～居人思，纡郁游子情。"

【婉媚】 wǎnmèi ❶柔顺谄媚。《汉书·佞幸传序》："此两人非有材能，但以～～贵幸。"❷温顺妩媚。陆机《日出东南隅行》："窈窕多容仪，～～巧笑言。"干宝《搜神记》卷四："妇年可十八九，姿容～～。"

【婉佞】 wǎnnìng 柔顺谄媚。《史记·佞幸列传》："此两人非有材能，徒以～～贵幸。"

【婉容】 wǎnróng 和顺的容态。《礼记·祭义》："孝子之深爱者，……必有愉色；有愉色者，必有～～。"韩愈《与祠部陆员外书》："其为人，温良诚信，无邪佞诈妄之心，彊志而～～,和平而有立。"

【婉婉】 wǎnwǎn ❶屈伸的样子。同"蜿蜿"。《楚辞·离骚》:"驾八龙之～～兮,载云旗之委蛇。"庾信《游山》诗:"～～藤倒垂,亭亭松直竖。"❷和顺的样子。谢瞻《张子房》诗:"～～幙中画,恢恢天业昌。"曾巩《祭亡妻晁氏文》:"及其既退,～～其仪。不矜以色,不伐以辞。"

【婉娩】 wǎnwǎn ❶温顺,和顺。《周礼·天官·九嫔》"妇言,妇容"注:"妇言谓辞令,妇容谓～～。"张华《永怀赋》:"扬绰约之丽姿,怀～～之柔情。"❷天气温和,温暖。庾肩吾《奉使北徐州参丞御》诗:"年光正～～,春树转丰茸。"欧阳修《渔家傲》词之三:"三月清明天～～,晴川祓禊归来晚。"(祓禊:古代民俗,三月三日到水边聚饮洗濯,除去不祥。)❸柔美,美好。王安石《后殿牡丹未开》诗:"红襆未开知～～,紫囊犹结想芳菲。"❹迟暮。也作"婉晚"。欧阳修《摸鱼儿》词:"可惜年华～～,西风初弄庭菊。"

【婉约】 wǎnyuē ❶和顺谦恭。《国语·吴语》:"夫固知君王之盖威以好胜也,故～～其辞,以从逸王志。"❷委婉含蓄。陆机《文赋》:"或清虚以～～,每除烦而去滥。"❸柔美。王粲《神女赋》:"扬娥微眄,悬藐流离。～～绮媚,举动多宜。"❹婉转悠扬。成公绥《啸赋》:"徐～～而优游,纷繁骛而激扬。"

【婉转】 wǎnzhuǎn ❶辗转。也作"宛转"。《淮南子·精神训》:"屈伸俛仰,抱命而～～。"《后汉书·马援传》:"晓夕号哭,～～尘中。"❷绵密的样子。潘岳《射雉赋》:"萧森繁茂,～～轻利。"❸曲折。梁武帝《紫兰始萌》诗:"芬芳与时发,～～迎节生。"❹声音抑扬起伏。高璩《和薛逢赠别》:"歌声～～添长恨,管色凄凉似到秋。"

娩 wǎn 见miǎn。

绾(綰) wǎn ❶系结,佩戴。《汉书·周勃传》:"绛侯～皇帝玺。"孔稚珪《北山移文》:"至其纽金章,～墨绶。"㉿牵挂。刘禹锡《杨柳枝词》之八:"长安陌上无穷树,唯有垂杨～别离。"❷将头发盘绕打成结。李贺《大堤曲》:"青云教～头上髻,明月与作耳边珰。"范成大《揽辔录》:"惟妇女之服不甚改,而戴冠者绝少,多～髻。"❸控制。《史记·张仪列传》:"先王之时,奉阳君专权擅势,蔽欺先王,独擅～事。"❹联络贯通。《史记·货殖列传》:"北邻乌桓、夫馀,东～秽貉、朝鲜、真番之利。"❺挽,拉。《水浒传》三十八回:"张顺笑将起来,～了李逵手。"

【绾毂】 wǎngǔ 控制。毂是车辐所聚之处,比喻各条道路集中之处。《史记·货殖列传》:"然四塞,栈道千里,无所不通,唯褒斜～～其口,以所多易所鲜。"(褒斜:地名。)

【绾摄】 wǎnshè 掌握,控制。李绛《兵部尚书王绍神道碑》:"可以进退海内之士,可以～～天下之柄。"

琬 wǎn 一种上端浑圆而无棱角的圭。鲍照《拟古八首》之五:"玉～徒见传,交友义渐疏。"

【琬圭】 wǎnguī 上端浑圆没有棱角的圭。《周礼·考工记·玉人》:"～～九寸而缫,以象德。"(缫:玉器的彩色垫板。)

【琬琰】 wǎnyǎn ❶琬圭与琰圭(上端尖的圭)。《尚书·顾命》:"赤刀、大训、弘璧、～～在西序。"(大训:书册文献。序:墙。)❷泛指美玉。《汉书·司马相如传上》:"朝采～～,和氏出焉。"(朝采:美玉名。)❸比喻美德。《南史·刘遵传》:"文史该富,～～为心;辞章博赡,玄黄成采。"

輓(輓) wǎn ❶牵引,拉。《战国策·东周策》:"昔周之伐殷,得九鼎,凡一鼎九万人～之。"《后汉书·江革传》:"革以母老,不欲摇动,自在辕中～车,不用牛马。"㉿特指牵引丧车。《汉书·景帝纪》:"其葬,国得发民～丧。"❷悼念死者。岑参《仆射裴公輓歌》:"哀～辞秦塞,悲笳出帝畿。"❸用车运送(谷物)。《史记·平津侯主父列传》:"又使天下蜚刍～粟,起于黄、腄、琅邪负海之郡,转输北河。"孟郊《感怀》诗:"太行险阻高,～粟输连营。"❹通"晚"。时间靠后的,后来的。《史记·货殖列传》:"必用此为务,～近世涂民耳目,则几无行矣。"

【輓歌】 wǎngē 哀悼死者时所唱的歌。《晋书·礼志中》:"汉魏故事,大丧及大臣之丧,执拂者～～。新礼以为～～出于汉武帝役人之劳歌,声哀切,遂以为送终之礼。"

【輓输】 wǎnshū 用车运输物品。《汉书·韩安国传》:"又遣子弟乘边守塞,转粟～～,以为之备。"

畹 wǎn 见"畹晚"。

【畹晚】 wǎnwǎn 太阳将落。《楚辞·哀时命》:"白日～～其将入兮,哀余寿之弗将。"潘岳《怀旧赋》:"涂艰屯其难进,日～～而将暮。"

碗(盌、椀、瓮) wǎn 食器。杜甫《又于韦处乞大邑瓷碗》诗:"君家白～胜霜雪,急送茅斋也可怜。"

畹 wǎn ❶古代面积单位。三十亩(一说二十亩)为一畹。《楚辞·离骚》："余既滋兰之九～兮，又树蕙之百亩。"❷泛指花圃或园地。左思《魏都赋》："右则疏圃曲池，下～高堂。"吴融《僧舍白牡丹》诗之二："合影只应天际月，分香多是～中兰。"

皖 wǎn ❶古地名。春秋时属楚国，汉代置县。旧址在今安徽省潜山县。《后汉书·马援传》："遂共聚会徒党，攻没～城。"❷安徽省简称。

【皖公山】 wǎngōngshān 即皖山，又名天柱山。在今安徽省潜山县西北。李白《江上望皖公山》诗："清宴～～～，巉绝称人意。"(宴：通"晏"。晴朗无云。)

踠 1. wǎn ❶人体足胫或马胫与蹄相连之处。《农政全书·六畜》："蹄欲得厚而大，～欲得细而促。"❷屈曲，弯曲。庾信《杨柳歌》："河边杨柳百丈枝，别有长条～地垂。"《抱朴子·嘉遁》："骥騄～趾而不驰，则追风之迅不形。"

2. wò ❸折伤筋骨。《后汉书·李南传》："马～足，是以不得速。"

万[1]（萬） wàn ❶数词。十千为万。《韩非子·十过》："步卒五～。"❷众多，极多。《周易·乾》："～国咸宁。"《诗经·小雅·桑扈》："彼交匪敖，～福来求。"(彼：非。交：姣。敖：傲。)❸绝对，完全。《韩非子·用人》："使中主守法术，拙匠守规矩尺寸，则～不失矣。"韩愈《柳子厚墓志铭》："吾不忍梦得之穷，无辞以白其大人，且～无母子俱往理。"❹古代一种大型舞蹈。《左传·庄公二十八年》："为馆于其宫侧，而振～焉。"《大戴礼记·夏小正》："～也者，干戚舞也。"㊂跳万舞。《左传·隐公五年》："九月，考仲子之宫，将～焉。"❺姓。

【万般】 wànbān ❶各种各样。韩偓《惜春》诗："一夜雨声三月尽，～～人事五更头。"❷非常。韦庄《小重山》词："倚长门，～～惆怅向谁论？"

【万邦】 wànbāng 万国。《诗经·大雅·文王》："仪刑文王，～～作孚。"(作：始。孚：信。)曹植《责躬》诗："受禅于汉，君临～～。"

【万端】 wànduān ❶万绪，头绪繁多。《战国策·秦策一》："～～俱起，不可胜理。"《晋书·陶侃传》："阃外多事，千绪～～，罔有遗漏。"(阃外：统兵在外。)❷各个方面，各种各样。《史记·魏公子列传》："公子患之，数请魏王及宾客辩士说王～～。"潘岳《关中》诗："情固～～，于何不有？"杜甫《独立》诗："天机近人事，独立～～忧。"

【万方】 wànfāng ❶四方。《论语·尧曰》："～～有罪，罪在朕躬。"杜甫《登楼》诗："花近高楼伤客心，～～多难此登临。"❷用种种方法。《汉书·孝惠张皇后传》："欲其生子，～～终无子。"❸多方面，多种多样。珠泉居士《雪鸿小记补遗》："[赵三]足翘细笋，腰折迴风，……具有～～仪态。"

【万古】 wàngǔ 永久，千秋万世。杜甫《牵牛织女》诗："～～永相望，七夕谁见同？"杜牧《春日古道傍作》诗："～～荣华旦暮齐，楼台春尽草萋萋。"

【万机】 wànjī 万事，纷繁的事务。《汉书·魏相传》："宣帝始亲～～，厉精为治。"《后汉书·章帝纪》："朕以眇身，托于王侯之上，统理～～，惧失厥中。"

【万金】 wànjīn ❶金钱很多。《史记·留侯世家》："家世相韩，及韩灭，不爱～～之资。"❷比喻价值贵重，极难得。《史记·魏其武安侯列传》："夫身中创十馀，适有～～良药，故得无死。"杜甫《春望》诗："烽火连三月，家书抵～～。"

【万籁】 wànlài 自然界的各种声响。杜甫《玉华宫》诗："～～真笙竽，秋色正萧洒。"常建《题破山寺后禅院》诗："～～此都寂，但馀钟磬音。"

【万全】 wànquán 万无一失。《韩非子·饰邪》："夫悬衡而知平，设规而知圆，～～之道也。"《汉书·黥布传》："留项王于齐数月，我之取天下可以～～。"

【万乘】 wànshèng ❶万辆兵车。陈琳《神武赋序》："六军被介，云辎～～。"❷周制，天子地方千里，兵车万辆，故以万乘称天子。《孟子·梁惠王上》："～～之国，弑其君者，必千乘之家。"张衡《东京赋》："虽～～之无惧，犹怵惕于一夫。"❸指大国。《战国策·秦策一》："今欲并天下，凌～～，诎敌国，制海内，子元元，臣诸侯，非兵不可。"《吕氏春秋·召类》："宋在三大～～之间。"

【万石】 wànshí ❶汉代称丞相、太尉、御史大夫三公为万石。《汉书·百官公卿表》注："汉制，三公号～～，其俸月为三百五十斛。"❷指高官厚禄之家。嵇康《幽愤》诗："～～周慎，安亲保荣。"

【万世】 wànshì ❶万代，永久。《尚书·毕命》："敝化奢丽，～～同流。"《荀子·赋》："功被天下，为～～文。"(文：文采。)❷隐喻国君死。《汉书·淮南王传》："陛下遇我厚，吾能忍之；～～之后，吾宁能北面事竖子乎？"

【万岁】 wànsuì ❶祝颂之词。古人饮酒祝寿之词，后用于祝颂帝王。《韩非子·显学》："今巫祝之祝人曰：'使若千秋～～。'"

《战国策·齐策四》:“矫命以责赐诸民,因烧其券,民称～～。”《汉书·高帝纪上》:“九月,归太公、吕后,军皆称～～。”❷表示赞叹之语。《论衡·超奇》:“高祖读陆贾之书,叹称～～。”❸隐指君死。《史记·高祖本纪》:“吾虽都关中,～～后吾魂魄犹乐思沛。”《汉书·周昌传》:“是岁,戚姬子如意为赵王,年十岁,高祖忧～～之后不全也。”

【万物】 wànwù 天地间的一切事物。《周易·乾》:“大哉乾元,～～资始。”《汉书·贾谊传》:“～～变化,固亡休息。”

【万象】 wànxiàng 万物万事,宇宙间的一切景象。《淮南子·俶真训》:“四时未分,～～未生。”杜甫《宿白沙驿》诗:“～～皆春气,孤槎自客星。”

【万成计】 wànchéngjì 必成之计。《后汉书·冯异传》:“上今使诸将屯黾池要其东,而异击其西,一举取之,此～～～也。”

【万户侯】 wànhùhóu 食邑满万户的侯爵。《汉书·李广传》:“文帝曰:‘惜广不逢时,令当高祖世,～～～岂足道哉!’”李陵《答苏武书》:“而妨功害能之臣,尽为～～～。”

【万里侯】 wànlǐhóu 因在异域立功而封侯。《后汉书·班超传》:“相者指曰:‘生燕颔虎颈,飞而食肉,此～～～相也。’”

【万马皆喑】 wànmǎjiēyīn 众马都沉寂无声。喑,哑。苏轼《三马图赞引》:“振鬣长鸣,～～～～。”后用以比喻死气沉沉。也作“万马齐喑”。龚自珍《己亥杂诗》之一二五:“九州生气恃风雷,～～～～究可哀。”

【万目睽睽】 wànmùkuíkuí 众人都注视着。也作“众目睽睽”。韩愈《郓州溪堂诗序》:“～～～～,公于此时,能安以治之,其功为大。”

【万顷之陂】 wànqǐngzhībēi 陂塘宽广达万顷,比喻人的度量大。《世说新语·德行》:“林宗曰:‘叔度汪汪如～～～～,澄之不清,扰之不浊,其器深广,难测量也。’”

掔 wàn 见 qiān。

乿(𦶟) 1. wàn ❶初生的荻。韩愈《崔十六少府摄伊阳以诗及书见投因酬三十韵》:“行当自劾去,渔钓老葭～。”

2. luàn ❷小蒜的根。《集韵·换韵》:“～,小蒜根曰乿子。”

輐(輐) 1. wàn ❶见“輐断”。

2. yuǎn ❷车具。《玉篇·车部》:“～,车具也。”

【輐断】 wànduàn 圆转没有棱角的样子。《庄子·天下》:“椎拍～～,与物宛转。”

腕(捥) wàn 手臂与手掌相连的地方。《墨子·大取》:“断指与断～,利于天下相若,无择也。”《三国志·魏书·陈泰传》:“古人有言:‘蝮蛇螫手,壮士解其～。’”

【腕钏】 wànchuàn 臂环,用金玉制作,也叫“跳脱”。《唐诗纪事·文宗》:“一日问宰臣,古诗云‘轻衫衬跳脱’,跳脱是何物? 宰臣未对。上曰:‘即今之～～也。’”

脕 1. wàn ❶光泽,鲜艳。《楚辞·远遊》:“玉色頩以～颜兮,精醇粹而始壮。”(頩:美。)

2. wèn ❷草新生。《玉篇·肉部》:“～,新生草也。”

槾 wàn 见 màn。

魗 wàn 见 nōu。

wang

匡 wāng 见 kuāng。

汪 1. wāng ❶大而深的样子。《国语·晋语二》:“～是土也,苟违其违,谁能惧之?”❷池,小水坑。《左传·桓公十五年》:“祭仲杀雍纠,尸诸周氏之～。”❸水多、泪多的样子。见“汪然”。❹古地名,在今陕西省白水县境。《左传·文公二年》:“伐秦,取～及彭衙而还。”❺姓。

2. wǎng ❻古地名用字,汉置汪陶县。《汉书·地理志下》:“县十四……～陶。”

3. hóng ❼泓。水深广的样子。《字汇补·水部》:“～,与泓同,水貌。”

【汪涉】 wānghuì 深广的样子。《论衡·自纪》:“德～～而渊懿,知滂沛而盈溢。”权德舆《孙公神道碑铭》:“唯圣唐仁泽～～,威灵烨耀,乃法辰象,以严武师。”

【汪然】 wāngrán ❶水深广的样子。《淮南子·俶真训》:“～～平静,寂然清澄。”❷眼泪满眶的样子。柳宗元《捕蛇者说》:“蒋氏大戚,～～出涕。”

【汪汪】 wāngwāng ❶水深广的样子。《水经注·淯水》:“陂～～,下田良。”❷喻人的气度大。蔡邕《郭有道碑文》:“其器量弘深,姿度广大,浩浩焉,～～焉,奥乎不可测已。”❸眼泪盈眶的样子。卢纶《与张擢对酌》诗:“张老闻此词,～～泪盈目。”❹水聚积充盈的样子。苏轼《和子由木山引水》之一:“遥想纳凉清夜永,窗前微月照

～～。”

【汪洋】　wāngyáng　❶广大无际的样子，形容水势浩大。《楚辞·九怀·蓄英》：“临渊兮～～，顾林兮忽荒。”归有光《吴山图记》：“而太湖～～三万六千顷，七十二峰沉浸其间。”㉕形容恩情深厚。苏轼《与郑靖老四首》之四：“圣恩～～。”❷比喻人的气度宽宏豁达。刘孝威《重光》诗：“风神洒落，容止～～。”❸形容文章气势浑厚，义理深广。《文心雕龙·颂赞》：“揄扬以发藻，～～以树义。”《新唐书·韩愈传赞》：“刊落陈言，横骛别驱，～～大肆，要之无牴牾圣人者。”

尪（尢、尫）　wāng　❶椎骨向后弯曲之症。《左传·僖公二十一年》：“夏，大旱。公欲焚巫、～。”（杜预注：“脊病之人，其面向上，俗谓天哀其雨，恐雨入其鼻，故为之旱，是以公欲焚之。”）《吕氏春秋·尽数》：“苦水所，多～与伛人。”❷瘦弱。《旧唐书·陆羽传》：“斯乃勇废为～，众散为弱。”

【尪弊】　wāngbì　衰病疲弊。《晋书·皇甫谧传》：“臣以～～，迷于道趣，因疾抽簪，散发林皐，人纲不闲，鸟兽为群。”

【尪顿】　wāngdùn　衰弱困顿。《三国志·魏书·王烈传》：“诏书问青州刺史程喜：‘宁为守节高乎，审老疾～～邪？’”（宁：管宁。）又指衰弱困顿之身。《宋书·范晔传》：“辄督厉～～，死而后已。”

【尪羸】　wāngléi　瘦弱。《抱朴子·遐览》：“唯余～～，不堪他劳。”苏轼《上皇帝书》：“世有～～而寿考，亦有盛壮而暴亡。”

【尪纤】　wāngxiān　瘦小。《魏书·崔浩传》：“汝曹视此人，～～懦弱，手不能弯弓持矛，其胸中所怀，乃逾于甲兵。”

尫　1. wāng　❶残疾之人。同“尪”。《荀子·王霸》：“是故百姓贱之如～，恶之如鬼。”

2. kuāng　❷见“尫儴”。

【尫儴】　kuāngráng　急遽不安的样子。《聊斋志异·于去恶》：“偶出户，见一人负笈～～，似卜居未就者。”

洸　wāng　见 guāng。

亡（亾）　1. wáng　❶逃跑，逃亡。《左传·宣公二年》：“问其名居，不告而退，遂自～也。”《史记·高祖本纪》：“高祖以亭长为县送徒郦山，徒多道～。”❷不在，出门在外。《论语·阳货》：“孔子时其～也而往拜之。”（时：通“伺”。）《孟子·滕文公下》：“阳货瞰孔子之～也，而馈孔子蒸豚。”❸失去，丢失。《战国策·楚策四》：“～羊而补牢，未为迟也。”《吕氏春秋·去尤》：“人有～铁者，意其邻人之子。”《后汉书·和熹邓皇后纪》：“宫中～大珠一箧。”❹灭亡，消亡。《左传·僖公三十年》：“然郑～，子亦有不利焉。”《荀子·天论》：“天行有常，不为尧存，不为桀～。”❺死。《论语·雍也》：“～之，命矣夫！”《世说新语·伤逝》：“王子猷、子敬俱病笃，而子敬先～。”❻过去的。见“亡事”。❼通“忘”。忘记。《管子·枢言》：“～其身失其国者殆。”《论衡·语增》：“为长夜之饮，～其甲子。”❽通“盟”。《吕氏春秋·慎行》：“弑其君而弱其孤，以～其大夫。”

2. wú　❾通“无”。1）没有。《论语·颜渊》：“司马牛忧曰：‘人皆有兄弟，我独～。’”《论衡·量知》：“抱布贸丝，交易有～，各得所愿。”2）表示否定，相当于不，不然。《庄子·大宗师》：“子祀曰：‘女恶之乎？’曰：‘～，予何恶！’”3）连词。不论。《汉书·丙吉传》：“上遣使者分条中都官诏狱系者，～轻重，一切皆杀之。”4）不。《资治通鉴·秦二世皇帝三年》：“所过～得卤掠，秦民皆喜。”

【亡臣】　wángchén　❶逃亡之臣。《战国策·齐策六》：“莒中及齐～～相聚，求闵王子，欲立之。”《礼记·檀弓下》：“君惠吊～～重耳，身丧父死，不得与于哭泣之哀，以为君忧。”❷亡国之君向战胜国称亡臣。《史记·越王句践世家》：“君王～～句践，使陪臣种敢告下执事，句践请为臣，妻为妾。”

【亡国】　wángguó　❶被灭亡的国家。《韩非子·初见秦》：“令魏氏反收～～，聚散民。”❷使国家灭亡。《韩非子·十过》：“耽于女乐，不顾国政，则～～之祸也。”

【亡酒】　wángjiǔ　逃席避酒。《汉书·高五王传》：“顷之，诸吕有一人醉，～～，章追，拔剑斩之，而还报曰：‘有～～一人，臣谨行军法斩之。’”

【亡命】　wángmìng　❶削除名籍逃亡在外。《汉书·张耳陈馀传》：“尝～～游外黄。”《后汉书·王常传》：“王莽末，为弟报仇，～～江夏。”❷指逃亡者。《汉书·武帝纪》：“益州，昆明反，赦京师～～令从军。”《后汉书·刘玄传》：“于是诸～～马武、王常、成丹等往从之。”❸指铤而走险不顾性命的人。荀悦《汉纪·景帝纪》：“吴之所诱者，无赖子弟、～～、铸钱奸人，故相诱以反。”

【亡匿】　wángnì　逃走躲避起来。《史记·高祖本纪》：“高祖即自疑，～～，隐于芒、砀山泽岩石之间。”又《留侯世家》：“良乃更名姓，～～下邳。”

【亡去】　wángqù　❶逃遁。《论衡·道虚》：“曼都好道学仙，委家～～，三年而返。”《后汉书·南匈奴传》:"阿族等遂将妻子辎重~~。"❷散失。苏舜钦《题〈杜子美别集〉后》:"念其~~尚多,意必皆在人间。"

【亡人】 wángrén ❶逃亡者,流亡者。《左传·僖公九年》:"臣闻~~无党,有党必有仇。"《国语·晋语二》:"~~苟入扫宗庙,定社稷,~~何国之与有?"❷死去的人。《酉阳杂俎·尸穸》:"近代丧礼,初死内棺,而截~~衣后幅留之。"(内:纳。)❸迷妄之人。《庄子·庚桑楚》:"汝~~哉! 惘惘乎,汝欲反汝情性而无由入,可怜哉!"

【亡事】 wángshì 已往的事。辛弃疾《木兰花慢·席上呈张仲固帅兴元》词:"追~~,今不见,但山川满目泪沾衣。"

【亡征】 wángzhēng 灭亡的征兆。《三国志·魏书·三少帝纪》:"众叛亲离,莫有固志,自古及今,未有~~若此之甚。"

【亡走】 wángzǒu 逃跑。《韩非子·初见秦》:"荆王君臣~~,东服于陈。"《史记·田敬仲完世家》:"明年,秦破燕,燕王~~辽东。"

【亡辜】 wúgū 无罪,无罪之人。同"无辜"。《汉书·宣帝纪》:"怜曾孙之~~,使女徒复作淮阳赵征卿、渭城胡组更乳养,私给衣食,视遇甚有恩。"

【亡何】 wúhé 同"无何"。❶不久。《汉书·翟方进传》:"子夏既过方进,揣知其指,不敢发言。居~~,方进奏咸与逢信'邪枉贪污,营私多欲'。"❷无故。《汉书·金日磾传》:"明旦,上未起,何罗~~从外入。"

【亡赖】 wúlài ❶不务正业。《汉书·高帝纪下》:"始大人常以臣~~,不能治产业。"又《晁错传》:"吴所诱,皆~~子弟,亡命铸钱奸人,故相诱以乱。"❷小孩顽皮。辛弃疾《清平乐·村居》词:"大儿锄头溪东,中儿正织鸡笼。最喜小儿~~,溪头卧剥莲蓬。"

【亡其】 wúqí 选择连词。或者,还是。《史记·蔡泽范雎列传》:"意者臣愚而不概于王心邪? ~~言臣者贱而不可用乎?"《吕氏春秋·审为》:"君将攫之乎? ~~不与?"

【亡如】 wúrú 如同没有一样。《汉书·霍光传》:"百官以下,但事冯子都、王子方等,视丞相~~也。"

【亡双】 wúshuāng 独一无二。同"无双"。《汉书·李广传》:"李广材气,天下~~。"

【亡射】 wúyì 十二律之一。同"无射②"。《汉书·律历志上》:"律以统气类物,一曰黄钟,二曰太族,……六曰~~。"

【亡状】 wúzhuàng 无礼或无礼之人。《汉书·项籍传》:"异时诸侯吏卒徭役屯戍过秦中,秦中遇之多~~。"又《西南夷两粤朝鲜传》:"邑君曰:'将军诛~~,为民除害。'"

【亡羊补牢】 wángyángbǔláo 羊亡失了再修补羊圈,比喻失误后马上补救。《战国策·楚策四》:"见兔而顾犬,未为晚也;亡羊而补牢,未为迟也。"陆游《秋兴》诗之八:"惩羹吹齑岂其非,~~~~理所宜。"(惩羹吹齑:被热汤烫过,在吃冷菜时也要吹一下。)

王

1. wáng ❶夏商周三代的最高统治者。《论语·学而》:"先~之道,斯为美。"《左传·隐公七年》:"~使凡伯来聘。"㊀战国时诸侯国的统治者均称王。《韩非子·外储说左上》:"今~欲民无衣紫者,~请自解紫衣而朝。"㊀封建社会皇族或功臣的最高封爵。《史记·高祖本纪》:"立子长为淮南~。"又《淮阴侯列传》:"立信为齐~。"❷朝见天子。《诗经·商颂·殷武》:"莫敢不来享,莫敢不来~。"《国语·鲁语上》:"是故先王制诸侯,使五年四~、一相朝。"❸古代对祖父母辈的尊称。见"王父"。❹大。见"王鲔"。

2. wàng ❺称王,统治天下。《孟子·万章上》:"伊尹相汤,以~于天下。"《史记·高祖本纪》:"吾与诸侯约,先入关者~之,吾当~关中。"❻封……为王。《后汉书·刘玄传》:"宜悉~诸功臣。"❼通"旺"。旺盛。《庄子·养生主》:"神虽~,不善也。"

3. wǎng ❽通"往"。去,到(某地)。《诗经·大雅·板》:"昊天曰明,及尔出~。"

【王霸】 wángbà 王业与霸业。战国时称借仁义之名以武力征服天下者为霸业,以道德行仁义使天下归顺者为王业。《论衡·气寿》:"~~同一业,优劣异名;寿夭同一气,长短殊数。"㊀指能成就王霸之业的人。《三国志·魏书·陈矫传》:"雄姿杰出,有~~之略,吾敬刘玄德。"

【王道】 wángdào 儒家所提倡的以仁义治天下的政治主张,与"霸道"相对。《尚书·洪范》:"无偏无党,~~荡荡。"《孟子·梁惠王上》:"养生丧死无憾,~~之始也。"《汉书·艺文志》:"诸子十家,其可观者九家而已。皆起于~~既微,诸侯力政。"

【王父】 wángfù ❶祖父。《论衡·道虚》:"少君乃言与其~~游射处。"❷对老人的尊称。《国语·晋语七》:"年过七十,公亲见之,称曰~~。"

【王公】 wánggōng ❶天子与诸侯。《周礼·考工记·总序》:"坐而论道,谓之~~。"❷泛指达官贵人。《论衡·命禄》:"自~~逮庶人,圣贤及下愚,凡有首目之类,含血之属,莫不有命。"韩愈《荆潭唱和诗序》:"至若~~贵人,气满志得,非性能而好之,则不暇以为。”

【王后】 wánghòu ❶君王。《诗经·大雅·文王有声》：“～～维翰，～～烝哉！”（烝：美。）❷天子的正妻。《周礼·天官·内宰》：“上春，诏～～帅六宫之人，而生穜稑之种。”

【王化】 wánghuà 天子的教化。《后汉书·刘玄传》：“方今贼寇始诛，～～未行，百官有司宜慎其任。”

【王畿】 wángjī 王城周围千里的地方。《周礼·夏官·职方氏》：“方千里曰～～。”泛指帝京。潘岳《闲居赋》：“太夫人乃御板舆升轻轩，远览～～。”

【王良】 wángliáng ❶人名。也作“王梁”。春秋时善驭马者。《韩非子·难势》：“夫欲追速致远，不知任～～；欲进利除害，不知任贤能。”❷星名。《论衡·命义》：“天有～～、造父，人亦有之，禀受其气，故巧于御。”

【王母】 wángmǔ ❶祖母。崔骃《杖颂》：“～～扶持，永保百禄。”❷神话传说中的女神西王母的省称。《后汉书·马融传》：“纳僬侥之珍羽，受～～之白环。”（僬侥：传说中的矮人国名。）杜甫《秋兴》诗之五：“西望瑶池降～～，东来紫气满函关。”❸鸟名。杜甫《玄都坛歌寄元逸人》：“子规夜啼山竹裂，～～昼下云旗翻。”

【王气】 wángqì 旧指象征帝王的祥瑞之气。《新五代史·吴越世家》：“豫章人有善术者，望斗牛间有～～。”朱敬则《陈后主论》：“五百里之俘囚，累累不绝；三百年之～～，寂寂长空。”

【王阙】 wángquē 帝王的过失。《左传·襄公四年》：“昔周辛甲之为大史也，命百官，官箴～～。”

【王阙】 wángquè 帝王的宫室，指朝廷。《论衡·效力》：“智能满胸之人，宜在～～。”

【王师】 wángshī 天子的军队。《左传·桓公十年》：“以～～伐虢。”《国语·周语上》：“战于千亩，～～败绩于姜氏之戎。”

【王事】 wángshì ❶王室（朝廷）差遣的公事。《诗经·邶风·北门》：“～～適我，政事一埤益我。”（適：掷。）又《唐风·鸨羽》：“～～靡盬，不能艺稷黍。”（盬：闲暇。）❷特指朝聘、会盟、征伐等大事。《礼记·丧大记》：“既葬，与人立。君言～～，不言国事。”

【王室】 wángshì 王朝，朝廷。《左传·僖公五年》：“勋在～～，藏于盟府。”《后汉书·伏湛传》：“实足以先后～～，名足以光示远人。”

【王孙】 wángsūn ❶王的子孙后代。《左传·哀公十六年》：“～～若安靖楚国，匡正王室，而后庇焉，启之愿也。”❷泛指一般贵族官僚的子弟。马融《长笛赋》：“游闲公子，暇豫～～，心乐五声之和，耳比八音之调。”❸对人的尊称，如同公子。《史记·淮阴侯列传》：“吾哀～～而进食，岂望报乎！”❹猴子的别名。柳宗元《憎王孙文序》：“猿、～～居异山，德异性，不能相容。”❺复姓。

【王涂】 wángtú 也作“王途”。❶天子殿陛，借喻仕途。嵇康《与山巨源绝交书》：“若趣欲共登～～，期于相致，时为懽益，一旦迫之，必发其狂疾。”❷王业，王政。班固《答宾戏》：“昔者，～～芜秽，周失其驭。”《三国志·吴书·陆逊传》：“诏曰：‘朕以不德，应期践运，～～未一，奸宄充路。’”

【王鲔】 wángwěi 大鲔鱼。《后汉书·马融传》：“春献～～，夏荐鳖鼋。”

【王谢】 wángxiè 六朝时望族王氏与谢氏的并称。《南史·侯景传》：“请娶于～～，帝曰：‘～～门高非偶，可于朱张以下访之。’”后以“王谢”为高门世族的代称。刘禹锡《乌衣巷》诗：“旧时～～堂前燕，飞入寻常百姓家。”

【王政】 wángzhèng ❶王道，仁政。《孟子·梁惠王下》：“夫明堂者，王者之堂也。王欲行～～，则勿毁之矣。”《文选·毛诗序》：“雅者，正也。言～～之所由废兴也。”❷国君的政令。《礼记·丧大记》：“～～入于国。”

【王资】 wángzī 称王的资本。《韩非子·五蠹》：“是故无事则国富，有事则兵强，此之谓～～。既畜～～而承敌国之亹，超五帝侔三王者，必此法也。”

方

wǎng 见fāng。

汒（瀇）

wǎng 水深广的样子。郭璞《江赋》：“澄澹汪洸，～滉困泫。”

【汒洋】 wǎngyáng 同“汪洋”。水势广阔无边的样子，引申为漫无边际的意思。《论衡·案书》：“齐有三邹子之书，～～无涯，其文少验，多惊耳之言。”（三邹：邹忌、邹衍、邹奭。）

【汒瀁】 wǎngyàng 同“汪洋”。广大无际的样子，形容水势浩大。枚乘《七发》：“浩～～兮，慌旷旷兮。”

网（網、罔）

wǎng ❶捕猎的工具。《汉书·董仲舒传》：“临渊羡鱼，不如退而结～。”《后汉书·郎颉传》：“所谓大～疏，小～数。”㊀用网捕捉。《后汉书·鲜卑传》：“闻倭人善～捕。”❷类似网状的物品，见“网户①”。❸比喻法网。《老子·七十三章》:"天～恢恢,疏而不失。"

【网户】 wǎnghù ❶带有镂空花格的门,因空格犹如网眼,故称。《楚辞·招魂》:"～～朱缀,刻方连些。"❷渔户。方回《秋风歌》:"盐亭～～十万许,潮头三丈一扫空。"

【网罗】 wǎngluó ❶捕捉鱼鸟的工具。韩愈《鸣雁》诗:"江南水阔朔云多,草长沙软无～～。"❷搜罗。《汉书·司马迁传》:"～～天下放失旧闻。"❸掩盖。王勃《益州绵竹县武都山净惠寺碑》:"绿树玄藤,～～丘壑。"❹比喻法网。陈琳《为袁绍檄豫州》:"举手挂～～,动足触机陷。"

【网目】 wǎngmù ❶网眼。陈师道《次韵苏公西湖徙鱼》:"宁容～～漏吞鱼,谁能烹鲜作苛碎?"❷比喻法令。李白《流夜郎半道承恩放还兼欣克复之美书怀示息秀才》诗:"得罪岂怨天,以愚陷～～。"

【网漏吞舟】 wǎnglòutūnzhōu 网眼稀得把能吞舟的大鱼漏掉,比喻法令不严,坏人得以逃避法网。刘若愚《酌中志·自序》:"今外则～～～～,内则桃僵李代。"

枉 1. wǎng ❶曲,弯曲。《韩非子·有度》:"故绳直而～木斲。"《汉书·诸侯王表》:"藩国大者夸州兼郡,连城数十,宫室百官同制京师,可谓挢～过其正矣。"(夸:通"跨"。兼有。)㊀邪曲,不正直。《论语·颜渊》:"举直错诸～,能使～者直。"(错:通"措"。)《管子·牧民》:"廉不蔽恶,耻不从～。"❷歪曲。《管子·七法》:"不为爱人～其法。"《后汉书·赵憙传》:"吏奉法,律不可～也。"❸冤枉,冤屈。《后汉书·和熹邓皇后纪》:"御者共～吉成以巫蛊事,遂下掖庭考讯。"《新唐书·高仙芝传》:"我有罪,若辈可言;不尔,当呼～。"❹屈就。《史记·刺客列传》:"而严仲子乃诸侯之卿相也。不远千里,～车骑而交臣。"❺违背。《论语·微子》:"～道而事人,何必去父母之邦?"❻徒然,白白地。杜甫《敬寄族弟唐十八使君》诗:"登陆将首途,笔札～所申。"❼姓。

2. kuáng ❽汲具。《字汇补·木部》:"～,又巨王切,音狂,汲具。"

【枉法】 wǎngfǎ 歪曲法律,违法。《韩非子·孤愤》:"其修士不能以货赂事人,恃其清洁而更不能以～～为治。"《战国策·赵策四》:"是能得之乎内,则大臣为之～～于外矣。"

【枉帆】 wǎngfān 指船绕道而行。谢灵运《过始宁墅》诗:"剖竹守沧海,～～过旧山。"

【枉刻】 wǎngkè 枉曲苛刻。《后汉书·明帝纪》:"其务在均平,无令～～。"

【枉木】 wǎngmù 弯木,曲木。《荀子·法行》:"良医之门多病人,檃栝之侧多～～。"《商君书·农战》:"若以情事上而求迁者,则如引诸绝绳而求乘～～也,愈不冀之矣。"

【枉桡】 wǎngnáo 也作"枉挠"。❶曲解法令,不按法令公正判案。《吕氏春秋·仲秋》:"命有司申严百刑,斩杀必当,无或～～。"❷弯曲,曲弱。《淮南子·修务训》:"琴或拨刺～～。"

【枉屈】 wǎngqū ❶歪曲,违背。《后汉书·光武十王传》:"先帝不忍亲亲之恩,～～大法。"❷屈尊就卑。诸葛亮《出师表》:"先帝不以臣卑鄙,猥自～～,三顾臣于草庐之中。"❸使受冤屈。王禹偁《端拱箴》:"怒刑不正,～～人命。"

【枉问】 wǎngwèn 敬词。承蒙问候。韩愈《与崔群书》:"自足下离东都,凡两度～～,寻承已达。"

【枉尺直寻】 wǎngchǐzhíxún 《孟子·滕文公下》:"'枉尺而直寻',宜若可为也。"后因以"枉尺直寻"比喻小处有损,大处得益。《后汉书·张衡传》:"～～～～,议者讥之,盈欲亏志,孰云非羞?"

【枉己正人】 wǎngjǐzhèngrén 自身不正而要纠正别人。《孟子·万章上》:"吾未闻枉己而正人者,况辱己以正天下者乎?"

罔 wǎng ❶捕猎的工具。同"网"。《战国策·楚策三》:"麋知猎者张～,前而驱己也。"《史记·老子韩非列传》:"走者可以为～,游者可以为纶,飞者可以为矰。"㊀法网。《诗经·大雅·瞻卬》:"天之降～,维其优矣。"《汉书·高惠高后文功臣表》:"～亦少密焉。"❷用网去捕捉。《论衡·别通》:"观夫蜘蛛之经丝,以～飞虫也;人之用诈,安能过之?"❸编织。《楚辞·九歌·湘夫人》:"～薜荔兮为帷,擗蕙櫋兮既张。"(櫋:屋檐板。)❹网罗,搜寻。《孟子·公孙丑下》:"有贱丈夫焉,必求龙断而登之,以左右望,而～市利。"(龙:同"垄"。)❺不正直,邪曲。《论语·雍也》:"人之生也直,～之生也幸而免。"❻欺骗,诬陷。《诗经·小雅·节南山》:"弗问弗仕,勿～君子。"《孟子·万章上》:"故君子可欺以其方,难～以非其道。"《三国志·魏书·武帝纪》:"此皆以白为黑,欺天～君者也。"❼迷惘无所得。《论语·为政》:"学而不思则～,思而不学则殆。"❽陷害。见"罔民"。❾无,没有。《史记·秦始皇本纪》:"初并天下,～不宾服。"《后汉书·董祀妻传》:"昔亡父赐书四千许卷,流离涂炭,～有存者。"❿通"勿"。不要。《尚书·大禹谟》:"～游于逸,～淫于乐。"⓫通"不"。《尚书·盘庚上》:"今不承于古,～知天之断命。”⓬通“魍”。见“魍魉”。

【罔罟】 wǎnggǔ 网的通称。《庄子·胠箧》：“昔者齐国邻邑相望，鸡狗之音相闻，～～之所布，耒耨之所刺，方二千馀里。”又《庚桑楚》：“夫函车之兽，介而离山，则不免于～～之患。”

【罔极】 wǎngjí ❶无极，无穷尽，无边际。《诗经·小雅·蓼莪》：“欲报之德，昊天～～。”《史记·太史公自序》：“泽流～～。”❷无所不用其极。《荀子·成相》：“谗人～～，险陂倾侧此之疑。”❸无准则，无一定。《诗经·卫风·氓》：“士也～～，二三其德。”《左传·文公十七年》：“命之～～，亦知亡矣。”

【罔两】 wǎngliǎng ❶古代传说中的怪物名。也作“罔浪”、“魍魉”。《左传·宣公三年》：“螭魅～～，莫能逢之。”❷影子外边的淡影。《庄子·齐物论》：“～～问景曰：‘曩子行，今子止；曩子坐，今子起；何其无持操与？’”(景：影。)❸彷徨无所依的样子。《楚辞·七谏·哀命》：“哀形体之离解兮，神～～而无舍。”

【罔罗】 wǎngluó 同“网罗”。❶渔猎的工具。《楚辞·哀时命》：“蛟龙潜于旋渊兮，身不挂于～～。”❷收集，搜寻。《史记·太史公自序》：“～～天下放失旧闻，王迹所兴，原始察终，见盛观衰。”

【罔民】 wǎngmín 陷害百姓。《孟子·梁惠王上》：“焉有仁人在位，～～而可为也？”

【罔然】 wǎngrán 恍惚的样子。《后汉书·黄宪传》：“同郡戴良才高倨慠，而见宪未尝不正容，及归，～～若有失也。”张衡《东京赋》：“～～若酲，朝罢夕倦。”

【罔象】 wǎngxiàng ❶传说中的水怪。《国语·鲁语下》：“水之怪曰龙、～～，土之怪曰羵羊。”❷水盛的样子。《楚辞·远遊》：“览方外之荒忽兮，沛～～而自浮。”

【罔养】 wǎngyǎng 模棱两可，不表态。《后汉书·马严传》：“旧丞相、御史亲治职事，唯丙吉以年老优游，不案吏罪，于是宰府习为常俗，更共～～，以崇虚名。”

往(徃) 1. wǎng ❶去，到(某地)，与“来”相对。《左传·僖公三十年》：“行李之～来，共其乏困。”《战国策·齐策四》：“遣使者，黄金千斤，车百乘，～聘孟尝君。”❷过去，从前。《论语·八佾》：“既～不咎。”《荀子·解蔽》：“不慕～，不闵来。”❸以后。《论语·八佾》：“禘自既灌而～者，吾不欲观之矣。”(禘：祭祀。灌：献酒。)❹死，死者。《左传·僖公九年》：“送～事居。”(居：生。)❺送。杨万里《与张严州敬夫书》：“与虞相笺一通，今～一本，能商略细论以教焉，至幸至幸。”❻交往，交际。《礼记·檀弓上》：“非兄弟，虽邻不～。”

2. wàng ❼归向。《老子·三十五章》：“执大象，天下～。”《汉书·刑法志》：“从之成群，是为君矣；归而～之，是为王矣。”

【往古】 wǎnggǔ 从前，古昔。《韩非子·安危》：“能立道于～～而垂德于万世者之谓明主。”《史记·季布栾布列传》：“虽～～烈士，何以加哉？”

【往化】 wǎnghuà 死亡。谢灵运《庐陵王墓下作》诗：“一随～～灭，安用空名扬？”

【往年】 wǎngnián 以往的年头，从前。《国语·晋语三》：“～～有难，今又荐饥。”

【往前】 wǎngqián 从前，过去。《论衡·问孔》：“～～孔子出此言，欲令弟子法而行之。”

【往往】 wǎngwǎng ❶常常。《史记·陈涉世家》：“旦日，卒中～～语，皆指目陈胜。”《汉书·楚元王传》：“分曹为党，～～群朋。”❷处处。《汉书·吴王刘濞传》：“寡人金钱在天下者～～而有。”《后汉书·班固传》：“神池灵沼，～～而在。”

【往造】 wǎngzào 前往拜访。《晋书·嵇康传》：“尝与向秀共锻于大树之下，以自赡给。颍川钟会，贵公子也，精练有才辩，故～～焉。”

【往者】 wǎngzhě ❶指过去的事情。《论语·微子》：“～～不可谏，来者犹可追。”韩愈《复志赋》：“～～不可复兮，冀来今之可望。”❷往时，从前。《史记·秦本纪》：“秦～～数易君，君臣乖乱，故晋复强。”❸离开的人。《国语·越语上》：“送～～，迎来者，去民之所恶，补民之不足。”《庄子·山木》：“来者勿禁，～～勿止。”

诬(誣) wǎng 欺罔。《晋书·郤诜传》：“朋党则诬～，诬～则臧否失实。”柳宗元《登浦州石矶》诗：“高歌返故室，自～非所欣。”

惘 wǎng 怅然失意的样子。潘岳《西征赋》：“～辍驾而容与，哀武安以兴悼。”

【惘然】 wǎngrán 怅然失意的样子。《世说新语·汰侈》：“恺～～自失。”苏轼《与谢民师推官书》：“自还海北，见平生亲旧，～～如隔世人。”

【惘惘】 wǎngwǎng 茫然若有所失的样子，也作“罔罔”。《晋书·荀勖传》：“勖久在中书，专管机事。及失之，甚～～怅恨。”韩愈《送殷员外序》：“今人适数百里，出门～～有离别可怜之色。”

【惘焉】 wǎngyān 同“惘然”。《后汉书·边让传》："～～若醒，抚剑而叹。"

莔 wǎng 毒草。鲍照《苦热行》："鄣气昼熏体，～露夜沾衣。"

辋（輞） wǎng ❶车轮的外周，也作"桐"。《后汉书·舆服志》："猎车，其饰皆如之。重～缦轮，缪龙绕之。"❷宫殿屋檐上的环状装饰物。王勃《乾元殿颂》："铜铙月斥，铁～星悬，绳幽架险，驿雾驰烟。"

蛧 wǎng 见"蛧蜽"。

【蛧蜽】 wǎngliǎng 古代传说中的精怪名。《国语·鲁语下》："山木之怪曰夔、～～，水之怪曰龙、罔象。"

魍 wǎng 见"魍魉"。

【魍魉】 wǎngliǎng 也作"罔两"、"蛧蜽"。❶传说中山木怪物名。张衡《西京赋》："螭魅～～，莫能逢旃。"❷传说中的水鬼名。《论衡·订鬼》："一居江水，是为虐鬼；一居若水，是为～～。"❸影子外层的淡影。《庄子·寓言》："众～～问于景曰：'若向也俯而今也仰，……何也？'"（景：影。）❹渺茫无所依的样子。《淮南子·览冥训》："浮游不知所求，～～不知所往。"

妄 1. wàng ❶乱，胡乱。《楚辞·九辩》："骥不骤进而求服兮，凤亦不贪餧而～食。"《战国策·秦策一》："道不拾遗，民不～取。"[引] 不法。胡作非为。《左传·哀公二十五年》："彼好专利而～。"《管子·牧民》："上无量则民乃～。"❷荒诞，无根据。《史记·封禅书》："所忠视其书不经，疑其～书。"《后汉书·杨震传》："夫善不～来，灾不空发。"❸任意，随便。《史记·张仪列传》："且今时赵之于秦犹郡县也，不敢～举师以攻伐。"《后汉书·第五伦传》："有～屠牛者，吏辄行罚。"❹平庸，寻常。《汉书·李广传》："自汉击匈奴，广未尝不在其中，而诸～校尉已下，材能不及中，以军功取侯者数十人。"

2. wú ❺通"亡"。1）无。《礼记·儒行》："今众人之命儒也～常，以儒相诟病。"2）连词。表示选择。抑、还是。《新序·杂事二》："先生老惛与？～为楚国妖与？"参见"妄其"。

【妄动】 wàngdòng 轻率行动，胡乱行动。《史记·张仪列传》："今王事秦，秦王必喜，赵不敢～～，是西有强秦之援，而南无齐赵之患。"

【妄进】 wàngjìn 非分图进。指钻营。《新唐书·周墀传》："驸马都尉韦让求为京兆，持不与，繇是妄进者少衰。"

【妄人】 wàngrén ❶荒诞无知之人。《荀子·非相》："夫～～曰：'古今异情，其所以治乱者异道。'"❷指行为随便之人。《史记·魏公子列传》："始吾闻夫人弟公子天下无双，今吾闻之，乃妄从博徒卖浆者游，公子～～耳！"

【妄生】 wàngshēng 凭空而生。《论衡·超奇》："苟有文无实，是则五色之禽，毛～～也。"《后汉书·和熹邓皇后纪》："但使谢过祈福，不得～～不祥之言。"

【妄想】 wàngxiǎng 空想，虚妄之想。陆游《山园草木》诗之一："少年～～今除尽，但爱清樽浸晚霞。"

【妄行】 wàngxíng ❶无一定方向随意而行。《韩非子·解老》："凡失其所欲之路而～～者之谓迷。"❷胡作非为。《汉书·文三王传》："王背策戒，悖暴～～，连犯大辟，毒流吏民。"

【妄言】 wàngyán ❶无根据地任意乱说。《庄子·齐物论》："予尝为女～～之。"《史记·陈涉世家》："或说陈王曰：'客愚无知，颛～～，轻威。'"❷谎言，假话。《史记·东越列传》："馀善刻'武帝'玺自立，诈其民，为～～。"苏轼《和子由次月中梳头韵》："从来白发有公道，始信丹经非～～。"

【妄其】 wángqí 抑或，还是。《国语·越语下》："王怒曰：'道固然乎？～～欺不穀邪？'"

【妄下雌黄】 wàngxiàcíhuáng 胡乱（随意）涂改。雌黄：一种矿物颜料，用于涂改文字。《颜氏家训·勉学》："观天下书未遍，不得～～～～。"

【妄自菲薄】 wàngzìfěibó 过于自卑。诸葛亮《出师表》："不宜～～～～，引喻失义，以塞忠谏之路也。"

忘 wàng ❶忘记。《孟子·万章上》："父母爱之，喜而不～。"《后汉书·董扶传》："任安记人之善，～人之过。"❷遗失，遗漏。《诗经·大雅·假乐》："不愆不～，率由旧章。"《汉书·武五子传》："子胥尽忠而～其号。"[引] 舍弃。《后汉书·宋弘传》："弘曰：'臣闻贫贱之交不可～，糟糠之妻不下堂。'"❸无。《史记·平津侯主父列传》："高皇帝盖悔之甚，乃使刘敬往结和亲之约，然后天下～干戈之事。"

【忘本】 wàngběn 忘记根本。《晋书·杜预传》："其造冢居山之顶，四望周达，连山体南北之正而邪东北，向新郑城，意不～～也。"

【忘怀】 wànghuái 忘记，不介意。陶渊明《五柳先生传》："常著文章自娱，颇示己志，

～～得失,以此自终。"

【忘年】 wàngnián 忘记岁月。元结《无为洞口作》诗:"洞旁山僧皆学禅,无求无欲亦～～。"

【忘其】 wàngqí 选择连词。抑或,还是。《战国策·赵策二》:"不识三国之憎秦而爱怀邪?～～憎怀而爱秦邪?"参见"亡其"。

【忘情】 wàngqíng 喜怒哀乐不动于心,淡然若忘。陆贽《奉天请罢琼林大盈二库状》:"付物以道,混然～～。"元结《述命》:"元子尝问命于清惠先生。先生曰:'子欲知命,不如平心,平心不如～～。'"

【忘言】 wàngyán 彼此已心领神会,无须言语。陶渊明《饮酒》诗之五:"此中有真意,欲辩已～～。"《晋书·山涛传》:"后遇阮籍,便为竹林之交,著～～之契。"

【忘义】 wàngyì 不讲仁义。《庄子·齐物论》:"忘年～～,振于无竟,故寓诸无竟。"(振:畅游。)

【忘忧】 wàngyōu 忘记忧愁。《论语·述而》:"发愤忘食,乐以～～。"《左传·昭公二十八年》:"谚曰:'唯食～～。'"

【忘年交】 wàngniánjiāo 不拘于年龄辈分,而成为至友。《南史·何逊传》:"弱冠州举秀才,南乡范云见其对策,大相称赏,因结～～～。"

【忘忧物】 wàngyōuwù ❶指酒。陶渊明《饮酒》诗之七:"汎此～～～,远我遗世情。"❷草名。萱草的别名。梁武帝《古意》诗:"云是～～～,生在北堂陲。"

迋 1. wàng ❶往。《左传·襄公二十八年》:"君使子展～劳于东门之外。"(劳:慰问。)

2. guàng ❷通"诳"。欺骗。《诗经·郑风·扬之水》:"无信人之言,人实～女。"《左传·定公十年》:"辰曰:'是我～吾兄也。'"❸通"恇"。恐吓。《左传·昭公二十一年》:"子无我～,不幸而后亡。"

3. kuáng ❹妄。《集韵·阳韵》:"～,妄也。"

【迋迋】 guàngguàng 恐惧的样子。司马相如《长门赋》:"惕寤觉而无见兮,魂～～若有亡。"

盲 wàng 见máng。

旺(暀) wàng ❶光美。《说文·日部》:"～,光美也。"❷兴旺,旺盛。诸葛亮《便宜十六策·治军》:"以众待寡,以～待衰。"❸姓。

【旺相】 wàngxiàng ❶气运旺盛。古代星命家的术语。《论衡·命禄》:"春夏囚死,秋冬～～,非能为之也,天道自然。"❷旺盛。汤显祖《牡丹亭·婚走》:"又以美酒香酥,时时将养。数日之间,稍觉精神～～。"

望(朢) wàng ❶向远处看。《荀子·劝学》:"吾尝跂而～矣,不如登高之博见也。"《论衡·书虚》:"案鲁去吴,千有馀里,使离朱～之,终不能见。"(离朱:相传古代眼力最好的人。)㊀视力所及,视野。曹松《冬日登江楼》诗:"远村虽入～,危槛不堪凭。"❷盼望,希望。《孟子·梁惠王上》:"王如知此,则无～民之多于邻国也。"《汉书·高帝纪上》:"日夜～将军到,岂敢反邪!"㊀景仰,期望。《左传·襄公十四年》:"夫君,神之主而民之～也。"《后汉书·顺帝纪》:"上当天心,下猒民～。"(猒:饱。)❸名望,声望。《诗经·大雅·卷阿》:"颙颙卬卬,如珪如璋,令闻令～。"苏轼《上皇帝书》:"一则待其功高而～重,人自无辞。"㊀有名望的人或物。《左传·昭公十二年》:"吾子楚国之～也。"《三国志·魏书·杜畿传》:"畿谓卫固、范先曰:'卫、范,河东之～也,吾仰成而已。'"❹望祭。遥祭山川、日月、星辰。《史记·五帝本纪》:"遂类于上帝,禋于六宗,～于山川。"❺界限,边际。《吕氏春秋·下贤》:"精充天地而不竭,神覆宇宙而无～。"❻察看。《周礼·考工记·轮人》:"～其辐,欲其揱尔而纤也。"❼窗口。《晋书·舆服志》:"[画轮车]左右开四～。"❽望日。天文学上指月亮圆的那一天。《吕氏春秋·精通》:"月～则蚌蛤实。"苏轼《前赤壁赋》:"壬戌之秋,七月既～,苏子与客泛舟于赤壁之下。"❾怨恨,责怪。《战国策·燕策二》:"臣贱,将轻臣;臣用,将多～于臣。"《史记·魏其武安侯列传》:"魏其大～曰:'老仆虽弃,将军虽贵,宁可以势夺乎?'"《汉书·楚元王传》:"侍御史以为光～不受女。"(光:人名。)❿对着。杨衒之《洛阳伽蓝记》卷三:"其寺东西南北方五百步,前～嵩山少室,却负帝城,青林垂影,绿水为文。"⓫介词。至,到。《世说新语·言语》:"蒲柳之质,～秋先零。"⓬接近。韩愈《祭窦司业文》:"踰七～八,年孰非翁。"⓭通"方"。比,比较。《礼记·表记》:"以人～人,则贤者可知已矣。"⓮姓。

【望表】 wàngbiǎo ❶古代祭祀山川时,立一木制的牌,以表其位,称为望表。《国语·晋语八》:"昔成王盟诸侯于岐阳,楚为荆蛮,置茅蕝,设～～,与鲜卑守燎,故不与盟。"(茅蕝:古代朝会时用以滤酒的茅束。)❷超出希望之外,望外。欧阳修《谢特转吏部侍郎表》:"虽荣踰于～～,亦宠与其忧并。"

【望风】 wàngfēng ❶望其仪容风采。任昉《王文宪集序》:"见公弱龄,便～～推服。"《三国志·魏书·王粲传》:"使海内回心,～～而愿治。"❷观察风头。《三国志·魏书·曹爽传》:"有司～～,莫敢忤旨。"《后汉书·袁绍传》:"冀州诸城无不～～响应。"

【望祭】 wàngjì 祭祀山川。《史记·秦始皇本纪》:"立石,与鲁诸儒生议,刻石颂秦德,议封禅～～山川之事。"《论衡·吉验》:"五人皆有宠,共王无适立,乃～～山川,请神决之。"

【望见】 wàngjiàn 自远处看见。《孟子·尽心上》:"孟子自范之齐,～～齐王之子。"《史记·孝武本纪》:"少翁以方术盖夜致王夫人及灶鬼之貌云,天子自帷中～～焉。"

【望慕】 wàngmù 仰慕。刘桢《赠五官中郎将》诗之一:"～～结不解,贻尔新诗文。"

【望气】 wàngqì 古人迷信,以望云气来判断世间的吉凶。《论衡·吉验》:"王莽时,谒者苏伯阿能～～,使过春陵,城郭郁郁葱葱。"《汉书·宣帝纪》:"～～者言长安狱中有天子气。"也指以观察云气推断凶吉的人。《论衡·祸虚》:"汉将李广与～～王朔燕语。"

【望实】 wàngshí 名声与实际。《资治通鉴·晋成帝咸和四年》:"一旦示弱,窜于蛮越,求之～～,惧非良计。"苏轼《论周东迁》:"且北寇方强,一旦示弱,窜于蛮越,～～皆丧矣。"

【望舒】 wàngshū 传说中为月亮驾车的神。《楚辞·离骚》:"前～～使先驱兮,后飞廉使奔属。"又借指月亮。张协《杂诗》:"下车如昨日,～～四五圆。"

【望岁】 wàngsuì 盼望丰收。《左传·哀公十六年》:"国人望君如～～焉。"潘岳《籍田赋》:"无储稸以虞灾,徒～～以自必。"

【望望】 wàngwàng 急切盼望的样子。杜甫《洗兵马》诗:"田家～～惜雨干,布谷处处催春种。"

【望幸】 wàngxìng ❶盼望皇帝亲临。《史记·孝武本纪》:"于是郡国各除道,缮治宫观名山神祠所,以～～矣。"杜甫《江陵望幸》诗:"雄都元壮丽,～～欻威神。"(欻:忽然。)❷嫔妃盼望得到君王的宠爱。杜牧《阿房宫赋》:"缦立远视,而～～焉。有不见者,三十六年。"

【望阳】 wàngyáng ❶指眼睛长得向上,不用抬头即可望见天,也作"望羊"、"望洋"。《论衡·骨相》:"传言……文王四乳,武王～～。"❷仰视的样子。《晏子春秋·内篇谏上》:"晏子朝,杜扃～～待于朝。"

【望洋】 wàngyáng 仰视的样子。《庄子·秋水》:"于是焉河伯始旋其面目,～～向若而叹曰:'野语有之曰"闻道百以为莫己若"者,我之谓也。'"后用以比喻因大开眼界而吃惊。吴莱《次定海候涛山》诗:"寄言漆园叟,此去真～～。"

【望秩】 wàngzhì 望祭,按次序望祭山川。《后汉书·祭祀志上》:"～～于山川,班于群神,遂觐东后。"

【望族】 wàngzú 有名望的世家豪族。陆游《詹朝奉墓表》:"新定遂安县詹氏,为郡～～。"

【望望然】 wàngwàngrán ❶不高兴、失意的样子。《孟子·公孙丑上》:"推恶恶之心,思与乡人立,其冠不正,～～～去之,若将浼焉。"(浼:污。)❷依恋不舍的样子。《礼记·问丧》:"其往送也,～～～,汲汲然,如有追而弗及也。"

【望穿秋水】 wàngchuānqiūshuǐ 形容盼望得很殷切。王实甫《西厢记》三本二折:"望穿他盈盈秋水。"(秋水:眼睛。)《聊斋志异·凤阳士人》:"～～～～,不见还家。"

【望门投止】 wàngméntóuzhǐ 看见有人家,就去投宿。形容逃难或出奔时窘迫的情景。《后汉书·张俭传》:"俭得亡命,困迫遁走,～～～～,莫不重其名行,破家相容。"

wei

危 wēi ❶高,高处。《庄子·盗跖》:"使子路去其～冠,解其长剑,而受教于子。"《国语·晋语八》:"拱木不生～,松柏不生埤。"(埤:指地势低下的地方。)[引]不稳,不安全。《论语·季氏》:"～而不持,颠而不扶。"《吕氏春秋·适音》:"人之情,欲寿而恶夭,欲安而恶～。"❷危险,危急。《孟子·梁惠王上》:"上下交征利,而国～矣。"《韩非子·难一》:"民怨则国～。"❸使危险,危害。《孟子·梁惠王上》:"抑王兴甲兵,～士臣,构怨于诸侯,然后快于心与?"❹畏惧,忧惧。《韩非子·外储说左上》:"臣闭其外也已远矣,而守其内也已固矣,国虽小,犹不～之也。"❺害,损害。《管子·法法》:"～人而不能,殆。"《后汉书·窦融传》:"融闻智者不～众以举事,仁者不违义以要功。"❻正直,端正。见"危言①"。❼偏侧,不正。《文子·上德》:"尺虽齐必有～。"参见"危足"。❽屋脊。《论衡·感虚》:"有玄鹤二八,自南方来,集于廊门之～。"苏轼《凌虚台记》:"使工凿其前为方池,以其土筑台,高出于屋之～而止。"❾星宿名。二十八宿之一。《吕氏春秋·仲夏》："仲夏之月，日在东井，昏亢中，旦～中。"❿几乎，将要。《汉书·孝成赵皇后传》："今儿安在，～杀之矣。"⓫通"诡"。欺诈。《史记·李斯列传》："今高有邪佚之志，～反之行。"⓬姓。

【危殆】 wēidài 危险。《韩非子·解老》："士卒尽，则军～～。"《三国志·魏书·三少帝纪》："吾之～～，过于累卵。"

【危法】 wēifǎ 严酷之法。《汉书·郅都传》："窦太后闻之，怒，以～～中都，都免归家。"苏轼《上神宗皇帝书》："臣之所惧者，讥刺既众，怨仇实多，必将诋臣以深文，中臣以～～，使陛下虽欲赦臣而不得。"

【危国】 wēiguó ❶危害国家。《韩非子·十过》："听楚之虚言而轻强秦之实祸，则～～之本也。"❷局势不安定、面临危急的国家。《战国策·东周策》："夫存～～，美名也。"《韩非子·安危》："圣人之救～～也，以忠拂耳。"

【危害】 wēihài ❶危险和灾害。《韩非子·奸劫弑臣》："人焉能去安利之道，而就～～之处哉！"❷伤害。《南史·垣荣祖传》："元徽末，苍梧凶狂，恒欲～～高帝。"

【危难】 wēinàn 危险和灾难。《墨子·大取》："圣人恶疾病，不恶～～。"《汉书·五行志中之上》："是阳不闭阴，出涉～～而害万物。"

【危浅】 wēiqiǎn 垂危。李密《陈情表》："但以刘日薄西山，气息奄奄，人命～～，朝不虑夕。"

【危峭】 wēiqiào 高峻峭拔。《论衡·效力》："至于大石，……处～～之际，则必崩坠于坑谷之间矣。"张耒《游武昌》诗："仲谋霸气久寂寞，元子亭基尚～～。"

【危身】 wēishēn 危及于身。《楚辞·卜居》："宁正言不讳以～～乎？将从俗富贵以媮生乎？"《韩非子·十过》："离内远游而忽于谏士，则～～之道也。"

【危悚】 wēisǒng 危惧，害怕。《三国志·蜀书·蒋琬传》："时新丧元帅，远近～～。"

【危心】 wēixīn 心常危惧。《后汉书·张晧传》："时顺帝委纵宦官，有识～～。"《三国志·魏书·司马芝传》："既不能辅化成德，齐美古人，而乃肆其私忿，枉论无辜，使百姓～～，非此焉在？"

【危行】 wēixíng ❶正直的行为。《论语·宪问》："邦有道，危言～～；邦无道，～～言孙。"（孙：通"逊"。）❷行动谨慎小心。《庄子·山木》："～～侧视，振动悼栗。"《史记·管晏列传》："其在朝，君语及之，即危言；语不及之，则～～。"

【危言】 wēiyán ❶直言。《后汉书·蔡邕传》："～～极谏，不绝于朝。"曾巩《范子贯奏议集序》："及在朝廷，～～正色，人有所不能及也。"❷慎言，不说自己的功劳才能。《史记·管晏列传》："其在朝，君语及之，则～～。"

【危足】 wēizú 侧足，畏惧不敢正立。《荀子·荣辱》："薄薄之地，不得履之，非地不安也，～～无所履者，凡在言也。"

【危坐】 wēizuò 端坐，正坐。《汉书·王嘉传》："使者～～府门上。"苏轼《前赤壁赋》："苏子愀然，正襟～～。"

【危如累卵】 wēirúlěiluǎn 危险得如摞起的蛋卵，比喻危险至极。《战国策·齐策四》："当是时，正～～～～。"《北齐书·文襄帝纪》："身～～～～。"

威 wēi ❶威力，威势。《战国策·秦策三》："善为国者，内固其～，而外重其权。"《韩非子·守道》："圣王之立法也，其赏足以劝善，其～足以胜暴。"❷威严，尊严。《论语·学而》："君子不重，则不～。"《荀子·儒效》："不言而信，不怒而～。"《史记·五帝本纪》："仁而～，惠而信，修身而天下服。"❸威慑，震慑。《左传·僖公二十五年》："德以柔中国，刑以～四夷。"《战国策·齐策一》："吾三战而三胜，声～天下。"❹刑罚。《尚书·洪范》："惟辟作福，惟辟作～。"《韩非子·用人》："上无私～之毒，而下无愚拙之诛。"❺通"畏"。畏惧。《老子·七十二章》："民不畏～，则大～至。"《国语·晋语一》："宗邑无主，则民不～。"㊀使……畏惧。《墨子·七患》："赏赐不能喜，诛罚不能～。"❻通"隈"。弓中央弯曲处。《周礼·考工记·弓人》："夫角之中，恒当弓之～。"

【威柄】 wēibǐng 权威，权势。《汉书·辛庆忌传》："是时莽方立～～。"《三国志·吴书·顾承传》："夫～～不专，则其事乖错。"

【威迟】 wēichí 绵延曲折的样子。也作"倭迟"。颜延之《秋胡》诗："驱车出郊廓，行路正～～。"杜甫《铁堂峡》诗："～～哀壑底，徒旅惨不悦。"

【威风】 wēifēng ❶声威，使人敬畏的气派。《后汉书·章帝纪》："今自三公，并宜明纠非法，宣振～～。"韩愈《赠太傅董公行状》："选擢才俊，有～～。"❷气焰。《红楼梦》五十八回："大家把这～～煞一煞才好呢。"

【威服】 wēifú ❶用威力慑服。《汉书·贡禹传》："以苛暴～～下者，使居大位。"又《武五子传》："昔秦据南面之位，制一世之命，～～四夷。"❷畏服。《后汉书·皇甫规传》："在事数年，北边～～。"

【威福】 wēifú 语出《尚书·洪范》："惟辟作福，惟辟作威。"原指统治者的赏罚之权，后指当权者妄自尊大，滥用权势。《史记·三王世家》："其后胥果作～～，通楚王使者。"陈琳《为袁绍檄豫州》："赵高执柄，专制朝权，～～由己，时人迫胁。"

【威稜】 wēiléng 威严，威势。《汉书·李广传》："是以名声暴于夷貉，～～憺乎邻国。"高適《同李员外贺哥舒大夫破九曲之作》诗："～～慑沙漠，忠义感乾坤。"

【威灵】 wēilíng ❶神灵。《楚辞·九歌·国殇》："天时坠兮～～怒，严杀尽兮弃原野。"❷声威。《三国志·魏书·吕布传》："曹公奉迎天子，辅赞国政，～～命世，将征四海。"王褒《四子讲德论》："今圣德隆盛，～～外覆。"

【威陵】 wēilíng ❶侵犯。《三国志·魏书·荀彧传》："是时，董卓～～天下。"❷声威超越。刘孝威《辟厌青牛画赞》："名震八区，～～五都。"

【威名】 wēimíng 威望，名声。《后汉书·刘玄传》："更始忌伯升～～，遂诛之。"《三国志·魏书·王基传》："夫兵动而无功，则～～折于外，财用穷于内。"

【威权】 wēiquán 威势与权力。《国语·晋语八》："图在明训，明训在～～，～～在君。"《后汉书·章德窦皇后纪》："兄宪、弟笃、景，并显贵，擅～～，后遂密谋不轨。"

【威让】 wēiràng 严厉谴责。《国语·周语上》："于是乎有刑罚之辟，有攻伐之兵，有征讨之备，有～～之令，有文告之辞。"《文心雕龙·檄移》："至周穆西征，祭公谋父称古有～～之令，令有文告之辞，即檄之本源也。"

【威委】 wēiwěi 即"葳蕤"，茂盛的样子。《论衡·验符》："榆柏梅李，叶皆洽溥，～～流漉，民嗽吮之，甘如饴蜜。"

【威武】 wēiwǔ ❶权势。《孟子·滕文公下》："富贵不能淫，贫贱不能移，～～不能屈。"❷军威，声威。《汉书·西域传下》："诏遣长罗侯将张掖、酒泉骑出车师北千馀里，扬～～车师旁。"(车师：国名。)

【威侮】 wēiwǔ 陵虐侮慢。《史记·夏本纪》："有扈氏～～五行，怠弃三正，天用剿绝其命。"《后汉书·周举传》："非但陛下行此而已，竖宦人家，亦复虚以形势，～～良家。"

【威胁】 wēixié 威逼胁迫。《战国策·燕策三》："秦地遍天下，～～韩、魏、赵氏。"《晋书·王敦传》："将以～～朝廷，倾危宗社。"

【威信】 wēixìn 威望与信誉。《汉书·息夫躬传》："中国常以～～怀伏夷狄。"《晋书·王浑传》："浑与吴接境，宣布～～，前后降附甚多。"

【威仪】 wēiyí ❶古代祭祀等典礼中的各种礼仪细节。《史记·乐书》："故圣人使人耳闻雅、颂之音，目视～～之礼，足行恭敬之容。"《汉书·艺文志》："礼经三百，～～三千。"❷庄重的容貌举止。《国语·周语中》："容貌有崇，～～有则。"《汉书·楚元王传》："向为人简易无～～，廉靖乐道。"❸持仗的随从，仪仗。《晋书·卫瓘传》："官骑、麾盖、鼓吹诸～～，一如旧典。"陆游《老学庵笔记》卷九："天下神霄，皆赐～～，设于殿帐座外。"❹佛教用语。佛门称行、住、坐、卧为四威仪。《戒本疏》卷一下："行善所及，各有宪章，名～～也。"

【威夷】 wēiyí ❶陵夷，衰颓。袁宏《三国名臣序赞》："王略～～，吴魏同宝。"❷同"逶迤"。回旋曲折的样子。潘岳《西征赋》："登崤坂之～～，仰崇岭之嵯峨。"孙绰《游天台山赋》："既克陟于九折，路～～而修通。"

【威重】 wēizhòng ❶威严庄重。《史记·高祖本纪》："奈何令人主拜人臣？如此，则～～不行。"《后汉书·李恂传》："迁张掖太守，有～～名。"❷威势，权威。《后汉书·景丹传》："贼迫近京师，但得将军～～，卧以镇之足矣。"❸威严持重的神态。《汉书·王商传》："为人多质有～～，长八尺馀，身体鸿大，容貌甚过绝人。"

倭

1. wēi ❶见"倭迟"。

2. wō ❷古代对日本的称呼。《后汉书·东夷传》："～在韩东南大海中，依山岛为居。"

3. wǒ ❸见"倭堕"。

【倭迟】 wēichí 同"威迟"。绵延曲折的样子。《诗经·小雅·四牡》："四牡騑騑，周道～～。"(騑騑：马行不停的样子。)

【倭奴】 wōnú 古代对日本的称呼。《后汉书·东夷传》："建武中元二年，～～国奉贡朝贺。"

【倭人】 wōrén 古称日本人。《汉书·地理志下》："乐浪海中有～～，分为百馀国。"

【倭堕】 wǒduò 古代妇女的一种发式，发髻歪在一侧。《乐府诗集·相和歌辞三·陌上桑》："头上～～髻，耳中明月珠。"

逶

wēi 见下。

【逶迟】 wēichí 绵延迂回的样子。江淹《别赋》："舟凝滞于水滨，车～～于山侧。"

【逶邃】wēisuì　曲折深远的样子。柳宗元《永州韦使君新堂记》："窍穴～～，堆阜突怒。"

【逶迤】wēiyí　也作"逶蛇"、"委蛇"。❶弯曲延伸的样子。《楚辞·远遊》："驾八龙之婉婉兮，载云旗之～～。"《史记·蒙恬列传》："于是渡河，据阳山，～～而北。"❷曲折宛转的样子。杨衒之《洛阳伽蓝记》卷四："负荷执笏，～～复道，观者忘疲，莫不叹服。"陆游《云门寿圣院记》："而亭之旁，始得支径，～～如线。"❸从容自得的样子。《后汉书·杨秉传》："俱征不至，诚违侧席之望，然～～退食，足抑苟进之风。"(退食：减膳。)潘岳《马汧督诔》："牧人～～，自公退食。"

偎　wēi　❶爱，亲近。《列子·黄帝》："不～不爱，仙圣为之臣。"❷傍依，贴近。温庭筠《南湖》诗："野船着岸～春草，水鸟带波飞夕阳。"关汉卿《五侯宴》三折："～山靠水安营寨。"❸古国名。《广韵·灰韵》："～，国名。"

猗　wēi　见 yī。

隈　wēi　❶山边弯曲之处。《管子·形势》："大山之～，奚有于深。"《三国志·魏书·陈思王植传》："涉涧之滨，缘山之～。"❷水流弯曲处。《淮南子·览冥训》："田者不侵畔，渔者不侵～。"刘禹锡《浪淘沙》词之六："日照澄州江雾开，淘金女伴满江～。"❸弓把两边弯曲处。《仪礼·大射》："大射正执弓，以袂顺左右～。"❹角落。左思《魏都赋》："考之四～，则八埏之中；测之寒暑，则霜露所均。"(埏：边际。)

【隈隩】wēiyù　❶山坳水岸曲折处。谢灵运《从斤竹涧越岭溪行》诗："逶迤傍～～，苕递陟陉岘。"❷曲折幽深。王维《桃源行》："山口潜行始～～，山开旷望旋平陆。"

渨　wēi　水流弯曲。《玉篇·水部》："～，水澳曲也。"(澳：河岸弯曲处。)

【渨涹】wēiwō　污秽，污浊。《楚辞·九叹·惜贤》："荡～～之奸咎兮，夷蠢蠢之溷浊。"

葳　wēi　见"葳蕤"。

【葳蕤】wēiruí　❶草木茂盛、枝叶下垂的样子。左思《蜀都赋》："敷蕊～～，落英飘飖。"张九龄《感遇》诗之一："兰叶春～～，桂花秋皎洁。"又比喻祖德之盛。陈子昂《堂弟孜墓志铭》："我祖之～～兮邈于陈。"❷羽毛装饰华丽鲜艳的样子。《汉书·司马相如传上》："错翡翠之～～，缪绕玉绥。"❸比喻词藻华丽。韩愈《归彭城》诗："言词多感激，文字少～～。"❹萎靡困顿的样子。《史记·司马相如列传》："纷纶～～，堙灭而不称者，不可胜数也。"

崴　1. wēi　❶见"崴嵬"、"崴褢"。
2. wǎi　❷见"崴㠢"。

【崴嵬】wēiwéi　❶高峻的样子。《楚辞·九章·抽思》："轸石～～，蹇吾愿兮。"❷错落不平的样子。《集韵·灰韵》："崴，～～，不平貌。"

【崴褢】wēihuái　❶同"崴嵬"。不平的样子。左思《吴都赋》："隐赈～～，杂插幽屏。"❷畏缩的样子。元稹《痁卧闻幕中诸公徵乐会饮因有戏呈三十韵》："枪旗如在手，那复敢～～。"

【崴㠢】wǎihài　山谷不平的样子。《集韵·蟹韵》："崴，～～，山谷不平貌。"

嵔(㟪)　1. wēi　❶见"嵔垒"。
2. wěi　❷山曲。沈约《芳树》诗："发萼九华～，开附露寒侧。"❸见"嵔瘣"。

【嵔垒】wēilěi　也作"畏垒"。山名。《庄子·庚桑楚》："老聃之役有庚桑楚者，偏得老聃之道，以北居～～之山。"

【嵔垒】wěilěi　也作"嵔㠥"。山势盘曲的样子。卢照邻《释疾文》："杳兮霭，川绵旷兮水如带。崷兮巀，山～～兮云似盖。"

【嵔瘣】wěiwěi　高峻的样子。司马相如《上林赋》："崴磈～～，丘墟堀礨。"

煨　wēi　❶灰烬，热灰。《战国策·秦策一》："犯白刃，蹈～炭，断死于前者比是也。"❷把生食放在火灰中烧熟。陆游《初夏野兴》之三："糠火就林～苦笋，密罂沉井渍青梅。"❸用文火慢慢炖熟或加热。范成大《爆竹行》："食残豆粥扫罢尘，截筒五尺～以薪。"❹焚烧。《新唐书·沙陀传》："时宫室～残，驻尚书省。"

【煨尘】wēichén　灰尘。《后汉书·窦融传论》："士有怀琬琰以就～～者，亦何可支哉！"

【煨烬】wēijìn　灰烬，燃烧后的残馀。李清照《金石录后序》："十二月，金人陷青州，凡所谓十馀屋者，已皆为～～矣。"

椳　wēi　门臼，用以承托门的转轴。韩愈《进学解》："欂栌侏儒，～闑扂楔，各得其宜。"

微　wēi　❶隐蔽，隐藏。《左传·哀公十六年》："白公奔山而缢，其徒～之。"《后汉书·卢植传》："然物有出～而著，事有由隐而章。"[引]不显露。《荀子·儒效》："君子隐而显，～而明，辞让而胜。"❷暗中，秘密地。《韩非子·内储说下》："犀首与张寿为怨，陈需新入，不善犀首，因使人～杀张寿。"《史记·廉颇蔺相如列传》:"李牧不受命,赵使人~捕得李牧,斩之。"❸细小,细微。《孟子·告子下》:"孔子则欲以~罪行,不欲为苟去。"《荀子·非相》:"以近知远,以一知万,以~知明。"❹低贱,卑下。《汉书·景十三王传》:"以其母~无宠,故王卑湿贫国。"❺弱,衰微。《战国策·赵策三》:"周贫且~。"《史记·历书》:"幽、厉之后,周室~,陪臣执政。"❻精妙。微妙。《史记·屈原贾生列传》:"其文约,其辞~,其志洁,其行廉。"《汉书·食货志下》:"然铸钱之情,非殽杂为巧,则不可得赢;而殽之甚~,为利甚厚。"❼伺察,侦察。《史记·孝武本纪》:"使人~得赵绾等奸利事,召案绾、臧,绾、臧自杀。"《汉书·游侠传》:"解使人~知贼处。"❽日月亏缺不明。《诗经·邶风·柏舟》:"日居月诸,胡迭而~?"《国语·越语下》:"明者以为法,~者则是行。"❾无,没有。《国语·周语中》:"~我,晋不战矣!"《汉书·周昌传》:"~君,太子几废!"范仲淹《岳阳楼记》:"~斯人,吾谁与归?"❿稍稍,稍微。《汉书·翟方进传》:"时方进新为丞相,陈咸内惧不安,乃令小冠杜子夏往观其意,~自解说。"⓫古代表示气象、节令变化的时间单位。五日为一微。庾信《为晋阳公进玉律秤尺斗升表》:"四分既明,三~且定。"⓬通"尾"。交尾。《史记·五帝本纪》:"日中,星鸟,以殷中春。其民析,鸟兽字~。"(字:生育。)⓭通"徽"。善。《后汉书·班固传下》:"慝亡迥而不泯,~胡琐而不颐。"⓮姓。

【微薄】 wēibó ❶微小单薄。《论衡·逢遇》:"无细简之才,~~之能。"❷简陋。《汉书·楚元王传》:"其葬君亲骨肉,皆~~矣。"❸帘子。《国语·晋语四》:"闻其骿脅,欲观其状,止其舍,谍其将浴,设~~而观之。"

【微达】 wēidá 通达于细小之处,无所不到。《荀子·宥坐》:"淖约~~,似察。"《说苑·杂言》:"绵弱而~~,似察。"

【微独】 wēidú 不仅。《战国策·赵策四》:"左师公曰:'~~赵,诸侯有在者乎?'"

【微服】 wēifú 改变常服以避人耳目。《孟子·万章上》:"孔子不悦于鲁卫,遭宋桓司马,将要而杀之,~~而过宋。"《韩非子·外储说右下》:"桓公~~而行于民间。"

【微感】 wēigǎn 暗中触动,自隐约处感动。《史记·张仪列传》:"乃使人~~张仪曰:'子始与苏秦善,今秦已当路,子何不往遊,以求通子之愿?'"苏轼《颍大夫庙》诗:"人情难强回,天性可~~。"

【微行】 wēiháng 小路,小道。《诗经·豳风·七月》:"女执懿筐,遵彼~~,爰求柔桑。"

【微贱】 wēijiàn 卑微,低贱。《论衡·吉验》:"由~~起于颠沛若高祖、光武者,曷尝无天人神怪光显之验乎!"《汉书·五行志上》:"又戾后起于~~,与赵氏同。"

【微谏】 wēijiàn 隐晦委婉地进谏。《礼记·坊记》:"从命不忿,~~不倦,劳而不怨,可谓孝矣。"《汉书·伍被传》:"久之,淮南王阴有邪谋,被数~~。"

【微眇】 wēimiǎo 也作"微渺"。❶精妙,精微。《汉书·张敞传》:"夫心之精微口不能言也,言之~~书不能文也。"又《艺文志》:"周衰俱坏,乐尤~~,以音律为节,又为郑卫所乱,故无遗法。"❷低贱,卑微。《汉书·文帝纪》:"朕获保宗庙,以~~之身托于士民君王之上。"又《丙吉传》:"朕~~时,御史大夫吉与朕有旧恩,厥德茂焉。"❸细小。《大戴礼记·礼察》:"贵绝恶于未萌,而起敬于~~,使民日徙善远罪而不自知也。"

【微妙】 wēimiào ❶精微深奥。《老子·十五章》:"古之善为士者,~~玄通,深不可识。"《韩非子·五蠹》:"~~之言,上智之所难知也。"❷精细巧妙。《孙子·用间》:"非~~不能得间之实。"

【微命】 wēimìng 卑微的性命。祢衡《鹦鹉赋》:"托轻鄙之~~,委陋贱之薄躯。"王勃《滕王阁序》:"勃三尺~~,一介书生。"

【微时】 wēishí 未显贵之时。《汉书·楚元王传》:"初,高祖~~,常避事,时时与宾客过其丘嫂食。"《后汉书·桥玄传》:"初,曹操~~,人莫知者。尝往候玄,玄见而异焉。"

【微伺】 wēisì 也作"微司"。暗中窥伺。《史记·吕太后本纪》:"王后从官皆诸吕,擅权,~~赵王,赵王不得自恣。"《汉书·陈万年传》:"于是石显~~知之,白奏咸漏泄省中语,下狱掠治。"(掠:笞击。)

【微随】 wēisuí 暗中跟随。《史记·张仪列传》:"发金币车马,使人~~张仪,与同宿舍,稍稍近就之。"又《孝武本纪》:"上使人~~验,实无所见。"

【微文】 wēiwén ❶隐喻讥讽的文辞。《论衡·讥日》:"如废吉得凶,妄举触祸,宜有~~小义,贬讥之辞。"❷苛细的法律条文。《汉书·汲黯传》:"陛下纵不能得匈奴之赢以谢天下,又以~~杀无知者五百馀人,臣窃为陛下弗取也。"

【微细】 wēixì ❶细小,琐屑。《汉书·刑法志》:"皆复古刑,为三千章,诋欺文致~~之法,悉蠲除。"(蠲:免除。)杜甫《促织》

诗:"促织甚～～,哀音何动人。"❷微贱,卑下。《史记·高祖本纪》:"大王起～～,诛暴逆,平定四海,有功者辄裂地而封为王侯。"

【微行】　wēixíng　古代尊者隐其身份易服外出。《后汉书·铫期传》:"臣闻古今之戒,变生不意,诚不愿陛下～～数出。"《三国志·吴书·虞翻传》:"至于轻出～～,从官不暇严,吏卒常苦之。"

【微言】　wēiyán　❶精妙之言。《汉书·艺文志》:"昔仲尼没而～～绝,七十子丧而大义乖。"❷暗中进言。《汉书·田蚡传》:"蚡乃～～太后风上,于是乃以婴为丞相,蚡为太尉。"❸委婉的言词。《宋书·范晔传》:"始以～～动晔,晔不回,熙先乃极辞譬说。"

【微验】　wēiyàn　暗中侦察。《汉书·黥布传》:"请系赫,使人～～淮南王。"

【微指】　wēizhǐ　也作"微旨"。❶隐而未露的旨意。《汉书·赵广汉传》:"广汉事光。及光薨后,广汉心知～～。"❷精妙深奥的旨意。《汉书·徐防传》:"孔圣既远,～～将绝,故立博士十有四家。"

崣　1. wēi　❶见"崣蛇"。
2. wěi　❷虫名。《玉篇·虫部》:"～,崣蟏也。"

【崣崣】　wēiwēi　蜷曲的样子。宋玉《高唐赋》:"振鳞奋翼,～～蜿蜿。"

【崣蛇】　wēiyí　也作"崣蛇"。❶声音婉转曲折的样子。张衡《西京赋》:"女娥坐而长歌,声清畅而～～。"❷传说中的怪物名。张衡《东京赋》:"斩～～,脑方良。"

薇　wēi　❶野菜名。蔓生,属豆科,俗称野豌豆。《诗经·小雅·采薇》:"陟彼南山,言采其～。"❷花名。蔷薇。周密《天香》词:"碧脑浮冰,红～染露。"

巍　wēi　见下。

【巍然】　wēirán　高峻的样子。《论衡·书虚》:"泰山之高～～,去之百里,不见埵块,远也。"

【巍巍】　wēiwēi　❶高峻的样子。《吕氏春秋·观世》:"登山者,处已高矣,左右视,尚～～焉山在其上。"❷形容崇高。《后汉书·和熹邓皇后纪》:"～～之业,可闻而不可及;荡荡之勋,可诵而不可名。"

为(爲)　1. wéi　❶制作,制造。《庄子·人间世》:"散木也,以～舟则沉;以～棺椁则速腐。"《国语·鲁语下》:"卿之内子～大带,命妇成祭服。"❷修筑,修建。《左传·哀公十三年》:"越子伐吴,～二隧。"《战国策·东周策》:"宋君夺民时以～台,而民非之。"《史记·陈涉世家》:"～坛而盟,祭以尉首。"❸作,做。《孟子·梁惠王上》:"故王之不王,不～也,非不能也。"❹种植。《诗经·大雅·公刘》:"其军三单,度其隰原,彻田～粮。"(彻:治。)《战国策·东周策》:"东周欲～稻,西周不下水,东周患之。"❺治,治理。《论语·先进》:"～国以礼,其言不让,是故哂之。"《国语·周语上》:"是故～川者决之使道,～民者宣之使言。"(道:导。)❻研讨,学习。《论语·阳货》:"汝～《周南》、《召南》矣乎?"《老子·四十八章》:"～学日益,～道日损。"《孟子·滕文公上》:"有～神农之言者许行,自宋之滕。"❼担任,充当。《论语·为政》:"温故而知新,可以～师矣。"《孟子·告子下》:"孔子～鲁司寇,不用。"《汉书·高帝纪上》:"及壮,试吏,～泗水亭长。"《后汉书·献帝纪》:"董卓自～太师。"❽变为,变作。《诗经·小雅·十月之交》:"高岸～谷,深谷～陵。"《庄子·逍遥游》:"鲲之大,不知其几千里也;化而～鸟,其名为鹏。"《汉书·高帝纪上》:"拔剑斩蛇,蛇分～两,道开。"❾当作,作为。《墨子·公输》:"子墨子解带～城,以牒～械。"《汉书·文三王传》:"吴楚以梁～限,不敢过而西。"❿算作,算是。《左传·僖公二十八年》:"师直～壮,曲～老,岂在久乎?"《孟子·梁惠王上》:"万取千焉,千取百焉,不～不多矣。"又《公孙丑下》:"齐卿之位不～小矣,齐滕之路不～近矣。"⓫叫作,称为。《庄子·逍遥游》:"北冥有鱼,其名～鲲。"《荀子·劝学》:"兰槐之根是～芷。"⓬表示判断,相当于现代汉语的"是"。《论语·微子》:"桀溺曰:'子～谁?'曰:'～仲由。'"《老子·二章》:"天下皆知美之～美,斯恶已;皆知善之～善,斯不善矣。"《战国策·韩策二》:"仲子所欲报仇者～谁?"⓭使。《老子·四十九章》:"圣人在天下,歙歙～天下浑其心。"阮籍《咏怀》之三十九:"忠～百世荣,义使令名彰。"⓮有。《孟子·滕文公上》:"夫滕,壤地褊小,将～君子焉,将～小人焉。"⓯与(yù),参与。《论语·卫灵公》:"子曰:'道不同不相～谋。'"⓰创作,写。《史记·屈原贾生列传》:"及渡湘水,～赋以吊屈原。"又《吕太后本纪》:"王乃～歌四章,令乐人歌之。"⓱连词。如果,如。《战国策·秦策四》:"秦～知之,必不救也。"又《楚策四》:"王爱子美矣。虽然,恶子之鼻,子～见王,则必掩子鼻。"⓲助词。用于句中帮助宾语前置。《孟子·告子上》:"使弈秋诲二人弈,其一人专心致志,惟弈秋之～听;一人虽听之,一心以为有鸿鹄将至,思援弓缴而射之。"⓳语气词。用于句尾,表示反问语气。《论语·季氏》:"是社稷之臣也，何以伐～？”《楚辞·渔父》：“何故深思高举，自令放～？”

2. wèi ⑳助，帮助。《老子·八十一章》：“天之道利而不害，圣人之道～而不争。”《史记·吕太后本纪》：“～吕氏者右袒，～刘氏者左袒。”《后汉书·寇恂传》：“卿前止吾此举，今～吾行也。”㉑介词。1）替，给。《左传·隐公元年》：“～之请制。”《论语·学而》：“～人谋而不忠乎？”《庄子·养生主》：“庖丁～文惠君解牛。”2）被。《战国策·秦策三》：“主辱军破，～天下笑。”《史记·高祖本纪》：“项羽有一范增而不能用，此其所以～我擒也。”3）由于，为了。《荀子·天论》：“天不～人之恶寒也，辍冬。”《史记·货殖列传》：“天下熙熙，皆～利来；天下攘攘，皆～利往。”4）跟，同。陶渊明《桃花源记》：“此中人语云：‘不足～外人道也。’”㉒连词。因为。《孟子·梁惠王上》：“～肥甘不足于口与？轻暖不足于体与？”《史记·留侯世家》：“良鄂然，欲殴之。～其老，强忍，下取履。”㉓通“谓”。说。《战国策·秦策四》：“今～马多力则有矣，若曰胜千钧则不然者，何也？”㉔通“伪”。虚假。《荀子·非十二子》：“～诈而巧，言无用而辩。”《管子·枢言》：“～善者非善也，故善无以～也。”

【为尔】 wéi'ěr 如此。《晋书·王悦传》：“导尝共悦弈棋，争道，导笑曰：‘相与有瓜葛，那得～～邪？’”

【为间】 wéijiàn 一会儿，片刻。《孟子·滕文公上》：“徐子以告夷子。夷子怃然～～，曰：‘命之矣。’”

【为命】 wéimìng 起草政令、盟会的文辞。《论语·宪问》：“～～，裨谌草创之，世叔讨论之，行人子羽修饰之，东里子产润色之。”

【为人】 wéirén ❶做人。《论语·学而》：“其～～也孝悌，而好犯上者鲜矣。”《战国策·赵策一》：“夫知伯之～～，阳亲而阴疏。”❷指人的相貌、长相等。《史记·高祖本纪》：“高祖～～，隆准而龙颜，美须髯，左股有七十二黑子。”

【为寿】 wéishòu 席间敬酒祝寿。《吕氏春秋·直谏》：“桓公谓鲍叔曰：‘何不起～～？’”《史记·魏其武安侯列传》：“饮酒酣，武安起～～，坐皆避席伏。”

【为祟】 wéisuì 作恶。《史记·吕太后本纪》：“卜之，云赵王如意～～。”

【为谒】 wéiyè 事先通报名姓。《汉书·高帝纪上》：“令诸大夫曰：‘进不满千钱，坐之堂下。’高祖为亭长，素易诸吏，乃给～～曰‘贺钱万’，实不持一钱。”（给：欺骗。）

【为真】 wéizhēn 官员由暂时代理转为正式任职。《汉书·薛宣传》：“上徙宣为陈留太守，盗贼禁止，吏民敬其威信。入守左冯翊，满岁称职～～。”

【为政】 wéizhèng 从政，治理国家。《论语·子路》：“卫君待子而～～，子将奚先？”《战国策·秦策三》：“古之善～～者也，其威内扶，其辅外布。”

【为我】 wèiwǒ 先秦杨朱学派的主张，反对人损害我，我亦不损害人。《孟子·滕文公下》：“杨氏～～，是无君也；墨氏兼爱，是无父也。”又《尽心上》：“杨子取～～，拔一毛而利天下不为也。”

【为德不卒】 wéidébùzú 做好事不能坚持到底。《史记·淮阴侯列传》：“及下乡南昌亭长，赐百钱，曰：‘公，小人也，～～～～。’”

【为富不仁】 wéifùbùrén 欲发财致富的人便不讲仁慈。《孟子·滕文公上》：“～～～～矣，为仁不富矣。”

【为虎傅翼】 wèihǔfùyì 给老虎加上翅膀。比喻助长恶人的势力。《韩非子·难势》：“故《周书》曰：‘毋～～～～，将飞入邑，择人而食之。’”也作“为虎添翼”。

【为渊驱鱼，为丛驱雀】 wèiyuānqūyú，wèicóngqūquè 替深渊赶来鱼，给树林赶来鸟。比喻不为善政，必然使自己的人投向敌对一方去。语出《孟子·离娄上》：“故为渊驱鱼者，獭也；为丛驱雀者，鹯也。”（鹯：老鹰。）

韦（韋） wéi ❶熟牛皮，加工后的皮革。《楚辞·卜居》：“宁廉洁正直以自清乎，将突梯滑稽如脂如～以絜楹乎？”（絜：测量。）❷有韧性的皮带。《论衡·率性》：“西门豹急，佩～以自缓。”❸通“围”。量词。《汉书·成帝纪》：“是日大风，拔甘泉畤中大木十～以上。”❹通“违”。违背。《汉书·礼乐志》：“五音六律，依～飨昭。”

【韦编】 wéibiān 用皮绳连缀的竹简，泛称古籍。陆游《寒夜读书》诗：“～～屡绝铁砚穿，口诵手钞那计年。”

【韦弁】 wéibiàn 古冠名。熟皮制成，色赤。《荀子·大略》：“天子山冕，诸侯玄冠，大夫裨冕，士～～，礼也。”

【韦带】 wéidài 无装饰的皮带，古代贫贱人的服饰。《汉书·贾山传》：“夫布衣～～之士，修身于内，成名于外，而使后世不绝息。”欧阳修《上范司谏书》：“夫布衣～～之士，穷居草茅，坐诵书史，常恨不见用。”

【韦藩】 wéifān 皮制的车帷。《国语·晋语八》:"夫绛之富商,～～木楗以过于朝,唯其功庸少也。"(木楗:木檐。)

【韦绔】 wéikù 即"韦裤",用皮革制成,为卑贱之服。《后汉书·祭遵传》:"家无私财,身衣～～。"

【韦囊】 wéináng 用皮革制作的袋子。《史记·宋微子世家》:"盛血以～～,县而射之,命曰'射天'。"

【韦弦】 wéixuán 韦性柔,比喻缓;弦紧,比喻急。意谓佩韦弦可调整自身之不足。语出《韩非子·观行》:"西门豹之性急,故佩韦以自缓;董安于之心缓,故佩弦以自急。故以有馀补不足,以长续短之谓明主。"《三国志·魏书·刘廙传》:"且～～非能言之物,而圣贤引以自匡。"

【韦编三绝】 wéibiānsānjué 竹简的牛皮绳折断多次。比喻读书勤奋。《史记·孔子世家》:"读《易》,～～～～。"陆九渊《与王顺伯》:"～～～～而后赞《易》,敢道尊兄未尝从事如此工夫。"

郏(鄬) wéi 古地名。春秋时郑邑,在今河南省鲁山县境。《左传·襄公七年》:"及将会于～,子驷相,又不礼焉。"

沩(溈) 1. wéi ❶水名。即沩水,在湖南省宁乡县西,东北流注入湘江。郦道元《水经注·湘水》:"～水出益阳县马头山,东经新阳县南,晋太康元年,改曰新康矣。"

2. guī ❷同"妫"。水名。在今山西省永济市。《广韵·支韵》:"～,水名。"

沣(湋) wéi ❶古水名。即沣水,源出陕西省凤翔县西北雍山下,流经岐山、扶风入渭水。《汉书·沟洫志》:"而关中、灵轵、成国、～渠引诸川,汝南、九江引诸淮。"❷水流回旋。《说文·水部》:"～,回也。"

闱(闈) wéi ❶宫中小门。《国语·吴语》:"王觉而无见也,乃匍匐将入于棘～。"《史记·齐太公世家》:"子我归,属徒攻～与大门,皆弗胜,乃出。"❷宗庙门。《周礼·考工记·匠人》:"庙门容大扃七个,～门容小扃三个。"❸后妃居住处。《后汉书·宦者传序》:"称制下令,不出房～之间。"《后汉书·皇后纪序》:"后正位宫～,同体天王。"杜甫《送卢十四弟侍御护韦尚书灵榇归上都二十韵》:"戎狄乘妖气,尘沙落禁～。"❹父母的居室。束皙《补亡诗·南陔》:"眷恋庭～,心不遑安。"❺科举时代的考场。会试曰春闱,乡试曰秋闱。刘长卿《送孙莹京监擢第归蜀》诗:"礼～称独步,太学许能文。"

违(違) wéi ❶离开,远离。《诗经·召南·殷其雷》:"何斯～斯,莫敢或遑。"《楚辞·九叹·思古》:"～郢都之旧闾兮,回湘沅而远迁。"《吕氏春秋·长利》:"戎夷～齐如鲁。"❷距离,相距。《左传·哀公二十七年》:"乃救郑,及留舒,～谷七里,谷人不知。"❸违背,违反。《孟子·梁惠王上》:"不～农时,谷不可胜食也。"《后汉书·伏湛传》:"湛虽在仓卒,造次必于文德,以为礼乐政化之首,颠沛犹不可～。"㊀不称心,不如意。李商隐《春雨》诗:"怅卧新春白袷衣,白门寥落意多～。"❹避开,躲避。《左传·成公三年》:"虽遇执事,其弗敢～。"《论衡·知实》:"匡人之围孔子,孔子如审先知,当早易道,以～其害。"《后汉书·杨震传》:"董卓惧,欲迁都以～其难。"❺出走,逃亡。《左传·宣公十年》:"凡诸侯之大夫～。"又《哀公八年》:"君子～,不适雠国。"❻过失,错误。《后汉书·朱景王杜马刘傅马传论》:"光武鉴前事之～,存矫枉之志。"❼邪恶,不正。《国语·晋语四》:"若有～质,教将不入,何其善之为?"㊀乖异。沈约《学省愁卧》诗:"缨珮空为忝,江海事多～。"㊁遭殃。柳宗元《憎王孙文》:"群小遂兮君子～,大人聚兮孽无馀。"❽恨。《史记·屈原贾生列传》:"惩～改忿兮,抑心而自强。"班固《幽通赋》:"岂余身之足殉矣,～世业之可怀。"❾通"韪"。是。《管子·水地》:"是以水者万物之准也,诸生之淡也,～非得失之质也。"

【违才】 wéicái 委屈才能。《晋书·谢万传》:"王羲之与桓温笺曰:'谢万才流经通,……而今屈其迈往之气,以俯顺荒馀,近是～～易务矣。'"

【违错】 wéicuò 过错,失误。《三国志·魏书·牵招传》:"昔袁公承制,得有所拜假;中间～～,天子命曹公代之。"

【违戾】 wéilì ❶乖戾。《三国志·魏书·三少帝纪》:"昔黥布逆叛,汉祖亲戎,隗嚣～～,光武西伐。"❷背离,违背。《后汉书·范升传》:"升又上太史公～～《五经》,谬孔子言,及《左氏春秋》不可录三十一事。诏以下博士。"

【违难】 wéinàn 避难。《国语·周语中》:"虽吾王叔,未能～～。"

【违世】 wéishì 离开人世,即死。《左传·文公六年》:"先王～～,犹诒之法,而况夺之善人乎?"(诒:遗。)

【违忤】 wéiwǔ 抵触不顺从。也作"违迕"。祢衡《鹦鹉赋》:"宁顺从以远害,不～～以丧生。"《后汉书·马融传》:"初,融惩于邓氏,不敢复～～势家。"

【违宪】 wéixiàn 违背法律、法则。《后汉书·第五伦传》:"绳以法则伤恩,私以亲则～～。"

【违心】 wéixīn ❶二心。《左传·桓公六年》:"奉酒醴以告曰'嘉栗旨酒',谓上下皆有嘉德而无～～也。"❷违背自己的心愿。《北史·高允传》:"～～苟免,非臣之意。"

【违言】 wéiyán ❶因言语不合而相恨。《左传·隐公十一年》:"郑、息有～～。息侯伐郑,郑伯与战于竟。"❷不合情理的话。《管子·戒》:"邪行亡乎体,～～不存口。"

围(圍) wéi ❶四周围起来,使里外不通;包围。《左传·僖公三十年》:"秦晋～郑,郑既知亡矣。"《汉书·高帝纪上》:"秦泗川监平将兵～丰。"㊀指包围圈。《韩非子·难一》:"出～,赏有功者五人。"高適《燕歌行》:"身当恩遇常轻敌,力尽关山未解～。"❷防守。《公羊传·庄公十年》:"战不言伐,～不言战。"❸环绕。《庄子·则阳》:"精至于无伦,大至于不可～。"王安石《阴漫漫行》:"少留灯火就空床,更听波涛～野屋。"❹打猎的围场,围猎。《汉书·霍光传》:"张～猎黄山苑中。"张协《七命》:"于是撤～顿罔,卷旆收鸢。"❺围子,防御工事。《三国志·吴书·陆逊传》:"敕军营更筑严～。"❻包括。左思《魏都赋》:"八极可～于寸眸,万物可齐于一朝。"❼圆周的周长。陆游《舟中作》诗:"梨大～三寸,鲈肥叠四腮。"㊀指腰围。《魏书·崔辩传》:"身长八尺,～亦如之。"❽区域。《诗经·商颂·长发》:"帝命式于九～。"曾巩《送人移知贺州》诗:"我思群公坐天～,心与星斗争天辉。"❾量词。两臂合抱或两手拇指、食指相合为一围。《汉书·邹阳传》:"夫十～之木,始生为蘖。"《论衡·齐世》:"人生长六七尺,大三四～,面有五色,寿至于百,万世不异。"❿通"违"。违反。《墨子·贵义》:"若用子之言,则是禁天下之行者也,是～心而虚天下也。"

【围城】 wéichéng 被包围的城邑。《战国策·赵策三》:"吾视居此～～之中者,皆有求于平原君者也。"

【围落】 wéiluò 藩篱,借指防卫。《三国志·吴书·周泰传》:"意尚忽略,不治～～,而山贼数千人卒至。"

帏(幃) wéi ❶装有香料的袋子,香囊。《楚辞·离骚》:"苏粪壤以充～兮,谓申椒之不芳。"❷同"帷"。帷帐,帐子。《后汉书·仲长统传》:"垂露成～,张宵成幄。"《古诗十九首·明月何皎皎》:"明月何皎皎,照我罗床～。"王勃《春思赋》:"水精却挂鸳鸯幔,云母斜开翡翠～。"❸古代裳(裙)正面的一幅。《国语·郑语》:"王使妇人不～而噪之。"❹隐蔽于帷帐内。《世说新语·贤媛》:"谢公夫人～诸婢,使在前作伎。"

【帏帟】 wéiyì ❶用于内室的帷幕,借指内室。《后汉书·皇后纪序》:"临朝者六后,莫不定策～～,委事父兄。"❷军中的帷幕,指幕府。《魏书·李孝伯传》:"况先臣在蒙委任,运筹～～,勋著于中,声传于外。"

【帏帐】 wéizhàng 帷幔,帷帐。《史记·孝文本纪》:"上常衣绨衣,所幸慎夫人,令衣不得曳地,～～不得文绣,以示敦朴,为天下先。"

嵬 wéi 同"嵬"。高耸的样子。《玉篇·山部》:"～,高貌。亦作嵬。"

潿(潙) wéi 不流动的污水。韩愈等《城南联句》:"巨细各乘运,湍～亦腾声。"

桅 1. wéi ❶桅杆,船上用以挂帆的木柱。《淮南子·说林训》:"譬犹客之乘舟,中流遗其剑,遽契其舟～,暮薄而求之。"

2. guǐ ❷短矛。《广韵·纸韵》:"～,短矛。"

惟 1. wéi ❶思考,想。《战国策·韩策一》:"此安危之要,国家之大事也,臣请深～而苦思之。"《汉书·邹阳传》:"德沦于骨髓,恩加于无穷,愿大王留意详～之。"韩愈《后十九日复上书》:"愚不～道之险夷,行且不息。"❷只,只有。《论语·述而》:"用之则行,舍之则藏,～我与尔有是夫!"《左传·僖公五年》:"臣闻之:鬼神非人实亲,～德是依。"❸语气词。1)用于句首,表示希望、祈求的语气。枚乘《上书谏吴王》:"臣愿披腹心而效愚忠,～大王少加意念恻怛之心于臣乘言。"杨恽《报孙会宗书》:"故敢略陈其愚,～君子察焉。"2)用于句中,表示肯定或强调的语气。《左传·僖公五年》:"黍稷非馨,明德～馨。"《孟子·滕文公上》:"周虽旧邦,其命～新。"❹通"帷"。帷幕。《吕氏春秋·慎行》:"及飨日,～门左右而寘甲兵焉。"(帷门:设帷幕于门内。)

2. wěi ❺见"惟惟"。

【惟度】 wéiduó 揣度,思量。曹植《求自试表》:"窃自～～,终无伯乐、韩国之举,是以於悒而窃自痛者也。"

【惟恐】 wéikǒng 同"唯恐"。只怕。《孟子·梁惠王下》:"今王亦一怒而安天下之民,民～～王之不好勇也。"

【惟惟】 wěiwěi 同"唯唯"。应答,听从。《荀子·大略》:"～～而亡者,诽也。"

【惟精惟一】 wéijīngwéiyī 精诚专一。《尚书·大禹谟》:“～～～～,允执厥中。”

【惟适之安】 wéishìzhī'ān 只安于舒适,怎么舒服就怎么做。韩愈《送李愿归盘谷序》:“起居无时,～～～～。”

唯 1. wéi ❶只,只有。《左传·僖公七年》:“～我知女,女专利而不厌。”《国语·鲁语下》:“贰心必失诸侯,岂～鲁然?”《战国策·赵策三》:“方今～秦雄天下。”❷连词。1)虽然。《荀子·大略》:“天下之人,～各特意哉,然而有所共予也。”(各特意:认识看法各不相同。予:赞许。)2)因为。《左传·僖公五年》:“桓庄之族何罪,而以为戮,不～偪乎?”《国语·晋语一》:“～无亲,故能兼翼。”❸句首语气词。1)表示希望。《左传·僖公三十年》:“阙秦以利晋,～君图之。”《史记·高祖本纪》:“沛父兄皆顿首曰:‘沛幸得复,丰未复,～陛下哀怜之。’”2)表示确定。《左传·僖公四年》:“君处北海,寡人处南海,～是风马牛不相及也。”3)无实义。《论语·述而》:“子曰:‘与其进也,不与其退也,～何甚?’”

2. wěi ❹应答声。《论语·里仁》:“子曰:‘参乎! 吾道一以贯之。’曾子曰:‘～。’”㊀应答。《吕氏春秋·圜道》:“故～而听,～止;听而视,听止。”

【唯独】 wéidú 只有,只是。《史记·淮阴侯列传》:“当是时,臣～～知韩信,非知陛下也。”又《外戚世家》:“及高祖崩,吕氏夷戚氏,诛赵王,而高祖后宫～～无宠疏远者得无恙。”

【唯恐】 wéikǒng 只怕,就怕。《国语·越语下》:“臣闻从时者犹救火追亡人也,蹶而趋之,～～弗及。”《荀子·大略》:“～～不能,敢忘命矣!”

【唯唯】 wěiwěi ❶象声词。应答之声。《战国策·秦策三》:“秦王跪而请曰:‘先生何以幸教寡人?’范睢曰:‘～～。’有间,秦王复请,范睢曰:‘～～。’若是者三。”《史记·平原君虞卿列传》:“楚王曰:‘～～,诚若先生之言,谨奉社稷以从。’”❷表示顺从。《韩非子·八奸》:“左右近习,此人主未命而～～,未使而诺诺。”❸相随而行的样子。《诗经·齐风·敝笱》:“敝笱在梁,其鱼～～。”

【唯利是图】 wéilìshìtú 也作“惟利是图”。只贪图财利,别的都不顾及。唐太宗《报窦建德书》:“外欺内忌,～～～～。”

【唯命是听】 wéimìngshìtīng 也作“惟命是听”或“唯命是从”、“惟命是从”。只听命,表示绝对服从。《左传·襄公二十八年》:“小国将君是望,敢不～～～～?”也省作“唯命”。《左传·隐公元年》:“佗邑～～。”(佗:同“他”。)

帷 wéi ❶围在四周的布帐,帐子。《周礼·天官·幕人》:“掌～、幕、幄、帟、绶之事。”《史记·孝武本纪》:“居室～中。”又《苏秦列传》:“连衽成～,举袂成幕。”❷用帷幕遮挡。《礼记·丧大记》:“士殡见衽,涂上～之。”

【帷墙】 wéiqiáng 也作“帷廧”。以帷幔为墙,借指深宫内院。《汉书·诸侯王表》:“至于哀、平之际,皆继体苗裔,亲属疏远,生于～～之中,不为士民所尊。”也指近臣、妻妾。《汉书·邹阳传》:“今人主沉于谄谀之辞,牵于～～之制,使不羁之士与牛骥同皁,此鲍焦所以愤于世也。”(皁:牲口槽。)

【帷裳】 wéicháng ❶古代朝祭之服。用整幅布做,如帷。《论语·乡党》:“非～～,必杀之。”(杀:裁去。)❷车旁的帷幔。《诗经·卫风·氓》:“淇水汤汤,渐车～～。”❸喻指近臣。《史记·鲁仲连邹阳列传》:“今人主沉于谄谀之辞,牵于～～之制。”

【帷闼】 wéità 宫门上的帷帘,喻宫内。欧阳修《五代史宦者传论》:“安危出其喜怒,祸患伏于～～。”

【帷幄】 wéiwò ❶室内悬挂的帐幕。《韩非子·喻老》:“天下无道,攻击不休,相守数年不已,甲胄生虮虱,燕雀处～～,而兵不归。”❷天子的住处必设帷幕,喻指帝王、朝廷。《汉书·成帝纪》:“臣之姑充后宫为婕妤,父子昆弟侍～～。”魏徵《十渐不克终疏》:“臣自擢居左右,十有馀年,每侍～～,屡奉明旨。”❸天子决策之处或将帅幕府。《汉书·高帝纪下》:“夫运筹～～之中,决胜千里之外,吾不如子房。”又《息夫躬传》:“荆轲之变必起于～～。”

【帷帐】 wéizhàng ❶帷幕,床帐。《汉书·贾山传》:“秦非徒如此也,起咸阳而西至雍,离宫三百,钟鼓～～,不移而具。”秦嘉《赠妇》诗:“飘飘～～,荧荧华烛。”❷军帐,同“帷幄③”。《史记·高祖本纪》:“夫运筹策～～之中,决胜于千里之外,吾不如子房。”

维(維) wéi ❶系物的大绳。《论衡·谈天》:“[共工]怒触不周之山,使天柱折,地～绝。”❷系,连结。《诗经·小雅·白驹》:“絷之～之,以永今夕。”❸维持,维护。《诗经·小雅·节南山》:“秉国之均,四方是～。”《后汉书·翟酺传》:“昔成王之政,周公在前,邵公在后,毕公在左,史佚在右,四子挟而～之。”❹喻法度。《史记·淮阴侯列传》:“秦之纲绝～弛,山东大扰。”❺

角落。《史记·律书》:"清明风居东南～。"许棠《送友人归江南》诗:"皇州五更鼓,月落西南～。"❻只,仅。《诗经·小雅·谷风》:"将恐将惧,～予与女。"❼语气词。用于句首或句中。《诗经·周南·卷耳》:"我姑酌彼金罍,～以不永怀。"柳宗元《天对》:"稷～元子,帝何笃之?"❽通"惟"。思考。《史记·秦楚之际月表》:"销锋镝,钼豪桀,～万世之安。"

【维斗】 wéidǒu 北斗星的别名。《韩非子·解老》:"天得之以高,地得之以藏,～～得之以成其威。"

【维纲】 wéigāng ❶维系。《庄子·天运》:"天其运乎?地其处乎?……孰主张是?孰～～是?"❷总纲,法度。《管子·禁藏》:"夫为国之本,得天之时而为经,得人之心而为纪,法令为～～,吏为网罟。"《后汉书·冯衍传下》:"览天地之幽奥兮,统万物之～～。"

【维楫】 wéijí 系船的绳与划船的桨。比喻法度。《盐铁论·刑德》:"刑罚者,国之～～也。"

嵬 1. wéi ❶高。见"嵬然"。❷怪异,怪诞。《荀子·正论》:"朱、象者,天下之～,一时之琐也。"(朱:尧之子丹朱。象:舜之弟。)

2. wěi ❸山险峻。《集韵·尾韵》:"～,山险。"

【嵬然】 wéirán 山高耸的样子。《淮南子·诠言训》:"至德道者,若丘山,～～不动,行者以为期也。"

【嵬容】 wéiróng 怪异的相貌。《荀子·非十二子》:"吾语汝学者之～～,其冠绕,其缨禁缓,其容简连。"

潍(濰) wéi ❶水名。今称潍河,在今山东省东部。《左传·襄公十八年》:"东侵及～,南近沂。"❷古州名。在今山东省潍坊市。

伟(偉) wěi ❶奇异。《汉书·隽不疑传》:"胜之开阁延请,望见不疑容貌尊严,衣冠甚～。"《文心雕龙·诏策》:"魏文帝下诏,辞义多～。"㊂认为奇异。《汉书·东方朔传》:"朔文辞不逊,高自称誉,上～之。"❷伟大,卓越。《庄子·大宗师》:"～哉造化,又将奚以汝为?"《淮南子·精神训》:"～哉!造化者其以我为此拘拘邪?"❸盛大,壮美。王勃《滕王阁序》:"临别赠言,幸承恩于～饯。"曾巩《张文叔文集序》:"今仪观甚～,文辞甚工。"❹高大雄壮。《后汉书·耿秉传》:"有～体,腰带八围。"曹植《柳赋》:"伊中域之～木兮,瑰姿妙其可珍。"❺姓。

【伟才】 wěicái 卓越奇异的才能。《后汉书·崔骃传》:"年十三能通《诗》、《易》、《春秋》,博学有～～。"

【伟服】 wěifú 奇异的服装。《战国策·秦策一》:"辩言～～,战攻不息。"《韩非子·说疑》:"有务奉下直曲、怪言、～～、瑰称以眩民耳目者。"

【伟器】 wěiqì 大器,能任大事的人才。《后汉书·孔融传》:"炜曰:'夫人小而聪了,大未必奇。'融应声曰:'观君所言,将不早惠乎?'膺大笑曰:'高明必为～～。'"(惠:通"慧"。)

【伟士】 wěishì 才智卓越的人。《论衡·累害》:"～～坐以俊杰之才,招致群吠之声。"《三国志·蜀书·许靖传》:"许文休英才～～,智略足以计事。"

【伟彦】 wěiyàn 才智卓异的人。《三国志·蜀书·郤正传》:"济济～～,元凯之伦也;有过必知,颜子之仁也。"(元凯:杜元凯,即杜预。)

伪(僞) 1. wěi ❶人为的。《荀子·性恶》:"人之性恶,其善者～也。"又《正名》:"心虑而能为之动谓之～。"《论衡·本性》:"～者,长大之后,勉使为善也。"❷不诚实,诡诈。《孟子·滕文公上》:"从许子之道,则市贾不贰,国中无～。"《左传·襄公三十年》:"淑慎尔止,无载尔～。"(载:行。)❸虚假,假装。《论衡·率性》:"夫道有真～,真者固自与天相应,～者人加知巧,亦与真者无以异也。"《后汉书·王昌传》:"赵后欲害之,～易他人子,以故得全。"❹非正统的,非法的。李密《陈情表》:"臣少事～朝,历职郎署。"岳飞《奏乞出师劄子》:"前功不遂,致使战地陷～。"

2. wéi ❺通"帷"。帷幔。《礼记·丧服大记》:"素锦褚,加～荒。"(荒:蒙在上面的。)❻通"为"。行为。《荀子·儒效》:"其衣冠行～,已同于世俗矣。"

3. é ❼通"讹"。变,变化。《楚辞·九叹·怨思》:"若青蝇之～质兮,晋骊姬之反情。"

4. guì ❽通"贿"。钱币。《墨子·公孟》:"以广辟土地,著税～材。"

【伪薄】 wěibó 伪诈轻薄。《汉书·匡衡传》:"今之～～忮害,不让极矣。"《晋书·礼志中》:"开～～之风,伤贞信之教。"

【伪辞】 wěicí 虚假的言辞。《史记·淮南衡山列传》:"又使徐福入海求神异物,还为～～曰……"《汉书·律历志》:"故删其～～,取正义,著于篇。"

【伪名】 wěimíng 捏造的恶名。《楚辞·九章·哀郢》:"众谗人之嫉妒兮,被以不慈之～～。"

【伪书】 wěishū ❶假造的文书。《史记·封禅书》:"天子识其手书,问其人,果是～～。"⊗假造文书。《史记·货殖列传》:"吏士舞文弄法,刻章～～,不避刀锯之诛者,没于赂遗也。"❷内容虚妄的书籍。《论衡·对作》:"俗传蔽惑,～～放流,贤通之人,疾之无已。"

【伪态】 wěitài 虚假的态度。《战国策·秦策一》:"科条既备,民多～～。"

【伪言】 wěiyán 虚言,假话。《国语·晋语三》:"～～误众,死。今郑失次犯令,而罪一也。"⊗说假话。柳宗元《送娄图南秀才游淮南将入道序》:"走高门,邀大车,矫笑而～～,卑陬而姁媮,偷一旦之容以售其伎,吾无有也。"

【伪诈】 wěizhà 欺诈。《史记·淮阴侯列传》:"齐～～多变,反覆之国也。"《后汉书·张湛传》:"人或谓湛～～。"

䓕(蔿) wěi ❶屋檐向外伸的样子。《楚辞·招隐士》注:"崎岖闯～,崄阻傴也。"❷姓。

闱(闈) 1. wěi ❶开,辟。《国语·鲁语下》:"公夫文伯之母,季康子之从祖叔母也。康子往焉,～门与之言,皆不踰阈。"❷姓。

2. kuā ❸门斜开。梅尧臣《送方进士游庐山》诗:"老僧避俗去足跣,野客就涧开门～。"

芳(蔿) 1. wěi ❶草名。《说文·艸部》:"～,草也。"❷古地名。春秋时楚地。《左传·襄公三十年》:"儋括围～。"❸姓。

2. huā ❹变化。《方言》卷三:"～,化也。"

3. kuī ❺狡猾。《方言》卷二:"秦、晋之间曰狯,……楚、郑曰～。"

苇(葦) wěi ❶芦苇。《诗经·豳风·七月》:"九月流火,八月萑～。"⊗指苇叶,比喻小舟。《诗经·卫风·河广》:"谁谓河广?一～杭之。"(杭:通"航"。)苏轼《前赤壁赋》:"纵一～之所如,凌万顷之茫然。"❷变动的样子。见"苇然"。

【苇车】 wěichē 柴车,简朴无装饰的车子。《后汉书·袁闳传》:"初平中,为沛相,乘～～到官,以清亮称。"

【苇然】 wěirán 动容的样子。《汉书·王莽传中》:"惧然祗畏,～～闵汉氏之终不可济。"

【苇杖】 wěizhàng 如同蒲鞭,施轻刑的刑具。沈约《齐故安陆昭王碑文》:"南阳～～,未足比其仁;颍川时雨,无以丰其泽。"

尾 wěi ❶尾巴。《诗经·小雅·鱼藻》:"鱼在在藻,有莘其～。"(莘:长的样子。)《后汉书·西羌传》:"牛马衔～,群羊塞道。"㉚末端,边陲。《国语·楚语上》:"夫边境者,国之～也。"⊗山脚。《吕氏春秋·开春》:"昔日季历葬于涡山之～。"❷终了。《战国策·秦策五》:"王若能为此～,则三王不足四,五伯不足六。"❸在后跟随。《后汉书·岑彭传》:"嚣出兵～击诸营,彭殿为后拒。"❹鸟兽交配。《尚书·尧典》:"鸟兽孳～。"❺星宿名。二十八宿之一。《吕氏春秋·孟春》:"孟春之月,日在营室,昏参中,旦～中。"❻量词。用于鱼。柳宗元《游黄溪记》:"有鱼数百～,方来会石下。"

【尾闾】 wěilǘ 古代传说中泄海水之处。《庄子·秋水》:"百川归之,不知何时止而不盈;～～泄之,不知何时已而不虚。"郭璞《江赋》:"磴之以瀿濆,渫之以～～。"(渫:疏散。)

【尾生】 wěishēng 人名。又名尾生高。古代传说中坚守信用的人。《战国策·燕策一》:"信如～～,期而不来,抱梁柱而死。"

【尾大不掉】 wěidàbùdiào 尾巴太大了就不好摆动,比喻下属势力大就不听指挥。《左传·昭公十一年》:"末大必折,～～～～,君所知也。"也作"末大不掉"。

纬(緯) wěi ❶织物上的横线,与"经"相对。《国语·周语下》:"经～不爽,文之象也。"(爽:差错。)❷东西向的横路。《周礼·考工记·匠人》:"国中九经九～。"❸编织。见"纬萧"。❹组织,编写。《后汉书·班彪传》:"敷文华以～国典,守贱薄而无闷容。"《宋书·谢灵运传论》:"甫乃以情～文,以文被质。"❺行星的古称。《史记·天官书》:"水、火、金、木、填星,此五星者,天之五佐,为～。"❻古筝之弦。《楚辞·九叹·愍命》:"破伯牙之号钟兮,挟人筝而弹～。"(号钟:琴名。)❼缠,束。《大戴礼记·夏小更》:"农～厥禾。～,束也。"❽治理。《晋书·凉武昭王李玄盛传》:"玄盛以～世之量,当吕氏之末,为群雄所奉。"❾纬书(汉代以神学附会儒家经典的书)的简称。《三国志·蜀书·谯周传》:"治《尚书》,兼通诸经及图、～。"《隋书·经籍志一》:"故别立～及谶,以遗来世。"

【纬车】 wěichē 古代纺线的车。陆游《故里》诗:"邻曲新传秧马式,房栊静听～～声。"

【纬繣】 wěihuà 乖戾,固执。《楚辞·离骚》:"纷总总其离合兮,忽～～其难迁。"

【纬萧】 wěixiāo ❶把艾蒿编织成帘子。

《庄子·列御寇》:"河上有家贫恃～～而食者,其子没于渊,得千金之珠。"❷在河流中堵水捕鱼的工具。陆龟蒙《蟹志》:"渔者～～承其流而障之,曰蟹断。"

炜(煒) 1. wěi ❶红而有光泽。《诗经·邶风·静女》:"彤管有～,说怿女美。"

2. huī ❷同"辉"。光辉。《汉书·王莽传中》:"青～登平,考景以晷。"

【炜如】 wěirú 光亮有神的样子。《晋书·元帝纪》:"及长,白豪生于日角之左,隆准龙颜,目有精曜,顾眄～～也。"

【炜晔】 wěiyè 光亮炽盛的样子。《三国志·吴书·张温传》:"文章之采,论议之辨,卓跞冠群,～～曜世,世人未有及之者也。"张协《七命》:"斯人神之所歆羡,观听之所～～也。"

玮(瑋) wěi ❶玉名。《广韵·尾韵》:"～,玉名。"❷珍奇。宋玉《神女赋序》:"瑰姿～态,不可胜赞。"《后汉书·南蛮西南夷传论》:"若乃藏山隐海之灵物,沉沙栖陆之～宝。"❸赞美,夸耀。《后汉书·李膺传》:"梁惠王～其照乘之珠,齐威王答以四臣。"

【玮术】 wěishù 奇术。贾谊《新书·瑰玮》:"今有～～于此,夺民而民益富也,不衣民而民益暖。"

飒(颷、䬐) wěi 风大的样子。郭璞《江赋》:"长风～以增扇,广莫飐而气整。"(飐:急风。)

晔(暐) wěi 光盛的样子。《集韵·尾韵》:"～,光盛貌。"参见"晔晔"。

【晔晔】 wěiwěi 光炽盛的样子。曹植《车渠椀赋》:"丰玄素之～～,带朱荣之葳蕤。"

委 1. wěi ❶顺从。《淮南子·本经训》:"优柔～从,以养群类。"❷托付,交付。《战国策·齐策一》:"婴子曰:'愿～之于子。'"《史记·秦始皇本纪》:"王年少,初即位,～国事大臣。"❸舍弃,丢弃。《孟子·公孙丑下》:"米粟非不多也,～而去之,是地利不如人和也。"《后汉书·窦融传》:"～成功,造难就。"❹放置。《后汉书·钟离意传》:"意得珠玑,悉以～地而不拜赐。"《世说新语·雅量》:"唯脚～几上,咏瞩自若。"❺推卸,推脱。《新序·节士》:"过听杀无辜,～下畏死,非义也。"《晋书·王裒传》:"帝怒曰:'司马欲～罪于孤邪?'遂引出斩之。"❻积蓄,累积。《淮南子·齐俗训》:"无天下之～财,而欲遍赡万民,利不能足也。"《汉书·食货志下》:"计本量～则足矣,然而民有饥饿者,谷有所臧也。"❼坠,下垂。《吕氏春秋·察贤》:"尧之容若～衣裘,以言少事也。"《世说新语·贤媛》:"正值李梳头,发～藉地。"❽末尾。陆游《吕居仁集序》:"惟其上探伏羲唐虞以来,有源有～,不以远绝,不以难止。"❾安。陶渊明《自祭文》:"乐天～分,以至百年。"❿水流所聚之处。《礼记·学记》:"三王之祭川也,皆先河而后海,或源也,或～也,此之谓务本。"⓫周时冠名。《国语·晋语九》:"及臣之长也,端～韠带以随宰人,民无二心。"《荀子·哀公》:"鲁哀公问于孔子曰:'绅～章甫有益于仁乎?'"⓬确实。《论衡·宣汉》:"～不能知有圣与无,又不能别凤凰是凤与非,则必不能定今太平与未平也。"苏轼《论细田募役状》:"～是良田,方得收买。"⓭通"萎"。枯萎,衰败。《后汉书·杨震传》:"哲人其～,将谁谘度?"

2. wēi ⓮见"委蛇"。

3. wèi ⓯见"委积"。

【委辟】 wěibì 萎缩,空瘪。《论衡·论死》:"如囊穿米出,橐败粟弃,则囊橐～～,人瞻望之,弗复见矣。"

【委顿】 wěidùn ❶病困,衰弱。《三国志·魏书·三少帝纪》注引《汉晋春秋》:"臣老病～～,无益视听。"❷颓丧,疲困。《世说新语·容止》:"潘岳妙有姿容,好神情,少时挟弹出洛阳道,妇人遇者,莫不连手共萦之。左太冲绝丑,亦复效岳游遨,于是群妪齐共乱唾之,～～而返。"韩愈《论淮西事宜状》:"譬如有人,虽有十夫之力,自朝及夕,常自大呼跳跃,初虽可畏,其不久必自～～。"

【委国】 wěiguó ❶将国家政权交付于人。《史记·吴太伯世家》:"越王句践乃以甲兵五千人栖于会稽,使大夫种因吴太宰嚭而行成,请～～为臣妾。"❷主动放弃君权。《论衡·书虚》:"伯夷～～饥死,不嫌贪刀钩。"

【委吏】 wěilì 管理仓库的小官。《论衡·自纪》:"为乘田～～,无於邑之心;为司空相国,无说豫之色。"韩愈《争臣论》:"盖孔子尝为～～矣,尝为乘田矣,亦不敢旷其职。"

【委命】 wěimìng ❶将生命寄托于人,伏法的意思。《史记·陈涉世家》:"百越之君,俛首系颈,～～下吏。"❷听任命运的支配。班固《答宾戏》:"故曰:慎修所志,守尔天符,～～供已。味道之腴,神之听之,名其舍诸?"

【委昵】 wěinì 亲昵,亲近。《三国志·吴书·吕范传》:"后避乱寿春,孙策见而异之,范遂自～～,将私客百人归策。"《周书·杨宽传》:"魏广阳王深与宽素相～～,深犯法得罪,宽被逮捕。"

【委弃】 wěiqì 弃置，抛弃。《三国志·吴书·胡综传》："臣年二十二，～～封域，归命有道，赖蒙天灵，得自全致。"李清照《金石录后序》："冬十二月，金寇陷洪州，遂尽～～。"

【委曲】 wěiqū ❶弯曲，曲折。《汉书·成帝纪》："九月戊子，流星光烛地，长四五丈，～～蛇形，贯紫宫。"❷声音婉转不绝。白居易《九日思杭州旧游寄周判官及诸客》诗："笙歌～～声延耳，金翠动摇光照身。"❸曲意迁就。《汉书·严彭祖传》："凡通经术，固当修行先王之道，何可～～从俗，苟求富贵耳！"❹婉转，委婉。陈亮《甲辰答朱元晦书》："欲有所言，必～～而后敢及。"《聊斋志异·酒狂》："我～～与言，浼以私意释甥去，或可允成。"❺事情的底细。《魏书·孝文幽皇后冯氏传》："惟小黄门苏兴寿密陈～～，高祖问其本末，敕以勿泄。"

【委屈】 wěiqū ❶曲意迁就。《后汉书·孔融传论》："夫严气正性，覆折而已。岂有员园～～，可以每其生哉！"（员园：无棱角。园：刓，削去棱角。每：贪。）后凡含冤不得伸或怀才不得用皆曰委屈。❷曲折。柳宗元《晋问》："若枝若股，～～延布。"

【委任】 wěirèn ❶信任。《汉书·昭帝纪》："成王不疑周公，孝昭～～霍光，各因其时以成名，大矣哉！"《论衡·自然》："桓公知管仲贤，故～～之。"❷任凭，听任。《后汉书·和帝纪》："今犹不改，竞为苛暴，侵愁小民，以求虚名，～～下吏，假势行邪。"❸托付，交付。《南史·宋武帝纪》："后世若有幼主，朝事一～～宰相，母后不烦临朝。"

【委身】 wěishēn ❶置身，寄身。《后汉书·朱景王杜马刘傅坚马传论》："其怀道无闻，～～草莽者，亦何可胜言？"❷献身，以身事人。《三国志·魏书·三少帝纪》："前者变故卒至，祸同发机，诚欲～～守死，唯命所裁。"《水经注·济水》："张良～～汉祖，始自此矣。"❸脱身。杜甫《奉赠李八丈曛判官》诗："垂白辞南翁，～～希北叟。"

【委实】 wěishí 确实，的确。洪昇《长生殿·进果》："今日脚疾，～～走不动。"

【委输】 wěishū ❶转运，输送。《汉书·王尊传》："起家，复为护羌将军转校尉，护送军粮～～。"《后汉书·西羌传》："又殖谷富边，省～～之役。"❷汇集，汇聚。元稹《祭淮渎文》："经界区夏，左右万国，百川～～，万灵受职。"

【委顺】 wěishùn ❶自然所赋予的。《列子·天瑞》："性命非汝有，是天地之～～也。"❷顺从。《三国志·魏书·三少帝纪》："文告所加，承风响慕，遣使纳献，以明～～。"❸顺应自然。白居易《委顺》诗："宜怀齐远近，～～随南北。"

【委随】 wěisuí ❶温顺，顺从。《后汉书·窦宪传》："宪以前太尉邓彪有义让，先帝所敬，而仁厚～～，故尊崇之。"❷柔弱。《魏书·王宪传》："嶷性儒缓，～～不断，终日在坐，昏睡而已。"❸萎缩的样子。枚乘《七发》："今太子肤色靡曼，四支～～，筋骨挺解。"❹迂远。同"逶随"。《楚辞·九思·逢尤》："望旧邦兮路～～，忧心悄兮志勤劬。"

【委琐】 wěisuǒ ❶琐碎。《论衡·自纪》："谓之论道，实事～～，文给甘酸，谐于经不验，集于传不合。"㊀拘泥于琐碎之事。《汉书·司马相如传下》："且夫贤君之践位也，岂特～～握龊，拘文牵俗，循诵习传，当世取说云尔哉！"《三国志·吴书·凌统传》注引孙盛语："然霸王之道，……明贵贱之序，易简而其亲可久，体全而其功可大，岂～～近务，邀利于当年哉？"❷才智卑下。范成大《次诸葛伯山赡军赠别韵》："嗟余独～～，无用等木屑。"

【委心】 wěixīn ❶倾心。《汉书·韩信传》："信曰：'……仆～～归计，愿子勿辞。'"❷随心听任自然。陶渊明《归去来兮辞》："已矣乎，寓形宇内复几时，曷不～～任去留？胡为乎遑遑兮。"苏轼《归去来集字》诗之四："矫首独傲世，～～还乐天。"

【委仗】 wěizhàng ❶依附，依凭。也作"委杖"。《三国志·魏书·夏侯玄传》："奚必使中正干铨衡之机于下，而执机柄者有所～～于上，上下交侵，以生纷错哉？"《周书·尉迟迥传》："迥通敏有干能，虽任兼文武，颇允时望，太祖以此深～～焉。"❷丢弃武器。《抱朴子·自叙》："洪独约令所领，不得妄离行阵，士有摭得众者，洪即斩之以徇，于是无敢～～。"

【委政】 wěizhèng 付以政权、权柄。《史记·田敬仲完世家》："成王初即位以来，不治，～～卿大夫，九年之间，诸侯并伐，国人不治。"

【委制】 wěizhì 归顺并接受约束。《国语·吴语》："昔不穀先～～于越君，君告孤请成，男女服从。"

【委质】 wěizhì 也作"委贽"、"委挚"。❶古代卑幼见尊长，不行宾主接受之礼，把礼物放在地上，而后退出，称为委质。《礼记·曲礼下》："童子～～而退。"❷向君主献礼，表示献身。《国语·晋语九》:"臣闻之,~~为臣,无有二心,~~而策死,古之法也。"❸归顺,归附。《三国志·蜀书·刘禅传》:"公恢崇德度,深秉大正,不惮屈身~~,以爱民全国为贵。"❹弃身,置身。白居易《感鹤》诗:"~~小池内,争食群鸡前。"

【委然】 wēirán ❶有文采的样子。《荀子·仲尼》:"~~成文以示之天下,则暴国安自化矣。"(安:语助词。)❷萎靡不振的样子。《宋史·王质传》:"吾力不足恃,而金人且来,陛下即~~有盟平凉之心。"

【委蛇】 wēiyí 也作"委虵"、"委它"、"委佗"、"委移"、"逶迤"、"威夷"等。❶从容自得的样子。《诗经·召南·羔羊》:"退食自公,~~~~。"《后汉书·儒林传序》:"服方领习矩步者,~~乎其中。"❷弯曲绵延的样子。《楚辞·九歌·东君》:"驾龙辀兮乘雷,载云旗兮~~。"❸随和应付的样子。《庄子·天运》:"形充空虚,乃至~~。"❹曲折前进,斜行。《史记·苏秦列传》:"嫂~~蒲伏,以面掩地而谢。"❺传说中属于蛇类的怪物名。《庄子·达生》:"~~,其大如毂,其长如辕,紫衣而朱冠。"

【委积】 wèijī ❶古代仓廪聚集的物资。《孙子·军争》:"是故军无辎重则亡,无粮食则亡,无~~则亡。"《荀子·儒效》:"得~~足以揜其口,则扬扬如也。"《管子·幼官》:"量~~之多寡,定府官之计数。"❷堆积,聚集。《楚辞·九章·怀沙》:"材朴~~兮,莫知余之所有。"《后汉书·西南夷传》:"骸骨~~,千里无人。"❸指厚禄。《后汉书·冯衍传下》:"~~之臣,不操市井之利。"

【委聚】 wèijù 积蓄,积聚。《史记·日者列传》:"今夫卜筮者之为业也,积之无~~,藏之不用府库。"《论衡·程材》:"京廪如丘,孰与~~如坻也?"

洧 wěi 古水名。源出河南省登封市阳城山,东南流至新郑市与溱水合。《诗经·郑风·褰裳》:"子惠思我,褰裳涉~。"《水经注·洧水》:"绥水又东南流,径上郭亭南,东南注~。"

【洧盘】 wěipán 神话中水名。《楚辞·离骚》:"夕归次于穷石兮,朝濯发乎~~。"

【洧渊】 wěiyuān 水名。洧水源出于河南登封市东北阳城山,流经新密市,过新郑市南为洧渊。《水经注·洧水》:"洧水又东为~~水。"

诿(諉) wěi 推委,推托。《汉书·贾谊传》:"然尚有可~者,曰疏,臣请试言其亲者。"杨万里《文帝曷不用颇牧论》:"士患不遇主,广之受知于帝,尚可~曰不遇主邪?"

韡(韡) wěi 见"韡韡"。

【韡韡】 wěiwěi 鲜明茂盛的样子。《诗经·小雅·常棣》:"常棣之华,鄂不~~。"(鄂:通"萼"。)

娓 wěi ❶顺从。《说文·女部》:"~,顺也。"❷美。《玉篇·女部》:"~,美也。"❸努力。《字汇·女部》:"~,勉也。"见"娓娓"。

【娓娓】 wěiwěi ❶勤勉不倦的样子。《宋书·乐志》:"~~心化,日用不言。"❷说话连续不断的样子。《官场维新记》四回:"说得来~~动听。"

痏 wěi ❶打人至皮破血流造成创痕者为"痏"。泛指殴伤。《汉书·薛宣传》:"遇人不以义而见痍者,与~人之罪钧。"(痍:殴人至肿起而无创痕者。)❷疮。《吕氏春秋·至忠》:"齐王疾~,使人之宋迎文挚。"㊂比喻痛苦,灾难。苏轼《荔支叹》:"我愿天公怜赤子,莫生尤物为疮~。"

蘤 wěi 古"花"字。花朵。《后汉书·张衡传》:"歌曰:'天地烟煴,百卉含~。'"

萎 1. wěi ❶草木枯死。《诗经·小雅·谷风》:"无草不死,无木不~。"㊀病危,将死。《礼记·檀弓上》:"哲人其~乎?"参见"萎腇"。

2. wèi ❷喂牲畜。《说文·艸部》:"~,食牛也。"

3. wēi ❸衰落。见"萎苶"。

【萎败】 wěibài 枯萎败死。《吕氏春秋·明理》:"草木庳小不滋,五谷~~不成。"

【萎绝】 wěijué 枯萎凋谢。《楚辞·离骚》:"虽~~其亦何伤兮,哀众芳之芜秽。"

【萎腇】 wěiněi 软弱无力的样子。《后汉书·马援传》:"岂有知其无成,而但~~咋舌,叉手从族乎?"

【萎苶】 wēinié 衰落,疲敝。李汉《韩愈文集序》:"秦汉已前,其气浑然,……至后汉曹魏,气象~~。"

崣 1. wèi ❶见"㠑崣"。

2. wēi ❷见"崣㟪"。

【崣㟪】 wēiyí 曲折的样子。同"委蛇②"。枚乘《梁王菟园赋》:"巷路~~。"(巷路:山间小路。)

廆 wěi 见 guī。

瘘 wěi ❶同"痿"。病。《玉篇·歹部》:"~,病也,亦作'痿'。"❷同"萎"。枯萎,枯死。《盐铁论·未通》:"树木数徙则~,虫兽徙居则坏。"

骫 wěi ❶骨骼弯曲。《玉篇·骨部》："～，骨曲也。"⊗泛指弯曲。《吕氏春秋·必己》："尊则亏，直则～。"❷歪曲，枉曲。《汉书·淮南厉王刘长传》："皇帝～天下正法而许大王，甚厚。"❸聚集。扬雄《太玄经·积》："小人积非，祸所～也。"

【骫骳】 wěibèi 屈曲宛转。《汉书·枚皋传》："其文～～，曲随其事，皆得其意。"

【骫靡】 wěimí 顺从的样子。《楚辞·九思·悯上》："众多兮阿媚，～～兮成俗。"

猥 wěi ❶盛，众多。《汉书·贾山传》："地之硗者，虽有善种，不能生焉；江皋河濒，虽有恶种，无不～大。"《论衡·宣汉》："周有三圣，文王、武王、周公，并时～出。"《后汉书·仲长统传》："所恃者寡，所取者～。"❷堆积。《汉书·董仲舒传》："科别其条，勿～勿并，取之于术，慎其所出。"❸庞杂。见"猥杂"。❹卑下，鄙陋。《颜氏家训·风操》："田里～人，方有此言耳。"❺随便，苟且。杨恽《报孙会宗书》："然窃恨足下不深惟其终始，而～随俗之毁誉也。"《汉书·文三王传》："案事者乃验问恶言，何故～自发舒?"❻谦词。鄙贱的意思。《后汉书·杨震传》："而今～受过宠，执政操权。"李密《陈情表》："～以微贱，当侍东宫。"

【猥计】 wěijì 总计。《管子·八观》："以人～～其野，草田多而辟田少者，虽不水旱，饥国之野也。"

【猥杂】 wěizá 庞杂。《南齐书·礼志》："晋初太学生三千人，既多～～，惠帝时欲辨其泾渭，故元康三年始立国子学。"

【猥众】 wěizhòng 众多。《后汉书·儒林传序》："东京学者～～，难以详载。"

痿 wěi 病名。身体的某一部分萎缩或失去机能。《汉书·武五子传》："为人青黑色，小目，鼻末锐卑，少须眉，身体长大，疾～，行步不便。"

韪(韙、韡) wěi ❶是，对。《左传·隐公十一年》："犯五不～而以伐人，其丧师也，不亦宜乎?"《论衡·书解》："若此者，～是于五经。使言非五经，虽是不见听。"《后汉书·蔡邕传》："～其是而矫其非。"❷善，美。张衡《东京赋》："京室密清，罔有不～。"曾巩《南齐书目录序》："故虽有殊功～德非常之迹，将暗而不章。"

腲 wěi 见"腲腇"。

【腲腇】 wěiněi 舒缓的样子。王褒《洞箫赋》："其奏欢娱，则莫不惮漫衍凯，阿那～～者已。"寒山《五言诗》之五十九："鸱鸦饱～～，鸾凤饥徬徨。"

碨 wěi 见"碨磊"。

【碨磊】 wěilěi 不平的样子。木华《海赋》："～～山垄。"

鲔(鮪) wěi ❶鲟鱼。《诗经·周颂·潜》："潜有多鱼，有鳣有～。"陆机《拟行行重行行》诗："王～怀河岫，晨风思北林。"❷白鲟的古称。《山海经·东山经》："碧阳，其中多鳣～。"

澧(澧) 1. wěi ❶见"澧澧"。
2. duì ❷见"澧湤"。

【澧澧】 wěiwěi 鱼相随而行的样子。《玉篇·水部》："澧，～～，鱼行相随。"

【澧湤】 duìduò 沙石随水流动的样子。郭璞《江赋》："碧沙～～而往来，巨石硉矹以前却。"(硉矹：高耸，突出。)

壝(壝) wěi ❶祭坛四周的矮墙。《后汉书·祭祀志上》："其外为～，重营皆紫，以像紫宫。"泛指坛、埠。《周礼·地官·大司徒》："设其社稷之～，而树之田主。"❷筑土围墙。潘岳《籍田赋》："封人～宫，掌舍设枑。"

磈 1. wěi ❶见"磪磈"。
2. kuǐ ❷同"魄"。
3. lěi ❸同"㠥"。山石。见"磈磈"。

【磈磈】 lěilěi 山石重叠的样子。左思《吴都赋》："磈磈～～。"

亹 1. wěi ❶勤勉不倦的样子。见"亹亹"。
2. mén ❷峡中两岸对峙如门的地方。《诗经·大雅·凫鹥》："凫鹥在～，公尸来止熏熏。"(公尸：祭祀时装扮成祖先受祭的人。)

【亹亹】 wěiwěi ❶勤勉不倦的样子。《汉书·张敞传》："今陛下游意于太平，劳精于政事，～～不舍昼夜。"❷运行不息的样子。《楚辞·九辩》："事～～而觊进兮，蹇淹留而踌躇。"❸深远的样子。《汉书·艺文志》："《易》曰：'定天下之吉凶，成天下之～～者，莫善于蓍龟。'"《三国志·蜀书·郤正传》："上垂询纳之弘，下有匡救之责，士无虚华之宠，民有一行之迹，粲乎～～，尚此忠益。"❹水流进的样子。左思《吴都赋》："清流～～。"

卫(衛、衞) wèi ❶保卫，卫护。《荀子·儒效》："存亡继绝，～弱禁暴。"《战国策·西周策》："故使长兵在前，强弩在后，名曰～疾，而实囚之也。"(疾：人名。)❷担任警卫的人，卫士。《国语·晋语四》："秦伯纳～三千人，实纪纲之仆。"《史记·吕太后本纪》："赵王至，置邸不见,令～围守之,弗与食。”❸边陲。《周礼·春官·巾车》:“以封四～。”❹肢体。《吕氏春秋·审时》:“百日食之,耳目聪明,心意叡智,四～变彊,身无苛殃。”❺古代九服(京城外的行政区域)之一。《国语·周语上》:“夫先王之制,邦内甸服,邦外侯服,侯～宾服。”❻箭杆上的羽毛。《论衡·儒增》:“见寝石,以为伏虎,将弓射之,矢没其～。”❼驴子的别名。《聊斋志异·婴宁》:“家中人捉双～来寻生。”❽周代诸侯国名。《左传·闵公二年》:“冬,十二月,狄人伐～。”❾水名。源出河北省灵寿县东北,南流入滹沱河。《尚书·禹贡》:“恒、～既从,大陆既作。”❿姓。

【卫服】 wèifú 古代九服之一。《周礼·夏官·职方氏》:“方千里曰王畿,其外方五百里曰侯服,又其外方五百里曰甸服,又其外方五百里曰男服,又其外方五百里曰采服,又其外方五百里曰～～。”

【卫女】 wèinǚ 泛指美女。江淹《别赋》:“下有芍药之诗,佳人之歌,桑中～～,上宫陈娥。”

【卫身】 wèishēn 保卫自身。《淮南子·缪称训》:“故世治则以义～～,世乱则以身卫义。”

【卫生】 wèishēng 养生。谢灵运《还旧园作》诗:“～～自有经,息阴谢所牵。”刘知几《思慎赋》:“徒恶其死,而不知救死之有方;但惜其生,而未识～～之有术。”

【卫士】 wèishì 守卫的士卒。《后汉书·和熹邓皇后纪》:“旧事,岁终当飨遣～～,大傩逐疫。”

【卫尉】 wèiwèi 官职名,掌管宫门警卫。秦时设置,汉代列为九卿之一,魏晋沿置。《史记·萧相国世家》:“数日,王～～侍,前问曰:‘相国何大罪,陛下系之暴也。’”

【卫翼】 wèiyì 辅佐,辅助。《新书·保傅》:“于是皆选天下之端士、孝弟、博闻有道术者以～～之,使与太子居处出入。”

【卫将军】 wèijiāngjūn 汉代的将军名称,历代多设置。《史记·孝文本纪》:“上乃遣三将军军陇西、北地、上郡,中尉周舍为～～～,郎中令张武为车骑将军。”

未 wèi ❶滋味。后作“味”。马王堆汉墓帛书《老子甲本·德经》:“为无为,事无事,味无～。”❷十二地支的第八位。1)古代用以纪年,即太岁纪年法。《尔雅·释天》:“太岁在～为协洽。”2)用以纪月,“未”指代六月。《晋书·乐志上》:“六月之辰谓之～。”3)用以纪时,未时相当于下午一时至三时。《水浒传》二十三回:“可教来往客人结伙成队,于巳、午、～三个时辰过冈。”❸十二生肖配十二地支,未为羊。《论衡·物势》:“羊,～也。”❹副词。表示否定。1)相当于“不”。《左传·庄公十年》:“食肉者鄙,～能远谋。”《战国策·楚策四》:“见兔而顾犬,～为晚也;亡羊而补牢,～为迟也。”2)相当于“没有”、“不曾”。《左传·宣公二年》:“宣子～出山而复。”《孟子·滕文公上》:“滕君,则诚贤君也。虽然,～闻道也。”《战国策·秦策二》:“宜阳～得,秦死伤者众,甘茂欲息兵。”❺用于句末,表示疑问。相当于“否”。《史记·魏其武安侯列传》:“上乃曰:‘君除吏已尽～?吾亦欲除吏。’”杜甫《早花》诗:“西京安稳～,不见一人来。”

【未尝】 wèicháng 不曾,未曾。《论语·述而》:“子食于有丧者之侧,～～饱也。”《荀子·致士》:“古有良法而乱者有之矣,有君子而乱者,自古及今,～～闻也。”

【未傅】 wèifù 没有载入徭役簿籍。《汉书·高帝纪上》:“五月,汉王屯荥阳,萧何发关中老弱～～者悉诣军。”

【未冠】 wèiguàn ❶未满二十岁。古时,男子二十岁行冠礼,表示已成年。《世说新语·赏誉》:“谢太傅～～,始出西,诣王长史,清言良久。”❷未戴帽子。皮日休《贫居秋日》诗:“亭午头～～,端坐独愁予。”

【未几】 wèijǐ ❶不久,没多久。《诗经·齐风·甫田》:“～～见兮,突而弁兮。”《清稗类钞·冯婉贞》:“～～,敌兵果舁炮至。”(舁:抬。)❷不多。《晋书·阳裕载记》:“[吾]历观朝士多矣,忠清简毅,笃信义烈,如阳士伦者,实亦～～。”(阳士伦:即阳裕。)

【未萌】 wèiméng 事情尚未发生。《汉书·张汤传》:“毋空大位,以塞争权,所以安社稷绝～～也。”《后汉书·冯衍传上》:“盖闻明者见于无形,智者虑于～～,况其昭哲者乎?”

【未始】 wèishǐ ❶尚未发生。《管子·幼官》:“思于濬故能知～～。”❷未曾,不曾。《庄子·齐物论》:“有以为～～有物者,至矣,尽矣,不可以加矣。”柳宗元《始得西山宴游记》:“以为凡是州之山有异态者,皆我有也,而～～知西山之怪特。”

【未形】 wèixíng ❶尚未显出迹象、征兆。《管子·牧民》:“唯有道者能备患于～～也。”《汉书·伍被传》:“臣闻聪者听于无声,明者见于～～。”❷尚未形成。《淮南子·天文训》:“天地～～,冯冯翼翼,洞洞灟灟,故曰太昭。”

【未央】 wèiyāng ❶未尽。《诗经·小雅·庭燎》:"夜如何其?夜~~。"《楚辞·离骚》:"及年岁之未晏兮,时亦犹其~~。"❷汉代未央宫的省称。也泛指宫殿。白居易《长恨歌》:"归来池苑皆依旧,太液芙蓉~~柳。"

【未亡人】 wèiwángrén 古代寡妇的自称。《左传·成公九年》:"穆姜出于房,再拜,曰:'大夫勤辱,不忘先君,以及嗣君,施及~~~。'"

【未可厚非】 wèikěhòufēi 不可过分地指责、苛求,表示虽有缺点,但是可以原谅。《汉书·王莽传中》:"莽怒,免英官。后颇觉寤,曰:'英亦~~~~。'"

【未雨绸缪】 wèiyǔchóumóu 还未下雨,先修好门窗,比喻事先做好准备。绸缪:用绳索紧密地缠捆。引申为修补的意思。语出《诗经·豳风·鸱鸮》:"迨天之未阴雨,彻彼桑土,绸缪牖户。"

位 1. wèi ❶官吏在朝廷或祭祀时所站的位置。《诗经·小雅·楚茨》:"孝孙徂~,工祝致告。"《礼记·坊记》:"朝廷有~。"《汉书·艺文志》:"古者名~不同,礼亦异数。"㊀泛指坐位、站位。《论语·乡党》:"复其~,踧踖也。"(踧踖:局促不安的样子。)《左传·成公二年》:"逢丑父与公易~。"❷职位,官爵。《孟子·万章下》:"以~,则子君也,我臣也。"《史记·留侯世家》:"今以三寸舌为帝者师,封万户,~列侯,此布衣之极,于良足矣。"《后汉书·张湛传》:"明府~尊德重,不宜自轻。"❸特指诸侯或天子之位。《左传·隐公元年》:"及庄公即~,为之请制。"《后汉书·献帝伏皇后纪》:"自帝都许,守~而已。"❹爵位的等次。职位。《孟子·万章下》:"天子一~,公一~,侯一~,伯一~,子、男同一~,凡五等也。"❺灵位,神位。《礼记·奔丧》:"诸臣在他国,为~而哭。"❻量词。用于人,含敬意。《水浒传》十九回:"弟有片言,不知众~肯依我么?"❼使居其位。《吕氏春秋·离俗》:"吾子胡不~之?请相吾子。"❽姓。

2. lì ❾通"莅"。临。《战国策·韩策三》:"今王~正。"

【位次】 wèicì 位序,官位的等级。《史记·陈丞相世家》:"于是孝文帝乃以绛侯勃为右丞相,~~第一。平徙为左丞相,~~第二。"《汉书·高惠高后文功臣表》:"于是申之以丹书之信,重以白马之盟,又作十八侯之~~。"

【位号】 wèihào 爵位与名号。《汉书·高帝纪下》:"地分已定,而~~比儗,亡上下之分。"(亡:通"无"。)《三国志·吴书·孙策传》注引《江表传》:"策时年少,虽有~~,而士民皆呼为孙郎。"

【位望】 wèiwàng 官位与声望。《论衡·初禀》:"仕者随秩迁转,迁转之人,或至公卿,命禄尊贵,~~高大。"白居易《谢官状》:"~~虽小,俸料稍优。"

【位宁】 wèizhù 古代宫廷,中庭左右谓之位,门屏之间谓之宁(也叫著)。借指在朝居官。《国语·楚语上》:"在舆有旅贲之规,~~有官师之典,倚几有诵训之谏。"(旅贲:古代为帝王、诸侯护车的勇士。)也作"位著"。

味 1. wèi ❶滋味。《老子·十二章》:"五~令人口爽。"《论语·述而》:"子在齐闻《韶》,三月不知肉~。"❷辨别,品味。《荀子·哀公》:"黼衣黻裳者不茹荤,非口不能~也,服使然也。"❸饮食,菜肴。《管子·中匡》:"厚于~者薄于行。"❹体会,玩味。《吕氏春秋·乐成》:"故讻讻之中,不可不~也。中主以之讻讻也止善,贤主以之讻讻者立功。"柳开《应责》:"子不能~吾书,取吾意。"❺意义,旨趣。《文心雕龙·宗经》:"是以往者虽旧,馀~日新。"❻量词。菜肴或中药的品种。《韩非子·外储说左下》:"食不二~,坐不重席。"陈子昂《谢药表》:"伏奉中使宣勅旨,赐贫道药总若干~。"

2. mèi ❼光泽。《礼记·檀弓上》:"是故竹不成用,瓦不成~,木不成斲。"❽姓。

【味道】 wèidào 体会、玩味道理。《晋书·成公简传》:"不求荣利,潜心~~。"任昉《王文宪集序》:"至若齿危发秀之老,含经~~之生。"

畏 1. wèi ❶怕。《论语·子罕》:"后生可~。"《孟子·尽心上》:"善政,民~之,善教,民爱之。"《史记·高祖本纪》:"高祖醉,曰:'壮士行,何~!'"❷使害怕,吓唬。《汉书·广川惠王刘越传》:"前杀昭平,反来~我。"❸敬畏,敬服。《孟子·公孙丑上》:"或问乎曾西曰:'吾子与子路孰贤?'曾西蹴然曰:'吾先子之所~也。'"(蹴然:惊惭不安的样子。)❹担心,疑虑。杜甫《羌村》诗之一:"娇儿不离膝,~我复却去。"❺拘禁。《论语·子罕》:"子~于匡。"《吕氏春秋·劝学》:"孔子~于匡,颜渊后。"❻死。《吕氏春秋·劝学》:"曾点使曾参,过期而不至,人皆见曾点曰:'无乃~邪?'"㊀死于非命曰畏。《礼记·檀弓上》:"死而不吊者三:~、厌、溺。"(厌:行止危险之中。)❼通"隈"。弓的弯曲处。《周礼·考工记·弓人》:"夫角之中,桓当弓之~。"

2. wēi ❽通"威"。威力。《管子·牧民》:"故刑罚不足以~其意,杀戮不足以服其心。"《韩非子·主道》:"其行罚也,～乎如雷霆。"

3. wěi ❾畏垒。山名。也作"崼垒"。

【畏爱】 wèi'ài 畏惧而又敬爱。《后汉书·梁统传》:"统在郡亦有治迹,吏人～～之。"又《伏湛传》:"吏人～～,则而象之。"

【畏法】 wèifǎ 严法。《后汉书·祭肜传》:"古所谓'必世而后仁',岂不然哉? 而一眚之故,以致感愤,惜哉,～～之敝也。"

【畏佳】 wèijiā 高大参差的样子。《庄子·齐物论》:"山林之～～,大木百围之窍穴。"

【畏敬】 wèijìng 畏惧敬服。《论衡·福虚》:"臣不～～,择濯不谨,罪过至重。"《汉书·礼乐志》:"同则和亲,异则～～;和亲则无怨,～～则不争。"

【畏惧】 wèijù 恐惧。《史记·苏秦列传》:"此一人之身,富贵则亲戚～～之,贫贱则轻易之,况众人乎?"《论衡·雷虚》:"宋王行其言,群臣～～,宋国大恐。"

【畏日】 wèirì 夏日的太阳。夏日可畏,故称。苏轼《次韵刘贡父独直省中》:"明窗～～晓天暾,高柳鸣蜩午更喧。"

【畏途】 wèitú 险阻可怕的路途。《管子·戒》:"以重任行～～,至远期,唯君子乃能矣。"李白《蜀道难》诗:"问君西游何时还,～～巉岩不可攀。"

【畏影】 wèiyǐng 害怕自己的身影,比喻庸人自扰。语出《庄子·渔父》:"人有～～恶迹而去之走者,举足愈数而迹愈多,走愈疾而影不离身,自以为尚迟,疾走不休,绝力而死。"

【畏首畏尾】 wèishǒuwèiwěi 怕前怕后,比喻疑虑过多,胆小怕事。《左传·文公十七年》:"古人有言曰:'～～～～,身其馀几?'"

胃 wèi ❶人和高等动物的消化器官。《后汉书·华佗传》:"若在肠～,则断截湔洗,除去疾秽。"❷星宿名。二十八宿之一。《吕氏春秋·季春》:"季春之月,日在～,昏七星中,旦牵牛中。"《史记·天官书》:"～为天仓。"

篃 wèi 细竹名。《广雅·释草》:"～,箭也。"戴凯之《竹谱》:"～尤劲薄,博矢之贤。"

谓(謂) wèi ❶对某人说。《论语·阳货》:"子～伯鱼曰。"《战国策·东周策》:"颜率至齐,～齐王曰。"㊀说。《诗经·召南·行露》:"谁～雀无角,何以穿我屋?"又《秦风·蒹葭》:"所～伊人,在水一方。"❷叫作,称作。《诗经·王风·葛藟》:"～他人父,亦莫我顾。"《论语·公冶长》:"孔文子何以～之文也?"㊁指称,意指。《左传·僖公五年》:"谚所谓'辅车相依,唇亡齿寒'者,其虞虢之～也。"又《宣公二年》:"宣子曰:'呜呼! 我之怀矣,自诒伊慼,其我之～矣!'"❸评论、议论(人物)。《论语·公冶长》:"子～子产,有君子之道四焉。"《孟子·滕文公下》:"子～薛居州,善士也。"❹通"为"(wéi)。算是,算作。《左传·僖公五年》:"一之～甚,其可再乎?"《论衡·问孔》:"弟子孰～好学?"❺用同"如","奈"。《诗经·邶风·北门》:"天实为之,～之何哉!"《战国策·齐策一》:"受薛于先王,虽恶于后王,吾独～先王何乎?"❻通"为"(wèi)。介词。因为。《汉书·王嘉传》:"丞相岂儿女子邪? 何～咀药而死?"

菋 wèi 药草名。即五味子,落叶木质藤本,果实入药。《尔雅·释草》:"～,荎藸。"

硙(磑) 1. wèi ❶石磨。《急就篇》卷三:"碓～扇隤舂簸扬。"颜师古注:"古者雍父作舂,鲁班作～。"❷磨,使物粉碎。扬雄《太玄经·疑》:"阴阳相～,物咸彫离。"

2. ái ❸见"硙硙"。

【硙硙】 áiái ❶高峻的样子。宋玉《高唐赋》:"盘岸巑岏,裖陈～～。"❷也作"皑皑"。洁白的样子。枚乘《七发》:"白刃～～,矛戟交错。"❸坚固的样子。张衡《思玄赋》:"行积冰之～～兮,清泉沍而不流。"

尉 1. wèi ❶官职名。古代掌管军事的官吏叫军尉,管刑狱的叫廷尉。《左传·闵公二年》:"羊舌大夫为～。"❷通"慰"。安慰,安抚。《汉书·韩安国传》:"且纵单于不可得,恢所部击,犹颇可得,以～士大夫心。"《后汉书·杨震传》:"以～下民之劳。"

2. yùn ❸通"熨"。1)烫平布帛。《说文·火部》:"持火以～申缯也。"2)熨斗。《资治通鉴·陈宣帝太建十二年》:"[李]穆使浑奉～斗于坚,曰:'愿执威柄以～安天下。'"

3. yù ❹姓。

【尉荐】 wèijiàn 即"慰荐"。安慰并推荐。《汉书·赵广汉传》:"广汉为二千石,以和颜接士,其～～待遇吏,殷勤甚备。"

【尉氏】 wèishì ❶官职名。古代掌刑狱之官,即司寇。《左传·襄公二十一年》:"将归死于～～,不敢还也。"❷地名。春秋时郑国大夫尉氏的封地。《汉书·地理志上》:"陈留郡……封丘、长罗、～～。"

渭 wèi 水名。发源于甘肃省渭源县,到陕西省与泾水会合,流入黄河。《诗经·

邶风·谷风》："泾以～浊，湜湜其沚。"

【渭城】 wèichéng ❶地名。故城在陕西省长安县西，秦时名咸阳，高祖元年改名为新城，武帝时改名为渭城。王维《送人使安西》诗："～～朝雨浥轻尘，客舍青青柳色新。"❷乐府曲名。王维《送人使安西》诗入乐府演唱后，用作乐曲名。白居易《南园试小乐》诗："高调管色吹银字，慢拽歌词唱～～。"

【渭阳】 wèiyáng 《诗经》的篇名。《诗经·秦风·渭阳》："我送舅氏，曰至渭阳。"后以渭阳表示甥舅情谊。《后汉书·马防传》："临上路。诏曰：'舅氏一门，俱就国封，四时陵庙无助祭先后者，朕甚伤之。其令许侯思僁田庐，有司勿复请，以慰朕～～之情。'"

惘 wèi 不安的样子。《集韵·未韵》："～，心不安皃。"

遗 wèi 见 yí。

搌（攢） wèi（又读 guì） ❶排去。《淮南子·要略》："当此之时，烧不暇～，濡不给扢。"（扢：拭。）❷通"鞼"。折。马王堆汉墓帛书《经法·道原》："坚强而不～，柔弱而不可化。"

喂（餵） wèi ❶喂养，哺食。《楚辞·九辩》："骥不骤进而求服兮，凤亦不贪～而忘食。"苏舜钦《答韩持国书》："必使我尸转沟洫，肉～豺虎而后可也，何其忍邪！"❷同"畏"。恐惧。《玉篇·口部》："～，恐也。"

猬（蝟） wèi 动物名。刺猬。《世说新语·容止》："刘尹道桓公，鬓如反～皮。"

【猬毛】 wèimáo ❶有如刺猬身上的毛，比喻众多。《汉书·贾谊传》："高皇帝瓜分天下以王功臣，反者如～～而起。"❷比喻胡须稠密而张开。《晋书·桓温传》："温眼如紫石棱，须作～～磔。"

【猬缩】 wèisuō 比喻畏缩不敢向前。皮日休《吴中苦雨因书一百韵寄鲁望》："如何乡里辈，见之乃～～。"

媦 wèi 楚人称妹为媦。后用作妹的别称。《公羊传·桓公二年》："若楚王之妻～，无时焉可也。"《新唐书·李密传》："往依～婿雍丘令丘君明。"

鮇（鮇） wèi 鱼名。古称嘉鱼。《山海经·东山经》"是山也，广员百里，多痳鱼"郭璞注："即～鱼，音味。"

蔚 1. wèi ❶草名。即牡蒿。《诗经·小雅·蓼莪》："蓼蓼者莪，匪莪伊～。"❷草木茂盛。《淮南子·兵略训》："设～施伏，隐匿其形。"❸有文采，华美。《论衡·佚文》："《易》曰：'大人虎变，其文炳；君子豹变，其文～。'"《汉书·叙传下》："多识博物，有可观采，～为辞宗，赋颂之首。"❹云气弥漫的样子。《诗经·曹风·候人》："荟兮～兮，南山朝隮。"《世说新语·言语》："草木蒙笼其上，若云兴霞～。"❺病。《淮南子·俶真训》："血脉无郁滞，五藏无～气。"

2. yù ❻通"郁"。忧愁。见"蔚蔚"。❼姓。

【蔚然】 wèirán 草木茂盛的样子。柳宗元《袁家渴记》："有小山出水中，山皆美石，石上生青丛，冬夏常～～。"欧阳修《醉翁亭记》："望之～～而深秀者，琅琊也。"

【蔚蔚】 yùyù 忧愁的样子。《后汉书·张衡传》："愁～～以慕远兮，越卬州而愉敖。"

蜼 wèi 古代金丝猴的别称。由于鼻孔朝天，又称"仰鼻猴"。《山海经·中山经》："[鬲山]其兽多犀、象、熊、罴，多猿、～。"马融《长笛赋》："猿～昼吟，鼯鼠夜叫。"

【蜼彝】 wèiyí 古代祭祀用的酒器，上面刻有蜼形。《周礼·春官·司尊彝》："凡四时之间祀、追享、朝享，祼用虎彝、～～。"

轊（轊） wèi 套在车轴末端的金属筒状物。《史记·田单列传》："已而燕军攻安平，城坏，齐人走，争涂，以～折车败，为燕所虏。"鲍照《芜城赋》："车挂～，人驾肩。"

罻 wèi ❶捕鸟的小网。张华《鹪鹩赋》："鹰鹯过犹俄翼，尚何惧于罿～。"陆云《九愍·涉江》："仰剪翮于凌霄，俯归飞于矰～。"❷鱼网。柳宗元《梦归赋》："罾～蒙其复体兮，孰云桎梏之不固。"

【罻罗】 wèiluó 捕鸟的网。《楚辞·九章·惜诵》："矰弋机而在上兮，～～张而在下。"比喻法网。谢朓《暂使下都夜发新林至京邑赠西府同僚》诗："寄言～～者，寥廓已高翔。"

熨 wèi 见 yùn。

慰 wèi ❶安慰，安抚。《战国策·赵策三》："故不若亟割地以求和，以疑天下，～秦心。"《后汉书·质帝纪》："今遣使者案行，若无家属及贫无资者，随宜赐恤，以～孤魂。"❷问。李白《赠宣城宇文太守兼呈崔侍御》诗之三："时时～风俗，往往出东田。"❸忧郁。见"慰暋"。❹通"蔚"。病。《庄子·盗跖》："贪财而取～，贪权而取竭。"

【慰抚】 wèifǔ 慰问，安抚。《汉书·匡衡传》："每有水旱，风雨不时，连乞骸骨让位。上辄以诏书～～，不许。"《后汉书·张堪传》："～～吏民，蜀人大悦。"

【尉藉】 wèijiè 慰问，安抚。《后汉书·隗嚣传》："光武数闻其风声，报以殊礼，言称字，用敌国之仪，所以～～之良厚。"

【尉暋】 wèimín 抑郁，苦闷。《庄子·外物》："心若县于天地之间，～～沈屯，利害相摩。"

【尉恤】 wèixù 慰劳，抚恤。《三国志·魏书·三少帝纪》："其令所在郡典农及安抚夷二护军各部大吏～～其门户，无差赋役一年。"

【尉喻】 wèiyù 用好话慰劝。也作"慰谕"。《列子·周穆王》："人有～～其勤者。役夫曰：'人生百年，昼夜各分。吾昼为仆虏，夜为人君，其乐无比，何所怨哉？'"

褽 wèi 垫在下面。《左传·哀公十一年》："公使大史固归国子之元，置之新箧，～之以玄纁，加组带焉。"(元：人头。玄纁：红黑色与浅红色的帛。)

螱(蝛) wèi 白蚁的别称。《尔雅·释虫》："～，飞蚁。"

䗺(蟡) wèi 虫名。虻一类的昆虫，吸食牛马血液。《国语·楚语上》："夫边境者，国之尾也，譬之如牛马，处暑之既至，虻～之既多，而不能掉其尾，臣亦惧之。"

魏 1. wèi ❶国名。西周诸侯国，姬姓，故城在今山西省芮城县，后为晋所灭。《左传·桓公四年》："王师秦师围～。"㊂战国时魏国。战国初期，魏文侯与韩、赵三家分晋，建都安邑，后迁大梁，即今河南开封市，又新列为诸侯国。《战国策·魏策一》："张仪欲以～合于秦、韩而攻齐、楚。"❷朝代名。1)三国时魏(公元220—265年)，曹丕所建。2)北魏(公元386—534年)，鲜卑族拓跋珪所建。❸宫门外两旁的建筑物。见"魏阙"。❹姓。

2. wéi ❺独立的样子。见"魏然"。

3. wēi ❻同"巍"。高大的样子。《史记·晋世家》："万，盈数也；～，大名也。"

【魏阙】 wèiquè 古代宫门外两旁高的建筑物。后作为朝廷的代称。孔稚珪《北山移文》："虽情投于～～，或假步于山扃。"柳宗元《邠宁进奏院记》："又尝伐叛获丑，献功～～。"

【魏然】 wéirán 独立的样子。《庄子·天下》："不师知虑，不知前后，～～而已矣。"

譼 wèi ❶吹捧恶人。《管子·形势》："訾～之人，勿与任大。"❷虚伪，欺诈。《正字通·言部》："～，诈也。"

躗(衛) wèi ❶牛以蹄踢物自卫。《说文·足部》："～，卫也。"❷谬误，虚伪。见"躗言"。

【躗言】 wèiyán 荒诞虚伪的话。《左传·哀公二十四年》："往岁克敌，今又胜都，天奉多矣，又焉能进？是～～也，役将班矣。"

wen

温(昷) 1. wēn ❶暖和，不冷不热。《韩非子·难二》："风雨时，寒～适，土地不加大，而有丰年之功。"《论衡·寒温》："近水则寒，近火则～。"㊂使温暖，加温。《礼记·曲礼上》："凡为人子之礼，冬～而夏清，昏定而晨省。"❷宽厚，柔和。《论语·述而》："子～而厉，威而不猛，恭而安。"韩愈《与陈给事书》："～乎其容，若加其新也；属乎其言，若闵其穷也。"❸富足，丰厚。董仲舒《元光元年举贤良对策》："身宠而载高位，家～而食厚禄。"❹温习，复习。见"温故知新"。❺中医学病名。热病。宋玉《风赋》："驱～致湿，中心惨怛。"《素问·生气通天论》："冬伤于寒，春必病～。"❻中医学术语。温补。《素问·至真要大论》："劳者～之。"❼古国名。在今河南省温县东南。《左传·僖公十年》："狄灭～。"❽古水名。今南盘江上游。《水经注·温水》："～水出牂柯夜郎县，东到郁林广郁县为郁水。"又指今贵州省遵义市东的洪江。《汉书·地理志上》："～水南至鳖入黚水，黚水亦南至鳖入江。"❾姓。

2. yùn ❿通"蕴"。1)积蓄。《荀子·荣辱》："其汙长矣，其～厚矣。"2)含蓄。见"温克"。

【温车】 wēnchē 即"辒车"，可供乘者休息的车子。《史记·齐太公世家》："桓公之中钩，详死以误管仲，已而载～～中驰行。"

【温存】 wēncún ❶温暖。司空图《修史亭》诗之一："渐觉一家看冷落，地炉生火自～～。"❷亲切慰抚。韩愈等《雨中寄孟刑部几道联句》："～～感深惠，琢切奉明诫。"❸温柔和顺。王实甫《西厢记》三本三折："他是个女孩儿家，你索将性儿～～。"

【温厚】 wēnhòu ❶暖和。《礼记·乡饮酒义》："天地～～之气，始于东北而盛于东南。"❷温柔宽厚。《汉书·王畅传》："卓茂、文翁、召父之徒，皆疾恶严刻，务崇～～。"❸富足。《汉书·张敞传》："敞既视事，求问长安父老，偷盗酋长数人，居皆～～。"

【温蠖】 wēnhuò 昏聩。《史记·屈原贾生列传》："宁赴常流而葬乎江鱼腹中耳，又安能以晧晧之白而蒙世俗之～～乎？"

【温疾】 wēnjí 中医学病名。热病。《论衡·寒温》："人中于寒，饮药行解，所苦稍衰，转为～～，吞发汗之丸而应愈。"

【温良】 wēnliáng 温和善良。《汉书·高帝纪下》:"子恒贤知～～,请立以为代王。"又《匡衡传》:"任～～之人,退刻薄之吏。"

【温凉】 wēnliáng 指春天和秋天。《诗经·郑风·野有蔓草》孔疏:"仲春仲秋,俱是昼夜等,～～中。"借指岁月。陆机《门有车马客行》:"拊膺携客泣,掩泪叙～～。"又指寒暄。段成式《酉阳杂俎·冥迹》:"什遂前,入就床坐。其女在户东立,与什叙～～。"

【温明】 wēnmíng ❶古代葬器。形如方漆桶,开一面,把镜子放在里面,悬在尸体上,入敛时,封入棺内。《汉书·霍光传》:"光薨,上及皇后亲临光丧。……赐金钱、缯絮……东园～～。"(东园:官署名,专门制作供丧葬用的器物。)❷宫殿名。《后汉书·耿弇传》:"时光武居邯郸宫,昼卧～～殿。"

【温仁】 wēnrén 温厚仁爱。《汉书·景十三王传》:"王身端行治,～～恭俭。"

【温润】 wēnrùn 温和柔润。《荀子·法行》:"夫玉者,君子比德焉。～～而泽,仁也。"原指玉,后用来形容人的品德或言语。王褒《洞箫赋》:"优游～～,又似君子。"刘知幾《史通·言语》:"斯皆刍词鄙句,犹能～～若此,况乎束带立朝之士,加以多闻博古之识者哉?"

【温室】 wēnshì ❶暖和的房舍。左思《魏都赋》:"丹青焕炳,特有～～。"白居易《庐山桂》诗:"不及红花树,长栽～～前。"❷汉代宫殿名。《汉书·孔光传》:"或问光:'～～省中树皆何木也?'"

【温舒】 wēnshū 温和舒畅。《史记·乐书》:"故闻宫音,使人～～而广大;闻商音,使人方正而好义。"

【温屯】 wēntún 恶心。柳宗元《愚溪对》:"予闻闽有水,生毒雾厉气,中之者～～呕泄。"

【温伟】 wēnwěi 态度温和,身体魁伟。《后汉书·刘表传》:"身长八尺馀,姿貌～～。"又《郑玄传》:"秀眉明目,容仪～～。"

【温温】 wēnwēn ❶柔和的样子。《诗经·小雅·小宛》:"～～恭人,如集于木。"《汉书·叙传下》:"万石～～,幼寤圣君。"❷温润的样子。《荀子·修身》:"依乎法而又深其类,然后～～然。"❸温暖的样子。王粲《初征赋》:"薰风～～以增热,体烨烨其若焚。"

【温信】 wēnxìn ❶温和诚实。《三国志·魏书·贾逵传》注引《魏略》:"孚曰:'闻郿围甚坚,多人则觉,以为直当将三骑足矣。'……孚自选～～者三人。"❷指侍从人员。《晋书·东海王越传》:"复为侍中,加奉车都尉,给～～五十人,别封东海王。"

【温雅】 wēnyǎ ❶温润典雅。《汉书·扬雄传上》:"蜀有司马相如,作赋甚弘丽～～。"❷温和文雅。袁宏《三国名臣序赞》:"郎中～～,器识纯素。"

【温颜】 wēnyán 温和的面色。《汉书·韩王信传》:"为人宽和自守,以～～逊辞承上接下,无所失意,保身固宠,不能有所建明。"

【温奥】 wēnyù 温暖。也作"温燠"。《汉书·五行志中之下》:"～～生虫,故有蠃虫之孽。"

【温籍】 yùnjí 宽容有涵养。也作"温藉"。《汉书·义纵传》:"补上党郡中令。治敢往,少～～,县无逋事,举第一。"

【温克】 yùnkè 《诗经·小雅·小宛》:"人之齐圣,饮酒温克。"本指醉后能蕴藉自持,后指人态度温和恭敬。高彦休《唐阙史·丁约剑解》:"有姪曰子威,年及弱冠,聪明～～。"

【温故知新】 wēngùzhīxīn 温习已学过的知识,就可以获得新的理解和体会。语出《论语·为政》:"温故而知新,可以为师矣。"《汉书·百官公卿表》:"故略表举大分,以通古今,备～～～～之义云。"

【温文尔雅】 wēnwén'ěryǎ 态度温和,举止文雅。《聊斋志异·陈锡九》:"此名士之子,～～～～,乌能作贼?"

殟 wēn 见"殟绝"、"殟殁"。

【殟绝】 wēnjué 突然失去知觉。《楚辞·九思·逢尤》:"仰长叹兮气䬪结,悒～～兮咶复苏。"(䬪:噎。咶:喘息。)

【殟殁】 wēnmò 舒缓的样子。傅毅《舞赋》:"超趟鸟集,纵弛～～。"

辒(輼) 1. wēn ❶见"辒车"。
2. yūn ❷见"轒辒"。

【辒车】 wēnchē 同"温车"。古代一种卧车。《韩非子·内储说上》:"吾闻数夜有乘～～至李史门者,谨为我伺之。"《史记·秦始皇本纪》:"会暑,上～～臭,乃诏从官令载一石鲍鱼,以乱其臭。"

【辒凉车】 wēnliángchē 也作"辒辌车"。一种卧车,又用作丧车。车上有门、窗,闭上则温,打开则凉,故名辒凉车。《史记·秦始皇本纪》:"棺载～～～中,故幸宦者参乘,所至上食。"

瘟 1. wēn ❶瘟疫,一种流行性急性传染病。《抱朴子·微旨》:"经～疫则不畏,遇急难则隐形。"

2. wò ❷心闷的样子。《集韵·没韵》:"～,心闷皃。"

3. yūn ❸小痛。《集韵·文韵》:"～,瘟瘟,小痛皃。"

薀 1. wēn ❶一种水草。见"薀藻"。
2. yùn ❷盛。《左传·昭公二十五年》:"众怒不可蓄也,蓄而弗治,将～。～蓄,民将生心。"❸通"蕴"。积聚。《左传·昭公十年》:"义,利之本也。～利,生孽。"

【薀藻】 wēnzǎo 一种水草,聚积而生。《左传·隐公三年》:"涧、溪、沼、沚之毛,蘋、蘩、～～之菜。"(毛:菜。)

【薀年】 yùnnián 积蓄粮食。《左传·襄公十一年》:"凡我同盟,毋～～,毋壅利,毋保奸,毋留慝。"(年:指谷物。)

文(彣) 1. wén ❶彩色交错。《周易·系辞下》:"物相杂,故曰～。"[引]花纹。《韩非子·十过》:"白壁垩墀,茵席雕～。"《后汉书·郎颉传》:"木器无～。"[又]刻画花纹或文字。《战国策·赵策二》:"被发～身,错臂左衽,瓯越之民也。"❷文采,文饰,与"质"相对。《论语·颜渊》:"君子质而已矣,何以～为?"《左传·襄公二十五年》:"言之无～,行而不远。"《后汉书·张衡传》:"质以～美,实由华兴。"❸外表,形式。《国语·鲁语下》:"夫服,心之～也。"《文心雕龙·情采》:"木质实而花萼振,～附质也。"(质:指内容。)❹字,文字。《国语·晋语八》:"夫～,虫皿为蛊。"《汉书·艺文志》:"古制,书必同～,不知则阙。"《后汉书·祭祀志下》:"三皇无～,结绳以治。"❺文献,典籍。《论语·子罕》:"行有馀力,则以学～。"《史记·伯夷列传》:"《诗》《书》虽缺,然虞夏之～可知也。"[又]特指儒家的礼仪制度。《论语·子罕》:"文王既没,～不在兹乎?"《韩非子·五蠹》:"儒以～乱法,侠以武犯禁。"❻文章。萧统《文选序》:"骚人之～,自兹而作。"《晋书·温峤传》:"峤性聪敏,有识量,博学能属～。"❼非军事的,与"武"相对。《孙子·行军》:"故令之以～,齐之以武。"《国语·周语中》:"武不可觌,～不可匿。"❽量词。铜钱一枚称一文。《魏书·高崇传》:"在市铜价,八十一～得铜一斤,私造薄钱,斤馀二百。"
2. wèn ❾修饰,增添文采。《论语·宪问》:"～之以礼乐,亦可以为成人矣。"《荀子·儒效》:"《小雅》之所以为《小雅》者,取是而～之也。"❿掩饰。《论语·子张》:"小人之过也必～。"《荀子·荣辱》:"饰邪说,～奸言。"

【文薄】 wénbó 浮华轻薄。《论衡·齐世》:"语称上世之人,质朴易化;下世之人,～～难治。"

【文采】 wéncǎi ❶色彩相杂的花纹。《庄子·马蹄》:"五色不乱,孰为～～?"❷华丽的衣服。《老子·五十三章》:"服～～,带利剑,厌饮食,则货有馀,是谓盗夸,非道也哉!"❸声调上的变化多端。《史记·乐书》:"～～节奏,声之饰也。"❹文章,文辞。司马迁《报任少卿书》:"所以隐忍苟活,幽于粪土之中而不辞者,恨私心有所不尽,鄙陋没世,而～～不表于后也。"《后汉书·杜林传》:"又外氏张竦父子喜～～,林从竦受学,博洽多闻,时称通儒。"

【文车】 wénchē 绘有文采的车子。《战国策·齐策四》:"齐王闻之,君臣恐惧,遣太傅赍黄金千斤,～～二驷,服剑一,封书谢孟尝君。"

【文辞】 wéncí ❶加以修饰的言语,也指文章的语言。《战国策·秦策一》:"繁称～～,天下不治。"《晋书·王隐传》:"隐虽好著述,而～～鄙拙,芜舛不伦。"❷文章。《汉书·地理志下》:"及司马相如游宦京师诸侯,以～～显于世,乡党慕循其迹。"

【文德】 wéndé 对"武功"而言,即以礼乐教化进行统治。《论语·季氏》:"故远人不服,则修～～以来之。"《论衡·逢遇》:"～～成就,始欲仕宦。"

【文法】 wénfǎ 法令条文。《史记·汲郑列传》:"好兴事,舞～～,内怀诈以御主心,外挟贼吏以为威重。"《后汉书·宋均传》:"均性宽和,不喜～～。"

【文告】 wéngào 有关文德、文治的告谕。《国语·周语上》:"有征讨之备,有威让之令,有～～之辞。"

【文轨】 wénguǐ ❶文字和车轨。语本《礼记·中庸》:"今天下车同轨,书同文。"后以"文轨"指国家统一。谢灵运《述祖德》诗之二:"秦赵欣来苏,燕魏迟～～。"❷指文章规范。《论衡·超奇》:"州郡遭忧,无举奏之吏,以故事结不解,征诣相属,～～不尊,笔疏不续也。"(尊:指受尊重。)

【文翰】 wénhàn 书札、公文、笔墨之事。《三国志·魏书·程郭董刘蒋刘传评》:"刘放～～,孙资勤慎。并管喉舌,权闻当时。"《晋书·温峤传》:"明帝即位,拜侍中,机密大事皆所参综,诏命～～亦悉豫焉。"

【文教】 wénjiào 古代指礼乐法度,文章教化。《史记·夏本纪》:"侯服外五百里绥服,三百里揆～～,二百里奋武卫。"《后汉书·荀悦传》:"审好恶以正其俗,宣～～以章其化。"

【文锦】 wénjǐn 有花纹的织锦。《汉书·货殖传》:"富者木土被～～,犬马馀肉粟。"《论衡·佚文》:"蹂蹈～～于泥涂之中,闻见之者莫不痛心。"

【文具】 wénjù 空具条文而无实际内容。《史记·孟子荀卿列传》:"驺衍之术迂大而闳辩,奭也~~难施。"《汉书·张释之传》:"且秦以任刀笔之吏,争以亟疾苛察相高,其敝徒~~,亡恻隐之实。"今指笔墨纸砚等。

【文理】 wénlǐ ❶礼义仪节。《荀子·礼论》:"~~繁,情用省,是礼之隆也。~~省,情用繁,是礼之杀也。"(杀:简省。)❷花纹。《管子·水地》:"鸟兽得之,形体肥大,羽毛丰茂,~~明著,万物莫不尽其几。"❸条理。《汉书·高帝纪下》:"南海尉它居南方长治之,甚有~~,中县人以故不耗减。"

【文吏】 wénlì 掌管文书、法令的官吏。《汉书·高帝纪上》:"萧、曹皆~~,自爱,恐事不就,后秦种族其家。"(种族:诛及种族。)《论衡·程材》:"儒生、~~皆材智,非~~材高而儒生智下,~~更事,儒生不习也。"

【文林】 wénlín 文人之林,比喻文人众多。《后汉书·崔骃传论》:"崔氏世有美才,兼以沉沦典籍,遂为儒家~~。"李商隐《为李贻孙上李相公启》:"重以心游书圃,思托~~。"

【文马】 wénmǎ 毛色成彩纹的马。《战国策·魏策三》:"魏使人谓淳于髡曰:'……敝邑有宝璧二双,~~二驷,请致先生。'"

【文名】 wénmíng 礼节仪式的名称。《荀子·正名》:"刑名从商,爵名从周,~~从礼。"

【文墨】 wénmò 文书写作。《汉书·杜周传赞》:"张汤、杜周并起~~小吏,致位三公,列于酷吏。"又《刑法志》:"专任刑罚,躬操~~,昼断狱,夜理书。"

【文巧】 wénqiǎo 文饰巧辩。《管子·牧民》:"故省刑之要,在禁~~。"《汉书·礼乐志》:"~~则趋末背本者众。"

【文人】 wénrén ❶有文德的人。《诗经·大雅·江汉》:"告于~~,锡山土田。"❷擅长读、写的人。《论衡·超奇》:"采掇传书以上书奏记者为~~,能精思著文连结篇章者为鸿儒。"

【文儒】 wénrú 指学识渊博,能著书立说的人。《论衡·效力》:"使儒生博观览,则为~~。~~者,力多于儒生。"

【文深】 wénshēn ❶同"深文"。用法苛刻。《汉书·汲黯传》:"黯时与汤论议,汤辩常在~~小苛。"❷思虑细致周密。《史记·万石张叔列传》:"庆~~审谨,然无他大略。"

【文士】 wénshì 知书能文之士。同"文人②"。《战国策·秦策一》:"~~并饰,诸侯乱惑。"《颜氏家训·勉学》:"武夫则贯习弓马,~~则讲议经学。"

【文书】 wénshū ❶公文,卷宗。《汉书·高帝纪上》:"萧何尽收秦丞相府图籍~~。"《后汉书·刘盆子传》:"乃相与为约,杀人者死,伤人者偿创。以言辞为约束,无~~、旌旗、部曲、号令。"❷图书、文字。《史记·秦始皇本纪》:"废王道,立私权,禁~~而酷刑法。"《汉书·刘向传》:"传授增加,~~纷纠,前后错缪,毁誉混乱。"

【文体】 wéntǐ ❶文雅的体态。《新书·道术》:"动有~~谓之礼,反礼为滥。"❷作品的体裁、风格。《晋书·王隐传》:"其书次第可观者,皆其父所撰,~~混漫,义不可解者,隐之作也。"江淹《杂体诗序》:"今作三十首诗,敩其~~,虽不足品藻渊流,庶亦无乖商推。"(敩:效法。)

【文献】 wénxiàn 历史典籍及熟悉典籍的人。《论语·八佾》:"殷礼,我能言之,宋不足征也。~~不足故也,足,吾亦能征之。"后指有价值的图书文物。

【文绣】 wénxiù 绣有彩色花纹的丝织品及衣物。《荀子·荣辱》:"人之情,食欲有刍豢,衣欲有~~。"《国语·齐语》:"食必粱肉,衣必~~。"《史记·孝文本纪》:"帏帐不得~~,以示敦朴。"

【文轩】 wénxuān 装饰华丽的车子。《墨子·公输》:"今有人于此,舍其~~,邻有敝舆而欲窃之。"《论衡·超奇》:"~~之比于敝车,锦绣之方于缊袍也。"

【文学】 wénxué ❶古代贵族教育中的一门学科。《论语·先进》:"政事:冉有,季路。~~:子游,子夏。"❷古代文献经典。《荀子·王制》:"虽庶人之子孙也,积~~,正身行,能属于礼义,则归之卿相大夫。"《韩非子·五蠹》:"夫离法者罪,而诸先生以~~取。"(离:通"罹"。触犯。)❸指精通文献经典的人。《文心雕龙·时序》:"自献帝播迁,~~蓬转。"❹官制名。汉代州、郡及诸侯王国均设文学,以掌管教化之事,晋、唐沿置。《汉书·韩延寿传》:"[韩延寿]少为郡~~。父义为燕郎中。"

【文艺】 wényì ❶有关文章写作方面的学问。《大戴礼记·文王官人》:"有隐于知礼者,有隐于~~者。"❷高超的技艺。《吕氏春秋·博志》:"养由基、尹儒,皆~~之人也。"

【文苑】 wényuàn 文人聚会之处。《文心雕龙·才略》:"晋世~~,足俪邺都。"骆宾王《和闺情诗启》:"若乃子建之牢笼群彦,士衡之籍甚当时,并~~之羽仪,诗人之龟镜。”

【文藻】 wénzǎo 文采，词藻。《三国志·魏书·文帝纪》：“文帝天资～～，下笔成章，博闻强识，才艺兼该。”陆法言《切韵序》：“私训诸弟子，凡有～～，即须明声韵。”

【文章】 wénzhāng ❶错杂的花纹。古以青与赤相配为文，赤与白相配为章。《楚辞·九章·橘颂》：“青黄杂糅，～～烂兮。”《后汉书·西南夷传》：“织成～～如绫锦。”❷文字。《后汉书·董卓传》：“又钱无轮廓～～，不便人用。”❸文辞，文采。《汉书·公孙弘传论》：“～～则司马迁、相如，滑稽则东方朔、枚皋。”《后汉书·窦章传》：“章字伯向，少好学，有～～。”❹独立成篇的文章。《魏书·高崇传》：“所著～～百馀篇，别有集录。”❺文献、礼乐方面的学问。《论语·公冶长》：“夫子之～～，可得而闻也；夫子之言性与天道，不可得而闻也。”❻指法令。《战国策·秦策一》：“毛羽不满者不可以高飞，～～不成者不可以诛罚。”❼车服旌旗。《左传·隐公五年》：“昭～～，明贵贱，辨等列。”

【文质】 wénzhì 文采与质朴。《史记·屈原贾生列传》：“～～疏内兮，众不知吾之异采。”刘向《说苑·修文》：“诗曰：‘雕琢其章，金玉其相。’言～～美也。”

【文梓】 wénzǐ 有斑纹的梓树，一种良木。《史记·滑稽列传》：“臣请以彫玉为棺，～～为椁。”

【文字】 wénzì ❶记录语言的书写符号。古人多指一个汉字。《汉书·艺文志》：“～～异者七百有馀。”曾巩《新序目录序》：“臣既考正其～～，因为其序论。”❷指文章。孟郊《老恨》诗：“无子抄～～，老吟多飘零。”

【文祖】 wénzǔ 有文德的始祖之庙。《论衡·谴告》：“‘受终于～～’，不言受终于天，尧之心知天之意也。”

【文从字顺】 wéncóngzìshùn 形容文章行文用字通顺适当。韩愈《南阳樊绍述墓志铭》：“～～～～各识职。”

【文恬武嬉】 wéntiánwǔxī 文武官员只知安逸嬉戏，苟且度日。韩愈《平淮西碑》：“相臣将臣，～～～～，习熟见闻，以为当然。”

【文质彬彬】 wénzhìbīnbīn 也作“文质斌斌”。文采与质朴兼备。《论语·雍也》：“质胜文则野，文胜质则史。～～～～，然后君子。”后用来形容人举止斯文有礼貌。王勃《三国论》：“博览坟籍，～～～～，庶几君子者矣。”

芠 wén ❶草名。《玉篇·艸部》：“～，草也。”❷见“芒芠”。

纹(紋) wén ❶丝织品上的花纹。《史记·货殖列传》：“刺绣～，不如倚市门。”❷泛指物体上的纹路，花纹。李商隐《促漏》诗：“南塘渐暖蒲堪结，两两鸳鸯护水～。”

【纹楸】 wénqiū 围棋棋盘。也作“文楸”。杜牧《送国棋王逢》诗：“玉子～～一路饶，最宜檐雨竹萧萧。”温庭筠《谢公墅歌》：“～～方罫花参差，心阵未成星满池。”

炆 wén 没有火焰的微火。《集韵·文韵》：“～，煴也。”

鸡(鳼) wén 幼鹑。《尔雅·释鸟》：“鹑子，～。”

闻(聞) 1. wén ❶听到，听见。《孟子·梁惠王上》：“～其声，不忍食其肉。”《荀子·儒效》：“～之不若见之。”㊁使听到。《史记·魏其武安侯列传》：“乃有蜚语，为恶言～上。”李密《陈情表》：“谨拜表以～。”❷听说，知道。《左传·隐公元年》：“公～其期，曰：‘可矣。’”《史记·魏其武安侯列传》：“魏其良久乃～。”《后汉书·刘盆子传》：“～古天子将兵称上将军。”❸见识，见闻。《论语·季氏》：“友直，友谅，友多～，益矣。”（谅：信实。）《荀子·修身》：“多～曰博，少～曰浅。”❹传说，事迹。《论语·季氏》：“子亦有异～乎？”司马迁《报任少卿书》：“网罗天下放失旧～，略考其行事。”❺闻名，著称。《吕氏春秋·贵当》：“荆有善相人者，所言无遗策，～于国。”李白《赠孟浩然》诗：“吾爱孟夫子，风流天下～。”韩愈《争臣论》：“阳子不求～，而人闻之；不求用，而君用之。”❻传播，传布。《诗经·小雅·鹤鸣》：“鹤鸣于九皋，声～于野。”《管子·牧民》：“不祗山川则威令不～。”❼嗅到。杜甫《大云寺赞公房》诗之三：“灯影照无眠，心清～妙香。”❽趁，乘。王建《秋日后》诗：“住处近山常足雨，～晴曦曝旧芳茵。”❾姓。

2. wèn ❿名声，名望。《论语·子罕》：“四十、五十而无～焉，斯亦不足畏也已。”《汉书·贾山传》：“功德立于后世，而令～不忘也。”⓫通“问”。恤问。《诗经·王风·葛藟》：“谓他人昆，亦莫我～。”

【闻命】 wénmìng 承命，接受命令。《左传·昭公十三年》：“寡君～～矣。”《国语·越语下》：“臣～～矣。”

【闻达】 wèndá 显达，有名望。《三国志·蜀书·诸葛亮传》：“臣本布衣，躬耕于南阳，苟全性命于乱世，不求～～于诸侯。”

【闻人】 wènrén 有名望的人。《论衡·讲瑞》:“夫少正卯,鲁之～～也。”

【闻一知十】 wényīzhīshí 听到一件事能联想类推到很多的事,形容聪明,善于类推。语出《论语·公冶长》:“回也闻一以知十,赐也闻一以知二。”《隶释·汉安平相孙根碑》:“根受性明睿,～～～～。”

闽 wén 见mǐn。

蚊(蟁、蟲、䘇) wén 蚊子。《战国策·楚策四》:“俯啄～虻而食之,仰承甘露而饮之。”《汉书·中山靖王刘胜传》:“夫众煦漂山,聚～成雷。”(煦:呵气。)

【蚊厨】 wénchú 挡蚊子的帐子。陆游《夏日》诗之六:“黄葛～～睡欲成,高槐阴转暑风清。”

梱 wén 见kǔn。

雯 wén 成花纹状的云彩。《古三坟·形坟》:“日云赤昙,月云素～。”

刎 wěn ❶割,杀。《礼记·檀弓下》:“废其祀,～其人。”《论衡·儒增》:“执刃～颈,树锋刺胸。”❷断,割断。《韩非子·外储说右下》:“马前不得进,后不得退,遂避而逸,因下抽刀而～其脚。”

【刎颈之交】 wěnjǐngzhījiāo 即生死之交,指同生死共患难的朋友。《史记·廉颇蔺相如列传》:“卒相与欢,为～～～～。”《汉书·诸葛丰传》:“夫以布衣之士,尚犹有～～～～。”

抆 wěn 拭,擦。《后汉书·阳球传》:“曹节见磔甫尸道次,慨然～泪。”(甫:人名。)江淹《别赋》:“沥泣共诀,～血相视。”

【抆拭】 wěnshì 擦拭。陈亮《甲辰答朱元晦书》:“伯恭晚岁亦念其憔悴可怜,欲～～而俎豆之,旁观皆为之嘻笑。”

吻(脗、曶) wěn 嘴唇。《汉书·王莽传中》:“莽所谓鸱目、虎～、豺狼之声者也。”《论衡·率性》:“扬唇～之声,聒贤圣之耳。”

【吻合】 wěnhé 两唇合拢,比喻两相符合。《庄子·齐物论》:“奚旁日月,挟宇宙,为其～～,置其滑涽,以隶相尊?”

【吻吮】 wěnshǔn 用口吹奏。王褒《洞箫赋》:“故～～值夫宫商兮,和纷离其匹溢。”

歾 wěn 见mò。

昧 wěn 见mèi。

紊 wěn 乱。《尚书·盘庚上》:“若网在纲,有条而不～。”《晋书·李期载记》:“庆赏威刑,皆决数人而已,于是纲维～矣。”

唔 1. wěn ❶同“吻”。嘴唇。《吕氏春秋·精谕》:“口～不言,以精相告,纣虽多心,弗能知矣。”

2. hūn ❷见“唔唔”。

【唔唔】 hūnhūn 同“昏昏”。不明了。也作“唔唔”。《法言·问神》:“弥纶天下之事,记久明远,著古昔之～～,传千里之忞忞者,莫如书。”(忞忞:茫昧不明的样子。)

稳(穩) wěn ❶平稳。《晋书·顾恺之传》:“行人安～,布帆无恙。”白居易《不如来饮酒》诗之七:“不如来饮酒,～卧醉陶陶。”❷妥帖,稳妥。杜甫《长吟》诗:“赋诗新句～,不觉自长吟。”❸稳重,沉着。杜甫《韦讽录事宅观曹将军画马图》诗:“可怜九马争神骏,顾视清高气深～。”❹人体匀称。杜甫《丽人行》:“背后何所见,珠压腰衱～称身。”

【稳便】 wěnbiàn ❶稳妥方便。长孙无忌《冕服议》:“临时施行,实不～～。”❷客套话。请自便的意思。《水浒传》四回:“师父～～,小人赶趁些生活,不及相陪。”

【稳当】 wěndāng 妥当。韩愈《答侯生问论语书》:“此说甚为～～,切更思之。”

问(問) wèn ❶询问。《论语·为政》:“哀公～曰:‘何为则民服?’”《孟子·梁惠王上》:“卒然～曰:‘天下恶乎定?’”㊀责问,追究。《左传·僖公四年》:“昭王南征而不复,寡人是～。”❷问候,慰问。《诗经·邶风·泉水》:“～我诸姑,遂及伯姊。”《战国策·燕策一》:“燕王吊死～生,与百姓同其甘苦。”❸审问,审讯。《诗经·鲁颂·泮水》:“淑～如皋陶,在泮献囚。”(淑:善。)《汉书·文三王传》:“天子下吏验～,有之。”❹聘问。诸侯国之间相互访问的礼节。《战国策·齐策四》:“齐王使使者～赵威后。”❺探讨,研究。《礼记·学记》:“善～者如攻坚木,先其易者,后其节目。”❻赠送。《国语·晋语六》:“王使工尹襄～之以弓。”《战国策·赵策二》:“故寡人～子以璧,遗子以酒食,而求见子。”❼告诉。《战国策·齐策三》:“或以～孟尝君。”❽音讯。《左传·庄公八年》:“期戍,公～不至。请代,弗许。”《晋书·陆机传》:“既而羁寓京师,久无家～。”❾介词。向。苏轼《游径山》诗:“～龙乞水归洗眼,欲看细字销残年。”❿通“闻”。声望,名声。《荀子·大略》:“德至者色泽治,行尽而声～远。”⓫姓。

【问对】 wènduì ❶一问一答。《左传·襄公十二年》:“灵王求后于齐,齐侯～～于晏桓子。”❷文体名。徐师曾《文体明辨序说·问对》："按～～者，文人假设之词也。其名既殊，其实复异。故名实皆问者，屈平《天问》、江淹《邃古篇》之类是也；名问而实对者，柳宗元《晋问》之类是也。其他曰难，曰谕，曰答，曰应，又有不同，皆～～之类也。"

【问津】 wènjīn ❶询问渡口。《论语·微子》："使子路～～焉。"❷寻访，探求。陶渊明《桃花源记》："后遂无～～者。"

【问难】 wènnàn 对疑义反复讨论，分析论辩。《论衡·问孔》："禹～～之，浅言复深，略指复分。"《南史·陈新安王伯固传》："至于摘句～～，往往有奇意。"

【问寝】 wènqǐn 问安。李善《上文选注表》："昭明太子，业膺守器，誉贞～～。"

【问膳】 wènshàn 古礼。父母进食，人子侍奉，询问膳食如何。王维《恭懿太子挽歌》之二："鸡鸣尝～～，今恨玉京留。"

【问事】 wènshì 执仗施刑的人。《资治通鉴·隋文帝开皇十年》："尝怒～～挥楚不甚，即命斩之。"(楚：箠。)

【问遗】 wènwèi 相互赠送礼物。《史记·酷吏列传》："都为人勇，有气力，公廉，不发私书，～～无所受。"(都：人名。)《汉书·娄敬传》："陛下以岁时汉所馀彼所鲜数～～，使辩士风谕以礼节。"

【问罪】 wènzuì 宣布对方罪状，加以责问。杨炯《大周明威将军梁公神道碑》："属金甲出战，玉帐论兵。从命文昌，～～辽碣。"

【问事杖】 wènshìzhàng 刑杖。《资治通鉴·汉献帝建安九年》："先使主簿巨鹿李孚入城，孚斫～～～，系著马边。"

【问牛知马】 wènniúzhīmǎ 比喻辗转相问，以明实情。典出《汉书·赵广汉传》："尤善为钩距，以得事情。钩距者，设欲知马贾，则先问狗，已问羊，又问牛，然后及马，参伍其贾，以类相准，则知马之贵贱不失实矣。"(钩距：辗转盘问。)徐陵《晋陵太守王厉德政碑》："～～～～，钩距兼设。"也作"问羊知马"。

汶 1. wèn ❶水名。1)即今山东省境内大汶河，源出于山东省莱芜市北。《尚书·禹贡》："浮于～，达于济。"2)东汶河，源出山东省临朐县南，至安丘东北入潍河。郦道元《水经注·汶水》："～水出朱虚县泰山，……又东北入于潍。"

2. wén ❷姓。

3. mín ❸同"岷"。水名，即四川省境内的岷江。《战国策·燕策二》："蜀地之甲，轻舟浮于～，乘夏水而下江，五日而至郢。"

4. mén ❹见"汶汶"。

【汶汶】 ménmén 污浊的样子。《楚辞·渔父》："安能以身之察察，受物之～～者乎？"

【汶浊】 ménzhuó 昏暗不明，被蒙蔽。《论衡·对作》："光武皇帝草车茅马，为明器者不奸。何世书俗言不载？信死之语～～之也。"

免 wèn 见 miǎn。

绕(絻) 1. wèn ❶古代一种丧服。去冠，用布缠裹发髻。《史记·孔子世家》："夏，卫灵公卒，……阳虎使太子～，八人衰绖。"❷古代吊唁者所拿的引棺索(即绋)。《公羊传·昭公二十五年》何休注："吊所执绋曰～。"

2. miǎn ❸通"冕"。一种礼帽。《荀子·非十二子》："其冠～，其缨禁缓。"(禁：通"紟"。腰带。)

揾 wèn ❶浸入。李肇《国史补》卷上："旭饮酒辄草书，挥笔而大叫，以头～水墨中而书之。"❷拭，擦。辛弃疾《水龙吟·登建康赏心亭》词："倩何人，唤取红巾翠袖，～英雄泪。"❸吻。王实甫《西厢记》四本一折："檀口～香腮。"

璺(亹) wèn 器物上的裂缝。《方言》卷六："器破而未离谓之～。"

weng

翁 1. wēng ❶鸟颈上的毛。《山海经·西山经》："有鸟焉，其状如鹑，黑文而赤～，名曰栎。"❷父亲。《后汉书·华佗传》："时佗小儿戏于门中，逆见，自相谓曰：'客车边有物，必是逢我～也。'"❸祖父。陆游《三三孙十月九日生日翁翁为赋诗为寿》："汝～豪杰非今士，不用担簦更觅师。"❹泛指老年人。《史记·魏其武安侯列传》："与长孺共一老秃～，何为首鼠两端？"杜甫《客亭》诗："圣朝无弃物，老病已成～。"❺姓。

2. wěng 见"翁翁"。

【翁博】 wēngbó 同"滃渤"。腾涌。《荀子·乐论》："管、籥发猛，埙、篪～～。"

【翁仲】 wēngzhòng 传说原为秦代巨人的名字。后指铜铸或石雕的人像。《三国志·魏书·明帝纪》注引《魏略》："是岁，徙长安诸钟虡、骆驼、铜人、承露盘。……大发铜，铸作铜人二，号曰～～，列坐于司马门外。"(虡：悬挂钟磬的架子。发：征调。)柳宗元《衡阳与梦得分路赠别》诗："伏波故道风烟在，～～遗墟草树平。"(伏波：指汉伏波将军。)

【翁主】 wēngzhǔ 汉代诸王之女称翁主。《汉书·匈奴传》："于是高祖患之，乃使刘敬奉宗室女～～为单于阏氏。"又《文三王传》:"报宝曰:'我好～～,欲得之。'宝曰:'～～,姑也,法重。'"

【翁翁】 wěngwěng 酒浑浊如葱白色。《周礼·天官·酒正》郑玄注:"盎,犹翁也。成而～～然葱白色。"

滃 1. wěng ❶水势盛大。见"滃然"。❷云气涌起。贾谊《旱云赋》:"遥望白云之蓬勃兮,～澹澹而妄止。"

2. wēng ❸水名。即今广东省境内的滃江。

【滃渤】 wěngbó 腾涌的样子。郭璞《江赋》:"气～～以雾杳,时郁律其如烟。"

【滃然】 wěngrán 水势盛大的样子。欧阳修《丰乐亭记》:"中有清泉,～～而仰出。"

【滃滃】 wěngwěng 云气涌起的样子。陆游《盟云》诗:"～～覆松顶,霭霭映水湄。"

塕 wěng ❶尘土,飞尘。陈傅良《送国子监丞颜几圣提举江东》诗:"方将属耆英,高举出埃～。"❷见"塕然"。

【塕薆】 wěng'ài 茂密的样子。《史记·司马相如列传》:"观众树之～～兮,览竹林之榛榛。"

【塕然】 wěngrán 风突然而起的样子。宋玉《风赋》:"夫庶人之风,～～起于穷巷之间。"

蓊 wěng ❶草木茂盛的样子。范成大《马鞍驿饭罢纵步》诗:"意行踏芳草,萧艾～生香。"❷聚集的样子。宋玉《高唐赋》:"滂洋洋而四施兮,～湛湛而弗止。"❸草名。《集韵·董韵》:"～,草名,可染黄。"

【蓊葧】 wěngbó 蓬勃。也作"蓊勃"。柳宗元《袁家渴记》:"纷红骇绿,～～香气,冲涛旋濑,退贮溪谷。"又《闵生赋》:"山水浩以蔽亏兮,路～～以扬氛。"

【蓊然】 wěngrán 草木茂盛的样子。苏轼《灵壁张氏园亭记》:"其外修竹森然以高,乔木～～以深。"

【蓊蓊】 wěngwěng 同"蓊然"。草木茂盛的样子。韩愈《别知赋》:"石礲礲其相轧,树～～其相摎。"(摎:绞结。)

【蓊郁】 wěngyù ❶同"蓊蓊"。茂盛的样子。左思《蜀都赋》:"楩楠幽蔼于谷底,松柏～～于山峰。"❷云浓密的样子。曹丕《感物赋》:"瞻玄云之～～,仰沉阴之杳冥。"

暡 wěng 昏暗不明。《玉篇·日部》:"～,天气不明也。"

瓮(甕、罋、罌) wèng 陶制的容器。《史记·田敬仲完世家》:"且救赵之务,宜若奉漏～沃焦釜也。"《后汉书·西域传》:"大雀其卵如～。"也用作敲击乐器。《史记·李斯列传》:"夫击～叩缶弹筝搏髀,而歌呼呜呜快耳目者,真秦之声也。"

【瓮城】 wèngchéng 城门外的月城,用以掩护城门,加强防御。《新五代史·朱珍传》:"珍军已入～～而垂门发,郓人从城上礫石以投之,珍军皆死～～中。"

【瓮门】 wèngmén 瓮城的门。《宋史·李全传》:"李虎军已塞其～～,全窘,从数十骑北走。"

【瓮牖】 wèngyǒu 用破瓮口作窗户,指贫穷人家。《吕氏春秋·下贤》:"所朝于穷巷之中,～～之下者七十人。"《韩诗外传》卷一:"原宪居鲁,环堵之室,茨以蒿莱,蓬户～～,桷桑而无枢。"

【瓮牖绳枢】 wèngyǒushéngshū 用破瓮口作窗,用绳系着门轴。形容贫苦。贾谊《过秦论上》:"然陈涉～～～～之子,氓隶之人,而遷徙之徒也。"

齆 wèng 鼻道堵塞。崔鸿《十六国春秋·后赵录》:"王谟,字思贤,～鼻,言不清畅。"

wo

涡(渦) 1. wō ❶水流回旋。郭璞《江赋》:"盘～谷转,凌涛山颓。"皮日休《河桥赋》:"～如惊风,浪如狂电。"❷涡状。苏轼《百步洪》诗:"不知诗中道何语,但觉两颊生微～。"❸同"污"。玷污。汤显祖《牡丹亭·肃苑》:"怕燕泥香点～在琴书上。"

2. guō ❹水名。即今涡河,源出河南省开封市西,经通许县,流至安徽省西北部,在怀远县入淮河。《汉书·地理志下》:"～水首受狼汤渠,东至向入淮。"❺姓。

【涡盘】 wōpán 漩涡。宋之问《下桂江县黎壁》诗:"敧离出漩划,缭绕避～～。"

埚 wō 见 guō。

倭 wō 见 wēi。

猧(猧) wō 一种供人玩的小狗。元稹《梦春游七十韵》:"鹦鹉饥乱鸣,娇～睡犹怒。"

緺 wō 见 guā。

喔 wō 见"喔喔"、"喔咿"。

【喔喔】 wōwō 象声词。鸡叫声。白居易《新秋晚兴》诗:"～～鸡下树,辉辉日上梁。"陆游《冬夜不寐》诗:"铮铮闻叩铁,～

～数鸡鸣。"

【喔咿】　wōyī　❶强作笑颜表示顺从的样子。《楚辞·卜居》："将哫訾栗斯～～儒兒以事妇人乎？宁廉洁正直以自清乎？"(栗：当作"粟"。兒：倪。哫訾、栗斯、儒兒：均为强作笑颜以承人意的样子。)❷鸡鸣声。韩愈《天星送杨凝郎中贺正》诗："天星牢落鸡～～，仆夫起餐车载脂。"

蜗(蝸)　1. wō　❶蜗牛。《庄子·则阳》："有所谓～者，君知之乎？"柳宗元《乞巧文》："蚁适于垤，～休于㲉。"❷通"娲"。《礼记·明堂位》："女～之笙簧。"❸姓。

2. luó　❹同"蠃"。螺。《集韵·戈韵》："蠃，蚌属，大者如斗，出日南涨海中，或作～。"

3. guǒ　❺蜗蠃，寄生蜂的一种。也作"蜾蠃"。

【蜗角】　wōjiǎo　蜗牛的角，比喻极小的地方。语出《庄子·则阳》："有国于蜗之左角者曰触氏，有国于蜗之右角者曰蛮氏，时相与争地而战，伏尸数万。"白居易《禽虫十二章》诗之七："蟭螟杀敌蚊巢上，蛮触交争～～中。"

【蜗庐】　wōlú　比喻狭小简陋的房屋。陆游《蜗庐》诗："～～四壁空，也过百年中。"

踒　1. wō　❶足骨折伤。韩愈《祭马仆射文》："颠而不～，乃得其地。"㉑泛指骨折伤。《抱朴子·疾谬》："至使有伤于流血，～折支体者，可叹者也。"

2. wēi　❷见"踒跑"。

【踒跑】　wēiyí　同"逶迤"。曲折绵延的样子。焦延寿《易林·大壮之鼎》："长尾～～，画地为河。"

薶　wō　见mái。

呙　wǒ　见wāi。

我　wǒ　❶第一人称代词。我，我们。《诗经·邶风·静女》："静女其姝，俟～于城隅。"《老子·五十七章》："～无为而民自化，～好静而民自正。"㉒泛指自己的一方。《左传·庄公十年》："十年春，齐师伐～。"《史记·高祖本纪》："匈奴围～平城，七日而后罢去。"❷表示亲密。《论语·述而》："窃比于～老彭。"❸保有私见或自以为是。《论语·子罕》："毋意，毋必，毋固，毋～。"❹姓。

【我辈】　wǒbèi　我们这般人。《世说新语·德行》："～～无义之人，而入有义之国。"杜甫《寄薛三郎中璩》诗："天末厌戎马，～～本常贫。"

【我曹】　wǒcáo　我们。犹"我辈"。蔡琰《悲愤诗》："辄言毙降虏，要当以亭刃，～～不活汝。"(亭刃：挨刀子。)杜甫《狂歌行赠四兄》："长安秋雨十日泥，～～鞴马听晨鸡。"

【我生】　wǒshēng　❶我的行为。《周易·观》："观～～进退。"❷生我之人，指母亲。《后汉书·崔骃传》："岂无熊僚之微介兮，悼～～之歼夷。"(熊僚：楚国的勇士。)

【我丈】　wǒzhàng　对老人的称呼。杜甫《奉赠李八丈曛判官》诗："～～特英特，宗枝神尧后。"

【我行我素】　wǒxíngwǒsù　按自己平素的一套去做，不管别人怎样看。语出《礼记·中庸》："君子素其位而行，不愿乎其外。素富贵行乎富贵，素贫贱行乎贫贱。"《官场现形记》五十六回："这件事外头已当着新闻，他们夫妇二人……依旧是～～～～。"

果　wǒ　见guǒ。

婐　wǒ　❶见"婐妮"。❷侍候。《说文·女部》："～，女侍曰～。孟轲曰：'尧为天子，二女～。'"❸勇悍，果敢。见"婐划"。

【婐划】　wǒhuà　勇悍，果敢。刘知幾《史通·疑古》："地总百越，山连五岭，人风～～，地气歊瘴。"

【婐妮】　wǒnuǒ　柔美的样子。韩愈《元和圣德诗》："日君月妃，焕赫～～。"

婑　wǒ　见"婑媠"。

【婑媠】　wǒtuǒ　美好的样子。《列子·杨朱》："穆之后庭比房数十，皆择稚齿～～者以盈之。"

鬌(鬌)　wǒ　见"鬌鬌"。

【鬌鬌】　wǒduǒ　头发美好的样子。顾况《宜城放琴客歌》："头髻～～手爪长，善抚琴瑟有文章。"

沃　wò　❶浇，灌。《战国策·齐策二》："且夫救赵之务，宜若奉漏瓮～焦釜。"《论衡·祠时》："如泰山失火，～以一杯之水，河决千里，塞以一掊之土，能胜之乎？"❷浸泡。贾思勰《齐民要术·种胡荽》："凡种菜，子难生者，皆水～，令芽生。"❸冲调。《论衡·谴告》："狄牙之调味也，酸则～之以水，淡则加之以咸。"《聊斋志异·甄后》："遂命侍者以汤～水晶膏进之。"❹荡涤，冲洗。杜甫《喜闻官军已临贼境二十韵》："谁云遗毒螫，已是～腥臊。"❺土地肥美。《后汉书·刘焉传》："四面险固，财富土～。"陆机《辩亡论下》："其野～，其兵练。"❻光泽，肥美。《诗经·小雅·隰桑》："隰桑有阿，其叶有～。"参见"沃若"。❼水名。在今山西省右玉县境。郦道元《水经注·河水三》："中陵水又北分为二水，一水东北流，谓之～水。"❽地名。春秋时晋地曲沃的简称，在今山西省闻喜县东。《诗经·唐风·扬之水》："素衣朱襮，从子于～。"❾姓。

【沃盥】 wòguàn 浇水洗手。《国语·晋语四》："公子使奉匜～～，既而挥之。"（挥：甩去手上的水。）

【沃酹】 wòlèi 拿酒浇地祭祀鬼神。《三国志·魏书·文帝纪》："至乃宫殿之内，户牖之间，无不～～，甚矣其惑也。"曹操《祀故太尉桥玄文》："不以斗酒只鸡过相～～，车过三步，腹痛勿怪。"

【沃美】 wòměi 肥美。《后汉书·西南夷传》："土地～～，宜五谷、蚕桑。"

【沃若】 wòruò ❶润泽的样子。《诗经·卫风·氓》："桑之未落，其叶～～。"谢灵运《七里濑》诗："荒林纷～～，哀禽相叫啸。"❷驯顺的样子。《诗经·小雅·皇皇者华》："我马维骆，六辔～～。"谢惠连《七月七日夜咏牛女》："～～灵驾旋，寂寥云幄空。"

【沃土】 wòtǔ 肥美的土地。《国语·鲁语下》："～～之民不材，逸也。"张衡《西京赋》："处～～则逸，处瘠土则劳。"

【沃沃】 wòwò 肥美而有光泽的样子。《诗经·桧风·隰有苌楚》："夭之～～，乐子之无家。"（夭：草木初生。）鲍照《园葵赋》："萋萋翼翼，～～油油。"

【沃衍】 wòyǎn 土地肥美平坦。借指肥美平坦的土地。《吕氏春秋·爱类》："河出孟门，大溢逆流，无有丘陵、～～、平原、高阜，尽皆灭之，名曰鸿水。"《后汉书·杨震传》："坏～～，废田园。"

【沃野】 wòyě ❶肥沃的田地。《汉书·地理志下》："郑国穿渠，引泾水溉田，～～千里。"❷古代称西方为沃野。《淮南子·地形训》："西方曰金邱，曰～～。"（高诱注："沃，犹白也。西方白，故曰沃野。"）❸地名。《汉书·地理志下》："［朔方郡］县十：三封，朔方，……～～，广牧，临戎。"

卧（臥） wò ❶躺着。《战国策·楚策一》："楚王曰：'……寡人～不安席，食不甘味。'"《汉书·高帝纪上》："行数里，醉困～。"❷睡觉。《汉书·灌夫传》："夫至门，蚡尚～也。"《论衡·祀义》："当人之～也，置食物其旁，不能知也。觉乃知之。"❸倒伏。《隋书·礼仪志》："旗～则跪。"❹寝室，睡觉的地方。《汉书·韩信传》："晨自称汉使，驰入壁。张耳、韩信未起，即其～，夺其印符，麾召诸将易置之。"❺隐居。《晋书·谢安传》："卿累违朝旨，高～东山，诸人每相与言，安石不肯出。"❻停息。《后汉书·隗嚣传》："然后还师振旅，櫜弓～鼓。"（櫜：藏。）

【卧龙】 wòlóng 比喻隐居尚未显露才能的人。《三国志·蜀书·诸葛亮传》："诸葛孔明者，～～也。"《晋书·嵇康传》："嵇康，～～也，不可起。"

【卧内】 wònèi 卧室。唐顺之《信陵君救赵论》："如姬为公子窃符于王之～～。"

【卧云】 wòyún 隐居。白居易《酬元郎中同制加朝散大夫书怀见赠》诗："终身拟作～～伴，逐月须收烧药钱。"

【卧辙】 wòzhé 拦车当道而卧，以示挽留。语出《后汉书·侯霸传》："遣使征霸，百姓老弱相携号哭，遮使者车，或当道而卧。皆曰：'愿乞侯君复留期年。'"任昉《王文宪集序》："～～弃子，后予胥怨。"

【卧薪尝胆】 wòxīnchángdǎn 形容人刻苦自励，发愤图强。典出《史记·越王句践世家》："越王句践反国，乃苦身焦思，置胆于坐，坐卧即仰胆，饮食以尝胆也。曰：'汝忘会稽之耻邪？'"苏轼《拟孙权答曹操书》："仆受遣以来，～～～～，悼日月之逾迈，而叹功名之不立。"

涴 wò 见 wǎn。

偓 wò 见"偓促"。

【偓促】 wòchuò 同"龌龊"。狭隘局促的样子。《楚辞·九叹·忧苦》："～～谈于廊庙兮，律魁放乎山间。"（律魁：高大的样子。）

【偓佺】 wòquán 古代传说中的仙人。《史记·司马相如列传》："～～之伦，暴于南荣。"罗泌《路史·循蜚记》："～～千岁，老彭七百。"

渥 1. wò ❶润湿，沾润。《诗经·小雅·信南山》："既优既～，既沾既足，生我百谷。"❷光润，光泽。《后汉书·班固传》："发五色之～采，光焖明以景彰。"曾巩《八月二十九日小饮》诗："脱苞紫栗进，透叶红梨～。"❸深厚，优厚。《韩非子·说难》："而周泽既～，深计而不疑，引争而不罪。"《后汉书·赵熹传》："赏赐恩宠甚～。"

2. òu ❹通"沤"。沤泡，浸泡。《墨子·杂守》："重五斤以上诸林木，～水中，无过一筏。"㉑涂抹。《诗经·秦风·终南》："颜如～丹，其君也哉！"

3. wǔ ❺同"捂"。盖住不使透风。《红楼梦》十九回："命他盖上被窝～汗。"

【渥厚】 wòhòu 深厚。《论衡·命义》:“禀得坚强之性,则气～～而体坚强。”

【渥洽】 wòqià 深厚的恩泽。《楚辞·九辩》:“愿衔枚而无言兮,尝被君之～～。”江淹《萧骠骑谢被侍中慰劳表》:“臣忝属闱私,弥抱～～,不任下情。”

【渥然】 wòrán 润泽的样子。欧阳修《秋声赋》:“宜其～～丹者为槁木,黟然黑者为星星。”(黟然:乌黑的样子。星星:形容头发斑白。)

【渥饰】 wòshì 盛美的妆饰。宋玉《神女赋》:“夫何神女之姣丽兮,含阴阳之～～。”

【渥洼】 wòwā ❶水名。党河的支流,在今甘肃省安西县境。《史记·乐书》:“又尝得神马～～水中。”❷指神马,因产于渥洼水而得名。魏徵《唐故邢国公李密墓志铭》:“公～～龙种,丹穴凤雏。降列象之元精,禀成形之秀气。”苏轼《送钱承制赴广西路分都监》诗:“舞凤尚从天目下,收驹时有～～姿。”

【渥味】 wòwèi 浓味,味道浓厚。《论衡·商虫》:“甘香～～之物,虫生常多,故谷之多虫者,粢也。”

【渥泽】 wòzé 厚恩,恩惠。《后汉书·邓骘传》:“托日月之末光,被云雨之～～,并统列位,光昭当世。”《三国志·魏书·王烈传》:“久荷～～,积祀一纪,不能仰答陛下恩养之福。”

握 1. wò ❶攥着,执持。《韩非子·内储说上》:“然而妇人拾蚕,渔者～鳣,利之所在。”《国语·晋语一》:“衣躬之偏,而～金玦,令不偷矣。”(偷:薄。)❷屈指成拳。《老子·五十五章》:“骨弱筋柔而～固。”❸掌握,控制。《韩非子·内储说上》:“夫赏罚之道,利器也。君固～之,不可以示人。”扬雄《解嘲》:“旦～权则为卿相,夕失势则为匹夫。”❹量词。一满把为一握。李白《来日大难》诗:“授以神药,金丹满～。”㊂长四寸为一握。《礼记·王制》:“宗庙之牛,角～。”❺箭的中央部位。《仪礼·乡射礼》:“大夫之矢,则兼束之以茅,上～焉。”❻通“幄”。帷帐。《周礼·春官·巾车》:“翟车,贝面组总,有～。”

2. òu ❼见“握手”。

【握齱】 wòchuò 同“齷齪”、“偓促”。狭隘,局促。《史记·郦生陆贾列传》:“郦生闻其将皆～～,好苛礼自用,不能听大度之言。”《汉书·司马相如传下》:“且夫贤君之践位也,岂特委琐～～,拘文牵俗,循诵习传,当世取说云尔哉?”

【握发】 wòfà 洗发时握住头发(不洗)。形容勤劳国事,为招引人才而忙碌。刘向《说苑·敬慎》:“然尝一沐三～～,一食三吐哺,犹恐失天下之士。”

【握要】 wòyào 掌握要领。《淮南子·人间训》:“执一而应万,～～而治详,谓之术。”

【握瑜】 wòyú 比喻怀有美才。瑜,美玉。《楚辞·九章·怀沙》:“怀瑾～～兮,穷不知所示。”

【握锥】 wòzhuī 比喻勤奋学习。《颜氏家训·勉学》:“古人勤学,有～～、投斧、照雪、聚萤。”

【握手】 òushǒu 古时死者的敛具,用布做成袋子套在手上。《仪礼·士丧礼》:“～～,用玄纁,里长尺二寸。”

幄 wò 用布帛围起来的帐幕。《吕氏春秋·权勋》:“龚王驾而往视之,入～中,闻酒臭而还。”《后汉书·仲长统传》:“垂露成帏,张霄成～。”

【幄殿】 wòdiàn 古代帝王出行,休息时以帐幕为行宫,称幄殿。梅尧臣《金明池游》诗:“津楼金间采,～～锦文窠。”《宋史·太宗纪一》:“十二月甲戌,大阅,遂宴～～。”

【幄幕】 wòmù 帐幕,军帐。《左传·昭公十年》:“桓子召子山,私具～～、器用、从者之衣屦,而反棘焉。”方苞《左忠毅公逸事》:“每有警,辄数月不就寝,使将士更休,而自坐～～外。”

斡 1. wò ❶转,运转。贾谊《鹏鸟赋》:“～流而遣兮,或推而还。”王安石《杜甫画像》诗:“力能排天～九地,壮颜毅色不可求。”❷姓。

2. guǎn ❸主管,掌管。《汉书·食货志下》:“浮食奇民欲擅～山海之货,以致富羡。”

【斡维】 wòwéi 运转的枢纽。《楚辞·天问》:“～～焉系?天极焉加?”

【斡旋】 wòxuán ❶扭转,挽回。范成大《两木》诗:“大钧播群物,～～不作难。”❷调解。《宋史·辛弃疾传》:“弃疾善～～,事皆立办。”

擭 1. wò ❶捕取,捉取。张衡《西京赋》:“杪木末,～獑猢。”

2. huó ❷装有机关的捕兽的槛阱。《礼记·中庸》:“驱而纳诸罟～陷阱之中,而莫之知辟也。”

3. hù ❸分布。《广韵·暮韵》:“～,布擭,犹分解也。”

齷(齷) wò 见“齷齪”。

【齷齪】 wòchuò ❶气量狭隘。鲍照《代放歌行》:“小人自～～,宁知旷士怀。”❷狭小。李白《大猎赋序》："《羽猎》于灵台之囿，围经百里而开殿门，当时以为穷极壮丽。迨今观之，何～～之甚也。"❸恶浊，不干净。高文秀《黑旋风》一折："他见我风吹得～～，是这鼻凹里黑。"

wu

乌(烏) 1. wū ❶鸟名。乌鸦。《战国策·东周策》："乌集～飞，兔兴马逝。"《汉书·路温舒传》："臣闻～鸢之卵不毁，而后凤凰集。"❷黑色。见"乌巾"。❸太阳的代称。古代神话传说太阳中有三足乌，故称。《山海经·大荒东经》："一日方至，一日方出，皆载有～。"陶渊明《怨诗楚调示庞主簿邓治中》诗："造夕思鸡鸣，及晨愿～迁。"❹疑问代词。同"何"。《汉书·司马相如传上》："且夫齐楚之事又～足道乎！"苏辙《黄州快哉亭记》："此皆骚人思士之所以悲伤憔悴而不能胜者，～睹其为快也哉！"❺叹词。见"乌乎"。❻姓。

2. yā ❼见"乌秅"。

【乌乎】 wūhū 叹词。表示感慨。也作"乌呼"、"乌虖"。《韩非子·难二》："～～！吾之士数弊也。"《汉书·贾谊传》："～～哀哉兮，逢时不祥。"

【乌桓】 wūhuán ❶古代民族名称。又作"乌丸"。《汉书·匈奴传上》："言～～尝发先单于冢，匈奴怨之，方发二万骑击～～。"❷山名。又作"乌丸"。在今内蒙古阿鲁科尔沁旗西北。《后汉书·乌桓传》："汉初，匈奴冒顿灭其国，馀类保～～山，因以为号焉。"

【乌喙】 wūhuì ❶一种有毒的植物。也叫"乌头"。《史记·苏秦列传》："臣闻饥人所以饥而不食～～者，为其愈充腹而与饿死同患也。"❷比喻人嘴形突出，如同鸟嘴。《宋史·郭药师传》："蜂目～～，怙宠恃功，逆节已萌，凶横日甚。"

【乌集】 wūjí 如乌鸟突然聚集，比喻临时聚合之众。《史记·淮阴侯列传》："秦之纲绝而维弛，山东大扰，异姓并起，英俊～～。"曹冏《六代论》："汉祖奋三尺之剑，驱～～之众，五年之中，而成帝业。"又指偶然相遇的人。《汉书·邹阳传》："秦信左右而亡，周用～～而王。"

【乌巾】 wūjīn 黑头巾。陆游《记梦》诗："～～白纻忆当年，抵死寻春不自怜。"

【乌轮】 wūlún 太阳的别称。传说太阳中有三足乌，形圆如轮，故称。许浑《春城晚步》诗："红楼鼓歇～～堕，浅水横舟弄渔火。"

【乌丝】 wūsī ❶黑丝。《南史·梁豫章王综传》："综在荆州，常阴服微行，作～～布帽，夜出无有期度。"❷乌丝栏的简称。一种带黑格线的绢或纸。苏轼《与钱志仲书》："～～当用写道书一篇，非久纳上。恶诗不足录也。"

【乌孙】 wūsūn 汉时西域国名。《汉书·匈奴传上》："其冬，单于自将万骑击～～，颇得老弱，欲还。"

【乌藤】 wūténg ❶手杖。陆游《东园晚兴》诗："老夫东行复西行，～～瘦劲青鞵轻。"❷草药名。

【乌菟】 wūtú 虎的别称。同"於菟"。楚地人称虎为"於菟"。左思《吴都赋》："～～之族，犀兕之党，钩爪锯牙，自成锋颖。"

【乌兔】 wūtù 太阳与月亮的合称。古代神话传说太阳里有乌，月亮里有兔，故称。《颜氏家训·归心》："石既牢密，～～焉容？"左思《吴都赋》："笼～～于日月，穷飞走之栖宿。"

【乌丸】 wūwán ❶山名。又作"乌桓"。见"乌桓"。❷古代民族名称。《三国志·魏书·乌丸传》："遂引～～之众服从征讨，而边民得用安息。"❸墨。陈师道《古墨行》："秦郎百好俱第一，～～如漆姿如石。"

【乌衣】 wūyī 黑衣。古时贫贱人的衣服。《三国志·魏书·邓艾传》："值岁凶旱，艾为区种，身被～～，手执耒耜，以率将士。"

【乌有】 wūyǒu 原为司马相如《子虚赋》中假设的人名，意谓本无其人。后引申为"无有"、"没有"。袁桷《次韵陈海阴》："梦当好处成～～，歌到狂时近自然。"

【乌云】 wūyún ❶黑云。梁简文帝《金錞赋》："望～～之临敌，闻条风之入营。"❷比喻妇女的黑发。韩邦靖《长安宫女行》："西家有女如玉莹，夜剪～～晨不行。"

【乌秅】 yāchá 汉代西域地区的国名。《汉书·西域传》："～～国，王治～～城，去长安九千九百五十里。"

【乌丝栏】 wūsīlán 一种带有黑格线的绢素或纸笺。即在绢帛上下用黑丝织成栏，中间用墨线打上格。也叫"乌丝阑"，简称"乌丝"。陆游《雪中怀成都》诗："～～～展新诗就，油壁车迎小猎归。"

【乌头白】 wūtóubái 乌头变白，比喻事情不可能办到。也作"乌白头"。《史记·刺客列传》索隐："秦王曰：'～～～，马生角，乃许耳。'"

【乌衣巷】 wūyīxiàng 地名。在今南京市东南，秦淮河南，古与朱雀桥相近。晋时王导、谢安诸贵族居此。刘禹锡《乌衣巷》诗：

"朱雀桥边野草花，～～～口夕阳斜。"

【乌合之众】 wūhézhīzhòng 比喻仓促集合起来的一群人。《后汉书·邳彤传》："又卜者王郎，假名因势，驱集～～～～，遂震燕、赵之地。"

【乌鸟私情】 wūniǎosīqíng 传说乌鸦能反哺其亲，后用以比喻人能奉养父母，以尽孝心。也作"乌私情"，简称"乌私"。李密《陈情表》："～～～～，愿乞终养。"

污(汙、汚) 1. wū ❶污垢，污浊的东西或行为。《孟子·万章上》："年已七十矣，曾不知以食牛干秦穆公之为～也。"《荀子·不苟》："去～而易之以修。"❷脏，不干净。《史记·滑稽列传》："饭已，尽怀其馀肉持去，衣尽～。"㊂弄脏，污染。《汉书·薛广德传》："陛下不听臣，臣自刎，以血～车轮。"《后汉书·黄琼传》："峣峣者易缺，皦皦者易～。"❸污辱，玷污。《史记·鲁仲连邹阳列传》："臣闻盛服入朝者不以利～义。"《汉书·景帝纪》："楚元王子蓺等与濞等为逆，朕不忍加法，除其籍，毋令～宗室。"❹污陷，陷害。《汉书·景十三王传》："不听，乃上书告之，及～以奸利事。"❺(旧读 wù)洗去污垢。《诗经·周南·葛覃》："薄～我私，薄澣我衣。"(私：内衣。)李贺《送秦光禄北征》诗："风吹云路火，雪～玉关泥。"❻同"洿"。浊水池，小水坑。《庄子·齐物论》："大木百围之窍穴，……似洼者，似～者。"《论衡·累害》："垤成丘山，～为江河矣。"❼低洼。潘岳《西征赋》："凭高望之阳隈，体川陆之～隆。"参见"污庳"。❽地位低下。见"污贱"。❾涂抹。见"污墁"。

2. wā ❿掘地。《礼记·礼运》："～尊而抔饮。"阮籍《东平赋》："崇之则成丘陵，～之则为薮泽。"㊂借指酒器。柳宗元《同刘院长述旧言怀感时书事奉寄澧州张员外使君》诗："隐几松为曲，倾罇石作～。"⓫夸大。《孟子·公孙丑上》："宰我、子贡、有若，智足以知圣人，～不至阿其所好。"

3. yū ⓬通"纡"。曲，不正直。《汉书·邹阳传》："今欲使天下寥廓之士，笼于威重之权，胁于位势之贵，回面～行，以事谄谀之人。"

【污庳】 wūbēi 低洼之处。《国语·周语下》："疏为川谷，以导其气；陂塘～～，以钟其美。"

【污池】 wūchí 蓄水池。《荀子·王制》："～～渊沼川泽，谨其时禁，故鱼鳖优多而百姓有馀用也。"刘向《说苑·建本》："譬之如～～，水潦注焉，萑蒲生之，从上观之，谁知其非源也。"

【污渎】 wūdú 浅而小的水沟。《史记·老子韩非列传》："我宁游戏～～之中自快，无为有国者所羁。"《汉书·贾谊传》："彼寻常之～～兮，岂容吞舟之鱼。"

【污秽】 wūhuì ❶肮脏的东西。《关尹子·一宇》："吾道如海，有亿万金投之不见，……有亿万～～投之不见。"❷卑下，低贱。《后汉书·邓骘传》："臣兄弟～～，无分可采，过以外戚，遭值明时。"又《皇甫规传》："臣虽～～，廉洁无闻，今见覆没，耻痛实深。"❸玷污。《楚辞·远遊》："遭沈浊而～～兮，独郁结而谁语？"《旧唐书·刘迺传》："宁以自辱羶腥，复欲～～贤哲乎！"❹贪赃。《晋书·郤诜传》："于公则政事纷乱，于私则～～狼籍。"干宝《搜神记》卷十七："为吏～～，而敢论吾。"

【污贱】 wūjiàn 卑贱，低下。柳宗元《咸宜》："兴王之臣，多起～～。"曾巩《谢章学士书》："广德博观，不遗～～厄辱之士者，此所以无弃士也。"

【污莱】 wūlái 也作"洿莱"。❶田地荒芜。《诗经·小雅·十月之交》："彻我墙屋，田卒～～。"(彻：拆毁。卒：皆。)❷荒地。《晋书·乐志上》："曲台宣榭，咸变～～。"《宋书·五行志三》："宫室焚毁，化为～～。"

【污隆】 wūlóng 也作"洿隆"。本指地形的高低，用以比喻世道的盛衰、兴亡。《晋书·后妃传序》："晋承其末，与世～～。"刘知幾《史通·载言》："国有否泰，世有～～。"

【污漫】 wūmàn ❶卑污，卑鄙。《荀子·富国》："百姓晓然皆知其～～暴乱而将大危亡也。"又《非十二子》："今之所谓士仕者，～～者也，贼乱者也。"❷污染，玷污。《资治通鉴·唐德宗兴元元年》："镇亦忝列曹，不能舍生，以至于此，岂可复以己之腥臊～～贤者乎！"

【污墁】 wūmàn 同"圬镘"。涂抹，粉刷。郑处诲《明皇杂录》卷下："虢国中堂既成，召匠～～。"

【污名】 wūmíng 恶名，坏名声。《管子·中匡》："入者不说，出者不誉，～～满天下。"

【污染】 wūrǎn ❶沾染，玷污。《后汉书·陈球传》："骸骨暴露，与贼并尸，魂灵～～。"❷传染。《三国志·吴书·全琮传》："水土毒气，自古有之，兵入民出，必生疾病，转相～～。"

【污邪】 wūxié ❶污秽邪恶。《荀子·君道》："今使～～之人论其怨贼而求其无偏，得乎哉！"❷地势低洼的田地。《史记·滑稽列传》："瓯窭满篝，～～满车。"刘向《说苑·复恩》："其祝曰：'下田～～，得谷百车。'"

【污泽】 wūzé ❶积水的洼地。《汉书·沟湓志》："大川无防，小水得入，陂障卑下，以为～～。"❷水鸟名。即䳒鹕。《三国志·魏书·文帝纪》："夏五月，有䳒鹕鸟集灵芝池，诏曰：'此诗人所谓～～也。'"

圬(杇) wū ❶涂墙的工具。俗名抹子。《尔雅·释宫》："镘谓之～。"❷粉刷，涂抹。《论语·公冶长》："朽木不可雕也，粪土之墙不可～也。"韩愈《圬者王承福传》："～之为技，贱且劳者也。"

【圬人】 wūrén 泥瓦工。《左传·襄公三十一年》："司空以时平易道路，～～以时塓馆宫室。"（塓：抹墙。）

扜 wū 见 yū。

邬(鄔) wū ❶古地名。1）春秋时郑地，在今河南省偃师市西南。《左传·庄公二十年》："王及郑伯入于～。"2）春秋时晋邑，在今山西介休市。《左传·昭公二十八年》："司马弥牟为～大夫。"❷姓。

杅 wū 见 yú。

巫 wū ❶古代以求神、占卜为职业的人。女曰巫，男曰觋。《国语·周语上》："王怒，得卫～，使监谤者。"《论衡·实知》："世间圣神，以为～与？鬼神用～之口告人。"❷古代以祈祷为人治病的人。《公羊传·隐公四年》："于钟～之祭焉。"见"巫医"。❸姓。

【巫蛊】 wūgǔ 巫师以邪术加害于人。古代一种迷信说法。《汉书·艺文志》："安国献之，遭～～事，未列于学官。"又《霍去病传》："坐妻为～～，族。"

【巫山】 wūshān ❶山名。1）在山东省肥城市西北，又名孝堂山。《左传·襄公十八年》："齐侯登～～以望晋师。"2）在今重庆市巫山县东南，即巫峡。有十二峰，下有神女庙。李白《宿巫山下》诗："昨夜～～下，猿声梦里长。"❷指男女幽会。语出宋玉《高唐赋序》："昔者先王尝游高唐，怠而昼寝，梦见一妇人，曰：'妾巫山之女也。为高唐之客，闻君游高唐，愿荐枕席。'王因幸之，去而辞曰：'妾在巫山之阳，高丘之阻。旦为朝云，暮为行雨。朝朝暮暮，阳台之下。'"后人以此附会。

【巫史】 wūshǐ 古代从事求神占卜活动的人和掌管天文、星象、历数的人。《后汉书·臧洪传》："和不理戎警，但坐列～～，禜祷群神。"（禜：祈求除灾的祭祀。）

【巫觋】 wūxí 男女巫的合称。女曰巫，男曰觋。《三国志·吴书·孙晧滕夫人传》："晧信～～，故不得废。"《颜氏家训·治家》："吾家～～祷请，绝不言义。"

【巫咸】 wūxián ❶古代传说中的人名。一说为黄帝时人，一说为帝尧时人，一说为殷中宗时人。《楚辞·离骚》："～～将夕降兮，怀椒糈而要之。"（糈：精米。要：迎候。）郭璞《巫咸山赋》："盖～～者，实以鸿术为帝尧医。"❷山名。在今山西省夏县西。《水经注·涑水》："盐水西北流经～～山北。"

【巫医】 wūyī 古代以祈祷鬼神为人治病的人。《论语·子路》："子曰：'南人有言曰："人而无恒，不可以作～～。"善夫！'"《史记·孝武本纪》："天子病鼎湖甚，～～无所不致，不愈。"（鼎湖：地名。）

呜(嗚、歍) 1. wū ❶亲吻。《世说新语·惑溺》："充自外还，乳母抱儿在中庭，儿见充喜踊，充就乳母手中～之。"❷象声词。见"呜呜"。❸叹词。见"呜呼"。

2. wù ❹哀伤的样子。《后汉书·袁安传》："每朝会进见，及与公卿言国家事，未尝不噫～流涕。"

【呜呃】 wū'ài 悲叹声。李贺《致酒行》："少年心事当拏云，谁念幽寒坐～～。"

【呜噈】 wūcù 吻，亲吻。《生经·佛说舅甥经》："女即怀妊，十月生男，男大端正。使乳母抱行，周遍国中，有人见与有～～者，便缚送来。"

【呜呼】 wūhū 也作"呜嘑"。❶叹词。表示感慨。《论语·八佾》："子曰：'～～！曾谓泰山不如林放乎！'"《战国策·楚策四》："以瞽为明，以聋为聪，以是为非，以吉为凶，～～上天，曷惟其同！"欧阳修《祭石曼卿文》："～～曼卿！生而为英，死而为灵。"❷死亡的别称。张镃《临江仙》词："纵使古稀真箇得，后来争免～～？"❸象声词。哭声或鸟鸣声。曹植《平原懿公主诔》："帝用吁嗟，～～失声。"郦道元《水经注·叶榆河》："县西北八十里有吊鸟山，众鸟千百为群，其会，～～啁哳。"

【呜呜】 wūwū ❶歌声。杨恽《报孙会宗书》："酒后耳热，仰天拊缶而呼～～。"❷象声词。低沉的声响。李德裕《南梁行》："～～晓角霞辉粲，抚剑当楹一长叹。"

【呜咽】 wūyè ❶哭泣声。《后汉书·灵思何皇后纪》："因泣下～～，坐者皆歔欷。"《晋书·刁协传》："帝执协、隗手，流涕～～，劝令避祸。"❷低沉凄凉的声音。杜牧《入商山》诗："流水旧声闻旧耳，此回～～不堪闻。"温庭筠《更漏子》词："背江楼，临海月，城上角声～～。"

於 wū 见 yú。

钨(鎢)　1. wū　❶同"圬"。瓦刀。《广韵·模韵》:"杇,泥镘。圬、～并上同。"
　2. huá　❷同"铧"。耕田的农具。《墨子·备蛾傅》:"为上下～而斲之。"

洿　1. wū　❶浊水池,不流动的浊水。《淮南子·精神训》:"苦～之家,决～而注之江。"《论衡·恢国》:"丘山易以起高,渊～易以为深。"❷地势低洼。欧阳修《养鱼记》:"因～以为池,不方不圆,任其地形。"❸挖掘。《礼记·檀弓下》:"杀其人,坏其室,～其宫而豬焉。"❹污浊,污秽。《论衡·谴告》:"屈原疾楚之臭～,故称香洁之辞。"《抱朴子·广譬》:"夫云翔者不知泥居之～,处贵者匙恕群下之劳。"❺卑污,不廉洁。《论衡·治期》:"或才高行洁,居位职废;或智浅操～,治民而立。"韩愈《与李翱书》:"子独安能使我洁清不～而处其所可乐哉!"❻玷污,污染。《战国策·齐策四》:"万乘之严主也,辱其使者,退而自刎,必以其血～其衣。"《论衡·雷虚》:"鼠～人饮食,人不知,误而食之。"❼声音散漫。成公绥《啸赋》:"因歌随吟,大而不～,细而不沉。"
　2. hù　❽深。《楚辞·天问》:"九州安错,川谷何～?"

【洿池】　wūchí　深池,池塘。《孟子·梁惠王上》:"数罟不入～～,鱼鳖不可胜食也。"(数罟:密网。)

【洿沫】　wūhuì　泪流满面。《汉书·孝武李夫人传》:"方时隆盛,年夭伤兮,弟子增欷,～～怅兮。"

【洿隆】　wūlóng　同"污隆"。比喻世道盛衰兴替。《魏书·孙绍传》:"权不可恒,随～～以收物。"

【洿行】　wūxíng　操行卑污。《论衡·逢遇》:"故遇,或抱～～,尊于桀之朝;不遇,或持洁节,卑于尧之廷。"

诬(誣)　wū　❶说话虚妄不实,说谎话。《韩非子·八经》:"说大而夸则穷端,故奸得而怒;无故而不当为～,～而罪臣。"《史记·田敬仲完世家》:"田乞～曰:'吾与鲍牧谋共立阳生也。'"《后汉书·和熹邓皇后纪》:"有因实不杀人而被考自～。"❷欺骗。《国语·晋语八》:"且夫栾氏之～晋国久也。"《吕氏春秋·振乱》:"固不知,悖也;知而欺心,～也。"《后汉书·灵帝宋皇后纪》:"天道明察,鬼神难～。"❸诬陷,虚构罪恶加害于人。《史记·吕太后本纪》:"诸吕女妒,怒去,谗之于太后,～以罪过。"《后汉书·桓荣传》:"为凶人所～,遂死于合浦狱。"又《桓思窦太后纪》:"中常侍曹节、王甫疾萌附助太后,～以谤讪永乐宫,萌坐下狱死。"❹滥用刑罚,加罪于无辜。《国语·周语上》:"其刑矫～,百姓携贰。"

【诬服】　wūfú　无辜而服罪。《三国志·魏书·司马芝传》:"今赃物先得而后讯其辞,若不胜掠,或至～～。"刘向《说苑·贵德》:"吏欲毒治,孝妇自～～。"

【诬告】　wūgào　捏造事实诬陷他人。《汉书·景十三王传》:"又以县官事怨内史,教人～～以弃市罪,削八县,罢中尉官。"

【诬欺】　wūqī　诬蔑欺诈。《荀子·非相》:"妄人者,门庭之间,犹～～也,而况于千世之上乎?"

【诬诉】　wūsù　同"诬告"。《汉书·韩延寿传》:"事下公卿,皆以延寿前既无状,后复～～典法大臣,欲以解罪,狡猾不道。"

【诬枉】　wūwǎng　同"诬罔"。欺骗。欧阳修《太常博士尹君墓志铭》:"而师鲁与时贤士,多被～～得罪。"

【诬罔】　wūwǎng　欺骗,欺诈。《汉书·昭帝纪》:"夏阳男子张延年诣北阙,自称卫太子,～～,要斩。"又《李广传》:"上以迁～～,欲沮贰师,为陵游说,下迁腐刑。"

屋　wū　❶住室顶部的覆盖部分。《诗经·小雅·十月之交》:"彻我墙～,田卒污莱。"《国语·晋语六》:"人之有冠,犹宫室之有墙～。"㊀泛指房屋。《荀子·儒效》:"虽隐于穷阎漏～,人莫不贵,贵道诚存也。"(漏:通"陋"。)梅尧臣《陶者》诗:"陶尽门前土,～上无片瓦。"❷覆盖。《论衡·别通》:"亡国之社,～其上,柴其下者,示绝于天地。"❸古代井田的区划单位。以六尺为步,百步为亩,百亩为夫,三夫为屋,三屋为井,四井为邑。《庄子·胠箧》:"阖四境之内,所以立宗庙社稷,治邑～州闾乡曲者,曷尝不法圣人哉!"(邑屋:指土地面积。)❹通"幄"。帷幕。《墨子·节葬下》:"车马藏乎圹,又必多为～幕。"❺盖棺的小帐。《礼记·杂记上》:"其輤有裧,缁布裳帷,素锦以为～而行。"❻车盖。《史记·项羽本纪》:"纪信乘黄～车。"❼古代帽子顶部高起的部分。《晋书·舆服志》:"江左时野人已著帽,人士亦往往而然,但其顶圆耳,后乃高其～云。"苏轼《椰子冠》诗:"更着短簷高～帽,东坡何事不违时。"

【屋除】　wūchú　屋前的台阶。王安石《悟真院》诗:"野水从横漱～～,午窗残梦鸟相呼。"陆游《春晚村居杂赋绝句》:"鹅儿草绿侵行路,蛱子花明照～～。"

【屋山】　wūshān　屋脊。韩愈《寄卢仝》诗:"每骑～～下窥瞰,浑舍惊怕走折趾。"㊀泛指屋顶。范成大《颜桥道中》诗:"一段农家好风景，稻堆高出～～头。"

【屋粟】　wūsù　一种赋税。周制，民有田不耕者纳税，称为屋粟。《周礼·地官·载师》："凡田不耕者出～～。"

【屋诛】　wūzhū　贵族在屋内受刑，与一般人在外受刑有别。《周礼·秋官·司烜氏》："邦若～～，则为明竁焉。"

【屋下架屋】　wūxiàjiàwū　比喻重复他人之作而无创新。《世说新语·文学》："庾仲初作《扬都赋》成……于此人人竞写，都下纸为之贵。谢太傅云：'不得尔。此是～～～～耳，事事拟学，而不免俭狭。'"

剭　wū　弑戮，专指贵族在室内受刑。《汉书·叙传下》："雕落洪支，底～鼎臣。"（底：致。洪支：指名家子孙。）

亡　wú　见 wáng。

无（無）　1. wú　❶没有。《论语·为政》："人而～信，不知其可也。"《战国策·赵策四》："位尊而～功，奉厚而～劳。"❷古代哲学范畴。指虚无、空虚等。《老子·四十章》："天下万物生于有，有生于～。"❸副词。1）表示否定，相当于"不"。《诗经·邶风·日月》："乃如之人兮，德音～良。"《商君书·农战》："民以此为教，则粟焉得～少，而兵焉得～弱也。"又相当于"未"。《荀子·正名》："外危而不内恐者，～之有也。"2）表示反问，见"得无"。3）表示疑问，相当于"否"。朱庆馀《近试上张籍水部》诗："妆罢低声问夫婿，画眉深浅入时～？"❹连词。1）表示条件关系，相当于"无论"、"不论"。《史记·田儋列传》："政～巨细，皆断于相。"《汉书·项籍传》："且天之亡秦，～愚智皆知之。"2）表示假设关系，相当于"即使"。《左传·僖公二十二年》："国～小，不可易也。"❺助词。用于句首，无实义。《诗经·大雅·文王》："王之荩臣，～念尔祖。"❻通"毋（或勿）"。表示禁止，相当于"不要"、"别"。《诗经·魏风·硕鼠》："硕鼠硕鼠，～食我黍。"《孟子·梁惠王上》："王～异于百姓之以王为爱也，以小易大，彼恶知之？"❼通"芜"。荒芜。《楚辞·九辩》："块独守此～泽兮，仰浮云而永叹。"❽姓。

2. mó　❾见"南无"。

【无常】　wúcháng　❶无常规，变化不定。《荀子·修身》："趣舍无定谓之～～，保利弃义谓之至贼。"《论衡·卜筮》："瑞应～～，兆数诡异。"❷佛教用语。佛教认为世间一切都处于生死成毁之中，不能常久，故谓之无常。《涅槃经·寿命品》："是身～～，念念不住，犹如电光暴水幻炎。"

【无道】　wúdào　❶指国家无德政。《论语·公冶长》："子谓南容，邦有道，不废；邦～～，免于刑戮。"❷指残暴不行仁义者。《史记·陈涉世家》："将军被坚执锐，伐～～，诛暴秦。"

【无得】　wúdé　❶没有办法，不能。《论语·泰伯》："泰伯其可谓至德也已矣。三以天下让，民～～而称焉。"《史记·周本纪》："西周恐，倍秦，与诸侯约从，将天下锐师出伊阙攻秦，令秦～～通阳城。"❷不求得。《吕氏春秋·君守》："君也者，以无当为当，以～～为得者也。"

【无端】　wúduān　❶没有尽头。《庄子·在宥》："挈汝适复之，挠挠以游～～。出入无旁，与日无始。"❷指意外之灾。《论衡·幸偶》："轻遇～～，故为不幸。"❸无因，无缘无故。杜甫《历历》诗："～～盗贼起，忽已岁时迁。"

【无方】　wúfāng　❶没有固定的法度，不拘一格。《孟子·离娄下》："汤执中，立贤～～。"❷无极，无限。《庄子·天运》："动于～～，居于窈冥。"❸无常规，没有固定的标准。《吕氏春秋·先识》："妲己为政，赏罚～～。"❹不知礼义之道。《礼记·解经》："不隆礼，不由礼，谓之～～。"《史记·礼书》："然而不法礼者不足礼，谓之～～之民。"

【无复】　wúfù　也作"毋复"、"勿复"。❶不要再。《庄子·盗跖》："丘之所言，皆吾之所弃也。亟去走归，～～言之。"《韩非子·十过》："不穀～～战矣。"❷不再有，没有。《后汉书·寇恂传》："昔高祖任萧何于关中，～～西顾之忧，所以得专精山东，终成大业。"

【无辜】　wúgū　无罪或无罪之人。《汉书·武五子传》："上怜太子～～，乃作思子宫。"《论衡·非韩》："赏无功，杀～～，韩子所非也。"

【无害】　wúhài　❶无灾害。《诗经·大雅·生民》："不坼不副，无灾～～。"（坼：裂开。）❷无妨，不妨碍。《荀子·非相》："术正而心顺之，则形相虽恶而心术善，～～为君子也。"又《儒效》："不知，～～为君子；知之，无损为小人。"❸特出无比。《史记·萧相国世家》："萧相国何者，沛丰人也。以文～～，为沛主吏掾。"《汉书·张汤传》："以汤为～～，言大府，调茂陵尉，治方中。"

【无何】　wúhé　❶不久，没多久。《史记·齐悼惠王世家》："居～～，汉将栾布、平阳侯等兵至齐，击破三国兵，解齐围。"《汉书·曹参传》："居～～，使者果召参。"❷没有什么。《荀子·天论》："星队木鸣，国人皆恐。曰：'是何也？'曰：'～～也。'"《汉书·淮南厉王刘长传》:"王视汉中尉颜色和,问斥雷被事耳,自度～～,不发。"(雷被:人名。)

【无后】 wúhòu ❶无后嗣,子孙无在显位者。《左传·成公八年》:"成季之勋,宣孟之忠,而～～,为善者其惧矣。"《国语·晋语七》:"鄢之役,亲射楚王而败楚师,以定晋国而～～,其子孙不可不崇也。"❷不晚,未晚。《资治通鉴·周赧王二十七年》:"齐王曰:'秦使魏冉致帝,子以为何如?'对曰:'愿王受之而勿称也。秦称之,天下安之,王乃称之,～～也。'"

【无厚】 wúhòu ❶没有厚度,极言其薄。《庄子·养生主》:"彼节者有间,而刀刃者～～。"❷战国时期名家学派论辩的题目。《荀子·修身》:"夫'坚白'、'同异'、'有厚～～'之察,非不察也,然而君子不辩,止之也。"《吕氏春秋·君守》:"坚白之察,～～之辩外矣。"

【无极】 wújí ❶无边际,无穷尽。《庄子·逍遥游》:"吾惊怖其言犹河汉而～～也。"《荀子·修身》:"将以穷无穷、逐～～与?其折骨、绝筋终身不可以相及也。"❷古代哲学范畴。指派生万物的本体。以其无味、无臭、无声、无色、无始、无终,无可指名,故曰无极。《老子·二十八章》:"为天下式,常德不忒,复归于～～。"

【无间】 wújiàn 无间隙,至微之处。《淮南子·俶真训》:"夫秋豪之末,沦于～～,而复归于大矣。"又《原道训》:"出于无有,入于～～。"

【无疆】 wújiāng ❶无限,无止境。《左传·成公二年》:"今吾子求合诸侯,以逞～～之欲。"❷比喻长寿。祝颂之辞。《诗经·豳风·七月》:"跻彼公堂,称彼兕觥,万寿～～。"《论衡·无形》:"黄耇～～。"

【无赖】 wúlài ❶无才,无能。《史记·高祖本纪》:"始大人常以臣～～,不能治产业。"又《张释之冯唐列传》:"文帝曰:'吏不当若是邪?尉～～。'"❷撒泼放刁,蛮不讲理。《新五代史·梁文惠皇后王氏传》:"太祖壮而～～,县中皆厌苦之。"❸无奈。《三国志·魏书·华佗传》:"彭城夫人夜之厕,虿螫其手,呻吟～～。"杜甫《绝句漫兴》之一:"眼见客愁愁不醒,～～春色到江亭。"❹调皮可爱。也作"亡赖"。辛弃疾《清平乐》词:"最喜小儿～～,溪头卧剥莲蓬。"

【无量】 wúliàng ❶没有限量。《论语·乡党》:"唯酒～～,不及乱。"《管子·牧民》:"上～～则民乃妄。"❷无穷尽。宋玉《神女赋》:"私心独悦,乐之～～。"

【无聊】 wúliáo ❶生活上无所依赖。《汉书·元帝纪》:"关中有～～之民,非久长之策也。"《后汉书·袁绍传》:"是以兖、豫有～～之人,帝都有呼嗟之怨。"❷精神无所寄托,郁闷。《楚辞·九怀·蓄英》:"菀蕴兮霉黧,思君兮～～。"《论衡·道虚》:"不安,则犹人勤苦～～也,安能得久生乎?"

【无虑】 wúlǜ 也作"勿虑"、"亡虑"。❶不要打扰。《吕氏春秋·长利》:"夫子盍行乎?～～吾农事。"❷无所忧虑。《淮南子·原道训》:"是故大丈夫恬然无思,澹然～～,以天为盖,以地为舆。"❸无计,无办法。《后汉书·应劭传》:"仆妾感慨而致死者,非能义勇,顾～～耳。"❹不考虑,不计算。《后汉书·光武帝纪下》:"初作寿陵,将作大匠窦融上言园陵广袤,～～所用。"❺大凡,大概。《汉书·冯奉世传》:"今反虏～～三万人,法当倍用六万人。"李清照《金石录后序》:"所谓岿然独存者,～～十去五六矣。"❻古地名。《汉书·地理志下》:"[辽东郡]县十八:襄平、新昌、～～、……沓氏。"

【无那】 wúnà 即"无奈"。杜甫《奉寄高常侍》诗:"汶上相逢年颇多,飞腾～～故人何。"

【无乃】 wúnǎi 比较委婉地表示对某一事或问题的估计或看法,相当于现代汉语的"恐怕"、"只怕"等。《左传·庄公二十四年》:"先君有共德,而君纳诸大恶,～～不可乎?"《国语·周语上》:"其～～废先王之训而王几顿乎!"杜甫《新婚别》诗:"暮婚晨告别,～～太匆忙。"

【无奈】 wúnài 无法,无可奈何。《战国策·秦策四》:"今以无能之如耳、魏齐,帅弱韩、魏以攻秦,其～～寡人何,亦明矣!"杨万里《戊戌正月二日雪作》诗:"只愁雪虐梅～～,不道梅花领雪来。"

【无宁】 wúnìng 也作"毋宁"。❶宁肯,宁可。《论语·子罕》:"且予与其死于臣之手,～～死于二三子之手乎?"《左传·襄公二十九年》:"且先君而有知也,～～夫人,而焉用老臣?"❷犹"无乃","实乃"。《左传·昭公二十二年》:"寡君闻君有不令之臣为君忧,～～以为宗羞,寡君请受而戮之。"

【无穷】 wúqióng 无极限。《史记·礼书》:"～～者,广大之极也。"《孙子·势》:"故善出奇者,～～如天地,不竭如江河。"

【无任】 wúrèn ❶不胜任,无能。《战国策·魏策四》:"大王已知魏之急,而救不至者,是大王筹策之臣～～矣。"❷敬词。犹"不胜"。柳宗元《谢李吉甫相公示手札启》:"何以报恩,唯当结草,～～喜惧感恋之至。"韩愈《论佛骨表》:"凡有殃咎,宜加臣身，上天鉴临，臣不怨悔，～～感激悬悃之至。”

【无日】 wúrì ❶没多少日子。《左传·宣公九年》：“是国之灾也，吾死～～矣。”《国语·周语下》：“且绝民用以实王府，犹塞川原而为潢汙也，其竭也～～矣。”❷没有一天，无一日。《左传·昭公三十二年》：“于今十年，余一人～～忘之。”又《襄公二十二年》：“～～不惕，岂敢忘职？”

【无如】 wúrú 不如，不及。《孟子·梁惠王上》：“察邻国之政，～～寡人之用心者。”

【无伤】 wúshāng 无妨，无妨碍。《孟子·梁惠王上》：“～～也，是乃仁术也。”《史记·田敬仲完世家》：“且让争帝名，～～也。”

【无事】 wúshì ❶无战事，意即天下太平。《韩非子·五蠹》：“是故～～则国富。”《史记·平准书》：“汉兴七十馀年之间，国家～～，非遇水旱之灾，民则人给家足。”❷无所作为。《孟子·滕文公下》：“士～～而食，不可也。”❸指无为而治。《老子·五十七章》：“我～～，人自富；我无欲，人自朴。”《管子·形势》：“上～～则民自试。”

【无似】 wúsì 谦词。不肖，不贤。《礼记·哀公问》：“公曰：‘寡人虽～～也，愿闻所以行三言之道。’”杨万里《与张严州敬夫书》：“某～～之迹，直阁推挽不少矣，其如命何！”

【无他】 wútā 也作“无它”、“无佗”。❶无别的。《孟子·梁惠王上》：“古之人所以大过人者，～～焉，善推其所为而已矣。”《国语·晋语三》：“事秦，有死～～。”❷无害，无恙。《后汉书·隗嚣传》：“诏告嚣曰：‘若束手自诣，父子相见，保～～也。’”又《马援传》：“援间至河内，过存伯春，见其奴吉从西方还，说伯春小弟仲舒望见吉，欲问伯春～～否，竟不能言，晓夕号泣，婉转尘中。”

【无妄】 wúwàng ❶不虚假，无误。《管子·宙合》：“夫五音不同声而能调，此言君之所出令～～也。”❷意想不到。《战国策·楚策四》：“世有～～之福，又有～～之祸。”❸卦名。卦形为震下乾上。《周易·无妄》：“初九，～～往。吉。”

【无望】 wúwàng ❶无德望，无威望。《诗经·陈风·宛丘》：“洵有情兮，而～～兮。”（洵：的确。）❷没希望。《左传·昭公二十七年》：“乌呼！为～～也夫！其死于此乎！”❸没有边际。《吕氏春秋·下贤》：“精充天地而不竭，神覆宇宙而～～。”

【无为】 wúwéi ❶道家指清静虚无，顺其自然。《老子·三章》：“为～～，则无不治。”《史记·老子韩非列传》：“李耳～～自化，清静自正。”《论衡·初禀》：“自然～～，天之道也。”❷儒家指不施刑罚，以德政感化人民。《论语·卫灵公》：“～～而治者，其舜也与！”刘向《新序·杂事》：“舜举众贤在位，垂衣裳恭己～～而天下治。”❸犹言不用。《后汉书·邓晨传》：“元以手扬曰：‘行矣，不能相救，～～两没也。’”（扬：挥。）

【无谓】 wúwèi 也作“亡谓”。有失于事理，无意义。《汉书·高帝纪下》：“爵或人君，上所尊礼，久立吏前，曾不为决，甚～～也。”《三国志·魏书·华歆传》：“今大官重膳，而司徒蔬食，甚～～也。”

【无行】 wúxíng ❶无善行，行为不正。《史记·齐太公世家》：“荼少，其母贱，～～，诸大夫恐其为嗣，乃言愿择诸子长贤者为太子。”《汉书·田蚡传》：“举谪诸窦宗室～～者，除其属籍。”❷只聘问一个国家，不再去别处。《仪礼·聘礼》：“宰夫献，～～，则重贿反币。”

【无形】 wúxíng 无痕迹，无所表现。《孙子·虚实》：“微乎微乎，至于～～；神乎神乎，至于无声。”《荀子·乐论》：“故人不能不乐，乐则不能～～。”《史记·司马相如列传》：“智者避危于～～。”

【无须】 wúxū 莫须有。陈亮《甲辰答朱元晦书》：“亮滥膺～～之祸，初欲以杀人残其命，后欲以受赂残其躯。”

【无恙】 wúyàng 无灾害，无忧虑。古代多作问安之辞。《史记·梁孝王世家》：“谨以伏诛死，梁王～～也。”骆宾王《与博昌父老书》：“骆宾王谨致书于博昌父老：承并～～，幸甚幸甚。”

【无以】 wúyǐ ❶不停止，不得已。《孟子·梁惠王上》：“仲尼之徒，无道桓文之事者，是以后世无传焉。～～，则王乎？”❷没有什么（办法或东西）。《左传·昭公七年》：“礼，人之干也；无礼，～～立。”《战国策·西周策》：“仓廪空，～～守城。”《史记·吕太后本纪》：“王陵～～应之。”

【无射】 wúyì ❶无厌，没有厌倦。《诗经·周颂·清庙》：“不显不承，～～于人斯。”❷十二律之一。《礼记·月令》：“季秋……，其音商，律中～～。”《吕氏春秋·音律》：“夹钟生～～，～～生仲吕。”❸钟名。《国语·周语下》：“二十三年，王将铸～～，而为之大林。”

【无因】 wúyīn ❶无所因依。《楚辞·远遊》：“质菲薄而～～兮，焉托乘而上浮。”❷无缘由，无缘无故。《汉书·邹阳传》：“臣闻明月之珠，夜光之璧，以暗投人于道，众莫不按剑相眄者，何则？～～而至前也。”

【无垠】 wúyín 没有边际。《论衡·寒温》："河决千里，四望～～。"王维《送秘书晁监还日本诗序》："乾元广运，涵育～～。"

【无庸】 wúyōng 不用，无须。《左传·隐公元年》："公曰：'～～，将自及。'"《国语·吴语》："夫吴之与越，唯天所授，王其～～战。"《战国策·赵策二》："为大王计，莫若安民无事，请～～有为也。"

【无由】 wúyóu 也作"无繇"。无从，无法。《荀子·法行》："故君子苟能无以利害义，则耻辱亦～～至矣。"《史记·孝文本纪》："今列侯多居长安，邑远，吏卒给输费苦，而列侯亦～～教训其民。"《后汉书·梁竦传》："逸伏草野，常恐没命，～～自达。"

【无有】 wúyǒu ❶古代哲学范畴。指虚无之道。《老子·四十三章》："出于～～，入于无间，吾是以知无为有益。"《庄子·应帝王》："有莫举名，使物自喜。立乎不测，而游于～～者也。"❷没有，无。《左传·成公二年》："其竭力致死，～～二心。"《史记·陈丞相世家》："有叔如此，不如～～。"❸犹如"不论"。《左传·僖公二十八年》："有渝此盟，明神殛之，俾队其师，无克祚国，及尔玄孙，～～老幼。"（队：即"坠"。）❹犹言莫不是，表示反问。《战国策·赵策一》："今臣使于秦，而三日不见，～～谓臣为铁钻者乎？"

【无状】 wúzhuàng ❶无功绩。《史记·屈原贾生列传》："贾生自伤为傅～～，哭泣岁馀，亦死。"❷无善状，不肖。《论衡·死伪》："会告诸生以始皇无道，李斯～～。"《汉书·楚元王传》："德数责以公主起居～～。"❸无礼。《史记·项羽本纪》："诸侯吏卒异时故繇使屯戍过秦中，秦中吏卒遇之多～～，及秦军降诸侯，诸侯吏卒乘胜多奴虏使之。"《后汉书·刘根传》："向根叩头曰：'小儿～～，分当万坐。'"❹无脸面见人。《汉书·东方朔传》："妾～～，负陛下，身当伏诛。"❺指罪恶之大没法用言语表达。《三国志·魏书·三少帝纪》："又尚书王经，凶逆～～。"《后汉书·李通传》："守闻子～～，不敢逃亡，守义自信，归命宫阙。"

【无几何】 wújǐhé 不久。《庄子·秋水》："～～～，将甲者进，辞曰：'以为阳虎也，故围之；今非也，请辞而退。'"《吕氏春秋·制乐》："～～～，疾乃止。"

【无聊赖】 wúliáolài 十分潦倒失意，无所依赖。《晋书·慕容德载记》："临刑，或问其父及兄弟所在，始答曰：'太上皇帝蒙尘于外，征东、征西乱兵所害，惟朕一身，独～～～。'"（征东、征西：指其兄与弟。）

【无声诗】 wúshēngshī 指画。因画中有诗意，故称。黄庭坚《次韵子瞻子由题憩寂图》之一："李侯有句不肯吐，淡墨写出～～～。"

【无万数】 wúwànshù 表示极多，即用万来计算也数不尽。《汉书·成帝纪》："建始元年六月，有青蝇～～～集未央宫殿中朝者坐。"

【无状子】 wúzhuàngzǐ 不肖之子，不贤之子。《汉书·杜周传》："诚哀老姊垂白，随～～～出关。"

【无病自灸】 wúbìngzìjiǔ 比喻无端生事，自找苦吃。语出《庄子·盗跖》："柳下季曰：'跖得逆汝意若前乎？'孔子曰：'然。丘所谓无病而自灸也。'"

【无胫而行】 wújìng'érxíng 没有小腿却能走路，比喻事情自然迅速传播。刘昼《刘子新论·荐贤》："玉无翼而飞，珠～～～～。"

【无偏无党】 wúpiānwúdǎng 公正不偏袒。《尚书·洪范》："～～～～，王道荡荡。"

【无平不陂】 wúpíngbùbēi 没有平地不变为斜陂的，借喻事物总是向其对立面转化。《周易·泰》："～～～～，无往不复。"

【无声无臭】 wúshēngwúxiù 没有响声也没有气味，比喻默默无闻，不为人所知。《诗经·大雅·文王》："上天之载，～～～～。"

【无适无莫】 wúshìwúmò 无偏颇，无厚薄，指对人对事一视同仁。语出《论语·里仁》："君子之于天下也，无适也，无莫也，义之与比。"刘劭《人物志·材理》："心平志论，～～～～，期于得道而已矣。"

【无可无不可】 wúkěwúbùkě 指对事情没有主见，怎么样都行。《论语·微子》："我则异于是，～～～～～。"《后汉书·马援传》："高帝～～～～～。"

【无立锥之地】 wúlìzhuīzhīdì 连个插锥子的地方也没有，形容无地存身。枚乘《上书谏吴王》："舜～～～～～以有天下，禹无十户之聚以王诸侯。"

毋 1. wú ❶副词。1)表示禁止或劝阻，相当于"不要"、"别"。《论语·子罕》："主忠信，～友不如己者，过则勿惮改。"《战国策·赵策一》："愿大夫之往也，～伐树木，～发屋室。"《史记·项羽本纪》："～妄言，族矣。"2)表示否定，相当于"不"。《韩非子·说林下》："以我为君子也，君子安可～敬也？"《史记·张耳陈馀列传》："燕、赵城可～战而降也。"《汉书·文三王传》："先王有命，～得以尊与人。"（尊：酒樽。）❷通"无"。没有。《战国策·韩策二》："韩得武遂以恨秦，～秦患而得楚。"《史记·外戚世家》："文帝幸邯郸慎夫人、尹姬，皆～子。"❸姓。

2. móu ❹见"毋追"。

【毋复】 wúfù 同"无复"。表示禁止或劝阻,相当于"不要再"。《史记·田叔列传》:"公等奈何言若是,~~出口矣。"

【毋或】 wúhuò 不要。《左传·襄公二十三年》:"对曰:'盟东门氏也。'曰:'~~如东门遂不听公命,杀適立庶。'"(东门遂:人名。)《吕氏春秋·贵信》:"管仲、鲍叔进,曹翙按剑当两陛之间曰:'且二君将改图,~~进者!'"

【毋乃】 wúnǎi 同"无乃"。相当于"恐怕"、"只怕"。《左传·昭公十六年》:"是教敝邑背盟誓也,~~不可乎?"《史记·封禅书》:"今……嘉谷不生,而蓬蒿藜莠茂,鸱枭数至,而欲封禅,~~不可乎?"

【毋宁】 wúnìng 同"无宁"。宁肯,宁愿。《左传·襄公二十四年》:"~~使人谓子:'子实生我',而谓'子浚我以生'乎?象有齿以焚其身,贿也。"

【毋望】 wúwàng 同"无妄③"。意料之外。《史记·春申君列传》:"世有~~之福,又有~~之祸。"

【毋庸】 wúyōng 同"无庸"。不用。《汉书·郭解传》:"乃夜去,不使人知,曰:'且~~,待我去,令洛阳豪居间乃听。'"

【毋追】 móuduī 也作"牟追"。古代冠名。《礼记·郊特牲》:"~~,夏后氏之道也。"

妄

wú 见 wàng。

芜(蕪)

wú ❶田野荒芜,长满杂草。《老子·五十三章》:"田甚~,仓甚虚。"《吕氏春秋·辨土》:"弗除则~,除之则虚。"陶渊明《归去来兮辞》:"田园将~,胡不归?"❷丛生的草。颜延之《秋胡》诗:"寝兴日已寒,白露生庭~。"❸繁杂。《世说新语·文学》:"孙兴公云:'潘文浅而净,陆文深而~。'"《旧唐书·马周传》:"扬搉古今,举要删~。"❹姓。

【芜辞】 wúcí 繁杂的言词。韦庄《又玄集序》:"是知班张屈宋,亦有~~;沈谢应刘,犹多累句。"

【芜秽】 wúhuì ❶荒废,杂草丛生。《楚辞·离骚》:"虽萎绝其亦何伤兮,哀众芳之~~。"《后汉书·冯衍传上》:"庐落丘墟,田畴~~,疾疫大兴,灾异蜂起。"❷繁杂。萧统《文选序》:"自非略其~~,集其清英,盖欲兼功,太半难矣。"

【芜菁】 wújīng 一种蔬菜,又名蔓菁。《后汉书·桓帝纪》:"其令所伤郡国种~~以助人食。"

【芜旷】 wúkuàng 荒芜废弃。《管子·牧民》:"野~~则民乃荒。"《三国志·吴书·骆统传》:"郡县荒虚,田畴~~。"

吾

1. wú ❶第一人称代词。我,我们。《论语·为政》:"~十有五而志于学,三十而立。"《老子·二十五章》:"~不知其名,字之曰道。"《孟子·梁惠王上》:"老~老,以及人之老。"❷通"御"。抵御,抵挡。《墨子·公孟》:"厚攻则厚~,薄攻则薄~。"❸棒名。《集韵·模韵》:"~,棒名。"汉代有执金吾。❹姓。

2. yú ❺见"吾吾"。

3. yá ❻允吾,古县名。《广韵·麻韵》:"~,《汉书》:'金城郡有允吾县。'"

【吾曹】 wúcáo 我辈,我们这些人。《晋书·王衍传》:"衍将死,顾而言曰:'呜呼!~~虽不如古人,向若不祖尚浮虚,戮力以匡天下,犹可不至今日。'"

【吾侪】 wúchái 同"吾曹"。我辈,我们这班人。《左传·昭公二十四年》:"吾小国惧矣,然大国之忧也,~~何知焉?"杜甫《宴胡侍御书堂》诗:"今夜文星动,~~醉不归。"苏轼《与李公择书》:"~~虽老且穷,而道理贯心肝,忠义填骨髓。"

【吾属】 wúshǔ 我辈,我等。《史记·吕太后本纪》:"今皆已夷灭诸吕,而置所立,即长用事,~~无类矣。"

【吾徒】 wútú ❶我的门徒。《论语·先进》:"子曰:'非~~也,小子鸣鼓而攻之可也。'"❷我辈,我们这班人。《晋书·尹纬载记》:"天时如此,正是霸王龙飞之秋,~~杖策之日。"杜甫《宴王使君宅题》诗之一:"~~自漂泊,世事各艰难。"

【吾伊】 wúyī 也作"咿唔"。象声词。读书声。黄庭坚《考试局与孙元忠博士竹间对窗夜闻元忠诵书声调悲壮戏作竹枝歌》:"南窗读书声~~,北窗见月歌《竹枝》。"

【吾子】 wúzǐ ❶尊称对方,表示亲切。《左传·成公二年》:"擐甲执兵,固即死也,病未及死,~~勉之!"《孟子·公孙丑下》:"~~与子路孰贤?"❷我的儿子。《礼记·檀弓下》:"昔者,吾舅死于虎,吾夫又死焉,今~~又死焉。"❸幼儿。《管子·海王》:"~~食盐二升少半。"

【吾吾】 yúyú 疏远不敢亲近的样子。《国语·晋语二》:"乃歌曰:'暇豫之~~,不如鸟乌;人皆集于苑,己独集于枯。'"(暇:闲。豫:乐。)

吴

1. wú ❶大声说话,喧哗。《诗经·周颂·丝衣》:"不~不敖,胡考之休。"❷大。《方言》卷十三:"~,大也。"参见"吴榜"。❸古国名。1)春秋时吴国。在今江苏省境内，后被越国灭亡。《国语·吴语》："夫～之与越，唯天所授。"2)三国(魏、蜀、吴)之一。孙权所建，故称孙吴。《三国志·吴书·吴主传》："汉之与～，虽信由中，然分土裂境，宜有盟约。"❹地名。在今长江中下游一带。《晋书·乐志下》："～歌杂曲，并出江南。"❺姓。

2. yú　❻通"虞"。韦庄《和郑拾遗秋日感事》："～坂嘶骐骥，岐山集凤凰。"(吴坂：古地名。)

【吴榜】　wúbǎng　大棹，划船的工具。《楚辞·九章·涉江》："乘舲船余上沅兮，齐～～以击汰。"

【吴干】　wúgān　宝剑名。春秋吴国的干将剑。《战国策·赵策三》："夫～～之剑，肉试则断牛马，金试则截盘匜。"《吕氏春秋·疑似》："相剑者之所患，患剑之似～～者。"

【吴戈】　wúgē　兵器名。吴地所造，故称。《楚辞·九歌·国殇》："操～～兮被犀甲，车错毂兮短兵接。"沈约《从军行》："玄埃晦朔马，白日照～～。"

【吴姬】　wújī　吴地的美女。李白《金陵酒肆留别》诗："风吹柳花满店香，～～压酒唤客尝。"杜牧《见刘秀才与池州妓别》诗："楚管能吹柳花怨，～～争唱《竹枝歌》。"

【吴音】　wúyīn　指吴地的方言，即吴语。《宋书·顾琛传》："先是宋世江东贵达者，会稽孔季恭、季恭子灵符、吴兴丘渊之及琛，～～不变。"

【吴牛喘月】　wúniúchuǎnyuè　吴地的牛怕热，见了月亮以为是太阳，就张大口喘气。比喻因怕某物，见类似的就害怕。语出《世说新语·言语》："满奋畏风。在晋武帝坐，北窗作琉璃屏，实密似疏，奋有难色。帝笑之。奋答曰：'臣犹吴牛，见月而喘。'"又形容酷热难忍。李白《送萧三十一之鲁中兼问稚子伯禽》诗："六月南风吹白沙，～～～～气成霞。"

郚　1. wú　❶古地名。1)春秋时纪邑。在今山东省安丘市境内。《春秋·庄公元年》："齐师迁纪郱、鄑、～。"2)春秋时鲁邑。在今山东省泗水县境内。《春秋·文公七年》："遂城～。"❷姓。

2. yú　❸地名。《集韵·鱼韵》："～，郚乡，地名。"

筦(篻)　wú　见"筦竹"。

【筦竹】　wúzhú　黑皮竹子。贾思勰《齐民要术》卷十："～～，黑皮，竹浮有文。"

珸　wú　见"琨珸"。

梧　1. wú　❶树名。即梧桐，一种落叶乔木。杜甫《有感》诗之四："丹桂风霜急，青～日夜凋。"❷屋梁上两头起支架作用的斜柱。何晏《景福殿赋》："桁～复叠，势合形离。"(桁：檩。)❸支撑，支起。《后汉书·徐登传》："炳乃故升茅屋，～鼎而爨，主人见之惊懅。"❹古地名。在今河南省荥阳市境内。《左传·襄公十年》："晋师城～及制。"❺姓。

2. wù　❻通"牾"。抵触。见"抵梧"。

3. yǔ　❼见"强梧"。

【梧檟】　wújiǎ　❶梧桐与山楸树，两者皆良木。《孟子·告子上》："今有场师，舍其～～，养其樲棘，则为贱场师矣。"(樲：酸枣树。)❷比喻人才。曾巩《送程公辟使江西》诗："云裘数曲秀兰蕙，风盖相摩擢～～。"

【梧鼠技穷】　wúshǔjìqióng　比喻技能虽多而不精，故无用。语出《荀子·劝学》："螣蛇无足而飞，梧鼠五技而穷。"(梧鼠：鼫鼠。)

铻　wú　见 yǔ。

锞　wú　见 huá。

鼯(鼯)　wú　鼯鼠。左思《吴都赋》："狖～猓然，腾趠飞超。"徐光启《考课无能乞允辞免疏》："看评章疏，复～穷于后尘。"

五　wǔ　❶数词。五。《左传·襄公二十五年》："～人以其私卒先击吴师。"⊗序数。《诗经·豳风·七月》："～月斯螽动股，六月莎鸡振羽。"❷交错，一纵一横。《周礼·秋官·壶涿氏》："壶涿氏掌除水虫，……若欲杀其神，则以牡橭～贯象齿而沉之。"(牡橭：树名。)❸"伍"的古字。队伍，行列。《吕氏春秋·必己》："孟贲过于河，先其～。"❹姓。

【五伯】　wǔbà　即"五霸"。春秋时期诸侯中势力最大、称霸一方的人。历史上说法不一，通常指齐桓公、晋文公、秦穆公、宋襄公、楚庄王。《荀子·仲尼》："仲尼之门，五尺之竖子，言羞称乎～～。"《史记·天官书》："天子微，诸侯力政，～～代兴，更为主命。"

【五霸】　wǔbà　同"五伯"。《孟子·告子下》："～～者，三王之罪人也。"

【五兵】　wǔbīng　❶五种兵器，所指不一。1)车兵，指戈、殳、戟、酋矛、夷矛。《周礼·夏官·司兵》："掌～～五盾。"2)步卒兵器，指矛、戟、钺、楯、弓矢；也指矛、戟、弓、剑、戈。《穀梁传·庄公二十五年》："天子救日，置五麾，陈～～五鼓。"《吕氏春秋·精通》："今夫攻者，砥厉～～，侈衣美食，发且有日矣。”❷泛指兵力、军队。《战国策·齐策五》：“彼明君察相者，则～～不动而诸侯从，辞让而重赂至矣。”

【五采】 wǔcǎi 五色，青、赤、白、黑、黄。《荀子·正论》：“衣被则服～～，杂间色。”《周礼·考工记·画缋》：“～～备谓之绣。”

【五仓】 wǔcāng 五脏，也叫五脏神。《汉书·郊祀志下》：“及言世有仙人，服食不终之药，……化色～～之术者，皆奸人惑众，挟左道，怀诈伪，以欺罔世主。”

【五常】 wǔcháng ❶指封建社会的五种道德：父义、母慈、兄友、弟恭、子孝。《尚书·泰誓下》：“今商王受狎侮～～。”❷指五伦，君臣、父子、兄弟、夫妇、朋友之间五种伦理关系。陶宗仪《辍耕录·御史五常》：“人之所以读书为士君子者，正欲为～～主张也。使我今日谢绝故旧是为御史而无一常也。”❸指仁、义、礼、智、信。《汉书·董仲舒传》：“夫仁谊礼知信～～之道，王者所当修饰也。”（谊：义。知：智。）❹指五行：金、木、水、火、土。《汉书·艺文志》：“五行者，～～之形气也。”❺指三国时蜀地马良五兄弟。他们的字都有“常”字，故称。《三国志·蜀书·马良传》：“马良字季常……兄弟五人，并有才名，乡里为之谚曰：‘马氏～～，白眉最良。’良眉中有白毛，故以称之。”

【五辞】 wǔcí 也作“五词”。原告、被告双方的申述之辞。《史记·周本纪》：“两造具备，师听～～，～～简信，正于五刑。”

【五代】 wǔdài ❶指五个朝代。1）指黄帝、唐、虞、夏、殷。《礼记·祭法》：“其万物死皆曰折，人死曰鬼，此～～之所不变也。”2）指唐、虞、夏、商、周。王延寿《鲁灵光殿赋》：“殷～～之纯熙，绍伊唐之炎精。”❷指五代十国之五代。分前五代、后五代，前指梁、陈、齐、周、隋，后指后梁、后唐、后晋、后汉、后周。《宋史·太祖纪》：“～～诸侯跋扈，有枉法杀人者。”

【五德】 wǔdé ❶指人的五种品德，说法不一。1）儒家以“温、良、恭、俭、让”为五德。《论语·学而》何晏《集解》：“言夫子行其～～而得之。”2）孙子以“智、信、仁、勇、严”为五德。《孙子·计》曹操注：“将宜～～备也。”❷指物的五种特性、特色。《韩诗外传》卷二：“君独不见夫鸡乎？头戴冠者，文也；足傅距者，武也；敌在前敢斗者，勇也；见食相呼者，仁也；守夜不失时者，信也。鸡虽有此～～，君犹日瀹而食之者何也？”《诗经·秦风·小戎》郑玄笺：“玉有～～。”❸指五行，即金、木、水、火、土。《史记·秦始皇本纪》：“始皇推终始～～之传，以为周得火德，秦代周德，从所不胜。”又《历书》：“是时独有邹衍，明于～～之传，而散消息之分，以显诸侯。”❹指五方（东、西、南、北、中）种的五色谷物。《汉书·郊祀志下》：“耕耘～～，朝种暮获。”

【五等】 wǔděng 五个等级。《礼记·王制》：“王者之制禄爵，公、侯、伯、子、男，凡～～。诸侯之上大夫、下大夫、上士、中士、下士，凡～～。”《孟子·万章下》：“天子一位、公一位、侯一位、子男同一位，凡～～也。”

【五帝】 wǔdì ❶相传上古有五位帝王，说法不一。一指伏羲、神农、黄帝、尧、舜，一指黄帝、颛顼、帝喾、尧、舜。《韩非子·五蠹》：“超～～侔三王者，必此法也。”《论衡·命义》：“地有万民、～～、三王之精。”❷五方天帝。传说东方苍帝，南方赤帝，中央黄帝，西方白帝，北方黑帝。《楚辞·九章·惜诵》：“令～～以枏中兮，戒六神与向服。”

【五典】 wǔdiǎn ❶古代五种伦理道德，即父义、母慈、兄友、弟恭、子孝。《尚书·舜典》：“慎徽～～，～～克从。”❷传说中上古的五部典籍，早已亡佚。《左传·昭公十二年》：“王曰：‘是良史也，子善视之。是能读三坟、～～、八索、九丘。’”《后汉书·陈蕃传》：“齐七政，训～～，臣不如议郎王畅。”

【五度】 wǔdù ❶指长度的分、寸、尺、丈、引五级度量单位。《汉书·律历志》：“一为一分，十分为寸，十寸为尺，十尺为丈，十丈为引，而～～审矣。”❷五行（金、木、水、火、土）。《淮南子·兵略训》：“音气不戾八风，诎伸不获～～。”（诎：屈。）❸五次。白居易《醉中得上都亲友书咏而报之》诗：“一生耽酒客，～～弃官人。”

【五罚】 wǔfá 五种罚金。五刑中罪行较轻者，可以钱赎罪，罚金分五等：墨刑百锾（一锾六两），劓刑二百锾，剕刑五百锾，宫刑六百锾，大辟千锾。《史记·周本纪》：“五刑不简，正于～～。”

【五服】 wǔfú ❶古代王畿外围，每五百里为一服，由近及远，分为侯服、甸服、绥服、要服、荒服五个区域，合称五服。《汉书·地理志上》：“水土既平，更制九州，列～～，任土作贡。”❷指天子、诸侯、卿、大夫、士五种礼服。《尚书·皋陶谟》：“天命有德，～～五章哉！”（章：显扬。）❸五种丧服。以血缘关系的远近分为斩衰、齐衰、大功、小功、缌麻五种。《论衡·定贤》：“师无当于～～，～～非师不亲。”

【五福】 wǔfú 古人所谓的五种幸福。《尚书·洪范》：“～～：一曰寿，二曰富，三曰康宁，四曰攸好德，五曰考终命。”（攸：通。

考:老。)《史记·宋微子世家》:"九曰向用～～,畏用六极。"

【五更】 wǔgēng ❶古代乡官名。以年老致仕的官员充任。《史记·乐书》:"食三老～～于太学。"《汉书·艺文志》:"养三老～～,是以兼爱。"❷古代一夜分甲、乙、丙、丁、戊五段,称为五更。也叫"五鼓"。《颜氏家训·书证》:"或问:'一夜何故～～?更何所训?'答曰:'汉魏以来,谓为甲夜、乙夜、丙夜、丁夜、戊夜;又云鼓,……亦云一更、二更、三更、四更、五更,皆以五为节。'"❸特指第五更,五更天。陆游《大雪歌》:"～～未醒已上马,冲雪却作南山游。"

【五谷】 wǔgǔ ❶五种谷物,说法不一。1)指稻、稷、麦、豆、麻。《楚辞·大招》:"～～六仞,设菰粱只。"2)指麻、黍、稷、麦、豆。《周礼·天官·疾医》:"以五味、～～、五药养其病。"❷泛指谷物。《史记·乐书》:"夫古者天地顺而四时当,民有德而～～昌。"《汉书·董仲舒传》:"～～熟而草木茂。"

【五官】 wǔguān ❶指五种官职,名称不一。《礼记·曲礼下》:"天子之～～,曰司徒、司马、司空、司士、司寇,典司五众。"《韩非子·五蠹》:"其带剑者,聚徒属立节操以显其名,而犯～～之禁。"❷分管天、地、神、民、类物的五种官职。《国语·楚语下》:"于是乎有天、地、神、民、类物之官,是谓～～,各司其序,不相乱也。"《史记·历书》:"盖黄帝考定星历,建立五行,起消息,正闰馀,于是有天地神祇物类之官,是谓～～。"❸司历之官。《旧唐书·职官志二》:"乾元元年置～～,有春、夏、秋、冬、中～～之名。"❹古代宫中女官名。《汉书·元后传》:"公聘取故掖庭女乐～～殷严、王飞君等,置酒歌舞。"❺指五官中郎将。《汉书·百官公卿表》:"中郎有～～、左、右三将。"《后汉书·陈蕃传》:"自蕃为光禄勋,与～～中郎将黄琬共典选举,不偏权富。"❻传说中的五行之神。《左传·昭公二十九年》:"故有五行之官,是谓～～,……木正曰句芒,火正曰祝融,金正曰蓐收,水正曰玄冥,土正曰后土。"(正:官长。)❼人体的五种器官,说法不一,通常指耳、目、鼻、口、心。《庄子·天运》:"天机不张而～～皆备。"

【五侯】 wǔhóu ❶公、侯、伯、子、男五等诸侯爵位。《左传·僖公四年》:"～～九伯,汝实征之。"❷指同时被封为侯的五人。《汉书·元后传》:"河平二年,上悉封舅谭为平阿侯……五人同日封,故世谓之～～。"❸泛称权贵之家。韩翃《寒食》诗:"日暮汉宫传蜡烛,青烟散入～～家。"

【五纪】 wǔjì ❶指岁、月、日、星辰、历数。《尚书·洪范》:"～～:一曰岁,二曰月,三曰日,四曰星辰,五曰历数。"❷一纪十二年,五纪为六十年。杜牧《冬至日寄小侄阿宜》诗:"今来～～强,尚可与尔读,助尔为贤良。"

【五教】 wǔjiào ❶五种伦理道德的教育。《左传·文公十八年》:"举八元,使布～～于四方,父义,母慈,兄友,弟恭,子孝,内平外成。"❷古代练兵的五项内容。《管子·兵法》:"～～:一曰教其目以形色之旗,二曰教其耳以号令之数,三曰教其足以进退之度,四曰教其手以长短之利,五曰教其心以赏罚之诚。"❸佛教华严经的分派。《华严经探玄记》卷一:"一小乘教,二大乘始教,三终教,四顿教,五圆教,……此上～～,非局判经。"

【五尽】 wǔjìn 信用、名声、亲人、财物、功业都丧尽,称五尽。《吕氏春秋·先识》:"何谓～～?曰:莫之必,则信尽矣;莫之誉,则名尽矣;莫之爱,则亲尽矣;行者无粮、居者无食,则财尽矣;不能用人,又不能自用,则功尽矣。国有此五者,无幸必亡。"

【五经】 wǔjīng ❶儒家的五部经典,即《易》、《书》、《诗》、《礼》、《春秋》。《论衡·佚文》:"燔～～之文,设挟书之律。"❷古代五种礼制,吉、凶、宾、军、嘉。《礼记·祭统》:"礼有～～,莫重于祭。"❸辅弼国政的五项措施。《管子·五辅》:"德有六兴,义有七体,礼有八经,法有五务,权有三度……故曰～～既布,然后逐奸民。"❹五脏的经脉。《素问·经脉别论》:"水精四布,～～并存。"

【五苦】 wǔkǔ ❶五种苦味。《汉书·艺文志》:"经方者,……假药味之滋,因气感之宜,辩～～六辛,致水火之齐,以通闭解结,反之于平。"(辩:通"辨"。)❷佛教用语。指生老病死苦、爱别离苦、怨憎会苦、求不得苦、五阴盛苦。《观无量寿经》:"若佛灭后,诸众生等浊恶不善,～～所逼,云何当见阿弥陀佛极乐世界?"

【五礼】 wǔlǐ ❶古代的五种礼制,即吉礼、凶礼、宾礼、军礼、嘉礼。《史记·五帝本纪》:"修～～、五玉、三帛、二生、一死为挚,如五器,卒乃复。"❷公、侯、伯、子、男五等诸侯朝聘之礼。《尚书·皋陶谟》:"天秩有礼,自我～～有庸哉?"(自:遵循。庸:常。)

【五流】 wǔliú 对犯有五刑之罪的人从宽处理,给以流放的刑罚。《尚书·舜典》:"～～有宅,五宅三居。"《史记·五帝本纪》:"～～有度,五度三居。"

【五马】 wǔmǎ ❶汉代太守乘坐的五匹马驾的车,因借指太守的车驾。《玉台新咏·

日出东南隅行》:"使君从南来,～～立踟蹰。"❷借指太守。李商隐《祭全义县伏波庙文》:"向我来思,停车展敬。一樽有奠,～～忘归。"白居易《西湖留别》诗:"翠黛不须留～～,皇恩只许住三年。"

【五内】 wǔnèi 五脏。蔡琰《悲愤诗》:"见此崩～～,恍惚生狂痴。"《三国志·魏书·三少帝纪》:"哀怛痛恨,～～摧裂,不知何地可以陨坠?"

【五品】 wǔpǐn ❶五常,指父义、母慈、兄友、弟恭、子孝。《史记·五帝本纪》:"舜曰:'契,百姓不亲,～～不驯,汝为司徒,而敬敷五教,在宽。'"《论衡·顺鼓》:"臣多弑主,孽多杀宗,～～不训,责于人公。"❷五常,指仁、义、礼、智、信。《汉书·王莽传中》:"帅民承上,宣美风俗,～～乃训。"❸功勋的五个等级。《史记·高祖功臣侯者年表》:"古者人臣功有～～,以德立宗庙定社稷曰勋,以言曰劳,用力曰功,明其等曰伐,积日曰阅。"❹九品官阶的第五级。《隋书·礼仪志五》:"今犊车通幰,自王公已下,至～～以上,并给乘之。"(幰:车上的帷幕。)

【五气】 wǔqì ❶五脏之气。《周礼·天官·疾医》:"以～～、五声、五色眡其死生。"❷五行(金、木、水、火、土)之气。《史记·五帝本纪》:"轩辕乃修德振兵,治～～,艺五种,抚万民。"❸中医称寒、暑、燥、湿、风为五气。《素问·六节藏象论》:"天食人以～～,地食人以五味。～～入鼻,藏于心肺。"

【五刃】 wǔrèn ❶指刀、剑、矛、戟、矢五种兵器。《国语·齐语》:"教大成,定三革,隐～～,朝服以济河而无怵惕焉。"❷泛指兵器。李商隐《为汝南华州贺赦表》:"万蛰苏而六幽尽开,～～藏而九土咸辟。"

【五戎】 wǔróng ❶指刀、剑、矛、戟、矢五种兵器。《吕氏春秋·季秋》:"是月也,天子乃教于田猎,以习～～。"❷五种兵车。《周礼·春官·车仆》郑玄注:"此五者皆兵车,所谓～～也。戎路,王在军所乘也;广车,横陈之车也;阙车,所用补阙之车也;苹,犹屏也,所用对敌自蔽隐之车也;轻车,所用驰敌致师之车也。"❸指古代边境的少数民族。《周礼·夏官·职方氏》:"辨其邦国,都、鄙、夷、……～～、六狄之人民。"

【五瑞】 wǔruì 古代诸侯用作符信的五种玉。按公、侯、伯、子、男分为五等,公执桓圭,侯执信圭,伯执躬圭,子执谷璧,男执蒲璧。《史记·五帝本纪》:"揖～～,择吉月日,见四岳诸牧,班瑞。"班固《白虎通·文质》:"何谓～～?谓珪、璧、琮、璜、璋也。……璜以征召,璧以聘问,璋以发兵,珪以信质,琮以起土功之事。"

【五三】 wǔsān ❶五帝三王的简称。扬雄《羽猎赋》:"遐迩～～,孰知其是非?"❷五星三辰的简称。《申鉴·俗嫌》:"或问～～之位,周应也;龙虎之会,晋祥也。"❸约计数,如同三五。吕岩《绝句》之十一:"学道须教彻骨贫,囊中只有～～文。"

【五色】 wǔsè ❶五种颜色:青、黄、赤、白、黑。《老子·十二章》:"～～令人目盲,五音令人耳聋。"《史记·乐书》:"～～成文而不乱,八风从律而不奸。"❷神色。《论衡·异虚》:"禹南济于江,有黄龙负舟,舟中之人,～～无主。"❸指五脏反映在人面部的五种气色。中医据此诊病。《周礼·天官·疾医》:"以五气、五声、～～眡其死生。"《史记·扁鹊仓公列传》:"传黄帝、扁鹊之脉书,～～诊病,知人死生。"

【五声】 wǔshēng ❶指宫、商、角、徵、羽五音。《吕氏春秋·孝行》:"正六律,和～～,杂八音,养耳之道也。"《孙子·势》:"～～之变,不可胜听也。"❷五听。《周礼·秋官·小司寇》:"以～～听狱讼,求民情。一曰辞听,二曰色听,三曰气听,四曰耳听,五曰目听。"参见"五听"。

【五胜】 wǔshèng 五行相胜,水胜火,火胜金,金胜木,木胜土,土胜水。《史记·历书》:"而亦颇推～～,而自以为获水德之瑞。"《汉书·艺文志》:"阴阳者,顺时而发,推刑德,随斗击,因～～,假鬼神而为助者也。"

【五石】 wǔshí 五种石料。古代道教用以炼丹治病。《史记·扁鹊仓公列传》:"中热不溲者,不可服～～。"(溲:排泄。)《抱朴子·金丹》:"作之法,当以诸药合火之,以转～～,～～者:丹砂、雄黄、白凡、曾青、慈石也。"《论衡·率性》:"然而道人消烁～～,作五色之玉,比之真玉,光不殊别。"

【五世】 wǔshì 五代。父子相继为一世。《论语·季氏》:"孔子曰:'禄之去公室～～矣。'"《汉书·扬雄传上》:"自季至雄,～～而传一子。"

【五事】 wǔshì ❶古人修身的五件事。《尚书·洪范》:"～～:一曰貌,二曰言,三曰视,四曰听,五曰思。"《史记·宋微子世家》:"一曰五行,二曰～～,三曰八政,四曰五纪。"《汉书·律历志上》:"五常为仁,～～为貌。"❷兵法上决定胜负优劣的五种因素。《孙子·计》:"故经之以～～,校之以计而索其情:一曰道,二曰天,三曰地,四曰将,五曰法。"❸使国家致富的五件事。《管子·立政》:"富国有～～,～～五经也。"

【五属】 wǔshǔ ❶五服以内的亲属。《汉书·韦贤传》:“天序五行,人亲～～。”❷春秋时代边邑的行政组织。《管子·小匡》:“三乡为属,属有帅,～～一大夫,武政听属,文政听乡。”

【五祀】 wǔsì ❶指禘、郊、祖、宗、报五种祭礼。典出《国语·鲁语上》:“凡禘、郊、祖、宗、报,此五者,国之典祀也。”❷祭祀的五种神祇。1)五行之神。《左传·昭公二十九年》:“社稷～～,是尊是奉。木正曰句芒,火正曰祝融,金正曰蓐收,水正曰玄冥,土正曰后土。”2)住宅内外的五神:门、户、井、灶、中霤。《论衡·祭意》:“～～,报门、户、井、灶、中霤之功,门、户人所出入,井、灶人所饮食,中霤人所托处,五者功钧,故俱祀之。”

【五听】 wǔtīng 审查案情的五种方法。《汉书·刑法志》:“《周官》有～～、八议、三刺、三宥、三赦之法。～～,一曰辞听,二曰色听,三曰气听,四曰耳听,五曰目听。”《陈书·沈洙传》:“凡大小之狱,必应以情,正言依准～～,验其虚实。”

【五位】 wǔwèi ❶指岁、月、日、星、辰。《国语·周语下》:“王欲合是～～三所而用之。”❷指五方之位。《淮南子·时则训》:“～～,东方之极,……南方之极,……中央之极,……西方之极,……北方之极。”❸指五方之神:东方苍帝、南方赤帝、中央黄帝、西方白帝、北方黑帝。《汉书·扬雄传上》:“灵祇既乡,～～时叙。”❹指金、木、水、火、土五行。《汉书·五行志上》:“天以一生水,地以二生火,天以三生木,地以四生金,天以五生土。～～皆以五而合。”

【五味】 wǔwèi ❶五种滋味:酸、辛、甘、苦、咸。《庄子·天地》:“四曰～～浊口,使口厉爽。”《史记·礼书》:“稻粱～～,所以养口也。”❷五味子的省称。中药名。《本草纲目·草七》:“～～,皮肉甘、酸,核中辛、苦,都有咸味,此则～～具也。”

【五星】 wǔxīng 五大行星,即金星、木星、水星、火星、土星。也叫“五曜”、“五纬”。《史记·孝景本纪》:“～～逆行守太微。”《论衡·说日》:“日月在天犹～～,～～犹列星,列星不圆,光耀若圆,去人远也。”《汉书·艺文志》:“故圣王必正历数,以定三统服色之制,又以探知～～日月之会。”

【五刑】 wǔxíng 五种刑罚,所指不一。1)墨、劓、剕、宫、大辟。《史记·五帝本纪》:“象以典刑,流宥～～,鞭作官刑,朴作教刑,金作赎刑。”《论衡·谢短》:“唐虞之刑～～,案今律无～～之文。”2)甲兵、斧钺、刀锯、钻笮、鞭扑。《国语·鲁语上》:“大刑用甲兵,次刑用斧钺,中刑用刀锯,其次用钻笮,薄刑用鞭朴,以威民也。故大者,陈之原野,小者,致之市朝,～～三次,是无隐也。”3)黥、劓、斩左右趾、枭首、菹其骨肉。《汉书·刑法志》:“当三族者,皆先黥、劓、斩左右止,笞杀之,枭其首,菹其骨肉于市。其诽谤詈诅者,又先断舌,故谓之具～～。”(菹:剁成肉酱。)《论衡·佚文》:“李斯创议,身伏～～。”4)死、流、徒、杖、笞。《隋书·刑法志》:“一曰杖刑五,……二曰鞭刑五,……三曰徒刑五,……四曰流刑五,……五曰死刑五,……～～之属各有五,合二十五等。”

【五行】 wǔxíng ❶指金、木、水、火、土五种物质元素的运行、变化,古代学者认为万物是由这五种元素构成的。《国语·鲁语上》:“及地之～～,所以生殖也。”《论衡·物势》:“～～之气,天生万物。以万物含～～之气,～～之气更相贼害。”❷即五常。《荀子·非十二子》:“案往旧造说,谓之～～。”《汉书·扬雄传上》:“文之以～～,拟之以道德仁义礼知。”❸五种行为。《礼记·乡饮酒义》:“贵贱明,隆杀辨,和乐而不流,弟长而无遗,安燕而不乱,此～～者,足以正身安国矣。”❹星名。《韩非子·饰邪》:“此非丰隆、～～、太一、王相、摄提……岁星非数年在西也。”❺舞名。《汉书·礼乐志》:“～～舞者,本周舞也,秦始皇二十六年更名曰～～也。”《后汉书·明帝纪》:“冬十月,蒸祭光武庙,初奏文始、～～、武德之舞。”(蒸:冬祭。)

【五臭】 wǔxiù ❶五种气味。《庄子·天地》:“～～熏鼻,困惾中颡。”(成玄英疏:“五臭,膻、薰、香、腥、腐。”困惾:闷塞。)❷五种有气味的植物。《管子·地员》:“～～生之,薜荔、白芷、蘼芜、椒、莲,～～所校,寡疾难老。”(校:馨烈之气。)

【五言】 wǔyán ❶五德之言。《史记·夏本纪》:“予欲闻六律五声八音,来始滑,以出入～～,女听。”❷五言诗的简称。白居易《与元九书》:“国风变为骚辞,～～始于苏李。”(苏李:苏武、李陵。)

【五义】 wǔyì 指父义、母慈、兄友、弟恭、子孝。同“五常①”。《国语·周语中》:“五声昭德,～～纪宜。”

【五音】 wǔyīn ❶宫、商、角、徵、羽。同“五声①”。《老子·十二章》:“五色令人目盲,～～令人耳聋。”《孟子·离娄上》:“师旷之聪,不以六律,不能正～～。”❷指音乐。《韩非子·十过》:“不务听治而好～～,则穷身之事也。”❸音韵学术语。音韵学按照声母的发音部位分为唇音、舌音、齿音、牙音、喉音五类，谓之五音。

【五玉】 wǔyù 古代诸侯用作符信的五种玉。也叫“五瑞”。参见“五瑞①”。《史记·五帝本纪》：“修五礼、～～、三帛、二生、一死为挚，如五器，卒乃复。”

【五乐】 wǔyuè 五种乐器，指琴瑟、笙竽、鼓、钟、磬。《汉书·郊祀志上》：“合时月正日，同律度量衡，修五礼～～。”

【五藏】 wǔzàng ❶五脏。人体内的五种器官，即脾、肺、肾、肝、心。《论衡·率性》：“人受五常，含～～，皆具于身。”❷佛教的五类经典。玄奘《大唐西域记·摩揭陀国下》：“凡圣咸会，贤智毕萃，复集《素呾缆藏》、《昆奈耶藏》、《阿毘达磨藏》、《杂集藏》、《禁咒藏》别为～～。”

【五畤】 wǔzhì 地名。又名五畤原。秦汉时祭祀天帝的地方。《史记·孝武本纪》：“其明年，有司言雍～～无牢熟具，芬芳不备。”郦道元《水经注·渭水》：“成帝建始二年，罢雍～～，始祀皇天上帝于长安南郊。”

【五种】 wǔzhǒng 五谷。即黍、稷、菽、麦、稻。《荀子·儒效》：“相高下，视垸肥，序～～，君子不如农人。”（垸：贫瘠的土地。）《史记·五帝本纪》：“轩辕乃修德振兵，治五气，艺～～，抚万民。”《淮南子·时则训》：“天子亲往射猎，先荐寝庙，令民出～～。”

【五子】 wǔzǐ ❶指夏王太康的五个弟弟。《楚辞·离骚》：“不顾难以图后兮，～～用失乎家巷。”（家巷：内哄。失：衍文。）韩愈《送孟东野序》：“夏之时，～～以其歌鸣。”❷指同时并称的五位名人。1）指齐国的管仲、隰朋、宁戚、宾胥无、鲍叔牙。《国语·齐语》韦昭注：“～～，皆齐大夫也。”2）指秦国的由余、百里奚、蹇叔、丕豹、公孙支。《史记·李斯列传》：“昔缪公求士，西取由余于戎，东得百里奚于宛，迎蹇叔于宋，来丕豹、公孙支于晋；此～～者，不产于秦而缪公用之。”3）指宋代理学家周敦颐、程颢、程颐、张载、朱熹。何凌汉《宋元学案叙》：“余生于濂溪之乡，幼禀庭训，读宋～～书。”❸指甲子、丙子、戊子、庚子、壬子，干支相配六十年间有五个子年。《汉书·律历志上》：“日有六甲，辰有～～。”

【五千言】 wǔqiānyán 老子《道德经》的代称。语出《史记·老子韩非列传》：“老子乃著书上下篇，言道德之意五千馀言而去，莫知其所终。”白居易《养拙》诗：“迢遥无所为，时窥～～～。”又简称“五千”。《文心雕龙·情采》：“老子疾伪，故称‘美言不信’；而～～精妙，则非弃美矣。”

【五行家】 wǔxíngjiā 古代以五行解释自然与人世间一些现象的人，后星相占卜之士也称五行家。《史记·日者列传》：“孝武帝时，聚会占家问之，某日可取妇乎？～～～曰可，堪舆家曰不可。”（堪舆家：相地看风水的人。）

【五言诗】 wǔyánshī 每句五字的诗体。包括五言古诗、五言绝句、五言律诗、五言排律，简称“五言”，为古典诗歌主要形式之一。曹丕《与朝歌令吴质书》：“其～～～之善者，妙绝时人。”

【五羖大夫】 wǔgǔdàfū 秦国大夫百里奚的别称。相传百里奚从秦逃走，被楚拘留，秦穆公知他有才能，用五张公羊皮将他赎回，任秦大夫，故名。简称“五羖”。《说苑·尊贤》：“亲举～～～～于系缧之中。”扬雄《解嘲》：“～～入而秦喜，乐毅出而燕惧。”

【五行俱下】 wǔhángjùxià 形容读书敏捷，同时能看五行。《三国志·魏书·应玚传》注引华峤《汉书》：“玚祖奉，字世叔，才敏，善讽诵，故世称‘应世叔读书～～～～’。”也作“五行并下”。《后汉书·应奉传》：“奉少聪明，自为童儿及长，凡所经履，莫不暗记，读书～～～～。”

【五经博士】 wǔjīngbóshì 汉代学官名。教授儒家经典，武帝时所置。《汉书·武帝纪》：“建元五年，置～～～～。”

【五属大夫】 wǔshǔdàfū 官名。五属之长。《国语·齐语》：“正月之朝，～～～～复事，桓公择是寡功者而谪之。”《管子·立政》：“五乡之师，～～～～，皆受宪于太史。”（五乡、五属均为当时的行政区划。）

【五体投地】 wǔtǐtóudì 两肘、两膝与头同时着地。佛教中最尊敬的行礼方式。后用以比喻佩服到极点。《无量寿经》卷上：“闻我名字，～～～～，稽首作礼。”

【五十步笑百步】 wǔshíbùxiàobǎibù 战败了向后退，退五十步的人讥笑退一百步的人。比喻错误程度不同，但性质相同。《孟子·梁惠王上》：“兵刃既接，弃甲曳兵而走，或百步而后止，或五十步而后止，以～～～～～～，则何如？”

午

wǔ ❶十二地支的第七位。与天干相配，用以纪年、日。《诗经·小雅·吉日》：“吉日庚～，既差我马。”韩愈《贞曜先生墓志铭》：“唐元和九年，岁在甲～。”❷十二时辰之一。午时，即十一时至十三时。李绅《古风》之二：“锄禾日当～，汗滴禾下土。”白居易《和寄问刘白》：“吟哦不能散，自～将及酉。”❸干支逢五曰午。五月五日叫午日、重午、端午。见“午日”。❹十二生肖属马。《论衡·物势》："～，亦火也；其禽马也。"❺纵横相交。《仪礼·特牲馈食礼》："肵俎心舌皆去本末，～割之。"（肵俎：古代祭祀时盛心舌的食器。）又《大射》："若丹若墨，度尺而～。"❻通"忤"。1）逆，违反。《淮南子·天文训》："～者，忤也。"《礼记·哀公问》："～其众以代有道。"2）触，触犯。《荀子·富国》："视可，～其军，取其将，若拨麸。"

【午道】 wǔdào 纵横交贯的要道。《史记·张仪列传》："今秦发三将军，其一军塞～～。"又《楚世家》："夜加即墨，顾据～～。"

【午日】 wǔrì ❶端午，农历五月五日。周处《风土记》："～～烹鹜，又以菰叶裹粽黍，以象阴阳相包裹未分也。"❷中午。张籍《江南行》："长干～～沽春酒，高高酒旗悬江口。"

【午时】 wǔshí ❶中午前后。白居易《昼寝》诗："不作～～眠，日长安可度。"❷半夜。王禹偁《中秋月》诗："何处见清辉，登楼正～～。"

【午夜】 wǔyè 半夜。陆游《道室夜意》诗："寒泉漱酒醒，～～诵仙经。"

伍 wǔ ❶古代最小的军队编制单位。五人为伍。《孙子·谋攻》："用兵之法，……全～为上，破～次之。"《左传·桓公五年》："先偏后～。"㊀泛指军队。杜牧《原十六卫》："籍藏将府，～散田亩，力解势破，人人自爱。"❷古代户籍编制单位。五家为伍。《管子·立政》："十家为什，五家为～，什～皆有长焉。"《汉书·晁错传》："臣又闻古之制边县以备敌也，使五家为～，～有长。"❸古代兵车编组单位。一百二十五乘为伍。《周礼·夏官·司右》："合其车之卒～，而比其乘。"《左传·昭公元年》："两于前，～于后。"❹队列，行列。《孟子·公孙丑下》："孟子之平陆，谓其大夫曰：'子之持戟之士，一日而三失～，则去之否乎？'"《史记·外戚世家》："窦姬家在清河，欲如赵近家，请其主遣宦者吏：'必置我籍赵之～中。'宦者忘之，误置其籍代～中。"❺同伙，同列。《史记·淮阴侯列传》："信出门笑曰：'生乃与哙等为～。'"司马迁《报任少卿书》："身非木石，独与法吏为～。"❻交互错杂。《荀子·议兵》："窥敌观变，欲潜以深，欲～以参。"❼通"五"。数词。今作五的大写。《国语·齐语》："昔者，圣王之治天下也，三其国而～其鄙。"❽姓。

【伍伯】 wǔbǎi 也作"伍百"。役卒，多为车卫前导或执仗行刑。《后汉书·舆服志上》："大车，～～璅弩十二人。"《三国志·魏书·荀彧传》注引《典略》："后衡骄蹇，答祖言俳优饶言，祖以为骂已也，大怒，顾～～捉头出。左右遂扶以去，拉而杀之。"

【伍伯】 wǔbó 伍长。崔豹《古今注·舆服》："～～，一伍之伯。五人曰伍，五长为伯，故称～～。"

【伍符】 wǔfú ❶古代军中各伍互保的符信。《汉书·冯唐传》："夫士卒尽家人子，起田中从军，安知尺籍～～？"❷指军队。曾巩《节相制》："逮后王之更造，开阡陌以居民，隶～～者，身不受于一廛。"

【伍人】 wǔrén 古代军中或户籍编在同一伍的人。《汉书·尹赏传》："乃部户曹掾史，与乡吏、亭长、里正、父老、～～，杂举长安中轻薄少年恶子，……悉籍记之。"

【伍长】 wǔzhǎng 一伍之长。《汉书·黄霸传》："然后为条教，置父老师帅～～，班行之于民间，劝以为善防奸之意。"

仵 wǔ ❶同，等同。《庄子·天下》："以坚白同异之辨相訾，以觭偶不～之辞相应。"（訾：诋毁。觭：单数。）曾巩《说遇下》："设有宴享，则郎中以降皆坐于庑下，与工祝为等～，王者遇之，体貌颜色未尝为之变也。"❷违背，抵触。《管子·心术上》："自用则不虚，不虚则～于物矣。"❸见"仵作"。❹通"伍"。古代士兵编制，五人为伍。《敦煌变文集·维摩诘经讲经文》："重整威仪，再排队～。"❺通"捂"。用手遮盖住。《西游记》四十一回："八戒将两手搓热，～住他的七窍。"❻姓。

【仵作】 wǔzuò 古时官府中检验死伤的差役。也称以殓葬为职业的人。廉布《清尊录》："郑以送丧为业，世所谓～～行者也。"

沅（潕） wǔ 古水名。即沅水，源出河南省方城县东。《山海经·中山经》："又东北一百五十里，曰朝歌之山。～水出焉，东南流注于荥。"

庑（廡） 1. wǔ ❶堂下周围的廊屋。《楚辞·九歌·湘夫人》："合百草兮实庭，建芳馨兮～门。"《史记·李斯列传》："斯入仓，观仓中鼠，食积粟，居大～之下，不见人犬之忧。"《后汉书·灵帝纪》："公府驻驾～自坏。"㊀泛指房屋。《史记·苏秦列传》："地名虽小，然而田舍庐～之数，曾无所刍牧。"《后汉书·张酺传》："其无起祠堂，可作槁盖～，施祭其下而已。"❷大屋。《管子·国蓄》："夫以室～籍，谓之毁成。"左思《蜀都赋》："比屋连甍，千～万室。"❸通"瓬"。陶制的酒器。《荀子·礼论》："罋～虚而不实。"

2. wú ❹通"芜"。茂盛。张衡《东京赋》："草木蕃～，鸟兽阜滋。"（阜：大。）

【庑舍】 wǔshè 房屋。《战国策·魏策一》：

"地名虽小，然而庐田～～，曾无所刍牧牛马之地。"《新唐书·郑虔传》："久之，雨坏～～，有司不复修完，寓治国子馆，自是遂废。"

【庑下】 wǔxià 廊屋之下。《后汉书·梁鸿传》："遂至吴，依大家皋伯通，居～～，为人赁舂。"曾巩《说遇下》："设有宴享，则郎中以降皆坐于～～。"

怃(憮)

1. wǔ ❶爱抚。《方言》卷一："～，爱也。韩、郑曰～。"❷哀怜。《方言》卷一："～，哀也。自楚之北郊曰～。"❸怅然失意的样子。见"怃然"。❹兼，同。《汉书·薛宣传》："故或以德显，或以功举，君子之道，焉可～也。"❺大。《后汉书·崔琦传》："诗人是刺，德用不～。"❻通"娬"。美好。《后汉书·张敞传》："又为妇画眉，长安中传张京兆眉～。"

2. wú ❼空。《广韵·虞韵》："～，空也。"

【怃然】 wǔrán 怅然失意的样子。《孟子·滕文公上》："徐子以告夷子，夷子～～。"《后汉书·蔡邕传》："邕具以告，莫不～～。"又《孔融传》："闻之～～，中夜而起。"

忤

wǔ 违逆，抵触。《韩非子·难言》："且至言～于耳而倒于心，非圣贤莫能听。"《史记·魏其武安侯列传》："灌将军得罪丞相，与太后家～，宁可救邪?"李翱《赠礼部尚书韩公行状》："及还，奏兵可用，贼势可以灭，颇与宰相意～。"

【忤逆】 wǔnì ❶违逆，违反。《后汉书·陈蕃传》："附从者升进，～～者中伤。"又《杨秉传》："有～～于心者，必求事中伤，肆其凶忿。"❷不孝顺。《水浒传》二十二回："不孝之子宋江，自小～～。"

【忤视】 wǔshì 正面看，对视。《战国策·燕策三》："燕国有武士秦武阳，年十二，杀人，人不敢与～～。"《汉书·金日磾传》："日磾自在左右，目不～～者数十年。"

【忤旨】 wǔzhǐ 也作"忤指"。违逆旨意。《后汉书·陈蕃传》："以忠～～，横加考案。"《三国志·蜀书·费诗传》："由是～～，左迁部永昌从事。"

迕

wǔ ❶违背，违逆。《汉书·景十三王传》："宫人畏之，莫敢复～。"《晋书·桓伊传》："帝命伊吹笛，伊神色无～，即吹为一弄。"❷相遇。《后汉书·陈蕃传》："王甫时出，与蕃相～。"❸交错。宋玉《风赋》："眩眩雷声，回穴错～。"苏轼《乔太傅见和复次韵答之》："其间～忧乐，歌笑杂悲叹。"❹触犯。《资治通鉴·汉献帝建安五年》："公貌宽而内忌，不亮吾忠，而吾数以至言～之。"

【迕道】 wǔdào 违背道理。《庄子·天道》："倒道而言、～～而说者，人之所治也，安能治人?"

【迕目】 wǔmù 反目而视。《资治通鉴·唐高宗永徽六年》："嫔嫱之间，未尝～～。"

娬(嫵、娬)

wǔ 见"娬媚"。

【娬媚】 wǔmèi 姿态美好。《旧唐书·魏徵传》："帝大笑曰：'人言魏徵举动疏慢，我但觉～～，适为此耳。'"辛弃疾《贺新郎》词："我见青山多～～，料青山见我应如是。"

武

wǔ ❶泛指军事、武力、战备、战略等，与"文"相对。《左传·桓公六年》："我张吾三军而被吾甲兵，以～临之。"又《哀公二十三年》："且齐人取我英丘，君命瑶，非敢耀～也，治英丘也。"《尚书·大禹谟》："乃～乃文。"苏轼《教战守策》："秋冬之隙，致民田猎以讲～。"❷勇猛，威武。《诗经·郑风·羔裘》："羔裘豹饰，孔～有力。"曾巩《唐论》："躬亲行阵之间，战必胜，攻必克，天下莫不以为～。"❸指在使用武力时应具有的道义准则。《左传·僖公三十年》："以乱易整，不～。"《国语·晋语三》："且战不胜，而报之以贼，不～。"❹军事才干，武功。《诗经·小雅·六月》："文～吉甫，万邦为宪。"曹冏《六代论》："而宗室有文者，必限以小县之宰；有～者，必置于百人之上。"❺兵器。见"武库"。❻士。《淮南子·览冥训》："勇～一人，为三军雄。"(高诱注："江淮间谓士曰武。")❼足迹。《楚辞·离骚》："忽奔走以先后兮，及前王之踵～。"张衡《东京赋》："踵二皇之遐～，谁谓驾迟而不能属。"❽继承。《诗经·大雅·下武》："下～维周，世有哲王。"❾乐曲名。周代贵族颂扬周武王的乐舞。《论语·八佾》："谓～，尽美矣，未尽善也。"❿金属打击乐器。《礼记·乐记》："始奏以文，复乱以～。"⓫古以六尺为步，半步为武。《国语·周语下》："夫目之察度也，不过步～尺寸之间。"⓬古时冠上的结带。《礼记·玉藻》："缟冠玄～，子姓之冠也。"⓭通"舞"。舞蹈。《吕氏春秋·大乐》："溺者非不笑也，罪人非不歌也，狂者非不～也，乱世之乐有似于此。"⓮姓。

【武备】 wǔbèi ❶军备，武装力量。《史记·孔子世家》："臣闻有文事者必有～～，有武事者必有文备。"《汉书·武五子传》："修～～，备非常。"❷自卫的武器。《汉书·隽不疑传》："剑者君子～～，所以卫身，不可解，请退。"

【武步】 wǔbù ❶半步，跬步。《周书·令狐整传》："一日千里，必基～～，寡人当委以庶务，书诺而已。”❷虎步，举步威武。张华《劳还师歌》：“挥戟陵劲敌，～～蹈横尸。”《陈书·高祖纪上》：“珠庭日角，龙行～～。”

【武夫】 wǔfū ❶勇士。《诗经·周南·兔罝》：“赳赳～～，公侯干城。”《左传·僖公三十三年》：“～～力而拘诸原，妇人暂而免诸国。”❷同“碔砆”。一种似玉的石头。《汉书·董仲舒传》：“五伯比于他诸侯为贤，其比三王，犹～～之与美玉也。”

【武节】 wǔjié 武道，武德。《史记·匈奴列传》：“是时天子巡边，至朔方，勒兵十八万骑以见～～，而使郭吉风告单于。”张衡《东京赋》：“文德即昭，～～是宣。”

【武库】 wǔkù ❶收藏兵器的仓库。《史记·魏其武安侯列传》：“尝请考工地益宅，上怒曰：‘君何不遂取～～！’”❷比喻人的学识渊博。《晋书·杜预传》：“预在内七年，损益万机，不可胜数，朝野称美，号曰‘杜～～’，言其无所不有也。”王勃《滕王阁序》：“腾蛟起凤，孟学士之词宗；紫电青霜，王将军之～～。”❸官职名。《汉书·百官公卿表》：“武帝太初元年更名执金吾。属官有中垒、寺互、～～、都船四令丞。”

【武力】 wǔlì ❶武卒。《战国策·魏策一》：“今窃闻大王之卒，～～二十馀万，苍头二千万。”❷兵力，军事力量。《史记·伍子胥列传》：“今王自行，悉国中～～以伐齐。”❸勇力，勇猛。《史记·儒林列传》：“孝惠、吕后时，公卿皆～～有功之臣。”

【武怒】 wǔnù 武威，威怒。《左传·昭公五年》：“奋其～～，以报其大耻。”《三国志·魏书·武帝纪》：“君执大节，精贯白日，奋其～～，运其神策。”

【武帐】 wǔzhàng 设置各种兵器的帷帐。《史记·汲郑列传》：“上尝坐～～中，黯前奏事。”《汉书·霍光传》：“太后被珠襦，盛服坐～～中。”

【武刚车】 wǔgāngchē 兵车。《汉书·卫青传》：“于是青令～～～自环为营，而纵五千骑往当匈奴。”

瓬(甒) wǔ 瓦制的酒器。《后汉书·礼仪志下》：“～二，容三升，醴一，酒一。”

朊 wǔ 见hū。

俉 wǔ 通“迕”。遇，迎。《史记·天官书》：“鬼哭若呼，其人逢～。”

侮(㑄) wǔ ❶欺侮，侮辱。《诗经·大雅·烝民》：“不～矜寡，不畏强御。”《战国策·齐策四》：“嗟呼！君子焉可～哉，寡人自取病耳。”《后汉书·班超传》：“蛮夷之俗，畏壮～老。”❷轻慢，怠慢，轻视。《尚书·甘誓》：“有扈氏威～五行，怠弃三正。”《论语·季氏》：“小人不知天命而不畏也，狎大人，～圣人之言。”❸戏弄。苏轼《古意》诗：“儿曹鞭笞学官府，翁怜儿痴旁笑～。”❹古时对奴婢的贱称。《方言》卷三：“臧、甬、～、获，奴婢贱称也。……秦晋之间骂奴婢曰～。”❺通“捂”。用手盖住。《西游记》九十四回：“行者～着他的嘴道：‘莫胡言，莫胡言，快早点睡去。’”

【侮蔑】 wǔmiè 轻慢，轻蔑。《史记·周本纪》：“殷之末孙季纣，殄废先王明德，～～神祇不祀。”

【侮弄】 wǔnòng 轻慢戏弄。《三国志·魏书·牵招传》：“今恃险远，背违王命，欲擅拜假，～～神器，方当屠戮，何敢慢易咎毁大人？”《北史·刘昶传》：“虽在公坐，诸王每～～之，或戾手啮臂，至于痛伤，笑呼之声，闻于御听。”

【侮文】 wǔwén 歪曲法律条文而为私作恶。《梁书·武帝纪下》：“～～弄法，因事生奸。”沈括《梦溪笔谈·杂志二》：“其始则教以～～，～～不可得，则欺诬以取之。”

【侮易】 wǔyì 轻视，欺凌。《三国志·魏书·贾逵传》：“逵性刚，素～～诸将，不可为督。”

捂 wǔ ❶迎面。《仪礼·既夕礼》：“若无器，则～受之。”❷抵触。柳宗元《送元十八山人南游序》：“又况杨、墨、申、商、刑名、纵横之说，其迭相訾毁，抵～不合者，可胜言耶？”❸用手盖住或封闭起来。

娒 wǔ 见mǔ。

牾(啎) wǔ ❶逆，抵触。《玉篇·午部》：“～，相触也，逆也。”《汉书·严延年传》：“莫敢与～。”❷遇，相逢。《说文系传·午部》：“～，相逢也。《楚辞》四：‘重华不可～也。’”

啎 wǔ ❶遇，相逢。《史记·屈原贾生列传》：“重华不可～兮，孰知余之从容。”❷违背，抵牾。《后汉书·杨终传》：“违～天心。”

煤 wǔ 爱，怜爱。《尔雅·释诂》：“～，爱也。”《方言》卷六：“～，怜也。”

珷 wǔ 见“珷玞”。

【珷玞】 wǔfū 似玉的石头。陆机《演连珠》：“悬景东秀，则夜光与～～匿耀。”也作“碔砆”、“武夫”。

鹉(䳇、鵡) wǔ 见“鹦鹉”。

碔 wǔ 见"碔砆"。

【碔砆】 wǔfū 似玉的美石。司马相如《子虚赋》:"瑊玏玄厉,碝石～～。"也作"珷玞"、"武夫"、"砥砆"。

舞(儛) wǔ ❶舞蹈。《周礼·春官·乐师》:"凡～,有帗～,有羽～,有皇～,有旄～,有干～,有人～。"❷跳舞,表演舞蹈。《论语·八佾》:"八佾～于庭。"《庄子·在宥》:"鼓歌以～之。"❸挥动,摇动。《礼记·乐记》:"嗟叹之不足,故不知手之～之足之蹈之也。"李白《高句骊》诗:"翩翩～广袖,似鸟海东来。"❹玩弄,耍弄。《汉书·汲黯传》:"好兴事,～文法,内怀诈以御主心,外挟贼吏以为重。"❺振奋,鼓舞。柳宗元《敌戒》:"敌存而惧,敌去而～。"❻钟的顶部。《周礼·考工记·凫氏》:"鼓上谓之钲,钲上谓之～。"❼通"武"。古乐曲名。《论语·卫灵公》:"服周之冕,乐则韶～。"❽姓。

【舞师】 wǔshī 古乐官名。职掌礼仪中的舞蹈。《周礼·地官·司徒》:"～～,掌教兵舞,帅而舞山川之祭祀。"

【舞雪】 wǔxuě 雪花飞舞。杜甫《缆船苦风戏题四韵奉简郑十三判官》:"涨沙霾草树,～～渡江湖。"

【舞雩】 wǔyú ❶古代祭天求雨,设坛命女巫作舞,谓之舞雩。《周礼·春官·司巫》:"若国大旱,则师巫而～～。"❷指祭天求雨的坛。《论语·颜渊》:"樊迟从游于～～之下。"

【舞智】 wǔzhì 玩弄智慧,耍小聪明。《史记·酷吏列传》:"汤为人多诈,～～以御人。"

【舞文弄法】 wǔwénnòngfǎ 玩弄法律条文以行诈作弊。《史记·货殖列传》:"吏士～～～～,刻章伪书,不避刀锯之诛者,没于赂遗也。"《北齐书·昭帝纪》:"又以廷尉、中丞,执法所在,绳违按罪,不得～～～～。"

兀 wù ❶高耸的样子。刘禹锡《九华山歌》:"君不见敬亭之山黄索漠,～如断岸无棱角。"参见"兀兀"。❷茫然无知的样子。孙绰《游天台山赋》:"浑万象以冥观,～同体于自然。"柳宗元《读书》诗:"临文乍了了,彻卷～若无。"❸光秃。杜牧《阿房宫赋》:"蜀山～,阿房出。"韩愈《嘲鲁连子》诗:"田巴～老苍,怜汝矜爪嘴。"❹静止。陆机《文赋》:"及其六情底滞,志往神留,～若枯木,豁若涸流。"㊀使静止。苏轼《送淡公》诗之一:"何以～其心,为君学虚空。"❺摇动,摇晃。《后汉书·袁绍传》:"未有弃亲即异,～其根本,而能全于长世者也。"杨万里《春尽感兴》诗:"青灯白酒长亭夜,不胜孤舟～碧波。"❻断一足曰兀。见"兀者"。❼仍然,还。杜甫《壮游》诗:"黑貂宁免弊,斑鬓～称觞。"❽词的前缀。见"兀那"。

【兀底】 wùdǐ 也作"兀的"。指示代词。这,这个。王实甫《西厢记》四本四折:"～～前面是草桥,店里宿一宵,明日赶早行。"关汉卿《鲁斋郎》四折:"妹子,～～不是母亲。"

【兀那】 wùnà 指示代词。那,那个。马致远《汉宫秋》一折:"～～弹琵琶的是那位娘娘。"狄君厚《介子推》三折:"望见～～野烟起处有人家。"

【兀然】 wùrán 昏沉无知觉的样子。刘伶《酒德颂》:"～～而醉,豁尔而醒。"《颜氏家训·杂艺》:"但以学者不可常精,有时疲倦,则傥为之,犹胜饱食昏睡,～～端坐耳。"

【兀兀】 wùwù ❶也作"矹矹"。高耸的样子。杨乘《南徐春日怀古》诗:"兴亡山～～,古今水浑浑。"❷静止的样子。韩愈《雉带箭》诗:"原头火烧静～～,野雉畏鹰出复没。"❸昏昏沉沉的样子。杜牧《即事》诗:"春愁～～成幽梦,又被流莺唤醒来。"苏轼《辛丑十一月十九日既与子由别于郑州西门之外马上赋诗一篇寄之》:"不饮胡为醉～～,此心已逐归鞍发。"❹勤勉的样子。杜甫《自京赴奉先县咏怀五百字》:"～～遂至今,忍为尘埃没。"韩愈《进学解》:"焚膏油以继晷,恒～～以穷年。"

【兀者】 wùzhě 断去一只脚的人。《庄子·德充符》:"鲁有～～王骀,从之游者与仲尼相若。"杜甫《入衡州》诗:"寡妻从为郡,～～安堵墙。"

【兀自】 wùzì ❶径自,公然。《敦煌变文集·燕子赋》:"见他宅舍鲜净,便即～～占着。"❷还,仍然。朱秋娘《采桑子》词:"梅子青青又带黄,～～未归来。"

【兀坐】 wùzuò 端坐,独自静坐。苏轼《客位假寐》诗:"谒入不得去,～～如枯株。"陈亮《跋》:"引笔识之,掩卷～～者良久。"

勿 wù ❶殷切勤恳的样子。见"勿勿①"。❷急速匆忙的样子。见"勿勿③"。❸副词。1)表示否定,相当于"不"。《诗经·王风·君子于役》:"君子于役,如之何～思?"《左传·襄公三年》:"齐侯欲～许。"2)表示禁止或劝阻,相当于"别","不要"。《诗经·召南·甘棠》:"蔽芾甘棠,～剪～伐。"《论语·卫灵公》:"己所不欲,～施于人。"❹语助词。无义。《诗经·小雅·节南山》:"弗问弗仕,～罔君子。"《左传·僖公十五年》:"史苏是占,～从何益?"

【勿复】 wùfù 同“无复”、“毋复”。不要再,不再。《孟子·公孙丑下》:“客不悦曰:‘弟子齐宿而后敢言,夫子卧而不听,请~~敢见矣。’”(齐宿:先一日斋戒。)《史记·田叔列传》:“公等奈何言若是,~~出口矣。”

【勿虑】 wùlǜ 同“无虑”。大致,大约。《大戴礼记·曾子立事》:“君子为小由为大也,居由仕也,备则未为备也,而~~存焉。”(由:通“犹”。)

【勿罔】 wùwǎng 恍惚,不清晰。《后汉书·马融传》:“徒观其坰场区宇,恢胎旷荡,藐敻~~,寥豁郁泱,骋望千里,天与地莽。”(坰:远。恢胎:广大的样子。藐敻:广远貌。)王延寿《鲁灵光殿赋》:“屹铿瞑以~~,屑黡翳以懿濞。”

【勿勿】 wùwù ❶殷切勤恳的样子。《礼记·礼器》:“卿大夫从君,命妇从夫人,洞洞乎其敬也,属属乎其忠也,~~乎其欲其飨之也。”《大戴礼记·曾子立事》:“君子守此,终身~~也。”❷恍恍忽忽的样子。王羲之《问慰诸帖上》:“吾顷胸中恶,不欲食,积日~~,五六日来小差,尚甚虚劣。”❸急速匆忙的样子。杜牧《遣兴》诗:“浮生长~~,儿小且呜呜。”

戊 wù ❶天干的第五位。与地支相配,用以纪年、日。《诗经·小雅·吉日》:“吉日维~,既伯既祷。”《春秋·桓公二年》:“夏四月,取郜大鼎于宋。~申,纳于大庙。”❷指代中央。古代以十干配五方,戊居十干之中。《说文·戊部》:“~,中宫也。”

【戊己】 wùjǐ 土的代称。古以十干配五方,戊、己属中央,与五行相配,戊属土,故称。苏轼《思无邪斋赞》:“培以~~,耕以赤蛇。”

【戊夜】 wùyè 五更时。《梁书·武帝纪下》:“虽万机多务,犹卷不辍手,燃烛侧光,常至~~。”

务(務) 1. wù ❶致力,专力从事。《管子·牧民》:“积于不涸之仓者,~五谷也。”《史记·吕太后本纪》:“民~稼穑,衣食滋殖。”❷追求,谋求。《国语·周语上》:“使~利而避害,怀德而畏威。”《战国策·魏策二》:“且楚王之为人也,好用兵而甚~名。”❸事,事情。《韩非子·制分》:“是故夫至治之国,善以止奸为~。”《史记·孝文本纪》:“农,天下之本,~莫大焉。”又《田敬仲完世家》:“且救赵之~,宜若奉漏瓮沃焦釜也。”❹务必,一定。《战国策·秦策一》:“欲富国者,~广其地;欲强兵者,~富其民。”《后汉书·鲁恭传》:“难者必明其据,说者~立其义。”❺姓。

2. wǔ ❻通“侮”。欺侮。《诗经·小雅·棠棣》:“兄弟阋于墙,外御其~。”(阋:争吵。)

3. mào ❼通“瞀”。乱,眩惑。《商君书·靳令》:“则君~于说言,官乱于治邪,邪臣有得志,有功者日退,此谓失。”

【务本】 wùběn 致力于根本。“本”的涵义可随文而异。《论语·学而》:“君子~~,本立而道生。”《汉书·文帝纪》:“道民之路,在于~~。”

【务理】 wùlǐ 治理,处理。《三国志·蜀书·谯周传》:“遂~~冤狱,节俭饮食,动遵法度,故北州歌叹,声布四远。”

【务实】 wùshí 追求实在的东西。《国语·晋语六》:“昔吾逮事庄主,华则荣矣,实之不知,请~~乎?”

扤 wù 动,动摇,摧折。《诗经·小雅·正月》:“天之~我,如不我克。”《三国志·魏书·袁绍传》注引《魏氏春秋》:“未有弃亲即异,~其本根,而能崇业济功,垂祚后世者也。”

屼(岏) wù ❶山秃。左思《吴都赋》:“尔其山泽则嵬嶷峣~,嶝冥郁岪。”❷高耸的样子。见“屼嵂”。

【屼嵂】 wùlǜ 高高耸立的样子。李梦阳《望湖亭》诗:“~~百万阁,日落展光耀。”

牟 wù 见 móu。

沕 1. wù ❶见“沕穆”。

2. mì ❷潜伏,深藏。《史记·屈原贾生列传》:“袭九渊之神龙兮,~深潜以自珍。”

【沕穆】 wùmù 深微的样子。《汉书·贾谊传》:“形气转续,变化而嬗,~~亡间,胡可胜言?”

坞(塢、隖) wù ❶土堡,防守用的小堡。《后汉书·顺帝纪》:“令扶风、汉阳、陇道筑~三百所,置屯兵。”又《赵典传》:“傕素疑温不与己同,乃内温于~中。”❷四面高中间低的地方。羊士谔《山阁闻笛》诗:“临风玉管吹参差,山~春深日又迟。”❸四周如屏中间种植花木的地方。梁武帝《子夜歌》:“花~蝶双飞,柳堤鸟百舌。”李商隐《野菊》诗:“苦竹园南椒~边,微香冉冉泪涓涓。”❹四面高而挡风的建筑。《红楼梦》四十回:“命小厮传驾娘们,到船~里撑出两只船来。”

【坞壁】 wùbì 防御用的土堡,土障。《后汉书·樊宏传》:“时羌复屡入郡界,准辄将兵讨逐,修理~~,威名大行。”又《西羌传》:“又于扶风、汉阳、陇道作~~三百所,置屯兵,以保聚百姓。”

【坞候】 wùhòu 同"坞壁"。防御用的土堡。《后汉书·马援传》:"援奏为置长吏,缮城郭,起～～。"又《西羌传》:"诏魏郡、赵国、常山、中山缮作～～六百一十六所。"

芴 1. wù ❶菜名。即葸菜,又名菲,类似蔓菁。《说文·艸部》:"～,菲也。"
2. hū ❷通"忽"。1)恍惚。《庄子·至乐》:"芒乎～乎,而无从出乎!"(芒:通"恍"。)2)忽然。《庄子·天下》:"～乎若亡,寂乎若清。"

杌 wù ❶动,摇动。《史记·司马相如列传》:"扬翠叶,～紫茎。"马融《长笛赋》:"摇演其山,动～其根者,岁五、六而至焉。"❷树木无枝杈。《三国志·魏书·高堂隆传》:"由枝干既～,本实先拔也。"❸不安定。见"杌陧"。❹杌子,矮凳子。张岱《陶庵梦忆·扬州清明》:"博徒持小～坐空地。"

【杌陧】 wùniè 也作"杌棿"。不安定,困厄。《尚书·泰誓》:"邦之～～,曰由一人。"赵孟頫《晋公子奔狄图》诗:"～～居蒲日,艰难奔狄时。"

岉 wù 高耸的样子。见"崛岉"。

矶 wù 见"硉矶"。

物 wù ❶杂色的牛。《诗经·小雅·无羊》:"三十维～,尔牲则具。"❷形状、颜色。《周礼·春官·保章氏》:"以五云之～,辨吉凶、水旱降丰荒之祲象。"❸杂色的帛。《周礼·春官·司常》:"通帛为旜,杂帛为～。"❹客观存在的各种物质、物体。《荀子·正名》:"～也者,大共名也。"《列子·黄帝》:"凡有貌像声色者,皆～也。"㊀事,事情。《吕氏春秋·先识》:"去苛令三十九～。"《后汉书·周磐传》:"吾亲以没矣,从～何为?"❺指社会、客观环境。《荀子·修身》:"君子役～,小人役于～。"《后汉书·光武郭皇后纪》:"～之兴衰,情之起伏,理有固然矣。"❻物产。《三国志·吴书·吴主传》:"十二月,扶南王范旃遣使献乐人及方～。"❼人,众人。《左传·昭公十一年》:"晋荀吴谓韩宣子曰:'不能救陈,又不能救蔡,～以无亲。'"❽类,类别。《国语·晋语六》:"如草木之产也,各以其～。"❾标记。《左传·定公十年》:"叔孙氏之甲有～,吾未敢以出。"❿指说话或文章的实际内容。《周易·家人》:"君子以言有～而行有恒。"陆机《文赋》:"体有万殊,～无一量。"⓫观察,选择。《左传·成公二年》:"～土之宜,而布其利。"张籍《上韩昌黎书》:"昔者圣人以天下生生之道旷,乃～其金木水火土谷药之用以厚之。"⓬量词。件。刘敞《先秦古器记》:"先秦古器十有一～,制作精巧。"⓭通"歾"。死。见"物故"。⓮姓。

【物表】 wùbiǎo 世外,超脱于世俗之外。孔稚珪《北山移文》:"若其亭亭～～,皎皎霞外,芥千金而不盼,屣万乘其如脱。"

【物故】 wùgù 死亡。《汉书·匈奴传》:"所杀虏八九万,而汉士～～者亦万数。"《后汉书·杜林传》:"建武六年,弟成～～。"

【物华】 wùhuá ❶物的精华。王勃《滕王阁序》:"～～天宝,龙光射牛斗之墟;人杰地灵,徐孺下陈蕃之榻。"❷自然美景。杜甫《曲江陪郑八丈南史饮》诗:"自知白发非春事,且尽芳樽恋～～。"

【物化】 wùhuà ❶物之变化。《庄子·天地》:"方且与～～而未始有恒。"《汉书·扬雄传上》:"于是事变～～,目骇耳回。"《淮南子·精神训》:"其生也天行,其死也～～。"❷特指死亡。沈佺期《伤王学士诗序》:"他日,余至来,知君～～。"

【物类】 wùlèi 万物,各类的物。《荀子·劝学》:"～～之起,必有所始。"《列子·周穆王》:"一体之盈虚消息,皆通于天地,应于～～。"

【物穆】 wùmù 深微的样子。也作"昒穆"、"沕穆"。《淮南子·原道训》:"～～无穷,变无形象。"

【物情】 wùqíng 人情,人心。《后汉书·爰延传》:"夫爱之则不觉其过,恶之则不知其善,所以事多放滥,～～生怨。"《晋书·桓伊传》:"伊在州十年,绥抚荒杂,甚得～～。"杜甫《夏夜叹》诗:"～～无巨细,自适固其常。"

【物色】 wùsè ❶牲畜的毛色。《吕氏春秋·仲秋》:"是月也,乃命祝宰巡行牺牲,视全具,案刍豢,瞻肥瘠,察～～。"❷形状,容貌。《后汉书·寒朗传》:"朗心伤其冤,试以建等～～独问忠、平,而二人错愕不能对。"《晋书·明帝纪》:"帝状类外氏,须黄,……于是使五骑～～追帝。"❸景色。杜甫《秋日夔州咏怀奉寄郑监李宾客一百韵》:"登临多～～,陶冶赖诗篇。"❹物品。《旧五代史·周太祖纪》:"应天下州县,所欠乾祐元年、二年已前夏秋残税及沿征～～,……并与除放。"❺搜寻。文天祥《指南录后序》:"经北舰十馀里,为巡船所～～,几从鱼腹死。"

【物外】 wùwài 世外,超脱于世事之外。韦庄《咸阳怀古》诗:"李斯不向仓中悟,徐福应无～～游。"

【物望】 wùwàng 众望,人心所望。《南齐书·徐孝嗣传》："时王晏为令，民情～～，不及孝嗣也。"《宋史·司马光传》："上欲以张方平参知政事，光论其不协～～。"

【物物】　wùwù　❶种种事物。《汉书·王莽传上》："～～卬市，日阕亡储。"（阕：尽。）❷主宰万物。《庄子·在宥》："有大物者，不可以物，物而不物，故能～～。"

【物象】　wùxiàng　事物的气象。孟郊《同年春燕》诗："视听改旧趣，～～含新姿。"

【物议】　wùyì　众人的议论。《南史·谢䜣卿传》："二人意相得，并肆穷诞纵，或乘露车，游历郊野，不屑～～。"柳宗元《衡阳与梦得分路赠别》诗："直以慵疏招～～，休将文字占时名。"

【物则】　wùzé　事物的法则。《国语·周语上》："考中度衷以莅之，昭明～～以训之，制义庶孚以行之。"

【物换星移】　wùhuànxīngyí　景物变换，星辰移位。比喻世事的变化。王勃《滕王阁》诗："闲云潭影日悠悠，～～～～几度秋。"

【物是人非】　wùshìrénfēi　景物依旧而人事已变。李清照《武陵春·春晚》词："～～～～事事休，欲语泪先流。"

误（誤、悮）　wù　❶错误。《战国策·赵策二》："收破齐、罢楚、弊魏、不可知之赵，欲以穷秦折韩，臣以为至～。"《三国志·吴书·周瑜传》："曲有～，周郎顾。"❷耽误，妨害。《左传·僖公二十五年》："郑以救公～之，遂失秦伯。"杜甫《奉赠韦左丞丈二十二韵》："纨袴不饿死，儒冠多～身。"❸迷惑，贻误。《史记·齐太公世家》："桓公之中钩，详死以～管仲。"《资治通鉴·汉献帝建安十三年》："向察众人之意，专欲～将军，不足与图大事。"

【误乱】　wùluàn　错乱。《论衡·福虚》："'穆'者，～～之名；'文'者，德惠之表。有～～之行，天赐之年；有德惠之操，天夺其命乎？"

【误失】　wùshī　无意的过失。《论衡·雷虚》："人误不知，天辄杀之。不能原～～而责故，天治悖也。"（原：原谅。）

飑（䬍）　wù　不安。刘基《秋夜感怀柬石末公申之》诗："谁云蝼蚁壤，能使泰山～。"

【飑䬱】　wùniè　不安的样子。苏轼《凤鸣驿记》："视其～～者，而安植之；求其蒙茸者，而疏理之。"

昒　wù　见mèi。

悟　wù　❶觉悟，醒悟。《韩非子·孤愤》："故法术之士奚道得进，而人主奚时得～乎？"贾谊《过秦论》："三主惑而终身不～，亡，不亦宜乎？"❷明白，理解。谢混《游西池》诗："～彼蟋蟀唱，信此劳者歌。"杜甫《自京赴奉先县咏怀五百字》："以兹～生理，独耻事干谒。"（干：请求。）❸启发，使之觉悟明白。《后汉书·崔骃传》："唐且华颠以～秦，甘罗童牙而报赵。"（华颠：白头。）《新唐书·房琯传赞》："片言～主而取宰相，必有以过人者。"❹通"寤"。睡醒。《论衡·问孔》："适有卧厌不～者，谓此为天所厌邪？"（厌：通"魇"。）❺通"晤"。相对。见"悟言"。❻通"忤"。抵触。《韩非子·说难》："大意无所拂～，辞言无所系縻。"❼姓。

【悟对】　wùduì　同"晤对"。相见，见面。谢灵运《酬从弟惠连》诗："～～无厌歇，聚散成分离。"

【悟言】　wùyán　同"晤言"。相对而谈。谢惠连《泛湖归出楼中翫月》诗："～～不知罢，从夕至清朝。"

恶　wù　见è。

晤　wù　❶对，相遇。《诗经·陈风·东门之池》："彼美淑姬，可与～歌。"梁元帝《关山月》诗："夜长无与～，衣单谁为裁。"❷见面，会见。王安石《答司马谏议书》："无由会～，不胜区区向往之至。"❸通"悟"。1）觉悟，醒悟。孟郊《寿安西渡奉别郑相公》诗："病深理方～，悔至心自烧。"2）聪明，明白。《新唐书·李至远传》："少秀～，能治《尚书》、《左氏春秋》。"

【晤言】　wùyán　相对而谈。王羲之《兰亭集序》："或取诸怀抱，～～一室之内。"陶渊明《感士不遇赋》："无爰生之～～，念张季之终蔽。"苏轼《和陶答庞参军三送张中》："留灯坐达晓，要与影～～。"

婺　wù　❶星名。见"婺女"。❷水名。即婺江。在今江西省婺源县西南。❸古地名。即婺州，故址在今浙江省金华县。汪大猷《和姜梅山》诗："投分虽深迹却疏，君居东～我西湖。"

【婺女】　wùnǚ　星宿名。二十八宿之一，即女宿。《吕氏春秋·孟夏》："孟夏之月，日在毕，昏翼中，旦～～中。"

雾（霧、霚）　1. wù　❶雾气。《淮南子·本经训》："氛～霜雪不霁，而万物燋夭。"杜甫《草堂即事》诗："～里江船渡，风前径竹斜。"❷比喻轻细。见"雾縠"。

2. méng　❸通"霿"。天色昏暗。《后汉书·光武帝纪下》："九县飙回，三精～塞。"

【雾合】 wùhé 云雾笼罩。张衡《羽猎赋》："～～云集，波流雨注。"

【雾縠】 wùhú 轻薄如雾的纱。《汉书·礼乐志》："被华文，厕～～，曳阿锡，佩珠玉。"（厕：杂。）《后汉书·宦者传序》："南金、和宝、冰纨、～～之积，盈仞珍藏。"（和宝：卞和之宝。）

【雾列】 wùliè 像雾一样罗列着，比喻繁华。王勃《滕王阁序》："雄州～～，俊采星驰。"

嗚（噁） 1. wù ❶见"喑嗚"。
2. wò ❷见"嗚嗚"。

【嗚嗚】 wòwò 象声词。鸟叫声。《集韵·铎韵》："嗚，～～，鸟声。"

逜（遻、遌） wù 相遇。《后汉书·崔骃传》："嘉昔人之遘辰兮，美伊、傅之～时。"

骛（騖、鶩、騖） wù ❶乱跑。《战国策·齐策五》："魏王身被甲底剑，挑赵索战，邯郸之中～，河、山之间乱。"《汉书·司马相如传上》："～于盐浦，割鲜染轮。"❷急速行进。《后汉书·光武十王传》："岁月～过，山陵浸远。"又《范升传》："驰～覆车之辙，探汤败事之后。"❸追求，强求。《楚辞·九辩》："乘精气之抟抟兮，～诸神之湛湛。"王安石《与刘原父书》："方今万事所以难合而易坏，常以诸贤无意耳，如鄙宗夷甫辈稍稍～于世矣。"

【骛驰】 wùchí 急奔，奔驰。《汉书·贾山传》："东西五里，南北千步，从车罗骑，四马～～，旃旗不桡。"

【骛骤】 wùzhòu 急速行进。傅毅《舞赋》："车音若雷，～～相及。"

寤 wù ❶睡醒，醒。《吕氏春秋·离俗》："惕然而～，徒梦也。"《汉书·郊祀志上》："秦穆公立，病卧五日不～。"❷通"悟"。觉悟，明晓。《楚辞·离骚》："闺中既以邃远兮，哲王又不～。"曾巩《上蔡学士书》："人主不～其然，则贤者必疏而殆矣。"❸通"牾"。逆。见"寤生"。❹通"晤"。相对，见面。王建《山中寄及第故人》诗："往往空室中，～语说珪璋。"

【寤寐】 wùmèi 醒时与睡时。犹言日夜。《诗经·周南·关雎》："窈窕淑女，～～求之。"

【寤生】 wùshēng 逆生，难产。《左传·隐公元年》："庄公～～，惊姜氏，遂恶之。"

鹜（鶩） wù ❶家鸭。《楚辞·卜居》："宁与黄鹄比翼乎？将与鸡～争食乎？"《战国策·燕策二》："太后曰：'赖得先王雁～之馀食，不宜臞也。'"（臞：消瘦。）ⓧ野鸭。王勃《滕王阁序》："落霞与孤～齐飞，秋水共长天一色。"❷通"骛"。奔驰。晏殊《中国赋》："禽托薮以思～，兽安林而获骋。"

鋈 wù ❶白色的金属。白铜之类。《说文·金部》："～，白金也。"❷以白铜镀器物。《诗经·秦风·小戎》："龙盾之合，～以觼軜。"（觼：环。軜：缰绳。）

蘁 1. wù ❶违逆，违背。《庄子·寓言》："使人乃以心服而不敢～，立定天下之定。"

2. è ❷通"噩"。惊愕。《列子·周穆王》："一曰正梦，二曰～梦。"

X

xī

夕 xī ❶日西斜，傍晚。《诗经·王风·君子于役》："日之～矣，羊牛下来。"《史记·司马穰苴列传》："约束既定，～时，庄贾乃至。"❷夜，晚上。《诗经·小雅·頍弁》："乐酒今～，君子维宴。"《后汉书·第五伦传》："吾子有疾，虽不省视而竟～不眠。"❸古代的一种礼制。指傍晚时晋见君王。《国语·晋语八》："叔向闻之，～，君告之。"《史记·齐太公世家》："子我～，田逆杀人，逢之，遂捕以入。"（子我：人名。）❹指一年的末季或一月的下旬。《尚书大传》卷三：

“发之～，月之～。”《荀子·礼论》：“然后月朝卜日，月～卜宅，然后葬之。”❺西向。《周礼·秋官·司仪》：“凡行人之仪，不朝不～，不正其主面，亦不背客。”（朝：正东向。）❻侧，斜。见“夕室”。❼晚潮。后作“汐”。王禹偁《崑山县新修文宣庙记》：“杂以鱼盐之利，溉乎朝～之池。”❽墓穴。后作“穸”。《泰山都尉孔宙碑》：“窀～不华，明器不设。”

【夕币】 xībì 聘问前夕展视礼物。《仪礼·聘礼》：“及期～～。”

【夕改】 xīgǎi 形容改过迅速。《汉书·翟方进传》：“传不云乎，朝过～～，君子与之，君何疑焉？”曹植《上责躬应诏诗表》：“以罪弃生，则违古贤～～之劝。”

【夕牲】 xīshēng 祭祀前夕，展视牺牲及祭器。《汉书·丙吉传》：“尝从祠高庙，至～～日，乃使出取斋衣。”《后汉书·礼仪志上》：“正月，天郊，～～。”

【夕室】 xīshì 斜向之室。《吕氏春秋·明理》：“是正坐于～～也，其所谓正，乃不正矣。”

【夕惕】 xītì 形容时时戒慎恐惧，不敢懈怠。《后汉书·李固传》：“厚等在职，虽无奇卓，然～～孳孳，志在忧国。”《旧唐书·代宗纪》：“朕主三灵之重，托群后之上，～～若厉，不敢荒宁。”

【夕阳】 xīyáng ❶山的西面。《诗经·大雅·公刘》：“度其～～，豳居允荒。”❷傍晚的太阳。庾阐《狭室赋》：“南羲炽暑，～～傍照。”苏辙《黄楼赋》：“送～～之西尽，导明月之东出。”❸比喻晚年。刘琨《重赠卢谌》诗：“功业未及进，～～忽西流。”

【夕月】 xīyuè ❶古代帝王祭月称夕月。《汉书·贾谊传》：“三代之礼：春朝朝日，秋暮～～，所以明有敬也。”《三国志·魏书·明帝纪》：“秋八月，～～于西郊。”❷傍晚的月亮。李白《怨歌行》：“荐枕娇～～，卷衣恋春风。”

兮 xī 语气词。多用于韵文的句末或句中，表示停顿或感叹，相当于现代汉语的“啊”。《诗经·邶风·击鼓》：“于嗟阔～，不我活～。”《楚辞·九歌·国殇》：“旌蔽日～敌若云，矢交坠～士争先。”

汐 xī 晚潮。周密《高阳台》词：“感流年，夜～杀还，冷照东斜。”《宋史·河渠志七》：“江口每日潮～带沙，填塞上流。”（潮：早潮。）

䜣 xī 见 xīn。

西 xī ❶“栖（棲）”的古字。鸟类歇宿。《说文·西部》：“～，鸟在巢上。”《敦煌曲子词集·西江月》：“棹歌惊起乱～禽，女伴各归南浦。”❷西边。与“东”相对。《史记·历书》：“日归于～。”杜甫《绝句》之一：“堂～长笋别开门，堑北行椒却背村。”❸西行。《汉书·梁孝王刘武传》：“吴楚以梁为限，不敢过而～。”㊂向西。杜甫《述怀》诗：“今夏草木长，脱身得～走。”

【西宾】 xībīn 犹“西席”。旧时常用为对塾师或幕友的尊称。柳宗元《重赠刘连州》诗：“若道柳家无子弟，往年何事乞～～。”参见“西席”。

【西厂】 xīchǎng 明代官署名。宪宗成化十三年（1477年）为加强特务统治而设置，权在东厂之上。

【西成】 xīchéng 指秋季收成。《汉书·王莽传中》：“予之西巡，必躬载铚，每县则获，以劝～～。”白居易《秋游原上》诗：“见此令人饱，何必待～～。”

【西都】 xīdū 古都名。1）指周都镐京。周成王时别营洛邑为东都，因称镐京为西都。2）指长安。东汉称西汉旧都长安为西都。唐高宗显庆二年（657年），以洛阳为东都，也称长安为西都，又称西京。

【西宫】 xīgōng ❶诸侯别宫。《左传·襄公十年》：“晨攻执政于～～之朝。”❷国君妃嫔居住的地方。王昌龄《西宫春怨》诗：“～～夜静百花香，欲卷珠帘春恨长。”❸古天文学四个星区之一。包括西方奎、娄、胃、昴、毕、觜、参七宿。《史记·天官书》：“～～咸池，曰天五潢。”（咸池、天五潢：皆星座名。）

【西海】 xīhǎi 西方的海。《吕氏春秋·本味》：“常从～～，夜飞游于东海。”泛指西方。《礼记·祭义》：“夫孝，置之而塞乎天地，溥之而横乎四海……推而放诸东海而准，推而放诸～～而准。”

【西京】 xījīng ❶古都名，指长安。西汉都长安，东汉迁都洛阳，以长安在西，称西京。后来即以西京作西汉的代称。《后汉书·皇后纪序》：“亲属别事，各依列传。其馀无所见，则系之此纪，以缵～～《外戚》云尔。”唐高宗显庆二年，以洛阳为东都，也称长安为西都，又称西京。❷泛指位于京都以西的陪都。如唐曾以凤翔为西京，北宋以洛阳为西京，辽金以大同为西京。

【西门】 xīmén 复姓。战国时魏有西门豹。

【西偏】 xīpiān ❶泛指西部。《史记·晋世家》：“后十日，新城～～将有巫者见我焉。”❷西厢。韩愈《示儿》诗：“～～屋不多，槐榆翳空虚。”

【西羌】 xīqiāng 汉时对羌族的泛称。因其居地在西，故称西羌。《后汉书·西羌传》："～～之本，出自三苗，姜姓之别也。"

【西戎】 xīróng 我国古代西北少数民族的总称。《管子·小匡》："故东夷～～南蛮北狄中诸侯国莫不宾服。"《汉书·地理志下》："至玄孙，氏为庄公，破～～，有其地。"

【西天】 xītiān 我国古代对印度的通称。印度古称天竺，因在中国之西，故略称为西天，泛指西域。皇甫曾《锡杖歌送明楚上人归佛川》："上人远自～～至，头陀行遍南朝寺。"《元史·舆服志》："火轮竿，制以白铁，为小车轮，……轮及竿皆全涂之，上书～～咒语。"

【西席】 xīxí 古代宾主相见，座位以西为尊，主东而宾西。后来也称塾师或幕友为西席。梁章钜《称谓录·师友·西席》："汉明帝尊桓荣以师礼，上幸太常府，令荣坐东面，设几。故师曰～～。"（坐东面：位西而面向东坐。）

【西夏】 xīxià ❶中原的西部。《南史·范云传》："～～不静，人情甚恶。"❷朝代名（公元1038—1227年）。宋时党项羌族建立政权，国号大夏，史称西夏。都兴庆府（今宁夏银川）。据有今宁夏、陕北、甘肃西北、青海东北及内蒙部分地区，与辽、金先后与宋鼎峙。后为蒙古所灭。

【西序】 xīxù ❶西厢房。《尚书·顾命》："～～东向，敷重底席。"❷传说中夏代的小学。《礼记·王制》："夏后氏养国老于东序，养庶老于～～。"

【西学】 xīxué 周代的小学。《礼记·祭义》："祀先贤于～～，所以教诸侯之德也。"《大戴礼记·保傅》："帝入～～，上贤而贵德。"

【西夷】 xīyí 我国古代西方少数民族的泛称。《尚书·仲虺之诰》："东征～～怨，南征北狄怨。"

【西雝】 xīyōng 周代天子设立的太学。形圆而四面环水，在京都西郊，故称西雝。（雝，通"邕"。水泽。）《诗经·周颂·振鹭》："振鹭于飞，于彼～～。"也作"西雍"、"西廱"。

【西域】 xīyù 西域之称始于汉。狭义指玉门关以西、葱岭以东的广大地区；广义则指凡经过狭义西域所能到达的地区，包括亚洲中西部、印度半岛、欧洲东部和非洲北部。《汉书》有《西域传》。

【西岳】 xīyuè 五岳之一，即华山。《史记·封禅书》："八月，巡狩至～～。～～，华山也。"王维《华岳》诗："～～出浮云，积雪在太清。"

【西子】 xīzǐ 春秋时越国美人西施的别称。《孟子·离娄下》："～～蒙不洁，则人皆掩鼻而过之。"苏轼《饮湖上初晴后雨》诗："欲把西湖比～～，淡妆浓抹总相宜。"

吸 xī ❶引气入体内，与"呼"相对。董仲舒《春秋繁露·人副天数》："鼻口呼～，象风气也。"❷饮。杜甫《饮中八仙歌》："饮如长鲸～百川，衔杯乐圣称避贤。"㊂摄取。嵇康《琴赋》："含天地之醇和兮，～日月之休光。"

【吸吸】 xīxī ❶云气浮动的样子。《楚辞·九叹·思古》："风骚屑以摇木兮，云～～以湫戾。"❷上气不接下气的样子。《灵枢经·癫狂》："少气，身漯漯也，言～～也。"《楚辞·九叹·惜贤》："望高丘而叹涕兮，悲～～而常怀。"

【吸风饮露】 xīfēngyǐnlù 道家言仙人断绝人间烟火，以风露为饮食。《庄子·逍遥遊》："藐姑射之山，有神人居焉。……不食五谷，～～～～。"王绩《醉乡记》："其人甚精，无爱憎喜怒。～～～～，不食五谷。"

扱 xī 见chā。

希 1. xī ❶稀疏，少，罕见。后作"稀"。《荀子·强国》："是何也？则小事之至也数，……大事之至也～，其县日也浅。"（数：密。）《汉书·楚元王传》："异有小大～稠，占有舒疾缓急，而圣人所以断疑也。"王安石《谢子小龙图启》："在古已～，岂今宜有？"❷望，看。《管子·君臣上》："上惠其道，下敦其业，上下相～，若望参表，则邪者可知也。"后作"睎"。㊂仰慕。左思《咏史》之三："吾～段干木，偃息藩魏君。吾慕鲁仲连，谈笑却秦军。"❸迎合。《商君书·农战》："知慧之人～主好恶，使官制物，以适主心。"《论衡·逢遇》："世可～，主不可准也。"（准：揣测，摸准。）❹企求，希望。《后汉书·周举传》："犹缘木～鱼，却行求前。"《颜氏家训·文章》："必有盛才重誉、改革体裁者，实吾所～。"❺（chī）通"绨"。细葛布。《周礼·春官·司服》："祭社稷五祀则～冕。"

【希风】 xīfēng 向往、迎合一时的风尚。《后汉书·党锢传序》："自是正直废放，邪枉炽结，海内～～之流，遂共相摽搒。"也指仰慕；效仿。《晋书·王羲之传》："常依陆贾、班嗣、杨王孙之处世，甚欲～～数子，老夫志愿尽于此也。"

【希革】 xīgé 言鸟兽羽毛稀少。《尚书·尧典》："日永星火，以正仲夏。厥民因，鸟兽～～。"

【希古】 xīgǔ 追慕效仿古人。嵇康《幽愤诗》："抗心～～，任其所尚。"李东阳《苏子由告身跋》："马君之～～好德，公天下之物而不为私者，亦不可泯也。"也作"睎古"。陆机《吊魏武帝文》："既～～以遗累，信简礼而薄葬。"

【希阔】 xīkuò ❶稀疏，稀少。《汉书·孝成赵皇后传》："皇后自知罪恶深大，朝请～～。"❷疏放，罕见。苏轼《伊尹论》："一为～～之行，则天下群起而诮之。"

【希声】 xīshēng ❶无声。《老子·四十一章》："大音～～，大象无形。"❷指虚幻玄妙的言谈。《抱朴子·祛惑》："浅薄之徒，率多夸诞自称说，以厉色～～饰其虚妄。"

【希世】 xīshì ❶迎合世俗。《论衡·逢遇》："生不～～准主，观鉴治内，调能定说，审词际会，能进有补赡主，何不遇之有。"❷世所少有。张协《七命》："此盖～～之神兵，子岂能从我而服之乎。"

【希望】 xīwàng ❶仰望。《周髀算经》卷下："立八尺表，以绳系表颠，～～北极中大星，引绳致地而识之。"❷想望，期盼。《后汉书·班固传》："故～～报命，以安其离叛。"❸迎合。《后汉书·李固传》："此等既怨，又～～冀旨，遂共作飞章虚诬固罪。"

【希夷】 xīyí ❶语出《老子·十四章》："视之不见名曰夷，听之不闻名曰希。"后因以"希夷"指虚寂玄妙。萧统《谢敕参解讲启》："至理～～，微言渊奥，非所能钻仰。"也指虚寂玄妙的境界。柳宗元《愚溪诗序》："超鸿蒙，混～～，寂寥而莫我知也。"❷指清静无为，任其自然。白居易《病中宴坐》诗："外安支离体，中养～～心。"❸代指道家，道士。元稹《周先生》诗："～～周先生，烧香调琴心。"

【希旨】 xīzhǐ 迎合在上者的意旨。《后汉书·吴良传》："不～～偶俗，以徼时誉。"苏轼《上皇帝书》："虽得户八十馀万，皆州县～～，以主为客，以少为多。"也作"希指"。《汉书·孔光传》："上有所问，据经法，以心所安而对，不～～苟合。"

穸 xī ❶埋葬。张缵《丁贵嫔哀策文》："玄池早扃，湘沅已～。"❷通"夕"。晚上。史承节《汉郑康成碑》："年过四十乃归乡，假田播殖，以娱朝～。"

昔 1. xī ❶"腊"的古字。干肉。《说文·日部》："～，干肉也。"《逸周书·器服》："菜，脍，五～。"❷通"夕"。夜，晚。《左传·哀公四年》："为一～之期。"《史记·龟策列传》："今～汝渔，何得。"❸昨。见"昔者"、"昔岁"。❹从前，往日。与"今"相对。《国语·周语上》："～我先王后稷，以服事虞夏。"《论衡·逢遇》："～周人有仕数不遇，年老白首，泣涕于涂者。"㊁久远，久。《诗经·陈风·墓门》："知而不已，谁～然矣。"《史记·田敬仲完世家》："弓胶～干，所以为合也。"❺终。《吕氏春秋·任地》："孟夏之～，杀三叶而获大麦。"❻姓。

2. cuò ❼通"错"。交错。一说粗糙。《周礼·考工记·弓人》："老牛之角紾而～。"（紾：纹理粗糙。）

【昔岁】 xīsuì 去年。《战国策·赵策一》："～～殽下之事，韩为中军，以与诸侯攻秦。"

【昔者】 xīzhě ❶昨夜。《庄子·田子方》："～～寡人梦，见良人。"❷昨日。《孟子·离娄上》："[孟子]曰：'子来几日矣？'曰：'～～。'"❸从前。《孟子·万章上》："～～有馈生鱼于郑子产，子产使校人畜之池。"《战国策·秦策四》："～～，赵氏亦尝强矣。"

枏 xī 同"析"。剖，分。《楚辞·九章·惜诵》："令五帝以～中兮，戒六神与向服。"

析 1. xī ❶劈（木头）。《诗经·小雅·车舝》："～其柞薪，其叶湑兮。"（湑：茂盛。）㊀剖开。邹阳《狱中上书自明》："剖心～肝。"❷分，分开。《荀子·王霸》："上诈其下，下诈其上，则是上下～也。"潘岳《悼亡》诗："如彼游川鱼，比目中路～。"❸分析，剖析。《庄子·天下》："判天地之美，～万物之理。"陶渊明《移居》诗："奇文共欣赏，疑义相与～。"㊁分割，割裂。《荀子·正名》："故～辞擅作名以乱正名，使民疑惑。"《汉书·宣帝纪》："～律贰端，深浅不平。"❹解除。宋玉《风赋》："清清泠泠，愈病～酲。"❺古邑名。春秋时楚邑，又名白羽，在今河南西峡县。《左传·僖公二十五年》："秦人过～隈，入而系舆人，以围商密。"❻通"皙"。肤色白。睡虎地秦墓竹简《封诊式·贼死》："男子丁壮，～色，长七尺一寸，发长二尺。"❼姓。春秋时齐有析归父。见《左传·襄公十八年》。

2. sī ❽草名。形似燕麦。《汉书·司马相如传上》："其高燥则生葴、～、苞、荔。"

【析爨】 xīcuàn 分立炉灶，指分家。宋濂《故潜峰先生朱府君墓志铭》："兄以先生不事生产作业，力求～～。"

【析圭】 xīguī 古代帝王分封诸侯时，按爵位高低，分颁圭玉。《史记·司马相如列传》："故有剖符之封，～～而爵，位为通侯，居列东第。"泛指封官。李乂《夏日送司马员外孙员外北征》诗："～～行仗节，持印且分麾。"

【析木】 xīmù ❶十二星次之一。与十二辰相配为寅，与二十八宿相配为尾、箕二宿。傅玄《大寒赋》："日月会于～～兮，重阴凄而增肃。”❷代指古代幽燕地域。顾况《送从兄使新罗》诗：“扶桑衔日边，～～带津遥。”

【析羽】 xīyǔ 古代装饰在旗杆上形如穗状的羽毛。《周礼·春官·司常》：“全羽为旞，～～为旌。”后泛指旗帜。王勃《春思赋》：“～～摇初日，繁笳思晓风。”

【析箸】 xīzhù 分家。箸，筷子。纪昀《阅微草堂笔记·槐西杂志三》：“余家未～～时，姚安公从王德庵先生读书是庄。”

肸 1. xī ❶声响振起。《汉书·扬雄传上》：“芗呹～以掍根兮，声骈隐而历钟。”

2. bì ❷古地名。在今山东费县西北。《史记·鲁周公世家》：“于是伯禽率师伐之于～。”

【肸蚃】 xīxiǎng ❶扩散，弥漫。指声响或气体的传播。《史记·司马相如列传》：“众香发越，～～布写。”❷迷信指所谓神灵感应。杜甫《朝献太清宫赋》：“若～～而有凭，肃风飙而乍起。”

恓 xī 忧伤，烦恼。李白《江夏行》：“一种为人妻，独自多悲～。”

【恓惶】 xīhuáng 烦恼不安的样子。白居易《得微之到官后书》诗：“通州海内～～地，司马人间冗长官。”张籍《送韦评事归华阴》诗：“老大谁相识，～～又独归。”

【恓恓】 xīxī 同“栖栖”。❶孤寂的样子。白居易《伤友》诗：“陋巷孤寒士，出门苦～～。”❷忙碌不安的样子。《论衡·指瑞》：“圣人～～忧世。”

诶（誒） xī ❶强笑。《楚辞·大招》：“长爪踞牙，～笑狂只。”❷语气词。犹“兮”。《汉书·韦贤传》：“在予小子，勤～厥生。”

【诶诒】 xīyí 疲惫委顿的样子。《庄子·达生》：“公返，～～为病，数日不出。”

郗 xī 姓。战国时有郗疵。见《战国策·赵策一》。

俙 xī ❶诉讼时当面对质。《说文·人部》：“～，讼面相是。”❷感动的样子。司马相如《封禅文》：“于是天子～然改容。”❸见“依稀”。

屎 xī 见 shǐ。

悕 xī ❶悲伤。《公羊传·成公十六年》：“晋人执季孙行父，舍之于招丘。执未可言舍之者，此其言舍之何？仁之也。曰：‘在招丘～矣。’”❷意念，心愿。《北史·高允传》：“绝～龙津，止分常科。”

栖 xī 见 qī。

唏 xī 哀叹。《史记·十二诸侯年表序》：“纣为象箸而箕子～。”韩愈《宿曾江口示侄孙湘》诗之一：“篙舟入其家，暝闻屋中～。”

【唏嘘】 xīxū 见“欷歔”、“嘘唏”。

奚 xī(旧读 xí) ❶奴隶。《周礼·天官·序官》：“女酒三十人，～三百人。”❷古族名。分布在我国东北边疆。也泛指北方少数民族。杜甫《悲青坂》诗：“黄头～儿日向西，数骑弯弓敢驰突。”❸疑问代词，犹“何”。何事。《荀子·正名》：“从道而出，犹以一易两也，～丧。”⊗何处。《庄子·人间世》：“颜回见仲尼，请行。曰：‘～之？’”⊗为何，怎么。《论语·为政》：“子～不为政。”《韩非子·和氏》：“子～哭之悲也。”⊗什么。《列子·黄帝》：“～物而谓石？～物而谓火？”❹姓。相传为夏车正奚仲之后。汉有奚涓。见《汉书·高惠高后文功臣表》。

【奚啻】 xīchì 何止，岂但。《国语·鲁语上》：“公执之曰：‘违君命者，女亦闻之乎？’对曰：‘臣以死奋笔，～～其闻之也！’”也作“奚翅”。《孟子·告子下》：“取色之重者，与礼之轻者而比之，～～色重？”

【奚距】 xījù 难道，何曾。《韩非子·难四》：“燕哙虽举所贤，而同于用所爱，卫～～然哉。”也作“奚讵”。《孔子家语·三恕》：“故子从父命，～～为孝？臣从君命，～～为贞？”也作“奚遽”。《韩非子·五蠹》：“虽厚爱矣，～～不乱？”

【奚隶】 xīlì 男女奴隶。《周礼·秋官·禁暴氏》：“凡～～聚而出入者，则司牧之。”

【奚奴】 xīnú ❶男女奴仆的通称。李商隐《李长吉小传》：“每旦日出，与诸公游，……恒从小～～。”❷特指北方少数民族为奴者。曹唐《暮春戏赠吴端公》诗：“深院吹笙闻汉婢，静街调马任～～。”

【奚若】 xīruò 何如，怎么样。《列子·仲尼》：“颜回之为人～～？”《吕氏春秋·精谕》：“若以石投水，～～？”

牺（犧） xī ❶古代供宗庙祭祀用的毛色纯一的牲畜。《诗经·鲁颂·閟宫》：“皇祖后稷，享以骍～。”韩愈《寄崔二十六立之》诗：“孤豚眠粪壤，不慕太庙～。”⊗成为牺牲。《左传·昭公二十二年》：“宾孟适郊，见雄鸡自断其尾，问之，侍者曰：‘自惮其～也。’”❷（旧读 suō）见“牺尊”。

【牺牲】 xīshēng ❶供祭祀用的纯色体全牲畜。《孟子·尽心下》：“～～既成，粢盛既絜，祭祀以时，然而旱干水溢，则变置社稷。”《国语·周语上》：“使太宰以祝，史帅狸姓，奉～～、粢盛、玉帛往献焉，无有祈也。”❷星名。《史记·天官书》：“牵牛为～～。”

【牺尊】 xī(旧读 suō)zūn 古代一种刻作牛形的酒器。尊，也作“樽”。《庄子·天地》：“百年之木，破为～～，青黄而文之，其断在沟中。”《礼记·礼器》：“～～疏布。”

息 xī ❶喘息，呼吸，气息。《论语·乡党》：“摄齐升堂，鞠躬如也，屏气似不～者。”《论衡·道虚》：“中外气隔，～不得泄，有顷死也。”❷叹息。《汉书·贾谊传》：“臣窃惟事势……可为长太～者六。”❸休息。《荀子·荣辱》：“饥而欲食，寒而欲暖，劳而欲～。”《史记·高祖本纪》：“其先刘媪尝～大泽之陂，梦与神遇。”㊀停止，休止。《国语·周语上》：“今闻子颓歌舞不～，乐祸也。”《后汉书·翟酺传》：“庶灾害可～，丰年可招矣。”(招：致。)㊀弃，丧失。《史记·周本纪》：“少焉气衰力倦，弓拨矢钩，一发不中者，百发尽～。”❹使安定，平息。《左传·昭公八年》：“臣必致死礼以～楚。”《汉书·外戚传序》：“养名显行，以～众讙。”(讙：喧哗。)❺慰劳。《仪礼·乡饮酒礼》：“乃～司正。”❻熄灭。后作“熄”。《汉书·霍光传》：“俄而家果失火，邻里共救之，幸尔得～。”㊀灭，灭亡。《吕氏春秋·论人》：“德行昭美，比于日月，不可～也。”《礼记·中庸》：“其人存则其政举，其人亡则其政～。”❼滋生，增长。与“消”相对。《孟子·告子上》：“是其日夜之所～，雨露之所润，非无萌蘖之生焉。”《庄子·秋水》：“消～盈虚，终则有始。”㊁特指人或动物的繁殖。《史记·秦本纪》：“昔伯翳为舜主畜，畜多～。”《汉书·卜式传》：“岁馀，羊肥～。”❽子女。李密《陈情表》：“门衰祚薄，晚有儿～。”《聊斋志异·辛十四娘》：“弱～十九人，嫁者十有二。”❾利息。《后汉书·翟酺传》：“损省经用，岁～四五千万。”(经：常。)欧阳修《原弊》：“当其乏时，尝举债于主人，而后偿之，～不两倍则三倍。”❿通“瘜”。赘肉，多长出来的肉。《素问·病能论》：“夫痈气之～者，宜以针开除去之。”⓫春秋时诸侯国名。一作“鄎”。西周时所封，姬姓。在今河南息县西南。《左传·隐公十一年》：“郑、～有违言，～侯伐郑。”⓬姓。

【息耗】 xīhào ❶消长。指事物的增长与亏损、发展与衰退。《史记·天官书》：“故候～～者，入国邑视封疆田畴之正治、城郭室屋门户之润泽。”《论衡·辨祟》：“家人治产，贫富～～，寿命长短，各有远近。”也指情况的好坏。《后汉书·章德窦皇后纪》：“家既废坏，数呼相工问～～。”❷消息，音讯。《新唐书·五行志二》：“长庆中，河北用兵，夜辄自鸣，与军中～～相应。”

【息肩】 xījiān ❶免除负担。《左传·襄公二年》：“郑成公疾，子驷请～～于晋。”《南史·循吏传序》：“及定乱之始，仍下宽书，东昏时杂调，咸悉除省。于是四海之内，始得～～。”(东昏：齐东昏侯。)❷栖身，立足。《三国志·魏书·张既传》注引鱼豢《典略》：“夏侯之众，不足以追我，又不能久留；且～～于羌中，以须其去。”王夫之《尚书引义·召诰》：“则周之仅以存者，雒邑为～～之地。”❸休息。《后汉书·光武帝纪下》：“初，帝在兵间久，厌武事。且知天下疲耗，思乐～～。”

【息交】 xījiāo 停止与世人交往。陶渊明《和郭主簿》：“～～游闲业，卧起弄书琴。”

【息男】 xīnán 亲生儿子。权德舆《伏蒙十六叔寄示喜庆感怀三十韵》：“经术弘义训，～～茂嘉闻。”

【息女】 xīnǚ 女儿。《三国志·魏书·夏侯渊传》注引《魏略》：“飞知其良家女，遂以为妻，产～～，为刘禅皇后。”

【息壤】 xīrǎng ❶传说中一种能自行不断生长的土壤。《山海经·海内经》：“洪水滔天，鲧窃帝之～～，以湮洪水。”❷战国秦邑名。《战国策·秦策二》：“于是与之盟于～～。”

【息土】 xītǔ ❶肥沃的土地。《大戴礼记·易本命》：“～～之人美，耗土之人丑。”(耗土：贫瘠的土地。)❷即息壤。《淮南子·地形训》：“禹乃以～～填洪水，以为名山。”参见“息壤①”。

【息息】 xīxī 呼吸。苏轼《沐浴启圣僧舍与赵德麟邂逅》诗：“酒清不醉休休暖，睡稳如禅～～匀。”

【息偃】 xīyǎn 仰卧，休息。《后汉书·陈蕃传》：“今帝祚未立，政事日蹙，诸君奈何委荼蓼之苦，～～在床。”韩愈《送别元十八》诗：“惜乎吾无居，不得留～～。”也作“息宴”。班固《西都赋》：“乘茵步辇，惟所～～。”

【息景】 xīyǐng 退隐闲居。景，影。谢灵运《游南亭》诗：“逝将候秋水，～～偃旧崖。”也作“息影”。白居易《重题香炉峰下草堂东壁》诗：“喜入山林初～～，厌趋朝市又劳生。”

【息黥补劓】 xīqíngbǔyì 语出《庄子·大宗师》：“庸讵知夫造物者之不息我黥而补我劓，使我乘成以随先生耶？”(黥：刺面之刑。劓：割鼻之刑。)“息黥补劓”原意指修整被毁坏的面容。比喻恢复本来面目。引申为改正缺点。苏轼《登州谢两府君启》：“策蹇磨铅，少答非常之遇；～～～～，渐收无用之身。”

【息事宁人】　xīshìníngrén　平息事物的纷争，使民得以安宁。《后汉书·章帝纪》：“其令有司，罪非殊死且勿案验，及吏人条书相告不得听受，冀以～～～～，敬奉天气。”

豨　1. xī　❶同“豨”。猪。《庄子·知北遊》：“正获之问于监市履～也，每下愈况。”（正：亭卒。获：人名。）《后汉书·马融传》：“狱嚚熊，抾封～。”

2. shǐ　❷见“豨韦”。

【豨韦】　shǐwéi　传说中的远古帝王号。《庄子·外物》：“且以～～氏之流观今之世，夫孰能不波。”

娭　xī　同“嬉”。嬉戏。《汉书·礼乐志》：“神来宴～，庶几是听。”皮日休《悲挚兽》：“苕花纷然，不吹而飞，若有物～。”㊂喜，乐。元结《五规·处规》：“但如山林不见吾是非，吾将～而往也。”

【娭光】　xīguāng　含笑撩人的目光。《楚辞·招魂》：“美人既醉，朱颜酡些；～～眇视，目曾波些。”（些：句末语气词。）

淅　xī　❶淘（米）。《仪礼·士丧礼》：“祝～米于堂。”❷水名。淅水。一名析水。发源于河南省西南部，至淅川县入丹江。《史记·屈原贾生列传》：“秦发兵击之，大破楚师于丹、～。”

【淅沥】　xīlì　象声词。形容雨、雪、风及落叶等声音。李白《古风》之三十八：“飞霜早～～，绿艳恐休歇。”柳宗元《笼鹰词》：“凄风～～飞严霜，苍鹰上击翻曙光。”

【淅淅】　xīxī　象声词。形容风声。谢惠连《咏牛女》：“团团满叶露，～～振条风。”杜甫《秋风》诗之一：“秋风～～吹巫山，上牢下牢修水关。”

惜　xī　❶痛惜，哀伤。《汉书·李广传》：“～广不逢时，令当高祖世，万户侯岂足道哉？”《后汉书·伏湛传》：“有识所～，儒士痛心。”❷爱惜，珍视。《晋书·陶侃传》：“大禹圣者，乃～寸阴，至于众人，当～分阴。”㊀吝惜，舍不得。杜甫《醉歌行赠公安颜少府请顾八题壁》：“酒酣耳热忘头白，感君意气无所～。”❸恐，怕。李白《早秋赠裴十七仲堪》诗：“双歌入青云，但～白日斜。”黄庭坚《以酒渴爱江清作五小诗》之一：“以翁今～醉，旧不论升斗。”

【惜闵】　xīmǐn　痛惜，惋惜。《汉书·楚元王传》：“此乃有识者之所～～，士君子之所嗟痛也。”

【惜玉怜香】　xīyùliánxiāng　比喻对女子的怜惜爱护。张可久《普天乐·收心》曲：“关心三月春，开口千金笑，～～～～何时了。”

菥　xī　见 sī。

晞　xī　❶干，晒干。《诗经·小雅·湛露》：“湛湛露斯，匪阳不～。”《楚辞·远遊》：“朝濯发于汤谷兮，夕～余身兮九阳。”㊂晒。郭璞《江赋》：“琼蚌～曜以莹珠，石蚨应节而扬葩。”❷消散，消失。《楚辞·九思·疾世》：“时咄咄兮旦旦，尘漠漠兮未～。”曹操《祀故太尉桥玄文》：“灵幽体翳，邈哉～矣。”❸天刚明。《诗经·齐风·东方未明》：“东方未～，颠倒裳衣。”㊀明，知晓。《三国志·魏书·傅嘏传》：“道弘致远而众才莫～也。”❹通“睎”。远望。王適《体元先生潘尊师谒》：“上元三年，天皇大帝幸洛都，～嵩阜。”

【晞发】　xīfà　把洗净的头发披散晒干。陆云《九愍·行吟》：“朝弹冠以～～，夕振裳而濯足。”后也指洗发。周密《齐东野语》卷十九：“饮酣，赵子固脱帽，以酒～～。”

欷　xī　叹息，抽泣。司马相如《长门赋》：“舒息悒而增～兮，蹝履起而彷徨。”《汉书·中山靖王刘胜传》：“臣闻悲者不可为累～。”

【欷歔】　xīxū　❶抽噎。茅坤《〈青霞先生文集〉序》：“数呜咽～～。”❷叹息。《聊斋志异·牛成章》：“牛终～～不乐，即欲一归故里。”

悉　xī　❶详尽，详细。贾谊《论积贮疏》：“古之治天下，至孅至～也。”㊀（详尽地）知道，了解。《三国志·蜀书·诸葛亮传》：“丞相其～朕意。”❷尽，尽其全部。《汉书·吴王刘濞传》：“七国之发也，吴王～其士卒。”尹洙《叙燕》：“并寇既平，～天下锐，专力于虏，不能攘尺寸地。”❸全都，都。《史记·周本纪》：“诸侯～至，至而无寇，褒姒乃大笑。”《论衡·道虚》：“余小臣不得上，乃～持于髯。”❹姓。古代传说神农之师名悉诸。

【悉数】　xīshǔ　一一尽述。《礼记·儒行》：“遽数之，不能终其物；～～之，乃留，更仆未可终也。”

【悉数】　xīshù　全部。苏洵《管仲论》：“虽桓公幸而听仲，诛此三人，而其馀者，仲能～～而去之邪？”

【悉索敝赋】　xīsuǒbìfù　倾尽全国所有的兵力。敝，谦词。赋，兵赋。《左传·襄公八年》：“敝邑之人，不敢宁处，～～～～，以讨于蔡。”也作“悉帅敝赋”、“悉索薄赋”。《国语·鲁语下》：“我先君襄公不敢宁处，使叔孙豹～～～～，踦跂毕行，无有处人。”《淮南子·要略》：“武王继文王之业，用太公之谋，～～～～，躬擐甲胄，以伐无道而讨不义。”

緆(緆) xī ❶细麻布。《淮南子·齐俗训》:"有诡文繁绣,弱～罗纨。"❷裳的下饰。《仪礼·既夕礼》:"縓綼～。"

粞 xī 碎米。苏轼《吴中田妇叹》诗:"汗流肩赪载入市,价钱乞与如糠～。"

晰(晳) xī ❶清楚,明白。《后汉书·张衡传》:"死生错而不齐兮,虽司命其不～。"韩愈《答尉迟生书》:"昭～者无疑,优游者有馀。"[引]明辨。《徐霞客游记·滇游日记四》:"余散步村北,遥～此坞东北自牧养北、梁王山西支分界。"❷(皮肤)白。杜甫《送李校书二十六韵》:"人间好妙年,不必须白～。"

睎 xī ❶望,远望。《吕氏春秋·不屈》:"今之城者,或者操大筑乎城上,或负畚而赴乎城下,或操表掇以善～望。"《古诗十九首·凛凛岁云暮》:"眄睐以适意,引领遥相～。"❷仰慕,想望。《法言·学行》:"～骥之马,亦骥之乘也;～颜之人,亦颜之徒也。"曾巩《寄欧阳舍人书》:"其追～祖德,而思所以传之之繇。"

【睎古】 xīgǔ 见"希古"。

稀 xī ❶稀疏。曹操《短歌行》:"月明星～,乌鹊南飞。"[引]少,稀少。《后汉书·懿献梁皇后纪》:"帝虽迫畏梁冀,不敢谴怒,然见御转～。"杜甫《阆水歌》:"阆中胜事可肠断,阆州城南天下～。"❷浓度小,含水多。白居易《苦雨》诗:"叶湿蚕应病,泥～燕亦愁。"

【稀年】 xīnián "古稀之年"的省称。代指七十岁。李昴英《水调歌头·寿参政徐意一》词:"地位到公辅,耆艾过～～。"

傒 1. xī ❶同"徯"。等待。扬雄《太玄经·傒》:"阳之有～,可以进而进,物咸得其愿。"❷我国古代东北边疆民族名。《广韵·齐韵》:"～,东北夷名。"❸古称江右(即今江西)人为傒。《南史·胡谐之传》:"宫人少,臣家人多,非唯不能得正音,遂使宫人顿成～语。"❹归向。《魏书·任城王彰传》:"陛下富于春秋,始览机务,普天景仰,率土～心。"❺通"蹊"。小径。《墨子·备城门》:"寇所从来,若昵道～近,若城场,皆为扈楼,立竹箭天中。"

2. xì ❻通"系"。拘系。《淮南子·本经训》:"驱人之牛马,～人之子女。"

翕 xī ❶缩敛,收敛。《诗经·小雅·大东》:"维南有箕,载～其舌。"《楚辞·哀时命》:"为凤皇作鹑笼兮,虽～翅其不容。"[引]闭合。《聊斋志异·促织》:"巫从旁望空代祝,唇吻～辟,不知何词。"❷合,聚会。《诗经·小雅·常棣》:"兄弟既～,和乐且湛。"《世说新语·排调》:"～集家门,倾动人物。"❸感,炽。见"翕赫"。❹通"吸"。吸引。段成式《酉阳杂俎·广动植之二》:"井鱼脑有穴,每～水,辄于脑穴蹙出,如飞泉散落。"

【翕赫】 xīhè 隆盛。《后汉书·陈忠传》:"然臣窃闻使者所过,威权～～,震动郡县。"陆机《辨亡论上》:"诛叛柔服而江外厎定,饰法修师而威德～～。"(厎:定。)

【翕忽】 xīhū 疾速的样子。左思《吴都赋》:"神化～～,函幽育明。"柳宗元《至小丘西小石潭记》:"日光下澈,影布石上,佁然不动,俶尔远逝,往来～～,似与游者相乐。"(佁然:痴呆不动的样子。俶尔:忽然。)

【翕然】 xīrán ❶一致的样子。《汉书·杨敞传》:"宫殿之内～～同声。"《后汉书·窦融传》:"河西～～归之。"❷安定的样子。《汉书·匈奴传上》:"二国已和亲,两主欢说,寝兵休卒养马,世世昌乐,～～更始。"《后汉书·梁商传》:"于是郡中～～。"❸(鸟)飞的样子。曹植《王仲宣诔》:"～～凤举,远窜荆蛮。"

【翕如】 xīrú 整齐盛大的样子。《论语·八佾》:"乐其可知也,始作,～～也。"

【翕翕】 xīxī ❶聚合的样子。《孙子·行军》:"谆谆～～,徐与人言者,失众也。"[引]趋附的样子。韩愈《唐故朝散大夫尚书库部郎中郑君墓志铭》:"不为～～热,亦不为崖岸斩绝之行。"❷纷纭的样子。曾巩《上欧蔡书》:"而怨忌毁骂谗构之患,一日俱发,～～万状。"

【翕习】 xīxí ❶威势盛的样子。《后汉书·蔡邕传》:"隆贵～～,积富无崖。"刘希夷《将军行》:"献凯归京师,军容何～～。"❷迅疾的样子。张华《鹪鹩赋》:"飞不飘飏,翔不～～。"❸亲近,狎习。《晋书·阎缵传》:"贾谧小儿,恃宠恣睢,而浅中弱植之徒,更加～～。"

【翕赩】 xīxì 光色盛的样子。嵇康《琴赋》:"珍怪琅玕,瑶瑾～～。"李白《君子有所思行》:"朝野盛文物,衣冠何～～。"

【翕呷】 xīxiā 人行走时衣服摩擦的声音。司马相如《子虚赋》:"扶舆猗靡,～～萃蔡。"(萃蔡:衣服摩擦声。)

【翕响】 xīxiǎng ❶声音繁密而谐美的样子。嵇康《琴赋》:"纷纶～～,冠众艺兮。"❷沸乱的样子。左思《蜀都赋》:"毛群陆离,羽族纷泊,～～挥霍,中网林薄。"

【翕张】 xīzhāng 开闭。《论衡·死伪》:"目自～～,非神而何?"

郎 xī ❶周代诸侯国名。即"息"。在今河南息县。《说文·邑部》:"～,姬姓之国,在淮北。"❷古地名。春秋齐地。《左传·哀公十年》:"公会吴子、邾子、郯子伐齐南鄙,师于～。"

腊[2] xī ❶干肉。《论衡·道虚》:"世称尧若～,舜若腒,心愁忧苦,形体羸癯。"(腒:干腌的鸟肉。)㊀制成干肉。《战国策·秦策三》:"郑人谓未理者璞,周人谓鼠未～者朴。"㊁皮肤干裂。《山海经·西山经》:"有兽焉,其状如羊而马尾,名曰羬羊,其脂可以已～。"(已:止,医治。)❷副词。极。《国语·郑语》:"毒之酋～者,其杀也滋速。"㊀久。张协《七命》:"耽口爽之馔,甘～毒之味。"

犀 xī ❶动物名。犀牛。《南史·陆验传》:"先是,外国献生～,其形甚陋。"㊀犀角,犀角制的器物。《法言·孝至》:"被我纯缋,带我金～。"曹植《七启》:"饰以文～,彫以翠绿。"㊁犀牛皮。《韩非子·难二》:"赵简子围卫之郛郭,～楯～橹,立于矢石之所不及。"❷坚固,锐利。《盐铁论·申韩》:"～铫利钽,五谷之利而闲草之害也。"《后汉书·张衡传》:"虽有～舟劲楫,犹人涉卬否,有须者也。"❸瓠瓜的子。见"瓠犀"。

【犀角】 xījiǎo ❶犀牛角。《后汉书·西域传》:"大秦王安敦遣使自日南徼外献象牙、～～、瑇瑁。"❷指隆起的额角骨。《战国策·中山策》:"若乃其眉目准頞权衡,～～偃月,彼乃帝王之后,非诸侯之姬也。"也作"角犀"。

溪 xī(旧读 qī) 本作"谿"。山间的小水流。张衡《东京赋》:"濯龙芳林,九谷八～。"㊀泛指小河。杜甫《落日》诗:"落日在帘钩,～边春事幽。"

【溪壑】 xīhè 溪谷沟壑。溪,或作"谿"、"磎"。张协《杂诗》之九:"～～无人迹,荒楚郁萧森。"比喻不可满足的贪欲。《聊斋志异·冤狱》:"有何大事,而顾奄奄堂上若死人,似恐～～之不遽饱,而故假之以岁时也者。"

【溪刻】 xīkè 苛刻,刻薄。《世说新语·豪爽》:"桓公读《高士传》,至於陵仲子,便掷去,曰:'谁能作此～～自处。'"(於陵仲子:人名,即陈仲子。)

裼 1. xī ❶脱去上衣,露出身体。《战国策·秦策一》:"闻战顿足徒～,犯白刃,蹈煨炭,断死于前者比是也。"❷裼衣,覆加在裘上的无袖外衣。也指裘上加裼衣。《礼记·玉藻》:"裘之～也,见美也。"㊀袒开或脱去上衣,露出裼衣。《仪礼·聘礼》:"～,降立。"参见"裼袭"。

2. tì ❸裹覆婴儿的被。《诗经·小雅·斯干》:"乃生女子,载寝之地,载衣之～。"

【裼裘】 xīqiú 袒开正服而露出裘外的裼衣。《礼记·檀弓上》:"曾子袭裘而吊,子游～～而吊。"(袭:正服尽覆其裘。)杜光庭《虬髯客传》:"不衫不履,～～而来,神气扬扬,貌与常异。"

【裼袭】 xīxí 裼,袒开正服而不尽覆其裘。袭,尽覆而不使裘见于外。《礼记·乐记》:"升降上下,周还～～,礼之文也。"又《表记》:"～～之不相因也,欲民之毋相渎也。"(不相因,指古礼仪中或以裼为敬,或以袭为敬。隆重场合,以袭为敬;一般宴享,以裼为敬。)

郗 xī 见 qī。

晳 xī ❶肤色洁白。《论衡·死伪》:"汤～以长,颐以髯,锐上而丰下,倨身而扬声。"㊀泛指白色。《左传·定公九年》:"有先登者,臣从之,～帻而衣貍制。"(制:斗篷。)❷枣的一种。《尔雅·释木》:"～,无实枣。"

锡(錫) 1. xī ❶一种金属。张衡《南都赋》:"铜～铅锴,赭垩流黄。"(锴:铁。)❷僧人所用锡杖的省称。庾信《秦州天水郡麦积崖佛龛铭序》:"是以飞～遥来,度杯远至。"李中《送绍明上人之毗陵》诗:"听蝉离古寺,携～上扁舟。"❸通"緆"。细布。《列子·周穆王》:"施芳泽,正娥眉,设笄珥,衣阿～。"(阿:轻细的丝织品。)❹姓。

2. tì ❺通"鬄"。假发。《仪礼·少牢馈食礼》:"主妇被～。"

3. cì ❻通"赐"。赐予。《国语·晋语七》:"公～魏绛女乐一八,歌钟一肆。"《后汉书·蔡邕传》:"或画一策而绾万金,或谈崇朝而～瑞珪。"

【锡衰】 xīcuī 用细麻制成的丧服。《汉书·贾山传》:"死则往吊哭之,临其小敛大敛,已棺涂而后为之服～～麻绖,而三临其丧。"也指服锡衰之丧服。《周礼·春官·司服》:"王为三公六卿～～。"

【锡赉】 cìlài 赏赐。《旧唐书·真腊国传》:"贞观二年,又与林邑国俱来朝献。太宗嘉其陆海疲劳,～～甚厚。"

【锡命】 cìmìng 天子赏赐诸侯爵位、车马服饰等物的诏令。欧阳修《泷冈阡表》:"虽不克有于其躬,而赐爵受封,显荣褒大,实有三朝之～～。"

徯 xī(又读 xí) ❶等待。《尚书·仲虺之诰》:"～予后,后来其苏。"㊀期望。岳珂《桯史·楚齐僭册》:"实天命之有归,仍人情之所～。"❷同"蹊"。小路。《礼记·月令》:"谨关梁,塞～径。"❸(xì)通"系"。拘系。《论衡·指瑞》:"自谓道绝不复行,将为小人所～获也。"

【徯隧】 xīsuì 小路。《汉书·货殖传》:"鹰隼未击,矰弋不施于～～。"

譆(譆) xī 同"嘻"。叹词。表示赞叹、惊惧、悲痛等。《庄子·养生主》:"文惠君曰:'～,善哉!技盖至此乎。'"(盖:通"盍"。)《吕氏春秋·介立》:"文公闻之曰:'～!此必介之推也。'"

熄 xī ❶火熄灭。《孟子·告子上》:"犹以一杯水救一车薪之火也,不～,则谓之水不胜火。"❷平息,消亡。《孟子·滕文公下》:"一怒而诸侯惧,安居而天下～。"欧阳修《重读徂徕集》诗:"待彼谤焰～,放此光芒悬。"

熙(熈、煕) xī ❶明,光明。王褒《洞箫赋》:"吸至精之滋～兮,禀苍色之润坚。"班固《东都赋》:"至乎永平之际,重～而累洽。"(累洽:太平相承,天下和乐。)❷晒干。卢谌《赠刘琨》诗:"仰～丹崖,俯澡绿水。"㉑和暖,温和。杨万里《论岳》:"朝而春～,暮而凛秋。"❸兴起,兴盛。《后汉书·张衡传》:"百揆允当,庶绩咸～。"(百揆:百官。庶:众。绩:事业、事功。)又《窦武传》:"是以君臣并～,名奋百世。"❹广,光大。《后汉书·窦宪传》:"～帝载兮振万世。"韩愈《争臣论》:"致吾君于尧舜,～鸿号于无穷也。"❺和乐。见"熙笑"、"熙怡"。❻通"嬉"。嬉戏。《庄子·马蹄》:"含哺而～,鼓腹而游。"宋玉《登徒子好色赋》:"臣少曾远游,周览九土,足历王都,出咸阳,～邯郸。"㉑开玩笑。《晏子春秋·内篇杂下》:"圣人,非所与～也。"❼通"禧"。福,吉祥。见"熙事"。

【熙朝】 xīcháo ❶振兴朝政。陆机《辨亡论上》:"大司马陆公以文武～～,左丞相陆凯以謇谔尽规。"❷犹"盛朝"。多为臣子称颂本朝之辞。曾巩《贺元祐四年明堂礼成肆赦表》:"讲兹钜典,属在～～。"

【熙洽】 xīqià 指时世清明和乐。曾巩《贺元丰三年明堂礼毕大赦表》:"臣幸逢～～,未奉燕闲,一违前跸之音,四遇亲祠之庆。"秦观《谢及第启》:"窃以圣神临御之初,实惟祖宗～～之后。"

【熙事】 xīshì 吉祥之事。《汉书·礼乐志》:"忽乘青玄,～～备成。"《宋史·乐志》:"～～既成,嘉笾告彻。"

【熙熙】 xīxī ❶和乐的样子。《荀子·儒效》:"～～兮其乐人之臧也。"(臧:善。)《史记·匈奴列传》:"今天下大安,万民～～。"❷盛多的样子。《史记·日者列传》:"天地旷旷,物之～～,或安或危,莫知居之。"❸生机勃勃的样子。卢照邻《释疾文》:"春也万物～～焉,感其生而悼其死,夏也百草榛榛焉,见其盛而知其阑。"(阑:残尽,衰败。)

【熙笑】 xīxiào 怡然而笑。《淮南子·精神训》:"禹乃～～而称曰:'我受命于天,竭力而劳万民。'"

【熙怡】 xīyí 和悦。鲍照《拟行路难》诗:"为此令人多悲悒,君当纵意自～～。"

【熙载】 xīzài 弘扬功业。孔融《荐祢衡表》:"昔世宗继统,将弘祖业,畴咨～～,群士响臻。"陆倕《新漏刻铭》:"乃置挈壶,是惟～～。"

豨 xī 猪。《战国策·韩策三》:"是公择～而割之。"(豨:一本作"布"。)

蜥 xī 见"蜥蜴"。

【蜥蜴】 xīyì 也作"蜥易"。一种爬行动物。俗称"四脚蛇"。李贺《钓鱼》诗:"饵悬春～～。"

僖 xī ❶喜乐。《说文·人部》:"～,乐也。"古代常以为谥号。如周僖王、鲁僖公。❷姓。《国语·晋语四》:"凡黄帝之子,二十五宗,其得姓者十四人,为十二姓:姬、酉、祁、己、滕、箴、任、荀、～、姞、儇、依是也。"

阘(闒) 1. xī ❶突然停立的样子。《管子·小问》:"桓公北伐孤竹,未至卑耳之谿十里,～然止。"❷安定的样子。《史记·匈奴列传》:"寝兵、休卒、养马,世世昌乐,～然更始。"❸(又读 sà)戟名。

2. tà ❹投物声。《韩诗外传》卷二:"巫马期喟然仰天而叹,～然投镰于地。"❺通"阘"。见"阘茸"。

【阘戟】 xī(又读 sà)jǐ 古兵器名。《后汉书·舆服志上》:"前驱有九斿云罕,凤皇～～,皮轩鸾旗。"

【阘茸】 tàróng 地位卑贱的人。阘,通"阘"。《汉书·孝武李夫人传》:"嫉妒～～,将安程兮?"《盐铁论·非鞅》:"贤知之士,～～之所恶也。"

憘 xī 叹词。叹息声。《后汉书·蔡邕传》:"客有弹琴于屏,邕至门,试潜听之,曰:'～!以乐召我而有杀心,何也?'遂反。"

磎 xī 同"谿"。山谷。马融《长笛赋》:"托九成之孤岑兮,临万仞之石～。"唐求《夜上隐居寺》诗："寻师拟学空，空住虎～东。"

嘻 xī ❶喜笑的样子。扬雄《太玄经·乐》："人～鬼～。"❷叹词。表示赞叹、忿怒、叹息等。《诗经·周颂·噫嘻》："噫～成王！既昭假尔。"《战国策·赵策三》："辛垣衍怏然不悦，曰：'～！亦太甚矣，先生之言也。'"《公羊传·僖公元年》："庆父闻之曰：'～！此奚斯之声也。'"

噏 xī ❶吸。《后汉书·张衡传》："～青岑之玉醴兮，餐沆瀣以为粮。"❷收敛，闭合。《老子·三十六章》："将欲～之，必固张之。"（噏：一本作"歙"。）❸见"噏呷"。

【噏呷】 xīxiā 衣服飘动的样子。《史记·司马相如列传》："扶舆猗靡，～～萃蔡。"

巂（巂） 1. xī ❶燕的别名。《说文·隹部》："～，巂周，燕也。"《吕氏春秋·本味》："～燕之翠。"㊀指子规鸟。如"子巂"。❷同"酅"。古地名。在今山东省东阿县西南。《公羊传·僖公二十六年》："公追齐师至～，弗及。"❸（旧读 suī）古代州名。南朝梁时始置。辖境在今四川西昌地区。

2. guī ❹通"规"。车轮转一周为巂。《礼记·曲礼上》："立视五～。"

嬉 1. xī ❶游戏，玩乐。潘岳《为贾谧作赠陆机》诗："～娱丝竹。"韩愈《进学解》："业精于勤，荒于～。"❷盛。《春秋纬文耀钩》："后党～。"

2. xǐ ❸人名用字。夏桀有妃名"末嬉"。

【嬉笑怒骂】 xīxiàonùmà 喻指不拘题材形式，任意挥洒。黄庭坚《东坡先生真赞》："东坡之酒，赤壁之笛，～～～～，皆成文章。"

窸 xī 见"窸窣"。

【窸窣】 xīsū 象声词。形容细小的摩擦声。杜甫《自京赴奉先县咏怀五百字》："河梁幸未坼，枝撑声～～。"刘禹锡《游桃园一百韵》："虚无天乐来，～～鬼兵役。"

羲 xī 某些古人名的省称。见"羲娥"、"羲和"、"羲农"、"羲文"、"羲轩"。

【羲娥】 xī'é ❶古神话以羲和为驾御日车之神，以嫦娥为驾御月车之神。后因以"羲娥"代指日月。韩愈《石鼓歌》："孔子西行不到秦，掎摭星宿遗～～。"❷泛指岁月。苏轼《次韵杨褒早春》："破恨径须烦曲蘖，增年谁复怨～～。"

【羲和】 xīhé ❶羲氏与和氏。尧时掌管天文四时的家族。《尚书·尧典》："乃命～～，钦若昊天，历象日月星辰，敬授民时。"后成为官名。《汉书·艺文志》："阴阳家者流，盖出于～～之官。"❷神话中驾御日车的神。《楚辞·天问》："～～之未扬，若华何光。"李贺《相劝酒》诗："～～骋六辔。"也指代日。《后汉书·崔骃传》："氛霓郁以横厉兮，～～忽以潜晖。"❸神话中太阳之母。《山海经·大荒南经》："～～者，帝俊之妻，生十日。"又神话中古国名。太阳之母所居。《山海经·大荒南经》："东南海之外，甘水之间，有～～之国。"

【羲皇】 xīhuáng ❶伏羲氏。也作"牺皇"。曹植《七启》之七："超隆平于殷周，踵～～而齐泰。"皇甫谧《帝王世纪》："故号曰庖牺氏，是为～～。"❷指远古。岑参《南池夜宿思王屋青萝旧斋》诗："有时清风来，自谓～～人。"杜甫《重过何氏》诗之四："看君用幽意，白日到～～。"

【羲轮】 xīlún 太阳的代称。李觏《孤怀》诗："蜀犬尽鸣吠，～～自光辉。"黄景仁《送春》诗之三："玉虬高驾倘见招，急叱～～出平旦。"

【羲农】 xīnóng 伏羲和神农。《抱朴子·用刑》："若不齐之以威，纠之以刑，远羡～～之风，则乱不可振。"

【羲舒】 xīshū 羲和与望舒。岳珂《桯史》卷一："其视骑省之辩，正犹萤爝之拟～～也。"

【羲文】 xīwén 伏羲和周文王。班固《东都赋》："讲～～之《易》，论孔氏之《春秋》。"权德舆《奉和圣制……观新乐》："正声迈咸濩，易象含～～。"

【羲轩】 xīxuān 伏羲和轩辕（黄帝）。徐陵《谢敕赐祀三皇五帝馀馔启》："窃以甘泉之殿，旧礼～～，长乐之宫，本图尧舜。"

【羲皇上人】 xīhuángshàngrén 太古时代的人。比喻生活恬淡闲适，无所系念。陶渊明《与子俨等疏》："尝言五、六月中，北窗下卧，遇凉风暂至，自谓是～～～～。"

熺 xī ❶同"熹"。炽热。木华《海赋》："～炭重燔。"㊀亮，光明。刘桢《赠五官中郎将》诗："明镫～炎光。"❷（chì）通"饎"。烹煮。《淮南子·时则训》："湛～必洁，水泉必香。"

熹 xī ❶烤（肉）。《说文·火部》："～，炙也。"❷炽热，炽盛。《玉篇·火部》："～，热也，炽也。"《广韵·支韵》："～，盛也。"❸光明。杨万里《明发陈公径过摩舍那滩石峰下》诗："东暾澹未～，北吹寒更寂。"

【熹微】 xīwēi 微明的样子。陶渊明《归去来兮辞》："问征夫以前路，恨晨光之～～。"

樨 xī 桂树。《字汇·木部》："～，木名。桂花，俗名木樨花。"

醯 xī 同"醯"。醋。《战国策·东周策》："夫鼎者，非效～壶酱甀耳。"

螅 xī 见"螅蟀"。

【螅蟀】 xīshuài 即蟋蟀。《逸周书·时训》："小暑之日，温风至。又五日，～～居辟。"（辟：通"壁"。）

歙 1. xī ❶吸，吸入。鲍照《石帆铭》："吐湘引汉，～蠡吞沱。"㊀收敛，闭合。《淮南子·兵略训》："［用兵之道］为之以～，而应之以张。"《论衡·诘术》："口有张～，声有外内。"❷通"翕"。和顺。《汉书·韩延寿传》："延寿乃起听事……郡中～然。"㊀一致。《后汉书·五行志一》："京都～然，诸夏皆放效。"

2. xié ❸通"胁"。缩。《后汉书·张衡传》："干进苟容，我不忍以～肩。"

3. shè ❹地名用字。如"歙州"、"歙县"。❺通"摄"。抓住。《世说新语·轻诋》："彪以手～叔虎云：'酷吏！'词色甚强。"

【歙歙】 xīxī ❶意无偏持的样子。《老子·四十九章》："圣人在天下，～～为天下浑其心。"❷彼此附合的样子。《汉书·楚元王传》："众小在位而从邪议，～～相是而背君子。"

【歙赩】 xīxì 赤色浓盛的样子。王延寿《鲁灵光殿赋》："皓壁皜曜以月照，丹柱～～而电烻。"（烻：电光闪动。）

蹊 1. xī（又读 xí） ❶小路。《史记·李将军列传论》："谚曰：'桃李不言，下自成～。'"晁补之《新城游北山记》："稍西一峰高绝，有～介然，仅可步。"❷践踏。《左传·宣公十一年》："牵牛以～人之田。"《新唐书·李光弼传》："汜水、崿岭尽为贼～，子能尽守乎？"

2. qī ❸见"蹊跷"。

【蹊径】 xījìng ❶小路，山路。《吕氏春秋·孟冬》："完要塞，谨关梁，塞～～。"王褒《洞箫赋》："要复遮其～～兮，与讴谣乎相和。"❷门径。《荀子·劝学》："将原先王，本仁义，则礼正其经纬～～也。"

【蹊隧】 xīsuì 小路。《庄子·马蹄》："山无～～，泽无舟梁。"

【蹊要】 xīyào 小路险要之处。《三国志·魏书·牵招传》："又遗一通于虏～～，虏即恐怖，种类离散。"又《田畴传》："虏亦遮守～～，军不得进。"

【蹊跷】 qīqiāo 奇怪，可疑。《朱子语类·论语八》："仁者之过，只是理会错了，无甚～～。"

谿 xī（旧读 qī） ❶同"溪"。山间的河沟，溪流。《吕氏春秋·权勋》："君因斩岸堙～以迎钟，师必随之。"（斩：当作"錾"，凿。）文震亨《长物志》卷二："种竹宜筑土为垅，环水为～。"❷中医学名词。常与"谷"并称。指肢体肌肉之间的缝隙或凹陷部位。《素问·气穴论》："肉之大会为谷，肉之小会为～。"❸空虚。《吕氏春秋·适音》："以危听清，则耳～极。"❹古代民族名。东汉至宋时，分布在今湘、黔、川地区。《魏书·司马睿传》："巴蜀蛮獠，～俚楚越，鸟声禽呼，言语不同。"

【谿谷】 xīgǔ ❶山谷。《战国策·秦策四》："随阳、右壤，此皆广川大水，山林～～不食之地，王虽有之，不为得地。"❷中医学名词。指针灸穴位。《素问·气穴论》："肉分之间，～～之会，以行荣卫，以会大气。"

釐 xī ❶福，吉祥。《史记·孝文本纪》："今吾闻祀官祝～，皆归福朕躬。"❷祭祀用过的肉。《史记·屈原贾生列传》："孝文帝方受～，坐宣室。"❸姓。

鸂（鸂） xī（又读 qī） 见"鸂鶒"。

【鸂鶒】 xīchì 一种水鸟，形大于鸳鸯而色多紫，俗称紫鸳鸯。杜甫《曲江陪郑八丈南史饮》诗："雀啄江头黄柳花，䴔䴖～～满晴沙。"

醯 xī 醋。《吕氏春秋·功名》："缶～黄，蚋聚之，有酸，徒水则必不可。"

曦 xī 阳光。陆云《失题》诗："沉～含辉，芳烈如兰。"也代指太阳。郦道元《水经注·江水二》："自非亭午夜分，不见～月。"

【曦轮】 xīlún 太阳。唐高宗《立春游苑迎春》诗："迎春正启流霞席，暂嘱～～勿遽斜。"《旧唐书·音乐志三》："永流洪庆，式动～～。"

【曦轩】 xīxuān 太阳。郦道元《水经注·漾水》："山高入云，远望增状，若岭纡～～，峰驻月驾矣。"

巇 xī ❶险，险峻。张衡《南都赋》："嵚～屹嶬。"（嵚：高峻的样子。屹嶬：断绝的样子。）❷缝隙。范成大《麻线堆》诗："烈火败硗确，筑沙填隙～。"㊀可乘之机。韩愈《释言》："弱于才而腐于力，不能奔走乘机抵～以要权利。"

酅 xī ❶险要的丘陵。《左传·僖公二十八年》："楚师背～而舍，晋侯患之。"❷古地名。1）春秋纪国邑。在今山东淄博临淄区东。《春秋·庄公三年》："纪季以～入于齐。"2）春秋齐地。在今山东东阿县南。《春秋·僖公二十六年》："公追齐师至～。"也作"巂"。

蠵（蠵）xī　一种大龟。《楚辞·招魂》："露鸡臛～，厉而不爽些。"（臛蠵：以蠵龟作肉羹。些：语气词。）

鼷　xī　鼠类中最小的一种。《汉书·中山靖王刘胜传》："臣闻社～不灌，屋鼠不熏。"

觿　xī　古代解结的用具。形似锥，用骨、玉等制成，也用作佩饰。《诗经·卫风·芄兰》："芄兰之支，童子佩～。"梁武帝《长安有狭斜行》："大妇理金翠，中妇事玉～。"

习（習）xí　❶（鸟）反复频繁地习飞。《吕氏春秋·季夏》："鹰乃学～。"[引]反复练习，复习。《史记·五帝本纪》："于是轩辕乃～用干戈，以征不享，诸侯咸来宾从。"《后汉书·和熹邓皇后纪》："左右～诵，朝夕济济。"[引]学习。《史记·苏秦列传》："东事师于齐，而～之于鬼谷先生。"《后汉书·张霸传》："郡中争厉志节，～经者以千数，道路但闻诵声。"❷通晓，熟悉。《国语·晋语七》："羊舌肸～于《春秋》。"《史记·孝文本纪》："汉大臣皆故高帝时大将，～兵，多谋诈。"[又]熟悉者。《韩非子·解老》："使失路者而肯听～问知，即不成迷也。"❸靠近，亲近。《韩非子·难二》："子家～市，识贵贱乎？"《史记·樗里子甘茂列传》："王之爱～公也，不如公孙奭。"[又]宠信之人。《后汉书·质帝纪》："匪砥匪革，终沦嬖～。"❹习惯。《孟子·尽心上》："行之而不著焉，～矣而不察焉。"王安石《答司马谏议书》："人～于苟且非一日，士大夫多以不恤国事，同俗自媚于众为善。"[又]风气，风尚。欧阳修《苏氏文集序》："予尝考前世文章政理之盛衰，而怪唐太宗致治几乎三王之盛，而文章不能革五代之馀～。"❺常常，频频。《后汉书·黄琼传》："初，琼随父在台阁，～见故事。"柳宗元《三戒·临江之麋》："自是日抱就犬，～示之，使勿动。"❻通"袭"。因，因袭。《尚书·大禹谟》："龟筮协从，卜不～吉。"[又]重叠。《周易·坎》："～坎，重险也。"（坎：卦中象险。）[又]沿，顺着。庾信《哀江南赋》："彼锯牙而钩爪，又巡江而～流。"（巡：一作"循"。）❼姓。晋有习凿齿。

【习故】　xígù　❶亲信和故旧。《吕氏春秋·求人》："故贤主之于贤者也，物莫之妨；戚爱～～，不以害之。"❷因袭成规。《后汉书·仲长统传》："又中世之选三公也，务于清悫谨慎，循常～～者。"

【习吉】　xíjí　吉事相因袭。《尚书·金縢》："乃卜三龟，一～～。"（一：一一。）亦作"袭吉"。《宋书·乐志四》："元龟～～，元光著明。"

【习习】　xíxí　❶频飞的样子。《楚辞·九辩》："骖白霓之～～兮，历群灵之丰丰。"❷和煦的样子。陆机《行思赋》："托飘风之～～，冒沈云之霭霭。"❸繁盛的样子。左思《魏都赋》："～～冠盖，莘莘蒸徒。"❹行走的样子。张衡《东京赋》："肃肃～～，隐隐辚辚。"

【习性】　xíxìng　❶习惯和性格。《北史·儒林传序》："夫帝王子孙，～～骄逸。"❷修养性情。《北史·常爽传》："六经者，先王之遗烈，圣人之盛事也，安可不游心寓目～～文身哉？"

【习与性成】　xíxǔxìngchéng　因长期的习惯而形成一定的性格。《南史·王筠传》："余少好抄书，老而弥笃，虽偶见瞥观，皆即疏记……～～～～，不觉笔倦。"也作"习以性成"。《后汉书·陈寔传》："不善之人未必本恶，～～～～，遂至于此。"

击　xí　见jī。

席（蓆）xí　❶席子。用草或竹篾等编成的供坐卧铺垫的用具。《战国策·秦策二》："妾以无烛，故常先至，扫室布～。"《史记·孙子吴起列传》："卧不设～，行不骑乘，亲裹赢粮，与士卒分劳苦。"[又]铺席。也指铺席坐卧。《仪礼·特牲馈食礼》："～于门中。"《左传·宣公十二年》："赵旃夜至于楚军，～于军门之外。"❷席位，坐次。《吕氏春秋·慎大》："武王避～再拜之。"《后汉书·张布传》："步嘿然良久，离～跪谢。"又《赵熹传》："皇太子与东海王等杂止同～，宪章无序。"❸古人凭席治事，因称职位为席。刘禹锡《奉和吏部杨尚书……赠答十韵》："步武离台～，徊翔集帝梧。"❹酒席，筵席。沈约《应诏乐游苑饯吕僧珍》诗："戎车出细柳，饯～樽上林。"❺帆。谢灵运《游赤石进帆海》诗："扬帆采石华，挂～拾海月。"❻凭借，倚仗。《汉书·贾谊传》："天下殽乱，高皇帝与诸公并起，非有仄室之势以豫～之也。"权德舆《两汉辩亡论》："初梁冀～外戚之重，贪戾当国。"❼宋代计量盐或米的单位。《宋史·食货志下》："为盐税……以～计，为六十五万五千一百二十～，～百一十六斤。"❽大。《诗经·郑风·缁衣》："缁衣之～兮，敝，予又改作兮。"❾姓。晋有席坦。

【席宠】　xíchǒng　凭借恩宠。《尚书·毕命》："兹殷庶士，～～惟旧。"《旧五代史·皇甫遇等传论》："观前代人臣之事迹多矣，若乃世道方泰，则～～恃禄者实繁。"

【席次】 xícì ❶座席的次第。《孔子家语·问玉》:"席而无上下,则乱于～～矣。"❷席间。孔稚珪《北山移文》:"尔乃眉轩～～,袂耸筵上。"

【席地】 xídì 铺席于地。《南齐书·豫章王嶷传》:"朔望时节,～～香火、槃水、酒脯、干饭、槟榔便足。"后称坐在地上,或以地为席,为席地。《晋书·刘伶传》:"幕天～～,纵意所如。"

【席稿】 xígǎo 坐卧在稿席上。稿,用禾秆编成的席。1) 古人请罪的一种方式。苏轼《上神宗皇帝书》:"自知渎犯天威,罪在不赦,～～私室,以待斧钺之诛。"2) 古人居丧的一种礼节。《晋书·礼志中》:"陛下以万乘之尊,履布衣之礼,服粗～～,水饮疏食。"3) 形容生活贫困。王维《酬诸公见过》诗:"媿无莞簟,班荆～～。"

【席门】 xímén 以席为门。比喻家贫。《宋书·袁粲传》:"所处～～常掩,三迳裁通,虽扬子寂漠,严叟沉冥,不是过也。"高適《行路难》诗:"东邻少年安所知,～～穷巷出无车。"

【席胜】 xíshèng 凭借战胜的威势。《汉书·蒯通传》:"乘利～～,威震天下。"也指凭借有利的形势。《后汉书·五行志三》:"小人～～,失怀得志。"

【席珍】 xízhēn 语出《礼记·儒行》:"儒有席上之珍以待聘。"后遂以"席珍"比喻美才善德。唐玄宗《集贤书院成送张说上集贤学士赐宴得珍字》诗:"广学开书院,崇儒引～～。"也作"席上珍"。何逊《赠族人秣陵兄弟》诗:"方成天下士,岂伊～～～。"

觋(覡) xí 男巫。《国语·楚语下》:"如是则明神降之,在男曰～,在女曰巫。"《潜夫论·巫列》:"巫～祝请亦其助也。"

袭(襲) xí ❶量词。多用于衣被等物。1) 相当于"套"。《汉书·昭帝纪》:"有不幸者,赐衣被一～,祠以中牢。"《后汉书·贾逵传》:"赐布五百匹,衣一～。"2) 重,层。《吕氏春秋·节丧》:"题凑之室,棺椁数～,积石积炭,以环其外。"❷加在衣外之衣,重衣。班彪《王命论》:"思有短褐之～。"㊂衣上加衣。《论衡·书虚》:"方朝诸侯,桓公重衣,妇人～裳。"苏轼《教战守策》:"出则乘舆,风则～裘,雨则御盖。"㊂泛指穿(衣)。《论衡·指瑞》:"是若应,殆且有解编发、削左衽、～冠带而蒙化焉。"㊂特指为死者穿衣。《仪礼·士丧礼》:"乃～三称。"(称:衣之一套。)❸重叠,累积。《楚辞·九章·怀沙》:"重仁～义兮,谨厚以为丰。"《论衡·说日》:"日月合相～,月在上,日在下者,不能掩日。"㊂重复。《礼记·曲礼上》:"卜、筮不相～。"❹合,并合。《荀子·不苟》:"山渊平,天地比,齐秦～。"《淮南子·天文训》:"天地之～精为阴阳。"㊂和,调和。《礼记·中庸》:"仲尼祖述尧舜,宪章文武,上律天时,下～水土。"❺因袭,沿用。《荀子·议兵》:"因其民,～其处,而百姓皆安。"《史记·礼书》:"至于高祖,光有四海,叔孙通颇有增益减损,大抵皆～秦故。"㊂效法,仿效。《战国策·赵策二》:"今王释此,而～远方之服。"❻继承。《论衡·语增》:"武王承纣,高祖～秦。"㊂特指继承爵位等。《汉书·高惠高后文功臣表序》:"百馀年间而～封者尽,或绝失姓,或乏无主。"《后汉书·张纯传》:"纯少～爵土,哀、平间为侍中。"㊀承受。《左传·昭公二十八年》:"九德不愆,作事无悔,故～天禄,子孙赖之。"❼覆盖,掩藏。《礼记·少仪》:"剑则启椟,盖～之。"张衡《西京赋》:"大驾幸乎平乐,张甲乙而～翠被。"❽掩袭,乘人不备而进攻。《战国策·魏策四》:"夫专诸之刺王僚也,彗星～月。"《国语·周语中》:"二十四年,秦师将～郑,过周北门。"㊀气味熏染。《楚辞·九歌·少司命》:"绿叶兮素枝,芳霏霏兮～予。"❾入。《淮南子·览冥训》:"虎豹～穴而不敢咆。"左思《吴都赋》:"聊～海而徇珍。"(徇:求。)㊂返。潘岳《哀永逝赋》:"委兰房兮繁华,～穷泉兮朽壤。"❿姓。

【袭逮】 xídài 犹言接连不断到来。《宋书·符瑞志下》:"伏惟陛下体乾统极,休符～～。"

【袭迹】 xíjì 重蹈他人的行迹。《韩非子·孤愤》:"今～～齐晋,欲国安存,不可得也。"

【袭杂】 xízá 错杂。王褒《四子讲德论》:"是以海内欢慕,莫不风驰雨集,～～并至,填庭溢阙。"

葈 1. xí ❶草名用字。《尔雅·释草》:"繁,菟～。"

2. xì ❷鞋带。《南史·虞玩之传》:"～断,以芒接之。"

媳 xí 儿媳妇。《聊斋志异·梅女》:"汝父母代哀冥司,愿以爱～入青楼,代汝偿贪债。"泛指已婚的女子。《聊斋志异·王六郎》:"俄而丈夫抱子,～女窥门,杂沓而来,环如墙堵。"

嶍(峺) xí 山名。在云南省峨山彝族自治县,与峨山合称嶍峨山。

槢 xí ❶坚木。元结《演兴·讼木魅》诗:"～槐槐兮未坚,栎根根兮可屈。"㊀生硬。纳兰性德《与梁药亭书》："唐诗非不整齐工丽，然置其红牙银拨间，未免病其版～矣。"❷楔，用以接合的木块。《庄子·在宥》："吾未知圣知之不为桁杨接～也。"何晏《景福殿赋》："楯类腾蛇，～似琼英。"

褶 xí 见 dié。

隰 xí ❶低湿的地方。《吕氏春秋·安死》："葬于阪～则同乎阪～，此之谓爱人。"《三国志·魏书·文帝纪》："苞原～险阻而为军者为敌所禽。"❷新开垦的田地。《诗经·周颂·载芟》："千耦其耘，徂～徂畛。"❸春秋齐邑名，即犁丘。在今山东临邑县境。《左传·哀公二十七年》："～之役，而父死焉。"❹姓。

檄 xí ❶古代官方用以征召、晓谕、声讨的文书。《汉书·高帝纪下》："吾以羽～征天下兵。"陈亮《酌古论·曹公》："然后大会诸将，合飨士卒，传～江东，责贡之不入。"[又]用檄文征召、晓谕。《晋书·王雅传》："少知名，州～主簿。"❷树木高擢无旁枝。《尔雅·释木》："无枝为～。"

霫 xí ❶见"霫霫"。❷古代部族名。为匈奴别支，隋、唐时居潢水以北，风俗与契丹略同。后迁潢水以南，并于奚。唐太宗《克高丽辽东城诏》："奚、～、契丹之旅，皆充甲卒。"

【霫霫】 xíxí 落雨纷纷的样子。赵长卿《临江仙》词："天外浓云云外雨，雨声初上檐牙……晚凉如有意，～～到山家。"

鳛（鰼） xí 鱼名。即泥鳅。《尔雅·释鱼》："～，鳝。"

觋 xí 见 jú。

洗 1. xǐ ❶洗脚。《汉书·郦食其传》："食其至，入谒，沛公方踞床，令两女子～。"《论衡·讥日》："～，去足垢；盥，去手垢。"泛指洗涤。李贺《绿章封事》诗："溪女～花染白云。"[引]消除，除去。《新唐书·吴武陵传》："涤垢～瑕，以倡四海。"❷像用水洗净一样杀尽抢光。王秀楚《扬州十日记》："自廿五日起至此已五日，又纷纷传～城之说，城中残喘冒死缒城逃去者大半。"❸古代盥洗器皿名。《仪礼·士冠礼》："夙兴，设～直于东荣。"

2. xiǎn ❹枣名。《尔雅·释木》："～，大枣。"❺见"洗然"。❻姓。今作"冼"。晋有洗劲。

【洗兵】 xǐbīng ❶洗净兵器，收藏起来，指战争停息。左思《魏都赋》："～～海岛，刷马江洲。"刘长卿《平蕃曲》之一："吹角报蕃营，迴军欲～～。"❷指洗净兵器备用，言出兵。李白《战城南》诗："～～条支海上波，放马天山雪中草。"

【洗耳】 xǐ'ěr ❶表示厌听世事。曹植《七启》："河滨无～～之士，乔岳无巢居之民。"❷形容恭敬地倾听。周权《秋霁》诗："酒醒谁鼓松风操，炷罢炉熏～～听。"

【洗甲】 xǐjiǎ 洗净盔甲兵器，收藏不用。指停止战争。谢枋得《代干丞相免追算功赏钱粮启》："出车还役，方吟～～之诗。"《宋史·乐志十六》："覆盂连瀚海，～～挽天河。"

【洗沐】 xǐmù 沐浴。《史记·白起王翦列传》："王翦日休士～～，而善饮食抚循之。"[又]汉制，官吏五日一休沐，因借指休假。《史记·万石张叔列传》："每五日～～归谒亲。"又《佞幸列传》："虽赐～～不欲出。"

【洗腆】 xǐtiǎn 洗涤器皿，陈设丰盛的饮食。《尚书·酒诰》："肇牵车牛，远服贾，用孝养厥父母，厥父母庆，自～～致用酒。"

【洗心】 xǐxīn 洗涤邪恶之心。《周易·系辞上》："圣人以此～～，退藏于密，吉凶与民同患。"[引]改过自新。《后汉书·郭太传》："贾子厚诚实凶德，然～～向善。"孟浩然《和张判官登万山亭因赠洪府都督韩公》："迟尔长江暮，澄清一～～。"

【洗雪】 xǐxuě 昭雪，洗清（冤屈、耻辱等）。《金史·胥鼎传》："宋我世仇，比年非无恢复旧疆、～～前耻之志，特畏我威，力不能窥其虚实，故未敢轻举。"

【洗眼】 xǐyǎn ❶喻仔细观看。杜甫《赠王二十四侍御契四十韵》："～～看轻薄，虚怀任屈伸。"❷言景色悦目。苏轼《九日寻臻阇黎遂泛小舟至勤师院》诗之二："笙歌丛里抽身出，云水光中～～来。"

【洗然】 xiǎnrán ❶清晰的样子。《新唐书·张嘉贞传》："嘉贞条析理分，莫不～～。"❷敬肃的样子。潘岳《夏侯常侍诔》："子乃～～，变色易容，慨然叹曰，道固不同。"❸安详的样子。杜甫《营屋》诗："草茅虽薙葺，衰疾方少宽；～～顺所适，此足代加餐。"

【洗垢索瘢】 xǐgòusuǒbān 比喻刻意挑剔别人的错误。《新唐书·魏徵传》："今之刑赏，或由喜怒，或出好恶。……好则钻皮出羽，恶则～～～～。"《朱子全书·诸子二·苏氏》："又谓～～～～，则孟子以下皆有可论。"

【洗手奉职】 xǐshǒufèngzhí 比喻廉洁奉公。韩愈《唐故中散大夫少府监胡良公墓神道碑》："侍郎赵赞为度支使，荐公为监察御史，主馈给渭桥以东军，～～～～，不以一钱假人。"

【洗心革面】 xǐxīngémiàn 语出《周易·系辞上》："圣人以此洗心，退藏于密。"又《周易·革》："君子豹变，小人革面。"后以"洗心革面"喻彻底改悔。辛弃疾《淳熙己亥论盗贼劄子》："自今以始，～～～～，皆以惠养元元为意。"也作"革面洗心"。文秉《先拨志始》卷下："开晓再三，欲令～～～～，咸与更始。"

枲 xǐ 大麻的雄株，也叫牡麻。贾思勰《齐民要术·种麻》："牡麻无实，好肥理，一名为～也。"㊀麻的总称。《后汉书·崔寔传》："五原土宜麻～，而俗不知织绩。"

㚤 xǐ 见 xié。

玺（璽） xǐ ❶印。古时尊卑通用。秦汉以后惟皇帝印称玺。《战国策·魏策二》："是三人皆以太子为非固相也，皆将务以其国事魏，而欲丞相之～。"《吕氏春秋·适威》："故民之于上也，若～之于涂也，抑之以方则方，抑之以圜则圜。"《史记·吕太后本纪》："大臣皆往谒，奉天子～上代王，共尊立为天子。"❷姓。明有玺书。

【玺绂】 xǐfú 印玺。绂，系印章的带子。《汉书·元后传》："奉上皇太后～～，以当顺天心，光于四海焉。"也作"玺韨"。《汉书·诸侯王表》："汉诸侯王厥角䭫首，奉上～～，惟恐在后。"（䭫：同"稽"。）

【玺节】 xǐjié 古代准许经商的凭证。上有印章，故名。《周礼·地官·司市》："凡通货贿，以玺节出入之。"又《掌节》："货贿用～～。"

【玺绶】 xǐshòu 古代印玺上系有彩色组绶，因称印玺为"玺绶"。《汉书·高帝纪下》："使陆贾即授～～，它稽首称臣。"（它：人名。）《后汉书·顺帝纪》："遣使者入省，夺得～～，乃幸嘉德殿。"

【玺书】 xǐshū 古代用印章封记的文书。《国语·鲁语下》："襄公在楚，季武子取卞，使季冶逆，追而与之～～。"秦以后专指皇帝的诏书。《后汉书·祭彤传》："～～勉励，增秩一等，赐缣百匹。"杜甫《同元使君春陵行》："何时降～～，用尔为丹青。"

谡（諰） xǐ 恐惧，忧惧。睡虎地秦墓竹简《为吏之道》："疾而毋～，简而毋鄙。"

【谡谡】 xǐxǐ 恐惧的样子。王安石《上仁宗皇帝言事书》："四方有志之士，～～然常恐天下之久不安。"

徙（辿） 1. xǐ ❶迁移。《老子·八十章》："小国寡民，使有什伯之器而不用，使民重死而不远～。"《三国志·魏书·武帝纪》："二月，卓闻兵起，乃～天子都长安。"㊀转移，变化。《论语·述而》："闻义不能～，不善不能改，是吾忧也。"《吕氏春秋·察今》："时已矣，而法不～，以此为治，岂不难哉？"❷调动（官职）。《史记·酷吏列传》："武帝即位，～为内史。"《汉书·梁孝王刘武传》："武为代王，四年～为淮阳王。"❸谪戍，流放。桓玄《讨元显檄》："驱逐～拨，死叛殆尽。"

2. sī ❹古国名。在今四川一带。《汉书·西南夷传》："自嶲以东北，君长以十数，～、筰都最大。"

【徙边】 xǐbiān 古代一种刑罚。将犯人流放到边远之地服役。《论衡·恢国》："孝明加恩，则论～～，今上宽惠，还归州里。"《汉书·陈汤传》："其免汤为庶人，～～。"

【徙靡】 xǐmí 摇曳不定的样子。宋玉《高唐赋》："～～澹淡，随波闇蔼。"

【徙倚】 xǐyǐ 徘徊，逡巡。《论衡·变动》："盗贼之人，见物而取，睹敌而杀，皆在～～漏刻之间。"（漏刻：顷刻。）《世说新语·忿狷》："王令诣谢公，值习凿齿已在坐，当与并榻，王～～不坐。"

【徙宅】 xǐzhái 相传孟子之母为了教育孟子，曾三迁其宅。后因以"徙宅"代指母教。白居易《与严砺诏》："秩贵冬官，以表过庭之训；封荣石窌，用旌～～之贤。"

谿（謑、謨、譩） 1. xǐ ❶耻辱，诟骂。《说文·言部》："～，耻也。"

2. xí ❷见"谿髁"。

【谿诟】 xǐgòu 诟辱，辱骂。《荀子·非十二子》："偷儒而罔，无廉耻而忍～～，是学者之嵬也。"

【谿髁】 xíkē 心无定执，顺随于物。《庄子·天下》："～～无任，而笑天下之尚贤也。"

喜 1. xǐ ❶快乐，高兴。《战国策·东周策》："昌他亡西周，之东周，尽输西周之情于东周。东周大～。"《汉书·高帝纪上》："告高祖，高祖乃心独～，自负。"㊀吉祥喜庆之事。《国语·鲁语下》："固庆其～而吊其忧。"❷爱好，喜爱。《汉书·董贤传》："董贤字圣卿，……为人美丽自～。"穆修《答乔适书》："足下有志乎道而未忘乎名，乐闻于古而～求于今。"❸容易发生某种情况。杨衒之《洛阳伽蓝记·宋云惠生使西域》："夏～暴雨，冬则积雪。"《金匮要略·痰饮咳嗽》："脉双弦者寒也，皆大下后～虚。"❹姓。元时有喜同。

2. xī ❺通"熙"。兴盛。扬雄《剧秦美新》："百工伊凝，庶绩咸～。"❻通"嬉"。

游戏。《墨子·号令》："五日官，各上～戏，居处不庄，好侵侮人者。"❼通"嘻"。笑。应劭《风俗通·正失》："上止辇听之，其言可者称善，不可者～笑而已。"

葸 xǐ　害怕、畏缩的样子。《大戴礼记·曾子立事》："人言善而色～焉，近于不说其言。"《后汉书·班固传》："虽云优慎，无乃～欤。"

䚷（䚷） xǐ　看，望。《后汉书·马融传》："目～鼎俎，耳听康衢。"鲍照《瓜步山揭文》："北眺毡乡，南～炎国。"

蓰 xǐ　❶五倍。《孟子·告子上》："或相倍～而无算者，不能尽其才者也。"苏轼《李君山房记》："学者之于书，多且易致如此，其文词学术，当倍～于昔人。"❷草名。《玉篇·艸部》："～，草。"

蹝（躧） xǐ　❶舞鞋，无跟的小鞋。《汉书·地理志下》："女子弹弦跕～，游媚富贵，遍诸侯之后宫。"（跕：踮起脚跟，以脚尖着地而行。）㊀草鞋。《吕氏春秋·长见》："窃观公之意，视释天下若释～。"（释：丢弃。）《史记·孝武本纪》："吾诚得如黄帝，吾视去妻子如脱～耳。"❷拖着（鞋），趿拉着（鞋）。《汉书·隽不疑传》："胜之～履起迎。"❸踩，踏。《西游记》四十一回："～平了你的洞府。"❹漫步。王融《永明寺》诗："振玉～丹墀，怀芳步青阁。"

屣 xǐ　❶鞋。《三国志·魏书·王粲传》："闻粲在门，倒～迎之。"苏轼《巫山》诗："贫贱尔何忧，弃去如脱～。"❷拖着鞋走。见"屣履"。

【屣履】 xǐlǚ　拖着鞋子走路。《后汉书·崔骃传》："骃由此候宪，宪～～迎门。"又《郑玄传》："国相孔融深敬于玄，～～造门。"也作"蹝履"。孙梅锡《琴心记·长门望月》："～～步庭下，幽怀空感伤。"

禧 xǐ（旧读 xī）　福，吉祥。王令《古庙》诗："工鼓于庭巫舞衣，祝传神醉下福～。"《明史·乐志二》："一诚尽兮予心怿，五福降兮民获～。"

憙 xǐ　❶喜悦。《战国策·赵策一》："城降有日，而韩、魏之君无～志而有忧色，是非反如何也。"（如：而。）《后汉书·光武帝纪上》："寻、邑得之，不～。"❷喜欢，爱好。《后汉书·蔡邕传》："～陈方俗闾里小事，帝甚悦之。"李觏《原文》："世俗之不～儒以此。"❸易于发生某种变化。贾思勰《齐民要术·种麻》："有叶者，～烂。"

蟢 xǐ　蟢子。一种长脚蜘蛛。又叫"喜子"、"蟏蛸"、"壁钱"。曹植《令禽恶鸟论》："得～者莫不训而放之，为利人也。"

蹝 xǐ　❶草鞋。《淮南子·主术训》："年衰志悯，举天下而传之舜，犹却行而脱～也。"❷拖着（鞋），趿拉着（鞋）。司马相如《长门赋》："舒息悒而增欷兮，～履起而彷徨。"

扢 xì　见 gǔ。

戏（戲、戱） 1. xì　❶偏师，中军的侧翼。睡虎地秦墓竹简《封诊式·奇首》："军～某爰书。"❷角力，角斗。《左传·僖公二十八年》："子玉使斗勃请战，曰：'请与君之士～。'"❸嬉戏，游戏。《国语·晋语七》："午之少也，婉以从令，游有乡，处有所，好学而不～。"《吕氏春秋·察微》："楚之边邑曰卑梁，其处女与吴之边邑处女桑于境上，～而伤卑梁之处女。"㊀轻慢，当作游戏。《汉书·司马相如传赞》："扬雄以为靡丽之赋，劝百而风一，犹骋郑卫之声，曲终而奏雅，不已～乎！"❹开玩笑。《吕氏春秋·重言》："臣闻之，天子无～言。"《汉书·枚皋传》："皋不通经术，诙笑类俳倡，为赋颂，好嫚～。"㊀嘲弄。《国语·晋语九》："智襄子～韩康子而侮段规。"曹丕《典论·论文》："杂以嘲～。"❺歌舞、杂技等表演。《晋书·王戎传》："于宣武场观～。"❻古地名。1）故址在今河南省内黄县北。《春秋·襄公九年》："十有二月己亥，同盟于～。"2）故址在今陕西西安市临潼区东。《史记·秦始皇本纪》："陈涉所遣周章等将西至～。"❼姓。

2. xī　❽通"羲"。"伏羲"也作"伏（虙）戏"。《荀子·成相》："基必施，辨贤罢，文武之道同伏～。"❾通"巇"。险峻。《楚辞·七谏·怨世》："何周道之平易兮，然芜秽而险～。"

3. huī　❿通"麾"。大将的旌旗。《史记·淮阴侯列传》："不至十日，而两将之头可致于～下。"㊀挥，指挥。《汉书·灌夫传》："蚡乃～骑缚夫置传舍。"

4. hū　⓫通"呼"。见"於戏"。

【戏啁】 xìcháo　嘲弄。《三国志·蜀书·李譔传》："然体轻脱，好～～，故世不能重也。"

【戏嘲】 xìcháo　戏弄嘲笑。苏轼《蔡景繁官舍小阁》诗："～～王叟短辕车，肯为徐郎书纸尾。"

【戏车】 xìchē　❶在车上表演杂技。《汉书·卫绾传》："以～～为郎，事文帝。"❷供表演杂技的车。张衡《西京赋》："尔乃建～～，树修旃，侲僮程材，上下翩翻，突倒投而跟絓，譬陨绝而复联。"

【戏怠】 xìdài 戏乐怠惰。《尚书·盘庚下》:"无～～,懋建大命。"

【戏剧】 xìjù 儿戏,开玩笑。杜牧《西江怀古》诗:"魏帝缝囊真～～,苻坚投箠更荒唐。"苏轼《次韵王郎子立风雨有感》:"愿君付一笑,造物亦～～。"

【戏慢】 xìmàn 轻慢。《新唐书·权万纪传》:"驭人安毕罗为高宗所宠,见帝～～不恭。"《宋史·朱熹传》:"既无以发其隆师亲友、尊德乐义之心,又无以防其～～媟狎、奇邪杂进之害。"

【戏弄】 xìnòng ❶玩耍,嬉戏。《后汉书·陈寔传》:"自为儿童,虽在～～,为等类所归。"《聊斋志异·贾儿》:"父贸易廛中,儿～～其侧。"❷戏弄,玩弄。《史记·廉颇蔺相如列传》:"今臣至,大王见臣列观,礼节甚倨,得璧,传之美人,以～～臣。"《汉书·司马迁传》:"文史星历近乎卜祝之间,固主上所～～,倡优畜之,流俗之所轻也。"

【戏侮】 xìwǔ 戏弄欺侮。《汉书·淳于长传》:"～～许后,嫚易无不言。"

【戏狎】 xìxiá 轻佻嬉戏。韩愈《司徒兼侍中中书令赠太尉许国公神道碑铭》:"公与人有畛域,不为～～。"(与人:和人交往。畛域:界限,分寸。)

【戏笑】 xìxiào ❶嬉戏玩笑。《管子·轻重丁》:"～～超距,终日不归。"❷嘲笑,讥笑。《汉书·黥布传》:"人有闻者,共～～之。"

【戏谑】 xìxuè 开玩笑。《诗经·卫风·淇奥》:"善～～兮,不为虐兮。"徐幹《中论·法象》:"君子口无～～之言,言必有防;身无～～之行,行必有检。"

【戏豫】 xìyù 嬉戏逸乐。《诗经·大雅·板》:"敬天之怒,无敢～～。"吕公著《进十事疏》:"然则有天下者固当饬己正事,不敢～～,使一言一行皆合天心。"

【戏下】 huīxià 同"麾下"。言在主将大旗之下。《汉书·高帝纪上》:"夏四月,诸侯罢～～,各就国。"引申为部下。《汉书·吴王刘濞传》:"于是吴王乃与其～～壮士千人夜亡去。"

忾 xì 见 kài。

屃(屭、屓) xì 见"赑屃"。

却 xì 见 què。

系[1] xì ❶悬,挂。曹植《辅臣论》:"群言～于口,而研覈是非。"❷拴,捆绑。《淮南子·精神训》:"～绊其足,以禁其动。"❸带子。《后汉书·舆服志下》:"以青～为绲。"(绲:帽子上的带子。)❹连接,继承。班固《典引》:"踰绳越契,寂寥而无诏者,～不得而缀也。"(诏:告。)颜延之《宋郊祀歌》:"～唐胄楚。"❺世系,系统。杜甫《赠比部萧郎中十兄》诗:"汉朝丞相～,梁日帝王孙。"颜真卿《刑部侍郎孙文公集序》:"至若世～阀阅,盖存诸别传,此不复云。"❻辞赋末尾总结全文之词。张衡《思玄赋》:"～曰:'天长地久岁不留,俟河之清秖怀忧。'"❼姓。楚有系益。

【系录】 xìlù 记载一姓世系的书册。《新唐书·艺文志》:"柳冲:大唐姓族～～二百卷。"又《高俭传赞》:"遭晋播迁,胡丑乱华,百宗荡析,士去坟墓,子孙犹挟～～,以示所承。"

【系孙】 xìsūn 远世子孙。《旧唐书·柳宗元传》:"字子厚,河东人,后魏侍中济阴公之～～也。"

系[2](繫) xì ❶拴,悬挂。《战国策·楚策四》:"不知夫子发方受命乎宣王,～己以朱丝而见之也。"(子发:人名。)《论语·阳货》:"吾岂匏瓜也哉!焉能～而不食?"张籍《节妇吟》:"君知妾有夫,赠妾双明珠。感君缠绵意,～在红罗襦。"❷拘囚。《战国策·燕策三》:"使者过赵,赵王～之。"《后汉书·鲍永传》:"～者千馀人,恐未能尽当其罪。"㊂束缚,羁绊。邹阳《狱中上梁王书》:"此二国岂拘于俗,牵于世,～奇偏之浮辞哉。"王安石《同学一首别子固》:"官有守,私有～,会合不可以常也。"❸牵涉,关联。《汉书·地理志下》:"凡民函五常之性,而其刚柔缓急,音声不同,～水土之风气,故谓之风。"穆修《答乔适书》:"矧穷达又各～其时遇,岂古之道有负于人耶?"㊂依附,攀附。王维《春过贺遂员外药园》诗:"水穿磐石透,藤～古松生。"❹留意,挂念。见"系心"。❺带子。《韩非子·外储说左下》:"袜～解。"❻连接,维系。《逸周书·作雒解》:"南～于洛水,地因于郏山。"《左传·昭公二十三年》:"吴为三军以～于后。"㊂联缀。杜预《春秋经传集解序》:"记事者以事～日,以日～月,以月～时,以时～年。"❼《易经》中《系辞》的简称。王中《头陀寺碑文》:"然爻～所筌,穷于此域。"

【系表】 xìbiǎo 出于言辞之外。庾信《哀江南赋》:"声超于～～,道高于河上。"(河上:河上公,传说为汉时道家人物。)欧阳修《贺文参政启》:"恭以某人学通～～,识照几先,懿文为大国之光华,伟望乃一时之柱石。"

【系縻】 xìmí 羁绊。《韩非子·说难》:"大意无所拂悟,辞言无所~~,然后极骋智辩焉。"柳宗元《惩咎赋》:"日施陈以~~兮,邀尧舜与之为师。"

【系囚】 xìqiú 在押的囚犯。《汉书·杜周传》:"宗室诸侯微弱,与~~无异。"《后汉书·光武帝纪下》:"其死罪~~在戊辰以前,减死罪一等。"

【系世】 xìshì 记载氏族或宗族世系的书。《周礼·春官·小史》:"奠~~,辨昭穆。"《荀子·礼论》:"故葬埋,敬藏其形也;祭祀,敬事其神也;其铭诔~~,敬传其名也。"

【系心】 xìxīn 归心,心有所寄托。《后汉书·朱浮传》:"百姓遑遑,无所~~。"《南史·宋南郡王义宣传》:"且万姓莫不~~于公,整众入朝,内外孰不欣戴?"

【系狱】 xìyù 囚禁在狱中。《后汉书·天文志上》:"是时大司徒欧阳歙,以事~~,逾岁死。"苏轼《赵清献公神道碑》:"宜州卒有杀人当死者,方~~。"

【系援】 xìyuán 攀附求助。《列女传·许穆夫人》:"古者诸侯之有女子也,所以苞苴玩弄,~~于大国也。"也指可攀附求助的对象。《国语·晋语九》:"董叔将娶于范氏,叔向曰:'范氏富,盍已乎?'曰:'欲为~~焉。'"

系[3](係) xì ❶拴,缚。《战国策·赵策三》:"人有置~蹄者而得虎。"贾谊《吊屈原赋》:"使麒麟可~而羁兮,岂云异夫犬羊?"⑵挂。左思《吴都赋》:"临青壁,~紫房。"(紫房:紫色的果实。)⑶擒获,拘囚。《战国策·齐策一》:"田忌为齐将,~梁太子申,禽庞涓。"❷带子,绳子。《吕氏春秋·不苟》:"武王至殷郊,~堕。"《乐府诗集·相和歌辞·陌上桑》:"青丝为笼~,桂枝为笼钩。"❸继,连接。《后汉书·安帝纪》:"亲德~后,莫宜于祜。"又《马援传》:"诏书敕问,使驿~道。"❹牵涉,关联。李商隐《韩碑》诗:"古者世称大手笔,此事不~于职司。"❺是。《水浒传》三回:"捕捉打死郑屠犯人鲁达,即~经略府提辖。"

【系颈】 xìjǐng 将绳索套在脖子上,表示伏罪投降。贾谊《过秦论》:"百越之君,俛首~~,委命下吏。"

【系累】 xìlěi ❶捆绑,拘囚。《战国策·赵策二》:"先时中山负齐之强兵,侵掠吾地,~~吾民。"也作"系垒"、"系纍"、"系缧"。《荀子·大略》:"氐羌之虏也,不忧其~~也,而忧其不焚也。"《吕氏春秋·义赏》:"氐羌之民,其虏也,不忧其~~,而忧其死不焚也。"柳宗元《唐铙歌鼓吹曲·苞枿》:"浩浩海裔,不威而同。~~降王,定厥功。"❷拘囿,牵缠。《朱子语类》卷二十九:"今人有一毫~~,便脱洒不得。"《续资治通鉴·元明宗天历二年》:"美色、名马,人皆悦之,然方寸一有~~,即能坏名败德。"

【系虏】 xìlǔ 俘获,囚系。《史记·项羽本纪》:"皆坑田荣降卒,~~其老幼妇女。"《晋书·江统传》:"老幼~~,丁壮降散。"也指俘虏。陆机《辩亡论下》:"拔吕蒙于戎行,识潘濬于~~。"

【系縻】 xìmí 束缚,羁留。苏轼《贺欧阳少师致仕启》:"君臣之恩~~之于前,妻子之计推挽之于后。"

【系踵】 xìzhǒng 接踵而至。《晋书·郤诜传》:"虞、夏之际,圣明~~,而损益不同。"叶適《上殿劄子》:"颜亮虽威胁天下,而北方起事以归命者固已~~。"

饩(餼) xì 本作"氣"。馈赠人的未经加工、烹饪的食物。饩包括谷物及未宰杀的牲畜。《左传·桓公六年》:"于是诸侯之大夫戍齐,齐人馈之~。"有时也单指谷物或活牲畜。《国语·周语中》:"廪人献~。"又:"膳宰不致~,司里不授馆。"⑶馈赠食物,馈赠。《礼记·聘义》:"~客于舍,五牢之具陈于内,米三十车,禾三十车,刍薪倍禾,皆陈于外。"《左传·僖公十五年》:"是岁,晋又饥,秦伯又~之粟。"

【饩赉】 xìlài 赏赐食物。《南史·后妃传论》:"自元嘉以降,内职稍繁……而爱止帷房,权无外授,戚属~~,岁时不过肴浆,斯为美矣。"

【饩廪】 xìlǐn 公家按月供给的粮食等生活物资。《管子·问》:"问死事之寡,其~~何如。"《资治通鉴·梁武帝天监四年》:"馆有数百生,给其~~。"

【饩牵】 xìqiān 指牛、羊、猪等活牲畜。《左传·僖公三十三年》:"吾子淹久于敝邑,唯是脯资~~竭矣。"《资治通鉴·唐玄宗开元十三年》:"怀州刺史王丘,~~之外一无他献。"

【饩羊】 xìyáng 用作告庙祭品的活羊。《论衡·非韩》:"子贡去告朔之~~。"

呬 xì ❶喘息,休息。《尔雅·释诂》:"~,息也。"《后汉书·张衡传》:"~河林之蓁蓁兮,伟《关雎》之戒女。"❷道家吐纳术中六要诀之一。《云笈七籤》卷六十一:"天师云:'内气一,吐气有六……六者:吹、呼、嘻、呴、嘘、~,皆出气也。'"又卷十四:"治肺当用~。"

郤 xì ❶同"郤"。孔隙。《荀子·赋》:"充盈大宇而不窕,入~穴而不偪者与?"

(偪:狭窄。)《史记·张释之冯唐列传》:“使其中有可欲者,虽锢南山犹有～。”比喻嫌隙。《史记·田敬仲完世家》:“鲍牧与齐悼公有～,弑悼公。”《论衡·定贤》:“无廷逆之～,则无斥退之患。”❷开,启。《鹖冠子·泰鸿》:“～始穷初,得齐之所出。”❸指病痛。《战国策·赵策四》:“恐太后玉体之有所～也。”

细(細) xì ❶细,小。与“粗”、“大”相对。《韩非子·二柄》:“楚灵王好～腰而国中多饿人。”《吕氏春秋·首时》:“以鲁卫之～而皆得志于大国,遇其时也。”㉧指细小的过失、行为或地位低下的人。《尚书·君陈》:“狃于奸宄,败常乱俗,三～不宥。”《史记·项羽本纪》:“劳苦而功高如此,未有封侯之赏,而听～说,欲诛有功之人,此亡秦之续耳。”㉦轻视。《淮南子·精神训》:“轻天下,则神无累矣;～万物,则心不惑矣。”❷精致,细密。蔡邕《衣箴》:“帛必薄～,衣必轻暖。”㉧精良。李白《对酒》诗:“葡萄酒,金叵罗,吴姬十五～马驮。”❸仔细,详细。杜甫《别李秘书始兴寺所居》诗:“妻儿待来且归去,他日杖藜来～听。”㉧慢慢地、轻轻地。汤显祖《紫钗记·佳期议允》:“灯轮～转,月影平分。”❹琐碎,苛细。《后汉书·袁绍传》:“加其～政苛惨,科防互设。”裴守贞《请重耕织表》:“烦徭～役,并出其中。”❺薄,轻。杜甫《舟中》诗:“今朝云～薄,昨夜月清圆。”吴伟业《蚤起》诗:“衫轻人影健,风～客心柔。”

【细故】 xìgù 小事。《后汉书·孔融传》:“夫立大操者,岂累～～。”朱敬则《陈后主论》:“其馀～～,不可殚论。”

【细君】 xìjūn 古代诸侯之妻称小君,又称细君。后通指妻。扬雄《解嘲》:“司马长卿窃赀于卓氏,东方朔割炙于～～。”苏轼《上元侍饮楼上》诗:“归来一点残灯在,犹有传柑遗～～。”

【细人】 xìrén ❶见识短浅的人。《庄子·让王》:“孔子推琴喟然而叹曰:‘由与赐,～～也。’”《吕氏春秋·去宥》:“中谢,～～也。”(中谢:官名。)❷地位低下的人。《韩非子·说难》:“故与之论大人,则以为间己矣;与之论～～,则以为卖重。”❸年轻的侍女。李廌《师友谈记》:“惟宰相王文正公(王旦)不迩声色,素无后房姬媵。上乃曰:‘朕赐旦～～二十,卿等分为教之,俟艺成,皆送旦家。’”❹奸细。《前汉书平话》卷下:“帝见亚夫闭营,三军将令,紧把寨门,军士不放帝入去,切恐夹带～～入来。”

【细弱】 xìruò ❶弱小,弱小者。《论衡·商虫》:“强大食～～,知慧反顿愚。”❷妻子儿女。泛指家属。《后汉书·杜林传》:“将～～俱客河西。”

【细书】 xìshū 小字;书写小字。《后汉书·循吏传序》:“皆一札十行,～～成文。勤约之风,行于上下。”《南史·齐衡阳王钧传》:“钧常手自～～,写五经。部为一卷,置于巾箱中,以备遗忘。”

【细微】 xìwēi ❶细小隐微。《后汉书·冯衍传上》:“凡患生于所忽,祸发于～～。”❷卑贱。《汉书·韦玄成传》:“然用太子起于～～,又早失母,故不忍也。”

【细细】 xìxì ❶轻微。柳永《凤栖梧》词:“伫倚危楼风～～,望极春愁,黯黯生天际。”❷缓缓。杜甫《宫庭夕坐戏简颜十少府》诗:“老翁须地主,～～酌流霞。”❸密密。苏轼《风水洞二首和李节推》之二:“～～龙鳞生乱石,团团羊角转空岩。”

【细行】 xìxíng ❶小节,小事。桓谭《新论·妄瑕》:“佐世良材,不拘～～。”❷微行,便服出行。《三国志·蜀书·谯周传》:“天下未宁,臣诚不愿陛下～～数出。”

【细作】 xìzuò ❶精巧的工艺品。《宋书·孝武帝纪》:“凡用非军国,宜悉停功,可省～～并尚方雕文靡巧,金银涂饰。”❷间谍,密探。《旧唐书·王晙传》:“此辈降人,翻成～～。”

盻 xì 怒视,恨视。《韩非子·外储说右下》:“虎～然环其眼。”《三国志·魏书·许褚传》:“太祖顾指褚,褚瞋目～之,超不敢动,乃各罢。”㉦视,看。《云笈七籤》卷七十九:“帝问:‘此书是仙灵方也,不审其目,可得瞻～否?’”

【盻盻】 xìxì 愤恨仇视的样子。苏轼《既醉备五福论》:“民将～～焉,疾视而不能平治,又安能独乐乎?”

咥 1. xì ❶大笑的样子。《诗经·卫风·氓》:“兄弟不知,～其笑矣。”

2. dié ❷咬。马中锡《中山狼传》:“今反欲～我。”《聊斋志异·赵城虎》:“无何,一虎自外来,隶错愕,恐被～噬。”

郤 xì ❶缝隙,间隙。《庄子·知北遊》:“人生天地之间,若白驹之过～,忽然而已。”又《德充符》:“使日夜无～而与物为春,是接而生时于心者也。”比喻嫌隙,感情上的裂痕。《史记·项羽本纪》:“今者有小人之言,令将军与臣有～。”《聊斋志异·席方平》:“因与里中羊富室有～,羊先死。”❷古地名。在今山西沁水下游一带。见《说文·邑部》。❸姓。

绤(綌) xì 粗葛布。《仪礼·士昏礼》："玄酒在西，～幂加勺。"《礼记·曲礼下》："袗絺～。"(袗：穿单衣。)

阋(鬩) xì 争斗，争吵。《国语·周语中》："若是则～乃内侮，而虽～不败亲也。"

【阋墙】 xìqiáng 语出《诗经·小雅·常棣》："兄弟阋于墙，外御其务。"后因以"阋墙"称兄弟失和相争。《三国志·魏书·武文世王公传评》注引孙盛《魏氏春秋》："以斯言之，明兄弟相救于丧乱之际，同心于忧祸之间，虽有～～之忿，不忘御侮之事。"

觑(覷) xì 见"觑觑"。

【觑觑】 xìxì 惊惧的样子。《庄子·天地》："将闾葂～～然惊曰：'葂也汒若于夫子之所言矣。'"(汒：同"茫"。)周邦彦《汴都赋》："客乃～～然惊，拳拳然谢。"

舄 xì ❶古代一种加木底的双层底鞋。《诗经·小雅·车攻》："赤芾金～。"泛指鞋。《后汉书·王符传》："昔孝文皇帝躬衣弋绨，革～韦带。"曾巩《与杜相公书》："阁下致位于天子而归，始独得望～履于门下。"❷高大的样子。《诗经·鲁颂·闷宫》："松桷有～，路寝孔硕。"❸通"潟"。土地含过量的盐碱。《汉书·地理志下》："太公以齐地负海～卤，少五谷而人民寡，乃劝以女工之业。"❹柱下石墩。后作"磶"。《墨子·备穴》："柱下傅～。"何晏《景福殿赋》："金楹齐列，玉～承跋。"

【舄奕】 xìyì 连绵不断的样子。曾巩《移沧州过阙上殿劄子》："故功德之殊，垂光锡祚，～～繁衍，久而弥昌者，盖天人之理，必至之符。"

隙(隟、𨼆) xì ❶墙壁上的裂缝。《韩非子·亡征》："墙之坏也，必通～。"泛指缝隙、孔穴。《庄子·盗跖》："忽然无异骐骥之驰过～也。"《徐霞客游记·楚游日记》："石～低而隘。"㉑漏洞，可乘之机。《汉书·邹阳传》："如此，则山东之从结而无～矣。"❷有缺陷，疏漏。《孙子·谋攻》："夫将者，国之辅也，辅周则国必强，辅～则国必弱。"《后汉书·酷吏传论》："苟免者威～则奸起，感被者人亡而思存。"❸嫌隙，感情上的裂痕。《后汉书·光武十王传》："盖位疑则～生，累近则丧大。"《三国志·魏书·武帝纪》："袁术与绍有～。"㉒纷争。《汉书·匈奴传赞》："遭王莽篡位，始开边～。"❹空，闲。《国语·周语上》："王治农于籍，搜于农～。"(搜：春猎。)柳宗元《梓人传》："有梓人款其门，愿佣～宇而处焉。"❺际，邻接。《汉书·地理志下》："北～乌丸、夫馀。"

【隙驹】 xìjū 语出《庄子·知北遊》："人生天地之间，若白驹之过隙。"后以"隙驹"比喻易逝的光阴。朱熹《示四弟》诗："务学修身要及时，竞辰须念～～驰。"

【隙末】 xìmò 指交谊终至破裂。刘峻《广绝交论》："由是观之，张、陈所以凶终，萧、朱所以～～，断焉可知矣。"

【隙驷】 xìsì 犹"隙驹"。比喻易逝的时光。无名氏《送张鸣谦适越序》："感～～之末光，事涂龟之修龄。"郑渎《吹曲楼赋》："～～宁回兮，烟鸾莫追。"

禊 xì 古人于春秋两季临水洗濯以袚除不祥的祭祀仪式。潘岳《闲居赋》："或宴于林，或～于氾。"《晋书·礼志下》："汉仪，季春上巳，官及百姓皆～于东流水上，洗濯袚除去宿垢。"

赩 xì 大赤，深红色。何晏《景福殿赋》："～如宛虹，赫如奔螭。"左思《蜀都赋》："丹沙～炽出其坂，蜜房郁毓被其阜。"

赫 xì 见 hè。

潟 xì 盐碱地。《汉书·地理志下》："厥土白坟，海濒广～。"

滃 xì ❶水急流声。《说文·水部》："～，水流疾声。"❷见"滃滃"。

【滃滃】 xìxì 互相附和的样子。《诗经·小雅·小旻》："～～訿訿，亦孔之哀。"

磶 xì 柱脚石。张衡《西京赋》："雕楹玉～。"

虩 xì ❶见"虩虩"。❷蝇虎，蜘蛛的一种。见《说文·虎部》。❸通"隙"。缝隙。王嗣槐《西山游记》："山半古木从石～出。"

【虩虩】 xìxì 恐惧的样子。《周易·震》："震来～～，笑言哑哑。"

巇 xì 叹词。表示感叹。李白《蜀道难》诗："噫吁～，危乎高哉！"

齂 xì 悲伤痛苦。陆贽《请减京东水运收脚价于沿边州镇储蓄军粮事宜状》："夙夜疾心，～如焚灼。"贡师泰《过仙霞岭》诗："或离焉若愁，或俛焉若～。"

xia

呀 xiā 见 yā。

岈 xiā ❶深邃的样子。柳宗元《始得西山宴游记》："其高下之势，～然洼然，若垤若穴。"❷山谷。郦道元《水经注·漾水》："汉水又西迳南～、北～中，上下有二城相对。"❸见"嵖岈"。

呷 xiā ❶吸饮。周昙《咏史诗·淳于髡》："穰穰何祷手何赍，一～村浆与只鸡。"❷象声词。见"呷呷"。

【呷呷】 xiāxiā ❶形容众声杂沓。李白《大猎赋》："喤喤～～，尽奔突于场中。"❷笑声。关汉卿《鲁斋郎》四折："采樵人鼓掌～～笑。"

飐(颭) xiā 见"飐飐"。

【飐飐】 xiāxiā 开口吐气的样子。张衡《西京赋》："含利～～，化为仙车。"(含利：兽名。)

虾(蝦) 1. xiā ❶一种生活在水中的节肢动物。本作"鰕"，后通作"虾(蝦)"。《洞冥记》卷四："有丹～，长十丈，须长八尺。"《本草纲目·鳞部》："鰕音霞，俗作～。入汤则红色如霞也。"

2. há ❷虾蟆。即蛤蟆。贾谊《吊屈原赋》："偭蟂獭以隐处兮，夫岂从～与蛭螾。"

【虾蟆】 háma 即蛤蟆。青蛙和蟾蜍的统称。《史记·龟策列传》："月为刑而相佐，见食于～～。"《后汉书·张让传》："又铸天禄、～～，吐水于平门外桥东，转水入宫。"(天禄：传说中的兽名。)

【虾荒蟹乱】 xiāhuāngxièluàn 言虾蟹成灾，谷物荡尽。古人视为兵乱的征兆。傅肱《蟹谱·兵证》："吴俗有～～～～之语，盖取其披坚执锐，岁或暴至，则乡人用以为兵证也。"

谺 xiā 见"谽谺"。

嗑 xiā 见 kè。

瞎 xiā ❶一目闭合。《十六国春秋·前秦·苻生》："吾闻～儿一泪，信乎？"❷双目失明。《世说新语·排调》："盲人骑～马，夜半临深池。"㉠盲目行事。李玉《清忠谱》四："堪舆本行，全凭～闯。"

鰕(鰕) xiā ❶鱼名。"鰕虎鱼"的统称。曹植《鰕䱇篇》："～䱇游潢潦，不知江海流。"❷大鲵。《尔雅·释鱼》："鲵，大者谓之～。"❸同"虾"。《本草纲目·鳞部》："～音霞，俗作虾。"

舝 xiā 见"舺舝"。

介 xiá 见 jiè。

甲 xiá 见 jiǎ。

夹 xiá 见 jiā。

匣 xiá 盛物的器具。大者称箱，小者称匣。《史记·刺客列传》："而秦舞阳奉地图～以次进。"李贺《崇义里滞雨》诗："忧眠枕剑～，客帐梦封侯。"㉠置于匣中。《列子·汤问》："此三宝者，传之十三世矣，而无施于事，～而藏之，未尝启封。"

【匣剑】 xiájiàn ❶匣中的宝剑。比喻被埋没的人才。韦庄《冬日长安感志寄献虢州崔郎中》诗："未知～～何时跃，但恐铅刀不再铦。"❷宝剑藏于匣中，置而不用。封敖《与吐番赞普书》："櫜弓～～，无闻战伐之音。"

【匣里龙吟】 xiálǐlóngyín 语出王嘉《拾遗记·颛顼》："有曳影之剑腾空而舒，……未用之时，常于匣里如龙虎之吟。"本指宝剑的神通，后常比喻有大才的人，虽然在野，其声名远闻。

押 xiá 见 yā。

侠(俠) 1. xiá ❶指以勇力抑强扶弱、仗义而为的人。《后汉书·王丹传》："时河南太守同郡陈遵，关西之大～也。"㉠侠义。《史记·游侠列传》："鲁人皆以儒教，而朱家用～闻。"《后汉书·张堪廉范传论》："张堪廉范，皆以气～立名。"❷美好。《汉书·孝武李夫人传》："乱曰：佳～函光，陨朱荣兮。"鲍照《代白纻曲》之二："春风澹荡～思多，天色净渌气妍和。"

2. jiā ❸通"夹"。在两旁；夹住。《汉书·叔孙通传》："殿下郎中～陛，陛数百人。"庾信《明月山铭》："船横埭下，树～津门。"

【侠骨】 xiágǔ 指勇武豪迈、仗义而行的性格或气质。王维《少年行》之二："孰知不向边庭苦，纵死犹闻～～香。"

【侠客】 xiákè 指仗义重信、专门打抱不平而又武艺高强的豪侠之士。《后汉书·第五种传》："于是斌将～～晨夜追种，及之于太原。"

【侠士】 xiáshì 行侠仗义之士。《元史·任速哥传》："疏财尚气，不尚势利，义之所在，必亟为之，有古～～风。"

狎 xiá ❶熟习，习惯。《国语·晋语四》："阳人未～君德，而未敢承命。"❷亲昵，亲近。《孟子·尽心上》："予不～于不顺，放太甲于桐，民大悦。"《左传·襄公六年》："宋华弱与乐辔少相～，长相优，又相谤也。"(优：戏谑。)《论衡·龙虚》："龙之为虫也，鸣可～而骑也。"㉠特指亲近而不庄重。《战国策·赵策四》："望我而笑，是～也。"❸轻忽。《穀梁传·庄公十七年》："齐人歼焉，此谓～敌也。"㉠轻慢，轻侮。《荀子·臣道》：

"人不肖而不敬,则是~虎也。"《韩非子·十过》:"昔者楚灵王为申之会,……~徐君,拘齐庆封。"❹更迭,交替。《左传·襄公二十七年》:"且晋楚~主诸侯之盟也久矣。"❺交错,拥挤。傅毅《舞赋》:"车骑并~,笼㚇逼迫。"

【狎客】 xiákè ❶指关系亲昵、常在一起嬉游饮宴的人。《陈书·江总传》:"后主之世,总当权宰,不持政务,但日与后主游宴后廷,共陈暄、孔范、王瑳等十馀人,当时谓之~~。"❷指嫖客。孟元老《东京梦华录·驾回仪卫》:"妓女旧日多乘驴……少年~~,往往随后。"

【狎昵】 xiánì 亲昵,亲近。《晋书·桓宣传》:"会稽王道子昏蔷尤甚,惟~~谄邪。"(蔷:酗酒。)苏洵《上韩枢密书》:"号为宽厚爱人,~~士卒,得其欢心。"

【狎弄】 xiánòng ❶戏弄,玩耍。白居易《官舍内新凿小池》诗:"清浅可~~,昏烦聊漱涤。"❷狎人,弄臣。即帝王的宠臣。李商隐《宜都内人》:"然今内之弄臣狎人朝夕侍御者,久未屏去,……今~~日至,处大家夫宫尊位,其势阴求阳也。"

【狎恰】 xiáqià 重叠、拥挤的样子。韩愈《华山女》诗:"广张罪福资诱胁,听众~~排浮萍。"

【狎玩】 xiáwán 习熟,轻忽玩弄。左思《吴都赋》:"槁工楫师,选自闽禺,习御长风,~~灵胥。"(灵胥:涛神。这里指波涛。)白居易《甑止水》诗:"岂惟空~~,亦取相伦拟。"

【狎侮】 xiáwǔ 轻慢戏侮。《史记·高祖本纪》:"及壮,试为吏,为泗水亭长,廷中吏无所不~~。"《论衡·齐世》:"世人见当今之文薄也,~~非之,则谓上世朴质,下世文薄。"

浃 xiá 见 jiā。

柙 1. xiá ❶关猛兽的木笼。《论语·季氏》:"虎兕出于~,龟玉毁于椟中,是谁之过与?"(兕:犀牛类野兽。)㉢用囚笼或囚车关押。《管子·小匡》:"于是鲁君乃不杀,遂生束缚而~以予齐。"❷匣子。《论衡·别通》:"富人之宅,以一丈之地为内。内中所有,~匮所赢,缣布丝绵也。"(匮:通"柜"。赢:有馀。缣:双丝的细绢。)㉢置于匣中。《庄子·刻意》:"夫有干越之剑者,~而藏之,不敢用也。"(干、越:地名。)

2. jiǎ ❸木名。左思《吴都赋》:"木则枫、~、橡樟。"

3. yā ❹帘轴,用以镇帘的器具。庾信《咏画屏风》之十二:"玉~珠帘捲,金钩翠幔悬。"

峡(峽) xiá 两山夹水处。郭璞《江赋》:"若乃巴东之~,夏后疏凿。"㉢指两山之间。王维《桃源行》:"~里谁知有人事,世中遥望空云间。"㉢特指长江三峡。《世说新语·言语》:"桓公入~,绝壁天悬,腾波迅急。"

狭(狹) xiá ❶窄,与"宽"、"广"相对。《荀子·君道》:"耳目之明,如是其~。"《汉书·李广传》:"广呐口少言,与人居,则画地为军陈,射阔~以饮。"㉢特指心胸狭窄。嵇康《与山巨源绝交书》:"吾直性~中,多所不堪。"㉢小,少。《史记·滑稽列传》:"臣见其所持~而所欲者奢,故笑之。"❷以……为狭。阮籍《咏怀》之十三:"李公悲东门,苏子~三河。"㉢小看,轻视。《尚书·咸有一德》:"无自广以~人。"

【狭隘】 xiá'ài 狭窄。《荀子·修身》:"齐给便利,则节之以动止;~~褊小,则廓之以广大。"(齐给:敏捷。)

【狭斜】 xiáxié 窄街曲巷。也作"狭邪"。《乐府诗集·相和歌辞·长安有狭斜行》:"长安有~~,~~不容车。"又《长安道》:"渭桥纵观罢,安能访~~?"因狭路曲巷多为娼妓所居,后遂以指娼妓居处。陈叔宝《杨叛儿曲》:"日昏欢宴罢,相将归~~。"《聊斋志异·翩翩》:"十四岁,为匪人诱去作~~游。"

陜 xiá ❶"狭"的正字。狭窄。《墨子·亲士》:"是固溪~者速涸。"❷同"峡"。峡谷。《晋书·苻坚载记上》:"战于~中,为雅所败。"

祫 xiá 祭名。古代天子或诸侯在太庙合祭先祖。通常每三年举行一次。《公羊传·文公二年》:"大~者何?合祭也。"《后汉书·祭祀志下》:"光武帝建武二年正月,立高庙于雒阳,四时~祀。"

陿(陿) xiá ❶同"狭"。狭窄。《汉书·地理志下》:"土~而险,山居谷汲。"又《沟洫志》:"今堤防~者去水数百步,远者数里。"❷通"峡"。峡谷。《楚辞·九叹·思古》:"聊浮遊于山~兮,步周流于江畔。"《汉书·李陵传》:"士尚三千馀人,徒斩车辐而持之,军吏持尺刀,抵山入~谷。"

【陿厄】 xiá'è 狭窄。引申为窘迫。《汉书·刑法志》:"秦人,其生民也~~,其使民也酷烈。"

硖(硤) xiá 同"峡"。山间峡谷。郦道元《水经注·淮水》:"淮水又北迳山~中。"崔翘《奉和圣制答张说南出雀鼠谷》:"~路绕河汾,晴光拂曙氛。"

葭 xiá 见 jiā。

遐 xiá ❶远。张衡《思玄赋》:"凭归云而～逝兮,夕余宿乎扶桑。"㉑远去。张衡《东京赋》:"俟阊风而西～,致恭祀于高祖。"(阊风:秋风。)❷长久,深远。韩愈《河南少尹裴君墓志铭》:"何寿之不～,禄之不多,谓必有后,其又信然耶!"刘琨《劝进表》:"郊庙或替,则宗哲纂其祀,所以弘振～风,式固万世。"(纂:通"缵"。继承。)❸边远之地。陆机《从军行》:"苦哉远征人,飘飘穷四～。"❹(hú)通"胡"。何。《诗经·大雅·棫朴》:"周王寿考,～不作人。"

【遐轨】 xiáguǐ 远古遗迹,先哲之道。阮瑀《纪征赋》:"仰天民之高衢兮,慕在昔之～～。"《晋书·桓彝传论》:"迈周、庾之清尘,遵许、郭之～～。"

【遐荒】 xiáhuāng 边远之地。韦孟《讽谏》诗:"彤弓斯征,抚宁～～。"任华《送宗判官归滑台序》:"复有阳江、桂江……则中朝群公岂知～～之外有如是山水。"也作"荒遐"。

【遐举】 xiájǔ ❶远行。《楚辞·远遊》:"泛容与而～～兮,聊抑志而自弭。"❷远播。《隋书·刑法志序》:"成、康以四十二年之间,刑厝不用。薰风潜畅,颂声～～。"❸比喻功业。李陵《答苏武书》:"卒使怀才受谤,能不得展,彼二子之～～,谁不为之痛心哉?"(二子:指贾谊、周亚夫。)❹死的婉辞。仙逝。孙绰《孔松阳像赞》:"超然～～,遗爱在民。"

【遐龄】 xiálíng 高龄,长寿。《魏书·常景传》:"以知命为～～,以乐天为大惠。"赵蕃《老人星》诗:"既能符圣瑞,从此表～～。"

【遐弃】 xiáqì 远弃,弃绝。《尚书·胤征》:"俶扰天纪,～～厥司。"(俶:开始。司:指所司之事。)李白《雪谗诗赠友人》:"不我～～,庶昭忠诚。"

【遐武】 xiáwǔ 久远的遗迹。比喻先哲的勋业。武,足迹。张衡《东京赋》:"踵二皇之～～,谁谓驾迟而不能属?"郭璞《省刑疏》:"启重光于已昧,廓四祖之～～。"(重光:日光重明。喻后王继前王之功德。廓:开拓。)

【遐想】 xiáxiǎng 悠远地思索想象。《晋书·谢安传》:"尝与王羲之登冶城,悠然～～,有高世之志。"也指绮思幻想。《聊斋志异·胡四姐》:"会值秋夜,银河高耿,明月在天,徘徊花阴,颇存～～。"(耿:光明。)

【遐心】 xiáxīn ❶疏远之心。《诗经·小雅·白驹》:"毋金玉尔音,而有～～。"❷离世隐居之心。齐高帝《塞客吟》:"悟樊笼之或累,怅～～以栖玄。"

騢(騢) xiá 毛色赤白相杂的马。《诗经·鲁颂·駉》:"薄言駉者,有骃有～。"

瑕 xiá ❶玉的赤斑。《礼记·聘义》:"～不掩瑜,瑜不掩～。"《论衡·累害》:"以不纯言之,玉有～而珠有毁。"比喻疵病,缺点。《左传·闵公元年》:"且谚云:'心苟无～,何恤乎无家。'"(恤:忧。)❷赤玉。司马相如《上林赋》:"赤～驳荦。"(驳荦:彩色间杂。)❸裂缝,空隙。《淮南子·精神训》:"审乎无～而不与物糅。"㉑空子,可乘之机。《管子·制分》:"攻坚则轫,乘～则神。"❹春秋地名。1)随地。在今湖北随州市境。《左传·桓公六年》:"楚武王侵随,……军于～以待之。"2)晋邑。在今山西运城市境。《左传·僖公三十年》:"许君焦、～,朝济而夕设版焉。"3)周邑。《左传·昭公二十四年》:"王子朝之师攻～及杏,皆溃。"❺通"霞"。日旁的赤气。扬雄《甘泉赋》:"吸清云之流～兮,饮若木之露英。"❻(hú)通"胡"。何。《诗经·邶风·二子乘舟》:"愿言思子,不～有害。"《礼记·表记》:"心乎爱矣,～不谓矣?"❼(xiā)通"虾"。张衡《南都赋》:"巨蚌函珠,驳～委蛇。"❽姓。春秋时周有大夫瑕禽、瑕廖等。

【瑕玷】 xiádiàn 玉的斑痕。比喻缺点。《后汉书·张衡传》:"宜收藏图谶,一禁绝之,则朱紫无所眩,典籍无～～矣。"韩愈《陪杜侍御游湘西两寺独宿有题因献杨常侍》诗:"翻飞乏羽翼,指摘困～～。"

【瑕秽】 xiáhuì 比喻过失,恶行。《论衡·自纪》:"然则通人造书,文无～～。"《后汉书·霍谞传》:"日望征辟,亦无～～纤介之累。"

【瑕颣】 xiálèi 比喻缺点,过失。柳宗元《与吕道州温论非国语书》:"故思欲尽其～～,以别白中正。"

【瑕殄】 xiátiǎn 因过错而弃绝。《尚书·康诰》:"乃以民宁,不汝～～。"

【瑕隙】 xiáxì 可乘之间隙。刘琨《劝进表》:"狡寇窥窬,伺国～～,齐人波荡,无所系心。"(窬:门旁小孔。)

【瑕衅】 xiáxìn ❶可乘之间隙。《后汉书·伍被传》:"间不一岁,陈吴大呼,刘项并和,天下响应,所谓蹈～～,因秦之亡时而动。"《三国志·魏书·董昭传》:"附己者则叹之盈言,不附者则为作～～。"❷犯有过失。《后汉书·第五伦传》:"然诸出入贵戚者,类多～～禁锢之人,尤少守约安贫之节。"

【瑕適】 xiázhé 玉上的斑痕。《管子·水地》："夫玉……～～皆见，精也。"比喻缺点，过失。《荀子·宥坐》："～～并见，情也。"也作"瑕璃"、"瑕谪"。《老子·二十七章》："善行无辙迹，善言无～～。"《吕氏春秋·举难》："尺之木必有节目，寸之玉必有～～。"韩愈《唐故朝散大夫尚书库部郎中郑君墓志铭》："洞然浑朴绝～～，甲子一终反玄宅。"

暇 1. xiá(旧读 xià) ❶空闲，闲暇。《孟子·梁惠王上》："壮者以～日修其孝悌忠信，入以事其父兄，出以事其长上。"《吕氏春秋·贵生》："虽然，我适有幽忧之病，方将治之，未～在天下也。"❷闲散，无所事事。《尚书·酒诰》："不敢自～自逸，矧曰其敢崇饮?"辛弃疾《论荆襄上流为东南重地》："岂非栗栗危惧，不敢自～之时乎?"❸悠闲。《世说新语·任诞》："谢便起舞，神意甚～。"郝经《答友人论文法书》："优游不迫以为～。"

2. jiǎ ❹壮大之物的美称。《方言》卷一："凡物之壮大者而爱伟之谓之夏，周郑之间谓之～。"❺通"假"。借，利用。王粲《登楼赋》："登兹楼以四望兮，聊～日以销忧。"

【暇给】 xiájǐ 有闲暇。《史记·封禅书》："虽受命而功不至，至梁父矣而德不洽，洽矣而日有不～～，是以即事用希。"《汉书·诸侯王表》："虽然，高祖创业，日不～～。"

【暇豫】 xiáyù ❶安闲逸乐。《国语·晋语二》："[优施]谓里克妻曰：'主孟啖我，我教兹～～事君。'"❷闲暇。谢灵运《斋中读书》诗："卧疾丰～～，翰墨时间作。"

瘕 xiá 见 jiǎ。

辖(轄、舝) xiá ❶插在车轴两端孔内、用来固定车轮与车轴位置的销钉。《汉书·陈遵传》："遵耆酒，每大饮，宾客满堂，辄关门，取客车～投井中。"(耆：通"嗜"。)❷管理。《晋书·凉武昭王李玄盛传》："又敦煌郡大众殷，制御西域，管～万里，为军国之本。"❸星名。《晋书·天文志上》："～星傅轸两旁，主王侯。"

鎋(鎋) xiá 同"辖"。插在车轴两端孔内、用来固定车轮与车轴位置的销钉。《战国策·齐策一》："～击摩车而相过。"

赮 xiá ❶赤色。江淹《翡翠赋》："今乃依～火之绝垠，出赤县之纮州。"❷同"霞"。彩云。《汉书·天文志》："夫雷电、～虹、辟历、夜明者，阳气之动也。"柳宗元《同刘二十八院长述怀感时书事……》诗："金炉仄流月，紫殿启晨～。"

霞 xiá ❶日出、日落前后天空及云层上出现的彩色光象(多为红色)。《后汉书·仲长统传》："恒星艳珠，朝～润玉。"杜甫《忆昔行》："金节羽衣飘婀娜，落日初～闪馀映。"㊀比喻色彩如霞。吕渭老《点绛唇·圣节鼓子词》："群臣宴，醉～凝面。"王嘉甫《八声甘州》词："称～腮一点朱唇小，妖娆，更那堪杨柳小蛮腰。"❷通"遐"。远。李白《秋夕书怀》诗："海怀结沧州，～想游赤城。"(按：一本作"遐"。)

【霞浆】 xiájiāng 指仙露。《洞冥记》卷一："王公饴之以丹～～，食之太饱，闷几死。"王嘉《拾遗记·神农》："时有流云洒液，是谓～～，服之得道，后天而老。"

【霞举】 xiájǔ 云霞涌起。1)喻山峰高耸。《水经注·涑水》："方岭云迴，奇峰～～。"2)喻仪态轩昂。王谠《唐语林·文学》："[李白]轩然～～，上不觉忘万乘之尊，与之如知友焉。"3)喻高远昭著。道宣《续高僧传·梵僧那提》："词出珠联，理畅～～。"

【霞帔】 xiápèi ❶带有霞彩花纹的妇女服饰，类似披肩。白居易《霓裳羽衣歌和微之》："虹裳～～步摇冠，细璎累累珮珊珊。"❷宋以后命妇的礼服。随品级高低而其制各异，非恩赐不得穿着。《宋史·刘文裕传》："封其母清河郡太夫人，赐翠冠～～。"❸贵重的道士服装。翟灏《通俗编·服饰》："《太极金书》谓元始天尊被珠绣～～，故此衣为道家所至贵重。"

黠 xiá 聪慧。《后汉书·刘盆子传》："帝笑曰：'儿大～，宗室无蚩者。'"仲长敖《核性赋》："蠢尔一概，智不相绝，推此而谈，孰痴孰～。"㊁狡猾。《后汉书·伏湛传》："～虏困迫，必求其助。"《三国志·魏书·邓艾传》："贼有～数，其来必矣。"(数：心术，算计。)

下 xià ❶底部，位置在低处。与"上"相对。《庄子·列御寇》："在上为乌鸢食，在～为蝼蚁食。"《战国策·东周策》："夫梁之君臣欲得九鼎，谋之晖台之～，少海之上，其日久矣。"㊁特指地。《楚辞·天问》："上～未形，何由考之?"㊀时间、次序在后。《墨子·公孟》："自桀纣以～，皆以鬼神为不神明，不能为祸福。"《吕氏春秋·禁塞》："上称三皇五帝之业以愉其意，～称五伯名士之谋以信其事。"❷低。与"高"相对。《管子·乘法》："高毋近旱而水用足，～毋近水而沟防省。"㊁低于。《墨子·备城门》："城上为爵穴，～堞三尺。"(爵：通"雀"。)㊀等次或品级低。《吕氏春秋·贵生》："全生为上，亏生次之，死次之，迫生为～。"《论衡·

逢遇》:"才～知浅,不能用大才也。"[又]臣下,百姓。《孟子·滕文公上》:"上有好者,～必有甚焉者矣。"《战国策·秦策三》:"为此四者,～乃所谓无王已。"[又]自谦之辞。《晋书·陆纳传》:"外有微礼,方守远郡,欲与公一醉,以展～情。"(下情:谦称自己的心情。)❸轻视。《后汉书·荀彧传》:"古人尚帷幄之规,～攻拔之力。"苏轼《刘恺丁鸿孰贤论》:"此范氏之所以贤鸿而～恺也。"❹从高处到低处,降落。《论语·八佾》:"揖让而升,～而饮。"《庄子·逍遥遊》:"我腾跃而上,不过数仞而～。"杜甫《登高》诗:"无边落木萧萧～,不尽长江滚滚来。"也指倾,使落下。《墨子·备蛾傅》:"烧传汤,斩维而～之。"❺去,到。通常指由西往东,由北往南,由上游往下游。《国语·晋语四》:"二年春,公以二军～,次于阳樊。"《史记·高祖本纪》:"齿今～魏,魏以齿为侯守丰。"李白《黄鹤楼送孟浩然之广陵》诗:"故人西辞黄鹤楼,烟花三月～扬州。"❻下达,颁布。《史记·孝文本纪》:"天子～其事与丞相议。"《后汉书·赵典传》:"朝廷仍～明诏,欲令和解。"[引]发,派遣。《战国策·齐策六》:"今秦人～兵,魏不敢东面,横秦之势合,则楚国之形危。"❼自降身份与人交往,谦恭待人。《吕氏春秋·首时》:"子胥乃修法制,～贤良,选练士,习战斗。"《论衡·道虚》:"倾一国之尊,～道术之士。"[引]退让。《吕氏春秋·慎人》:"让贤而～之,臣之忠也。"❽除去,舍去。《周礼·秋官·司民》:"异其男女,岁登～其死生。"《新唐书·陈子昂传》:"今使且未去,道路之人皆已指笑,欲望进贤～不肖,岂可得邪?"❾攻克。《战国策·秦策三》:"秦攻邯郸,十七月不～。"《三国志·魏书·武帝纪》:"秋,太祖征陶谦,～十馀城。"[引]投降。《汉书·项籍传》:"从此以东,梁地十馀城皆恐,莫肯～矣。"❿逊,少于。《荀子·儒效》:"言志意之求,不～于士。"《战国策·魏策一》:"粟粮漕庾,不～十万。"(庾:水漕仓。)⓫留宿。王实甫《西厢记》一本一折:"官人要～呵,俺这里有干净店房。"⓬量词。表动作的次数。《三国志·蜀书·先主传》注引鱼豢《典略》:"自解其绶以系督邮颈,缚之着树,鞭杖百馀～。"⓭指处于一定的处所、范围、情况等。《汉书·高帝纪上》:"羽大破秦军钜鹿～,虏王离,走章邯。"[又]方面。柳宗元《驳复仇议》:"今若取此以断两～相杀,则合于礼矣。"

【下晡】 xiàbū 申后五刻。即下午五时三刻。《汉书·天文志》:"晡至～～,为叔,～～至日入,为麻。"

【下车】 xiàchē ❶古代作为殉葬的制造粗陋的车。《左传·襄公二十五年》:"～～七乘,不以兵甲。"❷从车上下来。《孟子·尽心下》:"望见冯妇,趋而迎。冯妇攘臂～～。"❸官吏初到任为"下车"。《后汉书·刘宠传》:"自明府～～以来,狗不夜吠,民不见吏。"(明府:对郡守的敬称。)

【下陈】 xiàchén ❶古代殿堂下陈放礼品、站列婢妾之处。借指后宫中的侍姬。《史记·李斯列传》:"所以饰后宫、充～～、娱心意、说耳目者,必出于秦然后可。"骆宾王《代李敬业传檄天下文》:"昔充太宗～～,尝以更衣入侍。"❷下列,下位。《资治通鉴·唐德宗兴元元年》:"故刘从一、姜公辅皆自～～登用。"

【下达】 xiàdá ❶指追求财利。《论语·宪问》:"君子上达,小人～～。"❷古时婚礼,男方使媒人向女家求婚叫"下达"。《仪礼·士昏礼》:"昏礼,～～、纳采,用雁。"

【下第】 xiàdì ❶下等,劣等。《后汉书·献帝纪》:"试儒生四十馀人,上第赐位郎中,次太子舍人,～～者罢之。"❷科举考试不中。又称"落第"。《新唐书·卢从愿传》:"悉召县令策于廷,考～～者罢之。"

【下都】 xiàdū ❶即陪都。指京都之外另设的都城。列朝所指不一。如西周都镐京,以雒邑为下都。赵与时《宾退录》卷五:"河南,成周之王城也;洛阳,成周之～～也。"❷神话中称天帝在地上所住的都邑。《山海经·西山经》:"西南四百里曰昆仑之邱,是实惟帝之～～。"

【下方】 xiàfāng ❶位置较低的部位。《史记·龟策列传补》:"写取龟策卜事,编于～～。"❷汉代五行家称南方与西方为"下方"。《汉书·翼奉传》:"～～之情,哀也。"❸下界,人间。对天而言。温庭筠《清凉寺》诗:"妙迹奇名竟何在,～～烟暝草萋萋。"

【下服】 xiàfú ❶古代施于身体下部的刑罚,如宫刑、刖刑等。《周礼·秋官·小司寇》:"听民之所刺宥,以施上服～～之刑。"(上服:劓刑、墨刑等。)❷减刑,从轻处刑。《尚书·吕刑》:"上刑适轻,～～;下刑适重,上服。"❸屈身以事人。《战国策·韩策三》:"若夫安韩魏而终身相,公之～～,此主尊而身安矣。"

【下宫】 xiàgōng ❶祖庙。《礼记·文王世子》:"诸子诸孙,守～～下室。"❷后宫。也借指宫人。《战国策·齐策四》:"～～糅罗纨,曳绮縠,而士不得以为缘。"❸古乐调名。《国语·周语下》:"王以黄钟之～～,布戎于牧之野。"

【下官】 xiàguān ❶小官。《逸周书·史记》:“昔有共工自贤,自以无臣,久空大官,～～交乱。”❷下属官吏。《汉书·贾谊传》:“[大臣]坐罢软不胜任者,不谓罢软,曰～～不职。”(罢:通“疲”。)❸官吏自称的谦词。《晋书·庾敳传》:“～～家有两千万,随公所取矣。”又《谢玄传》:“～～不堪其忧,家兄不改其乐。”

【下国】 xiàguó ❶天下。《诗经·鲁颂·閟宫》:“奄有～～,俾民稼穑。”❷诸侯国。《尚书·泰誓》:“有夏桀弗克若天,流毒～～。”❸小国。祢衡《鹦鹉赋》:“背蛮夷之～～,侍君子之光仪。”❹谦称本国。《左传·哀公十一年》:“天若不识不衷,何以使～～。”❺陪都。《左传·僖公十年》:“秋,狐突适～～。”

【下浣】 xiàhuàn 指唐宋官员农历每月下旬的休息日或泛指下旬。杨慎《丹铅总录·时序》:“俗以上澣、中澣、～～为上旬、中旬、下旬,盖本唐制十日一休沐。”王士禛《香祖笔记》卷三:“每月朔望及～～五日,百货集慈仁寺。”

【下里】 xiàlǐ ❶乡里。刘向《说苑·至公》:“臣窃选国俊～～之士曰孙叔敖。”❷指民间俚俗歌谣。陆机《文赋》:“缀《下里》于《白雪》,吾亦济夫所伟。”参见“下里巴人”。❸死者归葬处。《汉书·田延年传》:“先是,茂陵富人焦氏、贾氏以数千万阴积贮炭苇诸～～物。”

【下吏】 xiàlì ❶下级官吏,属吏。《淮南子·主术训》:“大臣专权,～～持势。”《史记·循吏列传》:“～～有过,非子之罪也。”❷交付法官审讯。《史记·老子韩非列传》:“秦王以为然,～～治非。”《汉书·梁孝王刘武传》:“天子～～验问,有之。”

【下流】 xiàliú ❶河流的下游。《列女传·楚子发母》:“客有献醇酒一器,王使人往江之上流,使士卒饮其～～。”❷喻众恶所归的地位。《论语·子张》:“纣之不善不如是之甚也,是以君子恶居～～,天下之恶皆归焉。”《汉书·五行志上》:“夫继二敝之后,承其～～,兼受其猥,难治甚矣。”(猥:指积敝。)后专以指品行卑污。《汉书·杨敞传》:“～～之人,众毁所归,不寒而栗。”❸地位低微。蔡邕《太尉杨赐碑》:“惟我～～二三臣,秽损清风,愧于前人。”❹魏晋时人称子孙后代。《三国志·魏书·阎温传》:“昔乐羊食子,李通覆家,经国之臣,宁怀妻孥邪?……愿不以～～之爱,使就有恨于黄壤也。”(孥:儿女。就:张就,人名。)

【下妻】 xiàqī 妾。《汉书·王莽传中》:“自称汉氏刘子舆,成帝～～子也。”《新唐书·杨慎矜传》:“铉遣御史崔器索谶书,于慎矜～～卧内得之。”

【下人】 xiàrén ❶自居人后,谦让。《左传·襄公二十四年》:“贵而知惧,惧而思降,乃得其阶,～～而已,又何问焉。”《论语·颜渊》:“夫达也者,质直而好义,察言而观色,虑以～～。”❷指人材质庸劣。《汉书·孝宣许皇后传》:“曾孙体近,～～,乃关内侯,可妻也。”❸百姓。《后汉书·朱晖传》:“盐利归官,则～～穷怨。”也指仆婢。《唐摭言·矛盾》:“措大吃酒点盐,～～吃酒点鲊。”(点:就着下酒。)

【下殇】 xiàshāng 古人称人八岁至十一岁死为下殇。《礼记·曾子问》:“～～,土周葬于园。”又:“昔者史佚有子而死,～～也。”

【下士】 xiàshì ❶官名。古代天子诸侯都设有士,分上士、中士、下士三等。秦以后仍沿用。《礼记·王制》:“王者之制禄爵……诸侯之上大夫卿、下大夫、上士、中士、～～,凡五等。”❷最差一等的人。《荀子·尧问》:“故上士吾薄为之貌,～～吾厚为之貌。”(貌:礼貌。)❸谦恭地对待贤士。《史记·吕不韦列传》:“当是时,魏有信陵君,楚有春申君,赵有平原君,齐有孟尝君,皆～～喜宾客以相倾。”《汉书·李陵传》:“陵字少卿,少为侍中建章监。善骑射,爱人,谦让～～,甚得名誉。”

【下世】 xiàshì ❶近世。《淮南子·泰族训》:“上世养本,而～～事末。”也指后世。《南齐书·崔祖思传》:“斯实风高上代,民偃～～矣。”❷去世。《管子·大匡》:“百岁之后,吾君～～。”《史记·刺客列传》:“亲既以天年～～,妾已嫁夫。”

【下榻】 xiàtà ❶语出《后汉书·徐穉传》:“蕃在郡不接宾客,惟穉来特设一榻,去则县之。”后遂言礼遇宾客为“下榻”。刘长卿《送贾三北游》诗:“亦知到处逢～～,莫滞秋风西上期。”❷留宿。孔尚任《桃花扇·闹榭》:“我二人不回寓,就～～此间了。”

【下堂】 xiàtáng ❶降阶至堂下。《穀梁传·僖公十年》:“丽姬～～而啼呼曰:‘天乎天乎!国,子之国也。子何迟于为君。’”(迟:迟钝,拙。)❷言妻子被丈夫休弃或和丈夫离异。《后汉书·宋弘传》:“臣闻贫贱之知不可忘,糟糠之妻不～～。”

【下体】 xiàtǐ ❶植物的根茎。《诗经·邶风·谷风》:“采葑采菲,无以～～。”后以喻色衰或不才。李白《秦女卷衣》诗:“愿君采葑菲,无以～～妨。”金铉《上高硁斋先生书》:“惟望不遗～～,克督进修。”❷人或动物的下肢。《汉书·五行志中之上》:"故有～～生于上之痾。"❸屈身,屈节。《楚辞·九叹·惜贤》:"欲卑身而～～兮,心隐恻而不置。"

【下土】 xiàtǔ ❶大地,对上天而言。《诗经·小雅·小明》:"明明上天,照临～～。"引申为天下,人间。《诗经·大雅·下武》:"成王之孚,～～之式。"(孚:诚信。式:典范。)《楚辞·离骚》:"夫惟圣哲以茂行兮,苟得用此～～。"❷低洼之地。《尚书·禹贡》:"厥土惟壤,～～坟垆。"一说指下等土地。❸偏远之地。《汉书·刘辅传》:"新从～～来,未知朝廷礼。"

【下帷】 xiàwéi 放下室内悬挂的帷幕。指讲学。《汉书·董仲舒传》:"～～讲诵,弟子传以久次相授业,或莫见其面。"后引申指闭门苦读。《南史·王僧虔传》:"汝年入立境,方应从宦,兼有室累,何处复得～～如王郎时邪?"(年入立境:年届三十。)也作"下帏"。《魏书·李谧传》:"遂绝迹～～,杜门却扫,弃产营书,手自删削。"

【下贤】 xiàxián ❶在下位的贤者。《礼记·表记》:"彰人之善而美人之功,以求～～。"❷下等贤者。《荀子·君道》:"上贤使之为三公,次贤使之为诸侯,～～使之为士大夫。"❸屈己以尊贤者。《新唐书·舒元舆传》:"夫宰相公卿非贤不在选,而有司以隶人待之,诚非所以～～意。"

【下庠】 xiàxiáng 古代小学。《礼记·王制》:"有虞氏养国老于上庠,养庶老于～～。"

【下意】 xiàyì ❶谦恭和顺。《后汉书·和熹邓皇后纪》:"诸兄每读经传,辄～～难问。"❷屈己从人。《汉书·蒯通传》:"隐居不嫁,未尝卑节～～以求仕也。"❸提出意见。《魏书·崔休传》:"崔尚书～～处,我不能异也。"

【下元】 xiàyuán ❶节日名。旧时以农历十月十五日为下元节。洪迈《容斋三笔·上元张灯》:"太平兴国五年十月～～,京城始张灯如上元之夕。"❷术数家以一百八十年为一周,称其中的第三个甲子为"下元",也称"下元甲子"。❸气功术语。即下元丹田,位于脐下。《云笈七籤》卷五九:"人有三丹田,上元、中元、～～是也。"

【下直】 xiàzhí 犹言下班。言在宫中当直结束。直,同"值"。李肇《翰林志》:"学士每～～,谓之小三昧。"李中《献中书张舍人》诗:"～～无他事,闲游恣逸情。"

【下走】 xiàzǒu 供奔走役使的人。孔稚珪《上新定法律表》:"将恐此书永坠～～之手矣。"❺自称的谦词。王勃《秋晚入洛于毕公宅别道王宴序》:"居荣命于中朝,接风期于～～。"

【下水船】 xiàshuǐchuán 顺流而驶的船。形容迅速。白居易《重寄荔枝与杨使君时闻杨使君欲种植故有落句之戏》诗:"摘来正当凌晨露,寄去须凭～～～。"❷比喻文思敏捷。《唐摭言·敏捷》:"裴廷裕乾宁中在内廷,文书敏捷,号为～～～。"

【下车泣罪】 xiàchēqìzuì 语出《说苑·君道》:"禹出见罪人,下车问而泣之。"比喻为政宽仁。《梁书·王僧孺传》:"幸圣主留善贷之德,纡好生之施,解网祝禽,～～～～。"

【下里巴人】 xiàlǐbārén 古代楚国民间歌曲名。下里:乡里。巴:古国名。宋玉《对楚王问》:"客有歌于郢者,其始曰～～～～,国中属而和者数千人。"(属:跟着。)后以泛指民间的俚俗歌曲。

【下乔入幽】 xiàqiáorùyōu 飞下乔木,徙入幽谷。语出《孟子·滕文公上》:"吾闻出于幽谷,迁于乔木者,未闻下乔木而入于幽谷者。"后以"下乔入幽"比喻舍弃光明而投向黑暗,或从良好的处境进入劣境。

苄

xià 见 hù。

吓

xià 见 hè。

间(閜)

1. xià ❶开阔。《史记·司马相如列传》:"蹇产沟渎,谽谺豁～。"❷大杯。《方言》卷五:"～,杯也。……其大者谓之～。"

2. kě ❸倾,倾倚。见"间砢"。

【间砢】 kěluǒ 互相扶持。司马相如《上林赋》:"崔错癹骫,坑衡～～。"

谑

xià 见 huò。

夏

1. xià ❶夏季。《诗经·陈风·宛丘》:"无冬无～,值其鹭羽。"(鹭羽:用白鹭羽毛制成的舞具。)《尚书·君牙》:"～暑雨。"❷佛家语特指年,岁数。白居易《奉国寺神照师塔铭序》:"报年六十三,僧～四十四。"❷大。见"夏屋"。❸通"厦"。高大的房屋。《楚辞·招魂》:"冬有突～。"(突:深幽。)《汉书·王吉传》:"广～之下,细旃之上。"❹古代汉族自称,也指中原地区。《左传·定公十年》:"裔不谋～,夷不乱华。"《战国策·楚策一》:"陈轸,～人也。"❺朝代名。我国历史上第一个朝代。第一代君主是禹。班固《白虎通·号》:"～、殷、周者,有天下之大号也。"❻禹时乐名。《礼记·乐记》:"～,大也,殷周之乐尽矣。"❷乐舞名。《穀梁传·隐公五年》:"舞~,天子八佾,诸公六佾,诸侯四佾。"❼华彩,五色。《周礼·天官·染人》:"秋染~。"❽(yǎ)通"雅"。《墨子·天志下》:"非独子墨子以天之志为法也,于先王之书、大~之道之然。"

2. jiǎ ❾通"榎"、"榎"。木名。见"夏楚"。

【夏鼎】 xiàdǐng 即禹鼎。相传为夏禹之时收集九州金属铸成。鼎上镂刻山精水怪,使人知其神奸而不被迷惑。参阅《左传·宣公三年》。欧阳修《读〈山海经图〉》诗:"~~象九州,《山经》有遗载。"

【夏官】 xiàguān ❶周代设置六官,以司马为夏官,掌军政和军赋。参阅《周礼·夏官司马》。❷唐宋以来,司天官属中均设夏官正,掌管四时。参阅《新唐书·百官志二》。

【夏桀】 xiàjié 夏朝末代君主。名履癸。暴虐荒淫。商汤起兵伐桀,桀败,流死于南巢。参阅《史记·夏本纪》。

【夏畦】 xiàqí 夏天在田里劳动。《孟子·滕文公下》:"胁肩谄笑,病于~~。"后也转指谄媚。黄庭坚《题魏郑公砥柱铭后》:"[杨明清]持身洁清,不以~~之面事上官。"

【夏启】 xiàqǐ 也称"夏后启"、"夏后开"。姒姓,禹之子。禹死后,启继承王位,在位九年。参阅《史记·夏本纪》。

【夏时】 xiàshí ❶夏代的历法。《礼记·礼运》:"孔子曰:'我欲观夏道,是故之杞,而不足征也,吾得~~焉。'"❷夏天。《周礼·天官·食医》:"凡食齐视春时,羹齐视~~。"

【夏书】 xiàshū 指记载夏代史事之书。《尚书》中《禹贡》、《甘誓》、《五子之歌》、《胤征》四篇,旧称《夏书》。近人多以为《禹贡》为后人所作,《五子之歌》、《胤征》为伪《古文尚书》,《甘誓》可能本是《商书》的一部分。

【夏屋】 xiàwū ❶大俎,大的食器。《诗经·秦风·权舆》:"于我乎~~渠渠,今也每食无馀。"❷大屋。《楚辞·大招》:"~~广大,沙堂秀只。"黄庭坚《洪州分宁县藏书阁铭》:"今诵圣言,皆有~~。"❸山名。在今山西代县。《吕氏春秋·长见》:"襄子上于~~,以望代俗。"(代:国名。)

【夏禹】 xiàyǔ 传说中古代部落联盟领袖。号禹,也称大禹、戎禹。姒姓。原为夏后氏部落领袖。舜时,继承其父鲧的治水事业,用疏导的方法治平天下洪水,历时十三年。舜死后,禹继任部落联盟领袖,后建立夏朝,都安邑,后东巡狩死于会稽。参阅《史记·夏本纪》。

【夏育】 xiàyù 周时卫国著名勇士。传说能力举千钧,生拔牛尾。《抱朴子·辨问》:"~~、杜回,筋力之圣也。"

【夏正】 xiàzhēng 夏历正月的省称。夏以正月为岁首,商以夏历十二月、周以夏历十一月为岁首。秦及汉初以夏历十月为正月。自汉武帝改用夏正后,历代沿用。《汉书·谷永传》:"汉家行~~。"

【夏楚】 jiǎchǔ ❶古代学校两种体罚越礼犯规者的用具。夏,榎木。楚,荆木。《礼记·学记》:"~~二物,收其威也。"❷责打。《续资治通鉴·宋理宗绍定四年》:"金主已立为太子,有过,尚切责之;及即位,始免~~。"

【夏后氏】 xiàhòushì 指禹受舜禅而建立的夏王朝。也称"夏后"、"夏氏"。《论语·八佾》:"~~~以松,殷人以柏,周人以栗。"《史记·夏本纪》:"禹于是遂即天子位,南面朝天下,国号曰夏后,姓姒氏。"

【夏炉冬扇】 xiàlúdōngshàn 语出《论衡·逢遇》:"作无益之能,纳无补之说,以夏进炉,以冬奏扇,为所不欲得之事,献所不欲闻之语,其不遇祸,幸矣,何福佑之有乎?"后因以比喻做事不合时宜。

【夏日可畏】 xiàrìkěwèi 语出《左传·文公七年》:"赵衰,冬日之日也;赵盾,夏日之日也。"(杜预注:"冬日可爱,夏日可畏。")后常以比喻为人严厉,难以亲近。

【夏五郭公】 xiàwǔguōgōng "夏五"、"郭公"均为《春秋》经文缺漏之处。《春秋·桓公十四年》"夏五"下应有"月"字。又《庄公二十四年》"郭公"下无传,经文有缺。后因以比喻文字有残缺。

唬 1. xià ❶恐吓。关汉卿《窦娥冤》二折:"自药死亲爷,今日~吓谁。"㊀害怕,吃惊。《红楼梦》一回:"~得目瞪口呆。"

2. xiāo ❷虎吼声。见《说文·口部》。

3. háo ❸通"号"。呼号。《隶释·汉郎中郑固碑》:"俯哭谁诉?卬~焉告?"

假 xià 见 jiǎ。

厦 xià 见 shà。

嗄 xià 见 shà。

罅 xià ❶裂开。左思《蜀都赋》:"紫梨津润,樼栗罅发。"❷裂缝,缝隙。朱熹《百丈山记》:"水自西谷中循石~奔射出阁下,南与东谷水并注池中。"㊁漏洞,缺陷。王守仁《处置平复地方以图久安疏》："姑且修弊补～，休劳息困，以与久疲之民相安。"

【罅漏】 xiàlòu 缝隙，漏洞。韩愈《进学解》："补苴～～，张皇幽眇。"苏轼《钱塘六井记》："于是发沟易甃，完缉～～。"

xian

彡 xiān 见 shān。

仙(僊) xiān ❶神仙。古代迷信和道教中所称超脱凡俗、长生不老的人。《史记·孝武本纪》："安期生～者，通蓬莱中，合则见人，不合则隐。"（安期生：仙人名。）《汉书·司马相如传下》："上既美子虚之事，相如见上好～，因曰：'上林之事未足美也，尚有靡者。'"（靡：美。）㊁成仙。《汉书·王莽传下》："太一、黄帝皆得瑞以～。"比喻非凡的人。杜甫《饮中八仙歌》："天子呼来不上船，自称臣是酒中～。"❷轻盈的样子。见"仙仙①"。❸死的婉辞。见"仙去②"。

【仙凫】 xiānfú ❶传说东汉王乔当叶县令，自县诣朝都不乘坐车马。有太史暗中窥看，发现每次王乔到来，总有双凫从东南飞来。有次张网把凫逮住，却是王乔穿的一只鞋。见《后汉书·王乔传》。后常以"仙凫"作为履的典故来源。段成式《光风亭夜宴妓有醉殴者》诗："掷履～～起，撦衣蝴蝶飘。"❷比喻足迹，行踪。何景明《送寇定州》诗："霄汉～～去，风尘老骥行。"

【仙馆】 xiānguǎn 仙人住所。《晋书·王羲之传》："立精舍于悬霤，而往来茅岭之洞室，故绝世务，以寻～～。"也借称道观。宋之问《发端州初入西江》诗："金陵有～～，即事寻丹梯。"

【仙侣】 xiānlǚ ❶指得道的仙人之辈。文征明《闰正月十一日游玄妙观历诸道院》诗之三："～～登真几百年，清风遗影尚依然。"❷比喻超逸不凡的朋友。杜甫《秋兴》诗之八："佳人拾翠春相问，～～同舟晚更移。"

【仙去】 xiānqù ❶成仙而去。《抱朴子·极言》："[彭祖之弟子]七八人，皆历数百岁，在殷而各～～。"❷去世。死的婉辞。韦居安《梅涧诗话》卷上引李昴英诗注："山谷谪居宜州城楼，得热疾……未几～～。"

【仙仙】 xiānxiān ❶舞步轻盈的样子，轻举的样子。《诗经·小雅·宾之初筵》："舍其坐迁，屡舞～～。"《庄子·在宥》："～～乎归矣。"❷善于言辞的样子。冯梦龙《智囊补·语智部小序》："排难解纷，辩哉～～。"

【仙子】 xiānzǐ ❶仙人。常用以借称道士。孟浩然《游精思观题观主山房》诗："方知～～宅，未有世人寻。"❷仙女。白居易《长恨歌》："楼阁玲珑五云起，其中绰约多～～。"后常比喻美貌女子。韦庄《春陌》诗之一："满街芳草卓香车，～～门前白日斜。"

先 xiān ❶前进，走在前面。《楚辞·九歌·国殇》："矢交坠兮士争～。"《左传·哀公十五年》："既食，孔伯姬杖戈而～。"❷次序、时间在前。《诗经·小雅·六月》："元戎十乘，以～启行。"韩愈《师说》："闻道有～后，术业有专攻。"㊁先于，超越。《老子·二十五章》："有物混成，～天地生。"欧阳修《苏主簿挽歌》："诸老谁能～贾谊，君王犹未识相如。"㊀事先，预先。《墨子·号令》："必使信人～戒舍室乃出迎。"《韩非子·外储说左上》："文公伐宋，乃～宣言曰……"❸首要的人或事。《汉书·叙传下》："厥初生民，食货惟～。"《三国志·魏书·张乐于张徐传评》："太祖建兹武功，而时之良将，五子为～。"㊀崇尚。《吕氏春秋·先己》："五帝～道而后德。"❹古代的。见"先民"等。❺已故的。多用于尊长。《论衡·四讳》："丘墓之上，二亲也，死亡谓之～。"见"先君"、"先子"等。❻祖先。《史记·魏世家》："魏之～，毕公高之后也。"《后汉书·冯衍传上》："将军之～，为汉信臣。"❼前导，引导。《左传·襄公十八年》："使乘车者左实右伪，以旆～。"（旆：大旗。）《荀子·修身》："以善～人者谓之教，以善和人者谓之顺。"㊀倡导。《管子·权修》："上身服以～之。"（服：行。）《史记·孝文本纪》："上常衣绨衣，……以示敦朴，为天下～。"❽事先致意，介绍。《庄子·说剑》："子欲何以教寡人，使太子～。"《史记·郦生陆贾列传》："郦生曰：'吾闻沛公慢而易人，多大略，此真吾所愿从游，莫为我～。'"❾"先生"的简称。《汉书·梅福传》："夫叔孙～非不忠也。"❿原来，本来。《颜氏家训·治家》："借人典籍，皆须爱护，～有缺坏，就为补治。"杜甫《解闷》诗之十一："可怜～不异枝蔓，此物娟娟长远生。"⓫姓。春秋时晋有先轸。见《左传·僖公二十七年》。

【先妣】 xiānbǐ ❶亡母。《仪礼·士昏礼》："勖帅以敬～～之嗣。"❷先祖之母。《周礼·春官·大司乐》："乃奏夷则，歌小吕，舞大濩，以享～～。"

【先鞭】 xiānbiān 语出《世说新语·赏誉》注引《晋阳秋》："刘琨与亲旧书曰：'吾枕戈待旦，志枭逆虏，常恐祖生先吾著鞭耳。'"（祖生：指祖逖。）后因以"先鞭"表示行事占先一步。高適《别韦兵曹》诗："逢时当自取，有尔欲～～。"

【先达】 xiāndá 指有德行学问的前辈。《颜氏家训·勉学》："爰及农商工贾，……皆有～～，可为师表。"牟融《赠浙西李相公》诗："文章政事追～～，冠盖声华羡昔贤。"

【先导】 xiāndǎo ❶开道，在前引路。《宋史·真宗纪二》："车驾发京师，扶侍使奉天书～～。"❷引导。《国语·周语中》："劝二三君子，必～～焉，可以树。"也指前导。李斗《扬州画舫录·桥东录》："五言之源，倡于苏、李，观《文选》数诗，实足为汉、魏之～～。"

【先帝】 xiāndì ❶远古帝王。《吕氏春秋·季春》："是月也，天子乃荐鞠衣于～～。"（荐：进献祭品。）❷本朝在位皇帝的亡父。《史记·孝文本纪》："朕既不敏，常畏过行，以羞～～之遗德。"《汉书·苏武传》："久之，卫将军张安世荐武明习故事，奉使不辱命，～～以为遗言。"

【先公】 xiāngōng ❶对天子、诸侯祖先的尊称。《礼记·中庸》："武王未受命，周公成文武之德，追王大王、王季，上祀～～以天子之礼。"《国语·鲁语上》："诸侯祀先王、～～，卿大夫佐之受事焉。"❷亡父。欧阳修《泷冈阡表》："～～少孤力学，咸平三年进士及第。"

【先古】 xiāngǔ ❶祖先。《礼记·祭义》："以事天地、山川、社稷、～～。"❷上古。《韩非子·说疑》："如此臣者，～～圣王皆不能忍之。"❸指上古圣贤之道。《淮南子·修务训》："目未尝见礼节，耳未尝闻～～。"

【先轨】 xiānguǐ 先王的法度。《三国志·魏书·高柔传》："敷弘大猷，光济～～。"又《吴书·张昭传》："夫为人后者，贵能负荷～～，克昌堂构，以成勋业也。"

【先河】 xiānhé 语出《礼记·学记》："三王之祭川也，皆先河而后海，或源也，或委也，此之谓务本。"后以"先河"指本源、根本。赵翼《寄题同年项任田青田居祠堂》诗："探源溯～～，访逸搜小酉。"也指称事物的创导者。黄宗羲《宋元学案·卷首》："宋世学术之盛，安定、泰山为之～～。"（安定：指胡瑗。泰山：指孙复。）

【先后】 xiānhòu ❶先代君王。《诗经·商颂·玄鸟》："商之～～，受命不殆。"❷已去世的母后。《左传·僖公二十四年》："王曰：'～～其谓我何？'"

【先后】 xiānhòu ❶前后次序。《吕氏春秋·决胜》："知～～远近纵舍之数。"（数：道，方法。）❷进退，高下，升降等。《淮南子·要略》："使人知～～之祸福，动静之利害。"韩愈《和侯协律咏笋》："短长终不校，～～竟谁论？"❸妯娌。《汉书·郊祀志上》："见神于～～宛若。"（宛若：人名。）❹辅助。《周礼·秋官·士师》："以五戒～～刑罚。"❺率导后人。《礼记·大学》："所恶于前，毋以～～。"

【先进】 xiānjìn ❶率先前进。《三国志·魏书·臧洪传》："顷之，诸军莫适～～，而食尽众散。"❷前辈。《汉书·翟方进传》："与方进同经，常为～～，名誉出方进下，心害其能。"❸首先仕用。《汉书·严助传》："唯助与寿王见任用，而助最～～。"（寿王：吾丘寿王。）

【先君】 xiānjūn ❶先代的君主。《诗经·邶风·燕燕》："～～之思，以勖寡人。"特指在位国君的亡父。《左传·襄公十三年》："生十年而丧～～。"❷称自己的祖先。伪孔安国《尚书序》："～～孔子，生于周末。"❸亡父。苏轼《别子由三首兼别迟》诗之二："～～昔爱洛阳居，我今亦过嵩山麓。"

【先令】 xiānlìng 临终前嘱咐。《汉书·景十三王传》："病～～，令能为乐奴婢从死。"又《杨王孙传》："及病且终，～～其子，曰：'吾欲赢葬，以返吾真。'"

【先民】 xiānmín 古人，古代贤人。《诗经·小雅·小旻》："匪～～是程，匪大犹是经。"《汉书·古今人表》："自书契之作，～～可得而闻者。"

【先秦】 xiānqín 指秦统一以前的时代。《汉书·河间献王刘德传》："献王所得书，皆古文～～旧书。"

【先驱】 xiānqū ❶前行开路。《汉书·司马相如传下》："至蜀，太守以下郊迎，县令负弩矢～～，蜀人以为宠。"❷军队的先锋，前导。《左传·襄公二十三年》："秋，齐侯伐卫。～～，谷荣御王孙挥，召扬为右。"《史记·绛侯周勃世家》："天子～～至，不得入。"

【先人】 xiānrén ❶古人。犹"先民"。《管子·大匡》："～～有言曰：'知子莫若父，知臣莫若君。'"陆机《文赋》："咏世德之骏烈，诵～～之清芬。"❷祖先。《吕氏春秋·审为》："今受其～～之爵禄，则必重失之。"特指亡父。《史记·仲尼弟子列传》："孤不幸，少失～～。"❸先于别人行动。《墨子·尚同下》："与人举事，～～成之。"

【先容】 xiānróng 语出邹阳《于狱中上书自明》："蟠木根柢，轮囷离奇，而为万乘器者，何则？以左右先为之容也。"引申为事先介绍或关说。苏轼《上梅直讲书》："非左右为之～～，非亲旧为之请属。"《聊斋志异·陆判》:"共求朱～～,愿纳交陆。"

【先生】 xiānshēng ❶父兄;长辈。《论语·为政》:"有酒食,～～馔。"又《宪问》:"见其与～～并行也。"❷年长有学问的人。《墨子·公孟》:"甚矣,～～之毁儒也。"《韩非子·内储说上》:"～～毋言矣。"后为文人学者的通称。可自称,也可称人。《史记·三代世表补》:"张夫子问褚～～。"("褚先生"是褚少孙自称。)沈约《与陶弘景书》:"～～糠秕流俗,超然独远。"❸老师。《墨子·公孟》:"今吾事～～久矣。"《庄子·应帝王》:"嘻! 子之～～死矣。"❹妇女称丈夫。《吕氏春秋·观世》:"其妻望而拊心曰:'今妻子有饥色矣,君过而遗～～食,～～又弗受也。岂非命也哉?'"

【先师】 xiānshī ❶前辈的老师,先代的贤者。《汉书·眭弘传》:"～～董仲舒有言,虽有继体守文之君,不害圣人之受命。"后也称已故的老师。李赓芸《炳烛编·刚健笃实》:"～～钱詹事答问及王通政《经义述闻》皆从郑读。"❷特称孔子。陶渊明《癸卯岁始春怀古田舍》诗之二:"～～有遗训,忧道不忧贫。"

【先是】 xiānshì 在此以前。用于追述往事。《史记·外戚世家》:"～～臧兒又入其少女兒姁,兒姁生四男。"(入:进献。)《汉书·田延年传》:"～～,茂陵富人焦氏、贾氏以数千万阴积贮炭苇诸下里物。"

【先王】 xiānwáng ❶前代君王。《尚书·盘庚上》:"绍复～～之大业。"《战国策·齐策一》:"且～～之庙在薛,吾岂可以～～之庙与楚乎?"❷上古的圣贤之君。《孟子·离娄上》:"为政不因～～之道,可谓智乎?"董仲舒《春秋繁露·楚庄王》:"《春秋》之于世事也,善复古,讥易常,欲其法～～也。"

【先游】 xiānyóu 犹"先容"。介绍,引见。《汉书·邹阳传》:"有人～～,则枯木朽株,树功而不忘。"

【先哲】 xiānzhé 前代的贤人。曹植《卞太后诔》:"德配姜嫄,不忝～～。"《文心雕龙·序志》:"不述～～之诰,无益后生之虑。"

【先正】 xiānzhèng ❶前代的贤臣。《尚书·文侯之命》:"亦惟～～,克左右昭事厥辟。"(克:能。厥:其。辟:君。)《三国志·魏书·武帝纪》:"惟祖惟父,股肱～～,其孰能恤朕躬。"(恤:扶济,辅助。)后也泛指前代的贤人。邵博《闻见后录》卷三:"世谓～～论三江以味别,自孔子删定《书》以来,学者不知也。"❷前代的君长。《礼记·缁衣》引逸《诗》:"昔吾有～～,其言明且清。"

【先主】 xiānzhǔ ❶古代家臣称所事大夫的祖先为先主。《国语·晋语六》:"是～～覆露子也。"(覆露:庇护。)大夫称自己的祖先也叫先主。《左传·哀公二十年》:"赵孟曰:'黄池之役,～～与吴王有质。'"(质:盟信。)❷历史上或称一国的开国君主为先主。杜甫《古柏行》:"忆昨路绕锦亭东,～～武侯同閟宫。"(閟宫:祠庙。)

【先子】 xiānzǐ ❶指祖先。《左传·昭公四年》:"鲁以～～之故,将存吾宗。"❷称亡父。《孟子·公孙丑上》:"曾西蹵然曰:'吾～～之所畏也。'"(蹵然:不安的样子。)妇女也用以称丈夫的亡父。《国语·鲁语下》:"文伯之母闻之,怒曰:'吾闻之～～。'"

【先大夫】 xiāndàfū ❶已故的大夫。《左传·文公十八年》:"～～～臧文仲,教行父事君之礼。"❷称已死而又作过官的父亲或祖父。《后汉书·逸民传论》:"～～～宣侯尝以讲道馀隙,寓乎逸士之篇。"

【先君子】 xiānjūnzǐ 称已故的祖父。《礼记·檀弓上》:"门人问诸子思曰:'昔者子之～～～丧出母乎?'"后多用以称已故的父亲。方苞《左忠毅公逸事》:"～～～尝言,乡先辈左忠毅公视学京畿。"

【先驱蝼蚁】 xiānqūlóuyǐ 比喻为效命于人,不惜先人而死。《南史·王琨传》:"顺帝逊位,百僚陪列。琨攀画轮獭尾恸泣曰:'既不能～～～～,频见此事。'"

【先声后实】 xiānshēnghòushí 语出《史记·淮阴侯列传》:"兵固有先声而后实者,此之谓也。"言先张声威慑服敌人,而后以实力相对。苏辙《龙川别志》卷下:"兵贵～～～～。"

【先圣先师】 xiānshèngxiānshī 本指古代圣贤和可以奉为楷模的人物。《礼记·文王世子》:"凡始立学者,必释奠于～～～～。"汉以后,儒家思想成为统治思想,历代封建王朝均立庙祭祀孔子。魏正始以后,入学行祭礼,以孔子为先圣,颜回为先师;唐初曾一度改为以周公为先圣,孔子为先师(配享)。不久,又恢复以孔子为先圣。参见《文庙祀典考》。

【先意承旨】 xiānyìchéngzhǐ 揣度尊长的心意,奉承恭顺,以博取欢心。《韩非子·八奸》:"～～～～,观貌察色以先主心者也。"也作"先意承指"、"先意承志"。《抱朴子·臣节》:"～～～～者,佞谄之徒也。"岳珂《桯史·寿星通犀带》:"孝宗极～～～～之道。"

纤[1](纖) 1. xiān ❶细纹丝帛。《楚辞·招魂》:"被文服～,丽而不奇些。"(些:语气词。)㊀细,微小。《史记·夏本纪》:"其簏玄~缟。"《后汉书·清河孝王庆传》:"外令兄弟求其~过。"㉑纤细,柔美。杜甫《立春》诗:"盘出高门行白玉,菜传~手送青丝。"❷吝啬。《史记·货殖列传》:"周人既~,而师史尤甚。"❸偏狭,巧伪。王禹偁《应诏言事》:"使忠良謇谔之士知进而不疑,奸~倾巧之徒知退而有惧。"

2. jiān ❹刺。《礼记·文王世子》:"其刑罪,则~钊。"(钊:割。)

3. qiān ❺通"签"。用竹木削成的细而尖的小棍。陆云《与兄平原书》:"疏枇剔齿,~綎皆在。"

【纤阿】 xiān'ē 古神话中御月运行的女神。也作"孅阿"。《史记·司马相如列传》:"阳子骖乘,~~为御。"束皙《补亡诗》之四:"~~案晷,星变其躔。"

【纤儿】 xiān'ér 犹小儿,对人轻蔑之称。也作"孅儿"。《晋书·陆纳传》:"好家居,~~欲撞坏之耶。"《新唐书·李纲传》:"太子资中人,得贤者辅而善,得不肖导而恶,奈何歌舞鹰犬~~使日侍侧?"

【纤毫】 xiānháo 极其细微。《三国志·魏书·武帝纪》:"~~之恶,靡不抑退。"又比喻非常细微的事物。杜甫《夏夜叹》诗:"虚明见~~,羽虫亦飞扬。"

【纤华】 xiānhuá 精细华美的物品。《旧唐书·文宗纪下》:"况朕不宝珠玉,不御~~。"

【纤介】 xiānjiè 细微。《汉书·陈汤传》:"昔白起为秦将,……以~~之过,赐死杜邮。"《后汉书·董扶传》:"董扶褒秋毫之善,贬~~之恶。"也作"纤芥"、"孅介"。《论衡·书虚》:"《春秋》采毫毛之美,贬~~之恶。"《汉书·楚孝王刘嚣传》:"楚王嚣素行孝顺仁慈,……~~之过未尝闻,朕甚嘉之。"

【纤论】 xiānlùn 议论苛细。指求全责备。《三国志·吴书·诸葛恪传》:"且士诚不可~~苛克,苛克则彼圣贤犹将不全,况其出入者邪?"

【纤靡】 xiānmǐ 精细美丽。《论衡·验符》:"永昌郡中亦有金焉,~~大如黍粟,在水涯沙中。"也指精美之物。班固《东都赋》:"耻~~而不服,贱奇丽而不珍。"

【纤密】 xiānmì 细密。《晋书·陶侃传》:"侃性~~好问,颇类赵广汉。"《宋书·刘秀之传》:"性~~,善纠擿隐微,政甚有声。"

【纤末】 xiānmò 纤细的末端。杜甫《戏为韦偃双松图歌》:"绝笔长风起~~,满堂动色嗟神妙。"

【纤佞】 xiānnìng 讨好。《新唐书·萧俛传》:"西川节度使王播赂权幸求宰相,俛劾播~~不可污台宰。"也指巧佞之人。《旧唐书·刘蕡传》:"若夫任贤惕厉,宵衣旰食,宜黜左右之~~,进股肱之大臣。"

【纤人】 xiānrén ❶气质孱弱的人。王通《中说·事君》:"谢庄、王融,古之~~也,其文碎。"❷品格卑劣的人。犹小人。《资治通鉴·唐文宗开成三年》:"宗闵向以朋党乱政,陛下何爱此~~?"也作"孅人"。《新唐书·魏徵传》:"徵尝荐杜正伦、侯君集才任宰相,及正伦以罪黜,君集坐逆诛,~~遂指为阿党。"

【纤缛】 xiānrù 精细繁丽。张衡《西京赋》:"故其馆室次舍,采饰~~。"

【纤啬】 xiānsè 计较细微,悭吝。也作"孅啬"。《管子·五辅》:"~~省用,以备饥馑。"《汉书·货殖传》:"宛孔氏之先,梁人也,用铁冶为业,……然其赢得过当,瘉于~~,家致数千金。"

【纤悉】 xiānxī 细微详尽。《文心雕龙·总术》:"昔陆氏《文赋》,号为曲尽,然汎论~~,而实体未该。"苏轼《策别第八》:"王猛之事秦,事至~~,莫不尽举。"

【纤纤】 xiānxiān 也作"孅孅"。❶细微的样子。庾信《微调曲》:"~~不绝林薄成,涓涓不止江河生。"周邦彦《水龙吟》词:"归骑晚,~~池塘飞雨。"也指细微的事物。《荀子·大略》:"祸之所由生也,生自~~也。"❷尖细的样子。古诗《两头纤纤》:"两头~~月初生。"❸细巧的样子。古诗《为焦仲卿妻作》:"~~作细步,精妙世无双。"❹柔美的样子。《古诗十九首·青青河畔草》:"娥娥红粉妆,~~出素手。"

【纤屑】 xiānxiè 细微末节。柳宗元《唐故万年令裴府君墓碣》:"谣舞击咢,~~促密。"(击咢:只击鼓不歌唱。)

【纤翳】 xiānyì 微小的障蔽。指云气。《世说新语·言语》:"于时天月明净,都无~~。"杨万里《次霜月韵》:"万里除~~,双清作一光。"

忺 xiān 适意,高兴。范成大《除夜地炉书事》诗:"人家~夜话,我已困蒙茸。"王和卿《文如锦》曲:"病恹恹,柔肠九曲闲愁占,精神绝尽,情绪不~。"

祆 xiān 拜火教神名。其教源于古波斯,传为琐罗亚斯德创立,也称"祆教"。段成式《酉阳杂俎·境异》:"突厥事~神,无祠庙。"

銛 xiān 见shàn。

憸(憸) xiān 邪佞。刘昼《新论·心隐》:"夫少正卯心逆而~。"陆九渊《荆国王文公祠堂记》："忠朴屏伏，～狡得志，曾不为悟，公之蔽也。"

【憸薄】 xiānbó 奸险刻薄。《新唐书·李林甫传》："博济亦～～自肆，为户部郎中。"

【憸佞】 xiānnìng 谄媚奸佞。《新唐书·杜黄裳传》："于是，夏绥银节度使韩全义～～无功，因其来朝，白罢之。"

【憸巧】 xiānqiǎo 逢迎弄巧。《新五代史·段凝传》："凝为人～～，善窥迎人意。"

【憸人】 xiānrén 小人，奸佞之人。《尚书·立政》："国则罔有立政用～～。"

【憸壬】 xiānrén 谄佞奸邪的人。《新唐书·后妃传论》："左右附之，～～基之。"（基：教唆。）

【憸邪】 xiānxié 奸邪。《旧唐书·裴延龄传》："岂宜更纵～～，复行剋暴？"《新唐书·高铢传》："铢率谏官伏阁言训素行～～，不可任，必乱天下。"

莶（薟、蘞） 1. xiān ❶草的气味辛毒，楚人称"莶"。《本草纲目·草四》："韵书：楚人呼猪为豨，呼草之气味辛毒为～，此草气臭如猪而味～螫，故谓之豨莶。"

2. liǎn ❷植物名。《说文·艸部》："～，白莶也。"

綅 xiān 见 qīn。

掀 xiān ❶举起。《左传·成公十六年》："乃～公以出于淖。"㊀攻取。韩愈《曹成王碑》："～蕲春，撇蕲水。"❷翻动。白居易《风雨晚泊》诗："青苔扑地连春雨，白浪～天尽日风。"㊁揭，揭起。陆游《暴雨》诗："风怒欲～屋，雨来如决堤。"

【掀豗】 xiānhuī 喧闹。苏轼《送蔡冠卿知饶州》诗："吾观蔡子与人游，～～笑语无不可。"

【掀髯】 xiānrán 笑时开口张须的样子。苏轼《次韵刘景文兄见寄》："细看落墨皆松瘦，想见～～正鹤孤。"

摻 xiān 见 shǎn。

銛（銛） xiān ❶古代一种农具。《论衡·幸偶》："等之金也，或为剑戟，或为锋～。"❷锋利。《吕氏春秋·论威》："虽有险阻要塞，～兵利械，心无敢据，意无敢处。"《论衡·超奇》："足不强则迹不远，锋不～则割不深。"㊁利器。刘昼《新论·适才》："棠谿之剑，天下之～也，用之获穗，曾不如钩镰之功也。"❸姓。宋有銛朴翁。

跹（躚） xiān 见"跹跹"。

【跹跹】 xiānxiān 舞态轻扬的样子。左思《蜀都赋》："纡长袖而屡舞，翩～～以裔裔。"

锬 xiān 见 tán。

嘕 xiān 笑的样子。《楚辞·大招》："靥辅奇牙，宜笑～只。"（只：语气词。）

鲜（鮮、鱻、尟、尠） 1. xiān ❶鲜鱼，活鱼。《韩非子·解老》："烹小～而数挠之，则贼其泽。"《礼记·内则》："冬宜～、羽。"㊁新杀的鸟兽的肉。司马相如《子虚赋》："骛于盐浦，割～染轮。"也指新猎获的禽兽。《左传·宣公十二年》："兽人无乃不给于～。"❷新鲜。《后汉书·左慈传》："放乃更饵钩沉之，须臾复引出，皆长三尺馀，生～可爱。"❸新而华美。《汉书·贾谊传》："履虽～不加于枕，冠虽敝不以苴履。"（苴：垫。）又《广川惠王刘越传》："衣服常～于我。"㊀鲜明，鲜艳。李白《折荷有赠》诗："涉江玩秋水，爱此红蕖～。"杜甫《秋雨叹》之一："雨中百草秋烂死，堦下决明颜色～。"㊁明澈，洁净。班固《西都赋》："轶埃壒之混浊，～颢气之清英。"（壒：尘土。颢：白貌。）❹夭亡。《左传·昭公五年》："葬～者自西门。"

2. xiǎn ❺少。《诗经·郑风·扬之水》："终～兄弟，维予与汝。"《管子·大匡》："天下之国，带甲十万者不～矣。"㊀衰微。《周易·系辞上》："百姓日用而不知，故君子之道～矣。"❻孤，寡。见"鲜民"。❼好，善。《诗经·邶风·新台》："燕婉之求，籧篨不～。"㊁赞美。《诗经·小雅·北山》："嘉我未老，～我方将。"❽与大山不相连的小山。见"鲜原"。

3. xiàn ❾通"献"。献祭。《礼记·月令》："天子乃～羔开冰，先荐寝庙。"

【鲜扁】 xiānbiǎn 鲜明而斑斓的样子。扬雄《羽猎赋》："～～陆离，骈衍佖路。"（佖：满，充满。）

【鲜规】 xiānguī 形容体小。《庄子·天运》："～～之兽，莫得安其性命之情者，而犹自以为圣人，不可耻乎，其无耻也。"

【鲜明】 xiānmíng ❶鲜艳华美。《后汉书·和熹邓皇后纪》："每有燕会，诸姬贵人竞自修整，簪珥光采，袿裳～～。"❷犹精明。《资治通鉴·汉平帝元始五年》："不有～～固守，无以居位。"

【鲜食】 xiānshí 新杀的鸟兽鱼鳖的肉。《史记·夏本纪》："与益予众庶稻～～。"（益：人名。）又指吃鸟兽鱼鳖的肉。《尚书·益稷》"奏庶艰食鲜食"传："川有鱼鳖，使民～～之。"

【鲜民】 xiǎnmín 无父母的孤穷之民。《诗经·小雅·蓼莪》:"～～之生,不如死之久矣。"后居丧的孤子常用以自称。

【鲜食】 xiǎnshí 少吃食物。《左传·襄公二十一年》:"重茧,衣裘,～～而寝。"

【鲜原】 xiǎnyuán 有小山的平原。《诗经·大雅·皇矣》:"度其～～,居岐之阳,在渭之将。"

騫(騫) xiān 飞腾的样子。杜甫《赠特进汝阳王》诗:"笔飞鸾耸立,章罢凤～腾。"⊗振翅飞腾。沈约《天渊水鸟应诏赋》:"将～复敛翮,回首望惊雌。"

【騫翥】 xiānzhù 振翅飞腾。张衡《西京赋》:"凤～～于甍标,咸溯风而欲翔。"

暹 xiān 太阳升起。王安石《和平甫舟中望九华山》诗之一:"卧送秋月没,起看朝日～。"宋徽宗《复以前韵又赐太师》:"共欣奠玉烟初达,争奉回鸾日已～。"

【暹罗】 xiānluó 泰国的旧称。

孅 1. xiān 同"纤"。❶细,细微。贾谊《论积贮疏》:"古之治天下,至～至悉也。"❷吝啬。《汉书·货殖传》:"周人既～,而师史尤甚。"

2. qiān ❸巧佞。见"孅趋"。

【孅趋】 qiānqū 过分谦恭巧佞。《史记·日者列传》:"卑疵而前,～～而言。"何景明《蹇赋》:"～～曲趦兮,匡士所恶;旋辟中墨兮,又群情之所妬。"

襳 1. xiān ❶小袄,短衫。《玉篇·衣部》:"～,小襦也;禅襦也。"❷妇女上衣用作装饰的长带。《史记·司马相如列传》:"蜚～垂髾。"

2. shān ❸见"襳襹"。

【襳襹】 shānshī 毛羽衣轻柔的样子。张衡《西京赋》:"洪涯立而指麾,被毛羽之～～。"(洪涯:人名。)

闲(閑) xián ❶遮拦阻隔之物。《汉书·贾谊传》:"今民卖僮者,为之绣衣丝履偏诸缘,内之～中。"(僮:童仆。内:纳。)⊗特指马厩。《周礼·夏官·校人》:"天子十有二～,马六种。邦国六～,马四种。"㉠范围,界限。《汉书·戾太子刘据传》:"制礼不逾～。"❷限制,约束。《尚书·毕命》:"虽收放心,～之惟艰。"《管子·权修》:"审度量以～之。"《左传·昭公六年》:"是故～之以义。"⊗防止。刘禹锡《天论》:"建极～邪。"㉠捍卫;抵御。《穀梁传·桓公二年》:"于是乎先杀孔父,孔父～也。"《孟子·滕文公下》:"吾为此惧,～先圣之道。"❸阻隔。扬雄《太玄经·亲》:"亲非其肤……中心～也。"❹大。《诗经·商颂·殷武》:"旅楹有～。"❺熟习。后作"娴"。《战国策·燕策二》:"～于兵甲,习于战攻。"《后汉书·栾巴传》:"以郡处南垂,不～典训。"❻静,安静。嵇康《兄秀才公穆入军赠诗》之十六:"～夜肃清,朗月照轩。"⊗文静。又作"娴"。《论衡·超奇》:"通书千篇以上,万卷以下,弘畅雅～,审定文读,而以教授为人师者,通人也。"❼空闲,闲暇。《左传·襄公三十一年》:"逢执事之不～,而未得见。"李贺《湖中曲》:"横船醉眠白昼～。"⊗安闲,悠闲。杜牧《将赴吴兴登乐游原一绝》:"清时有味是无能,～爱孤云静爱僧。"⊗闲散。辛弃疾《八声甘州》词:"汉开边,功名万里,甚当时,健者也曾～。"❽空(kòng)着的,闲置的。见"闲田"。❾空,空虚。刘克庄《水调歌头·和西外判宗湖楼韵之三》词:"向来幻境安在,回首总成～。"

【闲静】 xiánjìng 清静寡欲。《淮南子·本经训》:"太清之始也,和顺以寂漠,质真而素朴,～～而不躁。"陶渊明《五柳先生传》:"～～少言,不慕荣利。"

【闲居】 xiánjū ❶避人独居。《史记·滑稽列传》:"洗沐之,为治缯绮縠衣,～～斋戒。"❷家居无事。陶渊明《辛丑岁七月赴假还江陵夜行涂口》诗:"～～三十载,遂与尘事冥。"

【闲素】 xiánsù 娴静质朴。《三国志·魏书·袁涣传》:"涣子侃,亦清粹～～,有父风。"《宋书·建平宣简王宏传》:"少而～～,笃好文籍。"

【闲田】 xiántián 未被封赐的土地。《礼记·王制》:"名山大泽不以封,其馀以为附庸～～。"又指无人耕种的田地。李绅《悯农》诗:"四海无～～,农夫犹饿死。"也作"间田"。《淮南子·精神训》:"延陵季子不受吴国,而讼～～者惭矣。"

【闲闲】 xiánxián ❶从容自得的样子。《诗经·魏风·十亩之间》:"十亩之间兮,桑者～～兮。"苏洵《张益州画像记》:"有女娟娟,闺闼～～。"❷动摇的样子。《汉书·叙传下》:"戎车七征,冲輣～～。"❸博大的样子。《庄子·齐物论》:"大知～～,小知间间。"

【闲雅】 xiányǎ 娴静文雅。《汉书·疏广传》:"辞礼～～,上甚谨说。"《南史·齐豫章文献王嶷传》:"子显风神洒落,雍容～～。"

【闲月】 xiányuè 农事清闲的月份。《新唐书·食货志五》:"番上不至者,～～督课,为钱百七十,忙月二百。"

间 xián 见 jiān。

贤(賢) xián ❶有德行有才能。《韩非子·外储说左下》:"群臣孰~?"《吕氏春秋·察今》:"上胡不法先王之法,非不~也,为其不可得而法。"㊁有德行有才能的人。《韩非子·外储说左上》:"举~而任之。"㊂善,好。《礼记·内则》:"若富,则具二牲,献其~者于宗子。"❷崇尚,以为贤。《礼记·礼运》:"以~勇知,以功为己。"《韩非子·难四》:"晋灵侯说参无恤,燕哙~子之。"(子之:人名。)❸多;胜过。《礼记·投壶》:"某~于某若干纯。"(纯:双、对。)《战国策·秦策三》:"臣死而秦治,~于生也。"❹劳苦。《诗经·小雅·北山》:"大夫不均,我从事独~。"❺对人的敬称。《颜氏家训·风操》:"凡与人言,称彼祖父母、世父母、父母及长姑皆加尊字,自叔父母已下则加~字。"

2. xiàn ❻车毂内端用以贯穿车轴的大孔。《周礼·考工记·轮人》:"五分其毂之长,去一以为~。"

【贤达】 xiándá 有德行才能和声望的人。谢灵运《会吟行》:"自来弥世代,~~不可纪。"刘峻《广绝交论》:"斯~~之素交,历万古而一遇。"

【贤劳】 xiánláo 劳苦。《孟子·万章上》:"此莫非王事,我独~~也。"

【贤良】 xiánliáng ❶德才兼备的人。《韩非子·亡征》:"亲臣进而故人退,不肖用事而~~伏。"《吕氏春秋·怀宠》:"举其秀士而封侯之,选其~~而尊显之。"❷汉代选拔官吏的科目之一。《汉书·东方朔传》:"武帝初即位,征天下举方正~~、文学材力之士,待以不次之位。"

【贤路】 xiánlù 贤人仕进之路。杜甫《行次昭陵》诗:"直词宁戮辱,~~不崎岖。"

【贤人】 xiánrén ❶德才兼备之人。《汉书·高帝纪下》:"盖闻王者莫高于周文,伯者莫高于齐桓,皆待~~而成名。"❷指酒。《三国志·魏书·徐邈传》:"平日醉客谓酒清者为圣人,浊者为~~。"柳宗元《从崔中丞过卢少府郊居》诗:"莳药闲庭延国老,开罇虚室值~~。"(国老:甘草的别名。)

【贤哲】 xiánzhé 贤能而有智慧。《韩非子·有度》:"无私~~之臣,无私事能之士。"《论衡·命禄》:"世俗见人节行高,则曰:'~~如此,何不贵?'"也指贤人、哲人。祢衡《鹦鹉赋》:"彼~~之逢患,犹栖迟以羁旅。"

【贤良方正】 xiánliángfāngzhèng 汉代选拔官吏的科目之一,始于汉文帝。《汉书·文帝纪》:"及举~~~~,能直言极谏者,以匡朕之不逮。"唐、宋科举取士皆设贤良方正科。

弦(絃) xián ❶弓弦。《汉书·李广传》:"度不中不发,发即应~而倒。"㊁安上弓弦。《周易·系辞下》:"~木为弧,剡木为矢。"❷乐器上用以发声的丝线或金属线。《礼记·乐记》:"昔者舜作五~之琴以歌《南风》。"㊁安装琴弦。嵇康《琴赋》:"~以园客之丝,徽以钟山之玉。"㊂弦乐器。《淮南子·原道训》:"建钟鼓,列管~。"㊁弹奏弦乐器。《礼记·文王世子》:"春诵,夏~。"《论衡·累害》:"~者思折伯牙之指,御者愿摧王良之手。"❸弦月。《汉书·律历志上》:"然正朔服色,未睹其真,而朔晦月见,~望满亏,多非是。"杜甫《初月》诗:"光细~初上,影斜轮未安。"❹中医脉象名。指脉象急劲。《素问·阴阳别论》:"鼓阳胜急曰~。"❺古代算术名词。非等腰直角三角形中与直角相对的边。沈括《梦溪笔谈·技艺》:"各自乘,以股除~,馀者开方除为勾。"❻古国名。在今湖北浠水县西。《春秋·僖公五年》:"楚子灭~。"❼姓。春秋时郑有弦高。

【弦歌】 xiángē ❶依琴瑟而歌咏。《礼记·乐记》:"天下大定,然后正六律,和五声,~~诗颂,此之谓德音。"《宋书·沈攸之传》:"耳倦~~,口厌粱肉。"泛指礼乐教化。杜牧《郡斋独酌》诗:"~~教燕赵,兰芷浴河湟。"❷孔子的弟子子游任武城宰,以弦歌为教化之具。见《论语·阳货》。后因以"弦歌"为出任邑(县)令的典故。《晋书·陶潜传》:"复为镇军、建威参军,谓亲朋曰:'聊欲~~,以为三径之资可乎?'"

【弦诵】 xiánsòng 依琴瑟而歌称弦,不依琴瑟而读称诵。《礼记·文王世子》:"春诵,夏弦。"后即以"弦诵"称礼乐教化或学校教育。《晋书·儒林传序》:"东序西胶,未闻于~~。"(序、胶:古代学校名。)苏轼《潘推官母李氏挽词》:"杯盘惯作陶家客,~~常叨孟母邻。"

【弦索】 xiánsuǒ ❶乐器上的弦。代指弦乐器。周邦彦《解连环》词:"燕子楼空,暗生锁,一床~~。"❷金元以来,北方戏曲、曲艺多以弦乐器伴奏,后人因以"弦索"为北曲的代称。如董解元《西厢记诸宫调》又称《弦索西厢》。

【弦直】 xiánzhí ❶喻正直。杜甫《写怀》诗:"达士如~~,小人似钩曲。"❷形容挺拔。苏辙《任氏阅世堂前大桧》诗:"君家大桧长百尺,根如车轮身~~。"

涎 1. xián ❶口水。杜甫《饮中八仙歌》:"汝阳三斗始朝天,道逢曲车口流~。"

❷黏液，浆汁。苏轼《和蒋夔寄茶诗》："厨中蒸粟埋饭瓮，大勺更取酸生～。"

2. yuàn ❸见"涎涎"。

【涎涎】 yuànyuàn 有光泽的样子。韦应物《燕衔泥》诗："衔泥燕，声嘍嘍，尾～～。"

咸[1] 1. xián ❶皆，都。《吕氏春秋·仲春》："蛰虫～动，开户始出。"《史记·孝文本纪》："当今之时，世～嘉生而恶死。"㊀周遍，普遍。《左传·昭公二十一年》："窕则不～。"（窕：声音细小。）《国语·鲁语上》："小赐不～，独恭不优。"❷和睦。《三国志·魏书·陈思王植传》："昔周公吊管、蔡之不～，广封懿亲以藩屏王室。"❸六十四卦之一，卦形为艮下兑上。《周易·咸》："象曰：山上有泽，～。"❹姓。唐代有咸广业。

2. jiān ❺束棺木的绳子。《礼记·丧大记》："凡封，用绋去碑负引。君封以衡，大夫士以～。"❻牵引。《庄子·天运》："意者其有机缄而不得已邪。"（按：陆德明《释文》："司马本作'咸'。"）

3. jiǎn ❼通"减"。《集韵·豏韵》："减，《说文》：'损也。'或作～。"❽姓。汉代有咸宣。

咸[2]（鹹、醎） xián 盐的味道。《吕氏春秋·本味》："调合之事，必以甘酸苦辛～，先后多少，其齐甚微，皆有自起。"

【咸池】 xiánchí ❶古乐名。即"大咸"。相传为尧时所作，周时为"六舞"之一。《庄子·天运》："帝张～～之乐于洞庭之野。"❷神话中东方大泽名。《淮南子·天文训》："日出于旸谷，浴于～～。"❸天神名。《楚辞·七谏·自悲》："哀人事之不幸兮，属天命而委之～～。"❹星名。《史记·天官书》："西宫～～曰天五潢。"

【咸丘】 xiánqiū ❶左高右低的山丘。《尔雅·释丘》："左高～～，右高临丘。"❷春秋邾地。在今山东巨野县南。《春秋·桓公七年》："焚～～。"

【咸唐】 xiántáng 同"咸池②"。《楚辞·九叹·远逝》："杠玉衡于炎火兮，委两馆于～～。"

挦（撏） xián（又读 xún） ❶扯，拔。贾岛《原居即事言怀赠孙员外》诗："镊～白发断，兵阻尺书传。"❷摘取，摘录。陶宗仪《辍耕录》卷十八："古画东移西掇，～补成章。"

唌 1. xián ❶叹息。《说文·口部》："～，语唌叹也。"❷通"涎"。唾沫。郭璞《江赋》："扬鳍掉尾，喷浪飞～。"

2. yán ❸见"唌唌"。

【唌唌】 yányán 言语便捷的样子。《后汉书·梁鸿传》："竞举枉兮措直，咸先佞兮～～。"

肱 xián 牛胃。贾思勰《齐民要术·炙法》："牛～炙：老牛～，厚而脆。"

憪 1. xián ❶愉悦，闲适。柳宗元《酬韶州裴曹长使君》诗："循省诚知惧，安排只自～。"

2. xiàn ❷不安的样子。《史记·孝文本纪》："朕既不能远德，故～然念外人之有非。"❸愤激的样子。《新唐书·王叔文传》："～然谓天下无人。"

娴（嫺、嫻） xián ❶文雅，文静。《论衡·逢遇》："无细简之才，微薄之能，偶以形佳骨～，皮媚色称。"❷熟习。《史记·屈原贾生列传》："博闻彊志，明于治乱，～于辞令。"

【娴都】 xiándū 文雅美好。《史记·司马相如列传》："若夫青琴、宓妃之徒，绝殊离俗，姣冶～～。"

【娴雅】 xiányǎ 文静大方。《后汉书·马援传》："[朱]勃衣方领，能矩步，辞言～～。"陆游《有怀独孤景略》诗："喑呜意气千人废，～～风流一座倾。"

諴（諴） xián ❶和，和协。《尚书·召诰》："其丕能～于小民今休。"（丕：大。）❷诚，真诚。《尚书·大禹谟》："至～感神，矧兹有苗！"

蚿 xián 虫名。马蚿。又名马陆、百足。《南史·王准之传》："山中有～声清长，听之使人不厌。"

衔（銜、衘、啣） xián ❶马嚼子。青铜或铁制，放在马口中用以驾驭马。《论衡·非韩》："御者无～，见马且奔，无以制也。"❷含在口中，用嘴叼着。《吕氏春秋·应同》："及文王之时，天先见火赤鸟～丹书集于周社。"《汉书·临江闵王刘荣传》："中尉郅都簿责讯王，王恐，自杀。葬蓝田，燕数万～土置冢上。"㊀心中怀着。林景熙《初夏病起》诗："犹抱遗经在，心～覆载仁。"韩愈《祭十二郎文》："季父愈闻汝丧之七日，乃能～哀致诚。"㊁特指怀恨。《后汉书·班固传》："兢大怒，畏宪不敢发，心～之。"❸遵奉，接受。《礼记·檀弓上》："仕弗与共国，～君命而使，虽遇之不斗。"《战国策·秦策五》："秦～赂以自强，山东必恐。"❹官阶，官衔。白居易《重和元少尹》："南宫起请无消息，朝散何时得入～。"㊁署官衔。李肇《唐国史补》卷上："与人书札，唯称陇西李稹而不～。"

【衔杯】 xiánbēi 指饮酒。杜甫《饮中八仙歌》："饮如长鲸吸百川，～～乐圣称避贤。"也作"衔觞"。李白《叙旧赠江阳宰陆调》

诗："但苦隔远道，无由共～～。"

【衔璧】 xiánbì ❶《左传·僖公六年》："许男面缚～～，大夫衰绖，士舆榇。"言战败国国君投降，自缚其手，以口衔璧为贽。后因称国君投降为"衔璧"。潘岳《为贾谧作赠陆机》诗："伪孙～～，奉土归疆。"❷镶嵌美玉为饰。班固《西都赋》："金釭～～，是为列钱。"

【衔橛】 xiánjué ❶衔，马嚼子。橛，车的钩心。《韩非子·奸劫弑臣》："无捶策之威，～～之备，虽造父不能以服马。"后以借指驰驱游猎。《汉书·王吉传》："上论唐虞之际，下及殷周之盛……其乐岂徒～～之间哉?"❷"衔橛之变"的省略。指车马倾覆的危险。元稹《献事表》："十曰，省出入畋游以防～～。"

【衔块】 xiánkuài ❶口含土块。王韶之《孝子传》："母终，……群鸟～～，助成坟。"❷旧俗人死须口中含物。天子含珠，诸侯含玉，大夫含玑，士含贝，庶人含谷实。事见刘向《说苑·修文》。故请罪之人口含土块，以示己身有罪当死。《新唐书·杨贵妃传》："妃～～请死，帝意沮，乃止。"

【衔勒】 xiánlè ❶马勒和辔头。《孔子家语·执辔》："夫德法者，御民之具，犹御马者之有～～也。"因借以指道德法纪。苏轼《谢赐对衣金带马状》："操名器以励士，上有诚心；正～～以驭人，下无遗力。"❷控制，限制。戴孚《广异记·张嘉祐》："不能闻义而举，反受杨坚～～。"

【衔枚】 xiánméi ❶横衔枚于口中，以禁喧哗。枚，形似箸，两端有带，可系于颈上。古代行军袭敌，丧礼执绋皆用之。《史记·高祖本纪》："秦益章邯兵，夜～～击项梁。"《礼记·杂记下》："四绋，皆～～。"（绋：牵引棺柩的大绳。）❷喻寂静无声。元好问《续夷坚志·群熊》："癸卯初，有熊数十万，从内乡硖石入西南山，～～并进。"

【衔命】 xiánmìng 奉命，受命。《管子·形势》："～～者君之尊也，受辞者君之运也。"《三国志·魏书·钟会传》："今镇西奉辞～～，摄统戎重。"

【衔辔】 xiánpèi ❶马嚼子和马缰绳。《荀子·性恶》："前必有～～之制，后有鞭策之威，加之以造父之驭，然后一日而致千里也。"也借指马匹。叶適《著作正字二刘墓志铭》："而陛下乃亲技击，骋～～。"❷喻法令。《后汉书·鲍永传》："时南土尚多寇暴，永以吏人痍伤之后，乃缓其～～，示诛强横而镇抚其馀。"

【衔尾】 xiánwěi 前后相接。《后汉书·西羌传》："牛马～～，群羊塞道。"

【衔恤】 xiánxù 心怀忧伤。《诗经·小雅·蓼莪》："无父何怙？无母何恃？出则～～，入则靡至。"后也指父母死后守丧。王安石《将至丹阳寄表民》诗："三年～～空馀息，一日忘形得旧游。"

【衔胆栖冰】 xiándǎnqībīng 比喻刻苦自勉。《晋书·刘元海载记》："但以大耻未雪，社稷无主，～～～～，勉从众议。"

【衔华佩实】 xiánhuāpèishí 草木开花结果。语出沈约《愍衰草赋》："昔日兮春风，衔华兮佩实，垂绿兮散红。"也用以比喻文质并美。钱谦益《复徐巨源书》："窃观古人之文章，～～～～。"

舷 xián 船边。苏轼《前赤壁赋》："叩～而歌之。"

痫（癇、癎、痼） xián 病名。即癫痫。俗称"羊痫风"、"羊癫风"、"羊角风"。《后汉书·王符传》："哺乳多则生～病。"

鹇（鷴、鷳） xián 鸟名。即"白鹇"。一种观赏鸟。《宋史·江公望传》："帝以拄杖逐～，～不去。"

睭 xián 见 jiàn。

慊 xián 见 qiàn。

嗛 1. xián ❶含在口中。《史记·大宛列传》："乌～肉蜚其上，狼往乳之。"（蜚：通"飞"。）❷怀恨。《史记·佞幸列传》："太后由此～嫣。"（嗛：《汉书》作"衔"。）

2. qiǎn ❸猴鼠之类颊中藏食物的地方。《尔雅·释兽》："寓鼠曰～。"

3. qiàn ❹通"歉"。不足。《荀子·仲尼》："故知者之举事也，满则虑～，平则虑险，安则虑危。"㊂歉收。《穀梁传·襄公二十四年》："一谷不升谓之～。"❺见"嗛闪"。

4. qiè ❻通"慊"。满足，快意。《史记·孝文本纪》："天下人民未有～志。"㊂使满足或惬意。《吕氏春秋·知接》："公曰：'易牙烹其子以～寡人，犹尚可疑邪?'"

5. qiān ❼通"谦"。谦虚。《荀子·仲尼》："主信爱之，则谨慎而～。"

【嗛嗛】 xiánxián 怀恨隐忍的样子。柳宗元《咏史》："～～事强怨，三岁有奇勋。"

【嗛嗛】 qiànqiàn ❶微小；少许。《国语·晋语一》："～～之德，不足就也。……～～之食，不足狃也。"（狃：贪求。）❷不足。《潜夫论·交际》："呼吸阳露，旷旬不食，其意尚犹～～如也。"

【嗛闪】 qiànshǎn 退缩闪避。《晋书·王沈传》："拉答者有沉重之誉，～～者得清劁之声。”

【嗛嗛】 qiānqiān 谦逊的样子。同“谦谦”。《汉书·艺文志》：“合于尧之克攘，《易》之～～。”

嫌 xián ❶厌恶，不满意。《世说新语·捷悟》：“王正～门大也。”㊀妨碍。贾思勰《齐民要术·养羊》：“积茭著栅中，高一丈亦无～。”❷仇怨，怨恨。《后汉书·西羌传论》：“遂解仇～，结盟诅。”《世说新语·言语》：“太傅已构～孝伯，不欲使其得谢。”❸疑惑；疑忌。《后汉书·马严传》：“严乃闭门自守，犹复虑致讥～，遂更徙北地，断绝宾客。”《三国志·吴书·朱桓传》：“若～其有谲者，但当设计网以罗之，盛重兵以防之耳。”㊁嫌疑。《后汉书·清河孝王庆传》：“庆时虽幼，而知避～畏祸。”❹近似，接近。《荀子·礼论》：“一朝而丧其严亲，而所以送葬之者不哀不敬，则～于禽兽矣。”《吕氏春秋·贵直》：“出若言非平论也，将以救败也，固～于危。”

【嫌猜】 xiáncāi 疑忌，猜忌。李白《长干行》：“同居长干里，两小无～～。”《旧唐书·太宗文德皇后传》：“诸妃消释～～。”

【嫌贰】 xián'èr 猜疑，猜忌。《三国志·吴书·诸葛瑾传》：“如此之日，奸谗并起，更相陷怼，转成～～。”

【嫌名】 xiánmíng 与人姓名字音相近的字。《礼记·曲礼上》：“礼不讳～～。”避君父名讳时，不避嫌名。后世讳法渐严，讳同字兼讳嫌名。如汉宣帝名询，因改荀卿为孙卿。

【嫌似】 xiánsì 猜疑，猜忌。《晋书·王坦之传》：“岂可以～～而疑至公，弊贪而忘于谅哉。”

【嫌牾】 xiánwǔ 厌恶而抵牾。《后汉书·济南安王康传》：“康素敬重敞，虽无所～～，然终不能改。”

【嫌隙】 xiánxì 因猜疑或不满而产生的仇隙。曾巩《奏乞回避吕升卿状》：“兼臣弟布与吕惠卿又有～～，二事皆中外共知。”

【嫌疑】 xiányí ❶怀疑，猜疑。《论衡·感类》：“怀～～之计，遭暴至之气。”❷疑惑难辨的事理。《后汉书·桓谭传》：“是时帝方信谶，多以决定～～。”❸因事牵连而被怀疑。《乐府诗集·相和歌辞·君子行》：“君子防未然，不处～～间。”

㦗 xián 见 qián。

藖 xián 见 qián。

冼 xiǎn 姓。也作“洗”。

狝（獮） 1. xiǎn ❶秋猎。《国语·齐语》：“春以蒐振旅，秋以～治兵。”㊀猎杀。张衡《西京赋》：“白日未及移其晷，已～其什七八。”

2. mí ❷同“猕”。兽名。猕猴。《战国策·齐策三》：“猿～猴错木据水，则不若鱼鳖。”（据：处。）

洗 xiǎn 见 xǐ。

省 xiǎn 见 xǐng。

显（顯） xiǎn ❶光明。《诗经·大雅·文王》：“有周不～，帝命不时。”㊀明显，显明。《诗经·大雅·抑》：“无曰不～，莫予云觏。”《左传·昭公三十一年》：“《春秋》之称微而～。”㊀尊贵，显赫。《战国策·齐策四》：“百乘，～使也。”《论衡·逢遇》：“处尊居～，未必贤，遇也。”❷显露。《宋书·黄回传》：“氛沴克霁，狡谋方～。”（沴：灾气。）柳宗元《钴鉧潭西小丘记》：“嘉木立，美竹露，奇石～。”❸显扬。《吕氏春秋·劝学》：“若此则名号～矣，德行彰矣。”《汉书·古今人表序》：“然犹著在篇籍，归乎～善昭恶，劝戒后人，故博采焉。”❹子孙尊称先人。见“显考”、“显祖”等。

【显白】 xiǎnbái 使显明，昭著。《史记·秦始皇本纪》：“圣智仁义，～～道理。”

【显达】 xiǎndá 显赫闻达。曹操《上书谢策命魏公》：“非敢希望高位，庶几～～。”

【显晦】 xiǎnhuì 明与暗。喻行与止，进与退，出仕与隐居等。《晋书·隐逸传论》：“君子之行殊途，～～之谓也。”柳宗元《箕子碑》：“宪宪大人，～～不渝。”也作“显默”。陶渊明《饮酒》诗：“仁者用其心，何尝失～～。”

【显迹】 xiǎnjì 善行，突出的事迹。《后汉书·循吏传序》：“今缀集殊闻～～，以为《循吏篇》云。”

【显考】 xiǎnkǎo ❶古时称高祖。《礼记·祭法》：“是故王立七庙：一坛一墠，曰考庙，曰王考庙，曰皇考庙，曰～～庙，曰祖考庙。”❷尊称亡父。《三国志·魏书·文帝纪》注引袁宏《后汉纪》载汉献帝诏：“魏太子丕：昔皇天授乃～～以翼我皇家。”（按：元以后专称亡父为“显考”。）

【显戮】 xiǎnlù 明正典刑，处决示众。《尚书·泰誓下》：“功多有厚赏，不迪有～～。”（不迪：不遵。）《汉书·王莽传上》：“亏损孝道，当伏～～。”

【显明】 xiǎnmíng ❶光明，明白。《荀子·成相》：“许由、善卷，重义轻利行～～。”《韩非子·说疑》:“如此臣者,虽当昏乱之主尚可致功,况于～～之主乎?”❷显扬。《汉书·张汤传》:“宜宣章盛德以示天下,～～功臣以填藩国。”❸日出。《素问·六微旨大论》:“～～之右,君火之位也。”

【显命】 xiǎnmìng 显明之命。指天命。《孔子家语·弟子行》:“若逢有德之君,世受～～。”曹植《庆文帝受禅表之二》:“陛下以明圣之德,受天～～。”

【显器】 xiǎnqì 卓荦特出的人才。《三国志·吴书·陆逊传》:“故大司农楼玄、散骑中常侍王蕃、少府李勖,皆当世秀颖,一时～～。”

【显人】 xiǎnrén 声名显著的人。《吕氏春秋·必己》:“此天下之～～也,今辱之如此,此必怨我于万乘之主。”

【显荣】 xiǎnróng 显达而荣耀。《吕氏春秋·长利》:“夫为诸侯,名～～,实佚乐,继嗣皆得其泽。”《史记·礼书》:“循法守正者见侮于世,奢溢僭差者谓之～～。”

【显设】 xiǎnshè 量才任用。《荀子·君道》:“善班治人者人安之,善～～人者人乐之。”

【显幸】 xiǎnxìng 高位和宠幸。《史记·张耳陈馀列传》:“良尝事我,得～～。”

【显扬】 xiǎnyáng ❶颂扬,彰显。《礼记·祭统》:“～～先祖,所以崇孝也。”❷声名昭著。柳宗元《唐故安南都护御史中丞张公墓志铭》:“始命蕲州蕲春主簿,句会敏给,厥声～～。”(句会:稽察考核。)

【显异】 xiǎnyì 荣显宠异。《汉书·楚孝王刘嚣传》:“夫行纯茂而不～～,则有国者将何勖哉?”

【显祖】 xiǎnzǔ ❶对祖先的敬称。潘岳《夏侯常侍诔》:“～～曜德,牧兖及荆;父守淮岱,治亦有声。”❷光宗耀祖。陈琳《檄吴将校部曲文》:“当报汉德,～～扬名。”

险(險) 1. xiǎn ❶地势不平坦。《左传·成公二年》:“苟有～,余必下推车。”银雀山汉墓竹简《孙膑兵法·十问》:“故易则利车,～则利徒。”㉿险阻,险要。张衡《西京赋》:“修路峻～。”《三国志·蜀书·诸葛亮传》:“孙权据有江东,已历三世,国～而民附。”㊀险地,要隘。《左传·僖公三十三年》:“入～而脱,又不能谋,能无败乎?”《后汉书·班超传》:“焉耆国有苇桥之～。”❷险恶。《吕氏春秋·適音》:“亡国之音悲以哀,其政～矣。”㊀邪恶;阴险。《商君书·慎法》:“使民非战无以效其能,则虽～不得为诈。”《三国志·吴书·吴主权潘夫人传》:“性～妬容媚,自始至卒,谮害袁夫人等甚众。”❸危险。王安石《与王子醇书》:“上固欲公毋涉难冒～,以百金取胜。”㊀冒险,犯险。《左传·哀公十六年》:“以～徼幸者,其求无餍。”❹薄。《尔雅·释鱼》:“蜬,大而～。”㊀偏狭。《周礼·春官·典同》:“陂声散,～声敛。”❺险些,差点。侯寘《满江红》词:“失意～为湘岸鬼,浩歌又作长安客。”

2. yán ❻通“岩”。《史记·殷本纪》:“于是乃使百工营求之野,得[傅]说于傅～中。”

【险诐】 xiǎnbì 邪恶不正。《三国志·吴书·张昭传》:“中书令孙弘佞伪～～,[张]休素所忿。”也作“险陂”。《吕氏春秋·君守》:“凡奸邪～～之人,必有因也。”

【险厄】 xiǎn'è 地势险阻。《汉书·晁错传》:“曲道相伏,～～相薄。”《三国志·吴书·朱桓传》:“此两道皆～～。”比喻世道人心险恶不正。《后汉书·冯衍传下》:“悲时俗之～～兮,哀好恶之无常。”

【险棘】 xiǎnjí 地势不平而多荆棘。形容险阻。蔡邕《京兆尹樊陵碑》:“道路孔夷,民清～～。”左思《魏都赋》:“荣其文身,骄其～～。”

【险污】 xiǎnwū 奸险恶浊。《荀子·仲尼》:“其事行也,若是其～～淫汏也,彼固曷足称乎大君子之门哉!”

【险巇】 xiǎnxī 险阻崎岖。比喻艰难险恶。刘峻《广绝交论》:“呜呼! 世路～～,一至于此。”亦作“险戏”。《楚辞·七谏·怨世》:“何周道之平易兮,然芜秽而～～。”

【险谒】 xiǎnyè 不正当的请托。《晋书·庾亮传论》:“靡不凭借宠私,阶缘～～。”

【险易】 xiǎnyì ❶险阻与平坦。《史记·樗里子甘茂列传》:“自殽塞及至鬼谷,其地形～～皆明知之。”❷犹言安危。《管子·七法》:“予夺也,～～也。”❸犹言善恶。左思《魏都赋》:“情有～～者,习俗之殊也。”❹犹言治乱。《后汉书·班彪传》:“勋兼乎在昔,事勤乎三五,岂特……蹈一圣之～～云尔哉。”(三五:指三皇五帝。)

【险阻】 xiǎnzǔ ❶山川险恶梗塞。《战国策·魏策一》:“以是观之,地形～～,奚足以霸王矣。”也指险恶梗塞之地。《管子·立政》:“国之安危者四,城郭～～,不足守也。”❷比喻艰辛困厄。《左传·僖公二十八年》:“晋侯在外十九年矣,而果得晋国,～～艰难,备尝之矣。”

蚬(蜆) xiǎn ❶蝶类的幼虫。头赤身黑,长寸许,常吐丝悬于空中,俗名“缢女”。《尔雅·释虫》:“～,缢女。”❷

软体动物。似蛤而小,介壳表面有轮状纹,产于淡水中。皮日休《奉和鲁望渔具·笭箵》:"但闻虾～气,欲生蘋藻衣。"

崄(嶮、崄) xiǎn 同"险"。❶险要,险阻。《逸周书·武称》:"岠～伐夷,并小夺乱。"《后汉书·赵壹传》:"虽欲竭诚而尽忠,路绝～而靡缘。"❷阴险,邪恶。《晋书·姚泓载记》:"姚懿～薄,惑于信受。"《北史·傅竖眼传》:"子敬绍,～暴不仁,聚货耽色,甚为人害。"❸乖僻,怪僻。郭璞《皇孙生上疏》:"小人愚～,共相扇惑。"苏轼《张文定公墓志铭》:"士方以游词～语为高。"❹危险。苏轼《入峡》诗:"伐薪常冒～,得米不盈甀。"❺险些,差点。关汉卿《单刀会》一折:"～唬杀许褚、张辽。"

【崄厄】 xiǎn'è 同"险厄"。险要,险阻。《后汉书·陈蕃传论》:"驱驰～～之中,与刑人腐夫同朝争衡。"

【崄涩】 xiǎnsè 险阻艰难。潘尼《迎大驾》诗:"世故尚未夷,崤函方～～。"

【崄巇】 xiǎnxī 同"险巇"。❶险阻崎岖。高骈《过天威径》诗:"归路～～今坦荡,一条千里直如弦。"❷比喻艰难,险恶。《续资治通鉴·宋理宗绍定六年》:"三人党附史弥远,排斥诸贤,成大尤心术～～。"(史弥远、成大:皆人名。)

【崄阻】 xiǎnzǔ 同"险阻"。地势险恶阻塞。王僧达《解职表》:"山川～～,吉凶路塞。"也作"崄岨"。贾谊《过秦论下》:"且天下尝同心并力攻秦矣,然困于～～而不能进者,岂勇力智慧不足哉?"

毨(毪) xiǎn (鸟兽新生的)毛羽整齐美好的样子。《史记·五帝本纪》:"其民夷易,鸟兽毛～。"

猃(獫) xiǎn 见"猃狁"。

【猃狁】 xiǎnyǔn 我国古代北方的一个民族。秦汉以后称匈奴。也作"猃狁"、"荤粥"、"獯鬻"等。《诗经·小雅·采薇》:"不遑启居,～～之故。"(猃:本或作"猃"。)

猃 xiǎn ❶长嘴猎狗。《诗经·秦风·驷驖》:"輶车鸾镳,载～歇骄。"❷见"猃狁"。

【猃狁】 xiǎnyǔn 同"猃狁"。见"猃狁"。

铣(銑) xiǎn ❶最有光泽的金属。江淹《檀超墓铭》:"惟金有～,惟玉有瑶。"❷古代钟口的两角。《周礼·考工记·凫氏》:"凫氏为钟,两栾谓之～。"(栾:钟两角。)❸两端用金装饰的弓。《尔雅·释器》:"[弓]以金者谓之～。"

筅(箲) xiǎn 洗刷锅盆的竹帚。《广雅·释器》:"箵谓之～。"

跣 xiǎn 赤脚。《战国策·魏策四》:"布衣之怒,亦免冠徒～,以头抢地尔。"《魏书·太祖纪》:"帝惊起,不及衣冠,～出击鼓。"

藓(蘚) xiǎn 苔藓。喻霉斑。杜甫《八哀诗·故秘书少监武功苏公源明》:"夜字照爇薪,垢衣生碧～。"

燹 xiǎn 火。特指兵火。《宋史·神宗纪》:"诏岷州界经鬼章兵～者赐钱。"㊂焚烧。罗泌《路史·黄帝纪》:"乃～山林,破曾薮,楚莱沛,以制金刀。"

幰 xiǎn 车上的帷幔。潘岳《藉田赋》:"微风生于轻～兮,纤埃起于朱轮。"㊂指车。王维《送杨长史赴果州》诗:"褒斜不容～,之子去何之。"(褒斜:山谷名。)

韅 xiǎn 马腹革带,经马腋上系于鞍。《荀子·礼论》:"寝兕、持虎、蛟～、丝末、弥龙,所以养威也。"(持:通"跱"。立。)

见 xiàn 见 jiàn。

伣 xiàn 见 qiàn。

苋(莧) xiàn 苋菜。杜甫《种莴苣》诗:"野～迷汝来,宗生实于此。"

轩 xiàn 见 xuān。

县(縣) 1. xiàn ❶地方行政区划的一级。《史记·秦始皇本纪》:"今皇帝并一海内,以为郡～。"柳宗元《封建论》:"州～之设,固不可革也。"❷古代帝王所居之地。泛指天下。《礼记·王制》:"天子之～内,方百里之国九。"《史记·秦始皇本纪》:"大矣哉!宇～之中,承顺圣意。"

2. xuán ❸"悬"的古字。《诗经·周颂·有瞽》:"应田～鼓。"《荀子·修身》:"彼人之才性之相～也,岂若跛鳖之与六骥足哉!"

【县官】 xiànguān ❶指朝廷,官府。《史记·孝景本纪》:"令内史郡不得食马粟,没入～～。"《盐铁论·水旱》:"今～～铸农器,使民务本,不营于末,则无饥寒之累。"❷特指皇帝。《史记·绛侯周勃世家》:"庸知其盗买～～器,怒而上变告子,事连汙条侯。"❸县级行政长官。沈名荪《进鲜行》:"～～骑马鞠躬立,打迭蛋酒供冰汤。"

【县内】 xiànnèi 古以天下为九州,天子所居为县内。《礼记·王制》:"天子之～～,方百里之国九。"

【县帖】 xiàntiě 官府的布告文书。白居易《渭村退居寄礼部崔侍郎翰林钱舍人》诗:"纳租看～～,输粟问军仓。"

【县车】 xuánchē 见"悬车"。

【县法】 xuánfǎ 公布法令。《汉书·食货志下》:"夫～～以诱民,使入陷阱,孰积于此?"

【县隔】 xuángé 远隔。《史记·高祖本纪》:"秦,形胜之国,带河山之险,～～千里,持戟百万。"《汉书·高帝纪下》:"带河阻山,～～千里。"

【县解】 xuánjiě ❶超脱,不落俗套。《庄子·养生主》:"安时而处顺,哀乐不能入也,古者谓是帝之～～。"❷高超的理解。《新唐书·尹知章传》:"于《易》《老》《庄》书尤～～。"

【县军】 xuánjūn 深入敌境的孤军。《三国志·魏书·陈泰传》:"～～远侨,粮谷不继,是我速进破贼之时也。"

【县令】 xuánlìng 赏格。《庄子·外物》:"饰小说以干～～,其于大达亦远矣。"

【县门】 xuánmén 守城的闸板,无事时悬起,有事则放下。《左传·庄公二十八年》:"～～不发,楚言而出。"

【县命】 xuánmìng 把性命托付给人,等于说性命攸关。《战国策·韩策二》:"韩氏急,必～～于楚。"《汉书·蒯通传》:"当今之时,两主～～足下。"《三国志·魏书·卫觊传》:"狱吏者,百姓之所～～,而选用者之所卑下。"

岘(峴) xiàn ❶小而险的山岭。谢灵运《从斤竹涧越岭溪行》诗:"逶迤傍隈隩,苕递陟陉～。"❷山名。在今湖北襄阳。李白《襄阳曲》:"～山临汉江,水绿沙如雪。"

现(現) xiàn ❶玉光。见《集韵·霰韵》。❷显露,出现。《吕氏春秋·首时》:"愿令王子居于堂上,重帷而～其衣若手,请因说之。"❸现在,此刻。梁武帝《立神明成佛义记》:"善恶交谢,生乎～境。"

限 xiàn ❶险阻,阻隔。《战国策·秦策一》:"济清河浊,足以为～。"曹丕《燕歌行》:"牵牛织女遥相望,尔独何辜～河梁。"㊀分隔。欧阳修《送王圣纪赴扶风主簿序》:"扶风为县,～关之西,距京师在千里外。"❷限制,限定。《世说新语·政事》:"敕船官悉录锯木屑,不～多少。"杜甫《入衡州》诗:"偏裨～酒肉,卒伍单衣裳。"❸期限,界限。《晋书·傅玄传》:"六年之～,日月浅近。"《北史·魏太武帝纪》:"诏有司更为科～。"㊀止境,尽头。杜甫《春日江村》诗之二:"藩篱颇无～,恣意向江天。"㊁边隘,边界。《三国志·吴书·陆逊传》:"夷陵要害,国之关～。"谢朓《和王著作融八公山》诗:"东～琅邪台,西距孟诸陆。"❹门槛。《聊斋志异·三生》:"行至一家,门～甚高,不可逾。"❺黄道之差,始自春分秋分,赤道所交,前后各五度为"限"。阮元《畴人传·一行下》:"每～损一极,九～数终于四率。"

【限制】 xiànzhì 犹界限。《宋史·李光传》:"长江千里,不为～～。"

晛(晛) xiàn ❶日气,日光。《诗经·小雅·角弓》:"雨雪瀌瀌,见～曰消。"《晋书·武悼杨皇后传》:"曦～沾濡,柔润中畿。"❷明亮。欧阳詹《陶器铭序》:"不莹而冰清珠～,不锻而金固石坚。"杨基《春风行》诗:"今朝棠梨开一花,天气自佳日色～。"

线(綫) xiàn 用棉、麻、丝等制成的细缕。祖咏《七夕》诗:"向月穿针易,临风整～难。"

宪(憲) xiàn ❶法令。《战国策·魏策四》:"吾先君成侯,受诏襄王以守此地也,手受大府之～。"《后汉书·梁统传》:"臣下奉～,无所失坠。"㊁典范。《诗经·小雅·六月》:"文武吉甫,万邦为～。"❷效法。《后汉书·崔骃传》:"于时太上运天德以君世,～王僚而布官。"《三国志·蜀书·郤正传》:"俯～坤典,仰式乾文。"❸公布,表明。《周礼·秋官·布宪》:"掌～邦之刑禁。"《国语·楚语下》:"龟足以～臧否,则宝之。"❹属吏对上司之称。见"宪台"。❺见"宪宪"。

【宪臣】 xiànchén 指御史。《新唐书·元稹传》:"宰相以稹年少轻树威,失～～体,贬江陵士曹参军。"

【宪度】 xiàndù 法度。《后汉书·班固传》:"命有司,班～～。"《魏书·张赦提传》:"不遵～～,威虐任情。"

【宪纲】 xiàngāng 法纪。《北史·陆俟传》:"莅以威严,节之～～,欲渐加训导。"《宋书·孔琳之传》:"斯道或替,则～～其颓。"

【宪司】 xiànsī ❶魏晋以来御史的别称。《宋书·刘穆之传》:"明年,迁御史中丞。[孙]瑀使气尚人,为～～甚得志。"❷宋官名。宋置诸路提点刑狱公事,掌察疑难未决案件,劝课农桑,考核官吏等事,世称"宪司"。简称"宪"。刘斧《青琐高议·琼奴记》:"父为淮南～～,所至不避官势。"

【宪台】 xiàntái 汉御史府东汉改称"宪台"。后遂以宪台为御史官职的通称。潘尼《赠侍御史王元贶》诗:"王侯厌崇礼,回迹清～～。"

【宪网】 xiànwǎng 法网。喻严密的法律制度。《新唐书·姚崇传》:"比来壬佞冒触～～,皆得以宠自解。"

【宪宪】　xiànxiàn　❶欢乐的样子。《诗经·大雅·板》:"天之方难,无然～～。"❷(又读xiǎnxiǎn)光明的样子。《礼记·中庸》:"《诗》曰:'嘉乐君子,～～令德。'"

【宪则】　xiànzé　法则。《国语·晋语八》:"宣其德行,顺其～～,使越于诸侯。"

【宪章】　xiànzhāng　❶典章制度。《后汉书·赵熹传》:"皇太子与东海王等杂止同席,～～无序。"《晋书·张华传》:"晋史及礼仪～～,并属于华,多所损益。"❷效法。《汉书·艺文志》:"祖述尧舜,～～文武。"刘知幾《史通·言语》:"援引《诗》、《书》,～～《史》、《汉》。"

晛(晛)　xiàn　见"晛睆"。

【晛睆】　xiànhuǎn　❶美丽好看的样子。《诗经·邶风·凯风》:"～～黄鸟,载好其音。"❷清脆圆润的样子。韩愈《赠张籍》诗:"喜气排寒冬,逼耳鸣～～。"

【晛晛】　xiànxiàn　不敢正视的样子。韩愈《祭鳄鱼文》:"刺史虽驽弱,亦安肯为鳄鱼低首下心,伈伈～～,为民吏羞,以偷活于此耶。"

僩　xiàn　❶宽广,博大。《荀子·荣辱》:"夫塞者俄且通也,陋者俄且～也,愚者俄且知也。"❷狂妄,自大。张唐英《蜀梼杌》:"而乃～然自帝,不复顾忌。"孔平仲《续世说·奸佞》:"凡其党,～然自得,谓天下无人。"❸(xián)通"娴"。文静。贾谊《新书·傅职》:"明慈爱以道之仁,明～雅以道之文。"❹(jiàn)通"瞷"。窥伺。《论衡·薄葬》:"玙璠,宝物也,鲁人用敛,奸人～之,欲心生矣。"

撊　xiàn　❶凶猛,威武。《左传·昭公十八年》:"今执事～然授兵登陴,将以谁罪。"❷防止,禁止。《管子·五行》:"其气不足,则发～渎盗贼。"

陷　xiàn　❶陷阱,坑穴。《齐丘子·无为》:"鱼可使之吞钩,虎可使之入～。"《新唐书·百官志一》:"凡坑～井穴,皆有标。"❷坠入,埋入,下沉。《左传·成公十年》:"如厕,～而卒。"《礼记·檀弓下》:"于其封也,亦予之席,毋使其首～焉。"《宋史·王继昇传》:"尝涉河,冰～。"㊀堕落;陷溺。《国语·鲁语上》:"若以邪临民,～而不振。"《史记·吴太伯世家》:"吾悔不用子胥之言,自令～此。"❸嵌入。沈括《梦溪笔谈·辩证一》:"乃以生铁～其间。"❹陷害。《史记·酷吏列传》:"三长史皆害汤,欲～之。"(害:患,忌惮。)方苞《左忠毅公逸事》:"无俟奸人构～。"❺犯有过失。《国语·鲁语下》:"～而入于恭。"㊁欠缺,不足。《淮南子·缪称训》:"满如～,实如虚。"❻穿透。《韩非子·难一》:"吾楯之坚,物莫能～也。"❼攻破,攻克。吕温《凌烟阁勋臣颂·秦胡公叔宝》:"崩围～阵,火迸冰裂。"《旧唐书·黄巢传》:"逼潼关,～华州。"㊁失陷,沦陷。《后汉书·蔡邕传》:"旋被～破之祸。"杜甫《送樊二十三侍御赴汉中判官》诗:"二京～未收,四极我得制。"❽含。银雀山汉墓竹简《孙膑兵法·势备》:"夫～齿戴角,前蚤(爪)后锯(距),喜而合,怒而斗,天之道也。"

【陷溺】　xiànnì　❶淹没。《后汉书·明帝纪》:"宜任水势所之,使人随高而处,公家息壅塞之费,百姓无～～之患。"❷陷于困境。《荀子·大略》:"礼者,人之所履也,失所履,必颠蹷～～。"贾谊《新书·铸钱》:"民方～～,上弗具救乎。"㊁使陷于困境。《孟子·梁惠王上》:"彼～～其民,王往而征之,夫谁与王敌?"❸使沉迷堕落。《孟子·告子上》:"富岁子弟多赖,凶岁子弟多暴,非天之降才尔殊也,其所以～～其心者然也。"

【陷滞】　xiànzhì　陷没沉滞。《楚辞·九章·怀沙》:"任重载盛兮,～～而不济。"《晋书·石季龙载记上》:"会大雨霖,道路～～不通。"比喻陷入困境。柳宗元《吊乐毅文》:"胡去规而就矩兮,卒～～以流亡。"

馅(餡)　xiàn　包在面食、点心里的心子。董解元《西厢记诸宫调》卷二:"送斋时做一顿馒头～。"

羡(羨)　1. xiàn　❶贪慕,羡慕。《诗经·大雅·皇矣》:"无然畔援,无然歆～。"(无然:不要这样。畔援:盘桓。)孟浩然《望洞庭湖赠张丞相》诗:"坐观垂钓者,徒有～鱼情。"❷盈馀。《管子·国蓄》:"钧～不足。"(钧:通"均"。)曾巩《宜黄县县学记》:"故其材不赋而～,匠不发而多。"(发:征调。)㊁丰饶;多。《汉书·食货志下》:"浮食奇民欲擅斡山海之货,以致富～,役利细民。"《后汉书·蔡邕传》:"才～者荷荣禄而蒙赐。"❸超出。《论衡·超奇》:"采玉者心～于玉,钻龟者知神于龟。"❹滥,超过适当的限度。《慎子·德威》:"上无～赏。"《汉书·沟洫志》:"然河灾之～溢,害中国也尤甚。"❺长。《周礼·春官·典瑞》:"璧～以起度。"❻邪曲。扬雄《太玄经·羡》:"～于微,克复可以为仪。"

2. yán　❼通"埏"。墓道。《史记·秦始皇本纪》:"大事毕,已臧,闭中～。"(臧:通"葬"。)❽通"延"。延请。张衡《东京赋》:"乃～公侯卿士,登自东除。"

【羡漫】　xiànmàn　散漫的样子。扬雄《羽猎赋》:"～～半散,萧条数千里外。"

【羡溢】　xiànyì　❶丰饶富足。元稹《有唐赠太子少保崔公墓志铭》:"破坏豪黠,除去冗费,岁中廪藏皆～～。"❷溢出,漫溢。《汉书·沟洫志》:"来春桃华水盛,必～～。"《后汉书·班彪传》:"卓荦乎方州,～～乎要荒。"

线(線)　xiàn　❶同"线"。《周礼·天官·缝人》:"缝人掌王宫缝～之事。"比喻细长如线的东西。杜甫《龙门阁》诗:"危途中萦盘,仰望垂～缕。"比喻细微。元好问《自题写真》诗:"东涂西抹窃时名,一～微官误半生。"❷通"骟"。阉割。戴复古《常宁县访许介之途中即景》诗:"区别邻家鸭,群分各～鸡。"❸姓。

塩(壏)　1. xiàn　❶坚土。《管子·地员》:"五态之状,廪焉如～。"(态:密。)

2. làn　❷见"塩埮"。

【塩埮】　làntàn　地势宽广平坦。李实《蜀语》:"地平旷曰～～。"阎循观《游程符西山涧记》:"[程符山]其高五百仞,而～～衍逸。"

献(獻)　1. xiàn　❶献祭。《汉书·礼乐志》:"畏敬之意难见,则著之于享～辞受,登降跪拜。"㉠进献,奉献。《汉书·邹阳传》:"昔玉人～宝,楚王诛之。"杜甫《别蔡十四著作》诗:"～书谒皇帝,志已清风尘。"㉡特指主人向宾客敬酒。《诗经·大雅·行苇》:"或～或酢,洗爵奠斝。"❷显露,显现。《庄子·大宗师》:"造适不及笑,～笑不及排。"《后汉书·光武郭皇后纪论》:"虽惠心妍状,愈～丑焉。"❸庆贺。《礼记·檀弓下》:"晋～文子成室,晋大夫发焉。"(文子:晋卿赵武,谥号文子。)❹贤人。《尚书·益稷》:"万邦黎～,共惟帝臣。"(黎:众。)《论语·八佾》:"文～不足故也。"❺姓。战国时秦有大夫献则。

2. suō　❻通"牺"。见"献尊"。❼疏刻纹饰。见"献豆"。

【献臣】　xiànchén　贤臣。《尚书·酒诰》:"汝劼毖殷～～。"(劼:谨慎。)方干《途中寄刘沆》诗:"莫负鬓年志,清朝作～～。"

【献酬】　xiànchóu　饮酒时主宾互相劝酒。《诗经·小雅·楚茨》:"为宾为客,～～交错。"杜甫《晦日寻崔戢李封》诗:"引客看扫除,随时成～～。"

【献俘】　xiànfú　古时军礼之一。克敌凯旋,献俘于太庙以告成功。《隋书·高祖纪下》:"三军凯入,～～于太庙。"

【献捷】　xiànjié　战胜后进献俘虏和战利品。《左传·成公二年》:"蛮夷戎狄,不式王命,淫湎毁常,王命伐之,则有～～。"泛指打胜仗。任昉《奏弹曹景宗》:"王师薄伐,所向风靡,是以淮徐～～,河兖凯归。"

【献纳】　xiànnà　❶进言以供采纳。《三国志·蜀书·董允传》:"～～之任,允皆专之矣。"❷供奉,献祭。《汉书·夏侯胜传》:"有司遂请尊孝武帝庙为世宗庙,奏盛德、文始、五行之舞,天下世世～～,以明盛德。"❸馈赠。《宋史·富弼传》:"自古惟唐高祖借兵于突厥,当时赠遗或称～～。"

【献芹】　xiànqín　语出《列子·杨朱》:"昔人有美戎菽、甘枲茎芹萍子者,对乡豪称之。乡豪取而尝之,蜇于口,惨于腹。众哂而怨之,其人大惭。"后以"献芹"为自谦所献菲薄、不足当意之辞。丘濬《进〈大学〉衍义补表》:"惟知罄～～之诚,罔暇顾续貂之诮。"亦作"芹献"。唐玉《翰府紫泥全书·节序·送礼翰·岁节》:"春归侯第,正举椒觞;时有野人,不忘～～。"

【献岁】　xiànsuì　进入新的一年。指一年之始。《楚辞·招魂》:"～～发春兮,汨吾南征些。"

【献体】　xiàntǐ　解衣裸露身体。《左传·昭公二十七年》:"羞者～～改服于门外。"(羞:进食。)

【献替】　xiàntì　"献可替否"的略语,言劝善规过,诤言直谏。《后汉书·黄琼传》:"朱穆、刘陶～～匡时。"

【献遗】　xiànwèi　馈赠,奉赠。《史记·吴太伯世家》:"越王句践率其众以朝吴,厚～～之。"

【献飨】　xiànxiǎng　奉献酒食,犒劳。《史记·高祖本纪》:"秦人大喜,争持牛羊酒食～～军士。"

【献状】　xiànzhuàng　❶自呈功状。丘迟《为范云谢示毛龟启》:"藏采千载,～～一朝。"❷呈现形状。黄庭坚《胜业寺悦亭》诗:"苦雨已解严,诸峰来～～。"

【献豆】　suōdòu　礼器名。周代的豆疏刻纹饰称"献豆"。豆,盛食物的器皿。《礼记·明堂位》:"夏后氏以楬豆,殷玉豆,周～～。"

【献尊】　suōzūn　即"牺尊"。祭祀用的酒器。《周礼·春官·司尊彝》:"其朝践用两～～。"

【献可替否】　xiànkětìfǒu　典出《左传·昭公二十年》:"君所谓可,而有否焉,臣献其否,以成其可;君所谓否,而有可焉,臣献其可,以去其否。"言进献可行者,除去不可行者。后因以"献可替否"言劝善规过,诤言进谏。《三国志·蜀书·董和传》:"征和为掌军中郎将,与军师将军诸葛亮并署左将军大司马府事,～～～～,共为欢交。"

霰 xiàn 天空中降落的白色不透明的小冰粒。多在下雪前或下雪时出现。《吕氏春秋·仲夏》:"仲夏行冬令,则雹～伤谷。"杜甫《青阳峡》诗:"魑魅啸有风,霜～浩漠漠。"

xiang

乡(鄉) 1. xiāng ❶古代地方行政单位。所辖范围,历代不同。1)周制,一万二千五百家为乡。《周礼·地官·大司徒》:"五州为～,使之相宾。"2)春秋齐制,十连为乡。《国语·齐语》:"十连为～,～有良人焉。"㊀十率为乡。《管子·小匡》:"十率为～。"3)汉制,十亭为乡。《汉书·百官公卿表上》:"大率十里一亭,亭有长。十亭一～。"唐宋以后指县级以下基层行政单位。❷处所,地方。《吕氏春秋·仲秋》:"四方来杂,远～皆至。"《战国策·赵策二》:"是以圣人观其～而顺宜,因其事而制礼。"㊁境界,状态。聂夷中《饮酒乐》诗:"安得阮步兵,同入醉～游。"❸城市以外的地区、乡村。谢灵运《石室山》诗:"～村绝闻见,樵苏限风霄。"❹家乡,故乡。《后汉书·和熹邓皇后纪》:"太后愍阴氏之罪废,赦其徙者归～。"杜荀鹤《送人游吴》诗:"遥知未眠月,～思在渔歌。"❺古代乡大夫的略称。《仪礼·乡饮酒礼》:"记,～朝服而谋宾介。"❻乡饮酒礼的略称。《礼记·王制》:"元日,习射上功;习～上齿。"

2. xiàng ❼通"向(嚮)"。面向,朝着。《史记·孝文本纪》:"代王西～让者三,南～让者再。"《汉书·张良传》:"雒阳东有成皋,西有殽黾,背河～雒,其固亦足恃。"㊀方向;趋向。《韩非子·内储说上》:"夫矢来有～。"《史记·周本纪》:"明利害之～。"㊁朝着某个方向前进。《战国策·楚策一》:"当此之时也,天下莫敢以兵南～。"❽向往,景仰。也作"向(嚮)"。《孟子·告子下》:"君不～道,不志于仁,而求富之,是富桀也。"《史记·孔子世家》:"虽不能至,然心～往之。"㊂注重,着意。《荀子·王霸》:"～方略,审劳佚,谨畜积,修战备。"(佚:安逸,安闲。)《史记·孝武本纪》:"荐绅之属皆望天子封禅改正度也,而上～儒术,招贤良。"❾接近,靠近。《左传·隐公六年》:"恶之易也,如火之燎于原,不可～迩。"《荀子·非相》:"～则不若,偝则谩之,是人之二必穷也。"❿先前。《孟子·告子上》:"～为身死而不受,今为宫室之美为之。"《汉书·高帝纪上》:"～者夫人儿子皆似君,君相贵不可言。"⓫通"向"。窗户。《礼记·明堂位》:"复庙,重檐,刮楹,达～。"

3. xiǎng ⓬通"响(響)"。回声。《汉书·董仲舒传》:"夫善恶之相从,如景～之应形声也。"⓭通"享"。享受。《墨子·尚贤中》:"以上事天,则天～其德。"

【乡党】 xiāngdǎng 犹乡里。《孟子·万章上》:"自鬻以成其君,～～自好者不为,而谓贤者为之乎?"《后汉书·张湛传》:"及在～～,详言正色,三辅以为仪表。"

【乡关】 xiāngguān 故乡。岑参《暮春虢州东亭送李司马归扶风别庐》诗:"西望～～肠欲断,对君衫袖泪痕斑。"

【乡贯】 xiāngguàn 籍贯。《新唐书·选举志上》:"自今一委有司,以所试杂文、～～、三代名讳,送中书名下。"

【乡国】 xiāngguó ❶本国。《吴越春秋·勾践入臣外传》:"吾已绝望,永辞万民;岂料再还,重复～～。"❷家乡。《颜氏家训·勉学》:"父兄不可常依,～～不可常保。"

【乡里】 xiānglǐ ❶所居之乡。《后汉书·周燮传》:"积十许年,乃还～～。"❷同乡。《世说新语·贤媛》:"许允为吏部郎,多用其～～。"❸妻的代称。沈约《山阴柳家女》诗:"还家问～～,讵堪持作夫。"

【乡闾】 xiānglǘ 乡里。《后汉书·彭宠传》:"以宠、汉并～～故人,相见欢甚。"

【乡曲】 xiāngqū 偏僻的地方。后引申指乡里。《吕氏春秋·行论》:"故布衣行此指于国,不容～～。"《后汉书·和帝纪》:"选举贤良,为政之本,科别行能,必由～～。"

【乡试】 xiāngshì 科举时代,每三年,由朝廷选派考官,在各省省城举行一次选拔人才的考试。陈夔龙《梦蕉亭杂记》卷二:"余回省后,时值～～届期,入闱监临。"

【乡原】 xiāngyuàn 指貌似谨愿忠厚,实与恶俗同流合污的人。《论语·阳货》:"～～,德之贼也。"《论衡·累害》:"偶俗全身,则～～也。"也作"乡愿"。徐幹《中论·考伪》:"～～亦无杀人之罪也,而仲尼恶之,何也?以其乱德也。"

【乡方】 xiàngfāng 归向仁义之道。《荀子·王霸》:"若夫论一相以兼率之,使臣下百吏莫不宿道～～而务,是夫人主之职也。"(论:选择。)《礼记·乐记》:"乐行而民～～,可以观德矣。"

【乡风】 xiàngfēng 归于教化。《汉书·张汤传》:"圣王褒有德以怀万方,显有功以劝百寮,是以朝廷尊荣,天下～～。"

【乡使】 xiàngshǐ 同"向使"。假如。《史

记·范雎蔡泽列传》:"～～文王疏吕尚而不与深言,是周无天子之德,而文、武无与成其王业也。"

【乡先生】 xiāngxiānshēng 年老辞官居乡的人。《仪礼·士冠礼》:"奠挚见于君,遂以挚见于乡大夫、～～～。"

芗(薌) 1. xiāng ❶谷类的香气。《礼记·曲礼下》:"黍曰～合,粱曰～萁。"泛指香气。《史记·滑稽列传》:"罗襦襟解,微闻～泽。"❷用作调料的香草。《礼记·内则》:"雉,～无蓼。"

2. xiǎng ❸通"响"。声响。《汉书·扬雄传上》:"～呹肸以掍根兮,声骍隐而历钟。"

肜(膷) xiāng 牛肉羹。《仪礼·公食大夫礼》:"～以东,臐、膮、牛炙。"又《聘礼》:"～臐膮盖陪牛羊豕。"

相 1. xiāng ❶互相,交互。《孙子·势》:"奇正～生,如循环之无端,孰能穷之?"《老子·六十章》:"夫两不～伤,故德交归焉。"㊀表示动作偏指一方。《诗经·邶风·日月》:"乃如之人兮,逝不～好。"《后汉书·赵熹传》:"尔曹若健,远～避也。"❷质地,实质。《诗经·大雅·棫朴》:"追琢其章,金玉其～。"《文心雕龙·辨骚》:"所谓金～玉质,百世无匹者也。"❸(又读 xiàng)姓。《晋书》有嬖人相龙。《后秦录》有相云。

2. xiàng ❹省视,察看。《管子·立政》:"～高下,视肥硗。"《楚辞·离骚》:"悔～道之不察兮,延伫乎吾将反。"㊀占视,观察形貌而测断吉凶。《尚书·召诰》:"惟太保先周公～宅。"《史记·高祖本纪》:"吕公者,好～人,见高祖状貌,因重敬之。"❺形貌,状貌。《荀子·非相》:"长短、大小、美恶形～,岂论也哉?"李贺《马》诗之十九:"空知有善～,不解走章台。"❻选择。《周礼·考工记·矢人》:"凡～笴,欲生而抟。"(笴:箭杆。)《华阳国志·后贤志·李毅》:"濬笑曰:'如卿言,当～以为秀才。'"❼辅助,扶助。《孟子·万章上》:"舜～尧二十有八载。"《汉书·贾山传》:"是以元年膏雨降,五谷登,此天之所以～陛下也。"㊀特指扶助盲人。《论语·卫灵公》:"固～师之道也。"㊁扶助盲人的人。《荀子·成相》:"人主无贤,如瞽无～,何伥伥。"❽古官名。辅佐君主的大臣。后专指宰相。《战国策·东周策》:"周～吕仓见客于周君。"《史记·齐悼惠王世家》:"勃既将兵,使围～府。"㊀使为相,为相。《吕氏春秋·赞能》:"管子束缚在鲁,桓公欲～鲍叔。"《汉书·高帝纪上》:"沛公欲王关中,令子婴～。"❾赞礼。《周礼·秋官·司仪》:"司仪掌九仪之宾客摈～之礼。"《荀子·君子》:"足能行,待～者然后进。"㊀司仪赞礼的人。《左传·成公二年》:"使～告之曰:'非礼也,勿籍!'"❿治,掌管。《左传·襄公十九年》:"司徒孔实～子革、子良之室。"又《昭公九年》:"火,水妃也,而楚所～也。"(妃:通"配"。配合。)⓫古乐器名。《礼记·乐记》:"始奏以文,复乱以武,治乱以～。"⓬古代劳动时唱的号子。《史记·商君列传》:"五羖大夫死,秦国男女流涕,童子不歌谣,舂者不～杵。"⓭农历七月的别称。《尔雅·释天》:"正月为陬,……七月为～。"⓮星名。在北极斗南。《甘石星经》卷上:"～星在北极斗南,总领百司。"⓯古地名。故址在今河南安阳市西。《尚书·咸有一德》:"河亶甲居～。"

【相存】 xiāngcún 互相慰问。曹操《短歌行》:"越陌度阡,枉用～～。"

【相当】 xiāngdāng ❶相抵,相敌。《史记·平准书》:"而民之铸钱益少,计其费不能～～。"《后汉书·隗嚣传》:"愿因将军兵马,鼓旗～～。"❷相向,相对峙。《史记·苏秦列传》:"不待两军～～而胜败之机固已形于胸中矣。"❸相称。宋子侯《董娇娆》诗:"花花自相对,叶叶自～～。"

【相得】 xiāngdé ❶相配,相称。《礼记·王制》:"地、邑、民居,必参～～也。"❷相合,互相投合。《史记·魏其武安侯列传》:"其游如父子然,～～欢甚,无厌,恨相知晚也。"《论衡·偶会》:"君明臣贤,光曜相察,上修下治,度数～～。"

【相干】 xiānggān ❶互相干犯。《韩非子·用人》:"明君使事不～～,故莫讼。"❷相求。苏轼《与蒲传正书》:"退居之后,决不能食淡衣粗,杜门绝客,贫亲知～～,决不能不应副。"

【相将】 xiāngjiāng ❶相共,相随。孟浩然《春情》诗:"已厌交欢怜枕席,～～游戏绕池台。"❷行将,即将。苏轼《藤州江上夜起对月赠邵道士》诗:"～～乘一叶,夜下苍梧滩。"

【相率】 xiāngshuài 相从,相随。《孟子·滕文公上》:"从许子之道,～～而为伪者也,恶能治国家?"杨万里《怀种堂记》:"三乡之民,～～作堂,画公像于间,以致瞻伫之敬。"

【相万】 xiāngwàn 相差极远。《汉书·冯奉世传》:"故少发师而旷日,与一举而疾决,利害～～也。"

【相须】 xiāngxū 相依,相辅。《汉书·律历志上》:"规矩～～,阴阳位序,圜方乃成。"《论衡·无形》:"体气与形骸相抱,生死与期节～～。"

【相羊】 xiāngyáng 意同"徜徉"。徘徊，漫游。《楚辞·九章·悲回风》："眇远志之所及兮，怜浮云之～～。"张衡《西京赋》："～～乎五柞之馆，旋憩乎昆明之池。"亦作"相佯"。《后汉书·冯衍传下》："驷素虬而驰骋兮，乘翠云而～～。"

【相与】 xiāngyǔ ❶彼此交往。《吕氏春秋·慎行》："为义者则不然，始而～～，久而相信，卒而相亲。"❷交互。《汉书·五行志下之下》："六卿遂～～比周，专晋国，君还事之。"❸共同。《史记·高祖本纪》："正月，诸侯及将相～～共请尊汉王为皇帝。"

【相坐】 xiāngzuò ❶相关连。《庄子·天地》："合譬饰辞聚众也，是终始本末不～～。"❷一人犯法，株连他人一同治罪。《汉书·刑法志》："秦用商鞅，连～～之法，造参夷之诛。"（参夷：夷三族。）

【相步】 xiàngbù 古代扶引盲人乐师的人。《礼记·礼器》："故礼有摈诏，乐有～～，温之至也。"

【相工】 xiànggōng 以相面为职业的人。《史记·张丞相列传》："有男四人，使～～相之。"《论衡·命义》："犹高祖初起，～～入丰、沛之邦，多封侯之人矣。"

【相公】 xiànggōng ❶指丞相。汉魏以来，拜相者必封公，故称。王粲《从军》诗之一："～～征关右，赫怒震天威。"❷旧时对人的尊称，多指富贵人家子弟或年少士人。张际亮《金台残泪记·杂记》："北方市人通曰爷，讯其子弟或曰～～。南方市人通曰～～。"❸旧时妻子对丈夫的敬称。佚名《举案齐眉》四折："梁鸿云：'夫人请穿上者。'正旦云：'～～，我不敢穿。'"

【相国】 xiàngguó 古代官名。1）即宰相。《史记·赵世家》："大夫悉为臣，肥义为～～。"2）秦置。位尊于丞相。汉初亦袭秦制。《汉书·萧何传》："上已闻诛信，使使拜丞相为～～，益封千户。"后为宰相、丞相之通称。

【相君】 xiàngjūn 指宰相。《史记·范睢蔡泽列传》："秦相张君，公知之乎？吾闻幸于王，天下之事皆决于～～。"苏舜钦《寄富彦国》诗："天子仄席旰未尝，～～日暮犹庙堂。"

【相礼】 xiànglǐ 赞礼，主持仪式。《国语·周语中》："晋侯使随会聘于周，定王享之餚烝，原公～～。"

【相人】 xiàngrén 观察人的骨相以占测其命运。《荀子·非相》："～～，古之人无有也，学者不道也。"《汉书·高帝纪上》："吕公曰：'臣少好～～，～～多矣，无如季相，愿季自爱。'"（季：人名。）

【相室】 xiàngshì ❶犹"相国"，指宰相。《汉书·五行志中之下》："不当华而华，易大夫；不当实而实，易～～。"❷随嫁的妇女。《战国策·秦策三》："梁人有东门吴者，其子死而不忧。其～～曰：'公之爱子也，天下无有，今子死不忧，何也？'"

【相术】 xiàngshù 观察人的形貌以占测吉凶的一种方术。《三国志·魏书·朱建平传》："善～～，于闾巷之间，效验非一。"

【相攸】 xiàngyōu ❶选择宜嫁之所。《诗经·大雅·韩奕》："为韩姞～～，莫如韩乐。"后因称择婿为"相攸"。❷察看、选择佳地。苏轼《再和闻正辅表兄将至以诗迎之》诗："馀龄会有适，独往岂～～？"

香 xiāng ❶谷物熟后的气味。《诗经·大雅·生民》："其～始升，上帝居歆。"（居：安。歆：享受。）泛指芳香。杜甫《入衡州》诗："华表云鸟埤，名园花草～。"㉑香料或香料的制成品。《后汉书·西域传》："合会诸～，煎其汁以为苏合。"杜甫《冬到金华山观因得故拾遗陈公学堂遗迹》诗："焚～玉女跪，雾里仙人来。"❷甘美。《吕氏春秋·仲冬》："湛饎必洁，水泉必～。"杜甫《留花门》诗："沙苑临清渭，泉～草丰洁。"比喻美好。《尚书·君陈》："至治馨～，感于神明。"温庭筠《咏春幡》："玉钗风不定，～步独徘徊。"❸姓。

【香案】 xiāng'àn 放置香炉的几案。《旧唐书·武宗纪》："御殿日昧爽，宰相、两省官斗班于～～前。"

【香刹】 xiāngchà 佛寺。白居易《题东武丘寺》诗："～～看非远，祇园入始深。"

【香灯】 xiāngdēng ❶古人祭祀用的灯火。《南史·顾宪之传》："不须常施灵筵，可止设～～，使致哀者有凭耳。"❷闺房中的灯。韦庄《菩萨蛮》词："红楼别夜堪惆怅，～～半卷流苏帐。"

【香篝】 xiānggōu 熏笼。陆游《五月十一日睡起》诗："茶椀嫩汤初得乳，～～微火未成灰。"

【香火】 xiānghuǒ ❶供奉神佛时燃点的香和灯火。《南齐书·豫章文献王传》："三日施灵，唯～～、槃水、干饭、酒脯、槟榔而已。"代指供奉神佛。元稹《许刘总出家制》："长存鱼水之欢，勿忘～～之愿。"❷神前盟誓用香火，故以香火指结盟。《旧唐书·突厥传上》："尔往与我盟，急难相救，尔今将兵来，何无～～之情也。"

【香界】 xiāngjiè 佛家称佛地有众香国，其香气周流十方无量世界，故称香界。后来泛称寺院。孟浩然《题云门山》诗："舍舟入～～，登阁憩旃檀。"

【香雪】 xiāngxuě ❶指白花。李商隐《小桃园》诗："啼久艳粉薄，舞多～～翻。"❷指脂粉。韦庄《闺怨》诗："啼妆晓不干，素面凝～～。"

【香泽】 xiāngzé ❶润发的香油。《盐铁论·殊路》："良师不能饰戚施，～～不能化嫫母也。"❷香气。王丘《咏史》："兰露滋～～，松风鸣佩环。"

【香篆】 xiāngzhuàn 香烟，点燃时烟缕曲折如篆文，故称。苏轼《上元夜赴儋守召独坐有感》诗："灯花结尽吾犹梦，～～消时汝欲归。"

【香火社】 xiānghuǒshè 佛教徒的结社。因以香火供佛，故名。白居易《与果上人殁时题此诀别兼简二林僧社》诗："本结菩提～～～，为嫌烦恼电泡身。"后也泛指志同道合者的结盟。林光朝《次韵和邱国镇致仕》："解后却成～～～，好将诗句细商量。"

【香积厨】 xiāngjīchú 指寺院的食厨。王实甫《西厢记》一本一折："小僧取钥匙，开了佛殿、钟楼、塔院、罗汉堂、～～～。"省作"香厨"。顾梦游《社集天界循公房》诗："杖钱曾不系，随意乞～～。"

舡 xiāng 船。《商君书·弱民》："背法而治，此任重道远而无马牛，济大川而无～楫也。"

厢(廂) xiāng ❶正房两边的房屋，厢房。张衡《东京赋》："下雕辇于东～。"❷边，方面。贾思勰《齐民要术·养猪》："[母猪]喙长则牙多，一～三牙以上，则不烦畜。"郑光祖《倩女离魂》三折："爷唤张千那～使用。"❸靠近城市的地区。法式善《陶庐杂录》卷五："明洪武十四年，令天下编黄册，在城曰坊，近城曰～，乡都曰里。"❹通"镶"。镶嵌。无名氏《氙江亭》一折："我半年前倒下金子，雇人匠累丝～嵌。"

【厢兵】 xiāngbīng 宋诸州的镇兵。又称"厢军"。宋初诏选州兵壮勇者，送京师充禁军。其馀留驻本州，不加训练，只充劳役，称为厢兵。宋仁宗时始训练部分厢兵以备战守。叶适《实谋》："诸州之～～、禁兵、士兵，……并兵之数亦且百万，亦古无有也。"

湘 xiāng ❶水名。今名湘江。湖南省最大的河流。杜甫《秋日寄题郑监湖上亭》诗之一："碧草违春意，沅、～万里秋。"❷通"鬺"。烹煮。《诗经·召南·采蘋》："于以～之，维锜及釜。"苏轼《元脩菜》诗："烝之复～之，香色蔚其饛。"

【湘妃】 xiāngfēi 指舜妃娥皇、女英。传说舜死于苍梧，二妃投湘水而死，成为湘水之神。杜甫《奉先刘少府新画山水障歌》："不见～～鼓瑟时，至今斑竹临江活。"

【湘君】 xiāngjūn 湘水之神。李白《陪族叔刑部侍郎晔及中书贾舍人至游洞庭》诗之一："日落长沙秋色远，不知何处吊～～。"

【湘累】 xiānglěi 指屈原。《汉书·扬雄传上》："因江潭而往记兮，钦吊楚之～～。"(颜师古注引李奇曰："诸不以罪死曰累……屈原赴湘死，故曰湘累也。")后借指因罪被废黜的人。苏轼《次韵张舜民自御史出倅虢州留别》："玉堂给札气如云，初起～～复佩银。"

【湘灵】 xiānglíng 湘水之神。《后汉书·马融传》："～～下，汉女游。"李益《古瑟怨》诗："破瑟悲秋已减弦，～～沉怨不知年。"

葙 xiāng ❶青葙。一名"野鸡冠"。一年生草本植物，种子为清肝明目药。《玉篇·艸部》："～，青葙子。"❷蘘荷。多年生草本植物，根状茎可入药。贾思勰《齐民要术·莱茹》："～，《广志》曰：'～，根以为菹，香辛。'"

缃(緗) xiāng 浅黄色的帛。《说文新附·系部》："～，帛浅黄色也。"⑪浅黄色。《乐府诗集·相和歌辞·陌上桑》："～绮为下裙，紫绮为上襦。"江淹《木莲颂》："～丽碧巘，红艳黄州。"

【缃缥】 xiāngpiǎo ❶浅黄色和淡青色两种帛。《后汉书·舆服志下》："贾人[嫁娶]，～～而已。"❷古人常以缃缥作书衣，因以代称书卷。范成大《寄题王仲显读书楼》诗："滴露细朱黄，拂尘静～～。"

【缃素】 xiāngsù 古人写本多用缣素(白色的细绢)，染成浅黄色的称缃素。代指书卷。《北史·高道穆传》："秘书图籍及典书～～，多致零落。"

【缃帙】 xiāngzhì 包在书卷外的浅黄色封套。代指书卷。欧阳修《进唐书表》："久披～～，粗定铅黄。"

箱 xiāng ❶车箱。《诗经·小雅·甫田》："乃求千斯仓，乃求万斯～。"⑫代指车。《后汉书·张衡传》："斥西施而弗御兮，羁要袅以服～。"(要袅：骏马名。服：驾。)❷箱子。杜甫《村雨》诗："挈带看朱绂，开～睹黑裘。"❸正房两边的侧室。后作"厢"。《汉书·晁错传》："错趋避东～，甚恨。"《后汉书·班彪传》："因坐东～，省视膳食。"❹靠近城区的地方。后作"厢"。《北史·北凉传》："吕光自王于凉土，使蒙逊自领营人，配～直。"❺旁。后作"厢"。郦道元《水经注·河水》："两～悬崖数万仞，窥不见底。"❻量词。用于城池，相当于"座"。郦道元《水经注·河水》。"又于河西造大城一～，崩，不就。"

襄 xiāng ❶除去，扫除。《诗经·鄘风·墙有茨》："墙有茨，不可～也。"又《小雅·出车》："赫赫南仲，玁狁于～。"❷冲上。《尚书·皋陶谟》："洪水滔天，浩浩怀山～陵。"（怀：包围。）郦道元《水经注·河水》："河流激荡，涛涌波～。"❸举，昂。《汉书·邹阳传》："臣闻交龙～首奋翼，则泛云出流，雾雨咸集。"《汉书·叙传下》："云起龙～，化为侯王。"❹高。郦道元《水经注·河水》："河中竦石杰出，势连～陆。"❺成就。《左传·定公十五年》："葬定公，雨，不克～事。"❻移动位置。《诗经·小雅·大东》："跂彼织女，终日七～。"❼通"骧"。驾车的马。《诗经·郑风·大叔于田》："两服上～，两骖雁行。"❽姓。后汉有襄楷。

【襄羊】 xiāngyáng 徘徊，游荡不定的样子。《史记·司马相如列传》："招摇乎～～，降集乎北纮。"

勷 xiāng 见 ráng。

儴 xiāng 见 ráng。

纕 xiāng 见"纕徉"。

【纕徉】 xiāngyáng 徘徊，游荡不定的样子。《玉篇·彳部》："纕，纕徉也。楚辞曰：'聊逍遥以～～。'"（按：今本《楚辞·离骚》作"相羊"。）

骧（驤） xiāng ❶后右足为白色的马。《尔雅·释畜》："后右足白，～。"❷疾奔时马首昂举。曹植《五游篇》："华盖芬晻蔼，六龙仰天～。"⑵奔跑，腾跃。曹植《七启》："骏騄齐～，扬銮飞沫。"杜甫《瘦马行》："绊之欲动转欹侧，此岂有意仍腾～。"❸举，上举。班固《西都赋》："列棼橑以布翼，荷栋浮而高～。"嵇康《琴赋》："参辰极而高～。"

瓖 xiāng ❶马带上的饰玉。《后汉书·马融传》："羽毛纷其影鼬，扬金爰而抛玉～。"❷镶嵌。《正字通·玉部》："～，妇女钗钏加饰，俗谓之～嵌，或金、或玉不同，其为～一也。"

欀 xiāng ❶木名。皮中含有淀粉，可供食用。左思《吴都赋》："木则……文～桢橿。"❷木器里衬。杨衒之《洛阳伽蓝记·菩提寺》："作柏木棺，勿以桑木为～。"❸支撑屋架的部件。张说《唐玉泉寺大通禅师碑》："～崩梁坏，雷动雨泣。"

镶（鑲） 1. xiāng ❶古兵器名。张华《博陵王宫侠曲》之二："腰间叉素戟，手持白头～。"❷镶嵌，镶配。《儒林外史》四回："一双红～边的眼睛。"

2. ráng ❸铸器模型的瓤子。《说文·金部》："～，作型中肠也。"

详（詳） 1. xiáng ❶详细述说。《诗经·鄘风·墙有茨》："中冓之言，不可～也。"《隋书·律历志下》："古史所～，事有纷互。"⑵详细知道。陶渊明《五柳先生传》："先生不知何许人也，亦不～其姓字。"⑶详细，周遍。《孟子·离娄下》："博学而～说之。"《后汉书·杜林传》："大汉初兴，～览失得。"⑶广泛。《汉书·董仲舒传》："故～延特起之士，庶几乎。"❷审慎。《史记·田敬仲完世家》："故齐人……疾建用客之不～也。"《后汉书·张步传》："且齐人多诈，宜且～之。"❸公平。《汉书·食货志下》："刑戮将甚不～，奈何而忽！"❹安详，庄重。宋玉《神女赋》："性沉～而不烦。"《后汉书·张湛传》："～言正色，三辅以为仪表。"❺公文的一种。下级对上级的汇报请示称"详"。戚继光《练兵实纪·杂集三·将官到任宅鉴》："应该自行者，不敢迟息。应该请～者，请～遵奉。"❻通"祥"。吉，善。《公羊传·宣公十二年》："告从，不赦不～。"曹操《内诫》："百炼利器，以辟不～。"❼通"翔"。《管子·宙合》："道也者，通乎无上，～乎无穷，运乎诸生。"

2. yáng ❽通"佯"。假装。《楚辞·天问》："梅伯受醢，箕子～狂。"《史记·齐太公世家》："桓公之中钩，～死以误管仲。"

【详练】 xiángliàn 详审，熟习。《宋书·蔡兴宗传》："卿～～清浊，今以选事相付，便可开门当之，无相让也。"《旧唐书·李尚隐传》："其御下豁如也，又～～故事。"

【详平】 xiángpíng 详审公平。《汉书·丙吉传》："廷尉于定国执宪～～，天下自以不冤。"又《孔光传》："光久典尚书，练法令，号称～～。"

【详审】 xiángshěn 周密审慎。《汉书·霍光传》："光为人沉静～～，长财七尺三寸。"（财：通"才"。）《论衡·问孔》："夫贤圣下笔造文，用意～～，尚未可谓尽得实。"

【详刑】 xiángxíng 断狱、用刑审慎。王粲《从军》诗之二："凉风厉秋节，司典告～～。"《后汉书·刘恺传》："如今使臧吏禁锢子孙，以轻从重，惧及善人，非先王～～之意也。"

【详雅】 xiángyǎ 安详文雅。《晋书·王衍传》："衍字夷甫，神情明秀，风姿～～。"《宋书·张邵传》："音韵～～，魏人美之。"

庠 xiáng 古代的学校。特指乡学。《礼记·王制》："有虞氏养国老于上～，养庶老于下～。"《史记·儒林列传》："闻三代教，乡里有教，夏曰校，殷曰序，周曰～。"㊀教养，教导。《孟子·滕文公上》："～者，养也；校者，教也；序者，射也。"

【庠序】 xiángxù ❶古代的乡学，与帝王的辟雍、诸侯的泮宫等大学相对。后泛指学校。《汉书·董仲舒传》："立大学以教于国，设～～以化于邑。"《论衡·非韩》："～～之设，自古有之。"❷安详肃穆。《后汉书·左雄传》："行有佩玉之节，动有～～之仪。"玄奘《大唐西域记·战主国》："僧徒肃穆，众仪～～。"

降 xiáng 见 jiàng。

祥 xiáng ❶吉凶的征兆。《管子·枢言》："天以时使，地以材使，人以德使，鬼神以～使，禽兽以力使。"《后汉书·灵帝宋皇后纪》："此何～？其可攘乎？"㊀特指吉兆。《诗经·小雅·斯干》："维熊维罴，男子之～。"㊀特指凶兆。《尚书·咸有一德》："亳有～，桑穀共生于朝。"㊀吉凶迷信。《孙子·九地》："禁～去疑，至死无所之。"❷福，吉利。《尚书·伊训》："作善，降之百～；作不善，降之百殃。"《后汉书·和熹邓皇后纪》："太后闻之，即谴怒，切敕掖庭令以下，但使谢过祈福，不得妄生不～之言。"㊀善。《吕氏春秋·谨听》："不深知贤者之所言，不～莫大焉。"❸丧祭名。父母死后十三个月而祭称小祥；二十五个月而祭称大祥。《后汉书·桓荣传》："会母终，麟不胜丧，未～而卒。"❹通"详"。详细。《史记·太史公自序》："尝窃观阴阳之术，大～而众忌讳，使人拘而多所畏。"㊀审慎。《尚书·吕刑》："有邦有土，告尔～刑。"

【祥车】 xiángchē 举行葬礼时的魂车。古人以死者生前所乘之车作为魂车，因鬼神尚吉，故称"祥车"。《礼记·曲礼上》："～～旷左。"

【祥风】 xiángfēng 和风。《后汉书·鲁恭传》："～～时雨，覆被远方。"亦作"翔风"。《论衡·是应》："～～起，甘露降。"

【祥符】 xiángfú 吉祥的符瑞。《后汉书·光武帝纪下》："今天下清宁，灵物仍降……岂可使～～显庆，没而无闻？"又《孝和孝殇帝纪赞》："抑没～～，登显时德。"

【祥光】 xiángguāng 祥瑞之光。任昉《宣德皇后令》："是以～～总至，休气四塞。"徐彦伯《南郊赋》："瑞气蜿蜒于薮甸，～～熠爚于旄罕。"

【祥琴】 xiángqín 古代于大祥之日所弹奏的素琴。苏轼《次韵赵景贶督两欧阳诗破陈酒戒》："～～虽未调，馀悲不敢留。"

【祥瑞】 xiángruì 吉祥的征兆。《汉书·郊祀志下》："～～未著，咎征乃臻。"《后汉书·明帝纪》："～～之降，以应有德。"

【祥应】 xiángyìng 犹"祥瑞"。吉祥的征兆。《汉书·刘向传》："考～～之福，省灾异之祸。"《旧唐书·权德舆传》："感人心者，流惠泽，和气洽，则～～至矣。"

翔 xiáng ❶回旋而飞，高飞。《诗经·郑风·女曰鸡鸣》："将翱将～，弋凫与雁。"杜甫《新婚别》诗："仰视百鸟飞，大小必双～。"❷悠闲自在地行走。《穆天子传》卷三："六师之人～畋于旷原。"曹植《梁甫行》："柴门何萧条，狐兔～我宇。"❸行走时两臂张开。《礼记·曲礼上》："室中不～，并坐不横肱。"❹通"详"。详尽。见"翔实"。❺通"祥"。祥和。《论衡·是应》："～风起，甘露降。"

【翔步】 xiángbù 礼容之一。言行步两臂张开，舒缓而有节奏。比喻温文尔雅之事。《三国志·蜀书·秦宓传》："此乃承平之～～，非乱世之急务也。"

【翔贵】 xiángguì 腾贵。指物价飞涨。《汉书·食货志上》："民俞贫困，常苦枯旱，亡有平岁，谷贾～～。"

【翔回】 xiánghuí 回旋而飞。《礼记·三年问》："今是大鸟兽则失丧其群匹，……～～焉，鸣号焉，蹢躅焉，踟蹰焉。"

【翔集】 xiángjí ❶群鸟飞翔后栖止一处。范仲淹《岳阳楼记》："沙鸥～～，锦鳞游泳。"❷详察而采辑。《文心雕龙·风骨》："若夫镕铸经典之范，～～子史之术，……然后能孚甲新意，雕画奇辞。"

【翔实】 xiángshí 详尽而确实。翔，通"详"。《汉书·西域传上》："自宣元后，单于称藩臣，西域服从，其土地山川、王侯户数、道里远近～～矣。"

【翔翔】 xiángxiáng ❶高飞远引的样子。《楚辞·七谏·谬谏》："众鸟皆有行列兮，凤独～～而无所薄。"（薄：依傍。）❷回旋飘逸的样子。《汉书·礼乐志》："钟鼓竽笙，云舞～～。"❸安舒的样子。《汉书·韦贤传》："朝宗商邑，四牡～～。"❹恭肃的样子。《礼记·玉藻》："凡行容惕惕，庙中齐齐，朝廷济济～～。"

【翔佯】 xiángyáng 徘徊，彷徨。《庄子·山木》："徐行～～而归，绝学捐书。"亦作"翔羊"。《资治通鉴·唐文宗太和七年》："三军万夫，环旋～～恍骇之间，虏骑乘之，遂取吾之鼓旗。”

【翔泳】 xiángyǒng 指飞鸟和游鱼。苏颋《奉和晦日幸昆明池应制》：“微臣比～～，恩广自无涯。”比喻升沉。刘禹锡《酬令狐相公首夏闲居书怀见寄》诗：“～～各异势，篇章空寄情。”

【翔踊】 xiángyǒng 指物价飞涨。《新唐书·马燧传》：“于时天下蝗，兵艰食，物货～～。”

亨 xiǎng 见 hēng。

享 xiǎng ❶奉献祭品，祭祀。《诗经·小雅·楚茨》：“以为酒食，以～以祀。”《汉书·艺文志》：“先王作乐崇德，殷荐之上帝，以～祖考。”[引]进献贡品。《国语·周语上》：“宾服者～，要服者贡。”（要服：六年一见。）《汉书·司马相如传下》：“康居西域，重译纳贡，稽首来～。”❷鬼神享用祭品。《吕氏春秋·仲秋》：“五者备当，上帝其～。”《汉书·文帝纪》：“乃天道有不顺，地利或不得，人事多失和，鬼神废不～与。”[引]享受，享有。《战国策·赵策二》：“敌弱者，用力少而功多，可以无尽百姓之劳，而～往古之勋。”李清照《金石录后序》：“或者天意以余菲薄，不足以～此尤物耶。”❸宴飨，用酒食款待人。《左传·成公十二年》：“于是乎有～宴之礼，～以训共俭，宴以示慈惠。”又《襄公二十七年》：“郑伯～赵孟于垂陇。”❹(pēng)通“烹”。睡虎地秦墓竹简《为吏之道》：“～牛食士。”

【享国】 xiǎngguó 帝王在位年数。贾谊《过秦论》：“施及孝文王、庄襄王，～～之日浅，国家无事。”（施：延续。）《论衡·气寿》：“周穆王～～百年。”也指王朝统治的年代。苏轼《崇教化策》：“此三代之所以～～长久而不拔也。”

【享年】 xiǎngnián ❶敬词。称死者活的岁数。蔡邕《郭林宗碑文》：“禀命不融，～～四十有三。”❷王朝统治的年数。《隋书·庾季才传》：“昔周武王以二月甲子定天下，～～八百。”

【享御】 xiǎngyù 享有天子之位。《后汉书·安帝纪》：“孝安虽称尊～～，而权归邓氏。”

响（響） xiǎng ❶回声。《庄子·在宥》：“大人之教，若形之于影，声之于～。”《吕氏春秋·功名》：“由其道，功名之不可得逃，犹表之与影，若呼之与～。”❷声音。杜甫《重简王明府》诗：“君听鸿雁～，恐致稻粱难。”[又]发出声音。吴均《与顾章书》：“蝉吟鹤唳，水～猿啼。”[引]音讯。《三国志·蜀书·后主传》注引王隐《蜀记》：“衔命来征，思闻嘉～，果烦来使，告以德音。”❸形容声音洪亮。《南史·齐高帝纪》：“上后于所树华表柱忽龙鸣，震～山谷。”

饷（餉、饟） 1. xiǎng ❶给在田间耕作的人送饭。《孟子·滕文公下》：“有童子以黍肉～，杀而夺之。”[又]指所送的饭食。《诗经·周颂·良耜》：“其～伊黍，其笠伊纠。”[又]指送饭之人。《孟子·滕文公下》：“《书》曰：‘葛伯仇～。’此之谓也。”[引]供给食物。《后汉书·蔡茂传》：“每所～给，计口取足而已。”❷馈赠，赠送。《三国志·魏书·文帝纪》注引胡冲《吴历》：“帝以素书所著《典论》及诗赋～孙权。”❸军粮。《汉书·严助传》：“丁壮从军，老弱转～。”[引]军队的俸给，粮饷。《聊斋志异·王者》：“湖南巡抚某公，遣州佐押解～六十万赴京。”❹吃饭。《韩非子·外储说左上》：“夫婴儿相与戏也，以尘为饭，以涂为羹，以木为胾，然至日晚必归～者，尘饭涂羹可以戏而不可食也。”（涂：泥。）

2. shǎng ❺通“晌”。一会儿，片刻。范成大《四时田园杂兴》之二：“土膏欲动雨频催，万草千花一～开。”

【饷馈】 xiǎngkuì 军粮。《汉书·高帝纪下》：“填国家，抚百姓，给～～，不绝粮道，吾不如萧何。”（填：当作“镇”。）

【饷遗】 xiǎngwèi 馈赠。《三国志·吴书·太史慈传》：“孔融闻而奇之，数遣人讯问其母，并致～～。”

【饷亿】 xiǎngyì 供给。《新唐书·和政公主传》：“代宗以主贫，诏诸节度～～，主一不取。”

鲞（鯗） xiǎng 虫名。即知声虫，也叫土蛹。孙觌《次韵王子钦》：“～穿万孔萃，蛛挂千丝扰。”

飨（饗） xiǎng ❶乡人在一起饮酒。《诗经·豳风·七月》：“朋酒斯～，曰杀羔羊。”[引]用酒食款待，宴享。《孟子·万章下》：“舜尚见帝，帝馆甥于贰室，亦～舜。”《吕氏春秋·长攻》：“吾请为～息侯与其妻者，而与王俱，因而袭之。”❷奉献祭品，祭祀。《管子·形势》：“牺牲圭璧，不足以～鬼神。”《吕氏春秋·季秋》：“是月也，大～帝，尝牺牲，告备于天子。”（帝：上帝。）❸鬼神享用祭品。《诗经·小雅·楚茨》：“先祖是皇，神保是～。”《汉书·礼乐志》：“嘉荐芳矣，告灵～矣。”[引]享受，享有。《荀子·臣道》：“明主尚贤使能而～其盛。”《史记·封禅书》：“朕之不德，何以～此？”

【飨禘】 xiǎngdì 祭礼名。即禘祭。祭天，祭祀祖先。《礼记·郊特牲》：“～～有乐而食尝无乐,阴阳之义也。"也作"𦈢飨"。《晋书·礼志上》:"谓可迁藏西储以为远祧,而～～永绝也。"

【飨射】 xiǎngshè 古礼仪名。宴享宾客后,举行射礼。《后汉书·秦彭传》:"每春秋～～,辄修升降揖让之仪。"

想 xiǎng ❶思索,思考。《楚辞·九章·悲回风》:"入景响之无应兮,闻省～而不可得。"《晋书·成公绥传》:"希高慕古,长～远思。"㊀意念,想法。孔稚珪《北山移文》:"潇洒出尘之～。"李白《春日独酌》诗之二:"我有紫霞～,缅怀沧洲间。"❷怀念,思慕。刘铄《拟明月何皎皎》诗:"结思～伊人,沉忧怀明发。"杜甫《秦州见敕目……除监察与二子有故远喜迁官兼述索居凡三十韵》:"秋风动关塞,高卧～仪形。"㊀希望,向往。刘琨《劝进表》:"四海～中兴之美,群生怀来苏之望。"❸料想,估计。《后汉书·孔融传》:"以今度之,～当然耳。"杜甫《铜瓶》诗:"侧～美人意,应非寒甃沉。"❹设想,想像。杜甫《至日遣兴奉寄两院故人》之一:"欲知趋走伤心地,正～氤氲满眼香。"柳永《八声甘州》词:"～佳人妆楼凝望,误几回、天际识归舟。"❺像,如。李绅《题法华寺》诗:"龙喷疑通海,鲸吞～漏川。"欧阳修《秋怀二首寄圣俞》诗之二:"巉岩～诗老,瘦骨寒愈耸。"

【想望】 xiǎngwàng 怀念,思慕。《后汉书·和帝纪》:"寤寐叹息,～～旧京。"又《隗嚣传》:"以望异域之人,疵瑕未露,欲先崇郭隗,～～乐毅。"

鲞(鯗) xiǎng 干腊鱼。王应麟《困学纪闻》卷四:"陆广微《吴地记》云:'阖闾思海鱼而难于生致,治生鱼盐渍而日干之,故名为～。'"

橡 xiàng 盛饰。《新唐书·曹确传》:"教舞者数百,皆珠翠～饰,刻画鱼龙地衣。"岳珂《桯史》卷一:"[王]方能言,珠帽～服,冯肩以从。"

向[1] xiàng ❶朝北的窗户。《诗经·豳风·七月》:"穹窒熏鼠,塞～墐户。"泛指窗户。贾思勰《齐民要术·种紫草》:"入五月,内著屋中,闭户塞～,密泥勿使风入漏气。"❷朝着,面对。《庄子·秋水》:"河伯始旋其面目,望洋～若而叹。"杜甫《三川观水涨二十韵》:"举头～苍天,安得骑鸿鹄?"㊁对待,看待。高適《别韦参军》诗:"世人～我同众人,惟君于我最相亲。"❸方向,趋向。钟会《檄蜀文》:"蓄力待时,并兵一～。"《南史·庾杲之传》:"要是意～如此。"㊀朝着某一方向行进,前往。《汉书·高帝纪上》:"不如决策东～。"《三国志·吴书·吴主传》:"是岁,权～合肥新城。"❹归向,仰慕。《新唐书·贾敦颐传》:"咸亨初,敦实为洛州长史,亦宽惠,人心怀～。"㊀迎合。《新唐书·北狄传》:"禄山方幸,表讨契丹以～帝意。"❺爱,偏爱。刘禹锡《秋中暑退赠乐天》诗:"人情皆～菊,风意欲摧兰。"㊁偏袒。武汉臣《老生儿》楔子:"见了我不是打便是骂,则～他女婿张郎。"❻临近,将近。《后汉书·段颎传》:"馀寇残烬,将～殄灭。"《旧唐书·颜真卿传》:"吾今年～八十,官至太师。"㊀大约。杜甫《蚕谷行》:"天下郡国～万城,无有一城无甲兵。"❼介词。1)表动作的地点、方向。相当于"在"、"从"。《水浒传》一回:"风过处,～那松树背后,奔雷也似吼一声,扑地跳出一个吊睛白额锦毛大虫来。"2)表动作的对象。相当于"对"。《世说新语·雅量》:"后有人～庾道此。"3)表动作的时间。相当于"至"。陈玄佑《离魂记》:"～今五年,恩慈间阻,覆载之下,胡颜独存也?"❽往昔,从前。《战国策·韩策一》:"～也子曰'天下无道',今也子曰'乃且攻燕'者,何也。"㊀刚才。《三国志·吴书·鲁肃传》:"～察众人之议,专欲误将军。"❾春秋时国名。在今山东莒县南。《春秋·隐公二年》:"莒人入～。"❿古地名。1)周邑。在今河南济源市南。《诗经·小雅·十月之交》:"皇父孔圣,作都于～。"2)春秋郑地。在今河南尉氏县西南。《左传·襄公十一年》:"诸侯会于北林,师于～。"

【向背】 xiàngbèi ❶正面和背面。梅尧臣《和杨直讲夹竹花图》:"萼繁叶密有～～,枝瘦节疏有直曲。"❷趋向和背弃,拥护和反对。《新五代史·王珂传》:"不然,且为款状以缓梁兵,徐图～～。"《宋史·魏了翁传》:"入奏,极言事变倚伏,人心～～。"❸反复不定,怀有二心。沈约《大赦诏》:"门下王室多难,祲沴相仍……故今迷疑互起,～～者多。"《旧五代史·朱友谦传赞》:"友谦～～为谋,二三其德,考其行事,亦非纯臣。"

【向风】 xiàngfēng ❶临风,迎风。《楚辞·远遊》:"谁可与玩斯遗芳兮,晨～～而舒情。"曹丕《杂诗》之一:"～～长叹息,断绝我中肠。"❷仰慕风范,归依。也作"向[2]风"。《史记·司马相如列传》:"于斯之时,天下大说,～～而听,随流而化。"苏轼《御试制科策》:"今陛下处积安之时,乘不拔之势,拱手垂裳而天下～～。"

【向服】 xiàngfú 归依顺服。也作"向[2]服"。袁康《越绝书·吴内传》:"管仲张弓射桓公,中其带钩,桓公受之,赦其大罪,立为齐相,天下莫不～～慕义。"

【向令】 xiànglìng 假使。《晋书·张华传》:"～～太祖录其小能,节以大礼,抑之以权势,纳之以轨则,则乱心无由而生。"韩愈《通解》:"～～三师耻独行,慕通达,……安用让为?"

【向明】 xiàngmíng ❶向阳。李白《流夜郎赠辛判官》诗:"函谷忽惊胡马来,秦宫桃李～～开。"引申为朝南。刘若愚《酌中志·大内规制纪略》:"其中巍然而～～者,午门也。"❷天将亮时。也作"向[2]明"。萧子云《梁三朝雅乐歌·俊雅》之一:"於赫有梁,～～而治。"

【向使】 xiàngshǐ 假使。《史记·李斯列传》:"～～四君却客而不为,疏士而不用,是使国无富利之实,而秦无强大之名也。"韩愈《进撰平淮西碑文表》:"～～撰次不得其人,文字暧昧,虽有美实,其谁观之?"

【向隅】 xiàngyú ❶面向屋子的一个角落。刘向《说苑·贵德》:"今有满堂饮酒者,有一人独索然～～而泣,则一堂之人皆不乐矣。"后比喻孤独失意。寇准《酒醒》诗:"胜游欢宴是良图,何必凄凄独～～。"❷犹"负隅"。言据险抵抗。王禹偁《拟侯君集平高昌纪功碑并序》:"其子智盛,袭爵继位,婴城～～,忘我大义。"

向[2](嚮) 1. xiàng ❶朝着,面对。《孟子·滕文公上》:"人揖于子贡,相～而哭。"《史记·项羽本纪》:"沛公北～坐,张良西～侍。"❷方向。柳宗元《送从兄偁罢选归江淮诗序》:"进不知～,退不知守。"㊀趋赴,前往。见"向迩"。❸归向,仰慕。《国语·鲁语下》:"瘠土之民,莫不～义,劳也。"《史记·周本纪》:"西伯积善累德,诸侯皆～之,将不利于帝。"㊀迎合。《新唐书·王鉷传》:"[鉷]厚诛敛,～天子意。"❹临近,将近。见"向明"。❺往昔,从前。《吕氏春秋·察今》:"病变而药不变,～之寿民,今为殇子矣。"欧阳修《送田画秀才宁亲万州序》:"今之所经,皆王师～所用武处。"❻窗户。《荀子·君道》:"便嬖左右者,人主之所以窥远收众之门户牖～也。"

2. xiǎng ❼通"响"。回声。《荀子·富国》:"三德者诚乎上,则下应之如景～。"❽通"飨"。鬼神享用祭品。《汉书·宣帝纪》:"上帝嘉～,海内承福。"㊀赐赏。《史记·白起王翦列传》:"故及大王之～臣,臣亦及时以请园池为子孙业耳。"❾通"享"。享受,享有。《论衡·谢短》:"夏自禹～国,几载而至于殷。"

【向迩】 xiàng'ěr 靠近。《尚书·盘庚上》:"若火之燎于原,不可～～。"

【向服】 xiàngfú ❶对质事理正确与否。服,事。《楚辞·九章·惜诵》:"令五帝以折中兮,戒六神与～～。"❷归依顺服。也作"向[1]服"。《晋书·索綝传》:"綝有威恩,华夷～～。"

【向晦】 xiànghuì 天将黑。《周易·随》:"君子以～～入宴息。"

【向明】 xiàngmíng 天将亮。《周易·说卦》:"圣人南面而听天下,～～而治。"

曏(鄉) 1. xiàng ❶明。《庄子·秋水》:"知量无穷,证～今故。"❷往日,从前。《吕氏春秋·观表》:"～者右宰谷臣之觞吾子也甚欢。"❸通"向"。对着。《仪礼·乡射礼》贾公彦疏:"其既实觯进西南面立,～所酬。"

2. shǎng ❹"晌"的本字。不长的时间,一会儿。《说文·日部》段注:"……曰一晌,曰半晌,皆是～字之俗。"

项(項) xiàng ❶脖子的后部。《三国志·魏书·三少帝纪》:"而此儿忿戾,所行益甚,举弩遥射吾宫,祝当令中吾～,箭亲堕吾前。"泛指脖子。《荀子·修身》:"行而俯～,非击戾也。"㊀像颈项的东西。《隋书·音乐志》:"曲～琵琶、竖头箜篌之徒,并出自西域。"❷冠的后部。《仪礼·士冠礼》:"宾右手执～。"❸肥大;隆起。见"项领①"。❹种类,款目。《宋史·兵志七》:"愿应募为部领人者,依逐～名目,权摄部领。"❺古国名。在今河南项城市东北。《春秋·僖公十七年》:"夏,灭～。"

【项领】 xiànglǐng ❶肥大的脖子。《诗经·小雅·节南山》:"驾彼四牡,四牡～～。"后用以比喻放纵自恣、不听使用。《后汉书·吕强传》:"群邪～～,膏唇拭舌。"❷脖子。《抱朴子·清鉴》:"物亦故有远而易知,近而难料,譬犹眼能察天衢,而不能周～～之间。"❸喻要害之地。《三国志·魏书·陈群传》:"今乘高据势,临其～～,不战必走。"❹巨大;首要。《南史·乐颐之传》:"升之与君俱有～～之功,今一言而二功俱解,岂愿闻之乎?"

【项背相望】 xiàngbèixiāngwàng ❶前后相顾。《后汉书·左雄传》:"监司～～～～,与同疾疢,见非不举,闻恶不察。"❷形容连续不断。《宋史·傅察传》:"主上仁圣,与大国讲好,信使往来,～～～～,未有失德。"

巷 xiàng ❶里中的小路。《诗经·郑风·叔于田》:"叔于田,～无居人。"㊀闾里。《礼记·祭义》:"众不暴寡,而弟达乎州～矣。"❷中医术语。指气脉流通处。《灵枢经·邪气藏腑病形》:"中气穴,则鍼游于～。"

【巷伯】 xiàngbó 宦官,太监。因居宫巷,掌宫内事，故称。范摅《云溪友议》卷五："李相公林甫，当开元之际，与～～交通，权等人主。"

【巷哭】 xiàngkū 百姓聚哭于里巷。旧时常用作称颂生前有善政的官吏。《晋书·羊祜传》："南州人征市日，闻祜丧，莫不号恸，罢市，～～者声相接。"

【巷陌】 xiàngmò 街道的泛称。《太平广记·神仙·蓟子训》："尸作五香之芳气，达于～～。"辛弃疾《永遇乐·京口北固亭怀古》词："斜阳草树，寻常～～，人道寄奴曾住。"

銗 xiàng 见 hóu。

象 xiàng ❶象，一种哺乳动物。《韩非子·解老》："人希见生～也，而得死～之骨，案其图以想其生也。"㊀象牙或用象牙装饰的。《诗经·鄘风·君子偕老》："玉之瑱也，～之揥也。"《战国策·齐策三》："孟尝君出行国，至楚，献～床。"❷形象。凡形之于外者皆称象。如天象，景象。《周易·系辞上》："在天成～，在地成形。"《尚书·说命上》："乃审厥～。"杜甫《雨》诗之三："回风起清晓，万～凄已碧。"㊀特指相貌，肖像。《战国策·燕策二》："今宋王射天笞埊，铸诸侯之～。"《晋书·顾恺之传》："[顾恺之]尝图裴楷～，颊上加三毛，观者觉神明殊胜。"❸法，法式。《史记·屈原贾生列传》："离湣而不迁兮，愿志之有～。"（湣：忧患。迁：改变。）《后汉书·赵典传》："夫无功而赏，劳者不劝，上忝下辱，乱～干度。"㊀效法，取法。《管子·版法》："法天合德，～地无亲，参于日月，伍于四时。"《荀子·解蔽》："法其法以求其统类，以务～效其人。"（统类：纲要。）㊁依随。《荀子·君道》："百姓莫敢不顺上之法，～上之志。"❹摹拟，描摹。《孟子·梁惠王上》："仲尼曰：'始作俑者，其无后乎！'为其～人而用之也。"《汉书·艺文志》："……六书，谓～形、～事、～意、～声、转注、假借，造字之本也。"❺相像，相似。《孙子·用间》："先知者不可取于鬼神，不可～于事。"韩愈《送高闲上人序》："则其于书，得无～之然乎。"❻象征。《史记·孝文本纪》："黄帝作宝鼎三，～天地人也。"韩愈《为宰相贺白龟状》："白者西方之色，刑戮之～也。"❼古代通译南方民族语言的官。《礼记·王制》："达其志，通其欲，东方曰寄，南方曰～。"泛指通译官。《汉书·礼乐志》："蛮夷竭欢，～来致福。"❽古乐名。相传为周武王克殷后所作。《墨子·三辨》："因先王之乐，又自作乐，命曰～。"❾古舞名。一种手执干戈的舞蹈。《礼记·内则》："十有三年学乐，诵诗，舞勺。成童舞～，学射御。"❿中医学术语。指人颜面上显示脏腑健康状况的气色。《素问·五藏生成论》："五藏之～，可以类推。"

【象车】 xiàngchē ❶象驾的车。《韩非子·十过》："昔者黄帝合鬼神于泰山之上，驾～～而六蛟龙。"❷传说中的一种象征太平盛世的祥瑞之物。也称"山车"。《宋书·符瑞志下》："～～者，山之精也。王者德泽流洽四境则出。"

【象度】 xiàngdù 天象的度数。《后汉书·郎𫖮传》："昼研精义，夜占～～。"

【象恭】 xiànggōng 貌似恭敬。《尚书·尧典》："[共工]静言庸违，～～滔天。"

【象管】 xiàngguǎn ❶指笔。笔管有以象牙为饰者，故称。罗隐《清溪江令公宅》诗："蛮笺～～夜深时，曾赋陈宫第一诗。"❷指笛。洪昇《长生殿·舞盘》："冰弦玉柱声嘹亮，鸾笙～～音飘荡。"

【象路】 xiànglù 帝王乘坐的用象牙装饰的车。《周礼·春官·巾车》："～～，朱樊缨七就，建大赤以朝，异姓以封。"亦作"象辂"。《隋书·礼仪志五》："皇帝之辂，十有二等：一曰苍辂，……十曰～～。"

【象人】 xiàngrén ❶偶人。《韩非子·显学》："磐不生粟，～～不可使拒敌也。"❷汉代宫廷中一种专职艺人。《汉书·礼乐志》："常从倡三十人，常从～～四人。"（按：颜师古注："孟康曰：'象人，若今戏虾鱼师子者也。'韦昭曰：'著假面者也。'"）

【象生】 xiàngshēng ❶祭祀时，以死者生前所用之物为象征，称象生。《后汉书·祭祀志下》："庙以藏主，以四时祭。寝有衣冠几杖～～之具，以荐新物。"❷形状如生。杨万里《三月三日上忠襄坟因之行散得十绝句》之四："粉捏孙儿活逼真，～～果子更时新。"

【象声】 xiàngshēng 即形声。"六书"之一。《汉书·艺文志》："教之六书，谓象形、象事、象意、～～、转注、假借，造字之本也。"参见"六书"、"形声"。

【象事】 xiàngshì ❶观察事物的表象。《周易·系辞下》："吉事有祥，～～知器，占事知来。"❷即"指事"。六书之一。《汉书·艺文志》："教之六书，谓象形、～～、象意、象声、转注、假借，造字之本也。"参见"六书"、"指事"。

【象纬】 xiàngwěi 指日月和金、木、水、火、土五星。纬，行星的古称。杜甫《游龙门奉先寺》诗："天阙～～逼，云卧衣裳冷。"泛指天文。王嘉《拾遗记·殷汤》："至延师精述阴阳，晓明～～，莫测其为人。"

【象魏】 xiàngwèi 古代宫廷外的一对高建筑,用以悬示法令。也称“阙”、“观”或“魏阙”。《周礼·天官·大宰》:“正月之吉,始和,布治于邦国都鄙,乃悬治象之法于～～。”

【象物】 xiàngwù ❶取法天地的物象。《国语·周语下》:“其后伯禹念前之非度,厘改制量,～～天地,比类百则,仪之于民,而度之于群生。”❷指麟、凤、龟、龙四种灵物。《周礼·春官·大司乐》:“六变而致～～及天神。”

【象贤】 xiàngxián 能够效法先人的贤德。《尚书·微子之命》:“殷王元子,惟稽古,崇德～～。”后成为称美子承父业的套语。苏辙《赠外孙文骥》诗:“孔伋仍闻道,贾嘉终～～。”

【象形】 xiàngxíng “六书”之一。指描摹实物形状的一种造字之法。《说文·叙》:“保氏教国子,先以六书……二曰～～。～～者,画成其物,随体诘诎,日、月是也。”参见“六书”。

【象筵】 xiàngyán 豪华的筵席。沈约《三月三日率尔成章》诗:“～～鸣宝瑟,金瓶泛羽卮。”

【象译】 xiàngyì ❶古代通译四方民族语言的官。《吕氏春秋·慎势》:“凡冠带之国,舟车之所通,不用～～、狄鞮,方三千里。”❷借指四方之国。陈子昂《送著作佐郎崔融等从梁王东征诗序》:“虎符不发,～～攸同。”

【象舆】 xiàngyú 即“象车”。❶象驾的车。《楚辞·惜誓》:“飞朱鸟使先驱兮,驾太一之～～。”❷传说中的一种象征太平盛世的祥瑞之车。司马相如《上林赋》:“青龙蚴蟉于东厢,～～婉僤于西清。”

【象齿焚身】 xiàngchǐfénshēn 象因有珍贵的牙齿而招致捕杀,比喻人因财多而遭祸。《左传·襄公二十四年》:“象有齿以焚其身,贿也。”(贿:财物。)

缿 xiàng ❶古代储钱之具。陶制或竹制。睡虎地秦墓竹简《秦律·关市》:“为作务及官府市,受钱必辄入其钱～中。”❷古代收受密信的器具。《史记·酷吏列传》:“吏苛察,盗贼恶少年投～购告言奸。”

像 xiàng ❶相似。《荀子·强国》:“夫下之和上譬之犹响之应声,影之～形也。”《论衡·非韩》:“奸人外善内恶,……～类贤行,以取升进。”❷形状,形象。《淮南子·主术训》:“此皆有充于内而成～于外。”《论衡·诘术》:“其立名也,以信、以义、以～、以假、以类。”㊇特指肖像,偶像。《后汉书·齐武王縯传》:“使长安中官署及天下乡亭皆画伯升～于塾,旦起射之。”苏舜钦《东京宝相禅院新建大悲殿记》:“京城之西南,有佛庙曰宝相院,杰然以庞大～。”❸法式,榜样。《楚辞·九章·抽思》:“望三五以为～兮,指彭咸以为仪。”㊀依随。《淮南子·览冥训》:“居君臣父子之间,……骄主而～其意。”

【像生】 xiàngshēng ❶仿天然产物制造的工艺品。因其形态栩栩如生,故称。吴自牧《梦粱录》卷十九:“果子局,掌装簇饤盘看果,……～～花果。”❷以说唱为业的女艺人。《西湖老人繁胜录》:“选～～有颜色者三四十人,戴冠子花朵,着艳色衫子。”

【像赞】 xiàngzàn 题在画像上的赞语。《后汉书·应奉传》:“初,[劭]父奉为司隶时,并下诸官府郡国,各上前人～～。”

橡 xiàng 栎树的果实。《晋书·庾衮传》:“又与邑人入山拾～。”《本草纲目·果部》:“栎有两种:……一种结实者,其名曰栩,其实为～。”

【橡栗】 xiànglì 即橡实,栎树的果实,似栗而小。《列子·说符》:“冬日则食～～。”

xiao

呺 1. xiāo ❶大而中空的样子。《庄子·逍遥遊》:“非不～然大也,吾为其无用而掊之。”

2. háo ❷呼啸,吼叫。《庄子·齐物论》:“夫大块噫气,其名为风,是唯无作,作则万窍怒～。”

枭(梟) xiāo ❶猛禽名。俗称猫头鹰。相传为食母的恶鸟。《诗经·大雅·瞻卬》:“懿厥哲妇,为～为鸱。”李商隐《行次西郊一百韵》:“抢攘互间谍,孰辨～与鸾?”❷勇猛,勇悍。《史记·留侯世家》:“九江王黥布,楚～将。”㊇豪雄,魁首。《淮南子·原道训》:“为天下～。”《论衡·别通》:“东城令董仲绥知为儒～,海内称通。”❸古代博戏的胜彩名,么为枭,得么者胜。《韩非子·外储说左下》:“博者贵～。”㊀胜,高。《后汉书·张衡传》:“咸以得人为～,失士为尤。”❹斩首示众。《后汉书·杨琁传》:“～其渠帅,郡境以清。”《三国志·魏书·武帝纪》:“袁谭、高幹,咸～其首。”㊀诛灭。《三国志·魏书·臧洪传》:“今王室将危,贼臣未～。”❺山顶。《管子·地员》:“其山之～,多桔、符、榆。”❻指私贩食盐的人。《大清会典事例·户部·盐法》:“东省鹾务,官引滞销,总由私～充斥。”(鹾:盐。)❼淆乱,扰乱。见“枭乱”。❽等,级。《隋书·食货志》:“垦租皆依贫富为三～。……上～输远处,中～输次远,下～输当州仓。"

【枭羹】 xiāogēng 用枭肉制成的羹汤。古时以枭羹赐百官,以示除绝邪恶。苏辙《学士院端午帖子·太皇太后阁》诗之五:"百官却拜～～赐,凶去方知舜有功。"

【枭獍】 xiāojìng 古时传说枭为食母的恶鸟,獍为食父的恶兽。比喻大逆不道的人。《魏书·萧宝夤传论》:"背恩忘义,～～其心。"也作"枭镜"。《宋书·明帝纪》:"比遂图犯玄宫,志窥题凑,将肆～～之祸。"

【枭乱】 xiāoluàn 淆乱,扰乱。《荀子·非十二子》:"假今之世,饰邪说,文奸言,以～～天下。"

【枭首】 xiāoshǒu 古代酷刑。斩头并悬挂示众。《后汉书·崔骃传》:"黥、劓、斩趾、断舌、～～,故谓之具五刑。"

【枭雄】 xiāoxióng ❶凶狠专横。陈琳《为袁绍檄豫州》:"除灭忠正,专为～～。"❷指骁悍而有野心的雄杰。《三国志·吴书·鲁肃传》:"刘备天下～～。"

【枭夷】 xiāoyí 杀戮诛灭。《后汉书·傅燮传》:"诚使张角～～,黄巾变服,臣之所忧,甫益深耳。"

枵 xiāo ❶大树中空的样子。引申为空虚。《新唐书·殷开山传》:"公等勿与争,粮尽众～,乃可图。"苏轼《国学秋试策问二首》之二:"生之者寡,食之者众,是以公私～然而百弊并生。"❷布类的丝缕稀疏而薄。宋应星《天工开物·夏服》:"又有蕉纱,……轻细之甚,值贱而质～,不可为衣也。"❸十二星次之一。"玄枵"的省称。谢朓《侍宴华光殿曲水奉敕为皇太子作》诗:"～鹑列野,营绛分区。"(鹑:星宿名。鹑首、鹑火、鹑尾的省称。)

【枵腹】 xiāofù 空腹。指饥饿。范成大《次韵陈季陵寺丞求歙石眉子砚》:"宝玩何曾救～～,但爱文君远山蹙。"

哓(嘵) xiāo ❶戒惧。方孝孺《送凌君入太学序》:"浦江凌允恭～然有志操,以郡诸生选入成均。"❷见"哓哓"。❸见"哓咋"。

【哓哓】 xiāoxiāo ❶象声词。1)因恐惧而发出的叫声。《诗经·豳风·鸱鸮》:"予室翘翘,风雨所漂摇,予维音～～。"2)争辩声。韩愈《重答张籍书》:"择其可语者诲之,犹时与吾悖,其声～～。"❷唠叨,议论。柳宗元《吊屈原文》:"谗巧之～～兮,惑以为《咸池》。"欧阳修《答李诩书》:"凡论三子者,以予言而一之,则～～者可以息矣。"

【哓咋】 xiāozhà 议论纷纷。欧阳修《南獠》诗:"～～计不出,还出招安辞。"

猇(獟) xiāo 狂悍。《史记·卫将军骠骑列传》:"诛～骍,获首虏八千馀级。"

狝(獢) xiāo ❶猲狝。见"猲"。❷勇猛矫捷。《新五代史·雷满传》:"为人凶悍～勇,文身断发。"

骁(驍) xiāo ❶良马。见"骁腾"。❷勇猛矫捷。《南齐书·周盘龙传》:"虏素畏盘龙～名,即时披靡。"❸古代一种投壶游戏。用力投箭,使投中的箭从壶中跳出,用手接住再投。刘歆《西京杂记》卷五:"古之投壶,取中而不求还,故实小豆于中,恶其矢跃而出也。郭舍人则激令矢还,一矢百馀反,谓之为～。"

【骁果】 xiāoguǒ 勇猛果敢。《三国志·魏书·刘晔传》:"宝最～～,才力过人,一方所惮。"《南史·崔慧景传》:"恭祖者,慧景宗人,～～便马矟,气力绝人,频经军阵。"也指勇猛敢死之士。《隋书·炀帝纪下》:"征天下兵,募民为～～,集于涿郡。"

【骁悍】 xiāohàn 勇猛强悍。《三国志·吴书·孙翊传》:"～～果烈,有兄策风。"《新五代史·张彦泽传》:"彦泽为人～～残忍,目睛黄而夜有光,顾视如猛兽。"

【骁骑】 xiāojì ❶勇猛的骑兵。《汉书·赵充国传》:"此皆～～难制,又恐其为诱兵也。"❷古代禁军营名,亦称其将领。《晋书·职官志》:"江左以来,领军不复别领营,总统二卫、～～、材官诸营。"

【骁劲】 xiāojìng 勇猛强劲。《三国志·蜀书·张嶷传》:"北徼捉马最～～,不承节度,嶷乃往讨,生缚其帅魏狼。"

【骁猛】 xiāoměng 勇猛。《三国志·魏书·吕布传》:"布虽～～,然无谋而多猜忌,不能制御其党,但信诸将。"

【骁锐】 xiāoruì ❶勇猛精锐。《三国志·魏书·袁绍传》注引《英雄记》:"[麴]义久在凉州,晓习羌斗,兵皆～～。"❷勇武精明。《旧唐书·王智兴传》:"智兴少～～,为徐州衙卒。"

【骁腾】 xiāoténg ❶骏马奔驰。颜延之《赭白马赋》:"料武艺,品～～。"❷勇健飞腾的样子。杜甫《房兵曹胡马》诗:"～～有如此,万里可横行。"

【骁武】 xiāowǔ 勇猛威武。《三国志·魏书·吕布传》:"[吕布]以～～给并州刺史。"(给:供职。)

【骁雄】 xiāoxióng 勇猛雄武。《三国志·吴书·吕蒙传》:"与关羽分土接境,知羽～～,有并兼心。"李商隐《为濮阳公陈情表》:"率厉～～,揣摩锋镝。"

骄 xiāo 见 jiāo。

消 xiāo ❶消失，消融，消灭。《孟子·告子上》："故苟得其养，无物不长；苟失其养，无物不～。"《吕氏春秋·季冬》："时雪不降，冰冻～释。"《后汉书·桓帝纪》："幸赖股肱御侮之助，残丑～荡，民和年稔。"㊀使消失，消除。《论衡·变虚》："高宗～桑谷之变，以政不以言。"❷减削，衰微。《周易·泰》："君子道长，小人道～也。"《论衡·气寿》："不能成王，退而为霸；不能至百，～而为夭。"（百：指百岁之寿。）㊀消耗，浪费。《后汉书·庞参传》："农功～于转运，资财竭于征发。"㊁消磨，排遣。《潜夫论·浮侈》："坐食嘉谷，～损白日。"陶渊明《归去来兮辞》："悦亲戚之情话，乐琴书以～忧。"❸贬退，排斥。《汉书·楚元王传》："定公、始皇贤季孟、李斯而～孔子、叔孙，故以大乱，污辱至今。"（季、孟：季孙、孟孙。）❹享受，受用。白居易《哭从弟》诗："一片绿衫～不得，腰金拖紫是何人。"㊀禁受，禁得起。辛弃疾《摸鱼儿》词："更能～几番风雨，匆匆春又归去。"❺抵得上，值得。司空图《淮西》诗："莫夸十万兵威盛，～个忠良效顺无。"崔涂《夷陵夜泊》诗："一曲巴歌半江月，便应～得二毛生。"㊀配得上。刘克庄《六州歌头》词："珠髻金壶，始～渠。"❻需要。吕岩《绝句》："来往八千～半月，依前归路不曾迷。"❼病名。即糖尿病。《后汉书·李通传》："素有～疾。"❽通"销"。熔化。《论衡·论虚》："当冶工之～铁也，以土为形，燥则铁下，不则跃溢而射。"❾通"逍"。见"消摇"。

【消复】 xiāofù 消除灾祸以恢复正常。《后汉书·鲍昱传》："旱既太甚，将何以～～灾眚。"《三国志·魏书·高堂隆传》："是以圣主睹灾责躬，退而修德，以～～之。"

【消耗】 xiāohào ❶逐渐减少，消失。陆龟蒙《散人歌》："圣人事业转～～，尚有渔者存熙熙。"❷消息，音讯。穆修《赠适公上人》诗："喜得师～～，从僧问不休。"

【消魂】 xiāohún 为情所感，仿佛灵魂离开了肉体。形容极度的悲伤、愁苦或极度的欢乐。陆游《剑门道中遇微雨》诗："衣上征尘杂泪痕，远游无处不～～。"孔尚任《桃花扇·却奁》："枕上馀香，帕上馀香，～～滋味，才从梦里尝。"参见"销魂"。

【消磨】 xiāomó ❶逐渐消失，消除。贺知章《回乡偶书》诗之二："离别家乡岁月多，近来人事半～～。"❷排遣时光。郑谷《梓潼岁暮》诗："美酒～～日，梅香著莫人。"

【消烁】 xiāoshuò ❶销熔。消，通"销"。《论衡·率性》："然而道人～～五石，作五色之玉。"❷解体，灭亡。《战国策·赵策四》："伐魏，绝韩，包二周，即赵自～～矣。"参见"销烁"。

【消索】 xiāosuǒ 消亡散尽。《论衡·死伪》："且死者精魂～～，不复闻人之言。"

【消息】 xiāoxī ❶消长，事物的生灭、荣枯。《周易·丰》："天地盈虚，与时～～。"《后汉书·蔡邕传》："～～盈冲，取诸天纪。"❷调息，将养。《魏书·李顺传》："腰脚不随，不堪拜伏，比三五日～～，小差当相见。"（差：通"瘥"，病愈。）❸情况，音讯。《后汉书·陆续传》："续母远至京师，觇候～～。"《三国志·魏书·三少帝纪》："昔诸葛恪围合肥新城，城中遣士刘整出围传～～。"❹停止。《后汉书·蔡邕传》："又尚方工技之作，鸿都篇赋之文，可且～～，以示惟忧。"❺卦名。《后汉书·陈忠传》："顷季夏大旱，而～～不协，寒气错时，水涌为变。"

【消摇】 xiāoyáo 悠闲自在的样子。消，通"逍"。《礼记·檀弓上》："孔子蚤作，负手曳杖，～～于门。"也作"逍遥"。见"逍遥"。

宵 1. xiāo ❶夜。《左传·成公十六年》："……乃～遁。"❷通"绡"。一种丝织品。见"宵衣"。

2. xiǎo ❸通"小"。见"宵民"、"宵人"、"宵雅"。

3. xiào ❹通"肖"。相像，类似。马王堆汉墓帛书《十六经·本伐》："所胃为义者，伐乱禁暴，起贤废不～。"（胃：通"谓"。）《汉书·刑法志》："夫人～天地之貇。"（貇：同"貌"。）

【宵分】 xiāofēn 夜半。《宋书·武帝纪中》："每永怀民瘼，～～忘寝。"李群玉《中秋越台看月》诗："～～凭槛望，应合见蓬莱。"

【宵旰】 xiāogàn ❶见"宵衣旰食"。❷借指帝王。王禹偁《为兵部向侍郎谢恩表》："自非抱讦谟之业，有变通之才，……则何以副搢绅之伫望，塞～～之虚怀。"❸犹日夜。罗隐《淮南送李司空朝觐》诗："圣君～～望时雍，丹诏南来雨露浓。"

【宵衣】 xiāoyī ❶天未亮即起床穿衣。古代多用以称颂帝王勤于政事。许浑《秋日早朝》诗："～～应待绝更筹，环佩锵锵月下楼。"❷黑色的丝服。古代妇女助祭时所穿。《仪礼·特牲馈食礼》："主妇缅笄～～。"

【宵征】 xiāozhēng 夜行。《诗经·召南·小星》："肃肃～～，夙夜在公。"李白《自金陵泝流过白璧山玩月达天门寄句容王主簿》诗："幽人停～～，贾客忘早发。"

【宵中】 xiāozhōng ❶昼夜时间相等。《尚书·尧典》:"～～,星虚,以殷仲秋。"❷夜半。夏侯湛《周诗》:"夕定晨省,奉朝侍昏,～～告退,鸡鸣在门。"

【宵民】 xiǎomín 小民,老百姓。江淹《齐籍田乐歌·享神歌》:"方燮嘉种,永毓～～。"《新唐书·吴凑传》:"中人所市,不便～～,徒纷纷流议。"

【宵人】 xiǎorén 小人,坏人。《史记·三王世家》:"毋侗好轶,毋迩～～。"江淹《杂体诗·鲍参军戎行》:"豪士枉尺璧,～～重恩光。"

【宵雅】 xiǎoyǎ 即《诗经》中的《小雅》。《礼记·学记》:"《宵雅》肄三,官其始也。"

【宵类】 xiàolèi 相似的众物。宵,通"肖"。《淮南子·要略》:"乃始揽物引类,览取挢掇,浸想～～。"(挢:取。)

【宵衣旰食】 xiāoyīgànshí 天未亮就起床穿衣,天黑了才吃饭。多用以称颂帝王勤于政事。《旧唐书·刘蕡传》:"若夫任贤惕厉,～～～～,宜黜左右之纤佞,进股肱之大臣。"也作"旰食宵衣"。徐陵《陈文帝哀册文》:"勤民听政,～～～～。"省作"宵旰"。宋濂《阅江楼记》:"欲上推～～图治之功者,勒诸贞珉。"

庨 xiāo ❶深邃空荡的样子。马融《长笛赋》:"～窌巧老,港洞坑谷。"❷宫室高深的样子。柳宗元《游朝阳岩遂登西亭二十韵》:"西亭构其巅,反宇临呀～。"

捎 xiāo 见shāo。

哨 xiāo 见shào。

逍 xiāo 见"逍遥"。

【逍遥】 xiāoyáo 从容漫步,悠闲自在的样子。也作"消摇"。《楚辞·九章·哀郢》:"去终古之所居兮,今～～而来东。"《庄子·让王》:"～～于天地之间而心意自得。"

哮 xiāo ❶野兽怒吼。《新唐书·裴度传》:"猛虎自～跃山林。"杜甫《石龛》诗:"熊罴～我东,虎豹号我西。"㉑呼啸。韩愈《赴江陵途中寄赠三学士》诗:"飓起最可畏,訇～簸陵丘。"❷病名。即哮喘。朱震亨《丹溪先生心法·哮喘》:"治～治积方。"

【哮阚】 xiāohǎn 猛兽咆哮。曹植《七启》:"～～之兽,张牙奋鬣。"比喻震怒。陈子昂《谏用刑书》:"乃称兵中夏,将据洛阳,～～之势倾宇宙矣。"

鸮(鴞) xiāo 猫头鹰一类的猛禽。《诗经·陈风·墓门》:"墓门有梅,有～萃止。"

崤 xiāo 见"崤豁"。

【崤豁】 xiāohuò 高耸的样子。柳宗元《行路难》诗之二:"群材未成质已夭,突兀～～空岩峦。"

烋(烋) xiāo 见"炰烋"。

膮(膮) xiāo 猪肉羹。《仪礼·公食大夫礼》:"胏以东,臐、～、牛炙。"

虓 xiāo ❶虎怒吼。扬雄《太玄经·众》:"虎～振廞。"泛指兽类吼叫。贾岱宗《大狗赋》:"～赫奔突则重阈开。"㉑呼啸。苏舜钦等《瓦亭联句》:"阴霜策策风呼～,羌贼胆开凶焰豪。"❷勇猛。《新唐书·褚遂良传》:"前日从陛下平天下,～士爪臣,气力未衰。"❸(qiāo)通"敲"。击,打。《吕氏春秋·必己》:"船人怒,而以楫～其头。"

【虓阚】 xiāohǎn 虎怒吼。比喻震怒。阚,虎发怒的样子。《汉书·叙传上》:"于是七雄～～,分裂诸夏,龙战而虎争。"

【虓虎】 xiāohǔ 咆哮的虎。《诗经·大雅·常武》:"进厥虎臣,阚如～～。"比喻勇猛。《三国志·魏书·张郃传》:"贼亮以巴蜀之众,当～～之师。"

【虓怒】 xiāonù 愤怒。《后汉书·杜笃传》:"～～之旅,如虎如螭。"

绡(綃) 1. xiāo ❶生丝织成的薄绸。李颀《鲛人歌》:"轻～文采不可识,夜夜澄波连月色。"

2. shāo ❷通"梢"。船上挂帆的木柱。木华《海赋》:"维长～,挂帆席。"

萧(蕭) xiāo ❶蒿类植物。即艾蒿。《诗经·曹风·下泉》:"冽彼下泉,浸彼苞～。"《汉书·晁错传》:"萑苇竹～。"❷凄凉冷落。刘伶《北芒客舍》诗:"蚊蚋归丰草,枯叶散～林。"范仲淹《岳阳楼记》:"登斯楼也,则有去国怀乡,忧谗畏讥,满目～然,感极而悲者矣。"❸骚扰,扰动。《汉书·张汤传》:"及文帝欲事匈奴,北边～然苦兵。"❹见"萧墙"。❺古国名。春秋时宋的附庸,子姓,灭于楚。故址在今安徽萧县西北。《左传·宣公十二年》:"楚子伐～。"❻姓。

【萧艾】 xiāo'ài 野蒿臭草。比喻不肖或品德不好的人。刘峻《辨命论》:"严霜夜零,～～与芝兰共尽。"

【萧曹】 xiāocáo 指汉代开国功臣萧何与曹参。《汉书·丙吉传赞》:"近观汉相,高祖开基,～～为冠。"

【萧郎】 xiāoláng 本为对萧姓男子的称谓。

《梁书·武帝纪上》:"俭一见深相器异,谓庐江何宪曰:'此～～三十内当作侍中,出此则贵不可言。'"(萧郎:武帝萧衍。)后泛指女子所爱恋的男子。崔郊《赠去婢》诗:"侯门一入深似海,从此～～是路人。"

【萧曼】 xiāomàn 高远的样子。何晏《景福殿赋》:"若乃阶除连延,～～云征。"

【萧屏】 xiāopíng 门内屏风。刘禹锡《和郴州杨侍郎玩郡斋紫薇花十四韵》:"绿阴交广除,明艳透～～。"

【萧墙】 xiāoqiáng 古代宫室内当门的小墙。《论语·季氏》:"吾恐季孙之忧,不在颛臾,而在～～之内也。"后因以"萧墙"比喻内部。《汉书·武五子传赞》:"秦将吏外畔,贼臣内发,乱作～～,祸成二世。"

【萧洒】 xiāosǎ ❶超逸脱俗。也作"潇洒"。《南史·渔父传》:"俄而渔父至,神韵～～。"姚合《过李处士山居》诗:"～～身无事,名高孰与齐?"❷清丽,明爽。杜甫《玉华宫》诗:"万籁真笙竽,秋色正～～。"

【萧飒】 xiāosà 秋风声。张乔《宴边将》诗:"一曲梁州金石清,边风～～动江城。"

【萧散】 xiāosǎn 闲散,清闲。谢朓《始出尚书省》诗:"乘此终～～,垂竿深涧底。"

【萧散】 xiāosàn 萧条凄凉的样子。潘岳《哀永逝文》:"视天日兮苍茫,面邑里兮～～。"

【萧骚】 xiāosāo ❶象声词。形容雨声或风吹动树木的声音。罗隐《经耒阳杜工部墓》诗:"紫菊馨香覆楚醪,奠君江畔雨～～。"薛能《寄河南郑侍郎》诗:"寒窗不可寐,风地叶～～。"❷水波动荡的样子。李贺《江楼曲》:"～～浪白云差池,黄粉油衫寄郎主。"

【萧瑟】 xiāosè ❶秋风声。曹操《步出夏门行·观沧海》:"秋风～～,洪波涌起。"❷寂静的样子。张协《七命》:"其居也,峥嵘幽蔼,～～虚玄。"❸寂寞凄凉的样子。杜甫《咏怀古迹》之一:"庾信平生最～～,暮年诗赋动江关。"

【萧森】 xiāosēn ❶错落耸立的样子。郦道元《水经注·江水二》:"林木～～,离离蔚蔚,乃在霞气之表。"❷萧索阴晦的样子。杜甫《秋兴》诗之一:"玉露凋伤枫树林,巫山巫峡气～～。"

【萧梢】 xiāoshāo ❶凋落衰败的样子。江淹《待罪江南思北归赋》:"木～～而可哀,草林离而欲暮。"❷摇动的样子。杜甫《天育骠骑歌》:"是何意态雄且杰,骏尾～～朔风起。"

【萧史】 xiāoshǐ 传说为春秋时人。善吹箫,作凤鸣。秦穆公把女儿弄玉嫁给他。一夕吹箫引凤,与弄玉共升天而去。参见《列仙传》。后亦以"萧史"代称夫婿。白居易《和梦游春》:"秦家重～～,彦辅怜卫叔。"

【萧疏】 xiāoshū 稀疏。林逋《自作寿堂因书一绝以志之》:"湖上青山对结庐,坟前修竹亦～～。"杜甫《除架》诗:"束薪已零落,瓠叶转～～。"

【萧爽】 xiāoshuǎng 清爽超逸。杜甫《玄都坛歌寄元逸人》:"铁锁高垂不可攀,致身福地何～～。"元稹《春馀遣兴》诗:"云叶遥卷舒,风裾动～～。"

【萧寺】 xiāosì 佛寺。相传梁武帝萧衍造佛寺,命萧子云飞白大书曰萧寺,后世因亦称佛寺为"萧寺"。李贺《马诗》之十九:"～～驮经马,元从竺国来。"司空图《寄永嘉崔道融》诗:"碧云～～霁,红树谢村秋。"

【萧索】 xiāosuǒ ❶(云气)弥漫飘流的样子。《汉书·天文志》:"若烟非烟,若云非云,郁郁纷纷,～～轮囷,是谓庆云。"❷凄凉,萧条。陶渊明《自祭文》:"天寒夜长,风气～～。"《聊斋志异·成仙》:"周至家,门户～～,似无居人。"也指心情寂寞。杜甫《西园》诗之二:"行过凋碧柳,～～倚朱楼。"❸稀少的样子。焦延寿《易林·遯之否》:"海老水干,鱼鳖～～。"

【萧条】 xiāotiáo ❶(云气)散漫飘流的样子。《汉书·扬雄传上》:"羡漫半散,～～数千万里外。"❷闲逸。《世说新语·品藻》:"～～方外,亮不如臣。"❸寂寥,冷落。《楚辞·远遊》:"山～～而无兽兮,野寂寞其无人。"岑参《山房春事》诗:"梁园日暮乱飞鸦,极目～～三两家。"❹凋零,衰微。王维《休假还旧业便使》诗:"衰柳日～～,秋官清邑里。"《聊斋志异·娇娜》:"先生故公子,以大讼～～。"

【萧萧】 xiāoxiāo ❶象声词。1) 马鸣声。《诗经·小雅·车攻》:"～～马鸣,悠悠旆旌。"2) 风声,雨声,草木摇落声。《楚辞·九怀·蓄英》:"秋风兮～～,舒芳兮振条。"又《九歌·山鬼》:"风飒飒兮木～～,思公子兮徒离忧。"李商隐《明日》诗:"凭栏明日意,池阔雨～～。"❷超逸脱俗的样子。《世说新语·容止》:"嵇康身长七尺八寸,风姿特秀,见者叹曰:'～～肃肃,爽朗清举。'"❸凄清冷落的样子。杜牧《怀吴中冯秀才》诗:"长洲苑外草～～,却算游程岁月遥。"❹头发稀疏枯少的样子。苏轼《次韵韶守狄大夫见赠》之一:"华发～～老遂良,一身萍挂海中央。"

【萧屑】 xiāoxiè 寂寞,凄凉。韦应物《对春雪》诗:"～～杉松声,寂寥寒夜虑。"

【萧斋】 xiāozhāi 语出李肇《国史补》卷中:"梁武帝造寺,令萧子云飞白大书萧字,至今一'萧'字存焉。李约竭产自江南买归东洛,匾于小亭以玩之,号为萧斋。"后人称书斋为萧斋,兼取萧瑟之义,犹言寒斋。《聊斋志异·聊斋自志》:"～～瑟瑟,案冷疑冰。"

【萧规曹随】 xiāoguīcáosuí 语出《法言·渊骞》:"或问萧、曹。曰:'萧也规,曹也随。'"言汉初萧何为相,定律令制度;萧何死,曹参为相,完全根据萧何的成规办事。后遂以"萧规曹随"比喻按前人的成规办事。李心传《建炎以来系年要录》:"经久之制,不可轻议,古者利不百不变法,卿等宜以～～～～为心,何忧不治?"

梢 xiāo 见 shāo。

唬 xiāo 见 xià。

猇 xiāo ❶同"虓"。虎吼声。《玉篇·犬部》:"～,虎欲啮人声也。"㊁犬吠声。《集韵·爻韵》:"～,犬声。"㊂言语粗野。《红楼梦》八十七回:"兼之～声狺语,旦暮无休。"❷古县名。在今山东省。《广韵·肴韵》:"～,县名,在济南。"

缪 xiāo 见 shān。

瘁 xiāo 病名。即哮喘。《正字通·疒部》:"～,久咳不已,连喘……俗名为瘁病。"

痟 xiāo ❶酸痛。《列子·黄帝》:"指擿无～痒。"㊁头痛。《管子·地员》:"其人坚劲,寡有疥骚,终无～酲。"❷消渴病的简称。梅尧臣《哀石昌舍人》诗之三:"～似乌常渴,灾成鹏不飞。"

莦 xiāo(又读 shāo) ❶枝叶萧疏的样子。《楚辞·九辩》:"～櫹槮之可哀兮,形销铄而瘀伤。"❷见"莦蔘"。

【莦蔘】 xiāoshēn 树干高耸的样子。《汉书·司马相如传上》:"纷溶～～,猗柅从风。"

硝 xiāo ❶矿物名,硝石。李贺《南园》诗之十二:"松溪黑水新龙卵,桂洞生～旧马牙。"❷用芒硝鞣制皮革使变软。《天工开物·乃服·裘》:"其老大羊皮,～熟为裘。"

销(銷) xiāo ❶熔化金属。《汉书·广川惠王刘越传》:"去缚系柱,烧刀灼溃两目,生割两股,～铅灌其口中。"泛指熔化。邹阳《狱中上梁王书》:"众口铄金,积毁～骨也。"㊂销毁。苏轼《上皇帝书》:"及闻留侯之言,吐哺而骂之,曰趣～印。"❷消退,消灭,消散。《论衡·说日》:"平旦,日入光～,故视大也。"《汉书·龚胜传》:"薰以香自烧,膏以明自～。"王勃《滕王阁序》:"云～雨霁,彩彻区明。"㊁消除,排遣。李白《将进酒》诗:"呼儿将出换美酒,与尔同～万古愁。"❸一种掘土削木工具。《淮南子·齐俗训》:"故剞劂～锯陈,非良工不能以制木。"❹生铁。《淮南子·说林训》:"屠者弃～,而锻者拾之,所缓急异也。"㊁特指一种生铁铸的刀。《淮南子·修务训》:"苗山之铤、羊头之～,虽水断龙舟,陆钊兕甲,莫之服带。"(钊:结聚,束扎。)

【销兵】 xiāobīng ❶销毁兵器。杜甫《奉酬薛十二丈判官见赠》诗:"～～铸农器,今古岁方宁。"❷指兵员有逃、死者,不再补充,以减少兵额。《新唐书·萧俛传》:"乃密诏天下镇兵,十之,岁限一为逃、死,不补,谓之～～。"

【销魂】 xiāohún 为情所感,仿佛魂魄离体。形容极度的悲愁或快乐。杜甫《冬晚送长孙渐舍人归州》诗:"会面思来札,～～逐去樯。"秦观《满庭芳》词:"～～,当此际,香囊暗解,罗带轻分。"参见"消魂"。

【销落】 xiāoluò 凋零衰落。曹植《赠丁仪》诗:"初秋凉气发,庭树微～～。"

【销铄】 xiāoshuò ❶销熔。枚乘《七发》:"虽有金石之坚,犹将～～而挺解也,况在其筋骨之坚乎哉!"❷衰落。江淹《杂体诗三十首》之二十五:"色滋畏沃若,人事亦～～。"

翛 1. xiāo ❶见"翛然"。❷见"翛翛"。
2. shū ❸同"倏"。迅疾。卫觊《西岳华山亭碑》:"神乐其静,～翚无形。"司马光《馆宿遇雨怀诸同舍》诗:"佳雨濯烦暑,～然生晓凉。"

【翛然】 xiāorán ❶自在超脱的样子。《庄子·大宗师》:"～～而往,～～而来而已矣。"苏轼《黄州安国寺记》:"一念清净,染污自落,表里～～,无所附丽。"❷萧条冷落的样子。《徐霞客游记·粤西游日记一》:"陂塘高下,林木～～。"

【翛翛】 xiāoxiāo ❶羽毛残破的样子。《诗经·豳风·鸱鸮》:"予羽谯谯,予尾～～。"泛指破敝。高启《丁校书见招晚酌》诗:"流水入花村杳杳,幽人对酒屋～～。"❷象声词。风声,雨声,草木摇落声。谢朓《冬日晚郡事隙》诗:"飒飒满池荷,～～荫窗竹。"方以智《变拟古诗》之一:"郭门风～～,夹道多白杨。"❸错杂的样子。柳宗元《谪龙说》:

"及朝,进取杯水饮之,嘘成云气,五色～～也。"❹高耸的样子。项斯《和李用夫栽小松》:"即耸凌空干,～～岂易攀。"

嗃 xiāo 见 hè。

蛸 xiāo 见 shāo。

熇 xiāo 见 hè。

潇(瀟) xiāo ❶见"潇潇"。❷水清而深。郦道元《水经注·湘水》:"神游洞庭之渊,出入～湘之浦。～者,水清深也。"❸水名。潇水。源出湖南省宁远县南九嶷山,至永州西北入湘水。范仲淹《岳阳楼记》:"北通巫峡,南极～、湘。"

【潇碧】 xiāobì 竹的别名。韩愈等《城南联句》:"～～远输委,湖嵌费携擎。"

【潇洒】 xiāosǎ ❶超逸脱俗。也作"萧洒"。孔稚珪《北山移文》:"夫以耿介拔俗之标,～～出尘之想,度白雪以方絜,干青云而直上。"晁冲之《僧舍小山》诗:"此老绝～～,久参曹洞禅。"❷轻快,舒畅。白居易《兰若寓居》诗:"行止辄自由,甚觉身～～。"❸凄清,凄凉。周邦彦《塞垣春》词:"渐离别气味难禁也,更物象,供～～。"

【潇湘】 xiāoxiāng ❶湘江的别称。潇,水清深。《山海经·中山经》:"澧、沅之风交～～之渊。"❷湘江和潇水的并称。杜甫《去蜀》诗:"如何关塞阻,转作～～游?"

【潇潇】 xiāoxiāo 形容风雨急骤。《诗经·郑风·风雨》:"风雨～～,鸡鸣胶胶。"

歊 xiāo ❶气上升的样子。李白《安州应城玉女汤作》诗:"地底烁朱火,沙旁～素烟。"❷炽热。王安石《题南康晏使君望云亭》诗:"飙然一去扫遗阴,便觉～烦怅千里。"

【歊歊】 xiāoxiāo 气盛的样子。《汉书·叙传下》:"成都煌煌,假我明光;曲阳～～,亦朱其堂。"(成都、曲阳:皆封号。)

【歊烝】 xiāozhēng 上升的水气。《汉书·扬雄传下》:"泰山之高,不嶕峣,则不能浡滃云而散～～。"也作"歊蒸"。张华《励志》诗:"水积成渊,载澜载清;土积成山,～～郁冥。"

蹃 xiāo 跳跃。傅毅《舞赋》:"简惰跳～,般纷挐兮。"

嘐 1. xiāo ❶见"嘐嘐"。
2. jiāo ❷见"嘐嘐"。

【嘐嘐】 xiāoxiāo 形容志大而言夸。《孟子·尽心下》:"'何以谓之狂也?'曰:'其志～～然。'"胡仔《苕溪渔隐丛话前集·韦苏州》:"其气格殆不减二人,非唐中叶以来～～以诗鸣者可比。"

【嘐嘐】 jiāojiāo 象声词。形容动物的叫声。元稹《江边》诗:"犬惊狂浩浩,鸡乱响～～。"苏轼《黠鼠赋》:"～～聱聱,声在橐中。"唐孙华《六月初一日初闻蝉声》诗:"嗟汝饮露腹,～～复何求?"

箫(簫) 1. xiāo ❶竹制管乐器。最初用一组长短不等的细竹管按音律编排而成,如鸟翼状,叫"排箫"。后来只用一根竹管制成,竖吹,叫"洞箫"。《诗经·周颂·有瞽》:"既备乃奏,～管备举。"苏轼《赤壁赋》:"客有吹洞～者,倚歌而和之。"❷弓梢。也作"弰"。《礼记·曲礼上》:"右手执～,左手承弣。"

2. xiǎo ❸通"筱"。小竹。马融《长笛赋》:"林～蔓荆,森槮柞朴。"

【箫勺】 xiāosháo ❶古乐名。箫,相传为舜乐。勺,相传为周乐。《汉书·礼乐志》:"行乐交逆,～～群慝。"❷销铄。比喻征服、消灭。韩愈等《晚秋郾城夜会联句》:"恩泽诚布濩,嚚顽已～～。"(布濩:散布,布满。嚚:愚蠢而顽固。)

【箫韶】 xiāosháo 古乐名。相传为舜乐。《尚书·益稷》:"～～九成,凤皇来仪。"

霄 xiāo ❶犹"霰",米粒状的雪。王安石《和吴冲卿雪》:"云连昼已瞀,风助～仍汹。"❷云气,云。《后汉书·张衡传》:"涉清～而升遐兮。"高適《同群公秋登琴台》诗:"万象归白帝,平川横赤～。"[引]天空。杜甫《春宿左省》诗:"星临万户动,月傍九～多。"❸通"宵"。夜。《吕氏春秋·明理》:"有昼盲,有～见。"(盲:昏暗。)[又]昏暗。江淹《遂古篇》:"～明烛光,向焜煌兮。"❹通"消"。消失。《墨子·经说上》:"～尽,荡也;顺长,治也。"❺春秋鲁邑。在今山东莒县东。《春秋·定公十四年》:"城莒父及～。"

【霄汉】 xiāohàn 云霄和天河。指天空极高处。《后汉书·仲长统传》:"如是,则可以陵～～,出宇宙之外矣。"比喻朝廷。杜甫《桥陵诗三十韵因呈县内诸官》:"朝仪限～～,客思迴林坰。"

骹 xiāo 见 qiāo。

髐(髐) xiāo 尸骨干枯的样子。《庄子·至乐》:"庄子之楚,见空髑髅,～然有形。"

箾 xiāo 见 shuò。

魈 xiāo 传说中的山林之怪。《抱朴子·登涉》:"山精形如小儿,独足向后,夜喜犯人,名曰～。"

蟏(蠨) xiāo 见"蟏蛸"。

【蟏蛸】 xiāoshāo 虫名。长脚蜘蛛,又称喜蛛、喜子或喜母。《诗经·豳风·东山》:"伊威在室,～～在户。"

嚣(囂、䜑) 1. xiāo ❶喧哗,吵闹。《左传·成公十六年》:"甚～,且尘上矣。"㊉使哗然。王安石《上皇帝万言书》:"不至乎倾骇天下之耳目,～天下之口。"❷浮躁,轻狂。见"嚣然②"。㊉嚣张,放肆。王夫之《宋论·太祖》:"昔者周衰,处士横议……秦恶其～而坑儒。"❸通"枵"。空。见"嚣然④"。

2. áo ❹鸟名。《山海经·北山经》:"梁渠之山……有鸟焉,其状如夸父,四翼,一目,犬尾,名曰～。"❺兽名。《山海经·西山经》:"又西七十里曰羭次之山……有兽焉,其状如禺而长臂,善投,其名曰～。"❻见"嚣然"。❼见"嚣嚣"。❽古邑名。在今河南荥阳北敖山南。《尚书·咸有一德》:"仲丁迁于～。"

【嚣尘】 xiāochén 喧闹扬尘。《左传·昭公三年》:"子之宅近市,湫隘～～,不可以居。"比喻纷扰的尘世。应璩《与从弟君苗君胄书》:"营宅滨洛,困于～～。"张孝祥《减字木兰花·赠尼师旧角奴也》词:"识破～～,作个逍遥物外人。"

【嚣风】 xiāofēng 喧闹争逐的风气。《资治通鉴·宋孝武帝大明二年》:"况今万品千群,俄折乎一面;庶僚百位,专断于一司;于是～～遂行,不可抑止。"

【嚣浮】 xiāofú ❶指喧扰浮薄的尘世。郦道元《水经注·㶟水》:"台榭高广,超出云间,欲令上延霄客,下绝～～。"❷轻浮不实。《新唐书·朱朴传》:"江南土薄水浅,人心～～轻巧,不可以都。"

【嚣竞】 xiāojìng 为求取功名禄位而喧闹争逐。《魏书·常景传》:"托身与金石俱坚,立名与天壤相弊。～～无侵,优游独逝。"《明史·汪若霖传》:"若霖劾二人～～,吏部因改拟部曹。"

【嚣然】 xiāorán ❶闲适的样子。张居正《学农园记》:"则又欣然以喜,～～以娱。"❷轻狂、浮躁的样子。《三国志·蜀书·彭羕传》:"羕起徒步,一朝处州人之上,形色～～,自矜得遇滋甚。"❸喧扰不宁的样子。韩愈《唐正议大夫尚书左丞孔公墓志铭》:"安南乘势杀都护李象古,……岭南～～。"❹饥饿的样子。嚣,通"枵"。嵇康《养生论》:"终朝未餐,则～～思食。"

【嚣嚣】 xiāoxiāo 喧哗声,喧哗的样子。《诗经·小雅·车攻》:"之子于苗,选徒～～。"《庄子·骈拇》:"自三代以下者,天下何其～～。"

【嚣嚣】 áo'áo ❶七嘴八舌的样子。《后汉书·梁鸿传》:"口～～兮余讪,嗟恇恇兮谁留?"❷傲慢的样子。《诗经·大雅·板》:"我即尔谋,听我～～。"❸自得的样子。《孟子·尽心上》:"人知之,亦～～;人不知,亦～～。"❹愁怨,愁怨声。《汉书·董仲舒传》:"此民之所以～～,苦不足也。"《资治通鉴·汉献帝初平二年》:"于是更相诬引,冤死者以千数。百姓～～,道路以目。"

【嚣然】 áorán 忧愁的样子。《后汉书·崔骃传》:"百姓～～,咸复思中兴之救矣。"

洨 xiáo ❶水名。洨河。源出河北井陉东南。《说文·水部》:"～,水。出常山石邑井陉,东南入于泜。"❷古水名。在今安徽省。一说即今沱河。郦道元《水经注·淮水》:"涣水又东南迳白石戍南……～水注之。"❸古县名。西汉置。故治在今安徽灵璧县南。顾祖禹《读史方舆纪要·江南三·宿州》:"～城,在[灵璧]县南,汉～县,属沛郡。"

绞 xiáo 见 jiǎo。

淆 xiáo(又读 yáo) ❶混杂,混乱。《后汉书·淳于恭传》:"时方～乱,死生未分,何空自苦为?"㊉搅乱,搅混。《后汉书·黄宪传》:"叔度汪汪若千顷陂,澄之不清,～之不浊,不可量也。"❷水浊。《广韵·肴韵》:"～,浊水。"

崤 xiáo(又读 yáo) ❶山名。又称嵚崟山。在今河南省洛宁县北。《左传·僖公三十二年》:"～有二陵焉。"❷古水名。在今河南省西部。郦道元《水经注·河水四》:"河之右侧,～水注之。"

【崤函】 xiáohán 崤山和函谷。地势极为险要。张衡《西京赋》:"左有～～重险,桃林之塞。"也作"殽函"。贾谊《过秦论》:"秦孝公据～～之固,拥雍州之地。"

殽 1. xiáo(又读 yáo) ❶混杂,杂乱。《国语·周语下》:"如是,而加之以无私,重之以不～,能避怨矣。"《汉书·艺文志》:"战国纵横,真伪分争,诸子之言纷然～乱。"❷通"崤"。山名。《左传·僖公三十三年》:"夏四月辛巳,败秦师于～。"

2. yáo(旧读 xiáo) ❸通"肴"。鱼、肉一类的荤菜。《诗经·小雅·正月》:"彼有旨酒,又有嘉～。"㊉特指带骨之肉。《礼记·曲礼上》:"凡进食之礼,左～右胾。"

3. xiào ❹通"效"。效法。《礼记·曲礼上》:"是故夫礼,必本于天,～于地。"❺

通"效"。效果，效验。扬雄《太玄经·密》："密于腥臊，三日不觉～。"

【殽舛】　xiáochuǎn　错讹，错乱。《新唐书·蒋乂传》："将明在集贤，值兵兴，图籍～～，白宰相请引乂入院，助力整比。"（将明：蒋乂父名。）

【殽函】　xiáohán　见"崤函"。

【殽烝】　yáozhēng　古时设宴，分割牲体，连肉带骨置于俎上，叫"殽烝"。《左传·宣公十六年》："晋侯使士会平王室，定王享之，原襄公相礼，～～。"也作"殽脀"。《仪礼·特牲馈食礼》："众宾及众兄弟内宾宗妇，若有公有司私臣，皆～～。"

小　xiǎo　❶小。与"大"相对。《左传·宣公三年》："楚子问鼎之大～轻重焉。"《韩非子·外储说右下》："是以圣人不亲细民，明主不躬～事。"㊁使变小。《孟子·梁惠王下》："匠人斲而～之。"《吕氏春秋·慎大》："凡大者，～邻国也。"㊁以为小，小看，轻视。《孟子·尽心上》："孔子登东山而～鲁，登泰山而～天下。"曹丕《典论·论文》："文人相轻，自古而然。傅毅之于班固，伯仲之间耳，而固～之。"❷细。《周礼·考工记·轮人》："毂～而长则柞。"（柞：通"窄"。）㊀精细。杜甫《洗兵马》诗："成王功大心转～，郭相谋深古来少。"㊁狭隘，不足。《尚书·仲虺之诰》："好问则裕，自用则～。"（自用：自以为是。）❸短暂。《庄子·逍遥遊》："～年不及大年。"苏轼《和桃花源》："桃源信不远，藜杖可～憩。"❹年幼。《世说新语·言语》："～时了了，大未必佳。"㊁年幼的人。《北史·杨逸传》："其老～残疾不能自存活者，又于州门造粥饲之。"❺稍微，略。《孟子·尽心下》："其为人也～有才。"韩愈《论淮西事宜状》："～不如意，即求休罢。"❻低微。《孟子·万章下》："不辞～官。"㊁小人。指地位低微的人。《吕氏春秋·行论》："因乃发～使以反令燕王复舍。"㊁品质坏的人。王褒《四子讲德论》："信任群～，憎恶仁智。"❼谦词。称自己或与己有关的人或事物。见"小人"、"小子"、"小生"等。❽通"少"。《敦煌曲子词集·捣练子》："堂前立，拜词娘，不角眼中泪千行，劝你耶娘～怅望。"（词：通"辞"。角：通"觉"。）

【小辟】　xiǎobì　死刑以外的刑罚。《礼记·文王世子》："其死罪，则曰某之罪在大辟；其刑罪，则曰某之罪在～～。"

【小丑】　xiǎochǒu　❶渺小、低贱的人。丑：类。《后汉书·盖勋传》："昔伊尹、霍光权以立功，犹可寒心，足下～～，何以终此？"❷戏曲角色名。专以滑稽引人发笑。王骥德《曲律·杂论下》："《拜月》如～～，时得一二调笑语，令人绝倒。"

【小妇】　xiǎofù　❶妾。《汉书·元后传》："又凤知其～～弟张美人已尝适人，于礼不宜配御至尊。"❷少妇，年轻妇女。王昌龄《青楼》诗："楼头～～鸣筝坐，遥见飞尘入建章。"❸妯娌中行次最幼者。《乐府诗集·相和歌辞·长安有狭斜行》："大妇织绮纻，中妇织流黄。～～无所为，挟琴上高堂。"

【小功】　xiǎogōng　❶丧服名。"五服"之一。其服用较粗熟麻布制成，服期五个月。《唐律疏议·名例一》："～～之亲有三，祖之兄弟，父之从父兄弟，身之再从兄弟也。"❷小功绩。《战国策·魏策一》："说文王之义以示天下，岂～～也哉！"

【小户】　xiǎohù　❶小门。《汉书·孙宝传》："杜门不通水火，穿舍后墙为～～。"❷酒量小的人。杜荀鹤《雪中别诗友》诗："酒寒无～～，请满酌行杯。"也指酒量小。白居易《醉后》诗："犹嫌～～长先醒，不得多时住醉乡。"❸门第低微的人家。朱朴《苦哉行》："虚名及～～，米入官家仓。"

【小极】　xiǎojí　疲倦，小有不适。《世说新语·言语》："顾司空未知名，诣王丞相，丞相～～，对之疲睡。"

【小见】　xiǎojiàn　❶小见识，浅见。《淮南子·泰族训》："～～不达，必简。"❷略见，略知。贾谊《新书·修政语上》："然可以～～，而不可以大知。"❸汉代诸侯王朝见天子的仪制之一。为非正式的朝见。《史记·梁孝王世家》："又诸侯王朝见天子，汉法，凡当四见耳。始到，入～～……～～者，燕见于禁门内，饮于省中，非士人所得入也。"

【小尽】　xiǎojìn　农历小月。朱敦儒《小尽行》："藤州三月作～～，梧州三月作大尽。"

【小君】　xiǎojūn　周代称诸侯之妻。《春秋·庄公二十二年》："癸丑，葬我～～文姜。"后用以称皇后。《后汉书·和熹邓皇后纪》："手书表谢，深陈德薄，不足以充～～之选。"也泛指妻子。冯贽《云仙杂记》卷四："李绅为相，时俗尚轻绡染蘸碧为妇人衣，绅自为～～裁剪。"

【小康】　xiǎokāng　❶小安。《诗经·大雅·民劳》："民亦劳止，汔可～～。"❷儒家理想中所谓比"大同"之世较低级的一种政教清明、人民安乐的社会局面。《礼记·礼运》："如有不由此者，……是谓～～。"❸指家庭略有资财，不愁温饱。洪迈《夷坚甲志·五郎君》："然久困于穷，冀以～～。"

【小敛】　xiǎoliàn　古代丧礼名。为死者穿衣称小敛，将死者入棺为大敛。《左传·隐公元年》："众父卒，公不与～～，故不书日。"《仪礼·既夕礼》："～～辟奠不出室。"

【小令】 xiǎolìng ❶词体名。短小的词称小令。白居易《就花枝》诗："醉翻衫袖抛～～，笑掷骰盘呼大采。"❷散曲体式之一。元人也称"叶儿"。体裁短小，一般只有一支曲子，以别于套数大曲。芝庵《唱论》："成文章曰乐府，有尾声名套数，时行～～唤叶儿。"❸元明人称民间小曲为小令。王骥德《曲律·论小令》："渠所谓～～，盖市井所唱小曲也。"

【小年】 xiǎonián ❶短促的寿命。《庄子·逍遥遊》："朝菌不知晦朔，蟪蛄不知春秋，此～～也。"❷幼年，少年。杜甫《醉歌行》："陆机二十作《文赋》，汝更～～能缀文。"❸将近一年。形容时间长。唐庚《醉眠》诗："山静似太古，日长如～～。"❹旧俗称农历十二月二十三或二十四日为小年。文天祥《小年》诗："燕朔逢穷腊，江南拜～～。"

【小寝】 xiǎoqǐn ❶古代天子、诸侯居住的宫室称寝，在中央的称路寝、燕寝，即大寝，在东西两旁的称小寝。夫人的寝室也称小寝。《春秋·僖公三十三年》："乙巳，公薨于～～。"❷天子、诸侯高祖以下的庙寝。《周礼·夏官·隶仆》："大丧复于～～，大寝。"❸小睡。惠洪《清明前一日闻杜宇》诗："篱外花如海，闲轩～～惊。"

【小人】 xiǎorén ❶地位低下的人。统治者对劳动者的蔑称。《孟子·滕文公上》："有大人之事，有～～之事。"❷人格卑鄙或见识短浅的人。《尚书·大禹谟》："君子在野，小人在位。"《论衡·齐世》："上教以忠，君子忠，其失也，～～野。"❸古时男子对地位高于自己者或平辈自称的谦词。《左传·襄公三十一年》："然明曰：'蔑也今而后知吾子之可信也，～～实不才。'"

【小戎】 xiǎoróng 周代的一种兵车。《管子·小匡》："十轨为里，故五十人为～～，里有司率之。"

【小生】 xiǎoshēng ❶称后学晚辈。《汉书·张禹传》："新学～～，乱道误人，宜无信用。"❷读书人或文人的自称。元稹《上令狐相公诗启》："白居易能诗，或为千言，或为五百言律诗，以相投寄，～～自审不能有以过之。"❸戏曲角色名。扮演青年男子。梁辰鱼《浣纱记·谋吴》："～～扮越王，众扮内官上。"❹言还没有十分入味。《晋书·苻朗载记》："食讫，问曰：'关中之食孰若此?'答曰：'皆好，惟盐味～～耳。'"

【小试】 xiǎoshì ❶稍加试验。辛弃疾《木兰花慢·席上送张仲固帅兴元》词："一编书是帝王师，～～去征西。"❷旧时太学生、童生应贡举及府县、学政的考试称小试。也称小考。《聊斋志异·贾奉雉》："足下文，～～取第一则有馀，闱场取榜尾则不足。"

【小童】 xiǎotóng ❶幼童。《庄子·徐无鬼》："黄帝曰：'异哉～～！'"也指年幼的男仆。杜甫《与李十二白同寻范十隐居》诗："入门高兴发，侍立～～清。"❷古代国君夫人的自称。《论语·季氏》："邦君之妻，君称之曰夫人，夫人自称曰～～。"❸古代国君居丧时的自称。《左传·僖公九年》："凡在丧，王曰～～，公侯曰子。"

【小小】 xiǎoxiǎo ❶很小，少许。司马相如《子虚赋》："臣闻楚有七泽，……臣之所见，盖特其～～者耳。"《晋书·庾亮传》："其父兄得失，岂以～～计之。"❷年幼，幼小。祖咏《望蓟门》诗："～～虽非投笔吏，论功还须请长缨。"

【小刑】 xiǎoxíng ❶轻微的刑罚。《周礼·地官·司市》："市刑，～～宪罚，中刑徇罚，大刑扑罚。"❷小的型范。指小剑。《越绝书·越绝外传记宝剑》："欧冶乃因天之精神，悉其伎巧，造为大刑三，～～二。"❸指农历五月。《淮南子·天文训》："阴生于午，故五月为～～。"

【小学】 xiǎoxué ❶周代的初级学校。与"大(太)学"相对。《汉书·艺文志》："古者八岁入～～，故周官保氏掌养国子，教之六书。"❷汉代称文字学为小学。隋唐以后，为文字学、音韵学、训诂学的总称。❸言琐屑之学。《陈书·傅縡传》："苟习～～，以化蒙心，渐染成俗，遂迷正路。"

【小雅】 xiǎoyǎ ❶《诗经》组成部分之一。七十四篇。大抵产生于西周后期和东周初期。《毛诗序》："雅者，正也。……政有小大，故有～～焉，有大雅焉。"❷小孩子。雅：通"牙"。《论衡·自纪》："以圣典而示～～。"

【小言】 xiǎoyán ❶有关小事的言论。《礼记·表记》："事君大言入则望大利，～～入则望小利也。"❷不合大道的言论。《庄子·列御寇》："彼所～～，尽人毒也。"❸精微之言。崔璐《览皮先辈盛制因作十韵以寄用伸款仰》："～～入无间，大言塞空虚。"

【小篆】 xiǎozhuàn ❶汉字的一种字体。秦始皇统一中国后，采用李斯的建议，将籀文简化为秦篆，又称小篆。《说文·叙》："斯作《仓颉篇》，……皆取史籀大篆。或颇省改，所谓～～者也。"❷比喻盘香或缭绕的香烟。无名氏《九张机》词："炉添～～，日长一线，相对绣工迟。"

【小子】 xiǎozǐ ❶子弟，晚辈。《诗经·大雅·思齐》："肆成人有德，～～有造。"《论语·子张》："子夏之门人～～，当洒扫应对进退，则可矣，抑末也。"也用为长辈对晚辈的称呼。《论语·阳货》："～～何莫学夫诗？"后因称男孩为小子。《楚辞·天问》："水滨之木，得彼～～。"❷自称的谦词。《论语·尧曰》："予～～履，敢以玄牡，敢昭告于皇皇后帝。"《汉书·司马迁传》："～～不敏，请悉论先人所次旧闻，不敢阙。"❸儿子，小儿子。《史记·三王世家》："於戏！～～闳，受兹青社。"《三国志·魏书·武帝纪》："～～尚代，谭自号车骑将军，屯黎阳。"❹对人的蔑称。《三国志·蜀书·费诗传》："孟达～～，昔事振威不忠，后又背叛先生，反覆之人，何足与书邪！"

【小宗】 xiǎozōng 古代称非嫡长子的诸子的世系为小宗。《礼记·丧服小记》："别子为祖，继别为宗，继祢者为～～。"

【小戴礼】 xiǎodàilǐ 书名，即《礼记》。也称《小戴礼记》。李巽《驳尚书右仆射郑珣瑜谥议》："昔后苍为曲台记，其弟子戴圣增损刊定为《小戴礼》，今《礼记》是也。"

【小惩大诫】 xiǎochéngdàjiè 言对小过错加以惩罚，使接受教训，不至犯大罪。语出《周易·系辞下》："小惩而大诫，此小人之福也。"《晋书·桓玄传》："犹冀玄当洗濯胸腑，～～～～，而狼心弗革，悖慢愈甚。"

【小廉曲谨】 xiǎoliánqūjǐn 小处廉洁谨慎。指不识大体，只知拘泥小节。王安石《王深父墓志铭》："故不为～～～～，以投众人耳目。"朱熹《答或人》之十："乡原是一种～～～～、阿世徇俗之人。"

晓（曉） xiǎo ❶光明。《庄子·天地》："冥冥之中，独见～焉；无声之中，独闻和焉。"㊀天明，天刚亮。杜甫《春夜喜雨》诗："～看红湿处，花重锦官城。"苏轼《夜泛西湖》诗："渔人收简及未～，船过惟有菰蒲声。"❷知道，明白，通晓。《论衡·变虚》："人不～天所为，天安能知人所行。"《吕氏春秋·离谓》："故惑惑之中有～焉，冥冥之中有昭焉。"《后汉书·南匈奴传》："且典兵日久，深～兵要。"❸告知，开导。《汉书·元后传》："左右皆曰：'未～大将军。'"又《梁怀王刘揖传》："书到，明以谊～王。"❹姓。明朝有晓枝。

【晓畅】 xiǎochàng 明晓通达。《宋史·梁適传》："適～～法令，临事有胆力。"

【晓悟】 xiǎowù ❶理解，领悟。《列子·力命》："四人相与游于世，胥如志也。穷年不相～～，自以为才之得也。"❷聪明。《世说新语·赏誉》注引王隐《晋书》："戎少清明～～。"

【晓习】 xiǎoxí 通晓熟悉。《后汉书·蔡茂传》："建武中为尚书令，在职六年，～～故事，多所匡益。"

【晓谕】 xiǎoyù 晓示，明白开导。《魏书·穆泰传》："焕～～逆徒，示以祸福。"也作"晓喻"。《汉书·司马相如传下》："故遣信使，～～百姓以发卒之事。"

謏（謏） xiǎo 小。《礼记·学记》："发虑宪，求善良，足以～闻，不足以动众。"柳宗元《为樊左丞让官表》："臣实～才，谬登清贯。"㊀少，缺少。《南齐书·陆澄传》："澄～闻肤见，贻挠后昆。"

筱 xiǎo ❶同"篠"。小竹，细竹。陆游《过大蓬岭度绳桥至杜秀才山庄》诗："柳空丛～出，松偃翠萝蒙。"❷俗借用为"小"，多用于人名。如清人陆飞，字筱饮。

篠（篠） xiǎo ❶小竹，细竹。《尚书·禹贡》："三江既入，震泽底定，～簜既敷。"（簜：大竹。）❷（diào）古代除草工具。庾信《竹杖赋》："终堪荷～，自足驱禽。"

皛 1. xiǎo ❶皎洁，明亮。陶渊明《述酒》诗："素砾～修渚，南岳无馀云。"陈子昂《送著作佐郎崔融等从梁王东征并序》："天～无云，朔风清海。"

2. pò ❷拍打。左思《蜀都赋》："～貙氓于葽草，弹言鸟于森木。"

【皛皛】 xiǎoxiǎo 洁净明亮的样子。杜甫《即事》诗："暮春三月巫峡长，～～行云浮日光。"

芍 xiào 见 sháo。

孝 xiào ❶孝顺，善事父母。古代以尽心奉养和绝对服从父母为孝。《荀子·大略》："礼也者，贵者敬焉，老者～焉。"《汉书·李陵传》："陵事亲～，与士信，常奋不顾身以殉国家之急。"㊀孝顺的人。《诗经·大雅·卷阿》："有冯有翼，有～有德。"㊀能继承先人之志。《礼记·中庸》："夫～者，善继人之志、善述人之事者也。"❷保育。《大戴礼记·保傅》："～者襁之。"❸居丧。《北史·崔逞传》："后丧母，居丧，哀毁骨立。人云：'崔九作～，风吹即倒。'"㊀指居丧的人。《世说新语·文学》："今日与谢～剧谈一出来。"❹祭，祭祀。《史记·夏本纪》："[禹]薄衣食，致～于鬼神。卑宫室，致费于沟淢。"

【孝慈】 xiàocí ❶指对上孝敬，对下慈爱。《老子·十八章》："六亲不和，有～～。"❷指对兄弟友爱。《史记·五帝本纪》："舜顺适不失子道，兄弟～～。"

【孝廉】 xiàolián ❶汉代选举官吏的两种科目。孝，孝悌之人。廉，清廉之士。后来合称孝廉。历代因之。也指被举荐的士人。《汉书·武帝纪》："元光元年冬十一月，初令郡国举～～各一人。"《抱朴子·审举》："故时人语曰：'举秀才，不知书；察～～，父别居。'"❷明清时举人的俗称。

【孝孙】 xiàosūn 祭祀祖先时的主祭人。《诗经·小雅·楚茨》："～～有庆，报以介福，万寿无疆！"傅玄《晋宗庙歌·夕牲歌》："祖考降飨，以虞～～之心。"

【孝弟】 xiàotì 也作"孝悌"。❶孝顺父母，敬爱兄长。《论语·学而》："其为人也～～，而好犯上者鲜矣。"也指孝弟之人。《荀子·王制》："选贤良，举笃敬，兴～～。"❷汉代乡官名。《后汉书·明帝纪》："其赐天下男子爵，人二级；三老、～～、力田，人三级。"

【孝友】 xiàoyǒu ❶孝顺父母，友爱兄弟。《诗经·小雅·六月》："侯谁在矣，张仲～～。"❷指对兄弟友爱。《尚书·君陈》："惟～～于兄弟，克施有政。"

【孝子】 xiàozǐ ❶孝顺父母的儿子。《孟子·万章上》："夫公明高以～～之心，为不若是恝。"(恝：不经意，不在乎。)❷居父母之丧称孝子。《礼记·问丧》："～～丧亲，哭泣无数，服勤三年。"❸儿子祭祀父母时的自称。《礼记·杂记上》："祭称～～孝孙，丧称哀子哀孙。"

肖 1. xiào ❶相像，类似。《法言·学行》："速哉！七十子之～仲尼也。"张载《西铭》："济恶者不才，其践形惟～者也。"㉠仿效。王安石《张君玉墓志铭》："我仪其蓄，以博厥闻；我～其涤，以清厥身。"

2. xiāo ❷细微，衰微。《庄子·列御寇》："达生之情者傀，达于知者～。"《史记·太史公自序》："申、吕～矣，尚父侧微，卒归西伯，文、武是师。"

【肖像】 xiàoxiàng ❶类似。《淮南子·氾论训》："夫物之相类者，世主之所乱惑也；嫌疑～～者，众人之所眩耀也。"❷人的画像或雕像。《聊斋志异·张老相公》："建张老相公祠，～～其中，以为水神，祷之辄应。"

【肖翘】 xiāoqiào 轻小而会飞的生物。《庄子·胠箧》："惴耎之虫，～～之物，莫不失其性。"

学 xiào 见 xué。

茭 xiào 见 jiāo。

俏 xiào 见 qiào。

涍 xiào 古水名。在河南省。《广韵·效韵》："～，水名，在南阳。"

效(傚、効) xiào ❶模仿，仿效。《国语·周语上》："若鲁从之而诸侯～之，王命将有所壅。"《吕氏春秋·疑似》："黎丘之鬼～其子之状。"❷献，呈献，尽力。《韩非子·内储说上》："左右因割其爪而～之。"《战国策·齐策二》："仪有愚计，愿～之王。"《韩非子·扬权》："事在四方，要在中央，圣人执要，四方来～。"㉡交出，授予，致。《左传·文公八年》："～节于府人而出。"又《昭公二十六年》："宣王有志，而后～官。"《战国策·秦策一》："于是，乃废文任武，厚养死士，缀甲厉兵，～胜于战场。"㉠呈现，显示。见"效灵"。❸效果，功效。《商君书·徕民》："此富强两成之～也。"《荀子·儒效》："非圣人莫之能为，夫是之谓大儒之～。"《后汉书·耿恭传》："又二部兵人裁各数十，匈奴围之，历旬不下，是其寡弱尽力之～也。"㉡见效，奏效。《汉书·田蚡传》："蚡虽不任职，以王太后故亲幸，数言事，多～。"诸葛亮《出师表》："不～，则治臣之罪，以告先帝之灵。"❹证明，征验。《荀子·正论》："故桀、纣无天下，而汤、武不弑君，由此～之也。"《论衡·道虚》："黄为物熟验，白为人老～。"《后汉书·窦融传》："更始事业已成，寻复亡灭，此一姓不再兴之～。"❺通"校"。考察，考核。《荀子·儒效》："乡也，～门室之辨，混然曾不能决也。"(乡：通"向"。先前。)曹操《又上书让封》："考功～实，非臣之勋。"

【效功】 xiàogōng ❶考核功效。《吕氏春秋·孟冬》："是月也，命工师～～，陈祭器，按度程。"❷效劳，立功。《韩非子·用人》："治国之臣，～～于国以履位。"

【效官】 xiàoguān ❶授予官职。《晋书·阮籍等传论》："召以～～，居然尸素。"❷担任官职。白居易《游悟真寺诗一百三十韵》："牵率使读书，推挽令～～。"

【效绩】 xiàojì ❶献功，致力建功。《魏书·世祖纪》："群司当深思～～，直道正身，立功立事，无或懈怠，称朕意焉。"❷功绩。《三国志·蜀书·先主传》："咸推窦融以为元帅，卒立～～。"

【效驾】 xiàojià 试车。《韩非子·外储说右下》："造父为齐王驸驾，渴马服成，～～圃中。"

【效节】 xiàojié ❶交出符节。《左传·文公八年》："司城荡意诸来奔，～～于府人而出。"❷效忠。权德舆《建除诗》："执心思报国，～～在忘躯。"

【效款】 xiàokuǎn 投诚。《新唐书·朱滔传》："始，安、史后，山东虽外臣顺，实傲肆不廷。至泚首～～，帝嘉之。"

【效灵】 xiàolíng 显示灵验。陶宗仪《辍耕录·叙画》："古先圣王，受命应箓，则有龟字～～，龙图呈宝。"

【效命】 xiàomìng 舍命效力。犹"效死"。《三国志·魏书·臧洪传》："今王室将危，贼臣未枭，此诚天下义烈，报恩～～之秋也。"

【效矉】 xiàopín 见"效颦"。

【效颦】 xiàopín 也作"效矉"。语出《庄子·天运》："故西施病心而矉其里，其里之丑人见而美之，归亦捧心而矉其里，其里之富人见之，坚闭门而不出，贫人见之，挈妻子而去之走。"矉，同"颦"。皱眉。后因以"效颦"指不善模仿而弄巧成拙。刘知幾《史通·模拟》："盖左氏为书，叙事之最。自晋以降，景慕者多，有类～～，弥益其丑。"

【效实】 xiàoshí 显示诚意，竭尽忠诚。《史记·苏秦列传》："夫事秦必割地以～～，故兵未用而国已亏矣。"《三国志·魏书·荀彧传》："天下忠正～～之士，咸愿为用，此德胜也。"

【效首】 xiàoshǒu 授首。指被杀。《汉书·王尊传》："二旬之间，大党震坏，渠率～～，贼乱蠲除。"

【效顺】 xiàoshùn ❶恭敬从命。贾谊《新书·五美》："细民乡善，大臣～～。"❷投诚。鲍照《佛影颂》："俾昏作朗，～～去逆。"

【效死】 xiàosǐ ❶效力至死。苏舜钦《内园使连州刺史知代州刘公墓志》："后以久住省闱，上书愿～～边漠，以报国宠。"❷献死。指自杀。《汉书·苏武传》："王必欲降武，请毕今日之欢，～～于前。"

【效尤】 xiàoyóu 明知错误而照样去做。《左传·文公元年》："～～，祸也。"也作"效邮"。《国语·晋语四》："夫邮而效之，邮又甚焉。～～，非礼也。"

校 xiào 见 jiào。

笑(咲) xiào ❶欢笑。《史记·高祖本纪》："沛父兄诸母故人日乐饮极欢，道旧故为～乐。"郭璞《游仙》诗："灵妃顾我～，粲然启玉齿。"❷讥笑，嘲笑。《荀子·儒效》："其穷也，俗儒～之。"《后汉书·庞萌传》："吾常以庞萌社稷之臣，将军得无～其言乎。"

【笑敖】 xiào'áo 调笑，开玩笑。《诗经·邶风·终风》："谑浪～～，中心是悼。"

剩(𠝣) xiào 拌有姜桂的肉末。《南史·茹法珍传》："俗间以剉肉糅以姜桂曰～。"

啸(嘯、歗) 1. xiào ❶撮口发出长而清越的声音。《后汉书·刘根传》："根于是左顾而～。"㊀鸟兽拉长声音叫。杜甫《登高》诗："风急天高猿～哀，渚清沙白鸟飞回。"㊁风雨等自然物发出高而悠长的声音。鲍照《芜城赋》："木魅山鬼，野鼠城狐，风嗥雨～。"❷呼唤。孟郊《立德新居》诗："霜禽各～侣，吾亦爱吾曹。"㊀招集，聚集。《新唐书·突厥传上》："伏念败，乃～亡散。"

2. chì ❸通"叱"。大声呼喝。《礼记·内则》："男子入内，不～不指。"

【啸傲】 xiào'ào 放歌长啸，逍遥自在。形容放旷不受拘束。陶渊明《饮酒》诗之七："～～东轩下，聊复得此生。"

【啸歌】 xiàogē 长啸歌吟。《诗经·小雅·白华》："～～伤怀，念彼硕人。"左思《招隐》诗："何事待～～，灌木自悲吟。"

【啸聚】 xiàojù 互相招呼着聚集起来。高适《贺安禄山死表》："逆贼孤负圣朝，造作氛祲，～～吠尧之犬，倚赖射天之矢，残酷生灵，斯亦至矣。"后常指结伙为盗。《续资治通鉴·宋高宗绍兴二十九年》："艰难之民，不得已而为之，未必皆～～也。"

【啸咏】 xiàoyǒng 歌咏。《晋书·周顗传》："于导坐傲然～～。"

【啸咤】 xiàozhà 大声呼叫。形容令人敬畏的声威。也作"啸吒"。《晋书·苻坚载记下》："～～则五岳摧覆，呼吸则江海绝流。"又《简文帝纪论》："荆吴战旅，～～成云。"

敩(斆) xiào(又读 xué) ❶教，教导。《尚书·盘庚上》："盘庚～于民。"❷学。《隶释·外黄令高彪碑》："为～者宗。"㊀效法。《史记·张释之冯唐列传》："岂～此啬夫谍谍利口捷给哉？"

xie

些 1. xiē ❶一点儿，少许。辛弃疾《鹧鸪天·和吴子似山行韵》词："酒病而今较减～。"❷语气词。辛弃疾《鹧鸪天·代人赋》词："陌上柔桑破嫩芽，东邻蚕种已生～。"

2. suò ❸句末语气词。只见于《楚辞》。《楚辞·招魂》："去君之恒干，何为四方～。"

契 xiē 见 qì。

曷 xiē 见 hé。

楔 xiē(旧读 xiè) ❶楔子，插入木榫缝或填充空虚处以起固定作用的木片。《淮南子·主术训》："大者以为舟航柱梁，小者以为楔～。”㊂用楔形物插入。《礼记·丧大记》：“小臣～齿用角柶。”❷门两旁的木柱。韩愈《进学解》：“欂栌侏儒，椳闑扂～，各得其宜。”❸树名。樱桃。《尔雅·释木》：“～，荆桃。”㊂一种似松而有刺的树。左思《蜀都赋》：“其树则有木兰梫桂，杞櫹椅桐，椶枒～枞。”

歇　xiē　❶休息。孟浩然《秋登兰山寄张五》诗：“时见归村人，沙行渡头～。”㊀停止。谢希逸《月赋》：“临风叹兮将焉～，川路长兮不可越。”（焉：一作“乌”。）李白《江南春怀》诗：“青春几何时？黄鸟鸣不～。”❷尽，消失。鲍照《行药至城东桥》诗：“容华坐消～，端为谁苦辛。”李贺《伤心行》：“灯青兰膏～，落照飞蛾舞。”㊀枯萎，凋零。陈子昂《与东方左史虬修竹篇》诗：“春木有荣～，此节无凋零。”❸散发。颜延之《和谢监灵运》：“芳馥～兰若，清越夺琳珪。”❹量词。表示动作次数。番，次。董解元《西厢记诸宫调》卷五：“送下阶来欲待别，又嘱咐两三～。”❺通“猲”。见“歇骄”。

【歇骄】　xiēxiāo　短嘴猎犬。歇，通“猲”。《诗经·秦风·驷驖》：“輶车鸾镳，载猃～～。”

蝎　xiē　见hé。

协（協）　xié　❶合，共同。《左传·桓公六年》：“彼则惧而～以谋我。”《三国志·蜀书·诸葛亮传》：“与豫州～规同力。”㊀和睦，调和。《左传·僖公二十八年》：“天祸卫国，君臣不～，以及此忧也。”马融《长笛赋》：“夔襄比律，子野～吕。”㊂相符。《左传·昭公七年》：“史朝见成子，告之梦，梦～。”❷辅佐，赞助。见“协赞”。❸悦服。《尚书·微子之命》：“上帝时歆，下民祗～。”❹明清时的军队编制单位。《明史·戚继光传》：“分所部十二区为三～，～置副将一人。”

【协比】　xiébǐ　❶勾结。《三国志·蜀书·姜维传》：“右大将军阎宇，与皓～～。”❷和睦亲附。《左传·僖公二十二年》：“《诗》曰：‘～～其邻，昏姻孔云。’”❸调和。《史记·乐书论》：“故博采风俗，～～声律，以补短移化，助流政教。”❹比拟。马融《长笛赋》：“故论记其义，～～其象。”

【协恭】　xiégōng　友好合作。《尚书·皋陶谟》：“同寅～～，和衷哉。”

【协和】　xiéhé　❶和睦，融洽。《周书·齐炀王宪传》：“辑睦我君臣，～～我骨肉。”❷调和，和谐。《三国志·蜀书·后主传》：“然后万物～～，庶类获乂。”

【协洽】　xiéqià　未年的别称。《淮南子·天文训》：“太阳在未，岁名曰～～……～～之岁，岁有小兵，蚕登稻昌。”

【协赞】　xiézàn　协助，辅佐。《三国志·蜀书·来敏传》：“子忠亦博览经学，有敏风，与尚书向充等，并能～～大将军姜维。”《旧唐书·李靖传》：“靖孙令问以～～功，迁殿中少监。”

邪　1. xié　❶不正，邪恶。《国语·晋语八》：“公族之不恭，公室之有回，内事之～，大夫之贪，是吾罪也。”《战国策·秦策一》：“以～攻正者亡。”㊂邪恶不正的人。《吕氏春秋·不屈》：“古者之贵善御也，以逐暴禁～也。”❷妖异怪戾之事。《吕氏春秋·孝行》：“夫执一术而百善至，百～去。”❸中医指一切引起疾病的因素。《急就篇》卷四：“灸刺和药逐去～。”❹倾斜，歪斜。《论衡·道虚》：“如鼓翼～飞，趋西北之隅，是则淮南王有羽翼也。”❺（yú）通“馀”。多馀。《史记·历书》：“举正于中，归～于终。”❻（xú）通“徐”。缓慢。《诗经·邶风·北风》：“其虚其～，既亟只且。”

2. yé　❼语气词。表示疑问或反诘。《资治通鉴·汉桓帝建和元年》：“义之所动，岂知性命，何为以死相惧～。”《史记·魏其武安侯列传》：“天下方有急，王孙宁可以让～？”（王孙：窦婴字。）㊂表示判断。相当于“也”。《庄子·天地》：“始也我以女为圣人～，今然君子也。”❽见“邪许”。

3. yá　❾通“琊”。地名用字。秦置琅邪郡，也作“琅玡”。治所在今山东胶南市琅邪台西北。

【邪佞】　xiénìng　指邪恶奸佞之人。《后汉书·明帝纪》：“今选举不实，～～未去。”《新唐书·李邕传》：“邕少习文章，疾恶如仇，不容于众，～～切齿，诸儒侧目。”

【邪辟】　xiépì　乖戾不正。《吕氏春秋·诬徒》：“此六者得于学，则～～之道塞矣，理义之术胜矣。”也作“邪僻”。《史记·乐书》：“故君子终日言而～～无由入也。”

【邪曲】　xiéqū　邪恶不正。《史记·屈原贾生列传》：“屈原疾王听之不聪也，谗谄之蔽明也，～～之害公也。”

【邪散】　xiésǎn　散乱不正。《汉书·礼乐志》：“流僻、～～之音作，而民淫乱。”

【邪慝】　xiétè　邪恶。《孟子·尽心下》：“庶民兴，斯无～～矣。”

【邪枉】　xiéwǎng　邪曲不正。《史记·老子韩非列传》：“悲廉直不容于～～之臣，观往者得失之变。”《汉书·东方朔传》：“行～～之道，径淫僻之路。”

【邪赢】 xiéyíng 用欺诈手段获利。张衡《西京赋》："尔乃商贾百族，裨贩夫妇，……何必昏于作劳，～～优而足恃。"《史记·货殖列传》司马贞《索隐述赞》："货殖之利，工商是营。废居善积，倚市～～。"

【邪呼】 yéhū 旧俗年终驱逐疫鬼时众人呼喝之声。《南史·曹景宗传》："为人嗜酒好乐，腊月于宅中使人作～～逐除，遍往人家乞酒食。"(按：《梁书》作"野虖(呼)"。)

【邪许】 yéhǔ 象声词。劳动时众人协同用力发出的呼声。《淮南子·道应训》："今夫举大木者，前呼～～，后亦应之，此举重劝力之歌也。"龚自珍《己亥杂诗·五月十二日抵淮浦作》："我亦曾糜太仓粟，夜闻～～泪滂沱。"

胁(脅、脇) xié ❶从腋下至肋骨尽处。《仪礼·少牢馈食礼》："脊～肺肩在上。"⑵肋骨。《左传·僖公二十三年》："闻其骈～，欲观其裸。"⑶物的旁侧。顾况《广陵白沙大云寺碑》："沧岛之～，有白沙之墟焉。"❷逼迫，挟持。《汉书·苏武传》："[卫]律知武终不可～，白单于。"《三国志·魏书·武帝纪》："[何]进乃召董卓，欲以～太后。"❸收敛。司马相如《长门赋》："翡翠～翼而来萃兮，鸾凤翔而北南。"

【胁持】 xiéchí 以威力强迫人服从。《汉书·王莽传上》："太后不得已遣[王]立就国，莽之所以～～上下，皆此类也。"

【胁略】 xiélüè 胁迫，裹胁。《三国志·魏书·文帝纪》："其见～～及亡命者，皆赦其罪。"

【胁息】 xiéxī ❶敛气，屏息。《墨子·兼爱中》："昔者楚灵王好士细腰，故灵王之臣皆以一饭为节，～～然后带，扶墙然后起。"❷形容非常恐惧或悲痛。《汉书·严延年传》："豪强～～，野无行盗，威震旁郡。"宋玉《高唐赋》："令人怵惕憯悽，～～增欷。"

【胁制】 xiézhì 以威力控制、强迫。《新唐书·李泌传》："华人为之用者，独周挚、高尚等数人，馀皆～～偷合。"

【胁质】 xiézhì 挟持以为人质。《三国志·魏书·袁术传》："[陈]珪中子应时在下邳，术并～～应，图必致珪。"

【胁肩低眉】 xiéjiāndīméi 缩敛肩膀，低垂眉眼。形容低三下四的样子。《抱朴子·逸民》："虽器不益于旦夕之用，才不周于立朝之俊，不亦愈于～～～～，谄媚权右，……弃德行学问之本，赴雷同比周之末也。"

【胁肩累足】 xiéjiānlěizú 缩敛肩膀，叠起双脚。形容恐惧畏缩的样子。《史记·吴王濞列传》："吴王身有内病，不能朝请二十馀年，尝患见疑，无以自白，今～～～～，犹惧不见释。"

衺 1. xié ❶头不正的样子。《说文·矢部》："～，头衺骫衺态也。"
2. xǐ ❷通"谿"。见"衺诟"。

【衺诟】 xǐgòu ❶言没有节操志气。《汉书·贾谊传》："顽顿亡耻，～～亡节。"❷言受辱。《梁书·王僧孺传》："愍兹～～，怜其觳觫。"

挟(挾) 1. xié ❶夹在腋下或指间。《孟子·梁惠王上》："～泰山以超北海。"《仪礼·乡射礼》："凡～矢于二指之间横之。"⑶携带，带着。《汉书·食货志》："今一夫～五口，治田百亩，岁收亩一石半。"❷挟制，胁持。《战国策·楚策二》："王～楚王，而与天下攻楚，则伤行矣。"❸从旁钳制。班固《西都赋》："～酆霸，据龙首。"《三国志·吴书·董袭传》："[黄]祖横两蒙冲～守沔口。"❹护持，辅佐。《荀子·正论》："[天子]出门而宗祝有事，……诸侯持轮、～舆、先马。"《后汉书·翟酺传》："昔成王之政，周公在前，邵公在后，毕公在左，史佚在右，四子～而维之。"❺拥有，持有。《史记·苏秦列传》："夫以大贤，～强韩之兵，而有牛后之名，臣窃为大王羞之。"⑵藏，怀藏。《汉书·惠帝纪》："省法令妨吏民者，除～书律。"杨万里《文帝曷不用颇牧论》："吾之所～，不用则泽其身，用则泽其国。"❻凭借，倚仗。《战国策·楚策二》："秦女依强秦以为重，～宝地以为资。"《汉书·邹阳传》："此二人者，皆信必然之画，捐朋党之私，～孤独之交。"
2. jiā ❼夹取。也作"夹"。《仪礼·乡射礼》："取弓于阶西，兼～乘史。"❽通"浃"。周遍，通达。《荀子·儒效》："何谓神？尽善～治谓之神。"❾通"筴"。筷子。《管子·弟子职》："右执～匕。"

【挟策】 xiécè 手持简册。策，写书的竹简。喻勤奋读书。归有光《书斋铭序》："～～而居者，自项脊生始。"

【挟纩】 xiékuàng 披着绵衣。比喻因受到抚慰而感到温暖。潘岳《马汧督诔》："霑恩抚循，寒士～～。"

【挟辅】 jiāfǔ 辅佐。见"夹辅"。

皆 xié 见 jiē。

衺 xié "邪"的古字。邪恶，不正。《周礼·天官·宫正》："去其淫怠与其奇～之民。"《新唐书·韦皇后传》："～人秽夫，争候门下，肆狎昵，因以求剧职要官。"

谐(諧) xié ❶和洽，协调。《尚书·尧典》："克～以孝。"《周礼·天官·大宰》："以知邦国，以统百官，以～万民。"❷成，谈妥或办妥。《后汉书·宋弘传》："帝顾谓主曰：'事不～矣。'"《聊斋志异·娇娜》："公子异日自内出，贺曰：'～矣。'"㊀商定，评议。见"谐价"。❸诙谐。《论衡·自纪》："孔子失马于野，野人闭不与，子贡妙称而怒，马圄～说而懿。"（马圄：养马的人。）苏舜钦《诣匦疏》："放弃优～近习之纤人，亲近刚明鲠直之良士。"

【谐比】 xiébǐ 亲狎勾结。《新唐书·吴兢传》："贯知经史，方直寡～～。"

【谐价】 xiéjià 议定价格。《后汉书·张让传》："当之官者，皆先至西园～～，然后得去。"

【谐声】 xiéshēng "六书"之一，即"形声"。《周礼·地官·保氏》注引郑司农曰："六书，象形、会意、转注、处事、假借、～～也。"

【谐易】 xiéyì 诙谐平易。《新唐书·董晋传》："长源好～～，无威仪，而清白自将。"

斜 1. xié(旧读 xiá) ❶倾斜，偏。《汉书·贾谊传》："单阏之岁，四月孟夏，庚子日～，服集余舍。"（服：鹏。）《南史·刘泌传》："夜读书随月光，光～则握卷升屋。"㊀不正派。古诗《为焦仲卿妻作》："女行无偏～，何意致不厚？"❷地名用字。用于以地形倾斜得名之地。《新唐书·肃宗纪》："房琯以中军、北军与安禄山之众战于陈涛～，败绩。"❸通"邪"。邪气。《素问·阴阳别论》："阴阳结～，多阴少阳曰石水，少腹肿。"

2. yé ❹陕西终南山山谷名。南口叫褒谷，北口叫斜谷。班固《西都赋》："右界褒～、陇首之险。"

【斜晖】 xiéhuī 傍晚的阳光。杜牧《怀钟陵旧游》诗："～～更落西山影，千步虹桥气象兼。"

偕 xié(旧读 jiē) ❶俱，共同。《诗经·邶风·击鼓》："执子之手，与子～老。"《国语·晋语二》："且夫～出～入难，聚居异情恶，不若走梁。"㊀划一，等同。《管子·幼官》："～度量，一称数。"㊁比并。高晦叟《席珍放谈》："王文章俊颖，人罕～者。"❷普遍。《左传·襄公二年》："为酒为醴，烝畀祖妣，以洽百礼，降福孔～。"❸调和，和谐。贾岛《赠友人》诗："五字诗成卷，清新韵具～。"❹见"偕偕"。

【偕偕】 xiéxié 强壮的样子。《诗经·小雅·北山》："～～士子，朝夕从事。"

【偕行】 xiéxíng ❶一同出发。《诗经·秦风·无衣》："王于兴师，修我甲兵，与子～～。"❷并存。《庄子·则阳》："与世～～而不替。"

絜 1. xié ❶用绳子度量围长。《庄子·人间世》："见栎社树，其大蔽数千牛，～之百围。"㊀度量，比较。《管子·幼官》："六举而～知事变。"贾谊《过秦论》："试使山东之国与陈涉度长～大，比权量力，则不可同年而语矣。"❷(qiè)通"挈"。提，持。见"絜领"。

2. jié ❸通"洁(潔)"。清洁。《礼记·乡饮酒义》："洗当于东荣，主人之所以自～，而以事宾也。"㊀纯洁，廉洁。刘陶《告庐江郡教》："征士杜君，德懋行～。"❹修整，修饰。李康《运命论》："～其衣服，矜其车徒。"

【絜矩】 xiéjǔ 言审己以度人。絜，度量；矩，法度。《礼记·大学》："上老老而民兴孝，上长长而民兴弟，上恤孤而民不倍，是以君子有～～之道也。"

【絜领】 qièlǐng 言杀头谢罪。絜，通"挈"。《战国策·秦策三》："臣战，载主契国以与王约，必无患矣；若有败之者，臣请～～。"

【絜行】 jiéxíng 修身，使自己的行为高尚。《史记·伯夷列传》："若伯夷、叔齐，可谓善人非邪？积仁～～如此而饿死。"也指高洁的品行。曹叡《短歌行》："执志精专，～～驯良。"

颉(頡) 1. xié ❶鸟飞向上。《诗经·邶风·燕燕》："燕燕于飞，～之颃之。"也指鱼向上游。《汉书·扬雄传上》："柴虒参差，鱼～而鸟盻。"❷兽名。状如青狗。《山海经·中山经》："……葴山，视水出焉，东南流注于汝水，其中多人鱼，多蛟，多～。"❸见"颉颃"。❹见"颉啎"。

2. jiá ❺克扣。《新唐书·高仙芝传》："我退，罪也，死不敢辞。然以我为盗～资粮，诬也。"

【颉颃】 xiéháng ❶鸟飞时忽上忽下的样子。飞上为颉，飞下为颃。潘岳《杨仲武诔》："归鸟～～，行云徘徊。"㊀不相上下，相抗衡。《晋书·文苑传序》："潘夏连辉，～～名辈。"❷上下不定，奇诡难测。扬雄《解嘲》："是故邹衍以～～而取世资，孟轲虽连蹇，犹为万乘师。"❸倔强，自傲。《宋史·种师道传》："金使王汭在廷～～，望见[种]师道，拜跪稍如礼。"

【颉滑】 xiéhuá 错乱，混淆。《庄子·胠箧》："知诈渐毒，～～坚白，解垢同异之变多，则俗惑于辩矣。"

【颉啎】 xiéwǔ 违逆，错乱。《吕氏春秋·明理》："夫乱世之民，长短～～百疾。"

揳 1. xié ❶衡量，量度。《荀子·非相》："故事不揣长，不～大，不权轻重，亦将志乎尔。"
2. jiá ❷通"戛"。击，弹奏。《史记·货殖列传》："赵女郑姬，设形容，～鸣琴。"《后汉书·申屠刚传》："捶～牵曳于前。"

猲 1. xié ❶猲狢，一种短嘴猎犬。韩愈《送文畅师北游》诗："庇身指蓬茅，逞志纵猃～。"
2. hè ❷通"喝"。喊叫，吓唬。《战国策·秦策一》："是故恫疑虚～，高跃而不敢进。"❸威胁。《汉书·王莽传中》："各为权势，恐～良民。"

缬 xié 见 xū。

携(攜、擕、攜、擕) xié（旧读 xī）❶提。《诗经·大雅·板》："如取如～。"㊀挽，牵，持。《诗经·邶风·北风》："惠而好我，～手同行。"《三国志·魏书·臧洪传》："亦以吾子～负侧室。"李贺《金铜仙人辞汉歌》："～盘独出月荒凉，渭城已远波声小。"㊁携带。《公羊传·襄公二十七年》："～其妻子。"刘禹锡《送王司马之陕州》诗："暂辍清斋出太常，空～诗书赴甘棠。"❷连接。《史记·天官书》："杓～龙角。"❸离异，背离。《吕氏春秋·音律》："草木方长，无～民心。"《后汉书·袁绍传》："今赏加无劳，以～有德。"㊀离别。刘长卿《长沙桓王墓下别李纾张南史》诗："惟有年芳在，相看惜解～。"

【携贰】 xié'èr 离心。贰：二心。《三国志·魏书·袁术传》："其兄弟～～，舍近交远如此。"魏徵《十渐不克终疏》："此诚由识陛下矜育之怀，所以至死无～～。"也指有叛离之心的人。《后汉书·公孙述传》："发间使，招～～。"

【携离】 xiélí 叛离。丘迟《与陈伯之书》："况伪孽昏狡，自相夷戮，部落～～，酋豪猜贰。"

【携爽】 xiéshuǎng 离心。爽：违背。《魏书·卢玄传》："逮孙皓暴戾，上下～～，水陆俱进，一举始克。"

嗋 xié ❶闭合。《庄子·天运》："予口张而不能～。"王安石《再用前韵寄蔡天启》："或自逸而走，或呿而不～。"❷见"嗋呷"。

【嗋呷】 xiéxiā 呼吸。梅尧臣《伤白鸡》诗："涌血被其颈，～～气甚危。"

鲑 xié 见 qū。

鲑 xié 见 guī。

鞋(鞵) xié 鞋子。李煜《菩萨蛮》词："刬袜步香苔，手提金缕～。"

撷(擷) xié ❶摘取。苏轼《超然亭记》："～园蔬，取池鱼，酿秫酒。"❷同"襭"。把衣襟掖在腰带上兜东西。《说文·衣部》："襭，以衣衽扱物谓之襭。……或从手。"

勰(𧁀) xié 思想相合。《说文·劦部》："～，同思之和。"㊁和，和谐。陆琏《齐皇太子释奠诗》："昭图～轨，道清万国。"

缬(纈) xié ❶有花纹的丝织品。韩愈《许国公神道碑铭》："既至，献马三千匹，……他锦纨绮～又三万。"❷眼花。庾信《夜听捣衣》诗："花鬓醉眼～，龙子细文红。"苏舜钦《奉酬公素学士见招之作》诗："神迷耳热眼生～，嚼尽宝压狂酲消。"❸草名。开淡红色小花。刘基《条风》："～彼郊原，载青载红。"

歙 xié 见 xī。

襭(襭) xié 把衣襟掖在腰带间以兜东西。《诗经·周南·芣苢》："采采芣苢，薄言～之。"

㜸 xié 背离，有二心。《国语·楚语下》："民之精爽不～贰者，而又能齐肃衷正，……如是则明神降之。"

写(寫) 1. xiě ❶移置。《礼记·曲礼上》："器之溉者不～，其馀皆～。"㊀输送。《史记·秦始皇本纪》："发北山石椁，乃～蜀荆地材皆至。"❷倾吐，抒发。李白《冬夜醉宿龙门觉起言志》诗："富贵未可期，殷忧向谁～。"唐寅《题画》诗："促席坐鸣琴，～我平生心。"㊀尽。束皙《补亡诗》："宾～尔诚，主竭其心。"❸仿效，模仿。《淮南子·本经训》："雷震之声，可以鼓钟～也。"㊀摹画。贾思勰《齐民要术·园篱》："复～鸟兽之状。"㊁描摹，描写。江淹《别赋》："谁能摹暂离之状，～永诀之情者乎。"❹誊写，书写。《后汉书·班超传》："为官～书，受直以养老母。"吴文英《莺啼序》词："殷勤待～，书中长恨。"
2. xiè ❺排泄，倾泻。《周礼·地官·稻人》："以浍～水。"（浍：田间水沟。）《后汉书·王梁传》："梁穿渠引榖水注洛阳城下，东～巩川。"㊁宣泄，排除，抒发。《战国策·赵策二》："故寡人以子之知虑，为辨足以道人，危足以持难，忠可以～意，信可以远期。"欧阳修《送杨寘序》："道其湮郁，～其幽思。"❻卸除。《晋书·潘岳传》："发槅～鞍，皆有所憩。"❼泄，泄露。邱楷《陈李昭德罪状疏》："臣闻蚁穴坏堤，针芒～气。"朱桃椎《茅茨赋》:“壁则崩剥而通风,檐则摧颓而～日。”

【写白】 xiěbái ❶昭雪。《后汉书·张奂传》:“恩诏分明,前以～～,而州期切促,郡县惶惧。”❷写定誊清。朱熹《答蔡伯静书》:“《参同》定本纳去,可便～～。”

【写本】 xiěběn 手抄本。也叫“抄本”、“钞本”。李清照《金石录后序》:“独馀少轻小卷轴书帖,～～李、杜、韩、柳集,《世说》、《盐铁论》。”

【写意】 xiěyì 披露心意。《战国策·赵策二》:“忠可以～～,信可以远期。”

【写照】 xiězhào ❶摹画人的肖像。《晋书·顾恺之传》:“传神～～,正在阿堵中。”❷犹“映照”。席豫《奉和敕赐公主镜》诗:“含灵万象入,～～百花开。”

【写真】 xiězhēn ❶摹画人的真容。杜甫《丹青引赠曹将军霸》:“将军善画盖有神,必逢佳士亦～～。”也指肖像画。王安石《胡笳十八拍》之八:“死生难有却回身,不忍重看旧～～。”❷如实摹画景物。李白《求崔山人百丈崖瀑布图》诗:“闻君～～图,岛屿备萦回。”

灺(炧) xiè ❶灯烛的灰烬。洪迈《夷坚志·支志庚集》卷四:“挥鞭划之,碎为灰～。”诗词中多以指残烛。晁补之《即事一首》诗:“倒床鼻息恶,唤起对残～。”❷(灯烛)熄灭。吴伟业《萧史青门曲》:“更残灯～泪沾衣。”[引]灭绝。王闿运《彭寿颐哀词》:“淫威虽炎,国典未～。”

泻(瀉) xiè ❶倾泻,倾注。欧阳修《醉翁亭记》:“山行六七里,渐闻水声潺潺,而～出于两峰之间者,酿泉也。”[引]倾倒。《聊斋志异·王兰》:“张～囊授之。”❷消散,排泄。《史记·扁鹊仓公列传》:“所谓气者,当调饮食,择晏日,车步广志,以适筋骨肉血脉,以～气。”《论衡·道虚》:“口齿以噍食,孔窍以注～。”❸盐碱地,不毛之地。《论衡·超奇》:“山之秃也,孰其茂也?地之～也,孰其滋也?”(滋:指滋长草木。)

【泻润】 xièrùn 雨露滋润。借喻帝王降施恩泽。李商隐《为京兆公陕州贺南郊赦表》:“天潢～～,日观扬辉,普天率土,罔不庆幸。”

【泻土】 xiètǔ 草木不生的盐碱地。《论衡·书解》:“地无毛则为～～。”

泄(洩) 1. xiè ❶发散,发泄。《诗经·大雅·民劳》:“惠此中国,俾民忧～。”[又]排出。《汉书·沟洫志》:“一川兼受数河之任,虽高增堤防,终不能～。”[又]特指腹泄。杜甫《北征》诗:“老夫情怀恶,呕～卧数日。”❷漏,泄露。《吕氏春秋·慎小》:“突～一熛而焚宫烧积。”《战国策·齐策三》:“臣闻谋～者事无功,计不决者名不成。”《三国志·魏书·武帝纪》:“董承等谋～,皆伏诛。”❸外流。《管子·乘马数》:“彼物轻则见～,重则见射。”[引]出售。洪迈《夷坚丙志·饼店道人》:“[有卖饼家]饼终日不得～。”❹混杂。见“泄用”。❺减,止。《左传·昭公二十年》:“济其不及,以～其过。”(泄:注疏本作“洩”。)❻通“媟”。轻慢,亵狎。《荀子·荣辱》:“憍～者,人之殃也。”(憍:通“骄”。)❼水名。即今安徽六安地区的汲河。《说文·水部》:“～,水。受九江博安洵波,北入氐。”❽姓。战国有泄柳。

2. yì ❾见“泄泄”。

【泄渎】 xièdú 轻慢,亵渎。蔡邕《明堂月令论》:“所以示承祖考神明,明不敢～～之义。”

【泄写】 xièxiè 宣泄,抒发。写,同“泻”。《后汉书·刘瑜传》:“幸得引录,备答圣问,～～至情,不敢庸回。”

【泄用】 xièyòng 杂用。《后汉书·杜诗传》:“臣愚以为师克在和不在众,陛下虽垂念北边,亦当颇～～之。”

【泄泄】 yìyì ❶舒畅和乐的样子。《左传·隐公元年》:“大隧之外,其乐也～～。”(泄泄:注疏本作“洩洩”。)❷缓缓鼓翼的样子。《诗经·邶风·雄雉》:“雄雉于飞,～～其羽。”❸多言的样子。《诗经·大雅·板》:“天之方蹶,无然～～。”

迦 xiè 见 jiā。

绁(紲、緤) 1. xiè ❶牵牲畜的绳索。《礼记·少仪》:“犬则执～。”《国语·晋语四》:“从者为羁～之仆,居者为社稷之守,何必罪居者。”泛指绳索。《三国志·吴书·董袭传》:“[黄]祖横两蒙冲挟守沔口,以栟闾大～系石为矴。”❷系,缚。《汉书·贾谊传》:“若夫束缚之,系～之,输之司寇,编之徒官,司寇小吏詈骂而榜笞之,殆非所以令众庶见也。”又《王莽传下》:“是犹～韩卢而责之获也。”❸弓鞑。竹制用以保护弓弩的器具。《周礼·考工记·弓人》:“譬如终～,非弓之利也。”

2. yì ❹通“跇”。超越。扬雄《羽猎赋》:“亶观夫剽禽之～逾,犀兕之抵触。”

禼(卨、卨、禼、离) xiè ❶虫名。《说文·内部》:“～,虫也。”❷同“偰”。也作“契”。人名用字。《史记·三代世表》:“～为殷祖。”司马相如《子虚赋》:“禹不能名,～不能计。”

卸 xiè ❶解去(马鞍)。杜甫《王竟携酒高亦同过用寒字》诗:“自愧无鲑菜,空烦～马鞍。”㊀拿下来,去掉。杨广《效刘孝绰杂忆》诗之一:“～妆仍索伴,解珮更相催。”❷交卸,推脱。《宋史·张浚传》:“俊将万人还,将～兵而西。”王士祯《光禄大夫总督河道提督军务……谥文襄靳公墓志铭》:“诿～、中饱诸弊悉绝。”❸凋谢。李唐宾《风入松》曲:“看到荼蘼～也,玉骢何处垂杨?”❹倒塌。方回《废宅叹》:“楼阁已倾～,下有室与堂。”

屑 xiè ❶碎末。《世说新语·政事》:“听事前除雪后犹湿,于是悉用木～覆之。”㊁研成细末。《礼记·内则》:“～桂与姜,以洒诸上而盐之。”㊀琐碎,细微。《尚书·多方》:“大淫图天之命,～有辞。”木华《海赋》:“崩云～雨。”❷轻忽。见“屑播”。❸表示值得(做)。见“不屑”。❹迅疾的样子。《汉书·孝武李夫人传》:“超兮西征,～兮不见。”❺顾惜,介意。柳宗元《祭杨凭詹事文》:“翱翔自得,谁～群猜?”❻见“屑屑”。

【屑播】 xièbō 轻易抛弃。《尚书·多方》:“尔乃不大宅天命,尔乃～～天命。”

【屑怀】 xièhuái 介意。《晋书·苻坚载记下》:“猛悠然自得,不以～～。”

【屑临】 xièlín 眷顾。《墨子·兼爱中》:“天～～文王慈,是以老而无子者,有所得终其寿。”

【屑窣】 xièsū 象声词。形容细碎的声音。杨炎《大唐燕支山神宁济公祠堂碑》:“观夫丛岩悬抱,烟雨～～。”韩驹《夜与疏山清公对语》诗:“落叶～～鸣风廊,四无人声夜未央。”

【屑涕】 xiètì 涕泪交流。《南史·侯景传》:“军人莫不～～,百姓乃安。”《隋书·音乐志上》:“帝潸然～～。”

【屑屑】 xièxiè ❶犹“区区”,细小的样子。《左传·昭公五年》:“礼之本末,将于此乎在,而～～焉习仪以亟,言善于礼,不亦远乎。”李商隐《为李贻孙上李相公启》:“是则陈曲逆之六奇,翻成～～;葛武侯之八阵,更觉区区。”❷劳瘁忙碌的样子。《汉书·董仲舒传》:“凡所为～～,夙兴夜寐,务法上古者,又将无补与。”李翱《寄从弟正辞书》:“贵与富,在乎外者也,……吾何爱而～～于其间哉。”❸着意、介意的样子。俞文豹《吹剑四录》:“上达之士,能安时处顺,由行于天理之中,故不～～于占算推测。”张世南《游宦纪闻》卷十:“其家虽号寒啼饥,而凝式不～～也。”❹象声词。形容悲凉之声。江淹《悼室人》诗之九:“感此增婵娟,～～涕自滋。”

【屑意】 xièyì 介意,在意。刘禹锡《王公神道碑》:“天和内充,不以时尚～～。”《宋史·陈越传》:“越耿概任气,喜箴切朋友,放旷杯酒间,家徒壁立,不以～～。”

【屑越】 xièyuè 糟蹋,不顾惜。《资治通鉴·唐高祖武德元年》:“而有司曾无爱吝,～～如此。”

渫 1. xiè ❶同“渫”。止,消散。班固《东都赋》:“马踠馀足,士怒未～。”

2. yì ❷蒸葱。《礼记·曲礼上》:“葱～处末,酒浆处右。”

械 xiè ❶器具的总称。《战国策·东周策》:“士卒师徒,器～被具。”㊁特指兵器。《吕氏春秋·荡兵》:“蚩尤非作兵也,利其～矣。”《后汉书·西羌传论》:“揭木为兵,负柴为～。”㊁特指枷锁、镣铐一类的刑具。《后汉书·吴祐传》:“长以～自系。”《三国志·魏书·袁绍传》:“丰恳谏,绍怒甚,以为沮众,～系之。”❷拘系,拘束。陆游《秋夕大风松声甚壮戏作短歌》:“人生不自怜,坐受外物～。”

渫 1. xiè ❶淘去污泥。《周易·井》:“九三:井～不食,为我心恻。”王粲《登楼赋》:“惧匏瓜之徒悬兮,畏井～之莫食。”❷污浊。《汉书·王褒传》:“去卑辱奥～而升本朝,离疏释跻而享膏粱。”❸散,发散。晁错《论贵粟疏》:“如此,富人有爵,农民有钱,粟有所～。”㊁发泄。薛福成《书汉阳叶相广州之变》:“粤人固已决眥切齿,思一～其愤而未得间也。”❹漏,泄漏。郭璞《江赋》:“磴之以瀿瀷,～之以尾闾。”❺止歇。曹植《七启》:“于是为欢未～,白日西颓。”❻姓。春秋越有渫庸。

2. dié ❼见“渫渫”。

3. zhá ❽把蔬菜等在沸水中略煮一下。贾思勰《齐民要术·种胡荽》:“作胡荽菹法,汤中～出之。”

【渫渫】 diédié 泪流不止的样子。《乐府诗集·相和歌辞·孤儿行》:“泪下～～,清涕累累。”

亵(褻) xiè ❶内衣。见“亵衣”。❷亲近,宠幸。《礼记·檀弓下》:“调也,君之～臣也。”㊁熟习。《论语·乡党》:“见冕者与瞽者,虽～,必以貌。”(必以貌:一定以礼貌相待。)❸不庄重。《聊斋志异·庙鬼》:“见一妇人入室,貌肥黑不扬,笑近坐榻,意甚～。”㊁轻慢。杜甫《八哀诗·故秘书少监武功苏公源明》:“反为后辈～,予实苦怀缅。”❹污秽。见“亵器”。

【亵服】 xièfú 平日在家穿的便服。《论语·乡党》:“君子不以绀緅饰,红紫不以为～

～。”《列女传·周宣姜后》：“脱朝服，衣～～。”

【亵慢】 xièmàn 轻慢，不庄重。《北史·封懿传》：“子绣为勃海太守，定远过之，对妻及诸女宴集，言戏微有～～。”

【亵器】 xièqì ❶溲便之器。《周礼·天官·玉府》：“掌王之燕衣服，衽席，床笫，凡～～。”❷洗沐用具。《周礼·天官·内竖》：“及葬，执～～以从遣车。”

【亵狎】 xièxiá ❶亲近，宠幸。《三国志·魏书·三少帝纪》：“季末暗主，不知损益，斥远君子，引近小人，忠良疏远，便辟～～，乱生近暱，譬之社鼠。”❷轻佻玩忽。《北史·韩麒麟传》：“无令缮其蒱博之具，以成其～～之容，徒损朝仪，无益事实。”

【亵衣】 xièyī ❶贴身内衣。司马相如《美人赋》：“女乃弛其上服，表其～～。”❷脏衣服。《礼记·丧大记》：“彻～～，加新衣。”（彻：通“撤”。）

谢（謝） xiè ❶认错，道歉，谢罪。《管子·大匡》：“齐人杀彭生，以～于鲁。”《国语·晋语三》：“使丕郑聘于秦，且～之。”《战国策·赵策二》：“乃且愿变心易虑，剖地～前过以事秦。”❷辞去官职，推辞。《礼记·曲礼上》：“大夫七十而致事，若不得～，则必赐之几杖。”《后汉书·鲁恭传》：“郡数以礼请，～不肯应。”[又]拒绝。《战国策·魏策一》：“陈轸为秦使于齐，过魏，求见犀首，犀首～陈轸。”欧阳修《故霸州文安县主簿苏君墓志铭》：“年二十七，始大发愤，～其素所往来少年。”[引]不用，免。韩愈《醉赠张秘书》诗：“至宝不雕琢，神功～锄耕。”苏轼《吴子野将出家赠以扇山枕屏》诗：“短屏虽曲折，高枕～奔走。”❸辞别，离开。郭璞《游仙》诗：“高蹈风尘外，长揖～夷齐。”李白《书情题蔡舍人雄》诗：“迹～云台阁，心随天马辕。”❹告，问。《孙子·行军》：“来委～者，欲休息也。”《乐府诗集·相和歌辞·陌上桑》：“使君～罗敷，宁可共载不？”[引]话语。孟浩然《同独孤使君东斋作》诗：“寄～东阳守，何如八咏楼。”[又]叙述。《论衡·谢短》：“其内各有所以为短，未实～也。”❺感谢，酬谢。《汉书·张汤传》：“安世尝有所荐，其人来～。”《后汉书·皇甫规传》：“云臣私报诸羌，～其钱货。”[又]报答。《新唐书·李光弼传》：“万有一不捷，当自刎以～天子。”❻逝去。《楚辞·大招》：“青春受～，白日昭只。”（青春：春天。）谢灵运《庐陵王墓下作》诗：“徂～易永久，松柏森已行。”[引]交替，代换。潘岳《悼亡》诗之一：“荏苒冬春～，寒暑忽流易。”❼衰退，凋落，死亡。《宋书·顾恺之传》：“以其筋力衰～，非复军旅之日。”范缜《神灭论》：“是以形存则神存，形～则神灭也。”李山甫《落花》诗：“落魄东风不藉春，吹开吹～两何因。”❽愧，惭。颜延之《皇太子释奠会作》诗：“徒愧微冥，终～智效。”武元衡《酬严维秋夜见寄》诗：“神仙惭李郭，词赋～曹刘。”[又]逊，不如。李白《劳劳亭歌》：“昔闻牛渚吟五章，今来何～袁家郎。”李商隐《骄儿》诗：“欲争蛱蝶轻，未～柳絮疾。”❾指占卜的结果不灵验。《尔雅·释鱼》：“龟，俯者灵，仰者～。”❿通“榭”。台榭。《荀子·王霸》：“台～甚高，园囿甚广。”⓫古邑名。在今河南唐河县南。《诗经·小雅·黍苗》：“肃肃～功，召伯营之。”

【谢病】 xièbìng 称病引退居家或谢客来访。《吕氏春秋·知士》：“十日，～～，强辞，三日而听。”《后汉书·李通传》：“自为宰相，～～不视事，连年乞骸骨，帝每优宠之。”

【谢女】 xiènǚ 指晋王凝之妻谢道韫。李绅《登禹庙回降雪五言二十韵》：“麻引诗人兴，盐牵～～才。”泛指女郎。李贺《牡丹种曲》：“檀郎～～眠何处，楼台月明燕夜语。”

【谢事】 xièshì 辞去官职。《后汉书·左雄周举黄琼传论》：“在朝者以正议婴戮，～～者以党锢致灾。”（婴：通“撄”。遭遇。）

𬺈（齘） xiè ❶牙齿相磨切。《金匮要略·痓湿暍》：“痓为病，胸满口噤。……必～齿。”[引]交切。《元史·天文志一》：“北九十一，赤道～也。”❷物体相接处参差不吻合。《周礼·考工记·函人》：“衣之欲其无～也。”

屧（屧） xiè 古代鞋的木底。《南齐书·江泌传》：“泌少贫，昼日斫～，夜读书。”[引]木屐，鞋。皮日休《二游诗·任诗》：“多君方闭户，顾我能倒～。”[又]行走，踩。杜甫《北邻》诗：“时来访老疾，步～到蓬蒿。”

媟 xiè ❶过分亲昵而不庄重。《汉书·贾山传》：“古者大臣不～。”[又]轻侮。《晋书·周顗传》：“虽时辈亲狎，莫能～也。”❷污秽，淫秽。杜牧《陇西李府君墓志铭》：“淫言～语，冬寒夏热，入人肌骨，不可除去。”

【媟黩】 xièdú 狎昵轻慢。徐洪《比干墓》诗：“～～皆佞谀，虔刘尽英隽。”也作“媟渎”。荀悦《汉纪·成帝纪四》：“愿陛下正君臣之义，黜群小～～之臣。”

【媟嫚】 xièmàn 轻薄，不恭敬。《汉书·谷永传》：“乱服共坐，流湎～～。”亦作“媟慢”。洪迈《夷坚丙志·饶氏妇》：“人神异路，愿不至～～以为神羞。”

【媟狎】 xièxiá ❶狎昵，不庄重。《宋史·朱熹传》："既无以发其隆师亲友、尊德乐义之心，又无以防其戏慢～～、奇衺杂进之害。"❷淫狎。洪迈《夷坚支志景·孙判官》："恃色力盛壮，与娼女～～无期度。"

解 xiè 见 jiě。

鞢(韘) xiè 古代魂车上陈设的马缰绳。《仪礼·既夕礼》："荐乘车，鹿浅幦，干、笮、革～。"

榭 xiè ❶建筑在高土台上的木屋。多为游观憩息之所。《尚书·泰誓上》："惟宫室台～，……以残害于尔万姓。"《左传·襄公三十一年》："宫室卑庳，无观台～。"欧阳修《菱溪石记》："想其陂池台～，奇木异草与此石称，亦一时之盛哉。"❷古代的讲武堂。《国语·楚语上》："～不过讲军实。"❸藏乐器之所。《汉书·五行志上》："～者所以藏乐器。"

暬 xiè 狎近，轻慢。《说文·日部》："～，日狎习相嫚也。"

【暬御】 xièyù 左右亲近的小臣。《国语·楚语上》："居寝有～～之箴，临事有瞽史之导。"《后汉书·蔡邕传》："夫世臣、门子、～～之族，天隆其祐，主丰其禄。"

廨 xiè 官署，官舍。《论衡·谈天》："二十八宿为日月舍，犹地有邮亭为长吏～矣。"陆游《入蜀记》卷一："邑中才百馀户，自令～而下，皆茅茨，了无片瓦。"

懈(懯) xiè 怠惰，松懈。《荀子·君道》："以礼待君，忠顺而不～。"《吕氏春秋·节丧》："子虽死，慈亲之爱之不～。"

【懈弛】 xièchí 松散，懈怠。《后汉书·和帝纪》："今废慢～～，不以为负。"《三国志·魏书·田畴传》："今虏将以大军当由无终，不得进而退，～～无备。"

【懈沮】 xièjǔ 精神沮丧，懈怠。《后汉书·庞参传》："然后畜精锐，乘～～，出其不意，攻其不备。"

【懈慢】 xièmàn 懈怠轻慢。《国语·周语上》："犹有散、迁、～～而著在刑辟，流在裔土。"《后汉书·杨震传》："邓通～～，申屠嘉召通诘责，文帝从而请之。"

【懈忒】 xiètè 犹懈怠。《后汉书·傅毅传》："契阔夙夜，庶不～～。"

薤 xiè 一种多年生草本植物，俗称"藠头"。鳞茎可食。《后汉书·庞参传》："但以～一大本，水一盂，置户屏前。"

薢 xiè 见"薢茩"。

【薢茩】 xiègòu 菱的别名。《说文·艸部》："菱，楚之芰，秦谓之～～。"

嶰 xiè 山涧，沟壑。有水称涧，无水称嶰。《后汉书·马融传》："穷浚谷，底幽～。"

獬 xiè 见"獬豸"。

【獬豸】 xièzhì ❶传说中的独角异兽。司马相如《上林赋》："椎蜚廉，弄～～。"❷古代冠名。权德舆《奉和许阁老酬淮南崔十七端公见寄》诗："方看簪～～，俄叹絷驹骕。"简称"獬"。《淮南子·主术训》："楚文王好服～冠，楚国效之。"

邂 xiè 见"邂逅"。

【邂逅】 xièhòu 亦作"邂遘"、"解后"、"邂觏"、"解构"、"迦逅"。❶不期而遇，偶然赶上。《诗经·郑风·野有蔓草》："～～相遇，适我愿兮。"《论衡·逢遇》："～～逢喜，遭触上意，故谓之'遇'。"❷偶尔，一旦。《后汉书·安思阎皇后纪》："～～公卿立之，还为大害。"❸指爱悦之人。《诗经·唐风·绸缪》："今夕何夕，见此～～。"（一说，怡悦之貌。）

燮(爕) xiè ❶协和，协同。《诗经·大雅·大明》："笃生武王，保右命尔，～伐大商。"张衡《东京赋》："北～丁令，南谐越裳。"❷烂熟。王安石《再用前韵寄蔡天启》："时时羹藜藿，镬大苦难～。"❸姓。宋有御史燮玄图。

【燮和】 xièhé ❶调和，协和。《晋书·恭帝纪》："并徽序彝伦，～～二气。"❷指丞相的政务。姚合《和门下李相饯西蜀相公》诗："～～皆达识，出入并登庸。"

【燮理】 xièlǐ ❶协调治理。杨炯《中书令汾阴公薛振行状》："四迁门下，二八中书，用能～～我阴阳，经纬我天地。"❷指丞相的政务。孟浩然《和张丞相春朝对雪》诗："不睹丰年瑞，焉知～～才。"

【燮燮】 xièxiè 象声词。形容树叶脱落之声。陶渊明《闲情赋》："叶～～以去条，气凄凄而就寒。"

【燮友】 xièyǒu 和顺。《尚书·洪范》："强弗友刚克，～～柔克。"

豫 xiè 见 yù。

蹀 xiè ❶同"躞"。见"蹀躞"。❷(qiè)通"缨"。衣裳的缘饰，花边。《盐铁论·国疾》："常民文杯画案，机席缉～。"

【蹀躞】 xièdié 小步行走的样子。南朝梁武帝《江南弄》："连手～～舞春心。"

瀣 xiè 见"沆瀣"。

蟹(蠏) xiè 螃蟹。《国语·越语下》："今其稻～不遗种,其可乎。"

【蟹堁】 xièkè 狭小的高地。《说苑·尊贤》："～～者宜禾,洿邪者百车。"

䪥(䪗) xiè ❶同"薤"。植物名。即藠头。《山海经·北山经》："其草多韭～。"❷褊狭。扬雄《反离骚》："素初贮厥丽服兮,何文肆而质～。"

躞 xiè ❶见"躞蹀"。❷书卷的轴心。阮大铖《燕子笺·骇像》："玉题金～,又把吴绫帧。"

【躞蹀】 xièdié 也作"蹀躞"。小步行走。《乐府诗集·相和歌辞·白头吟之一》："～～御沟上,沟水东西流。"张祜《爱妾换马》诗："婵娟～～春风里,挥手摇鞭杨柳堤。"

xin

心 xīn ❶心脏。《淮南子·原道训》："夫～者,五藏之主也。"(藏:通"脏(臟)"。)㊀古人以心为思维器官。《孟子·告子上》："～之官则思。"❷精神,心思,思想感情。《孟子·告子下》："故天将降大任于是人也,必先苦其～志。"《荀子·非相》："故相形不如论～。"《后汉书·霍谞传》："人～不同,譬若其面。"❸胸部心所处的位置。《礼记·曲礼下》："凡奉者当～,提者当带。"(奉:捧。)㊁中心,中央。《吕氏春秋·精通》："若树木之有根～也。"白居易《琵琶行》："东船西舫悄无言,惟见江～秋月白。"❹植物的苗尖。贾思勰《齐民要术·种兰香》："六月连雨,拔栽之,掐～着泥中,亦活。"㊀花蕊。李贺《谢秀才有妾缟练,改从于人……座人制诗嘲诮,贺复继》诗之三："蜂子作花～。"❺(树木的)尖刺。《诗经·邶风·凯风》："凯风自南,吹彼棘～。"❻星宿名。二十八宿之一。《宋史·天文志三》："～宿三星,天之正位也。"

【心腹】 xīnfù ❶肚子。《战国策·秦策三》："秦之有韩,若木之有蠹,人之病～～。"❷比喻要害。《左传·哀公十一年》："越在我,～～之疾也。"❸比喻亲信之人。《管子·七臣七主》："暴主迷君,非无～～也,其所取舍非其术也。"《后汉书·窦宪传》："宪既平匈奴,威名大盛,以耿夔、任尚等为爪牙,邓叠、郭璜为～～。"❹衷情。《汉书·赵广汉传》："吏见者皆输写～～,无所隐匿。"

【心肝】 xīngān ❶心。李白《长相思》诗："梦魂不到关山难,长相思,摧～～。"❷比喻真挚的情意。犹肝胆。杜甫《彭衙行》："谁肯艰难际,豁达露～～。"❸比喻最心爱的人。《晋书·刘曜载记》："躯干虽小腹中宽,爱养将士同～～。"❹理智。《南史·陈后主纪》："隋文帝曰:'叔宝全无～～。'"

【心画】 xīnhuà 指文字。文字能表达心意,故称。《法言·问神》："故言,心声也;书,～～也。"

【心几】 xīnjī 心计,心机。《后汉书·郑众传》："郑众字季产,南阳犨人也。为人谨敏有～～。"

【心迹】 xīnjì ❶心志与行事。谢灵运《斋中读书》诗："矧乃归山川,～～双寂寞。"❷心意。孔尚任《桃花扇·哄丁》："我正为暴白～～,故来与祭。"

【心匠】 xīnjiàng 刻意的构思或设计。白居易《大巧若拙赋》："将务乎～～之忖度,不在乎手泽之剪拂。"

【心旌】 xīnjīng 语出《战国策·楚策一》："心摇摇如悬旌而无所终薄。"言心神不定如旌旗摇曳。后遂以"心旌"指心情,心意。王安石《次韵酬宋中散》之一："风流今见佳公子,投老～～一片降。"

【心竞】 xīnjìng ❶竞相务德尽忠。《后汉书·孔融传》："晋侯嘉其臣所争者大,而师旷以为不如～～。"❷暗自争胜。《晋书·殷浩传》："浩少与温齐名,而每～～。"

【心君】 xīnjūn 语出《荀子·解蔽》："心者,形之君也。"古人以心为人身的主宰,故称心为心君。陆游《夏日杂咏》："省事～～静,忘情眼界平。"

【心膂】 xīnlǚ ❶比喻亲信得力的人。膂:脊骨。《后汉书·卢芳传》："芳知羽翼外附,～～内离,遂弃辎重,与十馀骑亡入匈奴。"《三国志·魏书·钟繇传》："厥相惟钟,实干～～。"❷心力。张华《劳还师歌》："将士齐～～,感义忘其私。"

【心期】 xīnqī ❶期望,向往。白居易《寄王质夫》诗："因话出处心,～～老岩壑。"❷彼此深切了解。《南史·向柳传》："我与士逊～～久矣,岂可一旦以势利处之。"也指心中期许之人。任昉《赠郭桐庐出溪口见候……》诗："客心幸自弭,中道遇～～。"

【心契】 xīnqì ❶心中领会。谢灵运《登石门最高顶》诗："～～九秋干,目玩三春荑。"❷两心相契,志同道合。《宋史·刘清之传》："吕伯恭、张栻皆神交～～。"

【心丧】 xīnsāng 古代弟子为师守丧,不穿丧服,只在心中悼念,称心丧。《史记·孔子世家》："孔子葬鲁城北泗上,弟子皆服三年,三年～～毕,相诀而去。"

【心声】 xīnshēng 指言语。《法言·问神》："故言,～～也;书,心画也。"《文心雕龙·夸饰》："然饰穷其要,则～～锋起,夸过其理,则名实两乖。"

【心死】 xīnsǐ ❶形容哀痛至极，万念俱灭。《庄子·田子方》："夫哀莫大于～～，而人死亦次之。"❷道家指心无杂念，达到无我的境界。《列子·汤问》："唯黄帝与容成子居空峒之上，同斋三月，～～形废。"

【心素】 xīnsù 内心的真情，本心。孟郊《古意》诗："芙蓉无染污，将以表～～。"

【心虚】 xīnxū 谦虚不自满。《列子·仲尼》："南郭子貌充～～，耳无闻，目无见。"谢尚《谈赋》："理玄旨远，辞简～～。"

【心远】 xīnyuǎn 心境超逸，胸怀旷达。陶渊明《饮酒》诗之五："问君何能尔，～～地自偏。"

【心斋】 xīnzhāi 排除一切欲念，保持心境的纯净。苏轼《泛舟城南会者五人分韵赋诗得人皆苦炎字》之二："苦热诚知处处皆，何当危坐学～～。"

【心照】 xīnzhào 两心对照，相知默契。潘岳《夏侯常侍诔》："～～神交，唯我与子。"任昉《答陆倕感知己赋》："～～情交，流言靡惑。"

【心折】 xīnzhé ❶犹心碎。形容伤心至极。江淹《别赋》："有别必怨，有怨必盈，使人意夺神骇，～～骨惊。"❷衷心佩服。赵翼《瓯北诗话·韩昌黎诗》："所～～者，惟孟东野一人。"

【心醉】 xīnzuì 心如酒醉。形容心中迷惑。《庄子·应帝王》："郑有神巫曰季成，知人之死生存亡，祸福寿夭，……列子见之而～～。"后形容十分钦佩，爱慕。《颜氏家训·慕贤》："所值名贤，未尝不～～魂迷，向慕之也。"

【心广体胖】 xīnguǎngtǐpán 心胸宽阔，体貌自然安详舒泰。《礼记·大学》："富润屋，德润身，～～～～。"

【心劳日拙】 xīnláorìzhuō 言费尽心机，反而越来越糟。《尚书·周官》："作德，心逸日休；作伪，～～～～。"

【心慕手追】 xīnmùshǒuzhuī 心中仰慕，追随仿效。《晋书·王羲之传赞》："～～～～，此人而已，其馀区区之类，何足论哉！"

䜣(訢) 1. xīn ❶同"欣"。喜悦。《孟子·尽心上》："终身～然，乐而忘天下。"《史记·周本纪》："庶民不忍，～戴武王。"

2. xī ❷见"䜣合"。

3. yín ❸见"䜣䜣"。

【䜣䜣】 xīnxīn 同"欣欣"。喜悦的样子。《大戴礼记·曾子制言中》："日孜孜，上仁，知我，吾无～～；不知我，我无悒悒。"《汉书·贾山传》："天下皆～～焉，曰将兴尧舜之道。"

【䜣合】 xīhé 和气交感。《礼记·乐记》："天地～～，阴阳相得。"泛指意气相投。白居易《为人上宰相书》："当其冥同～～之际，但吻然而已矣。"

【䜣䜣】 yínyín 恭谨戒慎的样子。《史记·万石张叔列传》："童仆～～如也，唯谨。"

辛 xīn ❶辣味。《楚辞·招魂》："大苦咸酸，～甘行些。"(行：用。些：语气词。)㊀指葱蒜椒姜等带有辛辣味的菜蔬。《宋史·顾忻传》："以母病，荤～不入口者十载。"❷劳苦。李白《陈情赠友人》诗："英豪未豹变，自古多艰～。"苏轼《浪淘沙》词："东君用意不辞～，料想春光先到处，吹绽梅英。"❸痛苦，悲伤。杜甫《寄张十二山人彪三十韵》："索居犹寂寞，相遇益愁～。"㊀酸痛。《素问·气厥论》："胆移热于脑，则～頞鼻渊。"(頞：鼻梁。)❹天干的第八位。与地支相配，以纪年、日、月。《左传·隐公元年》："五月～丑，大叔出奔共。"

【辛楚】 xīnchǔ 辛酸苦楚。《后汉书·刘瑜传》："臣在下土，听闻歌谣，骄臣虐政之事，远近呼嗟之音，窃为～～，泣血涟如。"

【辛苦】 xīnkǔ ❶穷困。《逸周书·柔武解》："以匡～～。"❷经受艰苦困厄。《史记·吴太伯世家》："且勾践为人能～～，今不灭，后必悔之。"杜牧《罪言》："故其人沉鸷多材力，重许可，能～～。"❸悲痛。李密《陈情表》："臣之～～，非独蜀之人士，及二州牧伯所见明知，皇天后土，实所共鉴。"

忻 xīn ❶启发。《说文·心部》："～，闿也。《司马法》曰：'善者～民之善，闭民之恶。'"❷喜悦，高兴。苏轼《刑赏忠厚之至论》："故其吁俞之声，欢～惨戚，见于虞夏商周之书。"❸姓。明代有举人忻恭逊。

【忻慕】 xīnmù 喜悦羡慕。《史记·管晏列传》："假令晏子而在，余虽为之执鞭，所～～焉。"

【忻翘】 xīnqiáo 悦服，企慕。向人表示敬仰的套语。李淑《贺司空吕相公启》："企恋～～，丛集丹悃。"

【忻悚】 xīnsǒng 欣喜和忧惧。韩愈《与孟尚书书》："得吾兄二十四日手书数番，～～兼至。"

炘 xīn 见"炘炘"。

【炘炘】 xīnxīn (火光、热气)炽盛的样子。扬雄《甘泉赋》："扬光曜之燎爥兮，垂景炎之～～。"

昕 1. xīn ❶黎明，天亮。《仪礼·士昏礼》："凡行事，必用昏～。"曹植《籍田说》之一："日殄没而归馆，晨未～而即野。"❷明亮，鲜明。《初学记》卷十二引扬雄《太仆箴》："檀车孔夏，四驱孔～。"

2. xuān ❸通"轩"。（天体）北高南低的样子。见"昕天"。

【昕天】 xuāntiān 古代天体说之一。其说认为天体北高南低。《晋书·天文志上》："吴太常姚信造《昕天论》云。"

欣 xīn ❶喜悦，高兴。《史记·周本纪》："事神保民，无不～喜。"《汉书·高帝纪》："百姓～然以事其上。"㊀悦服，爱戴。《国语·晋语一》："昔者之伐也，兴百姓以为百姓也，是以民能～之。"❷（xī）通"晞"。望，测量。《墨子·耕柱》："譬若筑墙然，能筑者筑，能实壤者实壤，能～者～，然后墙成也。"

【欣戴】 xīndài 悦服拥戴。《三国志·蜀书·郤正传》："君臣协美于朝，黎庶～～于野。"

【欣慕】 xīnmù 爱悦羡慕。《聊斋志异·劳山道士》："王窃～～，归念遂息。"

【欣欣】 xīnxīn ❶喜乐自得的样子。《庄子·在宥》："昔尧之治天下也，使天下～～焉人乐其性，是不恬也。"《楚辞·九歌·东皇太一》："五音纷兮繁会，君～～兮乐康。"❷悦服羡慕的样子。《后汉书·贾逵传》："朝夕受业黄门署，学者皆～～羡慕焉。"❸草木生长旺盛的样子。范成大《寒食郊行书事》诗："陇麦～～绿，山桃寂寂红。"

莘 xīn 见 shēn。

廞（𢅥） 1. xīn ❶陈设。《周礼·春官·司服》："～衣服。"又《春官·笙师》："大丧，～其乐器。"❷淤塞。《新唐书·薛大鼎传》："累徙沧州，无棣渠久～塞，大鼎浚治属之海。"❸盛怒的样子。扬雄《太玄经·众》："虎虓振～。"

2. qiàn ❹凹陷的样子。《旧唐书·史思明传》："鸢肩伛背，～目侧鼻。"

【廞车】 xīnchē 古代送葬时，载牲体的车。《周礼·春官·司常》："大丧，共铭旌，建～～之旌。及葬，亦如之。"

焮 xīn ❶灼，烧。范成大《大热泊乐温有怀商卿德称》诗："瘴风如火～，岚月似烟昏。"㊀暴晒。刘基《题揭伯洪山居图》诗："黄埃晦城市，赤日～逵道。"❷盛。郭璞《答贾九州愁》诗："乱离方～，忧虞匪歇。"❸肿，肿痛。周履靖《夷门广牍·怪疴单》："一人患脑疽，面目肿闭，头～如斗。"

新 xīn ❶柴。后作"薪"。马王堆汉墓帛书《十六经·顺道》："百姓斩木艾～而各取富焉。"❷新。与"旧"、"故"、"陈"相对。《诗经·大雅·文王》："周虽旧邦，其命维～。"《论语·公冶长》："旧令尹之政，必以告～令尹。"《韩非子·外储说左上》："此～屋也。"㊁更新。《礼记·大学》："汤之盘铭曰：'苟日～，日日～，又日～。'"❸新鲜。王维《送元二使安西》诗："渭城朝雨浥轻尘，客舍青青柳色～。"㊁指刚收获的粮食或蔬果。《吕氏春秋·孟秋》："是月也，农乃登谷，天子尝～。"❹副词。刚，才。《左传·成公二年》："齐师～败。"《吕氏春秋·不屈》："人有～取妇者。"❺朝代名（公元8—23年）。西汉末王莽代汉所建，都长安。《汉书·王莽传上》："御王冠，即真天子位，定有天下之号曰～。"

【新妇】 xīnfù ❶新娘。《吕氏春秋·不屈》："何事比于我～～乎？"❷称儿媳。《后汉书·周郁妻传》："郁父伟谓阿曰：'～～贤者女，当以道匡夫。'"（阿：周郁妻名。）❸妇人自称的谦词。古诗《为焦仲卿妻作》："～～谓府吏，勿复重纷纭。"

【新火】 xīnhuǒ ❶古代钻木取火，四季所用木材不同，季节更替时所取的火叫新火。《北史·王劭传》："～～旧火，理应有异。"❷唐宋习俗，清明节前一天禁火寒食，到清明日再起火，叫新火。杜甫《清明》诗："朝来～～起新烟，湖色春光净客船。"

【新进】 xīnjìn 指初入仕途或新登科第的人。元稹《上令狐相公诗启》："江湖间，多有～～小生，不知天下文有宗主。"

【新莽】 xīnmǎng 王莽篡汉自立，国号新，世称新莽。《旧唐书·肃宗纪论》："～～据图，黔首仍思于汉德。"

【新人】 xīnrén ❶新娶的妻子。对原来的妻子而言。杜甫《佳人》诗："但见～～笑，那闻旧人哭。"也指新嫁的丈夫。蔡琰《悲愤诗》："托命于～～，竭心自勖厉。"❷新娘。关汉卿《玉镜台》三折："声声慢唱贺新郎。请～～出厅行礼。"

【新特】 xīntè 古代指不以礼嫁娶的外来配偶。《诗经·小雅·我行其野》："不思旧姻，求尔～～。"

【新乐府】 xīnyuèfǔ 从古乐府演变革新而来的一种新诗体。取古乐府之风格和大体形式，但不严格限于其声律要求，且即事命题。始于初唐，至李白、杜甫而有显著发展，及白居易、元稹、张籍等人而盛，并确定了新乐府的名称。

歆 xīn ❶古代迷信指祭祀时神鬼享用供品的香气。《论衡·论死》："或曰：'死人～肴食气，故能言。'"㊀享用（酒食）。《国语·周语上》："膳夫赞王，王～大牢，班尝之，庶人终食。"❷用食物供奉鬼神或招待宾客。《张仲簠》："用飨大正，～王宾。"《论衡·薄葬》："故作偶人以侍尸柩，多藏食物以～精魂。"❸欣喜，悦服。《国语·周语下》："民～而德之，则归心焉。"❹羡慕。《新唐书·王绯传》："士人～其宠。"㊁贪求。《国语·楚语下》："若易中下，楚必～之。"王夫之《宋论·仁宗》："能使见小害而不激，见小利而不～。"

【歆羡】 xīnxiàn 欣羡，羡慕。张协《七命》："斯人神之所～～，观听之所炜晔也。"

【歆享】 xīnxiǎng 指鬼神享受祭品。《论衡·明雩》："神不～～，安耐得神。"《后汉书·杨震传》："魂而有灵，傥其～～。"

【歆艳】 xīnyàn 犹"歆羡"。《新唐书·朱克融传》："冀厚其爵位，使北方～～。"

薪 xīn ❶木柴。《汉书·枚乘传》："欲汤之沧，一人炊之，百人扬之，无益也，不如绝～止火而已。"（沧：寒冷，凉。）《后汉书·和熹邓皇后纪》："离宫别馆储峙米糒～炭，悉令省之。"（峙：准备。糒：干饭。）❷砍木为柴。《论衡·书虚》："当夏五月，有披裘而～者。"

【薪桂】 xīnguì 语出《战国策·楚策三》："楚国之食贵于玉，薪贵于桂。"言薪价贵于桂枝。后因以"薪桂"比喻物价昂贵。萨都剌《题进士索士岩诗卷……除为燕南廉访经历》诗："羁旅燃～～，长吟出锦坊。"

【薪水】 xīnshuǐ 打柴汲水。《晋书·刘寔传》："寔少贫窭，杖策徒行，每行憩止，不累主人，～～之事，皆自营给。"（窭：贫穷。）泛指供给打柴汲水等日常生活上的必需费用。《魏书·卢昶传》："卿可量眗山～～得支几时。"

【薪苏】 xīnsū 伐木为薪，割草为苏。《新唐书·马怀素传》："家贫无灯烛，昼采～～，夜燃读书。"

【薪桂米珠】 xīnguìmǐzhū 柴价贵如桂枝，米价贵如珍珠。比喻物价昂贵。《聊斋志异·司文郎》："都中～～～～，勿忧资斧，舍中有窖镪，可以发用。"（镪：成串的钱。）

馨 xīn ❶香气远闻。《诗经·大雅·凫鹥》："尔酒既清，尔殽既～。"㊀香，香气。《楚辞·九歌·湘夫人》："合百草兮实庭，建芳～兮庑门。"张衡《东京赋》："神歆～而顾德。"比喻美好的名声。《晋书·苻坚载记》："垂～千祀。"（千祀：千年。）❷晋宋方言"宁馨"的省称。犹"然"、"一样"。《世说新语·忿狷》："冷如鬼手～，强来捉人臂。"

【馨香】 xīnxiāng ❶芳香。潘岳《籍田赋》："黍稷～～，旨酒嘉粟。"比喻德行美好。《国语·周语上》："国之将兴，其君齐明、衷正、精洁、惠和，其德足以昭其～～，其惠足以同其民人。"❷代指黍稷等祭品。《左传·僖公五年》："若晋取虞，而明德以荐～～，神其吐之乎。"《论衡·明雩》："阴阳精气，傥如生人能饮食乎？故共～～，奉进旨嘉。"

【馨逸】 xīnyì 香气四溢。《水经注·河水四》："民有姓刘名堕者，宿擅工酿，采挹河流，酝成芳酎，……兰薰麝越，自成～～。"

鬵 xín 古代炊具。大锅。《楚辞·九叹·忧苦》："爨土～于中宇。"

伈 xǐn 见"伈伈"。

【伈伈】 xǐnxǐn 恐惧的样子。韩愈《祭鳄鱼文》："刺史虽驽弱，亦安肯为鳄鱼低首下心，～～睍睍，为民吏羞，以偷活于此邪。"（睍睍：或作"覞覞"。）

囟（顖） xìn 囟门，婴儿头顶骨未合缝的地方。《礼记·内则》郑玄注："夹～曰角。"巢元方《诸病源候论·解颅候》："～应合而不合，头缝开解是也。"

信 1. xìn ❶言语真实，诚实。《老子·八十一章》："～言不美，美言不～。"《论语·学而》："言而有～。"❷的确，确实。《史记·淮南衡山列传论》："《诗》之所谓'戎狄是膺，荆舒是惩'，～哉是言也。"《后汉书·张晧传》："二千石～有罪矣，然为之者又非义也。"㊁果真。《孟子·公孙丑上》："～能行此五者，则邻国之民，仰之若父母矣。"《吕氏春秋·爱类》："闻大王将攻宋，～有之乎。"❸信用，守信用。《老子·六十三章》："夫轻诺必寡～。"《史记·高祖本纪》："为政不平，主约不～，天下所不容。"❹准时，有规律。《管子·任法》："如日月之明，如四时之～。"《吕氏春秋·贵信》："天行不～，不能成岁；地行不～，草木不大。"❺相信，信任。《管子·形势》："必诺之言，不足～也。"《史记·吕太后本纪》："吕禄～郦寄，时与出游猎。"诸葛亮《出师表》："此悉贞良死节之臣也，愿陛下亲之～之。"❻明，审。《左传·昭公二十五年》："戮力壹心，好恶同之，～罪之有无。"㊁明确。《国语·晋语一》："且夫胜狄，诸侯惊惧，吾边鄙不儆，仓廪盈，四邻服，封疆～，君得其赖。"❼信物，凭证。《史记·刺客列传》："今行而毋～，则秦未可亲也。"㊆特指符信、印信。《汉书·霍光传》："[昌邑王]受皇帝～玺、行玺大行前。"(大行：皇帝死。这里指刚死而尚未定谥号的皇帝。)❽使者。《世说新语·文学》："司空郑冲驰遣～就阮籍求文。"《资治通鉴·晋成帝咸和元年》："宜急追～改书。"㊇书信。李绅《端州江亭得家书》诗之一："开拆远书何事喜，数行家～抵千金。"㊆信息，音讯。李煜《清平乐》词："雁来音～无凭，路遥归梦难成。"❾任凭，随意。白居易《与元微之书》："～手把笔，随意乱书。"❿连住两夜。《国语·周语上》："昔夏之兴也，融降于崇山；其亡也，回禄～于聆隧。"

2. shēn ⓫通"伸"。伸直。《孟子·告子上》："今有无名之指，屈而不～。"㊆伸张。《后汉书·桓帝纪》："杜绝邪伪请托之原，令廉白守道者得～其操。"

【信必】 xìnbì 诚信不欺，必定实现。《管子·八观》："赏庆～～，则有功者劝。"又《九守》："刑赏～～于耳目之所见。"

【信臣】 xìnchén ❶忠诚可靠的大臣。《左传·宣公十五年》："寡君有～～，下臣获考，死又何求。"《后汉书·冯衍传上》："将军之先，为汉～～。"❷使臣。《史记·韩世家》："命战车满道路，发～～，多其车，重其币。"

【信命】 xìnmìng ❶相信天命。《列子·力命》："～～者亡寿夭，信理者无是非。"❷使者传送的命令或音信。《颜氏家训·治家》："唯以～～赠遗，致殷勤焉。"

【信誓】 xìnshì 表示真诚的誓言。《三国志·魏书·杜畿传》："且布衣之交，犹有务～～而蹈水火，感知己而披肝胆，徇声名而立节义者。"《文心雕龙·书记》："古有铁券，以坚～～。"

【信宿】 xìnsù 连宿两夜。《诗经·豳风·九罭》："公归不复，于女～～。"引申指两三日。《后汉书·蔡邕传》："～～三迁。"李清照《金石录后序》："留～～，计无所出而还之。"

【信信】 xìnxìn 连宿四夜。《诗经·周颂·有客》："有客宿宿，有客～～。"

【信幸】 xìnxìng 信任宠幸。《汉书·韩信传》："公之所居，天下精兵处也，而公，陛下之～～臣也。"

【信用】 xìnyòng ❶以诚信用人。《史记·留侯世家》："留侯善画计策，上～～之。"《汉书·陈万年传》："时车骑将军王音辅政，～～陈汤。"❷相信并采用。《论衡·变虚》："夫听与不听，皆无福善，星徙之实，未可～～。"

【信命】 shēnmìng 宣扬君命。《汉书·冯奉世传》："奉世图难忘死，～～殊俗。"

【信信】 shēnshēn 舒张的样子。《说苑·辨物》："宁则～～如也，动则著矣。"

衅(釁) xìn ❶血祭。杀牲后，以牲血涂于所祭器物之上。《吕氏春秋·慎大》："～鼓旗甲兵，藏之府库，终身不复用。"《史记·鲁周公世家》："已杀纣，周公把大钺，召公把小钺，以夹武王，～社，告纣之罪于天，及殷民。"❷涂，熏。《国语·齐语》："比至，三～三浴之。"参见"衅浴"。《汉书·贾谊传》："豫让～面吞炭。"❸缝隙，裂痕。《后汉书·律历志上》："候气之法，为室三重，户闭，涂～必周。"㊇间隙，破绽，机会。《史记·楚世家》："无～而动，可谓无谋矣。"《后汉书·崔骃传》："睹嫚臧而乘～兮，窃神器之万机。"(臧：通"藏"。)㊇缺点，过失。《汉书·艺文志》："人无～焉，妖不自作。"《后汉书·陈元传》："抉瑕擿～，掩其弘美。"(抉、擿：挑剔，指摘。)㊆罪，罪责。《后汉书·杨震传》："览顾知～重，必有自疑之意。"又《刘般传》："遂增锢三世，～及其子。"❹(坏的)征兆。《国语·鲁语上》："恶有～，虽贵，罚也。"㊆事端，祸端。《后汉书·傅燮传》："此皆～发萧墙，而祸延四海者也。"苏轼《上皇帝书》："元帝斩郅支，朝呼韩，功多于武、宣矣，偷安而王氏之～生。"❺冲动。《左传·襄公二十六年》："夫小人之性，～于勇。"

【衅隙】 xìnxì 嫌隙，仇隙。《后汉书·袁术传》："绍议欲立刘虞为帝，术好放纵，惮立长君，托以公义不肯同，积此～～遂成。"

【衅浴】 xìnyù 古代习俗。用香料熏(涂)身而后沐浴，以驱除不祥。《周礼·春官·女巫》："女巫掌岁时祓除～～。"

璺 xìn 同"衅"。❶血祭。《易林·革》："袄社～鼓，以除民疾。"❷涂，熏。《新书·阶级》："豫让～面变容。"❸裂缝，裂痕。梅尧臣《次韵和司马学士虑囚》："一遭纤微～，鉴垢莫磨拭。"㊇间隙，嫌隙。《后汉书·邓禹传》："光武筹赤眉必破长安，欲乘～并关中。"❹罪。韩愈《潮州刺史谢上表》："而臣负罪婴～，自拘海岛。"

xing

兴(興) 1. xīng ❶起来，起身。《史记·孔子世家》："从者病，莫能～。"《后汉书·周举传》："朕以不德，仰承三统，夙～夜寐，思协大中。"㊇升起，出现。《礼记·乐记》："达神明之德，降～上下之神。"苏洵《心术》："泰山崩于前而色不变，麇鹿～于左而目不瞬。”❷兴起，产生。《吕氏春秋·大乐》：“四时代～，或暑或寒，或短或长。”《后汉书·左雄传》：“降及宣帝，～于仄陋。”苏轼《赤壁赋》：“清风徐来，水波不～。”㊀创办，建立。《史记·五帝本纪》：“信饬百官，众功皆～。”《盐铁论·本议》：“故～盐铁。”㊁倡导。《逸周书·武称》：“百姓咸服，偃兵～德。”❸动，发动。《诗经·秦风·无衣》：“王于～师，脩我戈矛。”《史记·夏本纪》：“命诸侯百姓～人徒以傅土，行山表木，定高山大川。”❹犹作。《周礼·地官·舞师》：“凡小祭祀，则不～舞。”韩愈《送穷文》：“凡此五鬼，为吾五患，饥我寒我，～讹造讪。”❺推举，选拔。《荀子·王制》：“选贤良，举笃敬，～孝弟。”《周礼·地官·乡大夫》：“三年则大比，考其德行道艺而～贤者能者。”❻征集，征敛。《周礼·地官·旅师》：“平颁其～积。”《三国志·魏书·陈群传》：“多作传舍，～费人役。”❼兴盛，昌盛。《管子·牧民》：“政之所～，在顺民心。”《国语·周语上》：“国之将～，其君齐明、衷正、精洁、惠和。”❽姓。东汉有兴渠。

2. xìng ❾兴致。李白《庐山谣寄卢侍御虚舟》诗：“好为庐山谣，～因庐山发。”《聊斋志异·仙人岛》：“王闻之，意～索然。”❿喜欢。《礼记·学记》：“不～其艺，不能乐学。”⓫譬喻。《汉书·刘向传》：“依～古事，悼己及同类也。”⓬《诗经》六义之一。指先言他物以引起所咏之词的一种写诗手法。《论衡·商虫》：“同一祸败，诗以为～。”

【兴废】 xīngfèi ❶盛衰，兴亡。《晋书·杜预传》：“预博学多通，明于～～之道。”❷振兴已衰败的事业。班固《两都赋序》：“内设金马石渠之署，外兴乐府协律之事，以～～继绝，润色鸿业。”

【兴居】 xīngjū 犹起居。指日常生活。《抱朴子·极言》：“是以善摄生者，卧起有四时之早晚，～～有至和之常制。”

【兴平】 xīngpíng 兴盛太平。《后汉书·郎顗传》：“所以发愤忘食，恳恳不已者，诚念朝廷欲致～～，非不能面誉也。”

【兴起】 xīngqǐ ❶因感动而奋起。《孟子·尽心下》：“奋乎百世之上，百世之下，闻者莫不～～也。”❷发动。《墨子·非攻中》：“今师徒唯毋～～，冬行恐寒，夏行恐暑，此不可以冬夏为者也。”❸茂盛生长。《盐铁论·国病》：“沛若时雨之灌，万物莫不～～也。”❹兴建。干宝《搜神记》卷六：“今～～宫室，而鹊来巢，此宫室未成，身不得居之象也。”❺起身。李德裕《次柳氏旧闻》：“玄宗初即位，礼貌大臣……引见便殿，皆为之～～，去辄临轩以送。”

【兴寝】 xīngqǐn 犹起居。《隋书·高祖纪下》：“朕君临区宇，于兹九载，开直言之路，披不讳之心，形于颜色，劳于～～。”

【兴替】 xīngtì 盛衰，成败。《晋书·陆玩传》：“徒以端右要重，～～所存，久以无任，妨贤旷职。”

【兴致】 xīngzhì 导致。《后汉书·郎顗传》：“以此消伏灾眚，～～升平，其可得乎。”

【兴作】 xīngzuò ❶兴起。徐幹《中论·历数》：“帝王～～，未有不奉赞天时以经人事者也。”❷兴建。《三国志·魏书·齐王芳纪》：“诸所～～宫室之役，皆以遗诏罢之。”

【兴会】 xìnghuì ❶情兴所会。《世说新语·赏誉》：“然每至～～，故有相思时。”❷兴致，旨趣。《宋书·谢灵运传论》：“爰逮宋氏，颜谢腾声，灵运之～～标举，延年之体裁明密。”

【兴致】 xìngzhì 兴味，情趣。严羽《沧浪诗话·诗辨》：“近代诸公，乃作奇特解会，遂以文字为诗，以才学为诗，以议论为诗，……且其作多务使事，不问～～。”

【兴灭继绝】 xīngmièjìjué 使灭亡的事物重新兴起，延续下去。《汉书·代孝王刘参传》：“元始二年，新都侯王莽～～～～，白太皇太后，立年弟子如意为广宗王，奉代孝王后。”亦作“兴亡继绝”。《周书·萧肖传》：“朝廷～～～～，理宜资赡。”

【兴高采烈】 xìnggāocǎiliè 文章旨趣高超，辞采盛美。语出《文心雕龙·体性》：“叔夜俊侠，故兴高而采烈。”（叔夜：嵇康字。）后多指情绪热烈、兴致高昂。

狌 xīng 见 shēng。

星 xīng ❶星星。《荀子·赋》：“列～殒坠，旦暮晦盲。”㊀星宿。《周礼·秋官·硩蔟氏》：“二十有八～之号。”㊁特指星宿名。二十八宿之一。也称七星。成公绥《天地赋》：“玄龟匿首于女、虚，朱鸟奋翼于～、张。”❷天文，星象。《汉书·艺文志》：“然～事殉悍，非湛密者弗能由也。”㊀占星，以星象占卜吉凶。《聊斋志异·续黄粱》：“闻毗卢禅院，寓一～者，往诣问卜。”㊁星相术。《汉书·王莽传下》：“临妻愔，国师公女，能为～。”（临、愔：皆人名。）❸比喻细碎如星的东西。李白《秋浦歌》之十四：“炉火照天地，红～乱紫烟。”㊀比喻极少，一点。石孝友《惜奴娇》词：“坏却才名，到如今，都因你，是你，我也没～恨你。”㊁特指古代妇女脸上的美容花点。庾信《镜赋》：“靥上～稀，黄中月落。”❹比喻斑白。谢朓《咏风》：“时拂孤鸾镜，～鬓视参差。”

王伯大《赠戴石屏》诗："诗老相过鬓已～，吟魂未减昔年情。"❺衡器上记数的标志。拾得《诗》之二六："银～钉称衡，绿丝作称纽。"❻量词。银子一钱称一星。张邦基《墨庄漫录》："殷复求益，增至百～，始肯出药。"❼打击乐器名。即"碰铃"、"碰钟"。见《清会典事例·乐部·乐制》。

【星奔】 xīngbēn 如流星飞逝。形容迅速。《三国志·吴书·陆抗传》："若敌泛舟顺流，舳舻千里，～～电迈，俄然行至。"

【星槎】 xīngchá ❶神话传说天河与海相通，星槎即指往来于天河和大海的木筏。后常用以比喻贵宾驾临，或称颂人升迁。宋之问《宴安乐公主宅》诗："宾至～～落，仙来月宇空。"刘禹锡《逢王二十学士入翰林因以诗赠》："厩马翩翩禁外逢，～～上汉杳难从。"❷泛指舟船。唐顺之《送高行人使琉球》诗："天王玉册颁三殿，汉使～～下百蛮。"

【星辰】 xīngchén ❶众星的总称。《尚书·洪范》："四曰～～。"《礼记·月令》："孟春乃命太史，守典奉法，司天日月～～之行。"❷指岁月，光阴。孟郊《感怀》诗："中夜登高楼，忆我旧～～。"

【星次】 xīngcì 古人为了说明日月五星的运行和节气的变化，把黄道附近一周天按照由西向东的方向分为十二个等分，称为十二星次。《新唐书·历志三上》："故三代之兴，皆揆测天行，考正～～，为一代之制。"

【星工】 xīnggōng 通晓星象的人。《后汉书·公孙瓒传》："[袁]绍令～～伺望祥妖。"

【星官】 xīngguān ❶天星的总称。古代观测天象，以百官的名称命名众星，故称星官。《史记·天官书》司马贞《索隐》："天文有五官。官者，～～也。星座有尊卑，若人之官曹列位，故曰天官。"❷指天文星象。《后汉书·天文志上》："轩辕始受《河图斗苞授》，规日月星辰之象，故～～之书自黄帝始。"也指掌观测天文星象之官。《宋史·潘祐传》："潘祐荐～～杨熙澄为枢密使。"

【星火】 xīnghuǒ ❶微火，灯火。张祜《题金陵渡》诗："潮落夜江斜月里，两三～～是瓜州。"❷流星。比喻急迫。李密《陈情表》："郡县逼迫，催臣上道，州司临门，急于～～。"

【星纪】 xīngjì ❶十二星次之一。与十二地支中丑相配，包括二十八宿中斗、牛二宿。《汉书·王莽传中》："岁缠～～。"（岁：木星。）❷岁月。陶渊明《五月旦作和戴主簿》："发岁始俛仰，～～奄将中。"

【星家】 xīngjiā 星相家。《新唐书·李德裕传》："时天下已平，数上疏乞骸骨，而～～言荧惑犯上相，又恳丐去位，皆不许。"

【星历】 xīnglì ❶星辰。《淮南子·原道训》："日月以之明，～～以之行。"❷天文历法。《史记·历书》："盖皇帝考定～～，建立五行。"《后汉书·王昌传》："素为卜相工，明～～。"❸代指年岁。曾巩《谢元丰元年历日表》："一远阙庭，十移～～。"

【星命】 xīngmìng 术数家认为，人的命运和星宿的位置、运行有关，遂据人的出生年、月、日、时，配以天干地支成八字，附会人事，推算人的命运，称为"星命"。也指人命八字。叶绍翁《四朝闻见录·高宗知命》："高宗自能推步～～。"

【星期】 xīngqī 指七夕。即农历七月初七的晚上。民间传说牛郎、织女此夜在天河相会。王勃《七夕赋》："伫灵匹于～～，眷神姿于月夕。"后因称男女成婚之日为星期。汪廷讷《种玉记·梦俊》："年少，梦中恍惚相逢，想是～～将到。"

【星气】 xīngqì ❶古代占星望气之术。《晋书·武帝纪》："禁～～谶纬之学。"❷比喻光阴、时光。陶渊明《饮酒》诗之十九："冉冉～～流，亭亭复一纪。"

【星桥】 xīngqiáo ❶神话中的鹊桥。庾信《七夕》诗："～～通汉使，机石逐仙槎。"❷泛指桥梁。苏味道《正月十五夜》诗："火树银花合，～～铁锁开。"

【星使】 xīngshǐ 古人认为天节八星主使臣事，因称皇帝的使者为"星使"。孙逖《送周判官往台州》诗："～～行看入，云仙意转催。"

【星土】 xīngtǔ 古代把星宿分主九州土地或诸侯封域称为"星土"。《周礼·春官·保章氏》："以～～辨九州之地，所封封域，皆有分星，以观妖祥。"参见"分野"。

【星文】 xīngwén ❶星象。《南齐书·虞愿传》："～～灾变，不信太史，不听外奏。"陆云《吴故丞相陆公诔》："公侯作弼，焕炳～～。"❷借指宝剑。刘长川《宝剑篇》："匣里～～动，环边月影残。"❸星光。孙默《舟泊富春》诗："垂钓今何在，～～照旅魂。"

【星象】 xīngxiàng 指星体的位置，及明、暗、薄、蚀等现象。古代星相家据此占测人的命运吉凶。《后汉书·律历志中》："愿请太史官日月宿簿及星度课，与待诏～～考校。"杜甫《留赠集贤院崔于二学士》诗："气冲～～表，词感帝王尊。"

【星星】 xīngxīng ❶星辰。李贺《感讽》诗："桂露对仙娥，～～下云逗。"❷头发斑白的样子。梅尧臣《次韵答黄介夫七十韵》："散帙空堂上，垂冠发～～。"借指花白的头发。杜甫《喜观即到复题短篇》之二："应论十年事，撚绝始～～。"❸细小的样子。犹言"点点"。皮日休《病孔雀》诗："尽日春风吹不起，钿毫金镂一～～。"

【星行】 xīngxíng 戴星而行。形容赶路急迫。《后汉书·杜乔传》："号泣～～到洛阳。"《晋书·卢志传》："宜更选精兵，～～倍道，出贼不意，此用兵之奇也。"

【星宿】 xīngxiù ❶泛指列星。《颜氏家训·归心》："天地初开，便有～～。"也用以状物或喻人。杜甫《见萤火》诗："忽惊屋里琴书冷，复乱簷前～～稀。"❷星象。《汉书·刘向传》："昼诵书传，夜观～～，或不寐达旦。"

【星座】 xīngzuò 古代天文学把星空分为若干区域，每个区域叫一个星座。习惯上也称某一群星为星座。《史记·天官书》题司马贞《索隐》："～～有尊卑，若人之官曹列位，故曰天官。"杜牧《送容州中丞赴镇》诗："交趾同～～，龙泉似斗文。"

胜[1] 1. xīng ❶腥。《说文·肉部》："～，犬膏臭也。"罗泌《路史·遂人氏》："乃教民取火，……以熟臊～。"❷(shěng) 通"省"。瘦。《管子·入国》："必知其食饮饥寒、身之膌～而哀怜之。"

2. qìng ❸见"胜遇"。

【胜遇】 qìngyù 鸟名。《山海经·西山经》："[玉山]有鸟焉，其状如翟而赤，名曰～～。"

骍(騂) xīng ❶赤色的马。《诗经·鲁颂·驷》："有～有骐，以车伾伾。"《汉书·郊祀志上》："春夏用～。"泛称赤色的牲畜。《诗经·小雅·大田》："来方禋祀，以其～黑。"《礼记·郊特牲》："牲用～，尚赤也。"❷赤色。陆游《雪后苦寒行饶抚道中有感》诗："重裘犹粟肤，连酌无～颜。"

惺 xīng ❶领会。《抱朴子·极言》："至于问安期以长生之事，安期答之允当，始皇～悟，信世间之必有仙道。"❷清醒，聪慧。见"惺惺"。

【惺松】 xīngsōng ❶苏醒。杨万里《风花》诗："风似病癫无藉在，花如中酒不～～。"亦作"惺忪"。❷轻快，灵活。辛弃疾《鹊桥仙·赠人》词："风流标格，～～言语，真个十分奇绝。"

【惺惺】 xīngxīng 机警，清醒。朱敦儒《忆帝京》词："只为太～～，惹尽闲烦恼。"刘基《醒斋铭》："昭昭生于～～，而愦愦出于冥冥。"也指聪明机智的人。王实甫《西厢记》一本三折："方信道，～～的自古惜～～。"

【惺憁】 xīngcōng 象声词。鸟鸣声。元稹《春六十韵》："燕巢才点缀，莺舌最～～。"陆游《初夏道中》诗："桑间葚熟麦齐腰，莺语～～野雉骄。"

猩 xīng ❶猩猩。一种猿类动物。韩愈等《城南联句》："灵麻撮狗虱，村稚啼禽～。"❷鲜红色。韩偓《已凉》诗："碧阑干外绣帘垂，～色屏风画折枝。"

【猩血】 xīngxiě 猩红色。陆游《雨霁春色粲然喜而有赋》："千缕曲尘杨柳绿，万枝～～海棠红。"

腥 xīng ❶生肉。《论语·乡党》："君赐～，必熟而荐之。"❷腥气，腥味。《吕氏春秋·孟秋》："其味辛，其臭～。"㊀特指鱼的腥味。段成式《酉阳杂俎·酒食》："水居者～，肉玃者臊，草食者膻也。"(玃：通"攫"。抓取。)㊁指鱼。韩愈《答张彻》诗："乘枯摘野艳，沉细抽潜～。"❸丑恶。徐幹《中论·虚道》："辜罪昭著，～德发闻，百姓伤心，鬼神怨痛。"

【腥臊】 xīngsāo ❶臭恶的气味。《荀子·正名》："香臭、芬郁、～～、洒酸、奇臭，以鼻异。"(洒酸：当作"漏庮"。)《国语·晋语四》："偃之肉～～，将焉用之。"(偃：狐偃，人名。)❷比喻秽恶。《国语·周语上》："国之将亡，……其政～～，馨香不登。"❸指水族动物。《太平广记·神十九·蒋琛》："是知溺名溺利者，不免为水府之～～。"

【腥闻】 xīngwén 丑恶的名声。《尚书·酒诰》："庶群自酒，～～在上。"

刑(刑) xíng ❶处罚，惩治。《左传·僖公二十八年》："君子谓文公其能～矣。"《孟子·梁惠王上》："及陷于罪，然后从而～之，是罔民也。"《史记·礼书》："故～一人而天下服。"❷割，杀。《战国策·赵策一》："[豫让]自～以变其容。"《史记·吕太后本纪》："高帝～白马盟曰：'非刘氏而王，天下共击之。'"❸害，灾害。《国语·越语下》："天地未形，而先为之征，其事是以不成，杂受其～。"《管子·度地》："大寒、大暑、大风、大雨，其至不时者，此谓四～。"❹刑法，法度。《尚书·吕刑》："王享国百年，耄荒，度作～以诘四方。"《左传·襄公二十七年》："君失其信，而国无～，不亦难乎。"㊀以法治理。《周礼·秋官·序官》："以佐王～邦国。"❺铸造器物的模子。后作"型"。《荀子·强国》："～范正，金锡美，工冶巧，火齐得，剖～而莫邪已。"(莫邪：剑名。已：完成。)㊁法式，典范。《诗经·大雅·荡》："虽无老成人，尚有典～。”⑸示范。见“刑于”。❻效法。《诗经·周颂·我将》：“仪式～文王之典，日靖四方。”（仪、式：效法。）《左传·襄公十三年》：“一人～善，百姓休和。”（百姓：百官。）❼成，成就。《礼记·大传》：“百志成，故礼俗～。”❽通“铏”。盛羹的器皿。《史记·太史公自序》：“食土簋，啜土～。”❾通“形”。实，形体。见“刑名”。⑽显现。《吕氏春秋·具备》：“诚乎此者～乎彼。”

【刑辟】 xíngbì 刑法，刑律，刑罚。《国语·周语上》：“犹有散、迁、懈慢而著在～～，流在裔土。”《史记·殷本纪》：“百姓怨望而诸侯有畔者，于是纣乃重～～，有炮烙之法。”

【刑部】 xíngbù 官署名。“六部”之一。掌管国家刑法狱讼事务，长官为刑部尚书。《隋书·刑法志》：“三年，因览～～奏，断狱数犹至万条。”

【刑臣】 xíngchén 古代指受过宫刑的人，即阉人、太监。《汉书·五行志上》：“～～石显用事。”

【刑错】 xíngcuò 刑法搁置而不用。言无人犯法，天下太平。《汉书·严安传》：“臣闻周有天下，其治三百馀岁，成康其隆也，～～四十馀年而不用。”也作“刑措”。《汉书·文帝纪赞》：“断狱数百，几致～～。”又作“刑厝”。王融《永明九年策秀才文》：“永念画冠，缅追～～。”

【刑德】 xíngdé ❶刑罚与德化。《庄子·说剑》：“天子之剑，……制以五行，论以～～。”也指刑罚与恩赏。《韩非子·二柄》：“何谓～～？曰：杀戮之谓刑，庆赏之谓德。”❷指五行相生相克之说。古人以刑为阴克，德为阳生，故称。《史记·龟策列传》：“明于阴阳，审于～～。”《后汉书·冯衍传下》：“循四时之代谢兮，分五土之～～。”

【刑鼎】 xíngdǐng 铸有刑法条文的鼎。《左传·昭公二十九年》：“遂赋晋国一鼓铁，以铸～～，著范宣子所为刑书焉。”

【刑家】 xíngjiā 受过刑罚的人的家族。《晋书·沈劲传》：“年三十馀，以～～不得仕进。”

【刑隶】 xínglì 古代因犯罪而被官府判作奴隶的人。特指阉人。《后汉书·刘陶传》：“使群丑～～，芟刈小民。”

【刑戮】 xínglù 对犯罪者施以刑罚或处死。《周礼·秋官·掌戮》：“凡军旅、田役，斩杀、～～亦如之。”又指遭受刑罚或被处死。《荀子·荣辱》：“室家立残，亲戚不免乎～～。”

【刑马】 xíngmǎ 古代盟誓之际，杀马歃血，称“刑马”。丘迟《与陈伯之书》：“今功臣名将，雁行有序，……并～～作誓，传之子孙。”

【刑名】 xíngmíng ❶名与实。刑，通“形”。《吕氏春秋·正名》：“凡乱者，～～不当也。”特指战国时以申不害为代表的学派。该派主张循名责实，慎赏明罚，故称“刑名之学”，省称“刑名”。《史记·老子韩非列传》：“申子之学，本于黄老，而主～～。”❷刑罚的名称，刑律。《荀子·正名》：“～～从商，爵名从周。”《史记·秦始皇本纪》：“秦圣临国，始定～～。”

【刑人】 xíngrén ❶加刑于人。《礼记·王制》：“～～于市，与众弃之。”❷受过刑的人。《公羊传·襄公二十九年》：“阍者何，门人也，～～也。”《论衡·四讳》：“葬死人，先祖痛；见～～，先祖哀。”后多指宦官。《后汉书·陈蕃传论》：“与～～腐夫同朝争衡。”

【刑书】 xíngshū 刑法的条文。《汉书·刑法志》：“子产相郑而铸～～。”

【刑于】 xíngyú 用礼法对待。《诗经·大雅·思齐》：“～～寡妻，至于兄弟，以御于家邦。”（寡妻：嫡妻，正妻。）后称夫妇和睦为“刑于之化”，省作“刑于”。杭士骏《质疑·礼记》：“夫妇，人伦之始；～～，齐家之本。”

【刑馀】 xíngyú ❶受过肉刑，判过刑。《史记·孙子吴起列传》：“齐威王欲将孙膑，膑辞谢曰：‘～～之人不可。’”也指受过刑的人。《春秋繁露·服制》：“散民不敢服杂采，百工商贾不敢服狐貉，～～戮民不敢服丝玄纁乘马。”❷指阉人、太监。《汉书·盖宽饶传》：“以～～为周召，以法律为《诗》、《书》。”

邢 1. xíng ❶周代诸侯国名。在今河北邢台市境。周公第四子受封于此，春秋时为卫所灭。《左传·隐公五年》：“以郑人～人伐翼。”

2. gěng ❷古地名。在今河南温县东。一说在山西河津市。《史记·殷本纪》：“祖乙迁于～。”（邢：一作“耿”。）

行 1. xíng ❶行走。《老子·五十章》：“盖闻善摄生者，陆～不遇兕虎，入军不被甲兵。”《史记·五帝本纪》：“尧使舜入山林川泽，暴风雷雨，舜～不迷。”⑷前往。《诗经·秦风·无衣》：“王于兴师，修我甲兵，与子偕～。”《左传·隐公元年》：“遂～，及邾人、郑人盟于翼。”⑸离去。《论语·微子》：“齐人归女乐，季桓子受之，三日不朝，孔子～。”《吕氏春秋·报更》：“张仪～，昭文君送而资之。”❷（旧读 xìng）巡视，巡察。《管子·八观》：“～其田野，视其耕耘。”《战国策·秦策四》：“智伯出～水。”⑸巡狩。《周礼·地官·州长》：“若国作民而师、田、～、役之事，则帅而致之。”❸出嫁。《诗经·卫风·竹竿》：“女子有～，远父母兄弟。”《左传·桓公九年》：“凡诸侯之女～，唯王后书。”❹流，流动。《孟子·滕文公下》：“当尧之时，水逆～，泛滥于中国。”《素问·举痛论》：“气不～。”[引]流行，流通。《左传·襄公二十五年》：“言之无文，～而不远。”《史记·货殖列传》：“财币欲其～如流水。”[又]传布。《后汉书·樊準传》：“时羌复屡入郡界，準辄将兵讨逐，修理坞壁，威名大～。”❺疏通，疏导。《汉书·沟洫志》：“禹之～河水，本随西山下东北去。”❻运行。《荀子·天论》：“天～有常。”《论衡·变虚》：“无善无恶，荧惑安居不～动乎。”❼经历。《管子·问》：“城粟军粮，其可以～几何年也。”❽行装。《史记·樗里子甘茂列传》：“令装治～。”❾做，实施。《左传·隐公元年》：“多～不义，必自毙。”《老子·二章》：“是以圣人处无为之事，～不言之教。”《后汉书·南匈奴传》：“[马]续及诸郡并各遵～。”[又]行动，作为。《诗经·卫风·氓》：“女也不爽，士贰其～。”《论语·述而》：“吾无～而不与二三子者，是丘也。”《商君书·更法》：“疑～无成，疑事无功。”[引]成，成功。《左传·哀公元年》：“以是求伯，必不～矣。”(伯：通“霸”。)❿用。《周礼·夏官·司爟》：“司爟掌～火之政令。”《韩非子·问田》：“秦～商君而富强。”⓫兼摄(官职)。《汉书·韩安国传》：“丞相蚡薨，安国～丞相事。”《后汉书·光武帝纪上》：“及更始至洛阳，乃遣光武以破虏将军～大司马事。”⓬致送，赐予。《史记·吕不韦列传》：“子楚与吕不韦谋，～金六百斤予守者吏，得脱。”《汉书·高帝纪下》：“且法以有功劳～田宅。”⓭(旧读 xìng) 德行，品行。《史记·鲁仲连邹阳列传》：“臣闻盛饰入朝者不以利污义，砥厉名号者不以欲伤～。”《论衡·逢遇》：“才高～洁，不可保以必尊贵。”⓮古诗的一种体裁。王灼《碧鸡漫志》卷一：“故乐府中有歌有谣，有吟有引，有～有曲。”[又]乐曲。《史记·司马相如列传》：“相如辞谢，为鼓一再～。”⓯行书，汉字字体的一种。《续资治通鉴·宋太宗淳化元年》：“帝亲书其文，作真、～、草三体。”⓰副词。1)将要，即将。《三国志·魏书·华佗传》：“病者言‘已到’，应便拔针，病亦～差。”(差：瘥，病愈。)李商隐《为李贻孙上李相公书》：“孤寇～静，万方率同。”2)复，又。《乐府诗集·相和歌辞·孤儿行》：“上高堂，～取殿下堂。”3)正巧，适逢。《论衡·偶会》：“次公当贵，～与女会；女亦自尊，故入次公门。”(次公：汉黄霸字。自尊：自身有贵命。)⓱官名。又叫“行人”。《管子·小匡》：“隰朋为～。”⓲量词。表示斟酒的遍数。《晏子春秋·外篇上十二》：“觞三～，晏子起舞。”

2. háng ⓳道路。《诗经·召南·行露》：“厌浥～露，岂不夙夜，谓～多露。”(厌浥：沾湿。)[引]常轨，规律。《诗经·小雅·十月之交》：“日月告凶，不用其～。”⓴行列。《诗经·郑风·大叔于田》：“两服上襄，两骖雁～。”[又]特指军阵，作战队伍的行列。《史记·晋世家》：“方会诸侯，悼公弟杨干乱～，魏绛戮其仆。”《后汉书·耿纯传》：“纯虽举族归命，老弱在～，犹恐宗人宾客半有不同心者。”[又]特指古代军制单位。二十五人为一行。《左传·隐公十一年》：“郑伯使卒出豭，～出犬、鸡，以诅射颍考叔者。”㉑翮，鸟的羽茎。引指鸟翼。《诗经·唐风·鸨羽》：“肃肃鸨～，集于苞桑。”㉒量词。用于成行的事物。杜甫《又上后园山脚》诗：“到今事反覆，故老泪万～。”又《送张十二参军赴蜀州因呈杨五侍御》诗：“两～秦树直，万点蜀山尖。”㉓辈分，班辈。《史记·汲郑列传》：“然其游知交皆其大父～，天下有名之士也。”[又]排行。《聊斋志异·胡四相公》：“弟姓胡氏，于～为四。”㉔行业。关汉卿《金线池》一折：“我想一百二十～门门都好着衣吃饭。”[又]经营某种买卖、交易的处所，商店。孟元老《东京梦华录》卷二：“东西两巷，谓之大小货～。”㉕质量差，粗糙而不结实。《新唐书·韩琬传》：“俗不偷薄，器不～窳。”

3. hàng ㉖见“行行”。

【行藏】 xíngcáng ❶出处或行止。语本《论语·述而》：“用之则行，舍之则藏。”潘岳《西征赋》：“孔随时以～～，蘧与国而舒卷。”(孔、蘧：指孔丘、蘧伯玉。)《元史·杨奂传》：“东平严实闻奂名，数问其～～，奂终不一诣。”❷行迹，来历。董解元《西厢记诸宫调》卷五：“那红娘对生一一话～～。”

【行成】 xíngchéng ❶议和，求和。《管子·小匡》：“公乃使鲍叔～～。”《国语·晋语四》：“郑人以名宝～～，公弗许。”❷德行养成。王建《宋氏五女》诗：“～～闻四方，征诏环佩随。”

【行都】 xíngdū 古代在京都之外另设一个都城，以备必要时朝廷暂驻，称“行都”。《宋史·黄裳传》：“出攻入守，当据利便之势，不可不定～～。”

【行服】 xíngfú 守孝，服丧。《后汉书·桓郁传》：“肃宗即位，郁以母忧乞身，诏听以侍中～～。”

【行复】 xíngfù 且又。曹丕《与吴质书》：“岁月易得，别来～～四年。”

【行宫】 xínggōng 古代京城以外供皇帝出行时居住的宫室。白居易《长恨歌》：“～～

见月伤心色，夜雨闻铃肠断声。"

【行货】 xínghuò ❶行贿。《左传·昭公二十三年》："为叔孙故，申丰以货如晋。叔孙曰：'见我，吾告女所～～。'"❷贩运货物。《孟子·梁惠王上》朱熹注："～～曰商，居货曰贾。"

【行检】 xíngjiǎn 品行，操守。《三国志·魏书·郭嘉传》："初，陈群非嘉不治～～，数廷诉嘉，嘉意自若。"《晋书·石苞传》："崇颖悟有才气，而任侠无～～。"

【行军】 xíngjūn ❶用兵。《史记·陈涉世家》："深谋远虑，～～用兵之道，非及乡时之士也。"❷指军营。岑参《行军》诗之一："我皇在～～，兵马日浩浩。"❸巡视军队。《史记·高祖本纪》："汉王出～～，病甚。"

【行能】 xíngnéng 品行与才能。《后汉书·刘般传》："诏问郡中诸侯～～。"

【行年】 xíngnián ❶经历过的年岁。《庄子·天运》："孔子～～五十有一而不闻道，乃南之沛见老聃。"《荀子·君道》："则夫人～～七十有二。"也指将到的年龄。《南齐书·武帝纪》："诏曰：'始终大期，贤圣不免，吾～～六十，亦复何恨……'是日上崩，年五十四。"❷流年。迷信之人称当年的运道。张籍《赠任道人》诗："欲得定知身上事，凭君为算小～～。"

【行李】 xínglǐ ❶使者。《左传·僖公三十年》："若舍郑以为东道主，～～之往来，共其乏困，君亦无所害。"又指出使。叶適《送戴料院》诗："世路岂云极，念子～～频。"❷旅行，行旅。杜甫《赠苏四徯》诗："别离已五年，尚在～～中。"傅若金《送张秀才北上时将赴海》诗："身逐征帆赴海涯，道逢～～问京华。"❸出行时携带的箱子、包裹等物。韩愈《送石处士序》："宵则沐浴，戒～～。"

【行权】 xíngquán 权宜行事。《公羊传·桓公十一年》："～～有道，自贬损以～～，不害人以～～。"

【行人】 xíngrén ❶出征的人，出行的人。《诗经·齐风·载驱》："汶水汤汤，～～彭彭。"王维《临高台送黎拾遗》诗："日暮飞鸟还，～～去不息。"❷官名。掌管朝觐聘问的官。《周礼·秋官·讶士》："邦有宾客，则与～～送逆之。"❸使者的通称。《管子·侈靡》："～～可不有私，不有私，所以为内因也。"（有私：原作"有和"。）《战国策·楚策二》："齐王好高人以名，今为其～～请魏之相，齐必喜。"

【行省】 xíngshěng ❶地方行政区划。元代最高中央行政机关为中书省，除直隶京师附近地区外，于各地区共设十一行中书省，简称"行省"，置丞相、平章等官总揽该地区的政务，成为最高地方行政区划。明代改行中书省为承宣布政使司，但习惯上仍称"行省"，简称"省"。清代沿置。《元史·世祖纪五》："今大师方兴，荆湖淮西各置～～。"❷古代中央政府派省官出使地方称"行省"。《续资治通鉴·宋宁宗嘉定十一年》："～～于辽东。"也借指中央机构尚书、中书、门下三省的官员。《元史·百官志一》："金人来归者，因其故官，若～～，若元帅，则以～～、元帅授之。"

【行事】 xíngshì ❶做事。《周易·巽》："君子以申命～～。"❷所行之事，事实。《史记·太史公自序》："我欲载之空言，不如见之于～～之深切著明也。"《汉书·匈奴传赞》："察仲舒之论，考诸～～，乃知其未合于当时，而有阙于后世也。"❸往事。《论衡·超奇》："或抽列古今，纪著～～，若司马子长、刘子政之徒，累积篇第，文以万数。"

【行所】 xíngsuǒ 即"行在所"的省称。见"行在"。

【行行】 xíngxíng ❶不停地前行。王维《酬慕容十一》诗："～～西陌返，驻幰问车公。"陈亮《酌古论·诸葛孔明》："孔明以步卒十馀万，西行千里，～～然求与之战。"❷指行旅。梅尧臣《送毛秘校罢宣城主簿被荐入补令》诗："以此赠～～，无酒勿我怪。"

【行幸】 xíngxìng 皇帝出行。《汉书·文帝纪》："十一年冬十一月，～～代。"《后汉书·刘般传》："十九年，～～沛。"

【行业】 xíngyè ❶品行功业。《晋书·姚苌载记》："少聪哲，多权略，廓落任率，不修～～。"❷佛教指持戒修行。《颜氏家训·归心》："以僧尼～～多不精纯为奸慝也。"

【行移】 xíngyí ❶指官署间的公文往还。移，旧时公文的一种。行于不相统属的官署之间。《元典章·台纲一·设立宪台各例》："如实有冤枉，即开坐事因，～～原问官司。"❷旧时官署文书之一。程大昌《演繁露·制度》："武人多不知书，案牍、法令、书判、～～悉仰胥吏。"

【行义】 xíngyì 见"行谊"。

【行役】 xíngyì ❶因服劳役、兵役或公务而在外奔波。《诗经·魏风·陟岵》："嗟！予子～～，夙夜无已。"❷泛称旅行。颜延之《秋胡》诗："嗟余怨～～，三陟穷晨暮。"

【行谊】 xíngyì 也作"行义"。❶品行，道义。《汉书·食货志上》："人人自爱而重犯法，先～～而黜愧辱焉。"韩愈《争臣论》："主上嘉其～～，擢在此位。"❷事迹。赵与时《宾退录》卷九："予既爱其诗，因考次其平生～～官阀。”

【行营】 xíngyíng ❶营治，营求。《史记·淮阴侯列传》：“其母死，贫无以葬，然乃～～高敞地，令其旁可置万家。”❷出征或狩猎时的营帐。刘长卿《寄李侍郎中丞行营五十韵》：“吴山依重镇，江月带～～。”❸行军。《新五代史·周太祖纪》：“[郭]威居军中，延见宾客，褒衣博带，及临阵～～，幅衣短后，与士卒无异。”

【行在】 xíngzài 即“行在所”，省称“行在”。皇帝所在的地方。后专指皇帝行幸所至之地。《旧唐书·吕諲传》：“肃宗即位于灵武，諲驰赴～～。”陆游《老学庵笔记》卷四：“已而大驾幸建康，六宫留临安，则建康为～～，临安为行宫。”亦称“行所”。《南史·宋武帝纪》：“师旋，晋帝遣侍中黄门，劳师于～～。”

【行状】 xíngzhuàng ❶品行，事迹。《后汉书·范式传》：“长沙上计掾史到京师，上书表式～～，三府并辟，不应。”❷文体名。指记述死者世系、籍贯、生卒年月和生平大略的文章。又称“状”、“行述”、“行略”。李翱《百官行状奏》：“又取～～谥议，以为一据。”

【行作】 xíngzuò ❶劳作。《管子·小匡》：“居处相乐，～～相和。”❷矫揉造作。王维《燕子龛禅师》诗：“救世多慈悲，即心无～～。”

【行货】 hánghuò 次货。王安石《寄舅氏》诗：“传语进贤饶八舅，于今～～正当时。”

【行头】 hángtóu ❶古代军队行列之长。《国语·吴语》：“陈士卒百人，以为彻行、百行。～～皆官帅。”❷封建社会中商肆的首领。《周礼·地官·肆长》贾公彦疏：“此肆长……若今之～～者也。”

【行伍】 hángwǔ ❶古代兵制，五人为伍，二十五人为行，因以“行伍”代指军队。贾谊《过秦论》：“蹑足～～之间，俛仰仟佰之中。”❷行列。《隋书·王劭传》：“诸字本无～～，然往往偶对。”

【行陈】 hángzhèn 也作“行阵”。军队行列。陈，阵。《史记·李将军列传》：“及出击胡，而广行无部伍～～，就善水草屯，舍止，人人自便。”也指布阵打仗。《南史·梁邵陵携王纶传》：“侯景小竖，颇习～～。”

【行行】 hànghàng 刚强的样子。班固《幽通赋》：“固～～其必凶兮，免盗乱为赖道。”

【行在所】 xíngzàisuǒ 皇帝所在的地方。《汉书·武帝纪》：“谕三老孝弟以为民师，举独行之君子，征诣～～～。”《后汉书·王昌传》：“已诏圣公及翟太守，亟与功臣诣～～～。”后专指皇帝巡行所到之处。《明史·徐达传》：“太祖幸汴梁，召达诣～～～，置酒劳之。”

饧（餳） 1. xíng ❶饴，用麦芽之类熬成的糖稀。贾思勰《齐民要术·煮白饧法》：“用不渝釜，渝则～黑。”沈佺期《岭表逢寒食》诗：“岭外无寒食，春来不见～。”❷形容眼色朦胧的样子。《红楼梦》五回：“刚至房中，便有一股细细的甜香袭人，宝玉此时便觉得眼～骨软。”

2. táng ❸同“糖”。《三国志·吴书·三嗣主传》注引《江表传》：“[孙]亮使黄门以银碗并盖就中藏吏取交州所献甘蔗～。”

形 xíng ❶形体。《老子·四十一章》：“大象无～。”《论衡·气寿》：“虽成人～体，则易感伤。”㈡特指身体。《魏书·刑罚志》：“斩者皆裸～伏质。”❷形状，形象。《孙子·虚实》：“故兵无常势，水无常～。”《后汉书·西域传》：“符拔～似麟而无角。”㈡特指地形。《孙子·地形》：“险～者，我先居之。”㈢情形，情况。《荀子·正名》：“是非之～不明，则虽守法之吏，诵数之儒，亦皆乱也。”《史记·刺客列传》：“今太子闻光壮盛之时，不知吾～已不逮也。”❸形势。《孙子·势》：“勇怯，势也；强弱，～也。”《韩非子·存韩》：“夫秦、韩不得无同忧，其～可见。”❹形成。《韩非子·解老》：“故欲成方圆而随其规矩，则万事之功～矣。”《后汉书·律历志》：“然则天地初～，人物既著，则算数之事生也。”❺表现，显露。《孟子·告子下》：“有诸内必～诸外。”《三国志·魏书·三少帝纪》：“乃心款诚，～于辞旨。”❻对照，比较。《淮南子·齐俗训》：“短脩之相～也。”姚最《〈续画品〉序》：“故前后相～，优劣舛错。”❼通“型”。模子。《论衡·雷虚》：“当冶工之消铁也，以土为～。”（消：通“销”。熔化。）❽通“刑”。刑罚。《荀子·成相》：“众人贰之，谗夫弃之，～是诘。”❾通“铏”。盛羹的瓦器。《墨子·节用中》：“啜于土～。”

【形便】 xíngbiàn ❶言地势有利。《三国志·魏书·陈矫传》：“鄙郡虽小，～～之国也。”❷指形势发展的有利之机。《三国志·吴书·陆逊传》：“若用之，当令外自韬隐，内察～～，然后可克。”

【形骸】 xínghái ❶人的躯体，躯壳。《论衡·无形》：“体气与～～相抱，生死与期节相须。”王羲之《兰亭集序》：“或因寄所托，放浪～～之外。”❷指外貌，容貌。《抱朴子·清鉴》：“尼父远得崇替于未兆，近失澹台于～～。”

【形解】 xíngjiě 犹“尸解”。古代方士言修道者遗其形骸而仙去。《汉书·郊祀志上》：

"为方仙道,～～销化,依于鬼神之事。"

【形埒】　xínglié　❶界域。《淮南子·原道训》:"是故疾而不摇,远而不劳,四支不动,聪明不损,而知八纮九野之～～者何也。"❷迹象,征兆。《淮南子·缪称训》:"道之有篇章～～者,非至者也。"

【形名】　xíngmíng　❶事物的实体与名称。古代思想家常用作专门术语,以讨论实体和概念、特殊和一般的关系。《列子·仲尼》:"白马非马,～～离也。"《庄子·天道》:"礼法度数,～～比详,治之末也。"❷特指军事指挥的原则、方法。《孙子·势》:"斗众如斗寡,～～是也。"

【形魄】　xíngpò　形体,躯壳。《礼记·郊特牲》:"魂气归于天,～～归于地。"庾阐《郭先生神论》:"夫天地者,阴阳之～～;变化者,万物之游魂。"

【形容】　xíngróng　❶形状,形象。《汉书·艺文志》:"形法者,大举九州之势以立城郭室舍形,人及六畜骨法之度数、器物之～～以求其声气贵贱吉凶。"❷容貌,神色。《楚辞·渔父》:"颜色憔悴,～～枯槁。"《汉书·田儋传》:"陛下在雒阳,今斩吾头,驰三十里间,～～尚未能败,犹可知也。"❸举止风度。《史记·孟尝君列传》:"传舍长曰:'代舍客冯公～～状貌甚辩,长者,无他伎能,宜可令收债。'"❹描摹,描述。张说《洛州张司马集序》:"夫言者志之所之,文者物之相杂。然则心不可蕴,故发挥以～～;辞不可陋,故错综以润色。"

【形色】　xíngsè　❶身体与容貌。《孟子·尽心上》:"～～,天性也,惟圣人然后可以践形。"❷形态与色泽。《颜氏家训·归心》:"又星与日月～～同尔,但以大小为其等差。"❸在神色上显露出来。《南齐书·王玄载传》:"世祖衔之,未尝～～。"

【形声】　xíngshēng　❶形体与声音。《汉书·董仲舒传》:"夫善恶之相从,如景响之应～～也。"❷声势。《晋书·刘曜载记》:"张氏以吾新平陈安,师徒殷盛,以～～言之,非彼五郡之众所能抗也。"❸"六书"之一。许慎《说文·叙》:"～～者,以事为名,取譬相成,'江'、'河'是也。"

【形胜】　xíngshèng　❶地理形势优越。《荀子·强国》:"其固塞险,形势便,山林川谷美,天材之利多,是～～也。"❷山川壮美。高適《观宓子贱神祠碑》诗:"～～驻群目,坚贞指苍穹。"也指山川胜迹。徐悱《古意酬到长史溉登琅琊城》诗:"表里穷～～,襟带尽岩峦。"❸利用形势制胜。银雀山汉墓竹简《孙膑兵法·奇正》:"战者,以形相胜者也。……～～之变,与天地相敝而不穷。"

【形势】　xíngshì　❶形态,形体。《文子·自然》:"夫物有胜,唯道无胜,所以无胜者,以其无常～～也。"❷地理状况,地势。《汉书·张汤传》:"还,谒大将军光,问千秋战斗方略,山川～～。"❸权势,地位。《荀子·正论》:"爵列尊,贡禄厚,～～胜,上为天子诸侯,下为卿相士大夫。"❹情况,情势。《汉书·淮南厉王刘长传》:"王引陈胜、吴广,被复言～～不同,必败亡。"❺气势,声势。《三国志·吴书·孙权传》:"是时曹公新得[刘]表众,～～甚盛。"又《魏书·曹仁传》:"去贼百馀步,迫沟,矫等以为仁当住沟上,为金～～也。"❻军队作战队列,阵势。《汉书·艺文志》:"～～者,雷动风举,后发而先至,离合背乡,变化无常,以轻疾制敌者也。"

【形役】　xíngyì　为形体束缚、役使。多指为功名利禄所牵制。陶渊明《归去来兮辞》:"既自以心为～～,奚惆怅而独悲。"

【形制】　xíngzhì　❶据有利地形以制驭对方。《史记·郦生陆贾列传》:"据敖仓之粟,塞成皋之险,杜太行之道,距蜚狐之口,守白马之津,以示诸侯效实～～之势。"❷形状,款式。《论衡·诘术》:"府廷之内,吏舍比属,吏舍之～～何殊于宅。"

【形质】　xíngzhì　❶肉体,躯壳。刘禹锡《祭柳员外文》:"意君所死,乃～～尔。魂气何托,听余哀词。"❷身材相貌。《南史·徐摛传》:"～～陋小,若不胜衣。"❸才具与气质。《晋书·刘曜载记》:"自以～～异众,恐不容于世。"

陉(陘)　1. xíng　❶山脉中断处。庾信《哀江南赋》:"水毒秦泾,山高赵～。"❷地名。1)春秋楚地。在今河南郾城县境。《春秋·僖公四年》:"遂伐楚,次于～。"2)战国韩地。在今山西曲沃县境。《史记·韩世家》:"秦拔我～,城汾旁。"3)春秋周地。在今河南沁阳市西北。《国语·晋语四》:"赐[文]公南阳阳樊、温、原、州、～、絺、组、攒茅之田。"❸灶边承放器物之处。《礼记·月令》郑玄注:"设主于灶～。"

2. jìng　❹通"径"。《左传·襄公十六年》:"速遂塞海～而还。"(速:人名。海陉:鲁国隘道。)

峌(峌)　xíng　同"陉"。山脉中断之处。《法言·吾子》:"山～之蹊,不可胜由矣。"

径　xíng　见 jìng。

娙(娙)　xíng　女子身材颀长美好。孟郊、韩愈《城南联句》："海岳错口腹，赵燕锡媌～。"

型　xíng　用土做的铸造器物的模子。《淮南子·修务训》："夫纯钩、鱼肠之始下～，击则不能断，刺则不能入。"（纯钩、鱼肠：宝剑名。）㊀法式，典范。文天祥《正气歌》："典～在夙昔。"㊁以……为典范。张居正《辛未会试程策二》："～汉祖之规模，宪唐宗之律令。"

荥(滎)　1. xíng　❶小水。《韩诗外传》卷五："～泽之水，无吞舟之鱼。"❷古泽名。故址在今河南郑州市西北。《尚书·禹贡》："～、波既猪。"

2. yīng　❸见"荥濙"。

【荥濙】　yīngyíng　波浪回旋翻涌的样子。郭璞《江赋》："漩澴～～。"

钘(鈃)　1. xíng　❶古代一种酒器。似钟而长颈。《庄子·徐无鬼》："其求～钟也，以束缚。"❷山名。在今河北井陉。谢庄《瑞雪咏》："审伊宫之踰丈，信～阿之盈尺。"❸同"铏"。古代盛羹的器皿。《新唐书·礼乐志一》："簠～笾豆在堂上。"

2. jiān　❹人名用字。战国时有宋钘。见《荀子·非十二子》。

硎　1. xíng　❶磨刀石。杜甫《秦州见敕目……除监察与二子有故远喜迁官兼述索居三十韵》："掘剑知埋狱，提刀见发～。"㊁磨。刘禹锡《天论上》："液矿～铓。"❷通"铏"。盛食物的器皿。《盐铁论·通有》："衣布褐，饭土～。"

2. kēng　❸同"坑"。地面上洼陷的地方。庾信《哀江南赋》："荒谷缢于莫敖，冶父囚于群帅，～阱折拉，鹰鹯批攗。"

铏(鉶)　xíng　古代盛羹的器皿。也叫"铏鼎"。《史记·李斯列传》："饭土匦，啜土～。"（匦：同"簋"。古代一种盛食物的器皿。）

省　1. xǐng　❶察看，考察，审察。《楚辞·天问》："禹之力献功，降～下土四方。"《国语·鲁语下》："诸侯朝修天子之业命，昼考其国职，夕～其典刑。"《汉书·吴王刘濞传》："陛下多病志逸，不能～察。"（逸：消磨，消失。）㊀顾惜，顾恤。《汉书·霍去病传》："然少而侍中，贵不～士。"又《文帝纪》："而吾百姓鳏寡孤独穷困之人或阽于死亡，而莫之～忧。"（阽：临近，濒于。）❷检查，反省。《荀子·修身》："见不善，愀然必以自～也。"《后汉书·顺帝纪》："退～所由，皆以选举不实，官非其人。"❸问候，探望。《礼记·曲礼上》："凡为人子之礼……昏定而晨～。"《三国志·吴书·周瑜传》："瑜从父尚为丹阳太守，瑜往～之。"❹周代天子使臣安抚邦国之礼。《周礼·秋官·小行人》："存、覜、～、聘、问，臣之礼也。"❺了解，知道。《论衡·实知》："天下之事，世间之物，可思而知，愚夫能开精；不可思而知，上圣不能～。"韩愈《祭十二郎文》："吾少孤，及长，不～所怙。"㊁醒悟。《宋史·陆九渊传》："忽大～曰：'宇宙内事乃己分内事。'"㊀明白，显明。《列子·杨朱》："实伪之辩，如此其～也。"❻记，记忆。许浑《听唱山鹧鸪》诗："夜来～得曾闻处，万里月明湘水秋。"㊁曾经。岑参《函谷关歌送刘评事使关西》："歌花不～见行人，山鸟何曾识关吏。"

2. shěng　❼减少，节约，精简。《荀子·富国》："轻田野之税，平关市之征，～商贾之数。"《国语·晋语四》："懋穑劝分，～用足财。"《后汉书·百官志一》："并官～职，费减亿计。"㊁少，简。《吕氏春秋·知度》："知百官之要，故事～而国治也。"《荀子·君道》："故有君子，则法虽～，足以遍矣。"❽废，去掉。《国语·周语下》："夫天道导可而～否。"㊁免，休要。黄庭坚《江城子·忆别》词："倩人传语问平安，～愁烦，泪休弹。"❾宫禁之地，禁中。《后汉书·顺帝纪》："遣使者入～，夺得玺绶，乃幸嘉德殿。"❿官署名。尚书、中书、门下等官署皆设于禁中，因称为省。《旧唐书·职官志一》："尚书、门下、中书、秘书、殿中、内侍为六～。"⓫行政区域名。元代中央置中书省，于各路设行中书省，称为行省，简称"省"。《元史·世祖纪一》："故内立都～，以总宏纲。"⓬通"眚"。灾害，天灾。《公羊传·庄公二十二年》："肆大～。"㊁过失。《史记·秦始皇本纪》："饰～宣义。"

3. xiǎn　⓭通"狝"。秋猎。《礼记·玉藻》："惟君有黼裘以誓～。"㊁秋祭名。《礼记·明堂位》："是故夏礿，秋尝，冬烝，春社，秋～而遂大蜡，天子之祭也。"

【省方】　xǐngfāng　巡视四方。《淮南子·精神训》："禹南～～，济于江。"杨炯《送徐录事》诗序："圣人以叶时同律，义在于～～。"

【省揆】　xǐngkuí　内省，揣度。《三国志·魏书·王烈传》："臣重自～～，德非园、绮而蒙安车之荣，功无窦融而蒙玺封之宠。"（园、绮：人名。指东园公、绮里季。）

【省览】　xǐnglǎn　鉴察，详察。《后汉书·朱晖传》："天道明察，无言不信，惟垂～～。"

【省录】　xǐnglù　❶审察录用。《后汉书·班超传》："延颈逾望，三年于今，未蒙～～。"❷记忆。柳宗元《寄京兆许孟容书》：

"往时读书，自以不至抵滞；今皆顽然无复～～。"

【省墓】 xǐngmù 扫墓，探望、祭奠先人的坟墓。《南齐书·沈文季传》："休祐被杀，虽用庞礼，僚佐多不敢至。文季独往～～展哀。"

【省纳】 xǐngnà 审察采纳。《后汉书·谯玄传》："时数有灾异，玄辄陈其变，既不～～，故久稽郎官。"

【省弄】 xǐngnòng 端详逗弄。《三国志·蜀书·邓张宗杨传》注引《益部耆旧杂记》："继为儿时，与兄弟随父游戏庭寺中，县长蜀郡成都张君无子，数命功曹呼其子～～。甚怜爱之。"

【省亲】 xǐngqīn 归还故里探望父母或其他尊亲。《金史·章宗纪三》："泰和三年二月癸丑，还宫。甲子，定诸职官～～拜墓给假例。"

【省事】 xǐngshì 视事，处理公务。《后汉书·桓荣传》："建言宜引三公，尚书入～～。"《世说新语·政事》："丞相末年，略不复～～，正封箓诺之。"

【省谒】 xǐngyè 省视拜谒。《宋史·理宗纪一》："诏遣太常寺主簿朱扬祖、阁门祗候林拓诣洛阳～～八陵。"

【省治】 xǐngzhì 审察处理政务。《新唐书·李杰传》："杰既精听断，虽行来食饮，～～不少废。"

【省郎】 shěngláng 宫禁内各省的官吏。杜甫《入奏行》："～～京尹必俯拾，江花未落还成都。"李商隐《对雪》诗："寒气先侵玉女扉，清光旋透～～闱。"

【省略】 shěnglüè 简忽，疏略。《三国志·蜀书·杨戏传》："戏性虽简惰～～，未尝以甘言加人，过情接物。"

【省试】 shěngshì 唐宋科举制度，由尚书省礼部主持的考试。称"省试"。即明清时的"会试"。姚合《寄杨茂卿校书》诗："到京就～～，落籍先有名。"元以后，分省考试也称"省试"。即明清时的"乡试"。

【省闼】 shěngtà 宫禁，宫中。《后汉书·灵帝宋皇后纪》："诸常侍、小黄门在～～者，皆怜宋氏无辜。"

【省息】 shěngxī 节省，减省。《后汉书·陈龟传》："～～经用，岁以亿计。"《三国志·吴书·陆逊传》："～～众务，信其赏罚，虽韩、白复生，无所展巧。"

【省宪】 shěngxiàn 一省的行政长官。《元史·王都中传》："当世南人以政事之名闻天下，而位登～～者，惟都中而已。"

【省中】 shěngzhōng 宫中，宫禁之内。《汉书·淮阳宪王刘钦传》："[京]房泄漏～～语。"《后汉书·马严传》："肃宗即位……除子[马]鲔为郎，令劝学～～。"

醒 xǐng ❶从酒醉中恢复常态。《国语·鲁语下》："醉而怒，～而喜，庸何伤。"㊂清醒。《楚辞·渔父》："举世皆浊我独清，众人皆醉我独～。"㊀觉悟。《新书·先醒》："故世主有先～者有后～者。"❷睡后醒来。《聊斋志异·邵九娘》："～而大惧，犹冀为妖梦之诬。"❸犹"醒"。苏轼《格物粗谈·饮馔》："吃蟹后，以蟹须洗手则不～。"

杏 xìng 果木名。落叶乔木，果实可食。杜甫《大觉高僧兰若》诗："香炉峰色隐晴湖，种～仙家近白榆。"㊂特指杏仁，杏花。韦应物《清明日忆诸弟》诗："～粥犹堪食，榆羹已稍煎。"宋祁《玉楼春》词："绿杨烟外晓寒轻，红～枝头春意闹。"

【杏梁】 xìngliáng 文杏木作成的屋梁。泛指华丽的屋宇。白居易《寓意》诗之四："彼矜～～贵，此嗟茅栋贱。"

【杏坛】 xìngtán ❶传说孔子聚徒讲学处。《庄子·渔父》："孔子游乎缁帷之林，休坐乎～～之上，弟子读书，孔子弦歌鼓琴。"后泛指讲学授业之所。杜甫《八哀诗·故著作郎贬台州司户荥阳郑公虔》："空闻紫芝歌，不见～～丈。"❷相传三国吴董奉在杏林修炼成仙，后世因以杏坛指道家修炼之所。宋无《游三茅华阳诸洞》诗之四："淡染云霞五色衣，～～朝罢对花披。"

【杏田】 xìngtián 三国吴董奉隐居庐山，种杏换谷。后人因称之为杏田，也用以比喻退隐者的田园。李白《送二季之江东》诗："禹穴藏书地，匡山种～～。"

性 xìng ❶人的本性。《荀子·正名》："～者，天之就也。"《论衡·本性》："～，生而然者也。"㊀事物固有的性质、特点。《左传·昭公二十五年》："因地之～。"《庄子·骈拇》："故～长非所断，～短非所续，无所去忧也。"㊁性情，脾性。《汉书·郑弘传》："处非其位，行非其道，果殒其～，以及厥宗。"《后汉书·梁统传》："统～刚毅而好法律。"又《郭泰传》："～明知人，好奖训士类。"❷生命。《论衡·龙虚》："天地之～，人为贵，则龙贱矣。"㊂生。《左传·昭公十九年》："吾闻抚民者，节用于内而树德于外，民乐其～而无寇仇。"❸身体。《史记·留侯世家》："留侯～多病。"嵇康《与山巨源绝交书》："～复多虱，把搔无已。"

【性分】 xìngfèn 天性，本性。《后汉书·逸民传序》："岂必亲鱼鸟、乐林草哉？亦云～～所至而已。"徐寅《蝴蝶》诗之二："鸣蝉～～殊违阔，空解三秋噪夕阳。"

【性理】 xìnglǐ ❶性情和理智。《世说新语·文学》:"[习凿齿]后至都,见简文,返命,宣武问见相王何如。答云:'一生不曾见此人!'从此忤旨,出为衡阳郡,～～遂错。"❷指宋儒的人性天理之学。王实甫《西厢记》五本三折:"他凭着讲～～齐论、鲁论,作词赋韩文、柳文。"

【性灵】 xìnglíng ❶性情。《南史·文学传序》:"自汉以来,辞人代有,大则宪章典诰,小则申舒～～。"刘峻《辩命论》:"或立教以进庸怠,或言命以穷～～。"❷聪慧。段安节《乐府杂录·琵琶》:"[曹]纲尝谓侪流曰:'教授人亦多矣,未曾有此～～弟子也。'"

【性体】 xìngtǐ 本性,天性。《旧唐书·太宗纪下》:"虽非～～仁明,亦励精之主也。"

【性行】 xìngxíng 性情,品性。古诗《为焦仲卿妻作》:"我有亲父兄,～～暴如雷。"《论衡·率性》:"善渐于恶,恶化于善,成为～～。"

幸 xìng ❶侥幸,偶然有所得益或意外免去灾患。《吕氏春秋·遇合》:"故君子不处～,不为苟。"《论衡·逢遇》:"其不遇祸,～矣。"㊀幸亏,幸而。《史记·高祖本纪》:"沛～得复,丰未复,唯陛下哀怜之。"《后汉书·光烈阴皇后纪》:"～得安全,俱脱虎口。"❷幸运,幸福。《左传·成公二年》:"请收合馀烬,背城借一,敝邑之～,亦云从也。"柳开《应责》:"苟不从于吾,非吾不～也,是众人之不～也。"❸喜悦,高兴。《史记·越王勾践世家》:"长男即自入室取金持去,独自欢～。"柳宗元《骂尸虫文》:"妒人之能,～人之失。"❹敬词。表示对方这样做使自己感到幸运。《史记·袁盎晁错列传》:"嘉鄙野人,乃不知,将军～教。"《汉书·张良传》:"烦公～卒调护太子。"❺期望,希冀。《荀子·君道》:"无其人而～有其功,愚莫大焉。"《后汉书·刘盆子传》:"罪当应死,犹～上怜赦之耳。"㊀希求,喜好。《管子·枢言》:"恃与国,～名利,如此者,人之所制也。"《战国策·齐策四》:"此皆～乐其名,华而无其实德者也。"❻犹胜。《管子·霸言》:"夫兵～于权,权～于地。"❼封建时代称皇帝亲临。《史记·秦始皇本纪》:"行所～,有言其处者,罪死。"《后汉书·顺帝纪》:"遣使者入省,夺得玺绶,乃～嘉德殿。"㊀特指皇帝与女子同房。《史记·外戚世家》:"汉王心惨然,怜薄姬,是日召而～之。"❽宠爱。《汉书·贾谊传》:"河南守吴公闻其秀材,召至门下,甚～爱。"㊀求宠。《史记·汲郑列传》:"汤等数奏决谳以～。"㊀哀怜。《吕氏春秋·至忠》:"王必～臣与臣之母,愿先生之勿患也。"❾副词。1)正,本。杜甫《除架》诗:"～结白花了,宁辞青蔓除。"徐寅《咏蜀》:"君王～是中山后,建国如何号蜀都。"2)尚,还。王安石《涥亭》诗:"秋日～未暮,奈何雨冥冥。"❿姓。晋有幸灵。

【幸会】 xìnghuì ❶幸运遇合。韩愈《答张籍书》:"及聆其音声,按其辞气,则有愿交之志,因缘～～,遂得所图。"❷好时运。《魏书·陆俟传》:"臣等邀逢～～,生遇昌辰。"❸敬词。荣幸地会见。李商隐《可叹》诗:"～～东城宴未迴,年华忧共水相催。"

【幸民】 xìngmín ❶心存侥幸的百姓。《左传·宣公十六年》:"善人在上,则国无～～。"❷幸福之民。黄庭坚《同子瞻韵和赵伯充团练》:"醉乡乃是安身处,付与升平作～～。"

【幸生】 xìngshēng 心存侥幸以偷生。《管子·七法》:"朝无政,则赏罚不明。赏罚不明,则民～～。"

姓 xìng ❶表明家族系统的符号。《孟子·尽心下》:"讳名不讳～,～所同也,名所独也。"刘恕《通鉴外纪》:"～者,统其祖考之所自出;氏者,别其子孙之所自分。"❷子孙的通称。《左传·昭公四年》:"问其～,对曰:'余子长矣,能奉雉而从我矣。'"❸性,性命。《晏子春秋·外篇上》:"救民之～而不夺。"㊀禀性。陈鸿墀《全唐文纪事·贬斥》:"～本纤狡,行惟党附。"❹(shēng)生,生计。《管子·法禁》:"身无职事,家无常～。"❺姓。东汉有姓璋。

【姓族】 xìngzú ❶大族,望族。《后汉书·朱晖传》:"臣闻汉家旧典,置侍中、中常侍各一人,……皆用～～。"❷姓氏家族。《颜氏家训·勉学》:"郡国山川、官位～～、衣服饮食、器皿制度,皆欲根寻,得其原本。"

荇(莕) xìng 荇菜。一种多年生水生草本植物。嫩茎可食。谢朓《出下馆》诗:"红莲摇弱～,丹藤绕新竹。"李邕《斗鸭赋》:"避参差之～菜,随菡萏之荷花。"

倖 xìng ❶侥幸。《韩非子·诡使》:"巧言利辞行奸轨以～偷世者数御。"岳珂《桯史·艺祖禁谶书》:"五季之乱,王侯崛起,人有～心。"❷亲近,宠爱。《宋书·恩幸传序》:"既而恩以～生,信由恩固。"㊀得宠的佞臣。《宋史·虞允文传》:"自古人主大权不移于奸臣,则落于近～。"❸引,牵系。张衡《思玄赋》:"毋緜挛以～己兮,思百忧以自疹。"

涬 xìng ❶见"涬溟"。❷引,牵系。《后汉书·张衡传》:"毋绵挛以～己兮,思百忧以自疢。"(绵挛:牵制,拘束。疢:病。)

【涬溟】 xìngmíng 指自然之气迷茫的样

子。《庄子·在宥》："大同乎～～，解心释神，莫然无魂。"

悻 xìng ❶见"悻悻"。❷见"悻直"。

【悻悻】 xìngxìng 忿恨不平的样子。《孟子·公孙丑下》："谏于其君而不受，则怒，～～然见于其面。"方孝孺《豫让论》："智伯既死，而乃不胜血气之～～，甘自附于刺客之流，何足道矣。"

【悻直】 xìngzhí 刚直，刚强。苏轼《次韵答章传道见赠》："仄闻长者言，～～非养寿。"

婞 xìng 倔强，刚直。《后汉书·张衡传》："～佷不柔，以意谁靳也。"（佷：不顺从。靳：嘲弄。）戴孚《广异记·李霸》："然性清～自喜，妻子不免饥寒。"

【婞直】 xìngzhí 刚愎，刚直。《后汉书·党锢传序》："逮桓灵之间……～～之风，于斯行矣。"《隋书·柳彧传》："上嘉其～～。"

xiong

凶 xiōng ❶凶恶，残暴。《后汉书·朱穆传》："～狡无行之徒，媚以求官。"李翰《进张巡中丞传表》："逆胡构乱，～虐滔天。"㉑恶人。曹操《蒿里行》："关东有义士，兴兵讨群～。"孙楚《为石仲容与孙皓书》："桴鼓一震，而元～斩首。"❷不吉利，祸殃。《楚辞·卜居》："此孰吉孰～？何去何从？"《战国策·楚策四》："以瞽为明，以聋为聪，以是为非，以吉为～。"㉑特指丧事。《左传·宣公十二年》："寡君少遭闵～。"❸饥荒，歉收。《墨子·七患》："三谷不收谓之～。"《礼记·曲礼下》："岁～，年谷不登。"❹害怕，恐惧。《国语·晋语一》："敌入而～，救败不暇，谁能退敌？"❺通"讻"。争讼。《吕氏春秋·慎大》："贤良郁怨，杀彼龙逄，以服群～。"《史记·五帝本纪》："尧曰：'吁！顽～，不用。'"

【凶勃】 xiōngbó 凶狠乖戾。《晋书·皇甫真传》："护九年之间三背王命，揆其奸心，～～未已。"

【凶衰】 xiōngcuī 死丧。鲍照《请假启》："委然一弊，瞻景待化。加以～～，婴遘惨悼。"苏轼《黄州上文潞公书》："念新以文字得罪，人必以为～～不祥之书，莫肯收藏。"

【凶服】 xiōngfú ❶丧服。柳宗元《唐故衡州刺史东平吕君诔》："僮无～～，葬非旧陌。"❷奇装异服。《汉书·尹赏传》："杂举长安中轻薄少年恶子，无市籍商贩作务，而鲜衣～～，被铠扞、持刀兵者，悉籍记之。"

【凶归】 xiōngguī 指死亡。曹植《王仲宣诔》："如何不济，运极命衰，寝疾弥留，吉往～～。"潘岳《哀永逝文》："怅怅兮迟迟，遵吉路兮～～。"

【凶荒】 xiōnghuāng 灾荒。《周礼·地官·遗人》："县都之委积，以待～～。"欧阳修《原弊》："岁之～～，亦时时有之，与今无以异。"

【凶回】 xiōnghuí 犹凶邪。孙樵《孙氏西斋录》："尚功力，正刑名。登崇善良，荡戮～～。"

【凶讳】 xiōnghuì 讣告，噩耗。陆云《吊陈伯华书》："自闻～～，痛心割裂。"

【凶具】 xiōngjù 指棺材。干宝《搜神记》卷十："须臾如厕，便倒气绝。谢为～～，一如其梦。"《南史·王昙首传》："又宋世光禄大夫刘镇之年三十许，疾笃，已办～～。"

【凶年】 xiōngnián 灾荒之年。《老子·三十章》："大军之后，必有～～。"《史记·河渠书》："于是关中为沃野，无～～，秦以富强，卒并诸侯。"

【凶器】 xiōngqì ❶棺材和其他丧葬用具。《周礼·天官·阍人》："丧服～～不入宫。"《礼记·曲礼下》："书方、衰、～～，不以告，不入公门。"❷指兵器。《韩非子·存韩》："兵者，～～也，不可不审用也。"梅尧臣《黄敏复尉新城》诗："堂上千金子，捕以操～～。"

【凶渠】 xiōngqú 凶徒的首领，元凶。《晋书·桓玄传论》："半辰而都邑廓清，逾月而～～即戮。"李白《经乱离后天恩流夜郎忆旧游书怀》诗："长戟三十万，开门纳～～。"

【凶事】 xiōngshì ❶丧事。《周礼·春官·司服》："凡～～，服弁服。"柳宗元《故弘农令柳府君坟前石表辞》："以其素廉，家之蓄不足，以充～～，遂殡于是邑。"❷不祥之事。特指战争。《吴越春秋·阖闾内传》："臣闻兵者～～，不可空试。"《汉书·严助传》："兵者，～～，一方有急，四面皆从。"

【凶竖】 xiōngshù 凶恶小人。多指宦官。《后汉书·窦武传》："当是时，～～得志，士大夫皆丧其气矣。"沈佺期《答魑魅代书寄家人》诗："～～曾驱策，权豪岂易当。"

【凶肆】 xiōngsì 出售丧葬物品的商店。白行简《李娃传》："生怨懑，绝食三日，遘疾甚笃，旬馀愈甚。邸主惧其不起，徙之于～～之中。"

【凶岁】 xiōngsuì 灾荒之年。《孟子·告子上》："富岁子弟多赖；～～子弟多暴。"苏轼《再次韵赵德麟新开西湖》："欲将百渎起～～，免使甔石愁扬雄。"

【凶慝】 xiōngtè 凶恶，残暴。《史记·孝武本纪》:"昔帝鸿氏有不才之子,掩义隐贼,好行～～,天下谓之浑沌。"《三国志·魏书·袁术传》:"曹将军神武应期,兴复典刑,将拨平～～,清定海内,信有征矣。"

【凶土】 xiōngtǔ 指教化不顺之地。《逸周书·大聚》:"立祭祀,与岁谷,登下厚薄,此谓德教。若其～～陋民,贱食贵货,是不知政。"

【凶问】 xiōngwèn 死讯。《三国志·魏书·王基传》:"是岁,基母卒,诏秘其～～。"杜甫《哭台州郑司户苏少监》诗:"羁游万里阔,～～一年俱。"

【凶祥】 xiōngxiáng 不好的征兆。祥,征兆。《三国志·魏书·管宁传》:"瑑告门人曰:'夫戴鵀阳鸟,而巢门阴,此～～也。'"

【凶凶】 xiōngxiōng ❶气势凌厉的样子。《吴越春秋·王僚使公子光传》:"渔父曰:'今日～～,两贼相逢,吾所谓渡楚贼也。'"《后汉书·李固传》:"冀意气～～,而言辞激切。"❷喧闹的样子。《后汉书·蔡邕传》:"争讼怨恨,～～道路。"《隋书·陈孝意传》:"武周遂转攻傍郡,百姓～～,将怀叛逆。"

【凶札】 xiōngzhá 饥荒和瘟疫。《周礼·地官·司关》:"国～～,则无关门之征。"《隋书·食货志》:"若艰～～,则不征其赋。"

【凶屯】 xiōngzhūn 指艰难的处境。韩愈《祭郑夫人文》:"年方及纪,荐及～～。"

兄 1. xiōng ❶哥哥。《诗经·小雅·斯干》:"～及弟矣,式相好矣。"❷对朋友的尊称。李翱《与韩愈书》:"如～颇亦好贤,必须甚有文词。"

2. kuàng ❸通"况"。滋,更加。《诗经·大雅·召旻》:"胡不自替,职～斯引。"《墨子·非攻下》:"王～自纵也。"❹通"况"。何况,况且。《管子·大匡》:"虽得天下,吾不生也,～与我齐国之政也。"

芎 xiōng 香草名。王融《药名诗》:"秦～留近咏,楚蘅播远翔。"

【芎䓖】 xiōngqióng 一种香草。扬雄《甘泉赋》:"发兰蕙与～～。"

兇 xiōng ❶恐惧,骚动。见"兇惧"。❷同"凶"。见"凶"。

【兇惧】 xiōngjù 恐惧,骚动不安。《后汉书·耿弇传》:"既而收首级以示巨里城中,城中～～。"《续资治通鉴·宋高宗建炎元年》:"盗贼纵横,人情～～。"

【兇顽】 xiōngwán 凶暴愚顽。亦指凶暴愚顽的人。李白《豫章行》:"岂惜战斗死,为君扫～～。"《水浒传》四回:"却才这个要出家的人,形容丑恶,貌相～～,不可剃度他,恐久后累及山门。"

【兇兇】 xiōngxiōng 喧扰,骚动不安的样子。《三国志·魏书·孙礼传》:"今社稷将危,天下～～。"《北史·魏清河王绍传》:"于是朝野～～,人怀异志。"

匈 xiōng ❶同"胸"。胸膛。《管子·任法》:"以法制行之,如天地之无和也……皆虚其～,以听其上。"《汉书·贾谊传》:"陛下之臣虽有悍如冯敬者,适启其口,匕首已陷其～矣。"❷见"匈匈"。❸见"匈奴"。

【匈磕】 xiōngkē 亦作"匈溘"。象声词。形容声响大。枚乘《七发》:"訇隐～～,轧盘涌裔,原不可当。"马融《广成颂》:"风行云转,～～隐訇。"

【匈奴】 xiōngnú 我国古代北方民族之一。亦称胡。战国时游牧于燕、赵、秦以北地区。先后叫鬼方、混夷、猃狁、山戎。秦时称匈奴。

【匈匈】 xiōngxiōng ❶声音嘈杂,吵嚷。《吕氏春秋·明理》:"有螟集其国,其音～～。"《庄子·在宥》:"自三代以下者,～～焉终以赏罚为事,彼何暇安其性命之情哉!"《汉书·石显传》:"显闻众人～～,言已杀前将军萧望之。"❷动乱,纷扰。《汉书·蒯通传》:"天下～～,争欲为陛下所为。"苏颋《奉和圣制行次成皋》:"皇威正赫赫,兵气何～～。"

【匈臆】 xiōngyì 同"胸臆"。即胸怀。《汉书·朱邑传》:"～～约结,固亡奇也。"蔡琰《悲愤诗》:"念我出腹子,～～为摧败。"

汹(洶) xiōng 水奔腾的样子。杜甫《水会渡》诗:"大江动我前,～若溟渤宽。"

【汹溶】 xiōngróng 犹"汹涌"。王粲《浮淮赋》:"长濑潭渨,滂沛～～。"引申指动荡。韩愈等《会合联句》:"君才诚倜傥,时论方～～。"

【汹汹】 xiōngxiōng ❶水波腾涌的样子。宋玉《高唐赋》:"濞～～其无声兮,溃淡淡而并入。"❷形容声响大。《楚辞·九章·悲回风》:"惮涌湍之礚礚兮,听波声之～～。"韩愈《泷吏》诗:"恶溪瘴毒聚,雷电常～～。"❸喧扰不安的样子。《三国志·魏书·曹爽传》:"天下～～,人怀危惧。"

【汹涌】 xiōngyǒng 水猛烈上涌的样子。司马相如《上林赋》:"沸乎暴怒,～～滂湃。"

恟(忷) xiōng 恐惧,惊骇。韩愈等《会合联句》:"京游步方振,谪梦意犹～。"柳宗元《佩韦赋》:"～惊怛而踯躅兮,恶浮诈之相诡。"

【恟惧】　xiōngjù　震动，恐惧。《北齐书·高劢传》："太后还至邺，周军续至，人皆～～，无有斗心。"《新唐书·王叔文传》："斩执谊与不附己者，闻者～～。"

【恟恟】　xiōngxiōng　喧扰不安的样子。《资治通鉴·唐德宗建中四年》："泚与秀实，相搏～～。"范仲淹《答赵元昊书》："昔在唐末，天下～～，群雄咆哮，日寻干戈。"

殉　xiōng　凶恶。《吕氏春秋·审时》："～气不入，身无苛殃。"《汉书·艺文志》："然星事～悍，非湛密者弗能由也。"

哅　xiōng　见"哅哅"。

【哅哅】　xiōngxiōng　喧闹声。《荀子·解蔽》："掩耳而听者，听漠漠而以为～～。"《吕氏春秋·乐成》："功之难立也，其必由～～邪？"

胸（胷）　xiōng　❶胸膛，胸脯。《荀子·强国》："白刃扞乎～，则目不见流矢。"《淮南子·氾论训》："揄三尺之刃，造桓公之～。"㊀心中，胸怀。杜甫《望岳》诗："荡～生层云，决眦入归鸟。"苏轼《筼筜谷偃竹记》："画中必先得成竹于～中。"❷前面。张衡《南都赋》："汤谷涌其后，淯水荡其～。"

【胸次】　xiōngcì　胸怀，心里。《庄子·田子方》："喜怒哀乐不入于～～。"陈亮《甲辰答朱元晦书》："遇事虽打叠得下，～～尚欠恢廓，手段尚欠跌荡。"

【胸襟】　xiōngjīn　胸怀，抱负。李白《赠崔侍郎》诗："洛阳因剧孟，托宿话～～。"杜甫《阻雨不得归瀼西甘林》诗："虚徐五株态，侧塞烦～～。"

【胸臆】　xiōngyì　心，心怀。《论衡·佚文》："论发～～，文成乎中。"陆机《文赋》："思风发于～～，言泉流于唇齿。"

銎　xiōng　见 qióng。

雄　xióng　❶雄性的，与"雌"相对。《老子·二十八章》："知其～，守其雌。"《后汉书·灵帝纪》："侍中寺雌鸡化为～。"❷勇武有力。《墨子·修身》："～而不脩者，其后必惰。"刘禹锡《奉送裴司徒令公自东都留守再命太原》诗："行色旌旗动，军声鼓角～。"㊀称雄，胜过。《战国策·赵策三》："方今唯秦～天下。"李白《与韩荆州书》："虽长不满七尺，而心～万夫。"❸强大的国家。班固《答宾戏》："于是七～虓阚，分裂诸夏。"❹杰出的人物。《汉书·东方朔传赞》："其滑稽之～乎！"赵次公《杜工部草堂记》："李杜号诗人之～。"❺唐代州的等级名。属第一等。《新唐书·地理志》："全国有～州十……望州十九。"❻姓。

【雄猜】　xióngcāi　有雄心而好疑忌。谢灵运《拟魏太子邺中集序》："汉武帝时徐乐诸才，备应对之能；而～～多忌，岂获晤言之适。"杜甫《秋日荆南述怀三十韵》："蛟螭深作横，豺虎乱～～。"

【雄断】　xióngduàn　勇武而有决断。《后汉书·光武帝纪赞》："明明庙谟，赳赳～～。"

【雄藩】　xióngfān　强大的藩镇。王维《早上荥阳界》诗："汎舟入荥泽，兹邑乃～～。"《旧唐书·严绶传》："前后统临三镇，皆号～～。"

【雄飞】　xióngfēi　奋发有为。《战国策·赵策四》："愿得赵，足下～～。"《后汉书·赵典传》："大丈夫当～～，安能雌伏。"

【雄风】　xióngfēng　❶强劲的风。宋玉《风赋》："清清泠泠，愈病析酲，发明耳目，宁体便人，此所谓大王之～～也。"❷威风，豪气。柳宗元《同刘二十八院长述旧言怀感时……赠二君子》诗："～～吞七泽，异产控三巴。"

【雄父】　xióngfù　指公鸡。《晋书·五行志中》："京口谣曰：'黄雌鸡，莫作～～啼。'"

【雄胜】　xióngshèng　雄奇壮胜之地。苏舜钦《天平山》诗："盘桓择～～，至此快心膂。"

【雄图】　xióngtú　宏伟的谋略。谢朓《和伏武昌登孙权故城》："～～怅若兹，茂宰深遐睠。"也指险要之地。柳宗元《封建论》："据天下之～～，都六合之上游。"

【雄文】　xióngwén　有气魄、有才力的文章。韩愈《酬蓝田崔丞立之咏雪见寄》诗："举目无非子，～～乃独玄。"苏轼《王元之画象赞》："故翰林王公元之以～～直道，独立当世。"（王元之：即王禹偁。）

【雄雄】　xióngxióng　威势盛大的样子。《楚辞·大招》："～～赫赫，天德明只。"张九龄《奉和圣制途经华山》："攒峰势岌岌，翊辇气～～。"

【雄张】　xióngzhāng　称雄，扩张势力。《后汉书·班超传》："是时于寘王广德新攻破莎车，遂～～南道。"《三国志·魏书·东夷传》："汉末，公孙度～～海东，威服外夷。"

【雄长】　xióngzhǎng　称雄，称霸。《三国志·吴书·士燮传》："燮兄弟并为列郡，～～一州，偏在万里，威尊无上。"

【雄哲】　xióngzhé　雄健贤智。《三国志·蜀书·谯周传》："今汉曹厄运，天下三分，～～之士思望之时也。"

【雄镇】　xióngzhèn　地形险要，可以控制四方的地方。高適《真定即事奉赠韦使君二十八韵》:"城邑推～～,山川列简图。"

赩 xióng 见 tóng。

熊 xióng ❶兽名。《吕氏春秋·谕大》:"山大,则有虎、豹、～。"❷见"熊熊"。❸姓。

【熊白】 xióngbái 熊背上的白脂,是一种珍贵的美味。《北齐书·徐之才传》:"[高]德正径造坐席,连索～～。"苏轼《次韵孔毅父集古人句见赠》之二:"今君坐致五侯鲭,尽是猩唇与～～。"

【熊蹯】 xióngfán 即熊掌,一种珍贵的食品。《左传·宣公二年》:"宰夫胹～～不熟。"张耒《寄答参寥》诗:"我嗜不可辍,～～荐明饥。"

【熊罴】 xióngpí ❶熊和罴,两种猛兽。常用以比喻凶猛的势力。《汉书·贾山传》:"秦以～～之力,虎狼之心,蚕食诸侯,并吞海内。"曹操《苦寒行》:"～～对我蹲,虎豹夹路啼。"❷比喻勇力之士。《尚书·康王之诰》:"则亦有～～之士,不二心之臣,保乂王家。"❸《诗经·小雅·斯干》:"吉梦维何?维熊维罴。……维熊维罴,男子之祥。"后以梦熊罴为祝人生男孩的吉辞。《三国志·魏书·高柔传》:"陛下聪达,穷理尽性,而顷皇子连多夭逝,～～之祥,又未感应,群下之心,莫不悒戚。"❹上古人名。《尚书·舜典》:"益拜稽首,让于朱虎、～～。"

【熊熊】 xióngxióng 火焰旺盛的样子。《山海经·西山经》:"南望昆仑,其光～～,其气魂魂。"

诇(詗) xiòng 刺探,侦察。《汉书·淮南王刘安传》:"多予金钱,为中～长安。"《宋史·张崇贵传》:"崇贵屡～契丹事,传递以闻。"

【诇伺】 xiòngsì 侦察。《资治通鉴·唐德宗贞元三年》:"己未,韦皋复与东蛮和义王苴那时书,使～～导达云南。"

敻(敻) 1. xiòng ❶远,深远。《后汉书·窦宪传》:"～其邈兮亘地界。"任华《送宗判官归骨台序》:"人生几何?而倏聚忽散,辽～若此,抑知己难遇,亦复何辞!"

2. xuàn ❷营求。《说文·夏部》:"～,营求也。"

【敻反】 xiòngfǎn 远道而归。《南齐书·刘祥传》:"孤舟～～,存没相捐,遂令暴客掠夺骸柩,行路流叹,有识伤心。"

【敻古】 xiònggǔ 远古。《晋书·后妃传序》:"爰自～～,是谓元妃,降及中年,乃称王后。"

【敻绝】 xiòngjué 寥远。颜延之《赭白马赋》:"别辈越群,绚练～～。"陶弘景《吴太极左仙公葛公之碑》:"九垓～～,七度虚悬。"

xiu

休 1. xiū ❶休息。《诗经·小雅·十月之交》:"民莫不逸,我独不敢～。"《吕氏春秋·贵因》:"军师皆谏曰:'卒病,请～之。'"㉠休假。《后汉书·蔡邕传》:"臣属吏张宛长～百日。"《新唐书·裴宽传》:"会～日登楼。"❷停止,罢休。范缜《神灭论》:"风惊雾起,驰荡不～。"欧阳修《读李翱文》:"最后读《幽怀论》,然后置书而叹,叹已复读,不自～。"❸莫,不要。杜甫《诸将》诗之三:"洛阳宫殿化为烽,～道秦关百二重。"辛弃疾《摸鱼儿》词:"～去倚危栏,斜阳正在,烟柳断肠处。"❹辞退官职。李商隐《天平公座中呈令狐令公》诗:"白足禅僧思败官,青袍御史拟～官。"苏轼《游斜川》诗:"谪居淡无事,何异老且～。"❺封建社会称丈夫离弃妻子叫休。《敦煌曲子词·菩萨蛮》:"枕前发尽千般愿,要～且待青山烂。"《红楼梦》六十八回:"如今指名提我,要～我。"❻树荫。《汉书·孝成班倢伃传》:"愿归骨于山足兮,依松柏之馀～。"㉠庇荫。《诗经·商颂·长发》:"何天之～。"《周书·静帝纪》:"藉祖考之～,凭宰辅之力。"❼美善,吉庆。《尚书·太甲中》:"实万世无疆之～。"蔡邕《郭有道碑文序》:"群公～之,遂辟司徒掾。"❽语气词。用在句尾,相当于"吧"、"了"。李清照《玉楼春》词:"要来小酌便来～,未必明朝风不起。"赵孟頫《后庭花》曲:"乱云愁,满头风雨,戴荷叶归去～。"

2. xù ❾通"煦"。用气加温。《周礼·考工记·弓人》:"夫角之末蹙于剫而～于气,是故柔。"

【休兵】 xiūbīng ❶得到休整的军队,指生力军。《战国策·赵策三》:"强秦以～～承赵之敝,此乃强吴之所以亡,而弱赵之所以霸也。"❷停止战争。杜甫《月夜忆舍弟》诗:"寄书长不达,况乃未～～。"

【休畅】 xiūchàng 吉顺。李陵《答苏武书》:"勤宣令德,策名清时,荣问～～,幸甚幸甚。"《水经注·沔水》:"望衡对宇,欢情自接,泛舟褰裳,率尔～～。"

【休炽】 xiūchì 盛美。《论衡·累害》:"以～～之声,弥口舌之患,求无危倾之害,远矣。"

【休典】 xiūdiǎn 完美的法典。《汉书·韦玄成传》:"往者大臣以为在昔帝王承祖宗之

～～,取象于天地。"

【休范】 xiūfàn 美好的榜样。《晋书·苻坚载记上》:"敷纯风于天下,流～～于无穷。"

【休废】 xiūfèi 衰败。《三国志·魏书·和洽传》:"时风不至,而有～～之气,必有司不勤职事,以失天常也。"

【休风】 xiūfēng 美好的风格、风气。《三国志·吴书·孙权传》:"君宣导～～,怀柔百越,是用锡君朱户以居。"李邕《兖州曲阜县孔子庙碑并序》:"乃刊圣烈,克广～～。"

【休光】 xiūguāng 盛美的光华。《汉书·匡衡传》:"使群下得望盛德～～,以立基桢,天下幸甚。"嵇康《琴赋》:"含天地之醇和兮,吸日月之～～。"

【休和】 xiūhé 安逸和平。《左传·襄公九年》:"若能～～,远人将至。"《旧唐书·玄宗纪上》:"致君亲于尧舜,济黔首于～～。"

【休浣】 xiūhuàn 同"休沐"。指官吏例行休假。《旧唐书·刘晏传》:"晏质明视事,至夜分止,虽～～不废事。"马祖常《寄舒真人》诗:"伊我逢～～,从兹咏浴沂。"

【休咎】 xiūjiù 吉凶,善恶。《汉书·刘向传》:"向见《尚书·洪范》箕子为武王陈五行阴阳～～之应。"陆机《君子行》:"～～相乘蹑,翻复若波澜。"

【休历】 xiūlì 指太平盛世。沈佺期《和韦舍人早朝》:"千春奉～～,分禁喜趋陪。"韩愈《顺宗实录五》:"膺千载之～～,承九圣之耿光。"

【休烈】 xiūliè 盛美的事业。《史记·秦始皇本纪》:"皇帝～～,平一宇内,德惠脩长。"《后汉书·冯衍传上》:"继高祖之～～,修文武之绝业。"

【休马】 xiūmǎ 放归军马,指停止战争。《史记·留侯世家》:"～～华山之阳,示以无所为。今陛下能～～无所用乎?"

【休明】 xiūmíng 美好而清明。《史记·秦始皇本纪》:"大义～～,垂于后世,顺承勿革。"李白《豫章行》:"本为～～人,斩虏素不闲。"亦用以赞美明君或盛世。谢朓《始出尚书省》诗:"惟昔逢～～,十载朝云陛。"孟浩然《送袁太祝尉豫章》诗:"何幸遇～～,观光来上京。"

【休命】 xiūmìng 美善的命令。《周易·大有》:"君子以遏恶扬善,顺天～～。"《三国志·魏书·武帝纪》:"对扬我高祖之～～。"

【休沐】 xiūmù 休息沐浴,指官员的例假。《汉书·张汤传》:"精力于职,～～未尝出。"《三国志·魏书·华歆传》:"歆为吏,～～出府,则归家阖门。"

【休牛】 xiūniú 归还军用的牛,指停止战争。刘向《新序·善谋下》:"～～于桃林,以示不复输粮。"潘岳《西征赋》:"问～～之故林,感征名于桃园。"

【休盼】 xiūpàn 重视,垂青。宋之问《桂州三月三日》诗:"伊昔承～～,曾为人所羡。"

【休平】 xiūpíng 太平。徐陵《为贞阳侯答王太尉书》:"九州万国之人,蟠木流沙之地,莫不行号卧泣,想望～～。"

【休戚】 xiūqī 喜乐和忧虑。卢谌《赠刘琨》诗:"义等～～,好同兴废。"苏轼《司马温公神道碑》:"师朋友道足以相信,而权不足以相～～。"

【休气】 xiūqì 祥瑞之气。班固《白虎通·封禅》:"阴阳和,万物序,～～充塞。"李白《西岳云台歌送丹丘子》:"荣光～～纷五彩,千年一清圣人在。"

【休庆】 xiūqìng 喜庆。《后汉书·马融传》:"欢嬉喜乐,鼓舞疆畔,以迎和气,招致～～。"《晋书·卢志传》:"启天子宜下赦书,与百姓同其～～。"

【休舍】 xiūshè 休止,休息。《韩非子·说林下》:"此啬夫,公之故人,公奚不～～,且待后车?"《史记·高祖本纪》:"欲止宫～～,樊哙、张良谏,乃封秦重宝财物府库,还军霸上。"

【休问】 xiūwèn ❶好消息。《三国志·蜀书·许靖传》:"承此～～,且悲且喜。"❷好的名声。柳宗元《送宁国范明府诗序》:"有范氏传真者,始来京师,近臣多言其美,宰相闻之,用以为是职,在门下,甚获～～。"

【休下】 xiūxià 官吏休假、下值在家。《梁书·周捨传》:"虽居职屡徙,而常留省内,罕得～～。"《资治通鉴·梁武帝大同五年》:"用事三十年……每～～,车马填门。"

【休祥】 xiūxiáng 吉祥之兆。《尚书·泰誓中》:"朕梦协朕卜,袭于～～,戎商必克。"《晋书·郭璞传》:"应元以德,则～～臻。"

【休行】 xiūxíng 美好的操行。蔡邕《袁满来碑铭》:"茂德～～,曰袁满来。"

【休休】 xiūxiū ❶宽容,气魄大。《尚书·秦誓》:"其心～～焉,其如有容。"《公羊传·文公十二年》:"其心～～。"❷安闲的样子。《诗经·唐风·蟋蟀》:"好乐无荒,良士～～。"杨万里《竹枝歌》:"愁杀人事关月事,得～～处且～～。"❸算了,不要。杨万里《得省榜见罗仲谋曾无逸策名得二绝句》:"今晨天色～～问,卧看红光占屋梁。"

【休延】 xiūyán 指太平之世。《魏书·高允传》:"臣东野凡生,本无宦意,属～～之会,应旌弓之举。"

【休懿】 xiūyì 美好。应劭《风俗通·十反》："咨嘉～～，相授岁贡。"

【休应】 xiūyìng 吉兆。《三国志·魏书·管辂传》："此乃履道～～，非卜筮之所明也。"《新唐书·五行志二》："池中有龙凤之形，米麦之异，武后以为～～。"

【休佑】 xiūyòu 赞美天、神等佑助之辞。班固《西都赋》："礼上下而接山川，究～～之所用。"刘禹锡《彭阳侯令狐氏先庙碑》："故～～集于身后，徽章流乎佳城。"

【休裕】 xiūyù 美德，正道。权德舆《李公神道碑》："脩身筮仕，动有～～。"李恽《五色卿云赋》："叶千年之～～，垂五色之氤氲。"

【休豫】 xiūyù 安逸悠闲。唐顺之《游西山碧云寺作得悦字》诗："出沐乘～～，寻幽展欢悦。"

【休运】 xiūyùn 盛世。刘禹锡《代谢端午日赐物表》："臣幸逢～～，获守外藩。"王安石《杂咏绝句》之九："百年礼乐逢～～，千里江山极胜游。"

【休祯】 xiūzhēn 吉祥的征兆。《后汉书·陈蕃传》："如是天和于上，地洽于下，～～符瑞，岂远乎哉?"刘禹锡《送李策兼简衡州吕八郎中》诗："圣功奠远服，神物拥～～。"

【休致】 xiūzhì 官吏年老去职。王禹偁《高闲》诗："更待吾家婚嫁了，解龟～～未全迟。"方回《老而健贫而诗自志其喜》之一："弱冠至～～，日须成一诗。"

庥 xiū 树荫。柳宗元《石渠记》："其侧皆诡石怪木奇卉怪箭，可列坐而～焉。"

茠 xiū 见 hāo。

咻 1. xiū ❶喧扰，吵。《孟子·滕文公下》："一齐人傅之，众楚人～之。"柳宗元《六逆论》："明者慨然将定其是非，则拘儒瞽生相与群而～之。"❷见"咻咻"。

2. xiāo ❸通"哮"。吼叫。左思《魏都赋》："克剪方命，吞灭咆～。"

3. xǔ ❹见"噢咻"。

【咻咻】 xiūxiū 喘气声。苏轼《江上值雪效欧阳体》诗："草中～～有寒兔，孤隼下击千夫驰。"

修 xiū ❶修饰，装饰。《楚辞·九歌·湘君》："美要眇兮宜～，沛吾乘兮桂舟。"《汉书·冯奉世传》："参为人矜严，好～容仪。"❷整治，修理。《吕氏春秋·孟秋》："命有司～法制。"韩愈《新修滕王阁记》："此屋不～且坏。"㉑修建。《荀子·王制》："～堤梁，通沟浍。"范仲淹《岳阳楼记》："乃重～岳阳楼。"❸学习，遵循。《礼记·学记》："君子之学焉，藏焉，～焉。"㉑修养，修行。《后汉书·邓彪传》："彪少励志，～孝行。"寒山《诗》之二六八："今日恳恳～，愿与佛相遇。"❹编纂，书写。《隋书·刘焯传》："[焯]与著作郎王劭同～国史。"《红楼梦》一百一十四回："弟即～字数行。"❺置备，设置。《国语·周语中》："选其馨香，洁其酒醴，品其百笾，～其簠簋。"刘禹锡《祭虢州杨庶子文》："敬～赙礼。"❻长，高。《诗经·小雅·六月》："四牡～广，其大有颙。"陆游《云门寿圣院记》："～竹老林，怪藤丑石，交覆而角立。"㉑善，美好。张衡《思玄赋》："伊中情之信～兮，慕古人之贞洁。"《后汉书·窦融传》："伏惟将军国富致～，士兵怀附。"㉒指贤人。《楚辞·离骚》："謇吾法夫前～兮，非时俗之所服。"❼通"脩"。本指干肉，借指致送老师的酬金。《儒林外史》五十五回："有个人家送了八两银子束～，请他到家里教馆去了。"蒲松龄《慈悲曲》："书～多添两吊钱。"❽通"羞"。进献。《庄子·天地》："孝子操药以～慈父，其色燋然。"❾姓。

【修本】 xiūběn 溯源。《孔子家语·哀公问政》："此教民～～反始，崇爱上下用情，礼之至也。"司空图《与惠生书》："今遇先生，俾仆得以尽论，顾～～讨源，然后次第及于济时之机也。"

【修诚】 xiūchéng 表示诚意。陆贽《答百寮请复御膳表》："朕以销灾谢谴，莫大于～～；节用爱人，必先于克己。"

【修除】 xiūchú 设置。《管子·四时》："其事号令，～～神位，谨祷弊梗。"《淮南子·时则训》："立春之日，天子亲率三公九卿大夫以迎岁于东郊，～～祠位，币祷鬼神。"

【修辞】 xiūcí 修饰辞句，也指写作。《周易·乾》："～～立其诚，所以居业也。"白居易《得乙与丁俱应拔萃互有相非未知孰是》："勤苦～～，乙不能也；吹嘘附势，丁亦耻之。"

【修蛾】 xiū'é 细长的眉毛。柳永《尉迟杯》词："天然嫩脸～～，不假施朱描翠。"晏殊《踏莎行》词："弱袂萦春，～～写怨。秦筝宝柱频移雁。"

【修亘】 xiūgèn 延续不断。《水经注·榖水》："水对芒阜，连岭～～，苞总众山。"何景明《石矶赋》："其山～～伟硉。"

【修古】 xiūgǔ 遵循古制。《商君书·更法》："汤武之王也，不～～而兴。"《汉书·礼乐志》："河间区区，小国藩臣，以好学～～，能有所存。"

【修好】 xiūhǎo 结成友好关系。《左传·成公九年》："楚子使公子辰如晋，报钟仪之使,请～～结成。"《续资治通鉴·宋宁宗嘉定十七年》:"至是夏遣其吏部尚书李仲谔～～于金,称弟不称臣,各用本国年号。"

【修和】 xiūhé 谋求和好。《尚书·君奭》:"惟文王尚克～～我有夏。"《晋书·慕容超载记》:"昔与姚兴俱为秦太子中舍人,可遣将命,降号～～。"

【修洁】 xiūjié ❶品德高尚纯洁。《韩非子·八说》:"人君之所任,非辩智则～～也。"《汉书·汲黯传》:"然好游侠,任气节,行～～。"❷整齐洁净。苏轼《记游定惠院》:"尚氏亦市井人也,而居处～～,如吴越间人。"《聊斋志异·丑狐》:"年馀,屋庐～～,内外皆衣文锦绣,居然素封。"

【修今】 xiūjīn 拘守现状,固步自封。《商君书·开塞》:"圣人不法古,不～～。法古则后于时,～～则塞于势。"

【修敬】 xiūjìng 表示敬意。《史记·廉颇蔺相如列传》:"于是赵王乃斋戒五日,使臣奉璧,拜送书于庭,何者?严大国之威以～～也。"㊁恭敬有礼。《三国志·吴书·吕范传》:"性好威仪,州民如陆逊、全琮及贵公子,皆～～虔肃,不敢轻脱。"

【修峻】 xiūjùn 山势高峻。王翰《赋得明星玉女坛送廉察尉华阴》诗:"三峰离地皆倚天,唯独中峰特～～。"

【修姱】 xiūkuā 洁美。《楚辞·离骚》:"余虽好～～以鞿羁兮,謇朝谇而夕替。"也作"修嫮"。《汉书·孝武李夫人传》:"美连娟以～～兮,命樔绝而不长。"

【修龄】 xiūlíng 长寿。阮籍《咏怀》之四十:"列仙停～～,养志在冲虚。"苏轼《游碧落洞》诗:"何山不堪隐,饮水自～～。"

【修名】 xiūmíng ❶美名。《楚辞·离骚》:"老冉冉其将至兮,恐～～之不立。"《隋书·列女传序》:"其～～彰于既往,徽音传于不朽。"❷正名分。《国语·周语上》:"有不贡则～～。"

【修明】 xiūmíng ❶阐明。《三国志·魏书·高堂隆传》:"学业～～。"❷整饬清明。《汉书·匡衡传》:"君以道德～～,位在三公,先帝委政,遂及朕躬。"

【修攘】 xiūrǎng 改善政教,抵御外敌。范成大《太上皇帝灵驾发引挽歌词》之二:"～～遗策在,嗣圣续《车攻》。"

【修尚】 xiūshàng 提高品德修养。《后汉书·窦融传》:"帝以穆不能～～,而拥富赀,居大第,常令谒者一人监护其家。"《晋书·王承传》:"承清虚寡欲,无所～～。"

【修身】 xiūshēn 提高修养,陶冶性情。《吕氏春秋·慎人》:"汤武～～积善为义,以忧苦于民,人也。"元稹《授杜元颖户部侍郎依前翰林学士制》:"慎独以～～,推诚以事朕。"

【修生】 xiūshēng 养生。《汉书·叙传上》:"若夫严子者,绝圣弃智,～～保真,清虚澹泊,归之自然。"《抱朴子·博喻》:"徇身者不以名汩和,～～者不以物累己。"

【修士】 xiūshì 操行高洁的人。《荀子·君道》:"使～～行之,则与汙邪之人疑之。"叶適《陈君墓志铭》:"呜呼岩也,父之钜子,弟之任兄,师之传人,出而从宦,国之～～也。"

【修束】 xiūshù 约束,控制。王绩《答刺史杜之松书》:"欲令复整理簪屦,～～精神,揖让邦君之门,低昂刺史之坐,远淡糟粕,近弃醇醪,必不能矣。"

【修耸】 xiūsǒng 高峻,挺立。杜甫《晚登瀼上堂》诗:"所思注东北,深峡转～～。"也作"修竦"。谢灵运《山居赋》:"既～～而便娟,亦萧森而蓊蔚。"

【修伟】 xiūwěi 高大魁梧。《南史·袁湛传》:"昂容质～～,冠绝人伦。"

【修文】 xiūwén ❶兴修文教,加强文治。《尚书·武成》:"乃偃武～～,归马于华山之阳,放牛于桃林之野。"《后汉书·耿纯传》:"卿既治武,复欲～～邪?"❷旧称文人死亡为修文。杜甫《哭李常侍峄》诗:"一代风流尽,～～地下深。"

【修禊】 xiūxì 古代一种迷信活动。在农历三月上旬的巳日(魏以后固定为三月三日),到水边嬉戏以祓除不祥。王羲之《三月三日兰亭诗序》:"永和九年,岁在癸丑,暮春之初,会于会稽山阴之兰亭,～～事也。"张耒《和周廉彦》:"～～洛滨期一醉,天津春浪绿浮堤。"

【修纤】 xiūxiān 长而细。杜甫《铁堂峡》诗:"～～无垠竹,嵌空太始雪。"王安石《和平甫舟中望九华山》之一:"盘根虽巨壮,其末乃～～。"

【修心】 xiūxīn 修养心性,陶冶性情。《庄子·田子方》:"夫子德配天地,而犹假至言以～～,古之君子,孰能脱焉。"崔涂《入蜀赴举秋夜与先生话别》诗:"失计方期隐,～～未到僧。"

【修行】 xiūxíng ❶修养德行。《战国策·楚策三》:"齐人饰身～～得为益,然臣羞而不学也。"《淮南子·诠言训》:"君子～～而使善无名。"❷美好的品行。《吕氏春秋·赞能》:"叔敖游于郢三年,声问不知,～～不闻。"❸遵行。《史记·殷本纪》:"封纣子武庚禄父,以续殷祀,令～～盘庚之政。"❹佛教称出家为修行。王建《赠太清卢道士》

诗:"～～近日形如鹤,导引多时骨似绵。"

【修省】 xiūxǐng 修身反省。《周易·震》:"君子以恐惧～～。"薛用弱《集异记·凌华》:"谪官闤阓,伺其～～,既迷所履,太乖乃心。"

【修修】 xiūxiū ❶整齐美好的样子。《荀子·儒效》:"～～兮其用统类之行也。"❷象声词。形容风雨之声。白居易《舟中雨夜》诗:"江云阁悠悠,江风冷～～。"徐铉《题梁王旧园》诗:"树倚荒台风淅淅,草埋欹石雨～～。"

【修学】 xiūxué 治学。《史记·儒林列传》:"终不治产业,以～～著书为事。"《抱朴子·勖学》:"故～～务早,及其精专,习与性成,不异自然也。"

【修业】 xiūyè ❶古代写字著书的方版叫做业,所以把读书写作叫修业。《管子·宙合》:"～～不息版。"《抱朴子·崇教》:"若使素士,则昼躬耕以糊口,夜薪火以～～。"❷建立功业。《周易·乾》:"君子进德～～。"❸经营产业。《史记·货殖列传》:"后年衰而听子孙,子孙～～而息之,遂至巨万。"

【修夜】 xiūyè 长夜。《隋书·卢思道传》:"玄冬～～,静言长想,可以累叹悼心,流涕酸鼻。"

【修义】 xiūyì 遵循礼义。《管子·君臣》:"能上尽言于主,下致力于民,而足以～～从令者,忠臣也。"

【修怨】 xiūyuàn 报怨。语出《左传·哀公元年》:"及夫差克越,乃修先君之怨。秋,八月,吴侵陈,修旧怨也。"陆游《北岩》诗:"～～以稔祸,哀哉谁始谋。"

【修真】 xiūzhēn 道教称学道修行为修真。唐玄宗《送道士薛季昌还山》诗:"洞府～～客,衡阳念旧居。"

【修正】 xiūzhèng ❶善良正直。《汉书·辛庆忌传》:"光禄勋庆忌行义～～,柔毅敦厚,谋虑深远。"又指遵行正道的人。《荀子·修身》:"谄谀者亲,谏争者疏,～～为笑,至忠为贼,虽欲无灭亡,得乎哉?"❷改正,调整。《汉书·五行志下》:"改过～～,立信布德。"《宋书·乐志一》:"初,荀勖既以新建律造二舞,又更～～钟磬。"

【修竹】 xiūzhú 长竹。王羲之《兰亭集序》:"此地有崇山峻岭,茂林～～,又有清流激湍,映带左右。"杜甫《佳人》诗:"天寒翠袖薄,日暮倚～～。"

羞 xiū ❶进献。《左传·僖公三十年》:"荐五味,～嘉谷。"元结《化虎论》:"吾邑多山泽,可致麋鹿,为二贤～宾客,何如?"❷美味的食品。《礼记·玉藻》:"若有尝～者,则俟君之食然后食。"❸耻辱。《孟子·告子上》:"～恶之心,人皆有之。"《史记·越王句践世家》:"庄生～为儿子所卖。"❹怕。刘禹锡《赠眼医婆罗门僧》诗:"看朱渐成碧,～日不禁风。"❺害臊,难为情。李白《长干行》:"十四为君妇,～颜未尝开。"

【羞花】 xiūhuā 形容女子貌美,使花自惭不如。王渎《祝英台近》词:"可能妬柳～～,起来浑懒。"

【羞明】 xiūmíng 眼睛怕强光刺激。陈师道《湖上晚归寄诗友》诗之四:"红绿～～眼,欹斜久病身。"辛弃疾《祝英台近》词:"老眼～～,水底看山影。"

【羞囊】 xiūnáng 空钱袋,形容贫穷,身无钱财。袁宏道《寄黄平倩庶子》诗:"谤箧只堪助道品,～～休问买山钱。"

【羞涩】 xiūsè 难为情。卢思道《后园宴》诗:"便妍不～～,遥艳工言语。"杜甫《空囊》诗:"囊空恐～～,留得一钱看。"

【羞膳】 xiūshàn ❶进食。《仪礼·燕礼》:"小臣自阼阶下,北面,请执幂者与～～者。"❷味美的食物。《北史·魏文成文明皇后冯氏传》:"性俭素……宰人上膳,案裁径尺,～～滋味,减于故事十分之八。"

【羞缩】 xiūsuō 因为羞惭而退缩不前。李弥逊《再和明复蹈元之什》:"我惭匪报正～～,君肯包荒过称谓。"

脩 1. xiū ❶干肉。《周礼·天官·膳夫》:"凡肉～之颁赐,皆掌之。"《左传·庄公二十四年》:"女贽不过榛栗枣～。"❷干枯,干。《诗经·王风·中谷有蓷》:"中谷有蓷,暵其～矣。"❸通"修"。修饰。《颜氏家训·序致》:"不～边幅。"❹姓。

2. tiāo ❺古县名。汉代周亚夫封脩侯。

【脩脯】 xiūfǔ 干肉,肉干。韩琦《苦热》诗:"直疑万类繁,尽欲变～～。"

【脩煮】 xiūzhǔ 煎煮,熬。《水经注·胶水》:"海南土山以北,悉盐坑,相承～～不辍。"

鸺(鵂) xiū 见"鸺鹠"。

【鸺鹠】 xiūliú 鸟名。张华《博物志·佚文》:"～～,一名忌欺,白日不见人,夜能拾蚤虱也。"

飍(飍) xiū 惊跑的样子。左思《吴都赋》:"觷骇～矞,靸霅警捷,先驱前途。"

貅 xiū 见"貔貅"。

馐(饈) xiū "羞"的后起字。❶精美的食物。无名氏《沁园春》词:"助当年太液，调鼎和～。”❷荐，进献。《类篇·食部》：“～，进献也。”

觿 xiū 无尾牛。《淮南子·说山训》：“髡屯犁牛，既犐以～。”

髹（髤） xiū ❶赤黑色的漆。《周礼·春官·巾车》：“駹车、雚蔽、然褀、～饰。”❷涂漆。《史记·货殖列传》：“木器～者千枚。”陆游《盱眙军翠屏堂记》：“翼室修廊，以陪以拥，斲削～丹，皆极工致。”

朽 xiǔ ❶腐烂。《论语·公冶长》：“～木不可雕也。”《论衡·幸偶》：“鲁城门久～欲顿，孔子过之，趋而疾行。”㊀磨灭。《左传·襄公二十四年》：“太上有立德，其次有立功，其次有立言，虽久不废，此之谓不～。”司马光《为文相公谢神道碑文表》：“声光不～，永蒙庇于昆孙。”❷衰老。《晋书·张忠传》：“年～发落，不堪衣冠。”李贺《赠陈商》诗：“长安有男儿，二十心已～。”❸臭。《列子·周穆王》：“飨香以为～，尝甘以为苦。”

【朽蠹】 xiǔdù 腐烂和虫蚀。《左传·昭公三年》：“民参其力，二入于公，而衣食其一。公聚～～，而三老冻馁。”《晏子春秋·问上七》：“府藏～～，而礼悖于诸侯；菽粟藏深，而怨积于百姓。”

【朽钝】 xiǔdùn 衰朽愚拙。多为自谦之词。王粲《从军行》之五：“窃慕负鼎翁，愿历～～姿。”吕温《衡州刺史谢上表》：“谨当罄竭精诚，策磨～～。”

【朽贯】 xiǔguàn 贯穿方孔钱的腐烂绳索，形容钱多而积存过久。《潜夫论·忠贵》：“宁见～～千万而不忍赐人一钱，情知积粟腐仓而不忍贷人一斗。”

【朽迈】 xiǔmài 年老衰败。《三国志·魏书·曹爽传》：“天下汹汹，人怀危惧……此非先帝诏陛下及臣升御床之本意也，臣虽～～，敢忘往言？”《周书·窦炽传》：“臣虽～～，请执干橹，首启戎行。”

【朽索】 xiǔsuǒ 腐烂的绳子。《尚书·五子之歌》：“予临兆民，懔乎若～～之驭六马。”《后汉书·费长房传》：“以～～悬万斤石于心上。”

殠 1. xiǔ ❶同“朽”。腐烂。《墨子·尚同上》：“至有馀力，不能以相劳；腐～馀财，不以相分。”

2. guǎ ❷剐肉。《列子·汤问》：“楚之南有炎人之国，其亲戚死，～其肉而弃，然后埋其骨。”

滫 xiǔ 淘米水，泔水。引申为污水，臭水。《荀子·劝学》：“兰槐之根是为芷，其渐之～，君子不近，庶人不服。”《淮南子·人间训》：“申菽杜茝，美人之所怀服也，及渐之～，则不能保其芳矣。”

糔 xiǔ 用水调粉面。《礼记·内则》：“为稻粉，～溲之以为酏。”

秀 xiù ❶谷类植物抽穗开花。《论语·子罕》：“苗而不～者有矣夫！～而不实者有矣夫！”❷草类植物结实。《诗经·豳风·七月》：“四月～葽，五月鸣蜩。”❸草木的花。汉武帝《秋风辞》：“兰有～兮菊有芬，携佳人兮不能忘。”陶渊明《咏贫士》之二：“南圃无遗～，枯条盈北园。”泛指草木开花。《吕氏春秋·孟夏》：“苦菜～。”杜甫《九日寄岑参》诗：“是节东篱菊，纷披为谁～？”❹特出，优秀。《礼记·王制》：“司徒论选士之～者而升之学，曰俊士。”《晋书·王导传》：“顾荣、贺循、纪瞻、周玘，皆南士之～。”❺美丽，俊秀。《楚辞·大招》：“容则～雅，稺朱颜只。”韩愈《送李愿归盘谷序》：“清声而便体，～外而惠中。”❻宋明间对官僚贵族子弟和有财有势的人的称呼。王应奎《柳南随笔》卷五：“江阴汤廷尉《公馀日录》云：‘明初闾里间称呼有二等：一曰～，一曰郎。～则故家右族，颖出之人；郎则微裔末流，群小之辈。’”❼姓。

【秀拔】 xiùbá ❶形容才能出众。《三国志·蜀书·彭羕传》：“超问羕曰：‘卿才具～～，主公相待至重，谓卿当与孔明、孝直诸人齐足并驱。’”❷美妙特出。《旧唐书·郑处晦传》：“处晦字廷美，文辞～～。”

【秀才】 xiùcái ❶优异的才能。《史记·屈原贾生列传》：“吴廷尉为河南守，闻其～～，召置门下，甚幸爱。”《汉书》作“秀材”。❷汉代以来荐举人才的科目之一。唐初，设秀才科，后渐渐废去，仅作为对一般儒生的称呼。明、清两代专门用来称府、州、县学的生员为秀才。

【秀出】 xiùchū 优秀特出。《国语·齐语》：“于子之乡，有拳勇股肱之力，～～于众者，有则以告。”《后汉书·谢夷吾传》：“窃见钜鹿太守会稽谢夷吾，出自东州，厥土涂泥，而英姿挺特，奇伟～～，才兼四科，行包九德，仁足济时，知周万物。”

【秀发】 xiùfā 语出《诗经·大雅·生民》：“实发实秀。”原指谷物茂盛，后常用来形容人的才能和气质等出众。陆机《辨亡论》：“武烈既没，长沙桓王逸才命世，弱冠～～，招揽遗老，与之述业。”《晋书·慕容超载记》：“超身长八尺，腰带九围，精采～～。”也指诗文的俊逸或山势的挺拔。杜甫《石砚》诗：“平公今诗伯，～～吾所羡。”曾巩《麻姑山送南城尉罗君》诗：“爱此层崖峻壑之～～，开轩把酒可纵观。”

【秀眉】 xiùméi ❶老年人常有几根特长的

眉毛，古人认为是寿相，称为秀眉。《诗经·小雅·南山有台》："乐只君子，遐不眉寿"毛传："眉寿，～～也。"《盐铁论·散不足》："故尧～～高彩，享国百载。"❷指秀美的眉毛。《后汉书·郑玄传》："身长八尺，饮酒一斛，～～明目，容仪温伟。"《南史·何点传》："点明目～～，容貌方雅。"

【秀实】 xiùshí 禾吐花叫秀，成谷叫实。用以比喻人之成年。《晋书·陆机陆云传》："挺珪璋于～～，驰英华于早年。"

【秀士】 xiùshì 德才优异的人。《礼记·王制》："命乡论～～，升之司徒，曰选士。"《史记·赵世家》："俗辟者民易，则是吴越无～～也。"清代也称秀才为秀士。

【秀世】 xiùshì 优异超群。任昉《为范尚书让吏部封侯第一表》："乃祖玄平，道风～～，爰在中兴，仪刑多士。"《宋书·武帝纪》："相国宋王，天纵圣德，灵武～～。"

【秀业】 xiùyè 指学业。沈约《为晋安王谢南兖州章》："臣以莱孱，幼无～～。"

岫 xiù ❶山洞，岩穴。陶渊明《归去来兮辞》："云无心以出～，鸟倦飞而知还。"辛弃疾《添字浣溪沙·病起独坐停云》词："山上朝来云出～，随风一去未曾回。"❷峰峦。谢朓《郡内高斋闲望答吕法曹》诗："窗中列远～，庭际俯乔林。"周邦彦《玉楼春》词："烟中列～青无数，雁背夕阳红欲暮。"

袖 xiù ❶衣袖。《韩非子·五蠹》："长～善舞，多钱善贾。"骆宾王《为徐敬业讨武曌檄》："掩～工谗，狐媚偏能惑主。"❷把东西藏在袖子里。《史记·淮南衡山列传》："辟阳侯出见之，即自～铁椎椎辟阳侯。"韩愈《试大理评事王君墓志铭》："我得一卷书，粗若告身者，我～以往。"

【袖刃】 xiùrèn 袖中暗藏利刃。刘禹锡《武夫词》："探丸害公吏，～～妒名倡。"

【袖手】 xiùshǒu 把手藏在袖子里，表示不过问。陆游《书愤》诗之二："关河自古无穷事，谁料如今～～看。"无名氏《村乐堂》一折："没揣的两鬓秋，争如我便且修身闲～～。"

琇 xiù 朽玉。《说文·玉部》："～，朽玉也。"

臭 1. xiù ❶气味。《周易·系辞上》："同心之言，其～如兰。"《吕氏春秋·孟春纪》："其味酸，其～膻。"❷用鼻子闻味。《荀子·礼论》："成事之俎不尝也，三～之不食也。"

2. chòu ❸秽恶难闻的气味，与"香"相对。曹植《与杨德祖书》："兰茝荪蕙之芳，众人之所好，而海畔有逐～之夫。"❹腐烂，发出恶臭味。仲长统《昌言·理乱》："三牲之肉～而不可食。"

【臭味】 xiùwèi 气味，比喻同类的东西。《左传·襄公八年》："今譬于草木，寡君在君，君之～～也。"牟巘《木兰花慢·饯公孙倅》词："不妨无蟹有监州，～～喜相投。"

绣（繡、綉） xiù ❶刺绣和绘画设色，五彩齐俱。《周礼·考工记·画缋》："画缋之事……五彩备谓之～。"《吕氏春秋·仲秋》："乃命司服具饬衣裳，文～有常，制有大小，度有短长。"❷绣花的衣服。《史记·项羽本纪》："富贵不归故乡，如衣～之夜行。"李白《赠宣城赵太守悦》诗："公为柱下史，脱～归田园。"❸用丝线在布帛上缀成花纹或图像，即刺绣。卢照邻《长安古意》诗："生憎帐额～孤鸾，好取门簾帖双燕。"李白《赠裴司马》诗："翡翠黄金缕，～成歌舞衣。"❹华丽的，精美的。王勃《临高台》诗："银鞍～毂盛繁华，可怜今夜宿娼家。"苏轼《题织锦图上回文》诗："人随远雁边城暮，雨映疏帘～阁空。"❺姓。

【绣斧】 xiùfǔ 汉武帝曾派直指使者暴胜之等穿绣衣，执杖斧到各地巡捕群盗。后以"绣斧"指皇帝特派的巡察官员。张雨《书卢疏斋宣城集后》诗："人物西清第一流，曾看～～下瀛州。"

【绣瓜】 xiùguā 木瓜。因瓜色由青变红有彩色，故名。陆游《或遗木瓜有双实者香甚戏作》诗："宣城～～有奇香，偶得并蒂置枕旁。"

【绣户】 xiùhù 华丽的居室，多指女子的住所。沈佺期《古歌》："璇闺窈窕秋夜长，～～徘徊明月光。"鲍照《拟行路难》诗之三："璇闺玉墀上椒阁，文窗～～垂罗幕。"

【绣口】 xiùkǒu ❶形容女子口形美。徐渭《拟吊苏小墓》诗："一抔苏小是耶非，～～花腮烂舞衣。"❷比喻文辞华丽。柳宗元《乞巧文》："骈四俪六，锦心～～。"

【绣陌】 xiùmò 繁华绮丽的街道。陈暄《长安道》诗："长安开～～，三条向绮门。"

【绣囊】 xiùnáng 比喻知识丰富，文词绮丽。李冗《独异志》卷中："《武陵记》曰：'后汉马融勤学，梦见一林，花如绣锦，梦中摘此花食之。乃寤，见天下文词，无所不知，时人号为～～。'"

宿 xiù 见 sù。

琇 xiù 像玉的美石。《诗经·卫风·淇奥》："有匪君子，充耳～莹，会弁如星。"

锈（銹、鏽） xiù 金属表面所生的氧化物。酒贤《南城咏古铁牛庙》："角断苔花碧，蹶穿土～新。"

溴 xiù 水气。《玉篇·水部》："～，水气也。"

嗅（齅） xiù 用鼻子闻。《韩非子·外储说左下》："食之则甘，～之则香。"李煜《浣溪沙》词："酒恶时拈花蕊～。"

褎 1. xiù ❶同"袖"。衣袖。《汉书·董贤传》："尝昼寝，偏藉上～。上欲起，贤未觉，不欲动贤，乃断～而起。"

2. yòu ❷见"褎褎"。

【褎褎】 yòuyòu 隆盛的样子。《汉书·叙传下》："乐安～～，古之文学。"（乐安：乐安侯匡衡。）

褏 1. xiù ❶同"袖"。《诗经·唐风·羔裘》："羔裘豹～，自我人究究。"

2. yòu ❷禾苗渐长。《诗经·大雅·生民》："实种实～。"❸服饰华美的样子。《诗经·邶风·旄丘》："叔兮伯兮，～如充耳。"（充耳：服饰繁盛。）❹出众。《汉书·董仲舒传》："今子大夫～然为举首，朕甚嘉之。"

xu

于 xū 见 yú。

讦（訏） xū 大。《诗经·大雅·生民》："实覃实～，厥声载路。"

【讦谟】 xūmó 重大的谋画。《诗经·大雅·抑》："～～定命，远犹辰告。"《世说新语·棲逸》："南阳刘驎之，高率善史传，隐于阳岐。于时苻坚临江，荆州刺史桓冲将尽～～之益，征为长史。"

【讦讦】 xūxū 广大的样子。《诗经·大雅·韩奕》："川泽～～，鲂鱮甫甫。"

戌 xū ❶十二地支的第十一位。❷十二时辰之一，相当于晚七时至九时。

【戌削】 xūxuē ❶形容衣服裁制合身。司马相如《上林赋》："扡独茧之褕袘，眇阎易以～～。"也作"恤削"。《史记·司马相如列传》："粉粉裶裶，扬袘～～。"❷清瘦的样子。李白《上云乐》诗："巉岩容仪，～～风骨。"

吁[1] xū ❶叹词。表示惊怪、感慨等。《尚书·尧典》："帝曰：'～！咈哉！'"胡铨《戊午上高宗封事》："有识之士，皆以为朝廷无人。～，可惜哉！"❷叹气，叹息。李白《古风》之五十六："献君君按剑，怀宝空长～。"杜牧《感怀》诗："累圣但日～，阃外将谁寄？"❸忧愁。《诗经·周南·卷耳》："我仆痡矣，云何～矣。"

【吁咈】 xūfú 表示不满或不以为然。语出《尚书·尧典》："帝曰：'吁，咈哉！'"李商隐《井泥四十韵》："禹竟代舜立，其父～～哉。"

【吁嗟】 xūjiē ❶叹词。表示忧伤、感叹等。《楚辞·卜居》："～～嘿嘿兮，谁知吾之廉贞。"谢朓《和王著作八公山诗》："平生仰令图，～～命不淑。"❷哀叹，叹息。《论衡·感虚》："夫万人举口，并解～～，犹未能感天。"《后汉书·丁鸿传》："小民～～，怨气满腹。"

【吁荼】 xūshū 指散发出温暖之气。《尚书大传·尧典》："夏者假也，～～万物而养之外也。"

【吁吁】 xūxū ❶安然自得的样子。《白虎通·号》："卧之法法，起之～～。"归有光《王天下有三重》："上古之时，其民～～恬恬。"也作"于于"。《庄子·盗跖》："起则～～。"❷惊恐的样子。柳宗元《乞巧文》："臣物之灵，进退唯辱，彷徉为狂，局束为谄，～～为诈，坦坦为忝。"

苬 xū 见 qiū。

呕 xū 见 ǒu。

盱 xū ❶张目。《周易·豫》："～豫，悔。"❷大。《汉书·谷永传》："广～营表。"❸通"吁"。忧愁。《诗经·小雅·都人士》："我不见兮，云何～矣。"❹多年生草本植物，可入药。《尔雅·释草》："～，虺床。"❺姓。

【盱眙】 xūchì 张大眼睛向上看。李邕《叶有道碑序》："先生～～长揖，挥手高谢。"刘基《拙逸解》："先生俯而咍，仰而叹，～～却立。"

【盱衡】 xūhéng 张大眼睛，扬起眉毛。《汉书·王莽传上》："～～厉色，振扬武怒。"左思《魏都赋》："魏国先生，有晬其容，乃～～而诰曰，异乎交益之士。"

【盱盱】 xūxū 张大眼睛直视。《荀子·非十二子》："吾语汝学者之嵬容，……～～然。"《列子·黄帝》："而睢睢，而～～，而谁与居？"

呼 xū 见 hū。

姁 xū 见 xǔ。

砉 xū ❶象声词。皮骨分离的声音。《庄子·养生主》："～然响然，奏刀騞然。"❷物体相杂的声音。沈佺期《霹雳引》："客有鼓瑟于门者，奏霹雳之商声，始戛羽以騞～，始扣宫而砰骍。"❸迅疾的样子。卢纶《和赵给事白蝇拂歌》："～如寒隼惊暮禽，飒若繁埃得轻雨。"

【砉騞】 xūhuō 箭划破长空的声音。元稹

《小胡笳引》:"潺湲疑是雁鹍鹈,～～如闻发鸣镝。"刘禹锡《飞鸢操》:"旗尾飘扬势渐高,箭头～～声相似。"

【砉欻】 xūxū 窸窣声。韩愈《送穷文》:"屏息静听,如闻音声,若啸若啼,～～嘤嘤。"

须[1](須) xū ❶等待。《韩非子·外储说左上》:"吴起～故人而食。"《后汉书·朱浮传》:"今军资未充,故～后麦耳。"❷必须,应该。《论衡·问孔》:"使孔子知颜渊愈子贡,则不～问子贡。"杜甫《闻官军收河南河北》诗:"白日放歌～纵酒,青春作伴好还乡。"❸通"需"。需要。《三国志·蜀书·诸葛亮传》:"敛以时服,不～器物。"❹求。陆云《九愍·感逝》:"生遗年而有尽,居静言其何～。"❺少时,片刻。《荀子·王制》:"贤能不待次而举,罢不能不待～而发。"❻本,本来。纪君祥《赵氏孤儿》一折:"你本是赵盾家堂上宾,我～是屠岸贾门下人。"❼虽,却。曹松《送僧入蜀过夏》诗:"五月峨眉～近火,木皮岭里只如冬。"朱敦儒《水调歌头》词:"中秋一轮月,只和旧青冥,都缘人意,～道今夕别般明。"❽植物名。《尔雅·释草》:"～,葑苁。"❾姓。

须[2](鬚) xū 胡须。《吕氏春秋·恃君》:"豫让欲杀赵襄子,灭～去眉,自刑以变其容。"《左传·昭公二十六年》:"有君子白皙,鬒～眉,甚口。"

【须留】 xūliú 留待,等待。《后汉书·清河孝王庆传》:"选懦之恩,知非国典,且复～～。"

【须眉】 xūméi 胡须和眉毛。《汉书·张良传》:"年皆八十有馀,～～皆白。"亦用作男子的代称。《红楼梦》一回:"我堂堂～～,诚不若彼裙钗。"

【须索】 xūsuǒ ❶必须。乔吉《金钱记》一折:"你～～走一遭去。"❷索取,勒索。《新唐书·郑从谠传》:"而李克用谓太原可乘,以沙陀兵奄入其地,壁汾东,释言讨贼,～～繁仍。"

【须臾】 xūyú ❶片刻。《吕氏春秋·长攻》:"其王年少,智寡材轻,好～～之名,不思后患。"范成大《晓枕》诗:"陆续满城钟动,～～后巷鸡鸣。"❷从容,苟延。《汉书·韩信传》:"足下所以得～～至今者,以项王在。"❸古代阴阳家的一种占卜方法。《后汉书·方术传序》:"其流又有风角、遁甲……～～、孤虚之术。"

【须至】 xūzhì ❶必须,一定。邵雍《人物吟》:"人破～～护,物破～～补。"❷旧时用作公文结尾处。朱熹《晓谕兄弟争财产事》:"今检坐条法,指挥下项,～～晓谕者。"

欨 xū ❶见"欨愉"。❷哈气使暖和。《正字通·欠部》:"欲暖者～之,欲凉者吹之。"

【欨愉】 xūyú 欢悦的样子。嵇康《琴赋》:"其康乐者闻之,则～～欢释,抃舞踊溢。"

胥 xū ❶蟹酱。《周礼·天官·庖人》郑玄注:"若今荆州之鲝鱼,青州之蟹～。"❷察看,视察。《诗经·大雅·公刘》:"于～斯原。"❸须臾,短时间。《庄子·至乐》:"胡蝶～也化而为虫。"《荀子·君道》:"独生者不～时而乐。"❹互相。《诗经·小雅·角弓》:"兄弟昏姻,无～远矣。"鲍照《拟行路难》诗之十一:"但令纵意存高尚,旨酒佳肴相～讌。"❺皆,都。《孟子·万章上》:"天下之士多就之者,帝将～天下而迁之也。"刘禹锡《管城新驿记》:"逮八月既望,新驿成,郑人～悦。"❻官府中的小吏。曾巩《刑部郎中致仕王公墓志铭》:"新都里～捕罪人杀之。"❼通"须"。等待。《管子·法法》:"四者备体,则～时而王,不难矣。"《史记·廉颇蔺相如列传》:"赵奢曰:'～后命邯郸。'"❽疏远。《诗经·小雅·角弓》:"尔之远矣,民～然矣。"❾语气词。《诗经·小雅·桑扈》:"君子乐～,受天之祐。"❿姓。

【胥产】 xūchǎn 春秋时代晋国大夫胥臣和郑国宰相子产都以博学多闻著名,后人就以"胥产"并称。于志宁《隋皇甫诞碑》:"博韬～～,文赡卿云。"

【胥吏】 xūlì 官府中办文书的小吏。《新唐书·车服志》:"～～商贾之妻,老者乘苇伞车、兜笼,舁以二人。"

【胥靡】 xūmí ❶古代服劳役的刑徒。《墨子·天志下》:"不格者则系累而归,丈夫以为仆、圉、～～。"《后汉书·马融传》:"登高不惧者,～～之人也。"❷空无所有。《荀子·儒效》:"乡也～～之人,俄而治天下之大器举在此。"《汉书·扬雄传下》:"盖～～为宰,寂莫为尸。"❸地名。春秋时郑邑,后属周,在今河南偃师县东南。

【胥涛】 xūtāo 传说伍子胥为吴王夫差所杀,尸投浙江,成为涛神,因此称浙江潮为胥涛。陆游《送子龙赴吉州掾》诗:"汝行犯～～,次第过彭蠡。"

【胥胥】 xūxū 安乐的样子。李翱《舒州新堂铭》:"独我州氓,乐哉～～。"

【胥馀】 xūyú ❶人名。《庄子·大宗师》:"若狐不偕、务光、伯夷、叔齐、箕子、～～、纪他、申徒狄,是役人之役,适人之适,而不自适其适者也。"❷奴婢。《论衡·恢国》:"恶其人者,憎其～～。"❸椰子树。司马相如《上林赋》："留落～～，仁频并闾。"

顼(頊) xū 见"顼顼"。

【顼顼】 xūxū 若有所失的样子。《庄子·天地》："子贡卑陬失色，～～然不自得。"

㝄 xū 殷代冠名。《诗经·大雅·文王》："厥作祼将，常服黼～。"《礼记·郊特牲》："周弁，殷～，夏收。"

虚 xū ❶大土山，大丘。《汉书·东方朔传》："广狐兔之苑，大虎狼之～。"陆游《吕居仁集序》："故《尔雅》谓河出昆仑～。"❷废墟。《荀子·哀公》："君出鲁之四门以望鲁四郊，亡国之～则必有数盖焉。"《汉书·贾谊传》："凡十三岁而社稷为～。"㊀使为废墟。《荀子·解蔽》："此其所以丧九牧之地，而～宗庙之国也。"❸方位，处所。《列子·仲尼》："用之弥满六～，废之莫知其所。"《左传·昭公十七年》："陈，大皞之～也；郑，祝融之～也。"❹市集。柳宗元《童区寄传》："去逾四十里之～所卖之。"王安石《次韵酬吴彦珍见寄》之一："树外鸟啼催晚种，花间人语趁朝～。"❺空，空虚。《庄子·山木》："有～船来触舟。"㊀使空虚。《老子·三章》："～其心，实其腹。"《史记·平准书》："于是天子遣使者～郡国仓廥，以振贫民。"❻谦虚。《周易·咸》："君子以～受人。"❼徒然，白白地。《汉书·匡衡传》："是以群下更相是非，吏民无所信。臣窃恨国家释乐成之业，而～为此纷纷也。"李商隐《安定城楼》诗："贾生年少～垂泪，王粲春来更远游。"❽天空。《抱朴子·君道》："剔腹背无益之毛，揽六翮凌～之用。"阮籍《咏怀》之十九："寄颜云霄间，挥袖凌～翔。"❾空隙，弱点。《孙子·虚实》："水之行避高而趋下，兵之行避实而击～。"《淮南子·氾论训》："若循～而出入，则亦无能履也。"❿虚假，不真实。《楚辞·九章·惜往日》："弗省察而按实兮，听谗人之～辞。"《史记·魏公子列传论》："名冠诸侯，不～耳。"⓫虚弱。《吕氏春秋·审时》："后时者，短茎疏节，本～不实。"《素问·玉机真藏论》："脉细，皮寒，气少，泄利前后，饮食不入，此谓五～。"⓬不足，缺损。《吕氏春秋·精通》："月晦则蚌蛤～，群阴亏。"张蠙《寄友人》诗："相思不我会，明月几盈～。"⓭星宿名。二十八宿之一。见"虚宿"。⓮姓。

【虚白】 xūbái ❶形容心境清静明澄。江总《借刘太常说文》诗："幽居服药饵，山宇生～～。"杜甫《归》诗："～～高人静，喧卑俗累牵。"❷形容贫寒一无所有。庾信《周柱国大将军长孙俭神道碑》："一室之中，未免～～；日膳之资，三杯而已。"

【虚诞】 xūdàn 虚假荒诞。《抱朴子·论仙》："汉武招求方士，宠待过厚，致令斯辈敢为～～耳。"《三国志·蜀书·刘琰传》："建兴十年，与前军师魏延不和，言语～～，亮责让之。"

【虚的】 xūdí 即虚实。的，确实。苏轼《与朱康叔书》："传闻筠州大水，城内丈馀，不知～～也。"

【虚猲】 xūhè 虚声恐喝。《史记·苏秦列传》："是故恫疑～～，骄矜而敢进，则秦之不能害齐亦明矣。"

【虚华】 xūhuá 虚饰不实。《论衡·变虚》："出～～之三言，谓星却而祸除，增寿延年，享长久之福，误矣。"《后汉书·朱博传》："是以～～盛而忠信微，刻薄稠而纯笃稀。"

【虚怀】 xūhuái 虚心。杜甫《赠王二十四侍御四十韵》："洗眼看轻薄，～～任屈伸。"陈亮《论开诚之道》："臣愿陛下～～易虑，开心见诚，疑则勿用，用则勿疑。"

【虚皇】 xūhuáng 道教的太虚之神。陶弘景《许长史旧馆坛碑》："结号～～，筌法正觉。"

【虚己】 xūjǐ 虚心。《庄子·山木》："人能～～以游世，其孰能害之？"《汉书·贡禹传》："元帝初即位，征禹为谏大夫，数～～问以政事。"

【虚稼】 xūjià 扎根不牢的庄稼。《吕氏春秋·辩土》："～～先死。"

【虚憍】 xūjiāo 浮躁骄矜。《庄子·达生》："纪渻子为王养斗鸡，十日而问：'鸡已乎？'曰：'未也。方～～而恃气。'"

【虚襟】 xūjīn 虚心。《梁书·孔休源传》："尚书令沈约当朝贵显，轩盖盈门，休源或时后来，必～～引接，处之坐右，商略文义。"贺遂亮《赠韩思彦》诗："欲交天下士，未面已～～。"

【虚籁】 xūlài 空寂无声。谢庄《月赋》："声林～～，沦池灭波。"林逋《游灵隐寺》诗："松门韵～～，铮若鸣瑶琴。"

【虚厉】 xūlì 国破人亡。《庄子·人间世》："昔者尧攻丛枝、胥敖，禹攻有扈，国为～～，身为刑戮。"也作"虚戾"。《战国策·赵策二》："秦人远迹不服，而齐为～～。"

【虚莽】 xūmǎng 受战乱破坏而空虚荒芜。《史记·仲尼弟子列传》："孤不幸，少失先人，内不自量，抵罪于吴，军败身辱，栖于会稽，国为～～。"

【虚明】 xūmíng ❶指夜空通畅明亮。陶渊明《辛丑岁七月赴假还江陵夜行涂口》诗："凉风起将夕，夜景湛～～。"杜甫《夏夜叹》诗："～～见纤毫，羽虫亦飞扬。"❷心怀。

任昉《〈王文宪集〉序》："莫不揔制清衷，递为心极，斯固通人之所包，非～～之绝境。"

【虚牝】 xūpìn 山穴，溪谷。殷仲文《南州桓公九井作》诗："爽籁惊幽律，哀壑叩～～。"韩愈《赠崔立之评事》诗："可怜无益费精神，有似黄金掷～～。"

【虚声】 xūshēng ❶不实在的名声。《韩非子·六反》："布衣循私利而誉之，世主听～～而礼之。"❷山谷的回声。姚崇《故洛阳城侍宴应制》诗："川凫连倒影，岩鸟应～～。"

【虚实】 xūshí 或虚或实。《吕氏春秋·决胜》："怯勇～～，其由甚微，不可不知。"泛指情况。《吴子·料敌》："用兵必须审敌～～而趋其危。"

【虚士】 xūshì 徒有虚名之士。《陈书·姚察传》："瓛谓所亲曰：'名下定无～～。'"

【虚文】 xūwén 空文，空话。《抱朴子·论仙》："又《神仙集》中有召神劾鬼之法，又有使人见鬼之术，俗人闻之，皆谓～～。"

【虚无】 xūwú ❶道家称"道"的本体为虚无，无形象可见，却又无所不在。《吕氏春秋·知度》："君服性命之情，去爱恶之心，用～～为本，以听有用之言，谓之朝。"《史记·老子韩非列传论》："老子所贵道，～～，因应变化于无为。"❷虚假，乌有。《后汉书·来历传》："京、丰惧有后害，妄造～～，构谗太子及东宫官属。"

【虚宿】 xūxiù 二十八宿之一。又名玄枵、颛顼之虚、北陆。为北方玄武七宿的第四宿，有两颗星。

【虚徐】 xūxú ❶委宛舒缓的样子。岑参《秋夕听罗山人弹三峡流泉》诗："演漾怨楚云，～～韵秋烟。"杜牧《张好好》诗："绛唇渐轻巧，云步转～～。"❷怀疑，狐疑。班固《幽通赋》："承灵训其～～兮，伫盘桓而且俟。"

【虚张】 xūzhāng ❶夸饰，夸张。《潜夫论·实贡》："～～高誉，强蔽疵瑕。"《宋史·王显传》："若契丹母子～～声势，以抗我师。"❷奢华不实。《东观汉记·邓豹传》："迁[将作]大将，工无～～之缮，徒无饥寒之色。"

【虚掷】 xūzhì 空耗，浪费。李白《宣州九日闻崔四侍御与宇文太守游敬亭……》诗之一："良辰与美景，两地方～～。"韩愈《李花赠张十一署》诗："力携一罇独就醉，不忍～～委黄埃。"

【虚中】 xūzhōng ❶心中无杂念，表示诚敬。《礼记·祭义》："孝子将祭，虑事不可以不豫；比时具物，不可以不备，～～以治之。"❷身体虚弱，精神衰竭。枚乘《七发》："～～重听，恶闻人声。"❸空腹，指饥饿。《南史·郭原平传》："若家或无食，则～～竟日，义不独饱。"

【虚舟】 xūzhōu ❶空船。《淮南子·诠言训》："方船济乎江，有～～从一方来，触而覆之，虽有忮心，必无怨色。"也指轻便的木船。陶渊明《五月旦作和戴主簿》："～～纵逸棹，回复逐无穷。"❷比喻胸怀宽大。《晋书·谢安传赞》："太保沈浮，旷若～～。"

【虚伫】 xūzhù 虚心以待。杜甫《北征》诗："圣心颇～～，时议气欲夺。"《宋史·真宗纪》："寤寐思贤，屡颁明诏，虽增～～，未协翘思。"

【虚字】 xūzì 现在叫"虚词"。对实词而言，指没有实际意义的字(词)。刘淇《助字辨略·序》："构文之道，不过实字～～两端，实字其体骨，～～其性情也。"

【虚左】 xūzuǒ 古人乘车以左为尊，空着左边的位置以待宾客，表示恭敬。《史记·魏公子列传》："公子从车骑，～～，自迎夷门侯生。"

欻(歘) xū ❶忽然。张衡《西京赋》："神山崔巍，～从背见。"刘禹锡《聚蚊谣》："嘈然～起初骇听，殷殷若从南山来。"❷象声词。韩愈《送穷文》："屏息潜听，如闻音声，若啸若啼，砉～嘎嘤。"

【欻忽】 xūhū 迅速的样子。黄伯思《东观馀论·论张长史书》："犹击剑者交光飞刃，～～若神。"

【欻吸】 xūxī 呼吸之间，形容疾速。江淹《杂体诗·王征君养疾》："寂历百草晦，～～鹍鸡悲。"

【欻翕】 xūxī 迅疾的样子。江淹《江上之山赋》："既～～其未悟，亦纬缅而已迁。"文天祥《沁园春·题张许双庙》词："人生～～云亡，好烈烈轰轰做一场。"

媭(嬃) xū 古代楚人称姐姐为媭。《楚辞·离骚》："女～之婵媛兮，申申其詈予。"

胥 xū 见 yù。

缅(緰、繻) 1. xū ❶绊住马的前腿。左思《吴都赋》："暴𧾷𧾷，～麋麖。"

2. xié ❷蜀锦名。扬雄《蜀都赋》："尔乃其人，自造奇锦，纨绁缇～，缘缘卢中。"

楈 xū 见"楈枒"。

【楈枒】 xūyá 树名，即椰子树。张衡《南都赋》:"～～栟榈,枎栘檍檀。"

需　1. xū　❶等待。《周易·需》:"～,须也。"《后汉书·张衡传》:"虽老氏曲全,进道若退,然行亦以～。"❷迟疑。《左传·哀公十四年》:"子行抽剑曰:'～,事之贼也。'"《文心雕龙·附会》:"率故多尤,～为事贼。"❸给用,需要。刘昼《刘子·荐贤》:"国之～贤,譬车之恃轮,犹舟之倚楫也。"《宋史·高定子传》:"长宁地接夷獠,公家百～皆仰消井盐利。"❹《周易》六十四卦之一,卦形为乾下坎上。《周易·需》:"象曰:云上于天,～。"

2. nuò　❺通"懦"。懦弱。《周礼·考工记·辀人》:"马不契～。"《墨子·号令》:"当术～敌,离地,斩。"

3. ruǎn　❻柔软。同"软"。《周礼·考工记·弓人》:"厚其帤则木坚,薄其帤则～。"

【需次】　xūcì　旧时官吏任职,按照资历等待依次补缺叫需次。《宋史·马廷鸾传》:"调池州教授,～～六年。"

【需头】　xūtóu　古代奏章前留出空白给皇帝批答,叫需头。蔡邕《独断》:"章者,～～。"杨慎《谭苑醍醐·需头》:"所谓～～者,盖空其首一幅,以俟诏旨批答。"

【需云】　xūyún　语出《周易·需》:"云上于天,需。"后以"需云"比喻皇帝的恩泽。唐玄宗《同二相以下群官乐游园宴》诗:"巽日岩廊暇,～～宴乐初。"

【需弱】　nuòruò　即懦弱。《战国策·秦策二》:"甘茂对曰……其健者来使者,则王勿听其事;其～～者来使,则王必听之;然则～～者用而健者不用矣。"

墟　xū　❶大土山。柳宗元《观八骏图说》:"古之书记周穆王驰八骏升昆仑之～者,后之好事者为之图。"❷旧址,废墟。潘岳《西征赋》:"窥秦～于渭城,冀阙缅其堙尽。"柳宗元《衡阳与梦得分路赠别》诗:"伏波故都风烟在,翁仲遗～草树平。"㊀使成废墟。《史记·越王句践世家》:"子胥言曰:'王不听谏,后三年吴其～乎!'"辛弃疾《九议》之三:"不过虞吾民,～吾城,食尽而去耳。"❸村庄。刘禹锡《插田歌·引》:"连州城下,俯接村～。"❹乡村集市。范成大《豫章南浦亭泊舟》诗:"趁～犹市井,收潦再耕桑。"❺场所,境界。《庄子·天运》:"古之至人,假道于仁,托宿于义,以游逍遥之～。"白居易《和除夜作》:"一落老病界,难逃生死～。"

【墟里】　xūlǐ　村落。陶渊明《归园田居》诗之一:"暧暧远人村,依依～～烟。"王维《辋川闲居赠裴秀才迪》诗:"渡头馀落日,～～上孤烟。"

【墟落】　xūluò　❶犹坟墓。夏侯湛《张平子碑》:"于是乃剪其～～,宠其宗人,使奉其四时,献其粢盛。"❷村落。王维《渭川田家》诗:"斜光照～～,穷巷牛羊归。"王安石《示张秘校》诗:"月出映沟坻,烟升隐～～。"

【墟墓】　xūmù　丘墓,坟墓。《礼记·檀弓下》:"～～之间,未施哀于民而民哀。"潘岳《悼亡》诗:"徘徊～～间,欲去复不忍。"

【墟市】　xūshì　乡村集市。范成大《清逸江》诗:"晨兴过～～,喜有鱼虾卖。"

嘘　xū　❶慢慢地呼气。《庄子·齐物论》:"南郭子綦隐几而坐,仰天而～。"刘禹锡《天论下》:"～为雨露,噫为风雷。"❷吐。梅尧臣《二月七日吴正仲遗活蟹》诗:"定知有口能～沫,休信无心便畏雷。"❸同"歔"。叹息。《敦煌曲子词·凤归云》:"魂梦天涯无暂歇,枕上长～。"

【嘘唏】　xūjìn　犹叹息。孟郊《病客吟》:"况于滞疾中,何人免～～。"

【嘘嗒】　xūtǎ　语出《庄子·齐物论》:"隐机而坐,仰天而嘘,荅焉似丧其耦。"后因以指静息养神。叶适《孟达甫墓志铭》:"达甫老,退食闲居,隐几～～。"

【嘘吸】　xūxī　❶大气鼓动,吐纳呼吸。《文子·道原》:"～～阴阳,吐故纳新。"《三国志·魏书·管辂传》注引《管辂别传》:"殷殷雷声,～～雨灵。"也作"嘘噏"。木华《海赋》:"～～百川。"❷啼泣的样子。《楚辞·九叹·忧苦》:"长～～以於悒兮,涕横集而成行。"

【嘘㰦】　xūxī　叹息。刘商《姑苏怀古送秀才下第归江南》诗:"伍员结舌长～～,忠谏无因到君耳。"石介《又送从道》诗:"对我～～涕泗下,孝子之心真可悲!"

【嘘唏】　xūxī　叹息,哽咽。枚乘《七发》:"纷屯澹淡,～～烦酲。"《史记·留侯世家》:"戚夫人～～流涕。"也作"嘘欷"。《百喻经·牧羊人喻》:"牧羊之人,闻此人语,便大啼泣,～～不已。"

【嘘歙】　xūxī　呼吸。犹言瞬息之间。司空图《释怨》:"指顾而倾曦迴驭,～～而穷律惊春。"

【嘘咻】　xūxiū　形容喘气的样子。苏辙《次韵子瞻减降诸县囚徒事毕登览》:"强行腰伛偻,因坐气～～。"

稰　xū　❶晚熟的稻子。《礼记·内则》:"饭:黍、稷、稻、粱、白黍、黄粱、～、穛。"王安石《送张颉仲举知奉新》诗:"老吏闭门无重～,荒山开陇有新粳。"❷通"糈"。精米。《汉书·扬雄传上》："费椒～以要神兮，又勤索彼琼茅。"

顼(頊)　xū　等待。《汉书·翟方进传》："勋私过光禄勋辛庆忌，又出逢帝舅成都侯商道路，下车立，～过，乃就车。"张揖《上广雅表》："以～方俫俊哲洪秀伟彦之伦。"

蔬　xū　见 shū。

歔　xū　❶出气。《老子·二十九章》："或～或吹。"❷见"歔欷"。

【歔欷】　xūxī　叹息，哽咽。《楚辞·离骚》："曾～～余郁邑兮，哀朕时之不当。"《后汉书·冯衍传下》："盖忠臣过故墟而～～，孝子入旧室而哀叹。"

蝑　xū　见"蜙蝑"。

繻(繻)　1. xū　❶锁簧。《广韵·虞韵》："～，锁中～也。"

2. rú　❷通"襦"。短衣。《管子·禁藏》："被蓑以当铠～。"

魖　xū　迷信传说指能使财物虚耗的鬼。《汉书·扬雄传上》："属堪舆以壁垒兮，梢夔～而抶獝狂。"

徐　1. xú　❶同"徐"。迟缓。《说文·人部》："～，缓也。"

2. shū　❷徐州，古薛国。今山东滕州东南有薛县故城，即古薛国。《史记·齐太公世家》："田常执简公于～州。"

徐　xú　❶缓慢，慢慢地。《战国策·楚策四》："其飞～而鸣悲。"《吕氏春秋·大乐》："日月星辰，或疾或～。"❷安闲稳重的样子。《国语·越语下》："宜为人主，安～而重固。"❸(jù)通"俱"。全，都。《公羊传·成公十五年》："鲁人～伤归父之无后也，于是使婴齐后之也。"❹古州名。古代九州之一。《尚书·禹贡》："海岱及淮惟～州。"❺古国名。在今安徽泗县。《韩非子·五蠹》："～偃王处汉东，地方五百里。"

【徐娘】　xúniáng　《南史·梁元帝徐妃传》："～～虽老，犹尚多情。"指梁元帝(萧绎)妃徐昭佩。后称年老而风韵犹存的妇女为"徐娘"。赵翼《题许松堂亡姬小像》诗："～～自知老，专恃多情牵。"

【徐徐】　xúxú　❶缓慢的样子。《孟子·尽心上》："是犹或纱其兄之臂，子谓之姑～～云尔。"李珣《女冠子》词："对花情脉脉，望月步～～。"❷安舒的样子。《庄子·应帝王》："泰氏其卧～～，其觉于于。"王绩《醉乡记》："其寝于于，其行～～。"

许(許)　1. xǔ　❶答应，允许。《左传·隐公元年》："亟请于武公，公弗～。"《汉书·高帝纪上》："使人来，欲约分王关中，沛公不～。"❷赞许，同意。《孟子·梁惠王上》："明足以察秋毫之末而不见舆薪，则王～之乎？"杜甫《戏赠阌乡秦少翁短歌》："同心不减骨肉亲，每语见～文章伯。"❸给予，奉献。《史记·刺客列传》："老母在，政身未敢以～人也。"㊀许配，允嫁。《汉书·高帝纪上》："沛令善公，求之不与，何自妄～与刘季？"《红楼梦》六十回："把我二姨儿～给皇粮庄头张家。"❹期望。《孟子·公孙丑上》："夫子当路于齐，管仲、晏子之功可复～乎？"陆游《书愤》诗："塞上长城空自～，镜中衰鬓已先斑。"❺处所。《墨子·非乐》："舟车既已成矣，吾将恶～用之。"《后汉书·汉阴老父传》："汉阴老父者，不知何～人也。"❻这样，如此。杜荀鹤《自江西归九华》诗："～大乾坤吟未了，挥鞭回首出陵阳。"刘克庄《沁园春》词："天造梅花，有～孤高，有～芬芳。"❼什么。杜审言《赠苏绾书记》诗："知君书记本翩翩，为～从戎赴朔边。"陆游《桃源忆故人》词："试问岁华何～？芳草连天暮。"❽表示约计的数量。《后汉书·吴汉传》："述果使其将谢丰、袁吉将众十～万，分为二十馀营，并出攻汉。"柳宗元《小石潭记》："潭中鱼可百～头。"❾语气词。辛弃疾《贺新郎·赋滕王阁》词："空有恨，奈何～！"❿周代国名。在今河南许昌。《左传·隐公十一年》："秋七月，公会齐侯郑伯伐～。"⓫姓。

2. hǔ　⓬见"许许"。

【许国】　xǔguó　为国献身效力。杜甫《前出塞》诗之一："丈夫誓～～，愤惋复何有。"陆游《观长安城图》诗："～～虽坚鬓已斑，山南经岁望南山。"

【许可】　xǔkě　❶允许。《世说新语·言语》："世尊默然，便是～～。"❷许诺。杜牧《罪言》："故其人沈鸷多材力，重～～，能辛苦。"

【许身】　xǔshēn　立志献身。杜甫《自京赴奉先县咏怀五百字》："～～一何愚，窃比稷与契。"

【许许】　hǔhǔ　象声词。伐木声。《诗经·小雅·伐木》："伐木～～，酾酒有芎。"

郍(鄦)　xǔ　周代国名，"许"的古称。在今河南许昌。《史记·郑世家》："悼公元年，～公恶郑于楚。"

休　xǔ　见 xiū。

诩(詡)　xǔ　❶说大话，夸耀。扬雄《长杨赋》："夸～众庶。"黄遵宪《闭关》诗："墙头山自好，何必～神仙。"❷言辞敏捷而有力。《礼记·少仪》："会同主～。"

❸普遍，普及。《礼记·礼器》："德发扬，～万物。"❹妩媚。黄庭坚《次韵寄晁以道》："不闻犯斋牧，犹闻画眉～。"

【诩诩】 xǔxǔ 融洽地聚合的样子。焦延寿《易林·离之中孚》："鲂鲔～～，利来无忧。"韩愈《柳子厚墓志铭》："～～强笑语以相取下。"

呴 1. xǔ ❶嘘气。《论衡·道虚》："食气者必谓'吹～呼吸，吐故纳新'也。"❷吐出。《庄子·大宗师》："泉涸，鱼相与处于陆，相～以湿，相濡以沫，不如相忘于江湖。"陆游《广德军放生池记》："所谓相～以湿，相濡以沫者，盖未见也。"㉑滋养，化育。《淮南子·俶真训》："道之所施也，夫天之所覆，地之所载，六合所包，阴阳所～，雨露所濡……此皆生一父母而阅一和也。"❸和悦。见"呴呴"、"呴俞"。

2. hǒu ❹吼叫。《后汉书·五行志三》："建安七八年中，长沙醴陵县有大山常大鸣如牛～声，积数年。"郭璞《江赋》："溢流雷～而电激。"

3. gòu ❺野鸡鸣叫。《史记·殷本纪》："有飞雉登鼎耳而～。"《淮南子·要略训》："族铸大钟，撞之庭下，郊雉皆～。"

【呴籍】 xǔjí 脚踏地跳跃的样子。《战国策·燕策一》："若恣睢奋，～～叱咄，则徒隶之人至矣。"

【呴濡】 xǔrú 语出《庄子·天运》："泉涸，鱼相与处于陆，相呴以湿，相濡以沫，不如相忘于江湖。"后用以比喻人同处困境时互相救助。郭遐叔《赠嵇康》诗之四："何必相～～，江海自可容。"

【呴呴】 xǔxǔ 也作"姁姁"。❶和悦恭敬的样子。刘向《新序·善谋》："项王见人恭谨，言语～～。"《汉书·东方朔传》："故卑身贱体，说色微辞，愉愉～～，终无益于主上之治，则志士仁人不忍为也。"❷怡然自乐的样子。《资治通鉴·周赧王五十六年》："燕雀处堂，子母相哺，～～焉相乐也。"

【呴俞】 xǔyú ❶关怀培养。《庄子·骈拇》："屈折礼乐，～～仁义。"也作"呴谕"。《淮南子·原道训》："～～覆育，万物群生。"❷和悦温顺的样子。杜甫《朝献太清宫赋》："伊神器臬兀，而小人～～，历纪大破，创痍未苏。"

【呴呴】 gòugòu 鸟鸣声。《楚辞·九思·悯上》："云蒙蒙兮电倏烁，孤雌惊兮鸣～～。"

姁 1. xǔ ❶年老的女人。《说文·女部》："～，妪也。"❷见"姁姁"。

2. xū ❸见"姁媮"。

【姁姁】 xǔxǔ ❶怡然自乐的样子。《吕氏春秋·谕大》："燕雀争善处于一室之下，子母相哺也，～～焉相乐也。"❷和悦的样子。《汉书·韩信传》："项王见人恭谨，言语～～。"

【姁媮】 xūyú 娇媚的样子。傅毅《舞赋》："姣服极丽，～～致态。"韩愈《河中府连理木颂》："奋肆～～，不知所如。"

浒 xǔ 见 hǔ。

咻 xǔ 见 xiū。

栩 xǔ ❶栎树。《诗经·唐风·鸨羽》："肃肃鸨羽，集于苞～。"谢灵运《过白岸亭》诗："交交止～黄，呦呦食苹鹿。"❷见"栩栩"。❸姓。

【栩栩】 xǔxǔ 活泼欢畅的样子。《庄子·齐物论》："昔者庄周梦为胡蝶，～～然胡蝶也。"王安石《独饭》诗："～～幽人梦，夭夭老者居。"

谞（諝） xǔ ❶才智。陆机《辨亡论》："谋无遗～，举不失策。"❷机谋，计策。《淮南子·本经训》："比周朋党，设诈～，怀机械巧故之心，而性失矣。"

湑 xǔ ❶酒滤去渣滓，清。《诗经·大雅·凫鹥》："尔酒既～，尔殽既脯。"❷形容露水。《诗经·小雅·蓼萧》："蓼彼萧斯，零露～兮。"王翰《龙山月夜饮酒》诗："晴峰馀霭收，密竹残露～。"❸茂盛。《诗经·小雅·裳裳者华》："裳裳者华，其叶～兮。"❹欢畅，快乐。左思《吴都赋》："酣～半，八音并。"

【湑湑】 xǔxǔ ❶茂盛的样子。《诗经·唐风·杕杜》："有杕之杜，其叶～～。"❷风清爽。柳宗元《湘源二妃庙碑》："南风～～，湘水如舞。"

煦 xǔ ❶吹气，呵气。《汉书·中山靖王刘胜传》："夫众～漂山，聚蚊成雷。"《抱朴子·诘鲍》："所谓盗跖分财，取少为让，陆处之鱼，相～以沫。"❷和悦。见"煦煦"。㉑爱护，关心。《新唐书·魏徵传》："陛下在贞观初，护民之劳，～之如子。"

【煦沫】 xǔmò 同处困境互相扶助。刘峻《广绝交论》："故鱼以泉涸而～～，鸟因将死而鸣哀。"

【煦濡】 xǔrú 在困难的时候互相帮助。白居易《放鱼》诗："无声但呀呀，以气相～～。"

【煦煦】 xǔxǔ 和悦柔顺的样子。《孔丛子·论势》："燕雀处屋，子母相哺，～～然其相乐也。"柳宗元《与顾十郎书》："大抵当隆赫柄用，而蜂附蚁合，～～趄趄，便僻匍匐，以非乎人而售乎己。"

糈 xǔ ❶祭神用的精米。《楚辞·离骚》："巫咸将夕降兮，怀椒～而要之。"《史记·日者列传》："夫卜而有不审，不见夺～。"❷粮饷，食粮。王安石《送张颉知奉新》诗："老吏闭门无重～，荒山开陇有新粳。"

醑 xǔ ❶同"湑"。滤酒去滓。皮日休《九夏歌九篇·昭夏》："既～既酢，爰鞞爰舞。"❷美酒，清酒。庾信《灯赋》："况复上兰深夜，中山～清。"苏轼《四月十一日初食荔支》诗："先生洗盏酌桂～，冰盘荐此赪虬珠。"

旭 xù ❶太阳初出，天亮。陶渊明《归园田居》诗之五："欢来苦夕短，已复至天～。"李白《豳歌行上新平长史兄粲》："吾兄行乐穷曛～，满堂有美颜如玉。"❷初出的阳光。谢朓《宋海陵王墓铭》："西光已谢，东～又良。"❸光，光明。《张兴墓志铭》："玄明一掩，寒灯无～。"

【旭旦】 xùdàn 日出时。任昉《苦热诗》："～～烟云卷，烈景入车轩。"骆宾王《畴昔篇》："昨夜琴声奏悲调，～～含颦不成笑。"

【旭霁】 xùjì 雨后日出。韦应物《和吴舍人早春归沐西亭言志》："阳春美时泽，～～望山晖。"

【旭旭】 xùxù ❶太阳将出的样子。贾谊《新书·修政语下》："君子将入其职，则其于民也，～～然如日之始出也。"❷得志的样子。《汉书·扬雄传上》："嘻嘻～～，天地稠嶅。"❸形容声响强烈。扬雄《羽猎赋》："汹汹～～，天动地岋。"

【旭月】 xùyuè 明月。林琨《驾幸温泉宫赋》："于是～～霁野，庆云霭天。"

序 xù ❶中堂的东西两墙。王延寿《鲁灵光殿赋》："东～重深而奥秘。"柳宗元《永州龙兴寺西轩记》："居龙兴寺西～之下。"❷古代学校。《史记·儒林列传序》："闻三代之道，乡里有教，夏曰校，殷曰～，周曰庠。"曾巩《唐论》："礼乐之具，田畴之制，庠～之教，拟之先王未备也。"❸次序，秩序。《战国策·秦策三》："夫四时之～，成功者去。"《后汉书·舆服志上》："顺则上下有～。"[引]按顺序排列，有次序。《周礼·春官·肆师》："以岁时～其祭祀。"《后汉书·刘般传》："考功量才，以～庶僚。"❹季节。韩偓《登南神光寺塔院》诗："四～有花长见雨，一冬无雪却闻雷。"《红楼梦》八十七回："回忆海棠结社，～属清秋。"❺叙说，叙述。王逸《离骚经序》："故上述唐、虞、三后之别；下～桀、纣、羿、浇之败。"萧统《文选序》："铭则～事清润。"❻评论、介绍作品内容的文字，也作"叙"。《文心雕龙·诠赋》："～以建言，首引情本。"[又]赠序，相当于临别赠言的文体。如韩愈《送孟东野序》，柳宗元《送薛存义序》等。❼姓。

【序齿】 xùchǐ 按年龄大小排定次序。《礼记·中庸》："燕毛，所以～～也。"

訹（訹） xù ❶诱惑，利诱。《汉书·韩安国传》："今大王列在诸侯，～邪臣浮说。"陆游《高僧猷公塔铭》："予尝观古高僧，穷幽阐微，能信践之，不为利～，不为势桡。"❷恫吓。《宋史·岳飞传》："俊以前途粮乏～飞，飞不为止。"

芧 xù 见 zhù。

怵 xù 见 chù。

侐 xù 清静。《诗经·鲁颂·閟宫》："閟宫有～，实实枚枚。"《宋史·乐志十》："展事有～，祲威肃然。"

洫 xù ❶田间水道，水沟。《吕氏春秋·乐成》："子产始治郑，使田有封～，都鄙有服。"柳宗元《天说》："疏为川渎、沟～、陂池。"❷护城河。《左传·昭公三十二年》："士弥牟营成周，计丈数，揣高卑，仞沟～，物土方……以令役于诸侯。"张衡《东京赋》："谚门曲榭，邪阻城～。"❸水渠，水门。王嘉《拾遗记·夏禹》："禹尽力沟～，导川夷岳。"《后汉书·鲍昱传》："昱乃上作方梁石～，水常饶足。"❹使空虚。《管子·小称》："满者～之，虚者实之。"❺败坏。《庄子·则阳》："与世偕行而不替，所行之备而不～。"

恤（卹、賉、衃） xù ❶忧虑，担忧。《吕氏春秋·权勋》："是忘荆国之社稷而不～吾众也。"《后汉书·郑玄传》："家今差多于昔，勤力务时，无～饥寒。"❷顾念，体恤。《史记·项羽本纪》："今不～士卒而徇其私。"《汉书·晁错传》："男女有昏，生死相～。"[引]周济，救济。《韩非子·外储说右上》："振贫穷而～孤寡。"❸安置。《汉书·韦玄成传》："不遂我遗，～我九列。"❹丧事，葬仪。《南史·顾宪之传》："俗谚云：'会稽打鼓送～，吴兴步担令史。'"

【恤礼】 xùlǐ 春秋间诸侯国之间，一国发生战乱，别国派使者前来表示同情慰问，叫做恤礼。《周礼·春官·大宗伯》："以～～哀寇乱。"

【恤纬】 xùwěi "嫠不恤纬"的省略。寡妇不忧其织事，而忧国家的危难。后指忧国之心。李曾伯《赠李尉归云川》诗："佩弦示良规，～～寓忧抱。"

【恤问】 xùwèn 顾念，关怀。《汉书·高惠高后文功臣表》："降及孝成，复加～～，稍益衰微,不绝如线。"

【恤刑】 xùxíng 慎重用刑。语出《尚书·舜典》:"惟刑之恤哉!"王融《永明九年策秀才文》:"敬法～～,《虞书》茂典。"

【恤恤】 xùxù 忧虑的样子。《左传·昭公十二年》:"南蒯之将叛也,其乡人或知之,过之而叹,且言曰:～～乎,湫乎,攸乎。"韩愈《上宰相书》:"遑遑乎四海无所归;～～乎饥不得食,寒不得衣。"

昫 xù 温暖。《说文·日部》:"～,日出温也。"

【昫伏】 xùfú 鸟孵卵。比喻对晚辈或下属的抚育,扶持。《三国志·吴书·孙权传》注引《魏略》:"吴王孙权,幼竖小子……少蒙翼卵～～之恩,长含鸱枭反逆之性,背弃天施,罪恶积大。"

叙(敘、敍) xù ❶次序,秩序。《淮南子·本经训》:"四时不失其～。"《三国志·魏书·三少帝纪》:"迎六宫家人留止内房,毁人伦之～,乱男女之节。"❷排次序,有次序。《周礼·天官·司书》:"以周知入出百物,以～其财,受其币,使入于职币。"柳宗元《记里鼓赋》:"异铜浑之仪,亦可～紫微之星次。"❸按规定的等级次第授官职或给予奖励。《周礼·天官·宫伯》:"行其秩～。"《北史·薛安都传》:"在南以武力见～,遇宋孝武起江州。"❹陈述,叙述。《国语·晋语三》:"纪言以～之,述意以导之。"王羲之《兰亭集序》:"一觞一咏,亦足以畅～幽情。"❺序文,序言。如许慎《说文解字·叙》。

【叙行】 xùxíng 分级排列。《论衡·祸虚》:"曾子、子夏未离于俗,故孔子门～～未在上第也。"

【叙用】 xùyòng 分等级任用官员。《三国志·魏书·文昭甄皇后传》:"亲疏高下～～各有差。"

【叙擢】 xùzhuó 分级提拔任用。《陈书·虞荔传》:"且圣朝弃瑕忘过,宽厚得人,改过自新,咸加～～。"

畜 xù 见 chù。

殈 xù 鸟蛋未孵成开裂。《礼记·乐记》:"胎生者不殰,而卵生者不～。"《云笈七籤》卷一:"兽胎不殰,鸟卵不～。"

鉥 xù 见 shù。

淢 xù 见 yù。

聟 xù 同"婿"。女婿。应劭《风俗通·怪神》:"妇尚不知有此女新从～家来。"张华《博物志》卷六:"君才过人而体貌躁,非女～才。"

萸(藚) xù 草名,即泽泻。《诗经·魏风·汾沮洳》:"彼汾一曲,言采其～。"

酗(酌) xù 无节制地喝酒,沉迷于酒。《尚书·无逸》:"无若殷王受之迷乱,～于酒德哉!"《论衡·语增》:"过于三觞,醉～生乱。"②撒酒疯。《汉书·赵充国传》:"汤数醉～羌人。"《北史·牛弘传》:"弟弼,好酒而～,尝醉射杀弘驾车牛。"

【酗蒏】 xùyòng 酗酒。《抱朴子·疾谬》:"酒客～～,不知限齐,至使有伤于流血踒折支体者,可叹者也。"

勖(勗) xù 勉励,勉力。《诗经·邶风·燕燕》:"先君之思,以～寡人。"《后汉书·马援传》:"陛下既已得之自然,犹宜加以勉～。"

【勖帅】 xùshuài 也作"勖率"。《仪礼·士昏礼》:"父醮子,命之曰:往迎尔相,承我宗事,勖帅以敬先妣之嗣,若则有常。"郑玄注:"勖,勉也;若,犹女也。勉帅妇道,以敬其为先妣之嗣,女之行,则当有常。"本来是古代婚礼男方家长在迎亲时对儿子所说的话。后把"勖率"两字作为勉力遵循的意思。元稹《授赵宗儒尚书左仆射制》:"无忘～～,已厚人伦。"张廷珪《授内官张禹珪加官制》:"古人有言,尔宜勉自～～。"

鱮(鱮) xù 鱼名,即鲢。《诗经·小雅·采绿》:"其钓维何?维鲂及～。"《乐府诗集·杂曲歌辞·枯鱼过河泣》:"作书与鲂～,相教慎出入。"

绪(緒) xù ❶丝头。张衡《南都赋》:"白鹤飞兮茧曳～。"柳宗元《种树郭橐驼传》:"早缫而～,早织而缕。"❷头绪,开端。谢庄《曲池赋》:"扰百～于眼前。"《晋书·陶侃传》:"千～万端,罔有遗漏。"❸连绵的情思。江淹《泣赋》:"阒寂以思,情～留连。"杜甫《客旧馆》诗:"无由出江汉,愁～月冥冥。"❹残馀的,遗留的。《庄子·山木》:"食不敢先尝,必取其～。"❺事业,功业。《诗经·鲁颂·閟宫》:"至于文武,缵太王之～。"曾巩《移沧州过阙上殿劄子》:"夫禹之绩大矣,而其孙太康乃坠其～。"❻寻绎,整理。《汉书·张苍传》:"苍为计相时,～正律历。"

【绪次】 xùcì 整理,编排。《新唐书·郝处俊传》:"令狐德棻、刘胤之撰国史,其后许敬宗复加～～。"

【绪风】 xùfēng 馀风。《楚辞·九章·涉江》:"乘鄂渚而反顾兮,欸秋冬之～～。"

【绪言】 xùyán 已发而未尽的话。《庄子·渔父》:"曩者先生有～～而去,丘不肖,未知所谓。”

【绪业】 xùyè 事业，遗业。司马迁《报任少卿书》：“仆赖先人～～，得待罪辇毂下。”

【绪馀】 xùyú 残馀。《吕氏春秋·贵生》：“道之真以持身，其～～以为国家，其土苴以治天下。”林逋《送范仲淹寺丞》诗：“林中萧寂款吾庐，亹亹犹欣接～～。”

续（續） xù ❶连接起来。《史记·扁鹊仓公列传》：“死者不可复生，而刑者不可复～。”杨衒之《洛阳伽蓝记·法云寺》：“置玉井金罐，以五色丝～为绳。”❷继承，延续。贾谊《过秦论》：“及至始皇，～六世之馀烈，振长策而御宇内。”《史记·项羽本纪》：“此亡秦之～耳。”❸传递。《淮南子·修务训》：“教顺施～，而知能流通，由此观之，学不可已明矣。”❹姓。

【续貂】 xùdiāo 比喻续加的不如原来的好。曾巩《寄留交代元子发》诗：“倚玉讵应公论许，～～还恐邑人非。”

【续弦】 xùxián 妻死再娶叫“续弦”。《通俗编·妇女》：“今俗谓丧妻曰断弦，再娶曰～～。”

【续续】 xùxù 连续不断的样子。白居易《琵琶行》：“低眉信手～～弹，说尽心中无限事。”

溆（漵） xù ❶水边，浦。何逊《赠江长史别》诗：“长飙落江树，秋月照沙～。”杜甫《戏题王宰画山水图歌》：“舟人渔子入浦～，山木尽亚洪涛风。”❷水名。《楚辞·九章·涉江》：“入～浦余儃佪兮，迷不知吾所如。”

赎 xù 见shú。

絮 1. xù ❶粗丝绵。晁错《言兵事疏》：“可赐之坚甲～衣。”《汉书·文帝纪》：“又赐帛人二匹，～三斤。”❷弹松的棉花。元好问《癸巳岁寄中书耶律相公书》：“饘粥足以餬口，布～足以蔽体。”❸像絮的东西，如柳絮、芦絮。杜甫《绝句漫兴》之五：“颠狂柳～随风舞，轻薄桃花逐水流。”辛弃疾《摸鱼儿》词：“算只有殷勤，画檐蛛网，尽日惹飞～。”❹往衣服、被褥里铺丝绵或棉花。李白《子夜吴歌》之四：“明朝驿使发，一夜～征袍。”❺优柔寡断。史浩《两钞摘腴》：“方言以濡滞不决绝为～。”❻头上巾。《史记·绛侯周勃世家》：“文帝朝，太后以冒～提文帝。”❼言语啰嗦，累赘。《清平山堂话本·杨温拦路虎传》：“你要使棒，没人央考你，休～！休～！”

2. chù ❽调拌。《礼记·曲礼上》：“毋～羹。”白居易《和三月三十日四十韵》：“鱼脍芥酱调，水葵盐豉～。”

3. nǜ ❾姓。

【絮叨】 xùdāo 说话啰嗦。汤显祖《牡丹亭·闹殇》：“再不要你冷温存，热～～，再不要你夜眼迟朝起的早。”

【絮烦】 xùfán 说话唠叨，令人心烦。宋应星《怜愚诗》之三十六：“遗嘱～～临疾病，何曾片语耳根迎。”也作“絮繁”。《水浒传》二回：“话休～～，自此王进子母两个，在太公庄上服药。”

【絮聒】 xùguō 唠叨，啰嗦。石君宝《曲江池》二折：“我本懒的去，争奈我这虔婆～～杀人，无计奈何，须索跟他走一遭。”《西游记》十四回：“不必恁般～～恶我，我回去便了。”

【絮语】 xùyǔ 连续不断地说话。《聊斋志异·江城》：“～～终夜，如话十年之别。”

婿（壻） xù ❶女儿的丈夫。《左传·文公十二年》：“赵有侧室曰穿，晋君之～也。”❷丈夫。《乐府诗集·相和歌辞·陌上桑》：“东方千馀骑，夫～居上头。”《后汉书·乌桓传》：“～随妻还家，妻家无尊卑，旦旦拜之。”

慉 xù ❶喜好，爱眷。《诗经·邶风·谷风》：“不我能～，反以我为雠。”❷通“蓄”。积聚，郁积。马融《广成颂》：“疏越蕴～，骇恫底伏。”

【慉结】 xùjié 忧郁。应玚《愍骥赋》：“牵繁辔而增制兮，心～～而槩纡。”

蓄 xù ❶积聚，储存。《诗经·邶风·谷风》：“我有旨～，亦以御冬。”《后汉书·郭丹传》：“吾备位大臣而～财求利，何以示后世！”❷蓄养，蕴蓄。《国语·晋语四》：“～力一纪，可以远矣。”岳飞《五岳祠盟记》：“故且养兵休卒，～锐待敌。”❸等待。《后汉书·张衡传》：“盍远迹以飞声兮，孰谓时之可～。”

【蓄火】 xùhuǒ 储留火种。《淮南子·说山训》：“譬若树荷山上，而～～井中。”

【蓄念】 xùniàn 心中久有的念头。柳宗元《谢李吉甫相公示手札启》：“昨者踊跃残魂，奋扬～～，激以死灰之气，陈其弊箒之辞。”

【蓄缩】 xùsuō 退缩。《汉书·息夫躬传》：“方今丞相王嘉健而～～，不可用。”

【蓄泄】 xùxiè 即聚散。崔融《嵩山启母庙碑铭》：“～～云雾，震荡雷风。”

煦 xù ❶日出温暖。《墨子·经说下》：“景光之人～若射。”颜延之《陶徵士诔》：“晨烟暮蔼，春～秋阴。”❷日始出。《司马法》：“旦明，鼓五通为五～。”储光羲《贻王侍御出台掾丹阳》诗：“旌戟俨成行，鸡人传发～。”

【煦煦】 xùxù ❶温暖。张养浩《冬》诗："负暄坐晴詹，～～春满袍。"❷和乐的样子。元稹《唐故京兆府盩厔县尉元君墓志铭》："临弟侄妻子～～然，穷年无愠厉。"韩愈《原道》："彼以～～为仁，孑孑为义。"

【煦妪】 xùyǔ ❶抚育培养。《礼记·乐记》："天地䜣合，阴阳相得，～～覆育万物。"❷暖和。白居易《岁暮》诗："加之一杯酒，～～如阳春。"

蓿 xù 见"苜蓿"。

稸 xù 积聚。宋玉《高唐赋》："登巉岩而下望兮，临大阺之～水。"《后汉书·袁绍传》："挟天子而令诸侯，～士马以讨不庭。"(不庭：不服。)

獝 xù ❶鸟惊飞。《礼记·礼运》："凤以为畜，故鸟不～。"❷见"獝狂"。

【獝狂】 xùkuáng 传说中的恶鬼名。扬雄《甘泉赋》："属堪舆以壁垒兮，梢夔魖而抶～～。"张衡《东京赋》："捎魑魅，斮～～。"

馘 xù 见 guó。

xuan

轩(軒) 1. xuān ❶古代大夫以上乘坐的车。《左传·闵公二年》："卫懿公好鹤，鹤有乘～者。"《战国策·楚策一》："是以嬖女不敝席，宠臣不避～。"㊀泛指车。江淹《别赋》："至若龙马银鞍，朱～绣轴。"❷楼板，槛板。《楚辞·招魂》："高堂邃宇，槛层～些。"扬雄《甘泉赋》："据軨～而周流兮，忽坱圠而亡垠。"❸有栏杆的长廊。左思《魏都赋》："周～中天，丹墀临焱。"朱庆馀《宫词》："寂寂花时闭院门，美人相并立琼～。"❹殿堂前屋檐下的平台。李商隐《行次西郊作》诗："大朝会万方，天子正临～。"❺窗。嵇康《赠秀才入军》诗之十五："闲夜肃清，朗月照～。"杜甫《夏夜叹》："仲夏苦夜短，开～纳微凉。"❻车前高后低称"轩"。《诗经·小雅·六月》："戎车既安，如轾如～。"《后汉书·马援传》："夫居前不能令人轾，居后不能令人～。"㊀高。钟会《孔雀赋》："舒翼～峙。"❼飞举。王粲《赠蔡子笃》诗："潜鳞在渊，归雁载～。"❽厕所的别称。《后汉书·李膺传》："臧罪狼藉，郡舍溷～有奇巧，乃载之以归。"柳宗元《李赤传》："见赤～厕抱瓮诡笑而侧视。"❾姓。

2. xiàn ❿肉片。《礼记·内则》："肉腥，细者为脍，大者为～。"

【轩昂】 xuān'áng ❶高峻的样子，飞扬的样子。柳宗元《招海贾文》："舟航～～兮，上下飘鼓。"韩愈《听颖师弹琴》诗："划然变～～，勇士赴敌场。"❷气概不凡的样子。韩愈《卢郎中云夫寄示〈送盘谷子诗〉两章歌以和之》："开缄忽睹送归作，字向纸上皆～～。"❸骄矜的样子。《三国志·吴书·孙坚传》："卓受任无功，应召稽留，而～～自高。"《宋史·僧志言传》："动止～～，语笑无度。"

【轩豁】 xuānhuò 开朗。王禹偁《月波楼》诗："兹楼最～～，旷望西北陬。"苏舜钦《石曼卿诗集序》："曼卿资性～～，遇事则咏，前后所为，不可胜计。"

【轩驾】 xuānjià 君王的车驾。范晔《乐游应诏诗》："～～时未肃，文囿降照临。"《魏书·崔光传》："昨～～频出，幸冯翊君、任城王第。"

【轩举】 xuānjǔ 飞扬，高扬。庾信《周上柱国齐王宪神道碑》："仪范清泠，风神～～。"陆游《跋高大卿家书》："读此数书，如见其长身苍髯，意象～～也。"

【轩朗】 xuānlǎng 宽敞开朗。欧阳玄《辟雍赋》："若乃道阃邃严，义阃～～。"

【轩露】 xuānlù 显露出来。宋濂《阅江楼记》："千载之秘，一旦～～。"

【轩眉】 xuānméi 扬眉，得意的样子。陆游《初夏山中》诗："野客款门聊倒屣，溪潭照影一～～。"

【轩冕】 xuānmiǎn 卿大夫的车服，比喻官位爵禄。《吕氏春秋·具备》："三月婴儿，～～在前，弗知欲也；斧钺在后，弗知恶也。"李白《赠孟浩然》诗："红颜弃～～，白首卧松云。"

【轩渠】 xuānqú 笑乐的样子。《后汉书·蓟子训传》："儿识父母，～～笑悦，欲往就之。"孔尚任《在园杂志序》："偶忆旧闻或有新见，书以示子孙，拈与宾客浮白～～。"

【轩骞】 xuānxiān 高飞的样子。吴莱《双林寺观傅大士顶相舍利及耕具故物》诗："一牛眠云已化石，双鹤覆雨仍～～。"

【轩序】 xuānxù 指房间，房门。欧阳修《答吴充秀才书》："此足下所谓终日不出于～～，不能纵横高下皆如意者，道未足也。"

【轩轩】 xuānxuān ❶洋洋得意的样子。《新唐书·孔戣传》："戣自以适所志，～～甚得。"❷起舞的样子。《淮南子·道应训》："见一士焉，……～～然方迎风而舞。"❸仪态轩昂的样子。《世说新语·容止》："诸公每朝，朝堂犹暗，唯会稽王来，～～如朝霞举。"❹将止的样子。《楚辞·九思·悼乱》：

"鹍鹖兮～～,鹓鸙兮甄甄。"

【轩辕】 xuānyuán ❶即黄帝。《史记·五帝本纪》:"黄帝者,少典之子,姓公孙,名～～。"❷车辀。也指车。《史记·苏秦列传》:"前有楼阙～～,后有长姣美人。"❸星名。《晋书·天文志》:"～～十七星,在七星北。"❹传说的国名。《山海经·海外西经》:"～～之国,在此穷山之际,其不寿者八百岁。"❺复姓。

【轩掖】 xuānyè 指宫禁。张九龄《酬通事舍人寓直见示篇中兼起居陆舍人景献》诗:"～～殊清秘,才华固在斯。"

【轩轾】 xuānzhì 语出《诗经·小雅·六月》:"戎车既安,如轾如轩。"车前高后低叫轩,前低后高叫轾。因以比喻高低、优劣。《新唐书·十一宗诸子传赞》:"实与匹夫不异,故无赫赫过恶,亦不能为王室～～。"洪迈《稼轩记》:"若予者,伥伥一世间,不能为人～～。"

【轩挚】 xuānzhì 即"轩轾"。《周礼·考工记·辀人》:"是故大车,平地,既节～～之任。"

【轩翥】 xuānzhù 高飞,飞举。《楚辞·远遊》:"雌蜺便娟以增挠兮,鸾鸟～～而翔飞。"潘岳《射雉赋》:"郁～～以馀怒,思长鸣以效能。"

昕 xuān 见 xīn。

宣 xuān ❶古代帝王的大室。见"宣室"。❷周遍,普遍。《诗经·大雅·公刘》:"既庶既繁,既顺迺～,而无永叹。"《吕氏春秋·圜道》:"令出于主口,官职受而行之,日夜不休,～通下究。"❸宣扬,发扬。《史记·廉颇蔺相如列传》:"廉君～恶言,而君畏避之。"柳宗元《斩曲几文》:"谄谀宜惕,正直宜～。"❹疏散,疏通。《左传·昭公元年》:"于是乎节～其气。"韩愈《原道》:"为之乐,以～其壹郁。"❺宣布,显示。《尚书·皋陶谟》:"日～三德,夙夜浚明有家。"柳宗元《憎王孙文》:"跳踉叫嚣兮,冲目～断。"❻宣泄,抒发。刘桢《赠徐幹》诗:"拘限清切禁,中情无由～。"李商隐《行次西郊作》诗:"列圣蒙此耻,含怀不能～。"❼利用。《左传·昭公二十七年》:"有十年之备,有齐楚之援,有天之赞,有民之助,有坚守之心,有列国之权,而弗敢～也。"❽宣谕,帝王命令宣召。《后汉书·明帝纪》:"有司其申明科禁,宜于今者,～下郡国。"《资治通鉴·汉献帝建安十三年》:"肃～权旨,论天下事势,致殷勤之意。"❾侈大,宽大。《诗经·小雅·鸿雁》:"维彼愚人,谓我～骄。"《左传·襄公二十九年》:"用而不匮,广而不～。"❿头发斑白。见"宣发"。⓫量词。长一尺三寸零三分之一寸。《周礼·考工记·车人》:"车人之事,半矩谓之～。"⓬通"瑄"。璧玉。《尔雅·释器》:"璧大六寸谓之～。"⓭姓。

【宣敕】 xuānchì ❶发布命令。《后汉书·耿弇传》:"弇乃严令军中趣修攻具,～～诸部,后三日当悉力攻巨里城。"《宋书·文帝纪》:"便可～～内外,各有荐举。"后专指发布诏书。❷指诏书。《新五代史·和凝传》:"高祖将幸邺,而襄州安从进反迹已见……凝曰:'先人者,所以夺人也,请为～～十馀通,授之郑王,有急则命将击之。'"

【宣导】 xuāndǎo ❶疏通。《吕氏春秋·古乐》:"昔陶唐氏之始……民气郁阏而滞著,筋骨瑟缩不达,故作为舞以～～之。"❷开导。《宋书·孝武帝纪》:"岂习愚为性,忸恶难反;将在所长吏,～～乖方。可普加宽申,咸与更始。"

【宣底】 xuāndǐ 皇帝诏旨的底本。沈括《梦溪笔谈·故事》:"晚唐枢密使自禁中受旨,出付中书,即谓之'宣'。中书承受,录之于籍,谓之'～～'。"

【宣发】 xuānfà 斑白的头发。焦赣《易林·节之井》:"～～龙叔,为王主国,安土成稷,天下蒙福。"

【宣抚】 xuānfǔ 安抚。李翱《赠礼部尚书韩公行状》:"镇州乱,杀其帅田弘正,征之不克,遂以王廷凑为节度使,诏公往～～。"

【宣父】 xuānfù 封建时代对孔子的尊称。《新唐书·礼乐志五》:"十一年诏尊孔子为～～,作庙于兖州。"韩愈《上巳日燕太学听弹琴诗序》:"坐于罇俎之南,鼓有虞氏之《南风》,赓之以文王、～～之操。"

【宣付】 xuānfù 宋元以来皇帝的命令交外廷官署办理称为宣付。《宋史·礼志二四》:"乘舆一出而四美皆具,伏望～～史馆。"《元史·阿合马传》:"阿合马所用部官,左丞许衡以为多非其人,然已得旨咨请～～,如不与,恐异日有辞。"

【宣和】 xuānhé ❶疏通调和。嵇康《琴赋序》:"可以导养神气,～～情志。"白居易《为人上宰相书》:"如此,则相公得不匡辅其政,缉熙其令,～～其风乎?"❷宋赵佶(徽宗)年号。公元1119—1125年。

【宣化】 xuānhuà 传布德化。《汉书·宣帝纪》:"今吏或以不禁奸邪为宽大,纵释有罪为不苛,或以酷恶为贤,皆失其中。奉诏～～如此,岂不谬哉!"皮日休《秦穆谥谬论》:"夫重耳之贤也,天下知之,又其从者足以相人国。如先立之，必能诛乱公子，去暴大夫，翼德于成周，～～于汾晋。"

【宣绩】 xuānjì 办事努力，建立功绩。《晋书·郤诜传论》："夫缉功厘俗，拔群才以成务；振景观光，俟明主而～～。"《宋书·武帝纪中》："夫翼圣～～，辅德弘猷，礼穷元赏，宠章希世。"

【宣骄】 xuānjiāo 骄奢。王禹偁《黄屋非尧心赋》："御六马以兢兢，常思罪己；通八蛮而穆穆，尚戒～～。"

【宣究】 xuānjiū ❶完备，详尽。《汉书·地理志下》："成帝时刘向略言其地分，丞相张禹使属颍川朱赣条其风俗，犹未～～，故辑而论之，终其本末著于篇。"曾巩《移沧州过阙上殿劄子》："虽早遗天下，成功盛烈，未及～～，而明识大略，足以克配前人之休。"❷深入推求。《汉书·宣帝纪》："其博举吏民，厥身修正，通文学，明于先王之术，～～其意者，各二人。"

【宣劳】 xuānláo ❶宣布慰劳的谕旨。《陈书·世祖纪》："甲寅，分遣使者～～四方。"《北史·蠕蠕传》："阿那瓌等五十四人请辞，明帝临西堂……遣中书舍人穆弼～～。"❷效劳，效力。杨万里《雨过郡圃行散》诗："主管园林莺称意，巡行荷芰鹭～～。"宋濂《无尽灯禅师行业碑铭》："林君性宗，尝从师游。师勉以忠孝，迄能为国～～，为时显人。"

【宣力】 xuānlì 效力，尽力。《尚书·益稷》："予欲～～四方。"《三国志·魏书·三少帝纪》："今群公卿士股肱之辅，四方征镇～～之佐，皆积德累功，忠勤帝室。"

【宣麻】 xuānmá 唐宋时任免将相，用黄、白麻纸写诏书，在朝廷宣读叫"宣麻"。《新唐书·百官志一》："凡拜免将相，号令征伐，皆用白麻。"唐庚《内前行》："内前车马拨不开，文德殿下～～回。"

【宣明】 xuānmíng ❶明白，使明白。《荀子·正论》："上～～则下治辨矣。"《三国志·魏书·明帝纪》："自顷儒官或非其人，将何以～～圣道？"❷汉宫殿名。

【宣募】 xuānmù 公开招募。《后汉书·刘陶传》："陶到官，～～吏民有气力勇猛，能以死易生者，不拘亡命奸臧，于是剽轻剑客之徒过晏等十馀人，皆来应募。"

【宣尼】 xuānní 汉元始元年追谥孔子为褒成宣尼公，后因称孔子为宣尼。见《汉书·平帝纪》。左思《咏史》之四："言论准～～，辞赋拟相如。"王定保《唐摭言·师友》："互乡童子，当愿接于～～；苏门先生，竟未言于阮籍。"

【宣洽】 xuānqià 普遍沾润。《后汉书·应劭传》："虽未足纲纪国体，～～时雍，庶几观察，增阐圣听。"又《张衡传》："今也，皇泽～～，海外混同。"

【宣室】 xuānshì 古宫殿名。1)殷代宫名。《淮南子·本经训》："武王甲卒三千，破纣牧野，杀之于～～。"2)汉代未央宫中的宣室殿。王勃《滕王阁序》："怀帝阍而不见，奉～～以何年？"3)泛指帝王所居的正室。苏轼《用旧韵送鲁元翰知洺州》："新年对～～，白首代尧言。"

【宣索】 xuānsuǒ 用皇帝的谕旨向官府索取财物。李德裕《奏缭绫状》："臣昨缘～～，已具军资岁计及近年物力闻奏，伏料圣慈，必垂省览。"《资治通鉴·唐德宗贞元三年》："愿陛下不受诸道贡献及罢～～。"

【宣吐】 xuāntǔ 谈吐，谈论。《晋书·裴楷传》："楷善～～，左右属目，听者忘倦。"

【宣慰】 xuānwèi 安抚。《新唐书·王缙传》："史朝义平，诏～～河北。"范仲淹《陈乞邓州状》："臣既获闻命，因敢请行，遽将～～之恩，来安屯戍之旅。"

【宣泄】 xuānxiè ❶疏通，疏散。韩愈《汴州东西水门记》："然其襟抱亏疏，风气～～。"❷泄漏，泄露。《汉书·刘向传》："窃推《春秋》灾异，以救今事一二，条其所以，不宜～～。"《三国志·吴书·周鲂传》："事之～～，受罪不测。"

【宣言】 xuānyán ❶扬言，宣扬。《史记·廉颇蔺相如列传》："［廉颇］～～曰：'我见相如，必辱之。'"《晋书·段匹磾传》："末杯～～匹磾将篡，出军击败之。"❷宣告，宣布。《史记·淮南衡山列传》："使中尉赦救淮南王罪，罚以削地，中尉入淮南界，～～赦王。"

【宣游】 xuānyóu 遍游，周游。张衡《思玄赋》："逼区中之隘陋兮，将北而～～。"颜延之《车驾幸京口侍游蒜山》诗："～～弘下济，穷远凝圣清。"

【宣犹】 xuānyóu 亦作"宣猷"。❶普遍征求意见。《诗经·大雅·桑柔》："秉心～～，考慎其相。"《晋书·武帝纪》："伯考景王，履道～～，缉熙诸夏。"❷施展谋略。刘禹锡《上中书李相公》："运思于陶冶之间，～～于鱼水之际。"

【宣淫】 xuānyín 公然淫乱，毫无避忌。《左传·宣公九年》："公卿～～，民无效焉。"仲长统《昌言·理乱》："君臣～～，上下同恶。"

【宣谕】 xuānyù 宣布命令，解说。《北齐书·张华原传》:"[张华原]深为高祖所亲待,高祖每号令三军,常令～～意旨。"《隋书·长孙平传》:"上使平持节～～,令其和解。"

【宣哲】 xuānzhé 明哲,明智。《诗经·周颂·雝》:"～～维人,文武维后。"潘岳《司空郑袤碑》:"允恭克让,～～清明。"

晅 xuān ❶晒干。《周易·说卦》:"雨以润之,日以～之。"❷太阳的光晕。《集韵·元韵》:"～,日气也。"

駽(騴) xuān 青黑色的马。《诗经·鲁颂·有駜》:"有駜有駜,駜彼乘～。"

谊(諠) xuān ❶同"喧"。声音大而嘈杂。贾谊《新书·胎教》:"立而不跛,坐而不差,笑而不～,独处不倨,虽怒不骂,胎教之谓也。"❷通"谖"。忘记。《礼记·大学》引《诗经》:"有斐君子,终不可～兮。"❸通"烜"。光明,显著。《后汉书·张让传》:"交通货赂,威形～赫。"

谖(諼) xuān ❶欺骗,欺诈。《公羊传·文公三年》:"此伐楚也,其言救江何?为～也。"《汉书·艺文志》:"及邪人为之,则上诈～而弃其信。"❷忘记。《诗经·卫风·考槃》:"独寐寤言,永矢弗～。"白居易《赠元稹》诗:"之子异于是,久要誓不～。"❸通"萱"。萱草。《诗经·卫风·伯兮》:"焉得～草,言树之背。"

萱(萲、藼、蘐、蕿) xuān 萱草,传说可以使人忘忧。嵇康《养生论》:"合欢蠲忿,～草忘忧,愚智所共知也。"阮籍《咏怀》之二:"感激生忧思,～草树兰房。"

【萱椿】 xuānchūn 指父母。汤显祖《牡丹亭·闹殇》:"当今生花开一红,愿来生把～～再奉。"

【萱室】 xuānshì 指母亲的住处,也代指母亲。高明《琵琶记》三十八出:"他椿庭～～齐倾弃,怎不想家山桃李。"参见"椿萱"。

【萱堂】 xuāntáng 母亲的住处。叶梦得《再任后遣模归按视石林》诗:"白发～～上,孩儿更共怀。"

揎 xuān 捋起袖子露出手臂。苏轼《四时》词之二:"玉腕半～云碧袖,楼前知有断肠人。"关汉卿《金线池》二折:"你与我～起春衫。"

喧 1. xuān ❶声音大而嘈杂。陶渊明《饮酒》诗之五:"结庐在人境,而无车马～。"谢朓《晚登三山还望京邑》诗:"～鸟覆春洲,杂英满芳甸。"❷显赫的样子。《礼记·大学》:"赫兮～兮者,威仪也。"

2. xuǎn ❸通"咺"。悲泣不止。《汉书·孝武李夫人传》:"悲愁於邑,～不可止兮。"

【喧聒】 xuānguō 声音嘈杂刺耳。郭璞《江赋》:"千类万声,自相～～。"《南史·沈僧昭传》:"僧昭曰:'王欢已阑,今恣汝鸣。'即便～～。"

【喧哗】 xuānhuá 声大而嘈杂。《论衡·状留》:"世人早得高官,非不有光荣也,而尸禄素餐之谤,～～甚矣。"欧阳修《醉翁亭记》:"射者中,弈者胜,觥筹交错,起坐而～～者,众宾欢也。"

【喧豗】 xuānhuī 轰响声。李白《蜀道难》诗:"飞湍瀑流争～～,砯崖转石万壑雷。"苏舜钦《城南归值大风雪》诗:"一夜大雪风～～,未明跨马城南回。"

【喧浇】 xuānnáo 吵闹,叫嚷。《魏书·高允传》:"今之大会,内外相混,酒醉～～,罔有仪式。"

【喧呶】 xuānnáo 声音杂乱刺耳。柳宗元《游朝阳岩遂登西亭》诗:"逍遥屏幽昧,淡薄辞～～。"

【喧腾】 xuānténg 喧闹沸腾。刘禹锡《聚蚊谣》:"～～鼓舞喜昏黑,昧者不分聪者惑。"《聊斋志异·崔猛》:"俄而炮发,～～号叫之声,震动山谷。"

【喧阗】 xuāntián 哄闹声。王维《同比部杨员外十五夜游有怀静者季杂言》诗:"香车宝马共～～,箇里多情侠少年。"苏轼《谢赐宴并御书进诗》:"归来车马已～～,争看银钩墨色鲜。"

【喧喧】 xuānxuān ❶形容声音嘈杂。白居易《买花》诗:"帝城春欲暮,～～车马度。"柳永《戚氏》词:"正蝉吟败叶,蛩响衰草,相应～～。"❷形容扰攘纷杂。《晋书·张方传》:"军人～～,无复留意。"曾巩《明妃曲》之一:"～～杂虏方满眼,皎皎丹心欲语谁。"

【喧妍】 xuānyán 指纷繁而美艳。武元衡《宜阳所居白蜀葵答咏柬诸公》诗:"何当君子愿,知不竞～～。"王安石《草端无华滋》诗:"～～却如春,岁晚曾不瘁。"

锅(鋗) 1. xuān ❶平底盆形有环的小锅。《说文·金部》:"～,小盆也。"❷鸣玉声。《汉书·礼乐志》:"展诗应律～玉鸣。"

2. juān ❸通"涓"。见"锅人"。

【锅人】 juānrén 掌管洒扫的官员。《史记·楚世家》:"王行,遇其故～～。"

瑄 xuān 大璧。《尔雅·释器》:"璧大六寸谓之～。"《史记·武帝本纪》:"有司奉～玉嘉牲荐飨。"

暄(煊) xuān 温暖，暖和。杜甫《后游》诗："野润烟光薄，沙～日色迟。"杨万里《诗论》："今夫人之一身，～则倦，凛则力。"

【暄风】 xuānfēng 暖风。陶渊明《九日闲居》诗："露凄～～息，气澈天象明。"杨凝《送客归淮南》诗："画舫照河堤，～～百草齐。"

【暄凉】 xuānliáng ❶暖和与寒冷。杨万里《己未春日山居杂兴十二解》诗之十一："半晴半雨半～～，拖带春光未要忙。"❷寒暑更易，指年月。杨万里《四月十三日度鄱阳湖》诗："近岁六～～，此水三往返。"❸寒暄，互相问候的套话。《旧五代史·钱镠传》："安重诲用事，镠尝与重诲书，云'吴越国王谨致书于某官执事'，不叙～～，重诲怒其无礼。"

【暄暖】 xuānnuǎn 和暖。杜甫《路逢襄阳杨少府……》诗："归来稍～～，当为斸青冥。"王安石《春从沙碛底》诗："游人出～～，鸟语辞阴翳。"

【暄气】 xuānqì 阳气，暑气。张协《七命》："若乃龙火西颓，～～初收，飞霜迎节，高风送秋。……抚促柱则酸鼻，挥危弦则涕流。"

【暄妍】 xuānyán 天气暖和，景物明媚。鲍照《采桑行》："是节最～～，佳服又新烁。"萧颖士《清明日南皮泛舟序》："荡～～之气色，纵鱼鸟之游泳。"

暖 xuān 见 nuǎn。

暖 xuān 大目。韩愈《陆浑山火和皇甫湜用其韵》："齿牙嚼啮舌腭反，电光䃸磹赪目～。"

儇 xuān ❶轻捷，灵便。《诗经·齐风·还》："并驱从两肩兮，揖我谓我～兮。"曾巩《雪》诗："飘飖投夜急，琐碎得风～。"❷轻佻，巧佞。《楚辞·九章·惜诵》："忘～媚以背众兮，待明君其知之。"❸环绕。《荀子·礼论》："设掩面～目，鬠而不冠笄矣。"

【儇才】 xuāncái 聪敏之人。张衡《南都赋》："～～齐敏，受爵传觞。献酬既交，率礼无违。"

【儇子】 xuānzǐ 轻薄滑巧的人。《荀子·非相》："今世俗之乱君、乡曲之～～，莫不美丽姚冶，奇衣妇饰。"

擐 xuān 见 huàn。

嬛 1. xuān(又读 yuān) ❶轻盈美丽的样子。见"嬛嬛"。

2. qióng ❷通"茕"、"惸"。孤苦。见"嬛嬛"。

3. huán ❸见"嫏嬛"。

【嬛绵】 xuānmián 美丽温柔的样子。鲍照《学古》诗："～～好眉目，闲丽美腰身。"

【嬛嬛】 xuānxuān 轻柔美丽的样子。《史记·司马相如列传》："柔桡～～，妩媚姌嫋。"

【嬛嬛】 qióngqióng 孤独忧伤的样子。《诗经·周颂·闵予小子》："遭家不造，～～在疚。"

瞏 xuān 直视。《玉篇·目部》："～，直视也。"

【瞏瞏】 xuānxuān ❶眼花缭乱的样子。王延寿《鲁灵光殿赋》："耳嘈嘈以失听，目～～而丧精。"❷眼光有神。李观《高宗梦得说赋》："言霏霏而无瑕，目～～而有光。"

【瞏眣】 xuānxuè 直视。张志和《玄真子·鹫鹫》："睨者、辩者、眄者，睢盱～～察乎瞳。"

翾 xuān ❶小飞。《楚辞·九歌·东君》："～飞兮翠曾，展诗兮会舞。"王翰《奉和圣制送张说上集贤学士赐宴》："长材成磊落，短翮强翩～。"❷指飞鸟。鲍照《谢随恩被原表》："仁道毓物，泽洎～走。"❸疾，快速。张衡《思玄赋》："～鸟举而鱼跃兮，将往走乎八荒。"柳宗元《唐铙歌鼓吹曲十二篇·泾水黄》："怒飞饥啸，～不可当。"❹通"儇"。轻佻，轻薄。《荀子·不苟》："喜则轻而～，忧则挫而慑。"

【翾翾】 xuānxuān 小飞的样子。《韩诗外传》卷九："夫凤凰之初起也，～～十步之雀，喔咿而笑之。"潘岳《笙赋》："如鸟斯企，～～歧歧。"

玄 1. xuán ❶赤黑色。《诗经·豳风·七月》："载～载黄，我朱孔阳。"《仪礼·士冠礼》："兄弟毕袗～。"㊀泛指黑色。《吕氏春秋·孟冬》："天子……乘～辂，驾铁骊，载～旂，衣黑衣，服～玉。"《史记·司马相如列传》："瑊玏～厉。"(厉：磨刀石。)❷远，深远。《庄子·天地》："～古之君天下，无为也。"❸深奥，神妙。《老子·一章》："此两者同出而异名，同谓之～。"韩愈《进学解》："记事者必提其要，纂言者必钩其～。"❹指道家学说。《梁书·武帝纪下》："少而笃学，洞达儒、～。"❺天，天空。扬雄《甘泉赋》："惟汉十世，将郊上～。"(郊：郊祭。)❻北方。见"玄天"。❼农历九月的别名。见"玄月"。❽通"悬"。见"玄泉"。

2. xuàn ❾通"眩"。迷惑。《荀子·正论》："上周密，则下疑～矣。"❿通"炫"。光耀。《汉书·司马相如传下》："采色～耀，炳炳辉煌。"

【玄冰】 xuánbīng 厚冰。《抱朴子·广譬》:"~~未结,白雪不积。"李陵《答苏武书》:"胡地~~,边土惨烈。"

【玄德】 xuándé ❶含蓄不露的品德。《尚书·舜典》:"~~升闻,乃命以位。"❷自然无为的品质。《老子·十章》:"生之畜之,生而不有,为而不恃,长而不宰,是谓~~。"《庄子·天地》:"其合缗缗,若愚若昏,是谓~~,同乎大顺。"

【玄冬】 xuándōng 冬季。《汉书·扬雄传上》:"于是~~季月,天地隆烈,万物权舆于内,徂落于外。"刘桢《赠五官中郎将》诗之二:"自夏涉~~,弥旷十馀旬。"

【玄度】 xuándù 月亮。刘向《列仙传·关令尹》:"尹喜抱关,念德为务。挹漱日华,仰玩~~。"骆宾王《秋日送陈文林陆道士得风字》诗:"惟当~~月,千里与君同。"

【玄端】 xuánduān 古代一种黑色礼服。《礼记·玉藻》:"[天子]~~而朝日于东门之外。"

【玄风】 xuánfēng 议论道家义理的风尚。江淹《杂体诗·殷东阳仲文》:"求仁既自我,~~岂外慕。"《宋书·谢灵运传论》:"在晋中兴,~~独振。"

【玄夫】 xuánfū 龟。韩愈《孟东野失子》诗:"再拜谢~~,收悲以欢忻。"

【玄感】 xuángǎn 互相感应,不言而通。傅亮《修张良庙教》:"张子房道亚黄中,照邻殆庶,风云~~,蔚为帝师。"陈子昂《感遇》诗之六:"~~非象识,谁能测沉冥?"

【玄纲】 xuángāng 天纲,指维系社会的法则。《晋书·陆云传》:"~~括地,天网广罗。"《南齐书·王融传》:"偶化两仪,均明二耀,拯~~于颓绝,反至道于浇淳。"

【玄功】 xuángōng ❶至高无上的功绩。《南齐书·明帝纪》:"~~潜被,至德弥阐。"❷道家修道的功夫。《云笈七籤·灵宝戒》:"~~之人,常布衣草履,不得荣华之服,犯者失道。"❸自然的功力。孙鲂《柳》诗之九:"莫道~~无定配,不然争得见桃花。"

【玄宫】 xuángōng ❶北面的宫殿。扬雄《羽猎赋》:"丽哉神圣,处于~~。"❷道观。李中《赠蒯亮处士》诗:"~~寄宿月华冷,羽客伴吟松韵秋。"❸君王的墓穴。《晋书·桓玄传》:"然后下从先臣,归先帝于~~耳。"

【玄谷】 xuángǔ ❶深谷。应玚《慜骥赋》:"赴~~之渐涂兮,陟高冈之峻崖。"❷道家称肾为玄谷。《黄庭外景经·上部经》:"下有长城~~邑。"

【玄关】 xuánguān ❶佛教称入道的法门。白居易《宿竹阁》诗:"无劳别修道,即此是~~。"❷门的泛称。岑参《丘中春卧寄王子》诗:"田中开白室,林下闭~~。"

【玄圭】 xuánguī ❶黑色的玉圭。《尚书·禹贡》:"禹锡~~,告厥成功。"《史记·夏本纪》:"于是帝锡~~,以告成功于天下。"❷指墨。杨万里《春兴》诗:"急磨~~染霜纸,撼落花须浮砚水。"

【玄化】 xuánhuà ❶圣明教化。曹植《责躬诗》:"~~滂流,荒服来王。"王维《贺古乐器表》:"奉先天之圣祖,~~协于无为。"❷吴鼓吹曲名。三国吴韦昭所制。《古今乐录》:"~~者,言上修文训武,则天而行,仁泽流洽,天下喜乐也。"

【玄黄】 xuánhuáng ❶黑色与黄色。《周易·坤》:"夫~~者,天地之杂也,天玄而地黄。"后以玄黄指天地。《汉书·扬雄传上》:"细缊~~,将绍厥后。"❷彩色的丝帛。《尚书·武成》:"惟其士女,篚厥~~,昭我周王。"《后汉书·张衡传》:"献环琨与玙缡兮,申厥好以~~。"❸生病。《诗经·周南·卷耳》:"陟彼高冈,我马~~。"

【玄浑】 xuánhún 指天穹。朱熹《斋居感兴》诗之十一:"仰观~~周,一息万里奔。"

【玄机】 xuánjī ❶奥妙的义理。张说《道家四首奉敕撰》诗之三:"金炉承道诀,玉牒启~~。"❷神妙的机宜。柳宗元《剑门铭》:"喋血誓士,~~在握,分命貔貅,陈为掎角。"

【玄寂】 xuánjì 守道无为。嵇康《知慧用》诗:"大人~~无声,镇之以静自正。"

【玄甲】 xuánjiǎ 铁甲。《后汉书·窦宪传》:"~~耀日,朱旗绛天。"

【玄间】 xuánjiān 苍穹,太空。韩愈《杂说》:"然龙乘是气,茫洋穷乎~~,薄日月,伏光景。"

【玄鉴】 xuánjiàn ❶明镜。比喻见解高明。《淮南子·修务训》:"诚得清明之士,执~~于心,照物明白,不为古今易意。"❷明察。《抱朴子·行品》:"夫惟大明,~~幽微。"

【玄教】 xuánjiào ❶指佛教、道教。李俨《法苑珠林序》:"~~聿宣,缁徒允洽。"李咸用《吴处士寄香兼劝入道》诗:"空挂黄衣宁续寿,曾闻~~在知常。"❷最高的教化。《晋书·乐志上》:"慎徽五典,~~遐通。"

【玄津】 xuánjīn 达到玄妙境界的津途。多指义理。骆宾王《和王记室从赵王春日游陀山寺》诗:"彫谈筌奥旨,妙辨漱~~。"

【玄精】 xuánjīng ❶道教指人体内的元气。陶弘景《真诰·协昌期二》:"夫学生之夫,必夷心养神,服食治病,使脑宫填满,~~不倾。”❷黑精。指北方黑帝之神。沈约《朝丹徒故宫颂》:“～～翼日,丹羽巢阿。”

【玄镜】 xuánjìng 明镜。比喻高明的见解。曹植《学宫颂》:“～～作鉴,神明昭晰。”

【玄居】 xuánjū 隐居。嵇康《述志诗》:“～～养营魄,千载长自绥。”

【玄空】 xuánkōng 指无形之道。沈约《游沈道士馆》诗:“所累非外物,为念在～～。”

【玄览】 xuánlǎn 深刻观察。陆机《文赋》:“伫中区以～～,颐情志于典坟。”

【玄理】 xuánlǐ 指道家幽深微妙的义理。《梁书·谢举传》:“举少博涉多通,尤长～～及释氏义。”《南史·朱百年传》:“颇言～～,时为诗咏。”

【玄流】 xuánliú 指皇帝的恩泽。《抱朴子·勖学》:“～～沾于九垓,惠风被乎无外。”

【玄门】 xuánmén ❶指道教或佛教。《魏书·礼志一》:“世宗优游在上,致意～～,儒业文风,顾有未洽,坠礼沦声,因之而往。”迦才《净土论·序》:“净土～～,十方咸讚。”❷精妙的境界。《世说新语·言语》:“时有入心处,便觉咫尺～～。”❸墓门。《刘明暨妻梁氏墓志》:“～～将掩,勒记于斯。”

【玄妙】 xuánmiào 深奥精妙。《吕氏春秋·勿躬》:“精通乎鬼神,深微～～,而莫见其形。”《后汉书·冯衍传下》:“显志者,言光明风化之情,昭章～～之思也。”

【玄明】 xuánmíng ❶幽暗和明亮。《淮南子·兵略训》:“故胜可百合,与～～通,莫知其门,是谓至神。”❷冬日照耀。《吕氏春秋·有始》:“冬至日行远道,周行四极,命曰～～。”

【玄冥】 xuánmíng ❶水神。《左传·昭公十八年》:“禳火于～～、回禄。”《吕氏春秋·孟冬》:“其帝颛顼,其神～～。”❷暗昧,幽深。《庄子·秋水》:“始于～～,反于大通。”❸道家称玄冥为肾之神。《黄庭内景经·心神》:“肾神～～,字育婴。”

【玄漠】 xuánmò 淡泊无为。卢谌《时兴》诗:“澹乎至人心,恬然存～～。”

【玄默】 xuánmò 静默。《论衡·自然》:“苟谓天德优,人不能谏,优德亦宜～～,不当谴告。”刘蕡《对贤良方正直言极谏策》:“朕闻古先哲王之理也,～～无为,端拱司契。”也作“玄嘿”。《晋书·儒林传序》:“简文～～,敦悦丘坟。”

【玄谋】 xuánmóu 深谋,神算。张衡《思玄赋》:“迴志朅来从～～,获我所求夫何思。”《晋书·文帝纪》:“～～庙算,遵养时晦。”

【玄幕】 xuánmù 指军营。潘岳《关中》诗:“素甲日曜,～～云起。”

【玄鸟】 xuánniǎo ❶燕子。《诗经·商颂·玄鸟》:“天命～～,降而生商。”《吕氏春秋·仲春纪》:“是月也,～～至。”❷鹤。张衡《思玄赋》:“子有故于～～兮,归母氏而后宁。”

【玄女】 xuánnǚ 神女。《黄帝内传》:“帝伐蚩尤,～～为帝制夔牛鼓八十面。”

【玄牝】 xuánpìn 道家称衍生万物的本原。《老子·六章》:“谷神不死,是谓～～。～～之门,是谓天地之根。”

【玄气】 xuánqì 自然之气。《汉书·礼乐志》:“～～之精,回复此都。”

【玄契】 xuánqì 默契。李华《杭州馀杭县龙泉寺故大律师碑》:“或有默修～～于文义,受教顿悟于宗师。”

【玄穹】 xuánqióng 天。张华《壮士篇》:“长剑横九野,高冠拂～～。”

【玄区】 xuánqū 天空,天界。阮籍《答伏义书》:“荡精举于～～之表,摅妙节于九垓之外。”

【玄泉】 xuánquán ❶幽深的泉水。张衡《东都赋》:“阴池幽流,～～洌清。”❷道家称口中津液为玄泉。《黄庭内景经·黄庭》:“～～幽关高崔巍。”❸瀑布。玄,通“悬”。孟郊《送草书献上人归庐山》诗:“手中飞黑电,象外泻～～。”

【玄壤】 xuánrǎng 黑土。喻指地府。《梁书·谢几卿传》:“若令亡者有知,宁不萦悲～～,怅隔芳尘。”

【玄塞】 xuánsài 指长城。曹植《求自试表》:“臣昔从先武皇帝南极赤岸,东临沧海,西望玉门,北出～～。”

【玄圣】 xuánshèng ❶有治天下之才而无其位的人。《庄子·天道》:“以此处上,帝王天子之德也;以此处下,～～素王之道也。”《后汉书·王充等传论》:“若夫～～御世,则天同极。”❷指孔子。《后汉书·班固传》:“故先命～～,使缀学立制,宏亮洪业。”❸指仙人。孙绰《游天台山赋》:“皆～～之所游化,灵仙之所窟宅。”

【玄胜】 xuánshèng 超凡越俗的境界。《南史·谢举传》:“举托情～～,尤长佛理,注《净名经》,常自讲说。”

【玄石】 xuánshí ❶黑石。《山海经·中山经》:“上多苍玉,錞于～～。”❷墓碑。王俭《褚渊碑文》:“方高山而仰止,刊～～以表德。”

【玄书】 xuánshū ❶指《老子》。《老子》中有“玄之又玄”之语,故称。白居易《新昌新居书事四十韵》:“梵部经十二,～～字五千。”❷指扬雄的《太玄》一书。《后汉书·张衡传》注引桓谭《新论》:"扬雄作~~,以为玄者,天也,道也。"

【玄术】 xuánshù 幻术,巫术。《晋书·佛图澄传》:"天竺人也,本姓帛氏,少学道,妙通~~。"

【玄朔】 xuánshuò 北方。赵至《与嵇茂齐书》:"今将植橘柚于~~,蒂华藕于修陵,表龙章于裸壤,奏韶舞于聋俗,固难以取贵矣。"

【玄谈】 xuántán 指以老庄之道辨析名理的谈论,亦泛指不切实际的言谈。《抱朴子·嘉遁》:"积篇章为敖庾,宝~~为金玉。"王勃《秋晚入洛于毕公宅别道王宴序》:"~~清论,泉石纵横;雄笔壮词,烟霞照灼。"

【玄堂】 xuántáng ❶天子所居的朝北之堂。《礼记·月令》:"天子居~~大庙。"《吕氏春秋·孟冬》:"天子居~~左个。"❷陵墓。谢朓《齐敬皇后哀策文》:"翠帟舒皇,~~启扉。"

【玄天】 xuántiān ❶北方的别称。《吕氏春秋·有始》:"北方曰~~。"高诱注:"北方十一月建子,水之中也。水色黑,故曰~~也。"❷天。《庄子·在宥》:"乱天下之经,逆物之情,~~弗成。"陈子昂《感遇》诗之二十:"~~幽且默,群议曷嗤嗤。"❸山。颜延之《车驾幸京口侍游蒜山作》诗:"~~高北列,日观临东溟。"

【玄同】 xuántóng 混同为一。《庄子·胠箧》:"削曾史之行,钳杨墨之口,攘弃仁义,而天下之德始~~矣。"

【玄王】 xuánwáng 指商代的始祖契。《诗经·商颂·长发》:"~~桓拨,受小国是达,受大国是达。"《国语·周语下》:"~~勤商,十有四世而兴。"

【玄味】 xuánwèi 高妙的情趣。《世说新语·轻诋》:"孙长乐作王长史诔云:'余与夫子,交非势利,心犹澄水,同此~~。'"

【玄文】 xuánwén ❶黑色的花纹。《楚辞·九章·怀沙》:"~~处幽兮,矇瞍谓之不章。"❷指扬雄的《太玄经》。《法言·问神》:"育而不苗者,吾家之童乌乎?九龄而与我~~。"❸指诏令。江淹《萧拜太尉扬州牧表》:"~~既降,雕牒增辉。"

【玄武】 xuánwǔ ❶二十八宿中北方七宿的总称。《史记·天官书》:"北宫~~,虚、危。"《论衡·物势》:"北方,水也;其星,~~也。"❷古代神话中的北方之神。其形象为龟,或说为龟蛇合体。《礼记·曲礼上》:"行前朱鸟而后~~。"《后汉书·王梁传》:"~~,水神之名。"❸冠上的黑色结带。《礼记·玉藻》:"缟冠~~,子姓之冠也。"

【玄悟】 xuánwù 精深的领悟。《晋书·郭璞传》:"~~不以应机,洞鉴不以昭旷。"孙绰《丞相王导碑》:"公见机而作,超然~~。"

【玄象】 xuánxiàng 天象。《晋书·挚虞传》:"览~~之韡晔兮,仍腾跃乎阳谷。"

【玄枵】 xuánxiāo 十二星次之一。《汉书·律历志》:"~~,初婺女八度,小寒。中危初,大寒。终于危十五度。"

【玄虚】 xuánxū ❶指道家玄妙虚无的道理。《韩非子·解老》:"圣人观其~~,用其周行,强字之曰道。"《晋书·王衍传》:"于是口不论世事,唯雅咏~~而已。"❷神情清净明智。《三国志·魏书·管宁传》:"~~静素,有夷皓之节。"❸掩饰真相使人迷惑的手法。《儒林外史》十五回:"想着他老人家,也就是个不守本分,惯弄~~。"

【玄序】 xuánxù 冬季。应玚《正情赋》:"清风厉于~~,凉飙逝于中唐。"

【玄玄】 xuánxuán ❶《老子》"玄之又玄"的省略。形容道的微妙无形。孔稚珪《北山移文》:"谈空空于释部,核~~于道流。"❷指天。《淮南子·本经训》:"当此之时,~~至砀而运照。"❸深远的样子。蔡邕《翟先生碑》:"挹之若江湖,仰之若华光,~~焉测之则无源,汪汪焉酌之则不竭。"

【玄学】 xuánxué ❶魏晋时以道家思想为主的一种学术思潮。《北史·羊烈传》:"好读书,能言名理,以~~知名。"❷研习道家学说的学校。《宋书·雷次宗传》:"时国子学未立,上留心艺术,使丹阳尹何尚之立~~。"唐玄宗时又名"崇玄学"。《新唐书·选举志上》:"二十九年,始置崇玄学,习《老子》、《庄子》、《文子》、《列子》。"

【玄纁】 xuánxūn 黑色的币帛。后世常用为聘请贤士的礼品。《尚书·禹贡》:"厥篚~~玑组。"《后汉书·卓茂传》:"及王莽篡位,遣使赍~~束帛,请为国师。"

【玄言】 xuányán ❶玄妙之言。多指老庄学说的义理。沈约《齐故安陆昭王碑文》:"学遍书部,特善~~。"《陈书·周弘正传》:"弘正特善~~,兼明释典。"❷指老庄之书。《南史·张敷传》:"性整贵,风韵甚高,好读~~。"

【玄一】 xuányī 道的本原。《抱朴子·地真》:"~~之道,亦要法也。"

【玄阴】 xuányīn 冬季。王粲《七释》:"农功既登,~~戒寒。"

【玄英】 xuányīng ❶冬季。《尔雅·释天》:"冬为~~。"❷黑色。《楚辞·七谏·怨世》:

"服清白以逍遥兮,偏与乎～～异色。"

【玄元】 xuányuán ❶指道本。《晋书·凉武昭王李玄盛传》:"禀～～而陶衍,承景灵之冥符。"❷指老子。唐代称老子为太上玄元皇帝,简称玄元。李岑《玄元皇帝应见贺圣祚无疆》诗:"皇纲归有道,帝系祖～～。"

【玄月】 xuányuè 农历九月。《国语·越语下》:"至于～～,王召范蠡而问焉。"

【玄韵】 xuányùn 幽远的情趣。《晋书·曹毗传》:"曾无～～淡泊,逸气虚洞,养采幽翳,晦明蒙笼。"

【玄造】 xuánzào 天意,不以人的意志为转移之事。庾信《代人乞致仕表》:"明宪不敢以纤负,～～竟微于滴助。"

【玄赜】 xuánzé 精妙深奥。《晋书·葛洪传》:"洪博闻深洽,江左绝伦,著述篇章富于班马,又精辩～～,析理入微。"

【玄宅】 xuánzhái 墓穴。韩愈《郑君墓志铭》:"洞然浑朴绝瑕谪,甲子一终反～～。"

【玄仗】 xuánzhàng 比喻道。《淮南子·原道训》:"登高临下,无失所秉;履危行险,无忘～～。"

【玄哲】 xuánzhé 明智有道的人。庾阐《孙登赞》:"翘首丘冥,仰望～～。"

【玄针】 xuánzhēn ❶农历七夕夜,妇女对月穿针线乞巧,用的针叫玄针。南朝宋孝武帝《七夕诗》:"沿风被弱缕,迎辉贯～～。"❷指蝌蚪。崔豹《古今注·鱼虫》:"蝦蟆子曰蝌蚪,一曰～～,一曰玄鱼。"

【玄真】 xuánzhēn ❶朴实。江统《函谷关赋》:"睹浮伪于末俗,思～～乎大庭。"❷指玉。《抱朴子·仙药》:"服～～者其命不极。～～者,玉之别名也。"

【玄芝】 xuánzhī 仙草。曹植《洛神赋》:"攘皓腕于神浒兮,采湍濑之～～。"《抱朴子·微旨》:"～～万株,绛树特生,其宝皆殊。"

【玄旨】 xuánzhǐ 精妙的情趣、义理。张蠙《宿开照寺光泽上人院》诗:"静室谭～～,清宵独细听。"《五灯会元·东土祖师》:"违顺相争,是为心病,不识～～。"

【玄胄】 xuánzhòu 远代子孙。班固《幽通赋》:"系高顼之～～兮,氏中叶之炳灵。"

【玄烛】 xuánzhú ❶月亮。曹丕《与繁钦书》:"白日西逝,清风赴闱。罗帏徒袪,～～方微。"❷明察。《北史·李彪传》:"虑周四时者,先皇之茂功也;合契鬼神者,先皇之～～也。"

【玄宗】 xuánzōng 宗教的义理。王俭《褚渊碑文》:"眇眇～～,萋萋辞翰。"《维摩诘经注·序》:"而恨支竺所出,理滞于文,常恐～～,坠于译人。"

匛 xuán 见 cóng。

还 xuán 见 huán。

玈 1. xuán ❶黑色。《说文·玄部》:"～,黑也,从二玄。《春秋传》曰:'何故使吾水～。'"(《左传·哀公八年》作"何故使吾水滋"。)

2. zī ❷同"兹"。《集韵·之韵》:"～,此也。"

旋 1. xuán ❶转,旋转。《荀子·天论》:"列星随～,日月递炤。"李白《大鹏赋》:"左迴右～,倏阴忽明。"⊗圆。《庄子·达生》:"工倕～而盖规矩,指与物化而不以心稽。"❷归,回还。《吕氏春秋·长攻》:"～舍于蔡,又取蔡。"李白《寄东鲁二稚子》诗:"桃今与楼齐,我行尚未～。"❸悬钟的环。《周礼·考工记·凫氏》:"钟县谓之～。"❹小便。《左传·定公三年》:"夷射姑～焉。"韩愈《张中丞传后叙》:"且将戮,巡起～。"❺顷刻,随即。《史记·扁鹊仓公列传》:"臣意即以寒水拊其头,刺足阳明脉,左右各三所,病～已。"韩愈《平淮西碑》:"既斩吴、蜀,～取山东。"❻通"璇"。美玉。《淮南子·本经训》:"积牒～石。"

2. xuàn ❼回旋。《北齐书·权会传》:"会方处学堂讲说,忽有～风,瞥然吹雪入户。"❽温酒。《水浒传》五回:"那庄客～了一壶酒。"❾临时。杜荀鹤《山中寡妇》诗:"时挑野菜和根煮,～斫生柴带叶烧。"苏辙《正旦夜梦李士宁过我》诗:"先生惠然肯见客,～买鸡豚～烹煮。"❿屡,频。陆游《夜兴》诗:"剧谈频剪烛,久坐～更衣。"

【旋背】 xuánbèi 转身。《资治通鉴·宋文帝元嘉元年》:"与人共计议,如何～～即卖恶于人邪?"

【旋辟】 xuánbì 徘徊不前。辟,同"避"。苏洵《仲兄字文甫说》:"揖让～～,相顾而不前。"

【旋胡】 xuánhú 舞名。即胡旋舞。唐时由西域传入。杨维桢《城东宴》诗:"客狂起舞作～～,主亦击缶呼呜呜。"

【旋马】 xuánmǎ 转过马身。形容地方狭小。《宋史·李沆传》:"治第封邱门内,厅事前仅容～～。"

【旋时】 xuánshí 顷刻。《三国志·魏书·臧洪传》:"～～之间,不蒙观过之贷,而受夷灭之祸。"又《武帝纪》注引《汉魏春秋》:"夫军之大事,在兹赏罚,劝善惩恶,宜不～～。"

【旋室】 xuánshì 曲折迂迴的宫室。王延寿《鲁灵光殿赋》:"～～㛹娟以窈窕,洞房叫窱而幽邃。”

【旋旋】 xuánxuán ❶迅速。徐寅《曲江宴上呈诸同年》诗：“天知惜日迟迟暮，春为催花～～红。”❷缓缓。韩偓《有瞩》诗：“晚凉闲步向江亭，默默看书～～行。”

【旋踵】 xuánzhǒng ❶退缩。《战国策·中山策》：“不约而亲，不谋而信，一心同功，死不～～。”《吕氏春秋·勿躬》：“平原广城，车不结轨，士不～～，鼓之，三军之士视死如归。”❷转足之间。形容迅速。《论衡·雷虚》：“天怒不旋日，人怒不～～。”王安石《雪》诗：“纷华始满眼，消释不～～。”

悬(懸) xuán ❶挂，吊挂。《孟子·公孙丑上》：“民之悦之，犹解倒～也。”赵晔《吴越春秋·勾践归国外传》：“～胆于户，出入尝之。”❷牵挂。李白《闻丹邱子营石门幽居》诗：“心～万里外，影滞两乡间。”❸悬空，无依凭。梁巘《评书帖》：“～腕～肘力方全，用力如抱婴儿圆。”❹遥远，差距大。《荀子·天论》：“君子小人之所以相～者在此耳。”嵇康《养生论》：“田种一也，至于树养不同，则功收相～。”❺悬挂钟磬乐器的架子。马融《长笛赋》：“瓠巴聑柱，磬襄弛～。”(聑：妥帖。)

【悬棒】 xuánbàng 曹操任洛阳北部尉时，制五色棒悬于门左右，有犯禁者辄棒杀之。后以悬棒形容地方官执法严正。韦应物《示从子河南尉班》诗：“立政思～～，谋身类触藩。”

【悬兵】 xuánbīng 深入敌境的孤军。江淹《江文通集·自序》：“～～数千里而无同恶相济，五败也。”

【悬车】 xuánchē ❶停车。《国语·齐语》：“至于石枕，～～束马，踰太行与辟耳之溪拘夏。”❷指辞官居家。蔡邕《陈太丘碑文序》：“时年已七十，遂隐丘山，～～告老。”《后汉书·张俭传》：“俭见曹氏世德已萌，乃阖门～～，不豫政事。”❸指黄昏前的一段时间。陶渊明《于王抚军座送客》诗：“晨鸟暮来迟，～～敛馀辉。”

【悬迟】 xuánchí 犹久仰。《后汉书·赵壹传》：“沐浴晨兴，昧旦守门，实望仁兄昭其～～，以贵下贱，握发垂接。”

【悬处】 xuánchǔ 对没有到场的罪犯判决，即缺席审判。《北史·宋隐传》：“文殊父子惧而逃遁，鞫无反状，以文殊亡走，～～大辟。”

【悬鹑】 xuánchún 鹌鹑秃尾，像破衣服，故以悬鹑形容衣服破烂。《荀子·大略》：“子夏贫，衣若～～。”白行简《李娃传》：“被布裘，裘有百结，褴褛如～～。”

【悬断】 xuánduàn 凭空推断。柳宗元《复杜温夫书》：“吾性騃滞，多所未甚喻，安敢～～是且非耶？”

【悬法】 xuánfǎ 公布法令。古代公布法令都悬挂在宫阙，故称悬法。《周礼·地官·大司徒》：“乃县教象之法于象魏。”(象魏：天子、诸侯宫门外的一对高建筑物。)李华《含元殿赋》：“东风发春，～～象魏，与人惟新。”

【悬峰】 xuánfēng 陡峭如悬的山峰。郭璞《蜜蜂赋》：“吮琼液于～～，吸椴津乎晨景。”

【悬隔】 xuángé 相隔遥远，相差很大。《梁书·伏挺传》：“而朝野～～，山川邈殊。”《北史·封懿传》：“与孝琬年位～～，晚相逢遇，分好遂深。”

【悬钩】 xuángōu ❶形容残月。康庭芝《咏月》：“台前疑挂镜，簾外似～～。”❷山莓。其茎上有刺如悬钩，故名。陆游《闲咏园中草木》：“一树山樱鸟啄残，～～半舍亦甘酸。”

【悬河】 xuánhé ❶瀑布。《水经注·清水》：“瀑布乘岩，～～注壑，二十馀丈。”❷形容说话滔滔不绝或文辞流畅奔放。《隋书·裴蕴传》：“蕴亦机辩，所论法理，言若～～。”《新唐书·王勃传》：“盈川文如～～，酌之不竭。”

【悬衡】 xuánhéng ❶悬秤，即天平。《淮南子·说林训》：“循绳而斫则不过，～～而量则不差。”柳宗元《答吴秀才谢示新文书》：“夫观文章，宜若～～然，增之铢两则俯，反之则仰，无可私者。”❷势均力敌，相抗衡。《战国策·秦策三》：“楚破秦，秦不能与齐～～矣。”

【悬弧】 xuánhú 古代尚武，生了男孩就在门左首挂一张弓，后来因称生男孩为悬弧。《礼记·内则》：“子生，男子设弧于门左。”包何《相里使君第七男生日》诗：“他时干蛊声名著，今日～～宴乐酣。”

【悬壶】 xuánhú 行医卖药。语出《后汉书·费长房传》：“市中有老翁卖药，悬一壶于肆头。”张昱《拙逸诗》：“卖药不二价，～～无姓名。”

【悬解】 xuánjiě ❶解开倒悬，即在困境中获救。《后汉书·王允传论》：“若王允之推董卓而引其权，伺其间而敝其罪，当此之时，天下～～矣。”❷指对哀乐得失无动于衷。《庄子·大宗师》：“且夫得者时也，失者顺也，安时而处顺，哀乐不能入也，此古之所谓～～也。”左思《吴都赋》：“否泰之相背也，亦犹帝之～～，而与桎梏疏属也。”

【悬金】 xuánjīn 悬赏。《后汉书·党锢传序》:"班下郡国,逮捕党人……或有逃遁不获,皆～～购募。"

【悬景】 xuányǐng 指太阳月亮。曹植《朔风》诗:"四气代谢,～～运周。"陆机《演连珠》:"～～东秀,则夜光与珷玞匿耀。"

【悬绝】 xuánjué 悬殊,相差极远。《论衡·知实》:"圣贤之实同而名号殊,未必才相～～,智相兼倍也。"李陵《答苏武书》:"客主之形,既不相如;步马之势,又甚～～。"

【悬军】 xuánjūn 深入敌方的孤军。《宋书·王镇恶传》:"镇恶～～远入,转输不充。"杜甫《秦州杂诗》之十九:"候火云峰峻,～～幕井干。"

【悬溜】 xuánliù ❶瀑布。陶渊明《祭从弟敬远文》:"淙淙～～,暧暧荒林。"❷雨水从屋檐流下。陆游《喜雨》诗:"幽人睡觉夜未央,四簷～～声浪浪。"

【悬论】 xuánlùn 空谈。《宋书·刘穆之传》:"此事既大,非可～～。"

【悬圃】 xuánpǔ 山名。传说为昆仑山顶,泛指仙境。《楚辞·哀时命》:"愿至昆仑之～～兮,采钟山之玉英。"唐太宗《帝京篇》之十:"无劳上～～,即此封神仙。"

【悬罄】 xuánqìng 形容空无所有,极其贫穷。《左传·僖公二十六年》:"室如～～,野无青草,何恃而不恐。"也作"悬磬"。《世说新语·贤媛》:"于时冰雪积日,侃室如～～。"

【悬泉】 xuánquán ❶指瀑布。韦应物《寻简寂观瀑布》诗:"蹑石欹危过急涧,攀崖迢递弄～～。"❷指计时的铜壶滴漏。陆机《漏刻赋》:"激～～以远射,跨飞途而遥集。"

【悬识】 xuánshí 预知。《文心雕龙·附会》:"夫能～～凑理,然后节文自会。"

【悬书】 xuánshū ❶指法令。同"悬法"。陆倕《石阙铭》:"～～有附,委箧知归。"❷张贴文书。《吕氏春秋·介立》:"～～公门而伏于山下。"

【悬思】 xuánsī ❶挂念。齐己《送林上人归永嘉旧居》诗:"东越常～～,山门在永嘉。"❷猜想。庾信《故周大将军赵公墓铭》:"月中桂树,切问能训。石上木生,～～即悟。"

【悬榻】 xuántà 《后汉书·徐穉传》:"蕃在郡不接宾客,惟穉来,特设一榻,去则县之。"(县:悬。)后即以悬榻比喻礼待贤者。庾信《园庭》诗:"倒屣迎～～,停琴听解嘲。"

【悬想】 xuánxiǎng ❶挂念,遥思。张芝《与府君书》:"前比得书,不遂西行,望远～～,何日不勤?"庾信《拟咏怀》之十:"遥看塞北云,～～关山雪。"❷猜想。《聊斋志异·水莽草》:"某～～曰:'此必寇三娘也。'"

【悬象】 xuánxiàng ❶指天象。班固《典引》:"～～暗而恒文乖,彝伦斁而旧章缺。"《晋书·皇甫谧传》:"天以～～致明。"❷发布法令。庾信《正旦上司宪府》诗:"一知～～法,谁思垂钓竿。"

【悬心】 xuánxīn 挂念。《梁书·昭明太子传》:"故应强加饘粥,不使我恒尔～～。"也作"县心"。《三国志·蜀书·许靖传》:"虽～～北风,欲行靡由。"

【悬悬】 xuánxuán ❶挂念。韩愈《与孟东野书》:"与足下别久矣,以吾心之思足下,知足下～～于吾也。"❷遥远。焦延寿《易林·晋之坎》:"～～南海,去家万里。"

【悬疣】 xuányóu 皮肤上长的赘生物。比喻无用的东西。《庄子·大宗师》:"彼以生为附赘～～。"陆游《秋兴》诗:"此世极知同逆旅,吾身亦自是～～。"

【悬鱼】 xuányú ❶上钩的鱼。《抱朴子·广譬》:"～～惑以芳饵,槛虎死于笼狐。"❷《后汉书·羊续传》:"府丞尝献其生鱼,续受而悬于庭;丞后又进之,续乃出前所悬者以杜其意。"比喻为官廉洁。徐绩《和路朝奉新居》诗:"爱士主人新置榻,清身太守旧～～。"

【悬舆】 xuányǔ 辞官家居。《论衡·自纪》:"章和二年,罢州家居,年渐七十,时可～～。"

【悬帐】 xuánzhàng 相传曹操喜爱梁鹄的书法,常挂在帐中或钉在壁上。后以悬帐形容书法精妙。《晋书·王羲之传论》:"伯英临池之妙,无复馀踪;师宜～～之奇,罕有遗迹。"

【悬知】 xuánzhī 预知,推测。庾信《和赵王看伎》:"～～曲不误,无事畏知郎。"苏轼《法惠寺横翠阁》诗:"百年兴废更堪哀,～～草莽化池台。"

【悬河泻水】 xuánhéxièshuǐ 比喻说话滔滔不绝或文辞流畅奔放。《晋书·郭象传》:"太尉王衍每云:'听象语如～～～～,注而不竭。'"也作"悬河注水"。《旧唐书·杨炯传》:"杨盈川文思如～～～～,酌之不竭。"

漩 xuán 污浊。《左传·哀公八年》:"初,武城人或有因于吴竟田焉,拘鄫人之沤菅者曰:'何故使吾水～?'"

蜁(蝬) xuán 见"蜁蜗"。

【蜁蜗】 xuánwō 小螺。郭璞《江赋》:"三螋虾江，鹦螺～～。”

漩（淀） xuán 回旋的水流。杜甫《最能行》：“欹帆侧柁入波涛，撇～捎濆无险阻。”⊗水流旋转。元稹《遭风二十韵》：“龙归窟穴深潭～，蜃作波涛古岸隤。”

【漩洑】 xuánfú 回旋。司空图《二十四诗品·委曲》：“水理～～，鹏风翱翔。”

【漩澴】 xuánhuán 水流回旋涌起。郭璞《江赋》：“～～荥潆，渨溫濆瀑。”

【漩涡】 xuánwō 水流回旋形成的水涡。常比喻越陷越深不可自拔之地。朱熹《答吕子约书》：“苏黄门初不学佛，只因在筠州陷入此～～中，恐是彼中风土不好，一生出不得。”

璇（璿、琁） xuán ❶美玉。本作“璿”。《荀子·赋》：“～玉瑶珠，不知佩也。”❷次于玉的美石。《玉篇·玉部》：“～，美石次玉。”《晋书·顾和传》：“若不能用玉，可用白～珠。”

【璇闺】 xuánguī 闺房的美称。沈佺期《古歌》：“～～窈窕秋夜长，绣户徘徊明月光。”鲍溶《李夫人歌》：“～～羽帐华烛陈，方士下降夫人神。”

【璇花】 xuánhuā 如玉的白花。徐彦伯《游禁苑幸临渭亭遇雪应制》诗：“琼树留宸瞩，～～入睿词。”

【璇室】 xuánshì 装饰华丽的房间。《吕氏春秋·过理》：“作为～～，筑为顷宫。”《三国志·魏书·杨阜传》：“桀作～～象廊，纣为倾宫鹿台，以丧其社稷。”

【璇图】 xuántú 国家的版图。江淹《萧骠骑庆平贼表》：“赖皇威遐制，～～广驭，四海竞顺，其会如林。”

【璇玑玉衡】 xuánjīyùhéng ❶即北斗七星。《史记·天官书》：“北斗七星，所谓‘旋玑玉衡，以齐七政’。”❷我国古时的天文仪器，即浑仪的前身。《史记·五帝本纪》：“舜乃在～～～～，以齐七政。”裴骃集解引郑玄曰：“～～～～，浑天仪也。”

暶 xuán 见“暶暶”。

【暶暶】 xuánxuán 眼睛美丽的样子。《灵枢经·通天》：“阴阳和平之人，其状委委然，随随然，颙颙然，愉愉然，～～然，豆豆然。”

咺 xuǎn ❶哭泣不止。《方言》卷一：“凡哀泣而不止曰～。”皮日休《九讽·遇谤》：“声～唏以无音兮，气郁悒而空噎。”❷（又 xuān）显赫的样子。《诗经·卫风·淇奥》：“瑟兮僩兮，赫兮～兮。”

选（選） 1. xuǎn ❶挑选，选择。《墨子·尚同上》：“是故～天下之贤可者，立以为天子。”杜甫《客堂》诗：“台郎～才俊，自顾亦已极。”❷选辑成册的作品集。萧统《文选序》：“远自周室，迄于圣代，都为三十卷，名曰《文～》云耳。”❸遣送，派遣。《左传·昭公元年》：“其母曰：‘弗去，惧～。’”扬雄《甘泉赋》：“～巫咸兮叫帝阍，开天庭兮延群神。”❹（xùn）通“巽”。柔弱，惧怯。《汉书·王莽传上》：“君以～故，而辞以疾。”

2. xuàn ❺量才授官。《明史·职官志一》：“凡～，每岁有大～，有急～，有远方～，有岁贡就教～。”⊗选中的人物。《礼记·礼运》：“禹、汤、文、武、成王、周公，由此其～也。”❻齐，整齐。《诗经·齐风·猗嗟》：“舞则～兮，射则贯兮。”《史记·平准书》：“吏道益杂，不～，而多贾人矣。”

3. suàn ❼通“算”。计算。《诗经·邶风·柏舟》：“威仪棣棣，不可～也。”❽万。《山海经·海外东经》：“五亿十～九千八百步。”

【选场】 xuǎnchǎng 科举考场。谢晋《送举人陈永言会试》诗：“岁晚促行装，来春赴～～。”方文《除夕咏怀》之三：“制科将罢人人贱，囊笔何颜赴～～。”

【选锋】 xuǎnfēng ❶选拔勇猛士兵组成的前锋。《孙子·地形》：“将不能料敌，以少合众，以弱击强，兵无～～，曰北。”❷先驱。杨时《观梅赠胡康侯》诗：“欲驱残腊变春风，先遣梅花作～～。”

【选间】 xuǎnjiān 瞬间，片刻。《吕氏春秋·任数》：“颜回索米，得而爨之……～～，食熟。”

【选举】 xuǎnjǔ 选拔举用贤能之士。《史记·孝文本纪》：“今不～～焉，而曰必子，人其以朕为忘贤有德者而专于子。”《后汉书·明帝纪》：“今～～不实，邪佞未去。”

【选练】 xuǎnliàn ❶精明干练。《韩非子·和氏》：“损不急之枝官，以奉～～之士。”《汉书·晁错传》：“士不～～，卒不服习，起居不精，动静不集。”❷选择干练者。《史记·赵世家》：“明日，荀欣侍，以～～举贤，任官使能。”《汉书·李寻传》：“宜少抑外亲，～～左右，举有德行道术通明之士充备天官。”

【选人】 xuǎnrén 候补、候选的官员。《新唐书·选举志下》：“初吏部岁常集人，其后三数岁一集，～～猥至，文簿纷杂。”

【选胜】 xuǎnshèng 寻游名胜。张籍《和令狐尚书平泉东庄近居李仆射有寄》诗：“探幽皆一绝，～～又双全。”

【选首】 xuǎnshǒu 居被选拔者之首。《史记·儒林列传序》："叔孙通作汉礼仪，因为太常，诸生弟子共定者咸为～～。"韩愈《与汝州卢郎中论荐侯喜状》："今子郁为～～，其言死不恨，固宜也。"

【选体】 xuǎntǐ ❶旧时称南朝梁萧统《文选》中所选的诗歌和模仿这种风格的诗为"选体"。《文选》中所选多为五言古诗，所以又有人认为选体就是五言古诗。严羽《沧浪诗话·诗体》："选诗时代不同，体制随异，今人例谓五言古诗为～～，非也。"❷铨选官员的规例。《宋书·蔡兴宗传》："谨依～～，非私安都。"

【选懦】 xùnnuò 怯懦。《后汉书·西羌传》："今三郡未复，园陵单外，而公卿～～，容头过身，张解设难。"也作"选蠕"。《史记·律书》："后且拥兵阻阸，～～观望。"

【选耎】 xùnruǎn 怯弱。《汉书·西南夷传》："恐议者～～，复守和解。"

烜 1. xuǎn （又读 xuān） ❶盛大，显著。《尔雅·释训》："赫兮～兮，威仪也。"❷晒干，干燥。《周易·说卦》："风以散之，雨以润之，日以～之。"

2. huǐ ❸火。《周礼·秋官·序官》："司～氏下士六人。"

【烜赫】 xuǎnhè 声威很盛的样子。李白《侠客行》："千秋二壮士，～～大梁城。"李商隐《韩碑》诗："呜呼圣皇及圣相，相与～～流淳熙。"

撰 xuǎn 见 zhuàn。

馔 xuǎn 见 zhuàn。

缳（繯） xuǎn 蜀锦名。扬雄《蜀都赋》："统～缍缬，缪缘庐中。"王琰《冥祥记》："著～衣，衣色赤黄。"

癣（癬、𤺌） xuǎn 皮肤病。《山海经·中山经》："其中是多豪鱼，状如鲔，赤喙尾赤羽，可以已白～。"㊀比喻轻微的祸患。《史记·越王句践世家》："齐与吴，疥～也。"

【癣疥】 xuǎnjiè 皮肤病。多比喻轻微的祸患。巢元方《诸病源候论·诸癞候》："令人多疮，犹如～～。"唐庚《送赵元思司法》诗："自称霹雳手，作县真～～。"

泫 1. xuàn ❶流泪的样子。《吕氏春秋·知士》："静郭君～而曰：'不可，吾不忍为也。'"陆游《沈园》诗："此身行作稽山土，犹吊遗踪一～然。"㊁流泪。王僧达《祭颜禄文》："心悽目～。"❷露珠晶莹的样子。谢灵运《从斤竹涧越岭溪行》诗："岩下云方合，花上露犹～。"苏轼《三月二十日多叶杏盛开》诗："零露～月蕊，温风散晴葩。"❸水深广的样子。郭璞《江赋》："澄澹汪洸，瀇滉困～。"

2. juān ❹见"泫氏"。

【泫泫】 xuànxuàn 露珠晶莹的样子。谢惠连《泛湖归出楼中玩月》诗："斐斐气幕岫，～～露盈条。"

【泫沄】 xuànyún 水流汹涌翻腾。张衡《思玄赋》："扬芒熛而绛天兮，水～～而涌涛。"

【泫氏】 juānshì 古县名。汉置，北齐并入高平县。故址在今山西高平县。《汉书·地理志上》："上党郡县十四……～～。"

洵 xuàn 见 xún。

炫 xuàn ❶照耀，辉映。《战国策·秦策一》："转毂连骑，～熿于道。"《晋书·张华传》："大盆盛水，置剑其上，视之者精芒～目。"❷夸耀。张仲方《披沙拣金赋》："美价初～，微明内融。"❸迷惑。《魏书·江式传》："以意为疑，～惑于时，难以厘改。"宋应星《怜愚诗》之四十："装成圈点吾徒～，假序名公识者弹。"

【炫炫】 xuànxuàn 光耀。《汉书·叙传下》："～～上天，县象著明，日月周辉，星辰垂精。"

【炫耀】 xuànyào ❶光彩明亮。《史记·田单列传》："牛尾炬火光明～～，燕军视之皆龙文，所触尽死伤。"《论衡·佚文》："高祖在母身之时，息于泽陂，蛟龙在上，龙觩～～。"❷夸耀，显示。《盐铁论·崇礼》："饰几杖，修樽俎，为宾非为主也；～～奇怪，所以陈四夷，非为民也。"

眩 xuàn 见"眩曜"。

【眩曜】 xuànyào 惑乱，迷乱。《楚辞·离骚》："世幽昧以～～兮，孰云察余之美恶。"

绚（絢） xuàn 色彩灿烂，有文彩。《论语·八佾》："素以为～兮。"皮日休《雨中游包山精舍》诗："松门亘五里，碧彩高下～。"

【绚烂】 xuànlàn 光彩灿烂。罗大经《鹤林玉露》卷一："巧女之刺绣，虽精妙～～，才可人目，初无补于实用。"

【绚练】 xuànliàn ❶有文彩的样子。杜甫《送李校书》诗："时哉高飞燕，～～新羽翮。"❷疾迅的样子。颜延之《赭白马赋》："别辈越群，～～夐绝。"

【绚蒨】 xuànqiàn 灿烂鲜艳。范成大《峨眉山行纪》："峰峦草木，皆鲜妍～～，不可正视。"

涓 xuàn 见 juān。

袨 xuàn ❶黑色衣服。《淮南子·齐俗训》："缠以朱丝，尸祝袀～。"❷盛服，整齐华美的衣服。《汉书·邹阳传》："武力鼎士～服丛台之下者，一旦成市。"左思《蜀都赋》："都人士女，～服靓装。"

眩 1. xuàn ❶眼睛昏花。《论衡·说日》："月尚可察也，人之察日，无不～。"《三国志·魏书·华佗传》："太祖苦头风，每发，心乱目～。"❷迷惑，迷乱。《战国策·魏策一》："人主览其辞，牵其说，恶得无～乎？"刘禹锡《贾客词》："～俗杂良苦，乘时取重轻。"❸通"炫"。炫耀。《三国志·蜀书·法正传》："宜加敬重，以～远近。"

2. huàn ❹通"幻"。幻术。《汉书·张骞传》："以大鸟卵及犛靬～人献于汉。"（眩人：表演幻术的人。）

【眩泯】 xuànhǔn 眼花不明的样子。《后汉书·张衡传》："缤联翩兮纷暗暧，倏～～兮反常闾。"

【眩惑】 xuànhuò 迷乱。《淮南子·氾论训》："同异嫌疑者，世俗之所～～也。"《论衡·定贤》："人～～无别也。"

【眩瞀】 xuànmào ❶眼睛昏花。《后汉书·郭宪传》："谏争不合，乃伏地称～～，不复言。"❷昏愦。苏轼《思治论》："上之人，方且～～而不自信，又何暇及于收哉？"

【眩眠】 xuànmián 眼神不安的样子。《史记·司马相如列传》："视～～而无见兮，听惝恍而无闻。"

【眩眩】 xuànxuàn 幽远的样子。《法言·问明》："～～乎惟天为聪，惟天为明。"

【眩耀】 xuànyào ❶光彩夺目。《论衡·说日》："仰察之，日光～～，火光盛明，不能堪也。"❷迷惑。《淮南子·氾论训》："嫌疑肖象者，众人之所～～。"

铉（鉉） xuàn ❶用来举鼎的器具。《周易·鼎》："鼎黄耳金～。"史孝山《出师颂》："泽霑荒遐，功铭鼎～。"❷鼎为三公之象，因以铉比喻三公。任昉《王文宪集序》："皇朝轸恸，储～伤情。"《晋书·刘琨祖逖传论》："咸能自致三～，成名一时。"❸通"弦"。弓弦。《战国策·齐策五》："矛戟折，镮～绝。"（姚本"铉"作"弦"。）

【铉台】 xuàntái 指宰相职位。潘岳《西征赋》："纳旌弓于～～，讚庶绩于帝室。"

【铉席】 xuànxí 指宰相职位。王筠《为王仪同莹初让表》："况臣才质空疏，器量庸浅，而可以妄参～～，靦貌槐庭？"

袨 xuàn 帽带。《吕氏春秋·离俗》："白缟之冠，丹绩之～。"

琄 xuàn 玉。谢超宗《肃咸乐》之一："璆县凝会，～朱伫声。"朱彝尊《日下旧闻补遗·形胜》："喜蚕事之方殷，命后妃而释～。"

【琄琄】 xuànxuàn 佩玉的样子。《尔雅·释训》："皋皋～～，刺素食也。"

眴 xuàn 见 shùn。

衒 xuàn ❶沿街叫卖。《后汉书·庞参传》："～卖什物，以应吏求。"㉑泛指卖。苏轼《种茶》诗："千团输太官，百饼～私斗。"❷不招自至，自荐。《后汉书·蔡邕传》："故伊挚有负鼎之～，仲尼设执鞭之言。"曹植《求自试表》："夫自～自媒者，士女之丑行也。"❸炫耀，夸耀。《旧唐书·河间王孝恭传》："时长史冯长命为御史大夫，素矜～，事多专决。"《金史·马惠迪传》："夫人之聪明，多失于浮～。"❹通"袨"。华丽之服。王度《古镜记》："每至日晚，即靓妆～服。"

【衒沽】 xuàngū 卖弄。《后汉书·李云传论》："贵在于意达言从，理得乎正，曷其绞讦摩上，以～～成名哉！"

【衒贾】 xuàngǔ 出卖。《三国志·吴书·张温传》："又温语贾原，当荐卿作御史，语蒋康，当用卿代贾原，专～～国恩，为己形势。"

【衒鬻】 xuànyù ❶叫卖，出卖。曹操《收租调令》："下民贫弱，代出租赋，～～家财，不足应命。"❷自荐，自夸。《后汉书·崔骃传》："叫呼～～，县旌自表。"曾巩《乞登对状》："而臣藐在外服十有二年，无～～之一言，无左右之素誉。"

渲 xuàn ❶国画的一种技法。先把颜料涂在纸上，再用笔蘸水涂抹，使色彩合适。郭熙《林泉高致·画诀》："以水墨再三而淋之，谓之～。"❷洗。马致远《耍孩儿·借马》曲："有汗时休去檐下拴，～时休教浸着颓。"汤式《一枝花·赠妓素兰》曲："胭脂瓣洗～净天香，金花粉调和成玉蕊。"

【渲染】 xuànrǎn 以水墨或颜料烘染形象，使色彩浓淡合适。李天根《题听松山人两蕉书屋题》诗："吾闻古人画月但画云，～～巧妙妙入神。"

楦 xuàn 楦子。制鞋的模型。冯梦龙《古今谭概·专愚部·艾子》："齐人献木履于宣王，略无刻斲之迹。王曰：'此履岂非出于生乎？'艾子曰：'鞋～是其核也。'"㉑泛指用东西填紧物体的中空部分。《新唐书·西域传》："俗剪发逮眉，穿耳，～以筩若角，缓至肩者为姣好。"

楥 1. xuàn ❶同"楦"。鞋楦。制鞋的木制模型。《说文·木部》："～，履法也。"段玉裁注："今鞋店之～，～、楦正俗字。"

2．yuán ❷树名。《尔雅·释木》："～，柜柳。"❸篱笆，栅栏。韩愈《守戒》："今人有宅于山者，知猛兽之为害，则必高其柴～，而外施陷穽以待之。"

缠（縼） xuàn 绳，系绳。马融《长笛赋》："或乃植持～缨，佁儗宽容。"袁宏道《与朱玉槎》："上愚兄方卧隐江皋，自以高云逸翮，不知绦～遂及。"

敻 xuàn 见xiòng。

鞙 xuàn ❶大车上缚轭的皮条。《说文·革部》："～，大车缚轭靼。"（靼：皮条。）❷通"琄"。见"鞙鞙"。

【鞙鞙】 xuànxuàn 佩玉的样子。《诗经·小雅·大东》："～～佩璲，不以其长。"

镟（鏇） xuàn ❶转轴。杜甫《画鹰》诗："絛～光堪摘，轩楹势可呼。"李贺《追赋画江潭苑》诗之三："剪翅小鹰斜，縚根玉～花。"❷温酒器。《水浒传》二十八回："武松来看时，一大～酒，一盘肉。"⊗用镟温酒。《水浒传》七十二回："你自去与我～一杯热酒来吃。"❸茶炊。秦简夫《东堂老》一折："小可是卖茶的，今日烧得这～锅儿热了，看有什么人来。"

贙（贙） xuàn ❶分别。左思《魏都赋》："蒹葭～，雚蒻森。"❷一种野兽。杜甫《寄刘峡州伯华使君四十韵》："乳～号攀石，饥鼯诉落藤。"王禹偁《三黜赋》："六百里之穷山，唯毒蛇与～虎。"

xue

削 1．xuē （又读xiāo）❶长刃有柄的小刀，也叫书刀，用来修削木简或竹简上的文字。《周礼·考工记·筑氏》："筑氏为～，长尺，博寸，合六而成规。"《韩非子·外储说左上》："诸微物必以～削之。"❷用刀削刮。《墨子·鲁问》："公输子～竹木以为鹊。"《后汉书·吴祐传》："欲～青简以写经。"❸删除，除去。《后汉书·明德马皇后纪》："自撰《显宗起居注》，～去兄防参医药事。"陆龟蒙《酬谢袭美先辈》诗："向非笔～功，未必无瑕疵。"❹分割。《汉书·梁平王刘襄传》："～梁王五县，夺王太后汤沐成阳邑。"❺削弱，削减。《吕氏春秋·长见》："鲁虽～，有齐者亦必非吕氏也。"《后汉书·质帝纪》："还王侯所～户邑。"❻陡峭。袁宏道《游盘山记》："其面～，不受足；其背坦，故游者可迂而达。"❼简札。《后汉书·苏竟传》："走昔以摩研编～之才，与国师公从事出入，校定秘书。"

2．qiào ❽刀鞘。后作"鞘"。曹植《宝刀赋》："丰光溢～。"

【削壁】 xuēbì 峭壁。曾原一《金精山记》："～～垩色，石纹墨缕，拂布石面者，披发峰也。"

【削草】 xuēcǎo 大臣上书，销毁草稿以防泄密。《南史·刘琎传》："召琎入侍东宫，每上事辄～～。"也作"削草稿"。《汉书·孔光传》："时有所言，辄～～～。"

【削葱】 xuēcōng 形容女子手指纤细洁白。语出《古诗为焦仲卿妻作》："指如削葱根，口如含珠丹。"元稹《春六十韵》："启齿呈编贝，弹丝动～～。"

【削地】 xuēdì ❶分割土地。《战国策·齐策一》："夫齐～～而封田婴，是其所以弱也。"❷削减封地。《史记·袁盎晁错列传》："夫晁错患诸侯强大不可制，故请～～以尊京师。"

【削发】 xuēfà 剃发为僧。王维《留别山中温古上人兄并示舍弟缙》诗："舍弟官崇高，宗兄此～～。"

【削稿】 xuēgǎo 销毁草稿以示保密。《北史·封隆之传》："隆之首参神武经略奇谋，皆密以启闻，手书～～，罕知于外。"

【削籍】 xuējí 在官员名籍中被削除，即革职。《明史·魏忠贤传》："许显纯具爰书，词连赵南星、杨涟等二十馀人，～～遣戍有差。"

【削迹】 xuējì 匿迹，隐居。《吕氏春秋·慎人》："夫子逐于鲁，～～于卫。"《战国策·东周策》："甘茂，羁旅也，攻宜阳而有功，则周公旦也；无功，则～～于秦。"

【削约】 xuēyuē 瘦细。周紫芝《虞美人·西池见梅作》词："短墙梅粉香初透，～～寒枝瘦。"

【削格】 qiàogé 用来捕兽的陷阱之类东西。《庄子·胠箧》："～～、罗落、罝罘之知多，则兽乱于泽矣。"也作"峭格"。左思《吴都赋》："～～周施，罿罻普张。"

靴（鞾） xuē 高筒的鞋。《晋书·刘兆传》："尝有人着～骑驴，至兆门外。"苏轼《李太白碑阴记》："方高力士用事，公卿大夫争事之，而太白使脱～殿上，固已气盖天下矣。"

薛 xuē ❶草名。即藾蒿。司马相如《子虚赋》："其高燥则生葴菥苞荔，～莎青薠。"❷古国名。故址在今山东滕州市南。《左传·隐公十一年》："春，滕侯～侯来朝。"

【薛越】 xuēyuè 糟蹋。《荀子·王制》："务本事，积财物，而勿忘栖迟～～也，是使群臣百姓皆以制度行，则财物积，国家案自富矣。"

穴 xué ❶土室，岩洞。《周易·系辞下》："上古～居而野处。"《诗经·大雅·緜》："古公亶父，陶复陶～，未有家室。"㊇穴居。萧统《文选序》："冬～夏巢之时，茹毛饮血之世。"❷动物的巢穴。《荀子·劝学》："蟹六跪而二螯，非蛇蟺之～无可寄托者，用心躁也。"《后汉书·班超传》："不入虎～，不得虎子。"❸洞孔，窟窿。《吕氏春秋·悔过》："～深寻，则人之臂必不能及也。"㊇打洞。《汉书·灌夫传》："今日斩头～匈，何知程李？"苏轼《次韵定慧钦长老》："钩簾归乳燕，～纸出痴蝇。"❹墓穴。《诗经·秦风·黄鸟》："临其～，惴惴其慄。"❺水道，河流。木华《海赋》："江河既导，万～俱流。"杜甫《三川观水涨二十韵》："不有万～归，何以尊四渎。"❻人体的穴位。《素问·气府论》："足太阳脉气所发者，七十八～。"

【穴见】 xuéjiàn 浅陋的见解。《后汉书·陈忠传》："臣忠心常独不安，是故临事战惧，不敢～～有所兴造。"

峃(嶨) xué 山多大石。《说文·山部》："～，山多大石也。"孟郊等《会合联句》："吟巴山荦～，说楚波堆垄。"

学(學) 1. xué ❶学习。《论语·述而》："～而时习之，不亦说乎！"《论衡·实知》："人才有高下，知物由～。"㊀模仿。杜甫《北征》诗："～母无不为，晓妆随手抹。"❷学说，学问。《庄子·天下》："百家之～，时或称而道之。"《礼记·学记》："七年视论～取友。"❸学派。《韩非子·显学》："世之显～，儒墨也。"《汉书·京房传》："繇是《易》有京氏之～。"❹学校。《礼记·学记》："古之教者，家有塾，党有庠，术有序，国有～。"曾巩《宜黄县学记》："古之人自家至于天子之国，皆有～。"❺讲述，诉说。沈端节《醉落魄》词："红娇翠弱春寒，睡起慵匀掠，些儿心事谁能～。"孟汉卿《魔合罗》二折："咽喉被药把捉，难诉难～。"

2. xiào ❻同"敩"。教导。《国语·晋语九》："顺德以～子，择言以教子。"《礼记·文王世子》："凡～世子及～士，必时。"

【学府】 xuéfǔ ❶研究学问的机构。《晋书·儒林传论》："范平等～～儒宗，誉隆望重。"杨炯《大周明威将军梁公神道碑》："究青编于～～，业有多闻。"❷比喻学问渊博。《南史·傅昭传》："博极古今，尤善人物，魏晋以来，官宦簿阀，姻通内外，举而论之，无所遗失，世称为～～。"

【学宫】 xuégōng 学校，校舍。《汉书·何武传》："行部必先即～～见诸生，试其诵论，问以得失。"叶適《蔡知阁墓志铭》："亲至～～，课率诸生。"

【学官】 xuéguān ❶掌管学务的官员和官学教师。《史记·儒林列传序》："公孙弘为～～。"❷学校，校舍。《汉书·艺文志》："讫于宣、元，有施、孟、梁丘、京氏列于～～，而民间有费、高二家之说。"又《文翁传》："又修起～～于成都市中，招下县子弟以为～～弟子。"

【学馆】 xuéguǎn 学舍，校舍。《宋书·雷次宗传》："车驾数幸次宗～～，资给甚厚。"郑谷《送太学颜明经及第乐归》诗："闲来思～～，犹梦雪窗明。"

【学海】 xuéhǎi ❶比喻学识渊博。王嘉《拾遗记·后汉》："京师谓康成为'经神'，何休为'～～'。"❷学问汇集的地方。骆宾王《冒雨寻菊记》："字中蝌蚪，竟落文河；笔下蛟龙，争投～～。"崔珏《哭李商隐》诗："词林枝叶三春尽，～～波澜一夜干。"❸比喻学者日进不已则能有所成就。邢邵《广平王碑》："志犹～～，业比登山。"

【学究】 xuéjiū ❶科举中的科目名。唐代取士，明经科有"学究一经"的科目。宋代礼部贡举，有进士、学究等十科。参见《新唐书·选举志上》、《宋史·选举志一》。❷读书人的泛称。陆游《自咏》："衣冠醉～～，毛骨病维摩。"《刘知远诸宫调》卷一："知远更从引至庄上，请王～～写文契了必。"

【学力】 xuélì ❶学问的功力、造诣。范成大《送刘唐卿户曹擢第西归》诗："～～根深方蒂固，功名水到自渠成。"❷学习上的精力。王令《寄洪与权》诗："贫知身责重，病觉～～怠。"

【学庙】 xuémiào 即孔庙。杨炯《遂州长江县先圣孔子庙堂碑》："咸亨元年，又诏州县官司，营葺～～。"

【学涉】 xuéshè 学识渊博。《南史·孔珪传》："珪少～～，有美誉。"《北史·崔昂传》："第三子液，字君洽，颇习文藻，有～～，风仪器局为时论所许。"

【学省】 xuéshěng 即国学。张耒《晚归》诗："～～归来门巷秋，伴眠书史满床头。"

【学问】 xuéwèn ❶学习和问难。《孟子·滕文公上》："吾他日未尝～～，好驰马试剑。"《后汉书·马武传》："臣少尝～～，可郡文学博士。"❷指系统的知识。《世说新语·文学》："褚季野语孙安国云：'北人～～渊综广博。'孙答曰：'南人～～清通简要。'"

【学行】 xuéxíng 学问品行。《三国志·魏书·高柔传》："宜随～～优劣，待以不次之位。"《北史·崔鉴传》："父绰，少孤，～～修明。"

【学者】 xuézhě ❶有学问的人。《旧五代史·史匡翰传》:"尤好《春秋左氏传》,每视政之暇,延～～讲学,躬自执卷受业焉。"❷求学的人。《孟子·滕文公上》:"北方之～～,未能或之先也。"

【学殖】 xuézhí 指学问的积累和增进。语出《左传·昭公十八年》:"夫学,殖也;不殖将落。"也作"学植"。《晋书·王舒传》:"恒处私门,潜心～～。"

【学子】 xuézǐ 学生。《诗经·郑风·子衿》毛传:"青衿,青领也,～～之所服。"林景熙《酬谢皋父》诗:"风雅一手提,～～屦满户。"

泶(澩) xué ❶干涸的山泉。《尔雅·释山》:"夏有水冬无水,～。"❷渭水的支流。《广雅·释水》:"水自渭出为～。"

【泶灂】 xuézhuó 水波相激的声音。郭璞《江赋》:"砅岩鼓作,澌湱～～。"

鸴(鷽) xué 鸟名。《尔雅·释鸟》:"～,山鹊。"

觷(觷) xué 加工雕琢兽角。《说文·角部》:"～,治角也,"《尔雅·释器》:"象谓之鹄,角谓之～。"

踅 xué ❶旋转,转回。王实甫《西厢记》四本四折:"四野风来,左右乱～。"《三国演义》六回:"操带箭逃命,～过山坡。"❷来回走。《水浒传》五十回:"顾大嫂先拨军兵保护乐大娘子,却自拿了两把刀在堂前～。"

雪 xuě ❶雪。《汉书·苏武传》:"天雨～,武卧啮～与旃毛并咽之。"㊊下雪。《世说新语·文学》:"于时始～,五处俱贺。"㊋比喻白色。李白《将进酒》诗:"君不见高堂明镜悲白发,朝如青丝暮成～。"❷洗刷,洗除。《论衡·定贤》:"句践欲～会稽之耻。"苏舜钦《上集贤文相书》:"某虽欲力自辨～,徒重取困辱耳。"❸擦拭。骆宾王《灵泉颂》:"三秋客恨,长怀宋玉之悲;一面交欢,暂～桓谭之涕。"❹姓。

【雪活】 xuěhuó 昭雪而得生。《宋史·乔执中传》:"执中宽厚有仁心,屡典刑狱,～～以百数。"

【雪涕】 xuětì 擦眼泪。《列子·力命》:"晏子独笑于旁,公～～而顾晏子。"

【雪污】 xuěwū 洗除污点。《淮南子·说山训》:"流言～～,譬犹以涅拭素也。"

【雪虐风饕】 xuěnüèfēngtāo 风雪交加,形容严寒。韩愈《祭河南张员外文》:"岁弊寒凶,～～～～。"陆游《梅花》诗:"幽香淡淡影疏疏,～～～～亦自如。"

血 xuè(又读 xiě) ❶血液。《吕氏春秋·用民》:"阖庐试其民于五湖,剑皆加于肩,地流～几不可止。"《后汉书·献帝伏皇后纪》:"杀旁侍者,～溅后衣。"❷指血泪。江淹《别赋》:"沥泣共诀,抆～相视。"❸染上光彩。《山海经·南山次经》:"[仑者之山]有木焉……其名曰白蓉,可以～玉。"

【血诚】 xuèchéng 极为真诚。《晋书·谢玄传》:"臣之微身,复何足惜,区区～～,忧国实深。"白居易《为宰相让官表》:"此所以重陈手疏,再沥～～,乞迴此官,别授能者。"

【血忌】 xuèjì 不宜杀生见血的日子叫血忌。《论衡·讥日》:"假令～～月杀之日固凶,以杀牲设祭,必有患祸。"

【血泪】 xuèlèi 悲痛之极而流泪。白居易《虢州刺史崔公墓志铭》:"遂置笏伏陛,极言是非,～～盈襟,词竟不屈。"

【血气】 xuèqì ❶血和气,指生命。《左传·昭公十年》:"凡有～～,皆有争心。"《礼记·玉藻》:"君子远庖厨,凡有～～之类,弗身践也。"❷感情,精力。《荀子·修身》:"凡用～～志意知虑,由礼则治通,不由礼则勃乱提僈。"《管子·禁藏》:"食饮足以和～～。"❸感情冲动时产生的勇气。《孟子·公孙丑上》"则夫子过孟贲远矣"朱熹集注:"孟贲～～之勇。"

【血刃】 xuèrèn 血染刀口,指杀人。《汉书·吴王刘濞传》:"方今计,独斩错,发使赦七国,复其故地,则兵可毋～～而俱罢。"《晋书·王濬传》:"濬自发蜀,兵不～～,攻无坚城。"

【血色】 xuèsè 深红色。白居易《琵琶引》:"钿头云篦击节碎,～～罗裙翻酒汙。"

【血食】 xuèshí 享受后代的牺牲祭祀。《吕氏春秋·当染》:"此六君者所染不当,故国皆残亡,身或死辱,宗庙不～～,绝其后类。"《史记·陈涉世家》:"高祖时为陈涉置守冢三十家砀,至今～～。"

【血属】 xuèshǔ 指有血缘关系的亲属。《资治通鉴·唐武宗会昌四年》:"今刘稹不诣尚书面缚,又不遣～～祈哀。"苏舜钦《答韩持国书》:"况～～之多,持国见之矣;屋庐之隘,持国亦见之矣。"

【血嗣】 xuèsì 继承祖业的后代。《后汉书·张晧传》:"去顺效逆,非忠也;身绝～～,非孝也。"

【血流漂杵】 xuèliúpiāochǔ 血流成河,连杵棒都漂起来了,形容杀人之多。《尚书·武成》:"会于牧野,罔有敌于我师,前徒倒戈攻于后以北,～～～～。"

【血气方刚】 xuèqìfānggāng 形容年轻人

精力旺盛，但尚欠经验。《论语·季氏》："及其壮也，～～～～，戒之在斗。"

吷 xuè 以口吹物发出的细小声音。《庄子·则阳》："夫吹管也，犹有嗃也；吹剑首者，～而已矣。"苏轼《好事近》词："莫问世间何事，与剑头微～。"

狘 xuè 野兽受惊奔跑。《礼记·礼运》："麟以为畜，故兽不～。"白居易《养动植之物策》："鸟兽不～，胎卵可窥。"

谑（謔） xuè ❶开玩笑。《诗经·郑风·溱洧》："维士与女，伊其相～。"《宋史·李维传》："嗜酒善～，而好为诗。"❷喜乐。李白《将进酒》诗："陈王昔时宴平乐，斗酒十千恣欢～。"

【谑浪】 xuèlàng 戏谑放浪。《诗经·邶风·终风》："～～笑敖，中心是悼。"

【谑谑】 xuèxuè 喜乐的样子。《诗经·大雅·板》："天之方虐，无然～～。"

䟐 xuè 飞越。谢朓《三日侍宴曲水代人应诏》诗之五："巢阁易窥，驯庭难～。"

澩（澩） xuè 见"澩瀑"。

【澩瀑】 xuèbào 水汹涌的样子。马融《长笛赋》："～～喷沫，犇遯砀突。"左思《蜀都赋》："龙池～～溃其限，漏江伏流溃其阿。"

瞲 xuè 惊视的样子。《荀子·荣辱》："俄而粲然有秉刍豢稻粱而至者，则～然视之，曰：'此何怪也？'"

xun

荤 xūn 见 hūn。

勋（勛、勳） xūn 大功劳，功勋。《左传·文公十三年》："我襄公未忘君之旧～。"《后汉书·和熹邓皇后纪》："巍巍之业，可闻而不可及；荡荡之～，可诵而不可名。"

【勋伐】 xūnfá 功绩。公孙瑞《剑铭》："辨物利用，～～弥章。"《抱朴子·逸民》："凡所谓志人者，不必在乎禄位，不必显乎～～也。"

【勋阀】 xūnfá 功臣的门第。《新唐书·循吏传序》："若将相大臣兼以～～著者，各见本篇，不列于兹。"

【勋贵】 xūnguì 功臣权贵之人。《颜氏家训·杂艺》："唯不可令有称誉，见役～～。"

【勋旧】 xūnjiù 有功绩的老臣。《晋书·陈骞传》："安车驷马，以高平公还第，帝以其～～耆老，礼之甚重。"

【勋烈】 xūnliè 功绩。《三国志·魏书·陈留王奂传》："昔圣帝明王，静乱济世，保大定功，文武殊涂，～～同归。"元稹《崔蕺检校都官员外郎兼侍御史》："崔蕺等自元和以来，有大～～于天下。"

【勋望】 xūnwàng 功劳和声望。《晋书·谢安传》："是时桓冲既卒，荆、江二州并缺，物论以玄～～，宜以授之。"

【勋要】 xūnyào 达官贵人。《宋书·柳元景传》："时在朝～～，多事产业，唯元景独无所营。"

【勋荫】 xūnyìn 靠祖先功业获得官爵。任昉《为褚谘议蓁让代兄袭封表》："臣门籍～～，光锡土宇。"

烰 xūn 见 huī。

埙（壎、塤） xūn 一种陶制的吹奏乐器。《周礼·春官·小师》："小师掌教鼓鼗柷敔～箫管弦歌。"《史记·乐书》："然后圣人作为鞉鼓椌楬～篪，此六者，德音之音也。"

【埙篪】 xūnchí 两种乐器。二者在一起演奏声音和谐，因以比喻兄弟和睦。祢衡《鹦鹉赋》："感平生之游处，若～～之相须。"王若虚《瑞竹赋》："此则上友下敬，～～其翕，始终以之，有死无易。"又借指兄弟。黄庭坚《送伯氏入都》诗："岂无他人游，不如我～～。"

焄 1. xūn ❶同"熏"。熏炙。苏轼《子由生日以檀香观音象及新合印香银篆盘为寿》诗："此心实与香俱～，闻思大士应已闻。"㉿威势逼人。《史记·酷吏列传》："舞文巧诋下户之猾，以～大豪。"

2. hūn ❷通"荤"。指带辛辣气味的蔬菜。《孔子家语·五仪解》："夫端衣玄裳冕而乘轩者，则志不在于食～。"

【焄蒿】 xūnhāo ❶香气散发。《礼记·祭义》："～～凄怆，此百物之精也。"❷指死亡。陆游《大侄挽辞》："一官常肮脏，万里忽～～。"

熏 xūn ❶火烟升腾。陶弘景《许长史旧馆坛碑》："金炉扬～。"《列子·汤问》："聚柴积而焚之，～则烟上。"❷用火烟熏烤。《吕氏春秋·贵生》："越人～之以艾。"㉿（气味）侵袭。韩愈《八月十五夜赠张功曹》诗："下床畏蛇食畏药，海气湿蛰～腥臊。"林升《题临安邸》诗："暖风～得游人醉，直把杭州作汴州。"❸暖和，温和。《庄子·天下》："～然慈仁。"❹通"衅"。用香料涂身。韩愈《答吕毉山人书》："方将坐足下，三浴而三～之。"❺黄昏。后作"曛"。《后汉书·赵壹传》："陟遂与言谈，至～夕，极欢而去。”

【熏风】 xūnfēng 东南风，和风。《吕氏春秋·有始》：“东南曰～～。”白居易《首夏南池独酌》诗：“～～自南至，吹我池上林。”

【熏腐】 xūnfǔ 阉割。苏轼《东坡志林·赵高李斯》：“彼自以为聪明人杰也，奴仆～～之馀何能为？”

【熏赫】 xūnhè 气势炽盛，显赫。张九龄《南阳道中》诗：“兹邦称贵近，与世尝～～。”

【熏獠】 xūnliǎo 威胁。《汉书·杜周传》：“横厉无所畏忌，欲以～～天下，天下莫不望风而靡。”

【熏天】 xūntiān 冲天。形容气势盛。《吕氏春秋·离谓》：“毁誉成党，众口～～。”陆机《演连珠》之四十八：“虐暑～～，不减坚冰之寒。”

【熏心】 xūnxīn 迷惑心志。《汉书·路温舒传》：“誉谀之声日满于耳，虚美～～，实祸蔽塞。”黄庭坚《赠别李次翁》诗：“利欲～～，随人翕张。”

【熏胥】 xūnxū 互相牵连，株连。《汉书·叙传下》：“呜呼史迁，～～以刑。”《后汉书·蔡邕传》：“下获～～之辜，高受灭家之诛。”

【熏熏】 xūnxūn 和乐的样子。《诗经·大雅·凫鹥》：“凫鹥在亹，公尸来止～～。”

【熏烝】 xūnzhēng 热气蒸腾，暑气逼人。《汉书·王莽传中》：“或黄气～～，昭耀章明。”也作“熏蒸”。范成大《立秋》诗：“三伏～～四大愁，暑中方信此生浮。”

【熏灼】 xūnzhuó 气焰逼人。《汉书·叙传上》：“许班之贵，倾动前朝，～～四方。”

【熏子】 xūnzǐ 阉割。《后汉书·宦者传序》：“其有更相援引，希附权强者，皆腐身～～，以自衒达。”

薰 xūn ❶香草。《左传·僖公四年》：“一～一莸，十年尚犹有臭。”苏轼《浣溪沙》词：“日暖桑麻光似泼，风来蒿艾气如～。”❷香气，香。江淹《别赋》：“闺中风暖，陌上草～。”❸通“衅”。用香料涂身。元好问《咏菊》：“三～复三沐，岁晏与君期。”❹通“熏”。火烟。鲍照《芜城赋》：“皆～歇烬灭，光沈响绝。”㊀用烟熏烤。《诗经·大雅·云汉》：“我心惮暑，忧心如～。”潘岳《马汧督诔》：“内焚矿火～之。”㊁(气味)侵袭。《庄子·天地》：“五香～鼻。”❺(hūn)通“荤”。有刺激气味的蔬菜。嵇康《养生论》：“～辛害目，豚鱼不养。”

【薰服】 xūnfú 用香薰的衣服。多指妓乐。贾谊《新书·官人》：“君开北房，从～～之乐。”

【薰沐】 xūnmù 用香料涂身和沐浴。表示礼敬。郑侠《观孔义甫与谢致仕诗有感》诗：“譬如方污垢，对之独～～。”元好问《答郭仲通》诗之一：“向时诸老供～～，此日孤生足骂讥。”

【薰莸】 xūnyóu 薰，香草；莸，臭草。比喻善恶或好人坏人不相共处。沈约《奏弹王源》：“～～不杂，闻之前典。”陆九渊《与黄日新》：“若志夫邪恶之小人，则固与我～～矣。”

獯 xūn 见“獯鬻”。

【獯鬻】 xūnyù 我国北方少数民族名，即猃狁。《孟子·梁惠王下》：“惟智者能以小事大，故大王事～～，句践事吴。”

纁(纁) xūn ❶浅红色。《周礼·考工记·钟氏》：“三入为～。”㊁浅红色的帛。《旧唐书·礼仪志》：“永昌五年，御明堂，飨群臣，赐纁～有差。”❷通“曛”。落日的馀光。《楚辞·九章·思美人》：“指嶓冢之西隈兮，与～黄以为期。”

燻 xūn 同“熏”。火烟升腾。《墨子·节葬下》：“其亲戚死，聚柴薪而焚之，～上，谓之登遐。”

【燻灼】 xūnzhuó 熏烤。比喻威势逼人。刘峻《广绝交书》：“九域耸其风尘，四海叠其～～。”

曛 xūn ❶落日的馀光。谢灵运《晚出西射堂》诗：“晓霜枫叶丹，夕～岚气阴。”孙逖《下京口埭夜行》诗：“孤帆度绿氛，寒浦落红～。”❷黄昏，日暮。庾肩吾《和刘明府观湘东王书》：“峰楼霞早发，林殿日先～。”李华《吊古战场文》：“黯兮惨悴，风悲日～。”

【曛黑】 xūnhēi 黄昏过后。杜甫《彭衙行》：“延客已～～，张灯启重门。”

【曛黄】 xūnhuáng 黄昏。《南史·朱异传》：“每迫～～，虑台门将阖，乃引其卤簿，自宅至城，使捉城门，停留管籥。”

【曛旭】 xūnxù 夕阳与朝阳。即早晚。李白《豳歌行上新平长史兄粲》：“吾兄行乐穷～～，满堂有美颜如玉。”

臐 xūn 羊肉羹。《仪礼·公食大夫礼》：“膷以东，～、膮、牛炙。”

醺 xūn ❶醉。杜甫《留别贾严二阁老两院补阙》诗：“去远留诗别，愁多任酒～。”又《拨闷》诗：“闻道云安曲米春，才倾一盏即～人。”❷熏染。苏轼《以檀香观音为子由生日寿》诗：“国恩当报敢不勤，但愿不为世所～。”

【醺醺】 xūnxūn 酒醉的样子。岑参《送羽林长孙将军赴歙州》诗："青门酒楼上，欲别醉～～。"《红楼梦》二十六回："只见宝玉醉～～回来，因问其原故。"

旬 1. xún ❶十天。《尚书·尧典》："朞，三百有六～有六日。"杜甫《彭衙行》："一～半雷雨，泥泞相牵攀。"❷十岁。白居易《喜入新年自咏》："白发如雪五朝臣，又值新正第七～。"❸周，满。见"旬岁"。❹通"徇"。巡行。《诗经·大雅·江汉》："王命召虎，来～来宣。"

2. jūn ❺通"均"。均平。《管子·侈靡》："～身行，法制度量，王者典器也。"

【旬假】 xúnjià 官吏每十天休息一天。《唐会要·休假》："每至～～，许不亲事，以与百僚休沐。"

【旬年】 xúnnián ❶一年。《后汉书·何敞传》："复以愚陋，～～之间，历显位，备机近。"❷十年。《三国志·魏书·刘廙传》："广农桑，事从节约，修之～～，则国富民安矣。"

【旬日】 xúnrì 十天。《后汉书·桓荣传》："猛意气自若，～～得出，免官禁锢。"《资治通鉴·唐武宗会昌六年》："上疾笃，～～不能言。"

【旬朔】 xúnshuò 十天或一月。《宋书·谢灵运传》："出守既不得志，遂肆意游遨，动踰～～。"也泛指时日。梁元帝《策勋令》："自白波作寇，亟淹～～；黑山搆逆，多历弦望。"

【旬岁】 xúnsuì 满一年。《汉书·翟方进传》："方进～～间免两司隶，朝廷由是惮之。"

【旬休】 xúnxiū 官员每十天休息一天。《宋史·丁度传》："时西疆未宁，二府三司虽～～，不废务。"

【旬月】 xúnyuè ❶满一个月。司马迁《报任少卿书》："涉～～，迫季冬。"《三国志·魏书·凉茂传》："～～之间，襁负而至者千馀家。"❷十个月。《汉书·车千秋传》："～～取宰相封侯，世未尝有也。"

寻(尋、尋、尋) xún ❶古代的长度单位。八尺(或七尺)为一寻。《孟子·滕文公下》："枉尺而直～，宜若可为也。"《战国策·韩策一》："秦马之良，戎兵之众，探前趹后，蹄间三～者，不可称数也。"❷长。《淮南子·齐俗训》："深溪峭岸，峻木～枝，猨狖之所乐也。"❸续，接连。向秀《思旧赋》："听鸣笛之慷慨兮，妙声绝而复～。"《北史·薛安都传》："俄而酒馔相～，刍粟继至。"❹找寻，寻求。陶渊明《桃花源记》："太守即遣人随其往，～向所志，遂迷，不复得路。"陆游《早梅》诗："明知在篱外，行到却难～。"㉕探究。《抱朴子·嘉遁》："盖～微以知著，原始以见终。"❺追逐。张衡《西京赋》："乃有迅羽轻足，～景追括。"❻攀援。陆机《悲哉行》："女萝亦有托，蔓葛亦有～。"❼重温，重申。《左传·哀公十二年》："若可～也，亦可寒也。"王禹偁《答黄宗旦书》："生复辱书惠文，以～前好。"❽用，使用。《左传·僖公五年》："三年将～师焉。"《说苑·敬慎》："青青不伐，将～斧柯。"❾副词。随后，不久。李密《陈情表》："～蒙国恩，除臣洗马。"苏轼《上皇帝书》："问之府司，则买灯之事，～已停罢。"㉚经常，时常。白居易《前有别杨柳枝又复戏答》诗："谁能更学孩童戏，～逐春风捉柳花。"❿介词。沿着，顺着。柳宗元《钴鉧潭西小丘记》："得西山后八日，～山口西北道二百步，又得钴鉧潭。"林逋《汴岸晓行》诗："驴仆剑装轻，～河早早行。"⓫姓。

【寻案】 xún'àn 查考。《三国志·魏书·孙礼传》："今二郡争界八年，一朝决之，缘有解书图画，可得～～擿校也。"也作"寻按"。《抱朴子·杂应》："诸急病其尚未尽，又浑漫杂错，无其条贯，有所～～，不即可得。"

【寻常】 xúncháng ❶指距离短或长度小。《国语·周语下》："夫目之能察也，不过步武尺寸之间；其察色也，不过墨丈～～之间。"《韩非子·五蠹》："布帛～～，庸人不释；铄金百溢，盗跖不掇。"❷平常，普通。杜甫《江南逢李龟年》诗："岐王宅里～～见，崔九堂前几度闻。"刘禹锡《乌衣巷》诗："旧时王谢堂前燕，飞入～～百姓家。"

【寻尺】 xúnchǐ 比喻细小。《国语·晋语八》："能行诸侯之贿，而无～～之禄。"韩愈《送张道士序》："大匠无弃材，～～各有施。"

【寻春】 xúnchūn 探赏春景。孟浩然《重酬李少府见赠》诗："五行将禁火，十步想～～。"惠洪《意行入古寺》诗："清明雨过快晴天，古寺～～亦偶然。"

【寻度】 xúnduó 考虑，思忖。欧阳修《与陈员外书》："退以～～，非谦即疏，此乃世之浮道之交。"

【寻戈】 xúngē 动用刀兵。语出《左传·昭公元年》："日寻干戈，以相征讨。"《晋书·地理志》："处士横议，诸侯～～。"《资治通鉴·后周太祖广顺元年》："兄弟～～，自相鱼肉。"

【寻矩】 xúnjǔ 规矩。《新唐书·怀懿太子凑传》："凑少雅裕，有～～。"

【寻盟】 xúnméng 重温旧盟约。《左传·哀公十二年》："今吾子曰：'必～～。'若可寻也，亦可寒也。"

【寻木】 xúnmù 大树。《山海经·海外北经》:"~~长千里,在拘缨南,生河上西北。"郭璞《寻木》:"眇眇~~,生于河边,疏枝千里,上干云天。"

【寻思】 xúnsī 考虑,思索。《后汉书·刘矩传》:"民有争讼,矩常引之于前,提耳训告,以为忿恚可忍,县官不可入,使归更~~。讼者感之,辄各罢去。"白居易《南池早春有怀》诗:"倚棹忽~~,去年池上伴。"

【寻味】 xúnwèi 探索体会。《世说新语·文学》:"支卓然标新理于二家之表,立异义于众贤之外,皆是诸名贤~~之所不得。"

【寻析】 xúnxī 探求分析。《抱朴子·省烦》:"呻吟~~,憔悴决角。"

【寻省】 xúnxǐng 推求考察。《三国志·魏书·高贵乡公髦传》:"郑玄合彖、象于经者,欲使学者~~易了也。"归有光《尚书叙录》:"学者蹈常习故,漫不复有所~~。"

【寻绎】 xúnyì ❶推求探索。《汉书·黄霸传》:"吏民见者,语次~~,问它阴伏,以相参考。"陆游《跋文武两朝献替记》:"以它书~~之,十得四五云。"❷推移,更替。陶渊明《己酉岁九月九日》诗:"万化相~~,人生岂不劳。"

【寻引】 xúnyǐn 度量长短的工具,尺度。柳宗元《梓人传》:"不知绳墨之曲直,规矩之方圆,~~之短长。"

【寻幽】 xúnyōu ❶探寻幽胜的境地。李商隐《闲游》诗:"~~殊未极,得句总堪夸。"❷探究深奥的道理。《北史·杨伯丑传》:"永乐为卦有不能决者,伯丑辄为分析爻象,~~入微。"

【寻丈】 xúnzhàng 指八尺到一丈间的长度。《管子·明法》:"有~~之数者,不可差以长短。"

【寻真】 xúnzhēn 探寻仙道。皇甫冉《同裴少府安居寺对雨》诗:"共结~~会,还当退食初。"魏野《寻隐者不遇》诗:"~~误入蓬莱岛,香花不动松花老。"

【寻综】 xúnzōng 探索综合。蔡邕《鼎铭》:"~~六艺,契阔驰思。"

【寻行数墨】 xúnhángshǔmò 指专在文句上下功夫。朱熹《易》诗之一:"须知三绝韦编者,不是~~~~人。"刘埙《隐居通议·文章一》:"彼以翻阅故纸,~~~~者谓之英雄,宁不足笑邪!"

【寻章摘句】 xúnzhāngzhāijù 只注重文字的推求。李贺《南园》诗之六:"~~~~老雕虫,晓月当簾挂玉弓。"

【寻枝摘叶】 xúnzhīzhāiyè 比喻只注重细小之处。严羽《沧浪诗话·诗评》:"建安之作,全在气象,不可~~~~。"

驯(紃) xún ❶圆形绦带。《礼记·内则》:"织纴组~。"《荀子·正名》:"粗布之衣,粗~之履,而可以养体。"❷纲纪,法则。《淮南子·精神训》:"以道为~,有待而然。"❸通"循"。依照。《荀子·非十二子》:"终日言成文典,反~察之,则倜然无所归宿。"

巡(廵) 1. xún ❶巡视,往来视察。《左传·襄公三十一年》:"仆人~宫。"《史记·封禅书》:"即帝位三年,东~郡县。"❷量词。遍。《左传·桓公十二年》:"三~数之。"王安石《窥园》诗:"杖策窥园日数~,攀花弄草兴常新。"

2. yán ❸通"沿"。衔接。《礼记·祭义》:"阴阳长短,终始相~。"

【巡绰】 xúnchuò 巡逻警戒。欧阳修《论麟州事宜札子》:"逐寨不过三五十骑~~伏路,其馀坐无所为。"

【巡遁】 xúndùn 欲进不进的样子。《晏子春秋·问下》:"晏子~~而对曰:'婴北方之贱臣也……惧不知所以对者。'"

【巡功】 xúngōng 帝王巡视各地,检查政绩。《左传·昭公五年》:"小有述职,大有~~。"

【巡检】 xúnjiǎn 巡行视察。《魏书·张彝传》:"每东西驰使有所~~,彝恒充其选。"《北史·东魏孝敬帝纪》:"诏遣使~~河北流移饥人。"

【巡警】 xúnjǐng 巡逻警戒。《梁书·萧范传》:"[范]迁卫尉卿,每夜自~~,高祖嘉其劳苦。"白居易《王元辅可左羽林卫将军知军事制》:"掌勾陈而护建章,备~~而严羽卫。"

【巡礼】 xúnlǐ 礼拜,朝拜。张籍《送令狐尚书赴东都留守》诗:"行香暂出天桥上,~~常过禁殿中。"《景德传灯录·慧忠禅师》:"师感悟微旨,遂给侍左右,后辞诣诸方~~。"

【巡狩】 xúnshòu 天子视察各地。《孟子·梁惠王下》:"天子适诸侯曰~~。~~者,巡所守也。"《论衡·书虚》:"舜葬于苍梧,禹葬于会稽者,~~年老,道死边土。"也作"巡守"。《尚书·舜典》:"岁二月,东~~。"

【巡幸】 xúnxìng 天子到各地巡视。潘岳《西征赋》:"昔明王之~~,固清道而后往。"《旧唐书·玄宗纪上》:"命~~所至,有贤才未闻达者,举之。"

询(詢) xún ❶询问,征求意见。《左传·文公十三年》:"秦大夫不~于我寡君,擅及郑盟。"《后汉书·冯衍传上》："纳雄杰之士，～忠智之谋。"㉑查考，打听。《论衡·雷虚》："人为雷所杀，～其身体，若燔灼之状也。"高明《琵琶记》三十二出："你去陈留子细～端的。"❷通"均"。协调。《尚书大传·虞夏传》："四时推六律、六吕，～十有二变，而道宏广。"

【询纳】 xúnnà 征询接纳意见。《三国志·蜀书·郤正传》："上垂～～之弘，下有匡救之责。"

郇 xún ❶古国名。春秋时为晋地。在今山西临猗县南。《诗经·曹风·下泉》："四国有王，～伯劳之。"❷姓。

【郇厨】 xúnchú 唐代韦陟袭封郇国公，饮食非常奢侈，人称"郇公厨"。后以"郇厨"为饮食精美之意。王世贞《王学士元驭留饮花下作》诗："毋惊百遍相过语，若到～～体自轻。"

洵 1. xún ❶河流名。源出陕西宁陕县东北，在今山西太原市境。❷确实，诚然。《诗经·陈风·宛丘》："～有情兮，而无望兮。"

2. xuàn ❸通"泫"。流。《国语·鲁语下》："请无瘠色，无～涕。"❹通"夐"。疏远。《诗经·邶风·击鼓》："于嗟～兮，不我信兮。"

恂 1. xún ❶相信。《列子·周穆王》："且～士师之言可也。"❷恐惧。《庄子·徐无鬼》："众狙见之，～然弃而走。"❸畅通。《庄子·知北游》："思虑～达，耳目聪明。"❹信，的确。《韩诗外传》卷二："羔裘如濡，～直且侯。"

2. shùn ❺瞬，眨眼。《列子·黄帝》："今汝怵然有～目之志。"

【恂恂】 xúnxún ❶谦恭的样子。《论语·乡党》："孔子于乡党，～～如也，似不能言者。"《三国志·魏书·李典传》："敬贤士大夫，～～若不及，军中称其长者。"❷担心害怕的样子。柳宗元《捕蛇者说》："吾～～而起，视其缶，而吾蛇尚存，则弛然而卧。"❸同"循循"。《南史·王琳传》："观其诚信感物，虽李将军之～～善诱，殆无以加焉。"

荀 xún ❶草名。《山海经·中山经》："[青要之山]有草焉，其状如葌而方茎，黄华赤实，其本如藁本，名曰～草。"❷古国名。在今山西新绛县东北。《左传·桓公九年》："～侯、贾伯伐曲沃。"❸姓。

峋 xún 见"嶙峋"。

恂 xún 见 quān。

焊(燖) xún ❶用热水烫后去毛。《水经注·若水》："又有温水，冬夏常热，其源可～鸡豚。"晁补之《猪齿臼化佛赞》："扬汤～毛，毛须弥聚。"❷煮得半熟的肉。是一种祭品。沈括《梦溪笔谈·辩证》："祭礼有腥、～、熟三献。"

珣 xún 见"珣玗琪"。

【珣玗琪】 xúnyúqí 美玉名。《尔雅·释地》："东方之美者，有医无闾之～～～焉。"

栒 1. xún ❶树名。《山海经·北山经》："绣山，其上有玉青碧，其木多～。"❷古邑名。故地在今陕西旬邑县。

2. sǔn ❸悬挂钟磬的木架。《诗经·大雅·灵台》孔颖达疏引郭璞曰："悬钟磬者，两端有植木，其上有横木。谓直立者为虡，谓横牵者为～。"沈约《梁雅乐歌·禋雅》："云篪清引，～虡高悬。"

桪(樳) xún 高大的树木。左思《吴都赋》："西蜀之于东吴，小大之相绝也，亦犹棘林萤耀与夫～木龙烛也。"

璕(璕) xún 长。《后汉书·马融传》："陵乔松，履修樠，踔～枝，杪标端。"

眴 xún 见 shùn。

遁 xún 见 dùn。

循 xún ❶顺着，沿着。《左传·昭公二十三年》："～山而南。"《吕氏春秋·察今》："澭水暴益，荆人弗知，～表而夜涉，溺死者千有馀人。"㉑依照，遵守。《淮南子·氾论训》："苟周于事，不必～旧。"《论衡·累害》："故～性行以俟累害者，果贤洁之人也。"㉑特指循吏(循礼守法之吏)。柳宗元《柳州谢上表》："常以万邦共理，必藉于～良。"❷抚摩。《汉书·李陵传》："立政等见陵，未得私语，即目视陵，而数数自～其刀环。"❸安慰，慰问。《史记·晋世家》："子反收馀兵，拊～，欲复战。"❹通"巡"。巡视。《汉书·宣帝纪》："遣大中大夫强等十二人～行天下。"

【循常】 xúncháng ❶遵循常法。《后汉书·仲长统传》："又中世之选三公也，务于清慤谦慎，～～习故者。"❷平常。《后汉书·刘恺传》："有司不原乐善之心，而绳以～～之法。"

【循分】 xúnfèn 守本分。曾巩《明州到任谢两府启》："锱铢动谨于成规，毫发敢萌于私见，以兹～～，庶获寡尤。"

【循抚】 xúnfǔ 安慰，安抚。《战国策·齐策六》："内牧百姓，～～其心。"

【循化】 xúnhuà 遵守道德法规。《后汉书·宋均传》："今有不义之民，尚未～～，而遽罚过礼，非政之先。”

【循阶】 xúnjiē 逐级提拔。《南史·伏曼容传》：“[何]远累见擢，[伏]暅～～而已，意望不满。”

【循默】 xúnmò 缄默。《资治通鉴·晋安帝隆安元年》：“珣一旦失势，～～而已。”也作“循嘿”。苏舜钦《上京兆杜公书》：“今中外～～，不以为怪。”

【循行】 xúnxíng 巡视。《吕氏春秋·季春纪》：“～～国邑，周视原野。”

【循循】 xúnxún 有步骤的样子。《论语·子罕》：“夫子～～然善诱人。”欧阳修《胡先生墓表》：“随其人贤愚，皆～～雅饬。”

【循资】 xúnzī 官吏按年资晋级。《抱朴子·释滞》：“士有待次之滞，官无暂旷之职，勤久者有迟叙之叹，勋高者有～～之屈。”欧阳鲁《上郑相公书》：“四门助教，限以四考，格以五选，十年方易一官也。自兹～～历级，然得太学助教。”

鲟（鱘、鱏） xún 鱼名。陈献章《南归寄乡旧》诗：“生酒～鱼会，边炉蚬子羹。”

潭 xún 见tán。

训（訓） xùn ❶教诲，教导。《尚书·伊训》：“伊尹乃明言烈祖之成德以～于王。”《晋书·谢石传》：“石上书请兴复国学，以～胄子。”㊀教导的话。《国语·周语下》：“启先王之遗～，省其典图刑法。”❷训练。《左传·文公七年》：“～卒利兵。”《晋书·羊祜传》：“祜缮甲～卒，广为戎备。”❸法则。《诗经·大雅·烝民》：“古～是式，威仪是力。”❹解释。王安石《周礼义序》：“乃集儒臣，～释厥旨，将播之校学。”❺通“顺”。《法言·问神》：“事得其序之谓～。”

【训辞】 xùncí 教导之言。《左传·昭公五年》：“道之以～～，奉之以旧法，考之以先王，度之以二国。”

【训迪】 xùndí 教诲启发。《尚书·周官》：“仰惟前代时若，～～厥官。”

【训典】 xùndiǎn ❶先王的典籍。《国语·楚语上》：“教之～～，使知族类，行比义焉。”韦昭注：“～～，五帝之书。”❷常规，法则。《尚书·毕命》：“弗率～～，殊厥井疆，俾克畏慕。”

【训诂】 xùngǔ 解释古书文义。《汉书·扬雄传上》：“雄少而好学，不为章句，～～通而已，博览无所不见。”曾巩《筠州学记》：“惟知经者为善，又争为章句～～之学，以其私见，妄穿凿为说。”

【训故】 xùngù 同“训诂”。解释古书文义。《汉书·艺文志》：“汉兴，鲁申公为《诗》～～，而齐辕固、燕韩生皆为之传。”

【训名】 xùnmíng 即学名。《宋史·选举志三》：“凡无官宗子应举，初生则用乳名给据，既长则用～～。”

【训诱】 xùnyòu 教诲诱导。《颜氏家训·勉学》：“及至冠婚，体性稍定，因此天机，倍须～～。”

讯（訊） xùn ❶问，询问。《诗经·小雅·正月》：“召彼故老，～之占梦。”《三国志·吴书·吕蒙传》：“羽人还，私相参～，咸知家门无恙。”㊀问候。沈炼《寄张瓯江司丞》：“谨修短楮，奉～旦夕。”❷审问。《左传·昭公二十一年》：“使子皮承宜僚以剑而～之。”《汉书·邹阳传》：“卒从吏～，为世所疑。”❸责问，指责。《国语·吴语》：“吴王还自伐齐，乃～申胥。”❹音讯，消息。元稹《酬乐天早春闲游西湖》诗：“故交音～少，旧梦往来频。”❺告诉，陈诉。《诗经·陈风·墓门》：“夫也不良，歌以～之。”❻辞赋的结束语。贾谊《吊屈原赋》：“～曰：已矣，国其莫我知兮，独壹郁其谁语？”❼西周时对俘虏的称呼。《诗经·大雅·皇矣》：“执～连连。”❽通“迅”。迅速。扬雄《甘泉赋》：“猋骇云～，奋以方攘。”

【讯鞫】 xùnjū 审讯。《史记·酷吏列传》：“汤掘窟得盗鼠及馀肉，劾鼠掠治，传爰书，～～论报。”也作“讯鞠”。《后汉书·邓骘传》：“罪无申证，狱不～～，遂令骘等罹此酷滥，一门七人，并不以命。”

汛 xùn ❶季节性的涨水。《宋史·河渠志七》：“日纳潮水，沙泥浑浊，一～一淤。”❷洒。见“汛扫”。❸军队驻防地。姚燮《岁暮》诗：“埋盐窖冷饥逃雀，防～兵闲醉博枭。”

【汛地】 xùndì 明清时军队驻防之地叫汛地。孔尚任《桃花扇·誓师》：“元帅有令，三军听者，各照～～，昼夜严防。”

【汛扫】 xùnsǎo ❶扫除，扫荡。扬雄《剧秦美新》：“况尽～～前圣数千载功业，专用己之私而能享祐者哉！”❷洒扫。陆游《夫人陈氏墓志铭》：“而夫人顾自挹损，齐居玩道，即东偏～～一室，萧然如老释之庐，或终日不出阈。”

迅 xùn 快，迅速。《论衡·雷虚》：“五月阳盛，故五月雷～。”《晋书·石崇传》：“崇牛～若飞禽。”

【迅疾】 xùnjí 急速。《论衡·雷虚》：“案雷之声～～之时，人仆死于地，隆隆之声临人首上，故得杀人。”

【迅雷】 xùnléi 猛疾的雷声。《论语·乡党》:"～～风烈,必变。"白居易《和古社》诗:"昨夜云雨合,烈风驱～～。"

【迅流】 xùnliú 疾流。《汉书·沟洫志》:"河汤汤兮激潺湲,北渡回兮～～难。"

【迅羽】 xùnyǔ 指疾飞之鸟。张衡《西京赋》:"乃有～～轻足,寻景追括。"谢朓《野鹜赋》:"落摩天之～～,绝归飞之好音。"

孙 xùn 见sūn。

驯(馴) xùn ❶驯服,顺服。《淮南子·说林训》:"马先～而后求良。"《列子·黄帝》:"虽虎狼雕鹗之类,无不柔～者。"苏轼《放鹤亭记》:"山人有二鹤,甚～而善飞。"❷善良,温顺。《史记·管蔡世家》:"皆有～行。"《水经注·温水》:"松原以西,鸟兽～良,不知畏弓。"❸渐进。《周易·坤》:"履霜坚冰,阴始凝也;～致其道,至坚冰也。"❹通"训"。教诲。《史记·孝文本纪》:"列侯亦无由教～其民。"

【驯扰】 xùnrǎo 顺服。《后汉书·蔡邕传》:"有菟～～其室傍。"祢衡《鹦鹉赋》:"矧禽鸟之微物,能～～以安处。"

侚 xùn 迅疾。《说文·人部》:"～,疾也。"(王筠句读:"《史记·五帝本纪》'黄帝幼而徇齐'裴骃曰:'徇,疾;齐,速也。'案:并当作侚。")

徇 xùn ❶巡行。《尚书·泰誓》:"王乃～师而誓。"《汉书·食货志上》:"行人振木铎～于路,以采诗。"❷示众。《战国策·秦策一》:"大王斩臣以～于国。"《论衡·语增》:"秦王觉之,体解轲以～。"❸当众宣布号令。《左传·桓公十三年》:"莫敖使～于师曰:'谏者有刑。'"《新唐书·高固传》:"固～曰:'毋杀人,毋肆掠。'"❹掠取地盘。《史记·陈涉世家》:"当此之时,诸侯之～地者不可胜数。"❺追求,谋求。《史记·项羽本纪》:"今不恤士卒而～其私,非社稷之臣。"《论衡·非韩》:"夫志洁行显,不～爵禄。"❻迅疾。见"徇齐"、"徇通"。❼通"殉"。为某种目的而死。《吕氏春秋·贵生》:"今世俗之君子,危身弃生以～物。"司马迁《报任少卿书》:"常思奋不顾身,以～国家之急。"❽使。《庄子·人间世》:"夫～耳目内通,而外于心知。"❾环绕。《后汉书·班固传》:"～以离殿别寝,承以崇台闲馆。"❿顺从,遵从。《左传·文公十一年》:"国人弗～。"柳宗元《封建论》:"汉有天下,矫秦之枉,～周之制。"

【徇名】 xùnmíng 为名而死。《史记·伯夷列传》:"贪夫徇财,烈士～～,夸者死权,众庶冯生。"

【徇难】 xùnnàn 为国难而死。《晋书·姚苌载记》:"卢曜请刺苻登。苌曰:'卿以身～～,将为谁乎?'"《南史·齐高帝纪》:"公投袂～～,超然奋发。"

【徇齐】 xùnqí 聪慧明敏。《史记·五帝本纪》:"弱而能言,幼而～～。"陈子昂《谏灵驾入京书》:"陛下以～～之圣,承宗庙之重。"

【徇私】 xùnsī 谋求私利。《北史·隋炀帝纪》:"侵害百姓,背公～～。"苏轼《论每事降诏约束状》:"若受贿～～,罪名重者,自从重。"

【徇通】 xùntōng 敏捷畅达。《墨子·公孟》:"身体强良,思虑～～。"

迿 xùn 争先。《公羊传·定公四年》:"朋友相卫而不相～,古之道也。"

逊(遜) xùn ❶逃遁,退避。《尚书·微子》:"吾家耄,～于荒。"苏舜钦《先公墓志铭》:"广明乱,以其孥～蜀。"❷辞让。《史记·太史公自序》:"唐尧～位,虞舜不台。"《三国志·魏书·齐王芳传》:"三月甲午,司徒卫臻,各～位,以侯就第,位特进。"❸恭顺,谦逊。《史记·外戚世家》:"栗姬怒,不肯应,言不～。"《后汉书·胡广传》:"常～言恭色。"❹差,比不上。《徐霞客游记·粤西游日记二》:"北望山半,亦有洞南向,高少～北巅。"

【逊辞】 xùncí 言辞谦恭。《汉书·韩王信传》:"为人宽和自守,以温颜～～承上接下,无所失意。"

【逊遁】 xùndùn 退让,退隐。《后汉书·杨伦传》:"公车复征,～～不行。"《晋书·皇甫谧传》:"～～丘园,不睨华好。"

【逊敏】 xùnmǐn 恭顺敏捷。《吕氏春秋·士容》:"进退中度,趋翔闲雅,辞令～～。"

【逊愿】 xùnyuàn 恭顺谨慎。《新唐书·崔损传》:"损以便柔～～,中帝意,乃留八年。"

浚 xùn 见jùn。

殉 xùn ❶用人从葬,陪葬。《左传·定公三年》:"先葬以车五乘,～五人。"《战国策·秦策二》:"太后病将死,出令曰:'为我葬,必以魏子为～。'"❷为某种目的而死。《庄子·盗跖》:"无赴而富,无～而成。"《孟子·尽心上》:"天下无道,以身～道。"❸谋求,追求。《汉书·叙传上》:"岂余身之足～兮,伟世业之可怀。"陆机《豪士赋序》:"游子～高位于生前,志士思重名于身后。"

【殉国】 xùnguó 为国而献身。《战国策·燕策一》:"将军市被,死以～～。"《宋书·沈文秀传》:"丈夫当死战场,以身～～,安能归死儿女手中乎？"

【殉节】 xùnjié 为保全节义而死。《晋书·忠义传赞》："重义轻生，亡躯～～。"又指从夫而死或抗拒凌辱而死。《儒林外史》四十八回："王玉辉道：'亲家，我仔细想来，我这小女要～～的真切，倒也由着他行罢。'"

【殉名】 xùnmíng 不顾生命而求名。《庄子·骈拇》："士则以身～～，大夫则以身殉家。"

梭 xùn 见 suō。

巽 xùn ❶《周易》八卦之一。卦形为☴，象风。又为六十四卦之一。《周易·说卦》："～为木，为风。"❷和顺，恭顺。《论语·子罕》："～与之言，能无说乎？"㊂怯懦。《朱子语类·本朝五》："魏公既还朝，遂力言光世～懦不堪用，罢之。"❸通"逊"。让。《尚书·尧典》："汝能庸命，～朕位。"韩愈《答魏博田仆射书》："位望益尊，谦～滋甚。"

【巽二】 xùn'èr 风神名。语出《周易·说卦》："巽为木，为风。"牛僧孺《玄怪录·萧至忠》："若祈滕六降雪，～～起风，即不复游猎矣。"

【巽维】 xùnwéi 指东南方。郭璞《山海经图谶》："地亏～～，天缺乾角。"

【巽言】 xùnyán 谦逊委婉的言词。陈亮《戊申再上孝宗皇帝书》："正言以迂阔而废，～～以软美而入。"

蕈 1. xùn ❶伞菌类植物。无毒的可以食用。《玉篇·艸部》："～，地菌也。"

2. tán ❷植物名。《淮南子·诠言训》："席之先雚～。"

噀 xùn 喷。《后汉书·栾巴传》李贤注引《神仙传》："又饮酒西南～之。"《西游记》六十九回："那老龙在空中……～一口津唾，遂化作甘霖。"

Y

ya

丫 yā ❶物体分叉的部分。汪元量《湖州歌》之四十六："宫人夜泊近人家，瞥见红榴三四～。"❷指"丫"形的发髻。陆游《冬夜》诗："顾影为发笑，山童双髻～。"

【丫叉】 yāchā （双手）交叉如"丫"的形状。陆游《村舍》诗："剥啄敲村舍，～～揖主人。"

【丫鬟】 yāhuán ❶婢女。张榘《青玉案》词："～～惊笑，琼枝低亚，错认梅花老。"也作"丫嬛"、"丫环"、"鸦鬟"、"娅嬛"。《水浒传》四回："～～将银酒壶烫上酒来。"《儒林外史》三回："范进家奴仆、～～都有。"成彦雄《夕》诗："雕笼鹦鹉将栖宿，不许～～转辘轳。"《水浒传》五十六回："饭罢，把～～迎儿也打扮了。"❷指梳着丫形发髻。李商隐《柳枝》诗序："柳枝～～毕妆，抱立扇子，风障一袖。"也作"丫环"。王明清《摭青杂说》："遂令梢子急救之，乃一～～女子也。"

【丫髻】 yājì 如"丫"形的发髻。《南唐书·陈陶传》："开宝中，南昌市有一老翁，～～被褐，与老妪卖药。"赵孟頫《采桑曲》："欲折花枝插～～，还愁草露湿裳衣。"

【丫头】 yātóu ❶指头梳丫形发式。杨万里《入建平界》诗："溧水南头接建平，～～儿子便勤耕。"❷婢女。《水浒传》四十六回："杨雄揪过那妇人来喝道：'贼贱人，～～已都招了，你便一些儿休赖。'"也作"鸦头"。白居易《东南行一百韵寄元九侍御……窦七校书》诗："绣面谁家婢，～～几岁奴？"❸对女子的昵称。《红楼梦》四十九回："探春道：'林～～刚起来了，二姐姐又病了，终是七上八下的。'"

乌 yā 见 wū。

压(壓) yā ❶施以重力，压住。《左传·昭公四年》："梦天～己，弗胜。"班固《西都赋》："禽相镇～，兽相枕藉。"❷施加压力使屈服。《公羊传·文公十四年》："子以大国～之，则未知齐晋孰有之也。"❸压抑。王安石《祭欧阳文忠公文》：

"既～复起,遂显于世。"⊗压迫。苏轼《教战守策》:"今天下屯聚之兵,骄豪而多怨,陵～百姓而邀其上者,何故?"❹胜过,超过。刘峻《广绝交论》:"权～梁窦。"曾慥《类说·摭言》:"汝士醉归曰:'我今日～倒元白。'"❺迫近。杜甫《奉送郭中丞兼太仆卿充陇右节度使三十韵》:"元帅调新律,前军～旧京。"❻杀。《战国策·齐策三》:"刑马～羊。"❼低垂。《太平广记》卷五十引《纂异记》:"其百花皆芳香,～枝于路旁。"❽通"押"。押韵。《梁书·王筠传》:"筠为文能～强韵。"

【压倒】 yādǎo 超过。苏轼《和秦太虚梅花》:"西湖处士骨应槁,只有此诗君～～。"

【压惊】 yājīng 以酒食、财物慰劳受惊的人。孟元老《东京梦华录·娶妇》:"或不入意,即留一两端彩段,与之～～。"贾仲名《对玉梳》四折:"就安排筵席,一者与夫人～～,二者庆贺这玉梳。"

【压境】 yājìng 逼近边境。《宋史·王德用传》:"契丹遣刘六符来求复关南地,以兵～～。"

【压卷】 yājuàn 指能压倒其他同类作品的佳作,一般用为对出色的诗文书画的美称。吴讷《文章辨体·辨诗》:"山谷尝云:'老杜《赠韦左丞》诗,前辈录为～～。'"

【压卵】 yāluǎn 比喻以强压弱。《梁书·元帝纪》:"捧昆仑而～～,倾渤海而灌荧。"

【压塞】 yāsè 堵住。《后汉书·王涣传》:"莫不曲尽情诈,～～群疑。"

【压一】 yāyī 压倒一切而占据第一。吴潜《二郎神》词:"看恰好园地,随宜亭榭,人道瀛洲～～。"

厌 yā 见 yàn。

呀 1. yā ❶叹词。关汉卿《窦娥冤》三折:"～,真个下雪了,有这等异事!"⊗嗟叹。康海《中山狼》一折:"有几个朝的奔,暮的走,短叹长～。"❷象声词。《西游记》一回:"只听得～的一声,洞门开处,里面走出一个仙童。"

2. xiā ❸广大空阔的样子。高適《东征赋》:"眺淮源之～豁,伟楚关之雄壮。"❹口张开的样子。韩愈《元和圣德诗》:"踊跃欢～,失喜噫欧。"

【呀呀】 yāyā 象声词。形容笑声、哭声、鸟鸣声等。韩愈《读东方朔杂事》诗:"王母闻以笑,卫官助～～。"卢仝《示添丁》诗:"不知四体正困惫,泥人啼哭声～～。"

【呀豁】 xiāhuō ❶空旷的样子。陆龟蒙《奉和袭美太湖诗·初入太湖》:"坑来斗～～,涌处惊嵯峚。"❷形容空缺的样子。韩愈《赠刘师服》诗:"我今～～落者多,所存十馀皆兀鯢。"(兀鯢:动摇、活动的样子。此指齿落空豁。)

【呀呀】 xiāxiā ❶张口的样子。独孤及《和李尚书画射虎图歌》:"饥虎～～立当路,万夫震恐百兽怒。"❷高耸的样子。韩愈《月蚀诗效玉川子作》:"东方青色龙,牙角何～～。"

【呀呷】 xiāxiā 吞吐开合的样子。木华《海赋》:"轻尘不飞,纤萝不动,犹尚～～,馀波独涌。"李白《酬中都小吏携斗酒双鱼于逆旅见赠》诗:"双鳃～～鳍鬣张,跋刺银盘欲飞去。"

剄(剄) yā 刎颈自杀。《国语·吴语》:"自～于客前以酬客。"

枒 1. yā ❶同"桠"。树的分杈处。杜甫《王兵马使二角鹰》诗:"悲台萧瑟石巃嵸,哀壑杈～浩呼汹。"参见"杈枒"。

2. yē ❷通"椰"。木名。左思《蜀都赋》:"棕～楔枞。"

【枒杈】 yāchà 树枝纵横伸展的样子。王恽《赵邈龊虎图行》诗:"巅崖老树缠冰雪,石觜～～横积铁。"

押 1. yā ❶在公文契约上签字或画记号,以作为凭信。《唐会要·百官奏事》:"诸司欲奏大事,并向前三日录所奏状一本,先进,令长官亲～。"《太平广记·奚陟》:"俄有一吏走入,肥大,抱簿书近千馀纸,以案致笔砚,请～。"❷押送,监督,看管。《旧唐书·敬宗纪》:"令中使～杜景先往淮南及江南、湖南、岭南诸州,求访异人。"又:"唐中宗始以中官监～兵马。"❸管辖。《新唐书·百官志二》:"以六员分～尚书六曹。"❹抵押。《红楼梦》七十二回:"暂且把老太太查不著的金银家货,偷著运出一箱子来,暂～千数两银子。"❺用以镇帘的器物,即帘轴。欧阳修《帘》诗:"枉将玳瑁雕为～,遮掩春堂碍燕归。"❻押韵。苏轼《追作淮口遇风诗戏用其韵》:"君看～强韵,已胜郊与岛。"❼通"压"。加以重力。《后汉书·韩国传》:"儿生,欲令其头扁,皆～之以石。"

2. xiá ❽通"匣"。匣子。《太平御览》卷六九二引《魏略·曹丕与钟繇书》:"捧～跪发。"

【押署】 yāshǔ 签字画押。《法书要录·叙书录》:"又割去前代名贤～～之跡,惟以己之名氏代焉。"《聊斋志异·二商》:"令二商～～券尾,付直而去。"

【押韵】 yāyùn 诗词歌赋句末用同韵字,使声音和谐优美,叫做押韵。韵一般放在偶句句末。严羽《沧浪诗话·诗辨》："用字必有来历，～～必有出处。"也作"压韵"。许顗《许彦周诗话》："又黄鲁直作诗，用事～～，皆超妙出人意表。"

【押字】 yāzì 签字。欧阳修《归田录》卷二："惟学士院用咨报，……但当直学士一人～～而已。"

柙 yā 见 xiá。

鸦（鴉、鵶） yā ❶乌鸦。杜甫《重过何氏》诗："犬迎曾宿客，～护落巢儿。"辛弃疾《永遇乐》词："可堪回首，佛狸祠下，一片神～社鼓。"❷比喻黑色。吴激《人月圆》词："仙肌胜雪，宫髻堆～。"

【鸦鬟】 yāhuán 见"丫鬟"。

【鸦黄】 yāhuáng 一种黄粉，唐时妇女化妆时用以涂抹额头。卢照邻《长安古意》诗："片片行云着蝉鬓，纤纤初月上～～。"

【鸦青】 yāqīng ❶蓝黑色。杨万里《八月十二日夜诚斋望月》诗："才近中秋月已清，～～幕挂一团冰。"❷元代通行的一种纸币，用鸦青色纸印制而成。无名氏《一枝花·盼望》曲："折末你到贴～～全放赊。"

【鸦头】 yātóu 见"丫头②"。

【鸦轧】 yāyà 象声词。形容器物碰撞发出的声音。贺铸《生查子》词："双艣本无情，～～如人语。"

桠（椏） 1. yā ❶草木分杈处。韩琦《再出行田》诗："荞麦方足龊，蔓青未入～。"

2. yà ❷掩闭。李子昌《梁州令》词："春昼永，朱扉半～。"

庘（壓） yā 按捺。见"厌⑬"。

鸭（鴨） yā 一种家禽。《三国志·吴书·陆逊传》："时建昌侯虑于堂前作斗～栏，颇施小巧。"杜甫《将赴成都草堂途中有作先寄严郑公》诗之二："休怪儿童延俗客，不教鹅～恼比邻。"

【鸭黄】 yāhuáng 刚孵出的小鸭，因其毛呈黄色，故称"鸭黄"。夏文彦《图绘宝鉴》卷四："鸡雏～～，最有生意。"

【鸭绿】 yālù ❶绿色。陆游《快晴》诗："瓦屋螺青披雾出，锦江～～抱山来。"❷指酒。杨万里《生酒歌》："坐上猪红间熊白，甕头～～变鹅黄。"

猒 yā 见 yàn。

乙 yá 见 yǐ。

牙 yá ❶牙齿。扬雄《长杨赋》："相与摩～而争之。"㊂特指象牙。《南史·范岫传》："在晋陵唯作～管笔一双，犹以为费。"❷形状像牙齿的东西。《周礼·春官·典瑞》："～璋以起军旅，以治兵守。"蒋捷《霜天晓角》词："檐～枝最佳，折时高折些。"❸咬。扬雄《太玄经·争》："两虎相～，知制者全。"❹牙旗的简称。刘长卿《献淮宁军节度使李相公》诗："建～吹角不闻喧，三十登坛众所尊。"欧阳修《相州昼锦堂记》："高～大纛，不足为荣。"❺通"芽"。发芽，萌发。沈括《梦溪笔谈》卷二十六："一亩之稼，则粪溉者先～。"《后汉书·蔡邕传》："利端始萌，害渐亦～。"❻通"衙"。官署。见"牙门①"。

【牙行】 yáháng 为买卖双方提供场所并从中撮合以提取佣金的商行。《醒世恒言》卷十八："那市上两岸细丝～～，约有千百余家。"

【牙慧】 yáhuì 《世说新语·文学》："殷中军云：'康伯未得我牙后慧。'"（意思是：康伯连重复我的言论都不会。）后以"牙慧"指别人的言论、见解。刘熙载《艺概·词曲概》四："词要清新，切忌拾古人～～。"

【牙侩】 yákuài 即"牙人"。陶宗仪《辍耕录·雇仆役》："许鲁先生在中书日，命～～雇一仆役。"参见"牙人"。

【牙门】 yámén ❶即衙门。《新五代史·唐太祖家人传》："而都统府惟大将晨谒，～～阒然。"❷古时将帅营房树有牙旗的军门。《后汉书·袁绍传》："麴义追至界桥，瓒敛兵还战，义复破之，遂到瓒营，拔其～～，馀众皆走。"❸指将领。《三国志·魏书·钟会传》："矢下如雨，～～、郡守各缘屋出，与其卒兵相得。"

【牙櫱】 yániè ❶植物刚长出的枝芽。苏轼《和子由记园中草木》之四："牵牛独何畏，诘曲自～～。"❷端绪。苏舜钦《上三司副使殷公书》："然而法章民事，一未知其～～。"

【牙婆】 yápó 旧时以撮合人口买卖为业并从中牟利的妇女。《水浒传》二十四回："老身为头是做媒，又会做～～。"

【牙人】 yárén 旧时代集市中为买卖双方撮合生意并抽取佣金的人。孟元老《东京梦华录·觅雇人力》："凡……觅女使，即有引至～～。"

【牙牙】 yáyá 象声词，形容小儿学说话的声音。司空图《障车文》："二女则～～学语，五男则雁雁成行。"袁枚《祭妹文》："两女～～，生汝死后。"

【牙璋】 yázhāng 古代发兵用的符信。苏舜钦《乞发兵用银牌状》："《周礼》～～以起军旅,汉世发兵皆以虎符。"

邪 yá　见 xié。

芽 yá　❶植物的幼芽,也指植物发芽。东方朔《非有先生论》："甘露既降,朱草萌～。"欧阳修《重赠刘原父》诗："而今春物已烂漫,念昔草木冰未～。"❷比喻事物的开端。刘歆《移书让太常博士》："诗始萌～,天下众书,往往颇出。"⊗比喻事情开始发生。江统《函谷关赋》："遏奸宄于未～,殿邪伪于萌渐。"

【芽甲】　yájiǎ　植物刚长出时嫩芽上所顶的种子皮。韩维《答崔象之见谢之作》诗："即看春风撼～～,定见红紫相攲扶。"

厓 yá　❶山边。《说文·厂部》："～,山边也。"㊀边际。扬雄《甘泉赋》："岭嶒嶙峋,洞无～兮。"❷通"涯"。水边。郭璞《江赋》："触曲～以萦绕,骇崩浪而相礧。"❸通"睚"。见"厓眦"。

【厓眦】　yázì　见"睚眦"。

蚜 yá　❶蚜虫。古称竹虱,今称木虱。《玉篇·虫部》："蚜,虫名。"❷通"砑",碾磨物体使之结实发光。黄庭坚《跛奚移文》："红螺～光,挼蓝杵草。"

涯 yá　❶水边,水边的陆地。刘桢《赠从弟》诗之一："蘋藻生其～,华纷何扰弱。"柳宗元《钴鉧潭记》："荡击益暴,啮其～。"㊀边际。江淹《杂体诗·古离别》："君在天一～,妾身长别离。"⊗指达到边际。富弼《韩国华神道碑》："丞相以似以继,其传之者又可～耶。"❷约束。沈约《答沈驎士书》："约少不自～。"

【涯岸】　yá'àn　河岸。庾信《哀江南赋·序》："江淮无～～之阻,亭壁无藩篱之固。"

【涯分】　yáfèn　本分。李商隐《为贺拔员外上李相公启》："虽有切于恋思,宜自量其～～。"

【涯际】　yájì　边际。庾信《周柱国大将军长孙俭神道碑》："烟霞之～～莫寻,江海之波澜不测。"

【涯涘】　yásì　❶水边。《三辅黄图·池沼》："船上建戈矛,四角悉垂幡旄葆麾盖,照烛～～。"也作"崖涘"。枚乘《七发》："虹洞兮苍天,极虑乎～～。"❷边际,尽头。谢朓《拜中军记室辞隋王牋》："沐发晞阳,未测～～。"韩愈《寄卢仝》诗："先生固是余所畏,度量不敢窥～～。"

【涯艺】　yáyì　限度。《新唐书·元载传》："而诸子牟贼,聚敛无～～。"

崖 yá　❶陡立的山石或高地的侧面。《庄子·秋水》："汤之时,八年七旱,而～不为加损。"㊀边际。《史记·司马相如列传》："视之无端,察之无～。"❷通"涯"。水边的陆地。柳宗元《游黄溪记》："其缺者为～。"

【崖岸】　yá'àn　❶山崖河岸。《南史·康绚传》："或谓江淮多蛟,能乘风雨决坏～～。"❷喻高傲。韩愈《蓝田县丞厅壁记》："一蹑故迹,破～～而为之。"

【崖略】　yálüè　大略,大概。《新唐书·郝处俊传》："及长,好学,嗜《汉书》,～～暗诵。"

【崖末】　yámò　本末,事情从头到尾的经过。《聊斋志异·巧娘》："生略述崖末,兼致华氏之订。"

【崖涘】　yásì　见"涯涘①"。

【崖异】　yáyì　标新立异,与众不同。陆游《吏部郎中苏君墓志铭》："政事狱讼不苟合,亦不为～～。"

睚 yá　见"睚眦"。

【睚眦】　yázì　怒目而视,引申指小的仇怨。《汉书·杜周传》："不为陛下广持平例,又无恐惧之心,反因时信其邪辟,报～～怨。"《后汉书·赵典传》："今与郭汜争～～之隙,以成千钧之雠。"也作"厓眦"。《汉书·孔光传》："～～莫不诛伤。"

衙 1. yá　❶官署。苏轼《异鹊》诗："仁心格异族,两鹊栖其～。"❷属员在衙门排班。李洞《江干即事》诗："病卧四更后,愁闻报早～。"韩愈《河南府同官记》："……文武百官于宫城门外而～之。"⊗比喻像衙门参见时排列成两行的事物。尉迟偓《中朝故事》："天街两畔多槐树,俗号为槐～。"❸唐代指天子办公的地方。元稹《连昌宫词》："蛇出燕巢盘斗拱,菌生香案正当～。"❹竹子名。"由衙"的简称。戴凯之《竹谱》："围或累尺,篙实～空。"❺姓。

2. yú　❻见"衙衙"。

【衙门】　yámén　❶即官署,本作"牙门",后通作"衙门"。《颜氏家藏尺牍》卷一："以近奉截取之例,先具文投贵～～,祈台鼎曲玉之。"❷唐代皇宫前殿的殿门。《旧唐书·张仲方传》："元贽宣曰:'仲方可京兆尹。'然后～～大开唤仗。"

【衙内】　yánèi　❶唐代掌管禁卫的官职。《新唐书·仪卫志》："凡朝会之仗,……号～～五卫。"❷泛称官家子弟。无名氏《陈州粜米》楔子："闻着名儿脑也疼,则我是有权有势刘～～。"

【衙衙】　yúyú　行走的样子。《楚辞·九辩》："属雷师之阗阗兮,通飞廉之～～。"

疋 yǎ 见 shū。

厊 yǎ 见"厏厊"。

庌 yǎ 堂下周围的小屋,也指马棚。《周礼·夏官·圉师》:"夏~马。"

掗(挜) yǎ ❶握着。《水浒传》十三回:"~着金蘸斧,立马在阵前。"❷开。董解元《西厢记诸宫调》卷八:"朱门半~,蓦观伊向西厢下。"❸强迫人接受。李玉《永团圆》上:"离书偪写~聘银。"❹挨近。《古今小说》卷十三:"颠倒~身就你,你却不动心。"

哑(啞) 1. yǎ ❶不能说话。《史记·刺客列传》:"豫让又漆身为厉,吞炭为~。"无名氏《赚蒯通》四折:"将功劳簿都做了招伏状,恰便似~妇倾杯反受殃。"❷默不作声。《新唐书·刑法志》:"吾闻语曰:'一岁再赦,好人喑~。'"

2. è ❸笑声。赵晔《吴越春秋·越王无余外传》:"禹乃~然而笑。"尹会一《健馀先生尺牍·答吴大春》:"镇江并非两淮纲地,自揣亦无可处分,而部议竟销二级,不觉~然。"

3. yà ❹感叹词。《韩非子·难一》:"师旷曰:'~!是非君人者之言也。'"❺(又读 yā)象声词。见"哑哑"。

【哑谜】 yǎmí 不露真相,使人揣测猜想。王实甫《西厢记》二本四折:"老夫人转关儿没定夺,~~儿怎猜破。"

【哑咽】 yǎyè 啼声嘶咽。王建《伤邻家鹦鹉词》:"舌关~~畜哀怨,开笼放飞离人眼。"元稹《秋堂夕》诗:"啼儿屡~~,倦僮时寝兴。"

【哑揖】 yǎyī 互相作揖而不作声。叶梦得《石林燕语》卷六:"中丞侍御史上事,台属皆东西立于厅下。上事官拜厅已,即与其属揖,而不声喏,谓之~~。"

【哑哑】 èè 笑声。《周易·震》:"笑言~~。"白居易《和寄乐天》:"会笑始~~,离嗟乃唧唧。"

【哑尔】 è'ěr 笑的样子。《法言·学行》:"或人~~笑曰:'须以发策决科。'"

【哑咬】 èyǎo 形容方言难懂。常建《空灵山应田叟》诗:"泊舟问溪口,语言皆~~。"

【哑呕】 yà'ōu 摇橹声。曾几《张子公招饭灵感院》诗:"竹舆响肩橹~~,芙蕖城晓六月秋。"

【哑哑】 yàyà 象声词。白居易《慈乌夜啼》诗:"慈乌失其母,~~吐哀音。"此指乌鸦叫声。梅尧臣《代书寄欧阳永叔四十韵》:"爱婴娇~~,嗜寝复便便。"此指小儿语声。温庭筠《春愁曲》:"红丝穿露珠帘冷,百尺~~下纤绠。"此指器物响声。

【哑咤】 yàzhà 象声词。欧阳修《啼鸟》诗:"黄鹂颜色已可爱,舌端~~如娇婴。"也作"娅姹"。陆游《晨起》诗:"喔咿鸡失旦,~~鸟鸣春。"

瘂(瘂) yǎ ❶同"哑"。不能说话。《景德传灯录·大颠和尚》:"盲者依前盲,~者依前~。"❷声音嘶哑。《南齐书·萧坦之传》:"坦之肥黑无须,语声嘶,时人号为萧~。"

雅 1. yǎ ❶合乎规范,正确。《荀子·儒效》:"法二后王谓之不~。"欧阳修《书梅圣俞稿后》:"英华~正,变态百出。"㊀正直。《三国志·魏书·邢颙传》:"言少理多,真~士也。"❷高尚,不俗。贾谊《新书·道术》:"辞令就得谓之~,反~为陋。"《三国志·魏书·三少帝纪》:"履仁秉义,~志淳固。"㊁敬词,有高雅的意思。《三国志·魏书·臧洪传》:"比辱~贶,述叙祸福。"皮日休《太湖诗·孤园寺》:"~号曰胜力,亦闻师佛氏。"❸《诗经》中的一类,分大雅、小雅。《汉书·楚元王传》:"致~颂。"❹从容不迫。陆云《为顾彦先赠妇》诗:"~步擢纤腰,巧笑发皓齿。"❺平日,向来。《汉书·常山宪王刘舜传》:"宪王~不以棁为子数,不分与财物。"《后汉书·韦彪传》:"好学洽闻,~称儒宗。"❻交往。王安石《答韶州张殿丞书》:"伏惟阁下于先人,非有一日之~。"苏轼《答谢民师书》:"况与左右无一日之~。"❼非常。杨恽《报孙会宗书》:"~善鼓琴。"《晋书·王羲之传》:"扬州刺史殷浩素~重之。"❽书名,《尔雅》的省称。

2. yā ❾"鸦"的本字,乌鸦。许浑《登洛阳故城》诗:"~噪暮云归古堞,雁迷寒雨下空壕。"

【雅度】 yǎdù 高尚的气度。《论衡·程材》:"有俗材而无~~者,学知吏事,乱于文吏。"

【雅故】 yǎgù ❶平日,一向。《汉书·燕王刘泽传》:"今吕氏~~本推毂高帝就天下。"❷故旧,老交情。《新唐书·卢承庆传》:"父赤松,为河东令,与高祖~~。"

【雅量】 yǎliàng 宽宏的度量。杨修《答临淄侯笺》:"斯自~~,素所畜也,岂与文章相妨害哉?"

【雅素】 yǎsù 也作"雅数"。❶平日,平素。《史记·淮南衡山列传》:"陈喜~~与王计谋反。"❷故旧情义。《三国志·魏书·崔琰传》:"昨奉嘉命,惠示~~。"

【雅数】 yǎsù 见“雅素”。

【雅谈】 yǎtán 清谈。《晋书·慕容皝载记》：“家有漉血之怨，人有复雠之憾，宁得安枕逍遥，～～卒岁邪？”

【雅望】 yǎwàng ❶庄重的仪容。《世说新语·容止》：“魏王～～非常。”❷美好的声望。王勃《滕王阁序》：“都督阎公之～～，棨戟遥临。”

【雅言】 yǎyán ❶高雅的言论。《论衡·自纪》：“以圣典而示小雅，以～～而说丘野。”❷正确的言论。诸葛亮《出师表》：“陛下亦宜自谋，以咨诹善道，察纳～～。”

【雅意】 yǎyì 向来的意愿。《汉书·萧望之传》：“望之～～在本朝，远为郡守，内不自得。”

【雅游】 yǎyóu 一向广于交游。《汉书·张耳陈馀传》：“耳～～，多为人所称。”

【雅致】 yǎzhì 高雅的意趣。《魏书·刘芳传》：“既有～～，便书付之集书。”

乙 yà 见 yǐ。

乚 yà 玄鸟。《说文·乚部》：“～，玄鸟也。齐鲁谓之～，取其鸣自呼。”

圠 yà ❶山的偏僻处。《玉篇·土部》：“～，音轧，山曲。”❷见“坱圠”。

轧(軋) yà ❶滚压。李贺《梦天》诗：“玉轮～露湿团光。”❷排挤，倾轧。《庄子·庚桑楚》：“举贤则民相～。”❸古代一种用车碾轧人骨节的刑罚。《史记·匈奴列传》：“有罪小者～，大者死。”❹象声词。张衡《南都赋》：“流湍投濈，砏汃輣～。”(砏汃、輣轧：波涛相激之声。)

【轧辞】 yàcí 委婉的言辞。《穀梁传·襄公十九年》：“取邾田，自漷水，～～也。”

【轧沕】 yàwù 模糊不清的样子。司马相如《大人赋》：“西望昆仑之～～洸忽兮，直径驰乎三危。”

【轧鸦】 yàyā 见“轧轧②”。

【轧轧】 yàyà ❶难出的样子。欧阳修《谢景山遗古砚歌》：“有时属思欲飞洒，意绪～～难抽缫。”❷象声词。孙樵《出蜀赋》：“曾不可以久留兮，车～～而又东。”温庭筠《江南曲》：“～～摇桨声，移舟入茭叶。”又作“轧鸦”。杜牧《登九峰楼》诗：“白头搔杀倚柱遍，归棹何时闻～～。”

讶(訝) yà ❶惊奇，感到惊奇。庾信《春赋》：“钗朵多而～重，髻鬟高而畏风。”苏舜钦《诣匦疏》：“又～朝廷知此大异，殊不修补阙政。”❷通“迓”。迎接。张衡《思玄赋》：“戒庶僚以夙会兮，佥供职而并～。”

亚(亞) 1. yà ❶次一等的。班固《两都赋序》：“抑亦雅颂之～也。”袁宏道《徐文长传》：“韩曾之流～也。”⊗次于。班固《西都赋》：“节慕原尝，名～春陵。”《三国志·魏书·武帝纪》注引张华《博物志》：“安平崔瑗……并善草书，太祖～之。”❷接近的，同类的。黄庭坚《寄陈适用》诗：“新晴百鸟喧，各自有匹～。”❸通“掩”。掩闭。董解元《西厢记诸宫调》卷一：“几间寮舍，半～朱扉。”❹通“娅”。姊妹的丈夫相互间的称呼。《诗经·小雅·节南山》：“琐琐姻～，则无膴仕。”❺通“压”。低垂。杜甫《戏题王宰画山水图歌》：“舟人渔子入浦溆，山木尽～洪涛风。”张升《离亭燕》：“云际客帆高挂，烟外酒旗低～。”⊗挤挨。白朴《梧桐雨》三折：“齐臻臻雁行班排，密匝匝鱼鳞似～。”

2. yā ❻象声词。《汉书·东方朔传》：“伊优～者，辞未定也。”(伊优亚：小儿学语声。)

【亚父】 yàfù 犹言“仲父”，表示仅次于父亲。对年长者的尊敬称呼。《史记·项羽本纪》：“～～者，范增也。”

【亚公】 yàgōng 司徒的别称，因次于三公的官职，故称。《三国志·魏书·胡质传》注引虞预《晋书》：“元夏器量最优，有辅佐之风，展力仕宦，可为～～。”

【亚旅】 yàlǚ ❶上大夫的别称。《左传·文公十五年》：“请承命于～～。”❷指位次于卿的众大夫。《尚书·牧誓》：“～～师氏。”

【亚匹】 yàpǐ 近似，同类。《三国志·蜀书·诸葛亮传评》：“[诸葛亮]可谓识治之良才，管萧之～～矣。”

【亚圣】 yàshèng ❶泛指才智次于圣人的人。张俨《默记》：“汉光武体～～之才，执文武之略。”张说《瀛州河间县丞崔君神道碑》：“好古博雅，邻几～～。”❷孟轲的专称，意思是仅次于至圣孔子。元朝至顺元年封孟轲为邹国亚圣公，明嘉靖九年，除去封爵，称为“亚圣”，以后便成为孟轲的专称。

【亚岁】 yàsuì 指冬至。曹植《冬至献履袜颂表》：“～～迎祥，履长纳庆。”

【亚相】 yàxiàng 指御史大夫。汉制，御史大夫位上卿，掌副丞相，故曰“亚相”。高適《轮台歌奉送封大夫出师西征》：“～～勤王甘苦辛，誓将报主静边尘。”

襾 yà 覆盖。《说文·襾部》：“～，覆也。”用于部首时通作“覀”。

迓 yà ❶迎上前，迎接。《韩非子·外储说右上》：“或令孺子怀钱挈壶瓮而往酤，而狗～而龁之。”《后汉书·张衡传》：“佥恭职而并～。”❷躲避。董解元《西厢记诸宫调》卷二：“何曾敢与他和尚争锋，望着直南下便～。”

闸（閘、牐） yà ❶闸门，今读 zhá。陆游《秋声》诗：“涨水雨馀晨放～。”❷核查。《明会典·仓庾》：“编造文册，候巡视官员点～。”❸象声词。见“闸喋”。

【闸喋】 yàzhá 鱼鸟昆虫等吃东西的声音。《论衡·商虫》：“如不干暴，则～～之虫，生如云烟。”

砑 1. yà ❶碾磨物体使之结实发亮。韩偓《信笔》诗：“绣叠昏金色，罗揉损～光。”

2. yá ❷通“蚜”。蚜虫。周密《癸辛杂识别集上·灯檠去虫》：“桃树生小虫，满枝黑如蚁，俗名～虫。”

圔 yà 象声词，形容动物的叫声。韩愈等《征蜀联句》：“椎肥牛呼牟，载实驼鸣～。”

轧（軋） yà 见“鴂轧”。

娅（婭） 1. yà ❶姊妹的丈夫相互间的称呼。沈约《奏弹王源》：“姻～沦杂，罔计厮庶。”❷见“娅姹”。

2. yā ❸通“丫”。见“娅嬛”。

【娅姹】 yàchà 美好的样子。陆游《夏日》诗：“幽花～～开还敛，小蝶翩翩去复留。”

【娅婿】 yàxù 姊妹的丈夫相互间的称呼，即今所谓连襟。《新唐书·李杰传》：“长孙昕素恶杰，遇于道，内恃玄宗～～，与所亲杨仙玉共殴辱之。”

【娅嬛】 yāhuán 见“丫鬟①”。

浥 yà 见 yì。

铬 yà 见 hé。

炡（錏） yà 见“锃炡”。

稏（稏） yà 见“稏稏”。

揠 yà 拔起。《论衡·自然》：“宋人有闵其苗之不长者，就而～之。”《宋史·岳飞传》：“一旦～之在上，则必争。”

【揠苗】 yàmiáo 拔苗。“揠苗助长”的省称，比喻急于求成。贾岛《送令狐绹相公》诗：“～～方灭裂，成器待陶钧。”

御 yà 见 yù。

猰 1. yà ❶也作“貏”。见“猰貐”。

2. qì ❷见“猰犬”。

【猰貐】 yàyǔ 传说中的食人怪兽名。左思《吴都赋》：“～～貙象。”后用以比喻坏人。陆贽《平朱泚后车驾还京大赦制》：“～～肆其吞噬，豺狼穴于宫阙。”也作“窫窳”。《山海经·北山经》：“少咸之山，无草木，多青碧，有兽焉，其状如牛而赤身人面马足，名曰～～。”也作“貏貐”。《尔雅·释兽》：“～～类貙。虎爪，食人，迅走。”

【猰犬】 qìquǎn 疯狗。李贺《仁和里杂叙皇甫湜》诗：“洛风送马入长关，阖扇未开逢～～。”

圔 yà 见“窳圔”。

窫 yà 见“窫窳”。

【窫窳】 yàyǔ ❶见“猰貐”。❷比喻像窫窳那样残害人民。扬雄《长杨赋》：“昔有彊秦，封豕其土，～～其民。”

貏 yà 见“貏貐”。

【貏貐】 yàyǔ 见“猰貐”。

齾（齾） yà ❶本义为缺齿。《说文·齿部》：“～，缺齿也。”㊀器物缺损。韩愈等《征蜀联句》：“更呼相簸荡，交斫双缺～。”❷摧折。皇甫湜《韩文公墓铭》：“还拜京兆尹，敛禁军，帖旱粜，～倖臣之锉。”

【齾齾】 yàyà 参差起伏的样子。刘克庄《筑城行》：“君不见高城～～如鱼鳞，城中萧疏空无人。”

yan

恹（懨） yān 见“恹恹”。

【恹恹】 yānyān 精神不振的样子。王实甫《西厢记》二本一折：“～～瘦损，早是伤神，那值残春？”

咽 1. yān ❶喉咙。扬雄《解嘲》：“搤其～而亢其气，拊其背而夺其位。”（亢：绝。拊：同“拊”、“抚”。）辛弃疾《沁园春》词：“甚长年抱渴，～如焦釜。”

2. yàn ❷吞。《汉书·苏武传》：“天雨雪，武卧啮雪与旃毛并～之。”石崇《思归引序》：“又好服食～气，志在不朽。”

3. yè ❸堵塞。《新序·杂事》：“云霞充～，则夺日月之明。”❹哽咽，悲哀得说不出话来。任昉《王文宪集序》：“因便感～，若不自胜。”㊀悲鸣；声音悲凉、凄惨。孔稚珪《北山移文》：“风云凄其带愤，石泉～而下怆。”范成大《醉落魄》词：“好风碎竹声如雪，昭华三弄临风～。”❺见“咽咽”。

4. yuān ❻见“咽咽”。

【咽喉】 yānhóu 咽头与喉头，比喻险要的交通孔道。《战国策·秦策四》："韩，天下之～～；魏，天下之胸腹。"杜甫《八哀诗·赠司空王公思礼》："金城贼～～，诏镇雄所扼。"

【咽咽】 yèyè 悲声。李贺《伤心行》："～～学楚吟，病骨伤幽素。"

【咽咽】 yuānyuān 鼓声有节奏的样子。《诗经·鲁颂·有駜》："鼓～～，醉言归。"

烟(煙) 1. yān ❶物体燃烧产生的气状物质。张协《杂诗》之十："里无曲突～，路无行轮声。"陆机《演连珠》："臣闻～出于火，非火之和。"❷云气，雾。鲍照《舞鹤赋》："～交雾凝，若无毛质。"李清照《凤凰台上忆吹箫》词："念武陵人远，～锁秦楼。"⑪形容众多。王融《三月三日曲水诗序》："鱼甲～聚，贝胄星罗。"❸烟熏所积的黑灰，可制墨。《墨经·松》："墨取庐山松～。"❹烟草及其制成品。俞正燮《癸巳存稿·吃烟事迹》："～叶出闽中，北地多寒疾，关外至以马一匹易～一觔。"❺鸦片烟。张维屏《越台》诗："茗荈千瓯水，芙蓉万管～。"

2. yīn ❻见"烟煴"。

【烟霭】 yān'ǎi 浓重的云雾之气。杜甫《万丈潭》诗："跼步凌垠堮，侧身下～～。"

【烟波】 yānbō 雾气弥漫的水面。陆游《谢池春》词："～～无际，望秦关何处？"

【烟尘】 yānchén ❶尘土。孙楚《为石仲容与孙皓书》："士卒奔迈，其会如林，～～俱起，震天骇地。"❷比喻战火。白居易《登郢州白雪楼》诗："朝来渡口逢京使，说道～～近洛阳。"

【烟霏】 yānfēi ❶烟雾弥漫。杜甫《遣闷奉呈严公二十韵》："露裛思藤架，～～想佳丛。"❷比喻众多。刘峻《广绝交论》："骆驿纵横，～～雨散。"

【烟海】 yānhǎi ❶形容烟雾渺漫。陆游《登鹅鼻山至绝顶访秦刻石……》诗："人民城郭俱已非，～～浮天独如昨。"❷烟雾笼罩海面。比喻众多。《荀子·富国》："然后飞鸟凫雁若～～。"司马光《进资治通鉴表》："遍阅旧史，旁采小说，简牍盈积，浩如～～。"

【烟花】 yānhuā ❶泛指春天的景色。杜甫《洗兵马》诗："青春复随冠冕入，紫禁正耐～～绕。"❷指妓女。无名氏《云窗梦》二折："孩儿，你命在～～中，是这样干。"戴善夫《风光好》二折："我本不乐作娼，则向那～～簿上，勾抹了我的名儿胜如赏。"

【烟火】 yānhuǒ ❶烽火。《汉书·匈奴传下》："初，北边自宣帝以来，数世不见～～之警。"杜甫《秦州杂诗》之十："～～军中幕，牛羊岭上村。"❷人烟。王粲《从军行》五首之五："四望无～～，但见林与丘。"❸焰火，烟花。周密《武林旧事·元夕》："邸第好事者，如清河张府、蒋御药家，间设雅戏～～。"❹火灾。吴自牧《梦粱录·防隅巡警》："官府坊巷近二百馀步置一军巡铺。……遇夜巡警地方盗贼、～～。"

【烟景】 yānjǐng 春天的景色。江淹《杂体诗·谢法曹惠连·赠别》："～～若离远，末响寄琼瑶。"

【烟岚】 yānlán 山间云雾湿润之气。朱庆馀《送元处士游天台》诗："树列～～春更好，溪藏冰雪夜偏明。"沈辽《登览》诗："终朝对青山，～～有馀色。"

【烟绵】 yānmián 延绵，连续不断。杜甫《乐游园歌》："乐游古园崒森爽，～～碧草萋萋长。"

【烟雨】 yānyǔ 毛毛细雨。陆倕《石阙铭》："周望原隰，俛临～～。"陆游《鹊桥仙》词："轻舟八尺，低篷三扇，占断蘋洲～～。"

【烟肢】 yānzhī 见"胭脂"。

【烟煴】 yīnyūn ❶弥漫于空间的气体。谢瞻《于安城答灵运》诗："绸缪结风徽，～～吐芳讯。"❷阴阳二气混合的样子。张协《七命》："万物～～，天地交泰。"潘岳《为贾谧作赠陆机》诗："肇自初创，二仪～～。"❸云烟弥漫的样子。谢庄《宋孝武宣贵妃诔》："玄丘～～，瑶台降芬。"

珚 yān 玉名。《山海经·中山经》："其西有林焉，名曰墦冢，榖水出焉，而东流注于洛，其中多～玉。"

㤿(懕) 1. yān ❶安详。《说文·心部》："～，安也。"

2. yàn ❷满足，满意。《世说新语·言语》："亲重偏至，张颇不～。"

【㤿㤿】 yānyān 安详的样子。《说文·心部》引《诗经·小雅·湛露》："～～夜饮。"

殷 yān 见 yīn。

胭(臙) yān 见"胭脂"。

【胭脂】 yānzhī 一种作化妆用的红色颜料。董解元《西厢记诸宫调》卷三："想天真不许～～点污。"也作"烟肢"。《史记·匈奴列传》司马贞《索隐》："习凿齿与燕王书曰：'山下有红蓝，足下先知不？北方人探取其花染绯黄，挼取其上英鲜者作～～，妇人将用为颜色。'"也作"燕支"。卢照邻《和吴侍御被使燕然》诗："胡笳折杨柳，汉使采～～。"黄庭坚《和陈君仪读太真外传》："端正楼空春昼永，小桃犹学淡～～。”也作“燕脂”。陆游《新津小宴之明日欲游修觉寺以雨不果呈范舍人》诗：“风雨长亭话别离，忍看清泪湿～～。”

淹 yān ❶浸泡，淹没。《楚辞·九叹·怨思》：“～芳芷于腐井兮，弃鸡骇于筐簏。”曹摅《思友人》诗：“密云翳阳景，霖潦～庭除。”❷沉溺。《礼记·儒行》：“儒有委之以货财，～之以乐好，见利不亏其义。”❸滞留。《左传·宣公十二年》：“二三子无～久。”㊀长久。《后汉书·张衡传》：“～栖迟以恣欲兮，耀灵忽其西藏。”❹深入。《新唐书·王义方传》：“～究经术。”㊀学识渊博。《聊斋志异·胡氏》：“胡课业良勤，～洽非下士等。”❺长久沉沦而得不到重用的人。《国语·晋语七》：“逮鳏寡，振废～。”

【淹泊】 yānbó 长久停留。杜甫《寄岳州贾司马六丈……五十韵》：“多病加～～，长吟阻静便。”也作“淹薄”。《建炎以来系年要录·建炎二年三月丁酉》：“～～风露。”

【淹薄】 yānbó 见“淹泊”。

【淹迟】 yānchí 迟缓。《西京杂记》卷三：“枚皋文章敏疾，长卿制作～～，皆尽一时之誉。”

【淹的】 yāndí 忽然。《柳毅传书》二折：“忽的呵阴云伏地，～～呵洪水滔天，腾的呵烈火飞空。”

【淹贯】 yānguàn 知识渊博并能融会贯通。《新唐书·柳登传》：“～～群书，年六十馀，始仕宦。”

【淹华】 yānhuá 仪表温和而文雅。《艺文类聚》卷五五引王僧孺《詹事徐府君集序》：“重以姿仪端润，趋眄～～。”

【淹留】 yānliú 停留，长久逗留。《战国策·楚策四》：“臣请辟于赵，～～以观之。”潘岳《哀永逝文》：“停驾兮～～，徘徊兮故处。”柳永《八声甘州》词：“叹年来踪迹，何事苦～～？”

【淹速】 yānsù 指生命长短。贾谊《鹏鸟赋》：“～～之度兮，语予其期。”

【淹通】 yāntōng 精深通达。《世说新语·品藻》：“世目殷中军思纬～～，比羊叔子。”

【淹宿】 yānxiǔ 隔夜。《新唐书·吉温传》：“故朝廷动静辄报，不～～而知。”

【淹雅】 yānyǎ 学识渊博而器度高雅。《太平御览》卷七〇四引《语林》：“刘承胤少有～～之度。”

阏 yān 见 è。

阉（閹） yān ❶阉割。沈德符《万历野获编·内监》：“复买之以足数，仍～之。”❷男子生殖器发育不全，没有生育能力。《新五代史·唐太祖家人传》：“继岌少病～，无子。”❸宦官。《后汉书·杨厚传》：“～宦专政，言不得信。”张溥《五人墓碑记》：“嗟夫！大～之乱，缙绅而能不易其志者，四海之大，有几人与？”

【阉茂】 yānmào 十二地支中“戌”的别称。《尔雅·释天》：“［太岁］在戌曰～～。”陆倕《新刻漏铭》：“岁躔～～，月次姑洗。”

【阉然】 yānrán 献媚讨好的样子。《孟子·尽心下》：“～～媚于世也者，是乡原也。”

【阉人】 yānrén ❶被阉割的人。《后汉书·宦者传论》：“宦官悉用～～。”❷指因患性病而失去生育能力的人。《三国志·魏书·公孙度传》：“初，［公孙］恭病阴消为～～，劣弱不能治国。”

【阉竖】 yānshù 对宦官的蔑称。竖，仆役。《三国志·蜀书·董允传》：“［陈］祗上承主指，下接～～，深见信爱。”

【阉尹】 yānyǐn ❶主管宫室出入的宦官。《吕氏春秋·仲冬》：“是月也，命～～申宫令。”❷泛指宦官。《后汉书·杨震传》：“今妾媵嬖人～～之徒，共专国朝，欺罔日月。”

焉 yān ❶代词，相当于“之”。《史记·秦始皇本纪》：“先帝后宫非有子者，出～不宜。”❷指示代词，相当于“是”。《左传·隐公六年》：“我周之东迁，晋郑～依。”❸指示代词兼句末语气词，相当于“于是”、“于此”。《论语·里仁》：“见贤思齐～。”《孟子·梁惠王上》：“晋国，天下莫强～。”❹疑问代词。相当“哪里”、“怎么”。《孟子·离娄上》：“天下之父归之，其子～往？”《左传·僖公三十年》：“若不阙秦，将～取之？”❺连词，相当于“乃”、“则”。《老子·十七章》：“信不足，～有不信焉。”《墨子·鲁问》：“公输子自鲁南游楚，～始为舟战之器。”❻介词，相当于“于”。《左传·哀公十七年》：“裔～大国，灭之，将亡。”❼语气词。《论语·卫灵公》：“君子病无能～，不病人之不己知也。”陶渊明《自祭文》：“廓兮已灭，慨～已遐。”❽形容词、副词词尾，相当于“然”。张衡《东京赋》：“穆穆～，皇皇～，济济～，信天下之壮观也。”陆机《赠弟士龙》诗：“行矣怨路长，惄～伤别促。”

【焉逢】 yānpéng 见“阏逢”。

菸 yān 见 yù。

崦 yān ❶山。《新唐书·王雄诞传》：“乘高蔽～，张疑帜。”❷量词。片，块。韩偓《睡起》诗：“终撑舴艋称渔叟，赊买湖心一～田。”❸山名，即崦嵫。江淹《杂体诗·郭弘农游仙璞》：“～山多灵草，海滨饶奇石。"参见"崦嵫"。

【崦嵫】 yānzī 山名，在甘肃省天水县西，古代传说是日落之处。屈原《离骚》："吾令羲和弭节兮，望～～而勿迫。"

殗 yān 见 yè。

腌（醃） 1. yān ❶用盐等浸渍食品。朱敦儒《朝中措》词："自种畦中白菜，～成瓮里黄齑。"

2. ā ❷恶。王实甫《西厢记》五本三折："乔嘴脸，～躯老，死身分。"❸苦。郑廷玉《金凤钗》二折："我则愁～日月没柴没米怎生熬。"❹脏。王实甫《西厢记》五本三折："枉～了他金屋银屏，枉污了他锦衾绣裀。"

【腌臜】 āzā ❶肮脏。《红楼梦》四十一回："'姑娘，我该死了！好歹并没弄～～了床。'一面说，用手去掸。"❷骂人语，恶劣，坏。《水浒传》七回："不遇明主，屈沉在小人之下，受这般～～的气。"

鄢 yān ❶地名，春秋时郑邑。在今河南鄢陵县境。《左传·隐公元年》："公伐诸～。"❷水名。在今湖北宜城市境，流入汉水。❸姓。

蔫 yān(今音 niān) 植物枯萎。韩偓《春尽日》诗："树头初日照西檐，树底～花夜雨霑。"

【蔫红】 yānhóng 枯萎的花，或指因失水分而萎缩的花。黄庭坚《海棠》诗："海棠院里寻春色，日炙～～满院香。"杨万里《瓶中淮阳红牡丹落尽有感》诗之三："落英满地不须扫，一片～～也足观。"

【蔫绵】 yānmián 连绵不断的样子。王安石《移桃花示俞秀老》诗："枝柯～～花烂熳，美锦千两敷亭皋。"

嫣 yān 美好的样子。李贺《南园》诗之一："可怜日暮～香落，嫁与春风不用媒。"

【嫣红】 yānhóng 艳丽的红色。李商隐《河阳》诗："百尺相风插重屋，侧近～～伴旧绿。"也指红花。楼钥《林和叔侍郎龟潭庄》诗："海棠炫昼逶栏槛，细数～～遍繁枝。"

【嫣然】 yānrán 娇美的样子。宋玉《登徒子好色赋》："～～一笑，惑阳城，迷下蔡。"欧阳修《啼鸟》诗："花能～～顾我笑，鸟劝我饮非无情。"

撚 yān 见 niǎn。

橪 yān 见 rǎn。

黰 yān 黑。《史记·天官书》："～然黑色甚明。"

巡 yán 见 xún。

言 yán ❶说话，说。《史记·五帝本纪》："生而神灵，弱而能～。"《后汉书·灵帝纪》："河南～凤皇见新城，群鸟随之。"㊀谈论，议论。《后汉书·冯衍传下》："董仲舒～道德，见妒于公孙弘。"《商君书·更法》："拘礼之人不足与～事。"❷告诉。《史记·魏其武安侯列传》："将军壮义之，恐亡夫，乃～太尉。太尉乃固止之。"❸言论，学说。《汉书·张释之传》："王生者，善为黄老～。"《后汉书·南匈奴传》："单于信其～。"㊀著作。贾谊《过秦论》："燔百家之～，以愚黔首。"❹一个字为一言。萧统《文选序》："又少则三字，多则九～。"㊁一句话为一言。《史记·魏公子列传》："侯生曾无一～半辞送我。"❺助词，无实义。《诗经·召南·草虫》："陟彼南山，～采其蕨。"王维《青溪》诗："～入黄花川，每逐青溪水。"

【言次】 yáncì 言谈之间。《三国志·吴书·陆逊传》："逊后诣都，～～称式佳吏。"

【言官】 yánguān 谏官。《明史·李应升传》："[魏]广微父允贞为～～，得罪辅臣以去。"

【言路】 yánlù ❶进行谏诤的途径。陈琳《为袁绍檄豫州》："[曹]操欲迷夺时明，杜绝～～。"俞汝楫《礼部志略·建言》："广开言路，博采群谋。"❷谏官。王明清《挥麈录三录》卷一："曾文肃荐之祐陵，欲令再位～～。"卢象升《与少司成吴葵庵书》："某所为极难，而～～责备乃尔，为公乎？为私乎？"

【言泉】 yánquán 言语像泉水涌出，形容口才敏捷。陆机《文赋》："思风发于胸臆，～～流于唇齿。"

【言瑞】 yánruì 有信用的言论。李商隐《为安平公兖州奏杜胜等四人充判官状》："口含～～，身出礼门。"

【言言】 yányán ❶高大深邃的样子。曾巩《分宁县云峰院记》："门闳靓深，殿寝～～。"❷和敬的样子。《礼记·玉藻》："二爵而～～斯。"

【言语】 yányǔ ❶说话。《汉书·平帝纪》："每疾一发，气辄上逆，害于～～。"❷文辞著作。班固《两都赋序》："故～～侍从之臣，若司马相如，虞丘寿王……之属，朝夕论思，日月献纳。"

严（嚴） yán ❶紧迫，急迫。《孟子·公孙丑下》："事～，虞不敢请。"❷

急促，猛烈。张衡《东京赋》："奏～鼓之嘈囋。"陆机《乐府·从军行》："隆暑固已惨，凉风～且苛。"❸威严。《吕氏春秋·论人》："威不能惧，～不能恐，不可服也。"㉛对父亲的尊称。梁章钜《称谓录》卷一："案《易》'家人有严君焉'，今对人自称其父曰家～，盖本于此。"❹尊敬。《史记·仲尼弟子列传》："孔子之所～事：于周则老子；……"❺严厉，严格。《战国策·赵策一》："令～政行，不可与战。"《墨子·号令》："～令吏民无敢讙嚣。"❻严肃，整齐。《吕氏春秋·诬徒》："达师之教也，使弟子安焉，休焉，游焉，肃焉，～焉。"❼整饬，整理。《三国志·魏书·吕布传》："便～步兵千、骑二百，驰往赴备。"

【严办】 yánbàn 为皇帝出行准备戒严等事。《资治通鉴·后唐明宗天成元年》："丁亥朔，～～将发。"

【严程】 yánchéng 紧迫的行程。韦应物《李五席送李主簿归西台》诗："请告～～尽，西归道路寒。"

【严断】 yánduàn 严禁。《南史·齐武帝纪》："自今公私皆不得出家为道，及起立塔寺，以宅为精舍，并～～之。"

【严更】 yángēng 督促行夜的鼓。张衡《西京赋》："重以虎威章沟，～～之署。"

【严棘】 yánjí 监狱。《后汉书·寇荣传》："尚书背绳墨，案空劾，不复质确其过，寘于～～之下，便奏正臣罪。"

【严驾】 yánjià 准备车马。颜延之《秋胡行》："～～越风寒，解鞍犯霜露。"

【严节】 yánjié 指节气，冬至。梁元帝《纂要》："冬曰玄英，……节曰～～。"

【严具】 yánjù 妆具，即供人妆扮的用具，因避汉明帝刘庄讳，改"妆"为"严"。《太平御览》卷七一七引《魏武内严器诫令》："孤不好鲜饰，～～用新皮苇笥，以黄苇缘中。遇乱世，无苇笥，乃更作方竹～～。"

【严君】 yánjūn 对父母的尊称。《周易·家人》："家人有～～焉，父母之谓也。"后多专指父亲。梅尧臣《任廷平归京序》："～～以太子少保致仕西都。"

【严峻】 yánjùn 苛刻。《后汉书·度尚传》："为政～～，明于发擿奸非，吏人谓之神明。"

【严厉】 yánlì 威严而厉害。贾至《冰赋》："居炎天之赫赫兮，独～～乎稜稜。"

【严猛】 yánměng 严酷勇猛。《汉书·地理志下》："汉兴，号为难治，常择～～之将，或任杀伐为威。"

【严命】 yánmìng 尊严的命令。对君父、尊长或官府命令的敬称。任昉《启萧太傅固辞夺礼》："若霈然降临，赐寝～～，是知孝治所被，爰至无心。"《世说新语·排调》："谢公始有东山之志，后～～屡臻，势不获已，始就桓公司马。"

【严器】 yánqì 即妆具。《太平御览》卷七一七引《汝南先贤传》："戴良嫁女，以笥为～～。"

【严训】 yánxùn 父亲的命令。孙逖《赠太子詹事王公神道碑》："公夙遭闵凶，不禀～～，圣善所育，孩提有成。"

【严严】 yányán 浓重的样子。鲍照《舞鹤赋》："～～若雾，皎皎悲泉。"

【严重】 yánzhòng ❶尊重。《史记·游侠列传》："诸公以故，～～之，争为用。"❷办事严肃、认真。《三国志·蜀书·赵云传》注引《云别传》："先主以云～～，必能整齐，特任掌内事。"《后汉书·清河孝王庆传》："蒜为人～～，动止有度，朝臣太尉李固等莫不归心焉。"

【严妆】 yánzhuāng 妆扮整齐。李白《入朝曲》："槌钟速～～，伐鼓启重城。"欧阳修《鹎鹀词》："三声四声促～～，红靴玉带奉君王。"

【严装】 yánzhuāng 整理行装。《三国志·蜀书·许靖传》："即与袁沛及徐元贤，复共～～，欲北上荆州。"

延 yán ❶伸长，延长。曹操《苦寒行》："～颈长叹息，远行多所怀。"孙楚《为石仲容与孙皓书》："而徘徊危国，以～日月。"㉛长久，深厚。陆机《长歌行》："兹物苟难停，吾寿安得～。"谢灵运《酬从弟惠连》诗："别时悲已甚，别后情更～。"❷扩展，漫延。《汉书·董仲舒传》："德泽洋溢，施虖方外，～及群生。"颜延之《还至梁城作》诗："木石扃幽闼，黍苗～高坟。"❸引导，迎接。《史记·高祖本纪》："于是沛公起，摄衣谢之，～上坐。"《吕氏春秋·重言》："乃令宾者～之而上，分级而立。"㉛邀请。陶渊明《桃花源记》："馀人各复～至其家，皆出酒食。"❹招请，接纳。王褒《圣主得贤臣颂》："开宽裕之路，以～天下英俊也。"《三国志·魏书·齐王芳传》："沉漫女德，日～倡优。"❺迎击。《史记·陈涉世家》："秦人开关～敌。"陆机《辩亡论下》："凭宝城以～强寇。"❻通"綖"。盖在冕板上的黑布。《礼记·玉藻》："天子玉藻，十有二旒，前后邃～。"❼通"埏"。墓道。《左传·隐公元年》杜预注："隧，若今～道。"

【延接】 yánjiē 接见。陆贽《奉天论奏当今所切务状》："臣谓宜因文武群官入参之日，陛下特加～～，亲与叙言。”

【延颈】 yánjǐng 伸长脖子，表示殷切盼望。《史记·游侠列传》：“自关以东，莫不～～愿交焉。”杜甫《八哀诗·故右仆射相公张公九龄》：“归老守故林，恋阙悄～～。”

【延揽】 yánlǎn 招纳。《后汉书·邓禹传》：“于今之计，莫如～～英雄，务悦民心。”

【延袤】 yánmào 连绵。王褒《圣主得贤臣颂》：“虽崇台五层、～～百丈而不溷者，工用相得也。”

【延慕】 yánmù 倾慕。《三国志·吴书·陆逊传》：“近以不敏，受任来西，～～光尘，思禀良规。”

【延纳】 yánnà ❶接纳。《后汉书·北海靖王兴传》：“睦少好学，博通书传，光武爱之，数被～～。”❷采纳。《三国志·魏书·高贵乡公髦传》：“皇太后深惟社稷之重，～～宰辅之谋。”

【延眺】 yántiào 远望。《新唐书·韦弘机传》：“天子乃登洛北绝岸，～～良久，叹其美。”

【延问】 yánwèn 请来加以询问。《后汉书·和帝纪》：“每有灾异，辄～～公卿，极言得失。”

【延息】 yánxī 延续气息，指延长生命。《聊斋志异·小梅》：“念不了者，幼女未嫁，因赐少药，俾～～以待。”

【延延】 yányán 长貌。韩愈《曹成王碑》：“～～百载，以有成王。”

【延誉】 yányù 传布名誉。袁宏《三国名臣赞序》：“子布佐策，致～～之美。”《晋书·杨方传》：“时虞喜兄弟以儒学在名，雅爱方，为之～～。”

【延征】 yánzhēng 召请聘用。《三国志·魏书·袁绍传》注引《九州春秋》：“绍～～北海郑玄而不礼。”

【延伫】 yánzhù 长久等待。张衡《思玄赋》：“会帝轩之未归兮，怅徜徉而～～。”孔稚珪《北山移文》：“涧户摧绝无与归，石迳荒凉徒～～。”

妍 yán ❶美丽，美好。陆机《吴王郎中时从梁陈作》诗：“玄冕无丑士，冶服使我～。”韩愈《寄崔二十六立之》诗：“草木明覆载，～丑齐荣萎。”❷优良，好。颜延之《应诏观北湖田收》诗：“观风久有作，陈诗愧未～。”柳宗元《送穷文》：“面丑心～，利居众后，责在人先。”

【妍蚩】 yánchī ❶美和丑。《世说新语·巧艺》：“顾长康画人，或数年不点目精，人问其故。顾曰：‘四体～～，本无关于妙处，传神写照，正在阿堵中。’”也作“妍媸”。《文苑英华》卷一八九引仲子陵《秦镜》：“妍媸定可识，何处更逃情。”❷好和坏。陆机《文赋序》：“夫放言遣辞，良多变矣，～～好恶，可得而言。”

【妍媸】 yánchī 见“妍蚩①”。

【妍和】 yánhé 景物美丽，气候温和。白居易《春江闲步赠张仙人》诗：“江景又～～，牵愁发浩歌。”

【妍捷】 yánjié 灵巧敏捷。《旧唐书·裴行俭传》：“褚遂良非精笔佳墨，未尝辄书，不择笔墨而～～者，唯余及虞世南耳。”

【妍丽】 yánlì 美丽。李德裕《牡丹赋》：“风景之～～，追赏之欢愉。”

【妍暖】 yánnuǎn 风景美丽，气候温暖。王安石《阴漫漫行》：“谁云当春便～～，十日九八阴漫漫。”黄庭坚《寄陈适用》诗：“清明气～～，亹亹向朱夏。”

【妍姿】 yánzī 美丽的姿容。陆机《挽歌诗》之二：“丰肌飨蝼蚁，～～永夷泯。”

沿（沿） yán ❶顺流而下。郭璞《江赋》：“泝洄～流，或渔或商。”㊀顺着。陆机《辩亡论下》：“而巴汉舟师，～江东下。”❷遵循，承袭。任昉《齐竟陵文宣王行状》：“追远尊戚，～情之所隆。”《后汉书·曹褒传》：“五帝不相～乐，三王不相袭礼。”❸边沿。《儒林外史》十四回：“望着湖～上接连着几个酒店。”

【沿革】 yángé ❶因袭与变革。《隋书·礼仪志二》：“～～有时，不必同揆。”卢照邻《乐府杂诗序》：“里颂途歌，随质文而～～。”❷事物发展与变化的历程。刘知幾《史通·忤时》：“讨～～于台阁，簿籍难见。”

【沿历】 yánlì 经历。李群玉《送魏珪觐省》诗：“飓天与瘴海，此去备～～。”

【沿习】 yánxí 转相因袭而形成的习惯。叶梦得《避暑录话》卷上：“士大夫家祭多不同，盖五方风俗～～，与其家法所从来各异，不能尽出于礼。”

炎 1. yán ❶焚烧。刘峻《辩命论》：“火～昆岳，砾石与琬琰俱焚。”❷炎热。阮籍《咏怀》之十二：“～暑惟兹夏，三旬将欲移。”

2. yàn ❸通“焰”，火焰。张衡《西京赋》：“光～烛天庭，嚣声震海浦。”

【炎方】 yánfāng 南方。卢纶《送南中使寄岭外故人》诗：“～～无久客，莫使鬓毛侵。”

【炎风】 yánfēng 热风。谢惠连《雪赋》：“沸潭无涌，～～不兴。”

【炎荒】 yánhuāng 南方边远之地。李商隐《为濮阳公陈情表》：“盖以久处～～，备熏瘴毒。”

【炎精】 yánjīng 太阳的别称。庾信《郊庙歌辞·赤帝云门舞》:"纯阳之月乐~~,赤雀丹书飞送迎。"

【炎崑】 yánkūn 《尚书·胤征》:"火炎崑冈,玉石俱焚。"后以"炎崑"指灾祸。《聊斋志异·野狗》:"值大兵宵进,恐罹~~之祸。"

【炎凉】 yánliáng ❶指夏季和冬季。杨炯《少室山少姨庙碑》:"~~代序,宁观俎豆之容。"❷比喻人情反复无常。白居易《和松树》:"此如小人面,变态随~~。"无名氏《冻苏秦》四折:"也索把世态~~心中暗忖。"❸犹寒暄,即见面时互问天气冷暖之类的应酬话。白居易《初与元九别后……怅然感怀因以此寄》诗:"心肠都未尽,不暇叙~~。"

【炎天】 yántiān 夏天。陆游《泊蕲口泛月湖中》诗:"~~倦长路,月夕泛平湖。"

【炎土】 yántǔ 指南方。江淹《待罪江南思北归赋》:"奇略独出之君,尚婉恋于樊阳。……况北州之贱士,为~~之流人。"

【炎炎】 yányán ❶火光旺盛。班固《述成纪赞》:"~~燎火,光允不阳。"❷权势显赫。扬雄《解嘲》:"~~者灭,隆隆者绝。"❸炎热,极热。韦应物《夏花明》诗:"~~日正午,灼灼火俱燃。"❹光彩夺目。班固《东都赋》:"焱焱~~,扬光飞文。"

岩(巖) yán ❶崖岸。司马相如《上林赋》:"批~冲拥,奔扬滞沛。"刘安《招隐士》:"谿谷崭~兮,水曾波。"❷岩洞。嵇康《与山巨源绝交书》:"以此观之,故尧舜之君世,许由之~栖,子房之佐汉,接舆之行歌,其揆一也。"❸高峻的山峰。谢惠连《雪赋》:"眄隰则万顷同缟,瞻山则千~俱白。"❹险峻,险要。《左传·隐公元年》:"制,~邑也。"诸葛亮《草庐对》:"跨有荆、益,保其~阻。"

【岩阿】 yán'ē ❶山崖的边侧。潘岳《河阳县作》诗之二:"川气冒山岭,惊湍激~~。"❷指隐居深山。《梁书·何胤传》:"今世务纷乱,忧责是当,不得不屈道~~,共成世美。"

【岩郎】 yánláng ❶汉羽林郎的别名。《后汉书·百官志二》:"羽林郎,比三百石。……本武帝以便马从猎,还宿殿陛岩下室中,故号~~。"❷见"岩廊"。

【岩廊】 yánláng 高峻的廊,借指朝廷。《盐铁论·忧边》:"陛下优游~~,览群臣极言。"杨炯《后周明威将军梁公神道碑》:"翼雕戟于~~,肃趋丹地。"也作"岩郎"。《汉书·董仲舒传》:"盖闻虞舜之时,游于~~之上。"

【岩栖】 yánqī 在山洞里住居,常用为隐居的代称。韦庄《赠薛秀才》诗:"欲结~~伴,何处好薜萝?"

【岩墙】 yánqiáng 高而危险的墙。《论衡·幸偶》:"立~~之下,为壤所压。"

【岩曲】 yánqū 迂回曲折的山坳。沈约《游钟山诗应西阳王教》之四:"八解鸣涧流,四禅隐~~。"

【岩下】 yánxià 廊下。《战国策·齐策六》:"~~有贯珠者,襄王呼而问之曰:'女闻吾言乎?'"

【岩穴】 yánxué ❶山洞。张衡《南都赋》:"尔其川渎,则滍澧藻瀊,发源~~。"❷指隐士。《三国志·吴书·陆凯传》:"躬请~~,广采博察。"

【岩岩】 yányán ❶高耸的样子。左思《魏都赋》:"~~北阙,南端逌遵。"杨炯《浑天赋》:"华盖~~,俯临于帝座。"❷瘦弱的样子。吴弘道《青杏子·闺情》曲:"柳腰束素翠裙挽,赢得瘦~~。"

【岩野】 yányě 隐士居住之处。《宋史·杨徽之传》:"乃至周~~以聘隐沦。"

研 1. yán ❶磨,碾。苏轼《和陶诗》:"末路益可羞,朱墨手自~。"《红楼梦》三十四回:"晚上把这药用酒~开。"❺仔细地,认真地。《聊斋志异·婴宁》:"吴就榻慰解,渐致~诘。"又《胡四娘》:"生默默不较短长,~读甚苦。"❷研究,探讨。《周易·系辞下》:"能说诸心,能~诸侯之虑。定天下之吉凶,成天下之亹亹者。"陆机《文赋》:"或览之而必察,或~之而后精。"

2. yàn ❸通"砚"。砚台。《后汉书·班超传》:"尝辍业投笔叹曰:'大丈夫无它志略,……安能久事笔~间乎?'"蔡絛《铁围山丛谈》卷一:"于是知枢密使曾布捧~以度鲁云,左丞叔父文正公为磨墨。"❹光滑的石。郭璞《江赋》:"绿苔鬖髿乎~上。"

【研核】 yánhé 考核。《三国志·吴书·张温传》:"纤粗~~。"也作"研覈"。张衡《东京赋》:"~~是非。"

【研覈】 yánhé 见"研核"。

【研精】 yánjīng 精深地研究。夏侯湛《东方朔画赞序》:"乃~~而究其理,不习而尽其功。"

【研究】 yánjiū 认真探求。《北齐书·信都芳传》:"有巧思,每精~~,忘寝与食。"《隋书·高祖纪下》:"比命所司,总令~~,详考已讫,宜即施用,见行者停。"

【研穷】 yánqióng ❶仔细探求。陈亮《甲辰答朱元晦秘书》："～～义理之精微，辩析古今之同异。"❷彻底查究。孟汉卿《魔合罗》四折："你教我怎～～，难决断，这其间详细。"

【研味】 yánwèi 研究并体味。《文心雕龙·情采》："～～李老，则知文质附乎性情。"

【研席】 yànxí 见"砚席①"。

铅(鉛) yán ❶同"铅"。《汉书·江都易王刘非传》："或髡钳，以～杵舂。"❷通"沿"。抚循，劝导。《荀子·荣辱》："～之重之。"

郔 yán 古地名用字。1)春秋时郑邑，故地在今河南郑州市南。《左传·宣公三年》："晋侯伐郑及～。"2)春秋时楚邑，故地在今河南项城市境。《左传·宣公十一年》："楚左尹子重侵宋，王待诸～。"

狠 yán 见 hěn。

壛(巖) yán 岩洞。《汉书·礼乐志》："霆声发荣，～处顷听。"

盐(鹽) 1. yán ❶食盐。左思《吴都赋》："煮海为～，采山铸钱。"

2. yàn ❷用盐腌。《礼记·内则》："屑桂与薑以洒诸上而～之。"❸通"艳"。羡慕。《礼记·郊特牲》："而～诸利，以观其不犯命也。"❹通"艳"。乐曲的引子，泛指乐曲。尤袤《全唐诗话·施肩吾》："隋曲有《疎勒盐》，唐曲有《突厥盐》、《阿鹊盐》。或云关中人谓好为盐。"

【盐梅】 yánméi ❶食盐与梅子，烹饪用以调味，银匠用以洗银。白居易《寄两银榼与裴侍郎因题两绝句》之二："惯和曲蘖堪盛否，重用～～试洗看。"❷比喻宰辅大臣。王融《永明九年策秀才文》之一："～～之和，属有望焉。"白居易《汎渭赋》："及帝缵位之二纪兮，命高与郑为～～。"

【盐引】 yányǐn 商人运销官盐的凭照。秦简夫《东堂老》一折："快准备着五千船～～，十万担茶挑。"

埏 1. yán ❶地的边际。左思《魏都赋》："考之四限则八～之中，测之寒暑则霜露所均。"❷墓道。《梁书·昭明太子传》："幽～夙启，玄宫献成。"

2. shān ❸制陶器的模子。《管子·任法》："昔者尧之治天下也，犹埴之在～也，唯陶之所以为。"

【埏蹂】 shānróu 反复揉和黏土，比喻锤炼诗文。沈括《梦溪笔谈·艺文》："诗人以诗主人物，故虽小诗，莫不～～极工而后已。"

【埏埴】 shānzhí ❶将粘土放在模子里制作陶器。《老子·十一章》："～～以为器。"❷比喻教育熏陶。潘岳《西征赋》："士无常俗，而教有定式，上之迁下，均之～～。"❸陶器。《抱朴子·广譬》："无当(dàng)之玉盌，不如全用之～～。"(当：底。)

莚 yán 蔓延。左思《蜀都赋》："风连～蔓于兰皋。"

唌 yán 见 xián。

铅 yán 见 qiān。

狿 yán 兽名。张衡《西京赋》："鼻赤象，圈巨～。"

綖(綖) 1. yán ❶覆在冠冕上的装饰物。张衡《东京赋》："珩紞纮～。"❷通"延"。延缓。《吕氏春秋·勿躬》："百官慎职而莫敢愉～。"

2. xiàn ❸通"线"。《后汉书·虞诩传》："以采～缝其裾为帜。"

阎(閻) 1. yán ❶里中门。《史记·平准书》："守闾～者食粱肉。"颜延之《陶徵士诔》："伊好之洽，接～邻舍。"㉑里巷。《史记·越王句践世家》："庄生虽居穷～，然以廉直闻于国。"❷姓。

2. yàn ❸通"艳"。美丽。《汉书·谷永传》："～妻骄扇，日以不臧。"

【阎罗】 yánluó 梵语"阎摩罗"、"阎魔罗阇"的简称，即地狱王。《隋书·韩擒虎传》："生为上柱国，死为～～王。"

【阎闾】 yánlǘ 里巷。章学诚《文史通义·古文十弊》："义侠或奋～～。"

【阎易】 yányì 衣服长大的样子。司马相如《上林赋》："曳独茧之褕绁，眇～～以卹削。"

梴 yán 见 chān。

趼 1. yán ❶兽蹄平正。《尔雅·释畜》"騉蹄趼"邢昺疏："～，平也，谓蹄平正。"

2. jiǎn ❷脚掌长的硬皮。《庄子·天道》："百舍重～而不敢息。"

羡 yán 见 xiàn。

喦 yán 见 niè。

䴏(䴏) yán 见"䴏离"。

【䴏离】 yánlí 怪鸟名。《广雅·释鸟》："鸏鹍、～～……怪鸟属也。"

擪 yán 通"研"。研摩。《周易·系辞上》："夫《易》，圣人之所以极深而～几也。"(几：微。)

蜒 yán ❶见"蜒蚰"。❷蜿蜒的样子。《楚辞·大招》："蝮蛇～只。"❸蝘蜒。传说中的巨兽。

【蜒蚰】 yányóu 无壳的蜗牛。即蛞蝓。俗叫鼻涕虫。《尔雅翼》:"今蜗牛之无壳者,俗呼～～。又呼蜗牛为～～。"

筵 yán ❶竹制的垫席。《诗经·大雅·公刘》:"跄跄济济,俾～俾几。"㊀座位,座席。谢瞻《九日从宋公戏马台集送孔令》诗:"四～霑芳醴,中堂起丝桐。"孔稚珪《北山移文》:"道帙长殡,法～久埋。"❷酒席。谢朓《始出尚书省》诗:"既通金闺籍,复酌琼～醴。"❸布置席位。《仪礼·士冠礼》:"主人之赞者～于东序。"

壛(壛) yán ❶小巷。《玉篇·土部》:"～,巷也。"❷长廊。《楚辞·大招》:"曲屋步～,宜扰畜只。"

碞 yán ❶积石高峻的样子。段玉裁《说文解字注》:"～,僭也。盖谓积石高峻貌也。"❷比喻众多议论。《尚书·召诰》:"王不敢后,用顾畏于民～。"

颜(顏) yán ❶前额。《史记·高祖本纪》:"高祖为人,隆准而龙～。"❷眉目之间。《诗经·秦风·终南》:"～如渥丹。"❸颜面,脸。《左传·僖公九年》:"天威不违～咫尺。"㊀面子。《后汉书·范升传》:"惭负二老,无～于世。"㊁脸色。《汉书·隽不疑传》:"窃伏海濒,闻暴公子威名归矣,今乃承～接辞。"❹容貌。《后汉书·和熹邓皇后纪》:"后长七尺二寸,姿～姝丽,绝异于众,左右皆惊。"❺门上的匾额。《新唐书·马燧传》:"帝榜其～以宠之。"

【颜行】 yánháng 前列。《汉书·严助传》:"如使越人蒙徼幸以逆执事之～～,厮舆之卒有一不备而归者,虽得越王之首,臣犹窃为大汉羞之。"

【颜甲】 yánjiǎ 王仁裕《开元天宝遗事·惭颜厚如甲》载,唐进士杨光远,多矫饰,不识忌讳,时人谓之惭颜厚如十重铁甲。后以颜甲指惭颜,愧色。唐玉《翰府紫泥全书·人子娶·答》:"忽拜手缄,重增～～。"

【颜色】 yánsè ❶脸,脸色。《战国策·齐策三》:"齐王和其～～曰:'谙,先君之庙在焉。'"朱熹《答陈颐刚书》:"未尝得见～～。"❷体面,面子。高適《燕歌行》:"男儿本自重横行,天子非常赐～～。"❸容貌。陆机《拟古诗·拟青青河畔草》:"粲粲妖容姿,灼灼美～～。"韩愈《与崔群书》:"目视昏花,寻常间便不分人～～。"❹美丽,光彩。白居易《长恨歌》:"迴眸一笑百媚生,六宫粉黛无～～。"❺以色相事人者。《墨子·尚贤中》:"故古者圣王,甚尊尚贤而任使能,不党父兄,不偏贵富,不嬖～～。"❻色彩。白居易《王夫子》诗:"紫绶朱绂青布衫,～～不同而已矣。"

櫩(櫩) yán ❶同"檐"。屋檐。沈约《学省愁卧》诗:"网虫垂户织,夕鸟榜～飞。"❷长廊。左思《魏都赋》:"比沧浪而可濯,方步～而有逾。"

虤 yán 见"虤虤"。

【虤虤】 yányán 虎发怒的样子。孟郊《怀恼》诗:"求闲未得闲,众诮瞋～～。"

檐 1. yán ❶屋檐。张衡《西京赋》:"反宇业业,飞～轍轍。"❷器物的边缘或突出的部分。陆龟蒙《晚渡》诗:"各样莲船逗村去,笠～蓑袂有残声。"❸檐下高台。《国语·吴语》:"王背～而立,大夫向～。"

2. dàn ❹肩舆之类供乘坐的工具。《新唐书·舆服志》:"疾病许乘～。"❺通"担"。挑。曹操《苦寒行》:"～囊行取薪,斧冰持作糜。"❻通"担"。量词,一百斤。班彪《王命论》:"思有短褐之袭,～石之蓄。"

【檐牙】 yányá 屋檐上像牙一样排列的滴水瓦。蒋捷《霜天晓角》词:"～～枝最佳,折时高折些。"也作"簷牙"。杜牧《阿房宫赋》:"廊腰缦迴,～～高啄。"

蝙 yán ❶见"蝙螃"。❷见"蝙渊"。

【蝙螃】 yánwān 《广韵·仙韵》:"～～,虫名。"

【蝙渊】 yányuān 传说中地名。《山海经·西山经》:"[崇吾之山]在河之南,北望冢遂,……东望～～。"

嚥(嚥) yán 见"嚥嚥"。

【嚥嚥】 yányán 争斗的样子。《韩非子·扬权》:"一栖两雄,其斗～～。"

簷 yán 通"檐"。❶屋檐。江淹《古离别》诗:"送君如昨日,～前露已团。"王维《洛阳女儿行》:"画阁朱楼尽相望,红桃绿柳垂～向。"❷器物的边缘或突出的部分。李商隐《饮席代官妓赠两从事》诗:"新人桥上着春衫,旧主江边侧帽～。"

【簷马】 yánmǎ 屋檐下所挂的风铃。王洋《七月八日小雨》诗:"日影弄廉纤,～～鸣细碎。"

【簷牙】 yányá 见"檐牙"。

【簷宇】 yányǔ 屋檐。《南史·萧脩传》:"野鸟驯狎,栖宿～～。"

麙 yán 细角羚羊。扬雄《蜀都赋》:"兽则～羊野麋。"

甗 yán(又读 yǎn) ❶古代的一种炊具,分两层,上层可蒸,下层可煮。《周礼·考工记·陶人》:"陶人为～。"❷地名,春秋齐地。《左传·僖公十八年》:"宋师及齐师败于～。"❸指上大下小高低屈曲如甗的山。张衡《南都赋》:"坂坻巀嶭而成～。"

广1 yǎn ❶利用山崖建成的房子。韩愈《陪杜侍御游湘西两寺独宿有题》诗:"剖竹走泉源,门廊架崖～。"❷小屋。袁桷《次韵瑾子过梁山泺三十韵》:"土屋危可缘,草～突如峙。"

放 yǎn 旌旗飞扬的样子。《说文·放部》:"～,旌旗之游～蹇之皃。"

沇 yǎn ❶古水名。在黄河北岸发源称沇水,至黄河南岸称济水,后成为济水的别称。❷见"沇溶"、"沇沇"。

【沇溶】 yǎnróng 盛多的样子。司马相如《上林赋》:"陂池貏豸,～～淫鬻。"

【沇沇】 yǎnyǎn 盛多的样子。扬雄《羽猎赋》:"～～溶溶,遥噱乎纮中。"

奄 1. yǎn ❶覆盖。《三国志·魏书·杜畿传》:"今大魏～有十州之地。"[引]包括。《淮南子·修务训》:"万物至众,而知不足以～之。"❷忽然。颜延之《和谢监灵运》:"徒遭良时诐,王道～昏霾。"❸通"弇"。狭窄。纪昀《与余存吾太史书》:"不以昀为～陋,颇相质证。"❹通"掩"。乘人不备而袭击。《吕氏春秋·处方》:"章子甚喜,因练卒以夜～荆人之所盛守。"

2. yān ❺通"淹"。停滞。《汉书·礼乐志》:"神～留,临须摇。"❻通"阉"。被阉割的。《后汉书·五行志四》:"儒说～官无阳施,犹妇人也。"全祖望《阳曲傅先生事略》:"孙振,故～党也。"

【奄隔】 yǎngé 死亡。苏轼《与程正辅提刑书》之二十:"老嫂～～,更此徂岁,想加悽断。"

【奄忽】 yǎnhū ❶忽然,很快。《后汉书·韦彪传》:"方欲录用,～～而卒。"❷死亡。苏舜钦《大理评事杜君墓志》:"～～之前数月,慨然弃官归滕下。"王守仁《瘗旅记》:"又不谓尔子尔仆亦遽然～～也。"

【奄然】 yǎnrán 忽然。《后汉书·侯霸传》:"未及爵命,～～而终。"

【奄冉】 yǎnrǎn ❶时间渐渐流逝。等于说"荏苒"。陶渊明《闲情赋》:"行云逝而无语,时～～而就过。"❷苟且因循。《晋书·慕容暐载记》:"～～偷荣。"

【奄欻】 yǎnxū 来去不定的样子。左思《吴都赋》:"慌罔～～。"

【奄奄】 yǎnyǎn 气息微弱的样子。李密《陈情事表》:"但以刘日薄西山,气息～～,人命危浅,朝不虑夕。"《聊斋志异·促织》:"但儿神气痴木,～～思睡。"

【奄迟】 yānchí 滞留,迟缓。《淮南子·兵略训》:"敌迫而不动,名之曰～～。"

兖 yǎn 中国古代九州之一。东汉置兖州,以后各代治地和区域大小时有不同。

匽 1. yǎn ❶隐匿。《说文·匚部》:"～,匿也。"❷通"偃"。止息。《汉书·天文志》:"天下～兵。"❸通"偃"。倒伏。《汉书·王吉传》:"冬则为风寒所～薄。"

2. yàn ❹排放污水的阴沟。《周礼·天官·宫人》:"为其井～。"❺厕所。李志常《长春真人西游记》:"一日数如～中。"

龑(龔) yǎn 人名用字。五代时南汉主刘龑所造,见《新五代史·南汉世家》。

俨(儼) yǎn ❶庄重。《诗经·陈风·泽陂》:"有美一人,硕大且～。"王延寿《鲁灵光殿赋》:"～雅跽而相对。"❷整齐。王勃《滕王阁序》:"～骖騑于上路,访风景于崇阿。"

【俨然】 yǎnrán ❶庄重的样子。东方朔《非有先生论》:"将～～作矜庄之色。"❷形容很像。汤显祖《牡丹亭·惊梦》:"是那处曾相见?相看～～。"《官场现形记》十回:"后来他丈夫在山东捐了官,当了差使,越发把他扬气的了不得,～～一位诰命夫人了。"

弇 1. yǎn ❶覆盖,遮蔽。《管子·八观》:"塞其涂,～其迹。"后作"揜"。❷承袭。《荀子·赋》:"法舜禹而能～迹者邪?"后作"揜"。❸深,深邃。《吕氏春秋·孟冬》:"其器宏以～。"又《仲冬》:"君子斋戒,处必～。"后作"揜"。❹器具口小腹大。《周礼·考工记·凫氏》:"[钟]～则郁。"❺狭窄,特指狭道。《左传·襄公二十五年》:"行及～中,将舍。"

2. yān ❻山名,又名弇兹山,在今甘肃省。

衍 yǎn ❶丰饶,盛多。《后汉书·刘焉传》:"财～则僭奢之情用。"王融《三月三日曲水诗序》:"盈～储邸,充仞郊虞。"[引]剩馀。《盐铁论·通有》:"财物流通,有以均之,是以多者不独～,少者不独馑。"❷由于传抄、排印错误而产生多馀字句称"衍"。《左传·僖公四年》"汉水以为池"阮元《校勘记》:"《释文》无'水'字。云:'或作"汉水以为池"','水'字～。"❸蔓延,扩大。张衡《东京赋》:"仁风～而外流,谊方激而遐骛。"《后汉书·杜笃传》:"霸王所以～功。"❹通"演",推演。《论衡·齐世》:"八卦难复因袭,故文王～为六十四首。"❺平坦的地方。曾巩《仙都观三门记》:"距城六七里,由绝岭而上,至其处,地反平宽～沃,可宫可田。"❻山坡。《汉书·郊祀志上》:"文公梦黄蛇自天下属地,其口止于鄜～。"

【衍更】 yǎngēng 演变。《论衡·验符》:"挺往助之,涉水未持,樽顿～～为盟盘,动见行入深渊中,复不见。"

【衍曼】 yǎnmàn 连绵不绝的样子。《史记·司马相如列传》:"～～流烂坛以陆离。"

【衍文】 yǎnwén 书籍中因为传抄、排版等错误造成的多馀字句。俞樾《古书疑义举例》卷五:"隐元年《左传》:'有文在其手曰:"为鲁夫人。"'按:'曰'字,～～也。"

【衍衍】 yǎnyǎn ❶宽裕盛多的样子。左思《魏都赋》:"丰肴～～,行庖皤皤。"❷行走的样子。《楚辞·七谏·自悲》:"驾青龙以驰骛兮,班～～之冥冥。"

【衍漾】 yǎnyàng 在水上漂浮荡漾。颜延之《车驾幸京口三月三日侍游曲阿后湖作》诗:"藐盼觀青崖,～～观绿畴。"

【衍溢】 yǎnyì ❶泛滥。《史记·封禅书》:"然河菑～～,害中国也尤甚。"❷充满。司马相如《上林赋》:"东注太湖,～～陂池。"

剡 1. yǎn ❶削。《史记·平原君虞卿列传》:"民困兵尽,或～木为矛矢。"马融《长笛赋》:"～其上孔通洞之,裁以当笯便易持。"(笯:马策。)❷锐利。张衡《东京赋》:"介驭间以～耜。"(介:车右。)❸锋芒。《国语·晋语二》:"大丧、大乱之～也,不可犯也。"❹编织。《淮南子·人间训》:"男子不得修农亩,妇人不得～麻考缕。"❺举起。《汉书·贾谊传》:"～手以冲仇人之匈。"

2. shàn ❻地名。古有剡县,故城在今浙江嵊州市西。

【剡移】 yǎnyí 见"扊扅"。

棪(檿) yǎn 木名。即柞树。《诗经·大雅·皇矣》:"攘之剔之,其～其柘。"

唅(噞) yǎn ❶鱼露出水面张口呼吸。《淮南子·主术训》:"夫水浊则鱼～,政苛则民乱。"❷吃。曹丕《诏群臣》:"今以荔枝赐将吏,～之则知其味薄矣。"❸猛烈。左思《魏都赋》:"抗旍则威～秋霜。"

【唅喁】 yǎnyóng ❶鱼露出水面张口呼吸的样子。苏轼《中秋月》诗之一:"寒鱼亦不睡,竟夕相～～。"❷鱼的代称。陆游《道中病疡久不饮酒至鱼梁小酌因赋长句》:"未尝脍～～,况敢烹郭索。"

嬐(嬐) 1. yǎn ❶庄严肃敬的样子。《说文·女部》:"～,敏疾也。一曰庄敬皃。"

2. yǐn ❷通"僸",仰望。司马相如《大人赋》:"～侵浔而高纵兮,纷鸿涌而上厉。"

淡 yǎn 见 dàn。

菴 yǎn 见 ān。

郾 yǎn 古地名。汉置郾县,隋改为郾城。《史记·苏秦列传》:"大王之地,南有鸿沟、陈、汝南、许、～。"

厣(厴) yǎn 蟹类腹部下面的薄盖。《广韵·琰韵》:"～,蟹腹下～。"

掞 yǎn 见 shàn。

掩 yǎn ❶遮蔽。宋玉《神女赋》:"西施～面,比之无色。"㉦隐蔽。《三国志·魏书·王淩传》:"大军～至百尺逼淩。"❷包庇。《左传·文公十八年》:"毁则为贼,～贼为藏。"㉦掩盖,掩饰。《战国策·东周策》:"管仲自为三归之家,以～桓公。"王褒《四子讲德论》:"嫫母倭傀,善誉者不能～其丑。"❸掩埋。《后汉书·质帝纪》:"方春戒节,赈济乏戹,～骼埋胔之时。"❹关闭。鲍照《东门行》:"居人～闺卧,行子夜中饭。"❺尽有,遍及。干宝《晋纪总论》:"通二方之险塞,～唐虞之旧域。"❻乘其不备进攻,袭击。《后汉书·袁绍传》:"及其未济,出兵～之,可令大溃。"《汉书·贾谊传》:"众～寡,智欺弱。"

【掩覆】 yǎnfù 遮掩,袒护。《三国志·魏书·中山恭王兖传》:"兄弟有不良之行,当造膝谏之。……其微过细故,当～～之。"

【掩盖】 yǎngài 遮掩,掩护。《战国策·东周策》:"宋君夺民时以为台,而民非之,无忠臣以～～之也。"

【掩口】 yǎnkǒu 缄默不语。《后汉书·阳球传》:"是以有识～～,天下嗟叹。"

【掩茂】 yǎnmào 太岁纪年法名称,相当于地支中的戌,古代用以纪年。《汉书·天文志》:"太岁在戌曰掩茂。"也作"阉茂"。

【掩苒】 yǎnrǎn 草丛被风吹拂的样子。柳宗元《袁家渴记》:"每风自四山而下,振动大木,～～众草。"

【掩讨】 yǎntǎo 乘其不备而讨伐。《三国志·魏书·武帝纪》:"～～逆节,折冲四海。"

【掩涕】 yǎntì 掩面流泪。形容非常悲痛。潘岳《西征赋》:"眷巩洛而～～,思缠绵于坟茔。"

【掩心】 yǎnxīn 护胸甲。《资治通鉴·后唐明宗长兴四年》:"[白]从荣大惊,命取铁～～擐之。"

【掩掩】 yǎnyǎn 香气浓郁的样子。宋玉

《高唐赋》:“越香～～。”

【掩抑】 yǎnyì 抑郁,低沉。杜甫《湘江宴饯裴二端公赴道州》诗:“促觞激万虑,～～泪潺湲。”白居易《琵琶行》:“弦弦～～声声思,似诉平生不得意。”

【掩映】 yǎnyìng 互相遮掩衬托。韩愈《谒衡岳庙遂宿岳寺题门楼》诗:“夜投佛寺上高阁,星月～～云朣胧。”柳永《夜半乐》词:“败荷零落,衰杨～～。”

暥(㬅) yǎn 见“暥睨”。

【暥睨】 yǎnnǐ 太阳运行的轨道,借指天道。《淮南子·要略》:“有符～～,兼稽时势之变。”

眼 yǎn ❶眼珠,眼睛。《史记·伍子胥列传》:“抉吾～县吴东门之上,以观越寇之入灭吴也。”李白《侠客行》:“～花耳热后,意气素霓生。”㊀目光,眼色。王仁裕《玉堂闲话》:“小仆掷～向僧。”❷喻日月。陆机《演连珠》之十三:“臣闻利～临云,不能垂照,朗璞蒙垢,不能吐辉。”❸小孔,洞穴。韩鄂《岁华纪丽·七夕》:“穿针～,挂犊鼻。”陆游《老学庵笔记》卷十:“第中窗上下及中一二～作方～。”❹量词。白居易《钱塘湖石记》:“湖中又有泉数十～。”❺见证,耳目。《水浒传》十八回:“连夜来到安乐村,叫了店主人作～,径奔到白胜家里。”又四十七回:“这酒店卻是梁山泊新添设做～的酒店。”

【眼大】 yǎndà 看不仔细。尚仲贤《柳毅传书》四折:“柳官人,你好～～也!”

【眼界】 yǎnjiè 视力所能看到的范围。方干《题报恩寺上方》诗:“来来先上上方看,～～无穷世界宽。”楼钥《次韵东坡武昌西山》诗:“凭高望远想宏放,～～四海空无埃。”

【眼脑】 yǎnnǎo 眼睛。无名氏《燕青博鱼》四折:“为什么干支剌吐著舌头,呆不腾瞪著～～。”

【眼学】 yǎnxué 指自己阅读。《颜氏家训·勉学》:“谈说制文,援引古昔,必须～～,勿信耳受。”

酓 yǎn ❶酒味苦。《广韵·琰韵》:“～,酒味苦也。”❷通“檿”。檿桑,即柞树。《史记·夏本纪》:“其篚～丝。”

偃 1. yǎn ❶仰卧。《诗经·小雅·北山》:“或息～在床,或不已于行。”欧阳修《画舫斋记》:“凡～休于吾斋者,又如～休乎舟中。”㊀向后倒,与“仆”相对。《左传·定公八年》:“与一人俱毙,～。”㊁放倒,倒下。《汉书·高帝纪上》:“于是沛公乃夜引军从他道还,～旗帜,迟明,围宛城三匝。”《论衡·顺鼓》:“天下雷雨,～禾拔木。”❷停止。《史记·律书》:“刑罚不可捐于国,诛伐不可～于天下。”❸通“掩”。关上。谢朓《休沐重还道中》诗:“岁华春有酒,初服～郊扉。”

2. yàn ❹通“匽”。储污水的坑池,厕所。柳宗元《天说》:“而又穴为～溲。”❺通“鼹”。《庄子·逍遥遊》:“～鼠饮河,不过满腹。”❻通“堰”,堤坝。《左传·襄公二十五年》:“规～豬。”❼通“宴”。安闲。《荀子·儒效》:“～然如固有之。”

【偃蹇】 yǎnjiǎn ❶高耸的样子。班固《西都赋》:“神明郁其特起,遂～～而上跻。”❷骄傲。《后汉书·赵壹传》:“～～反俗,立致咎殃。”❸不顺利、困顿。《后汉书·梁鸿传》:“窃闻夫子高义,简斥数妇,妾亦～～数夫矣。”《聊斋志异·三生》:“后婿中岁～～,苦不得售。”❹屈曲的样子。《楚辞·招隐士》:“桂树丛生兮山之幽,～～连蜷兮枝相缭。”卢照邻《于时春也慨然有江湖之思寄此赠柳九陇》诗:“晨攀～～树,暮宿清泠泉。”

【偃却】 yǎnquè 犹偃蹇,骄傲。《荀子·非相》:“足以为奇伟～～之属。”

【偃息】 yǎnxī 安卧。《三国志·魏书·管宁传》:“环堵筚门,～～穷巷。”左思《咏史》之三:“吾希段干木,～～藩魏君。”

【偃衍】 yǎnyǎn 杂乱纷繁。扬雄《蜀都赋》:“～～檄曳。”

【偃仰】 yǎnyǎng 俯仰,指随遇而安,与世无争。高诱《淮南鸿烈解·要略》:“诚喻至意,则有以倾侧～～世俗之间,而无伤乎谗贼螫毒者也。”

【偃月】 yǎnyuè ❶半弦月。《新唐书·李林甫传》:“林甫有堂如～～,号月堂。”❷半月形的额骨,相法认为是极贵之相。《战国策·中山策》:“若乃其眉目准頞权衡,犀角～～。”❸营阵名,形如偃月,故名。《乐府诗集·相和歌辞·从军行》:“平明～～屯右地,薄暮鱼丽逐左贤。”

渰 1. yǎn ❶见“渰渰”。

2. yān ❷通“淹”。淹没。《梁书·曹景宗传》:“值暴风卒起,颇有～溺。”

【渰渰】 yǎnyǎn 云起的样子。王令《渰渰》诗:“～～轻云弄落晖,坏檐巢满燕来归。”

閹 yǎn 见 àn。

扊 yǎn 见“扊扅”。

【扊扅】 yǎnyí 门栓。陆游《苦贫戏作》诗:“儿能解事甘藜藿,婢苦无心睨～～。”也作

"剡移"。《颜氏家训·书证》："案蔡邕《月令章句》曰：'键，关牡也，所以止扉，或谓之～～。'"

琰 yǎn 琰圭，一种上端尖锐而有锋芒的玉器。刘峻《辩命论》："火炎昆岳，砾石与琬～俱焚。"

【琰琰】 yǎnyǎn 有光泽的样子。夏侯湛《雀钗赋》："黛玄眉之～～，收红颜而发色。"

棪 yǎn 木名。《山海经·南山经》："又东三百里曰堂庭之山，多～木。"

覃 yǎn 见tán。

揜 yǎn ❶覆而取之。《战国策·楚策一》："昔者叶公子高，……恢先君以～方城之外，四封不侵，名不挫于诸侯。"❷遮蔽，掩盖。《吕氏春秋·贵生》："故雷则～耳，电则～目，此其比也。"欧阳修《苏氏文集序》："而物亦不能～也。"❸承袭。《战国策·魏策一》："不～能士之迹。"❹深，深邃。《吕氏春秋·仲夏》："君子斋戒，处必～。"❺困迫。《战国策·楚策四》："襄王流～于城阳。"❻掩埋。《吕氏春秋·孟春》："～骼霾髊。"（霾：埋。）❼捕杀。《礼记·王制》："诸侯不～群。"

龂 yǎn 见yín。

晻 yǎn 见àn。

嵃 yǎn 险峻。郭璞《江赋》："厓隒为之泐～。"

嬐 yǎn 见ān。

裺 1. yǎn ❶小儿涎衣，即围嘴儿。《方言》卷四："～谓之襦。"❷衣服的贴边。《方言》卷四："悬～谓之缘。"

2. ān ❸见"裺篼"。

【裺篼】 āndōu 饮马器皿。《方言》卷五："饮马橐，自关而西谓之裺囊，或谓之～～。"

齞(齴) yǎn 张口露齿的样子。宋玉《登徒子好色赋》："～脣历齿。"

罨 yǎn ❶一种鱼网。周处《风土记》："～……，敛口，从水上掩而取者也。"❷用网捕取。左思《蜀都赋》："～翡翠，钓鰋鲉。"❸覆盖。苏轼《猪肉颂》："净洗铛，少着水，柴头～烟焰不起。"

演 yǎn ❶长流。木华《海赋》："东～析木。"㊀延及。江淹《为萧太傅谢追赠父祖表》："泽～庆世。"❷延续。班固《西都赋》："奉春建策，留侯～成。"❸扩大，推演。《后汉书·荀淑传》："先王光～大业。"曹丕《典论·论文》："故西伯幽而～易，周旦显而制礼。"❹阐发。曹植《七启》："～声色之妖靡，论变化之至妙。"❺滋润。《史记·周本纪》："土无所～，民乏财用，不亡何待？"❻运用。《三国志·魏书·武帝纪》："太祖运筹～谋，鞭挞宇内。"

【演畅】 yǎnchàng 引申发挥，使之畅达。曾巩《辞中书舍人》："皆择当世聪明隽乂、工于言语文学之臣，使之敷扬～～，被于简册。"

【演化】 yǎnhuà 推广教化。王勃《常州刺史平原郡开国公行状》："分宣～～，卧理切于宸谋。"

【演撒】 yǎnsǎ 勾搭。王实甫《西厢记》五本三折："这妮子拟定与那酸丁～～。"

【演漾】 yǎnyàng 流动起伏的样子。白居易《春池闲汎》诗："浅怜清～～，深爱绿澄泓。"

【演迤】 yǎnyí ❶延伸。韩愈《蓝田县丞厅壁记》："泓涵～～，日大以肆。"❷流布。《辽史·食货志下》："由是国家之钱，～～域中。"

【演义】 yǎnyì 阐发原来的义理。潘岳《西征赋》："灵壅川以止斗，晋～～以献说。"（斗：指谷洛二水相斗。）

鷃(鶠) yǎn 凤凰。《尔雅·释鸟》："～，凤，其雌皇。"

縯(縯) 1. yǎn ❶延长。《广韵·狝韵》："～，长也。"

2. yǐn ❷引进。汉光武兄縯，字伯升，即取引进为义。《后汉书·齐武王縯传》李贤注："～，引也。"

魘(魘) 1. yǎn ❶因做恶梦而惊叫。王安石《游土山示蔡天启秘校》诗："或叫号而寤，或哭泣而～。"

2. yè ❷以巫术驱除邪恶。《聊斋志异·画皮》："意道士借～禳以猎食者。"

蝘 yǎn 蝉一类的昆虫。《诗经·大雅·荡》毛亨传："螗，～也。"

【蝘蜓】 yǎndiàn 守宫，俗称壁虎。扬雄《解嘲》："执～～而嘲龟龙。"

巘(巘) yǎn 山峰。张协《七命》："于是登绝～，溯长风。"

鰋(鰋) yǎn 鱼名。张衡《西京赋》："然后钓鲂鳢，䌪～鲉。"

黶(黶) yǎn ❶昏暗，暗黑。王延寿《鲁灵光殿赋》："屹铿瞑以勿罔，屑～翳以懿濞。"《宋书·颜延之传》："贫之病也，不惟颜色粗～，或亦神心沮废。"❷黑痣。《史记·高祖本纪》"左股有七十二黑子"张守节《正义》："许北人呼为～子，吴楚谓之志。"

黶 yǎn　青黑色。蔡邕《述行赋》："玄云～凝结兮，零雨集以溱溱。"

黭 yǎn　❶黑色。《说文·黑部》："～，果实黭黯黑也。"❷暗昧，愚昧。王褒《四子讲德论》："鄙人～浅，不能究识。"❸通"奄"。突然。《荀子·彊国》："～然而雷击之。"

鼴（鼹） yǎn　田鼠。又叫鼢鼠。韦庄《又玄集序》："自惭乎～腹易盈。"

厌（厭） 1. yàn　❶饱。后作"餍"。《老子·五十三章》："～饮食，财货有馀，是谓盗夸。"《史记·孟尝君列传》："今君后宫蹈绮縠而士不得短褐，仆妾馀粱肉而士不～糟糠。"❷满足。《战国策·魏策三》："夫秦何～之有哉?"❸心服。见"厌服"。❹讨厌，厌恶。《史记·律书》："会高祖～苦军事。"《后汉书·献帝纪论》："天～汉德久矣，山阳其何诛焉。"㉿嫌。曹操《短歌行》："山不～高，水不～深。"❺茂盛的样子。《诗经·周颂·载芟》："有～其杰。"（杰：先出土的幼苗。）

2. yǎn　❻梦魇。即做恶梦，后作"魇"。《论衡·问孔》："适有卧～不悟者。"

3. yān　❼安定。《荀子·儒效》："天下～然犹一也。"❽通"奄"。忽然。无名氏《冯玉兰》一折："晕的呵眉黛颦，～的呵神思昏。"

4. yā　通"压"。❾压住。《荀子·彊国》："黭然而雷击之，如墙～之。"❿抑制，镇压。《汉书·翼奉传》："东～诸侯之权，西远羌胡之难。"《三国志·魏书·武帝纪》注引《曹瞒传》："特当借君死以～众，不然事不解。"㉿制服妖邪。《三国志·魏书·明帝纪》注引《汉晋春秋》："于是大修禳祷之术以～焉。"⓫压迫。《老子·七十二章》："无狎其所居，无～其所生。"⓬堵塞。《荀子·修身》："～其源，开其渎，江河可竭。"⓭按捺。潘岳《笙赋》："泄之反谧，～焉乃扬。"后作"擪"。

5. yì　⓮见"厌浥"。

【厌代】　yàndài　即"厌世"，死的委婉说法。唐人为避唐太宗李世民讳，改"世"为"代"。《新五代史·晋家人传》："不幸先帝～～，嗣子承祧。"

【厌旦】　yàndàn　黎明。《荀子·儒效》："暮宿于百泉，～～于牧之野。"

【厌服】　yànfú　心服。《论衡·是应》："皋陶欲神事助政，恶受罪者之不～～，因觟𧣾触人则罪之，欲人畏之不犯。"

【厌合】　yànhé　满足，迎合。《论衡·顺鼓》："实论者谓之未必真是，然而为之，～～人意。"

【厌快】　yànkuài　满足并感到快乐。《后汉书·酷吏传序》："若此之类，虽～～众愤，亦云酷矣。"

【厌世】　yànshì　厌恶人间生活。《庄子·天地》："千岁～～，去而上仙。"后"厌世"成为死的委婉说法。颜延之《为湘州祭虞舜文》："百龄～～，万里陟方。"

【厌事】　yànshì　指使生活丰足。《后汉书·华陀传》："因托妻疾，数期不至，操累书呼之，又敕郡县发遣，佗恃能～～，犹不肯至。"（厌事：《三国志·魏书·华佗传》作"厌食事"。）

【厌厌】　yànyàn　美盛的样子。《诗经·周颂·载芟》："～～其苗，緜緜其麃。"

【厌厌】　yǎnyǎn　通"奄奄"。❶微弱的样子。《汉书·李寻传》："列星皆失色，～～如灭。"❷精神不振的样子。《世说新语·品藻》："曹蜍、李志虽见在，～～如九泉下人。"

【厌昧】　yǎnmèi　蒙蔽。《三国志·蜀书·刘备传》："人神无主，遏绝王命，～～皇极，欲盗神器。"

【厌当】　yādāng　以迷信方法制止可能出现的灾祸。《北史·房豹传》："并自投于水，冀以～～之。"也作"猒当"。《汉书·高帝纪上》："秦始皇帝尝曰'东南有天子气'，于是东游以～～之。"

【厌难】　yānàn　压服困难。《汉书·杜邺传》："其于为国折冲～～，岂不远哉?"

【厌塞】　yāsāi　压倒。《后汉书·光武帝纪下》："明亲亲，尊宗庙，重社稷，应古合旧，～～众心。"

【厌胜】　yāshèng　以巫术制胜。《宋书·文帝路淑媛传》："先是晋安王子勋未平，巫者谓宜开昭太后陵以为～～。"

【厌浥】　yìyì　潮湿。《诗经·召南·行露》："～～行露，岂不夙夜，谓行多露。"皮日休《桃花赋》："玉露～～，妖红坠湿。"

彦 yàn　❶有才德。《尚书·秦誓》："人之～圣，其心好之。"❷贤士。《后汉书·班固传》："盖清庙之光晖，当世之俊～也。"李商隐《道士胡君新井碣铭》："君更以我辈数人，一时之～。"

砚（硯） yàn　❶砚台。高適《走马川奉送封大夫出师西征》诗："五花连钱旋作冰，幕中草檄～水凝。"韩偓《疎雨》诗："卷帘燕子穿人去，洗～鱼儿触手来。"❷制作砚台。柳宗元《柳州山水近治可游者记》："其壁曰龙壁，其下多秀石，可～。"

【砚席】　yànxí　❶砚台与坐席。《北史·元晖传》:“周文礼之,命与诸子遊处,每同～～,情契甚厚。”也作“研席”。《晋书·刘弘传》:“少家洛阳,与武帝同居永安里,又同年,共～～。”❷泛指学问。温庭筠《上学士舍人启》之二:“空持～～,莫识津涂。”

宴 yàn ❶安逸,闲适。《老子·二十六章》:“虽有荣观,～处超然。”《汉书·贾山传》:“大臣不得与～游。”❷快乐。《左传·成公二年》:“衡父不忍数年之不～。”❸以酒食待客。《国语·晋语九》:“三卿～于兰台。”吴质《在元城与魏太子笺》:“前蒙延纳,侍～终日。”❹通“晏”。晚。《管子·立政》:“宪既布,乃发使者致令,以布宪之日,早～之时。”

【宴安】 yàn'ān 安逸。《汉书·景十三王传赞》:“是故古人以～～为鸩毒。”亦作“晏安”。陶渊明《答庞参军》诗之五:“岂忘～～,王事靡宁。”亦作“燕安”。文同《送郭方叔南充簿》诗:“簿领无烦壅,图书好～～。”

【宴尔】 yàn'ěr 安乐的样子。《诗经·邶风·谷风》:“～～新昏,如兄如弟。”亦作“燕尔”。王实甫《西厢记》二本二折:“婚姻自有成,新婚～～安排定。”

【宴货】 yànhuò 宴会时赠送的礼物。《国语·周语中》:“于是乎有折俎加豆,酬币～～,以示容合好。”

【宴见】 yànjiàn 帝王在闲暇时召见臣子。《汉书·汲黯传》:“丞相弘～～,上或时不冠。”(宴见:《史记·汲郑列传》作“燕见”。)亦作“讌见”。《后汉书·鲁恭传》:“迁侍中,数召～～。”

【宴居】 yànjū 退朝而居,闲居。张协《七命》:“此盖～～之浩丽,子岂能从我而处之乎?”也作“燕居”。《吕氏春秋·重言》:“成王与唐叔虞～～,援梧叶以为珪,而授唐叔虞曰:‘余以此封女。’”

【宴婉】 yànwǎn 见“燕婉”。

【宴飨】 yànxiǎng ❶宴请宾客。《国语·周语中》:“亲戚～～,则有肴烝。”❷指鬼神受享祭祀的酒食。《后汉书·班彪传》:“上帝～～,五位时序。”

【宴语】 yànyǔ 闲谈。《国语·周语中》:“交酬好货皆厚,饮酒～～相说也。”亦作“讌语”。《后汉书·马武传》:“帝后与功臣诸侯～～。”

【宴坐】 yànzuò ❶闲坐,坐而闲谈。宋之问《早秋上阳宫侍宴序》:“于是宁～～,展豫游。”也作“讌坐”。《战国策·齐策三》:“孟尝君～～。”❷佛教禅宗称坐禅为宴坐。《维摩经·弟子品》:“心不住内,亦不在外,是为～～。”

艳(豔、艷) yàn ❶漂亮,美丽。《左传·文公十六年》:“公子鲍美而～,襄夫人欲通之。”《论衡·累害》:“是故魏女色～,郑袖劓之。”[引]美而聪慧的人。繁钦《与魏文帝笺》:“凄入肝脾,哀感顽～。”[又]美女。李白《经乱离后天恩流夜郎忆旧游书怀赠江夏韦太守良宰》诗:“吴娃与越～,窈窕夸铅红。”❷光彩照人的样子。江淹《别赋》:“珠与玉兮～暮秋,罗与绮兮娇上春。”❸文辞华美。陆机《文赋》:“虽一唱而三叹,固既雅而不～。”❹喜爱。《淮南子·精神训》:“献公～骊姬之美。”[又]羡慕。宋濂《送东阳马生序》:“略无慕～之意。”❺乐曲的引子,泛指乐曲。颜延之《车驾幸京口三月三日侍游曲阿后湖作》诗:“江南进荆～,河激献赵讴。”

唁 yàn ❶对遭受非常变故者表示慰问。《左传·昭公三十年》:“吴子～而送之。”柳宗元《对贺者》:“柳子以罪贬永州,有自京师来者,既见曰:‘予闻子坐事逐,予适将～子,今予视子之貌浩浩然也,能是达矣。予无以～,敢更以为贺。’”❷后专指对遭遇丧事者进行慰问。《宋史·苏颂传》:“遭母丧,帝遣中贵人～劳。”

晏 yàn ❶晴朗。《吕氏春秋·诬徒》:“国无恒心,若～阴喜怒无处。”《论衡·超奇》:“天～,列宿焕炳;阴雨,日月蔽匿。”❷鲜艳的样子。《诗经·郑风·羔裘》:“羔裘～兮,三英粲兮。”❸安宁,安逸。陆倕《新刻漏铭》:“河海夷～,风云律吕。”曾巩《移沧州过阙上殿劄子》:“故传天下之日,不陈一兵,不宿一士,以戒非常,而上下～然,殆古所未有。”❹晚。《国语·越语下》:“蚤～无失,必顺天道。”《汉书·东方朔传》:“大官丞日～不来。”

【晏安】 yàn'ān 见“宴安”。

【晏晡】 yànbū 傍晚。《素问·标本病传论》:“冬大晨,夏～～。”

【晏朝】 yàncháo 晚朝。杜甫《寄董卿嘉荣十韵》:“海内久戎服,京师今～～。”

【晏驾】 yànjià 帝王死的委婉说法。《汉书·江充传》:“充见上年老,恐～～后为太子所诛。”

【晏如】 yànrú 安定的样子。《三国志·魏书·陈思王植传》:“方今天下一统,九州～～。”陶渊明《五柳先生传》:“短褐穿结,箪瓢屡空,～～也。”

【晏温】 yànwēn 天气晴朗暖和。《史记·孝武本纪》:“至中山,～～,有黄云盖焉。”

【晏闲】 yànxián 闲暇。《庄子·知北遊》:“今日～～,敢问至道。”

【晏衍】　yànyǎn　怪异之声。《汉书·扬雄传下》："抑止丝竹～～之乐。"

【晏晏】　yànyàn　❶安宁的样子。《论衡·恢国》："唐之～～，舜之烝烝，岂能逾此？"❷温和的样子。《后汉书·第五伦传》："陛下即位，躬天然之德，体～～之姿。"❸鲜明的样子。《楚辞·九辩》："被荷裯之～～兮，然潢洋而不可带。"

【晏旸】　yànyáng　晴朗。《论衡·佚文》："天～～者，星辰晓烂。"

【晏朝】　yànzhāo　日落时。《孔子家语·曲礼公西赤问》："质明而始行事，～～而彻。"

俺　1. yàn　❶大。《说文·人部》："～，大也。"

2. ǎn　❷我，我们。《七国春秋平话》卷下："吾布一阵，你若知会，～便降你。"《刘知远诸宫调》卷二："众村人言：'～与收着。'"

验（驗）　yàn　❶检验。班彪《王命论》："历古今之得失，～行事之成败。"⊗察看。《史记·孝武本纪》："上使人微随～，实无所见。"❷试验。《史记·秦始皇本纪》："赵高欲为乱，恐群臣不听，乃先设～。"⊗考验。《后汉书·袁绍传》："此诚愚臣效命之一～也。"❸效果。《汉书·楚元王传》："上令典尚方铸作事，费甚多，方不～。"❹证据。《后汉书·张霸传》："后以事无～，见原还家。"㉛证件。《史记·商君列传》："商君之法，舍人无～者坐之。"❺证明。《汉书·董仲舒传》："善言古者必有～于今。"

【验方】　yànfāng　有效的药方。元稹《巴蛇》诗序："～～云：'攻巨蟒用雄黄烟，被其脑则裂。'"

【验问】　yànwèn　❶审问。《史记·梁孝王世家》："天子下吏～～，有之。"❷调查。《史记·孟尝君列传》："湣王乃惊，而踪迹～～，孟尝君果无反谋，乃复召孟尝君。"

【验治】　yànzhì　考问。《汉书·于定国传》："吏捕孝妇，孝妇辞不杀姑。吏～～，孝妇自诬服。"

【验左】　yànzuǒ　❶证据。《新唐书·严郢传》："泰芝言承鼎～～不存。"❷作证。《新唐书·窦参传》："湖南观察使李巽故与参隙，以状闻，又中人为之～～。"

鴳（鷃）　yàn　小鸟名。也称鴳雀、斥鴳、尺鴳、篱鴳。《国语·晋语八》："平公射～不死。"

烻　1. yàn　❶光炽盛的样子。王延寿《鲁灵光殿赋》："丹柱歙赩而电～。"

2. shān　❷闪光的样子。何晏《景福殿赋》："晨光内照，流景外～。"

谚（諺）　yàn　❶谚语。《汉书·贾谊传》："鄙～曰：'不习为吏，视已成事。'"❷通"喭"。粗俗。《后汉书·刘宽传》："宽简略嗜酒，不好盥浴，京师以为～。"❸通"喭"，勇猛。曾巩《本朝政要策·契丹》："间有窥塞之谋，虏骑六万，太祖命田钦祚以三千人破之，当世以为～。"❹通"唁"，吊丧。《文心雕龙·书记》："丧言亦不及文，故吊以称～。"

祆（𧞤）　yàn　一种驱除邪恶的祭祀名称。《辽史·礼志三》："将行，牝牡麃各一为～祭。"

焱　yàn　火花，火焰。陈琳《答东阿王笺》："音义既远，清辞妙句，～绝焕炳。"曹植《七启》："腾山赴壑，风厉～举。"

【焱焱】　yànyàn　光彩闪烁的样子。班固《东都赋》："～～炎炎，扬光飞文。"

焰（燄）　yàn　❶火苗。潘岳《马汧督诔》："锸未见锋，火以起～。"❷比喻气势。王世贞《奉送按察副使耿公迁河上谷序》："会中土有操瀵戊谋者，势～张甚。"

【焰焰】　yànyàn　火苗初起的样子。《孔子家语·观周》："～～不灭，炎炎若何。"

堰（隁）　yàn　❶挡水的低坝。高適《自淇涉黄河途中作》诗之八："古～对河壖，长林出淇口。"❷筑堰挡水。卢照邻《行路难》诗："谁家能驻西山日，谁家能～东流水？"

雁（鴈）　yàn　❶大雁。《庄子·山木》："命竖子杀～而烹之。"《荀子·富国》："然后飞鸟凫～若烟海。"❷通"赝"。假造的。《韩非子·说林下》："齐伐鲁，索谗鼎，鲁以其～往。齐人曰：'～也。'鲁人曰：'真也。'"（谗：鼎名。）

【雁帛】　yànbó　指书信。柳贯《舟中睡起》诗："江驿比来无～～，水乡随处有鱼罾。"

【雁齿】　yànchǐ　形容事物如雁行有次序。白居易《答客望杭州》诗："大屋詹多装～～，小航船亦画龙头。"

【雁行】　yànháng　❶雁的行列，比喻摆开阵形。曹操《蒿里行》："军合力不齐，踌躇而～～。"《三国志·魏书·袁绍传》注引《汉晋春秋》："战为～～，赋为币主。"❷比喻以次行进。《战国策·魏策三》："今韩受兵三年矣，秦挠之以讲，韩知亡，犹弗听，投质于赵，而请为天下～～顿刃。"❸居于前列。《晋书·王羲之传》："我书比钟繇当抗行，比张芝草犹当～～也。"

【雁户】　yànhù　流浪他乡而无定居的民户。刘禹锡《洛中送崔司业使君扶侍赴唐州》

诗："洛苑鱼书至，江村～～归。"

【雁序】 yànxù ❶飞雁的行列。杜甫《天池》诗："九秋惊～～，万里狎鱼翁。"❷比喻兄弟。楼钥《祭叔父郴州文》："～～彫零，门户亦替。"

【雁字】 yànzì 飞雁的行列。雁飞时排成"人"字或"一"字形，故称"雁字"。李清照《一剪梅》词："～～回时，月满西楼。"

喭 yàn ❶粗鲁。《史记·仲尼弟子列传》："柴也愚，由也～。"❷通"唁"。对遭受不幸者表示慰问。《世说新语·任诞》："下席于地，哭～毕便去。"❸通"谚"，谚语。《后汉书·虞诩传》："～曰：'关西出将，关东出相。'"

猒 1. yàn ❶饱，满足。后作"厌(厭)"、"餍(饜)"。嵇康《琴赋并序》："滋味不～，而此不倦。"欧阳修《释秘演诗集序》："酣嬉淋漓，颠倒而不～。"㉦讨厌。后作"厌(厭)"。《后汉书·范升传》："将恐陛下必有～倦之听。"❷服。《后汉书·桓荣传》："每以礼让相～。"❸欺骗。《淮南子·主术训》："是以君臣弥久而不相～。"

2. yā ❹压制。见"猒当"。

【猒猒】 yànyàn 安静的样子。《荀子·儒效》："～～兮其长久也。"

【猒当】 yādāng 见"厌当"。

滟(灩) yàn 见"滟滟"、"潋滟"。

【滟滟】 yànyàn 水波摇动的样子。张若虚《春江花月夜》诗："～～随波千万里，何处春江无月明。"欧阳修《送胡学士知湖州》诗："挂帆千里风，水阔江～～。"

傿 1. yàn ❶吝惜。《后汉书·崔骃传》注："靳，固惜之也。靳或作～。"

2. yān ❷通"鄢"，地名。《汉书·地理志上》载陈留郡属县有十七，傿为其中之一。颜师古注引应劭曰："郑伯克段于鄢是也。"参见"鄢"。

隁 yàn ❶通"堰"，堤岸。《后汉书·董卓传》："乃于所度水中伪立～，以为捕鱼。"❷周代国名，在今河南省鄢陵县境。《国语·周语中》："昔～之亡也，由仲任。"❸战国时楚地，在今湖北宜城市西南。《史记·六国年表》："楚顷襄王二十年，秦拔～、西陵。"

墕 yàn 同"堰"。堤岸。苏舜钦《涟水军新脑记》："～埭堤阏作堋树栅之制，见于旧史也。"

酽(釅) yàn ❶酒醋等流体味道浓。苏轼《答秦太虚书》："村酒亦自醇～，柑橘椑柿极多。"❷色彩浓。葛长庚《春词》："红～海棠明似雪，翠娇杨柳暗如烟。"

【酽白】 yànbái 纯白。向子諲《酒边词》："竹孤青，梅～～。"

焰(爓) 1. yàn ❶火焰。左思《蜀都赋》："高～飞煽于天垂。"

2. qián ❷煮至半熟的祭肉。《礼记·礼器》："三献～，一献孰。"

谳(讞) yàn ❶评判。柳宗元《驳复仇议》："向使刺～其诚伪，考正其曲直，原始而求其端，则刑礼之用，判然离矣。"❷判案。《汉书·于定国传》："定国食酒至数石不乱，冬月请治～，饮酒益精明。"《后汉书·百官志二》："凡郡国～疑罪，皆处当以报。"

【谳谳】 yànyàn 清正的样子。石介《庆历圣德颂》："惟脩惟靖，立朝～～。"

餍(饜) yàn ❶饱。《战国策·齐策四》："士三食不得～，而君鹅鹜有馀食。"《史记·张仪列传》："一岁不收，民不～糟糠。"❷满足。《战国策·燕策三》："非尽天下之地，臣海内之王者，其意不～。"❸厌恶。《汉书·叔孙通传》："通知上益～之。"

鷃(鴳) yàn 鸟名。卢照邻《对蜀父老问》："乐～以钟鼓，不如栖之深林也。"

燕 1. yàn ❶燕子。《汉书·临江闵王刘荣传》："～数万衔土置冢上。"❷通"宴"。安定，闲适。《后汉书·班固传》："亦以宠灵文武，贻～后昆。"❸通"宴"。宴会，以酒食待客。《史记·齐悼惠王世家》："尝入侍高后～饮。"❹通"宴"。乐，娱乐。《韩非子·难三》："而俳优侏儒，固人主之所与～也。"❺亵渎。《礼记·学记》："～朋逆其师。"

2. yān ❻周代诸侯国名。❼见"燕脂"、"燕支"。

【燕安】 yàn'ān 见"宴安"。

【燕出】 yànchū 微服出行。《汉书·王嘉传》："孝成皇帝时，谏臣多言～～之害。"

【燕尔】 yàn'ěr 见"宴尔"。

【燕贺】 yànhè 《淮南子·说林训》有"大厦成而燕雀相贺"之语，后便用"燕贺"祝贺新房落成。也泛指庆贺。崔融《代家奉御贺明堂成表》："成辄相欢，窃同于～～。"杜甫《奉贺阳城郡王太夫人恩命加邓国太夫人》诗："紫诰鸾迴纸，清朝～～人。"

【燕见】 yànjiàn 见"宴见"。

【燕居】 yànjū 见"宴居"。

【燕申】 yànshēn 指闲居。《论语·述而》："子之燕居，申申如也，夭夭如也。""申申"、

"夭夭",均和舒之貌。后遂以"燕申"指闲居。李觏《陈次公墓志铭》:"先生～～讲解,严重慎密,弟子畏之。"

【燕私】 yànsī ❶祭祀后宴请同姓。《诗经·小雅·楚茨》:"诸父兄弟,备言～～。"❷在寝室安息。《汉书·谷永传》:"损～～之闲,以劳天下。"

【燕婉】 yànwǎn 安详和顺。多指温柔的美女。《诗经·邶风·新台》:"～～之求,籧篨不鲜。"亦作"嬿婉"。刘琨《答卢谌诗》:"郁穆旧姻,～～新婚。"苏轼《和子由园中草木》之一:"吾闻东山傅,置酒携～～。"亦作"宴婉"。曹植《七启》:"佩兰蕙兮为谁修,～～绝兮我心愁。"

【燕翼】 yànyì 辅佐。《周书·宣帝纪》:"庶几聿修之志,敢忘～～之心?"

【燕语】 yànyǔ 闲谈。《汉书·孔光传》:"沐日归休,兄弟妻子～～,终不及朝省政事。"

【燕说】 yānshuō 指穿凿附会之说。《韩非子·外储说左上》:"故先王有郢书,而后世多～～。"黄庭坚《奉和文潜赠无咎篇末……为韵》:"谈经用～～,束弃诸儒传。"

【燕支】 yānzhī 见"胭脂"。

【燕脂】 yānzhī 见"胭脂"。

赝(贋、贗) yàn 伪造的,假的。岳珂《桯史·冰清古琴》:"余觉叶意,知其有～。"茅坤《韩文公文钞引》:"其患在剿而～。"

【赝本】 yànběn 伪造或仿造的书画。楼钥《跋汪季路所藏修禊序》诗:"～～满东南,琐琐不足呈。"

【赝鼎】 yàndǐng 仿造或伪造之物。方薰《山静居画论》卷下:"高詹事题白阳山人画后云:宋元之迹,太半为～～。"

谳(讌) yàn ❶通"宴"。宴会。《后汉书·和熹邓皇后纪》:"每有～会,诸姬贵人竞自修整。"左思《吴都赋》:"里～巷饮,飞觞举白。"❷通"宴"。安逸,闲适。见"谳坐"。

【谳见】 yànjiàn 见"宴见"。

【谳语】 yànyǔ 见"宴语"。

【谳坐】 yànzuò 见"宴坐①"。

嚥 yàn 通"咽"。吞。《论衡·效力》:"渊中之鱼,递相吞食,度口所能容,然后～之。"苏轼《栖贤三峡桥》诗:"垂饼得清甘,可～不可漱。"

嬿 yàn 美好。枚乘《七发》:"～服而御。"

【嬿婉】 yànwǎn 见"燕婉"。

曣 yàn 晴暖无云。《史记·封禅书》:"至中山,～嗢,有黄云盖焉。"

鷰(鷰) yàn "燕"的俗字。燕子。《后汉书·舆服志上》:"王、公、列侯……绛扇汗,青翅～尾。"

醼 yàn 同"宴"。宴饮。枚乘《七发》:"往来游～,纵恣于曲房隐间之中。"

鱴 yàn "燕"的讹字。《吕氏春秋·本味》:"雟～之翠。"

yang

央 1. yāng ❶中间。张衡《西京赋》:"渐台立于中～。"❷尽。《吕氏春秋·知化》:"虽胜之,其后患未～。"杨炯《幽兰赋》:"度清夜之未～,酌兰英以奉君。"❸请求。王实甫《西厢记》三本一折:"我如今～红娘去书院里,看他说甚么。"

2. yīng ❹见"央央"。

【央渎】 yāngdú 出水沟。《荀子·正论》:"今人或入其～～,窃其猪彘。"

【央央】 yāngyāng ❶声音和谐的样子。《诗经·周颂·载见》:"龙旂阳阳,和铃～～。"❷宽广的样子。司马相如《长门赋》:"览曲台之～～。"

【央央】 yīngyīng 鲜明的样子。《诗经·小雅·出车》:"出车彭彭,旂旐～～。"

泱 1. yāng ❶水流奔腾的样子。郭璞《江赋》:"潏湟淴～。"

2. yǎng ❷见"泱轧"、"泱漭"。

【泱泱】 yāngyāng ❶宏大的样子。《汉书·地理志下》:"吴札闻齐之歌,曰:'～～乎,大风也哉! 其太公乎? 国未可量也。'"❷深广的样子。张衡《东京赋》:"造舟清池,惟水～～。"❸云气兴起的样子。潘岳《射雉赋》:"天～～以垂云。"

【泱漭】 yǎngmǎng ❶广大的样子。曹植《七启序》:"经迥漠,出幽墟,入乎～～之野。"木华《海赋》:"～～澹泞,腾波赴势。"❷昏暗不明的样子。谢朓《京路夜发》诗:"晓星正寥落,晨光复～～。"

【泱轧】 yǎngyà 弥漫。司马相如《大人赋》:"滂濞～～。"

【泱郁】 yǎngyù 云气兴起的样子。《汉书·息夫躬传》:"玄云～～,将安归兮!"

呥 yāng ❶应答声。《广韵·唐韵》:"～,应声。"❷见"呥咽"。

【呥咽】 yāngyē 水流堵塞不通。左思《魏都赋》:"山阜猥积而崎岖,泉流迸集而～～。"

殃 yāng ❶灾祸。班彪《北征赋》:"彼何生之优渥,我独罹此百～。"韩愈《与孟尚书书》:"积善积恶,～庆自各以其类至。"

❷罚。《左传·襄公二十八年》："善人富谓之赏，淫人富谓之～，天其～之也。"㊂过错。张衡《思玄赋》："行颇僻而获志兮，循法度而离～。"（颇：邪。）❸使受损害。《孟子·告子下》："不教民而用之，谓之～民。"

【殃祸】 yānghuò 灾祸。《论衡·福虚》："五月举子，其父不死，则知见两头蛇者，无～～也。"

【殃咎】 yāngjiù 祸害。《后汉书·冯衍传上》："～～之毒，痛入骨髓。"

鸯（鴦） yāng 见"鸳鸯"。

铁（鉄） yāng 见"铁铁"。

【铁铁】 yāngyāng 铃声。张衡《东京赋》："和铃～～。"

秧 yāng 禾类的幼苗。王阮《谢赵宰拜襄敏墓并留题》诗之一："丽日借黄催麦垅，惠风吹绿散～田。"

狭 yāng 见"狭狭"。

【狭狭】 yāngshì 貉的别名。《尔雅·释兽》郭璞注："今江东呼貉为～～。"

鞅（鞅） yāng 见"鞅轧"。

【鞅轧】 yāngyà 鱼名。又名黄鲿鱼、黄颡鱼。无鳞，以群游作声轧轧而名。见《本草纲目·鳞·黄颡鱼》。

鞅 1. yāng ❶马拉车时套在马脖子上（一说在马腹上）的皮带。《左传·僖公二十八年》："晋车七百乘，韅靷～靽。"又《宣公十二年》："代御执辔，御下两马，掉～而还。"❷见"鞅掌"。

2. yàng ❸通"快"。见"鞅鞅"。

【鞅掌】 yāngzhǎng 繁忙劳累。《三国志·吴书·吕岱传》："加以文书～～，宾客终日，罢不舍事，劳不言倦。"《宋史纪事本末·太祖代周》："久临剧镇，王事～～。"

【鞅鞅】 yàngyàng 见"快快"。

羊 yáng ❶一种家畜。《孟子·梁惠王上》："何可废也，以～易之。"韩愈《郓州溪堂》诗："～很狼贪，以口覆城。"❷通"祥"。《汉元嘉刀铭》："宜侯王，大吉～。"❸通"徉"。见"相羊"。❹姓。

【羊肠】 yángcháng ❶比喻曲折。《淮南子·兵略训》："笠居～～，道发笱门。"江淹《杂体诗·鲍参军戎行》："晨上成皋坂，碛砾皆～～。"❷弯曲的小路。白居易《初入太行路》诗："马蹄冻且滑，～～不可上。"苏辙《武昌九曲亭记》："～～九曲而获少平。"

【羊角】 yángjiǎo ❶旋风。《庄子·逍遥遊》："抟扶摇～～而上者九万里。"卢照邻《释疾文·命曰》："化而为鸟也，则陪～～而负青天。"❷枣的别名。梁简文帝《赋枣》诗："风摇～～树，日映鸡心枝。"郭义《广恭志》："枣有狗牙、鸡心、牛头、～～、猕猴、细腰之名。"❸复姓。

【羊歧】 yángqí 歧路。《列子·说符》："杨子曰：'嘻！亡一羊何追者之众？'邻人曰：'多歧路。'"后因称歧路为"羊歧"。陆龟蒙《幽居赋》："豹管闲窥，～～忘返。"

扬（揚、敭） yáng ❶举起。潘岳《金谷集作》诗："～桴抚灵鼓，箫管清且悲。"❷飞起，扬起。鲍照《还都道中作》诗："腾沙郁黄雾，翻浪～白鸥。"陆机《日出东南隅行》："方驾～清尘，濯足洛水澜。"❸升高。司马相如《长门赋》："声幼妙而复～。"❹显扬，推举。《尚书·尧典》："明明～侧陋。"（侧陋：微贱之人。）㊄容貌出众。《唐语林·文学》："［皮日休］榜未及第，礼部侍郎郑愚以其貌不～，戏之曰：'子之才学甚富，如一目何？'"❺传布，称颂。《墨子·修身》："此以名誉～天下。"《荀子·不苟》："君子崇人之德，～人之美，非谄谀也。"㊄发扬。班固《典引》："～洪辉，奋景炎。"❻显示，炫耀。《三国志·魏书·武帝纪》："～兵河上。"❼振作。杜甫《新婚别》诗："妇人在军中，兵气恐不～。"❽古代一种兵器。钺的别称。《诗经·大雅·公刘》："干戈戚～。"❾古九州之一。

【扬长】 yángcháng 大模大样。《儒林外史》六回："贡生骂毕，～～上了轿，行李和小厮跟着，一哄去了。"

【扬厉】 yánglì 指发扬光大。韩愈《潮州刺史谢上表》："铺张对天之闳休，～～无前之伟绩。"

【扬推】 yángquè 举其大略。左思《蜀都赋》："吾子岂亦曾闻蜀都之事欤？请为左右～～而陈之。"也作"扬攉"。《淮南子·俶真训》："物岂可谓大～～乎？"也作"杨推"。杨炯《浑天赋》："请为左右～～而陈之。"

【扬攉】 yángquè 见"扬推"。

【扬言】 yángyán 表面上对外宣扬。《战国策·韩策二》："今也其将～～救韩，而阴善楚。"

【扬扬】 yángyáng 得意的样子。《荀子·儒效》："得委积足以揜其口，则～～如也。"王楙《野客丛书·周颤处暧昧召祸》："出入殿门，有～～自得之色。"

旸（暘） 1. yáng ❶山名，即首阳山。《说文·山部》："～，首旸山，在辽西。”

2. dàng ❷山名，即芒砀山。《广韵·荡韵》：“～，山名，汉高帝隐处。”

阳（陽、昜） yáng ❶山的南面，水的北面。《史记·周本纪》：“纵马于华山之～。”《庄子·逍遥游》：“汾水之～。”《史记·高祖本纪》：“甲午，乃即皇帝位于汜水之～。”❷太阳，阳光。谢瞻《王抚军庾西阳集别时为豫章太守庾被征还东》诗：“颓～照通津，夕阴暖平陆。”沈约《齐故安陆昭王碑文》：“乃暴以秋～，威以夏日。”❸温暖。张衡《东京赋》：“春日载～，合射辟雍。”❹明亮。班固《东都赋》：“于昭明堂，明堂孔～。”❺古代哲学概念，与“阴”相对。古人认为万物都与“阴”“阳”的交错变化有关。《史记·周本纪》：“～伏而不能出，阴迫而不能蒸，于是有地震。”❻表面上，假装。《战国策·赵策一》：“夫知伯之为人，～亲而阴疏。”《后汉书·童恢传》：“翊～喑不肯仕。”❼男性生殖器。顾况《囝》诗：“乃绝其～，为臧为获。”❽姓。

【阳春】 yángchūn ❶温暖的春天。《乐府诗集·横吹曲辞·琅琊歌辞》：“～～二三月，单衫绣裲裆。”李白《梁甫吟》：“长啸梁甫吟，何时见～～？”❷古乐曲名。鲍照《翫月城西门解中》诗：“蜀琴抽白雪，郢曲发～～。”

【阳和】 yánghé 春天的暖气。也指春天。《史记·秦始皇本纪》：“时在中春，～～方起。”《世说新语·方正》：“虽～～布气，鹰化为鸠，至于识者，犹憎其眼。”

【阳侯】 yánghóu 传说中的波神，借指波涛。木华《海赋》：“不汎～～，乘蹻绝往。”

【阳九】 yángjiǔ 道家谓三千三百年为小阳九，小百六；九千九百年为大阳九，大百六。天厄谓之阳九，地厄谓之百六。后因以“阳九”指灾年与厄运。《汉书·食货志上》：“予遭～～之厄，百六之会。”

【阳狂】 yángkuáng 装疯。见“佯狂”。

【阳秋】 yángqiū 即春秋，晋朝因避简文帝母宣太后阿春讳，改“春”为“阳”。❶指鲁史《春秋》。《晋书·会稽文孝王道子传》：“然不以家事辞王事，～～之明义。”❷泛指史书。《晋书·孙盛传》：“著《晋阳秋》，词直而理正。”❸指年龄。《晋书·王献之传》：“陛下践祚，～～尚富。”

【阳遂】 yángsuì 见“阳燧”。

【阳燧】 yángsuì 古人用以聚日光取火的凹面铜镜。《论衡·诘术》：“～～乡日，火从天来。”也作“阳遂”。《论衡·率性》：“～～取火于天。”

【阳天】 yángtiān 东南方的天。《吕氏春秋·有始》：“中央曰钧天，……东南曰～～。”

【阳阳】 yángyáng ❶鲜明的样子。《诗经·周颂·载见》：“龙旂～～，和铃央央。”❷自得的样子。《陈书·始兴王叔陵传》：“常于车中马上，执卷读书，高声长诵，～～自若。”❸温和晴朗的样子。《楚辞·九怀·尊嘉》：“季春兮～～，列草兮成行。”

炀（煬） yáng （旧读 yàng） ❶火势很猛。张衡《东京赋》：“飏槱燎之炎～，致高烟乎太一。”❷烘烤。《战国策·赵策三》：“若灶则不然，前之人～，则后之人无从见也。”❸焚烧。潘岳《西征赋》：“儒林填于坑穽，《诗》《书》～而为烟。”❹熔化金属。《集韵·阳韵》：“～，烁金也。”❺谥号用字。隋朝杨广，死后谥为“炀帝”。

禓 yáng 见 shāng。

玚（瑒） 1. yáng ❶祭祀用的玉器。《说文·玉部》：“～，圭尺二寸有瓒，以祠宗庙者也。”

2. dàng ❷黄金的别称。《汉书·王莽传上》：“～琫～珌。”

杨（楊） yáng ❶木名。鲍照《行药至城东桥》诗：“蔓草缘高隅，修～夹广津。”❷周代诸侯国名，在今山西洪洞东北。《左传·襄公二十九年》：“虞、虢、焦、滑、霍、扬、韩、魏，皆姬姓也。”（扬：石经初刻作“杨”。）

【杨推】 yángquè 见“扬推”。

旸（暘） yáng ❶（日）出。曹丕《愁霖赋》：“仰皇天而太息，悲白日之不～。”㉑明亮。江淹《恨赋》：“郁青霞之奇意，入修夜之不～。”❷通“阳”。太阳。蔡襄《自渔梁驿至衢州大雪有怀》诗：“薄吹消春冻，新～破晓晴。”❸天晴。《论衡·明云》：“～久自雨，雨久自～。”王安石《送程公阐守洪州》诗：“十州将吏随低昂，谈笑指麾回雨～。”

飏（颺） yáng ❶飞，飞扬。《后汉书·吕布传》：“譬如养鹰，饥则为用，饱则～去。”丘迟《旦发渔浦潭》诗：“渔潭雾未开，赤亭风已～。”❷簸扬。《晋书·孙绰传》：“簸之～之，糠秕在前。”❸宣扬。《汉书·叙传上》：“雄朔野以～声。”❹开放，显露。张衡《西京赋》：“吐葩～荣，布叶垂阴。”❺船缓慢行进的样子。陶渊明《归去来兮辞》：“舟遥遥以轻～。”

疡（瘍） yáng 痈疽。《论衡·死伪》：“瘫疽生～于头。”

详 yáng 见 xiáng。

钖(鍚) yáng ❶马额上的金属装饰物，又叫当卢。张衡《东京赋》："金鍐镂～。"❷盾牌背面的装饰物。《礼记·郊特牲》："朱干设～。"

佯 yáng ❶假装。《战国策·赵策一》："恐其事不成，故出兵以～示赵、魏。"❷见"倘佯"。

【佯狂】 yángkuáng 假装疯癫。东方朔《非有先生论》："箕子被发～～。"亦作"详狂"。《史记·淮阴侯列传》："蒯通说不听，已～～为巫。"亦作"阳狂"。《后汉书·丁鸿传》："与骏遇于东海，～～不识骏。"

【佯佯】 yángyáng 盛大的样子。《墨子·非乐》："舞～～。"

洋 yáng ❶多。《汉书·司马相如传下》："德～恩普，物靡不得其所。"❷海洋。何薳《春渚纪闻》卷二："放～之二日，风势甚恶。"

【洋洋】 yángyáng ❶水势浩荡的样子。《楚辞·九章·悲回风》："轧～～之无从兮，驰委移之焉止！"(委移：逶迤。)陈亮《水调歌头》词："得似～～河水，依旧只东流。"❷广大无垠的样子。宋玉《高唐赋》："滂～～而四施兮，蓊湛湛而弗止。"❸美好的样子。《史记·礼书》："太史公曰：'～～美德。'"《后汉书·曹褒传》："～～乎盛德之事焉！"❹舒缓的样子。《孟子·万章上》："少则～～焉。"❺高兴得意的样子。范仲淹《岳阳楼记》："把酒临风，其喜～～者矣！"❻无所归依的样子。班固《西都赋》："排飞闼而上出，若游目于天表，似无依而～～。"

【洋溢】 yángyì ❶充满。《汉书·司马相如传下》："群生霑濡，～～乎方外。"❷广大。《后汉书·和熹邓皇后纪》："弘德～～，充塞宇宙。"

㟅 yáng 见"崆㟅"。

徉 yáng 见"徜徉"。

痒[1] 1. yáng ❶一种病。《诗经·小雅·正月》："哀我小心，癙忧以～。"

2. yǎng ❷(皮肤)痒。《周礼·天官·疾医》："夏时有～疥疾。"韩愈《画记》："～磨树者。"

鍚(鍚) yáng 同"钖"。马额上的金属装饰物。《说文·金部》："～，马头饰也。"

卬 yǎng 见 áng。

仰 yǎng ❶脸向上。《史记·魏其武安侯列传》："不～视天而俯画地。"(不：衍文。)㉑对上，向上。韩愈《与孟尚书书》："～不愧天，俯不愧人。"❷仰视。《论衡·恢国》："～之弥高。"❸吞服。《晋书·宣帝纪》："［王淩］至项，～鸩而死。"❹敬慕。《后汉书·韦彪传》："三辅诸儒莫不慕～之。"❺依靠。《汉书·公孙弘传》："故人宾客～衣食，奉禄皆以给之。"《后汉书·邓禹传》："前无可～之积，后无转馈之资。"❻旧时公文惯用语，表示命令。《旧唐书·宣宗纪》："～州县放免差役。"

【仰成】 yǎngchéng 仰首等待成功，比喻坐享其成。《慎子·民杂》："君逸乐而臣任劳，臣尽智力以善其事，而君无与焉，～～而已，故事无不治。"

【仰给】 yǎngjǐ 依靠他人供给。《史记·平准书》："衣食～～县官。"

【仰秣】 yǎngmò 形容马仰首倾听的样子。左思《吴都赋》："军马弭髦而～～。"

【仰息】 yǎngxī ❶依靠。吕温《张荆州画赞序》："群贤倚赖，天下～～。"❷仰人鼻息。《聊斋志异·婴宁》："转思三十里非遥，何必～～他人。"

【仰药】 yǎngyào 服毒药自杀。《后汉书·梁冀传》："［郝絜］因舆榇奏书冀门，书入，～～而死，家乃得全。"

【仰止】 yǎngzhǐ 仰望，向往。潘岳《西征赋》："徘徊酆镐，如渴如饥，心翘懃以～～。"

坱 yǎng ❶尘埃。柳宗元《法华寺石门精舍》诗："潜躯委韁锁，高步谢尘～。"❷见"坱圠"、"坱莽"、"坱郁"。

【坱莽】 yǎngmǎng 广大无边的样子。杜甫《八哀诗·故著作郎贬台州司户荥阳郑公虔》："晚就芸香阁，胡尘昏～～。"

【坱圠】 yǎngyà ❶无边无际的样子。扬雄《甘泉赋》："忽～～而亡垠。"(坱圠：《汉书·扬雄传上》作"軮轧"。)亦作"坱轧"。《史记·屈原贾生列传》："～～无垠。"❷高低不平。左思《吴都赋》："尔乃地势～～，卉木镺蔓。"也作"坱轧"。卢照邻《怀仙引》："山～～，磴连褰。"❸指山。杨炯《群官寻杨隐居诗序》："登～～，践莓苔。"

【坱轧】 yǎngyà ❶弥漫。李白《大鹏赋》："尔其雄姿壮观，～～河汉。"❷无边无际的样子。见"坱圠①"。❸高低不平。见"坱圠②"。

【坱郁】 yǎngyù 无边际的样子。刘峻《东阳金华山栖志》："山川秀丽，皋泽～～。"

岟 yǎng ❶深邃。左思《魏都赋》："山林幽～。"❷见"岟崥"。

【岟崥】 yǎngpí 山脚。扬雄《太玄经·增》："崔嵬不崩，赖彼～～。"

臾 yǎng 见yú。

养(養) yǎng ❶养活。扬雄《长杨赋》："盖闻圣主之～民也，仁霑而恩洽。"㊀奉养。《后汉书·班超传》："为官写书，受直以～老母。"韩愈《欧阳生哀辞》："父母老矣，舍朝夕之～以来京师。"㊁抚养。《后汉书·孝仁董皇后纪》："后自～皇子协。"潘岳《杨荆州诔》："恤～幼孤。"❷饲养。王褒《四子讲德论》："是以～鸡者不畜狸。"❸生育，生养。《周易·颐》："天地～万物。"张籍《筑城词》："家家～男当门户，今日作君城下土。"❹保养。《史记·老子韩非列传》："以其修道而～寿也。"嵇康《养生论》："服食～身。"❺修养，培养。《淮南子·俶真训》："和愉虚无，所以～德也。"❻教育。《礼记·文王世子》："立太傅少傅以～之。"❼蓄养。《后汉书·庞萌传》："乃休士～锐，以挫其锋。"❽疗养。谢灵运《田南树园激流植援》诗："不同非一事，～痾亦园中。"❾贮存。《吕氏春秋·仲秋》："群鸟～羞。"(羞：食物。)❿供养之物，生活资料。《吕氏春秋·审为》："虽富贵不以～伤身。"《荀子·天论》："～备而动时，则天不能病。"⓫从事炊事工作的人。《汉书·兒宽传》："贫无资用，尝为弟子都～。"《后汉书·刘玄传》："灶下～，中郎将。"⓬通"痒"。《荀子·荣辱》："骨体肤理辨寒暑疾～。"

【养地】 yǎngdì 供养之地，即食邑。《战国策·魏策四》："芮宋欲绝秦、赵之交，故令魏氏收秦太后之～～秦王于秦。"

【养晦】 yǎnghuì 指隐居待时。《诗经·周颂·酌》："遵养时晦。"《宋史·邢恕传》："王安石亦爱之，因宾客谕意，使～～以待用。"

【养素】 yǎngsù 涵养本性。谢瞻《九日从宋公戏马台集送孔令》诗："逝矣将归客，～～克有终。"

【养望】 yǎngwàng 造作巧饰以猎取名望。《晋书·陈頵传》："～～者为弘雅，政事者为俗人。"

【养养】 yǎngyǎng 忧心不定的样子。《诗经·邶风·二子乘舟》："愿言思子，中心～～。"

【养真】 yǎngzhēn 犹养性，即涵养本性。张协《杂诗》之九："～～尚无为，道胜贵陆沈。"

【养拙】 yǎngzhuō ❶安于笨拙而不投机取巧。刘知幾《史通·辨职》："可以～～，可以藏愚。"❷指隐居不仕。杜甫《晚》诗："人见幽居僻，吾知～～尊。"

柍 1. yǎng ❶木名。张衡《南都赋》："～柘檍檀。"

2. yàng ❷脱粒用的农具，即连枷。《方言》卷五："佥，齐楚江淮之间谓之～。"

3. yāng ❸通"央"。中间。扬雄《甘泉赋》："日月才经于～桭。"

鞅(鞅) yǎng 见"鞅轧"。

【鞅轧】 yǎngyà ❶见"坱圠①"。❷象声词。元稹《遭风诗》："腾凌岂但河宫溢？～～浑忧地轴摧。"

痒[2](癢) yǎng 同"痒[1]②"。白居易《宣州试射中正鹄赋》："使技～者出于群，艺成者推于众。"

蛘 yǎng 通"痒"。皮肤痒。颜真卿《抚州南城县麻姑山仙坛记》："麻姑手似鸟爪，蔡经心中念言，背～时得此爪以爬背乃佳也。"

懩 yǎng 痒。潘岳《射雉赋》："徒心烦而技～。"

怏 yàng 因不满或不平而心中不高兴。《战国策·赵策三》："辛垣衍～然不悦。"

【怏怏】 yàngyàng 因不满或不平而心中不快。《史记·高祖本纪》："诸将与帝为编户民，今北面为臣，此常～～。"欧阳修《黄梦升墓志铭》："～～不得志，以疾去。"亦作"鞅鞅"。《汉书·周亚夫传》："此～～者，非少主臣也。"又《匈奴传下》："其后或谗伊秩訾自伐其功，常～～，呼韩邪疑之。"

【怏悒】 yàngyì 郁郁不乐。杜甫《早发射洪县南途中作》诗："汀州稍疎散，风景开～～。"

恙 yàng ❶忧愁。《汉书·公孙弘传》："君不幸罹霜露之疾，何～不已。"韩愈《岳阳楼别窦司直》诗："怜我窜逐归，相见得无～。"❷灾祸。《战国策·齐策四》："威后问使者曰：'岁亦无～耶？民亦无～耶？王亦无～耶？'"❸疾病。《汉书·石奋传》："[石]建老白首，万石君尚无～。"

样(樣) yàng ❶式样。白居易《缭绫》诗："去年中使宣口敕，天上取～人间织。"❷种类。范成大《晚步西园》诗："吹开红紫还吹落，一种东风两～心。"❸词尾。般，样。杨万里《送蜀士西归》诗："岷山玉～清，岷水眼～明。"

羕 yàng 同"漾"。水流长。《说文·永部》："～，水长也。"

瀁 yàng 水波动荡的样子。江淹《杂体诗·王徵君养疾》："北渚有帝子，荡～不可期。”

【瀁瀁】 yàngyàng 动荡的样子。王僧孺《送殷何两记室》诗：“飘飘晓云驶，～～旦潮平。”

漾 yàng ❶水流长。王粲《登楼赋》：“路逶迤而修迥兮，川既～而济深。”❷荡漾。《论衡·书虚》：“其发海中之时，～驰而已。”李白《送贺宾客归越》诗：“镜湖流水～清波，狂客归舟逸兴多。”❸漂浮。王维《蓝田山石门精舍》诗：“落日山水好，～舟信归风。”❹抛。孟汉卿《魔合罗》四折：“～一个瓦块儿在虚空里。”

【漾漾】 yàngyàng 水波摇荡的样子。张籍《城南》诗：“～～南涧水，来作曲池流。”

yao

幺(么) yāo ❶细小，幼小。陆机《文赋》：“犹弦～而徽急，故虽和而不悲。”柳宗元《童区寄传》：“幸得壮大，则缚取～弱者。”❷数词“一”的另一称法。顾炎武《日知录·考证·幺》：“一为数之本，故可以大名之。……又为数之初，故以小名之，骰子之以一为～是也。”❸通“吆”。朱凯《昊天塔》三折：“你为甚的来便～呼。”❹姓。

【幺麽】 yāomó 微小，多指微不足道的人。班彪《王命论》：“又况～～不及数子。”

夭 1. yāo ❶夭折，短命。后来写作“殀”。《史记·伯夷列传》：“然回也屡空，糟糠不厌而卒蚤～。”《论衡·命禄》：“有死生寿～之命。”❷摧折。后来写作“殀”。谢灵运《游赤石进帆海》诗：“请附任公言，终然谢～伐。”❸灾害。《诗经·小雅·正月》：“民今之无禄，天～是椓。”❹茂盛。《史记·夏本纪》：“其草惟～，其木惟乔。”

2. ǎo ❺幼小的东西。《战国策·赵策四》：“刳胎焚～，而骐骥不至。”

【夭阏】 yāo'è ❶阻塞。《庄子·逍遥遊》：“背负青天，而莫之～～者。”❷夭折。见“夭遏”。

【夭遏】 yāo'è 夭折。贾谊《新书·修政语下》：“圣王在上……而民无～～之诛。”也作“夭阏”。白居易《夏日作》诗：“庶几无～～，得以终天年。”《新五代史·周世宗家人传》：“再思～～之端，愈动悲伤之抱。”

【夭矫】 yāojiǎo ❶时屈时伸，舒展自如。司马相如《上林赋》：“～～枝梧，偃蹇杪颠。”也作“夭蟜”。张衡《思玄赋》：“偃蹇～～，娩以连卷兮。”❷屈曲环绕。高诱《淮南鸿烈解·修务》：“龙～～，燕枝拘。”也作“夭蟜”。何晏《景福殿赋》：“栾栱～～而交结。”

【夭蟜】 yāojiǎo 见“夭矫”。

【夭绝】 yāojué 夭折。《汉书·景帝纪》：“民多乏食，～～天年。”

【夭柔】 yāoróu 妖娆。娇艳美好的样子。梅尧臣《莫登楼》诗：“棚帘夹道多～～，鲜衣壮仆狞髭虬。”

【夭绍】 yāoshào 轻盈多姿的样子。《诗经·陈风·月出》：“佼人燎兮，舒～～兮。”（佼人：美人。燎：娇美的样子。）

【夭枉】 yāowǎng 夭折。《晋书·皇甫谧等传论》：“王接才调秀出，见赏知音，惜其～～，未申骥足，嗟夫！”

【夭夭】 yāoyāo ❶美丽而茂盛的样子。宋玉《高唐赋》：“薄草靡靡，联延～～。”潘岳《笙赋》：“咏园桃之～～，歌枣下之纂纂。”❷颜色和悦的样子。蔡邕《故太尉桥公庙碑》：“燕居从容，申申～～。”

【夭札】 yāozhá 遭受疫病而早死。《国语·鲁语上》：“若有殃焉在？抑刑戮也，其～～也？”

【夭折】 yāozhé 短命早死。《楚辞·九思·伤时》：“愍贞良兮遇害，将～～兮碎糜。”

订(訞) yāo ❶蛊惑人心的。《汉书·文帝纪》：“今法有诽谤～言之罪。”❷通“妖”。怪异、邪恶的现象。《汉书·艺文志》：“～由人兴也，人失常则～兴。”

【订怪】 yāoguài 见“妖怪①”。

吆(吆) yāo 见“吆喝”。

【吆喝】 yāohè ❶大声呼叫。《京本通俗小说·拗相公》：“说犹未毕，府中开门～～。”❷蚊蝇鸣叫。也作“嘤喝”。《河南邵氏闻见后录》卷三十：“蝇可憎矣，尤不堪蚊子，自远～～来咬人也。”

妖(媄) yāo ❶艳丽。陆机《拟古诗·拟青青河畔草》：“粲粲～容姿，灼灼美颜色。”苏轼《牡丹记叙》：“穷～极丽，以擅天下之观美。”❷怪异、邪恶的事或人。《老子·五十八章》：“正复为奇，善复为～。”《后汉书·陈蕃传》：“除～去孽。”刘琨《答卢谌》诗：“横厉纠纷，群～竞逐。”㉡妖精。陆游《春愁曲》：“蜀姬双鬟娅姹娇，醉看恐是海棠～。”❸通“祆”。蛊惑人心的。《列女传·殷纣妲己》：“纣怒，以为～言。”❹通“祅”。预示灾祸的凶兆。见“妖祥”。

【妖蛊】 yāogǔ ❶非常艳丽，以致让人倾倒。傅毅《舞赋》：“貌嫽妙以～～兮，红颜晔其扬华。”❷以邪术蛊惑害人。《晋书·郭璞传》：“若以谷为～～诈妄者，则当投畀裔土。"

【妖怪】 yāoguài ❶怪异、不祥的事物。《论衡·感虚》:"～～之至,祸变自凶之象。"也作"祆怪"。《荀子·天论》:"～～不能使之凶。"也作"谈怪"。《荀子·非十二子》:"如是而不服者,则可谓～～狡猾之人矣。"❷妖精。《西游记》二十二回:"唐僧道:'可曾捉得～～?'行者道:'那～～不奈战,败回钻入水去也。"

【妖靡】 yāomǐ ❶艳丽轻柔。曹植《七启》:"演声色之～～,论变化之至妙。"❷指美女。《列子·汤问》:"～～盈庭,忠良满朝。"

【妖孽】 yāoniè 怪异不祥的事物。《汉书·董仲舒传》:"上下不和,则阴阳缪盭而～～生矣。"(盭:古"戾"字。)也作"祆孽"。《汉书·礼乐志》:"奸伪不萌,～～伏息。"

【妖女】 yāonǚ 美女。曹植《名都篇》:"名都多～～,京洛出少年。"

【妖妄】 yāowàng 怪诞。《三国志·魏书·刘晔传》:"此～～之国耳,何能为有无?"

【妖祥】 yāoxiáng 见"祆祥②"。

【妖邪】 yāoxié ❶怪异邪恶。王延寿《梦赋》:"嗟～～之怪物,岂干真人之正度?"❷美丽多姿。陈与义《清明》诗之一:"街头女儿双髻鸦,随风趁蝶学～～。"

【妖星】 yāoxīng 怪异的星,多指彗星。《晋书·天文志中》:"～～,一曰彗星,所谓扫星。"杜甫《收京》诗之一:"仙仗离丹极,～～照玉除。"

【妖冶】 yāoyě ❶艳丽。陆机《文赋》:"或奔放以谐合,务嘈嗩而～～。"❷指美女。陆云《为颜彦先赠妇》诗:"京室多～～,粲粲都人子。"

【妖异】 yāoyì 怪异、不祥的现象。《论衡·变虚》:"恶政发,则～～见。"

殀 yāo ❶夭折,短命。《楚辞·九章·惜往日》:"何芳草之早～兮,微霜降而下戒。"《孟子·尽心上》:"～寿不贰,修身以俟之。"❷摧残。《礼记·王制》:"不杀胎,不～夭。"(夭:幼物。)

祆 yāo 预示灾祸的凶兆。《论衡·偶会》:"二龙之～当效,周厉适闿椟,褒姒当丧周国,幽王禀性偶恶。"

【祆怪】 yāoguài 见"妖怪①"。

【祆孽】 yāoniè 见"妖孽"。

【祆祥】 yāoxiáng ❶预示灾祸的征兆。《战国策·楚策四》:"先生老悖乎?将以为楚国～～乎?"❷凶兆和吉兆。《国语·晋语六》:"辨～～于谣。"也作"妖祥"。《荀子·王制》:"主攘择五卜,知其吉凶～～。"

要 1. yāo ❶人体的腰部。《战国策·楚策一》:"昔者先君灵王好小～。"《汉书·贾谊传》:"一胫之大几如～。"㊀佩带在腰间。《史记·孔子世家》:"孔子～绖。"张衡《东京赋》:"纡皇组,～干将。"(纡:垂。)这个意义后来写作"腰"。❷约束。《国语·鲁语下》:"夫盟,信之～也。"❸半路拦截。《左传·襄公三年》:"吴人～而击之。"㊀邀请,约请。《汉书·张良传》:"良因～项伯见沛公。"《后汉书·冯异传》:"禹、弘～异共攻赤眉。"❹要挟,威胁。《论语·宪问》:"虽曰不～君,吾不信也。"陈亮《酌古论·诸葛孔明》:"夫仲达以所能～其君。"❺求取。《孟子·告子上》:"修其天爵,以～人爵。"㊀要求,追求。韩愈《进学解》:"言虽多而不～其中。"❻设法取得信任和重用。《后汉书·桓谭传》:"夫士以才智～君。"❼制止。《史记·孝文本纪》:"皇太后固～帝,帝乃止。"❽核实。《周礼·秋官·乡士》:"异其死刑之罪而～之。"

2. yào ❾关键,要领。《荀子·解蔽》:"故治之～在于知道。"《后汉书·南匈奴传》:"深知兵～。"❿主要,简要。《吕氏春秋·当染》:"不能为君者,伤形费神,愁心劳耳目,国愈危,身愈辱,不知～故也。"《史记·太史公自序》:"儒者博而寡～。"⓫重要。杜之松《答王绩书》:"诚经传之典略,闺庭之～训也。"⓬总括,概括。司马迁《报任少卿书》:"～之,死日然后是非乃定。"柳宗元《辩列子》:"～之,庄周为放依其辞。"⓭终究。辛弃疾《美芹十论》:"臣闻鸱枭不鸣,～非祥禽。"⓮需要。杜甫《锦树行》:"生男堕地～膂力,一生富贵倾家国。"㊀应该。辛弃疾《八声甘州》词:"～短衣匹马,移住南山。"⓯将要。胡铨《好事近》词:"囊锥刚～出头来,不道甚时节。"㊀想要。朱敦儒《减字木兰花》词:"～听琵琶,重院莺啼觅谢家。"⓰索取。柳宗元《贺进士王参元失火书》:"足下前～仆文章古书。"

3. yǎo ⓱通"騕"。见"要袅"。

【要党】 yāodǎng 集结党羽。《史记·燕召公世家》:"太子因～～聚众,将军市被围公宫,攻子之,不克。"(市被、子之:均人名。)

【要服】 yāofú 古代称离王城一千五百里至二千里的地区。《论衡·艺增》:"荒服、戎服、～～及四海之外不粒食之民,……并合其数,不能三千。"

【要功】 yāogōng ❶取得成功。《战国策·赵策二》:"昔舜舞有苗,而禹袒入裸国,非以养欲而乐志也,欲以论德而～～也。"❷求取功名。《汉书·匈奴传上》:"贰师由是狐疑,欲深入～～,遂北至郅居水上。"

【要荒】 yāohuāng 要，要服；荒，荒服。指离王城极远的地方。张衡《东京赋》："藩国奉聘，～～来质。"

【要领】 yāolǐng ❶腰和颈。《吕氏春秋·顺民》："孤虽知～～不属，首足异处，四枝布裂，为天下戮，孤之志必将出焉。"❷指腰斩。《战国策·魏策二》："今臣愿大王陈臣之愚意，恐其不忠于下吏，自使有～～之罪。"❸比喻主要情况或事物的关键。《汉书·张骞传》："骞从月氏至大夏，竟不能得月氏～～。"这个意义的"要"今读 yào。

【要盟】 yāoméng 用要挟的手段结盟。《论衡·自然》："诰誓不及五帝，～～不及三王。"

【要眇】 yāomiǎo 美好的样子。《楚辞·九歌·湘君》："美～～兮宜修，沛吾乘兮桂舟。"

【要期】 yāoqī 邀约。《吕氏春秋·贵因》："武王与周公旦明日早～～，则弗得也。"

【要绍】 yāoshào ❶屈曲的样子。王延寿《鲁灵光殿赋》："曲枅～～而环句。"❷姿态优美。张衡《西京赋》："～～修态。"也作"偠绍"。张衡《南都赋》："～～便娟。"

【要市】 yāoshì 以要挟他人的手段谋求利禄。《史记·晋世家》："天实开公子，而子犯以为己功而～～于君，固足羞也。"

【要束】 yāoshù 约束。《汉书·高帝纪上》："且吾所以军霸上，待诸侯至而定～～耳。"

【要遮】 yāozhē ❶拦截，阻留。《淮南子·兵略训》："无刑罚之威，而相为斥闉～～者，同所利也。"也作"邀遮"。《后汉书·清河孝王庆传》："后于掖庭门～～得贵人书。"❷邀请。《聊斋志异·阎王》："一青衣人自内出，邀李。李固辞，青衣～～甚殷。"

【要冲】 yàochōng 重要道路会合的地方。张说《蒲津桥赞》："关西之～～，河东之辐凑。"

【要津】 yàojīn 重要的渡口，比喻显要的职位。李商隐《为张周封上杨相公启》："心惊于急弦劲矢，目断于高足～～。"刘黻《率太学诸生上书》："久汙～～，根据而不拔。"

【要剧】 yàojù 重要而任务繁忙的职位。孙逖《授孟温太子宾客等制》："或累登～～，声谣夙著。"

【要妙】 yàomiào ❶精深微妙。左思《吴都赋》："略举其梗概，而未得其～～也。"❷优美动听。潘岳《笙赋》："管攒罗而表列，音～～而含清。"

【要最】 yàozuì 机要，关键。《三国志·蜀书·庞统传》注引张勃《吴录》："论帝王之秘策，揽倚伏之～～，吾似有一日之长。"

【要袅】 yǎoniǎo 见"騕袅"。

葽 yāo ❶草名，又叫师姑草，赤雹子。《诗经·豳风·七月》："四月秀～，五月鸣蜩。"❷草茂盛的样子。左思《蜀都赋》："皛(pāi)貙氓于～草，弹言鸟于森木。"(皛：通"拍"。打。)

喓 yāo 见"喓喓"、"喓喝"。

【喓喓】 yāoyāo 虫鸣声。李子卿《听秋虫赋》："始趯趯而缘阶，转～～而入户。"

【喓喝】 yāohè 见"吆喝②"。

腰(䙅) yāo ❶人体的腰部。《荀子·君道》："楚庄王好细～，故朝有饿人。"张衡《思玄赋》："舒沙婧之纤～兮，扬杂错之袿徽。"❷带在腰间。鲍照《代东武吟》："～镰刈葵藿，倚杖牧鸡豚。"❸事物的中间部分。庾信《枯树赋》："横洞口而欹卧，顿山～而半折。"

【腰顿】 yāodùn 中途休息的地方。赵彦卫《云麓漫钞》卷八："皆望北行，四十五里至胙城～～。"

【腰袅】 yāoniǎo 宛转摇动的样子。李贺《恼公》诗："陂陀梳碧凤，～～带金虫。"

褄 yāo ❶衣的腰身。《诗经·魏风·葛屦》"要之襋之"毛传："要，褄也。"孔颖达疏："此要谓裳要，字宜从衣。"❷衣裙的带子。《晋书·五行志上》："武帝泰始初，衣服上俭下丰，著衣者皆厌～。"(厌：压。)

邀 yāo ❶拦击，堵截。《孙子·军争》："无～正正之旗。"《后汉书·刘盆子传》："盛兵以～其走路。"❷迎候。木华《海赋》："则有海童～路。"❸邀请。李白《月下独酌》诗："举杯～明月，对影成三人。"❹求，谋取。《论衡·自然》："尧则天而行，不作功～名。"

【邀功】 yāogōng 求功，特指以不正当手法掠取功劳。苏轼《上神宗皇帝书》："陛下虽严赐约束，不许～～，然人臣事君之常情，不从其令而从其意。"

【邀遮】 yāozhē 见"要遮"。

【邀击】 yāojī 半路阻击。李纲《议国是》："使进无抄掠之得，退有～～之患。"

徼 yāo 见 jiào。

爻 yáo 《周易》中组成卦的长短符号，"—"是阳爻，用"九"表示，"--"是阴爻，用"六"表示。每三爻合成一卦，一共八卦。又以两卦相重，变成六十四卦，每卦六爻。杜预《春秋左氏传序》："非如八卦之～，可错综为六十四也。"

【爻辞】 yáocí 《周易》中说明六十四卦各爻象的文辞。

【爻象】 yáoxiàng 《周易》以六爻相交成

卦，卦所表示的形象即为爻象。总论一卦之象为大象，论一爻之象为小象。比喻事实真相。《儒林外史》二十一回："浦郎恐他走到庵里，看出～～。"

尧（堯） yáo ❶高。班固《白虎通·号》："～犹嶤嶤也，至高之貌也。"❷传说中的五帝之一，号陶唐氏。与舜一起被称为最早的圣贤君主。❸姓。

【尧尧】 yáoyáo 崇高的样子。《墨子·亲士》："是故天地不昭昭，……王德不～～者，乃千人之长也。"

犹 yáo 见 yóu。

肴 yáo ❶用鱼肉等做的荤菜，也指精美的菜。《论衡·语增》："饮酒用千钟，用～宜尽千牛。"《后汉书·费长房传》："旨酒甘～盈衍其中。"这个意义后来写作"馐"。❷通"淆"。混乱。《后汉书·刘盆子传》："立且一年，～乱日甚。"

【肴核】 yáohé 肉类果类食物。《宋书·明帝纪》："自今鳞介羽毛～～众品，非时月可采。"也作"肴槅"。左思《蜀都赋》："金罍中坐，～～四陈。"

【肴槅】 yáohé 见"肴核"。

侥 yáo 见 jiǎo。

佻 yáo 见 tiāo。

洮 yáo 见 táo。

恌 yáo 见 tiāo。

垚 yáo 高。《说文·土部》："～，土高也。"

轺（軺） yáo ❶轻车。左思《吴都赋》："～騑䮕，旂鱼须。"❷使者所乘之车。丘迟《与陈伯之书》："乘～建节，奉疆埸之任。"

峣（嶢） yáo 高。张协《七命》："尔乃～榭迎风，秀出中天。"

【峣屼】 yáoniè 不安稳的样子。王延寿《鲁灵光殿赋》："浮柱岹嵽以星悬，漂～～而枝柱。"

【峣崎】 yáoqí 曲折。《朱子语类·学》："皆是一直路径可走，别无～～。"

【峣兀】 yáowù 山势高峻险要的样子。左思《吴都赋》："尔其山泽，则嵬嶷～～。"

【峣峣】 yáoyáo ❶高远的样子。《楚辞·九思·守志》："陟玉峦兮逍遥，览高冈兮～～。"曹植《七启》："志飘飘焉，～～焉。"❷比喻高傲刚直。《后汉书·黄琼传》："～～者易缺，皦皦者易污。"

姚 yáo ❶见"姚冶"。❷通"遥"。远。《荀子·荣辱》："其功盛～远矣。"❸通"飖"。飞扬。《汉书·礼乐志》："雅声远～。"

【姚黄】 yáohuáng 牡丹花的一种，为宋姚氏家所培育。陆游《梅花绝句》之二："曾与诗翁定花品，一丘一壑过～～。"

【姚姒】 yáosì 虞舜姓姚，夏禹姓姒。后来遂以"姚姒"指虞舜和夏禹，也指虞、夏时代的作品。韩愈《进学解》："上规～～，浑浑无涯。"

【姚姚】 yáoyáo 美盛的样子。刘向《说苑·指武》："美哉德乎！～～者乎！"

【姚冶】 yáoyě 妖艳的样子。《荀子·非相》："今世俗之乱君，乡曲之儇子，莫不美丽、～～。"

【姚黄魏紫】 yáohuángwèizǐ 两种名贵的牡丹花。姚黄为宋姚氏家培育的千叶黄花，魏紫为五代魏仁溥家培育的千叶肉红花。后成为名贵牡丹的通称。欧阳修《绿竹堂独饮》诗："～～～～开次第，不觉成恨俱零凋。"

烑 yáo 明亮。《淮南子·要略》："挟日月而不～。"

珧 yáo ❶江珧，一种蚌属软体动物，肉可以吃。《山海经·东山经》："激女之水多蜃珧。"❷蚌蛤的介壳，古代用作刀、弓的装饰品。左思《魏都赋》："弓～解檠，矛鋋飘英。"❸以蚌蛤介壳为饰的弓。《楚辞·天问》："冯～利决，封狶是射。"

傜 yáo 象声词，呼痛声。《颜氏家训·风操》："《苍颉篇》有'傜'字，训诂云，痛而謼也。"（謼：呼。）

陶 yáo 见 táo。

窕 yáo 见 tiǎo。

窑（窯、窰） yáo ❶烧制砖、瓦、陶瓷等物的灶。《说文》作"窯"，俗作"窰"、"窑"。《墨子·备城门》："斩艾与柴长尺，乃置～灶中。"❷陶瓷器的代称。张应文《清秘藏·论窑器》："定～有光素、凸花二种。"

【窑变】 yáobiàn 烧窑时因火候等原因使釉彩变生与预定图案、色泽不同的变化。比喻男女爱情变心。张可久《寨儿令》曲："他山障他短命，您～～您薄情。"

铫（銚） 1. yáo ❶大锄，一种农具。《管子·海王》："耕者必有一耒一耜一～。"❷姓。

2. tiáo ❸兵器。矛。《吕氏春秋·简选》：“锄櫌白梃，可以胜人之长～利兵。”

3．diào ❹一种有柄的烧器。白居易《村居寄张殷衡》诗：“药～夜倾残酒暖，竹床寒取旧毡铺。”

𫗪(餚) yáo 鱼肉类荤食。《国语·周语中》：“晋侯使随会聘于周，定王享之～烝。”

隃 yáo 见 yú。

谣(謠) yáo ❶唱歌不用音乐伴奏。班固《幽通赋》：“巨滔天而泯夏兮，考遘愍以行～。”❷歌谣，歌曲。班固《西都赋》：“究休佑之所用，采游童之讙～。”谢惠连《雪赋》：“曹风以麻衣比色，楚～以幽兰俪曲。”❸凭空捏造的话。见“谣诼”。

【谣俗】 yáosú 风俗。《论衡·四讳》：“江北讳犬不讳人，江南讳人不讳犬，～～防恶，各不同也。”

【谣言】 yáoyán 民间的歌谣或传闻。《后汉书·循吏传序》：“然建武永平之间，吏事刻深，亟以～～单辞，转易守长。”

【谣诼】 yáozhuó 造谣诽谤。《楚辞·离骚》：“众女嫉余之蛾眉兮，～～谓余以善淫。”

揄 yáo 见 yú。

逾 yáo 见 yú。

殽 yáo 见 xiáo。

傜(傜) yáo ❶瑶族，我国少数民族。古也作“傜”。见《文献通考·四裔》。❷通“徭”。徭役。《史记·李斯列传》：“戍～无已。”

遥(遙) yáo ❶远。《后汉书·窦融传》：“融等～闻光武即位，而心欲东向。”陶渊明《始作镇军参军经曲阿作》诗：“我行岂不～，登降千里馀。”[引]长。何劭《杂诗》：“勤思终～夕，永言写情虑。”❷漂荡。班彪《北征赋》：“风猋发以漂～兮，谷永灌以扬波。”❸通“飖”。飘动。张衡《思玄赋》：“超踰腾跃绝世俗，飘～神举逞所欲。”

【遥领】 yáolǐng 只在名义上担任某职，不亲往任职。《旧唐书·萧嵩传》：“常带河西节度，～～之。”

【遥遥】 yáoyáo ❶辽远。鲍照《东门行》：“～～征驾远，杳杳落日晚。”❷久远。谢灵运《述祖德》诗：“苕苕历千载，～～播清尘。”❸漂荡的样子。陶渊明《归去来兮辞》：“舟～～以轻飏，风飘飘而吹衣。”

䔄 yáo 草名。《山海经·中山经》：“[姑媱之山]帝女死焉，其名曰女尸，化为～草。”

摇 yáo ❶摆动，使摆动。宋玉《神女赋》：“于是～珮饰，鸣玉鸾。”《古诗十九首·回车驾言迈》：“四顾何茫茫，东风～百草。”❷动摇。《国语·晋语二》：“我使翟以动之，援秦以～之。”王安石《上五事劄子》：“苟不得其人而行之，则搔之以追乎，骇之有调发，而民心～矣。”❸扰乱。范晔《宦者传论》：“寇剧缘间，～乱区夏。”❹发颤。陈玉树《乙酉春有感》诗：“旌旗日影军容壮，草木风声贼胆～。”❺上升。班固《西都赋》：“遂乃风举云～，浮游溥览。”❻姓。

【摇动】 yáodòng ❶使不稳定。《史记·季布栾布列传》：“于今创痍未复，[樊]哙又面谀，欲～～天下。”❷萌动，滋生。《论衡·状留》：“利心～～，则有下道侵渔之操矣。”

【摇落】 yáoluò 凋谢，零落。曹丕《燕歌行》：“秋风萧瑟天气凉，草木～～露为霜。”谢朓《拜中军记室辞隋王笺》：“皋壤～～，对之惆怅。”陈子昂《感遇》诗之二：“岁华尽～～，芳意竟何成？”

【摇尾】 yáowěi 形容低声下气向别人讨好。骆宾王《狱中书情通简知己》诗：“入穽方～～，迷津正曝腮。”

【摇演】 yáoyǎn 动摇。马融《长笛赋》：“～～其山，动杌其根者，岁五六而至焉。”

【摇摇】 yáoyáo ❶遥远的样子。《汉书·五行志中之上》：“鸜鹆之巢，远哉～～。”❷心神不定的样子。谢朓《之宣城郡出新林浦向板桥》诗：“旅思倦～～，孤游昔已屡。”

【摇曳】 yáoyè ❶飘荡。鲍照《代棹歌行》：“飂戾长风振，～～高帆举。”❷放荡。李白《玉真公主别馆苦雨赠卫尉张卿》诗之二：“功成拂衣去，～～沧洲旁。”

徭 yáo 劳役，服劳役的人。《汉书·贾山传》：“减外～卫卒，止岁贡。”李华《吊古战场文》：“吾闻夫齐魏～戍，荆韩召募。”

【徭役】 yáoyì 劳役。张俊《为吴令谢询求为诸孙置守冢人表》：“蠲其～～，使四时修护颓毁，扫除茔垄。”也作“繇役”。《汉书·贾谊传》：“其吏民～～往来长安者，自悉而补。”

猺 yáo ❶兽名。《集韵·宵韵》：“～，兽名。一曰獏～狗种。”❷旧时对我国少数民族瑶族的侮辱性称谓。

媱 yáo ❶美好。《广韵·宵韵》：“～，美好。”❷游玩，嬉戏。《楚辞·九思·伤时》：“声噭诮兮清和，音晏衍兮要～。”补注引《方言》卷十云：“～，游也，江沅之间谓戏为～。”（媱：一本误作“娙”。）

瑶 yáo ❶美玉。《荀子·赋》：“琁玉～珠。”潘尼《赠陆机出为吴王郎中令》：“昆山何有？有～有珉。”❷比喻洁白。张九龄《立春日晨起对积雪》诗：“忽对亭林雪，～华处处开。”❸比喻美好、珍贵。《楚辞·招魂》：“～浆蜜勺，实羽觞些。”（勺：通“酌”。）司空图《月下留丹灶》诗：“～函真迹在，妖魅敢扬威。”

【瑶池】 yáochí　古代神话中神仙居住的地方。《史记·大宛列传》：“昆仑其高二千五百馀里，日月所相避隐为光明也。其上有醴泉、～～。”

【瑶踏】 yáotà　珍贵的鞋子。温庭筠《观舞妓》诗：“朔音悲嘒管，～～动芳尘。”

【瑶台】 yáotái　古代神话中神仙居住之处。比喻极其华丽的台。鲍照《学刘公干体》：“集君～～上，飞舞两楹前。”

【瑶札】 yáozhá　对别人书信的美称。宇文融《奉和圣制左丞相说……同日上官宴都堂》诗：“飞文～～降，赐酒玉杯传。”

飖（䬙、飆） yáo　飘动。班固《幽通赋》：“～飖风而蝉蜕兮，雄朔野以飏声。”（飖风：南风。）

繇 1. yáo ❶茂盛的样子。《史记·夏本纪》：“其土黑坟，草～木条。”❷通“徭”。劳役。《史记·律书》：“故百姓无内外之～。”❸通“谣”。歌谣。《汉书·李寻传》：“揆山川变动，参人民～俗。”❹通“遥”。远。《荀子·礼论》：“先王恐其不文也，是以～其期，足之日也。”❺通“摇”。动摇。《史记·苏秦列传》：“我起乎宜阳而触平阳，二日莫不尽～。”❻姓。

2. yóu ❼通“由”。从，自。韦孟《讽谏诗》：“赏罚之行，非～王室。”左思《吴都赋》：“～此而揆之。”㉜为，做。司马相如《上林赋》：“若夫终日驰骋，……则仁者不～也。”❽通“游”。《汉书·叙传上》：“近者陆子优～。”

3. yōu ❾通“悠”。见“繇繇”。

4. zhòu ❿卜辞。《国语·晋语四》：“其～曰：‘元亨利贞，勿用有攸往，利建侯。’”

【繇役】 yáoyì　见“徭役”。

【繇繇】 yōuyōu　通“悠悠”。自得的样子。《庄子·秋水》：“～～乎若祭之有社。”

鳐（鰩） yáo　文鳐，鱼名。郭璞《江赋》：“鲮～鮀鲢。”

了 yǎo　见 liǎo。

杳 yǎo ❶幽暗。《楚辞·九章·涉江》：“深林～以冥冥兮，乃猿狖之所居。”❷遥远。江淹《杂体诗·谢临川游山》：“平明登云峰，～与庐霍绝。”❸广大。鲍照《芜城赋》：“灌莽～而无际，丛薄纷其相依。”❹无踪影的样子。常沂《灵鬼志·郑绍》：“流水青山，～无人迹。”

【杳蔼】 yǎo'ǎi　深远的样子。张衡《南都赋》：“～～蓊郁于谷底。”

【杳眇】 yǎomiǎo　深远的样子。司马相如《上林赋》：“頫～～而无见。”也作“杳淼”。元稹《遣春》诗之二：“空濛天色嫩，～～江西平。”也作“暚眇”。木华《海赋》：“～～蝉蜎。”也作“窅眇”。王融《三月三日曲水诗序》：“然～～寂寥，其独适者已。”

【杳淼】 yǎomiǎo　见“杳眇”。

【杳冥】 yǎomíng　❶极远的地方。江淹《从冠军建平王登庐山香炉峰》诗：“绛气下萦薄，白云上～～。”❷幽暗深远的样子。王延寿《鲁灵光殿赋》：“洞～～兮。”《汉书·礼乐志》：“芬树羽林，云景～～。”也作“窅冥”。《论衡·超奇》：“造于眇思，极～～之深。”也作“窈冥”。沈约《钟山诗应西阳王教》：“～～终不见，萧条无可欲。”

【杳窱】 yǎotiǎo　见“窈窕④”。

【杳杳】 yǎoyǎo　❶高远的样子。《楚辞·九章·哀郢》：“尧舜之抗行兮，瞭～～而薄天。”❷幽暗的样子。《古诗十九首·驱车上东门》：“下有陈死人，～～即长暮。”❸遥远的样子。柳宗元《早梅》诗：“欲为万里赠，～～山水隔。”

舀 yǎo　用瓢、勺取。道原《景德传灯录·怀忠禅师》：“海水不劳杓子～。”（劳：忧，怕。）《水浒传》二十九回：“那酒保去柜上叫那妇人～两角酒下来。”

咬 1. yǎo ❶用上下牙嚼或夹住。袁甫《赠沈智甫序》：“前辈所谓士大夫必先～得菜根乃可有为者，其先生之谓欤？”

2. jiāo ❷象声词。鸟鸣声。嵇康《赠秀才入军》诗之二：“～～黄鸟，顾畴弄音。”

3. yāo ❸象声词。形容歌声。傅毅《舞赋》：“眄般鼓则腾清眸，吐哇～则发皓齿。”

窅 yǎo ❶深远。《吕氏春秋·论威》：“～乎冥冥，莫知其情。”谢朓《敬亭山》诗：“缘源殊未极，归径～如迷。”❷茫然，犹豫。杜甫《秋日荆南述怀三十韵》：“群公纷勠力，圣虑～徘徊。”❸凹下。《灵枢经》卷九：“按其腹，～而不起，腹色不变，此其候也。”

【窅眇】 yǎomiǎo　见“杳眇”。

【窅冥】 yǎomíng　见“杳冥②”。

【窅然】 yǎorán ❶深远的样子。傅亮《为宋公修张良庙教》："显默之际，～～难究。"李白《山中问答》诗："桃花流水～～去，别有天地非人间。"也作"窈然"。欧阳修《丰乐亭记》："下则幽谷，～～而深藏。"❷惆怅的样子。《庄子·逍遥遊》："～～丧其天下焉。"

【窅窕】 yǎotiǎo 见"窈窕④"。

【窅窱】 yǎotiǎo 见"窈窕④"。

【窅窅】 yǎoyǎo 遥远的样子。鲍照《拟行路难》诗之十四："故乡～～日夜隔，音尘断绝阻河关。"

窅 yǎo 见"窅窱"。

【窅窱】 yǎotiǎo 见"窈窕④"。

窈 yǎo ❶昏暗。《老子·二十一章》："～兮冥兮，其中有精。"❷幽深。韩愈《送李愿归盘谷序》："～而深，廓其有容。"

【窈眇】 yǎomiǎo ❶美好的样子。刘峻《辨命论》："观～～之奇舞，听云和之琴瑟。"❷精深的样子。皇甫湜《韩文公墓志铭》："然而栗密～～，章妥句适，精能之至，入神出天。"

【窈冥】 yǎomíng 见"杳冥②"。

【窈然】 yǎorán 见"窅然①"。

【窈窕】 yǎotiǎo ❶美好文静的样子。《楚辞·九歌·山鬼》："既含睇兮又宜笑，子慕予兮善～～。"《汉书·杜钦传》："必乡举求～～，不问华色，所以助德理内也。"❷妖冶的样子。李斯《上书秦始皇》："而随俗雅化，佳冶～～，赵女不立于侧也。"《后汉书·曹世叔妻传》："入则乱发坏形，出则～～作态。"❸指美女。陆机《吊魏武帝文》："陈法服于帷座，陪～～于玉房。"❹幽深的样子。孙绰《游天台山赋》："邈彼绝域，幽邃～～。"也作"窅窱"。白居易《题西亭》诗："直廊抵曲房，～～深且虚。"也作"杳窱"。班固《西都赋》："步甬道以萦纡，又～～而不见阳。"也作"窅窕"。杜甫《客堂》诗："舍舟复深山，～～一林麓。"也作"窅窱"。王安石《送道光法师》诗："一路紫台通～～，千崖青霭落潺湲。"

【窈窈】 yǎoyǎo ❶幽深。《史记·屈原贾生列传》："眴兮～～，孔静幽墨。"❷昏暗。司马相如《长门赋》："浮云郁而四塞兮，天～～而昼阴。"

偠 yǎo 见"偠绍"。

【偠绍】 yǎoshào 见"要绍②"。

騕(騕) yǎo 见"騕褭"。

【騕褭】 yǎoniǎo 古良马名。张衡《东京赋》："却走马以粪车，何惜～～与飞兔。"（飞兔：亦良马名。）也作"要袅"。《后汉书·张衡传》："斥西施而弗御兮，羁～～以服箱。"

齩(齩) yǎo 同"咬①"。张协《七命》："口～霜刃。"

腰 yǎo 见"腰眇"。

【腰眇】 yǎomiǎo 见"杳眇"。

麇 yǎo 幼麋。《国语·鲁语上》："兽长麑～。"

鷕(鷕) yǎo 雌雉鸣声。潘岳《射雉赋》："麦渐渐以擢芒，雉～～而朝鸲。"

髎 yǎo 胁骨。《新唐书·礼乐志六》："凡射兽，……左髀达于右～为下射。"

幼 yào 见 yòu。

宎 yào ❶屋的东南角。《庄子·徐无鬼》："未尝好田，而鹑生于～。"❷风吹入深穴发出的声音。《庄子·齐物论》："～者，咬者，前者唱于而随者唱喁。"

礿 yào 古代宗庙的四季祭祀之一。《后汉书·明帝纪》："太常其以～祭之日，陈鼎于庙，以备器用。"（按：夏殷宗庙之祭，春曰礿，夏曰禘，秋曰尝，冬曰烝。周则改之，春曰祠，夏曰礿。也作"禴"。）

穾 yào 屋的东南角。《仪礼·既夕礼》："比奠，举席埽室，聚诸～。"

窔 yào 幽暗之处。《楚辞·招魂》："冬有～厦，夏室寒些。"

药[1]（葯） yào 植物名，白芷。《楚辞·九歌·湘夫人》："桂栋兮兰橑，辛夷楣兮～房。"

药[2]（藥） yào ❶能治病的植物。《后汉书·灵思何皇后纪》："服此～，可以辟恶。"李密《陈情事表》："臣侍汤～，未曾废离。"㊕毒药。《战国策·秦策三》："臣愿请～赐死。"❷（用药）治疗。《荀子·富国》："彼得之不足以～伤补败。"❸术士称服后能长生不老之物。《战国策·楚策四》："有献不死之～于荆王者，谒者操以入。"❹某些起化学作用的物质。沈括《梦溪笔谈·技艺》："用讫再火令～熔。"特指火药。孟元老《东京梦华录·京瓦伎艺》："李外宁，～发傀儡。"❺芍药的简称。谢朓《直中书省》诗："红～当阶翻，苍苔依砌上。"

【药石】 yàoshí ❶治病的药和石针。也泛指药物。《论衡·谈天》："以五色石补天，尚可谓五石若～～治病之状。"苏轼《乞校正陆贽奏议进御劄子》："可谓进苦口之～～，针害身之膏肓。"❷比喻劝谏之言。任昉《齐竟陵文宣王行状》："至于言穷～～，若味滋旨。"

【药言】 yàoyán 劝谏的话。贾谊《新书·修政语上》："～～献于贵，然后闻于卑。"

袎 yào 袜筒子。杨维桢《杨妃袜》诗："天宝年来窄～留，几随锦被暖香篝。"

窔 yào ❶屋的东南角。《荀子·非十二子》："奥～之间，簟席之上。"❷幽深。扬雄《甘泉赋》："雷郁律于岩～兮，电倏忽于墙藩。"(郁律：雷声小的样子。)

筄 yào 铺在椽上瓦下的竹席。《尔雅·释宫》："屋上薄谓之～。"

鞝 yào 靴筒。《隋书·礼仪志七》："玉梁带，长～靴。"

鹞(鷂) 1. yào ❶一种像鹰而略小的猛禽。《新唐书·百官志二》："三曰～坊。"

2. yāo ❷一种雉，青质而五彩。《尔雅·释鸟》："江淮而南，青质、五采皆备成章曰～。"

燿 1. yào ❶火光，光芒。谢惠连《雪赋》："烂兮若烛龙衔～照昆山。"扬雄《羽猎赋》："昭光振～。"❷照耀。傅毅《舞赋》："朱火晔其延起兮，～华屋而熺洞房。"❸明亮。《老子·五十八章》："光而不～。"❹炫耀，迷乱。吴质《在元城与魏太子牋》："彼岂虚谈夸论，诳～世俗哉?"《汉书·礼乐志》："及王莽为宰衡，欲～众庶，遂兴辟廱。"

2. shuò ❺通"铄"。销熔。《汉书·艺文志》："后世～金为刃，割革为甲，器械甚备。"

3. shào ❻细长。《周礼·考工记·梓人》："大胸～后。"

【燿德】 yàodé 见"耀德"。

【燿灵】 yàolíng 见"曜灵"。

【燿燿】 yàoyào 光芒闪烁的样子。《汉书·礼乐志》："雷震震，电～～。"

曜 yào ❶日光。扬雄《甘泉赋》："扬光～之燎爥兮，垂景炎之炘炘。"《水经注·庐江水》："晨光初散，则延～入石。"㉃光芒。郭璞《江赋》："若乃岷精垂～于东井。"张协《七命》："含华隐～。"❷明亮。袁宏《三国名臣序赞》："日月在躬，隐之弥～。"❸照耀。何晏《景福殿赋》："清风萃而成响，朝日～而增鲜。"刘桢《赠五官中郎将》诗之三："明镫～闺中，清风凄已寒。"❹显示，炫耀。潘岳《关中》诗："以古况今，何足～威。"❺日、月、星的总称。金、木、水、火、土五星合称五曜，外加日、月，合称七曜。史岑《出师颂》："五～霄映，素灵夜叹。"杨炯《浑天赋》："观众星之部署，历七～之驱驰。"

【曜兵】 yàobīng ❶炫耀兵力。《三国志·魏书·刘劭传》："多其旌旗，～～城下。"❷阅兵。《三国志·魏书·明帝纪》："大～～，飨六军。"

【曜灵】 yàolíng 太阳。左思《吴都赋》："回～～于太清。"潘岳《悼亡诗》之三："～～运天机，四节代迁逝。"也作"燿灵"。吴质《在元城与魏太子牋》："～～匿景，继以华灯。"也作"耀灵"。《楚辞·远遊》："～～晔而西征。"卢照邻《病梨树赋》："既而地歇蒸雾，天收～～。"

【曜魄】 yàopò 北斗星。张英等辑《渊鉴类函》卷四引《尚书大传》："北辰谓之～～。"

耀 yào ❶光芒。陆机《答贾长渊》诗："大辰匿～，金虎习质。"范仲淹《岳阳楼记》："日星隐～，山岳潜形。"❷照耀。扬雄《甘泉赋》："东烛沧海，西～流沙。"左思《咏史》之五："皓天舒白日，灵景～神州。"㉃发光。阮籍《咏怀》之七："微风吹罗袂，明月～清晖。"❸显示，炫耀。潘岳《闲居赋》："以先启行，～我皇威。"曹植《求自试表》："此二臣岂好为夸主而～世俗哉?"

【耀德】 yàodé 使德性显扬光大。班彪《北征赋》："不～～以绥远，顾厚固而缮藩。"也作"燿德"。《史记·周本纪》："穆王将征犬戎，祭公谋父谏曰：'不可，先王～～不观兵。'"

【耀灵】 yàolíng 见"曜灵"。

【耀耀】 yàoyào 光明的样子。司马相如《长门赋》："烂～～而成光。"

ye

枒 yē 见yā。

椰(梛) yē 一种果树。张协《七命》："析龙眼之房，剖～子之壳。"

噎 yē 同"噎"。食物堵住咽喉。《山海经·中山经》："服者不～。"

暍 yē 中暑；由于酷热而生病。《汉书·武帝纪》："夏，大旱，民多～死。"曾巩《韩公井记》："襄州南楚故城，有昭王井，传言汲者死，行人虽～困不敢视。"

噎 yē ❶吃东西时食物堵住了喉咙。向秀《难养生论》："或睹富贵之过，因惧而背之，是犹见食之～，因终身不餐耳。"❷塞住。《诗经·王风·黍离》："行迈靡靡，中心如～。"㊀郁闷，憋气。韩愈《曹成王碑》："观察使～娼不能出气。"（娼：嫉妒。）

邪 yé 见xié。

爷（爺） yé 父亲。《玉篇·父部》："～，俗为父～字。"

耶 yé ❶句末语气词。1）表示疑问或反问，相当于"吗"或"呢"。《战国策·赵策三》："宁力不胜，智不若～？"李华《吊古战场文》："时～命～？"2）表示提顿、停顿或感叹，相当于"么"或"呀"。《国语·楚语下》："夫子期之二子～，吾知之矣。"沈约《难范缜神灭论》："若以此譬为尽～，则不尽；若谓本不尽～，则不可以为譬也。"❷通"爷"。父亲。《木兰辞》："旦辞～娘去，暮宿黄河边。"

揶（揶） yé 见"揶揄"。

【揶揄】 yéyú 嘲笑，耍笑。白居易《南阳小将张彦硖口镇税人场射虎歌》："老饕已毙众雏恐，童稚～～皆自勇。"范成大《腊月村田乐府·卖痴獃词》："巷南巷北卖不得，相逢大笑相～～。"

铘（鋣、釾、鎁） yé 见"镆铘"。

斜 yé 见xié。

也 yě ❶句末语气词。1）表示判断和肯定。《左传·宣公二年》："董狐，古之良史～。"《庄子·逍遥遊》："南冥者，天池～。"《战国策·赵策四》："老臣窃以媪为长安君计短～。"2）用在疑问句尾加强疑问语气。《论语·宪问》："岂若匹夫匹妇之为谅～？"《战国策·齐策四》："孟尝君怪之，曰：'此谁～？'"3）用在因果句尾表示解释。《庄子·逍遥遊》："置杯焉则胶，水浅而舟大～。"《孟子·梁惠王上》："古之人与民偕乐，故能乐～。"❷句中语气词。表示语气的停顿。《左传·襄公三年》："又问焉。对曰：'午～可。'"《孟子·滕文公上》："当是时～，禹八年于外，三过其门而不入。"❸副词。1）表示同样、并行等意义。秦观《虞美人》词："天涯～有江南信，梅破知春近。"2）表示强调，含有"甚至"等意思。苏轼《水龙吟》词："似花还似非花，～无人惜从教坠。"（惜：爱惜。）❹副词。相当于"或""还"。张国宝《薛仁贵》二折："眼巴巴不见孩儿回来，不知有官～是无官？"

冶 yě ❶熔炼（金属）。《论衡·无形》："犹陶者用土为簋廉，～者用铜为柈杅矣。"㊀融化。木华《海赋》："阳冰不～。"❷从事冶炼的匠人。王褒《四子讲德论》："巧～铸之，然后知其幹也。"❸艳丽。宋玉《登徒子好色赋》："华色含光，体美容～。"❹娱乐。欧阳修《蝶恋花》词："玉勒雕鞍游～处，楼高不见章台路。"❺通"野"。野外。《乐府诗集·子夜四时歌·春歌》："～游步春露，艳觅同心郎。"

【冶步】 yěbù 幽闲漫步。《后汉书·李固传》："槃旋偃仰，从容～～。"

【冶容】 yěróng 艳丽的打扮。《后汉书·蔡邕传》："女～～而淫，士背道而辜。"陆机《演连珠》："是以都人～～，不悦西施之影。"

【冶夷】 yěyí 妖媚的样子。木华《海赋》："群妖遘迕，眇䁠～～。"

埜 yě 同"野"。郊外。《晏子春秋·外篇·重而异者》："及庄公陈武夫，尚勇力，欲辟胜于邪，而婴不能禁，故退而～处。"

野 yě ❶郊外，田野。《孟子·梁惠王上》："民有饥色，～有饿莩。"《后汉书·刘盆子传》："城郭皆空，白骨蔽～。"❷野生的。傅玄《杂诗》："蝉鸣高树间，～鸟号东箱。"《论衡·异虚》："夫桑榖者，～草也。"❸放纵，不驯服。陈琳《为袁绍檄豫州》："而操豺狼～心，潜包祸谋。"❹缺乏文采，粗鄙。《荀子·修身》："不由礼则夷固僻违，庸众而～。"（夷固僻违：倨傲乖邪。）陈亮《自赞》："其服甚～，其貌亦古。"㊀放荡，不受约束。文同《书绿帷亭壁》诗："闲居数月性便～，浑忘簿书相聒时。"❺民间，与"朝廷"相对。《汉书·艺文志》："仲尼有言：'礼失而求诸～。'"杨炯《宴皇甫兵曹宅诗序》："君臣庆色，朝～欢心。"❻分野，即星宿所当的区域。苏轼《徐州鹿鸣燕赋诗叙》："眷此房心之～，实惟孝秀之渊。"

【野次】 yěcì ❶野外。《三国志·魏书·陈群传》："可无举宫暴露～～。"❷在野外休息。沈约《齐故安陆昭王碑文》："富商～～，宿秉停菑。"

【野合】 yěhé 不符合礼仪的婚配。《史记·孔子世家》："[叔梁]纥与颜氏女～～而生孔子。"后称男女私通为"野合"。

【野老】 yělǎo 田野老人。杜甫《秦州杂诗》之二十："唐尧真自圣，～～复何知。"王安石《游土山示蔡天启秘校》诗："百金置酒地，～～今行馌。"

【野马】 yěmǎ ❶产于北方的一种良马。司马相如《子虚赋》："轶～～，穗陶駼。"❷春日野外林泽间的雾气。《庄子·逍遥遊》："～～也，尘埃也，生物之以息相吹也。"黄庭坚《过方城寻七叔祖旧题》诗："壮气南山若可排，今为～～与尘埃。"

【野人】 yěrén ❶乡野之民，农夫。《国语·晋语四》："乞食于～～。"嵇康《与山巨源绝交书》："～～有快炙背而美芹子者。"❷没有官职的平民。《孟子·万章上》："此非君子之言，齐东～～之语也。"潘岳《秋兴赋》："仆～～也。"❸未开化的人。《吕氏春秋·恃君》："氐羌、呼唐、离水之西，僰人、～～，……多无君。"

【野声】 yěshēng 即"野音"。《论衡·逢遇》："吹籁工为善声，因越王不喜，更为～～，越王大说。"参见"野音"。

【野味】 yěwèi 比喻浮浪子弟。石君宝《曲江池》一折："妹夫，那里有个～～儿，请他来同席，怕做什么？"

【野性】 yěxìng 疏懒闲散之性。姚合《闲居遣怀》诗之八："～～多疏惰，幽栖更称情。"

【野音】 yěyīn 粗俗不高雅的音乐。《吕氏春秋·遇合》："客有以吹籁见越王者，羽角宫徵商不缪，越王不善；为～～，而反善之。"

【野战】 yězhàn ❶在野外打仗。《战国策·魏策二》："则上有～～之气，下有坚守之心。"❷不依常法作战。《宋史·岳飞传》："[宗泽]曰：'尔勇智才艺，古良将不能过，然好～～，非万全计。'因授以阵图。"

【野狐禅】 yěhúchán 佛家称外道异端。后指异端邪说。苏轼《乐全先生生日以铁拄杖为寿》诗之一："遥想人天会方丈，众中惊倒～～～。"方回《七十翁吟五言古体》："喝咄～～～，未必实有得。"

壄 yě 同"野"。❶郊外。司马相如《上林赋》："经乎桂林之中，过乎泱漭之～。"❷野生的。马融《长笛赋》："山鸡晨群，～雉晁雊。"（晁：通"朝"。）

叶（葉） yè ❶植物的叶子。《庄子·山木》："见大木枝～盛茂。"陆机《文赋》："悲落～于劲秋，喜柔条于芳春。"㊀生出叶子。周弘让《答王褒书》："渭北沍寒，杨榆晚～。"❷花瓣。李群玉《题金山寺石堂》诗："千～红莲高会处，几曾龙女献珠来？"❸书页。一张为一叶。王彦泓《寓夜》诗："鼠翻书～响，虫逗烛花飞。"❹比喻像叶子一样小而轻的东西。古人多用"一叶"比喻小船。李贺《送沈亚之歌》："雄光宝矿献春卿，烟底蓦波乘一～。"❺代，世。《后汉书·杨震传》："三～宰相，辅国以忠。"《三国志·魏书·后妃传评》："适足以为百王之规典，垂宪范乎后～矣。"㊁期，时期。陆九渊《荆国王文公祠堂记》："夏商叔～，去治未远，公卿之间犹有典刑。"❻（旧音 shè）古邑名，在河南叶县南。

【叶拱】 yègǒng 把两手贴在胸前行礼。《孔子家语·辩乐》："师襄子避席，～～而对。"

【叶语】 yèyǔ 世代相传说。《淮南子·修务训》："称誉～～，至今不休。"

业（業） yè ❶事业，功业。《史记·夏本纪》："于是舜举鲧子禹，而使续鲧之～。"《后汉书·和熹邓皇后纪》："巍巍之～，可闻而不可及。"㊀创立功业，使成就事业。《战国策·秦策三》："使秦～帝。"《史记·李斯列传》："却宾客以～诸侯。"❷事务。《孙子·九变》："役诸侯以～。"《国语·鲁语下》："寝门之内，妇人治其～焉。"❸职业。嵇康《与山巨源绝交书》："故四民有～，各以得志为乐。"㊀从事某种职业。韩愈《圬者王承福传》："圬之为技，贱且劳者也。有～之，其色若自得者。"❹学业。《后汉书·郭太传》："三年～毕，博通坟籍。"❺产业。《史记·货殖列传》："能守其～，用财自卫。"㊁馆舍。石崇《思归引序》："遂肥遁于河阳别～。"❻古代书写用的版称业，故书也称业。《管子·宙合》："修～不息版。"❼乐架上刻有锯齿的大木板。用以悬挂钟、磬等。张衡《东京赋》："设～设虡，宫悬金镛。"❽筑墙的板。《尔雅·释器》："大版谓之～。"❾继承。《左传·昭公元年》："台骀能～其官。"❿已经。《汉书·李广利传》："天子～出兵诛宛。"⓫梵语"羯磨"的意译。佛教把人们所做的一切事情，分为善业恶业。多表示命运或缘分。《妙法莲华经·序品》："生死所趋，善恶～缘。"特指恶业。《聊斋志异·王六郎》："然～满劫脱，正宜相贺。"

【业报】 yèbào 佛教指由恶业招来的果报。延寿《宗镜录》卷二十六："命是一期之～～，曷等真诠。"

【业次】 yècì 赖以谋生的职业。韩愈《论佛骨表》："老少奔波，弃其～～。"

【业峨】 yè'é 高峻的样子。《后汉书·班固传》："增粲～～，登降炤烂。"

【业根】 yègēn 祸种。《聊斋志异·促织》："～～，死期至矣！"

【业火】 yèhuǒ ❶佛教称罪业害身如火，故称业火。《楞严经》卷八："是等皆以～～干枯，酬其宿债，傍为畜生。"❷怒火。《水浒传》七回："那一把无明～～，焰腾腾的按纳不住。"

【业命】 yèmìng 有关国事的命令。《国语·鲁语下》："诸侯朝修天子之～～，昼考其国职，夕省其典刑。"

【业业】 yèyè ❶畏惧的样子。《三国志·吴书·朱桓传》:“时桓手下及所部兵,在者五千人,诸将～～,各有惧心。”❷有威仪的样子。《诗经·大雅·常武》:“赫赫～～,有严天子。”❸强健的样子。《诗经·小雅·采薇》:“戎车既驾,四牡～～。”

【业已】 yèyǐ 已经。《史记·楚世家》:“楚王～～欲和于秦,见齐王书,犹豫不决,下其议群臣。”《汉书·项籍传》:“羽与范增疑沛公,～～讲解。”

【业缘】 yèyuán 佛教指善业产生善果、恶业产生恶果的因缘。后泛指缘分。岳珂《宝真斋法书赞·黄庭坚书简帖下》:“初到绝无书册,今又稍稍集矣,亦是与此故纸,夙有～～尔,呵呵!”

【业障】 yèzhàng 罪孽。释道世《法苑珠林》卷七十五:“如是神咒,具大威力,能受持者～～消除。”屠隆《昙花记·众生业报》:“咳! 这是我的旧～～,自古道无毒不丈夫。”

曳 yè ❶拖,拉。《庄子·秋水》:“宁生而～尾涂中。”贾谊《吊屈原赋》:“贤圣逆～兮,方正倒植。”❷飘浮。颜延之《应诏观北湖田收》诗:“阳陆团精气,阴谷～寒烟。”❸困顿。《后汉书·冯衍传下》:“年虽疲～,犹庶几名贤之风。”❹穿越。王褒《洞箫赋》:“状若捷武,超腾踰～,迅漂巧兮。”(捷武:捷巧。)

【曳白】 yèbái 考卷纸空白,即交白卷。陶宗仪《说郛》引《续事始》:“天宝元年冬选六十四人判入等,来正月玄宗亲自重试,张奭不措一辞,时人谓之～～。”也作“拽白”。《唐摭言》卷十五:“御史中丞张倚之子奭,手持纸,竟日不上一字,时人谓之～～”

【曳剌】 yèlà 契丹语。军士,衙差。又译为“曳落河”。李直夫《虎头牌》三折:“他误了限次,失了军期,差几个～～勾追。”

【曳曳】 yèyè 连绵不断的样子。孟浩然《行至汝坟寄卢征君》诗:“～～半空里,溶溶五色分。”

【曳落河】 yèluòhé 军士,衙差。《新唐书·房琯传》:“逆党～～～虽多,岂能当我刘秩乎?”

邺(鄴) yè ❶地名,在今河北省临漳县西。❷姓。

夜(亱) yè ❶从天黑到天亮的一段时间。《战国策·秦策三》:“～行而昼伏。”张协《七命》:“穷～为日。”[引]夜间在外行走、活动。杜甫《陪李金吾花下饮》诗:“醉归应犯～,可怕李金吾。”❷昏暗。《潜夫论·赞学》:“是故索物于～室者,莫良于火。”

【夜分】 yèfēn 半夜。《后汉书·光武帝纪下》:“数引公卿、郎、将讲论经理,～～乃寐。”

【夜光】 yèguāng ❶月亮。《楚辞·天问》:“～～何德,死则又育?”❷珠宝名。《楚辞·九思·哀岁》:“宝彼兮沙砾,捐此兮～～。”班固《西都赋》:“悬黎垂棘,～～在焉。”

【夜来】 yèlái ❶昨夜。杜甫《喜雨》诗:“沧江～～雨,真宰罪一雪。”又《溪涨》诗:“不意远山雨,～～复何如?”❷昨日。杨万里《明发石山》诗:“悬知今定雨,正坐～～暄。”李寿卿《度柳翠》二折:“～～八月十五日,你不出来,今日八月十六,你可出来。”

【夜阑】 yèlán 夜将尽。杜甫《赠蜀僧闾邱师兄》诗:“～～接软语,落月如金盆。”苏轼《临江仙》词:“～～风静縠纹平。”

【夜台】 yètái 坟墓。卢照邻《同崔录事哭郑员外》诗:“～～无晓箭,朝奠有虚尊。”骆宾王《乐大夫挽辞》之四:“一旦先朝菌,千秋掩～～。”

【夜中】 yèzhōng 半夜。《国语·吴语》:“～～乃令服兵擐甲。”阮籍《咏怀》之一:“～～不能寐,起坐弹鸣琴。”

【夜直】 yèzhí 官吏夜间值班。韩愈《和席八十二韵》:“绮陌朝游闲,绫衾～～频。”

【夜作】 yèzuò 夜间劳作。《后汉书·廉范传》:“旧制禁民～～,以防火灾。”

抴 1. yè ❶拖,拉。常璩《华阳国志·刘先主志》:“还到梓潼,见一大蛇入穴中,一人揽其尾掣之,不禁,至五人相助,大呼～蛇。”

2. yì ❷通“枻”。短桨。《荀子·非相》:“故君子之度己则以绳,接人则用～。”(接:接应,接引。)

𢭏(擫) yè ❶用手指按。欧阳修《洛阳牡丹记》:“叶杪深红一点,如人以手指～之。”❷压制。《新唐书·萧瑀传》:“然帝素意伐辽,又衔瑀以谋～其机。”

拽 1. yè ❶拖,拉。张衡《思玄赋》:“～云旗之离离兮,鸣玉鸾之謍謍。”李商隐《韩碑》诗:“长绳百尺～碑倒,麄沙大石相磨治。”

2. yì ❷通“枻”。船旁板。孔稚珪《北山移文》:“今又促装下邑,浪～上京。”(浪:放。)

【拽白】 yèbái 见“曳白”。

𪡏(嚈) 1. yè ❶古民族名。国名用字。大月氏的后裔有𪡏哒。《魏书》有《𪡏哒传》。

2. yàn ❷通“咽”。人死断气。《红楼梦》十三回:"才~气的人,那里不干净。"

咽 yè 见yān。

烨(燁、爗) yè 明亮,有光彩。曾巩《与抚州知州书》:"岿乎其高,浩乎其深,~乎其光明。"刘基《卖柑者言》:"杭有卖果者,善藏柑,涉寒暑不溃,出之~然。"

擪(擪) yè 用手指按。《淮南子·泰族训》:"所以贵扁鹊者,非贵其随病而调药,贵其~息脉血,知病之所从生也。"

晔(曄、曅) yè ❶光辉灿烂,明亮。潘岳《寡妇赋》:"曜灵~而遄迈兮,四节运而推移。"韩愈《答李翊书》:"根之茂者其实遂,膏之沃者其光~。"❷容光焕发。傅毅《舞赋》:"貌嫽妙以妖蛊兮,红颜~其扬华。"❸盛,茂盛。曹植《与吴季重书》:"~若春荣,浏若清风。"左思《吴都赋》:"郁兮茷茂,~兮菲菲。"

【晔晔】 yèyè ❶美丽茂盛的样子。左思《蜀都赋》:"迎隆冬而不凋,常~~以猗猗。"❷比喻名声显扬。韩愈《五箴·知名箴》:"今日告汝知名之法:勿病无闻,病其~~。"

【晔煜】 yèyù 繁盛的样子。《后汉书·班固传》:"钟鼓铿铊,管弦~~。"

射 yè 见shè。

液 yè ❶液体。张衡《东京赋》:"温~汤泉,黑丹石缁。"王褒《洞箫赋》:"朝露清冷而陨其侧兮,玉~浸润而承其根。"❷熔化。刘禹锡《天论上》:"斩材窾坚,~矿硎铓。"❸浸渍。《周礼·考工记·弓人》:"凡为弓,冬析幹而春~角。"❹通"掖"。宫掖。《汉书·王莽传上》:"长秋宫未建,~廷媵未充。"

谒(謁) yè ❶禀告,陈述。《战国策·燕策一》:"臣请~王之过。"《史记·张仪列传》:"臣请~其故。"㉿告发。《韩非子·五蠹》:"楚之有直躬,其父窃羊而~之吏。"❷请求。《战国策·楚策三》:"因令人~和于魏。"《后汉书·周防传》:"防以未冠,~去。"㉿请托。《后汉书·杨震传》:"性公廉,不受私~。"❸进见。《汉书·高帝纪下》:"十二月,会诸侯于陈,楚王信迎~,因执之。"㉿拜谒,瞻仰。《史记·吕太后本纪》:"太子即位为帝,~高庙。"谢翱《登西台恸哭记》:"登岸,~子陵祠。"❹进见时用的名帖。《史记·高祖本纪》:"高祖为亭长,素易诸吏,乃绐为~曰:'贺钱万。'实不持一钱。~入,吕公大惊,起,迎之门。"(绐:欺骗。)❺掌管进见的近侍。张衡《思玄赋》:"文断袪而忌伯兮,阉~贼而宁后。"

【谒刺】 yècì 拜见时用的名帖。祝穆《事文类聚·人事部·谒见》:"文潞公(彦博)判北京,有汪辅之者,……初入谒,潞公方坐厅事,阅~~,置案上不问。"

【谒告】 yègào 请假。《宋史·常楙传》:"与庙堂议事不合,以疾~~。"程敏政《夜渡两关记》:"予~~南归。"

【谒归】 yèguī 请假回家。《战国策·楚策四》:"李园求事春申君为舍人,已而~~,故失期。"《后汉书·刘隆传》:"~~,迎妻子置洛阳。"

【谒急】 yèjí 告急。《战国策·韩策三》:"赵、魏攻华阳,韩~~于秦。"

【谒舍】 yèshè 客栈。《后汉书·陆续传》:"续母远至京师,觇候消息。……使者问诸~~,续母果来。"

【谒者】 yèzhě ❶负责接待宾客的人。《吕氏春秋·爱士》:"~~入通。"❷官名。职掌各朝不同,秦汉谒者掌管接待宾客及赞礼;南北朝谒者掌管朝觐宾飨及奉诏出使。《史记·秦始皇本纪》:"~~使东方来,以反者闻二世。"《汉书·艺文志》:"至成帝时,以书颇散亡,使~~陈农求遗书于天下。"

掖 1. yè ❶搀着别人的胳膊。《左传·僖公二十五年》:"余~杀国子,莫余敢止。"㉿扶持。《诗经·陈风·衡门序》:"故作是诗以诱~其君也。"❷通"腋"。胳肢窝。《汉书·司马相如传上》:"洞胸达~,绝乎心系。"㉿旁,边。《三国志·魏书·董卓传》:"伪著卫士服守~门。"❸宫掖的简称。颜延之《宋文皇帝元皇后哀策文》:"雨泗丹~。"

2. yē ❹塞。《红楼梦》五十一回:"你来把我这边的被~~罢。"

【掖省】 yèshěng 唐时门下、中书两省的总称,因门下、中书两省在宫中左右掖,故称。《新唐书·刘祥道传》:"且~~崇峻,王言秘密,尚书政本,人物所归。"

【掖庭】 yètíng ❶皇宫中的旁舍,嫔妃居住的地方。《汉书·礼乐志》:"而内有~~材人,外有上林乐府,皆以郑声施于朝廷。"❷宫中官署名,掌宫人事务。《后汉书·和熹邓皇后纪》:"遂下~~考讯,辞证明白。"❸泛指皇宫。曾巩《范贯之奏议集序》:"自~~至于四方幽隐。"

饲(餲) yè ❶同"噎"。食物堵住喉咙。《汉书·贾山传》:"祝~在前,祝鲠在后。"❷气郁结。《楚辞·九思·逢尤》:"仰长叹兮气~结,悒殟绝兮咶复苏。"

殗 1. yè ❶重叠。左思《吴都赋》："重葩～叶。"❷见"殗殜"。
2. yān ❸死。《集韵·盐韵》："～，殁也。"

【殗殜】 yèdié 生小病的样子。袁枚《祭妹文》："后虽小差，犹尚～～。"

【殗殗】 yānyān 气息微弱的样子。苏舜钦《送外弟王靖序》："虽瞬动言息，戴威爵，坐署位，对之～～如在九泉之下。"

擛 yè 见shé。

暍 yè 见hè。

腋 yè ❶胳肢窝。潘岳《西征赋》："分身首于锋刃，洞胸～以流矢。"❷兽腋下的毛皮。赵翼《李雨村观察自蜀中续寄诗话比旧增多戏题于后》诗："人各造车期合辙，君能集～便成裘。"㊕指狐腋下的毛皮。《史记·赵世家》："吾闻千羊之皮不如一狐之～。"

楪 1. yè ❶窗户。《玉篇·木部》："～，牖也。"
2. dié ❷盛食物的小盘。后作"碟"。白居易《七年元日对酒》诗之三："三杯蓝尾酒，一～膠牙饧。"

馌（饁） yè ❶给在田间劳动的农夫送饭。《国语·晋语五》："冀缺薅，其妻～之。"（冀缺：人名。）曾巩《分宁县云峰院记》："其人修农桑之务，率数口之家，留一人守舍行～，其外尽在田。"❷古代打猎时以兽祭神。《新唐书·礼乐志六》："乃命有司～兽于四郊，以兽告至于庙社。"

擸 yè 用手指按。王褒《洞箫赋》："胶致理比，挹抐～擶。"（擶：同"捻"。）

鍱（鐷） yè ❶金属薄片。慧琳《一切经音义·毘奈耶律·铁鍱》："打铜铁薄阔如油素片名为～。"❷铆接。《墨子·备城门》："以锢金若铁～之。"

靨（靥、醶） yè ❶酒窝儿。萧统《拟古》诗："眼语笑～迎来情，心怀心想甚分明。"王安石《游土山示蔡天启秘校》诗："纵言及平生，相视开笑～。"❷妇女在面部点搽装饰。李贺《同沈驸马赋得御沟水》诗："入苑白泱泱，宫人正～黄。"❸妇女涂在脸上的装饰品。杜甫《琴台》诗："野花留宝～，蔓草见罗裙。"

【靨辅】 yèfǔ 酒窝儿。曹植《洛神赋》："明眸善睐，～～承权。"

【靨靨】 yèyè 星、月等光亮渐渐隐没的样子。范成大《华容湖看月出》诗："晶晶浪皆舞，～～星欲避。"

魘 yè 见yǎn。

擖 yè 畚箕前伸出的部分。《礼记·少仪》："执箕膺～。"

鄴 yè 高大的样子。陆游《铜壶阁记》："人徒骇其山立翚飞，～然摩天，不知此阁已先成于公之胸中矣。"

yi

一 yī ❶数词。《左传·僖公五年》："～之谓甚，其可再乎？"《庄子·天下》："其数～二三四是也。"㊀另一。《诗经·小雅·角弓》："民之无良，相怨～方。"❷相同，一样。《管子·形势》："春秋冬夏不更其节，古今～也。"嵇康《与山巨源绝交书》："其揆～也。"❸全。《史记·淮阴侯列传》："～市人皆笑信，以为怯。"《后汉书·桓帝纪》："～家皆被害者，悉为收敛。"❹统一，一致。《战国策·赵策二》："夫天下之不可～亦明矣。"《后汉书·桓谭传》："校定科比，～其法度。"❺专一。《汉书·邹阳传》："守职不桡，可谓诚～矣。"❻一旦。《战国策·秦策三》："彼～见秦王，秦王必相之。"江淹《别赋》："至如～赴绝国，讵相见期？"❼副词。都，一概。《史记·孟尝君列传》："食客数千人，无贵贱～与文等。"《后汉书·郑玄传》："家事大小，汝～承之。"❽副词。乃，竟。《史记·滑稽列传》："寡人之过，～至于此乎？"又《范雎蔡泽列传》："范叔～寒至此哉！"❾副词。有时，或者。《礼记·杂记下》："～张～弛，文武之道。"㊀偶然。《左传·襄公二十七年》："匹夫～为不信，犹不可。"

【一旦】 yīdàn ❶有一天。扬雄《剧秦美新》："恐～～先犬马填沟壑，所怀不章，长恨黄泉。"孙楚《为石仲容与孙皓书》："渴赏之士，锋镝争先，忽然～～，身首横分。"❷形容时间很短。《史记·淮阴侯列传》："夫成安君有百战百胜之计，～～而失之，军败鄗下，身死泜上。"《汉书·诸葛丰传》："故常愿捐～～之命。"❸一时，忽然。鲍照《结客少年场行》："追兵～～至，负剑远行游。"

【一尔】 yī'ěr 顷刻。《三国志·吴书·陆逊传》："乃敕各持一把茅，以火攻拔之，～～势成，通率诸军，同时俱攻。"

【一二】 yī'èr 逐一。扬雄《长杨赋》："仆尝倦谈，不能～～其详。"

【一夫】 yīfū ❶一人。多指男人。《史记·周本纪》："楚有养由基者，去柳叶百步而射之，百发百中之，有～～立其旁曰：'善，可教射矣。'"❷独夫，指暴虐的君主。《孟子·梁惠王下》："闻诛～～纣矣，未闻弑君也。"❸一勇士，或一壮士。王粲《从军行》之二："俱无～～用，报我素餐诚。"❹一农夫。欧阳修《解官后答韩魏公见寄》诗:“老为南亩～～去,犹是东宫二品臣。”

【一概】 yīgài 一个方面。《论衡·问孔》:“用言,令行缺,有～～矣。”

【一干】 yīgān 一批,一伙。《京本通俗小说·错斩崔宁》:“便叫～～人犯,逐一从头说来。”

【一鼓】 yīgǔ 打第一通鼓,比喻迅速。岳飞《五岳祠盟记》:“建康之城,～～败虏,恨未能使匹马不回耳!”

【一贯】 yīguàn 相同。《后汉书·献穆曹皇后纪》:“至于贤愚优劣,混同～～。”

【一何】 yīhé 多么。古乐府《陌上桑》:“罗敷前致词,使君～～愚!”杜甫《自京赴奉先县咏怀五百字》:“许身～～愚,窃比稷与契。”也作“壹何”。《史记·外戚世家》:“～～不自喜而倍本乎!”

【一介】 yījiè ❶一人,单个。《国语·吴语》:“～～嫡女执箕箒以晐姓于王宫。”《史记·廉颇蔺相如列传》:“大王遣～～之使至赵,赵立奉璧来。”❷一个,多用为自谦之词。谢朓《拜中军记室辞隋王戕》:“褒采～～,抽扬小善。”❸比喻微小。陆倕《石阙铭》:“～～之才必记,无文之典咸秩。”

【一孔】 yīkǒng ❶一个洞眼,比喻见识狭小。《盐铁论·相刺》:“通～～,晓一理,而不权衡。”❷一个来源。《淮南子·原道训》:“万物之总,皆阅～～;百事之根,皆出一门。”

【一力】 yīlì ❶合力。《吕氏春秋·不二》:“勇者不得先,惧者不得后,所以～～也。”❷专力。《宋史·李邴传》:“然不用师于京东以牵制其势,则彼得～～以拒我。”❸竭力。《儿女英雄传》五回:“便～～的撺掇公子快走。”

【一例】 yīlì 一律。《史记·礼书》:“诸侯藩辅,臣子～～,古今之制也。”

【一切】 yīqiè ❶权宜。《汉书·路温舒传》:“媮为～～,不顾国患。”曹植《求通亲亲表》:“今臣以～～之制,永无朝觐之望。”❷暂时,临时。《后汉书·王霸传》:“故数挑战,以儌～～之胜。”又《左雄传》:“各怀～～,莫虑长久。”也作“壹切”。《汉书·诸侯王表》:“蚕食诸侯,～～取胜。”❸一律,一概。《史记·荆燕世家》:“皆高祖～～功臣。”《汉书·平帝纪》:“吏在位二百石以上,～～满秩如真。”❹所有。《汉书·赵广汉传》:“～～治理,威名流闻。”❺一般。应劭《风俗通·过誉》:“[霍]去病外戚末属,～～武夫。”

【一曲】 yīqū ❶河流弯曲处。《世说新语·任诞》:“吾若万里长江,何能不千里～～?”杜甫《江村》诗:“清江～～抱村流,长夏江村事事幽。”❷一隅,片面。《庄子·天道》:“此之谓辩士,～～之人也。”❸一缕。张泌《题华严寺木塔》诗:“～～晚烟浮渭水,半桥斜日照咸阳。”

【一日】 yīrì ❶一旦。《史记·樊郦滕灌列传》:“即上～～宫车晏驾。”(即:如果。)❷不久前的某一天。《后汉书·李充传》:“～～,闻足下与邓将军说士未究,激刺面折。”

【一时】 yīshí ❶四季中的一季。《国语·周语上》:“三时务农而～～讲武。”❷一个时期。东方朔《答客难》:“彼～～也,此～～也,岂可同哉?”❸一世。刘峻《辩命论》:“近世有沛国刘瓛,瓛弟琎,并～～之秀士也。”❹唯一的时机,指不可能再遇到。《后汉书·吴汉传》:“君何不合二郡精锐,附刘公击邯郸,此～～之功也。”❺同时,全部。张俊《为吴令谢询求为诸孙置守冢人表》:“凡诸绝祚,～～并祀。”《世说新语·忿狷》:“于是选百人,～～俱教。”❻暂时。嵇康《与山巨源绝交书》:“危坐～～,痺不得摇。”❼立刻。《世说新语·容止》:“始入门,诸客望其神姿,～～退匿。”❽片刻。范居中《金殿喜重重·秋思》曲:“才离了～～半刻,恰便似三暑十霜。”

【一世】 yīshì ❶三十年为一世。《论衡·宣汉》:“且孔子所谓～～,三十年也。”❷一代。《左传·昭公元年》:“～～无道,国未艾也。”❸一生。曹植《赠白马王彪》诗:“人生处～～,去若朝露晞。”❹一个时期。司马迁《报任少卿书》:“刑馀之人,无所比数,非～～也。”❺一时。《孔子家语·辩物》:“祸败所终,非～～可知也。”❻当世。《后汉书·仲长统传》:“逍遥～～之上,睥睨天地之间。”

【一体】 yītǐ ❶关系密切,如同一个整体。杜甫《咏怀古迹》之四:“武侯祠屋长邻近,～～君臣祭祀同。”❷一样,相同。司马迁《报任少卿书》:“古今～～,安在其不辱也?”

【一统】 yītǒng ❶统一。《汉书·异姓诸侯王表》:“天下～～,乃以年数。”❷汉代“三统历”的计时单位,以一千五百三十九年为一统。《论衡·调时》:“千五百三十九岁为～～。”

【一苇】 yīwěi 指小船。苏轼《游武昌寒溪西山寺》诗:“今朝横江来,～～逐衰朽。”

【一息】 yīxī ❶一口气,指生命。《朱子全书·论语》:“～～尚存,此志不容稍懈,可谓远矣。”❷一呼一吸,极言时间短促。王褒

《圣主得贤臣颂》："周流八极，万里～～。"❸暂时。鲍照《东门行》："～～不相知，何况异乡别。"

【一向】　yīxiàng　❶偏，边。李山甫《寒食》诗："柳凝东风～～斜，春阴澹澹蔽人家。"❷一片。温庭筠《溪上行》："风翻荷叶～～白，雨湿蓼花千穗红。"❸一味，总是。《朱子语类辑略》卷三："今则事事用此，～～回互。"❹片刻。晏殊《浣溪纱》词："～～年光有限身，等闲离别易销魂。"

【一言】　yīyán　❶一个字。《论语·卫灵公》："子贡问曰：'有～～而可以终身行之者乎？'"杨炯《遂州长江县先圣孔子庙堂碑》："己所不欲，则～～可以终身。"❷一句话。张衡《东京赋》："～～几于丧国，我未之学也。"❸一首诗。杨炯《宴族人杨八宅序》："人赋～～，同裁四韵。"

【一一】　yīyī　逐一。《韩非子·内储说上》："齐宣王使人吹竽，必三百人。……宣王死，湣王立，好～～听之，处士逃。"杜甫《入宅》诗之二："相看多使者，～～问函关。"

【一隅】　yīyǔ　❶一个角落。《论语·述而》："举～～不以三隅反，则不复也。"❷一个方面。左思《三都赋序》："聊举其～～，摄其体统，归诸诂训焉。"❸一方。李陵《与苏武》诗之一："风波一失所，各在天～～。"

【一元】　yīyuán　天下，全国。《晋书·赫连勃勃载记》："夷～～之穷灾，拯六合之沉溺。"

【一昨】　yīzuó　前些日子。任华《与庾中丞书》："～～迁拜中宪，台阁生风。"

衣　yī　❶上衣，与"裳"相对。《诗经·齐风·东方未明》："东方未明，颠倒～裳。"《论衡·佚文》："文着于～，不在于裳，～法天也。"[又]泛指衣服。《诗经·豳风·七月》："七月流火，九月授～。"❷覆盖在物体表面的东西。贾思勰《齐民要术·造神曲并酒》："但候曲香沫起，……过久，曲生～。"王建《宫词》之四十："连夜宫中修别院，地～帘额一时新。"（地衣：地毯。）❸套在物体外面的东西。庾信《咏画屏风》之十四："弓～湿溅水，马足乱横波。"❹表皮。李建勋《宿友人山居寄司徒相公》诗："隔纸烘茶蕊，移铛剥芋～。"❺（旧读 yì）穿衣服。《史记·外戚世家》："于是帝乃诏使邢夫人～故衣，独身前来。"[又]（旧读 yì）给衣穿。《管子·五辅》："～冻寒，食饥渴。"❻覆盖。《周易·系辞下》："古之葬者，厚～之以薪。"[引]包扎。柳宗元《段太尉逸事状》："自取水洗去血，裂裳～疮。"

【衣被】　yībèi　指养育护理。《荀子·礼论》："乳母，饮食之者也，而三月；慈母，～～之者也，而九月。"（而：则。三月：指为乳母服丧三个月。）

【衣钵】　yībō　僧尼使用的袈裟和食器。中国禅宗初祖至五祖师徒间传授道法，常付衣钵为凭证，称为衣钵相传。后泛指老师传给学生的学业、知识。刘过《八声甘州》词："谁识道山客，～～曾传。"邵伯温《邵氏闻见前录》卷七："范鲁公质举进士，和凝为主文，爱其文赋。凝自以第十三登第，谓鲁公曰：'君之文宜冠多士，屈居十三者，欲君传老夫～～耳。'"

【衣车】　yīchē　有遮蔽的车。《汉书·昌邑哀王刘髆传》："过弘农，使大奴善以～～载女子。"

【衣服】　yīfú　❶衣裳。《诗经·曹风·蜉蝣》："蜉蝣之羽，采采～～。"❷泛指衣物服饰。《管子·权修》："度量不审，～～无等。"《汉书·景帝纪》："夫吏者，民之师也，车驾～～宜称。"

【衣冠】　yīguān　❶士大夫的穿戴。衣，衣服；冠，帽子。《荀子·非十二子》："正其～～。"❷借指士大夫，官绅。《后汉书·郭太传》："后归乡里，～～诸儒送至河上。"《世说新语·德行》刘孝标注："僧法深，不知其俗姓，盖～～之胤也。"❸指文明礼教。胡铨《上高宗封事》："夫管仲，霸者之佐耳，尚能变左衽之区为～～之会。"

【衣养】　yīyǎng　养育。《老子·三十四章》："功成不名有，～～万物而不为主。"（衣养：一本作"衣被"。）

【衣簪】　yīzān　衣冠簪缨，一般作为达官贵族及其后裔的代称。杜頠《集贤院山池赋》："对石渠之铅粉，会金马之～～。"

【衣装】　yīzhuāng　衣着。白居易《喜老自嘲》诗："名籍同逋客，～～类古贤。"

伊　yī　❶指示代词。这，那。《汉书·礼乐志》："嘉承天和，～乐厥福。"陆机《汉高祖功臣颂》："士也罔极，自诒～愧。"❷第三人称代词，他。柳永《定风波》词："针线闲拈伴～坐，和我，免使年少光阴虚过。"❸第二人称代词，你。温庭筠《新添声杨柳枝》词："井底点灯深烛～，共郎长行莫围棋。"（围棋："违期"的双关语。）❹句首语气词。司马相如《长门赋》："～予志之慢愚兮，怀贞悫之欢心。"❺句中语气词。王粲《赠蔡子笃》诗："瞻望遐路，允企～伫。"

【伊人】　yīrén　这个人，这些人。谢瞻《张子房诗》："～～感代工，聿来扶兴王。"陆机《豪士赋序》："借使～～，颇览天道。"

【伊始】　yīshǐ　当初，开始。沈约《齐故安陆昭王碑文》:“时皇上纳麓在辰,登庸~~。”杨炯《泸州都督王湛神道碑》:“皇业~~,公以中涓从事。”

【伊昔】 yīxī 从前。颜延之《宋文皇帝元皇后哀策文》:“~~不造,鸿化中微。”杜甫《天育骠骑图歌》:“~~太仆张景顺,监牧攻驹阅清峻。”(攻:攻治,训练。)

【伊轧】 yīyà 象声词。船或车的摇动声。陈与义《初识茶花》诗:“~~篮舆不受催,湖南秋色更佳哉。”

【伊邑】 yīyì 心情不舒畅。《三国志·魏书·王朗传》:“惧彼舆论之未畅者,并怀~~。”

【伊优】 yīyōu 谄媚的样子。《后汉书·赵壹传》:“~~北堂上,抗脏倚门边。”

【伊郁】 yīyù 郁结不通。王褒《洞箫赋》:“愤~~而酷䀇,愍眸子之丧精。”(䀇:忧戚的样子。)

医(醫) yī ❶医生。《左传·襄公二十一年》:“楚子使~视之。”《墨子·兼爱上》:“譬之如~之攻人之疾者然,必知疾之所自起。”❷医治。《国语·晋语八》:“上医~国,其次疾人也。”❸酿粥为醴。《周礼·天官·酒正》:“辨四饮之物:一曰清,二曰~,三曰浆,四曰酏。”

祎(禕) yī 美好。张衡《东京赋》:“汉帝之德,侯其~而。”

依 1. yī ❶依傍,依靠。班固《西都赋》:“若游目于天表,似无~而洋洋。”《史记·周本纪》:“夫国必~山川。”㊀依恋。《古诗十九首·行行重行行》:“胡马~北风,越鸟巢南枝。”❷依照,按照。《楚辞·离骚》:“~前圣以节中兮,喟凭心而历兹。”《后汉书·杨修传》:“护军不知进止何~。”❸跟着,随着。《诗经·商颂·那》:“既和且平,~我磬声。”❹帮助。《汉书·礼乐志》:“声~咏,律和声。”❺茂盛的样子。《诗经·小雅·车舝》:“~彼平林,有集维鷮。”❻爱,可爱。《诗经·周颂·载芟》:“思媚其妇,有~其士。”

2. yǐ ❼通“扆”。门窗间的屏风。《仪礼·觐礼》:“天子设斧~于户牖之间。”《荀子·正论》:“负~而坐。”

【依阿】 yī'ē 阿谀迎合,随声附和。《资治通鉴·唐宪宗元和四年》:“苟求便身,率为~~两可之言。”

【依风】 yīfēng 《古诗十九首·行行重行行》有“胡马依北风,越鸟巢南枝”,后用“依风”表示思念故土。《后汉书·班超传》:“小臣能无~~首丘之思哉?”

【依归】 yīguī 倚赖,寄托。《史记·鲁周公世家》:“我先王亦永有所~~。”《后汉书·邓禹传》:“长安吏人,遑遑无所~~。”

【依怀】 yīhuái 即依归之意。《国语·周语上》:“民神怨痛,无所~~。”

【依微】 yīwēi 隐约。韦应物《自巩洛舟行入黄河即事寄府县僚友》诗:“寒树~~远天外,夕阳明灭乱流中。”

【依韦】 yīwéi 见“依违③”。

【依违】 yīwéi ❶犹豫不决。《三国志·魏书·田畴传》:“有司劾畴狷介违道,苟立小节,宜免官加刑。太祖重其事,~~者久之。”也作“猗违”。《汉书·孔光传》:“上重违大臣正议,又内迫傅太后,~~者连岁。”❷模棱两可。《论衡·答佞》:“谗人以直道不违,佞人~~匿端。”❸声音忽离忽合。曹植《七启》:“飞声激尘,~~厉响。”也作“依韦”。《汉书·礼乐志》:“五音六律,~~飨昭。”

【依夕】 yīxī 傍晚。《水经注·江水二》:“孙权常猎于山下,~~,见一姥。”

【依俙】 yīxī 见“依稀”。

【依稀】 yīxī 仿佛,不清晰。崔融《嵩山启母庙碑》:“~~有物,惝怳无声。”也作“依俙”。刘克庄《寓言》诗:“梦里~~若在傍,安知觉后忽他乡。”

【依依】 yīyī ❶茂盛的样子。潘岳《金谷集作》诗:“绿池汎淡淡,青柳何~~。”❷留恋不舍。《后汉书·马援传》:“其意~~,常独为西州言。”苏武《诗四首》之二:“胡马失其群,思心常~~。”❸隐约,好像。陶渊明《归园田居》诗之一:“暧暧远人村,~~墟里烟。”贺铸《踏莎行》词:“返照迎潮,行云带雨,~~似与骚人语。”

【依约】 yīyuē 隐约。梅尧臣《次韵和景彝省闱宿斋》之二:“新月斜光~~见,夜蝉高树有时鸣。”潘阆《酒泉子》词:“笛声~~芦花里,白鸟成行忽惊起。”

荑 yī 见 tí。

咿 yī 象声词。见以下各条。

【咿喔】 yīwō ❶强笑声。韩愈等《纳凉联句》:“危行无低徊,正言免~~。”❷橹声。晁补之《富春行》:“鼓声鼕鼕橹~~,争凑富春城下泊。”❸鸡叫声。韩偓《访同年虞部李郎中》诗:“门庭野水褵褷鹭,邻里短墙~~鸡。”

【咿哑】 yīyā ❶小儿学语声。苏轼《赵郎中往莒县用原韵》:“大儿踉蹡超门限,小儿~~语机帐。”❷辘轳等转动声。李贺《美人梳头歌》:“辘轳~~转鸣玉,惊起芙蓉睡新足。”❸织布声。陆游《浣花女》诗:“当户夜织声～～，地炉豆藍煎土茶。”

【咿轧】 yīyà 车、船等摇动声。王苇《早行索水》诗：“路出长林不见人，烟深～～车声响。”陆游《学射道中感事》诗：“学射山前宿雨收，篮舆～～自生愁。”

【咿咿】 yīyī 虫鸣声。刘禹锡《秋声赋》：“草苍苍兮人寂寂，树槭槭兮虫～～。”

【咿嘤】 yīyīng ❶小儿语声。杨万里《秋雨赋》：“犬鸡夜鸣，儿女～～。”❷鸟兽啼叫声。楼钥《巾山》诗：“春残雨足绿阴成，山鸟相和声～～。”❸病痛呻吟声。陆游《松骥行》：“正令～～死床箦，岂若横身当战场。”

【咿呦】 yīyōu ❶人语声。韩愈等《征蜀联句》：“迫胁闻杂驱，～～叫冤跳。”❷鹿鸣声。欧阳修《和梅龙图公仪谢鹇》：“～～山鹿鸣，格磔野鸟啼。”

【咿嚘】 yīyōu ❶叹息声。韩愈《赴江陵途中寄三学士》诗：“亲逢道边死，伫立久～～。”❷鸡鸣声。柳宗元《吊屈原文》：“牝鸡～～兮，孤雄束咮。”（咮：鸟嘴。）❸说话声。苏轼《夜泊牛口》诗：“儿女自～～，亦足乐且久。”

欹 yī 见 qī。

猗 1. yī ❶句末语气词。《庄子·大宗师》：“而已反其真，而我犹为人～。”（第一个“而”：尔，你。）颜延之《皇太子释奠会作》诗：“伦周伍汉，超哉邈～。”❷感叹词。表示赞美。班固《东都赋》：“～欤缉熙，允怀多福。”

2. jǐ ❸通“掎”。牵引，拉。《诗经·豳风·七月》：“取彼斧斨，以伐远扬，～彼女桑。”

3. ē ❹通“阿”。山隅。《诗经·小雅·节南山》：“节彼南山，有实其～。”

4. yǐ ❺通“倚”。依靠。《诗经·卫风·淇奥》：“宽兮绰兮，～重较兮。”（重较：车箱上有二重横木的车子，为卿士所乘。）❻偏斜。《诗经·小雅·车攻》：“四黄既驾，两骖不～。”

5. ě ❼见“猗傩”。

6. wēi ❽见“猗移”。

【猗靡】 yīmí ❶随风飘动的样子。曹植《洛神赋》：“扬轻袿之～～兮，翳脩袖以延伫。”❷美丽温顺的样子。阮籍《咏怀》之一：“～～情欢爱，千载不相忘。”

【猗狔】 yīnǐ 柔弱下垂的样子。司马相如《上林赋》：“纷溶箾蔘，～～从风。”

【猗那】 yīnuó 赞美之词。班固《典引》：“亦犹于穆～～，翕纯皦绎。”

【猗违】 yīwéi 见“依违①”。

【猗萎】 yīwěi 随风飘动的样子。郭璞《江赋》：“随风～～，与波潭淹。”（潭淹：随波浮动的样子。）

【猗猗】 yīyī ❶美盛的样子。左思《魏都赋》：“珍树～～，奇卉萋萋。”❷形容馀音袅袅不绝。嵇康《琴赋》：“微风馀音，靡靡～～。”

【猗那】 ěnuó 见“猗傩”。

【猗傩】 ěnuó 同“婀娜”。轻盈柔美的样子。《诗经·桧风·隰有苌楚》：“隰有苌楚，～～其枝。”也作“猗那”。《淮南子·脩务训》：“扶旋～～，动容转曲。”

【猗移】 wēiyí 委曲顺从的样子。朱熹《调息箴》：“容与～～，静极而嘘。”

壹（弌） yī ❶数词。“一”的大写。《战国策·楚策一》：“～发而殪。”❷专一。《荀子·成相》：“好而～之神以成。”❸统一。张衡《东京赋》：“同衡律而～轨量，齐急舒于寒燠。”（寒燠：苦乐。）左思《魏都赋》：“～八方而混同，极风采之异观。”❹副词。一概，都。《史记·田敬仲完世家》：“天下～并于秦。”《汉书·车千秋传》：“政事～决大将军光。”❺副词。一旦。《论衡·无形》：“篤廉～成，遂至毁败，不可复变。”❻副词。竟然。《左传·襄公二十一年》：“今～不免其身，以弃社稷，不亦惑乎？”❼副词。确实。《礼记·檀弓下》：“子之哭也，～似重有忧者。”

【壹何】 yīhé 见“一何”。

【壹切】 yīqiè 见“一切②”。

【壹是】 yīshì 一律。《礼记·大学》：“自天子以至于庶人，～～皆以修身为本。”

【壹郁】 yīyù 见“抑郁”。

揖 1. yī ❶拱手行礼。《战国策·秦策三》：“蔡泽入，则～应侯。”潘尼《迎大驾》诗：“道逢深识士，举手对吾～。”❷让，谦让。陆机《豪士赋序》：“超然自引，高～而退。”

2. jí ❸会集。《史记·五帝本纪》：“～五瑞，择吉月日，见四岳诸牧，班瑞。”

【揖客】 yīkè 只作揖不跪拜的客，指能与主人分庭抗礼的客人。王勃《秋晚入洛于毕公宅别道王宴序》：“终大王之乐善，备将军之～～。”

【揖让】 yīràng ❶宾主相见的礼节。《吕氏春秋·恃君》：“无上下长幼之道，无进退～～之礼。”❷指礼仪文德。《汉书·礼乐志》：“～～而天下治者，礼乐之谓也。”❸让位于贤者，对征伐而言。陆倕《石阙铭》：“虽革命殊乎因袭，～～异于干戈，……其揆一

也。”

【揖揖】　jījí　会聚，众多。《诗经·周南·螽斯》：“螽斯羽，～～兮。”欧阳修《别后奉寄圣俞二十五兄》诗：“我年虽少君，白发已～～。”

漪　yī　❶水波。陆机《赠弟士龙》诗：“陆陵峻坂，川越洪～。”❷岸边。《吴越春秋·王僚使公子光传》：“子胥即止芦之～。”

【漪澜】　yīlán　水波。庾肩吾《书品论》：“～～递扶，碧海愧其下风。”

【漪涟】　yīlián　微波。谢灵运《发归濑三瀑布望两溪》诗：“沫江免风涛，涉清弄～～。”

婴　yī　见“婴婗”。

【婴婗】　yīní　幼儿。张谓《三日岐王宅》诗：“玉女贵妃生，～～始发声。”也作“繄婗”。袁枚《祭妹文》：“悔当时不将～～情状，罗缕纪存。”

撎　yī　拱手行礼。潘岳《西征赋》：“肃天威之临颜，率长礼以长～。”

瑿(瑿)　yī　❶黑色的玉石。《集韵·齐韵》：“～，美石，黑色。”❷黑色的琥珀。宋应星《天工开物·珠玉》：“琥珀最贵者名曰～，红而微带黑。”

鹥(鷖)　yī　❶鸥鸟。杜甫《水宿遣兴奉呈群公》诗：“风号闻虎豹，水宿伴凫～。”❷凤的别名。阮籍《咏怀》之二十六：“鸾～特栖宿，性命有自然。”❸青黑色。《周礼·春官·巾车》：“安车，雕面～总，皆有容盖。”

噫　1. yī　❶叹词。《庄子·大宗师》：“许由曰：‘～！未可知也。’”《论语·子张》：“～！言游过矣！”傅毅《舞赋》：“～，可以进乎！”

2. ài　❷急剧呼气。刘禹锡《天论下》：“嘘为雨露，～为雷气。”

【噫嘻】　yīxī　叹息声。欧阳修《秋声赋》：“～～，悲哉！”

【噫气】　àiqì　气壅塞而忽通。《庄子·齐物论》：“夫大块～～，其名为风。”

【噫噎】　àiyē　气郁闷而不舒畅。晁补之《次韵苏翰林五日扬州石塔寺烹茶》：“今公食方丈，玉茗摅～～。”

【噫嘘嚱】　yīxūxì　惊叹声。李白《蜀道难》：“～～～，危乎高哉，蜀道之难难于上青天！”

繄　yī　❶句首语气词，相当于“惟”、“唯”。潘勖《册魏公九锡文》：“故周室之不坏，～二国是赖。”白居易《箴言》：“升闻逮养，～公之德。”❷句中语气词。《左传·僖公五年》：“民不易物，惟德～物。”

【繄婗】　yīní　见“婴婗”。

黝　yī　见 yǒu。

毉　yī　医治，医者。《汉书·韩延寿传》：“遣吏～治，厚复其家。”又《苏武传》：“引佩刀自刺，卫律惊，自抱持武，驰召～。”沈约《恩倖传论》：“黄宪牛～之子。”

黟　yī　❶黑色。欧阳修《秋声赋》：“～然黑者为星星。”❷县名。在安徽省。

黳　yī　❶小黑痣。《说文·黑部》：“～，小黑子。”❷黑色。《宋史·刘审琼传》：“年八十馀，筋力不衰，鬒发～黑。”

訑(訑)　1. yí　❶见“訑訑”。

2. tuó　❷通“诧”。欺诈。《战国策·燕策一》：“寡人甚不喜～者言也。”

【訑訑】　yíyí　傲慢自满的样子。《孟子·告子下》：“～～之声音颜色，距人于千里之外。”

匜　yí　古代舀水、注水的用具。《国语·吴语》：“一介嫡男，奉槃～以随诸御。”蒋士铨《鸣机夜课图记》：“自为蒋氏妇，尝以不及奉舅姑盘～为恨。”

仪(儀)　yí　❶容貌，仪表。《吕氏春秋·先己》：“《诗》曰：‘淑人君子，其～不忒。’”陆机《日出东南隅行》：“窈窕多容～，婉媚巧笑言。”❷法度，准则。《管子·法禁》：“君之置其～也不一，则下之倍法而立私理者必多矣。”何晏《景福殿赋》：“椒房之列，是准是～。”❸礼仪。《史记·礼书》：“余至大行礼官，观三代损益，乃知缘人情而制礼，依人性而作～，其所由来尚矣。”❹礼物。《太平广记》卷四五一引《广异记》：“每至端午及佳节，悉有赠～相送。”❺仪器。《后汉书·顺帝纪》：“史官始作候风地动铜～。”❻配偶。《诗经·鄘风·柏舟》：“髧彼两髦，实维我～。”❼察，望。《吕氏春秋·处方》：“今夫射者～毫而失墙，画者～发而易貌，言审本也。”❽倾向，向往。《汉书·孝宣许皇后传》：“公卿议更立皇后，皆心～霍将军女。”❾来，归。曹植《精微篇》：“圣皇长寿考，景福常来～。”❿通“宜”。适宜。束皙《补亡诗·由仪》：“万物之生各得其～也。”⓫通“宜”。应该。《诗经·大雅·烝民》：“我～图之。”⓬姓。

【仪表】　yíbiǎo　❶表率。《史记·酷吏列传》：“其廉者足以为～～。”❷准则。《淮南子·泰族训》：“天下之纲纪，治之～～也。”❸仪容外表。《北齐书·高德政传》：“德政幼而敏慧，有风神～～。”

【仪观】　yíguān　容貌风度。曾巩《张文叔文集序》：“今～～甚伟，文辞甚工。”

【仪轨】　yíguǐ　礼法规矩。《三国志·蜀书·诸葛亮传评》："抚百姓，示～～。"

【仪检】　yíjiǎn　礼节规矩。《世说新语·文学》注引《郭璞别传》："又不持～～。"

【仪貌】　yímào　容貌。《后汉书·西南夷传》："郎君～～，类我府君。"

【仪式】　yíshì　❶法令准则。《诗经·周颂·我将》："～～刑文王之典。"❷礼节规范。韩愈《南海神庙碑》："荐裸兴俯，不中～～。"

【仪适】　yíshì　礼节。《后汉书·窦融传》："融先遣从事问会见～～。"

【仪刑】　yíxíng　❶法式。潘岳《籍田赋》："～～孚于万国，爱敬尽于祖考。"❷作为楷模。《三国志·魏书·高堂隆传》："昔周景王不～～文武之明德，忽公旦之圣制。"

【仪注】　yízhù　礼节。《北齐书·裴漱之传》："尤悉历代故事，～～、丧礼皆能裁正。"张鷟《公主出降钱礼判》："先帝女之～～，旧有章程。"

【仪准】　yízhǔn　准则，标准。《三国志·魏书·夏侯玄传》："魏室之隆，日不暇及，五等之典，虽难卒复，可粗立～～以一治制。"

台　yí　见 tái。

圯　yí　❶桥。苏轼《留侯论》："夫子房受书于～上之老人也，其事甚怪。"❷桥头。范成大《峨眉山行纪》："而两～各有紫云捧之。"

夷　yí　❶平，平坦。《诗经·小雅·节南山》："君子如～，恶怒是违。"《后汉书·和熹邓皇后纪》："夫道有～崇。"又《马援传》："从充则涂～而运远。"㊁使……平。《后汉书·西羌传》："～营壁，破积聚。"❷诛灭，消灭。《史记·高祖本纪》："赵相贯高等事发觉，～三族。"《吕氏春秋·知化》："灭其社稷，～其宗庙。"㊀平定。柳宗元《封建论》："勒兵而～之耳。"❸平安，安定。《后汉书·王涣传》："境内清～。"❹同辈，同等。《史记·留侯世家》："今诸将皆陛下故等～。"文莹《玉壶诗话》："宠待之深，敻出～等。"❺喜悦，愉快。陆机《招隐》诗："明发心不～，振衣聊踯躅。"❻疮伤。《后汉书·班超传》："身被金～，不避死亡。"㊁受伤。陈琳《为袁绍檄豫州》："伤～折衄，数丧师徒。"❼一种除草平地的工具。《国语·齐语》："恶金以铸鉏～斤斸。"（斸：大锄。）❽陈放。《礼记·丧大记》："男女奉尸～于堂。"❾箕踞。《论语·宪问》："原壤～俟。"❿停留。曾巩《谢章学士书》："顾反去士君子之林，而～于皂隶之间。"⓫关闭。《孙子·九地》："～关折符。"⓬古代指我国东方的少数民族。木华《海赋》："乖蛮隔～，回互万里。"㊁泛指四方的少数民族。杨炯《唐右将军魏哲神道碑》："华～辑睦，皆承万岁之恩。"⓭姓。

【夷覆】　yífù　覆灭。《后汉书·王常传》："以秦项之埶，尚至～～，况今布衣相聚草泽？"

【夷庚】　yígēng　❶平坦的大道。《三国志·蜀书·郤正传》："审厉揭以投济，要～～之赫忼。"❷藏车的地方。陆机《辨亡论上》："旋皇舆于～～，反帝座乎紫闼。"

【夷姤】　yígòu　公平厚道。《管子·地员》："其泉黄白，其人～～。"

【夷简】　yíjiǎn　平易朴实。《北齐书·李玙传》："行之与兄弟深相友爱，又风素～～，为士友所称。"

【夷漫】　yímàn　因磨平而漫灭。洪遵《泉志·不知年代品下》："右古文钱，径一寸，重四铢五参。背文～～，面肉坦平，微有轮郭，颇类圜法。"

【夷靡】　yímí　平坦而低洼。潘岳《射雉赋》："或乃崇坟～～，农不易垅。"

【夷世】　yíshì　太平盛世。鲍照《放歌行》："～～不可逢，贤君信爱才。"

【夷晏】　yíyàn　太平清明。陆倕《新刻漏铭》："河海～～。"

【夷羊】　yíyáng　神兽名。《国语·周语上》："～～在牧。"后比喻贤人。李白《古风》之五十一："～～满中野，菉葹盈高门。"

【夷由】　yíyóu　❶见"夷犹"。❷鼯鼠的别名。《尔雅·释鸟》："鼯鼠，～～。"

【夷犹】　yíyóu　犹豫不进。谢朓《新亭渚别范零陵》诗："停骖我怅望，辍棹子～～。"也作"夷由"。《后汉书·马融传》："或～～未殊，颠狈顿踬。"

【夷则】　yízé　古十二乐律之一。《汉书·律历志上》："律以统气类物，一曰黄钟，二曰太族，三曰姑洗，四曰蕤宾，五曰～～，六曰亡射。"

沂　1. yí　❶水名，在山东省南部和江苏省北部。《论语·先进》："浴乎～。"

2. yín　❷通"垠"。崖，边。陆云《大将军讌会被命作》诗："致天之届，于河之～。"杨炯《唐同州长史宇文公神道碑》："缇油之化，海～之曲。"❸一种吹奏乐器。《尔雅·释乐》："大篪谓之～。"

诒（詒）　1. yí　❶遗留，留传。《诗经·鲁颂·有駜》："君子有穀，～孙子。"（穀：善。）曾巩《再议经费劄子》："以幸天下，～万世。"❷通"贻"。给。陆机《汉高祖功臣颂》："士也罔极，自～伊愧。"㊁赠送。潘祖荫《广阳杂记跋》："此本乃赵㧑叔所～。"

2. dài ❸欺骗。《列子·仲尼》："吾笑龙之～孔穿。"(孔穿：孔子之孙。)

【诒厥】 yíjué 指子孙。因《诗经·大雅·文王有声》有"诒厥孙谋，以燕翼子"之句，后便摘取"诒厥"指子孙。王楙《野客丛书》卷二十："世谓兄弟为友于，谓子孙为～～，歇后语也。"也作"贻厥"。谢朓《齐敬皇后哀策文》："～～远图，末命是奖。"

【诒托】 yítuō 假托。《穀梁传·定公元年》："夫请者，非可～～而往也。"

杝 1. yí ❶木名。白椴树，似白杨。《礼记·檀弓上》："～棺一，梓棺二。"

2. chǐ ❷顺着木的纹理劈开。《诗经·小雅·小弁》："析薪～矣。"

3. lí ❸篱笆。《广雅·释宫》王念孙疏证："～，今篱字也。"

4. duò ❹通"柁"。船舵。《后汉书·赵壹传》："奚异涉海之失～，积薪而待燃？"

佗 yí 见 tuó。

宜 yí ❶合适。《史记·吕太后本纪》："事已布告诸侯，诸侯皆以为～。"❷应该。《后汉书·张湛传》："明府位尊德重，不～自轻。"[又]当然。苏舜钦《答马永书》："苟去其位，则道日益舒，～其安而无闷也。"❸事务，事情。嵇康《述志》诗之一："悠悠非我匹，畴肯应俗～？"《晋书·刘颂传》："广陈封建，深中机～。"❹似乎，大概。《左传·成公六年》："视流而行速，不安其位，～不能久。"《孟子·公孙丑下》："～与夫礼若不相似然。"❺古代祭名。《礼记·王制》："天子将出，类乎上帝，～乎社，造乎祢。"❻语助词。《诗经·小雅·小宛》："哀我填寡，～岸～狱。"(填：通"瘨"。病苦。)❼姓。

【宜当】 yídàng 恰当。韩愈《岳阳楼别窦司直》诗："于嗟苦驽缓，但惧失～～。"

【宜人】 yírén ❶合人心意。《汉书·董仲舒传》："宜民～～，受禄于天。"❷封建时代妇女的一种封号，有国夫人、郡夫人、淑人、硕人、令人、恭人、宜人、安人等，始于宋代政和年间。见《宋会要·仪制》。

【宜若】 yíruò 好像，似乎。《孟子·滕文公下》："枉尺而直寻，～～可为也。"

【宜子】 yízǐ 指适宜于生育。《史记·春申君列传》："楚考烈王无子，春申君患之，求妇人～～者进之，甚众，卒无子，赵人李园持其女弟欲进之楚王，闻其不～～，恐久毋宠。"

怡 yí ❶喜悦，快乐。陆机《叹逝赋》："谅多颜之感目，神何适而获～。"杜预《春秋左氏传序》："涣然冰释，～然理顺。"❷姓。

【怡目】 yímù 犹言悦目。《宋书·谢灵运传》："眷北路以兴思，看东山而～～。"

【怡养】 yíyǎng 安逸保养。嵇康《琴赋》："若和平者听之，则～～悦悆。"

【怡怡】 yíyí 和顺的样子。潘岳《杨荆州诔》："孝实蒸蒸，友亦～～。"

【怡怿】 yíyì 快乐。成公绥《啸赋》："和乐～～，悲伤摧藏。"

【怡豫】 yíyù 安逸。《三国志·吴书·诸葛恪传》："以身值此，何敢～～耶？"

侇 yí 安置。《仪礼·士丧礼》："奉尸～于堂。"

饴(飴) 1. yí ❶一种膏状的糖。《吕氏春秋·异用》："跖与企足得～，以开闭取楗也。"《论衡·本性》："诙谐剧谈，甘如～蜜。"❷吃。杜牧《杜秋娘》诗："归来煮豹胎，餍饫不能～。"❸通"贻"。赠与。《后汉书·许杨传》："～我大豆，亨我芋魁。"

2. sì ❹通"饲"。给人吃。《晋书·王荟传》："荟以私米作饘粥，以～饿者。"

洟 yí 鼻涕。马融《长笛赋》："涕～流漫。"

椸 1. yí ❶同"杝"。木名。即白椴树，似白杨。《尔雅·释木》："椴，～。"

2. duò ❷沟通。鲍照《芜城赋》："～以漕渠。"❸通"舵"、"柁"。船舵。《晋书·夏统传》："统乃操～正橹。"

誃 yí 见 chí。

咦 yí ❶呼声。《说文·口部》："南阳谓大呼曰～。"❷笑的样子。《广韵·脂韵》："～，笑皃。"

贻(貽) yí ❶遗留，留下。孔安国《尚书序》："传之子孙，以～后世。"[引]造成，招致。《后汉书·明帝纪》："朕以无德，奉承大业，而下～人怨，上动三光。"潘岳《西征赋》："张舅氏之奸渐，～汉宗以倾覆。"❷给予，赠送。《史记·鲁周公世家》："乃为诗～王，命之曰《鸱鸮》。"陆机《拟古诗·拟庭中有奇树》："感物恋所欢，采此欲～谁？"

【贻厥】 yíjué 见"诒厥"。

【贻训】 yíxùn 前人留下的格言。《晋书·郭璞传》："前修～～，鄙乎兹道。"

【贻燕】 yíyàn 因《诗经·大雅·文王有声》有"诒厥孙谋，以燕翼子"之句，故以"贻燕"指使子孙安定。《后汉书·班固传》："～～后昆。"白居易《为人上宰相书一首》："斯则先皇知遇之恩，～～之念。"

【贻则】 yízé 遗留法则。班固《幽通赋》："终保己而～～兮，里上仁之所庐。"

迻 yí 迁徙。《楚辞·惜誓》："或推～而苟容兮，或直言之谔谔。"

怠 yí 见dài。

姨 yí ❶妻的姐妹。潘岳《寡妇赋》："其妻又吾～也。"❷母亲的姐妹。《左传·襄公二十三年》："继室以其侄，穆姜之～子也。"❸妾。《南史·齐衡阳元王道度传》："所生区贵人病，……不肯食，曰：'须待～差。'"

宧 yí 房屋的东北角。《尔雅·释宫》："东北隅谓之～。"

桋 1. yí ❶木名，即赤楝。《诗经·小雅·四月》："隰有杞～。"

2. tí ❷树木生出的细枝。《尔雅·释木》："女桑，～桑。"

移 yí 木名，即唐棣。《汉书·扬雄传上》："郁～杨。"

酏 yí ❶酿酒用的稀粥。《周礼·天官·酒正》："辨四饮之物：一曰清，二曰医，三曰浆，四曰～。"❷稀粥。金和《印子钱》诗："西家一人卖枣～，救饥不足偿稍迟。"

【酏醴】 yílǐ 以黍粥酿制的甜酒。《吕氏春秋·重己》："其为饮食～～也，足以适味充虚而已矣。"

眙 yí 见chì。

痍 yí 创伤。《后汉书·王昌传》："今元元创～，已过半矣。"又《窦融传》："迄今伤～之体未愈，哭泣之声尚闻。"

蛇 yí 见shé。

移 1. yí ❶移动。《战国策·秦策三》："日中则～。"㊀迁徙。陆机《塘上行》："被蒙风云会，～居华池边。"㊀特指调任。李翱《故正议大夫……尚书韩公行状》："贬潮州刺史，～袁州刺史。"❷改变。《后汉书·皋陵质王延传》："悖心不～。"❸动摇。范晔《逸民传论》："千乘莫～其情。"❹递送文书。《后汉书·吴祐传》："即～安丘逮长妻。"㊀文书。陈亮《上孝宗皇帝第一表》："文～往返。"❺书写。《后汉书·安帝纪》："国相～名，与计偕上尚书。"❻施予。《史记·田叔列传》："鞅鞅如有～德于我者。"❼姓。

2. yì ❽使羡慕。《礼记·郊特牲》："顺成之方，其蜡乃通，以～民也。"

3. chǐ ❾通"侈"。使尊大。《礼记·表记》："衣服以～之。"

【移病】 yíbìng 上书称病，为居官者要求隐退的委婉语。《汉书·公孙弘传》："使匈奴，还报，不合意，上怒，以为不能，弘乃～～免归。"

【移鼎】 yídǐng 九鼎转移，喻改朝换代。《宋书·武帝纪论》："～～之业已成，天人之望将改。"

【移国】 yíguó 犹言篡国。庾信《哀江南赋序》："大盗～～，金陵瓦解。"黄滔《壬癸岁书情》诗："谒帝逢～～，投文值用兵。"

【移疾】 yíjí 犹言"移病"。陆游《曾文清公墓志铭》："独故相李纲，故给事中傅崧卿及公，俱～～不行。"

【移年】 yínián 超过一年。沈约《齐故安陆昭王碑文》："独居不御酒肉，坐卧泣涕沾衣，若此～～，癯瘠改貌。"

【移日】 yírì 日影移动。形容时间长。《史记·樊郦滕灌列传》："每送使客还，过沛泗上亭，与高祖语，未尝不～～也。"《后汉书·李通传》："及相见，共语～～，握手极欢。"

【移时】 yíshí 一段时间。白居易《春尽日宴罢感事独吟》："闲听莺语～～立，思逐杨花触处飞。"《聊斋志异·棋鬼》："其人逊谢～，始即局。"

【移文】 yíwén ❶即檄文。曹唐《三年冬大礼》诗之五："今日病身惭小隐，欲将泉石勒～～。"❷将公文发往平行的机关。《旧唐书·王播传》："[王]播～～诋之。"

【移檄】 yíxí 发布檄文。《后汉书·岑彭传》："又遣偏将军屈充～～江南，班行诏命。"

【移易】 yíyì 变化。韩愈《送董邵南序》："然吾尝闻风俗与化～～，吾恶知其今不异于古所云邪？"

遗（遺） 1. yí ❶丢失。《吕氏春秋·贵公》："荆人有～弓者，而不肯索。"㊀丢失的东西。《战国策·秦策一》："期年之后，道不舍～，民不妄取。"❷遗漏。曹植《七启》："举不～才，进各异方。"㊀遗漏的东西。司马相如《难蜀父老》："冠带之伦，咸获嘉祉，靡有阙～矣。"❸抛弃。谢灵运《永初三年七月十六日之郡初发都》诗："良时不见～，丑状不成恶。"苏轼《喜雨亭记》："今天不～斯民，始旱而赐之以雨。"❹排泄（大小便）。《史记·廉颇蔺相如列传》："廉将军虽老，尚善饭，然与臣坐，顷之三～矢矣。"《后汉书·张湛传》："湛至朝堂，～失溲便。"❺遗留，剩下。司马相如《喻巴蜀檄》："终则～显号于后世，传土地于子孙。"曹操《蒿里行》："生民百～一，念之断人肠。”[引]残存下来的人或物。《诗经·大雅·云汉》:“周馀黎民,靡有孑～。”《汉书·高惠高后文功臣表》:“讫于孝武后元之年,靡有孑～,耗矣。”❻招致。《老子·九章》:“富贵而骄,自～其咎。”

2. wèi　❼给予,馈赠。《左传·宣公二年》:“今近焉,请以～之。”《史记·晋世家》:“荀息牵曩所～虞屈产之乘马奉之献公。”[又]寄,送(信)。《史记·魏公子列传》:“公子姊为赵惠文王弟平原君夫人,数～魏王及公子书。”

【遗爱】　yí'ài　❶遗留给后世的爱。卢谌《赠崔温》诗:“何武不赫赫,～～常在去。”骆宾王《与博昌父老书》:“清芬虽远,～～犹存。”❷施爱而不普遍。《后汉书·张让传》:“倾竭馈问,无所～～。”

【遗才】　yícái　有才干而未被发现起用者。《宋史·选举志一》:“帝虑有～～,取不中格者再试之,于是由再试得官者数百人。”

【遗草】　yícǎo　犹遗稿。刘禹锡《唐故尚书礼部员外郎柳君集纪》:“病且革,留书抵其友中山刘禹锡曰:‘我不幸卒以谪死,以～～累故人。’”刘育虚《寄江滔求孟六遗文》诗:“相如有～～,一为问家人。”

【遗策】　yícè　❶犹言失策。《汉书·枚乘传》:“忠臣不避重诛以直谏,则事无～～,功流万世。”❷前人留下的谋略。班固《典引》:“铺闻～～在下之训,匪汉不弘厥道。”

【遗尘】　yíchén　❶古人的遗迹。沈约《齐故安陆昭王碑文》:“思所以克播～～,弊之穹壤。”❷世代流传的尘俗。孙绰《游天台山赋》:“荡～～于旋流,发五盖之游蒙。”

【遗风】　yífēng　❶流传下来的风尚。《汉书·礼乐志》:“虽经乎千载,其～～馀烈尚犹不绝。”❷疾风。扬雄《甘泉赋》:“声骈隐以陆离兮,轻先疾雷而驱～～。”❸犹馀音。《淮南子·原道训》:“扬郑卫之浩乐,结激楚之～～。”❹骏马名。王融《三月三日曲水诗序》:“重英曲瑑之饰,绝景～～之骑。”

【遗腹】　yífù　孕妇在丈夫死后生下的孩子,即遗腹子。《史记·赵世家》:“朔之妇有～～。”

【遗弓】　yígōng　指皇帝死。刘克庄《杂兴》诗之五:“及帝将～～,许臣遂挂冠。”

【遗噍】　yíjiào　残存者。《南史·陈武帝纪》:“曾不崇朝,使无～～。”杨炯《遂州长江县先圣孔子庙堂碑》:“奋一剑以戮元凶,驰单车而蹑～～。”

【遗老】　yílǎo　❶年老而经历丰富的人。《汉书·高惠高后文功臣表》:“故追述先父之志,录～～之策。”❷前朝的老臣。《吕氏春秋·简选》:“显贺者之位,进殷之～～。”❸已故皇帝的老臣。《汉书·楚元王传》:“身为宗室～～,历事三主。”❹敌人占领区的老人。张孝祥《六州歌头》词:“闻道中原～～,常南望,翠葆霓旌。”

【遗类】　yílèi　幸存者。《史记·高祖本纪》:“项羽尝攻襄城,襄城无～～,皆阬之。”陈琳《檄吴将校部曲文》:“～～流离,湮没林莽。”

【遗民】　yímín　❶亡国之民。陆游《关山月》词:“～～忍死望恢复,几处今宵垂泪痕!”❷改朝换代后不愿出仕的人。杜笃《首阳山赋》:“其二老乃答余曰:‘吾殷之～～也。’”

【遗世】　yíshì　超脱于世俗,隐居。曹植《七启》:“亦将有才人妙妓,～～越俗。”苏轼《前赤壁赋》:“飘飘乎如～～而独立,羽化而登仙。”陈廷焯《白雨斋词话》卷二:“‘三湘梦’三句推开说,先生其有～～之心乎。”

【遗体】　yítǐ　古人称自己的身体为父母的遗体。《汉书·霍光传》:“因跪曰:‘去病不早自知为大人～～也。’”

【遗遗】　yíyí　有次序的样子。《管子·枢言》:“纷纷乎若乱丝,～～乎若有所从治。”

【遗遗】　wèiyí　犹逶迤。《战国策·赵策二》:“出于～～之门,踰九限之固。”

颐(頤)　yí　❶下巴。《战国策·秦策四》:“刳腹折～,身首分离。”[又]腮。《孙子·九地》:“偃卧者涕交～。”韩愈《上宰相书》:“中夜涕泗交～。”❷保养。《后汉书·光武帝纪下》:“愿～爱精神,优游自宁。”又《班固传》:“微胡琐而不～。”❸弓名。《战国策·韩策一》:“贯～奋戟者,至不可胜计也。”❹语气词。《史记·陈涉世家》:“夥～!涉之为王沈沈者!”❺六十四卦之一,卦形为震下艮上。

【颐神】　yíshén　养神。《晋书·傅咸传》:“谓宜静默～～,有大得失,乃维持之。”

【颐养】　yíyǎng　保养。《汉书·马融传》:“夫乐而不荒,忧而不困,先王所以平和府藏,～～精神。”

【颐指】　yízhǐ　用面颊示意以指使人。朱熹《答林子方》:“仰累～～,散下晓谕。”

椸　yí　❶衣架。柳宗元《三戒·永某氏之鼠》:“某氏室无完器,～无完衣。”❷床前小桌。《方言》卷五:“榻前几,江沔之间曰桯,赵魏之间谓之～。”

跠　yí　箕踞而坐。王延寿《鲁灵光殿赋》:“却负载而蹲～。”

疑　1. yí　❶怀疑。《庄子·田子方》:“吾始也～子。”《楚辞·九歌·山鬼》:“君思我兮然～作。”⊗猜疑，猜忌。《后汉书·南匈奴传》：“左部胡自相～畔。”❷犹豫，迟疑。《史记·秦始皇本纪》：“愿陛下遂从时毋～。”《后汉书·西域传》：“大事已定，何为复～。”❸疑问。《墨子·明鬼下》：“岂足以断～哉？”⊗疑难。孔融《荐祢衡表》：“解～释结。”❹责怪。陶渊明《饮酒》诗之九：“壶浆远见候，～我与时乖。”❺好像。卢照邻《相如琴台》诗：“云～作赋客，月似听琴人。”杜甫《自京赴奉先县咏怀五百字》：“～是崆峒来，恐触天柱折。”❻恐惧。《吕氏春秋·禁塞》：“救守之说出，则不肖者益幸也，贤者益～矣。”

2. nǐ　❼通“拟”。比拟。《论衡·祸虚》：“使河西之民～汝于夫子。”

3. níng　❽通“凝”。凝结。《荀子·解蔽》：“以可以知人之性，求可以知物之理，而无所～止之，则没世穷年不能偏也。”

【疑抱】　yíbào　怀疑的念头。《聊斋志异·辛十四娘》：“未审意旨，幸释～～。”

【疑兵】　yíbīng　虚张声势以迷惑敌人的军队或军事设施。《汉书·高帝纪上》：“愿先遣人益张旗帜于山上为～～。”

【疑贰】　yí'èr　因猜疑而生二心。《三国志·吴书·朱然传》：“孙綝秉政，大臣～～。”尹洙《叙燕》：“虽委大柄，不无～～。”

【疑故】　yígù　疑难与事故。《后汉书·来歙传》：“多设～～，久尤豫不决。”

【疑似】　yísì　是非难辨。陆机《猛虎行》：“去疾苦不远，～～实生患。”陈子昂《谏用刑书》：“纠告～～，冀图爵赏。”

【疑义】　yíyì　不易理解的文义。陶渊明《移居》诗：“奇文共欣赏，～～相与析。”

【疑狱】　yíyù　不易判明的案件。沈约《齐故安陆昭王碑文》：“～～得情而弗喜，宿讼两让而同归。”

【疑冢】　yízhǒng　为防人盗掘而造的假墓。陶宗仪《南村辍耕录》卷二十六：“曹操～～七十二，在漳河上。”

儗　yí　见 nǐ。

嶷　1. yí　❶地名用字，如“九嶷山”。

2. nì　❷高峻的样子。潘岳《杨仲武诔》：“克岐克～，知章知微。”袁宏《三国名臣序赞》：“天骨疏朗，墙宇高～。”

簃　yí　楼阁旁的小屋。张凤翔《宫词》：“妆就慵来坐矮～。”

彝(彞)　yí　❶古代青铜礼器的总称。任昉《王文宪集序》：“或功铭鼎～，或德标素尚。”❷常。谢朓《为齐明帝让封宣城公表》：“鉴臣匪躬，共申～训。”⊗常性。颜延之《陶征士诔》：“人之秉～，不隘不恭。”❸通“夷”，平坦。陈梦雷《与李厚庵绝交书》：“岂意～险易操，初终殊态。”

【彝伦】　yílún　常道。《后汉书·蔡邕传》：“登天庭，序～～。”杨炯《大唐益州大都督府新都县学先圣庙堂碑文序》：“～～致而旧章缺。”

【彝器】　yíqì　古代青铜礼器。张衡《东京赋》：“铭勋～～，历世弥光。”

【彝章】　yízhāng　常典。长孙无忌《进律疏表》：“皋陶创其～～。”

【彝准】　yízhǔn　经常的法则。《魏书·高祖纪上》：“著之于令，永为～～。”

乙　1. yǐ　❶天干的第二位。《尔雅·释天》：“太岁……在～，曰旃蒙。”❷勾乙，即在读书停止的地方画上像“乙”字形的记号。《史记·滑稽列传》：“人主从上方读之，止，辄～其处。”⊗字有错漏而从旁勾补。刘蜕《梓州兜率寺文冢铭序》：“实得二千一百八十纸，有涂者，有～者。”❸鱼肠。《礼记·内则》：“鱼去～。”❹(旧读 yà)同“乚”。燕子。张融《答周颙书》：“道佛两殊，非凫则～。”

2. yà　❺见“乙乙”。

【乙夜】　yǐyè　二更时，约为夜间十时左右。范成大《峨眉山行纪》：“～～灯出。”张舜民《谢赐资治通鉴表》：“留神于～～之勤，访问于西清之奥。”

【乙乙】　yàyà　难出的样子。陆机《文赋》：“理翳翳而愈伏，思～～其若抽。”(乙乙：六臣本作“轧轧”。)

已　yǐ　❶停止，废止。《汉书·吴王刘濞传》：“吴王恐削无～，因欲发谋举事。”欧阳修《资政殿学士户部侍郎文正公神道碑铭》：“其事遂～。”❷完成。张衡《东京赋》：“千品万官，～事而踆。”(踆：退。)⊗完毕。《汉书·艺文志》：“每一书～，[刘]向辄条其篇目，撮其指意，录而奏之。”❸已往，过去。贾谊《陈政事疏》：“夫三代之所以长久者，其～事可知也。”❹治愈，病愈。《吕氏春秋·至忠》：“苟～王之疾，臣与臣之母以死争之于王。”《史记·吕太后本纪》：“今皇帝久病不～。”❺离开，免官。《论语·公冶长》：“令尹子文三仕为令尹，无喜色；三～之，无愠色。”❻重视并实行。《史记·魏其武安侯列传》：“喜任侠，～然诺。”❼副词。1)不久。《汉书·原涉传》：“～为中郎，后免官。”2)已经。《庄子·逍遥遊》：“天下既～治也。”司马迁《报任少卿书》：“若仆大质～亏缺矣。”3)甚，太。《论衡·佚文》：“文人之笔，独～公矣。”韩愈《原毁》：“不亦待其身者～廉乎？”❽句末语气词。《论语·学而》："赐也，始可与言《诗》～矣。"《汉书·淮南王刘长传》："祸如矢发，不可追～。"❾感叹词。《尚书·康诰》："～！汝惟小子。"❿通"以"。1)用。《管子·大匡》："非此二公子者，将无～也。"2)表示时间、方位等界限。《论衡·累害》："公侯～下，玉石杂糅。"

【已而】 yǐ'ér 随即，不久。《战国策·楚策一》："客辞而去，昭奚恤～～悔之。"《史记·高祖本纪》："～～有身，遂产高祖。"

【已然】 yǐrán 已经发生的事。《汉书·贾谊传》："凡人之智，能见～～，不能见将然。"

【已日】 yǐrì 将来。《周易·革》："～～乃孚。"

【已甚】 yǐshèn 过分。谢灵运《酬从弟惠连》诗："别时悲～～，别后情更延。"

【已业】 yǐyè 犹"业已"，已经。《史记·刘敬叔孙通列传》："是时汉兵已踰句注，二十馀万兵～～行。"(句注：句注山。)

【已已】 yǐyǐ 休止。《宋书·刘义恭传》："而进德修业，未有可称，吾所以恨之不能～～者也。"王绩《答刺史杜之松书》："又承欲相招讲礼，闻命惊笑，不能～～。"

以(㕥、目) yǐ ❶用，使用。《汉书·杜周传》："贤俊失在岩穴，大臣怨于不～。"《后汉书·张衡传》："于心有猜，则簋飧馔铺犹不屑餐，旌誉～之。"❷认为。《史记·屈原贾生列传》："自～寿不得长。"❸率领。《左传·僖公五年》："宫之奇～其族行。"⊗带。《管子·大匡》："乃令从者毋～兵。"❹连及。《国语·周语上》："余一人有罪，无～万夫。"❺有。《管子·治国》："农民～鬻子者。"❻原因。曹丕《与吴质书》："古人思炳烛夜游，良有～也。"❼介词。1)因为。《战国策·齐策四》："左右～君贱之也，食以草具。"2)从，在。《史记·田敬仲完世家》："田单～即墨攻破燕军。"潘岳《西征赋》："曾只轮之不反，继三帅～济河。"3)在……时候。司马迁《报任少卿书》："不～此时引纲维，尽思虑。"4)拿，用。《左传·僖公三十年》："～乱易整，不武。"《庄子·养生主》："臣～神遇而不～目视。"5)按照，依照。皇甫谧《三都赋序》："方～类聚，物～群分。"6)依靠。曹丕《与吴质书》："鲜能～名节自立。"颜延之《三月三日曲水诗序》："高祖～圣武定鼎。"7)凭借……身份。《史记·高祖本纪》："～相国守代。"又《绛侯周勃世家》："亚夫～中尉为太尉。"8)跟，同。《诗经·邶风·击鼓》："不我～归。"❽连词。1)表示后一行动是前一行动的目的。《左传·僖公三十二年》："劳师～袭远，非所闻也。"2)用在状语与动词之间，表示修饰。《孟子·梁惠王上》："愿夫子辅吾志，明～教我。"3)表示并列。有"并且"的意思。《楚辞·离骚》："惟夫党人之偷乐兮，路幽昧～险隘。"4)表示转折，有"但是"的意思。《淮南子·氾论训》："尧无百户之郭，舜无置锥之地，～有天下。"5)表示结果，有"因而"的意思。《韩非子·奸劫弑臣》："孝公得商君，地～广，兵～强。"❾助词。和某些方位词、时间词等连用，表示时间和方位。孔安国《尚书序》："断自唐虞～下。"《史记·张释之冯唐列传》："阃～内者，寡人制之，阃～外者，将军制之。"《后汉书·皇后纪论》："殷夏～上，后妃之制，其文略矣。"❿句末句中语气词。《战国策·楚策四》："君王之事因是～。"韩愈《贺册尊号表》："欢欣踊跃，～歌～舞。"⓫通"已"。1)停止。《孟子·梁惠王上》："无～，则王乎！"2)已经。《战国策·楚策一》："五国～破齐秦，必南图楚。"《后汉书·荀彧传》："今华夏～平，荆汉知亡矣。"3)太，甚。《孟子·滕文公下》："四月无君则吊，不～急乎？"

【以降】 yǐjiàng ❶以后。《后汉书·逸民传序》："自兹～～，风流弥繁。"王俭《褚渊碑文》："魏晋～～，弈世重晖。"❷以下。苏轼《上皇帝书》："凡京东多盗之郡，自青、郓～～，如徐、沂、齐、曹之类，皆慎守臣。"

【以去】 yǐqù 以下。成玄英《庄子序》："自外篇～～。"

【以时】 yǐshí 按时。《管子·立政》："置闾有司，～～开闭。"

【以往】 yǐwǎng 以后。《管子·大匡》："从今～～二年，適子不闻孝……三者无一焉，可诛也。"(適：通"嫡"。)

【以为】 yǐwéi ❶认为。《史记·高祖本纪》："项羽卒闻汉军之楚歌，～～汉尽得楚地。"《后汉书·西羌传》："后将军赵充国～～不可听。"❷作为，用作。《后汉书·朱儁传》："时同郡周规辟公府，当行，假郡库钱百万，～～冠帻费。"《警世通言·玉堂春落难逢夫》："我如今又不做官了，无处挣钱，作何生意～～糊口之计？"

苡 yǐ 见"芣苡"、"薏苡"。

杙(檥) yǐ 同"舣"。使船靠岸。《汉书·项籍传》："乌江亭长～船待。"

轙(轙) 1. yǐ ❶车衡上贯穿缰绳的大环。张衡《东京赋》："龙辀华～。"

2. yí ❷等待。《汉书·礼乐志》："灵禗禮,象輿～。"

佁 yǐ ❶痴呆的样子。《说文·人部》:"～,痴皃。"❷深思的样子。《管子·侈靡》:"～美然后有辉。"

矣 yǐ 语气词。1)表示陈述。相当于现代汉语的"了"。《左传·成公二年》:"余病～。"《左传·宣公二年》:"君能补过,衮不废～。"2)表示感叹。《战国策·赵策三》:"亦太甚～,先生之言也。"杜甫《岁晏行》:"岁云暮～多北风。"3)表示命令或请求。《庄子·人间世》:"已～,勿言之～。"《汉书·叔孙通传》:"公往～,毋污我。"

奇 yǐ 见 qí。

迤(迆) 1. yǐ ❶斜行。王褒《洞箫赋》:"迁延徙～。"柳宗元《晋问》:"黄河～之,大陆靡之。"❷斜倚。张衡《东京赋》:"立戈～戛。"

2. yí ❸见"逶迤"。

3. tuō ❹见"迤逗"。

【迤逦】 yǐlǐ ❶曲折连绵。谢朓《治宅》诗:"迢遰南川阳,～～西山足。"也作"迤逞"。储光羲《登慈恩塔》诗:"宫室低～～,群山小参差。"❷迂回。曾巩《奏乞回避吕升卿状》:"臣为母亲见在饶州,～～前去饶州,伺候朝旨。"❸接连,相继。苏轼《与杨元素》之八:"厥直六百千,先只要二百来千,馀可～～还。"

【迤逞】 yǐlǐ 见"迤逦①"。

【迤衍】 yǐyǎn 地势斜而平。黄佐《图经》:"上界三峰高三十仞,不可以上,其下～～。"

【迤迤】 yǐyǐ 斜着延伸的样子。沈与求《石壁寺》诗:"回廊～～穿危峤,侧涧涓涓露浅沙。"

【迤逗】 tuōdòu 勾引。石君宝《秋胡戏妻》四折:"谁著你戏弄人家妻儿,～～人家婆娘。"

蚁(蟻、螘) yǐ ❶蚂蚁。《国语·晋语九》:"蚋～蜂虿,皆能害人。"《楚辞·招魂》:"赤～若象。"❷黑色。《尚书·顾命》:"卿士邦君麻冕～裳。"❸酒面上的浮糟。陶渊明《挽歌辞》之二:"春醪生浮～,何时更能尝?"⊗指酒。谢朓《在郡卧病呈沈尚书》诗:"嘉鲂聊可荐,渌～方独持。"

【蚁垤】 yǐdié 蚂蚁洞口的小土堆。王勃《上武侍极启》:"抗五岳于词峰,如临～～。"

【蚁附】 yǐfù 像蚂蚁群集趋附,形容人多。《三国志·吴书·孙坚传》:"坚身当一面,登城先入,介乃～～。"

【蚁合】 yǐhé 像蚂蚁聚合,形容众多。《世说新语·识鉴》:"于是寇盗处处～～。"

【蚁聚】 yǐjù 像蚂蚁聚集在一起,形容人多。孔稚珪《陈通和之策表》:"～～蜂攒,穷诛不尽。"元结《谢上表》:"馀寇～～,尚未归降。"

【蚁梦】 yǐmèng 唐人传奇载有淳于棼梦入大槐安国,做了高官,享尽荣华富贵,醒后才知大槐安国即庭前大槐树下的蚁穴。后因以"蚁梦"比喻荣华富贵的虚幻。张元幹《兰溪舟中寄苏粹中》诗:"三径已荒无～～,一钱不值有鸥盟。"

【蚁术】 yǐshù 比喻勤学。李峤《授崔挹成均司业制》:"虎门齿胄,～～横经。""蚁"也作"蛾"。详"蛾术"。

舣(艤) yǐ 停船靠岸。颜延之《祭屈原文》:"～舟汨渚。"

扆 yǐ 门窗之间画有斧形的屏风。任昉《天监三年策秀才文》:"当～永念,犹怀惭德。"杨炯《大唐益州大都督府新都县学先圣庙堂碑文序》:"斧～前临。"

【扆帷】 yǐwéi 帷屏之内。《梁书·元帝纪》:"莫不定算～～,决胜千里。"

【扆座】 yǐzuò 君主的座位。也作"扆坐"。《论衡·是应》:"夫起视堂下之荚,孰与悬历日于～～,傍顾辄见之也?"

倚 1. yǐ ❶靠着,靠。扬雄《解嘲》:"或～夷门而笑,或横江潭而渔。"王粲《登楼赋》:"挟清漳之通浦兮,～曲沮之长洲。"❷依靠,依仗。《三国志·魏书·武帝纪》:"～王室之重,据二周之险。"《后汉书·董卓传》:"卓有威名,方～以西行。"❸偏颇,倾斜。《后汉书·杨震传》:"宫殿垣屋倾～。"❹邪恶。《尚书·盘庚中》:"恐人～乃身,迂乃心。"❺依照。《西京杂记》卷一:"高帝戚夫人善鼓瑟击筑,帝常拥夫人～瑟而弦歌。"❻沿着。《楚辞·招魂》:"～沼畦瀛兮遥望博。"(博:平,广阔,指旷野。)❼椅。杨万里《暑中早起东斋独坐》诗:"黄筠～子十二只,倚遍琉璃皆满霜。"

2. jī ❽奇异。《荀子·儒效》:"～物怪变,所未尝闻也。"❾单独,与"偶"相对。《穀梁传·僖公三十三年》:"匹马～轮无反者。"

【倚傍】 yǐbàng 取法。《晋书·王彪之传》:"公阿衡皇家,便当～～先代耳。"

【倚伏】 yǐfú 《老子·五十八章》:"祸兮福之所倚,福兮祸之所伏。"后以"倚伏"指祸福互相依存、互相转化。马融《长笛赋》:"倾昃～～。"又指祸福。谢惠连《秋怀》诗:"夷险难预谋,～～昧前算。"

【倚阁】 yǐgé 暂时停止。阁,通“搁”。魏了翁《醉蓬莱·新亭落成约刘左史和见惠生日韵》词:“又一番雨过,～～炎威,探支秋色。”

【倚庐】 yǐlú 居父母丧时所住的房子。扬雄《解嘲》:“旷以岁月,结以～～。”

【倚马】 yǐmǎ 《世说新语·文学》:“桓宣武北征,袁虎时从,被责免官。会须露布文,唤袁倚马前令作,手不辍笔,俄得七纸,殊可观。”后遂称才思敏捷为“倚马”。高適《送蹇秀才赴临洮》诗:“～～见雄笔,随身唯宝刀。”

【倚倾】 yǐqīng 参差不齐的样子。曹植《九愁赋》:“顾南郢之邦坏,咸芜秽而～～。”

【倚声】 yǐshēng 依照声律节奏。张耒《贺方回集序》:“予友贺方回博学业文,而乐府之词,高绝一世,携一编示予,大抵～～而为之词,皆可歌也。”

【倚玉】 yǐyù 《世说新语·容止》:“魏明帝使后弟毛曾与夏侯太初共坐,时人谓蒹葭倚玉树。”“蒹葭倚玉树”本有相形见绌之意,后遂以“倚玉”谦称自己才能低下。李白《赠宣城宇文太守兼呈崔侍御》诗:“登龙有直道,～～阻芳筵。”韩愈《和席八十二韵》:“～～难藏拙,吹竽久混真。”

偯 yǐ 哭泣的尾声。《礼记·间传》:“大功之哭,三曲而～。”

椅 yǐ ❶车箱两旁供人凭倚的木板。同“輢”。❷椅子。张载《经学理窟》:“古人无～卓。”❸木名,又称山桐子、水冬瓜。潘岳《在怀县作》诗之一:“灵圃耀华果,通衢列高～。”

敧 yǐ 见 qī。

攲 yǐ 见 qī。

輢(輢) yǐ 车箱两旁供人凭倚的木板。《战国策·赵策三》:“臣恐秦折王之～也。”(一本作“椅”。)㊂靠近。左思《蜀都赋》:“枕～交趾。”

蛾 yǐ 见 é。

锜 yǐ 见 qí。

旖 yǐ 见“旖旎”。

【旖旎】 yǐnǐ ❶轻柔的样子。扬雄《甘泉赋》:“腾清霄而轶浮景兮,夫何旟旐郅偈之～～也。”❷弯曲的样子。王褒《洞箫赋》:“形～～以顺吹兮,瞋㖠啯以纡郁。”❸繁盛的样子。《楚辞·九辩》:“窃悲夫蕙华之曾敷兮,纷～～乎都房。”(都:大。房:花房。)

娭 yǐ 见 ài。

踦 yǐ 见 qī。

齮(齮) yǐ 见“齮龁”。

【齮龁】 yǐhé 用牙咬,引申为毁坏。《史记·田儋列传》:“且秦复得志于天下,则～～用事者坟墓矣。”

蘙 yǐ 见“蘙蘙”。

【蘙蘙】 yǐyǐ 茂盛的样子。韩愈《秋怀》诗之一:“窗前两好树,众叶光～～。”

乂 yì ❶割草。《说文·丿部》:“～,芟艸也。”后作“刈”。❷治,治理。《国语·楚语上》:“若武丁之神明也,……犹自谓未～。”陆机《答贾长渊》诗:“乃眷三哲,俾～斯民。”❸安定,平安。《三国志·魏书·钟会传》:“今边境～清,方内无事。”陆机《汉高祖功臣颂》:“皇储时～,平城有谋。”❹有杰出才能的人。曹植《七启》:“是以俊～来仕,观国之光。”

【乂安】 yì'ān 太平安定。《晋书·武帝纪》:“平吴之后,天下～～。”

弋 yì ❶带有绳子的箭。曹植《七启》:“芳饵沈水,轻缴～飞。”❷用弋射。《吕氏春秋·功名》:“善～者下鸟乎百仞之上,弓良也。”㊀泛指射猎。鲍照《芜城赋》:“琁渊碧树,～林钓渚之馆。”❸取。《尚书·多士》:“肆尔多士,非我小国敢～殷命。”❹黑色。《后汉书·王符传》:“昔孝文皇帝躬衣～绨。”❺木桩。后作“杙”。扬雄《长杨赋》:“椓嶻嶭而为～,纡南山以为罝。”

【弋钓】 yìdiào ❶打猎、钓鱼。嵇康《与山巨源绝交书》:“抱琴行吟,～～草野。”❷比喻阅读和挑选文章。李善《上文选注表》:“～～书部,愿言注缉,合成六十卷。”

【弋猎】 yìliè 打猎。《史记·淮南衡山列传》:“淮南王安为人好读书鼓琴,不喜～～狗马驰骋。”

义(義) yì ❶合乎正义的行为和事情。《老子·十八章》:“大道废,有仁～。”《孟子·梁惠王上》:“苟为后～而先利,不夺不餍。”㊀合乎正义的。《论语·述而》:“不～而富且贵,于我如浮云。”《孟子·尽心下》:“春秋无～战。”㊀认为合乎正义。《史记·刺客列传》:“于是襄子大～之,乃使使持衣与豫让。”❷合理的主张和思想。《论语·微子》:“君子之仕也,行其～也。”㊀道理。《后汉书·鲁恭传》:“难者必明其据,说者务立其～。”❸意义,意思。《汉书·礼乐志》:“但能纪其铿铃鼓舞,而不能言其～。”

孔安国《尚书序》:"至于夏商周之书,虽设教不伦,雅诰奥~,其归一揆。以所闻伏生之书,考论文~,定其可知者。"❹善,美。《诗经·大雅·文王》:"宣昭~问,有虞殷自天。"❺恩情。《后汉书·章德窦皇后纪》:"恩不忍离,~不忍亏。"❻公共的。干宝《搜神记》卷十一:"[周]畅收洛阳城旁客死骸骨万馀,为立~冢。"❼拜认的亲属关系。杨衒之《洛阳伽蓝记》卷二:"隐士赵逸来至京师,汝南王闻而异之,拜为~父。"❽假的。刘言史《乐府杂词》之二:"月光如雪金阶上,迸却颇梨~甲声。"(义甲:指甲外面套上的假指甲。)❾通"仪"。外形,风度。《管子·七法》:"~也,名也,时也,似也,类也,比也,状也,谓之象。"❿通"议"。议论。《战国策·东周策》:"秦王不听群臣父兄之~而攻宜阳。"⓫姓。

【义从】 yìcóng 志愿从行者。《后汉书·段颎传》:"颎将湟中~~讨之。"

【义方】 yìfāng ❶做人的正道。《后汉书·张步传》:"王闳惧其众散,乃诣步相见,欲诱以~~。"❷家教。潘岳《寡妇赋》:"遵~~之明训兮,宪女史之典戒。"

【义类】 yìlèi ❶意义的类别。《三国志·魏书·陈留王奂纪》:"准之~~,则燕觌之敬也。"❷按义所分之类。杜预《春秋左氏传序》:"比其~~,各随而解之。"

【义旅】 yìlǚ 正义的军队。《梁书·武帝纪》:"云雷方扇,鞠~~以勤王。"

【义疏】 yìshū 疏通解释意义,特指疏通、解释经义。《陈书·沈文阿传》:"又博采先儒异同,自为~~,治三礼三传。"

【义务】 yìwù 合乎正道的事。徐幹《中论·贵验》:"言朋友之~~,在切直以升于善道者也。"

【义证】 yìzhèng 引书证来说明意义。《梁书·孔子袪传》:"高祖撰《五经讲疏》及《孔子正言》,专使子袪检阅群书,以为~~。"

亿(億)

yì ❶数词。十万。《国语·楚语下》:"五物之官,陪属万,为万官。官有十丑,为~丑。"(韦昭注:"以十丑承万为十万,十万曰亿,古数也。")㊀万万。《诗经·周颂·丰年》:"亦有高廪,万~及秭。"(朱熹集传:"数万至万曰亿,数亿至亿曰秭。")㊁极言数目之大。贾谊《过秦论》:"据~丈之城,临不测之溪。"❷盈满。潘岳《杨荆州诔》:"仓盈庾~,国富兵强。"❸安定。《国语·楚语下》:"~其上下。"㊀安静。《汉书·礼乐志》:"虞至旦,承灵~。"❹意料,猜测。《论语·先进》:"赐不受命,而货殖焉,~则屡中。"《后汉书·李通传》:"况乃~测微隐,猖狂无妄之福,汙灭亲宗,以触一切之功哉!"㊁怀疑。《荀子·赋》:"暴至杀伤而不~忌者与?"❺通"噫"。感叹词。《周易·震》:"震来厉,~丧贝。"

【亿变】 yìbiàn 千变万化。《史记·屈原贾生列传》:"大人不曲兮,~~齐同。"

【亿兆】 yìzhào ❶极言其多。《左传·昭公二十年》:"虽其善祝,岂能胜~~人之诅。"❷犹言万民。刘琨《劝进表》:"~~攸归,曾无与二。"

忆(憶)

yì ❶想,想念。陆机《赠尚书顾彦先》诗之一:"朝游忘轻羽,夕息~重衾。"高適《人日寄杜二拾遗》诗:"今年人日空相~,明年人日知何处?"❷回忆。杜甫《哀江头》诗:"~昔霓旌下南苑,苑中万物生颜色。"❸记忆,记住。《梁书·昭明太子传》:"读书数行并下,过目皆~。"

艺(藝、埶)

yì ❶种植。《孟子·滕文公上》:"后稷教民稼穑,树~五谷。"《吕氏春秋·勿躬》:"垦田大邑,辟土~粟。"❷技能,才能。张衡《思玄赋》:"辮贞亮以为鞶兮,杂技~以为珩。"潘岳《杨荆州诔》:"多才丰~,强记洽闻。"❸典籍。司马相如《封禅文》:"祓饰厥文,作春秋一~。"❹准则。《国语·越语下》:"用人无~,往从其所。"㊀极限。《国语·晋语八》:"贪欲无~。"❺区分。《孔子家语·正论》:"合诸侯而~贡事,礼也。"

【艺极】 yìjí ❶准则。苏舜钦《咨目三》:"折其饥荒,定其~~。"❷限度。刘禹锡《调瑟词·引》:"力屈形削,犹役之无~~。"

【艺林】 yìlín 指各种典籍。《魏书·常爽传》:"属意~~,略撰所闻。"

【艺人】 yìrén 有才能的人。韩愈《原毁》:"能善是,是足为~~矣。"

【艺事】 yìshì 技艺。《尚书·胤征》:"工执~~以谏。"

【艺术】 yìshù 指各种技术技能。李公佐《南柯记》:"臣将门馀子,素无~~。"

【艺文】 yìwén 文章,典籍。孔融《荐祢衡表》:"初涉~~,升堂睹奥。"李商隐《为张周封上杨相公启》:"粗沾科第,薄涉~~。"

刈

yì ❶割。《楚辞·离骚》:"冀枝叶之峻茂兮,愿竢时乎吾将~。"《论衡·逢遇》:"春种谷生,秋~谷收。"❷斩杀,杀。《吕氏春秋·顺说》:"~人之颈,刳人之腹。"《后汉书·隗嚣传》:"是故上帝哀矜,降罚于莽,妻子颠殒,还自诛~。"❸镰刀之类的农具。《管子·小匡》:"时雨既至,挟其枪~耨镈,以旦暮从事于田野。"

议(議)

yì ❶讨论,商量。《史记·吕太后本纪》:"太后称制,~欲立诸吕为王，问右丞相王陵。”《后汉书·光武帝纪上》：“宜且还蓟即尊位，乃～征伐。”❷议论。张衡《西京赋》：“街谈巷～，弹射臧否。”㊁特指非议。杨恽《报孙会宗书》：“不意当复用此为讥～也。”❸审理。王融《永明九年策秀才文》：“～狱缓死，大易深规。”❹主张，意见。《汉书·诸侯王表》：“故文帝采贾生之～分齐、赵。”干宝《晋纪总论》：“遂排群～而杖王杜之决。”㊁特指判决。司马迁《报任少卿书》：“因为诬上，卒从吏～。”❺文体的一种，用以议事、说理或陈述意见。曹丕《典论·论文》：“盖奏～宜雅。”

艾 yì 见 ài。

失 yì 见 shī。

仡 1. yì ❶勇壮。何晏《景福殿赋》：“华钟杌其高悬，悍兽～以俪陈。”❷抬头。王延寿《鲁灵光殿赋》：“奔虎攫挐以梁倚，～奋亹而轩鬐。”

2. gē ❸见“仡僚”。

【仡栗】 yìlì 迅速的样子。程俱《夜坐》诗：“饥乌夜啼栖复起，～～飞光透窗纸。”

【仡仡】 yìyì ❶勇壮。《汉书·李寻传》：“昔秦穆公说谝谝之言，任～～之勇。”❷高耸的样子。《诗经·大雅·皇矣》：“临冲茀茀，崇墉～～。”

【仡僚】 gēliáo 我国古代少数民族名，居住在西南地区。

亦 yì ❶“腋”的本字。《说文·亦部》：“～，人之臂亦也。”❷也。《诗经·召南·行露》：“虽速我讼，～不女从。”《荀子·修身》：“驽马十驾则～及之矣。”范仲淹《岳阳楼记》：“是进～忧，退～忧。”❸只是，不过。《论语·先进》：“～各言其志也已矣！”《孟子·滕文公上》：“尧舜之治天下岂无所用其心哉？～不用于耕耳。”❹又。范成大《吴船录》卷上：“一荼碗顷，光没，而其傍复现一光如前，有顷～没。”❺句首句中语气词。《诗经·小雅·雨无正》：“～云可使，怨及朋友。”《韩非子·内储说下》：“太子～何如？”❻通“奕”。累。《诗经·大雅·文王》：“凡周之士，不显～世。”

厌 yì 见 yàn。

屹 yì ❶高耸的样子。杜甫《丹青引赠曹将军霸》：“玉花却在御榻上，榻上庭前～相向。”杜牧《池州送孟迟先辈》诗：“古训～如山，古风冷刮骨。”❷形容坚定而不动摇。《史记·周本纪》：“弃为儿时，～如巨人之志。”

【屹立】 yìlì 矗立不动。李荃《大唐博陵郡北岳恒山封安天王铭》：“雄峰～～，而朝山逦迤。”❷比喻坚强不动摇。孙鼎臣《君不见》诗之二：“大营前后兵八千，～～不动坚如山。”

【屹嶭】 yìniè 断绝的样子。张衡《南都赋》：“岝峉嵬嶉，嵚巇～～。”李善注：“屹嶭，断绝之貌也。”

【屹屼】 yìwù 光秃陡峭。元结《演兴辞·招太灵》：“招太灵兮山之巅，山～～兮水沦涟。”

乢(鳦) yì 燕子。《诗经·邶风·燕燕》“燕燕于飞”毛亨传：“燕燕，～也。”

异(異) yì ❶不同。《老子·一章》：“此两者同出而～名。”司马迁《报任少卿书》：“趣舍～路。”㊀奇特的，与众不同的。《后汉书·西南夷传》：“画山神海灵奇禽～兽。”❷奇异的事。成公绥《啸赋》：“逸群公子，体奇好～。”㊁灾害，怪异。《汉书·楚元王传》：“和气致祥，乖气致～。”《后汉书·章帝纪》：“上天降～，大变随之。”❸显扬。张悛《为吴令谢询求为诸孙置守冢人表》：“裁加表～，以宠亡灵。”❹分别，分开。《孟子·梁惠王上》：“不为者与不能者之形，何以～？”《旧唐书·食货志下》：“其兄弟本来～居曾经分析者，不在此限。”❺其他的，别的。《战国策·秦策五》：“燕秦所以不相欺者，无～故，欲攻赵而广河间也。”《吕氏春秋·上农》：“贾不敢为～事。”㊁反常的，叛逆的。《梁书·刘季连传》：“乃密表明帝，称遥欣有～迹。”❻诧异。宋玉《神女赋》：“某夜王寝，果梦与神女遇，其状甚丽，王～之。”

【异端】 yìduān 儒家称其他持不同见解的学派。也泛指不合正统的学说。《后汉书·郑玄传》：“竟设～～，百家互超。”韩愈《进学解》：“觝排～～，攘斥佛老。”

【异类】 yìlèi ❶指珍禽怪兽、奇花异木。班固《西都赋》：“殊方～～，至于三万里。”左思《蜀都赋》：“～～众夥，于何不育。”❷指少数民族。阮瑀《为曹公作书与孙权》：“荡平天下，怀集～～。”

【异人】 yìrén ❶才能出众的人。陆机《辩亡论上》：“～～辐凑，猛士如林。”❷关系疏远的人。曹植《赠丁翼》诗：“我岂狎～～，朋友与我俱。”

【异日】 yìrì ❶往日。《汉书·高帝纪下》：“～～秦民爵公大公以上，令丞与亢礼。”❷他日。《战国策·魏策一》：“[陈]轸且行，不得待～～矣。”韩愈《寄崔二十六立之》诗：“～～期对举，当如合分支。”

【异时】 yìshí ❶从前。《汉书·食货志下》：

"～～算轺车、贾人之缗钱皆有差,请算如故。"❷以后。《史记·苏秦列传论》:"然世言苏秦多异,～～事有类之者皆附之苏秦。"马中锡《中山狼传》:"～～倘得脱颖而出,先生之恩,生死而肉骨也。"❸不同时代。班彪《王命论》:"虽其遭遇～～,禅代不同,至于应天顺人,其揆一焉。"

【异物】 yìwù ❶指死者。刘峻《重答刘秣陵沼书》:"寻而此君长逝,化为～～。"杜甫《北征》诗:"遂令半秦民,残害为～～。"❷怪物。宋玉《高唐赋》:"卒愕～～,不知所出。"❸奇特之物。扬雄《剧秦美新》:"其～～殊怪,存乎五威将帅。"

【异言】 yìyán ❶异地或异国的语言,即方言。《礼记·王制》:"禁异服,识～～。"❷不同的理解和解释。《汉书·艺文志》:"有所褒讳贬损,不可书见,口授弟子,弟子退而～～。"❸不同的意见、言论。刘琨《劝进表》:"是以迩无～～,远无异望。"

【异志】 yìzhì 有叛变或篡逆的意图。《后汉书·袁绍传》:"董卓拥制强兵,将有～～。"《新五代史·敬翔传》:"[段]凝有～～,顾望不来。"

妷 yì 嫔妃名。《隋书·礼仪志二》:"后周制,皇后乘翠辂,率三妃、三～。"

诎(詍) yì 多言。《荀子·解蔽》:"辩利非以言是,则谓之～。"

译(譯) yì ❶翻译。《史记·三王世家》:"远方殊俗,重～而朝,泽及方外。"《后汉书·西南夷传》:"臣辄令讯其风俗,～其辞语。"❷担任翻译的人员。《汉书·张骞传》:"大宛以为然,为发～道,抵康居。"(道:向导。)《论衡·变虚》:"四夷入诸夏,因～而通。"❸解释。柳宗元《天对》:"尽邑以垫,孰～彼梦?"

杙 yì ❶木桩。《吕氏春秋·节丧》:"避柱而疾触～也。"韩愈《进学解》:"是所谓诘匠氏之不以～为楹。"㊀尖锐的小木棍。《汉书·广川惠王刘越传》:"昭信出之,椓～其阴中。"❷系在木桩上。姜夔《昔游》诗:"～船遂登岸,急买野家酒。"

抑 yì ❶按。曹植《与吴季重书》:"思欲～六龙之首,顿羲和之辔。"㊀抚摩。《礼记·内则》:"疾痛苛痒,而敬～搔之。"(苛:通"疴"。疾病。)❷压抑。《论衡·问孔》:"孔子恐子贡志骄意溢,故～之也。"㊀压制。《后汉书·杨秉传》:"太山太守皇甫规等讼秉忠正,不宜久～不用。"❸遏止。《史记·河渠书》:"禹～洪水十三年,过家不入门。"㊀禁止。扬雄《长杨赋》:"～止丝竹晏衍之乐,憎闻郑卫幼眇之声。"❹贬斥。《汉书·董仲舒传》:"及仲舒对策,推明孔氏,～黜百家。"❺克制。《史记·屈原贾生列传》:"抚情效志兮,俛诎以自～。"㊁谦让。傅亮《为宋公求加赠刘前军表》:"每议及封爵,辄深自～绝。"❻降。《论衡·说日》:"冬时阳气衰,天～而下。"❼低。《战国策·韩策二》:"公仲且～首而不朝。"❽连词。1)表示转折,相当于"不过"。《论语·述而》:"若圣与仁,则吾岂敢? ～为之不厌,诲人不倦,则可谓云尔已矣。"2)表示选择,相当于"或者"、"还是"。《孟子·梁惠王上》:"为肥甘不足于口与? 轻煖不足于体与? ～为采色不足视于目与?"❾助词。《诗经·小雅·十月之交》:"～此皇父,岂曰不时?"

【抑配】 yìpèi 强行征派钱物。杨万里《民政》:"民所最病者,与官为市也:始乎为市,终乎～～。"

【抑损】 yìsǔn ❶谦卑,贬抑。《后汉书·蔡邕传》:"人自～～,以塞咎戒。"也作"挹损"。《三国志·蜀书·诸葛亮传》:"方今天下骚扰,元恶未枭,君受大任,干国之重,而久之～～,非所以光扬洪烈矣。"❷减少。《汉书·谷永传》:"～～椒房玉堂之盛宠。"也作"挹损"。《管子·轻重乙》:"子皆案囷窌而不能～～焉。"

【抑扬】 yìyáng ❶高低起伏。繁钦《与魏文帝笺》:"而此孺子,遗声～～,不可胜穷。"❷沉浮,进退。任昉《为范尚书让吏部封侯第一表》:"或与时～～,或隐若敌国。"❸褒贬。《北史·甄琛传》:"外相～～,内实附会。"❹张扬。刘蕡《对贤良方正直言极谏策》:"谋不足以翦除奸凶,而诈足以～～威福。"

【抑抑】 yìyì ❶美好的样子。《后汉书·班固传》:"～～威仪,孝友光明。"❷不舒畅。陈傅良《寄题陈同甫抱膝亭》诗:"此意太劳劳,此身长～～。"

【抑郁】 yìyù 愤懑郁结。《汉书·谷永传》:"故～～于家,不得舒愤。"也作"壹郁"。白居易《祭元微之文》:"若情理愤痛,过于斯者,则号呼～～之不暇,又安可胜言哉?"

呓(囈) yì 睡梦中说话。《列子·周穆王》:"眠中啽～呻呼,彻旦息焉。"张岱《陶庵梦忆·西湖七月半》:"如魇如～。"

【呓语】 yìyǔ 说梦话。王嘉《拾遗记》卷八:"众座皆云吕蒙～～通《周易》。"

【呓挣】 yìzhēng 寒噤。李文蔚《燕青博鱼》三折:"我这里呵欠罢,翻身打个～～。"

邑 yì ❶国都。《诗经·大雅·文王有声》:"作～于丰。"张俊《为吴令谢询求为诸孙置守冢人表》:“京～开吴蜀之馆。”㉛国家。《左传·僖公四年》:“君惠徼福于敝～之社稷。”❷建都。《史记·五帝本纪》:“而～于涿鹿之阿。”❸城镇。《三国志·魏书·武帝纪》:“～中或窃识之,为请得解。”苏洵《权书·六国》:“小则获～,大则获城。”㊂指县。柳宗元《封建论》:“裂都会而为之郡～。”❹封邑。《后汉书·南蛮西南夷传》:“赏～万家,金百镒。”❺古代区域单位,九夫为井,四井为邑。《史记·五帝本纪》:“一年所居成聚,二年成～,三年成都。”㊂人民聚居的地方。《荀子·大略》:“过十室之～必下。”❻忧愁不安。后作“悒”。吴质《答东阿王书》:“凡此数者,乃质之所以愤积于胸肊,怀眷而悁～者也。”

【邑里】 yìlǐ 乡里。《吕氏春秋·诬徒》:“归则愧于父母兄弟,出则惭于知友～～。”

【邑落】 yìluò 村落。《三国志·吴书·黄盖传》:“贼半入,乃击之,斩首数百,馀皆奔走,尽归～～。”白居易《与回鹘可汗书》:“故得～～蕃盛,士马精强。”

【邑人】 yìrén 同邑的人。同乡。陶渊明《桃花源记》:“自云先世避秦时乱,率妻子～～来此绝境。”

【邑邑】 yìyì ❶见“悒悒①”。❷微弱的样子。《楚辞·九叹·远逝》:“张绛帷以襜襜兮,风～～而蔽之。”

【邑子】 yìzǐ 同邑的人。《汉书·疏广传》:“公卿大夫故人～～设祖道,供张东都门外。”(祖道:饯行。)

貤(貤) 1. yì ❶通“迤”。延伸。司马相如《上林赋》:“～丘陵,下平原。”

2. yí ❷转移。古代将自己所应得的封爵、名号转给其他亲属叫“貤封”,也简称“貤”。《汉书·武帝纪》:“受爵赏而欲移卖者,无所流～。”陆游《监丞周公墓志铭》:“益公屡推恩数以～公,亦辞不受。”

佚 1. yì ❶安逸,舒服。《孙子·计》:“～而劳之。”《吕氏春秋·本生》:“出则以车,入则以辇,务以自～。”❷逸乐。陈琳《檄吴将校部曲文》:“小人临祸怀～。”㊂放纵。《楚辞·离骚》:“羿淫游以～田兮,又好射夫封狐。”❸美。《吕氏春秋·音初》:“有娀氏有二～女。”❹丢失,散失。《吕氏春秋·仲冬》:“牛马畜兽有放～者,取之不诘。”欧阳修《日本刀歌》:“徐福行时书未焚,～书百篇今尚存。”㊂遗弃。《孟子·公孙丑上》:“遗～而不怨。”❺过失。《尚书·盘庚上》:“邦之不臧,惟予一人有～罚。”❻通“逸”。奔跑。枚乘《七发》:“马～能止之。”❼通“逸”。隐遁。《论衡·异虚》:“继绝世,举～民。”❽通“轶”。超过。鲍照《芜城赋》:“故能奓秦法,～周令。”(奓:侈。)❾姓。

2. dié ❿通“迭”。更替。《穀梁传·文公十一年》:“弟兄三人,～宕中国。”

【佚忽】 yìhū 漫不经心。《论衡·别通》:“不肖者轻慢～～,无原察之意。”

【佚力】 yìlì 经过蓄养后的军力。《商君书·兵守》:“以～～与罢力战,此谓以生人力与客死力战。”

【佚游】 yìyóu 沉溺于游乐而无节制。《汉书·杜周传》:“防奢泰,去～～,躬节俭,亲万事。”

【佚豫】 yìyù ❶放纵,安逸。《论衡·感类》:“太甲～～,放之桐宫。”《汉书·杜周传》:“天下至大,万事至众,祖业至重,诚不可以～～为,不可以奢泰持也。”❷声音迅速传布。王褒《洞箫赋》:“故其武声,则若雷霆輘輷,～～以沸愲。”

役 yì ❶兵役,劳役。《孙子·作战》:“善用兵者,～不再籍。”《汉书·食货志上》:“今农夫五口之家,其服～者不下二人。”❷服兵役,服劳役。袁淑《效古》诗:“勤～未云已,壮年徒为空。”张衡《东京赋》:“赋政任～,常畏人力之尽也。”㊂指服役的人。《战国策·韩策三》:“～且共贵公子。”沈约《恩幸传论》:“板筑,贱～也。”❸供职做官。潘岳《在怀县作》诗:“驱～宰两邑,政绩竟无施。”㊂指职位,官位。卢谌《答魏子悌》诗:“岂谓乡曲誉,谬充本州～。”❹为,做。《国语·齐语》:“桓公亲见之,遂使～官。”❺役使,驱使。潘岳《西征赋》:“～鬼佣其犹否,矧人力之所为。”沈约《恩幸传论》:“周汉之道,以智～愚。”❻仆役。《公羊传·宣公十二年》:“厮～扈养。”㊂特指门徒弟子。《庄子·庚桑楚》:“老聃之～,有庚桑楚者。”❼事。《国语·晋语五》:“国有大～。”㊂特指战争。《战国策·西周策》:“雍氏之～,韩征甲与粟于周。”《史记·晋世家》:“取晋之朝歌去,以报临菑之～也。”❽行列。《诗经·大雅·生民》:“禾～穟穟。”(穟穟:禾穗丰硕的样子。)

【役人】 yìrén 服兵役的人,即士卒。《吕氏春秋·顺说》:“管子得于鲁,鲁束缚而槛之,使～～载而送之齐。”

【役使】 yìshǐ 驱使。《史记·礼书》:“宰制万物,～～群众,岂人力也哉?”

【役物】 yìwù 役使外物,使为我所用。《荀子·修身》:“君子～～,小人役于物。”

【役心】 yìxīn ❶养心。《国语·郑语》:“正七体以～～。”❷用心。成公绥《啸赋》:“近取诸身,~~御气。"

【役役】 yìyì ❶劳苦不休。白居易《闭关》诗:"回顾趋时者,~~尘壤间。"❷狡猾的样子。《庄子·胠箧》:"舍夫种种之民,而悦夫~~之佞。"

泄 yì 见 xiè。

泆 yì ❶水激荡而溢出。《史记·夏本纪》:"道沇水,东为济,入于河,~为荥。"❷通"逸"。放荡。傅毅《舞赋》:"天王燕胥,乐而不~。"❸通"逸"。安闲。《后汉书·度尚传》:"尚躬率部曲,与同劳~。"

疙 yì ❶痴。《玉篇·疒部》:"~,痴皃。"❷(今读 gē)见"疙瘩"。

【疙瘩】 yìda 皮肤上肿起的病块。今读 gēda。《水浒传》三回:"你不是要,若跌下来,好个大~~。"

怿(懌) yì ❶高兴,快乐。《史记·魏其武安侯列传》:"灌夫不~,曰:'丞相岂忘之哉?'"❷通"斁"、"殬"。败坏。《诗经·大雅·板》:"辞之~矣,民之莫矣。"(辞:政令。)

袘 yì 衣袖。《汉书·司马相如传上》:"衯衯裶裶,扬~戌削。"

诣(詣) yì 往,到。《史记·刺客列传》:"于是秦王大怒,益发兵~赵。"《汉书·隽不疑传》:"胜之遂表荐不疑,征~公车。"㉠访问,拜访。《晋书·陶潜传》:"未尝有所造~,所之唯至田舍及庐山游观而已。"

抴 yì 见 yè。

易 yì ❶交换,换。《史记·周本纪》:"郑怨,与鲁~许田。"《后汉书·王昌传》:"赵后欲害之,伪~他人子,以故得全。"㉡交易。《周易·系辞下》:"聚天下之财,交~而退。"陆游《跋尹耘师书刘随州集》:"乃以百钱~之,手加装褫。"❷改变。《孙子·九地》:"~其事,革其谋,使人无识。"《管子·形势》:"天不变其常,地不~其则。"❸容易。《老子·二章》:"故有无相生,难~相成。"《汉书·异姓诸侯王表》:"镌金石者难为功,摧枯朽者~为力。"㉡简易。曾巩《范子贯奏议集序》:"公为人温良慈恕,其从政宽~爱人。"㉢轻易。《后汉书·梁统传》:"故人轻犯法,吏~杀人。"❹轻率。《史记·魏其武安侯列传》:"魏其者,沾沾自喜耳,多~。"❺轻视。《后汉书·窦融传》:"夫负虚交而~强御,恃远救而轻近敌,未见其利也。"曾巩《尚书都官员外郎王公墓志铭》:"时尚少,县人颇~之,及观公所为,乃皆大畏服。"㉠怠慢。《后汉书·乐成靖王党传》:"慢~大姬,不震厥教。"❻平坦。《战国策·秦策二》:"地形险~尽知之。"㉠平易,和气。《史记·鲁周公世家》:"平~近民,民必归之。"❼蔓延。《左传·隐公六年》:"恶之~也,如火之燎于原。"❽修治。潘岳《射雉赋》:"或乃崇坟夷靡,农不~垅。"❾《周易》的简称。曹丕《典论·论文》:"故西伯幽而演~。"❿通"埸"。边界。《汉书·礼乐志》:"吾~久远,烛明四极。"⓫姓。

【易名】 yìmíng 为死者立谥叫易名,即换本名而改称其谥的意思。庾信《周柱国楚国公岐州刺史慕容宁神道碑》:"迹记庸器之文,行昭~~之典。"

【易人】 yìrén 容易对付的人。《新唐书·李密传》:"关中四塞之地,彼留守卫文昇,~~耳。"

【易姓】 yìxìng 指改朝换代。《汉书·孝成许皇后传》:"泰山,王者~~告代之处。"

【易易】 yìyì 极言容易。《荀子·乐论》:"吾观于乡而知王道之~~也。"

【易与】 yìyǔ 容易对付。《史记·燕召公世家》:"庞煖~~耳。"

【易箦】 yìzé 箦,床席。据《礼记·檀弓上》记载,鲁国曾参临终前,认为自己睡的床席华美不合礼制,命儿子曾元换掉,新的床席尚未铺好,曾参就死了。后来便用"易箦"比喻将死或已死。刘克庄《端嘉杂诗》之四:"不及生前见虏亡,放翁~~愤堂堂。"郑刚中《祭邢商佐文》:"呜呼,岂知吾为此言,而公之~~已七日矣。"

【易政】 yìzhèng 平易宽松的政令,与"险政"相对。《管子·宙合》:"~~利民。"

峄(嶧) yì ❶山相连接。《尔雅·释山》:"属者~。"❷山名,古称邹绎山,邾峄山,在今山东省邹城市境内。《尚书·禹贡》:"~阳孤桐。"

迭 yì 见 dié。

佾 yì 古代乐队的行列。《后汉书·礼仪志中》:"立土人舞僮二~,七日一变如故事。"杨炯《盂兰盆赋》:"歌千人,舞八~。"

绁 yì 见 xiè。

驿(驛) yì ❶传递文书的马。《汉书·西域传》:"驰命走~。"孙樵《书褒城驿壁》:"驰~奔轺。"㉡驿使。《后汉书·张衡传》:"后数日,~至,果地震陇西。"㉢用驿站、驿马传送的。《晋书·挚虞传》:"~书班下,被于远近。"❷驿站,传递文书人员中途休息换马的处所。杜甫《宿白沙驿》诗:"~边沙旧白,湖外草新青。"❸书信，消息。《后汉书·马援传》："寂无音～。"❹通"绎"。连续不断。王褒《洞箫赋》："或漫衍而骆～兮，沛焉竞溢。"（骆驿：络绎。）

绎（繹） yì ❶抽丝。《说文·糸部》："～，抽丝也。"㊀整理出头绪。谢惠连《雪赋》："王迺寻～吟翫，抚览扼腕。"傅毅《舞赋》："摅予意以弘观兮，～精灵之所束。"（摅：散。）❷推究。《论语·子罕》："～之为贵。"❸条理。王褒《四子讲德论》："于是文～复集，乃始讲德。"❹陈述。《后汉书·班固传》："厥有氏号，绍天阐～者。"❺连续不断。《史记·孔子世家》："始作翕如，纵之纯如，皦如，～如也，以成。"❻祭之次日又祭。《春秋·宣公八年》："壬午犹～。"❼通"怿"。快乐。《楚辞·九辩》："有美一人兮心不～。"❽通"液"。消散。喻神灵失助。扬雄《剧秦美新》："神歇灵～，海水群飞。"（海水：比喻百姓。）

【绎骚】 yìsāo 骚动。《诗经·大雅·常武》："徐方～～，震惊徐方。"

【绎绎】 yìyì ❶和谐的样子。《汉书·韦贤传》："～～六辔，是列是理。"❷盛大的样子。扬雄《甘泉赋》："迺望通天之～～。"

奕 yì ❶光明。何晏《景福殿赋》："赫～章灼，若日月之丽天。"❷有次序的样子。《诗经·商颂·那》："庸鼓有斁，万舞有～。"❸累，重（chóng）。见"奕世"。❹通"弈"。围棋。杨炯《登秘书省阁诗序》："间之以博～。"

【奕世】 yìshì 累世，一代接一代。《史记·周本纪》："～～载德，不忝前人。"《后汉书·班固传》："～～勤民，以伯方统牧。"也作"弈世"。潘岳《杨荆州诔》："～～丕显，允迪大猷。"

【奕奕】 yìyì ❶高峻的样子。《诗经·大雅·韩奕》："～～梁山，维禹甸之。"❷广大的样子。左思《魏都赋》："腜腜坰野，～～菑亩。"❸盛美。嵇康《琴赋》："粲～～而高逝，驰岌岌以相属。"❹神采焕发。《北齐书·琅邪王俨传》："琅邪王眼光～～，数步射人。"❺忧愁的样子。《诗经·小雅·頍弁》："未见君子，忧心～～。"

弈 yì ❶围棋。沈约《齐故安陆昭王碑文》："～思之微，秋储无以竞巧。"王安石《上仁宗皇帝言事书》："当是之时，变置社稷，盖甚于～棋之易。"❷通"奕"。大。扬雄《太玄经·格》："往小来～。"❸通"奕"。光明。陆机《吊魏武文》："伊君王之赫～，实终古之所难。"❹通"奕"。累。见"弈叶"。

【弈世】 yìshì 见"奕世"。

【弈叶】 yìyè 犹言累世。曹植《王仲宣诔》："伊君显考，～～佐时。"

【弈弈】 yìyì ❶容貌漂亮。陆机《赠冯文罴迁斥丘令》诗："～～冯生，哲问允迪。"❷光明的样子。束皙《补亡诗·华黍》："～～玄霄，濛濛甘霤。"❸轻盈的样子。左思《吴都赋》："缔交翩翩，傧从～～。"❹盛貌。谢惠连《雪赋》："蔼蔼浮浮，瀌瀌～～。"

帟 yì 小帐幕。谢朓《齐敬皇后哀策文》："翠～舒皋，玄堂启扉。"欧阳修《洛阳牡丹记》："往往于古寺废宅有池台处为市井，张幄～，笙歌之声相闻。"

疫 yì ❶流行瘟病，瘟疫。《史记·南越列传》："会暑湿，士卒大～。"又《天官书》："氐为天根，主～。"❷指疫鬼。《后汉书·和熹邓皇后纪》："旧事，岁终当飨遣卫士，大傩逐～。"

廙 yì ❶可移动的房子，即帷幄之类。《说文·广部》："～，行屋也。"❷通"翼"。恭敬。见"廙廙"。

【廙廙】 yìyì 见"翼翼②"。

施 yì 见 shī。

怿（懌） yì 见"怿怿"。

【怿怿】 yìyì 光明的样子。王延寿《鲁灵光殿赋》："汩硙硙以璀璨，赫～～而熠坤。"（熠坤：光照下土。）

衪（䙝、襼、䙫） yì 衣袖。潘岳《籍田赋》："蹑踵侧肩，掎裳连～。"

枻（栧） yì ❶船舷，船旁板。潘岳《西征赋》："徒观其鼓～回轮，洒钓投网。"杜甫《桃竹杖引赠章留后》诗："老夫复欲东南征，乘涛鼓～白帝城。"❷船桨。《史记·司马相如列传》："浮文鹢，扬桂～。"李白《江上吟》："木兰之～沙棠舟，玉箫金管坐两头。"

轶（軼） 1. yì ❶超车。《说文·车部》："～，车相出也。"㊀超过。《战国策·韩策二》："是其～贲、育而高成荆矣。"《后汉书·马融传》："俾之昌言而宏议，～越三家。"❷追赶。《后汉书·冯衍传下》："追周弃之遗教兮，～范蠡之绝迹。"㊁迫近。吕温《成皋铭》："势～赤霄，气吞千里。"❸突击，袭击。颜延之《阳给事诔》："～我河县，俘我洛畿。"任昉《奏弹曹景宗》："窃寻獯猃侵～，暂扰疆陲。"❹飘逸，与众不同。傅毅《舞赋》："～态横出，瑰姿谲起。"❺通"佚"。散失。《史记·管晏列传》："至其书，世多有之，是以不论，论其～事。"❻通"逸"。隐逸。《后汉书·赵岐传》："圣主在上，无隐士，无～民。"❼通"溢"。水漫出来。《汉书·地理志上》："东流为泲，入于河，～为荥。"

2. dié ❽通"迭"。更迭。《史记·秦始皇本纪》："古者天子七庙，诸侯五，大夫三，虽万世世不～毁。"（"轶毁"即"迭毁"，更迭毁庙。）

3. zhé ❾通"辙"。车迹。《战国策·齐策一》："主者，循～之途也，辖击摩车而相过。"

【轶材】 yìcái 出众的才能。《汉书·王褒传》："益州刺史因奏褒有～～。"又作"轶才"。《论衡·累害》："以～～取容媚于俗。"

【轶伦】 yìlún 超出一般。《鹖冠子·天权》："历越逾俗，～～越等。"

【轶能】 yìnéng 杰出的才能。班固《答宾戏》："良乐～～于相驭，乌获抗力于千钧。"

拽 yì 见 yè。

昱 yì 见 yù。

眣 yì 见 dié。

箷（箷） yì 重叠。左思《魏都赋》："兼重悂以～缪，偭辰光而罔定。"

食 yì 见 shí。

羿 yì ❶古代神话中的英雄人物，善射。《淮南子·本经训》："尧乃使～……上射十日。"❷夏代有穷国的君主，善射，曾代夏执政，后因荒淫无道，被寒浞所杀。《楚辞·离骚》："～淫遊以佚田兮，又好射夫封狐。"

敎（斁） 1. yì ❶厌弃。《后汉书·蔡邕传》："静以俟命，不～不渝。"❷盛。《后汉书·和熹邓皇后纪论》："衰～之来，兹焉有征。"

2. dù ❸败坏。《诗经·大雅·云汉》："耗～下土，宁丁我躬。"白居易《为人上宰相书一首》："是以庶政阙于内，则庶事～于外。"

浥 1. yì ❶湿润。谢灵运《入彭蠡湖口》诗："乘月听哀狖，～露馥芳荪。"

2. yà ❷深水潭。司马相如《上林赋》："逾波趋～，涖涖下濑。"❸水往下流的样子。郭璞《江赋》："乍～乍堆。"

【浥浥】 yìyì 香气盛的样子。苏轼《自普照遊二庵》诗："山行尽日不逢人，～～野梅香入袂。"

益 yì ❶水漫出来。《吕氏春秋·察今》："澭水暴～。"这个意义后来写作"溢"。❷增多，增加。《荀子·哀公》："故富贵不足以～也，卑贱不足以损也。"《汉书·高帝纪上》："项梁～沛公卒五千人，五大夫将十人。"（五大夫将：以五大夫为将。五大夫，爵名。）㊀多。《史记·魏其武安侯列传》："魏其与其夫人～市牛酒。"❸助。《战国策·秦策二》："于是出私金以～公赏。"❹富足，富饶。《吕氏春秋·贵当》："如此者，其家必日～。"❺益处，好处。《荀子·儒效》："凡事行有～于理者为之。"《古诗十九首·明月皎夜光》："良无盘石固，虚名复何～。"❻副词。1）更加。《史记·高祖本纪》："人又～喜，唯恐沛公不为秦王。"《后汉书·庞萌传》："城中闻车驾至，众心～固。"2）渐渐。《汉书·广川惠王刘越传》："初，去年十四五，事师受易，师数谏正去，去～大，逐之。"❼六十四卦之一。卦形为震下巽上。❽古代益州的简称。孙楚《为石仲容与孙皓书》："雍～二州。"❾姓。

悒 yì ❶忧愁。司马迁《报任少卿书》："是以独郁～而谁与语。"❷郁结。司马相如《长门赋》："舒息～而增欷兮，蹝履起而彷徨。"

【悒纳】 yìnà 阿谀奉承。苏舜钦《歙州黟县令朱君墓志铭》："据法平直不挠，未尝过差，然不肯～～上官，故无有通荐者。"

【悒怏】 yìyàng 忧愁。王实甫《西厢记》一本二折："听说罢心怀～～，把一天愁都撮在眉尖上。"

【悒悒】 yìyì ❶不舒畅。《素问·刺疟》："腹中～～。"❷愁闷的样子。《三国志·魏书·杜袭传》："卿昼侍可矣，～～于此，欲兼之乎！"也作"邑邑"。《汉书·师丹传》："上少在国，见成帝委政外家，王氏僭盛，常内～～。"

谊（誼） yì ❶友谊。韩愈《与崔群书》："与足下情～，宁须言而后自明耶？"❷合理的道理、行为。东方朔《非有先生论》："本仁祖～，褒有德，禄贤能，……此帝王所由昌也。"韩愈《争臣论》："主上嘉其行～，擢在此位。"㊀合乎正义的。《汉书·常山宪王舜传》："陷于不～以灭国。"❸意义。班固《典引》："缘事断～，动有规矩。"❹通"议"。议论。《汉书·董仲舒传》："故举贤良方正之士，论～考问。"

褹（褹） yì 衣袖。《汉书·司马相如传上》："曳独茧之褕～。"

袘 yì ❶衣裙的下缘。《仪礼·士昏礼》："纁裳缁～。"❷通"袖"。衣袖。《史记·司马相如列传》："扬～邮削。"

挹 yì ❶舀。《战国策·齐策三》："王求士于髡，譬若～水于河，而取火于燧也。"（髡：淳于髡，人名。）魏徵《九成宫醴泉碑铭》："萍旨醴甘，冰凝镜澈。用之日新，～之无竭。"❷牵引。郭璞《遊仙诗》之三："左～浮丘袖，右拍洪崖肩。"❸通"挖"。扶持，援引。《新唐书·李频传》："［姚］合大加奖

～,以女妻之。"❹通"抑"。1)谦让。王俭《褚渊碑文》:"功成弗有,固秉㧑～。"2)抑制。《荀子·宥坐》:"此所谓～而损之之道也。"❺通"揖"。作揖。《荀子·议兵》:"拱～指麾。"苏轼《放鹤亭记》:"饮酒于斯亭而乐之,～山人而告之。"

【挹损】 yìsǔn 见"抑损"。

【挹退】 yìtuì 谦让。傅亮《与沈林子书》:"足下虽存～～,岂得独为君子邪?"

唈 yì 气不舒畅的样子。《淮南子·览冥训》:"孟尝君为之增欷呜～流涕。"

射 yì 见 shè。

垼 yì 土灶。《礼记·丧大记》:"甸人为～于西墙下。"

翊 yì ❶见"翊翊"。❷辅佐。陈琳《为袁绍檄豫州》:"使缮修郊庙,～卫幼主。"❸通"翌"。次日,次于当日的。《汉书·王莽传上》:"越若～辛丑。"《聊斋志异·宦娘》:"～日,遣人取至。"

【翊戴】 yìdài 拥戴。《周书·文帝纪》:"～～圣明,诚非[高]欢力。"《建炎以来系年要录·建炎元年五月甲午》:"赏～～之功也。"也作"翼戴"。《三国志·魏书·刘放传》:"～～天子,奉辞伐罪。"

【翊亮】 yìliàng 增辉。《隋书·李德林传》:"皆可以～～天地,流名钟鼎。"

【翊翊】 yìyì ❶见"翼翼⑤"。❷恭敬严肃的样子。《汉书·礼乐志》:"共～～,合所思。"❸虫蠕动爬行的样子。王褒《洞箫赋》:"蝼蚁蝘蜓,蝇蝇～～。"

【翊赞】 yìzàn 辅助。《旧五代史·晋书·卢质传》:"质与张承业等密谋,同立庄宗为嗣,有～～之功。"也作"翼赞"。《三国志·蜀书·董允传》:"允内侍历年,～～王室。"

埸 yì ❶田界。《诗经·大雅·公刘》:"迺～迺疆,迺积迺仓。"❷边界,边境。《左传·桓公十七年》:"疆～之事,慎守其一,而备其不虞。"

勩(勚) yì 劳苦。《诗经·小雅·雨无正》:"莫知我～。"

掜 yì 见 nǐ。

逸 yì ❶逃跑。陈琳《檄吴将校部曲文》:"逋～迸脱,走还凉州。"❷奔跑。《吕氏春秋·必己》:"孔子行道而息,马～,食人之稼,野人取其马。"㈠快捷。张衡《南都赋》:"足～惊飙,镞析毫芒。"❸释放。《左传·成公十六年》:"明日复战,乃～楚囚。"❹隐遁。孔稚珪《北山移文》:"昔闻投簪～海岸,今见解兰缚尘缨。"《汉书·艺文志》:"学诗之士～在布衣,而贤人失志之赋作矣。"㈡指隐士。潘岳《闲居赋》:"右延国胄,左纳良～。"❺散失。潘岳《西征赋》:"街里萧条,邑居散～。"柳宗元《时令论上》:"然则夏后周公之典～矣。"㈡遗漏,缺失。韦孟《讽谏》诗:"我邦既绝,厥政斯～。"❻快乐,闲适。任昉《为范尚书让吏部封侯第一表》:"除名为民,知井臼之～。"苏轼《教战守策》:"在于知安不知危,能～不能劳。"㈡放纵。《汉书·高惠高后文功臣表》:"子孙骄～。"❼超越。颜延之《赭白马赋并序》:"特禀～异之姿,妙简帝心。"

【逸才】 yìcái ❶杰出的才能。曾巩《李白诗集后序》:"旧史称白有～～。"❷有杰出才能的人。陆机《辩亡论上》:"～～命世,弱冠秀发。"杜甫《醉时歌》:"相如～～亲涤器,子云识字终投阁。"

【逸操】 yìcāo 高尚的节操。《三国志·蜀书·秦宓传》:"观严[君平]文章,冠冒天下,[许]由[伯]夷～～,山岳不移。"

【逸乐】 yìlè 安逸快乐。《吕氏春秋·观世》:"闻为有道者妻子,皆得～～。"

【逸民】 yìmín 隐居的人。《后汉书·逸民传序》:"群方咸遂,志士怀仁,斯固所谓'举～～天下归心'者乎!"

【逸品】 yìpǐn 高雅超俗的艺术或文学创作。刘禹锡《酬乐天醉后狂吟十韵》:"诗家登～～,释氏悟真筌。"

【逸群】 yìqún 超群。陈子昂《堂弟孜墓志铭》:"实谓君有～～之骨,拔俗之标。"

【逸声】 yìshēng 淫荡的音乐。《国语·楚语下》:"耳不乐～～。"

【逸士】 yìshì 隐居之士。《后汉书·高凤传论》:"先大夫宣侯尝以讲道馀隙,寓乎～～之篇。"

【逸兴】 yìxìng 超脱豪迈的兴致。杜甫《刘九法曹郑瑕邱石门宴集》诗:"掾曹乘～～,鞍马去相寻。"

【逸遊】 yìyóu 纵情游乐。《汉书·五行志上》:"天戒若曰,去贵近～～不正之臣,将害忠良。"

【逸豫】 yìyù 安乐。《汉书·王嘉传》:"骄贵失度,～～无厌。"《三国志·魏书·钟会传》:"百姓欣欣,人怀～～。"

【逸足】 yìzú 快步。比喻杰出的人才。《世说新语·品藻》:"庞士元至吴,……见陆绩、顾劭、全琮而为之目曰:'陆子所谓驽马有～～之用。'"

翌 yì ❶次于当天、当年的。《旧唐书·食货志下》:"市牙各给印纸,人有买卖,随自署记,～日合算之。"❷光明。左思《魏都赋》:"显仁～明,藏用玄默。"

醳(**醳**) 1. yì ❶苦酒,一曰醇酒。颜延之《三月三日曲水诗序》:"肴蔌芬藉,觞～泛浮。"❷赏赐酒食。《史记·淮阴侯列传》:"百里之内,牛酒日至,以飨士大夫,～兵。"

2. shì ❸通"释"。释放。《史记·管蔡世家》:"十五年,楚围郑,郑降楚,楚复～之。"㉕脱去。《后汉书·礼仪志下》:"～大红,服小红。"

輗 yì 见 ní。

跇 yì 跨越,超越。左思《吴都赋》:"～踰竹柏。"枚乘《七发》:"发怒庢沓,清升逾～。"

释 yì 见 shì。

溢 yì ❶泛滥,水漫出来。《汉书·诸侯王表》:"末流滥以致～。"《后汉书·桓帝纪》:"郡国六地裂,水涌井～。"㊀东西太多而流出。《史记·封禅书》:"殷得金德,银自山～。"❷满,充满。潘岳《籍田赋》:"展三时之弘务,致仓廪于盈～。"班固《西都赋》:"人不得顾,车不得旋,阗城～郭,旁流百廛。"❸过度,过分。王粲《从军诗》之一:"军人多饫饶,人马皆～肥。"❹凌驾。《荀子·不苟》:"小人能,则倨傲僻违以骄～人。"❺裂开。王褒《四子讲德论》:"浮游先生色勃眥～曰。"❻通"镒"。古计量单位。《史记·苏秦列传》:"黄金千～,白璧百双。"❼通"佾"。古代乐舞的行列。《汉书·礼乐志》:"千童罗舞成八～。"

【溢美】 yìměi 过分夸奖。《论衡·是应》:"夫儒者之言,有～～过实。"

【溢目】 yìmù 充满视野,有目不暇接之意。陆机《文赋》:"文徽徽以～～,音泠泠而盈耳。"杨炯《崇文馆宴集诗序》:"观礼仪之～～。"

【溢羡】 yìxiàn 过分的盈利。《盐铁论·错币》:"禁～～,厄利涂。"

意 1. yì ❶意思。司马相如《喻巴蜀檄》:"郡又擅为转粟运输,皆非陛下之～也。"㊀意图。《战国策·西周策》:"今秦者,虎狼之国也,兼有吞周之～。"❷志向。《后汉书·耿弇传》:"光武笑曰:'小儿曹乃有～哉!'"㊁思想。《后汉书·桓帝纪》:"戮力一～,勉同断金。"❸意态,神情。《汉书·高帝纪上》:"宽仁爱人,～豁如也。"《后汉书·桓谭传》:"～忽忽不乐,道病卒。"❹情景,景象。宋祁《玉楼春》词:"绿杨烟外晓寒轻,红杏枝头春～闹。"❺料想。《史记·廉颇蔺相如列传》:"秦人不～赵师至此。"❻猜测。《吕氏春秋·重言》:"臣闻君子善谋,小人善～,臣窃～之也。"㊁怀疑。《史记·张仪列传》:"已而楚亡璧,门下～张仪。"《后汉书·彭宠传》:"宠～浮卖己,上疏愿与浮俱征。"❼副词,莫非。《韩非子·外储说左上》:"～不欲寡人反国邪!"❽通"抑"。连词。或者,还是。刘向《说苑·善说》:"不识世无明君乎?～先生之道固不通乎?"

2. yī ❾通"噫"。感叹词。《庄子·骈拇》:"～!仁义其非人情乎!"

【意表】 yìbiǎo 意外。苏轼《与郭功甫书》之一:"昨辱宠临,久不闻语,殊出～～。"

【意得】 yìdé 愿望得到满足。陈师道《捕狼》诗:"～～无前敌,时乖阙后防。"

【意度】 yìdù ❶见识与度量。郭宪《洞冥记》卷二:"郭琼东郡人也,形貌丑劣而～～过人。"❷态度,风度。《聊斋志异·于去恶》:"少年亭亭似玉,～～谦婉。"

【意夺】 yìduó 神志丧失,情绪消沉。江淹《别赋》:"使人～～神骇,心折骨惊。"

【意度】 yìduó 揣测。《潜夫论·述赦》:"夫民之性,固好～～者也。"

【意忌】 yìjì 猜忌。《汉书·公孙弘传》:"然其性～～,外宽内深。"

【意匠】 yìjiàng 精心构思。杜甫《丹青引赠曹将军霸》:"诏谓将军拂绢素,～～惨澹经营中。"李昴英《摸鱼儿》词:"主人～～工收拾,华屋落成闻早。"

【意气】 yìqì ❶意志,气概。《史记·李将军列传》:"会日暮,吏士皆无人色,而广～～自如。"❷情意,恩义。《乐府诗集·白头吟》:"男儿重～～,何用钱刀为?"卢谌《赠刘琨一首并书》:"～～之间,靡躯不悔。"❸志趣。吴炳《西园记》卷上:"偶遇一友曰夏韫卿,～～颇合。"❹指奉献、馈赠礼物或钱财。《后汉书·陆续传》:"使者大怒,以为门卒通传～～,召将案之。"《世说新语·纰漏》:"虞家富春,近海,谓帝望其～～。"

【意色】 yìsè 神色。《晋书·王敦传》:"敦脱故著新,～～无怍。"

【意识】 yìshí ❶思想感情。《北齐书·宋游道传》:"～～不关貌,何谓丑者必无情?"❷聪明才智。《北齐书·文宣帝纪》:"高祖尝试诸子～～,各使治乱丝。"

【意思】 yìsī ❶思想。《世说新语·排调》:"此数子者……而犹以文采可观,～～详序,攀龙附凤,并登天府。"❷意味。韩愈《杏花》诗:"山榴踯躅少～～,照耀黄紫徒为丛。"

【意似】 yìsì 似是而非。《三国志·蜀书·谯周传》:"是故智者不为小利移目,不为～～改步。"

【意望】 yìwàng 愿望，欲望。《后汉书·彭宠传》："自负其功，～～甚高。"

【意行】 yìxíng 信步而行。黄庭坚《亨泉》诗："伏坎非心愿，成川且～～。"范成大《与正夫朋元游陈侍御园》诗："沙际春风卷物华，～～聊复到君家。"

【意者】 yìzhě 或许，恐怕。《战国策·秦策三》："语之至者，臣不敢载之于书，其浅者又不足听也。～～臣愚而不阖于王心耶？"《汉书·文帝纪》："～～朕之政有所失而行有过与？"

【意指】 yìzhǐ 意图。《三国志·蜀书·马良传》："蛮夷渠帅皆受印号，咸如～～。"

【意致】 yìzhì 神情姿态。《聊斋志异·黄九郎》："妇约五十许，～～清越。"

【意状】 yìzhuàng 情况。《三国志·魏书·张辽传》："文帝引辽会建始殿，亲问破吴～～。"

裛 yì ❶装书之袋。《说文·衣部》："～，书囊也。"❷缠绕。嵇康《琴赋》："镂会～厕，朗密调匀。"❸通"浥"。沾湿。梅尧臣《送徐君章秘丞知梁山军》诗："蛟龙惊鼓角，云雾～衣裘。"❹(香气)侵袭。钱起《中书遇雨》诗："色翻池上藻，香～鼎前杯。"

【裛裛】 yìyì 香气散发的样子。李商隐《十一月中旬至扶风界见梅花》诗："匝路亭亭艳，非时～～香。"

裔 yì ❶衣服的边缘。《说文·衣部》："～，衣裾也。"㉑分支，支派。《汉书·艺文志》："虽有蔽短，合其要归，亦六经之支与流～。"❷边沿。马融《长笛赋》："鱏鱼喁于水～，仰驷马而舞玄鹤。"(喁：鱼口向上，露出水面。)❸边远地区。陆机《赠顾交阯公真》诗："发迹翼藩后，改授抚南～。"韩愈《柳子厚墓志铭》："故卒死于穷～。"㉒边界毗邻。《左传·哀公十七年》："～焉大国。"❹指边远地区的少数民族。左思《魏都赋》："有客祁祁，载华载～。"❺子孙后代。《国语·晋语二》："天降祸于晋国，谗言繁兴，延及寡君之绍续昆～。"《后汉书·韦彪传》："彪以将相之～，勤身饬行，出自州里，在位历载。"㉑衍生物，产物。欧阳修《书梅圣俞稿后》："盖诗者，乐之苗～与？"朱熹《大学章句序》："若《曲礼》《少仪》《内则》《弟子职》诸篇，固小学之支流馀～。"

【裔民】 yìmín 被放逐到边远地区的人。《国语·周语中》："且夫阳，岂有～～哉？"(阳：阳樊，地名。)

【裔土】 yìtǔ 边远地区。《国语·周语上》："犹有散、迁，懈慢而著在刑辟，流在～～。"《后汉书·第五伦传》："第五使君当投～～，而单超外属为彼郡守。"

【裔夷】 yìyí 边远的东方少数民族。《左传·定公十年》："两君合好，而～～之俘，以兵乱之，非齐君所以命诸侯也。"

【裔裔】 yìyì ❶步履轻盈的样子。宋玉《神女赋》："秾不短，纤不长，步～～兮曜殿堂。"❷鱼贯前进的样子。司马相如《子虚赋》："车按行，骑就列，缅乎淫淫，般乎～～。"❸飞泻的样子。《汉书·礼乐志》："灵之来，神哉沛，先以雨，般～～。"

【裔胄】 yìzhòu 后代。《国语·晋语二》："辱收其逋迁～～而建立之。"(逋迁裔胄：逃亡的后代。)

【裔子】 yìzǐ 玄孙以后的子孙。《论衡·龙虚》："昔有飂叔安，有～～曰董父，实甚好龙。"

肆 yì 见 sì。

黓 yì 深黑色。韩愈《衢州徐偃王庙碑》："～昧就灭。"

嗌 1. yì ❶咽喉。《吕氏春秋·介立》："早朝晏退，焦唇干～。"

2. ài ❷咽喉堵塞。《庄子·大宗师》："屈服者，其～言若哇。"

睪 1. yì ❶伺视。《说文·幸部》："～，司视也。"

2. zé ❷通"泽"。香草名。《荀子·正论》："代～而食。"

3. gāo ❸高的样子。《孔子家语·困誓》："自望其广，则～如也。"❹阴丸。《灵枢经·经脉》："经胫上～结于茎。"

4. hàn ❺见"睪睪"。

【睪睪】 hànhàn 广大的样子。《荀子·解蔽》："～～广广，孰知其德？"

鶂(鷁、鹢) yì ❶水鸟名。吴文英《三部乐·赋姜石帚渔隐》词："江～初飞，荡万里素云，际空如沐。"❷见"鶂鶂"。

【鶂鶂】 yìyì 鹅叫声。《孟子·滕文公下》："恶用是～～者为哉！"

肄 yì ❶练习，学习。《汉书·礼乐志》："天子下大乐宫，常存～之。"《后汉书·寇恂传》："恂移书属县，讲兵～射。"❷劳苦。《左传·昭公十六年》："莫知我～。"❸树木砍伐后枝条再生。陆机《汉高祖功臣颂》："悴叶更辉，枯条以～。"❹亡国之馀。《左传·襄公二十九年》："晋国不恤周宗之阙，而夏～是屏。"

【肄业】 yìyè 进修学业。《汉书·礼乐志》：

"文景之间,礼官～～而已。"

缢(縊) yì ❶吊死。班固《典引》:"胡～莽分,尚不莅其诛。"李康《运命论》:"盖笑萧望之跋踬于前,而不惧石显之绞～于后也。"❷勒死。《后汉书·刘玄传》:"于是禄使从兵与更始共牧马于郊下,因令～杀之。"

瘗(瘞) yì ❶埋葬。《后汉书·安思阎皇后纪》:"帝母李氏～在洛阳城北。"❷一种祭地的祭名。又叫"瘗埋"。班固《典引》:"燔～县沈,肃祇群神之礼备。"《后汉书·杜笃传》:"～后土,礼郊郊。"

蓺 yì ❶种植。《史记·五帝本纪》:"～五种,抚万民。"(五种:五谷。)颜延之《始安郡还都与张湘州登巴陵城楼作》诗:"请从上世人,归来～桑竹。"❷技能。《后汉书·樊英传》:"于是天下称其术～。"❸通"刈"。割。《新唐书·黄巢传》:"杀人如～。"

蜴 yì 蜥蜴。《诗经·小雅·正月》:"哀今之人,胡为虺～。"

膉 yì 脖子上的肉。《仪礼·士虞礼》:"肤祭三,取诸左～上。"

嫕 yì 柔顺。曾巩《德清县君周氏墓志铭》:"为人柔～静庄。"

鹢(鷁) yì ❶水鸟名,又叫鶃,像鹭,善飞。江淹《杂体诗·王侍中怀德》:"鸛～在幽草,客子泪已零。"❷船。古人画鹢首于船头,故称船为鹢,又称为鹢首。谢朓《泛水曲》:"罢游平乐苑,泛～昆明湖。"柳永《夜半乐》词:"泛画～,翩翩过南浦。"㊂指船头。孙樵《书褒城驿壁》:"至如棹舟,则必折篙破舷碎～而后止。"

【鹢首】 yìshǒu 船。古代画鹢首于船头,故名。左思《吴都赋》:"比～～而有裕,迈余皇于往初。"也作"艗首"。《聊斋志异·于子游》:"送至～～,躍身入水。"

毅 yì ❶果断。《国语·楚语下》:"爱而不仁,诈而不知,～而不勇。"❷勇敢。《荀子·不苟》:"刚强猛～。"❸残酷。《韩非子·内储说上》:"弃灰之罪轻,断手之罚重,古人何太～也。"❹通"艺"。极。《国语·楚语下》:"若其宠之,～贪无厌。"

鹝(鷊) yì ❶鸟名。吐绶鸟。俗名火鸡。《埤雅·释鸟》:"绶鸟,一名～。"❷通"虉"。草名。绶草。《诗经·陈风·防有鹊巢》:"中唐有甓,邛有旨～。"(邛:土丘。)

熠 yì 光明。黄溍《湖心寺夜坐》诗:"一炷残灯何～煜,半檐衰柳故崔嵬。"

【熠燿】 yìyào 萤火。骆宾王《萤火赋》:"感秋夕之殷忧,叹宵行以～～。"

【熠熠】 yìyì 鲜明的样子。阮籍《清思赋》:"色～～以流烂兮,纷杂错以葳蕤。"白居易《宣州试射中正鹄赋》:"银镝急飞,不夜而流星～～。"

镒(鎰) yì 古代重量单位。二十四两为一镒,一说二十两为一镒。《国语·晋语二》:"黄金四十～,白玉之珩六双。"《战国策·齐策四》:"有能得齐王头者,封万户侯,赐金千～。"

鮨 yì 见qí。

饐(饐) 1. yì ❶食物久放而腐败变味。《论衡·商虫》:"粟米～热生蛊。"

2. yè ❷通"咽"。哽咽。《楚辞·九思·遭厄》:"思哽～兮诎诎,涕流澜兮如雨。"

薏 yì ❶莲子心。《尔雅·释草》邢疏引陆玑《诗》疏云:"莲青皮,里白子为的,的中有青为～,味甚苦。"❷见"薏苡"。

【薏苡】 yìyǐ 禾本科植物名,果仁叫薏米,可食用,又可入药。据《后汉书·马援传》载,马援离开交趾时,载了一车薏苡。他死后,有人上书说他从交趾带回的是明珠文犀。后来"薏苡"成了因涉嫌而被诽谤的典故。任昉《为范尚书让吏部封侯第一表》:"持斧作牧,以～～兴谤。"杨炯《同恒州刺史建昌公王公神道碑》:"防～～之讥嫌,绝简书之流谤。"

瞖 yì 黑眼珠上生的白膜。《宋史·理宗谢皇后传》:"后生而黧黑,～一目。"

殪 yì ❶死。《三国志·魏书·三少帝纪》注引《魏氏春秋》:"自下射之,乃～。"❷杀死。《诗经·小雅·吉日》:"发彼小豝,～此大兕。"《战国策·韩策三》:"许异蹴哀侯而～之。"❸仆倒。《后汉书·光武帝纪上》:"莽兵大溃,走者相腾践,奔～百馀里间。"

曀 yì 天气阴沉。班彪《北征赋》:"夫何阴～之不阳兮,嗟久失其平度。"㊀政治黑暗。《晋书·礼志上》:"时无明后,道～不行。"

【曀曀】 yìyì 天气阴沉的样子。《后汉书·冯衍传下》:"日～～其将暮兮,独於邑而烦惑。"

儗 yì 见nǐ。

艗 yì 船。艗,本作"鹢",古人常在船头画鹢形,因以名船。皮日休《太湖诗·初入太湖》:"悠然啸傲去,天上摇画～。"

【艗首】 yìshǒu 见"鹢首"。

劓(劓) yì ❶古五刑之一,割鼻。《战国策·楚策四》:"令～之,无使逆命。"宋濂《大言》:"因之三年,~而纵之。"❷割除。《尚书·盘庚中》:"我乃~殄灭之。"㉠杀戮。《汉书·贾谊传》:"使赵高傅胡亥而教之狱,所习者非斩~人,则夷人之三族也。"

缢(繶) yì 丝绦。《仪礼·士冠礼》:"青絇、~、纯。"

瘱 yì 同"呓"。说梦话。玄应《一切经音义》卷二十一引《通俗文》:"梦语谓之~。"陆游《秋夜》诗:"纷纷彼方~,袖手不须唤。"

檍 yì 木名。《周礼·考工记·弓人》:"凡取幹之道七,柘为上,~次之。"

翳 yì ❶华盖。《晋书·舆服志》:"载金鼓,羽旗,幢~。"张孝祥《水调歌头》词:"挥手从此去,~凤更骖鸾。"❷遮蔽。曹植《情诗》:"微阴~阳景,清风飘我衣。"《世说新语·言语》:"于时天月明净,都无纤~。"㉡躲藏。《三国志·魏书·王烈传》:"[管]宁抱道怀贞,潜~海隅。"❸暗中。《韩非子·内储说下》:"意者堂下其有~憎臣者乎?"❹掩蔽物。《庄子·山木》:"螳螂执~而搏之。"❺枯死并倒伏在地的树木。《诗经·大雅·皇矣》:"作之屏之,其菑其~。"㉡荒芜。傅亮《为宋公至洛阳谒五陵表》:"坟茔幽沦,百年荒~。"❻抛弃。《国语·周语下》:"是去其藏而~其人也。"❼阻止。《国语·楚语下》:"纵过而~谏。"❽同"瞖"。眼球上生的白膜。《聊斋志异·瞳人语》:"倩人启睑拨视,则睛上生小~。"❾装箭的器具。《国语·齐语》:"诸侯甲不解累,兵不解~。"

【翳荟】 yìhuì ❶草木茂盛的样子。张华《鹪鹩赋》:"~~蒙笼,是焉游集。"❷指茂林。张协《七命》:"何异促之游汀泞,短尾之棲~~。"

【翳翳】 yìyì 晦暗不明的样子。颜延之《阳给事诔》:"~~穷垒,嗷嗷群悲。"王安石《半山春晚即事》诗:"~~陂路静,交交园屋深。"

【翳景】 yìyǐng 遮蔽日月的阴影。李白《大鹏赋》:"欻~~以横翥,送高天而下垂。"

臆(肊) yì ❶胸。潘岳《射雉赋》:"彤盈窗以美发,纷首頳而~仰。"苏轼《韩幹画马赞》:"丰~细尾,皆中度程。"㉡心,心中。《后汉书·李固传》:"痛心伤~。"《论衡·问孔》:"不但心服~肯,故告樊迟。"❷推测。曾巩《再乞登对状》:"陛下宽其不敏之诛,而收其~出之见。"

【臆断】 yìduàn 主观推断。苏轼《石钟山记》:"事不目见耳闻,而~~其有无,可乎?"

【臆度】 yìduó 主观推测。苏轼《赠钱道人》诗:"书生苦信书,世事仍~~。"

【臆决】 yìjué 主观决断。韩愈《平淮西碑》:"大官~~唱声,万口和附。"

【臆说】 yìshuō 主观推测的说法。富弼《辩邪正论》:"臣前所援据特一二而已,但且欲证臣狂瞽非~~焉。"

翼 yì ❶翅膀。《战国策·秦策三》:"众口所移,毋~而飞。"(毋:无。)张协《七命》:"秋蝉之~,不足以拟其薄。"㉠指代鸟。杜甫《哀江头》诗:"翻身向天仰射云,一笑正坠双飞~。"周邦彦《六丑》词:"愿春暂留,春归如过~。"㉡像翅膀那样张开。何晏《景福殿赋》:"飞榈~以轩翥。"欧阳修《醉翁亭记》:"有亭~然临于泉上者,醉翁亭也。"❷遮蔽。《诗经·大雅·生民》:"鸟覆~之。"㉡包庇,袒护。《史记·魏其武安侯列传论》:"两人相~,乃成祸乱。"❸辅助。《后汉书·顺帝纪》:"近臣建策,左右扶~。"❹扇动。陶渊明《时运》诗:"有风自南,~彼新苗。"❺恭敬。《国语·周语下》:"夫道成命者而称昊天,~其上也。"❻两侧,特指战阵的两侧或军队的两翼。《汉书·霍去病传》:"汉益纵左右~绕单于。"又《李广传》:"广令其骑张左右~。"❼成长。《国语·鲁语上》:"兽长麑麇,鸟~鷇卵。"❽飞檐。何晏《景福殿赋》:"殿~相当。"❾船。张协《七命》:"尔乃浮三~,戏中沚。"❿星宿名,二十八宿之一。《吕氏春秋·孟秋》:"日在~,昏在斗。"⓫通"翌"。次于当日的。《论衡·非韩》:"~日,其仆问曰。"⓬姓。

【翼戴】 yìdài 见"翊戴"。

【翼亮】 yìliàng 辅佐。《三国志·魏书·曹真传》注引《魏书》:"~~皇家,内外所向。"杜甫《重经昭陵》诗:"~~贞文德,丕承戢武威。"

【翼卫】 yìwèi 保卫。《后汉书·袁绍传》:"使缮修郊庙,~~幼主。"

【翼宣】 yìxuān ❶捍卫并发扬光大。《三国志·魏书·武帝纪》:"君~~风化,爰发四方。"❷辅佐。《晋书·裴秀传》:"以~~皇极,弼成王事者也。"

【翼翼】 yìyì ❶谨慎的样子。《吕氏春秋·行论》:"小心~~,昭事上帝。"❷恭敬的样子。《后汉书·班固传》:"孰与同履法度,~~济济也。"也作"廙廙"。《晋书·乐志上》:"~~大君,民之攸塈。"❸众多的样子。《汉书·礼乐志》:"冯冯~~,承天之则。"❹壮盛的样子。《诗经·小雅·楚茨》:"我黍与与,我稷~~。"(与与:茂盛的样子。)❺飞的样子。《楚辞·离骚》:"高翱翔之~~。"

也作"翊翊"。《汉书·礼乐志》:"神之徕,泛～～。"❻轻快的样子。陆机《挽歌》:"～～飞轻轩,骎骎策素骐。"

【翼赞】 yìzàn 见"翊赞"。

鹝(鷊) yì 见"鹝鸸"。

【鹝鸸】 yì'ér 燕子。《庄子·山木》:"鸟莫知于～～。"

瀷 yì 急流。郭璞《江赋》:"磴之瀠～,渫之以尾闾。"

蘙 yì ❶草木繁茂。郭璞《江赋》:"标之以翠～,泛之以遊菰。"❷遮蔽。何晏《景福殿赋》:"其奥秘,则～蔽暧昧。"

醷 yì 梅浆。《礼记·内则》:"黍酏浆水～滥。"

懿(懿) 1. yì ❶美好。《诗经·大雅·烝民》:"民之秉彝,好是～德。"㊁善。《新唐书·柳公绰传》:"实艺～行,人未必信。"❷美德。曹植《王仲宣诔》:"君以淑～,继此洪基。"❸深。《诗经·豳风·七月》:"女执～筐,遵彼微行,爰求柔桑。"㊁深沉,深刻。《后汉书·刘般传》:"伏见前司徒刘恺,沈重渊～。"王安石《书义序》:"然言之渊～,而释以浅陋。"

2. yī ❹通"噫"。感叹词。《诗经·大雅·瞻卬》:"～厥哲妇,为枭为鸱。"

【懿范】 yìfàn 美好的风范。王勃《滕王阁序》:"宇文新州之～～,襜帷暂驻。"后多用以赞美妇女的好品德。白居易《祭杨夫人文》:"居易早聆～～,近接嘉姻。"

【懿亲】 yìqīn 至亲。陆机《叹逝赋》:"余年方四十,而～～戚属亡多存寡。"特指王室宗亲。曹植《责躬诗》:"广命～～,以藩王国。"也作"亲懿"。谢庄《月赋》:"～～莫从,羁孤递进。"

【懿懿】 yìyì 朴实醇美的样子。班固《十八侯铭·太尉绛侯周勃》:"～～太尉,惇厚朴诚。"

【懿旨】 yìzhǐ 皇太后或皇后的命令。李逊之《三朝野记》:"皇上讲分,安得不听传～～。"

yin

因 yīn ❶依靠。《国语·鲁语上》:"立新家,不～民不能去旧。"《史记·十二诸侯年表》:"晋阻三河,齐负东海,楚介江淮,秦～雍州之固。"㊁凭借。《孙子·火攻》:"行火必有～,烟火必素具。"《史记·秦本纪》:"又使司马错发陇西,～蜀攻楚黔中,拔之。"❷根据,按照。《后汉书·刘玄传》:"更延英俊,～才授爵。"《汉书·楚元王传》:"苟～陋就寡,分文析字。烦言碎辞,学者罢老且不能究其一艺。"❸通过,特指通过某种关系。《孟子·滕文公上》:"墨者夷之～徐辟而求见孟子。"《史记·封禅书》:"卿～嬖人奏之。"❹顺着。《庄子·养生主》:"批大郤,导大窾,～其固然。"❺继。《史记·平准书》:"太仓之粟陈陈相～。"❻受。《后汉书·吕强传》:"奸吏～利,百姓受其蔽。"❼因袭,沿袭。《论衡·书虚》:"二帝之道,相～不殊。"《汉书·礼乐志》:"王者必～前王之礼。"❽趁,趁机。《国语·晋语二》:"不哀丧而求国,难;～乱以入,殆。"《史记·高祖本纪》:"楚王信迎,即～执之。"❾缘故,理由。《史记·齐悼惠王世家》:"愿见相君,无～。"㊁因缘。苏轼《予以事系御史台……以遗子由》诗之一:"与君世世为兄弟,更结来生未了～。"❿犹,如同。《战国策·楚策四》:"蔡灵侯之事其小者也,君王之事～是以。"⓫介词。1)从,由。《尚书·禹贡》:"西倾～桓是来。"2)因为。司马迁《报任少卿书》:"～为诬上,卒从吏议。"陈琳《为袁绍檄豫州》:"惧其篡逆之萌,～斯而作。"⓬副词。于是,就。《汉书·高帝纪上》:"单父人吕公善沛令,辟仇,从之客,～家焉。"

【因革】 yīngé 因袭和变革。韩愈《河南少尹李公墓志铭》:"尚书省以崇文幕府争盐井～～便不便,命公使崇文,崇文命幕府唯公命从。"

【因果】 yīnguǒ 佛教认为,今生种什么因,来生结什么果,善因得善果,恶因得恶果。庾承宣《无垢净光塔铭》:"昔如来以善恶无所劝,为之说～～。"杨炯《后周明威将军梁公神道碑》:"广树慈仁,庶凭～～。"

【因仍】 yīnréng 沿袭。《三国志·魏书·程昱传》:"转相～～,莫正其本。"

【因袭】 yīnxí 继承。《汉书·楚元王传》:"法度无所～～。"陆倕《石阙铭》:"虽革命殊乎～～,揖让异于干戈,……其揆一也。"

【因循】 yīnxún 沿袭。《汉书·段会宗传》:"愿吾子～～旧贯,毋求奇功。"柳宗元《封建论》:"晋之承魏也,～～不革。"

【因依】 yīnyī ❶依倚。谢灵运《石壁精舍还湖中作》诗:"芰荷迭映蔚,蒲稗相～～。"❷原因。苏轼《辨题诗劄子》:"臣今省忆此诗,自有～～,合具陈述。"

【因缘】 yīnyuán ❶机会。《后汉书·窦融传》:"复令谗邪得有～～,臣窃忧之。"❷依据,凭借。《论衡·恢国》:"五代之起,皆有～～,力易为也。"孙樵《书褒城驿壁》:"黠吏～～恣为奸欺。"❸佛教指产生结果的直接原因及促成这种结果的条件。卢谌《赠刘琨并书》："～～运会，得蒙接事。"白居易《宿诚禅师山房题赠》诗："法为～～立，心从次第修。"❹泛指原因。白居易《新丰折臂翁》诗："问翁臂折来几年，兼问致折何～～。"

阴(陰、隂) 1. yīn ❶山的北面，水的南面，与"阳"相对。《战国策·魏策一》："夫夏桀之国，左天门之～，而右天谿之阳。"陆机《赠冯文罴》诗："发轸清洛汭，驱马大河～。"❷阴天，没有阳光。司马相如《长门赋》："浮云郁而四塞兮，天窈窈而昼～。"范仲淹《岳阳楼记》："朝晖夕～，气象万千。"❸阴影，树阴。《汉书·枚乘传》："不知就～而止，景灭迹绝。"(景：影的古字。)何劭《赠张华》诗："举爵茂～下，携手共踌躇。"这个意义后来写作"荫"。❹时间。《吴越春秋·勾践入臣外传》："夫君子争寸～而弃珠玉。"❺隐蔽，暗中。《史记·殷本纪》："西伯归，乃～修德行善。"《三国志·魏书·武帝纪》："[刘]备之未东也，～与董承等谋反。"❻阴险。《史记·游侠列传》："少时～贼。"❼阴间的。《太平广记·王表》："与尔重作功德，厚赂尔～钱。"❽指男女生殖器。《史记·吕不韦列传》："乃私求大～人嫪毐为舍人。"《汉书·广川惠王刘越传》："昭信出之，椓杙其～中。"❾古代哲学概念，与"阳"相对。《吕氏春秋·精通》："月也者，群～之本也。"❿通"窨"。地窨。《诗经·豳风·七月》："三之日纳于凌～。"

2. yìn ⓫庇护。《战国策·齐策一》："君长有齐～，奚以薛为?"这个意义后来写作"荫"、"廕"。

3. ān 见"凉阴"。

【阴道】 yīndào ❶儒家用阴阳来解释君臣、父子、夫妻的关系，君、父、夫所遵守的道德礼法为阳道，臣、子、妻所遵守的道德礼法为阴道。见《春秋繁露·基义》。❷古以"阳"象人君，"阴"象人臣。"阴道"为人臣之家。《汉书·孔光传》："君德衰微，～～盛强。"❸背阴的道路。《汉书·郊祀志上》："从～～下，禅于梁父。"

【阴德】 yīndé ❶有关君主后宫的事物。《礼记·昏义》："天子理阳道，后治～～。"❷暗中做有益于别人的事。《史记·韩世家论》："韩厥之感晋景公，绍赵孤之子武，以成程婴、公孙杵臼之义，此天下之～～也。"

【阴计】 yīnjì 暗中谋划的计策。《战国策·东周策》："昭(当作"照")翦与东周恶，或谓照翦曰：'为公画～～。'"

【阴教】 yīnjiào 有关女子的教化。《三国志·魏书·文德郭皇后传》："虔奉宗庙，～～聿修。"

【阴霾】 yīnmái 天气阴沉，空气浊重。苏舜钦《火疏》："古者决狱断滞讼，以平水旱，不用赦也，故赦下之后，～～及今。"

【阴谋】 yīnmóu ❶暗中谋划。《史记·高祖本纪》："陈豨降将言豨反时，燕王卢绾使人之豨所，与～～。"❷暗中策划的计谋。《汉书·五行志中之下》："象燕～～未发，独王自杀于宫。"

【阴气】 yīnqì 指秋冬寒凉之气。《论衡·偶会》："夫物以春生夏长，秋而熟老，适自枯死，～～适盛，与之会遇。"

【阴权】 yīnquán 暗中谋划的策略。权，计谋，策略。《史记·齐太公世家》："周西伯昌之脱羑里归，与吕尚阴谋修德以倾商政，其事多兵权与奇计，故后世之言兵及周之～～皆宗太公为本谋。"

【阴事】 yīnshì 秘密之事。《史记·魏其武安侯列传》："灌夫亦持丞相阴事。"《汉书·黥布传》："布见赫以罪亡上变，已疑其言国～～。"

【阴刑】 yīnxíng 宫刑。《汉书·晁错传》："除去～～，害民者诛。"

【阴阴】 yīnyīn 阴暗。谢朓《直中书省》诗："紫殿肃～～，彤庭赫弘敞。"

【阴骘】 yīnzhì 阴德，即暗中行善积德。贯休《闻赤松舒道士下世》诗："～～那虚掷，深山近始安。"

【阴噎】 yìnyè 语言噎塞。《后汉书·窦宪传》："后肃宗驾出过园，指以问宪，宪～～不得对。"

音 yīn ❶声音。谢灵运《登池上楼》诗："潜虬媚幽姿，飞鸿响远～。"柳宗元《石涧记》："交络之流，触激之～。"㊀特指单声，与合声相对。《老子·二章》："～声相和，前后相随。"㊀声韵。沈约《谢灵运传论》："虽清辞丽曲，时发于篇，而芜～累气，固亦多矣。"❷音乐。《史记·廉颇蔺相如列传》："寡人窃闻赵王好～，请奏瑟。"❸语言，文辞。陆机《文赋》："放庸～以足曲。"㊀语音，口音。辛弃疾《清平乐》词："醉里吴～相媚好，白发谁家翁媪?"❹音信，消息。蔡琰《胡笳十八拍》之五："雁南征兮欲寄边心，雁北归兮为得汉～。"朱敦儒《临江仙》词："天涯海角信～稀，梦回辽海北，魂断玉关西。"㊀特指书信。陆机《赠冯文罴》诗："夫子茂远猷，款诚寄惠～。"❺通"荫"。树荫。《左传·文公十七年》："鹿死不择～。"

【音尘】 yīnchén 声音和踪迹，引申指音信。李白《忆秦娥》词："～～绝，西风残照，汉家陵阙。”贺铸《石州引》词：“回首经年，杳杳～～都绝。”

【音翰】 yīnhàn ❶文辞。陆机《吊魏武帝文》：“迨营魄之未离，假馀息乎～～。”❷书信。《宋书·徐湛之传》：“～～信命，时相往来。”

【音徽】 yīnhuī ❶指文章。刘峻《重答刘秣陵沼书》：“余悲其～～未沫而其人已亡。”（沫：已，止。）❷指消息，书信。陆机《拟古诗·拟庭中有奇树》：“欢友兰时往，迢迢匿～～。”杜甫《秋日夔州咏怀寄郑监……一百韵》：“～～一柱数，道里下牢千。”❸指声音。陆机《演连珠》：“臣闻因云洒润，则芬泽易流，乘风载响，则～～自远。”

【音律】 yīnlǜ ❶音乐。《后汉书·桓谭传》：“谭以父任为郎，因好～～，善鼓瑟。”❷诗文的声韵。沈约《谢灵运传论》：“正以～～调韵，取高前式。”

【音切】 yīnqiè 古代的一种拼音方法，即反切。徐铉《重修说文序》：“孙愐《唐韵》行之已久，今并以孙愐～～为定。”

【音书】 yīnshū 书信。杜甫《赠韦赞善别》诗：“江汉故人少，～～从此稀。”柳永《定风波》词：“恨薄情一去，～～无箇。”

【音吐】 yīntǔ 言谈。《新唐书·卢钧传》：“钧年八十，升降如仪，～～鸿畅。”

【音问】 yīnwèn 音讯，书信。《世说新语·惑溺》：“寿闻之心动，遂请潜修～～，及期往宿。”

【音乐】 yīnyuè 指乐工乐器。《战国策·秦策三》：“于是唐雎载～～，予之五十金，居武安，高会相与饮。”

茵 yīn ❶车垫子。《后汉书·祭遵传》：“时遵有疾，诏赐重～，覆以御盖。”㊀泛指褥垫。谢灵运《拟魏太子邺中集诗·魏太子》：“澄觞满金罍，连榻设华～。”❷通“裀”。有里子的衣服。《太平御览》卷二十一引《赵书》：“六月重～被狐裘，不识寒暑断人头。”

【茵蒀】 yīnyūn 见“氤氲”。

荫（蔭） 1. yīn ❶树荫。《庄子·山木》：“睹一蝉方得美～而忘其身，螳螂执翳而搏之。”左思《吴都赋》：“擢本千寻，垂～万亩。”❷通“阴”。阴影。陆机《演连珠》：“身足于～，无假垂天之云。”

2. yìn ❸遮蔽。左思《咏史》之二：“以彼径寸茎，～此百尺条。”元结《右溪记》：“休木异竹，垂阴相～。”㊀以为荫蔽。欧阳修《丰乐亭记》：“掇幽芳而～乔木。”❹庇荫，庇护。曹冏《六代论》：“臣闻公族者国之枝叶，枝叶落则本根无所庇～。”《南齐书·王僧虔传》：“况吾不能为汝～，政应各自努力耳。”❺封建时代子孙因先辈有功而取得的入仕权利。欧阳修《梅圣俞诗集序》：“予友梅圣俞，少以～补为吏。”曾巩《都官员外郎胥君墓志铭》：“君少以～为将作监主簿。”

【荫翳】 yīnyì 遮蔽。左思《魏都赋》：“蘴芋充茂，桃李～～。”

【荫庇】 yìnbì 遮蔽。《论衡·指瑞》：“夫孔甲之入民室也，偶遭雨而～～也，非知民家将生子。”

【荫第】 yìndì 有世荫的门第。《新唐书·选举志上》：“官序、～～同国子。”

【荫映】 yìnyìng 映衬。左思《吴都赋》：“喧哗喤呷，芬葩～～。”

姻 yīn ❶婚姻，结婚。《后汉书·郭太传》：“后司徒袁隗欲为从女求～。”❷由婚姻结成的亲戚。《战国策·楚策四》：“冉子，亲～也。”❸亲家之间，女方的父亲叫“婚”，男方的父亲叫“姻”。《左传·定公十三年》：“荀寅，范吉射之～也。”

【姻党】 yīndǎng 指外戚，即太后、皇后娘家的亲戚。庾亮《让中书令表》：“向使西京七族，东京六姓，皆非～～，各以平进，纵不悉全，决不尽败。”

【姻故】 yīngù 亲戚故旧。《新唐书·李绛传》：“公等有～～冗食者，当为惜官。”

【姻亲】 yīnqīn 由婚姻关系结成的亲戚。《晋书·羊祜传》：“夏侯霸之降蜀也，～～多告绝。”

【姻亚】 yīnyà 指有婚姻关系的亲戚。《左传·昭公二十五年》：“为父子兄弟，姑姊甥舅，昏媾～～，以象天明。”也作“姻娅”。韩愈《为人求荐书》：“以某在公之宇下非一日，又而辱居～～之后，是生于匠石之园，长于伯乐之厩者也。”

细（絪） yīn ❶见“细缊”。❷通“茵”。褥垫。《汉书·霍光传》：“作乘舆辇，加画绣～冯。”

【细缊】 yīnyūn 见“氤氲”。

骃（駰） yīn 浅黑杂白色的马。《诗经·小雅·皇皇者华》：“我马维～，六辔既均。”

烟 yīn 见 yān。

氤 yīn 见“氤氲”。

【氤氲】 yīnyūn 烟气弥漫的样子。杜甫《戏寄崔评事表侄苏五表弟韦大少府诸侄》诗：“高楼忆疏豁，秋兴坐～～。”也作“细缊”。左思《魏都赋》：“乾坤交泰而～～，嘉祥徽显而豫作。”也作“茵蒀”。江淹《莲花赋》：“踯躅人世，～～祇冥。”

殷 1. yīn ❶众多。《管子·权修》：“百姓～众。”《史记·乐书》：“累累乎～如贯珠。”㊀满，充满。《后汉书·黄琼传》：“明珠南金之宝，～满其室。”❷富足。《史记·越王句践世家》：“国新流亡，今乃复～给。”张华《励志》诗：“藨蓘致功，必有丰～。”❸盛大。《汉书·礼乐志》：“～荐上帝。”苏颋《太清观钟铭》：“碧落朱宫兮郁其崇，金振玉叩兮～而鸿。”❹居中。沈约《齐故安陆昭王碑文》：“衿带中流，地～江汉。”❺正。《史记·五帝本纪》：“日中，星鸟，以～中春。”❻亲密。韩愈《与于襄阳书》：“何其相须之～而相遇之疏也？”㊀深厚。柳宗元《种树郭橐驼传》：“则又爱之太～，忧之太勤。”❼忧。沈约《齐故安陆昭王碑文》：“上虽外顺皇旨，内～私痛。”❽朝代名，即商代，因盘庚迁都于殷(今河南安阳)，故又称殷。《论衡·正说》：“唐虞夏～周，犹秦之为秦，汉之为汉。”

2. yǐn ❾(雷声)响。白居易《敢谏鼓赋》：“又如～其雷，在南山之限。”❿震动。杜甫《自京赴奉先县咏怀五百字》：“君臣留欢娱，乐动～胶葛。”(胶葛：天空。)

3. yān ⓫黑红色。杜甫《诸将》诗之一：“见愁汗马西戎逼，曾闪朱旗北斗～。”白居易《和微之诗·和〈栉沐寄道友〉》：“晨烛照朝服，紫烂复朱～。”

【殷阜】 yīnfù 富足充实。任昉《齐竟陵文宣王行状》：“编户～～，萌俗繁滋。”

【殷富】 yīnfù 富足。《史记·孝文本纪》：“是以海内～～，兴于礼义。”《后汉书·王丹传》：“邑聚相率，以致～～。”

【殷鉴】 yīnjiàn 《诗经·大雅·荡》：“～～不远，在夏后之世。”(鉴：镜子。)意思是商汤灭掉夏桀，殷朝的后代应以夏亡作为借鉴。后泛指可作为鉴戒的往事。庾亮《让中书令表》：“实仰览～～，量已知弊。”陆贽《奉天请罢琼林大盈二库状》：“岂非其～～欤？”

【殷勤】 yīnqín ❶深厚情意。《后汉书·崔瑗传》：“奉书礼致～～。”❷指情意深厚。《后汉书·蔡邕传》：“天于大汉，～～不已。”白居易《贺雨》诗：“遂下罪已诏，～～告万邦。”也作“慇勤”。《史记·鲁仲连邹阳列传》：“慈仁～～，诚加于心。”也作“慇懃”。江淹《杂体诗·谢法曹赠别》：“所托已～～，祇足搅怀人。”

【殷实】 yīnshí 充实，富足。《后汉书·臧洪传》：“而青部～～，军革尚众。”

【殷殷】 yīnyīn ❶忧伤的样子。《诗经·邶风·北门》：“出自北门，忧心～～。”也作“慇慇”。《诗经·小雅·正月》：“念我独兮，忧心～～。”❷众多的样子。左思《魏都赋》：“～～寰内，绳绳八区。”王融《三月三日曲水诗序》：“～～均乎姚泽，朊朊尚于周原。”❸盛大的样子。扬雄《羽猎赋》：“～～轸轸，被陵缘岅。”❹恳切的样子。袁枚《随园诗话》卷六：“所以～～望余者，为欲校定其全稿而一序故也。”

【殷忧】 yīnyōu ❶深深的忧愁。骆宾王《萤火赋》：“感秋夕之～～，叹宵行以熠熠。”❷严重的忧患。《旧唐书·魏徵传》：“凡百元首，承天景命，莫不～～而道著，功成而德衰。”

【殷轸】 yīnzhěn 众多的样子。《淮南子·兵略训》：“畜积给足，士卒～～。”

【殷殷】 yǐnyǐn 象声词。《史记·苏秦列传》：“輷輷～～，若有三军之众。”杜甫《白水县崔少府十九翁高斋三十韵》：“何得空里雷，～～寻地脉。”

【殷红】 yānhóng 深红色。杜甫《白丝行》：“象床玉手乱～～，万草千花动凝碧。”元稹《谕宝》诗：“珠穿～～缕，始见明洞澈。”

裀 yīn ❶夹衣。《广雅·释器》：“复襂谓之～。”❷通“茵”。褥垫。司马相如《美人赋》：“～褥重陈，角枕横施。”

婣(嫞) yīn 同“姻”。婚姻。《吕氏春秋·必已》：“舆隶～媾小童无不敬。”曾巩《与深父书》：“此月初亦已成～。”

湮 yīn (又读 yān) ❶淹没。陆机《赠尚书郎顾彦先》诗之二：“沈稼～梁颖，流民泝荆徐。”㊀埋没。范晔《后汉书皇后纪论》：“～灭连踵，倾辀继路。”❷堵塞，阻塞。《庄子·天下》：“昔禹之～洪水，决江河。”又《天运》：“唯循大变无所～者能用之。”

【湮没】 yīnmò ❶灭亡。《史记·司马相如列传》：“首恶～～，闇昧昭晳。”❷埋没。陈琳《檄吴将校部曲文》：“遗类流离，～～林莽。”张溥《五人墓碑记》：“凡富贵之子，慷慨得志之徒，其疾病而死，死而～～不足道者，亦已众矣。”

愔 yīn 见“愔愔”、“愔嫕”。

【愔嫕】 yīnyì 安静的样子。宋玉《神女赋》：“澹清静其～～兮，性沈详而不烦。”也作“愔翳”。柳宗元《梦归赋》：“质舒解以自恣兮，息～～而愈微。”

【愔愔】 yīnyīn ❶优美动听的样子。左思《吴都赋》：“翕习容裔，靡靡～～。”❷和悦安详的样子。束皙《补亡诗·由庚》："～～我王，绍文之迹。"❸安静的样子。袁宏《三国名臣序赞》："～～幕里，筭无不经。"

阇 yīn 见 àn。

闉(闉) yīn ❶瓮城，护城门的小城墙。谢瞻《王抚军庾西阳集别时为豫章太守庾被征还东》诗："分手东城～，发棹西江隩。"冯宿《兰溪县灵隐寺东峰新亭记》："背城之～，半里而诉初届佛刹，刹之上方而亭在焉。"❷填塞。《淮南子·兵略训》："无刑罚之威而相为斥～要塞者，同所利也。"❸屈曲。《庄子·马蹄》："而马知～扼鸷曼诡衔窃辔。"

【闉阇】 yīndū 城门加筑的楼台。泛指城门。白居易《和微之春日投简阳明洞天五十韵》："瓌奇填市井，佳丽溢～～。"

堙(垔、陻) yīn ❶填，堵塞。《吕氏春秋·权勋》："杂繇之君将斩岸～谿以迎钟。"《汉书·司马相如传下》："夏后氏戚之，乃～洪原。"曾巩《洪范传》："故鲧之治水也～之，则失其性。"㊀应付，敷衍。《吕氏春秋·无义》："欲～之责，非攻无以。"❷埋没。欧阳修《菱溪石记》："及其后世，荒～零落，至于子孙泯没而无闻。"㊁荒废。《后汉书·应劭传》："旧章～没，书记罕存。"❸用土堆成的山，用以攻城的军事设施。《公羊传·宣公十五年》："于是使司马子反乘～而闚宋城。"㊁用土堆山。《左传·襄公六年》："～之，环城，傅于堞。"

【堙暧】 yīn'ài 隐没。《后汉书·申屠蟠传赞》："韬伏明姿，甘是～～。"

【堙灭】 yīnmiè 埋没，消灭。颜延之《还至梁城作》诗："愚贱俱～～，尊贵谁独闻。"

【堙替】 yīntì 埋没。《国语·周语下》："绝后无主，～～隶圉。"

【堙郁】 yīnyù 不舒畅，憋闷。柳宗元《与顾十郎书》："～～洶涌，不知所发。"

喑 1. yīn ❶哑。《后汉书·童恢传》："翊阳～不肯仕。"㊁哑巴。《论衡·命义》："～聋跛盲，气遭胎伤，故受性狂悖。"❷沉默不语。陆游《德勋庙碑》："萧墙衅起，群公～拱，公则倡勤王复辟之大策。"❸悄声耳语。孟汉卿《魔合罗》四折："正末与张千做耳～科。"

2. yìn ❹声音互相应和。韩愈等《同宿联句》："清琴试一挥，白鹤叫相～。"

【喑鸣】 yīnwū ❶发怒的样子。左思《吴都赋》："睚眦则挺剑，～～则弯弓。"❷发怒声，同"喑噁"。欧阳修《樊侯庙灾记》："不然，则～～叱咤，使风驰霆击，则侯之威灵暴矣哉！"❸悲咽。《资治通鉴·汉顺帝永建元年》："～～自杀，是非孰辨邪！"

【喑噁】 yīnwù 发怒声。《史记·淮阴侯列传》："项王～～叱咤，千人皆废。"

【喑哑】 yīnyǎ 口不能言，即哑巴。白居易《策林·议赦》："一岁再赦，妇儿～～。"也作"瘖哑"。苏轼《司马君实独乐园》诗："抚掌笑先生，年来效～～。"

【喑喑】 yīnyīn 声低微不成语。《金匮要略·脏腑经络》："语声～～然不彻者，心膈间病。"

禋 yīn ❶烧柴升烟以祭天。《诗经·周颂·维清》："维清缉熙，文王之典，肇～。"杨炯《唐右将军魏哲神道碑》："道洽功成，必致～天之礼。"❷泛指祭祀。《国语·周语上》："不～于神而求福焉，神必祸之。"《后汉书·宦者传论》："自古丧大业绝宗～者，其所渐有由矣。"

瘖 yīn ❶哑，哑巴。《吕氏春秋·本生》："有味于此，口食之必慊，已食之则使人～，必弗食。"曾巩《魏侍中王粲石井栏记》："甄济者，韩愈所谓阳～避职，卒不污禄山父子者。"❷沉默不语。柳宗元《与萧翰林俛书》："用是更乐～默，思与木石为徒。"

【瘖哑】 yīnyǎ 见"喑哑"。

慇 yīn 见"慇慇"。

【慇勤】 yīnqín 见"殷勤②"。

【慇懃】 yīnqín 见"殷勤②"。

【慇慇】 yīnyīn 见"殷殷①"。

鞇 yīn 褥垫。《韩诗外传》卷六："遭齐君重～而坐，吾君单～而坐。"

霠 yīn 云蔽日。《楚辞·九辩》："忠昭昭而愿见兮，然～曀而莫达。"

冘 1. yín ❶行进。扬雄《羽猎赋》："三军芒然，穷～阏与。"（阏与：舒缓的样子。）

2. yóu ❷见"冘豫"。

【冘豫】 yóuyù 同"犹豫"。《后汉书·马援传》："计～～未决。"

訢 yín 见 xīn。

沂 yín 见 yí。

圻 yín 见 qí。

吟 1. yín ❶叹息，呻吟。张载《拟四愁诗》："愿因流波超重深，终然莫致增永～。"杜甫《乾元中寓居同谷县作》诗之二："此时与子空归来，男呻女～四壁静。"❷吟咏。韩愈《进学解》："先生口不绝～于六艺之文。"黄机《霜天晓角》词："诗情～未足，酒兴断还续。"㊁歌唱。《战国策·秦策二》：

“今轸将为王吴～。”成公绥《啸赋》：“触类感物，因歌随～。”❸诗歌。《乐府诗集·杂曲歌辞·伤歌行》：“伫立吐高～，舒愤诉穹苍。”㊀一种诗体。陆机《拟古诗·拟今日良宴会》：“齐僮梁甫～，秦娥张女弹。”❹动物啼叫。曹植《杂诗》之一：“孤雁飞南游，过庭长哀～。”张载《七哀》诗之二：“仰听离鸿鸣，俯闻蜻蛚～。”❺说话结巴。《后汉书·梁冀传》：“口～舌言。”

2. jìn ❻通“噤”。闭口不言。《史记·淮阴侯列传》：“～而不言，不如瘖聋之指麾也。”

【吟哦】 yín'é ❶吟咏。陆游《喜郑唐老相过》诗：“～～屈宋作，蚤夜声琅琅。”❷推敲诗句。陆游《村居闲甚戏作》诗：“题诗本是闲中趣，却为～～占却闲。”

【吟口】 yínkǒu 口吃，结巴。《荀子·不苟》：“盗跖～～，名声若日月。”

【吟啸】 yínxiào ❶长叹。《后汉书·隗嚣传》：“所以～～扼腕，垂涕登车。”❷吟咏，吟诗。赵至《与嵇茂齐书》：“俯仰～～，自以为得志矣。”苏轼《定风波》词：“莫听穿林打叶声，何妨～～且徐行。”❸马长鸣。李陵《答苏武书》：“胡笳互动，牧马悲鸣，～～成群，边声四起。”

【吟业】 yínyè 指诗歌创作。胡震亨《唐诗丛谈》卷三：“有唐～～之盛，导源有自。”

岑 yín 见 cén。

垠 yín ❶边际。《史记·孟子荀卿列传》：“推而大之，至于无～。”班固《答宾戏》：“齐宁激声于康衢，汉良受书于邳～。”㊀尽头。柳宗元《小石城山记》：“土断而川分，有积石横当其～。”❷形状。《淮南子·览冥训》：“进退屈伸，不见朕～。”

【垠塄】 yín'è 边际。《淮南子·俶真训》：“未有形埒～～。”也作“垠锷”。张衡《西京赋》：“前后无有～～。”

釿 yín 见 jīn。

訚(誾) yín 见“訚訚”。

【訚訚】 yínyín ❶和悦的样子。《后汉书·袁安传》：“～～衎衎，得礼之容。”李康《运命论》：“揖让于规矩之内，～～于洙泗之上。”❷争辩的样子。《盐铁论·国疾》：“诸生～～争盐铁，亦非为己也。”❸香气浓烈的样子。司马相如《长门赋》：“桂树交而相纷兮，芳酷烈之～～。”

訔 yín 见“訔訔”。

【訔訔】 yínyín 争论不休的样子。《法言·问神》：“或问：‘圣人之作事，不能昭若日月乎？何后世之～～也？’”

狺 yín 见“狺狺”。

【狺狺】 yínyín 狗叫声。《后汉书·赵壹传》：“九重既不启，又群犬之～～。”陆游《杂书幽居事》诗：“林间有丛杞，绕屋夜～～。”

淫(滛、婬) yín ❶浸润扩散。木华《海赋》：“沥滴渗～，荟蔚云雾。”㊁润泽。《楚辞·七谏·自悲》：“邪气入而感内兮，施玉色而外～。”❷过分，过度。《战国策·韩策三》：“不如止～用，以是为金以事秦。”成公绥《啸赋》：“收激楚之哀荒，节北里之奢～。”㊀奢侈。《礼记·王制》：“齐八政以防～。”㊀特指辞藻过于华丽。韩愈《送孟东野序》：“其辞～以哀。”❸惑乱，放纵。《荀子·不苟》：“大心则慢而暴，小心则～而倾。”❹沉溺。《国语·楚语下》：“耳不乐逸声，目不～于色。”❺斜。《礼记·曲礼上》：“毋～视。”❻邪恶。《后汉书·光武帝纪赞》：“民厌～诈。”❼淫荡，贪色。《左传·文公六年》：“母～子辟，无威。”又《成公二年》：“贪色为～。”㊀搞不正当两性关系。《公羊传·文公十四年》：“～乎子叔姬。”《史记·孝武本纪》：“而康后有～行。”❽长久。《汉书·礼乐志》：“～渌泽。”㊀滞留。王粲《七哀》诗之二：“荆蛮非我乡，何为久滞～？”

【淫奔】 yínbēn 男女不顾礼法私自结合。《后汉书·仲长统传》：“鸡狗之攘窃，男女之～～。”

【淫辞】 yíncí 浮夸的言辞。《管子·五辅》：“屏谗慝，而毋听～～，毋作淫巧。”

【淫观】 yínguān 过分华美奢侈的观赏物。《管子·五辅》：“淫声谄耳，～～谄目。”

【淫货】 yínhuò 奇巧之货。王安石《慈溪县学记》：“而慈溪小邑，无珍产～～，以来四方游贩之民。”

【淫辟】 yínpì ❶淫乱放荡。《礼记·经解》：“故昏姻之礼废，则夫妇之道苦，而～～之罪多矣。”也作“淫僻”。《汉书·地理志下》：“妇女贞信不～～。”❷放纵。《墨子·尚同下》：“此言见～～不以告者，其罪亦犹～～者也。”也作“淫僻”。干宝《晋纪总论》：“风俗～～，耻尚所失。”

【淫巧】 yínqiǎo 过分奇巧。《管子·五辅》：“毋作～～。”刘蕡《对贤良方正直言极谏策》：“百工在乎按度，而～～或未衰。”

【淫声】 yínshēng 庸俗、放荡的音乐。《荀子·王制》：“修宪命，审诗商，禁～～。”曾巩

《列女传目录序》："目不视恶色，耳不听～～。"

【淫水】 yínshuǐ 洪水。《后汉书·和帝纪》："今兹～～为害。"

【淫祀】 yínsì 过分的、不合礼制的祭祀。《三国志·魏书·武帝纪》："禁断～～，姦宄逃窜，郡界肃然。"《旧唐书·狄仁杰传》："吴楚之俗多～～。"

【淫泰】 yíntài 过分。《荀子·富国》："非特以为～～夸丽之声。"也作"淫太"。《荀子·非十二子》："察辩而操僻，～～而用之。"

【淫衍】 yínyǎn 放荡。《韩非子·难二》："惠公即位，～～暴乱。"

【淫业】 yínyè 指工商等末业。《后汉书·班固传》："除工商之～～，兴农桑之上务。"

【淫佚】 yínyì 放荡。《史记·乐书》："夫～～生于无礼。"《汉书·董仲舒传》："及至后世，～～衰微。"也作"淫泆"、"淫失"、"淫逸"、"淫溢"。《墨子·非乐上》："启乃～～康乐，野于饮食。"《汉书·地理志下》："俗不愁苦，而轻易～～。"又《原涉传》："不幸壹为盗贼所汙，遂行～～。"干宝《晋纪总论》："故皆不耻～～之过，不拘妒忌之恶。"

【淫逸】 yínyì 见"淫佚"。

【淫溢】 yínyì ❶逐渐。《楚辞·九辩》："颜～～而将罢兮，柯仿佛而委黄。"❷雨水丰沛。《楚辞·九辩》："皇天～～而秋霖兮，后土何时而得漧？"（漧：同"乾"。）❸见"淫佚"。

【淫淫】 yínyín ❶远去的样子。宋玉《高唐赋》："水澹澹而盘纡兮，洪波～～之溶滴。"❷飞翔的样子。木华《海赋》："翔雾连轩，泄泄～～。"❸泪流不止的样子。《楚辞·九章·哀郢》："望长楸而太息兮，涕～～其若霰。"❹行进的样子。司马相如《子虚赋》："车案行，骑就列，缅乎～～，班乎裔裔。"

【淫雨】 yínyǔ 久雨。《史记·龟策列传》："～～不霁，水不可治。"

寅 yín ❶十二地支第三位。《左传·襄公十八年》："丙～晦，齐师夜遁。"❷十二生肖之一，虎为寅，古人称虎为寅兽。陶弘景《真诰·翼真检》："有云～兽白齿者，是虎牙也。"❸十二时辰之一，即清晨三时到五时。韩愈《上张仆射书》："～而入，尽辰而退。"❹恭敬。《尚书·尧典》："～宾出日，平秩东作。"（宾：傧，接引宾客。）

【寅亮】 yínliàng 恭敬忠贞。《后汉书·窦宪传》："～～圣明，登翼王室。"也作"夤亮"。王俭《褚渊碑文》："孰能光辅五君，～～二代者哉？"（李善本"夤"作"寅"）。

【寅畏】 yínwèi 小心谨慎。《后汉书·殇帝纪》："兢兢～～，不知所济。"也作"夤畏"。《北史·房法寿传》："～～照临，亦宜谨肃。"

【寅缘】 yínyuán 见"夤缘②"。

唫 yín 见 jìn。

银(銀) yín ❶一种白色的贵重金属。左思《蜀都赋》："江珠瑕英，金沙～砾。"⊗作货币用的银子。杜甫《太岁日》诗："荣光悬日月，赐与出金～。"❷像银子一样的颜色。刘辰翁《柳梢青》词："铁马蒙毡，～花洒泪，愁入春城。"❸银制官印。《论衡·命禄》："怀～纡紫，未必稷、契之才。"❹通"垠"。边际，界限。《荀子·成相》："刑称陈，守其～。"

【银艾】 yín'ài 指银印绿绶。绿绶由艾草染成，故称银艾。汉代二千石以上官员都掌银印，服绿绶。《后汉书·张奂传》："十要～～，不能和光同尘。"

【银蟾】 yínchán 月亮。古神话称月中有蟾蜍，故称银蟾。徐夤《寺中偶题》诗："～～未出金乌在，更上层楼眺海涛。"晁补之《少年游》词："前时相见，楼头窗畔，樽酒望～～。"

【银汉】 yínhàn 银河。杜甫《遣闷奉呈严公二十韵》："乌鹊愁～～，驽骀怕锦幪。"

【银河】 yínhé 由无数星星组成，夜间像银白色的光带，故称银河。又称天河、天汉、银汉。杜甫《戏题王宰画山水图歌》："巴陵洞庭日本东，赤岸水与～～通。"刘辰翁《西江月》词："梦从海底跨枯桑，阅尽～～风浪。"

【银兔】 yíntù 月亮。古神话称月中有兔，故称银兔。皮日休《醉中先起李縠戏赠走笔奉酬》诗："麝烟苒苒生～～，蜡泪涟涟滴绣闺。"

【银鸭】 yínyā 香炉。温庭筠《生禖屏风歌》："阶前细月铺花影，绣屏～～香蓊濛。"

【银鱼】 yínyú 鱼形银质佩饰，为五品以上官员章服及出入之符信。杜甫《柏学士茅屋》诗："碧山学士焚～～，白马却走身岩居。"曾巩《刑部郎中致仕王公墓志铭》："入为开封府推官，赐绯衣～～。"

龂(齗) 1. yín ❶牙龈。柳宗元《憎王孙文》："跳踉叫嚣兮，冲目宣～。"（王孙：猴子。宣：露出。）❷见"龂龂"。

2. yǎn ❸见"龂龂"。

【龂龂】 yínyín 争辩的样子。柳宗元《愚溪诗序》："今余家是溪，而名莫能定，士之居者，犹～～然，不可以不更也。"

【龂龂】　yǎnyǎn　露齿的样子。王延寿《鲁灵光殿赋》："玄熊舑舕以～～，却负载而蹲跠。"

鄞　yín　春秋时越国地名，故地在今浙江省鄞县境。《国语·越语上》："东至于～。"

墐(𡓷)　yín　古"垠"字。《淮南子·俶真训》："通于无～，而复反于敦庞。"

龈(齦)　1. yín　❶牙齿根部的肉。扬雄《太玄经·密》："琢齿依～。"❷见"龈龈"。

2. kěn　❸啃，咬。韩愈《曹成王碑》："苏枯弱强，～其奸猖。"

【龈龈】　yínyín　恭敬谦让的样子。扬雄《太玄经·争》："争射～～。"

夤　yín　❶严肃，庄敬。王融《永明九年策秀才文》："朕～奉天命，恭维永图。"❷深。《水浒传》六十四回："山寨不曾亏负你半分，因何～夜私去?"❸攀附。穆修《秋浦会遇》诗："介立傍无援，阴排密有～。"❹夹脊肉。《周易·艮》："艮其限，列其～。"

【夤亮】　yínliàng　见"寅亮"。

【夤畏】　yínwèi　见"寅畏"。

【夤缘】　yínyuán　❶攀附着往上升。刘长卿《湘中纪行·石围峰》诗："～～不可到，苍翠空在眼。"杨炯《青苔赋》："斑驳兮长廊，～～兮枯树。"❷顺着走。苏轼《记游定惠院》："遂～～小沟，入何氏、韩氏竹园。"也作"寅缘"。白居易《汎渭赋》："迟迟兮明月，波澹滟兮棹～～。"❸流连延缓。刘禹锡《桃源一百韵》："～～且忘疲，耽翫近成癖。"❹通过关系进行钻营。刘蕡《对贤良方正直言极谏策》："奸吏～～而弄法。"

殥　yín　远，边远之地。《淮南子·地形训》："九州之外，乃有八～。"

䏙　yín　夹脊肉。元稹《代曲江老人百韵》："韬袖夸狐腋，弓弦尚鹿～。"

蟫　yín　一种蛀虫，又名蠹鱼、衣虫。《新唐书·马怀素传》："是时文籍盈漫，皆炱朽～断。"

嚚　yín　❶愚蠢。《论衡·幸偶》："父顽母～，弟象敖狂。"欧阳修《养鱼记》："嗟呼！其童子无乃～昏而无识矣乎?"❷奸诈。陆游《夔州劝农文》："不纵掊克，不长～讼。"

【嚚顽】　yínwán　愚蠢而顽固。《汉书·董仲舒传》："人民～～，抵冒殊扞。"

【嚚瘖】　yínyīn　哑巴。《国语·晋语四》："～～不可使言。"

霪　yín　下了很长时间的雨。范仲淹《岳阳楼记》："若夫～雨霏霏，连月不开。"

尹　yǐn　❶治理。《汉书·地理志下》："庸，管叔～之；卫，蔡叔～之。"王俭《褚渊碑文》："公之登太阶而～天下，君子以为美谈。"⊗匡正。《后汉书·张衡传》："公旦道行，故制典礼以～天下。"❷官的通称。韦贤《讽谏》诗："庶～群后，靡扶靡卫。"任昉《王文宪集序》："前郡～温太真刘真长。"❸通"筠"。指玉的色彩。《礼记·聘义》："孚～旁达。"

引　yǐn　❶拉弓。《吕氏春秋·壅塞》："齐宣王好射，说人之谓己能用强弓也。其尝所用不过三石，以示左右，左右皆试～之，中关而止。"（石：一百二十斤。关：通"弯"。拉满弓。）⊗拉开(弓)。《论衡·订鬼》："～弓射之，豕人立而啼。"❷拉(车)。《吕氏春秋·顺说》："管子得于鲁，鲁束缚而槛之，使役人载而送之齐，其讴歌而～。"王安石《材论》："及其～重车，取夷路。"⊗拽。《荀子·仲尼》："辟之是犹伏而咶天，救经而～其足也。"《吕氏春秋·重己》："使孟获疾～牛尾。"❸牵引。《庄子·天运》："且子独不见夫桔槔者乎？～之则俯，舍之则仰。"❹延长。《后汉书·张衡传》："取蜀禅而～世。"韩愈《进学解》："而訾医师以昌阳～年，欲进其豨苓也。"⊗伸长。《孟子·梁惠王上》："如有不嗜杀人者，则天下之民，皆～领而望之矣。"❺生长。《世说新语·赏誉》："于时清露晨流，新桐初～。"❻举，拿。《战国策·齐策二》："一人蛇先成，～酒且饮。"又《秦策一》："读书欲睡，～锥自刺其股，血流至足。"❼率领。《汉书·高帝纪上》："十一月，沛公～兵之薛。"⊗领。《史记·廉颇蔺相如列传》："乃设九宾礼于廷，～赵使者蔺相如。"《汉书·高帝纪上》："～入坐上坐。"⊗邀请。王维《桃源行》："惊闻俗客争来集，竞～还家问都邑。"❽推荐。范晔《宦者传论》："其有更相援～，希附权强者。"❾引导，诱导。《论衡·率性》："孔子～而教之。"⊗疏导使流。王羲之《兰亭集序》："又有清流激湍，映带左右，～以为流觞曲水。"白居易《庐山草堂记》："以剖竹架空，～崖上泉。"❿揭发，检举。《史记·秦始皇本纪》："诸生传相告～，乃自除。"⓫退。《史记·绛侯周勃世家》："乃～而去。"《后汉书·庞萌传》："顷之，五校粮尽，果～去。"⊗隐藏。苏舜钦《答范资政书》："自念非远～深潜，则不能快仇者之意。"⓬引用。孔融《论盛孝章书》："凡所称～，自公所知。"曹冏《六代论》："其言深切，多所称～。"⓭自杀。司马迁《报任少卿书》："已稍陵迟至于鞭箠之间，乃欲～节，斯不亦远乎?"⓮文体的一种，类似序。杨炯《登秘书省阁诗序》：

"轻为序～。"王勃《滕王阁序》:"恭疏短～。"⓯乐曲体裁之一。欧阳炯《花间集序》:"南国婵娟,休唱莲舟之～。"欧阳修《送杨置序》:"受宫声数～,久而乐之。"⓰长度单位。十丈为引。柳宗元《梓人传》:"规矩之方圆,寻～之短长。"⓱商人贩卖货物的凭证。《宣和遗事》元集:"纳息批～,限日贩卖。"⓲衡量单位。数量不等。马致远《青衫泪》二折:"带着三千～细茶来京师发卖。"⓳纸币名。《金史·食货志三》:"户部尚书蔡松年复钞～法,遂制交钞,与钱并用。"

【引拔】 yǐnbá 推荐提拔。曾巩《范贯之奏议集序》:"其所～～以言为职者,如公皆一时之选。"

【引分】 yǐnfèn 犹"引决",自杀。《资治通鉴·汉文帝前十年》:"帝不忍加诛,使公卿从之饮酒,欲令自～～。"

【引服】 yǐnfú 服罪。陆游《朝奉大夫直秘阁张公墓志铭》:"兴国有婚讼,久不决,公察其妇人不类良家,一问～～。"

【引疾】 yǐnjí 称病辞职。王珪《判亳州富弼乞罢使相不允诏》:"方劳精而共务,忽～～以屡辞。"

【引籍】 yǐnjí 引,引导进宫的门吏;籍,记载出入宫门者年龄、姓名、籍贯、状貌等并悬于宫门的竹牒。无引籍者不得出入宫门。《汉书·梁孝王刘武传》:"梁之侍中、郎、谒者著～～出入天子殿门,与汉宦官无异。"

【引决】 yǐnjué 自杀。《汉书·王嘉传》:"君侯宜～～。"文天祥《指南录后序》:"予分当～～,然而隐忍以行。"(分当:理应。)

【引领】 yǐnlǐng 伸长脖子(远望),形容殷切盼望。《战国策·秦策五》:"～～西望,而愿一得归。"《三国志·魏书·公孙瓒传》注引《魏氏春秋》:"今天下～～,以公为归。"

【引日】 yǐnrì 拖延日子。《三国志·魏书·武帝纪》:"不从河东击冯翊而反守潼关,～～而后北渡,何也?"又《曹仁传》:"攻之则士卒伤,守之则～～久。"

【引身】 yǐnshēn 抽身。潘岳《哀永逝文》:"周求兮何获,～～兮当去。"

【引逸】 yǐnyì 清闲安逸。《论衡·语增》:"故经曰'上帝～～',谓虞舜也。"也作"引佚"。《论衡·自然》:"周公曰'上帝～～',上帝谓舜禹也。"

【引重】 yǐnzhòng 推重。刘知几《史通·杂说上》:"思欲更相～～,曲加谈述。"

【引子】 yǐnzi ❶戏曲的开始部分。《刘知远诸宫调》卷一:"《回戈乐》～～:闷向闲窗检文典,曾披览。"❷药引。无名氏《小张屠》一折:"医士说这药用一钱朱砂作～～。"

听[2] yǐn 笑的样子。刘峻《广绝交论》:"主人～然而笑曰。"

【听听】 yǐnyǐn ❶笑声。柳宗元《梓人传》:"窃取六职百役之事～～于府厅。"❷同"狺狺"。狗叫声。杜甫《大云寺赞公房》诗之四:"泱泱泥污人,～～国多狗。"

饮(飲、㱃) 1. yǐn ❶喝。《论语·述而》:"饭疏食,～水。"《楚辞·离骚》:"朝～木兰之坠露兮,夕餐秋菊之落英。"㊀用……饮。王维《送平澹然判官》诗:"须令外国使,知～月氏头。"㊀特指饮酒。《汉书·高帝纪上》:"时～醉卧。"陈与义《临江仙》词:"忆昔午桥桥上～,坐中多是英豪。"❷含忍。见"饮恨"。❸没入。见"饮羽"。❹饮料。《荀子·王霸》:"～食甚厚,声乐甚大。"杜甫《进艇》诗:"茗～蔗浆携所有,瓷罂无谢玉为缸。"㊀兼指饮料与食物。《史记·高祖本纪》:"有一老父过请～,吕后因餔之。"

2. yìn ❺使饮,给别人喝。《史记·曹相国世家》:"至者,参辄～以醇酒。"《汉书·苏武传》:"乃幽武置大窖中,绝不～食。"㊀给牲畜喂水。孙楚《为石仲容与孙皓书》:"思复翰飞,～马南海。"

【饮恨】 yǐnhèn 含忍着恨。江淹《恨赋》:"自古皆有死,莫不～～而吞声。"

【饮泣】 yǐnqì 眼泪流进嘴里,形容极度悲痛。《汉书·贾捐之传》:"老母寡妇,～～巷哭。"

【饮羽】 yǐnyǔ 箭深入目标以至尾部羽毛没入。《论衡·儒增》:"养由基见寝石,以为兕也,射之,矢～～。"曹植《七启》:"机不虚发,中必～～。"

【饮至】 yǐnzhì 出征归来而合饮于宗庙。李华《吊古战场文》:"～～策勋,和乐且闲。"杨炯《原州百泉县令李君神道碑》:"返行～～,拾爵策勋焉。"

钖(鈏) yǐn 锡在古代的别名。《尔雅·释器》:"锡谓之～。"《周礼·地官·丱人》"丱人掌金玉锡石之地"郑玄注:"锡,～也。"

蚓 yǐn 蚯蚓。《抱朴子·博喻》:"～无口而扬声。"苏轼《舟中夜起》诗:"暗潮生渚吊寒～,落月挂柳看悬珠。"

媃 yǐn 见 yǎn。

䅲 yǐn 见 qún。

隐(隱) 1. yǐn ❶隐匿,隐蔽。《老子·四十一章》:"大象无形,道～无名。”《后汉书·卢植传》：“事有由～而章。”⑪深奥，隐晦的道理。《后汉书·顺帝纪》：“诏大将军、公卿举贤良方正，能探赜索～者各一人。”❷隐瞒。《论语·子路》：“父为子～，子为父～。”王定保《唐摭言》卷十一：“[王]维不敢～，因之奏闻。”❸隐讳，掩盖。杜预《春秋左氏传序》：“此理之常也，非～之也。”❹潜藏，隐居。《史记·晋世家》：“能如此乎？与女偕～。”《后汉书·王昌传》：“普天率土，知朕～在人间。”❺埋没。《荀子·君道》：“内不可以阿子弟，外不可以～远人。”（阿：偏私。）❻暗中，私下。《后汉书·广陵思王荆传》：“荆性刻急～害。”❼隐语。《史记·滑稽列传》：“齐威王之时喜～。”这个意义后来写作“讔”。❽穷困。《论衡·非韩》：“武王不诛伯夷，周民不皆～饿。”❾忧患，痛苦。《后汉书·张衡传》：“勤恤人～。”金寔《送职方郎中王君赴任序》：“劬力于民～。”❿痛惜，怜悯。潘岳《西征赋》：“～王母之非命，纵声乐以娱神。”⓫短墙。《左传·襄公二十三年》：“踰～而待之。”⓬高大，突出。苏轼《超然亭记》：“西望穆陵，～然如城郭。”欧阳修《故霸州文安县主簿苏君墓志铭》：“一日父子～然名动京师。”⓭威重的样子。任昉《为范尚书让吏部封侯第一表》：“或与时抑扬，或～若敌国。”

2. yìn ⓮靠，倚。《后汉书·孔融传》：“融～几读书，谈笑自若。”

【隐厄】 yǐn'è 贫穷困厄。《论衡·祸虚》：“宁戚～～，逢齐桓而见官。”

【隐伏】 yǐnfú ❶潜藏。《论衡·感虚》：“夏末政衰，龙乃～～。”❷隐讳。《后汉书·马援传》：“且开心见诚，无所～～。”

【隐宫】 yǐngōng 宫刑。《史记·秦始皇本纪》：“～～徒刑者七十馀万人。”又指宦官。《史记·蒙恬列传》：“赵高昆弟数人，皆生～～。”

【隐化】 yǐnhuà 委婉语，指死。李白《江夏送倩公归汉东序》：“先生六十而～～。”

【隐居】 yǐnjū 处于偏僻之地。《战国策·齐策一》：“齐僻陋～～，托于东海之上。”

【隐括】 yǐnkuò ❶见“檃括②”。❷匡救时弊。《三国志·吴书·陆凯传》：“民力困穷，鬻卖儿子，调赋相仍，日以疲极，所在长吏，不知～～。”

【隐沦】 yǐnlún ❶沉沦，不得志。鲍照《行乐至城东桥》诗：“尊贤永昭灼，孤贱长～～。”❷隐居。《晋书·郭璞传》：“梅真～～乎市卒。”也指隐居之人。王安石《春日与裴迪过新昌里访吕逸人不遇》诗：“桃源一向绝风尘，柳市南头访～～。”

【隐民】 yǐnmín 穷人。《左传·昭公二十五年》：“～～多取食焉。”

【隐戚】 yǐnqī 忧愁。《后汉书·袁绍传》：“臣所以荡然忘哀，貌无～～者，诚以忠孝之节，道不两立，顾私怀己，不能全功。”

【隐曲】 yǐnqū ❶僻静偏僻。《列女传·阿谷处女》：“阿谷之隧，～～之地。”❷阴部。《新唐书·安禄山传》：“及老，愈肥，～～常疮。”

【隐忍】 yǐnrěn 忍耐。《汉书·陈汤传》：“所以优游而不征者，重动师众，劳将帅，故～～而未有云也。”

【隐逸】 yǐnyì ❶隐居。杜甫《奉寄河南韦丈人》诗：“青囊仍～～，章甫尚西东。”❷指隐士。嵇康《述志赋》：“岩穴多～～，轻举求吾师。”

【隐隐】 yǐnyǐn ❶隐约，不很清楚。蒋捷《女冠子》词：“剔残红灺，但梦里，～～细车罗帕。”苏轼《西江月》词：“野照弥弥浅浪，横空～～层霄。”❷象声词。《后汉书·天文志上》：“须臾有声，～～如雷。”❸忧愁的样子。《荀子·儒效》：“～～兮其恐人之不当也。”

【隐约】 yǐnyuē ❶穷困，不得志。曹丕《典论·论文》：“不以～～而不务，不以康乐而加思。”❷言简而意深。《史记·太史公自序》：“夫诗书～～者，欲遂其志之思也。”❸依稀，不清楚。苏轼《和陶止酒诗》：“望道虽未济，～～见津涘。”

【隐治】 yǐnzhì 无处申诉的冤狱。《管子·立政》：“疏远无蔽狱，孤寡无～～。”

讔（讔） yǐn 隐语。《吕氏春秋·重言》：“荆庄王立三年，不听而好～。”

靷 yǐn 牵引车的皮带，一端系在马颈的皮套上，一端系在车轴上。《荀子·礼论》：“金革辔～而不入。”《后汉书·郭宪传》：“宪乃当车拔佩刀以断车～。”

缜 yǐn 见 yǎn。

瘾（癮） yǐn ❶内病。《玉篇·疒部》：“～，内病也。”❷积久而成的嗜好。林则徐《沥陈民间烟土枪具仍宜收缴片》：“所以欲去其～，先去其枪。”

檃（檃、櫽） yǐn 见“檃括”。

【檃括】 yǐnkuò ❶矫正竹木弯曲的工具。也作“檃栝”。《荀子·法行》：“～～之侧多枉木。”❷修改润色，考虑斟酌。《文心雕龙·镕裁》：“～～情理，矫揉文采也。”也作“隐括”。《后汉书·邓训传》：“训考量～～，知大功难立，具以上言。"

螾 yǐn ❶同"蚓"。蚯蚓。贾谊《吊屈原赋》："偭蟂獭以隐处兮，夫岂从蝦与蛭～。"❷动的样子。《史记·律书》："寅言万物始生～然也。"

印 yìn ❶图章，官印。《战国策·秦策三》："君何不以此时归相～，让贤者授之。"又《燕策一》："王因收～自三百石吏而效之子之。"（子之：人名。）❷留下痕迹。叶绍翁《游园不值》诗："应怜屐齿～苍苔，十叩柴扉九不开。"㉘痕迹。段成式《酉阳杂俎·诺皋记上》："手染郁金，拓于绛上，千万重手～悉透。"❸印刷。沈括《梦溪笔谈·技艺》："自冯瀛王始～五经。"《朱子语类·论语九》："我只是一个印板～将去。"❹符合。裴休《圭峰定慧禅师碑》："但心心相～，印印相契，使自证知光明受用而已。"

廕（蔭） yìn ❶覆盖。《战国策·赵策四》："昔者尧见舜于草茅之中，席陇亩而～庇桑。"㉘庇护。《国语·晋语四》："若君实庇～膏泽之，使能成嘉谷，荐在宗庙，君之力也。"《后汉书·懿献梁皇后纪》："后藉姊兄～埶，恣极奢靡。"❷子孙因先辈的功勋而取得的入仕权利。欧阳修《太常博士尹君墓志铭》："子渐初以祖～，补三班借职，稍迁左班殿直。"

胤（胄） yìn ❶后代。班固《典引》："陶唐舍～而禅有虞。"《后汉书·郎𫖮传》："故皇～多夭，嗣体莫寄。"❷继。扬雄《剧秦美新》："～殷周之失业，绍唐虞之绝风。"杜牧《罪言》："兵祖于山东，～于天下。"㉘连接。左思《魏都赋》："驰道周屈于果下，延阁～宇以经营。"❸导引。颜延之《三月三日曲水诗序》："然后升秘驾，～缇骑。"❹通"引"。曲调。马融《长笛赋》："详观夫曲～之繁会丛杂，何其富也。"

【胤嗣】 yìnsì 子孙。吴武陵《遗吴元济书》："枕戈持矛，死不得地，不若坐兼爵命而保～～也。"

【胤子】 yìnzǐ 嗣子，子孙。李陵《答苏武书》："足下～～无恙，勿以为念。"《后汉书·明帝纪》："而～～无成、康之质，群臣无吕、旦之谋。"

窨 yìn ❶地下室，地窖。《后汉书·光武帝纪下》李贤注："蚕室，宫刑狱名。宫刑者畏风，须暖，作～室蓄火如蚕室，因以名焉。"❷藏在地窖里。张邦基《墨庄漫录》卷二："令众香蒸过，入磁器，有油者，地窨～一月。"

酳 yìn ❶食毕用酒漱口，为宴会时的一种礼节。《后汉书·礼仪志上》："执酱而馈，执爵而～。"❷献酒。《仪礼·特牲馈食礼》："主人洗角升，酌～尸。"

慭（憖） yìn ❶宁愿。《左传·昭公二十八年》："钧将皆死，～使吾君闻胜与臧之死也以为快。"（钧：均，同。）❷损伤。《左传·文公十二年》："两君之士皆未～也。"❸笑的样子。张衡《思玄赋》："戴胜～其既欢兮，又诮余之行迟。"

【慭遗】 yìnyí 《诗经·小雅·十月之交》："不慭遗一老，俾守我王。""不慭"本为"宁不"、"何不"之意。后来多以"天不慭遗"为语，"慭遗"含有"遗留"、"保留"之意。《三国志·魏书·文帝纪》注引袁宏《汉纪》："天不～～一老，永保余一人。"杨炯《中书令汾阴公薛振行状》："天不～～，民将安仰。"

【慭慭】 yìnyìn ❶小心谨慎的样子。柳宗元《三戒·黔之驴》："［虎］稍出近之，～～然莫相知。"❷倔强的样子。岳珂《桯史·逆亮辞怪》："语出辄崛强～～。"

檼 yìn ❶屋栋。《广韵·焮韵》："～，屋脊，又栋也。"❷同"檃"。《盐铁论·申韩》："故设明法，陈严刑，防非矫邪，若～栝辅檠之正弧刺也。"

ying

央 yīng 见 yāng。

应（應） 1．yīng ❶当。陈琳《答东阿王笺》："拂钟无声，～机立断。"❷该，应当。《宋书·江智渊传》："人所～有尽有，人所～无尽无者，其江智渊乎！"杜甫《送韦讽上阆州录事参军》诗："必若救疮痍，先～去蝥贼。"❸表示理应如此。有"大概"的意思。张先《天仙子》词："风不定，人初静，明日落红～满径。"苏轼《江城子》词："纵使相逢～不识，尘满面，鬓如霜。"❹副词。立刻。《三国志·魏书·华佗传》："若当灸，不过一两处，每处不过七八壮，病亦～除。"

2．yìng ❺对应。《后汉书·刘玄传》："夫三公上～台宿。"㉘适应。《荀子·天论》："望时而待之，孰与～时而使之？"《汉书·路温舒传》："存亡继绝，以～天意。"❻适合，符合。《后汉书·应劭传》："赏不酬功，刑不～罪。"又《李云传》："班功行赏，宜～其实。"❼对付。《三国志·魏书·陈群传》："臣惧百姓遂困，将何以～敌？"❽许诺。《后汉书·承宫传》："三府更辟，皆不～。"㉘作出反应。《汉书·高帝纪上》："范增数目羽击沛公，羽不～。"❾响应。《史记·平准书》："布告天下，天下莫～。"《三国志·魏书·武帝纪》："会张邈与陈宫叛迎吕布,郡县皆～。"⑨应和。周邦彦《蝶恋花》词:"楼上阑干横斗柄,露寒人远鸡相～。"⑩回答。《史记·吕太后本纪》:"王陵无以～之。"苏轼《临江仙》词:"家童鼻息已雷鸣,敲门都不～,倚杖听江声。"⑪小鼓。《诗经·周颂·有瞽》:"～田县鼓。"(县:悬。田:当作"輮",亦小鼓名。)⑫一种乐器。《周礼·春官·笙师》:"笙师掌教龡竽、笙……～、雅。"

【应门】 yīngmén 王宫的正门。刘桢《赠五官中郎将》诗之四:"白露涂前庭,～～重其关。"

【应机】 yìngjī 适应时机。《三国志·蜀书·郤正传》:"辩者驰说,智者～～。"

【应变】 yìngbiàn 对付事物的变化。《荀子·非十二子》:"宗原～～,曲得其宜。"

【应感】 yìnggǎn 因外界影响而引起相应的感情或行为。《汉书·礼乐志》:"～～而动,然后心术行焉。"

【应接】 yìngjiē ❶应酬。杜甫《发秦州》诗:"～～非本性,登临未消忧。"❷照应。欧阳询《书法》:"字之点画欲其互相～～。"

【应律】 yìnglǜ 应合着音乐的节奏。《楚辞·九歌·东君》:"～～兮合节,灵之来兮蔽日。"

【应门】 yìngmén 等门,候门。杜甫《独坐》诗之二:"晒药安垂老,～～试小童。"

【应期】 yìngqī 顺应天命。《三国志·魏书·袁术传》:"曹将军神武～～,兴复典刑。"

【应手】 yìngshǒu 随手。谢惠连《祭古冢文序》:"以物枨拨之,～～灰灭。"

【应物】 yìngwù ❶适应事物变化。《史记·太史公自序》:"与时迁移,～～变化。"❷待人接物。陆机《演连珠》:"是以虚己～～,必究千变之容。"

【应钟】 yìngzhōng 十二律中的第十二律。古以十二律应十二月,以应钟应十月。《吕氏春秋·音律》:"孟冬生～～。"

英 yīng ❶花。刘琨《重赠卢谌》诗:"朱实陨劲风,繁～落素秋。"谢朓《晚登三山还望京邑》诗:"喧鸟覆春洲,杂～满芳甸。"⑫草木之初生者。《管子·禁藏》:"毋夭～。"❷杰出,出众。范晔《后汉书二十八将传论》:"至使～姿茂绩,委而勿用。"⑫杰出的人才。李白《鸣皋歌送岑征君》:"扫梁园之群～,振大雅于东洛。"❸神灵。孔稚珪《北山移文》:"钟山之～,草堂之灵。"❹精华。《吴越春秋·阖闾内传》:"采五山之铁精,六合之金～。"❺英勇。苏轼《真兴寺阁》诗:"曷不观此阁,其人勇且～。"❻矛上的装饰物。《诗经·郑风·清人》:"二矛重～。"❼通"瑛"。像玉的美石。《诗经·齐风·著》:"尚之以琼～乎而。"

【英拔】 yīngbá 才智出众。苏轼《次韵子由月季花再生》:"先生早贵重,庙论推～～。"

【英霸】 yīngbà 宏伟。《三国志·蜀书·诸葛亮传》:"亮少有逸群之才,～～之器。"

【英才】 yīngcái ❶杰出的人才。《孟子·尽心上》:"得天下～～而教育之,三乐也。"刘峻《辩命论》:"虽游夏之～～,伊颜之殆庶,焉能抗之哉?"❷杰出的才能。孔融《荐祢衡表》:"淑质贞亮,～～卓跞。"

【英发】 yīngfā 才华外露。《南史·梁元帝纪》:"帝聪悟俊明,天才～～。"

【英风】 yīngfēng ❶杰出人物的风貌气概。王融《三月三日曲水诗序》:"冠五行之秀气,迈三代之～～。"❷美好的名声。孔稚珪《北山移文》:"张～～于海甸,驰妙誉于浙右。"

【英华】 yīnghuá ❶精华。刘峻《重答刘秣陵沼书》:"而秋菊春兰,～～靡绝。"❷指俊美的神采。王俭《褚渊碑文》:"和顺内凝,～～外发。"❸美好的名誉。班固《答宾戏》:"浮～～,湛道德。"

【英俊】 yīngjùn 杰出人物。《汉书·王褒传》:"开宽裕之路,以延天下～～也。"也作"英隽"。《汉书·伍被传》:"折节下士,招致～～以百数。"

【英迈】 yīngmài 才智出众。《宋史·邵雍传》:"高明～～,迥出千古。"

【英髦】 yīngmáo 杰出优秀的人。李善《上文选注表》:"后进～～,咸资准的。"苏轼《送李公恕赴阙》诗:"忽然眉上有黄气,吾君渐欲收～～。"

【英逸】 yīngyì 才德超群的人。《三国志·魏书·何夔传》注引孙盛曰:"必擢时隽,搜扬～～。"

【英英】 yīngyīng ❶鲜明的样子。潘岳《为贾谧作赠陆机》诗:"～～朱鸾,来自南冈。"❷俊美的样子。袁宏《三国名臣序赞》:"～～文若,灵鉴洞照。"❸云起的样子。《诗经·小雅·白华》:"～～白云,露彼菅茅。"

【英哲】 yīngzhé 杰出的人物。欧阳炯《花间集序》:"庶使西园～～,用资羽盖之欢。"

【英跱】 yīngzhì 英明而具有独立见解。《三国志·魏书·崔琰传》:"子之弟,聪哲明允,刚断～～,殆非子之所及也。"

婴(嫈) yīng 见"婴嫇"。

【婴嫇】 yīngmíng 羞怯的样子。戴良等

《对菊联句》："秋荣恣妩媚，春粲失～～。"

荥 yīng 见 xíng。

莺(鶯、鸎) yīng ❶鸟名，黄莺。杜甫《晴》诗之一："竟日～相和，摩霄鹤数群。"杜甫《伤春》诗之二："～入新年语，花开满故枝。"元好问《题商孟卿家明皇合曲园》诗："海棠一株春一国，燕燕～～作寒食。"❷鸟的羽毛有文采。《诗经·小雅·桑扈》："交交桑扈，有～其羽。"潘岳《射雉赋》："～绮翼而䞓挝，灼绣颈而衮背。"

【莺花】 yīnghuā 莺啼时花开。泛指春景。杜甫《陪李梓州王阆州苏遂州李果州四使君登惠义寺》诗："～～随世界，楼阁寄山巅。"

【莺迁】 yīngqiān 比喻迁居或迁升。李咸用《冬日喜逢吴价》诗："～～犹待销冰日，雕起还思动海风。"罗隐《送臧渍下第谒窦鄜州》诗："赋得长杨不直钱，却来京口看～～。"

婴(嬰) yīng ❶婴儿。鲍照《松柏篇》诗："资储无担石，儿女皆孩～。"欧阳修《啼鸟》诗："黄鹂颜色已可爱，舌端哑咤如娇～。"❷系，戴。司马迁《报任少卿书》："其次剔毛发，～金铁受辱。"㊀穿。《后汉书·度尚传》："盘身～甲胄。"❸环绕。《汉书·蒯通传》："必将～城固守。"《后汉书·袁绍传》："谭战大败，～城固守。"❹被……所缠。刘桢《赠五官中郎将》诗之二："余～沈痼疾，窜身清漳滨。"谢惠连《秋怀》诗："平生无志意，少小～忧患。"❺使……劳累，烦劳。杜甫《七月三日亭午……呈元二十一曹长》诗："贱夫美一睡，烦促～词笔。"❻遭受。《后汉书·黄琼传》："在朝者以正议～戮。"❼约束。《汉书·贾谊传》："～以廉耻，故人矜节行。"❽通"撄"。碰，触。《荀子·议兵》："延则若莫邪之长刃，～之者断。"（延：陈，摆开横阵。）《论衡·龙虚》："然喉下有逆鳞尺馀，人或～之，必杀人矣。"㊀进犯。《后汉书·马融传》："负隅依阻，莫敢～御。"❾通"缨"。带子。《礼记·内则》："衿～綦屦。"

【婴丁】 yīngdīng 遭受。《三国志·蜀书·郤正传》："悠悠四海，～～祸败。"

【婴鳞】 yīnglín 《韩非子·说难》："夫龙之为虫也，柔可狎而骑也，然其喉下有逆鳞径尺，若人有婴之者，则必杀人。人主亦有逆鳞，说者能无婴人主之逆鳞则几矣。"（婴：触。）后来用"婴鳞"比喻触犯皇帝。李昴英《水调歌头》词："鲠鲠～～语，不改铁心坚。"

瑛 yīng 似玉的美石。曹植《平原懿公主诔》："～瑶其质。"

撄(攖) yīng ❶接触、触犯。《孟子·尽心下》："虎负嵎，莫之敢～。"苏轼《思治论》："～万人之怒，排举国之说。"❷伤害。《吕氏春秋·本生》："能养天之所生而勿～之谓之天子。"❸扰乱。《庄子·大宗师》："撄宁也者，～而后成者也。"

嘤(嚶) yīng ❶鸟鸣声。潘岳《寡妇赋》："孤鸟～兮悲鸣，长松萋兮振柯。"❷通"莺"。黄莺。沈约《三月三日率尔成篇》诗："开花已匝树，流～复满枝。"

【嘤鸣】 yīngmíng ❶比喻朋友同气相求。语出《诗经·小雅·伐木》"嘤其鸣矣，求其友声"。刘峻《广绝交论》："～～相召，星流电激。"❷鸟鸣叫。刘敞《泛舟》诗："杂花乱缤纷，好鸟相～～。"欧阳修《啼鸟》诗："花深叶暗耀朝日，日暖众鸟皆～～。"

【嘤嘤】 yīngyīng ❶鸟鸣声。扬雄《羽猎赋》："王雎关关，鸿雁～～。"❷铃声。陈琳《神女赋》："鸣王鸾之～～。"

【嘤呦】 yīngyōu 鸟鸣声。苏轼《和子由闻子瞻将如终南太平宫溪堂读书》："我欲走南涧，春禽始～～。"

罂(罌、甖) yīng 盛酒器，小口大腹。《墨子·备城门》："以陶者为～。"杜甫《腊日》诗："口脂面药随恩泽，翠管银～下九霄。"

缨(纓) yīng ❶系冠的带子。《战国策·楚策四》："遂以冠～绞王，杀之。"《史记·卫康叔世家》："子路曰：'君子死，冠不免。'结～而死。"❷套马驾车用的革带。《国语·晋语二》："亡人之所怀挟～缠，以望君之尘垢者。"曹植《七启》："仆将为吾子驾云龙之飞驷，饰玉路之繁～。"❸捆绑用的绳子。孔融《荐祢衡表》："终军欲以长～，牵致劲越。"杜甫《岁暮》诗："天地日流血，朝廷谁请～？"㊀系结。孔稚珪《北山移文》："虽假容于江皋，乃～情于好爵。"❹一种穗状装饰物。王安石《送程公辟守洪州》诗："～旄脱尽归大梁，翻然出走天南疆。"❺女子许嫁时所系的彩带。《礼记·曲礼上》："女子许嫁，～。"❻通"婴"。缠绕。陆机《拟古诗·拟青青陵上柏》："飞阁～虹带，曾台冒云冠。"

璎(瓔) yīng 似玉美石。《后汉书·东夷传》："唯重～珠，以缀衣为饰。"

樱(櫻) yīng ❶樱桃。左思《蜀都赋》："朱～春熟，素柰夏成。"（柰：果名。）❷樱桃花。任昉《早发定山》诗："野棠开未落，山～发欲然。”（然：燃。）

罂（罌） yīng 象声词。嵇康《琴赋》：“～若离鹍鸣清池，翼若游鸿翔曾崖。”

霙 yīng 雪花。梁简文帝《雪朝》诗：“落梅飞四注，翻～舞三袭。”苏轼《雪后独宿柏山庵》诗：“晚雨纤纤变玉～，小庵高卧有馀清。”

鹦（鸚） yīng 见“鹦鹉”。

【鹦鹉】 yīngwǔ 鸟名。祢衡《鹦鹉赋》：“有献～～者，举酒于衡前曰。”杜甫《秋兴》诗之八：“香稻啄馀～～粒，碧梧栖老凤凰枝。”

膺 yīng ❶胸。《史记·秦始皇本纪》：“秦王为人，蜂准，长目，鸷鸟～，豺声。”㉠内心。李商隐《哭刘司户蕡》诗：“江阔惟回首，天高但抚～。”张孝祥《六州歌头》词：“忠愤填～，有泪如倾。”❷当胸的马带。《诗经·秦风·小戎》：“虎韔镂～。”❸受。《后汉书·章帝纪》：“～五福之庆，获来仪之贶。”骆宾王《为徐敬业讨武曌檄》：“或～重寄于话言，或受顾命于宣室。”❹打击。《诗经·鲁颂·閟宫》：“戎狄是～，荆舒是惩。”《史记·楚世家》：“～击郯国，大梁可得而有也。”

【膺保】 yīngbǎo 保持。《国语·周语下》：“～～明德，以佐王室。”

【膺统】 yīngtǒng 继承大统。曾巩《议酒》：“及陈氏～～，文帝当御，始下诏令恢而袭之。”

【膺选】 yīngxuǎn 当选。《晋书·穆章何皇后传》：“以名家～～。”

鹰（鷹） yīng 猛禽名。《荀子·法行》：“～鸢犹以山为卑而巢增其上。”王维《观猎》诗：“草枯～眼疾，雪尽马蹄轻。”

【鹰风】 yīngfēng 秋风。王勃《饯韦兵曹》诗：“～～凋晚叶，蝉露泣秋枝。”

【鹰犬】 yīngquǎn ❶比喻供驱使的人。《后汉书·陈龟传》：“虽展～～之用，顿毙胡虏之庭。”❷比喻权贵的爪牙。《宋史·史弥远传》：“而弥远反用李知孝梁成大等以为～～，于是一时之君子，贬窜斥逐，不遗馀力云。”

【鹰视】 yīngshì 像鹰那样侧目而视。比喻目光凶狠。《资治通鉴·后唐明宗长兴三年》：“秦王从荣为人～～，轻佻峻急。”

【鹰扬】 yīngyáng ❶像鹰展翅腾飞那样奋起。形容大展雄才。应璩《与侍郎曹长思书》：“皆～～虎视，有万里之望。”《三国志·魏书·董二袁刘传评》：“[刘]表跨蹈汉南，[袁]绍～～河朔。”❷指勇猛的将士。《三国志·魏书·袁绍传》注引《魏氏春秋》：“幕府昔统～～，扫夷凶逆。”

迎 yíng ❶迎接。《庄子·山木》：“萃乎芒乎其送往～来。”《汉书·高帝纪上》：“谒入，吕公大惊，起，～之门。”㉧特指迎立君主。《史记·周本纪》：“晋杀其君厉公，～子周于周。”❷迎娶（旧读yìng）。《礼记·哀公问》：“冕而亲～，亲之也。”❸对着，冲着。《老子·十四章》：“～之不见其首，随之不见其后。”宋祁《玉楼春》词：“东城渐觉风光好，縠皱波纹～客棹。”❹迎击。《史记·淮阴侯列传》：“魏王豹惊，引兵～信，信遂虏豹。”❺迎合。杨万里《论兵》：“上之人～其意，乘其资和成其助。”❻推算，预测。《汉书·郊祀志上》：“于是黄帝～日推策。”

茔（塋） yíng ❶墓地。《论衡·知实》：“有～自在防，殡于衢路，圣人不能先知。”欧阳修《石曼卿墓表》：“既卒之三十七日，葬于太清之先～。”❷通“营”。度量。《礼记·月令》：“～丘垄之大小。”

荧（熒） yíng ❶光芒。扬雄《羽猎赋》：“玉石嶜崟，眩耀青～。”㉧微弱的光。班固《答宾戏》：“守突奥之～烛。”❷昏眩。《庄子·人间世》：“而目将～之。”❸通“萤”。萤火虫。《后汉书·灵帝纪》：“夜步逐～光，行数里。”

【荧惑】 yínghuò ❶迷惑。《史记·淮南衡山列传》：“～～百姓，倍畔宗庙。”❷火星别名。《史记·孝景本纪》：“～～逆行，守北辰。”

【荧侮】 yíngwǔ 侮辱。杜甫《火》诗：“尔宁要谤讟，凭此近～～。”（谤讟：非议。）

【荧荧】 yíngyíng ❶光芒闪烁的样子。杜牧《阿房宫赋》：“明星～～，开妆镜也。”❷艳丽的样子。《史记·赵世家》：“美人～～兮，颜若苕之荣。”❸指小火。《六韬·守土》：“～～不救，炎炎奈何？”《新五代史·康义诚传论》：“～～不灭，炎炎奈何？”

盈 yíng ❶满。《战国策·秦策一》：“今天下之府库不～，囷仓空虚。”《吕氏春秋·首时》：“饥马～厩。”❷满足。《国语·周语中》：“若贪陵之人来而～其愿，是不赏善也。”《后汉书·仲长统传》：“鱼肉百姓，以～其欲。”❸圆满。谢瞻《答灵运》诗：“开轩灭华烛，月露皓已～。”❹长。见“盈缩②”。❺增长。见“盈缩①”。❻过满而溢出。《周易·坎》：“水流而不～。”王粲《公讌》诗：“嘉肴充圆方，旨酒～金罍。”㉠过分。《国语·晋语九》："奸而～禄，善将若何。"❼放纵。曹植《责躬》诗："伊余小子，恃宠骄～。"❽轻柔。黄庭坚《王充道送水仙花五十枝欣然会心为之作咏》："凌波仙子生尘袜，水上轻～步微月。"❾通"赢"。利润。《论衡·偶会》："无禄之人，商而无～，农而无播。"

【盈把】 yíngbǎ 犹盈掬。杜甫《玉华宫》诗："忧来藉草坐，浩歌泪～～。"

【盈掬】 yíngjū 满捧。黄机《霜天晓角》词："草草兴亡，休问功名，泪欲～～。"

【盈缺】 yíngquē 指月亮圆缺。江淹《杂体诗·谢临川游山》："江海经邅回，山峤备～～。"

【盈缩】 yíngsuō ❶指增减。《战国策·秦策三》："进退，～～，变化，圣人之常道也。"柳宗元《梓人传》："条其纲纪而～～焉。"❷长短。陆倕《新刻漏铭》："治历明时，～～之度无准。"❸指寿命。曹操《步出夏门行》："～～之期，不但在天，养怡之福，可得永年。"

【盈虚】 yíngxū 指盛衰、兴亡、穷通等。王勃《滕王阁序》："兴尽悲来，识～～之有数。"

【盈衍】 yíngyǎn 溢满。《后汉书·费长房传》："旨酒甘肴～～其中。"

【盈盈】 yíngyíng ❶美好的样子。李白《宫中行乐词》："小小生金屋，～～在紫微。"❷含情的样子。辛弃疾《青玉案》词："蛾儿雪柳黄金缕，笑语～～暗香去。"❸清澈的样子。《古诗十九首·迢迢牵牛星》："～～一水间，脉脉不得语。"

莹(瑩) yíng ❶似玉的美石。宋玉《神女赋》："晔兮如华，温乎如～。"❷光洁，光亮。贺铸《捣练子》词："砧面～杵声齐。"❸磨治。《隋书·高颎传》："独孤公犹镜也，每被磨～，皎然益明。"㊀膏润而使之光亮。杜甫《奉赠太常张卿均二十韵》："健笔凌鹦鹉，铦锋～鹔鹴。"❹陶冶。江淹《杂体诗·殷东阳兴瞩》："～情无馀滓，拂衣释尘务。"❺明净，无杂念。杜甫《寄李十四员外布十二韵》："江清心可～，竹冷发堪梳。"

萤(瞢) yíng 迷惑。《淮南子·原道训》："～然能听。"

萤(螢) yíng 萤火虫。任昉《为萧扬州荐士表》："至乃集～映雪，编蒲缉柳。"白居易《长恨歌》："夕殿～飞思悄然，孤灯挑尽未成眠。"

【萤窗】 yíngchuāng 晋朝车胤以囊盛萤，借萤光苦读。后以"萤窗"指书房。葛胜仲《虞美人》词："三年曾不窥园树，辛苦～～暮。"

【萤雪】 yíngxuě 晋朝车胤囊萤，孙康映雪，借萤雪之光苦读。后以"萤雪"比喻贫士苦读。辛弃疾《水调歌头》词："平生～～，男儿无奈五车何。"

营(營) yíng ❶围绕。《礼记·礼运》："冬则居～窟。"❷军营。《后汉书·彭宠传》："～相去百里，其势岂可得相及。"王维《观猎》诗："忽过新丰市，还归细柳～。"㊀扎营。《汉书·李陵传》："北行三十日，至浚稽山止～。"❸料理。司马迁《报任少卿书》："务一心～职。"❹规划，经营。《汉书·礼乐志》："乃～立明堂、辟廱。"❺丈量。《吕氏春秋·孟冬》："～丘垄之小大、高卑、薄厚之度。"❻建设、建造。《史记·周本纪》："使召公复～洛邑。"《汉书·五行志下》："大～坟墓。"苏轼《真兴阁》诗："此阁几何高？何人之所～？"❼求，谋求。《后汉书·蔡邕传》："安贫乐道，与世无～。"韦应物《幽居》诗："贵贱虽异等，出门皆有～。"㊀钻营谋私。《汉书·严安传》："恬安不～，则盗贼销。"❽谋生。曹植《又赠丁仪王粲》诗："丁生怨在朝，王子欢自～。"❾通"荧"。迷惑。《吕氏春秋·尊师》："凡学，必务进业，心则无～。"《汉书·吴王刘濞传》："御史大夫朝错～或天子。"

【营保】 yíngbǎo 群众聚集起来以武力反抗官府的寨子。《后汉书·刘盆子传》："遣人往往聚为～～，各坚守不下。"

【营壁】 yíngbì 军营。刘克庄《满江红》词："铁马晓嘶～～冷，楼船夜渡风涛急。"

【营表】 yíngbiǎo 建筑施工时，丈量地基立表以定位置。《汉书·礼乐志》："丞相大司空奏请立辟雍。案行长安城南，～～未作，遭成帝崩，群臣引以定谥。"

【营魄】 yíngpò ❶魂魄。陆机《吊魏武帝文》："迨～～之未离，假余息乎音翰。"❷指人的思想、精神。陆机《赠从兄车骑》诗："～～怀兹土，精爽若飞沈。"

【营室】 yíngshì 即二十八宿的室宿。《吕氏春秋·孟春》："孟春之月，日在～～。"

【营卫】 yíngwèi ❶警卫人员。《史记·五帝本纪》："迁徙往来无常处，以师兵为～～。"❷保卫。《论衡·书虚》："子胥之生，不能从生人～～其身。"❸中医指血气的作用。《史记·扁鹊仓公列传》张守节《正义》："～～行阳二十五度，行阴二十五度。"

【营营】 yíngyíng ❶来来往往的样子。扬雄《羽猎赋》："羽骑～～。"❷奔走钻营的样子。鲍照《行药至城东桥》诗："扰扰游宦子，～～市井人。"欧阳修《送徐无党南归序》："亦何异众人之汲汲～～。"

【营止】 yíngzhǐ 军营。《三国志·魏书·武帝纪》："未至～～，诸将未与太祖相见，皆怖。"

萦（縈） yíng ❶缠绕，绕。《论衡·顺鼓》："朱丝～之。"王维《奉和圣制从蓬莱向兴庆阁道中留春雨中春望之作应制》："渭水自～秦塞曲，黄山旧绕汉宫斜。"❷曲折。《后汉书·张衡传》："临～河之洋洋。"❸牵挂。王安石《寓言》诗之三："婚丧孰不供，贷钱免尔～。"

【萦带】 yíngdài 像带一样缠绕。李华《吊古战场文》："河水～～，群山纠纷。"

【萦纡】 yíngyū ❶曲折回旋。李商隐《道士胡君新井碣铭》："～～九折，峥嵘七曲。"❷迂回不通。苏轼《贾谊论》："～～郁闷，趯然有远举之志。"

桯 yíng 见 tīng。

滢（瀅） yíng 见"滢濙"。

【滢濙】 yíngyíng 水流回旋的样子。杜甫《桥陵三十韵因呈县内诸官》："高岳前嵂崒，洪河左～～。"

楹 yíng ❶房屋的柱子。特指厅堂的前柱。《国语·鲁语上》："庄公丹桓公之～。"《论衡·变动》："是则一指摧三仞之～也。"❷计算房屋间数的量词。一间为一楹，一说一列为一楹。《宋史·选举志三》："太学置八十斋，斋各五～。"刘基《苦斋记》："室十有二～。"

潆（瀠） yíng 水流回旋。郭璞《江赋》："漩澴荥～。"

【潆潆】 yíngyíng 象声词。柳宗元《钴鉧潭西小丘记》："～～之声与耳谋。"

蝇（蠅） yíng 苍蝇。《庄子·徐无鬼》："郢人垩慢其鼻端，若～翼。"枚乘《上书重谏吴王》："譬犹～蚋之附群牛。"

【蝇头】 yíngtóu ❶比喻微小。苏轼《满庭芳》："蜗角虚名，～～微利。"❷喻薄利。侯寘《满江红》词："拚～～蜗角去来休，休姑息。"❸比喻非常小的字。陆游《欲游五峰不果往小诗寄莹老》诗："要与茶山灯下读，莫令侍者作～～。"

【蝇营】 yíngyíng 像苍蝇那样飞来飞去，比喻钻营谋利。曹伯启《八声甘州》词："又滞此，～～狗苟，料山英也笑趁墟人。"

【蝇蝇】 yíngyíng 往来不定的样子。王褒《洞箫赋》："蝼蚁蝘蜓，～～翊翊。"

嵤 yíng 见 hóng。

嬴 yíng ❶姓。《史记·秦本纪》："故～姓多显，遂为诸侯。"㊀特指秦国，因秦君主姓嬴。陶渊明《咏荆轲》："燕丹善养士，志在报强～。"㊁指秦王。张衡《思玄赋》："～擿讦而戒胡兮，备诸外而发内。"文天祥《念奴娇》词："睨柱吞～，回旗走懿。"❷肥沃。《山海经·大荒东经》："有柔仆民，是维～土之国。"❸通"赢"。胜。《史记·苏秦列传》："困则使太后弟穰侯为和，～则兼欺舅与母。"❹通"盈"。满。班固《幽通赋》："斡流迁其不济兮，故遭罹而～缩。"㊀生长。《论衡·是应》："春为发生，夏为长～。"❺通"婴"。环绕。《淮南子·要略》："～坪有无之精。"

【嬴绌】 yíngchù 见"赢绌"。

赢（贏） yíng ❶盈利，赚钱。《战国策·西周策》："是上党每患而～四十金。"（每：或作"无"。）❷利润。《战国策·秦策五》："珠玉之～几倍？"晁错《论贵粟疏》："而商贾大者积贮倍息，小者列坐贩卖，操其奇～。"❸盈馀，多馀。《汉书·疏广传》："今复增益之以为～馀。"潘岳《西征赋》："子～锄以借父，训秦法而著色。"㊀剩馀。《汉书·张汤传》："汤死，家产直不过五百金，皆所得奉赐，无它～。"❹前进。《国语·越语下》："～缩转化，后将悔之。"❺长。《淮南子·时则训》："孟春始～，孟秋始缩。"❻星提早出现。《史记·天官书》："其趋舍而前曰～，退舍曰缩。"❼获胜。白居易《放言》诗："不信君看弈棋者，输～须待局终时。"㊀取，获。辛弃疾《永遇乐》词："元嘉草草，封狼居胥，～得仓皇北顾。"（狼居胥：山名，一名狼山。）❽背负。《庄子·胠箧》："～粮而趣之。"

【赢绌】 yíngchù 屈伸。《吕氏春秋·执一》："故凡能全国完身者，其唯知长短～～之化邪？"也作"嬴绌"。《荀子·非相》："缓急～～。"

【赢羡】 yíngxiàn 盈馀。刘禹锡《赠太师崔倕碑文》："～～什百，诏下褒其能。"

瀛 yíng ❶大海。谢灵运《游赤石进帆海》诗："周览倦～壖，况乃陵穷发。"❷湖泽。谢惠连《泛湖归出楼中翫月》诗："日落泛澄～，星罗游轻桡。"❸形容大海浩瀚。《论衡·谈天》："九州之外，更有～海。"❹瀛洲的简称。相传瀛洲是仙人所居之山。杨炯《送东海孙尉诗序》："蓬～可访，还疑上苑之中。"

籯 yíng 竹器。《汉书·韦贤传》："遗子黄金满～，不如一经。"《明史·海瑞传》：

"葛帏敝～，有寒士所不堪者。"⊗以籯装。曾巩《送江任序》："莫不～粮举药，选舟易马。"

郢 yǐng ❶春秋时地名，楚国的都城。《战国策·楚策一》："昭王反～。"⊗泛指楚国。鲍照《翫月西门廨中》诗："蜀琴抽白雪，～曲发阳春。"❷通"盈"。满。《管子·幼官》："十二小～。"（小郢：即小满。）

【郢匠】 yǐngjiàng 对考官的敬称。顾况《祭李员外文》："生人不幸，天丧斯文。斯文既丧，呜呼～～。"

【郢人】 yǐngrén 《庄子·徐无鬼》："郢人垩慢其鼻端，若蝇翼，使匠石斫之。匠石运斤成风，听而斫之，尽垩而鼻不伤，郢人立不失容。"指匠石的高超技艺，因得到郢人的配合而显露出来。后来以"郢人"比喻能与之倾心交谈的知己朋友。嵇康《赠秀才入从军》诗之四："～～逝矣，谁与尽言？"

【郢政】 yǐngzhèng 拿诗文请人批评指正的谦词。政，通"正"。黄中《重刻朱子年谱记》："祈诸君子更为～～，另刊善本。"

梬 yǐng 果名，又叫梬枣、软枣。左思《蜀都赋》："其园则有林檎枇杷，橙柿～梬。"

景 yǐng 见 jǐng。

颍（潁） yǐng ❶水名。即颍水。发源于河南，经安徽入淮河。《史记·魏其武安侯列传》："～水清，灌氏宁；～水浊，灌氏族。"❷姓。

颖（穎） yǐng ❶谷穗。《史记·鲁周公世家》："唐叔得禾，异母同～。"《后汉书·班固传》："五谷垂～。"⊗泛指草本植物的穗。孔稚珪《北山移文》："于是丛条瞋胆，叠～怒魄。"❷细长东西的尖头。潘岳《为贾谧作赠陆机》诗："崇子锋～，不颓不崩。"⑪光芒。左思《吴都赋》："精曜潜～。"❸突出，出众。曾巩《送李材叔知柳州序》："然非其材之～然迈于众人者不能也。"❹智慧，学识。《论衡·程材》："博学览古今，计胸中之～，出溢十万。"⊗聪明。陆云《吴故丞相陆公诔序》："～秀崇华，景逸扶桑。"❺刀环。《礼记·少仪》："刀却刃授～。"

【颖脱】 yǐngtuō 锋芒全部露出。比喻才能能充分显示出来。《史记·平原君虞卿列传》："夫贤士之处世也，譬若锥之处囊中，其末立见……使遂蚤得处囊中，乃～～而出，非特其末见而已。"杜甫《上水遣怀》诗："善知应触类，各借～～手。"

【颖悟】 yǐngwù 聪明过人。《宋书·谢灵运传》："灵运幼便～～，玄甚异之。"

瀴（瀴） yǐng 遥远。木华《海赋》："经途～溟，万万有馀。"柳宗元《柳州东亭记》："众山横环，嶛阔～湾。"

影 yǐng ❶物体挡光而产生的阴影。《荀子·强国》："譬之犹响之应声，～之像形也。"李白《月下独酌》诗之一："举杯邀明月，对～成三人。"⊗倒影。杜甫《夏夜李尚书筵送宇文石首赴县联句》："酒香倾坐侧，帆～驻江边。"王勃《滕王阁》诗："闲云潭～日悠悠，物换星移几度秋？"⊗镜中反映出来的形象。陆机《演连珠》："镜无畜～，故触形则照。"❷画像。陆机《演连珠》："臣闻图形于～，未尽纤丽之容。"❸模糊的形象。李白《黄鹤楼送孟浩然之广陵》诗："孤帆远～碧空尽，唯见长江天际流。"苏轼《卜算子》词："谁见幽人独往来，缥缈孤鸿～。"❹临摹。莫友芝《元遗山诗集》："其于原本漫缩数处皆摹其状，故知为～钞也。"

【影附】 yǐngfù ❶像影附身。比喻归顺、服从。应劭《风俗通·十反》："京师归德，四方～～。"❷喻附和、摹仿。皇甫谧《三都赋序》："祖构之士，雷同～～。"

【影响】 yǐngxiǎng ❶比喻反应迅速。《荀子·议兵》："下之和上也如～～。"❷比喻没有根据。王守仁《尊经阁记》："而世之学者，不知求六经之实于吾心，而徒考索于～～之间，牵制于文义之末。"

瘿（癭） yǐng ❶长在颈上的大瘤子。《后汉书·耿纯传》："[刘]扬病～，欲以惑众。"❷树木上生长的瘤状物。苏轼《上李端叔书》："木有～，石有晕。"❸通"喑"。咽喉有病而不能说话。《吕氏春秋·尽数》："轻水所，多秃与～人。"（轻水：含盐分或其他矿物质过少的水。）

映 yìng ❶照，照耀。张协《杂诗》之二："浮阳～翠林，回飙扇绿竹。"李白《古风》之一："我志在删述，垂辉～千春。"⊗照映，映衬。谢灵运《登江中孤屿》诗："云日相辉～，空水共澄鲜。"谢朓《始出尚书省》诗："青精翼紫轪，黄旗～朱邸。"❷反映。谢惠连《泛湖归出楼中翫月》诗："亭亭～江月，浏浏出谷飙。"杜甫《壮遊》诗："嵯峨阊门北，清庙～回塘。"

绳 yìng 见 shéng。

硬 yìng ❶坚硬，结实。韩愈《赠刘师服》诗："羡君齿牙牢且洁，大肉～饼如刀截。"❷坚强。张镃《奉祠云台题陈希夷画像》诗："世间大事～汉了，物有所重有所轻。"⊗强硬。《宋史·洪皓传》："汝作知事官，而口～如许，谓我不能杀汝耶？"❸豪迈，刚劲。韩愈《荐士》诗："横空盘～语，妥帖力排奡。"❹勉强。裴景福《河海昆仑录》卷一："如持新雨伞，～将他撑开。"

暎 yìng ❶同"映"。照。杨炯《大唐益州大都督府新都县学先圣庙堂碑文·序》："五潢高～。"(五潢：星名。)❷光。王粲《七哀》诗之二："山冈有馀～，岩阿增重阴。"

媵 yìng ❶诸侯女儿出嫁时随嫁的人。《后汉书·郎顗传》："天子一娶九女，嫡～毕具。"杜牧《阿房宫赋》："妃嫔～嫱，王子皇孙。"㊀指媵臣，诸侯嫁女时随行的大臣。《吕氏春秋·本味》："以伊尹为～送女。"❷随嫁。《史记·晋世家》："袭灭虞，虏虞公及其大夫井伯、百里奚以～秦穆姬。"❸妾。沈约《奏弹王源》："且买妾纳～，因聘为资。"❹送，陪送。《楚辞·九歌·河伯》："波滔滔兮来迎，鱼邻邻兮～予。"《后汉书·张衡传》："迅飙潚其～我兮，鹜翩飄而不禁。"

譍 yìng 同"应"。回答。韩偓《倚醉》诗："分明窗下闻剪裁，敲遍阑干唤不～。"元稹《通州丁溪馆夜别李景信》诗："倦童呼唤～复眠，啼鸡拍翅三声绝。"

黳(黶) yìng 黑斑。《政和证类本草·麝香》："麝香，……去面～。"

yong

佣(傭) 1. yōng ❶受雇用，出卖劳力。《史记·季布栾布列传》："栾布者，梁人也。……穷困，赁～于齐，为酒人保。"㊀被雇用的人。《后汉书·承宫传》："即脱身为～，岁馀，得钱帛归以与兄。"刘禹锡《苏州谢赈赐表》："水潦虽退，流～尚多。"㊀受雇的工价、工钱。韩愈《圬者王承福传》："视时屋食之贵贱，而上下其圬之～以偿之，有馀，则以与道路之废疾饿者焉。"(上下：增减，浮动。)❷雇用。柳宗元《送薛存义序》："向使～一夫于家，受若直，怠若事，又盗若货器，则必甚怒而黜罚之矣。"(向使：假使。)❸通"庸"。平常，平庸。《荀子·正名》："心平愉，则色不及～而可以养目，声不及～而可以养耳。"《后汉书·刘盆子传》："帝曰：'卿所谓铁中铮铮，～中佼佼者也。'"❹通"庸"。粗鄙，粗俗。《荀子·非相》："未可直至也，远举则病缪，近世则病～。"(缪：通"谬"。谬妄。)

2. chōng ❺均，平，公平。《诗经·小雅·节南山》："昊天不～，降此鞠讻。"

【佣保】 yōngbǎo 雇工。《后汉书·张酺传》："盗徒皆饥寒～～，何足穷其法乎？"《宋史·郭进传》："少贫贱，为钜鹿富人～～。"也作"庸保"。《史记·刺客列传》："高渐离变名姓为人～～，匿作于宋子。"

【佣耕】 yōnggēng 受雇而为别人耕作。《史记·陈涉世家》："陈涉少时，尝与人～～。"《后汉书·第五访传》："少孤贫，常～～，以养兄嫂。"也作"庸耕"。《史记·陈涉世家》："庸者笑而应曰：'若为～～，何富贵也？'"

【佣赁】 yōnglìn 受雇用为人做工。《史记·儒林列传》："臣为人～～。"也作"庸赁"。《三国志·魏书·韩暨传》："暨阳不以为言～～。"

【佣食】 yōngshí 为谋生而受雇于人。《新五代史·梁太祖纪》："诚卒，三子贫，不能为生，与其母～～萧县人刘崇家。"

【佣书】 yōngshū 被雇为人抄书。《后汉书·班超传》："家贫，常为官～～以供养。"陆游《跋尹耘师书刘随州集后》："～～人韩文持束纸支头而睡，偶取视之，《刘随州集》也。"

【佣俗】 yōngsú 平常的习俗。《荀子·王制》："立身则从～～，事行则遵佣故。"(佣故：通常的成例、旧例。)

【佣徒】 yōngtú 雇工，被雇用的人。《荀子·议兵》："兼是数国者，皆干赏蹈利之兵也，～～鬻卖之道也。"(干：求。)

【佣隐】 yōngyǐn 借受雇用以求隐身。郦道元《水经注·河水四》："傅岩东北十馀里，即巅軨坂也。……傅说～～，止息于此。"

【佣作】 yōngzuò 受雇而为他人劳动。《史记·张丞相列传》："衡～～以给食饮。"《后汉书·侯瑾传》："性笃学，恒～～为资。"也作"庸作"。《韩非子·外储说左上》："挟夫相为则责望，自为则事行，故父子或怨谯。取～～者进美羹。"《汉书·匡衡传》："家贫～～，以供资用。"

拥(擁、攡、攟) yōng ❶抱。《左传·襄公二十五年》："陈侯免(wèn)，～社，使其众男女别而累，以待于朝。"(免：通"绕"。着丧服。社：社主。)《战国策·楚策四》："左抱幼妾，右～嬖女，与之驰骋乎高蔡之中，而不以国家为事。"❷持，拿着。王安石《游褒禅山记》："余与四人～火以入，入之愈深，其进愈难，而其见愈奇。"❸拥有。贾谊《过秦论》："秦孝公据殽函之固，～雍州之地，君臣固守，以窥周室。"《后汉书·刘盆子传》："今将军～百万之众，西向帝城。"《魏书·李谧传》："丈夫～书万卷，何假南面百城？"㊀控制，束缚。曾巩《青云亭闲坐》诗："一登此亭高，复脱蕃庑～。"❹围裹。《南史·陶潜传》："败絮自～。"㊀围绕。范成大《峨眉山行纪》:“系重巾,蹑毡靴,犹凛栗不自持,则炽炭～炉危坐。”❺拥挤。梅尧臣《右丞李相公自洛移镇河阳》诗:“夹道都人～。”❻护卫。《后汉书·虞延传》:“天下大乱,延常婴甲胄,～卫亲族。”(婴:穿、戴。)❼通“壅”。堵塞。韩愈《左迁至蓝关示侄孙湘》诗:“云横秦岭家何在,雪～蓝关马不前。”[引]耽搁,积压。《三国志·魏书·夏侯玄传》:“若省郡守,县皆径达,事不～隔,官无留滞。”《南史·梁武帝纪下》:“或遇事～,日傥移中,便嗽口以过。”❽通“壅”。在植物的根部培土或肥料。陈鸿《东城老父传》:“昼把土～根,汲水灌竹。”[引]遮蔽。《礼记·内则》:“女子出门,必～蔽其面。”杜牧《折菊》诗:“雨中夜半湿,～鼻自知心。”❾通“臃”。臃肿。《庄子·逍遥遊》:“吾有大树,人谓之樗,其大本～肿而不中绳墨,其小枝卷曲而不中规矩。”

【拥被】 yōngbèi ❶身体半卧,用被子遮掩下体。欧阳修《答丘寺丞书》:“今日食后就寝,方觉～～卧读《太白集》。”❷同被而卧。戴复古《冬日移舟入峡避风》诗:“同舟有佳士,～～共论文。”

【拥阏】 yōng'è 见“壅阏”。

【拥遏】 yōng'è 见“壅遏”。

【拥覆】 yōngfù 蒙盖。宋濂《送东阳马生序》:“至舍,四肢僵劲不能动,媵人持汤沃灌,以衾～～。久而乃和。”(媵人:指仆人。)

【拥护】 yōnghù ❶扶助,帮助。《后汉书·卢芳传》:“汉为发兵～～,世世称臣。”❷爱护。《楚辞·九歌·少司命》注:“言司命执持长剑以诛绝凶恶,～～万民长少,使各得其命也。”

【拥彗】 yōnghuì 见“拥篲”。

【拥篲】 yōnghuì 拿着扫帚。古人迎接贵客,常执帚却行以示敬意。意思是清扫完毕,等待宾客光临。《史记·高祖本纪》:“后高祖朝,太公～～,迎门却行。”也作“拥彗”。《史记·孟子荀卿列传》:“如燕,昭王～～先驱,请列弟子之座而受业。”

【拥据】 yōngjù 占有控制。皇甫谧《三都赋序》:“曩者汉室内溃,四海圮裂,孙刘二氏,割有交益,魏武拨乱,～～函夏。”

【拥滞】 yōngzhì 耽搁,延误。《宋书·刘穆之传》:“穆之内总朝政,外任军旅,决断如流,事无～～。”

【拥帚】 yōngzhǒu 犹“拥篲”。《文苑英华》卷三五二引《七召》:“心绝内战,事无外欲,横经者比肩,～～者继足。”

【拥帚彗】 yōngzhǒuhuì 犹“拥篲”。《汉书·扬雄传下》:“或枉千乘于陋巷,或～～～而先驱。”

禺 yōng 见 yù。

痈(癰、廱) yōng ❶毒疮。《战国策·秦策二》:“夫齐,罢国也,以天下击之,譬犹以千钧之弩溃～也。”《史记·佞幸列传》:“文帝尝病～,邓通常为帝唶吮之。”❷鼻塞。《论衡·别通》:“人目不见青黄曰盲,耳不闻宫商曰聋,鼻不知香臭曰～。”

【痈疽】 yōngjū 毒疮。《论衡·幸偶》:“气结阏积,聚为痈,溃为疽创,流血出脓,岂～～所发,身之善穴哉?”

邕 yōng ❶城郭四周有水,环绕而成池。《说文·川部》:“～,邑四方有水,自邕成池者是也。”❷通“雍”。和,和睦,和谐。《汉书·兒宽传》:“上元甲子,肃～永享。”《晋书·桑虞传》:“虞五世同居,闺门～穆。”❸见“邕邕”。❹通“壅”。堵塞。《汉书·王莽传中》:“长平馆西岸崩,～泾水不流,毁而北行。”

【邕容】 yōngróng 见“雍容①”。

【邕邕】 yōngyōng ❶见“噰噰”。❷和谐的样子。嵇康《游仙诗》:“临觞奏九韶,雅歌何～～。”

庸 yōng ❶用。使用,采用,录用。《国语·吴语》:“王其无～战。”《荀子·王制》:“立身则从佣俗,事行则遵佣故,进退贵贱则举佣士,之所以接下之人百姓者则～宽惠,如是者则安存。”《战国策·秦策五》:“太公望,齐之逐夫,朝歌之废屠,子良之逐臣,棘津之雠不～,文王用之而王。”(雠:通“售”。卖出去,引申指希望出仕。)[引]认为……可用。《左传·宣公十五年》:“士伯～中行伯。”❷经由。《诗经·齐风·南山》:“鲁道有荡,齐子～止。”❸水沟。《礼记·郊特牲》:“祭坊与水～,事也。”❹功,功劳。《左传·昭公十三年》:“君～多矣。”《国语·晋语七》:“无功～者不敢居高位。”[引]酬功,酬谢。《左传·昭公二十五年》:“臧孙曰:‘此之谓不能～先君之庙。’”《孟子·尽心上》:“杀之而不怨,利之而不～,民日迁善而不知为之者。”❺常,平常,日常。《荀子·不苟》:“～言必信之,～行必慎之。”[引]时常,经常。《尚书·皋陶谟》:“天秩有礼,自我五礼有～哉。”(五礼:天子、诸侯、卿大夫、士、庶民之礼。)《孟子·告子上》:“～敬在兄,斯须之敬在乡人。”[又]法。《后汉书·左雄传》:“拜爵王庭,舆服有～。”❻平庸,无才能。《战国策·赵策三》:“辛垣衍起,再拜谢曰:‘始以先生为～人,吾乃今日而知先生为天下之士也。'"❼唐代代替劳役的一种赋税法。《新唐书·食货志》:"用人之力岁二十日,不役者日为绢三尺,谓之~。"❽乃,就。《楚辞·九章·抽思》:"初吾所陈之耿著兮,岂至今其~亡?"(亡:忘。)❾岂,难道。《左传·庄公十四年》:"子仪在位十四年矣,而谋召君者,~非贰乎?"《史记·秦本纪》:"且人卖郑,~知我国人不有以我情告郑者乎?"❿通"佣"。受雇用,出卖劳动力。《韩非子·外储说左上》:"~客致力而疾耘耕,尽巧而正畦陌者,非爱主人也。"㊀佣工,被雇用、出卖劳动力的人。《韩非子·五蠹》:"泽居苦水者,买~而决窦也。"㊁劳动力。《韩非子·外储说左上》:"夫卖~而播耕者,主人费家而美食。"㊁劳役。《诗经·王风·兔爰》:"我生之初,尚无~。"⓫通"墉"。城墙。《诗经·大雅·崧高》:"因是谢人,以作尔~。"⓬通"镛"。大钟。《诗经·商颂·那》:"~鼓有斁,万舞有奕。"(斁:盛大的样子。)⓭古诸侯国名。在今湖北省竹山县东。《春秋·文公十六年》:"楚人、秦人、巴人灭~。"⓮姓。

【庸暗】 yōng'àn 平庸愚昧。《晋书·惠帝纪》:"不有乱常,则多~~。"欧阳修《宜早牵复劄子》:"臣材识~~,碌碌于众人中。"

【庸保】 yōngbǎo 见"佣保"。

【庸伐】 yōngfá 功勋,功绩。《北史·叔孙建传论》:"少展诚勤,终著~~。"

【庸夫】 yōngfū ❶平庸、才能低下的人。《史记·平原君虞卿列传》:"及不忍魏齐,卒困于大梁,~~且知其不可,况贤人乎?"扬雄《解嘲》:"故世乱则圣哲驰骛而不足,世治则~~高枕而有馀。"❷佣工,雇工。《盐铁论·救匮》:"衣若仆妾,食若~~。"

【庸耕】 yōnggēng 见"佣耕"。

【庸狗】 yōnggǒu 骂人的话。《后汉书·董卓传》:"布曰:'有诏讨贼臣。'卓大骂曰:'~~敢如此邪!'"

【庸回】 yōnghuí 用心邪恶。《左传·文公十八年》:"少皞氏有不才子,毁信废忠,崇饰恶言,靖谮~~,服谗蒐慝,以诬盛德,天下之民,谓之穷奇。"《后汉书·刘瑜传》:"幸得引录,备答圣问,泄写至情,不敢~~。"

【庸绩】 yōngjì 功绩。《北史·李弼传论》:"方面宣其~~,帷幄尽其谋猷。"

【庸蹇】 yōngjiǎn 平庸拙劣。胡曾《谢赐钱启》:"朝乏半千,夕盈五万。岂期~~,忽忝遭逢。"

【庸近】 yōngjìn 平庸的近臣。任昉《为齐明帝让宣城郡公第一表》:"虽自见之明,~~所蔽,愚夫一至,偶识量己。"

【庸讵】 yōngjù 难道,怎么。《庄子·大宗师》:"~~知吾所谓天之非人乎?"韩愈《应科目时与人书》:"~~知有力者不哀其穷,而忘一举手一投足之劳而转之清波乎?"也作"庸遽"。《淮南子·齐俗训》:"~~知世之所自窥我者乎?"

【庸遽】 yōngjù 见"庸讵"。

【庸赁】 yōnglìn 见"佣赁"。

【庸民】 yōngmín ❶做雇工的人。《商君书·垦令》:"无得取庸,则大夫家长不建缮,爱子不惰食,惰民不窳,而~~无所于食,是必农。"(窳:懒惰。)❷普通人。《论衡·道虚》:"若士者食合蛩之肉,与~~同食,无精轻之验,安能纵体而升天?"(精轻:食精身轻。)

【庸命】 yōngmìng 用命,服从命令。《尚书·尧典》:"朕在位七十载,汝能~~,巽朕位。"(巽:让,让出。)

【庸能】 yōngnéng 功能,才能。《后汉书·卓茂传论》:"卓茂断断小宰,无它~~。"

【庸器】 yōngqì ❶功器。讨伐敌国,将缴获的兵器镕铸为鼎器,铭文以记其功。《周礼·春官·典庸器》注:"~~,伐国所藏之器,若崇鼎、贯鼎及以其兵物所铸铭也。"❷普通的材具。江淹《杂体诗·卢侍郎感交》:"大厦须异材,廊庙非~~。"

【庸情】 yōngqíng 常情。沈约《郊居赋》:"将通人之远旨,非~~之所见。"

【庸人】 yōngrén 平庸之人。《荀子·荣辱》:"夫诗、书、礼、乐之分,固非~~之所知也。"《汉书·隽不疑传》:"胜之知不疑非~~,敬纳其戒。"

【庸竖】 yōngshù 平庸、卑贱的人。陶弘景《肘后百一方序》:"孰若便探之枕笥,则可~~成医。"

【庸琐】 yōngsuǒ 才能平庸,遇事不识大体的人。《抱朴子·博喻》:"才远而任近,则英俊与~~比矣。"

【庸态】 yōngtài 庸人的惯技。《楚辞·九章·怀沙》:"邑犬之群吠兮,吠所怪也;非俊疑杰兮,固~~也。"也作"庸能"。《论衡·累害》:"屈平洁白,邑犬群吠,吠所怪也;非俊疑杰,固~~也。"

【庸能】 yōngtài 见"庸态"。

【庸田】 yōngtián 下等田地。《管子·山权数》:"高田十石,间田五石,~~三石,其馀皆属诸荒田。"

【庸违】 yōngwéi 用心邪恶。《汉书·王尊传》:"靖言~~,放殛之刑也。"

【庸虚】 yōngxū 才能平庸,内心空虚。《隋书·庾秀才传》:"吾以～～,受兹顾命,天时人事,卿以为何如?"

【庸勋】 yōngxūn ❶酬谢有功的人。《国语·周语中》:"尊贵,明贤,～～,长老,爱亲,礼新,亲旧。"❷功勋。《后汉书·谢弼传》:"臣又闻爵赏之设,必酬～～。"《三国志·魏书·李通传》:"不幸早薨,子基虽已袭爵,未足酬其～～。"

【庸音】 yōngyīn 常音。陆机《文赋》:"故踸踔于短垣,放～～以足曲。"

【庸庸】 yōngyōng ❶按功劳大小酬报有功的人。《荀子·大略》:"亲亲、故故、～～、劳劳,仁之杀(shài)也。"(杀:差等。)❷平庸。《论衡·答佞》:"夫～～之材,无高之知,不能及贤,贤公不效,贤行不应,可谓佞乎?"❸平庸之人。《后汉书·冯衍传下》:"独慷慨而远览兮,非～～之所识。"❹微小的样子。《汉书·梅福传》:"毋若火,始～～。"

【庸作】 yōngzuò 见"佣作"。

澭(灉、雝) yōng 古水名。《尚书·禹贡》:"九河既道,雷夏既泽,～沮会同,桑土既蚕,是降丘宅土。"《吕氏春秋·察今》:"荆人欲袭宋,使人先表～水。"(表:测量后作出标记。)

鄘 yōng ❶周代诸侯国名。故址在今河南省新乡市西南的鄘城。《毛诗正义》卷二引《邶鄘卫谱》:"邶、～、卫者,商纣畿内方千里之地。……自纣城而北谓之邶,南谓之～,东谓之卫。"❷指"鄘风"。《诗经》十五国风之一。《左传·襄公二十九年》:"吴公子札来聘,……请观于周乐。……为之歌邶、～、卫。"❸通"墉"。城墙。《左传·昭公二十一年》:"六月庚午,宋城旧～及桑林之门而守之。"❹姓。

雍 yōng ❶和,和谐。《国语·晋语九》:"夫幸非福,非德不当～,～不为幸,吾是以惧。"《三国志·蜀书·刘禅传》:"盖统天载物,以咸宁为大;光宅天下,以时～为盛。"❷古代执政者撤膳时所奏的乐歌。《论语·八佾》:"三家者以～彻。"(彻:通"撤"。撤除膳食。)《淮南子·主术训》:"鼛鼓而食,奏～而彻。"❸通"壅"。堵塞。《穀梁传·僖公九年》:"毋～泉,毋讫籴。"❹通"壅"。遮蔽,蒙蔽。《荀子·致士》:"隐忌～蔽之人,君子不近。"《后汉书·舆服志上》:"相与起作宫室,上栋下宇,以～覆之,欲其长久也。"❺通"痈"。毒疮。引申指树干上的瘿节。《战国策·赵策四》:"所谓桑～者,便辟左右之近者,及夫人优爱孺子也。"(优:甚。)❻通"拥"。拥有、具有。《战国策·秦策五》:"今王破宜阳,残三川,而使天下之士不敢言,～天下之国,徙两周之疆,而世主不敢交阳侯之塞。"❼通"饔"。烹饪。《仪礼·少牢馈食礼》:"～人概鼎、匕、俎于～爨。"❽古代九州之一。《列子·汤问》:"帝命夸蛾氏二子负二山,一厝朔东,一厝～南,自此冀之南,汉之阴,无陇断焉。"❾姓。

【雍阏】 yōng'è 见"壅阏"。

【雍遏】 yōng'è 见"壅遏"。

【雍和】 yōnghé ❶和谐,和睦。《论衡·艺增》:"欲言尧之德大,所化者众,诸夏夷狄,莫不～～。"《后汉书·鲁恭传》:"霸少丧亲,兄弟同居,州里慕其～～。"❷传说中的兽名,状似猿猴。《山海经·中山经》:"[丰山]有兽焉,其状如蝯,赤目赤喙黄身,名曰～～。"

【雍睦】 yōngmù 和睦。《南史·到溉传》:"溉家门～～,兄弟特相友爱。"

【雍穆】 yōngmù 和睦。《三国志·魏书·陈矫传》:"夫闺门～～,有德有行,吾敬陈元方兄弟。"《南史·顾觊之传》:"觊之家门～～,为州郡所重。"

【雍容】 yōngróng ❶仪表温文,举止大方。《史记·司马相如列传》:"相如之临邛,从车骑,～～闲雅甚都。"(都:大方。)《汉书·货殖传》:"故南阳行贾尽法孔氏之～～。"也作"邕容"。杨炯《大周明威将军梁公神道碑》:"思若云飞,辨同河泻。兼该小说,～～大雅。"❷举止从容不迫,心胸豁达。《汉书·谷永传》:"属闻以特进领城门兵,是则车骑将军秉政～～于内,而至戚贤舅执管籥于外也。"《论衡·恢国》:"高祖～～入秦,不戮二尸。"

【雍树】 yōngshù 拥抱。小儿搂抱大人颈项,似悬身于树。《史记·樊郦滕灌列传》:"汉王急,马罢,虏在后,常蹶两儿欲弃之,婴常收,竟载之,徐行面～～乃驰。"

【雍熙】 yōngxī ❶和乐。《论衡·宣汉》:"唐世黎民～～,今亦天下修仁。"《三国志·魏书·明帝纪》注引《魏略》:"～～之美著,太平之律显矣。"❷宋太宗(赵炅)年号。

【雍娴】 yōngxián 温和娴雅。《新唐书·裴休传》:"休为人酝藉,进止～～。"

【雍雍】 yōngyōng ❶见"噰噰"。❷形容车铃和谐的声音。《礼记·少仪》:"车马之美,匪匪翼翼;鸾和之美,肃肃～～。"(匪匪:通"骓骓"。马行不停的样子。鸾:通"銮"。车铃。)❸形容人际关系和谐、融洽。《史记·乐书》:"夫肃肃,敬也;～～,和也。"《后汉书·钟离意传》:"百官无相亲之心,吏人无～～之志。"

【雍畤】 yōngzhì 古代位于雍州的祭祀天

地和五帝的祭坛。《后汉书·冯衍传下》："陟～～而消摇兮，超略阳而不反。"

慵 yōng 懒惰。韩愈《合江亭》诗："淹滞乐闲旷，勤苦劝～惰。"白居易《晚春酒醒寻梦得》诗："独出虽～懒，相逢定喜欢。"

墉（隲） yōng ❶城墙。《周易·同人》："乘其～，弗克攻。"何晏《景福殿赋》："～垣砀基，其光昭昭。"（砀：有花纹的石头。）㊀泛指墙壁。《诗经·召南·行露》："谁谓鼠无牙，何以穿我～？"《礼记·郊特牲》："君南向于北～下。"❷城。《诗经·大雅·皇矣》："与尔临冲，以伐崇～。"（崇：国名。）《左传·襄公九年》："二师令四乡正敬享，祝宗用马于四～，祀盘庚于西门之外。"（用马：杀马祭祀。）

【墉城】 yōngchéng 神仙居地。《水经注·河水一》："承渊山又有～～。金台玉楼，相似如一。"

【墉基】 yōngjī 城墙的基址。曹冏《六代论》："～～不可仓卒而成，威名不可一朝而立。"

【墉屋】 yōngwū 围墙和房舍。《韩诗外传》卷六："子路治蒲三年，孔子过之，入其境而善之，……～～甚尊，树木甚茂。"

犝（獞） yōng 颈上长有肉堆的一种牛。也称犎牛或犦牛，即今之牦牛。《史记·司马相如列传》："兽则～旄貘犛，沈牛麈麋，赤首圜题，穷奇象犀。"

壅（塋、廱） yōng ❶堵塞。《国语·周语上》："川～而溃，伤人必多。"《论衡·感虚》："夫山崩～河，犹人之有痈肿，血脉不通也。"㊀阻碍。《管子·立政》："如此，则明塞于上而治～于下。"《史记·太史公自序》："周道衰废，孔子为鲁司寇，诸侯害之，大夫～之。"❷防止。《国语·晋语一》："苟可以携，其入也必甘受，逞而不知，胡可～也？"（逞：满足，快意。）❸遮蔽。《楚辞·九辩》："何氾滥之浮云兮，猋(biāo)～蔽此明月？"（猋：迅速。）㊀蒙蔽，蒙骗。《楚辞·九章·惜往日》："卒没身而绝名兮，惜～君之不昭。"（壅君：被蒙蔽的君主，指楚顷襄王。昭：明白。）❹断绝，拒绝与人交往。《汉书·梅福传》："臣闻存人所以自立也，～人所以自塞也。"（存：看望，拜访。）❺堆积。无可《寄题庐山二林寺》诗："棕径新苞拆，梅篱故叶～。"❻用土壤或肥料培在植物根部。曹冏《六代论》："虽～之以黑坟，暖之以春日，犹不救于枯槁，何暇繁育哉？"（坟：土堆。）㊀蓄积。《左传·昭公十一年》："楚将有之，然～也。"（壅：指积恶。）❼垄断，独占。《左传·襄公十一年》："凡我同盟，毋蕴年，毋～利，毋保奸，毋留慝。"

【壅阏】 yōng'è 见"壅遏"。

【壅遏】 yōng'è 阻遏，堵塞。《管子·明法解》："见知不悖，赏罚不差，有不蔽之术，故无～～之患。"也作"拥遏"、"雍遏"、"壅阏"、"拥阏"、"雍阏"。《淮南子·主术训》："守官者～～而不进。"《史记·龟策列传》："桀纣之时，与天争功，～～鬼神，使不得通。"又《朝鲜列传》："真番旁众国欲上书见天子，又～～不通。"《汉书·中山靖王传》："今臣～～不得闻，谗言之徒蠭生。"《列女传·楚处庄姪》："欲言隐事于王，恐～～蔽塞而不得见闻。"

【壅防】 yōngfáng 堵塞。《国语·周语下》："昔共工弃此道也，虞于湛乐，淫失其身，欲～～百川，堕高堙庳，以害天下。"（虞：安。湛：淫。堙：塞。）

【壅隔】 yōnggé 阻隔。杜甫《光禄坂行》："安得更似开元中，道路即今多～～。"

【壅绝】 yōngjué 隔断。《楚辞·九辩》："愿自往而径游兮，路～～而不通。"

【壅门】 yōngmén 遮掩城门的短墙。《新唐书·张仁愿传》："初建三城也，不置～～、曲敌、战格。"

【壅囊】 yōngnáng 盛沙堵水的沙袋。《史记·淮阴侯列传》："龙且遂追渡水，信使人决～～，水大至，龙且军大半不得渡，即急击杀龙且。"

【雍养】 yōngyǎng 培养。《论衡·道虚》："物黄，人虽灌溉～～，终不能青；发白，虽吞药养性，终不能黑。"

【雍滞】 yōngzhì ❶不流畅。《晋书·陶侃传》："远近书疏，莫不手答，笔翰如流，未尝～～。"❷受压抑，不得志。《后汉书·仲长统传》："是故收其奕世之权，校其从横之埶，善者早登，否者早去，故下土无～～之士，国朝无专贵之人。"（奕世：累世。）

噰 yōng 见"噰噰"。

【噰噰】 yōngyōng 鸟鸣和谐的样子。《楚辞·九思·怨上》："鸳鸯兮～～，狐狸兮徾徾。"（徾徾：相随的样子。）也作"雝雝"、"廱廱"、"邕邕"、"雍雍"。《诗经·邶风·匏有苦叶》："～～鸣雁，旭日始旦。"《楚辞·九辩》："雁～～而南游兮，鹍鸡啁哳而悲鸣。"（啁哳：声音杂乱细碎的样子。）班彪《北征赋》："雁～～以群翔兮，鹍鸡鸣以哜哜。"欧阳修《送杨寘序》："如怨夫寡妇之叹息，雌雄～～之相鸣也。"

镛（鏞） yōng 大钟。《尚书·益稷》："笙～以间，鸟兽跄跄。"张衡

《东京赋》："尔乃九宾重，胪人列，崇牙张，～鼓设。"

饔（饔） yōng ❶同"饔"。烹饪。《国语·周语下》："佐～者尝焉，佐斗者伤焉。"❷噎。《集韵·肿韵》："～，食饐也。"

臃（臃） yōng 肿。《史记·扁鹊仓公列传》："石之为药精悍，公服之不得数溲，亟勿服。色将发～。"（溲：排泄大小便。）

【臃肿】 yōngzhǒng ❶毒疮隆肿或隆起的肿瘤。《战国策·韩策三》："人之所以善扁鹊者，为有～～也。"❷树木上的瘿节，瘤状物。何逊《夜梦故人》诗："已如～～木，复似飘飖蓬。"❸形容形体肥大，不灵活。萧衍《答陶弘景论书书》："点撇短则法～～。"梅尧臣《和江邻几咏雪三十韵》："庭槐高～～，屋盖素模胡。"

雝 yōng ❶和，和谐。《诗经·召南·何彼襛矣》："曷不肃～，王姬之车。"（肃：敬。）❷通"壅"。堵塞。《荀子·法行》："涓涓源水，不～不塞。"❸通"壅"。遮蔽。《诗经·小雅·无将大车》："无将大车，维尘～兮。"❹通"邕"。水被壅积而形成的沼泽。《诗经·周颂·振鹭》："振鹭于飞，于彼西～。"

【雝雝】 yōngyōng ❶见"噰噰"。❷和悦的样子。《诗经·大雅·思齐》："～～在宫，肃肃在庙。"

廱 yōng ❶见"辟廱"。❷通"壅"。堵塞。《汉书·五行志下之上》："成公五年夏，梁山崩。《穀梁传》曰：'～河三日不流。'"《后汉书·杜笃传》："置列汧陇，～偃西戎。"（偃：停息，阻遏。）

【廱廱】 yōngyōng 见"噰噰"。

饔 yōng ❶熟食。《诗经·小雅·祈父》："胡转予于恤，有母之尸～。"（尸：陈，陈设。）《汉书·杜周传》："唯陛下正后妾，抑女宠，……亲二宫之～膳，致晨昏之定省。"❷熟肉。《公羊传·昭公二十五年》："吾寡君闻君在外，馂～未就，敢致糗于从者。"（馂：熟食。）❸早饭。柳宗元《种树郭橐驼传》："吾小人辍飧～以劳吏者，且不得暇，又何以蕃吾生而安吾性邪？"❹烹饪，做饭菜。《周礼·天官·内饔》："凡王之好赐肉脩，则～人共之。"

【饔飧】 yōngsūn ❶饮食飨宴。《孟子·告子下》："夫貉，……无城郭、宫室、宗庙、祭祀之礼，无诸侯币帛～～，无百官有司，故二十取一而足也。"（飧：今本作"飱"，误。）❷做饭菜。《孟子·滕文公上》："贤者与民并耕而食，～～而治。"

【饔饩】 yōngxì 用于祭祀、馈赠的已经宰杀和尚未宰杀的牲畜。《仪礼·聘礼》："上介～～三牢，饪一牢。"

【饔子】 yōngzǐ 厨师。杜甫《观打鱼歌》："～～左右挥双刀，鲙飞金盘白雪高。"

喁 yóng ❶鱼口露出水面呼吸。《韩诗外传》卷一："水浊则鱼～，令刻则民乱。"❷相应和的声音。《庄子·齐物论》："激者、谪者、叱者、吸者、叫者、譹者、宎者、咬者，前者唱于而随者唱～。"❸见"喁喁"。

【喁喁】 yóngyóng ❶众人仰慕的样子。《史记·司马相如列传》："延颈举踵，～～然，皆争归义。"《后汉书·黄琼传》："天下～～，仰其风采。"❷随声附和的样子。《史记·日者列传》："公之等～～者也，何知长者之道乎！"❸低声细语的样子。《聊斋志异·聂小倩》："闻舍北～～，如有家口。"❹蝉鸣声。扬雄《太玄经·饰》："蛁鸣～～，血出其口。"

颙（顒） yóng ❶大的样子。《诗经·小雅·六月》："四牡修广，其大有～。"（牡：公马。）❷严正的样子。《周易·观》："盥而不荐，有孚～若。"❸仰慕的样子。《旧唐书·李晟传》："我行西宫，瞻宏阁崇构，见老臣遗像，～然肃然，睹往思今，取类非远。"❹姓。

【颙望】 yóngwàng ❶仰望。白居易《祈皋亭神文》："长吏虔诚而不答，下民～～而不知。"❷盼望。柳永《八声甘州》词："想佳人，妆楼～～，误几回，天际识归舟。"

【颙颙】 yóngyóng ❶严肃的样子。《诗经·大雅·卷阿》："～～卬卬，如珪如璋。"❷仰慕的样子。《后汉书·朱儁传》："凡百君子，靡不～～。"《三国志·蜀书·许靖传》："自华及夷，～～注望。"❸波涛涌起的样子。枚乘《七发》："～～卬卬，椐椐强强。"

鷛（鷛、鳙） yóng 见"鷛鶏"。

【鷛鶏】 yóngqú 水鸟名。形似家鸭，灰色，鸡足。左思《吴都赋》："鸂鶒～～，鹡鹤鹙鸧。"也作"鷛鸈"。《史记·司马相如列传》："烦鹜～～，鸃䴔鵁鸬，群浮乎其上。"

【鷛鸈】 yóngqú 见"鷛鶏"。

鳙（鱅） yóng 一种皮有花纹的鱼。《楚辞·大招》："～鳙短狐，王虺骞只。"（只：语气词。）张衡《南都赋》："其水虫则有蠳龟鸣蛇，潜龙伏螭，鲟鳣～鳙，鼋鼍鲛鳙。"

鳙（鱅、鰫） yóng 胖头鱼。《史记·司马相如列传》："于是乎蛟龙赤螭，𩹨䱤螹离，鰅～鰬魠，禺禺鱋魶，揵鳍擢尾，振鳞奋翼，潜处于深岩。”

永 yǒng ❶水流长。《诗经·周南·汉广》：“江之～矣，不可方思。”❷长。阮籍《咏怀》之十七：“出门临～路，不见行车马。”骆宾王《别李峤得胜字》诗：“寒更承～夜，凉景向秋澄。”㊀使延长。《诗经·小雅·白驹》：“絷之维之，以～今夕。”㊁深。《汉书·董仲舒传》：“朕夙寤晨兴，惟前帝王之宪，～思所以奉至尊，章洪业，皆在力本任贤。”李商隐《无题》诗之四：“何处哀筝随急管，樱花～巷垂杨岸。”❸长久，永远。《诗经·周南·卷耳》：“我姑酌彼金罍，维以不～怀。”《论语·尧曰》：“四海困穷，天禄～终。”❹终，尽。《诗经·周颂·闵予小子》：“於乎皇考，～世克孝。”曹丕《七启》：“轻禄傲贵，与物无营，耽虚好静，羡此～生。”❺通“咏”。抒写，表达。《尚书·尧典》：“诗言志，歌～言。”❻姓。

【永劫】 yǒngjié　佛教指永无穷尽之时。沈约《内典序》：“以寸阴之短晷，驰～～之遥路。”（劫：佛教指极长的一个时期。）

【永命】 yǒngmìng　长命，长久的国运。《尚书·召诰》：“王其德之用，祈天～～。”

【永绥】 yǒngsuí　永安。《尚书·微子之命》：“弘乃烈祖，律乃有民，～～厥位，毗予一人。”（毗：辅佐。）

【永图】 yǒngtú　长计，永世的图谋。《尚书·太甲上》：“无越厥命以自覆，慎乃俭德，惟怀～～。”

【永巷】 yǒngxiàng　❶汉代囚禁宫中妃嫔、宫女的地方。《汉书·高后纪》：“少帝自知非皇后子，出怨言，皇太后幽之～～。”❷后宫。宫中嫔妃居住的地方。《南史·后妃传论》：“～～贫空，有同素室。”❸深巷。《新唐书·郭子仪传》：“宅居亲仁里四分之一，中通～～，家人三千相出入，不知其居。”

【永永】 yǒngyǒng　永远，永久。《史记·孝文本纪》：“然后祖宗之功德著于竹帛，施于万世，～～无穷，朕甚嘉之。”《汉书·匡衡传》：“故审六艺之指，则人天之理可得而和，草木昆虫可得而育，此～～不易之道也。”

【永宅】 yǒngzhái　❶永久居住。引申指世代坚守。《逸周书·祭公》：“维周之基丕，维后稷之受命，是～～之。”❷墓地。《魏书·傅永传》：“此吾之～～也。”

【永蛰】 yǒngzhé　永远蛰伏，喻死亡。《文心雕龙·指瑕》：“陈思之文，群才之俊也，而武帝诔云：‘尊灵～～。’”

甬 1. yǒng ❶古代乐器钟的柄。《周礼·考工记·凫氏》：“舞上谓之～，～上谓之衡。”❷雇工。《方言》卷三：“自关而东，陈魏宋楚之间，保庸谓之～。”

2. tǒng ❸通“桶”。古代量器名，即方形斛。《吕氏春秋·仲秋》：“日夜分，则一度量，平权衡，正钧石，齐斗～。”

【甬道】 yǒngdào　❶两旁有墙的驰道或通道。《史记·高祖本纪》：“汉王军荥阳，筑～～，属之河，以取敖仓。”《三国志·魏书·武帝纪》：“公乃得渡，循河为～～而南。”❷楼阁间架设的通道。《淮南子·本经训》：“修为墙垣，～～相连。”❸庭院或墓地通向主要建筑物用砖石铺成的路。《水浒传》二十三回：“武松下了轿，扛着大虫，都到厅前，放在～～上。”

泳 yǒng　游泳，潜泳。《诗经·邶风·谷风》：“就其浅矣，～之游之。”

咏（詠） yǒng ❶唱歌。《论语·先进》：“莫春者，春服既成，冠者五六人，童子六七人，浴乎沂，风乎舞雩，～而归。”❷吟咏。拉长声念诵诗词。李白《夜泊牛渚怀古》诗：“余亦能高～，斯人不可闻。”㊀诗词。李白《春夜宴从弟桃花园序》：“不有佳～，何伸雅怀，如诗不成，罚依金谷酒数。”❸用诗词、歌谣来抒写表达。《史记·乐书》：“诗，言其志也；歌，～其声也。”温庭筠《寄弘里生》诗：“他时～怀作，犹得比南金。”㊀泛指一般的叙述表达。《后汉书·冯衍传下》：“夫睹其终必原其始，故存其人而～其道。”

俑 yǒng　古代用于殉葬的木偶或陶人。《孟子·梁惠王上》：“仲尼曰：‘始作～者，其无后乎！’”《论衡·薄葬》：“～则偶人，象类生人，故鲁用偶人葬，孔子叹。”

勇 yǒng ❶勇敢。《论语·为政》：“见义不为，无～也。”《左传·隐公九年》：“使～而无刚者，尝寇而速去之。”（尝：试，试探。）㊀兵卒。蔡邕《释诲》：“带甲百万，非一～所抗。”㊁泛指健壮有力的人。欧阳修《王彦章画像记》：“一枪之～，同时岂无？”❷果决，果断。谢瞻《于安城答灵运》诗：“量己畏友朋，～退不敢进。”

【勇沉】 yǒngchén　勇敢沉着。《史记·刺客列传》：“燕有田光先生，其为人智深而～～，可与谋。”

【勇虫】 yǒngchóng　勇猛的昆虫。指螳螂。《抱朴子·广譬》：“是以晋文回轮于～～而壮士云赴，句践曲躬于怒蛙而戎卒轻死。”

【勇断】 yǒngduàn　勇敢果断。刘向《说苑·立节》：“非有～～，孰能行之？”《旧五代史·刘铢传》：“高祖以为～～类己。”

【勇果】 yǒngguǒ　勇敢果断。《荀子·大略》：“～～而亡礼，君子所憎恶也。”（亡：通

"无"。)

【勇桀】 yǒngjié 勇敢强悍。《论衡·物势》:"至于相啖食者,自以齿牙顿利,筋力优劣,动作巧便,气势～～。"

【勇决】 yǒngjué 勇敢果决。陈师道《大行皇太后挽词》之一:"～～高千古,危疑定一言。"《元史·阿术传》:"沈几有智略,临阵～～。"

【勇爵】 yǒngjué ❶勇士爵位。《左传·襄公二十一年》:"庄公为～～,殖绰、郭最欲与焉。"(为:设置。)❷指武将。张说《大唐祀封禅颂》:"宠～～,贵经门。"

【勇略】 yǒnglüè 勇敢又有谋略。《史记·淮阴侯列传》:"且臣闻～～震主者身危,而功盖天下者不赏。"韦昭《博弈论》:"～～之士,则受熊虎之任。"

【勇募】 yǒngmù 应召的勇士。《北史·唐邕传》:"是以九州军士,四方～～,强弱多少,番代往迁,器械精粗,粮储虚实,莫不谙知。"(谙:熟悉。)

【勇剽】 yǒngpiāo 勇猛剽悍。曹植《白马篇》:"狡捷过猴猿,～～若豹螭。"

【勇武】 yǒngwǔ ❶勇敢凶猛。《汉书·平帝纪》:"秋,举～～有节,明兵法,郡一人,诣公车。"❷指勇士。《淮南子·修务训》:"怯夫操剑,击则不能断,刺则不能入,及至～～攘卷一捣,则摺胁伤干。"

【勇义】 yǒngyì 勇敢又重义气。班昭《东征赋》:"卫人嘉其～～兮,讫于今而称云。"

【勇挚】 yǒngzhì 见"勇鸷"。

【勇鸷】 yǒngzhì 勇敢凶猛。《后汉书·吴汉传》:"间数与吴汉言,其人～～有智谋,诸将鲜能及者。"也作"勇挚"。《三国志·吴书·孙坚传》:"孙坚～～刚毅。"

涧 yǒng 见"涧潧"。

【涧潧】 yǒngjǐng 水势回旋的样子。郭璞《江赋》:"泓汯～～,涒邻圌潾。"

涌 yǒng ❶水向上冒。《论衡·状留》:"肉暴长者曰肿,泉暴出者曰～。"《后汉书·桓帝纪》:"郡国六地裂,水～井溢。"❷波涛翻腾。《后汉书·张衡传》:"扬芒熛而绛天兮,水泫沄而～涛。"[引]烟雾云气翻滚。张协《杂诗》之三:"腾云似～烟,密雨如散丝。"❸从地里露出。王嘉《拾遗记》:"金鸣于山,银～于地。"❹呕吐。《素问·至真要大论》:"酸若～泄。"❺物价上涨。韩偓《海山记》:"帑币全虚,谷粟～贵。"《宋史·兵志》:"买价数增,市物随～。"❻产生。《三国志·吴书·孙权传》注:"却令人气～如山。"❼水名。夏水的支流。在今湖北江陵。郦道元《水经注·江水二》:"又东南当华容县南,～水入焉。"

【涌洑】 yǒngfú 水流涌起、回旋。鲍照《登大雷岸与妹书》:"～～之所宕涤,则上穷荻浦,下至狶洲。"

【涌泉】 yǒngquán ❶向上翻滚的泉水。《吕氏春秋·本味》:"高泉之山,其上有～～焉。"也作"湧泉"。司马相如《子虚赋》:"其西则有～～清池,激水推移,外发芙蓉菱华,内隐钜石白沙。"❷喻心思涌起或作品产生如源源不断的喷泉。《庄子·盗跖》:"且跖之为人也,心如～～,意如飘风,强足以距敌,辩足以饰非。"曹植《王仲宣诔》:"文若春华,思若～～。"也作"湧泉"。徐夤《送刘常侍》诗:"言端信义如明月,笔下篇章似～～。"❸人体经穴名,在足下。《素问·阴阳离合论》:"少阴根起于～～。"也作"湧泉"。《灵枢经·本输》:"肾出于～～。～～者,足心也。"

【涌湍】 yǒngtuān ❶奔腾的急流。《楚辞·九章·悲回风》:"惮～～之磕磕兮,听波声之汹汹。"❷激流,水势急。潘岳《秋兴赋》:"泉～～于石间兮,菊扬芳于崖澨。"(澨:水边。)

【涌裔】 yǒngyì 水波腾涌的样子。枚乘《七发》:"轧盘～～,原不可当。"

【涌潏】 yǒngyù 水流腾涌的样子。朱熹《三峡桥》诗:"一水从中来,～～知几折?"

禜(禜) yǒng 古人为消除自然灾害或瘟疫而对日月星辰和山川之神举行的一种祭礼。《左传·昭公十九年》:"郑大水,龙斗于时门之外洧渊,国人请为～焉。"《史记·郑世家》:"山川之神,则水旱之菑～之;日月星辰之神,则雪霜风雨不时～之。"[引]泛指祭祀、祈祷。《后汉书·顺帝纪》:"分祷祈请,靡神不～。"

【禜祷】 yǒngdǎo 祭祀祈祷。《后汉书·臧洪传》:"坐列巫史,～～群神。"《宋史·礼志五》:"凡诸寺观,遇旱蝗水潦无雪,皆～～焉。"

【禜门】 yǒngmén 祭祀国门之神。《周礼·春官·鬯人》:"凡祭祀社壝用大罍,～～用瓢赍。"

恿(慂、悀) yǒng 见"怂恿"。

湧 yǒng ❶同"涌"。水向上冒。《史记·司马相如列传》:"其西则有～泉清池。"❷同"涌"。波涛翻腾。杜甫《秋兴》诗之一:"江间波浪兼天～,塞上风云接地阴。"❸同"涌"。物价上涨。范成大《重阳后半月天气温丽忽变奇寒》诗:"敢论酒价～,束薪逾桂芳。”❹姓。

【湧泉】 yǒngquán 见“涌泉”。

傛 yǒng 见 róng。

蛹 yǒng 蚕或一般昆虫从幼虫长到成虫的一种过渡形态。《荀子·赋》：“～以为母，蛾以为父，三俯三起，事乃大已。”（俯：蚕眠。）㊀像蚕蛹那样。叶適《送陈漫翁》诗：“笠泽老龟蒙，～卧丝自裹。”（蛹卧：喻隐居。）

嵱 yǒng 见“嵱嵷”。

【嵱嵷】 yǒngsǒng 山峰众多的样子。《汉书·扬雄传上》：“陵高衍之～～兮，超纡谲之清澄。”

踊（踴） yǒng ❶向上跳。《左传·僖公二十八年》：“距跃三百，曲～三百。”《史记·齐太公世家》：“门开而入，枕公尸而哭，三～而出。”㊀跳跃，跳舞。嵇康《琴赋》：“其康乐者闻之，则欨愉懽释，抃舞～溢，留连澜漫，嗢噱终日。”（抃：拍手。）刘禹锡《望赋》：“霓裳～于河上，马迹穷乎越徼。”❷登上。《公羊传·成公二年》：“萧同侄子者，齐君之母也，～于棓而窥客。”（棓：踏脚板。）❸向上矗立。白居易《明远大师碑铭》：“平地～塔，多宝示现。”❹物价上涨。《后汉书·曹褒传》：“时春夏大旱，粮谷～贵。”❺受刖刑的人所穿的一种特制鞋子。《左传·昭公三年》：“国之诸市，屦贱～贵。”❻皆，全。《公羊传·僖公十年》：“晋之不言出入者，～为文公讳也。”❼通“涌”。水向上翻腾。《论衡·感虚》：“山崩河壅，天雨水～，二者之变，无以殊也。”

【踊绝】 yǒngjué 号哭踊跳而陨绝。任昉《齐竟陵文宣王行状》：“公仰惟国典，俛遵遗托，俯擗天伦，～～于地，居处之节复如居武穆之忧。”

【踊跃】 yǒngyuè ❶跳跃。《庄子·大宗师》：“今大冶铸金，金～～曰：‘我且必为镆铘！’”苏轼《凌虚台记》：“人之至于其上者，怳然不知台之高，而以为山之～～奋迅而出也。”❷士兵操练时的动作。《诗经·邶风·击鼓》：“击鼓其镗，～～用兵。”❸征伐。《史记·楚世家》：“今楚之地方五千里，带甲百万，犹足以～～中野也，而坐受困，臣窃为大王弗取也。”

用 yòng ❶使用。《诗经·大雅·公刘》：“执豕于牢，酌之～匏。”《三国志·蜀书·马谡传》：“～兵之道，攻心为上。”㊀采用，采纳。《史记·秦始皇本纪》：“秦～李斯谋。”㊁听从，奉行。《左传·宣公十二年》：“其佐先縠刚愎不仁，未肯～命。”《国语·齐语》：“于子之乡，有不慈孝于父母，不长悌于乡里，骄躁淫暴，不～上令者，有则以告。”㊁奉献，效劳。《商君书·靳令》：“六虱成群，则民不～，是故兴国罚行则民亲，赏行则民利。”❷役使。《左传·隐公四年》：“夫州吁弑其君，而虐～其民。”❸古代奴隶主杀人作祭祀的牺牲。《左传·僖公十九年》：“宋公使邾文公～鄫子于次睢之社。”❹任用，举用。《战国策·秦策五》：“应侯之～秦也，孰与文信侯专？”《孟子·梁惠王下》：“见贤焉，然后～之。”❺自以为是，骄傲专擅。《左传·桓公十三年》：“莫敖狃于蒲骚之役，将自～也。”❻需用，需要。《论语·阳货》：“割鸡焉～牛刀？”《左传·桓公十年》：“吾焉～此，其以贾害也？”❼应用，实用。《荀子·解蔽》：“墨子蔽于～而不知文。”❽用处，功用，作用。《老子·十一章》：“三十辐共一毂，当其无有车之～。”《论语·学而》：“礼之～，和为贵。”㊀用具。《左传·昭公十二年》：“子大叔使其除徒执～以立。”（除徒：清扫道路的徒众。）《国语·周语上》：“阜其财物而利其器～。”㊁用意。《史记·五帝本纪》：“尧曰：‘共工善言，其～僻，似恭漫天，不可。’”❾资财，费用。《论语·颜渊》：“年饥，～不足，如之何？”《左传·僖公二十一年》：“修城郭，贬食省～，务穑劝分，此其务也。”（贬：减少。）❿统治，治理。《荀子·富国》：“故仁人之～国，非特将持其有而已也，又将兼人。”⓫把持，操纵。《韩非子·内储说下》：“子以韩辅我于魏，我以魏侍子于韩，臣长～魏，子长～韩。”⓬畅通，通达。《庄子·齐物论》：“～也者，通也；通也者，得也。”⓭介词。作用同“以”，表示凭借，译为“靠”、“由”。《史记·佞幸列传》：“卫青、霍去病亦以外戚贵，然颇～材能自进。”《荀子·性恶》：“～此观之，然则人之性恶明矣，其善者伪也。”⓮介词。作用同“以”、“因”，表示原因、结果，译为“因”、“因为”、“因此”。《诗经·邶风·雄雉》：“不忮不求，何～不臧？”（何用：因为什么。）《史记·外戚世家》：“平阳公主曰：‘～无子故废耳。’”《国语·周语下》：“皇天弗福，庶民弗助，祸乱并兴，共工～灭。”⓯介词。1）表示动作涉及的对象，译为“把”。《史记·匈奴列传》：“单于既得翕侯，以为自次王，～其姊妻之。”2）作用同“于”。《周易·谦》：“利～行师征邑国。”⓰连词。作用同“以”。表示动作行为目的，译为“来”、“用来”。《诗经·大雅·抑》：“谨尔侯度，～戒不虞。”⓱姓。

【用板】 yòngbǎn 使用诏书。《后汉书·杨赐传》："宜绝慢傲之戏，念官人之重，割～～之恩，慎鱼贯之次。"（板：诏书。）

【用度】　yòngdù　费用，开支。《汉书·沟洫志》："遣行视，以为屯氏河盈溢所为，方～～不足，可且勿浚。"《三国志·魏书·三少帝纪》："减乘舆服御，后宫～～，及罢尚方御府百工技巧靡丽无益之物。"

【用而】　yòng'ér　因而。《楚辞·离骚》："后辛之菹醢兮，殷宗～～不长。"

【用间】　yòngjiàn　使用间谍。《孙子·用间》："故～～有五：有因间，有内间，有反间，有死间，有生间。"

【用命】　yòngmìng　听从命令。《左传·宣公元年》："晋人讨不～～者。"《礼记·缁衣》："《甫刑》曰：'苗民弗～～，制以刑。'"

【用世】　yòngshì　❶为世所用。戴叔伦《寄孟郊》诗："～～空悲闻道浅，入山偏喜识僧多。"❷指文章为当世人所欣赏。韩愈《祭柳子厚文》："子之文章，而不～～。"

【用事】　yòngshì　❶行事，管事，履行职责。《韩非子·三守》："恶自治之劳惮，使群臣辐凑～～，因传柄移藉，使杀生之机，夺予之要在大臣，如是者侵。"（藉：势位。）❷执掌政权。《战国策·秦策三》："今秦，太后、穰侯～～，高陵、泾阳佐之，卒无王业。"《汉书·贾捐之传》："时中书令石显～～，捐之数短显，以故不得官，后稀复见。"（短：揭露……的短处。）❸祭祀。《周礼·春官·大祝》："过大山川，则～～焉。"《史记·周本纪》："许田，天子之～～太山田也。"❹当令。《汉书·丙吉传》："方春少阳～～，未可大热。"《论衡·雷虚》："盛夏之时，太阳～～，阴气乘之。"❺引用典故。《颜氏家训·文章》："沈侯文章～～，不使人觉，若胸臆语也。"严羽《沧浪诗话·诗法》："～～不必拘来历。"

【用心】　yòngxīn　❶使用心力。杜甫《写怀》诗之一："～～霜雪间，不必条蔓绿。"❷费尽心力。《孟子·梁惠王上》："察邻国之政，无如寡人之～～者。"❸存心。《庄子·天道》："吾不敖无告，不废穷民，苦死者，嘉孺子而哀妇人，此吾所以～～已。"

蕾（醬、酴）　yòng　酗酒。《汉书·叙传下》："中山淫～。"《抱朴子·论仙》："覆溺者不可怨帝轩之造舟，酗～者不可非杜仪之为酒。"

you

优（優）　yōu　❶杂戏、歌舞表演。《左传·襄公二十八年》："陈氏、鲍氏之圉人为～。庆氏之马善惊，士皆释甲束马，而饮酒，且观～，至于鱼里。"㊀表演杂戏、歌舞的演员。《国语·晋语一》："公之～曰施，通于骊姬。"❷戏谑，开玩笑。《左传·襄公六年》："宋华弱与乐辔少相狎，长相～，又相谤也。"❸雨水充足。《诗经·小雅·信南山》："既～既渥，既霑既足。"㊀多，充足。《荀子·王制》："污池渊沼川泽谨其时禁，故鱼鳖～多而百姓有馀用也。"㊁能力或实力有馀。《论语·子张》："仕而～则学，学而～则仕。"《左传·哀公十一年》："鲁之群室众于齐之兵车，一室敌车～矣，子何患焉？"㊁财力有馀。《国语·周语中》："有～无匮，有逸无罢。"㊁甚，特别。《战国策·赵策四》："所谓桑雍者，便辟左右之近者，及夫人～爱孺子也。"❹优厚，优待。《晋书·张宾载记》："任遇～显，宠冠当时。"《周书·武帝纪》："眷言衰暮，宜有～崇。"（言：助词。）❺优胜，优良。《论衡·须颂》："实而论之，～劣可见。"❻悠闲。《左传·襄公二十一年》："～哉游哉，聊以卒岁。"❼协调，调和。《淮南子·原道训》："其德～天地而和阴阳，节四时而调五行。"❽优柔寡断。《管子·小匡》："人君惟～与不敏为不可。"❾通"忧"。忧伤。《诗经·大雅·瞻卬》："人之云亡，心之～矣。"❿姓。

【优倡】　yōuchāng　歌舞、杂戏演员。《史记·孔子世家》："～～侏儒为戏而前。"

【优宠】　yōuchǒng　❶优待宠爱。《汉书·苏武传》："以武著节老臣，令朝朔望，号称祭酒，甚～～之。"（著节：节操昭著。）❷优厚。《三国志·蜀书·麋竺传》："然赏赐～～，无与为比。"

【优锡】　yōucì　厚赏。《隋书·魏澹传》："太子深礼遇之，屡加～～。"（锡：通"赐"。赏赐。）

【优复】　yōufù　享受优待，免除徭役、赋税。《后汉书·明帝纪》："常山三老言于帝曰：'上生于元氏，顾蒙～～。'"

【优假】　yōujiǎ　宽容，宽待。《后汉书·刘般传》："［恺］以当袭般爵，让与弟宪……肃宗美其义，特～～之。"

【优僭】　yōujiàn　僭越，超越本分。《颜氏家训·教子》："礼数～～，不与诸王等。"

【优剧】　yōujù　优厚艰难。甘苦。《后汉书·刘宠传》："值中国丧乱，士友多南奔，繇携接收养，与同～～。"

【优宽】　yōukuān　优柔宽和。《后汉书·史弼传论》："夫刚烈表性，鲜能～～；仁柔用情，多乏直直。"

【优伶】　yōulíng　俳优乐工。引申指演员。

段安节《乐府杂录序》："重翻曲调，全袪淫绮之音；复采～～，尤尽滑稽之妙。"

【优隆】 yōulóng 优待尊敬。《三国志·魏书·三少帝纪》："近汉显宗崇宠邓禹，所以～～隽乂，必有尊也。"

【优命】 yōumìng 优厚的任命。《三国志·魏书·王烈传》："光宠并臻，～～屡至，怔营竦息，悼心失图。"

【优洽】 yōuqià 遍及。颜延之《赭白马赋》："武义粤其肃陈，文教迄已～～。"

【优饶】 yōuráo 优厚宽裕。《后汉书·仲长统传》："君子非自农桑以求衣食者也，蓄积非横赋敛以取～～者也。"

【优柔】 yōuróu ❶宽容。《国语·周语下》："反及嬴内，以无射之上宫，布宪施舍于百姓，故谓之嬴乱，所以～～容民也。"❷性情温柔，喻乐声柔和。王褒《洞箫赋》："～～温润，又似君子。"❸从容自得的样子。《文心雕龙·养气》："志于文也，则申写郁滞，故宜从容率情，～～适会。"❹不紧不慢，潜心研读的样子。《北史·郑道昭传》："垂心经素，～～坟籍。"❺犹豫不决。成语有"～～寡断"。

【优容】 yōuróng 宽容。《三国志·魏书·明帝纪》："百姓失农时，直臣杨阜、高堂隆等各数切谏，虽不能听，常～～之。"《晋书·阮孚传》："终日酣纵，恒为有司所按，帝每～～之。"

【优渥】 yōuwò ❶悠闲自得。班彪《北征赋》："彼何生之～～，我独罹此百殃。"（罹：遭受。）❷优厚。《后汉书·宋均传》："分甘损膳，赏赐～～。"

【优贤】 yōuxián 优待贤者。《三国志·魏书·管宁传》："斯亦圣朝同符唐、虞，～～扬历，垂声千载。"左思《魏都赋》："～～著于扬历，匪孽形于亲戚。"

【优笑】 yōuxiào 古代杂戏，滑稽戏的演员。《国语·齐语》："～～在前，贤材在后。"《韩非子·八奸》："～～侏儒，左右近习，此人主未命而唯唯、未使而诺诺，先意承旨，观貌察色以先主心者也。"

【优毅】 yōuyì 优柔刚毅。马融《长笛赋》："温直～～，孔孟之方也。"

【优优】 yōuyōu 宽和的样子。《左传·成公二年》："布政～～，百禄是遒。"《淮南子·时则训》："～～简简，百怨不起。"

【优犹】 yōuyóu 宽裕安泰。《荀子·正论》："而圣王之生民也，皆使当厚～～不知足。"（不：衍文。）

【优游】 yōuyóu ❶悠闲自得。《诗经·大雅·卷阿》："伴奂尔游矣，～～尔休矣。"李商隐《为李贻孙上李相公启》："陶冶于无形之外，～～于不宰之中。"也作"优繇"。《汉书·叙传上》："近者陆子～～，《新语》以兴。"《后汉书·符融传》："～～不仕。"❷使悠闲自得。苏洵《心术》："丰犒而～～之，所以养其力。"❸从容不迫的样子。《论衡·书解》："文王日昃不暇食，周公一沐三握发，何暇～～为丽美之文于笔札？"苏轼《贾谊论》："为贾生者，上得其君，下得其臣，如绛灌之属，～～浸渍而深交之。"❹和柔。《汉书·礼乐志》："穆穆～～，嘉服上黄。"❺宽容，宽待。《汉书·楚元王传》："今陛下开三代之业，招文学之士，～～宽容，使得并进。"《三国志·魏书·刘劭传》："惟陛下垂～～之听，使劭承清闲之欢，得自尽于前，则德音上通，辉耀日新矣。"也作"优繇"。《汉书·叙传下》："宾礼故老，～～亮直。"❻宽广，弘大。《楚辞·九章·惜往日》："封介山而为之禁兮，报大德之～～。"❼犹豫不决。《尚书大传·康诰》："周公将作礼乐，～～之三年，不能作。"《汉书·元帝纪赞》："而上牵制文义，～～不断。"

【优遊】 yōuyóu ❶见"优游①"。❷古代车上安铃的装置。《南齐书·舆服志》："玉辂，漆画轮，两厢上望板前～～。"

【优繇】 yōuyóu 见"优游①⑤"。

【优裕】 yōuyù 丰裕富足。《国语·周语上》："若是，……则享祀时至，而布施～～也。"

忧（憂、慐） yōu ❶忧愁。《诗经·邶风·柏舟》："心之～矣，如匪澣衣。"《论语·雍也》："一箪食，一瓢饮，在陋巷，人不堪其～，回也不改其乐。"㊀忧患，忧虑的事。《诗经·王风·兔爰》："我生之后，逢此百～。"《吕氏春秋·开春》："君子在～，不救不祥。"㊁以……为忧虑的事。《孟子·梁惠王下》："乐民之乐者，民亦乐其乐；～民之忧者，民亦～其忧。"❷担心，忧虑。《吕氏春秋·知分》："禹仰视天而叹曰：'生，性也；死，命也。余何～于龙焉？'"❸想，考虑。《韩非子·外储说左下》："得中山，～欲治之，臣荐李克而中山治。"❹辛劳，疾病的代称。《孟子·公孙丑下》："昔者有王命，有采薪之～，不能造朝。"❺父母的丧事。《尚书·说命上》："王宅～，亮阴三祀。"《后汉书·黄琼传》："遭父～，服阕，五府俱辟，连年不应。"❻姓。

【忧悴】 yōucuì 忧愁困苦。《后汉书·顺帝纪》："～～永叹，疢如疾首。"（疢：热病，疾病。）

【忧服】 yōufú 为父母居忧服丧。《礼记·檀弓下》："虽吾子俨然在～～之中，丧亦不可久也,时亦不可失也,孺子其图之。”

【忧恚】 yōuhuì 忧愁恼怒。《后汉书·桓帝懿献梁皇后纪》:“后以～～崩。”苏轼《人参》诗:“开心定魂魄,～～何足洗。”

【忧劳】 yōuláo ❶忧患劳苦。《管子·牧民》:“民恶～～,我佚乐之;民恶贫贱,我富贵之。”❷忧虑,忧愁。《史记·三王世家》:“诚见陛下～～天下,哀怜百姓以自忘。”(劳:忧。)

【忧戚】 yōuqī 忧愁悲伤。《荀子·富国》:“故墨术诚行,则天下尚俭而弥贫,……愀然～～非乐而日不和。”

【忧勤】 yōuqín 忧愁劳苦。《史记·司马相如列传》:“且夫王事固未有不始于～～,而终于佚乐者也。”

【忧阙】 yōuquē 官员回家为父母居丧后所空出的官位。钱易《南部新书》壬:“时[杜]佑母在,杞以～～授之,佑不行,换饶州。”

【忧慑】 yōushè 忧惧。《吕氏春秋·下贤》:“卑为布衣而不瘁摄,贫无衣食而不～～。”

【忧危】 yōuwēi 忧惧。《尚书·君牙》:“心之～～,若蹈虎尾。”《三国志·魏书·刘劭传》:“又丧其元帅,上下～～。”

【忧恤】 yōuxù ❶忧虑,忧患。《诗经·大雅·桑柔》:“告尔～～,诲尔序爵。”(序爵:排定官爵的次序。)❷忧虑怜悯。《周礼·地官·大司徒》贾疏:“不恤之刑者,谓见灾危而不～～亦刑之。”

【忧谑】 yōuxuè 用可忧的事来开玩笑。《诗经·大雅·板》:“匪我言耄,尔用～～。”

【忧寻】 yōuxún 深忧。《淮南子·缪称训》:“文王闻善如不及宿,不善如不祥,非为日不足也,其～～推之也。”(寻:八尺。引申指长,深。)

【忧邑】 yōuyì 见“忧悒”。

【忧悒】 yōuyì 忧愁郁闷。《晋书·徐宁传》:“遇风停浦中,累日～～。”也作“忧邑”。《宋书·张畅传》:“魏主言太尉、镇军并皆年少,分阔南信,殊当～～。”

【忧虞】 yōuyú 忧虑。《左传·哀公五年》:“二三子间于～～,则有疾疢,亦姑谋乐,何忧于无君?”(疢:热病,疾病。)

【忧约】 yōuyuē 忧困。《吕氏春秋·义赏》:“寡人之国危,社稷殆,身在～～之中,与寡人交而不失君臣之礼者,惟赦。”

【忧灼】 yōuzhuó 忧愁焦急。《三国志·吴书·周鲂传》:“臣知无古人单复之术,加卒奉大略,伀矇狼狈,惧以轻愚,忝负特施,豫怀～～。”(伀:恐惧。)陆云《答车茂安书》:“尊堂～～,贤姊涕泣,上下愁苦,举家惨感。”

攸 yōu ❶处所。《诗经·大雅·韩奕》:“为韩姞相～,莫如韩乐。”❷迅速的样子。《孟子·万章上》:“始舍之,圉圉焉,少则洋洋焉,～然而逝。”❸乃,就,于是。《诗经·小雅·斯干》:“风雨～除,鸟鼠～去。”《史记·夏本纪》:“于是九州～同,四奥既居。”❹助词。用法相当于“所”。放在动词、形容词前,构成名词性结构。《诗经·大雅·泂酌》:“岂弟君子,民之～归。”丘迟《与陈伯之书》:“夫迷途知返,往哲是与;不远而复,先典～高。”(与:赞成。高:推崇。)❺通“悠”。长、深、远。《左传·昭公十二年》:“南蒯之将叛也,其乡人或知之,过之而叹,且言曰:‘恤恤乎,湫乎～乎!’”(湫:通“愁”。忧愁。)《三国志·蜀书·后主传》:“遂与京畿～隔万里。”❻方国名。《孟子·滕文公下》:“有～不惟臣,东征,绥厥士女。”❼姓。

【攸攸】 yōuyōu 见“悠悠①”。

呦 yōu 见“呦呦”、“呦咽”。

【呦咽】 yōuyè 见“幽咽①”。

【呦呦】 yōuyōu ❶鹿叫声。《诗经·小雅·鹿鸣》:“～～鹿鸣,食野之苹。”❷人哭声。白居易《新丰折臂翁》诗:“应作云南望乡鬼,万人冢上哭～～。”

幽 1. yōu ❶昏暗。《周易·困》:“～,不明也。”《商君书·禁使》:“今夫～夜,山陵之大,而离娄不见。”㊀暗处。《荀子·王制》:“百姓晓然皆知夫为善于家而取赏于朝也,为不善于～而蒙刑于显也。”㊁夜。何晏《景福殿赋》:“其奥秘则蘙蔽暧昧,髣髴退概,若～星之缅连也。”❷深,幽深。《诗经·小雅·伐木》:“出自～谷,迁于乔木。”㊀幽谷。《管子·形势》:“虎豹托～,而威可载也。”㊁草木茂密,幽深。《诗经·小雅·何草不黄》:“有芃者狐,率彼～草。”《战国策·魏策一》:“夫物多相类而非也,～莠之幼也似禾,骊牛之黄也似虎,……此皆似之而非者也。”㊁思想深沉。《史记·屈原贾生列传》:“屈平疾王听之不聪也,谗谄之蔽明也,邪曲之害公也,方正之不容也,故忧愁～思而作《离骚》。”㊀深重的。《吕氏春秋·贵生》:“虽然,我适有～忧之病,方将治之,未暇在天下也。”❸内,内心。《史记·乐书》:“明则有礼乐,～则有鬼神,如此则四海之内合敬同爱矣。”㊀内心隐晦难测。《荀子·正论》:“上周密而下疑玄矣,上～险则下渐诈矣。”(渐:欺。)㊁语言隐微含蓄。柳宗元《答韦中立论师道书》:“参之《离骚》以致其～,参之太史以著其洁。”❹隐,隐居者。《战国策·秦策五》:“管仲,其鄙人之贾人也，南阳之弊～，鲁之免囚，桓公用之而伯。”（鄙人：邑名。伯：通“霸”。称霸。）❺囚禁。《荀子·王霸》：“官人失要则死，公侯失礼则～。”《史记·吕太后本纪》：“太后闻而患之，恐其为乱，乃～之永巷中，言帝病甚，左右莫得见。”❻郁结的，潜藏的。《汉书·崔骃传》：“斯贾生之所以排于绛、灌，屈子之所以摅其～愤者也。”《晋书·刘琨传》：“琨诗托意非常，摅畅～愤。”❼幽静。王籍《入若耶溪》诗：“蝉噪林逾静，鸟鸣山更～。”❽古地名。在今河南省兰考县内。《左传·庄公二十七年》：“夏，同盟于～，陈郑服也。”❾古代幽州。曹植《白马篇》：“借问谁家子？～并游侠儿。”（并：并州。）❿姓。

2. yǒu ⓫通“黝”。黑色。《诗经·小雅·隰桑》：“隰桑有阿，其叶有～。”

【幽抱】 yōubào 深远的怀抱。沈佺期《访司马子微》诗：“泠然委轻驭，复得散～～。”

【幽拂】 yōubì 见“幽蔽”。

【幽蔽】 yōubì 幽暗险阻。《楚辞·九章·怀沙》：“修路～～，道远忽兮。”也作“幽拂”。《史记·屈原贾生列传》：“脩路～～，道远忽兮。”

【幽沉】 yōuchén ❶低沉。《孔丛子·记义》：“向也夫子之音，清澈以和，沦入至道，今也更为～～之声。”❷退隐。柳宗元《读书》诗：“～～谢世事，俛默窥唐虞。”

【幽竁】 yōucuì 墓穴。楼钥《钱清王千里得王大令保母砖刻为赋长句》：“烦君更为护～～，或恐意如犹有知。”（意如：人名。）

【幽都】 yōudū ❶北方边远的地方。《尚书·尧典》：“申命和叔，宅朔方，曰～～。”❷迷信指阴曹地府。《楚辞·招魂》：“魂兮归来，君无下此～～些！”❸幽州。《庄子·在宥》：“尧于是放讙兜于崇山，投三苗于三峗，流共工于～～，此不胜天下也。”❹古代县名。旧称宛平县，今并入北京市。

【幽独】 yōudú 默然独守。张衡《思玄赋》：“～～守此仄陋兮，敢怠遑而舍勤。”陈子昂《感遇》诗：“～～空林色，朱蕤冒紫茎。”

【幽度】 yōudù 深沉的度量。支遁《咏禅思道人》：“冥怀夷震惊，泊然肆～～。”

【幽厄】 yōu'è 困厄，困境。吕温《药师如来绣像赞序》：“能度群品，出诸～～。”

【幽房】 yōufáng ❶深邃的居室。张华《情诗》：“清风动帷帘，晨月照～～。”❷墓室。潘岳《哀永逝文》：“抚灵榇兮诀～～，棺冥冥兮埏窈窈。”

【幽废】 yōufèi 被囚禁、废黜。《汉书·五行志上》：“赖大臣共诛诸吕而立文帝，惠后～～。”

【幽风】 yōufēng 微风。李贺《河南府试正月》诗：“薄薄淡霭弄野姿，寒绿～～生短丝。”

【幽隔】 yōugé ❶远隔。彼此相距遥远，长时间不能见面。赵至《与嵇蕃书》：“乘高眺远，则山川～～。”❷死者与生者永别。潘岳《悼亡》诗：“之子归穷泉，重壤永～～。”（穷泉：深泉。）

【幽光】 yōuguāng ❶隐潜的光辉。李商隐《燕台》诗：“今日东风自不胜，化作～～入西海。”❷潜在的德行、才能。韩愈《答崔立之书》：“若都不可得，犹将耕于宽闲之野，钓于寂寞之滨，……诛奸谀于既死，发潜德之～～。”

【幽诡】 yōuguǐ 幽隐诡诈。《吕氏春秋·勿躬》：“人主知能不能之可以君民也，则～～愚险之言无不职矣，百官有司之事毕力竭智矣。”（职：通“识”。）

【幽国】 yōuguó 政治昏暗的国家。《礼记·礼运》：“祝嘏辞说，藏于宗祝巫史，非礼也，是谓～～。”

【幽恨】 yōuhèn 内心深处的怨恨。韩偓《春闷》诗：“相思不相信，～～更谁知。”

【幽户】 yōuhù 幽深寂静的门户。徐照《钦上人》诗：“客至启～～，筍鞋行竹廊。”朱熹《草庐》诗：“青山绕蓬庐，白云障～～。”

【幽荒】 yōuhuāng ❶边远的地方。张协《杂诗》之五：“行行入～～，欧骆从祝发。”（祝：断。）❷居住在山野的隐士。《后汉书·马融传》：“登俊桀，命贤良，举淹滞，拔～～。”

【幽篁】 yōuhuáng 幽静深暗的竹林。《楚辞·九歌·山鬼》：“余处～～兮终不见天，路险难兮独后来。”王维《竹里馆》诗：“独坐～～里，弹琴复长啸。”

【幽昏】 yōuhūn ❶昏昧不明。《楚辞·惜誓》：“方世俗之～～兮，眩白黑之美恶。”❷情意深沉。《庄子·天运》：“故若混逐丛生，林乐而无形，布挥而不曳，～～而无声。”❸人与鬼神成婚。苏轼《花落复次松风亭下梅花盛开韵》：“人间草木非我对，奔月偶桂成～～。”（昏：婚。）

【幽介】 yōujiè 孤单卑贱的人。谢庄《月赋》：“臣东鄙～～，长自丘樊，昧道懵学，孤奉明恩。”

【幽迥】 yōujiǒng 深远。孙绰《游天台山赋序》：“所立冥奥，其路～～。”

【幽居】 yōujū ❶隐居。《礼记·儒行》：“儒有博学而不穷，笃行而不倦，～～而不淫，上通而不困。"陶渊明《答庞参军》诗："我实～～士，无复东西缘。"❷深居。陆机《演连珠》之三十一："～～之女，非无怀春之情。"杜甫《佳人》诗："绝代有佳人，～～在空谷。"❸幽静的住处。谢灵运《石门新营所住四面高山迴溪石濑茂林修竹》诗："跻险筑～～，披云卧石门。"（跻：登。）

【幽客】 yōukè ❶隐士。谢朓《和伏武昌登孙权故城》："～～滞江皋，从赏乖缨弁。"梅尧臣《登周襄故城》诗："独携～～步，闲阅老农耕。"❷兰花、山矾花、李子花的代称。姚宽《西溪丛语》上："予长兄伯声，尝得三十客，牡丹为贵客，梅为清客，兰为～～。"

【幽款】 yōukuǎn 诚心，真心。温庭筠《上裴舍人启》："一筊徘徊，九门深阻，敢持～～，上诉隆私。"

【幽厉】 yōulì ❶周幽王、周厉王的合称。《礼记·礼运》："孔子曰：'於呼哀哉！我观周道，～～伤之。'"谢灵运《拟魏太子邺中集诗》之二："～～昔崩乱，桓灵今板荡。"❷暴君的代称。《孟子·告子上》："是故文武兴，则民好善；～～兴，则民好暴。"

【幽流】 yōuliú 阴沟中的流水。张衡《东京赋》："阴池～～，玄泉洌清。"

【幽陋】 yōulòu 隐居位卑的人。《后汉书·范滂传》："显荐异节，抽拔～～。"

【幽沦】 yōulún ❶塌陷。傅亮《为宋公至洛阳谒五陵表》："以其月十五日，奉谒五陵。坟茔～～，百年荒翳。"❷死亡。白居易《哭诸故人因寄元九》诗："伟卿既长往，质夫亦～～。"

【幽昧】 yōumèi 昏暗不明。《楚辞·离骚》："时～～以眩曜兮，孰云察余之美恶。"

【幽梦】 yōumèng 隐约不清的梦境。李商隐《银河吹笙》诗："重衾～～他年断，别树羁雌昨夜惊。"杜牧《即事》诗："春愁兀兀成～～，又被流莺唤醒来。"

【幽眇】 yōumiǎo 幽深杳渺。韩愈《进学解》："觝排异端，攘斥佛老，补苴罅漏，张皇～～。"（张皇：张大，解开。）

【幽明】 yōumíng ❶昼夜。《礼记·祭义》："祭日于坛，祭月于坎，以别～～，以制上下。"❷阴阳。《史记·五帝本纪》："顺天之纪，～～之占，死生之说，存亡之难。"❸人鬼的界域。颜延之《和谢监灵运》："人神～～绝，朋好云雨乖。"❹指昏庸、贤明的官员。《尚书·尧典》："三载考绩，三考，黜陟～～。"（考绩：考核官员的政绩。）❺泛指有形无形的事物。《周易·系辞上》："仰以观于天文，俯以察于地理，是故知～～之故。"

【幽冥】 yōumíng ❶昏暗不明。《论衡·道虚》："见月上下～～，～～不知东西。"❷隐晦不明。《论衡·书虚》："夫～～之实尚可知，沉隐之情尚可定，显文露书，是非易见，笼总并传非实事，用精不专，无思于事也。"❸认识不清。《汉书·刘歆传》："若立辟雍封禅巡狩之仪，则～～而莫知其原。"❹胡乱编造。《论衡·道虚》："况卢敖一人之身，独行绝迹之地，空造～～之语乎？"❺迷信指阴间、地下。《世说新语·尤悔》："我不杀周侯，周侯由我而死，～～中负此人。"

【幽墨】 yōumò 见"幽默"。

【幽默】 yōumò 寂静无声。《楚辞·九章·怀沙》："眴兮杳杳，孔静～～。"谢灵运《拟魏太子邺中集诗》之三："哀哇动梁埃，急觞荡～～。"也作"幽墨"。《史记·屈原贾生列传》："眴兮窈窈，孔静～～。"

【幽栖】 yōuqī 隐居。丘迟《旦发渔浦潭》诗："信是永～～，岂徒暂清旷。"杜甫《宾至》诗："～～地僻经过少，老病人扶再拜难。"

【幽契】 yōuqì 默契，暗合。《晋书·慕容儁载记》："受命之初，有龙见于都邑城，龙为木德，～～之符也。"

【幽情】 yōuqíng ❶深情。王羲之《兰亭集序》："虽无丝竹管弦之盛，一觞一咏，亦足以畅叙～～。"❷郁结的感情。陆机《叹逝赋》："～～发而成绪，滞思叩而兴端。"

【幽囚】 yōuqiú 囚禁。《战国策·秦策三》："使臣得进谋如伍子胥，加之～～，终身不复见，是臣说之行也，臣何忧乎？"《史记·管晏列传》："公子纠败，召忽死之，吾～～受辱，鲍叔不以我为无耻。"

【幽阒】 yōuqù 寂静。王禹偁《黄州新建小竹楼记》："远吞山光，平挹江濑，～～辽敻，不可具状。"

【幽壤】 yōurǎng 地下。《晋书·礼志上》："若埋之～～，于情理未必咸尽。"

【幽人】 yōurén 隐士。班固《幽通赋》："梦登山而迥眺兮，觌～～之髣髴。"王勃《秋晚入洛于毕公宅别道王宴序》："青溪数曲，～～长往；白云万里，帝乡难见。"

【幽涩】 yōusè 幽寂萧瑟。李贺《房中思》诗："月轩下风露，晓庭自～～。"

【幽杀】 yōushā ❶囚禁杀害。《史记·吕太后本纪》："帝废位，太后～～之。"《论衡·祸虚》："传书李斯妒同才，～～韩非于秦，后被车裂之罪。"❷阴干。曹植《迷迭香赋》："既经时而收采兮，遂～～以增芳。"

【幽室】 yōushì ❶昏暗的居室。《礼记·仲尼燕居》:"譬如终夜有求于~~之中,非烛何见?"❷墓室。陶渊明《挽歌诗》之三:"~~一已闭,千年不复朝。"❸景色幽静的山林。谢灵运《登永嘉绿嶂山》诗:"裹粮杖轻策,怀迟上~~。"❹肾脏的代称。《黄庭内景经·上有章》:"~~内明照阳门。"(阳门:命门,两肾之间。)

【幽思】 yōusī ❶深思。《论衡·知实》:"道极命绝,兆象著明,心怀望沮,退而~~。"❷郁结的情思。钟嵘《诗品》卷上:"晋步兵阮籍诗,其源出于《小雅》,无雕虫之功;而咏怀之作,可以陶性灵,发~~。"

【幽死】 yōusǐ 囚禁而死。《史记·孝文本纪》:"赵幽王~~,朕甚怜之。"

【幽薮】 yōusǒu ❶深大的湖泽。张协《杂诗》之九:"结宇穷冈曲,耦耕~~阴。"❷泛指乡野。《后汉书·张楷传》:"轻贵乐贱,窜迹~~,高志确然,独拔群俗。"

【幽探】 yōutàn 寻幽探胜。张籍《和李仆射西园》:"虚坐诗情远,~~道侣兼。"

【幽堂】 yōutáng ❶深邃的堂屋。鲍照《秋夜》诗:"幸承天光转,曲影入~~。"❷墓室。韩愈《刘统军碑》:"有太史之状,太常之状,有谥有诔,有~~之铭。"

【幽讨】 yōutǎo 犹"幽探"。杜甫《赠李白》诗:"李侯金闺彦,脱身事~~。"苏轼《送邓宗古还乡》诗:"涧溪有~~,蘋芷真佳蔬。"

【幽天】 yōutiān 西北方。《吕氏春秋·有始》:"西北曰~~,其星东壁、奎、娄。"

【幽性】 yōuxìng 宁静的心性。钱起《题准上人兰若》诗:"向山看霁色,步步豁~~。"

【幽敻】 yōuxiòng 深远。柳贯《题巨然江山行舟图》诗:"巨然作江山,所得尽~~。"

【幽轧】 yōuyà 象声词。形容铃声、桨声、织布机声等。曹植《孟冬篇》:"乘舆启行,鸾鸣~~。"刘禹锡《堤上行》之一:"日莫行人争渡急,桨声~~满中流。"温庭筠《常林欢歌》:"~~鸣机双燕巢,马声特特荆门道。"

【幽辖】 yōuyà 象声词。车声。扬雄《羽猎赋》:"皇车~~,光纯天地。"(皇车:君车。)

【幽艳】 yōuyàn 沉静艳丽。刘言史《买花谣》诗:"~~凝花春景曙,采夫移得将何处。"曾巩《忆越中梅》诗:"今日旧林冰雪地,冷香~~向谁开?"

【幽阳】 yōuyáng 初升时的太阳。陈子昂《感遇》诗之一:"微月生西海,~~始化升。"

【幽咽】 yōuyè ❶低沉、微弱的流水声。陈后主《陇头水》诗:"登山一回顾,~~动边情。"白居易《琵琶行》:"间关莺语花底滑,~~流泉水下滩。"(间关:鸟鸣声。)也作"呦咽"。雍陶《洛源驿戏题》诗:"如恨往来人不见,水声~~出花溪。"❷哭泣声。杜甫《石壕吏》诗:"夜久语声绝,如闻泣~~。"又《北征》诗:"恸哭松声迴,悲泉共~~。"

【幽音】 yōuyīn 清远的乐音。刘希夷《嵩岳闻笙》诗:"今来卧嵩岑,何幸承~~。"

【幽幽】 yōuyōu ❶深远的样子。《诗经·小雅·斯干》:"秩秩斯干,~~南山。"❷颜色深暗。韩愈《将归操》诗:"狄之水兮,其色~~。"❸半明半暗的样子。苏轼《江月》诗:"五更山吐月,窗迥室~~。"

【幽悁】 yōuyuān 深藏内心的忧愁苦闷。韩愈《送灵师》诗:"还如旧相识,倾壶畅~~。"

【幽仄】 yōuzè 隐居未仕的人。《宋书·恩幸传序》:"非论公侯之世,鼎食之资,明扬~~,唯才是与。"(仄:卑微。)

【幽宅】 yōuzhái 坟墓,墓室。《仪礼·士丧礼》:"度兹~~,兆基无有后艰。"《金石萃编·唐·陈宪墓志铭》:"乃刊石勒铭,以志~~。"

【幽执】 yōuzhí 囚禁。《汉书·五行志下之上》:"刘向以为龙贵象而困于庶人井中,象诸侯将有~~之祸。"陆机《谢平原内史表》:"~~囹圄,当为诛始。"

【幽致】 yōuzhì 幽静雅致。王勃《广州宝庄严寺舍利塔碑》:"青松涧户,坐谐~~。"权德舆《郊居岁暮因书所怀》诗:"烟霜当暮节,水石多~~。"

【幽滞】 yōuzhì 被埋没,没得到提拔、重用的人。《后汉书·董卓传》:"~~之士,多所显拔。"《三国志·蜀书·许靖传》:"沙汰秽浊,显拔~~。"

【幽姿】 yōuzī 隐居不现的姿态。谢灵运《登池上楼》诗:"潜虬媚~~,飞鸿响远音。"

【幽子】 yōuzǐ 幽人,隐士。韩愈《别赵子》诗:"海中诸山中,~~颇不无。"

【幽坐】 yōuzuò 静坐。韩愈《咏月》:"~~看侵户,闲吟爱满庭。"

褎

yōu 见"褎褎"。

【褎褎】 yōuyōu 传说中的兽名。《山海经·东山经》:"[硜山]南临硜水,东望湖泽,有兽焉,其状如马而羊目,四角,牛尾,其音如獆狗,其名曰~~。"

悠

yōu ❶思念。《诗经·周南·关雎》:"~哉~哉,辗转反侧。"❷远,长。距离遥远,时间长久。《诗经·小雅·渐渐之石》:

“山川～远，维其劳矣。”常衮《贞懿皇后哀册文》：“祚祉～久，宠灵诞受。”❸琢磨不透，神秘。《荀子·议兵》：“善用兵者，感忽～暗，莫知其所从出，孙、吴用之无敌于天下，岂必待附民哉？”（感忽：神速，变化无常。悠暗：神秘莫测。）❹随风飘扬的样子。张衡《东京赋》：“建辰旒之太常，纷焱～以容裔。”❺闲适的样子。陶渊明《饮酒》诗之五：“采菊东篱下，～然见南山。”

【悠忽】 yōuhū 悠闲轻忽，指虚度时光。《淮南子·修务训》：“彼并身而立节，我诞谩而～～。”

【悠尔】 yōu'ěr ❶悠然，满不在乎的样子。李群玉《春寒》诗：“处事心～～，于时愚索然。”❷远远。柳宗元《梓人传》：“彼将乐去固而就圮也，则卷其术，默其智，～～而去，不屈吾道。”

【悠缅】 yōumiǎn 悠远。《晋书·庾阐传》：“大庭既邈，玄风～～。”李德裕《早秋寄崔张旧从事》诗：“故人在乡国，岁晏路～～。”

【悠邈】 yōumiǎo ❶路途遥远。枣据《杂诗》：“千里既～～，路次限关梁。”❷年代久远。萧统《文选序》：“自姬汉以来，眇焉～～。”

【悠敻】 yōuxiòng 久远。梁简文帝《大法颂》：“玉牒～～，青史绵长。”

【悠扬】 yōuyáng ❶昆虫或很轻的物体在空中飞翔或飘忽不定的样子。孙鲂《柳絮》诗：“年年三月里，随处自～～。”也作“悠飏”。元好问《听姨女乔夫人鼓风入松》诗：“潇洒寒松度虚籁，～～飞絮搅青冥。”❷形容声音纤细、和谐。温庭筠《春愁曲》：“蜂喧蝶驻俱～～，柳拂赤栏纤草长。”❸形容往事在记忆中时隐时现的样子。钱起《送钟评事应宏词下第东归》诗：“世事～～春梦里，年光寂寞旅愁中。”❹太阳落山的样子。萧子晖《冬草赋》：“日～～而少色，天阴霖而四下。”也作“悠阳”。潘岳《秋兴赋》：“天晃朗以弥高兮，日～～而浸微。”

【悠阳】 yōuyáng 见“悠扬④”。

【悠飏】 yōuyáng 见“悠扬①”。

【悠悠】 yōuyōu ❶深思的样子。《诗经·邶风·雄雉》：“瞻彼日月，～～我思。”❷遥远的样子。《诗经·王风·黍离》：“～～苍天，此何人哉！”也作“攸攸”。《汉书·叙传下》：“～～外寓，闽越东瓯。”❸远行的样子。《诗经·小雅·黍苗》：“～～南行，召伯劳之。”❹长久的样子。《楚辞·九辩》：“去白日之昭昭兮，袭长夜之～～。”❺水流悠长的样子。李白《太原早秋》诗：“思归若汾水，无日不～～。”❻旌旗随风飘扬的样子。《诗经·小雅·车攻》：“萧萧马鸣，～～旆旌。”❼闲静的样子。王勃《滕王阁》诗：“闲云潭影日～～，物换星移几度秋！”❽众多的样子。《后汉书·李固传》：“～～万事，唯此为大。”❾荒唐无据的。《南史·王华传》：“～～之论，殆必不然。”❿庸俗不堪的。陶渊明《饮酒》诗之十二：“摆落～～谈，请从余所之。”（摆落：摆脱。）

麀 yōu 母鹿。《诗经·小雅·吉日》：“兽之所同，～鹿麌麌。”（麌麌：群聚的样子。）[引]泛指母兽。《左传·襄公四年》：“在帝夷羿，冒于原兽，忘其国恤，而思其～牡。”（冒：贪。）

【麀聚】 yōujù ❶兽畜无天伦，父鹿和子鹿与同一母鹿交配。朱熹《斋居感事》诗：“～～渎天伦，牝晨司祸凶。”❷人的淫乱行为。皮日休《忧赋》：“宫掖紊乱，奸邪～～。”

蚴 yōu 见“蚴蟉”。

【蚴蟉】 yōuqiú 见“蚴虬”。

鄾 yōu 古地名。在今湖北省襄樊市东北。《左传·哀公十八年》：“巴人伐楚围～。”

缦（縵） yōu 发笄两头宽，中间窄。《仪礼·士丧礼》：“鬠笄，用桑，长四寸，～中。”

耰（耰） yōu ❶一种榔头状的农具，用于捣碎土块、平整土地。贾谊《过秦论》：“钼～棘矜，非铦于钩戟长铩也。”苏轼《杂说》：“寸寸而取之，日夜而望之，锄～铚艾，相寻于其上者如鱼鳞。”❷播种后，用耰平土盖上种子。《孟子·告子上》：“今夫麰麦，播种而～之。”《国语·齐语》：“及耕，深耕而疾～之，以待时雨。”[引]泛指耕种。《吕氏春秋·长利》：“协而～，遂不顾。”

冘 yóu 见 yín。

尤 yóu ❶错误，罪过。《诗经·小雅·四月》：“废为残贼，莫知其～。”《后汉书·张衡传》：“其有愆～，上下知之。”[引]别人犯错误。《左传·襄公二十一年》：“王曰：‘～而效之，罪又甚焉。’”❷抱怨，指责。《诗经·鄘风·载驰》：“许人～之，众穉且狂。”《楚辞·九章·惜往日》：“何贞臣之无罪兮，被离谤而见～。”❸怪异，认为……奇怪。《左传·昭公二十一年》：“公饮之酒，厚酬之，赐及从者，司马亦如之，张匄～之，曰：‘必有故。’”❹差别，差异。《管子·侈靡》：“夫运谋者，天地之虚满也，合离也，春秋冬夏之胜也，然有知强弱之所～，然后应诸侯取交。”（有：通“又”。）❺优异，杰出。《庄子·徐无鬼》:“颜成子入见曰:‘夫子,物之～也。’”韩愈《送孟东野序》:“从吾游者,李翱、张籍其～也。”❻绝美。《左传·襄公二十六年》:“公见弃也,而视之,～。”(弃:人名。)❼尤其,特别。《史记·五帝本纪》:“余并论次,择其言～雅者,故著为本纪书首。”❽通“疣”。肉赘。引申指病痛。《楚辞·九章·抽思》:“愿摇起而横奔兮,览民～以自镇。”❾局限。《吕氏春秋·去尤》:“彼以至美不如至恶,～乎爱也。”❿依恋。罗隐《春日湘中题岳麓寺僧舍》诗:“欲共高僧话心迹,野花芳草奈相～。”⓫河名。即今小姑河,在山东省境内。《左传·昭公二十年》:“姑,～以西,其为人也多矣。”⓬姓。

【尤诟】 yóugòu 罪过和耻辱。倪瓒《至正乙未素衣》诗:“视氓如豺,宁辟～～。”

【尤悔】 yóuhuǐ 过失和懊悔。《汉书·叙传下》:“学微术昧,或见仿佛,疑殆匪阙,违众迕世,浅为～～,深作敦害。”白居易《丘中有一士》诗:“举动无～～,物莫与之争。”

【尤殢】 yóutì 见“尤云殢雨”。

【尤物】 yóuwù ❶绝美女子。《左传·昭公二十八年》:“夫有～～,足以移人。”❷最好的东西。李清照《金石录后序》:“或者天意以余菲薄,不足以享此～～耶。”

【尤云殢雨】 yóuyúntìyǔ 指男女沉迷于交欢恋情。杜安世《剔银灯》词:“～～～～,正缱绻朝朝暮暮。”也省作“尤殢”。柳永《促拍满路花》词:“最是娇痴处,～～檀郎,未教拆了秋千。”

由 1. yóu ❶做,实行。《论语·子罕》:“虽欲从之,末～也已。”《孟子·公孙丑上》:“伯夷隘,柳下惠不恭,隘与不恭,君子不～也。”㊀造成。《国语·鲁语下》:“且罪非我之～,为戮何害?”(为:被。)㊁结成。《国语·周语中》:“夫婚姻,祸福之阶也。～之利内则福,利外则取祸。”㊁完成,实现。《史记·孝文本纪》:“妾伤夫死者不可复生,刑者不可复属,虽复欲改过自新,其道无～也。”❷经过,通过。《孙子·九变》:“涂有所不～,军有所不击。”❸听命,照着办。《论语·泰伯》:“民可使～之,不可使知之。”㊀遵循。《孟子·滕文公下》:“得志,与民～之;不得志,独行其道。”(之:指“大道”,即儒家提倡的“义”。)《史记·礼书》:“王公～之,所以一天下,臣诸侯也。”㊁符合,合乎。《孟子·滕文公下》:“古之人未尝不欲仕也,又恶不～其道。”❹原因,缘由。《吕氏春秋·决胜》:“怯勇虚实,其～甚微,不可不知。”❺介词。1)由于,因为。《左传·桓公二年》:“国家之败,～官邪也。”《孟子·梁惠王上》:“何～知吾可也?”2)从,自。《左传·僖公七年》:“吾知其所～来矣。”《孟子·尽心下》:“～尧舜至于汤,五百有馀岁。”3)于。《诗经·大雅·抑》:“无易～言,无曰苟矣。”❻用,任用。《左传·襄公三十年》:“以晋国之多虞,不能～吾子。”《荀子·不苟》:“见～则恭而止,见闭则敬而齐。”(见:被。)❼凭,靠着。《论语·颜渊》:“为仁～己,而～人乎哉?”㊀凭证。《金史·选举志四》:“承安三年,敕监察给～必经部而后呈省。”❽听凭,任随。《三国演义》十四回:“～他搦战,并不出迎。”❾通“甹”。树木枯死或砍伐后由树干再生枝条。《尚书·盘庚上》:“若颠木之有～蘖,天其永我命于兹新邑。”(由:《说文》引作“甹”。)㊀复兴。《左传·昭公八年》:“今在析木之津,犹将复～。”❿通“圝”。为捕鸟兽,用于招引其同类的鸟兽。吕温《由鹿赋序》:“予南出穰樊之间,遇野人絷鹿而至者,问之,答曰:‘此为～鹿,由此鹿以诱致群鹿也。’”⓫通“犹”。1)犹如。《孟子·公孙丑下》:“人役而耻为役,～弓人而耻为弓,矢人而耻为矢也。”《论衡·无形》:“时或男化为女,女化为男,～高岸为谷,深谷为陵也。”2)尚,还。《孟子·公孙丑下》:“王～足用为善。”⓬通“油”。自然而然。《大戴礼记·文王官人》:“喜色～然而以生。”⓭(dí)通“迪”。道路。《史记·屈原贾生列传》:“易初本～兮,君子所鄙。”㊀解决问题的办法,途径。《史记·孝文本纪》:“今法有诽谤妖言之罪,是使众臣不敢尽情,而上无～闻过失也。”《后汉书·冯衍传下》:“病没世之不称兮,愿横逝而无～。”⓮姓。

2. yòu ⓯通“柚”。见“由梧”。

【由历】 yóulì ❶来历。《宋书·二凶传》:“准望地势,格评高下,其川源～～,莫不践校。”❷履历。《资治通鉴·唐穆宗长庆二年》:“神策六军使及南牙常参武官,具～～、功绩,牒送中书,量加奖擢。”

【由趣】 yóuqū 来历。《后汉书·刘隆传》:“帝诘吏～～,吏不肯服,抵言于长寿街上得之。”(趣:通“趋”。向。)

【由绪】 yóuxù 来历。杨衒之《洛阳伽蓝记·建阳里太康寺》:“时人未信,遂问寺～～。”

【由衍】 yóuyǎn 见“游衍”。

【由由】 yóuyóu ❶高兴的样子。《孟子·公孙丑上》:“故～～然与之偕而不失焉,援而止之而止。”❷犹豫。《楚辞·九叹·惜贤》:“默顺风以偃仰兮,尚～～而进之。”

【由狱】 yóuyù 处理诉讼案件。《尚书·立政》:“周公若曰:‘太史,司寇苏公!式敬尔

～～，以长我王国。'”（敬：谨慎。）

【由梧】 yóuwú 见“柚梧”。

訧 yóu 同“尤①”。错误。《诗经·邶风·绿衣》：“我思古人俾无～兮。”

沋 yóu ❶水名。《说文》：“～，水也。”❷见“沋沋”。

【沋沋】 yóuyóu 形容鱼鳖被狂涛打得七零八落的样子。枚乘《七发》：“～～湲湲，蒲伏连延；神物怪异，不可胜言。”（蒲伏：同“匍匐”。）

邮（郵、郵） yóu ❶古代传递文书，供车马食宿的驿站。《孟子·公孙丑上》：“德之流行，速于置～而传命。”《吕氏春秋·上德》：“故曰德之速，疾乎以～传命。”㉡传送文书的人。《后汉书·杨震传》：“谪震诸子代～行书。”《晋书·殷浩传》：“殷洪乔不为致书～。”❷农官到农村视察时住的房舍。《礼记·郊特牲》：“飨农，及～表畷。”（表：田畔。畷：田间小路。）❸超过，过分聚集。《国语·楚语下》：“夫货、马～则阙于民，民多阙则有离叛之心，将何以封矣。”❹通“尤”。过失。《诗经·小雅·宾之初筵》：“是曰既醉，不知其～。”《汉书·成帝纪》：“天著变异，以显朕～，朕甚惧焉。”❺通“尤”。抱怨，指责。《论语·宪问》：“不怨天，不～人。”《荀子·议兵》：“罪人不～其上，知罪之在己也。”❻通“尤”。甚，最。《列子·杨朱》：“伯夷非亡欲，矜清之～，以放饿死。”（放：至。）❼姓。

【邮签】 yóuqiān 更筹，驿站夜间报时的牌子。杜甫《宿青草湖》诗：“宿桨依农事，～～报水程。”

【邮亭】 yóutíng 驿站，驿馆。《汉书·薛宣传》：“宣从临淮迁至陈留，过其县，桥梁～～不修。”《论衡·感虚》：“星之在天也，为日月舍，犹地有～～，为长吏廨也。”（廨：官署。）

【邮筒】 yóutǒng 古代封寄书信的竹管。欧阳修《送梅龙图公仪知杭州》诗：“～～不绝如飞翼，莫惜新篇屡往还。”王安石《寄张先郎中》诗：“篝火尚能书细字，～～还肯寄新诗？”

【邮驿】 yóuyì ❶驿站，驿馆。《后汉书·百官志一》：“法曹主～～科程事。”❷指驿站传递的信息。《宋史·王罕传》：“时南道～～断绝。”

【邮置】 yóuzhì 驿站，驿馆。《后汉书·郭太传》：“又识张孝仲刍牧之中，知范特祖～～之役。”

【邮传】 yóuzhuàn ❶驿站，驿馆。《新唐书·薛存诚传》：“元和初，讨刘闢，～～事丛，诏以中人为馆驿使，存诚以为害体甚，奏罢之。”（丛：繁杂。）❷指驿站传递的信息。《宋史·王全斌传》：“师雄为乱，～～不通者月馀。”

犹（猶） 1. yóu ❶犹猢，猴子一类的动物。《说文·犬部》：“～，玃属。”郦道元《水经注·江水一》：“山多～猢，似猴而短足，好游岩树。”❷同，相同。《诗经·召南·小星》：“肃肃宵征，抱衾与裯，寔命不～。”㉡同样地。《左传·襄公十年》：“～将退也，不如从楚，亦以退之。”❸如同，好像。《左传·隐公四年》：“夫兵，～火也。”《孟子·梁惠王上》：“以若所为，求若所欲，～缘木而求鱼也。”❹可，可以。《战国策·燕策一》：“此其君之欲得也，其民力竭也，安～取哉？”❺宜，应。《诗经·魏风·陟岵》：“上慎旃哉，～来无止。”❻尚，还，仍。《论语·微子》：“往者不可谏，来者～可追。”《后汉书·西南夷传》：“在盛夏冰～不释。”❼尚且。《左传·隐公元年》：“蔓草～不可除，况君之宠弟乎？”《孟子·万章下》：“猎较～可，而况受其赐乎？”❽连词。1）表让步。译为“虽”，“虽然”。刘向《说苑·权谋》：“诈～可以偷利，而后无报。”杜甫《枯楠》诗：“～含栋梁具，无复霄汉志。”2）表假设，译为“如果”。《左传·襄公二十年》：“～有鬼神，吾有馁而已，不来食矣。”❾通“猷”。1）谋略，计策。《诗经·小雅·采芑》：“方叔元老，克壮其～。”㉡道理，方法。《诗经·小雅·小旻》：“我龟既厌，不告我～。”㉢谋划。《诗经·周颂·访落》：“将予就之，继～判涣。”2）道路。《诗经·小雅·小旻》：“匪先民是程，匪大～是经。”❿通“尤”。指责。《诗经·小雅·斯干》：“兄及弟矣，式相好矣，无相～矣。”⓫通“逌”。宽缓，神态轻松的样子。《庄子·逍遥遊》：“而宋荣子～然笑之。”⓬通“由”。1）行。《左传·昭公十四年》：“杀亲益荣，～义也夫！”2）从，自。吴迈远《杞梁妻》诗：“灯竭从初明，兰凋～早熏。”3）由于。刘向《说苑·反质》：“文公其知道乎？其不王者，～无佐也。”⓭通“湭”。水名。在今陕西省，入黄河。《诗经·周颂·般》：“堕山乔岳，允～翕河。”（允：通“沇”。水名。翕：合，汇合。）⓮通“已”。太。《墨子·节葬下》：“若以此若三国者观之，则亦～薄矣；若以中国之君子观之，则亦～厚矣。”⓯姓。

2. yáo ⓰通“摇”。摇动。《礼记·檀弓下》：“人喜则斯陶，陶斯咏，咏斯～。”

3. yōu ⓱通“优”。良。《诗经·小雅·白华》：“天步艰难，之子不～。”

【犹龙】 yóulóng ❶老子的代称。比喻老子学说妙不可测，深远如龙。《史记·老子韩非列传》："吾今日见老子，其～～邪！"❷有道之士。徐振芳《海陵寄李子微》诗："～～久矣逃尘世，牵犊公然饮上流。"

【犹女】 yóunǚ 侄女的代称。王定保《唐摭言·防慎不至》："张岘妻，颜荛舍人～～。"孙光宪《北梦琐言》卷六："丞相韦公宙出镇南海，有小将刘谦者，职级甚卑，气宇殊异，乃以从～～妻之。"

【犹然】 yóurán ❶如果是这样。《周礼·夏官·司弓矢》贾疏："～～，此兽则鱼形也。"❷仍然。《史记·秦始皇本纪》："关东群盗并起，秦发兵诛击，所杀亡甚众，～～不止。"❸行动舒缓的样子。《荀子·哀公》："仁义在身而色不伐，思虑明通而辞不争，故～～如将可及者，君子也。"

【犹若】 yóuruò ❶犹如。《墨子·尚贤中》："未知所以行之术，则事～～未成。"《荀子·不苟》："善之为道者，不诚则不独，不独则不形，不形则虽作于心，见于色，出于言，民～～未从也。"❷尚且如此。《吕氏春秋·知度》："舜禹～～困，而况俗主乎？"❸仍然。《吕氏春秋·察今》："虽人弗损益，～～不可得而法。"

【犹尚】 yóushàng ❶尚且。《左传·僖公五年》："亲以宠偪，～～害之，况以国乎？"❷仍然，还。《汉书·贾谊传》："曩之为秦者，今转而为汉矣。然其遗风馀俗～～未改。"

【犹犹】 yóuyóu ❶做事不紧不慢的样子。《礼记·檀弓上》："故骚骚尔则野，鼎鼎尔则小人，君子盖～～尔。"❷犹豫，做事迟疑不决。《淮南子·兵略训》："故善用兵者，……击其～～，陵其与与，疾雷不及塞耳，疾霆不暇揜目。"（揜：同"掩"。）

【犹与】 yóuyù 见"犹豫"。

【犹预】 yóuyù 见"犹豫"。

【犹豫】 yóuyù 做事迟疑不决。《楚辞·离骚》："心～～而狐疑兮，欲自适而不可。"《史记·楚世家》："楚王业已欲和于秦，见齐王书，～～不决，下其议群臣。"也作"犹预"、"犹与"。《史记·鲁仲连邹阳列传》："平原君～～未有所决。"《汉书·淮南王刘安传》："王、王后计欲毋遣太子，遂发兵，计未定，～～十馀日。"

【犹之】 yóuzhī ❶同样地。《论语·尧曰》："～～与人也，出纳之吝谓之有司。"❷仍然。《战国策·齐策一》："虽隆薛之城到于天，～～无益也。"

【犹子】 yóuzǐ ❶犹如自己的儿子。《论语·先进》："子曰：'回也视予犹父也，予不得视～～也。'"❷侄子的代称。任昉《为齐明帝让宣城郡公第一表》："太祖高皇帝笃～～之爱，降家人之礼。"

油 yóu ❶由动物脂肪或植物、矿物提炼出来的液体物质。《乐府诗集·吴声歌曲·读曲歌》："然镫不下柱，有～那得明？"㊀用油涂饰。罗隐《江南行》："西陵路边月悄悄，～壁轻车苏小小。"❷光滑。扬雄《答刘歆书》："雄常把三尺弱翰，赍～素四尺，以问其异语。"❸水名。《说文·水部》："～，油水，出武陵孱陵西，东南入江。"❹姓。

【油戟】 yóujǐ 古代官员用的仪仗之一，形状像戟，用木制成，外面套上涂油的赤黑色的帛布套子。崔豹《古今注·舆服》："殳，前驱之器也，以木为之。后世滋伪，无复典刑，以赤油韬之，亦谓之～～，亦谓之棨戟。"

【油络】 yóuluò 古代车上悬垂的丝绳。《梁书·乐蔼传》："时长沙宣武王将葬，而车府忽于库失～～，欲推主者。"

【油帔】 yóupèi 涂油的披肩。《晋书·桓玄传》："裕至蒋山，使羸弱贯～～登山，分张旗帜，数道并列。"

【油軿】 yóupíng 一种古代妇女乘坐的车子。车身油饰并有帷幔。《晋书·舆服志》："夫人～～车，驾两马，左騑。"

【油然】 yóurán ❶浓云集聚的样子。《孟子·梁惠王上》："天～～作云，沛然下雨，则苗浡然兴之矣。"❷自然而然的样子。《礼记·乐记》："致乐以治心，则易直子谅之心～～生矣。"（易：和悦。直：正直。子：子爱。）❸舒缓的样子。《孔子家语·五仪》："～～若将可越而终不可及者，此则君子也。"❹和顺的样子。苏轼《上梅直讲书》："夫子～～而笑曰：'回，使尔多财，吾为尔宰。'"❺不见形迹的样子。《庄子·知北遊》："惛然若亡而存，～～不形而神，万物畜而不知，此之谓本根，可以观于天矣！"

【油幰】 yóuxiǎn 涂油的车幔。《隋书·礼仪志三》："辎车三品已上～～，施襈，两箱画龙，幰竿诸末垂六旒苏。"（施襈：加上镶边。）

【油衣】 yóuyī 涂有桐油，用于防雨的雨衣。《隋书·炀帝纪上》："尝观猎遇雨，左右进～～。"

【油油】 yóuyóu ❶江河水、云朵流动的样子。《楚辞·九叹·惜贤》："江湘～～，长流汩兮。"司马相如《封禅书》："自我天覆，云之～～。"❷光润、茁壮的样子。《史记·宋微子世家》："麦秀渐渐兮，禾黍～～。"左思《魏都赋》："～～麻纻。"❸和顺的样子。

《礼记·玉藻》:"礼已,三爵而～～以退。"

怞 yóu 见 chóu。

栯 yóu 樟树。《太平御览·交州记》:"～赤色,堪作船作床。"(堪:可。)

疣(肬) yóu 皮肤上长的赘生物,如肉瘤、瘊子之类。《庄子·大宗师》:"彼以生为附赘县～,以死为决疣溃痈。"(疣:毒疮。)

【疣赘】 yóuzhuì 长在皮肤上的肉瘤、瘊子。喻多馀没用的东西。《法言·问道》:"允治天下,不待礼文与五教,则吾以黄帝、尧舜为～～。"

斿 1. yóu 通"游"。❶浮游。《汉书·礼乐志》:"泛泛滇滇从高～。"

2. liú ❷古代旌旗上的装饰物。《周礼·春官·巾车》:"建大常,十有二～。"❸古代帝王、诸侯冠冕前后垂的玉串。《周礼·夏官·弁师》:"诸侯之缫～九就。"

【斿车】 yóuchē 见"游车"。

【斿侠】 yóuxiá 见"游侠"。

滺 1. yóu ❶见"滺滺"、"滺渎"。

2. dí ❷见"滺滺"。

【滺渎】 yóuyì 水流动的样子。木华《海赋》:"尔其为状也,则乃～～溦滟,浮天无岸。"

【滺滺】 yóuyóu 见"滺滺"。

【滺滺】 dídí 贪欲的样子。《汉书·叙传下》:"六世眈眈,其欲～～。"

庮(痼) yóu ❶陈旧屋宇中的朽木所发出的臭味。《周礼·天官·内饔》:"辨腥臊羶香之不可食者,牛夜鸣则～。"❷通"莸"。一种有臭味的水草。《礼记·内则》注:"～,恶臭也。《春秋传》曰:'一熏一～。'"

莸(蕕) yóu 一名蔓于,一种有臭味的水草。《左传·僖公四年》:"一熏一～,十年尚犹有臭。"

逌 1. yóu ❶神态轻松的样子。班固《答宾戏》:"主人～尔而笑曰:'若宾之言,所谓见世利之华,闇道德之实,守窔奥之荧烛,未仰天庭而睹白日也。'"《三国志·魏书·王粲传》注引《魏氏春秋》:"籍乃对之长啸,清韵响亮,苏门生～尔而笑。"❷通"由"。办法,途径。刘向《新序·杂事二》:"国君骄士曰:'士非我无～贵富。'"

2. yōu ❸通"悠"。深。阮籍《大人先生传》:"度重渊,跨青天,顾而～览焉。"❹通"悠"。悠闲自得的样子。《列子·力命》:"终身～然,不知荣辱之在彼也,在我也。"❺通"攸"。助词,所。《汉书·地理志上》:"彭蠡既猪,阳鸟～居。"(彭蠡:泽名。猪:通"潴"。水蓄积。)

蚰 yóu 见"蚰蜒"。

【蚰蜒】 yóuyán 生活在阴湿地方的一种节肢动物,体如蜈蚣而略小。《楚辞·九思·哀岁》:"巷有兮～～,邑多兮螳螂。"

游 1. yóu ❶游水,在水中浮行。《诗经·邶风·谷风》:"就其浅矣,泳之～之。"㊀泛指游泳。《韩非子·难势》:"越人善～矣。"㊁游涉,游渡。《吕氏春秋·孝行》:"故舟而不～,道而不径,能全支体,以守宗庙,可谓孝矣。"(舟:乘舟。)❷河流的一段。《史记·项羽本纪》:"古之帝者地方千里,必居上～。"魏源《江南吟》之二:"上～泄涨保高堰,下～范堤潮逆卷。"❸水流,水的直道。《诗经·秦风·蒹葭》:"溯～从之,宛在水中央。"❹飞翔。《战国策·楚策四》:"～于江海,淹乎大沼。"(淹:留,停。)❺活动着的。《诗经·秦风·小戎》:"～环胁驱,阴靷鋈续。"(游环:拴在服马背上的活动皮圈。缰绳从中穿过,使它不得游离,便于驾驭。)❻飘荡。《史记·司马相如列传》:"飘飘有凌云之气,似～天地之间意。"柳宗元《非国语·三川震》:"阴与阳者,气而～乎其间也。"㊀虚浮不实。《周易·系辞下》:"诬善之人其辞～,失其守者其辞屈。"❼揄扬,称赞。《战国策·魏策二》:"天下共讲,因使苏脩～天下之语,而以齐为上交,兵请伐魏,臣又争之以死。"❽流传。《汉书·韦玄成传》:"德盛而～广。"❾行走。《礼记·曲礼上》:"～毋倨,立毋跛,坐毋箕,寝毋伏。"(倨:傲慢。)❿出游,游览。《诗经·周南·汉广》:"汉有～女,不可求思。"《孟子·梁惠王下》:"吾王不～,吾何以休?"㊀游览的处所。刘禹锡《贾客词》:"贾客无定～。"㊁古代王侯建筑在苑囿中的离宫。《周礼·天官·序官》:"阍人王宫每门四人,囿～亦如之。"⓫游乐。《吕氏春秋·贵直》:"无使齐音充人之～。"㊀悠闲自得。《吕氏春秋·诬徒》:"达师之教也,使弟子安焉,休焉,～焉,肃焉,严焉。"⓬外出求学,求官。《三国志·吴书·士燮传》:"少～学京师,事颍川刘子奇。"《韩非子·和氏》:"塞私门之请,而遂公家之劳,禁～宦之民,而显耕战之士。"⓭游说。《吕氏春秋·长见》:"公孙鞅西～秦,秦孝公听之。"㊀使游说。《吕氏春秋·高义》:"子墨子～公上过于越。"(公上过:人名。)⓮交往,交际。《荀子·劝学》:"故君子居必择乡,～必就士,所以防邪僻而近中正也。"《史记·魏其武安侯列传》:"两人相为引重,其～如父子然。"⓯蚕化而出。《荀子·赋》:"冬伏而夏～,食桑而吐丝,前乱而后治,夏生而恶暑,喜湿而恶雨。"⑯研习。《论语·述而》:"子曰:'志于道,据于德,依于仁,～于艺。'"(艺:六艺。)⑰枝叶舒展。《诗经·郑风·山有扶苏》:"山有乔松,隰有～龙。"(龙:红草。)⑱古代行政区域名。《管子·立政》:"分州以为十里,里为之尉;分里以为十～,～为之宗。"⑲通"圝"。鸟媒。潘岳《射雉赋》:"恐吾～之晏起,虑原禽之罕至。"(原禽:指雉。)⑳姓。

2. liú ㉑通"斿"、"旒"。旌旗上悬垂的飘带。《战国策·韩策一》:"王因取其～之舟上击之。"《后汉书·礼仪志下》:"旂之制,长三仞,十有二～,曳地。"

【游敖】 yóu'áo ❶漫游。《汉书·食货志上》:"千里～～,冠盖相望,乘坚策肥,履丝曳缟。"也作"遊敖"。《诗经·齐风·载驱》:"鲁道有荡,齐子～～。"❷游乐。《史记·律书》:"自年六七十翁未尝至市井,～～、嬉戏如小儿状。"❸游说。《战国策·韩策三》:"中国白头～～之士,皆积智欲离秦韩之交。"

【游车】 yóuchē 诸侯或天子出游的车子。《管子·小匡》:"戎马待～～之弊,戎士待陈妾之馀。"潘岳《籍田赋》:"袭春服萋萋兮,接～～之辚辚。"(袭:穿。)

【游岱】 yóudài 往游泰山,人死的婉称。旧说泰山是天帝之孙,主召人魂。王世贞《弇州山人四部稿》卷一三二:"其人有工临池者,有擅长城者,然半已～～矣。"

【游氛】 yóufēn 秋风,秋气。潘岳《秋兴赋》:"～～朝兴,槁叶夕殒。"

【游观】 yóuguān 游览。《战国策·秦策三》:"则臣之志,愿少赐～～之间,望见足下而入之。"也作"遊观"。《韩非子·存韩》:"秦王饮食不甘,～～不乐。"

【游观】 yóuguàn 供游乐的宫观。《史记·李斯列传》:"治驰道,兴～～。"

【游好】 yóuhǎo 结交友好。惠皎《高僧传》:"晋沙门惠承居,在西林,与惠远同门～～。"

【游好】 yóuhào 专心喜好。陶渊明《饮酒》诗之十六:"少年罕人事,～～在六经。"

【游宦】 yóuhuàn 游说以求官。《韩非子·人主》:"夫有功者受重禄,有能者处大官,则……～～之士焉得无挠于私门而务于清洁矣。"《论衡·道虚》:"世或言东方朔亦道人也,姓金氏,字曼倩,变姓易名,～～汉朝。"

【游旧】 yóujiù 旧交。《后汉书·范晔传》:"与光武少～～,建武初,征为侍御史。"

【游款】 yóukuǎn 交往。《晋书·魏咏之传》:"咏之早与刘裕～～,及桓玄篡位,协赞义谋。"

【游履】 yóulǚ 游历,游览。《宋书·宗炳传》:"凡所～～,皆图之于室。"

【游媚】 yóumèi 交结谄媚。《汉书·地理志下》:"女子弹弦跕躧,～～富贵,遍诸侯之后宫。"

【游女】 yóunǚ ❶外出游览的女子。《诗经·周南·汉广》:"汉有～～,不可求思。"❷汉水女神。嵇康《琴赋》:"舞鸑鷟于庭阶,～～飘焉而来萃。"(鸑鷟:传说中的凤凰一类的神鸟。)

【游盘】 yóupán 游乐。束皙《补亡》诗之一:"彼居之子,罔或～～。"(盘:通"般"。乐。)也作"遊盘"。潘岳《西征赋》:"厌紫极之闲敞,甘微行以～～。"

【游人】 yóurén ❶游览的人。郑谷《曲江春草》诗:"香轮莫辗青青破,留与～～一醉眠。"❷游民。不事生产,到处游荡的人。《后汉书·荀悦传》:"国无～～,野无荒业。"❸侠客。孟浩然《送朱大人入秦》诗:"～～五陵去,宝剑直千金。"

【游涉】 yóushè 漫步。枚乘《七发》:"～～乎云林,周驰乎兰泽。"(云林:云梦之林。)

【游食】 yóushí ❶不生产,到处游荡求食。《韩非子·五蠹》:"夫明王治国之政,使其商工～～之民少而名卑。"也作"遊食"。《宋书·文帝纪》:"～～之徒,咸令附业。"❷空谈而求食。《荀子·成相》:"臣下职,莫～～,务本节用财无极。"❸指军队就地取食,补充给养。《晋书·赫连勃勃载记》:"吾以云骑风驰,出其不意,……使彼疲于奔命,我则～～自若,不及十年,岭北河东,尽我有也。"

【游士】 yóushì 四方奔走,从事游说活动的人。《战国策·魏策一》:"是故天下之～～,莫不日夜搤腕、瞋目、切齿以言从之便,以说人主。"(搤腕:同"扼腕"。)《史记·吕不韦列传》:"在咸阳市门,悬千金其上,延诸侯～～宾客有能增损一字者予千金。"

【游手】 yóushǒu ❶空手。《仪礼·聘礼》注:"受援不～～,慎之也。"❷懒惰,到处闲逛。《后汉书·王符传》:"虚伪～～,什于末业。"❸指游手好闲的人。《晋书·食货志》:"乡无～～,邑不废时。"

【游说】 yóushuì 说客策士劝说君主采纳自己的主张。《韩非子·五蠹》:"事败而弗诛,则～～之士,孰不为用矰缴之说而侥幸其后?"《史记·张仪列传》:"张仪已学而～～

诸侯。”

【游肆】 yóusì 放达,无拘无束。《晋书·孙统传》:“居职不留心碎务,纵意～～。”

【游谈】 yóután ❶犹“游说”。《战国策·赵策二》:“虽然,奉阳君妬,大王不得任事,是以外宾客～～之士,无敢尽忠于前者。”❷交游叙谈。蔡邕《与袁公书》:“朝夕～～,从学宴饮。”

【游田】 yóutián 出游打猎。《汉书·谷永传》:“继自今嗣王,其毋淫于酒,毋逸于～～,惟正是共。”也作“遊田”、“游畋”。《尚书·无逸》:“文王不敢盘于～～,以庶邦惟正之供。”《潜夫论·潜叹》:“文王～～,遇姜尚于渭滨。”

【游畋】 yóutián 见“游田”。

【游文】 yóuwén 习文。《汉书·艺文志》:“～～于六经之中,留意于仁义之际。”

【游侠】 yóuxiá 好交游,轻生重信,能救人危难的人。《史记·游侠列传》:“今～～,其行虽不轨于正义,然其言必信,其行必果,已诺必诚,不爱其躯,赴士之阸困。”曹植《白马篇》:“借问谁家子? 幽并～～儿。”也作“遊侠”、“斿侠”。班固《西都赋》:“乡曲豪举,～～之雄。”《汉书·叙传下》:“开国承家,有法有制,……述～～传第六十二。”

【游狎】 yóuxiá 交游亲近。《梁书·庾诜传》:“平生少所～～,河东柳恽欲与之交,诜距而不纳。”

【游心】 yóuxīn ❶心神遨游、遐想。《庄子·人间世》:“且夫乘物以～～,托不得已以养中,至矣。”(养中:保养心性。)❷留心,专心。《汉书·郊祀志下》:“愿明主时忘车马之好,斥远方士之虚语,～～帝王之术,太平庶几可兴也。”也作“遊心”。李世民《金镜》:“朕以万机暇日,～～前史,仰六代之高风,观百王之遗迹。”

【游学】 yóuxué ❶到各处游历讲学。《战国策·秦策四》:“楚人有黄歇者,～～博闻,襄王以为辩,故使于秦。”《史记·孟子荀卿列传》:“荀卿,赵人。年五十始来～～于齐。”❷离家到远处求学。《三国志·吴书·士燮传》:“少～～京师,事颍川刘子奇。”

【游言】 yóuyán ❶空话。《礼记·缁衣》:“王言如丝,其出如纶,王言如纶,其出如綍,故大人不倡～～。”❷没有根据,不可信的言论。《论衡·变动》:“伪书～～,犹太子丹使日再中、天雨粟也。”

【游衍】 yóuyǎn 肆意游乐。谢朓《登山曲》:“王孙尚～～,蕙草正萋萋。”也作“由衍”。马融《长笛赋》:“～～识道,噍噍讙噪。”王维《早春行》:“～～益相思,含啼向彩帷。”

【游宴】 yóuyàn 见“游燕”。

【游燕】 yóuyàn 游乐。《史记·平津侯主父列传》:“故虽有强国劲兵,陛下逐走兽,射蜚鸟,弘～～之囿,淫纵恣之观,极驰骋之乐,自若也。”(蜚:通“飞”。)也作“游讌”、“游宴”。《后汉书·鲁丕传》:“王欲废塞以广～～,事不可听。”王褒《四子讲德论》:“恤民灾害,不遑～～。”

【游讌】 yóuyàn 见“游燕”。

【游扬】 yóuyáng ❶宣扬。《汉书·季布传》:“且仆与足下俱楚人,使仆～～足下名于天下,顾不美乎?”❷扬名后世。班固《典引》:“伏惟相如《封禅》,靡而不典,扬雄《美新》,典而亡实,然皆～～后世,垂为旧式。”

【游意】 yóuyì 留心,注意。《汉书·张敞传》:“～～于太平,劳精于政事。”

【游虞】 yóuyú 游乐。《管子·禁藏》:“衣服足以适寒温,礼仪足以别贵贱,～～足以发欢欣。”

【游豫】 yóuyù 游乐。《三国志·魏书·齐王芳传》:“可自今以后,御幸式乾殿及～～后园,皆大臣侍从。”也作“遊豫”。卢谌《赠崔温》诗:“逍遥步城隅,暇日聊～～。”

【游志】 yóuzhì ❶放心物外的意向。《楚辞·九辩》:“愿赐不肖之躯而别离兮,放～～乎云中。”❷使心志逸乐。成公绥《啸赋》:“将登箕山以抗节,浮沧海以～～。”❸专心研习。《三国志·魏书·管宁传》:“娱心黄老,～～六艺,升堂入室,究其阃奥。”(阃奥:喻学问精微深奥。阃,门限。)

【游子】 yóuzǐ ❶离家远游的人。《汉书·高帝纪下》:“～～悲故乡。”杜甫《梦李白》诗之二:“浮云终日行,～～久不至。”也作“遊子”。《古诗十九首·凛凛岁云暮》:“凉风率已厉,～～寒无衣。”❷游手好闲的人。《后汉书·樊晔传》:“～～常苦贫,力子天所富。”

【游缨】 liúyīng 旌旗上的下垂的飘带。《左传·桓公二年》:“鞶厉、～～,昭其数也。”(鞶厉:革带的装饰物。)

就 yóu 见 jiù。

遊 yóu ❶出游,游览。《国语·周语上》:“恭王～于泾上,密康公从。”㊀出游的处所。《礼记·王制》:“五十异粻,六十宿肉,七十贰膳,八十常珍,九十饮食不离寝,膳饮从于～可也。”❷离家到外面求官、求学。《战国策·秦策二》:“王独不闻吴人之～楚者乎?”《孟子·尽心上》:“孔子登东山而小鲁,登泰山而小天下,故观于海者难为水,～于圣人之门者难为言。”❸游说。《孟子·尽心上》:“子好～乎?吾语子～。”❹交游,往来。王夫之《船山记》:“古之人,其～也有选。”㉠指交游的人。《晋书·怀帝纪》:“门绝宾～,不交世事。”❺流动。沈括《梦溪笔谈》卷七:“不能容极星～转。”❻人体器官的运转。《庄子·外物》:“心无天～,则六凿相攘。”❼闲暇,闲适。《礼记·学记》:“故君子之于学也,藏焉,修焉,息焉,～焉。”㉠无官职。《周礼·地官·师氏》:“凡国之贵～子弟学焉。”

【遊敖】 yóu'áo 见“游敖①”。

【遊观】 yóuguān 见“游观”。

【遊目】 yóumù ❶目光随意转动、打量。《仪礼·士相见礼》:“若父则～～毋上于面,毋下于带。”❷纵目,放眼观望。《楚辞·离骚》:“忽反顾以～～兮,将往观乎四方。”班固《西都赋》:“排飞闼而上出,若～～于天表。”(闼:门。)

【遊盘】 yóupán 见“游盘”。

【遊气】 yóuqì ❶飘动的云气。孙绰《遊天台山赋》:“尔乃羲和亭午,～～高褰。”❷喘气。《元史·郝经传》:“遗黎残姓,～～惊魂。”

【遊食】 yóushí 见“游食①”。

【遊田】 yóutián 见“游田”。

【遊侠】 yóuxiá 见“游侠”。

【遊心】 yóuxīn 见“游心②”。

【遊冶】 yóuyě 闲逛游玩。李白《采莲曲》:“岸上谁家～～郎,三三五五映垂杨。”又《感遇诗》:“意气人所仰,～～方及时。”

【遊豫】 yóuyù 见“游豫”。

【遊躅】 yóuzhuó 隐者的足迹。孔稚珪《北山移文》:“尘～～于蕙路,汙渌池以洗耳。”(尘:污染。渌池:清水池。)

【遊子】 yóuzǐ 见“游子①”。

揄 yóu 见 yú。

莤 yóu 见 sù。

猷 yóu ❶计谋,计划。《尚书·君陈》:“尔有嘉谋嘉～。”㉠图谋,谋划。《后汉书·班固传》:“孔～先命,圣孚也。”❷道术,方略。《诗经·小雅·巧言》:“秩秩大～,圣人莫之。”❸欺诈。《方言》卷十三:“～,诈也。”❹助词。无义。《尚书·盘庚》:“王若曰:‘格汝众,予告汝训:汝～黜乃心,无傲从康。’”❺通“犹”。尚,还。《尚书·秦誓》:“虽则云然,尚～询兹黄发,则罔所愆。”❻姓。

楢 yóu 古代用于取火的一种木材。《周礼·夏官·司爟》注:“秋取柞～之火。”

輶(輶) yóu 轻车。《诗经·秦风·驷驖》:“～车鸾镳,载猃歇骄。”应劭《风俗通序》:“周秦常以岁八月遣～轩之使求异代方言。”(輶轩:一种古代使者所乘的轻车。)㉠轻。《诗经·大雅·烝民》:“德～如毛,民鲜克举之。”《三国志·吴书·虞翻传》注引《翻别传》:“臣伏自刻省,命轻雀鼠,性～毫厘,罪恶莫大,不容于诛。”

鮋(鮋) yóu 鱼名。张衡《西京赋》:“然后钓魴鲤,𦁛鰋～。”(𦁛:撒网捕鱼。)

滺 yóu 见“滺滺”。

【滺滺】 yóuyóu 水流动的样子。《诗经·卫风·竹竿》:“淇水～～,桧楫松舟。”也作“浟浟”。《楚辞·大招》:“东有大海,溺水～～只。”(只:语气词。)柳宗元《憎王孙文》:“湘水之～～兮,其上群山;胡兹郁而彼瘁兮,善恶异居其间。”(兹:此。)

蝣 yóu 见“蜉蝣”。

蝤 yóu 见 qiú。

繇 yóu 见 yáo。

圝 yóu 鸟媒。段公路《北户录·孔雀》:“……率鸟者系生鸟以来之曰～。”圝亦称“囮”。

友 yǒu ❶朋友。《诗经·邶风·匏有苦叶》:“人涉卬否,卬须我～。”(卬:我。须:等待。)《论语·泰伯》:“昔者吾～尝从事于斯矣。”㉠交友,与……交朋友。《论语·季氏》:“～直,～谅,～多闻,益矣。”《左传·襄公二十六年》:“楚伍参与蔡太师子朝～。”㉡友好。《吕氏春秋·士节》:“其义不臣乎天子,不～乎诸侯,于利不苟取,于害不苟免。”❷亲爱,友爱。《诗经·周南·关雎》:“窈窕淑女,琴瑟～之。”《孟子·滕文公上》:“死徙无出乡,乡田同井,出入相～,守望相助,疾病相扶持,则百姓亲睦。”❸两兽在一起,相聚。《诗经·小雅·吉日》:“儦儦俟俟,或群或～。”❹和顺。《尚书·洪范》:“平康正直,彊弗～刚克,燮～柔克。”(燮:和顺。)❺姓。

【友民】 yǒumín 顺民。《尚书·召诰》:“予小臣,敢以王之雠民、百君子越～～,保受王威命明德。”(越:通“与”。和。)

【友生】 yǒushēng 朋友。《诗经·小雅·常棣》:“虽有兄弟,不如～～。”(生:助词,无义。)陶渊明《辛丑岁七月赴假还江陵夜行涂口》诗:“叩栧新秋月,临流别～～。”(栧:船桨。)杜甫《客夜》诗:“计拙无衣食,途穷仗～～。"

【友弟】 yǒudì 古人书信中的自我谦称。后专门用于对门下人的自我谦称。钱大昕《恒言录》卷三:"朱存理《铁网珊瑚》,录贞溪诸名胜词翰,皆元时笔札也。其纸属尾名,……有云'～～亨贞书。'"(亨贞:人名。)

【友弟】 yǒutì 见"友悌"。

【友悌】 yǒutì 兄弟间相友爱。潘岳《夏侯常侍诔》:"子之～～,和如瑟琴。"也作"友弟"。《北史·汪昕传》:"性敦笃以～～知名。"

【友于】 yǒuyú ❶同……相友爱。《论语·为政》:"《书》云:'孝乎惟孝,～～兄弟,施于有政。'"❷兄弟间友爱的代称。《后汉书·史弼传》:"陛下隆于～～,不忍遏绝。"❸兄弟的代称。陶渊明《庚子岁五月中从都还阻风于规林》诗之一:"一欣侍温颜,再喜见～～。"

【友执】 yǒuzhì 朋友,志同道合的朋友。《晋书·王导传》:"帝亦雅相器重,契同～～。"

有 1. yǒu ❶有。与"无"相对,表示领有。《左传·隐公元年》:"小人～母,皆尝小人之食矣,未尝君之羹。"❷藏有。《诗经·周南·芣苢》:"采采芣苢,薄言～之。"❸占有。《孟子·万章上》:"富,人之所欲,富～天下,而不足以解忧;贵,人之所欲,贵为天子,而不足以解忧。"㉠保有。《左传·隐公十一年》:"其况能久～许乎?"❹富有。《诗经·小雅·鱼丽》:"君子有酒,旨且～。"《列子·说符》:"羡施氏之～,因从请进趋之方。"㉠丰收。《诗经·鲁颂·有駜》:"自今以始,岁其～。"❺得有。《汉书·冯唐传》:"陛下虽～廉颇、李牧不能用也。"❻只有。《战国策·赵策三》:"彼则肆然而为帝,过而遂正于天下,则连～赴东海而死耳。"❼有。与"无"相对,表示存在。《战国策·齐策四》:"齐人～冯谖者,贫乏不能自存。"杜甫《登岳阳楼》诗:"亲朋无一字,老病～孤舟。"❽发生。《左传·襄公二十六年》:"遂袭我高鱼。～大雨自其窦入。"❾为。《国语·晋语一》:"克国得妃,其～吉孰大焉。"❿助词。1)放在名词前,无实义。《诗经·小雅·巷伯》:"豺虎不食,投彼～北。"2)放在单音形容词前面,无实义。《诗经·周南·桃夭》:"桃之夭夭,～蕡其实。"3)放在动词前面,无实义。《诗经·邶风·泉水》:"女子～行,远父母兄弟。"⓫尚,仍。曹操《秋胡行》之一:"所谓者真人,道深～可得。"⓬有的人。《左传·僖公十六年》:"城鄫,役人病,～夜登丘而呼曰:'齐有乱。'"⓭通"域"。地域,州域。《诗经·商颂·玄鸟》:"方命厥后,奄有九～。"(九有:九州。)⓮姓。

2. yòu ⓯通"佑"。帮助。《荀子·大略》:"友者,所以相～也。"⓰通"又"。表示进一层。《论语·公冶长》:"子路有闻,未之能行,唯恐～闻。"《论衡·本性》:"孙卿～反孟子,作《性恶》之篇,以为人性恶,其善者伪也。"⓱通"又"。1)连词,加在整数和零数之间。《尚书·尧典》:"帝曰:'咨!汝二十～二人钦哉!'"《史记·孝武本纪》:"朕临天下二十～八年。"2)连词,加在分数之间。《老子·五十章》:"生之徒,十～三;死之徒,十～三。"

【有辞】 yǒucí 有谴责、讨伐……罪恶的理由。《左传·桓公十年》:"虢仲谮其大夫詹父于王。詹父～～,以王师伐虢。"

【有道】 yǒudào ❶天下太平。《论语·季氏》:"天下～～,则礼乐征伐自天子出;天下无道,则礼乐征伐自诸侯出。"《左传·成公十二年》:"天下～～,则公侯能为民扞城。"❷有德。《吕氏春秋·谨听》:"故当今之世,求～～之士则于四海之内,山谷之中,僻远幽闲之所。"❸有德的人。《礼记·礼器》:"昔先王尚有德,尊～～。"

【有的】 yǒudì 箭靶的中心。《诗经·小雅·宾之初筵》:"发彼～～,以祈尔爵。"

【有方】 yǒufāng ❶有一定的去处。《论语·里仁》:"父母在,不远游,游必～～。"❷有道。《庄子·人间世》:"与之为无方则危吾国,与人为～～则危吾身。"《史记·礼书》:"法礼足礼,谓之～～之士。"❸多方,各方。《尚书·多方》:"猷告尔～～多士,暨殷多士。"(有:助词。无实义。)

【有服】 yǒufú 正在服丧,居丧。《史记·魏其武安侯列传》:"灌夫～～,过丞相。"

【有昊】 yǒuhào 昊天。《诗经·小雅·巷伯》:"有北不受,投畀～～。"(畀:给。)

【有奇】 yǒujī 有馀。《汉书·食货志下》:"而罢大小钱,改作货布,长二寸五分,广一寸,首长八分～～。"(奇:馀数,零头。)

【有家】 yǒujiā ❶家。《周易·家人》:"王假～～,交相爱也。"(假:通"格"。至,到。有:助词。无实义。)❷女子出嫁。《孟子·滕文公下》:"女子生而愿为之～～。"❸指卿大夫。《尚书·皋陶谟》:"日宣三德,夙夜浚明～～。"(浚:敬。明:通"孟"。努力。)

【有间】 yǒujiàn ❶过一会儿。《吕氏春秋·去私》:"居～～,平公又问祁黄羊曰:'国无尉,其谁可而为之?'"❷不久。《史记·刺客列传》:"居～～,秦将樊於期得罪于秦王,亡之燕。”❸为时很久。《史记·五帝本纪》：“书缺～～矣，其轶乃时时见于他说。”❹有闲暇时间。欧阳修《读书》诗：“古人重温故，官事幸～～。”❺病情稍微好转。《左传·襄公十年》：“晋侯～～，以偪阳子归。”❻彼此有矛盾。《左传·昭公十三年》：“诸侯～～矣。”

【有截】 yǒujié ❶指领土整齐划一的样子。《诗经·商颂·长发》：“相土烈烈，海外～～。”（相土：人名，契的孙子。）❷海外的代称。《北齐书·樊逊传》：“后服之徒，既承风而慕化；～～之内，皆蹈德而咏仁。”

【有口】 yǒukǒu 敢言善辩。《史记·魏其武安侯列传》：“[田]蚡辩～～，学槃盂诸书，王太后贤之。”

【有年】 yǒunián ❶丰年，年成好。《诗经·小雅·甫田》：“我取其陈，食我农人，自古～～。”《后汉书·张纯传》：“岁仍～～，家给人足。”❷长期，永久。《尚书·多士》：“尔厥有干～～于兹洛，尔小子，乃兴从尔迁。”（洛：洛邑。）❸多年。陶渊明《移居》诗之一：“怀此颇～～，今日从兹役。”韩愈《进学解》：“弟子事先生，于兹～～矣。”❹上了年纪。崔令钦《教坊记》：“庞三娘善歌舞，其舞颇脚重，……又～～，面多皱。”

【有顷】 yǒuqǐng ❶过了一会儿。《论衡·吉验》：“在旧庐道南，光耀憧憧上属天，～～不见。”❷不久。《后汉书·李固传》：“～～难作。”

【有秋】 yǒuqiū 秋日丰收。《尚书·盘庚上》：“若网在纲，有条而不紊；若农服田力穑，乃亦～～。”（服：从事。）

【有识】 yǒushí ❶有远见卓识的人。《左传·僖公十六年》注：“叔兴自以对非其实，恐为～～所讥，故‘退而告人’。”《三国志·魏书·崔琰传》：“斯诚～～所以恻心也。”❷指人三十岁以后，进入成年。张华《答何劭》诗之二：“自予及～～，志不在功名。”

【有事】 yǒushì ❶有祭事，祭祀。《左传·僖公九年》：“天子～～于文武，使孔赐伯舅胙。”❷有战事。《韩非子·五蠹》：“是故无事则国富，～～则兵强。”

【有室】 yǒushì ❶有妻室，指男子娶妻成家。《孟子·滕文公下》：“丈夫生而愿为之～～，女子生而愿为之有家，父母之心，人皆有之。”（丈夫：男孩子，男子。）❷指卿大夫。《尚书·立政》：“古之人迪惟有夏，乃～～大竞，吁俊尊上帝，迪知忱恂于九德之行。”（迪：助词。无实义。俊：才智之士。）

【有守】 yǒushǒu 有操守，坚守美德。《尚书·洪范》：“凡厥庶民，有猷、有为、～～，汝则念之。”

【有司】 yǒusī ❶有具体职务、做具体工作的官吏。《管子·大匡》：“三十里置遽，委焉，～～职之。”（遽：驿站。）《史记·乐书》：“布筵席，陈樽俎，列笾豆，以升降为礼者，礼之末节也，故～～掌之。”❷泛指官吏。《管子·幼官》：“定府官，明名分，而审责于群臣～～，则下不乘上，贱不乘贵。”苏轼《思治论》：“百官～～不知上之所欲为也，而人各有心。”

【有素】 yǒusù ❶平常有交往。段成式《剑侠传·宣慈寺门子》：“尔何人？与诸郎阿谁～～？”❷有情意，有真情。苏轼《越州张中舍寿乐堂》诗：“高人自与山～～，不待招邀满庭户。”

【有数】 yǒushù ❶心中有分寸。《庄子·天道》：“斫轮，徐则甘而不固，疾则苦而不入，不徐不疾，得之于手而应于心，口不能言，～～存焉于其间。”❷有节度。《左传·桓公三年》：“夫德，俭而有度，登降～～。”❸为数有限。杜甫《敬简王明府》诗：“神仙才～～，流落意无穷。”❹迷信指有定命，即命中注定。白居易《村中留李三宿》诗：“如我与君心，相知应～～。”

【有为】 yǒuwéi ❶有所作为。《孟子·离娄下》：“人有不为也，而后可以～～。”《礼记·儒行》：“爱其死以有待也；养其身以～～也。”❷指积极参与世事的态度、活动。与道家提倡的“无为”相对应。《庄子·在宥》：“无为而尊者，天道也；～～而累者，人道也。”（累：受牵累，被束缚。）

【有为】 yǒuwèi 有缘故。于濆《拟古讽》诗：“草木本无情，此时如～～。”

【有谓】 yǒuwèi ❶有言，有话说。《庄子·齐物论》：“圣人不从事于务，不就利，不违害，不喜求，不缘道，无谓～～，～～无谓，而游乎尘垢之外。”（缘：弃，害。尘垢：世俗。）❷有缘故。许彬《经李翰林庐山屏风叠所居》诗：“深居应～～，济代岂无才。”❸有所诉说。杜甫《杜鹃行》：“声音咽咽如～～，号啼略与婴儿同。”

【有郤】 yǒuxì 有嫌隙，感情上有裂痕。《史记·项羽本纪》：“今者有小人之言，令将军与臣～～。”

【有衅】 yǒuxìn ❶有缝隙，有空子。《左传·桓公八年》：“楚斗伯比曰：‘可矣。雠～～，不可失也。’”（雠：同“仇”。仇人。）❷有征兆。《国语·鲁语上》：“恶～～，虽贵罚也。”

【有要】 yǒuyāo 适合，公正。《尚书·吕刑》：“刑罚世轻世重，惟齐非齐，有伦～

～。"

【有以】 yǒuyǐ ❶能够。《国语·越语下》："必～～知天地之恒制，乃可以有天下之成列。"《史记·高祖本纪》："且夫天子以四海为家，非壮丽无以重威，且无令后世～～加也。"❷有所，有……条件，有……办法。《战国策·燕策三》："诚能得樊将军首与燕督亢之地图，献之秦王，秦王必说，见臣，臣乃得～～报太子。"❸有原因，有道理。《吕氏春秋·审己》："非独射也，国之存也，国之亡也，身之贤也，身之不肖也，亦皆～～。"曹丕《与吴质书》："古人思秉烛夜游，良～～。"（秉：或作"炳"。）

【有造】 yǒuzào 有为，有造就。《诗经·大雅·思齐》："肆成人有德，小子～～。"

【有秩】 yǒuzhì ❶有常。《诗经·商颂·烈祖》："嗟嗟烈祖，～～斯祜。"（祜：福。）❷秦汉时乡官名。《汉书·百官公卿表》："乡有三老、～～、啬夫、游徼。"

酉（丣） yǒu ❶贮酒器。引申指酒酿制而成。《说文》："～，就也。八月黍成，可为酎酒。"（酎：重酿的醇酒。）❷蓄水的池塘。陈造《房陵》诗之三："祠坛歌舞杂嗟吁，下～犹濡上～枯。"❸饱。《淮南子·天文训》："[斗柄]指～，～者，饱也。"❹老。《史记·律书》："～者，万物之老也，故曰～。"❺成。《释名·释天》："～，秀也。秀者，物皆成也。"❻十二地支的第十位。《左传·成公二年》："癸～，师陈于鞌。"❼十二辰之一。相当于午后五点到七点。白居易《和寄问刘白》："吟哦不能散，自午将及～。"❽十二属相之一，鸡。《论衡·物势》："～，鸡也。"❾姓。

卣 yǒu 古代盛酒的一种器具。一般为椭圆形，大腹、敛口、圈足，有盖和提梁。《诗经·大雅·江汉》："厘尔圭瓒，秬鬯一～。"《三国志·魏书·武帝纪》："君以温恭为基，孝友为德，明允笃诚，感于朕思，是用锡君秬鬯一～，珪瓒副焉。"

坳 yǒu 见 āo。

羑 yǒu ❶见"羑里"。❷通"诱"。诱导。《尚书·康王之诰》："惟周文武，诞受～若，克恤西土。"

【羑里】 yǒulǐ 地名。在今河南省汤阴县北，是殷纣王囚禁周文王的地方。《淮南子·氾论训》："纣居于宣室而不反其过，而悔不诛文王于～～。"也作"牖里"。《战国策·赵策三》："文王闻之，喟然而叹，故拘之～～之库百日，而欲令之死。"

飗（飀） yǒu 见"飗浏"。

【飗浏】 yǒuliú 风声。左思《吴都赋》："～～飕飗，鸣条律畅。"

莠 yǒu ❶狗尾草，一种田间常见的野草。莠的幼苗与谷苗十分相似。《战国策·魏策一》："幽～之幼也似禾。"《管子·小匡》："别苗～，列疏遬。"（遬：同"速"。速通"数"，密。）❷喻恶人。《左传·襄公三十年》："子羽曰：'其～犹在乎？'"㊀恶的，坏的。《诗经·小雅·正月》："好言自口，～言自口。"❸乱，秽乱。《管子·幼官》："官处四体而无礼者，流之焉～命。"

栯 yǒu 见 yù。

呦 yǒu 见"呦呦"。

【呦呦】 yǒuyǒu 深远的样子。《汉书·礼乐志》："清思～～，经纬冥冥。"

蚴 yǒu 见"蚴虬"、"蚴蟉"。

【蚴虬】 yǒuqiú 行动屈曲的样子。《楚辞·惜誓》："苍龙～～于左骖兮，白虎骋而为右騑。"也作"蚴蟉"。司马相如《上林赋》："青龙～～于东厢，象舆婉蝉于西清。"也作"蚴蟉"。《史记·司马相如列传》："驾应龙象舆之蠖略逶丽兮，骖赤螭青虬之～～蜿蜒。"

【蚴蟉】 yǒuqiú 见"蚴虬"。

槱（梄） yǒu 堆积。积柴燃烧以祭天。《诗经·大雅·棫朴》："芃芃棫朴，薪之～之。"（芃芃：草木茂盛的样子。）

牖 yǒu ❶窗子。《论语·雍也》："伯牛有疾，子问之，自～执其手，曰：'亡之，命矣夫！'"《老子·十一章》："凿户～以为室，当其无有室之用。"❷通"诱"。诱导。《诗经·大雅·板》："天之～民，如埙如篪。"《论衡·率性》："孔子引而教之，渐清磨砺，阖导～进，猛气消损，骄节屈折，卒能政事，序在四科。"❸姓。

【牖里】 yǒulǐ 见"羑里"。

【牖向】 yǒuxiàng ❶窗子。《淮南子·说山训》："四方皆道之门户～～也，在所从窥之。"❷喻人主的耳目。《荀子·君道》："便嬖左右者，人主之所以窥远收众之门户～～也，不可不早具也。"

黝 1. yǒu ❶青黑色。《周礼·地官·牧人》："阴祀，用～牲毛之。"㊁涂上青黑色。《礼记·丧服大记》："既祥，～垩。"李觏《袁州州学记》："殿堂门庑，～垩丹漆，举以法。"

2. yī ❷汉代县名。今属安徽省。《汉书·地理志上》："丹扬郡，户十万七千五百四十一，口四十万五千一百七十一。县十七：宛陵、于朁、江乘、春谷，……～、溧阳、歙、宣城。”（颜师古注：“黝音伊，字本作黟。”）

【黝纠】 yǒujiǎo 林木连绕的样子。王延寿《鲁灵光殿赋》：“傍夭蟜以横出，互～～而搏负。”

【黝倏】 yǒushū 草木茂盛的样子。左思《蜀都赋》：“坰野草昧，林麓～～；交让所植，蹲鸱所伏。”

【黝黝】 yǒuyǒu 特别黑的样子。左思《魏都赋》：“～～桑柘，油油麻纻。”

優 1. yǒu ❶见“優受”。
2. yōu ❷通“忧”。见“優優”。

【優受】 yǒushòu 步履轻盈，体态优美的样子。《诗经·陈风·月出》：“舒～～兮，劳心慅兮。”（慅：忧愁。）

【優優】 yōuyōu 忧愁的样子。《楚辞·九章·抽思》：“数惟荪之多怒兮，伤余心之～～。”

又 1. yòu ❶手。《说文》：“～，手也。”❷复，再。《诗经·郑风·缁衣》：“缁衣之宜兮，敝，予～改为兮。”《论语·公冶长》：“孟武伯问：‘子路仁乎？’子曰：‘不知也。’～问。”❸又。表示意思更进一层。《诗经·豳风·破斧》：“既破我斧，～缺我斨。”（斨：古代的一种斧子，方孔。）❹又。表示两种情况同时存在或动作的连续。《商君书·定分》：“故吏不敢以非法遇民，民～不敢犯法。”《尚书·禹贡》：“导沇水，东流为济，入于河，溢为荥。东出于陶丘北，～东至于荷，～东北会于汶，～北东入于海。”❺却又。表示意思转折。《史记·袁盎晁错列传》：“陛下素骄淮南王，弗稍禁，以至此，今～暴摧折之。”❻通“侑”。劝酒。《诗经·小雅·南有嘉鱼》：“君子有酒，嘉宾式燕～思。”（燕：通“宴”。宴饮，宴会。）❼通“宥”。宽恕。《礼记·王制》：“王三～，然后制刑。”❽姓。
2. yǒu ❾通“有”。与“无”相对。《诗经·周颂·臣工》：“维莫之春，亦～何求？”

右 yòu ❶右手。《诗经·王风·君子阳阳》：“君子阳阳，左执簧，～招我由房。”《左传·成公二年》：“左并辔，～援枹而鼓，马逸不能止。”（枹：同“桴”。鼓槌。）[引]右臂。《战国策·楚策四》：“左抱幼妾，～拥嬖女，与之驰骋乎高蔡之中，而不以国家为事。”❷右边。《诗经·卫风·竹竿》：“淇水在～，泉水在左。”[引]向右。《左传·宣公十二年》：“晋师～移。”[又]指迂回。《诗经·秦风·蒹葭》：“溯洄从之，道阻且～。”[又]左右，身边。意指当政。《左传·闵公二年》：“成季之将生也，桓公使卜楚丘之父卜之，曰：‘男也，其名曰友，在公之～，间于两社，为公室辅。’”[又]右军，与“中军”、“左军”相对。《左传·宣公十二年》：“沈尹将中军，子重将左，子反将～。”（将：率领。）❸西边，即面朝南时的右边。《仪礼·士虞礼》：“陈三鼎于门外之～。”❹车右。古代在车右边陪乘的武士。《左传·宣公二年》：“郤夏御齐侯，逢丑父为～。”《国语·晋语一》：“太子遂行，狐突御戎，先友为～。”❺豪强。《后汉书·陈宠传》：“西州豪～，并兼。”❻上。《史记·魏其武安侯列传》：“灌夫为人刚直，使酒，不好面谀。贵戚诸有势在己之～，不欲加礼，必陵之。”《三国志·魏书·王烈传》：“王烈者，字彦方，于时名闻在原宁之～。”（原、宁：皆人名。）[引]崇尚。《汉书·艺文志》：“墨家者流，……宗祀严父，是以～鬼。”王安石《泰州海陵县主簿许君墓志铭》：“谋足以夺三军，而辱于～武之国。”[又]尊重，重视。《史记·孝文本纪》：“昔先王远施不求其报，望祀不求其福，～贤左戚，先民后己，至明之极也。”[又]亲近。《战国策·魏策二》：“衍将～韩而左魏，文将～齐而左魏。”（衍、文：均人名。左：疏远。）❼辅佐。《左传·襄公十四年》：“昔伯舅大公～我先王。”❽帮助。《左传·襄公十年》：“王叔陈生与伯舆争政，王～伯舆。”❾通“祐”。保佑。《诗经·大雅·大明》：“保～命尔，燮伐大商。”（燮：协调。）❿通“侑”。劝酒进食。《诗经·小雅·彤弓》：“钟鼓既设，一朝～之。”⓫姓。

【右地】 yòudì 西部地区。《汉书·匈奴传上》：“[匈奴]遣左右大将各万馀骑，屯田～～。”《后汉书·班超传》：“击～～，破白山。”

【右肱】 yòugōng 右臂。《周易·丰》：“折其～～，终不可用也。”

【右拒】 yòujù 方阵名，右翼。《左传·宣公十二年》：“工尹齐将～～卒以逐下军。”（拒：通“矩”。方阵。）

【右契】 yòuqì 犹“右券”。《礼记·曲礼上》：“献粟者执～～。”

【右券】 yòuquàn 木契的右半。古代刻木为契，分左右两半，双方各执其一，以为凭据。《史记·平原君虞卿列传》：“且虞君操其两权：事成，操～～以责；事不成，以虚名德君。”（权：权变，变通。）

【右衽】 yòurèn 右边的衣襟。《楚辞·哀时命》：“～～拂于不周兮，六合不足以肆行。”（不周：不周山。六合：天地四方。）

【右史】 yòushǐ ❶官名。周代史官分左史、右史。其分工是左史记事，右史记言。

《礼记·玉藻》："动则左史书之；言则～～书之。"或言左史记言，右史记事。《汉书·艺文志》："左史记言，～～记事，事为《春秋》，言为《尚书》，帝王靡不同之。"❷复姓。

【右文】 yòuwén ❶重视文化教育。《宋史·选举志三》："国家恢儒～～，京师郡县皆有学。"❷汉字形声字多数是左形右声。凡右声兼表义的称右文。沈括《梦溪笔谈·艺文一》："所谓～～者，如戋，少也。水之少者曰浅，金之小者曰钱。如此之类，皆以戋为义也。"

【右武】 yòuwǔ 崇尚武功。《汉书·公孙弘传》："守成上文，遭遇～～，未有易此者也。"

【右飨】 yòuxiǎng 佑助使之享用。《诗经·周颂·我将》："伊嘏文王，既～～之。"（嘏：假，大，伟大。）

【右姓】 yòuxìng 名门大族。《后汉书·郭伋传》："强宗～～，各拥众保营，莫肯先附。"《三国志·魏书·董昭传》："时郡～～孙伉等数十人专为谋主，惊动吏民，昭至郡，皆斩之。"

【右序】 yòuxù 佑助并使之有序。《诗经·周颂·时迈》："时迈其邦，昊天其子之，实～～有周。"

【右学】 yòuxué 太学。《礼记·王制》："殷人养国老于～～。"

【右职】 yòuzhí 高级职位。《汉书·贡禹传》："郡国恐伏其诛，则择便巧史书习于计簿能欺上府者，以为～～。"《三国志·魏书·张既传》："张既字德容，……后历～～，举孝廉，不行。"

【右族】 yòuzú 犹"右姓"。《晋书·欧阳建传》："建，字坚石，世为冀方～～。"

幼 1. yòu ❶年幼，年纪小。《左传·僖公二十七年》："芳贾尚～。"《后汉书·刘盆子传》："盆子最～，后探得符。"㉑年幼的时候。《孟子·梁惠王下》："夫人～而学之，壮而欲行之。"《史记·五帝本纪》："生而神灵，弱而能言，～而徇齐，长而敦敏，成而聪明。"❷年幼的人，小孩。《孟子·告子下》："敬老慈～，无忘宾旅。"《战国策·齐策四》："孟尝君就国于薛，未至百里，民扶老携～，迎君道中。"❸年轻人。《论语·微子》："长～之节，不可废也。"❹幼弱，实力不强。《左传·文公十五年》："君子之不虐～贱，畏于天也。"❺慈爱。《孟子·梁惠王上》："老吾老，以及人之老，～吾幼，以及人之幼。"❻蚕眠。陆游《幽居初夏》诗："妇喜蚕三～，儿夸雨一犁。"

2. yào ❼见"幼妙"、"幼眇"。

【幼艾】 yòu'ài ❶年幼的人。少男少女。《楚辞·九歌·少司命》："竦长剑兮拥～～，荪独宜兮为民正。"（拥：保护。艾：美好。）❷老少。刘禹锡《汝州谢上表》："伏蒙圣泽，救此天灾，疲羸再苏，～～同感。"（艾：老。）

【幼齿】 yòuchǐ 年幼。《隋书·徐孝肃传》："虽在～～，宗党间每有争论，皆至孝肃所平论之。"

【幼冲】 yòuchōng 幼小，年轻。《三国志·魏书·袁绍传》注引《献帝春秋》："今帝虽～～，未有不善宣闻天下，公欲废适立庶，恐众不从公议也。"（適：通"嫡"。嫡长子。）《世说新语·德行》注引《续晋阳秋》："穆帝～～，以抚军抚政。"

【幼风】 yòufēng 宠爱少男的风气。《大戴礼记·用兵》："妖替天道，逆乱四时，礼乐不兴，而～～是御。"

【幼钱】 yòuqián 西汉末王莽执政时的一种货币单位。《汉书·食货志下》："次八分，五铢，曰～～二十。"

【幼色】 yòusè 男色，美少年。《大戴礼记·用兵》："疏远国老，～～是与。"

【幼学】 yòuxué ❶人生十岁的代称。《礼记·曲礼上》："人生十年曰～～。"❷幼时始学之时。陆游《社日》诗："～～已忘那用忌，微聋自乐不须医。"

【幼愿】 yòuyuàn 幼稚老实。柳宗元《童区寄传》："墟吏白州，州白大府，大府召视，儿，～～耳。"（召视：召见。）

【幼妙】 yàomiǎo 见"幼眇①"。

【幼眇】 yàomiǎo ❶微妙曲折。《汉书·中山靖王刘胜传》："今臣心结日久，每闻～～之声，不知涕泣之横集也。"也作"幼妙"。司马相如《长门赋》："案流征以却转兮，声～～而复扬。"❷美好的样子。《汉书·孝武李夫人传》："念穷极之不还兮，惟～～之相羊。"

佑[1] yòu ❶辅助，帮助。《孟子·滕文公下》："《书》曰：'丕显哉，文王谟！丕承者，武王烈！～启我后人，咸以正无缺。'"（启：启发。）❷配合，执行。《尚书·多士》："我有周～命，将天明威，致王罚，敕殷命终于帝。"❸保佑。《周易·无妄》："天命不～。"《楚辞·天问》："天命反侧，何罚何～？"㉑保护。柳宗元《永州韦使君新堂记》："公之择恶而取美，岂不欲除残而～仁？"

佑[2]（祐） yòu 迷信指神灵的帮助、保佑。《周易·大有》："自天～之，吉，无不利。"

侑 yòu ❶通过奏乐或献玉帛等形式劝人饮酒进食。《国语·楚语上》："蔡声子将如晋，遇之于郑，飨之以璧～。”《宋史·王拱辰传》：“亲鼓琵琶以～饮。”㉑劝人饮酒进食。陆游《入蜀记》卷三：“又有道帽氅裘，～食于侧者，郭功甫也。”❷酬答。《仪礼·有司》：“升长宾，～酬之。”《宋史·乐志》：“民有报～。”❸官名。四辅，相传古代天子身边四个负责进谏的官员。《礼记·礼运》：“故宗祝在庙，三公在朝，三老在学，王前巫而后史，卜筮瞽～，皆在左右。”❹通“宥”。宽恕，赦免。《管子·法法》：“文有三～，武毋一赦。”（三侑：三种可宽宥的事情。毋：通“无”。没有。）

【侑欢】 yòuhuān 劝欢，助兴。《新唐书·让皇帝宪传》：“闻诸王作乐，必亟召升楼，与同榻坐，或就幸第，赋诗燕嬉，赐金帛～～。”

【侑觞】 yòushāng 劝酒。周密《齐东野语》卷二十：“王简卿侍郎，尝赴张镃牡丹会，名妓十辈，皆衣白，执板奏歌～～。”

狖（貁） yòu 黑色长尾猴。《楚辞·九歌·山鬼》：“雷填填兮雨冥冥，猿啾啾兮～夜鸣。”（狖：一本作“又”。）《汉书·扬雄传上》：“蝯～拟而不敢下。”

宥 yòu ❶宽恕，赦免。《管子·五辅》：“薄征敛，轻征赋，弛刑罚，赦罪戾，～小过，此谓宽其政。”苏轼《东坡志林·赵高李斯》：“古者公族有罪，三～然后制刑。”❷宽容，宽大。《论衡·书虚》：“《春秋》何尤于襄公，而书其奸？何～于桓公，隐而不讥？”❸宽缓。《左传·昭公十四年》：“收介特，救灾患；～孤寡，赦罪戾。”（宥孤寡：宽缓孤寡的赋税。）❹通“侑”。劝食。《左传·庄公十八年》：“虢公、晋侯朝王，王飨醴，命之～。”❺通“祐”。福佑，保佑。《汉书·礼乐志》：“广大建祀，肃雍不忘。神若～之，传世无疆。”❻通“佑”。辅佐，帮助。王珪《三司使礼部侍郎田况可枢密副使制》：“兹庸倚尔忠方之良，置诸～弼之地。”（弼：辅佐。）❼通“囿”。拘泥，局限。《吕氏春秋·去宥》：“故凡人必别～然后知，别～则能全其天矣。”（别宥：破除蔽塞。）❽通“右”。右边。《荀子·宥坐》：“守庙者曰：‘此盖为～坐之器。’”❾姓。

【宥贷】 yòudài 宽恕罪过。曹操《与杨太尉书》：“谓其能改，遂转宽舒，复即～～。”

【宥善】 yòushàn 宽恕过失，使之为善。《三国志·吴书·陆抗传》：“盖周礼有赦贤之辟，春秋有～～之义。”（辟：法，刑法。）

【宥图】 yòutú 打算赦免。《吕氏春秋·行论》：“大国若～～之，唯命是听。”

【宥坐器】 yòuzuòqì 欹器，一种倾斜易覆的器皿。器注满水则倒，器空则斜，不多不少则正。古人置器座右，以警诫自己不犯过失。《荀子·宥坐》：“孔子曰：‘吾闻宥坐之器者，虚则欹，中则正，满则覆。’”

诱（誘） yòu ❶引导，引路。《韩非子·喻老》：“夫～道争远，非先则后也。”㉑向导，引路人。《楚辞·招魂》：“步及骤处兮，～骋先。”（步：徒步。引申指步行的从猎者。）❷启发，诱导。《论语·子罕》：“夫子循循然善～人。”❸引诱，诱惑。《荀子·非十二子》：“是以不～于誉，不恐于诽，率道而行，端然正己。”《史记·越王句践世家》：“夫吴太宰嚭贪，可～以利。”❹男女之间的挑逗。《诗经·召南·野有死麕》：“有女怀春，吉士～之。”

【诱进】 yòujìn 诱导使前进。《史记·礼书》：“～～以仁义，束缚以刑罚。”《后汉书·杜林传》：“郎有好学者，辄见～～，朝夕满堂。”

【诱然】 yòurán ❶自然而然的样子。《庄子·骈拇》：“故天下～～皆生，而不知其所以生。”❷美的样子。《淮南子·缪称训》：“善生乎君子，～～与日月争光。”

【诱养】 yòuyǎng 教养。《三国志·蜀书·向朗传》注引《襄阳记》：“吾，楚国之小子耳，而早丧所天，为二兄所～～，使其性行不随禄利以堕。”

【诱益】 yòuyè 犹“诱掖”。《后汉书·孔融传》：“融性宽容，少忌，好士，喜～～后进。”（益：通“掖”。扶助，扶持。）

【诱掖】 yòuyè 引导扶持。《诗经·陈风·衡门序》：“《衡门》诱僖公也，愿而无立志，故作是诗以～～其君也。”

【诱致】 yòuzhì 诱引使来。《汉书·武帝纪》：“～～单于，欲袭击之。”

柚 1. yòu ❶柚子树。李白《秋登宣城谢脁北楼》诗：“人烟寒橘～，秋色老梧桐。”㉑柚子，柚子树结的果实。《尚书·禹贡》：“厥篚织贝，厥包橘～，锡贡。”杜甫《禹庙》诗：“荒庭垂橘～，古屋画龙蛇。”

2. yóu ❷见“柚梧”。

3. zhóu ❸通“轴”。古代织布机上的机轴。《诗经·小雅·大东》：“小东大东，杼～其空。”

【柚梧】 yóuwú 一种竹子。左思《吴都赋》：“其竹则筼筜、箖箊、桂箭、射筒，～～有篁，篻簩有丛。”也作“由梧”。贾思勰《齐民要术》卷十：“～～竹，吏民家种之。”

囿 yòu ❶古代帝王畜养禽兽的园林。《诗经·大雅·灵台》：“王在灵～，麀鹿攸伏。”《孟子·梁惠王下》：“寡人之～方四十里，民犹以为大，何也？”㉑局限，拘泥，指见识不广。《尸子·广泽》："料子贵别～。"(别：破除。)❷菜园，果园。《大戴礼记·夏小正》："～有见韭。"❸文献典籍荟萃的地方。萧统《文选序》："历观文～，泛览辞林，未尝不心游目想，移晷忘倦。"(移晷：移时。晷，日影。)

【囿游】 yòuyóu 古代帝王在囿苑中划出一块地方，筑有宫室，作为游观休息的地方。《周礼·地官·囿人》："囿人掌～～之兽禁。"

酭 yòu 同"侑"。通过奏乐等形式劝人饮酒进食。韩愈《南山诗》："斐然作歌诗，惟用赞报～。"

釉 yòu 一种工艺材料。把石英、长石、硼砂、黏土合在一起，磨成粉末，加水调制，涂在陶瓷半制品上，烧成后能发出光泽。《集韵·宥韵》："～，物有光也。"

褎 yòu 见 xiù。

鼬 yòu 黄鼠狼，也叫鼪。《庄子·徐无鬼》："夫逃虚空者，藜藋柱乎鼪～之径，踉位其空，闻人足音跫然而喜矣。"(柱：塞满。跫：脚步声。)

櫾 yòu 同"柚"。《山海经·中山经》："东北百里曰荆山，……其草多竹，多橘～。"

yu

迂 yū ❶曲折。《列子·汤问》："惩山北之塞，出入之～也。"《孙子·军争》："军争之难者，以～为直，以患为利。"❷远。《史记·河渠书》："河汤汤兮激潺湲，北渡～兮浚流难。"❸迂腐，不切事理。《论语·子路》："有是哉，子之～也！奚其正？"曾巩《赠黎安二生序》："今生之～，特以文不近俗，～之小者耳。"

【迂诞】 yūdàn 荒唐而不切事理。《史记·孝武本纪》："言神事，事如～～。"《颜氏家训·涉务》："其馀文义之士，多～～浮华，不涉世务。"

【迂怪】 yūguài 犹迂诞。荒诞而不切事理。苏轼《御试制策》："其言皆～～而难信。"

【迂缓】 yūhuǎn 迟缓迟钝。王粲《儒吏论》："竹帛之儒，岂生而～～也？起于讲堂之上，游于乡校之中，无严猛断割以自裁，虽欲不～～，弗能得矣。"

【迂久】 yūjiǔ 时间长，很久。《后汉书·刘宽传》："尝坐客，遣苍头市酒，～～，大醉而还，客不堪之。"

【迂阔】 yūkuò 迂远不切实际或不合时宜。班固《答宾戏》："是以仲尼抗浮云之志，孟轲养浩然之气，彼岂乐为～～哉！道不可以贰也。"《三国志·魏书·杜畿传》："今之学者师商韩而上法术，竟以儒家为～～。"

【迂儒】 yūrú 拘泥固执而不达世情的儒生。戴复古《访陈与机县尉于湘潭下摄市》诗："自称为漫尉，人道是～～。"

【迂叟】 yūsǒu ❶迂阔的老人。白居易《迂叟》诗："初时被目为～～，近日蒙呼作隐人。"❷宋司马光别号。

【迂远】 yūyuǎn 不切实情。《史记·孟子荀卿列传》："梁惠王不果所言，则见以为～～而阔于事情。"

扜 1. yū 本作"扝"。❶指挥。《说文·手部》："～，指麾也。从手于声。"❷播扬。《方言》卷十二："～、揞，扬也。"❸引，张弓。《吕氏春秋·壅塞》："左右有言秦寇之至者，因～弓而射之。"《山海经·大荒南经》："有人方～弓射黄蛇，名曰蜮人。"

2. wū ❹见"扜弥"。

【扜弥】 wūmí 我国古代西域国名。古址在今新疆于田县克里雅河东古拘弥城遗址一带。《汉书·西域传上》："～～国，王治～～城。……今名宁弥。"(《史记·大宛列传》作"扜罙"，《后汉书·西域传》作"拘弥"。)

纡(紆、紆) yū ❶屈，曲折。《周礼·考工记·矢人》："中弱则～，中强则扬。"阴铿《广陵岸送北使》诗："汀洲浪已息，邗江路不～。"㊀萦回，缠绕。宋玉《高唐赋》："水澹澹而盘～兮，洪波淫淫之溶滴。"(溶滴：水波动荡的样子。)陶渊明《始作镇军参军经曲阿作》诗："眇眇孤舟逝，绵绵归思～。"❷郁结。曹植《赠白马王彪》诗："玄黄犹能进，我思郁以～。"李白《古风》之五十六："鱼目复相哂，寸心增烦～。"❸系结，佩带。张衡《东京赋》："冠通天，佩玉玺，～皇组，要干将。"李贺《感讽》诗之二："我待～双绶，遗我星星发。"❹姓。

【纡谲】 yūjué 曲折多变。扬雄《甘泉赋》："陵高衍之嵱嵷兮，超～～之清澄。"(嵱嵷：上下众多的样子。)

【纡体】 yūtǐ 屈体。《汉书·叙传上》："徒乐枕经籍书，～～衡门。"(衡门：横木为门，喻简陋。)

【纡行】 yūxíng 曲折而行。《周礼·考工记·梓人》："却行，仄行。连行，～～。"

【纡徐】 yūxú 从容缓步的样子。刘孝绰《三日侍华光殿曲水宴》诗："妍歌已赓亮，妙舞复～～。"孟浩然《西山寻辛谔》诗："石潭窥洞澈，沙岸历～～。”

【纡馀】 yūyú ❶曲折延伸的样子。《史记·司马相如列传》：“～～委蛇，经营乎其内。”《世说新语·言语》：“江左地促，不如中国。若使阡陌条畅，则一览而尽；故～～委曲，若不可测。”❷屈曲的样子。嵇康《琴赋》：“怫愲烦冤，～～婆娑。”（怫愲：郁积不安的样子。）韩愈《进学解》：“～～为妍，卓荦为杰。”❸形容歌声、文章婉曲多姿。《宋书·乐志四》：“歌声一何～～，杂笙簧。”苏洵《上欧阳内翰第一书》：“执事之文，～～委备，往复百折。”

【纡郁】 yūyù ❶深曲的样子。王延寿《鲁灵光殿赋》：“屹山峙以～～，隆崛岉乎青云。”（崛岉，高的样子。）❷愁苦，郁结。《楚辞·九叹·忧苦》：“愿假簧以舒忧兮，志～～其难释。”杜甫《画鹘行》：“吾今意何伤，顾步独～～。”

【纡轸】 yūzhěn ❶隐痛，郁结不解。谢庄《月赋》：“情～～其何托，愬皓月而长歌。”❷曲折，盘曲。《后汉书·冯衍传下》：“驰中夏而升降兮，路～～而多艰。”❸回车，枉驾。轸，车的代称。《晋书·陶潜传》：“刺史王弘以元熙中临州，甚钦迟之，后自造焉。潜称疾不见，既而语人云：‘我性不狎世，因疾守闲，幸非洁志慕声，岂敢以王公～～为荣耶？’”

淤 yū ❶水中沉积的泥沙等。《后汉书·杜笃传》：“畎渎润～，水泉灌溉，渐泽成川，粳稻陶遂。”杜甫《溪涨》诗：“马嘶未敢动，前有深积～。”❷沙洲，沙土冲积成的地带。司马相如《上林赋》：“出乎椒丘之阙，行乎洲～之浦。”苏轼《河复》诗：“楚人种麦满河～，仰看浮槎栖古木。”❸堵塞，不流通。《汉书·沟洫志》：“桃花水盛，必羡溢有填～反壤之害。”沈括《梦溪笔谈·杂志一》：“予出使至宿州，得一石碑，乃唐人凿六陡门发汴水以～下泽，民获其利，刻石以颂刺史之功。”❹同“瘀”。血液凝滞不通。《红楼梦》三十四回：“晚上把这药用酒研开，替他敷上，把那～血的热毒散开，就好了。”❺通“饫”。饱足。《后汉书·马融传》：“然后摆牲班禽，～赐犒功。”

【淤阏】 yū'è 水流不通。《新唐书·孟简传》：“出为常州刺史，州有孟渎，久～～，简治导，溉田凡四千顷。”

【淤溉】 yūgài 引大量含有淤泥的水灌田，以改良土壤，增加肥力。《宋史·河渠志五》：“河东犹有荒瘠之田，可引大河～～。”

瘀 yū ❶病名。积血。《说文·疒部》：“～，积血也。”扬雄《太玄经·数》：“八为疾～。”❷郁积。元结《闵岭中》诗：“久低回而愠～，空仰讼于上玄。”

【瘀伤】 yūshāng 血液凝积，身体枯残。《楚辞·九辩》：“萷櫹槮之可哀兮，形销铄而～～。”（萷：萧疏的样子；櫹槮：树木高耸的样子。）

箊 yū 竹名。李衎《竹谱详录·竹品谱·异色品》：“～竹出湖州，亦斑竹也。斑花不等，极有佳者。”

于 1. yú ❶往，去。《尚书·大诰》：“予惟以尔庶邦～伐殷逋播臣。”曹植《责躬》诗：“茕茕仆夫，～彼冀方。”❷取。《诗经·豳风·七月》：“昼尔～茅，宵尔索陶。”《孟子·万章下》：“杀越人～货，闵不畏死，凡民罔不憝。”❸钟唇，即钟口两角之间。《周礼·考工记·凫氏》：“铣间谓之～。”❹草名。《后汉书·马融传》：“格、韭、菹、～。”❺象声词。《庄子·齐物论》：“前者唱～，而随者唱喁。”❻介词。1）在。《诗经·唐风·鸨羽》：“肃肃鸨羽，集～苞栩。”《仪礼·士昏礼》：“壻乘其车，先俟～门外。”2）至，到达。《诗经·小雅·鹤鸣》：“鹤鸣于九皋，声闻～天。”《淮南子·原道训》：“以恬养性，以漠处神，则入～天门。”3）对于。《论语·为政》：“吾十有五而志～学。”陆游《病中作》诗：“涩眼尚～书有味，孤愁殊觉酒无功。”4）以，用。《尚书·盘庚上》：“予告汝～难，若射之有志。”《左传·宣公十二年》：“楚自克庸以来，其君无日不讨国人而训之～民生之不易、祸至之无日、戒惧之不可以怠。”5）由于。陆机《汉高祖功臣颂》：“曲周之进，～其哲兄。”韩愈《进学解》：“业精～勤，荒～嬉；行成～思，毁～随。”6）为，替。《孟子·万章上》：“唯兹臣庶，汝其～予治！”7）表示比较，相当于“比”。《尚书·胤征》：“猛～烈火。”8）表示引出被动行为的施事者，相当于“被”。《左传·庄公十九年》：“王姚嬖～庄王。”（王姚：庄王妾。）❼连词。与，和。《尚书·康诰》：“告汝德之说～罚之行。”又《多方》：“不克敬～和，则无我怨。”❽助词。1）用于句首或句中以凑足音节。《诗经·周南·葛覃》：“黄鸟～飞，集于灌木。”又《鲁颂·有駜》：“鼓咽咽，醉言舞，～胥乐兮。”2）用于句末，相当于“乎”，表疑问。《吕氏春秋·审应》：“昭王曰：‘然则先生圣～？’”《管子·山国轨》：“桓公问于管子曰：‘不籍而赡国，为之有道～？’”❾姓。

2. yū ❿通“迂”。广，大。《礼记·檀弓下》：“诸侯之来辱敝邑者，易则易，～则～，易、～杂者，未之有也。”又《文王世子》：“为人臣者，杀其身，有益于君，则为之，况～其身以善其君乎？”

3. xū ⓫通“吁”。叹词。见“于嗟”。

【于飞】 yúfēi 比翼而飞。《左传·庄公二十二年》:"初,懿氏卜妻敬仲,其妻占之曰:'吉。是谓"凤皇~~,和鸣锵锵。有妫之后,将育于姜"。'"杜预注:"雄曰凤,雌曰皇。雄雌俱飞,相和而鸣锵锵然。犹敬仲夫妻和睦,适齐有声誉。"后因以喻夫妻同行或和好亲爱。张可久《满庭芳·春怨》曲:"清明近,~~上坟,不由我不伤神。"《聊斋志异·梅女》:"两人登榻,~~甚乐。"

【于归】 yúguī 出嫁。《诗经·周南·桃夭》:"之子~~,宜其室家。"(于:语助词,无义。)《聊斋志异·公孙九娘》:"生问:'何时~~?'"

【于思】 yúsāi 也作"于腮"。胡须很多的样子。《左传·宣公二年》:"于思于思,弃甲复来。"也借指胡须。梅尧臣《观邵不疑学士所藏名书古画》诗:"精神宛如生,~~复穿鼻。"

【于役】 yúyì 因服兵役、劳役或因公务而奔走在外。《诗经·王风·君子于役》:"君子~~,不知其期。"后泛指出行。萧颖士《蒙山作》诗:"~~劳往还,息徒暂攀跻。"

【于于】 yúyú ❶悠然自得的样子。《论衡·自然》:"三皇之时,坐者~~,行者居居,乍自以为马,乍自以为牛。"白居易《和朝回与王炼师游南山下》诗:"兴酣头兀兀,睡觉心~~。"❷互相连接的样子。柳宗元《晋问》:"鼋鼍诡怪,~~汩汩,腾倒骈越,委泊涯涘。"蒲道源《闲居记事》诗之一:"凌晨出求籴,~~如栉比。"

【于喁】 yúyóng 相互应和的声音。《庄子·齐物论》:"前者唱于,而随者唱喁。"(陆德明《经典释文》引李轨曰:"于喁,声之相和也。")汪芗《题眉嵋苍松图》诗:"众窍~~吹参差,下方万户闻清飔。"钱谦益《哭何季穆九百二十字》诗:"死已醒嗷呓,生犹叹~~。"(嗷呓:说梦话。)

【于征】 yúzhēng 远行。《诗经·小雅·车攻》:"之子~~,有闻无声。"陆机《汉高祖功臣颂》:"俾率尔徒,从王~~。"

【于诸】 yúzhū 安置。《公羊传·哀公六年》:"景公死而舍立,陈乞使人迎阳生~~其家。"

【于嗟】 xūjiē 叹词。表示赞叹,悲叹等。《诗经·周南·麟之趾》:"振振公子,~~麟兮!"《史记·吕太后本纪》:"赵王饿,乃歌曰:'……~~不可悔兮宁蚤自财,为王而饿死兮谁者怜之?'"(财:通"裁"。)

邘 yú ❶古诸侯国名。姬姓。开国君主为周武王子于叔。故址在今河南沁阳市境。《左传·僖公二十四年》:"~、晋、应、韩,武之穆也。"《史记·周本纪》:"明年,伐~。"❷姓。

忬(惥、悪) yú 见"忬忬"。

【忬忬】 yúyú 走路安舒的样子。《汉书·叙传下》:"长倩~~,觌霍不举。"(长倩:萧望之字。霍:霍光)。韩愈《送陆畅归江南》诗:"~~江南子,名以能诗闻。"

圩 yú(又读 wéi) ❶南方低洼地区周围防水的堤叫圩。以圩所围成的地也叫圩。沈括《万春圩图记》:"江南大都皆山也,可耕之地,皆下湿厌水濒江,规其地以堤而蓺其中,谓之~。"(蓺:同"艺"。种植。)顾炎武《中宪大夫寇公墓志铭》:"公乘舟出郊,劝民兴工筑~。"❷凹,中央低而四周高。见"圩顶"。

【圩顶】 yúdǐng 头顶凹陷。《史记·孔子世家》:"[孔子]生而首上~~,故因名曰丘云。"

【圩户】 yúhù 佃种圩田的农户。黄庭坚《送舅氏野夫之宣城》诗:"秔稏丰~~,桁杨卧讼庭。"(秔稏:水稻。)

【圩田】 yútián 低洼地区四周筑堤防水的田地。杨万里《圩田》诗:"周遭圩岸缭金城,一眼~~翠不分。"《宋史·范仲淹传》:"江南之~~,浙西之河塘,隳废者可兴矣。"

【圩邪】 yúyé 低洼地。《尚书大传·略说》:"譬之~~,水潦集焉,菅蒲生焉。"《大戴礼记·劝学》作"洿邪"。

【圩垸】 yúyuàn 筑堤围垦的低洼农田。长江下游称为圩,中游称为垸,统称圩垸。魏源《河北堤防议》:"而下游之洞庭,又多占为~~,容水之地,尽化为阻水之区。"

【圩长】 yúzhǎng 一圩之长,主管圩田堤防水利事物。杨万里《圩丁词》:"年年~~集圩丁,不要招呼自要行。"

伃 yú 见"倢伃"。

玗 yú 似玉的美石。《说文·玉部》:"~,石之似玉者。"

玙(璵) yú 见"玙璠"。

【玙璠】 yúfán ❶美玉。《左传·定公五年》:"季平子行东野,还未至,丙申,卒于房,阳虎将以~~敛。"杜甫《赠蜀僧闾邱兄师》诗:"斯文散都邑,高价越~~。"❷比喻美德或品德高洁的人。曹植《赠徐幹》诗:"亮怀~~美,积久德愈宣。"杜甫《赠华阳柳少府》诗:"吾衰卧江汉,但媿识~~。"

杅 1. yú ❶浴盆。《礼记·玉藻》:"浴用二巾,上絺下绤。出~,履蒯席。"❷盛汤浆或食物的器皿。《仪礼·既夕礼》:"用器弓矢、耒耜、两敦、两～、槃匜,匜实于槃中南流。"《后汉书·崔骃传》:"远察近览,俯仰有则,铭诸几杖,刻诸盘～。"❸见"杅杅"。

2. wū ❹牵制。《史记·张仪列传》:"中国无事,秦得烧掇焚～君之国。"❺同"杇"。涂抹墙壁用的抹子。《战国策·赵策四》:"刃其～,曰欲为智伯报仇。"

【杅杅】 yúyú 广大富足的样子。《荀子·儒效》:"是～～亦富人已,岂不贫而富矣哉!"(杅:通"于"。于,广大。)

吾 yú 见wú。

欤(歟) yú 语气词。1)表示疑问或不肯定。《楚辞·渔父》:"渔父见而问之曰:'子非三闾大夫～?'"《史记·樗里子甘茂列传》:"甘罗说赵王曰:'王闻燕太子丹入质秦～?'"2)表示感叹。陶渊明《五柳先生传》:"无怀氏之民～!葛天氏之民～!"韩愈《师说》:"巫医乐师百工之人,君子不齿,今其智乃反不能及,其可怪也～!"(齿:等列。)3)表示反问。陆机《五等论》:"岂世乏曩时之臣,士无匡合之志～?"柳宗元《封建论》:"得非诸侯之强盛,末大不掉之咎～?"也用作语中助词。班固《东都赋》:"猗～缉熙,允怀多福。"

余 yú ❶我。《楚辞·离骚》:"皇览揆～初度兮,肇赐～以嘉名。"柳宗元《答韦中立论师道书》:"仆往闻庸蜀之南,恒雨少日,日出则犬吠,～以为过言。"❷农历四月的别称。《尔雅·释天》:"四月为～。"❸姓。

【余车】 yúchē 辇的别称。辇,用人牵引的车。《周礼·地官·乡师》"正治其徒役,与辇辇。"郑玄注引《司马法》:"夏后氏谓辇曰～～。"

【余且】 yújū 古代神话中的渔夫。《庄子·外物》:"仲尼曰:'神龟能见梦于元君,而不能避～～之网。'"《史记·龟策列传》作"豫且"。元好问《虞坂行》:"玄龟竟堕～～网,老凤常饥竹花实。"

【余丘】 yúqiū 复姓。汉有侍御史余丘炳、隐士余丘灵。见《元和姓纂》。

馀(餘) yú ❶丰足,宽裕。《战国策·秦策五》:"今力田疾作,不得煖衣～食。"《淮南子·精神训》:"食足以接气,衣足以盖形,适情不求～。"❷剩馀,多馀。《孟子·滕文公下》:"子不通功易事,则农有～粟,女有～布。"韩愈《答孟郊》诗:"人皆～酒肉,子独不得饱。"❸遗留,遗存。《诗经·大雅·云汉》:"周～黎民,靡有孑遗。"李白《秋日与张少府》诗:"日下空亭暮,城荒古迹～。"❹其馀,此外。《史记·高祖本纪》:"与父老约,法三章耳,杀人者死,伤人及盗抵罪。～悉除去秦法。"韩愈《赠张籍》诗:"吾老着读书,～事不挂眼。"❺微末,无用。何休《公羊传序》:"此世之～事。"柳宗元《非〈国语〉·卜》:"卜者,世之～伎也。"❻整数后表示不定的零数。《庄子·胠箧》:"方二千～里。"《史记·高祖本纪》:"后十～日,封韩信为淮阴侯。"❼姓。

【馀波】 yúbō ❶江河的末流。《尚书·禹贡》:"导弱水,至于合黎,～～入于流沙。"❷比喻前人的流风遗泽。《晋书·孙惠传论》:"采郭嘉之风旨,挹朱育之～～。"(挹:取。)

【馀皇】 yúhuáng 大舰名。《左传·昭公十七年》:"楚师继之,大败吴师,获其乘舟～～。"左思《蜀都赋》:"迈～～于往初。"

【馀烈】 yúliè 遗留的功业成就。贾谊《过秦论》:"及至始皇,奋六世之～～,振长策而御宇内。"《汉书·礼乐志》:"夫乐本情性,浃肌肤而臧骨髓,虽经乎千载,其遗风～～尚犹不绝。"

【馀生】 yúshēng ❶泛指老年,暮年。谢灵运《君子有所思行》:"～～不欢娱,何以竟暮归?"白居易《祭庐山文》:"傥秩满以来,得以自遂,～～终老,愿托于斯。"❷指幸存的生命。元好问《从人借琴》诗:"已厌笙簧非雅曲,幸从炊爨脱～～。"

【馀胥】 yúxū 墙壁,藩篱。刘向《说苑·贵德》:"臣闻爱其人者,兼屋上之乌;憎其人者,恶其～～。"《尚书大传·牧誓》作"胥馀"。

【馀子】 yúzǐ ❶古军制:每户一人为正卒,其馀为羡卒,称馀子。《周礼·地官·小司徒》:"凡国之大事,致民;大故,致～～。"《吕氏春秋·离俗》:"平阿之～～亡戟得矛,却而去,不自快。"❷嫡子之外的诸子,庶子。《左传·宣公二年》:"又宦其～～。"《汉书·食货志》:"是月,～～亦在于序室。"❸其馀的人。《后汉书·祢衡传》:"常称曰:'大儿孔文举,小儿杨德祖,～～碌碌,莫足数也。'"

【馀音绕梁】 yúyīnràoliáng 唱完歌,声音久久回旋。形容歌声美妙,难以忘怀。《列子·汤问》:"昔韩娥东之齐,匮粮,过雍门,鬻歌假食,既去而馀音绕梁欐,三日不绝。"

妤 yú 见"婕妤"。

於 1. yú ❶相依,交往。曹植《当来日大难》诗:"广情故,心相～。"元好问《学东坡移居》诗之二:"南荣坐诸郎,课诵所依

～。”❷为，作。《荀子·正论》：“是特奸人之误～乱说，以欺愚者而潮陷之以偷取利焉。”（潮陷：溺陷。）《韩诗外传》卷二：“吾闻君子见人之困则矜之，小人见人之困则幸之。吾望吾子似～君子，是以情。”❸在，存在。《论语·里仁》：“君子无终食之间违仁，造次必～是，颠沛必～是。”刘向《说苑·立节》：“义者轩冕在前，非义弗乘；斧钺～后，义死不避。”❹介词。与“于”同。1）在。《论语·宪问》：“子路宿～石门。”《史记·孙子吴起列传》：“庞涓死～此树之下。”2）从，到。《韩非子·显学》：“宰相必起～州部，猛将必发～卒伍。”柳宗元《捕蛇者说》：“自吾氏三世居是乡，积～今六十岁矣。”3）比。《礼记·檀弓下》：“苛政猛～虎也。”司马迁《报任少卿书》：“人固有一死，或重～泰山，或轻～鸿毛。”4）给，对，向。《论语·卫灵公》：“己所不欲，勿施～人。”《史记·魏公子列传》：“～赵则有功矣，～魏则未为忠臣也。”5）被。《左传·成公二年》：“郤克伤～矢。”《后汉书·郑太传》：“燕、赵、齐、梁，非不盛也，终灭～秦。”6）以，用。《韩非子·解老》：“慈，～战则胜，以守则固。”《汉书·晁错传》：“居则习民～射法，出则教民～应敌。”7）由于，在于。《孟子·告子下》：“然后知生～忧患，而死～安乐也。”诸葛亮《便宜十六策·治军》：“夫军成～用势，败～谋漏，饥～远输，渴～躬井，劳～烦扰，佚～安静。”8）依据，按照。《史记·淮阴侯列传》：“～诸侯之约，大王当王关中。”《汉书·吴王刘濞传》：“今吴王前有太子之隙，诈称病不朝，～古法当诛。”❺连词。犹与、而。《战国策·齐策一》：“今赵之～秦也，犹齐之～鲁也。”《庄子·齐物论》：“恶乎然？然～然。恶乎不然？不然～不然。”❻助词。无义。《诗经·大雅·灵台》：“～论鼓钟，～乐辟廱。”卢肇《汉堤》诗：“～惟余甿，饥伤喘呼。”❼姓。汉时有於单。

2. wū ❽古“乌”字。鸟名。《穆天子传》卷三：“比徂西土，爰居其野。虎豹为群，～鹊与处。”❾叹词。表示赞美。《尚书·尧典》：“佥曰：‘～！鲧哉！’”《后汉书·班固传》：“～昭明堂，明堂孔阳。”

【於何】 yúhé 如何。韩愈《赠别元十八协律》诗之一：“～～玩其光，以至岁向晚。”

【於于】 yúyú 夸诞自得的样子。《庄子·天地》：“子非夫博学以拟圣，～～以盖众，独弦哀歌以卖名声于天下者乎？”

【於赫】 wūhè 赞叹词。《诗经·商颂·那》：“～～汤孙，穆穆厥声。”《后汉书·光武帝纪赞》：“～～有命，系隆我汉。”

【於乎】 wūhū 同“呜呼”。感叹词。《诗经·大雅·云汉》：“王曰～～，何辜今之人，天降丧乱，饥馑荐臻。”《荀子·仲尼》：“～～，夫齐桓公有天下之大节焉，夫孰能亡之？”

【於戏】 wūhū 同“於乎”。《礼记·大学》：“《诗》云：‘～～，前王不忘。’”吴少微《哭富嘉谟》诗：“吾友适不死，～～社稷臣！”

【於皇】 wūhuáng ❶赞叹词。《诗经·周颂·臣工》：“～～来牟，将受厥明。”班固《灵台》诗：“屡惟丰年，～～乐胥。”❷借指帝王。《晋书·江逌传》：“建灵台，浚辟雍，立宫馆，设苑囿，所以弘～～之尊，彰临下之义。”

【於菟】 wūtú 虎的别名。《左传·宣公四年》：“楚人谓乳穀，谓虎～～。”杜甫《戏作俳谐体遣闷》诗之二：“～～侵客恨，粔籹作人情。”（粔籹：一种食品，用蜜和米面熬煎而成。）

【於邑】 wūyì ❶忧郁烦闷。《楚辞·九章·悲回风》：“伤太息之愍怜兮，气～～而不可止。”《资治通鉴·汉献帝建安十九年》：“马超知张鲁不足与计事，又鲁将杨昂等数害其能，超内怀～～。”也作“於悒”。《楚辞·七谏·哀命》：“念女媭之婵媛兮，涕泣流乎～～。”❷哽咽。《史记·刺客列传》：“[荣]乃大呼天者三，卒～～悲哀而死政之旁。”刘禹锡《原刀》：“客～～垂涕洟。刘子解之……客闻之破涕。”也作“於悒”。《楚辞·九叹·忧苦》：“长嘘吸以～～兮，涕横集而成行。”

【於悒】 wūyì 见“於邑”。

盂 yú ❶盛汤浆或食物的器皿。《韩非子·外储说左上》：“为人君者犹～也，民犹水也，～方水方，～圜水圜。”吴融《送知古上人》诗：“几程村饭添～白，何处山花照衲红。”❷古代田猎阵名。《左传·文公十年》：“[楚子]遂道以田孟诸，宋公为右～，郑伯为左～。”❸量词。《后汉书·庞参传》：“[任棠]但以薤一大本，水一～，置户屏前。”韩愈《送石处士序》：“食朝夕饭一～，蔬一盘。”❹姓。

钘（釪） yú ❶錞钘，也作“錞于”。古乐器。形如钟，用以和鼓。《广韵·虞韵》：“～，錞钘，形如钟，以和鼓。”❷金属所制的盂，为僧家饭器。《百喻经·乘船失钘喻》：“昔有人乘船渡海，失一银～，堕于水中。”

臾 1. yú ❶肥沃。后作“腴”。《管子·乘马数》：“郡县上～之壤，守之若干。”❷姓。

2. yǔ ❸弱弓。《周礼·考工记·弓人》：“往体多，来体寡，谓之夹、～之属，利射侯与弋。”

3. kuì ❹同“蒉”。草、竹编的筐。《说文·艸部》:“蒉,艸器也。~,古文蒉。《论语》曰:‘有荷~而过孔氏之门。’”今《论语·宪问》作“蒉”。

4. yǒng ❺通“恿”。怂臾,鼓动别人去做某事。也作“纵臾”。《汉书·衡山王刘赐传》:“衡山王以此恚,与奚慈、张广昌谋,求能为兵法候星气者,日夜纵~王谋反事。”

鱼(魚) yú ❶水生脊椎动物,大都身有鳞鳍,以鳍游泳,以鳃呼吸,体温不恒定。《老子·三十六章》:“~不可脱于渊,国之利器不可以示人。”《三国志·魏书·诸葛亮传》:“先主解之曰:‘孤之有孔明,犹~之有水也。”❷两眼毛色白的马。《诗经·鲁颂·駉》:“有驔有~,以车祛祛。”(驔:脚胫长有长毛的马。)❸中医穴位名。手掌外侧隆起处。《灵枢经·经筋》:“手太阴之筋,起于大指之上,循指上行,结于~后。”❹通“渔”。捕鱼。《左传·隐公五年》:“公将如棠观~。”《史记·鲁周公世家》作“观渔于棠”。❺唐代用作符信的铜鱼符。亦称铜鱼,省作鱼。姚合《送右司薛员外赴处州》诗:“怀中天子书,腰下使君~。”❻星名。属尾宿。《汉书·五行志中之下》:“其在天文,~星中河而处,车骑满野。”《晋书·天文志下》:“天汉起东方,经尾箕之间,谓之汉津。乃分为二道,其南经傅说、~、天籥、天弁、河鼓。”❼姓。

【鱼肠】 yúcháng ❶鱼肠子。《尔雅·释鱼》:“鱼枕谓之丁,~~谓之乙。”❷古宝剑名。《吴越春秋·王僚使公子光传》:“使专诸置~~剑炙鱼中进之。”意谓极小的匕首,可藏置于鱼腹中。

【鱼贯】 yúguàn 像鱼游一样先后相续。《三国志·魏书·邓艾传》:“山高谷深,至为艰险,……艾以毡自裹,推转而下,将士皆攀木缘崖,~~而进。”鲍照《代出自蓟北门行》:“雁行缘石径,~~度飞梁。”

【鱼丽】 yúlì 古代车战的一种阵法,似鱼之比附而行,故名。《左传·桓公五年》:“秋,[周]王以诸侯伐郑,郑伯御之。……祭仲足为左拒,原繁、高渠弥以中军奉公,为~~之陈。先偏后伍,伍承弥缝。”(陈:阵。)吴均《战城南》诗:“五历~~阵,三入九重围。”

【鱼梁】 yúliáng 一种捕鱼设施。用土石横截水流,留缺口,置笱于缺口处,鱼随水进入后不得复出。柳宗元《钴鉧潭西小丘记》:“潭西二十五步,当湍而浚者,为~~,梁之上有丘焉,生竹树。”

【鱼鳞】 yúlín ❶密集相次的样子。《史记·淮阴侯列传》:“天下初发难也,俊雄豪桀建号壹呼,天下之士云合雾集,~~杂遝,熛至风起。”(遝:重积。熛:急速。)《汉书·楚元王传》:“今王氏一姓乘朱轮华毂者二十三人,青紫貂蝉充盈幄内,~~左右。”❷军阵名,意指像鱼鳞一样相互接次。《汉书·陈汤传》:“步兵百馀人夹门~~陈。”

【鱼目】 yúmù ❶古时骏马名。《汉书·西域传赞》:“蒲梢、龙文、~~、汗血之马,充于黄门。”❷鱼的眼珠像珍珠,比喻以假乱真。李白《赠别从甥高五》诗:“~~高太山,不如一玙璠。”❸比喻眼泪。李贺《题归梦》诗:“劳劳一寸心,灯花照~~。”

【鱼肉】 yúròu ❶鱼肉任人宰割,比喻受残害者。《史记·项羽本纪》:“如今人方为刀俎,我为~~。”❷比喻欺压、残害。《后汉书·仲长统传》:“~~百姓,以盈其欲。”

【鱼书】 yúshū ❶蔡邕《饮马长城窟行》:“客从东方来,遗我双鲤鱼。呼儿烹鲤鱼,中有尺素书。”后因称书信为鱼书。韦皋《赠玉箫》诗:“长江不见~~至,为遣相思梦入秦。”❷古时朝廷任命州郡长官时所颁的鱼符和敕书。卢纶《送抚州周使君》诗:“周郎三十馀,天子赐~~。”陆游《遣兴》诗:“谁遣径归朝凤阙,不令小住奉~~。”

【鱼素】 yúsù 指书信。方回《赠吕肖卿》诗之三:“溢浦稀~~,阳山杳雁程。”王世贞《答滁阳罗太仆》诗:“忽报江秋~~到,似言山色马曹多。”

【鱼轩】 yúxuān 用鱼兽皮作为装饰的车子,古时贵族妇女所乘用。《左传·闵公二年》:“归夫人~~。”梁元帝《玄览赋》:“轼锦车而前骛,驱~~而继踪。”

【鱼雁】 yúyàn 蔡邕《饮马长城窟行》:“呼儿烹鲤鱼,中有尺素书。”《汉书·苏武传》:“教使者谓单于,言天子射上林中,得雁,足有系帛书。”后因合称书信为“鱼雁”。晏几道《生查子》词:“关山魂梦长,~~音尘少。”程钜夫《寄阎子静唐静卿》诗:“江湖政共丹心老,~~全如绿鬓疏。”(绿鬓:乌亮的鬓发。)

【鱼鱼雅雅】 yúyúyǎyǎ 威仪整肃的样子。雅,通“鸦”。鱼行成贯,鸦飞成阵,故称。韩愈《元和圣德诗》:“驾龙十二,~~~~。”(龙:指马。)

旟(旟) yú ❶古代的一种军旗,上面画有鸟隼的图像。《诗经·鄘风·干旄》:“孑孑干~,在浚之都。”元结《大唐中兴颂》:“千麾万~,戎卒前驱。”❷扬起的样子。《诗经·小雅·都人士》:“匪伊卷之,发则有～。"黄遵宪《己亥杂诗》:"今日发～悬不起,星星知剩几茎丝。"

俞 1. yú　❶表示允许的应答之词。《尚书·尧典》:"帝曰:'～,予闻,如何?'"《汉书·司马相如传下》:"于是天子沛然改容曰:'～乎,朕其试哉!'"❷帝王的指示。武元衡《奉酬淮南中书相公见寄》诗:"金玉裁王度,丹书奉帝～。"❸安。《吕氏春秋·知分》:"古圣人不以感私伤神,～然而以待耳。"❹姓。

2. yù　❺通"愈"。胜过,超过。《墨子·耕柱》:"我毋～于人乎?"❻通"愈"。越发,更加。《国语·越语下》:"使者往而复来,辞～卑,礼～尊。"《汉书·食货志上》:"如此,德泽加于万民,民～劝农。"❼通"瘉"。病痊愈。《荀子·解蔽》:"故伤于湿而击鼓鼓痺,则必有敝鼓丧豚之费矣,而未有～疾之福也。"

3. shù　❽通"腧"。人体的穴位。《素问·咳论》:"治藏者治其～。"《史记·扁鹊仓公列传》:"臣意教以经脉高下及奇络结,当论～所居。"

【俞扁】　yúbiǎn　指俞跗、扁鹊,两人均为古代名医。借指名医,医生。柳宗元《与太学诸生喜诣阙留阳城司业书》:"～～之门,不拒病夫。"

【俞儿】　yú'ér　❶古代善于辨别味道的人。《庄子·骈拇》:"属其性于五味,虽通如～～,非吾所谓臧也。"❷登山之神,长足善走。《管子·小问》:"臣闻登山之神有～～者,长尺而人物具焉。"

【俞俞】　yúyú　从容自得的样子。俞,同"愉"。《庄子·天道》:"无为则～～,～～者忧患不能处,年寿长矣。"(处:止,留。)元稹《后湖》诗:"下俚得闻之,各各相～～。"

【俞允】　yúyǔn　帝王允许臣下的请求。《宋史·赵普传》:"太祖怒甚,起,普亦随之,太祖入宫,普立于宫门,久之不去,竟得～～。"朱熹《答龚参政书》:"万一未蒙～～,必至再辞。"

【俞旨】　yúzhǐ　表示同意的圣旨。陆游《谢致仕表》:"奉祠虽佚,窃食靡安,兹洊贡于忱辞,始恭承于～～。"(洊:荐举提升。)《聊斋志异·贾奉雉》:"贾屡疏恬退,未蒙～～,未几而祸作矣。"

竽 yú　古代一种簧管乐器,形似笙而大。《韩非子·解老》:"～也者,五声之长者也,故～先则钟瑟皆随,～唱则诸乐皆和。"《史记·苏秦列传》:"秦成,则高台榭,美宫室,听～瑟之音。"

舁 yú　❶抬,扛。《三国志·魏书·华歆传》:"时华歆亦以高年疾病,朝见皆使载舆车,虎贲～上殿就坐。"柳宗元《段太尉逸事状》:"取判铺背上,以大杖击二十,垂死,～来庭中。"❷带,载。韩愈《忆昨行和张十一》:"车载牲牢瓮～酒,并召宾客延邹枚。"范仲淹《尹师鲁河南集序》:"予方守南阳郡,一旦师鲁～疾而来,相见累日,无一言及后事。"❸通"舆"。轿子。白居易《途中作》诗:"早起上肩～,一盃平旦醉。"司马光《和子骏新荷》:"新荷满沼绿,篮～出门疏。"

谀(諛) yú　❶谄媚,用甜言蜜语奉承。《吕氏春秋·先识》:"国之亡也,天遗之乱人与善～之士。"《史记·魏其武安侯列传》:"灌夫为人刚直,使酒,不好面～。"❷和悦柔顺的样子。《管子·五行》:"合什为伍,以修于四境之内,～然告民有事。"

狳 yú　见"犰狳"。

娱 yú　欢乐,戏乐。《诗经·郑风·出其东门》:"缟衣茹藘,聊可与～。"(茹藘:茜草,其根可作绛红染料。)韩愈《别赵子》诗:"不谓小郭中,有子可与～。"㊂使欢乐。《楚辞·九章·惜诵》:"设张辟以～君兮,愿侧身而无所。"

【娱老】　yúlǎo　欢度晚年。陆机《叹逝赋》:"解心累于末迹,聊优游以～～。"叶適《祭翁常之文》:"犹莫色之憔悴,不带索以～～。"

【娱亲】　yúqīn　使父母欢乐。曹植《灵芝篇》:"伯瑜年七十,彩衣以～～。"戴名世《先君序略》:"家人唯吾母事之谨,儿子辈妄意他时富贵以～～。"

【娱神】　yúshén　使心情欢乐。傅毅《舞赋》:"～～遗老,永年之术。"潘岳《西征赋》:"隐王母之非命,纵声乐以～～。"

【娱娱】　yúyú　欢乐的样子。柳宗元《吊屈原文》:"榱折火烈兮,～～笑舞。"

【娱志】　yúzhì　寄托高尚的志向。曹植《七启》:"雍容暇豫,～～方外。"李峤《为安平王让扬州都督府长史表》:"岂欲～～养高,实愿遗身体国。"

渔(漁) yú　❶捕鱼。《吕氏春秋·决胜》:"譬之若～深渊,其得鱼也大,其为害也亦大。"孟浩然《宿武阳即事》诗:"就枕灭明烛,扣舷闻夜～。"㊂捕鱼的人。刘孝威《奉和六月壬午应令诗》:"神心重丘壑,散步怀～樵。"❷掠夺,骗取。《商君书·修权》:"秩官之吏,隐下而～百姓,此民之蠹也。"《论衡·辨祟》:"巧惠生意,作知求利,惊惑愚暗,～富偷贫。"❸姓。

【渔夺】　yúduó　掠夺,贪取。《汉书·景帝纪》:"或诈伪为吏,吏以货赂为市,～～百姓,侵牟万民。"杜甫《遣遇》诗:"奈何黠吏徒,～～成逋逃。"

【渔父】 yúfǔ 捕鱼的老人,渔翁。《楚辞·渔父》:"～～莞尔而笑,鼓枻而去。"《庄子·秋水》:"夫水行不避蛟龙者,～～之勇也。"

【渔火】 yúhuǒ 渔船上的灯火。张继《枫桥夜泊》诗:"月落乌啼霜满天,江枫～～对愁眠。"汪元量《满江红》词:"但满目银光万顷,凄其风露,～～已归鸿雁汊,棹歌更在鸳鸯浦。"

【渔利】 yúlì 用不正当手段谋取利益。《管子·法禁》:"故莫敢超等踰官,～～苏功,以取顺其君。"陆游《跋南城吴氏社仓书楼诗文后》:"吝则啬出,贪则～～。"

【渔梁】 yúliáng 筑堰围水捕鱼的一种设施。也作"鱼梁"。王安石《半山即事》诗之七:"露积山禾百种收,～～亦自富虾鳅。"张羽《楚江清远图为沈抡画并寓九曲山房作》诗:"～～夜争渡,知是醉巫归。"

【渔色】 yúsè 猎取美女。《礼记·坊记》:"诸侯不下～～。"《聊斋志异·霍女》:"然佻傥喜～～,色所在,冗费不堵。"(佻傥:轻薄,放纵。)

【渔师】 yúshī ❶官名。掌鱼之官。《礼记·月令》:"是月也,乃命水虞,～～,收水、泉、池、泽之赋。"❷捕鱼人。《宋书·王弘之传》:"上虞江有一处名三石头,弘之常垂纶于此。经过者不识之,或问:'～～得鱼卖不?'"

【渔食】 yúshí 侵夺财物。《汉书·何並传》:"阳翟轻侠赵季、李款多畜宾客,以气力～～闾里。"

萸 yú 茱萸,植物名。落叶小乔木,生于山谷,其味浓烈。左思《蜀都赋》:"其园则有蒟蒻茱～,瓜畴芋区。"苏辙《重九与父老小饮》诗:"主客俱年六十馀,紫～黄菊映霜须。"

萮(蕍) yú 草名。即"荏",又名白苏。唐慎微《政和证类本草·菜部》引陶弘景《名医别录》:"荏,状如苏,高大,白色,不甚香。其子研之,杂米作糜,甚肥美,下气补益。东人呼为～。"

雩 1. yú ❶古代求雨的祭祀。《左传·桓公五年》:"秋,大～。书不时也。凡祀,启蛰而郊,龙见而～。"《后汉书·礼仪志中》:"其旱也,公卿官长以次行～礼求雨。"

2. yù ❷虹的别名。《尔雅·释天》:"螮蝀谓之～。螮蝀,虹也。"

隅 yú ❶角,角落。《吕氏春秋·士容》:"故火烛一～,则室偏无光。"(烛:照。)《后汉书·西域传》:"三面路绝,唯西北～通陆道。"❷边沿地方。《汉书·李广传》:"单于遮其后,乘～下垒石,士卒多死,不得行。"王维《终南山》诗:"太乙近天都,连山到海～。"❸事物的部分或片面。《荀子·荣辱》:"安知廉耻～积。"《后汉书·仲长统传》:"举端自理,滞～则失。"❹方角。《老子·四十一章》:"大方无～。"扬雄《太玄经·周》:"次二,植中枢,周无～,测曰植中枢,立督虑也。"

【隅差】 yúchā 斜角。《淮南子·本经训》:"衣无～～之削,冠无觚蠃之理。"

【隅反】 yúfǎn 犹类推。刘将孙《彭丙公诗序》:"丙公之胜我,盖又审密能思,既神变于亲承,复～～于纸上,故其趣味不但形似止。"

【隅谷】 yúgǔ 传说中日落的地方。《列子·汤问》:"夸父不量力,欲追日影,逐之于～～之际。"

【隅目】 yúmù 怒视的样子。张衡《西京赋》:"及其猛毅髬髵,～～高眶,威慑兕虎,莫之敢伉。"(髬髵:猛兽鬃毛竖起。伉:通"抗"。)苏轼《韩幹画马赞》:"以为野也,则～～耸耳,丰臆细尾,皆中度程。"

【隅中】 yúzhōng 将到正午的时候。《淮南子·天文训》:"日出于旸谷,……至于桑野,是谓晏食;至于衡阳,是谓～～;至于昆吾,是谓正中。"

【隅坐】 yúzuò 坐于席角旁。古时铺席共坐于地,尊者正席,卑者坐于席角。《礼记·檀弓上》:"曾子寝疾,病,乐正子春坐于床下,曾元、曾申坐于足,童子～～而执烛。"

隃 1. yú ❶越过,超过。司马相如《上林赋》:"～绝梁,腾殊榛。"《汉书·匡衡传》:"礼之于内也,卑不～尊,新不先故。"

2. yáo ❷通"遥"。远。《汉书·黥布传》:"上恶之,与布相望见,～谓布'何苦而反?'"文天祥《贺皇太后表》:"臣远被绣衣,～瞻彩仗。"

湡 yú 水名。又称沙河,在河北省南部。源出太行山,东流经南和县、任县,注入宁晋泊。《汉书·地理志下》:"[赵国]又有蓼水、冯水,皆东至朝平入～。"

渝 1. yú ❶改变,变更。《诗经·郑风·羔裘》:"彼其君子,舍命不～。"魏徵《十渐不克终疏》:"常许仁义之道守之而不失,俭约之志终始而不～。"㉛违背,背弃。《三国志·魏书·臧洪传》:"有～此盟,俾坠其命,无克遗育。"《宋史·神宗纪》:"夏人～初盟。"❷泛滥。梁元帝《玄览赋》:"尔其彭蠡际天,用长百川,沸渭～溢,潋淡连延。"❸解,脱。扬雄《太玄经·格》:"次三,裳格肇,钩～。”❹通“愉”。《诗经·大雅·板》:“敬天之～,无敢驰驱。”❺通“窬”。空虚。《老子·四十一章》:“建德若偷,质真若～。”❻地名。渝州,今重庆市。李白《峨眉山月歌》:“夜发清溪向三峡,思君不见下～州。”

2. shū ❼通“输”。泻,宣泄。《国语·周语上》:“自今至于初吉,阳气俱蒸,土膏其动。弗震弗～,脉其满眚,谷乃不殖。”

【渝滥】 yúlàn 顶替。《旧唐书·僖宗纪》:“吏部选人粟错及除驳放者,除身名～～欠考外,并以比远残阙收注。”

【渝盟】 yúméng 背弃盟约。《左传·桓公元年》:“公及郑伯盟于越,结祊成也。盟曰:‘～～无享国。’”《三国志·吴书·孙权传》注引《吴书》:“信恃旧盟,言归于好,是以不嫌。若魏～～,自有豫备。”

【渝平】 yúpíng 捐弃旧怨,重归于好。《左传·隐公六年》:“郑人来～～,更成也。”《三国志·吴书·刘繇传》:“康宁之后,常愿～～更成,复践宿好。”

【渝言】 yúyán 犹食言,背弃前言。皮日休《诮庄生》:“或曰:庄生非利金而～～,是范蠡之子利金而～～也。”

愉 1. yú ❶快乐,喜悦。《庄子·在宥》:“桀之治天下也,使天下瘁瘁焉人苦其性,是不～也。”《吕氏春秋·禁塞》:“上称三皇五帝之业,以～其意。”❷通“歈”。吴地的歌。左思《吴都赋》:“荆艳楚舞,吴～越吟。”

2. yù ❸通“谕”。理解。《吕氏春秋·察今》:“口惛之命不～,若舟车、衣冠、滋味、声色之不同。”

3. tōu ❹通“偷”。盗取。《诗经·唐风·山有枢》:“宛其死矣,他人是～。”❺通“偷”。苟且,懒惰。《周礼·地官·大司徒》:“以俗教安,则民不～。”

【愉敖】 yú'áo 游乐。《后汉书·张衡传》:“愁蔚蔚以慕远兮,越卬州而～～。”

【愉色】 yúsè 和颜悦色。《礼记·祭义》:“有和气者,必有～～;有～～者,必有婉容。”

【愉佚】 yúyì 安逸。《荀子·荣辱》:“为尧禹则常～～,为工匠农贾则常烦劳。”韩愈《送高闲上人序》:“喜怒窘穷,忧悲～～,怨恨思慕,酣醉无聊不平,有动于心,必于草书焉发之。”也作“愉逸”。江淹《杂体诗·颜特进侍宴》:“测恩跻～～,沿牒僭浮贱。”

【愉易】 yúyì 和悦。《吕氏春秋·谨听》:“～～平静以待之,使夫自得之。”

【愉逸】 yúyì 见“愉佚”。

【愉愉】 yúyú ❶和颜悦色。《论语·乡党》:“私觌,～～如也。”《汉书·礼乐志》:“大海荡荡水所归,高贤～～民所怀。”❷心情舒畅。张衡《东京赋》:“我有嘉宾,其乐～～。”

【愉饱】 tōubǎo 苟且取得一饱。《盐铁论·非鞅》:“[商鞅]虽以获功见封,犹食毒肉,～～而罹其咎也。”

【愉綖】 tōuyán 懈怠迟缓。《吕氏春秋·勿躬》:“百官慎职,而莫敢～～。”

阇(闍) yú 窥视。《玉篇·门部》:“～,窥也。”

楰 yú 木名。楸树的一种,一名苦楸,又名鼠梓。《诗经·小雅·南山有台》:“南山有枸,北山有～。”

揄 1. yú ❶挥动。《韩非子·内储说下》:“王怒曰:‘劓之!’……御者因～刀而劓美人。”《史记·货殖列传》:“今夫赵女郑姬,设形容,揳鸣琴,～长袂,蹑利屣,目挑心招,出不远千里,不择老少者,奔富厚也。”❷引出,拿出。《汉书·礼乐志》:“神之～,临坛宇。”《淮南子·主术训》:“使言之而非也,虽在卿相人君,～策于庙堂之上,未必可用。”❸拖曳。司马相如《子虚赋》:“于是郑女曼姬,被阿缌,～纻缟。”❹称誉,赞扬。苏辙《代李谏议谢表》:“自蒙选～,遂历华近,初无左右之助,惟恃日月之明。”

2. yóu ❺舀取。《诗经·大雅·生民》:“或舂或～,或簸或蹂。”

3. shū ❻通“输”。脱,抛弃。枚乘《七发》:“～弃恬怠,输写淟浊。”

4. yáo ❼见“揄狄”。

【揄扬】 yúyáng ❶挥扬,扬起。《楚辞·九叹·逢纷》:“～～涤荡,漂流陨往,触崟石兮。”(崟:高的样子。)❷宣扬。班固《两都赋序》:“或以抒下情而通讽谕,或以宣上德而尽忠孝,雍容～～,著于后嗣,抑亦雅颂之亚也。”杜甫《送顾八分文学适洪吉州》诗:“御札早流传,～～非造次。”

【揄揶】 yúyé 戏弄,嘲弄。卢仝《苦雪寄退之》诗:“但恨口中无酒气,刘伶见我相～～。”龚自珍《寒月吟》:“挽须搔爬之,磨墨～～之。”

【揄狄】 yáodí 古代王后祭服和夫人命服。狄,同“翟”,雉名,因在服上彩画雉形为饰,故名。《周礼·天官·内司服》:“掌王后之六服,袆衣、～～、阙狄。”《礼记·玉藻》:“王后袆衣,夫人～～。”

嵎 yú ❶山名。在今浙江省德清县西北。《国语·鲁语下》:“客曰:‘防风何守也?’

仲尼曰：'汪芒氏之君也，守封、～之山者也。'"❷山势曲折险峻的地方。《孟子·尽心下》："虎负～，莫之敢撄。"❸山高的样子。见"嵎嵎"。❹通"隅"。偏僻的地方，角落。支遁《述怀》诗之一："惚怳回灵翰，息肩栖南～。"谢灵运《九日从宋公戏马台集送孔令》诗："归客遂海～，脱冠谢朝列。"

【嵎嵎】 yúyú 山高的样子。柳宗元《归梦赋》："山～～以崮立兮，水汩汩以漂激。"（崮：同"岩"。）

嵛 yú 嵛山。❶在福建霞浦县东南海中。山高而中间下陷，形如钵盂，旧名盂山。❷在湖南永州市南。山势挺立如笔，高逾众山，故名。

骬（骬） yú 缺盆骨。《广韵·虞韵》："～，髃骬，缺盆骨也。"

畬 1. yú ❶开垦过三年的田。《诗经·周颂·臣工》："亦又何求？如何新～。"

2. shē ❷用刀耕火种的方法种田。陶渊明《和刘柴桑》："茅茨已就治，新畴复应～。"元稹《酬乐天得微之诗知通州事因成四首》之一："沙含水弩多伤骨，田仰～刀少用牛。"❸刀耕火种之地。杜甫《秋日夔府咏怀奉寄郑监李宾客一百韵》："煮井为盐速，烧～度地偏。"王禹偁《谪居感事》诗："～烟浓似瘴，松雪白如梨。"

逾（踰） 1. yú ❶跳过，越过。《诗经·郑风·将仲子》："将仲子兮，无～我墙。"《史记·南越列传》："会暑湿，士卒大疫，兵不能～岭。"㉑超过，胜过。《三国志·魏书·三少帝纪》："脩于广坐之中手刃击祎，勇过聂政，功～介子，可谓杀身成仁，释生取义者矣。"《淮南子·道应训》："子发攻蔡，～也。"❷度，过渡。《论衡·气寿》："物或～秋不死，亦如人年多度百至于三百也。"《史记·周本纪》："周君不入秦，秦必不敢～河而攻南阳矣。"❸通"愈"。越发，更加。《淮南子·原道训》："夫释大道而任小数，……不足以禁奸塞邪，乱乃～滋。"杜甫《绝句二首》之二："江碧鸟～白，山青花欲燃。"

2. yáo ❹远。《汉书·陈汤传》："卒兴师奔逝，横厉乌孙，～集都赖。"《后汉书·班超传》："延颈～～，三年于今，未蒙省录。"

【逾侈】 yúchǐ 过度奢侈。《汉书·江充传》："督三辅盗贼，禁察～～。"《后汉书·张衡传》："自侯王以下，莫不～～。"

【逾分】 yúfèn 超出本分。《南史·王微传》："时兄远免官历年，微叹曰：'我兄无事而屏废，我何得而叨忝～～？'"

【逾封】 yúfēng 越过边境。《礼记·杂记下》："妇人非三年之丧，不～～而吊。"

【逾闲】 yúxián 越过范围。《论语·子张》："子夏曰：'大德不～～，小德出入可也。'"

【逾言】 yáoyán 在远处谈话。《礼记·投壶》："毋偝立，毋～～，偝立～～有常爵。"（偝立：背堂而立。常爵：按常规被罚酒。）

腴 yú ❶人或其他动物腹下的肥肉。《论衡·语增》："圣人忧世深，思事勤，……故称尧若腊，舜若腒，桀纣之君垂～尺馀。"杜甫《阌乡姜七少府设脍戏赠长歌》："偏劝腹～愧年少，软炊香饭缘老翁。"㉑美好的事物。班固《答宾戏》："委命供己，味道之～。"《梁书·武帝纪下》："日止一食，膳无鲜～，惟豆羹粝食而已。"❷丰满，肥胖。《南齐书·袁彖传》："彖形体充～，有异于众。"王安石《与僧道升》诗之一："升也初见我，肤～仍洁白。"❸肥沃。《战国策·秦策四》："齐人南面，泗北必举，此皆平原四达膏～之地。"潘岳《籍田赋》："沃野坟～，膏壤平砥。"❹丰厚，富裕。《晋书·周顗传》："[戴]若思闲爽，照理研幽；伯仁凝正，处～能约。"姜夔《师说》："渊明天资既高，趣诣又远，故其诗散而庄，澹而～。"❺猪狗的肠子。《礼记·少仪》："君子不食圂～，小子走而不趋，举爵则坐立饮。"

【腴辞】 yúcí ❶美辞。《文心雕龙·杂文》："及枚乘摛艳，首制《七发》，～～云构，夸丽风骇。"刘知几《史通·杂说上》："或～～润简牍，或美句入咏歌，跌宕而不群，纵横而自得。"❷指繁冗的文辞。《文心雕龙·议对》："及陆机断议，亦有锋颖，而～～弗剪，颇累文骨。"

【腴润】 yúrùn 丰腴的流泽。刘孝标《辨命论》："修道德，习仁义，敦孝悌，立忠贞，渐礼乐之～～，蹈先王之盛则，此君子之所急，非有求而为也。"李峤《自叙表》："臣曾涉经典，笃好文史，渐六艺之～～，驰百家之阃阈。"

敒（敒） yú 捕鱼。张衡《西京赋》："逞欲畋～，效获麑麌。"（麌：幼麋。）吕祖谦《贺车驾幸秘书省》诗之一："若写鸿猷参大雅，定非周鼓颂田～。"

媮 1. yú ❶通"愉"。快乐，安乐。《楚辞·远遊》："内欣欣而自美兮，聊～娱以自乐。"《汉书·韦贤传》："烝民以匮，我王以～。"

2. tōu ❷通"偷"。鄙薄，轻视。《左传·襄公三十年》："晋未可～也。……其朝多君子，其庸可～乎？"❸通"偷"。苟且，只顾眼前。《楚辞·九辩》："食不～而为饱兮，衣不苟而为温。"曹植《杂诗》之六："烈士多悲心，小人～自闲。"

【媮快】 yúkuài 愉快。《汉书·酷吏传序》："当是之时，吏治若救火扬沸，非武健严酷，恶能胜其任而～～乎?"《史记·酷吏列传序》作"愉快"。

【媮薄】 tōubó 轻薄，浮薄。《汉书·刑法志》："～～之政，自是滋矣。"司马光《论以公使酒食遗人刑名状》："臣恐忠厚之俗益衰，～～之风遂长，百司庶尹无所措其手足。"

【媮惰】 tōuduò 苟且怠惰。朱熹《答魏元履书》之一："又不可因循～～，虚度光阴也。"《明史·海瑞传》："诸司素～～，瑞以身矫之。"

【媮合】 tōuhé 苟且迎合。《汉书·元帝纪》："～～苟从，未肯极言，朕甚闵焉。"又《贾山传》："[秦皇帝]退诽谤之人，杀直谏之士，是以道谀～～苟容，……天下已溃而莫之告也。"

【媮居】 tōujū 窃位，也作"偷居"。《国语·晋语三》："～～幸生，不更厥贞，大命其倾。"

【媮乐】 tōulè 苟且寻乐。《楚辞·离骚》："奏九歌而舞韶兮，聊假日以～～。"张衡《东京赋》："今公子苟好剿民以～～，忘民怨之为仇也。"

【媮食】 tōushí 苟且偷生。《汉书·韩信传》："[足下]名闻海内，威震诸侯，众庶莫不辍作怠惰，靡衣～～，倾耳以待命者。"

骗(騙) yú ❶紫色马。《玉篇·马部》："～，紫色马。"❷骝骗。马名。

谔(諤) yú ❶虚夸。《法言·问明》："～言败俗，～好败则。"❷歌声，劳动号子。钱谦益《定山堂诗集旧序》："舆讴巷～，皆被管弦。"

【谔舆】 yúyú 劳动号子。《集韵·虞韵》："～～，举重劝力歌也。"也作"舆谔"。《吕氏春秋·淫辞》："今举大木者，前呼～～，后亦应之。"

瑜 yú ❶美玉。《山海经·西山经》："羭山神也，祠之用烛，斋百日以百牺，瘗用百～"。韩愈《殿中少监马君墓志铭》："幼子娟好静秀，瑶环～珥，兰茁其牙，称其家儿也。"㊂玉的光采。比喻优点。《礼记·聘义》："瑕不揜～，～不揜瑕。"潘尼《赠陆机出为吴王郎中令》诗："玉以～润，随以光融。"❷美貌，美好。《汉书·礼乐志》："象载～，白集西。"鲍照《芙蓉赋》："抽我衿之桂兰，点子吻之～辞。"

【瑜玉】 yúyù 美玉。《礼记·玉藻》："世子佩～～而綦组绶。"《宋史·乐志十四》："～～在佩，綦组明兮。"

榆 1. yú ❶木名。榆科植物泛称，种类很多。其中"白榆"为叶椭圆形或倒卵形，花淡绿而紫。叶、果可食。木材坚固，可制器物或供建筑。树皮纤维柔韧，可代麻。《诗经·唐风·山有枢》："山有枢，隰有～。"《庄子·逍遥遊》："我决起而飞，抢～枋。"❷星名。无名氏《陇西行》："天上何所有，历历种白～。"唐高宗《大唐纪功颂》："星箭夕而奔～，则妖飞玉弩。"❸姓。

2. shū ❹通"输"。泻。扬雄《太玄经·莹》："植表施景，～漏率刻。"

3. yáo ❺通"摇"，摇动。《素问·骨空论》："折，使～臂齐肘，正灸脊中。"

【榆火】 yúhuǒ 从榆木所取之火。《周礼·夏官·司爟》注："春取榆柳之火"。后以"榆火"指春景。李峤《寒食清明日早赴王门率成》诗："槐烟乘晓散，～～应春开。"周邦彦《兰陵王·柳》词："又酒趁哀弦，灯照离席，梨花～～催寒食。"

【榆景】 yújǐng "桑榆晚景"的省称。比喻晚年。孟郊《乙酉岁舍弟扶侍归兴义庄居后独止舍待替人》诗："兰交早已谢，～～徒相迫。"朱鼎《玉镜台记·闺思》："保佑我姑嫜鹤算童颜，松柏南山，～～身康健。"

【榆塞】 yúsài 《汉书·韩安国传》："后蒙恬为秦侵胡，辟数千里，以河为竟。累石为城，树榆为塞，匈奴不敢饮马于河。"后以"榆塞"泛指边塞。骆宾王《送郑少府入辽共赋侠客远从戎》诗："边烽警～～，侠客度桑干。"赵翼《树海歌》："到此奇观得未曾，～～邓林讵足亚。"

虞 yú ❶神话传说中的兽名，即驺虞。《诗经·召南·驺虞》："彼茁者葭，壹发五豝，于嗟乎驺～。"《尚书大传·西伯戡黎》："[散宜生]之于陵氏，取怪兽，大；不辟虎狼，闲尾倍其身，名曰～。"❷猜度，料想。《左传·僖公四年》："不～君之涉吾地也，何故?"《史记·殷本纪》："维王淫虐用自绝，故天弃我，不有安食，不～知天性，不迪率典。"❸忧虑，忧患。《左传·昭公四年》："君若苟无四方之～。"《后汉书·杨震传》："今天下无～，百姓乐安。"❹戒备，准备。《孙子·谋攻》："以～待不～者胜。"《新唐书·郭子仪传》："西御犬戎，北～猃狁。"❺盼望。《左传·桓公十一年》："且日～四邑之至也。"又《昭公六年》："始吾有～于子，今则已矣。"❻欺骗。《左传·宣公十五年》："我无尔诈，尔无我～。"❼通"娱"。欢乐。《吕氏春秋·慎人》："故许由～乎颍阳，而共伯得乎共首。"《汉书·王褒传》："辟如女工有绮縠，音乐有郑、卫，今世俗犹皆以此～说耳目。"❽古时葬后拜祭称虞。《穀梁传·文公二年》："立主，丧主于～，吉主于练。"《后汉书·礼仪志下》："～礼毕，祔于庙，如礼。"❾古时掌管山泽禽兽之官。《史记·五帝本纪》："舜曰：'谁能驯予上下草木鸟兽？皆曰益可。于是以益为朕～。'"（上：原。下：隰。）❿远古部落名，舜为其酋长，居于蒲阪（今山西省永济市附近）。《商君书·开塞》："周不法商，夏不法～，三代异势，而皆可以王。"⓫古国名。1）西虞。传说为舜祖先封地。故城在今山西省平陆县。《左传·僖公五年》："晋侯复假道于～以伐虢。"2）夏虞封舜的儿子商均于虞。在今河南省虞城县。《左传·哀公元年》："[夏少康]逃奔有～。"⓬姓。

【虞人】 yúrén ❶古代掌管山泽苑囿、田猎的官。《孟子·滕文公下》："昔齐景公田，招～～以旌，不至，将杀之。"《吕氏春秋·季夏》："是月也，树木方盛，乃命～～入山行木，无或斩伐。"❷泛指猎人。马中锡《中山狼传》："是狼为～～所窘，求救于我。"

【虞渊】 yúyuān 神话传说中日落的地方。向秀《思旧赋》："于时日薄～～，寒冰凄然。"柳宗元《行路难》诗之一："君不见夸父逐日窥～～，跳踉北海超昆仑。"

【虞主】 yúzhǔ 古代葬后虞祭时所立的神主。《公羊传·文公二年》："主者曷用？～～用桑。"

愚 yú ❶蠢笨，无知。《诗经·大雅·抑》："人亦有言，靡哲不～。"《论衡·逢遇》："位卑在下，未必～，不遇也。"㊀认为蠢笨，无知。《韩非子·难三》："夫差智太宰嚭而～子胥，故灭于越。"㊁使蠢笨，无知。《老子·六十五章》："古之善为道者，非以明民，将以～之。"❷欺骗。《韩非子·难三》："好恶在所见，臣下之饰奸物以～其君也。"贾谊《过秦论》："于是废先王之道，燔百家之言，以～黔首。"❸自称的谦词。《史记·刘敬叔孙通列传》："～以为匈奴不可击也。"刘禹锡《答道州薛侍郎论方书书》："～少多病。"

【愚闇】 yú'àn 愚昧无知。《荀子·成相》："世之殃，～～～～堕贤良。"也作"愚暗"。《论衡·辨祟》："惊惑～～，渔富偷贫，愈非古法度圣人之至意也。"

【愚暗】 yú'àn 见"愚闇"。

【愚鄙】 yúbǐ 笨拙浅陋。《汉书·王莽传上》："虽性～～，至诚自知。"

【愚鲠】 yúgěng 愚而耿直。胡仔《苕溪渔隐丛话》后集卷二十二《迂叟》："独乐园子吕直者，性～～，故公以直名之。"

【愚鲁】 yúlǔ 愚笨迟钝。柳宗元《为韦京兆祭杜河中文》："余弟宗卿，获芘仁宇，命佐廉问，忘其～～，假以羽翼，俾之骞翥。"（芘：通"庇"。骞翥：高飞。）

【愚直】 yúzhí 愚而耿直。《列子·力命》："巧佞、～～，婩斫、便僻。"（婩斫：不解悟的样子。）后多用作自谦之词。杜甫《风疾舟中伏枕书怀三十六韵奉呈湖南亲友》："朗鉴在～～，皇天实照临。"

【愚忠】 yúzhōng ❶效忠而不明事理。《管子·七臣七主》："重赋敛，多兑道以为上，使身见憎而主受其谤，故记称之曰～～谗贼，此之谓也。"❷臣子对帝王的自谦之词。《战国策·赵策二》："臣故敢献其愚，效～～。"《汉书·枚乘传》："臣乘愿披腹心而效～～。"

【愚戆】 yúzhuàng 愚而刚直。《管子·水地》："故其民～～而好贞，轻疾而易死。"《后汉书·郎顗传》："禀性～～，不识忌讳。"也作"愚赣"。《韩非子·南面》："是以～～窳惰之民，苦小费而忘大利也。"

觎（覦） yú 非分地希望。《左传·襄公十五年》："能官人，则民无～心。"（官：安排官职。）杨万里《转对劄子》："内帑所在，人有～心，至使人主不敢一颦一笑也。"

毹（毺） yú 毛毯之类。《集韵·虞韵》："～，织毛蓐，氍毹者曰毾㲪。"韩愈等《晚秋郾城夜会联句》："两厢铺氍～，五鼎调勺药。"

歈 yú ❶歌谣。《楚辞·招魂》："吴～蔡讴，奏大吕些。"刘禹锡《竹枝词》："余亦作竹枝词九篇，俾善歌者飏之，附于末，后之聆巴～，知变风之自焉。"❷通"愉"。愉快，和悦。刘伶《北芒客舍》诗："陈醴发悴颜，色～畅真心。"

牏 1. yú ❶筑墙时用于两端的短板。《说文·片部》："～，筑墙短版也。"

2. tóu ❷通"褕"。指贴身内衣。《史记·万石张叔列传》："建为郎中令，每五日洗沐归谒亲，入子舍，窃问侍者，取亲中裙厕～，身自浣涤，复与侍者，不敢令万石君知，以为常。"

艅 yú 见"艅艎"。

【艅艎】 yúhuáng 船名。《抱朴子·博喻》："～～鹢首，涉川之良器也。"

衙 yú 见yá。

飖（颻） yú 见"䫻飖"。

窬 yú ❶门旁小洞。《礼记·儒行》："筚门圭～，蓬户瓮牖。"袁宏道《五弟新卜园居》诗："闲云不隶馆，任意逻门～。"❷空，挖空。见"窬木"。❸同"牏"、"窦"。清粪便的木槽，空道。《史记·万石张叔列传》集解引孟康曰："厕，行清；～，行中受粪者也。东南人谓凿木空中如曹谓之～。"❹通"逾"。越过。《论语·阳货》："其犹穿～盗也与！"《后汉书·陈忠传》："夫穿～不禁，则致强盗。"

【窬木】 yúmù 中间挖空的木头。指刳木为舟。《淮南子·氾论训》："古者大川名谷，冲绝道路，不通往来也，乃为～～方版，以为舟航。"

褕 1. yú ❶见"褕狄"、"褕翟"。❷华美的衣服。见"褕衣"。❸短衣。《新唐书·史思明传》："方冽寒，人皆连纸襪书为裳～。"

2. tóu ❹内衣。《集韵·侯韵》："～，近身衣。"

【褕狄】 yúdí 古代画有雉尾的王后祭服。柳宗元《礼部贺册太上皇后贺表》："长秋既登其正位，～～亦被于恩光。"

【褕翟】 yúdí 同"褕狄"。《诗经·鄘风·君子偕老》毛传："～～，阙翟，羽饰衣也。"《新唐书·车服志》："～～者，受册、助祭、朝会大事之服也。"

【褕衣】 yúyī 华美的衣服。《史记·淮阴侯列传》："农夫莫不辍耕释耒，～～甘食，倾耳以待命者。"

睮 yú 见"睮睮"。

【睮睮】 yúyú 谄媚的样子。韦孟《讽谏》诗："～～谄夫，谔谔黄发。"

蝓 yú 同"蝓"。蜗牛。《集韵·虞韵》："蝓，～，虫名。《说文》：虒蝓也。"

锔(鋦) yú 锯。《玉篇·金部》："～，锯也。"

舆(輿) yú ❶车箱。《潜夫论·相列》："[材木]曲者宜为轮，直者宜为～。"王安石《易泛论》："～有承载之材，而亦非车之全者也。"泛指车。《老子·八十章》："虽有舟～，无所乘之。虽有甲兵，无所陈之。"《汉书·梁孝王刘武传》："孝王入朝，景帝使使持乘～驷，迎梁王于关下。"❷运载。韩愈《送穷文》："结柳作车，缚草为船，载糗～粻。"王安石《先大夫述》："令断虎头，～致州。"❸抬，扛。《吕氏春秋·期贤》："流矢如雨，扶伤～死。"《汉书·苏武传》："武气绝，半日方息，惠等哭，～归营。"㊇举。《战国策·秦策三》："百人～瓢而趋，不如一人持而走疾。百人诚～瓢，瓢必裂。"❹众，多。《吕氏春秋·决胜》："善用兵者，诸边之内，莫不与斗，虽厮～白徒，方数百里皆来会战，势使之然也。"《汉书·陆贾传》："人众车～，万物殷富。"❺古代奴隶的一个等级。《左传·昭公七年》："人有十等，下所以事上，上所以共神也。故王臣公，公臣大夫，大夫臣士，士臣皁，皁臣～，～臣隶，隶臣僚，僚臣仆，仆臣台。"❻地域。束皙《补亡诗》："漫漫方～，回回洪覆。"❼轿子。《世说新语·简傲》："王[子猷]肩～径造竹下，讽啸良久。"《辽史·仪卫志一》："～，以人肩之，天子用耩络臂绾。"

【舆病】 yúbìng 抱病登车。《后汉书·刘淑传》："桓帝闻淑高名，切责州郡，使～～诣京师。"

【舆榇】 yúchèn 古代把棺材装在车上随行，表示有罪当死或就死之意。《三国志·魏书·明帝纪》注引《魏略》："如是，吴贼面缚，蜀虏～～，不待诛而自服，太平之路可计日而待也。"《周书·颜之仪传》："[乐]运乃～～诣朝堂，陈帝八失。"

【舆地】 yúdì ❶地。陈亮《中兴论》："陵寝不可以不还，～～不可以不复。"❷地图。《汉书·江都易王刘非传》："具置军官品员，及拜爵封侯之赏，具天下之～～及军阵图。"

【舆梁】 yúliáng 可通车的桥梁。《孟子·离娄下》："十二月～～成。"

【舆论】 yúlùn 公众的言论。《三国志·魏书·王朗传》："设其傲狠，殊无入志，惧彼～～之未畅者，并怀伊邑。臣愚以为宜敕别征诸将，各明奉禁令，以慎守所部。"苏舜钦《诣匦疏》："朝廷已然之失，则听～～而有闻焉。"

【舆人】 yúrén ❶造车之人。《周礼·考工记·舆人》："～～为车。"❷众人。《三国志·魏书·王朗传》："往者闻[孙]权有遣子之言而未至，今六军戒严，臣恐～～未畅圣旨，当谓国家愠于[孙]登之逋留，是以为之兴师。"❸古代十等人中的第六等。指职位低微的吏卒。《左传·昭公四年》："～～纳之，隶人藏之。"

【舆尸】 yúshī 用车运载死尸。《周易·师》："师或～～，大无功也。"李商隐《为李贻孙上李相公启》："提枪于绝艺之场，班杨扫地；鞠旅于无前之敌，江鲍～～。"

【舆诵】 yúsòng 众人的议论。《晋书·郭璞传》："今圣朝明哲，思弘谋猷，方辟四门以亮采，访～～于群心。"

【舆台】 yútái 古代十等人中，舆为第六等，台为第十等。此泛指地位低微的人。张衡《东京赋》："发京仓，散禁财，赉皇僚，逮～～。"杜甫《后出塞》诗之五："越罗与楚练，照耀～～躯。"

【輿薪】　yúxīn　满车薪柴。比喻大而易见之物。《孟子·梁惠王上》："明足以察秋毫之末而不见～～。"《列子·仲尼》："故学眎者先见～～，学听者先闻撞钟。"

羭　yú　❶黑母羊。《列子·天瑞》："老～之为猨也。"❷喻美好。《左传·僖公四年》："且其繇曰：'专之渝，攘公之～。'"

蕍　yú　❶药草名。即泽蕮。《尔雅·释草》："～，蕮。"邢昺疏："～，一名蕮，即药草泽蕮也。"❷花盛开的样子。《尔雅·释草》："～、芛、葟、华、荣。"邢昺疏："～，言华之敷貌。"

轝　yú　古代丧车的装饰。《荀子·礼论》："无(hū)帾、丝～、缕翣，其貌以象菲帷帱尉也。"

堣　yú　蝓蝺，虫名。

蝓　yú　蛞蝓，省称"蝓"，即蜗牛。刘基《歌行·二鬼》："生甲必龟贝，勿生～与蜞。"

揄　yú　同"揄"。嘲笑，戏弄。欧阳修《葛氏鼎》诗："以示世俗遭揶～，明堂朝会飨诸侯。"刘大櫆《祭望溪先生文》："不材如櫆，举世邪～。"

螸　yú　蜂类腹部膏腴下垂。《尔雅·释虫》："～，螽丑～。"(郭璞注："垂其腴。")

轝(轝)　yú　❶共举，对举。《后汉书·张让传》："监奴乃率诸仓头迎拜于路，遂共～车入门。"《三国志·蜀书·杜微传》："微固辞，～而致之。"❷同"輿"。车。《墨子·公输》："邻有敝～而欲窃之。"萧嶷《自陈启·又启》："出篱门外，乘～鸣角。"❸同"輿"。众，多。《史记·郦生陆贾列传》："人众车～，万物殷富。"《汉书》作"輿"。❹承放酒器的礼器。同"棜"。《仪礼·既夕礼》注："棜，今之～也。"

鸆(鸆)　yú　鸟名。鹗鸆，也称"泽虞"。即护田鸟。《尔雅·释鸟》释文："泽虞，《字林》作鹗～。"《广韵·陌韵》："鹗，鹗～，即护田也。"

鱟(鱟)　yú　捕鱼。《周礼·天官·鱟人》："掌以时～为梁。"

髃(髃)　yú　肩前骨。《说文·骨部》："～，肩前也。"《诗经·小雅·车攻》毛传："自左膘射之，达于右～为上杀。"

麌　yú　兽名。似鹿而大。《说文·鹿部》："～，似鹿而大也。"扬雄《蜀都赋》："麡～鹿麝，户豹能黄。"(麡：原文作"麢"。)

与(與)　1. yǔ　❶给予。《老子·三十六章》："将欲夺之，必固～之。"《史记·五帝本纪》："尧乃赐舜絺衣，～琴，为筑仓廪，予牛羊。"❷亲附，跟随。《国语·齐语》："桓公知天下诸侯多～己也，故又大施忠焉。"《管子·大匡》："公先～百姓而藏其兵。"❸党与，同盟者。《荀子·王霸》："约结已定，虽睹利败，不欺其～。"❹交往。《吕氏春秋·慎行》："始而相～，久而相信，卒而相亲。"《管子·形势》："毋～不可，毋强不能，毋告不知。"❺敌，对付。《左传·襄公二十五年》："一～一，谁能惧我？"《史记·淮阴侯列传》："吾平生知韩信为人，易～耳。"㊟特指对斗。《老子·六十八章》："善为士者不武。善战者不怒。善胜敌者不～。"❻允许，赞许。《论语·述而》："子曰：'～其进也，不～其退也。'"《汉书·陈汤传》："及丞相御史亦恶其矫制，皆不～汤。"❼帮助。《战国策·齐策一》："君之谋过矣。君不～胜者而～不胜者，何故也？"《汉书·楚元王传》："季父不吾～，我起，先取季父矣。"❽等待。《论语·阳货》："日月逝矣，岁不我～。"《楚辞·离骚》："汩余若将不及兮，恐年岁之不吾～。"❾介词。1)相当于"被"。《战国策·秦策五》："[夫差]遂～句践禽。"2)相当于"对"、"向"、"和"。《孟子·公孙丑下》："齐人无以仁义～王言者。"《韩非子·解老》："治世之民，不～鬼神相害也。"3)相当于"以"。《韩非子·难一》："将治天下，释庸主之所易，道尧舜之所难，未可～为政也。"《史记·货殖列传》："是故智不足～权变，勇不足以决断。"4)相当于"为"、"替"。《孟子·离娄上》："得其心有道：所欲～之聚之，所恶勿施尔也。"《史记·陈涉世家》："陈涉少时，尝～人佣耕。"5)相当于"于"、"在"。赵晔《吴越春秋·阖闾内传》："将渡江于中流，要离力微，坐～上风。"❿连词。1)相当于"和"、"同"。《论语·述而》："用之则行，舍之则藏，唯我～尔有是夫！"《后汉书·冯衍传下》："功～日月齐光兮，名～三王争流。"2)相当于"与其"。《韩非子·难二》："～吾得革车千乘，不如闻行人烛过之一言也。"(行人：使者。)《史记·鲁仲连邹阳列传》："～人刃我，宁自刃。"3)相当于"或者"、"还是"。《晏子春秋·问下》："正行则民遗，曲行则道废。正行而遗民乎、～持民而遗道乎？"

2. yù　⓫参加，参与。《左传·僖公三十二年》："蹇叔之子～师。"《汉书·诸侯王表》："诸侯惟得衣食税租，不～政事。"㊟干预。《史记·魏其武安侯列传》："蚡事魏其，无所不可；何爱数顷田？且灌夫何～也？"范成大《次韵时叙》："作诗惜春聊复尔，春亦何能～人事。"⓬称誉。《汉书·翟方进传》："朝过夕改，君子～之。"

3. yú　⑬语助词。1）用于句末，表示疑问、感叹或反诘。《楚辞·渔父》："渔父见而问之曰：'子非三闾大夫～？'"《史记·孔子世家》："归～归～！"2）用于句中，表示停顿。《左传·襄公二十九年》："是盟也，其～几何？"《论语·公冶长》："于予～何诛？"

4. jǔ　⑭通"举"。1）推举，进用。《礼记·礼运》："选贤～能，讲信脩睦。"2）攻占，收复。《战国策·楚策四》："于是乃以执珪而授之为阳陵君，～淮北之地也。"3）皆，都。《孟子·滕文公下》："不由其道而往者，～钻穴隙之类也。"《汉书·高帝纪下》："兵不得休八年，万民～苦甚。"

【与夺】　yǔduó　❶决定，裁决。《三国志·魏书·明元郭皇后传》："值三主幼弱，宰辅统政，～～大事，皆先咨启于太后而后施行。"《旧唐书·裴漼传》："琰之命书吏数人，连纸进笔，斯须剖断并毕，文翰俱美，且尽～～之理。"❷取舍。白居易《论考试进士事宜状》："虽诗赋之间，皆有瑕病，在～～之际，或可矜量。"❸得失。《魏书·甄琛传》："臣子所求，便为议上，都不复斟酌～～，商量是非。"

【与国】　yǔguó　友邦，盟国。《孟子·告子下》："我能为君约～～，战必克。"《史记·张仪列传》："臣请谒其故：周，天下之宗室也；齐，韩之～～也。"

【与手】　yǔshǒu　下毒手。《南史·张彪传》："彪左右韩武入视，彪已苏，细声谓曰：'我尚活，可～～。'于是武遂诛稜。"

【与徒】　yǔtú　共事者。贾谊《新书·大政下》："国之治政，在诸侯、大夫、士，察之理，在其～～。君必择其臣，而臣必择其所与。"

【与与】　yǔyǔ　❶茂盛的样子。《诗经·小雅·楚茨》："我黍～～，我稷翼翼。"张衡《南都赋》："百谷蕃庑，翼翼～～。"（庑：草木茂盛的样子。）❷威仪适度的样子。《论语·乡党》："君在，踧踖如也，～～如也。"（踧踖：恭敬的样子。）韩愈《上巳日燕太学听弹琴诗序》："褒衣危冠，～～如也。"（褒：宽大。）❸犹豫不决的样子。《淮南子·兵略训》："故善用兵者……击其犹犹，陵其～～。"

【与狐谋皮】　yǔhúmóupí　《太平御览》卷二〇八引《符子》："欲为千金之裘而与狐谋其皮。……言未卒，狐相率逃于重丘之下。"比喻所商量的事情要对方牺牲自己的利益，决不可能成功。魏源《筹鹾论》："为千金之裘，而必与狐谋其皮，……何待挠格而始疑之？"今多作"与虎谋皮"。

予　1. yǔ　❶给予，授予。《诗经·小雅·采菽》："彼交匪纾，天子所～。"《史记·楚世家》："今吾使使周求鼎以为分，其～我乎？"❷赞许。《管子·宙合》："主盛处贤，而自～雄也。"《荀子·大略》："天下之人唯各特意哉，然而有所共～也。言味者～易牙，言音者～师旷。"❸介词。同。《史记·游侠列传》："诚使乡曲之侠，～季次、原宪比权量力，效功于当世，不同日而语矣。"

2. yú　❹我。《尚书·汤誓》："时日曷丧？～及女皆亡。"李白《送郄昂谪巴中》诗："～若洞庭叶，随波送逐臣。"

【予夺】　yǔduó　❶给予和剥夺。《管子·七法》："～～也，险易也，利害也，开闭也，杀生也，谓之决塞。"❷裁决，决定。《颜氏家训·省事》："朝夕聚议，寒暑烦劳，背春涉冬，竟无～～。"

【予告】　yǔgào　汉代二千石以上有功官员依例给予在官休假的待遇，叫做予告。后凡高级官员因老、病准予休假都称作予告。《汉书·冯奉世传》："今有司以～～得归，赐告不得，是一律两科，失省刑之意。"杨万里《二月二十四日雨中泛舟赋诗》："君王～～作寒食，来看孤山海棠色。"

【予宁】　yǔníng　古时官员父母去世，准假回家守丧。《汉书·哀帝纪》："博士弟子父母死，～～三年。"

宇（寓）　yǔ　❶屋檐。《诗经·豳风·七月》："七月在野，八月在～，九月在户。"《后汉书·舆服志上》："相与起作宫室，上栋下～，以雍覆之，欲其长久也。"㊀庇护。《左传·昭公十三年》："诸侯事晋，未敢携贰，况卫在君之～下，而敢有异志？"《晋书·陆玩传》："由是搢绅之徒莫不荫其德～。"㊁覆盖物的边缘。《周礼·考工记·轮人》："轮人为盖，……上欲尊而～欲卑。上尊而～卑，则吐水疾而霤远。"❷房屋，居处。《诗经·大雅·绵》："爰及姜女，聿来胥～。"《国语·周语中》："其馀以均分公侯伯子男，使各有宁～。"❸国土，四境。《左传·昭公四年》："或无难以丧其国，失其守～。"班固《封燕然山铭》："下以安固后嗣，恢拓境～，振大汉之天声。"❹空间。《荀子·富国》："万物同～而异体。"《楚辞·九章·涉江》："霰雪纷其无垠兮，云霏霏而承～。"❺风度，胸襟。《庄子·庚桑楚》："～泰定者，发乎天光。"潘岳《司空密陵侯郑袤碑铭》："弘操岳峻，～量深广。"❻姓。

【宇内】　yǔnèi　天下，天地之间。贾谊《过秦论》："有席卷天下，包举～～，囊括四海之意，并吞八荒之心。"陶渊明《归去来兮辞》："寓形～～复几时，曷不委心任去留？"

【宇宙】 yǔzhòu ❶屋檐和栋梁。《淮南子·览冥训》:"凤皇之翔,至德也,……而燕雀佼之,以为不能与之争于～～之间。"❷天地。《世说新语·排调》:"何次道往瓦官寺礼拜甚勤,阮思旷语之曰:'卿志大～～,勇迈终古。'"王勃《滕王阁序》:"天高地迥,觉～～之无穷。"❸天下,国家。沈约《游沈道士馆》诗:"秦皇御～～,汉帝恢武功。"《隋书·炀帝纪上》:"方今～～平一,文轨攸同,十步之内,必有芳草,四海之中,岂无奇秀!"

萭(蕍) 1. yǔ ❶美好的样子。《诗经·小雅·伐木》:"伐木许许,酾酒有～。"

2. yù ❷藷萭,即山药。《广雅·释草》:"王延、藷萭,署预也。"

屿(嶼) yǔ 小岛。左思《吴都赋》:"岛～绵邈,洲渚冯隆。"孟浩然《登江中孤屿赠白云先生王迥》诗:"悠悠清江水,水落沙～出。"

伛(傴) yǔ ❶驼背。《吕氏春秋·尽数》:"甘水所多好与美人,辛水所多疽与痤人,苦水所多尪与～人。"(尪,骨骼弯曲症。)《旧唐书·崔善为传》:"诸曹令史恶其聪察,因其身短而～,嘲之曰:'崔子曲如钩,随例得封侯。'"❷弓腰曲身,表示恭敬。《左传·昭公七年》:"一命而偻,再命而～,三命而俯,循墙而走。"《世说新语·言语》:"足下但因～为恭,而不能答。"

【伛拊】 yǔfǔ 爱惜,抚养。拊,通"抚"。《庄子·人间世》:"且昔者桀杀关龙逢,纣杀王子比干,是皆修其身以下～～人之民,以下拂其上者也。"柳宗元《天对》:"汤奋癸旅,爰以～～。"

【伛偻】 yǔlǚ ❶驼背。《淮南子·精神训》:"子求行年五十有四,而病～～。"❷弯腰曲背。欧阳修《醉翁亭记》:"前者呼 ,后者应,～～提携,往来而不绝者,滁人游也。"❸鞠躬,恭敬的样子。贾谊《新书·官人》:"柔色～～,唯谀之行,唯言之听,以睚眦之间事君者,厮役也。"

羽 yǔ ❶鸟毛。特指鸟的长毛。《尚书·禹贡》:"厥贡惟金三品,……齿革～毛惟木。"《左传·隐公五年》:"皮革、齿牙、骨角、毛～,不登于器。"❷鸟虫的翅膀。《诗经·小雅·鸿雁》:"鸿雁于飞,肃肃其～。"又《周南·螽斯》:"螽斯～,诜诜兮。"(诜诜:众多的样子。)张衡《七辩》:"京城阿缟,譬之蝉～。"❸指鸟类。《淮南子·原道训》:"～者妪伏,毛者孕育。"梅尧臣《河南张应之东斋》诗:"池清少游鱼,林浅无栖～。"❹箭尾上的羽毛,即箭翎。《吕氏春秋·精通》:"养由基射矢中石,矢乃饮～。"王安石《材论》:"夫南越之修簳,镞以百炼之精金,～以秋鹗之劲翮,加强弩之上而彍之千步之外。"(簳:箭杆。)㉑箭。江淹《别赋》:"或乃边郡未和,负～从军。"李白《塞下曲》之三:"弯弓辞汉月,插～破天骄。"❺古代文舞所执的雉羽。《穀梁传·隐公五年》:"初献六～。穀梁子曰:'舞夏,天子八佾,诸公六佾,诸侯四佾,初献六～,始僭乐矣。'"❻钓丝上的浮标。《吕氏春秋·离俗》:"鱼有大小,饵有宜适,～有动静。"❼旌旗的代称。《国语·晋语一》:"被～先升,遂克之。"庾信《和赵王送峡中军》诗:"楼船聊习战,白～试扮军。"❽古代五音之一。《周礼·春官·大师》:"皆文之以五声,宫、商、角、徵、～。"陶渊明《咏荆轲》:"商音更流涕,～奏壮士惊。"❾姓。

【羽化】 yǔhuà ❶昆虫由幼虫或蛹,经过脱皮,长翅而变为成虫的过程。《搜神记》卷十三:"木蠹生虫,～～为蝶。"❷道教称人成仙后身长羽翼,能够飞升。白居易《新乐府·海漫漫》诗:"山上多生不死药,服之～～为天仙。"苏轼《赤壁赋》:"飘飘乎如遗世独立,～～而登仙。"

【羽客】 yǔkè 道士。庾信《邛竹杖赋》:"和轮人之不重,待～～以相贻。"魏知古《玄元观寻李先生不遇》诗:"～～今何在? 空寻伊洛间。"

【羽林】 yǔlín ❶皇帝卫军的名称。谓为国羽翼,如林之盛的意思。汉武帝太初元年置建章营骑,后改名羽林骑,为皇帝护卫。长官有羽林中郎将及羽林郎。后历代设有羽林监。唐置左右羽林卫,也叫羽林军,有大将军、将军等官。宋不设。元有羽林将军,为扈从执事官。明代亲军有羽林卫。杜甫《自京赴奉先县咏怀五百字》:"瑶池气郁律,～～相摩戛。"❷指仪仗队。《汉书·礼乐志》:"芬树～～,云景杳冥。"

【羽人】 yǔrén ❶官名。《周礼·地官·羽人》:"记有～～,掌征集羽翮作旌旗、车饰之用。"❷神话中的飞仙。《楚辞·远遊》:"仍～～于丹丘兮,留不死之旧乡。"杜甫《别张十三建封》诗:"～～扫碧海、功业竟何如?"❸道家学仙,因称道士为羽人。李中《送致仕沈彬郎中游茅山》诗:"挂却朝冠披鹤氅,～～相伴恣遨游。"

【羽书】 yǔshū 插上鸟羽,要求迅速传递的军事文书。《后汉书·西羌传论》:"烧陵园,剽城市,伤败踵系,～～日闻。"杜甫《秋兴》诗之四:"直北关山金鼓振,征西车马～～驰。"

【羽卫】 yǔwèi 皇帝的卫队和仪仗。江淹

《杂体诗·袁太尉从驾》:"~~蔼流景,彩吹震沈渊。"韩愈《丰陵行》:"~~煌煌一百里,晓出都门葬天子。"

【羽檄】 yǔxí 即羽书。《史记·韩信卢绾列传》:"吾以~~征天下兵,未有至者。"曹植《白马篇》:"~~从北来,厉马登高堤。"

【羽仪】 yǔyí ❶羽饰。《周易·渐》:"鸿渐于陆[逵],其羽可用为仪。"《新唐书·张荐传》:"[颜]真卿逮事四朝,为国元老,忠直孝友,~~王室。"后以羽仪喻被人尊重、可作为表率。韩愈《燕喜亭记》:"智以谋之,仁以居之,吾知其去是而~~于天朝也不远矣。"❷仪仗队中以羽毛装饰的旌旗之类。《南史·宋武帝纪》:"便步出西掖门,~~络绎追随,已出西明门矣。"《旧唐书·魏徵传》:"今以一品礼葬,~~甚盛。"

【羽翼】 yǔyì ❶翅膀。《管子·霸形》:"寡人之有仲父也,犹飞鸿之有~~。"❷辅佐,辅助。《吕氏春秋·举难》:"然而名号显荣者,三士~~之也。"《宋史·欧阳修传论》:"使斯文之正气可以~~大道,扶持人心。"❸左右辅佐的人。《三国志·魏书·董昭传》:"备勇而志大,关羽、张飞为之~~。"

【羽族】 yǔzú 指鸟类。枚乘《柳赋》:"出入风云,去来~~。"班固《典引》:"是以来仪集~~于观魏,肉角驯毛宗于外囿。"

雨 1. yǔ ❶从云层中降落到地面的水。《诗经·小雅·甫田》:"以御田祖,以祈甘~。"许浑《咸阳城东楼》诗:"溪云初起日沉阁,山~欲来风满楼。"㊀比喻众多。《诗经·齐风·敝笱》:"齐子归止,其从如~。"㊁比喻离散。王粲《赠蔡子笃》诗:"风流云散,一别如~。"㊂比喻恩泽。梁简文帝《上大法颂表》:"泽~无偏,心田受润。"

2. yù ❷下雨。《诗经·小雅·采薇》:"今我来思,~雪霏霏。"苏轼《喜雨亭记》:"于是举酒于亭上,以属客而告之曰:'五日不~,可乎?'"❸像雨一样地降落。《淮南子·本经训》:"昔者苍颉作书,而天~粟,鬼夜哭。"苏轼《喜雨亭记》:"使天而~珠,寒者不得以为襦;使天而~玉,饥者不得以为粟。"㊃润泽。刘向《说苑·贵德》:"吾不能以春风风人,吾不能以夏雨~人。"㊁比喻灌溉。孟郊《终南山下作》诗:"山村不假阴,流水自~田。"

【雨脚】 yǔjiǎo 密密连接像线一样的雨点。贾思勰《齐民要术·胡麻》:"种欲截~~,一亩用子二升。"杜牧《念昔游》诗之二:"云门寺外逢猛雨,林黑山高~~长。"

【雨露】 yǔlù 雨和露水。比喻恩泽,恩惠。李白《送窦司马贬宜春》诗:"圣朝多~~,莫厌此行难。"高適《送李少府贬峡中王少府贬长沙》诗:"圣代即今多~~,暂时分手莫踌躇。"

【雨泣】 yǔqì 泪下如雨。《资治通鉴·后汉隐帝乾祐元年》:"[刘]信不得奉辞,~~而去。"

语(語) 1. yǔ ❶自言为言,与人谈论为语。《论语·乡党》:"食不~,寝不言。"《韩非子·内储说下》:"靖郭君相齐,与故人久~。"泛指说话,议论,辩论。《论语·述而》:"子不~怪力乱神。"《盐铁论·本议》:"惟始元六年,有诏书使丞相御史与所举贤良文学~。"❷说的话。《左传·文公十七年》:"齐君之~偷。"杜甫《醉为马所坠诸公携酒相看》诗:"~尽还成开口笑,提携别扫清谿曲。"㊀语言。《颜氏家训·教子》:"教其鲜卑~及弹琵琶。"白居易《缚戎人》诗:"自古此冤应未有,汉~汉心吐蕃身。"❸谚语,成语。《穀梁传·僖公二年》:"~曰:'唇亡则齿寒。'"李固《遗黄琼书》:"常闻~曰:'峣峣者易缺,皦皦者易污。'"❹诗、文或谈话中所指的字、词、句。杜甫《江上值水如海势聊短述》诗:"为人性僻耽佳句,~不惊人死不休。"《宋史·李肃传》:"十岁为诗,往往有警~。"❺用以示意的动作。刘孝威《都县遇见人织率尔寄妇》诗:"窗疏眉~度,纱轻眼笑来。"

2. yù ❻告诉。《论语·阳货》:"居,吾~汝。"《左传·隐公元年》:"公~之故,且告之悔。"❼告诫。《国语·鲁语下》:"季康子问于公父文伯之母,曰:'主亦有以~肥也。'"(肥:季康子名肥。)

【语次】 yǔcì 谈话之间。《史记·黥布列传》:"布所幸姬疾,请就医,医家与中大夫贲赫对门。……姬侍王,从容~~,誉赫长者也。"

俣 yǔ 见"俣俣"。

【俣俣】 yǔyǔ 大。魁伟的样子。《诗经·邶风·简兮》:"硕人~~,公庭万舞。"

禹 yǔ ❶虫名。《说文·内部》:"~,虫也。"❷远古夏部落领袖,亦称大禹,夏禹。姒姓,夏代的第一个君主,因治水有功,得舜禅位。《诗经·大雅·文王有声》:"丰水东注,维~之绩。"❸姓。

圄 yǔ ❶监狱。《晏子春秋·谏下》:"[齐]景公藉重而狱多,拘者满~,怨者满朝。"《南史·江淹传》:"身限幽~,履影吊心。"❷囚禁。《左传·宣公四年》:"子越又恶之,乃以若敖氏之族,~伯嬴于轑阳而杀之。"❸通"圉"。养马的人。《论衡·逢遇》:"马~之说无方,而野人说之;子贡之说有义，野人不听。”❹ 通“御”。《战国策·赵策三》：“告以理则不可，说以义则不听，王非战国守～之具，其何以当之？”《汉书·贾谊传》：“上之化也，故父兄之臣诚死宗庙……守～扞敌之臣诚死城郭封疆。”

庾 yǔ ❶露天的谷仓。《诗经·小雅·楚茨》：“我仓既盈，我～维亿。”《史记·孝文本纪》：“发仓～以振贫民。”泛指谷仓。杜牧《阿房宫赋》：“钉头磷磷，多于在～之粟粒。”❷积聚。《汉书·食货志下》：“其贾氏贱减平者，听民自相与市，以防贵～者。”❸量名。十六斗为一庾。《史记·鲁周公世家》：“夏，齐景公将内公，令无受鲁赂。申丰、汝贾许齐臣高龁、子将粟五千～。”❹古代弓名。射力较弱，适合于近射。《周礼·夏官·司弓矢》：“夹弓、～弓，以授射豻侯鸟兽者。”（豻侯：箭靶子。）❺姓。

梧 yǔ 见 wú。

敔 yǔ 古代一种乐器。在雅乐结束时击奏。又名楬。《尚书·益稷》：“下管鼗鼓，合止柷～。”（鼗：小鼓。柷：一种打击乐器。）《红楼梦》七十八回：“弄玉吹笙，寒簧击～。”

圉 1. yǔ ❶养马。《左传·僖公二十八年》：“不有行者，谁扞牧～？”张衡《东京赋》：“～林氏之驺虞，扰泽马与腾黄。”⊗养马的人。《左传·昭公七年》：“马有～，牛有牧。”《潜夫论·论荣》：“处隶～不足以为耻，抚四海不足以为荣。”❷边境。《诗经·大雅·召旻》：“我居～卒荒。”《左传·隐公十一年》：“寡人之使吾子处此，不唯许国之为，亦聊以固吾～也。”❸牢狱。《汉书·王褒传》：“昔周公躬吐捉之劳，故有～空之隆。”《文选》圉作“圄”。❹通“敔”。乐器名。《诗经·周颂·有瞽》：“应田县鼓，鞉磬柷～。”（鞉：同“鼗”。小鼓，乐器。柷：打击乐器。）❺月阳名之一。古代夏历以十干纪月，十干所纪诸月皆有专名，月在丁叫圉。《尔雅·释天》：“月甲曰毕，在乙曰桔，在丙曰修，在丁曰～。”❻姓。

2. yù ❼抵御。《墨子·节用上》：“其为宫室何？以为冬以～风寒，夏以～暑雨。”《汉书·叙传下》：“建设藩屏，以强守～。”

【圉圉】 yǔyǔ 局促不舒展的样子。《孟子·万章上》：“昔者有馈生鱼于郑子产，子产使校人畜之池。校人烹之，反命曰：‘始舍之，～～焉；少则洋洋焉，攸然而逝。’”秦观《春日杂兴》诗：“娉娉弱絮堕，～～文鲂驰。”

偊 yǔ 见“偊旅”、“偊偊”。

【偊旅】 yǔlǚ 身体弯曲的样子。《汉书·东方朔传》：“行步～～。”

【偊偊】 yǔyǔ ❶独行的样子。《列子·力命》：“汝奚往而反，～～而步，有深愧之色邪？”❷谨慎的样子。《列子·杨朱》：“～～尔慎耳目之观听，惜身意之是非。”

郚 yǔ ❶春秋列国名。妘姓。其地在今山东省临沂市北。《春秋·昭公十八年》：“邾人入～。”❷姓。

萬 1. yǔ ❶草名。《说文·艸部》：“～，艸也。”

2. jǔ ❷通“矩”。校正直角的一种工具，即今之曲尺。《周礼·考工记·轮人》：“是故规之以眡其圜也，～之以眡其匡也，悬之以眡其辐之直也。”❸姓。

铻（鋙） 1. yǔ ❶不相吻合。《楚辞·九辩》：“圜凿而方枘兮，吾固知其鉏～而难入。”

2. yú ❷锄。《广韵·鱼韵》：“～，锄属。”

3. wú ❸锟铻，剑名。《列子·汤问》：“西戎献锟～之剑。”

瘐 yǔ 见“瘐死”、“瘐瘐”。

【瘐死】 yǔsǐ 犯人在狱中因饥寒而病死。《汉书·宣帝纪》：“今系者或以掠辜，若饥寒，～～狱中。”苏轼《赵清献公神道碑》：“卒有杀人当死者，方系狱，病痈未溃，公使医疗之，得不～～，会赦以免。”

【瘐瘐】 yǔyǔ 忧郁病。《尔雅·释训》：“～～，病也。”

瑀 yǔ 似玉的美石。《大戴礼记·保傅》：“上车以和鸾为节，下车以佩玉为度，上有双衡，下有双璜、冲牙，玭珠以纳其间，琚～以杂之。”《宋史·乐志》：“进退有度，琚～锵鸣。”

楀 yǔ（又读 jǔ） ❶木名。《说文·木部》：“～，木也。”❷姓。《诗经·小雅·十月之交》：“～维师氏，艳妻煽方处。”（艳妻：周幽王的宠妾褒姒。）

傴 yǔ 见“傴傴”。

【傴傴】 yǔyǔ 勇而无礼的样子。扬雄《太玄经·遇》：“～～，兑人遇雨，厉。”

窳 yǔ ❶器物粗劣，不坚实。《荀子·议兵》：“械用兵革～楛不便利者弱。”《韩非子·难一》：“东夷之陶者器苦～，舜往陶焉，期年而器牢。”❷败坏，腐败。《三国志·蜀书·郤正传》：“然而道有隆～，物有兴废，有声有寂，有光有翳。”❸瘦弱，虚弱。枚乘《七发》：“血脉淫濯，手足惰～。”《论衡·命义》：“禀性软弱者，气少泊而性羸～，羸～则寿命短。”❹懒惰。《商君书·垦令》：“农无得粜，则～惰之农勉疾。”刘向《新序·杂事四》：“楚人～，而稀灌其瓜，瓜恶。”❺凹陷，低下。《后汉书·霍谞传》：“斯盖谓大小～隆丑美之形，至于鼻目众窍毛发之状，未有不然者也。”❻兽名。即猰窳。张衡《西京赋》：“摣狒猬，批～狻。”（摣：取。狒、猬、狻：皆兽名。批：聚积。）

【窳圔】 yǔyà 乐曲声低回。马融《长笛赋》：“惆怅怨怼，～～窴赮。”

龉（齬） yǔ 牙齿参差不齐。《说文·齿部》：“～，齿不相值也。”苏辙《和子瞻凤翔八观·石鼓》诗：“亦如老人遭横暴，颐下髭秃口齿～。”

噢 yǔ 见“噢咻”。

【噢咻】 yǔxǔ 抚慰病者的声音。陆贽《奉天请罢琼林大盈二库状》：“疮痛呻吟之声，～～未息；忠勤战守之效，赏赉未行。”《新唐书·高郢传》、“纵未能出禁财，赡鳏寡，犹当稍息劳弊，以～～之。”

踽 yǔ 见 jǔ。

噳 yǔ ❶见“噳噳”。❷笑的样子。《广韵·麌韵》：“～，噳噳，笑貌。”

【噳噳】 yǔyǔ 成群，众多。《诗经·大雅·韩奕》：“鲂鲔甫甫，麀鹿～～。”（鲂、鲔：皆鱼名。麀：牝鹿。）

麌 yǔ ❶雄性獐子。《尔雅·释兽》：“麕，牡～，牝麜。”（麜：雌性獐子。）❷见“麌麌”。

【麌麌】 yǔyǔ 群聚的样子。《诗经·小雅·吉日》：“兽之所同，麀鹿～～。”（麀：母鹿。）何晏《瑞颂》：“鹿之～～，载素其色。”

篽 yǔ 禁苑。《说文·竹部》：“～，禁苑也。”

玉 yù ❶一种质细、坚硬、温润而有光泽的美石。《诗经·小雅·鹤鸣》：“它山之石，可以攻～。”《论衡·累害》：“夫采～者，破石拔～；选士者，弃恶取善。”❷泛指玉制品，如玉佩、玉簪、玉带等。《老子·九章》：“金～满堂，莫之能守。”谢惠连《捣衣》诗：“簪～出北房，鸣金步南阶。”❸指乐器。《孟子·万章下》：“集大成者，金声而～振之。”此指磬。陆游《烧丹示道流》诗：“明年服丹径仙去，洞庭月冷吹横～。”此指笛子。❹比喻洁白、晶莹如玉的事物，如雪、水、月等。孟郊《答李员外小榼味》诗：“一拳芙蓉水，倾～何泠泠。”黄庭坚《念奴娇》词：“万里青天，姮娥何处，驾此一轮～。”❺比喻美德、贤才。《抱朴子·吴失》：“然高概远量，被褐怀～，守净洁志，无欲于物。”韩愈《和席八十二韵》：“倚～难藏拙，吹竽久混真。”❻敬词。多用以称对方的身体或言行。《战国策·赵策四》：“恐太后～体之有所郄也，故愿望见太后。”（郄：同“隙”。指病痛。）曹植《七启》：“将敬涤耳，以听～音。”❼爱护，帮助。《诗经·大雅·民劳》：“王欲～女，是用大谏。”（女：你。）

【玉成】 yùchéng 爱而使有成就。语本张载《西铭》：“富贵福泽，将厚吾之生也；贫贱忧戚，庸玉女于成也。”后称成全为玉成。《水浒传》四回：“万望长老收录，慈悲慈悲，看赵某薄面，披剃为僧。一应所有，弟子自当准备，烦望长老～～。”

【玉船】 yùchuán 玉制的酒器。陆游《即席》诗之二：“要知吾辈不凡处，一吸已干双～～。”辛弃疾《鹊桥仙·寿余伯熙察院》词：“东君未老，花明柳媚，且引～～沉醉。”

【玉牒】 yùdié ❶古帝王封禅所用的文书。《史记·封禅书》：“封泰山下东方，如郊祠太一之礼。封广丈二尺，高九尺，其下则有～～书。”王禹偁《单州成武县行宫上梁文》：“祈福不劳藏～～，礼天须至用金泥。”❷帝王族谱。以编年体叙帝王谱系而记其历数，称玉牒。何景明《寄樊国宾》诗：“业绍青缃旧，名沾～～香。”❸泛指典册、史籍。张协《七命》之一：“生必耀华名于～～，殁则勒洪伐于金册。”❹神仙名籍。韦应物《萼绿华歌》：“有一人兮升紫霞，书名～～兮萼绿华。”

【玉虹】 yùhóng ❶指虹。苏轼《郁孤台》诗：“山为翠浪涌，水作～～流。”❷指桥。苏辙《次韵道潜南康见寄》：“请君先入开元寺，待濯清溪看～～。”❸比喻带状的光芒。杨万里《正月二十四夜小楼看灯》诗：“光射琉璃贯水晶，～～垂地照天明。”❹指瀑布。陆游《故山》诗之四：“落涧泉奔舞～～，护舟松老卧苍龙。”

【玉壶】 yùhú ❶玉制的壶，用以比喻高洁。骆宾王《送别》诗：“离心何以赠，自有～～冰。”王昌龄《芙蓉楼送辛渐》诗之一：“洛阳亲友如相问，一片冰心在～～。”❷比喻明月。朱华《海上生明月》诗：“影开金镜满，轮抱～～清。”❸计时器的美称，即铜壶滴漏。李商隐《深宫》诗：“金殿销香闭绮笼，～～传点咽铜龙。”

【玉环】 yùhuán ❶指月亮。白居易《和栉沐寄道友》：“高星粲金粟，落月沉～～。”❷琵琶名。张祜《玉环琵琶》诗：“回顾段师非汝意，～～休把恨分明。”❸杨贵妃小字。

苏轼《孙莘老求墨妙亭》诗："短长肥瘦各有态，～～飞燕谁敢憎？"

【玉皇】 yùhuáng ❶道教称天帝曰玉皇大帝，简称玉帝、玉皇。李白《赠别舍人弟台卿之江南》诗："入洞过天地，登真朝～～。"辛弃疾《声声慢·送上饶黄倅秩满赴调》词："况有星辰剑履，是传家、合在～～香案。"❷指皇帝。温庭筠《赠弹筝人》诗："天宝年中事～～，曾将新曲教宁王。"苏轼《上元侍饮楼上》诗之一："侍臣鹄立通明观，一朵红云捧～～。"

【玉郎】 yùláng ❶道家所称的仙官名。韦渠牟《步虚词》之三："上帝求仙使，真符取～～。"李商隐《重过圣女祠》诗："～～会此通仙籍，忆向天阶问紫芝。"❷对男子青年的美称。元稹《送王十一郎游剡中》诗："想得～～乘画舸，几回明月坠云间。"也作女子对丈夫或情人的爱称。鹿虔扆《临江仙》词："一自～～游冶去，莲凋月惨仪形。"

【玉立】 yùlì ❶比喻坚贞不屈。桓温《荐谯元彦表》："身寄虎吻，危同朝露，而能抗节～～，誓不降辱。"❷比喻风姿秀美。杜甫《荆南兵马使太常卿赵公大食刀歌》："赵公～～高歌起，揽环结佩相终始。"❸犹言挺拔，矗立。沈亚之《古山水障赋》："翠参差以～～，俱竦竦以攒攒。"

【玉轮】 yùlún 月亮的别名。骆宾王《在江南赠宋五之问》诗："～～涵地开，剑匣连星起。"李商隐《碧城》诗之三："～～顾兔初生魄，铁网珊瑚未有枝。"

【玉盘】 yùpán 比喻圆月。李群玉《中秋维舟君山看月》诗："汗漫铺澄碧，朦胧吐～～。"

【玉人】 yùrén ❶比喻容貌像玉一样美丽的人。《初学记》卷十九引《卫玠别传》："玠在龆龀中，乘羊车于洛阳市，举市咸曰：'谁家～～？'"《聊斋志异·鲁公女》："睹卿半面，长系梦魂；不图～～，奄然物化。"❷指仙女。贾岛《登田中丞高亭》诗："玉兔～～歌里出，白云谁似莫相和。"

【玉润】 yùrùn ❶《礼记·聘义》："君子比德于玉焉，温润而泽，仁也。"后以"玉润"比喻美德。班固《东京赋》："莫不优游而自得，～～而金声。"嵇康《琴赞》："温乎其仁，～～外鲜。"❷《晋书·卫玠传》："玠妻父乐广，有海内重名，议者以为'妇公冰清，女婿～～'。"后因以"玉润"为女婿的美称。白居易《得乙女将嫁于丁既纳币而乙悔丁诉之乙云未立婚书》判词："娉财已交，亦悔而无及，请从～～之诉，无过桃夭之时。"

【玉食】 yùshí ❶珍美的食品。《尚书·洪范》："惟辟作福，惟辟作威，惟辟～～。"陆游《秋夜读书有感》诗："太官荐～～，野人徒美芹。"❷古代龟卜，用火灼龟甲，裂成吉兆的纹，并涂以墨，称为玉食。《汉书·王莽传下》："予乃卜波水之北，郎池之南，惟～～。"

【玉台】 yùtái ❶传说天帝居住的地方。《汉书·礼乐志》："天马徕，龙之媒，游阊阖，观～～。"陶渊明《读山海经》诗之二："～～凌霞秀，王母怡妙颜。"❷汉代台名。张衡《西京赋》："朝堂承东，温调延北，西有～～，联以昆德。"也泛指宫廷的台观。梁简文帝《临安公主集序》："托勾陈之遗，出～～之尊，凤仪间润，神姿照朗。"❸镜台的美称。王昌龄《朝来曲》："盘龙～～镜，唯待画眉人。"《聊斋志异·天宫》："含鞶～～之前，凝眸宝幄之内。"

【玉虚】 yùxū ❶道教称玉帝所居之处。庾信《道士步虚词》之二："寂绝乘丹气，玄明上～～。"❷比喻洁净超凡的境界。杨万里《雪晴》诗："何须师鲍谢，诗在～～中。"

【玉友】 yùyǒu ❶仙人。杨炯《盂兰盆赋》："少君王子，掣曳曳兮若来；～～瑶姬，翩躚躚兮必至。"❷泛指美酒。卢纶《题贾山人园林》诗："五字每将称～～，一尊曾不顾金囊。"辛弃疾《鹧鸪天》词："呼～～，荐溪毛，殷勤野老苦相邀。"

【玉宇】 yùyǔ ❶天空。陆游《江月歌》："露洗～～清无烟，月轮徐行万里天。"董解元《西厢记诸宫调》卷五："是夜，～～无尘，银河泻露。"❷华丽的宫殿。苏轼《水调歌头》词："我欲乘风归去，又恐琼楼～～，高处不胜寒。"❸传说中天帝或神仙的居处。萧纶《祀鲁山神文》："金坛～～，是众妙之游遨；丹崖翠幄，信灵人之响像。"

【玉札】 yùzhá ❶对别人书信的敬称。皮日休《怀华阳润卿博士》诗："数行～～存心久，一掬云浆漱齿空。"❷植物名。即地榆，也叫玉豉。供药用。韩愈《进学解》："～～、丹砂、赤箭、青芝、牛溲、马勃、败鼓之皮，俱收并蓄，待用无遗者，医师之良也。"

【玉趾】 yùzhǐ ❶敬词，犹言贵步。《左传·昭公七年》："今君若步～～，辱见寡君，宠灵楚国……是寡君既受贶矣，何蜀之敢望？"《聊斋志异·二班》："先生，余亦避难石室，幸可栖宿，敢屈～～，且有所求。"❷白嫩如玉的脚。王康琚《反招隐》诗："凝霜凋朱颜，寒泉伤～～。"

【玉舟】 yùzhōu 指酒杯。司马光《和王少卿十日与留台国子监崇福宫诸官赴王尹赏菊之会》："红牙板急弦声咽，白～～横酒量宽。"苏轼《次韵赵景贶督两欧阳诗破陈酒戒》："明当罚二子，已洗两～～。"

驭（馭） yù ❶驾驶车马。《尚书·五子之歌》："予临兆民，懔乎若朽索之～六马。"《汉书·地理志下》："至周有造父，善～习马，得华骝、绿耳之乘。"（骝：骏马名。）[引] 驾风、云等。白居易《长恨歌》："排云～气奔如电，升天入地求之遍。"❷驾驶车马的人。《庄子·盗跖》："孔子不听，颜回为～，子贡为右，往见盗跖。"❸控制，统治。《荀子·君道》："欲治国～民，调壹上下，将内以固城，外以拒难。"李白《至陵阳山登天柱石酬韩侍御见招隐黄山》诗："拥兵五陵下，长策～胡戎。"❹车驾。唐太宗《赋秋日悬清光赐房玄龄》诗："仙～随轮转，灵乌带影飞。"白居易《长恨歌》："天旋日转回龙～，到此踌躇不能去。"

【驭宇】 yùyǔ 帝王统治国土。《魏书·源贺传》："窃维皇魏居震统极，总宙～～，革制土中，垂式无外。"

芋 1. yù ❶植物名。一名蹲鸱。俗称芋奶，芋艿，芋头。《史记·项羽本纪》："今岁饥民贫，士卒食～菽。"张籍《送闽僧》诗："豁寺黄橙熟，沙田紫～肥。"

2. hū ❷通"幠"。覆盖。《诗经·小雅·斯干》："鸟鼠攸去，君子攸～。"

吁²（籲） yù 呼喊，呼告。《尚书·泰誓中》："无辜～天，秽德彰闻。"柳宗元《驳复仇议》："上下蒙冒，～～号不闻。"

【吁俊】 yùjùn 招呼贤人。喻求贤。《尚书·立政》："～～尊上帝。"曾巩《中书舍人除翰林学士制》："待尔有当官之效，以副予～～之心。"

聿 yù ❶笔。扬雄《太玄经·饰》："舌～之利，利见知人也。"柳宗元《湘源二妃庙碑》："咸执牍～，至于祠下。"❷迅速。左思《吴都赋》："陵绝嶛嶕，～越巉崄。"陆机《思亲赋》："年岁俄其～暮，明星烂而将清。"❸助词。用于句首或句中，无义。《诗经·大雅·文王》："无念尔祖，～修厥德。"又《唐风·蟋蟀》："蟋蟀在堂，岁～其莫。"（莫：暮。）

【聿皇】 yùhuáng 迅疾的样子。《汉书·扬雄传上》："武骑～～。"《后汉书·马融传》："相与陆梁，～～中原。"

汩 yù 见 gǔ。

谷 yù 见 gǔ。

饫（饇） yù 饱。《诗经·小雅·角弓》："如食宜～，如酌孔取。"

饫（飫） yù ❶古代统治者家庭私宴。《诗经·小雅·常棣》："傧尔笾豆，饮酒之～。"（傧：陈列，摆。）[又] 宴食。《汉书·陈遵传》："遵知饮酒～宴有节，礼不入寡妇之门，而湛酒溷肴，乱男女之别。"[又] 站着举行的宴会。《国语·周语中》："夫王公诸侯之有～也，将以讲事成章，建大德、昭大物也，故立成礼烝而已。"❷饱食，饱足。《后汉书·刘盆子传》："十余万人皆得饱～。"李商隐《寓目》诗："园枝悬心碧，池莲～眼红。"

妪（嫗） 1. yù ❶母亲。《战国策·秦策三》："守间～曰：'其夕，某孺子内某士。'"《汉书·严延年传》："东海莫不贤知其母。延年兄弟五人皆有吏材，至大官。东海号曰'万石严～'。"❷妇女的通称。《史记·高祖本纪》："有一老～夜哭。"《论衡·吉验》："后行泽中，手斩大蛇，一～当道而哭。"

2. yǔ ❸见"妪煦"、"妪育"。

【妪伏】 yùfú 鸟类以体伏卵，使之孵化。《礼记·乐记》："羽者～～，毛者孕鬻。"

【妪嫗】 yùqǔ 恭谨的样子。《后汉书·赵壹传》："～～名埶，抚拍豪强。"黄宗羲《移史馆熊公雨殷行状》："凤督马士英，～～名势；秦抚蔡官治，威恩浅薄。"

【妪煦】 yǔxǔ 生养抚育。《三国志·魏书·高堂隆传》："是以有国有家者，近取诸身，远取诸物，～～养育，故称恺悌君子，民之父母。"司马光《和君贶寄河阳侍中牡丹》诗："真宰无私～～同，洛花何事占全功。"

【妪育】 yǔyù 养育，抚育。苏轼《谢吕龙图书》之二："陈根之朽，再出英华，乃阁下煖然之春，有以～～成就之故也。"

宛 yù 见 wǎn。

育 yù ❶生育。《周易·渐》："妇孕不～，失其道也。"《国语·郑语》："不夫而～，故惧而弃之。"❷抚养，养育。《诗经·小雅·蓼莪》："拊我畜我，长我～我。"韩愈《处士卢君墓志铭》："母夫人既终，～幼弟及归宗之妹。"[又] 饲养。《尚书·旅獒》："珍禽奇兽，不～于国。"《管子·度地》："乃以其天材，地之所生利，养其人而～六畜。"❸培养，教育。《孟子·告子下》："尊贤～下，以彰有德。"《三国志·吴书·步骘传》："犹诲～门生，手不释书。"❹生长，成长。《孟子·滕文公上》："后稷教民稼穑，树艺五谷，五谷熟而民人～。"《史记·乐书》："动已而天地应焉，四时和焉，星辰理焉，万物～焉。"

【育养】 yùyǎng 生息，培养。《论衡·骨相》："故富贵之家役使奴僮，～～牛马，必有与众不同者矣。"《北齐书·独孤永业传》："母改适独孤氏，永业幼孤，随母为独孤家所～～，遂从其姓焉。"

【育育】 yùyù ❶活泼自如的样子。《管子·小问》："《诗》有之：'浩浩者水，～～者鱼。'"❷生长茂盛的样子。刘琨《答卢谌诗》："彼黍离离，彼稷～～。"

或 yù 见 huò。

郁[1] yù ❶通"彧"。富有文采的样子。见"郁郁"。❷果实无核。《论衡·量知》："物实无中核者谓之～，无刀斧之斫者谓之朴。"❸通"燠"。温暖。刘峻《广绝交论》："叙温～则寒谷成暄，论严苦则春丛零叶。"❹通"薁"。果木名。即山李。潘岳《闲居赋》："梅杏～棣之属，繁荣丽藻之饰。"❺通"鬱"。香气浓盛的样子。曹植《洛神赋》："践椒涂之～烈，步蘅薄而流芳。"《晋书·郑袤李胤等传赞》："同锵玉振，争芬兰～。"❻姓。

【郁霭】 yù'ǎi 云彩很多的样子。王起《东郊迎春赋》："祥云为之～～，佳气为之葱茏。"

【郁馥】 yùfù 香气浓烈。王僧孺《初夜文》："名香～～，出重檐而轻转。"

【郁穆】 yùmù 和美的样子。刘琨《答卢谌诗一首并书》："～～旧姻，嬿婉新婚。"陈与义《题长冈亭星德升大光》诗："发发不可迟，帝言频～～。"

【郁伊】 yùyī 忧闷。孙楚《笑赋》："怫郁唯转，呻吟～～。"

【郁郁】 yùyù ❶富有文采的样子。《论语·八佾》："子曰：'周监于二代，～～乎文哉！吾从周。'"《楚辞·九章·思美人》："纷～～其远承兮，满内而外扬。"❷香气浓盛。司马相如《上林赋》："～～菲菲，众香发越。"❸盛美的样子。《史记·五帝本纪》："其色～～，其德嶷嶷。"（嶷嶷：突出的样子。）

【郁毓】 yùyù 盛多的样子。左思《蜀都赋》："丹沙赩(xì)炽出其坂，蜜房～～被其阜。"（赩：深红色。）

郁[2]（鬱） yù ❶茂盛的样子。《诗经·秦风·晨风》："鴥彼晨风，～彼北林。"（鴥：鸟飞快的样子。）王维《赠房卢氏琯》诗："桑榆～相望，邑里多鸡鸣。"❷香草名。即郁金香。皮日休《九夏歌·昭夏》："有～其鬯，有俨有彝。"（鬯：一种用郁金香和黑黍酿成的香酒。）❸果名。李的一种。《诗经·豳风·七月》："六月食～及薁，七月亨葵及菽。"❹腐臭。《礼记·内则》："鸟皫色而沙鸣、～。"（皫：毛羽失去色泽。）《荀子·正名》："香、臭、芬、～、腥、臊、洒、酸、奇臭，以鼻异。"❺阻滞。《左传·昭公二十九年》："若泯弃之物，乃坻伏，～堙不育。"《吕氏春秋·达郁》："病之留，恶之生也，精气～也。"❻忧愁，蕴结。《吕氏春秋·侈乐》："故乐愈侈，而民愈～，国愈乱。"韩愈《赠崔立之评事》诗："朝为百赋犹～怒，暮作千诗转遒紧。"❼甚。《旧唐书·王播传》："播出自单门，以文辞自立，践升华显，～有能名。"

【郁勃】 yùbó 茂盛，旺盛。应玚《杨柳赋》："摅丰节而广布，纷～～以敷阳。"（摅：通"抒"。抒发。）

【郁葱】 yùcōng 气盛的样子。苏轼《贺陈述古弟章生子》诗："～～佳气夜充间，始见徐卿第二雏。"

【郁结】 yùjié ❶忧思蕴积。《史记·太史公自序》："此人皆意有所～～，不得通其道也，故述往事，思来者。"魏徵《十渐不克终疏》："明主可为而不为，微臣所以～～而长叹者也。"❷高的样子。枚乘《七发》："龙门之桐高百尺而无枝，中～～之轮菌，根扶疏以分离。"

【郁律】 yùlǜ ❶形容雷声。司马相如《大人赋》："经入雷室之砰磷～～兮，洞出鬼谷之崛垒嵬磈。"（嵬：同"畏"。磈：石不平的样子。）《论衡·雷虚》："校轸之状，～～㟪垒之类也。"❷烟气升腾的样子。郭璞《江赋》："气滃渤以雾杳，时～～其如烟。"（滃渤：云雾涌出的样子。）也作"郁𬙊"。李白《明堂赋》："含佳气之青葱，吐祥烟之～～。"❸高的样子。何逊《七召》："百丈杳冥以飞跨，九层～～以阶梯。"

【郁鞅】 yùyāng 茂盛的样子。左思《吴都赋》："国有～～而显敞，邦有湫阨而踡跼。"（湫：低。）

【郁陶】 yùyáo ❶因思念而忧思积聚的样子。《尚书·五子之歌》："～～存乎心，颜厚有忸怩。"《楚辞·九辩》："岂不～～而思君兮，君之门以九重。"❷喜而未畅的意思。《礼记·檀弓下》："人喜则斯陶，陶斯咏。"郑玄注："陶，～～也。"孔颖达疏："～～者，心初悦而未畅之意也。"❸暑气郁蒸。夏侯湛《大暑赋》："何太阳之赫曦，乃～～以兴热。"

【郁伊】 yùyī 忧愁烦闷。《后汉书·崔寔传》："是以王纲纵弛于上，智士～～于下。"《文心雕龙·辨骚》："故其叙情怨，则～～而易感。"

【郁抑】 yùyì 忧愁,不舒畅。《北史·文苑传序》:"道轗轲而未遇,志~~而不申。"

【郁邑】 yùyì 忧愁的样子。《楚辞·离骚》:"曾歔欷余~~兮,哀朕时之不当。"也作"郁悒"。李白《酬崔五郎中》诗:"奈何怀良图,~~独愁坐。"

【郁攸】 yùyōu 火气,火焰。《左传·哀公三年》:"济濡帷幕,~~从之。"苏轼《闻正辅表兄将至以诗迎之》诗:"暮雨侵重膇,晓烟腾~~。"(膇:脚肿。)

【郁纡】 yùyū ❶忧思萦回。曹植《赠白马王彪》诗:"~~将难进,亲爱在离居。"❷繁盛的样子。杜甫《天池》诗:"~~腾秀气,萧瑟侵寒空。"❸曲折。高適《真定即事奉赠韦使君二十八韵》:"旷野何弥漫,长亭复~~。"

【郁郁】 yùyù ❶忧愁烦闷的样子。《楚辞·九章·抽思》:"心~~之忧思兮,独永叹乎增伤。"《史记·淮阴侯列传》:"吾亦欲东耳,安能~~久居此乎?"❷茂盛的样子。《古诗十九首·青青河畔草》:"青青河畔草,~~园中柳。"《后汉书·冯衍传下》:"光扈扈而炀耀兮,纷~~而畅美。"

拗 yù 见ǎo。

偠(儥) yù ❶卖。《说文·人部》:"~,卖也。"《周礼·地官·胥师》:"察其诈伪饰行~慝者,而诛罚之。"❷买。《周礼·地官·司市》:"治其市政,掌其卖~之事。"

鸮(鴥) yù 鹳鸮。水鸟名。

昱 1. yù ❶光明,明亮。《淮南子·本经训》:"焜~错眩,照耀辉煌。"(焜:明亮。)谢灵运《长歌行》:"倏烁夕星流,~奕朝露团。"❷照耀。扬雄《太玄经·告》:"日以~乎昼,月以~乎夜。"

2. yì ❸通"翌"。明天。《说文·日部》:"~,明日也。"

禺 1. yù ❶兽名。猴属,似猕猴而大,赤目长尾。《山海经·南山经》:"[招摇之山]有兽焉,其状如~而白耳,伏行人走,其名曰狌狌。食之善走。"一说即"果然"。《本草纲目·兽部》:"果然大者为然,为~;小者为狖,为蜼。"

2. yú ❷区域。《管子·侈靡》:"王者上事,霸者生功,言重本,是为十~。"尹知章注:"~,犹区也。十禺,谓十里之地。每里为一禺,故曰十禺。"❸同"隅"。旧时称日近中午为禺,约在上午九时至十一时。《隋书·天文志上》:"昼有朝、有~,有中,有晡,有夕。"沈括《梦溪笔谈·神奇》:"治平元年,常州日~时,天有大声如雷。"❹寄托。《史记·封禅书》:"木~龙栾车一驷,木~车马一驷。"

3. yóng ❺见"禺禺"。

4. ǒu ❻通"偶"。合,对。《管子·侈靡》:"将合可以~其随行以为兵,分其多少以为曲政。"又《海王》:"~筴之商,日二百万"。

【禺谷】 yúgǔ 古代传说中日落的地方。《山海经·大荒北经》:"夸父不量力,欲追日景,逮之于~~。"

【禺中】 yúzhōng 日近午,即"隅中"。《淮南子·天文训》:"[日]至于衡阳,是谓~~。"《辽史·食货志下》:"东平郡城中置看楼,分南北市,~~交易市北,午漏下交易市南。"

【禺禺】 yóngyóng 鱼名。司马相如《上林赋》:"~~魼鳎。"(魼:比目鱼。鳎:鳎鱼。)

狱(獄) yù ❶争讼。《诗经·召南·行露》:"谁谓女无家,何以速我~?"《吕氏春秋·高义》:"秦之野人,以小利之故,弟兄相~,亲戚相忍。"(忍:残忍。)❷诉讼案件。《左传·庄公十年》:"小大之~,虽不能察,必以情。"《后汉书·南匈奴传》:"主断~听讼,当决轻重。"❸罪,过失。《国语·郑语》:"褒人褒姁有~,而以为入于王,王遂置之。"欧阳修《泷冈阡表》:"此死~也,我求其生不得尔。"❹牢房,监狱。《汉书·常山宪王刘舜传》:"太子勃私奸、饮酒、博戏、击筑、与女子载驰,环城过市,入~视囚。"张籍《山头云》诗:"贫儿多租输不足,夫死未葬儿在~。"

【狱牒】 yùdié 刑事判决文书。《梁书·裴子野传》:"时三官通署~~,子野尝不在,同僚辄署其名,奏有不允,子野从坐免职。"

【狱汉】 yùhàn 星名。《史记·天官书》:"~~星,出正北北方之野。"《汉书·天文志》作"咸汉"。

【狱犴】 yùhàn ❶牢狱。《荀子·宥坐》:"~~不治,不可刑也。"《魏书·高祖纪下》:"轻系之囚,宜速决了,无令薄罪久留~~。"❷诉讼。《汉书·刑法志》:"原狱刑所以蕃若此者,礼教不立,刑法不明,民多贫穷,豪桀务私,奸不辄得,~~不平之所致也。"

【狱具】 yùjù 判罪定案。《新唐书·吉温传》:"乃引囚问,震以烈威,随问辄承,无敢近,鞭楚未收于壁,而~~矣。"秦观《王定国注论语序》:"元丰二年,眉阳苏公用御史言,文涉谤讪属吏,~~,天子薄其罪,责为黄州团练副使。"

【狱讼】 yùsòng ❶讼事,讼案。《周礼·地官·大司徒》:"凡万民之不服教而有～～者,与有地治者听而断之,其附于刑者归于士。"郑玄注:"争罪曰狱,争财曰讼。"《吕氏春秋·仲春》:"命有司,省囹圄,去桎梏,无肆掠,止～～。"❷诉讼。《史记·五帝本纪》:"诸侯朝觐者不之丹朱而之舜,～～者不之丹朱而之舜。"杜甫《同元使君舂陵行》:"～～久衰息,岂唯偃甲兵。"

浴 yù ❶洗身,洗澡。《左传·文公十八年》:"夏,五月,公游于申池。二人～于池。"《论衡·讥日》:"且沐者,去首垢也;洗,去足垢;盥,去手垢;～,去身垢。"㊀修养道德品行,使身心洁净。见"浴德"。❷特指洗净蚕子。梅尧臣《依韵和乌程李著作·雪上》:"蘋生楚客将归日,花暖吴蚕始～时。"欧阳修《昨日偶陪后骑同适近郊谨成七言四韵兼呈圣俞》:"桑城日暖蚕催～,麦垅风和雉应媒。"❸鸟飞忽上忽下的样子。《大戴礼记·夏小正》:"十月,黑鸟～。"

【浴德】 yùdé 修养德性。《礼记·儒行》:"儒有澡身而～～。"《三国志·魏书·管宁传》:"日逝月除,时方已过,澡身～～,将以曷为?"

【浴日】 yùrì ❶日浴于咸池。《淮南子·天文训》:"日出于旸谷,浴于咸池,……是谓晨明。"后以"浴日"称太阳刚从水面升起的景象。张说《奉和圣制初入秦川路寒食应制》:"香池春溜水初平,预欢～～照京城。"杨巨源《寄昭应王丞》诗:"光动泉心初～～,气蒸山腹总成春。"❷古代传说羲和浴日(见《山海经·大荒南经》)。因以比喻卓越的功勋。《宋史·赵鼎传》:"顷张浚出使川陕,国势百倍于今,浚有补天～～之功,陛下有砺山带河之势。"

【浴血】 yùxuè 全身浸于血中。段成式《酉阳杂俎·语资》:"英公尝猎,命敬业入林趁兽,因乘风纵火,意欲杀之。敬业知无所避,遂屠马腹,伏其中,火过,～～而立,英公大奇之。"后用以形容战斗激烈、残酷、多所杀伤,血染全身。刘献廷《广阳杂记》卷四:"由此济、洞二宗,各以其所见互相是非,～～而战,兵连祸结。"

栯 1. yù ❶果名。即栯李。《广韵·屋韵》:"栯李。"

2. yǒu ❷木名。《山海经·中山经》:"[泰室之山]其上有木焉,叶状如梨而赤理,其名曰～木。"

彧 yù ❶见"彧彧"。❷生长的样子。《尚书大传·虞夏传》:"夏伯之乐舞谩～。"

【彧彧】 yùyù ❶茂盛的样子。《诗经·小雅·信南山》:"疆埸翼翼,黍稷～～。"❷文采繁盛的样子。张华《瓌竹枕赋》:"～～其文,馥馥其芬。"张说《齐黄山侍郎卢思道碑》:"～～黄门,实天生德。"

砡 yù 叠石齐头的样子。马融《长笛赋》:"夫其面旁,则重巘增石,简积頵～。"(頵:头大的样子。)

峪 yù 山谷。王恽《沁水道中》诗:"苍巅互出缩,～势曲走蛇。"

钰(鈺) yù ❶珍宝。《五音集韵·烛韵》:"～,宝也。"❷坚硬的金属。《玉篇·金部》:"～,坚金。"

鴥(鴥) yù 疾飞的样子。《诗经·小雅·采芑》:"～彼飞隼,其飞戾天。"(戾:至。)

狸 yù 见lí。

猃 yù(又读 gǔ) 独猃,兽名。《说文·犬部》:"～,独猃,兽也。"

预(預) yù ❶安乐。白居易《和微之诗·和三月三十日四十韵》:"仙亭日登眺,虎丘时游～。"❷预备,事先作准备。《礼记·中庸》:"凡事～则立,不～则废。"❸事先,预先。《论衡·祀义》:"鲍身尚幼,在襁褓,不～知焉。"李白《长干行》之一:"早晚下三巴,～将书报家。"❹通"与"。参加,干涉。岑参《终南山双峰草堂》诗:"偶兹精庐近,数～名僧会。"曾巩《本朝政要策·宦者》:"天子以为宦官不可令～政事。"

淯 yù ❶水名。即河南省白河。源出河南省嵩县西南支离山,东南流经南召、南阳诸县,入湖北省襄阳县会唐河入汉水。张衡《南都赋》:"汤谷涌其后,～水荡其胸。"❷通"育"。生,养。《管子·宙合》:"天～阳,无定量。地化生,无法厓。"

減 1. yù ❶急流。《淮南子·本经训》:"抑～怒濑,以扬激波。"张衡《南都赋》:"长输远逝,漻淚～汩。"❷同"惐"。悲伤的样子。潘岳《笙赋》:"愀怆恻～,虺韡煜熠。"(虺韡:繁盛的样子。)

2. xù ❸通"洫"。护城沟。《诗经·大雅·文王有声》:"筑城伊～,作丰伊匹。"《史记·夏本纪》:"[禹]卑宫室,致费于沟～。"

礜 yù 礜石,矿物名。也称毒砂,即硫砒铁矿。可杀鼠,亦可入药。《山海经·西山经》:"[皋涂之山]有白石焉,其名曰～,可以毒鼠。"《淮南子·说林训》:"人食～石而死,蚕食之而不饥。"

鸒(鸒) yù 鸒斯,鸟名。即雅鸟,又名卑居、鵯鶋。《诗经·小雅·小弁》:"弁彼～斯,归飞提提。"亦可单称

"鸒"。苏辙《闻子瞻将如终南太平宫溪堂读书》诗："溪鱼鲤与鲂，山鸟～与鸠。"

阏 yù 见è。

阈（閾） yù ❶门槛。白居易《续古诗》之四："昼居不踰～，夜行常秉烛。"欧阳修《上杜中丞论举官书》："今介足未履台门之～，而已用言事见罢，真可谓正直刚明，不畏避矣。"❷门。曹植《应诏》："仰瞻城～，俯惟阙庭。"陆游《傅正议墓志铭》："公当官至廉，为县时有小吏持官烛入中～，公顾见立遣出。"❸界限，边界。贾至《虎牢关铭序》："宜其咽喉九州，阃～中夏。"（阃：门槛。此指界限。）

谕（諭） yù ❶告晓，告示。《礼记·祭义》："于是～其志意。"《史记·吕太后本纪》："酒留屯荥阳，使使～齐王及诸侯，与连和，以待吕氏变，共诛之。"㊀特指皇帝的诏令。《汉书·南粤王传》："故使贾驰～告王朕意。"《北史·长孙平传》："上遣平持节宣～，令其和解。"❷明白，理解。《荀子·儒效》："其言多当矣，而未～也。"《汉书·翼奉传》："万事虽众，何闻而不～。"❸表明。《吕氏春秋·离谓》："言者，以～意也。言意相离，凶也。"柳宗元《答元饶州论政理书》："必劳申～，乃得悦服。"❹比喻。《战国策·齐策四》："请以市～。市，朝则满，夕则虚，非朝爱市而夕憎之也，求存故往，亡故去。"（求存：所求者存。）《汉书·贾谊传》："屈原，楚贤臣也，被谗放逐，……遂自投江而死。谊追伤之，因以自～。"

域 yù ❶疆界，区域。《周礼·地官·大司徒》："以天下土地之图，周知九州地～广轮之数。"《韩非子·解老》："夫兕虎有～，动静有时，避其～，省其时，则免其兕虎之害矣。"㊀泛指境界，范围。《荀子·议兵》："齐桓、楚庄、吴阖闾、越句践是皆和齐之兵也，可谓入其～矣。"❷邦国，封邑。《汉书·韦玄成传》："无媠尔仪，以保尔～。"❸居住，居处。《孟子·公孙丑下》："～民不以封疆之界。"《史记·礼书》："人～是域，士君子也。"㊁存在。《公孙龙子·坚白论》："坚白～于石，恶乎离。"❹墓地。《诗经·唐风·葛生》："葛生蒙棘，蔹蔓于～。"《周礼·春官·典祀》："掌外事之兆守，皆有～。"

【域外】 yùwài ❶宇外，境外。梁简文帝《大爱敬寺刹下铭》："思所以功超～～，道迈寰中。"❷比喻宽泛。《汉书·邹阳传》："以其能越挛拘之语，驰～～之议，独观于昭旷之道也。"

【域兆】 yùzhào 墓地。《旧唐书·吕才传》："古之葬者并在国都之北，～～既有常所，何取姓墓之义？"

【域中】 yùzhōng 宇内，国内。《老子·二十五章》："～～有四大，而王居其一焉。"魏徵《谏太宗十思疏》："人君当神器之重，居～～之大，不念居安思危。"

菸 1. yù ❶枯萎。司马光《论张尧佐除宣徽史状》："盛夏日方中而灌之，瓜不旋踵而～败。"

2. yān ❷烟草。

【菸邑】 yùyì 枯萎。《楚辞·九辩》："叶～～而无色兮，枝烦挐而交横。"（挐：纷乱。）

醧（醧） yù 私宴。左思《魏都赋》："愔愔～醼，酣湑无哗。"（愔愔：安和的样子。湑：欢畅。）

偶 yù 见ǒu。

欲 yù ❶欲望，欲念。《孟子·梁惠王上》："吾何快于是？将以求吾所大～也。"《史记·赵世家》："此人贪而～大，内得主而外为暴。"❷爱好。《左传·成公二年》："余虽～于巩伯，其敢废旧典以忝季父？"（忝：辱。）《论衡·案书》："人情～厚恶薄，神心犹然。"❸婉顺的样子。《礼记·祭义》："其立之也敬以诎，其进之也敬以愉，其荐之也敬以～。"❹想要，希望。《论语·述而》："仁远乎哉？我～仁，斯仁至矣。"《史记·高祖本纪》："当是时，赵别将司马卬方～渡河入关。"❺要，应该。《史记·齐悼惠王世家》："深耕概种，立苗～疏，非其种者，锄而去之。"（概：稠密。）《旧唐书·孙思邈传》："胆～大而心～小，智～圆而行～方。"❻将要，快要。白居易《与元微之书》："不见足下面已三年矣，不得足下书～二年矣，人生几何，离阔如此？"许浑《咸阳城东楼》诗："溪云初起日沉阁，山雨～来风满楼。"

【欲海】 yùhǎi 佛教用语。比喻情欲深广如海，使人沉沦。梁武帝《舍事道法》："度群迷于～～，引含识于涅槃。"也作"慾海"。见该条。

【欲利】 yùlì ❶欲念与私利。《韩非子·解老》："～～之心不除，其心之忧也。"叶適《〈覆瓿集〉序》："子长自护若处女，常藿食水饮，～～不挂丝发，奚取奚慕而以是动其心？"❷贪得利益。司马迁《报任少卿书》："故祸莫憯于～～，悲莫痛于伤心。"

尉 yù 见wèi。

绒（緎） yù ❶衣缝。《尔雅·释训》："～，羔裘之缝也。"❷古时计算丝的单位。丝二十缕为绒。《诗经·召南·羔羊》："羔羊之革，素丝五～。"

寓(庽) 1. yù ❶寄居。《墨子·非儒下》:"何为舍其家室而托～焉。"《宋史·苏舜钦传》:"舜钦既放废,～于吴中。"❷居处,住所。《徐霞客游记·闽游日记后》:"余欣然返～。"❸寄存,委托。《礼记·曲礼下》:"大夫～祭器于大夫,士～祭器于士。"《庄子·齐物论》:"唯达者知通为一,为是不用而～诸庸。"

2. ǒu ❹通"偶"。木偶。《汉书·郊祀志下》:"及诸名山川用驹者,悉以木～马代。"《新唐书·李勣传》:"明器惟作五六～马。"

【寓乘】 yùchéng 搭乘别人的车。《左传·成公二年》:"綦毋张丧车,从韩厥曰:'请～～。'"

【寓公】 yùgōng 指失地而寄居他国的诸侯。后凡流亡寄居他乡或别国的官僚、士绅等都称"寓公"。《礼记·郊特牲》:"诸侯不臣～～,故古者～～不继世。"范成大《东山渡湖》诗:"吾生盖头乏片瓦,到处漂摇称～～。"

【寓居】 yùjū 寄居,侨居。《晋书·孙惠传》:"惠口讷,好学有才识,州辟不就,～～萧沛之间。"(讷:语言迟钝。)杜甫《酬高使君相赠》诗:"古寺僧牢落,空房客～～。"

【寓目】 yùmù 观看,过目。《左传·僖公二十八年》:"子玉使斗勃请战,曰:'请与君之士戏,君冯轼而观之,得臣与～～焉。'"《三国志·蜀书·郤正传》:"自司马、王、扬、班、傅、张、蔡之俦遗文篇赋,及当世美书善论,益部有者,则钻凿推求,略皆～～。"

【寓食】 yùshí 寄食。《南史·王镇恶传》:"年十三而苻氏败,～～渑池人李方家。"《新唐书·李泌传》:"泌因收其公廨钱,令二人～～中书舍人署。"

【寓望】 yùwàng 古代边境上所设的楼馆和主管候望、迎送宾客的人。《国语·周语中》:"国有郊牧,疆有～～。"

【寓人】 ǒurén 木偶人。最初是用作陪葬的冥器。陆游《放翁家训》:"近世出葬,或作香亭、魂亭、～～、寓马之类,当一切屏去。"

裕 yù ❶丰富,充足。《诗经·小雅·角弓》:"此令兄弟,绰绰有～。"《后汉书·蔡邕传》:"鸣玉以步,绰有馀～。"❷使富足。《国语·吴语》:"～其众庶,其民殷众,以多甲兵。"《荀子·富国》:"足国之道,节用～民,而善臧其馀。"❸宽宏,宽容。《尚书·洛诰》:"彼～我民,无远用戾。"贾谊《新书·道术》:"包众容易谓之～,反～为褊。"❹扩大。《国语·周语中》:"叔父若能光～大德。"❺道,道理。《尚书·康诰》:"远乃猷～,乃以宁民,不汝瑕殄。"❻导,引导。《尚书·康诰》:"汝亦罔不克敬典,乃由～民。"

【裕如】 yùrú 丰足。《法言·五百》:"虽山川、丘陵、草木、鸟兽,～～也,如不用也,神明亦未如之何矣。"曾巩《移沧州过阙上殿劄子》:"至于六府顺叙,百嘉鬯遂,凡在天地之内,含气之属,皆～～也。"

琙 yù 人名用字。《玉篇·玉部》:"～,《东观汉记》:'玄菟太守公孙～。'"

棜 yù 古代礼器。祭祀时用以承放兽、馔或酒樽的木盘。长方形,下有两杠,无足,大小不一。《仪礼·特牲馈食礼》:"～在其南,南顺,实兽于其上,东首。"

棫 yù 木名。即蕤核,通称"白桵"。《诗经·大雅·绵》:"柞～拔矣,行道兑矣。"(兑:直,通达。)

【棫朴】 yùpǔ 《诗经·大雅》篇名。棫,白桵;朴,枹木。意思是棫朴丛生,根枝茂密,共相附着。比喻贤人众多,国家兴盛。《梁书·裴子野传》:"且皇朝淳耀,多士盈庭,官人迈乎有妫,～～越乎姬氏。"

遇 yù ❶相逢,不期而会。《诗经·郑风·野有蔓草》:"邂逅相～,适我愿兮。"《史记·高祖本纪》:"还至栗,～刚武侯,夺其军。"❷碰到,遭受。《老子·五十章》:"盖闻善摄生者,陆行不～兕虎,入军不被甲兵。"《论衡·逢遇》:"其不～祸,幸矣。"❸接触。《庄子·养生主》:"臣以神～而不以目视。"❹相待,接待。《史记·赵世家》:"后十三年,鲁贼臣阳虎来奔,赵简子受赂,厚～之。"《后汉书·南匈奴传》:"于是赦之,～待如初。"❺抵挡,对付。《商君书·外内》:"以此～敌,是以百石之弩射飘叶也。"《荀子·大略》:"无用吾之所短,～人之所长。"❻投合,符合。《战国策·秦策四》:"楚王扬言与秦～,魏王闻之恐,效上洛于秦。"《韩非子·难二》:"～于法则行,不～于法则止。"❼际遇,机会。《论衡·逢遇》:"处尊居显,未必贤,～也。"张溥《五人墓碑记》:"而五人亦得以加其土封,列其姓名于大堤之上,凡四方之士,无有不过而拜且泣者。斯固百世之～也。"❽姓。

喻 1. yù ❶晓喻,开导。《后汉书·隗嚣传》:"今略举大端,以～吏民。"《三国志·吴书·周瑜传》:"前后告～,曾无悛改。"❷明白,知道。《论语·里仁》:"君子～于义,小人～于利。"白居易《买花》诗:"低头独长叹,此叹无人～。"(喻:或作"谕"。)❸表达,说明。《荀子·正名》:"单足以～则单,单不足以～则兼。"《后汉书·来歙传》:"帝谋西收嚣兵,与俱伐蜀,复使歙～旨。"

❹比喻。《孟子·梁惠王上》："王好战，请以战～。"《论衡·自纪》："何以为辩？～深以浅。何以为智？～难以易。"❺姓。

2. yú ❻通"愉"。愉快。《庄子·齐物论》："庄周梦为胡蝶，栩栩然胡蝶也，自～适志与！"

鹆(鵒) yù 见"鸲鹆"。

铻(鋊) yù ❶钩取炉炭及鼎耳的器具。《说文·金部》："～，所以句鼎耳及炉炭。"❷铜屑。《史记·平准书》："三铢钱轻，易奸诈，乃更请诸郡国铸五铢钱，周郭其下，令不可磨取～焉。"《汉书·食货志下》："今半两钱法重四铢，而奸或盗摩钱质而取～。"❸器物用久，渐渐磨光。杨慎《俗言·磨铻》："《五音谱》：'磨砻渐销曰～。'今俗谓磨光曰磨～是也。"

奥 yù 见 ào。

御[1] 1. yù ❶驾驭车马。《论语·子罕》："吾何执？执～乎？执射乎？吾执～矣。"《论衡·逢遇》："夫能～骥騄者，必王良也。"（骥騄：良马名。）⊗指驾驭车马的人。《诗经·小雅·车攻》："徒～不惊，大庖不盈。"《左传·成公十六年》："其～屡顾，不在马。"❷治理，统治。《国语·周语上》："王即斋宫，百官～事，各即其斋三日。"《史记·老子韩非列传》："于是韩非疾治国不务修明其法制，执势以～其臣下。"❸侍奉。《吕氏春秋·孟春》："执爵于太寝，三公、九卿、诸侯、大夫皆～，命曰'劳酒'。"《商君书·更法》："孝公平画，公孙鞅、甘龙、杜挚三大夫～于君。"❹进用，奉献。《楚辞·九章·涉江》："腥臊并～，芳不得薄兮。"《后汉书·冯异传》："自伯升之败，光武不敢显其悲戚，每独居，辄不～酒肉。"❺女官，侍从的近臣。《国语·周语上》："王田不取群，公行下众，王～不参一族。"又《吴语》："一介嫡男，奉槃匜，以随诸～。"❻指帝王所用或与之有关的事物。《春秋·桓公十四年》："秋八月壬申，～廪灾。"《后汉书·曹节传》："盗取～水以作鱼钓。"❼通"御[2]"。抵挡，阻止。《诗经·邶风·谷风》："我有旨蓄，亦以～冬。"《左传·襄公四年》："匠庆用蒲圃之檟，季孙不～。"（檟：树名。）❽姓。

2. yà ❾通"迓"。迎接。《诗经·召南·鹊巢》："之子于归，百两～之。"《楚辞·离骚》："飘风屯其相离兮，帅云霓而来～。"

【御风】 yùfēng 乘风而行。《庄子·逍遥遊》："夫列子～～而行，泠然善也。"苏轼《前赤壁赋》："浩浩乎如冯虚～～，而不知其所止。"

【御沟】 yùgōu 皇城外的护城河。谢朓《入朝曲》："飞甍夹驰道，垂杨荫～～。"张居正《山月晓仍在》诗："慈乌惊万树，历乱～～堤。"

【御内】 yùnèi 男女交合。《三国志·魏书·华佗传》："尚虚，未得复，勿为劳事，～～即死。"

【御人】 yùrén ❶侍女。《左传·庄公二十八年》："～～以告子元。"《汉书·王莽传下》："～～八十一，视元士。"❷控制人。《汉书·张汤传》："[赵]禹旨在奉公孤立，而汤舞知以～～。"《南史·张融传》："时议以融非～～才，竟不果。"❸驾车的人。《南史·江夷传》："牛饿，～～求草。"

【御史】 yùshǐ 官名。春秋战国时期列国皆有御史，为国君亲近之职，掌文书及记事。秦置御史大夫，职副丞相，位甚尊，并以御史监郡，遂有弹劾纠察之权。汉以后，御史职衔累有变化，职责则专司纠弹，而文书记事乃归太史掌管。《史记·萧相国世家》："秦～～监郡者与从事，常辨之。"《儒林外史》三回："荏苒三年，升了～～，钦点广东学道。"

【御世】 yùshì 治理天下。《抱朴子·释滞》："圣明～～，唯贤是宝。"庾信《陕州弘农郡五张寺经藏碑》："法王～～，天人论道。"

【御宇】 yùyǔ 指帝王统治天下。《晋书·武帝纪》："武皇承基，诞膺天命，握图～～，敷化导民。"白居易《长恨歌》："汉皇重色思倾国，～～多年求不得。"

【御札】 yùzhá 帝王的诏令。杜甫《送顾八分文学适洪吉州》诗："～～早流传，揄扬非造次。"

【御者】 yùzhě ❶驾驭车马的人。《仪礼·既夕礼》："～～执策，立于马后。"《孟子·滕文公下》："～～且羞与射者比。"❷侍从。《仪礼·既夕礼》："～～四人皆坐持体。"《后汉书·梁冀传》："寿见宫，辄屏～～，托以言事，因与私焉。"

【御正】 yùzhèng 控制，纠正。《管子·戒》："是故圣人齐滋味而时动静，～～六气之变，禁止声色之淫，邪行忘乎体，违言不存口。"

【御史台】 yùshǐtái 官署名。专司弹劾之职。西汉时称御史府，东汉初改称御史台，又名兰台寺。唐一度改称宪台或肃政台，不久又恢复旧称。明洪武十五年改都察院，清沿用，御史台之名遂废。参阅《通典·职官六》、《明会要·职官五》。

【御史大夫】　yùshǐdàfū　官名。秦置。其位仅次于丞相。掌管弹劾纠察及图籍秘书。汉沿之,与丞相(大司徒)、太尉(大司马)合称三公。丞相缺位时,往往即由御史大夫递升。后改称大司空、司空。晋以后多不置。唐复置。至宋又多缺而不补,明废。参阅《汉书·百官公卿表上》、《续通典·职官六》、《西汉会要·职官一》。

【御史中丞】　yùshǐzhōngchéng　官名。汉以御史中丞为御史大夫的助理,亦称御史中执法。外督部刺史,内领侍御史,受公卿章奏,举劾案章,其权颇重。东汉以后不设御史大夫时,即以御史中丞为御史之长。北魏一度改称御史中尉,督司百僚。唐复为御史大夫之佐。参阅《通典·职官六》、《续通典·职官六》。

御[2]**(禦)**　yù　❶抗拒,抵挡。《诗经·小雅·常棣》:"兄弟阋于墙,外~其务。"(阋:争讼。)《庄子·马蹄》:"马,蹄可以践霜雪,毛可以~风寒。"❷阻止,防止。《左传·昭公十六年》:"孔张后至,立于客间,执政~之。"《国语·晋语二》:"恐其如壅大川,溃而不可救~也。"

矞　1. yù　❶以锥穿物。《说文·冏部》:"~,以锥有所穿也。"《广雅·释诂三》:"~,穿也。"❷古代指象征祥瑞的彩云。董仲舒《雨雹对》:"云则五色而为庆,三色而为~。"左思《魏都赋》:"~云翔龙,泽马于阜。"

2. jué　❸同"谲"。诡诈。《荀子·非十二子》:"饰邪说,文奸言,以枭乱天下,欺惑愚众,~宇嵬琐,使天下混然不知是非治乱之所存者,有人矣。"

3. xū　❹通"獝"。惊惧的样子。《周礼·春官·大司乐》注引《礼记·礼运》:"凤以为畜,故鸟不~。"今本《礼记》矞作"獝"。

粥　yù　见zhōu。

滪(澦)　yù　滟滪堆。长江瞿塘峡口的险滩。在重庆市奉节县东。

誉(譽)　yù　❶称颂,赞美。《韩非子·难势》:"人有鬻矛与楯者,~其楯之坚:'物莫能陷也。'俄而又~其矛曰:'吾矛之利,物无不陷也。'"《后汉书·冯衍传下》:"臣伏念高祖之略,而陈平之谋,毁之则疏,~之则亲。"❷声誉,美名。《诗经·周颂·振鹭》:"庶几夙夜,以永终~。"《史记·魏世家》:"文侯由此得~于诸侯。"❸通"豫"。欢乐,高兴。《诗经·小雅·蓼萧》:"燕笑语兮,是以有~处兮。"《吕氏春秋·孝行》:"人主存,则名章荣,下服听,天下~。"

煜(焴)　yù　❶光耀,照耀。见"煜熠"、"煜煜"。❷炽盛的样子。班固《东都赋》:"钟鼓铿𫓩,管弦晔~。"❸火焰。陆云《南征赋》:"服县炎扬而晃僪,飞烽戢~而泱漭。"(僪:同"倏"。迅速。)

【煜熠】　yùyì　光辉炽盛。潘岳《笙赋》:"愀怆恻淢,虺韡~~。"

【煜煜】　yùyù　明亮的样子。梁简文帝《咏朝日》:"团团出天外,~~上层峰。"苏轼《二十七日自阳平至斜谷宿于南山中蟠龙寺》诗:"谷中暗水响泷泷,岭上疏星明~~。"

藿　yù　草名。山韭。《尔雅·释草》:"~,山韭。"邢昺疏:"韭,生山中者名~。《韩诗》云:'六月食郁及~'是也。"

蓣(蕷)　yù　薯蓣,即山药。供食用和入药。杜甫《发秦州》诗:"充肠多薯~,崖蜜亦易求。"

鬻　yù　鬅鬻,覆盖头面的巾帕。《广韵·寘韵》:"鬅,鬅~,面衣。"

罭　yù　附有囊的鱼网。《诗经·豳风·九罭》:"九~之鱼,鳟鲂。"

愈　1. yù　❶越,更加。《战国策·魏策四》:"此数者~善,而离楚~远耳。"《汉书·枚乘传》:"人性有畏其景而恶其迹者,却背而走,迹~多,景~疾。"❷贤,胜过。《论语·公冶长》:"子谓子贡曰:'女与回也孰~?'"《孟子·告子下》:"白圭曰:'丹之治水也,~于禹。'"❸通"瘉"、"癒"。病好转,痊愈。《史记·高祖本纪》:"卢绾与数千骑居塞下候伺,幸上病~自入谢。"《后汉书·光武帝纪下》:"是夏,京师醴泉涌出,饮之者固疾皆~,惟眇、蹇者不瘳。"

2. yú　❹通"愉"。愉快。《荀子·君子》:"天子也者,埶至重,形至佚,心至~,志无所诎,形无所劳,尊无上矣。"庾亮《让中书令表》:"今恭命则~,违命则苦。"

镝(鐍)　yù　温器。《玉篇·金部》:"~,温器也。"

瘉　yù　❶病,痛苦。《诗经·小雅·正月》:"父母生我,胡俾我~?"柳宗元《敌戒》:"敌存而惧,敌去而舞,废备自盈,秖益为~。"(秖:同"衹"。只。)❷病好,痊愈。《汉书·韩安国传》:"安国病危,数月,~,复为中尉。"魏徵《九成宫醴泉铭》:"京师醴泉,饮者痼病皆~。"❸高明,胜过。《国语·晋语九》:"赵简子问于壮驰兹曰:'东方之士孰为~?'"《汉书·艺文志》:"方今去圣久远,道术缺废,无所更索,彼九家者,不犹~于野乎?"❹越,更加。《荀子·尧问》:"孙叔敖曰:'吾三相楚而心~卑,每益禄而施~博,位滋尊而礼~恭。"

蔚 yù 见wèi。

緎 yù 迅疾的样子。《集韵·职韵》:"~,疾貌。"

蜮 1. yù ❶传说中的一种害人动物,能含沙射人,使人发病。亦称"短狐"。《诗经·小雅·何人斯》:"为鬼为~,则不可得。"白居易《寄元九》诗:"山无杀草霜,水有含沙~。"

2. guō ❷通"蝈"。虾蟆。《周礼·秋官·序官》注:"郑司农云:'蝈读为~。~,虾蟆也。'……玄谓:蝈,今御所食蛙也。"《大戴礼记·夏小正》:"[四月]鸣~。"❸一种食禾苗的害虫。《吕氏春秋·任地》:"大草不生,又无螟~。"陶渊明《怨诗楚调示庞主簿邓治中》:"炎火屡焚如,螟~恣中田。"

崶 yù 崶禅岭,海岛名。又名东海岛。在广东遂溪县东南海中。

毓 yù ❶生养,养育。《周礼·地官·大司徒》:"以阜人民,以蕃鸟兽,以~草木,以任土事。"班固《东都赋》:"发蘋藻以潜鱼,丰圃草以~兽。"❷孕育,产生。《国语·晋语四》:"黩则生怨,怨乱~灾,灾~灭性。"

僪 1. yù ❶日旁云气。《吕氏春秋·明理》:"其日有斗蚀,有倍~,有晕珥。"

2. jú ❷见"僪佹"。

【僪佹】 júguǐ 神奇怪异。王逸《楚辞·天问序》:"[屈原]见楚有先王之庙及公卿祠堂,图画天地、山川、神灵,琦玮~~,及古贤圣怪物行事。"(一本作"谲诡"。)文天祥《题曾氏连理木》诗:"皇后嘉树生~~,四衢五衢合一轨。"

隩 yù 见ào。

澳 yù 见ào。

潏 1. yù ❶指堤堰、鱼梁等人为的水中土石工程。王闿运《常公神道碑》:"公不烦徭役,自出俸钱,爰疏~堰。"❷水涌出。《楚辞·九章·悲回风》:"氾~~其前后兮,伴张弛之信期。"岑参《石犀》诗:"江水初荡~,蜀人几为鱼。"

2. jué ❸水名。《山海经·中山经》:"牛首之山,……劳水出焉,而西流注于~水。"

懊 yù 见ào。

薁 yù 植物名。1)野葡萄。《诗经·豳风·七月》:"六月食郁及~,七月亨葵及菽。"2)郁李。庾信《小园赋》:"枣酸梨酢,桃榹李~。"(梨酢:即酸梨。酢:古醋字。桃榹:即山桃。)

噊 yù ❶危险。《尔雅·释诂下》:"~,危也。"❷指鸟鸣。《广韵·术韵》:"~,鸟鸣。"

慾 yù 欲望,嗜好。《论语·公冶长》:"枨也~,焉得刚?"苏轼《谏买浙灯状》:"穷天下之嗜~,不足以易其乐。"

【慾海】 yùhǎi 原为佛教用语。比喻情慾使人迷失本性,如沉沦于大海。温子昇《定国寺碑》:"缘障未开,业尘犹拥,漂沦~~,颠坠邪山。"李俨《法苑珠林·序》:"导迷生于~~,情尘共心垢同消;引穷子于慈室,衣宝与髻珠双至。"

【慾壑】 yùhè 比喻人的贪欲像沟壑一样深,难于满足。许思湄《覆牛云洋》:"冀得一中人产,饱其~~。"

遹 yù ❶遵循。《尚书·康诰》:"今民将在祗~乃文考。"(文考:指文王。)《资治通鉴·汉献帝建安二十四年》:"继以孝明、孝章,~追先志,临雍拜老,横经问道。"❷邪僻。《诗经·小雅·小旻》:"谋犹回~,何日斯沮?"(沮:止。)曾巩《祭欧阳少师文》:"当代一人,顾无俦匹;谏垣抗议,气震回~。"❸助词。无实义。《诗经·大雅·文王有声》:"文王有声,~骏有声。~求厥宁,~观厥成。"

【遹皇】 yùhuáng 往来的样子。张衡《思玄赋》:"倚招摇摄提以低徊剹流兮,察二纪五纬之绸缪~~。"(剹:同"勠"。杀。)

熨 yù 见yùn。

慰 yù 见wèi。

繘(繘) yù (又读jú)汲井水用的绳索。《周易·井》:"往来井,井汔至,亦未~井,羸其瓶,凶。"(汔:干涸。)刘禹锡《机汲记》:"瓶~不羸,如搏而升。"

驈(驈) yù 胯间有白毛的黑马。《诗经·鲁颂·駉》:"薄言駉者,有~有皇。"

燠 yù 热,暖。《楚辞·天问》:"投之于冰上,鸟何~之?"《后汉书·黄琼传》:"寒~相干,蒙气数兴。"

【燠暑】 yùshǔ 闷热。李格非《洛阳名园记·董氏西园》:"四面甚敞,盛夏~~,不见畏日。"

【燠休】 yùxǔ ❶抚慰病痛者的声音。《左传·昭公三年》:"民人痛疾,而或~~之。"❷指抚慰辛勤劳苦的人。《三国志·魏书·蒋济传》:"夫欲大兴功之君,先料其民力而~~之。"也作"噢咻"。

彧 yù 有文采的样子。《说文·有部》："～，有文章也。"

飂（飂） yù 急风。木华《海赋》："影沙砻石，荡～岛滨。"（影：通"飘"。砻：形容风急浪大，水激巨石发出的声音。）

豫 1. yù ❶大象。《说文·象部》："～，象之大者。"❷安乐，安逸。《诗经·小雅·白驹》："尔公尔侯，逸～无期。"欧阳修《五代史·伶官传序》："忧劳可以兴国，逸～可以亡身，自然之理也。"⊗喜欢，快乐。《孟子·公孙丑下》："当今之世，舍我其谁也？吾何为不～哉？"《文心雕龙·物色》："是以献岁发春，悦～之情畅。"❸巡游。《孟子·梁惠王下》："夏谚曰：'吾王不游，吾何以休？吾王不～，吾何以助？一游一～，为诸侯度。'"《晏子春秋·内篇问下》："春省耕而补不足者谓之游，秋省实而助不给者谓之～。"❹厌烦。《庄子·应帝王》："去！汝鄙人也，何问之不～也！"《楚辞·九章·惜颂》："行婞直而不～兮，鲧功用而不就。"❺预备，事先准备。《史记·刺客列传》："于是太子～求天下之利匕首。"《后汉书·耿弇传》："弇知步困将退，～置左右翼为伏以待之。"❻迟疑不决。《老子·十五章》："～兮若冬涉川，犹兮若畏四邻。"《楚辞·九章·惜诵》："壹心而不～兮，羌不可保也。"❼变动。《鹖冠子·泰录》："百化随而变，终始从而～。"❽欺诈。《晏子春秋·内篇·问上》："于是令玩好不御，公市不～。"《盐铁论·力耕》："古者商通物而不～，工致牢而不伪。"❾通"与"。参与。《左传·隐公元年》："～凶事，非礼也。"《南史·颜延之传》："于是延之屏居不～人间者七载。"❿地名。古九州之一。《尚书·禹贡》："荆、河惟～州。"⓫六十四卦之一，卦形为坤下震上。《周易·豫·象传》："雷出地奋，～。"⓬姓。

2. xiè ⓭通"榭"。古代州学名。《仪礼·乡射礼》："～则钩楹内，堂则由楹外。"

【豫附】 yùfù 心悦而归附。《汉书·陆贾传》："将相和，则士～～。"朱熹《拜张魏公墓下》诗："士心既～～，国威亦张皇。"

【豫贾】 yùjià 虚定高价以欺骗顾客。贾，同"价"。《荀子·儒效》："鲁之粥[鬻]牛马者不～～。"《史记·循吏列传》："以子产为相，……二年，市不～～。"

【豫言】 yùyán 同"预言"。事未至而先言。《后汉书·申屠刚传》："夫未至～～，固常为虚，及其已至，又无所及。"

【豫政】 yùzhèng 参与政事。《后汉书·周章传》："是时中常侍郑众、蔡伦等皆秉势～～。"

鹬（鷸） yù ❶鸟名。1）水鸟。有多种。羽毛多为灰、黄、褐等色。天将雨即鸣，古人以为能知天时。《战国策·燕策二》："蚌方出曝，而～啄其肉。"2）翠鸟，又名翡翠。《左传·僖公二十四年》："郑子华之弟子臧出奔宋，好聚～冠。"❷疾飞的样子。木华《海赋》："～如惊凫之失侣，倏如六龙之所掣。"

箘 yù 淘米的竹器。《说文·竹部》："～，漉米籔也。"

翻 yù 飞的样子。《玉篇·羽部》："～，飞貌。"郭璞《江赋》："濯翮疏风，鼓翅～翑（xù）。"（翑：飞走的样子。）

霱 yù 瑞云，也作"矞"。《广韵·术韵》："～，～云，瑞云。本亦作矞。"孙柔之《瑞应图》："～，庆云也。其状外赤内黄。"

蒮 yù 莀蒮，花盛开的样子。左思《吴都赋》："异荂莀（fū）～，夏晔冬蒨。"（荂：草木的花。）

欎（欎） yù 郁金香草。"鬱"的俗字。《管子·地员》："叶下于～。"

橼 yù 木名。即"枕"。《集韵·御韵》："～，橼章，木名。左思《吴都赋》："木则枫柙～樟。"

鱊（鱊） yù 鱼名。俗名春鱼。作腊，名鹅毛脡。是生活在淡水中的小型鱼类。段公路《北户录·鹅毛脡》："恩州出鹅毛脡，乃盐藏～鱼，其味绝美，其细如鰕。"

鬻 1. yù ❶卖。《国语·齐语》："以其所有，易其所无，市贱～贵。"苏轼《记游定惠院》："晚乃步出城东，～大木盆。"❷养，育。《庄子·德充符》："四者，天～也；天～者，天食也。"《礼记·乐记》："羽者妪伏，毛者孕～。"《淮南子·原道训》作"孕育"。❸幼稚。见"鬻子"。❹水流溪谷间。司马相如《上林赋》："陂池貏豸，沇溶淫～。"（貏豸：山势渐平的样子。沇溶：水流溪谷中。）❺姓。

2. zhōu ❻"粥"的本字。《左传·昭公七年》："馇于是，～于是，以餬余口。"《汉书·文帝纪》："今闻吏禀当受～者，或以陈粟。"

【鬻声】 yùshēng 求取名声。《文心雕龙·情采》："诸子之徒，心非郁陶，苟驰夸饰，～～钓世。"

【鬻文】 yùwén 替人写文章而获取报酬。《旧唐书·李邕传》："邕早擅才名，尤长碑颂。虽贬职在外，中朝衣冠及天下寺观，多赍持金帛往求其文。……时议以为自古～～获财，未有如邕者。"

【鬻子】 yùzǐ 稚子。《诗经·豳风·鸱鸮》：

"恩斯勤斯，～～之闵斯。"

籞 yù ❶帝王的禁苑。《汉书·宣帝纪》："池～未御幸者，假与贫民。"欧阳修《和刘原文从幸后苑观稻呈讲筵诸公》："禁～皇居接，香畦镂槛边。"❷苑囿的墙垣，篱笆。卢思道《纳凉赋》："积歊氛于帘栊，流烦溽于园～。"（歊氛：热气。）

灪 yù 水高浪大。木华《海赋》："澎濞～𥗥，碨磊山垄。"（𥗥：高峻的样子。碨磊：不平的样子。）

yuan

身 yuān 见shēn。

宛 yuān 见wǎn。

鸢（鳶、戴） yuān ❶鸟名。鹰，俗名老鹰。《诗经·大雅·旱麓》："～飞戾天，鱼跃于渊。"《荀子·法行》："鹰～犹以山为卑而增巢其上。"❷纸鸢。用纸制作的鸢形风筝。洪昇《长生殿·觅魂》："谁知他做长风吹断～，似晴曦散晓烟。"

【鸢肩】 yuānjiān 人两肩上耸。《国语·晋语八》："是虎耳而豕喙，～～而牛腹，谿壑可盈，是不可餍也。"

咽 yuān 见yān。

冤（寃） yuān ❶不舒展，屈缩。《汉书·息夫躬传》："～颈折翼，庸得往兮。"❷冤屈，枉曲。《史记·淮阴侯列传》："嗟乎！～哉，亨也。"（亨：烹。）《论衡·调时》："无过而受罪，世谓之～。"❸仇恨，怨恨。《盐铁论·毁学》："是以终日言无口过，终身行无～尤。"韩愈《谢自然》诗："往者不可悔，孤魂抱深～。"

【冤伏】 yuānfú 屈伏。枚乘《七发》："履游麕兔，蹈践麖鹿，汗流沫坠，～～陵窟。"

【冤魂】 yuānhún 被冤屈而死的鬼魂。《后汉书·灵帝宋皇后纪》："宜并改葬，以安～～。"杜甫《去秋行》："战场～～每夜哭，空令野营猛士悲。"

【冤家】 yuānjiā ❶仇人。张鷟《朝野佥载》卷六："此子与～～同年生。"❷对所爱的人的昵称。王实甫《西厢记》四本一折："望得人眼欲穿，想得人心越窄，多管是～～不自在。"

【冤结】 yuānjié ❶冤气郁结。《楚辞·九章·悲回风》："悲回风之摇蕙兮，心～～而内伤。"曹植《出妇赋》："嗟～～而无诉，乃愁苦以长穷。"❷同"冤屈"。《汉书·于定国传》："民多～～，州郡不理。"❸指被冤屈的人。《后汉书·光武帝纪上》："狱多～～。"

【冤苦】 yuānkǔ 冤屈痛苦。《汉书·董仲舒传》："贫穷孤弱，～～失职，甚不称陛下之意。"

【冤禽】 yuānqín 精卫鸟的别名，又叫哀禽。任昉《述异记》："昔炎帝女，溺死东海中，化为精卫，其名自呼，每衔西山木石填东海。……一名～～。"庾信《哀江南赋》："岂～～之能塞海，非愚叟之可移山。"

【冤抑】 yuānyì 冤屈。《楚辞·七谏·怨世》："独～～而无极兮，伤精神而寿夭。"《后汉书·贾逵传》："而～～积久，莫肯分明。"

眢 yuān ❶眼枯陷失明。《说文·目部》："～，目无明也。"王思任《范太夫人双节传》："而汪之哭夫目～血裂。"❷井干枯无水。陆游《入蜀记》第二："一井已～，传以为太武所凿，不可知也。"

【眢井】 yuānjǐng 枯井，井无水。《左传·宣公十二年》："目于～～而拯之。"

鸳（鴛） yuān ❶鸟名。元稹《有鸟》诗之十六："有鸟有鸟毛羽黄，雄者为～雌为鸯。"❷通"鹓"。鹓雏。《史记·司马相如列传》："捷～雏，掩焦明。"

【鸳行】 yuānháng 指朝官的行列。同"鹓行"。杜甫《秦州杂诗》之二十："为报～～旧，鹪鹩在一枝。"刘禹锡《奉和司空裴相公中书即事通简旧寮之作》："伫闻戎马息，入贺领～～。"

【鸳机】 yuānjī 织锦机。上官仪《八咏应制》之二："且学鸟声调风管，方移花影入～～。"李商隐《即日》诗："几家缘锦字，含泪坐～～。"

【鸳鹭】 yuānlù ❶两种水鸟，即鸳鸯和鹭鸶。李白《游敬亭寄崔侍御》诗："俯视～～群，饮啄自鸣跃。"❷因两水鸟行止有序，用以比喻朝官的行列。和凝《宫词》诗："金殿香高初唤仗，数行～～各趋班。"刘禹锡《寄朗州温右史曹长》诗："暂别瑶池～～行，彩旗双引到沅湘。"

【鸳绮】 yuānqǐ 带有鸳鸯纹的锦绣。韦应物《拟古》诗之九："别时双～～，留此千恨情。"

【鸳衾】 yuānqīn ❶绣有鸳鸯的锦被。司空图《白菊杂书》诗："却笑谁家扃绣户，正熏龙麝暖～～。"❷指夫妻共寝之被。钱起《长信怨》诗："～～久别难为梦，凤管遥闻更起愁。"杜牧《为人题赠》诗："和簪抛凤髻，将泪入～～。"

【鸳鸯】 yuānyāng ❶鸟名。《诗经·小雅·

鸳鸯》:"~~于飞,毕之罗之。"(毕:用长柄网捕捉。)洪昇《李庄晚步》诗:"无数~~争戏水,几株杨柳密藏鸦。"❷比喻夫妻。卢照邻《长安古意》诗:"得成比目何辞死,愿作~~不羡仙。"❸形似鸳鸯的香炉。李白《清平乐令》词之二:"玉帐~~喷沉麝,时落银灯香灺。"(灺:灯烛馀烬。)

【鸳鸯瓦】 yuānyāngwǎ 成双成对的瓦。白居易《长恨歌》:"~~~冷霜华重,翡翠衾寒谁与共。"

渊(淵、囦) yuān ❶回水,回旋的水流。《说文·水部》:"~,回水也。"❷深潭。《荀子·劝学》:"积水成~,蛟龙生焉。"《汉书·董仲舒传》:"临~羡鱼,不如退而结网。"❸人或物的聚集处。《管子·形势》:"~者,众物之所生也。"《后汉书·杜笃传》:"略荒裔之地,不如保殖五谷之~。"❹深,深邃。《老子·四章》:"道冲,而用之或不盈,~兮似万物之宗。"《汉书·地理志下》:"吴公子札聘鲁观周乐,闻《邶》《鄘》《卫》之歌,曰:'美哉~乎,吾闻康叔之德如是,是其《卫风》乎?'"❺姓。

【渊冰】 yuānbīng 《诗经·小雅·小旻》:"战战兢兢,如临深渊,如履薄冰。"后以"渊冰"比喻危险境地。《三国志·魏书·武帝纪》:"朕以眇眇之身,托于兆民之上,永思厥艰,若涉~~。"

【渊回】 yuānhuí ❶深渊之水回旋曲折。也作"渊洄"。梅尧臣《和李密学见怀》:"二水交流抱闾井,清潭几曲自~~。"❷比喻谋略深不可测。陆机《汉高祖功臣颂》:"大略~~,元功响效。"

【渊客】 yuānkè ❶船夫。张协《七命》:"~~唱淮南之曲,榜人奏采菱之歌。"❷鲛人,神话中的人鱼。左思《吴都赋》:"泉室潜织而卷绡,~~慷慨而泣珠。"

【渊令】 yuānlìng 极其美好。谢庄《宋孝武宣贵妃诔》:"世复冲华,国虚~~。"

【渊明】 yuānmíng 深远明达。《南齐书·高帝纪上》:"惟王圣哲~~,荣镜寓宙。"

【渊然】 yuānrán 清静幽深的样子。贾谊《新书·容经》:"朝廷之志,~~清以严。"柳宗元《钴鉧潭西小丘记》:"悠然而虚者与神谋,~~而静者与心谋。"

【渊塞】 yuānsè 深远诚实。袁宏《三国名臣序赞》:"公衡仲达,秉心~~。"《后汉书·章帝纪》:"聪明~~,著在图谶。"

【渊深】 yuānshēn 深,深邃。《吕氏春秋·观表》:"人心之隐匿难见,~~难测。"《三国志·魏书·卫臻传》注引《先贤行状》:"不为激诡之行,不徇流俗之名;明虑~~,规略宏远。"

【渊薮】 yuānsǒu 指事物聚集之处。《后汉书·伏湛传》:"智略谋虑,朝之~~。"《三国志·魏书·高柔传》:"臣以为博士者,道之~~,六艺所宗,宜随学行优劣,待以不次之位。"

【渊玄】 yuānxuán 深奥,深邃。蔡邕《文范先生陈仲弓铭》:"~~其深,巍峨其高。"颜延之《五君咏·向常侍》:"探道好~~,观书鄙章句。"

【渊渊】 yuānyuān ❶象声词。鼓声。《诗经·小雅·采芑》:"伐鼓~~,振旅阗阗。"《世说新语·言语》:"衡扬枹为《渔阳》掺挝,~~有金石声,四坐为之改容。"❷深邃的样子。《庄子·天道》:"广广乎其无不容也,~~乎其不可测也。"

【渊源】 yuānyuán 也作"渊原"。❶水之源头,比喻事物之本原。《汉书·董仲舒传》:"仲舒……为群儒首,然考其师友~~所渐,犹未及乎游夏。"(游:子游;夏:子夏。皆孔子弟子。)《颜氏家训·杂艺》:"方知陶隐居、阮交州、萧祭酒诸书,莫不得羲之之体,故是书之~~。"❷深远。班固《典引》:"屡访群儒,谕咨故老,与之乎斟酌道德之~~,肴覈仁义之林薮,以望元符之臻焉。"

惌 1. yuān ❶同"怨"。怨恨。《晋书·陆云传》:"非兰~而桂亲,岂涂害而壑利?"

2. wǎn ❷小孔。《周礼·考工记·函人》:"凡察革之道,眡其钻空,欲其~也。"

痟 yuān ❶骨节酸痛。《集韵·先韵》:"~,骨酸也。"❷忧郁。《列子·杨朱》:"心~体烦,内热生病矣。"

鹓(鵷) yuān 鹓雏。元稹《有酒》诗之十:"欲凤翥而~随兮,欲龙亨而骥逐。"

【鹓雏】 yuānchú 传说与凤凰同类的鸟。《庄子·秋水》:"夫~~,发于南海,而飞于北海,非梧桐不止,非练实不食,非醴泉不饮。"袁宏道《小斋》诗:"~~虽饿死,不与雀争多。"

【鹓阁】 yuāngé 中书省的别名。王勃《乾元殿颂》:"龙阶察祲,~~调风。"《全唐诗话·徐彦伯》:"徐彦伯为文,多变易求新,以凤阁为~~,龙门为虬户。"

【鹓行】 yuānháng 指朝官的行列。也作"鸳行"。杜甫《至日遣兴寄北省旧阁老两院故人》诗之一:"去岁兹晨捧御床,五更三点入~~。"

褑 1. yuān ❶头巾。《韩非子·外储说左上》:"卫人有佐弋者,鸟至,因先以其~

麾之，鸟惊而不射也。”

2. gǔn ❷通“衮”。古代帝王的礼服。《荀子·富国》：“故天子袾～衣冕，诸侯玄～玄冕。”

蜎 1. yuān ❶孑孓。蚊子的幼虫。也叫蛣。《尔雅·释鱼》：“～，蠉。”❷屈曲爬行的样子。见“蜎蜎”。❸弯曲。《周礼·考工记·庐人》：“句兵欲无弹，刺兵欲无～。”❹姓。

2. xuān ❺通“翾”。飞翔。《鬼谷子·揣》：“故观～飞蠕动，无不有利害。”

【蜎蜎】 yuānyuān 屈曲蠕动的样子。《诗经·豳风·东山》：“～～者蠋，烝在桑野。”

蜵（蝠） yuān 见“蜵蜎”。

【蜵蜎】 yuānyuān 曲折深远的样子。《汉书·扬雄传上》：“盖天子穆然，珍台闲馆，琁题玉英，～～蠖濩之中。”

嫚 yuān 见 màn。

鼘（鼝、鼞） yuān 见“鼘鼘”。

【鼘鼘】 yuānyuān 象声词。鼓声。白居易《敢谏鼓赋》：“～～不已，声以发之。”黄公绍《潇湘神·端午竞渡棹歌》词：“望湖天，望湖天，绿杨深处鼓～～。”

元 yuán ❶首，人头。《孟子·滕文公下》：“志士不忘在沟壑，勇士不忘丧其～。”《后汉书·臧洪传》：“陨首丧～，必无二志。”❷为首的。《抱朴子·备阙》：“淮阴，良将之～也。”（淮阴：指淮阴侯韩信。）❸始，开端。《公羊传·隐公元年》：“～年者何，君之始年也。”《文心雕龙·原道》：“人文之～，肇自太极。”❹根本，根源。《吕氏春秋·召类》：“爱恶循义，文武有常，圣人之～也。”《论衡·对作》：“《易》之乾坤，《春秋》之～，杨氏之玄，卜气号不均也。”《资治通鉴·齐明帝建武三年》：“夫土者，黄中之色，万物之～也。”❺大。《尚书·汤诰》：“聿求～圣，与之戮力。”❻善。《左传·文公十八年》：“高辛氏有才子八人，……天下之人，谓之八～。”❼气，元气。《吕氏春秋·应同》：“芒芒昧昧，因天之威，与～同气。”《论衡·辨祟》：“人，物也，万物之中有智慧者也。其受命于天，禀气于～，与物无异。”❽古代道家学派用以指万物之本。《子华子·大道》：“～，无所不在也。”《春秋繁露·重政》：“～者，为万物之本。”❾古代历法（三统历）计算单位。《论衡·调时》：“积日为月，积月为时，积时为岁，千五百三十七岁为一统，四千六百一十七岁为一～。”❿原来，本来。嵇康《琴赋序》：“推其所由，似～不解音声。”陆游《示儿》诗：“死后～知万事空，但悲不见九州同。”⓫姓。

【元本】 yuánběn ❶根本，首要。《晋书·天文志上》：“北斗七星在太微北，七政之枢机，阴阳之～～也。”《宋书·孝武帝纪》：“尚书，百官之～～，庶绩之枢机。”❷元代刻印的书籍版本。叶德辉《书林清话·元刻书之胜于宋本》：“宋本以下，～～次之。然～～源出于宋，故有宋刻善本已亡，而幸～～犹存，胜于宋刻者。”

【元辰】 yuánchén ❶吉利的时辰。《吕氏春秋·孟春》：“乃择～～，天子亲载耒耜，……率三公九卿诸侯大夫躬耕帝籍田。”❷元旦。庾阐《扬都赋》：“岁惟～～，阴阳代纪。履端归馀，三朝告始。”

【元恶】 yuán'è 首恶，大恶之人。《荀子·王制》：“～～不待教而诛。”《三国志·魏书·诸葛诞传》：“大将军以为古之用兵，全国为上，戮其～～而已。”

【元妃】 yuánfēi 元配，国君或诸侯之嫡妻。《左传·隐公元年》：“惠公～～孟子。”《史记·周本纪》：“姜原为帝喾～～。”

【元服】 yuánfú 冠，帽子。《仪礼·士冠礼》：“始加～～，弃尔幼志，顺尔成德。”《后汉书·灵思何皇后纪》：“兴平之年，帝加～～。”

【元符】 yuánfú 大的祥瑞，好的征兆。扬雄《长杨赋》：“方将俟～～，以禅梁甫之基，增泰山之高。”《后汉书·张衡传》：“抨巫咸以占梦兮，乃贞吉之～～。”

【元功】 yuángōng ❶大功。《汉书·刘屈氂传》：“长安男子景建从［莽］通获少傅石德，可谓～～矣。”任昉《宣德皇后令》：“～～茂勋，若斯之盛。”❷指功臣。《汉书·景武昭宣元成功臣表序》：“辑而序之，续～～次云。”《三国志·魏书·三少帝纪》：“夫显爵所以褒～～，重赏所以宠烈士。”

【元龟】 yuánguī ❶大龟。古代用以占卜。《尚书·金縢》：“今我即命于～～。”《史记·龟策列传》：“纣为暴虐，而～～不占。”❷可作借鉴的往事。《三国志·吴书·孙权传》：“斯则前世之懿事，后王之～～也。”刘琨《劝进表》：“前事之不忘，后世之～～也。”❸汉王莽时的货币，龟宝分元龟、公龟、侯龟、子龟四品。《汉书·食货志下》：“～～，岠冉长尺二寸，直二千一百六十，为大贝十朋。”

【元侯】 yuánhóu 诸侯之长。《左传·襄公四年》：“三《夏》，天子所以享～～也。”（《夏》：乐章名。）《国语·鲁语下》：“～～作师，卿帅之，以承天子。”

【元后】 yuánhòu ❶天子。《尚书·泰誓上》:“～～作民父母。”《国语·周语上》:“夏书有之曰:‘众非～～,何戴?后非众,无与守邦。’”❷帝王之嫡妻。《明史·后妃传》:“皇后比救朕危,奉天济难,其以～～礼葬。”

【元吉】 yuánjí ❶大吉。《周易·坤》:“黄裳～～。”《吕氏春秋·召类》:“涣其群～～者,其佐多贤也。”❷指洪福。张衡《东京赋》:“神歆馨而顾德,祚灵主以～～。”

【元精】 yuánjīng 天地间的精气。《论衡·超奇》:“天禀元气,人受～～,岂为古今者差杀哉?”《后汉书·郎颛传》:“～～所生,王之佐臣。”

【元君】 yuánjūn ❶贤德善良之国君。《国语·晋语七》:“抑人之有～～,将禀命焉。”❷道教称成仙之女子为元君。吕岩《七言》诗之四九:“紫诏随鸾下玉京,～～相命会三清。”❸指先祖。《列女传·齐东郭姜》:“请就～～之庙而死焉。”

【元恺】 yuánkǎi 也作“元凯”。八元八恺之省称。相传高辛氏有才子八人,称为八元;高阳氏有才子八人,称为八恺。后以元恺泛指辅佐帝王之大臣及贤人才子。《三国志·蜀书·郤正传》:“济济伟彦,～～之伦也。”《三国志·魏书·明帝纪》注引《献帝传》:“盖闻昔帝尧,～～既举,凶族未流。”《魏书·高谦之传》:“陛下一日万机,事难周览,～～结舌,莫肯明言。”

【元老】 yuánlǎo ❶天子的老臣。《诗经·小雅·采芑》:“方叔～～,克壮其猷。”(猷:谋略。)❷指资望高深的大臣。《后汉书·章帝纪》:“行太尉事节乡侯憙三世在位,为国～～。”

【元良】 yuánliáng ❶大善。《尚书·太甲下》:“一人～～,万邦以贞。”(一人:指天子。)❷指大贤之士。《尚书·泰誓中》:“剥丧～～,贼虐谏辅。”(元良:指微子。谏辅:指比干。皆殷时贤人。)❸太子的代称。《礼记·文王世子》:“一有～～,万国以贞,世子之谓也。”

【元女】 yuánnǚ 长女。《左传·襄公二十五年》:“庸以～～大姬配胡公。”

【元气】 yuánqì ❶天地未分之前的混沌之气。《汉书·律历志上》:“太极～～,函三为一。”❷泛指宇宙自然之气。《楚辞·九思·守志》:“随真人兮翱翔,食～～兮长存。”《论衡·幸偶》:“俱禀～～,或独为人,或为禽兽。”❸指人的精神。《后汉书·赵咨传》:“夫亡者,～～去体。”《旧唐书·柳公绰传》:“吾初无术,但未尝以～～佐喜怒。”

【元日】 yuánrì ❶农历正月初一。《后汉书·安帝纪》:“四年春正月～～,会,彻乐,不陈充庭车。”❷吉日。《吕氏春秋·孟春》:“是日也,天子乃以～～祈谷于上帝。”

【元戎】 yuánróng ❶大兵车,大型的战车。《诗经·小雅·六月》:“～～十乘,以先启行。”《后汉书·窦融传》:“～～轻武,长毂四分,云辎蔽路,万有三千馀乘。”❷大军,众兵。《汉书·董贤传》:“往悉尔心,统辟～～。”❸主将,统率。徐陵《移齐王》:“我之～～上将,协力同心。”柳宗元《故连州员外司马凌君权厝志》:“以谋画佐～～,常有大功。”❹兵器,弩的一种。《三国志·蜀书·诸葛亮传》注引孙盛《魏氏春秋》:“又损益连弩,谓之～～,以铁为矢,矢长八寸,一弩十矢俱发。”

【元士】 yuánshì 古官名。周代天子之士称元士。《孟子·万章下》:“～～受地视子男。”《礼记·王制》:“天子、三公、九卿、二十七大夫、八十一～～。”

【元首】 yuánshǒu ❶头。《逸周书·武顺》:“～～曰末。”梅尧臣《目释》诗:“我居～～间,分并日月光。”❷君主,天子。《汉书·刘辅传》:“～～无失道之咎。”(咎:同愆。)《三国志·魏书·文帝纪》:“灾异之作,以谴～～,而归过股肱,岂禹、汤罪己之义乎?”❸岁之始,一年的开头。《晋书·律历志中》:“汤作殷历,……更以十一月朔旦冬至为～～。”

【元孙】 yuánsūn 长孙。《论衡·死伪》:“乃～～某不若旦多才多艺,不能事鬼神。”(乃:你。旦:人名。)

【元序】 yuánxù 最根本的秩序。《后汉书·礼仪志下》:“～～斯立,家邦乃隆。”

【元绪】 yuánxù ❶大业,伟业。《三国志·魏书·杨阜传》:“伏惟陛下奉武皇帝开拓之大业,守文皇帝克终之～～。”❷龟的别名。《水经注·浙江水》引刘敬叔《异苑》:“孙权时,永康县有人入山,遇一大龟,即束之以归,……夜宿越里,缆船于大桑树。宵中,树忽呼龟曰:‘～～,奚事尔也?’”范成大《再韵答子文》:“百年子莫占～～,万法吾今付子虚。”

【元元】 yuányuán ❶百姓,平民。《史记·平准书》:“陛下损膳省用,出禁钱以振～～。”《后汉书·王昌传》:“今～～创痍,已过半矣。”❷善良。《汉书·文帝纪》:“结兄弟之义,以全天下～～之民。”又《晁错传》:“陛下行之,道纯德厚,～～之民幸矣。”

【元子】 yuánzǐ 天子和诸侯的嫡长子。《左传·哀公九年》:“微子启,帝乙之～～也。”朱熹《大学章句序》:“及其十有五年,则自天子之～～众子,以至公卿、大夫、元士之適子,与凡民之俊秀皆入大学。”(適:通“嫡”。)

邧 yuán 古地名。春秋时秦地,在今陕西澄城县境。《左传·文公四年》:“晋侯伐秦,围～,以报王官之役。”

沅 yuán 水名。又称沅江。在今湖南省西部,源出贵州省云雾山,流经湖南,最后注入洞庭湖。《楚辞·离骚》:“济～湘以南征兮,就重华而陈词。”

【沅茝澧兰】 yuánzhǐlǐlán 沅水中的茝草,澧水旁的兰草,两者均为香草,比喻高洁的人或物。《楚辞·九歌·湘夫人》:“沅有茝兮澧有兰,思公子兮未敢言。”金农《寄岳州黄处士》诗:“～～～～骚客远,朱桥粉郭酒人疎。”

芫 1. yuán ❶芫花,落叶灌木,开紫色小花,花蕾入药,有毒。《山海经·中山经》:“首山,其阴多穀柞,其草多茉、～。”

2. yán ❷见“芫荽”。

【芫荽】 yánsuī 草本植物,又名胡荽,俗名香菜。也作“蒝荽”。《清稗类钞·植物类上》:“蒝荽,本作胡荽。……俗作～～。”

园[1](園) yuán ❶四周有篱笆,里面种植花木、蔬菜的地方。《诗经·郑风·将仲子》:“将仲子兮,无逾我～,无折我树檀。”潘岳《闲居赋》:“灌～粥蔬,以供朝夕之膳。”❷供人休息、游乐或观赏的地方。《汉书·司马相如传上》:“臣,楚国之鄙人也,幸得宿卫十有馀年,时从出游,游于后～。”《世说新语·简傲》:“王子敬自会稽经吴,闻顾辟疆有名～。”❸帝王或后妃的墓地。《后汉书·光武帝纪下》:“迁吕太后庙主于～,四时上祭。”

【园吏】 yuánlì ❶主管园囿的官吏。杜甫《园官送菜》诗:“～～未足怪,世事固堪论。”❷指庄子。因庄子曾为漆园吏。岑文本《伊阙佛龛碑》:“柱史、～～之所述,其旨犹糠粃矣。”(柱史:指老子。老子曾为周柱下史。)

【园陵】 yuánlíng 帝王的墓地。《后汉书·光武帝纪上》:“是月,赤眉焚西京宫室,发掘～～,寇掠关中。”

【园令】 yuánlìng ❶陵园令的省称。汉代守护陵寝的官。《史记·司马相如列传》:“相如拜为孝文～～。”《后汉书·百官志二》:“先帝陵,每陵～～各一人,六百石。”❷掌管皇家园林的官。《宋书·符瑞志中》:“泰始二年四月庚申,甘露降华林园,～～臧延之以献。”

【园庙】 yuánmiào 帝王墓地所建之庙。《汉书·苏武传》:“诏武奉一太牢谒武帝～～,拜为典属国。”《后汉书·祭祀志下》:“～～去太守治所远者,在所令长行太守事侍祠。”

【园寝】 yuánqǐn 建在帝王墓地的庙。《后汉书·祭祀志下》:“古不墓祭,汉诸陵皆有～～,承秦所为也。说者以为古宗庙前制庙,后制寝,以象人之居前有朝,后有寝也。”张载《七哀》诗:“～～化为墟,周墉无遗堵。”清代皇妃及皇子墓地亦称园寝。《清会典·礼部·陵寝》:“醇贤亲王～～,主事一人。”

【园囿】 yuányòu 种植花木养育禽兽的皇家园林。《孟子·滕文公下》:“弃田以～～,使民不得衣食。”《荀子·王霸》:“台榭甚高,～～甚广。”

员(員) 1. yuán ❶周,四周。《诗经·商颂·玄鸟》:“来假祁祁,景～维河。”❷物的数量。《说文·员部》:“～,物数也。”参见“员程”。❸人员的数额。《汉书·礼乐志》:“至孝惠时,以沛宫为原庙,皆令歌儿习吹以相和,常以百二十人为～。”韩愈《唐故相权公墓铭》:“奏广岁所取进士、明经,在得人,不以～拘。”㊂指人员。《白孔六帖》卷四十一:“捐不急,罢冗～。”❹量词。用以称人。韩愈《唐故江西观察使韦公墓志铭》:“故事,使外国者,常赐州县官十～。”❺丸。《墨子·备穴》:“穴口内为灶,令如窑,令容七八～艾。”❻通“圆”。圆形。《孟子·离娄上》:“规矩,方～之至也。”

2. yún ❼增益。《诗经·小雅·正月》:“无弃尔辅,～于尔辐。”❽语气词。《诗经·郑风·出其东门》:“缟衣綦巾,聊乐我～。”

3. yùn ❾通“运”。1)旋转。《墨子·非命中》:“若言而无义,譬犹立朝夕于～钧之上也。”2)南北的长度。《山海经·西山经》:“是山也,广～百里。”❿姓。

【员程】 yuánchéng 指规定完成某项工作的人员和时间指标。《汉书·尹翁归传》:“豪强有论罪,输掌畜官,使斫莝,责以～～,不得取代。”《盐铁论·水旱》:“县官鼓铸铁器,大抵多为大器,务应～～,不给民用。”

【员锐】 yuánruì 圆滑而又善于钻营。《论衡·状留》:“及其仕也,纯特方正,无～～之操。”

【员石】 yuánshí 指墓碑。《后汉书·赵岐传》:“可立一～～于吾墓前,刻之曰:‘汉有逸人,姓赵名嘉,有志无时,命也奈何!’”

【员首】 yuánshǒu 指百姓。《隋书·音乐志中》:“悠悠亘六合,～～莫不臣。”

【员圌】 yuántuán 浑圆。《论衡·变动》:

"夫以果蓏之细,～～易转,去口不远,至诚欲之,不能得也。"

【员外】 yuánwài 指正员以外的官员。后世可用钱捐买,故常用以称呼有钱有势的豪绅。杜甫《路逢襄阳杨少府入城戏呈杨四员外绾》诗:"寄语杨～～,山寒少茯苓。"李行道《灰阑记》二折:"不是什么～～,俺们这里有几贯钱的人,都称他做～～,无过是个土财主,没品职的。"

杬 yuán ❶树名。生南方,皮厚,汁赤,可用来腌制果品和禽蛋。左思《吴都赋》:"绵～杶栌。"❷草名。即芫花。《尔雅·释木》:"～,鱼毒。"(鱼毒:即芫花。)

【杬子】 yuánzǐ 食品名。贾思勰《齐民要术·养饿鸭》:"作～～法,……杬木皮净洗细茎剉煮取汁,率二斗,及熟,下盐一升和之,汁极冷,内瓮中,浸鸭子,一月任食。"杨万里《野店》诗:"深红～～轻红鲊,难得江西乡味美。"

洹 yuán 古水名,今名安阳河。在河南省北部,源出林州市,东流经安阳市到内黄县入卫河。《左传·成公七年》:"声伯梦涉～。"《史记·项羽本纪》:"项羽乃与[章邯]期～水南殷墟上。"

垣 yuán ❶墙,矮墙。《战国策·赵策一》:"臣闻董子之治晋阳也,公宫之～,皆以狄蒿苫楚廧之。"《史记·晋世家》:"重耳逾～,宦者追斩其衣袪。"❷古代一种粮仓。《荀子·富国》:"～窌仓廪者,财之末也。"梁简文帝《昭明集序》:"发私藏之铜凫,散～下之玉粒。"❸官署的代称。皮日休《太白传》诗:"清望逸内署,直声惊谏～。"❹星空区域名。古天文学家将星空分为太微、紫微、天市三垣。王应麟《小学绀珠一·天道》:"三～,上～太微十星,中～紫微十五星,下～天市二十二星。"❺姓。

【垣墙】 yuánqiáng 院墙,围墙。《尚书·费誓》:"逾～～,窃马牛,诱臣妾,汝则有常刑。"韩愈《守戒》:"宅于都者,知穿窬之为盗,则必峻其～～,而内固扃鐍以防之。"

【垣屋】 yuánwū 有围墙的房舍。《史记·萧相国世家》:"何置田宅必居穷处,为家不治～～。"也指围墙和房屋。《后汉书·杨震传》:"宫殿～～倾倚,枝柱而已,无所兴造。"

【垣衣】 yuányī 生在墙上背阴处的苔藓植物。王融《药名》诗:"石蚕终未茧,～～不可裳。"陆游《九月六日小饮醒后作》诗:"屋老～～茂,池深石发长。"

【垣墉】 yuányōng 墙。矮墙叫垣,高墙叫墉。《尚书·梓材》:"若作室家,既勤～～,惟其涂塈茨。"(塈:用泥涂饰。)元稹《度门寺》诗:"诸岩分院宇,双岭抱～～。"

爰 yuán ❶变更,更改。《汉书·食货志上》:"休二岁者为再易下田,三岁更耕之,自～其处。"❷为,曰。《尚书·洪范》:"木曰曲直,金曰从革,土～稼穑。"❸介词。于(於)。《尚书·盘庚下》:"乃正厥位,绥～有众。"《汉书·叙传下》:"～兹发迹,断蛇奋旅。"❹介词。与。《尚书·顾命》:"太保命仲桓、南宫毛,俾～齐侯吕伋,以二干戈,虎贲百人,逆子钊于南门之外。"❺于是。《诗经·魏风·硕鼠》:"乐土乐土,～得我所。"又《大雅·公刘》:"干戈戚扬,～方启行。"❻助词。《诗经·小雅·斯干》:"～居～处,～笑～语。"又《邶风·凯风》:"～有寒泉,在浚之下。"❼通"猿"。见"爰臂"。❽姓。

【爰臂】 yuánbì 即猿臂。《汉书·李广传》:"[广]为人长,～～,其善射亦天性。"

【爰书】 yuánshū ❶古代记录囚犯供词的文书。《汉书·张汤传》:"汤掘熏得鼠及馀肉,劾鼠掠治,传～～,讯鞫论报。"❷指判决书。柳宗元《酬韶州裴使君寄道州吕八大使》诗:"圣理高悬象,～～降罚锾。"

【爰田】 yuántián 变更旧日的土地所有制,以公田赏赐众人。《左传·僖公十五年》:"晋于是乎作～～。"也作"辕田"。《汉书·地理志下》:"孝公用商君,制～～,开阡陌,东雄诸侯。"

【爰爰】 yuányuán 舒缓的样子。《诗经·王风·兔爰》:"有兔～～,雉离于罗。"

原 1. yuán ❶水之源,源头。《管子·牧民》:"下令于流水之～者,令顺民心也。"《战国策·齐策四》:"夫上见其～,下通其流。"❷根源,来源。《荀子·富国》:"既以伐其本,竭其～,而焦天下矣。"《后汉书·桓帝纪》:"杜绝邪伪请托之～,令廉白守道者得信其操。"❸起源,来源于。《庄子·天下》:"圣有所生,王有所成,皆～于一。"《史记·老子韩非列传论》:"韩子引绳墨,切事情,明是非,其极惨礉少恩,皆～于道德之意,而老子深远矣。"❹根本,基础。《吕氏春秋·异用》:"万物不同,而用之于人异也,此治乱、存亡、死生之～。"《汉书·公孙弘传》:"智者术之～也。"《礼记·孔子闲居》:"必达于礼乐之～。"❺推究,考查。《论衡·本性》:"故～情性之极,礼为之防,乐为之节。"《后汉书·冯衍传下》:"夫睹其终必～其始,故存其人而咏其道。"尹洙《叙燕》:"～其弊,在兵不分。"❻原来,本来。薛能《赠隐者》诗:"甘贫～是道,苦学不为名。"❼广而平的土地。《尚书·盘庚上》:"若火之燎于～,不可向迩,其犹可扑灭。"白居易《赋得古原草送别》诗:"离离～上草,一岁一枯荣。”❽宽恕，原谅。《史记·高祖本纪》：“城降，令出骂者斩之，不骂者～之。”《论衡·恢国》：“圣心～之，不绳于法。”《后汉书·刘陶传》：“帝宿重陶才，～其罪。”❾再，重。《后汉书·张衡传》：“曩滞日官，今又～之。”参见“原庙”。❿古国名。在今河南省济源市境。《左传·僖公二十四年》：“故封建亲戚以蕃屏周，管蔡郕霍……毕～酆郇，文之昭也。”⓫通“羱”。见“原羊”。⓬姓。

2. yuàn ⓭通“愿”。谨慎，拘谨。《论语·阳货》：“乡～，德之贼也。”

【原本】 yuánběn ❶追溯事物之由来。《管子·小匡》：“式美以相应，比缀以书，～～穷末。”❷根基；事物之所由起。《汉书·诸侯王表》：“然诸侯～～以大，末流滥以致溢。”《颜氏家训·勉学》：“郡国山川，官位姓族，衣服饮食，器皿制度，皆欲寻根，得其～～。”❸书的初刻本。周亮工《书影》卷三：“然则《史记》曾经删定，非本书矣。更不知删去何等，或删本与～～并行，后世独行～～耳。”

【原蚕】 yuáncán 二蚕，即夏秋第二次孵化的蚕。《淮南子·泰族训》：“～～一岁再收，非不利也；然而王法禁之者，为其残桑也。”

【原贷】 yuándài 宽恕，免罪。《三国志·魏书·钟会传》：“仪者，许褚之子，有功王室，犹不～～。”苏轼《上吕相公书》：“若今后实醉不醒而杀，其情可悯，可以～～。”

【原庙】 yuánmiào 在正庙之外另立的庙。《汉书·礼乐志》：“至孝惠时，以沛宫为～～。”

【原省】 yuánshěng 宽恕并免除其罪。《庄子·天道》：“因任已明而～～次之，～～已明而是非次之。”

【原隰】 yuánxí 高平与低湿之地。《国语·周语上》：“犹其有～～衍沃也，衣食于是乎出。”《吕氏春秋·孟春》：“王布农事：命田舍东郊，皆修封疆，审端径术，善相丘陵阪险～～。”

【原心】 yuánxīn 推究本意。《汉书·薛宣传》：“《春秋》之义，～～定罪。”《论衡·答佞》：“圣君～～省意，故诛故贳误。”（贳：宽赦。）

【原省】 yuánxǐng 追究考查。《论衡·书虚》：“是故儒者称论，皆言孔子之后当封，以泗水却流为证。如～～之，殆虚言也。”

【原羊】 yuányáng 即羱羊。大角的野羊。《后汉书·鲜卑传》：“又禽兽异于中国者，野马、～～、角端牛。”

【原野】 yuányě 平原旷野。《国语·鲁语上》：“故大者陈之～～，小者致之市朝，五刑三次，是无隐也。”《吕氏春秋·季春》：“循行国邑，周视～～。”

【原始要终】 yuánshǐyàozhōng 探求事物发展的起源和结果。《周易·系辞下》：“《易》之为书也，～～～～，以为质也。”也作“原始反终”、“原始见终”。《周易·系辞上》：“～～～～，故知死生之说。”《三国志·魏书·臧洪传》：“仆虽不敏，又素不能～～～～，睹微知著，窃度主人之心，岂谓三子宜死，罚当刑中哉？”

【原悫】 yuànquè 即“愿悫”。质朴诚实。《荀子·荣辱》：“孝弟～～，軥录疾力。”《三国志·魏书·东夷传》：“其人性～～，少嗜欲。”

【原人】 yuànrén 老实谨慎的人。《孟子·尽心下》：“一乡人皆称～～焉，无所往而不为～～，孔子以为德之贼，何哉？”

捐 yuán 见 juān。

蚖 1. yuán ❶蜥蜴类动物。《法言·问道》：“龙蟠于泥，～其肆矣。”

2. wán ❷毒蛇。《广韵·桓韵》：“～，毒蛇。”欧阳修《憎蚊》诗：“蝇寅蚤虱虮，蜂蝎～蛇蝮。”

圆（圓） yuán ❶圆形。与“方”相对。《孟子·离娄上》：“不以规矩，不能成方～。”《韩非子·功名》：“右手画～，左手画方。”❷丰满，饱满。《吕氏春秋·审时》：“疏机而穗大，其粟～而薄糠。”❸完备，周全。《文心雕龙·明诗》：“自商暨周，雅颂～备。”❹运转。《周易·系辞上》：“蓍之德，～而神。”❺圆通，灵活。《盐铁论·论儒》：“孔子能方不能～。”ⓧ指圆滑。孟郊《上达奚舍人》诗：“万俗皆走～，一身犹举方。”❻婉转，滑润。元稹《善歌如贯珠赋》：“吟断章而离离若间，引妙啭而一一皆～。”❼团圆，散而复聚。辛弃疾《木兰花慢·滁州送范倅》词：“况屈指中秋，十分好月，不照人～。”洪昇《长生殿·重圆》：“会良宵，人并～。”❽围。见“圆坐”。❾指天。《淮南子·本经训》：“戴～履方。”参见“圆方②”。❿同“原”。推究，解释。见“圆梦”。

【圆苍】 yuáncāng 指天。李贺《吕将军歌》：“～～低迷盖张地，九州人事皆如此。”

【圆方】 yuánfāng ❶古代盛食品的器具。古代盛食品的器皿有圆有方，故称。张衡《南都赋》：“珍羞琅玕，充溢～～。”王粲《公讌》诗：“嘉肴充～～，旨酒盈金罍。”❷指天地。古人认为天圆地方，故称。刘禹锡《楚望赋》：“～～相涵，游气杳冥。”

【圆扉】 yuánfēi 同“圆门”。狱门。王融

《三月三日曲水诗序》："稀鸣桴于砥路，鞠茂草于～～。"刘长卿《罪所上御史惟则》诗："误因微禄滞南昌，幽系～～昼夜长。"

【圆盖】 yuángài ❶圆形的盖子。比喻圆形之物。《新论·通塞》："入井望天，不过～～。"❷指天。李商隐《人欲》诗："人欲天从竟不疑，莫言～～便无私。"

【圆光】 yuánguāng ❶月亮。李白《君子有所思行》："～～过满缺，太阳移中昃。"刘基《过秦楼》词："～～易缺，急景难追。"❷佛教称菩萨头顶上的光环。法琳《辨正论·喻篇上》："如来身长丈六，方正不倾，～～七尺，照诸幽冥。"

【圆合】 yuánhé 圆满吻合，相互衔接。《文心雕龙·熔裁》："绳墨以外，美材既斫，故能首尾～～，条贯统序。"

【圆寂】 yuánjì 佛教用语。意谓诸德圆满俱足，诸恶寂灭净尽，指佛教修行理想的最终目的，故称僧尼之死为圆寂。李白《地藏菩萨赞》："焚荡淫怒癡，～～了见佛。"

【圆灵】 yuánlíng 指天。谢庄《月赋》："柔祇雪凝，～～水镜。"

【圆门】 yuánmén 狱门。江淹《诣建平王上书》："下官抱痛～～，含愤狱户。"

【圆梦】 yuánmèng 解说、推究梦中之事，从而附会人意，推测吉凶。《水浒传》六十五回："[宋江]撒然觉来，却是南柯一梦。便叫小校请军师～～。"

【圆魄】 yuánpò 月亮。也作"圜魄"。张乔《对月》诗之一："～～上寒空，皆言四海同。"刘克庄《念奴娇》词："天风浩动，扫残暑，推上一轮～～。"

【圆通】 yuántōng ❶通达灵活。《梁书·陶弘景传》："弘景为人，～～谦谨。"❷指文辞严密通畅。《文心雕龙·封禅》："然骨掣靡密，辞贯～～；自称极思，无遗力矣。"❸佛教用语。谓觉悟法性。圆，不偏倚；通，无阻碍。《楞严经》卷二十二："蒙佛开示，慧觉～～，得无疑惑。"沈辽《奉赠行师参慎禅师》诗："观音二十五～～，止在禅师一指中。"

【圆景】 yuányǐng 月亮。曹植《赠徐干》诗："～～光未满，众星粲已繁。"谢灵运《南楼中望所迟客》诗："～～早已满，佳人犹未适。"

【圆坐】 yuánzuò 围坐，围成圆形而坐。《晋书·阮咸传》："以大盆盛酒，～～相向，大酌更饮。"

湲

yuán 见"湲湲"。

【湲湲】 yuányuán 颠倒纷乱的样子。枚乘《七发》："横暴之极，鱼鳖失势，颠倒偃侧，沋沋～～，蒲伏连延。"

鼋（黿）

yuán ❶大鳖。《左传·宣公四年》："楚人献～于郑灵公。"❷通"蚖"。蜥蜴。《国语·郑语》："化为玄～，以入于王府。"

援

yuán ❶引，牵引。《左传·襄公二十三年》："右抚剑，左～带，命驱之出。"《吕氏春秋·贵生》："王子搜～绥登车。"（绥：上车的绳索。）❷攀缘。张衡《西京赋》："熊虎升而拏攫，猿狖超而高～。"李白《蜀道难》诗："黄鹤之飞尚不得过，猿猱欲度愁攀～。"❸攀折，摘取。《吕氏春秋·下贤》："桃李之垂于行者，莫之～也。"又《重言》："成王与唐叔虞燕居，～梧叶以为珪，而授唐叔虞曰：'余以此封女。'"❹攀附，依附于权势。《礼记·中庸》："在上位，不陵下；在下位，不～上。"❺引荐，荐举。《荀子·仲尼》："～贤博施，除怨而无妨害人。"《国语·晋语四》："举善～能。"❻引证，引用。《后汉书·冯衍传下》："～前圣以制中兮，矫二主之骄奢。"郭璞《尔雅序》："事有隐滞，～据徵之。"❼助，帮助。《左传·僖公十四年》："失～必毙。"《战国策·秦策五》："秦人～魏以拒楚，楚人～韩以拒秦。"❽持，取。《孟子·告子上》："一人虽听之，一心以为有鸿鹄将至，思～弓缴而射之。"《史记·乐书》："即令师涓坐师旷旁，～琴而鼓之。"❾《墨子》中的逻辑术语，义为类比推理。《墨子·经说上》："长短、前后、轻重，～。"❿以种树而围成的篱笆。《晋书·桑虞传》："虞以园～多棘刺，恐偷见人惊走而致伤损，乃使奴为之开道。"李商隐《杏花》诗："～少风力多，墙高月有痕。"⓫姓。

【援国】 yuánguó 给予援助的国家。《战国策·燕策一》："夫齐赵者，王之仇雠也；楚魏者，王之～～也。今王奉仇雠以伐～～，非所以利燕也。"

【援翰】 yuánhàn 执笔。向秀《思旧赋》："伫驾言其将迈兮，故～～以写心。"

【援立】 yuánlì 扶立。《后汉书·谢弼传》："皇太后定策宫闱，～～圣明。"《三国志·魏书·明帝纪》："哀帝以外藩～～。"

【援引】 yuányǐn ❶引证。《三国志·魏书·臧洪传》："～～古今，纷纭六纸，虽欲不言，焉得已哉！"刘知幾《史通·言语》："～～《诗》、《书》，宪章《史》、《汉》。"❷引荐。《论衡·效力》："文章滂沛，不遭有力之将～～荐举，亦将弃遗于衡门之下。"

鲩（鯇）

1. yuán ❶鱼名。《集韵·元韵》："～，鱼名。"❷同"鼋"。《孟子·尽心下》"箪食豆羹见于色"赵岐注："郑公子染指～羹之类是也。"

2. wǎn　❸见"鲩断"。

【鲩断】　wǎnduàn　没有棱角的样子。《庄子·天下》:"常反人,不见观,而不免于～～。"

缘(緣)　1. yuán　❶(旧读 yuàn)衣边,边饰。《礼记·玉藻》:"～广半。"《后汉书·明德马皇后纪》:"常衣大练,裙不加～。"⊗镶边,绲边。古诗《客从远方来》:"著以长相思,～以结不解。"❷绕,围绕。《荀子·议兵》:"限之以邓林,～之以方城。"曹植《苦思行》:"绿萝～玉树,光耀粲相辉。"❸攀援,攀登。《孟子·梁惠王上》:"以若所为,求若所欲,犹～木而求鱼也。"《楚辞·九思·伤时》:"～天梯兮北上,登太一兮玉台。"❹顺,沿。《后汉书·邳彤传》:"选精骑二千馀匹,～路迎世祖军。"陶渊明《桃花源记》:"～溪行,忘路之远近。"❺依据,凭借。《吕氏春秋·高义》:"君子之自行也,动必～义,行必诚义。"《史记·礼书》:"余至大行礼官,观三代损益,乃知～人情而制礼,依人性而作仪。"《论衡·本性》:"然而性善之论,亦有所～。"❻因缘,机遇。古诗《为焦仲卿妻作》:"下官奉使命,言谈大有～。"杜甫《清明》诗之一:"绣羽衔花他自得,红颜骑竹我无～。"❼介词。由于,因为。《汉书·董仲舒传》:"灾异之变,何～而起?"杜甫《客至》诗:"花径不曾～客扫,蓬门今始为君开。"

2. tuàn　❽通"褖"。见"褖衣"。

【缘边】　yuánbiān　沿边。指边境。《史记·匈奴列传》:"～～亦各坚守以备胡寇。"《后汉书·桓帝纪》:"南匈奴及乌桓、鲜卑寇～～九郡。"

【缘督】　yuándū　顺守中道。《庄子·养生主》:"为善无近名,为恶无近刑,～～以为经,可以保身,可以全生,可以养亲,可以尽年。"

【缘法】　yuánfǎ　❶沿袭旧法。《史记·商君列传》:"因民而教,不劳而成功;～～而治者,吏习而民安之。"❷遵循法度。贾谊《新书·道术》:"～～循道谓之轨。"❸缘分。《水浒传》八十一回:"也是～～凑巧,至夜,却好有人来报,天子今晚到来。"

【缘饰】　yuánshì　文饰。《汉书·公孙弘传》:"于是上察其行慎厚,辩论有馀,习文法吏事,～～以儒术,上说之。"《淮南子·俶真训》:"～～诗书,以买名义于天下。"

【缘坐】　yuánzuò　连坐。《隋书·刑法志》:"百姓有罪,皆按之以法,其～～则老幼不免。"《北史·齐后主纪》:"诸家～～配流者,所在令还。"

【缘木求鱼】　yuánmùqiúyú　上树寻鱼。比喻方法不对头,劳而无功。《孟子·梁惠王上》:"～～～～,虽不得鱼,无后灾。"《后汉书·刘玄传》:"今以所重加非其人,望其毗益万分,兴化致理,譬犹～～～～,升山采珠。"

【缘情体物】　yuánqíngtǐwù　抒发情感,铺叙物状。陆机《文赋》:"诗缘情而绮靡,赋体物而浏亮。"(缘:因。体:描写。)胡仔《苕溪渔隐丛话前集·杜少陵四》:"诗语固忌用巧太过,然～～～～,自有天然工巧,而不见其刻削之痕。"

源　yuán　❶水流始出的地方。《国语·晋语一》:"伐木不自其本,必复生;塞水不自其～,必复流。"《后汉书·西域传》:"其河有两～。"《抱朴子·守埼》:"欲辍其流,则遏其～。"❷来源,根源。《韩非子·主道》:"道者,万物之始,是非之纪也。是以明君守始以知万物之～,治纪以知善败之端。"《后汉书·和熹邓皇后纪》:"杜绝奢盈之～,防抑逸欲之兆。"❸探求。《南史·谢庄传》:"一人之鉴易限,天下之才难～。"孟郊《戏赠无本》诗:"天高亦可飞,海广亦可～。"❹姓。

【源流】　yuánliú　❶水的本源和支流。《水经注·鲍丘水》:"登梁山以观～～,相灅水以度形势。"❷事物的起源与发展。《荀子·富国》:"故禹十年水,汤七年旱,而天下无菜色者,……是无它故焉,知本末～～之谓也。"

【源泉】　yuánquán　❶有源之水。《孟子·离娄下》:"～～混混,不舍昼夜。"❷事物发生的根源。贾谊《新书·官人》:"知足以为～～。"董仲舒《春秋繁露·保位权》:"执一无端,为国～～。"

【源源】　yuányuán　连续不断的样子。《孟子·万章上》:"欲常常而见之,故～～而来。"曾巩《冬望》诗:"日令我意失枯槁,水之灌养～～来。"

【源清流清】　yuánqīngliúqīng　水的源头清,下流也就清洁。比喻因果相连。《荀子·君道》:"君子者,治之源也 。官人守数,君子养源,源清则流清,源浊则流浊。"也作"源清流洁"。班固《高祖沛泗水亭碑铭》:"～～～～,本盛末荣。"

【源远流长】　yuányuǎnliúcháng　河的源头很远,水流很长。比喻历史悠久。白居易《海州刺史裴君夫人李氏墓志铭》:"夫源远者流长,根深者枝茂。"

蒝　yuán　见"蒝荽"。

【蒝荽】　yuánsuī　香菜。参见"芫荽"。

楥　yuán　见 xuàn。

猿(猨、蝯) yuán 兽名。灵长类动物，似猴而大，生活在森林中。郦道元《水经注·江水二》："巴东三峡巫峡长，～鸣三声泪沾裳。"

【猿臂】 yuánbì ❶臂长如猿，可运转自如。《史记·李将军列传》："广为人长，～～，其善射亦天性也。"❷比喻攻守自如、进退无碍的作战形势。《新唐书·李光弼传》："胜则出，败则守，表里相应，贼不得西，此～～势也。"

【猿愁】 yuánchóu 指猿的哀鸣声。李白《寻高凤石门山中元丹丘》诗："寂寞闻～～，行行看云收。"韩愈《湘中》诗："～～鱼涌水翻波，自古流传是汨罗。"

【猿吟】 yuányín 猿猴长鸣。庾信《伤心赋》："鹤声孤绝，～～肠断。"杜牧《云》诗："渡江随鸟影，拥树隔～～。"

嫄 yuán 人名用字。《诗经·大雅·生民》："厥初生民，时维姜～。"

骔(騵) yuán 赤毛白腹的马。《诗经·大雅·大明》："牧野洋洋，檀车煌煌，驷～彭彭。"《礼记·檀弓上》："戎事乘～。"

榬 yuán ❶古代绕丝的器具。又名篗。《玉篇·竹部》："篗，～也，所以络丝也。"❷古代悬挂钟磬的架子。《管子·霸形》："于是令之县钟磬之～，陈歌舞竽瑟之乐。"❸姓。

辕(轅) yuán ❶车辕，车前驾牲畜的直木。周代车为独辕，一曲木居中；汉以后多双辕，为两直木，左右各一。《左传·成公十七年》："郤犨与长鱼矫争田，执而梏之，与其父母、妻子同一～。"(同一辕：同系之车辕。)《韩非子·外储说右下》："兹郑踞～而歌。"❷车。《左传·宣公十二年》："王病之，告令尹改乘～而北之，次于管以待之。"❸古地名。在今山东省禹城市境内。《左传·哀公十年》："于是乎取犁及～。"❹通"爰"。易，更改。见"辕田"。❺姓。

【辕门】 yuánmén 古代帝王外出止宿时，以车为屏藩，使辕相对为门，称辕门。后指军营之门或官方衙署。《战国策·赵策一》："臣遇知过于～～之外，其视有疑臣之心。"(知过：人名。)杜甫《前出塞》诗之八："虏其名王归，系颈授～～。"

【辕田】 yuántián 同"爰田"。改变田地分配制度。《汉书·地理志下》："孝公用商君，制～～，开阡陌，东雄诸侯。"

【辕下驹】 yuánxiàjū 车辕下的小马。比喻观望、畏缩之状。《汉书·田蚡传》："上怒内史曰：'公平生数言魏其、武安长短，今日廷论，局趣效～～～，吾并斩若属矣。'"

鹓(鵷) yuán 见"鹓鶋"。

【鹓鶋】 yuánjū 鸟名。一说即秃鹰。左思《吴都赋》："～～避风，候雁造江。"李白《大鹏赋》："精卫殷勤于衔木，～～悲愁乎荐觞。"

螈 yuán ❶蝗的幼虫。《左传·宣公十五年》："冬，～生，饥。"欧阳修《答朱寀捕蝗》诗："今苗因捕虽践死，明岁犹免为～灾。"❷蚁卵。元稹《蚁子》诗："讵能分牝牡，焉得有～蚳。"

羱 yuán 见"羱羊"。

【羱羊】 yuányáng 大角的野羊。也作"原羊"。《三国志·魏书·鲜卑传》："其兽异于中国者，野马、～～、端牛。"

橼(櫞) yuán 树名，即枸橼，又名香橼。果实入药。苏轼《和陶诗·和刘柴桑》："黄～出归枿，紫茗抽新畬。"

螈 yuán ❶见"蝾螈"。❷同"蝝"。《集韵·桓韵》："蝝，晚蚕也，或作～。"

圜 1. yuán ❶天体。《周易·说卦》："乾为天，为～。"《楚辞·天问》："～则九重，孰营度之？"❷钱币。见"圜货"。❸牢狱。见"圜土"。❹同"圆"。圆形。《汉书·律历志上》："规～矩方，权重衡平。"

2. huán ❺环绕。《汉书·郊祀志下》："水～宫垣。"

【圜法】 yuánfǎ 货币制度，流通货币的方法。《汉书·食货志下》："太公为周立九府～～。"

【圜方】 yuánfāng 指天地，古以天为圆地为方。《汉书·律历志上》："规矩相须，阴阳位序，～～乃成。"

【圜冠】 yuánguān 古代儒者戴的圆形帽子。《庄子·田子方》："儒者冠～～者，知天时；履足屦者，知地形。"

【圜货】 yuánhuò 指钱币。《魏书·食货志》："太公立九府之法，于是～～始行，定铢两之楷。"

【圜魄】 yuánpò 同"圆魄"。圆月。梁武帝《拟明月照高楼》诗："～～当虚闼，清光流思筵。"

【圜丘】 yuánqiū 古代帝王为祭天所筑的圆形高坛。《汉书·礼乐志》："以正月上辛用事甘泉～～，使童男女七十人俱歌，昏祠至明。"《三国志·魏书·明帝纪》："乙卯，营洛阳南委粟山为～～。"

【圜土】 yuántǔ 牢狱。《周礼·地官·比长》："若无授无节，则唯～～内之。"文天祥

《五月十七日夜大雨歌》:"矧居～～中,得水犹得浆。"(矧:况且。)

【圜陈】 yuánzhèn 圆形的兵阵。《汉书·李广传》:"[广]为～～外乡,胡急击,矢下如雨。"《三国志·魏书·田豫传》:"豫因地形,回车结～～。"

【圜堵】 huándǔ 环堵,指门。何逊《七召》:"～～常闭,曲突无烟。"

【圜视】 huánshì 环视,相互而视。《汉书·贾谊传》:"动一亲戚,天下～～而起。"

远(遠) 1. yuǎn ❶遥远,指空间距离大。《老子·八十章》:"使民重死而不～徙。"《韩非子·十过》:"臣闻戎王之居,僻陋而道～,未闻中国之声。"㊀以……为远。《孟子·梁惠王上》:"王曰:'叟不～千里而来,亦将有以利吾国乎?'"❷久远,指时间漫长。《吕氏春秋·荡兵》:"且兵之所自来者～矣,未尝少选不用。"《汉书·地理志上》:"先王之迹既～,地名又数改易。"❸差距大,多。《战国策·齐策一》:"窥镜而自视,又弗如～甚。"《韩非子·奸劫弑臣》:"夫世愚学之人比有术之士也,犹蚁垤之比大陵也,其相去～矣。"❹深奥,深远。《周易·系辞下》:"其旨～,其辞文,其言曲而中。"《韩非子·解老》:"其术～,则众人莫见其端末。莫见其端末,是以莫知其极。"❺远大。曹植《鰕䱇篇》:"高念翼皇家,～怀柔九州。"❻远地,边远地区。《左传·僖公三十二年》:"劳师以袭～,非所闻也。"㊂指远方之国。《战国策·秦策三》:"王不如～交而近攻,得寸则王之寸,得尺亦王之尺也。"❼姓。

2. yuàn ❽离开,离去。《论语·颜渊》:"舜有天下,选于众,举皋陶,不仁者～矣。"❾不接近,疏远。《论语·雍也》:"务民之义,敬鬼神而～之,可谓智矣。"《管子·牧民》:"严刑罚,则民～邪。"《韩非子·外储说右上》:"若君欲夺之,则近贤～不肖。"❿违背。《汉书·公孙弘传》:"故法不～意,则民服而不离。"

【远布】 yuǎnbù 远扬。《尹文子·大道上》:"丑恶之名～～,年过而一国无聘者。"《宋书·谢庄传》:"其名声～～如此。"

【远畅】 yuǎnchàng ❶远扬。祢衡《鹦鹉赋》:"于是羡芳声之～～,伟灵表之可嘉。"❷心胸豁达。《晋书·谢鲲传》:"鲲闻之,方清歌鼓琴,不以屑意,莫不服其～～,而恬于荣辱。"

【远臣】 yuǎnchén ❶来自远方的臣。《孟子·万章上》:"吾闻观近臣,以其所为主;观～～,以其所主。"❷指疏远之臣。《墨子·亲士》:"臣下重其爵位而不言,近臣则喑,～～则唫,怨结于民心。"(唫:缄默不言。)

【远到】 yuǎndào 造诣至深。《晋书·陶侃传》:"此子终当～～,复何疑也。"

【远计】 yuǎnjì ❶长远计谋。《史记·范雎蔡泽列传》:"大夫种为越王深谋～～,免会稽之危。"❷长久之计。《三国志·魏书·程昱传》:"夫趣一朝之权而不虑～～,将军终败。"

【远览】 yuǎnlǎn ❶远看。《后汉书·伏湛传》:"复愿～～文王重兵博谋,近思征伐前后之宜。"❷远大的见识。班彪《王命论》:"超然～～,渊然深识。"

【远流】 yuǎnliú ❶古代一种刑罚。流放到远方。《魏书·源怀传》:"自今已后,犯罪不问轻重,而藏窜者悉～～。若永避不出,兄弟代徙。"❷远处之流水。陶渊明《游斜川》诗:"气和天惟澄,班坐依～～。"王昌龄《宿裴氏山庄》诗:"静坐山斋月,清溪闻～～。"

【远略】 yuǎnlüè ❶在远方建立武功。《左传·僖公九年》:"齐侯不务德而勤～～。"❷谋略远大,深远的谋略。陆机《辨亡论下》:"洪规～～,固不厌夫区区者也。"

【远趣】 yuǎnqù 幽远高超的情趣。《晋书·嵇康传》:"康善谈理,又能属文,其高情～～,率然玄远。"

【远人】 yuǎnrén ❶关系疏远之人。《左传·定公元年》:"周巩简公弃其子弟而好用～～。❷远方之人。《论语·季氏》:"～～不服,则修文德以来之。"❸远行在外的亲人。《诗经·齐风·甫田》:"无思～～,劳心忉忉。"李白《乌夜啼》诗:"停梭怅然忆～～,独宿孤房泪如雨。"

【远日】 yuǎnrì 距今较远的日子。《左传·宣公八年》:"礼,卜葬,先～～,避不怀也。"《礼记·曲礼上》:"凡卜筮日,旬之外日远某日,旬之内日近某日。丧事先～～,吉事先近日。"

【远图】 yuǎntú 远谋,长远的谋虑。《左传·襄公二十九年》:"荣成伯曰:'～～者,忠也。'公遂行。"谢灵运《述祖德》诗之二:"贤相谢世运,～～因事止。"

【远业】 yuǎnyè 远大的事业。《后汉书·冯异传论》:"冯、贾之不伐,岑公之义信,乃足以感三军而怀敌人,故能剋成～～,终全其庆也。"

【远意】 yuǎnyì ❶古人的原意。《水经注·河水一》:"《穆天子》、《竹书》及《山海经》皆埋缊岁久,编韦稀绝,书策落次,难以缉缀。后人假合,多差～～。"❷远人的心意。李白《答裴侍御先行至石头驿以书见招》诗:"开缄识～～,速此南行舟。"❸高远的意趣。贾岛《送集文上人游方》诗:“分首芳草时,～～青天外。”

【远裔】 yuǎnyì ❶远代子孙。《晋书·赫连勃勃载记赞》:“淳维～～,名王之馀。”❷边远之地。张说《赠陈州刺史义阳王碑》:“泣血上请,迎丧～～。”

【远旨】 yuǎnzhǐ 旨意深远。刘琨《答卢谌诗一首并书》:“备辛酸之苦言,畅经通之～～。”

【远志】 yuǎnzhì ❶立志远去,离其本居而远走他方。《吕氏春秋·上农》:“轻迁徙则国家有患皆有～～,无有居心。”《汉书·食货志》:“民不给,将有～～,是离民也。”❷草名。生山野,药用植物。《广雅·释草》:“蕀苑,～～也。其上谓之小草。”

【远山眉】 yuǎnshānméi 眉淡如远山,形容女子秀丽之眉。刘歆《西京杂记》卷二:“[卓]文君姣好,眉色如望远山,……时人效画～～～。”也指美女。杜牧《少年行》:“豪持出塞节,笑别～～～。”

【远游冠】 yuǎnyóuguān 冠名。又名通天冠。天子及诸王所服。《后汉书·舆服志下》:“～～～,制如通天,有展筩横之于前,无山述,诸王所服也。”(山述:帽子上的装饰物。)

苑 1. yuàn ❶古代养禽兽的园林。多为帝王游猎之处。《史记·孝武本纪》:“天子～有白鹿,以其皮为币,以发瑞应,造白金焉。”《汉书·贾山传》:“去诸～以赋农夫,出帛十万馀匹以振贫民。”㊀泛指园林。谢灵运《夜宿石门》诗:“朝搴～中兰,畏彼霜下歇。”❷荟萃、集中之所。多指学术文艺。《文心雕龙·才略》:“观夫后汉才林,可参西京,晋世文～。”韩愈《复志赋》:“朝驰骛乎书林兮,夕翱翔乎艺～。”❸枯萎。《淮南子·俶真训》:“是故形伤于寒暑燥湿之虐者,形～而神壮。”❹花纹。《诗经·秦风·小戎》:“蒙伐有～,虎韔镂膺。”(蒙:庞大。伐:通“瞂”。盾。)

2. yuān ❺姓。

3. yù (又读 wǎn)❻通“菀”。茂盛的样子。《国语·晋语二》:“人皆集于～,己独集于枯。”

4. yùn ❼通“蕴”。郁结。《礼记·礼运》:“故事大积焉而不～。”

【苑马】 yuànmǎ 苑中所养之马。《汉书·景帝纪》:“匈奴入雁门,至武泉,入上郡,取～～,吏卒战死者二千人。”

【苑囿】 yuànyòu 畜养禽兽的地方。大叫苑,小叫囿。《史记·高祖本纪》:“诸故秦～～园池,皆令人得田之。”又《淮南衡山列传》:“从上入～～猎,与上同车。”

【苑结】 yùnjié 蕴结,抑郁。《诗经·小雅·都人士》:“我不见兮,我心～～。”

怨 1. yuàn ❶心怀不满,埋怨,抱怨。《论语·宪问》:“不～天,不尤人。”《荀子·荣辱》:“自知者不～人。”《史记·高祖本纪》:“项羽～怀王不肯令与沛公俱西入关。”❷恨。《左传·成公二年》:“子其～我乎?”《史记·魏其武安侯列传》:“武安由是大～灌夫、魏其。”㊀怨恨,仇恨。《老子·六十三章》:“报～以德。”《孟子·梁惠王上》:“抑王兴甲兵,危士臣,构～于诸侯,然后快于心与?”❸悲伤,哀怨。《吕氏春秋·侈乐》:“乐不乐者,其民必～,其生必伤。”陆机《叹逝赋》:“痛灵根之夙殒,～具尔之多丧。”❹讥讽。《论语·阳货》:“诗可以兴,可以观,可以群,可以～。”❺仇人,怨仇。《左传·僖公九年》:“及里克杀奚齐,先告荀息曰:‘三～将作,秦晋辅之,子将何如?’”《礼记·儒行》:“儒有内称不辟亲,外举不辟～。”❻违背。《管子·宙合》:“夫名实之相～久矣。”❼通“冤”。见“怨枉”。

2. yùn ❽通“蕴”。见“怨结”。

【怨谤】 yuànbàng 怨恨非议。《吕氏春秋·情欲》:“民人～～,又树大仇。”《汉书·五行志中之上》:“君炕阳而暴虐,臣畏刑而柑口,则～～之气发于歌谣,故有诗妖。”

【怨刺】 yuàncì 怨愤讥刺。《汉书·礼乐志》:“周道始缺,～～之诗起。”刘知幾《史通·疑古》:“观夫子之删《诗》也,凡诸《国风》,皆有～～,在于鲁国,独无其章。”

【怨笛】 yuàndí 指哀怨幽咽之笛声。杨万里《闻子规》诗:“～～哀筝总不如,一声声彻九天虚。”

【怨毒】 yuàndú ❶怨恨,仇恨。《史记·伍子胥列传》:“～～之于人甚矣哉! 王者尚不能行之于臣下,况同列乎?”❷悲痛。阮籍《咏怀》之十三:“感慨怀辛酸,～～常苦多。”

【怨讟】 yuàndú 怨恨诽谤。也作“怨黩”。《左传·宣公十二年》:“民不罢劳,君无～～,政有经矣。”(罢:通“疲”。)《汉书·五行志上》:“作事不时,～～动于民,则有非言之物而言。”

【怨怼】 yuànduì 怨恨,不满。《新序·善谋》:“百姓罢劳～～于下,群臣倍畔于上。”曾巩《王平甫文集序》:“其忧喜、哀乐、感激、～～之情,一于诗见之,故诗尤多也。”

【怨府】 yuànfǔ 众怨所聚之处,即众人怨恨的对象。《左传·昭公十二年》:“吾不为～～。”《史记·赵世家》:“毋为～～,毋为祸梯。"

【怨悔】 yuànhuǐ 悔恨。《后汉书·卓茂传论》:"夫厚性宽中近于仁,犯而不校临于怨,率斯道也,~~曷其至乎!"

【怨恚】 yuànhuì 怨恨。《汉书·王莽传上》:"傅太后闻之,大怒,不肯会,重~~莽。"《论衡·书虚》:"~~吴王,发怒越江,违失道理,无神之验也。"

【怨咎】 yuànjiù 埋怨,指责。《左传·昭公八年》:"小人之言,僭而无征,故~~及之。"《三国志·吴书·张昭传》:"领丞相事烦,而此公性刚,所言不从,~~将兴。"

【怨苦】 yuànkǔ 怨恨痛苦。《论衡·书虚》:"今吴国已灭,夫差无类,吴为会稽,立置太守,子胥之神,复何~~?"苏轼《论时政状》:"四海骚动,行路~~。"

【怨旷】 yuànkuàng ❶男女长期别离。《三国志·魏书·王朗传》:"嫁娶以时,则男女无~~之恨。"陈琳《为袁绍檄豫州》:"~~思归,流涕北顾。"❷指女子无夫。陈子昂《感遇》诗之二十六:"宫女多~~,层城闭娥眉。"

【怨女】 yuànnǚ 已到婚龄而无合适配偶的女子。《孟子·梁惠王下》:"当是时也,内无~~,外无旷夫。"《后汉书·周举传》:"内积~~,外有旷夫。"

【怨耦】 yuàn'ǒu 即怨偶。❶指不和睦的夫妻。《左传·桓公二年》:"嘉耦曰妃,~~曰仇,古之命也。"❷指结为怨仇的双方。《后汉书·郑弘传赞》:"郑、窦~~,代相为仇。"

【怨色】 yuànsè 怨恨之容色,神态。《左传·襄公二十一年》:"伊尹放大甲而相之,卒无~~。"《战国策·韩策一》:"申子请仕其从兄官,昭侯不许也。申子有~~。"

【怨枉】 yuànwǎng 冤枉,冤屈。《汉纪·元帝纪中论》:"或刑政失中,猛暴横作,~~繁多,天下忧惨。"

【怨望】 yuànwàng 怨恨,心怀不满。《史记·殷本纪》:"百姓~~而诸侯有畔者,于是纣乃重刑辟,有炮格之法。"《汉书·韩信传》:"由此日~~,居常鞅鞅,羞与绛、灌等列。"

【怨尤】 yuànyóu 埋怨,责怪。《吕氏春秋·诬徒》:"人之情,恶异于己者,此师徒相与造~~也。"《风俗通义·穷通》:"是故君子厄穷而不闵,劳辱而不苟,乐天知命,无~~焉。"

【怨结】 yùnjié 即蕴结,郁结。《史记·淮南衡山列传》:"于是王气~~而不扬,涕满匡而横流,即起,历阶而去。"

院 yuàn ❶围墙。《广雅·释宫》:"~,垣也。"❷有墙围绕的宫室。杜宝《大业杂记》:"元年夏五月,筑西苑,周二百里,其内造十六~。"❸院墙内的空地。李白《之广陵宿常二南郭幽居》诗:"忘忧或假草,满~罗丛萱。"㊇宅院。欧阳修《蝶恋花》词:"小~深深门掩亚。寂寞珠帘,画阁重重下。"(亚:掩。)❹唐宋以后的官署名称。《新唐书·百官志三》:"御史台其属有三~:一曰台~,侍御史隶焉,二曰殿~,殿中侍御史隶焉。"❺僧道所居之佛寺、道观。白居易《寻郭道士不遇》诗:"看~只留双白鹤,入门唯见一青松。"

【院本】 yuànběn ❶金元时代演戏所用之脚本。陶宗仪《南村辍耕录·院本名目》:"唐有传奇,宋有戏曲、唱诨、词说,金有~~、杂剧、诸宫调。~~、杂剧,其实一也。"❷宋代画院中画家所作之画。也叫画本。沈初《西清笔记·纪名迹》:"北宋~~画用笔工致,……今所传周昉人物,赵昌花鸟,其佳作大率皆~~。"

【院公】 yuàngōng 古代小说戏剧中对仆人的称呼 。《水浒传》二回:"把门官吏转报给~~,没多时,~~出来问:'你是那个府里来的人?'"

【院落】 yuànluò 庭院。苏轼《春夜》诗:"歌管楼台声细细,鞦韆~~夜沉沉。"

涎 yuàn 见 xián。

垸 yuàn 见 huán。

涴 yuàn 见 wǎn。

菀 yuàn 见 wǎn。

掾 1. yuàn ❶古代官府中属官的通称。《三国志·魏书·刘表传》:"以大将军~为北军中候。"《世说新语·文学》:"太尉善其言,辟之为~,世谓三语~。"

2. chuán ❷见"陈掾"。

【掾曹】 yuàncáo 官府属官的名称 ,因分曹治事,故称掾曹。杜甫《刘九法曹郑瑕丘石门宴集》诗:"~~乘逸兴,鞍马到荒林。"

【掾吏】 yuànlì 佐助官吏的通称。杜甫《览物》诗:"曾为~~趋三辅,忆在潼关诗兴多。"

【掾史】 yuànshǐ 官名。汉以后中央各州县皆置掾史等官,分曹治事。《后汉书·百官志一》:"~~属二十四人。"

媛 1. yuàn ❶美女。《诗经·鄘风·君子偕老》:"展如之人兮,邦之~也。"❷美好。陈琳《止欲赋》:"~哉逸女,在余东滨。”

2. yuán ❸见“婵媛”。

【媛女】 yuànnǚ 美女。梁元帝《采莲赋》：“于时妖童～～，荡舟心许。”

瑗 yuàn 孔大边小的璧。《荀子·大略》：“聘人以珪，问士以璧，召人以～，绝人以玦，反绝以环。”

褑 yuàn 衣襟上佩玉的带子。卢炳《少年游》词：“绣罗～子间金丝，打扮好容仪。”

愿[1]（願） yuàn ❶心愿，愿望。《诗经·郑风·野有蔓草》：“邂逅相遇，适我～兮。”《左传·隐公四年》：“君若伐郑，以除君害，君为主，敝邑以赋与陈、蔡从，则卫国之～也。”《后汉书·冯衍传下》：“三公之贵，千金之富，不得其～，不概于怀。”❷愿意，情愿。《孟子·梁惠王上》：“寡人～安承教。”《左传·隐公三年》：“群臣～奉冯也。”❸希望。《战国策·东周策》：“夫存危国，美名也；得九鼎，厚宝也，～大王图之。”《汉书·高帝纪上》：“臣少好相人，相人多矣，无如季相，～季自爱。”❹倾慕，羡慕。《荀子·王制》：“名声日闻，天下～。”《论衡·量知》：“富人在世，乡里～之。”❺思念。《诗经·卫风·伯兮》：“～言思伯，使我心痗。”（痗：病。）

愿[2] yuàn 质朴，恭谨。《荀子·富国》：“污者皆化为修，悍者皆化为～。”（修：通“脩”。善。）《国语·楚语上》：“吾有妾而～，欲笄之，其可乎？”

【愿洁】 yuànjié 朴实廉洁。韩愈《河南府同官记》：“我公～～而沉密，开亮而卓伟。”

【愿谨】 yuànjǐn 质朴恭谨。《后汉书·梁统传论》：“顺帝之世，梁商称为贤辅，岂以其地居亢满，而能以～～自终者乎！”

【愿民】 yuànmín 朴实谨慎之民。《荀子·王霸》：“无国而不有～～，无国而不有悍民。”《汉书·食货志下》：“善人怵而为奸邪，～～陷而之刑戮。”

【愿朴】 yuànpǔ 质朴敦厚。《后汉书·刘宠传》：“山民～～，乃有白首不入市井者。”

【愿悫】 yuànquè 质朴诚实。也作“原悫”。《荀子·君道》：“材人，～～拘录，计数纤啬，而无敢遗丧，是官人使吏之材也。”

yue

曰 yuē ❶说，说道。《论语·为政》：“子～：‘温故而知新，可以为师矣。’”《吕氏春秋·去私》：“晋平公问于祁黄羊～：‘南阳无令，其谁可而为之？’”❷称，叫做。《墨子·非攻上》：“今有人于此，少见黑～黑，多见黑～白，则必以此人为不知白黑之辩矣。”《史记·高祖本纪》：“父～太公，母～刘媪。”❸助词。《诗经·大雅·抑》：“天方艰难，～丧厥国。”又《魏风·园有桃》：“彼人是哉，子～何其！”

约（約） 1. yuē ❶绳子。《左传·哀公十一年》：“公孙挥命其徒曰：‘人寻～，吴发短。’”《老子·二十七章》：“善结无绳～而不可解。”❷缠束，捆。《诗经·小雅·斯干》：“～之阁阁，椓之橐橐。”《战国策·齐策六》：“鲁连乃书，～之矢以射城中。”❸屈曲 。《楚辞·招魂》：“土伯九～，其角觺觺些。”❹约束，节制。《战国策·楚策一》：“莫敖子华对曰：‘昔者先君灵王好小要，楚士～食。’”王安石《上仁宗皇帝言事书》：“饶之以财，～之以礼，裁之以法也。”❺阻止。《战国策·燕策二》：“秦召燕王，燕王欲往。苏代～燕王……。”❻简单，简要。《吕氏春秋·论人》：“主道～，君安近。”《史记·太史公自序》：“指～而易操，事少而功多。”㊀少，不多。《吕氏春秋·上农》：“民舍本而事末则其产～；其产～则轻迁徙。”《孙子·虚实》：“能以众击寡者，则吾之所与战者，～矣。”❼节俭。《汉书·张耳陈馀传》：“然耳、馀始居～时，相然信死，岂顾问哉！”《后汉书·杨赐传》：“不奢不～，以合礼中。”❽穷困。《左传·定公四年》：“乘人之～，非仁也。”《战国策·齐策四》：“是故无其实而喜其名者削，无德而望其福者～，无功而受其禄者辱，祸必握。”❾卑下，卑微。《国语·吴语》：“王不如设戎，～辞行成，以喜其民。”❿预先用语言或文字规定的必须共同遵守的条件。《后汉书·西域传》：“广德乞降，以其太子为质，～岁给罽絮。”苏轼《上皇帝书》：“著在简书，有如盟～。”⓫约定，约会。《后汉书·卢芳传》：“匈奴本与汉～为兄弟。”朱淑真《生查子·元夕》词：“月上柳梢头，人～黄昏后。”⓬邀，请。《战国策·齐策三》：“齐卫交恶，卫君甚欲～天下之兵以攻齐。”陆游《谢池春》词：“玉壶春酒，～群仙同醉。”⓭准备，具办。《战国策·秦策一》：“请为子车～。”（车约：一本作“约车”。）⓮掠，拂过。韩愈《独酌》诗之三：“露排四岸草，风～半池萍。”贺铸《踏莎行》词：“急雨收春，斜风～水。”⓯笼罩。程垓《凤栖梧》词：“起上小楼观海气，昏昏半～渔樵市。”彭履道《兰陵王·渭城朝雨》词：“秋千小，不系柳条，惟有轻阴～飞絮。”⓰大概，大约。《战国策·赵策一》：“五百之所以致天下者，～两主势能制臣，无令臣能制主。”（百：通“伯”、“霸”。）《三国志·魏书·华佗传》："疾者前入坐，见佗北壁县此蛇辈～以十数。"

2．yào ⑰要领，关键。《孟子·公孙丑上》："然而孟施舍守～也。"（孟施舍：人名。）《汉书·礼乐志》："雷震震，电耀耀，明德乡，治本～。"

【约敕】 yuēchì 规约，规章。《三国志·吴书·诸葛恪传》："边邑诸曹，已别下～～，所部督将，不得妄委所戍，径来奔赴。"

【约法】 yuēfǎ ❶用法令相约束。《韩诗外传》卷十："制礼～～于四方，臣弗如也。"❷简化法令条文。贾谊《新书·过秦下》："～～省刑，以持其后。"

【约黄】 yuēhuáng ❶古代妇女在鬓角上涂饰微黄。梁简文帝《美女篇》："～～能效月，裁金巧作星。"❷比喻美人。李商隐《效长吉》诗："君王不可问，昨夜～～归。"

【约剂】 yuējì 一种契约、文券，古时用作凭证。《周礼·秋官·司约》："掌邦国及万民之～～，治神之约为上，治民之约次之。"

【约略】 yuēlüè 大概，简要。白居易《答客问杭州》诗："为我踟蹰停酒盏，与君～～说杭州。"

【约契】 yuēqì 约定的凭证。《战国策·燕策三》："［荆轲］骂曰：'事所以不成者，乃欲以生劫之，必得～～以报太子也。'"

【约省】 yuēshěng 节约，节省。《汉书·沟洫志》："惟延世长于计策，功费～～，用力日寡，朕甚嘉之。"

【约束】 yuēshù ❶缠束，束缚。《庄子·骈拇》："～～不以纆索。"《管子·枢言》："先王不～～，不结纽。"❷规约，规章。《史记·孙子吴起列传》："～～既布，乃设铁钺，即三令五申之。"《三国志·魏书·田畴传》："畴乃为～～相杀伤、犯盗、诤讼之法，法重者至死，其次抵罪，二十馀条。"❸控制，限制。《汉书·匈奴传》："恐北去后难～～。"《后汉书·刘盆子传》："以言辞为～～，无文书、旌旗、部曲、号令。"

【约从】 yuēzòng 战国时，秦以外的诸侯国联合起来共同对付秦，称为约从。《战国策·秦策一》："～～连横，兵革不藏。"《史记·周本纪》："五十九年，秦取韩阳城负黍，西周恐，倍秦，与诸侯～～。"（负黍：地名。）

哕（噦） 1．yuě ❶呃逆，打嗝儿。《灵枢经·胀论》："脾胀者善～，四肢烦挽，体重不能胜衣，卧不安。"㊿欲言又止的样子。韩愈《送文畅师北游》诗："幽穷共谁语，思想甚含～。"❷呕吐。苏轼《艾子杂说·艾子好饮》："一日大饮而～。"《西游记》七十五回："你们快去烧些盐白汤，等我灌下肚去，把他～出来，慢慢地煎了吃酒。"❸用力吐唾沫。《金瓶梅词话》二回："［武大］被妇人～在脸上道……。"❹唾骂，唾弃。《南齐书·刘祥传》："卿素无行检，朝野所悉……何意轻肆口～，诋目朝士。"唐顺之《与王尧衢编修书》："閒饮食于富贵之家，腥膏满案，且～之而投筯矣。"

2．huì ❺象声词。见"哕哕"。

【哕噫】 yuě'ài ❶打嗝儿。《礼记·内则》："在父母舅姑之所，……进退周旋慎齐，升降出入揖游，不敢～～、嚏咳、欠伸、跛倚、睇视。"❷喷出，吐出。《南齐书·张融传》："喷洒～～，流雨而扬云；乔颁壮脊，架岳而飞坟。"

【哕哕】 huìhuì ❶有节奏的铃声。《诗经·鲁颂·泮水》："其旂茷茷，鸾声～～。"王维《送李睢阳》诗："鸾声～～鲁侯旂，明年上计朝京师。"❷鸟叫声。欧阳修《水谷夜行寄子美圣俞》诗："安得相从游，终日鸣～～。"❸深暗的样子。《诗经·小雅·斯干》："哙哙其正，～～其冥。"

月 1．yuè ❶月亮。《诗经·邶风·雄雉》："瞻彼日～，悠悠我思。"《颜氏家训·归心》："日为阳精，～为阴精。"❷月光，月色。陶渊明《归园田居》诗之三："晨兴理荒秽，带～荷锄归。"杜甫《梦李白》诗之一："落～满屋梁，犹疑照颜色。"❸计时单位。农历从初一至月末为一月，一年分为十二个月。《诗经·王风·采葛》："一日不见，如三～兮。"沈佺期《古意呈乔补阙知之》诗："九～寒砧催木叶，十年征戍忆辽阳。"❹每月，月月。《诗经·小雅·小宛》："我日斯迈，而～斯征。"《孟子·滕文公下》："～攘一鸡，以待来年然后已。"❺指妇女月经。《素问·阴阳别论》："二阳之病发心脾，有不得隐曲，女子不～。"王建《宫词》之四六："密奏君王知入～，唤人相伴洗裙裾。"❻姓。

2．ròu ❼同"肉"。桓谭《新论·琴道》："宫中相残，骨～为泥。"古诗《孤儿行》："拔断蒺藜肠～中，怆欲悲。"

【月白】 yuèbái ❶月为白色。《史记·封禅书》："太一祝宰则衣紫及绣。五帝各如其色，日赤，～～。"❷浅蓝色。《红楼梦》五十七回："跟他的小丫头子小吉祥儿没衣裳，要借我的～～绫子袄儿。"❸月色皎洁。杜牧《猿》诗："～～烟青水暗流，孤猿衔恨叫中秋。"陆游《夜汲》诗："酒渴起夜汲，～～天正青。"

【月半】 yuèbàn ❶农历每月十五日。《仪礼·士丧礼》："～～不殷奠。"《晋书·温峤传》："近已移檄远近，言于盟府，克后～～大举。"❷借指十五岁。辛弃疾《蝶恋花·席上赠杨济翁侍儿》词："小小年华才～～。罗幕春风，幸自无人见。"

【月波】 yuèbō 月光。月光如水，故称。王僧达《七夕月下诗》："远山敛氛祲，广庭扬～～。"李群玉《湘西寺霁夜》诗："～～荡如水，气爽星朗灭。"

【月城】 yuèchéng 即瓮城。大城外所筑的半圆形小城，用以掩护城门，加强防守。《新唐书·李密传》："世充乘胜进攻密～～。"陆游《庐帅田侯生祠记》："于是增陴浚濠，大设楼橹。又有～～，亦得地利。"

【月杵】 yuèchǔ 古代神话传说月宫中捣药的杵。也借指月亮。李商隐《寓怀》诗："星机抛密绪，～～散灵氛。"王初《送陈校勘入宿》诗："银台级级连青汉，桂子香浓～～低。"

【月旦】 yuèdàn ❶农历每月初一。泛指每月月初。《史记·龟策列传》："常以～～祓龟，先以清水澡之，以卵祓之，乃持龟而遂之，若常以为祖。"曹操《求言令》："自今以后，诸掾属、治中、别驾常以～～各言其失，吾将览焉。"❷"月旦评"的省称。品评人物。典出《后汉书·许劭传》："初，劭与靖俱有高名，好共覈论乡党人物，每月辄更其品题，故汝南俗有'月旦评'焉。"刘孝标《广绝交论》："雌黄出自唇吻，朱紫由其～～。"

【月德】 yuèdé ❶指传说中的月中白兔。庾信《齐王进白兔表》："～～符征，金精表瑞。"❷比喻皇后的品德。古时以日喻君，以月喻后。《梁书·高祖郗皇后传》："先皇后应祥～～，比载坤灵。"

【月朵】 yuèduǒ 菊花的别称。陆龟蒙《重忆白菊》诗："～～暮开无绝艳，风茎时动有奇香。"吕诚《菊田》诗："摇落西风已怆然，金蕤～～为谁妍。"

【月额】 yuè'é ❶农历每月初一。梁元帝《〈金楼子〉自序》："余初至荆州卜雨，时孟秋之月，阳亢日久，月旦虽雨，俄而便晴。有人云：谚曰'雨～～，千里赤。'盖旱之征也。"❷月亮的半面。袁士元《喜雨》诗："天瓢乍滴终倾倒，～～初开渐复连。"

【月斧】 yuèfǔ ❶修月之斧。古代神话传说，月由七宝合成，常有八万二千户修之。见段成式《酉阳杂俎·天咫》。吴伟业《读史偶述》诗之十八："琉璃旧厂虎房西，～～修成五色泥。"❷比喻尽文章之能事。苏轼《王文玉挽词》："才名谁似广文寒，～～云斤琢肺肝。"

【月宫】 yuègōng 古代神话传说月中的宫殿，为嫦娥所居。又称广寒宫。东方朔《海内十洲记》："始青之下，～～之间。"郑棨《开天传信记》："上曰：'……吾昨夜梦游～～，诸仙娱予以上清之乐，寥亮清越，殆非人间所闻也。'"

【月桂】 yuèguì ❶岩桂的一种。常绿乔木，叶互生，披针形或长椭圆形，四季开花，带黄色，伞形花序，浆果卵形，暗紫色。也名真桂。又天竺桂也称月桂，与岩桂别为一种。白居易《留题天竺灵隐两寺》诗："宿因～～落，醉为海榴开。"陆游《九月初作》诗："两丛～～门前买，自下中庭破绿苔。"❷神话传说里的月中桂树，也指月亮。梁元帝《漏刻铭》："宫槐晚合，～～宵辉。"杜光庭《普康诸公主为皇帝修金箓斋词》："伏愿皇帝明齐～～，寿比天榆。"❸比喻及第，登科。李潜《和主司王起》："恩波旧是仙舟客，德宇新添～～名。"梅尧臣《送王秀才归建昌》诗："莫问鸟爪人，欲取～～捷。"

【月华】 yuèhuá ❶月光，月色。江淹《杂体诗·王徵君养疾》："清阴往来远，～～散前墀。"张若虚《春江花月夜》诗："此时相望不相闻，愿逐～～流照君。"❷月亮。庾信《舟中望月》诗："舟子夜离家，开舲望～～。"韦庄《捣练篇》："～～吐艳明烛烛，青楼妇唱捣衣曲。"❸月亮周围的光环。常见于农历中秋或十三至十八夜。因其光彩华美而名。参阅冯应京《月令广义》卷十五《八月令》、《日次》、《月华》。

【月吉】 yuèjí 农历每月初一。《周礼·地官·族师》："各掌其族之戒令政事，～～，则属民而读邦法。"

【月纪】 yuèjì 指极西偏远之地。语本《礼记·月令》："日穷于次，月穷于纪。"梁简文帝《菩提树颂序》："南越铄石，北极天沙，东迈日枝，西踰～～。"

【月建】 yuèjiàn 农历每月所置之辰。古代以北斗七星的斗柄的运转作为定季节的标准。斗柄指东为春，指南为夏，指西为秋，指北为冬。又把子丑寅卯等十二地支和十二月份相配，用以纪月，以通常冬至所在的十一月（夏历，即农历）配子，称为建子之月，由此类推，十二月为建丑之月，正月为建寅之月，直到十月为建亥之月，如此周而复始。《淮南子·天文训》："大时者，咸池也；小时者，～～也。"（咸池：指太岁。）庾信《象戏赋》："从～～而左转，起黄钟而顺行。"

【月将】 yuèjiāng 每月有所长进。《诗经·

周颂·敬之》："维予小子，不聪敬止，日就～～，学有缉熙于光明。"杜牧《冬至日寄小侄阿宜诗》："一似小儿学，日就复～～。"

【月脚】 yuèjiǎo 下射的月光。苏轼《牛口见月》诗："掩窗寂已睡，～～垂孤光。"

【月精】 yuèjīng ❶月的精灵。《汉书·叙传下》："元后娠母，～～见表。"《初学记》卷一引《淮南子》："羿请不死之药于西王母，羿妻姮娥窃之奔月，托身于月，是为蟾蠩，而为～～。"❷传说中月中的白兔。权德舆《中书门下贺河阳获白兔表》："惟此瑞兽，是称～～。"

【月局】 yuèjú 风月场所。指妓院。无名氏《谢金吾》三折："王枢密云：'国姑！良吏不管～～，贵人不踏崄地，这个所在便不来也罢。'"

【月窟】 yuèkū ❶月中，月宫。杜甫《瞿塘怀古》诗："地与山根裂，江从～～来。"王禹偁《商山海棠》诗："桂须辞～～，桃合避仙源。"❷古以月的归宿处在西方，因借指极西或边远之地。梁简文帝《大法颂》："西踰～～，东渐扶桑。"李白《苏武》诗："渴饮～～水，饥餐天上雪。"也作"月䫜"。《汉书·扬雄传下》："西厌～～，东震日域。"

【月䫜】 yuèkū 见"月窟"。

【月律】 yuèlǜ 古乐分为十二调，为六阳律，六阴历。《吕氏春秋》始以乐律和时令相配合，故称月律。《后汉书·顺帝纪》："作乐器，随～～。"《宋史·乐志一》："欲依～～，撰《神龟》、《甘露》、《紫芝》、《嘉禾》、《玉兔》五瑞各一曲，每朝会登歌首奏之。"

【月轮】 yuèlún 指月亮。王昌龄《春宫曲》："昨夜风开露井桃，未央前殿～～高。"陆游《冬夜月下作》诗："煌煌斗柄插天北，焰焰～～生海东。"

【月貌】 yuèmào 形容女子的面容姣美、清秀。江总《优填像铭》："睟云齿雪，～～金容。"《红楼梦》五回："画梁春尽落香尘。擅风情，秉～～，便是败家的根本。"

【月眉】 yuèméi 形容妇女秀眉如初月形状。李贺《昌谷》诗："泉樽陶宰酒，～～谢郎妓。"周必大《朝中措》词："～～新画露珠圆，今夕正相鲜。"

【月孟】 yuèmèng 月初。谢灵运《孝感赋》："于时～～节季，岁亦告暨。离乡眷壤，改时怀气。"

【月面】 yuèmiàn ❶形容如来佛的面如满月。梁简文帝《千佛愿文》："而绀发日光，莲眸～～。"❷形容人面丰满如满月。宋濂《思春辞》："歌扇但疑遮～～，舞衫犹记倚云筝。"❸形容纸张白而光洁。陶榖《清异录·文用》："先君畜白乐天墨迹两幅，背之右角有方长小黄印，文曰：'剡溪小等～～松纹纸。'"

【月平】 yuèpíng 每月评定市价。《周礼·天官·小宰》注引郑众曰："质剂，谓市中平贾，今时～～是也。"《新唐书·食货志二》："税物估价，宜视～～，至京与色样符者，不得虚称折估。"

【月魄】 yuèpò ❶月初生或圆而始缺时不明亮的部分。也泛指月亮。高適《塞下曲》："日轮驻霜戈，～～悬琱弓。"柯九思《送林彦清归永嘉》诗："白兔捣～～，指顾成神丹。"❷道家语。以日为阳，称日魂；以月为阴，称月魄。魏伯阳《参同契》卷下："阳神日魂，阴神～～，魂之与魄，互为室宅。"

【月浦】 yuèpǔ ❶月光映照的水滨。梁元帝《玄圃牛渚矶碑》："桂影浮池，仍为～～。"❷指月亮。关汉卿《望江亭》三折："仙子初离～～，嫦娥忽下云衢。"

【月卿】 yuèqīng 朝中贵官。语本《尚书·洪范》："卿士惟月，师尹惟日。"高適《送柴司户充刘卿判官之岭外》诗："～～临幕府，星使出词曹。"

【月攘】 yuèrǎng 比喻不能下决心改正错误。语出《孟子·滕文公下》："今有人日攘其邻之鸡者，或告之曰：'是非君子之道。'曰：'请损之，～～一鸡，以待来年然后已。'"朱熹《答蔡季通书》："不若从此痛自斩绝，毋以此等为愧，而深求可愧之实，不必更为～～之计，以俟来年，庶乎于迁善改过，有日新之功。"

【月扇】 yuèshàn 团扇，形状像月亮。庾信《北园新斋成应赵王教》诗："文弦入舞曲，～～掩歌儿。"陆游《村居初夏》诗："我有素纨如～～，会凭名手作新图。"

【月上】 yuèshàng 佛教传说维摩诘之女，母无垢。女生时身上出妙光明胜于月照，因名月上。后因以为女儿的美称。白居易《病中看经赠诸道侣》诗："何烦更请僧为侣，～～新归伴病翁。"

【月生】 yuèshēng 生日。《二刻拍案惊奇》卷十七："杜子中与闻俊卿同年，又是闻俊卿～～大些。"

【月食】 yuèshí ❶地球运行到太阳与月亮之间，月球因受地球所阻，照射不到阳光，月面上出现阴影，这种现象叫月食。太阳光全部被地球挡住时，叫月全食；部分挡住时，叫月偏食。《礼记·昏义》："～～则后素服,而修六宫之职。”《汉书·韩延寿传》:“延寿又取官铜物,候～～铸作刀剑钩镡,放效尚方事。”❷月俸。石介《蜀道自勉》诗:“我乏尺寸效,～～二万钱。”

【月蚀】 yuèshí 同“月食”。

【月事】 yuèshì 月经。《素问·上古天真论》:“女子七岁,肾气盛,齿更发长;二七而天癸至,～～以时下,故有子。”《史记·扁鹊仓公列传》:“内寒,～～不下也。”

【月水】 yuèshuǐ ❶月光照地如水。杜甫《愁坐》诗:“十月山寒重,孤城～～昏。”❷指月经。孙思邈《千金宝要·妇人》:“产后,～～往来多少不定,或不通。”王衮《博济方·桃仁煎》:“治～～不调,阻滞不通。”

【月朔】 yuèshuò 农历每月初一。《尚书·胤征》:“乃季秋～～,辰弗集于房。”王昌龄《放歌行》:“明堂坐天子,～～朝诸侯。”

【月台】 yuètái 赏月的露天平台。《艺文类聚》卷七十八引梁元帝《南岳衡山九贞馆碑》:“上～～而遗爱,登景云而忘老。”杜甫《徐九少尹见过》诗:“赏静怜云竹,忘归步～～。”

【月坛】 yuètán 帝王祭月的坛,又称夕月坛。苏轼《次韵蒋颖叔扈从景灵宫》:“道人幽梦晓初还,已觉笙箫下～～。”

【月题】 yuètí 马额上的佩饰。其形似月。《庄子·马蹄》:“夫加之以衡扼,齐之以～～。”

【月望】 yuèwàng 农历每月十五日。《吕氏春秋·精通》:“月也者,群阴之本也,～～则蚌蛤实,群阴盈。”《资治通鉴·晋简文帝咸安元年》:“诘朝～～,文武并会,吾将讨焉。”

【月午】 yuèwǔ 月至午夜,即半夜。李贺《感讽》诗之三:“～～树无影,一山唯白晓。”苏轼《减字木兰花·花》词:“春庭～～,摇荡香醪光欲舞。”

【月夕】 yuèxī ❶月末。《荀子·礼论》:“月朝卜日,～～卜宅。”❷月夜。杜牧《赠渔夫》诗:“芦花深泽静垂纶,～～烟朝几十春。”吕祖谦《卧游录》:“苏子瞻曰:‘迁居江上临皋亭,甚清旷,风晨～～,杖屦野步,酌江水饮之,想味风义,以慰孤寂。’”❸特指农历八月十五中秋节。对二月十五日花朝节言。吴自牧《梦粱录·中秋》:“八月十五日中秋节,此日三秋恰半,故谓之‘中秋’。此夜月色倍明于常时,又谓之‘～～’。”

【月享】 yuèxiǎng 月祀。《国语·楚语下》:“是以古者先王日祭、～～、时类、岁祀。”《新唐书·百官志二》:“凡诸陵～～,视膳乃献。”

【月信】 yuèxìn 月经。按月而至,如潮有信,故名。王衮《博济方·保生丸》:“～～不通,当归酒下 。”纪昀《阅微草堂笔记·滦阳续录三》:“既由精合,必成于～～落红以后,何也?”

【月牙】 yuèyá ❶指农历月初形状似钩的月亮。张澄《和林秋日感怀寄张丈御史》诗之二:“别家六见～～新,万里风霜老病身。”❷比喻形状像新月的物体。杨维桢《琼花珠月两名姬》诗:“葡萄酒滟沉樱腰,翡翠裙翻蹋～～。”此指弓鞋。又《题芭蕉美人图》诗:“髻云浅露～～弯,独立西风意自闲。”此指眉。

【月宇】 yuèyǔ ❶月光。江总《咏双阙》:“象阙连驰道,～～照方疏。”杜甫《石镜》诗:“独有伤心石,埋轮～～间。”❷佛寺。钱起《柏崖老人号无名先生男削发女黄冠自以云泉独乐命予赋诗》:“长男栖～～,少女炫霓裳。”

【月羽】 yuèyǔ ❶白色的羽毛。庾信《鹤赞》:“笼摧～～,弋碎霜衣。”❷旗帜,旗仗。独孤及《为李峘祭纛文》:“～～云旗,以先启行 。”李义府《在嶲州遥叙封禅》诗:“汶阳驰～～,蒙阴警电麾。”

【月御】 yuèyù 指月亮运行。王僧孺《礼佛唱异发愿文》:“或方火宅,乍拟驶河,故以尺波寸景,大力所不能驻;～～日车,雄才莫之能遏。”

【月晕】 yuèyùn 月亮周围的光圈。庾信《奉报寄洛阳》诗:“星芒一丈焰,～～七重轮。”孟浩然《彭蠡湖中望庐山》诗:“太虚生～～,舟子知天风。”

【月朝】 yuèzhāo 月初。后多指农历每月初一。《荀子·礼论》:“～～卜日,月夕卜宅。”赵文《铜雀台》诗:“望望不复归,～～又十五。”

【月支】 yuèzhī ❶射帖名。练习射箭用的一种箭靶。曹植《白马篇》:“控弦破左的,右发摧～～。”曹丕《典论·自序》:“夫项发口纵,俯马蹄而仰～～也。”❷古代西北部民族名。即月氏 。《梁书·王僧孺传》:“脑日逐,髓～～。”详见“月氏”。

【月氏】 yuèzhī 古代西北民族名。也作“月支”。其族先居今甘肃敦煌市与青海祁连县间。汉文帝前元三至四年时,遭匈奴攻击,西迁至塞种故地(今新疆伊犁河上游一带),称大月氏。其馀不能去者入祁连山区,称小月氏。《汉书·张骞传》:“骞以郎应募使～～。”

【月子】 yuèzǐ 月亮。子,语助词,犹言月儿。赵彦卫《云麓漫钞》卷九："～～弯弯照九州，几家欢乐几家愁。"缪侃《和西湖竹枝词》："初三～～似弯弓，照见花开月月红。"

【月姊】 yuèzǐ 月宫中嫦娥。李商隐《楚宫》诗之一："～～曾逢下彩蟾，倾城消息隔重帘。"范成大《次韵即席》："～～有情难独夜，天孙无赖早斜河。"

【月下老人】 yuèxiàlǎorén 神话传说中主管男女婚姻之神。据李复言《续幽怪录·定婚店》记载，有一人名叫韦固，夜经宋城，遇一老人倚布囊坐于阶上，向月检书。固问所检何书？回答说："天下之婚牍耳。"又问布囊中赤绳何用？回答说："以此系夫妇之足，虽仇家异域，此绳一系之，终不可易。"后因以为媒人的代称。张四维《双烈记·就婚》："岂不闻～～～～之事乎？千里姻缘着线牵。"《水浒后传》十二回："况天缘是～～～～赤绳系定的，不必多疑。"

戉 yuè ❶古兵器名，即大斧。后作"钺"。《尚书·牧誓》："王左杖黄钺。"陆德明《经典释文》："钺音越，本又作～。"❷星名。《汉书·天文志》："东井西曲星曰～。"

乐(樂) 1. yuè ❶音乐。《周易·豫》："先王以作～崇德。"《战国策·齐策一》："父母闻之，清宫除道，张～设饮，郊迎三十里。"㊀奏乐。《礼记·曲礼下》："岁凶，年谷不登，……士饮酒不～。"韩愈《合江亭》诗："为余扫尘阶，命～醉众座。"❷乐器。《诗经·小雅·楚茨》："～具入奏，以绥后禄。"《韩非子·解老》："竽也者，五声之长者也，故竽先则钟瑟皆随，竽唱则诸～皆和。"❸乐经。儒家六经之一。《庄子·天运》："孔子谓老聃曰：'丘治《诗》、《书》、《礼》、《～》、《易》、《春秋》六经。'"❹乐工。《论语·微子》："齐人归女～，季桓子受之，三日不朝，孔子行。"《楚辞·招魂》："肴羞未通，女～罗些。"❺姓。

2. lè ❻喜悦，愉快。《诗经·郑风·溱洧》："洧之外，洵讦且～。"范仲淹《岳阳楼记》："先天下之忧而忧，后天下之～而～。"㊀使高兴，使欢乐。《诗经·周南·关雎》："窈窕淑女，钟鼓～之。"韩愈《游城南·赛神》诗："麦苗含穟桑生椹，共向田头～社神。"❼喜爱，喜欢。《诗经·小雅·鹤鸣》："～彼之园，爰有树檀。"《后汉书·光武帝纪下》："我自～此，不为疲也。"❽乐于，乐意。《史记·大宛列传》："天子为其绝远，非人所～往。"韩愈《合江亭》诗："淹滞～闲旷，勤苦劝慵惰。"❾安乐。《大戴礼记·小辨》："事戒不虞曰知备，毋患曰～。"《史记·乐书》："啴缓慢易繁文简节之音作，而民康～。"❿泛指声色。《国语·越语下》："今吴王淫于～而忘其百姓。"⓫姓。

3. yào ⓬喜好。鲍照《登庐山》诗之一："乘此～山性，重以远游情。"柳宗元《愚溪诗序》："夫水，智者～也。"

4. luò ⓭见"乐托"、"乐乐"。

5. liáo ⓮通"疗"。见"乐饥"。

【乐倡】 yuèchàng 领奏乐曲。《吕氏春秋·古乐》："帝颛顼……乃令鱓先为～～，鱓乃偃寝，以其尾鼓其腹，其音英英。"

【乐池】 yuèchí 神话传说中的池名。《穆天子传》卷二："天子三日休于～～之上，奏广乐三日而终，是曰～～。"谢庄《宋孝武宣贵妃诔》："涉姑繇而环回，望～～而顾慕。"

【乐饵】 yuè'ěr 《老子·三十五章》："乐与饵，过客止。"乐，指音乐。饵，指食物。后用来比喻人所喜爱或可贵的东西。江总《摄山栖霞寺碑颂》："辞题翠琰，字勒银钩。贤乎～～，过客宜留。"

【乐方】 yuèfāng 音乐的法度。傅毅《舞赋》："动朱唇，纡清阳，亢音高歌为～～。"曹丕《善哉行·有美篇》："知音识曲，善为～～。"

【乐府】 yuèfǔ ❶古时主管音乐的官署。起于汉代。《汉书·礼乐志》："乃立～～，采诗夜诵，有赵、代、秦、楚之讴。"又《艺文志》："自孝武立～～而采歌谣，于是有代赵之讴，秦楚之风，皆感于哀乐，缘事而发。"❷诗体名。最初指乐府官署所采制的诗歌，后将魏晋至唐可以入乐的诗歌，以及仿乐府古题的作品统称乐府。宋以后的词、散曲、剧曲，因配乐，有时也称乐府。

【乐官】 yuèguān ❶古时掌管音乐的官吏或官署。《诗经·周颂·有瞽》毛传："瞽，～～也。"《汉书·艺文志》："汉兴，制氏以雅乐声律，世在～～，颇能纪其铿锵鼓舞，而不能言其义。"❷指歌舞艺人。王安石《送李屯田守桂阳》诗之二："荒山～～歌舞拙，提壶沽酒聊一欢。"

【乐酣】 yuèhān 乐声酣畅。《汉书·司马相如传上》："于是酒中～～，天子芒然而思，似若有亡。"李白《送族弟摄宋城主簿》诗："～～相顾起，征马无由攀。"

【乐户】 yuèhù ❶古时用犯罪的妇女或囚犯的妻女充当官妓，专门从事吹弹歌唱，供统治阶级取乐的人户。《魏书·刑罚志》："诸强盗杀人者，首从皆斩，妻子同籍，配为～～；其不杀人及赃不满五匹，魁首斩，从者死，妻子亦为～～。"❷供奉皇室音乐的人家。《隋书·裴蕴传》："蕴揣知帝意，奏括天下周、齐，梁、陈乐家子弟，皆为～～。”❸妓院的别称。《醒世恒言·蔡瑞虹忍辱报仇》：“那～～家里先有三四个粉头，一个个打扮的乔乔画画，傅粉涂脂，倚门卖俏。”

【乐籍】 yuèjí 乐户的名籍。古时官妓属乐部，故称乐籍。杜牧《张好好诗序》：“好好年十三，始以善歌来～～中。”《儒林外史》五十三回：“把那元朝功臣之后都没入～～，有一个教坊司管着他们。”

【乐师】 yuèshī ❶《周礼》官名，为大司乐之副。《周礼·春官·乐师》：“～～，掌国学之政，以教国子小舞。”《墨子·尚贤下》：“此譬犹瘖者而使为行人，聋者而使为～～。”❷以音乐为职业的人。《史记·乐书》：“～～辩乎声诗，故北面而弦。”韩愈《师说》：“巫医、～～，百工之人，不耻相师。”

【乐县】 yuèxuán ❶悬挂的钟磬一类的打击乐器。县，同“悬”。《周礼·春官·小胥》：“正～～之位，……辨其声。”❷指悬挂钟磬一类乐器的架子。《旧唐书·音乐志二》：“～～，横曰簨，竖曰虡。”

【乐语】 yuèyǔ ❶论述音乐的言辞。《周礼·春官·大司乐》：“以～～教国子：兴、道、讽、诵、言、语。”❷文体名。自宋以来，宫廷演剧，命词臣作乐语，使伶人歌唱。先为对偶韵文，后附以诗，也有不附的。后遂成为文体。各作家常有所作。

【乐章】 yuèzhāng 乐书的篇章，指能配乐的诗词。《礼记·曲礼下》：“居丧，未葬读丧礼，既葬读祭。丧复常，读～～。”《新唐书·李白传》：“帝坐沉香子亭，意有所感，欲得白为～～。”

【乐正】 yuèzhèng ❶整理音乐篇章。《论语·子罕》：“子曰：‘吾自卫反鲁，然后～～，《雅》《颂》各得其所。’”❷乐官名。周官有大司乐，即大乐正，掌大学，为乐官之长；乐师即小乐正，掌小学，为乐官之副。均称乐正。《荀子·成相》：“得后稷，五谷殖，夔为～～，鸟兽服。”《文心雕龙·颂赞》：“昔虞舜之祀，～～重赞，盖唱发之辞也。”❸复姓。

【乐志】 yuèzhì 史书中关于音乐发展沿革、音乐制度的篇目。《史记》、《晋书》、《宋书》、《南齐书》等均有《乐志》；《隋书》、《旧唐书》有《音乐志》；《汉书》、《新唐书》、《元史》与礼志合并为《礼乐志》。

【乐成】 lèchéng ❶乐于成功。《汉书·匡衡传》：“臣窃恨国家释～～之业，而虚为此纷纷也。”王安石《上杜学士言开河书》：“夫小人可与～～，难与虑始。”❷乐于成全。叶廷琯《吹网录·建康集足本》：“慨然～～人美。”

【乐道】 lèdào ❶乐于称道。《公羊传·哀公十四年》：“其诸君子～～尧舜之道与？”韩愈《送杨支使序》：“夫～～人之善以勤其归者，乃吾之心也。”❷乐于圣贤之道。《史记·仲尼弟子列传》：“子贡问曰：‘富而无骄，贫而无谄，何如？’孔子曰：‘可也，不如贫而～～，富而好礼。’”《汉书·东方朔传》：“今子大夫修先王之术，慕圣人之义，……好学～～之效，明白甚矣。”

【乐昏】 lèhūn 劝成婚姻，使之安乐。昏，同“婚”。《周礼·地官·遂人》：“凡治野，以下剂致甿，以田里安甿，以～～扰甿。”（甿：民。扰：顺。）

【乐祸】 lèhuò ❶以祸患或别人的灾祸为乐。《左传·庄公二十年》：“哀乐失时，殃咎必至。今王子颓歌舞不倦，～～也。夫司寇行戮，君为之不举，而况敢～～乎！”《宋书·沈攸之传》：“而攸之始奉国讳，喜见于客，普天同哀，己以为庆。此其～～幸灾，大逆之罪一也。”❷好为祸患。陈琳《为袁绍檄豫州》：“缥狡锋协，好乱～～。”苏轼《论河北京东盗贼状》：“其间凶残之党，～～不悛，则须敕法以峻刑，诛一以警百。”

【乐郊】 lèjiāo 犹乐土，安乐的地方，《诗经·魏风·硕鼠》：“逝将去女，适彼～～。”韩愈《祭马仆射文》：“始诛郓戎，厥墟腥臊。公往涤之，兹惟～～。”

【乐命】 lèmìng 安于命运。李白《少年行》：“男儿百年且～～，何须徇书受贫病。”

【乐全】 lèquán ❶道家所指的超脱尘世，排除京乐，无往而不适的境界。《庄子·缮性》：“～～之谓得志。”❷以完美为乐。《三国志·魏书·钟繇传》注引袁宏曰：“夫民心～～而不能常全也，盖利用之物悬于外，而嗜欲之情动于内也。于是有进取贪竞之行，希求放肆之事。”

【乐圣】 lèshèng ❶《三国志·魏书·徐邈传》：“时科禁酒，而邈私饮至于沉醉。校事赵达问以曹事，邈曰：‘中圣人。’达白之太祖，太祖甚怒。度辽将军鲜于辅进曰：‘平日醉客谓酒清者为圣人，浊者为贤人，邈性修慎，偶醉言耳。’竟坐得免刑。”后因称“嗜酒”为乐圣。杜甫《饮中八仙歌》：“左相日兴费万钱，饮如长鲸吸百川，衔杯～～称避贤。”❷乐于圣贤之道。《法言·问明》：“天乐天，圣～～。”❸乐逢圣明之世。古诗《后晋群臣酒行歌》：“歌时兼～～，唯待赞泥金。”毛文锡《甘州遍》词：“尧年舜日，～～永无忧。”

【乐事】 lèshì ❶乐于从事所作的事。《礼记·王制》:"无旷事,无游民,食节事时,民咸安其居,~~劝功。"❷欢乐的事。白居易《和微之春日投简阳明洞天五十韵》:"醉乡虽咫尺,~~亦须臾。"

【乐岁】 lèsuì 丰收年。《孟子·梁惠王上》:"是以明君制民之产,必使仰足以事父母,俯足以畜妻子,~~终身饱,凶年免于死亡。"《盐铁论·未通》:"~~粒米狼戾而寡取之,凶年饥馑而必求足。"

【乐天】 lètiān ❶乐于顺应天命。《礼记·哀公问》:"不能安土,不能~~;不能~~,不能成其身。"❷乐观,无忧无虑。陶渊明《自祭文》:"勤靡馀劳,心有常闲。~~委分,以至百年。"

【乐推】 lètuī 乐于拥戴。《老子·六十六章》:"是以圣人处上而民不重,处前而民不害,是以天下~~而不厌。"王禹偁《右卫上将军赠侍中宋公神道碑奉撰》:"我太祖神德皇帝,象叶太阶,功高大麓……~~而逼乃民心,揖让而授兹神器。"

【乐易】 lèyì 和蔼平易。《荀子·荣辱》:"安利者常~~,危害者常忧险;~~者常寿长,忧险者常夭折。"欧阳修《梅圣俞墓志铭》:"圣俞为人仁厚~~,未尝忤于物。"

【乐战】 lèzhàn ❶乐于作战,好战。《庄子·徐无鬼》:"勇敢之士奋患,兵革之士~~。"❷死战,拼命。《史记·楚世家》:"愿王之饬士卒,得一~~。"

【乐山】 yàoshān 爱好山。《论语·雍也》:"知者乐水,仁者~~。知者动,仁者静。"

【乐水】 yàoshuǐ 爱好水。《论语·雍也》:"知者~~,仁者乐山。知者动,仁者静。"后以"乐水"指代智者。白居易《得耆老称甲多智县司举以理人或云多智贼也未知合用否判》:"识若限于挈缾,或当害物;道能弘于~~,何爽理人?"

【乐乐】 luòluò 坚定的样子。《荀子·儒效》:"~~兮其执道不殆也,炤炤兮其用知之明也。"

【乐托】 luòtuò 犹落拓。指不拘小节,放荡不羁。《世说新语·赏誉》:"谢中郎云:'王修载~~之性,出自门风。'"

【乐饥】 liáojī 疗饥,充饥。乐,通"疗"。《诗经·陈风·衡门》:"泌之洋洋,可以~~。"(泌:水名。)苏轼《十二琴铭·玉磬》:"其清越以长者,玉也;听万物之秋者,磬也。宝如是,中藜藿,不再食。以是~~,不以告籴。"一说"乐"音 lè,意为乐而忘饥。

泃 yuè 见 zhuó。

刖 yuè 古代砍掉双脚或脚趾的酷刑。也作"跀"。《史记·鲁仲连邹阳列传》:"昔卞和献宝,楚王~之。"㊁泛指截断。《易林·艮之需》:"根~残树,花叶落去。"

【刖跪】 yuèguì 断脚的人。跪,脚。《韩非子·内储说下》:"门者~~请曰:'足下无意赐之馀隶(沥)乎?'"

泧 yuè(又读 xuè) 见"泧漷"。

【泧漷】 yuèhuò 水势汹涌的样子。郭璞《江赋》:"溃濩~~。"

兑 yuè 见 duì。

軏(軏) yuè 置于车辕前端与车横木衔接处的销钉。《论语·为政》:"大车无輗,小车无~,其何以行之哉?"《楚辞·九思·逢尤》:"车~折兮马虺颓,惆怅立兮涕滂沲。"

抈 yuè ❶折断。扬雄《太玄经·羡》:"车轴折,其衡~。"❷通"扤"。动摇。《国语·晋语八》:"其为德也深矣,其为本也固矣,故不可~也。"

怈 yuè 狂。《公羊传·桓公五年》:"正月甲戌,己丑,陈侯鲍卒。曷为以二日卒之?~也。"

玥 yuè 传说中的神珠。《广韵·月韵》:"~,神珠。"

岳[1] yuè ❶高峻的山。也作"岳[2](嶽)"。孔稚珪《北山移文》:"偶吹草堂,滥巾北~。"李白《梦游天姥吟留别》:"天姥连天向天横,势拔五~掩赤城。"❷对妻子父母的称呼。如"岳父"、"岳母"。❸姓。

【岳鄙】 yuèbǐ 接近山岳的城镇。岳,多作"岳[2](嶽)"。《史记·周本纪》:"我南望三涂,北望~~。"

【岳伯】 yuèbó 四岳与方伯的省称。泛指封疆大吏。何景明《送客》诗之二:"天官元贵客,~~是词人。"

【岳旦】 yuèdàn 对人诞辰的美称,也作"岳[2]旦"。张居正《答冏卿徐敬吾书》:"恭喜~~载临,仙龄茂衍。"

【岳渎】 yuèdú 五岳四渎的省称。《后汉书·顺帝纪》:"敕郡国二千石各祷名山~~。"蔡邕《陈太丘碑文》:"徵士陈君,禀~~之精,苞灵曜之纯。"

【岳降】 yuèjiàng 也作"岳[2]降"。《诗经·大雅·崧高》:"维岳降神,生甫及申。"(甫:善侯;申:申伯。均姜姓,为四岳后代。)后以

"岳降"称颂诞生或诞辰。苏轼《韩文公庙碑》:"故申吕自~~,傅说为列星,古今所传,不可诬也。"

【岳客】 yuèkè 也作"岳²客"。隐士。黄滔《经安州感故郎中》诗之一:"~~出来寻古剑,野猿相聚叫孤茔。"周繇《送江州薛尚书》诗:"郡斋多~~,乡户半渔翁。"

【岳立】 yuèlì 也作"岳²立"。❶耸立,屹立。潘岳《藉田赋》:"青坛蔚其~~兮,翠幕黕以云布。"沈佺期《初冬从幸汉故青门应制》诗:"英雄难重论,故基乃~~。"❷特出,卓尔不群。陆机《答贾长渊》诗:"吴实龙飞,刘亦~~。"(吴:孙权;刘:刘备。)

【岳莲】 yuèlián ❶指西岳华山莲花峰。道家传说华山山顶池中生有千叶莲,服食后可以成仙。因有莲花而名为华山。(华:同"花"。)杜甫《题郑县亭子》诗:"云断~~临大路,天晴宫柳暗长春。"❷指南岳衡山莲花峰,为衡山七十二峰之一,因状如莲花而出名。王夫之《月斜》诗:"杳霭~~出,萧条露叶横。"

【岳麓】 yuèlù 山名。在湖南长沙市西郊。即南岳衡山的北麓。又名麓山灵麓峰,为衡山七十二峰之一。李咸用《夏日别余秀才》诗:"~~云深麦雨秋,满倾杯酒对湘流。"

【岳祇】 yuèqí 也作"岳²祇"。山神。韩愈《元和圣德诗》:"渎鬼濛鸿,~~巃嵸。"

【岳狩】 yuèshòu 也作"岳²狩"。本指四岳巡狩地方之事,后用以指帝王巡狩。韩愈《平淮西碑》:"外多失朝,旷不~~。"

【岳秀】 yuèxiù 也作"岳²秀"。山岳秀丽,多用来比喻杰出人才。陆云《吴故丞相陆公诔》:"山林~~,天光乃照。"李白《与诸公送陈郎将归衡阳》诗:"气清~~有如此,郎将一家拖金紫。"

【岳岳】 yuèyuè 也作"岳²岳²"。❶挺立的样子。《楚辞·九思·悯上》:"丛林兮崯崯,株榛兮~~。"王延寿《鲁灵光殿赋》:"神仙~~于栋间,玉女阚窗而下视。"❷比喻人位尊气傲,锋芒毕露。《汉书·朱云传》:"五鹿~~,朱云折其角。"(五鹿:指五鹿充宗。)❸比喻人刚正不阿。柳宗元《佩韦赋》:"云~~而专强兮,果黜志而乖图。"周亮工《祭建宁司李君硕孙公文》:"及入对司寇,公抗辨数百言,~~不挠。"

【岳丈】 yuèzhàng 也作"岳²丈",妻子的父亲。高则诚《琵琶记·散发归林》:"女婿要同归,~~意何如?"

岳²(嶽) yuè 高峻的大山或山的最高峰。《诗经·大雅·崧高》:"崧高维~,骏极于天。"陆游《秋夜将晓出篱门迎凉有感》诗:"三万里河东入海,五千仞~上摩天。"⊗特指五岳。即东岳泰山,西岳华山,南岳衡山,北岳恒山,中岳嵩山。谢道韫《登山》诗:"峨峨东~高,秀极冲青天。"

绒(絨) yuè ❶有文采的织品。《说文·糸部》:"~,采彰也。"❷纻布。《广韵·月韵》:"~,纻布。"

说 yuè 见 shuō。

栎 yuè 见 lì。

钥(鑰) yuè(又读 yào) ❶锁。《宋史·贾黄中传》:"一日案行府署,见一室扃~甚固。"❷钥匙。杜牧《宫词》:"银~却收金锁台,月明花落又黄昏。"❸闭锁,关闭。《新唐书·陆元方传》:"有一柙,生平所缄~者,殁后家发之,乃前后诏敕。"

【钥钩】 yuègōu 钥匙,开锁的工具。《资治通鉴·齐武帝永明十一年》:"[郁林王]又别作~~,夜开西州后阁。"

【钥牡】 yuèmǔ 即钥匙。《宋书·戴法兴传》:"法兴临死,封闭库藏,使家人谨录~~。"

悦 yuè ❶高兴,喜欢。《庄子·徐无鬼》:"武侯大~而笑。"又《胠箧》:"舍夫种种之民,而~夫役役之佞。"❷通"倪"。简易,马虎。《吕氏春秋·士容》:"淳淳乎谨慎畏化,而不肯自足;乾乾乎取舍不~,而心甚素朴。"❸姓。

【悦耳】 yuè'ěr 动听,好听。《说苑·修文》:"声音应对者,所以~~耳。"欧阳修《春秋论上》:"简直无~~之言,而新奇多可喜之论。"

【悦服】 yuèfú 心悦诚服。《尚书·武成》:"大赉于四海,而万姓~~。"《盐铁论·本议》:"是以近者亲附而远者~~。"

【悦可】 yuèkě 赞许,赞同。《新唐书·柳宗元传》:"饰智求仕者,更詈仆以悦仇人之心,日为新奇,务相~~,自以速援引之路。"苏轼《密州宋国博以诗见纪在郡杂咏次韵答之》:"当时苟~~,慎勿笑杕杜。"

【悦目】 yuèmù 好看,看着愉快。刘向《说苑·修文》:"衣服容貌者,所以~~也。"陆机《演连珠》之二七:"臣闻音以比耳为美,色以~~为欢。"

【悦劝】 yuèquàn 乐于接受教育。元稹《授乌重胤山南西道节度使制》:"自经理海邦,训齐戎旅,灾荒之后,安阜为难,政以和均,人斯~~。"

【悦校】 yuèxiào 安舒美好。校,通“佼”。满足。《荀子·礼论》:“凡礼始乎稅,成乎文,终乎～～。”

【悦豫】 yuèyù 喜欢,愉快。班固《两都赋序》:“是以众庶～～,福应龙盛。”秦观《代程给事乞祝圣寿表》:“于是郡之衣冠缁素无不～～鼓舞。”

【悦泽】 yuèzé ❶光润夺目。《易林·讼之师》:“凫得水没,喜笑自啄,毛羽～～。”❷指文采。陆云《与平原书》:“久不作文,多不～～。”

阅(閱) 1. yuè ❶数,计算。《汉书·霍去病传》:“两军之出塞,塞～官及私马凡十四万匹,而后入塞者不满三万匹。”《论衡·自纪》:“稻谷千钟,糠皮太半,～钱满亿,穿决出万。”❷考核,视察。《后汉书·和熹邓皇后纪》:“乃亲～宫人,观察颜色,即时首服。”曾巩《叙盗》:“余当～是狱,故具列其本末情状以览观焉,以明余之于是尽心矣。”❸检阅。《左传·桓公六年》:“秋,大～,简车马也。”❹看,观览。杜甫《八哀诗·赠左仆射郑国公严公武》:“～书百纸尽,落笔四座惊。”❺经历。《史记·孝文本纪》:“上曰:‘楚王,季父也。春秋高,～天下之义理多矣,明于国家之大体。’”苏轼《三槐堂铭》:“贯四时,～千岁而不改者,其天定也。”❻总,汇合。陆机《叹逝赋》:“川～水以成川,水滔滔而日度。”❼容纳。《诗经·邶风·谷风》:“我躬不～,遑恤我后。”《荀子·王制》:“材技股肱健勇爪牙之士,彼将日日挫顿竭之于仇敌,我今将来致之,并～之,砥砺之于朝廷。”❽出,产生。《老子·二十一章》:“自今及古,其名不去,以～众甫。”❾卖。《荀子·修身》:“故良农不为水旱不耕,良贾不为折～不市。”❿长椽。《尔雅·释宫》:“桷直而遂,谓之～。”

2. xuè ⓫通“穴”。洞。《诗经·曹风·蜉蝣》:“蜉蝣掘～,麻衣如雪。”

【阅历】 yuèlì 经历。方回《次韵刘元晖喜予还家携酒见访》之一:“苦辛厌奔驰,忧患饱～～。”

【阅领】 yuèlǐng 总领,统帅。《论衡·订鬼》:“上有二神人,……主～～万鬼。”

【阅实】 yuèshí 查对,核实。《尚书·吕刑》:“墨辟疑赦,其罚百锾,～～其罪。”《史记·周本纪》:“五过之疵,官狱内狱,～～其罪,惟钧其过。”

【阅世】 yuèshì 经历时世。刘禹锡《送张盥赴举》诗:“况今三十载,～～难重陈。”又《宿诚禅师山房题赠》诗之二:“视身如传舍,～～甚东流。”

【阅试】 yuèshì 考核。曾巩《请令长贰举属官劄子》:“非特搜扬下位而已,亦以～～大官。”

【阅武】 yuèwǔ 检阅军队。《晋书·虞溥传》:“溥从父之官,专心坟籍,时疆埸～～,人争视之,溥未尝寓目。”曾巩《请西北择将东南益兵劄子》:“臣闻古者兵出于农,故三时耕稼,一时～～。”

【阅习】 yuèxí 检阅演习。范仲淹《除枢密副使召赴阙陈让状》之二:“～～军马,完备器械。”苏轼《上皇帝书》:“如近日裁减皇族恩例,刊定任子条式,修究器械,～～鼓旗。”

蚏 yuè 同“蟣”。彭蚏,也作蟛蚏、蟚蚏。《集韵·月韵》:“～,彭蚏,水虫,似蟹而小。”

蚏 yuè 同“蟣”。蟛蚏。似蟹而小。也作“蟛蚏”、“蟛蟣”、“蟚蚏”。

钺(鉞) yuè 古代一种兵器,形状像大斧,圆刃,青铜或铁制成。多用于仪仗,也用于破杀。《诗经·商颂·长发》:“武王载旆,有虔秉～。”《国语·晋语二》:“虢公梦在庙,有神人面白毛虎爪,执～立于西阿,公惧而走。”

跃(躍) 1. yuè ❶跳。《诗经·大雅·旱麓》:“鸢飞戾天,鱼～于渊。”《荀子·劝学》:“骐骥一～,不能十步,驽马十驾,功在不舍。”

2. tì ❷见“跃跃”。

【跃鳞】 yuèlín ❶鱼跃。潘岳《西征赋》:“华鲂～～,素鲔扬鬐。”❷跳过龙门的鲤鱼。比喻人登上显赫的地位。李白《古风》之一:“群才属休明,乘运共～～。”

【跃马】 yuèmǎ 策马飞奔。比喻富贵得志。《史记·范雎蔡泽列传》:“吾持粱刺齿肥,～～疾驱,怀黄金之印,结紫绶于要,揖让人主之前,食肉富贵,四十三年足矣。”刘孝标《〈相经〉序》:“其间或～～膳珍,或飞而食肉。”

【跃如】 yuèrú 腾跃急切的样子。《孟子·尽心上》:“君子引而不发,～～也。”

【跃冶】 yuèyě 《庄子·大宗师》:“今之大冶铸金,金踊跃曰:‘我且必为镆铘。’大冶必以为不祥之金。”(镆铘:莫邪,传说是吴工匠干将为吴王铸的宝剑名。)后比喻自我炫耀。范仲淹《金在熔赋》:“昔丽水而隐晦,今～～而光亨。”

【跃溢】 yuèyì 飞跃漫出。《论衡·雷虚》:“当冶工之消铁也,以土为形,燥则铁下,不则～～而射。”

【跃跃】 yuèyuè 欢乐激动的样子。韩愈

《韦侍讲盛山十二诗序》:“夫得利则～～以喜,不利则戚戚以泣。”

【跃跃】 tìtì 迅速跳跃的样子。《诗经·小雅·巧言》:“～～毚兔,遇犬获之。”(毚:狡猾。)

【跃马年】 yuèmǎnián 猎取功名富贵的时机。多指科举应试的日期。王维《赠从弟司库员外绿》诗:“徒闻～～～,苦无出人智。”

跀 yuè 古代断足或斩脚趾的酷刑。也作“刖”。《说文·足部》:“～,断足也。”《韩非子·外储说左下》:“子皋为狱吏,～人足,所～者守门。”

越 1. yuè ❶度过,跨过。《战国策·西周策》:“周君不入秦,秦必不敢～河而攻南阳。”曹操《短歌行》:“～陌度阡,枉用相存。”❷经过。《尚书·召诰》:“惟二月既望,～六日,乙未,王朝步自周,则至于丰。”范仲淹《岳阳楼记》:“～明年,政通人和,百废俱兴。”❸超出本分,僭越。《荀子·儒效》:“故以枝代主而非～也,以弟诛兄而非暴也,君臣易位而非不顺也。”❹超出,超过。《荀子·议兵》:“师不～时。”《汉书·枚乘传》:“是大王之威加于天下,而功～于汤武也。”❺扬,高扬。《礼记·聘义》:“叩之,其声清～而去。”班固《西都赋》:“櫂女讴,鼓吹震,声激～。”[引]传播,宣扬。《国语·晋语八》:“宣其德行,顺其宪则,使～于诸侯。”班固《西都赋》:“莅若椒风,披香发～。”❻迂阔。《国语·鲁语上》:“～哉,臧孙之为政也。”❼远,远离。《左传·襄公十四年》:“使厚成叔吊于卫,曰:‘寡君使瘠,闻君不抚社稷而～在他竟,若之何不吊?’”《三国志·魏书·武帝纪》:“朕以不德,少遭愍凶,～在西土,迁于唐、卫。”❽违背。《后汉书·东平宪王苍传》:“克慎明德,率礼不～。”又《宦者传论》:“然真邪并行,情貌相～。”❾消散。《左传·昭公四年》:“风不～而杀,雷不发而震。”刘禹锡《祭柳员外文》:“涕洟迸落,魂魄震～。”(洟:鼻涕。)❿失,坠落。《尚书·太甲上》:“无～厥命以自覆。”《左传·成公二年》:“射其左,～于车下。”⓫夺取,抢劫。《尚书·康诰》:“凡民自得罪,寇攘奸宄,杀～人于货。”⓬助词,常用于句首。《尚书·召诰》:“～翼戊午,乃社于新邑。”《后汉书·桓郁传》:“昔成王幼小,～在襁保。”⓭于。《尚书·大诰》:“有大艰于西土,西土人亦不静,～兹蠢。”《诗经·周颂·清庙》:“对～在天,骏奔走在庙。”⓮与。《尚书·大诰》:“猷大诰尔多邦,～尔御事。”⓯更加。辛弃疾《浣溪沙·赠子文侍人名笑笑》词:“宜颦宜笑～精神。”⓰通“樾”。树荫。《淮南子·精神训》:“当此之时得茠～下,则脱然而喜矣。”⓱古国名。春秋十四列国之一,也称於越,姒姓。相传始祖为夏少康庶子无余。封于会稽(今浙江绍兴)。春秋末越王勾践攻灭吴国,领土向北扩展,称为霸主。战国时为楚所灭。⓲古代南方部族名。当时江浙闽粤之地为越族所居,称为百越。越与“粤”通,也作百粤。《盐铁论·相刺》:“～人夷吾,戎人由余,待译而后通。”柳宗元《登柳州城楼寄漳汀封连四州》诗:“共来百～文身地,犹自音书滞一乡。”⓳姓。

2. huó ⓴瑟底小孔。《礼记·乐记》:“清庙之瑟,朱弦而疏～。”[又]孔穴。陆龟蒙《耒耜经》:“前如桯而樛者曰辕,后如柄而乔者曰梢。辕有～,加箭可弛张焉。”㉑穿孔。《国语·周语下》:“如是,而铸之金,磨之石,系之丝木,～之匏竹,节之鼓而行之,以遂八风。”㉒蒲草,可以编织席子。《荀子·正论》:“出门而宗祀有事,乘大路趋～席以养安。”(大路:大辂。天子所乘之车。趋:踏。)

【越次】 yuècì 不依次序,破格。《汉书·王莽传上》:“臣以外属,～～备位,未能奉称。”《论衡·累害》:“佐吏非清节,必拔人～～,迕失其意,毁之过度。”

【越鸡】 yuèjī 小鸡。《庄子·庚桑楚》:“～～不能伏鹄卵,鲁鸡固能矣。”柳宗元《梅雨》诗:“愁深楚猿夜,梦断～～晨。”

【越礼】 yuèlǐ 逾越礼法。《晋书·裴頠传》:“昔穆叔不拜～～之飨,臣亦不敢闻殊常之诏。”曾巩《谢杜相公书》:“在丧之日,不敢以世俗浅意,～～进谢。”

【越录】 yuèlù ❶超越次第。《国语·吴语》:“两君偃兵接好,日中为期。今大国～～,而造于弊邑之军垒,敢请乱故。”❷超越等第而受爵。《资治通鉴·唐文宗太和七年》:“王侯通爵,～～受之。”

【越若】 yuèruò 助词,无实义。《尚书·召诰》:“惟太保先周公相宅,～～来三月,惟丙午朏,越三日,戊申,太保朝至于洛,卜宅。”(朏:农历每月初三。)《汉书·王莽传上》:“～～翊辛丑,诸生、庶民大和会。”(翊:通“翌”。次日,明天。)

【越席】 yuèxí 起坐,离席。《礼记·孔子闲居》:“子贡～～而对曰:‘敢问何如?’”《荀子·哀公》:“定公～～而起曰:‘趋驾召颜渊。’”

【越以】 yuèyǐ 助词,无实义。《诗经·陈风·东门之枌》:“穀旦于逝,～～鬷迈。”(鬷迈:聚会而行。)

【越越】 yuèyuè ❶轻易的样子。《吕氏春秋·本味》:"圣人之道要矣,岂～～多业哉!"❷越发。高栻《集贤宾·怨别》套曲:"越思量～～的难为。"

【越职】 yuèzhí 逾越职权范围。《汉书·宣帝纪》:"～～踰法,以取名誉,譬犹践薄冰以待白日,岂不殆哉!"《论衡·幸偶》:"以～～之故,加之以罪。"

【越席】 huóxí 蒲草编成的席子。《左传·桓公二年》:"清庙茅屋,大路～～。"

税 yuè 见 shuì。

粤 yuè ❶助词。用于句首或句中。《汉书·叙传上》:"尚～其几,沦神域兮!"李白《化城寺大钟铭》:"～有唐宣城郡当涂县化城寺大钟者,量函千盈。"❷通"越"。古代南方的部族名。居于江浙闽粤一带,总称百粤。《汉书·高帝纪下》:"～人之俗,好相攻击。"又《南粤王传》:"秦并天下,略定扬～,置桂林、南海、象郡,以适徙民与～杂处。"❸广东、广西古为百粤之地,故称两粤。后专用为广东省的别称。

雗 yuè 围棋术语。棋心并四面各据中一子叫"势子",称"五～"。马融《围棋赋》:"横行阵乱兮,敌心骇惶,迫兼棋～兮,颇弃其装。"

鸑(鷟) yuè 见"鸑鷟"。

【鸑鷟】 yuèzhuó 鸟名。❶凤的别名。《国语·周语上》:"周之兴也,～～鸣于岐山。"❷水鸟。又名鸀鳿。《本草纲目·禽部》:"鸀鳿,[又名]～～,……其状如鸭而大,长颈,赤目斑嘴,毛紫绀色。"

髫 yuè 见 kuò。

樾 yuè ❶树荫。《淮南子·人间训》:"武王荫暍人于～下,左拥而右扇之,而天下怀其德。"韩愈《送文畅师北游》诗:"三年窜荒岭,守县坐深～。"❷道旁林荫树。《新唐书·太平公主传》:"自兴安门设燎相属,道～为枯。"

【樾荫】 yuèyīn 林荫。王安石《知北游》诗:"客坐苔纹滑,僧眠～～清。"

龠 yuè ❶一种用竹管制成的乐器。"籥"的本字,似笛而稍短小,有三孔、六孔、七孔之别。《说文·龠部》:"～,乐之竹管,三孔,以和众声也。"《广雅·释乐》:"～谓之笛,有七孔。"《诗经·邶风·简兮》:"左手执～。"❷量器名。《汉书·律历志》:"量者,～、合、升、斗、斛也,所以量多少也。本起于黄钟之～,……合～为合,十合为升,十升为斗,十斗为斛。"

蠘 yuè "蟚蠘"的简称,似蟹而小。也作"蚏"、"蚎"。《晋书·夏统传》:"幼孤贫,养亲以孝闻,……或至海边,拘蠊～以资养。"

篗 yuè 同"籰"。古代纺织收丝的用具。陆游《村舍杂书》诗:"累累茧满簇,绎绎丝上～。"

瀹 yuè ❶浸渍。《仪礼·既夕礼》:"菅筲三,其实皆～。"❷煮。鲍照《园葵赋》:"曲瓢卷浆,乃羹乃～。"苏轼《超然台记》:"撷园蔬,取池鱼,酿秫酒,～脱粟而食之。"❸疏通,疏导。《孟子·滕文公上》:"禹疏九河,～济漯,而注诸海。"

【瀹茶】 yuèchá 煮茶。苏轼《仇池笔记》:"～～煮药,皆美而有益。"沈初《西清笔记·纪庶品》:"上制三清茶,以梅花、佛手、松子～～。"

【瀹祭】 yuèjì 煮新菜以祭。《汉书·郊祀志》:"东邻杀牛,不如西邻之～～。"

【瀹茗】 yuèmíng 煮茶。范成大《华山寺》诗:"蒙泉新洁鉴泉明,～～羹藜甘似乳。"陆游《与儿孙同舟泛湖》诗:"酒保殷勤邀～～,道翁伛偻出迎门。"

蘥 yuè ❶燕麦。《尔雅·释草》:"～,雀麦。"(雀麦与燕麦同属禾科,但不同属,古人混而为一。)❷茏草。一名天蘥。

黦(黬) yuè ❶黄黑色。《广韵·月韵》:"～,黄黑色。"毛熙震《后庭花·莺啼燕语芳菲节》词:"自从陵谷追游歇,画梁尘～。"❷污迹。韦庄《应天长》词之二:"想得此时情切,泪沾红袖～。"

爚 yuè ❶火,火光。《史记·屈原贾生列传》:"弥融～以隐处兮,夫岂从蚁与蛭螾。"嵇康《琴赋》:"华容灼～,发采扬明,何其丽也。"❷用火加热,在汤中煮。沈约《忏悔文》:"晨剉暮～,亘月随年,嗛腹填虚,非斯莫可。"(剉:磨碎。)柳宗元《鞭贾》:"余乃召僮～汤以濯之。"❸用火照。《吕氏春秋·期贤》:"今夫～蝉者,务在乎明其火,振其树而已。"❹炫耀。《明史·詹尔选传》:"骇心志而～耳目,毁成法而酿隐忧,天下尚何忍言哉!"

【爚乱】 yuèluàn 迷惑,迷乱。《庄子·胠箧》:"彼曾、史、杨、墨、师旷、工倕、离朱,皆外立其德,而以～～天下者也。"

【爚爚】 yuèyuè 光彩耀眼的样子。班固《西都赋》:"震震～～,雷奔电激。"王安石《中秋夕寄平甫诸弟》诗:"浮云吹尽数秋毫,～～金波满满醪。"

禴 yuè 古代祭名。指春祭和夏祭。《诗经·小雅·天保》:"～祠烝尝,于公先王。"刘禹锡《代郡开国公王氏先庙碑》:"乃

～乃尝,敬而追远。"

鸙(鸙) yuè （又读 yào),天鸙,即云雀。

籥 yuè ❶一种古乐器,形状像笛,短管,有三孔、六孔或七孔。《诗经·邶风·简兮》:"左手执～,右手秉翟。"《孟子·梁惠王下》:"百姓闻王钟鼓声,管～之音。"❷吹火的竹筒。《老子·五章》:"天地之间,其犹橐～乎?"❸关闭。《国语·楚语下》:"旧怨灭宗,国之疾眚也,为之关～蕃篱而远备闲之,犹恐其至也。"❹通"钥"。锁。《战国策·赵策三》:"鲁人投其～,不果纳。"《汉书·广川惠王刘越传》:"使其大婢为仆射,主永巷,尽封闭诸舍,上～于后,非大置酒召,不得见。"

【籥口】 yuèkǒu 即钥口,比喻闭口不言。《越绝书·越绝外传纪策考》:"忠臣～～,不得一言。"

【籥牡】 yuèmǔ 锁及钥匙。《南史·戴法兴传》:"法兴临死,封闭车藏,使家人谨录～～。"(籥牡:或作"钥牡"。)

【籥舞】 yuèwǔ 指文舞。吹籥而舞,舞时依籥声为节拍。《诗经·小雅·宾之初筵》:"～～笙鼓,乐既和奏。"

籰 yuè 同"篗"。络丝工具。《广韵·药韵》:"～,《说文》曰:'收丝者也。'"《天工开物·乃服·调丝》:"悬搭丝于钩内,手中执～旋缠,以俟牵经织纬之用。"

【籰子】 yuèzǐ 绕丝、线的工具。《红楼梦》七十回:"[丫头们]搬高墩,捆剪子股儿,一面拨起～～来。"

yun

蒕 yūn ❶草名。即万年青,一名千年蒕。多年生草本植物,冬夏常青,果橘红色或黄色,可供观赏。陈淏子《花镜》卷五:"万年青,一名～。"❷烟雾很盛的样子。见"蒀蒕"。

煴 1. yūn ❶燃烧不旺,没有火焰只有烟。贾思勰《齐民要术·栽树》:"天雨新晴,北风寒彻,是夜必霜。此时放火作～,少得烟气,则免于霜矣。"❷没有火焰的火堆,微火。《汉书·苏武传》:"凿地为坎,置～火,覆武其上,蹈其背以出血。"❸暖和。牟融《理惑论》:"狐貉虽～,不能热无气之人。"

2. yùn ❹用烙铁或熨斗烫平衣物。《集韵·焮韵》:"～,以火伸物。"

【煴恭】 yūngōng 温和恭敬。徐幹《中论·考伪》:"托之乎～～,然而时有距绝击断,严厉。"

【煴煴】 yūnyūn ❶模糊不清的样子。《后汉书·班固传》:"太极之原,两仪始分,烟烟～～,有沉而奥,有浮而清。"❷火势微弱的样子。陆羽《茶经·源》:"中置一器,贮塘煨火,令～～然。"(塘:烘烤。)❸微微发热的样子。关汉卿《拜月亭》三折:"元来你……涩涩的轻把我裙儿拽,～～的羞得我腮儿热。"

辒 yūn 见 wēn。

氲 yūn ❶烟,云气。张籍《宛转行》:"炉～暗徘徊,寒烟背斜光。"金之俊《游南岳记》:"时秋七月既望,徼岳之灵,爽气澄空,岚～净扫。"❷气盛。魏源《楚粤归舟纪游》诗之三:"濠镜羊城水气～,华夷佑舶自成群。"❸发怒。王实甫《西厢记》三本二折:"忽的波低垂了粉颈,～的呵改变了朱颜。"

【氲氛】 yūnfēn 气盛的样子。李白《观元丹丘坐巫山屏风》诗:"水石潺湲万壑分,烟光草色俱～～。"韦应物《慈恩伽蓝清会》诗:"～～芳台馥,萧散竹池广。"

【氲熇】 yūnhè 温暖。杨慎《送许稚仁得玉字》诗:"迩载逢休明,沍寒回～～。"(沍寒:天气严寒。)

【氲氤】 yūnyīn 烟气弥漫的样子。江淹《丹砂可学赋》:"烂七采之熠耀,漫五色之～～。"

【氲氲】 yūnyūn 气盛的样子。韩偓《春闺》诗之二:"～～帐里香,薄薄睡时粧。"

頵(頵) yūn 头大的样子。《集韵·谆韵》:"～,头大貌。"

【頵砡】 yūnyù 叠石的样子。马融《长笛赋》:"夫其面旁,则重巘增石,简积～～。"

奫(奫) yūn ❶水深广的样子。王岳灵《责龟文》:"当潜伏～湾,违祸罾罟,九江锡命,其可得乎?"❷泉水大。晁补之《谒岱祠即事》诗:"又怪玉女井,高绝何由～。"

【奫沦】 yūnlún 水深广的样子。白居易《昆明春水满》诗:"影浸南山青滉瀁,波沉西日红～～。"欧阳修《荷花赋》:"阴曲池之清泚,漾波纹之～～。"

【奫潫】 yūnwān 水回旋的样子。左思《吴都赋》:"泓澄～～,泝溶沆瀁。"

【奫奫】 yūnyūn 水深广的样子。元结《补乐歌·九渊》:"圣德至深兮,～～如渊。"

蝹 1. yūn ❶像龙蛇盘曲行走的样子。泛指蜿蜒起伏。何晏《景福殿赋》:"～若神龙之登降,灼若明月之流光。"

2. ǎo ❷传说中常潜伏在地下吃死人脑的怪物。任昉《述异记》卷下:"秦缪公时，陈仓人掘地得物，若羊非羊，似猪非猪。缪公道中逢二童子，曰：'此名～，在地中吃死人脑。'"

【蝹蛉】　yūnlún　蛇行的样子。郭璞《江赋》："倏蟰拂翼而掣耀，神蜧～～以沉游。"（神蜧：神蛇。）

【蝹蜿】　yūnwān　盘绕屈曲的样子。龚自珍《己亥杂诗》之八："太行一脉走～～，莽莽畿西虎气蹲。"

【蝹蝹】　yūnyūn　龙行的样子。张衡《西京赋》："海鳞变而成龙，状蜿蜿以～～。"韩愈《赠剑客李园联句》："山磨电奕奕，水淬龙～～。"

赟（贇）　yūn　美好。《广韵·真韵》："～，美好也。"

云[1]　yún　❶"雲"的古字。见"云乱"、"云翔"。❷说。《诗经·小雅·雨无正》："～不可使，得罪于天子。"《史记·吕太后本纪》："卜之，～赵王如意为祟。"❸为，是。《汉书·陈汤传》："所以优游而不征者，重动师众，劳将帅，故隐忍而未有～也。"《后汉书·袁术传》："虽～匹夫，霸王可也。"❹有。《荀子·儒效》："～能，则必为乱。"陆机《答贾谧》："公之～感，贻此音翰。"❺周旋往来。《诗经·小雅·正月》："洽比其邻，昏姻孔～。"❻运动。《管子·戒》："故天不动，四时～下而万物化。"❼如此。《左传·襄公二十八年》："子之言～，又焉用盟？"《史记·汲郑列传》："汲、郑亦～，悲夫！"❽如果。《列子·力命》："及管夷吾有病，小白问之曰：'仲父之病疾矣，可不讳。～至于大病，则寡人恶乎属国而可？'"❾语助词。无实义，用于句首、句中或句末。《诗经·鄘风·君子偕老》："子之不淑，～如之何？"《左传·成公十二年》："日～莫矣，寡君须矣，君子其入也。"《后汉书·西域传》："汉本其故号，言大月氏～。"❿通"芸"。多。马王堆汉墓帛书《老子甲本》："天物～～。"今本《老子·十六章》作"天物芸芸"。⓫姓。

【云尔】　yún'ěr　语助词。相当于"如此而已"。《论语·述而》："子曰：'女奚不曰：其为人也，发愤忘食，乐以忘忧，不知老之将至～～。'"《穀梁传·隐公元年》："于鄢，远也。犹曰取之其母之怀中而杀之～～。"

【云何】　yúnhé　为何，如何。《诗经·周南·卷耳》："我仆痡矣，～～吁矣！"《后汉书·班勇传》："尚书问勇曰：'今立副校尉，何以为便？又置长史屯楼兰，利害～～？'"

【云胡】　yúnhú　为什么。《诗经·郑风·风雨》："既见君子，～～不夷？"

【云乱】　yúnluàn　纷乱，大乱。云，同"雲"。贾谊《新书·大都》："或奉公子弃疾内作难，楚国～～，王遂死于乾溪。"

【云然】　yúnrán　如此，这样。《尚书·秦誓》："虽则～～，尚猷询兹黄发，则罔所愆。"

【云若】　yúnruò　❶假如。《国语·晋语三》："～～有天，我必胜之。"❷如同。《汉书·萧望之传》："今将军规模～～管晏而休，遂行日仄至周召乃留乎？"

【云为】　yúnwéi　❶言行。班固《东都赋》："子实秦人……，乌睹大汉之～～乎？"司马光《上皇帝疏》："举措～～，不可不慎。"❷变化。李商隐《井泥四十韵》："我恐更万世，此事愈～～。"

【云翔】　yúnxiáng　如云之飞翔不定，引申为徘徊。"云"同"雲"。《战国策·秦策四》："楚、燕之兵～～不敢校，王之功亦多矣。"（校：当作"救"。）

【云已】　yúnyǐ　❶而已，罢了。《汉书·叙传下》："敞、义依霍，庶几～～。"❷完了，休止。阮籍《咏怀》之三："凝霜被野草，岁暮亦～～。"

【云喻】　yúnyù　言喻。苏轼《与陈公密书》之一："孤旅获济，荷德之心，未易～～。"

【云云】　yúnyún　❶众多，纷纭。《庄子·在宥》："万物～～，各复其根。"仲长统《昌言·损益》："为之以无为，事之以无事，何子言之～～也？"❷如此，这样。《汉书·汲黯传》："上方招文学儒者，上曰我欲～～。"韩愈《石鼎联句》序："次传于喜，喜踊躍，即缀其下～～，道士哑然笑曰：'子诗如是而已。'"❸周旋回转的样子。《吕氏春秋·圜道》："云气西行，～～然，冬夏不辍。"❹语助词。用于句末，无实义。《红楼梦》一回："作者自云曾经历过一番梦幻之后，故将真事隐去，而借'通灵'说此《石头记》一书也，故曰'甄士隐'～～。"

云[2]**（雲）**　yún　❶由无数细微水点凝聚形成的悬浮在空中的物体。《诗经·小雅·白华》："英英白～，露彼菅茅。"《孟子·梁惠王上》："天油然作～，沛然下雨。"㊀形状像云的。见"云鬟"、"云旗"等。❷比喻盛多。《诗经·鄘风·君子偕老》："鬒发如～，不屑髢也。"（鬒：稠而黑。髢：装衬假发。）张说《大唐封禅颂》："千旗～引，万戟林行。"❸比喻高。见"云罕"、"云髻"等。❹姓。

【云板】　yúnbǎn　报时报事之器，即"云版"。形状像云，故名。也名为"点"。旧时官署和权贵之家，都以击云板为信号。关汉卿《望江亭》四折："左右击～～，后堂请夫人出来。"《红楼梦》十三回："凤姐还欲问时，只听二门上传出～～，连叩四下，……将凤姐惊醒。"

【云跸】 yúnbì 皇帝出行时的车驾行列。江淹《萧骠骑上顿表》："翦此凶渠，庶匪旷甸，但遂玉辂躬临，～～亲驾。"宋之问《龙门应制》诗："羽从琳琅拥轩盖，～～才临御水桥。"

【云鬓】 yúnbìn 妇女的多而美的鬓发。《木兰诗》："当窗理～～，对镜贴花黄。"李商隐《无题》诗："晓镜但愁～～改，夜吟应觉月光寒。"

【云车】 yúnchē ❶古代作战用的楼车，上设望楼，以窥察敌情。《后汉书·光武帝纪上》："～～十馀丈，瞰临城中。"❷绘饰云彩的车。温庭筠《郭处士击瓯歌》："太平天子驻～～，龙炉勃郁双蟠拏。"❸传说中神仙所乘的车。王翰《古娥眉怨》诗："王母嫣然感君意，～～羽旆欲相迎。"

【云程】 yúnchéng ❶遥远的路程。赵翼《李郎曲》："送上～～心事了，忽伤老大苦思家。"❷仕途。陆游《答发解进士启》："万里抟风，莫测～～之远；一第涸子，行闻桂籍之传。"

【云窗】 yúnchuāng 雕有云状花饰的窗子。周邦彦《齐天乐·秋思》词："～～静掩，叹重拂罗裀，顿疏花簟。"

【云从】 yúncóng 比喻随从很多。张说《应制奉和》："传呼大驾来，文物如～～。"

【云房】 yúnfáng 僧人、道士或隐者所居之地。马戴《寄西岳白石僧》诗："～～出定后，岳月在池西。"姚鹄《题终南山隐者居》诗："夜吟明雪牖，春梦闭～～。"

【云肪】 yúnfáng 指纸。米芾《寄薛郎中绍彭》诗："象管钿轴映瑞锦，玉麟棐几铺～～。"

【云根】 yúngēn 深山高远云起的地方。杜甫《瞿塘两崖》诗："入天犹石色，穿水忽～～。"李贺《南山田中行》："～～苔藓山上石，冷红泣露娇啼色。"

【云构】 yúngòu ❶岩洞。谢道韫《登山》诗："非工复非匠，～～发自然。"❷形容房屋结构的高大壮丽。陈子昂《感遇》诗之十九："～～山林尽，瑶图珠翠烦。"

【云海】 yúnhǎi ❶从山的高处向下望，平铺像海的云。黄山的云海最著名。李白《关山月》诗："明月出天山，苍茫～～间。"❷指苍茫空阔、海天遥接的地方。沈佺期《答魑魅代书寄家人》诗："何堪万里外，～～已溟茫。"

【云罕】 yúnhǎn ❶捕鸟的大网。司马相如《上林赋》："载～～，揜群雅。"❷旌旗的一种。《三国志·魏书·三少帝纪》："置旄头～～，乐舞八佾，设钟虡宫县。"

【云汉】 yúnhàn ❶银河，天河。《诗经·大雅·云汉》："倬彼～～，昭回于天。"李白《月下独酌》诗之一："永结无情游，相期邈～～。"❷高空。张九龄《奉和圣制途经华山》："万乘华山下，千岩～～中。"

【云合】 yúnhé 像云的聚合。形容多。《汉书·梅福传》："故天下之士，～～归汉。"郤正《释讥》："武士奋威，～～雾集。"

【云和】 yúnhé ❶山名。以产琴瑟著称。《周礼·春官·大司乐》："孤竹之管，～～之琴瑟。"❷琴、瑟、琵琶等乐器的代称。王昌龄《西宫春怨》诗："斜抱～～深见月，朦胧树色隐昭阳。"

【云鬟】 yúnhuán 发鬟如云。沈约《乐将殚恩未已应诏》诗："～～垂宝花，轻装染微汗。"杜甫《月夜》诗："香雾～～湿，清辉玉臂寒。"

【云髻】 yúnjì 形容妇女的优美的发髻卷曲如云。曹植《洛神赋》："～～峨峨，修眉联娟。"

【云肩】 yúnjiān 妇女用的披肩。《元史·舆服志一》："～～，制如四垂云，青缘，黄罗五色，嵌金为之。"

【云将】 yúnjiàng 云的主将，即指云。《庄子·在宥》："～～东游，过扶摇之枝，而适遭鸿蒙。"（鸿蒙：指元气。）

【云柯】 yúnkē 凌云的高枝。比喻人品高尚。《世说新语·赏誉》："刘真长标～～而不扶疏。"

【云客】 yúnkè 指隐士。《水经注·沮水》："是以林徒栖托，～～宅心，泉侧多结道士精庐焉。"

【云岚】 yúnlán 云雾。谢翱《登西台恸哭记》："或山水池榭，～～草木，与所别之处及其时适于类，则徘徊顾盼，悲不敢注。"

【云龙】 yúnlóng ❶即龙。曹植《七启》："仆将为吾子驾～～之飞驷，饰玉辂之繁缨。"李白《胡无人》诗："～～风虎尽交回，太白入月敌可摧。"❷汉宫门名。因以云龙为饰，故名。班固《东都赋》："尔乃盛礼兴乐，供帐置乎～～之庭。"

【云路】 yúnlù 犹云程。❶云间。秦韬玉《八月十五日夜看月》诗："初出海涛疑尚湿，渐来～～觉偏清。"❷比喻仕宦之途。鲍照《侍郎满辞阁》："金闺～～，从兹自远。"

【云门】 yúnmén ❶周六乐舞之一，即云门大卷。大司乐用以教公卿大夫之子弟。相传为黄帝时制。见《周礼·春官·大司乐》并注。❷犹言阊门。左思《蜀都赋》:"指渠口以为～～,洒滮池而为陆泽。"(滮:蓄水。)❸比喻富贵之家的大门。孔融《杂诗》之一:"高明曜～～,远景灼寒素。"❹借指寺庙。杜甫《惠义寺送王少尹赴成都》诗:"～～青寂寂,此别惜相从。"

【云梦】 yúnmèng 泽名。古籍中的"云梦"或单称"云"(如《国语》、《左传》),或单称"梦"(如《楚辞》),或称"云梦"(如《战国策》、《吕氏春秋》、《淮南子》等)。关于其范围,说法也不一致。据今人考证,先秦两汉所称云梦泽,大致包括今湖南益阳市、湘阴县以北,湖北江陵、安陆市以南,武汉市以西地区。《史记·高祖本纪》:"用陈平计,乃伪游～～,会诸侯于陈,楚王信迎,即因执之。"

【云母】 yúnmǔ 矿石名。古人以为此石为云之根,故名。能分裂成透明薄片。可做镜屏,亦可入药。现代工业可作重要的电气绝缘材料。参阅《抱朴子·仙药》、《政和证类本草》卷三《云母》。

【云泥】 yúnní 天空的云和地下的泥,比喻地位高下悬殊或道路各异。荀济《赠阴梁州》诗:"～～已殊路,暄凉讵同节。"杜甫《送韦书记赴安西》诗:"夫子欻通贵,～～相望悬。"(欻:忽然。)

【云霓】 yúnní ❶指云和虹。《孟子·梁惠王下》:"民望之,若大旱之望～～。"白居易《赠薛涛》诗:"蛾眉山势接～～,欲逐刘郎北路迷。"❷恶气。比喻谗邪之人。《楚辞·离骚》:"飘风屯其相离兮,帅～～而来御。"

【云辔】 yúnpèi 指马。谢灵运《江妃赋》:"散～～之络绎,案灵辎而徘徊。"

【云鹏】 yúnpéng ❶《庄子·逍遥遊》:"北冥有鱼,其名为鲲,鲲之大,不知其几千里也。化而为鸟,其名为鹏,鹏之背,不知其几千里也。怒而飞,其翼若垂天之云。"后因称鹏为云鹏。《抱朴子·喻蔽》:"沈鲲横于天池,～～戾乎玄象。"王勃《益州绵竹县武都山净慧寺碑》:"烛龙韬景,避尧日于幽都;～～敛翼,候虞风于晏海。"❷比喻雄心壮志,前程远大。张缵《大言应令》诗:"罝罗微物,动落～～。"(罝罗:网罗。)曾巩《次道子中书问归期》诗:"一枝数粒身安稳,不羡～～九万飞。"

【云屏】 yúnpíng ❶画有云彩或用云母装饰的屏风。李商隐《为有》诗:"为有～～无限娇,凤城寒尽怕春宵。"❷比喻层层叠叠的山峰。李白《庐山谣寄卢侍御虚舟》诗:"庐山秀出南斗傍,～～九叠云锦张。"

【云旗】 yúnqí ❶以云为旗。《楚辞·离骚》:"驾八龙之婉婉兮,载～～之委蛇。"❷绘有熊虎图案的大旗。《汉书·司马相如传上》:"拖霓旌,靡～～。"张衡《东京赋》:"龙辂充庭,～～拂霓。"

【云桥】 yúnqiáo ❶神话传说中的银河桥。元稹《生春》诗之八:"织女～～断,波神玉貌融。"❷古代攻城的战具。《旧唐书·浑瑊传》:"贼造～～成,阔数十丈,以巨轮为脚,推之使前,施湿毡生牛革,多悬水囊以为障,直指城东北隅。"

【云衢】 yúnqú 犹言云程。指仕途。高適《真定即事奉赠华使君二十八韵》:"擢才登粉署,飞步蹑～～。"

【云扰】 yúnrǎo 形容纷扰不宁。《汉书·扬雄传下》:"豪杰麋沸～～,群黎为之不康。"《三国志·吴书·鲁肃传》:"今汉室倾危,四方～～。"

【云仍】 yúnréng 同"云礽"。世代很远的子孙。范成大《次诸葛伯山赡军赠别韵》:"～～无肖似,頫首愧前哲。"(頫:同"俯"。)陆游《秋夜读书有感》诗之一:"妄意斯文力弗胜,苦心犹欲付～～。"

【云上】 yúnshàng 比喻品德高尚,胸襟宽广。《后汉书·逸民传赞》:"江海冥灭,山林长往,远性风疏,逸情～～。"

【云梢】 yúnshāo 绘有云彩的旗。《汉书·扬雄传上》:"扬左纛,被～～。"

【云师】 yúnshī ❶古代官名。黄帝以云纪事,百官师长皆以云为名号。《左传·昭公十七年》:"昔者黄帝氏以云纪,故为～～而云名。"❷神话传说中的云神。庾信《刀铭》:"风伯吹炉,～～炼冶。"❸即毕星。二十八宿之一。张衡《西京赋》:"瞰宛虹之长鬐,察～～之所凭。"

【云书】 yúnshū 形状像云的文字。庾信《陕州弘农郡五张寺经藏碑》:"琅笈～～,金绳玉检。"

【云水】 yúnshuǐ ❶云和水。韩愈《晚次宣溪辱韶州张端公使君惠书叙别酬以绝句二章》之一:"韶州南去接宣溪,～～苍茫日向西。"❷指游行四方的僧人和道士。因行踪不定,如行云流水,故名。《景德传灯录》卷十五《大同禅师》:"自尔师道闻于天下,～～之侣,竟奔凑焉。"《宋史·莎衣道人传》:"帝岁命内侍即其居设千道斋,合～～之士,施予优普。"

【云孙】 yúnsūn 八代以后之孙。泛指远孙。苏轼《送表忠观道士归杭》诗:"凄凉破屋尘凝坐，憔悴～～雪满簪。”

【云台】 yúntái ❶高耸入云的台阁。《淮南子·俶真训》：“～～之高，堕者折脊碎脑。”❷汉代宫中高台名。《后汉书·阴兴传》：“后以兴领侍中，受顾命于～～广室。”

【云堂】 yúntáng 僧坐禅的地方。也叫僧堂、禅堂。陆游《寺居睡觉》诗：“披衣起坐清羸甚，起坐～～炰粥香。”（炰：煮。）

【云涛】 yúntāo 云涌动如波涛。孟浩然《宿天台桐柏观》诗：“日夕望三山，～～空浩浩。”

【云梯】 yúntī ❶古代攻城时用以攀登城墙的工具。《墨子·公输》：“公输盘为楚造～～之械，成，将以攻宋。”❷泛指长的梯子或扶梯。李白《经乱离后天恩流夜郎忆旧游书怀赠江夏韦太守良宰》诗：“呼来上～～，含笑出帘栊。”李商隐《日高》诗：“飞香上云春诉天，～～十二门九关。”❸比喻升天成仙之路。郭璞《游仙》诗之一：“灵谿可潜盘，安事登～～。”❹比喻高山的石级。杜甫《石龛》诗：“伐竹者谁子？悲歌上～～。”

【云天】 yúntiān 高空。《庄子·大宗师》：“黄帝得之，以登～～。”岑参《过碛》诗：“黄沙碛里客行迷，四望～～直下低。”

【云屯】 yúntún 像云的聚集。形容盛多。庾信《三月三日华林园马射赋》：“千乘雷动，万骑～～。”

【云物】 yúnwù ❶日旁云气的颜色。古人凭以观测吉凶水旱。《左传·僖公五年》：“公既视朔，遂登观台以望而书，礼也。凡分、至、启、闭，必书～～，为备故也。”❷犹景物。《文心雕龙·比兴》：“图状山川，影写～～。”刘长卿《送崔处士适越》诗：“山阴好～～，此去又春风。”❸云彩。杜甫《敬赠郑谏议十韵》：“思飘～～外，律中鬼神惊。”

【云霞】 yúnxiá 彩霞。比喻文采、色彩。《文心雕龙·原道》：“～～雕色，有逾画工之妙；草木贲华，无待锦匠之奇。”白居易《送毛仙翁》诗：“肌肤冰雪莹，衣服～～鲜。”

【云霄】 yúnxiāo ❶高空。《晋书·陶侃传》：“往年董督，径造湘城，志陵～～，神机独断。”沈括《梦溪笔谈》卷十：“林逋隐居杭州孤山，常蓄两鹤，纵之则飞入～～，盘旋久之，复入笼中。”❷比喻显达的地位。朱庆馀《酬李处士见赠》诗：“～～未得路，江海作闲人。”

【云烟】 yúnyān ❶云气和烟雾。颜延之《北使洛》诗：“宫陛多巢穴，城阙生～～。”❷比喻高远。谢灵运《入华子冈是麻源第三谷》诗：“遂登群峰首，邈若升～～。”王昌龄《万岁楼》诗：“谁堪登望～～里，向晚茫茫发旅愁。”❸比喻飞动之势。杜甫《饮中八仙歌》：“张旭三杯草圣传，脱帽露顶王公前，挥毫落纸如～～。”❹比喻众多。李白《古风》诗之四十六：“王侯象星月，宾客如～～。”

【云液】 yúnyè ❶指酒。白居易《对酒闲吟赠同老者》：“～～洒六腑，阳和生四肢。”❷云母别名。《抱朴子·仙药》：“又云母有五种，……五色并具而多白者名～～。”

【云英】 yúnyīng 云母的别名。《抱朴子·仙药》：“又云母有五种，……五色并具而多青者名～～。”

【云游】 yúnyóu 到处遨游，行踪无定，多指和尚、道士漫游。《后汉书·杜笃传》：“遂天旋～～，造舟于渭，北𣿰泾流。”（𣿰：同“航”。）《三国演义》七十七回：“山上有一老僧，法名普静，原是汜水关镇国寺中长老，后因～～天下，来到此处。”

【云腴】 yúnyú ❶指云之脂膏，道家以为仙药。《云笈七籤》卷七十四《方药》：“又～～之味，香甘异美，强骨补精，镇生五脏，守炁凝液，长魂养魄，真上药也。”（炁：同“气”。）❷指茶。宋庠《谢答吴侍郎惠茶二绝句》之一：“衰翁剧饮虽无分，且喜～～伴独醒。”

【云雨】 yúnyǔ ❶云和雨。《诗经·召南·殷其雷》毛传：“山出～～，以润天下。”后比喻恩泽。《后汉书·邓骘传》：“托日月之末光，被～～之渥泽。”❷宋玉《高唐赋》序：楚襄王与宋玉游于云梦之台，见高唐之上云气变化无穷。宋玉告诉襄王说那就是朝云。并说了一个故事：“昔者先王尝游高唐。怠而昼寝，梦见一妇人，曰：‘妾，巫山之女也，为高唐之客，闻君游高唐，愿荐枕席。’王因幸之，去而辞曰：‘妾在巫山之阳，高丘之岨，旦为朝云，暮为行雨，朝朝暮暮，阳台之下。’”后因以喻男女欢合。李白《清平调》之二：“一枝红艳露凝香，～～巫山枉断肠。”李群玉《醉后赠冯姬》诗：“愿托襄王～～梦，阳台今夜降神仙。”

【云栈】 yúnzhàn 高峻的栈道。白居易《长恨歌》：“黄埃散漫风萧条，～～萦纡登剑阁。”

【云章】 yúnzhāng 语出《诗经·大雅·棫朴》：“倬彼云汉，为章于天。”后因称笔迹为云章。苏轼《谢赐燕并御书进诗》：“人间一日传万口，喜见～～第一篇。”

【云蒸】 yúnzhēng 如云之升腾，形容繁盛。《后汉书·冯衍传下》：“风兴～～，一龙一蛇，与道翱翔，与时变化。”

【云珠】 yúnzhū 云母别名。《抱朴子·仙药》:"又云母有五种,……五色并具而多赤者名~~。"

【云辎】 yúnzī 指车辆众多如云。《后汉书·窦宪传》:"元戎轻武,长毂四分,~~蔽路,万有三千馀乘。"

【云子】 yúnzǐ ❶传说中神仙服食之物。杜甫《与鄠县源大少府宴渼陂得寒字》诗:"饭抄~~白,瓜嚼水精寒。"陆游《起晚戏作》诗:"~~甑香炊熟后,露芽瓯浅点尝初。"❷古时车服的绣饰。《宋史·舆服志二》:"[龙肩舆]其制:方质,椶顶,施走脊龙四,走脊~~六。"

匀 yún ❶均匀,匀称。韩愈《咏雪赠张籍》:"片片~如剪,纷纷碎若挼。"苏轼《沐浴启圣僧舍与赵德麟邂逅》诗:"酒清不醉休休暖,睡稳如禅息息~。"❷分出,让出。杜荀鹤《题花木障》诗:"不假东风次第吹,笔~春色一枝枝。"《儒林外史》五十回:"叫家人~出一匹马,请凤四老爹骑着。"❸均匀地涂搽。元稹《生春》诗:"手寒~面粉,鬟动倚帘风。"《儒林外史》五十三回:"那些姊妹们都~脂抹粉。"

【匀脸】 yúnliǎn 同"匀面"。晏几道《木兰花》词:"画眉~~不知愁,殢酒熏香偏称小。"(殢:沉溺于。)《红楼梦》五十五回:"探春一面~~,一面向平儿冷笑。"

【匀面】 yúnmiàn 用脂粉等给脸化妆。冯延巳《江城子》词:"睡觉起来~~了,无个事,没心情。"

【匀摊】 yúntān 平均分派。吕渭老《恋香衾》词:"笑则人前不妨笑,行笑里斗觉心烦,怎生分得烦恼,两处~~。"

【匀圆】 yúnyuán 圆润而均匀。杜甫《野人送朱樱》诗:"数回细写愁仍破,万颗~~讶许同。"

【匀匀】 yúnyún ❶广阔平坦的样子。柳宗元《晋问》:"若稼若圃,敞兮~~。"❷均衡的样子。苏辙《次韵迟千叶牡丹》之一:"毕竟春风不拣择,随开随落自~~。"

【匀注】 yúnzhù 均匀地化妆。王易简《水龙吟·白莲》词:"西子残妆,环儿初起,未须~~。"

郧 yún 同"郧"。古诸侯国名。春秋时为楚所灭。故地在今湖北安陆市。《左传·宣公四年》:"若敖娶于~。"

沄[1] yún 水流汹涌的样子。《后汉书·张衡传》:"扬芒熛而绛天兮,水泫~而涌涛。"

【沄沄】 yúnyún ❶水流汹涌的样子。董仲舒《春秋繁露·山川颂》:"水则源泉混混~~,昼夜不竭。"柳宗元《惩咎赋》:"凌洞庭之洋洋兮,泝湘流之~~。"❷水流回转的样子。《楚辞·九思·哀岁》:"窥见兮溪涧,流水兮~~。"杜甫《次空灵岸》诗:"~~逆素浪,落落展清眺。"❸形容像流水一样消逝。王安石《次韵答陈正叔》之一:"功名落落求难直,日月~~去不回。"❹传播,长远流传。元结《大唐中兴颂》:"能令大君,声容~~。"❺形容纷乱,纷繁。文天祥《贺何尉书》:"别后不图事变~~,天下大事几去。"

沄[2](澐) yún ❶江中大波涛。《说文·水部》:"~,江水大波谓之~。"于邵《送郑判官之广州序》:"游以舟楫,欲别不能,涨涛涌~,长空不分。"❷水流汹涌的样子。见"沄沄"。

【沄沄】 yúnyún 水流汹涌的样子。独孤及《招北客文》:"其东则有大江~~,下绝地垠。"

芸[1] yún ❶香草名。也叫芸香。多年生草本植物。有强烈气味,古时用以驱虫蠹。《礼记·月令》:"[仲冬之月]~始生。"沈括《梦溪笔谈·辩证一》:"古人藏书辟蠹用~。~,香草也。"❷菜名。《吕氏春秋·本味》:"菜之美者,……阳华之~,云梦之芹。"❸花草枯黄的样子。《诗经·小雅·苕之华》:"苕之华,~其黄矣。"❹通"耘"。除草。《论语·微子》:"植其杖而~。"《孟子·尽心下》:"人病舍其田,而~人之田。"

【芸编】 yúnbiān 书籍。书中藏芸香驱蠹虫,故称。陆游《夏日杂题》诗之五:"天随手不去朱黄,辟蠹~~细细香。"

【芸窗】 yúnchuāng 书斋。书斋中常用芸香驱虫,故称。冯延登《洮石砚》诗:"~~尽日无人到,坐看玄云吐翠微。"

【芸夫】 yúnfū 农夫。《后汉书·荀韩钟陈传论》:"汉自中世以下,阉竖擅恣,故俗遂以遁身矫絜放言为高。士有不谈此者,则~~牧竖已叫呼之矣。"

【芸阁】 yúngé 藏书处,即秘书省。周行已《哭吕与叔》诗之二:"~~校雠非苟禄,每回高论助经纶。"

【芸黄】 yúnhuáng 花草枯黄的样子。沈约《刘真人东山还》诗:"寥戾野风急,~~秋草腓。"(腓:枯萎。)

【芸扃】 yúnjiōng 宫中藏书之处,指秘书省。也称芸台、芸阁。陈子昂《临邛县令封君遗爱碑》:"~~睹奥,见天下之图;石柱闻琴,知君子之化。"

【芸签】 yúnqiān 书签。借指图书。李商隐《为贺拔员外上李相公启》:"登诸兰署,辖彼～～。"李清照《金石录后序》:"因忆侯在东莱静治堂,装卷初就,～～缥带,束十卷作一帙。"

【芸省】 yúnshěng 犹"芸台",指秘书省。许浑《寄袁校书》诗:"劳歌极西望,～～有知音。"梅尧臣《送刘成伯著作赴弋阳宰》诗:"遂除～～郎,出治江上县。"

【芸署】 yúnshǔ 藏书室。也称芸阁、芸台。元稹《天坛上境》诗:"野人性僻穷深僻,～～官闲不似官。"

【芸台】 yúntái 藏书处。也称"芸阁"、"芸署"。鱼豢《典略》:"～～香辟纸鱼蠹,故藏书台称～～。"也指掌管图书的官署,即秘书省。《宋史·高丽传》:"俾登名于桂籍,仍命秩于～～。"

【芸香】 yúnxiāng 香草。多年生草本植物,茎直立,叶子互生,羽状分裂,裂片长圆形。夏季开黄色小花。全草有香气,供驱虫,也供药用。梁简文帝《大法颂》:"～～馥兰,绿字擒章。"

【芸芸】 yúnyún 众多的样子。《老子·十六章》:"夫物～～,各归其根。"《抱朴子·逸民》:"万物～～,化为埃尘矣。"

【芸帙】 yúnzhì 指书卷。藏书者为避虫蠹,常用芸香放置其中,故称。梁寅《蒙山赋》:"坐紫苔兮绿绮奏,荫苍松兮～～舒。"

芸[2](蕓) yún 见"芸辉"、"芸薹"。

【芸辉】 yúnhuī 香草名。苏鹗《杜阳杂编》卷上:"元载末年,造芸辉台于私第。～～,香草名也,出于阗国,其香洁白如玉,入土不朽烂,春之为屑以涂其壁,故号～～焉。"

【芸薹】 yúntái 菜名。又名薹芥,俗称油菜。《本草纲目·菜部一》:"此菜易起薹,须采其薹食,则分枝必多,故名～～;而淮人谓之薹芥,即今油菜,为其子可榨油也。"

妘 yún 姓。《说文·女部》:"～,祝融之后,姓也。"

纭(紜) yún 多而杂乱。班固《东都赋》:"千乘雷起,万骑纷～。"

【纭纭】 yúnyún 多而杂乱。《孙子·势》:"纷纷～～,斗乱而不可敌也。"白居易《朱陈村》诗:"机梭声札札,牛驴走～～。"

昀 yún 日光。《玉篇·日部》:"～,日光也。"

畇 yún (又读 xún) 开垦。元稹《代曲江老人百韵》:"南郊礼天地,东野辟原～。"顾炎武《天下郡国利病书·山东八·安邱县》:"安邱～田得一万二千二百二十三顷。"

【畇畇】 yúnyún 开阔平整的样子。《诗经·小雅·信南山》:"～～原隰,曾孙田之。"柳宗元《道州文宣庙碑》:"～～其原,既夷且大。"

郧(鄖) yún ❶同"郧"。古国名。春秋时为楚所灭。故地在今湖北安陆市。《左传·桓公十一年》:"～人军于蒲骚。"❷古邑名。春秋卫地。确址无考。《左传·哀公十一年》:"卫大叔疾出奔宋,……死焉,殡于～。"❸古地名。春秋吴地。故地在今江苏如皋市东。《春秋·哀公十二年》:"公会卫侯、宋皇瑗于～。"

涢(溳) 1. yún ❶水名。汉江支流。源出湖北大洪山,北流绕随州市折向南,经安陆市至武汉西入汉水。《水经注·涢水》:"溠水又南流,注于～。～水又会于支水,水源亦出大洪山,而东流注于～。"

2. yǔn ❷涢涢。水波起伏相连的样子。见"涢涢"。

耘 yún 除草。《诗经·周颂·载芟》:"千耦其～,徂隰徂畛。"(畛:田间小路。)方夔《田家四事》诗:"草生害我苗,匝月一再～。"㉤除掉,消灭。《史记·东越列传》:"不战而～,利莫大焉!"

【耘锄】 yúnchú ❶除草或松土用的锄头。元稹《田野狐兔行》:"种豆～～,种禾沟甽。"❷除田间杂草,也泛指农业劳动。曹植《上疏陈审举之义》:"小者未堪大使,为可使～～秽草,驱护鸟雀。"王安石《道人北山来》诗:"告叟去复来,～～尚康强。"❸犹平定或整治。《汉书·燕刺王刘旦传》:"樊、郦、曹、灌,携剑推锋,从高皇帝垦菑除害,～～海内。"(樊:樊哙。郦:郦商。曹:曹参。灌:灌婴。)

【耘艺】 yúnyì 耕耘。鲍照《观圃人艺植》诗:"春畦及～～,秋场早芟筑。"

【耘艾】 yúnyì 耕种与收获。艾,同"刈"。《荀子·王制》:"岁虽凶败水旱,使民有所～～,司空之事也。"

【耘耘】 yúnyún 繁盛,众多的样子。胡锜《代侯亚贺皇帝耤田礼成表》:"雷动绀辕,拥百僚之穆穆;风生青耜,庆千耦之～～。"

【耘爪】 yúnzhǎo 一种在水田除草的农具。《农政全书·农器》:"～～,耘水田器也。"

筼 yún 见 sǔn。

缜(縜) yún 系牢射侯(古代行射礼所用的箭靶)的圈扣。用以穿绳缚住靶的上下两头粗绳,使之固定。《周礼·考工记·梓人》:"上纲与下纲出舌寻,～寸焉。"

熉(熉) yún （又读 yǔn） 黄色。《汉书·礼乐志》："照紫屋，珠～黄。"杨万里《拟乙巳南郊庆成》诗之一："～黄幄坐明金炬，太紫虚皇下碧天。"

筠 1. yún ❶竹子的青皮。《礼记·礼器》："其在人也，如竹箭之有～也，如松柏之有心也。"刘禹锡《许给事见示哭工部刘尚书诗因命同作》诗："特达圭无玷，坚贞竹有～。"㉿竹子。江淹《知己赋》："我～心而松性，君金采而玉相。"韦应物《将往滁城恋新竹简崔都水示端》诗："停车欲去绕丛竹，偏爱新～十数竿。"❷竹制的笛类管乐器。庾信《赵国公集序》："窃闻平阳击石，山谷为之调；大禹吹～，风云为之动。"

2. jūn ❸筠连。县名。在四川省南部，邻接云南省。

【筠管】 yúnguǎn 指毛笔。韩偓《安贫》诗："窗里日光飞野马，案头～～长蒲芦。"袁宏道《舟中逢周行可》诗："通侯画地取，～～亦何哉。"

【筠箭】 yúnjiàn 用坚韧的竹做的箭。比喻人坚贞高尚的品格。刘峻《与宋玉山元思书》："天诞英逸，独擅民秀，心贞～～，德润珪璋。"

【筠笼】 yúnlóng ❶盖在香炉上的竹笼。庾信《对烛赋》："莲帐寒檠窗拂曙，～～熏火香盈絮。"❷竹篮。杜甫《野人送朱樱》诗："西蜀樱桃也自红，野人相赠满～～。"❸鸟笼。杜牧《为人题赠》诗之一："兰径飞蝴蝶，～～语翠襟。"

【筠筒】 yúntǒng ❶竹筒。沈亚之《五月六日发石头城步望前舡示舍弟兼寄侯郎》诗："蒲叶吴刀绿，～～楚粽香。"传说楚国屈原五月五日投汨罗自尽，楚人于这天用竹筒盛饭祭奠他。❷指取鱼器。王安石《伤杜醇》诗："藜杖牧鸡豚，～～钓鲂鲤。"

【筠心】 yúnxīn 竹心，比喻正直。《晋书·虞潭顾众等传赞》："顾实南金，虞惟东箭。铣质无改，～～不变。"

【筠竹】 yúnzhú 斑竹。李贺《湘妃》诗："～～千年老不死，常伴秦娥盖湘水。"

篔(篔) yún 见"篔筜"。

【篔筜】 yúndāng 一种生长在水边，皮薄、节长而竿高的竹子。李商隐《骄儿诗》："截得青～～，骑走恣唐突。"陆游《农事休小葺东园十韵》："霜霰～～碧，风烟薜荔苍。"

允 1. yǔn ❶诚信。《吕氏春秋·贵信》："故周书曰：'～哉～哉！'以言非信则百事不满也。"《汉书·司马相如传下》："～哉汉德，此鄙人之所愿闻也。"❷公平，恰当。《后汉书·虞诩传》："祖父经为郡县狱吏，案法平～。"庾亮《让中书令表》："事有不～，罪不容诛。"㉿相称。陈子昂《为司刑袁卿让官表》："庶使官～其才，名不失实。"❸符合。《魏书·太祖纪》："[陛下]躬履谦虚，退身后己，宸仪未彰，衮服未御，非所以上～皇天之意，下副乐推之心。"韩愈《举钱徽自代状》："况时名年辈，俱在臣前，擢以代臣，必～众望。"❹答应，许诺。韩愈《上郑尚书相公启》："不蒙察～，遽以惭归。"《儒林外史》二十回："女儿拗不过，方才～了。"❺诚然，果真。《诗经·大雅·公刘》："度其夕阳，豳居～荒。"《后汉书·赵壹传》："～所谓遭仁遇神，真所宜传而著之。"❻用以，以。《尚书·尧典》："～厘百工。"柳宗元《平淮夷雅·方城》："畴～大邦，俾惠我人。"❼助词。用于句首。韩愈《刘统军碑》："～余之思，其可止哉！"

2. yuán ❽古地名。故城在今甘肃兰州市西北黄河北岸。《集韵·仙韵》："～，允吾，县名，在金城郡。"

【允当】 yǔndàng ❶平允适当。《抱朴子·酒戒》："诚能赏罚～～，……则士思果毅，人乐奋命。"❷恰当，符合。李峤《神龙历序》："八十一寸为日分，徒言精密；六百八年为岁纪，终非～～。"苏轼《郊祀奏议》："园丘合祭，～～天地之心，不宜复有更改。"

【允德】 yǔndé 修养德性。《逸周书·常训》："～～以慎，慎微以始而敬终，乃不困。"

【允迪】 yǔndí 诚实遵循。《尚书·皋陶谟》："～～厥德，谟明弼谐。"陶渊明《命子》诗："亹亹丞相，～～前踪。"

【允怀】 yǔnhuái ❶犹归顺。《尚书·周官》："以公灭私，其民～～。"❷招致。《后汉书·班固传》："猗与缉熙，～～多福。"❸怀念。《尚书·伊训》："惟我商王，布昭圣武，代虐以宽，兆民～～。"

【允辑】 yǔnjí 绵延。辑，通"缉"。陆机《述先赋》："仰先后之显烈，懿晖祚之～～。"

【允亮】 yǔnliàng 诚信。王俭《褚渊碑文》："送往事居，忠贞～～，秉国之钧，四方是维。"

【允令】 yǔnlìng 犹大命。《国语·晋语七》："无乃不堪君训而陷于大戮，以烦刑、史，辱君之～～。"

【允纳】 yǔnnà 采纳，接受。《旧唐书·明崇俨传》："崇俨每因谒见，辄假以神道，颇陈时政得失，帝深加～～。"

【允洽】 yǔnqià ❶协调，和美。班固《东都赋》："人神之和～～，君臣之序既肃。"❷得当。《晋书·赫连勃勃载记》："五稔之间，道风弘著，暨乎七载，而王猷～～。"❸信实。《晋书·虞潭母孙氏传》："潭始自幼童，便训以忠义，故得声望～～，为朝廷所称。"

【允切】 yǔnqiè 适当，切当。《新唐书·蒋乂传》："乂据经义或旧章以参时事，其对～～该详。"

【允惬】 yǔnqiè ❶妥帖，适当。《颜氏家训·书证》："文义～～，实是高才。"❷适合。何景明《立春日作》诗："端居抚流化，～～静者情。"

【允若】 yǔnruò 应允，认可。《尚书·大禹谟》："负罪引慝，祗载见瞽瞍，夔夔斋慄，瞽亦～～。"陆贽《告谢玄宗庙文》："人心攸归，天意～～。"

【允塞】 yǔnsè ❶充满，充实。苏轼《女童致语》："伏惟皇帝陛下，温恭～～，缉熙光明。"❷满足。扬雄《剧秦美新》："天下之事盛矣，鬼神之望～～。"

【允协】 yǔnxié ❶确实符合。《尚书·说命》："王忱不艰，～～于先王成德。"❷和洽。同"允洽"。《晋书·石季龙载记》："故能～～人和。"

【允俞】 yǔnyú 准许，许诺。杜光庭《谢允上尊号表》："果回日月之光，俯降～～之诏。"张居正《进实录辞免加恩疏》："伏望皇上，鉴臣悃诚，素无矫饰，收回成涣，特赐～～。"

【允直】 yǔnzhí 诚实正直。曾巩《知处州青田县朱君夫人戴氏墓志铭》："淑哉戴氏，青田之助，～～且仁，蓄德于身。"

抎 yǔn ❶通"陨"。坠落。《战国策·楚策四》："被礛磻，引微缴，折清风而～矣。"《吕氏春秋·音初》："还反涉汉，梁败，王及蔡公～于汉中。"（汉中：汉水之中。）⊗亡失。《战国策·齐策五》："宣王说，曰：'寡人愚陋，守齐国，唯恐失～之。'"❷敲击。《法言·先知》："笾豆不陈，玉帛不分，琴瑟不铿，钟鼓不～，则吾无以见圣人矣。"

【抎考】 yǔnkǎo 敲击。《子华子·虎会问》："钟鼓柷圉，日以～～，而和声不闻。"

【抎失】 yǔnshī 丧失。《墨子·天志下》："使之父子离散，国家灭亡，～～社稷，忧以及其身。"

狁 yǔn 我国古代民族名。见"獫狁"、"玁狁"。

陨（隕） 1. yǔn ❶坠落。《尚书·汤诰》："慄慄危惧，若将～于深渊。"《论衡·感虚》："邹衍无罪，见拘于燕，当夏五日，仰天而叹，天为～霜。"⊗凋落。沈括《梦溪笔谈·药议》："岭峤微草，凌冬不凋；并汾乔木，望秋先～。"❷塌倒，毁坏。《淮南子·览冥训》："庶女叫天，雷电下击，景公台～，支体伤折，海水大出。"《史记·五帝本纪》："此十六族者，世济其美，不～其名。"❸丧失，覆灭。《史记·屈原贾生列传》："遭世罔极兮，乃～厥身。"《后汉书·冯衍传上》："天下螘动，社稷颠～。"❹通"殒"。死。《左传·襄公三十一年》："巢～诸樊。"文天祥《癸亥上皇帝书》："坐受斧钺，九～无悔。"

2. yuán ❺通"员"。周围。《诗经·商颂·长发》："外大国是疆，幅～既长。"

【陨获】 yǔnhuò 指丧失操守。《礼记·儒行》："儒有不～～于贫贱。"李正封、韩愈《郾城夜会联句》："喜颜非忸怩，达志无～～。"

【陨节】 yǔnjié 为节操而死。颜延之《阳给事诔》："贲父～～，鲁人是志。"

【陨命】 yǔnmìng ❶丧命，死亡。《左传·成公十三年》："天诱其衷，成王～～。"《后汉书·寇荣传》："盖忠臣杀身以解君怒，孝子～～以宁亲怨。"❷指伐灭其国家并俘获其国君。《国语·晋语五》："靡笄之役也，郤献子伐齐。齐侯来，献之以得～～之礼。"

【陨首】 yǔnshǒu 犹言肝脑涂地。表示牺牲性命。也作"殒首"。李密《陈情表》："非臣～～所能上报。"

【陨泗】 yǔnsì 落泪。《梁书·张缵传》："税遗构之旧浦，瞻汨罗以～～。"

【陨涕】 yǔntì 也作"殒涕"。流泪。《汉书·陈汤传》："[白起]以纤介之过，赐死杜邮，秦民怜之，莫不～～。"

【陨越】 yǔnyuè 也作"殒越"。坠落，跌倒。《左传·僖公九年》："天威不违颜咫尺，小白余敢贪天子之命无下拜！恐～～于下，以遗天子羞。敢不下拜。"

【陨队】 yǔnzhuì 坠落。死亡的婉称。队，同"坠"。《左传·哀公十五年》："使人逢天之戚，大命～～，绝世于良。"

荺 yǔn 草根。《说文·艸部》："～，茇也，茅根也。"

殒（殞） yǔn ❶丧，死亡。韩愈《祭十二郎文》："其竟以此而～其生乎？"《红楼梦》三十三回："[宝玉]此时一心却为金钏儿感伤，恨不得也身亡命～。"❷通"陨"。坠落。潘岳《秋兴赋》："游氛朝兴，枯叶夕～。"

【殒毙】 yǔnbì 死亡。《抱朴子·诘鲍》："古者生无栋宇，死无殡葬，川无舟楫之器，陆无车马之用，吞啖毒烈，以至～～。"

【殒颠】 yǔndiān 覆灭。嵇康《太师箴》："丧乱宏多，国乃～～。"

【殒绝】 yǔnjué ❶坠落，仆倒。张衡《西京赋》："侲僮程材，上下翩翻，突倒投而跟结，譬～～而复联。"（侲僮：驱鬼疫用的童子。）❷昏厥。《周书·李弼传》："弼佯若创重，～～于地。"

【殒溃】 yǔnkuì 溃灭。潘勖《册魏公九锡文》："稜威南厉，术以～～，此又君之功也。"（术：袁术。）

【殒裂】 yǔnliè 犹崩裂。比喻极为悲痛。元稹《告赠皇考皇妣文》："哀哀劬劳，亦又何报！摧圮～～，酸伤五情。"苏舜钦《答韩持国书》："近得京信，长姊奄逝，中怀～～，不堪其哀。"

【殒落】 yǔnluò 死亡。《宋书·王弘传》："盛业不究，相系～～，永怀伤叹，痛恨无已。"

【殒灭】 yǔnmiè 死亡。陈子昂《为宗舍人谢赠物表》之二："孤臣殃衅，尚未～～，荼毒如昨，奄将一旬。"宋濂《广平贞宪王玉普》："雷霆之下，孰不～～？"

【殒没】 yǔnmò 死亡。《三国志·蜀书·先主传》："常恐～～，孤负国恩。"苏轼《代吕大防乞录吕海子孙劄子》："忧伤愤疾，以致～～。"

【殒殁】 yǔnmò 同"殒没"。范仲淹《让枢密直学士右谏议大夫表》："臣方痛心疾首，日夜悲忧，发变成丝，血化为泪，～～无地，荣耀何心？"

【殒身】 yǔnshēn 丧命。《史记·汉兴以来诸侯王年表》："大者叛逆，小者不轨于法，以危其命，～～亡国。"李白《行路难》诗之三："吾观自古贤达人，功成不退皆～～。"

【殒首】 yǔnshǒu 丧身，死亡。也作"陨首"。《三国志·魏书·臧洪传》："凡我同盟，齐心戮力，以致臣节，～～丧元，必无二志。"

【殒涕】 yǔntì 落泪。也作"陨涕"。班固《白虎通·崩薨》："黎庶～～，海内悲凉。"韩愈《与华州李尚书书》："东望～～，有儿女子之感。"

【殒谢】 yǔnxiè 谢世，死亡。《聊斋志异·马介甫》："马见翁褴褛如故，大骇；又闻万钟～～，顿足悲凉。"

【殒越】 yǔnyuè 也作"陨越"。❶坠落，毁坏。《国语·周语中》："昔先王之教，懋帅其德也，犹恐～～。"苏洵《远虑》："一旦有卒然之忧，吾未见其不颠沛而～～也。"❷死亡。任昉《为齐明帝让宣城郡公第一表》："～～为期，不敢闻命。"《资治通鉴·梁武帝太清二年》："高氏心怀鸩毒，怨盈北土，人愿天从，欢身～～。"❸惶恐。秦观《御书手诏记》："明年，先臣下世，臣等衔奉遗训，夙夜～～。"

【殒坠】 yǔnzhuì ❶坠落。《荀子·赋》："列星～～，旦暮晦盲。"❷湮没。郑棨《开天传信记序》："承平之盛，不可～～。"

碽（磒） yǔn 同"陨"。坠落。《说文·石部》"碽"引《春秋传》："～石于宋五。"今本《左传·僖公十六年》作"陨石"。

【碽虚】 yǔnxū 从空中坠落。《列子·周穆王》："化人移之，王若～～焉。"

褞 1. yǔn ❶用乱麻旧絮充内的袍子。陆贾《新语·本行》："二三子布弊～袍，不足以避寒。"《后汉书·桓鸾传》："少立操行，～袍糟食，不求盈馀。"

2. wēn ❷破旧的粗衣。见"褞褐"。

【褞褐】 wēnhè 破旧的粗衣。王沈《释时论》："衮龙出于～～，卿相起于匹夫。"

齳（齫） yǔn 无齿。也作"齫"。《广韵·吻部》："～，无齿。"《韩诗外传》卷四："以为姣好邪？则太公年七十二，～然而齿堕矣。"《荀子·君道》作"齫"。

霣（霣） yǔn ❶雨。《说文·雨部》："～，雨也。"❷通"陨"。坠落。《公羊传·庄公七年》："夜中，星～如雨。"❸废坠，废弃。《左传·宣公十五年》："受命以出，有死无～，又可赂乎？"❹垂下来。黄庭坚《以椰子茶瓶寄德儒》诗之一："硕果～林梢，可以代悬匏。"❺通"殒"。死亡，灭亡。《史记·太史公自序》："惠之早～，诸吕不台。"（台：通"怡"。喜悦。）《新序·善谋》："殷是以～，周是以兴。"

【霣涕】 yǔntì 落泪。《聊斋志异·绛妃》："伤哉绿树犹存，簌簌者绕墙自落；久矣朱旛不竖，娟娟者～～谁怜？"

【霣坠】 yǔnzhuì 坠落。司马相如《上林赋》："临坻注壑，瀺灂～～。"（瀺灂：水落的样子。）

齫（齫） yǔn 同"齳"。无齿。《广韵·吻韵》："齳，无齿。～，同齳。"

孕（䏰、𤰈） yùn ❶怀胎。《周易·渐》："夫征不复，妇～不育。"《国语·鲁语上》："鸟兽～，水虫成。"㊀胎儿。《后汉书·贾复传》："闻其妇有～。"❷分娩。《搜神记》卷十："先时有张妪者，尝往周家佣赁，野合有身，月满当～。"❸指动物孵化，植物结实。《三辅黄图·苑囿》："积沙为洲屿，激水为波涛，致江鸥海鹤，～

雏产毂。”(毂:指鸟卵)。苏轼《祭泗州塔文》:“大麦已秀,小麦初～。”❹培育,培养。李白《述德兼陈情上哥舒大夫》诗:“天为国家～英才,森森矛戟拥灵台。”❺含,包含。钱起《禁闱玩雪寄薛左丞》诗:“怒涛堆砌石,新月～帘钩。”白居易《与元九书》:“于是～大含深,贯微洞密。”

【孕别】 yùnbié 产卵,子离母体。《荀子·王制》:“鼋鼍鱼鳖鳅鳝～～之时,罔罟毒药不入泽。”

【孕乳】 yùnrǔ 怀胎生育哺乳。《后汉书·乌桓传》:“俗善骑射,弋猎禽兽为事。随水草放牧,居无常处……见鸟兽～～,以别四节。”

【孕育】 yùnyù ❶怀胎生育。《淮南子·原道训》:“是故春风至则甘露降,生育万物。羽者妪伏,毛者～～。”(《礼记·乐记》作“孕鬻”。)《后汉书·桓帝懿献梁皇后纪》:“后既无子,潜怀怨忌,每宫人～～,鲜得全者。”㉢后嗣。潘岳《西征赋》:“忲淫嬖之凶忍,剿皇统之～～。”❷庇护,抚养。《三国志·蜀书·后主刘禅传》:“故～～群生者,君人之道也。”欧阳詹《律和声赋》:“我咏斯畅,我律斯藏,发扬六气,～～群芳。”

【孕毓】 yùnyù 同“孕育”。《汉书·五行志中之上》:“以八月入,其卦曰《归妹》,言雷复归。入地则～～根核,保藏蛰虫,避盛阴之害。”苏轼《小圃五咏·人参》:“灵苗此～～,肩肢或具体。”

【孕重】 yùnzhòng 怀孕。刘向《说苑·修文》:“春蒐者不杀小麛及～～者。”也指怀孕者。《汉书·匈奴传上》:“前此者,汉兵深入穷追二十余年,匈奴～～堕殰,罢极苦之。”

【孕珠】 yùnzhū ❶蚌类怀珠。王十朋《会稽风俗赋》:“输芒之蟹,～～之蠃。”(蠃:通“螺”,蚌属。)❷比喻妇人怀胎。无名氏《四贤记·义劝》:“夫人貌比桃夭,性同玉润,正在～～之际,胡出分枕之谈?”

运(運) yùn ❶运转,转动。《周易·系辞上》:“日月～行,一寒一暑。”《楚辞·九叹·逢纷》:“思南郢之旧俗兮,肠一日而九～。”❷转移。《孟子·梁惠王下》:“避水火也。如水益深,如火益热,亦～而已矣。”❸搬运,运送。《三国志·蜀书·诸葛亮传》:“亮复出祁山,以木牛～,粮尽退军。”马致远《汉宫秋》三折:“马负着行装,车～着馔粮。”❹运用,使用。《孙子·九地》:“～兵计谋,为不可测。”王安石《本朝百年无事劄子》:“一切因任自然之理势,而精神之～,有所不加,名实之间,有所不察。”❺ 气数,运气。也特指世运,国运。陶渊明《自祭文》:“自余为人,逢～之贫 。”杜甫《咏怀古迹》之四:“～移汉祚终难复,志决身歼军务劳。”❻指地的南北向距离。《国语·越语上》:“勾践之地,……广～百里。”李白《君道曲》:“大君若天覆,广～无不至。”❼通“晕”。日月周围的光圈。《淮南子·览冥训》:“画随灰而月～阙。”

【运笔】 yùnbǐ ❶书法用语。指运腕用笔。《法书要录》卷二引梁武帝《答陶弘景书》:“夫～～邪,则无芒角;执手宽,则书缓弱。”❷指写作。《北史·陈元康传》:“元康于毡下作军书,飒飒～～,笔不及冻,俄顷数纸。”

【运漕】 yùncáo 由水路运粮。《三国志·魏书·邓艾传》:“艾以为良田水少,不足以尽地利,宜开河渠,可以引水浇溉,大积军粮,又通～～之道。”

【运筹】 yùnchóu 制定策略,筹划。《汉书·王褒传》:“及其遇明君遭圣主也,～～合上意,谏诤即见听。”《三国志·魏书·武帝纪》:“太祖～～演谋,鞭挞宇内。”

【运寸】 yùncùn 指直径一寸。《庄子·山木》:“庄周游乎雕陵之樊,睹一异鹊自南方来者,翼广七尺,目大～～。”

【运动】 yùndòng ❶转动运行。陆贾《新语·慎微》:“因天时而行罚,顺阴阳而～～。”❷运用,使用。《后汉书·梁统传论》:“夫宰相～～枢极,感会天人,中于道则易以兴政,乖于务则难乎御物。”苏舜钦《谘目三》:“～～四周,权衡万货,平准其价,移有足无,然后天下之务举矣。”

【运会】 yùnhuì ❶时运际会。羊祜《让开府表》:“今臣身托外戚,事遭～～,诫在过宠,不患见遗。”❷术数家计年,以三十年为一世,十二世为一运,三十运为一会,十二会为一元。以“元、会、运、世”机械推算历史的治乱兴衰。参见邵雍《皇极经世书》卷十一。

【运脚】 yùnjiǎo 运费。《唐大诏令集·关内庸调折变粟米敕》:“江淮等苦变造之劳,河路增转输之弊,每计其～～,数倍加钱。”

【运命】 yùnmìng 命运。《宋书·羊玄保传》:“太祖尝曰:‘人仕宦非唯须才,然亦须～～,每有好官缺,我未尝不先忆羊玄保。’”

【运数】 yùnshù 命运,气数。白居易《薛中丞》诗:“况闻善人命,长短系～～。”

【运为】 yùnwéi 行为。《颜氏家训·教子》:“吾见世间,无教而有爱,每不能然;饮食～～,恣其所欲,宜诫翻奖,应诃反笑。”

【运裛】 yùnyì 回旋缭绕。马融《长笛赋》："～～窌洿，冈连岭属。"（窌洿：低下潮湿的样子。）

【运遇】 yùnyù 遭遇。向秀《思旧赋》："托～～于领会兮，寄馀命于寸阴。"

【运祚】 yùnzuò 国运福祚，犹言世运。多指王朝的盛衰兴亡。韩愈《论佛骨表》："汉明帝时始有佛法，明帝在位才十八年耳，其后乱亡相继，～～不长。"

【运筹帷幄】 yùnchóuwéiwò 在军帐策划战事。《汉书·高帝纪下》："夫～～～～之中，决胜千里之外，吾不如子房。"（子房：张良字。）《史记·高祖本纪》作"运筹策帷帐之中"。后以"运筹帷幄"泛指策划机要。

【运斤成风】 yùnjīnchéngfēng 《庄子·徐无鬼》："郢人垩漫其鼻端，若蝇翼，使匠石斫之。匠石～～～～，听而斫之，尽垩而鼻不伤，郢人立不失容。"（垩：白粉。漫：涂沫。斤：斧头。）后因以比喻手法熟练，技艺入神。元好问《王黄华墨竹》诗："岂知辽江一派最后出，～～～～刃发硎。"

均 yùn 见 jūn。

宛 yùn 见 wǎn。

郓（鄆） yùn ❶春秋鲁国地名。一在今山东沂水县北，是为东郓。《春秋·文公十二年》："季孙行父帅师城诸及～。"又《成公九年》："楚人入～。"《左传·昭公元年》："莒鲁争～为日久矣。"一在今山东郓城县东，是为西郓。《左传·成公十六年》："晋人执季文子于苕丘，公还，待于～。"❷姓。

恽（惲） yùn ❶敦厚。《说文·心部》："～，重厚也。"❷姓。

馋（餫） 1. yùn ❶赠送粮食。《左传·成公五年》："晋荀首如齐逆女，故宣伯～诸穀。"❷通"运"。运输。柳宗元《兴州江运记》："～夫毕力，守卒延颈。"陆游《常州奔牛闸记》："岷山导江，行数千里，至广陵、丹阳之间，是为南北之冲，皆疏河以通～饷。"

2. hún ❸通"馄"。《广韵·魂韵》："馄，馄饨。～，同馄。"

缂（緷） 1. yùn ❶纬线。《说文·糸部》："～，纬也。"

2. gǔn ❷量词。用百根羽毛捆成的一束。《尔雅·释器》："一羽谓之箴，十羽谓之缚，百羽谓之～。"泛指大束布帛。《玉篇·糸部》："～，大束也。"❸通"衮"。古代天子及上公所穿的礼服。《管子·君臣上》："衣服～绕，尽有法度。"

烨 yùn 见 huī。

韗（韗） yùn 见"韗人"。

【韗人】 yùnrén 古代制造皮鼓的工人。《周礼·考工记·韗人》："～～为皋陶。"

晕（暈） 1. yùn ❶日月周围的光环。《后汉书·五行志六》："日有～抱，白虹贯～。"苏洵《辨奸论》："月～而风，础润而雨。"❷环形花纹或波纹。苏轼《答李端叔书》："木有瘿，石有～，犀有通，以取妍于人，皆物之病也。"（瘿：树木上长的瘤状物。）姚宽《西溪丛语》卷上："蛤蜊文蛤，皆一潮生一～。"❸光影、色泽四周模糊的部分。韩愈《宿龙宫滩》诗："梦觉灯生～，宵残雨送凉。"苏轼《墨花》诗："花心超墨～，春色散毫端。"❹浸润，扩散。汤显祖《牡丹亭·御淮》："血～几重围，孤城怎生料？"

2. yūn （又读 yùn） ❺昏眩，昏厥。陆龟蒙《奉酬袭美先辈吴中苦雨一百韵》："看花虽眼～，见酒忘肺渴。"

【晕珥】 yùn'ěr 太阳旁的光气。《吕氏春秋·明理》："其日有斗蚀，有倍僪，有～～。"《金史·马贵中传》："日有～～戴背。"

【晕目】 yùnmù 耀眼。欧阳詹《智达上人水精念珠歌》："陆离电烻纷不常，凌眸～～生光芒。"（烻：光闪动。）

【晕适】 yùnzhé 指出现日晕或月晕的变异天象。《史记·天官书论》："夫常星之变希见，而三光之占亟用，日月～～，云风。"

菀 yùn 见 wǎn。

酝（醖） yùn ❶酿酒。张衡《南都赋》："酒则九～甘醴，十旬兼清。"曹植《酒赋》："或秋藏冬发，或春～夏成。"❷酒。梅尧臣《永叔赠酒》诗："大门多奇～，一斗市钱千。"陆游《幽居杂题·上巳》诗："名花红满舫，美～绿盈瓻。"（瓻：坛子一类的瓦器。）❸事物逐渐形成。陈与义《题唐希雅画寒江图》诗："江头云黄天～雪，树枝惨惨冻欲折。"❹见"酝藉"。

【酝藉】 yùnjí 同"蕴藉"。宽容含蓄。《汉书·薛广德传》："广德为人，温雅有～～。"也作"酝籍"。《北史·王昕传》："[昕母崔氏]生九子，皆风流～～。"

【酝酿】 yùnniàng ❶酿造，酿酒。《后汉书·吕布传》："布禁酒而卿等～～，为欲因酒而共谋布邪？"❷比喻事物逐渐成熟形成。《淮南子·本经训》："斟酌万殊，旁薄众宜，以相呕咐～～而成育群生。"严羽《沧浪诗话·诗辩》："然后博取盛唐名家，～～胸中，久之自然悟入。”

尉 yùn 见 wèi。

温 yùn 见 wēn。

愠 1. yùn ❶含怒，生气。《国语·晋语三》：“今又击之，秦莫不～，晋莫不怠，斗士是故众。”王安石《建安章君墓志铭》：“卒然以是非利害加之，而莫能见其喜～。”❷害羞。关汉卿《金线池》三折：“引得些鸳鸯儿交颈和鸣，忽的见了，～的面赤，兜的心疼。”❸通“蕴”。含有，带有。见“愠羝”。

2. yǔn ❹郁结。《孔子家语·辩乐解》：“南风之薰兮，可以解吾民之～兮。”

3. wěn ❺见“愠伦”。

【愠羝】 yùndī 人体腋下恶臭。俗称狐臭。崔令钦《教坊记》：“范汉女大娘子，亦是竿木家。开元二十一年出内，有姿媚，而微～～。”

【愠怼】 yùnduì 恼怒怨恨。《资治通鉴·晋孝武帝太元二十一年》：“[慕容宝]立妃段氏为皇后，策为皇太子，…… 策年十一，素蠢弱，[清河公慕容]会闻之，心～～。”

【愠恚】 yùnhuì 怨恨恼怒。《论衡·寒温》：“怒者～～，～～诛杀。”

【愠怒】 yùnnù 恼怒。《史记·李将军列传》：“广不谢大将军而起行，意甚～～而就部。”《聊斋志异·青凤》：“生隐蹑莲钩，女急敛足，亦无～～。”

【愠色】 yùnsè 怨怒的神色。《论语·公冶长》：“令尹子文，三仕为令尹，无喜色；三已之，无～～。”司马迁《报任少卿书》：“草创未就，会遭此祸，惜其不成，是以就极刑而无～～。”

【愠怍】 yùnzuò 恼怒。权德舆《秦征君校书与刘随州唱和诗序》：“白头初命，色无～～。”

【愠愤】 yǔnfèn 积愤。柳宗元《吊屈原文》：“哀余衷之坎坎兮，独～～而增伤。”

【愠愠】 yǔnyǔn 郁结不畅的样子。《素问·玉机真藏论》：“太过则令人逆气而背病，～～然。”

【愠伦】 wěnlǔn 心有所郁结而不善于表达，形容忠诚厚道。《楚辞·九章·哀郢》：“憎～～之修美兮，好夫人之忼慨。”

缊(緼) 1. yùn ❶旧絮，乱麻。《礼记·玉藻》：“纩为茧，～为袍。”《汉书·蒯通传》：“即束～请火于亡肉家。”❷乱。《法言·孝至》：“齐桓之时～。”❸深奥。《周易·系辞上》：“乾坤其《易》之～邪?”❹包含，收藏。《大戴礼记·保傅》：“王后所求声音非礼乐也，则太师～瑟而称不习。”㊀归属。《穀梁传·僖公五年》：“晋人执虞公。执不言所于地，～于晋也。”❺见“缊巡”。

2. wēn ❻浅红色。《礼记·玉藻》：“一命～韨幽衡，再命赤韨幽衡。”

3. yūn ❼通“氲”。见“细缊”。

【缊黂】 yùnfén 以粗麻为絮的衣服。《列子·杨朱》：“昔者宋国有田夫，常衣～～，仅以过冬。”

【缊褐】 yùnhè 破旧的粗衣。陶渊明《祭从弟敬远文》：“冬无～～，夏渴瓢箪。”《颜氏家训·勉学》：“藜羹～～，我自欲之。”

【缊袍】 yùnpáo 以乱麻为絮的袍子。古时贫困者所穿。《论语·子罕》：“衣敝～～，与衣狐貉者立，而不耻者，其由也与。”（由：子路。）《论衡·超奇》：“文轩之比于敝车，锦绣之方于～～也。”

【缊巡】 yùnxún 并行的样子。《后汉书·马融传》：“～～欧纡，负隅依阻。”

【缊绪】 yùnzhù 犹缊袍。任昉《齐竟陵文宣王行状》：“华衮与～～同归，山藻与蓬茨俱逸。”

韵(韻) yùn ❶和谐悦耳的声音。蔡邕《琴赋》：“繁弦既抑，雅～复扬。”吴均《与朱元思书》：“好鸟相鸣，嘤嘤成～。”❷指韵母或音节的收音。白居易《与元九书》：“音有～，义有类，～协则言顺，言顺则声易入。”李清照《词论》：“《玉楼春》本押平声～，又押上去声，又押入声。”㉂指押韵。《文心雕龙·声律》：“同声相应谓之～。”王勃《滕王阁序》：“一言均赋，四～俱成。”❸指诗赋辞曲等韵文。陆机《文赋》：“或托言于短～，对穷迹而孤兴。”❹风雅，高雅。《世说新语·言语》：“支道林常养数匹马。或言道人畜马不～。”❺风度，气派。《抱朴子·刺骄》：“若夫伟人巨器，量逸～远，高蹈独往，萧然自得。”欧阳修《岘山亭记》：“至于风流馀～，蔼然被于江汉之间者，至今人犹思之。”❻气韵，神韵。《颜氏家训·名实》：“辞人满席，……命笔为诗，彼造次即成，了非向～。”苏轼《论沈辽米芾书》：“近日米芾行书，王巩小草，亦颇有高～。”❼美，标致。辛弃疾《小重山·茉莉》词：“莫将他去比荼蘼。分明是，他更～些儿。”（荼蘼：花名，又名木香。）

【韵度】 yùndù 风韵气度。《世说新语·任诞》：“阮浑长成，风气～～似父。”张震《蓦山溪·春半》词：“小立背秋千，空怅望、娉婷～～。”

【韵脚】 yùnjiǎo 诗赋等韵文在句末押韵的字。王定保《唐摭言·已落重收》：“不止题目,向有人赋次~~亦同。"

【韵事】 yùnshì 风雅之事,旧指文人诗歌吟咏及琴棋书画等活动。《儒林外史》三十回:"花酒陶情之馀,复多~~。"后也指男女私情为风流韵事。

【韵宇】 yùnyǔ 器量,气度。王俭《褚渊碑文》:"~~弘深,喜愠莫见其际;心明通亮,用言必由于己。"

【韵语】 yùnyǔ 指押韵的诗文。《宋书·谢弘微传》:"[谢混]尝因酣宴之馀,为~~以奖劝灵运、瞻等曰:'康乐诞通度,实有名家韵……宣明体远识,颖达且沈俊。"陈造《雪夜与师是棋再次韵》:"与俗分乐事,盍以~~说?"

韫(韞) yùn 蕴藏,包藏。陆机《文赋》:"石~玉而山辉,水怀珠而川媚。"《新五代史·一行传序》:"自古贤材,有~于中而不见于外。"

【韫椟】 yùndú ❶藏在柜子里。《论语·子罕》:"有美玉于斯,~~而藏诸?求善贾而沽诸?"❷保持不失。《后汉书·崔骃传》:"今子~~《六经》,服膺道术,历世而游,高谈有日。"❸比喻怀才未用。《后汉书·张衡传》:"且~~以待价,踵颜氏之行止。"

【韫韣】 yùndú 同"韫椟"。扬雄《剧秦美新》:"俾前圣之绪,布濩流衍而不~~。"(布濩:散布。)

【韫藉】 yùnjí 同"蕴藉"。含蓄宽容。李治《敬斋古今黈》卷二:"盖韫者椟也,所以覆藏;藉者荐也,所以承托。~~乃涵养重厚,不露圭角之意。故前史谓有局量,不令人窥见浅深,而风流闲雅者,为~~。"

蕰 yùn 见 wēn。

蕴(藴) 1. yùn ❶积聚。《左传·昭公十年》:"~利生孽,姑使无~乎?"《孔子家语·入官》:"是以上下亲而不离,道化流而不~。"❷收藏,包含。《庄子·齐物论》:"万物尽然,而以是相~。"李白《化城寺大钟铭》:"少~才略,壮而有成。"❸事或理的深奥之处。王安石《答韩求仁书》:"求仁所问于《易》者,尚非义之~也。"❹通"煴"。闷热。见"蕴隆"。❺通"缊"。乱麻。《韩诗外传》卷七:"[里媪]即束~请火去妇之家。"《汉书·蒯通传》作"缊"。❻通"酝"。见"蕴藉"。❼佛教用语。意为荫覆。

2. wēn ❽通"蕰"。水草。左思《蜀都赋》:"杂以~藻,糅以蘋蘩。"

【蕴崇】 yùnchóng 积聚。《左传·隐公六年》:"为国家者,见恶如农夫之去草焉,芟夷~~之,绝其本根。"

【蕴积】 yùnjī 犹蕴结。《三国志·魏书·陈思王植传》:"使臣得一散所怀,摅舒~~,死不恨矣。"(摅:通"舒"。舒发。)

【蕴藉】 yùnjí ❶宽和,宽容。同"酝藉"。藉,也作"籍"。《后汉书·第五伦传》:"然少~~,不修威仪。"又《桓荣传》:"荣被服儒衣,温恭有~~。"❷蓄积。《后汉书·逸民传序》:"汉室中微,王莽篡位,士之~~义愤甚矣。"

【蕴结】 yùnjié 郁结,郁闷。《诗经·桧风·素冠》:"我心~~兮,聊与子如一兮。"曹植《玄畅赋》:"怅~~而延志,希鹏举以搏天。"

【蕴隆】 yùnlóng 郁热,闷热。《诗经·大雅·云汉》:"旱既大甚,~~虫虫。"

【蕴蕴】 yùnyùn 深邃的样子。元结《补乐歌·九渊》:"圣德至深兮~~如渊,生类娭娭兮孰知其然。"(娭:同"嬉"。游玩。)

【蕴蒸】 yùnzhēng 郁结,郁闷。李陵《录别诗》之一:"因风附轻翼,以遗心~~。"

熨 1. yùn ❶用熨斗烫平衣服。王建《宫词》之三十六:"每夜停灯~御衣,银薰笼底火霏霏。"❷紧贴。《世说新语·惑溺》:"荀奉倩与妇至笃,冬月妇病热,乃出中庭自取冷,还以身~之。"❸揉。杨万里《与伯勤子文幼楚同登南溪奇观戏道旁群儿》诗:"鬓鬆睡眼~难开,曳杖缘溪啄紫苔。"❹浸润。陆游《入蜀记》:"井在道旁观音寺,名列水品,色类牛乳,甘冷~齿。"

2. wèi ❺中医外治法之一,用药热敷。《史记·扁鹊仓公列传》:"镵石挢引,案扤毒~。"

3. yù ❻见"熨贴"。

【熨斗】 yùndǒu 熨平衣服的用具,以铜或铁制成。《晋书·韩伯传》:"伯年数岁,至大寒,母方为作襦,令伯捉~~。"

【熨贴】 yùntiē 用熨斗熨平衣物。杜甫《白丝行》:"美人细意~~平,裁缝灭尽针线迹。"

【熨贴】 yùtiē 平静舒服。也作"熨帖"。范成大《范村雪后》诗:"~~愁眉展,勾般笑口开。"

Z

za

匝(帀)　zā　❶环绕一周。《庄子·秋水》："孔子游于匡，宋人围之数～。"《史记·高祖本纪》："黎明，围宛城三～。"❷环绕。左思《蜀都赋》："金城石郭，兼～中区。"元结《招陶别驾家阳华作》诗："清渠～庭堂，出门仍灌田。"❸周遍，满。鲍照《代君子有所思》诗："选色遍齐代，徵声～邛越。"沈约《三月三日率尔成篇》诗："开花已～树，流嚶复满枝。"❹圆满，完美。《世说新语·品藻》："论者评之，以为乔虽高韵而检不～，乐言为得。"

咂　zā　❶吮，吸。杜甫《棕拂子》诗："～肤倦扑灭，赖尔甘服膺。"无名氏《陈州粜米》一折："都是些吃仓廒的鼠耗，～脓血的苍蝇。"❷品味，体会。《水浒传》二十九回："武松提起来～一～，叫道：'这酒也不好！'"

拶　1. zā　❶压挤。韩愈《辛卯年雪》诗："崩腾相排～，龙凤交横飞。"

2. zǎn　❷一种用刑具夹手指的酷刑。也指夹手指的刑具，或称拶子。《二刻拍案惊奇》卷十二："就用严刑拷他，讨～来～指。"

杂(雜、襍)　zá　❶五彩相合。《周礼·考工记·画缋》："画缋之事，～五色。"㉑混合。《国语·郑语》："故先王以土与金木水火～，以成百物。"❷错杂，交错。《墨子·非攻下》："日月不时，寒暑～至。"《楚辞·招魂》："士女～坐乱而不分些。"(些：句末语气词。)《后汉书·赵憙传》："皇太子与东海王等～止同席，宪章无序。"❸混杂，不纯。《庄子·刻意》："水之性不～则清。"丘迟《与陈伯之书》："暮春三月，江南草长，～花生树，群莺乱飞。"㉑紊乱。《后汉书·赵咨传》："至于战国，渐至颓陵，法度衰毁，上下僭～。"❹兼及。《孙子·九变》："是故智者之虑，必～于利害。"❺聚集。《吕氏春秋·仲秋》："四方来～，远乡皆至。"❻共，都。《汉书·隽不疑传》："诏使公卿将军中二千石～识视。"

【杂厕】　zácè　混杂在一起。《论衡·对作》："朱紫～～，瓦玉集糅。"

【杂厝】　zácuò　混杂交错。《汉书·地理志下》："五方～～，风俗不纯。"

【杂家】　zájiā　采众家之说而融为一家的学术流派。古代九流之一。《汉书·艺文志》："～～者流，盖出于议官，兼儒、墨，合名、法。"

【杂佩】　zápèi　❶用各种饰玉构成的玉佩。《诗经·郑风·女曰鸡鸣》："知子之好之，～～以报之。"也作"杂珮"。江淹《杂体诗·谢法曹惠连赠别》："～～虽可赠，疏华竟无陈。"❷指句式的变化。《文心雕龙·丽辞》："迭用奇偶，节以～～。"

【杂然】　zárán　纷纷地。《列子·汤问》："～～相许。"

【杂糅】　záróu　混杂在一起。《楚辞·九章·思美人》："芳与泽其～～兮，羌芳华自中出。"《汉书·楚元王传》："白黑不分，邪正～～。"

【杂沓】　zátà　见"杂遝"。

【杂遝】　zátà　❶聚集的样子。《汉书·楚元王传》："及至周文，开基西郊，～～众贤，罔不肃和。"曾巩《上杜相公书》："而当今之士，豪杰魁垒者，相继而进，～～于朝。"❷众多纷乱的样子。《后汉书·贾逵传》："麟凤百数，嘉瑞～～。"潘岳《籍田赋》："长幼～～以交集。"也作"杂沓"。扬雄《甘泉赋》："骈罗列布，鳞以～～兮，柴傂参差，鱼颉而鸟䀢。"左思《蜀都赋》："舆辇～～，冠带混并。"

【杂占】　zázhān　古代一种占卜术。方士利用生活中的某些现象，附会人事，进行占卜，推断吉凶。《汉书·艺文志》："～～者，记百事之象，候善恶之征。"

【杂俎】　zázǔ　杂陈于案。多用于书名，指杂记或分类记事的书。如唐代段成式撰有《酉阳杂俎》。

嚽(囋) zá 话多，讲话絮烦。《荀子·劝学》："不问而告谓之傲，问一而告二谓之～。"

zai

才 zāi 见 cái。

灾(災、烖) zāi ❶火灾。《公羊传·成公三年》："新宫～。"《后汉书·顺帝纪》："恭陵百丈庑～。"❷灾害，灾祸。《庄子·庚桑楚》："祸福无有，恶有人～也。"（恶：何，哪里。）《孟子·梁惠王上》："缘木求鱼，虽不得鱼，无后～。"❸焚烧。《汉书·五行志上》："滥炎妄起，～宗庙，烧宫馆。"❹危害。《尚书·盘庚上》："乃败祸奸宄，以自～于厥身。"

【灾戾】 zāilì 灾祸。《后汉书·殇帝纪》："夫天降～～，应政而至。"

【灾眚】 zāishěng 灾难。《后汉书·质帝纪》："怨气伤和，以致～～。"

【灾异】 zāiyì 指自然灾害或反常的自然现象。《汉书·董仲舒传》："～～之变，何缘而起？"《论衡·谴告》："夫国之有～～也，犹家人之有变怪也。"

甾 zāi 见 zī。

哉 zāi ❶始，开始。《尚书·康诰》："惟三月～生魄。"《汉书·律历志下》："十五日甲子～生霸。"❷语气词。1）表示感叹，相当于现代汉语的"啊"。《论语·八佾》："郁郁乎文～！"《庄子·让王》："善～，回之意！"（回：颜回，孔子弟子。）李白《古风》之三："秦王扫六合，虎视何雄～！"2）表示疑问或反诘，相当于现代汉语的"呢"、"吗"。《左传·昭公二十八年》："女何以为～？"（女：汝。）《孟子·梁惠王上》："虽有台池鸟兽，岂能独乐～？"《世说新语·德行》："宁可不安己而移于他人～？"

栽 1. zāi ❶栽种，种植。杜甫《诣徐卿觅果栽》诗："草堂少花今欲～。"李贺《莫愁曲》："城角～石榴。"❷秧子，秧苗。杜甫《萧八明府实处觅桃栽》诗："奉乞桃～一百根，春前为送浣花村。"

2. zài ❸筑墙用的立板。《说文》："～，筑墙长版也。"㊉用为动词，设板以筑墙。《左传·定公元年》："孟懿子会城成周，庚寅，～。"

菑 zāi 见 zī。

溨 zāi 古水名，即今大渡河。《汉书·地理志上》："～水出徼外，南至南安，东入江。"

仔 zǎi 见 zǐ。

宰 zǎi ❶奴隶主家中总管，卿大夫家臣。《韩非子·难二》："伊尹自以为～干汤。"（汤：商汤。）《左传·定公十二年》："仲由为季氏～。"❷采邑的长官。《论语·子路》："子夏为莒父～。"（莒父：地名。）❸泛指地方官吏。《后汉书·刘盆子传》："子为县吏，犯小罪，～论杀之。"柳宗元《封建论》："秦有天下，裂都会而为之郡邑，废侯卫而为之守～。"❹宰相。《管子·小匡》："桓公自莒反于齐，使鲍叔牙为～。"❺主宰。《吕氏春秋·精通》："德也者，万民之～也。"《后汉书·左雄传》："出则～民，宣协风教。"❻宰杀牲畜。《汉书·宣帝纪》："其令太官损膳省～。"《世说新语·贤媛》："闻外有贵人，与一婢于内～猪羊。"❼主持分割祭肉的人。《史记·陈丞相世家》："里中社，平为～，分肉食甚均。"❽坟墓。《公羊传·僖公三十三年》："～上之木拱矣。"

【宰辅】 zǎifǔ 辅佐帝王执政的高级官吏。一般指宰相。《三国志·魏书·三少帝纪》："幸赖宗庙威灵，～～忠武。"

【宰衡】 zǎihéng 汉王莽专权，加"宰衡"称号。后用以泛指宰相。《后汉书·彭宠传》："王莽为～～时，甄丰旦夕入谋议。"庾信《哀江南赋》："～～以干戈为儿戏。"

【宰人】 zǎirén 掌膳食的人。《庄子·说剑》："～～上食，王三环之。"《史记·赵世家》："及食熊蹯，胹不熟，杀～～。"（熊蹯：熊掌。胹：煮。）

【宰相】 zǎixiàng ❶泛指高级执政者。《韩非子·显学》："～～必起于州部，猛将必发于卒伍。"❷特指辅佐皇帝执政的最高行政长官。《后汉书·牟融传》："帝数嗟叹，以为才堪～～。"《世说新语·品藻》："何次道为～～，人有讥其信任不得其人。"

【宰执】 zǎizhí 指宰相及相当于宰相的执政官。《旧唐书·许敬宗李义府传论》："许高阳武德之际，已为文皇入馆之宾，垂三十年，位不过列曹尹，而马周、刘洎起羁旅徒步，六七年间，皆登～～。"

缂(縡) zǎi 事情。扬雄《甘泉赋》："上天之～，杳旭卉兮。"（旭卉：幽暗。）

再(再) zài ❶第二次。《左传·庄公十年》："夫战，勇气也，一鼓作气，～而衰，三而竭。"❷两次。《论语·公冶长》："季文子三思而后行。子闻之曰：'～，斯可矣。'"《荀子·富国》:"一岁而～获之。"《史记·孝文本纪》:"代王西乡让者三,南乡让者～。"(乡:面向。)❸多次。《吕氏春秋·遇合》:"孔子周流海内,～干世主。"

【再拜】 zàibài 拜两拜。古人表示恭敬的礼节。《管子·中匡》:"管仲走出,君以宾客之礼～～送之。"《孟子·万章下》:"～～稽首而受。"

【再三】 zàisān 两三次,多次。《左传·昭公二十五年》:"～～问,不对。"(对:回答。)《汉书·贾山传》:"一日～～出。"《古诗十九首·西北有高楼》:"一弹～～叹,慷慨有馀哀。"

【再造】 zàizào 使人重新获得生命,言恩情重大。也指对别人有重大恩惠的人。《宋书·王僧达传》:"～～之恩,不可妄属。"陈子昂《谏用刑书》:"时人获泰,谓生～～。"

在 zài ❶存在。《论语·八佾》:"祭如～,祭神如神～。"❷处于某种位置。《诗经·周南·关雎》:"关关雎鸠,～河之洲。"《孟子·公孙丑上》:"贤者～位,能者～职。"❸存问,问候。《左传·襄公二十六年》:"吾子独不～寡人。"❹介词。1)在于,由于。《战国策·齐策五》:"故善为王业者,～劳天下而自佚,乱天下而自安。"《荀子·劝学》:"驽马十驾,功～不舍。"《孟子·离娄上》:"人之患～好为人师。"2)引出动作的处所、时间等。《论语·述而》:"子～齐闻韶,三月不知肉味。"《世说新语·德行》:"太保居～正始中,不在能言之流。"(太保:指王祥。正始:年号。)

【在草】 zàicǎo 妇女分娩。《世说新语·政事》:"道闻民有～～不起子者,回车往治之。"慧皎《高僧传》:"[于法开]尝乞食投主人家,值妇人～～危急。"

【在事】 zàishì 居官任职。《后汉书·滕抚传》:"～～七年,道不拾遗。"

载(載) 1. zài ❶装载。《左传·昭公二十年》:"公～宝以出。"《孟子·滕文公下》:"出疆必～质。"(质:通"贽"。礼品。)《三国志·吴书·吴主传》注引《吴书》:"如臣之比,车～斗量,不可胜数。"❷盛放。《诗经·大雅·旱麓》:"清酒既～。"柳宗元《送薛存义序》:"柳子～肉于俎。"❸负荷,承受。《荀子·王制》:"水则～舟,水则覆舟。"《世说新语·德行》:"当由圣德渊重,厚地所以不能～。"㊉带着。《后汉书·李业传》:"太守刘咸强召之,业乃～病诣门。"❹乘坐,乘车。《汉书·高帝纪上》:"汉王道逢孝惠、鲁元,～行。"《乐府诗集·相和歌辞·陌上桑》:"使君谢罗敷,宁可共～不?"❺满,充满。《诗经·大雅·生民》:"厥声～路。"❻开始。《孟子·万章上》:"朕～自亳。"江淹《扇上彩画赋》:"促织兮始鸣,秋蛾兮～飞。"❼助词。起加强语气作用。多见于《诗经》等。《诗经·小雅·菁菁者莪》:"汎汎杨舟,～沈～浮。"❽通"再"。两次。《吕氏春秋·当务》:"一父而～取名焉。"

2. zǎi ❾记,记载。《史记·秦始皇本纪》:"子婴仁俭,百姓皆～其言。"《论衡·书虚》:"世信虚妄之书,以为～于竹帛者,皆圣贤所传。"❿年。《尚书·尧典》:"朕在位七十～。"《汉书·异姓诸侯王表》:"五～而成帝业。"

【载籍】 zǎijí 典籍,书籍。《史记·伯夷列传》:"夫学者～～极博,犹考信于六艺。"《后汉书·班固传》:"及长,遂博贯～～。"

【载记】 zǎijì 旧史书的一种传记,专门记载非正统的称帝称王者的事迹。如《晋书》有载记三十卷。

【载书】 zǎishū 盟书。古代诸侯会盟时,记载誓约的文书。《孟子·告子下》:"葵丘之会,诸侯束牲～～而不歃血。"《墨子·贵义》:"关中～～甚多。"

截 zài 醋。《汉书·食货志下》:"除米曲本贾,计其利而什分之,以其七入官,其三及糟～灰炭,给工器薪樵之费。"

zan

簪 zān ❶古代用来固定发髻或连结冠发的针形首饰。《史记·春申君列传》:"赵使欲夸楚,为瑇瑁～。"杜甫《春望》诗:"白头搔更短,浑欲不胜～。"❷插戴,插入。《史记·滑稽列传褚少孙补》:"西门豹～笔磬折,向河立待良久。"欧阳修《洛阳牡丹记》:"花开渐小于旧者,盖有蠹虫损之,必寻其穴,以硫黄～之。"㊉连缀。《仪礼·士丧礼》:"复者一人,以爵弁服～裳于衣左。"

【簪笔】 zānbǐ 插笔于冠,以备记事。《汉书·赵充国传》:"卬家将军以为安世本持橐～～事孝武帝数十年,见谓忠谨,宜全度之。"

【簪笏】 zānhù ❶官吏奏事,簪笔执笏,因指为官。杜甫《将晓》诗:"归朝日～～,筋力定如何?"❷指官吏。梁简文帝《马宝颂序》:"～～成行,貂缨在席。"

【簪缨】 zānyīng ❶古代官吏的官饰,因指为官。杜甫《奉送郭中丞兼太仆卿充陇右节度使三十韵》:"随肩趋漏刻,短发寄～～。"张说《滍湖山寺》诗:"若使巢由同此意,不将萝薜易～～。"❷指为官的人,多指高官显贵。《南史·王弘传论》:"其所以～

～不替，岂徒然也。”

【簪组】　zānzǔ　❶指官服。白居易《兰若寓居》诗：“薜衣换～～，藜杖代车马。”也指为官。柳宗元《溪居》诗：“久为～～累，幸此南夷谪。”❷指为官的人，多指高官显贵。王维《留别丘为》诗：“亲劳～～送，欲趁莺花还。”

咱　1. zán　❶代词。相当于“我”。柳永《玉楼春》词：“你若无意向～行，为什梦里频相见？”

2. zá　❷语气词。1）用于句末，表祈使语气，相当于“吧”。马致远《青衫泪》二折：“张二哥，喒进去～。”2）用于句末，表陈述语气。马致远《汉宫秋》一折：“当此夜深孤闷之时，我试理一曲消遣～。”❸助词。用于人称代词后。董解元《西厢记诸宫调》卷二：“俺～情愿苦战沙场。”

拶　zǎn　见 zā。

昝　zǎn　姓。晋有武将昝坚。

噆　zǎn　❶叮咬。《庄子·天运》：“蚊虻～肤，则通昔不寐矣。”元稹《蚊子》诗：“攻穿漏江海，～食困蛟鲸。”❷咀嚼。《淮南子·览冥训》：“～味含甘，步不出顷亩之区。”

攒　zǎn　见 cuán。

趱（趲）　zǎn　❶催促，逼使。赵师侠《酹江月·丙午螺川》词：“～柳催花，摧红长翠，多少风和雨。”❷赶，加快。汤显祖《邯郸记·织恨》：“催锦的官儿将到，夫人～起些。”❸积蓄。无名氏《渔樵记》二折：“我比别人家长～下些干柴。”

暂（暫、蹔）　zàn　❶短暂的时间。《后汉书·西羌传》：“自羌叛十馀年间，兵连师老，不～宁息。”《世说新语·贤媛》：“谢公夫人帏诸婢，使在前作伎，使太傅～见便下帏。”❷突然，忽然。《汉书·李广传》：“广阳死，睨其傍有一儿骑善马，～腾而上胡儿马。”白居易《与元微之书》：“瞥然尘念，此际～生。”❸初，刚。庾信《春赋》：“玉管初调，鸣弦～抚。”❹暂且，姑且。李白《月下独酌》诗：“～伴月将影，行乐须及春。”

赞（贊）　zàn　❶辅佐，辅助。《左传·昭公元年》：“国无道而年谷和熟，天～之也。”《后汉书·杨震传》：“耄年被病，岂可～惟新之朝？”❷引导。《国语·周语上》：“太宰以王命，命冕服，内史～之。”❸辅助行礼的人。《史记·秦始皇本纪》：“阙廷之礼，吾未尝敢不从宾～也。”❹告。《史记·魏公子列传》：“公子引侯生坐上坐，遍～宾客。”❺称赞，赞美。《三国志·魏书·许褚传》：“太和中，帝思褚忠孝，下诏褒～。”❻纪传体史书中篇末的评论性文字。例如《汉书》、《后汉书》的“赞曰”即是。❼文体的一种。以颂扬为主，多为韵文。《世说新语·文学》：“羊孚作《雪赞》云：‘资清以化，乘气以霏，遇象能鲜，即洁成辉。’”

【赞拜】　zànbài　臣子朝见君王时，司仪在旁唱礼。《三国志·魏书·武帝纪》：“天子命公～～不名，入朝不趋，剑履上殿，如萧何故事。”《后汉书·河间孝王开传》：“侍郎～～，景峙不为礼。”

【赞飨】　zànxiǎng　祭祀神时的祝词。《史记·孝武本纪》：“十一月辛巳朔旦冬至，昧爽，天子始郊拜泰一。……其～～曰：‘天始以宝鼎神策授皇帝，朔而又朔，终而复始，皇帝敬拜见焉。’”

谮（讚）　zàn　❶称赞，赞颂。《世说新语·言语》：“羊秉为抚军参军，少亡，有令誉，夏侯孝若为之叙，极相～悼。”❷文体的一种，是有韵的颂扬文字。《后汉书·杨修传》：“修所著赋、颂、碑、～、诗、哀辞、表、记、书凡十五篇。”

酂（酇）　1. zàn　❶周代的地方组织单位。百家为酂。《说文·邑部》：“百家为～，～，聚也。”《周礼·地官·遂人》：“五家为邻，五邻为里，四里为～。”❷古县名。在今湖北襄樊市北。《汉书·萧何传》：“以～户二千四百封何曾孙庆为酂侯。”❸姓。

2. cuó　❹古县名。在今河南省永城市西南。《史记·陈涉世家》：“攻铚、～、苦、柘、谯，皆下之。”❺通“醝”。白酒。《周礼·天官·酒正》郑玄注：“盎，犹翁也，成而翁翁然葱白色，如今～白矣。”陆德明释文：“～白，即今之白醝酒也。宜作醝。作～，假借也。”

馔（饡）　zàn　以羹浇饭。《说文·食部》：“～，以羹浇饭也。”陆游《川食》诗：“未论索饼与～饭，最爱红糟并鱼粥。”

瓒（瓚）　zàn　❶古代祭祀时舀酒的玉勺。《三国志·魏书·武帝纪》：“君以温恭为基，孝友为德，明允笃诚，感于朕思，是用锡君秬鬯一卣，珪～副焉。”❷质地不纯的玉。《周礼·考工记·玉人》：“天子用全，上公用龙，侯用～。”

zang

将　zāng　见 jiāng。

赃（贓、臟） zāng 盗取财物，贪赃受贿。《列子·天瑞》："以～获罪。"《三国志·吴书·潘濬传》："时沙羡～秽不修，濬按杀之，一郡震竦。"

牂（牸） zāng ❶母羊。《诗经·小雅·苕之华》："～羊坟首。"《史记·李斯列传》："泰山之高百仞，而跛～牧其上。"❷地名，指牂牁郡。左思《蜀都赋》："于前则跨蹑犍～，枕輢交趾。"

【牂牁】 zānggē 古代江名，又为郡名，在今贵州、云南地区。柳宗元《得卢衡州书因以诗寄》："林邑东回山似戟，～～南下水如汤。"

【牂牂】 zāngzāng 茂盛的样子。《诗经·陈风·东门之杨》："东门之杨，其叶～～。"

臧 1. zāng ❶善，好。《诗经·鄘风·载驰》："视尔不～，我思不远。"陆机《短歌行》："我酒既旨，我肴既～。"❷男奴隶。《庄子·骈拇》："～与縠二人相与牧羊，而俱亡其羊。"❸"赃"的古字。贪赃，用不正当手段获得财物。《后汉书·承宫传》："为吏坐～，终身捐弃。"㊀赃物。《盐铁论·刑德》："盗有～者罚，杀人者死。"㊁贪赃的人。《后汉书·周紆传》："收考奸～，无出狱者。"❹姓。

2. cáng ❺收藏，隐藏。后作"藏"。《管子·侈靡》："天子～珠玉，诸侯～金石。"《汉书·郭解传》："以躯藉友报仇，～命作奸剽攻，休乃铸钱掘冢。"

3. zàng ❻仓库。后作"藏"。《史记·孟尝君列传》："乃夜为狗，以入秦宫～中，取所献狐白裘至，以献秦王幸姬。"❼内脏。后作"臓"（脏）。《后汉书·第五伦传》："臣常刻著五～，书诸绅带。"❽通"葬"。埋葬。《汉书·刘向传》："～之中野，不封不树。"

【臧贬】 zāngbiǎn 褒贬，评论高低。《世说新语·品藻》："谢遏诸人共道'竹林'优劣，谢公云：'先辈初不～～七贤。'"（初不：从不。）

【臧获】 zānghuò 奴婢。《韩非子·外储说右上》："～～虽贱，不托其足焉。"《汉书·司马迁传》："且夫～～婢妾犹能引决，况若仆之不得已乎！"

【臧否】 zāngpǐ ❶善恶，得失。《诗经·大雅·抑》："於乎小子，未知～～。"❷褒贬人物，评论优劣。《世说新语·德行》："晋文王称阮嗣宗至慎，每与之言，言皆玄远，未尝～～人物。"魏徵《十渐不克终疏》："陛下不审察其根源，而轻为之～～，是使守道者日疏，干求者日进。"

【臧污】 zāngwū 贪污。《后汉书·徐璆传》："又奏五郡太守及属县有～～者，悉征案罪，威风大行。"

驵（駔） 1. zǎng ❶壮马，骏马。《楚辞·九叹·忧苦》："同驽骡与乘～兮，杂班驳与阘茸。"❷马匹交易的经纪人。《吕氏春秋·尊师》："段干木，晋国之大～也，学于子夏。"

2. zǔ ❸通"组"。丝带。《周礼·考工记·玉人》："～琮五寸。"（琮：玉。）

【驵工】 zǎnggōng 平庸的马夫。《论衡·率性》："如徒能御良，其不良者不能驯服，此则～～庸师服驯技能，何奇而世称之？"

【驵骏】 zǎngjùn ❶马健壮的样子。左思《魏都赋》："冀马填厩而～～。"欧阳修《与谢景山书》："乃知～～之马，奔星覆驾，及节之銮和，以驾五辂，而行于大道，则非常马所及也。"❷指骏马。颜延之《赭白马赋》："于时～～，充阶街兮。"

【驵会】 zǎngkuài 牲畜交易中的经纪人。《史记·货殖列传》："子贷金钱千贯，节～～，贪贾三之，廉贾五之。"也作"驵侩"。《新唐书·王君廓传》："君廓，并州石艾人，少孤贫，为～～。"

【驵侩】 zǎngkuài 见"驵会"。

髒 zǎng 见"骯髒"。

奘 zàng 壮，粗大。《方言》卷一："秦晋之间，凡人之大谓之～，或谓之壮。"《西游记》五十一回："手足比毛更～。"

葬 zàng ❶埋葬，掩埋死者。《战国策·齐策五》："死者破家而～。"《后汉书·顺帝纪》："～少帝以诸王礼。"❷指埋葬的地方。柳宗元《故襄阳丞赵君墓志》："元和十三年，孤来章始壮，自襄州徒行求其～。"

藏 zàng 见 cáng。

zao

遭 zāo ❶逢，遇到。《吕氏春秋·诚廉》："吾闻古之士，～乎治世不避其任，～乎乱世不为苟在。"《后汉书·张玄传》："今日相～，真解矇矣！"❷际遇。《后汉书·杨震传》："阿母王圣出自贱微，得～千载，奉养圣躬。"柳宗元《钴鉧潭西小丘记》："贾四百，连岁不能售，而我与深源、克己独喜得之，是其果有～乎？"❸遭受，受到。杜甫《佳人》诗："关中昔丧败，兄弟～杀戮。"❹量词。周，圈。孟郊《寒地百姓吟》："华膏隔仙罗，虚绕千万～。"㊀次，回。陶岳《五代史补》："且共汝辈赤脚入棘针地走三五～。"

【遭遇】 zāoyù ❶遇到明主，碰上好运。

《汉书·王褒传》："昔贤者之未～～也，图事揆策则君不用其谋。"❷泛指遭逢，经历。《论衡·书解》："盖材知无不能，在所～～。"

糟（醩） zāo ❶造酒剩下的渣子，酒糟。《史记·屈原贾生列传》："众人皆醉，何不餔其～而啜其醨？"（醨：薄酒。）㉣粗糙、质差的。《后汉书·桓荣传》："褞袍～食，不求盈馀。"❷未去渣的酒。《礼记·内则》："饮重醴、稻醴、清～。"❸用酒或酒糟腌制食物。《世说新语·任诞》："鸿胪卿孔群好饮酒，王丞相语云：'卿何为恒饮酒？不见酒家覆瓿布，日月糜烂？'群曰：'不尔，不见～肉乃更堪久？'"

【糟糠】 zāokāng 酒糟和谷皮。比喻粗劣食物。《战国策·宋卫策》："今有人于此，……舍其粱肉，邻有～～而欲窃之。"《史记·孟尝君列传》："仆妾馀粱肉而士不厌～～。"

【糟粕】 zāopò 酒渣子。又比喻粗劣或无价值的东西。刘向《新序·杂事二》："凶年饥岁，士～～不厌，而君之犬马有馀谷粟。"《晋书·潘尼传》："名位为～～，势利为埃尘。"也作"糟魄"。《庄子·天道》："然则君之所读者，古人之～～已夫！"

【糟魄】 zāopò 见"糟粕"。

凿（鑿） záo（又读 zuò） ❶在木上打孔的工具。《论衡·效力》："～所以入木者，槌叩之也。"❷打孔，穿通。《诗经·豳风·七月》："二之日～冰冲冲。"《韩非子·外储说左上》："筑十版之墙，～八尺之牖。"❸挖，开凿。《汉书·苏武传》："～地为坎，置煴火。"❹孔窍，穴道。《楚辞·九辩》："圆～而方枘兮，吾固知其鉏铻而难入。"《汉书·楚元王传》："其后牧儿亡羊，羊入其～。"❺穿凿附会。《孟子·离娄下》："所恶于智者，为其～也。"❻确实。见"凿凿①"。❼通"糳"。将糙米舂成精米。《左传·桓公二年》："粢食不～。"

【凿空】 záokōng ❶开通道路。《史记·大宛列传》："于是西北国始通于汉矣，然张骞～～。"❷凭空捏造。《新唐书·刑法志》："比奸憸告讦，习以为常。推劾之吏，以深刻为功，～～争能，相矜以虐。"

【凿枘】 záoruì ❶榫眼和榫头。比喻互相投合。《盐铁论·非鞅》："有文武之规矩，而无周吕之～～，则功业无成。"❷"圆凿方枘"的省语。比喻龃龉不合。刘孝标《答何记室》诗："纷余似～～，方圆殊未工。"

【凿凿】 záozáo ❶确实。苏轼《凫绎先生文集叙》："先生之诗文皆有为而作，精悍确苦，言必中当世之过，～～乎如五谷，必可以疗饥。"❷鲜明的样子。《诗经·唐风·扬之水》："扬之水，白石～～。"

早 zǎo ❶早晨。曹植《与杨德祖书》："明～相迎，书不尽怀。"❷在某一时间之前。《后汉书·郎顗传》："陛下不～攘之，将负臣言，遗患百姓。"谢灵运《石壁精舍还湖中作》诗："出谷日尚～，入舟阳已微。"

【早朝】 zǎocháo 古代君王早晨召见群臣，处理政务，叫早朝。白居易《长恨歌》："春宵苦短日高起，从此君王不～～。"

【早世】 zǎoshì 早死。《后汉书·桓帝纪》："曩者遭家不造，先帝～～。"韩愈《祭十二郎文》："吾上有三兄，皆不幸～～。"

枣（棗） zǎo ❶枣树，枣树的果实。《韩非子·外储说左上》："桃～荫于街者莫有援也。"《后汉书·献帝伏皇后纪》："御服穿敝，唯以～栗为粮。"❷红色。如马有"枣骝"。❸姓。

蚤 zǎo ❶跳蚤。《庄子·秋水》："鸱鸺夜撮～，察毫末。"（鸱鸺：猫头鹰。）❷通"早"。早晨。《世说新语·文学》："明～往，及未寤，便呼：'子慎！子慎！'"㉣在某一时间之前。《吕氏春秋·季冬》："季冬行秋令，则白露～降。"❸通"爪"。指甲，脚爪。《荀子·大略》："争利如～甲而丧其掌。"《墨子·非乐上》："因其羽毛以为衣裘，因其蹄～以为绔屦。"❹通"爪"。车辐入轮圈的部分。《周礼·考工记·轮人》："眡其绠，欲其～之正也。"

【蚤世】 zǎoshì 早死。《国语·周语中》："若皆～～犹可，若登年以载其毒，必亡。"

缲 zǎo 见 sāo。

澡 zǎo ❶洗。《史记·龟策列传》："先以清水～之。"嵇康《幽愤诗》："～身沧浪，岂云能补。"卢谌《赠刘琨诗一首并书》："仰熙丹崖，俯～绿水。"❷通"噪"。众人呼叫。《史记·周本纪》："厉王使妇人裸而～之。"《后汉书·桓帝纪》："京师有火光转行，人相惊～。"

【澡雪】 zǎoxuě 洗刷。《庄子·知北遊》："汝齐戒疏瀹而心，～～而精神，掊击而知。"（齐：通"斋"。）马融《长笛赋》："溉盥污涉，～～垢滓矣。"

【澡身浴德】 zǎoshēnyùdé 洁净身心，陶冶德行。《三国志·魏书·王烈传》："日逝月除，时方已过，～～～～，将以曷为？"

璪 zǎo 古代帝王冕上穿玉片以为装饰的彩色丝绳。《礼记·郊特牲》："祭之日，王被衮以象天，戴冕～十有二旒，则天数也。"

薻 zǎo 同"藻"。水草。《说文·艸部》："～，水艸也。……藻，～或从澡。"

藻 zǎo ❶一种水草。《诗经·鲁颂·泮水》："思乐泮水，薄采其～。"陆机《招隐诗》："朝采南涧～，夕息西山足。"❷文采。《三国志·魏书·陈思王植传》注引《典略》："伟长擅名于青土，公干振～于海隅。"（伟长：徐幹字。公干：刘桢字。）刘峻《广绝交论》："遒文丽～，方驾曹王。"（曹王：指曹植、王粲。）㊀词藻，文章。孙绰《游天台山赋序》："聊奋～以散怀。"❸修饰。张华《女史箴》："斧之～之，克念作圣。"❹通"璪"。古代帝王冕上穿玉以为装饰的彩色丝绳。《礼记·玉藻》："天子玉～。"

【藻翰】 zǎohàn ❶美丽的羽毛。潘岳《射雉赋》："摛朱冠之赩赫，敷～～之陪鳃。"❷比喻华美的文辞。杜甫《奉赠卢五丈参谋琚》诗："～～惟牵率，湖山合动摇。"

【藻井】 zǎojǐng 天花板上绘有彩色图形的方形装饰物。何晏《景福殿赋》："缭以～～，编以綷疏。"

【藻厉】 zǎolì 修饰砥砺。《宋书·江夷传》："夷少自～～，为后进之美。"

【藻饰】 zǎoshì ❶修饰，装饰。《晋书·嵇康传》："身长七尺八寸，美词气，有风仪，而土木形骸，不自～～。"《世说新语·汰侈》："石崇厕常有十馀婢侍列，皆丽服～～。"❷修饰文词。左思《三都赋序》："于辞则易为～～，于义则虚而无征。"

【藻思】 zǎosī 文思，文才。陆机《晋平西将军孝侯周处碑》："文章绮合，～～罗开。"《魏书·邢臧传》："幼孤，早立操尚，博学有～～。"

灶（竈） zào ❶用来烧火做饭的设备。《战国策·宋卫策》："灭～，将失火。"《后汉书·刘盆子传》："所过皆夷灭老弱，溺社稷，污井～。"❷指灶神。《史记·封禅书》："于是天子始亲祀～。"

【灶君】 zàojūn 灶神。《战国策·赵策三》："今臣疑人之有炀于君者也，是以梦见～～。"

【灶突】 zàotū 灶上烟囱。《吕氏春秋·谕大》："～～决，则火上焚栋。"《后汉书·李南传》："疾风卒起，先吹～～及井，此祸为妇女主爨者。"

皂（阜） zào ❶奴隶的一个等级。《左传·昭公七年》："天有十日，人有十等，……故王臣公，公臣大夫，大夫臣士，士臣～，～臣舆。"㊀泛指奴仆。任昉《为萧扬州荐士表》："寝议庙堂，借听舆～。"❷黑色。《后汉书·礼仪志上》："执事者冠长冠，衣～单衣。"《晋书·舆服志》："～轮车，驾四牛，形制犹如犊车。"❸马十二匹为一皂。《周礼·夏官·校人》："乘马一师四圉，三乘为～。"❹通"槽"。牲口槽。《庄子·马蹄》："连之以羁馽，编之以～栈。"《史记·鲁仲连邹阳列传》："使不羁之士与牛骥同～，此鲍焦所以忿于世而不留富贵之乐也。"

【皂隶】 zàolì ❶奴隶。《左传·隐公五年》："若夫山林川泽之实，器用之资，～～之事，官司之守，非君所及也。"❷奴仆，贱役。沈约《奏弹王源》："既壮而室，窃赀莫非～～。"李贺《荣华乐》诗："绣段千寻贻～～。"❸衙门里的差役。沈括《梦溪笔谈·人事二》："～～如此野狠，其令可知。"

唣 zào 见"啰唣"。

造 zào ❶至，到。《管子·大匡》："兴师伐鲁，～于长勺。"《战国策·齐策四》："先生王斗～门而欲见齐宣王，宣王使谒者延入。"㊀特指达到某一高度。《后汉书·冯衍传下》："山峨峨而～天兮，林冥冥而畅茂。"㊀临到某个时候。江淹《别赋》："～分手而衔涕，感寂漠而伤神。"❷作，制造，创建。《楚辞·招魂》："陈钟案鼓，～新歌些。"《后汉书·西羌传》："作大航，～河桥。"《三国志·魏书·刘晔传》："是以成汤、文、武，实～商、周。"❸成就，功绩。《诗经·大雅·思齐》："肆成人有德，小子有～。"《左传·成公十三年》："则是我有大～于西也。"❹虚构，捏造。《论衡·正说》："～说之传，失之久矣。"❺创始。《吕氏春秋·下贤》："文王～之而未遂，武王遂之而未成。"❻容纳，盛放。《礼记·丧大记》："君设大盘～冰焉。"❼诉讼双方中的一方。《尚书·吕刑》："两～具备，师听五辞。"❽并，并连。《诗经·大雅·大明》："～舟为梁，不显其光。"《后汉书·杜笃传》："～舟于渭，北航泾流。"❾幸，幸运。《后汉书·邓骘传》："遭国不～，仍离大忧。"《三国志·蜀书·先主传》："伏惟陛下诞姿圣德，经理万邦，而遭厄运不～之艰。"❿突然。《大戴礼记·保傅》："灵公～然失容。"⓫时代。《仪礼·士冠礼》："公侯之有冠礼也，夏之末～也。"班固《东都赋》："吾子曾不是睹，顾曜后嗣之末～，不亦暗乎？"⓬一种祭祀名。《礼记·王制》："天子将出，类乎上帝，宜乎社，～乎祢。"

【造次】 zàocì 匆忙，仓卒。《汉书·河间献王刘德传》："修礼乐，被服儒术，～～必于儒者。"《后汉书·吴汉传》："汉为人质厚少文，～～不能以辞自达。"杜甫《骢马行》："时俗～～那得致，云雾晦冥方降精。”

【造父】 zàofǔ ❶古代善于驾御车马的人。《韩非子·外储说右下》:“～～驱车入圃,马见圃池而走,～～不能禁。”❷星名。《论衡·命义》:“天有王梁、～～,人亦有之,禀受其气,故巧于御。”

【造化】 zàohuà ❶创造化育。《汉书·董仲舒传》:“今子大夫明于阴阳所以～～,习于先圣之道业,然而文采未极,岂惑虖当世之务哉?”❷指大自然。《论衡·自然》:“天地为炉,～～为工,禀气不一,安能皆贤?”李白《与韩荆州书》:“君侯制作侔神明,德行动天地,笔参～～,学究天人。”

【造膝】 zàoxī ❶至于膝下。指亲近。《三国志·魏书·中山恭王衮传》:“兄弟有不良之行,当～～谏之。”❷指亲近的人。《三国志·魏书·高堂隆传》:“今陛下所与共坐廊庙治天下者,非三司九列,则台阁近臣。皆腹心～～,宜在无讳。”

【造诣】 zàoyì ❶往访,走访。《晋书·陶潜传》:“或要之共至酒坐,虽不识主人,亦欣然无忤,酣醉便返,未尝有所～～,所之唯至田舍及庐山游观而已。”❷学问技艺所达到的程度。温庭筠《上学士会人启》:“重言七十,俄变于荣枯;曲礼三千,非由于～～。”

慥 zào ❶仓猝,急忙。《越绝书·内传陈成恒》:“越王～然避位。”❷忠厚诚实的样子。《正字通·心部》:“～,笃实也。”参见“慥慥”。

【慥慥】 zàozào ❶仓猝。柳宗元《祭弟宗直文》:“四房子姓,各为单子,～～早夭,汝又继终。”❷忠厚诚实的样子。权德舆《送别沅汎》诗:“温温禀义方,～～习书诗。”

噪(譟) zào ❶虫、鸟鸣叫。李贺《南园》诗之三:“青蝉独～日光斜。”杜甫《东屯月夜》诗:“数惊闻雀～,暂睡想猿蹲。”❷嘈杂。薛道衡《奉和月夜听军乐应诏》诗:“笳声喧陇水,鼓曲～渔阳。”❸众人呼叫,叫嚷。白居易《河南元公墓志铭序》:“先是不快者乘其便相～嗾。”㊀众人议论。《论衡·累害》:“以毁谤言之,贞良见妒,高奇见～。”

燥 zào ❶干燥。《汉书·丙吉传》:“吉择谨厚女徒,令保养曾孙,置闲～处。”《三国志·魏书·管辂传》:“是日旸～,昼无形似。”❷烧。《韩非子·说林下》:“若亦不患腊之至而茅之～耳,若又奚患?”(若:你。)㊁喻威胁。《战国策·赵策四》:“国～于秦,兵分于齐,非赵之利也。”

【燥湿】 zàoshī ❶干燥和湿润。《左传·襄公三十一年》:“其暴露之,则恐～～之不时。”㊁比喻不同的情况。刘峻《广绝交论》:“客所谓抚弦徽音,未达～～变响。”❷寒暄时用语,犹寒温、冷暖。《三国志·吴书·骆统传》:“飨赐之日,可人人别进,问其～～,加以密意。”

躁 zào ❶躁动,不安静。《老子·四十五章》:“～胜寒,静胜热。”嵇康《养生论》:“神～于中,而形丧于外。”❷急,急躁。《论衡·状留》:“燕飞轻于凤凰,兔走疾于麒麟,蛙跃～于灵龟,蛇腾便于神龙。”苏轼《上皇帝书》:“则人各安其分,不敢～求。”❸浮躁。《世说新语·识鉴》:“何晏、邓飏有为而～,博而寡要。”

【躁竞】 zàojìng 急于进取,好胜争强。《三国志·魏书·杜袭传》:“[王]粲性～～,起坐曰:‘不知公对杜袭道何等也?’”嵇康《养生论》:“今以～～之心,涉希静之途,意速而事迟,望近而应远,故莫能相从。”

ze

则(則) zé ❶准则,法则。《诗经·豳风·伐柯》:“伐柯伐柯,其～不远。”《汉书·贾谊传》:“合散消息,安有常～?”❷效法。《史记·夏本纪》:“皋陶于是敬禹之德,令民皆～禹。”《汉书·艺文志》:“河出图,雒出书,圣人～之。”❸等级。《汉书·叙传下》:“坤作地势,高下九～。”❹副词。1)用于加强判断,相当于“乃”、“即”。《孟子·公孙丑下》:“此～寡人之罪也。”《史记·大宛列传》:“其南～大夏,西～安息,北～康居。”2)表示范围,相当于“仅”“只”。《荀子·劝学》:“口耳之间～四寸耳,曷足以美七尺之躯哉?”❺连词。1)表示承接关系,相当于“就”、“便”、“那么”。《论语·为政》:“学而不思～罔,思而不学～殆。”《庄子·逍遥遊》:“且夫水之积也不厚,～其负大舟也无力。”2)常“则……则”并用,有加强对比的作用。《论语·述而》:“用之～行,舍之～藏,惟我与尔有是夫。”《荀子·正论》:“内～百姓疾之,外～诸侯叛之。”3)表示转折关系。相当于“然而”、“反倒”。《孟子·梁惠王下》:“滕,小国也,竭力以事大国,～不得免焉。”《论语·子路》:“欲速～不达,见小利～大事不成。”4)表示让步关系,相当于“倒是”。《庄子·天道》:“美～美矣,而未大也。”《墨子·鲁问》:“难～难矣,然而未仁也。”5)表示出乎意外,发现了新的情况,相当于“竟”、“却”。《左传·僖公三十三年》:“公使阳处父追之,及诸河,～在舟中矣。”《论语·微子》:“使子路反见之,至～行矣。"6)表示假设,相当于"假如"。《左传·定公八年》:"公子~往,群臣之子敢不皆负羁绁以从?"《史记·高祖本纪》:"今~来,沛公恐不得有此。"

泽(澤) 1. zé ❶沼泽,湖泽。《史记·高祖本纪》:"其先刘媪尝息大~之陂,梦与神遇。"《后汉书·严光传》:"有一男子,披羊裘钓~中。"❷雨露。应璩《与广川长岑文瑜书》:"言未发而水旋流,辞未卒而~滂沛。"陆机《谢平原内史表》:"云雨之~,播及朽瘁。"❸润泽,润饰。《左传·襄公二十八年》:"车甚~,人必瘁。"《管子·法禁》:"行辟而坚,言诡而辩,术非而博,顺恶而~者,圣王之禁也。"❹津液,如汗水、唾液等。《礼记·玉藻》:"父没而不能读父之书,手~存焉尔;母没而杯圈不能饮焉,口~之气存焉尔。"❺恩惠,恩泽。《战国策·秦策五》:"今建国立君,~可遗世。"《吕氏春秋·节丧》:"乘车食肉,~及子孙。"《史记·秦始皇本纪》:"功盖五帝,~及牛马。"㊀加恩惠于人。韩愈《柳州罗池庙碑》:"余谓柳侯生能~其民,死能惊动福祸之,以食其土,可谓灵也已。"❻通"袢"。内衣。《诗经·秦风·无衣》:"岂曰无衣,与子同~。"

2. shì ❼通"释"。放弃。《史记·孝武本纪》:"古者先振兵~旅,然后封禅。"

【泽国】 zéguó 指多水的地区,水乡。杜甫《水宿遣兴奉呈群公》诗:"~~虽勤雨,炎天竟浅泥。"

责(責) 1. zé ❶要求,索要。《荀子·宥坐》:"不教而~成功,虐也。"《战国策·秦策四》:"秦~赂于魏,魏不与。"《史记·楚世家》:"先绝齐而后~地,则必见欺于张仪。"❷责问,询问。《史记·酷吏列传》:"天子果以汤怀诈面欺,使使八辈簿~汤。"❸责备,责罚。《战国策·赵策三》:"梁客辛垣衍安在?吾请为君~而归之。"《吕氏春秋·任数》:"凡官者以治为任,以乱为罪,今乱而无~,则乱愈长矣。"❹责任,职责。《后汉书·杨震传》:"崇高之位,忧重~深也。"苏轼《思治论》:"所用之人无常~,而所发之政无成效。"

2. zhài ❺欠的钱财。后作"债"。《吕氏春秋·慎大》:"分财弃~,以振穷困。"《汉书·高帝纪上》:"此两家常折券弃~。"

【责成】 zéchéng 要求人完成任务。《淮南子·主术训》:"人主之术,处无为之事,而行不言之教,……因循而任下,~~而不劳。"任昉《为范尚书让吏部封侯第一表》:"草创惟始,义存改作,恭己南面,~~斯在。"

【责让】 zéràng 责备,责怪。《汉书·韩王信传》:"疑信数间使,有二心,上赐信书~~之。"《三国志·魏书·武帝纪》:"太祖~~之。"

【责望】 zéwàng 责怪怨恨。《史记·韩长孺列传》:"今太后以小节苛礼~~梁王。"《汉书·衡山王刘赐传》:"淮南、衡山相~~礼节,间不相能。"

择(擇) zé ❶挑选,选择。《汉书·高帝纪上》:"沛今共诛令,~可立立之。"《论衡·累害》:"凡人操行,不能慎~友。"❷区别。《孟子·离娄下》:"如此,则与禽兽奚~哉?"《吕氏春秋·情欲》:"耳不乐声,目不乐色,口不甘味,与死无~。"

【择善而从】 zéshàn'ércóng 择选好的任用依从。《梁书·夏侯详传》:"~~~~,选能而用,不以人废言,不以多罔寡。"魏徵《十渐不克终疏》:"若见诫而惧,~~~~,同周文之小心,追殷汤之罪己,……则宝祚无疆,普天幸甚。"

咋 1. zé ❶大声。马融《长笛赋》:"啾~嘈啐似华羽兮,绞灼激以转切。"㊀大声叫。刘峻《辩命论》:"谗谗欢~,异端斯起。"❷咬。东方朔《答客难》:"譬由鼱鼩之袭狗,孤豚之~虎,至则靡耳。"孙因《蝗虫辞》:"然则丰年富岁,常有数十百万飞蝗在天下,~人骨髓,岂特食稻黍而已!"

2. zhà ❸通"乍"。忽然。《左传·定公八年》:"桓公~谓林楚曰:'而先皆季氏之良也,尔以是继之。'"

【咋舌】 zéshé 咬舌头。形容因畏惧而不敢说话。《后汉书·马援传》:"岂有知其无成,而但萎腇~~,叉手从族乎?"(萎腇:软弱。)苏舜钦《乞纳谏书》:"使正臣夺气,鲠士~~,目睹时弊,口不敢论。"

迮 zé ❶迫,逼。《后汉书·陈忠传》:"邻舍比里,共相压~。"陈琳《檄吴将校部曲文》:"及诸将校,孙权婚亲,皆我国家良宝利器,而并见驱~。"㊀窄。《三国志·蜀书·张飞传》:"山道~狭,前后不得相救。"❷压,榨。贾思勰《齐民要术·甘蔗》:"~取汁,如饴饧。"❸仓猝。《公羊传·襄公二十九年》:"今若是~而与季子国,季子犹不受也。"

柞 zé 见zuò。

襗(襗) zé 内衣,贴身衣裤。《周礼·天官·玉府》"掌王之燕衣服"郑玄注:"燕衣服者,巾絮寝衣袍~之属。"㊀

泛指衣服。班固《窦车骑北征颂》："劳不御舆，寒不施～。"

措 zé 见cuò。

啧（嘖） zé ❶争辩。《荀子·正名》："故愚者之言，芴然而粗，～然而不类，诸诸然而沸。"（芴然：轻忽的样子。诸诸然：多言的样子。）❷实情，实际。《荀子·君道》："斗斛敦槩者，所以为～也。"❸通"赜"。幽深，深奥。《隶释·范式碑》："探～研机，罔深不入。"

【啧啧】 zézé ❶虫鸟鸣叫声。李贺《南山田中行》："塘水漻漻虫～～。"❷人啧舌发出的声音，表示争言、赞叹等。《三国志·魏书·管辂传》："昔饥荒之世，当有利其数升米者，排著井中，～～有声。"《赵飞燕外传》："音词舒闲清切，左右嗟赏之～～。"

【啧有烦言】 zéyǒufányán 形容众人颇有一些气愤、不满意的话。《左传·定公四年》："会同难，～～～～，莫之治也。"范仲淹《奏上时务书》："而乃要求浸多，翻覆不定，托因细事，～～～～。"

唶 zé 见jiè。

帻（幘） zé 头巾。《后汉书·法雄传》："冠赤～，服绛衣。"

笮 1. zé ❶盖房时铺在屋顶上的箔席，用竹子或芦苇编制而成。刘熙《释名·释宫室》："～，迮也，编竹相连迫迮也。"❷盛箭的器具。《后汉书·礼仪志下》："东园武士执事下明器……干戈各一，～一，甲一，胄一。"❸压榨，挤压。《后汉书·耿恭传》："吏士渴乏，～马粪汁而饮之。"

2. zuó ❹竹索。《宋书·乐志四》："桂树为君船，青丝为君～。"《新五代史·王建及传》："以竹～维战舰于河，晋兵不得渡。"❺通"凿"。马融《长笛赋》："丸梃彫琢，刻镂钻～。"❻古代西南少数民族。司马相如《难蜀父老》："因朝冉从駹，定～存邛。"

舴 zé 见"舴艋"。

【舴艋】 zéměng 小船。李贺《南园》诗之九："泉沙耎卧鸳鸯暖，曲岸回篙～～迟。"陆游《上虞逆旅见旧题岁月感怀》诗："～～为家东复西，今朝破晓下前溪。"

罤 zé 见yì。

赜（賾） zé ❶见"赜赜"。❷瘠薄。《管子·轻重乙》："～，山诸侯之国也。"

【赜赜】 zézé 洁白。元稹《古决绝词》之二："我自顾悠悠而若云，又安能保君～～之如雪？"

稓 zé 见cè。

箦（簀） zé 竹席。《史记·范睢蔡泽列传》："睢详死，即卷以～，置厕中。"（详：通"佯"。假装。）《论衡·感类》："鲁季孙赐曾子～，曾子病而寝之。"

赜（賾） zé 幽深，深奥。《汉书·律历志》："探～索隐，钩深致远，莫不用焉。"《后汉书·班固传》："铺观二代洪纤之度，其～可探也。"（铺：遍。二代：指殷、周。）陆机《演连珠》："是以天地之～，该于六位。"

齰（齚、齰） zé 咬。《论衡·言毒》："生下湿比阴，阴物柔伸，故蝮蛇以口～。"

【齰舌】 zéshé 咬舌。形容悔恨无言或忍气吞声之状。《史记·魏其武安侯列传》："魏其必内愧，杜门～～自杀。"李贺《出城别张又新酬李汉》诗："没没暗～～，涕血不敢论。"

仄（庂） zè ❶斜，倾斜。《管子·白心》："日极则～，月满则亏。"《汉书·晁错传》："险道倾～，且驰且前。"❷汉字声调中上、去、入三声的总称。沈约《四声谱》："上、去、入为～声。"❸指地位低下或不得志者。沈约《恩倖传论》："明敭幽～，唯才是举。"❹通"侧"。旁边。《汉书·段会宗传》："若子之材，可优游都城而取卿相，何必勒功昆山之～？"

【仄陋】 zèlòu 卑贱，地位低下。《汉书·循吏传序》："及至孝宣，繇～～而登至尊，兴于闾阎，知民事之艰难。"又指地位低下的人。《三国志·魏书·武帝纪》："二三子其佐我明扬～～，唯才是举，吾得而用之。"

【仄目】 zèmù 同"侧目"。斜着眼睛看，不敢正视。形容畏惧。《汉书·汲黯传》："今天下重足而立，～～而视矣。"

【仄室】 zèshì 同"侧室"。庶子。《汉书·贾谊传》："天下殽乱，高皇帝与诸公并起，非有～～之势以豫席之也。"（豫席：凭藉。）

昃 zè 太阳西斜。《论衡·书解》："文王日～不暇食，周公一沐三握发。"《三国志·魏书·王朗传》："近日车驾出临捕虎，日～而行，及昏而反。"

侧 zè 见cè。

崱（崱） zè 高峻的样子。王延寿《鲁灵光殿赋》:"郁坱以嶒嵫,～缯绫而龙鳞。"

【崱屴】 zèlì 高峻的样子。王延寿《鲁灵光殿赋》:"～～嵫厘,岑崟嵫嶷,骈茏嵸兮。"

稷 zè 见 jì。

zei

贼（賊） zéi ❶害。《韩非子·饰邪》:"此行小忠而～大忠者也。"《汉书·食货志》:"淫侈之俗,日日以长,是天下之大～也。"⊗害人的人。《论语·宪问》:"幼而不孙弟,长而无述焉,老而不死,是为～。"❷杀,暗杀。《左传·宣公二年》:"宣子骤谏,公患之,使钮麑～之。"《吕氏春秋·明理》:"故至乱之化,君臣相～,长少相杀。"韩愈《平淮西碑》:"阴遣刺客,来～相臣。"⊗杀人的人。《史记·留侯世家》:"秦皇帝大怒,大索天下,求～甚急。"⊗作乱、肇祸等危害国家的人。❸强盗。《老子·十九章》:"绝巧弃利,盗～无有。"《战国策·东周策》:"严氏为～,而阳竖与焉。"❹仇敌,敌人。《管子·大匡》:"桓公问于鲍叔曰:'将何以定社稷?'鲍叔曰:'得管仲与召忽,则社稷定矣。'公曰:'夷吾与召忽,吾～也。'"❺对敌对一方的蔑称。《世说新语·雅量》:"客问淮上利害,答曰:'小儿辈大破～。'"❻残忍。《史记·五宗世家》:"[胶西王]端为人～戾。"《三国志·魏书·董二袁刘传评》:"董卓狼戾～忍,暴虐不仁。"❼一种食苗节的害虫。见"蟊贼"。

zen

怎 zěn 疑问代词。怎么,如何。李清照《声声慢》词:"这次第,～一个愁字了得!"关汉卿《窦娥冤》三折:"顷刻间游魂先赴森罗殿,～不将天地也生埋怨。"

谮（譖） 1. zèn ❶说人坏话,诬陷别人。《左传·昭公十二年》:"或～成虎于楚子,成虎知之而不能行。"《史记·周本纪》:"崇侯虎～西伯于殷纣曰:'西伯积善累德,诸侯皆向之,将不利于帝。'"

2. jiàn ❷不信任。《诗经·大雅·桑柔》:"朋友已～,不胥以穀。"(胥:相。穀:善。)

【谮润】 zènrùn 诬陷毁谤别人。《三国志·吴书·朱据传》:"中书令孙弘～～据,因权寝疾,弘为诏书追赐死。"

【谮诉】 zènsù 诬陷别人,说人坏话。《汉书·杜钦传》:"曲阳侯根前为三公辅政,……～～故许后,被加以非罪,诛破诸许族,败元帝外家。"《后汉书·桓帝邓皇后纪》:"而后恃尊骄忌,与帝所幸郭贵人更相～～。"《三国志·吴书·孙和传》:"全寄、杨竺为鲁王霸支党,～～日兴。"

僭 zèn 见 jiàn。

zeng

曾 1. zēng ❶增加。后作"增"。《孟子·告子下》:"故天将降大任于是人也,必先苦其心志,劳其筋骨,……所以动心忍性,～益其所不能。"《楚辞·招隐士》:"溪谷崭岩兮水～波。"❷中间隔两代的亲属。见"曾祖"、"曾孙"。❸飞举。《楚辞·九歌·东君》:"翾飞兮翠～,展诗兮会舞。"❹高。《楚辞·远游》:"因气变而遂～举兮,忽神奔而鬼怪。"❺重复,反复。《楚辞·九章·惜诵》:"矫兹媚以私处兮,愿～思而远身。"

2. céng ❻副词。1)曾经。《公羊传·闵公元年》:"[邓扈]乐～淫于宫中,子般执而鞭之。"《世说新语·德行》:"阮光禄在剡,～有好车,借者无不皆给。"2)表示出乎意料。相当于"竟"、"却"、"简直"。《论语·先进》:"季子然问:'仲由、冉求可谓大臣与?'子曰:'吾以子为异之问,～由与求之问!'"《荀子·荣辱》:"忧忘其身,内忘其亲,上忘其君,则是人也而～狗彘之不若也。"《世说新语·伤逝》:"王长史病笃,寝卧灯下,转麈尾视之,叹曰:'如此人,～不得四十!'"❼通"层"。重叠。《淮南子·主术训》:"削薄其德,～累其刑。"陆机《园葵》诗:"～云无温液,严霜有凝威。"

【曾孙】 zēngsūn ❶孙子的子女。《后汉书·桓帝纪》:"孝桓皇帝,讳志,肃宗～～也。"《世说新语·贤媛》:"王司徒妇,钟氏女,太傅～～。"❷泛指曾孙以下的后代子孙。《诗经·周颂·维天之命》:"骏惠我文王,～～笃之。"

【曾祖】 zēngzǔ 祖父的父亲。《晋书·荀勗传》:"此儿当及其～～。"

憎 zēng 憎恶,厌恶。《吕氏春秋·慎势》:"陈成常与宰予,之二臣者甚相～也,臣恐其攻也。"《战国策·齐策四》:"请以市谕。市,朝则满,夕则虚,非朝爱市而夕～之也。求存故往,亡故去。"

增 1. zēng ❶增加,加多。《战国策·东周策》:"故众庶成强,～积成山。"宋玉《登徒子好色赋》:"～之一分则太长,减之一分则太短。”❷反复。贾谊《吊屈原赋》：“见细德之险征兮，遥～击而去之。”

2. céng ❸通“层”。多层。形容高。《楚辞·天问》：“～城九重，其高几里?”班固《西都赋》：“仍～崖而衡阈，临峻路而启扉。”

【增益】 zēngyì 增加。《汉书·师丹传》：“相随空受封爵，～～陛下之过。”

缯(繒) 1. zēng ❶丝织品的总称。《史记·樊郦滕灌列传》：“颖阴侯灌婴者，睢阳贩～者也。”《后汉书·马援传》：“今陛下躬服厚～，斥去华饰。”❷通“矰”。系着丝绳用来射鸟的短箭。《战国策·楚策四》：“夫雀其小者也，……自以为无患，与人无争也，不知夫射者方将修其碆卢，治其～缴，将加己乎百仞之上。”

2. céng ❸通“鄫”。古代诸侯国名。在今山东枣庄市东。《穀梁传·襄公六年》：“莒人灭～。”

橧 zēng ❶远古人架木而构成的住所。《礼记·礼运》：“昔者先王未有宫室，冬则居营窟，夏则居～巢。❷猪睡的草垫。《尔雅·释兽》：“[豕]所寝，～。”㊂指猪圈。《广雅·释兽》：“～，圈也。”(王念孙疏证：“橧，本圈中卧蓐之名，因而圈亦谓之橧。)

罾 zēng ❶用竹竿或木棍做支架的方形鱼网。《楚辞·九歌·湘夫人》：“鸟萃兮蘋中，～何为兮木上?”❷用网捕捞。《论衡·幸偶》：“渔者～江湖之鱼，或存或亡。”

矰 zēng 一种用于射鸟的系着丝绳的短箭。《史记·老子韩非列传》：“走者可以为罔，游者可以为纶，飞者可以为～。”《淮南子·说山训》：“好弋者先具缴与～。”

【矰弋】 zēngyì 系有丝绳的短箭。《庄子·应帝王》：“且鸟高飞以避～～之害。”

【矰缴】 zēngzhuó 系着丝绳射鸟用的短箭。《史记·留侯世家》：“鸿鹄高飞，一举千里，…… 虽有～～，尚安所施。”班固《西都赋》：“飑飑纷纷，～～相缠。”

甑 zèng 煮食用的陶制炊具。《墨子·迎敌祠》：“祝史宗人告社，覆之以～。”《后汉书·郭太传》：“客居太原，荷～堕地，不顾而去。”

赠(贈) zèng ❶送，赠送。《诗经·郑风·溱洧》：“～之以勺药。”陆机《赠冯文罴》诗：“愧无杂珮～，良讯代兼金。”杨炯《西陵峡》诗：“行旅相～言，风涛无极已。”❷送走，驱逐。《周礼·春官·占梦》：“乃舍萌于四方，以～恶梦。”❸给已死的官吏或其父祖追封官爵。颜延之《阳给事诔》：“故宁远司马濮阳太守阳瓒，滑台之逼，厉诚固守，投命徇节，在危无挠，……可～给事中振恤遗孤，以慰存亡。”

zha

扎 1. zhā ❶刺。董解元《西厢记诸宫调》卷二：“不问箇是和非，觑僧人便～。”❷驻扎。《水浒传》二回：“～下一个山寨。”❸象声词。见“扎扎”。

2. zhá ❹通“札”。简牍。《论衡·书解》：“出口为言，集～为文。”杜甫《敬寄族弟唐十八使君》诗：“登陆将首途，笔～枉所申。”

【扎扎】 zhāzhā 象声词。形容织机声。白居易《缭绫》诗：“丝细缫多女手疼，～～千声不盈尺。”

【扎瘥】 zhácuó 即“札瘥”。指瘟病流行或荒年饥岁。苏轼《答宋寺丞书》：“～～之馀，百役毛起，公私骚然未已也。”

担(摣) zhā 取。《说文·手部》：“～，挹也。”《方言》卷十：“南楚之间，凡取物沟泥中谓之～，或谓之摣。”㊁掠夺。《墨子·天志下》：“而况有逾于人之墙垣，～格人之子女者乎?”

查 zhā 见 chá。

奓 1. zhā(又读 zhà) ❶开。《庄子·知北遊》：“神农隐几阖户昼瞑，婀荷甘日中～户而入。”

2. chǐ ❷通“侈”。奢侈，放纵。张衡《西京赋》：“攒珍宝之玩好，纷瑰丽以～靡。”权德舆《许氏吴兴溪亭记》：“夸目～心者，或大其闬闳，文其节棁，俭士耻之。”㊂大。《晋书·成公绥传》：“何阴阳之难测，伟二仪之～阔。”

楂 zhā 见 chá。

劄 1. zhā 又作“扎”。❶刺。段成式《酉阳杂俎》卷八：“蜀小将韦少卿，韦表微堂兄也。少不喜书，嗜好～青。”(劄青：文身。)❷屯扎。陈规《守城录》卷三：“彦舟又自随州领人马至府城下，围绕～寨。”

2. zhá ❸书信，文书。见“劄子”。

【劄记】 zhájì 又作“札记”。一种笔记文体。内容或为读书心得，或为校刊、考证文字，等等。如清赵翼有《廿二史劄记》。

【劄子】 zházǐ 宋代官吏向皇帝或上级奏事论议的文书，后也指上级下达指令的公文。曾巩《代曾副中辞转官劄子》：“谨具～～奏陈无任赤心恳激之至。”

觰 zhā ❶即“觰拏”，兽名。《说文·角部》：“～，觰拏，兽名。”❷两角上端张开。《集韵·麻韵》：“～，角上张。”参见“觰沙”。

【皻沙】 zhāshā 张开的样子。韩愈《月蚀》诗：“赤乌司南方，尾秃翅～～。”

皻(皶) zhā 面部所生的粉刺。《素问·生气通天论》：“劳汗当风，寒薄为～。”

齇 zhā 鼻子上的红斑，俗称酒糟鼻。《魏书·王慧龙传》：“王氏世～鼻，江东谓之～王。”

札 zhá ❶古代写字用的木片。《后汉书·贾逵传》：“帝敕兰台给笔～，使作《神省颂》。”❷书信。《古诗十九首·孟冬寒气至》：“客从远方来，遗我一书～。”颜延之《赠王太常》诗：“属美谢繁翰，遥怀具短～。”[引]命，使。《宋书·谢晦传》：“～晦代之。”❸铠甲上的叶片。《左传·成公十六年》：“潘尪之党与养由基蹲甲而射之，彻七～焉。”❹瘟疫，流行瘟疫。《周礼·地官·司关》：“国凶～，则无关门之征。”《列子·汤问》：“士气和，亡～厉。”

【札瘥】 zhácuó 指瘟疫流行或荒年饥岁。《左传·昭公十九年》：“郑国不天，寡君之二三臣～～夭昏，今又丧我先大夫偃。”独孤及《送王判官赴福州序》：“岭外峭峻，风俗剽悍，岁比饥馑，民方～～。”

【札翰】 zháhàn 书信。《魏书·夏侯道迁传》：“闲习尺牍，～～往还，甚有意理。”杜甫《送韦十六评事充同谷郡防御判官》诗：“题诗得秀句，～～时相投。”

【札书】 zháshū ❶文书。《史记·封禅书》：“卿有～～曰：‘黄帝得宝鼎宛朐，问于鬼臾区。……’”❷写在简牒上。《墨子·杂守》：“吏所解，皆～～藏之。”

【札札】 zházhá 象声词。形容织机声。《古诗十九首·迢迢牵牛星》：“纤纤擢素手，～～弄机杼。”张鷟《公主出降钱礼判》：“金机～～，灵婺皎洁于云间；银汉亭亭，少女倭迟于巽位。”

剳 zhá 见 dié。

蚻 zhá 一种小蝉。《尔雅·释虫》：“～，蜻蜻。”郭璞注：“如蝉而小。”韩愈等《征蜀联句》：“始去杏飞蜂，及归柳嘶～。”

渫 zhá 见 xiè。

喋 zhá 见 dié。

苴 zhǎ 见 jū。

厏 zhǎ 见“厏厊”。

【厏厊】 zhǎyǎ 抵触，不相合。杨循吉《都下将归述怀》诗：“况今一病已到骨，兼与世事多～～。”

眨 zhǎ 见 jié。

睫 zhǎ 见 jié。

鲊(鮓) 1. zhǎ ❶经过加工的鱼类制品，如腌鱼、糟鱼等。《后汉书·费长房传》：“又尝坐客，而使至宛市～，须臾还。”（市：买。）

2. zhà ❷海蜇。张华《博物志》卷三：“东海有物，状如凝血，从广数尺，方员，名曰～鱼。”

鲝(鮺) zhǎ 经过加工的鱼类制品，如腌鱼、糟鱼等。《世说新语·贤媛》：“陶公少时作鱼梁吏，尝以坩～饷母。”

乍 zhà ❶忽，忽然。《史记·日者列传》：“先王之道，～存～亡。”嵇康《琴赋》：“忽飘飘以轻迈，～留联而扶疏。”柳宗元《石渠记》：“有泉幽幽然，其鸣～大～细。”❷初，刚。张衡《西京赋》：“将～往而未半，怵悼栗而怂兢。”李清照《声声慢》词：“～暖还寒时候，最难将息。”❸正，恰好。江淹《别赋》：“或春苔兮始生，～秋风兮暂起。”

吒 zhà ❶悲叹，叹息。《楚辞·疾世》：“忧不暇兮寝食，～增叹兮如雷。”杜甫《遣兴》之五：“每望东南云，令人几悲～。”❷吆喝。贾谊《新书·匈奴》：“～犬马行，理势然也。”

诈(詐) zhà ❶欺诈。《吕氏春秋·先己》：“当今之事，巧谋并行，～术递用，攻战不休。”《汉书·董仲舒传》：“法出而奸生，令下而～起。”《后汉书·张步传》：“且齐人多～，宜且详之。”❷假装。《后汉书·刘玄传》：“圣公～死，使人持丧归春陵。”《世说新语·假谲》：“后观其意转帖，彪乃～厌。”❸通“乍”。突然。《公羊传·僖公三十三年》：“～战不日，此何以日？”

【诈降】 zhàxiáng 假作投降。《汉书·霍去病传》：“上恐其～～而袭边，乃令去病收兵往迎之。”

【诈谖】 zhàxuān 欺诈。《汉书·艺文志》：“及邪人为之，则上～～而弃其信。”

拃 zhà 榨。挤压出物体中的液汁。《新唐书·西域传上》：“太宗遣使取熬糖法，即诏扬州上诸蔗，～沛如其剂，色味愈西域远甚。”

咋 zhà 见 zé。

栅(柵) zhà ❶栅栏。《后汉书·段颎传》:"乃遣千人于西县结木为～。"⊗关养家禽家畜的围栏。杜甫《催宗文树鸡栅》诗:"墙东有隙地,可以树高～。"❷设置水寨时插在水中的木桩。《宋书·刘怀慎传》:"时贼乘小舰入淮拔～,武帝宣令三军不得辄射贼。"

咤 1. zhà ❶物体磨擦发出的响声。张华《博物志》卷九:"今人梳头脱著衣时,有随梳解结有光者,亦有～声。"❷吃东西时嘴里发出的响声。《礼记·曲礼上》:"毋～食。"❸悲叹。蔡琰《悲愤诗》:"茕茕对孤景,怛～糜肝肺。"❹奠爵,放置酒杯。《尚书·顾命》:"王三宿,三祭,三～。"

2. chà ❺通"诧"。夸耀。《后汉书·王符传》:"穷极丽靡,转相夸～。"

溠 zhà 水名,在今湖北随州市,今名扶恭河。《左传·庄公四年》:"令尹斗祁、莫敖屈重除道梁～。"

褚 zhà 祭名。年终祭百神称褚。亦作"蜡"。《广雅·释天》:"夏曰清祀,殷曰嘉平,周曰大～,秦曰腊。"《广韵·祃韵》:"～,年终祭名。"也指进行褚祭。柳宗元《褚说》:"将～,进有司以问～之说,则曰:合百神于南郊以为岁报者也。"

蜡2 1. zhà ❶年终祭祀。《周礼·夏官·罗氏》:"～则作罗襦。"

2. qù ❷蛆,蝇的幼虫。《说文·虫部》:"～,蝇胆也。"《周礼·秋官·序官》郑玄注:"～,骨肉腐臭,蝇虫所～也。"

榨(搾) zhà ❶挤压出物体内汁液的器具。穆修《和毛秀才江墅幽居好》之五:"酒醅新出～。"❷挤压。周邦彦《汴都赋》:"土怪畏～压而妥贴。"

霅 zhà ❶急速。《后汉书·马融传》:"翚然云起,～尔雹落。"❷河名,在浙江省。

【霅煜】 zhàyù 光耀。班固《答宾戏》:"游说之徒风飑电激,并起而救之。其馀猋飞景附、～～其间者,盖不可胜载。"

zhai

齐 zhāi 见 qí。

斋(齋) zhāi ❶斋戒。古人在祭祀前洁净身心,表示虔敬。《史记·楚世家》:"召五公子～而入。"《后汉书·和熹邓皇后纪》:"初入太庙,～七日。"曾巩《清心亭记》:"于是有法诫之设,邪僻之防,此君子之所以～其心也。"❷僧道徒吃素。释道宣《广弘明集》卷十:"头陀蔬食,至好长～。"❸向僧道徒施舍饭食。王溥《五代会要·忌日》:"行香之后,～僧一百人。"❹房屋,屋舍。《世说新语·任诞》:"张湛好于～前种松柏。"⊗书房,学舍。欧阳修《画舫斋记》:"今予治～于署,以为燕安,而反以舟名之,岂不戾哉!"

【斋戒】 zhāijiè 古人在祭祀或进行重大活动前,沐浴更衣,不喝酒,不吃荤,洁净身心,表示虔敬。《墨子·天志中》:"天子有疾病祸祟,必～～沐浴,洁为酒醴粢盛以祭祀天鬼。"《吕氏春秋·季春》:"后妃～～,亲东乡躬桑。"(乡:向。)

【斋慄】 zhāilì 虔诚恐惧的样子。《尚书·大禹谟》:"祗载见瞽瞍,夔夔～～。"

摘 1. zhāi ❶采摘,摘取。谢灵运《南楼中望所迟客》诗:"瑶华未堪折,兰苕已屡～。"江淹《杂体诗·郭弘农游仙》:"傲睨～木芝,凌波采水碧。"❷选取。嵇康《难自然好学论》:"执书～句,俯仰咨嗟。"

2. tì ❸调节,调度。傅毅《舞赋》:"～齐行列,经营切儗。"元稹《黄明府》诗:"便邀连榻坐,兼共～船行。"❹扰乱。《后汉书·隗嚣传》:"西侵羌戎,东～涉貊。"

【摘抉】 zhāijué 挑剔指摘。曾巩《与王介甫第二书》:"有恺悌忠笃之纯,而无偏听～～之苛。"

【摘僻】 zhāipì 拳曲手脚。形容拘泥或烦琐。《庄子·马蹄》:"澶漫为乐,～～为礼,而天下始分矣。"

擿 zhāi 见 zhì。

宅 zhái ❶住所。《汉书·艺文志》:"武帝末,鲁共王坏孔子～,欲以广其宫。"《世说新语·规箴》:"桓玄欲以谢太傅～为营。"❷呆在某处,居住。《尚书·尧典》:"分命羲仲～嵎夷。"鲍照《升天行》:"家世～关辅,胜带宦王城。"⊗占据。张衡《西京赋》:"是时也,并为强国者有六,然而四海同～西秦,岂不诡哉?"❸处于某种地位。《尚书·大禹谟》:"朕～帝位三十有三载。"❹担任某种官职。《尚书·舜典》:"有能奋庸熙帝之载,使～百揆。"❺顺。《尚书·康诰》:"亦惟助王～天命,作新民。"

【宅家】 zháijiā 唐代对皇帝的一种称呼。《资治通鉴·唐昭宗光化三年》:"军容勿惊～～,有事取军容商量。"

【宅心】 zháixīn ❶把心思放在某事物上。颜延之《皇太子释奠会作诗》:"澡身玄渊,～～道秘。"❷归心。陆机《汉高祖功臣颂》:"万邦～～,骏民效足。"

【宅忧】 zháiyōu 居丧。《尚书·说命上》:"王～～,亮阴三祀。"陈亮《戊申再上孝宗皇帝书》:"陛下近者以～～之故,特命东宫以监国。"

翟 zhái 见 dí。

窄 zhǎi ❶窄小,狭小。《三国志·魏书·李典传》:"南道狭～,草木深,不可追也。"李贺《酒罢张大彻索赠诗时张初效潞幕》诗:"酒阑感觉中区～。"❷生活不宽裕。杜甫《驱竖子摘苍耳》诗:"乱世诛求急,黎民糠籺～。"

责 zhài 见 zé。

柴 zhài 见 chái。

债(債) zhài ❶别人欠的钱,欠别人的钱。《史记·孟尝君列传》:"宜以令收～。"杜甫《曲江》诗:"酒～寻常行处有,人生七十古来稀。"❷借债。《管子·问》:"邑之贫人～而食者几何家?"

【债家】 zhàijiā 放债的人。《三国志·吴书·潘璋传》:"居贫,好赊酤,～～至门,辄言后豪富相还。"

【债主】 zhàizhǔ 握有债权的人。《世说新语·任诞》:"桓宣武少家贫,戏大输,～～敦求甚切。"

【债台】 zhàitái 《汉书·诸侯王表序》"有逃责之台"颜师古注引服虔曰:"周赧王负责,无以归之,主迫责急,乃逃于此台,后人因以名之。"(责:后作"债"。)后因用"债台"指称负债。

祭 zhài 见 jì。

寨(砦) zhài 防御用的栅栏、营垒。《陈书·熊昙朗传》:"时巴山陈定亦拥兵立～。"《辽史·兵卫志》:"御～及诸营垒,唯用桑柘梨栗。"

瘵 zhài ❶病。《诗经·小雅·菀柳》:"上帝甚蹈,无自～焉。"谢灵运《酬从弟惠连》诗:"寝～谢人徒,灭迹入云峰。"❷凋敝,困顿。木华《海赋》:"天纲浡潏,为凋为～。"

zhan

占 1. zhān ❶占卜,古人用龟甲、蓍草推测吉凶祸福的迷信活动。《周易·系辞下》:"～事知来。"《史记·赵世家》:"赵史援～之,曰:'此梦甚恶,非君之身,乃君之子,然亦君之咎。'"❷占卜的结果。《楚辞·离骚》:"灵氛既告余以吉～兮,历吉日乎吾将行。"苏轼《喜雨亭记》:"是岁之春,雨麦于岐山之阳,其～为有年。"❸预测。张衡《思玄赋》:"慎、灶显以言天兮,～水火而妄讯。"(慎、灶:梓慎、裨灶,人名。)❹观测。《后汉书·天文志上》:"仰～俯视,以佐时政。"

2. zhàn ❺占据,占有。《晋书·食货志》:"男子一人,～田七十亩。"❻俘获。曹植《求自试表》:"欲得长缨～其王,羁致北阙。"❼估数上报。《汉书·宣帝纪》:"今胶东相成劳来不怠,流民自～八万馀口。"❽口述(文辞)。杨万里《诚斋荆溪集序》:"试令八辈操笔,予口～数首。"

【占候】 zhānhòu ❶根据天象变化预测吉凶祸福。《后汉书·郎顗传》:"能望气,～～吉凶,常卖卜自奉。"❷事物变化的征兆。《论衡·谴告》:"夫变异自有～～,阴阳物气自有终始。"

【占梦】 zhānmèng ❶根据梦中所见,推测人事吉凶。《左传·哀公十六年》:"卫侯～～。"❷占梦的人。《史记·秦始皇本纪》:"二世梦白虎啮其左骖马,杀之,心不乐,怪问～～。"

【占对】 zhànduì 随口应答。《后汉书·徐防传》:"防体貌矜严,～～可观,显宗异之。"

【占护】 zhànhù 守护。《后汉书·楚王英传》:"遣中黄门～～其妻子。"

【占著】 zhànzhù 上户籍,落户。《史记·田叔列传》:"[任安]少孤贫困,为人将车之长安,留,求事为小吏,……因～～名数。"《后汉书·孝明帝纪》:"妻子自随,便～～边县。"

沾(霑) zhān ❶浸湿。《战国策·齐策六》:"天雨血～衣,天以告也。"《史记·陈丞相世家》:"勃又谢不知,汗出～背,愧不能对。"㊀洗。沈约《新安江水至清浅深见底贻京邑游好》诗:"愿以潺湲水,～君缨上尘。"❷恩惠施与,德泽所及。沈约《齐故安陆昭王碑文》:"惠露～吴,仁风扇越。"

【沾洽】 zhānqià ❶雨水遍及。《易林》卷十四:"～～时澍,生我禾稼。"❷恩德普施。《后汉书·张酺传》:"赏赐殊特,莫不～～。"❸学识广博。《三国志·蜀书·许慈传》:"潜虽学不～～,然卓荦强识。"

【沾濡】 zhānrú ❶浸湿。《后汉书·五行志四》:"逢暴风雨,道卤簿车或发盖,百官～～。"《三国志·魏书·华佗传》:"体中不快,起作一禽之戏,～～汗出。"❷恩德普施。扬雄《长杨赋》:"普天所覆,莫不～～。"《汉书·司马相如传下》:"湛恩汪涉,群生～～。"

【沾沾自喜】 zhānzhānzìxǐ 自以为很好而

得意，形容人骄傲自满之状。《史记·魏其武安侯列传》："魏其者，～～～～耳，多易，难以为相。"

怗 zhān 见 tiē。

毡（氈、氊） zhān 毡子，一种类似毯子的用品。《周礼·天官·掌皮》："颁皮革于百工，共其毳毛为～，以待邦事。"《战国策·赵策二》："大王诚能听臣，燕必致～裘狗马之地。"

旃 zhān ❶赤色曲柄旗。《战国策·楚策一》："王抽～旄而抑兕首。"《汉书·田蚡传》："前堂罗钟鼓，立曲～。"❷通"毡"。一种毛织品。《史记·苏秦列传》："君诚能听臣，燕必致～裘狗马之地。"❸"之焉"的合音字。"之"是代词，"焉"是语气词。《诗经·唐风·采苓》："舍～舍～，苟亦无然。"㊀有时仅相当于代词"之"。《后汉书·张衡传》："或不速而自怀，或羡～而不臻。"

【旃檀】 zhāntán 梵语译音，即檀香。《世说新语·文学》："白～～非不馥，焉能逆风？"

詹 1. zhān ❶至。《诗经·小雅·采绿》："五日为期，六日不～。"《后汉书·张衡传》："黄灵～而访命兮，摎天道其焉如？"（摎：通"求"。）❷通"瞻"。仰望。《诗经·鲁颂·閟宫》："泰山岩岩，鲁邦所～。"《史记·周本纪》："顾～有河，粤～雒伊。"❸姓。

2. shàn ❹通"赡"。足。《吕氏春秋·适音》："不充则不～，不～则不窕。"

3. chán ❺通"蟾"。见"詹诸"。

【詹事】 zhānshì 官名。掌皇后、太子之事。唐建詹事府，设太子詹事、少詹事之职，专司东宫太子事。后代沿置。

【詹詹】 zhānzhān 喋喋不休的样子。《庄子·齐物论》："大言炎炎，小言～～。"

【詹诸】 chánchú 即"蟾蜍"。癞蛤蟆。《淮南子·说林训》："月照天下，蚀于～～。"

谵（譫） zhān ❶话多。《集韵·盐韵》："～，多言。"❷病中胡言。《素问·热论》："腹满身热，不欲食，～言。"

邅 zhān ❶徘徊不进。《周易·屯》："屯如～如，乘马班如。"《楚辞·九辩》："～翼翼而无终兮，忳惛惛而愁约。"❷转，改变方向。《楚辞·离骚》："～吾道夫昆仑兮，路修远以周流。"

【邅回】 zhānhuí 徘徊不进，回转。《淮南子·原道训》："～～川谷之间。"亦作"邅徊"。《楚辞·哀时命》："车既弊而马罢兮，蹇～～而不能行。"（罢：通"疲"。）卢照邻《释疾文》："万物繁茂兮此时，余独何为兮肠～～而屡腐。"

噡 zhān 话多。《荀子·非相》："然而口舌之均，～唯则节。"

饘（饘） zhān ❶稠粥。《礼记·檀弓上》："哭泣之哀，齐斩之情，～粥之食，自天子达。"❷做稠粥吃。《史记·孔子世家》："～于是，粥于是，以餬余口。"

鹯（鸇） zhān 一种似鹞鹰的猛禽。《孟子·离娄上》："为丛驱爵者～也。"张华《鹪鹩赋》："鹰～过犹俄翼，尚何惧于罿罻。"（俄：倾斜。）

【鹯视】 zhānshì 形容目光贪婪。陈琳《檄吴将校部曲文》："其馀锋捍特起，～～狼顾，争为枭雄者，不可胜数。"

瞻 zhān ❶往前或往上看。《论语·子罕》："～之在前，忽焉在后。"谢惠连《雪赋》："～山则千岩俱白。"❷瞻仰。《后汉书·杨震传》："杨公四世清德，海内所～。"《三国志·魏书·崔林传》："夫宰相者，天下之所～效。"

【瞻仰】 zhānyǎng 恭敬地看。《后汉书·和熹邓皇后纪》："先帝早弃天下，孤心茕茕，靡所～～。"

【瞻前顾后】 zhānqiángùhòu ❶看看前面，看看后面。形容做事谨慎周密。《楚辞·离骚》："瞻前而顾后兮，相观民之计极。"《后汉书·张衡传》："向使能～～～～，援镜自戒，则何陷于凶患乎？"❷形容做事犹豫不决，顾虑多。《朱子语类》卷八："若～～～～，便做不成。"

鳣（鱣） 1. zhān ❶鲟一类的鱼。《诗经·小雅·四月》："匪～匪鲔，潜逃于渊。"

2. shàn ❷通"鳝"。黄鳝。《韩非子·内储说上》："妇人拾蚕，渔者握～，利之所在，则忘其所恶。"

斩（斬） zhǎn ❶斩首，杀。《战国策·秦策一》："大王～臣以徇于国。"《汉书·高帝纪上》："乃前，拔剑～蛇。"❷砍。《韩非子·十过》："～山木而财之。"《吕氏春秋·权勋》："厹繇之君将～岸堙谿以迎钟。"❸断，断绝。《左传·僖公五年》："披～其袪。"《孟子·离娄下》："君子之泽，五世而～。"❹剪裁。特指丧服不缝下边。《左传·襄公十七年》："齐晏桓子卒，晏婴粗缞～。"❺通"憯"。哀痛的样子。《左传·昭公十年》："孤～焉在衰绖之中。"❻通"儳"。不齐的样子。《荀子·荣辱》："～而齐，枉而顺，不同而一。"

【斩衰】 zhǎncuī 为死者穿的一种丧服。衣服用粗麻布制成，不缝下边，是五种丧服中最重的一种。《三国志·魏书·袁绍传》注引《汉晋春秋》："我将军～～居庐。"曾巩《为人后议》："为之后者，为所后服～～三年。"

【斩袪】　zhǎnqū　典出《左传·僖公五年》：晋公子重耳因遭骊姬之谮，晋献公命寺人披杀之。重耳逾墙而逃，寺人披斩其衣袪。后重耳回国即位，为晋文公，犹记斩袪之事，心怀怨恨。后因用"斩袪"指旧怨。《梁书·马仙琕传》："射钩～～，昔人弗忌。"

【斩新】　zhǎnxīn　簇新。杜甫《三绝句》之一："楸树馨香倚钓矶，～～花蕊未应飞。"

【斩斩】　zhǎnzhǎn　❶整肃的样子。韩愈《曹成王碑》："持官持身，内外～～。"❷堆叠的样子。元稹《和乐天送客游岭南十二韵》："曙潮云～～，夜海火燐燐。"

飐（颭）　zhǎn　风吹物使动。柳宗元《登柳州城楼寄漳汀封连四州刺史》诗："惊风乱～芙蓉水，密雨斜侵薜荔墙。"㊁抖动。黄遵宪《哀旅顺》诗："最高峰头纵远览，龙旗百丈迎风～。"

盏（盞、琖、醆）　zhǎn　❶杯。杜甫《谢严中丞送青城山道士乳酒一瓶》诗："鸣鞭走送怜渔父，洗～开尝对马军。"❷量词。用于灯或酒等。张鷟《朝野佥载》卷三："燃五万～灯，簇之如花树。"罗隐《听琴》诗："不知一～临邛酒，救得相如渴病无？"

展　zhǎn　❶张开，伸展。《左传·定公四年》："臣～四体，以率旧职。"杜甫《夏日李公见访》诗："墙头过浊醪，～席俯长流。"㊁开展。陆机《辩亡论》："庶尹尽规于上，四民～业于下。"谢灵运《斋中读书》诗："怀抱观今古，寝食～戏谑。"❷施展。曹植《名都篇》："馀巧未及～，仰手接飞鸢。"❸陈列，展示。《史记·周本纪》："命南宫括、史佚～九鼎保玉。"张衡《东京赋》："礼事～，乐物具。"㊁展现，表现。曹植《赠白马王彪》诗："何必同衾帱，然后～殷勤。"❹省视。潘岳《西征赋》："～名京之初仪，即新馆而莅职。"❺诚实。《诗经·邶风·雄雉》："～矣君子，实劳我心。"㊁确实。《诗经·齐风·猗嗟》："不出正兮，～我甥兮。"❻及，来得及。《世说新语·德行》："未～归家，遂带以从军。"《南齐书·王俭传》："岂意暴疾，不～救护。"❼姓。

【展转】　zhǎnzhuǎn　❶翻来覆去。《楚辞·九叹·惜贤》："忧心～～愁怫郁兮。"曹丕《杂诗》之一："～～不能寐，披衣起彷徨。"❷反复。《战国策·赵策一》："韩与秦接境壤界，其地不能千里，～～不可约。"❸经过多种途径，非直接地。《后汉书·赵岐传》："岐诡辞得免，～～还长安。"

崭（嶄、嶃）　1. zhǎn　❶见"崭然"。2. chán　❷见"崭岩"。

【崭然】　zhǎnrán　突出的样子。柳宗元《柳州山水近治可游者记》："北有双山，夹道～～，曰背石山。"韩愈《柳子厚墓志铭》："虽少年，已自成人，能取进士第，～～见头角。"

【崭岩】　chányán　同"巉岩"。山险峻的样子。司马相如《上林赋》："深林巨木，～～㟥嵳。"（㟥嵳：参差。）

辗（輾）　1. zhǎn　❶见"辗转"。2. niǎn　❷轧。白居易《卖炭翁》诗："晓驾炭车～冰辙。"❸雕琢。李商隐《春怀行》："蟾蜍～玉挂明弓。"❹石碾。一种粉碎粮食的器具。以上②③④义项又写作"碾"。

【辗转】　zhǎnzhuǎn　❶翻来覆去。《诗经·周南·关雎》："悠哉悠哉，～～反侧。"❷反复不定。《后汉书·来历传》："大臣乘朝车，处国事，固得～～若此乎？"

蹍　zhǎn　踏，踩。《庄子·徐无鬼》："故足之于地也践，虽践，恃其所不～，而后善博也。"《世说新语·忿狷》："鸡子于地圆转未止，仍下地以屐齿～之。"（仍：于是。）㊁碾，轧。《庄子·天下》："轮不～地。"

襢　zhǎn　见 tǎn。

划　zhàn　见 chǎn。

栈（棧）　zhàn　❶用竹木编成的牲口棚或栅栏。《庄子·马蹄》："连之以羁馽，编之以皂～。"（馽：绊绳。皂：马槽。）颜延之《赭白马赋》："岁老气殚，毙于内～。"（殚：尽。）❷栈道，在山岩上用竹木架成的路。谢灵运《从斤竹涧越岭溪行》诗："过涧既厉急，登～亦陵缅。"（厉：过河。缅：远。）❸指柩车。《仪礼·既夕礼》："宾奠币于～。"

【栈车】　zhànchē　用竹木制作的轻便车子。《韩非子·外储说左下》："孙叔敖相楚，～～牝马，粝饼菜羹，枯鱼之膳，……则良大夫也。"

【栈道】　zhàndào　在山岩间用竹木架成的道路。《战国策·秦策三》："～～千里于蜀汉，使天下皆畏秦。"《史记·留侯世家》："王何不烧绝所过～～，示天下无还心。"

【栈阁】　zhàngé　即栈道。《后汉书·隗嚣传》："白水险阻，～～绝败。"

轏（轏）　zhàn　❶卧车，寝车。班固《西都赋》："于是后宫乘～辂，登龙舟。"❷柩车。《玉篇·车部》："～，载柩车。"

战（戰）　zhàn　❶打仗。《左传·庄公十年》："公与之乘，～于长勺。"（长勺：地名。）《战国策·东周策》："东周与西周～，韩救西周。”㊂战争。《孟子·尽心下》：“春秋无义～。”❷通“颤”。发抖。丘迟《与陈伯之书》：“闻鸣镝而股～，对穹庐以屈膝。”

【战国】 zhànguó 我国古代的一个历史时期(公元前 475-前 221 年)，因当时诸侯国连年争战，故称战国。

【战悸】 zhànjì 颤抖心跳。柳宗元《与李翰林建书》：“仆近求得经史诸子数百卷，常候～～稍定时即伏读。”

【战栗】 zhànlì 同“战慄”。《汉书·元帝纪》：“乃者火灾降于孝武园馆，朕～～恐惧。”《论衡·累害》：“修身正行，不能来福，～～恐惧，不能避祸。”又作“战战栗栗”。《韩非子·初见秦》：“～～～～，日慎一日。苟慎其道，天下可有。”

【战慄】 zhànlì 发抖。形容恐惧之状。《战国策·楚策四》：“襄王闻之，颜色变作，身体～～。”《后汉书·董卓传》：“会者～～，亡失匕箸。”又作“战战慄慄”。《战国策·秦策一》：“～～～～，日慎一日。苟慎其道，天下可有也。”

【战战兢兢】 zhànzhànjīngjīng 恐惧谨慎的样子。《诗经·小雅·小旻》：“～～～～，如临深渊，如履薄冰。”

绽(綻、䘺、袒) zhàn ❶衣缝裂开。《礼记·内则》：“衣裳～裂，纫箴请补缀。”㊂泛指花蕾开放或果实、其他物品开裂。庾信《杏花》诗：“春色方盈野，枝枝～翠英。”杜甫《寄刘峡州伯华使君四十韵》：“凭久乌皮～，簪稀白帽棱。”❷缝。《乐府诗集·相和歌辞·艳歌行》：“故衣谁当补，新衣谁当～？”

湛 1. zhàn ❶澄澈。陶渊明《辛丑岁七月赴假还江陵夜行涂口》诗：“凉风起将夕，夜景～虚明。”谢混《游西池》诗：“景昃鸣禽集，水木～清华。”❷浓重。潘岳《籍田赋》：“若～露之晞朝阳，似众星之拱北辰也。”❸深厚。司马相如《封禅文》：“～恩厖鸿，易丰也。”

2. chén ❹通“沉”。沉没，使沉没。《史记·鲁仲连邹阳列传》：“然则荆轲之～七族，要离之烧妻子，岂足道哉！”《汉书·沟洫志》：“～白马玉璧，令群臣从官自将军以下负薪置决河。”㊁陷入。苏轼《东坡志林·赵高李斯》：“始皇、汉宣皆英主，亦～于赵高、恭、显之祸。”❺隐晦。《战国策·魏策一》：“物之～者，不可不察也。”

3. jiān ❻浸泡。《礼记·内则》：“渍取牛肉，必新杀者，薄切之，必绝其理，～诸美酒，期朝而食之。”㊂涝。《论衡·变动》：“风从南方来者旱，从北方来者～。”

4. dān ❼通“耽”。喜乐，沉迷。《诗经·大雅·抑》：“颠覆其德，荒～于酒。”《庄子·则阳》：“夫卫灵公饮酒～乐，不听国家之政。”

【湛卢】 zhànlú 古代宝剑名。相传为春秋时欧冶子所造。左思《吴都赋》：“吴钩越棘，纯钩～～。”(纯钧：剑名。)

【湛然】 zhànrán ❶水深的样子。苏轼《以双刀遗子由子由有诗次其韵》：“～～如古井，终岁不复澜。”欧阳修《张应之字序》：“～～而深。”❷唐代高僧，又号荆溪尊者。

【湛湛】 zhànzhàn ❶浓重的样子。《诗经·小雅·湛露》：“～～露斯，匪阳不晞。”❷很深的样子。宋玉《高唐赋》：“滂洋洋而四施兮，蓊～～而弗止。”阮籍《咏怀》之十一：“～～长江水，上有枫树林。”❸忠厚、忠诚的样子。《楚辞·九章·哀郢》：“忠～～而愿进兮，妒被离而障之。”

【湛湎】 chénmiǎn 同“沉湎”。迷醉，沉溺。《史记·太史公自序》：“帝辛～～，诸侯不享。”《汉书·霍光传》：“～～于酒。”

跕 zhàn 见 tiē。

栈(㠒) zhàn 山高峻。《说文·山部》：“～，[山]尤高也。”元结《闵岭中》诗：“大渊蕴蕴兮，绝～岌岌。”

虤(虦) zhàn 虤猫，浅毛虎。《尔雅·释兽》：“虎窃毛谓之～猫。”(窃：浅。)亦可省称“虤”。韩愈《崔十六少府摄伊阳以诗及书见投因酬三十韵》：“下言人吏稀，惟足彪与～。”

驏(驏) zhàn 马在地上打滚。《韩诗外传》卷二：“其马佚而～吾园，而食吾园之葵。”苏轼《次韵子由浴罢》诗：“倦马～风沙，奋鬣一喷玉。”㊁其他动物在地上打滚。梅尧臣《江畔》诗：“江畔菱蒲碧无主，吴牛夜～江干归。”

骣(驏) zhàn 不备鞍辔骑马。令狐楚《少年行》之一：“少小边州惯放狂，～骑蕃马射黄羊。”

辗(輾) zhàn 栈车。一种用竹木条编成的轻便车子，士所乘。《左传·成公二年》：“丑父寝于～中。”

颤(顫) zhàn(又读 chàn) ❶颤抖，发抖。《淮南子·说山训》：“故寒～，惧者亦～，此同名而异实。”柳宗元《与李翰林建书》：“阴邪虽败，已伤正气，行则膝～，坐则髀痹。”❷鼻子灵，善辨气味。《庄子·外物》：“目彻为明，耳彻为聪，鼻彻为～。”

蘸 zhàn ❶物浸入水中或其他液体中。辛弃疾《菩萨蛮·又赠周国辅侍人》词：

"画楼影～清溪水,歌声响彻行云里。"徐渭《葡萄》诗:"尚有旧时书秃笔,偶将～墨点葡萄。"❷驿站。彭大雅、徐霆《黑鞑事略》:"置～之法,则听诸酋头项自定差使之久近。"

zhang

饿(餦) zhāng ❶见"饿餭"。❷粮。《清史稿·何师俭传》:"师俭策必调取生兵,峙～以待,已而果然。"

【饿餭】 zhānghuáng ❶饴糖。《楚辞·招魂》:"粔籹蜜饵,有～～些。"《本草纲目·谷部》:"～～即饴饧,用麦蘖或谷芽同诸米熬煎而成。"❷馓子一类的面食品。《通雅·饮食》:"～～、环饼……皆寒具,糷子也。"胡次焱《媒问嫠》诗:"奴隶厌绮纨,犬猫弃～～。"

张(張) 1. zhāng ❶弓上弦。《诗经·小雅·吉日》:"既～我弓,既挟我矢。"《老子·七十七章》:"天之道,其犹～弓与!"㈠拉开弓。李白《赠江夏韦太守良宰》诗:"弯弧惧天狼,挟矢不敢～。"(天狼:星名。)㈡紧张。《论衡·儒增》:"圣人材优,尚有弛～之时。"❷乐器上弦。《吕氏春秋·先己》:"琴瑟不～,钟鼓不修。"《汉书·礼乐志》:"辟之琴瑟不调,甚者必解而更～之,乃可鼓也。"(辟:譬。)❸张开。《老子·三十六章》:"将欲歙之,必固～之。"(歙:合。)㈠张大,扩张。《世说新语·轻诋》:"桓公欲迁都,以～拓定之业。"尹洙《叙燕》:"国初,虏与并合,势益～。"㈠嚣张。《后汉书·酷吏传序》:"桀健者则雄～闾里。"韩愈《试大理评事王君墓志铭》:"卢从史既节度昭义军,～甚。"❹设置,部署。《史记·孝武本纪》:"～羽旗,设供具,以礼神君。"《后汉书·岑彭传》:"彭乃多～疑兵。"㈠施展。《论衡·明雩》:"空～法术,惑人君。"❺用网捕捉。《后汉书·王乔传》:"于是候鸟至,举罗～之。"㈡泛指捕捉。《后汉书·法雄传》:"多虎狼之暴,前太守赏募～捕。"❻量词。《左传·昭公十三年》:"子产以幄幕九～行。"(幄幕:帐幕。)《三国志·魏书·奚康生传》:"特作大弓两～,送与康生。"❼姓。

2. zhàng ❽通"帐"。帷帐。《荀子·正论》:"居则设～容,负依而坐。"❾通"胀"。腹满。《吕氏春秋·尽数》:"处腹则为～为疛,处足则为痿为蹷。"❿涨。《资治通鉴·汉献帝建安十三年》:"顷之,烟炎～天,人马烧溺死者甚众。"这个意义后写作"涨"。

【张本】 zhāngběn 为事态发展预先作的舆论或行动上的安排。《左传·庄公二十六年》杜预注:"为传明年晋将伐虢～～。"后也指写文章设伏笔。

【张大】 zhāngdà 显扬,夸大。韩愈《送杨少尹序》:"而太史氏又能～～其事为传继二疏踪迹否?"

【张皇】 zhānghuáng ❶扩大,显扬。《尚书·康王之诰》:"～～六师,无坏我高祖寡命。"韩愈《进学解》:"补苴罅漏,～～幽眇。"❷惊慌,慌张。陆贽《兴元论解萧复状》:"今萧复劝令幸江陵,表状之中,～～颇甚。"

【张解】 zhāngjiě 夸大其词,强作解说。《后汉书·西羌传》:"今三郡未复,园陵单外,而公卿选懦,容头过身,～～设难,但计所费,不图其安。"

【张狂】 zhāngkuáng 猖狂,轻狂。《易林·噬嗑之贲》:"智不别扬,～～妄行。"

【张目】 zhāngmù ❶睁大眼睛。《史记·廉颇蔺相如列传》:"相如～～叱之,左右皆靡。"杜甫《送韦十六评事充同谷郡防御判官》诗:"挺身艰难际,～～视寇仇。"❷壮声势,助威。曹植《与吴季重书》:"想足下助我～～也。"

【张设】 zhāngshè 设置,设立。《论衡·答佞》:"九德之法,～～久矣。"

【张设】 zhàngshè 帐幕设备。《金史·世宗纪》:"太子詹事刘仲海请增东宫牧人及～～。"

【张饮】 zhàngyǐn 设置帐幕饮宴。《韩非子·十过》:"设酒～～,日以听乐。"《汉书·高祖纪下》:"上留止,～～三日。"

粻(粻) zhāng 粮。《诗经·大雅·崧高》:"以峙其～,式遄其行。"王安石《和吴御史汴渠》:"东南一百年,寡老无残～。"

章 zhāng ❶乐曲的段落。《史记·吕太后本纪》:"王乃为歌诗四～,令乐人歌之。"㈡泛指音乐或乐曲。王融《三月三日曲水诗序》:"协律总～之司,厚伦正俗。"(总章:乐官名。)《列子·汤问》:"郑师文闻之,弃家从师襄游,拄指钩弦,三年不成～。"(师文:郑国乐师。师襄:古代善琴者。拄指钩弦:按指调弦。)❷文章或作品的一篇。司马迁《报任少卿书》:"本纪十二,书八～。"扬雄《剧秦美新》:"班乎天下者,四十有八～。"㈡泛指文章。颜延之《五君咏·刘参军》:"颂酒虽短～,深衷自此见。"❸规章,章程。《后汉书·张纯传》:"建武初,旧～多阙。"㈠条款。《史记·高祖本纪》:"与父老约,法三～耳。"❹奏章。扬雄《赵充国颂》:"营平守节,屡奏封～。"(营平:指赵充国。)《后汉书·南匈奴传》:"[杜]崇讽西河太守令断单于~,无由自闻。"❺印章。《史记·货殖列传》:"吏士舞文弄法,刻~伪书。"❻花纹。《尚书·皋陶谟》:"天命有德,五服五~哉。"司马相如《封禅文》:"白质黑~,其仪可嘉。"㉿有花纹的纺织品。《古诗十九首·迢迢牵牛星》:"终日不成~,泣涕零如雨。"❼量词。《史记·货殖列传》:"水居千石鱼陂,山居千~之材。"❽显著,明显。后作"彰"。《战国策·秦策三》:"威盖海内,功~万里之外。"《后汉书·卢植传》:"事有由隐而~。"㉿表彰,表扬。《国语·鲁语》:"君所以~使臣之勤也。"❾姓。

【章程】 zhāngchéng ❶章术法式。《汉书·高帝纪下》:"韩信申军法,张苍定~~。"❷规章条例。张鷟《公主出降饯礼判》:"先帝女之仪注,旧有~~,长公主之礼容,岂容逾越?"

【章服】 zhāngfú 用不同图案、花饰标志官阶品级的礼服。《汉书·公孙弘传》:"故画衣冠,异~~,而民不犯者,此道素行也。"苏轼《上皇帝书》:"今乃以一人之荐举而予之,犹恐未称,~~随至。"

【章甫】 zhāngfǔ 成年男子戴的一种礼帽。《论语·先进》:"宗庙之事,如会同,端~~,愿为小相焉。"《史记·屈原贾生列传》:"~~荐屦兮,渐不可久。"

【章皇】 zhānghuáng 犹彷徨。扬雄《羽猎赋》:"~~周流,出入日月,天与地沓。"(沓:合。)

【章句】 zhāngjù ❶章节句子。《文心雕龙·章句》:"然~~在篇,如茧之抽绪,原始要终,体必鳞次。"❷研究分析古书章节句读。后也指章句之学。《后汉书·桓谭传》:"博学多通,遍习五经,皆诂训大义,不为~~。"《论衡·程材》:"世俗学者,不肯竟经明学,深知古今,急欲成一家~~。"颜延之《五君咏·向常侍》:"探道好渊玄,观书鄙~~。"

【章仇】 zhāngqiú 复姓。如唐人有章仇兼琼。

【章章】 zhāngzhāng ❶繁盛,明显。《吕氏春秋·本生》:"万物~~,以害一生,生无不伤。"《后汉书·循吏传序》:"斯其绩用之最~~者也。"(斯:此。)❷慌张。《法言·寡见》:"孔子用于鲁,齐人~~。"

【章灼】 zhāngzhuó ❶明显,显著。《三国志·蜀书·李严传》:"[诸葛]亮具出其前后手笔书疏本末,平违错~~。"(平:李严。)❷光明显耀。何晏《景福殿赋》:"故其华表则镐镐铄铄,赫奕~~,若日月之丽天也。"

鄣

1. zhāng ❶春秋时国名。故地在今山东省。《穀梁传·庄公三十年》:"有畏也,欲救~而不能也。"

2. zhàng ❷通"瘴"。见"鄣气"。❸通"障"。1)阻塞。《国语·周语上》:"是~之也,防民之口,甚于防川。"《论衡·非韩》:"法度不明,虽日求奸,决其源,~之以掌也。"2)屏障。特指山。谢灵运《晚出西射堂》诗:"连~叠巘崿,青翠杳深沈。"江淹《杂体诗·谢临川灵运游山》:"碧~长周流,金潭恒澄澈。"㉿在边塞险要处设置的御敌城堡。《汉书·张汤传》:"乃遣山乘~,至月馀,匈奴斩山头而去。"(山:狄山,人名。乘:登。)

【鄣蔽】 zhàngbì 屏障。《汉书·严助传》:"臣安幸得为陛下守藩,以身为~~,人臣之任也。"(安:淮南王刘安。)

【鄣泥】 zhàngní 见"障泥"。

【鄣气】 zhàngqì 瘴气。南方山林中,湿热致病的空气。《南齐书·河南传》:"瘦地辄有~~,使人断气,牛马得之,疲汗不能行。"

傽

zhāng 见"傽偟"。

【傽偟】 zhānghuáng 仓皇惊恐的样子。《楚辞·九思·逢尤》:"遽~~兮驱林泽,步屏营兮行丘阿。"也作"傽偟"。《吴越春秋·夫差内传》:"臣闻章者,战不胜,败走~~也。"

漳

zhāng 水名。发源于山西省,流经河北省入卫河,又称漳河。又,古代楚国有漳水,发源于湖北省。《汉书·地理志上》:"钦口山,白渠水所出,东至列人入~。"王粲《赠士孙文始》诗:"迁于荆楚,在~之湄。"

彰

zhāng ❶明显,显著。《老子·二十二章》:"不自量,故~。"《韩非子·有度》:"威制共,则众邪~矣。"孙绰《游天台山赋》:"理无隐而不~。"㉿清楚。《庄子·齐物论》:"是非之~也,道之所以亏也。"❷表彰,表扬。《孟子·告子下》:"尊贤育才,以~有德。"曹植《王仲宣诔》:"金龟紫绶,以~勋则。"

【彰偟】 zhānghuáng 惊慌疑惧的样子。《抱朴子·正郭》:"~~不定,载肥载臞。"

【彰著】 zhāngzhù ❶显著。《后汉书·来歙传》:"中郎将来歙,攻战连年,平定羌、陇,忧国忘家,忠孝~~。"❷暴露。《南史·范晔传》:"义康奸心衅迹,~~遐迩。"

【彰灼】 zhāngzhuó 明显。《三国志·吴书·

吴主传》："事已～～，无所复疑，宜为之备。"

慞 zhāng 见"慞惶"。

【慞惶】 zhānghuáng 彷徨疑惧的样子。潘岳《哀永逝文》："嫂侄兮～～，慈姑兮垂矜。"白居易《寄礼部崔侍郎翰林钱舍人诗一百韵》："途穷任憔悴，道在肯～～。"

獐（麞） zhāng 獐子。鹿类动物。《淮南子·主术训》："鹿之上山，～不能跂也。"

【獐头鼠目】 zhāngtóushǔmù 形容人的形貌猥琐鄙俗。《旧唐书·李揆传》："龙章凤姿之士不见用，～～～～之子乃求官。"

嫜 zhāng 丈夫的父亲，公公。陈琳《饮马长城窟行》："善事新姑～，时时念我故夫子。"杜甫《新婚别》诗："妾身未分明，何以拜姑～？"

璋 zhāng 一种玉器，形状像圭的一半，举行典礼时拿在手里，用以表示瑞信。《诗经·大雅·棫朴》："济济辟王，左右奉～。"

樟 zhāng 木名。樟树，又名香樟树。木材宜制作家具。左思《吴都赋》："木则枫柙櫲～。"

长 zhǎng 见 cháng。

仉 zhǎng 姓。汉有仉启。

涨（漲） 1. zhǎng ❶水位升高。郭璞《江赋》："衡巫峡以迅激，跻江津而起～。"江淹《望荆山》诗："悲风桡重林，云霞肃川～。"㉁增长，增高。《世说新语·术解》："今沙～，去墓数十里皆为桑田。"丘迟《旦发鱼浦潭》诗："森森荒树齐，析析寒沙～。"

2. zhàng ❷充满，弥漫。《南史·陈武帝纪》："帝督兵疾战，纵火烧栅，烟尘～天。"

【涨海】 zhànghǎi 即今南海。鲍照《芜城赋》："南驰苍梧～～，北走紫塞雁门。"

党 zhǎng 见 dǎng。

掌 zhǎng ❶手掌。《孟子·公孙丑上》："治天下可运之于～上。"《世说新语·雅量》："以爪掐～，血流沾褥。"（爪：指甲。）㉂用手掌击。扬雄《羽猎赋》："蹶松柏，～蒺藜。"❷脚掌。《孟子·告子上》："鱼我所欲也，熊～亦我所欲也，二者不可得兼，舍鱼而取熊～者也。"张衡《西京赋》："巨灵赑屃，高～远蹠。"（赑屃：有力的样子。蹠：踏。）❸掌管，执掌。《左传·僖公三十二年》："郑人使我～其北门之管。"（管：钥匙。）

【掌故】 zhǎnggù ❶旧制旧例，前代典章制度、人物故实等。《史记·龟策列传》："孝文、孝景因袭～～，未遑讲试。"❷汉代官名。掌礼乐制度等故事。司马相如《封禅文》："宜命～～，悉奏其仪而览焉。"《汉书·东方朔传》："使苏秦、张仪与仆并生于今之世，曾不得～～，安敢望常侍郎乎？"

【掌握】 zhǎngwò ❶手掌把握。《列子·汤问》："正度乎胸臆之中，而执节乎～～之间。"柳宗元《封建论》："据天下之雄图，都六合之上游，摄制四海，运于～～之内。"❷控制。沈约《恩幸传论》："出纳王命，由其～～。"

丈 zhàng ❶长度单位。十尺为一丈。《墨子·备城门》："木桥长三～。"《汉旧仪》："台高三十～，望见长安城。"❷丈量，测量。《左传·襄公九年》："巡～城，缮守备。"❸对年长者的尊称。杜甫《奉赠李八丈判官》诗："我～时英特，宗枝神尧后。"

【丈夫】 zhàngfū ❶男孩。《国语·越语上》："生～～，二壶酒，一犬。"又特指成年男子。《左传·哀公十三年》："王欲伐宋，杀其～～而囚其妇人。"《论衡·无形》："生为婴儿，长为～～，老为父翁。"❷大丈夫，有志气有作为的男子。《汉书·李广传》："昏后，陵便衣独步出营，止左右：'毋随我，～～一取单于耳！'"《世说新语·识鉴》："～～提千兵入死地，以事君亲故发，不得复云为名！"❸女子配偶。杜甫《遣遇》诗："～～百役死，暮返空村号。"

【丈量】 zhàngliáng 以丈为单位测量。《汉书·枚乘传》："石称～～，径而寡失。"㉂特指测量土地面积。《明史·食货志》："而顾鼎臣请履亩～～。"

【丈人】 zhàngrén ❶对年长人的尊称。《吕氏春秋·异宝》："至江上，欲涉，遇一～～。"《论衡·气寿》："名男子为丈夫，尊公妪为～～。"❷丈夫。古乐府《妇病行》："妇病连年累岁，传呼～～前一言。"❸岳父。《三国志·蜀书·先主传》裴松之注："董承，汉灵帝母董太后之侄，于献帝为～～。"

仗 zhàng ❶执，拿着。《战国策·韩策二》："辞，独行～剑至韩。"《世说新语·方正》："有一老夫，毅然～黄钺，当军门立，军不得出。"❷依靠，凭借。《战国策·韩策一》："明之反也，常～赵而畔楚，～齐而畔秦。"（畔：通"叛"。）《史记·春申君列传》："～兵革之强。"❸兵器的总称。梁元帝《金楼子·说蕃》："萧子响在荆州造～。"《宋书·武帝纪》："其以～自防，悉勿禁。"❹仪仗，护卫。杜甫《千秋节有感》诗之二："御气云楼敞，含风彩～高。"《新唐书·仪卫志上》："凡朝会之～，三卫番上，分为五～，号衙内五卫。"

杖 zhàng ❶棍棒。《左传·定公三年》："阍乞肉焉，夺之～以敲之。"（阍：守门人。）㊈特指拐杖，手杖。《后汉书·郑玄传》："入此岁来，已七十矣，……胡尝扶～出门乎！"《世说新语·方正》："韩康伯病，拄～前庭消摇。"❷执，拿着。《史记·周本纪》："武王左～黄钺，右秉白旄，以麾。"《汉书·苏武传》："[苏武]～汉节牧羊，卧起操持，节旄尽落。"㊈拄，撑。任昉《刘先生夫人墓志》："实佐君子，簪蒿～藜。"（藜：手杖。）❸凭依，倚仗。《左传·襄公八年》："完守以老楚，～信以待晋，不亦可乎？"《后汉书·冯衍传上》："今生人之命，县于将军，将军所～，必须良才。"❹刑具。《魏书·刑罚志》："民多不胜而诬引，或绝命于～下。"㊈刑罚，用杖打。任昉《奏弹刘整》："终夕不寐，而谬加大～。"王安石《给事中孔公墓志铭》："御史劾士之罪，止于～，又多更赦。"❺兵器。《汉书·西域传上》："以金银饰～。"

【杖策】 zhàngcè ❶拿着马鞭。指驱马而行。陆机《猛虎行》："整驾肃时命，～～将远寻。"❷拄杖，扶杖。杜甫《别常征君》诗："儿扶犹～～，卧病一秋强。"

【杖钺】 zhàngyuè 手持斧钺。周武王曾"左杖黄钺，右秉白旄"指挥军队，后因用以指掌握兵权或受命镇守。《晋书·张轨传》："明公～～一方，宜惩不恪。"杜甫《江陵节度使阳城郡王新楼成王请严侍御判官赋七字句同作》诗："～～褰帷瞻具美，投壶散帙有馀情。"

帐（帳） zhàng ❶帐幕。《史记·孝文本纪》："帷～不得文绣，以示敦朴。"刘铄《拟古·拟明月何皎皎》诗："玉宇清来风，罗～延秋月。"㊈特指军中营帐。《史记·项羽本纪》："项王则夜起，饮～中。"❷账簿、户籍簿等。《魏书·释老志》："且城中旧寺及宅，并有定～。"《隋书·高祖纪下》："凡是军人，可悉属州县，垦田籍～，一与民同。"

【帐具】 zhàngjù 陈设帷帐，筹办酒食。《史记·魏其武安侯列传》："请语魏其侯～～，将军旦日蚤临。"

【帐饮】 zhàngyǐn 在郊野设帐宴饮送别。江淹《别赋》："～～东都，送客金谷。"柳永《雨霖铃·秋别》词："都门～～无绪，方留恋处，兰舟催发。"

账（賬） zhàng 簿籍，簿册。《旧五代史·周世宗纪》："每年造僧～二本，其一本奏闻，一本申祠部。"

胀（脹） zhàng ❶体内受到压迫而产生的不适之感。《南齐书·虞愿传》："食逐夷积多，胸腹痞～，气将绝。"（逐夷：咸鱼肠。）《太平御览·老子养生要诀》："不渴强饮则胃～。"❷膨胀。《晋书·韩友传》："斯须之间，见囊大～如吹。"

障 zhàng ❶阻隔。《韩非子·难三》："哀公有臣外～距、内比周，以愚其君。"㊈堵，遮挡。《公羊传·僖公三年》："无～谷，无贮粟。"《世说新语·品藻》："王大将军在西朝时，见周侯，辄扇～面不得住。"❷堤防。《管子·立政》："通沟渎，修～防。"㊈筑堤挡水。《左传·昭公元年》："～大泽，以处大原。"❸边塞险要处御敌的城堡。《后汉书·顺帝纪》："严敕～塞，缮设屯备，立秋之后，简习戎马。"左思《蜀都赋》："临谷为塞，因山为～。"❹帷障。《世说新语·汰侈》："石崇作锦步～五十里以敌之。"❺幛子。后作"幛"。杜甫《奉先刘少府新画山水障歌》："元气淋漓～犹湿。"❻通"瘴"。瘴气。《后汉书·杨终传》："且南方暑湿，～毒互生。"

【障疠】 zhànglì 即"瘴疠"。瘴气引起的疾病。左思《魏都赋》："宅土熇暑，封疆～～。"（熇：炎热。）

【障泥】 zhàngní 马鞍的垫子，用来遮挡泥土。《世说新语·术解》："王武子善解马性。尝乘一马，著连钱～～，前有水，终日不肯渡。"

【障翳】 zhàngyì 遮蔽，遮挡。《后汉书·阴识传》："[阴]兴每从出入，常操持小盖，～～风雨。"

幛 zhàng ❶帷幕。王士熙《题王芳亭》诗："乱莺穿舞～，轻蝶立回阑。"❷幛子。作为庆吊礼物的整幅布帛。如喜幛、挽幛。❸遮避。《新唐书·李训传》："[孝本]以帽～面。"

嶂 zhàng ❶高而险峻的山峰。《水经注·江水二》："重岩叠～，隐天蔽日。"❷通"瘴"。见"嶂疠"。

【嶂疠】 zhànglì 即"瘴疠"。因瘴气而生的疾病。刘峻《广绝交论》："流离大海之南，寄命～～之地。"

瘴 zhàng 瘴气，南方山林中的湿热空气。《后汉书·马援传》："军吏经～疫死去者十四五。"杜甫《后苦寒行》之一："南纪巫庐～不绝，太古以来无尺雪。"

【瘴疠】 zhànglì 瘴气引起的疾病。杜甫《闷》诗："～～浮三蜀，风云暗百蛮。"

【瘴气】 zhàngqì 南方热带山林中的湿热空气，古人认为是传染疟疾、瘟疫的病源。

《三国志·魏书·公孙瓒传》:"日南～～,或恐不还,与先人辞于此。"

zhao

抓 1. zhāo ❶搔。杜牧《读韩杜集》诗:"杜诗韩集愁来读,似倩麻姑痒处～。"❷用手爪取物。枚乘《上书谏吴王》:"夫十围之木,始生而蘖,足可搔而绝,手可擢而～。"(蘖:初生的小树。)

2. zhuā ❸逮捕。如"抓人"。《儒林外史》五回:"他们做事,只拣有头发的～。"

钊(釗) zhāo 勉励。《尔雅·释诂上》:"～、茂、劭、勔,勉也。"邢昺疏:"秦晋曰～,或曰薄,故其鄙语曰薄努,犹勉努也。"

招 1. zhāo ❶打手势叫人来。《荀子·劝学》:"登高而～,臂非加长也,而见者远。"㉑用其他方式叫人来。《孟子·滕文公下》:"如不待其～而往,何哉?"❷招来,招延。《战国策·韩策三》:"秦～楚而伐齐。"《汉书·高帝纪上》:"雍齿雅不欲属沛公,及魏～之,即反为魏守丰。"㉑招致。庾亮《让中书令表》:"以此～祸,可立待也。"❸箭靶。《管子·七法》:"不明于心术,而欲引令于人,犹倍～而必射之。"《吕氏春秋·本生》:"万人操弓,共射其一～,～无不中。"❹绊住脚。《孟子·尽心下》:"如追放豚,既入其苙,又从而～之。"(苙:牲畜的圈栏。)❺招供,供认罪行。《旧唐书·哀帝纪》:"敕伪称官阶人泉州晋江县应乡贡明经陈文巨～伏罪款,付河南府决杀。"

2. qiáo ❻举。《列子·说符》:"孔子之劲能～国门之关,而不肯以力闻。"㉑举发,揭发。《国语·周语下》:"好尽言以～人之过,怨之本也。"

3. sháo ❼通"韶"。古代舞乐名。《汉书·礼乐志》:"舜作～。"❽见"招摇"。

【招安】 zhāo'ān 劝说武装反抗者归顺投降。庄绰《鸡肋编》卷中:"欲得官,杀人放火受～～。"

【招怀】 zhāohuái 招降安抚。《史记·汲郑列传》:"是时,汉方征匈奴,～～四夷。"《后汉书·来歙传》:"初王莽世,羌虏多背叛,而隗嚣～～其酋豪,遂得为用。"

【招魂】 zhāohún ❶召唤死者的灵魂。为死者招魂,是古代一种丧礼。《水经注·济水一》:"沛公起兵野战,丧皇妣于黄乡。天下平定,乃使使者以梓宫～～幽野。"❷《楚辞》篇名之一。屈原所作。一说宋玉所作。

【招徕】 zhāolái 招引,设法使来。陆游《老学庵笔记》卷一:"绍兴初,～～直谏,无所忌讳。"也作"招俫"。《汉书·公孙弘传》:"陛下躬孝弟,监三王,建周道,兼文武,～～四方之士。"

【招贤】 zhāoxián 招揽贤人。司马迁《报任少卿书》:"次之又不能拾遗补阙,～～进能,显岩穴之士。"王褒《四子讲德论》:"举孝以笃行,崇能以～～。"

【招延】 zhāoyán 招收引进。《史记·梁孝王世家》:"～～四方豪杰,自山以东游说之士,莫不毕至。"

【招摇】 zhāoyáo ❶张扬,故意张大声势。《史记·孔子世家》:"灵公与夫人同车,宦者雍渠参乘,出,使孔子为次乘,～～市过之。"❷星名。北斗第七星。陆机《拟古诗·拟明月皎夜光》:"～～西北指,天汉东南倾。"又指画有招摇星的旗子。张衡《西京赋》:"建玄弋,树～～。"(玄弋:指画有玄弋星的旗子。)

【招招】 zhāozhāo 举手召唤。《诗经·邶风·匏有苦叶》:"～～舟子,人涉卬否。"(卬:我。)

【招致】 zhāozhì 收罗,引来。《史记·秦始皇本纪》:"～～宾客游士,欲以并天下。"《汉书·文三王传》:"梁国之富,足以厚聘美女,～～妖丽。"《论衡·累害》:"伟士坐以俊杰之才,～～群吠之声。"

【招摇】 sháoyáo ❶逍遥的样子。《史记·司马相如列传》:"～～乎襄羊,降集乎北纮。"扬雄《甘泉赋》:"徘徊～～,灵迟迡兮。"(迟迡:棲迟,游息。)❷摇动的样子。《汉书·礼乐志》:"饰玉梢以舞歌,体～～若永望。"(玉梢:玉饰的竹竿,跳舞人所持。)

昭 zhāo ❶光明,明亮。《诗经·大雅·抑》:"昊天孔～,我生靡乐。"《汉书·郊祀志》:"德星～衍,厥维休祥。"(衍:大。)❷明显,显著。干宝《晋纪总论》:"昔周之兴也,后稷生于姜嫄,而天命～显。"李康《运命论》:"权乎祸福之门,终乎荣辱之算,其～然矣。"㉑显示,显扬。曹植《求自试表》:"臣闻骐骥长鸣,伯乐～其能。"《后汉书·韩韶传》:"昔国武子好～人过,以致怨本。"❸明白。扬雄《剧秦美新》:"爰初生民,帝王始存,在乎混混茫茫之时,舋闻罕漫,而不～察。"

【昭代】 zhāodài 清明时代。多用于称颂本朝。杜甫《奉留赠集贤院崔于二学士》诗:"～～将垂白,途穷乃叫阍。"(白:指白发。阍:宫门。)

【昭回】 zhāohuí 云汉星辰光耀回转。《诗经·大雅·云汉》:"倬彼云汉,昭回于天。"后用"昭回"比喻日月或日月的光辉。刘禹锡《唐故尚书礼部员外郎柳君集纪》:"初贞元中,上方向文章,～～之光,下饰万物,天下文士,争执所长,与时而奋。"上官婉儿《和九月九日登慈恩寺浮图应制》:"睿词悬日月,长得御～～。"

【昭假】　zhāogé　❶昭示己心以达于上天之神。《诗经·大雅·云汉》:"大夫君子,～～无赢。"❷明告。《诗经·大雅·烝民》:"天监有周,～～于下。"《后汉书·冯异传》:"昔我光武受命中兴,恢弘圣绪,横被四表,～～上下。"

【昭君】　zhāojūn　人名。即王昭君。名嫱,字昭君,汉元帝宫人,为和亲被嫁于匈奴。

【昭穆】　zhāomù　❶古代宗庙或墓地的排列次序。始祖居中,以下按父子辈分排列为昭穆,昭居左,穆居右,以此区分宗族内部的长幼、亲疏。《穀梁传·文公二年》:"先亲而后祖也,逆祀也,逆祀则是无～～也。"❷指祖先。《后汉书·冯异传》:"悼丘墓之芜秽兮,恨～～之不荣。"

【昭苏】　zhāosū　❶苏醒。《礼记·乐记》:"蛰虫～～。"杜甫《大历三年春……将适江陵漂泊有诗凡四十韵》:"劳心依憩息,朗咏划～～。"(划:开豁。)❷恢复生机。韦悫《重修滕王阁记》:"政和而疲瘵～～。"

【昭雪】　zhāoxuě　洗清冤枉。《旧唐书·朱敬则传》:"敬则尚衔冤泉壤,未蒙～～。"

【昭昭】　zhāozhāo　❶明亮。《乐府诗集·杂曲歌舞·伤歌行》:"～～素月明,晖光烛我床。"❷明白。《孟子·尽心下》:"贤者以其～～使人～～,今以其昏昏使人～～。"❸明显。《韩非子·难四》:"责于未然,而不诛～～之罪,此则妄矣。"

【昭陵六骏】　zhāolíngliùjùn　唐太宗墓前的六匹骏马石雕像。其中拳毛䯄、飒露紫二骏已被窃,馀四骏在今陕西博物馆收藏。

【昭明太子】　zhāomíngtàizǐ　萧统字德施,南朝梁武帝萧衍长子,天监元年(公元502年)立为太子,死后谥昭明。喜欢文学,博览群书,曾召集众文士编撰《文选》,辑录秦汉以来诗文赋等,世称《昭明文选》。

晁　zhāo　见cháo。

啁　zhāo　见zhōu。

朝　1. zhāo　❶早晨。《战国策·齐策四》:"市,～则满,夕则虚。"《论衡·命禄》:"日～出而暮入,非求之也,天道自然。"❷初。《管子·立政》:"孟春之～,君自听朝,论爵赏官,终五日。"

2. cháo　❸朝见。《论语·宪问》:"陈成子弑简公,孔子沐浴而～,告于哀公。"㊀君主使群臣朝见。左思《吴都赋》:"昔者夏后氏～群臣于兹土。"❹朝见的地方,朝廷。《孟子·梁惠王上》:"使天下仕者皆欲立于王之～。"❺拜访,拜见。《史记·司马相如列传》:"临邛令缪为恭敬,日往～相如。"❻聚会。《礼记·王制》:"耆老皆～于庠。"❼官府大堂。如言郡朝、府朝、藩朝。任昉《到大司马记室笺》:"府～初建,俊贤翘首。"❽王朝,朝代。谢灵运《拟魏太子邺中集诗》:"复见东都辉,重见汉～则。"曹植《与杨德祖书》:"昔杨子云,先～执戟之臣耳。"㊀指一代君主统治的时间。杜甫《归梦》诗:"偷生惟一老,伐叛已三～。"

【朝歌】　zhāogē　地名。商代国都,旧址在今河南淇县。邹阳《狱中上书自明》:"邑号～～,墨子回车。"左思《魏都赋》:"锦绣襄邑,罗绮～～。"

【朝露】　zhāolù　早晨的露水。潘岳《悼亡诗》:"凄凄～～凝,烈烈夕风烈。"又常用以比喻人的生命短促。江淹《杂体诗·王侍中粲怀德》:"～～竟几何,忽如水上萍。"《汉书·苏武传》:"人生如～～,何久自苦如此!"

【朝暮】　zhāomù　❶早晚。《管子·宙合》:"日有～～,夜有昏晨。"❷指很短的时间。《汉书·五行志中之下》:"独有极言待死,命在～～而已。"

【朝夕】　zhāoxī　❶早晚。潘岳《闲居赋》:"灌园粥蔬,以供～～之膳。"❷指很短的时间。王褒《四子讲德论》:"厖眉耆耇之老,咸爱惜～～。"❸天天,时时。曹植《杂诗》之六:"远望周千里,～～见平原。"❹测日影的标竿。《管子·七法》:"不明于则,而欲出号令,犹立～～于运均之上。"

【朝阳】　zhāoyáng　❶早晨的太阳。《世说新语·规箴》:"桑榆之光,理无远照,但愿～～之晖,与时并明耳。"❷山的东面。《诗经·大雅·卷阿》:"梧桐生矣,于彼～～。"陆机《拟古诗·拟兰若生朝阳》:"嘉树生～～,凝霜封其条。"

【朝觐】　cháojìn　古代诸侯朝见君王。《孟子·万章上》:"天下诸侯～～者,不之尧之子而之舜。"曹植《求通亲亲表》:"今臣以一切之制,永无～～之望。"

【朝廷】　cháotíng　❶君王朝见群臣和处理政事的地方。《孟子·离娄下》:"礼,～～不历位而相与言,不逾阶而相揖也。"❷指中央政府。司马迁《报任少卿书》:"如今～～虽乏人,奈何令刀锯之馀,荐天下豪杰哉!"

《后汉书·赵典传》："～～仍下明诏，欲令和解。"(仍：乃。)❸帝王的代称。扬雄《长杨赋》："今～～纯仁，遵道显义。"《后汉书·王允传》："～～幼少，恃我而已，临难苟免，吾不忍也。"

【朝野】 cháoyě 朝廷与民间。张协《咏史》："昔在西京时，～～多欢娱。"《世说新语·雅量》："于是审其量，足以镇安～～。"

【朝宗】 cháozōng ❶水流归向。《尚书·禹贡》："江汉～～于海。"谢朓《拜中军记室辞隋王笺》："朓闻潢污之水，愿～～而每竭。"❷比喻诸侯或地方官朝见帝王。李舟《为崔大夫请入奏表》："将临元会之期，倍切～～之恋。"❸属下拜见上级地方官。《世说新语·假谲》："范[汪]虽实投桓[温]，而恐以趋时损名，乃曰：'虽怀～～，会有亡儿瘗在此，故来省视。'"

【朝三暮四】 zhāosānmùsì 《庄子·齐物论》："狙公赋芧，曰：'朝三而暮四。'众狙皆怒。曰：'然则朝四而暮三。'众狙皆悦。"原指改换手法，愚弄众狙，后用来形容多变或反复无常。《旧唐书·皇甫镈传》："直以性惟狡诈，言不诚实，～～～～，天下共知。"

【朝闻夕死】 zhāowénxīsǐ 《论语·里仁》："朝闻道，夕死可矣。"后用"朝闻夕死"形容求知得道的重要。《世说新语·自新》："古人贵～～～～，况君前途尚可。且人患志之不立，亦何忧令名不彰邪？"

嘲 zhāo 见 cháo。

皾 zhāo 皮肉上的薄膜。《礼记·内则》："濯手以摩之，去其～。"

着 zháo 见 zhuó。

爪 zhǎo ❶人的指甲。应璩《与广川长岑文瑜书》："割发宜及肤，剪～宜侵肌乎？"《世说新语·雅量》："以～掐掌，血流沾褥。"❷鸟兽的脚趾。《老子·五十章》："兕无所投其角，虎无所措其～。"左思《吴都赋》："钩～锯牙，自成锋颖。"❸抓。柳宗元《种树郭橐驼传》："甚者～其肤以验其生枯，摇其本以观其疏密，而木之性日以离矣。"

【爪牙】 zhǎoyá ❶兽类的脚爪和牙齿。枚乘《七发》："此甘餐毒药，戏猛兽之～～也。"❷比喻武臣、重臣。《汉书·陈汤传》："由是言之，战克之将，国之～～，不可不重也。"潘岳《杨荆州诔》："矫矫杨侯，晋之～～。"❸亲信，党羽。《后汉书·窦宪传》："以耿夔、任尚等为～～，邓叠、郭璜为心腹。"《世说新语·伤逝》："今腹心丧羊孚，～～失索元。"

找 1. zhǎo ❶退有馀，补不足。《红楼梦》四十三回："等不够了，我再～给你。"❷寻觅。《红楼梦》三十一回："这可丢了！往那里～去？"

2. huá ❸通"划"。拨桨推船前进。《集韵·麻韵》："划，舟进竿谓之划，或从手。"

沼 zhǎo 水池子，池塘。《诗经·小雅·正月》："鱼在于～，亦匪克乐。"《孟子·梁惠王上》："孟子见梁惠王，王立于～上。"

搔 zhǎo 见 sāo。

璅 zhǎo 车盖弓端伸出的爪形部分。《说文·玉部》："～，车盖玉璅。"《汉书·王莽传下》："莽乃造华盖九重，高八丈一尺，金～羽葆。"

召 zhào ❶呼唤。《诗经·小雅·正月》："～彼故老，讯之占梦。"㊁召请，召见。《汉书·高帝纪上》："愿君～诸亡在外者，可得数百人。"《后汉书·顺帝纪》："乃～公卿百僚，使虎贲、羽林士屯南北宫诸门。"❷招引，招致。《左传·襄公二十三年》："祸福无门，唯人所～。"《荀子·劝学》："故言有～祸，行有招辱也。"

兆 zhào ❶古代占卜时，烧灼龟甲后出现的裂纹。卜者视裂纹来预测吉凶。《左传·昭公五年》："龟～告吉。"《吕氏春秋·孟冬》："命太卜祷祠龟策，占～。"❷征兆，预兆。《后汉书·苏竟传》："皆大运荡除之祥，圣帝应符之～也。"刘琨《劝进表》："中兴之～，图谶垂典。"㊃事物的苗头。《后汉书·和熹邓皇后纪》："杜绝奢盈之源，防抑逸欲之～。"❸征兆或苗头显露出来。《老子·六十四章》："其安易持，其未～易谋。"《后汉书·光武帝纪上》："且王莽败亡已～，天下方乱。"㊃开始。《左传·昭公元年》："三大夫～忧。"❹祭坛或墓地的界域。《汉书·郊祀志》："今五帝～居在雍五畤，不合于古。"《后汉书·隗嚣传》："削地开～，茅茨土阶，以致其肃敬。"韩愈《祭十二郎文》："吾力能改葬，终葬汝于先人之～，然后惟其所愿。"❺设坛祭祀。《周礼·春官·小宗伯》："～五帝于四郊。"《三国志·魏书·武帝纪》："设官～祀，不失旧物。"❻数词。古代以万万为亿，万亿为兆。今以百万为兆。也泛指大数目。《墨子·明鬼下》："人民之众～亿。"

【兆民】 zhàomín 指百姓。《吕氏春秋·孟春》："行庆施惠，下及～～。"《汉书·董仲舒传》："爱施～～，天下归之。"

【兆域】 zhàoyù 指墓地。《三国志·魏书·武帝纪》："其公卿大臣列将有功者，宜陪寿陵，其广为～～，使足相容。"

诏(詔) zhào ❶告,告诫。《战国策·赵策二》:“方将约车趋行,而适闻使者之明～。”《史记·苏秦列传》:“今主君～以赵王之教,敬奉社稷以从。”㉧教诲。《庄子·盗跖》:“若父不能～其子,兄不能教其弟,则无贵父子兄弟之亲矣。”《后汉书·桓帝邓皇后纪》:“尚幼者,使置师保,朝夕入宫,抚循～导,恩爱甚渥。”❷皇帝的命令或文告。《后汉书·邓彪传》:“显宗高其节,下～许焉。”曹植《求通亲亲表》:“愿陛下沛然垂～,使诸国庆问,四节得展。”㉧皇帝下命令。班固《西都赋》:“命荆州使起鸟,～梁野而驱兽。”❸通“召”。召见。《后汉书·冯衍传下》:“～伊尹于亳郊兮,享吕望于酆洲。”

【诏书】 zhàoshū 皇帝的命令或文告。《史记·孝文本纪》:“于是夜下～～曰:间者诸吕用事擅权,谋为大逆,欲以危刘氏宗庙。”《论衡·初禀》:“公卿以下,～～封拜,乃敢即位。”

【诏狱】 zhàoyù ❶官司。《汉书·江都易王刘非传》:“我为王,～～岁至,生又无欢怡日。”❷关押犯人的牢狱。《后汉书·刘玄传》:“初,侍中刘恭以赤眉立其弟盆子,自系～～。”

佻 zhào 见 tiāo。

炤 1. zhào ❶照,照耀。《论衡·正说》:“精耀相～,旷然相信。”王僧达《祭颜光禄文》:“微灯动光,几牍谁～?”

2. zhāo ❷通“昭”。明显。《诗经·小雅·正月》:“潜虽伏矣,亦孔之～。”

赵(趙) 1. zhào ❶超腾,兼行。《穆天子传》卷二:“己卯,天子北征,～行□舍。”❷古国名。战国七雄之一,在今河北南部、山西北部一带。贾谊《过秦论》:“当此之时,齐有孟尝,～有平原,楚有春申,魏有信陵。”❸姓。

2. diào ❹扒地,锄地。《诗经·周颂·良耜》:“其镈斯～,以薅荼蓼。”(镈:锄头。薅:除草。荼蓼:野草。)

【赵客】 zhàokè 指侠义之士。古代燕赵多侠士,故称。李白《侠客行》:“～～缦胡缨,吴钩霜雪明。”

【赵女】 zhàonǚ 赵地美女。也泛指美女。任昉《为范尚书让吏部封侯第一表》:“虽室无～～,而门多好事。”杜甫《贻华阳柳少府》诗:“醉从～～舞,歌鼓秦人盆。”

旐 zhào ❶画有龟蛇的旗子。《汉书·隽不疑传》:“有一男子乘黄犊车,建黄～。”❷出丧时为棺柩引路的旗子,也称魂幡。《后汉书·礼仪志下》:“书～曰‘天子之柩’。”《世说新语·排调》:“白布缠棺竖旒～。”

羝 zhào ❶生长不满一年的小羊。《急就篇》卷三颜师古注:“～,羊未卒岁也。”《盐铁论·散不足》:“鲜羔～,几胎肩,皮黄口。”❷阉割过的百斤左右的羊。《说文·羊部》:“～,夷羊百斤左右为羝。”

棹 1. zhào ❶船桨。《后汉书·皇甫嵩传》:“是犹逆坂走丸,迎风纵～。”郭璞《江赋》:“舟子于是搦～。”❷用桨划船。陶渊明《归去来兮辞》:“或命巾车,或～孤舟。”苏轼《答秦太虚书》:“～小舟径至店下。”

2. zhuō ❸木名。嵇含《南方草木状》:“～树,干叶俱似椿,……出高凉郡。”

照 zhào ❶照耀。《战国策·齐策六》:“名高天下,光～邻国。”《乐府诗集·相和歌辞·陌上桑》:“日出东南隅,～我秦氏楼。”❷日光。江淹《别赋》:“又若君居淄右,妾家河阳,同琼珮之晨～,共金炉之夕香。”❸披露,显现。谢灵运《还旧园作见颜范二中书》诗:“夫子～情素,探怀授往篇。”张翰《杂诗》:“欢乐不～颜,惨怆发讴吟。”❹对镜看影,映照。《世说新语·雅量》:“在车中～镜,语丞相云:‘汝看我眼光,乃出牛背上。’”陆机《演连珠》:“镜无畜影,故触形则～。”❺人的形象。《世说新语·巧艺》:“四体妍蚩,本无关于妙处,传神写～,正在阿堵中。”❻察,察看。《战国策·秦策三》:“足下终身暗惑,无与～奸。”班昭《东征赋》:“庶灵祇之鉴～兮,祐贞良而辅言。”❼知晓,明白。潘岳《夏侯常侍诔》:“心～神交,惟我与子。”陆游《朝奉大夫直秘阁张公墓志铭》:“且摘发隐伏,～了如神。”

罩 zhào ❶捕鱼或鸟的网。温庭筠《罩鱼歌》:“持～入深水,金鳞大如手。”《宋书·乐志四》:“绝网从麟麑,弛～出凤雏。”㉧用罩捕鱼。《淮南子·说林训》:“～者抑之,罣者举之。”左思《吴都赋》:“～两魪,罼鳎鰕。”(魪:比目鱼。罼:捉鱼鰕器具。用为动词:用罼捉鱼鰕。)❷笼罩,遮盖。皇甫谧《三都赋序》:“其文博诞空类,大者～天地之表,细者入毫纤之内。”

肇 zhào ❶开始。《诗经·大雅·生民》:“后稷～祀,庶无罪悔,以迄于今。”《楚辞·离骚》:“皇览揆余初度兮,～锡余以嘉名。”❷端正。《国语·齐语》:“比缀以度,竱本～末。”(竱:相等。)

【肇始】 zhàoshǐ 开端,开始。《文心雕龙·史传》:“至于晋代之书,系乎著作,陆机～～而未备,王韶续末而不终。”

曌 zhào 照。唐代武则天所造的字,自名武曌。

濯 zhào 见 zhuó。

櫂 zhào ❶船桨。曹冏《六代论》："浮舟江海，捐弃楫～。"❷用桨划船。张衡《思玄赋》："～龙舟以济予。"

【櫂歌】 zhàogē 鼓棹而歌，船歌。郭璞《江赋》："悲灵均之任石，叹渔父之～～。"丘迟《正旦发鱼浦潭》诗："～～发中流，鸣鞞响沓障。"

zhe

蜇 1. zhē ❶刺，刺痛。《列子·杨朱》："乡豪取而尝之，～于口，惨于腹。"张华《博物志》卷三："蝮蛇秋月毒盛，无所～螫，啮草木以泄其气，草木即死。"

2. zhé ❷海蜇。

遮 zhē ❶拦住。《史记·秦始皇本纪》："有人持璧～使者曰：'为吾遗滈池君。'"《汉书·李广利传》："天子闻之，大怒，使使～玉门关，曰：'军有敢入，斩之。'"❷遮盖。杜甫《季秋苏五弟缨江楼夜宴崔十三评事韦少府侄》诗之三："明月生长好，浮云薄渐～。"❸通"庶"。众多。《管子·侈靡》："六畜～育，五谷～熟。"

【遮道】 zhēdào 拦路。《史记·陈涉世家》："陈王出，～～而呼涉。"《后汉书·袁安传》："公于京师使客～～夺人财物。"

【遮要】 zhēyào 拦截于险要之处。《三国志·魏书·武帝纪》："王自长安出斜谷，军～～以临汉中。"

折 1. zhé ❶折断。《诗经·郑风·将仲子》："将仲子兮，无逾我墙，无～我树桑！"㊀断。《后汉书·刘盆子传》："盆子即啮～弃之。"❷弯曲。《淮南子·览冥训》："河九～注于海而流不绝者，昆仑之输也。"㊀使弯曲。《世说新语·雅量》："看道边李树多子～枝，诸儿竞走取之。"(折枝：压弯树枝。)❸夭折，死亡。潘岳《杨仲武诔》："日冥景西，望子朝阴，如何短～，背世湮沉？呜呼哀哉！"❹摧折，挫败。《史记·鲁仲连邹阳列传》："谈说于当世，～卿相之权。"《汉书·诸侯王表》："高后女主摄位，而海内晏如，亡狂狡之忧，卒～诸吕之难，成太宗之业者，亦赖之于诸侯也。"㊀挫折，损失。《汉书·隽不疑传》："凡为吏，太刚则～，太柔则废。"《战国策·楚策三》："魏子先战，～兵之半。"❺屈服，折服。《战国策·齐策一》："晚救之，韩且～而入于魏，不如早救之。"苏洵《六经论·乐论》："事有不必然者，则吾之理不足以～天下之口。"❻反驳，驳难。《后汉书·李育传》："以为前世陈元、范升之徒更相非～，而多引图谶，不据理体。"㊀斥责，指责。《汉书·黥布传》："项籍死，上置酒对众～随何曰腐儒。"《三国志·魏书·傅嘏传》："昔樊哙愿以十万之众，横行匈奴，季布面～其短。"❼折合。苏轼《上皇帝书》："且东南买绢，本用见钱，陕西粮草，不许～兑。"❽判断。《论衡·书解》："愚杰不别，须文以立～。"

2. shé ❾亏损。《汉书·食货志下》："均官有以考验厥实，用其本贾取之，毋令～钱。"

【折冲】 zhéchōng ❶击退敌军，战胜敌人。《汉书·张汤传》："虽不能视事，～～万里，君先帝大臣，明于治乱。"《三国志·魏书·武帝纪》："掩讨逆节，～～四海。"也泛指在战场以外的其他场合取胜。张协《杂诗》之七："～～樽俎间，制胜在两楹。"苏洵《送石昌言北使引》："大丈夫生不为将，得为使，～～口舌之间，足矣。"❷武官名。晋有折衡将军称号。潘岳《杨荆州诔》："维咸宁元年夏四月乙丑，晋故～～将军、荆州刺史东武戴侯，荥阳杨史君薨，呜呼哀哉！"

【折节】 zhéjié ❶降低身份，屈己下人。《汉书·伍被传》："是时淮南王安好术学，～～下士。"《论衡·定贤》："或好士下客，～～俟贤。"❷强自克制，改变初衷。《史记·游侠列传》："及解年长，更～～为俭。"《汉书·于定国传》："少时，耆酒多过失，年且三十，乃～～修行。"

【折衄】 zhénǜ 挫败。《三国志·吴书·周瑜传》："今曹操新～～，方忧在腹心，未能与将军连兵相事也。"

【折券】 zhéquàn 折毁债券。表示不再索要欠债。《汉书·高帝纪上》："岁竟，此两家常～～弃责。"(责：债。)

【折腰】 zhéyāo 弯腰行礼，屈身事人。《晋书·陶潜传》："吾不能为五斗米～～，拳拳事乡里小人邪！"李白《梦游天姥吟留别》："安能摧眉～～事权贵，使我不得开心颜？"

【折狱】 zhéyù 断案。《论语·颜渊》："子曰：'片言可以～～者，其由也与？'"《三国志·魏书·司马芝传》："诬服之情，不可以～～。"

【折阅】 zhéyuè 低价销售，亏损。《荀子·修身》："故良农不为水旱不耕，良贾不为～～不市。"

【折中】 zhézhōng 取正，择其中。《史记·孔子世家》："自天子王侯，中国言六艺者～～于夫子，可谓至圣矣。"《汉书·楚元王传》："览往事之戒，以～～取信。"也作"折衷”。扬雄《反离骚》:“驰江潭之泛溢兮,将～～乎重华。”

【折衷】 zhézhōng 见“折中”。

矺 zhé 同“磔”。古代分裂人体的酷刑。《史记·李斯列传》:“杀大臣蒙毅等,公子十二人僇死咸阳市,十公主～死于杜,财物入于县官,相连坐者不可胜数。”

铁 zhé 见 yì。

适 zhé 见 shì。

聂 zhé 见 niè。

哲(喆) zhé ❶聪明,有智慧。《尚书·皋陶谟》:“知人则～,能官人。”《左传·襄公二年》:“季孙于是为不～矣。”㊂有智慧的人。陆机《汉高祖功臣颂》:“明明众～,同济天纲。”❷通“折”。制裁,决断。见“哲狱”。

【哲人】 zhérén 才智极高的人。《尚书·伊训》:“敷求～～,俾辅于尔后嗣。”江淹《杂体诗·嵇中散言志》:“～～贵识义,大雅明庇身。”

【哲王】 zhéwáng 贤明的君主。《诗经·大雅·下武》:“下武维周,世有～～。”陆机《皇太子宴玄圃宣猷堂有令赋诗》:“自昔～～,先天而顺。”

【哲狱】 zhéyù 审理官司。《汉书·隽疏于薛平彭传赞》:“于定国父子哀鳏～～,为任职臣。”

悊 zhé ❶敬。《说文·心部》:“～,敬也。”❷通“哲”。聪明,有才智。《后汉书·五行志二》:“视之不明,是谓不～。”

辄(輒、輙) zhé ❶车耳。《说文·车部》:“～,车两犄也。”(犄:车箱两边的木板。)❷专擅,果断。《后汉书·和熹邓皇后纪》:“咎在执法怠懈,不～行其罚故也。”❸副词。1)总是。《韩非子·内储说下》:“赵王谋袭邺,襄疵常～闻而先言之魏王。”《汉书·爰盎传》:“盎素不好晁错,错所居坐,盎～避。”2)立即,就,便。《史记·商君列传》:“有一人徙之,～予五十金,以明不欺。”《汉书·艺文志》:“吏民上书,字或不正,～举劾。”❹连词。表示轻微转折。相当于“却”。欧阳修《魏论》:“新与魏皆取汉者,新～败亡,魏遂传数世而为晋。”

晢(晣) zhé(又读 zhì)❶光亮,明亮。《诗经·陈风·东门之杨》:“昏以为期,明星～～。”❷明察,明智。《尚书·洪范》:“明作～,聪作谋,睿作圣。”《后汉书·冯衍传上》:“盖闻明者见于无形,智者虑于未萌,况其昭～者乎!”

詟(讋) zhé 恐惧。《汉书·项籍传》:“府中皆～伏,莫敢复起。”虞羲《咏霍将军北伐》:“骨都先自～,日逐次亡精。”

蛰(蟄) zhé 动物冬眠,蛰伏。《吕氏春秋·孟春》:“东风解冻,～虫始振。”张协《杂诗》之二:“龙～暄气凝,天高万物肃。”㊂指冬眠蛰伏的动物。张衡《东京赋》:“既春游以发生,启诸～于潜户。”

【蛰蛰】 zhézhé 众多的样子。《诗经·周南·螽斯》:“宜尔子孙,～～兮。”

谪(謫、讁) zhé ❶谴责。《左传·成公十七年》:“国子～我。”《后汉书·郑兴传》:“往年以来,～咎连见。”❷贬官降职或流放。贾谊《吊屈原赋序》:“谊为长沙王太傅,既以～去,意不自得。”范仲淹《岳阳楼记》:“庆历四年春,滕子京～守巴陵郡。”❸被罚守边的罪人。《史记·秦始皇本纪》:“徙～,实之初县。”❹通“瓋”。瑕疵,毛病。《老子·二十七章》:“善行无辙迹,善言无瑕～。”

【谪戍】 zhéshù 因罪被罚守边。贾谊《过秦论》:“～～之众,非抗于九国之师也。”

慴 zhé 恐惧,害怕。《战国策·燕策三》:“北蛮夷之鄙人,未尝见天子,故振～。”《后汉书·班超传》:“城郭诸国震～响应。”㊂使恐惧,使害怕。枚乘《七发》:“恐虎豹,～鸷鸟。”《三国志·魏书·刘晔传》:“威震天下,势～海外。”

【慴伏】 zhéfú 因畏惧而屈服。《史记·项羽本纪》:“籍所击杀数十百人,一府中皆～～,莫敢起。”王褒《四子讲德论》:“处位而任政者,皆短于仁义,长于酷虐,狼挚虎攫,怀残秉贼,其所临莅,莫不肌栗～～。”

摺 zhé ❶(又读 lā)折断。《史记·鲁周公世家》:“使公子彭生抱鲁桓公,因命彭生～其胁,公死于车。”《论衡·变动》:“范雎为须贾所谗,魏齐僇之,折干～胁。”㊂毁伤。《史记·春申君列传》:“刳腹绝肠,折颈～颐。”❷折叠。庾信《镜赋》:“始～屏风,新开户扇。”

鲰(鮿) zhé 无盐干鱼。《汉书·货殖传》:“鲐鮆千斤,～鲍千钧。”(颜师古注:“鲰,膊鱼也,即今不着盐而干者也。”)

磔 zhé ❶分裂牲畜肢体举行祭祀。《吕氏春秋·季春》:“国人傩,九门～禳,以毕春气。”何耕《录二叟语》:“立春日,通天下郡邑,设土牛而～之,谓之班春。”❷一种分裂肢体的酷刑。《后汉书·董卓传》:“恨不得～裂奸贼于都市。”❸张开。《晋书·桓温传》："温眼如紫石棱，须作蝟毛～。"❹汉字的一种书写笔画，即捺。❺象声词。晁补之《新城游北小记》："其上有鸟，黑如鸲鹆，赤冠长喙，俯而啄，～然有声。"

【磔裂】 zhéliè 肢解分裂。扬雄《长杨赋》："分勢单于，～～属国。"

辙（轍） zhé ❶车辙。《老子·二十七章》："善行无～迹。"《左传·庄公十年》："下视其～，登轼而望之，曰：'可矣。'遂逐齐师。"❷行车的路线、方向。吴质《答东阿王书》："若不改～易御，将何以效其力哉？"卢谌《赠刘琨诗》："惟同大观，万殊一～。"

者 1. zhě ❶代词。1）用于动词、形容词等词语后面，指人或事物。《老子·七十七章》："天之道其犹张弓与，高～抑之，下～举之。"《论语·雍也》："知之～不如好之～，好之～不如乐之～。"2）用于数词后面，指代事物。《孟子·梁惠王下》："请君择于斯二～。"《商君书·去强》："农、商、官三～，国之常官也。"3）用于时间词或否定词后，表示"……时候"或"……的话"。《韩非子·十过》："昔～齐桓公九合诸侯，一匡天下，为五伯长，管仲佐之。"司马迁《报任少卿书》："曩～辱赐书，教以慎于接物、推贤进士为务。"《汉书·高帝纪上》："不～，汝属且为所虏。"❷语气词。1）用于判断句，放在主语后，引出判断。《孟子·尽心下》："仁也～，人也。"《史记·陈涉世家》："陈胜～，阳城人也。"2）用于主语后，引出原因、解释等。《韩非子·外储说右下》："人所以谓尧贤～，以其让天下于许由。"

2. zhuó ❸通"著"。居，处于。《老子·六十一章》："大国～下流。"

堵 zhě 见 dǔ。

赭 zhě 见 zhǔ。

赭 zhě ❶红土。《管子·地数》："上有～者，下有铁。"司马相如《子虚赋》："其土则丹青～垩。"（垩：白土。）㊀红褐色。《后汉书·刘盆子传》："盆子时年十五，被发徒跣，敝衣～汗。"❷使山光秃。《史记·秦始皇本纪》："于是始皇大怒，使刑徒三千人皆伐湘山树，～其山。"❸囚犯所穿的衣服。《论衡·状留》："长吏妒贤，不能容善，不被钳～之刑，幸矣。"

【赭衣】 zhěyī ❶古代囚徒穿的衣服。司马迁《报任少卿书》："魏其，大将也，衣～～，关三木。"❷指囚徒。《汉书·食货志上》："民愁亡聊，亡逃山林，转为盗贼，～～半道，断狱岁以千万数。"

褶 zhě 见 dié。

柘 zhè ❶一种桑科树木。叶子可养蚕，木材可作弓，树汁黄赤色，又叫黄桑。陆厥《奉答内兄希叔》诗："归来翳桑～，朝夕异凉温。"❷通"蔗"。《楚辞·招魂》："胹鳖炮羔，有～浆些。"（些：句末语气词。）

浙（淛） zhè 河流名，即浙江。孔稚珪《北山移文》："张英风于海甸，驰妙誉于～右。"

蔗 zhè 甘蔗。谢惠连《祭古冢文》："～传馀节，瓜表遗年。"

鹧（鷓） zhè 见"鹧鸪"。

【鹧鸪】 zhègū 一种形似母鸡，背毛有紫红浪纹的鸟，俗谓其叫声如"行不得也哥哥"。左思《吴都赋》："～～南翥而中留。"

䗪 zhè 见"䗪虫"。

【䗪虫】 zhèchóng 一种圆形、褐色的昆虫，生活于潮湿的泥土中，俗称土鳖。中医入药。方以智《物理小识·医药类》："被杖，……则白蜡一两，～～一枚，酒服亦妙。"

zhen

贞（貞） zhēn ❶占卜。《周礼·春官·天府》："季冬，陈玉，以～来岁之媺恶。"（媺：美。）❷坚贞，有操守。《墨子·经下》："说在先后，～而不挠。"潘岳《西征赋》："劲松彰于岁寒，～臣见于国危。"㊀特指妇女守节。陆机《演连珠》："是以～女要名于没世，烈士赴节于当年。"❸正。《老子·三十九章》："万物得一以生，侯王得一以为天下～。"《吕氏春秋·贵信》："百工不信，则器械苦伪，丹漆染色不～。"❹通"桢"。筑土墙时两头竖立的柱子。比喻支柱，骨干。《庄子·列御寇》："吾以仲尼为～干。"《论衡·语增》："夫三公，鼎足之臣，王者之～干也。"

【贞操】 zhēncāo ❶坚定不移的操守。《晋书·张天锡传》："睹松竹，则思～～之贤。"❷特指妇女守节的操守。崔豹《古今注·音乐》："其妹悲其姊之～～，乃为作歌。"

【贞节】 zhēnjié ❶坚贞的节操。张衡《东京赋》："执谊顾主，夫怀～～。"（夫：犹人人。）潘岳《关中诗》："人之云亡，～～克举。"❷特指妇女守节的道德。庾信《彭城公尔朱氏墓志铭》："用曹大家之明训，守宋伯姬之～～。"（曹大家：指班昭。伯姬：春秋鲁宣公女，嫁宋恭公。）

针(針) zhēn 治病或缝纫用的工具。枚乘《七发》："今太子之病，可无药石～刺灸疗而已。"庾信《对烛赋》："灯前桁衣疑不亮，月下穿～觉最难。"

侦(偵) zhēn 暗中察看。潘岳《马汧督诔》："子命穴浚堑，置壶镭瓶瓨以～之。"

【侦候】 zhēnhòu 侦察人员。《后汉书·任延传》："于是徼外蛮夷夜郎等慕义保塞，延遂止罢～～戍卒。"

【侦伺】 zhēnsì 窥探，探察。《后汉书·清河孝王庆传》："外令兄弟求其纤过，内使御者～～得失。"

珍(珎) zhēn ❶珍宝。班固《东都赋》："天子受四海之图籍，膺万国之贡～。"扬雄《长杨赋》："莫不跻足抗首，请献厥～。"❷珍味，精美的食物。《吕氏春秋·顺民》："味禁～，衣禁袭，色禁二。"鲍照《数诗》："八～盈彫俎，绮肴纷错重。"❸珍贵的，宝贵的。《后汉书·懿宪梁皇后纪》："宫幄彫丽，服御～华。"卢谌《答魏子悌》诗："崇台非一干，～裘非一腋。"❹珍视，珍爱。贾谊《吊屈原赋》："袭九渊之神龙兮，沕深潜以自～。"（袭：效仿。沕：潜藏。）何晏《景福殿赋》："或以嘉名取宠，或以美材见～。"

【珍宝】 zhēnbǎo 指珍珠、玉石等宝物。《战国策·齐策四》："宫中积～～，狗马实外厩。"《汉书·高帝纪上》："沛公欲王关中，令子婴相，～～尽有之。"

【珍玩】 zhēnwán 珠宝玉器等玩赏物品。《后汉书·五行志二》："夫云台者，乃周家之所造也，图书、术籍、～～、宝怪皆所藏在也。"

【珍羞】 zhēnxiū 美食，珍贵的食物。张衡《南都赋》："～～琅玕，充溢圆方。"杜甫《陪王侍御同登东山最高顶宴姚通泉晚携酒泛江》诗："东山高顶罗～～，下顾城郭消我忧。"

【珍重】 zhēnzhòng ❶爱惜。《楚辞·远遊》王逸序："是以君子～～其志，而玮其辞焉。"杜甫《太子张舍人遗织成褥段》诗："领客～～意，顾我非公卿。"❷保重。用于临别赠语。王安石《送李生白华岩修道》诗："～～此行吾不及，为传消息结因缘。"杨万里《送医家孟良汉卿》诗："赠别只有七字诗，千万～～慰相思。"

帧(幀、橙) zhēn(旧读 zhèng) ❶画幅。汤显祖《牡丹亭·玩真》："细观他～首之上，小字数行。"❷量词。幅。用于书画。顾贞观《青玉案》词："天然～～关荆画。"

祯(禎) zhēn 吉祥。张衡《思玄赋》："惧筮氏之长短兮，钻东龟以观～。"

【祯祥】 zhēnxiáng 吉兆。《史记·楚元王世家》："国之将兴，必有～～。"《论衡·吉验》："验见非一，或以人物，或以～～，或以光气。"

真 zhēn ❶本性，本来面目。《庄子·秋水》："谨守而勿失，是谓反其～。"嵇康《幽愤诗》："志在守朴，养素全～。"❷真实。张衡《思玄赋》："彼无合而何伤兮，患众伪之冒～。"㉿正，与"副"相对。《汉书·河间献王刘德传》："从民得善书，必为好写之，留其～。"❸实授官职。《汉书·张敞传》："守太原太守，满岁为～。"❹的确，确实。曹丕《与吴质书》："少壮～当努力，年一过往，何必攀援。"《世说新语·赏誉》："若周子居者，～治国之器。"❺肖像。杜甫《天育骠骑歌》："故独写～传世人，见之座右久更新。"❻汉字的一种书写形体，即楷书。《后汉书·董祀妻传》："妾闻男女之别，礼不亲授。乞给纸笔，～草唯命。"

【真谛】 zhēndì 真理。白居易《题香山新经堂招僧》诗："谁能来此寻～～，白老新开一藏经。"

【真迹】 zhēnjì 书画家的手迹。杜甫《戏题王宰画山水图歌》："能事不受相促迫，王宰始肯留～～。"

【真君】 zhēnjūn ❶指万物的主宰者。《庄子·齐物论》："其有～～存焉。"❷道家称得道的人，仙人。李商隐《戊辰会静中出贻同志二十韵》："倩璨玉琳华，翺翔九～～。"

【真人】 zhēnrén ❶道家称得道的人。《庄子·列御寇》："夫免乎内外之刑者，唯～～能之。"《论衡·道虚》："～～食气，以气而为食。"❷指帝王。张衡《南都赋》："方今天地之睢剌，帝乱其政，豺虎肆虐，～～革命之秋也。"《三国志·魏书·武帝纪》："辽东殷馗，善天文，言后五十岁当有～～起于梁、沛之间，其锋不可当。"

【真率】 zhēnshuài 真诚坦率。《世说新语·赏誉》："简文道王怀祖：'才既不长，于荣利又不淡，直以～～少许，便足对人多多许。'"杜甫《乐游园歌》："长生木瓢示～～，更调鞍马狂欢赏。"

【真宰】 zhēnzǎi 指万物的主宰，上天。《庄子·齐物论》："若有～～，而特不得其眹。"杜甫《喜雨》诗："沧江夜来雨，～～罪一雪。"

桢(楨) zhēn ❶一种木质坚硬的树。《山海经·东山经》："又东二百里曰太山，上多金玉～木。”❷筑土墙时两端竖立的木柱。比喻支柱、骨干。左思《魏都赋》：“师尹爰止，毗代作～。”任昉《出郡传舍哭范仆射》诗：“平生礼数绝，式瞻在国～。”

【桢干】　zhēngàn　❶筑土墙时用的木柱和木板。《尚书·费誓》：“峙乃～～，甲戌我惟筑。”❷比喻支柱、骨干。《三国志·吴书·陆凯传》：“或清白忠勤，或姿才卓茂，皆社稷之～～，国家之良辅。”张说《郢国公园池饯韦侍郎神都留守序》：“鸾台侍郎兼左庶子韦公，国之～～，人之表仪。”❸支撑，支持。《后汉书·阜陵质王延传》：“昔周之爵封千有八百，而姬姓居半者，所以～～王室也。”

砧（碪）　zhēn　❶捣衣石。谢惠连《捣衣》诗：“榈高～响发，楹长杵声哀。”杜甫《风疾舟中伏枕书怀三十六韵奉呈湖南亲友》：“十暑岷山葛，三霜楚户～。”❷通“椹”。砧板。李贺《马诗》之十七：“白铁剉青禾，～间落细莎。”

【砧杵】　zhēnchǔ　捣衣石和棒槌。何逊《赠族人秣陵兄弟》诗：“萧索高秋暮，～～鸣四邻。”

【砧斧】　zhēnfǔ　砧板和斧头，古代杀人刑具。韩愈《元和圣德诗》：“解脱挛索，夹以～～。”

【砧锧】　zhēnzhì　古代杀人刑具，斩头时垫用的砧板。欧阳修《蔡州再乞致仕第二表》：“愚衷恳迫，尚敢黩烦，将再干于冕旒，宜先伏于～～。”

桭　zhēn　屋檐。扬雄《甘泉赋》：“列宿乃施于上荣兮，日月才经于柍～。”（荣：屋翼。柍：中间。）

葴　zhēn　❶草名。即马蓝。司马相如《子虚赋》：“其高燥则生～菥苞荔。”❷草名。即酸浆。《尔雅·释草》：“～，寒浆。”（郭璞注：“今酸浆草，江东呼曰苦葴。”）

溱　zhēn　❶河名。《诗经·郑风·褰裳》：“子惠思我，褰裳涉～。”❷通“臻”。至，来到。《汉书·谷永传》：“暴风三～，拔树折木。”

【溱溱】　zhēnzhēn　❶众多、繁盛的样子。《诗经·小雅·无羊》：“旐维旟矣，室家～～。”班固《灵台诗》：“百谷～～，庶卉蕃芜。”❷汗流淌的样子。《灵枢经·决气》：“腠理发泄，汗出～～。”

蓁　zhēn　❶丛生的荆棘。《庄子·徐无鬼》：“众狙见之，恂然弃而走，逃于深～。”李贺《汉唐姬饮酒歌》：“御服沾霜露，天衢长～棘。”❷见“蓁蓁”。❸通“榛”。李贺《老夫采玉歌》：“夜雨冈头食～子，杜鹃口血老夫泪。”

【蓁莽】　zhēnmǎng　丛生的草木。王禹偁《黄州新建小竹楼记》：“子城西北隅，雉堞圮毁，～～荒秽。”

【蓁薮】　zhēnsǒu　荆棘丛生的地方。曹冏《六代论》：“宗庙焚为灰烬，宫室变为～～。”

【蓁蓁】　zhēnzhēn　❶茂盛的样子。《诗经·周南·桃夭》：“桃之夭夭，其叶～～。”张衡《思玄赋》：“呬河林之～～兮，伟《关雎》之戒女。”（呬：止息。河林：地名。）❷众多的样子。《楚辞·招魂》：“蝮蛇～～，封狐千里些。”

斟　zhēn　❶舀。《韩非子·外储说左上》：“夫瓠所贵者，谓其可以盛也。今厚而无窍，则不可剖以盛物；而任重如坚石，则不可以剖而～。吾无以瓠为也。”㉛倾注，往碗或杯子里倒。鲍照《答客》诗：“欢至犹～酒，忧来辄赋诗。”❷带汁的肉。《战国策·燕策一》：“厨人进～羹，因反斗而击之。”

【斟椹】　zhēnchén　迟疑。《后汉书·冯衍传下》：“意～～而不澹兮，俟回风而容与。”

【斟酌】　zhēnzhuó　❶斟酒。班固《西都赋》：“腾酒车以～～。”《后汉书·马武传》：“每劳飨诸将，武辄起～～于前，世祖以为欢。”❷反复衡量，考虑取舍。《国语·周语上》：“故天子听政，……百工谏，庶人传语，近臣尽规，亲戚补察，瞽史教诲，耆艾修之，而后王～～焉，是以事行而不悖。”沈约《恩倖传论》：“都正俗士，～～时宜。”

椹　1. zhēn　❶砧板。《尔雅·释宫》：“～谓之榩。”郭璞注：“斫木榩也。”❷射箭用的靶子。见“椹质”。

2. shèn　❸桑树的果实。《后汉书·献帝纪》：“桑复生～，人得以食。”❹树木上生的菌类。庾信《对雨》诗：“湿杨生细～，烂草变初萤。”

【椹质】　zhēnzhì　❶刑具，古代斩首用的垫板。《战国策·秦策三》：“今臣之胸不足以当～～。”❷射箭用的靶子。《周礼·夏官·司弓矢》：“王弓弧弓，以授射甲革、～～者。”

甄　zhēn　❶制作陶器用的转轮。《晋书·潘尼传》：“若金受范，若埴在～。”㉜制作陶器。《汉书·董仲舒传》：“犹泥之在钧，唯～者之所为。”❷造就，造成。班固《典引》：“乃先孕虞育夏，～殷陶唐。”潘岳《西征赋》：“古往今来，邈矣悠哉，寥廓惚恍，化一气而～三才。”❸鉴别，选拔。《后汉书·爰延传》：“故王者赏人必酬其功，爵人必～其德。”《晋书·张光传》：“宜加～赏，以明奖劝。”❹彰显，表明。《后汉书·安帝纪》：“～

表门间，旌显厥行。"潘岳《西征赋》："～大义以明责，反初服于私门。"❺军队的左右两翼。《世说新语·规箴》："双～所指，不避陵壑。"

【甄拔】 zhēnbá 选拔举用。《南齐传·王思远传》："陛下～～之旨，要是许其一节。"李白《与韩荆州书》："山涛作冀州，～～三十馀人，或为侍中、尚书，先代所美。"

【甄别】 zhēnbié 鉴别。《三国志·吴书·步骘传》："骘于是条于时事业在荆州界者，诸葛瑾……十一人，～～行状，因上疏。"

【甄陶】 zhēntáo 制作陶器。引申指造就，培养。《后汉书·郅恽传》："含元包一，～～品类。"任昉《为范始兴作求立太宰碑表》："况乎～～周、召，孕育伊、颜。"

【甄甄】 zhēnzhēn 振翅飞翔的样子。《楚辞·九思·悼乱》："鹳鹖兮轩轩，鹑鹌兮～～。"

榛 zhēn ❶一种落叶小乔木。《诗经·邶风·简兮》："山有～，隰有苓。"（隰：低地。）宋玉《高唐赋》："～林郁盛，葩华覆盖。"❷丛生的树木，树丛。孙绰《游天台山赋》："披荒～之蒙茏，陟峭崿之峥嵘。"潘岳《关中诗》："疫疠淫行，荆棘成～。"❸荒芜。左思《魏都赋》："伊洛～旷，崤函荒芜。"欧阳修《戕竹记》："如是累日，地～园秃。"

【榛莽】 zhēnmǎng 丛生的草木。高適《同群公出猎海上》诗："豺狼窜～～，麋鹿罹艰虞。"陈亮《乙巳春书之一》："亮又一身不着行户，宜其宛转陷于～～而无已时也。"

【榛芜】 zhēnwú ❶丛生的草木。潘尼《火赋》："～～既除，九野谧清。"❷荒芜。《后汉书·荀彧传》："今銮舆旋轸，东京～～。"㉑荒废。王勃《益州绵竹县武都山净慧寺碑》："痛鹫林之殄瘁，悲象教之～～。"❸指草野之人。自谦之词。杜甫《赠韦左丞丈济》诗："君能微感激，亦足慰～～。"

【榛榛】 zhēnzhēn 草木茂密丛生的样子。班昭《东征赋》："睹蒲城之丘墟兮，生荆棘之～～。"卢照邻《释疾文》："春也万物熙熙焉感其生而悼其死，夏也百草～～焉见其盛而知其阑。"

辏（轃） zhēn ❶古代大车上的席垫。《说文·车部》："～，大车箦也。"❷通"臻"。至，到。《汉书·王吉传》："大王诚留意如此，……则福禄其～而社稷安矣。"

锗 zhēn 见 chěn。

鍼（鍼） 1. zhēn ❶针，缝纫或治病用的工具。《管子·海王》："一女必有一～一刀。"《后汉书·陈宠传》："隄溃蚁孔，气泄～芒。"❷用针刺（施刑或治疗）。《汉书·广川惠王刘越传》："笞问昭平，不服，以铁鍼～之。"

2. qián ❸人名、地名用字。如鍼虎。又《左传·成公六年》："师于～。"

【鍼砭】 zhēnbiān ❶用石针治病。祖士衡《西斋话记》："陇州道士曾若虚者，善医，尤得～～之妙术。"❷规劝，告诫。范成大《晞真阁留别方道士宾实》诗："时时苦语见～～，邂逅天涯得三益。"

【鍼石】 zhēnshí 治病用的石针。《韩非子·喻老》："［疾］在肌肤，～～之所及也。"班固《答宾戏》："和、鹊发精于～～。"（和鹊：医和、扁鹊。）

箴 zhēn ❶缝纫或治病用的针。《荀子·大略》："今夫亡～者，终日求之而不得。"❷规劝，告诫。《吕氏春秋·达郁》："矇～师诵，庶人传语。"颜延之《陶征士诔》："身才非实，荣声有歇，睿音永矣，谁～余阙。"❸文体的一种，以规劝、告诫为内容的文章。《汉书·扬雄传赞》："～莫善于《虞箴》，作《州箴》。"

【箴砭】 zhēnbiān 用针和砭石治病。引申指批评，探讨。《抱朴子·勤求》："未有究论长生之阶径，～～为道之病痛，如吾之勤勤者也。"

【箴规】 zhēnguī 告诫规劝。何晏《景福殿赋》："图象古昔，以当～～。"左思《魏都赋》："昏情爽曙，～～显之也。"（爽：明。）

臻 zhēn 至，到。《史记·封禅书》："未有睹符瑞见而不～乎泰山者也。"《后汉书·冯衍传上》："元元无聊，饥寒并～。"陈琳《为袁绍檄豫州》："及～吕后季年，产、禄专政。"

诊（診、訡） zhěn ❶视，察看。《楚辞·九怀·陶壅》："乃自～兮在兹。"《后汉书·南蛮西南夷传》："群臣怪而～之，乃吴将军首也。"㉒诊候，诊察。《列子·力命》："～其所疾。"《世说新语·术解》："为～脉处方。"❷通"畛"。告。《庄子·人间世》："匠石觉而～其梦。"

【诊候】 zhěnhòu 看病。《晋书·齐王冏传》："攸有疾，武帝不信，遣太医～～。"

枕 zhěn ❶枕头。《诗经·陈风·泽陂》："寤寐无为，辗转伏～。"《战国策·齐策四》："三窟已就，君姑高～为乐矣。"❷把头放在枕头或其他东西上躺着。《论语·述而》："曲肱而～之。"《左传·襄公二十五年》："～辔而寝。"㉑临，靠近。《汉书·终军传》："鲁国西～泰山，东有东海，受其盐铁。"

【枕疾】 zhěnjí 卧病在床。《晋书·桓温传》:"故汉高～～,吕后问相。"

【枕块】 zhěnkuài 古人居父母之丧,用土块作枕头,表示极其悲痛。《荀子·礼论》:"席薪～～,是君子之所以为悖诡其所喜乐之文也。"

【枕藉】 zhěnjiè 交错地躺在一起。班固《西都赋》:"禽相镇压,兽相～～。"《汉书·尹赏传》:"数日壹发视,皆相～～死。"

【枕戈待旦】 zhěngēdàidàn 枕着兵器等待天明。形容随时准备战斗的急切心情。《晋书·刘琨传》:"吾～～～～,志枭逆虏,常恐祖生先吾著鞭。"

纱(紾) 1. zhěn ❶扭转。《孟子·告子下》:"～兄之臂而夺之食,则得食。"㉑转化,变化。《淮南子·精神训》:"祸福利害,千变万～。"

2. tiǎn ❷纹理粗糙。《周礼·考工记·弓人》:"老牛之角～而昔。"

轸(軫) zhěn ❶车箱后边的横木。《周礼·考工记序》:"车～四尺。"颜延之《拜陵庙作》诗:"束绅入西寝,伏～出东垧。"㉑指车。张衡《西京赋》:"天子乃驾雕～。"《三国志·魏书·董卓传》:"以所断头系车辕轴,连～而还洛。"❷弦乐器上转动弦线的轴。《魏书·乐志》:"中弦须施～如琴,以～调声。"❸思绪曲折、萦绕。王融《永明十一年策秀才文》:"若坠之恻每勤,如伤之念恒～。"潘岳《悼亡》诗:"驾言陟东阜,望坟思纡～。"❹哀伤,悲痛。《楚辞·九辩》:"重无怨而生离兮,中结～而增伤。"谢庄《宋孝武宣贵妃诔》:"国～丧淑之伤,家凝陨庇之怨。"㉑怜悯。韩愈《殿中少监马君墓志铭》:"王～其寒饥,赐食与衣,召二子使为之主。"❺星宿名。《吕氏春秋·圜道》:"月躔二十八宿,～与角属,圜道也。"❻通"畛"。田间小路。谢灵运《登临海峤与从弟惠连》诗:"与子别山阿,含酸赴修～。"

【轸顾】 zhěngù 深虑。柳开《代王昭君谢汉帝疏》:"今用臣妾以和于戎,朝廷息～～之忧,疆场无侵渔之患。"

【轸念】 zhěnniàn 深深思念。徐陵《檄周文》:"～～过曹,犹感盘餐之惠。"《梁书·沈约传》:"思幽人而～～,望东皋而长想。"

【轸恸】 zhěntòng 极为悲痛。任昉《王文宪集序》:"皇朝～～,储铉伤情。"

【轸轸】 zhěnzhěn 盛大、众多的样子。扬雄《羽猎赋》:"殷殷～～,被陵缘岅。"王融《三月三日曲水诗序》:"轰轰隐隐,纷纷～～,羌难得而称计。"

胗 zhěn 唇疮。宋玉《风赋》:"中唇为～。"

疹 1. zhěn ❶一种皮肤病。《医宗金鉴》:"麻为正～亦胎毒。"

2. chèn ❷通"疢"。病。张衡《思玄赋》:"思百忧以自～。"曹植《赠白马王彪》诗:"忧思成疾～,无乃儿女仁。"

袗 zhěn ❶单衣,穿单衣。《论语·乡党》:"当暑,～絺绤,必表而出之。"❷衣裳同色。《仪礼·士冠礼》:"兄弟毕～玄。"(袗玄:衣裳同玄色。)

【袗衣】 zhěnyī 绣有文采的华贵衣服。《孟子·尽心下》:"及其为天子也,被～～,鼓琴,二女果,若固有之。"

眕 zhěn 压制,自抑。《左传·隐公三年》:"憾而能～者,鲜矣。"

畛 zhěn ❶田间小路。《诗经·周颂·载芟》:"千耦其耘,徂隰徂～。"左思《吴都赋》:"其四野则～畷无数,膏腴兼倍。"❷界限。《庄子·齐物论》:"请言其～。"❸量词。用于田亩。《战国策·楚策一》:"叶公子高,食田六百～。"❹告。《礼记·曲礼下》:"临诸侯,～于鬼神。"

【畛域】 zhěnyù 界限,范围。《庄子·秋水》:"泛泛乎其若四方之无穷,其无所～～。"㉑准则,规矩。韩愈《司徒兼侍中中书令赠太尉许国公神道碑铭》:"公与人有～～,不为戏狎。"

缜(縝) zhěn ❶密致。颜延之《祭屈原文》:"兰薰而摧,玉～则折。"❷通"鬒"。头发稠而黑。谢朓《晚登三山还望京邑》诗:"有情知望乡,谁能～不变。"

【缜密】 zhěnmì 细致严密。《南史·孔休源传》:"累居显职,性～～,未尝言禁中事。"《宋史·李侗传》:"讲学切在深潜～～。"

稹 zhěn ❶草木丛生。郭璞《江赋》:"橉、杞～薄于浔涘。"(橉杞:二木名。浔涘:水边。)❷通"缜"。细密。《周礼·考工记·轮人》:"阳也者,～理而坚。"

鬒(鬒) zhěn 头发稠而黑。《左传·昭公二十八年》:"昔有仍氏生女,～黑而甚美。"(有仍:古国名。)张衡《西京赋》:"卫后兴于～发,飞燕宠于体轻。"

阵(陣) zhèn ❶战斗行列。张协《杂诗》之七:"出睹军马～,入闻鞞鼓声。"鲍照《出自蓟北门行》:"严秋筋竿劲,虏～精且强。"❷军队布置的格局。班固《封燕然山铭》:"勒以八～,莅以威神。"❸阵地,战场。陈琳《檄吴将校部曲文》:"后讨袁尚,则都督将军马延、故豫州刺史阴夔、射声校尉郭昭,临～来降。"❹量词。表示事物或行为经过的段落。韩偓《懒起》

诗："昨夜三更雨，临明一～寒。"黄庭坚《扶胥》诗："一～东风扫曀霾。"

【阵亡】 zhènwáng 战死。杜甫《垂老别》诗："子孙～～尽，焉用身独完？"

陈 zhèn 见 chén。

纼(紖) zhèn 穿在牛鼻上的绳子。《礼记·少仪》："牛则执～，马则执靮。"

诹(謏) zhèn 动。《列子·黄帝》："罪不～不止。"

侲 zhèn 见"侲僮"、"侲子"。

【侲僮】 zhèntóng 幼童。张衡《西京赋》："～～程材，上下翩翻。"

【侲子】 zhènzǐ 幼童。《后汉书·和熹邓皇后纪》："太后以阴阳不和，军旅数兴，诏飨会勿设戏作乐，减逐疫～～之半，悉罢象橐之属。"

鸩(鴆) zhèn ❶一种有毒的鸟，羽毛泡在酒中，能毒死人。左思《吴都赋》："白雉落，黑～零。"㊀指鸩毒。苏洵《六经论·乐论》："酒有～，肉有堇，然后人不敢饮食。"❷浸泡鸩毛而成的毒酒。《汉书·萧望之传》："[朱]云者好节士，劝望之自裁，……竟饮～自杀。"㊀用毒酒杀人。《论衡·语增》："纣杀比干，莽～平帝。"

【鸩毒】 zhèndú ❶毒酒，毒药。《汉书·景十三王传》："是故古人以宴安为～～，亡德而富贵，谓之不幸。"❷杀害，陷害。《后汉书·单超传》："皇后乘势忌恣，多所～～。"

【鸩杀】 zhènshā 用毒酒杀人。《汉书·赵隐王刘如意传》："吕太后征王到长安，～～之。"《三国志·蜀书·先主传》："皇后太子，～～见害。"

栚 zhèn 搁架蚕箔的横木。《吕氏春秋·季春》："具～曲篆筐，后妃斋戒，亲东向躬桑。"

振 1. zhèn ❶挥动，抖动。《荀子·不苟》："新浴者～其衣，新沐者弹其冠。"李陵《答苏武书》："然陵～臂一呼，创病皆起。"张衡《西京赋》："～朱屣于盘樽，奋长袖之飒纚。"❷奋起，振作。《吕氏春秋·孟春》："东风解冻，蛰虫始～。"《史记·高祖本纪》："秦军复～，守濮阳，环水。"㊀开，散发。《左传·文公十六年》："自庐以往，～廪同食。"左思《魏都赋》："弱蔓系实，轻叶～芳。"❸整顿，整治。《史记·五帝本纪》："轩辕乃修德～兵。"《后汉书·吴汉传》："东方悉定，～旅还京师。"❹通"赈"。救济。《战国策·齐策四》："～困穷，补不足。"《三国志·魏书·文帝纪》："冀州大蝗，民饥，使尚书杜畿持节开仓廪以～之。"㊀拯救，挽救。《管子·宙合》："其死而不～也必矣。"《战国策·燕策二》："战不胜，不可～也。"❺自，从。沈约《齐故安陆昭王碑文》："天伦之爱，～古莫俦。"❻通"震"。震动。《吕氏春秋·期贤》："今夫爚蝉者，务在乎明其火，～其树而已。"《汉书·李广传》："故形怒则千里竦，威～则万物伏。"

2. zhēn ❼见"振振"。

【振给】 zhènjǐ 救济施舍。《三国志·魏书·文昭甄皇后传》："又左右皆饥乏，不如以谷～～亲族邻里，广为恩惠也。"

【振惧】 zhènjù 震动恐惧。《论衡·感类》："况成王有周公之疑，闻雷雨之变，安能不～～乎？"

【振慄】 zhènlì 颤栗发抖。《史记·司马穰苴列传》："于是遂斩庄贾以徇三军。三军之士皆～～。"

【振赡】 zhènshàn 救济。《汉书·沟洫志》："满昌、师丹等数言百姓可哀，上数遣使者处业～～。"《三国志·蜀书·许靖传》："靖收恤亲里，经纪～～，出于仁厚。"

【振慴】 zhènshè 惊慌恐惧。《战国策·燕策三》："北蛮夷之鄙人，未尝见天子，故～～。"

【振恤】 zhènxù 救济。《吕氏春秋·怀宠》："求其孤寡而～～之，见其长老而敬礼之。"《三国志·蜀书·杨戏传》："与巴西韩俨、黎韬童幼相亲厚，后俨痼疾废顿，韬无行见捐，戏经纪～～，恩好如初。"

【振振】 zhēnzhēn ❶鸟群飞的样子。《诗经·鲁颂·有駜》："～～鹭，鹭于飞。"❷众盛的样子。《后汉书·章帝八王传赞》："～～子孙，或秀或苗。"颜延之《宋郊祀歌》："遥兴远驾，曜曜～～。"❸趾高气扬的样子。《公羊传·僖公九年》："葵丘之会，桓公震而矜之，叛者九国。震之者何？犹曰～～然。"㊀威风的样子。潘岳《闲居赋》："服～～以齐玄，管啾啾而并吹。"

朕 zhèn ❶第一人称代词。我。《诗经·周颂·访落》："於乎悠哉，～未有艾。"《楚辞·离骚》："～皇考曰伯庸。"㊀秦始皇以后成为皇帝专用的自称。《史记·孝文本纪》："天下治乱，在～一人。"汉武帝《贤良诏》："～之不敏，不能远德。"❷征兆，形迹。左思《魏都赋》："是以兆～振古，萌柢畴昔。"（萌：萌发。柢：根本。）《淮南子·兵略训》："凡物有～，唯道无～。"

【朕躬】 zhèngōng 皇帝自称之词，犹言我自身、我本人。《史记·孝文本纪》："百官之非，宜由～～。"《后汉书·明帝纪》："灾异屡见,咎在～～。"

【朕虞】 zhènyú 古代掌管山泽的官。《史记·五帝本纪》:"于是以益为～～。"

酖 1. zhèn ❶通"鸩"。一种有毒的鸟。《穀梁传·僖公十年》:"丽姬以～为酒。"❷毒酒。《史记·吕不韦列传》:"吕不韦自度稍侵,恐诛,乃饮～而死。"《后汉书·灵思何皇后纪》:"卓乃置弘农王于阁上,使郎中令李儒进～。"❸用毒酒杀人。《左传·僖公三十年》:"晋侯使医衍～卫侯。"

2. dān ❹嗜酒。《说文·酉部》:"～,乐酒也。"

【酖毒】 zhèndú 毒酒。《左传·闵公元年》:"宴安～～,不可怀也。"《后汉书·霍谞传》:"譬犹疗饥于附子,止渴于～～,未入肠胃,已绝咽喉,岂可为哉!"

【酖杀】 zhènshā 用酖酒杀人。《史记·吕太后本纪》:"王有所爱姬,王后使人～～之。"

眹 zhèn ❶眼珠。刘向《新序·杂事》:"子生无目～,甚矣子之墨墨也。"❷通"朕"。征兆,迹象。《庄子·齐物论》:"必有真宰,而特不得其～。"

赈(賑) zhèn ❶富裕,富有。张衡《西京赋》:"郊甸之内,乡邑殷～。"左思《蜀都赋》:"尔乃邑居隐～,夹江傍山,栋宇相望,桑梓接连。"❷救济。《后汉书·伏湛传》:"悉分奉禄,以～乡里。"

【赈济】 zhènjì 救济。《后汉书·顺帝纪》:"方春戒节,～～乏尼,掩骼埋胔之时。"

【赈赡】 zhènshàn 救济,周济。《论衡·明雩》:"圣主知之,不改政行,转谷～～。"《后汉书·来歙传》:"歙乃倾仓廪,转运诸县 以～～之。"

【赈恤】 zhènxù 救济。《后汉书·种暠传》:"父卒,暠悉以～～宗族及邑里之贫者。"《魏书·河南王曜传》:"鉴表加～～,民赖以济。"

揕 zhèn 用刀剑刺。《管子·大匡》:"[鲁庄公]左～桓公,右自承曰:'均之死也,戮死于君前。'"《战国策·燕策三》:"因左手把秦王之袖,而右手持匕首～抗之。"

填 zhèn 见 tián。

瑱 zhèn 见 tiàn。

蜄 1. zhèn ❶震动。《史记·律书》:"辰者,言万物之～也。"

2. shèn ❷同"蜃"。蛤蜊。也指用蛤蜊壳做的容器。《庄子·人间世》:"夫爱马者,以筐盛矢,以～盛溺。"

震 1. zhèn ❶雷。班彪《王命论》:"～电晦冥,有龙蛇之怪。"⊗雷击。《世说新语·术解》:"数日中,果～柏粉碎。"❷震动。《汉书·五行志下之上》:"惠帝二年正月,地～陇西,厌四百馀家。"⊗指名声远扬。《后汉书·隗嚣传》:"由此名～西州,闻于山东。"❸敲响。孙楚《为石仲容与孙皓书》:"桴鼓一～,而元凶折首。"❹惊恐,害怕。司马迁《报任少卿书》:"猛虎在深山,百兽～恐。"《后汉书·乐成靖王党传》:"慢易大姬,不～厥教。"❺威严。《左传·成公二年》:"畏君之～,师徒桡败。"(桡:挫折。)❻八卦之一,卦形为☳。《左传·僖公十五年》:"～之离,亦离之～。"❼指东方。沈约《齐故安陆昭王碑文》:"帝出于～,日衣青光。"

2. shēn ❽通"娠"。《左传·昭公元年》:"当武王邑姜方～大叔。"

【震怖】 zhènbù 惊恐害怕。司马迁《报任少卿书》:"旃裘之君长咸～～。"《后汉书·光武帝纪上》:"赤眉望见～～,遣使乞降。"

【震悼】 zhèndào 极为悲伤。《三国志·魏书·武帝纪》:"朕用夙兴假寐,～～于厥心。"陆机《谢平原内史表》:"感恩惟咎,五情～～。"

【震骇】 zhènhài 极度吃惊。刘琨《劝进表》:"昔惠公虏秦,晋国～～。"

【震怒】 zhènnù 极为愤怒。李陵《答苏武书》:"天地为陵～～,战士为陵饮血。"

【震慑】 zhènshè 震惊慑服。《史记·酷吏列传》:"自是以后,群臣～～。"《后汉书·羊续传》:"郡内惊竦,莫不～～。"韩愈《平淮西碑》:"群臣～～,奔走率职。"

【震悚】 zhènsǒng 震惊慌恐。《三国志·魏书·三少帝纪》:"臣等备位,不能匡救祸乱,式遏奸逆,奉令～～,肝心悼栗。"

【震竦】 zhènsǒng 同"震悚"。《三国志·魏书·钟会传》:"诸军闻之,莫不～～。"

镇(鎮) zhèn ❶压。《老子·三十七章》:"吾将～之以无名之朴。"枚乘《上书谏吴王》:"系方绝,又重～之。"⊗古代用于压坐席的器具。《楚辞·九歌·湘夫人》:"白玉兮为～。"❷压抑,抑制。《后汉书·冯衍传下》:"诵古今以散思兮,览圣贤以自～。"桓温《荐谯元彦表》:"足以～静颓风,轨训嚣俗。"❸镇慑,镇服。《后汉书·景丹传》:"贼迫近京师,但得将军威重,卧以～之足矣。"⊗镇守。卢谌《赠崔温》诗:"李牧～边城,荒夷怀南惧。"❹安定。《史记·高祖本纪》:"～国家,抚百姓。"《后汉书·马援传》:"援奉诏西使,～慰边众。"

❺一方的主山。郭璞《江赋》："衡、霍磊落以连～。"欧阳修《丛翠亭记》："九州皆以名山为～。"❻市镇。如朱仙镇、景德镇。

【镇抚】 zhènfǔ 安抚。《吕氏春秋·怀宠》："分府库之金，散仓廪之粟，以～～其众。"《汉书·高帝纪上》："汉王如陕，～～关外父老。"

【镇压】 zhènyā ❶以身相互挤压。《三国志·魏书·董卓传》注引《魏书》："天子与群臣会，兵士伏篱上观，互相～～以为笑。"❷用武力压制。《晋书·唐彬传》："今诸军已至，足以～～内外。"

zheng

丁 zhēng 见dīng。

争 1. zhēng ❶争夺。《孟子·离娄上》："～地以战，杀人盈野。"《汉书·高帝纪上》："必欲～天下，非信无可与计事者。"㊁竞争。《史记·高祖本纪》："上问左右，左右～欲击之。"《后汉书·刘盆子传》："百姓～还长安，市里且满。"❷争论，争辩。《战国策·赵策三》："鄂侯～之急，辨之疾。"《后汉书·刘玄传》："朱鲔～之，以为高祖约，非刘氏不王。"❸怎，怎么。见"争奈"、"争似"。

2. zhèng ❹规劝。后作"诤"。《吕氏春秋·功名》："关龙逢、王子比干能以要领之死～其上之过，而不能与之贤名。"

【争锋】 zhēngfēng 争夺胜负。《汉书·张良传》："楚人剽疾，愿上慎毋与楚～～。"《后汉书·袁绍传》："以此～～，谁能御之？"

【争衡】 zhēnghéng 较量高低。《汉书·梅福传》："国家之权轻，故匹夫欲与上～～也。"庾信《竹杖赋》："楚汉～～，袁曹竞逐。"

【争奈】 zhēngnài 怎奈。唐玄宗《题梅妃画真诗》："霜绡虽似当时态，～～娇波不顾人。"白居易《琵琶》诗："赖是心无惆怅事，不然～～子弦声。"

【争似】 zhēngsì 怎似。柳永《凤衔杯》词："更时展丹青，强拈书信频频看，人～～亲相见。"

【争长】 zhēngzhǎng 争位次先后，争高低。《史记·赵世家》："定公与吴王夫差～～于黄池。"

【争臣】 zhèngchén 敢于直言进谏的臣子。《孝经·谏诤章》："昔者天子有～～七人，虽无道，不失其天下。"《汉书·萧望之传》："朝无～～则不知过，国无达士则不闻善。"

【争友】 zhèngyǒu 能规谏过失的朋友。《孝经·谏诤章》："士有～～，则身不离于令名。"

怔 zhēng ❶惊恐。见"怔营"、"怔忪"。❷发愣。《红楼梦》一回："那丫鬟倒发了个～，自思这官儿好面善。"

【怔营】 zhēngyíng 惶恐不安的样子。《后汉书·郎觊传》："～～惶怖，靡知厝身。"《晋书·王濬传》："陛下弘恩，财加切让，惶怖～～，无地自厝。"（财：通"才"。）

【怔忪】 zhēngzhōng 惶惧的样子。《潜夫论·救边》："军书交驰，羽檄狎至，乃复～～如前。"

征[1] zhēng ❶行，远行。《楚辞·离骚》："济沅湘以南～兮，就重华而陈词。"《后汉书·冯衍传下》："浮江河而入海兮，泝淮济而止～。"❷出征，征伐。《公羊传·僖公四年》："古者周公东～则西国怨。"《汉书·李广传》："振旅抚师，以～不服。"《三国志·魏书·武帝纪》："太祖～陶谦，下十馀城。"❸争夺，夺取。《孟子·梁惠王上》："上下交～利，而国危矣。"❹赋税。《管子·大匡》："弛关市之～。"《后汉书·隗嚣传》："至使穷庙策，竭～徭。"㊁征税。《荀子·王制》："关市几而不～。"❺通"怔"。见"征营"、"征彸"。

【征帆】 zhēngfān 远行的船。卢僎《稍秋晓坐阁遇舟东下扬州即事寄上族父江阳令》诗："归流赴淮海，～～下扬州。"

【征夫】 zhēngfū 远行或出征的人。《楚辞·九叹·怨思》："～～劳于周行兮，处妇愤而长望。"杜甫《新婚别》诗："嫁女与～～，不如弃路傍。"

【征鸿】 zhēnghóng 远行的大雁。江淹《赤亭渚》诗："远行何所类，云边有～～。"

【征途】 zhēngtú 旅途，行程。杜甫《玉华宫》诗："冉冉～～间，谁是长年者？"

【征营】 zhēngyíng 同"怔营"。惊恐不安的样子。《后汉书·蔡邕传》："臣～～怖悸，肝胆涂地，不知死命所在。"《三国志·魏书·王烈传》："～～竦息，悼心失图。"

【征彸】 zhēngzhōng 同"怔忪"。惶惧的样子。王褒《四子讲德论》："百姓～～，无所措其手足。"

征[2]（徵） zhēng ❶召，征召。《战国策·秦策三》："操大国之势，强～兵，伐诸侯。"《史记·吕太后本纪》："赵相～至长安，乃使人复召赵王。"《论衡·命禄》："上善其言，～拜为郎。"❷索取，求取。《吕氏春秋·达郁》："日暮矣，桓公乐之而～烛。"《战国策·西周策》："雍氏之役，韩～甲与粟于周。”❸征税。《吕氏春秋·怀宠》：“～敛无期，求索无厌。”❹证明。《论语·八佾》：“夏礼吾能言之，杞不足～也。”《三国志·魏书·袁术传》：“曹将军神武应期，兴复典刑，将拨平凶慝，清定海内，信有～矣。”❺应验。《后汉书·桓帝纪》：“庶事失其序，则咎～见乎象。”㉿预兆，征候。《史记·外戚世家》：“王美人梦日入其怀。以告太子，太子曰：‘此贵～也。’”《汉书·项籍传》：“军未战先见败～，可谓知兵矣。”❻表露。《吕氏春秋·召类》：“文者爱之～也，武者恶之表也。”

【征君】 zhēngjūn 征士的尊称。杜甫《寄常征君》诗：“白水青山空复春，～～晚节傍风尘。”

【征士】 zhēngshì 不接受朝廷征聘做官的人。颜延之《陶徵士诔》：“有晋～～浔阳陶渊明，南岳之幽居者也。”

【征验】 zhēngyàn 证据。《汉书·楚元王传附》：“今上所考视，其古文旧书，皆有～～。”《三国志·蜀书·先主传》：“二祖受命，《图》《书》先著，以为～～。”

【征召】 zhēngzhào 征求召集。《后汉书·边让传》：“大将军何进闻让才名，欲辟命之，恐不至，诡以军事～～。”特指召来授予官职。《南史·郭希林传》：“希林少守家业，～～一无所就。”

【征兆】 zhēngzhào 征候，先兆。《汉书·谷永传》：“畏此上天之威怒，深惧危亡之～～。”

峥 zhēng 见“峥嵘”。

【峥嵘】 zhēngróng ❶高峻的样子。《后汉书·冯衍传下》：“瞰太行之嵯峨兮，观壶口之～～。”左思《蜀都赋》：“经三峡之～～。”❷不平凡，不寻常。杜荀鹤《送李镡游新安》诗：“邯郸李镡才～～。”❸深邃的样子。鲍照《芜城赋》：“崩榛塞路，～～古馗。”（馗：通“逵”。四通八达的道路。）李商隐《道士胡君新井碣铭》：“古有三巴，今分二蜀，萦纡九折，～～七曲。”❹形容岁月逝去。鲍照《舞鹤赋》：“岁～～而愁暮。”杜甫《敬赠郑谏议十韵》：“筑居仙缥缈，旅食岁～～。”

【峥山】 zhēngshān 峥嵘的山。《战国策·楚策一》：“上～～，逾深谿。”

狰 zhēng 传说中的一种怪兽。《山海经·西山经》：“[章莪之山]有兽焉，其状如赤豹，五尾一角，其音如击石，其名如～。”

【狰狞】 zhēngníng 面貌凶恶的样子。《聊斋志异·鹰虎神》：“郡城东岳庙在大郭大门，左右神高丈馀，俗名鹰虎神，～～可畏。”

症（癥） zhēng 腹中结块的病。苏轼《圣散子叙》：“昔尝览《千金方》三建散云，风冷痰饮，～癖瘤疟，无所不治。”

【症结】 zhēngjié ❶腹中结块的病。《史记·扁鹊仓公列传》：“以此视病，尽见五藏～～。”❷比喻事情难于解决的关键。江藩《汉学师承记·阎若璩》：“年二十，读《尚书》至古文，即疑二十五篇之讹，沉潜二十馀年，乃尽得其～～所在。”

眐 zhēng 见“眐眐”。

【眐眐】 zhēngzhēng 独行的样子。《楚辞·哀时命》：“魂～～以寄独兮，汨徂往而不归。”

钲（鉦） zhēng ❶古代军中用的一种乐器。张衡《东京赋》：“戎士介而扬挥，戴金～而建黄钺。”张协《七命》：“叩～数校，举麾旌获。”❷锣，一种铜制乐器，形如圆盘。《旧唐书·音乐志二》：“大定乐加金～。”苏轼《新城道中》诗：“树头初日挂铜～。”

烝 zhēng ❶烘烤。《荀子·性恶》：“枸木必将待檃栝～矫然后直。”《墨子·节用中》：“下润湿，上熏～，恐伤民之气。”❷用热气蒸。《韩非子·难一》：“易牙～其子首而进之。”㊁蒸熟的。《世说新语·汰侈》：“～豚肥美，异于常味。”❸升，腾。《汉书·贾谊传》：“云～雨降，纠错相纷。”《论衡·自然》：“夫天覆于上，地偃于下，下气～上，上气降下，万物自生其间矣。”❹众，多。《诗经·大雅·棫朴》：“淠彼泾舟，～徒楫之。”（淠：船行的样子。泾：水名。）❺祭祀名。特指冬祭。《左传·襄公十六年》：“改服修官，～于曲沃。”《穀梁传·桓公八年》：“～，冬之事也。”❻下与上通奸。《左传·庄公二十八年》：“晋献公娶于贾，无子。～于齐姜，生秦穆夫人及太子申生。”

【烝黎】 zhēnglí 百姓。《潜夫论·班禄》：“太古之时，～～初载，未有上下而自顺序。”杜甫《石龛》诗：“奈何渔阳骑，飒飒惊～～。”

【烝民】 zhēngmín 众民，百姓。《诗经·大雅·烝民》：“天生～～，有物有则。”

【烝庶】 zhēngshù ❶众人。《汉书·中山靖王刘胜传》：“此乃～～之成风，增积之生害也。”❷百姓。《后汉书·章帝纪》：“以～～为忧，不以天下为乐。”

【烝烝】 zhēngzhēng ❶兴盛的样子。《诗经·鲁颂·泮水》：“～～皇皇，不吴不扬。”❷

淳厚的样子。《论衡·恢国》："唐之晏晏，舜之～～。"《后汉书·宋均传》："陛下至孝～～，恩爱隆深。"

脀 zhēng 把熟肉装进鼎俎。《仪礼·燕礼》："脀荐主人于洗北西面，脯醢无～。"㊁盛在鼎俎里的熟肉。《仪礼·特牲馈食礼》："宗人告祭～。"

睁 zhēng 张开眼。王实甫《集贤宾·退隐》曲："～着眼张着口尽胡诌。"

铮（錚） zhēng 见"铮铮"、"铮铮"。

【铮铮】 zhēngqiāng 玉佩相撞击的声音。潘岳《藉田赋》："冲牙～～。"（冲牙：佩玉。）

【铮铮】 zhēngzhēng ❶金属、玉器等相撞击的声音。刘勰《文心雕龙·宗经》："譬万钧之洪钟，无～～之细响矣。"❷形容人有名声。《世说新语·赏誉》："洛中～～冯惠卿。"

绡 zhēng 见 qiàn。

筝 zhēng 古代一种弦乐器。张衡《南都赋》："弹～吹笙，更为新声。"曹丕《与朝歌令吴质书》："高谈娱心，哀～顺耳。"

蒸 zhēng ❶小木柴。《左传·昭公二十年》："薮之薪～，虞候守之。"❷用木材、麻秆等加工制作的照明物。《论衡·量知》："～所与众山之材干同也，伐以为～。"❸蒸发。嵇康《琴赋》："～灵液以播云，据神渊而吐溜。"㊁用热气蒸。《论衡·量知》："～之于甑，爨之以火，成熟为饭。"㊂热气盛，郁热。王粲《公谦诗》："凉风撤～暑，清云却炎晖。"❹升腾。《史记·周本纪》："阳伏而不能出，阴迫而不能～，于是有地震。"《汉书·中山靖王刘胜传》："然云～列布，杳冥昼昏。"❺众，多。左思《魏都赋》："莘莘～徒。"（莘莘：众多的样子。）❻盛美。沈约《齐故安陆昭王碑文》："景皇～哉，实启洪祚。"❼置于俎中的三牲肉。《楚辞·九歌·东皇太一》："蕙肴～兮兰藉。"❽祭祀名。特指冬祭。《后汉书·明帝纪》："冬十月，～祭光武庙。"陆机《辩亡论上》："遂扫清宗祊，～禋皇祖。"❾下与上通奸。刘峻《辨命论》："以诛杀为道德，以～报为仁义。"

【蒸民】 zhēngmín 众民，百姓。《史记·孝文本纪》："天生～～，为之置君以养治之。"张衡《思玄赋》："览～～之多僻兮，畏立辟以危身。"

【蒸庶】 zhēngshù 百姓。《汉书·武帝纪》："劝元元，厉～～。"《三国志·魏书·翟琰传》："冀方～～暴骨原野。"

【蒸蒸】 zhēngzhēng ❶兴盛、上进的样子。《后汉书·谢弼传》："愿陛下仰慕有虞～～之化，俯思《凯风》慰母之念。"❷淳厚的样子。张衡《东京赋》："～～之心，感物曾思。"潘岳《杨荆州诔》："孝实～～，友亦怡怡。"

鲭 zhēng 见 qīng。

丞 zhěng 见 chéng。

承 zhěng 见 chéng。

拯 zhěng ❶上举。《周易·艮》："艮其腓，不～其随。"❷援救溺水的人。《淮南子·氾论训》："至其溺也，则捽其发而～。"㊁泛指拯救，援救。《论衡·感虚》："井出水以救渴，田出谷以～饥。"曹冏《六代论》："与人同其安者，人必～其危。"

撜 1. zhěng ❶同"拯"。救助。《淮南子·齐俗训》："子路～溺而受牛谢。"

2. chéng ❷触，碰。韩愈等《石鼎联句》："岂比俎豆古，不为手所～。"

整 zhěng ❶整齐。《左传·庄公十年》："宋师不～，可败也。"《世说新语·规箴》："或行陈不～，麏兔腾逸，参佐无不被系束。"㊂完整。《水经注·泗水》："遗基尚～。"❷整顿，整理。《诗经·大雅·常武》："～我六师，以修我戎。"傅毅《舞赋》："顾形影，自～装。"

【整顿】 zhěngdùn ❶整齐。《水经注·阴沟水》："碑北有双石阙，甚～～。"❷整治，整理。《史记·张耳陈馀列传》："今范阳令宜～～其士卒以守战者也。"韩愈《上贾滑州书》："窃～～旧所著文一十五章以为贽。"

【整饰】 zhěngshì 调整修饰。《世说新语·言语》："道壹道人好～～音辞。"

正 1. zhèng ❶不偏，不斜。《孟子·公孙丑上》："其冠不～，望望然去之。"（望望然：怨望的样子。）《荀子·君道》："仪～而景～。"（景：影。）㊂正当，合适。《战国策·秦策一》："以邪攻～者亡。"《论语·子路》："名不～，则言不顺。"❷正常。《论衡·无形》："遭时变化，非天之～气。"❸正派，正直。《论语·宪问》："齐桓公～而不谲。"《后汉书·赵憙传》："憙内典宿卫，外干宰职，～身立朝，未尝懈惰。"❹正定，确定。《孟子·离娄上》："不以六律不能～五音。"㊁整治，治理。《管子·重令》："此～天下之道也。"㊂治罪。《史记·周本纪》："五辞简信，～于五刑。"《论衡·谴告》："汉～首匿之罪，制亡从之法，恶其随非而与恶人为群党也。"❺正式的，为主的。与"副"相对。《隋书·经籍志》："于秘书内补续残缺，为～副二本，藏于宫中。"❻纯正，正宗。《论衡·验符》："民采得日重五铢之金，一色～黄。"❼嫡长。与"庶"相对。《史记·外戚世家》："汉兴，吕娥姁为高祖～后。"《后汉书·献帝纪》："又恭怀、敬隐、恭愍三皇后并非～嫡，不合称后。"❽恰好，正好。《战国策·秦策四》："今王中道而信韩魏之善王也，此～吴信越也。"《资治通鉴·汉献帝建安十三年》："今卿廓开大计，～与孤同。"❾表示动作或状态的进行和持续。《世说新语·政事》："丞相尝夏月至石头看庾公，庾公～料事。"阮籍《咏怀》之十二："是时鹑火中，日月～相望。"❿官长。《左传·襄公二十五年》："昔虞阏父为周陶～，以服事我先王。"⓫只。《世说新语·谗险》："天下要物，～有《战国策》。"⓬通"政"。政治，政事。《战国策·秦策三》："臣闻明主莅～，有功者不得不赏，有能者不得不官。"⓭通"证"。证明，验证。《楚辞·离骚》："指九天以为～兮，夫唯灵修之故也。"《战国策·赵策二》："愿以甲子之日合战，以～殷纣之事。"

2. zhēng ⓮阴历每年的第一个月。见"正月"。⓯箭靶中心。《诗经·齐风·猗嗟》："终日射侯，不出～兮。"⓰通"征"。征伐。《墨子·明鬼下》："天下失义，诸侯力～。"⓱通"怔"。见"正营"。

【正鹄】 zhènggǔ 箭靶子。《礼记·中庸》："射有似乎君子，失诸～～，反求诸其身。"

【正名】 zhèngmíng 正定名分。《论语·子路》："子路曰：'卫君待子而为政，子将奚先？'子曰：'必也～～乎！'"

【正史】 zhèngshǐ 指汉以后历代官修的史书。清乾隆四年，定《史记》、《汉书》等二十四史为我国正史。

【正室】 zhèngshì ❶正妻，嫡妻。《北史·崔暹传》："文襄盛宠王昭仪，欲立为～～。"❷嫡子，正妻所生之子。《礼记·文王世子》："～～守太庙。"

【正统】 zhèngtǒng ❶封建王朝先后相承的系统。王褒《圣主得贤臣颂》："恭惟《春秋》，法五始之要，在乎审己～～而已。"❷嫡系子孙。《后汉书·顺帝纪》："陛下～～，当奉宗庙。"

【正义】 zhèngyì 正确的含义。《汉书·律历志》："故删其伪辞，取～～，著于篇。"《后汉书·桓谭传》："屏群小之曲说，述五经之～～。"

【正旦】 zhēngdàn 农历正月初一。《后汉书·陈翔传》："时～～朝贺，大将军梁冀威仪不整，翔奏冀恃贵不敬，请收案罪。"

【正朔】 zhēngshuò 一年的第一天。古代改朝换代，要改定正朔。《汉书·贾谊传》："谊以为汉兴二十馀年，天下和洽，宜当改～～，易服色制度，定官名，兴礼乐。"

【正营】 zhēngyíng 惶恐不安的样子。《汉书·王莽传下》："人民～～，无所措手足。"

【正月】 zhēngyuè 农历每年的第一个月。《诗经·小雅·正月》："～～繁霜，我心忧伤。"《汉书·礼乐志》："以～～上辛用事甘泉圜丘，使童男女七十人俱歌，昏祠至明。"

证(證) zhèng ❶告发。《论语·子路》："吾党有直躬者，其父攘羊而子～之。"❷验证。《后汉书·灵帝宋皇后纪》："陛下曾不～审，遂伏其辜。"㊀证据。《墨子·天志下》："以此知其罚暴之～。"❸进谏，规劝。《战国策·齐策一》："士尉以～靖郭君，靖郭君不听。"❹通"症"。病症。《列子·周穆王》："因告其子之～。"

郑(鄭) zhèng ❶春秋时诸侯国名，在今河南省。《左传·隐公三年》："王子狐为质于～。"❷姓。

【郑重】 zhèngzhòng ❶频繁。《汉书·王莽传中》："然非皇天所以～～降符命之意。"❷殷勤。白居易《庾顺之以紫霞绮远赠以诗答之》诗："千里故人心～～，一端香绮紫氛氲。"

诤(諍) 1. zhèng ❶直言规劝。《吕氏春秋·似顺》："见乐则淫侈，见忧则～治，此人之道也。"王褒《圣主得贤臣颂》："运筹合上意，谏～则见听。"

2. zhēng ❷通"争"。1）争夺。《战国策·秦策二》："有两虎～人而斗者，管庄子将刺之。"2）争论，争辩。《后汉书·刘玄传》："新市人王匡、王凤为平理～讼，遂推为渠帅，众数百人。"《三国志·魏书·东夷传》注引《魏略》："丧主不欲速而他人强之，常～引以此为节。"

【诤臣】 zhèngchén 直言进谏的臣子，特指谏官。杜甫《两当县吴十侍御江上宅》诗："予时忝～～，丹陛实咫尺。"

【诤友】 zhèngyǒu 能直言规劝的朋友。班固《白虎通·谏诤》："士有～～，则身不离于令名。"

政 1. zhèng ❶政治，政事。《左传·隐公十一年》："～以治民，刑以正邪。"《论语·泰伯》："不在其位，不谋其～。"❷政令。陆倕《石阙铭》："布教都畿，班～方外。"《晋书·姚兴载记》："～出多门，权去公家。"❸权柄，政权。《左传·文公十四年》："周公阅与王孙苏争～。"《韩非子·内储说下》："皇喜遂杀宋君而夺其～。"❹主持，主宰。《左传·宣公二年》："畴昔之羊，子为～。"《孙子·形》："善用兵者，修道而保法，故能为胜败之～。"❺通"正"。1）公正，正直。《战国策·韩策二》："严遂～议直指，举韩傀之过。"《韩非子·难三》："故群臣公～而无私，不隐贤，不进不肖。"2）仅，只。《世说新语·规箴》："殷觊病困，看人～见半面。"

2. zhēng ❻通"征"。1）征税。《管子·大匡》："关市之～侈之。"2）征伐，征讨。《史记·范雎蔡泽列传》："～適伐国，莫敢不听。"（適：通"敌"。）

【政柄】 zhèngbǐng 政治权柄。《论衡·死伪》："蕞尔小国，而三世执其～～。"

【政绩】 zhèngjì 官吏执政的成绩。《后汉书·蔡茂传》："后与融俱征，复拜议郎，再迁广汉太守，有～～称。"

【政教】 zhèngjiào 政令教化。《战国策·赵策一》："夫董阏安于，简主之才臣也，世治晋阳，而尹泽循之，其馀～～犹存，君其定居晋阳。"《汉书·司马相如传下》："人迹罕至，～～未加。"

【政令】 zhènglìng 行政措施与法令。《荀子·致士》："～～不行而上下怨疾，乱所以自作也。"

静 zhèng 见 jìng。

zhi

之 zhī ❶往，到……去。《庄子·马蹄》："行不知所～。"《史记·高祖本纪》："高祖～东垣，过柏人。"❷指示代词。这。《诗经·周南·桃夭》："～子于归，宜其室家。"《庄子·逍遥遊》："～二虫又何知？"❸第三人称代词。他、她、它。《论语·学而》："学而时习～，不亦说乎？"《史记·滑稽列传褚少孙补》："即使吏卒共抱大巫妪投～河中。"❹助词。1）相当于"的"。《孟子·告子上》："恻隐～心，人皆有之。"《韩非子·难一》："以子～矛陷子～楯，何如？"2）用于主语和谓语之间，取消句子的独立性。《列子·汤问》："汝心～固，固不可彻。"《三国志·蜀书·诸葛亮传》："孤～有孔明，犹鱼～有水也。"3）在句中只起调节音节的作用，无实义。《孟子·梁惠王上》："填然鼓～。"《世说新语·言语》："帝嗟慨久～。"

支 zhī ❶枝，枝条。后作"枝"。《汉书·晁错传》："草木蒙茏，～叶茂接。"❷肢，四肢。后作"肢"。《吕氏春秋·孝行》："能全～体，以守宗庙，可谓孝矣。"㉛支解。《战国策·秦策三》："秦乌能与齐县衡韩、魏，～分方城膏腴之地以薄郑？"❸分支，支派。《汉书·艺文志》："虽有蔽短，合其要归，亦六经之～与流裔。"《后汉书·冯鲂传》："其先魏之～别，食菜冯城，因以氏焉。"❹支撑，维持。《后汉书·袁绍传》："冀州虽鄙，带甲百万，谷～十年。"苏轼《东坡志林·战国任侠》："此皆奸民蠹国者，民何以～，而国何以堪乎？"❺抗拒，抵御。《战国策·赵策二》："韩、魏不能～秦，必入臣。"杨万里《论兵》："而边地之民，寇来则～，不～则移。"❻供给，支付。欧阳修《请耕禁地札子》："每岁仰河东一路税赋和籴、入中，和博斛斗～往沿边。"❼指地支。如干支。

【支党】 zhīdǎng 党羽。《战国策·燕策一》："启与～～攻益而夺之天下。"《后汉书·来歙传》："隗嚣～～周宗、赵恢及天水属县皆降。"

【支解】 zhījiě 古代一种分解肢体的酷刑。《战国策·秦策三》："[吴起]功已成矣，卒～～。"《汉书·广川惠王刘越传》："与去共～～，置大镬中。"也作"枝解"。《韩非子·和氏》："吴起～～于楚。"

【支离】 zhīlí ❶分散的样子。左思《魏都赋》："朱桷森布而～～。"❷残缺不全。《庄子·人间世》："夫～～其形者，犹足以养其身，终其天年。"柳宗元《与吕恭论墓中石书》："虽～～其字，尤不能近古。"❸衰弱、消瘦的样子。谢朓《游山》诗："托养因～～，乘闲遂疲蹇。"陆游《病起书怀》诗："病骨～～纱帽宽。"

【支庶】 zhīshù 宗族嫡长子以外的支系。《汉书·王子侯表》："自是～～毕侯矣。"也作"枝庶"。《论衡·明雩》："父不食于～～，天不食于下地。"

【支吾】 zhīwú 抗拒，抵触。《旧五代史·孟知祥传》："知祥虑唐军骤至，与遂、阆兵合，则势不可～～。"也作"支梧"。尹洙《叙燕》："使敌畜以待战，无他～～。"

【支梧】 zhīwú 同"支吾"。

【支子】 zhīzǐ 非正妻所生的儿子。《汉书·文三王传》："孝王～～四王，皆绝于身。"《三国志·魏书·明帝纪》："礼，王后无嗣，择建～～以继大宗。"也作"枝子"。《韩非子·说疑》："～～配適，大臣拟主，乱之道也。"（適：嫡。）

氏 zhī 见 shì。

汁 1. zhī ❶含有某种物质的液体。《世说新语·文学》："煮豆持作羹，漉菽以为～。"❷雨雪夹杂。《吕氏春秋·仲冬》："行秋令，则天时雨～，瓜瓠不成。"

2. xié ❸通"协"。和谐。张衡《西京赋》："五纬相～，以旅于东井。"

只[1]（隻） zhī　❶鸟一只。《说文·隹部》："～，鸟一枚也。"❷量词。用于鸟、鞋子等。《世说新语·德行》注引谢承《后汉书》："常预炙鸡一～，以绵渍酒中。"《后汉书·王乔传》："于是候凫至，举罗张之，但得一～舄焉。"❸单，单数。卢谌《览古》诗："西缶终双击，东瑟不～弹。"《后汉书·桓谭传》："其事虽有时合，譬犹卜数～偶之类。"

卮（巵） zhī　❶古代一种器皿，常用来盛酒。《韩非子·外储说右上》："今有千金之玉～而无当，可以盛水乎？"《史记·吕太后本纪》："太后怒，乃令酌两～酖，置前，令齐王起为寿。"❷一种常绿灌木，果实可入药。《史记·货殖列传》："巴蜀亦沃野，地饶～、薑、丹沙、石、铜、铁、竹木之器。"

【卮酒】　zhījiǔ　用卮器盛的酒，一杯酒。《战国策·燕策一》："妻使妾奉～～进之。"《史记·项羽本纪》："赐之～～。"

【卮言】　zhīyán　缺乏自己见解的言论。《庄子·天下》："以～～为曼衍。"后用以谦称自己的著作。

芝　zhī　❶灵芝草，一种菌类植物。《后汉书·冯衍传下》："饮六醴之清液兮，食五～之茂英。"孙绰《游天台山赋》："非夫遗世玩道，绝粒茹～，乌能轻举而宅之？"❷指盖形物。张衡《思玄赋》："左青琱之揵～兮，右素威以司钲。"❸白芷，一种香草。陆机《演连珠》之二十："秋霜宵坠，～蕙被其凉。"

【芝罘】　zhīfú　山名，在今山东烟台市北。也作"之罘"。

【芝兰】　zhīlán　香草，常用以比喻贤德之人。刘向《说苑·杂言》："如入～～之室，久而不闻其香。"刘峻《辩命论》："严霜夜零，萧艾与～～共尽。"

吱　zhī　（又读 zī）象声词。《水浒传》三回："却恁地叫什么人在间壁～～的哭，搅俺兄弟们吃酒？"《红楼梦》二十六回："忽听～娄娄一声，院门开处，不知是那一个出来。"

枝　zhī　❶枝条。《战国策·秦策三》："木实繁者披其～。"曹操《短歌行》："绕树三匝，何～可依？"❷分支。《列子·杨朱》："吞舟之鱼，不游～流。"❸支子。嫡长子以外的宗族子孙。《荀子·儒效》："故以～代主而非越也。"（越：僭越。）❹分散，枝蔓。《荀子·解蔽》："心～则无知。"苏轼《凫绎先生诗集叙》："其游谈以为高，～词以为观美者，先生无一言焉。"❺通"肢"。肢体，四肢。《吕氏春秋·圜道》："人之有形体四～，其能使之也，为其感而必知也。"❻通"支"。支撑，支持。《庄子·齐物论》："昭文之鼓琴也，师旷之～策也。"王延寿《鲁灵光殿赋》："漂峣岘而～拄。"㊂抵御。《左传·桓公五年》："蔡、卫不～，固将先奔。"

【枝解】　zhījiě　见"支解"。

【枝属】　zhīshǔ　宗族亲属。《吕氏春秋·慎行》："尽杀崔杼之妻子及～～。"《史记·外戚世家》："卫氏～～以军功起家，五人为侯。"

【枝庶】　zhīshù　见"支庶"。

【枝梧】　zhīwú　❶抗拒，抵御。《史记·项羽本纪》："当是时，诸将皆慴服，莫敢～～。"陆游《姚平仲小传》："年十八，与夏人战臧底河，斩获甚众，贼莫能～～。"❷支持，支撑。陆游《村居书事》诗："药物～～病渐苏。"

【枝子】　zhīzǐ　见"支子"。

知　1. zhī　❶知道，懂得。《论语·为政》："～之为～之，不～为不～。"《老子·二章》："天下皆～美之为美，斯恶已。"❷知觉。《荀子·王制》："草木有生而无～。"范缜《神灭论》："手等有痛痒之～。"❸认识。《左传·成公三年》："韩厥曰：'君～厥也乎？'"㊂知识。《老子·三章》："常使民无～无欲。"《列子·汤问》："两小儿笑曰：'孰为汝多～乎？'"（为：谓。）❹了解。《左传·隐公三年》："宋宣公可谓～人矣。"《后汉书·郭太传》："性明～人，好奖训士类。"❺相知，交好。《汉书·朱建传》："辟阳侯行不正，得幸吕太后，欲～建，建不肯见。"㊂朋友。何逊《赠诸游旧》诗："新～虽已乐，旧爱尽睽违。"❻主持，掌管。《吕氏春秋·长见》："三年而～郑国之政也。"《世说新语·政事》："山公以器重朝望，年逾七十，犹～管时任。"

2. zhì　❼智慧。后作"智"。《史记·五帝本纪》："其仁如天，其～如神。"《论衡·逢遇》："才下～浅，不能用大才也。"

【知府】　zhīfǔ　官名。宋明以来府一级的行政长官。

【知几】　zhījī　根据事物细微迹象，预知事态和动向。《世说新语·规箴》："～～其神乎，古人以为难。"

【知己】　zhījǐ　了解自己的人，好朋友。曹植《赠徐幹》诗："弹冠俟～～，～～谁不然？"王勃《杜少府之任蜀州》诗："海内存～～，天涯若比邻。"

【知交】　zhījiāo　相知好友。《吕氏春秋·节丧》："野人之无闻者，忍亲戚、兄弟、～～以求利。"

【知旧】 zhījiù 相识的老朋友。潘岳《寡妇赋》:"昔阮瑀既殁,魏文悼之,并命~~作寡妇之赋。"《世说新语·俭啬》:"卫江州在寻阳,有~~人投之,都不料理,唯饷王不留行一斤,此人得饷便命驾。"

【知客】 zhīkè ❶寺庙中管接待贵客的僧人。怀海《敕修百丈清规·两序章》:"~~,执典宾客。"❷宫中女官名。司马光《涑水记闻》卷十四:"王怒,命内~~鞫其事。"

【知名】 zhīmíng 出名,闻名。《后汉书·王丹传》:"自以~~,欲结交于丹,丹拒而不许。"陈琳《为袁绍檄豫州》:"故九江太守边让,英才俊伟,天下~~。"

【知识】 zhīshí 相知相识的朋友。孔融《论盛孝章书》:"海内~~,零落殆尽,唯有会稽盛孝章尚存。"

【知县】 zhīxiàn 官名。管理县事的官吏。宋以后指县令。

【知音】 zhīyīn ❶精通音乐。《吕氏春秋·长见》:"后世有~~者,将知钟之不调矣。"王褒《洞箫赋》:"故~~者乐而悲之,不~~者怪而伟之。"❷相知的朋友。陆云《为顾彦先赠妇》诗:"~~世所稀,非君谁能赞?"杜甫《遣兴》诗之一:"嵇康不得死,孔明有~~。"

【知遇】 zhīyù 被赏识宠遇。韩愈《与汝州卢郎中论荐侯喜状》:"家贫亲老,无援于朝,在举场十馀年,竟无~~。"

【知士】 zhìshì 即"智士"。指足智多谋的人。《论衡·薄葬》:"通人~~,虽博览古今,窥涉百家,条入叶贯,不能审知。"

肢 zhī 四肢。司马迁《报任少卿书》:"其次毁肌肤、断~体受辱。"

织(織) 1. zhī ❶纺织,编织。《战国策·秦策二》:"曾子之母曰:'吾子不杀人。'~自若。"《木兰辞》:"唧唧复唧唧,木兰当户~。"

2. zhì ❷用色丝织成的采帛。《礼记·玉藻》:"士不衣~,无君者不贰采。"❸通"帜"。旗帜。《汉书·食货志下》:"治楼船,高十馀丈,旗~加其上,甚壮。"

【织女】 zhīnǚ ❶星名。隔银河与牵牛星相望。《诗经·小雅·大东》:"跂彼~~,终日七襄。"曹丕《燕歌行》:"牵牛~~遥相望,尔独何辜限河梁?"❷从事纺织的劳动妇女。杨泉《织机赋》:"~~扬翚,美乎如芒。"

【织室】 zhīshì 汉代掌管皇室织造的官府。《史记·外戚世家》:"汉王入~~,见薄姬有色,诏内后宫,岁馀不得幸。"(内:纳。)

【织文】 zhīwén 锦绮一类丝织品。《史记·夏本纪》:"其贡漆丝,其篚~~。"柳宗元《石涧记》:"水平布其上,流若~~,响若操琴。"

祗 1. zhī ❶敬。《管子·牧民》:"顺民之经,在明鬼神,~山川,敬宗庙,恭祖旧。"《后汉书·顺帝纪》:"矜之~畏,不知所载。"❷敬词。表示尊敬或谦恭。曾巩《辞直龙图阁知福州状》:"所有敕牒,臣未敢~受。"❸适,恰。《左传·襄公二十七年》:"事未可成,~成恶名。"《汉书·邹阳传》:"故无因而至前,虽出随珠和璧,~怨结而不见德。"这个意义又写作"衹"、"秖"。

2. zhǐ ❹只,仅。柳宗元《同刘二十八哭吕衡州兼寄江陵李元二侍御》诗:"~令文字传青简,不使功名上景钟。"这个意义又写作"祇"、"衹"、"秖"。

【祗栗】 zhīlì 敬畏的样子。《汉书·匡衡传》:"盖钦翼~~,事天之容也。"也作"祗慄"。《元史·祭祀志》:"夙夜~~,无以报称。"

【祗耸】 zhīsǒng 恭敬惶恐的样子。《三国志·魏书·高堂隆传》:"斯乃慈父恳切之训,宜崇孝子~~之礼,以率天下,以昭示后昆。"

栀(梔) zhī 见"栀子"。

【栀子】 zhīzǐ 一种常绿灌木,子实可入药。杜甫《栀子》诗:"~~比众木,人间诚未多。"

鸩(鳷) 1. zhī ❶见"鸩鹊"。

2. chì ❷同"翅"。严羽《沧浪诗话·诗评》:"如金~擘海,香象渡河。"

【鸩鹊】 zhīquè ❶鸟名,即松鸦。❷楼观名,汉武帝所建。司马相如《上林赋》:"过~~,望露寒。"

秖 zhī ❶适,恰。《后汉书·寇恂传》:"得贤则造次未安,不贤则~更生乱。"❷只,仅仅。李陵《答苏武书》:"异方之乐,~令人悲,增忉怛耳。"

胝 zhī 手脚上的老茧。卢照邻《释疾文》:"累茧重~,千里不辞于劳苦。"

脂 zhī ❶油脂。《诗经·卫风·硕人》:"手如柔荑,肤如凝~。"韦曜《博弈论》:"穷日尽明,继以~烛。"❷用油脂涂车轴,使其滑润。曹植《应诏诗》:"肃承明诏,应会皇都,星陈夙驾,秣马~车。"❸胭脂。见"脂粉"。

【脂粉】 zhīfěn 化妆用的胭脂和铅粉。《史记·佞幸列传》:"故孝惠时郎侍中皆冠鵔鸃,贝带,傅~~。"

【脂膏】 zhīgāo ❶比喻人民财物。《旧五代史·唐庄宗纪》："征搜舆赋，竭万姓之～～。"❷比喻富饶之地。杜甫《鹿头山》诗："纡馀～～地，惨淡豪侠窟。"

【脂韦】 zhīwéi 油脂和皮革。比喻为人圆滑，曲意事人。刘峻《广绝交论》："金膏翠羽将其意，～～便辟导其诚。"杨炯《大周明盛将军梁公神道碑》："不～～而求达，不诡计而自谋。"

揞 zhī 支撑。贾岛《过杨道士居》诗："叩齿坐明月，～颐望白云。"李贺《春昼》诗："越妇～机，吴蚕作茧。"

墌 zhī ❶基址。《玉篇·土部》："～，基址也。"❷地名用字。如隋唐时代有折墌城。

蜘(鼅) zhī 见"蜘蛛"。

【蜘蛛】 zhīzhū 一种节肢动物，能结网捕食昆虫。扬雄《太玄经·务》："～～之务，不如蚕之缯。"

执(執) zhí ❶逮捕，捉拿。《战国策·赵策四》："魏王许诺，使司徒～范座，而未杀也。"《汉书·高帝纪下》："会诸侯于陈，楚王信迎谒，因～之。"❷握，持。《韩非子·五蠹》："禹之王天下也，身～耒臿以为民先。"《史记·太史公自序》："太史公～迁手而泣曰……。"㉿持有某种主张。《三国志·吴书·吴主传》："惟瑜、肃～拒之议。"❸掌握，控制。《韩非子·扬权》："圣人～要，四方来效。"《汉书·艺文志》："然后知秉要～本，清虚以自守。"❹掌管，主持。《淮南子·说山训》："～牢狱者无病。"❺执行，施行。《汉书·哀帝纪》："有司～法，未得其中。"欧阳修《胡先生墓表》："东归之日，太学之诸生，与朝廷贤士大夫送之东门，～弟子礼。"❻执意，坚持。《论衡·非韩》："夫～不仕者，未必有正罪也。"《后汉书·郑兴传》："诏数切责，至被奏劾，众～之不移。"❼堵塞。《史记·晋世家》："非敢必有功，愿以间～谗慝之口也。"❽诚挚。《论衡·薄葬》："虽尽比干之～，人必不听。"

【执鞭】 zhíbiān 为人持鞭驾车，指做贱役之事。《论语·述而》："富而可求也，虽～～之士，吾亦为之。"嵇康《与山巨源绝交书》："又仲尼兼爱，不羞～～"。

【执圭】 zhíguī 先秦时诸侯国爵位名。《吕氏春秋·异宝》："荆国之法，得五员者，爵～～，禄万担，金千镒。"《史记·曹相国世家》："西击秦将杨熊军于曲遇，破之，虏秦司马及御史各一人。迁为～～。"

【执事】 zhíshì ❶做事情，主持工作。《论语·子路》："居处恭，～～敬。"《汉书·贾谊传》："臣窃料匈奴之众不过汉一大县，以天下之大用于一县之众，甚为～～者羞之。"❷敬称对方。《左传·僖公三十年》："若亡郑而有益于君，敢以烦～～。"杨修《答临淄侯笺》："又尝亲见～～，握牍执笔，有所造作。"

【执政】 zhízhèng ❶掌管政事。《战国策·燕策二》："～～任事之臣，所以能循法令，顺庶孽者，施及萌隶，皆可以教于后世。"❷主持政事的人。《史记·孝文本纪》："天下治乱，在朕一人，唯二三～～，犹吾股肱也。"

【执牛耳】 zhíniú'ěr 古代诸侯结盟，割牛耳取血，盛于盘中，主盟者执盘，相与歃血为盟，故用"执牛耳"指主持盟会之人。《左传·哀公十七年》："诸侯盟，谁～～～？"后泛指在某一方面居领导地位。黄宗羲《姜山启彭山诗稿序》："太仓之～～～，海内无不受其牢笼。"（太仓：指张溥。）

馽(馽) zhí 同"縶"。绊马索。《庄子·马蹄》："连之以羁～。"㉿羁绊，束缚。韩愈《祭柳子厚文》："子之中弃，天脱～羁。"

直 zhí ❶不弯曲。《诗经·小雅·大东》："周道如砥，其～如矢。"《韩非子·有度》："故绳～而枉木斲。"㊈伸，伸直。《老子·二十二章》："曲则全，枉则～。"《荀子·劝学》："蓬生麻中，不扶而～。"❷正直。《史记·五帝本纪》："嗟！伯夷，以汝为秩宗，夙夜维敬，～哉维静絜。"《汉书·张敞传》："今朝廷不闻～声。"㊈正当，在理。《论衡·物势》："讼必有曲～，论必有是非。"㊈认为有理。《史记·楚世家》："诸侯由是不～秦。"❸遇到，面对。《汉书·李广传》："陵至浚稽山，与单于相～。"陆游《上天竺复庵记》："后负白云峰，前～狮子、乳窦二峰。"㉿当值，值班。潘岳《秋兴赋》："以太尉掾兼虎贲中郎将，寓～散骑之省。"❹相当。《汉书·地理志下》："报仇过～。"《论衡·言毒》："谚曰'众口烁金'，……言与火～，故云烁金。"❺价值，价钱。《战国策·齐策三》："象床之～千金。"《世说新语·巧艺》："苟有宝剑 可～百万。"㉿报酬，工钱。《后汉书·班超传》："为官写书，受～以养老母。"苏轼《上皇帝书》："且一岁之戍，不过三日，三日之顾，其～三百。"❻直接，径直。《汉书·赵广汉传》："～突入其门，廋索私屠酤。"杜预《春秋左氏传序》："尽而不污，～书其事。"❼只，只是。《战国策·齐策四》："客胡为若此，寡人～与客论耳！"《史记·刘敬叔孙通列传》："高帝曰：'公罢矣，吾～戏耳。'"❽特地，故意。《史记·留侯世家》："有一老父，衣褐，至良所，～堕其履圯下。"

【直掇】 zhíduō 见“直裰”。

【直裰】 zhíduō 古代男人穿的一种长袍，斜领大袖，四周镶边。后也指僧衣道袍。李光《赠传神陈生》诗：“～～还缁岸幅巾，三年海外见来频。”也作“直掇”。苏辙《孔平仲惠蕉布》诗：“更得双蕉缝～～，都人浑作道人看。”

【直项】 zhíxiàng 形容刚强正直的性格和行为。《汉书·息夫躬传》：“左将军公孙禄、司隶鲍宣皆外有～～之名，内实骙不晓政事。”（骙：呆，愚。）

【直言】 zhíyán 坦率地、无顾忌地说出。《左传·成公十五年》：“子好～～，必及于难。”陈琳《为袁绍檄豫州》：“议郎赵彦，忠谏～～，义有可纳。”

拓 zhí 见 tuò。

职（膱） zhí ❶脯脡，干肉条。《仪礼·聘礼》：“荐脯五～，祭半～，横之。”❷油、肉腐败。葛长庚《永遇乐·寄鹤林靖》词：“鹑衣百结，～脂垢腻。”

侄（姪） zhí 兄弟之子。《世说新语·言语》：“谢公云：‘贤圣去人，其间亦迩。’子～未之许。”任昉《奏弹刘整》：“整之抚～，食有故人。”

值 1. zhí ❶遇，遇到。《汉书·李陵传》：“及陵与单于相～，而贰师功少。”任昉《出郡传舍哭范仆射》诗：“濬冲得茂彦，夫子～狂生。”㊀对着。《论衡·实知》：“至汉兴，长乐宫在其东，未央宫在其西，武库正～其墓，竟如其言。”❷价钱，价值。元稹《旱灾自咎贻七县宰》诗：“未蒙所赏～，无乃不敢言。”苏轼《春夜》诗：“春宵一刻～千金，花有清香月有阴。”

2. zhì ❸执持。《诗经·陈风·宛丘》：“无冬无夏，～其鹭羽。”

淔 1. zhí ❶见“淔灌”。

2. chì ❷水名。出颍川。《说文·水部》：“～，水也。”

【淔灌】 zhíguàn 菌的一种。《尔雅·释草》：“～～，茵芝。”

埴 zhí ❶制作陶器的黏土。《老子·十一章》：“埏～以为器。”（埏：揉土的动作。）《史记·夏本纪》：“其土赤～坟，草木渐包。”❷印泥。《淮南子·齐俗训》：“若玺之抑～，正与之正，倾与之倾。”

职（職） 1. zhí ❶职责。《战国策·赵策三》：“衍，人臣也，使事有～。”《史记·赵世家》：“杀人而死，～也。”❷职务，职位。《战国策·秦策三》：“故不能者不敢当其～焉。”《后汉书·安思阎皇后纪》：“久次，当迁以重～。”❸职业。《周礼·天官·大宰》：“闲民无常～。”❹掌管，主管。《管子·大匡》：“三十里置遽委焉，有司～之。”《后汉书·张皓传》：“～事八年，出为彭城相。”❺主要。《后汉书·张升传》：“君子仕不为己，～思其忧。”王粲《赠文叔良》诗：“江汉有卷，允来厥休；二邦若否，～汝之由。”❻进贡。颜延之《赭白马赋》：“五方率～，四隩入贡。”㊀也指贡品。《淮南子·原道训》：“四夷纳～。”

2. zhì ❼通“志”。记住。《史记·屈原贾生列传》：“章画～墨兮，前度未改。”（前度：《楚辞·九章·怀沙》作“前图”。）❽通“帜”。旗帜。《史记·刘敬叔孙通列传》：“于是皇帝辇出房，百官执～传警。”

【职方】 zhífāng 古代官名。掌管天下地图、四方贡赋等。《新五代史》有职方考，“职方”指天下郡国地理。

【职官】 zhíguān ❶官职，职务。《左传·成公九年》：“公曰：‘能乐乎？’对曰：‘先父之～～也，敢有二事？’”❷主持官事的人。《左传·定公四年》：“怀姓九宗，～～五正。”❸文武百官的通称。如《晋书》《旧唐书》有职官志。

【职事】 zhíshì 主管其事的官员。刘桢《杂诗》：“～～相填委，文墨纷消散。”

【职司】 zhísī ❶官职，职务。潘岳《在怀县作》诗：“祗奉社稷守，恪居处～～。”❷指主管其事的官员。傅亮《为宋公至洛阳谒五陵表》：“～～既备，蕃已如旧。”任昉《奏弹刘整》：“其宗长及地界～～初无纠举。”❸主管，掌管。韩愈《贺雨表》：“臣～～京邑，祈祷实频。”

【职职】 zhízhí 繁多的样子。《庄子·至乐》：“万物～～，皆从无为殖。”

植 zhí ❶门户关闭时用于加锁的中立直木。《墨子·非儒》：“季孙与邑人争门关，决～。”❷立，树立。《论衡·吉验》：“有一木杖～其门侧，好善异于众。”《吕氏春秋·知度》：“凡朝也者，相与召理义也，相与～法则也。”❸栽种。王延寿《鲁灵光殿赋》：“树以嘉木，～以芳草。”潘岳《在怀县作》诗：“白水过庭激，绿槐夹门～。”㊀植物。范缜《神灭论》：“渐而生者，动～是也。”❹志，志向。《管子·法法》：“上无故～，下有疑心。”祢衡《鹦鹉赋》：“且其容止闲暇，守～安停，逼之不惧，抚之不惊。”❺筑土墙时立在两端的木柱。《周礼·夏官·大司马》：“大役，与虑事，属其～。”❻古代军中督办工事的将领。《左传·宣公二年》：“宋城，华元为～，巡功。”❼通“殖”。繁殖。《淮南子·主术训》：“甘雨时降，五谷蕃～。”

殖 zhí ❶繁殖，生长。《吕氏春秋·明理》："禽兽胎消不～。"《汉书·礼乐志》："大山崔，百卉～。"㊀增加，增长。《汉书·文三王传赞》："故能～其货财，广其宫室车服。"王安石《祭范颍州文》："明肃之盛，身危志～。"❷种植。《管子·立政》："三日桑麻不～于野，五谷不宜其地，国之贫也。"《后汉书·西羌传》："又～谷富边，省委输之役。"❸经商取利。《列子·杨朱》："子贡～于卫。"❹通"植"。树立。《论衡·谴告》："天不言，～其道于贤者之心。"

絷(縶) zhí ❶用绳索拴住或绊住马脚。《诗经·周颂·有客》："言授之絷，以～其马。"《楚辞·九歌·国殇》："霾两轮兮～四马。"❷拴马脚用的绳索。《左传·成公二年》："韩厥执～马前。"❸拘执。李陵《答苏武书》："昔萧樊囚～，韩彭菹醢。"嵇康《幽愤诗》："理弊患结，卒致囹圄；对答鄙讯，～此幽阻。"

跖 zhí ❶脚掌。《吕氏春秋·用众》："善学者若齐王之食鸡也，必食其～数千而后足。"《论衡·效力》："锸所以能撅地者，～蹈之也。"❷踩，踏。张协《七命》："上无凌虚之巢，下无～实之蹊。"韩愈《祭张员外文》："守隶防夫，觝顶交～。"

禔 zhí 见 tí。

摭 zhí 拾取。张衡《西京赋》："～紫贝，搏耆龟。"《论衡·逢遇》："犹拾遗于涂，～弃于野。"

踯(躑) zhí 见"踯躅"。

【踯躅】 zhízhú 徘徊不进的样子。宋玉《神女赋》："奋长袖以正衽兮，立～～而不安。"司马彪《赠山涛》诗："中夜不能寐，抚剑起～～。"

蹠 zhí 同"蹠"。脚掌。《汉书·贾谊传》："病非徒瘇也，又苦～盭。"

蹢 1. zhí ❶见"蹢躅"。❷通"擿"。投，抛弃。《庄子·徐无鬼》："齐人～子于宋者，其命阍也，不以完。"

2. dí ❸蹄子。《诗经·小雅·渐渐之石》："有豕白～，烝涉波矣。"

【蹢躅】 zhízhú 同"踯躅"。徘徊不进的样子。韩驹《题双牛图》诗："骖牛～～知何事。"

蹠 zhí ❶脚掌。《战国策·楚策一》："上峥山，逾深溪，～穿膝暴。"㊁脚。《淮南子·氾论训》："～距者举远。"❷踏，踩。《楚辞·九章·哀郢》："心婵媛而伤怀兮，眇不知其所～。"《汉书·扬雄传上》："弃由聃之所珍兮，～彭咸之所遗！"❸至，到。《淮南子·原道训》："出生入死，自无～有，自有～无，而以衰贱矣。"

止 zhǐ ❶脚。后作"趾"。《汉书·刑法志》："当斩左～者，笞五百。"❷停止，停留。《战国策·秦策三》："行者行，～者～。"《汉书·高帝纪上》："到丰西泽中亭，～饮。"㊁使止，留住。《论语·微子》："～子路宿，杀鸡为黍而食之。"《后汉书·和熹邓皇后纪》："～画工三十九种。"❸居住，止息。《三国志·魏书·文德郭皇后传》："时霖雨百馀日，城楼多坏，有司奏请移～。"❹阻止，禁止。《左传·哀公十一年》："文子怒，欲攻之，仲尼～之。"《汉书·文三王传》："有汉使者来，李太后欲自言，王使谒者中郎胡等遮～。"❺副词。仅，只是。陆倕《石阙铭》："八方入计，四隩奉图，羽檄交驰，军书狎至，一日二日，非～万机。"尹洙《叙燕》："国初，虏与并合，势益张，然～命偏师备御。"❻语气词。用于句末。《诗经·齐风·敝笱》："齐子归～，其从如云。"

只[2] zhǐ ❶副词。仅，止。杜甫《秋风》诗："安得突骑～五千，崒然眉骨皆尔曹。"韩愈《咏雪赠张籍》："～见纵横落，宁知远近来。"❷语气词。用于句末或句中。《诗经·鄘风·柏舟》："母也天～，不谅人～。"《楚辞·大招》："魂乎归徕，乐不可言～。"《诗经·小雅·采菽》："乐～君子，天子命之。"

【只今】 zhǐjīn 如今，而今。杜甫《醉歌行》："～～年才十六七，射策君门期第一。"钱起《江行》诗："～～谁善舞，莫恨废章台。"

旨 zhǐ ❶味美。《礼记·学记》："虽有佳肴，弗食，不知其～也。"陆机《短歌行》："我酒既～，我肴既臧。"㊀美，美好。《尚书·说命中》："王曰：'～哉！说乃言惟服。'"❷意旨，意思。《周易·系辞下》："其～远，其辞文。"王安石《周礼义序》："乃集儒臣，训释厥～，将播之校学。"㊁意图，意向。《后汉书·吴良传》："不希～偶俗，以徼时誉。"❸皇帝命令，诏书。阮籍《为郑冲劝晋王笺》："明公宜承圣～，受此介福，允当天人。"刘歆《移书让太常博士》："遣近臣奉～衔命，将以辅弱扶微。"

【旨酒】 zhǐjiǔ 美酒。《诗经·小雅·鹿鸣》："我有～～，以燕乐嘉宾之心！"《后汉书·费长房传》："～～甘肴盈衍其中。"

【旨趣】 zhǐqù 旨意，宗旨。嵇康《琴赋序》："览其～～，亦未达礼乐之情也。"

【旨要】 zhǐyào 要旨，要义。《世说新语·文学》："初，注《庄子》者数十家，莫能究其～～。"

阯 zhǐ ❶基址，山脚。《汉书·郊祀志上》："丙辰，禅泰山下～东北肃然山，如祭后土礼。"❷通"沚"。水中小洲。张衡《西京赋》："乃有昆明灵沼，黑水玄～。"

沚 zhǐ 水中小洲。《诗经·秦风·蒹葭》："溯游从之，宛在水中～。"曹植《杂诗》之四："朝游江北岸，日夕宿湘～。"

址 zhǐ ❶地基，地址。张九龄《登古阳云台》诗："楚国兹故都，兰台有馀～。"《北史·刘芳传》："宫阙府寺，佥复故～。"❷底部。郭璞《江赋》："骊虬摎其～。"（摎：通"纠"。）㊀山脚。王安石《游褒禅山记》："褒禅山亦谓之华山，唐浮图慧褒始舍于其～，而卒葬之。"

坻 zhǐ 止。后作"坻"。《说文·土部》："～，箸也。"段玉裁注："《左传·昭二十九年》：'物乃～伏，郁湮不育。'杜注：'～，止也。'"（今本《左传》"坻"作"坻"。）

芷 zhǐ 白芷，一种香草。《楚辞·九歌·湘夫人》："沅有～兮澧有兰，思公子兮未敢言。"这个意义又写作"茝"。《汉书·礼乐志》："侠嘉夜，～兰芳，澹容与，献嘉觞。"

【芷若】 zhǐruò 两种香草，即白芷、杜若。司马相如《子虚赋》："其东则有蕙圃衡兰、～～射干。"

底 zhǐ ❶磨刀石。《汉书·梅福传》："故爵禄束帛者，天下之～石，高祖所以厉世摩钝也。"㊀磨，砥砺。《汉书·萧望之传》："愿竭区区，～厉锋锷。"邹阳《上吴王书》："圣王～节修德，则游谈之士归义思名。"❷至，到。《诗经·小雅·小旻》："我视谋犹，伊于胡～。"❸致，表现。杨恽《报孙会宗书》："恽材朽行秽，文质无所～。"陆机《演连珠》："故明主程才以效业，贞臣～力而辞丰。"❹平。宋玉《高唐赋》："上至观侧，地盖～平。"

【底定】 zhǐdìng ❶平治，整治。《尚书·禹贡》："三江既入，震泽～～。"❷平定。《三国志·吴书·三嗣主传》注引陆机《辩亡论上》："诛叛柔服，而江外～～。"

【底柱】 zhǐzhù 古代山名。所指有二，一在今山西阳城县南，一在今河南三门峡市黄河急流中。也作"砥柱"。

抵 zhǐ ❶击，拍。《汉书·朱博传》："博奋髯～几曰：'观齐儿欲以此为俗邪！'"❷掷，扔。张衡《东京赋》："藏金于山，～璧于谷。"《后汉书·黄琼传》："所谓～金玉于沙砾，碎珪璧于泥涂。"

【抵掌】 zhǐzhǎng 击掌，搓手。《战国策·秦策一》："见说赵王于华屋之下，～～而谈。"《后汉书·吴盖陈臧传论》："臧宫、马武之徒，抚鸣剑而～～。"

纸（紙、帋） zhǐ ❶写字、绘画、印刷等项的用品，多用丝絮、植物纤维制造。《后汉书·和熹邓皇后纪》："岁时但供～墨而已。"潘岳《秋兴赋》："于是染翰操～，慨然而赋。"❷量词。用于书信、文件，相当于"张""页"。《世说新语·文学》："手不辍笔，俄得七～，殊可观。"

【纸贵】 zhǐguì 据《世说新语·文学》载，晋庾阐作《扬都赋》成，以呈庾亮，亮以亲族之故，大为其名价。于是人人竞写，都城纸为之贵。又据《晋书·左思传》记载，左思构思十年，写成《三都赋》，于是富贵之家竞相传抄，洛阳为之纸贵。后遂用"纸贵"指著作风行，受人欢迎。

【纸尾】 zhǐwěi 信札或文书末后。韩愈《蓝田县丞厅壁记》："文书行，吏抱成案诣丞，卷其前，钳以左手，右手摘～～，雁鹜行以进，平立，睨丞曰：'当署。'"

【纸上谈兵】 zhǐshàngtánbīng 据《史记·廉颇蔺相如列传》载，战国时，赵国大将赵奢之子赵括，少读兵书，善谈兵法，后赵王用括代廉颇为将，与秦战长平，大败，赵军亡四十五万。后用"纸上谈兵"指空谈不切实际的行为。《孽海花》六回："只怕他们～～～～，终无实际，使国家吃亏。"

底 zhǐ 见 dǐ。

祉 zhǐ 福。《诗经·大雅·江汉》："肇敏戎公，用锡尔～。"《后汉书·曹褒传》："今皇天降～，嘉瑞并臻。"

祇 zhǐ 见 qí。

坻 zhǐ 见 chí。

抵 zhǐ 见 dǐ。

枳 zhǐ 一种灌木，多刺，果实可入药。张衡《西京赋》："揩～落，突棘藩。"《后汉书·冯衍传下》："揵六～而为篱兮，筑蕙若而为室。"

指 zhǐ ❶手指。《战国策·秦策三》："臣未尝闻～大于臂，臂大于股。"《后汉书·费长房传》："翁闻，笑而下楼，以一～提之而上。"㊀脚趾。《史记·高祖本纪》："汉王伤胸，乃扪足，曰：'虏中吾～。'"❷用手指。《论语·八佾》："～其掌。"㊁指向。李陵《答苏武书》："举刃～虏，胡马奔走。"班彪《北征赋》："～安定以为期。"㊁对着。左思《蜀都赋》："于后则却背华容，北～昆仑。"（华容：水名。）❸直立，竖起。《史记·项羽本纪》："头发上～，目眦尽裂。"❹指称。《荀子·正名》："故知者为之分别，制名以～

实。”❺指出。《韩非子·说难》：“深计而不疑，引争而不罪，则明割利害以致其功，直～是非以饰其身。”❻指斥，指责。《论衡·累害》：“夫如是，累害之人负世以行，～击之者从何往哉!”《汉书·王嘉传》：“千人所～，无病而死。”❼通“旨”。意图，意思。《论衡·感虚》：“天地为图书，仓颉作文字，业与天地同，～与鬼神合。”《汉书·李广传》：“若乃免冠徒跣，稽颡请罪，岂朕之～哉!”

【指顾】　zhǐgù　❶手指目顾。傅毅《舞赋》：“兀动赴度，～～应声。”❷形容时间短暂。班固《东都赋》：“～～倏忽，获车已实。”陆龟蒙《奉和袭美太湖诗·初入太湖》：“才迎沙屿好，～～俄已失。”

【指归】　zhǐguī　意旨。《三国志·吴书·诸葛瑾传》：“粗陈～～，如有未合，则舍而及他。”陆九渊《学说》：“此言《大学》～～。”

【指麾】　zhǐhuī　指挥。阮籍《为郑沖劝晋王笺》：“一朝～～，乃封营丘。”孙楚《为石仲容与孙皓书》：“然后谋力云合，～～风从，雍益二州，顺流而东。”

【指㧑】　zhǐhuī　指挥。《后汉书·皇甫嵩传》：“～～足以振风云，叱咤可以兴雷电。”

【指目】　zhǐmù　❶手指目视。《史记·陈涉世家》：“卒皆夜惊恐。旦日，卒中往往语，皆～～陈胜。”❷指责。曾巩《与孙司封书》：“世多非其在京东时不能自重，至为世所～～，此固为一眚。”(眚：过失。)

【指事】　zhǐshì　六书之一。即在造字时，用象征符号表示某些事物的意义。如“刀”上加“、”表示刃，“木”下加“一”表示本。

【指要】　zhǐyào　要旨，要义。《北齐书·邢邵传》：“晚年尤以《五经》章句为意，穷其～～。”柳宗元《辩鬼谷子》：“元冀好读古书，然甚贤《鬼谷子》，为其～～几千言。”

【指意】　zhǐyì　意旨，意向。《史记·孟子荀卿列传》：“皆学黄老道德之术，因发明序其～～。”《汉书·陈胜传》：“卜者知其～～。”

【指掌】　zhǐzhǎng　比喻事情容易办到。《三国志·魏书·钟会传》：“蜀为天下作患，使民不得安息，我今伐之，如～～耳。”杜甫《北征》诗：“伊洛～～收，西京不足拔。”

轵(軹)　zhǐ　❶车毂上穿车轴的孔。《周礼·考工记·轮人》：“五分其毂之长，去一以为贤，去三以为～。”❷车轴的末端。《周礼·考工记序》：“六尺六寸之轮，～崇三尺有三寸也。”❸车箱上的栏木。张衡《思玄赋》：“抚軨～而还睨兮，心勺瀿其若汤。”(睨：邪视。勺瀿：热的样子。)❹通“只”。语气词。用于句末。《庄子·大宗师》：“许由曰：‘而奚为来～？’”(而：你。)❺地名。汉有轵县，在今河南省。潘岳《杨荆州诔》：“散璞发辉，临～作令。”

咫　zhǐ　❶长度单位。周代八寸为一咫。《史记·孔子世家》：“石砮，矢长尺有～。”❷比喻短或近。《吕氏春秋·孝行》：“君子无行～步而忘之。”❸语气词。用于句末。《国语·晋语四》：“吾不能行也～，闻则多矣。”

【咫尺】　zhǐchǐ　❶比喻长度短或距离近。《韩非子·外储说左上》：“用～～之木，不费一朝之事。”扬雄《长杨赋》：“且盲者不见～～，而离娄烛千里之隅。”❷比喻微小或少量。《战国策·秦策五》：“虽有高世之名，无～～之功者不赏。”《史记·苏秦列传》：“臣闻尧无三夫之分，舜无～～之地，以有天下。”

疻　zhǐ　殴伤，皮肤青肿而无创痕。《说文·疒部》：“～，殴伤也。”《汉书·薛宣传》：“遇人不以义而见～者，与痏人之罪钧。”

耆　zhǐ　见qí。

茝　zhǐ　见chǎi。

趾　zhǐ　❶脚。《左传·桓公十三年》：“莫敖必败，举～高，心不固矣。”《论衡·语增》：“军至渐台，血流没～。”(渐台：地名。)❷踪迹。皇甫谧《高士传·梁鸿》：“仰颂逸民，庶追芳～。”❸通“址”。地基，地址。潘岳《西征赋》：“擢百寻之层观，今数仞之馀～。”左思《魏都赋》：“藐藐标危，亭亭峻～。”⊗山脚。阮籍《咏怀》之三：“驱马舍之去，去上西山～。”

黹　zhǐ　缝纫，刺绣。如称女工为“鍼黹”。《说文·黹部》：“～，鍼缕所紩衣。”段玉裁注：“以鍼贯缕紩衣曰黹。”

徵　zhǐ　五音之一。《战国策·燕策三》：“高渐离击筑，荆轲和而歌，为变～之声。”《史记·乐书》：“闻～音，使人乐善而好施。”

阤(陁)　1. zhì　❶崩塌。《国语·周语下》：“是故，聚不～崩，而物有所归。”(韦昭注：“大曰崩，小曰阤。”)《后汉书·蔡邕传》：“王涂坏，太极～。”❷山坡，岸边。《周礼·考工记·辀人》：“及其登～，不伏其辕。”

2. yǐ　❸见“阤靡”。

3. tuó　❹见“陂阤”。

【阤靡】　yǐmǐ　山势倾斜而又绵延的样子。《汉书·司马相如传上》：“其南则有平原广泽，登降～～。”

至 zhì ❶到。《战国策·东周策》:"颜率～齐。"《论语·述而》:"不知老之将～云尔。"❷达到了极点。《吕氏春秋·具备》:"宓子之德～矣。"《战国策·秦策四》:"物～而反,冬夏是也。"《史记·礼书》:"故绳者,直之～也;衡者,平之～也。"⊗特指夏至、冬至。《论衡·说日》:"故冬、夏节极,皆谓之～。"❸极,最。《吕氏春秋·制乐》:"欲观～乐,必于～治。"《孟子·尽心下》:"以～仁伐～不仁。"《战国策·秦策一》:"商君治秦,法令～行。"❹通"致"。招致,达到。《管子·幼官》:"～威而实之以德。"❺通"窒"。塞。《管子·幼官》:"和好不基,贵贱无司,事变日～。"

【至公】 zhìgōng ❶极为公正。《吕氏春秋·去私》:"舜有子九人,不与其子而授禹,～～也。"阮籍《为郑冲劝晋王笺》:"～～至平,谁与为邻。"袁宏《三国名臣序赞》:"居上者不以～～理物,为下者必以私路期荣。"❷科举时代的考场。刘虚白《献主文》:"不知岁月能多少,犹着麻衣待～～。"

【至竟】 zhìjìng ❶毕竟,终究。《后汉书·方术传论》:"及征樊英、杨厚,朝廷若待神明,～～无它异。"❷究竟。杜牧《题桃花夫人庙》诗:"～～息亡缘底事?可怜金谷堕楼人。"

【至日】 zhìrì 指冬至或夏至日。杜甫《冬至》诗:"年年～～长为客,忽忽穷愁泥杀人。"

【至如】 zhìrú 至于。用于举例或表示另提一事。《史记·淮阴侯列传》:"诸将易得耳,～～信者,国士无双。"江淹《诣建平王上书》:"～～下官,当何言哉!"皇甫谧《三都赋序》:"～～相如《上林》、扬雄《甘泉》,……初极宏侈之辞,终以简约之制,焕乎有文,蔚尔鳞集,皆近代辞赋之伟也。"

【至言】 zhìyán ❶道理深刻的话。《吕氏春秋·异宝》:"以和氏之璧、道德之～～,以示贤者,贤者必取～～矣。"❷真话,实话。《汉书·梁孝王刘武传》:"是时,上未置太子,与孝王宴饮,从容言曰:'千秋万岁后传于王。'王辞谢。虽知非～～,然心内喜。"

【至友】 zhìyǒu 好友,情谊深厚的朋友。李咸用《访友人不遇》诗:"出门无～～,动即到君家。"

【至尊】 zhìzūn ❶最尊贵的位置。特指帝位。《汉书·路温舒传》:"陛下初登～～,与天合符,宜改前世之失,正始受之统。"❷指皇帝。嵇康《与山巨源绝交书》:"欲献之～～。"杜甫《诸将》诗:"独使～～忧社稷,诸君何以答升平?"

【至高无上】 zhìgāowúshàng 形容人或事物处于最高的地位。《淮南子·缪称训》:"道,～～～～,至深无下。"

【至圣先师】 zhìshèngxiānshī 对孔子的尊称。

伎 zhì 见 jì。

忮 zhì ❶忌恨,忌刻。《汉书·匡衡传》:"今俗吏之治,皆不本礼让,而上克暴,或～害,好陷人于罪。"曾巩《书虏事》:"以及魏武,～险绝世,其心非复人也。"❷恶。《吕氏春秋·慎行》:"身为僇,支属不可以见,行～之故也。"❸刚强,刚愎。《汉书·周阳由传》:"汲黯为～,司马安之文恶,俱在二千石列。"《后汉书·桓荣传》:"后每至京师,未尝舍宿杨氏,其贞～若此。"⊗强悍。《汉书·地理志下》:"钟、代、石、北,迫近胡寇,民俗懻～。"

【忮心】 zhìxīn 猜忌之心。《淮南子·诠言训》:"方船济乎江,有虚船从一方来,触而覆之,虽有～～,必无怨色。"

识 zhì 见 shí。

志[1] zhì ❶心意,志向。《尚书·舜典》:"诗言～,歌永言。"《后汉书·伏湛传》:"秉节持重,有不可夺之～。"⊗有志。《论语·为政》:"吾十有五而～于学。"❷记,记住。《汉书·楚元王传》:"父子俱好古,博闻强～,过绝于人。"欧阳修《泷冈阡表》:"修泣而～之,不敢忘。"❸记述,记载。范晔《〈后汉书〉二十八将传论》:"故依本第,系之篇末,以～功次云尔。"苏轼《喜雨亭记》:"亭以雨名,～喜也。"⊗记述事或人的文章、著作。左思《三都赋》:"其鸟兽草木,则验之方～。"任昉《王文宪集序》:"依刘歆《七略》,更撰《七志》。"❹皮肤上的有色斑痕或小疙瘩。后作"痣"。干宝《搜神记》卷六:"一人面上有青～如藿叶。"❺通"帜"。旗子。《史记·刘敬叔孙通列传》:"设兵,张旗～。"

【志操】 zhìcāo 志向操守。《三国志·吴书·刘繇传》:"正礼元子,致有～～,想必有以殊异。"

【志士】 zhìshì 有远大志向的人。《论衡·死伪》:"～～恨义事未立,学士则恨问多不及。"曹植《赠徐幹》诗:"～～营世业,小人亦不闲。"

志[2]（誌） zhì ❶记,记住。《新唐书·褚亮传》:"图史一经目,辄～于心。"❷记述。《列子·杨朱》:"太古之事灭矣,孰～之哉?"⊗指记事的书或文章。萧统《文选序》:"篇辞引序,碑碣～状,众制锋起，源流间出。”❸标志，标记。《新唐书·黄巢传》：“处存选锐卒五千，以白帬自～，夜入杀贼。”《南齐书·韩係伯传》：“襄阳土俗，邻居种桑树于界上为～。”❹通“痣”。皮肤上生的有色斑痕或小疙瘩。《南齐书·江祐传》：“高宗胛上有赤～。”

豸 zhì ❶没有脚的虫子。《尔雅·释虫》：“有足谓之虫，无足谓之～。”❷通“止”。制止，解决。《左传·宣公十七年》：“余将老，使郤子逞其志，庶有～乎！”

【豸冠】 zhìguān 古代法官戴的帽子。岑参《送韦侍御先归京》诗：“闻欲朝龙阙，应须拂～～。”

迟 zhì 见 chí。

泜 zhì 见 chí。

治 zhì ❶治理，管理。《战国策·秦策一》：“商君～秦，法令至行。”《汉书·郦商传》：“吕后崩，商疾不～事。”❷治理得好，安定太平。《管子·宙合》：“桀纣以乱亡，汤武以～昌。”《战国策·齐策四》：“于是举士五人任官，齐国大～。”❸惩治，治罪。《汉书·文三王传》：“萌牙之时，加恩勿～，上也。”欧阳修《资政殿学士户部侍郎文正范公神道碑铭》：“及太后崩，言事者希旨，多求太后时事，欲深～之。”❹医治。《盐铁论·世务》：“如人有疾，不～则寖以深。”❺整治，备办。《战国策·齐策四》：“于是约车～装，载券契而行。”❻营造，修建。《汉书·高帝纪下》：“萧何～未央宫。”《论衡·儒增》：“于是文帝使使～庙汾阴，南临河。”❼研究。《史记·曹相国世家》：“闻胶西有盖公，善～黄老言，使人厚币请之。”《汉书·隽不疑传》：“～《春秋》，为郡文学，进退必以礼。”

【治具】 zhìjù ❶置办酒食。《汉书·灌夫传》：“魏其夫妻～～，至今未敢尝食。”❷治国措施。韩愈《进学解》：“方今圣贤相逢，～～毕张。”

【治剧】 zhìjù 处理难办的事情。《三国志·蜀书·杨洪传》：“裔天姿明察，长于～～，才诚堪之。”

【治世】 zhìshì 治理得好的时代，太平盛世。《吕氏春秋·至忠》：“夫忠于～～易，忠于浊世难。”《毛诗序》：“～～之音安以乐，其政和。”

【治严】 zhìyán 即“治装”。《三国志·魏书·田畴传》：“先遣使辟畴，又命田豫喻指，畴戒其门下趣～～。”

【治中】 zhìzhōng 官名。汉置，州刺史的属吏，主管文书案卷，也称治中从事史。唐代改名为司马。杜甫《寄岳州贾司马六丈巴州严八使君两阁老五十韵》：“典郡终微眇，～～实弃捐。”

【治装】 zhìzhuāng 整治行装。《战国策·齐策四》：“于是约车～～，载券契而行。”

【治粟内史】 zhìsùnèishǐ 官名。秦置，掌钱谷。汉代更名为大农或大司农。《史记·孝景本纪》：“更命廷尉为大理，……治粟内史为大农。”

迣 1. zhì ❶逾越。《汉书·礼乐志》：“体容与，～万里。”

2. liè ❷阻拦，阻止。《汉书·鲍宣传》：“部落鼓鸣，男女遮～。”这个意义又写作“列”“迾”。

厔（庢） zhì ❶受阻碍。枚乘《七发》：“发怒～沓，清升逾跇。”（跇：超越。）❷水曲处。《太平寰宇记》卷三十：“山曲曰盩，水曲曰～。”

郅 zhì ❶大，盛。司马相如《封禅文》：“文王改制，爰周～隆，大行越成。”❷姓。

帜（幟） zhì ❶旗子。《汉书·李广传》：“独将军麾下及成安侯校各八百人为前行，以黄与白为～。”❷标志。《后汉书·虞诩传》：“以采綖缝其裾为～。”

帙（袠、袟） zhì ❶包书的套子。潘岳《杨仲武诔》：“披～散书，屡睹遗文。”❷量词。书一函为一帙。苏舜钦《石曼卿诗集序》：“其逸亡而存者，才四百馀篇，古律不异，并为一～。”❸囊袋。《礼记·内则》：“右佩箴管线纩，施縏～。”

制[1] zhì ❶制作，加工。《诗经·豳风·东山》：“～彼裳衣，勿士行枚。”《战国策·齐策四》：“夫玉生于山，～则破焉。”㊀写作，作品。萧统《文选序》：“戒畋游，则有《长杨》、《羽猎》之～。”❷禁止，遏制。《后汉书·刘玄传》：“转击云杜、安陆，多略妇女，……州郡不能～。”㊀控制。贾谊《过秦论》：“履至尊而～六合。”《管子·枢言》：“有～人者，有为人之所～者。”㊁掌管。《战国策·赵策二》：“先王之时，奉阳君相，专权擅势，蔽晦先王，独～官事。”❸规定，制定。《孟子·梁惠王上》：“是故明君～民之产，必使仰足以事父母，俯足以畜妻子。”《汉书·诸侯王表》：“昔周监于二代，三圣～法，立爵五等。”❹规章，制度。班固《两都赋序》：“冀上之睠顾，而盛称长安旧～。”范晔《宦者传论》：“汉兴，仍袭秦～。”㊁特指丧制。《三国志·魏书·后妃传》注引《魏略》：“后年十四，丧中兄俨，悲哀过～。”❺规模。范仲淹《岳阳楼记》：“乃重修岳阳楼，增修其～。”❻帝王的命令。《战国策·楚策一》：“今上客幸教以明～，寡人闻之，敬以国从。”《史记·秦始皇本纪》：“命为～，令为诏，天子自称曰朕。”㊀指军令。《管子·重令》：“陈士不死～，卒士不轻敌。”❼古代长度单位。一丈八尺为一制。《管子·乘马》：“无金则用其绢，季绢三十三～当一镒。”

【制诰】 zhìgào 诏令，诏敕。唐有知制诰官。《新唐书·李百药传》：“三世掌～～，孙羲仲又为中书舍人。”

【制书】 zhìshū 皇帝下的命令，有策书、制书、诏书、戒敕等名目，制书是其中的一种。《汉书·陈汤传》：“明主哀悯百姓，下～～罢昌陵勿徙吏民，已申布。”

【制诏】 zhìzhào 帝王的命令、诏书。潘勖《册魏公九锡文》：“～～使持节、丞相领冀州牧、武平侯，朕不德，少遭闵凶。”《全唐诗话·杨炎》：“自开元后言～～者称常杨。”（常杨：常衮、杨炎。）

制[2]（製） zhì ❶裁制。《左传·襄公三十一年》：“子有美锦，不使人学～焉。”❷制作。张衡《思玄赋》：“旌性行以～珮兮，佩夜光与琼枝。”刘桢《赠五官中郎将》诗：“清歌～妙声，万舞在中堂。”❸写作，创作。任昉《齐竟陵文宣王行状》：“公所～山居四时序，言之已详。”㊀作品。《宋书·谢灵运传论》：“至于先士茂～，讽高历赏。”❹式样。《汉书·叔孙通传》：“服短衣，楚～。”❺一幅布帛的长度。刘向《说苑·复恩》：“宁文子具纻绨三百～，将以送之。”

【制裁】 zhìcái ❶裁剪的式样。《后汉书·南蛮西南夷传》：“好五色衣服，～～皆有尾形。”❷文章的体裁。《颜氏家训·文章》：“宜以古之～～为本，今之辞调为末。”

【制艺】 zhìyì 指八股文。黄宗羲《万祖绳七十寿序》：“从钱忠介学～～，称为高第弟子。”

质（質） zhì ❶以财物或人员作抵押。《左传·僖公十五年》：“归之而～其太子，必得大成。”㊀指留作抵押品的人或物。《左传·隐公三年》：“王子狐为～于郑。”《史记·高祖本纪》：“乃取汉王父母妻子于沛，置之军中以为～。”❷抵押，典当。韩愈《柳子厚墓志铭》：“其俗以男女～钱，约不时赎，子本相侔，则没为奴婢。”❸盟约。《左传·哀公二十年》：“黄池之役，先主与吴王有～。”《战国策·魏策三》：“今韩受兵三年矣，秦挠之以讲，韩知亡，犹弗听，投～于赵。”❹质问，质疑。《吕氏春秋·达郁》：“[尹]铎之谏我也，喜～我于人中，必使我丑。”《后汉书·郑玄传》：“玄因从～诸疑义，问毕辞归。”❺质证，对证。《汉书·梅福传》：“～之先圣而不缪，施之当世合时务。”《后汉书·马援传》：“会招援，夜至，帝大喜，引入，具以群议～之。”欧阳修《石曼卿墓表》：“退而～其平生趣舍大节，无一悖于理者。”❻本质，本体。《荀子·臣道》：“忠信以为～。”《史记·乐书》：“中正无邪，礼之～也。”❼质地，底子。司马相如《封禅文》：“白～黑章，其仪可嘉。”❽质朴，朴实。《老子·四十一章》：“建德若偷，～真若渝。”《吕氏春秋·知度》：“至治之世，其民不好空言虚辞，不好淫学流说，贤不肖各反其～。”《论衡·奇怪》：“古时虽～，礼已设制。”㊀真实，诚信。《管子·版法》：“取人以己，成事以～。”《史记·张释之冯唐列传》：“上就车，召释之参乘，徐行，问释之秦之敝，具以～言。”❾箭靶。《淮南子·原道训》：“先者则后者之弓矢～的也。”㊀目的地，目标。《汉书·田广明传》：“既出不至～，引军空还。”❿柱石。《韩非子·十过》：“公宫公舍之堂，皆以炼铜为柱～。”这个意义后写作“碛”。⓫古代杀人用的砧板。《史记·张丞相列传》：“苍坐法当斩，解衣伏～。”这个意义又写作“椹”“锧”。⓬通“贽”。初次拜见尊长的礼物。《孟子·滕文公下》：“出疆必载～。”《史记·周本纪》：“周公乃祓斋，自为～，欲代武王，武王有瘳。”

【质的】 zhìdì 箭靶。《荀子·劝学》：“是故～～张而弓矢至焉。”

【质铁】 zhìfū 古代杀人刑具，即刀斧和砧板。扬雄《解嘲》：“制以～～，散以礼乐。”

【质木】 zhìmù 朴实无华。《汉书·地理志下》：“故此数郡，民俗～～，不耻寇盗。”

【质讷】 zhìnè 质朴不善言词。《三国志·魏书·王肃传》注引《魏略》：“[董]遇字季直，性～～而好学。”

【质任】 zhìrèn 人质。《三国志·魏书·王基传》注引司马彪《战略》：“欲来归化，遣将张吴、邓生，并送～～。”

【质要】 zhìyào ❶买卖货物的契券。《后汉书·马融传》：“由～～之故业，率典型之旧章。”❷准则要领。《三国志·魏书·公孙瓒传》：“行无定端，言无～～。”

【质直】 zhìzhí 朴实直率。《史记·张丞相列传》：“御史大夫周昌，其人坚忍～～。”《后汉书·西域传》：“其人～～，市无二价。”

【质子】 zhìzǐ 作抵押的人质，多为诸侯王之子。《战国策·秦策五》：“濮阳人吕不韦贾于邯郸，见秦～～异人。”《史记·秦始皇本纪》：“庄襄王为秦～～于赵。”

炙 zhì ❶烤。《战国策·魏策二》:“齐桓公夜半不嗛,易牙乃煎敖燔～,和调五味而进之。”《后汉书·耿恭传》:“恭乃诱其使上城,手击杀之,～诸城上。”❷烤的肉。扬雄《解嘲》:“司马长卿窃赀于卓氏,东方朔割～于细君。”

【炙手可热】 zhìshǒukěrè 比喻权势盛,气焰高。杜甫《丽人行》:“～～～～势绝伦,慎莫近前丞相嗔。”

铁(紩) zhì 缝。《潜夫论·浮侈》:“碎刺缝～,作为司囊、裙襦、衣被,费缯百缣,用功十倍。”

庤 zhì ❶准备。《诗经·周颂·臣工》:“命我众人,～乃钱镈。”❷储藏。《新唐书·罗艺传》:“涿郡号富饶,伐辽兵仗多在,而仓～盈羡。”

栉(櫛) zhì ❶梳子、篦子一类梳头用具。《诗经·周颂·良耜》:“其崇如墉,其比如～。”马融《长笛赋》:“繁手累发,密～叠重。”❷梳头。《论衡·讥日》:“如以发为最尊,则～亦宜择日。”㊀爬梳,剔除。韩愈《试大理评事王君墓志铭》:“～垢爬痒,民获苏醒。”

【栉比】 zhìbǐ 像梳齿那样排列着。形容细密而齐整。王褒《四子讲德论》:“甘露滋液,嘉禾～～。”左思《吴都赋》:“屯营～～,解署棋布。”

【栉沐】 zhìmù 梳头洗面。《隋书·杨伯丑传》:“于是被发阳狂,游行市里,形体垢秽,未尝～～。”

挃 zhì ❶撞,捣。《淮南子·兵略训》:“夫五指之更弹,不若卷手之一～。”❷束缚,约束。梅尧臣《赠陈无逸秀才》诗:“在鹿忘守穴,～足乃焉而。”❸见“挃挃”。

【挃挃】 zhìzhì 收割庄稼的声音。《诗经·周颂·良耜》:“获之～～,积之栗栗。”

骘(騭) zhì 马陷入泥泞难行走的样子。《史记·秦本纪》:“晋君弃其军,与秦争利,还而马～。”

昵 zhì 见nì。

峙 zhì ❶屹立,耸立。左思《魏都赋》:“三台列～以峥嵘。”谢惠连《雪赋》:“雪山～于西域。”㊀站立。《后汉书·河间孝王开传》:“侍郎赞拜,景～不为礼。”❷对立。潘岳《为贾谧作赠陆机》诗:“绵绵瓜瓞,六国互～。”❸通“偫”。储备。《诗经·大雅·嵩高》:“以～其粻,式遄其行。”《新唐书·南诏传》:“时唐兵屯京西朔方,大～粮用。”

陟 zhì ❶登,升。《诗经·召南·草虫》:“～彼南山,言采其薇。”《后汉书·冯衍传下》:“上陇阪,～高冈,游精宇宙。”㊁特指帝王死去。《竹书纪年》卷上:“一百年,地裂,帝～。”❷提升。《史记·五帝本纪》:“三岁一考功,三考绌～,远近众功咸兴。”《汉书·诸侯王表》:“不行黜～,而藩国自析。”

【陟方】 zhìfāng 指帝王巡守。《尚书·舜典》:“五十载,～～乃死。”

骘(騺) zhì 蛮横无理。《淮南子·修务训》:“胡人有知利者,而人谓之～。”(高诱注:“骘,忿戾恶理不通达。”)

桎 zhì ❶束缚犯人脚的刑具。见“桎梏”。㊁给脚套上桎。《吕氏春秋·士容》:“其邻～其后足,狗乃取鼠。”《汉书·刑法志》:“上罪梏拲而～。”(拲:同时铐住两手。)❷滞塞。《庄子·达生》:“工倕旋而盖规矩,……故其灵台一而不～。”(灵台:指心。)

【桎梏】 zhìgù 束缚犯人手脚的两种刑具。《吕氏春秋·仲春》:“命有司,省囹圄,去～～。”《后汉书·盛道妻传》:“媛姜便解道～～,为赍粮货。”

致 zhì ❶送达。《史记·伍子胥列传》:“王使使谓伍奢曰:‘能～汝二子则生,不能则死。’”《汉书·李广传》:“单于素闻广贤,令曰:‘得李广必生～之。’”㊀给予,赐予。《战国策·魏策三》:“敝邑有宝璧二双,文马二驷,请～先生。”《后汉书·邓彪传》:“又诏太常四时～宗庙之胙。”㊁归还,交还。《公羊传·宣公元年》:“退而～仕。”㊁把……加于身上。《史记·孝文本纪》:“帝不忍～法于王,赦其罪。”❷传达,表达。《史记·赵世家》:“当道者曰:‘臣野人,～帝命耳。’”《后汉书·臧洪传》:“凡我同盟,齐心一力,以～臣节。”❸招引,招来。《孙子·虚实》:“故善战者～人而不～于人。”张衡《东京赋》:“总集瑞命,备～嘉祥。”㊁招致。嵇康《幽愤诗》:“性不伤物,频～怨憎。”❹取得,得到。贾谊《过秦论》:“然秦以区区之地,～万乘之权。”《史记·孝武本纪》:“不死之药可得,仙人可～也。”❺到,到达。《管子·大匡》:“邢君出,～于齐。”司马相如《喻巴蜀檄》:“道里辽远,山川阻深,不能自～。”❻极,最。曹丕《与朝歌令吴质书》:“书问～简,益用增劳。”《世说新语·简傲》:“西山朝来,～有爽气。”❼情趣,意志。袁宏《三国名臣序赞》:“名节殊涂,雅～同趣。”任昉《百辟劝进今上笺》:“盖闻受金于府,通人之弘～;高蹈海隅,匹夫之小节。”❽细密。《礼记·月令》:“作为淫巧,以荡上心,必功～为上。”

【致富】 zhìfù 使自己富有。《论衡·命禄》:“命贫以力勤～～,富至而死。”

【致命】 zhìmìng ❶下命令。班固《东都赋》："上帝怀而降监，乃～～乎圣皇。"❷传达言辞，回复。《战国策·楚策二》："太子入，～～齐王曰：'敬献地五百里。'"❸舍弃生命。《论语·子张》："士见危～～，见得思义。"袁宏《三国名臣序赞》："公达慨然，志在～～。"

【致仕】　zhìshì　交还官职，即退休。《后汉书·刘般传》："永宁元年，称病上书～～。"欧阳修《胡先生墓表》："已而以太子中舍～～，遇殿中丞于家。"

【致意】　zhìyì　❶表达自己的用意。阮瑀《为曹公作书与孙权》："是故按兵守次，遣书～～。"❷表示问候之意。《汉书·朱博传》："二千石新到，辄遣使存问～～。"

轾(輊)　zhì　❶车子前边低。《诗经·小雅·六月》："戎车既安，如～如轩。"❷轻视。《后汉书·马援传》："夫居前不能令人～，居后不能令人轩。"

贽(贄)　zhì　初见尊长所送的礼物。《战国策·秦策二》："不如重其～，厚其禄以迎之。"(又)泛指聘礼。《左传·成公十二年》："交～往来，道路无壅。"《论衡·语增》："周公执～下白屋之士。"

【贽然】　zhìrán　不动的样子。《庄子·在宥》："鸿蒙方将拊髀雀跃而游，云将见之，倘然止，～～立。"

挚(摯)　zhì　❶捉，抓。《吕氏春秋·忠廉》："～执妻子，焚之而扬其灰。"❷击杀，攫取。张衡《西京赋》："百卉具零，刚虫搏～。"❸诚挚，亲密。《诗经·周南·关雎》毛传："鸟～而有别。"❹通"至"。到。《吕氏春秋·孟春》："霜雪大～，首种不入。"(又)极点。《汉书·窦田灌韩传赞》："以韩安国之见器，临其～而颠坠，陵夷以忧死。"❺通"贽"。送给尊长者的见面礼物。《史记·五帝本纪》："遂见东方君长，……脩五礼五玉三帛二生一死为～。"❻通"鸷"。凶猛。《史记·货殖列传》："趋时若猛兽～鸟之发。"

秩　zhì　❶官吏的俸禄。《韩非子·亡征》："父兄大臣禄～过功，章服侵等。"《后汉书·百官志二》："本四百石，宣帝增～。"❷官吏的官阶、品级。《史记·吕太后本纪》："遗诏赐诸侯王各千金，将相列侯郎吏皆以～赐金。"《后汉书·祭肜传》："玺书勉励，增～一等，赐缣百匹。"(又)祭山川的等级，祭祀。《史记·五帝本纪》："岁二月，东巡狩，至于岱宗，祡，望～于山川。"《后汉书·章帝纪》："今山川鬼神应典礼者，尚未咸～。"❸次序。《汉书·谷永传》："贱者咸得～进。"(引)辈分。《后汉书·周举传》："今殇帝在先，于～为父，顺帝在后，于亲为子，先后之义不可改，昭穆之序不可乱。"❹整理。《吕氏春秋·季冬》："乃命四监，收～薪柴，以供寝庙及百祀之薪燎。"❺十年为一秩。白居易《思旧》诗："已开第七～，饱食仍安眠。"

【秩满】　zhìmǎn　官吏任期届满。《南史·虞寄传》："前后所居官，未尝至～～，裁期月，便自求解退。"陆游《傅正议墓志铭》："～～，造行在所，顾不数见公卿。"

【秩秩】　zhìzhì　❶整肃有序的样子。《诗经·小雅·宾之初筵》："宾之初筵，左右～～。"❷水流动的样子。王融《三月三日曲水诗序》："幽幽丛薄，～～斯干。"(干：涧。)❸有智慧的样子。《诗经·秦风·小戎》："厌厌良人，～～德音。"又《小雅·巧言》："～～大猷，圣人莫之。"

窒　zhì　❶阻塞，堵塞。《吕氏春秋·制乐》："今～闭户牖，动天地，一室也。"王褒《四子讲德论》："二客虽～计沮议，何伤？"❷遏止，抑制。《周易·损》："君子以惩忿～欲。"

痔　zhì　痔疮。《韩非子·解老》："夫内无痤疽瘅～之害，而外无刑罚法诛之祸者，其轻恬鬼也甚。"刘峻《广绝交论》："皆为匍匐逶迤，折枝舐～。"

懫(懥)　zhì　忿戾。《尚书·多方》："亦惟有夏之民叨～日钦，劓割夏邑。"

掷(擲)　zhì　❶投，扔。《后汉书·吕布传》："尝小失卓意，卓拔手戟～之。"《晋书·孙绰传》："卿试～地，当作金石声也。"❷跳跃。《世说新语·假谲》："[袁]绍遑迫自～出，遂以俱免。"

鸷(鷙)　zhì　❶凶猛的鸟。《孙子·势》："～鸟之疾，至于毁折，节也。"王中《头陀寺碑文》："遂欲舍百龄于中身，殉肌肤于猛～。"❷凶猛，残忍。《战国策·赵策一》："夫知伯之为人也，好利而～复。"《后汉书·马融传》："狗马角逐，鹰鹯竞～。"

【鸷勇】　zhìyǒng　勇猛。《三国志·魏书·曹真传》："太祖壮其～～，使将虎豹骑。"

畤　zhì　古代祭天地和五帝的祭坛。《史记·孝武本纪》："有司言雍五～无牢熟具，芬芳不备。"司马相如《封禅文》："濯濯之麟，游彼灵～。"

劕　zhì　见 duān。

铚(銍)　zhì　❶收割庄稼用的镰刀。《诗经·周颂·臣工》："命我众人，庤乃钱镈，奄观～艾。"苏轼《杂说》："锄耰～艾，相寻于其上者如鱼鳞。"❷指收割的禾穗。《史记·夏本纪》："百里纳总，二百里纳～，三百里纳秸服。"(总：全禾。)

偫 zhì 储备，具备。扬雄《羽猎赋》："乃诏虞人典泽，东延昆邻，西驰阊阖，储积共～。"曹植《赠丁翼》诗："君子义休～，小人德无储。"

猘（狾） zhì 狗发狂。《淮南子·说林训》："狂马不触木，～狗不自投于水。"王安石《祭范颍州文》："戎孽～狂，敢齮我疆，铸印刻符，公屏一方。"㊂发狂的狗。韩愈《许国公神道碑铭》："在贞元世，汴兵五～，将得其人，众乃一愒。"

【猘儿】 zhì'ér 比喻勇猛的人。《三国志·吴书·孙策传》注引《吴历》："曹公闻策平定江南，意甚难之，常呼：'～～难与争锋也。'"

滞（滯） zhì ❶不流通。《淮南子·时则训》："准之为度也，……流而不～，易而不秽。"❷停滞，滞留。《汉书·董仲舒传》："思昔先王之德，兴～补弊。"《后汉书·郑玄传》："而守文之徒，～固所禀。"❸遗漏。《诗经·小雅·大田》："彼有遗秉，此有～穗。"

【滞留】 zhìliú ❶停滞，不流通。《荀子·王制》："通流财物粟米，无有～～。"❷停留不前。李翱《赠礼部尚书韩公行状》："公曰：'安有受君命而～～自顾？'遂疾驱入。"

寔 zhì 见 shí。

戴 zhì 见 dié。

蛭 zhì 水蛭，俗称马蟥。贾谊《吊屈原赋》："夫岂从虾与～螾？"

稙 1. zhì ❶缘饰，边缘上加装饰。《礼记·玉藻》："君羔幦虎～。"（幦：盖在车轼上遮蔽风尘的帷席。）

2. tè ❷通"特"。独，单独。《礼记·少仪》："丧俟事，不～吊。"

智 zhì ❶聪明，智慧。《管子·枢言》："信之者也，不可欺者～也。"《战国策·秦策一》："欲以一人之～，反覆东山之君，从以欺秦。"㊂认为聪明，有智慧。《韩非子·说难》："其家甚～其子，而疑邻人之父。"❷理智。《史记·平原君虞卿列传论》："鄙语曰：'利令～昏。'平原君贪冯亭邪说，使赵陷长平兵四十馀万众，邯郸几亡。"

【智故】 zhìgù 诡谲巧饰。《三国志·蜀书·郤正传》："于是从横云起，狙诈如星，奇邪蠭动，～～萌生。"

【智略】 zhìlüè 才智谋略。《汉书·楚元王传》："德字路叔，少修黄老术，有～～。"王融《永明十一年策秀才文》之三："入在朕前，凑其～～。"

【智囊】 zhìnáng 足智多谋、善于为别人策划的人。《史记·袁盎晁错列传》："以其辩得幸太子，太子家号曰～～。"《论衡·乱龙》："子骏汉朝～～，笔墨渊海。"

【智能】 zhìnéng 智慧才能。东方朔《答客难》："自以为～～海内无双。"李峤《自叙表》："至于欲披诚款，曲尽～～，竭心本朝，输力明圣，此臣日夜之所思念。"

【智数】 zhìshù 智谋心计。《世说新语·假谲》："范玄平为人，好用～～，而有时以多数失会。"

骘（騭） zhì ❶公马。郤昂《岐邠泾宁四州八马坊碑颂》："～骀异群，骊騵亦分。"❷安定。《尚书·洪范》："惟天阴～下民，相协厥居。"❸评定。范摅《云豁友议·哀贫诫》："迹之进退者，岂以二子而～是非乎？"

彘 zhì 猪。《史记·孝武本纪》："其牛色白，鹿居其中，～在鹿中。"干宝《搜神记》卷六："汉景帝三年，邯郸有狗与～交。"

寘 1. zhì ❶放置，安置。《诗经·魏风·伐檀》："坎坎伐檀兮，～之河之干兮。"《吕氏春秋·慎行》："惟门左右而～甲兵焉。"

2. tián ❷通"填"。填塞，充满。《汉书·沟洫志》："令群臣从官自将军以下皆负薪～决河。"

【寘怀】 zhìhuái 放在心上，不能忘怀。刘峻《广绝交论》："同病相怜，缀河上之悲曲；恐惧～～，昭《谷风》之盛典。"

阓（闠） zhì 致密。扬雄《太玄经·阓》："～，阴阳交跌，相阖成一。"又："～无间。"

礩（礩） zhì ❶柱石。《广韵·质韵》："～，柱下石也。"❷通"窒"。阻塞不通。《周书·熊安生传》："有宿疑～滞者数十条，皆莫能详辨。"

摕 zhì ❶刺。《说文·手部》："～，刺也。"❷至，到。《汉书·扬雄传上》："洪台掘其独出兮，～北极以嶟嶟。"

跱 zhì ❶耸立。陆机《赠弟士龙》诗："我若西流水，子为东～岳。"❷立。张衡《思玄赋》："松、乔高～孰能离？"（离：附。）左思《蜀都赋》："九土星分，万国错～。"❸储备。《后汉书·陈忠传》："多设储～，征役无度。"

【跱躇】 zhìchú 同"踟蹰"。徘徊不进的样子。《宋书·乐志三》："使君从南来，五马立～～。"

置 zhì ❶释放，赦免。《汉书·吴王刘濞传》："斩首捕虏比三百石以上皆杀，无有所～。"《三国志·魏书·武帝纪》："种不南走越，北走胡，不～汝也。"❷弃置，放弃。《左传·僖公二十四年》："齐桓公～射钩而使管仲相。"《史记·项羽本纪》："沛公则～车骑，脱身独骑。"❸放置，摆放。《韩非子·说林下》："～猿于柙中，则与豚同。"《后汉书·顺烈梁皇后纪》："常以列女图画～于左右，以自监戒。"❹建立，设置。《老子·六十二章》："故立天子，～三公。"《史记·高祖本纪》："下河内，虏殷王，～河内郡。"❺置办，购置。《韩非子·外储说左上》："郑人有且～履者，先自度其足。"《汉书·苏武传》："既至匈奴，～币遗单于。"❻驿站。《后汉书·和帝纪》："旧南海献龙眼、荔支，十里一～，五里一候。"㊀驿车，驿马。《汉书·刘屈氂传》："丞相长史乘疾～以闻。"

【置对】 zhìduì 回答，发言。《汉书·楚元王传》："哀帝令歆与《五经》博士讲论其义，诸博士或不肯～～。"

【置酒】 zhìjiǔ 摆设酒宴。《三国志·魏书·武帝纪》："日～～高会，不图进取。"左思《蜀都赋》："～～高堂，以御嘉宾。"

【置邮】 zhìyóu 驿站。《孟子·公孙丑上》："德之流行，速于～～而传命。"范成大《麻线堆》诗："舟楫避潢潦，～～疾飞驰。"

锧（鑕） zhì 刑具，砍头时用的铁砧板。班彪《王命论》："勇如信、布，强如梁、籍，成如王莽，然卒润镬伏～，烹醢分裂。"《后汉书·耿弇传》："乃肉袒负斧～于军门。"

雉 zhì ❶鸟名。野鸡。《史记·孝武本纪》："有物若～，往来城上。"《后汉书·鲁恭传》："有～过，止其傍。"❷量词。计算城墙面积的单位，长三丈高一丈为一雉。《左传·隐公元年》："都城过百～，国之害也。"张衡《东京赋》："经途九轨，城隅九～。"㊀指城墙。谢朓《暂使下都夜发新林至京邑赠西府同僚》诗："引顾见京室，宫～正相望。"❸掷色子的采名。《晋书·刘毅传》："毅次掷得～，大喜。"

【雉堞】 zhìdié 指城墙。杜甫《晚登瀼上堂》诗："～～粉似云，山田麦无陇。"王禹偁《黄州新建小竹楼记》："子城西北隅，～～圮毁，蓁莽荒秽。"

【雉经】 zhìjīng 上吊自缢。《国语·晋语二》："申生乃～～于新城之庙。"《三国志·魏书·曹洪传》注引《魏略》："俯惟愆阙，惭愧怖悸，不能～～以自裁割。"

【雉卢】 zhìlú 雉、卢是掷色子时的两种采名，合用泛指博戏。方夔《送春》诗："此生岁月随泡影，末路功名等～～。"

稚（穉、稺） zhì ❶晚熟的（庄稼）。《齐民要术·种谷》："四月五月种者为～禾。"❷幼小。《穀梁传·僖公十年》："长曰奚齐，～曰卓子。"《世说新语·仇隙》："而无忌兄弟皆～。"㊀年幼者。杜甫《赤谷》诗："山深苦多风，落日童～饥。"

【稚齿】 zhìchǐ 年幼，幼年。潘岳《闲居赋》："昆弟斑白，儿童～～。"王融《三月三日曲水诗序》："耆年阙市井之游，～～丰车马之好。"

【稚钱】 zhìqián 古钱币名。南朝梁有五铢稚钱，俗称稚钱。源出五铢而狭小，流行于三吴地区。

【稚质】 zhìzhì 指少女。《淮南子·修务训》："蔡之幼女，卫之～～。"左思《魏都赋》："易阳壮容，卫之～～。"

【稚子】 zhìzǐ 幼子。陶渊明《归去来兮辞》："僮仆欢迎，～～候门。"也泛指年少者。《史记·五帝本纪》："以夔为典乐，教～～。"

緻 zhì ❶细缯。《潜夫论·浮侈》："细～绮縠，冰纨锦绣。"❷细密。潘岳《射雉赋》："衷料戾以彻鉴，表厌蹑以密～。"王褒《洞箫赋》："胶～理比。"

瘈 1. zhì 狗发狂。《左传·襄公十七年》："国人逐～狗。"这个意义又写作"猘"或"狾"。

2. chì 见"瘈疭"。

【瘈疭】 chìzòng 手足痉挛、口眼歪斜。即抽风。《素问·诊要经终论》："太阳之脉，其终也，戴眼，反折，～～。"

疐 1. zhì ❶跌倒，绊倒。《诗经·豳风·狼跋》："狼跋其胡，载～其尾。"㊀境遇不顺。曾巩《刑部郎中致仕王公墓志铭》："然君在撼顿颠～之中，志气弥厉。"

2. dì ❷通"蒂"。花叶或瓜果与枝茎连接的部分。引申为去掉瓜果的蒂。《礼记·曲礼上》："为大夫累之，士～之。"

踬（躓） zhì ❶跌倒，绊倒。《战国策·燕策一》："与杀吾父逐吾主母者，宁佯～而覆之。"（吾父：当作"吾主父"。）《三国志·魏书·董卓传》："马～不前，卓心怪欲止。"❷遇事受挫，不顺利。钟会《檄蜀文》："益州先主，以命世英才，兴兵新野，困～冀、徐之郊，制命绍、布之手。"谢灵运《还旧园作见颜范二中书》诗："事～两如直，心惬三避贤。"

觯（觶） zhì 一种盛酒的器皿，似尊而小。《礼记·礼器》："尊者举～，卑者举角。"

蹛 zhì 见 dài。

踶 zhì 见 dì。

鮆（鮆） zhì 鱼名。《世说新语·纰漏》："天时尚燠，～鱼虾鱃未可致。"

懥 zhì 愤怒。《礼记·大学》："身有所忿～，则不得其正。"柳宗元《亡姊前京兆府参军裴君夫人墓志》："忿～之色，不兆于容貌。"

擿 1. zhì ❶搔，抓。《列子·黄帝》："斫挞无伤痛，指～无痟痒。"❷妇女头上的一种首饰。《后汉书·舆服志下》："簪以瑇瑁为～。"❸投掷。后作"掷"。《史记·刺客列传》："荆轲废，乃引其匕首以～秦王。"

2. zhāi ❹摘取，选取。谢灵运《从斤竹涧越岭溪行》诗："企石挹飞泉，攀林～叶卷。"陶渊明《读山海经》诗之一："欢言酌春酒，～我园中蔬。"

3. tì ❺拨，弄。《论衡·程材》："儒生～经，穷竟圣意；文吏摇笔，考迹民事。"❻挑，揭发。《后汉书·陈元传》："抉瑕～衅，掩其弘美。"《后汉书·法雄传》："善政事，好发～奸伏。"❼指使。《汉书·谷永传》："卫将军高密～永令发去。"

【擿伏】 tìfú 揭发隐秘的事情。《汉书·赵广汉传》："其发奸～～如神，皆此类也。"

【擿抉】 tìjué 挑剔。《三国志·吴书·步骘传》："伏闻诸典校～～细微，吹毛求瑕。"

螲 zhì 见 dié。

zhong

中 1. zhōng ❶内，里。《论语·为政》："言寡尤，行寡悔，禄在其～矣。"《孟子·离娄上》："胸～正则眸子瞭焉。"《三国志·蜀书·诸葛亮传》："宫～府～俱为一体，陟罚臧否，不宜异同。"⑫特指皇宫内。《汉书·艺文志》："刘向以～《古文易经》校施、孟、梁丘经。"❷内心，内情。《汉书·韩安国传》："其人深～笃行君子。"《战国策·赵策二》："隐～不竭，臣之罪也。"❸中间，当中。《孙子·九地》："击其～则首尾俱至。"❹正。《吕氏春秋·诬徒》："故不能学者，遇师则不～，用心则不专。"《后汉书·杨震传》："不奢不约，以合礼～。"❺一半，半。《战国策·魏策四》："魏王欲攻邯郸，季梁闻之，～道而反。"曹植《美女篇》："盛年处房室，～夜起长叹。"⑫半途。《史记·汲郑列传》："此两人～废，家贫，宾客益落。"《论衡·问孔》："如本使之王，复～悔之。"❻中等。《汉书·司马迁传》："夫～材之人，事关于宦竖，莫不伤气。"❼适当，适中。《后汉书·安帝纪》："朕以不明，统理失～。"《三国志·魏书·夏侯玄传》："文质之宜，取其～则。"

2. zhòng ❽射中目标。《吕氏春秋·本生》："万人操弓共射一招，招无不～。"《战国策·西周策》："楚有养由基者，善射，去柳叶百步而射之，百发百～。"⑪落到，陷于。《史记·苏秦列传》："秦无韩、魏之规，则祸必～于赵矣。"《后汉书·单超传》："图之不难，但恐陛下复～狐疑。"⑫得病。《三国志·吴书·吴主权潘夫人传》："诸宫人伺其昏卧，共缢杀之，托言～恶。"❾符合。《管子·乘马》："因天材，就地利，故城郭不必～规矩，道路不必～准绳。"苏轼《韩幹画马赞》："以为野马也，则隅目耸耳，丰臆细尾，皆～度程。"❿伤，中伤。《论衡·订鬼》："气不和者～人。"《汉书·王商传》："及商以闺门事见考，自知为凤所～，惶怖。"《后汉书·蔡邕传》："邕含隐切，志欲相～。"

【中肠】 zhōngcháng 内心。曹植《送应氏》诗："爱至望苦深，岂不愧～～？"谢灵运《庐陵王墓下作》诗："眷言怀君子，沉痛结～～。"

【中分】 zhōngfēn ❶平分，对半分。《史记·高祖本纪》："与汉王约，～～天下。"❷与……相等、相同。《汉书·梁孝王刘武传》："吴楚破，而梁所杀虏略与汉～～。"

【中更】 zhōnggēng 秦汉爵位名。《史记·秦本纪》："三十八年，～～胡阳攻赵阏与，不能取。"

【中官】 zhōngguān ❶中央王朝内的官吏，与地方官相对。《后汉书·郎𫖮传》："方今～～外司，各各考事。"❷指宦官太监。范晔《宦者传论》："和帝即祚幼弱，而窦宪兄弟专总权威，……于是～～始盛焉。"《后汉书·顺帝纪》："初听～～得以养子为后，世袭封爵。"

【中国】 zhōngguó ❶京城，国都。《诗经·大雅·民劳》："惠此～～，以绥四方。"《论衡·刺孟》："我欲～～而授孟子室，养弟子以万钟。"❷古代指我国中原地区或在中原地区华夏族建立的政权。《战国策·秦策三》："今韩、魏，～～之处，而天下之枢也。"《史记·孝武本纪》："天下名山八，而三在蛮夷，五在～～。"《汉书·匈奴传下》："[伊黑居次]云常欲与～～和亲。"

【中馈】 zhōngkuì 指妇女操持家中饮食之事。曹植《送应氏》诗："～～岂独薄，宾饮不尽觞。"⑪指妻室。《三国志·魏书·文德郭皇后传》注引《魏略》："诚不足以假充女君之盛位，处～～之重任。"

【中牢】 zhōngláo 指猪、羊二牲。《后汉书·安帝纪》："遣使者祠太上皇于万年，以～～祠萧何、曹参、霍光。"

【中令】 zhōnglìng 中书令的省称。汉设中书令，掌传宣诏令。隋唐以中书令、侍中、尚书令共议国政，俱为宰相。许浑《出永通门经李氏庄》诗："力保山河家又庆，衹应～～敌汾阳。"

【中霤】 zhōngliù 指天窗或室中央。《汉书·郊祀志》："大夫祭门、户、井、灶、～～五祀。"《论衡·祀义》："井、灶、室、～～皆属于地，祭地，五祀设其中矣。"

【中人】 zhōngrén ❶平常人，一般人。《论语·雍也》："子曰：'～～以上，可以语上也。～～以下，不可以语上也。'"《史记·陈涉世家》："材能不及～～。"❷指朝中公卿大臣。陆机《五等论》："故烈士扼腕，终委寇仇之手；～～变节，以助虐国之桀。"❸指宦官。《汉书·百官公卿表》："景帝中六年，更名大长秋，或用～～，或用士人。"范晔《宦者传论》："将以其体非全气，情志专良，通关～～，易以役养乎？"❹宫内侍女。《史记·李将军列传》："[李]敢有女为太子～～。"

【中使】 zhōngshǐ 皇宫中派出的使者。沈约《齐故安陆昭王碑文》："勉膳禁哭，～～相望。"杜甫《巴山》诗："巴山遇～～，云自陕城来。"

【中尉】 zhōngwèi ❶秦汉时武官名，掌管京城治安。《史记·绛侯周勃世家》："乃拜亚夫为～～。"❷秦汉主爵中尉或唐代护军中尉的省称。《新唐书·杨复光传》："稍迁左神策军～～，潜去宰相杨收，权宠震时。"

【中兴】 zhōngxīng 指王朝由衰落而重新振兴。《诗经·大雅·烝民序》："任贤使能，周室～～焉。"贾至《工部侍郎李公集序》："神龙～～，朝称多士。"

【中野】 zhōngyě 荒野之中。《汉书·娄敬传》："父子暴骸～～。"曹植《送应氏》诗："～～何萧条，千里无人烟。"

【中庸】 zhōngyōng ❶平常，中等。《汉书·项籍传》："材能不及～～。"干宝《晋纪总论》："民风国势如此，虽以～～之才，守文之主治之，……贾谊必为之痛哭。"❷儒家的一种道德标准，指做人处事要守正不偏，无过不及。《论语·雍也》："～～之为德也，其至矣乎！"蔡邕《陈太丘碑文》："德务～～，教敦不肃。"

【中岳】 zhōngyuè 指嵩山，在今河南登封市北，我国五岳之一。

【中诏】 zhōngzhào 皇帝手诏。《三国志·魏书·三少帝纪》："～～所施，或存或问。"

【中州】 zhōngzhōu ❶指古豫州(今河南)。《论衡·对作》："建初孟年，～～颇歉，颍川、汝南民流四散。"❷泛指黄河中游地区。《三国志·吴书·全琮传》："是时～～人士避难而南，依琮居者以百数。"

伀 zhōng 见"伀蒙"。又同"妐"。

【伀蒙】 zhōngméng 惶惧的样子。《三国志·吴书·周鲂传》："臣知无古人单复之术，加卒奉大略，～～狼狈。"

忪 1. zhōng ❶心跳，惊惧。李贺《恼公》诗："犀株防胆怯，银液镇心～。"韦庄《浣溪沙》词："欲上秋千四体慵，拟交人送又心～。"

2. sōng ❷见"忪惺"。

【忪惺】 sōngxīng 同"惺忪"。苏醒，清醒。汤显祖《紫钗记·荣归燕喜》："梦～～，背纱窗教人几番临镜。"

彸 zhōng 见"征彸"。

妐 zhōng ❶丈夫的父亲。《吕氏春秋·遇合》："姑～知之，曰：'为我妇而有外心，不可畜。'"❷丈夫的哥哥。《广韵·钟韵》："～，夫之兄也。"

忠 zhōng ❶办事尽心竭力。《论语·学而》："吾日三省吾身：为人谋而不～乎？与朋友交而不信乎？传不习乎？"❷指忠于君主。《世说新语·贤媛》："为子则孝，为臣则～。"❸通"中"。符合。《管子·禁藏》："顺天之时，约地之宜，～人之和。"

【忠谠】 zhōngdǎng ❶忠诚正直。《三国志·蜀书·彭羕传》："若明府能招致此人，必有～～落落之誉。"❷忠诚正直的人。任昉《天监三年策秀才文》："而使直臣杜口，～～路绝。"

【忠款】 zhōngkuǎn 忠诚。《三国志·蜀书·后主传》："请命告诫，敬输～～。"陈亮《酌古论·李愬》："如丁士良之擒吴秀琳，秀琳之擒李祐，其～～固可见矣。"

【忠良】 zhōngliáng ❶忠诚善良。《尚书·冏命》："大小之臣，咸怀～～。"❷指忠诚善良的人。鲍照《出自蓟北门行》："时危见臣节，世乱识～～。"

【忠言】 zhōngyán 忠诚率直的话。《韩非子·外储说左上》："～～拂于耳，而明主听之，知其可以致功也。"诸葛亮《出师表》："至于斟酌损益，进尽～～，则攸之、祎、允之任也。"

【忠贞】 zhōngzhēn 忠诚而坚贞。《论衡·累害》："朝吴～～，无忌逐之。"卢谌《赠刘琨诗并书》："加其～～，宣其徽猷。"

终(終) zhōng ❶终了，结尾。《尚书·咸有一德》："～始惟一，时乃日新。"《左传·宣公二年》："靡不有初，鲜克有～。"《吕氏春秋·音初》："二女作歌，一～曰：'燕燕往飞。'"㊁最终，到末了。《战国策·齐策五》："今世之所谓善用兵者，～战比胜，而守不可拔。"《后汉书·袁绍传》："愿将军缓心抑怒，～省愚辞。"❷生命终结，死。《汉书·隽不疑传》："久之，以病免，～于家。"《后汉书·赵咨传》："自生民以来，厚～之敝，未有若此者。"❸始终。《汉书·李广传》："他日射之，～不能入矣。"《后汉书·乌桓传》："怒则杀父兄，而～不害其母。"❹尽。《左传·宣公十二年》："晋之馀师不能军，宵济，亦～夜有声。"《韩非子·外储说右下》："造父见之，泣，～日不食。"❺既。《诗经·邶风·北门》："～窭且贫，莫知我艰。"❻终于。《后汉书·顺帝纪》："孝顺初立，时髦允集。匪砥匪革，～沦嬖习。"张华《励志》诗："如彼梓材，弗勤丹漆，虽劳朴斫，～负素质。"

【终古】 zhōnggǔ ❶长久，久远。潘岳《西征赋》："欲法尧而承羞，永～～而不刊。"(刊：削。)陆机《叹逝赋》："经～～而常然，率品物其如素。"❷往昔。《汉书·沟洫志》："邺有贤令兮为史公，决漳水兮灌邺旁，～～舄卤兮生稻粱。"《世说新语·栖逸》："籍商略～～，上陈黄农玄寂之道，下考三代盛德之美以问之，仡然不应。"

【终极】 zhōngjí 穷尽，尽头。曹植《送应氏》诗："天地无～～，人命若朝露。"王粲《七哀诗》："羁旅无～～，忧思壮难任。"

【终竟】 zhōngjìng ❶穷尽，到终了。《后汉书·顺烈梁皇后纪》："不能复与群公卿士共相～～。"❷终究。《论衡·调时》："如岁月～～者宜有神，则四时有神，统元有神，月三日魄，八日弦，十五日望，与岁月～～何异?"

【终老】 zhōnglǎo ❶到老。古诗《为焦仲卿妻作》："今若遣此妇，～～不复取。"(取：娶。)《古诗十九首·涉江采芙蓉》："同心而离居，忧伤以～～。"❷养老。《宋史·刘爚传》："为～～隐居之计。"

【终天】 zhōngtiān 长久，久远。潘岳《哀永逝文》："今奈何兮一举，邈～～兮不反。"任昉《为褚谘议蓁让代兄袭封表》："禀承在昔，理绝～～。"

【终养】 zhōngyǎng 辞官归家，奉养父母或其他老人，以终其天年。李密《陈情表》："臣密今年四十有四，祖母刘今年九十有六，是臣尽节于陛下之日长，而报养刘之日短也。乌鸟私情，愿乞～～。"

【终南捷径】 zhōngnánjiéjìng 唐卢藏用想做官，假为隐居，住在京城长安附近的终南山，后果被召用。故用"终南捷径"比喻谋取官职或名利的便捷途径。卢挚《蟾宫曲·咸阳怀古》曲："见～～～～休忙，茅宇松窗。"

盅 zhōng 见 chōng。

钟[1]（鍾） zhōng ❶酒器。班固《东都赋》："于是庭实千品，旨酒万～。"❷量器，也是容量单位。六斛四斗为一钟。《孟子·公孙丑下》："养弟子以万～。"《汉书·沟洫志》："溉舄卤之地四万馀顷，收皆亩一～。"❸聚集，专注。《左传·昭公二十八年》："子貉早死无后，而天～美于是。"陆机《拟古诗·拟涉江采芙蓉》："沈思～万里，踯躅独吟叹。"杜甫《送率府程录事还乡》诗："意～老柏青，义动修蛇蛰。"❹通"鐘"。1)乐器名。《韩非子·说林下》："知伯将伐仇由，而道难不通，乃铸大～遗仇由。"2)古代响器，击以报时。鲍照《放歌行》："日中安能止，～鸣犹未归。"

【钟爱】 zhōng'ài 特别喜爱。《宋书·刘义恭传》："动而明颖，姿颜美丽，高祖特所～～。"

【钟馗】 zhōngkuí 传说中的恶鬼，后民间供为门神，用以逐鬼驱邪。

【钟夔】 zhōngkuí 钟，指春秋时钟子期。夔为舜时乐官。钟夔泛指善长音乐的人。《世说新语·言语》："管弦繁奏，～～先听其音。"

【钟期】 zhōngqī 即钟子期，春秋楚人，精于音乐。与伯牙善，钟期死，伯牙谓无知音，终身不复鼓琴。曹丕《与吴质书》："昔伯牙绝弦于～～。"

【钟情】 zhōngqíng 感情专注于某人或某物。陆游《暮春》诗："啼莺妒梦频催晓，飞絮～～独殿春。"

钟[2]（鐘） zhōng ❶古代一种乐器。《史记·乐书》："然后～磬竽瑟以私之，干戚旄狄以舞之。"❷古代响器，击以报时。庾信《陪驾幸终南山和宇文内史》："戍楼鸣夕鼓，山寺响晨～。"❸通"鍾"。1)古代酒器。《列子·杨朱》："朝之室也，聚酒千～。"2)容量单位。六斛四斗为一钟。《史记·河渠书》："溉泽卤之地四万馀顷，收皆亩一～。"

【钟鼎】 zhōngdǐng ❶钟是乐器，鼎是食器。古人击钟列鼎而食。任昉《奏弹曹景宗》："负檐裁弛，～～遽列。"❷泛指古代铜器。王中《头陀寺碑文》："夫民劳事功，既镂文于～～，言时称代，亦树碑于宗庙。"

【钟鼎文】 zhōngdǐngwén 指古铜器上刻的古文字，又称金文。

【钟鸣鼎食】 zhōngmíngdǐngshí 古代贵族列鼎而食，食时击钟奏乐。王勃《滕王阁序》："闾阎扑地，～～～～之家。"

衷 1. zhōng ❶贴身内衣。《说文·衣部》："～，里亵衣。"㉑穿在里面。《左传·襄公二十七年》："将盟于宋西门之外，楚人～甲。"《史记·陈杞世家》："灵公与其大夫孔宁、仪行父皆通于夏姬，～其衣以戏于朝。"㉒把东西藏在衣服里。《三国志·魏书·庞淯传》："～匕首，欲因见以杀猛。"❷内心。《韩非子·八经》："阴使时循以省～。"曹植《责躬》诗："天启其～，得会京畿。"❸善。《尚书·汤诰》："降～于下民。"❹通"中"。1）中间。《国语·晋语四》："～而思始。"2）中断，截断。《左传·隐公九年》："～戎师，前后击之，尽殪。"

2. zhòng ❺通"中"。适当，恰当。《后汉书·梁统传》："刑罚不～，则人无所厝手足。"

【衷肠】 zhōngcháng 内心感情。韩偓《天鉴》诗："神依正道终潜卫，天鉴～～竟不违。"

【衷心】 zhōngxīn 内心，心中。《三国志·蜀书·法正传》："先主每入，～～常凛凛。"

蚣 zhōng 见 gōng。

籦 zhōng 见"籦笼"。

【籦笼】 zhōnglóng 竹名。可作笛。马融《长笛赋》："惟～～之奇生兮，于终南之阴崖。"也作"籦龙"。戴凯之《竹谱》："～～之美，爰自昆仑。"

橦 zhōng 见 tóng。

螽 zhōng 见"螽斯"。

【螽斯】 zhōngsī ❶吃庄稼的害虫。《诗经·周南·螽斯》："～～羽，诜诜兮。宜尔子孙，振振兮。"❷比喻子孙众多。常用于对人的祝愿。张华《女史箴》："比心～～，则繁尔类。"

肿（腫） zhǒng ❶毒疮。《周礼·天官·疡医》："疡医掌～疡、溃疡、金疡、折疡之祝药。"（祝：注。）❷浮肿，肿胀。《左传·定公十年》："公闭门而泣之，目尽～。"《韩非子·说林下》："此其为马也，踒肩而～膝。"

种（種） 1. zhǒng ❶种子。《汉书·贾山传》："地之硗者，虽有善～，不能生焉。"《世说新语·俭啬》："王戎有好李，卖之，恐人得其～，恒钻其核。"㉑血统，后代。《战国策·齐策六》："女无谋而嫁者，非吾～也，污吾世矣。"《史记·齐悼惠王世家》："臣，将～也，请得以军法行酒。"❷种族。《后汉书·段颎传》："又招同～千馀落，并兵晨奔颎军。"潘勗《册魏公九锡文》："乌丸三～，崇乱二世。"❸种类，类别。《后汉书·华佗传》："精于方药，处齐不过数～。"（齐：剂。）谢惠连《祭古冢文》："明器之属，材瓦铜漆，有数十～。"

2. zhòng ❹种植。《战国策·东周策》："今其民皆～麦，无他～。"《论衡·逢遇》："春～谷生，秋刈谷收。"

冢 zhǒng ❶高大的坟墓。后作"塚"。《吕氏春秋·安死》："故宋未亡而东～抇。"（抇：发掘。）《史记·高祖本纪》："项羽烧秦宫室，掘始皇帝～。"❷山顶。《诗经·小雅·十月之交》："百川沸腾，山～崒崩。"❸大，嫡长。《尚书·泰誓上》："类于上帝，宜于～土。"《后汉书·袁绍刘表传赞》："回皇～嬖，身颓业丧。"

【冢嗣】 zhǒngsì 嫡长子，王位继承人。《国语·晋语三》："君之～～其替乎？"《三国志·魏书·王朗传》："婴齐入侍，遂为～～，还君其国。"

【冢宰】 zhǒngzǎi 周代官名，又称太宰，为百官之首。《尚书·伊训》："百官总己，以听～～。"潘岳《西征赋》："天子寝于谅闇，百官听于～～。"

【冢子】 zhǒngzǐ 嫡长子。《史记·晋世家》："太子奉冢祀社稷之粢盛，以朝夕视君膳者也，故曰～～。"骆宾王《代李敬业传檄天下文》："敬业皇唐旧臣，公侯～～。"

塚 zhǒng 义同"冢①"。《玉篇·土部》："～，墓也。正作'冢'。"李贺《许公子郑姬歌》："相如～上生秋柏，三秦谁是言情客？"

瘇（尰） zhǒng 肿脚。《汉书·贾谊传》："天下之势方病大～。"

踵 zhǒng ❶脚后跟。《战国策·赵策四》："媪之送燕后也，持其～为之泣。"《后汉书·冯衍传上》："故其延颈企～而望者，非特一人也。"❷行，走。《战国策·燕策一》："且夫秦之攻燕也，逾云中、九原，过代、上谷，弥埊～道数千里。"韩愈《进学解》："～常途之促促，窥陈编以盗窃。"❸至，到。《战国策·齐策一》："军重～高宛。"《孟子·滕文公上》："自楚之滕，～门而告文公。"❹跟随。《汉书·霍去病传》："步兵转者～军数十万。"《三国志·魏书·明帝纪》："自是之后，相～行之。"❺继承，沿袭。扬雄《剧秦美新》："昔帝缵皇，王缵帝，随前～古，或无为而治，或损益而亡。"曹冏《六代论》："向使高祖～亡秦之法，忽先王之制，则天下已传，非刘氏有也。"

【踵继】 zhǒngjì 接续，继承。《后汉书·班彪传》："武帝时，司马迁著《史记》，自太初以后，阙而不录，后好事者颇或缀集时事，然多鄙俗，不足以～～其书。"

【踵见】 zhǒngjiàn 用脚跟走去拜见。《庄子·德充符》："鲁有兀者叔山无趾，～～仲尼。"（兀者：砍掉一只脚的人。）

【踵武】 zhǒngwǔ 踏着前人脚印。比喻继承前人事业。《楚辞·离骚》："忽奔走以先后兮，及先王之～～。"王俭《褚渊碑文》："天鉴璇曜，～～前王。"

仲 zhòng ❶排行第二的。古代以伯、仲、叔、季排行。《诗经·小雅·何人斯》："伯氏吹埙，～氏吹篪。"❷居第二位的。曹丕《典论·论文》："傅毅之于班固，伯～之间耳。"㊂居中的。谢惠连《西陵遇风献康乐》诗："我行指孟春，春～尚未发。"

【仲春】 zhòngchūn 指农历二月。《吕氏春秋·仲春》："～～之月，日在奎，昏弧中，旦建星中。"谢灵运《酬从弟惠连》诗："～～善游遨。"

【仲冬】 zhòngdōng 指农历十一月。《吕氏春秋·音律》："～～日短至，则生黄钟。"范晔《宦者传序》："～～，命阉尹审门闾，谨房室。"

【仲父】 zhòngfù ❶父亲的大弟弟。《释名·释亲属》："父之弟曰～～，……～～之弟曰叔父。"❷指孔子。孔丘字仲尼，后人尊称为仲父。吴质《答东阿王书》："钻～～之遗训，览老氏之要言。"❸指管仲。齐桓公任管仲为相，尊事如父，故称"仲父"。后代帝王多尊称宰相为仲父。《史记·吕不韦列传》："庄襄王即位三年薨，太子政立为王，尊吕不韦为相国，号称～～。"

【仲尼】 zhòngní 孔丘字仲尼。《荀子·儒效》："～～将为司寇，沈犹氏不敢朝饮其羊。"

【仲秋】 zhòngqiū 指农历八月。《吕氏春秋·音律》："～～生南吕。"王僧达《和琅邪王依古》："～～边风起，孤蓬卷雪根。"

【仲夏】 zhòngxià 指农历五月。《吕氏春秋·仲夏》："～～之月，日在东井，昏亢中，旦危中。"《礼记·月令》："～～行冬令，则冻雹伤谷。"

【仲由】 zhòngyóu 即子路，孔子弟子。刘峻《辩命论》："～～之善，不能息其结缨。"

众（衆、眾） 1. zhòng ❶众人。《论语·学而》："汎爱～而亲仁。"《汉书·高帝纪上》："因以劫～，～不敢不听。"《后汉书·和熹邓皇后纪》："后长七尺二寸，姿颜姝丽，绝异于～。"❷多，众多。《左传·僖公二十二年》："彼～我寡，及其未既济也，请击之。"《孟子·滕文公下》："一齐人傅之，～楚人咻之。"㊂一般。《史记·封禅书》："鼎大异于～鼎。"

2. zhōng ❸通"终"。终结。《论衡·答佞》："举世为佞者，皆以祸～，不能养其身，安得养其名？"

【众庶】 zhòngshù 众民，众人。《战国策·东周策》："故～～成强，增积成山。"司马相如《上林赋》："务在独乐，不顾～～。"《史记·夏本纪》："命后稷予～～难得之食。"

【众口铄金】 zhòngkǒushuòjīn 众人异口同声的言论，能够熔化金子。比喻舆论力量强大。《国语·周语下》："故谚曰：'众心成城，～～～～。'"《战国策·魏策一》："臣闻积羽沉舟，群轻折轴，～～～～，故愿大王之熟计之也。"

【众怒难犯】 zhòngnùnánfàn 众人的愤怒，不可冒犯。《左传·襄公十年》："～～～～，专欲难成，合二难以安国，危之道也。"

【众叛亲离】 zhòngpànqīnlí 众人反对，亲信背离。形容处境孤立。《左传·隐公四年》："阻兵无众，安忍无亲，～～～～，难以济矣。"陆倕《石阙铭》："在齐之季，昏虐君临，咸侮五行，怠弃三正，……民怨神怒，～～～～。"

重 1. zhòng ❶分量大。《老子·二十六章》："～为轻根，静为躁君。"《后汉书·应劭传》："夫时化则刑～，时乱则刑轻。"❷重大，重要。《论语·泰伯》："士不可以不弘毅，任～而道远。"张华《答何劭》诗："道长苦智短，责～困才轻。"❸高贵，贵重。《汉书·高帝纪上》："沛中豪杰吏闻令有～客，皆往贺。"《战国策·东周策》："西周者，故天子之国也，多名器～宝。"❹威重，庄重。《汉书·汲黯传》："吾徒得君～，臣而治之。"《后汉书·孔融传》："时河南尹李膺，以简～自居，不妄接士宾客。"❺重视，敬重。《后汉书·刘玄传》："唯名与器，圣人所～。"《汉书·高帝纪上》："见高祖状貌，因～敬之，引入坐上坐。"❻难。《战国策·赵策四》："群臣必多以臣为不能者，故王～见臣也。"《汉书·杨王孙传》："其子欲默而不从，～废父命。"❼加上，加重。《楚辞·离骚》："纷吾既有此内美兮，又～之以修能。"《史记·孝文本纪》："是～吾不德也。"❽辎重。《战国策·齐策一》："军～踵高宛。"《后汉书·刘焉传》："自此意气渐盛，遂造作乘舆车～千馀乘。"❾甚，极。《战国策·楚策四》："今富挚能，而公～不相善也，是两尽也。"陈琳《檄吴将校部曲文》："圣朝开弘旷荡，～惜民命，诛在一人，与众无忌。"

2. chóng ❿重叠，重复。《史记·吴太伯世家》："越王勾践食不～味，衣不～采。"陆机《短歌行》："时无～至，华不再阳。"⓫层。《史记·项羽本纪》："汉军及诸侯兵围之数～。"杜甫《茅屋为秋风所破歌》："八月秋高风怒号，卷我屋上三～茅。"⓬重新。《后汉书·赵咨传》："虽有仲尼～明周礼，墨子勉以古道，犹不能御也。"杜甫《送殿中杨监赴蜀见相公》诗："离别～相逢，偶然岂定期。"

【重臣】 zhòngchén 指居于重要职位的大臣。《三国志·蜀书·刘焉传》："可选清名～～以为牧伯，镇安方夏。"

【重听】 zhòngtīng 耳聋。《汉书·黄霸传》："许丞廉吏，虽老，尚能拜起送迎，正颇～～。"（正：只是。）

【重耳】 chóng'ěr 人名。晋献公子，在国外流亡十九年，入主晋国，是为晋文公，为春秋五霸之一。袁宏《三国名臣序赞》："三贤进而小白兴，五臣显而～～霸。"

【重文】 chóngwén 文字学术语。指音义相同而形体不同的字。如《说文解字》中"一"的重文有"弌"。

【重言】 chóngyán 叠字叠词。如《诗经》中"关关雎鸠"、"坎坎伐檀兮"、"有车邻邻"的"关关""坎坎""邻邻"等。

【重足】 chóngzú 站立时两脚相重叠。形容极恐惧，不敢移动脚步。贾谊《过秦论》："故使天下之士，倾耳而听，～～而立，拑口而不言。"

蚛 zhòng 虫咬，被虫咬残。陆龟蒙《奉酬袭美秋晚见题》诗之二："失雨园蔬赤，无风～叶彫。"冯贽《云仙杂记》卷八："晚年衰惫，齿皆～齲。"

zhou

州 zhōu ❶水中陆地。后作"洲"。《说文·水部》："～，水中可居者曰～。"《汉书·地理志下》："自合浦、徐闻南入海，得大～，东西南北方千里。"❷地方行政区划的一级。《礼记·王制》："二百一十国以为～，～有伯。"柳宗元《封建论》："～县之设，固不可革也。"❸古代民户编制。五党为州，共二千五百家。《周礼·地官·大司徒》："五党为～。"《史记·滑稽列传》："若乃～闾之会，男女杂坐。"❹聚。《国语·齐语》："令夫工群萃而～处。"❺周代国名。1）姜姓。故城在今山东安丘市东北。《春秋·桓公五年》："冬，～公如曹。"2）偃姓。故城在今湖北监利县。《左传·桓公十一年》："[郧人]将与随、绞、～、蓼伐楚师。"❻姓。

【州麾】 zhōuhuī 出任地方长官。范仲淹《依韵和安陆孙司谏见寄》："尚得～～养衰疾，优游岂减居林泉？"

【州家】 zhōujiā 刺史。韩愈《八月十五夜赠张功曹》诗："～～申名使家抑，坎坷只得移荆蛮。"

【州里】 zhōulǐ 乡里。古代二千五百家为州，二十五家为里。《论语·卫灵公》："言不忠信，行不笃敬，虽～～，行乎哉？"《吕氏春秋·贵当》："入则愧其家室，出则愧其知友～～。"

【州尊】 zhōuzūn 对州长官的尊称。《三国志·蜀书·秦宓传》："卞和衒玉以耀世，宜一来，与～～相见。"

舟 zhōu ❶船。《周易·系辞下》："刳木为～。"《墨子·节用上》："以为车以行陵陆，～以行川谷。"㊀乘船渡水，行船。《诗经·邶风·谷风》："就其深矣，方之～之。"柳宗元《饶娥碑》："娥父醉渔，风卒起，不能～，遂以溺死。"❷酒器、祭器的托盘。《周礼·春官·司尊彝》："裸用鸡彝、鸟彝，皆有～。"苏轼《次韵赵景贶督两欧阳诗破陈酒戒》："明当罚二子，已洗两玉～。"❸通"周"。环绕。《诗经·大雅·公刘》："何以～之？维玉及瑶。"❹姓。

【舟航】 zhōuháng 把船连起来做浮桥。《淮南子·氾论训》："古者大川名谷，冲绝道路，不通往来也，乃为窬木方版以为～～。"

【舟楫】 zhōují ❶船和桨，泛指船只。《周易·系辞下》："刳木为舟，剡木为楫，～～之利，以济不通。"《荀子·劝学》："假～～者，非能水也，而绝江河。"（假：凭借。）❷比喻宰辅之臣。《尚书·说命上》："若济巨川，用汝作～～。"

【舟牧】 zhōumù 掌船官。《吕氏春秋·季春》："命～～覆舟，五覆五反，乃告舟备具于天子焉。"张衡《西京赋》："于是命～～为水嬉，浮鹢首，翳云芝。"

【舟师】 zhōushī ❶水军。《左传·襄公二十四年》："楚子为～～以伐吴。"❷船夫。《新唐书·王义方传》："[张]亮抵罪，故贬吉安丞，道南海，～～持酒脯请福。"

【舟子】 zhōuzǐ 船夫，船工。《诗经·邶风·匏有苦叶》："招招～～，人涉卬否。"杜甫《遣遇》诗："～～废寝食，飘风争所操。"

【舟中敌国】 zhōuzhōngdíguó 同船之人都成了敌人，形容众叛亲离。《史记·孙子吴起列传》："若君不修德，舟中之人尽为敌国也。"陆贽《论关中事宜状》："势苟安则异类同心也，势苟危则～～～～也。"

诌（謅） zhōu 信口编造。杨文奎《儿女团圆》三折："一谜里便胡～乱说。”《红楼梦》十九回：“顺口～道：‘扬州有一座黛山，山上有一个林子洞。’”

侜 zhōu 欺诳，骗。《诗经·陈风·防有鹊巢》：“谁～予美，心焉忉忉。”梅尧臣《莫登楼》诗：“天寒酒醺谁尔～，倚楹心往形独留。”

【侜张】 zhōuzhāng ❶欺诳。仲长统《昌言》：“于是淫厉乱神之礼兴焉，～～变怪之言起焉。”❷嚣张。《魏书·阳平王熙传》：“贼众～～，所在强盛。”

周1 zhōu ❶环绕。《左传·成公二年》：“齐师败绩，逐之，三～华不注。”（华不注：山名。）《后汉书·周磐传》：“若命终之日，桐棺足以～身，外椁足以～棺。”㉑循环，反复。《论衡·明雩》：“月之行天，三十日而～。”❷周遍，周游。《周易·系辞上》：“知～乎万物，而道济天下。”《吕氏春秋·慎人》：“禹～于天下，以求贤者。”❸周到，细密。《荀子·议兵》：“处舍收藏，欲～以固。”《孙子·谋攻》：“辅～则国必强，辅隙则国必弱。”㉑巩固。《左传·哀公十二年》：“盟，所以～信也。”❹量词。遍，转。《后汉书·东平宪王苍传》：“朕亲自览读，反覆数～。”孟郊等《远游联句》：“别肠车轮转，一日一万～。”❺亲近，相合。《论语·为政》：“君子～而不比，小人比而不～。”《楚辞·离骚》：“虽不～于今之人兮，愿依彭咸之遗则。”❻合用，合适。《韩非子·难二》：“宫室器械～于资用。”❼转弯处，角落。《诗经·唐风·有杕之杜》：“有杕之杜，生于道～。”❽至，最。见“周亲”。❾通“赒”。接济，救济。《吕氏春秋·季春》：“开府库，出币帛，～天下，勉诸侯，聘名士，礼贤者。”❿朝代名。1）周武王灭商后建立，建都镐京（今陕西西安市），后平王东迁洛邑（今河南洛阳市）。2）南北朝时，宇文觉代西魏称帝，国号周，史称北周。3）唐代武则天执政，改国号为周。4）五代时郭威继后汉称帝，国号周，史称后周。

【周道】 zhōudào ❶大路。《诗经·小雅·四牡》：“四牡骓骓，～～倭迟。”❷指周代的治国之道。《荀子·非相》：“欲知上世，则审～～。”

【周鼎】 zhōudǐng 周代的传国宝鼎。比喻贵重之物。《史记·秦始皇本纪》：“始皇还，过彭城，斋戒祷祠，欲出～～泗水。”又《屈原贾生列传》：“斡弃～～兮宝康瓠，腾驾罢牛兮骖蹇驴，骥垂两耳兮服盐车。”

【周定】 zhōudìng 全面安定。《史记·秦始皇本纪》：“烹灭强暴，振救黔首，～～四极。”

【周方】 zhōufāng 周全，帮助。王实甫《西厢记》：一本二折：“不做～～，埋怨杀你个法聪和尚。”

【周行】 zhōuháng ❶大路。《诗经·周南·卷耳》：“嗟我怀人，寘彼～～。”《三国志·吴书·贺齐传》：“齐身出～～，观视形便。”❷最好的学说、方法，大道。《诗经·小雅·鹿鸣》：“人之好我，示我～～。”

【周回】 zhōuhuí 周围。《后汉书·西域传》：“条支国城在山上，～～四十馀里。”

【周急】 zhōují 接济穷急。《后汉书·王丹传》：“家累千金，隐居养志，好施～～。”《三国志·魏书·任峻传》：“于饥荒之际，收恤朋友孤遗，中外贫宗，～～继乏。”

【周浃】 zhōujiā 周遍，遍及。《荀子·君道》：“古者先王审礼以方皇～～于天下。”《后汉书·左慈传》：“[曹]操使目前脍之，～～会者。”

【周尽】 zhōujìn 周到，详尽。《宋史·周必大传》：“必大在翰苑几六年，制命温雅，～～事情，为一时词臣之冠。”

【周览】 zhōulǎn 向四面流览。《史记·秦始皇本纪》：“亲巡远方黎民，登兹泰山，～～东极。”

【周流】 zhōuliú ❶循环流转。《周易·系辞下》：“变动不居，～～六虚。”《汉书·王褒传》：“追奔电，逐遗风，～～八极，万里壹息。”❷周游。《史记·淮南衡山列传》：“重装富贾，～～天下，道无不通，故交易之道行。”《论衡·语增》：“若孔子栖栖，～～应聘，身不得容，道不得行。”

【周庐】 zhōulú 皇宫四周的警卫庐舍。《史记·秦始皇本纪》：“～～设卒甚谨。安得贼敢入宫？”班固《西都赋》：“～～千列，徼道绮错。”

【周袤】 zhōumào 周围。《汉书·扬雄传上》：“北绕黄山，濒渭而东，～～数百里。”

【周内】 zhōunà 即“周纳”。罗织罪状，故意陷人于法。《汉书·路温舒传》：“上奏畏却，则锻练而～～之。”

【周年】 zhōunián ❶周代。《隋书·隐逸传序》：“七人作乎～～，四皓光乎汉日。”❷满一年。《淮南子·道应训》：“留于秦，～～不得见。”

【周亲】 zhōuqīn 至亲。《尚书·泰誓中》：“虽有～～，不如仁人。”骆宾王《代李敬业传檄天下文》：“公等或家传汉爵，或地协～～。”

【周容】 zhōuróng 谄媚逢迎，苟合取容。《楚辞·离骚》：“背绳墨以追曲兮，竞～～以为度。”

【周赡】 zhōushàn 充足周全。《三国志·蜀书·张嶷传》:"嶷杀牛飨宴,重申恩信,遂获盐铁,器用~~。"

【周听】 zhōutīng 广泛听取。贾谊《新书·道术》:"~~则不蔽,稽验则不惶。"

【周卫】 zhōuwèi 宫禁。《汉书·司马迁传》:"主上幸以先人之故,使得奏薄技,出入~~之中。"

【周行】 zhōuxíng 绕道而行。王延寿《鲁灵光殿赋》:"~~数里,仰不见日。"

【周还】 zhōuxuán ❶盘旋,运转。《汉书·天文志》:"一曰荧惑出则有大兵,入则兵散。~~止息,乃为其死丧。"❷指举止。《礼记·射义》:"进退~~必中礼。"

【周旋】 zhōuxuán ❶盘旋,运转。《后汉书·灵帝纪》:"又驾四驴,帝躬自操辔,驱驰~~。"李白《大鹏赋》:"跨蹑地络,~~大纲。"❷地势盘曲。《列子·汤问》:"其山高下~~三万里。"❸交战,应付。《左传·僖公二十三年》:"若不获命,其左执鞭弭,右属櫜鞬,以与君~~。"❹行礼时进退揖让的动作;也指应酬交际。《后汉书·淳于恭传》:"举动~~,必由礼度。"

【周月】 zhōuyuè ❶周历建子,以夏历十一月为岁首,称为周月。《逸周书·周月》:"敬授民时,巡狩祭享,犹自夏焉,是谓~~。"❷满一个月。张九龄《奉和圣制送李尚书入蜀》诗:"~~成功后,明年或劳还。"

【周匝】 zhōuzā ❶周围,环绕。《魏书·西域传》:"国中有副货城,~~七十里。"左思《吴都赋》:"郛郭~~,重城结隅。"《后汉书·班彪传》:"列卒~~,星棋罗布。"❷周到,周密。白居易《谢李六郎中寄新蜀茶》:"故情~~向交亲,新茗分张及病身。"《朱子全书·性理二》:"若不论那气,这道理便不~~,所以不备。"

【周遭】 zhōuzāo 周围。刘禹锡《金陵石头城》诗:"山围故国~~在,潮打空城寂寞回"。

【周泽】 zhōuzé 恩宠。《韩非子·说难》:"~~未渥也而语极知,说行而有功则德忘,说不行而有败则见疑,如此者身危。"

【周章】 zhōuzhāng ❶周游 。《楚辞·九歌·云中君》:"龙驾兮帝服,聊翱游兮~~。"《论衡·道虚》:"或时曼都好道,默委家去,~~远方,终无所得。"❷进退周旋。李白《赵公西候新亭颂》:"马逼侧于谷口,人~~于山顶。"❸恐惧的样子。左思《吴都赋》:"轻禽狡兽,~~夷犹。"(刘良注:"周章夷犹,恐惧不知所之也。")

【周遮】 zhōuzhē ❶周围。吕渭老《选冠子》词:"诉一春心事,燕子~~来了。"❷掩盖,回护。元稹《感石榴》诗:"暗虹徒缴绕,濯锦莫~~。"《朱子全书·学》:"读书则虚心玩理,以求圣贤之本意,不须如此~~劳攘,枉费心力。"❸啰唆。白居易《老戒》诗:"矍铄夸身健,~~说话长。"

【周至】 zhōuzhì 详尽,周密。《三国志·魏书·郭淮传》:"每羌、胡来降,淮辄先使人推问其亲理,男女多少,年岁长幼。及见,一二知其款曲,讯问~~,咸称神明。"

【周晬】 zhōuzuì 小儿满周岁。李商隐《骄儿》诗:"文葆未~~,固已知六七。"孟元老《东京梦华录·育子》:"生子百日,置会,谓之百晬,至来岁生日,谓之~~。"

【周旋人】 zhōuxuánrén 随从,门客。《南史·袁粲传》:"有~~~解望气,谓粲曰:'石头气甚凶,往必有祸。'"

【周情孔思】 zhōuqíngkǒngsī 周公孔子的思想感情。常用以赞美人的高尚情操。李汉《韩昌黎集序》:"日光玉洁,~~~~。"

周[2](週)

zhōu ❶环绕。叶梦珠《阅世编·建设》:"方广百馀步,外~土垣,内列仓廪。"❷周围。《徐霞客游记·粤西游日记四》:"潭四~皆石壁无隙。"❸周遍,遍及。徐渭《送通府王公序》之一:"其图籍书记,……穷年累月所不能~也。"❹周期。归有光《同州通判许半斋寿序》:"嘉靖丙辰月日,为君之诞辰,盖甲子一~矣。"瞿式耜《戊子九月书寄》:"今皇上以丙戌十月嗣统,今以两~。"㊄指满一个周期。《全唐诗》卷八六二载《嫁女诗》:"人间甲子~千岁,灵境杯觞初一巡。"❺量词。匝,遍。《儿女英雄传》三十九回:"老爷看了一~,只不曾见着他家那位姨奶奶。"

【周庇】 zhōubì 周全庇护。徐元《八义记·宫掖幽思》:"如何是,只得告天怜念~~。"

【周甲】 zhōujiǎ 六十年。《清史稿·礼志五》:"[康熙]六十年,御极~~,命世宗率皇子、皇孙诣盛京。"

【周摺】 zhōuzhé ❶迂回曲折。《金瓶梅词话》十回:"你心里要收这个丫头,收他便了。如何远打~~,指山说磨。"❷指办事不顺利。杨文奎《儿女团圆》三折:"听说罢这~~,不由我不喉堵也那气噎。"

洲

zhōu ❶水中陆地。《诗经·周南·关雎》:"关关雎鸠,在河之~。"李商隐《安定城楼》诗:"迢递高城百尺楼,绿杨枝外尽汀~。"❷大陆。《明史·外国传·意大利亚》:"万历时,其国人利玛窦至京师,为《万国全图》,言天下有五大~。"

【洲淤】 zhōuyū 水中沙洲。司马相如《上林赋》："出乎椒丘之阙，行乎～～之浦。"

诪(譸) zhōu ❶见"诪张"。❷通"筹"。揣度，推测。《后汉书·虞诩传》："以诩～之，知其无能为也。"

【诪张】 zhōuzhāng ❶欺诳。《尚书·无逸》："胥教诲，民无或胥～～为幻。"曾巩《说非异》："其徒相与唱而大之，刁为～～幻惑，下祸降休，若探诸箧。"（休：福。）❷嚣张。《世说新语·雅量》："僧弥勃然起，作色曰：'汝故是吴兴溪中钓碣耳，何敢～～！'"

调 zhōu 见 tiáo。

辀(輈) zhōu ❶居中的独木车辕。《左传·隐公十一年》："公孙阏与颍考叔争车，颍考叔挟～以走。"㊀泛指车。《后汉书·皇后纪序》："湮灭连踵，倾～继路。"❷见"辀张"。

【辀张】 zhōuzhāng ❶同"诪张"。跋扈，强横。《后汉书·孝仁董皇后纪》："汝今～～，怙汝兄耶？"❷恐惧的样子。刘琨《答卢谌诗并书》："自顷～～，困于逆乱。"

啁 1. zhōu ❶见"啁噍"、"啁啾"。
2. zhāo ❷见"啁哳"。
3. cháo ❸通"嘲"。调笑。《汉书·东方朔传》："与枚皋郭舍人俱在左右，诙～而已。"

【啁啾】 zhōujiū 象声词。细碎的声音。王维《黄雀痴》诗："到大～～解游飏，各自东西南北飞。"杜甫《渼陂行》："凫鹥散乱棹讴发，丝管～～空翠来。"

【啁噍】 zhōujiū ❶同"啁啾"。《荀子·礼论》："小者是燕雀，犹有～～之顷焉，然后能去之。"❷小鸟，即"鹪鹩"。《吕氏春秋·求人》："～～巢于林，不过一枝。"

【啁哳】 zhāozhā 象声词。细碎杂乱的声音。《楚辞·九辩》："雁廱廱而南游兮，鹍鸡～～而悲鸣。"亦作"嘲哳"。白居易《琵琶引》："岂无山歌与村笛，呕哑～～难为听。"

辀(輖) zhōu 重。《仪礼·既夕礼》："志矢一乘，轩～中。"（轩：轻。中：适中。）

喌 zhōu 呼鸡声。《说文·吅部》："～，呼鸡，重言之也。鸡声～～，故人效其声呼之。"

赒(賙) zhōu 救济，接济。《周礼·地官·大司徒》："五党为州，使之相～。"王安石《孔处士墓志铭》："衣食于田桑，有馀辄以～其乡里。"

【赒给】 zhōujǐ 接济，周济。苏舜钦《启事上奉宁军陈侍郎》："自尔家事细微，必为～～，使举族免于流转，得专孝思。"

粥 1. zhōu ❶稀饭。《荀子·富国》："冬日则为之饘～。"《后汉书·戴良传》："兄伯鸾居庐啜～，非礼不行。"
2. yù ❷通"鬻"。卖。《礼记·曲礼下》："君子虽贫，不～祭器。"《论衡·问孔》："然则孔子不～车以为鲤椁，何以解于贪官好仕恐无车?"❸通"育"。生养。《大戴礼记·帝系》："孕而不～。"❹见"粥粥"。

【粥粥】 zhōuzhōu 鸡相呼之声。韩愈《琴操·雉朝飞》："随飞随啄，群雌～～。"

【粥鱼】 zhōuyú 僧寺中黎明敲木鱼召众僧食粥。吕渭老《渔家傲》词："落月杜鹃啼未了，～～忽报千山晓。"

【粥粥】 yùyù 敬慎谦恭的样子。《礼记·儒行》："其难进而易退也，～～若无能也。"《汉书·礼乐志》："～～音送，细齐人情。"

盩 1. zhōu ❶盩厔，县名。在陕西省中部。今作"周至"。陈鸿《长恨歌传》："太原白乐天自校书郎尉于～厔。"
2. chōu ❷通"抽"。《吕氏春秋·节丧》："犯流矢，蹈白刃，涉血～肝以求之。"

鬻 zhōu 见 yù。

妯 zhóu 见 chōu。

柚 zhóu 见 yòu。

轴(軸) zhóu （又读 zhú） ❶车轴。《管子·乘马》："其木可以为材，可以为～。"《汉书·临江闵王刘荣传》："既上车，～折车废。"㊀中心，枢纽。鲍照《芜城赋》："柂以漕渠，～以崐岗。"㊁可旋转之物。白居易《琵琶行》："转～拨弦三两声，未成曲调先有情。"❷装成卷轴的书画。苏轼《答毛滂书》："顷承示长笺及诗文一～，日欲裁谢，因循至今。"❸通"疛"。病。《诗经·卫风·考槃》："考槃在陆，硕人之～。"（郑玄笺："轴，病也。"《尔雅·释诂上》："逐，病也。"郝懿行义疏："疛逐声转，或古字通也。"）

肘 zhǒu ❶胳膊肘。《庄子·让王》："十年不制衣，正冠而缨绝，捉衿而～见。"杜甫《述怀》诗："麻鞋见天子，衣袖露两～。"❷用肘碰。《左传·成公二年》："从左右，皆～之，使立于后。"《韩非子·难三》："魏宣子～韩康子。

疛 zhǒu 腹部疾病。《说文·疒部》："～，小腹病。"《吕氏春秋·数尽》："郁处头则为肿为风，……处腹则为张为～。"

帚(箒) zhǒu 扫帚。《礼记·曲礼上》："凡为长者粪之礼，必加～于箕上，以袂拘而退。”（粪：扫除脏物。）杜甫《送重表侄王殊评事使南海》诗：“家贫无供给，客位但箕～。”

睭 zhǒu 见“睭睭”。

【睭睭】 zhǒuzhǒu 形容圣人兵法深不可测的样子。《淮南子·兵略训》：“深哉～～，远哉悠悠。”

纣（紂） zhòu ❶马鞦，即马后带。《方言》卷九：“车～，自关而东、周洛韩郑汝颍而东谓之鍬。”❷商代最后一个国君，历史上有名的暴君。《史记·殷本纪》：“帝乙崩，子辛立，天下谓之～。”

注 zhòu 见 zhù。

宙 zhòu ❶栋梁。见“宇宙①”。❷古往今来，无限时间的总称。《淮南子·齐俗训》：“往古来今谓之～，四方上下谓之宇。”陆九渊《杂说》：“四方上下曰宇，往古来今曰～。”❸天空。《南齐书·乐志》：“功烛上～，德耀中天。”

咒（呪） zhòu ❶祷告，祝。《后汉书·谅辅传》：“时夏大旱，……辅乃自暴庭中，慷慨～日。”❷咒骂，诅咒。见“咒诅”。❸佛教经文的一种。李白《僧伽歌》：“问言诵～几千遍，口道恒河沙复沙。”❹某些宗教或巫术的秘语口诀。《后汉书·皇甫嵩传》：“符水～说以疗病。”

【咒愿】 zhòuyuàn 祈祷，表白心愿。李商隐《安平公》诗：“沥胆～～天有眼，君子之泽方滂沱。”

【咒诅】 zhòuzǔ 咒骂。《易林·噬嗑之未济》：“夫妇～～，太上覆颠。”也作“咒咀”。《宋史·卢多逊传》：“通达语言，～～君父。”

䌷（騆） zhòu 赛马。《淮南子·诠言训》：“胜在于数，不在于欲。～者不贪最先，不恐独后。”（高诱注：“䌷，竞驱也。”）

驺 zhòu 见 zōu。

绉（縐） zhòu ❶细葛布。《诗经·鄘风·君子偕老》：“蒙彼～絺，是绁袢也。”❷织出绉纹的丝织品。《红楼梦》三回：“下着翡翠撒花洋～裙。”❸褶纹，皱纹。司马相如《子虚赋》：“襞积褰～，纡徐委曲。”

祝 zhòu 见 zhù。

胄[1]（軸） zhòu 古代士兵作战时戴的头盔。《穀梁传·僖公二十二年》：“古者被甲婴～非以兴国也。”《韩非子·喻老》：“甲～生虮虱，燕雀处帷幄，而兵不归。”

胄[2]（伷） zhòu 帝王或贵族的后代。《论衡·死伪》：“况伯有我先君穆公之～，子良之孙。”苏舜钦《送外弟王靖叙》：“今贵人之～，以缇纨肥味泽厥身。”（按：甲胄之胄下从“月”（冒），胄裔之胄下从“月”（肉），两字原先非同形。）

【胄序】 zhòuxù 贵族子弟就学之所，太学。崔融《皇太子请家令寺地给贫人表》：“但知问竖寝门，尊师～～。”

【胄子】 zhòuzǐ 帝王或贵族的长子皆入国学，后因泛称国子学生为胄子。《汉书·礼乐志》：“帝舜命夔曰：‘女典乐，教～～。’”《晋书·潘尼传》：“莘莘～～，祁祁学生。”杜甫《折槛行》：“青襟～～困泥涂，白马将军若雷电。”

咮 zhòu ❶鸟嘴。《诗经·曹风·候人》：“维鹈在梁，不濡其～。”❷星名。即柳宿。《尔雅·释天》：“～谓之柳。”

昼（晝） zhòu ❶白天。《诗经·豳风·七月》：“～尔于茅，宵尔索绹。”《战国策·秦策三》：“伍子胥橐载而出昭关，夜行而～伏。”❷古地名。在今山东淄博市西北。《孟子·公孙丑下》：“孟子去齐，宿于～。”

【昼分】 zhòufēn 正午。《三国志·魏书·陈思王植传》：“～～而食，夜分而寝。”

【昼晦】 zhòuhuì 白天天色昏暗。《楚辞·九歌·山鬼》：“云容容兮而在下，杳冥冥兮羌～～。”

【昼锦】 zhòujǐn 项羽灭秦后曾说：“富贵不归故乡，如衣锦夜行。”（见《史记·项羽本纪》）后因称富贵还乡为“昼锦”。刘禹锡《赠致仕滕庶子先辈》诗：“朝服归来～～荣，登科记上更无光。”

【昼日】 zhòurì ❶白天。《吕氏春秋·博志》：“盖闻孔丘、墨翟～～讽诵习业，夜亲见文王、周公旦而问焉。”❷一日之间。《周易·晋》：“～～三接。”

酎 zhòu 重酿的醇酒。《吕氏春秋·孟夏》：“是月也，天子饮～，用礼乐。”《后汉书·仲长统传》：“清醇之～，败而不可饮。”

【酎金】 zhòujīn 汉代诸侯在宗庙祭祀时献金助祭，叫酎金。《史记·绛侯周勃世家》：“坐～～不善，元鼎五年，有罪，国除。”

皱（皺） zhòu ❶皮肤松弛而起的皱纹。李贺《嘲少年》诗：“莫道韶华镇长在，发白面～专相待。”[引]凡物不平有褶都叫皱。韩愈《南山》诗：“前低划开阔，烂漫堆众～。”《儒林外史》三回：“屠户见女婿衣裳后襟滚～了许多。”❷紧蹙。邵雍《诏三下答乡人不起之意》诗：“生平不作～眉事，天下应无切齿人。”

啄 zhòu 见 zhuó。

甃 zhòu ❶井壁。《庄子·秋水》：“吾跳梁乎井干之上，入休乎缺～之崖。”❷砌井壁。泛指用砖砌物。《周易·井》：“井～，无咎。”欧阳修《养鱼记》：“不～不筑，全其自然。”

僽 zhòu 见“僝僽”。

噣 1. zhòu ❶鸟嘴。《史记·赵世家》：“中衍人面鸟～。”❷星名。即柳宿。《诗经·召南·小星》“嘒彼小星，三五在东”毛传：“三心五～。”

2. zhuó ❸通“啄”。《战国策·楚策四》：“俯～白粒，仰栖茂树。”

繇 zhòu 见 yáo。

骤(驟) zhòu ❶马奔跑。《诗经·小雅·四牡》：“驾彼四骆，载～骎骎”。《三国演义》六十九回：“于是～马挺枪，搦曹洪战。”(搦：挑战。)❷疾行，迅速。《左传·成公十八年》：“杞伯于是～朝于晋。”苏轼《上皇帝书》：“今若多开～进之门，使有意外之得。”❸屡次，多次。《吕氏春秋·适威》：“～战而～胜，国家之福也。”《史记·周本纪》：“昔吾～谏王，王不从。”

【骤雨】 zhòuyǔ 暴雨，急雨。《老子·二十三章》：“故飘风不终朝，～～不终日。”元好问《小圣乐》词：“～～过，似琼珠乱撒，打遍新荷。”

籀 zhòu ❶读书。许慎《说文解字叙》：“学僮十七已上始试，讽～书九千字，乃得为吏。”❷汉字的一种字体，因著录于《史籀篇》而得名，又叫大篆。《文心雕龙·练字》：“乃李斯删～而秦篆兴。”

zhu

朱 1. zhū ❶木名。《山海经·大荒西经》：“有树赤皮支干，青叶，名曰～木。”❷大红色，朱红。《孟子·尽心下》：“恶紫，恐其乱～也。”㊂指朱色的物品。《诗经·豳风·七月》：“我～孔阳，为公子裳。”《晋书·夏侯湛传》：“若乃群公百辟，卿士常伯，被～佩紫，耀金带白。”汤显祖《牡丹亭·肃苑》：“弄粉调～，贴翠拈花。”❸指朱砂。《隋书·西域传·高昌》：“出赤盐如～，白盐如玉。”❹姓。

2. shū ❺见“朱提”。

【朱邸】 zhūdǐ 汉代诸侯朝见天子时在京城的住所。因用朱红漆门，故称。后泛称高官豪族的住舍。谢朓《拜中军记室辞随王笺》：“～～方开，效蓬心于秋实。”李商隐《过伊仆射旧宅》诗：“～～方酬力战功，华筵俄叹逝波穷。”

【朱儿】 zhū'ér 指朱砂。陆龟蒙《和怀华阳润卿博士》之三：“清斋若见茅司命，乞取～～十二斤。”

【朱粉】 zhūfěn 胭脂和铅粉。古代化妆品。白居易《题令狐家木兰花》诗：“腻如玉指涂～～，光似金刀剪紫霞。”

【朱绂】 zhūfú ❶古代贵族穿的红色礼服。用于祭祀或朝请。《周易·困》：“困于酒食，～～方来。”❷系印章的红色丝带。曹植《求自试表》：“是以上惭玄冕，俯愧～～。”

【朱光】 zhūguāng ❶指日光。张载《七哀诗》之二：“～～驰北陆，浮景忽西沉。”❷指夏季。陆机《赠尚书郎顾彦先》诗之一：“大火贞～～，积阳熙自南。”❸指火德。张衡《南都赋》：“曜～～于白水，会九世而飞荣。”也指代汉朝。陆机《汉高祖功臣颂》：“金精乃颓，～～以渥。”

【朱户】 zhūhù 红漆大门。古代帝王赐给公卿诸侯的“九锡”之一。后泛指豪门贵族。《韩诗外传》卷九：“诸侯之有德，天子锡之。一锡车马，……六锡～～。”王安石《午枕》诗：“旧蹊埋没开新径，～～欹斜见画楼。”

【朱华】 zhūhuā 红花。江淹《杂体诗·谢临川游山》：“南中气候暖，～～凌白雪。”

【朱黄】 zhūhuáng 古人校点书籍用的朱黄两种颜料。《新唐书·陆龟蒙传》：“得书熟诵乃录，雠比勤勤，～～不去手。所藏虽少，其精皆可传。”

【朱蓝】 zhūlán 古代朱蓝两色都是正色，故以比喻纯正。《文心雕龙·情采》：“正采耀乎～～，间色屏于红紫。”

【朱轮】 zhūlún 古代高官贵族乘坐的车子，用朱红漆轮。杨恽《报孙会宗书》：“恽家方隆盛时，乘～～者十人。”

【朱门】 zhūmén 古代王公贵族住宅的大门漆成红色，因称豪门贵族为朱门。杜甫《自京赴奉先县咏怀五百字》：“～～酒肉臭，路有冻死骨。”

【朱明】 zhūmíng ❶指太阳。《楚辞·招魂》：“～～承夜兮，时不可以淹。”❷夏季。《汉书·礼乐志》：“～～盛长，旉与万物。”(颜师古注：“夏为朱明。”)❸明朝皇帝姓朱，故称明朝为朱明。

【朱冥】 zhūmíng 南海。《楚辞·九叹·远遊》:"绝都广以直指兮,历祝融于～～。"

【朱鸟】　zhūniǎo　❶也叫朱雀。二十八宿中的南方七宿的总名。《论衡·物势》:"南方,火也;其星,～～也。"❷南方之神。《礼记·曲礼上》:"行,前～～而后玄武,左青龙而右白虎。"

【朱实】　zhūshí　成熟的果实。刘琨《重赠卢谌》诗:"～～陨劲风,繁英落素秋。"

【朱天】　zhūtiān　古代将天域划为中央和八方,共九野,西南叫朱天。《吕氏春秋·有始》:"西南曰～～。"

【朱羲】　zhūxī　太阳。是朱明与羲和的合称。郭璞《游仙诗》之七:"蓐收清西陆,～～将由白。"

【朱夏】　zhūxià　夏季。《尔雅·释天》:"夏为朱明。"故称夏为朱夏。曹植《槐赋》:"在季春以初茂,践～～而乃繁。"

【朱轩】　zhūxuān　❶古代王公贵族或朝廷使者乘的红漆车。《后汉书·陈忠传》:"比遣中使致敬甘陵,～～骈马,相望道路。"王维《瓜园》诗:"鸣驺导骢马,常从夹～～。"❷红色房屋。白居易《游悟真寺》诗:"回首寺门望,青崖夹～～。"

【朱殷】　zhūyān　黑红色,指凝血的颜色。《左传·成公二年》:"自始合,而矢贯余手及肘,余折以御,左轮～～。"

【朱颜】　zhūyán　青春红润的面容。泛指女子的美貌。《楚辞·招魂》:"美人既醉,～～酡些。"(酡:酒后脸红。)李白《南都行》:"丽华秀玉色,汉女娇～～。"

【朱愚】　zhūyú　见"诛愚"。

【朱仲】　zhūzhòng　仲夏。贾嵩《夏日可畏赋》:"赫尔阳精,当～～兮,厥状难明。"

【朱朱】　zhūzhū　❶形容花色鲜红。韩愈《感春》诗之三:"晨游百花林,～～兼白白。"❷唤鸡的声音。杨衒之《洛阳伽蓝记·白马寺》:"把粟与鸡呼～～。"

【朱紫】　zhūzǐ　❶古人以朱为正色,紫为间色。后以朱紫比喻正邪、是非、优劣。刘峻《广绝交论》:"雌黄出其唇吻,～～由其月旦。"《后汉书·陈元传》:"夫明者独见,不惑于～～。"❷古代高级官员的服色,因以朱紫为高官的代称。《新唐书·郑馀庆传》:"每朝会,～～满庭而少衣绿者。"陈亮《自赞》:"叹～～之未服,谩丹青而描取。"

【朱提】　shūshí　古地名。在今云南昭通县境。

诛(誅)　zhū　❶谴责,责问。《论语·公冶长》:"朽木不可雕也,粪土之墙不可杇也,于予与何～?"(予:宰予。)❷求,索求。《左传·庄公八年》:"公惧,队于车,伤足丧屦。反,～屦于徒人费。"❸惩罚,讨伐。《礼记·杂记下》:"某之子不肖,不敢辟～。"《史记·齐悼惠王世家》:"吕氏作乱,齐王发兵,欲西～之。"❹杀,戮。《荀子·正论》:"～纣,断其首。"《论衡·逢遇》:"伍员、帛喜,俱事夫差,帛喜尊重,伍员～死。"❺铲除,治除。《楚辞·卜居》:"宁～锄草茅以力耕乎?"庾信《哀江南赋》:"～茅宋玉之宅,穿径临江之府。"

【诛敛】　zhūliǎn　搜刮钱财。苏舜钦《诣匦疏》:"今又府库匮竭,民鲜盖藏,～～科率,殆无虚日。"

【诛求】　zhūqiú　征求,责求。《左传·襄公三十一年》:"以敝邑褊小,介于大国,～～无时。"李觏《村行》诗:"产业家家坏,～～岁岁新。"

【诛愚】　zhūyú　愚昧迟钝。《商君书·垦令》:"～～、乱农之民欲农,则草必垦矣。"也作"朱愚"。《庄子·庚桑楚》:"不知乎,人谓我～～。"

邾　zhū　❶古国名。曹姓,周代为鲁国附庸,后改曰邹,战国时为楚所灭。故城在今山东邹城市东南。《左传·隐公元年》:"公及～仪父盟于蔑。"❷古地名。在今湖北武汉市境。《史记·项羽本纪》:"立芮为衡山王,都～。"❸姓。

侏　zhū　❶矮小。《论衡·齐世》:"如皆侗长佼好,安得伛～之人乎?"❷见"侏大"。

【侏大】　zhūdà　肥大。《周礼·春官·甸祝》郑玄注:"裯,读如伏诛之诛。今～～字也。为牲祭求肥充,为马祭求肥健。"

【侏离】　zhūlí　❶我国古代西部少数民族的音乐。《周礼·春官·鞮鞻氏》贾公彦疏引《孝经纬钩命决》:"西夷之乐曰～～。"❷形容方言或少数民族语言难懂。《后汉书·南蛮传》:"衣裳班兰,语言～～。"韩愈《与孟尚书书》:"然向无孟氏,则皆服左衽而言～～矣。"

【侏儒】　zhūrú　❶身材异常矮小的人。《礼记·王制》:"瘖聋、跛躃、断者、～～、百工,各以其器食之。"也作"朱儒"。《左传·襄公四年》:"我君小子,～～是使。"❷特指充当倡优、乐师的侏儒。《管子·小匡》:"倡优～～在前,而贤大夫在后。"《史记·滑稽列传》:"优旃在,秦倡～～也。"❸梁上短柱。韩愈《进学解》:"欂栌～～,根闑店楔,各得其宜。"

【侏张】　zhūzhāng　跋扈,嚣张。《宋书·索虏传》:"天未忘难,祸乱仍起,獫狁～～,侵暴中国。"

茱　zhū　见"茱萸"。

【茱萸】 zhūyú 植物名。香味浓烈，可入药。古代风俗，农历九月九日佩茱萸可避灾去邪。王维《九月九日忆山东兄弟》诗："遥知兄弟登高处，遍插～～少一人。"张籍《乌栖曲》："西山作宫潮满池，宫乌晓鸣～～枝。"

诸(諸) zhū ❶众多，各。《左传·文公七年》："宣子与～大夫皆患穆嬴。"《汉书·贾谊传》："廷尉乃言谊年少，颇通～家之书。"❷相当于第三人称代词"之"。《左传·僖公十三年》："晋荐饥，使乞籴于秦。秦伯谓子桑：'与～乎？'"（荐饥：连年饥荒。）《孟子·公孙丑下》："王如改～，则必反予。"❸相当于"之于"。《列子·汤问》："投～勃海之尾。"《论语·卫灵公》："君子求～己。"❹相当于"之乎"。《孟子·梁惠王下》："文王之囿方七十里，有～？"❺语气词。《诗经·邶风·日月》："日居月～，照临下土。"（毛传："日乎月乎照临之也。"）❻姓。

【诸侯】 zhūhóu 古代帝王分封的各国国君，规定要服从王命，定期朝贡述职。《吕氏春秋·孟春》："立春之日，天子亲率三公、九卿、～～、大夫以迎春于东郊。"《后汉书·王霸传》："天子有所不臣，～～有所不友。"

【诸姬】 zhūjī ❶周王室同姓各国。《左传·襄公十二年》："是故鲁为～～临于周庙。"❷众妾。《汉书·高五王传序》："～～生赵幽王友、赵共王恢、燕灵王建。"❸同姓众女。《诗经·邶风·泉水》："娈彼～～，聊与之谋。"

【诸季】 zhūjì 诸弟。江总《广州刺史欧阳頠墓志》："家积遗财，并让～～。"

【诸舅】 zhūjiù ❶母亲的兄弟。《南史·袁湛传》："陈郡谢重，王胡之外孙也，于～～敬礼多阙。"❷异姓亲戚的统称。《诗经·小雅·伐木》："既有肥牡，以速～～。"

【诸母】 zhūmǔ ❶庶母。指父之诸妾有子者。《礼记·曲礼上》："～～不漱裳。"❷伯母、婶婶。《史记·高祖本纪》："沛父兄、～～、故人日乐饮，极欢。"❸泛指中年以上妇女。《汉书·蒯通传》："妇晨去，过所善～～，语以事而谢之。"

【诸色】 zhūsè 各种。欧阳修《画一起请劄子》："候臣到彼，不得令官吏及～～人出城迎送。"

【诸夏】 zhūxià 周代分封的各诸侯国。《论语·八佾》："夷狄之有君，不如～～之亡也。"《公羊传·成公十五年》："《春秋》：内其国而外～～，内～～而外夷狄。"

【诸子】 zhūzǐ ❶指先秦的各学派。《汉书·艺文志》："战国从衡，真伪分争，～～之言纷然殽乱。"（从衡：纵横。）《论衡·本性》："孔子，道德之祖，～～之中最卓者也。"❷周代官名。《周礼·夏官·诸子》："～～掌国子之倅。"

珠 zhū ❶珍珠，蛤蚌壳内由分泌物结成的有光小圆体。《尚书·禹贡》："淮夷玭～暨鱼。"《后汉书·刘玄传》："譬犹缘木求鱼，升山采～。"❷珍珠状的圆粒。李白《金陵城西楼月下吟》："白云映水摇空城，白露垂～滴秋月。"苏轼《薏苡》诗："春为芡～圆，炊作菰米香。"

【珠斗】 zhūdǒu 指北斗七星。王维《同崔员外秋宵寓直》诗："月迥藏～～，云消出绛河。"

【珠儿】 zhū'ér 古时闽粤一带称男孩为珠儿。《述异记》："越俗以珠为上宝，生女谓之珠娘，生男谓之～～。"

【珠汗】 zhūhàn 汗滴如珠。杜甫《秦州杂诗》之三："马骄～～落，胡舞白题斜。"

【珠还】 zhūhuán 比喻去而复还或失而复得。陈陶《闽中送任畹端公还京》诗："汉庭凤进鹓行喜，隋国～～水府贫。"

【珠晖】 zhūhuī 月光。吴均《秋念》诗："团团～～转，熠熠汉阴移。"

【珠角】 zhūjiǎo 丰满的前额。庾信《周上柱国齐王宪神道碑》："～～擅奇，山庭表德。"

【珠蕾】 zhūlěi 比喻美丽的花蕾。王冕《梅花》诗之三："朔风吹寒～～裂，千花万花开白雪。"

【珠泪】 zhūlèi 流泪如珠。杨炯《送郑州周司功》诗："居人下～～，宾御促骊歌。"

【珠林】 zhūlín 形容林木美好。沈佺期《游少林寺》诗："长歌游宝地，徙倚对～～。"

【珠囊】 zhūnáng ❶缀有珍珠的袋子。张说《应制和千秋节》："～～含瑞露，全镜抱仙轮。"❷比喻花苞。马祖常《赋王叔能宅芍药》诗："并蒂当阶盘绶带，金苞向日剖～～。"

【珠娘】 zhūniáng ❶女孩。《述异记》："越俗以珠为上宝，生女谓之～～。"❷指晋石崇歌妓绿珠。元好问《后芳华怨》诗："塞门憔悴人不知，枉为～～怨金谷。"

【珠钤】 zhūqián 兵书，武略。王安石《送郓州知府宋谏议》诗："庙谟资石画，兵略倚～～。"

【珠谈】 zhūtán 比喻谈吐美妙。《晋书·刘惔韩伯传赞》："刘韩秀士，～～间起。"

【珠庭】 zhūtíng ❶指天庭，前额的中央。《陈书·高祖纪上》："天锡智勇，人挺雄杰，～～日角，龙行虎步。"❷指神仙所居之处。

卢思道《升天行》："玉山候王母，～～谒老君。"

【珠唾】 zhūtuò 比喻言语文章美好珍贵。语出《庄子·秋水》："子不见夫唾者乎？喷则大者如珠，小者如雾。"杨万里《谢陈希颜惠兔羓》诗："先生锦心冰雪肠，银钩～～千万章。"

【珠玉】 zhūyù 珠和玉，常比喻优美珍贵之物。《世说新语·容止》："～～在侧，觉我形秽。"杜甫《奉和贾至舍人早朝大明宫》："朝罢香烟携满袖，诗成～～在挥毫。"

【珠歌翠舞】 zhūgēcuìwǔ 比喻美妙的歌舞。辛弃疾《贺新郎·赋滕王阁》词："物换星移知几度，梦想～～～～。"

【珠联璧合】 zhūliánbìhé 比喻美好的事物或人材聚集在一起，完美无缺。庾信《周兖州刺史广饶公宇文公神道碑》："发源纂胄，叶派枝分，开国承家，～～～～。"

【珠圆玉润】 zhūyuányùrùn 形容声音婉转动听或文词流畅。周济《词辨》："北宋词多就景叙情，故～～～～，四照玲珑。"

株 zhū ❶树桩，露出地面的树根。《韩非子·五蠹》："田中有～，兔走触～，折颈而死。"《战国策·秦策一》："削～掘根，无与祸邻，祸乃不存。"❷量词。棵。《世说新语·言语》："斋前种一～松。"《三国志·蜀书·诸葛亮传》："成都有桑八百～。"

【株连】 zhūlián 一人犯罪牵连其他人。《新唐书·吉温传》："于是慎矜兄弟皆赐死，～～数十族。"陆游《程君墓志铭》："秦丞相用事久，数起罗织狱，士大夫～～被祸者，袂相属也。"

【株戮】 zhūlù 因受牵连而被杀。《新唐书·路嗣恭传》："嗣恭起州县吏，以课治进至显官，及晃事～～舶商，没其财数百万私有之。"

【株蔓】 zhūmàn 株连，牵连。《宋史·张问传》："诸葛公权之乱，郡县～～连逮，至数百千人。"

【株守】 zhūshǒu "守株待兔"的意思。比喻死守不变。《儒林外史》四十六回："余大先生道：'愚兄老拙～～。'"

袾 zhū 纯赤色。《荀子·富国》："故天子～裷衣冕。"

硃 zhū ❶朱砂。又名丹砂。《广韵·虞韵》："～；朱砂。"《三国演义》五十八回："又是马超生得面如傅粉，唇若抹～。"❷红色。汤显祖《牡丹亭·骇变》："唉呀！这草窝里不是～漆板头？"

铢(銖) zhū ❶古代重量单位。《汉书·律历志上》："二十四～为两，十六两为斤。"《淮南子·天文训》："十二～而当半两。"㉠比喻极轻的重量。《后汉书·华佗传》："心识分～，不假称量。"陆游《霜风》诗："十月霜风吼屋边，布裘未办一～棉。"❷钝，不锋利。《淮南子·齐俗训》："其兵戈～而无刃。"《三国志·吴书·薛综传》："器械～钝，犬羊无政。"

【铢寸】 zhūcùn 形容极细微。欧阳修《崇文总目·叙释·刑法类》："法家之说，务原人情，极其真伪，必使有司不得～～轻重出入。"

【铢两】 zhūliǎng 极轻的重量。《史记·仲尼弟子列传》："千钧之重加～～而移。"王安石《上仁宗皇帝言事书》："不使有～～分寸之加焉。"

鴸(鴸) zhū 鸟名。《山海经·南山经》："[柜山]有鸟焉，其状如鸱而人手，其音如痺，其名曰～。"

猪(豬) zhū ❶一种家畜，肉供食用。《木兰诗》："小弟闻姊来，磨刀霍霍向～羊。"❷通"潴"。水停聚。《礼记·檀弓下》："坏其室，洿其宫而～焉。"

蛛(鼄) zhū 见"蜘蛛"。

【蛛煤】 zhūméi 蜘蛛网和灰尘。杨万里《登凤凰台》诗："只有谪仙留句处，春风掌管拂～～。"（谪仙：李白。）

藷(藷) 1. zhū ❶见"藷蔗"。
2. shǔ ❷同"薯"。见"藷芋"。

【藷蔗】 zhūzhè 甘蔗。张衡《南都赋》："～～薑䗐。"

【藷芋】 shǔyù 山药。苏轼《闻子由瘦》诗："土人顿顿食～～，荐以熏鼠烧蝙蝠。"

跦 zhū 见"跦跦"。

【跦跦】 zhūzhū 跳行的样子。《左传·昭公二十五年》："鸲鹆～～。"

潴(瀦) zhū 水停聚处。《周礼·地官·稻人》："以～畜水。"㉡水停聚。《论衡·书虚》："彭蠡既～，阳鸟攸居。"杨炎《大唐燕支山神宁济公祠堂碑》："西距于海，北～于河。"

槠(櫧) zhū 木名。木质坚硬，果实如橡，可食。司马相如《上林赋》："沙棠栎～。"

碏(礈) zhū 见"礛碏"。

篴(篴) zhū 木签。《周礼·秋官·职金》郑玄注："今时之书，有所表识，谓之楬～。"

术[2] 1. zhú ❶草名。即白蓟。《尔雅·释草》："～，山蓟。"

2．shú ❷黏谷子。《说文·禾部》："秫，稷之黏者……～，秫或省禾。"

竹 zhú ❶竹子。《左传·襄公十八年》："刘难、士弱率诸侯之师焚申池之～木。"王羲之《三月三日兰亭诗序》："此地有崇山峻岭，茂林修～。"❷竹简。《盐铁论·利议》："抱枯～，守空言，不知趋舍之宜，时世之变。"❸古代"八音"之一，指竹制的管乐器。《礼记·乐记》："金、石、丝、～，乐之器也。"《晋书·孟嘉传》："丝不如～，～不如肉。"❹草名。萹竹。《诗经·卫风·淇奥》："瞻彼淇奥，绿～猗猗。"（毛传："竹，萹竹也。"）❺姓。

【竹帛】 zhúbó 竹简和白绢。古代在竹帛上写字。也泛指书籍史册。《史记·孝文本纪》："然后祖宗之功德著于～～，施于万世。"许慎《说文解字叙》："著于～～谓之书。"

【竹林】 zhúlín 比喻亲密的友谊。《晋书·山涛传》："［涛］与嵇康、吕安善，后遇阮籍，便为～～之交，著忘言之契。"竹林七贤中阮籍、阮咸为叔侄，故后世也以"竹林"喻叔侄关系。李白《陪侍郎叔游洞庭醉后》诗之一："今日～～宴，我家贤侍郎。"

【竹马】 zhúmǎ 儿童当马骑的竹竿。《后汉书·郭伋传》："有童儿数百，各骑～～，于道次迎拜。"

【竹肉】 zhúròu 长在竹子上的菌类。段成式《酉阳杂俎·广动植》："江淮有～～，生竹节上，如弹丸，味如白鸡。"

【竹素】 zhúsù 竹简和白绢，指书、史。张协《杂诗》之九："游思～～园，寄辞翰墨林。"《抱朴子·论仙》："况列仙之人，盈乎～～矣。"

【竹胎】 zhútāi 即笋。皮日休《夏景无事因怀章来二上人》诗之一："水花移得和鱼子，山蕨收时带～～。"

【竹笑】 zhúxiào 形容竹子摆动的姿态。李衎《竹谱详录·竹态》："竹得风，其体夭屈谓之～～。"

竺 1．zhú ❶天竺，印度的古代译名。亦可简称竺。李贺《马诗》之十九："萧寺驮经马，元从～国来。"❷姓。

2．dǔ ❸通"笃"。厚。《楚辞·天问》："稷惟元子，帝何～之？"

烛（燭） zhú ❶照明用的火炬。《韩非子·外储说左上》："夜书，火不明，因谓持～者曰：'举～。'"《战国策·秦策二》："妾以无～，故常先至，扫室布席，何爱馀明之照四壁者？"❷蜡烛。杜牧《秋夕》诗："银～秋光冷画屏，轻罗小扇扑流萤。"❸照，照耀。《吕氏春秋·去私》："天无私覆也，地无私载也，日月无私～也，四时无私行也。"《史记·孙子吴起列传》："庞涓果夜至斫木下，见白书，乃钻火～之。"㉛明察，洞悉。《韩非子·难三》："明不能～远奸，见隐微。"❹星名。《史记·天官书》："～星，状如太白。"❺姓。

【烛察】 zhúchá 洞察，明悉。《韩非子·孤愤》："重人不能忠主而进其仇，人主不能越四助而～～其臣。"

【烛花】 zhúhuā ❶蜡烛的火焰。杜甫《官亭夕坐戏简颜十少府》诗："不返青丝鞚，虚烧夜～～。"❷烧过的蜡烛芯结成的花状物。魏源《行路难》诗之二："君不见，～～不剪烛不然。"

【烛泪】 zhúlèi 蜡烛燃烧时流下的液态蜡。白居易《房家夜宴喜雪赠主人》诗："酒钩送盏推莲子，～～粘盘垒葡萄。"

【烛临】 zhúlín 照临。《汉书·五行志下之下》："日月星辰～～下土。"

【烛奴】 zhúnú 指灯台。王仁裕《开元天宝遗事·烛奴》："以龙檀木雕成烛跋童子，衣以绿衣袍，系之束带，使执画烛，列于宴席之侧，目为～～。"

【烛烛】 zhúzhú 明亮的样子。苏武《诗四首》之四："～～晨明月，馥馥秋兰芳。"

窋 zhú ❶见"窋窡"。❷通"窟"。赵晔《吴越春秋·王僚使公子光传》："公子光伏甲士于～室中。"

【窋窡】 zhúzhuō 物在穴中欲出的样子。韩愈等《征蜀联句》："跧梁排郁缩，闯窦揳～～。"

逐 zhú ❶追赶，追逐。《周易·睽》："丧马勿～。"《左传·僖公二十三年》："醒，以戈～子犯。"㉛追随，跟随。韩愈《柳子厚墓志铭》："酒食游戏相征～。"❷追求。《国语·晋语四》："餍迩～远，远人入服。"李白《经乱离后天恩流夜郎忆旧游书怀》诗："误～世间乐，颇穷理乱情。"❸竞争。《山海经·海外北经》："夸父与日～走。"《韩非子·五蠹》："中世～于智谋，当今争于气力。"❹赶走，放逐。《公羊传·僖公二十八年》："文公～卫侯而立叔武。"《战国策·齐策六》："王乃杀九子而～其家。"❺依次，一个一个。《魏书·江式传》："并～字而注。"

【逐北】 zhúběi 追击败军。《战国策·中山策》："魏军既败，韩军自溃，乘胜～～，以是之故能立功。"《汉书·高帝纪下》："乘胜～～，至楼烦。"

【逐臭】 zhúchòu 比喻与众不同的嗜好。曹植《与杨德祖书》："人各有好尚，兰茝荪蕙之芳，众人所好，而海畔有～～之夫。"

【逐队】 zhúduì 跟随众人。元稹《望云骓马歌》："功成事遂身退天之道，何必随群～～到死踏红尘。"

【逐鹿】 zhúlù 语本《史记·淮阴侯列传》："秦失其鹿，天下共逐之。"后用"逐鹿"来比喻国家动乱时，群雄并起争夺天下。魏徵《述怀》诗："中原还～～，投笔事戎轩。"

【逐日】 zhúrì ❶追赶太阳。古代有夸父逐日的神话。也用"逐日"形容马行极快。《南史·齐高帝纪》："始帝年十七时，常梦乘青龙上天，西行～～。"《梁书·元帝纪》："骑则～～追风，弓则吟猿落雁。"❷一天天。白居易《首夏》诗："料钱随月用，生计～～营。"

【逐旋】 zhúxuán 逐渐，陆续。陈亮《与章德茂侍郎》："岁食米四百石，只得二百石，尚欠其半，～～补凑，不胜其苦。"

【逐逐】 zhúzhú （又读 dídí）急欲得到的样子。《周易·颐》："虎视眈眈，其欲～～。"

舳 zhú ❶船尾。左思《吴都赋》："宏舸连～，巨舰接舻。"❷舵。《盐铁论·殊路》："今齐世庸士之人，不好学问，专以己之愚而荷负巨任，若无楫～，济江海而遭大风，漂没于百仞之渊，东流无崖之川。"

【舳舻】 zhúlú 船头和船尾，泛指船只。《汉书·武帝纪》："～～千里，薄枞阳而出。"杜牧《张好好诗》："旌旆忽东下，笙歌随～～。"

逿 zhú 见"逿律"。

【逿律】 zhúlǜ 气出迟缓的样子。王褒《洞箫赋》："气旁迕以飞射兮，驰散涣以～～。"

筑[1] zhú ❶古代弦乐器。《史记·高祖本纪》："酒酣，高祖击～。"陆游《长短句序》："及变而为燕之～、秦之缶、胡部之琵琶、箜篌。"❷贵阳市的简称。

瘃 zhú 冻疮。《汉书·赵充国传》："将军士寒，手足皲～。"

【瘃腊】 zhúlà 腊制的肉食。《齐民要术·脯腊》："浸四五日尝味彻，便出置箔上，阴干火炙，熟槌，亦名～～。"

蓫 zhú 草名。《诗经·小雅·我行其野》："我行其野，言采其～。"

劚(斸) zhú ❶大锄。元稹《田家词》："重铸锄犁作斤～。"❷掘。李贺《嘲少年》诗："岂知～地种田家，官税频催没人织。"

澋(灟) zhú 混沌无形的样子。《淮南子·天文训》："天地未形，冯冯翼翼，洞洞～～，故曰太昭。"

爥(燭) zhú 同"烛"。照耀。班固《东都赋》："考声教之所披，散皇明以～幽。"又《西都赋》："若摛锦布绣，～耀乎其陂。"

欘(欘) zhú ❶斧柄。《周礼·考工记·车人》："半矩谓之宣，一宣有半谓之～。"❷锄头。《管子·小匡》："恶金以铸斤斧鉏夷锯～，试诸木土。"❸树枝弯曲。《山海经·海内经》："百仞无枝，有九～。"

斸(斸) zhú ❶大锄。《国语·齐语》："恶金以铸鉏夷斤～，试诸壤土。"❷挖，掘。《齐民要术·槐柳》："～地令熟，还于槐下种麻。"杜甫《所思》诗："徒劳望牛斗，无计～龙泉。"

镯(钃) zhú 斫，掘。《荀子·荣辱》："是人也，所谓以狐父之戈～牛矢也。"

櫡 zhú 见 zhuó。

鱁(鱁) zhú 鱼名。鱀的别名，即白鱀豚。《尔雅·释鱼》："鱀，是～。"杨慎《异鱼图赞》卷三："鱀一名～，喙锐大腹，长齿罗生，上下相覆。"

【鱁鮧】 zhúyí 鱼肠酱。《南史·宋明帝纪》："以蜜渍～～，一食数升。"

蠋 zhú 蛾蝶类的幼虫。《诗经·豳风·东山》："蜎蜎者～，烝在桑野。"《淮南子·说林训》："今鳝之与蛇，蚕之与～，状相类而爱憎异。"

躅 1. zhú ❶见"踯躅"。
2. zhuó ❷足迹，遗迹。《汉书·叙传上》："伏周孔之轨～，驰颜闵之极挚。"孔稚珪《北山移文》："尘游～于蕙路，污渌池以洗耳。"

主 1. zhǔ ❶君，长。《左传·襄公二十七年》："保家之～也。"《史记·太史公自序》："～倡而臣和，～先而臣随。"❷宾客的主人。《左传·僖公三十年》："若舍郑以为东道～。"《孟子·万章下》："迭为宾～。"❸物的所有者。刘禹锡《伤愚溪》诗之一："溪水悠悠春自来，草堂无～燕飞回。"苏轼《赤壁赋》："且夫天地之间，物各有～。"❹事主，当事人。《水浒》二十五回："武大扯住郓哥道：'还我～来。'"❺为死者立的牌位。《史记·伯夷列传》："武王载木～，号为'文王'，东伐纣。"谢翱《登西台恸哭记》："登西台，设～于荒亭隅，再拜，跪伏。"❻根本，要素。《周易·系辞上》："言行，君子之枢机；枢机之发，荣辱之～也。"曹丕《典论·论文》："文以气为～。"❼掌管，主持。《墨子·尚贤中》："今王公大人之君人民，～社稷，治国家，欲修保而勿失。"范缜《神灭论》："是非之虑，心器所～。"❽注重，主张。《论语·学而》："～忠信，无友不如己者。"《汉书·谷永传》："～为赵李报德复怨。"❾春秋战国时尊称大夫为主。《左传·昭公二十八年》："～以不贿闻于诸侯。"（主：指魏献子。）❿公主的简称。《后汉书·宋弘传》："弘被引见，帝令～坐屏风后。"权德舆《古乐府》诗："身年二八婿侍中，幼妹承恩兄尚～。"（尚：娶公主。）⓫姓。

2. zhù ⓬通"注"。灌。《荀子·宥坐》："～量必平，似法。"（杨倞注："主，读为注。"）

【主臣】 zhǔchén 犹言惶恐。表示惶恐敬谢之辞。《史记·张释之冯唐列传》："唐曰：'～～！陛下虽得廉颇、李牧，弗能用也。'"韩驹《再次韵兼简李道夫》："学道无疑怖，忧时有～～。"

【主断】 zhǔduàn 专断，决断。《战国策·燕策一》："子之相燕，贵重～～。"《汉书·晁错传》："狱官～～，生杀自恣。"

【主父】 zhǔfù 婢妾、仆役称男主人为主父，女主人为主母。《战国策·燕策一》："妾知其药酒也，进之则杀～～，言之则逐主母，乃阳僵弃酒。"（阳：佯，假装。）

【主妇】 zhǔfù ❶家中的女主人。《仪礼·士昏礼》："见～～，～～阖扉立于其内。"❷正妻，对妾而言。《战国策·魏策一》："今臣之事王，若老妾之事其～～者。"

【主公】 zhǔgōng 臣下对君主的称呼。《三国志·蜀书·法正传》："或谓诸葛亮曰：'法正于蜀郡太纵横，将军宜启～～，抑其威福。'"

【主后】 zhǔhòu 主祭祀的继承人。《礼记·王制》："天子诸侯祭因国之在其地而无～～者。"王安石《太子太傅致仕田公墓志铭》："无男子，以弟之子至安为～～。"

【主户】 zhǔhù 世代居住在本地的民户，与"客户"相对。《新唐书·食货志一》："凡～～内有课口者为课户。"

【主名】 zhǔmíng ❶确定名称或名分。《尚书·吕刑》："禹平水土，～～山川。"《礼记·大传》："同姓从宗，合族属；异姓～～，治际会。"❷当事人或为首者的姓名。《后汉书·郎颛传》："恭陵火灾，～～未立，多所收捕，备经考毒。"

【主母】 zhǔmǔ 见"主父"。

【主器】 zhǔqì 掌管祭器。古代太子主掌宗庙祭器，后因称太子为主器。《周易·序卦》："～～者，莫若长子。"梁简文帝《蒙华林园戒诗》："执珪守藩国，～～作元贞。"

【主视】 zhǔshì 负责照管。元稹《葬安氏志》："供侍吾宾友，～～吾巾栉，无违命。"

【主术】 zhǔshù 君主控制臣下的权术。《史记·李斯列传》："独操～～以制听从之臣。"

【主文】 zhǔwén 主持考试。王定保《唐摭言·通榜》："贞元十八年，权德舆～～。"也指主考官。范镇《东斋记事》卷一："及就省试，～～咸欲取之。"

【主席】 zhǔxí 主持宴会。《新唐书·韩偓传》："～～者固请，乃坐。"卫宗武《清明前有远役呈野渡》诗："月集相期在后旬，料应～～不寒盟。"

【主言】 zhǔyán ❶崇尚空谈。《国语·晋语五》："阳子华而不实，～～而无谋。"❷记载言论。《文心雕龙·书记》："盖圣贤言辞，总为之书，书之为体，～～者也。"

【主有】 zhǔyǒu 占有。《公羊传·襄公十年》："诸侯莫之～～，故反系之郑。"

【主张】 zhǔzhāng ❶主宰。《庄子·天运》："天其运乎？地其处乎？日月其争于所乎？孰～～是？孰维纲是？"❷见解，想法。韩愈《送穷文》："各有～～，私立名字。"

【主主】 zhǔzhǔ 君主尽君主之道。贾谊《新书·俗激》："岂如今定经制，令～～臣臣，上下有差，……群众信上而不疑惑哉？"

【主少国疑】 zhǔshàoguóyí 国君年纪小，国人疑惧不安。《史记·孙子吴起列传》："～～～～，大臣未附，百姓不信。"《宋史·章惇传》："方今～～～～，宣训事犹可虑。"

拄 zhǔ ❶顶着，支撑。《战国策·齐策六》："大冠若箕，修剑～颐。"陆游《游山西村》诗："从今若许闲乘月，～杖无时夜叩门。"❷驳倒，折服。《汉书·朱云传》："既论难，连～五鹿君。"

【拄颊】 zhǔjiá 用手撑着脸颊，人有所思虑时的神态。《世说新语·简傲》："以手版～～，云：'西山朝来致有爽气。'"韩偓《雨中》诗："鸟湿更梳翎，人愁方～～。"

罜 zhǔ 见"罜麗"。

【罜麗】 zhǔlù 小鱼网。《国语·鲁语上》："鸟兽成，水虫孕，水虞于是乎禁罝～～，设穽鄂。"

砫 zhǔ 亦作"宔"。古代庙中藏神主的石函。《玉篇·石部》："～，石室。"

陼 zhǔ ❶同"渚"。水中小块陆地。《尔雅·释水》："水中可居者曰洲，小洲曰～。"❷濒临。《汉书·司马相如传上》："且齐东～钜海，南有琅邪。"

渚 zhǔ ❶水中小块陆地。《楚辞·九歌·湘夫人》："帝子降兮北～。"杜甫《登高》诗："风急天高猿啸哀，～清沙白鸟飞回。"

❷岛。《山海经·大荒东经》："东海之～中有神，人面鸟身。"

煮（煑、鬻）zhǔ 把东西放在水中加热使熟。《周礼·天官·亨人》："职外内饔之爨亨～。"（亨：同"烹"。）《汉书·广川惠王刘越传》："与去共支解，置大镬中，取桃灰毒药并～之。"

【煮盐】 zhǔyán 熬盐，是古代一种重要的收入。《汉书·食货志下》："冶铸～～，财或累万金，而不佐公家之急，黎民重困。"

跓 zhǔ 久立。《楚辞·九思·悼乱》："垂屣兮将起，～俟兮须明。"

属（屬）1. zhǔ ❶连接。《史记·孟子荀卿列传》："荀卿嫉浊世之政，亡国乱君相～。"《汉书·郊祀志上》："使者存问共给，相～于道。"❷佩，系。《左传·僖公二十三年》："若不获命，其左执鞭弭，右～櫜鞬，以与君周旋。"❸聚集。《吕氏春秋·顺民》："于是～诸大夫而告之。"❹属意，瞩目。《国语·晋语五》："若先，则恐国人之～耳目于我也，故不敢。"❺缀缉，撰著。《史记·屈原贾生列传》："屈平～草稿未定。"❻归往，向往。《老子·十九章》："此三者以为文不足，故令有所～。"❼劝请，邀。《史记·魏其武安侯列传》："及饮酒酣，[灌]夫起舞，～丞相，丞相不起。"苏轼《喜雨亭记》："于是举酒于亭上以～客。"❽副词。恰好。《左传·成公二年》："下臣不幸，～当戎行。"陈子昂《堂弟孜墓志铭》："～梁乱，始居新城郡武东山。"❾通"嘱"。委托，交付。《战国策·燕策一》："燕王因举国以～子之，子之大重。"《汉书·高后纪》："禄遂解印～典客，而以兵授太尉勃。"⑩请托，嘱咐。《战国策·齐策四》："使人～孟尝君，愿寄食门下。"曾巩《尹公亭记》："其冬，李公以图走京师，～余记之。"

2. shǔ ⑩隶属，归属。《史记·项羽本记》："当阳君蒲将军皆～项羽。"《三国志·吴书·吴主传》："长沙、江夏、桂阳以东～[孙]权。"⑪部属，亲属。《国语·周语中》："乃以其～死之。"《史记·秦始皇本纪》："周文武所封子弟同姓甚众，然后～疏远，相攻击如仇雠。"⑫类，等辈。《韩非子·五蠹》："废敬上畏法之民，而养游侠私剑之～。"《汉书·高帝纪上》："不者，汝～且为所虏。"

【属对】 zhǔduì 诗文对偶。《旧唐书·元稹传》："韵律调新，～～无差。"

【属耳】 zhǔ'ěr ❶注意听，倾耳而听。《后汉书·马援传》："自皇太子、诸王侍闻者，莫不～～忘倦。"❷附耳于墙，偷听。《新五代史·梁太祖纪一》："天子与[崔]胤计事，宦者～～，颇闻之。"

【属稿】 zhǔgǎo 起草文稿。《宋史·吴时传》："时敏于为文，未尝～～，落笔已就。"

【属观】 zhǔguān 注目观看。《后汉书·赵壹传》："坐者皆～～。"

【属国】 zhǔguó 托付国事。《庄子·徐无鬼》："管仲有病，桓公问之曰：'仲父之病病矣，可不讳云。至于大病，则寡人恶乎～～而可？'"《汉书·淮南厉王刘长传》："大王欲～～为布衣，守冢真定。"

【属和】 zhǔhè 随别人唱和。语本宋玉《对楚王问》："客有歌于郢中者，其始曰《下里》《巴人》，国中属而和者数千人。"后指作诗与别人唱和。《旧唐书·德宗纪下》："上赋诗一章，群臣～～。"

【属纩】 zhǔkuàng 在临死的人鼻子上放上新绵，试验是否断气。后称病重将死为属纩。《礼记·丧大记》："～～以俟绝气。"鲍照《松柏篇》诗："～～生望尽，阖棺世业埋。"

【属目】 zhǔmù 注目。《汉书·盖宽饶传》："坐者皆～～卑下之。"《晋书·秦献王柬传》："甚贵宠，为天下所～～。"

【属怒】 zhǔnù 结怒，结仇。《战国策·西周策》："楚兵在山南，吾得将为楚王～～于周。"

【属书】 zhǔshū 写作。《史记·屈原贾生列传》："贾生名谊，雒阳人也。年十八，以能诵诗～～闻于郡中。"

【属文】 zhǔwén 缀缉文辞，写文章。《汉书·楚元王传》："少以通《诗》、《书》，能～～，召见成帝。"《三国志·魏书·明帝纪》："置崇文观，征善～～者以充之。"

【属厌】 zhǔyàn 饱足。《左传·昭公二十八年》："及馈之毕，愿以小人之腹，为君子之心，～～而已。"

【属仰】 zhǔyǎng 注目仰望。《后汉书·张衡传》："贵宠之臣，众所～～。"

【属意】 zhǔyì ❶归心，归向。《史记·夏本纪》："禹子启贤，天下～～焉。"❷留意，注意。《汉书·文帝纪》："汉大臣皆故高帝时将，习兵事，多谋诈，其～～非止此也，特畏高帝、吕太后威耳。"

【属垣】 zhǔyuán 附耳于墙偷听。语本《诗经·小雅·小弁》："君子无易由言，耳属于垣。"陈忠师《驷不及舌赋》："疾既甚于过隙，患必防于～～。"

【属怨】 zhǔyuàn 结仇。《国语·晋语四》："楚爱曹卫，必不许齐秦，齐秦不得其请，必～～焉。"

【属者】 zhǔzhě 近来，近日。《汉书·李寻传》："故～～颇有变改，小贬邪猾。"《后汉书·吴汉传》："光武曰：'～～恐不与人，今所请又何多也。'"

【属属】 zhǔzhǔ 专一顺慎的样子。《礼记·礼器》："洞洞乎其敬也，～～乎其忠也。"《汉书·谷永传》："洞洞～～，小心畏忌。"

【属心】 shǔxīn 诚心归服。《后汉书·光武帝纪上》："由是识者皆～～焉。"

褚 1. zhǔ ❶用丝绵絮衣服。《汉书·南粤王传》："上～五十衣，中～三十衣，下～二十衣。"❷囊，袋。《左传·成公三年》："荀䓨之在楚也，郑贾人有将置诸～中以出。"❸储藏。《左传·襄公三十年》："取我衣冠而～之。"❹盖棺材的红布。《礼记·檀弓上》："～幕丹质。"

2. chǔ ❺姓。

3. zhě ❻兵卒。《方言》卷三："卒谓之弩父，或谓之～。"

【褚衣】 zhǔyī 用丝绵絮的衣服，即棉衣。朱弁《送春》诗："风烟节物眼中稀，三月人犹恋～～。"

嘱(囑) zhǔ 托付，嘱咐。梅尧臣《汝坟贫女》诗："勤勤～四邻，幸愿相依傍。"晁补之《惜奴娇》词："说衷肠丁宁～付。"

麈 zhǔ ❶动物名。其尾可做拂尘。干宝《搜神记》卷二十："冯乘、虞荡夜猎，见一大～，射之。"❷指麈尾做的拂尘。米芾《满庭芳·与周熟仁试赐茶甘露寺》词："雅燕飞觞，清谈挥～。"

【麈谈】 zhǔtán 魏晋人清谈时喜执麈尾拂尘，因称清谈为"麈谈"。辛弃疾《满江红·中秋》词："更如今，不听～～清，愁如发。"

瞩(矚) zhǔ 视，望。《晋书·桓温传》："登平乘楼，眺～中原。"欧阳修《洛阳牡丹记》："然目之所～，已不胜其丽焉。"

【瞩目】 zhǔmù 注视。《南史·张畅传》："音姿容止，莫不～～。"

宀(宁) zhù ❶宫室的门屏之间。《礼记·曲礼下》："天子当～而立，诸公东面，诸侯西面。"❷积聚。"贮"的古字。孙绰《游天台山赋》李善注："～，犹积也。伫与～同。"(伫：通"贮"。)

伫(佇、竚) zhù ❶久立。《后汉书·张衡传》："会帝轩之未归兮，怅相佯而延～。"㉡等待，期待。欧阳修《上范司谏书》："拜命以来，翘首企足，～乎有闻而卒未也。"❷停止，停留。傅亮《为宋公修张良庙教》："涂次旧沛，～驾留城。"❸通"贮"。积聚。孙绰《游天台山赋》："惠风～芳于阳林，醴泉涌溜于阴渠。"

【伫结】 zhùjié 思念之情郁结难解。《资治通鉴·晋穆帝永和七年》："愿单出一相见，以写～～之情。"(写：泻。)

【伫轴】 zhùzhóu 感情凝聚，盘桓难解。梁简文帝《修竹赋》："陈王欢旧，小堂～～，今饯故人，亦赋修竹。"

馵(騳、馵) zhù 后左足白色的马。《诗经·秦风·小戎》："文茵畅毂，驾我骐～。"(孔颖达疏引《尔雅·释畜》："后右足白，骧；左白，馵。")

苎(苧) zhù ❶苎麻。王褒《僮约》："多取蒲～，益作绳索。"❷苎麻色白，因借称白色。吴文英《莺啼序》词："危亭望极，草色天涯，叹鬓侵半～。"

芧 1. zhù ❶草名，即荆三棱。《史记·司马相如列传》："蒋～青薠。"

2. xù ❷树名，即栎树。也指栎实。《庄子·齐物论》："狙公赋～。"

助 1. zhù ❶帮助。《孟子·公孙丑上》："得道者多～，失道者寡～。"《后汉书·隗嚣传》："微将军之～，则咸阳已为他人禽矣。"❷相传为殷代的一种劳役租赋制度。《孟子·滕文公上》："殷人七十而～。"(七十：民耕田七十亩，助耕"公田"七亩。)

2. chú ❸通"锄"。除去。《庄子·徐无鬼》："颜不疑归而师董梧，以～其色。"

【助道】 zhùdào 道家称卖药为生为助道。陆游《饭饱昼卧戏作短歌》："安能卖药谋～～，但有知分堪养福。"

【助桀为虐】 zhùjiéwéinüè 指帮助坏人做坏事。《史记·留侯世家》："今始入秦，即安其乐，此所谓～～～～。"

【助天为虐】 zhùtiānwéinüè 趁天灾做坏事。《左传·昭公二年》："死在朝夕，无～～～～。"《国语·越语下》："无～～～～，～～～～者不祥。"

【助我张目】 zhùwǒzhāngmù 得到别人的帮助而使自己气势更壮。曹植《与吴季重书》："墨翟不好伎，何为过朝歌而回车乎？足下好伎，值墨氏回车之县，想足下～～～～也。"

注(註) zhù 注解，记载。《后汉书·律历志下》："班示文章，重黎记～。"

住 zhù ❶停留，停止。《后汉书·蓟子训传》："见者呼之曰：'蓟先生小～。'"辛弃疾《祝英台近·晚春》词："更谁劝，啼莺声～？"❷居住，住宿。《南齐书·张融传》："世祖问融～在何处。"崔颢《长干曲》之一："君家～何处？妾～在横塘。"

【住持】 zhùchí 寺院的主持者。姚合《谢韬光上人》诗："上方清净无因住，唯愿他生得～～。"

【住衰】 zhùshuāi 延年不老。《水经注·肥水》:"吾王好长生,今先生无～～之术,未敢相闻。"

纻(紵) zhù 苎麻;也指苎麻织的布。《诗经·陈风·东门之池》:"东门之池,可以沤～。"《汉书·高帝纪下》:"贾人毋得衣锦绣绮縠絺～罽。"

注 1. zhù ❶流入,灌入。《诗经·大雅·泂酌》:"泂酌彼行潦,挹彼～兹。"《孟子·滕文公上》:"禹疏九河、瀹济漯而～诸海。"❷聚集,集中。《周礼·天官·兽人》:"令禽～于虞中。"《老子·四十九章》:"百姓皆～其耳目。"❸附着,连属。《尔雅·释天》:"～旄首曰旌。"❹投。《庄子·达生》:"以瓦～者巧,以钩～者惮,以黄金～者殙。"❺赌注。《宋史·寇准传》:"博者输钱欲尽,乃罄所有出之,谓之孤～。"❻注解,注释。《世说新语·文学》:"郑玄欲～《春秋传》。"

2. zhòu ❼通"咮"。1)鸟嘴。《周礼·考工记·梓人》:"以～鸣者……谓之小虫之属。"2)星名,即柳宿。《史记·律书》:"西至于～。"

【注错】 zhùcuò 措置,安排。《荀子·荣辱》:"可以为工匠,可以为农贾,在势～～习俗之所积耳。"也作"注措"。曾巩《移沧州过阙上殿劄子》:"慎～～,谨规矩。"

【注记】 zhùjì 记录,记载。《后汉书·和熹邓皇后纪》:"元初五年,平望侯刘毅以太后多德政,欲令早有～～。"

【注脚】 zhùjiǎo 注解。《宋史·陆九渊传》:"学苟知本,则六经皆我～～。"

【注目】 zhùmù 集中视力。《晋书·孙惠传》:"天下喁喁,四海～～。"杜甫《缚鸡行》:"鸡虫得失无了时,～～寒江倚山阁。"

【注坡】 zhùpō 从斜坡上急冲而下。《宋史·岳飞传》:"师每休舍,课将士～～跳壕,皆重铠习之。"

【注色】 zhùsè 指填写履历。《北史·卢柔传》:"吏部预选者甚多,[卢]恺不即授官,皆～～而遣。"

【注射】 zhùshè 倾泻。常比喻文词流畅。《新唐书·陆扆传》:"扆工属辞,敏速若～～然。"

【注望】 zhùwàng 期待。《三国志·蜀书·许靖传》:"自华及夷,颙颙～～。"

【注心】 zhùxīn 专心,集中精力。曹植《求通亲亲表》:"至于～～皇极,结情紫闼,神明知之矣。"

杼 1. zhù ❶织布的梭子。《史记·樗里子甘茂列传》:"顷又一人告之曰'曾参杀人',其母投～下机,逾墙而走。"《木兰诗》:"不闻机～声,唯闻女叹息。"❷削薄,削尖。《周礼·考工记·轮人》:"凡为轮,行泽者欲～。"(郑玄注:"～,谓削薄其践地者。")

2. shù ❸树名。《庄子·山木》:"逃于大泽,衣裘褐,食～栗。"

3. shū ❹通"抒"。1)淘,汲水。《管子·禁藏》:"钻燧易火,～井易水。"2)抒发。《论衡·超奇》:"～其义旨,损益其文句。"

【杼轴】 zhùzhóu 织布机上的主要部件,比喻文章的构思。陆机《文赋》:"虽～～于予怀,怵他人之我先。"

贮(貯) zhù ❶储积。《吕氏春秋·乐成》:"我有衣冠,而子产～之。"贾谊《论积贮疏》:"夫积～者,天下之大命也。"❷通"伫"。久立。《汉书·孝武李夫人传》:"饰新宫以延～兮,泯不归乎故乡。"

纴(紝) zhù 安放。《荀子·礼论》:"～纩听息之时,则夫忠臣孝子亦知其闵已。"

驻(駐) zhù ❶停住车马。班昭《东征赋》:"怅容与而久～兮,忘日夕而将昏。"《三国志·蜀书·先主传》:"乃～马呼琮。"㊀停留。古诗《为焦仲卿妻作》:"行人～足听,寡妇起彷徨。"❷驻扎,驻守。《三国志·蜀书·诸葛亮传》:"率诸军北～汉中。"尹洙《叙燕》:"顷尝以百万众～赵魏,讫敌退莫敢抗。"

【驻跸】 zhùbì 帝王出行中途停留暂住。李清照《金石录后序》:"时～～章安,从御舟海道而之温,又之越。"

【驻罕】 zhùhǎn 帝王出行在途中停留暂住。王融《三月三日曲水诗序》:"尔乃回舆～～,岳镇渊渟。"

【驻气】 zhùqì 屏住呼息。江淹《为萧骠骑让豫司二州表》:"臣倾心～～,不蒙睿感。"

【驻颜】 zhùyán 保持容颜不老。旧题葛洪《神仙传·刘根》:"草木诸药,能治百病,补虚～～,断谷益气。"

玴 zhù 投,下注。《吕氏春秋·去尤》:"庄子曰:'以瓦～者翔,以钩～者战,以黄金～者殆。'"(《庄子·达生》"玴"作"注"。)

炷 zhù ❶灯心。《新唐书·皇甫无逸传》:"常按部,宿民家,灯～尽,主人将续进,无逸抽佩刀断带为～。"❷像灯炷的燃烧物。《北史·李洪之传》:"疹病灸疗,艾～围将二寸。"❸点燃。范成大《峨眉山行纪》:"移顷,冒寒登天仙桥,至光明岩,～香。"❹量词。用于灯、香等。陆游《禹迹寺南有沈氏小园》诗:"年来妄念消除尽,回向禅龛一～香。"

祝 1. zhù ❶宗庙中主持祭礼的人。《诗经·小雅·楚茨》:"～祭于祊,祀事孔明。"《汉书·郊祀志上》:"使先圣之后,能知山川,敬于礼仪,明神之事者以为～。"❷祷告,祝祷。《战国策·齐策二》:"犀首跪行,为[张]仪千秋之～。"《史记·滑稽列传》:"见道傍有禳田者,操一豚蹄,酒一盂,～曰:'瓯窭满篝,污邪满车,五谷蕃熟,穰穰满家。'"❸断。《论衡·偶会》:"子路死,子曰:'天～予。'"❹通"属"。织。《诗经·鄘风·干旄》:"素丝～之,良马六之。"❺通"注"。敷涂。《周礼·天官·疡医》:"疡医掌肿疡、溃疡、金疡、折疡之～药。"

2. zhòu ❻通"咒"。《论衡·言毒》:"南郡极热之地,其人～树树枯,唾鸟鸟坠。"

【祝发】 zhùfà ❶断发,削去头发。《穀梁传·哀公十三年》:"吴,夷狄之国也,～～文身。"曾巩《秃秃记》:"～～以誓。"❷指削发出家。黄庭坚《跋赠俞清老诗》:"欲～～,著浮图人衣。"

【祝付】 zhùfù 嘱咐。刘克庄《贺新郎·送黄成父还朝》词:"多少法筵龙象众,听灵山～～些儿话。"

【祝禽】 zhùqín 开网放禽兽生路。《梁书·王僧孺传》:"解网～～,下车泣罪。"

【祝融】 zhùróng 传说中帝喾时的火官,死后为火神。《吕氏春秋·孟夏》:"其帝炎帝,其神～～。"《史记·楚世家》:"重黎为帝喾高辛居火正,甚有功,能光融天下,帝喾命曰～～。"

【祝釐】 zhùxǐ 祈福。《汉书·文帝纪》:"今吾闻祠官～～,皆归福于朕躬,不为百姓。"

【祝延】 zhùyán 祝人长寿。《论衡·解除》:"为土偶人,以象鬼神,令巫～～,以解土神。"沈亚之《文祝延》:"古之得人者,皆～～之。"

【祝予】 zhùyú 《公羊传·哀公十四年》记载,子路死后,孔子叹曰:"天祝予!"后因以祝予为悼念后辈死亡之词。《世说新语·伤逝》:"羊孚年三十一卒,桓玄与羊欣书曰:'贤从情所信寄,暴疾而殒,～～之叹,如何可言!'"

【祝诅】 zhùzǔ ❶向鬼神祷告,以求降祸于他人。《汉书·文帝纪》:"民或～～上,以相约而后相谩。"又《江都易王刘非传》:"建恐诛,心内不安,与其后成光共使越婢下神,～～上。"❷诅咒发誓。《论衡·问孔》:"是与俗人解嫌,引天～～,何以异乎?"

柱 zhù ❶支撑房屋、桥梁等重物的柱子。《战国策·燕策一》:"信如尾生,期而不来,抱梁～而死。"《汉书·成帝纪》:"腐木不可以为～。"❷特指琴瑟等乐器上支弦的小立柱。《论衡·谴告》:"鼓瑟者误于张弦设～,宫商易声。"庾信《春赋》:"更炙笙簧,还移筝～。"❸支撑。《论衡·幸偶》:"同之木也,或梁于宫,或～于桥。"韩愈《试大理评事王君墓志铭》:"鼎也,不可以～车。"❹直立,充塞。《庄子·徐无鬼》:"藜藋～乎鼪鼬之径。"❺通"祝"。断。《荀子·劝学》:"强自取～,柔自取束。"

【柱臣】 zhùchén 国家倚重之臣。《后汉书·刘陶传》:"斯实中兴之良佐,国家之～～也。"

【柱国】 zhùguó ❶对国家极为重要的地域或人物。《战国策·齐策三》:"安邑者,魏之～～也;晋阳者,赵之～～也;鄢郢者,楚之～～也。"《后汉书·杨震传》:"杨氏载德,仍世～～。"❷官名。楚国始设,为最高武官。唐以后,为勋官称号。

【柱石】 zhùshí 比喻担当重任的人。《汉书·霍光传》:"将军为国～～。"《后汉书·伏湛传》:"～～之臣,宜居辅弼。"

柷 zhù 古代打击乐器名。《礼记·王制》:"天子赐诸侯乐,则以～将之。"

除 zhù 见 chú。

疰 zhù 病名。见"疰忤"。

【疰忤】 zhùwǔ 流行病名,俗称中恶。文同《蒲生钟馗》诗:"下有三鬼相啸聚,初行谁家作～～?"

眝(貯) zhù 远视。陆机《吊魏武帝文》:"登雀台而群悲,～美目其何望?"

鉒(鉒) zhù ❶矿藏。《管子·地数》:"上有铅者,其下有～银。"❷通"注"。投。《淮南子·说林训》:"以瓦～者全,以金～者跋,以玉～者发。"

庶 zhù 见 shù。

羜(羜) zhù 出生五个月的小羊。《诗经·小雅·伐木》:"既有肥～,以速诸父。"

著 1. zhù ❶明显,显出。《穀梁传·僖公六年》:"此其言'围'何也?病郑也,～郑伯之罪也。"《后汉书·卢植传》:"然物有出微而～,事有由隐而章。"❷写作,撰述。《史记·老子韩非列传》:"于是老子乃～书上下篇。"❸登录,登记。《战国策·楚策四》:"召门吏为汗先生～客籍,五日一见。"《管子·立政》:"三月一复,六月一计,十二月一～。"《后汉书·李忠传》:"垦田增多,三岁间，流民占～者五万馀口。”❹通“宁”。宫室的门屏之间。《诗经·齐风·著》：“俟我于～乎而。”❺通“贮”。《盐铁论·贫富》：“子贡以～积显于诸侯。”

2. zhuó ❻附着。《汉书·食货志上》：“今驱民而归之农，皆～于本。”❼穿着。《吕氏春秋·士节》：“～衣冠，令其友操剑奉笥而从。”《后汉书·灵帝纪》：“帝～商估服，饮宴为乐。”（商估：商贾。）

【著录】 zhùlù ❶记录在簿籍上。《后汉书·张兴传》：“声称著闻，弟子自远至者，～～且万人。”❷系统地记载各类书名。《新唐书·艺文志一》：“凡～～四百四十家，五百九十七部，六千一百四十五卷。”

【著闻】 zhùwén ❶众所周知。《论衡·吉验》：“此验即～～矣。”❷著名，闻名。《陈书·欧阳颜传》：“颜少质直有思理，以言行笃信～～于岭表。”

【著姓】 zhùxìng 有声名的世家望族。《后汉书·寇恂传》：“寇恂字子翼，上谷易平人也，世为～～。”

【著实】 zhuóshí 务实。张说《陆公神道碑》：“笃学励行，～～飞声。”

【著衣】 zhuóyī 指穿衣镜。庾信《镜赋》：“梳头新罢照～～，还从妆处取将归。”

【著意】 zhuóyì 留心，注意。《楚辞·九辩》：“罔流涕以聊虑兮，惟～～而得之。”

蛀 zhù ❶啮蚀器物的小虫。陈翥《桐谱·器用》：“然而采伐不时，则有～虫之害焉。”❷物被虫啮蚀。陶穀《清异录·治玉巢》：“士人素有～牙，一日复作，左腮掀肿。”

铸（鑄） zhù ❶熔化金属浇制器物。《史记·孝武本纪》：“禹收九牧之金，～九鼎。”《后汉书·献帝纪》：“董卓坏五铢钱，更～小钱。”[引]陶冶，培养。见“铸人”。❷古国名。在今山东肥城县南。《左传·襄公二十三年》：“臧宣叔娶于～。”

【铸错】 zhùcuò 造成重大失误。方岳《戏成》诗：“～～空糜六州铁，补鞋不似两钱锥。”

【铸人】 zhùrén 培养人才。扬雄《法言·学行》：“吾闻觌君子者，问～～，不问铸金。”

【铸颜】 zhùyán 孔子培养颜渊。后泛指培养人才。扬雄《法言·学行》：“或曰：‘人可铸与？’曰：‘孔子铸颜渊矣。’”刘耕《和主司王起》：“孔门频建～～功，紫绶青衿感激同。”

筑²（築） zhù ❶夯土的杵。《史记·黥布列传》：“项王伐齐，身负板～，以为士卒先。”陈琳《饮马长城窟行》：“官作自有程，举～谐汝声。”❷捣土，夯土。《诗经·大雅·緜》：“～之登登，削屡冯冯。”《墨子·备蛾傅》：“离而深貍，坚～之，毋使可拔。”（貍：埋。）[引]击，触。《三国志·魏书·三少帝纪》：“贼以刀～其口，使不得言。”《魏书·彭城王勰传》：“武士以刀镮～勰二下。”❸修建。《后汉书·顺帝纪》：“令扶风、汉阳～陇道坞三百所，置屯兵。”张籍《筑城词》：“～城处，千人万人齐把杵。”❹建筑物。杜甫《畏人》诗：“畏人成小～，褊性合幽栖。”❺通“祝”。切断。王褒《僮约》：“斲苏切脯，～肉臛芋。”

【筑底】 zhùdǐ 彻底。方回《乙未岁除》诗：“盍簪列炬浑如梦，不似今年～～穷。”

【筑室反耕】 zhùshìfǎngēng 表示长期驻兵不撤之意。《左传·宣公十五年》：“申叔时仆，曰：‘～～～～者，宋必听命。’”

筯 zhù ❶筷子。《世说新语·忿狷》：“王蓝田性急，尝食鸡子，以～刺之，不得，便大怒，举以掷地。”杜甫《驱竖子摘苍耳》诗：“登床半生熟，下～还小益。”❷火钳，火筷。《玉溪编事·仲庭预》：“庭预方独坐叹息，以～拨灰，俄灰中得一双金火～。”

翥（翥） zhù 飞。《后汉书·五行志一》：“子弟列布州郡，宾客杂袭腾～。”宋之问《度大庾岭》诗：“魂随南～鸟，泪尽北枝花。”

箸 1. zhù ❶筷子。《史记·十二诸侯年表》：“纣为象～，而箕子唏。”《论衡·感虚》：“夫以～撞钟，以筭击鼓，不能鸣者，所用撞击者小也。”❷通“著”。1）显明。《荀子·大略》：“夫尽小者大，积微者～。”2）撰著，写作。龚自珍《咏史》：“避席畏闻文字狱，～书都为稻粱谋。”

2. zhuó ❸通“著”。附着，穿着。《战国策·赵策一》：“兵～晋阳三年矣。”《世说新语·方正》：“今见鬼者，云～生时衣服，若人死有鬼，衣服复有鬼邪？”

纻（紵） zhù 粗麻布。任昉《齐竟陵文宣王行状》：“华衮与缊～同归，山藻与蓬茨俱逸。”

澍 zhù 见 shù。

zhua

抓 zhuā 见 zhāo。

挝（撾） 1. zhuā ❶敲打，击。《论衡·齐世》：“郡将～杀非辜。”《后汉书·陈球传》：“太守怒而～督邮，欲令逐球。”❷鼓槌。《后汉书·祢衡传》：“衡方为

《渔阳》参～，蹀跃而前。”（李贤注：“挝，击鼓杖也。”）

2. wō ❸国名用字。老挝，国名，在印度支那半岛。

檛（檛） zhuā ❶鞭，棰。《急就篇》卷三：“铁锤～杖梲柲杸。”苏轼《是日至下马碛憩于北山僧舍》诗：“吏士寂如水，萧萧闻马～。”❷笙两侧的管。潘岳《笙赋》：“修～内辟，馀箫外逶。”

篧（篧） zhuā ❶马鞭。马融《长笛赋》：“剡其上孔洞通之，裁以当～便易持。”❷乐器的管。沈括《梦溪笔谈》卷五：“古人谓乐之管为～。”

髽 zhuā 古代妇人遇丧事时梳的发髻，用麻束发。《左传·襄公四年》：“国人逆丧者皆～。”（逆：迎。）《礼记·檀弓上》：“鲁妇人之～而吊也，自败于台鲐始也。”

zhuan

专（專） 1. zhuān ❶专一，单纯。《荀子·性恶》：“～心一致，思索孰察。”《后汉书·鲁恭传》：“恭～以德化为理，不任刑罚。”❷单独。《史记·孝文本纪》：“右丞相勃乃谢病免罢，左丞相平～为丞相。”《后汉书·耿弇传》：“常以中国虚费，边陲不宁，其患～在匈奴。”❸独占，专擅。《左传·庄公十年》：“衣食所安，弗敢～也，必以分人。”《论衡·问孔》：“～鲁莫过季氏。”古诗《为焦仲卿妻作》：“奉事循公姥，进止敢自～？”

2. tuán ❹通“抟”。圆。《周礼·地官·大司徒》：“其民～而长。”

【专城】 zhuānchéng 州牧太守等地方长官。潘岳《马汧督诔序》：“剖符～～，纡青拖墨之司。”孟浩然《送韩使君除洪府都督》诗：“往来看拥传，前后赖～～。”

【专宠】 zhuānchǒng 独占宠爱。《汉书·五行志中》：“其后赵蜚燕得幸，立为皇后，弟为昭仪，姊妹～～。”

【专对】 zhuānduì 出使他国，能独自应对。《论语·子路》：“诵诗三百，授之以政，不达；使于四方，不能～～，虽多，亦奚以为？”

【专房】 zhuānfáng 妻妾独占宠爱。《后汉书·安思阎皇后纪》：“后～～妒忌。”

【专攻】 zhuāngōng 专门研究，专长。韩愈《师说》：“闻道有先后，术业有～～。”

【专利】 zhuānlì ❶专谋私利。《左传·哀公十六年》：“若将～～以倾王室，不顾楚国，有死不能。”❷垄断利益。《国语·周语上》：“匹夫～～，犹谓之盗，而王行之，其归鲜矣。”《史记·周本纪》：“夫荣公好～～而不知大难。”

【专命】 zhuānmìng ❶独断擅权。《史记·晋世家》：“师在制命而已，禀命则不威，～～则不孝。”❷受君之命，全权处理某一特殊使命。《后汉书·郑兴传》：“居则为～～之使，入必为鼎足之臣。”

【专任】 zhuānrèn 单独承担。《三国志·魏书·杜畿传》：“若使法可～～，则唐虞可不须稷契之佐，殷周无贵伊吕之辅矣。”

【专擅】 zhuānshàn 专权擅断。《论衡·福虚》：“一国之君，～～赏罚。”《抱朴子·良规》：“事无～～，请而后行。”

【专一】 zhuānyī ❶单一，不杂。《淮南子·主术训》：“心不～～，不能专诚。”❷同一，一致。《吕氏春秋·上农》：“少私义则公法立，力～～。”《汉书·文帝纪》：“今大臣虽欲为变，百姓弗为使，其党宁能～～邪？”

【专辄】 zhuānzhé 专断，专擅。《晋书·刘弘传》：“敢引覆悚之刑，甘受～～之罪。”

【专征】 zhuānzhēng 诸侯或将帅经特许自主征伐。班固《白虎通·考黜》：“好恶无私，执义不倾，赐以弓矢，使得～～。”

【专政】 zhuānzhèng 独揽大权。《史记·赵世家》：“是时王少，成、兑～～。”《汉书·张禹传》：“吏民多上书言灾异之应，讥切王氏～～所致。”

【专志】 zhuānzhì 专心。《战国策·秦策三》：“愿君之～～于攻齐，而无他虑也。”

【专专】 zhuānzhuān 专一。《楚辞·九辩》：“计～～之不可化兮，愿遂推而为臧。”

【专恣】 zhuānzì 专权放纵。《汉书·楚元王传》：“是后尹氏世卿而～～，诸侯背畔而不朝，周室卑微。”

剸 zhuān 见 tuán。

鄟（鄟） zhuān 古国名。春秋时为鲁国的附庸。在今山东郯城县东北。《春秋·成公六年》：“[鲁]取～。”

漙 zhuān 见 tuān。

塼 zhuān 见 tuán。

抟 zhuān 见 tuán。

嫥（嫥） zhuān 专一。后作“專”。《说文·女部》：“～，壹也。”

【嫥捖】 zhuānwán 调和。《淮南子·俶真训》：“提挈阴阳，～～刚柔。”

砖（磚、塼、甎） zhuān 用土坯烧成的建筑材料。《颜氏家训·终制》：“已于扬州小郊北地烧

～。"李咸用《和友人喜相遇》之十："命达夭殇同白首，价高～瓦即黄金。"

篅 zhuān 见 tuán。

湍 zhuān 见 tuān。

鳟(鱄) zhuān ❶鱼名。《吕氏春秋·本味》："鱼之美者，洞庭之～。"❷姓。

颛(顓) zhuān ❶愚蒙，蒙昧。欧阳修《集古录自序》："予性～而嗜古。"❷善良。《淮南子·览冥训》："猛兽食～民。"❸通"专"。《汉书·于定国传》："君虽任职，何必～焉？"

【颛己】 zhuānjǐ 固执己见。《汉书·地理志下》："沛楚之失，急疾～～。"

【颛蒙】 zhuānméng 愚昧。《汉书·扬雄传下》："天降生民，倥侗～～。"曾巩《代人上永叔书》："某撇虚～～，不晓于义。"

【颛童】 zhuāntóng 愚蒙。扬雄《太玄经·童》："初一，～～不寤，会我蒙昏。"

【颛顼】 zhuānxū 五帝之一。《史记·五帝本纪》："帝～～高阳者，黄帝之孙而昌意之子也。"

【颛庸】 zhuānyōng 愚蒙平庸。苏舜钦《荐王景仁启》："某资虽～～，心辄喜善。"

【颛颛】 zhuānzhuān 无知无识的样子。《汉书·贾捐之传》："～～独居一海之中。"

转(轉) 1. zhuǎn ❶滚动，旋转。《诗经·邶风·柏舟》："我心匪石，不可～也。"李商隐《富平少侯》诗："彩树～灯珠错落，绣檀回枕玉雕锼。"❷转运，传送。《史记·秦始皇本纪》："盗多，皆以戍漕～作事苦，赋税大也。"㊀辗转流传。《后汉书·灵帝纪》："京师～相放效。"❸转移，调动。《左传·昭公十九年》："劳罢死～，忘寝与食。"《晋书·李密传》："密有才能，常望内～，而朝廷无援，乃迁汉中太守。"❹转化，转变。《韩非子·心度》："法与世～则治。"《战国策·齐策三》："孟尝君可语善为事矣，～祸为功。"（"语"一本作"谓"。）㊀反而。韩偓《偶题》诗："萧艾～肥兰蕙瘦，可能天亦妒馨香。"❺宛转，流转。《水经注·江水二》："常有高猿长啸，属引凄异，空谷传响，哀～久绝。"苏洵《上欧阳内翰书》："韩子之文，如长江大河，浑浩流～。"❻旋即，一会儿。《论衡·说日》："凿地一丈，～见水源。"

2. zhuàn ❼循环变化。白居易《天坛峰下赠杜录事》诗："河车九～宜精炼，火候三年在好看。"❽装铠甲的口袋。《左传·襄公二十四年》："皆踞～而鼓琴。"（杜预注："～，衣装。"）

【转背】 zhuǎnbèi 一转身的时间。《南史·蔡廓传》："与人共计，云何裁～～，便卖恶于人？"（裁：才。）

【转漕】 zhuǎncáo 转运粮草。《史记·萧相国世家》："萧何～～关中，给食不乏。"《汉书·司马相如传下》："郡又多为发～～万馀人。"

【转侧】 zhuǎncè ❶转动，迁徙不定。《后汉书·刘般传》："会更始败，复与般～～兵革中。"（更始：更始帝刘玄。）白居易《缭绫》诗："异彩奇文相隐映，～～看花花不定。"❷犹豫不决。《论衡·案书》："二语不定，～～不安。"

【转毂】 zhuǎngǔ ❶指车。《汉书·货殖传》："～～百数，贾郡国，无所不至。"❷车轮转动，形容疾迅。《淮南子·兵略训》："欲疾以遬，人不及步铜，车不及～～。"

【转规】 zhuǎnguī 比喻流畅无阻。陆倕《石阙铭》："计如投水，思若～～。"

【转漏】 zhuǎnlòu 古代用铜壶滴漏计算时间，转漏形容时间短暂。《汉书·王莽传上》："～～之间，忠策辄建，纲纪咸张。"

【转蓬】 zhuǎnpéng 蓬草随风飘转。《后汉书·舆服志上》："上古圣人见～～始知为轮。"又比喻身世飘零。杜甫《客亭》诗："多少残生事，飘零似～～。"

【转尸】 zhuǎnshī 死后尸体转徙弃置。《汉书·高惠高后文功臣表》："生为愍隶，死为～～。"

【转手】 zhuǎnshǒu ❶一转手的工夫，喻时间短。苏轼《山村五绝》之四："杖藜裹饭去匆匆，过眼青钱～～空。"❷转交，转卖。沈周《〈定武兰亭叙〉跋》："今～～于人，犹幸一见。"

【转输】 zhuǎnshū 运送物资。《汉书·萧望之传》："陇西以北，安定以西，吏民并给～～，田事颇废。"《后汉书·臧宫传》："时宫众多食少，～～不至。"

【转饷】 zhuǎnxiǎng 运送粮草。《汉书·高帝纪上》："丁壮苦军旅，老弱罢～～。"（罢：通"疲"。）

【转圆】 zhuǎnyuán 转动圆体的器物。形容便易无阻。《后汉书·蔡邕传》："其取进也，顺倾～～，不足以喻其便。"杜甫《送从弟亚赴河西判官》诗："应对如～～，疏通略文字。"也作"转圜"。《汉书·梅福传》："昔高祖纳善若不及，从谏若～～。"

【转圜】 zhuǎnyuán 见"转圆"。

【转烛】 zhuǎnzhú 比喻世事变幻、时光流转。杜甫《写怀》诗："鄙夫到巫峰，三岁如～～"。

【转注】 zhuǎnzhù "六书"之一。许慎《说文解字叙》："～～者，建类一首，同意相受，考、老是也。"后人对此理解不同，争论很多，至今尚无定论。

肫（膞） 1. zhuǎn ❶切成块的肉。《广雅·释器》："～，脔也。"❷禽类的胃。《广韵·仙韵》："～，鸟胃也。"

2. chún ❸肢骨。《仪礼·少牢馈食礼》："司士升豕右胖，髀不升，肩、臂、臑、～、骼。"

竧（竱） zhuǎn 齐，等。《国语·齐语》："～本肇末。"

【竧心】 zhuǎnxīn 齐心。韩愈《郓州溪堂诗序》："～～一力，以供国家之职。"

传 zhuàn 见 chuán。

沌 zhuàn 见 dùn。

纯（縳） zhuàn ❶卷，裹。《左传·襄公二十五年》："间丘婴以帷～其妻而载之。"❷计算羽毛的单位。《周礼·地官·羽人》："十羽为审，百羽为抟，十抟为～。"

啭（囀） zhuàn ❶宛转发声。繁钦《与魏太子书》："时都尉薛访车子，年始十四，能喉～引声，与笳同音。"❷鸟鸣。庾信《春赋》："新年鸟声千种～，二月杨花满路飞。"

瑑 zhuàn 玉器上凸起的雕纹。《周礼·考工记·玉人》："～圭璋八寸。"㊀雕刻为凸纹。《汉书·董仲舒传》："然则常玉不～，不成文章。"

腞 zhuàn 见"腞楯"。

【腞楯】 zhuànchūn 有画饰的运柩车。《庄子·达生》："死得于～～之上。"

譔（譔） zhuàn ❶具备。《楚辞·大招》："魂乎归徕，听歌～只。"❷撰辑，编著。《汉书·扬雄传下》："故人时有问雄者，常以法应之，～ 以为十三卷。"

赚（賺） zhuàn ❶做买卖盈利。《水浒传》二十四回："～得好些金银。"❷骗。无名氏《赚蒯通》三折："不想差一使去，果然～得韩信回朝。"《水浒传》八回："故～得林冲到此。"❸宋代的一种说唱腔调。又名"不是路"。灌圃耐得翁《都城纪胜》："凡～最难，以其兼慢曲、曲破、大曲、嘌唱、耍令、番曲、叫声，诸家腔谱也。"

僝 1. zhuàn ❶显现，表现。《尚书·尧典》："共工方鸠～功。"江淹《杂体诗·谢法曹赠别》："觌子杳未～，款睇在何辰？"❷具备。左思《魏都赋》："～拱木于林衡，授全模于梓匠。"

2. chán ❸见"僝僽"。

【僝僽】 chánzhòu ❶责怪，埋怨。黄庭坚《忆帝京·私情》词："那人知后，怕夯你来～～。"❷愁苦，烦恼。张辑《如梦令·比梅》词："～～，～～，比着梅花先瘦。"❸折磨。黄庭坚《宴桃源·书赵伯充家小姬领巾》词："天气把人～～，落絮游丝时候。"❹排遣。辛弃疾《蝶恋花·和杨济翁韵》词："可惜春残风雨又，收拾情怀，长把诗～～。"

僎 1. zhuàn ❶具备，完备。《论语·先进》"异乎三子者之撰"陆德明释文："撰，士免反，具也。郑作～，读曰诠，诠之言善也。"

2. zūn ❷赞礼。《礼记·少仪》："介爵、酢爵、～爵，皆居右。"

撰 1. zhuàn ❶天地阴阳等自然现象的变化规律。《周易·系辞下》："阴阳合德，而刚柔有体，以体天地之～。"❷持。《楚辞·九歌·东君》："～余辔兮高驰翔，杳冥冥兮以东行。"❸具备，才具。《论语·先进》："异乎三子者之～。"❹编纂，编写。《汉书·礼乐志》："今叔孙通所～礼仪，与律令同录，臧于理官，法家又复不传。"欧阳修《孙子后序》："余顷与～《四库书目》，所见《孙子》，注者尤多。"

2. xuǎn ❺选取。《周礼·夏官·大司马》："群吏～车徒，读书契。"

【撰次】 zhuàncì 编排。《后汉书·赵岐传》："岐欲奏守边之策，未及上，会坐党事免，因～～以为《御寇论》。"

【撰录】 zhuànlù 收集编录。潘岳《杨仲武诔》："～～先训，俾无陨坠。"

篆 zhuàn ❶篆书，汉字字体之一。《汉书·艺文志》："《博学》七章者，太史令胡母敬所作也。文字多取《史籀篇》，而～体复颇异，所谓秦～者也。"❷名字、印章的代称。《聊斋志异·考城隍》："不妨令张生摄～九年。"❸钟口处或车毂约上刻的一圈突出的花纹。《周礼·考工记·凫氏》："钟带谓之～。"❹盘香。苏轼《宿临安净土寺》诗："闭门群动息，香～起烟缕。"㊀指烟缕。李玉《贺新郎》词："～缕消金鼎。"

【篆额】 zhuàn'é 在碑头处用篆书写碑名。《旧唐书·李华传》："华尝为《鲁山令元德秀墓碑》，颜真卿书，李阳冰～～。"

【篆素】 zhuànsù 书于素帛之上的篆文。左思《吴都赋》："鸟策～～，玉牒石记。"也泛指书法。《晋书·王羲之传论》："所以详察古今，研精～～，尽善尽美，其惟王逸少乎！"

【篆香】 zhuànxiāng 盘香。李清照《满庭芳》词："～～烧尽，日影下帘钩。"

馔(饌) 1. zhuàn ❶饭食。干宝《搜神记》卷十六："命东榻而坐，即治饮～。"《南史·虞悰传》："豫章王嶷盛～享宾。"❷食用，吃。《论语·为政》："有酒食，先生～。"❸安排食物。《仪礼·聘礼》："～于东方。"

2. huán ❹通"锾"。古代重量单位。六两为一馔。《尚书大传·甫刑》："禹之君民也，罚弗及强而天下治。一～六两。"

【馔玉】 zhuànyù 形容食物珍美如玉。李白《将进酒》诗："钟鼓～～不足贵，但愿长醉不愿醒。"

襈 zhuàn 衣服的花边。《周书·高丽传》："妇人服裙襦，裾袖皆为～。"

篹 zhuàn 见 suǎn。

籑 zhuàn ❶同"馔"。饮食。《汉书·杜邺传》："陈平共壹饭之～，而将相加欢。"❷通"撰"。编纂，著述。《汉书·司马迁传赞》："自古书契之作而有史官，其载籍博矣，至孔氏～之。"

zhuang

妆(妝、粧、糚) zhuāng ❶妆饰，打扮。苏轼《饮湖上初晴后雨》诗："欲把西湖比西子，淡～浓抹总相宜。"❷妆饰用品。《后汉书·五行志一》："京都长者皆以苇方笥为～具，下士尽然。"杜甫《新婚别》诗："罗襦不复施，对君洗红～。"❸妆饰的式样。白居易《上阳人》诗："外人不见见应笑，天宝末年时世～。"

【妆点】 zhuāngdiǎn 妆饰点缀。陈后主《三妇艳诗》之二："小妇初～～，回眉对月钩。"柳永《柳初新》词："～～层台芳榭，运神功丹青无价。"

【妆奁】 zhuānglián ❶梳妆的镜匣。庾信《镜赋》："暂设～～，还抽镜屉。"刘禹锡《泰娘歌》："～～虫网厚如茧，博山炉侧倾寒灰。"❷指嫁妆。《三国演义》十六回："连夜具办～～，收拾宝马香车，令宋宪、魏续一同韩胤送女前去。"

庄(莊) zhuāng ❶严肃，庄重。《礼记·曲礼上》："非礼不诚不～。"《吕氏春秋·孝行》："居处不～，非孝也。"❷四通八达的大道。鲍照《芜城赋》："重江复关之隩，四会五达之～。"❸庄园，村庄。杜甫《怀锦水居止》诗之二："万里桥西宅，百花潭北～。"陆游《小舟游近村舍舟步归》诗之四："斜阳古柳赵家～，负鼓盲翁正作场。"❹通"妆"。《史记·司马相如列传》："靓～刻饰，便嬛婥约。"❺姓。

【庄椿】 zhuāngchūn 《庄子·逍遥遊》中说古代有树龄极长的大椿树，后因以庄椿为祝人长寿之词。罗隐《钱尚父生旦》诗："锦衣玉食将何报，更俟～～一举头。"

【庄奴】 zhuāngnú 佃户。晁补之《视田五首赠八弟无斁》诗之三："～～不入租，报我田久荒。"

【庄姝】 zhuāngshū 美丽端庄。宋玉《神女赋》："貌丰盈以～～兮，苞温润之玉颜。"

【庄田】 zhuāngtián 皇室、贵族、官僚、寺观等雇人耕种或出租的土地。《旧唐书·宣宗纪》："官健有～～户籍者，仰州县放免差役。"

【庄庄】 zhuāngzhuāng 正直的样子。《管子·小问》："至其壮也，～～乎何其士也。"

桩(樁) 1. zhuāng ❶桩子，橛子。李白《大猎赋》："下整高颓，深平险谷，摆～栝，开林丛。"❷量词。件。陈亮《贺新郎·酬辛幼安再用韵见寄》词："把当时，一～大义，拆开收合。"关汉卿《谢天香》一折："他道敬重看待自有几～儿。"

2. chōng ❸撞，冲。《晋书·宣帝纪》："凡攻敌，必扼其喉而～其心。"

装(裝) zhuāng ❶行装。《战国策·燕策三》："乃为～遣荆轲。"《汉书·龚胜传》："先赐六月禄直以办～。"❷衣服，服装。《晋书·皮京妻龙氏传》："怜货其嫁时资～，躬自纺织。"❸装饰，打扮。傅毅《舞赋》："顾形影，自整～。"杜甫《蕃剑》诗："致此自僻远，又非珠玉～。"❹收藏，放入。赵晔《吴越春秋·阖闾内传》："使童女童男三百人鼓橐～炭。"孔稚珪《北山移文》："牒诉倥偬～其怀。"❺装载。《晋书·戴若思传》："遇陆机赴洛，船～甚盛，遂与其徒掠之。"

【装背】 zhuāngbèi 装裱书画。张彦远《历代名画记·叙画之兴废》："因使工人各推所长，锐意模写，仍旧～～，一毫不差。"

【装钱】 zhuāngqián 置装费。《后汉书·张酺传》："今赐～～三十万，其亟之官。"

【装送】 zhuāngsòng 指嫁妆。《后汉书·鲍宣妻传》："宣尝就少君父学，父奇其清苦，故以女妻之，～～资贿甚盛。"

壮(壯) zhuàng ❶成年，壮年。《左传·僖公三十年》："臣之～也，犹不如人，今老矣，无能为也已。"《后汉书·刘隆传》："及～，学于长安。"❷强壮，健壮。左思《吴都赋》："趫材悍～。"《后汉书·袁绍传》："父成，五官中郎将，～健好交结。"❸

雄壮，强盛。《汉书·东方朔传》："拔剑割肉，壹何～也。"司马相如《长门赋》："邪气～而攻中。"❹大，肥硕。《诗经·小雅·采芑》："方叔元老，克～其犹。"《吕氏春秋·仲夏》："养～狡。"❺中医艾灸，一灼称为一壮。《三国志·魏书·华佗传》："若当灸，不过一两处，每处不过七八～，病亦应除。"❻八月的代称。《尔雅·释天》："八月为～。"

【壮齿】 zhuàngchǐ 即壮年。左思《杂诗》："～～不恒居，岁暮常慨慷。"

【壮发】 zhuàngfà 额上丛生垂下的头发。《汉书·孝成赵皇后传》："额上有～～，类孝元皇帝。"

【壮怀】 zhuànghuái 壮志。岳飞《满江红》词："抬望眼，仰天长啸，～～激烈。"

【壮佼】 zhuàngjiǎo 壮硕，健美。《礼记·月令》："养～～。"袁枚《随园诗话》卷十三："岁辛卯，相见苏州，怪其消瘦，不类平时～～。"

【壮节】 zhuàngjié 高尚的节操。《三国志·魏书·臧洪传评》："陈登、臧洪并有雄气～～。"杜甫《投赠哥舒开府翰二十韵》："～～初题柱，生涯独转蓬。"

【壮烈】 zhuàngliè ❶慷慨有气节。《后汉书·袁绍传》："[审]配意气～～，终无挠辞。"❷指壮盛。王安石《答吕吉甫书》："然公以～～，方进为于圣世；而某茶然衰疢，特待尽于山林。"(茶然：精神不振的样子。)

【壮士】 zhuàngshì 勇士。《战国策·燕策三》："风萧萧兮易水寒，～～一去兮不复还。"《史记·高祖本纪》："徒中～～愿从者十馀人。"

【壮图】 zhuàngtú 宏伟的设想。杜甫《别苏徯》诗："他日怜才命，居然屈～～。"

【壮武】 zhuàngwǔ 健壮勇武。《三国志·魏书·典韦传》："韦既～～，其所将皆选卒，每战斗，常先登陷阵。"

【壮心】 zhuàngxīn 雄心。曹操《步出夏门行》："烈士暮年，～～不已。"

【壮游】 zhuàngyóu 怀抱壮志而出游。袁桷《送文子方著作受交趾使于武昌》诗："～～诗句豁，古戍角声悲。"

【壮语】 zhuàngyǔ 豪言。也指夸大之词。《晋书·谯刚王逊传》："彼不知惧，而学～～，此之不武，何能为也?"《文心雕龙·杂文》："观其大抵所归，莫不高谈宫馆，～～畋猎。"

状(狀) zhuàng ❶容貌，样子。《战国策·秦策五》："[吕]不韦使楚服而见，王后悦其～，高其智。"郦道元《水经注·庐江水》："有双石高竦，其～若门。"❷情形，状态。《史记·魏公子列传》："见侯生，具告所以欲死秦军～。"《后汉书·郑兴传》："其后帝见匈奴来者，问[郑]众与单于争礼之～。"❸描绘，陈述。《庄子·德充符》："自～其过。"陆游《尚书王公墓志铭》："某辞以既尝～公之行，愿更求名卿巨人以信后世。"❹善状，好样子。特指礼貌。《史记·项羽本纪》："诸侯吏卒异时故徭使屯戍过秦中，秦中吏卒遇之多无～。"《汉书·贾谊传》："梁王胜坠马死，谊自伤为傅无～，常哭泣，后岁馀，亦死。"❺文体的一种。用于陈述事件经过或人的事迹。如柳宗元《段太尉逸事状》。

【状貌】 zhuàngmào 容貌。《史记·田敬仲完世家》："太史敫女奇法章～～，以为非恒人。"

【状头】 zhuàngtóu ❶状元。唐代称进士考试第一名为状头。黄滔《寄翁文尧拾遗》诗自注："滔卯年冬在宛陵，梦文尧作～～及第。"❷原告。《元典章·刑部·听讼原告人在逃条》："这般走了的～～，并虚告论人的一两个，教处死刑者。"

撞 zhuàng ❶击，敲击。《史记·项羽本纪》："亚父受玉斗，置之地，拔剑～而破之。"《论衡·感虚》："夫以箸～钟，以筭击鼓，不能鸣者，所用～击之者小也。"❷碰，遇。《世说新语·尤悔》："又或放船从横～人触岸。"《三国演义》四十一回："待我亲自寻他去，若～见时，一枪刺死。"

幢 zhuàng 见 chuáng。

戆(戇) zhuàng 刚直，愚直。《史记·高祖本纪》："然[王]陵少～，陈平可以助之。"《后汉书·郎顗传》："臣诚愚～，不知折中。"

【戆陋】 zhuànglòu 憨直无知。《吕氏春秋·士容》："愚之患，在必自用，自用则～～之人从而贺之。"

【戆直】 zhuàngzhí 刚直。《宋史·韩世忠传》："性～～，勇敢忠义。"

zhui

隹 1. zhuī ❶短尾鸟。《说文·隹部》："～，短尾鸟之总名也。"

2. wéi ❷同"惟"。句首语气词。《六书故·动物三》："～，钟鼎文皆借此为惟字。"《墨子·明鬼下》："矧～人面，胡敢异心?"

追 1. zhuī ❶追逐，追赶。《公羊传·庄公十八年》："公～戎于济西。"《汉书·李广传》："匈奴骑数百～之，广行取儿弓射杀～骑，以故得脱。"❷追随，追求。《楚辞·离骚》："背绳墨以～曲兮，竞周容以为度。"❸回溯往事。《后汉书·杨震传》："震门生虞放、陈翼诣阙～讼震事。"曹丕《与吴质书》："～思昔游，犹在心目。"❹补救。《论语·微子》："往者不可谏，来者犹可～。"❺古代少数民族国名。《诗经·大雅·韩奕》："王锡韩侯，其～其貊。"

2. duī　❻雕刻。见"追琢"。❼钟钮。《孟子·尽心下》："以～蠡。"（赵岐注："追，钟钮也。"）❽通"堆"。枚乘《七发》："穷曲随隈，逾岸出～。"

【追非】　zhuīfēi　因循错误。《汉书·五行志上》："归狱不解，兹谓～～，厥水寒，杀人。"

【追欢】　zhuīhuān　寻求欢乐。白居易《追欢偶作》诗："～～逐乐少闲时，补帖平生得事迟。"

【追加】　zhuījiā　死后加封或贬削名号。《汉书·五行志上》："戾后，卫太子妾，遭巫蛊之祸，宣帝既立，～～尊号，于礼不正。"

【追美】　zhuīměi　❶追忆已故者的功德而加以褒奖。《汉书·赵充国传》："成帝时，西羌尝有警，上思将帅之臣，～～充国。"❷媲美。《旧唐书·礼仪志三》："兢兢业业，非敢～～前王。"

【追陪】　zhuīpéi　伴随。韩愈《奉酬卢给事云夫四兄曲江荷花行见寄》诗："上界真人足官府，岂如散仙鞭笞鸾凤终日相～～。"

【追远】　zhuīyuǎn　追念前人前事。班昭《东征赋》："入匡郭而～～兮，念夫子之厄勤。"《宋书·王僧达传》："生平素念，愿闲衡庐，先朝～～之恩，早见荣齿。"

【追琢】　duīzhuó　雕琢。《诗经·大雅·棫朴》："～～其章，金玉其相。"王安石《诗义序》："～～其章，缵圣志而成之也。"

萑　1. zhuī　❶草多的样子。《说文·艸部》："～，草多皃。"❷草名，即茺蔚，又名益母草。可入药。

2. huán　❸芦苇的一种。《诗经·豳风·七月》："七月流火，八月～苇。"

骓（騅）　zhuī　毛色苍白相杂的马。《诗经·鲁颂·駉》："有～有駓。"（毛传："苍白杂毛曰骓。"）李商隐《无题》诗之一："斑～只系垂杨岸，何处西南待好风。"

椎　zhuī　见 chuí。

揣　zhuī　见 chuǎi。

锥（錐）　zhuī　❶钻孔的工具。《战国策·秦策一》："引～自刺其股。"《史记·平原君虞卿列传》："夫贤士之处世也，譬若～之处囊中，其末立见。"❷用锥刺。袁宏道《徐文长传》："或以利锥～其两耳，深入寸馀。"

【锥股】　zhuīgǔ　战国时苏秦发愤读书，困了就用锥子刺大腿，终于成为六国之相。后以"锥股"形容刻苦读书。《文心雕龙·养气》："夫学业在勤，故有～～自厉。"

骓（鵻）　zhuī　鸟名，即鹁鸪。《诗经·小雅·四牡》："翩翩者～，载飞载下，集于苞栩。"

队　zhuì　见 duì。

坠（墜）　zhuì　❶落下，掉下。《楚辞·离骚》："朝饮木兰之～露兮，夕餐秋菊之落英。"《汉书·贾谊传》："梁王胜～马死。"[引]落入，陷入。《尚书·仲虺之诰》："有夏昏德，民～涂炭。"《战国策·楚策四》："倏忽之间，～于公子之手。"❷垂挂。《管子·形势》："～岸三仞，人之所大难也，而猿猱饮焉。"[又]指垂挂的物件。张昱《宫中词》之十二："寻出涂金香～子，安排衣线捻春绵。"❸失。《国语·晋语二》："知礼可使，敬不～命。"《三国志·魏书·武帝纪》："即我高祖之命将～于地。"

【坠欢】　zhuìhuān　失宠。鲍照《和傅大农与僚故别》诗："～～岂更接，明爱邈难寻。"

【坠睫】　zhuìjié　落泪。韩偓《八月六日作》诗之四："袁安～～寻忧汉，贾谊濡毫但过秦。"

【坠心】　zhuìxīn　担心，害怕。江淹《恨赋》："或有孤臣危涕，孽子～～。"

【坠绪】　zhuìxù　遗迹，遗业。韩愈《进学解》："寻～～之茫茫，独旁搜而远绍。"

【坠言】　zhuìyán　失言。《汉书·邹阳传》："虽～～于吴，非其正计也。"

谁（諈）　zhuì　见"谁诿"。

【谁诿】　zhuìwěi　拖累，钝滞。《尔雅·释言》："～～，累也。"郭璞注："以事相属累为～～。"

餟（餟）　zhuì　同"醊"。祭奠，连续而祭。《史记·孝武本纪》："其下四方地，为～，食群神从者及北斗云。"

缀（綴）　1. zhuì　❶缝，缝合。《礼记·内则》："衣裳绽裂，纫箴请补～。"[引]连结，联缀。《论衡·变动》："旌旗垂旒，旒～于杆。"[又]联缀词句以成文章，写作。《汉书·艺文志》："闾里小知者之所及，亦使～而不忘。"❷装饰。《大戴礼记·明堂》："赤～户也，白～牖也。"《世说新语·言语》："意谓乃不如微云点～。"

2. chuò　❸拘束，牵制。《仪礼·既夕礼》："～足用燕几。"《后汉书·吴汉传》："贼若出兵～公，以大众攻[刘]尚，尚破，公即败矣。"❹通"辍"。停止。《荀子·成相》："春申道～基毕输。"

【缀集】 zhuìjí 联缀，汇集。《后汉书·循吏传序》："今～～殊闻显迹，以为《循吏篇》云。"

【缀缉】 zhuìjí 见"缀辑"。

【缀辑】 zhuìjí 编辑，汇集。《汉书·叙传下》："故探撰前记，～～所闻，以述《汉书》。"也作"缀缉"。任昉《王文宪集序》："是用～～遗文，永贻世范。"

【缀旒】 zhuìliú ❶表率。《诗经·商颂·长发》："受小球大球，为下国～～。"❷比喻君主被臣下挟持，大权旁落。《后汉书·张衡传》："君若～～，人无所丽。"《三国志·魏书·武帝纪》："当此之时，若～～然，宗庙乏祀，社稷无位。"参见"赘旒"。

【缀文】 zhuìwén 联缀词句以成文章，即写作。杜甫《醉歌行》："陆机二十作《文赋》，汝更小年能～～。"

【缀学】 zhuìxué 简单地承袭前人之学，无发展。《汉书·楚元王传》："往者～～之士不思废绝之阙。"

【缀缀】 zhuìzhuì 相连缀的样子。《荀子·非十二子》："～～然，瞀瞀然，是子弟之容也。"

惴 zhuì ❶恐惧。《孟子·公孙丑上》："自返而不缩，虽褐宽博，吾不～焉。"《史记·酷吏列传》："然宗室豪桀皆人人～恐。"❷见"惴耎"。

【惴栗】 zhuìlì 恐惧战栗。柳宗元《始得西山宴游记》："自余为僇人，居是州，恒～～。"

【惴耎】 zhuìruǎn 虫蠕动的样子。《庄子·胠箧》："～～之虫，肖翘之物，莫不失其性。"

【惴惴】 zhuìzhuì 恐惧的样子。《诗经·秦风·黄鸟》："临其穴，～～其栗。"《战国策·齐策六》："安平君以～～之即墨，三里之城，五里之郭，敝卒七千，禽其司马，而反千里之齐，安平君之功也。"

縋(縋) zhuì 用绳子拴着往下放。《左传·僖公三十年》："夜～而出。"

硾 zhuì 在物体上系以重物使下沉。《吕氏春秋·劝学》："是拯溺而～之以石也。"

錣(錣) zhuì ❶马棰端的针。《淮南子·氾论训》："是犹无镝衔、橛、策～而御轩马也。"❷计数用的筹码。《管子·国蓄》："且君引～量用，耕田发草，上得其数矣。"

膇 zhuì 脚肿。《左传·成公六年》："民愁则垫隘，于是乎有沈溺重～之疾。"苏轼《御试制科策》："块然如巨人之病～，非不枵然大矣。"

赘(贅) zhuì ❶抵押。《汉书·严助传》："间者，数年岁比不登，民待卖爵～子以接衣食。"❷男子就婚于女家，入赘。《汉书·贾谊传》："故秦人家富子壮则出分，家贫子壮则出～。"无名氏《白兔记·成婚》："我三娘今日～刘智远为婿。"❸长在皮肤上的肿瘤。《庄子·骈拇》："附～县疣，出乎形哉！"陆九渊《葛致政墓志铭》："公生无他疾，中年指间有～，天阴或痛。"㉁多馀的，无用的。曾巩《讲官仪》："问一告二谓之～。"❹通"缀"。连缀，聚会。《韩非子·存韩》："夫赵氏聚士卒，养从徒，欲～天下之兵。"《汉书·武帝纪》："县乡即赐，毋～聚。"

【赘旒】 zhuìliú 比喻君主大权旁落，被大臣挟制。《公羊传·襄公十六年》："君若～～然。"

【赘行】 zhuìxíng 不好的行为。《老子·二十四章》："其在道也，曰馀食～～，物或恶之，故有道者不处。"

【赘婿】 zhuìxù 成婚后住在女家的男子。《史记·秦始皇本纪》："三十三年，发诸尝逋亡人、～～、贾人略取陆梁地。"又《滑稽列传》："淳于髡者，齐之～～也。"

【赘疣】 zhuìyóu 肉瘤，常比喻无用的事物。《抱朴子·逸民》："荣华犹～～也，万物犹蜩翼也。"也作"赘肬"。《楚辞·九章·惜诵》："竭忠诚以事君子兮，反离群而～～。"

磙 zhuì 同"坠"。《汉书·天文志》："星～至地，则石也。"

隧 zhuì 见 suì。

醊 zhuì （又读 chuò） ❶奠酒，祭祀时用酒浇地。《后汉书·卢植传》："并致薄～，以彰厥德。"又《何颙传》："颙感其义，为复仇，以头～其墓。"❷连续而祭。《史记·封禅书》："其下四方地，为～食群神从者及北斗云。"

zhun

忳 zhūn 见 tún。

迍 zhūn 困顿，艰难。白居易《哭刘敦质》诗："愚者多贵寿，贤者独贱～。"曾巩《厄台记》："先师夫子聘于时，民不否；～于世，民不泰也。"

【迍邅】 zhūnzhān 处境艰难的样子。韩愈《与汝州卢郎中论荐侯喜状》:"适遇其人自有家事,～～坎坷。"

肫 1. zhūn ❶鸟类的胃。《玉篇·肉部》:"～,鸟藏也。"❷见"肫肫"。

2. chún ❸祭祀所用牲后体的一部分。《仪礼·特牲馈食礼》:"尸俎,右肩、臂、臑、～、胳。"❹整体,完整。《仪礼·士昏礼》:"腊一,～。"

【肫肫】 zhūnzhūn 诚恳真挚的样子。《礼记·中庸》:"～～其仁。"

【肫肫】 chúnchún 精细的样子。《荀子·哀公》:"缪缪～～,其事不可循。"

窀 zhūn 墓穴。《后汉书·张奂传》:"幸有前～,朝殒夕下,措尸灵床,幅巾而已。"

【窀穸】 zhūnxī ❶墓穴。《后汉书·赵咨传》:"国资糜于三泉,人力单于郦墓,玩好穷于粪土,伎巧费于～～。"❷埋葬。谢惠连《祭古冢文》:"轮移北隍,～～东麓。"

谆(諄) zhūn ❶见"谆谆"。❷忠厚。韩愈《送惠师》诗:"吾嫉惰游者,怜子愚且～。"❸辅佐。《国语·晋语九》:"曾孙蒯聩以～赵鞅之故,敢昭告于皇祖文王、烈祖康叔、文祖襄公、昭考灵公。"

【谆谆】 zhūnzhūn ❶教诲不倦的样子。《诗经·大雅·抑》:"诲尔～～,听我藐藐。"《后汉书·卓茂传》:"劳心～～,视人如子。"❷迟钝。《左传·襄公三十一年》:"且年未盈五十,而～～焉如八九十者。"

顿 zhūn 见dùn。

淳 zhūn 见chún。

哼 zhūn 见tūn。

腘 zhūn 见jùn。

衠 zhūn ❶总是,尽。秦观《品令》词:"～倚赖脸儿得人惜,放软顽,道不得。"❷真,纯粹。关汉卿《谢天香》一折:"你拿起笔作文词,～才调无瑕玼。"王实甫《西厢记》一本二折:"俺先人甚的是浑俗和光,～一味风清月朗。"

纯 zhǔn 见chún。

准(準) zhǔn ❶指测定水平面的器具。《吕氏春秋·君守》:"有～不以平,有绳不以正,天之大静。"《汉书·律历志上》:"～者,所以揆平取正也。"(揆:度量。)❷标准,准则。《管子·乘马》:"地者政之本也,朝者义之理也,市者货之～也,黄金者用之量也。"《文心雕龙·镕裁》:"是以草创鸿笔,先标三～。"㊀测量,衡量。《韩非子·难二》:"人主虽使人,必以度量～之。"《汉书·董仲舒传》:"以古～今,壹何不相逮之远也!"㊁根据,比照。苏轼《上文侍中论强盗赏钱书》:"～法获强盗一人至死者,给五十千,流以下半之。"❸箭靶的中心。见"准的"。❹鼻子。《战国策·中山策》:"若乃其眉目～频权衡,犀角偃月,彼乃帝王之后,非诸侯之姬也。"《汉书·高帝纪上》:"高祖为人,隆～而龙颜。"❺准确,正确。《礼记·祭义》:"推而放诸东海而～,推而放诸西海而～,推而放诸南海而～,推而放诸北海而～。"❻望,窥测。《淮南子·览冥训》:"群臣～上意而怀当。"❼抵押,折价。韩愈《赠崔立之评事》诗:"墙根菊花好沽酒,钱帛纵空衣可～。"

【准程】 zhǔnchéng 标准,楷模。柳宗元《国子司业阳城遗爱碣》:"及公当职施政,示人～～,良士勇善,伪夫去饰。"

【准的】 zhǔndì ❶箭靶的中心,目标。《抱朴子·广譬》:"～～陈则流镝赴焉。"❷标准,准则。《后汉书·贾彪传》:"天下以为～～。"李善《上〈文选注〉表》:"后进英髦,咸资～～。"

【准况】 zhǔnkuàng 类比。《论衡·骨相》:"～～古今,不闻者必众多非一。"又《讥日》:"盖以不见其形,但以生人之礼～～之也。"

【准拟】 zhǔnnǐ 预料,打算。杜甫《十二月一日》诗之三:"春来～～开怀久,老去亲知见面稀。"陆游《初秋骤凉》诗:"名山海内知何限,～～从今更烂游。"

埻 1. zhǔn ❶箭靶。《说文·土部》:"～,射臬也。"《后汉书·齐武王縯传》:"[王莽]使长安中官署及天下乡亭皆画伯升像于～,旦起射之。"

2. guó ❷见"埻端"。

【埻的】 zhǔndì 标准,准则。《潜夫论·交际》:"平议无～～。"

【埻端】 guóduān 传说中的古国名。《山海经·海内东经》:"国在流沙中者,～～玺唤。"

绰(綧) zhǔn 丈量的标准。《管子·君臣》:"衡石一称,斗斛一量,丈尺一～制,戈兵一度。"(尹知章注:"绰,古准字,准节律度量也,谓丈尺各有准限也。")

稕 zhùn 捆成束的禾秆。武汉臣《生金阁》一折:"曲律竿头悬草～。"

zhuo

拙 zhuō ❶笨。《老子·四十五章》："大巧若～，大辩若讷。"《吕氏春秋·知度》："人主自智而愚人，自巧而～人。"❷自谦之词。张居正《答石麓李相公》："～作俟秋冬间呈上也。"

【拙诚】 zhuōchéng 愚蒙而忠诚。《韩非子·说林上》："巧诈不如～～。"

【拙荆】 zhuōjīng 对人谦称自己的妻子。《水浒传》七回："林冲答道：'恰才与～～一同来间壁岳庙里还香愿。'"

【拙目】 zhuōmù 眼光短浅。陆机《文赋》："虽浚发于巧心，或受岭于～～。"（岭：同"嗤"。讥笑。）

【拙讷】 zhuōnè 才疏口拙。谢灵运《初去郡》诗："伊余秉微尚，～～谢浮名。"

捉 zhuō ❶握，持。《三国志·蜀书·宗预传》："孙权～预手涕泣而别。"苏轼《书李伯时山庄图后》："醉中不以鼻饮，梦中不以趾～。"❷捕，逮。杜甫《石壕吏》诗："暮投石壕村，有吏夜～人。"

【捉刀】 zhuōdāo 《世说新语》记载曹操曾化装成卫兵握刀立于床头见匈奴使者，后因称代人作文或顶替人做事为捉刀。《聊斋志异·张鸿渐》："赵以巨金纳大僚，诸生坐结党被收，又追～～人。"

【捉发】 zhuōfà 洗头未完，手持头发。形容匆忙。《左传·僖公二十八年》："叔武将沐，闻君至，喜，～～走出。"

倬 zhuō 高大；著名。《诗经·大雅·桑柔》："～彼昊天，宁不我矜？"张说《河州刺史冉府君神道碑》："～哉冉氏，世有仲弓。"

【倬诡】 zhuōguǐ 奇特。左思《魏都赋》："至于山川之～～，物产之魁殊，或名奇而见称，或实异而可书。"

涿 zhuō ❶流下的水滴。《说文·水部》："～，流下滴也。"❷扣击。《周礼·秋官·序官》"壶涿氏"郑玄注："～，击之也。"❸水名。❹地名。

淖 zhuō 见 nào。

棹 zhuō 见 zhào。

棳 zhuō 见"棳儒"。

【棳儒】 zhuōrú 梁上短柱。《释名·释宫室》："～～也，梁上短柱也。"

窡 zhuō ❶穴中见。《说文·穴部》："～，穴中见也。"❷橹上浅孔。元稹《南昌滩》诗："橹～动摇妨作梦，巴童指点笑吟诗。"

穛 zhuō 未成熟而收割的禾。《礼记·内则》："饭：黍稷、稻粱、白黍、黄粱、稰～。"（郑玄注："熟获曰稰，生获曰穛。"）

穱 zhuō 早熟的麦。《楚辞·招魂》："稻粢～麦，挐黄粱些。"张衡《南都赋》："冬稌夏～，随时代熟。"

勺 zhuó 见 sháo。

汋 1. zhuó ❶激水的声音。《说文·水部》："～，激水声也。"❷水涌流。《庄子·田子方》："夫水之于～也，无为而才自然也。"❸通"酌"。舀，挹取。《穀梁传·僖公八年》："乞者，处其所而请与也，盖～之也。"《周礼·秋官·士师》："掌士之八成：一曰邦～。"❹水名。

2. yuè ❺通"瀹"。煮。《尔雅·释天》"夏祭曰礿"郭璞注："新菜可～。"

3. chuò ❻见"汋约"。

【汋约】 chuòyuē 同"绰约"。美好的样子。《楚辞·九章·哀郢》："外承欢之～～兮，谌荏弱而难持。"

犳（彴） 1. zhuó ❶独木桥。刘禹锡《裴祭酒尚书见示春归城南青松坞别墅……命同作》诗："野～渡春水，山花映岩扉。"

2. báo ❷见"犳约"。

【犳约】 báoyuē 流星。《尔雅·释天》："奔星为～～。"

灼（焯） zhuó ❶烧，炙。《韩非子·内储说上》："夫火形严，故人鲜～。"[引]发烧，内热。《后汉书·刘陶传》："心～内热，四体惊竦。"❷明彻，鲜明。《尚书·立政》："我其克～知厥若。"欧阳修《祭尹师鲁文》："尤于文章，～若星日。"

【灼见】 zhuójiàn 明彻的见地。《尚书·立政》："克知三有宅心，～～三有俊心。"

【灼灼】 zhuózhuó 鲜明光亮的样子。《诗经·周南·桃夭》："桃之夭夭，～～其华。"韩愈《答吕毉山人书》："议虽未中节，其不肯阿曲以事人者～～明矣。"

杓 zhuó 见 sháo。

者 zhuó 见 zhě。

茁 zhuó ❶草初生的样子。《诗经·召南·驺虞》："彼～者葭。"[引]泛指出生。王安石《祭吴冲卿文》："公先我～，我后公萎。"❷旺盛，健壮。《孟子·万章下》："牛羊～壮长而已矣。"

【茁茁】 zhuózhuó 草初生旺盛向上的样

子。蔡珪《邻屋如江村》诗："篱落半流水，～～青蒲芽。"

卓 1. zhuó ❶高。《论语·子罕》："如有所立～尔。"㊀高超，卓越。《论衡·本性》："孔子，道德之祖，诸子之中最～者也。"《后汉书·安帝纪》："而所对皆循尚浮言，无～尔异闻。"❷远。《楚辞·九思·逢尤》："世既～兮远眇眇。"《汉书·霍去病传》："取食于敌，～行殊远而粮不绝。"❸直立，特立。李贺《白虎行》："朱旗～地白虎死，汉王知是真天子。"苏辙《次韵洞山克文长老》："无地容锥～，年来觉转贫。"

2. zhuō ❹同"桌"。几案。徐积《谢周裕之》诗："两～合八尺，一炉暖两趾。"白朴《梧桐雨》四折："荔枝花果香檀～。"

【卓踔】 zhuóchuō 高超。李汉《唐吏部侍郎昌黎先生韩愈文集序》："汗澜～～，奫泫澄深，诡然而蛟龙翔，蔚然而虎凤跃，锵然而韵钧鸣。"

【卓冠】 zhuóguàn 超越。《后汉书·郎顗传》："～～古人，当世莫及。"

【卓诡】 zhuóguǐ 高超出奇。《论衡·程材》："文辞～～，辟刺离实，曲不应义，故世俗轻之。"《后汉书·向栩传》："少为书生，性～～不伦。"

【卓立】 zhuólì 耸立，特立。《文心雕龙·诔碑》："清词转而不穷，巧义出而～～。"任华《送宗判官归滑台序》："霜天如扫，低向朱崖。加以尖山万重，平地～～。"

【卓荦】 zhuóluò 卓越出众。韩愈《进学解》："登明选公，杂进巧拙，纡馀为妍，～～为杰。"王安石《材论》："其如是，则愚蒙鄙陋者皆能奋其所知以效小事，况其贤能智力～～者乎？"

【卓砾】 zhuóluò 见"卓跞"。

【卓跞】 zhuóluò 卓越超群。《三国志·吴书·张温传》："～～冠群，炜晔曜世，世人莫有及之者也。"也作"卓砾"。《论衡·命义》："～～时见，往往皆然。"

【卓午】 zhuówǔ 正午。李白《戏赠杜甫》诗："饭颗山头逢杜甫，头戴笠子日～～。"

【卓卓】 zhuózhuó ❶高远的样子。孟郊《峡哀》诗："月魄高～～，峡窟清沉沉。"❷高超出群的样子。韩愈《张中丞传后叙》："如巡远之所成就，如此～～，犹不得免，其他则又何说？"曾巩《寄欧阳舍人书》："先祖之言行～～，幸遇而得铭其公与是。"

叕 zhuó ❶连缀。《说文·叕部》："～，缀联也。"❷短，不足。《淮南子·人间训》："圣人之思修，愚人之思～。"

浊（濁） zhuó ❶浑浊不清。《楚辞·渔父》："沧浪之水～兮，可以濯吾足。"《论衡·龙虚》："龟食于清，游于～。"㊀声音不清亮。《吕氏春秋·适音》："太～则志下，以下听～则耳不收。"❷混乱。《战国策·秦策一》："书策稠～，百姓不足。"《吕氏春秋·音初》："世～则礼烦而乐淫。"❸星宿名。即毕宿。《尔雅·释天》："～谓之毕。"

【浊流】 zhuóliú 浑浊的水流，比喻人格卑污者。《旧五代史·李振传》："此辈自谓清流，宜投于黄河，永为～～。"

【浊世】 zhuóshì 混乱的时世。《楚辞·七谏·怨世》："处涽涽之～～兮，今安所达乎吾志？"《吕氏春秋·至忠》："夫忠于治世易，忠于～～难。"

斫 zhuó ❶斧刃。《墨子·备穴》："斧，金为～。"❷砍，劈。《史记·孙子吴起列传》："乃～大树白而书之。"杜甫《短歌行赠王郎司直》："王郎酒酣拔剑～地歌莫哀。"

【斫营】 zhuóyíng 袭击敌人营寨。张祜《送王昌涉侍御》诗："号令朝移幕，偷踪夜～～。"

浞 zhuó 湿润。《说文·水部》："～，濡也。"段玉裁注："《小雅》曰：'既沾既足'，盖'足'即'～'之假借也。"（《小雅》：《诗经·小雅·信南山》。）

诼（諑） zhuó 诽谤，谗毁。《楚辞·离骚》："众女嫉余之蛾眉兮，谣～谓余以善淫。"韩愈等《纳凉联句》："直道败邪径，拙谋伤巧～。"

酌 zhuó ❶斟酒喝，斟酒。《诗经·周南·卷耳》："我姑～彼金罍。"《史记·吕太后本纪》："太后怒，乃令～两卮酖，置前，令齐王起为寿。"❷酒杯，酒。《楚辞·招魂》："华～既陈，有琼浆些。"欧阳修《祭石曼卿文》："以清～庶羞之奠，致祭于亡友曼卿之墓下。"❸舀取。苏辙《武昌九曲亭记》："撷林卉，拾涧实，～水而饮之。"❹斟酌，考虑。《左传·成公六年》："子为大政，将～于民者也。"陈亮《酌古论序》："大则兴王，小则临敌，皆可以～乎此也。"

【酌量】 zhuóliàng 估量，考虑。陆龟蒙《袭美以公斋小宴见招》诗："自与～～煎药水，别教安置晒书床。"

【酌中】 zhuózhōng 参考几种意见定出可行的办法。《旧唐书·音乐志二》："变通宜务于～～，损益当尽于益俭。"

擆 zhuó 见 jué。

着 1. zhuó 本作"著"。❶附着，附上。《论衡·雷虚》："且口～乎体，口之动与体俱。"杨万里《新涂抛江》诗："烟雨横江水～天，不曾夏涝似今年。"❷穿着，穿戴。

《乐府诗集·横吹曲辞·木兰诗》："脱我战时袍，～我旧时裳。"杜甫《遣忧》诗："纷纷乘白马，攘攘～黄巾。"❸放置，安置。《晋书·孟嘉传》："命孙盛作文嘲嘉，～嘉坐处。"陆游《醉歌》："乾坤大如此，无处～此翁。"❹用，下。白居易《还李十一马》诗："传语李君劳寄马，病来唯～杖扶身。"陆游《题徐子礼宗丞自觉斋》诗："闲看此事从何得？正自它人～力难。"❺派，叫。《水浒传》二十回："一面又～人去山前山后唤众多小头目都来大寨里聚义。"

2. zháo ❻遭到，受到。杜甫《曲江对雨》诗："林花～雨燕支湿，水荇牵风翠带长。"陆游《卜算子·咏梅》词："已是黄昏独自愁，更～风和雨。"❼被。袁去华《雨中花》词："两鬓青青，尽～吴霜偷换。"❽合适，恰当。王道父《道父山歌》："种田不收一年辛，取妇不～一生贫。"

3. zhāo ❾下棋落子。杨万里《九日忆同施少才集长沙》诗："良辰美景只自美，不如且～黑棋子。"❿比喻计策。《水浒传》二回："三十六～，走为上～。"

4. zhe ⓫助词。紧接动词后，表示动作状态的持续。关汉卿《沉醉东风》曲："手执～饯行杯，眼阁～别离泪。"

【着处】 zhuóchù 处处。王维《游春辞》："经过柳陌与桃蹊，寻逐春光～～迷。"

著 zhuó 见 zhù。

棁 1. zhuó ❶梁上短柱。《论语·公冶长》："臧文仲居蔡，山节藻～。"司马光《训俭示康》："管仲镂簋朱纮，山楶藻～，孔子鄙其小器。"（楶：同"节"。柱头。）

2. tuō ❷木棒。《淮南子·说山训》："执弹而招鸟，挥～而呼狗。"《后汉书·祢衡传》："衡乃著布单衣，疏巾，手持三尺～杖。"❸通"脱"。疏略。《荀子·礼论》："凡礼始乎～，成乎文。"

㧻 zhuó ❶击；推。《广韵·觉部》："～，击也；推也。"❷挑拨，挑唆。《吕氏春秋·慎行》："庆封又欲杀崔杼而代之相，于是～崔杼之子，令之争后。"

啄 1. zhuó ❶鸟用嘴取食。《诗经·小雅·小宛》："交交桑扈，率场～粟。"《庄子·养生主》："泽雉十步一～，百步一饮。"㊀吃，咬。《楚辞·招魂》："虎豹九关，～害下人些。"❷象声词。见"啄啄"。

2. zhòu ❸通"味"。鸟嘴。《汉书·东方朔传》："尻益高者，鹤俯～也。"（颜师古注："～，鸟嘴也。"）

【啄啄】 zhuózhuó 象声词。韩愈《嗟哉董生行》："鸡来哺其儿，～～庭中拾虫蚁。"

啅 1. zhuó ❶通"啄"。苏轼《次韵杨公济梅花》之八："寒雀喧喧冻不飞，绕林空～未开枝。"

2. zhào ❷鸟鸣吵人。杜甫《落日》诗："～雀争枝坠，飞虫满院游。"

【啅吠】 zhàofèi 形容众口纷杂。王禹偁《答郑褒书》："而憎之不乐吾者，复以前事～～。"

琢 zhuó 雕刻玉石。《诗经·卫风·淇奥》："如切如磋，如～如磨。"《论衡·量知》："骨曰切，象曰瑳，玉曰～，石曰磨。切瑳～磨，乃成宝器。"㊀琢磨，考虑。赵抃《游青城山》诗："良工存旧笔，老叟～新诗。"

【琢句】 zhuójù 推敲文字。王安石《忆昨诗示诸外弟》："刻章～～献天子，钓取薄禄欢庭闱。"

斮 zhuó 斩，砍。《史记·鲁仲连邹阳列传》："东藩之臣因齐后至，则～。"《后汉书·孔融传》："纣～朝涉之胫，天下谓为无道。"

椓 zhuó ❶敲，槌击。《诗经·小雅·斯干》："约之阁阁，～之橐橐。"❷宫刑。《尚书·吕刑》："爰始淫为劓、刵、～、黥。"㊀阉人，宦官。《诗经·大雅·召旻》："昏～靡共。"（郑玄笺："昏、椓，皆奄人也。"）❸通"诼"。诉。《左传·哀公十七年》："卫侯辞以难，大子又使～之。"

晫 zhuó 明盛的样子。《玉篇·日部》："～，明盛貌。"

锃（鋜） zhuó 锁住（脚）。韩愈等《纳凉联句》："青云路难近，黄鹤足仍～。"

畷 zhuó 田间小路。左思《吴都赋》："其四野则畛～无数，膏腴兼倍。"

禚 zhuó 古地名。《春秋·庄公二年》："夫人姜氏会齐侯于～。"

斲（斵） zhuó 砍，削。《老子·七十四章》："夫代司杀者杀，是谓代大匠～。"《吕氏春秋·贵公》："大匠不～，大庖不豆，大勇不斗，大兵不寇。"㊀雕饰。《论衡·语增》："传语曰：'尧舜之俭，茅茨不剪，采椽不～。'"

【斲鼻】 zhuóbí 形容技巧纯熟。语出《庄子·徐无鬼》："郢人垩漫其鼻端，若蝇翼，使匠石斲之。匠石运斤成风，听而斲之，尽垩而鼻不伤。"黄庭坚《谢公定和二范秋怀五首邀予同作》诗之二："虽怀～～巧，有斧且无柯。"

鷟（鸑） zhuó 见"鸑鷟"。

噣 zhuó 见 zhòu。

缴(繳) 1. zhuó ❶射鸟时系在箭上便于收回的生丝绳。《战国策·楚策四》:"不知夫射者,方将修其碆卢,治其矰～。"《汉书·苏武传》:"武能网纺～,檠弓弩。"

2. jiǎo ❷缠绕,纠缠。《史记·太史公自序》:"名家苛察～绕,使人不得反其意。"白居易《早梳头》诗:"年事渐蹉跎,世缘方～绕。"❸交纳,收缴。《水浒传》十六回:"这纸领状须～不得。"林则徐《致姚春木王冬寿书》:"～烟以后,并未罪其一人。"

濯 1. zhuó ❶洗涤。《孟子·滕文公上》:"江汉以～之,秋阳以暴之。"《左传·襄公二十一年》:"在上位者洒～其心。"❷大;明。《诗经·大雅·常武》:"～征徐国。"(毛传:"濯,大也。")❸洗东西用过的脏水。《礼记·丧大记》:"濡～弃于坎。"

2. zhào ❹通"櫂"。划(船)。《汉书·邓通传》:"邓通,蜀郡南安人也,以～船为黄头郎。"

【濯缨】 zhuóyīng 洗涤帽子的系带。比喻避世隐居或清高自守。《孟子·离娄上》:"清斯～～,浊斯濯足矣。"白居易《题喷玉泉》诗:"何时此岩下,来作～～翁?"《三国志·魏书·毛玠传》注引《先贤行状》:"人拟壶飧之洁,家象～～之操。"

【濯濯】 zhuózhuó ❶光明,清朗。《诗经·商颂·殷武》:"赫赫厥声,～～厥灵。"苏轼《记所见开元寺吴道子画佛灭度以答子由》诗:"初如濛濛隐山玉,渐如～～出水莲。"❷光秃的样子。《孟子·告子上》:"人见其～～也,以为未尝有材焉,此岂山之性也哉!"❸肥泽的样子。《诗经·大雅·灵台》:"麀鹿～～,白鸟翯翯。"

擢 zhuó ❶拔,抽。《战国策·楚策四》:"淖齿用齐,～闵王之筋,县于其庙梁,宿夕而死。"《汉书·枚乘传》:"夫十围之木,始生如蘖,足可搔而绝,手可～而拔。"❷选拔,提拔。《后汉书·卓茂传》:"～龚胜子赐为上谷太守。"❸耸起。张衡《西京赋》:"通天訬以竦峙,径百常而茎～。"韦应物《郡斋移杉》诗:"～干方数尺,幽姿已苍然。"

【擢秀】 zhuóxiù 草木发荣滋长,也比喻人才出众。白居易《有木》诗:"有木名凌霄,～～非孤标。"潘岳《悲邢生辞》:"妙邦畿而高察,雄州间以～～。"

櫡 1. zhuó ❶大锄,斧。《说文·木部》:"～,斫谓之～。"

2. zhù ❷同"箸"。筷子。《史记·绛侯周勃世家》:"独置大胾,无切肉,又不置～。"

镯(鐲) zhuó ❶古代军中乐器,小铃。《周礼·地官·鼓人》:"以金～节鼓。"❷戴在手脚上的饰物。《红楼梦》四十九回:"平儿带～子时,却少了一个。"

濁 1. zhuó ❶水声。见"濁濁"。

2. jiào ❷涂漆。《周礼·考工记·辀人》:"良辀环～。"❸眼睛昏蒙。《山海经·北山经》:"有鸟焉,其状如乌而白文,名曰鸪鸐,食之不～。"

【濁濁】 zhuózhuó 水声,雨声。贯休《酷吏词》:"霰雨～～,风吼如厮。"范成大《滟滪堆》诗:"时时吐沫作濆淖,～～有声如粥煎。"

躅 zhuó 见 zhú。

zi

齐 zī 见 qí。

次 zī 见 cì。

孜 zī 见"孜孜"。

【孜孜】 zīzī ❶勤勉努力的样子。《史记·滑稽列传》:"此士之所以日夜～～,修学行道,不敢止也。"韩愈《游箴》:"余少之时,将求多能,蚤夜以～～。"❷笑的样子。《聊斋志异·婴宁》:"～～憨笑而已。"

甾 1. zī ❶同"淄"。水名。《汉书·地理志上》:"嵎夷既略,惟、～其道。"

2. zāi ❷通"灾"。《史记·秦始皇本纪》:"阐并天下,～害绝息,永偃戎兵。"

咨 zī ❶征询,商量。《左传·昭公元年》:"子产～于大叔。"诸葛亮《出师表》:"事无大小,悉以～之。"❷叹息。《史记·殷本纪》:"殷民～胥皆怨,不欲徙。"(胥:相,相与。)《后汉书·张衡传》:"～妒婞之难并兮,想依韩以流亡。"❸咨文,古代公文的一种。

【咨度】 zīduó 咨询,商量。《三国志·吴书·孙休传》:"诸卿尚书,可共～～,务取便佳。"

【咨嗟】 zījiē 叹息,赞叹。《后汉书·延笃传》:"郡中欢爱,三辅～～焉。"韩愈《平淮西碑》:"帝时继位,顾瞻～～。"

【咨咨】 zīzī 叹息声。白居易《五弦弹》诗:"座中有一远方士,唧唧～～声不已。"

【咨诹】 zīzōu 咨询。《诗经·小雅·皇皇者华》:"载驰载驱,周爰～～。"《后汉书·章帝纪》:"前代圣君,博思～～。"

姿 zī ❶容貌，姿态。《后汉书·和熹邓皇后纪》："后长七尺二寸，～颜姝丽，绝异于众。"苏轼《念奴娇·赤壁怀古》词："遥想公瑾当年，小乔初嫁了，雄～英发。"❷资质，品质。《论衡·本性》："初禀天然之～，受纯壹之质。"韩愈《北极一首赠李观》诗："方为金石～，万世无缁磷。"

【姿才】 zīcái 资质才能。《三国志·吴书·鲁肃传》："方今天下豪杰并起，吾子～～，尤宜今日。"

【姿首】 zīshǒu 美貌。《资治通鉴·魏明帝景初元年》："简选其有～～者，内之掖庭。"

兹(兹) 1. zī ❶草席。《公羊传·桓公十六年》："属负～。"《史记·周本纪》："毛叔郑奉明水，卫康叔封布～，召公奭赞采，师尚父牵牲。"❷年。《战国策·韩策一》："今～效之，明年又益求割地。"《吕氏春秋·任地》："今～美禾，来～美麦。"❸此，这。《诗经·大雅·泂酌》："挹彼注～。"《史记·秦始皇本纪》："登～泰山，周览东极。"❹连词。则，就。《左传·昭公二十六年》："若可，师有济也；君而继之，～无敌矣。"❺语气词。《尚书·立政》："周公曰：呜呼！休～！"❻通"滋"。1）滋长，增益。《史记·三代世表》："子者～，～，益大也。"2）更，更加。《汉书·五行志下之下》："赋敛～重。"

2. cí ❼见"龟兹"。

资(資) zī ❶财物，钱财。《史记·荆燕世家》："齐人田生游乏～，以画干营陵侯泽。"《后汉书·质帝纪》："若无家属及贫无～者，随宜赐恤。"❷凭借的本钱，依托。《老子·二十七章》："故善人者不善人之师，不善人者善人之～。"柳宗元《封建论》："归周者八百焉，～以胜殷。"㊀资料。王羲之《与谢万书》："故以为抚掌之～。"❸资历，资望。《三国志·魏书·荀彧传》："[绍]凭世～，从容饰智，以收名誉。"❹资质，禀赋。班固《为第五伦荐谢夷吾疏》："英～挺特。"《汉书·邹阳传》："是使布衣之士不得为枯木朽株之～也。"❺供给，以钱物帮助。《管子·五辅》："衣冻寒，食饥渴，匡贫窭，振罢露，～乏绝，此谓振其穷。"《史记·苏秦列传》："于是～苏秦车马金帛以至赵。"㊀帮助，佑助。《汉书·郦食其传》："楚人拔荥阳，不坚守敖仓，乃引而东，令適卒分守成皋，此乃天所以～汉。"（適：谪。）❻积蓄，准备。《孟子·离娄下》："～之深，则取之左右逢其源。"《史记·魏公子列传》："嬴闻如姬父为人所杀，如姬～之三年，自王以下欲求报其父仇，莫能得。"❼卖，买。《庄子·逍遥遊》："宋人～章甫而适诸越，越人断发文身，无所用之。"沈括《梦溪笔谈·官政一》："至于薪刍，亦～于他邑。"❽姓。

【资辨】 zībiàn 天资。《史记·殷本纪》："帝纣～～捷疾，闻见甚敏，材力过人，手格猛兽。"

【资给】 zījǐ 资助。《三国志·蜀书·先主传》："德然父元起常～～先主，与德然等。"

【资履】 zīlǚ 即资历。《资治通鉴·唐宣宗大中六年》："[毕]諴欣然奉命，上欲重其～～。"

【资望】 zīwàng 资历，声望。曾巩《请令长贰自举属官札子》："其所取之士，既责行能，亦计～～。"

【资性】 zīxìng 天性，资质。《史记·魏其武安侯列传》："君侯～～喜善疾恶。"《汉书·霍光传》："每出入，下殿门，止进有常处，郎、仆射窃识视之，不失尺寸，其～～端正如此。"

赍 zī 见 jī。

赀(貲) zī ❶罚钱。《说文·贝部》："汉律，民不繇，～钱二十二。"❷计算。《后汉书·陈蕃传》："脂油粉黛，不可～计。"❸通"资"。钱财。《史记·司马相如列传》："以～为郎。"欧阳修《黄梦升墓志铭》："自其祖父以来，乐以家～赈乡里。"

淄 zī ❶水名。❷通"缁"。黑色。《论衡·问孔》："不曰坚乎，磨而不磷；不曰白乎，涅而不～。"《新语·道基》："磨而不磷，涅而不～。"

盇(齍) zī ❶祭祀时盛谷物的器物。《周礼·天官·九嫔》："凡祭祀，赞玉～。"❷通"粢"。《周礼·地官·舂人》："祭祀，共其～盛之米。"

谘(諮) zī 同"咨"。征询，商议。《楚辞·九思·疾世》："纷载驱兮高驰，将～询兮皇羲。"《三国志·魏书·田畴传》："署司空户曹掾，引见～议。"

菑(菑) 1. zī ❶开荒。《尚书·大诰》："厥父～，厥子乃弗肯播。"❷初耕一年的田。《尔雅·释地》："田一岁曰～。"㊁也泛指农田。沈约《齐故安陆昭王碑文》："宿秉停～。"戴叔伦《独坐》诗："东～春事及，好向野人论。"

2. zì ❸枯而未倒的树。《荀子·非相》："周公之状，身如断～。"❹通"傳"。插入，树立。《周礼·考工记·轮人》："察其～蚤不齵，则轮虽敝不匡。"

3. zāi ❺通"灾"。《诗经·大雅·生民》："不拆不副，无～无害。"《管子·宙合》："可以无及于寒暑之～矣。"

菑（菑、嵫） zī 见"菑嶷"。

【菑嶷】 zīyí 山势参差不齐的样子。王延寿《鲁灵光殿赋》："岑崟～～，骈宠𪩘兮。"

缁（緇、紂） zī 黑色。《论语·阳货》："不曰白乎，涅而不～。"陆机《为顾彦先赠妇》诗："京洛多风尘，素衣化为～。"

【缁黄】 zīhuáng 和尚穿缁衣，道士戴黄冠，僧道合称缁黄。范仲淹《上执政书》："盖上古四民，秦汉之下，兵及～～，共六民矣。"

【缁郎】 zīláng 和尚穿缁色僧衣，故称缁郎。刘克庄《清凉寺》诗："塔庙当年甲一方，千层金碧万～～。"

【缁林】 zīlín 和尚穿黑色僧服，缁林等于说僧界，和尚聚集处。《北齐书·杜弼传》："昭玄都僧达及僧道顺并～～之英。"

【缁磷】 zīlín 《论语·阳货》："不曰坚乎，磨而不磷；不曰白乎，涅而不缁。"后以"缁磷"喻操守改变。李白《古风》之五十："赵璧无～～，燕石非贞真。"

【缁流】 zīliú 和尚多穿缁衣僧衣，故称缁流。卢纶《秋夜同畅当宿藏公院》诗："将祈竟何得？灭踪在～～。"

【缁素】 zīsù ❶黑白。《孔丛子·公孙龙》："以丝麻加之女工，为～～青黄。"❷僧俗。梁元帝《庄严寺僧旻法师碑》："～～结辙，华戎延道。"《魏书·释老志》："～～既殊，法律亦易。"

【缁帷】 zīwéi 喻林木繁茂之处，树木茂盛枝叶蔽日，如帷帐，故称。《庄子·渔父》："孔子游乎～～之林，休坐乎杏坛之上。"

滋 zī ❶汁液，润泽。左思《魏都赋》："墨井盐池，玄～素液。"王融《三月三日曲水诗序》："草露之～方渥。"❷滋味。《礼记·檀弓上》："食肉饮酒，必有草木之～焉。"❸繁殖，培植。《左传·桓公六年》："谓其畜之硕大蕃～也。"《楚辞·离骚》："余既～兰之九畹兮，又树蕙之百亩。"❹增多。柳宗元《断刑论》："驱天下之人入于罪，又缓而慢之以～其懈怠。"❺更加。《史记·魏其武安侯列传》："武安由此～骄。"《后汉书·南匈奴传》："而单于骄踞益横，内暴～深。"

【滋阜】 zīfù 蕃衍盛大。《隋书·高祖纪上》："龙首山川原秀丽，卉物～～。"

【滋起】 zīqǐ 滋生兴起。《史记·十二诸侯年表》："政由五伯，诸侯恣行，淫侈不轨，贼臣篡子～～矣。"

【滋熙】 zīxī 滋润，光泽。王褒《洞箫赋》："吸至精之～～兮，禀苍色之润坚。"

粢 zī ❶稷，粟米。《尔雅·释草》："～，稷。"《论衡·商虫》："甘香渥味之物，虫生常多，故谷之多虫者，～也。"❷稻饼。《列子·力命》："食则～粝。"

【粢盛】 zīchéng 盛在祭器中的谷物。《史记·晋世家》："太子奉冢祀社稷之～～，以朝夕视君膳者也，故曰冢子。"

齋（齋） zī ❶长衣的下边。《汉书·朱云传》："有荐云者召入，摄～登堂，抗首而请。"❷通"齐"。《荀子·大略》："父母之丧，三年不事；～衰大功，三月不事。"

孳 zī ❶滋生，繁殖。《论衡·对作》："华伪之文灭，则纯诚之化日以～矣。"柳宗元《种树郭橐驼传》："橐驼非能使木寿且～也，能顺木之天以致其性焉尔。"❷见"孳孳"。

【孳蔓】 zīmàn 繁殖蔓延。《后汉书·桓帝纪》："蝗螽～～，残我百谷。"

【孳息】 zīxī 滋长繁殖。《晋书·江统传》："始徙之时，户落百数，子孙～～，今以千计。"

【孳孳】 zīzī 同"孜孜"。勤勉努力。《史记·周本纪》："曰：'～～无怠！'"《汉书·谷永传》："宜夙夜～～，执伊尹之强德，以守职匡上。"

鄑 zī （又读 jìn） ❶春秋时纪国地名。《春秋·庄公元年》："齐师迁纪、郱、～、郚。"❷春秋时鲁地。《春秋·庄公十一年》："公败宋师于～。"

椔（椔） zī 枯而未倒的树。韩愈《燕喜亭记》："斩茅而嘉树列，发石而清泉激，辇粪壤，燔～翳。"

辎（輜） zī 有帷盖的载重大车。《史记·留侯世家》："上虽病，强载～车，卧而护之。"《后汉书·窦宪传》："云～蔽路，万有三千馀乘。"

【辎囊】 zīnáng 军用物资。《资治通鉴·唐僖宗广明元年》："[张]承范尽散其～～以给士卒。"

【辎重】 zīzhòng 出门携带的物资，常指军用物资。《后汉书·南匈奴传》："阿族等遂将妻子、～～亡去。"《三国志·魏书·武帝纪》："军无～～，唯以钞略为资。"（钞略：抄掠。）

鲻 zī 见"鲻鼠"。

【鲻鼠】 zīshǔ 传说中的鸟名。《山海经·东山经》："[栒状之山]有鸟焉，其状如鸡而鼠毛，其名曰～～，见则其邑大旱。"

嗞 zī 叹声。《战国策·秦策五》："嗟～乎！司空马！"

嵫 zī ❶见"嵫景"。❷见"嵫厘"。

【嵫景】 zījǐng 传说崦嵫是太阳落下的地方,嵫景即晚景,常比喻晚年。江淹《郊外望秋答殷博士》诗:"属我～～半,赏尔若光初。"

【嵫厘】 zīlí 山势险峻的样子。王延寿《鲁灵光殿赋》:"岿甹～～,岑崟崒嶷。"

趑 zī 见"趑趄"。

【趑趄】 zījū 欲行又止,犹豫不前。韩愈《送李愿归盘谷序》:"足将进而～～,口将言而嗫嚅。"

觜 1. zī ❶猫头鹰头上的毛角。《说文·角部》:"～,鸱旧头上角觜也。"❷星宿名。即"觜宿"。《尔雅·释天》:"娵～之口,营室东壁也。"

2. zuǐ ❸鸟嘴。潘岳《射雉赋》:"当味值胸,裂膝破～。"

【觜鼻】 zuǐbí 嘴脸,面目。黄庭坚《题摹锁谏图》:"使元达作此～～,岂能死谏不悔哉?"

【觜距】 zuǐjù 鸟类的嘴和爪,是争斗的工具。比喻战斗的武器。左思《吴都赋》:"羽族以～～为刀铍,毛群以齿角为矛铗。"韩愈《赠崔立之评事》诗:"子时专场夸～～,余始张军严韅靮。"

【觜吻】 zuǐwěn 指言辞。《南齐书·刘休传》:"覆背腾其喉唇,武人厉其～～。"

锱(錙) zī 古代重量单位。六铢为一锱。《说文·金部》:"～,六铢也。"《荀子·议兵》:"齐人隆技击,其技也,得一首者则赐赎～金。"

【锱锤】 zīchuí 比喻细小。《吕氏春秋·应言》:"今割国之～～矣,而因得大官。"《淮南子·说山训》:"有千金之璧,而无～～之礛诸。"(礛诸:也作"礛碃",治玉之石。)

【锱铢】 zīzhū 比喻极细微的数量。《三国志·吴书·贺邵传》:"身无～～之行,能鹰犬之用。"苏舜钦《沧浪亭记》:"返思向之汩汩荣辱之场,日与～～利害相磨戛,隔此真趣,不亦鄙哉!"

鲻(鯔) zī 鱼名。苏轼《和文与可洋川园池寒芦港》诗:"还有江南风物否? 桃花流水～鱼肥。"

镃(鎡) zī 见"镃基"。

【镃基】 zījī 也作"镃錤"。锄头。《孟子·公孙丑上》:"齐人有言曰:'虽有智慧,不如乘势;虽有～～,不如待时。'"

【镃錤】 zījī 见"镃基"。

鼒 zī 小鼎。《诗经·周颂·丝衣》:"鼐鼎及～。"(毛传:"小鼎谓之鼒。")

髭(頾) zī 人嘴上边的胡子。也指动物口边的硬毛。《左传·昭公二十六年》:"至于灵王,生而有～。"陶宗仪《南村辍耕录·杀虎张》:"吾闻生虎之～剔齿疾,可已风。"

鲻(鯔) zī 鱼名。左思《吴都赋》:"跃龙腾蛇,鲛～琵琶。"

子 zǐ ❶孩子,子嗣。兼指儿子和女儿。《列子·汤问》:"～又生孙,孙又生～。"《战国策·赵策三》:"鬼侯有～而好,故入之于纣。"[引]慈爱。《礼记·礼运》:"故人不独亲其亲,不独～其子。"《战国策·秦策一》:"今欲并天下,凌万乘,诎敌国,制海内,～元元,臣诸侯,非兵不可。"(元元:百姓。)❷古代对男子的美称。如孔子、孟子。也用以尊称对方。《左传·僖公三十年》:"吾不能早用～,今急而求～,是寡人之过也。"《韩非子·难一》:"以～之矛,陷～之楯,何如?"[引]泛指人。《荀子·王霸》:"何法之道,谁～之与也。"(杨倞注:"谁子,犹谁人也。")李白《下泾县陵阳溪至涩滩》诗:"渔～与舟人,撑折万张篙。"❸诸子百家的著作。《汉书·东平思王刘宇传》:"诸～书或反经术,非圣人。"❹植物的籽实或动物的卵。《世说新语·忿狷》:"王蓝田性急,尝食鸡～。"杜甫《少年行》之二:"巢燕养雏浑去尽,江花结～已无多。"❺利息。《史记·货殖列传》:"～贷金钱千贯。"元稹《估客乐》诗:"～本频蕃息,货贩日兼并。"❻小而圆的东西。赵师秀《约客》诗:"有约不来过夜半,闲敲棋～落灯花。"❼五等爵位中的第四等。《礼记·王制》:"王者之制禄爵,公、侯、伯、～、男,凡五等。"❽十二地支的第一位。《论衡·物势》:"～,鼠也。"❾词尾。马缟《中华古今注》卷中:"插五色通草苏朵～;披浅黄丛罗衫;把云母小扇～。"❿姓。

【子都】 zǐdū 古代美男子。《诗经·郑风·山有扶苏》:"不见～～,乃见狂且。"《孟子·告子上》:"至于～～,天下莫不知其姣也。"

【子规】 zǐguī 杜鹃鸟。杜甫《元都坛歌寄元逸人》:"～～夜啼山竹裂,王母昼下云旗翻。"

【子来】 zǐlái 人心归附,如子女趋事父母而自来。《诗经·大雅·灵台》:"经始勿亟,庶民～～。"《三国志·魏书·钟会传》:"征夫勤瘁,难以当～～之民。"

【子母】 zǐmǔ ❶儿子和母亲。《孟子·离娄下》:"夫章子,岂不欲有夫妻～～之属哉?"❷指利息和本钱。朱国桢《涌幢小品·辞钱》:"尝贷里人子百金,杨氏子病殆矣,与

～～还之。"❸物件大的称母，小的称子，合称子母。杜甫《乾元元年华州试进士策问》："夫时患钱轻，以至于量资币，权～～，代复改铸。"

【子男】 zǐnán 儿子。《汉书·燕王刘泽传》："定国与父康王姬奸，生～～一人。"

【子女】 zǐnǚ ❶儿子和女儿。《穀梁传·僖公三十三年》："乱人～～之教，无男女之别。"❷古代统治者把人民看作子女，自称君父。《左传·僖公二十三年》："～～玉帛，则君有之。"❸特指女儿。《战国策·赵策三》："彼又将使其～～谗妾为诸侯妃姬。"

【子息】 zǐxī ❶子嗣，后代。《魏书·世祖纪下》："今制自王公以下至于卿士，其～～皆诣太学。"❷利息。《管子·轻重丁》："峥丘之战，民多称贷，负～～，以给上之急，度上之求。"

【子姓】 zǐxìng 子孙，子孙辈。《礼记·丧大记》："卿大夫父兄～～立于东方。"（郑玄注："子姓，谓众子孙也。"）《国语·楚语下》："帅其～～，从其时享。"

【子夜】 zǐyè 半夜子时。从晚上十一点到次日凌晨一点。吕温《奉和张舍人阁中直夜……》："凉生～～后，月照禁垣深。"

【子月】 zǐyuè 古人以农历十一月配十二地支中的子，故称为子月。庾信《寒园即目》诗："～～泉心动，阳爻地气舒。"

【子职】 zǐzhí 子女奉养父母的职责。《孟子·万章上》："我竭力耕田，共为～～而已矣。"

仔 1. zǐ ❶胜任，任。《诗经·周颂·敬之》："佛时～肩，示我显德行。"
2. zǎi ❷同"崽"。方言。小孩子，也称小动物。

姊（姉） zǐ 姐姐。《尔雅·释亲》："先生为～，后生为妹。"《后汉书·懿献梁皇后纪》："后藉～兄荫埶，恣极奢靡。"

胏 1. zǐ ❶带骨的肉脯。《周易·噬嗑》："噬干～。"
2. fèi ❷通"肺"。《后汉书·寇荣传》："臣思入国门，坐于～石之上，使三槐九棘平臣之罪。"（胏石：设于宫门外的赤石，形如肺。）

【胏附】 fèifù 即"肺腑"。比喻心腹、亲戚。《汉书·卫青传》："青幸得以～～待罪行间，不患无威。"也作"胏腑"。《三国志·吴书·孙綝传》："因缘～～，位极人臣。"

秄（杍） zǐ 给苗培土。《诗经·小雅·甫田》："或耘或～。"陶渊明《归去来兮辞》："怀良辰以孤往，或植杖而耘～。"

茈 1. zǐ ❶草名。即紫草。❷茈姜，即子姜。《盐铁论·散不足》："浚～蓼苏。"（浚：葰。今名芫荽。）
2. cí ❸见"凫茈"。
3. chái ❹见"茈胡"。

【茈虒】 cízhì 不齐的样子。《史记·司马相如列传》："柴池～～，旋环后宫。"

【茈胡】 cháihú 即柴胡，药草名。李时珍《本草纲目·草部》："别录曰：～～叶名芸高，辛香可食。"

呰（呰） zǐ ❶弱，劣，懒惰。《史记·货殖列传》："地势饶食，无饥馑之患，以故～窳偷生，无积聚而多贫。"❷通"訾"。诋毁。《三国志·魏书·陈思王植传》注引《典略》："昔田巴毁五帝，罪三王，～五伯于稷下，一旦而服千人，鲁连一说，使终身杜口。"❸通"疵"。疵病。《汉书·叙传下》："阁尹之～，秽我明德。"

虸 zǐ 见"虸蚄"。

【虸蚄】 zǐfāng 即粘虫，是粮食作物的重要害虫。《齐民要术·收种》："氾胜之术曰：'牵马令就谷堆食数口，以马践过为种，无～～等虫也。'"

秭 zǐ ❶数词。亿亿。《诗经·周颂·丰年》："丰年多黍多稌，亦有高廪，万亿及～。"❷见"秭鳺"。

【秭鳺】 zǐguī 即"子归"，杜鹃鸟。《史记·历书》："于时冰泮发蛰，百草奋兴，～～先滜。"

笫 zǐ 竹编的床垫，也指床。《左传·襄公二十七年》："床～之言不逾阈。"《方言》卷五："床，齐鲁之间谓之箦，陈楚之间或谓之～。"

梓 zǐ ❶落叶乔木。木质轻软，耐朽，常用作木工材料。《诗经·小雅·小弁》："维桑与～，必恭敬止。"《后汉书·王符传》："夫檽～豫章，所出殊远，伐之高山，引之穷谷。"❷木匠，木工。《周礼·考工记序》："攻木之工，轮、舆、弓、庐、匠、车、～。"《孟子·尽心下》："～、匠、轮、舆，能与人规矩，不能使人巧。"❸刊刻，印刷刻板。吴应箕《答陈定生书》："今以原稿附上，幸即付～也。"❹姓。

【梓宫】 zǐgōng 皇帝或皇后的棺材。《后汉书·顺帝纪》："济阴王以废黜，不得上殿亲临～～。"

【梓匠】 zǐjiàng 木匠。《论衡·刺孟》："～～、轮舆，其志将以求食也。"陆游《洞霄宫碑》："～～工役，具于修内步军司。"

【梓里】 zǐlǐ 故乡。刘迎《题刘德文戏彩堂》诗："吾不爱锦衣，荣归夸～～。"

【梓器】 zǐqì 棺材。《后汉书·戴凭传》：

"卒于官,诏赐东园～～。"

紫 zǐ 蓝和红合成的颜色。《论语·阳货》:"恶～之夺朱也,恶郑声之乱雅乐也。"⊗指紫色绶带。《论衡·命禄》:"怀银纡～,未必稷契之才。"

【紫宸】 zǐchén ❶帝王、帝位的代称。《梁书·元帝纪》:"～～旷位,赤县无主。"杜甫《太岁日》诗:"阊阖开黄道,衣冠拜～～。"❷唐代殿名。

【紫电】 zǐdiàn ❶祥瑞的光气。贯休《寿春节进大蜀皇帝》诗之二:"异香滴露降纷纷,～～环枢照禁门。"❷形容目光凌厉。李白《登广武古战场怀古》诗:"项王气盖世,～～明双瞳。"❸宝剑名。王勃《滕王阁序》:"～～青霜,王将军之武库。"

【紫禁】 zǐjìn 以天上的紫微星垣比喻皇帝的居处,故称紫禁。杜甫《洗兵马》诗:"青春复随冠冕入,～～正耐烟花绕。"

【紫历】 zǐlì 王朝统治的年数。江淹《为萧骠骑庆平贼表》:"～～方永,苍氓同庆。"

【紫冥】 zǐmíng 天空。李白《与诸公送陈郎将归衡阳》诗:"衡山苍苍入～～,下看南极老人星。"

【紫陌】 zǐmò 郊外的道路。李贺《昌谷北园新笋》诗之三:"家泉石眼两三茎,晓看阴根～～生。"刘禹锡《元和十年戏赠看花诸君子》诗:"～～红尘拂面来,无人不道看花回。"

【紫泥】 zǐní 古人书信用泥封,泥上盖印,皇帝诏书用紫泥。因称皇帝诏书为紫泥诏,也简称紫泥。李白《玉壶吟》:"凤凰初下～～诏,谒帝称觞登御筵。"杜甫《奉赠太常张卿均二十韵》:"通籍逾青琐,亨衢照～～。"

【紫气】 zǐqì 祥瑞的光气,宝气。《晋书·张华传》:"初,吴之未灭也,斗牛之间常有～～。……华问[雷]焕曰:'是何祥也?'焕曰:'宝剑之精,上彻于天耳。'"韩偓《辛酉岁冬随驾幸岐下作》诗:"凤盖行时移～～,鸾旗驻处认皇州。"

【紫钱】 zǐqián 圆形发紫的苔藓。李贺《过华清宫》诗:"云生珠终暗,石断～～斜。"

【紫塞】 zǐsài 即长城。崔豹《古今注·都邑》:"秦筑长城,土色皆紫,汉塞亦然,故称～～焉。"鲍照《芜城赋》:"南驰苍梧涨海,北走～～雁门。"

【紫书】 zǐshū ❶皇帝诏书,因以紫泥封口,故称。钱起《送丁著作佐台郡》诗:"佐郡～～下,过门朱绂新。"❷道家之书,道经。卢照邻《羁卧山中》诗:"～～常日阅,丹药几年成。"

【紫县】 zǐxiàn 王朝统治的区域,全国。徐彦伯《南郊赋》:"赫礼数于彤壶,布徽音于～～。"

【紫虚】 zǐxū 天空。曹植《游仙》诗:"意欲奋六翮,排雾凌～～。"李白《大猎赋》:"坠鹦鸮于青云,落鸿雁于～～。"

【紫焰】 zǐyàn 紫色的光焰,形容双眼有神。杜甫《天育骠骑歌》:"毛为绿缥两耳黄,眼有～～双瞳方。"

【紫云】 zǐyún 指祥瑞的云气。李贺《上云乐》诗:"飞香走红满天春,花龙盘盘上～～。"

【紫宙】 zǐzhòu 天。徐彦伯《南郊赋》:"告～～之成功,定皇天之宝位。"

【紫气东来】 zǐqìdōnglái 传说函谷关关令尹喜见有紫气从东而来,知道将有圣人路过,后果然老子骑着青牛而来,就请老子写下了《道德经》。后因指祥瑞之气。洪昇《长生殿·舞盘》:"～～～～,瑶池西望,翩翩青鸟庭前降。"

滓 zǐ ❶渣滓,沉淀的杂质。《急就篇》卷三:"糟糠汁～稿莝刍。"沈括《梦溪笔谈·药议》:"自馀顽石草木,则但气味洞达耳。及其势尽,则～秽传入大肠,润湿渗入小肠。"❷污浊,污染。《后汉书·隗嚣传》:"夫智者睹危思变,贤者泥而不～。"孔稚珪《北山移文》:"碧岭再辱,丹崖重～。"

訾 1. zǐ ❶诋毁,指责。《礼记·曲礼上》:"不苟～。"《史记·老子韩非列传》:"作《渔父》、《盗跖》、《胠箧》,以诋～孔子之徒,以明老子之术。"❷厌恶,怨恨。《管子·形势》:"～食者不肥体。"《逸周书·太子晋》:"四荒至,莫有怨～,乃登为帝。"

2. zī ❸希求。《礼记·少仪》:"不～重器。"❹计量,算。《列子·说符》:"钱帛无量,财货无～。"《吕氏春秋·知度》:"犹大匠之为宫室也,量小大而知材木矣,～功丈而知人数矣。"❺通"赀"。钱财。《汉书·杜周传》:"及久任事,列三公,而两子夹河为郡守,家～累巨万矣。"❻通"咨"。叹词。《吕氏春秋·权勋》:"子反叱曰:'～!退,酒也。'"❼通"恣"。放纵。《淮南子·氾论训》:"小谨者无成功,～行者不容于众。"❽春秋时地名。《左传·昭公二十三年》:"单子取～。"❾姓。

3. cī ❿通"疵"。疾病,缺点。《礼记·檀弓下》:"故子之所刺于礼者,亦非礼之～也。"

【訾病】 zǐbìng 吹毛求疵,挑人毛病指责。欧阳修《御书阁记》:"夫老与佛之学,皆行于世久矣,为其徒者常相～～,若不相容于世。”

【訾短】 zǐduǎn 诋毁，指责。《新唐书·刘晏传》：“其有口舌者，率以利啖之，使不得有所～～。”

【訾厉】 cīlì 同“疵疠”。疾病。《管子·入国》：“岁凶，庸人～～，多死丧。”

字 zì ❶生育，生子。《论衡·气寿》：“妇人疏～者子活，数乳者子死。”陆游《杨夫人墓志铭》：“年二十有一而嫁，二十有三而～，二十有六而寡。”❷养育，抚养。《左传·昭公十一年》：“其僚无子，使～敬叔。”《后汉书·程文矩妻传》：“而穆姜慈爱温仁，抚～益隆。”❸爱。《尚书·康诰》：“于父，不能～厥子，乃疾厥子。”❹文字。许慎《说文解字叙》：“盖依类象形，故谓之文；其后形声相益，即谓之～。”❺人的表字。在本名之外另取一个和本名意思有某种关系的名字，叫做字。《史记·陈涉世家》：“陈胜者，阳城人也，～涉。”❻给……取名。《老子·二十五章》：“吾不知其名，～之曰道。”杨万里《木樨花赋》：“亦不知其名，而～之曰桂。”❼女子许嫁。《周易·屯》：“十年乃～。”

【字孤】 zìgū 抚养孤儿。任昉《奏弹刘整》：“氾毓～～，家无常子。”

【字乳】 zìrǔ 生育。《论衡·气寿》：“所产子死，所怀子凶者，～～亟数，气薄不能成也。”

【字眼】 zìyǎn 诗文当中的关键字。严羽《沧浪诗话·诗辩》：“其用工有三：曰起结，曰句法，曰～～。”

自 zì ❶自己，自身。《庄子·秋水》：“于是焉河伯欣然～喜，以天下之美为尽在己。”《礼记·大学》：“所谓诚其意者，毋～欺也。”❷始。《韩非子·心度》：“故法者，王之本也；刑者，爱之～也。”❸从。《论语·学而》：“有朋～远方来，不亦乐乎？”《史记·游侠列传》：“～关以东，莫不延颈愿交焉。”❹原来，本来。《韩非子·显学》：“恃～圆之木，千世无轮矣。”《乐府诗集·相和歌辞·陌上桑》：“使君～有妇，罗敷～有夫。”❺自然。《商君书·错法》：“举事而材～练者，功分明。”❻假如，若。《左传·成公十六年》：“～非圣人，外宁必有内忧。”❼即使，虽。《史记·平准书》：“～天子不能具钧驷，而将相或乘牛车。”

【自爱】 zì'ài 自己珍惜自己，自重。《史记·高祖本纪》：“吕公曰：‘臣少好相人，相人多矣，无如季相，愿季～～。’”《汉书·高帝纪上》：“吾非敢～～，恐能薄，不能完父兄子弟。”

【自财】 zìcái 见“自裁”。

【自裁】 zìcái 自杀。《汉书·贾谊传》：“其有大罪者，闻则北面再拜，跪而～～。”《三国志·蜀书·刘封传》：“于是赐封死，使～～。”也作“自财”。《汉书·司马迁传》：“及罪至网加，不能引决～～。”

【自持】 zìchí 自我克制；保持操守、修养。宋玉《神女赋》：“颓薄怒以～～兮，曾不可乎犯干。”

【自多】 zìduō 自满，自我欣赏。《庄子·秋水》：“吾在天地之间，犹小石小木之在大山也，方存乎见少，又奚以～～！”

【自伐】 zìfá ❶自夸。《老子·二十二章》：“不～～，故有功；不自矜，故长。”❷自己败坏自己。《孟子·离娄上》：“国必～～，然后人伐之。”

【自反】 zìfǎn 反躬自问，反求于己。《孟子·公孙丑上》：“～～而不缩，虽褐宽博，吾不惴焉。”《礼记·学记》：“知不足，然后能～～也。”

【自封】 zìfēng ❶把自己限制在一定的范围里。庾阐《断酒戒》：“子独区区检情～～。”❷专谋私利，自求富足。《国语·楚语下》：“是勤民以～～也，死无日矣。”

【自诡】 zìguǐ 引为自己的责任。《汉书·京房传》：“今臣得出守郡，～～效功，恐未效而死。”

【自好】 zìhào 自爱，自洁。《孟子·万章上》：“自鬻以成其君，乡党～～者不为，而谓贤者为之乎？”

【自经】 zìjīng 上吊自杀。《论语·宪问》：“岂若匹夫匹妇之为谅也，～～于沟渎而莫之知也？”《汉书·朱买臣传》：“居一月，妻～～死。”

【自刭】 zìjǐng 自杀。《史记·陈涉世家》：“周文～～，军遂不战。”《汉书·高帝纪上》：“大司马咎、长史欣皆～～汜水上。”

【自决】 zìjué ❶自杀，自尽。白居易《祭小弟文》：“欲～～以毁灭，又伤孝于归全。”❷自作决定。《史记·鲁仲连邹阳列传》：“燕将见鲁连书，泣三日，犹豫不能～～。”

【自寇】 zìkòu 自相残害。《庄子·人间世》：“山木～～也，膏火自煎也。”

【自况】 zìkuàng 自比。《宋书·陶潜传》：“潜少有高趣，尝著《五柳先生传》以～～。”

【自力】 zìlì 尽自己的力量。《后汉书·和熹邓皇后纪》：“顷以废疾沈滞，久不得侍祠，～～上原陵。”《新唐书·白志贞传》：“硁硁～～，有智数。”

【自媒】 zìméi 女子不通过媒妁自求婚姻。《管子·形势》：“～～之女，丑而不信。”曹植《求自试表》之一：“夫自衒～～者，士女之丑行也。”

【自遣】 zìqiǎn 排遣自己的忧愁。杜甫《自京赴奉先县咏怀五百字》:“沉饮聊～～,放歌颇愁绝。”

【自强】 zìqiáng 自己努力图强向上。《周易·乾》:“天行健,君子以～～不息。”《宋史·董槐传》:“外有敌国,则其计先～～。”

【自如】 zìrú ❶像原来的样子,不改变。《汉书·李广传》:“会暮,吏士无人色,而广意气～～,益治军。”❷不拘束,自然。杜甫《瀼西寒望》诗:“猿挂时相学,鸥行炯～～。”

【自若】 zìruò 如常,依然如故。《史记·樗里子甘茂列传》:“鲁人有与曾参同姓名者杀人,人告其母曰:‘曾参杀人。’其母织～～也。”《汉书·项籍传》:“雍州之地、殽函之固,～～也。”

【自失】 zìshī 惆怅茫然、若有所失的样子。《史记·屈原贾生列传论》:“读《鹏鸟赋》,同死生,轻去就,又爽然～～矣。”

【自讼】 zìsòng ❶责备自己。《论语·公冶长》:“吾未见能见其过而内～～者也。”❷为自己申辩。《汉书·东方朔传》:“朔上书陈农战强国之计,因～～独不得大官,欲求试用。”

【自外】 zìwài 与人疏远;显出自己外道,不一心。《战国策·燕策三》:“[田光]曰:‘光窃不～～,言足下于太子,愿足下过太子于宫。’”《汉书·吴王刘濞传》:“吴王不肖,有夙夜之忧,不敢～～,使使臣谕其愚心。”

【自诬】 zìwū ❶被迫承认有罪。《汉书·于定国传》:“吏捕孝妇,孝妇辞不杀姑。吏验治,孝妇～～服。”❷自己欺骗自己。杜甫《大历三年春……有诗凡四十韵》:“丘壑曾忘返,文章敢～～。”

【自省】 zìxǐng ❶自己反省自己。《论语·里仁》:“见贤思齐焉,见不贤而内～～也。”❷自然明白。苏轼《和钱安道寄惠建茶》:“胸中似记故人面,口不能言心～～。”

【自许】 zìxǔ 自己称许自己,自信。《晋书·殷浩传》:“[桓]温既以雄豪～～,每轻浩,浩不之惮也。”谢灵运《初去郡》诗:“顾己虽～～,心迹犹未并。”

【自引】 zìyǐn ❶自行引退。《汉书·司马迁传》:“身直为闺阁之臣,宁得～～深藏于岩穴邪?”❷自杀。潘岳《寡妇赋》:“感三良之殉秦兮,甘捐生而～～。”

【自用】 zìyòng 只凭自己的才力行事,主观。《礼记·中庸》:“愚而好～～,贱而好自专。”《韩非子·忠孝》:“今民儇诇智慧,欲～～,不听上。”

【自赞】 zìzàn 自荐。《史记·平原君虞卿列传》:“门下有毛遂者,前,～～于平原君。”史承节《郑康成祠碑》:“时汝南应劭,亦归于绍。因～～曰:‘故太山守应仲远,北面称弟子何如?’”

【自我作故】 zìwǒzuògù 不因袭前人,由我创始。刘知幾《史通·申左》:“夫～～～～,无所准绳。”也作“自我作古”。卢照邻《乐府杂诗序》:“其有发挥新体,孤飞百代之前;开凿古人,独步九流之上。～～～～,粤在兹乎?”

事 zì 见 shì。

洓 zì 见 qì。

恣 zì ❶放纵,肆意。《孟子·滕文公下》:“圣王不作,诸侯放～。”《后汉书·懿献梁皇后纪》:“后藉姊兄荫执,～极奢靡。”❷任凭,听任。《战国策·赵策四》:“～君之所使之。”《史记·楚世家》:“平王谓观从:‘～尔所欲。’”

【恣毒】 zìdú 肆虐不忌。《宋书·何承天传》:“贪祸～～,无因自返,恐烽燧之警,必自此始。”

【恣肆】 zìsì 无所顾忌,不受拘束。《新唐书·张巡传》:“大吏华南金树威～～。”曾巩《祭王平甫文》:“至若操纸为文,落笔千字,徜徉～～,如不可穷。”

【恣睢】 zìsuī ❶暴戾、狂妄的样子。《史记·伯夷列传》:“盗蹠日杀不辜,肝人之肉,暴戾～～。”《后汉书·崔骃传》:“黎、共奋以跋扈兮,羿、浞狂以～～。”❷无拘束的样子。《庄子·大宗师》:“汝将何以游夫遥荡～～转徙之涂乎?”

剚 zì 刺入,插入。张衡《思玄赋》:“梁叟患夫黎丘兮,丁厥子而～刃。”陈旅《题胡氏杀虎图》诗:“仓皇下车持虎足,呼儿授刀～其腹。”

柴 zì 见 chái。

牸 zì 母牛,也泛指雌牲畜。《说苑·政理》:“臣故畜～牛,生子而大,卖之而买驹。”《齐民要术·养牛马驴骡》:“陶朱公曰:‘子欲速富,当畜五～。’”

积 zì 见 jī。

倳 zì 刺入,插入。《史记·张耳陈馀列传》:“然而慈父孝子莫敢～刃公之腹中者,畏秦法耳。”

【倳耜】 zìsì 把农具插入地中,即耕地。《管子·轻重甲》:“春有以～～,夏有以决芸。"

渍(漬) zì ❶渍泡。《论衡·商虫》:"神农、后稷藏种之方,煮马屎以汁～种者,令禾不虫。"陆游《老学庵笔记》卷七:"豆腐、面筋、牛乳之类,皆～蜜食之。"❷浸染,沾染。《周礼·考工记·钟氏》:"淳而～之。"王安石《上仁宗皇帝言事书》:"天下之人,亦已渐～于失教,被服于成俗。"❸病。《吕氏春秋·贵公》:"仲父之病矣,～甚。"

眦(眥) zì ❶眼眶。《淮南子·泰族训》:"闻者莫不瞋目裂～,发植穿冠。"杜甫《望岳》诗:"荡胸生曾云,决～入归鸟。"❷衣领交缝处。《尔雅·释器》:"衣～谓之襟。"

【眦㮸】 zìmiè 按摩眼眶,以保护目力。《庄子·外物》:"静然可以补病,～～可以休老,宁可以止遽。"

胾 zì 大块的肉。《韩非子·外储说左上》:"夫婴儿相与戏也,以尘为饭,以涂为羹,以木为～。"《史记·绛侯周勃世家》:"独置大～,无切肉,又不置櫡。"

胔 zì 腐肉;尸骨。《礼记·月令》:"掩骼埋～。"《后汉书·西羌传论》:"发冢露～,死生涂炭。"

瘠 zì 见 jí。

zong

宗 zōng ❶宗庙,祖庙。《诗经·大雅·凫鹥》:"既燕于～,福禄攸降。"《左传·成公三年》:"首其请于寡君而以戮于～。"(首:人名,荀首。)❷祖先。《左传·成公三年》:"若不获命,而使嗣～职。"《宋史·王安石传》:"天变不足畏,祖～不足法,人言不足恤。"㉿某一流派的创始人或极有成就者。《论衡·案书》:"儒家之～,孔子也;墨家之祖,墨翟也。"《后汉书·韦彪传》:"好学洽闻,雅称儒～。"㊀本原,主旨。《老子·四章》:"道冲而用之或不盈,渊兮似万物之～。"《后汉书·鲍永传》:"仁者行之～,忠者义之主也。"❸尊崇,敬仰。《史记·孔子世家》:"孔子布衣,传十馀世,学者～之。"《三国志·魏书·文帝纪》:"俾千载之后,莫不～其文以述作。"㉿归向,朝见。《周礼·春官·大宗伯》:"春见曰朝,夏见曰～。"《论衡·书虚》:"江、汉朝～于海。"❹同祖,宗族。《史记·秦始皇本纪》:"车裂以徇,灭其～。"《后汉书·刘玄传》:"臣非刘～,不敢干典。"㉿宗派,流派。许浑《冬日开元寺赠元孚上人二十韵》:"一钵事南～,僧仪称病容。"❺量词。桩,件。朱皠《十五贯·廉访》:"老夫竟到苏州府况太爷处与他辩明这～冤狱去。"❻姓。

【宗国】 zōngguó 同姓的诸侯国。《左传·哀公八年》:"今子以小恶而欲覆～～,不亦难乎!"《孟子·滕文公上》:"吾～～鲁先君莫之行。"(赵岐注:"滕鲁同姓,俱出文王。")

【宗匠】 zōngjiàng ❶大师,技艺超群的人。《隋书·何妥传》:"于时《汉书》学者以萧[该]、包[恺]二人为～～。"❷比喻君主或辅佐之臣。张说《齐黄门侍郎卢思道碑》:"文王既没,文在人弘。公为～～,当朝与能。"

【宗器】 zōngqì 宗庙祭祀礼乐所用器物。《礼记·中庸》:"修其祖庙,陈其～～。"李清照《金石录后序》:"独所谓～～者,可自负抱,勿忘之。"

【宗亲】 zōngqīn 同母兄弟,也指同宗的亲属。《史记·五宗世家》:"孝景皇帝子凡十三人为王,而母五人,同母者为～～。"《吕氏春秋·大乐》:"故能以一听政者,乐君臣,和远近,说黔首,合～～。"

【宗人】 zōngrén ❶同宗之人。《史记·田单列传》:"燕师长驱平齐,而田单走安平,令其～～尽断其车轴末而傅铁笼。"❷古代官名。掌宗庙、祭祀之礼。《仪礼·士冠礼》:"彻筵席,～～告事毕。"

【宗社】 zōngshè 宗庙和社稷,代指国家。孔融《与曹公书论盛孝章》:"～～将绝,又能正之。"

【宗生】 zōngshēng 丛生,繁生。左思《吴都赋》:"～～高冈,族茂幽阜。"

【宗彝】 zōngyí 宗庙祭祀用的酒器。《史记·周本纪》:"封诸侯,班赐～～,作分殷之器物。"

【宗支】 zōngzhī 同宗的后裔、支派。《后汉书·桓帝纪赞》:"桓自～～,越跻天禄。"也作"宗枝"。杜甫《奉赠李八丈判官》诗:"我丈时英特,～～神尧后。"

【宗主】 zōngzhǔ ❶一族之主,即嫡长子。《左传·襄公二十七年》:"崔,宗邑也,必在～～。"❷众人共仰之人。《晋书·羊祜传》:"故太傅巨平侯羊祜,明德通贤,国之～～。"

【宗子】 zōngzǐ ❶古代宗法制度规定,嫡长子受族人兄弟尊敬,继承大宗,故称为宗子。《礼记·曲礼下》:"支子不祭,祭必告于～～。"❷指皇族子弟。《三国志·蜀书·先主传》:"臣等以备肺腑枝叶,～～藩翰,心存国家,念在弭乱。"

枞 zōng　见 cōng。

翪 zōng　❶鸟飞时收足。《说文·夂部》："～，敛足也。"❷马头的饰具。《后汉书·马融传》："羽毛纷其髟鼬，扬金～而拖玉瓖。"

豵(豵) zōng　小猪。《诗经·豳风·七月》："言私其～，献豜于公。"

综(綜) 1. zōng　❶聚总，集合。《周易·系辞上》："错～其数。"《后汉书·律历志上》："然后幽隐之情，精微之变，可得而～也。"

2. zòng　(又读 zèng)❷织布机上使经线上下交错以受纬线的装置。《列女传·母仪》："推而往，引而来者，～也。"❸编织。陶宗仪《南村辍耕录·黄道婆》："至于错纱配色，～线挈花，各有其法。"

【综练】　zōngliàn　审达。苏轼《乐全先生文集叙》："诸葛孔明不以文章自名，而开物成务之资，～～名实之意，自见于言语。"

【综析】　zōngxī　即分合。《后汉书·蔡邕传》："沉精重渊，抗志高冥，包括无外，～～无形。"

㚇 zōng　壅塞。《庄子·天地》："五臭熏鼻，困～中颡。"

葼 zōng　❶树木的细枝。左思《魏都赋》："弱～系实，轻叶振芳。"❷草名。谢灵运《山居赋》："蓼蕺～荠，葑菲苏姜。"

棕(椶) zōng　树名，即棕榈。张衡《西京赋》："木则枞栝～柟，梓棫楩枫。"岑参《登嘉州凌云寺作》诗："迥旷烟景豁，阴森～椆稠。"

【棕衣】　zōngyī　棕毛制的衣服，即蓑衣。韦应物《寄庐山棕衣居士》诗："兀兀山行无处归，山中猛虎识～～。"

嵏(嵕) zōng　数峰并峙之山。司马相如《上林赋》："凌三～之危，下碛历之坻。"

緵(緵) 1. zōng　❶古代布帛在二尺二寸的幅内以八十根经线为一緵。《史记·孝景本纪》："令徒隶衣七～布。"(张守节正义："緵，八十缕也。")

2. zòng　❷緵罟，网眼细密的渔网。《尔雅·释器》："～罟谓之九罭。九罭，鱼罔也。"

稯 1. zōng　❶禾把的计量单位。《仪礼·聘礼》："四秉曰筥，十筥曰～。"《国语·鲁语下》："出～禾，秉刍，缶米。"

2. zǒng　❷见"稯稯"。

【稯稯】　zǒngzǒng　群聚的样子。《庄子·则阳》："其邻有夫妻臣妾登极者，子路曰：'是～～者何为者邪?'"

螉 zōng　水中蛤类动物。郭璞《江赋》："三～虾江。"(李善注引《临海水土物志》："三螉似蛤。")

踪(蹤) zōng　❶踪迹，脚印。《史记·萧相国世家》："夫猎，追杀兽兔者，狗也；发～指示者，人也。"柳宗元《江雪》诗："千山鸟飞绝，万径人～灭。"❷追随，追踪。《隋书·炀帝萧皇后传》："质菲薄而难～，心恬愉而去惑。"

【踪迹】　zōngjì　追踪，探访。《史记·孟尝君列传》："湣王乃惊，而～～验问，孟尝君果无谋反，乃复召孟尝君。"元好问《摸鱼儿词·序》："泰和中，大名民家小儿女有以私情不如意赴水者，官为～～之，无见也。"

翪 zōng　鸟张开翅膀上下飞。《尔雅·释鸟》："鹊鵙丑，其飞也～。"

鯼(鯼) zōng　鱼名。郭璞《江赋》："介鲸乘涛以出入，～鮆顺时而往还。"

鬃(騌、騣、鬉) zōng　马颈上的长毛。李贺《恼公》诗："含水弯蛾翠，登楼潠马～。"

鬷 zōng　❶釜的一种。《说文·鬲部》："～，釜属。"❷奏，进。《诗经·商颂·烈祖》："～假无言，时靡有争。"❸总合，聚集。《诗经·陈风·东门之枌》："榖旦于逝，越以～迈。"(榖：善。)

总(總、緫、揔、摠、惣) 1. zǒng

❶聚合，聚束。《淮南子·精神训》："夫天地运而相通，万物～而为一。"《史记·礼书》："治辨之极也，强固之本也，威行之道也，功名之～也。"㊀束发。《礼记·内则》："鸡初鸣，咸盥漱，栉、纚、笄、～。"㊁车马之饰。《汉书·韩延寿传》："延寿衣黄纨方领，驾四马，傅～，建幢棨，植羽葆。"❷结，系。《楚辞·离骚》："饮余马于咸池兮，～余辔兮扶桑。"❸统领。《后汉书·班彪传》："彪乃为融画策事汉，～西河以拒隗嚣。"《隋书·元谐传》："公受朝寄，～兵西下。"❹概括，总结。《史记·五帝本纪》："～之，不离古文者近是。"❺副词。全，都。杜甫《泛江》诗："方舟不用楫，极目～无波。"朱熹《春日绝句》："等闲识得春风面，万紫千红～是春。"❻通"纵"。虽。刘禹锡《伤愚溪》诗："～有邻人能吹笛，山阳旧侣更难过。"

2. zōng　❼八十根丝为一总。《诗经·召南·羔羊》："羔羊之缝，素丝五～。"❽绢的一种。左思《魏都赋》："缣～清河。"

【总发】　zǒngfà　借指童年。参见"总角"。陶渊明《戊申岁六月中遇火》诗："～～抱孤念，奄出四十年。"岳飞《五岳祠盟记》："余发愤河朔，起自相台，～～从军，历二百馀战。”

【总龟】 zǒngguī 古人以龟为灵物，故称博学多识者为总龟。颜真卿《丽正殿学士殷君墓碣铭》：“贺[知章]呼君为～～，以龟千年五聚，问无不知也。”

【总角】 zǒngjiǎo 未成年者扎在头顶两旁的发髻。借指童年。《礼记·内则》：“拂髦，～～。”《诗经·卫风·氓》：“～～之宴，言笑晏晏。”苏轼《范文正公集叙》：“庆历三年，轼始～～入乡校。”

【总戎】 zǒngróng 统管军事，主将。《周书·王褒传》：“褒本以文雅见知，一旦委以～～，深自勉励，尽忠勤之节。”杜甫《将赴成都草堂寄严郑公》诗：“共说～～云鸟阵，不妨游子芰荷衣。”

【总统】 zǒngtǒng 总揽，统管。《汉书·百官公卿表上》：“太师、太傅、太保，是为三公，盖参天子，坐而议政，无不～～，故不以一职为官名。”

【总一】 zǒngyī 统一，一致。《史记·礼书》：“所以～～海内而整齐万民也。”

【总御】 zǒngyù 统管，总揽。《三国志·魏书·武帝纪》：“终能～～皇机，克成洪业者，惟其明略最优也。”

【总总】 zǒngzǒng ❶众多的样子。《楚辞·九歌·大司命》：“纷～～兮九州，何寿夭兮在予。”柳宗元《贞符》：“惟人之初，～～而生，林林而群。”❷杂乱的样子。《逸周书·大聚》：“殷政～～若风草，有所积，有所虚。”

偬（傯） zǒng 见“倥偬”。

从 zòng 见 cóng。

纵（縱） 1. zòng ❶发，放。《诗经·郑风·大叔于田》：“抑～送忌。”（毛传：“发矢曰纵。”）《三国志·魏书·武帝纪》：“时太祖兵少，设伏，～奇兵击，大破之。”❷释放。《后汉书·马援传》：“囚有重罪，援哀而～之。”韩愈《平淮西碑》：“凡蔡卒三万五千，其不乐为兵愿归为农者十九，悉～之。”❸放纵，听任。《楚辞·离骚》：“启《九辩》与《九歌》兮，夏康娱以自～。”《后汉书·和帝纪》：“～民煮铸，入税县官如故事。”❹耸，向上引。《论衡·道虚》：“若士者举臂而～身，遂入云中。”❺直，与“横”相对。《楚辞·七谏·沉江》：“不开寤而难道兮，不别横之与～。”❻连词。即使，纵令。《汉书·项籍传》：“～彼不言，籍独不愧于心乎？”

2. zōng ❼通“踪”。踪迹。《史记·酷吏列传》：“上问曰：‘言变事～迹安起？’”

3. zǒng ❽见“纵纵”。

4. sǒng ❾见“纵臾”。

【纵出】 zòngchū 违法减轻罪刑、释放犯人。《汉书·刑法志》：“缓深故之罪，急～～之诛。”

【纵诞】 zòngdàn 恣纵荒诞。《后汉书·窦融传》：“融在宿卫十馀年，年老，子孙～～，多不法。”

【纵酒】 zòngjiǔ 狂饮。杜甫《闻官军收河南河北》诗：“白日放歌须～～，青春作伴好还乡。”

【纵浪】 zònglàng 放浪不拘。陶渊明《神释》诗：“～～大化中，不喜亦不惧。”

【纵目】 zòngmù 放眼远望。杜甫《登兖州城楼》诗：“东郡趋庭日，南楼～～初。”

【纵言】 zòngyán 漫谈。《礼记·仲尼燕居》：“仲尼燕居，子张、子贡、言游侍，～～至于礼。”

【纵逸】 zòngyì 恣纵放荡。张华《博陵王宫侠曲》之一：“身在法令外，～～常不禁。”

【纵纵】 zǒngzǒng ❶急遽的样子。《礼记·檀弓上》：“丧事欲其～～尔。”❷众多的样子。《汉书·礼乐志》：“神之行，旌容容，骑沓沓，般～～。”

【纵臾】 sǒngyǒng 同“怂恿”。鼓动别人干坏事。《汉书·衡山王刘赐传》：“日夜～～王谋反。”

疭（瘲） zòng 见“瘈疭”。

粽（糉） zòng 用竹叶或苇叶包裹糯米而煮成的食物。陆游《过邻家》诗：“端五数日间，更约同解～。”

zou

邹（鄒） zōu ❶古诸侯国。都城在今山东邹城市。《孟子·梁惠王下》：“～与鲁哄。”❷姓。

【邹搜】 zōusōu 相貌委琐不开展。罗大经《鹤林玉露》卷十：“[安]子文尽室出蜀，尝自赞云：‘面目～～，行步蓰蓰。’”

驺（騶） 1. zōu ❶古代养马驾车的官。《左传·成公十八年》：“使训群～知礼。”《后汉书·宋均传》：“召入视其疾，令两～扶之。”❷骑士。《战国策·楚策四》：“于是使人发～征庄辛于赵。”❸通“菆”。好箭。《汉书·晁错传》：“材官～发，矢道同的。”（颜师古注：“驺，谓矢之善者也。

《春秋左氏传》作菆字,其音相同也。")❹姓。

2. zhòu ❺通"骤"。疾行。《礼记·曲礼上》:"车驱而～。"《论衡·实知》:"所知同业,多少异量;所道一途,步～相过。"

【驺唱】zōuchàng 达官贵人出行,骑从传呼开道。《北史·郭祚传》:"～～不入宫,自此始也。"

【驺从】zōucóng 达官贵人出行时前后侍从的骑卒。杨万里《归自豫章复过西山》诗:"我行莫笑无～～,自有西山管送迎。"

【驺骑】zōuqí 帝王出行时的骑从。《晋书·舆服志》:"大使车,立乘,驾四,赤帷裳,～～导从。"元稹《陪韦尚书丈归履信宅》诗:"紫垣～～入华居,公子文衣护锦舆。"

诹(諏) zōu 询问,咨询。《诗经·小雅·皇皇者华》:"载驰载驱,周爰咨～。"陆游《智者寺兴造记》:"乃～诸为地理学者,则其言与玘略合。"

郰 zōu 春秋时鲁邑。同"鄹"。《左传·襄公十年》:"县门发,～人纥抉之以出门者。"

陬 zōu ❶隅,角落。《战国策·宋卫策》:"宋康王之时,有雀生𪅈于城之～。"《史记·绛侯周勃世家》:"后吴奔壁东南～。"❷山脚。束皙《补亡诗·白华》:"白华绛趺,在陵之～。"韩愈《南海神庙碑》:"海岭之～,既足既濡。"❸区域。张衡《南都赋》:"若夫天封大狐,列仙之～。"曾巩《移沧州过阙上殿劄子》:"自通邑大都至于荒～海聚。"❹农历正月。《楚辞·离骚》:"摄提贞于孟～兮,惟庚寅吾以降。"❺通"鄹"。春秋时鲁地。《史记·孔子世家》:"孔子生鲁昌平乡～邑。"

【陬落】zōuluò 村落。《晋书·陶侃传论》:"士行望非世族,俗异诸华,拔萃～～之间,比肩髦俊之列。"

菆 1. zōu ❶麻秸。《仪礼·既夕礼》:"御以蒲～。"❷草席。《广雅·释器》:"蓐谓之～。"❸好箭。《左传·宣公十二年》:"吾闻致师者,左射以～。"

2. cuán ❹堆聚,丛聚。《礼记·檀弓上》:"天子之殡也,～涂龙輴以椁。"

掫 zōu ❶巡夜打更。《左传·昭公二十年》:"宾将～,主人辞。"《战国策·秦策四》:"齐战败不胜,谋则不得,使陈毛释剑～,委南听罪。"❷集聚。赵南星《夫头说》:"～聚多人而尽其力以衣食之。"

緅(緅) zōu 黑中带红的颜色。《周礼·考工记·钟氏》:"三入为纁,五入为～。"《论语·乡党》:"君子不以绀～饰。"

棷 1. zōu ❶树名。《山海经·中山经》:"[风雨之山]其木多～樿。"❷木柴。《说文·木部》:"～,木薪也。"❸通"菆"。麻秆。《汉书·五行志下之上》:"民惊走,持稿或～一枚,传相付与。"

2. sǒu ❹通"薮"。薮泽。《礼记·礼运》:"凤皇麒麟,皆在郊～。"(郑玄注:"棷,聚草也。")

齺(齺) zōu 牙齿咬东西时上下相交。比喻上下相迎。《荀子·王霸》:"～然上下相信而天下莫之敢当。"(杨倞注:"齺,齿相迎也。齺然,上下相向之貌。")

鄹 zōu 春秋时鲁邑。《论语·八佾》:"孰谓～人之子知礼乎?"

齱(齱) 1. zōu ❶牙齿不正。《广韵·尤韵》:"～,～齵,齿偏。"

2. chuò ❷同"龊"。见"握齱"。

鲰(鯫) zōu ❶小杂鱼。《史记·货殖列传》:"～千石,鲍千钧。"❷见"鲰生"。

【鲰生】zōushēng ❶骂人的话,小子。《史记·项羽本纪》:"[沛公]曰:'～～说我曰:"距关,毋内诸侯,秦地可尽王也。"故听之。'"(内:纳。)❷谦称,小生。王实甫《西厢记》四本一折:"叹～～不才,谢多娇错爱。"

黀 zōu 麻秆。《楚辞·七谏·谬谏》:"菎蕗杂于～蒸兮,机蓬矢以射革。"

走 zǒu ❶跑,疾行。《韩非子·五蠹》:"兔～触株,折颈而死。"《论衡·幸偶》:"鲁人为父报仇,安行不～,追者舍之。"㉑逃跑。《史记·张仪列传》:"其卒虽多,然而轻～易北,不能坚战。"❷奔向,趋向。《吕氏春秋·审己》:"水出于山而～于海。"《史记·萧相国世家》:"诸将皆争～金帛财物之府。"❸延伸。杜牧《阿房宫赋》:"骊山北构而西折,直～咸阳。"❹移动,滚动。岑参《走马川行奉送封大夫出师西征》诗:"轮台九月风夜吼,一川碎石大如斗,随风满地石乱～。"❺走开,离开。《史记·郦生陆贾列传》:"郦生瞋目案剑叱使者曰:'～!'"❻仆人。自称的谦词。张衡《东京赋》:"～虽不敏,庶斯达矣。"

【走舸】zǒugě 快船。《三国志·吴书·周瑜传》:"又豫备～～,各系大船后,因引次俱前。"

【走集】zǒují 边境上的堡垒。《左传·昭公二十三年》:"夫正其疆埸,修其土田,险其～～,亲其民人。"

【走马】zǒumǎ ❶驰马。杜甫《醉为马所坠诸公携酒相看》诗:"何必～～来为问。"

❷善跑的马。《汉书·东方朔传》："推甲乙之帐燔之于四通之衢，却～～示不复用。"

【走丸】　zǒuwán　比喻便捷疾速。《汉书·蒯通传》："犹如阪上～～也。"

【走作】　zǒuzuò　越出规范，走样。朱熹《答林峦》："此段文意未通，又多用佛语，尤觉～～。"

搊　zǒu　见 chōu。

奏　1. zòu　❶进，推进。《庄子·养生主》："庖丁为文惠君解牛，……～刀騞然。"❷进献。《史记·刺客列传》："轲既取图～之，秦王发图，图穷而匕首见。"《论衡·逢遇》："以夏进炉，以冬～扇。"❸臣下向君上进言、上书。《尚书·舜典》："敷～以言。"《后汉书·顺帝纪》："请条案礼仪，分别具～。"❹演奏。刘禹锡《杨柳枝词》之一："请君莫～前朝曲，听唱新翻《杨柳枝》。"

2. còu　❺通"凑"。会合。《汉书·成帝纪》："帅群臣横大河，～汾阴。"

【奏草】　zòucǎo　奏疏的草稿。《汉书·朱云传》："云上书自讼，[陈]咸为定～～。"

【奏当】　zòudāng　审案完毕向皇帝奏进处理意见。《三国志·魏书·明帝纪》："有乞恩者，使与～～文书俱上，朕将思所以全之。"

【奏凯】　zòukǎi　得胜奏凯歌。李乂《奉和幸望春宫送朔方军大总管张行亶》："勿谓公孙老，行闻～～归。"

族　zòu　见 zú。

zu

怚　zū　见 jǔ。

苴　zū　见 jū。

租　zū　❶田赋。《汉书·高帝纪上》："留萧何收巴蜀～，给军食。"柳宗元《捕蛇者说》："募有能捕之者，当其～入。"❷租赁。《红楼梦》四回："偏这拐子又～了我房子居住。"❸积蓄。《诗经·豳风·鸱鸮》："予所蓄～。"

菹（葅）　zū　❶腌菜。《周礼·天官·醢人》："馈食之豆，其实葵～。"陆游《上巳书事》诗："黄鸡煮臛无停箸，青韭淹～欲堕涎。"❷肉酱，剁成肉酱。《礼记·少仪》："麇鹿为～。"《论衡·书虚》："夫卫～子路而汉烹彭越。"❸多水草的沼泽地带。《孟子·滕文公下》："禹掘地而注之海，驱蛇龙而放之～。"❹枯草。《管子·轻重甲》："请君伐～薪，煮沸水为盐。"

【菹醢】　zūhǎi　❶肉酱。《仪礼·士昏礼》："醯酱二豆，～～四豆。"❷古代酷刑，把人剁成肉酱。《楚辞·九章·涉江》："伍子逢殃兮，比干～～。"《三国志·蜀书·彭羕传》："羕一朝狂悖，自求～～，为不忠不义之鬼乎！"

【菹漏】　zūlòu　潮湿渗漏。《墨子·节葬下》："掘地之深，下无～～。"

蒩　zū　❶草席。《周礼·地官·乡师》："大祭祀，羞牛牲，共茅～。"❷草名。《后汉书·马融传》："茈其、芸～、昌本、深蒱。"

足　1. zú　❶脚。《老子·六十四章》："千里之行，始于～下。"《荀子·性恶》："～可遍行天下，然而未尝有能遍行天下者也。"㊀支撑器物的部件，支架。《周易·鼎》："鼎折～，覆公餗。"刘禹锡《蜀先主庙》诗："势分三～鼎，业复五铢钱。"❷足够，充足，满足。《老子·四十四章》："知～不辱，知止不殆。"《礼记·学记》："故学然后知不～，教然后知困。"❸值得，配。《汉书·元帝纪》："俗儒不达时宜，好是古非今，使人眩于名实，何～委任？"陶渊明《桃花源记》："不～为外人道也。"

2. jù　❹补足。《列子·杨朱》："以昼～夜。"❺过分。见"足恭"。

【足下】　zúxià　敬词。古代下称上或同辈相称都可用足下。《战国策·秦策二》："愿为～～扫室布席，幸无我逐也。"《史记·高祖本纪》："～～必欲诛无道秦，不宜踞见长者。"

【足足】　zúzú　凤凰的鸣声。《论衡·讲瑞》："案《礼记·瑞命篇》云：雄曰凤，雌曰凰，雄鸣曰即即，雌鸣曰～～。"

【足共】　jùgōng　见"足恭"。

【足恭】　jùgōng　过分谦恭，讨好人。《论语·公冶长》："巧言令色～～，左丘明耻之，丘亦耻之。"也作"足共"。《汉书·赵敬肃王刘彭祖传》："彭祖为人巧佞，卑谄～～，而心深刻。"

卒（卆、卒）　1. zú　❶步兵。泛指士兵。《左传·宣公十二年》："车驰～奔。"《史记·周本纪》："梁王曰：'善。'遂与之～，言成周。"❷古代军队编制，一百人为卒。《战国策·西周策》："秦令樗里疾以车百乘入周，周君迎之以～，甚敬。"㊀指队伍。《荀子·议兵》："故仁人之兵聚则成～，散则成列。"❸三十国为卒。《礼记·王制》："三十国以为～，～有正。"❹三百家为卒。《国语·齐语》："制鄙三十家为邑，邑有司，十邑为～。"❺差役之人。《后汉书·廉范传》："范求代廷尉狱～。"❻

尽，终。《韩非子·解老》："人始于生而～于死。"《后汉书·周磐传》："尝诵《诗》至《汝坟》之～章，慨然而叹。"❼死。《左传·僖公三十二年》："冬，晋文公～。"《后汉书·灵思何皇后纪》："病～，赠前将军印绶。"❽副词。终于。《史记·李斯列传》："～成帝业。"尹洙《叙燕》："以公孙伯珪之强，～制于袁氏。"❾通"崒"。高。《诗经·小雅·渐渐之石》："渐渐之石，维其～矣。"《管子·内业》："～乎如在于屺。"

2. cù ❿通"猝"。突然，急遽。《论衡·道虚》："且夫物之生长，无～成暴起，皆有浸渐。"杜甫《北征》诗："潼关百万师，往者散何～！"

3. cuì ⓫通"倅"。副职。《礼记·燕义》："庶子官职诸侯卿大夫士之庶子之～。"

【卒乘】 zúshèng 指战车与步卒，也泛指军队。《左传·隐公元年》："大叔完聚，缮甲兵，具～～。"《韩非子·外储说左下》："是故循车马，比～～，以备戎事。"

【卒岁】 zúsuì ❶度过年终。《诗经·豳风·七月》："无衣无褐，何以～～？"《管子·大匡》："～～，吴人伐穀。"❷终年，整年。李白《赠友人》诗之一："馀芳若可佩，～～长相随。"

【卒伍】 zúwǔ 古代军队编制，五人为伍，百人为卒。泛指军队。《国语·齐语》："正～～，修甲兵。"《史记·高祖本纪》："及其见疑，乃怒，辞老，愿赐骸骨归～～，未至彭城而死。"

【卒业】 zúyè ❶完成某项工作、事业。《荀子·仲尼》："文王诛四，武王诛二，周公～～。"刘知几《史通·古今正史》："即出[班]固，征诣校书，受诏～～。"❷毕业，完成学业。《汉书·施雠传》："雠为童子，从田王孙受《易》，后雠徙长陵，田王孙为博士，复从～～。"

【卒暴】 cùbào 紧迫，仓猝。《汉书·师丹传》："诏书比下，变动政事，～～无渐。"也作"卒报"。《韩非子·存韩》："今若有～～之事，韩不可信也。"

【卒卒】 cùcù 匆促。司马迁《报任少卿书》："～～无须臾之间。"杜甫《秋述》："呜呼！冠冕之窟，名利～～。"

【卒然】 cùrán 突然。《庄子·列御寇》："～～问焉而观其知。"苏轼《留侯论》："天下有大勇者，～～临之而不惊，无故加之而不怒。"

捽 zú 见"捽訾"。

【捽訾】 zúzǐ 阿谀逢迎。《楚辞·卜居》："将～～栗斯，喔咿儒兒，以事妇人乎？"（洪兴祖补注："捽訾，以言求媚也。"）

倅 zú 见 cuì。

族 1. zú ❶家族，同姓的亲属。《左传·僖公五年》："宫之奇以其～行。"《后汉书·刘玄传》："刘玄字圣武，光武～兄也。"㊀类。苏轼《题杨次公蕙》诗："蕙本兰之～，依然臭味同。"❷民族，种族。《后汉书·东夷传赞》："厥区九～。"❸众，群。《庄子·养生主》："良庖岁更刀，割也，～庖月更刀，折也。"❹聚集。《庄子·在宥》："云气不待～而雨。"❺姓。《战国策·秦策二》："昔者曾子处费，费人有与曾子同名～者而杀人。"《吕氏春秋·异宝》："问其名～，则不肯告。"❻灭族，刑及全族。《史记·高祖本纪》："诽谤者～，偶语者弃市。"柳宗元《六逆论》："胡亥任赵高而～李斯，乃亡。"

2. zòu ❼通"奏"。《汉书·严安传》："调五声，使有节～。"

3. còu ❽通"蔟"。音律名。《汉书·律历志上》："律以统气类物，一曰黄钟，二曰太～。"

【族居】 zújū ❶群居，聚居。《汉书·司马相如传上》："～～递奏，金鼓迭起。"❷祖籍。《聊斋志异·彭海秋》："相揖环坐，便询～～。客曰：'小生广陵人，与君同姓，字海秋。'"

【族类】 zúlèi ❶同族之人。《战国策·秦策四》："百姓不聊生，～～离散，流亡为臣妾，满海内矣。"❷同类。《汉书·王莽传下》："知宽等叛逆～～而与交通。"张华《鹪鹩赋》："繁滋～～，乘居匹游。"

【族夷】 zúyí 整个家族遭诛灭。《史记·田单列传》："人马从者敢动摇者～～。"

【族姻】 zúyīn 同血统的族亲和有婚姻关系的亲戚。《左传·襄公二十六年》："子木曰：'夫独无～～乎？'"

【族云】 zúyún 聚集在一起的云气。鲍照《喜雨》诗："～～飞泉室，震风沉羽乡。"

【族子】 zúzǐ 同族兄弟之子。《三国志·魏书·曹休传》："曹休字文烈，太祖～～也。"

【族宗】 zúzōng 即灭族。《战国策·赵策二》："犯奸者身死，贼国者～～。"

崒（崪） 1. zú ❶险峻。宋玉《高唐赋》："其上独有云气，～兮直上。"

2. cù ❷通"猝"。《诗经·小雅·十月之交》："百川沸腾，山冢～崩。"

3. cuì ❸通"萃"。聚集，停留。《汉书·贾谊传》："异物来～，私怪其故。"

【崒嵂】 zúlǜ 山势高耸险峻的样子。陆游《大寒》诗："为山傥勿休，会见高～～。"

【崒兀】 zúwù 险峻。杜甫《自京赴奉先县咏怀五百字》："群水从西下，极目高～～。"

槭 1. zú(又读 qī) ❶一种落叶小乔木。萧颖士《江有枫》诗："想彼～矣，亦类其枫。"

2. sè ❷树枝光秃的样子。潘岳《秋兴赋》："庭树～以洒落兮，劲风戾而吹帷。"❸象声词。风吹树叶声。刘禹锡《秋声赋》："草苍苍兮人寂寂，树～～兮虫唧唧。"

踤 1. zú ❶撞，踢。左思《吴都赋》："冲～而断筋骨。"

2. cuì ❷通"萃"。集。扬雄《太玄经·逃》："见鹰～于林。"

碳 zú 石制的箭头。李贺《黄家洞》诗："雀步蹙沙声促促，四尺角弓青石～。"

镞(鏃) zú ❶箭头。贾谊《过秦论》："秦无亡矢遗～之费，而天下固已困矣。"《后汉书·段颎传》："颎乃令军中张～利刃。"❷箭轻捷。《吕氏春秋·贵卒》："所为贵～矢者，为其应声而至。"(高诱注："镞，矢轻利也。")

【镞镞】 zúzú 挺拔高峻的样子。《世说新语·赏誉》："谢镇西道：'敬仁文学～～，无能不新。'"

诅(詛) zǔ ❶请神加祸于人，咒骂。《左传·隐公十一年》："郑伯使卒出豭，行出犬鸡，以～射颍考叔者。"《汉书·刑法志》："其诽谤詈～者，又先断舌。"❷盟誓。《后汉书·邓训传》："诸羌激忿，遂相与解仇结婚，交质盟～。"(李贤注："郑玄注《周礼》云：'大事曰盟，小事曰诅。'")

【诅盟】 zǔméng 誓约，盟约。《尚书·吕刑》："罔中于信，以覆～～。"《后汉书·西羌传》："乃解仇～～，各自儆备。"

阻 zǔ ❶险要之地。《周礼·夏官·司险》："以周知其山林川泽之～。"(周：遍。)《后汉书·马融传》："负隅依～，莫敢婴御。"❷路难走，险阻。《诗经·秦风·蒹葭》："溯洄从之，道～且长。"《古诗十九首·行行重行行》："道路～且长，会面安可知。"㉿艰难。《后汉书·梁统传论》："虽舆粟盈门，何救～饥之厄。"❸阻止。《吕氏春秋·知士》："能自知人，故非之弗为～。"❹依靠，依仗。《史记·楚世家》："庄王曰：'子无～九鼎，楚国折钩之喙，足以为九鼎。'"《汉书·项籍传》："关中～山带河，四塞之地。"

【阻兵】 zǔbīng 依仗兵权以自重。《左传·隐公四年》："夫州吁～～而安忍。"嵇康《太师箴》："若乃骄盈肆志，～～擅权，矜威纵虐，祸崇丘山。"

【阻深】 zǔshēn 阻隔极甚。《汉书·司马相如传下》："道里辽远，山川～～。"

【阻修】 zǔxiū 道路又险又远。杜甫《毒热寄简崔评事十六弟》诗："束带负芒刺，接居成～～。"

咀 zǔ 见 jǔ。

岨 zǔ 见 jū。

组(組) zǔ ❶宽丝带。《史记·李斯列传》："子婴与妻子自系其颈以～，降轵道旁。"欧阳修《五代史伶官传序》："方其系燕父子以～，函梁君臣之首，入于太庙，还矢先王。"❷编织。《诗经·鄘风·干旄》："素丝～之，良马五之。"《战国策·燕策一》："妻自～甲绀。"(甲绀：穿甲之绳。)㉿连缀，组织。《管子·五行》："天子出令，命左右司马衍～甲厉兵。"❸华丽。《荀子·乐论》："乱世之征：其服～，其容妇，其俗淫。"

【组甲】 zǔjiǎ 用绳子连缀皮革或铁片而成的铠甲，借指军队。《左传·襄公三年》："使邓廖帅～～三百，被练三千以侵吴。"

【组丽】 zǔlì 华丽，华美。《法言·吾子》："或曰雾縠之～～。"

【组练】 zǔliàn ❶即组甲、被练，借指精锐的军队。李华《吊古战场文》："野竖旄旗，川回～～。"辛弃疾《水调歌头·舟次扬州……》词："汉家～～十万，列舰耸层楼。"❷指绳索。《新五代史·刘守光传》："晋王至太原，[刘]仁恭父子曳以～～，献于太庙。"

【组绶】 zǔshòu 古人佩玉，系玉的丝带叫组绶。《礼记·玉藻》："天子佩白玉而玄～～，公侯佩山玄玉而朱～～。"

【组帐】 zǔzhàng 华丽的帷帐。嵇康《赠秀才入军》诗之五："微风动袿，～～高褰。"

【组织】 zǔzhī ❶纺织。《文心雕龙·诠赋》："丽辞雅意，符采相胜，如～～之品朱紫，画绘之著玄黄。"陆游《夫人孙氏墓志铭》："凡～～缝纫烹饪调絜之事，非出其手，舅姑弗悦。"❷组词造句，写作。刘峻《广绝交论》："至夫～～仁义，琢磨道德。"孟郊《出东门》诗："一生自～～，千首大雅言。"❸构陷，罗织罪名。李白《叙旧赠江阳宰陆调》诗："邀遮相～～，呵吓出煎熬。"

驵 zǔ 见 zǎng。

祖 zǔ ❶祖庙，宗庙。《周礼·考工记·匠人》："左～右社，面朝后市。"❷祖先。

《诗经·小雅·斯干》："似续妣～。"❸祖师。道原《景德传灯录》卷一："第一～摩诃迦叶。"❹初，开始。《庄子·山木》："浮游乎万物之～。"❺效法，尊崇。《战国策·韩策二》："秦必～张仪之故谋。"《论衡·奇怪》："五帝三王皆～黄帝。"❻出行前祭路神。《左传·昭公七年》："公将往，梦襄公～。"《汉书·临江闵王刘荣传》："荣行，～于江陵北门。"❼姓。

【祖道】 zǔdào 出行前祭祀路神，并饮宴饯行。《汉书·疏广传》："公卿大夫故人邑子设～～，供张东都门外。"《后汉书·吴祐传》："将行，郡中为～～。"

【祖饯】 zǔjiàn 设宴送别。《宋史·胡瑗传》："以太常博士致仕，归老于家，诸生与朝士～～东门外。"

【祖考】 zǔkǎo 祖先。《荀子·成相》："下以教诲子弟，上以事～～。"《汉书·艺文志》："《易》曰：'先王作乐崇德，殷荐之上帝，以享～～。'"

【祖龙】 zǔlóng 指秦始皇。《史记·秦始皇本纪》："今年～～死。"潘岳《西征赋》："忆江使之反璧，告亡期于～～。"

【祖述】 zǔshù 效法前人的行为或学说。《汉书·艺文志》："～～尧舜，宪章文武。"欧阳修《代曾参答弟子书》："三皇经始之，五帝缵明之，禹汤文武该洽之，周公～～之。"

【祖送】 zǔsòng 送行。《后汉书·东平宪王苍传》："于是车驾～～，流涕而诀。"杨炯《送并州旻上人诗序》："麟阁良朋，～～于青门之外。"

【祖武】 zǔwǔ 祖上的行迹。《诗经·大雅·下武》："昭兹来许，绳其～～。"

【祖习】 zǔxí 尊崇，学习。《魏书·释老志》："诸深大经论十有馀部，更定章句，辞义通明，至今沙门共所～～。"

【祖席】 zǔxí 送别的宴席。韩偓《杂家》诗："～～诸宾散，空郊匹马行。"杜甫《送许八拾遗归江宁觐省……》诗："圣朝新孝理，～～倍辉光。"

【祖帐】 zǔzhàng 为人饯行而设的帷帐。王维《齐州送祖三》诗："～～已伤离，荒城复愁入。"刘禹锡《始发鄂渚寄表臣》诗之一："～～管弦绝，客帆西风生。"

【祖祖】 zǔzǔ 历代之祖。李咸用《和彭进士秋日游靖居山寺》："问著尽能言～～，见时应不是真真。"

俎 zǔ ❶古代祭祀或宴会时用来盛牲的礼器。《诗经·小雅·楚茨》："为～为硕。"《史记·礼书》："大飨上玄尊，～上腥鱼，先大羹，贵食饮之本也。"❷古代切肉的砧板。《史记·项羽本纪》："如今人方为刀～，我为鱼肉。"《世说新语·方正》："今犹～上腐肉，任人脍截耳！"

【俎豆】 zǔdòu ❶两种祭祀宴饮用的礼器。《史记·孔子世家》："常陈～～，设礼容。"❷祭祀；崇奉。《后汉书·祭遵传》："虽在军旅，不忘～～。"柳宗元《游黄溪记》："以为有道，死乃～～之，为立祠。"

诅(詛) zǔ 祈祷鬼神加祸于人。《汉书·孝成许皇后传》："后姊平安刚侯夫人谒等为媚道，祝～后宫有身者王美人及[王]凤等。"

禡 zǔ 求神加祸于人。《汉书·五行志上》："[刘]屈氂复坐祝～要斩。"

zuan

钻²(鑽、鑚) 1. zuān ❶穿孔，刺。《孟子·滕文公下》："～穴隙相窥，逾墙相从。"韩愈《试大理评事王君墓志铭》："～石埋辞，以列幽墟。"❷深入研究。《晋书·虞喜传》："～坚研微，有弗及之勤。"郭璞《尔雅序》："少而习焉，沈研～极，二九载矣。"❸钻营，攀附。班固《答宾戏》："商鞅挟三术以～孝公。"

2. zuàn ❹钻孔的工具，古代也作刑具。《国语·鲁语上》："中刑用刀锯，其次用～笮，薄刑用鞭扑。"(笮：通"凿"。)《汉书·枚乘传》："水非石之～，索非木之锯，渐靡使之然也。"

3. cuán ❺通"攒"。簇聚。班固《西都赋》："列刃～鍭。"

【钻火】 zuānhuǒ 古人钻木取火。《史记·孙子吴起列传》："庞涓果夜至斫木下，见白书，乃～～烛之。"

【钻味】 zuānwèi 研究欣赏。《世说新语·文学》："《庄子·逍遥游》旧是难处，诸名贤所可～～，而不能拔理于郭[象]向[秀]之外。"

【钻仰】 zuānyǎng 《论语·子罕》："仰之弥高，钻之弥坚。"后表示深入钻研。陈琳《答东阿王笺》："此乃天然异禀，非～～者所庶几也。"

撮 zuān 见 cuō。

劗(劗) zuān 剪，断。《淮南子·主术训》："是犹以斧～毛，以刃抵木也。"

攒 zuān 见 cuán。

缵(纘) zuǎn 继承，继续。《诗经·鲁颂·閟宫》："奄有下土，～禹之绪。"王安石《诗义序》："追琢其章，～圣志而成之也。"

纂(纘) zuǎn ❶赤色的丝带。《汉书·景帝纪》："锦绣～组，害女红者也。"❷汇集，汇合。《荀子·君道》："～论公察则民不疑。"《盐铁论·通有》："赵、中山带大河，～四通神衢。"❸编纂，编辑。《汉书·艺文志》："故《书》之所起远矣，至孔子～焉。"❹通"缵"。继承。《左传·襄公十四年》："～乃祖考。"❺姓。

【纂承】 zuǎnchéng 继承。《三国志·魏书·王烈传》："横蒙陛下～～洪绪，德侔三皇，化溢有唐。"

【纂纂】 zuǎnzuǎn 聚集的样子。潘岳《笙赋》："咏园桃之夭夭，歌枣下之～～。"

穳(穳) zuǎn 小矛。《隋书·炀帝纪》："制民间铁叉、搭钩、～刃之类，皆禁绝之。"

篹 zuàn 见 suǎn。

zui

厜 zuī 见"厜㕒"。

【厜㕒】 zuīwéi 山峰高峻。晁补之《披榛亭赋》："～～之颠，翠微之颜。"

朘 zuī 见 juān。

峻 zuī 同"朘"。男孩的生殖器。《老子·五十五章》："未知牝牡之合而～作，精之至也。"

嗺 zuī 见 suī。

蟕 zuī 见"蟕蠵"。

【蟕蠵】 zuīxī 一种龟。孙绰《望海赋》："瑇瑁熠烁以泳游，～～焕烂以映涨。"

觜 zuǐ 见 zī。

摧 zuǐ 见"摧崣"、"摧嶉"。

【摧崣】 zuǐwěi 山高峻的样子。《史记·司马相如列传》："岩陁甗锜，～～崛崎。"

【摧嶉】 zuǐzuī 高大的样子。《汉书·扬雄传上》："于是大夏云谲波诡，～～而成观。"

嘴 zuǐ ❶口。陆游《秋声》诗："快鹰下韝爪～健，壮士抚剑精神生。"《红楼梦》三十二回："～里含含糊糊，待说不说的。"❷器物的形状和功用像口的叫嘴。范成大《桂海虞衡志·志器》："有陶器如杯椀，旁植一小管若瓶～。"

晬 zuì ❶婴儿满百日或满周岁。孟元老《东京梦华录·育子》："生子百日，置会，谓之百～；至来岁生日，谓之周～。"❷一昼夜。《灵枢经·上膈》："下膈者，食～时乃出。"

【晬盘】 zuìpán 旧时风俗于婴儿周岁时，用盘盛弓箭、纸笔、玩物，针线等让婴儿抓取，以卜其将来的志趣，叫做试儿，也叫抓周、试晬。楼钥《阿虞试晬戏作》诗："阿虞匍匐～～中，事事都拏要学翁。"

最(冣) zuì ❶聚合。《公羊传·隐公元年》："会犹～也。"《管子·禁藏》："冬，收五藏，～万物。"❷总计。《汉书·周勃传》："～从高帝得相国一人，丞相二人，将军、二千石各三人。"❸功劳最高。《史记·绛侯周勃世家》："攻槐里、好畤，～。"❹最，极。《汉书·高帝纪上》："平生所闻刘季奇怪，当贵，且卜筮之，莫如刘季～吉。"《论衡·初禀》："王者，尊贵之率，高大之～也。"

【最目】 zuìmù 总目。《新唐书·岑文本传》："从伐辽东，事一委倚，至粮漕～～、甲兵凡要、料配差序，筹不废手。"

罪(辠) zuì ❶捕鱼竹网。《说文·网部》："～，捕鱼竹网。"(段玉裁注："竹字盖衍。小徐本无'竹网'二字。")《诗经·小雅·小明》："岂不怀归？畏此～罟。"❷犯法或作恶的行为。《老子·四十六章》："～莫大于可欲，祸莫大于不知足。"《荀子·王制》："无功不赏，无～不罚。"㉑过失，错误。《孟子·公孙丑下》："王曰：'此则寡人之～也。'"❸有罪者。《韩非子·解老》："胥靡有免，死～时活。"《汉书·地理志下》："君以成周众，奉辞伐～，亡不克矣。"❹惩处，判罪。《韩非子·五蠹》："以其犯禁也，～之。"❺怪罪，归罪于。《左传·庄公十一年》："禹汤～己，其兴也悖焉；桀纣～人，其亡也忽焉。"《史记·孔子世家》："孔子曰：'后世知丘者以《春秋》，而～丘者亦以《春秋》。'"

【罪己】 zuìjǐ 归罪于自己，自责。苏轼《乞校正陆贽奏议上进劄子》："～～以收人心，改过以应天道。"

【罪戾】 zuìlì 罪过。《三国志·魏书·陈思王植传》："臣自抱衅归藩，刻肌刻骨，追思～～，昼分而食，夜分而寝。"

【罪目】 zuìmù 罪名。《后汉书·王吉传》："凡杀人皆磔尸车上，随其～～，宣示属县。"

【罪尤】 zuìyóu 罪过。曹植《浮萍》诗："恪勤在朝夕，无端获～～。"

【罪不容诛】 zuìbùróngzhū 罪恶极大，死有馀辜。《汉书·王莽传上》："兴兵动众，欲危宗庙，恶不忍闻，～～～～。"庾亮《让中书监表》："事有不允，～～～～。"

蕞 zuì ❶古代演习朝会礼仪时表明位次的束茅。《史记·刘敬叔孙通列传》："［叔孙通］与其弟子百馀人为绵～野外，习之月馀。"❷渺小的样子。陆九渊《与侄孙濬》："恸哭于颜渊之亡，喟叹于曾点之志，此岂梏于～然之形体者所能知哉？"

【蕞残】 zuìcán 不完整的文字。《论衡·书解》："～～满车，不成为道；玉屑满箧，不成为宝。"

【蕞尔】 zuì'ěr 渺小的样子。《论衡·死伪》："郑虽无腆，抑谚曰'～～小国'。"《三国志·魏书·三少帝纪》："蜀，～～小国，土狭民寡。"

【蕞眇】 zuìmiǎo 矮小。《旧五代史·周书·杨凝式传》："凝式体虽～～，而精神颖悟，富有文藻。"

醉 zuì ❶醉酒，神志不清。《楚辞·渔父》："举世皆浊我独清，众人皆～我独醒。"《汉书·高帝纪上》："时饮～卧，武负、王媪见其上常有怪。"❷极端爱好，沉迷。宋之问《送赵贞固》诗："目断南浦云，心～东郊柳。"

【醉侯】 zuìhóu 酒量特别大的人。皮日休《夏景冲淡偶然作》诗之二："他年谒帝言何事，请赠刘伶作～～。"

【醉尉】 zuìwèi 《史记》记载李广夜行至霸陵亭，适逢霸陵尉醉酒，呵止李广。后常称受下吏侵侮为醉尉。杜甫《南极》诗："乱离多～～，愁杀李将军。"

【醉月】 zuìyuè 月下酣饮。李白《赠孟浩然》诗："～～频中圣，迷花不事君。"

【醉酒饱德】 zuìjiǔbǎodé 《诗经·大雅·既醉》："既醉以酒，既饱以德。君子万年，介尔景福。"后以"醉酒饱德"作酬谢主人款待之辞。孙揆《灵应传》："妾以寓止郊园，绵历多祀，～～～～，蒙惠诚深。"

檇 zuì 见"檇李"。

【檇李】 zuìlǐ ❶果名，李子的一种。❷地名。《春秋·定公十四年》："於越败吴于～～。"

嶵(嵟) zuì 见"嶵嵬"。

【嶵嵬】 zuìwéi 高峻的样子。王延寿《鲁灵光殿赋》："瞻彼灵光之为状也，则嵯峨～～，巋巍崨嶫。"也作"嶵巍"。《世说新语·言语》："其山～～以嵯峨。"也作"嵔隗"。扬雄《甘泉赋》："骈交错而曼衍兮，崴～～乎其相婴。"

zun

尊 zūn ❶古代酒器。《管子·中匡》："公执爵，夫人执～，觞三行，管子趋出。"元稹《有酒》诗："有酒有酒香满～，居宁不饮开君颜？"❷尊贵，地位高。《穀梁传·成公元年》："为～者讳。"《论衡·逢遇》："处～居显，未必贤，遇也。"❸尊重，尊崇。《老子·五十一章》："是以万物莫不～道而贵德。"《史记·高祖本纪》："诸侯及将相相与共请～汉王为皇帝。"❹对人的敬称。《晋书·简文帝纪》："及［郗］超请急省其父，帝谓之曰：'致意～公。'"❺称官长。《三国志·蜀书·秦宓传》："宜一来与州～相见。"❻量词。《红楼梦》一百零五回："玉佛三～。"❼姓。

【尊府】 zūnfǔ ❶对别人父亲的尊称。韩愈《送湖南李正字序》："李生之～～，以侍御史管汴之盐铁。"❷敬称他人之家。孔尚任《桃花扇·侦戏》："这不难，就送三百金到～～，凭君区处便了。"

【尊驾】 zūnjià 即大驾，对皇帝的尊称。《晋书·王鉴传》："愚谓～～宜亲幸江州。"

【尊阃】 zūnkǔn 对别人妻子的尊称。《聊斋志异·柳生》："～～薄相，恐不能佐君成业。"

【尊上】 zūnshàng 对别人父母的敬称。《宋书·何子平传》："谓曰：'～～年实未八十，亲故所知。'"

【尊生】 zūnshēng 尊重生命，即养生。《吕氏春秋·审为》："太王亶父可谓能～～矣。能～～，虽贵富，不以养伤身。"

【尊宿】 zūnsù 对德尊年长者的尊称。苏轼《与杨君素书》之二："某去乡二十一年，里中～～，零落殆尽。"

【尊堂】 zūntáng 对别人母亲的尊称。陆云《答车茂安书》："～～忧灼，贤姊涕泣。"

【尊王】 zūnwáng 尊奉王室，忠于王朝统治。《史记·太史公自序》："赵夙事献，衰续厥绪；佐文～～，卒为晋辅。"

【尊彝】 zūnyí 古代酒器，泛指祭祀的礼器。《国语·周语中》："出其～～，陈其鼎俎。"

【尊章】 zūnzhāng 对丈夫父母的敬称。《汉书·广川惠王刘越传》："背～～，嫖以忽，谋屈奇，起自绝。"（颜师古注："尊章，犹言舅姑也。"）

僎 zūn　见 zhuàn。

遵 zūn　❶循,沿着。《孟子·梁惠王下》:“～海而行,放于琅邪。”《楚辞·九章·哀郢》:“去故乡而就远兮,～江夏以流亡。”❷听从,遵守。《史记·殷本纪》:“帝太甲既立三年,不明,暴虐,不～汤法。”李商隐《为李贻孙上李相公启》:“奉规于帷幄,～命于指踪。”

【遵遁】　zūnxún　即“逡巡”。迟疑不前的样子。《管子·小问》:“公～～缪然远,二三子遂徐行而进。”也作“遵循”。《灵枢经·阴阳二十五人》:“黄帝避席,～～而却。”

【遵养时晦】　zūnyǎngshíhuì　暂时隐退以待时机。《诗经·周颂·酌》:“於铄王师,～～～～。”(朱熹注:“此亦颂武王之诗,言其初有於铄之师而不用,退自循养,与时皆晦。”)《旧五代史·唐书·李琪传》:“琪虽博学多才,拙于～～～～,知时不可为,然犹多岐取进。”

嶟 zūn　见“嶟嶟”。

【嶟嶟】　zūnzūn　高峻的样子。《汉书·扬雄传上》:“洪台掘其独出兮,撴北极之～～。”

缚(縳) 1. zūn　❶古代东北少数民族妇女穿的小衣,像现在的套裤。《说文·糸部》:“～,萝貉中女子无绔,以帛为胫空,用絮补核,名曰～衣,状如襜褕。”

2. zǔn　❷通“撙”。节制。《荀子·不苟》:“君子能则宽容易直以开道人,不能则恭敬～绌以畏事人。”

樽(罇) 1. zūn　❶酒杯。杜甫《客至》诗:“盘飧市远无兼味,～酒家贫只旧醅。”

2. zǔn　❷通“撙”。抑止,节省。《淮南子·要略》:“～流遁之观,节养性之和。”

镈(鐏) zūn　戈柄下端圆锥形的金属套。《礼记·曲礼上》:“进戈者前其～。”

鳟(鱒) zūn　(又读 zùn)鱼名。《诗经·豳风·九罭》:“九罭之鱼,～、鲂。”

谮(譐) zǔn　❶同“噂”。见“谮沓”。❷通“撙”。减少。贾谊《新书·修政语上》:“故服人而不为仇,分人而不～者,其惟道矣。”

【谮沓】　zǔntà　议论纷杂的样子。《魏书·安定王休传》:“～～明昏,有亏礼教。”

僔 zǔn　❶谦退,自制。《荀子·仲尼》:“主尊贵之,则恭敬而～。”❷同“噂”。见“僔沓”。

【僔沓】　zǔntà　议论纷杂的样子。《左传·僖公十五年》:“《诗》曰:‘下民之孽,匪降自天,～～背憎,职竞由人。’”

蕁 zǔn　草木丛生的样子。张衡《西京赋》:“苯～蓬茸,弥皋被冈。”

【蕁蕁】　zǔnzǔn　树木茂盛的样子。张衡《南都赋》:“杳蔼蓊郁于谷底,森～～而刺天。”

撙 zǔn　❶节制,节省。《管子·五辅》:“节饮食,～衣服,则财用足。”苏舜钦《启事上奉宁军陈侍郎》:“又安肯俯容～意,求出入门下邪?”❷勒住。《汉书·王吉传》:“冯式～衔,驰骋不止。”

【撙节】　zǔnjié　克制,节省。《礼记·曲礼上》:“是以君子恭敬～～,退让以明礼。”《新唐书·柳公绰传》:“遭岁恶,～～用度。”也作“尊节”。《后汉书·光武十王传赞》:“沛献～～。”

【撙诎】　zǔnqū　克制谦退。《管子·五辅》:“整齐～～,以辟刑僇。”

噂 zǔn　相聚谈议。《南齐书·竟陵文宣王子良传》:“士女呼嗟,易生～议。”

【噂沓】　zǔntà　议论纷杂的样子。《诗经·小雅·十月之交》:“～～背憎,职竞由人。”也作“噂喈”。《宋书·谢灵运传》:“比日异论～～。”

【噂喈】　zǔntà　见“噂沓”。

【噂噂】　zǔnzǔn　议论纷纷的样子。《易林·乾之困》:“～～所言,莫知我垣。”

捘 zùn　❶推,挤。《左传·定公八年》:“将歃,涉佗～卫侯之手。”❷按,捏。马融《长笛赋》:“挼挲～臧。”《西游记》三十九回:“是那里土块～的,这等容易。”

ZUO

岞(岝) zuó　见“岞崿”。

【岞崿】　zuó'è　见“岞崿”。

【岞崿】　zuó'è　山势深险的样子。左思《吴都赋》:“虽石林之～～,请攘臂而靡之。”嵇康《琴赋》:“互岭巉岩,～～岖崯。”也作“岞崿”。张衡《南都赋》:“～～崋嵬,嵚巇屹嶬。”又作“岞嶺”。木华《海赋》:“启龙门之～～。”

【岞嶺】　zuó'è　见“岞崿”。

昨 zuó　前一天,隔夜。《庄子·外物》:“周～来,有中道而呼者。”朱庆馀《近试上张水部》诗:“洞房～夜停红烛,待晓堂前拜舅姑。”❸过去。陶渊明《归去来兮辞》:“实迷途其未远,觉今是而～非。”刘禹锡《重至衡阳伤柳仪曹》诗："忆～与故人，湘江岸头别。"

捽 zuó ❶揪，抓。《战国策·楚策一》："吾将深入吴军，若扑一人，若～一人，以与大心者也。"苏舜钦《上执政启》："～首就吏，虽具狱而无他。"❷拔。《汉书·贡禹传》："农夫父子暴露中野，不避寒暑，～草杷土，手足胼胝。"❸抵触，冲突。《庄子·列御寇》："齐人之井饮者相～也。"杜牧《原十六卫》："斧钺在前，爵赏在后，以首争首，以力搏力，飘暴交～，岂暇异略？"

【捽胡】 zuóhú 抓住脖子。《汉书·金日磾传》："日磾～～投［莽］何罗殿下，得禽缚之。"段成式《咏醉殴妓》："～～云彩落，疻面月痕消。"

笮 zuó 见 zé。

筰 zuó ❶竹索。陆游《度筰》诗："翩翩翻翻～受风，行人疾走缘虚空。"❷声音迫促。《周礼·春官·典同》："侈声～。"❸古代四川少数民族。枚乘《复说吴王书》："南距羌～之塞。"

左 zuǒ ❶左手。《左传·成公二年》："～并辔右援枹而鼓。"❷方位名。左边。《老子·三十一章》："君子居则贵～，用兵则贵右。"《楚辞·九歌·国殇》："～骖殪兮右刃伤。"❸古代地理以东为左。杨万里《唐李推官披沙集序》："国风之遗音，江～之异曲，其果弦绝而不可煎胶欤？"❹卑，下。《史记·孝文本纪》："右贤～戚，先民后己。"《汉书·灌夫传》："贵戚诸势在己之右，欲必陵之；士在己～，愈贫贱，尤益礼敬，与钧。"❺邪，不正。见"左道"。❻差错，错误。范成大《秋日二绝》之二："无事闭门非～计，饶渠屐齿上青苔。"李好古《张生煮海》二折："他既说姓龙，你可也想～了。"❼不顺，不合。《左传·昭公四年》："且冢卿无路，介卿以葬，不亦～乎？"韩愈《答窦秀才书》："身勤而事～，辞重而请约，非计之得也。"❽证据，证人。《汉书·张汤传》："使吏捕案汤～田信等。"

【左除】 zuǒchú 降职。《新唐书·裴延龄传》："帝怒，乃罢［陆］贽宰相，～～［张］滂等官。"

【左道】 zuǒdào 邪道。《汉书·天文志》："定陵侯淳于长坐执～～下狱死。"《三国志·魏书·武帝纪》："王商忠义，张匡谓之～～。"

【左顾】 zuǒgù 谢人过访的谦词，与"枉顾"、"屈驾"同。《汉书·淮阳宪王刘钦传》："报［张］博书曰：'子高乃幸～～存恤。'"

【左官】 zuǒguān 古代称诸侯国的官吏为左官，表示低于中央政权之官。《后汉书·丁鸿传》："臣愚以为～～外附之臣，……宜行一切之诛。"（李贤注："人道尚右，舍天子而事诸侯为左官。"）

【左近】 zuǒjìn 附近。《水经注·夷水》："每至大旱，平乐～～村居辇草秽著穴中，龙怒，须臾水出。"

【左降】 zuǒjiàng 降职。《后汉书·和帝纪》："收洛阳令下狱抵罪，司隶校尉、河南尹皆～～。"白居易《自题》诗："一旦失恩先～～，三年随例未量移。"

【左迁】 zuǒqiān 降职。《三国志·魏书·徐奕传》："太祖征汉中，魏讽等谋反，中尉杨俊～～。"

【左衽】 zuǒrèn 我国古代少数民族的服装，前襟向左掩，不同于中原一带人民的右衽。后也用左衽为外族统治的代称。《论语·宪问》："微管仲，吾其被发～～矣。"《论衡·谴告》："苏武入匈奴，终不～～。"

【左言】 zuǒyán ❶外族或外国语言。左思《魏都赋》："或魋髻而～～，或镂肤而钻发。"也指外国或外族。王融《三月三日曲水诗序》："侮食来王，～～入侍。"❷古代有右史记事，左史记言之说，后以左言为史官的代称。谢朓《齐敬皇后哀策文》："旋召～～，光敷圣善。"

【左验】 zuǒyàn 证人，证据。《汉书·杨敞传》："廷尉［于］定国考问，～～明白。"

【左右】 zuǒyòu ❶身边侍候的人，近臣。《史记·赵世家》："当道者曰：'屏～～，愿有谒。'"《后汉书·灵帝纪》："私令～～卖公卿，公千万，卿五百万。"❷称呼对方的客气语。司马迁《报任少卿书》："是仆终已不得舒愤懑以晓～～。"《汉书·霍光传》："愿王自爱，臣长不复见～～。"❸帮助。《史记·周本纪》："武王即位，太公望为师，周公旦为辅，召公、毕公之徒～～王。"❹支配，影响。《左传·僖公二十六年》："凡师，能～～之曰'以'。"❺反正，横竖。《水浒传》十六回："你～～将到村里去卖，一般还你钱，便卖些与我们，打什么不紧？"❻表示概数。《论衡·气寿》："太平之时，人民侗长，百岁～～，气和之所生也。"（侗长：长大。）

【左转】 zuǒzhuǎn 降职。《后汉书·樊晔传》："视事十馀年，坐法～～轵长。"

【左图右史】 zuǒtúyòushǐ 形容藏书极多。龚自珍《阮尚书年谱第一叙》："乃设精舍，颜曰诂经，背山面湖，～～～～。"也作"左右图史"。《新唐书·杨绾传》："独处一室，～～～～。"

【左右逢原】 zuǒyòuféngyuán 《孟子·离娄

下》："资之深，则取之左右逢其原。"意为功夫到家，就能取之不尽，用之不竭。后形容做事得心应手。晓莹《罗湖野录》卷一："噫，成之学赡道明，～～～～。"

佐 zuǒ ❶辅助，帮助。《老子·三十章》："以道～人主者，不以兵强于天下。"《史记·苏秦列传》："秦攻楚，齐魏各出锐师以～之。"❷辅助的官员，助手。《左传·襄公三十年》："有赵孟以为大夫，有伯瑕以为～。"《论衡·逢遇》："伯夷，帝者之～也。"

【佐酒】 zuǒjiǔ 陪席，劝酒。枚乘《七发》："列坐纵酒，荡乐娱心。景春～～，杜连理音。"《汉书·高祖纪下》："上还过沛，留，置酒沛宫，悉召故人父老子弟～～。"

【佐理】 zuǒlǐ 协助办理。陈师道《贺许州梁资政书》："念方～～之秋，莫效暄寒之问。"

【佐僚】 zuǒliáo 副职和辅助官吏的泛称。《史记·礼书》："自天子称号，下至～～及宫室官名，少所变改。"《北齐书·高隆之传》："刺史太守皆为当部都督，虽无兵事，皆立～～。"

【佐命】 zuǒmìng 辅佐帝王创立帝业。《三国志·魏书·三少帝纪》："冬十一月，祫祭太祖庙，始祀前所论～～臣二十人。"《南史·宋武帝纪上》："桓玄之篡，王谧～～，手解安帝玺绂。"

【佐戎】 zuǒróng 协助军务。韩愈《祭十二郎文》："是年，吾～～徐州。"刘基《送顺师住持瑞岩寺序》："明年，予奉省檄，～～浙东。"

【佐佑】 zuǒyòu 辅助，支持。杨炯《大周明威将军梁公神道碑》："公～～多方，掌司攸寄。"苏舜钦《上孙冲谏议书》："某故敢缮写杂文共八十有五篇，求为～～。"

【佐证】 zuǒzhèng 证据。《朱子全书·治道》："或旁无～～，各执两说。"

痤 zuǒ 见"尯痤"。

坐 zuò ❶古人席地而坐，两膝着席，臀部压在脚后跟上。《墨子·非儒下》："孔丘与其门弟子闲～。"❷座位。《史记·项羽本纪》："项王则受璧，置之～上。"《三国志·魏书·王粲传》："车骑填巷，宾客盈～。"❸坚守，守定。《左传·桓公十二年》："楚人～其北门。"❹不劳，不费力。《汉书·霍去病传》："汉兵即度幕，人马罢，匈奴可～收虏耳。"（幕：通"漠"。沙漠。）❺由于，因为。杜牧《山行》诗："停车～爱枫林晚，霜叶红于二月花。"陈亮《上高宗第一书》："前日之祸，正～朝廷主议不定，用人不专。"❻因犯……罪。《史记·留侯世家》："留侯不疑，孝文帝五年～不敬，国除。"《汉书·武帝纪》："将军王恢～首谋不进，下狱死。"❼对质。《左传·昭公二十三年》："晋人使与邾大夫～。"❽正，恰好。杜甫《答杨梓州》诗："闷到杨公池水头，～逢杨子镇东州。"韩翃《赠张建》诗："春风～相待，晚日莫淹留。"❾遂，即将。白居易《别元九后咏所怀》："同心一人去，～觉长安空。"柳宗元《早梅》诗："寒英～销落，何用慰远客？"❿无故，自。张华《杂诗》："朱火青无光，兰膏～自凝。"鲍照《芜城赋》："孤蓬自振，惊砂～飞。"⓫徒然，空。江淹《望荆山》诗："玉柱空掩露，金樽～含霜。"白居易《反鲍明远白头吟》："胡为～自苦，吞悲仍抚膺？"

【坐驰】 zuòchí 身体不动而心驰于外。《庄子·人间世》："瞻彼阕者，虚室生白，吉祥止止；夫且不止，是之谓～～。"

【坐大】 zuòdà 不受干扰安然壮大。诸葛亮《后出师表》："今岁不战，明年不征，使孙策～～，遂并江东。"

【坐法】 zuòfǎ 犯法判罪。《史记·孝文本纪》："妾父为吏，齐中皆称其廉平，今～～当刑。"

【坐化】 zuòhuà 佛教语。和尚安坐而逝为坐化。《资治通鉴·后晋出帝开运三年》："深意卒，方简嗣行其术，称深意～～。"

【坐年】 zuònián 过年时全家合宴。陈造《房陵》诗之七："丁宁向去～～日，要似如今敛脯时。"

【坐食】 zuòshí 不劳而食。《三国志·吴书·贺邵传》："今国无一年之储，家无经月之畜，而后宫之中～～者万有馀人。"

【坐守】 zuòshǒu 死守不变。《论衡·谢短》："斯则～～，何言师法，不颇博览之咎也。"

【坐忘】 zuòwàng 道家语。指忘却一切是非物我、淡泊无虑的精神境界。《庄子·大宗师》："堕肢体，黜聪明，离形去知，同于大通，此谓～～。"白居易《睡起晏坐》诗："行禅与～～，同归无异路。"

作 zuò ❶起来，起立。《论语·先进》："舍瑟而～。"《论衡·艺增》："吾日出而～，日入而息。"❷兴起。《管子·法法》："曹党起而乱贼～矣。"《史记·太史公自序》："桀、纣失其道而汤、武～。"❸开始。《老子·六十三章》："天下难事必～于易。"❹创作，制造。《尚书·益稷》："帝庸～歌。"《孟子·梁惠王上》："始～俑者，其无后乎？"❺工作，劳动。《吕氏春秋·孟夏》："命农勉～，无伏于都。"李白《宿五松山下荀媪家》诗："田家秋～苦，邻女夜舂寒。"❻为，充任。《尚书·舜典》："汝～司徒。"杜甫《悲陈陶》诗："孟冬十郡良家子，血～陈陶泽中水。"❼及，等到。《尚书·无逸》："～其即位，乃或亮阴，三年不言。"❽作坊，工场。蒋防《霍小玉传》："路逢内～老玉工。"

【作成】 zuòchéng 造成，成全。《汉书·礼乐志》："经纬天地，～～四时。"《水浒传》十八回："望押司千万～～。"

【作程】 zuòchéng 作楷模，做准则。蔡邕《陈太丘碑文》："含光醇德，为士～～。"陆倕《新刻漏铭》："配皇等极，为世～～。"

【作伐】 zuòfá 《诗经·豳风·伐柯》："伐柯如何？匪斧不克。取妻如何？匪媒不得。"后称"执柯"、"作伐"为作媒。《儒林外史》六回："周亲家家，就是静斋先生执柯～～。"

【作梗】 zuògěng 捣乱，阻挠。杨万里《题张以道上舍寒绿轩》诗："先生饥肠诗～～，小摘珍芳汲水井。"

【作古】 zuògǔ ❶自创新例，不依旧制。《旧唐书·高宗纪下》："上曰：'自我～～，可乎？'"也作"作故"。张衡《西京赋》："自君～～，何礼之拘？"❷死的婉称。

【作故】 zuògù 见"作古①"。

【作稽】 zuòjī 言行举止。《尚书·酒诰》："尔克永观省，～～中德。"

【作家】 zuòjiā ❶理家，治家。《晋书·食货志》："桓帝不能～～，曾无私蓄。"《警世通言·桂员外途穷忏悔》："他自不会～～，把个大家事费尽也，却来这里打秋风。"❷高手，行家。道原《景德传灯录·普岸禅师》："僧却打师一柱杖，师曰：'～～！～～！'"❸文学上有成就的人。李东阳《麓堂诗话》："唐之盛时，称～～在选列者，大抵多秦晋之人也。"

【作茧】 zuòjiǎn ❶蚕吐丝作茧，比喻有所成就。王建《簇蚕辞》："蚕欲老，箔头～～丝皓皓。"张鷟《朝野佥载》卷六："王显与文武皇帝有严子陵之旧，……帝微时，尝戏曰：'王显抵老不～～。'"❷比喻隐退，与外界隔绝。欧阳修《镇阳读书》诗："有似蚕～～，缩身思自藏。"

【作苦】 zuòkǔ 劳作辛苦。《汉书·杨恽传》："田家～～，岁时伏腊，烹羊炰羔，斗酒自劳。"王安石《山田久欲拆》诗："龙骨已呕哑，田家真～～。"

【作力】 zuòlì 出力，用力。《管子·八观》："民非～～，毋以致财。"

【作洛】 zuòluò 《尚书·多士》："今朕作大邑于兹洛。"后称另建新都为作洛。张衡《东京赋》："因秦宫室，据其府库，～～之制，我则未暇。"

【作气】 zuòqì 振作勇气。《左传·庄公十年》："夫战，勇气也。一鼓～～，再而衰，三而竭。"陈子昂《为建安王誓众词》："鼓以～～，旗以应机。"

【作人】 zuòrén 变旧人为新人，培养人。《诗经·大雅·棫朴》："周王寿考，遐不～～。"张居正《贺朱镇山重膺殊恩序》："君上所以命官～～，与臣子所以表树勋烈者，匪忠孝盍繇哉？"

【作色】 zuòsè 变脸色，即生气。《史记·苏秦列传》："于是韩王勃然～～，攘臂瞋目。"《汉书·叔孙通传》："二世怒，～～。"

【作势】 zuòshì ❶用力。《晋书·王敦传》："语参军吕宝曰：'我当力行。'因～～而起，困乏复卧。"❷装模作样。萧德祥《杀狗劝夫》四折："教那厮越妆模，越～～。"

【作手】 zuòshǒu 精通技艺的人。方回《赠存古杨茂盛卿》诗："装潢～～今无敌，消得朝天驲骑驰。"

【作祟】 zuòsuì 鬼神害人。后比喻坏人或坏事作怪、捣乱。扬雄《少府箴》："至于耽乐流湎，而妲、末～～。"杨万里《和萧伯和韵》："睡去恐遭诗～～，愁来当遣酒行成。"

【作新】 zuòxīn 教化百姓，移风易俗。《尚书·康诰》："亦惟助王，宅天命，～～民。"苏轼《王安石赠太傅制》："具官王安石少学孔孟，晚师瞿聃，网罗六艺之遗文，断以己意，糠秕百家之陈迹，～～斯人。"（瞿聃：佛教和道教的代称。）

【作壹】 zuòyī 作事专心。《商君书·农战》："国～～一岁者，十岁强；～～十岁者，百岁强；～～百岁者，千岁强。"也作"作一"。《商君书·说民》："～～则力抟，力抟则强。"（抟：专。）

【作意】 zuòyì ❶决意，起意。张籍《寄昭应王中丞》诗："春风石瓮寺，～～共君游。"❷故意，着意。杜甫《江头五咏花鸭》："稻粱沾汝在，～～莫先鸣。"陈与义《遥碧轩作呈使君少隐时欲赴召》诗："君为边城守，～～邀山入窗牖。"

【作俑】 zuòyǒng 制作殉葬用的俑像。后称首开恶例为作俑。《孟子·梁惠王上》："仲尼曰：'始～～者，其无后乎？'"高其倬《古北口》诗："～～赵与秦，流弊及明末。"

【作用】 zuòyòng ❶努力，用力。白居易《赠杨使君》诗："时命到来须～～，功名未立莫思量。"皎然《诗式·李少卿并古诗十九首》："《十九首》辞精义炳，婉而成章，始见

～～之功。"❷行为，作为。《魏书·孙绍传》："治乖人理，虽合必离；～～失机，虽成必败。"《红楼梦》一一〇回："凤姐先前仗着自己的才干，原打量老太太死了，他大有一番～～。"

【作作】 zuòzuò 光芒四射的样子。《史记·天官书》："岁阴在酉，星居午。……～～有芒。"

【作奸犯科】 zuòjiānfànkē 为非作歹，干犯法律。诸葛亮《出师表》："若有～～～～及为忠善者，宜付有司，论其刑赏。"

【作舍道边】 zuòshèdàobiān 比喻众说纷纭，莫衷一是，难以成事。《后汉书·曹褒传》："谚言：'～～～～，三年不成。'"

【作言造语】 zuòyánzàoyǔ 编造虚妄的言辞。《庄子·盗跖》："尔～～～～，妄称文武。"

阼 zuò ❶东阶，是主人之位。《仪礼·士冠礼》："礼于～。"《论语·乡党》："朝服而立于～阶。"❷帝王登位或祭祀所登之阶。《史记·孝文本纪》："辛亥，皇帝即～，谒高庙。"❸通"胙"。祭肉。《仪礼·特牲馈食礼》："佐食彻～俎。"

怍(怎) zuò ❶惭愧。《孟子·尽心上》："仰不愧于天，俯不～于人。"杨万里《诗论》："今夫童子诳其西邻之童，而夺之一金，不～也。"❷改变脸色。《管子·弟子职》："颜色毋～。"《礼记·曲礼上》："将即席，容毋～。"

祚 zuò ❶福，赐福。《论衡·艺增》："天地～之，子孙众多。"《后汉书·顺帝纪》："汉德盛明，福～孔章。"❷皇位，国统。《论衡·吉验》："卒受帝命，践天子～。"杜甫《咏怀古迹》之五："运移汉～终难复，志决身歼军务劳。"❸年。曹植《元会》诗："初岁元～，吉日惟良。"

柞 1. zuò ❶树名。《诗经·大雅·旱麓》："瑟彼～棫。"

2. zé ❷砍伐树木。《诗经·周颂·载芟》："载芟载～，其耕泽泽。"❸通"窄"。狭窄。《周礼·考工记·轮人》："毂小而长，则～。"❹通"咋"。声大。《周礼·考工记·凫氏》："钟……侈则～，弇则郁。"

侳 zuò ❶安。《说文·人部》："～，安也。"❷通"挫"。辱，伤败。《淮南子·说山训》："故君子不入狱，为其伤恩也；不入市，为其～廉也。"

胙 zuò ❶祭祀用的肉。《左传·僖公四年》："太子祭于曲沃，归～于公。"《三国志·魏书·文帝纪》："京都有事于太庙，致～。"❷福佑。《国语·周语下》："天地所～，小而后国。"苏轼《孔北海赞序》："天若～汉，公使备，备诛操，无难也。"❸赏赐。《三国志·魏书·武帝纪》："～之以土，分之以民。"❹古国名。

【胙土】 zuòtǔ 封赐土地。《后汉书·光武十王传赞》："光武十子，～～分王。"

座 zuò ❶坐位。傅毅《舞赋》："陈茵席而设～兮。"❷器物的底垫。《元史·忙兀台传》："至沙洋堡，立炮～十有二。"❸量词。《红楼梦》十九回："顺口诌道：'扬州有～黛山，山上有个林子洞。'"

【座主】 zuòzhǔ 唐代进士称主考官为座主。《旧唐书·令狐峘传》："始见～～，迎谒之礼甚厚。"

砟 zuò 见"砟硌"。

【砟硌】 zuòluò 山石不齐的样子。曹操《气出唱》之三："游君山，甚为真，磪嵬～～，尔自为神。"

做 zuò ❶从事某种工作或活动。邵雍《和人留题张相公庵》："～了三公更引年，人间福德合居先。"❷使。秦观《江城子》词："便～春江都是泪，流不尽，许多愁。"❸酝酿，形成。杨万里《竹枝歌》之四："积雪初融～晚晴，黄昏恬静到三更。"

【做弄】 zuònòng ❶酝酿，渐渐形成。谢懋《石州引》词："飞云特地凝愁，～～晚来微雨。"❷捉弄，让人上当吃亏。辛弃疾《鹧鸪天·三山道中》词："闲愁～～天来大，白发栽埋日许多。"

葄 zuò ❶草名。《集韵·莫韵》："～，草名，木芓也。"❷藉垫。《新唐书·李揆传》："而迂学陋生，～枕图史，且不能自措于词。"

酢 1. zuò ❶用酒回敬主人。《诗经·大雅·行苇》："或献或～。"❷谢神之祭。《尚书·顾命》："秉璋以～。"

2. cù ❸醋。《隋书·崔弘度传》："长安为之语曰：'宁饮三升～，不见崔弘度。'"

醋 zuò 见cù。

鑿 zuò 舂。《楚辞·九章·惜诵》："擣木兰以矫蕙兮，～申椒以为粮。"